5画

⺍ 25
穴(⺳) 25
立 25
疒 25
玄 25
衤 25
→ 158 衣 29
𡗗 26
龷 26
甘 26
石 26
龙(龍) 26
业 26
目 26
田 26
罒(网) 27
皿 27
𦉫 27
钅(金) 27
矢 28
生 28
禾 28
白 28
瓜 28
鸟(鳥) 28
用 28
皮 28
癶 28
圣 28
矛 28
𤴔(疋) 28
〔玉→ 89 王 20〕
〔示→ 87 礻 20〕
〔母→ 122 毋 25〕

6画

羊(⺶⺷) 28
米 29
亦 29
157 齐(齊)
158 衣
→ 129 衤
159 耒
160 耳(耳)
161 老 29
162 臣 29
163 西(覀) 29
164 而 29
165 页(頁) 29
166 至 29
167 虍 29
168 虫 30
169 肉 30
→ 117 月 24
170 缶 30
171 舌 30
172 臼 30
173 竹(⺮) 30
174 自 31
175 血(血) 31
176 行 31
177 舟 31
178 舛 31
179 色 31
180 羽 31
181 聿(⺺) 31
182 艮(⺤) 31
〔糸→ 78 纟 18〕

7画

183 辛 31
184 麦(麥) 31
185 走 31
186 赤 31
187 豆 31
188 酉 31
189 辰 31
190 豕(豕) 31
191 卤(鹵) 32
192 里 32
豸 32
198 龟(龜) 32
199 角 32
〔言→ 10 讠 2〕
〔車→ 95 车 22〕
〔貝→ 103 贝 23〕
〔見→ 104 见 23〕
〔邑→ 33 阝 6〕

8画

200 青 32
201 其 32
202 雨(⻗) 32
203 非 32
204 齿(齒) 32
205 黾(黽) 32
206 隹 32
207 鱼(魚) 33
〔長→ 112 长 23〕
〔齊→ 157 齐 29〕
〔門→ 55 门 13〕
〔食→ 66 饣 16〕
〔金→ 141 钅 27〕
〔阜→ 32 阝 5〕

9画

208 首 33
209 音 33
210 革 33
211 面 33
212 骨 33
213 香 33
214 鬼 33
〔食→ 66 饣 16〕
〔頁→ 165 页 29〕
〔昜→ 74 𠃓 17〕
〔韋→ 88 韦 20〕
〔風→ 120 风 24〕
〔飛→ 5 乁 1〕

10画

鬲 33
216 髟 33
〔馬→ 75 马 17〕
〔骨→ 212 骨 33〕
〔鬼→ 214 鬼 33〕
〔高→ 7 亠 1〕

11画

217 麻 33
218 鹿 33
219 黄 33
〔黑→ 220 黑 33〕
〔鳥→ 147 鸟 28〕
〔魚→ 207 鱼 33〕
〔龜→ 198 龟 32〕
〔麥→ 184 麦 31〕

12画

220 黑 33
221 鼎 33
222 黍 33
〔齒→ 204 齿 32〕

13画

223 鼓 33
224 鼠 33
〔黽→ 205 黾 32〕

14画～

225 鼻 33
〔龍→ 134 龙 26〕

PROGRESSIVE
CHINESE-JAPANESE
DICTIONARY

プログレッシブ
中国語辞典

第2版

【編者代表】武信 彰
山田眞一

小学館

プログレッシブ中国語辞典
第2版

編者代表　武信　彰［獨協大学教授］
山田眞一［富山大学教授］

編集委員
河野直恵　齋藤貴志　齊藤大紀　横川澄枝

執筆・校閲
植村麻紀子　李軼倫

・・・・・・・・・・・・・・・・・・・・・・・・

初版関係者
編者代表　武信　彰
編集委員　阿辻哲次　砂岡和子　呉川

・・・・・・・・・・・・・・・・・・・・・・・・

編集協力
上垣夏乃子　千賀由佳　高野梢子
マチルダ編集室　文字工房赤岸

イラスト　とぐちえいこ
地図　データ・アトラス（株）
本文デザイン　栗原靖子　若菜哲夫
装丁　柳川貴代*Fragment

制作企画　金田玄彦　資材　坂野弘明　書籍制作　鈴木敦子
宣伝　阿部慶輔　販売　福島真実
編集　大澤 昇　松中健一

編者のことば

～なぜこの辞典を使うのか～

辞書の使用を通して語彙力の養成を期待するなら紙の辞書を使うべきである．これは語学教育に携わる人たちの間で広く支持されている考えです．しかしながら，「軽い，速い」に傾く時代の流れに乗ることのできない紙の辞書はどうしても敬遠されがちです．確かに，目の前の単語を検索したいときには，電子辞書やスマートフォンにダウンロードした辞書などのほうがよりすばやく解決してくれます．しかし，トンネル・デザインと称される出発点から目標点に向かってトンネルを掘るような一直線の進み方をしたのでは，その過程で何も学ぶことはできないし，記憶するいとまがないことにも留意しなければなりません．入門・初級段階で身につけなければならない語彙は，本来的には調べて探し出す対象ではないのです．

中国語ならではの事情もあります．中国語の紙の印刷辞書は，一般にまず見出し字が親文字として立てられ，その下にこの字を先頭にとる語が見出し語として配列されます．中国語の造語法を反映したこの伝統的に踏襲される方式で示されるひと固まりが順次現れ，その中でそれぞれの見出し字・見出し語のサイズから各字・各語の重要度を測り，検索に当たっては用例を一瞥して関心を引くものはつぶさに目を通し，あるいは赤を入れあるいは書き込みをし，手になじんでいく表紙や紙質を感じながら習得度を確認する，これこそが本来の中国語の学習辞典なのです．

電子化で親文字方式が放棄されてしまったことによる，ピンイン入力で目標の語に直行し，字音が分からなければ「手書き検索機能」で目標の見出し字を呼び出すといった，手軽で効率的なトンネル・デザインは，じっくりと実力を養成する機会を奪います．

当座の調べ物には電子辞書やモバイルがその特性から力を発揮し，学習には紙の印刷辞書であってこそその役割を引き受けることができます．ですから，両者を使い分ける賢さが必要です．

本辞典は手になじみ目にうれしい造りとなっています．また，入門・初級期から中級へ至る範囲の利用者のためにさまざまな工夫を凝らしています．程よい一覧性のあるページに遊んでください．使い慣れて手あか感が感じられるようになったとき，きっと知らず識らず機能語による文法力や文型による構文力を含め相当の語彙力が身についていることだろうと信じます．

2013年１月

武信　彰
山田眞一

この辞典の使い方

1 見出しについて

収録語数

■この辞典には見出しの漢字(親字)と見出し語の２種類の見出しがある．見出し漢字(約7,000字)と見出し語(約60,000語)の，合わせて約67,000の語彙を収録した．この第２版では，初版刊行以降，中国の発展変化とともに現れた新語についても，日本人学習者に必要と思われるものを中心に相当数を収録した．

2 見出し漢字について

字体・字形

■この辞典で，見出しとして掲げた漢字(親字)の字体は，中華人民共和国で標準字体とされているものである．歴史上，同音・同義で使用された字体(異体字)で，重要と思われるものは括弧に入れて示した．ただし，偏(へん)や旁(つくり)については一つ一つは示していない．これらについては，❿ページの「中国標準字形照合表」を参照されたい．

例 「马(馬)」とは示すが，「驻(駐)」とは示さない．

「直」と「直」は字形の違いなので，(直) とは表示しない．

■今日，中華人民共和国で使用されている字形は，1964年発表の「印刷通用漢字字形表」によって整理され規範化された字形である．これは「新字形」と呼ばれ，旧来の中国の漢字および現在日本で使われている漢字と形が異なるものもある．これらの違いについても，❿ページの「中国標準字形照合表」を参照されたい．

配列

■音形を中国語表音表記法(ピンイン)で表記した場合のアルファベット順で，音節ごとに配列した．「ü」は，「u」の後ろに置いた．(中国語の音節については，❽ページの「中国語音節表」を参照のこと)

■ローマ字表記が同一の漢字は，第１声から声調の順に配列し，軽声に発音される漢字は第４声の後に置いた．

■ローマ字表記と声調が同一の漢字は，画数順に配列し，画数が同じものは第１画目の形，

横棒(一)→たて棒(丨)→左払い(丿)→点(丶)→曲げ(→)

の順で並べた．

単語と造語成分

■漢字一字の意味単位は，そのままで単語として働く場合と，単語となり得ずに単に単語を構成する「材料」にとどまる場合とがある．この辞典では，後者の造語成分としての意味を◇◆の記号を用いて表示し，語釈から切り離して明確に区別した．

その他

■少数の重要な見出し漢字については，初級学習者が意味の展開・相互関係をつかめるよう，♀を付した囲みの中に，基本的な訳語をサマリーとしてまとめた．

3 見出し語について

見出し語の種類

■見出し語は，見出しの漢字を先頭の文字とするものを一つのグループとして，それぞれの見出し漢字の下にまとめて示した．見出し語には，単語のほか連語，成語，慣用語，ことわざ，接尾語なども含まれる．

配列

■見出し語の配列は，音節(漢字)を単位とする中国語表音表記法(ピンイン)のアルファベット順である．したがって，単純なローマ字順ではない．また，大文字・小文字は順序に関係しない．

■ローマ字表記が同一の音節は，第１声から声調の順に配列し，軽声は第４声の後ろに置いた．

例　“成器”“成气候”“成千上万”“成亲”の４語は２番目の漢字が，qì，qì(hou)，qiān，qīn なのでこの順に並ぶ．

例　“成书”“成熟”“成数”のローマ字表記はすべて chengshu だが，“书”は第１声，“熟”は第２声，“数”は第４声なので，この順に並ぶ．

複合方向補語の見出し

■例えば，方向動詞「**【进来】jìn∥lái**」が他の動詞の後に付いて方向補語となる場合については，特にその後ろに「**【－进来】-jìn∥lái**」のように見出しとしてあげたが，意味や用法が複雑なものについては，コラム「**語法ノート**」で詳細な説明と用例を加えた．

句型を表す見出し

■見出しで句型を示す場合には，〖　〗を用いて示した．

例　**〖一…就…〗*yī…jiù…***

4 発音について

発音の表記

■発音は，中国語表音表記法(「漢語拼音方案」1958年成立)に基づいて，ローマ字と声調記号によって示した．音節を示す見出しに限っては，ローマ字以外に注音字母も掲げている．

■音節が連続して読まれる場合に生じる声調変化は示さず，音節本来の声調で表記した．したがって，次のような場合，表記と実際の発音では違いがある．

例　一定；**yīdìng**(yídìng)　不论；**bùlùn**(búlùn)(かっこ内が実際の発音)

■接尾語“－儿 -er”が前の音節と融合した場合(r 化)の表記は，一律に「 r 」とした．したがって，実際の発音とは異なる場合がある．
また，接尾語“－子 -zi”は「 z 」とはせず，「zi」と表記した．

異読の取り扱い

■漢字には二つ以上の読みをもつものもある．それらについて，見出し漢字では▶▶の記号で語義欄の最後に，見出し語では⇨の記号で項目の最後に，同じ漢字表記でも読みの違うものを示し，相互に参照できるようにした．

例　差 **chā**　▶▶ **chà,chāi**　　**【朝阳】cháoyáng**　⇨**【朝阳】zhāoyáng**

発音に幅がある見出し語

■標準音と慣用音に差が認められたり，声調を付けて読んでも軽声でもよい場合など，複数の発音が許容される語彙については，注意などの形で補足説明を加えた．

例**【法子】fǎzi**　注意北京方言では fázi と発音することがある．

ローマ字表記の分かち書き

■二つ以上の単語から作られていることが明らかな見出し語は，分かち書きをした．また，成語も原則として分かち書きとした．

例　【百货公司】**bǎihuò gōngsī**

【八拜之交】**bā bài zhī jiāo**

「//」について

■「【看见】**kàn//jiàn**」「【起来】**qǐ//lái**」「【同学】**tóng//xué**」のように「//」（ダブル・スラッシュ）を入れた見出し語は，「//」の部分に他の成分を挿入することができることを表す．ただし，この「//」記号は動詞用法に有効で，名詞用法の場合は意味を持たない．

【看见】**kàn//jiàn**　→看得见，看不见

【起来】**qǐ//lái**　→起得来，起不来

【同学】**tóng//xué**　→我们俩同过两年学

→老同学（この場合は名詞なので，間に他の成分が挟めない）

■ただし，両者を明確に区別する必要があると思われるものについては（　）内に見出し語との表記の違いを示した．これは連語についても同様である．

例　【到底】**dàodǐ**　→❶副 ①いったい．そもそも．

→❷動（dào//dǐ）最後まで…する．

5　常用字・重要語について

常用字

■学習上の目安として，常用字約2,500字を赤い明朝体で示した．

重要語

■重要語約4,000に「＊＊」「＊」を付した．

＊＊……最もよく使用される単語（約1,000語）

＊　……＊＊の語に次いでよく使用される単語（約3,000語）

これらの単語の選定には，「中国語初級段階学習指導ガイドライン」（中国語教育学会）の「学習語彙表」，初級・中級の教科書，HSK をはじめとする各種の中国語検定の資料などを参照した．

6　語釈と用例について

語釈

■意味が複数にわたる場合は，①②③…により分類して示した．さらに細かく分類する必要があるときは，用法的なものはⓐⓑⓒで，意味的なものは①②③で示した．また，訳語でニュアンスの異なるものは「；」（セミコロン）で区切って示した．

■品詞が多岐にわたる場合は，必要に応じて❶❷❸により分類した．

■重要な語義については，ゴシック体（太い文字）で示し，利用者の便を図った．

語釈の順序

■この辞典では，必ずしも従来の使用頻度にかかわらず基本義から並べるという語釈の順序をとらず，初級者・中級者が接する機会の多いであろう語釈をなるべく前に掲げるようにして学習の便を図った．

■見出し漢字のもとの語釈では，造語成分としての意味は，初級者が現代中国語で自由に単語として運用できるものと誤解しないように，◇◆の記号を用いて別記の形で示した．

記号・略号表示

■必要に応じて〈書〉(文章語),〈方〉(方言),〈成〉(成語),〈慣〉(慣用語)などの記号で,使用レベルを示した.

■専門語には〈医〉(医学用語),〈電算〉(コンピュータ用語)などの記号で,その分野を示した.(詳しくは,10の「記号・略号・ラベル一覧」を参照のこと)

■括弧で同義・類義語(＝),反義・対義語(↔)をあげたものもある.

■名詞には必要に応じて,その名詞について使用される代表的な量詞を示した.

用例

■用例は「¶」(パラグラフ記号)で始まりを示した.用例と日本語訳の間は,「/」(スラッシュ)で区切った.また用例中の見出し相当の漢字と語句は,「～」で示した.

■初級者の必要に供するため,用例中にはなるべくピンイン(ローマ字表記)を付けるようにした.ただし,スペースの関係もあり,用例中の簡単な語彙のピンインは割愛した.

コロケーション

■注意したいコロケーション(語と語の慣用的な結びつき)については❖の記号を付して示した.

[例]　**【自行车】zìxíngchē**　　❖骑 *qí*～ / 自転車に乗る.

その他

■語釈・用例で(　)に入れたものは補足説明,《　》に入れたものは説明的な語釈,〔　〕に入れたものは前の語と代替可能なことを表している.

■例文・例句の前に×印が付いたものは,そのような用法はない(間違いである)ことを示す.

7　品詞表示について

品詞分類

■この辞典の品詞分類は次のとおりである.

[名] 名詞	[方位] 方位詞	[動] 動詞
[形] 形容詞	[副] 副詞	[助動] 助動詞
[前] 前置詞(介詞)	[代] 代詞	[疑] 疑問代詞
[数] 数詞	[量] 量詞	[接続] 接続詞
[助] 助詞	[感] 感嘆詞	[擬] 擬態語・擬声語
[接頭] 接頭辞	[接尾] 接尾辞	[接中] 接中辞

■特に,動詞の中でその語構成に着目し,次の三つを設けた.

[動+可補] 動詞+可能補語　　[動+結補] 動詞+結果補語

[動+方補] 動詞+方向補語

■上記の品詞に準ずるものとして,次のものを設けた.

〈成〉 成語・格言(形式)	〈慣〉 慣用語
〈諺〉 ことわざ	〈歇〉 歇後語
〈套〉 常套句	〈型〉 文型
〈挿〉 挿入句	

■上記の分類に当てはまらない,造語成分は◇◆で示した.また,姓氏は[姓]で示し,人名や地名にしか用いられない字や連語などには品詞を明示していないものもある.

8 囲み記事などについて

補足解説 ■重要な見出しには，次の記号によって各種の補足説明を行った.

- 語法　文法上の注意事項，および用法.
- 注意　語彙の用い方や発音の注意事項．および，日中同形語における注意.
- 参考　関連する事項で，中国語学習の上で参考になると思われる事柄.
- 比較　類義語間の意味・用法の違い.

■さらに，多くの語彙や用例に，必要に応じて►の記号を用いて，簡単な補足説明を付けた.

語法ノート ■補語の用法や重要語句の用法について，例文を掲げて詳しく解説を施した.

9 索引・付録・図版について

索引 ■ピンイン(ローマ字表記)が分からない場合を想定して，「部首索引」「総画索引」「音訓索引」の３種の索引を設けた.

付録 ■常用語を中心とした約8,000項目の「日中小辞典」を設けた.

図版 ■日常生活でよく用いられる語彙を知ることができる図解イラストを随所に配した.

10 記号・略号・ラベル一覧

記号

記号	説明
＊＊	重要語を示す.
【　】	見出し語の中国漢字表記.
〖　〗	句型・文型を示す.
-	接尾語を示す.
❶❷	大きな語義分け.
1 2	語義番号.
a b	用法の違いを示す.
①②	細かな語義分け.
◇◆	造語成分.
1声 2声	音節内の四声の始まりを示す.
(＝)	同義語・類義語.
(↔)	反義語・対義語.
✎	筆順.
⚲	見出し字の意味の展開・相互関係を示す.
¶	用例の始まりを示す.
～	見出し相当語の省略を示す.
/	用例中の中国語と日本語の境を示す．また解説文中では代替可能を示す.
“　”	日本語の文中の中国語を示す.
►	訳語・用法等の補足説明を示す.
㊞	見出し語に使われる主な量詞.
⇀	空見出しから主見出しへの参照を示す.

⇨　参考になる関連見出しへの参照を示す.

⬇　下にその熟語が立項されていることを示す.

→　親字あるいは見出し語の用例の空見出しで，それが別の見出し語として下記に立項されていることを示す.

-　行末でピンイン綴りが切れるが，本来は続いていることを示す.

×　間違いの用法を示す.

《 》　説明的な語釈を示す.

（ ）　補足説明を示す.

〔 〕　代替可能を示す.

‖姓　見出し字が姓氏として用いられることを示す.

▶▶　見出し字に別の音があることを示す.

ラベル

〈成〉成語	〈略〉略語	〈書〉書面語
〈口〉口語	〈方〉方言	〈俗〉俗語
〈転〉転義	〈旧〉旧中国で使われていた言葉・語義	
〈近〉近世の白話	〈古〉古代中国で使われていた言葉・語義	
〈諺〉ことわざ	〈套〉挨拶などの儀礼的な常套句	
〈喩〉たとえ・比喩	〈敬〉敬語	〈謙〉謙譲語
〈婉〉婉曲表現	〈慣〉慣用語	〈諧〉諧謔
〈諷〉諷刺・皮肉の表現	〈罵〉罵り言葉	〈貶〉貶し言葉
〈譏〉そしり，非難するニュアンスをもつ言葉		

〈中医〉中国の伝統医学・漢方		〈中薬〉中国薬・漢方薬
〈医〉医学	〈薬〉薬物・薬学	〈宗〉（仏教を除く）宗教
〈仏〉仏教	〈史〉歴史上の事柄	〈物〉物理
〈化〉化学	〈天〉天文・天体	〈気〉気象
〈地〉地理	〈地質〉地質学	〈鉱〉鉱物
〈数〉数学	〈冶〉冶金	〈印〉印刷
〈電〉電気	〈電子〉電子工学	〈電算〉コンピュータ
〈機〉機械	〈紡〉紡績	〈裁〉裁縫
〈無〉無線	〈測〉測量	〈水〉水利・治水
〈音〉音楽	〈美〉美術・美学	〈劇〉演劇
〈映〉映画	〈心〉心理学	〈論〉論理学
〈生理〉生理学	〈生〉生物学	〈生化〉生化学
〈文〉文学	〈語〉言語学・語学	〈商〉商業
〈経〉経済	〈政〉政治	〈法〉法律・司法
〈動〉動物	〈植〉植物	〈虫〉昆虫類・クモ類
〈魚〉魚類	〈貝〉貝類	〈鳥〉鳥類
〈農〉農業	〈林〉林業	〈牧〉牧畜業
〈体〉体育・スポーツ	〈交〉交通	〈自〉自動車
〈環境〉環境		

中国語音節表

声母＼韻母		a [a]	o [o]	e [ɤ]	ê [e]	-i [ʅ]	 [ɿ]	er [ə]	ai [ai]	ei [ei]	ao [au]	ou [ou]	an [an]	en [ən]	ang [aŋ]	eng [əŋ]	ong [uŋ]	i [i]	ia [ia]	io [io]	ie [ie]
ゼロ声母		a ア	o オ	e オ	ê エ			er アル	ai アイ	ei エイ	ao アオ	ou オウ	an アヌ	en エヌ	ang アン	eng オン		yi イ	ya ヤ	yo ヨォ	ye イエ
両唇音	b [p]	ba バ	bo ボ						bai バイ	bei ベイ	bao バオ		ban バヌ	ben ベヌ	bang バン	beng ボン		bi ビ			bie ビエ
	p [p‘]	pa パ	po ポ						pai パイ	pei ペイ	pao パオ	pou ポウ	pan パヌ	pen ペヌ	pang パン	peng ポン		pi ピ			pie ピエ
	m [m]	ma マ	mo モ	me モ					mai マイ	mei メイ	mao マオ	mou モウ	man マヌ	men メヌ	mang マン	meng モン		mi ミ			mie ミエ
唇歯音	f [f]	fa ファ	fo フォ							fei フェイ		fou フォウ	fan ファヌ	fen フェヌ	fang ファン	feng フォン					
舌尖音	d [t]	da ダ		de デェ					dai ダイ	dei デイ	dao ダオ	dou ドウ	dan ダヌ	den デヌ	dang ダン	deng ドン	dong ドォン	di ディ	dia ディア		die ディエ
	t [t‘]	ta タ		te トォ					tai タイ		tao タオ	tou トウ	tan タヌ		tang タン	teng トン	tong トォン	ti ティ			tie ティエ
	n [n]	na ナ		ne ネェ					nai ナイ	nei ネイ	nao ナオ	nou ノウ	nan ナヌ	nen ネヌ	nang ナン	neng ノン	nong ノォン	ni ニ			nie ニエ
	l [l]	la ラ	lo ロ	le レェ					lai ライ	lei レイ	lao ラオ	lou ロウ	lan ラヌ		lang ラン	leng ロン	long ロォン	li リ	lia リア		lie リエ
舌根音	g [k]	ga ガ		ge ゴォ					gai ガイ	gei ゲイ	gao ガオ	gou ゴウ	gan ガヌ	gen ゲヌ	gang ガン	geng ゴン	gong ゴォン				
	k [k‘]	ka カ		ke コォ					kai カイ	kei ケイ	kao カオ	kou コウ	kan カヌ	ken ケヌ	kang カン	keng コン	kong コォン				
	h [x]	ha ハ		he ホ					hai ハイ	hei ヘイ	hao ハオ	hou ホウ	han ハヌ	hen ヘヌ	hang ハン	heng ホン	hong ホォン				
舌面音	j [tɕ]																	ji ジィ	jia ジィア		jie ジエ
	q [tɕ‘]																	qi チィ	qia チア		qie チエ
	x [ɕ]																	xi シィ	xia シア		xie シエ
そり舌音（捲舌音）	zh [tʂ]	zha ジャ		zhe ジョ		zhi ジ			zhai ジャイ	zhei ジェイ	zhao ジャオ	zhou ジョウ	zhan ジャヌ	zhen ジェヌ	zhang ジャン	zheng ジォン	zhong ジョォン				
	ch [tʂ‘]	cha チャ		che チョ		chi チ			chai チャイ		chao チャオ	chou チョウ	chan チャヌ	chen チェヌ	chang チャン	cheng チョン	chong チョォン				
	sh [ʂ]	sha シャ		she ショ		shi シ			shai シャイ	shei シェイ	shao シァオ	shou ショウ	shan シャヌ	shen シェヌ	shang シャン	sheng ション					
	r [ʐ]			re ルォ		ri ルィ					rao ルァオ	rou ルゥォウ	ran ルアヌ	ren ルエヌ	rang ルァン	reng ルォン	rong ルゥォン				
舌歯音	z [ts]	za ザァ		ze ゼォ			zi ズ		zai ザァイ	zei ゼイ	zao ザァオ	zou ゾォウ	zan ザヌ	zen ゼヌ	zang ザン	zeng ゾン	zong ゾォン				
	c [ts‘]	ca ツァ		ce ツォ			ci ツ		cai ツァイ		cao ツァオ	cou ツォウ	can ツァヌ	cen ツェヌ	cang ツァン	ceng ツォン	cong ツォン				
	s [s]	sa サ		se ソォ			si ス		sai サイ		sao サオ	sou ソウ	san サヌ	sen セヌ	sang サン	seng ソン	song ソォン				

〈注１〉日本語の音節が仮名一字に相当するように,中国語の音節は漢字一字に相当する．仮名はほぼ完全な音節文字であり,五十音図は仮名文字の一覧表でもあるが,中国語では音節を代表する漢字が定まっていない．したがってこの表には,音節と漢字との対応は示していない．〈注２〉［　］内は国際音声字母．原則として周殿福編著《国际音标自学手册》(商務印書館 1985年)の簡略表記法に従ったが,日本人の学習者を考慮して一部に変更を加えた．なお仮名は,中国語の音節を日本語で表音表記する場合の書き方を示したもので,発音の表記としては参考程度にしかならない．

中国語の音節は,音節の初めの子音(声母)とそのあとに続く母音を中心とする部分(韻母)と声調とから構成されている.この音節表は,日本語の五十音図にならって,中国語の音節を声母(子音)と韻母(母音)の組み合わせとして一覧表に表したものである.声調は表示せず,また方言や感嘆詞に表れる特殊な音節 (fiao, ng, hm, hng など)は,本辞典に収録したものを含め省略した.

iao [iau]	iou [iou]	ian [ien]	in [in]	iang [iaŋ]	ing [iŋ]	iong [yuŋ]	u [u]	ua [ua]	uo [uo]	uai [uai]	uei [uei]	uan [uan]	uen [uən]	uang [uaŋ]	ueng [uəŋ]	ü [y]	üe [ye]	üan [yan]	ün [yn]
yao ヤオ	you イオウ	yan イェヌ	yin イヌ	yang ヤン	ying イン	yong ヨン	wu ウ	wa ワ	wo ウオ	wai ワイ	wei ウエイ	wan ワヌ	wen ウエヌ	wang ワン	weng ウォン	yu ユィ	yue ユエ	yuan ユアヌ	yun ユヌ
biao ビアオ		bian ビエヌ	bin ビヌ		bing ビン		bu ブゥ												
piao ピアオ		pian ピエヌ	pin ピヌ		ping ピン		pu プゥ												
miao ミアオ	miu ミウ	mian ミエヌ	min ミヌ		ming ミン		mu ムゥ												
							fu フゥ												
diao ディアオ	diu ディウ	dian ディエヌ			ding ディン		du ドゥ		duo ドゥオ		dui ドォイ	duan ドアヌ	dun ドゥヌ						
tiao ティアオ		tian ティエヌ			ting ティン		tu トゥ		tuo トゥオ		tui トォイ	tuan トアヌ	tun トゥヌ						
niao ニアオ	niu ニィウ	nian ニエヌ	nin ニヌ	niang ニアン	ning ニン		nu ヌゥ		nuo ヌオ			nuan ヌアヌ	nun ヌゥヌ			nü ニュ	nüe ニュエ		
liao リアオ	liu リィウ	lian リエヌ	lin リヌ	liang リアン	ling リン		lu ルゥ		luo ルオ			luan ルワヌ	lun ルヌ			lü リュ	lüe リュエ		
							gu グゥ	gua グア	guo グオ	guai グアイ	gui グォイ	guan グアヌ	gun グゥヌ	guang グアン					
							ku クゥ	kua クア	kuo クオ	kuai クアイ	kui クォイ	kuan クアヌ	kun クゥヌ	kuang クアン					
							hu フゥ	hua ホア	huo フオ	huai ホアイ	hui ホォイ	huan ホアヌ	hun フヌ	huang ホアン					
jiao ジアオ	jiu ジィウ	jian ジエヌ	jin ジヌ	jiang ジアン	jing ジン	jiong ジョオン										ju ジュ	jue ジュエ	juan ジュアヌ	jun ジュヌ
qiao チアオ	qiu チィウ	qian チエヌ	qin チヌ	qiang チアン	qing チン	qiong チョン										qu チュイ	que チュエ	quan チュアヌ	qun チュヌ
xiao シアオ	xiu シィウ	xian シエヌ	xin シヌ	xiang シアン	xing シン	xiong ション										xu シュイ	xue シュエ	xuan シュアヌ	xun シュヌ
							zhu ジュ	zhua ジョア	zhuo ジュオ	zhuai ジョアイ	zhui ジョイ	zhuan ジョアヌ	zhun ジュヌ	zhuang ジョアン					
							chu チュ	chua チョア	chuo チュオ	chuai チョアイ	chui チョイ	chuan チョアヌ	chun チュヌ	chuang チョアン					
							shu シュ	shua ショア	shuo シュオ	shuai ショアイ	shui ショイ	shuan ショアヌ	shun シュヌ	shuang ショアン					
							ru ルゥ	rua ルア	ruo ルゥオ		rui ルォイ	ruan ルゥワヌ	run ルゥヌ						
							zu ズゥ		zuo ズオ		zui ズォイ	zuan ズワヌ	zun ズゥヌ						
							cu ツゥ		cuo ツオ		cui ツォイ	cuan ツワヌ	cun ツゥヌ						
							su スゥ		suo スオ		sui スォイ	suan スワヌ	sun スヌ						

〈注 3〉 ê と yo は感嘆詞だけに用いられる. i は[ʅ] [ʅ] [i]の三つの音を表す. iouとueiは前に声母がないときはそれぞれ you・wei,前に声母があるときはそれぞれ-iu・-uiとつづる. uenは前に声母がないときはwen,前に声母があるときは -unとつづる. 〈注 4〉 ①〔パ・ダ…〕などは原音では濁音ではなくて無気の消音.〔パ・タ…〕などは有気音. ②原音はすべて1音節なので,原音に近く発音するには滑らかに一気に発音する必要がある. ③〔…ヌ〕〔…ン〕は韻尾 -n・-ng の区別を便宜的に示したものである.

中国標準字形照合表

本辞典では偏旁のみ簡略化されたものや，字形の一部分だけが変更されたものは原則として異体字にあげなかった．それらについては下にあげる「偏旁に用いる簡化文字一覧」(「簡化字総表第二版」の第二表）と「新旧字形対照表」を参照・照合していただきたい．

偏旁に用いる簡化文字一覧

A 爱[愛]
B 罢[罷]
备[備]
贝[貝]
笔[筆]
毕[畢]
边[邊]
宾[賓]
C 参[參]
仓[倉]
产[産]
长[長]
尝[嘗]
车[車]
齿[齒]
虫[蟲]
刍[芻]
从[從]
窜[竄]
D 达[達]
带[帶]
单[單]
当[當]
[噹]
党[黨]
东[東]
动[動]
断[斷]
对[對]
队[隊]
E 尔[爾]
F 发[發]
[髮]
丰[豐]
风[風]
G 冈[岡]
广[廣]
归[歸]
龟[龜]
国[國]
过[過]
H 华[華]
画[畫]
汇[匯]
[彙]
会[會]
J 几[幾]
夹[夾]
戋[戔]
监[監]
见[見]
荐[薦]
将[將]
节[節]
尽[盡]
[儘]
进[進]
举[舉]
K 壳[殼]
L 来[來]
乐[樂]
离[離]
历[歷]
[曆]
丽[麗]
两[兩]
灵[靈]
刘[劉]
龙[龍]
娄[婁]
卢[盧]
虏[虜]
卤[鹵]
[滷]
录[録]
虑[慮]
仑[侖]
罗[羅]
[囉]
M 马[馬]
买[買]
卖[賣]
麦[麥]
门[門]
黾[黽]
N 难[難]
鸟[鳥]
聂[聶]
宁[寧]
农[農]
Q 齐[齊]
岂[豈]
气[氣]
迁[遷]
佥[僉]
乔[喬]
亲[親]
穷[窮]
区[區]
S 啬[嗇]
杀[殺]
审[審]
圣[聖]
师[師]
时[時]
寿[壽]
属[屬]
双[雙]
肃[肅]
岁[歲]
孙[孫]
T 条[條]
W 万[萬]
为[爲]
韦[韋]
乌[烏]
无[無]
X 献[獻]
乡[鄉]
写[寫]
寻[尋]
Y 亚[亞]
严[嚴]
厌[厭]
尧[堯]
业[業]
页[頁]
义[義]
艺[藝]
阴[陰]
隐[隱]
犹[猶]
鱼[魚]
与[與]
云[雲]
Z 郑[鄭]
执[執]
质[質]
专[專]

偏旁にのみ用いるもの

讠[言]
饣[飠]
𠃓[昜]
纟[糸]
〢又[臤]
𫇧[𤇾]
𫝀[臨]
只[戠]
钅[金]
⺍[𦥯]
𠬤[睪]
𢀖[巠]
亦[䜌]
呙[咼]

新旧字形対照表

注：右横の数字は画数，例は新字

旧	新	例	旧	新	例	旧	新	例	旧	新	例
艹4	艹3	花 草	呂7	吕6	侣 营	直8	直8	值 植	蚤10	蚤9	搔 骚
辶4	辶3	连 速	攸7	攸6	修 倏	黽8	黾8	绳 鼋	敖11	敖10	傲 遨
幵6	开4	型 形	爭8	争6	净 静	咼9	咼8	過 蝸	莽12	莽10	漭 蟒
丰4	丰4	艳 沣	产6	产6	彦 産	垂9	垂8	睡 郵	眞10	真10	慎 填
巨5	巨4	苣 渠	羊7	羊6	差 养	飠9	食8	飲 飽	䍃10	䍃10	摇 遥
屯4	屯4	纯 顿	并8	并6	屏 拼	郎9	郎8	廊 螂	殺11	殺10	摋 鎩
瓦5	瓦4	瓶 瓷	吳7	吴7	蜈 虞	彔8	录8	渌 箓	黃12	黄11	廣 横
反4	反4	板 饭	角7	角7	解 确	昷10	昷9	温 瘟	虛12	虚11	墟 歔
丑4	丑4	纽 杻	奐9	奂7	换 痪	骨10	骨9	滑 骼	異12	異11	冀 戴
犮5	犮5	拔 茇	㡀8	㡀7	敝 弊	鬼10	鬼9	槐 嵬	象12	象11	像 橡
印6	印5	茚	耳8	耳7	敢 嚴	兪9	俞9	偷 渝	奧13	奥12	澳 襖
耒6	耒6	耕 耘	者9	者8	都 著	既11	既9	溉 厩	普13	普12	谱 氆

部首索引

○「部首一覧」は表見返しに掲載した。
○ 画数は部首の画数を差し引いて示してある。漢字の左側の小さな数字は画数を、各段の右側の数字は本文の掲載ページを、それぞれ示す。

1 丶（丨 ノ ㇏ ㇂ ㇃）

2 丸 wán 798
义 yì 928
之 zhī 1003
3 丹 dān 168
为 wéi 807
wèi 811
4 必 bì 46
永 yǒng 944
主 zhǔ 1022
5 乓 pāng 586
州 zhōu 1020
8 举 jǔ 431

2 一（㇀）

0 一 yī 913
1 丁 dīng 198
zhēng 998
二 èr 222
七 qī 608
2 才 cái 78
三 sān 669
上 shǎng 679
shàng 680
万 wàn 801
兀 wù 828
下 xià 839
与 yǔ 957
yù 959
丈 zhàng 986
3 不 bù 66
丑 chǒu 122
丐 gài 263
互 hù 341
井 jǐng 421
廿 niàn 572
卅 sà 668
屯 tún 792
五 wǔ 825
(帀) zā 971
专 zhuān 1027
4 丙 bǐng 59
丛 cóng 144
东 dōng 202
平 píng 600
且 qiě 630
丘 qiū 640
世 shì 707
丝 sī 736
未 wèi 811
5 丞 chéng 110
亘 gèn 281
吏 lì 488
亚 yà 895
夷 yí 924
再 zài 972
6 甫 fǔ 257
更 gēng 281
gèng 282
丽 lí 483
lì 488
两 liǎng 494
求 qiú 641
束 shù 724
严 yán 897
7 表 biǎo 55
(並) bìng 60
奉 fèng 252
亟 jí 371
事 shì 708
些 xiē 865
枣 zǎo 976
8 甭 béng 42
柬 jiǎn 387
甚 shèn 694
歪 wāi 796
奏 zòu 1044
11 棘 jí 372
21 囊 nāng 563
náng 563

3 丨

2 丫 yā 893
3 丰 fēng 248
书 shū 719
中 zhōng 1015
zhòng 1018
4 凹 āo 9
wā 795
半 bàn 24
甲 jiǎ 382
且 qiě 630
申 shēn 689
凸 tū 786
由 yóu 947
5 曲 qū 642
qǔ 644
6 串 chuàn 134
7 畅 chàng 98
果 guǒ 311
8 临 lín 500

4 丿（㇒）

1 九 jiǔ 425
乃 nǎi 560
2 川 chuān 131
(凡) fán 229
及 jí 369
久 jiǔ 426
(么) ma 521
ma 521
yāo 905
么 me 529
乞 qǐ 612
丸 wán 798
义 yì 928
之 zhī 1003
3 丹 dān 168
乏 fá 226
卅 sà 668
升 shēng 694
乌 wū 820
爻 yáo 906
4 册 cè 86
乎 hū 338
乐 lè 479
yuè 967
丘 qiū 640
失 shī 699
乍 zhà 981
5 丢 diū 201
年 nián 571
乒 pāng 586
乓 pīng 600
乔 qiáo 628
向 xiàng 856
兆 zhào 989
朱 zhū 1021
6 囱 cōng 143
卵 luǎn 514
7 卑 bēi 35
秉 bǐng 59
垂 chuí 136
乖 guāi 299
8 重 chóng 119
zhòng 1019
胤 yìn 938
禹 yǔ 959
9 乘 chéng 111
shèng 698
11 粤 yuè 968
13 睾 gāo 274

5 乛（乙 ⺄ ㇆ ㇇ 亅 ㇄ ㇃）

0 乙 yǐ 926
1 刁 diāo 195
了 le 479
liǎo 497
乃 nǎi 560
2 飞 fēi 240
乞 qǐ 612
习 xí 834
乡 xiāng 850
也 yě 910
3 巴 bā 12
丑 chǒu 122
书 shū 719
尹 yǐn 936
予 yú 955
yǔ 958
4 民 mín 543
司 sī 736
5 买 mǎi 522
6 乱 luàn 514
7 承 chéng 110
乳 rǔ 664
虱 shī 701
事 shì 708
8 (飛) fēi 240
10 (乾) gān 264
乾 qián 623

6 丷

3 兰 lán 472
4 并 bìng 60
关 guān 300
7 前 qián 621
兹 zī 1035
8 兼 jiān 386
9 兽 shòu 719

7 亠

1 亡 wáng 802
2 卞 biàn 51
亢 kàng 447
六 liù 507
3 市 shì 707
玄 xuán 886
4 产 chǎn 93
充 chōng 118
亥 hài 317
交 jiāo 396
亦 yì 929
5 亨 hēng 332
亩 mǔ 553
6 京 jīng 418
氓 máng 526
享 xiǎng 854
夜 yè 912
卒 zú 1044
7 哀 āi 2
帝 dì 189

亮 liàng 495
亭 tíng 776
8 高 gāo 271
衮 gǔn 309
离 lí 483
旁 páng 586
衰 shuāi 726
衷 zhōng 1018
9 (産) chǎn 93
毫 háo 321
率 lǜ 514
(率) shuài 727
率 shuài 727
商 shāng 679
10 就 jiù 428
亵 xiè 868
11 禀 bǐng 60
(稟) bǐng 60
雍 yōng 943
12 裹 guǒ 312
豪 háo 322
13 褒 bāo 30
15 (甕) wèng 818
襄 xiāng 853

8 冫(冫)

1 习 xí 834
3 冬 dōng 202
冯 féng 251
4 冰 bīng 58
冲 chōng 118
chòng 120
次 cì 142
决 jué 436
5 冻 dòng 204
况 kuàng 464
冷 lěng 482
冶 yě 911
6 净 jìng 423
冽 liè 499
冼 xiǎn 847
枣 zǎo 976
8 凋 diāo 195
(凍) dòng 204
凉 liáng 493
liàng 496
凌 líng 502
凄 qī 608
准 zhǔn 1033
9 凑 còu 144
减 jiǎn 387
13 凛 lǐn 501
(凜) lǐn 501
14 凝 níng 574

9 冖

2 冗 rǒng 662
3 写 xiě 867
4 军 jūn 438
农 nóng 576
5 罕 hǎn 319
7 冠 guān 302
guàn 303
8 冥 míng 547
冤 yuān 962
冢 zhǒng 1018

10 讠(言)

0 言 yán 897
2 订 dìng 200
讣 fù 258
讥 jī 365
计 jì 374
认 rèn 658
3 讧 hòng 336
记 jì 375
讫 qì 617
让 ràng 651
讪 shàn 677
讨 tǎo 761
(託) tuō 792
训 xùn 892
讯 xùn 892
议 yì 929
4 讹 é 219
访 fǎng 238
讽 fěng 252
讳 huì 358
讲 jiǎng 394
诀 jué 436
论 lún 515
lùn 516
讷 nè 565
讴 ōu 581
设 shè 687
讼 sòng 742
许 xǔ 884
讶 yà 895
5 词 cí 139
诋 dǐ 186
诂 gǔ 294
评 píng 602
识 shí 704
zhì 1012
诉 sù 744
译 yì 930
(詠) yǒng 944
诈 zhà 981
诏 zhào 990
诊 zhěn 996
证 zhèng 1002
诌 zhōu 1020
(註) zhù 1025
诅 zǔ 1045
6 诧 chà 91
诚 chéng 110
诞 dàn 171
该 gāi 262
诟 gòu 291
诡 guǐ 308
话 huà 347
诙 huī 354
诨 hùn 360
诘 jié 407
(誇) kuā 461
诓 kuāng 464
诠 quán 647
诗 shī 701
试 shì 709
誊 téng 764
详 xiáng 853
诩 xǔ 884
询 xún 891
诣 yì 931
誉 yù 961
詹 zhān 982
诤 zhèng 1003
诛 zhū 1021
7 (誖) bèi 39
诰 gào 275
诲 huì 358
诫 jiè 411
诳 kuáng 464
(認) rèn 658
誓 shì 712
说 shuì 732
shuō 733
诵 sòng 742
诬 wū 821
误 wù 829
诱 yòu 955
语 yǔ 959
(誌) zhì 1012
8 谄 chǎn 94
调 diào 196
tiáo 772
读 dòu 207
dú 208
诽 fěi 242
课 kè 454
谅 liàng 496
(論) lún 515
lùn 516
诺 nuò 580
请 qǐng 639
谁 shéi 688
shuí 729
谈 tán 755
谊 yì 931
谀 yú 956
诸 zhū 1021
谆 zhūn 1033
9 谙 ān 7
谗 chán 93
谛 dì 190
谍 dié 197
谎 huǎng 353
(諱) huì 358
谏 jiàn 392
谜 mèi 534
mí 538
谋 móu 552
谝 piǎn 596
(謚) shì 712
谓 wèi 813
谐 xié 866
谑 xuè 890
谚 yàn 902
谒 yè 913
谕 yù 961
(諮) zī 1035
10 谤 bàng 28
(譁) huá 345
(講) jiǎng 394
谧 mì 539
谦 qiān 620
谥 shì 712
谢 xiè 868
谣 yáo 906
(謅) zhōu 1020
11 谫 jiǎn 389
谨 jǐn 415
谩 mán 523
màn 525
谬 miù 548
(謳) ōu 581
谪 zhé 992
12 (譌) é 219
(譏) jī 365
警 jǐng 422
谲 jué 438
谱 pǔ 607
(識) shí 704
zhì 1012
谭 tán 756
(證) zhèng 1002
zhèng 1003
13 (護) hù 341
譬 pì 595
谴 qiǎn 624
(議) yì 929
(譯) yì 930
(譽) yù 961
(譟) zào 977
谵 zhān 982
14 辩 biàn 53
(讁) zhé 992
15 (讀) dòu 207
dú 208
(譾) jiǎn 389
16 (讐) chóu 121
chóu 122
雠 chóu 122
17 (讒) chán 93
谶 chèn 107
(讓) ràng 651
18 (讛) yì 930
19 (讚) zàn 974

11 二(二)

0 二 èr 222
1 亍 chù 130
亏 kuī 465
2 井 jǐng 421
五 wǔ 825

云 yún 968
专 zhuān 1027
3 式 èr 223
4 亘 gèn 281
6 些 xiē 865
(亞) yà 895

12 十（十 十 †）

1 千 qiān 619
2 廿 niàn 572
升 shēng 694
午 wǔ 827
3 半 bàn 24
古 gǔ 293
卉 huì 357
卌 xì 836
4 华 huá 344
huà 346
协 xié 865
5 克 kè 452
6 卑 bēi 35
单 chán 93
dān 168
卖 mài 523
丧 sāng 671
sàng 671
(協) xié 865
直 zhí 1007
卓 zhuó 1034
卒 zú 1044
7 南 nán 561
8 索 suǒ 750
真 zhēn 995
9 啬 sè 673
10 博 bó 64
(喪) sāng 671
sàng 671
11 (嗇) sè 673
(準) zhǔn 1033
12 兢 jīng 420
13 十 shí 702
19 颦 pín 599

13 厂

0 厂 chǎng 97
2 厄 è 219
反 fǎn 231
历 lì 487
厅 tīng 775
仄 zè 978
3 厉 lì 487
4 后 hòu 336
压 yā 893
yà 895
厌 yàn 901
6 厕 cè 87
(厓) yá 894
质 zhì 1013
7 盾 dùn 216
厚 hòu 337
厘 lí 483
(厖) páng 586
8 原 yuán 963
9 厩 jiù 428
厢 xiāng 853
10 厨 chú 128
厥 jué 438
厦 shà 675
xià 843
雁 yàn 902
12 (廠) chǎng 97
(厲) lì 487
厮 sī 737
(厭) yàn 901
愿 yuàn 966
13 (鴈) yàn 902
厣 yè 913
14 (歷) lì 487
(曆) lì 487
赝 yàn 902
15 (壓) yā 893
yà 895
20 (贗) yàn 902
21 (魘) yǎn 901
(厴) yè 913

14 匚

2 巨 jù 432
匹 pǐ 594
区 qū 642
3 叵 pǒ 603
匝 zā 971
4 匠 jiàng 395
匡 kuāng 464
5 匣 xiá 838
医 yī 922
8 匪 fěi 242
匿 nì 570
9 匾 biǎn 51
匮 kuì 466
(區) qū 642
11 (匯) huì 357

15 卜（⺊）

0 卜 bǔ 65
1 上 shǎng 679
shàng 680
下 xià 839
2 卞 biàn 51
3 卡 kǎ 440
qiǎ 618
卢 lú 510
占 zhān 982
zhàn 983
4 贞 zhēn 995
6 卦 guà 298
卧 wò 819
卓 zhuó 1034

16 冂（⺆ 𠘨）

2 冈 gāng 269
内 nèi 566
3 册 cè 86
(冊) cè 86
冉 rǎn 651
甩 shuǎi 727
用 yòng 944
4 同 tóng 779
tòng 782
网 wǎng 803
再 zài 972
6 (岡) gāng 269
罔 wǎng 803
周 zhōu 1020

17 刂

2 刈 yì 929
3 刊 kān 444
4 创 chuāng 134
chuàng 135
刚 gāng 269
划 huá 344
huà 346
列 liè 498
刘 liú 505
刎 wěn 816
刑 xíng 875
则 zé 977
5 刨 bào 33
páo 587
别 bié 56
biè 57
(刦) jié 407
刭 jǐng 422
利 lì 488
判 pàn 585
删 shān 676
(刪) shān 676
6 刹 chà 91
shā 674
刺 cī 139
cì 142
到 dào 177
剁 duò 218
(刴) duò 218
刮 guā 297
刽 guì 309
剂 jì 376
刻 kè 452
刷 shuā 725
制 zhì 1012
7 剐 guǎ 298
剑 jiàn 391
荆 jīng 419
(剄) jǐng 422
(剋) kè 452
剋 kēi 454
剃 tì 766
削 xiāo 857
xuē 888
8 剥 bāo 30
bō 62
(剛) gāng 269
(剮) guǎ 298
剧 jù 433
剖 pōu 605
剔 tī 764
剜 wān 798
9 副 fù 260
10 (創) chuāng 134
chuàng 135
割 gē 276
剩 shèng 699
11 剿 chāo 100
jiǎo 401
剽 piāo 597
12 (劃) huá 344
huà 346
(劄) zhā 980
13 (劊) guì 309
(劍) jiàn 391
(劇) jù 433
(劉) liú 505
14 (劑) jì 376

18 八（丷）

0 八 bā 11
2 分 fēn 244
fèn 247
(分) fèn 247
公 gōng 284
六 liù 507
兮 xī 830
4 共 gòng 288
兴 xīng 874
xìng 877
5 兵 bīng 59
6 典 diǎn 191
具 jù 433
其 qí 610
7 叛 pàn 586
酋 qiú 642
总 zǒng 1041
10 曾 céng 88
zēng 979
奠 diàn 195
巽 xùn 892
12 舆 yú 957
14 冀 jì 378

19 人（亻入）

0 人 rén 654
入 rù 665
1 个 gě 278
gè 278
2 仓 cāng 84
从 cóng 143
介 jiè 410
今 jīn 412
仑 lún 515
以 yǐ 926
3 丛 cóng 144
令 lǐng 503
lìng 504

4 合 gě 278
hé 326
会 huì 357
kuài 461
企 qǐ 612
全 quán 646
伞 sǎn 670
众 zhòng 1019
5 (夾) gā 262
jiā 379
jiá 381
含 hán 318
佘 shé 687
余 yú 955
6 (兩) liǎng 494
(侖) lún 515
命 mìng 548
舍 shě 687
shè 688
7 俞 yú 956
俎 zǔ 1045
8 (倉) cāng 84
10 禽 qín 632
(傘) sǎn 670
舒 shū 721
11 (會) huì 357
kuài 461
13 (舖) pù 607
14 (舘) guǎn 302

20 𠂉

4 年 nián 571

21 亻

1 亿 yì 928
2 仇 chóu 121
qiú 641
化 huā 342
huà 345
仅 jǐn 413
jìn 415
仆 pū 605
pú 606
仁 rén 657
仍 réng 660
什 shén 692
shí 702
3 代 dài 165
付 fù 258
仡 gē 276
们 men 535
仫 mù 555
仟 qiān 619
仞 rèn 659
仨 sā 668
仕 shì 707
他 tā 751
仙 xiān 843
仪 yí 924
仔 zǎi 972
zǐ 1036
仗 zhàng 986
4 伥 chāng 94
伐 fá 227
仿 fǎng 237
份 fèn 247
伏 fú 253
伙 huǒ 363
伎 jì 375
价 jià 383
件 jiàn 390
伉 kàng 447
伦 lún 515
任 rèn 659
伤 shāng 678
似 shì 708
sì 740
佤 wǎ 795
伟 wěi 809
伪 wěi 809
伍 wǔ 827
休 xiū 880
仰 yǎng 904
伊 yī 922
优 yōu 945
伛 yǔ 958
仲 zhòng 1018
伫 zhù 1024
5 伯 bǎi 19
bó 63
伴 bàn 26
(佈) bù 76
传 chuán 132
zhuàn 1029
伺 cì 142
sì 740
但 dàn 171
低 dī 184
佃 diàn 194
tián 770
佛 fó 252
伽 gā 262
qié 630
佝 gōu 289
估 gū 291
gù 295
何 hé 327
伶 líng 501
你 nǐ 569
佞 nìng 575
伸 shēn 689
体 tī 764
tǐ 766
位 wèi 812
佣 yōng 943
yòng 945
攸 yōu 946
佑 yòu 954
(佇) zhù 1024
住 zhù 1024
作 zuō 1048
zuò 1049
(作) zuò 1051
佐 zuǒ 1049
6 佰 bǎi 19
(併) bìng 60
侧 cè 87
侈 chǐ 116
侗 dòng 204
供 gōng 287
gòng 289
佳 jiā 380
侥 jiǎo 400
佼 jiǎo 400
侃 kǎn 445
侩 kuài 463
佬 lǎo 478
例 lì 489
侣 lǚ 513
侬 nóng 577
佩 pèi 589
侨 qiáo 628
使 shǐ 706
侍 shì 709
佻 tiāo 771
侠 xiá 838
佯 yáng 903
依 yī 922
侦 zhēn 995
侄 zhí 1008
侏 zhū 1021
7 保 bǎo 31
便 biàn 52
pián 596
促 cù 146
俄 é 219
俘 fú 255
侯 hóu 336
俭 jiǎn 387
俊 jùn 439
俚 lǐ 485
俪 lì 489
俐 lì 489
俩 liǎ 490
liǎng 495
俏 qiào 629
侵 qīn 631
俟 sì 740
俗 sú 743
侮 wǔ 827
(係) xì 836
(俠) xiá 838
(信) xìn 873
信 xìn 873
修 xiū 880
俨 yǎn 899
俑 yǒng 944
8 俺 ǎn 7
倍 bèi 38
俵 biào 56
(倀) chāng 94
倘 cháng 96
tǎng 759
倡 chàng 99
倒 dǎo 176
dào 177
(倣) fǎng 237
俸 fèng 252
俯 fǔ 257
(個) gě 278
gè 278
候 hòu 338
健 jiàn 392
借 jiè 411
俱 jù 433
倨 jù 433
倦 juàn 435
倔 jué 437
juè 438
(倆) liǎ 490
liǎng 495
(倫) lún 515
俳 pái 583
倩 qiàn 624
倾 qīng 635
倏 shū 720
倜 tì 766
(條) tiáo 771
倭 wō 818
(倖) xìng 878
俢 xiū 881
倚 yǐ 928
债 zhài 982
值 zhí 1008
9 偿 cháng 97
假 jiǎ 382
jià 384
傀 kuǐ 466
偶 ǒu 581
偏 piān 595
停 tíng 776
偷 tōu 783
偎 wēi 806
(偉) wěi 809
偕 xié 866
偃 yǎn 901
做 zuò 1051
10 傲 ào 10
傍 bàng 28
(備) bèi 37
傧 bīn 57
储 chǔ 129
傣 dǎi 165
傅 fù 261
傢 jiā 381
(傑) jié 407
傈 lì 489
傥 tǎng 759
11 (傳) chuán 132
zhuàn 1029
催 cuī 147
(僅) jǐn 413
jìn 415
傻 shǎ 674
(傷) shāng 678

像 xiàng 857
(傭) yōng 943
(傴) yǔ 958
12(僱) gù 297
僭 jiàn 393
(僥) jiǎo 400
儆 jǐng 422
僚 liáo 497
(僕) pú 606
(僑) qiáo 628
僧 sēng 673
僳 sù 745
(僞) wěi 809
(僊) xiān 843
13(價) jià 383
(儉) jiǎn 387
僵 jiāng 394
(儈) kuài 463
(儂) nóng 577
僻 pì 595
(儀) yí 924
(億) yì 928
14(儐) bīn 57
(儘) jǐn 413
儒 rú 664
(優) yōu 945
15(償) cháng 97
儡 lěi 481
19(儷) lì 489
(儼) yǎn 899
(儹) zǎn 974
20(儻) tǎng 759
tǎng 759

22 ⺈

3 刍 chú 127
4 争 zhēng 998

23 勹

1 勺 sháo 685
2 勾 gōu 289
gòu 290
勿 wù 828
匀 yún 969
3 包 bāo 28
匆 cōng 142
(句) gōu 289
句 gōu 289
(句) gòu 290
句 jù 432
4 匈 xiōng 879
旬 xún 890
5 甸 diàn 194
7 匍 pú 606
8(芻) chú 127
9 匐 fú 256
(夠) gòu 291

24 几(⺇)

1 凡 fán 229
2 凤 fèng 252
4 凫 fú 254
夙 sù 744
6 凯 kǎi 444
凭 píng 602
咒 zhòu 1021
9 凰 huáng 353
10(凱) kǎi 444
12 凳 dèng 184
(鳳) fèng 252
14 几 jī 365
jǐ 373

25 儿

0 儿 ér 221
1 兀 wù 828
2 无 mó 548
wú 821
元 yuán 962
3 兄 xiōng 879
4 充 chōng 118
光 guāng 304
先 xiān 843
(兇) xiōng 879
兆 zhào 989
5 兑 duì 215
克 kè 452
免 miǎn 540
(兎) tù 788
6(兒) ér 221
兔 tù 788
8 党 dǎng 173
竞 jìng 423
9 兜 dōu 205

26 匕

0 匕 bǐ 44
3 北 běi 36
4 旨 zhǐ 1010
9 匙 chí 116
shi 712
12 疑 yí 925

27 マ

2 予 yú 955
yǔ 958

28 又(ヌ)

0 又 yòu 954
1 叉 chā 88
chá 89
chǎ 91
2 邓 dèng 184
反 fǎn 231
劝 quàn 648
双 shuāng 727
友 yǒu 950
3 对 duì 213
发 fā 224
fà 228
圣 shèng 698
4 观 guān 301
guàn 303
欢 huān 348
戏 xì 836
5 鸡 jī 367
6 变 biàn 52
艰 jiān 386
取 qǔ 644
受 shòu 717
叔 shū 720
7 叛 pàn 586
叟 sǒu 743
叙 xù 884
8 难 nán 562
nàn 563
11 叠 dié 197
14(叡) ruì 667
18 矍 jué 438

29 廴

4 廷 tíng 776
(廵) xún 891
延 yán 897
5(廸) dí 186
(廹) pǎi 584
6(廻) huí 354
建 jiàn 391

30 厶

1(么) ma 521
ma 521
么 me 529
(么) yāo 905
2 云 yún 968
允 yǔn 969
3 弁 biàn 51
去 qù 645
台 tái 752
4 丢 diū 201
牟 móu 552
5 县 xiàn 848
矣 yǐ 928
6 参 cān 81
cēn 87
shēn 691
叁 sān 670
7 垒 lěi 481
8 畚 běn 41
能 néng 567
9(參) cān 81
cēn 87
shēn 691

31 卩(㔾)

1 卫 wèi 810
3 卯 mǎo 528
印 yìn 937
4 危 wēi 805
5 即 jí 371
卵 luǎn 514
却 què 649
6 卷 juǎn 435
juàn 435
7(卻) què 649
卸 xiè 867
8 卿 qīng 636

32 阝(阜)

0 阜 fù 259
2 队 duì 213
3 阡 qiān 619
4(阪) bǎn 22
(阨) è 219
防 fáng 236
阶 jiē 403
阱 jǐng 422
阮 ruǎn 666
阳 yáng 903
阴 yīn 933
阵 zhèn 997
5 阿 ā 1
(阿) a 1
阿 ē 219
陂 bēi 35
陈 chén 105
附 fù 259
际 jì 376
陆 liù 507
lù 511
陇 lǒng 509
陀 tuó 794
阻 zǔ 1045
6 降 jiàng 395
xiáng 854
陋 lòu 510
陌 mò 551
陕 shǎn 677
限 xiàn 849
7 陛 bì 47
除 chú 127
陡 dǒu 206
(陝) shǎn 677
(陞) shēng 694
险 xiǎn 847
院 yuàn 966
陨 yǔn 969
8(陳) chén 105
陲 chuí 137
陵 líng 502
(陸) liù 507
lù 511
陪 péi 588
陶 táo 760
陷 xiàn 849
(陰) yīn 933
9(隄) dī 185
(隊) duì 213
(階) jiē 403
隆 lóng 508
隋 suí 747
随 suí 747
(陽) yáng 903
隐 yǐn 937
隅 yú 957

10 隘 ài 5
隔 gé 278
隙 xì 837
11 (際) jì 376
(隙) xì 837
障 zhàng 987
12 (隣) lín 499
(隨) suí 747
隧 suì 748
13 (險) xiǎn 847
14 (隱) yǐn 937
16 (隴) lǒng 509

33 阝(邑)

0 邑 yì 930
2 邓 dèng 184
3 邝 kuàng 464
邛 qióng 639
4 邦 bāng 26
(邨) cūn 148
邡 fāng 235
(那) nǎ 557
那 nà 558
nèi 567
邪 xié 866
邢 xíng 875
5 邸 dǐ 186
邯 hán 318
邻 lín 499
邱 qiū 640
邵 shào 686
邰 tái 753
邮 yóu 947
邹 zōu 1042
6 郊 jiāo 398
郎 láng 473
郇 xún 891
耶 yē 909
yé 910
郁 yù 959
郑 zhèng 1003
7 郝 hǎo 324
郡 jùn 439
郗 xī 832
8 部 bù 77
郸 dān 170
都 dōu 205
dū 207
郭 guō 310
郫 pí 594
(郵) yóu 947
9 鄂 è 220
(鄉) xiāng 850
10 (鄒) zōu 1042
11 鄙 bǐ 46
12 (鄲) dān 170
(鄧) dèng 184
(鄰) lín 499
鄱 pó 603
(鄭) zhèng 1003
14 (鄺) kuàng 464
18 酆 fēng 251

34 凵

2 凶 xiōng 879
3 凹 āo 9
wā 795
出 chū 123
击 jī 365
凸 tū 786
6 函 hán 318
画 huà 346
10 凿 záo 976

35 刀

0 刀 dāo 175
1 刃 rèn 658
(刄) rèn 658
2 分 fēn 244
fèn 247
(分) fèn 247
切 qiē 630
qiè 630
3 召 zhào 989
5 初 chū 127
6 券 quàn 648
9 剪 jiǎn 388
13 劈 pī 593
pǐ 595

36 力

0 力 lì 486
2 办 bàn 23
劝 quàn 648
3 功 gōng 287
加 jiā 378
4 动 dòng 203
劣 liè 499
5 劫 jié 407
劲 jìn 417
jìng 422
励 lì 488
努 nǔ 578
劭 shào 686
助 zhù 1024
6 劾 hé 328
势 shì 708
(効) xiào 864
7 勃 bó 63
(勅) chì 118
(勁) jìn 417
jìng 422
勉 miǎn 540
勋 xūn 890
勇 yǒng 944
9 (動) dòng 203
勘 kān 445
勒 lè 479
lēi 480
10 (勞) láo 474
募 mù 555
11 勤 qín 632
(勢) shì 708
14 (勵) lì 488
(勳) xūn 890
17 (勸) quàn 648

37 了

0 了 le 479
liǎo 497
6 承 chéng 110
亟 jí 371

38 氵

2 氾 fán 230
(氾) fàn 234
汉 hàn 319
汇 huì 357
汀 tīng 775
汁 zhī 1005
3 汊 chà 91
池 chí 115
(汎) fàn 234
汗 hán 318
hàn 319
汲 jí 370
江 jiāng 393
汝 rǔ 664
汕 shàn 677
汤 tāng 757
污 wū 820
(汙) wū 820
汐 xī 831
汛 xùn 892
4 汴 biàn 52
沧 cāng 84
沉 chén 105
(沈) chén 105
沈 shěn 693
(沖) chōng 118
泛 fàn 234
汾 fén 246
沟 gōu 290
沪 hù 342
(決) jué 436
沥 lì 488
沦 lún 515
没 méi 529
mò 550
汨 mì 538
沐 mù 555
沤 òu 581
沛 pèi 589
沏 qī 608
汽 qì 617
沁 qìn 633
沙 shā 673
汰 tài 754
汪 wāng 802
汶 wèn 817
沃 wò 819
汹 xiōng 879
5 波 bō 62
泊 bó 63
pō 603
法 fǎ 227
沸 fèi 243
泔 gān 266
沽 gū 292
河 hé 328
浅 jiān 385
qiǎn 623
泾 jīng 418
沮 jǔ 431
泪 lèi 481
泌 mì 539
泯 mǐn 544
沫 mò 551
泥 ní 568
nì 570
泞 nìng 575
泡 pāo 587
pào 588
泼 pō 603
泣 qì 617
泗 sì 740
(泝) sù 745
沱 tuó 794
泄 xiè 867
泻 xiè 867
沿 yán 898
泳 yǒng 944
油 yóu 948
泽 zé 978
沾 zhān 982
沼 zhǎo 989
治 zhì 1013
注 zhù 1025
6 测 cè 87
洞 dòng 204
洪 hóng 335
浒 hǔ 341
浑 hún 359
活 huó 360
济 jǐ 374
jì 377
浃 jiā 380
浇 jiāo 398
洁 jié 407
津 jīn 413
浏 liú 505
洛 luò 517
浓 nóng 577
派 pài 584
洽 qià 618
洒 sǎ 668
洼 wā 795
洗 xǐ 834
xiǎn 847
涎 xián 846
(洩) xiè 867
(洶) xiōng 879
洵 xún 891
浔 xún 891
洋 yáng 904

洲 zhōu 1020
浊 zhuó 1034
7 浜 bāng 27
涤 dí 186
浮 fú 255
浬 hǎilǐ 316
lǐ 486
海 hǎi 316
浩 hào 325
涣 huàn 350
浣 huàn 351
(浹) jiā 380
涧 jiàn 392
浸 jìn 417
(涇) jīng 418
酒 jiǔ 426
涓 juān 434
浚 jùn 439
浪 làng 474
涝 lào 479
涟 lián 491
流 liú 506
涅 niè 574
浦 pǔ 607
润 rùn 667
涩 sè 673
涉 shè 688
涑 sù 744
涛 tāo 760
涕 tì 766
涂 tú 787
涡 wō 818
消 xiāo 857
涌 yǒng 944
浴 yù 960
涨 zhǎng 986
zhàng 987
浙 zhè 994
浞 zhuó 1034
8 淳 chún 138
淬 cuì 148
淡 dàn 171
淀 diàn 195
渎 dú 209
淝 féi 242
涵 hán 318
涸 hé 329
鸿 hóng 335
淮 huái 348
混 hún 359
hùn 360
(淺) jiān 385
qiǎn 623
渐 jiān 386
jiàn 392
(淨) jìng 423
(淚) lèi 481
(涼) liáng 493
liàng 496
淋 lín 500
lìn 501
(淩) líng 502
(淪) lún 515
清 qīng 636
深 shēn 691
渗 shèn 694
淑 shū 720
涮 shuàn 727
淌 tǎng 759
淘 táo 761
添 tiān 770
(渦) wō 818
淅 xī 832
淆 xiáo 859
涯 yá 894
淹 yān 896
液 yè 912
淫 yín 935
淤 yū 955
渔 yú 957
渊 yuān 962
渍 zì 1040
9 渤 bó 64
渡 dù 210
溉 gài 264
港 gǎng 270
湖 hú 340
滑 huá 345
溅 jiàn 392
渴 kě 452
溃 kuì 466
渺 miǎo 543
湃 pài 584
湿 shī 701
(湯) tāng 757
湍 tuān 789
湾 wān 798
渭 wèi 813
温 wēn 813
渥 wò 820
湘 xiāng 853
渲 xuàn 888
湮 yān 896
游 yóu 949
渝 yú 957
(淵) yuān 962
渣 zhā 980
湛 zhàn 984
滞 zhì 1014
滋 zī 1036
10 滗 bì 48
滨 bīn 57
(滄) cāng 84
(滌) dí 186
滇 diān 190
(溝) gōu 290
滚 gǔn 309
(滙) huì 357
滥 làn 473
漓 lí 484
溜 liū 504
(溜) liū 505
溜 liù 508
滤 lǜ 514
满 mǎn 524
(滅) miè 543
漠 mò 551
溺 nì 570
(溺) niào 573
滂 pāng 586
溥 pǔ 607
溶 róng 662
溯 sù 745
溻 tā 751
滩 tān 755
溏 táng 758
滔 tāo 760
溪 xī 833
溴 xiù 882
溢 yì 932
源 yuán 965
滓 zǐ 1037
11 漕 cáo 85
滴 dī 185
(滾) gǔn 309
(漢) hàn 319
(滬) hù 342
潢 huáng 353
漏 lòu 510
(滷) lǔ 511
漉 lù 512
(滿) mǎn 524
漫 màn 525
(漚) òu 581
漂 piāo 597
piǎo 598
piào 598
漆 qī 609
漱 shù 725
潇 xiāo 859
漩 xuán 887
演 yǎn 901
漾 yàng 905
漪 yī 924
(漲) zhǎng 986
zhàng 987
(滯) zhì 1014
12 澳 ào 10
(潷) bì 48
潺 chán 93
潮 cháo 101
澈 chè 104
澄 chéng 112
dèng 184
(澂) chéng 112
(澆) jiāo 398
(潔) jié 407
澜 lán 473
(澇) lào 479
潦 liáo 497
潘 pān 584
澎 péng 591
(潑) pō 603
潽 pū 606
潜 qián 623
潸 shān 677
潭 tán 756
(潯) xún 891
13 濒 bīn 57
(澱) diàn 195
(澣) huàn 351
激 jī 369
濂 lián 492
(濛) méng 536
(濃) nóng 577
澡 zǎo 977
(澤) zé 978
(濁) zhuó 1034
14 (濱) bīn 57
(濠) háo 322
(濟) jǐ 374
jì 377
(濬) jùn 439
(濶) kuò 467
(濫) làn 473
(濘) nìng 575
濡 rú 664
(澀) sè 673
(濕) shī 701
(濤) tāo 760
濯 zhuó 1035
15 (瀆) dú 209
(濺) jiàn 392
(瀏) liú 505
(濾) lǜ 514
瀑 pù 607
(瀋) shěn 693
(瀉) xiè 867
16 瀚 hàn 320
(瀝) lì 488
(瀟) xiāo 859
瀛 yíng 941
17 灌 guàn 304
19 (灑) sǎ 668
(灘) tān 755
21 灞 bà 15
22 (灣) wān 798

39 忄

1 忆 yì 929
3 忏 chàn 94
忖 cǔn 149
忙 máng 526
4 怅 chàng 98
忱 chén 105
怆 chuàng 136
怀 huái 347
忾 kài 444
(忼) kāng 447
快 kuài 462
忸 niǔ 576
怄 òu 581
忤 wǔ 827
忧 yōu 946
5 怖 bù 77

怵 chù 130
(怵) chù 130
佛 fú 255
怪 guài 299
怜 lián 491
怕 pà 582
怦 pēng 591
怯 qiè 630
性 xìng 878
怏 yàng 905
怡 yí 924
怔 zhēng 999
zhèng 1003
6 恻 cè 87
恫 dòng 205
恨 hèn 332
恒 héng 332
(恆) héng 332
恍 huǎng 353
恢 huī 354
恪 kè 453
恼 nǎo 564
恰 qià 618
恃 shì 711
恬 tián 770
恸 tòng 782
恤 xù 885
恂 xún 891
(恉) zhǐ 1010
7 悖 bèi 39
悍 hàn 320
悔 huǐ 356
悯 mǐn 545
悭 qiān 620
悄 qiāo 627
qiǎo 629
悚 sǒng 742
悌 tì 767
(悞) wù 829
悟 wù 829
悒 yì 931
悦 yuè 968
8 惭 cán 83
惨 cǎn 83
(悵) chàng 98
惆 chóu 121
悼 dào 178
惦 diàn 195
惯 guàn 303
惚 hū 339
悸 jì 377
惊 jīng 419
惧 jù 433
惬 qiè 631
情 qíng 637
惕 tì 767
惋 wǎn 800
惘 wǎng 804
惟 wéi 808
惜 xī 832
悻 xìng 879
9 惰 duò 218
愕 è 220
愤 fèn 247
慌 huāng 351
惶 huáng 353
慨 kǎi 444
愧 kuì 466
愣 lèng 483
(惱) nǎo 564
(愜) qiè 631
(惸) qióng 640
惺 xīng 875
愉 yú 957
愠 yùn 970
惴 zhuì 1033
10 (愴) chuàng 136
(愾) kài 444
(慄) lì 489
慎 shèn 694
11 (慘) cǎn 83
慷 kāng 447
慢 màn 525
(慪) òu 581
(慳) qiān 620
(慟) tòng 782
12 懊 ào 10
憧 chōng 119
懂 dǒng 203
憬 jǐng 422
(憐) lián 491
憔 qiáo 628
(憮) wǔ 827
憎 zēng 979
13 憷 chù 130
憾 hàn 320
懒 lǎn 473
(懜) měng 537
懈 xiè 868
(憶) yì 929
14 懦 nuò 580
15 懵 měng 537
16 (懷) huái 347
17 (懺) chàn 94
18 (懼) jù 433

40 宀

2 宁 níng 574
nìng 575
它 tā 751
3 安 ān 5
守 shǒu 716
宇 yǔ 958
宅 zhái 981
字 zì 1039
4 宏 hóng 335
牢 láo 475
宋 sòng 742
完 wán 798
灾 zāi 972
5 宝 bǎo 30
宠 chǒng 120
定 dìng 200
官 guān 301
审 shěn 693
实 shí 704
宛 wǎn 800
宜 yí 924
宙 zhòu 1021
宗 zōng 1040
6 宫 gōng 288
宦 huàn 350
客 kè 453
室 shì 711
(叜) sǒu 743
宪 xiàn 849
宣 xuān 885
宥 yòu 954
7 宾 bīn 57
宸 chén 106
害 hài 317
家 jiā 380
宽 kuān 463
容 róng 661
宵 xiāo 858
宴 yàn 902
宰 zǎi 972
8 寄 jì 377
寂 jì 378
寇 kòu 459
密 mì 539
宿 sù 744
xiǔ 881
xiù 882
寅 yín 936
(寃) yuān 962
9 富 fù 261
寒 hán 319
寐 mèi 534
寓 yù 961
10 寞 mò 551
寝 qǐn 633
塞 sāi 668
sài 669
sè 673
11 (賓) bīn 57
察 chá 91
寡 guǎ 298
(寬) kuān 463
寥 liáo 497
蜜 mì 539
(寧) níng 574
nìng 575
(寢) qǐn 633
赛 sài 669
(實) shí 704
寤 wù 829
寨 zhài 982
12 寮 liáo 497
(審) shěn 693
(寫) xiě 867
13 寰 huán 349
(憲) xiàn 849
14 蹇 jiǎn 389
16 (寵) chǒng 120
17 (寶) bǎo 30

41 广

0 广 guǎng 306
3 庆 qìng 639
庄 zhuāng 1030
4 庇 bì 47
床 chuáng 135
库 kù 460
庐 lú 510
序 xù 884
应 yīng 938
yìng 941
5 底 dǐ 187
店 diàn 194
废 fèi 243
府 fǔ 257
庚 gēng 282
庙 miào 543
庞 páng 586
庖 páo 587
6 度 dù 210
duó 218
庭 tíng 776
7 唐 táng 758
席 xí 834
座 zuò 1050
8 庵 ān 7
康 kāng 447
廊 láng 474
庶 shù 725
庸 yōng 943
9 (廁) cè 87
(廄) jiù 428
(廂) xiāng 853
10 廓 kuò 467
廉 lián 492
(廈) xià 843
11 腐 fǔ 257
(廣) guǎng 306
廖 liào 498
12 (廚) chú 128
(廢) fèi 243
(廟) miào 543
(慶) qìng 639
13 廪 lǐn 501
(廩) lǐn 501
14 (應) yīng 938
yìng 941
膺 yīng 939
15 鹰 yīng 939
16 (廬) lú 510
(龐) páng 586
21 (廳) tīng 775

42 辶

2 边 biān 49
辽 liáo 496
3 达 dá 153

过 guō 310
guò 312
-guo 314
迈 mài 522
迄 qì 617
迁 qiān 620
巡 xún 891
迅 xùn 892
(迤) yǐ 928
迂 yū 955
4 迟 chí 115
返 fǎn 232
还 hái 315
huán 349
进 jìn 415
近 jìn 416
连 lián 490
违 wéi 807
迎 yíng 939
远 yuǎn 965
运 yùn 969
这 zhè 992
zhèi 995
5 迪 dí 186
迭 dié 197
迥 jiǒng 424
迫 pǎi 584
pò 603
述 shù 724
迢 tiáo 772
迤 yǐ 928
6 迸 bèng 43
迹 jì 376
迷 mí 537
(迺) nǎi 560
逆 nì 570
适 shì 711
送 sòng 742
逃 táo 760
退 tuì 791
选 xuǎn 887
逊 xùn 892
追 zhuī 1032
7 逞 chěng 112
递 dì 189
逗 dòu 207
逢 féng 251
逛 guàng 306
(逕) jìng 422
逑 qiú 642
逡 qūn 650
逝 shì 711
速 sù 744
通 tōng 778
tòng 782
透 tòu 785
途 tú 787
逍 xiāo 857
造 zào 977
(這) zhè 992
zhèi 995
逐 zhú 1022
8 逮 dǎi 165
dài 167
(過) guō 310
guò 312
-guo 314
(進) jìn 415
逻 luó 517
逶 wēi 806
逸 yì 931
(週) zhōu 1020
9 逼 bī 43
遍 biàn 53
道 dào 179
遁 dùn 216
遏 è 220
遑 huáng 353
遒 qiú 642
遂 suí 747
suì 748
(違) wéi 807
遗 wèi 813
yí 925
遐 xiá 838
(遊) yóu 949
逾 yú 957
遇 yù 961
(運) yùn 969
10 遨 áo 9
(遞) dì 189
遛 liù 507
遣 qiǎn 624
(遡) sù 745
(遜) xùn 892
遥 yáo 907
(遠) yuǎn 965
11 (遯) dùn 216
(適) shì 711
遭 zāo 975
遮 zhē 991
12 (遲) chí 115
(遼) liáo 496
(邁) mài 522
(遷) qiān 620
(選) xuǎn 887
遵 zūn 1048
13 避 bì 49
(還) hái 315
huán 349
遽 jù 434
邂 xiè 868
邀 yāo 906
15 (邊) biān 49
邋 lā 469
19 (邏) luó 517

43 干(于)

0 干 gān 264
gàn 268
于 yú 955
2 刊 kān 444
平 píng 600
4 罕 hǎn 319
5 幸 xìng 878
6 顸 hān 318
10 (幹) gàn 268

44 土(士)

0 土 tǔ 787
2 去 qù 645
圣 shèng 698
3 场 cháng 96
chǎng 98
地 de 181
dì 187
圪 gē 276
圭 guī 307
圾 jī 365
吉 jí 370
寺 sì 740
在 zài 973
圳 zhèn 997
4 坝 bà 14
坂 bǎn 22
坊 fāng 235
fáng 236
坟 fén 246
坏 huài 348
(坏) pī 592
坚 jiān 385
均 jūn 439
坎 kǎn 445
坑 kēng 454
块 kuài 461
坍 tān 754
坛 tán 755
坞 wù 828
址 zhǐ 1010
志 zhì 1012
坠 zhuì 1032
坐 zuò 1050
(坐) zuò 1050
5 坼 chè 104
垂 chuí 136
(坿) fù 259
坩 gān 266
坷 kē 449
坤 kūn 466
垃 lā 468
垄 lǒng 509
坯 pī 592
坪 píng 602
坡 pō 603
坦 tǎn 756
坨 tuó 794
幸 xìng 878
6 城 chéng 111
垫 diàn 194
垛 duǒ 218
duò 218
(垜) duǒ 218
duò 218
垡 fá 227
垓 gāi 262
垢 gòu 291
垦 kěn 454
垮 kuǎ 461
垒 lěi 481
型 xíng 877
垠 yín 935
垣 yuán 963
7 埃 āi 2
埂 gěng 282
埚 guō 310
埋 mái 522
mán 523
埔 pǔ 607
袁 yuán 963
8 埯 ǎn 7
埠 bù 77
堵 dǔ 209
堆 duī 212
堕 duò 218
(堝) guō 310
基 jī 368
(堅) jiān 385
堀 kū 459
培 péi 589
堑 qiàn 624
堂 táng 758
域 yù 961
(執) zhí 1006
9 堡 bǎo 32
bǔ 66
pù 607
(報) bào 32
(場) cháng 96
chǎng 98
堤 dī 185
堪 kān 445
(塊) kuài 461
塔 tǎ 752
喜 xǐ 835
堰 yàn 902
(堯) yáo 906
10 墓 mù 555
塞 sāi 668
sài 669
sè 673
塑 sù 745
塌 tā 751
塘 táng 758
填 tián 770
(塗) tú 787
(塢) wù 828
(塋) yíng 940
(塚) zhǒng 1018
11 (塵) chén 104
(墊) diàn 194
(墮) duò 218
嘉 jiā 381
境 jìng 424
墙 qiáng 626
塾 shú 722

墅 shù 725
墟 xū 883
(墜) zhuì 1032
12 墩 dūn 215
(墳) fén 246
墨 mò 551
增 zēng 979
13 壁 bì 48
(墾) kěn 454
(墻) qiáng 626
(壇) tán 755
14 壕 háo 322
壑 hè 330
15 (壘) lěi 481
16 (壞) huài 348
(壟) lǒng 509
(壠) lǒng 509
(壜) tán 755
17 壤 rǎng 651
21 (壩) bà 14

45 士

0 士 shì 706
1 壬 rén 657
3 壮 zhuàng 1031
4 壳 ké 450
qiào 629
声 shēng 696
7 壶 hú 340
9 (壺) hú 340
壹 yī 924
11 (壽) shòu 717
(臺) tái 752
12 (賣) mài 523
13 (隸) lì 489
19 (蠹) dù 210

46 工(⼯)

0 工 gōng 282
2 功 gōng 287
巧 qiǎo 629
邛 qióng 639
左 zuǒ 1048
3 巩 gǒng 288
4 攻 gōng 287
汞 gǒng 288
贡 gòng 289
巫 wū 821
6 差 chā 88
chà 91
chāi 92
项 xiàng 856

47 艹(艸)

0 (艸) cǎo 85
1 艺 yì 929
2 艾 ài 3
节 jiē 403
jié 406
3 芒 máng 526
芊 qiān 620
芍 sháo 685
芋 yù 959
芝 zhī 1005
4 芭 bā 12
苍 cāng 84
芳 fāng 235
芬 fēn 245
芙 fú 254
芥 gài 263
jiè 410
花 huā 342
劳 láo 474
芦 lú 510
芡 qiàn 624
芹 qín 632
芮 ruì 667
芟 shān 676
苏 sū 743
苇 wěi 809
芜 wú 825
芯 xīn 871
xìn 873
芽 yá 894
芫 yán 897
芸 yún 969
5 苞 bāo 29
苯 běn 41
范 fàn 234
苟 gǒu 290
茄 jiā 380
qié 630
茎 jīng 418
苛 kē 449
苦 kǔ 460
苓 líng 502
茅 máo 528
茂 mào 528
(苺) méi 531
苗 miáo 542
茉 mò 551
苜 mù 555
苹 píng 602
茕 qióng 640
若 ruò 667
苫 shàn 677
苔 tāi 752
tái 753
苕 tiáo 772
英 yīng 938
苑 yuàn 966
茁 zhuó 1034
6 草 cǎo 85
茬 chá 89
茶 chá 89
茨 cí 140
荡 dàng 174
茯 fú 255
荒 huāng 351
茴 huí 356
荟 huì 358
荤 hūn 359
荠 jì 376
qí 611
荚 jiá 382
茧 jiǎn 387
荐 jiàn 391
茭 jiāo 398
荔 lì 489
茫 máng 526
茗 míng 547
荨 qián 621
xún 891
茜 qiàn 624
xī 831
荞 qiáo 628
荏 rěn 658
茸 róng 661
荣 róng 661
茹 rú 664
荀 xún 891
药 yào 907
茵 yīn 934
荫 yìn 938
荧 yíng 940
(茲) zī 1035
7 荸 bí 43
莼 chún 138
莞 guǎn 302
wǎn 800
荷 hé 328
hè 329
(華) huá 344
huà 346
获 huò 364
(莢) jiá 382
(莖) jīng 418
莱 lái 471
莉 lì 489
莅 lì 489
莲 lián 491
莽 mǎng 526
莓 méi 531
莫 mò 551
莆 pú 606
莎 shā 674
莘 shēn 691
莳 shì 711
荽 suī 746
荼 tú 787
莴 wō 818
莺 yīng 939
莹 yíng 940
莜 yóu 949
莠 yǒu 954
(莊) zhuāng 1030
8 (萆) bì 48
菠 bō 62
菜 cài 81
曹 cáo 85
菖 chāng 94
菲 fēi 241
fěi 242
菇 gū 293
菰 gū 293
菅 jiān 386
堇 jǐn 414
菁 jīng 419
菊 jú 431
菌 jūn 439
jùn 439
(萊) lái 471
菱 líng 502
萝 luó 517
萌 méng 535
萘 nài 561
萍 píng 603
菩 pú 606
萋 qī 608
萨 sà 668
萄 táo 761
萎 wěi 810
(萵) wō 818
萧 xiāo 858
萤 yíng 940
营 yíng 940
萦 yíng 940
(著) zhe 994
著 zhù 1026
(著) zhuó 1034
9 葱 cōng 143
蒂 dì 190
董 dǒng 203
萼 è 220
葛 gé 278
gě 278
葫 hú 340
蒋 jiǎng 395
(韮) jiǔ 426
葵 kuí 466
落 là 469
lào 479
luò 517
募 mù 555
葩 pā 582
葡 pú 606
葺 qì 618
萩 qiū 641
(蒐) sōu 743
(萬) wàn 801
(葦) wěi 809
萱 xuān 886
(葉) yè 911
yè 912
葬 zàng 975
10 蒡 bàng 28
蓖 bì 48
(蒼) cāng 84
(蓋) gài 264
蒿 hāo 321
蒺 jí 373
蓟 jì 378
蒟 jǔ 432

部首索引

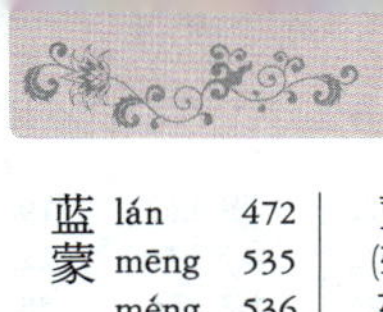

蓝 lán 472
蒙 mēng 535
méng 536
měng 536
(夢) mèng 537
蓦 mò 551
墓 mù 555
幕 mù 555
蓬 péng 591
蒲 pú 606
(蒨) qiàn 624
蓉 róng 662
(蒔) shì 711
蒜 suàn 745
蓑 suō 749
(蓆) xí 834
蓄 xù 885
(蔭) yìn 938
蒸 zhēng 999
11 蔼 ǎi 3
蔽 bì 48
蔡 cài 81
(蓴) chún 138
(蔥) cōng 143
蔸 dōu 205
(蔣) jiǎng 395
蔻 kòu 459
蓼 liǎo 498
蔓 mán 523
màn 525
wàn 802
蔑 miè 543
摹 mó 548
慕 mù 555
暮 mù 555
蔫 niān 570
蔷 qiáng 627
蔚 wèi 813
蔗 zhè 994
12(蕩) dàng 174
蕃 fān 228
fán 230
蕉 jiāo 399
蕨 jué 438
(蕁) qián 621
(蕎) qiáo 628
蕊 ruǐ 666
蔬 shū 722
(蕪) wú 825
蕈 xùn 892
(蕓) yún 969
蕴 yùn 970
13 薄 báo 30
bó 64
bò 64
薅 hāo 321
(薈) huì 358
(薦) jiàn 391
(薑) jiāng 394
蕾 lěi 481
(蘋) píng 602
(薔) qiáng 627
(薩) sà 668
薯 shǔ 724
(蕭) xiāo 858
薪 xīn 872
薛 xuē 888
14 藏 cáng 84
zàng 975
(薺) jì 376
qí 611
(藉) jiè 411
藉 jiè 411
(舊) jiù 427
(藍) lán 472
藐 miǎo 543
薹 tái 753
薰 xūn 890
15 藩 fān 228
(繭) jiǎn 387
jiǎn 387
藜 lí 484
藕 ǒu 581
(藷) shǔ 724
藤 téng 764
(藥) yào 907
(藝) yì 929
16(蘆) lú 510
蘑 mó 549
孽 niè 574
(蘂) ruǐ 666
(蘇) sū 743
(蘐) xuān 886
藻 zǎo 977
17(蘭) lán 472
19(蘿) luó 517
蘸 zhàn 984

48 大(𡗗)

0 大 dà 158
dài 165
1 夫 fū 253
fú 253
太 tài 753
天 tiān 767
夭 yāo 905
2 夯 hāng 320
失 shī 699
头 tóu 783
央 yāng 902
3 夺 duó 217
夹 gā 262
jiā 379
jiá 381
夸 kuā 461
买 mǎi 522
夷 yí 924
4 奀 ēn 221
奂 huàn 350
5 奔 bēn 40
bèn 42
奋 fèn 247
奇 jī 367
qí 610
奈 nài 560
奄 yǎn 899
6 奖 jiǎng 395
奎 kuí 466
类 lèi 481
美 měi 532
契 qì 617
牵 qiān 620
奕 yì 931
奓 zhà 981
7 套 tào 761
奚 xī 832
奘 zàng 975
zhuǎng 1031
8 奢 shē 686
爽 shuǎng 729
9 奥 ào 10
奠 diàn 195
11(奪) duó 217
(獎) jiǎng 395
12 樊 fán 230
13(奮) fèn 247

49 廾(丌)

1 开 kāi 440
2 弁 biàn 51
3 异 yì 929
4 弄 lòng 509
nòng 577
弃 qì 617
6 弈 yì 931
11 弊 bì 48
15 彝 yí 926

50 尢(兀)

1 尤 yóu 947
元 yuán 962
3 尧 yáo 906
4 尬 gà 262
9 就 jiù 428
(堯) yáo 906
10 尴 gān 266
14(尷) gān 266

51 寸

0 寸 cùn 149
2 对 duì 213
3 导 dǎo 175
寺 sì 740
寻 xún 890
4 寿 shòu 717
6 封 fēng 250
将 jiāng 393
jiàng 395
耐 nài 560
7(尅) kè 452
kēi 454
射 shè 688
8 尉 wèi 813
(專) zhuān 1027
9(尋) xún 890
尊 zūn 1047
11(對) duì 213
12(導) dǎo 175

52 弋

3 弎 sān 670
式 shì 708
5 武 wǔ 827
6 贰 èr 223
9 弑 shì 711

53 扌

0 才 cái 78
1 扎 zā 971
zhā 980
zhá 980
2 扒 bā 12
pá 582
打 dá 153
dǎ 153
扑 pū 605
扔 rēng 659
3(扠) chā 88
(扞) gǎn 268
扛 káng 447
扣 kòu 459
扩 kuò 467
扪 mén 535
扦 qiān 619
扫 sǎo 672
sào 672
托 tuō 792
扬 yáng 902
执 zhí 1006
4(抝) ào 10
niù 576
把 bǎ 13
bà 14
扳 bān 21
扮 bàn 26
报 bào 32
抄 chāo 99
扯 chě 103
扽 dèn 182
抖 dǒu 206
扼 è 220
扶 fú 254
抚 fǔ 256
护 hù 341
技 jì 376
拒 jù 432
抉 jué 436
抗 kàng 447
抠 kōu 457
抡 lūn 515
拟 nǐ 569
扭 niǔ 576
抛 pāo 587

批 pī 592
抔 póu 605
抢 qiāng 625
qiǎng 627
扰 rǎo 652
折 shé 687
zhē 991
zhé 991
抒 shū 720
投 tóu 784
抑 yì 930
找 zhǎo 989
抓 zhuā 1026
5 拗 ào 10
niù 576
拔 bá 13
拌 bàn 26
抱 bào 33
拨 bō 61
拆 chāi 92
抻 chēn 104
抽 chōu 120
担 dān 168
dàn 171
抵 dǐ 186
拂 fú 254
拐 guǎi 299
拣 jiǎn 387
拘 jū 430
拉 lā 468
lá 469
lǎ 469
拦 lán 472
拎 līn 499
拢 lǒng 509
抹 mā 519
mǒ 550
mò 550
抿 mǐn 544
拇 mǔ 553
拈 niān 570
拧 níng 574
nǐng 575
nìng 575
拍 pāi 583
抨 pēng 591
披 pī 593
(拚) pīn 598
(拑) qián 623
拓 tà 752
tuò 794
抬 tái 753
拖 tuō 793
押 yā 894
(抴) yè 912
拥 yōng 943
择 zé 978
zhái 981
拃 zhǎ 980
招 zhāo 987
(招) zhāo 988
拄 zhǔ 1024
拙 zhuō 1033
6 按 àn 7
持 chí 116
挡 dǎng 173
拱 gǒng 288
挂 guà 298
挥 huī 354
挤 jǐ 374
(挟) jiā 379
挟 xié 866
拮 jié 407
拷 kǎo 448
挎 kuà 461
括 kuò 467
挠 náo 564
挪 nuó 580
拼 pīn 598
拾 shí 705
拭 shì 710
拴 shuān 727
挞 tà 752
挑 tiāo 771
tiǎo 773
挺 tǐng 777
挖 wā 795
挝 wō 818
(拽) yè 912
拽 zhuāi 1027
zhuài 1027
挣 zhēng 999
zhèng 1003
拯 zhěng 1000
指 zhǐ 1010
7 挨 āi 2
ái 3
捌 bā 12
捕 bǔ 65
挫 cuò 150
捣 dǎo 176
捍 hàn 320
换 huàn 350
捡 jiǎn 387
捐 juān 434
捆 kǔn 466
捞 lāo 474
捋 lǚ 513
luō 516
捏 niē 573
捎 shāo 684
shào 686
损 sǔn 748
捅 tǒng 782
挽 wǎn 800
捂 wǔ 827
(挾) xié 866
振 zhèn 997
捉 zhuō 1034
8 (採) cǎi 80
掺 chān 92
捶 chuí 137
措 cuò 150
掸 dǎn 170
捯 dáo 175
掂 diān 190
掉 diào 197
掇 duō 217
(掛) guà 298
掼 guàn 303
接 jiē 404
捷 jié 408
掬 jū 431
据 jù 433
(捲) juǎn 435
掘 jué 437
控 kòng 457
掳 lǔ 511
掠 lüè 515
(掄) lūn 515
描 miáo 542
捺 nà 560
捻 niǎn 572
排 pái 583
捧 pěng 591
掐 qiā 618
掮 qián 623
(掃) sǎo 672
sào 672
(捨) shě 687
授 shòu 718
探 tàn 757
掏 tāo 760
推 tuī 789
掀 xiān 844
掩 yǎn 899
掖 yē 909
yè 912
揶 yé 910
掷 zhì 1014
9 揞 ǎn 7
(摒) bǐng 60
插 chā 88
搽 chá 90
搀 chān 93
揣 chuāi 131
chuǎi 131
chuài 131
搓 cuō 150
搭 dā 152
提 dī 185
tí 764
搁 gē 276
gé 278
(揀) jiǎn 387
搅 jiǎo 401
揭 jiē 405
揪 jiū 425
揩 kāi 444
揆 kuí 466
揽 lǎn 473
搂 lōu 509
lǒu 509
(揑) niē 573
揉 róu 662
搔 sāo 671
搜 sōu 743
握 wò 820
揳 xiē 865
揎 xuān 886
揠 yà 895
(揚) yáng 902
揖 yī 923
援 yuán 964
揸 zhā 980
揍 zòu 1044
10 摆 bǎi 19
搬 bān 22
摈 bìn 58
搏 bó 64
搐 chù 130
搋 chuāi 131
(搗) dǎo 176
摁 èn 221
搞 gǎo 274
搛 jiān 387
摸 mō 548
(搶) qiāng 625
qiǎng 627
搡 sǎng 671
(搧) shān 676
摄 shè 688
(搨) tà 752
摊 tān 755
搪 táng 758
(搯) tāo 760
(捅) tǒng 782
(摀) wǔ 827
携 xié 866
摇 yáo 907
搌 zhǎn 983
11 摽 biào 56
(摻) chān 92
(撦) chě 103
摧 cuī 148
(摳) kōu 457
撂 liào 498
(摟) lōu 509
lǒu 509
摞 luò 518
摔 shuāi 726
(撾) wō 818
(摣) zhā 980
摘 zhāi 981
(摺) zhé 991
12 (撥) bō 61
播 bō 62
撤 chè 104
撑 chēng 108
(撐) chēng 108
撺 cuān 147
撮 cuō 150
zuǒ 1049
(撣) dǎn 170
(撜) dèn 182

部首索引

(撫) fǔ 256
撅 juē 435
(撈) lāo 474
撩 liāo 496
liáo 497
(撩) liào 498
撸 lū 510
(撓) náo 564
(撚) niǎn 572
撵 niǎn 572
撇 piē 598
piě 598
(撲) pū 605
撬 qiào 629
擒 qín 633
撒 sā 668
sǎ 668
撕 sī 737
(撻) tà 752
(攜) xié 866
撷 xié 866
撰 zhuàn 1030
撞 zhuàng 1032
13 操 cāo 85
cào 86
(擔) dān 168
dàn 171
(擋) dǎng 173
擀 gǎn 268
撼 hàn 320
(撿) jiǎn 387
(據) jù 433
擂 léi 480
lèi 481
(擄) lǔ 511
擗 pǐ 595
擅 shàn 678
擞 sǒu 743
sòu 743
(擁) yōng 943
(擇) zé 978
zhái 981
14 (擯) bìn 58
擦 cā 78
(擠) jǐ 374
(擴) kuò 467
(擬) nǐ 569
(擰) níng 574
nǐng 575
nìng 575
(擡) tái 753
擤 xǐng 877
(擲) zhì 1014
擢 zhuó 1035
15 (擺) bǎi 19
(擾) rǎo 652
(擻) sǒu 743
sòu 743
16 攒 cuán 147
zǎn 974
(攏) lǒng 509
17 (攙) chān 93
(攔) lán 472
攘 rǎng 651
18 (攛) cuān 147
(攝) shè 688
19 (攤) tān 755
20 (攩) dǎng 173
(攪) jiǎo 401
攫 jué 438
攥 zuàn 1046
21 (攬) lǎn 473
22 攮 nǎng 564

54 丬(爿)

0 爿 pán 585
3 妆 zhuāng 1030
壮 zhuàng 1031
(壯) zhuàng 1031
4 (牀) chuáng 135
戕 qiāng 625
状 zhuàng 1031
(狀) zhuàng 1031
6 将 jiāng 393
jiàng 395
7 (將) jiāng 393
jiàng 395
13 (牆) qiáng 626

55 门(門鬥)

0 (鬥) dòu 206
dòu 207
门 mén 534
(門) mén 534
1 闩 shuān 727
2 闪 shǎn 677
3 闭 bì 47
闯 chuǎng 135
问 wèn 817
4 (閗) dòu 206
dòu 207
间 jiān 385
jiàn 391
(間) jiān 385
jiàn 391
xián 845
(開) kāi 440
闷 mēn 534
mèn 535
闵 mǐn 544
闰 rùn 667
闲 xián 845
5 闹 nào 564
(鬧) nào 564
闸 zhá 980
6 阀 fá 227
阁 gé 277
闺 guī 308
阂 hé 328
(閡) hé 329
(鬨) hòng 336
闾 lǘ 513
闽 mǐn 544
闻 wén 816
7 阄 jiū 425
阅 yuè 967
8 阐 chǎn 94
阉 yān 896
阎 yán 899
9 (闇) àn 8
阔 kuò 467
阑 lán 472
阕 què 650
10 阖 hé 329
阙 quē 649
què 650
11 (關) guān 300
(闚) kuī 465
12 (闡) chǎn 94
13 (闢) pī 593
pì 595
18 (鬮) jiū 425

56 口

0 口 kǒu 457
2 叭 bā 12
叱 chì 117
叨 dāo 175
dáo 175
tāo 759
叼 diāo 195
叮 dīng 198
古 gǔ 293
号 háo 321
hào 324
叽 jī 365
叫 jiào 401
可 kě 450
kè 452
叩 kòu 458
另 lìng 504
叵 pǒ 603
史 shǐ 705
司 sī 736
台 tái 752
叹 tàn 757
兄 xiōng 879
叶 yè 911
右 yòu 954
占 zhān 982
zhàn 983
召 zhào 989
只 zhī 1005
zhǐ 1009
3 吃 chī 113
吋 cùn 150
吊 diào 196
合 gě 278
hé 326
各 gè 279
吓 hè 329
xià 843
后 hòu 336
吉 jí 370
吏 lì 488
吕 lǚ 513
吗 má 519
mǎ 521
ma 521
名 míng 545
(𠮾) ǹ 556
ǹg 568
同 tóng 779
tòng 782
吐 tǔ 788
tù 788
问 wèn 817
吸 xī 831
向 xiàng 856
吁 xū 882
yū 955
yù 959
吆 yāo 906
(吆) yāo 906
(吒) zhà 981
4 吧 bā 12
ba 15
呗 bài 20
bei 39
吵 chǎo 101
呈 chéng 110
呎 chǐ 116
吹 chuī 136
呆 dāi 165
吨 dūn 215
呃 e 220
吠 fèi 243
吩 fēn 246
否 fǒu 252
pǐ 594
告 gào 275
含 hán 318
吭 háng 321
kēng 455
吼 hǒu 336
君 jūn 439
呖 lì 488
吝 lìn 501
(呂) lǚ 513
呒 ḿ 519
(𠰷) ň 556
ňg 568
呐 nà 559
(吶) na 560
ne 565
呕 ǒu 581
启 qǐ 613
呛 qiāng 625
qiàng 627

部首索引

吮 shǔn 732
听 tīng 775
吞 tūn 792
吻 wěn 816
呜 wū 821
吾 wú 825
吴 wú 825
(吳) wú 825
呀 yā 893
ya 895
(吚) yī 923
呓 yì 930
邑 yì 930
吟 yín 935
员 yuán 963
吱 zhī 1005
zī 1035
5 (呵) a 1
呵 hē 325
哎 āi 2
咚 dōng 203
咄 duō 217
咐 fù 259
咖 gā 262
kā 440
咕 gū 292
呱 gū 292
guā 297
和 hé 327
hè 329
hú 339
huó 360
huò 363
呼 hū 338
咎 jiù 427
咀 jǔ 431
咔 kā 440
kǎ 440
咙 lóng 508
呣 ḿ 519
m̀ 519
鸣 míng 547
命 mìng 548
呢 ne 565
ní 568
咆 páo 587
呸 pēi 588
舍 shě 687
shè 688
呻 shēn 691
咝 sī 737
味 wèi 812
呷 xiā 837
咏 yǒng 944
呦 yōu 946
咂 zā 971
咋 zǎ 972
zé 978
zhā 980
知 zhī 1005
咒 zhòu 1021
(呪) zhòu 1021
6 哀 āi 2
𫫇 bāng 27
呲 cī 139
(呲) zī 1036
zī 1036
哆 duō 217
咯 gē 276
kǎ 440
lo 508
哏 gén 281
咣 guāng 305
哈 hā 315
hǎ 315
咳 hāi 315
ké 450
哄 hōng 333
hǒng 335
hòng 336
哗 huā 344
huá 345
咴 huī 354
哜 jì 376
哐 kuāng 464
咧 liē 498
liě 498
lie 499
咪 mī 537
咩 miē 543
哞 mōu 552
哪 nǎ 557
na 560
něi 566
品 pǐn 599
虽 suī 746
哇 wā 795
wa 796
咸 xián 846
响 xiǎng 854
(咲) xiào 864
咻 xiū 880
哑 yā 894
yǎ 895
咽 yān 895
yàn 901
yè 912
咬 yǎo 907
咿 yī 923
咦 yí 924
哟 yō 943
yo 943
哉 zāi 972
咱 zán 974
咤 zhà 981
咨 zī 1035
7 啊 ā 1
á 1
ǎ 1
à 1
a 1
唉 āi 3
ài 4
哺 bǔ 66
哧 chī 115
唇 chún 138
哦 é 219
ó 581
ò 581
哥 gē 276
哽 gěng 282
哼 hēng 332
hng 333
唤 huàn 350
唧 jī 367
哭 kū 459
唠 láo 475
lào 479
哩 lī 483
lǐ 485
li 489
(唔) ń 556
ńg 568
哨 shào 686
唆 suō 749
唢 suǒ 750
唐 táng 758
唏 xī 832
哮 xiào 864
唁 yàn 902
哲 zhé 992
8 唱 chàng 99
啜 chuài 131
chuò 139
啐 cuì 148
啖 dàn 171
(啗) dàn 171
啡 fēi 241
唬 hǔ 341
啃 kěn 454
啦 lā 469
la 470
唳 lì 489
啰 luō 516
luo 518
喵 miāo 542
啮 niè 574
嘔 ōu 581
啪 pā 582
啤 pí 594
(啓) qǐ 613
啥 shá 674
商 shāng 679
售 shòu 718
啕 táo 761
唾 tuò 794
唯 wéi 808
啸 xiào 865
(啞) yā 894
yǎ 895
(唫) yín 935
啧 zé 978
啄 zhuó 1034
9 喳 chā 89
zhā 980
(單) chán 93
dān 168
(喫) chī 113
喘 chuǎn 133
嗒 dā 153
喋 dié 197
喊 hǎn 319
喝 hē 325
hè 329
喉 hóu 336
喙 huì 358
嗟 jiē 405
啾 jiū 425
喀 kā 440
喟 kuì 466
喇 lǎ 469
喱 lí 484
喽 lóu 509
lou 510
喃 nán 563
喷 pēn 590
pèn 590
(喬) qiáo 628
善 shàn 677
嗖 sōu 743
啼 tí 765
喂 wèi 813
喔 wō 818
喜 xǐ 835
(啣) xián 846
喧 xuān 886
喑 yīn 935
喻 yù 961
(喒) zán 974
嗞 zī 1036
10 (嗳) āi 2
嗳 ǎi 3
嗷 áo 9
嗔 chēn 104
嗤 chī 115
嗲 diǎ 190
嘟 dū 207
嗝 gé 278
嗨 hāi 315
(嗨) hēi 331
嗐 hài 318
(號) háo 321
hào 324
嗥 háo 322
嗬 hē 325
(嘩) huā 344
huá 345
嗑 kè 454
嘞 mǔ 553
嗯 ń 556
ň 556
ǹ 556
ńg 568
ňg 568
ǹg 568

辔 pèi 590
(嗆) qiāng 625
qiàng 627
嗓 sǎng 671
嗜 shì 712
嗣 sì 741
嗦 suō 749
嗍 suō 749
嗵 tōng 779
嗡 wēng 817
(嗚) wū 821
嗅 xiù 882
11 嘣 bēng 42
嘈 cáo 85
嘀 dī 185
dí 186
嘎 gā 262
嘉 jiā 381
嘞 lei 481
(嘍) lóu 509
lou 510
嘛 ma 521
(嘔) ǒu 581
嘁 qī 609
嘘 shī 702
xū 883
嗽 sòu 743
(嘆) tàn 757
嘡 tāng 758
12 噌 cēng 87
嘲 cháo 101
(噠) dā 153
噔 dēng 184
嘿 hēi 331
(嘰) jī 365
(嘮) láo 475
lào 479
嘹 liáo 497
(嘸) ḿ 519
噢 ō 581
嘭 pēng 591
噗 pū 606
噙 qín 633
(噝) sī 737
嘶 sī 737
嘻 xī 833
噎 yē 910
嘱 zhǔ 1024
嘬 zuō 1048
13 (噯) ǎi 3
(噸) dūn 215
噩 è 220
嚆 hāo 321
嚄 huō 360
ǒ 581
噤 jìn 418
器 qì 618
噬 shì 712
(嘯) xiào 865
噱 xué 889
(營) yíng 940
噪 zào 977
嘴 zuǐ 1046
14 嚓 cā 78
嚎 háo 322
(嚇) hè 329
xià 843
(嚌) jì 376
嚏 tì 767
15 (嘔) ōu 581
嚣 xiāo 859
16 嚯 huò 364
(嚦) lì 488
(嚨) lóng 508
(嚥) yàn 901
17 嚼 jiáo 399
jiào 403
jué 438
嚷 rāng 651
rǎng 651
(嚴) yán 897
18 (囂) xiāo 859
(囈) yì 930
19 (囉) luō 516
luo 518
囊 nāng 563
náng 563
21 (囓) niè 574
(囑) zhǔ 1024

57 囗

2 囚 qiú 641
四 sì 739
3 回 huí 354
囡 nān 561
(囝) nān 561
团 tuán 789
因 yīn 933
4 囱 cōng 143
囤 dùn 215
tún 792
囮 é 219
囫 hú 339
困 kùn 467
围 wéi 808
园 yuán 962
5 固 gù 295
国 guó 310
图 tú 786
6 囿 yòu 954
7 圃 pǔ 607
圆 yuán 964
8 (國) guó 310
圈 juān 434
juàn 435
quān 646
9 (圍) wéi 808
10 (園) yuán 962
11 (圖) tú 786
(團) tuán 789

58 巾

0 巾 jīn 411
1 币 bì 46
2 布 bù 76
市 shì 707
帅 shuài 727
3 帆 fān 228
师 shī 700
4 希 xī 831
帐 zhàng 987
5 帛 bó 63
帘 lián 491
帕 pà 582
帑 tǎng 759
帖 tiē 774
tiě 774
tiè 775
帜 zhì 1012
帙 zhì 1012
帚 zhǒu 1021
6 帮 bāng 27
带 dài 166
帝 dì 189
(帥) shuài 727
帧 zhēn 995
7 (師) shī 700
席 xí 834
8 常 cháng 97
(帶) dài 166
帼 guó 311
帷 wéi 808
(帳) zhàng 987
9 幅 fú 256
帽 mào 529
幄 wò 820
10 幌 huǎng 353
幕 mù 555
11 (幣) bì 46
(幗) guó 311
幔 màn 525
幛 zhàng 987
12 幢 chuáng 135
zhuàng 1032
(幟) zhì 1012
14 (幫) bāng 27
15 (歸) guī 306

59 山

0 山 shān 675
2 击 jī 365
3 岌 jí 370
岂 qǐ 612
岁 suì 748
屹 yì 929
屿 yǔ 958
4 岔 chà 91
岛 dǎo 176
岗 gǎng 270
岚 lán 472
岐 qí 610
岖 qū 643
5 岸 àn 7
岱 dài 166
岬 jiǎ 382
岿 kuī 465
岭 lǐng 503
岷 mín 544
岩 yán 898
岳 yuè 967
6 峦 luán 514
炭 tàn 757
峡 xiá 838
幽 yōu 946
峥 zhēng 999
峙 zhì 1014
(耑) zhuān 1027
7 (島) dǎo 176
峨 é 219
峰 fēng 251
(峯) fēng 251
峻 jùn 439
崂 láo 475
(豈) qǐ 612
峭 qiào 629
(峽) xiá 838
峪 yù 960
8 崩 bēng 42
崇 chóng 120
崔 cuī 147
(崗) gǎng 270
崛 jué 437
崑 kūn 466
崎 qí 611
(崧) sōng 741
崖 yá 894
崭 zhǎn 983
9 嵯 cuó 150
嵋 méi 531
嵌 qiàn 624
崴 wǎi 796
wēi 806
嵬 wéi 809
崽 zǎi 972
10 嵩 sōng 741
11 (嶇) qū 643
12 (嶗) láo 475
13 (嶼) yǔ 958
14 (嶺) lǐng 503
(嶽) yuè 967
17 巍 wēi 806
18 (巋) kuī 465
19 (巒) luán 514
(巖) yán 898

60 川

0 川 chuān 131
3 州 zhōu 1020

61 彳

0 彳 chì 116
3 行 háng 320
xíng 875
4 彻 chè 104

部首索引

彷 fǎng 238
páng 586
役 yì 930
5 彼 bǐ 45
径 jìng 422
往 wǎng 803
征 zhēng 999
6 待 dāi 165
dài 167
很 hěn 331
(後) hòu 336
律 lǜ 513
徇 xùn 892
衍 yǎn 899
徉 yáng 903
7 (徑) jìng 422
徒 tú 787
徐 xú 884
8 徜 cháng 97
(從) cóng 143
得 dé 179
de 181
děi 182
徘 pái 584
徙 xǐ 835
9 (徧) biàn 53
(復) fù 259
街 jiē 406
循 xún 891
御 yù 961
10 (徬) páng 586
微 wēi 806
12 (徹) chè 104
德 dé 180
(徵) zhēng 999
13 衡 héng 333
14 徽 huī 354
20 (黴) méi 532

62 彡

4 彤 tóng 781
形 xíng 876
6 须 xū 882
彦 yàn 901
8 彪 biāo 54
彬 bīn 57
彩 cǎi 80
(彫) diāo 195
diāo 195
9 彭 péng 591
11 彰 zhāng 985
12 影 yǐng 941

63 夕

0 夕 xī 830
2 外 wài 796
3 多 duō 216
名 míng 545
8 够 gòu 291
梦 mèng 537
11 (夥) huǒ 363
夥 huǒ 363
舞 wǔ 827

64 夂(夊 久)

0 久 jiǔ 426
2 处 chǔ 129
chù 130
冬 dōng 202
务 wù 828
3 各 gè 279
4 条 tiáo 771
5 备 bèi 37
6 复 fù 259
7 夏 xià 843

65 犭

2 犯 fàn 232
3 犷 guǎng 306
4 狈 bèi 37
狄 dí 186
狂 kuáng 464
犹 yóu 948
5 狒 fèi 243
狗 gǒu 290
狐 hú 339
狙 jū 430
狞 níng 574
狎 xiá 838
6 独 dú 208
狠 hěn 331
狡 jiǎo 400
狮 shī 701
狩 shòu 718
狲 sūn 748
狭 xiá 838
狱 yù 960
狰 zhēng 999
7 狼 láng 474
狸 lí 483
(狹) xiá 838
8 猜 cāi 78
猖 chāng 94
猝 cù 146
猎 liè 499
猫 māo 526
猛 měng 536
猕 mí 538
猪 zhū 1022
9 猹 chá 91
猴 hóu 336
猢 hú 340
猾 huá 345
猥 wěi 810
猬 wèi 813
猩 xīng 875
(猶) yóu 948
10 (獏) mò 552
(獅) shī 701
(猻) sūn 748
猿 yuán 965
11 (獄) yù 960
獐 zhāng 985
12 獠 liáo 497
13 (獨) dú 208
(獲) huò 364
獴 měng 537
獭 tǎ 752
14 (獷) guǎng 306
(獰) níng 574
15 (獵) liè 499
17 獾 huān 349
(獼) mí 538

66 饣(𩙿 食)

0 食 shí 705
2 饥 jī 365
3 飨 xiǎng 855
饧 xíng 876
4 饬 chì 117
饭 fàn 233
饪 rèn 659
饨 tún 792
饮 yǐn 937
yìn 938
5 饱 bǎo 30
饯 jiàn 391
饰 shì 709
饲 sì 740
饴 yí 924
6 饼 bǐng 59
饵 ěr 222
饺 jiǎo 400
饶 ráo 652
(飪) rèn 659
蚀 shí 705
饷 xiǎng 854
7 饽 bō 62
餐 cān 82
饿 è 220
馁 něi 566
(餘) yú 955
8 馆 guǎn 302
馄 hún 359
(餞) jiàn 391
馅 xiàn 850
9 馋 chán 93
𫗦 hú 340
馈 kuì 466
(餽) kuì 466
馊 sōu 743
餮 tiè 775
(餵) wèi 813
(餳) xíng 876
10 馏 liú 507
liù 507
馍 mó 548
11 馑 jǐn 415
馒 mán 523
(饗) xiǎng 854
xiǎng 855
12 (饑) jī 365
(饒) ráo 652
馔 zhuàn 1030
13 饕 tāo 760
16 (饝) mó 548
17 (饞) chán 93
22 馕 náng 564

67 彐(ヨ 彑)

1 尹 yǐn 936
2 归 guī 306
3 寻 xún 890
4 灵 líng 501
5 录 lù 511
帚 zhǒu 1021
8 彗 huì 358
10 (彙) huì 357
(肅) sù 744
15 彝 yí 926

68 尸

0 尸 shī 699
1 尺 chě 103
chǐ 116
2 尻 kāo 448
卢 lú 510
尼 ní 568
3 尽 jǐn 413
jìn 415
4 𡱁 bǎ 14
层 céng 87
局 jú 431
尿 niào 573
suī 746
屁 pì 595
㞞 sóng 741
尾 wěi 809
yǐ 928
5 屄 bī 43
届 jiè 410
(屆) jiè 410
居 jū 430
屈 qū 643
屉 tì 766
6 屏 bǐng 60
píng 602
(屍) shī 699
屎 shǐ 706
屋 wū 821
咫 zhǐ 1012
昼 zhòu 1021
7 屙 ē 219
屐 jī 368
屑 xiè 867
展 zhǎn 983
8 (屜) tì 766
屠 tú 787
9 孱 chán 93
屡 lǚ 513
属 shǔ 723
zhǔ 1024
犀 xī 833
11 (屢) lǚ 513

部首索引

(𡳐) sóng 741
12 (層) céng 87
履 lǚ 513
18 (屬) shǔ 723
zhǔ 1024

69 弓

0 弓 gōng 284
1 (弔) diào 196
引 yǐn 936
2 弗 fú 253
弘 hóng 333
3 弛 chí 115
4 弟 dì 189
张 zhāng 984
5 弧 hú 339
弥 mí 537
弩 nǔ 579
弦 xián 846
6 弯 wān 798
7 弱 ruò 667
8 弹 dàn 171
tán 756
(強) jiàng 396
qiáng 626
qiǎng 627
(張) zhāng 984
9 弼 bì 48
强 jiàng 396
qiáng 626
qiǎng 627
粥 zhōu 1020
11 (彆) biè 57
12 (彈) dàn 171
tán 756
13 (彊) jiàng 396
qiáng 626
qiǎng 627
14 (彌) mí 537
16 疆 jiāng 394
19 (彎) wān 798

70 己(已巳)

0 己 jǐ 373
巳 sì 739
(巳) sì 739
已 yǐ 926
1 巴 bā 12
3 导 dǎo 175
异 yì 929
4 改 gǎi 262
忌 jì 376
6 巷 hàng 321
xiàng 856
9 巽 xùn 892

71 屮(屮屯)

1 屯 tún 792
3 (艸) cǎo 85

72 小(⺌⺍)

0 小 xiǎo 859
1 少 shǎo 685
shào 686
2 尔 ěr 222
3 尘 chén 104
当 dāng 172
dàng 174
光 guāng 304
尖 jiān 384
4 肖 xiāo 857
xiào 864
5 尚 shàng 684
6 尝 cháng 96
7 党 dǎng 173
8 常 cháng 97
雀 qiāo 627
qiǎo 629
què 649
堂 táng 758
9 辉 huī 354
赏 shǎng 680
棠 táng 758
掌 zhǎng 986
10 (當) dāng 172
dàng 174
11 (嘗) cháng 96
裳 cháng 97
17 (黨) dǎng 173

73 女

0 女 nǚ 579
2 奶 nǎi 560
奴 nú 578
3 妃 fēi 240
妇 fù 258
好 hǎo 322
hào 325
奸 jiān 384
妈 mā 519
如 rú 663
她 tā 751
妄 wàng 804
妆 zhuāng 1030
4 妣 bǐ 45
妒 dù 210
妨 fáng 236
妓 jì 376
妙 miào 543
妞 niū 575
妊 rèn 659
妥 tuǒ 794
妩 wǔ 827
妍 yán 898
妖 yāo 906
妪 yù 959
姊 zǐ 1036
5 (妬) dù 210
姑 gū 292
姐 jiě 409
妹 mèi 533
姆 mǔ 553
妮 nī 568
妻 qī 608
妾 qiè 630
姗 shān 676
(姍) shān 676
始 shǐ 706
委 wēi 805
wěi 809
姓 xìng 878
妯 zhóu 1020
6 (姦) jiān 384
姜 jiāng 394
娇 jiāo 398
姣 jiāo 398
姥 lǎo 478
娄 lóu 509
娜 nà 560
nuó 580
姘 pīn 599
娆 ráo 652
(姙) rèn 659
娃 wá 795
威 wēi 805
(姸) yán 898
姚 yáo 906
姨 yí 924
姻 yīn 935
(姪) zhí 1008
姿 zī 1035
7 娥 é 219
姬 jī 368
娟 juān 434
娩 miǎn 541
娘 niáng 572
娉 pīng 600
娠 shēn 691
娲 wā 795
娓 wěi 810
娴 xián 846
娱 yú 957
8 婢 bì 48
婵 chán 93
娼 chāng 95
(婦) fù 258
婚 hūn 359
婪 lán 472
(婁) lóu 509
婆 pó 603
娶 qǔ 644
婶 shěn 693
(媧) wā 795
婉 wǎn 800
(婬) yín 935
婴 yīng 939
9 媪 ǎo 10
(媿) kuì 466
媒 méi 531
媚 mèi 534
嫂 sǎo 672
婷 tíng 777
婿 xù 885
(婣) yīn 935
10 嫒 ài 5
媾 gòu 291
嫉 jí 373
嫁 jià 384
(嫋) niǎo 573
媲 pì 595
嫔 pín 599
媳 xí 834
嫌 xián 846
11 嫦 cháng 97
嫡 dí 186
嫩 nèn 567
嫖 piáo 598
(嬈) ráo 652
嫣 yān 896
(嫗) yù 959
12 (嬋) chán 93
(嬌) jiāo 398
(嫵) wǔ 827
嬉 xī 833
(嫻) xián 846
13 (嬡) ài 5
14 (嬭) nǎi 560
(嬪) pín 599
15 (嬸) shěn 693
16 (嬾) lǎn 473
17 孀 shuāng 729

74 𠃓(昜)

5 畅 chàng 98
(暢) chàng 98

75 马(馬)

0 马 mǎ 520
(馬) mǎ 520
2 冯 féng 251
驭 yù 959
(馭) yù 961
3 驰 chí 115
驮 duò 218
tuó 794
驯 xùn 892
4 驳 bó 63
驴 lǘ 512
驱 qū 643
5 骀 dài 166
驸 fù 259
驾 jià 383
驹 jū 431
(駡) mà 521
驽 nú 578
驶 shǐ 706
驷 sì 740
驼 tuó 794
驿 yì 931
驻 zhù 1025
6 (駁) bó 63
骇 hài 317
骄 jiāo 398
骆 luò 517

骂 mà 521
骈 pián 596
骁 xiāo 857
7 骏 jùn 439
验 yàn 902
8 骑 qí 611
9 骗 piàn 597
骚 sāo 672
骛 wù 829
10 蓦 mò 551
骟 shàn 678
11 骡 luó 517
骠 piào 598
(驅) qū 643
12 (驕) jiāo 398
(驚) jīng 419
(驍) xiāo 857
13 (驘) luó 517
(驗) yàn 902
(驛) yì 931
14 骤 zhòu 1021
16 骥 jì 378
(驢) lǘ 512

76 子

0 孑 jié 406
子 zǐ 1036
zi 1040
1 孔 kǒng 456
2 孕 yùn 969
3 存 cún 149
孙 sūn 748
4 孝 xiào 863
孜 zī 1035
5 孢 bāo 29
孤 gū 292
孟 mèng 537
学 xué 888
6 孩 hái 316
孪 luán 514
7 (㝃) miǎn 541
孬 nāo 564
(孫) sūn 748
8 孰 shú 722
11 孵 fū 253
13 (學) xué 888
14 孺 rú 664
16 孽 niè 574
19 (孿) luán 514

77 幺(乡)

0 乡 xiāng 850
幺 yāo 905
1 幻 huàn 350
2 幼 yòu 954
6 幽 yōu 946
9 (幾) jī 365
jǐ 373
14 (嚮) xiàng 856

78 纟(糸糹)

1 系 jì 376
xì 836
2 纠 jiū 425
3 红 hóng 333
级 jí 370
纪 jǐ 374
jì 375
纤 qiàn 624
xiān 844
纫 rèn 659
约 yāo 906
yuē 966
纣 zhòu 1021
4 纯 chún 138
纺 fǎng 238
纷 fēn 246
纲 gāng 270
紧 jǐn 414
纶 lún 515
纳 nà 559
纽 niǔ 576
纰 pī 592
纱 shā 674
素 sù 744
索 suǒ 750
纬 wěi 809
纹 wén 816
(纹) wèn 817
紊 wěn 816
(紮) zā 971
zhā 980
纸 zhǐ 1010
纵 zòng 1042
5 绊 bàn 26
(紬) chóu 121
绌 chù 130
绀 gàn 269
经 jīng 418
累 léi 480
lěi 481
lèi 481
练 liàn 492
绍 shào 686
绅 shēn 691
细 xì 836
(絃) xián 846
线 xiàn 849
绎 yì 931
萦 yíng 940
织 zhī 1006
终 zhōng 1017
绉 zhòu 1021
组 zǔ 1045
6 绑 bǎng 27
给 gěi 280
jǐ 374
绘 huì 358
绛 jiàng 395
绞 jiǎo 400
结 jiē 404
jié 407
绝 jué 437
绔 kù 460
络 lào 478
luò 517
绕 rào 652
绒 róng 661
(絲) sī 736
统 tǒng 781
絮 xù 885
绚 xuàn 887
紫 zǐ 1037
7 继 jì 377
(經) jīng 418
绢 juàn 435
(綑) kǔn 466
绥 suí 747
绦 tāo 760
绣 xiù 882
8 绷 bēng 42
běng 42
bèng 43
(綵) cǎi 80
绰 chāo 100
chuò 139
绸 chóu 121
绯 fēi 241
(綱) gāng 270
绩 jì 378
(緊) jǐn 414
绫 líng 502
绺 liǔ 507
绿 lù 511
lǜ 514
(綸) lún 515
绵 mián 539
绮 qǐ 615
绳 shéng 697
绶 shòu 719
绾 wǎn 801
(網) wǎng 803
维 wéi 808
(綫) xiàn 849
绪 xù 885
续 xù 885
绽 zhàn 984
缀 zhuì 1033
综 zōng 1041
9 编 biān 50
缔 dì 190
缎 duàn 212
缓 huǎn 349
缉 jī 368
qī 609
缄 jiān 386
缆 lǎn 473
(練) liàn 492
缕 lǚ 513
缅 miǎn 541
(緯) wěi 809
缐 xiàn 850
缃 xiāng 853
缘 yuán 964
10 缤 bīn 57
缠 chán 93
缝 féng 251
fèng 252
缚 fù 261
缟 gǎo 275
(縧) tāo 760
(縣) xiàn 848
缢 yì 932
(縈) yíng 940
缜 zhěn 997
(緻) zhì 1014
(縐) zhòu 1021
11 (繃) bēng 42
běng 42
bèng 43
繁 fán 230
(縷) lǚ 513
缥 piǎo 598
(縴) qiàn 624
缩 suō 749
缨 yīng 939
(總) zǒng 1041
(縱) zòng 1042
12 缭 liáo 497
(繦) qiǎng 627
(繞) rào 652
缮 shàn 678
(織) zhī 1006
13 (繪) huì 358
(繫) jì 376
xì 836
缰 jiāng 394
缴 jiǎo 401
(繩) shéng 697
(繡) xiù 882
(繹) yì 931
14 辫 biàn 54
(繽) bīn 57
(繼) jì 377
纂 zuǎn 1046
15 (纏) chán 93
(纍) léi 480
lěi 481
(續) xù 885
17 (纔) cái 78
21 (纜) lǎn 473

79 巛

3 巡 xún 891
4 (災) zāi 972
8 巢 cháo 101

80 灬

5 点 diǎn 191
(為) wéi 807
wèi 811
6 烈 liè 499
热 rè 653
(烏) wū 820
7 烹 pēng 591

焘 tāo 760
焉 yān 896
8 焦 jiāo 399
(無) mó 548
wú 821
然 rán 651
煮 zhǔ 1024
9 煎 jiān 387
煞 shā 674
shà 675
煦 xù 885
照 zhào 990
10 熬 āo 9
áo 9
熙 xī 833
熊 xióng 880
熏 xūn 890
11 (熱) rè 653
熟 shóu 714
shú 722
12 熹 xī 833
燕 yān 897
yàn 902
14 (燾) tāo 760

81 斗

0 斗 dǒu 205
dòu 206
6 料 liào 498
7 斜 xié 866
9 斟 zhēn 996
10 斡 wò 820

82 火

0 火 huǒ 361
(火) huǒ 363
1 灭 miè 543
2 灯 dēng 183
灰 huī 353
3 灿 càn 84
灸 jiǔ 426
灵 líng 501
灾 zāi 972
(災) zāi 972
灶 zào 977
灼 zhuó 1034
4 炒 chǎo 102
炊 chuī 136
炖 dùn 215
炬 jù 433
炕 kàng 447
炉 lú 510
炝 qiàng 627
炔 quē 648
炎 yán 898
炙 zhì 1013
5 炮 bāo 30
páo 587
pào 588
炳 bǐng 60
炽 chì 117
炯 jiǒng 424
烂 làn 473
炼 liàn 493
烁 shuò 735
炭 tàn 757
畑 tián 770
烃 tīng 776
炫 xuàn 887
炸 zhá 980
zhà 981
炷 zhù 1026
6 烦 fán 230
烘 hōng 333
烩 huì 358
烬 jìn 417
烤 kǎo 448
烙 lào 479
烧 shāo 685
烫 tàng 759
烟 yān 896
烊 yàng 905
烛 zhú 1022
7 烽 fēng 251
焊 hàn 320
焕 huàn 351
焗 jú 431
焖 mèn 535
(烴) tīng 776
烷 wán 800
焐 wù 829
烯 xī 832
8 焙 bèi 39
焯 chāo 100
焚 fén 246
焰 yàn 902
焱 yàn 902
9 煲 bāo 30
煸 biān 51
煳 hú 340
煌 huáng 353
(煇) huī 354
(煉) liàn 493
煤 méi 532
(煖) nuǎn 580
(煢) qióng 640
煺 tuì 791
(㷟) tuì 791
煨 wēi 806
煊 xuān 886
(煙) yān 896
10 熘 liū 505
(熗) qiàng 627
熔 róng 662
煽 shān 676
熄 xī 833
(熒) yíng 940
11 ([illegible]) tuì 791
熨 yùn 970
12 (熾) chì 117
(燈) dēng 183
(燉) dùn 215
燔 fán 230
燎 liáo 497
liǎo 498
(燐) lín 501
燃 rán 651
(燒) shāo 685
燧 suì 748
(燙) tàng 759
13 (燦) càn 84
(燴) huì 358
燥 zào 977
(燭) zhú 1022
14 (燼) jìn 417
(燻) xūn 890
15 爆 bào 35
(爍) shuò 735
16 (爐) lú 510
17 (爛) làn 473

83 文

0 文 wén 814
2 刘 liú 505
3 吝 lìn 501
6 紊 wěn 816
斋 zhāi 981
8 斑 bān 22
斌 bīn 57
斐 fěi 242

84 方

0 方 fāng 234
2 邡 fāng 235
4 放 fàng 238
(於) yú 955
5 施 shī 701
6 旅 lǚ 513
旁 páng 586
7 旌 jīng 419
旋 xuán 887
xuàn 887
族 zú 1045
10 旗 qí 612
旖 yǐ 928

85 心(⺗)

0 心 xīn 868
1 必 bì 46
3 忌 jì 376
闷 mēn 534
mèn 535
忍 rěn 657
忐 tǎn 756
忑 tè 762
忒 tuī 789
忘 wàng 804
志 zhì 1012
4 忿 fèn 247
忽 hū 339
念 niàn 572
怂 sǒng 741
态 tài 754
忠 zhōng 1017
5 (怱) cōng 142
怠 dài 167
急 jí 371
怒 nù 579
思 sī 737
怨 yuàn 966
怎 zěn 978
总 zǒng 1041
6 (恥) chǐ 116
恶 ě 219
è 220
wù 829
恩 ēn 221
恭 gōng 288
恳 kěn 454
恐 kǒng 456
恋 liàn 493
虑 lǜ 514
恁 nèn 567
恕 shù 725
息 xī 832
恙 yàng 905
恣 zì 1040
7 患 huàn 351
您 nín 574
悉 xī 832
悬 xuán 886
悠 yōu 946
8 悲 bēi 36
惫 bèi 39
惩 chéng 112
(惡) ě 219
è 220
wù 829
惠 huì 358
惑 huò 364
惹 rě 653
9 (愛) ài 4
愁 chóu 122
慈 cí 141
感 gǎn 267
(㥦) qiè 631
想 xiǎng 855
意 yì 931
愚 yú 957
愈 yù 961
10 (悤) cōng 143
慕 mù 555
(態) tài 754
慇 yīn 935
愿 yuàn 966
11 憋 biē 56
(慚) cán 83
憨 hān 318
慧 huì 358
(慮) lǜ 514
(慼) qī 609
(憩) qì 618
(慫) sǒng 741
慰 wèi 813
(憂) yōu 946

部首索引

(慾) yù 961
12(憊) bèi 39
(憑) píng 602
憩 qì 618
13(懇) kěn 454
15(懲) chéng 112
16(懸) xuán 886
19(戀) liàn 493

86 户

0 户 hù 341
3 启 qǐ 613
4(房) fáng 236
房 fáng 236
戽 hù 342
肩 jiān 385
戾 lì 489
5 扁 biǎn 51
piān 595
6 扇 shān 676
shàn 677
7 扈 hù 342
8 扉 fēi 241
雇 gù 297

87 礻(示)

0 示 shì 707
1 礼 lǐ 484
2 祁 qí 610
3 社 shè 688
祀 sì 740
4 祈 qí 611
祇 qí 611
(祇) zhǐ 1009
视 shì 710
5(祕) bì 48
祠 cí 140
祛 qū 643
神 shén 692
(祘) suàn 745
祟 suì 748
(祐) yòu 954
祝 zhù 1026
祖 zǔ 1045
6 祭 jì 377
票 piào 598
祥 xiáng 854
7 祷 dǎo 176
祸 huò 364
8 禀 bǐng 60
禅 chán 93
shàn 678
(禍) huò 364
禁 jīn 413
jìn 417
禄 lù 512
祺 qí 612
9 福 fú 256
12(禪) chán 93
shàn 678
禧 xǐ 836
(禦) yù 961
13(禮) lǐ 484
14(禱) dǎo 176

88 韦(韋)

0 韦 wéi 807
(韋) wéi 807
3 韧 rèn 659
(韌) rèn 659
8 韩 hán 319
(韓) hán 319
10 韬 tāo 760
(韜) tāo 760

89 王(𤣩玉)

0 王 wáng 802
1 玉 yù 959
主 zhǔ 1022
2 全 quán 646
3 玖 jiǔ 426
弄 lòng 509
nòng 577
玛 mǎ 521
4 环 huán 349
玫 méi 531
玩 wán 799
现 xiàn 848
5 玻 bō 62
玳 dài 166
玷 diàn 194
珐 fà 228
珂 kē 449
玲 líng 502
珊 shān 676
(珊) shān 676
珍 zhēn 995
6 班 bān 21
珩 héng 332
珲 hún 359
珞 luò 517
(珮) pèi 589
玺 xǐ 835
莹 yíng 940
珠 zhū 1021
7 琅 láng 474
理 lǐ 486
琉 liú 507
球 qiú 642
琐 suǒ 750
望 wàng 805
8 斑 bān 22
(琺) fà 228
琥 hǔ 341
(瑯) láng 474
琳 lín 501
琶 pá 582
琵 pí 594
琪 qí 611
琴 qín 632
琼 qióng 640
琢 zhuó 1035
zuó 1048
9(瑇) dài 166
瑰 guī 308
瑚 hú 340
瑙 nǎo 564
瑞 ruì 667
瑟 sè 673
(聖) shèng 698
瑕 xiá 838
瑜 yú 957
10 璃 lí 484
(瑠) liú 507
瑶 yáo 907
11(瑩) yíng 940
12 噩 è 220
璞 pú 607
13(環) huán 349
璐 lù 512
14 璧 bì 49
(瓊) qióng 640
(璽) xǐ 835
15(瓈) lí 484
16 璺 wèn 817

90 耂

2 考 kǎo 448
3 孝 xiào 863
4 者 zhě 992

91 木

0 木 mù 553
1 本 běn 40
东 dōng 202
(末) me 529
末 mò 550
术 shù 724
未 wèi 811
札 zhá 980
2 朵 duǒ 218
(朶) duǒ 218
机 jī 365
朴 piáo 598
pǔ 607
权 quán 646
杀 shā 673
朽 xiǔ 881
杂 zá 971
朱 zhū 1021
3 材 cái 79
杈 chā 88
chà 91
村 cūn 148
杜 dù 209
杆 gān 266
gǎn 266
杠 gàng 271
极 jí 370
来 lái 470
李 lǐ 485
杧 máng 526
杞 qǐ 612
杉 shā 673
shān 676
(杓) sháo 685
束 shù 724
条 tiáo 771
杏 xìng 878
杨 yáng 903
杖 zhàng 987
4 板 bǎn 22
杯 bēi 35
杵 chǔ 129
(東) dōng 202
枋 fāng 235
枫 fēng 250
构 gòu 290
柜 guì 309
果 guǒ 311
杭 háng 321
杰 jié 407
(來) lái 470
林 lín 500
枚 méi 531
枇 pí 594
枪 qiāng 625
枢 shū 720
松 sōng 741
枉 wǎng 803
析 xī 831
(杴) xiān 845
枭 xiāo 857
枕 zhěn 997
枝 zhī 1005
5 柏 bǎi 19
bó 63
标 biāo 54
柄 bǐng 59
查 chá 90
栋 dòng 204
柑 gān 266
枸 gōu 290
gǒu 290
jǔ 431
(枴) guǎi 299
枷 jiā 380
架 jià 383
柬 jiǎn 387
柩 jiù 427
柯 kē 449
枯 kū 459
栏 lán 472
栎 lì 489
柳 liǔ 507
某 mǒu 552
柠 níng 574
柒 qī 608
染 rǎn 651
柔 róu 662
柿 shì 710
树 shù 724
(枱) tái 752

相 xiāng 851
xiàng 856
柚 yóu 949
yòu 954
栅 zhà 981
栈 zhàn 983
栉 zhì 1013
柱 zhù 1026
6 桉 ān 6
案 àn 8
(栢) bǎi 19
梆 bāng 27
栟 bīng 59
柴 chái 92
档 dàng 174
格 gē 276
gé 277
根 gēn 280
桄 guàng 306
桂 guì 309
核 hé 328
hú 340
桁 héng 332
桦 huà 347
桓 huán 349
桨 jiǎng 395
校 jiào 402
xiào 864
桔 jié 408
jú 431
桀 jié 408
(栞) kān 444
框 kuàng 465
栗 lì 489
栖 qī 608
xī 832
桥 qiáo 628
桑 sāng 671
栓 shuān 727
桃 táo 760
桐 tóng 781
桅 wéi 808
栩 xǔ 884
样 yàng 905
栽 zāi 972
桎 zhì 1014
株 zhū 1021
桩 zhuāng 1030
桌 zhuō 1034
7 彬 bīn 57
梵 fàn 234
(桿) gǎn 266
梗 gěng 282
梏 gù 297
检 jiǎn 387
梨 lí 484
梁 liáng 494
梅 méi 531
渠 qú 644
梢 shāo 685
梳 shū 720
梭 suō 749
梯 tī 764
桶 tǒng 782
梧 wú 825
(梟) xiāo 857
械 xiè 868
梓 zǐ 1037
8 棒 bàng 28
棰 chuí 137
棣 dì 190
(椗) dìng 201
(棟) dòng 204
棺 guān 302
棍 gùn 310
(極) jí 370
棘 jí 372
椒 jiāo 399
棵 kē 449
榔 láng 474
棱 léng 481
(棃) lí 484
棉 mián 540
棚 péng 591
(棲) qī 608
棋 qí 611
(棄) qì 617
森 sēn 673
棠 táng 758
椭 tuǒ 794
(椀) wǎn 801
椰 yē 909
椅 yǐ 928
(棗) zǎo 976
(棧) zhàn 983
植 zhí 1008
椎 zhuī 1032
棕 zōng 1041
9 楚 chǔ 130
椽 chuán 133
槌 chuí 137
椿 chūn 138
椴 duàn 212
概 gài 264
槐 huái 348
楫 jí 373
榉 jǔ 432
楷 kǎi 444
榄 lǎn 473
楼 lóu 509
(楳) méi 531
楠 nán 563
楔 xiē 865
楦 xuàn 888
(楥) xuàn 888
(楊) yáng 903
(業) yè 911
榆 yú 957
楂 zhā 980
(椶) zōng 1041
10 榜 bǎng 27
槟 bīng 59
榧 fěi 242
(槓) gàng 271
槁 gǎo 275
(槀) gǎo 275
(構) gòu 290
(樺) huà 347
槛 jiàn 393
kǎn 445
榴 liú 507
模 mó 549
mú 553
(槍) qiāng 625
榷 què 650
(榮) róng 661
榕 róng 662
榻 tà 752
榭 xiè 868
榨 zhà 981
寨 zhài 982
榛 zhēn 996
11 (標) biāo 54
槽 cáo 85
(橷) dōu 205
樊 fán 230
橄 gǎn 268
横 héng 332
hèng 333
槲 hú 340
(槳) jiǎng 395
槿 jǐn 415
(樂) lè 479
yuè 967
(樑) liáng 494
(樓) lóu 509
樯 qiáng 627
(樞) shū 720
樘 táng 758
(橢) tuǒ 794
橡 xiàng 857
(様) yàng 905
樱 yīng 939
(樝) zhā 980
樟 zhāng 985
(樁) zhuāng 1030
12 橙 chéng 112
橱 chú 129
(機) jī 365
橘 jú 431
橹 lǔ 511
(樸) pǔ 607
橇 qiāo 628
(橋) qiáo 628
樵 qiáo 628
(樹) shù 724
樨 xī 833
樽 zūn 1048
13 (檔) dàng 174
(檢) jiǎn 387
(隸) lì 489
檩 lǐn 501
(檁) lǐn 501
(樐) lǔ 511
檬 méng 536
(檣) qiáng 627
檀 tán 756
檄 xí 834
檐 yán 899
(櫛) zhì 1013
14 (檳) bīng 59
(櫃) guì 309
(檻) jiàn 393
kǎn 445
(檸) níng 574
15 (櫥) chú 129
(櫟) lì 489
16 (櫸) jǔ 432
17 (欄) lán 472
(權) quán 646
19 (欑) cuán 147
21 (欖) lǎn 473
25 (鬱) yù 959

92 支

0 支 zhī 1004
6 翅 chì 117

93 犬

0 犬 quǎn 648
3 状 zhuàng 1031
6 哭 kū 459
9 献 xiàn 850
10 獒 áo 9
(獃) dāi 165
15 (獸) shòu 719
16 (獻) xiàn 850

94 歹

0 歹 dǎi 165
2 列 liè 498
死 sǐ 738
3 歼 jiān 385
4 殁 mò 551
(殀) yāo 905
5 残 cán 82
殆 dài 167
殇 shāng 679
殄 tiǎn 771
殃 yāng 902
6 殊 shū 720
殉 xùn 892
7 殓 liàn 493
殒 yǔn 969
8 (殘) cán 82
殚 dān 170
殖 zhí 1008
10 殡 bìn 58
11 (殤) shāng 679
12 (殫) dān 170
13 (殭) jiāng 394
(殮) liàn 493

14 (殯) bìn 58
17 (殲) jiān 385

95 车(車)

0 车 chē 102
jū 430
(車) chē 102
jū 430
1 轧 yà 895
zhá 980
2 轨 guǐ 308
军 jūn 438
3 轩 xuān 885
4 轭 è 220
轰 hōng 333
轮 lún 515
软 ruǎn 666
斩 zhǎn 982
转 zhuǎn 1028
zhuàn 1029
5 轱 gū 293
轲 kē 449
轻 qīng 634
轶 yì 931
轴 zhóu 1020
6 轿 jiào 402
较 jiào 402
载 zǎi 972
zài 974
7 辅 fǔ 257
辆 liàng 496
(輕) qīng 634
(輓) wǎn 800
辄 zhé 992
8 辈 bèi 39
辍 chuò 139
辉 huī 354
(輛) liàng 496
(輪) lún 515
(輒) zhé 992
9 辐 fú 256
辑 jí 373
(輭) ruǎn 666
输 shū 721
10 (辗) niǎn 572
辗 zhǎn 983
辖 xiá 838
舆 yú 957
辕 yuán 965
11 辘 lù 512
(轉) zhuǎn 1028
zhuàn 1029
12 (轎) jiào 402
辙 zhé 992
14 (轟) hōng 333

96 戈

0 戈 gē 276
1 戊 wù 828
2 成 chéng 108
划 huá 344
huà 346
戎 róng 661
戍 shù 724
戏 xì 836
戌 xū 882
3 戒 jiè 410
我 wǒ 818
4 或 huò 363
戗 qiāng 625
qiàng 627
戕 qiāng 625
5 威 wēi 805
咸 xián 846
哉 zāi 972
战 zhàn 983
6 栽 zāi 972
载 zǎi 972
zài 974
7 戚 qī 609
8 裁 cái 79
戢 jí 372
9 戡 kān 445
(盞) zhǎn 983
10 截 jié 408
(戧) qiāng 625
qiàng 627
11 戮 lù 512
(戲) xì 836
12 (戰) zhàn 983
13 戴 dài 168
(戯) xì 836
14 戳 chuō 139

97 比

0 比 bǐ 44
2 毕 bì 47
5 毖 bì 47
皆 jiē 404
毗 pí 594
6 毙 bì 48

98 瓦

0 瓦 wǎ 795
wà 795
4 瓮 wèng 818
6 瓷 cí 140
瓶 píng 602
9 甄 zhēn 996
12 甑 zèng 980
14 (甖) yīng 939

99 牙

0 牙 yá 894
2 邪 xié 866
5 鸦 yā 894
8 雅 yǎ 895

100 止

0 止 zhǐ 1008
1 正 zhēng 998
zhèng 1001
2 此 cǐ 141
3 步 bù 77
4 肯 kěn 454
歧 qí 611
武 wǔ 827
5 歪 wāi 796
6 耻 chǐ 116
9 (歲) suì 748
10 雌 cí 141
11 (齒) chǐ 116

101 攴

4 (敁) diān 190
10 敲 qiāo 628

102 日(曰)

0 日 rì 660
曰 yuē 966
1 旦 dàn 170
电 diàn 192
旧 jiù 427
2 旮 gā 262
旯 lá 469
曲 qū 642
qǔ 644
旭 xù 884
曳 yè 912
早 zǎo 976
旨 zhǐ 1010
3 更 gēng 281
gèng 282
旱 hàn 320
旷 kuàng 464
时 shí 703
4 昂 áng 9
昌 chāng 94
沓 dá 153
tà 752
昏 hūn 359
昆 kūn 466
明 míng 546
(昇) shēng 694
昙 tán 755
旺 wàng 805
昔 xī 831
杳 yǎo 907
易 yì 931
5 昶 chǎng 98
春 chūn 137
昴 mǎo 528
冒 mào 528
mò 551
昧 mèi 534
昵 nì 570
是 shì 710
显 xiǎn 847
星 xīng 874
映 yìng 942
昭 zhāo 988
昨 zuó 1048
6 晁 cháo 101
晃 huǎng 353
huàng 353
晖 huī 354
晋 jìn 417
(晉) jìn 417
晒 shài 675
晌 shǎng 679
(時) shí 703
(書) shū 719
晓 xiǎo 863
晏 yàn 902
晕 yūn 968
yùn 970
7 曹 cáo 85
晨 chén 106
晦 huì 358
曼 màn 525
冕 miǎn 541
晚 wǎn 800
晤 wù 829
(晝) zhòu 1021
8 曾 céng 88
zēng 979
晷 guǐ 309
晶 jīng 420
景 jǐng 422
量 liáng 494
liàng 496
晾 liàng 496
普 pǔ 607
晴 qíng 638
暑 shǔ 723
替 tì 767
晰 xī 832
(晳) xī 832
暂 zàn 974
智 zhì 1014
最 zuì 1046
9 暗 àn 8
暖 nuǎn 580
暇 xiá 838
暄 xuān 886
10 暧 ài 5
暨 jì 378
暝 míng 548
暮 mù 555
(暱) nì 570
11 暴 bào 34
(暴) pù 607
12 (曇) tán 755
(曉) xiǎo 863
13 (曖) ài 5
(鼂) cháo 101
曙 shǔ 724
14 [illegible] qī 609
曜 yào 909
15 曝 bào 35
pù 607
(疊) dié 197
(曠) kuàng 464
16 曦 xī 834
19 (曬) shài 675

103 贝(貝)
0 贝 bèi 37
(貝) bèi 37
2 负 fù 258
则 zé 977
贞 zhēn 995
3 财 cái 79
贡 gòng 289
4 贬 biǎn 51
贩 fàn 234
购 gòu 291
贯 guàn 303
货 huò 363
贫 pín 599
贪 tān 754
贤 xián 846
责 zé 978
账 zhàng 987
质 zhì 1013
贮 zhù 1025
5 贷 dài 167
费 fèi 243
贵 guì 309
贺 hè 329
贱 jiàn 391
(買) mǎi 522
贸 mào 529
(貼) tiē 774
贴 tiē 774
贻 yí 924
(貯) zhù 1025
6 赅 gāi 262
贾 gǔ 295
jiǎ 382
贿 huì 358
赁 lìn 501
赂 lù 511
赃 zāng 975
贼 zéi 978
贽 zhì 1014
资 zī 1035
7 赊 shē 686
赈 zhèn 997
8 赑 bì 48
赐 cì 142
赌 dǔ 209
赋 fù 260
(賤) jiàn 391
赔 péi 589
赏 shǎng 680
赎 shú 722
(賢) xián 846
(賛) zàn 974
(賬) zhàng 987
(質) zhì 1013
9 赖 lài 472
10 (購) gòu 291
赛 sài 669
赚 zhuàn 1030
赘 zhuì 1033
11 (贄) zhì 1014
12 赝 yàn 902
赞 zàn 974
赠 zèng 979
13 赡 shàn 678
赢 yíng 941
15 (贖) shú 722
17 赣 gàn 269
(贜) zāng 975

104 见(見)
0 见 jiàn 389
(见) xiàn 848
2 观 guān 301
guàn 303
4 规 guī 307
觅 mì 538
(覔) mì 538
视 shì 710
5 觉 jiào 402
jué 436
览 lǎn 473
8 靓 liàng 496
觍 tiǎn 771
9 (親) qīn 631
qìng 639
11 觐 jìn 418
觑 qū 644
qù 645
(覰) qū 644
qù 645
13 (覺) jiào 402
jué 436
(覷) qū 644
qù 645
15 (覽) lǎn 473
17 (觀) guān 301
guàn 303

105 父
0 父 fǔ 256
fù 258
2 爷 yé 910
4 爸 bà 14
斧 fǔ 257
6 爹 diē 197
8 (爺) yé 910

106 爻(㐅)
0 爻 yáo 906
10 (爾) ěr 222

107 牛(牜)
0 牛 niú 575
2 牟 móu 552
牝 pìn 600
3 牢 láo 475
牡 mǔ 553
(牠) tā 751
4 牦 máo 528
牧 mù 555
物 wù 828
5 牯 gǔ 295
牵 qiān 620
牲 shēng 697
6 特 tè 762
牺 xī 832
7 犁 lí 484
(牽) qiān 620
(牾) wǔ 827
8 犊 dú 209
(犂) lí 484
犀 xī 833
10 犒 kào 448
12 犟 jiàng 396
15 (犢) dú 209
16 (犧) xī 832

108 气
0 气 qì 616
2 氘 dāo 175
氖 nǎi 560
3 氙 xiān 844
4 氛 fēn 246
5 氡 dōng 203
氟 fú 255
氢 qīng 635
6 氨 ān 6
氦 hài 317
(氣) qì 616
氩 yà 895
氧 yǎng 905
7 (氫) qīng 635
8 氮 dàn 172
氯 lǜ 514
氰 qíng 638
(氬) yà 895

109 手(扌)
0 手 shǒu 714
5 拜 bái 18
bài 20
(拏) ná 556
6 挛 luán 514
拿 ná 556
拳 quán 647
挚 zhì 1014
8 掰 bāi 15
掣 chè 104
掌 zhǎng 986
10 摹 mó 548
11 摩 mā 519
mó 549
(摯) zhì 1014
12 擎 qíng 638
13 (擘) bāi 15
擘 bò 65
(擊) jī 365
15 攀 pān 584
19 (攣) luán 514

110 毛
0 毛 máo 527
5 毡 zhān 982
7 毫 háo 321
(毬) qiú 642
8 毽 jiàn 392
毯 tǎn 757
11 麾 huī 354
(氂) máo 528
13 (氈) zhān 982

111 攵
2 (攷) kǎo 448
收 shōu 712
3 改 gǎi 262
攻 gōng 287
4 败 bài 20
放 fàng 238
5 故 gù 296
政 zhèng 1003
6 敌 dí 186
效 xiào 864
7 敝 bì 48
敕 chì 118
敢 gǎn 267
教 jiāo 399
(敎) jiào 401
教 jiào 402
救 jiù 427
敛 liǎn 492
敏 mǐn 545
赦 shè 688
(敘) xù 884
8 敞 chǎng 98
敦 dūn 215
敬 jìng 423
散 sǎn 670
sàn 670
9 数 shǔ 723
shù 725
shuò 735
11 (敵) dí 186
敷 fū 253
(數) shǔ 723
shù 725
shuò 735
12 整 zhěng 1000
13 (斃) bì 48
(斂) liǎn 492
19 (變) biàn 52

112 长(長)
0 长 cháng 95
zhǎng 985
(長) cháng 95
zhǎng 985

113 𦥑（𦥑 𦥑 𦥑）
9 (與) yǔ 957
yù 959
12 (舉) jǔ 431
(興) xīng 874

xìng 877
13(擧) jǔ 431
22(釁) xìn 874

114 片

0 片 piān 595
piàn 596
4 版 bǎn 23
8 牍 dú 209
(牋) jiān 386
牌 pái 584
9 牒 dié 197
(牐) zhá 980
15(牘) dú 209

115 斤

0 斤 jīn 411
1 斥 chì 117
4 斧 fǔ 257
所 suǒ 749
欣 xīn 871
斩 zhǎn 982
7 断 duàn 211
8 斯 sī 737
9 新 xīn 871
14(斷) duàn 211

116 爪(爫)

0 爪 zhǎo 989
zhuǎ 1027
3 妥 tuǒ 794
4 采 cǎi 80
觅 mì 538
爬 pá 582
受 shòu 717
(爭) zhēng 998
6 爱 ài 4
奚 xī 832
8(爲) wéi 807
wèi 811
9(亂) luàn 514
10 孵 fū 253
13 爵 jué 438

117 月(⺼)

0 月 yuè 967
1(肊) yì 932
2 肌 jī 367
肋 lèi 481
有 yǒu 950
yòu 954
3 肠 cháng 96
肚 dǔ 209
dù 210
肝 gān 266
肛 gāng 270
肓 huāng 351
肖 xiāo 857
xiào 864
肘 zhǒu 1021
4 肮 āng 9
肪 fáng 236
肥 féi 242
肺 fèi 243
肤 fū 253
服 fú 254
fù 259
肱 gōng 287
股 gǔ 294
肩 jiān 385
肯 kěn 454
朋 péng 591
朊 ruǎn 666
肾 shèn 693
肽 tài 754
胁 xié 866
肴 yáo 906
(肬) yóu 949
育 yù 960
胀 zhàng 987
肢 zhī 1006
肿 zhǒng 1018
5 胞 bāo 29
背 bēi 35
bèi 37
胆 dǎn 170
胡 hú 339
胛 jiǎ 382
胫 jìng 423
胧 lóng 508
脉 mài 523
mò 551
胖 pán 585
pàng 587
胚 pēi 588
胜 shèng 698
胎 tāi 752
胃 wèi 812
胥 xū 882
胤 yìn 938
胗 zhēn 995
胄 zhòu 1021
6 脆 cuì 148
胴 dòng 205
胳 gē 276
脊 jǐ 374
胶 jiāo 398
胯 kuà 461
脍 kuài 463
朗 lǎng 474
(脈) mài 523
mò 551
脑 nǎo 564
能 néng 567
脓 nóng 577
胼 pián 596
脐 qí 611
朔 shuò 735
(脇) xié 866
(脅) xié 866
胸 xiōng 879
胭 yān 896
胰 yí 924
脏 zāng 975
zàng 975
朕 zhèn 997
脂 zhī 1006
7 脖 bó 63
脯 fǔ 257
pú 606
脚 jiǎo 400
(脛) jìng 423
脸 liǎn 492
豚 tún 792
脱 tuō 793
望 wàng 805
8 腌 ā 1
yān 896
朝 cháo 101
zhāo 988
腓 féi 242
腑 fǔ 257
期 jī 368
qī 609
腱 jiàn 392
腊 là 469
脾 pí 594
腔 qiāng 625
(腎) shèn 693
(勝) shèng 698
腆 tiǎn 771
腕 wàn 802
腋 yè 913
腴 yú 957
(脹) zhàng 987
9(腸) cháng 96
腭 è 220
腹 fù 261
腼 miǎn 541
腩 nǎn 563
(腦) nǎo 564
腻 nì 570
腮 sāi 668
腾 tēng 763
téng 763
腿 tuǐ 791
腽 wà 796
腺 xiàn 850
腥 xīng 875
腰 yāo 906
(腫) zhǒng 1018
10 膀 bǎng 28
pāng 586
páng 587
膊 bó 64
膏 gāo 274
gào 276
膈 gé 278
膜 mó 549
11 膘 biāo 55
(膚) fū 253
(膠) jiāo 398
膛 táng 759
膝 xī 833
12 膙 jiǎng 395
(臈) là 469
膨 péng 591
膳 shàn 678
13 臂 bei 40
bì 49
(膽) dǎn 170
(膾) kuài 463
(臉) liǎn 492
朦 méng 536
(膿) nóng 577
臊 sāo 672
sào 672
膻 shān 677
(騰) téng 764
臀 tún 792
臆 yì 932
膺 yīng 939
臃 yōng 944
14(臍) qí 611
15(臘) là 469
16(朧) lóng 508
17(臟) zàng 975

118 氏

0 氏 shì 707
1 民 mín 543
4 昏 hūn 359

119 欠

0 欠 qiàn 624
2 次 cì 142
欢 huān 348
4 欧 ōu 581
欣 xīn 871
7 欸 ē 221
é 221
ě 221
è 221
(欵) kuǎn 463
欲 yù 961
8 欻 chuā 131
款 kuǎn 463
欺 qī 609
9 歇 xiē 865
歆 xīn 872
10 歌 gē 277
歉 qiàn 625
11(歐) ōu 581
(歎) tàn 757
歔 xū 884
17(歡) huān 348

120 风(風)

0 风 fēng 248
(風) fēng 248
3 飏 yáng 903
5 飒 sà 668
6(颳) guā 297
8 飓 jù 434
9(颼) sōu 743

颼 sōu 743
(颺) yáng 903
11 飘 piāo 597
(飄) piāo 597

121 殳

4 殴 ōu 581
5 段 duàn 211
6 (殺) shā 673
殷 yān 896
yīn 935
7 (殼) ké 450
qiào 629
9 殿 diàn 195
毁 huǐ 356
11 (穀) gǔ 294
榖 gǔ 295
(毆) ōu 581
毅 yì 932

122 毋(母)

0 母 mǔ 553
毋 wú 825
2 每 měi 532
4 毒 dú 207

123 水(氺)

0 水 shuǐ 729
1 (氷) bīng 58
氽 cuān 147
永 yǒng 944
2 汞 gǒng 288
求 qiú 641
3 录 lù 511
4 泵 bèng 43
沓 dá 153
tà 752
隶 lì 489
泉 quán 647
荥 xíng 877
5 泰 tài 754
6 浆 jiāng 394
(漿) jiàng 396
8 淼 miǎo 543
10 黎 lí 484
(滎) xíng 877

124 ⺍

3 学 xué 888
4 觉 jiào 402
jué 436

125 穴(⺳)

0 穴 xué 888
2 究 jiū 425
穷 qióng 640
3 空 kōng 455
kòng 456
帘 lián 491
穹 qióng 640
4 穿 chuān 131
(穽) jǐng 422
窃 qiè 631
突 tū 786
5 窍 qiào 629
窈 yǎo 907
窄 zhǎi 982
6 (窓) chuāng 134
窕 tiǎo 773
窑 yáo 906
窒 zhì 1014
7 窗 chuāng 134
窜 cuàn 147
窖 jiào 403
窘 jiǒng 425
窝 wō 818
8 窦 dòu 207
窟 kū 459
窥 kuī 465
(窩) wō 818
10 (窮) qióng 640
(窯) yáo 906
11 (窻) chuāng 134
窸 xī 834
13 (竄) cuàn 147
(竅) qiào 629
15 (竇) dòu 207
16 (竈) zào 977
17 (竊) qiè 631

126 立

0 立 lì 487
1 产 chǎn 93
3 妾 qiè 630
4 亲 qīn 631
qìng 639
竖 shù 725
5 竞 jìng 423
站 zhàn 984
6 竟 jìng 423
章 zhāng 985
7 竣 jùn 439
(竢) sì 740
童 tóng 781
9 端 duān 210
竭 jié 409
15 (競) jìng 423

127 疒

2 疖 jiē 404
疗 liáo 497
3 疙 gē 276
疚 jiù 427
疟 nüè 580
yào 907
疝 shàn 677
疡 yáng 903
4 疤 bā 12
疮 chuāng 134
疯 fēng 251
疫 yì 931
疣 yóu 949
5 病 bìng 60
疸 dǎn 170
疳 gān 266
疾 jí 372
痂 jiā 380
痉 jìng 423
疽 jū 431
疱 pào 588
疲 pí 594
疼 téng 763
痈 yōng 943
痄 zhà 981
疹 zhěn 997
症 zhēng 999
zhèng 1003
6 疵 cī 139
痕 hén 331
痊 quán 648
痒 yǎng 905
痍 yí 925
痔 zhì 1014
7 痤 cuó 150
痘 dòu 207
痾 ē 219
痪 huàn 351
(痙) jìng 423
痨 láo 475
痢 lì 489
痞 pǐ 594
痧 shā 674
(痠) suān 745
痛 tòng 782
痣 zhì 1014
8 痹 bì 48
(痺) bì 48
痴 chī 115
瘁 cuì 148
痱 fèi 244
痼 gù 297
瘆 shèn 694
痰 tán 756
痿 wěi 810
(瘀) yū 955
9 瘊 hóu 336
(瘧) nüè 580
yào 907
瘦 shòu 719
瘟 wēn 814
(瘍) yáng 903
(瘖) yīn 935
10 瘢 bān 22
瘪 biě 57
(瘡) chuāng 134
瘠 jí 373
瘤 liú 507
瘫 tān 755
11 瘸 qué 649
(瘮) shèn 694
瘾 yǐn 937
瘴 zhàng 987
12 癌 ái 3
癍 bān 22
(癆) láo 475
(療) liáo 497
13 (癤) jiē 404
癞 lài 472
癖 pǐ 595
癔 yì 933
(癒) yù 961
14 (癡) chī 115
癣 xuǎn 887
(癢) yǎng 905
16 癫 diān 191
(癮) yǐn 937
18 (癰) yōng 943
19 (癱) tān 755

128 玄

0 玄 xuán 886
6 率 lǜ 514
(率) shuài 727
率 shuài 727

129 衤

2 补 bǔ 65
初 chū 127
3 衩 chà 91
衬 chèn 106
衫 shān 676
4 袄 ǎo 10
袂 mèi 534
衲 nà 560
衽 rèn 659
(衹) zhǐ 1009
5 被 bèi 39
袍 páo 587
袒 tǎn 756
袜 wà 795
袖 xiù 882
6 裆 dāng 173
袱 fú 256
(袷) jiá 381
(袴) kù 460
(袵) rèn 659
(裀) yīn 934
7 (補) bǔ 65
(裌) jiá 381
裤 kù 460
(裡) lǐ 485
裙 qún 650
裕 yù 961
8 裨 bì 48
裱 biǎo 56
褚 chǔ 130
裰 duō 217
褂 guà 299
裸 luǒ 517
9 褓 bǎo 32
褙 bèi 39
褡 dā 153
(複) fù 259
褐 hè 330
褛 lǚ 513

裉 tuì 791
tùn 792
10 褴 lán 473
褥 rù 666
11 (褸) lǚ 513
褶 zhě 992
12 (襖) ǎo 10
(襆) fú 256
襁 qiǎng 627
13 (襠) dāng 173
襟 jīn 413
14 (襤) lán 473
(襪) wà 795
15 (襬) bǎi 19
16 (襯) chèn 106
19 襻 pàn 586

130 𡗗

3 奉 fèng 252
4 奏 zòu 1044

131 龷

3 茕 qióng 640
茔 yíng 940

132 甘

0 甘 gān 265
4 某 mǒu 552
(甚) shén 692
甚 shèn 694
6 甜 tián 770

133 石

0 石 dàn 170
shí 702
2 (矴) dìng 201
矶 jī 367
3 矾 fán 230
矸 gān 266
矿 kuàng 465
码 mǎ 521
4 砭 biān 50
砍 kǎn 445
砒 pī 593
砌 qì 618
砂 shā 674
研 yán 899
砚 yàn 901
砖 zhuān 1028
5 础 chǔ 129
砥 dǐ 187
砝 fǎ 228
砢 kē 449
砺 lì 489
砾 lì 489
(砲) pào 588
砰 pēng 591
破 pò 603
砷 shēn 691
砣 tuó 794
砸 zá 971
砟 zhǎ 980
砧 zhēn 996
6 硌 gè 279
硅 guī 308
硒 xī 832
(硏) yán 899
(砦) zhài 982
7 硫 liú 507
确 què 649
硝 xiāo 859
硬 yìng 942
8 碍 ài 5
碑 bēi 36
碜 chěn 106
碘 diǎn 192
碉 diāo 195
碇 dìng 201
碓 duì 215
碌 lù 512
硼 péng 591
碰 pèng 592
(碁) qí 611
碎 suì 748
碗 wǎn 801
9 碧 bì 48
碴 chá 91
(碴) zhǎ 980
磁 cí 141
磋 cuō 150
碟 dié 198
碱 jiǎn 389
碣 jié 409
碳 tàn 757
(碪) zhēn 996
10 磅 bàng 28
páng 587
磙 gǔn 309
磕 kē 450
磊 lěi 481
碾 niǎn 572
磐 pán 585
(確) què 649
磔 zhé 992
11 (磣) chěn 106
(磙) gǔn 309
磺 huáng 353
磨 mó 549
mò 552
磬 qìng 639
(磚) zhuān 1028
12 (磯) jī 367
礁 jiāo 399
磷 lín 501
13 (礎) chǔ 129
14 (礙) ài 5
(礦) kuàng 465
(礪) lì 489
15 (礬) fán 230
(礫) lì 489

134 龙(龍)

0 龙 lóng 508
(龍) lóng 508
3 宠 chǒng 120
垄 lǒng 509
庞 páng 586
6 龚 gōng 288
(龔) gōng 288
龛 kān 445
(龕) kān 445
袭 xí 834
(襲) xí 834
11 (漿) jiāng 394

135 业

0 业 yè 911
1 亚 yà 895
7 凿 záo 976
13 (叢) cóng 144

136 目

0 目 mù 554
2 盯 dīng 198
3 盲 máng 526
直 zhí 1007
4 眈 dān 170
盹 dǔn 215
盾 dùn 216
看 kān 444
kàn 445
眍 kōu 457
冒 mào 528
mò 551
眉 méi 531
盼 pàn 586
省 shěng 697
xǐng 877
眨 zhǎ 980
5 眬 lóng 508
眠 mián 539
眩 xuàn 887
真 zhēn 995
6 眵 chī 115
眷 juàn 435
眶 kuàng 465
眯 mī 537
mí 538
眸 móu 552
眺 tiào 773
眼 yǎn 900
着 zhāo 988
zháo 989
zhe 994
zhuó 1034
睁 zhēng 999
眦 zì 1040
(眥) zì 1040
7 睇 dì 190
睑 jiǎn 388
(睏) kùn 467
睐 lài 472
8 睬 cǎi 81
督 dū 207
睹 dǔ 209
睫 jié 408
睛 jīng 420
(睞) lài 472
瞄 miáo 543
睦 mù 555
睨 nì 570
睥 pì 595
睡 shuì 732
睚 yá 894
9 瞅 chǒu 123
睽 kuí 466
(瞇) mī 537
mí 538
睿 ruì 667
10 瞋 chēn 104
瞌 kē 450
瞒 mán 523
瞑 míng 548
瞎 xiā 838
11 瞠 chēng 108
瞰 kàn 447
(瞘) kōu 457
(瞞) mán 523
瞟 piǎo 598
瞥 piē 598
12 瞪 dèng 184
(瞭) liǎo 497
瞭 liào 498
瞧 qiáo 628
瞬 shùn 733
瞳 tóng 781
瞩 zhǔ 1024
13 瞽 gǔ 295
(瞼) jiǎn 388
(矇) mēng 535
矇 méng 536
瞿 qú 644
瞻 zhān 982
16 (矓) lóng 508
19 矗 chù 131
21 (矚) zhǔ 1024

137 田

0 甲 jiǎ 382
申 shēn 689
田 tián 770
由 yóu 947
2 町 dīng 198
tǐng 777
亩 mǔ 553
男 nán 561
3 备 bèi 37
画 huà 346
甾 zāi 972
4 界 jiè 410
毗 pí 594
(毘) pí 594
思 sī 737
畏 wèi 812
胃 wèi 812

部首索引

5 畚 běn 41
畜 chù 130
xù 885
留 liú 505
(畝) mǔ 553
畔 pàn 586
畠 tián 770
6 (畢) bì 47
累 léi 480
lěi 481
lèi 481
略 lüè 515
(畧) lüè 515
畦 qí 611
(異) yì 929
7 畴 chóu 122
番 fān 228
(畫) huà 346
畲 shē 687
8 畸 jī 368
10 畿 jī 369
14 (疇) chóu 122
疆 jiāng 394
17 (疊) dié 197

138 罒(网)

0 网 wǎng 803
3 罗 luó 516
4 罚 fá 227
5 罢 bà 15
8 署 shǔ 723
蜀 shǔ 723
罩 zhào 991
置 zhì 1015
罪 zuì 1047
9 睾 gāo 274
10 (罷) bà 15
ba 15
(罸) fá 227
11 罹 lí 484
12 羁 jī 369
14 (羅) luó 516

139 皿

0 皿 mǐn 544
3 盂 yú 956
4 (盃) bēi 35
盆 pén 590
盈 yíng 940
盅 zhōng 1017
5 盎 àng 9
监 jiān 386
jiàn 392
盐 yán 899
益 yì 931
盏 zhǎn 983
6 盛 chéng 112
shèng 698
盗 dào 178
盖 gài 264
蛊 gǔ 295
盒 hé 329
盔 kuī 465
盘 pán 585
8 盟 méng 536
9 (監) jiān 386
jiàn 392
(盡) jìn 415
10 (盤) pán 585
11 盥 guàn 304
(盧) lú 510
18 (蠱) gǔ 295
19 (鹽) yán 899

140 禸

4 禹 yǔ 959

141 钅(金)

0 金 jīn 412
2 钉 dīng 198
dìng 200
釜 fǔ 257
钊 zhāo 987
针 zhēn 995
3 钗 chāi 92
钏 chuàn 134
钓 diào 196
(釦) kòu 459
钎 qiān 620
4 钯 bǎ 14
钣 bǎn 23
钡 bèi 38
钚 bù 77
(鈔) chāo 99
钞 chāo 99
钝 dùn 215
钙 gài 263
钢 gāng 270
gàng 271
钩 gōu 290
钧 jūn 439
钠 nà 560
(鈕) niǔ 576
钮 niǔ 576
钦 qīn 631
钛 tài 754
钨 wū 821
钥 yào 909
yuè 967
钟 zhōng 1017
5 (鉋) bào 33
钵 bō 62
钹 bó 63
铂 bó 63
钿 diàn 195
tián 770
铎 duó 218
(鉤) gōu 290
钴 gǔ 295
钾 jiǎ 382
鉴 jiàn 392
铃 líng 502
铆 mǎo 528
钼 mù 555
铌 ní 569
铅 qiān 620
钱 qián 622
钳 qián 623
铄 shuò 735
铁 tiě 774
铀 yóu 949
钻 zuān 1045
zuàn 1046
6 铵 ǎn 7
铲 chǎn 94
铳 chòng 120
铛 dāng 173
铬 gè 279
铰 jiǎo 400
铠 kǎi 444
铐 kào 448
铝 lǚ 513
铭 míng 547
铙 náo 564
铨 quán 648
铤 tǐng 778
铜 tóng 781
铣 xǐ 835
xiǎn 848
银 yín 935
铡 zhá 980
铮 zhēng 999
zhèng 1003
7 锄 chú 128
锉 cuò 151
锋 fēng 251
锅 guō 310
(銲) hàn 320
锔 jū 431
铿 kēng 455
锂 lǐ 486
链 liàn 493
铺 pū 606
pù 607
锐 ruì 667
锁 suǒ 750
锑 tī 764
销 xiāo 859
锌 xīn 871
锈 xiù 882
锃 zèng 979
铸 zhù 1026
(鋜) zhuó 1035
8 锛 bēn 40
(錶) biǎo 55
锤 chuí 137
错 cuò 151
锭 dìng 201
(鋼) gāng 270
gàng 271
锢 gù 297
(鍋) guō 310
键 jiàn 393
锦 jǐn 414
(鋸) jū 431
锯 jù 434
(録) lù 511
锣 luó 517
锚 máo 528
锰 měng 537
(錢) qián 622
锡 xī 833
锨 xiān 845
錾 zàn 974
锗 zhě 992
锥 zhuī 1032
9 (鎚) chuí 137
镀 dù 210
锻 duàn 212
(鍊) liàn 493
liàn 493
镂 lòu 510
镁 měi 533
锵 qiāng 626
锹 qiāo 628
(鍫) qiāo 628
锲 qiè 631
[illegible] xiàn 850
(鍼) zhēn 995
(鍾) zhōng 1017
10 镑 bàng 28
镐 gǎo 275
镉 gé 278
镌 juān 435
(鎧) kǎi 444
(鎌) lián 492
镊 niè 574
镍 niè 574
(鎗) qiāng 625
(鎔) róng 662
(鎢) wū 821
(鎋) xiá 838
镇 zhèn 998
11 镚 bèng 43
镖 biāo 55
(鏟) chǎn 94
镜 jìng 424
(鏗) kēng 455
(鏤) lòu 510
(鏘) qiāng 626
12 镩 cuān 147
镣 liào 498
镥 lǔ 511
(鐃) náo 564
(鐘) zhōng 1017
13 (鐺) dāng 173
(鐸) duó 218
(鐫) juān 435
镭 léi 481
镰 lián 492
(鐵) tiě 774
(鏽) xiù 882
镯 zhuó 1035
14 (鑑) jiàn 392
(鑛) kuàng 465

(鑄) zhù 1026
15(鑠) shuò 735
16(鑪) lú 510
鑫 xīn 872
17 镶 xiāng 853
(鑰) yào 909
yuè 967
18(鑹) cuān 147
(鑷) niè 574
19(鑼) luó 517
(鑽) zuān 1045
zuàn 1046
20(鑿) záo 976

142 矢

0 矢 shǐ 706
2 矣 yǐ 928
3 知 zhī 1005
4 矩 jǔ 431
6 矫 jiǎo 400
7 矬 cuó 150
短 duǎn 211
8 矮 ǎi 3
雉 zhì 1015
12(矯) jiǎo 400

143 生

0 生 shēng 694
7 甥 shēng 697
(甦) sū 743

144 禾

0 禾 hé 326
2 利 lì 488
私 sī 736
秃 tū 786
秀 xiù 881
3 秆 gǎn 266
和 hé 327
hè 329
hú 339
huó 360
huò 363
季 jì 376
委 wēi 805
wěi 809
(秈) xiān 844
4 秕 bǐ 45
种 chóng 119
zhǒng 1018
zhòng 1019
科 kē 449
秒 miǎo 543
秋 qiū 640
香 xiāng 852
5 秘 bì 48
mì 539
称 chèn 106
chēng 107
(称) chèng 113
乘 chéng 111
shèng 698
秤 chèng 113
积 jī 367
秣 mò 551
秦 qín 632
秫 shú 722
秧 yāng 902
秩 zhì 1014
租 zū 1044
6 秽 huì 358
秸 jiē 405
移 yí 924
7 程 chéng 112
稃 fū 253
(稈) gǎn 266
(稉) jīng 420
稍 shāo 685
shào 686
税 shuì 732
稀 xī 832
8 稗 bài 21
稠 chóu 122
稞 kē 450
(稜) léng 481
稔 rěn 658
稙 zhī 1006
稚 zhì 1015
9(稱) chèn 106
chēng 107
(稭) jiē 405
稳 wěn 816
(種) zhǒng 1018
zhòng 1019
10 稻 dào 179
稿 gǎo 275
稽 jī 369
qǐ 615
稷 jì 378
稼 jià 384
(稹) zhěn 997
11(積) jī 367
穆 mù 555
12 穗 suì 748
(穉) zhì 1015
13(穢) huì 358
(穫) huò 364
14(穤) nuò 580
(穩) wěn 816

145 白

0 白 bái 15
1 百 bǎi 18
bó 63
2 皂 zào 977
(皁) zào 977
3 帛 bó 63
的 de 181
dī 185
dí 186
dì 189
4 皇 huáng 351
皆 jiē 404
泉 quán 647
6 皑 ái 3
皎 jiǎo 400
(習) xí 834
7 皓 hào 325
皖 wǎn 801
8 皙 xī 833
9 魄 pò 605
10(皚) ái 3
(皜) hào 325
(緜) mián 539

146 瓜

0 瓜 guā 297
6 瓠 hù 342
11 瓢 piáo 598
14 瓣 bàn 26
17 瓤 ráng 651

147 鸟(鳥)

0 鸟 niǎo 573
(鳥) niǎo 573
乌 wū 820
2 凫 fú 254
(鳧) fú 254
鸡 jī 367
鸠 jiū 425
3 鸣 míng 547
4 鸥 ōu 581
鸦 yā 894
鸩 zhèn 997
5 鸱 chī 115
鸬 lú 511
鸵 tuó 794
鸭 yā 894
鸯 yāng 902
莺 yīng 939
鸳 yuān 962
6 鸽 gē 276
鸿 hóng 335
鸾 luán 514
7 鹁 bó 64
鹅 é 219
(鵞) é 219
鹄 gǔ 295
hú 340
鹃 juān 434
鹈 tí 765
8 鹌 ān 7
鹑 chún 138
(鵰) diāo 195
鹏 péng 591
鹊 què 650
鹉 wǔ 827
(鵶) yā 894
9 鹗 è 220
10 鹤 hè 330
(鷄) jī 367
鹞 yào 909
(鶯) yīng 939
11(鷗) ōu 581
鹦 yīng 939
12 鹫 jiù 430
鹬 yù 961
13 鹮 huán 349
鹭 lù 512
鹰 yīng 939
16(鸕) lú 511
17 鹳 guàn 304
19(鸞) luán 514

148 用

0 甩 shuǎi 727
用 yòng 944
2 甫 fǔ 257
4 甭 béng 42

149 皮

0 皮 pí 593
5 皱 zhòu 1021
6 皲 jūn 439
颇 pō 603
7 皴 cūn 148
10(皺) zhòu 1021

150 癶

4 癸 guǐ 309
7 登 dēng 183
(發) fā 224

151 圣

2 劲 jìn 417
jìng 422
3 经 jīng 418
径 jìng 422
4 轻 qīng 634
6 颈 gěng 282
jǐng 422

152 矛

0 矛 máo 528
4 矜 jīn 413
柔 róu 662
5(務) wù 828

153 𤴔(疋)

0(疋) pǐ 594
4 胥 xū 882
6 蛋 dàn 172
7 疏 shū 721
(疎) shū 721
8 楚 chǔ 130
9 疑 yí 925

154 羊(⺶⺷)

0 羊 yáng 903
1 羌 qiāng 625
3 差 chā 88
chà 91
chāi 92
姜 jiāng 394
美 měi 532

养 yǎng 904
4 羔 gāo 274
羞 xiū 881
恙 yàng 905
5 盖 gài 264
羚 líng 502
着 zhāo 988
zháo 989
zhe 994
zhuó 1034
6 (羢) róng 661
善 shàn 677
羡 xiàn 850
翔 xiáng 854
7 群 qún 650
(羣) qún 650
羧 suō 749
(義) yì 928
8 (養) yǎng 904
9 羯 jié 409
10 羲 xī 833
13 羹 gēng 282
(羶) shān 677

155 米

0 米 mǐ 538
3 类 lèi 481
娄 lóu 509
籼 xiān 844
籽 zǐ 1036
4 粑 bā 13
(粃) bǐ 45
粉 fěn 246
料 liào 498
5 粗 cū 145
粒 lì 489
粘 nián 572
zhān 982
粕 pò 605
6 粪 fèn 247
粟 sù 745
粞 xī 833
粥 zhōu 1020
(粧) zhuāng 1030
7 粲 càn 84
粳 jīng 420
粮 liáng 494
粱 liáng 494
8 粹 cuì 148
精 jīng 420
粽 zòng 1042
9 糊 hū 339
hú 340
hù 342
糅 róu 663
(糉) zòng 1042
10 糙 cāo 85
糕 gāo 274
糖 táng 759
11 (糞) fèn 247
糠 kāng 447
糜 méi 532
mí 538
糟 zāo 975
12 糨 jiàng 396
(糧) liáng 494
14 糯 nuò 580

156 亦

0 亦 yì 929
2 变 biàn 52

157 齐(齊)

0 齐 qí 609
(齊) qí 609
3 (齋) zhāi 981

158 衣

0 衣 yī 922
2 表 biǎo 55
4 衮 gǔn 309
袅 niǎo 573
衾 qīn 632
衰 shuāi 726
衷 zhōng 1018
5 袋 dài 167
(袞) gǔn 309
袈 jiā 381
6 裁 cái 79
裂 liě 498
liè 499
亵 xiè 868
装 zhuāng 1030
7 (裏) lǐ 485
裘 qiú 642
裟 shā 674
裔 yì 931
(裝) zhuāng 1030
8 裳 cháng 97
裴 péi 589
(製) zhì 1012
9 褒 bāo 30
11 襄 xiāng 853
(褻) xiè 868
13 襞 bì 49

159 耒

4 耙 bà 15
pá 582
耕 gēng 282
耗 hào 325
耘 yún 969
7 (耡) chú 128

160 耳(耳)

0 耳 ěr 222
2 取 qǔ 644
3 闻 wén 816
4 耻 chǐ 116
(恥) chǐ 116
耽 dān 170
耿 gěng 282
聂 niè 574
耸 sǒng 741
5 聃 dān 170
聊 liáo 497
聆 líng 502
聋 lóng 508
职 zhí 1008
6 聒 guō 310
联 lián 491
7 聘 pìn 600
8 聚 jù 434
9 聪 cōng 143
11 (聰) cōng 143
(聯) lián 491
(聲) shēng 696
(聳) sǒng 741
12 (聶) niè 574
(職) zhí 1008
16 (聾) lóng 508
(聽) tīng 775

161 老

0 老 lǎo 475
4 耄 mào 529
耆 qí 611

162 臣

0 臣 chén 104
2 卧 wò 819
(臥) wò 819
8 臧 zāng 975
11 (臨) lín 500

163 西(覀)

0 西 xī 830
3 要 yāo 906
yào 908
4 贾 gǔ 295
jiǎ 382
栗 lì 489
5 票 piào 598
6 粟 sù 745
12 覆 fù 261
13 (覇) bà 15
(覈) hé 328
19 (羈) jī 369

164 而

0 而 ér 221
3 耐 nài 560
耍 shuǎ 726

165 页(頁)

0 页 yè 912
(頁) yè 912
2 顶 dǐng 198
顷 qǐng 639
3 顸 hān 318
顺 shùn 732
项 xiàng 856
须 xū 882
4 颁 bān 22
顿 dùn 216
烦 fán 230
顾 gù 296
颂 sòng 742
(頑) wán 799
顽 wán 799
预 yù 960
5 颈 gěng 282
jǐng 422
领 lǐng 503
颅 lú 511
颇 pō 603
硕 shuò 735
6 颌 hé 329
颊 jiá 382
颏 kē 450
颉 xié 866
7 (頸) gěng 282
jǐng 422
颔 hàn 320
(頰) jiá 382
频 pín 599
(頭) tóu 783
颓 tuí 790
颐 yí 925
颖 yǐng 941
8 颗 kē 450
9 额 é 219
颚 è 220
题 tí 765
颜 yán 899
10 颠 diān 190
(類) lèi 481
(願) yuàn 966
12 (顧) gù 296
13 颤 chàn 94
14 (顯) xiǎn 847
15 颦 pín 599
16 (顱) lú 511
17 颧 quán 648

166 至

0 至 zhì 1012
2 到 dào 177
4 致 zhì 1014
10 臻 zhēn 996

167 虍

2 虎 hǔ 340
(虎) hǔ 341
虏 lǔ 511
3 虐 nüè 580
4 虑 lǜ 514
虔 qián 622
5 (處) chǔ 129
chù 130

虚 xū 882
7 (虜) lǔ 511
虞 yú 957
9 (慮) lù 514
11 (虧) kuī 465

168 虫

0 虫 chóng 119
1 虬 qiú 642
2 虱 shī 701
3 虼 gè 279
虹 hóng 335
jiàng 395
蚂 mǎ 521
mà 521
(蚀) shí 705
蚀 shí 705
虽 suī 746
虾 xiā 837
蚁 yǐ 928
蚤 zǎo 976
4 蚌 bàng 28
蚕 cán 83
蚪 dǒu 206
蚣 gōng 288
蚝 háo 321
蚍 pí 594
蚊 wén 816
蚜 yá 894
蚓 yǐn 937
5 蛋 dàn 172
蛎 lì 489
蛉 líng 502
蚯 qiū 641
蛆 qū 643
蛇 shé 687
蚰 yóu 949
蚱 zhà 981
蛀 zhù 1026
6 蛤 gé 278
há 315
蛔 huí 356
(蛕) huí 356
蛟 jiāo 399
蛮 mán 523
蛲 náo 564
蛐 qū 643
蜓 tíng 777
蛙 wā 795
蜒 yán 899
蛰 zhé 992
蛭 zhì 1014
蛛 zhū 1022
7 蛾 é 219
蜂 fēng 251
蜉 fú 256
(蜋) láng 474
蜊 lí 484
蜣 qiāng 625
蜃 shèn 694
蜀 shǔ 723
蜕 tuì 791
蜗 wō 818
蜈 wú 825
蛹 yǒng 944
蜇 zhē 991
8 蝉 chán 93
蜚 fēi 241
fěi 242
蝈 guō 310
蜡 là 469
螂 láng 474
蜜 mì 539
蜻 qīng 637
蜷 quán 648
蜿 wān 798
(蝸) wō 818
蜥 xī 833
蜴 yì 932
蝇 yíng 940
蜘 zhī 1006
9 蝙 biān 51
蝶 dié 198
蝠 fú 256
蝮 fù 261
蝴 hú 340
蝗 huáng 353
蝌 kē 450
蝼 lóu 509
蝥 máo 528
蝾 róng 662
(蝟) wèi 813
(蝦) xiā 837
蝎 xiē 865
10 螭 chī 115
蟒 mǎng 526
螟 míng 548
螃 páng 587
融 róng 662
螅 xī 833
(螢) yíng 940
11 (蟈) guō 310
(螻) lóu 509
螺 luó 517
蟊 máo 528
蟀 shuài 727
螳 táng 759
蟋 xī 834
蟑 zhāng 985
(蟄) zhé 992
螽 zhōng 1018
12 (蟬) chán 93
(蟲) chóng 119
(蟯) náo 564
蟠 pán 585
13 蟾 chán 93
(蠍) xiē 865
蟹 xiè 868
(蟻) yǐ 928
(蠅) yíng 940
14 (蠔) háo 321
(蠣) lì 489
(蠑) róng 662
蠕 rú 664
15 蠢 chǔn 139
(蠟) là 469
蠡 lí 484
18 (蠶) cán 83
蠹 dù 210
19 (蠻) mán 523

169 肉

0 肉 ròu 663
2 肏 cào 86
8 腐 fǔ 257

170 缶

0 缶 fǒu 252
3 缸 gāng 270
4 缺 quē 648
5 (缽) bō 62
6 (缾) píng 602
8 罂 yīng 939
11 罄 qìng 639
12 (罇) zūn 1048
13 (罋) wèng 818
17 罐 guàn 304

171 舌

0 舌 shé 687
1 乱 luàn 514
2 刮 guā 297
4 敌 dí 186
舐 shì 711
5 甜 tián 770
6 舒 shū 721
7 辞 cí 140
8 舔 tiǎn 771

172 臼

0 臼 jiù 427
4 舀 yǎo 907
5 舂 chōng 119
7 舅 jiù 430

173 竹(⺮)

0 竹 zhú 1022
3 笃 dǔ 209
竿 gān 266
笈 jí 371
竽 yú 956
4 笆 bā 12
笔 bǐ 45
(笓) bì 48
笋 sǔn 749
笑 xiào 864
笊 zhào 990
5 笨 bèn 42
笞 chī 115
笛 dí 186
第 dì 190
符 fú 256
笺 jiān 386
笠 lì 489
笼 lóng 508
lǒng 509
笸 pǒ 603
笙 shēng 697
笤 tiáo 773
6 (筆) bǐ 45
筚 bì 48
策 cè 87
答 dā 153
dá 153
等 děng 184
筏 fá 227
筋 jīn 413
筐 kuāng 464
筌 quán 648
筛 shāi 675
(筍) sǔn 749
筒 tǒng 782
筅 xiǎn 848
筵 yán 899
筝 zhēng 999
筑 zhù 1026
7 筹 chóu 122
简 jiǎn 388
(節) jiē 403
jié 406
筷 kuài 463
筢 pá 582
签 qiān 621
(筩) tǒng 782
筱 xiǎo 863
8 箔 bó 64
箪 dān 170
(箇) gè 278
箍 gū 293
管 guǎn 302
箕 jī 368
(箋) jiān 386
箩 luó 517
(箝) qián 623
箧 qiè 631
算 suàn 745
箫 xiāo 859
(箒) zhǒu 1021
箸 zhù 1026
9 (範) fàn 234
箭 jiàn 393
篓 lǒu 509
篇 piān 596
(篋) qiè 631
(箲) xiǎn 848
箱 xiāng 853
箴 zhēn 996
篆 zhuàn 1030
10 (篳) bì 48
篦 bì 48
篡 cuàn 147
篙 gāo 274
篝 gōu 290
篮 lán 473
篱 lí 484

部首索引

篷 péng 591
(篩) shāi 675
(簑) suō 749
(築) zhù 1026
11 簇 cù 146
篼 dōu 205
簧 huáng 353
(篲) huì 358
(簍) lǒu 509
篾 miè 543
簌 sù 745
(篠) xiǎo 863
12 (簞) dān 170
簪 zān 974
13 簸 bǒ 64
bò 65
簿 bù 77
(簾) lián 491
(簽) qiān 621
(簫) xiāo 859
14 (籌) chóu 122
籍 jí 373
(籃) lán 473
纂 zuǎn 1046
16 (籠) lóng 508
lǒng 509
17 (籤) qiān 621
18 (籬) lí 484
19 (籮) luó 517

174 自

0 自 zì 1037
4 臭 chòu 123
xiù 882
息 xī 832

175 血(血)

0 血 xiě 867
xuè 889
5 衅 xìn 874
6 (衆) zhòng 1019

176 行

0 行 háng 320
xíng 875
3 衍 yǎn 899
5 (術) shù 724
衔 xián 846
(衒) xuàn 887
6 街 jiē 406
7 衙 yá 894
9 (衝) chōng 118
chòng 120
10 衡 héng 333
(衛) wèi 810

177 舟

0 舟 zhōu 1020
3 舢 shān 676
4 般 bān 21
舨 bǎn 23
舱 cāng 84
舫 fǎng 238
航 háng 321
舰 jiàn 392
5 舶 bó 63
船 chuán 133
舵 duò 218
盘 pán 585
舷 xián 846
6 艇 tǐng 778
7 艄 shāo 685
9 艘 sōu 743
10 (艙) cāng 84
13 (艣) lǔ 511
(艢) qiáng 627
14 (艦) jiàn 392
15 (艪) lǔ 511

178 舛

0 舛 chuǎn 133
6 舜 shùn 733
8 舞 wǔ 827

179 色

0 色 sè 672
shǎi 675
4 艳 yàn 901
18 (艷) yàn 901

180 羽

0 羽 yǔ 958
4 翅 chì 117
翁 wēng 817
5 翎 líng 502
翌 yì 931
6 翘 qiáo 628
qiào 629
翕 xī 833
翔 xiáng 854
8 翠 cuì 148
翡 fěi 242
9 翦 jiǎn 389
翩 piān 596
(翫) wán 799
10 翰 hàn 320
11 翼 yì 932
12 翻 fān 228
(翹) qiáo 628
qiào 629
14 耀 yào 909

181 聿(肀)

4 肃 sù 744
7 肆 sì 740
肄 yì 931
8 肇 zhào 991

182 艮(艮)

0 艮 gěn 281
gèn 281
1 良 liáng 493
3 垦 kěn 454
4 既 jì 377
恳 kěn 454
11 (艱) jiān 386

183 辛

0 辛 xīn 871
5 辜 gū 293
6 辟 bì 48
pī 593
pì 595
辞 cí 140
7 辣 là 469
9 (辦) bàn 23
辨 biàn 53
辩 biàn 53
10 辫 biàn 54
12 瓣 bàn 26
(辭) cí 140
13 (辮) biàn 54
14 (辯) biàn 53

184 麦(麥)

0 麦 mài 522
(麥) mài 522
4 麸 fū 253
6 (麯) qū 642
8 麴 qū 644
9 (麵) miàn 541

185 走

0 走 zǒu 1042
2 赴 fù 259
赳 jiū 425
赵 zhào 990
3 赶 gǎn 266
起 qǐ 613
5 超 chāo 100
趁 chèn 107
(趂) chèn 107
趋 qū 643
越 yuè 968
6 趔 liè 499
7 (趕) gǎn 266
(趙) zhào 990
8 趣 qù 645
趟 tāng 758
tàng 759
10 (趨) qū 643

186 赤

0 赤 chì 117
4 赧 nǎn 563
赦 shè 688
5 (𧹞) nǎn 563
7 赫 hè 329
8 赭 zhě 992

187 豆

0 豆 dòu 206
3 豇 jiāng 394
8 (豎) shù 725
豌 wān 798
11 (豐) fēng 248
21 (豔) yàn 901

188 酉

0 酉 yǒu 954
2 酊 dīng 198
dǐng 199
酋 qiú 642
3 配 pèi 589
酌 zhuó 1034
4 酚 fēn 246
酗 xù 885
酝 yùn 970
5 酤 gū 293
酣 hān 318
酥 sū 743
6 酬 chóu 122
酱 jiàng 396
酪 lào 479
酩 mǐng 548
酮 tóng 781
酰 xiān 845
酯 zhǐ 1012
7 酵 jiào 403
酷 kù 461
酶 méi 532
酿 niàng 573
酸 suān 745
8 醇 chún 139
醋 cù 146
醉 zuì 1047
9 (醜) chǒu 122
醛 quán 648
醍 tí 765
醒 xǐng 877
醑 xǔ 884
(醞) yùn 970
11 (醬) jiàng 396
醪 láo 475
(醫) yī 922
13 醵 jù 434
14 (醻) chóu 122
醺 xūn 890
17 (釀) niàng 573

189 辰

0 辰 chén 105
3 唇 chún 138
辱 rǔ 665
6 (農) nóng 576
蜃 shèn 694

190 豕(豕)

4 豚 tún 792
5 象 xiàng 857
6 豢 huàn 351
7 豪 háo 322
9 豫 yù 961

191 卤(鹵)

0 卤 lǔ 511
(鹵) lǔ 511
9 (鹹) xián 846
10 (鹼) jiǎn 389

192 里

0 里 lǐ 485
2 重 chóng 119
zhòng 1019
4 野 yě 911
5 量 liáng 494
liàng 496
11 (釐) lí 483
xǐ 836

193 足(⻊)

0 足 zú 1044
2 趴 pā 582
3 趸 dǔn 215
趿 tā 751
4 趼 jiǎn 387
距 jù 433
跃 yuè 968
趾 zhǐ 1012
5 跋 bá 13
跛 bǒ 64
(跕) diǎn 192
跌 diē 197
跗 fū 253
践 jiàn 392
跑 pǎo 587
跚 shān 676
跆 tái 753
6 跸 bì 48
跐 cī 139
跺 duò 218
(跥) duò 218
跟 gēn 280
跪 guì 309
跻 jī 368
(跡) jì 376
(跤) jiāo 396
跤 jiāo 399
跨 kuà 461
路 lù 512
跷 qiāo 627
跳 tiào 773
7 踌 chóu 122
跼 jú 431
踉 liàng 496
踅 xué 889
踊 yǒng 944
8 踩 cǎi 81
踟 chí 116
踮 diǎn 192
踝 huái 348
(踐) jiàn 392
踞 jù 434
踏 tā 752
tà 752
(踼) tāng 758
踢 tī 764
踒 wō 818
踪 zōng 1041
9 蹅 chǎ 91
踹 chuài 131
蹉 cuō 150
踱 duó 218
蹂 róu 663
蹄 tí 765
(𨂿) wǎi 796
(踴) yǒng 944
(踰) yú 957
踵 zhǒng 1018
10 (蹕) bì 48
蹈 dǎo 176
蹇 jiǎn 389
蹓 liū 505
蹑 niè 574
蹒 pán 585
蹊 qī 609
xī 834
11 蹦 bèng 43
蹩 bié 57
蹙 cù 147
(蹟) jì 376
(蹣) pán 585
蹚 tāng 758
(蹤) zōng 1041
12 蹭 cèng 88
蹴 cù 147
蹿 cuān 147
蹬 dēng 184
蹲 dūn 215
(躉) dǔn 215
蹶 jué 438
蹼 pǔ 607
(蹺) qiāo 627
13 躁 zào 977
14 (躊) chóu 122
(躋) jī 368
躏 lìn 501
(躍) yuè 968
18 (躥) cuān 147
(躡) niè 574

194 釆

4 悉 xī 832
5 番 fān 228
释 shì 712
釉 yòu 955
13 (釋) shì 712

195 豸

3 豹 bào 34
豺 chái 92
5 貂 diāo 195
6 貉 háo 322
hé 329
貆 huán 349
7 貌 mào 529
10 貘 mò 552

196 谷

0 谷 gǔ 294
4 欲 yù 961
10 豁 huō 360
huò 364

197 身(⾝)

0 身 shēn 689
3 躬 gōng 288
射 shè 688
4 躯 qū 643
6 躲 duǒ 218
7 (躱) duǒ 218
8 躺 tǎng 759
11 (軀) qū 643

198 龟(龜)

0 龟 guī 307
jūn 439
3 (龜) guī 307

199 角

0 角 jiǎo 399
jué 436
2 (觔) jīn 411
5 觚 gū 293
6 触 chù 130
觥 gōng 288
解 jiě 409
jiè 411
xiè 868
13 (觸) chù 130

200 青

0 青 qīng 633
5 靖 jìng 424
6 静 jìng 424
8 靛 diàn 195
(靜) jìng 424

201 其

0 其 qí 610
3 基 jī 368
4 期 jī 368
qī 609
欺 qī 609
斯 sī 737

202 雨(⻗)

0 雨 yǔ 958
3 雪 xuě 889
4 雰 fēn 246
雳 lì 489
雯 wén 816
(雲) yún 968
5 雹 báo 30
(電) diàn 192
雷 léi 480
零 líng 502
雾 wù 829
6 霁 jì 378
霆 tíng 777
需 xū 883
7 霉 méi 532
霄 xiāo 859
震 zhèn 997
8 霏 fēi 241
霍 huò 364
霖 lín 501
霓 ní 569
霎 shà 675
(霑) zhān 982
9 霜 shuāng 728
霞 xiá 838
10 (霧) wù 829
11 霭 ǎi 3
12 霰 xiàn 850
13 霸 bà 15
露 lòu 510
lù 512
霹 pī 593
14 (霽) jì 378
16 (靂) lì 489
(靈) líng 501

203 非

0 非 fēi 240
1 韭 jiǔ 426
4 悲 bēi 36
辈 bèi 39
7 靠 kào 448

204 齿(齒)

0 齿 chǐ 116
5 龅 bāo 30
龃 jǔ 432
(齣) kè 454
龄 líng 503
6 (齦) kěn 454
龈 yín 936
(齧) niè 574
(齩) yǎo 907
龇 zī 1036
9 (齶) è 220
龋 qǔ 645
龌 wò 820

205 黾(黽)

11 (鼈) biē 56

206 隹

2 隽 juàn 435
难 nán 562
nàn 563
(隻) zhī 1005
3 雀 qiāo 627
qiǎo 629
què 649
售 shòu 718
4 雇 gù 297

集 jí 372
焦 jiāo 399
(雋) juàn 435
雄 xióng 879
雅 yǎ 895
5 雏 chú 129
雍 yōng 943
雉 zhì 1015
6 雌 cí 141
8 雕 diāo 195
霍 huò 364
9 (雖) suī 746
10 (雛) chú 129
(雞) jī 367
(離) lí 483
(雙) shuāng 727
(雜) zá 971
11 (難) nán 562
nàn 563

207 鱼(魚)

0 鱼 yú 956
(魚) yú 956
4 鲁 lǔ 511
鱿 yóu 949
5 鲍 bào 34
鲋 fù 261
鲎 hòu 338
鲈 lú 511
鲇 nián 572
鲆 píng 603
6 鮟 ān 7
鲑 guī 308
鲚 jì 378
鲛 jiāo 399
鲔 wěi 810
鲜 xiān 845
xiǎn 848
鲟 xún 892
鮨 yì 932
7 鲠 gěng 282
鲩 huàn 351
鲫 jì 378
鲣 jiān 387
鲡 lí 484
鲤 lǐ 486
鲢 lián 492
鲨 shā 674
8 鲳 chāng 95
鲷 diāo 195
鲱 fēi 242
鲸 jīng 421
鲲 kūn 466
鲵 ní 569
(鯰) nián 572
鲭 qīng 637
鲹 shēn 692
9 鳄 è 220
鳆 fù 261
鳅 qiū 641
(鰌) qiū 641
鳃 sāi 668
10 鳏 guān 302
鳍 qí 612
11 鳔 biào 56
鳖 biē 56
(鰹) jiān 387
鳗 mán 524
(鰺) shēn 692
鳕 xuě 889
12 鳜 guì 309
鳞 lín 501
鳝 shàn 678
(鱓) shàn 678
(鱘) xún 892
(鱏) xún 892
鳟 zūn 1048
13 鳡 gǎn 268
(鱟) hòu 338
14 (鱭) jì 378
16 (鱺) lí 484
(鱸) lú 511

208 首

0 首 shǒu 716

209 音

0 音 yīn 934
2 章 zhāng 985
4 歆 xīn 872
意 yì 931
韵 yùn 970
5 韶 sháo 685
10 (韻) yùn 970
11 (響) xiǎng 854

210 革

0 革 gé 277
2 勒 lè 479
lēi 480
3 (靸) tā 751
4 靶 bǎ 14
靴 xuē 888
6 鞍 ān 7
鞑 dá 153
(鞏) gǒng 288
鞋 xié 866
7 鞘 qiào 629
8 鞠 jū 431
9 鞭 biān 51
鞣 róu 663
10 (鞾) xuē 888
12 (韃) dá 153
13 (韁) jiāng 394

211 面

0 面 miàn 541
6 靥 yè 913

212 骨

0 骨 gū 293
gǔ 294
4 骰 tóu 785
5 骶 dǐ 187
骷 kū 460
6 骸 hái 316
7 (骾) gěng 282
8 髀 bì 49
9 髅 lóu 509
11 (髏) lóu 509
12 髓 suǐ 748
(髒) zāng 975
13 髑 dú 209
(體) tī 764
tǐ 766

213 香

0 香 xiāng 852
9 馥 fù 261
11 馨 xīn 872

214 鬼

0 鬼 guǐ 308
4 魂 hún 360
魁 kuí 466
5 魅 mèi 534
魄 pò 605
6 魇 yǎn 901
7 魉 liǎng 495
8 (魎) liǎng 495
魍 wǎng 804
魏 wèi 813
10 魑 chī 115
11 魔 mó 550

215 鬲

6 融 róng 662

216 髟

5 (髮) fà 228
髯 rán 651
髫 tiáo 773
6 髻 jì 378
髭 zī 1036
7 (鬀) tì 766
8 (鬆) sōng 741
鬃 zōng 1041
9 鬏 jiū 425
10 鬓 bìn 58
12 (鬚) xū 882
14 (鬢) bìn 58

217 麻

0 麻 má 519
3 (麼) me 529
4 麾 huī 354
摩 mā 519
mó 549
5 (穈) méi 532
磨 mó 549
mò 552
6 糜 méi 532
mí 538
8 靡 mí 538
mǐ 538
9 魔 mó 550
12 (黴) méi 532

218 鹿

0 鹿 lù 511
2 麂 jǐ 374
3 (塵) chén 104
6 麋 mí 538
8 (麗) lí 483
lì 488
麒 qí 612
10 麝 shè 688
11 (麞) zhāng 985
12 麟 lín 501
22 (麤) cū 145

219 黄

0 黄 huáng 352

220 黑

0 黑 hēi 330
3 墨 mò 551
4 默 mò 552
黔 qián 623
5 黜 chù 130
黛 dài 168
(點) diǎn 191
黝 yǒu 954
6 黠 xiá 839
7 黢 qū 644
8 黩 dú 209
9 黯 àn 9
15 (黷) dú 209

221 鼎

0 鼎 dǐng 199

222 黍

0 黍 shǔ 723
3 黎 lí 484
5 黏 nián 572

223 鼓

0 鼓 gǔ 295
5 瞽 gǔ 295

224 鼠

0 鼠 shǔ 723
4 鼢 fén 246
5 (鼦) diāo 195
鼬 yòu 955
9 (鼴) yǎn 901
10 鼷 xī 834
鼹 yǎn 901

225 鼻

0 鼻 bí 43
3 鼾 hān 318
5 齁 hōu 336

総画索引

○部首からは引きにくい漢字を収録した。

漢字	拼音	頁
1画		
〇	líng	501
乙	yǐ	926
2画		
匕	bǐ	44
卜	bǔ	65
厂	chǎng	97
刁	diāo	195
丁	dīng	198
	zhēng	998
儿	ér	221
二	èr	222
几	jī	365
	jǐ	373
九	jiǔ	425
了	le	479
	liǎo	497
乃	nǎi	560
七	qī	608
人	rén	654
入	rù	665
十	shí	702
3画		
才	cái	78
叉	chā	88
	chá	89
	chǎ	91
亍	chù	130
川	chuān	131
大	dà	158
凡	fán	229
飞	fēi	240
干	gān	264
	gàn	268
个	gě	278
	gè	278
及	jí	369
己	jǐ	373
孑	jié	406
巾	jīn	411
久	jiǔ	426
亏	kuī	465
马	mǎ	520
么	me	529
乞	qǐ	612
千	qiān	619
刃	rèn	658
三	sān	669
上	shǎng	679
	shàng	680
勺	sháo	685
尸	shī	699
巳	sì	739
丸	wán	798
万	wàn	801
亡	wáng	802
卫	wèi	810
兀	wù	828
习	xí	834
下	xià	839
乡	xiāng	850
丫	yā	893
幺	yāo	905
也	yě	910
已	yǐ	926
义	yì	928
于	yú	955
与	yǔ	957
	yù	959
丈	zhàng	986
之	zhī	1003
4画		
巴	bā	12
办	bàn	23
币	bì	46
卞	biàn	51
不	bù	66
仓	cāng	84
长	cháng	95
	zhǎng	985
车	chē	102
	jū	430
尺	chě	103
	chǐ	116
丑	chǒu	122
从	cóng	143
歹	dǎi	165
丹	dān	168
斗	dǒu	205
	dòu	206
乏	fá	226
反	fǎn	231
分	fēn	244
	fèn	247
丰	fēng	248
凤	fèng	252
夫	fū	253
	fú	253
丐	gài	263
冈	gāng	269
戈	gē	276
公	gōng	284
互	hù	341
介	jiè	410
斤	jīn	411
今	jīn	412
井	jǐng	421
巨	jù	432
开	kāi	440
六	liù	507
仑	lún	515
无	mó	548
	wú	821
内	nèi	566
廿	niàn	572
爿	pán	585
匹	pǐ	594
欠	qiàn	624
区	qū	642
壬	rén	657
卅	sà	668
少	shǎo	685
	shào	686
升	shēng	694
氏	shì	707
书	shū	719
天	tiān	767
屯	tún	792
为	wéi	807
	wèi	811
韦	wéi	807
乌	wū	820
毋	wú	825
五	wǔ	825
午	wǔ	827
勿	wù	828
兮	xī	830
牙	yá	894
夭	yāo	905
爻	yáo	906
以	yǐ	926
尹	yǐn	936
尤	yóu	947
友	yǒu	950
予	yú	955
	yǔ	958
元	yuán	962
云	yún	968
允	yǔn	969
爪	zhǎo	989
	zhuǎ	1027
支	zhī	1004
中	zhōng	1015
	zhòng	1018
专	zhuān	1027
5画		
凹	āo	9
	wā	795
半	bàn	24
包	bāo	28
北	běi	36
本	běn	40
必	bì	46
丙	bǐng	59
布	bù	76
册	cè	86
斥	chì	117
出	chū	123
刍	chú	127
处	chǔ	129
	chù	130
匆	cōng	142
丛	cóng	144
电	diàn	192
东	dōng	202
对	duì	213
尔	ěr	222
弍	èr	223
发	fā	224
	fà	228
弗	fú	253
甘	gān	265
古	gǔ	293
瓜	guā	297
归	guī	306
号	háo	321
	hào	324
禾	hé	326
乎	hū	338
卉	huì	357
击	jī	365
甲	jiǎ	382
旧	jiù	427
卡	kǎ	440
	qiǎ	618
可	kě	450
	kè	452
兰	lán	472
乐	lè	479
	yuè	967
龙	lóng	508
卢	lú	510
卯	mǎo	528
矛	máo	528
灭	miè	543
民	mín	543
末	mò	550
母	mǔ	553
鸟	niǎo	573
奴	nú	578
平	píng	600
且	qiě	630
丘	qiū	640
去	qù	645
冉	rǎn	651
仞	rèn	659
申	shēn	689
生	shēng	694
圣	shèng	698
失	shī	699
史	shǐ	705
世	shì	707
市	shì	707
术	shù	724
甩	shuǎi	727

帅 shuài 727
丝 sī 736
司 sī 736
四 sì 739
头 tóu 783
凸 tū 786
未 wèi 811
务 wù 828
戊 wù 828
卌 xì 836
兄 xiōng 879
玄 xuán 886
穴 xué 888
央 yāng 902
业 yè 911
永 yǒng 944
用 yòng 944
由 yóu 947
右 yòu 954
玉 yù 959
孕 yùn 969
乍 zhà 981
占 zhān 982
zhàn 983
正 zhēng 998
zhèng 1001
主 zhǔ 1022
左 zuǒ 1048

6画

百 bǎi 18
毕 bì 47
冰 bīng 58
并 bìng 60
产 chǎn 93
场 cháng 96
chǎng 98
臣 chén 104
成 chéng 108
丞 chéng 110
充 chōng 118
舛 chuǎn 133
此 cǐ 141
汆 cuān 147
氘 dāo 175
导 dǎo 175
丢 diū 201
夺 duó 217
朵 duǒ 218
而 ér 221
缶 fǒu 252
凫 fú 254
夹 gā 262
jiā 379
jiá 381
艮 gěn 281
gèn 281
亘 gèn 281
关 guān 300
观 guān 301
guàn 303
亥 hài 317
后 hòu 336
华 huá 344
huà 346
欢 huān 348
灰 huī 353
尽 jǐn 413
jìn 415
臼 jiù 427
军 jūn 438
考 kǎo 448
夸 kuā 461
老 lǎo 475
吏 lì 488
买 mǎi 522
年 nián 571
农 nóng 576
乓 pāng 586
乒 pīng 600
齐 qí 609
岂 qǐ 612
乔 qiáo 628
曲 qū 642
qǔ 644
戎 róng 661
肉 ròu 663
伞 sǎn 670
杀 shā 673
师 shī 700
式 shì 708
戍 shù 724
死 sǐ 738
夙 sù 744
网 wǎng 803
危 wēi 805
先 xiān 843
向 xiàng 856
兴 xīng 874
xìng 877
戌 xū 882
亚 yà 895
尧 yáo 906
爷 yé 910
曳 yè 912
页 yè 912
夷 yí 924
异 yì 929
亦 yì 929
杂 zá 971
再 zài 972
在 zài 973
兆 zhào 989
贞 zhēn 995
旨 zhǐ 1010
至 zhì 1012
众 zhòng 1019
州 zhōu 1020
朱 zhū 1021

7画

步 bù 77
呈 chéng 110
串 chuàn 134
囱 cōng 143
岛 dǎo 176
弟 dì 189
兑 duì 215
甫 fǔ 257
尬 gà 262
更 gēng 281
gèng 282
汞 gǒng 288
龟 guī 307
jūn 439
罕 hǎn 319
旱 hàn 320
奂 huàn 350
系 jì 376
xì 836
戒 jiè 410
局 jú 431
君 jūn 439
壳 ké 450
qiào 629
来 lái 470
丽 lí 483
lì 488
两 liǎng 494
灵 líng 501
弄 lòng 509
nòng 577
卤 lǔ 511
卵 luǎn 514
免 miǎn 540
亩 mǔ 553
启 qǐ 613
弃 qì 617
羌 qiāng 625
穷 qióng 640
求 qiú 641
佘 shé 687
寿 shòu 717
束 shù 724
忐 tǎn 756
忑 tè 762
我 wǒ 818
巫 wū 821
希 xī 831
县 xiàn 848
严 yán 897
矣 yǐ 928
邑 yì 930
余 yú 955
皂 zào 977
坐 zuò 1050

8画

卑 bēi 35
备 bèi 37
表 biǎo 55
秉 bǐng 59
帛 bó 63
采 cǎi 80
单 chán 93
dān 168
畅 chàng 98
承 chéng 110
齿 chǐ 116
垂 chuí 136
典 diǎn 191
非 fēi 240
奉 fèng 252
阜 fù 259
购 gòu 291
乖 guāi 299
果 guǒ 311
函 hán 318
轰 hōng 333
画 huà 346
或 huò 363
亟 jí 371
艰 jiān 386
卷 juǎn 435
juàn 435
隶 lì 489
录 lù 511
卖 mài 523
氓 máng 526
爬 pá 582
凭 píng 602
其 qí 610
戕 qiāng 625
乳 rǔ 664
丧 sāng 671
sàng 671
尚 shàng 684
虱 shī 701
事 shì 708
肃 sù 744
所 suǒ 749
态 tài 754
兔 tù 788
卧 wò 819
武 wǔ 827
枭 xiāo 857
些 xiē 865
幸 xìng 878
肴 yáo 906
枣 zǎo 976
者 zhě 992
直 zhí 1007
质 zhì 1013
周 zhōu 1020
帚 zhǒu 1021

9画

拜 bái 18
bài 20
甭 béng 42
毖 bì 47
差 chā 88
chà 91
chāi 92
尝 cháng 96
重 chóng 119
zhòng 1019
毒 dú 207
贰 èr 223

费 fèi 243
复 fù 259
癸 guǐ 309
巷 hàng 321
xiàng 856
柬 jiǎn 387
将 jiāng 393
jiàng 395
韭 jiǔ 426
举 jǔ 431
临 lín 500
骂 mà 521
面 miàn 541
南 nán 561
叛 pàn 586
亲 qīn 631
qìng 639
酋 qiú 642
甚 shèn 694
首 shǒu 716
要 shuǎ 726
歪 wāi 796
威 wēi 805
咸 xián 846
养 yǎng 904
胤 yìn 938
幽 yōu 946
禹 yǔ 959
哉 zāi 972
咫 zhǐ 1012
昼 zhòu 1021
奏 zòu 1044
俎 zǔ 1045

10画

爱 ài 4
乘 chéng 111
shèng 698
高 gāo 271
羔 gāo 274
哥 gē 276
衮 gǔn 309
兼 jiān 386
哭 kū 459
离 lí 483
孬 nāo 564
能 néng 567
旁 páng 586
秦 qín 632
弱 ruò 667
祟 suì 748
索 suǒ 750
泰 tài 754
紊 wěn 816
奚 xī 832
玺 xǐ 835
羞 xiū 881
艳 yàn 901
益 yì 931
袁 yuán 963
栽 zāi 972
载 zǎi 972
斋 zhāi 981
真 zhēn 995
衷 zhōng 1018

11画

匙 chí 116
shi 712
够 gòu 291
黄 huáng 352
堇 jǐn 414
率 lǜ 514
shuài 727
冕 miǎn 541
戚 qī 609
乾 qián 623
雀 qiāo 627
qiǎo 629
què 649
啬 sè 673
商 shāng 679
售 shòu 718
兽 shòu 719
孰 shú 722
爽 shuǎng 729
望 wàng 805
袭 xí 834
象 xiàng 857
焉 yān 896

12画

裁 cái 79
鼎 dǐng 199
番 fān 228
辉 huī 354
棘 jí 372
就 jiù 428
量 liáng 494
liàng 496
甥 shēng 697
弑 shì 711
释 shì 712
舒 shū 721
黍 shǔ 723
舜 shùn 733
棠 táng 758
犀 xī 833
巽 xùn 892
壹 yī 924
粤 yuè 968
凿 záo 976

13画

叠 dié 197
鼓 gǔ 295
赖 lài 472
瑟 sè 673
蜀 shǔ 723
鼠 shǔ 723
肆 sì 740
嗣 sì 741
颓 tuí 790
虞 yú 957
詹 zhān 982
斟 zhēn 996

14画

凳 dèng 184
孵 fū 253
睾 gāo 274
裹 guǒ 312
赫 hè 329
夥 huǒ 363
暨 jì 378
嘉 jiā 381
截 jié 408
兢 jīng 420
聚 jù 434
睿 ruì 667
韬 tāo 760
斡 wò 820
舞 wǔ 827
疑 yí 925
舆 yú 957
臧 zāng 975
寨 zhài 982
肇 zhào 991

15画

褒 bāo 30
樊 fán 230
畿 jī 369
靠 kào 448
黎 lí 484
豫 yù 961
熨 yùn 970

16画

噩 è 220
翰 hàn 320
冀 jì 378
羲 xī 833
臻 zhēn 996
整 zhěng 1000

17画

戴 dài 168
爵 jué 438
黏 nián 572
襄 xiāng 853
膺 yīng 939
赢 yíng 941
螽 zhōng 1018

18画

璧 bì 49
雠 chóu 122
馥 fù 261
嚣 xiāo 859
彝 yí 926

19画

瓣 bàn 26
羹 gēng 282
疆 jiāng 394
靡 mí 538
mǐ 538
攀 pān 584

20画

矍 jué 438
璺 wèn 817
馨 xīn 872
耀 yào 909

21画

蠢 chǔn 139
赣 gàn 269
颦 pín 599

22画

囊 nāng 563
náng 563

24画

矗 chù 131

音訓索引

○この索引は本辞典に収めた親字のうち（異体字・繁体字は除く）、その字を日本漢字に置きかえて日本語読みにした場合、比較的容易にその音訓が思い起こされるものを選び、五十音順に配列した。
○カタカナは音読みを、ひらがなは訓読みを示す。音と訓とで同音のものは音を先に、訓を後にし、同じ見出しの中で同音の漢字は画数順に配列した。

あ

ア
亚 yà 895
阿 ā 1
ē 219
アイ
哀 āi 2
爱 ài 4
あい
蓝 lán 472
あいだ
间 jiān 385
jiàn 391
あう
合 gě 278
hé 326
会 huì 357
kuài 461
逢 féng 251
遇 yù 961
遭 zāo 975
あお
青 qīng 633
あおい
葵 kuí 466
あおぐ
仰 yǎng 904
あか
赤 chì 117
垢 gòu 291
あかつき
晓 xiǎo 863
あかるい
明 míng 546
あき
秋 qiū 640
あきらめる
谛 dì 190
あきる
饱 bǎo 30
あきれる
呆 dāi 165
アク
恶 ě 219
è 220
wù 829
握 wò 820
あくた
芥 gài 263
jiè 410
あご
颚 è 220
あさ
麻 má 519
朝 cháo 101
zhāo 988
あさい
浅 jiān 385
qiǎn 623
あざむく
欺 qī 609
あざやか
鲜 xiān 845
xiǎn 848
あし
足 zú 1044
脚 jiǎo 400
あせ
汗 hán 318
hàn 319
あぜ
畔 pàn 586
畦 qí 611
あそぶ
游 yóu 949
あたえる
与 yǔ 957
yù 959
あたたかい
温 wēn 813
暖 nuǎn 580
あたる
当 dāng 172
dàng 174
アツ
轧 yà 895
zhá 980
压 yā 893
yà 895
あつい
厚 hòu 337
热 rè 653
暑 shǔ 723
あつまる
集 jí 372
あつもの
羹 gēng 282
あと
后 hòu 336
迹 jì 376
痕 hén 331
あな
穴 xué 888
あなどる
侮 wǔ 827
あに
兄 xiōng 879
岂 qǐ 612
あね
姊 zǐ 1036
あばれる
暴 bào 34
あびる
浴 yù 960
あぶない
危 wēi 805
あぶら
油 yóu 948
脂 zhī 1006
あふれる
溢 yì 932
あま
尼 ní 568
あまる
余 yú 955
あみ
网 wǎng 803
あめ
雨 yǔ 958
あや
绫 líng 502
あやしい
妖 yāo 906
怪 guài 299
あやまる
误 wù 829
谢 xiè 868
あゆ
鲇 nián 572
あらい
荒 huāng 351
粗 cū 145
あらう
洗 xǐ 834
xiǎn 847
あらし
岚 lán 472
あらそう
争 zhēng 998
あり
蚁 yǐ 928
あるいは
或 huò 363
あるく
步 bù 77
あわ
泡 pāo 587
pào 588
粟 sù 745
あわてる
慌 huāng 351
アン
安 ān 5
按 àn 7
案 àn 8
庵 ān 7
暗 àn 8

い

イ
3 已 yǐ 926
4 为 wéi 807
wèi 811
以 yǐ 926
5 汇 huì 357
6 伟 wěi 809
伊 yī 922
衣 yī 922
夷 yí 924
异 yì 929
7 违 wéi 807
围 wéi 808
纬 wěi 809
位 wèi 812
医 yī 922
8 委 wēi 805
wěi 809
依 yī 922
易 yì 931
9 威 wēi 805
畏 wèi 812
胃 wèi 812
11 惟 wéi 808
维 wéi 808
萎 wěi 810
尉 wèi 813
移 yí 924
12 遗 wèi 813
yí 925
椅 yǐ 928
13 意 yì 931
15 慰 wèi 813
い
井 jǐng 421
いう
云 yún 968

言 yán 897
いえ
家 jiā 380
いおり
庵 ān 7
いかだ
筏 fá 227
いかり
锚 máo 528
イキ
域 yù 961
いきる
生 shēng 694
イク
郁 yù 959
育 yù 960
いく
行 háng 320
xíng 875
いけ
池 chí 115
いさぎよい
洁 jié 407
いささか
些 xiē 865
いし
石 dàn 170
shí 702
いそがしい
忙 máng 526
いそぐ
急 jí 371
いた
板 bǎn 22
いたす
致 zhì 1014
いただく
戴 dài 168
いたる
至 zhì 1012
到 dào 177
イチ
一 yī 913
壹 yī 924
いちご
莓 méi 531
いちじるしい
著 zhù 1026
イツ
逸 yì 931
いぬ
犬 quǎn 648
戌 xū 882
狗 gǒu 290
いね
稻 dào 179
いのしし
猪 zhū 1022
いのち
命 mìng 548
いのる
祈 qí 611
いばら
茨 cí 140
いま
今 jīn 412
いも
芋 yù 959
いもうと
妹 mèi 533
いやしい
卑 bēi 35
いる
炒 chǎo 102
射 shè 688
煎 jiān 387
いろ
色 sè 672
shǎi 675
いわ
岩 yán 898
イン
4 引 yǐn 936
允 yǔn 969
5 印 yìn 937
6 因 yīn 933
阴 yīn 933
7 饮 yǐn 937
yìn 938
员 yuán 963
9 咽 yān 895
yàn 901
yè 912
姻 yīn 935
院 yuàn 966
10 殷 yān 896
yīn 935
11 淫 yín 935
寅 yín 936
隐 yǐn 937
13 韵 yùn 970

う

ウ
乌 wū 820
宇 yǔ 958
羽 yǔ 958
雨 yǔ 958
禹 yǔ 959
う
卯 mǎo 528
うえ
上 shǎng 679
shàng 680
うえる
饿 è 220
植 zhí 1008
うかがう
伺 cì 142
sì 740
うく
浮 fú 255
うぐいす
莺 yīng 939
うけたまわる
承 chéng 110
うごく
动 dòng 203
うさぎ
兔 tù 788
うし
丑 chǒu 122
牛 niú 575
うじ
氏 shì 707
うしなう
失 shī 699
うす
臼 jiù 427
うず
涡 wō 818
うすい
薄 báo 30
bó 64
bò 64
うずら
鹑 chún 138
うそ
嘘 shī 702
xū 883
うた
歌 gē 277
うたがう
疑 yí 925
ウツ
郁 yù 959
うつくしい
美 měi 532
うつす
写 xiě 867
迁 qiān 620
映 yìng 942
移 yí 924
うったえる
诉 sù 744
うつわ
器 qì 618
うで
腕 wàn 802
うながす
促 cù 146
うなぎ
鳗 mán 524
うば
姥 lǎo 478
うま
马 mǎ 520
午 wǔ 827
うみ
海 hǎi 316
脓 nóng 577
うめ
梅 méi 531
うら
浦 pǔ 607
うらなう
卜 bǔ 65
占 zhān 982
zhàn 983
うらむ
恨 hèn 332
怨 yuàn 966
うらやむ
羡 xiàn 850
うり
瓜 guā 297
うる
卖 mài 523
うるし
漆 qī 609
ウン
云 yún 968
运 yùn 969

え

エ
绘 huì 358
え
柄 bǐng 59
エイ
3 卫 wèi 810
5 永 yǒng 944
8 英 yīng 938
泳 yǒng 944
9 荣 róng 661
盈 yíng 940
映 yìng 942
11 婴 yīng 939
营 yíng 940
12 锐 ruì 667
15 影 yǐng 941
えがく
描 miáo 542
エキ
亦 yì 929
易 yì 931
驿 yì 931
疫 yì 931
益 yì 931
液 yè 912
えだ
枝 zhī 1005
エツ
阅 yuè 967
悦 yuè 968
谒 yè 913
越 yuè 968
えらぶ
选 xuǎn 887
えり
襟 jīn 413
える
得 dé 179
de 181
děi 182
エン
6 延 yán 897

厌 yàn 901
7 园 yuán 962
远 yuǎn 965
8 炎 yán 898
沿 yán 898
9 怨 yuàn 966
10 铅 qiān 620
烟 yān 896
盐 yán 899
艳 yàn 901
宴 yàn 902
圆 yuán 964
11 焉 yān 896
12 焰 yàn 902
援 yuán 964
缘 yuán 964
13 猿 yuán 965
14 演 yǎn 901

お

オ
污 wū 820
お
尾 wěi 809
yǐ 928
绪 xù 885
おい
甥 shēng 697
オウ
4 王 wáng 802
5 凹 āo 9
wā 795
央 yāng 902
7 呕 ǒu 581
应 yīng 938
yìng 941
8 欧 ōu 581
殴 ōu 581
旺 wàng 805
押 yā 894
10 翁 wēng 817
12 奥 ào 10
15 横 héng 332
hèng 333
樱 yīng 939
おうぎ
扇 shān 676
shàn 677
おおう
覆 fù 261
おおかみ
狼 láng 474
おか
冈 gāng 269
丘 qiū 640
おかす
犯 fàn 232
冒 mào 528
mò 551
おき
冲 chōng 118
chòng 120
オク
亿 yì 928
忆 yì 929
屋 wū 821
臆 yì 932
おく
奥 ào 10
置 zhì 1015
おくる
送 sòng 742
赠 zèng 979
おけ
桶 tǒng 782
おこる
怒 nù 579
おさめる
收 shōu 712
纳 nà 559
治 zhì 1013
修 xiū 880
おしえる
教 jiāo 399
jiào 402
おしむ
惜 xī 832
おす
押 yā 894
おそい
迟 chí 115
おそう
袭 xí 834
おそろしい
恐 kǒng 456
おだやか
稳 wěn 816
おちる
落 là 469
lào 479
luò 517
オツ
乙 yǐ 926
おっと
夫 fū 253
fú 253
おと
音 yīn 934
おとうと
弟 dì 189
おとこ
男 nán 561
おどる
踊 yǒng 944
おに
鬼 guǐ 308
おの
斧 fǔ 257
おび
带 dài 166
おぼえる
觉 jiào 402
jué 436
おぼれる
溺 nì 570
おもう
思 sī 737
およぐ
泳 yǒng 944
およぶ
及 jí 369
おりる
降 jiàng 395
xiáng 854
おる
织 zhī 1006
おわる
终 zhōng 1017
オン
音 yīn 934
恩 ēn 221
温 wēn 813
稳 wěn 816
おんな
女 nǚ 579

か

カ
3 个 gě 278
gè 278
下 xià 839
4 化 huā 342
huà 345
火 huǒ 361
5 加 jiā 378
可 kě 450
kè 452
6 过 guō 310
guò 312
-guo 314
华 huá 344
huà 346
价 jià 383
7 何 hé 327
花 huā 342
8 果 guǒ 311
河 hé 328
货 huò 363
佳 jiā 380
9 架 jià 383
科 kē 449
10 荷 hé 328
hè 329
家 jiā 380
课 kè 454
涡 wō 818
夏 xià 843
11 祸 huò 364
假 jiǎ 382
jià 384
12 棵 kē 449
13 嫁 jià 384
暇 xiá 838
靴 xuē 888
14 歌 gē 277
寡 guǎ 298
嘉 jiā 381
15 稼 jià 384
か
蚊 wén 816
ガ
4 牙 yá 894
7 我 wǒ 818
芽 yá 894
8 画 huà 346
驾 jià 383
卧 wò 819
9 贺 hè 329
10 饿 è 220
12 雅 yǎ 895
13 蛾 é 219
カイ
4 介 jiè 410
开 kāi 440
6 灰 huī 353
回 huí 354
会 huì 357
kuài 461
阶 jiē 403
7 改 gǎi 262
怀 huái 347
坏 huài 348
戒 jiè 410
块 kuài 461
快 kuài 462
8 乖 guāi 299
拐 guǎi 299
怪 guài 299
9 绘 huì 358
皆 jiē 404
界 jiè 410
10 海 hǎi 316
悔 huǐ 356
11 械 xiè 868
13 解 jiě 409
jiè 411
xiè 868
かい
贝 bèi 37
ガイ
5 艾 ài 3
外 wài 796
6 亥 hài 317
8 该 gāi 262
劾 hé 328
凯 kǎi 444
9 咳 hāi 315
ké 450
孩 hái 316
10 害 hài 317
11 盖 gài 264
崖 yá 894
涯 yá 894
12 街 jiē 406
慨 kǎi 444
13 概 gài 264
かいこ

蚕 cán 83
かう
买 mǎi 522
かえで
枫 fēng 250
かえる
归 guī 306
替 tì 767
かお
颜 yán 899
かおり
香 xiāng 852
かがみ
镜 jìng 424
かがやく
辉 huī 354
かき
垣 yuán 963
かぎ
钩 gōu 290
键 jiàn 393
カク
6 各 gè 279
扩 kuò 467
吓 xià 843
7 角 jiǎo 399
jué 436
壳 ké 450
qiào 629
8 画 huà 346
9 革 gé 277
阁 gé 277
觉 jiào 402
jué 436
10 格 gē 276
gé 277
郭 guō 310
核 hé 328
hú 340
获 huò 364
较 jiào 402
12 搁 gē 276
gé 278
隔 gé 278
确 què 649
14 赫 hè 329
15 鹤 hè 330
ガク
乐 lè 479
yuè 967
学 xué 888
岳 yuè 967
额 é 219
かげ
阴 yīn 933
影 yǐng 941
かけ
崖 yá 894
かける
欠 qiàn 624
挂 guà 298
かご
笼 lóng 508
lǒng 509
かこむ
围 wéi 808
かさ
伞 sǎn 670
かざる
饰 shì 709
かしこい
贤 xián 846
かしわ
柏 bǎi 19
bó 63
かす
贷 dài 167
かず
数 shǔ 723
shù 725
shuò 735
かぜ
风 fēng 248
かせぐ
稼 jià 384
かた
肩 jiān 385
型 xíng 877
かたい
坚 jiān 385
固 gù 295
硬 yìng 942
かたち
形 xíng 876
かたな
刀 dāo 175
かたむく
倾 qīng 635
カツ
9 活 huó 360
括 kuò 467
12 割 gē 276
喝 hē 325
hè 329
猾 huá 345
滑 huá 345
渴 kě 452
阔 kuò 467
14 褐 hè 330
辖 xiá 838
かつ
且 qiě 630
胜 shèng 698
かつお
鲣 jiān 387
かつぐ
担 dān 168
dàn 171
かな
哉 zāi 972
かなえ
鼎 dǐng 199
かなしい
悲 bēi 36
かならず
必 bì 46
かに
蟹 xiè 868
かね
金 jīn 412
钟 zhōng 1017
かぶ
株 zhū 1021
かぶと
兜 dōu 205
かべ
壁 bì 48
かま
釜 fǔ 257
镰 lián 492
かみ
发 fā 224
fà 228
纸 zhǐ 1010
神 shén 692
かみなり
雷 léi 480
かむ
咬 yǎo 907
かめ
龟 guī 307
jūn 439
かも
鸭 yā 894
かや
茅 máo 528
かゆ
粥 zhōu 1020
からい
辛 xīn 871
からす
乌 wū 820
からだ
体 tī 764
tǐ 766
からむ
络 lào 478
luò 517
かり
狩 shòu 718
假 jiǎ 382
jià 384
かりる
借 jiè 411
かる
刈 yì 929
かれ
彼 bǐ 45
かれる
枯 kū 459
かわ
川 chuān 131
皮 pí 593
侧 cè 87
河 hé 328
革 gé 277
かわく
乾 qián 623
渴 kě 452
かわや
厕 cè 87
かわら
瓦 wǎ 795
wà 795
カン
3 干 gān 264
gàn 268
4 劝 quàn 648
5 甘 gān 265
汉 hàn 319
刊 kān 444
6 关 guān 300
观 guān 301
guàn 303
汗 hán 318
hàn 319
欢 huān 348
奸 jiān 384
7 肝 gān 266
杆 gān 266
gǎn 266
还 hái 315
huán 349
旱 hàn 320
间 jiān 385
jiàn 391
完 wán 798
闲 xián 845
8 官 guān 301
贯 guàn 303
函 hán 318
环 huán 349
卷 juǎn 435
juàn 435
9 冠 guān 302
guàn 303
看 kān 444
kàn 445
10 换 huàn 350
唤 huàn 350
监 jiān 386
jiàn 392
舰 jiàn 392
宽 kuān 463
陷 xiàn 849
11 馆 guǎn 302
惯 guàn 303
患 huàn 351
焕 huàn 351
菅 jiān 386
勘 kān 445
12 棺 guān 302
韩 hán 319
寒 hán 319
喊 hǎn 319

缓 huǎn 349
堪 kān 445
款 kuǎn 463
13 感 gǎn 267
简 jiǎn 388
鉴 jiàn 392
14 管 guǎn 302
16 憾 hàn 320
19 羹 gēng 282
20 灌 guàn 304
23 罐 guàn 304

ガン
3 丸 wán 798
7 含 hán 318
8 岸 àn 7
玩 wán 799
岩 yán 898
10 顽 wán 799
11 眼 yǎn 900
12 雁 yàn 902
15 颜 yán 899
17 癌 ái 3

かんがえる
考 kǎo 448

かんむり
冠 guān 302
guàn 303

き

キ
2 几 jī 365
jǐ 373
4 气 qì 616
5 归 guī 306
饥 jī 365
记 jì 375
6 轨 guǐ 308
机 jī 365
肌 jī 367
纪 jǐ 374
jì 375
企 qǐ 612
危 wēi 805
7 龟 guī 307
jūn 439
忌 jì 376
岐 qí 610
弃 qì 617
汽 qì 617
希 xī 831
8 规 guī 307
诡 guǐ 308
季 jì 376
奇 jī 367
qí 610
祈 qí 611
9 鬼 guǐ 308
贵 guì 309
挥 huī 354
既 jì 377
10 起 qǐ 613
11 基 jī 368
寄 jì 377
崎 qí 611
骑 qí 611
12 辉 huī 354
期 jī 368
qī 609
愧 kuì 466
棋 qí 611
稀 xī 832
喜 xǐ 835
14 旗 qí 612
熙 xī 833
15 毅 yì 932
16 器 qì 618
17 徽 huī 354

き
木 mù 553
黄 huáng 352

ギ
3 义 yì 928
5 仪 yí 924
议 yì 929
6 伪 wěi 809
戏 xì 836
7 技 jì 376
妓 jì 376
拟 nǐ 569
8 宜 yí 924
10 牺 xī 832
谊 yì 931
12 欺 qī 609
14 疑 yí 925
17 魏 wèi 813

キク
菊 jú 431

きく
闻 wén 816

きし
岸 àn 7

きず
伤 shāng 678

きた
北 běi 36

きたない
污 wū 820

キチ
吉 jí 370

キツ
吃 chī 113

きつね
狐 hú 339

きぬ
绢 juàn 435

きば
牙 yá 894

キャク
却 què 649
客 kè 453
脚 jiǎo 400

ギャク
逆 nì 570
虐 nüè 580

キュウ
2 九 jiǔ 425
3 弓 gōng 284
及 jí 369
久 jiǔ 426
4 仇 chóu 121
qiú 641
5 纠 jiū 425
旧 jiù 427
丘 qiū 640
6 级 jí 370
吸 xī 831
休 xiū 880
朽 xiǔ 881
7 鸠 jiū 425
究 jiū 425
穷 qióng 640
求 qiú 641
8 泣 qì 617
9 给 gěi 280
jǐ 374
宫 gōng 288
急 jí 371
11 救 jiù 427
球 qiú 642

ギュウ
牛 niú 575

キョ
4 巨 jù 432
5 去 qù 645
6 许 xǔ 884
7 拒 jù 432
8 居 jū 430
9 举 jǔ 431
11 据 jù 433
距 jù 433
虚 xū 882

ギョ
鱼 yú 956
渔 yú 957
御 yù 961

きよい
清 qīng 636

キョウ
3 乡 xiāng 850
4 凶 xiōng 879
5 叫 jiào 401
6 共 gòng 288
乔 qiáo 628
协 xié 865
兴 xīng 874
xìng 877
匈 xiōng 879
7 狂 kuáng 464
况 kuàng 464
杏 xìng 878
8 供 gōng 287
gòng 289
京 jīng 418
经 jīng 418
侨 qiáo 628
享 xiǎng 854
胁 xié 866
9 姜 jiāng 394
娇 jiāo 398
峡 xiá 838
狭 xiá 838
响 xiǎng 854
10 恭 gōng 288
竞 jìng 423
恐 kǒng 456
桥 qiáo 628
卿 qīng 636
胸 xiōng 879
11 教 jiāo 399
jiào 402
惊 jīng 419
竟 jìng 423
12 强 jiàng 396
qiáng 626
qiǎng 627
14 境 jìng 424
16 镜 jìng 424

ギョウ
业 yè 911
行 háng 320
xíng 875
仰 yǎng 904
尧 yáo 906
晓 xiǎo 863
凝 níng 574

キョク
曲 qū 642
qǔ 644
极 jí 370
局 jú 431

ギョク
玉 yù 959

きらう
嫌 xián 846

きり
桐 tóng 781
雾 wù 829

きる
切 qiē 630
qiè 630
着 zhāo 988
zháo 989
zhe 994
zhuó 1034

キン
3 巾 jīn 411
4 斤 jīn 411
今 jīn 412
仅 jǐn 413
jìn 415
7 近 jìn 416
均 jūn 439
8 金 jīn 412
欣 xīn 871
9 钦 qīn 631
10 紧 jǐn 414

11 菌 jūn 439
jùn 439
12 筋 jīn 413
琴 qín 632
13 禁 jīn 413
jìn 417
锦 jǐn 414
谨 jǐn 415
勤 qín 632
ギン
吟 yín 935
银 yín 935

く

ク
2 九 jiǔ 425
4 区 qū 642
5 句 gōu 289
jù 432
7 驱 qū 643
8 狗 gǒu 290
苦 kǔ 460
グ
具 jù 433
愚 yú 957
クウ
空 kōng 455
kòng 456
グウ
偶 ǒu 581
隅 yú 957
遇 yù 961
くぎ
钉 dīng 198
dìng 200
くさ
草 cǎo 85
くさい
臭 chòu 123
xiù 882
くさり
锁 suǒ 750
くし
串 chuàn 134
くじら
鲸 jīng 421
くず
屑 xiè 867
葛 gé 278
gě 278
くすり
药 yào 907
くせ
癖 pǐ 595
くち
口 kǒu 457
くちばし
嘴 zuǐ 1046
くちびる
唇 chún 138
クツ
屈 qū 643
掘 jué 437
窟 kū 459
くつ
靴 xuē 888
くに
国 guó 310
くばる
配 pèi 589
くび
首 shǒu 716
くま
熊 xióng 880
くみ
组 zǔ 1045
くも
云 yún 968
くら
仓 cāng 84
鞍 ān 7
藏 cáng 84
zàng 975
くらす
暮 mù 555
くり
栗 lì 489
くる
来 lái 470
くるま
车 chē 102
jū 430
くろ
黑 hēi 330
くわ
桑 sāng 671
くわしい
详 xiáng 853
クン
训 xùn 892
君 jūn 439
薰 xūn 890
グン
军 jūn 438
郡 jùn 439
群 qún 650

け

ケ
卦 guà 298
け
毛 máo 527
ゲ
下 xià 839
ケイ
4 计 jì 374
5 兄 xiōng 879
6 庆 qìng 639
刑 xíng 875
7 鸡 jī 367
系 jì 376
xì 836
劲 jìn 417
jìng 422
启 qǐ 613
形 xíng 876
8 茎 jīng 418
京 jīng 418
经 jīng 418
9 契 qì 617
轻 qīng 634
型 xíng 877
10 桂 guì 309
继 jì 377
倾 qīng 635
卿 qīng 636
11 颈 gěng 282
jǐng 422
12 惠 huì 358
揭 jiē 405
景 jǐng 422
敬 jìng 423
13 溪 xī 833
携 xié 866
19 警 jǐng 422
ゲイ
艺 yì 929
迎 yíng 939
鲸 jīng 421
ゲキ
击 jī 365
剧 jù 433
激 jī 369
けす
消 xiāo 857
けずる
削 xiāo 857
xuē 888
けた
桁 héng 332
ケツ
4 欠 qiàn 624
5 穴 xué 888
6 决 jué 436
血 xiě 867
xuè 889
8 杰 jié 407
9 结 jiē 404
jié 407
洁 jié 407
ゲツ
月 yuè 967
ける
蹴 cù 147
ケン
4 见 jiàn 389
犬 quǎn 648
6 件 jiàn 390
权 quán 646
7 坚 jiān 385
县 xiàn 848
轩 xuān 885
8 肩 jiān 385
建 jiàn 391
券 quàn 648
贤 xián 846
9 俭 jiǎn 387
剑 jiàn 391
显 xiǎn 847
险 xiǎn 847
研 yán 899
10 兼 jiān 386
健 jiàn 392
拳 quán 647
验 yàn 902
11 检 jiǎn 387
圈 juān 434
juàn 435
quān 646
悬 xuán 886
12 谦 qiān 620
13 遣 qiǎn 624
嫌 xián 846
献 xiàn 850
ゲン
4 幻 huàn 350
元 yuán 962
5 玄 xuán 886
7 严 yán 897
言 yán 897
8 弦 xián 846
现 xiàn 848
限 xiàn 849
10 原 yuán 963
11 减 jiǎn 387
13 源 yuán 965

こ

コ
3 个 gě 278
gè 278
已 jǐ 373
4 户 hù 341
5 古 gǔ 293
6 夸 kuā 461
7 库 kù 460
8 姑 gū 292
孤 gū 292
股 gǔ 294
固 gù 295
呼 hū 338
狐 hú 339
弧 hú 339
虎 hǔ 340
9 故 gù 296
胡 hú 339
浒 hǔ 341
10 顾 gù 296
壶 hú 340
12 雇 gù 297
湖 hú 340
13 鼓 gǔ 295
こ
子 zǐ 1036
zi 1040
ゴ
4 互 hù 341
五 wǔ 825

午 wǔ 827
6 后 hòu 336
7 护 hù 341
吾 wú 825
吴 wú 825
9 误 wù 829
语 yǔ 959
10 悟 wù 829
娱 yú 957
12 御 yù 961
こい
恋 liàn 493
鲤 lǐ 486
コウ
3 工 gōng 282
广 guǎng 306
口 kǒu 457
4 公 gōng 284
孔 kǒng 456
5 功 gōng 287
弘 hóng 333
甲 jiǎ 382
巧 qiǎo 629
6 光 guāng 304
行 háng 320
xíng 875
好 hǎo 322
hào 325
红 hóng 333
后 hòu 336
江 jiāng 393
讲 jiǎng 394
交 jiāo 396
考 kǎo 448
向 xiàng 856
兴 xīng 874
xìng 877
7 纲 gāng 270
更 gēng 281
gèng 282
攻 gōng 287
贡 gòng 289
宏 hóng 335
抗 kàng 447
坑 kēng 454
孝 xiào 863
8 构 gòu 290
购 gòu 291
杭 háng 321
降 jiàng 395
xiáng 854
郊 jiāo 398
拘 jū 430
肯 kěn 454
矿 kuàng 465
幸 xìng 878
9 钢 gāng 270
gàng 271
巷 hàng 321
xiàng 856
恒 héng 332
洪 hóng 335
侯 hóu 336
厚 hòu 337
荒 huāng 351
皇 huáng 351
绞 jiǎo 400
香 xiāng 852
项 xiàng 856
10 高 gāo 271
耕 gēng 282
航 háng 321
浩 hào 325
候 hòu 338
校 jiào 402
xiào 864
效 xiào 864
11 鸿 hóng 335
黄 huáng 352
康 kāng 447
控 kòng 457
12 港 gǎng 270
慌 huāng 351
硬 yìng 942
14 膏 gāo 274
gào 276
酵 jiào 403
敲 qiāo 628
15 稿 gǎo 275
16 衡 héng 333
17 糠 kāng 447
こう
乞 qǐ 612
请 qǐng 639
ゴウ
号 háo 321
hào 324
刚 gāng 269
合 gě 278
hé 326
傲 ào 10
こえ
声 shēng 696
こおり
冰 bīng 58
コク
7 告 gào 275
谷 gǔ 294
克 kè 452
8 国 guó 310
刻 kè 452
10 哭 kū 459
12 黑 hēi 330
14 酷 kù 461
ゴク
狱 yù 960
こころ
心 xīn 868
こころよい
快 kuài 462
こし
腰 yāo 906
舆 yú 957
コツ
骨 gū 293
gǔ 294
こと
事 shì 708
琴 qín 632
ことわざ
谚 yàn 902
こな
粉 fěn 246
この
此 cǐ 141
このむ
好 hǎo 322
hào 325
こま
驹 jū 431
こまる
困 kùn 467
これ
此 cǐ 141
ころす
杀 shā 673
コン
4 今 jīn 412
7 困 kùn 467
8 昆 kūn 466
9 恨 hèn 332
浑 hún 359
垦 kěn 454
10 根 gēn 280
恳 kěn 454
11 痕 hén 331
婚 hūn 359
混 hún 359
hùn 360
13 魂 hún 360

さ

サ
5 左 zuǒ 1048
7 沙 shā 673
佐 zuǒ 1049
9 差 chā 88
chà 91
chāi 92
茶 chá 89
查 chá 90
砂 shā 674
10 唆 suō 749
12 锁 suǒ 750
ザ
坐 zuò 1050
座 zuò 1050
サイ
3 才 cái 78
6 岁 suì 748
再 zài 972
7 材 cái 79
际 jì 376
灾 zāi 972
8 采 cǎi 80
细 xì 836
9 济 jǐ 374
jì 377
哉 zāi 972
10 栽 zāi 972
载 zǎi 972
zài 974
宰 zǎi 972
斋 zhāi 981
债 zhài 982
11 彩 cǎi 80
菜 cài 81
祭 jì 377
12 裁 cái 79
最 zuì 1046
13 催 cuī 147
塞 sāi 668
sài 669
sè 673
碎 suì 748
14 寨 zhài 982
ザイ
在 zài 973
材 cái 79
财 cái 79
剂 jì 376
罪 zuì 1047
さえぎる
遮 zhē 991
さお
竿 gān 266
さか
坂 bǎn 22
さがす
探 tàn 757
搜 sōu 743
さかな
鱼 yú 956
さき
先 xiān 843
崎 qí 611
サク
7 作 zuō 1048
zuò 1049
9 削 xiāo 857
xuē 888
昨 zuó 1048
10 索 suǒ 750
12 策 cè 87
13 错 cuò 151
14 榨 zhà 981
さくら
樱 yīng 939
さけ
酒 jiǔ 426
鲑 guī 308
さけぶ
叫 jiào 401
さける
避 bì 49
さじ

匙 chí 116
shi 712
サツ
册 cè 86
杀 shā 673
刷 shuā 725
察 chá 91
撮 cuō 150
zuǒ 1049
17 擦 cā 78
さと
里 lǐ 485
さびしい
寂 jì 378
さむい
寒 hán 319
さら
皿 mǐn 544
さる
猿 yuán 965
さわ
泽 zé 978
さわぐ
骚 sāo 672
サン
3 三 sān 669
山 shān 675
6 产 chǎn 93
伞 sǎn 670
7 杉 shā 673
shān 676
8 参 cān 81
cēn 87
shēn 691
10 蚕 cán 83
11 惨 cǎn 83
12 散 sǎn 670
sàn 670
14 酸 suān 745
算 suàn 745
16 餐 cān 82
ザン
斩 zhǎn 982
残 cán 82
暂 zàn 974

し

シ
3 士 shì 706
之 zhī 1003
子 zǐ 1036
zi 1040
4 氏 shì 707
支 zhī 1004
止 zhǐ 1008
5 史 shǐ 705
矢 shǐ 706
示 shì 707
仕 shì 707
市 shì 707
司 sī 736
四 sì 739
6 弛 chí 115
此 cǐ 141
师 shī 700
死 sǐ 738
旨 zhǐ 1010
至 zhì 1012
7 词 cí 139
伺 cì 142
sì 740
私 sī 736
址 zhǐ 1010
纸 zhǐ 1010
志 zhì 1012
姊 zǐ 1036
8 齿 chǐ 116
刺 cī 139
cì 142
诗 shī 701
使 shǐ 706
始 shǐ 706
试 shì 709
视 shì 710
饲 sì 740
枝 zhī 1005
肢 zhī 1006
9 施 shī 701
思 sī 737
指 zhǐ 1010
咨 zī 1035
姿 zī 1035
10 脂 zhī 1006
资 zī 1035
恣 zì 1040
12 赐 cì 142
斯 sī 737
紫 zǐ 1037
13 嗜 shì 712
嗣 sì 741
14 雌 cí 141
ジ
2 儿 ér 221
5 尔 ěr 222
6 次 cì 142
地 de 181
dì 187
而 ér 221
耳 ěr 222
似 shì 708
sì 740
寺 sì 740
自 zì 1037
字 zì 1039
7 时 shí 703
8 事 shì 708
侍 shì 709
治 zhì 1013
9 持 chí 116
恃 shì 711
12 滋 zī 1036
13 辞 cí 140
慈 cí 141
14 磁 cí 141
しお
盐 yán 899
潮 cháo 101
しか
鹿 lù 511
シキ
色 sè 672
shǎi 675
式 shì 708
识 shí 704
zhì 1012
织 zhī 1006
ジク
轴 zhóu 1020
した
下 xià 839
舌 shé 687
したう
慕 mù 555
シチ
七 qī 608
シツ
失 shī 699
执 zhí 1006
质 zhì 1013
室 shì 711
疾 jí 372
悉 xī 832
湿 shī 701
嫉 jí 373
漆 qī 609
膝 xī 833
ジツ
日 rì 660
实 shí 704
しの
筱 xiǎo 863
しのぶ
忍 rěn 657
しば
芝 zhī 1005
柴 chái 92
しぶい
涩 sè 673
しま
岛 dǎo 176
缟 gǎo 275
しめす
示 shì 707
しめる
绞 jiǎo 400
しも
霜 shuāng 728
シャ
4 车 chē 102
jū 430
5 写 xiě 867
7 社 shè 688
8 舍 shě 687
shè 688
者 zhě 992
10 射 shè 688
11 赦 shè 688
斜 xié 866
12 谢 xiè 868
煮 zhǔ 1024
14 遮 zhē 991
ジャ
邪 xié 866
蛇 shé 687
シャク
勺 sháo 685
尺 chě 103
chǐ 116
借 jiè 411
酌 zhuó 1034
释 shì 712
嚼 jiáo 399
jiào 403
jué 438
ジャク
若 ruò 667
弱 ruò 667
寂 jì 378
シュ
4 手 shǒu 714
5 主 zhǔ 1022
6 守 shǒu 716
朱 zhū 1021
9 种 chóng 119
zhǒng 1018
zhòng 1019
首 shǒu 716
10 酒 jiǔ 426
殊 shū 720
珠 zhū 1021
株 zhū 1021
15 趣 qù 645
ジュ
寿 shòu 717
受 shòu 717
树 shù 724
授 shòu 718
需 xū 883
儒 rú 664
シュウ
3 习 xí 834
5 囚 qiú 641
6 收 shōu 712
执 zhí 1006
众 zhòng 1019
舟 zhōu 1020
州 zhōu 1020
7 秀 xiù 881
8 终 zhōng 1017
周 zhōu 1020
宗 zōng 1040
9 秋 qiū 640
拾 shí 705
修 xiū 880
10 臭 chòu 123
xiù 882

羞 xiū 881
11 袭 xí 834
12 集 jí 372
就 jiù 428
13 酬 chóu 122
愁 chóu 122

ジュウ
2 十 shí 702
5 汁 zhī 1005
6 充 chōng 118
7 住 zhù 1024
纵 zòng 1042
9 重 chóng 119
zhòng 1019
柔 róu 662
拾 shí 705
10 涩 sè 673
11 铳 chòng 120
兽 shòu 719

しゅうと
舅 jiù 430

しゅうとめ
姑 gū 292

シュク
8 叔 shū 720
肃 sù 744
9 祝 zhù 1026
11 淑 shū 720
宿 sù 744
xiǔ 881
xiù 882
14 缩 suō 749

ジュク
塾 shú 722
熟 shóu 714
shú 722

シュツ
出 chū 123

ジュツ
术 shù 724
述 shù 724

シュン
9 春 chūn 137
俊 jùn 439
10 峻 jùn 439
骏 jùn 439
12 竣 jùn 439
舜 shùn 733
17 瞬 shùn 733

ジュン
6 旬 xún 890
巡 xún 891
驯 xùn 892
7 纯 chún 138
闰 rùn 667
9 盾 dùn 216
顺 shùn 732
10 润 rùn 667
殉 xùn 892
准 zhǔn 1033
11 淳 chún 138
12 循 xún 891
15 醇 chún 139
遵 zūn 1048

ショ
4 书 shū 719
5 处 chǔ 129
chù 130
且 qiě 630
7 初 chū 127
8 所 suǒ 749
10 诸 zhū 1021
11 庶 shù 725
绪 xù 885
12 暑 shǔ 723
13 署 shǔ 723

ジョ
3 女 nǚ 579
6 如 rú 663
7 序 xù 884
助 zhù 1024
9 除 chú 127
叙 xù 884
10 恕 shù 725
徐 xú 884

ショウ
3 小 xiǎo 859
4 少 shǎo 685
shào 686
升 shēng 694
5 生 shēng 694
召 zhào 989
正 zhēng 998
zhèng 1001
6 冲 chōng 118
chòng 120
匠 jiàng 395
伤 shāng 678
讼 sòng 742
妆 zhuāng 1030
庄 zhuāng 1030
7 抄 chāo 99
床 chuáng 135
肖 xiāo 857
xiào 864
证 zhèng 1002
8 昌 chāng 94
承 chéng 110
妾 qiè 630
尚 shàng 684
绍 shào 686
松 sōng 741
详 xiáng 853
招 zhāo 987
9 尝 cháng 96
将 jiāng 393
jiàng 395
奖 jiǎng 395
省 shěng 697
xǐng 877
胜 shèng 698
相 xiāng 851
xiàng 856
昭 zhāo 988
钟 zhōng 1017
10 称 chèn 106
chēng 107
烧 shāo 685
涉 shè 688
祥 xiáng 854
消 xiāo 857
笑 xiào 864
症 zhēng 999
zhèng 1003
11 偿 cháng 97
唱 chàng 99
捷 jié 408
商 shāng 679
梢 shāo 685
象 xiàng 857
章 zhāng 985
12 晶 jīng 420
赏 shǎng 680
硝 xiāo 859
掌 zhǎng 986
13 酱 jiàng 396
障 zhàng 987
照 zhào 990
14 彰 zhāng 985
15 蕉 jiāo 399
17 礁 jiāo 399

ジョウ
3 上 shǎng 679
shàng 680
丈 zhàng 986
4 冗 rǒng 662
5 让 ràng 651
6 场 cháng 96
chǎng 98
7 扰 rǎo 652
条 tiáo 771
状 zhuàng 1031
8 净 jìng 423
帖 tiē 774
tiě 774
tiè 775
9 城 chéng 111
饶 ráo 652
10 乘 chéng 111
shèng 698
娘 niáng 572
11 常 cháng 97
情 qíng 637
绳 shéng 697
12 剩 shèng 699
13 叠 dié 197
锭 dìng 201
蒸 zhēng 999
14 酿 niàng 573
20 壤 rǎng 651

ショク
6 色 sè 672
shǎi 675
8 饰 shì 709
织 zhī 1006
9 食 shí 705
拭 shì 710
10 烛 zhú 1022
11 职 zhí 1008
12 植 zhí 1008
殖 zhí 1008
13 触 chù 130
蜀 shǔ 723
15 嘱 zhǔ 1024

ジョク
rǔ 665

しる
知 zhī 1005

しろ
白 bái 15
城 chéng 111

しわ
皱 zhòu 1021

シン
4 心 xīn 868
5 申 shēn 689
6 臣 chén 104
圳 zhèn 997
7 辰 chén 105
进 jìn 415
伸 shēn 689
身 shēn 689
辛 xīn 871
针 zhēn 995
诊 zhěn 996
8 呻 shēn 691
绅 shēn 691
审 shěn 693
9 津 jīn 413
侵 qīn 631
亲 qīn 631
qìng 639
神 shén 692
信 xìn 873
10 唇 chún 138
晋 jìn 417
浸 jìn 417
秦 qín 632
娠 shēn 691
真 zhēn 995
振 zhèn 997
11 清 qīng 636
深 shēn 691
12 森 sēn 673
13 寝 qǐn 633
慎 shèn 694
新 xīn 871
斟 zhēn 996
15 震 zhèn 997
16 薪 xīn 872

ジン
2 人 rén 654

3 刃 rèn 658
4 壬 rén 657
仁 rén 657
6 尽 jǐn 413
jìn 415
寻 xún 890
迅 xùn 892
阵 zhèn 997
8 肾 shèn 693
9 甚 shèn 694

す

ス
须 xū 882
す
巢 cháo 101
ズ
图 tú 786
スイ
4 水 shuǐ 729
5 帅 shuài 727
7 吹 chuī 136
8 炊 chuī 136
垂 chuí 136
10 衰 shuāi 726
11 彗 huì 358
推 tuī 789
12 遂 suí 747
suì 748
13 睡 shuì 732
锥 zhuī 1032
14 粹 cuì 148
15 醉 zuì 1047
17 穗 suì 748
ズイ
隋 suí 747
随 suí 747
瑞 ruì 667
蕊 ruǐ 666
髓 suǐ 748
スウ
枢 shū 720
崇 chóng 120
数 shǔ 723
shù 725
shuò 735
すう
吸 xī 831
すぎ
杉 shā 673
shān 676
すぎる
过 guō 310
guò 312
-guo 314
すくない
少 shǎo 685
shào 686
すこぶる
颇 pō 603
すず
铃 líng 502
锡 xī 833
すずしい
凉 liáng 493
liàng 496
すずめ
雀 qiāo 627
qiǎo 629
què 649
すずり
砚 yàn 901
すな
砂 shā 674
すなわち
乃 nǎi 560
即 jí 371
すべる
滑 huá 345
すみ
隅 yú 957
墨 mò 551
すむ
济 jǐ 374
jì 377
澄 chéng 112
dèng 184
すわる
坐 zuò 1050
座 zuò 1050
スン
寸 cùn 149

せ

セ
世 shì 707
施 shī 701
せ
背 bēi 35
bèi 37
ゼ
是 shì 710
セイ
4 井 jǐng 421
5 生 shēng 694
圣 shèng 698
世 shì 707
正 zhēng 998
zhèng 1001
6 成 chéng 108
齐 qí 609
西 xī 830
7 声 shēng 696
8 诚 chéng 110
青 qīng 633
势 shì 708
性 xìng 878
姓 xìng 878
征 zhēng 999
制 zhì 1012
9 牲 shēng 697
省 shěng 697
xǐng 877
星 xīng 874
政 zhèng 1003
10 栖 qī 608
xī 832
凄 qī 608
请 qǐng 639
逝 shì 711
11 盛 chéng 112
shèng 698
清 qīng 636
12 晴 qíng 638
婿 xù 885
13 睛 jīng 420
靖 jìng 424
腥 xīng 875
14 精 jīng 420
静 jìng 424
誓 shì 712
16 整 zhěng 1000
ゼイ
脆 cuì 148
税 shuì 732
セキ
3 夕 xī 830
5 斥 chì 117
石 dàn 170
shí 702
7 赤 chì 117
8 昔 xī 831
析 xī 831
责 zé 978
9 迹 jì 376
10 积 jī 367
脊 jǐ 374
席 xí 834
11 寂 jì 378
绩 jì 378
戚 qī 609
硕 shuò 735
惜 xī 832
20 籍 jí 373
せき
关 guān 300
咳 hāi 315
ké 450
堰 yàn 902
セツ
4 切 qiē 630
qiè 630
5 节 jiē 403
jié 406
6 设 shè 687
7 折 shé 687
zhē 991
zhé 991
8 刹 chà 91
shā 674
拙 zhuō 1033
9 窃 qiè 631
说 shuì 732
shuō 733
11 接 jiē 404
雪 xuě 889
13 摄 shè 688
14 截 jié 408
ゼツ
舌 shé 687
绝 jué 437
せまい
狭 xiá 838
せまる
迫 pǎi 584
pò 603
せみ
蝉 chán 93
せめる
攻 gōng 287
责 zé 978
せり
芹 qín 632
セン
3 川 chuān 131
千 qiān 619
4 专 zhuān 1027
5 闪 shǎn 677
仙 xiān 843
占 zhān 982
zhàn 983
6 尖 jiān 384
迁 qiān 620
纤 qiàn 624
xiān 844
先 xiān 843
8 浅 jiān 385
qiǎn 623
陕 shǎn 677
线 xiàn 849
9 穿 chuān 131
荐 jiàn 391
泉 quán 647
染 rǎn 651
洗 xǐ 834
xiǎn 847
宣 xuān 885
选 xuǎn 887
战 zhàn 983
10 钱 qián 622
扇 shān 676
shàn 677
栓 shuān 727
11 船 chuán 133
笺 jiān 386
剪 jiǎn 388
铣 xǐ 835
xiǎn 848
旋 xuán 887
xuàn 887
12 践 jiàn 392
羡 xiàn 850
13 煎 jiān 387
腺 xiàn 850
14 煽 shān 676
鲜 xiān 845
xiǎn 848

音訓索引

15 潜 qián 623
撰 zhuàn 1030
ゼン
6 全 quán 646
9 前 qián 621
11 渐 jiān 386
jiàn 392
12 禅 chán 93
shàn 678
喘 chuǎn 133
然 rán 651
善 shàn 677
15 缮 shàn 678
16 膳 shàn 678
そ
ソ
7 苏 sū 743
诉 sù 744
阻 zǔ 1045
8 组 zǔ 1045
9 俎 zǔ 1045
祖 zǔ 1045
10 础 chǔ 129
素 sù 744
租 zū 1044
11 粗 cū 145
措 cuò 150
12 疏 shū 721
13 楚 chǔ 130
鼠 shǔ 723
塑 sù 745
溯 sù 745
15 蔬 shū 722
ソウ
4 仓 cāng 84
双 shuāng 727
5 从 cóng 144
6 创 chuāng 134
chuàng 135
扫 sǎo 672
sào 672
早 zǎo 976
争 zhēng 998
庄 zhuāng 1030
壮 zhuàng 1031
7 苍 cāng 84
层 céng 87
抢 qiāng 625
qiǎng 627
宋 sòng 742
走 zǒu 1042
8 丧 sāng 671
sàng 671
9 草 cǎo 85
送 sòng 742
叟 sǒu 743
相 xiāng 851
xiàng 856
总 zǒng 1041
奏 zòu 1044
10 桑 sāng 671
11 曹 cáo 85
巢 cháo 101
爽 shuǎng 729
综 zōng 1041
12 曾 céng 88
zēng 979
插 chā 88
窗 chuāng 134
搔 sāo 671
骚 sāo 672
搜 sōu 743
葬 zàng 975
装 zhuāng 1030
13 想 xiǎng 855
14 僧 sēng 673
瘦 shòu 719
漱 shù 725
遭 zāo 975
15 槽 cáo 85
聪 cōng 143
箱 xiāng 853
16 操 cāo 85
cào 86
噪 zào 977
17 霜 shuāng 728
燥 zào 977
19 藻 zǎo 977
ゾウ
10 脏 zāng 975
zàng 975
造 zào 977
11 象 xiàng 857
13 像 xiàng 857
15 增 zēng 979
憎 zēng 979
16 赠 zèng 979
17 藏 cáng 84
zàng 975
ソク
4 仄 zè 978
6 则 zé 977
7 即 jí 371
束 shù 724
足 zú 1044
8 侧 cè 87
9 测 cè 87
恻 cè 87
促 cù 146
10 速 sù 744
息 xī 832
捉 zhuō 1034
ゾク
9 俗 sú 743
10 贼 zéi 978
11 续 xù 885
族 zú 1045
12 属 shǔ 723
zhǔ 1024
粟 sù 745
そこ
底 dǐ 187
そそのかす
唆 suō 749
そだてる
育 yù 960
ソツ
卒 zú 1044
率 lǜ 514
shuài 727
その
其 qí 610
そむく
背 bēi 35
bèi 37
そめる
染 rǎn 651
そら
空 kōng 455
kòng 456
ソン
存 cún 149
孙 sūn 748
村 cūn 148
损 sǔn 748
尊 zūn 1047
た
タ
他 tā 751
多 duō 216
汰 tài 754
た
田 tián 770
ダ
5 打 dá 153
dǎ 153
6 驮 duò 218
tuó 794
7 兑 duì 215
陀 tuó 794
妥 tuǒ 794
11 舵 duò 218
堕 duò 218
蛇 shé 687
唾 tuò 794
12 惰 duò 218
タイ
4 队 duì 213
太 tài 753
5 对 duì 213
7 体 tī 764
tǐ 766
8 苔 tāi 752
tái 753
抬 tái 753
态 tài 754
9 待 dāi 165
dài 167
带 dài 166
贷 dài 167
怠 dài 167
耐 nài 560
退 tuì 791
10 泰 tài 754
11 逮 dǎi 165
dài 167
袋 dài 167
堆 duī 212
12 替 tì 767
滞 zhì 1014
13 腿 tuǐ 791
17 戴 dài 168
たい
鲷 diāo 195
ダイ
2 乃 nǎi 560
3 大 dà 158
dài 165
5 代 dài 165
台 tái 752
11 第 dì 190
15 题 tí 765
16 醍 tí 765
だいだい
橙 chéng 112
たえる
绝 jué 437
耐 nài 560
たか
鹰 yīng 939
たから
宝 bǎo 30
たきぎ
薪 xīn 872
タク
6 托 tuō 792
宅 zhái 981
8 拓 tà 752
tuò 794
择 zé 978
zhái 981
泽 zé 978
10 桌 zhuō 1034
11 啄 zhuó 1034
12 琢 zhuó 1035
zuó 1048
ダク
浊 zhuó 1034
诺 nuò 580
だく
抱 bào 33
たけ
丈 zhàng 986
竹 zhú 1022
ただ
只 zhī 1005
zhǐ 1009
唯 wéi 808
たたく
叩 kòu 458
ただし
但 dàn 171

たたむ
叠 dié 197
たちばな
橘 jú 431
タツ
达 dá 153
たつ
立 lì 487
辰 chén 105
ダツ
夺 duó 217
脱 tuō 793
たて
纵 zòng 1042
盾 dùn 216
たな
棚 péng 591
たに
谷 gǔ 294
たぬき
狸 lí 483
たのしい
乐 lè 479
yuè 967
たのむ
赖 lài 472
たば
束 shù 724
たび
旅 lǚ 513
たべる
食 shí 705
たま
玉 yù 959
球 qiú 642
たまご
卵 luǎn 514
だまる
默 mò 552
たまわる
赐 cì 142
ため
为 wéi 807
wèi 811
ためす
试 shì 709
たる
樽 zūn 1048
だれ
谁 shéi 688
shuí 729
たわら
俵 biào 56
タン
4 丹 dān 168
5 旦 dàn 170
叹 tàn 757
8 单 chán 93
dān 168
担 dān 168
dàn 171
诞 dàn 171
贪 tān 754
坦 tǎn 756
9 胆 dǎn 170
炭 tàn 757
10 耽 dān 170
11 淡 dàn 171
蛋 dàn 172
探 tàn 757
12 短 duǎn 211
13 痰 tán 756
14 端 duān 210
锻 duàn 212
ダン
6 团 tuán 789
7 男 nán 561
坛 tán 755
9 段 duàn 211
10 谈 tán 755
11 弹 dàn 171
tán 756
断 duàn 211
13 暖 nuǎn 580
17 檀 tán 756

ち

チ
6 池 chí 115
地 de 181
dì 187
7 迟 chí 115
8 知 zhī 1005
治 zhì 1013
10 耻 chǐ 116
值 zhí 1008
致 zhì 1014
12 智 zhì 1014
13 痴 chī 115
置 zhì 1015
稚 zhì 1015
ち
血 xiě 867
xuè 889
ちいさい
小 xiǎo 859
ちかい
近 jìn 416
ちかう
誓 shì 712
ちがう
违 wéi 807
ちから
力 lì 486
チク
竹 zhú 1022
畜 chù 130
xù 885
逐 zhú 1022
筑 zhù 1026
蓄 xù 885
ちち
父 fǔ 256
fù 258
乳 rǔ 664
ちぢむ
缩 suō 749
チツ
秩 zhì 1014
窒 zhì 1014
チャ
茶 chá 89
チャク
着 zhāo 988
zháo 989
zhe 994
zhuó 1034
嫡 dí 186
チュウ
4 中 zhōng 1015
zhòng 1018
6 冲 chōng 118
chòng 120
虫 chóng 119
仲 zhòng 1018
8 抽 chōu 120
忠 zhōng 1017
宙 zhòu 1021
注 zhù 1025
驻 zhù 1025
9 昼 zhòu 1021
柱 zhù 1026
10 衷 zhōng 1018
12 畴 chóu 122
厨 chú 128
铸 zhù 1026
14 踌 chóu 122
チョ
贮 zhù 1025
绪 xù 885
猪 zhū 1022
著 zhù 1026
チョウ
2 丁 dīng 198
zhēng 998
4 长 cháng 95
zhǎng 985
厅 tīng 775
5 鸟 niǎo 573
6 吊 diào 196
兆 zhào 989
7 肠 cháng 96
町 dīng 198
tǐng 777
听 tīng 775
张 zhāng 984
帐 zhàng 987
8 畅 chàng 98
宠 chǒng 120
钓 diào 196
顶 dǐng 198
胀 zhàng 987
9 挑 tiāo 771
tiǎo 773
10 调 diào 196
tiáo 772
11 掉 diào 197
眺 tiào 773
12 超 chāo 100
朝 cháo 101
zhāo 988
惩 chéng 112
13 跳 tiào 773
15 嘲 cháo 101
潮 cháo 101
澄 chéng 112
dèng 184

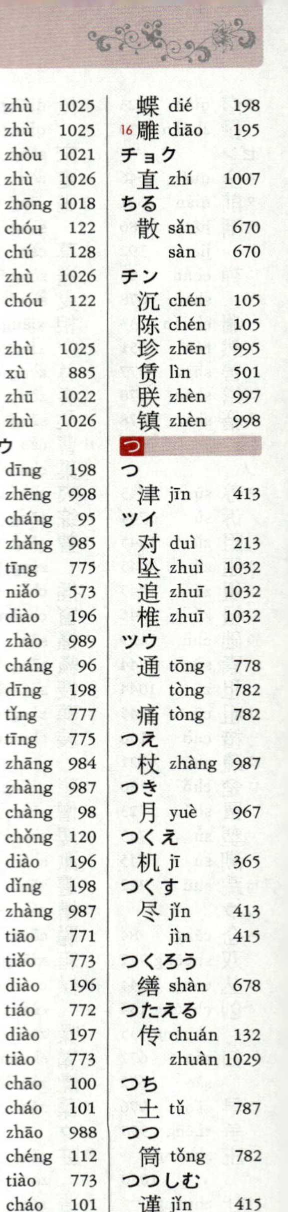

蝶 dié 198
16 雕 diāo 195
チョク
直 zhí 1007
ちる
散 sǎn 670
sàn 670
チン
沉 chén 105
陈 chén 105
珍 zhēn 995
赁 lìn 501
朕 zhèn 997
镇 zhèn 998

つ

つ
津 jīn 413
ツイ
对 duì 213
坠 zhuì 1032
追 zhuī 1032
椎 zhuī 1032
ツウ
通 tōng 778
tòng 782
痛 tòng 782
つえ
杖 zhàng 987
つき
月 yuè 967
つくえ
机 jī 365
つくす
尽 jǐn 413
jìn 415
つくろう
缮 shàn 678
つたえる
传 chuán 132
zhuàn 1029
つち
土 tǔ 787
つつ
筒 tǒng 782
つつしむ
谨 jǐn 415
慎 shèn 694
つつみ
堤 dī 185

つつむ
包 bāo 28
つづる
缀 zhuì 1033
つな
纲 gāng 270
つね
恒 héng 332
常 cháng 97
つのる
募 mù 555
つば
唾 tuò 794
つばき
椿 chūn 138
つばめ
焱 yàn 902
燕 yān 897
yàn 902
つぶ
粒 lì 489
つぼ
坪 píng 602
壶 hú 340
つま
妻 qī 608
つむ
积 jī 367
摘 zhāi 981
つめ
爪 zhǎo 989
zhuǎ 1027
つめたい
冷 lěng 482
つゆ
露 lòu 510
lù 512
つらなる
连 lián 490
つらぬく
贯 guàn 303
つる
吊 diào 196
钓 diào 196
蔓 mán 523
màn 525
wàn 802
鹤 hè 330

て

て
手 shǒu 714
テイ
2 丁 dīng 198
zhēng 998
4 订 dìng 200
6 廷 tíng 776
贞 zhēn 995
7 呈 chéng 110
低 dī 184
弟 dì 189
8 抵 dǐ 186
底 dǐ 187
定 dìng 200
侦 zhēn 995
郑 zhèng 1003
9 帝 dì 189
亭 tíng 776
庭 tíng 776
10 递 dì 189
11 谛 dì 190
停 tíng 776
12 程 chéng 112
堤 dī 185
提 dī 185
tí 764
缔 dì 190
啼 tí 765
艇 tǐng 778
デイ
泥 ní 568
nì 570
テキ
8 的 de 181
dī 185
dí 186
适 shì 711
10 敌 dí 186
11 笛 dí 186
掷 zhì 1014
14 滴 dī 185
嫡 dí 186
摘 zhāi 981
デキ
涤 dí 186
テツ
彻 chè 104
迭 dié 197
铁 tiě 774
撤 chè 104
てら
寺 sì 740
てる
照 zhào 990
でる
出 chū 123
テン
4 天 tiān 767
8 典 diǎn 191
店 diàn 194
转 zhuǎn 1028
zhuàn 1029
9 点 diǎn 191
10 展 zhǎn 983
11 添 tiān 770
13 填 tián 770
15 篆 zhuàn 1030
16 颠 diān 190
てん
貂 diāo 195
デン
电 diàn 192
田 tián 770
传 chuán 132
zhuàn 1029
淀 diàn 195
殿 diàn 195

と

ト
4 斗 dǒu 205
dòu 206
6 吐 tǔ 788
tù 788
7 肚 dǔ 209
dù 210
杜 dù 209
8 图 tú 786
兔 tù 788
10 都 dōu 205
dū 207
徒 tú 787
途 tú 787
涂 tú 787
12 登 dēng 183
赌 dǔ 209
渡 dù 210
と
户 hù 341
ド
土 tǔ 787
奴 nú 578
努 nǔ 578
度 dù 210
duó 218
怒 nù 579
トウ
2 刀 dāo 175
4 邓 dèng 184
斗 dǒu 205
dòu 206
5 东 dōng 202
冬 dōng 202
讨 tǎo 761
头 tóu 783
6 当 dāng 172
dàng 174
灯 dēng 183
汤 tāng 757
7 岛 dǎo 176
冻 dòng 204
豆 dòu 206
投 tóu 784
9 栋 dòng 204
逃 táo 760
统 tǒng 781
10 党 dǎng 173
倒 dǎo 176
dào 177
逗 dòu 207
唐 táng 758
桃 táo 760
陶 táo 760
套 tào 761
透 tòu 785
11 盗 dào 178
悼 dào 178
掉 diào 197
淘 táo 761
偷 tōu 783
12 搭 dā 152
答 dā 153
dá 153
登 dēng 183
等 děng 184
董 dǒng 203
痘 dòu 207
塔 tǎ 752
筒 tǒng 782
13 腾 téng 763
téng 763
誊 téng 764
15 稻 dào 179
踏 tā 752
tà 752
16 橙 chéng 112
糖 táng 759
18 藤 téng 764
ドウ
6 导 dǎo 175
动 dòng 203
同 tóng 779
tòng 782
9 洞 dòng 204
恸 tòng 782
10 胴 dòng 205
11 堂 táng 758
铜 tóng 781
12 道 dào 179
童 tóng 781
とおい
远 yuǎn 965
とき
时 shí 703
トク
9 笃 dǔ 209
10 匿 nì 570
特 tè 762
11 得 dé 179
de 181
děi 182
13 督 dū 207
15 德 dé 180
ドク
毒 dú 207
独 dú 208
读 dòu 207
dú 208
とこ
床 chuáng 135
とし
年 nián 571
とじる
闭 bì 47
缀 zhuì 1033
トツ

凸 tū 786
突 tū 786
とつぐ
嫁 jià 384
とどける
届 jiè 410
とどろく
轰 hōng 333
となり
邻 lín 499
とびら
扉 fēi 241
とぶ
飞 fēi 240
跳 tiào 773
とぼしい
乏 fá 226
とまる
止 zhǐ 1008
泊 bó 63
pō 603
とみ
富 fù 261
とも
友 yǒu 950
ともえ
巴 bā 12
ともなう
伴 bàn 26
どもる
吃 chī 113
とら
虎 hǔ 340
寅 yín 936
とらえる
捕 bǔ 65
捉 zhuō 1034
とり
鸟 niǎo 573
酉 yǒu 954
どろ
泥 ní 568
nì 570
トン
屯 tún 792
顿 dùn 216
敦 dūn 215
ドン
吞 tūn 792
昙 tán 755
钝 dùn 215
缎 duàn 212

な

ナ
那 nà 558
nèi 567
奈 nài 560
な
名 míng 545
ナイ
乃 nǎi 560
内 nèi 566
なえ
苗 miáo 542
なお
犹 yóu 948
尚 shàng 684
なか
中 zhōng 1015
zhòng 1018
仲 zhòng 1018
ながい
长 cháng 95
zhǎng 985
永 yǒng 944
ながめる
眺 tiào 773
ながれる
流 liú 506
なく
鸣 míng 547
泣 qì 617
啼 tí 765
なぐさめる
慰 wèi 813
なぐる
殴 ōu 581
なげく
叹 tàn 757
なげる
投 tóu 784
なし
梨 lí 484
なぞ
谜 mèi 534
mí 538
なだ
滩 tān 755
ナツ
捺 nà 560
なつ
夏 xià 843
なつめ
枣 zǎo 976
なに
何 hé 327
なべ
锅 guō 310
なま
生 shēng 694
なまり
铅 qiān 620
なみ
波 bō 62
浪 làng 474
なみだ
泪 lèi 481
なやむ
恼 nǎo 564
ならぶ
并 bìng 60
なり
也 yě 910
なれる
惯 guàn 303
なわ
绳 shéng 697
ナン
软 ruǎn 666
南 nán 561
难 nán 562
nàn 563

に

ニ
二 èr 222
弍 èr 223
尼 ní 568
に
荷 hè 329
にぎる
握 wò 820
ニク
肉 ròu 663
にくむ
憎 zēng 979
にげる
逃 táo 760
にごる
浊 zhuó 1034
にし
西 xī 830
にじ
虹 hóng 335
jiàng 395
にしき
锦 jǐn 414
ニチ
日 rì 660
ニュウ
入 rù 665
乳 rǔ 664
柔 róu 662
ニョ
如 rú 663
ニョウ
尿 niào 573
suī 746
にる
似 shì 708
sì 740
煮 zhǔ 1024
にれ
榆 yú 957
にわ
庭 tíng 776
にわとり
鸡 jī 367
ニン
人 rén 654
认 rèn 658
任 rèn 659
忍 rěn 657
妊 rèn 659

ぬ

ぬう
缝 féng 251
fèng 252
ぬか
糠 kāng 447
ぬく
拔 bá 13
ぬぐ
脱 tuō 793
ぬし
主 zhǔ 1022
ぬすむ
盗 dào 178
ぬの
布 bù 76
ぬま
沼 zhǎo 989
ぬる
涂 tú 787

ね

ね
根 gēn 280
ネイ
宁 níng 574
nìng 575
ねぎ
葱 cōng 143
ねこ
猫 māo 526
ねずみ
鼠 shǔ 723
ネツ
捏 niē 573
热 rè 653
ねばる
粘 nián 572
zhān 982
ねむる
眠 mián 539
ねる
练 liàn 492
寝 qǐn 633
ネン
年 nián 571
念 niàn 572
粘 nián 572
zhān 982
捻 niǎn 572
鲇 nián 572
燃 rán 651

の

の
乃 nǎi 560
之 zhī 1003
野 yě 911
ノウ
6 农 nóng 576
7 纳 nà 559
9 恼 nǎo 564
浓 nóng 577
10 脑 nǎo 564

能 néng 567
脓 nóng 577
22 囊 nāng 563
náng 563
のこぎり
锯 jù 434
のこる
残 cán 82
のぞく
除 chú 127
のぞむ
望 wàng 805
ののしる
骂 mà 521
のびる
延 yán 897
伸 shēn 689
のべる
述 shù 724
のぼる
登 dēng 183
のみ
蚤 zǎo 976
のむ
吞 tūn 792
饮 yǐn 937
yìn 938
のり
糊 hū 339
hú 340
hù 342
のる
乘 chéng 111
shèng 698
のろう
咒 zhòu 1021

は

ハ
巴 bā 12
把 bǎ 13
bà 14
波 bō 62
派 pài 584
破 pò 603
霸 bà 15
は
刃 rèn 658
齿 chǐ 116
バ
马 mǎ 520
骂 mà 521
婆 pó 603
ハイ
8 败 bài 20
杯 bēi 35
肺 fèi 243
废 fèi 243
佩 pèi 589
9 拜 bái 18
bài 20
背 bēi 35
bèi 37
胚 pēi 588
10 俳 pái 583
配 pèi 589
11 排 pái 583
12 辈 bèi 39
牌 pái 584
はい
灰 huī 353
バイ
4 贝 bèi 37
6 买 mǎi 522
8 卖 mài 523
10 倍 bèi 38
陪 péi 588
11 梅 méi 531
培 péi 589
12 媒 méi 531
赔 péi 589
13 煤 méi 532
15 霉 méi 532
はいる
入 rù 665
はえ
蝇 yíng 940
はか
墓 mù 555
はかり
秤 chèng 113
はかる
计 jì 374
图 tú 786
测 cè 87
咨 zī 1035
谋 móu 552
量 liáng 494
liàng 496
はぎ
萩 qiū 641
ハク
5 白 bái 15
7 伯 bǎi 19
bó 63
8 帛 bó 63
泊 bó 63
pō 603
拍 pāi 583
迫 pǎi 584
pò 603
9 柏 bǎi 19
bó 63
11 舶 bó 63
12 博 bó 64
14 膊 bó 64
16 薄 báo 30
bó 64
bò 64
はく
扫 sǎo 672
sào 672
吐 tǔ 788
tù 788
履 lǚ 513
バク
7 驳 bó 63
麦 mài 522
10 莫 mò 551
13 缚 fù 261
漠 mò 551
寞 mò 551
幕 mù 555
15 暴 bào 34
18 瀑 pù 607
19 爆 bào 35
はげむ
励 lì 488
はこ
箱 xiāng 853
はこぶ
运 yùn 969
はさむ
挟 xié 866
はし
桥 qiáo 628
端 duān 210
箸 zhù 1026
はじ
耻 chǐ 116
はしら
柱 zhù 1026
はしる
走 zǒu 1042
はた
旗 qí 612
はだ
肌 jī 367
はたす
果 guǒ 311
ハチ
八 bā 11
钵 bō 62
はち
蜂 fēng 251
ハツ
发 fā 224
fà 228
はつ
初 chū 127
バツ
伐 fá 227
拔 bá 13
罚 fá 227
阀 fá 227
はと
鸠 jiū 425
はな
华 huá 344
huà 346
花 huā 342
鼻 bí 43
はなし
话 huà 347
はなす
放 fàng 238
はなはだ
甚 shèn 694
はね
羽 yǔ 958
はは
母 mǔ 553
はば
巾 jīn 411
幅 fú 256
はぶく
省 shěng 697
xǐng 877
はま
滨 bīn 57
はやし
林 lín 500
はら
原 yuán 963
腹 fù 261
はらう
拂 fú 254
はり
针 zhēn 995
梁 liáng 494
はる
张 zhāng 984
春 chūn 137
贴 tiē 774
はるか
遥 yáo 907
ハン
3 凡 fán 229
4 反 fǎn 231
5 半 bàn 24
氾 fán 230
犯 fàn 232
6 帆 fān 228
7 坂 bǎn 22
伴 bàn 26
饭 fàn 233
泛 fàn 234
判 pàn 585
8 板 bǎn 22
版 bǎn 23
绊 bàn 26
范 fàn 234
贩 fàn 234
9 叛 pàn 586
10 班 bān 21
般 bān 21
颁 bān 22
烦 fán 230
畔 pàn 586
12 斑 bān 22
13 搬 bān 22
15 潘 pān 584
17 繁 fán 230
18 藩 fān 228
バン
板 bǎn 22

盘 pán 585
晚 wǎn 800
番 fān 228
蛮 mán 523

ひ

ヒ
3 飞 fēi 240
4 比 bǐ 44
5 皮 pí 593
6 妃 fēi 240
7 庇 bì 47
否 fǒu 252
pǐ 594
批 pī 592
屁 pì 595
8 卑 bēi 35
彼 bǐ 45
非 fēi 240
肥 féi 242
泌 mì 539
披 pī 593
10 被 bèi 39
秘 bì 48
mì 539
诽 fěi 242
疲 pí 594
12 悲 bēi 36
扉 fēi 241
13 碑 bēi 36
16 避 bì 49
20 譬 pì 595
ひ
火 huǒ 361
日 rì 660
ビ
7 尾 wěi 809
yǐ 928
8 备 bèi 37
弥 mí 537
9 眉 méi 531
美 měi 532
12 媚 mèi 534
琵 pí 594
13 微 wēi 806
14 鼻 bí 43
ひがし
东 dōng 202
ひかり
光 guāng 304
ヒキ
匹 pǐ 594
ひく
引 yǐn 936
ひくい
低 dī 184
ひげ
髭 zī 1036
ひこ
彦 yàn 901
ひざ
膝 xī 833
ひさしい
久 jiǔ 426
ひし
菱 líng 502
ひじ
肘 zhǒu 1021
ひたい
额 é 219
ひたす
浸 jìn 417
ひだり
左 zuǒ 1048
ヒツ
匹 pǐ 594
必 bì 46
毕 bì 47
泌 mì 539
笔 bǐ 45
ひつじ
羊 yáng 903
ひと
人 rén 654
ひとみ
瞳 tóng 781
ひな
雏 chú 129
ひめ
姬 jī 368
ひも
纽 niǔ 576
ヒャク
百 bǎi 18
bó 63
ビュウ
谬 miù 548
ヒョウ
5 冯 féng 251
6 冰 bīng 58
7 评 píng 602
8 表 biǎo 55
9 标 biāo 54
10 豹 bào 34
俵 biào 56
11 票 piào 598
14 漂 piāo 597
piǎo 598
piào 598
ビョウ
8 苗 miáo 542
庙 miào 543
9 秒 miǎo 543
10 病 bìng 60
11 猫 māo 526
描 miáo 542
13 锚 máo 528
ひらく
开 kāi 440
ひる
昼 zhòu 1021
ひろい
广 guǎng 306
ひろう
拾 shí 705
ヒン
牝 pìn 600
贫 pín 599
品 pǐn 599
宾 bīn 57
滨 bīn 57
频 pín 599
ビン
便 biàn 52
pián 596
瓶 píng 602
敏 mǐn 545
鬓 bìn 58

ふ

フ
4 不 bù 66
夫 fū 253
fú 253
父 fǔ 256
fù 258
讣 fù 258
5 布 bù 76
付 fù 258
6 负 fù 258
妇 fù 258
7 步 bù 77
芙 fú 254
扶 fú 254
附 fù 259
巫 wū 821
8 怖 bù 77
肤 fū 253
府 fǔ 257
阜 fù 259
9 赴 fù 259
10 浮 fú 255
俯 fǔ 257
11 符 fú 256
12 赋 fù 260
傅 fù 261
富 fù 261
普 pǔ 607
14 孵 fū 253
腐 fǔ 257
谱 pǔ 607
15 敷 fū 253
ブ
抚 fǔ 256
武 wǔ 827
侮 wǔ 827
部 bù 77
葡 pú 606
舞 wǔ 827
フウ
风 fēng 248
封 fēng 250
ふえ
笛 dí 186
フク
伏 fú 253
服 fú 254
fù 259
复 fù 259
副 fù 260
幅 fú 256
福 fú 256
腹 fù 261
覆 fù 261
ふく
吹 chuī 136
拭 shì 710
ふくめる
含 hán 318
ふくろ
袋 dài 167
ふせぐ
防 fáng 236
ふせる
伏 fú 253
ぶた
豚 tún 792
フツ
佛 fó 252
沸 fèi 243
拂 fú 254
ブツ
佛 fó 252
物 wù 828
ふで
笔 bǐ 45
ふね
船 chuán 133
ふむ
踏 tā 752
tà 752
ふゆ
冬 dōng 202
フン
分 fēn 244
fèn 247
纷 fēn 246
坟 fén 246
奋 fèn 247
粉 fěn 246
雰 fēn 246
粪 fèn 247
愤 fèn 247
喷 pēn 590
pèn 590
ブン
分 fēn 244
fèn 247
文 wén 814
闻 wén 816

へ

へ
屁 pì 595
ヘイ
4 币 bì 46
5 丙 bǐng 59
平 píng 600

6 闭 bì 47
并 bìng 60
7 兵 bīng 59
9 陛 bì 47
柄 bǐng 59
饼 bǐng 59
10 瓶 píng 602
11 敝 bì 48
13 聘 pìn 600
14 弊 bì 48
ベイ
米 mǐ 538
ヘキ
壁 bì 48
璧 bì 49
癖 pǐ 595
へだてる
隔 gé 278
ベツ
别 bié 56
biè 57
蔑 miè 543
べに
红 hóng 333
へび
蛇 shé 687
へる
减 jiǎn 387
ヘン
片 piān 595
piàn 596
边 biān 49
返 fǎn 232
变 biàn 52
扁 biǎn 51
piān 595
偏 piān 595
编 biān 50
遍 biàn 53
ベン
办 bàn 23
便 biàn 52
pián 596
勉 miǎn 540
娩 miǎn 541
辩 biàn 53
鞭 biān 51

ほ

ホ
补 bǔ 65
步 bù 77
甫 fǔ 257
保 bǎo 31
捕 bǔ 65
浦 pǔ 607
辅 fǔ 257
铺 pū 606
pù 607
ほ
帆 fān 228
穗 suì 748
ボ
母 mǔ 553
戊 wù 828
牡 mǔ 553
菩 pú 606
募 mù 555
墓 mù 555
慕 mù 555
暮 mù 555
簿 bù 77
ホウ
4 方 fāng 234
丰 fēng 248
凤 fèng 252
5 包 bāo 28
6 邦 bāng 26
仿 fǎng 237
访 fǎng 238
7 报 bào 32
芳 fāng 235
8 饱 bǎo 30
宝 bǎo 30
抱 bào 33
法 fǎ 227
放 fàng 238
奉 fèng 252
泡 pāo 587
pào 588
朋 péng 591
9 胞 bāo 29
炮 bāo 30
páo 587
pào 588
封 fēng 250
10 峰 fēng 251
逢 féng 251
11 崩 bēng 42
绷 bēng 42
běng 42
bèng 43
萌 méng 535
12 锋 fēng 251
13 缝 féng 251
fèng 252
蓬 péng 591
15 褒 bāo 30
ボウ
3 亡 wáng 802
4 乏 fá 226
6 防 fáng 236
忙 máng 526
7 坊 fāng 235
fáng 236
妨 fáng 236
纺 fǎng 238
忘 wàng 804
8 肪 fáng 236
房 fáng 236
9 茫 máng 526
冒 mào 528
mò 551
贸 mào 529
某 mǒu 552
10 剖 pōu 605
11 谋 móu 552
望 wàng 805
12 棒 bàng 28
傍 bàng 28
帽 mào 529
14 膀 bǎng 28
pāng 586
páng 587
貌 mào 529
15 暴 bào 34
16 膨 péng 591
ほお
颊 jiá 382
ほがらか
朗 lǎng 474
ホク
北 běi 36
ボク
2 卜 bǔ 65
4 木 mù 553
5 扑 pū 605
6 朴 piáo 598
pǔ 607
8 牧 mù 555
13 睦 mù 555
15 墨 mò 551
ほこ
戈 gē 276
矛 máo 528
ほし
星 xīng 874
ほす
干 gān 264
gàn 268
ほそい
细 xì 836
ほたる
萤 yíng 940
ボツ
没 méi 529
mò 550
勃 bó 63
鹁 bó 64
ほね
骨 gū 293
gǔ 294
ほのお
炎 yán 898
ほり
堀 kū 459
壕 háo 322
ほろびる
灭 miè 543
ホン
本 běn 40
奔 bēn 40
bèn 42
叛 pàn 586
翻 fān 228
ボン
凡 fán 229
烦 fán 230
梵 fàn 234

ま

マ
吗 má 519
mǎ 521
ma 521
麻 má 519
摩 mā 519
mó 549
磨 mó 549
mò 552
魔 mó 550
マイ
迈 mài 522
每 měi 532
枚 méi 531
妹 mèi 533
昧 mèi 534
埋 mái 522
mán 523
まえ
前 qián 621
まかせる
任 rèn 659
まかなう
贿 huì 358
マク
幕 mù 555
膜 mó 549
まく
卷 juǎn 435
juàn 435
撒 sā 668
sǎ 668
まくら
枕 zhěn 997
まける
负 fù 258
まげる
曲 qū 642
qǔ 644
まご
孙 sūn 748
まこと
诚 chéng 110
また
又 yòu 954
亦 yì 929
股 gǔ 294
またぐ
跨 kuà 461
まち
町 dīng 198
tǐng 777
街 jiē 406
マツ
末 mò 550
抹 mā 519

mǒ 550
mò 550
茉 mò 551
沫 mò 551
まつ
松 sōng 741
待 dāi 165
dài 167
まつり
祭 jì 377
まど
窗 chuāng 134
まなぶ
学 xué 888
まぬがれる
免 miǎn 540
まねく
招 zhāo 987
まぼろし
幻 huàn 350
まめ
豆 dòu 206
まもる
守 shǒu 716
まゆ
茧 jiǎn 387
眉 méi 531
まよう
迷 mí 537
まり
鞠 jū 431
まる
丸 wán 798
まるい
圆 yuán 964
マン
万 wàn 801
满 mǎn 524
馒 mán 523
漫 màn 525
慢 màn 525
瞒 mán 523

み

ミ
未 wèi 811
弥 mí 537
味 wèi 812
魅 mèi 534
み
身 shēn 689
箕 jī 368
みがく
磨 mó 549
mò 552
みぎ
右 yòu 954
みじかい
短 duǎn 211
みず
水 shuǐ 729
みずうみ
湖 hú 340
みぞ
沟 gōu 290
みち
道 dào 179
みちびく
导 dǎo 175
ミツ
密 mì 539
蜜 mì 539
みとめる
认 rèn 658
みどり
绿 lù 511
lǜ 514
碧 bì 48
みな
皆 jiē 404
みなみ
南 nán 561
みね
岭 lǐng 503
峰 fēng 251
みのる
实 shí 704
みみ
耳 ěr 222
みや
宫 gōng 288
ミャク
脉 mài 523
mò 551
みやこ
都 dōu 205
dū 207
ミョウ
妙 miào 543
みる
见 jiàn 389
ミン
民 mín 543
眠 mián 539

む

ム
无 mó 548
wú 821
矛 máo 528
务 wù 828
梦 mèng 537
谋 móu 552
雾 wù 829
むかう
向 xiàng 856
むかし
昔 xī 831
むぎ
麦 mài 522
むこ
婿 xù 885
むし
虫 chóng 119
むずかしい
难 nán 562
nàn 563
むすめ
娘 niáng 572
むち
鞭 biān 51
むね
旨 zhǐ 1010
栋 dòng 204
胸 xiōng 879
むらさき
紫 zǐ 1037

め

め
目 mù 554
芽 yá 894
眼 yǎn 900
メイ
名 míng 545
明 míng 546
鸣 míng 547
命 mìng 548
迷 mí 537
冥 míng 547
铭 míng 547
盟 méng 536
酩 mǐng 548
めす
牝 pìn 600
雌 cí 141
めずらしい
珍 zhēn 995
メツ
灭 miè 543
メン
免 miǎn 540
面 miàn 541
绵 mián 539
棉 mián 540
缅 miǎn 541

も

モ
茂 mào 528
模 mó 549
mú 553
も
丧 sāng 671
sàng 671
藻 zǎo 977
モウ
4 毛 máo 527
6 网 wǎng 803
妄 wàng 804
8 盲 máng 526
孟 mèng 537
10 耗 hào 325
11 猛 měng 536
13 蒙 mēng 535
méng 536
měng 536
もうける
储 chǔ 129
もうす
申 shēn 689
もえる
燃 rán 651
モク
木 mù 553
目 mù 554
默 mò 552
もぐる
潜 qián 623
もだえる
闷 mēn 534
mèn 535
もち
饼 bǐng 59
もちいる
用 yòng 944
もつ
持 chí 116
もとめる
求 qiú 641
もどる
戾 lì 489
もの
物 wù 828
者 zhě 992
もも
桃 táo 760
もり
杜 dù 209
森 sēn 673
もれる
漏 lòu 510
モン
门 mén 534
文 wén 814
问 wèn 817
闷 mēn 534
mèn 535
纹 wén 816

や

ヤ
也 yě 910
爷 yé 910
冶 yě 911
耶 yē 909
yé 910
夜 yè 912
野 yě 911
や
矢 shǐ 706
屋 wū 821
ヤク
厄 è 219
约 yāo 906
yuē 966
役 yì 930
译 yì 930
药 yào 907
跃 yuè 968

やしなう
养 yǎng 904
やすむ
休 xiū 880
やせる
瘦 shòu 719
やなぎ
柳 liǔ 507
やぶる
破 pò 603
やぶれる
败 bài 20
やま
山 shān 675
やめる
辞 cí 140
やり
枪 qiāng 625
やわらかい
软 ruǎn 666
柔 róu 662

ゆ

ユ
由 yóu 947
油 yóu 948
谕 yù 961
愉 yú 957
喻 yù 961
输 shū 721
愈 yù 961
ゆ
汤 tāng 757
ユイ
唯 wéi 808
ユウ
4 友 yǒu 950
5 由 yóu 947
右 yòu 954
6 优 yōu 945
有 yǒu 950
yòu 954
7 忧 yōu 946
邮 yóu 947
犹 yóu 948
佑 yòu 954
9 勇 yǒng 944
幽 yōu 946
诱 yòu 955
11 悠 yōu 946
12 雄 xióng 879
游 yóu 949
裕 yù 961
16 融 róng 662
ゆう
夕 xī 830
ゆか
床 chuáng 135
ゆき
雪 xuě 889
ゆずる
让 ràng 651
ゆたか
丰 fēng 248
ゆび
指 zhǐ 1010
ゆみ
弓 gōng 284
ゆめ
梦 mèng 537
ゆるす
许 xǔ 884
ゆれる
摇 yáo 907

よ

ヨ
与 yǔ 957
yù 959
予 yú 955
yǔ 958
余 yú 955
预 yù 960
誉 yù 961
舆 yú 957
よ
世 shì 707
よい
良 liáng 493
宵 xiāo 858
ヨウ
4 夭 yāo 905
5 叶 yè 911
用 yòng 944
幼 yòu 954
6 扬 yáng 902
羊 yáng 903
阳 yáng 903
7 妖 yāo 906
8 拥 yōng 943
9 洋 yáng 904
养 yǎng 904
要 yāo 906
yào 908
10 容 róng 661
样 yàng 905
窈 yǎo 907
11 痒 yǎng 905
窑 yáo 906
庸 yōng 943
12 谣 yáo 906
13 溶 róng 662
腰 yāo 906
摇 yáo 907
遥 yáo 907
18 曜 yào 909
鹰 yīng 939
ヨク
沃 wò 819
抑 yì 930
浴 yù 960
翌 yì 931
欲 yù 961
翼 yì 932
よこ
横 héng 332
hèng 333
よぶ
呼 hū 338
よむ
读 dòu 207
dú 208
よめ
嫁 jià 384
よる
夜 yè 912
よろこぶ
喜 xǐ 835
よわい
弱 ruò 667

ら

ラ
拉 lā 468
lá 469
lǎ 469
罗 luó 516
裸 luǒ 517
ライ
来 lái 470
赖 lài 472
雷 léi 480
ラク
5 乐 lè 479
yuè 967
9 络 lào 478
luò 517
洛 luò 517
12 落 là 469
lào 479
luò 517
13 酪 lào 479
ラツ
辣 là 469
ラン
5 兰 lán 472
7 岚 lán 472
卵 luǎn 514
乱 luàn 514
9 栏 lán 472
览 lǎn 473
13 蓝 lán 472
滥 làn 473
16 懒 lǎn 473

り

リ
6 吏 lì 488
7 李 lǐ 485
里 lǐ 485
利 lì 488
10 狸 lí 483
离 lí 483
11 梨 lí 484
理 lǐ 486
12 痢 lì 489
15 鲤 lǐ 486
履 lǚ 513
16 罹 lí 484
リキ
力 lì 486
リク
陆 liù 507
lù 511
リツ
立 lì 487
律 lǜ 513
率 lǜ 514
shuài 727
リャク
掠 lüè 515
略 lüè 515
リュウ
5 龙 lóng 508
6 刘 liú 505
9 柳 liǔ 507
10 留 liú 505
流 liú 506
11 粒 lì 489
隆 lóng 508
12 硫 liú 507
13 溜 liū 504
liù 508
リョ
侣 lǚ 513
旅 lǚ 513
虑 lǜ 514
リョウ
2 了 le 479
liǎo 497
5 辽 liáo 496
7 良 liáng 493
两 liǎng 494
疗 liáo 497
9 亮 liàng 495
10 凉 liáng 493
liàng 496
谅 liàng 496
料 liào 498
陵 líng 502
11 聊 liáo 497
猎 liè 499
领 lǐng 503
渔 yú 957
12 棱 léng 481
量 liáng 494
liàng 496
13 粮 liáng 494
14 僚 liáo 497
15 寮 liáo 497
リョク
力 lì 486
绿 lù 511
lǜ 514
リン
6 伦 lún 515
7 邻 lín 499
吝 lìn 501
8 林 lín 500

轮 lún 515
9 厘 lí 483
临 lín 500
11 淋 lín 500
lìn 501
15 凛 lǐn 501
17 磷 lín 501
20 鳞 lín 501

る

ルイ
泪 lèi 481
垒 lěi 481
类 lèi 481
累 léi 480
lěi 481
lèi 481

れ

レイ
5 礼 lǐ 484
令 lǐng 503
lìng 504
7 冷 lěng 482
丽 lí 483
lì 488
励 lì 488
灵 líng 501
8 例 lì 489
戾 lì 489
隶 lì 489
岭 lǐng 503
9 荔 lì 489
10 铃 líng 502
13 零 líng 502
龄 líng 503

レキ
历 lì 487

レツ
列 liè 498
劣 liè 499
烈 liè 499
裂 liě 498
liè 499

レン
连 lián 490
练 liàn 492
炼 liàn 493
恋 liàn 493
敛 liǎn 492
联 lián 491
廉 lián 492

ろ

ロ
吕 lǚ 513
芦 lú 510
炉 lú 510
鲁 lǔ 511
路 lù 512
滤 lǜ 514
露 lòu 510
lù 512

ロウ
6 老 lǎo 475
7 劳 láo 474
牢 láo 475
弄 lòng 509
nòng 577
8 郎 láng 473
陋 lòu 510
10 朗 lǎng 474
浪 làng 474
11 廊 láng 474
13 楼 lóu 509
14 漏 lòu 510

ロク
六 liù 507
肋 lèi 481
录 lù 511
鹿 lù 511

ロン
论 lún 515
lùn 516

わ

ワ
和 hé 327
hè 329
hú 339
huó 360
huò 363
话 huà 347
倭 wō 818

わ
轮 lún 515

ワイ
歪 wāi 796
贿 huì 358
淮 huái 348

わかい
若 ruò 667

わかれる
别 bié 56
biè 57

わき
胁 xié 866

ワク
惑 huò 364

わく
沸 fèi 243
涌 yǒng 944

わける
分 fēn 244
fèn 247

わざわい
灾 zāi 972

わし
鹫 jiù 430

わずらう
烦 fán 230

わすれる
忘 wàng 804

わた
绵 mián 539
棉 mián 540

わたくし
私 sī 736

わたる
渡 dù 210

わに
鳄 è 220

わらう
笑 xiào 864

わらび
蕨 jué 438

わる
割 gē 276

わるい
恶 ě 219
è 220
wù 829

われ
我 wǒ 818

ワン
湾 wān 798
腕 wàn 802
碗 wǎn 801

a（ㄚ）

1声 *阿 ā 接頭〈方〉《親しみを表す》a…ちゃん．…さん．►同族の同世代間の長幼の順序(排行(はいこう))や姓または幼名の前につける．¶～兰 Lán／蘭ちゃん．b親族名称の前につける．¶～爹 diē／お父さん．⏩ē

【阿巴桑】ābāsāng 名〈方〉(台湾で)おばさん．⇨【欧巴桑】ōubāsāng

【阿爸】ābà 名〈方〉お父ちゃん．►子に対する父の自称にも用いる．

【阿昌族】Āchāngzú 名(中国の少数民族)アチャン(Achang)族．►チベット系民族で雲南省に住む．

【阿大】ādà 名〈方〉(一番年上の)兄ちゃん．►呼びかけにも用いる．

【阿斗】Ā Dǒu 名〈喩〉他人の保護に頼る人．能なし．►蜀漢の劉備の子の名に由来．

【阿尔巴尼亚】Ā'ěrbāníyà 名〈地名〉アルバニア．

【阿尔茨海默病】ā'ěrcíhǎimòbìng 名〈医〉アルツハイマー病．

【阿耳法】ā'ěrfǎ 名(ギリシア文字の)アルファ．α．►"阿尔法"とも書く．¶～射线 shèxiàn／アルファ線．

【阿尔及利亚】Ā'ěrjílìyà 名〈地名〉アルジェリア．

【阿飞】āfēi 名 ちんぴら．ごろつき．不良．¶女～／非行少女．

【阿芙蓉】āfúróng 名〈薬〉アヘン．

【阿富汗】Āfùhàn 名〈地名〉アフガニスタン．

【阿哥】āgē 名〈方〉兄さん．►親族としての兄，または親しい年長者に対する呼称．

【阿根廷】Āgēntíng 名〈地名〉アルゼンチン．

【阿訇】āhōng 名〈宗〉イスラム教の聖職者．

【阿拉】Ālā 名〈宗〉アラー．イスラム教の唯一の神．

【阿拉】ālā 名〈方〉私(たち)．

*【阿拉伯】Ālābó 名 アラビア．アラブ．¶～人／アラビア人．¶～胶 jiāo／アラビアゴム．¶～语 yǔ／アラビア語．¶～数字 shùzì／アラビア数字．¶～国家／アラブ諸国．

【阿联酋】Āliánqiú 名〈地名〉アラブ首長国連邦．►"阿拉伯联合酋长国 Ālābó liánhé qiúzhǎng guó"の略称．

【阿罗汉】āluóhàn 名(仏教で)悟りを開いた人．羅漢．

【阿曼】Āmàn 名〈地名〉オマーン．

【阿猫阿狗】āmāo āgǒu〈慣〉〈方〉猫も杓子(しゃくし)も．有象無象(うぞうむぞう)．►"阿狗阿猫"とも．

【阿妹】āmèi 名〈方〉妹．►年下の女性を親しみを込めて呼ぶこともある．

【阿门】āmén 名〈宗〉(キリスト教の祈りの言葉)アーメン．

【阿米巴】āmǐbā 名〈生〉アメーバ．¶～痢疾 lìji／アメーバ赤痢．

【阿摩尼亚】āmóníyà 名〈化〉(＝氨 ān)アンモニア．

【阿片】āpiàn 名〈薬〉アヘン．参考 吸飲用のものは"大烟 dàyān""鸦片 yāpiàn""雅片 yāpiàn"または"阿芙蓉 āfúróng"という．「アヘン戦争」(1840－42年)は"鸦片战争"と表記する．麻薬は"毒品 dúpǐn"．

【阿Q】Ā Qiū 名 阿Q(あキュー)．参考 鲁迅作の小説《阿Q正传》(『阿Q正伝』)の主人公で，「精神的勝利者」の典型．実際には，***Ā Kiū*** と発音・表記されることが多い．

【阿塞拜疆】Āsàibàijiāng 名〈地名〉アゼルバイジャン．

【阿司匹林】āsīpǐlín 名〈薬〉アスピリン．㊖片 piàn．

【阿嚏】ātì 擬 はくしょん．►「くしゃみ」のことは"喷嚏 pēntì""嚏喷 tìpen"という．

*【阿姨】āyí 名 1 **おばちゃん．**お姉ちゃん．注意 子供が，自分の母と同年輩の女性への呼びかけに用いる．未婚の女性にも使う．男性に対しては"叔叔 shūshu"という．2 **先生．**¶托儿所 tuō'érsuǒ～／保母さん．►子供が，女性の保育士への呼びかけに用いる．3 **お手伝いさん．**¶请 qǐng 个～／お手伝いさんを頼む．►女性から年輩の女性に用いる．

*啊 ā 感《驚いたときに使う》あっ．►短く発音する．¶～，下起雨来了！／あ，雨が降ってきた．⇨〖呵 hē〗

【啊哈】āhā 感《感づいたり驚いたりした時にもれる声》あれっ．まあ．

【啊呀】āyā 感 ⇀【哎呀】āiyā

【啊哟・啊唷】āyō 感 ⇀【哎哟】āiyō

腌 ā ◇ 汚い；汚す．¶→～臜 za．⏩yān

【腌臜】āza〈方〉1 形 汚い．不潔である；いまいましい．2 動 そしる．

2声 啊 á 感《問い詰めたり，聞き返したりするときに使う》えっ．¶难道是我错了吗，～？／ぼくが間違ったとでもいうのか，え．¶～？你要什么？／なに，何が欲しいって．⇨〖呵 hē〗

3声 啊 ǎ 感《驚いたり，意外に思ったときに使う》ええっ．¶～？他又迟到 chídào 了？／ええっ，あの人また遅刻だって．

4声 啊 à 感 1《同意の気持ちを表す》はい．ああ．►やや短めに発音する．¶～，就来，就来／はい，すぐ行きます．
2《思い当たったり，気づいたりしたときに使う》ああ．あっ．►やや長めに発音する．¶～，原来你躲 duǒ 在这儿／ああ，ここに隠れていたのか．
3《驚嘆したり，感心したりするときに使う》ああ．►やや長めに発音する．¶～，太美了！／ああ，なんと美しいんだろう．

軽声 **啊(阿・呵) a 助 1《文末に用いて，**語気をやわらげ**たり聞き手の**注意を促し**たりするときに使う》¶树上的果子真多～！／木に果物がいっぱいなっているね．¶你来不来～？／きみは来るの．¶你不去～？／きみは行かないのだね．

A

②《文の中に間(ま)をもたせ,引き続いて言おうとする言葉に相手の注意を呼び起こすのに用いる》¶你～,真笨 bèn！/お前って,ほんとにばかだね.
③《列挙するときに使う》¶鱼～,肉～,青菜～,萝卜 luóbo～,菜场里样样都有/魚に,肉に,菜っ葉に,大根に,食品マーケットにはなんでもある.
注意“啊”はよく前にくる音に影響されて,〔a,e,i,o,ü＋a→ya〕〔u,ao,ou＋a→wa〕〔n＋a→na〕のように変わる.そのときにはそれぞれ“呀”“哇”“哪”のように書いてもよい.
⇒〖阿 ā,ē〗〖呵 hē〗

ai (ㄞ)

1声 **哎**(嗳) āi 感 ①《呼びかけや注意を促すときに使う》¶～,大家来吃饭吧！/さあ,みんな,ご飯ですよ.¶～,你看,他来了！/ほら,ごらん,彼が来ましたよ.②《意外や不満の意を表すときに使う》►短く,時に語尾が高くなったり,低くなったりすることもある.¶～,这是怎么回事？/おや,どうしたのだろう.
⇒〖嗳 ǎi〗

**【哎呀】āiyā 感 ①《驚いたり,意外に思ったりするときに使う》あれ.おや.まあ.► āiya または āiyaya…と ya を繰り返し言うこともある.“嗳呀”とも書く.¶～,钱包丢 diū 了/しまった,財布を落としてしまった.②《不満や不機嫌を表すときに使う》¶～,你怎么来得这么晚呢！/まあ,どうして来るのがこんなに遅くなったの.

*【哎哟】āiyō 感《びっくりしたり,苦しかったりするときに使う》あ.あれっ.注意 āi—yo や āiyo—のように語尾を伸ばしたり,āiyōyō—と yō を繰り返し言う場合もある.“嗳哟”“嗳呦”“哎唷”とも書く.¶～！下起雨来了！/や,や,雨だ.¶～,真烫 tàng！/わっ,熱い.

哀 āi ◇◆悲しむ;哀れむ;悼む.¶悲 bēi～/悲しみ;悲しむ.¶默 mò～/黙禱(もくとう)する.¶→～怜 lián.

【哀兵必胜】āi bīng bì shèng〈成〉悲しみに奮い立った軍隊は必ず戦いに勝つ.►“骄 jiāo 兵必败 bài”(おごり高ぶる軍隊は必ず敗れる)と対になる.
【哀愁】āichóu 動 憂い悲しむ.
【哀辞】āicí 名〈書〉弔辞.¶致 zhì～/弔辞やお悔やみの言葉を述べる.
【哀悼】āidào 動 悼む.哀悼する.¶沉痛 chéntòng～/深く哀悼する.
【哀吊】āidiào 動 悲しみ悼む.
【哀而不伤】āi ér bù shāng〈成〉何事も(言行が)節度を失わない.
【哀感】āigǎn 名 悲しい気持ち.
【哀告】āigào 動 哀願する;切なく訴える.
【哀歌】āigē 名 悲しい歌;エレジー.
【哀号】āiháo 動 号泣する.悲しみ泣き叫ぶ.►“号”は「叫ぶ」意味の時は,háo と読む.
【哀鸿遍野】āi hóng biàn yě〈成〉(自然災害や戦争のため)難民が至る所にあふれている.
【哀恳】āikěn 動〈書〉哀願する.
【哀怜】āilián 動〈書〉哀れむ.同情する.
【哀凉】āiliáng 形 うら悲しい.
【哀鸣】āimíng 動〈書〉悲しげに鳴く.
【哀戚】āiqī 動〈書〉悲しみ悼む.
【哀启】āiqǐ 名〈旧〉遺族が死者の生前の事績や臨終の際の情況などについて述べた文章.►普通は訃報の後につける.
【哀泣】āiqì 動〈書〉むせび泣く.
【哀求】āiqiú 動 哀願する.
【哀劝】āiquàn 動 哀願する;切々と説得する.
【哀荣】āiróng 名〈書〉死後の栄誉.
【哀伤】āishāng ①動〈書〉悲しみ悼む.②形 悲しい.
【哀史】āishǐ 名 悲惨な歴史.
【哀思】āisī 名〈書〉哀悼の気持ち;悲しい思い.¶寄托 jìtuō～/哀悼の意を示す.
【哀叹】āitàn 動 悲しみ嘆く.
【哀恸】āitòng 動〈書〉悼み嘆く.
【哀痛】āitòng 形〈書〉(死を悼み)とても悲しい.悲痛である.
【哀怨】āiyuàn 形〈書〉悲しく恨めしい.¶～的眼神 yǎnshén/(恨みを含んだ)悲しいまなざし.
【哀乐】āiyuè 葬送曲.告別式で奏でられる音楽.(量)首 shǒu,阵 zhèn.¶奏 zòu～/葬送曲を演奏する.注意 āilè と読む場合は,「哀楽,悲しみと楽しみ」の意.
【哀子】āizǐ 名 母を失くした子供.►父を失くした子を“孤子 gūzǐ”といい,父母を失くした子を“孤哀子”という.

埃 āi ①量〈物〉オングストローム.“埃格斯特勒姆 āigésītèlèmǔ”の略.②《音訳語に用いる》
◇◆ちり.ほこり.¶尘 chén～/ほこり.塵埃(じんあい).
【埃及】Āijí 名〈地名〉エジプト.
【埃塞俄比亚】Āisài'ébǐyà 名〈地名〉エチオピア.

*挨 āi ①前 順を追って.順番に.¶运动员 yùndòngyuán 一个～一个走进操场 cāochǎng/選手が順々にグラウンドへ入る.¶汽车一辆 liàng～着一辆地开过去/自動車が次から次へと通りすぎていく.
②動 寄りそう.そばに寄る.¶他家～着学校 xuéxiào/彼の家は学校のそばにある.¶～着树 shù 站着/木に寄りかかって立っている.
►► ái
【挨班儿】āi//bānr 動〈口〉順に従う.順番に(…する).
【挨边】āi//biān(～儿)動 ①へりに寄る.②(ある数に)近づく;おおよそ.③〈口〉…と関係がある.►否定形で用いられることが多い.¶这事儿和他根本不～/この事は彼とはまったく関係がない.
【挨不上】āibushàng 動+可補〈口〉関係づけることができない.かかわり合いがない.►“挨不着 zháo”とも.
【挨次】āicì 副 順を追って.順番に.¶～检查 jiǎnchá 身体 shēntǐ/順々に健康診断をする.
【挨得上】āideshàng 動+可補〈口〉関係づけることができる.かかわり合いがある.►“挨得着 zháo”とも.
【挨个儿】āigèr 副〈口〉順ぐりに.次から次に.¶～出来/一人一人出てくる.
【挨挤】āijǐ 動(人込みの中で)もまれる;押し合いへし合いする.⇒【挨挤】ái//jǐ
【挨家】āijiā 副(～儿)家ごとに.1軒1軒.¶～打听 dǎting/1軒1軒に尋ねる.

【挨肩擦膀】āi jiān cā bǎng 肩がすれ合う；非常に込み合う．
【挨肩儿】āijiānr 動〈口〉兄弟姉妹が続いて生まれる；年子(とし)である．
【挨近】āi//jìn 動 近寄る．接近する．
【挨靠】āikào ①動 もたれる；頼る．②名(～儿)頼るところ．頼れる人
【挨门】āimén 副(～儿)家ごとに．1軒1軒．
【挨着大树有柴烧】āizhe dàshù yǒu chái shāo 〈諺〉寄らば大樹のかげ．

唉 āi 感 ①《承諾を表す言葉》はい．ええ．►時に ā—i のように長く伸ばすこともある．¶快来——～／早く来なさい——はい．②《ため息をつく声》ああ．
⇨〖哎 āi〗 ▸▸ ài
【唉声叹气】āi shēng tàn qì 〈成〉嘆いてため息をつく．

2声 **挨** ái 動 ①(ひどい目に)遭う．…される．►悪い意味で用いることが多い．¶→～打 dǎ．¶～饿 è／ひもじい思いをする．¶～冻 dòng／凍える．②(困難などを)堪え忍ぶ．¶午饭没吃,恐怕 kǒngpà ～不到傍晚 bàngwǎn 了／昼食をとっていないので,夕方まではとても持ちそうにない．③(時間を)引き延ばす．ぐずぐずする．¶不要～时间了／ぐずぐずしないで．¶～到明天／あしたまで引き延ばす．
▸▸ āi
【挨呲儿】ái//cīr 動〈方〉しかられる．
【挨打】ái//dǎ 動 なぐられる．¶挨了他一顿打／彼にひとしきりなぐられた．
【挨刀的】áidāode 〈慣〉〈罵〉ろくでなし．死にぞこない．¶你这个～／この死にぞこないめ．
【挨到】ái//dào 動+結補(ある時まで)持ちこたえる．辛抱して待つ．
【挨斗】ái//dòu 動(主に政治的な問題で)つるし上げにあう．
【挨饿受冻】ái è shòu dòng 〈成〉飢え凍える．飢えたり凍えたりしてひどい目にあう．
【挨罚】ái//fá 動 罰を受ける．
【挨挤】ái//jǐ 動(人込みの中で)もまれる．¶在公共汽车中挨了半天挤／バスの中で長い間もみくちゃにされた．⇨【挨挤】āijǐ
【挨剋】ái//kēi 動〈方〉①なぐられる．②しかられる．
【挨骂】ái//mà 動 ののしられる．どなられる；しかられる．¶今天又挨了上司 shàngsi 一顿 dùn 骂／今日も上司に怒られた．
【挨磨】ái//mó 動 ①(何かを期待してその場を)離れようとしない；ぐずぐずする．②悶着を起こされる．悩まされる．
【挨批】ái//pī 動 批判を受ける；(人に)注意される．しかられる．
【挨日子】ái rìzi 〈慣〉なんの希望もない日を送る．その日暮らしをする．
【挨说】ái//shuō 動 小言を言われる．しかられる．
【挨整】ái//zhěng 動 つるし上げられる．
【挨揍】ái//zòu 動〈方〉なぐられる．

皑(皚) ái ◇〈書〉まっ白である．⇨【白皑皑】bái'ái'ái
【皑皑】ái'ái 形〈書〉(霜や雪などで)真っ白である．¶积雪 jīxuě ～／積もった雪で一面まっ白だ．

***癌** ái 名〈医〉癌(がん)．¶致 zhì ～物质／発癌性物質．¶～扩散 kuòsàn／癌の転移．
【癌变】áibiàn 名〈医〉腫瘍(しゅよう)の悪性転化．癌化．
*【癌症】áizhèng 名〈医〉癌．

3声 **嗳**(噯) ǎi 感《反対または否定を表す》いや．いえ．►半三声に発音する．¶～,不是这样的／いえ,そうではない．¶～,别客气了／まあ,遠慮しないで．
⇨〖哎 āi〗
【嗳气】ǎiqì 動 げっぷする．►通常は"打嗝儿 dǎgér"という．
【嗳酸】ǎisuān 動〈医〉胃酸が口の中にこみ上げる．

****矮** ǎi 形 ①(背が)低い；(物の高さが)低い．¶他个子 gèzi 很～／彼は背が低い．¶她比姐姐～三公分 gōngfēn／彼女は姉より3センチ背が低い．¶～墙 qiáng／低い塀．②(等級や地位が)低い．
【矮半截】ǎi bànjié 〈慣〉(他人と比べ)劣っていて格下である．►"矮一头 yītóu"とも．¶他没上过大学,总 zǒng 觉得比别人～／彼は大学を出ていないことで,いつも劣等感を持っている．
【矮矬】ǎicuó 形(背が)低い．►悪口や陰口に用いる．人の場合は"矮矬子"という．
【矮凳】ǎidèng 名 低くて背のない腰掛け．スツール．
【矮墩墩】ǎidūndūn 形(～的)背が低くて太っている．ずんぐりしている．¶她长 zhǎng 得～的／彼女はずんぐりしている．
【矮房】ǎifáng 名(小さくて)低い家．
【矮个儿】ǎigèr 名 背の低い人．小柄な人．►"矮个子"とも．
【矮胖】ǎipàng 形 小柄で太っている．ずんぐりむっくりしている．¶～子 zi／背が低くて太っている人．
【矮小】ǎixiǎo 形 低くて小さい．
【矮一头】ǎi yītóu →【矮半截】ǎi bànjié
【矮子】ǎizi 名 背の低い人．
【矮子里头拔将军】ǎizi lǐtou bá jiāngjūn 〈慣〉①お山の大将．周りの人よりやや優れていることだけで得意になる人．②劣った人の中からできるだけましな人を選び出す．►①②ともに"矬子 cuózi 里头拔将军"とも．

蔼 ǎi ◇ 穏やかである．なごやかである．¶和 hé ～／(態度が)穏やかである．‖姓
【蔼然】ǎirán 形〈書〉なごやかである．穏やかである．¶～可亲 kěqīn／人当たりがよくて親しみやすい．

霭 ǎi ◇ もや．地上にたなびく霞．¶烟 yān ～／(煙のような)もや．¶暮 mù ～／夕もや．
【霭霭】ǎi'ǎi 形〈書〉雲やもやが立ちこめている．¶烟云 yānyún ～／もやや雲がもうもうと立ち込めている．

4声 **艾** ài 名〈植〉ヨモギ．
◇ ①止む．絶える．¶方兴 xīng 未 wèi ～／まっ盛りである．②みめよい．
‖姓
【艾草】àicǎo 名〈植〉ヨモギ(の葉)；もぐさ．
【艾蒿】àihāo 名〈植〉ヨモギ．
【艾虎】àihǔ 名 ①〈動〉ステップケナガイタチ．②(端午の節句の)ヨモギで作った虎の形をした魔よけ．

【艾酒】àijiǔ 名 ヨモギの葉を浸した酒．►端午の節句に飲む．
【艾美奖】Àiměijiǎng 名(米国の)エミー賞．
【艾绒】àiróng 名 もぐさ．
【艾窝窝】àiwōwo 名〈料理〉もち米を蒸して小豆あんや砂糖を中に入れた菓子．►"爱窝窝"とも書く．
【艾滋病】àizībìng 名〈医〉エイズ．►"爱滋病""艾兹病"とも書く．
【艾子】àizi 名〈方〉ヨモギ．

唉 ài 感《悲しんだり，惜しんだりするときに使う》ああ．やれやれ．►長めに発音されることが多い．¶～！别提 tí 了 / ああ，もう言わないでよ．▸▸ āi

****爱**(愛) ài ❶動 ①…が好きだ．…を好む．¶我～吃中国菜 / ぼくは中国料理が好きです．¶～干净 gānjìng / きれい好きだ．¶我不～打篮球 lánqiú / 私はバスケットボールは好みでない．注意 目的語が具体的な個々の事物を表す名詞や代詞である場合には通常"喜欢 xǐhuan"を用いる．
②(後にあまり好ましくない動詞を伴い)よく…する．…しやすい．…しがちである．…するくせがある．¶弟弟～哭 kū / 弟はよく泣く．¶这种水果～烂 làn / この果物は腐りやすい．
③ 大切にする．重んじる．¶～公物 / 公の物を大切にする．¶～校如家 / 学校をわが家のように大事にする．
④(…を)愛する，かわいがる．¶我～你 / 君を愛しています．
❷名 愛情．いつくしみ．¶父母的～ / 親の愛情．
‖ 姓

【爱别离苦】ài bié lí kǔ〈成〉(親や配偶者など)愛する者と心ならずも別れる苦しみ．
〖爱…不…〗*ài…bù…* …しようとしまいとご随意に．…するもしないもお好きにどうぞ．¶你～信～信 / 信じる信じないは君の勝手だ．¶反正 fǎnzhèng 我告诉你了，你～去～去 / いずれにせよ君に教えたんだから，行くか行かないかは君の勝手さ．
〖爱…不…的〗*ài…bù…de* まじめに〔本気で〕…しようとしない．煮え切らない．¶看见他那～理～理～样子，我就生气 shēngqì / 彼のあのそっけない態度を見ると，私は腹が立つ．
【爱不释手】ài bù shì shǒu〈成〉(書物や愛玩品などを)大切にして手放すに忍びない．大事に取っておきたい．►"爱不忍 rěn 释"とも．
【爱财如命】ài cái rú mìng〈成〉金銭に執着する．
【爱巢】àicháo 名 新婚夫婦の寝室；若い夫婦の幸せな家庭．
【爱称】àichēng 名 愛称．
【爱宠】àichǒng 動 かわいがる．寵愛(ちょうあい)する．
【爱答不理】ài dā bù lǐ〈成〉(冷淡に)相手にするようなしないような態度をとる．►"爱理 lǐ 不理"とも．
【爱戴】àidài 動 敬愛する．尊敬して上にいただく．¶～领袖 lǐngxiù / リーダーを敬愛する．
【爱戴高帽子】ài dài gāomàozi〈慣〉お世辞を言われるのが好きである．おだてに乗りやすい．
【爱尔兰】Ài'ěrlán 名〈地名〉アイルランド．
【爱抚】àifǔ 動 かわいがる．慈しむ．
【爱国】ài//guó 動 国を愛する．¶～主义 zhǔyì / 愛国主義．
【爱好】ài//hǎo 動(～儿)〈方〉① 身なりにこだわる．おしゃれをする．② 意気投合する．
**【爱好】àihào ❶動 ① 愛好する．¶她～打太极拳 tàijíquán / 彼女は太極拳を趣味としている．② 好む．喜ぶ．►多く連体修飾語として．¶市民 shìmín ～的日用品 rìyòngpǐn / 市民の喜ぶ日用品．
❷名 趣味．好み．¶他的～是音乐 yīnyuè / 彼の趣味は音楽だ．
【爱河】àihé 名〈書〉情欲．愛欲の河．
*【爱护】àihù 動 大切にし保護する；いたわる．¶～树木 shùmù / 樹木を大切にする．¶～儿童 értóng / 児童をいたわる．
【爱见】àijian 動〈口〉好きである；かわいがる．¶～小猫 xiǎomāo / 子ネコをかわいがる．
〖爱…就…〗*ài…jiù…* …したければ…しなさい．好き勝手に…する．¶我～去哪儿～去哪儿，谁也管不着 guǎnbuzháo / 私は行きたい所へ行く，だれの知ったことでもない．
【爱克斯射线】àikèsī shèxiàn 名〈物〉X線．レントゲン線．►通常は"X射线"と書く．¶～机 jī / レントゲン装置．
【爱怜】àilián 動 非常にかわいがる．
【爱恋】àiliàn 動 恋い慕う．
【爱美】ài//měi 動 おめかしする(ことが好きである)；美を愛する．
【爱面子】ài miànzi〈慣〉体面ばかり気にする．体裁にこだわる．¶他的最大缺点 quēdiǎn 就是～ / 彼の最大の欠点は体面ばかり気にすることだ．
【爱莫能助】ài mò néng zhù〈成〉助力したいが力不足だ．同情するが助ける力はない．
【爱慕】àimù 動 ① 愛慕する．恋い慕う．② うらやましがる．
【爱昵】àinì 形 非常に仲がよい；親しげである．
【爱鸟周】àiniǎozhōu 名 愛鳥週間．バードウィーク．
*【爱情】àiqíng 名 愛情．►主に男女間の愛をさす．¶充满 chōngmǎn ～的信 / 愛情のこもった手紙．¶表达 biǎodá ～ / 愛情を伝える．
【爱人儿】àirénr 形〈方〉かわいい．かわいらしい．
*【爱人】àiren 名 ① 夫；妻；配偶者．¶我～ / 家内；主人．¶你～ /(あなたの)奥さん；ご主人．② 恋人．注意"爱人"には日本語の「愛人」の意味はなく，「愛人」は中国語では"情夫 qíngfū""情妇 qíngfù""第三者 dìsānzhě"などを用いる．ただし，"爱人"は新中国成立後に定着した言い方なので，台湾・香港や在外中国人社会では"太太 tàitai"(奥さん)，"内人 nèiren"(家内)，"先生 xiānsheng"(主人)などが使われる．また，大陸でも"太太"や"先生"がよく使われるようになっている．
【爱沙尼亚】Àishāníyà 名〈地名〉エストニア．
【爱斯基摩人】Àisījīmórén 名 エスキモー．イヌイット．
【爱屋及乌】ài wū jí wū〈成〉人を愛すればその人に関係のあるすべてを愛するようになる．愛情の深いたとえ．
【爱惜】àixī 動 大切にする．重んじる．¶～时间 shíjiān / 時間を大切にする．
【爱憎】àizēng 名 愛憎．¶～分明 fēnmíng / 愛憎がはっきりしている．
【爱滋病】àizībìng →【艾滋病】àizībìng

A

隘 ài ◇◆ ①狭い. ¶狭 xiá ～ /(幅や心が)狭い. ②険しいところ. ¶→～路 lù.

【隘口】àikǒu 名 要害の場所.
【隘路】àilù 名 狭く険しい道；困難.

碍(礙) ài 動 妨げる. 邪魔になる. ¶～脚 jiǎo / 足もとの邪魔になる. ¶有～市容 shìróng / 町の外観を損なう.

【碍不着】àibuzháo 動+可補 妨げとならない. 差し支えない. ¶这～你 / これは君の邪魔にならない；これはあんたに関係のないことだ. ⇨【-不着】-buzháo
【碍道】ài//dào 動 道を妨げる. 交通の邪魔になる.
【碍口】ài//kǒu ①動 口にするのをはばかる. ②形 口に出しにくい. 言いづらい.
【碍面子】ài miànzi 〈慣〉相手のメンツを考慮する. ¶碍着面子,我不便说什么 /(相手の)体面にかかわるのでやたらなことは言わない.
【碍难】àinán 形 ①〈書〉(旧時の公文書に用いられた言葉)…し難い. …することが困難である. ¶～照办 / そのとおりに取り計らうのは困難だ. ②〈方〉処理に困る. どうしたらよいか分からない.
【碍事】ài//shì (～儿) ①動 **邪魔になる**. 不便である. ¶一点儿也不～ / 少しも邪魔にならない. ②形 **危険である**. 重大である. ►否定文に用いることが多い. ¶这病不～ / この病気はたいしたことない. ¶碍你什么事？/ あなたと関係ないでしょ？
【碍手碍脚】ài shǒu ài jiǎo 〈成〉足手まといになる.
【碍眼】ài//yǎn 形(物が)目ざわりになる；(人が)邪魔になる. ¶我在这儿～吧？/ 私がここにいては邪魔ですか.
【碍于】àiyú 前 …に妨げられて. ¶～舆论 yúlùn / 世論を気にして.

嫒(嬡) ài ◇◆ お嬢さん. ¶令 lìng ～ / ご令嬢.

暧(曖) ài ◇◆ うす暗い. ほの暗い. はっきりしないさま.

【暧暧】ài'ài 形〈書〉ほの暗い.
【暧昧】àimèi 形 ①(態度や意図が)はっきりしない,あいまいである. ②(行為,特に男女関係が)いかがわしい. 怪しい. ¶那两个人关系 guānxi 有点儿～ / あの二人の関係はちょっと怪しい.

an (ㄢ)

1画 * **安** ān ❶動 ①**据え付ける. 取り付ける**. ¶～电话 / 電話を取り付ける. ¶你家～了空调 kōngtiáo 没有？—还没～呢 / お宅にはエアコンがありますか—いいえ,まだありません. ②(あだ名を)**つける**；(罪を)**押しつける**. ¶～绰号 chuòhào / ニックネームをつける. ¶～罪名 zuìmíng / 罪をでっち上げる.
❷疑〈古〉いずくにか；いずくんぞ.
◇◆ ①満足する. ¶→～居乐业. ②安定している. ¶～民 / 民心を安心させる. ‖ 姓

【安安稳稳】ān'anwěnwěn 形(～的)(なんの心配もなく)安らかである. ¶睡 shuì 得～的 / 安眠する.
【安邦定国】ān bāng dìng guó 〈成〉国を安定させ,強固にする.
【安保】ānbǎo 形 警備の. ¶加强 jiāqiáng ～工作 / 警備を強化する.
【安瓿】ānbù 名〈医〉アンプル. 量 支,个. ¶～锉 cuò / アンプル切り.
【安步当车】ān bù dàng chē 〈成〉車に乗らずにゆっくり歩いて行く. ►古くは清貧に甘んじるたとえ.
【安不上】ānbushàng 動+可補(規格などが合わず)取り付けられない,はめ込めない. ¶这个零件 língjiàn ～ / この部品は取り付けることができない.
【安插】ānchā 動(人員などを)配属する；(仕事などを)あてがう；(物語の筋や文章の字句などを)配置する.
【安道尔】Āndào'ěr 名〈地名〉アンドラ.
【安得】āndé 副〈書〉どうして…することが許されよう. ¶～无礼 lǐ / 無礼は許さないぞ.
【安抵】āndǐ 動〈書〉無事に着く.
*【安定】āndìng ①形(生活や時局などが)**安定している,落ち着いている**. ¶生活 shēnghuó 很～ / 生活が安定している. ②動 **安定させる**. 落ち着かせる. ¶～人心 / 人心を安定させる. 注意 中国語の"安定"は生活・時局・人心などを対象とし,物体を安定させる場合は,"稳定 wěndìng"を用いることが多い.
【安堵】āndǔ 動〈書〉安らかに落ち着く.
【安度】āndù 動 無事に暮らす. ¶～晚年 wǎnnián / 無事に晩年を送る.
【安顿】āndùn ①動(人や物を)落ち着かせる,都合よく配置する. ¶他们的工作都～好了 / 彼らの仕事をすべてあてがった. ②形(心が)落ち着いて平穏である.
【安放】ānfàng 動(物を一定の位置に)置く,据える.
【安分】ānfèn 形 **本分を守っている**. 分に安んじている.
【安分守己】ān fèn shǒu jǐ 〈成〉分際をわきまえておとなしくする.
【安抚】ānfǔ 動〈書〉落ち着かせ慰める.
【安哥拉】Āngēlā 名〈地名〉アンゴラ.
【安好】ānhǎo 形〈書〉無事である.
【安徽】Ānhuī 名〈地名〉**安徽**(あんき)**省**.
【安家】ān//jiā 動 ①(結婚して)所帯をもつ. ¶他已经三十三岁,还没～ / 彼はすでに33歳なのに,まだ所帯をもっていない. ②定住する；家を構える. ¶～落户 luòhù / 本籍以外の地で居を構え生活する.
【安家费】ānjiāfèi 名(赴任・転勤時などの)赴任手当,支度金.
【安家落户】ān jiā luò hù 〈成〉故郷を離れ,家を構えて定住する.
【安检】ānjiǎn 名〈略〉セキュリティチェック.
【安静】ānjìng 形 ①静かである**. 物音がしない；**静かにする**. 黙る. ¶～的环境 huánjìng / 静かな環境. ¶大家～一下 / みなさん静かに. ②穏やかである. 安らかである；落ち着く. ¶病人～地入睡 rùshuì 了 / 患者は安らかに寝入った. ¶心情～下来 / 気持ちが落ち着いた.
【安居乐业】ān jū lè yè 〈成〉落ち着いて生活し,愉快に働く.
【安康】ānkāng 形〈書〉無事息災である. ¶祝 zhù 全家～ / 全員が無事で健康でありますように.
【安拉】Ānlā 名〈宗〉アラー. イスラム教の唯一神. ►"阿拉 Ālā"とも.

A

【安乐】ānlè 形 安らかで楽しい.
【安乐死】ānlèsǐ 名 安楽死.
【安乐窝】ānlèwō 名 楽しいわが家.
【安乐椅】ānlèyǐ 名 安楽椅子.
【安理会】Ānlǐhuì 名〈略〉(国連の)安全保障理事会.
【安眠】ānmián 動 安眠する.
【安眠药】ānmiányào 名 睡眠薬.
【安民告示】ānmín gàoshì 名 旧時,民心を安定させるために出した布告;〈転〉(予定された議題や命令など,関係者への)事前の通知.予告.
【安能】ānnéng 副〈書〉どうして…できよう.
【安宁】ānníng 形 ①安寧である. ②(心が)安らかである.
*【安排】ānpái 動 ①(物事を)**都合よく処理する,**手配する;(適当に人員などを)**配置する,**割りふりする. ¶~工作 / 仕事の手配をする. ¶~人员 / 人員を配置する. ¶~时间 / 時間をやりくりする. ②(自然を)改造する. ¶重新 chóngxīn ~河山 / 山河を新しく改造する.
【安培】ānpéi 量〈電〉アンペア. ►略して"安". ¶~计 jì / アンペア計. ►"安培表 biǎo"とも.
*【安全】ānquán 形 **安全である.** ¶确保 quèbǎo 人身~ / 身の安全を確保する. ¶~到达 dàodá / 無事到着する. ¶一个人走不~ / 一人で行くのは危ない. ¶~检查 jiǎnchá / セキュリティチェック. ►略して"安检". ¶~气囊 qìnáng / (自動車の)エアバッグ. ¶~行车 xíngchē / (自動車の)安全運転.
【安全带】ānquándài 名(飛行機の)**安全ベルト**;(自動車の)**シートベルト.** ❖系好 *jìhǎo* ~ / 安全ベルトをしっかりと締める.
【安全岛】ānquándǎo 名(車道の中央に設けられた歩行者のための)安全地帯.
【安全阀】ānquánfá 名 安全弁. バルブ.
【安全帽】ānquánmào 名(作業用の)ヘルメット. 保安帽.
【安全门】ānquánmén 名 非常口;非常ドア.
【安全套】ānquántào 名 コンドーム.
【安全梯】ānquántī 名 非常階段. 非常ばしご.
【安全网】ānquánwǎng 名 セーフティネット.
【安然】ānrán 形 ①無事である. ¶~无恙 wú yàng / つつがない. 無事息災である. ②(心配がなく)安らかである.
【安如泰山】ān rú tài shān〈成〉確固として揺るぎのないさま. ►"安如磐石 pán shí""稳 wěn 如泰山"とも.
【安设】ānshè 動(設備を)取り付ける,据え付ける;設ける. ¶~电话 diànhuà / 電話を設置する.
【安身】ān//shēn 動 **身を寄せる.** 身を置く. ►困難な境遇下にあるときに用いることが多い. ¶无处 chù ~ / 寄る辺がない.
【安身立命】ān shēn lì mìng〈成〉身を落ち着ける所ができ,心のよりどころを得る.
【安神】ān//shén 動 神経を鎮める. 気持ちを落ち着ける. ¶~药 yào / 鎮静剤.
【安生】ānshēng 形 ①(生活が)安定している,平穏である, ¶过 guò ~日子 / 平穏な暮らしをする. ②落ち着いていて静かである. おとなしい. ►子供についていうことが多い.
【安适】ānshì 形 静かで心地よい. 快適である. ¶~的生活 shēnghuó / 快適な生活.
【安睡】ānshuì 動 熟睡する. 安眠する.
【安泰】āntài 形〈書〉安泰である.
【安提瓜和巴布达】Āntíguā hé Bābùdá 名〈地名〉アンティグア・バーブーダ.
【安土重迁】ān tǔ zhòng qiān〈成〉住みなれた土地は離れ難い.
【安危】ānwēi 名〈書〉安否.
*【安慰】ānwèi ①動 **慰める.** ¶你好好儿 hǎohāor ~他一下儿 / 彼をちゃんとなぐさめてやりなさい. ②形(心が)安らぐ. ¶感到~ / 心が安らぐ.
【安稳】ānwěn 形 ①安定している;平穏である. ¶心里有事,睡 shuì 不~ / 考え事があって,眠れない. ②〈方〉(立ち居振る舞いが)落ち着いている.
【安息】ānxī 動 ゆっくりと眠る;《弔辞に用いる》安らかに眠れ.
【安闲】ānxián 形(気分や生活が)のんびりしている. 気楽である.
【安详】ānxiáng 形(物腰が)おっとりしている. 落ち着いている.
【安享】ānxiǎng 動 安らかに…を楽しむ. ¶~晚年 wǎnnián / 晩年を安らかに過ごす.
【安歇】ānxiē 動 床につく;休む.
*【安心】ān//xīn ❶動 ①(気持ちを)**落ち着ける.** ¶我安不下心 / 私は落ち着かない. ②**…をたくらむ.** よくない下心がある. ¶我知道他安的什么心 / 彼が何をたくらんでいるのか私には分かっている. 注意「安心する」は普通"放心 fàngxīn"を用いる. ❷(ānxīn)形(気持ちが)落ち着いている. ¶~学习 / 腰をすえて勉強する.
【安心落意】ān xīn luò yì〈成〉気持ちが落ち着く. 安堵(あんど)する.
【安逸・安佚】ānyì 形(心にかかるものがなく)安楽である. 気分がよい.
【安营】ān//yíng 動(軍隊などの集団が)設営する.
【安营扎寨】ān yíng zhā zhài〈成〉(軍隊が)テントを張り営舎を設ける;(大規模な工事現場に)臨時の宿泊所を建てる.
【安于】ānyú 動〈書〉…に安んじる. ¶~现状 xiànzhuàng / 現状に満足する.
【安葬】ānzàng 動 埋葬する. ►"下葬 xiàzàng"よりていねいな言い方.
【安枕】ānzhěn 動〈書〉安心して眠る.
【安之若素】ān zhī ruò sù〈成〉(いかなる場合でも)ふだんと変わらずに対処する. 平然としている.
【安置】ānzhì 動(人や物を)**適当な場所に配置する.** ¶~行李 xíngli / 荷物を適当な場所に置く.
*【安装】ānzhuāng 動 ①(機械や器具などを)**取り付ける,据え付ける.** ¶~机器 jīqi / 機械を取り付ける. ②〈電算〉インストールする. ¶~杀毒 shādú 软件 ruǎnjiàn / セキュリティソフトをインストールする.

桉 ān

名〈植〉ユーカリ. ¶~油 yóu / ユーカリ油.

【桉树】ānshù 名〈植〉ユーカリ(の木). ►"玉树 yùshù""黄金树 huángjīnshù""有加利 yǒujiālì"とも.

氨 ān

名〈化〉アンモニア. ►"阿摩尼亚 āmóníyà""氨气 ānqì"とも. ¶~基 jī / アミノ基.

【氨基酸】ānjīsuān 名〈化〉アミノ酸.

【氨水】ānshuǐ 名 アンモニア水.

庵 ān 名 ①〈書〉小さな草屋. 庵(いお). ►自分の書斎などの謙称としても用いる. ②(主に尼寺をさし)小さな寺. ‖姓

【庵寺】ānsì 名 尼寺;寺の総称.

【庵主】ānzhǔ 名 尼寺の住職. 庵主.

谙 ān 動〈書〉精通している. 習熟する. ¶他深～国际法 guójìfǎ / 彼は国際法の造詣(ぞうけい)が深い.

【谙练】ānliàn 動〈書〉熟練する.

【谙熟】ānshú 動 熟知する. ¶～经营 jīngyíng 管理 guǎnlǐ 的干部 / 経営のマネージメントをよく理解している幹部.

鹌 ān "鹌鹑 ānchún"⇩という語に用いる.

【鹌鹑】ānchún 名〈鳥〉ウズラ. ¶～蛋 dàn / ウズラの卵.

鮟 ān "鮟鱇 ānkāng"⇩という語に用いる.

【鮟鱇】ānkāng 名〈魚〉アンコウ.

鞍 ān ◇◆ 鞍(くら). ¶马～ / 馬の鞍.

【鞍鞯】ānjiān 名〈書〉鞍と下鞍(したぐら);(総称として)馬具.

【鞍马】ānmǎ 名 ①〈体〉鞍馬. また,その器具. ②鞍とウマ. ¶～生活 / 馬上の生活. 戦闘に明け暮れる日々.

【鞍前马后】ān qián mǎ hòu〈成〉従卒として武将の世話をする;〈転〉人につきそって奔走し,その手助けをする.

【鞍子】ānzi 名 鞍.

3声 **俺 ǎn** 代〈方〉おれ(たち). あたし(たち). ►男女両方に用いることができる.

【俺家】ǎnjiā 代〈方〉①おれ. 私. ②私の家. ¶～的 / うちの人.

【俺们】ǎnmen 代〈方〉わしら. 私ら.

埯 ǎn ①動 小さい穴を掘って種をまく. ②名(種をまくための)小さい穴. ③量(～儿)まいた穴の数で数える:株. ¶种 zhòng 了几十～玉米 yùmǐ / 何十個もの穴を掘ってトウモロコシの種をまいた.

铵 ǎn 名〈化〉アンモニウム. ►"铵根 gēn"ともいう. ¶硫酸 liúsuān ～ / 硫酸アンモニウム.

揞 ǎn 動〈方〉(粉薬を傷口に)すり込む. ¶伤口 shāngkǒu 上～点药就好了 / 傷口に薬をすり込めば治る.

4声 ***岸 àn** 名 岸. ¶江～ / 川の岸. ¶上～ / 上陸する.
◇◆ 高くて大きい. ¶伟 wěi ～ / 体格がたくましい. ‖姓

【岸边】ànbiān 名 岸辺.

【岸标】ànbiāo 名 岸にある航路標識.

【岸然】ànrán 形〈書〉厳かである.

【岸上】ànshang 名 岸. おか.

【岸头】àntóu 名 岸辺.

【岸线】ànxiàn 名 海岸. 川岸.

***按 àn** ❶動 ①(手や指で)**押す**,押さえる. ❖～电钮 diànniǔ / スイッチを押す. ❖～手印 shǒuyìn / 拇印(ぼいん)を押す. ❖～喇叭 lǎba / クラクションを鳴らす. ②**抑制する**. 抑える. ¶～不住怒火 nùhuǒ / 怒りを抑えることができない.
❷前 …**に基づき**. …に準じて. …どおりに. ►何らかの基準に従うことを示す. "着 zhe"を伴った"～着"の形で用いることもある. ¶～着期限 qīxiàn 完成 / 期日どおりに完成させる. ¶～他的说法… / 彼の話では,…. ⇒【按着】ànzhe
◇◆ ①つき合わせる. ②(編著者が)説明を加える. ¶→～语 yǔ.

【按兵不动】àn bīng bù dòng〈成〉時機を待つ;任務を引き受けても行動しない.

【按病下药】àn bìng xià yào 病気に応じて投薬する;〈転〉ケースに応じて適切な処置を講じる. ►"对症 duìzhèng 下药"とも.

【按部就班】àn bù jiù bān〈成〉(物事を進めるのに)一定の順序に従う. 段取りをふんで事を進める.

【按不住】ànbuzhù 動+可補(感情を)抑えきれない. 我慢しきれない. ¶～欲望 yùwàng / 欲を抑えきれない.

【按酬付劳】àn chóu fù láo〈成〉報酬に応じて労働する;〈転〉給料の分しか働かない.

【按钉】àndīng 名(～儿)画びょう.

【按轨就范】àn guǐ jiù fàn〈成〉軌道に乗り,型どおりになる.

【按键】ànjiàn 名 キー. プッシュボタン.

【按揭】ànjiē 名(不動産購入のための)銀行ローン. ¶～房 fáng /(ローンで購入する)マンション.

【按扣儿】ànkòur 名(服などにつける)留め金,スナップ.

【按劳分配】àn láo fēn pèi〈成〉労働に応じて分配する.

【按理】àn//lǐ 副 **理屈からでは**. 道理によると. ¶～她应该 yīnggāi 来 / 理屈では彼女は来るはずだ.

【按理说】ànlǐ shuō 理屈から言えば. 本来なら. ►"按说"とも.

【按例】ànlì 副 前例によって. 前例に従えば.

【按脉】àn//mài 動 脈をとる.

【按摩】ànmó 動〈医〉マッサージする. ►"推拿 tuīná"とも.

【按捺】ànnà 動(感情を)抑える. ►"按纳"とも書く. ¶～不住 / 抑えきれない.

【按钮】ànniǔ 名(～儿)押しボタン. ¶～开关 kāiguān / 押しボタンのスイッチ.

【按期】ànqī 副 期日どおりに. ¶～交货 jiāohuò / 期日どおりに納品する.

【按日】ànrì 副 1日につき. その日その日で. 日割りで. ¶工资～计算 / 賃金は日割りで計算する.

*【按时】ànshí 副 **時間どおりに**. 期日どおりに. ¶～睡觉 shuìjiào / 時間どおりに寝る. ¶这项 xiàng 工作必须 bìxū ～完成 / この仕事は期日どおりに仕上げなければならない.

〖按…说〗*àn…shuō*(理屈・状況・条件など)から言えば…. ►"按…讲 jiǎng"とも. ¶按他的年龄 niánlíng 说,早就该当部长了 / 彼の年齢からすると,もうとっくに部長になっているはずだ.

【按下葫芦浮起瓢】ànxià húlu fúqǐ piáo〈諺〉(ヒョウタンを沈めたかと思えば,ひさごが浮き上がってくるように）ある問題を解決したかと思えば，別の問題が起こる．►“按下葫芦瓢起来”とも．

【按下】ànxia 動 1 保留する．さておく．►講談・小説などで読者や聴衆に期待をもたせる言い方．¶～…不表／…はさておいて．2 押さえつける．

【按压】ànyā 動 抑えつける．

【按语】ànyǔ 名 編者・著者または原文引用者が原文の注釈として書いた自分の意見．編者の言葉．►“案语”とも書く．量 条 tiáo；段 duàn.

【按月】ànyuè 副 月ごとに．月決めで．¶～付款 fùkuǎn／月決めで支払う．

*【按照】ànzhào 前 …に照らして．…によって．…のとおりに．¶～他的意见 yìjian 办 bàn／彼の考えどおりに行う．¶～法律 fǎlù 行事 xíngshì／法律に照らして事を処理する．

【按着】ànzhe 前 …によって．…のとおりに．¶～惯例 guànlì／慣例によって．¶～地图 dìtú 很容易就找 zhǎo 到了公园／地図のとおりに簡単に公園が見つかった．⇨〖按 àn〗❷

案 àn

◇◆ ①（法律上の）事件．訴訟事件．¶惨 cǎn～／虐殺事件．¶办 bàn～／事件の捜査をする．②案．考え．¶草～／草案．③公文書．記録．¶档 dàng～／身上調書．④机．¶条～／細長い机．

【案板】ànbǎn 名 めん台；まな板．量 块 kuài．参考 めん棒で小麦粉をのばしてめんなどを作る時に使う板．日本のまな板を大きくした形．

【案秤】ànchèng 台ばかり．►地方によっては“台秤 táichèng”ともいう．量 架 jià, 台．

【案底】àndǐ 名 犯罪記録；前科．

【案牍】àndú 名〈書〉公文書．

【案犯】ànfàn 名 容疑者；未決犯；犯罪人．¶逮捕 dàibǔ～／容疑者を逮捕する．

*【案件】ànjiàn 名〈法〉訴訟事件．裁判事件．¶处理 chǔlǐ～／訴訟事件を処理する．¶贩毒 fàndú～／麻薬密売事件．

【案卷】ànjuàn 名 保存文書；調書．

【案例】ànlì 名 判例；事例．ケース．

【案情】ànqíng 名 事件の内容．罪状．¶～复杂 fùzá, 很难解决 jiějué／案件が込みいってなかなか解決できない．

【案儿上的】ànrshangde 名 材料の下ごしらえをする調理人．もっぱら包丁を使う調理人．参考 煮たり焼いたりする調理人と区別していう．“案”はまな板．

【案头】àntóu 名 机の上．¶～日历 rìlì／卓上カレンダー．

【案由】ànyóu 名 事件の概要．

【案桌】ànzhuō 名 長テーブル．

【案子】ànzi 1 仕事台．¶裁缝 cáifeng～／仕立て台．2〈口〉訴訟事件．¶审 shěn～／事件を審理する．

*暗（闇）àn

形（光が足りなくて）暗い．¶这间房子朝 cháo 北, 太～／この部屋は北向きで暗い．¶天渐渐 jiànjiàn～下来了／空がだんだん暗くなってきた．

◇◆ ①こっそりと．陰で．¶→～中 zhōng．¶→～自．②道理に暗い．¶→～昧 mèi．¶～愚 yú／愚かである．

*【暗暗】àn'àn 副 ひそかに．こっそりと．¶那个姑娘 gūniang～地爱着他／その娘は人知れず彼を愛していた．

【暗暗里】àn'ànli →【暗地里】àndìli

【暗藏】àncáng 動 潜伏する．隠れる；かくまう．こっそりと隠す．

【暗查】ànchá 1 動 ひそかに調べる．2 名 密偵．

【暗娼】ànchāng 名 私娼．

【暗潮】àncháo 名〈喩〉（政治闘争や社会運動の）暗流，底流．

【暗沉沉】ànchénchén 形（～的）（日が暮れて）どんよりと暗い．¶天色～／空がどんよりと暗い．

【暗处】ànchù 名 暗い所；〈転〉陰；秘密の場所．

*【暗淡】àndàn 形（光や色が）薄暗い；（見通しが）暗い．¶色彩 sècǎi～／色が鮮やかでない．¶前景 qiánjǐng～／（将来の）見通しが暗い．

【暗地里】àndìli 副 ひそかに．こっそりと；心の中で．►“暗地”“暗暗里”とも．¶～勾结 gōujié／ひそかに結託する．

【暗订】àndìng 動 密約する．

【暗度陈仓】àn dù chén cāng〈成〉ひそかに行動し機先を制する．►しばしば“明修栈道 míng xiū zhàn dào”（表向きは桟道を築く）に続けて用いられる．漢の劉邦（りゅうほう）の故事から．現在では，男女が密通することによく用いる．

【暗房】ànfáng 名 暗室．

【暗访】ànfǎng 動 秘密裏に探る．密偵する．

【暗沟】àngōu 名 暗渠（あんきょ）．►地下に設けられた排水路・通水路．“阴沟 yīngōu”とも．

【暗害】ànhài 動 暗殺する；ひそかに人を陥れる．

【暗含】ànhán 動（行動や言葉に）それとなくほのめかす．

【暗号】ànhào 名（～儿）1 合い言葉；パスワード．2（身振りなどで示す）合図．サイン．

【暗合】ànhé 動 偶然に一致する．

【暗花儿】ànhuār 名（陶磁器などの）すかし模様；（織物などの）地模様，織模様．

【暗话】ànhuà 名 隠語；陰口．

【暗疾】ànjí 名（性病など）人に言えない病気．

【暗计】ànjì 名 陰謀．

【暗记】ànjì 1 名（～儿）心覚えのためにつけた秘密の目印．2 動 こっそり覚える〔書きとめる〕．

【暗间儿】ànjiānr 名（↔明间儿 míngjiānr）（旧式家屋で）ほかの部屋を通らなければ外に出られない部屋．

【暗箭】ànjiàn 名 ひそかに放たれた矢；〈喩〉やみ討ち．中傷．¶～伤 shāng 人／陰で人を中傷する．

【暗礁】ànjiāo 名 暗礁；〈喩〉隠れた障害．

【暗扣儿】ànkòur 名 隠しボタン．

【暗亏】ànkuī 名 目に見えない損失．注意 表面上は損得なしだが実際には損をすること．普通，損と分かっても事情があって口に出せず，泣き寝入りすることに用いる．“哑巴亏 yǎbakuī”とも．¶吃 chī～／割をくう；泣き寝入りする．

【暗里】ànli 副 ひそかに．こっそりと．¶～活动 huódòng／ひそかに活動する．

【暗流】ànliú 名（流動する）地下水；（社会の）目に見えない流れ，底流．量 股 gǔ.

【暗楼子】ànlóuzi 名 屋根裏にある物置．ロフト．

【暗绿】ànlù 形 ダークグリーンの．

【暗码】ànmǎ 名（～儿）1〈旧〉値段の符丁．2 暗号．3〈印〉隠しノンブル．

【暗昧】ànmèi 形 ①あいまいである．はっきりしない．②愚かである．
【暗门子】ànménzi 名〈方〉私娼．
【暗枪】ànqiāng 名〈喩〉(不意の射撃の意から)陰で人を中傷する手段．
【暗杀】ànshā 動 暗殺する．
【暗伤】ànshāng 名 内傷；(品物の)表面からは見えないきず．
【暗射】ànshè 動 当てこする．当てつける．¶你说话不要～别人 / 人を当てこするような言い方はやめなさい．
【暗射地图】ànshè dìtú 名 白地図．
【暗示】ànshì ①動 **暗示する**．ほのめかす．②名〈心〉(催眠術での)暗示．
【暗事】ànshì 名 後ろめたいこと．やましいこと．¶明人 míngrén 不做～ / 公明正大な人は後ろめたいことをしない．
【暗室】ànshì 名 ①〈写〉暗室；暗い部屋．②〈書〉人目につかない所．
【暗算】ànsuàn 動(人を殺害したり陥れようと思って)陰謀を計画する,ひそかにたくらむ．¶遭 zāo 人～ / 他人のわなに掛かる．注意 "算"は「もくろむ」の意．日本語の「暗算」は"心算 xīnsuàn"という．
【暗锁】ànsuǒ 名(ドアや机の引き出しなどに取り付ける)隠し錠．
【暗滩】àntān 名(水が濁っていて船や水面から見えない)浅瀬．
【暗探】àntàn ①名 密偵．探偵．②動 ひそかに調べる．
【暗无天日】àn wú tiān rì〈成〉正義も道理もない暗黒社会．
【暗下】ànxià 副 こっそりと．¶～毒手 dúshǒu / 人をひそかに陥れる．
【暗线】ànxiàn 名 ①表に見えないように配線したコード．②(文学作品の)伏線．►"伏笔 fúbǐ"とも．¶设 shè 下～ / 伏線を張る．③内通者,内部に潜入したスパイ．
【暗箱】ànxiāng 名〈写〉暗箱．
【暗笑】ànxiào 動 ①ほくそ笑む．②陰であざ笑う．
【暗影】ànyǐng 名 暗影．暗い影．
【暗语】ànyǔ 名 隠語．合い言葉．符丁．
【暗喻】ànyù 名〈文〉暗喩．メタファー．
【暗中】ànzhōng ①名 暗がりの中．暗やみの中．②副 **こっそりと**．ひそかに．¶～打听他的消息 xiāoxi / ひそかに彼の消息を探る．¶～使坏 shǐhuài / 陰で悪知恵をつける．
【暗自】ànzì 副 ひそかに．こっそりと．¶～欢喜 / ひそかに喜ぶ．►略して"暗喜"ともいう．

黯 àn ◇ 暗い．真っ黒い．
【黯黑】ànhēi 形 真っ黒である；暗い．
【黯然】ànrán 形〈書〉暗い；心が晴れない．

ang (尢)

1声 **肮** āng "肮脏 āngzāng"⇩という語に用いる．
*【肮脏】āngzāng 形 ①**汚い**．不潔である．¶～的衣服 / 汚い服．②卑劣である．みにくい．¶～的勾当 gòudàng / 卑劣な行為．

2声 **昂** áng 動(頭を)**もたげる**．¶～起头来 / 頭をもたげる．◇ 高まる．¶→～扬 yáng．‖姓
【昂昂】áng'áng 形〈書〉意気揚々としている．¶气势 qìshì ～ / 気勢のあがっているさま．
【昂贵】ángguì 形(値段が)**非常に高い**．¶价格 jiàgé ～ / 値段がとても高い．
【昂然】ángrán 形 昂然(こうぜん)としている．意気盛んである．¶～屹立 yìlì / 昂然とそびえ立つ．
【昂首】ángshǒu 動〈書〉頭を上げる．¶～望天 / 頭を上げて空を見る；〈喩〉現実を無視する．
【昂头】áng//tóu 動 頭を上げる．¶昂起头来 / 頭をもたげる．
【昂扬】ángyáng 動〈書〉(意気が)あがる；(声や音が)高まる．¶意气风发,斗志 dòuzhì ～ / 意欲に満ちあふれ,闘志がたぎる．

4声 **盎** àng ◇ ①鉢．②あふれる．¶→～然 rán．③《音訳語に用いる》
【盎格鲁撒克逊】Ànggélǔ Sākèxùn 名 アングロサクソン．
【盎然】àngrán 形〈書〉満ちあふれている．¶春意～ / 春の気分がみなぎっている．
【盎司・盎斯】àngsī 量(質量・重量・容積の単位)オンス．

ao (幺)

1声 **凹** āo 形(↔凸 tū)くぼんでいる．へこんでいる．¶～下 / へこむ．くぼむ．¶车身 chēshēn ～进去了 / 車体がへこんでしまった．⏩ wā
【凹版】āobǎn 名〈印〉凹版．
【凹镜】āojìng 名〈物〉凹面鏡．
【凹透镜】āotòujìng 名〈物〉凹レンズ．
【凹凸】āotū 形 でこぼこである．¶～不平 / でこぼこして平らでない．
【凹陷】āoxiàn 動 くぼむ．陥没する．

熬 āo 動 **煮る．煮つめる**．ゆでる．¶～白菜 / 白菜をゆでる．¶～菜 / 煮もの．⏩ áo
【熬心】āoxīn 動〈方〉気をもむ．

2声 **遨** áo ◇ 遊覧する．
【遨游】áoyóu 動 漫遊する．

嗷 áo "嗷嗷 áo'áo"(ううんううん．ひいひい；痛みや苦しみのためにあげる悲鳴や泣き声)という擬声語に用いる．¶～～待哺 dài bǔ / 飢えて泣き叫び食物を求めるさま．

獒 áo 名〈動〉(チベット原産の大型犬)マスチフ；獰猛(どうもう)な犬．

*熬 áo 動 ①(穀類を糊状になるまで)**長時間煮る．煮つめる**；(漢方薬などを)煎じる．¶～粥 zhōu / かゆを作る．¶～药 yào / 漢方薬を煎じる．②(苦痛や困難を)**堪え忍ぶ**,こらえる．¶～了一晚上 / (寝ないで)一晩がんばった．‖姓 ⏩ āo
【熬不过】áobuguò 動+可補 持ちこたえられない．

A

堪え忍ぶことができない．
【熬不住】áobuzhù 動+可補 辛抱しきれない．我慢できない．¶如此酷热 kùrè 使他再也～了 / このような酷暑に彼はこれ以上耐えられなかった．
【熬成】áo//chéng 動+結補 長時間煮つめて…にする．¶把鹿角 lùjiǎo ～胶 jiāo / シカの角を長時間煮つめてにかわにする．
【熬出来】áo//chū//lái 動(苦痛・困難などを)堪え忍ぶ，くぐり抜ける．
【熬得住】áodezhù 動+可補 しのげる．我慢できる．
【熬过】áo//guò 動+方補 我慢して過ごす．辛抱し通す．¶～了最艰苦 jiānkǔ 的时期 / 最も大変な時期を乗り越えた．
【熬煎】áojiān 動 ① 苦しい思いをする．►ひどい目にあわされたり極度の苦痛をなめることをたとえる．¶忍受 rěnshòu ～ / 苦しみを耐える．② 焦慮する．
【熬炼】áoliàn 動 鍛える．試練を受ける．
【熬磨】áomó 動〈方〉① やりきれない気持ちで時間を過ごす．② うるさくまつわりつく．つきまとう．¶孩子～母亲买玩具 wánjù / 子供がおもちゃを買ってくれと母親につきまとう．► áomo とも読む．
【熬日子】áo rìzi 〈慣〉辛抱して暮らす；(病人などについて)かろうじて命を保つ，時間の問題である．
【熬汤】áo//tāng 動 スープを作る．¶熬排骨 páigǔ 汤 / スペアリブでスープを作る．
【熬头儿】áotour 名 辛抱しがい．我慢する値打ち．¶有～ / 辛抱のしがいがある．
【熬药】áo//yào 動〈中医〉薬を煎じる．
*【熬夜】áo//yè 動 **夜ふかしする**．徹夜する．¶为了写这篇论文 lùnwén，他熬了三夜 / この論文を書くために，彼は3日も徹夜した．
【熬着】áozhe 動 我慢する．辛抱する．

3声

袄(襖) **ǎo** 名 中国式の裏付きの上着．量 件 jiàn．¶皮 pí ～ / 毛皮の裏のついた上着．

媪 **ǎo** 名〈書〉老婦人．おばあさん．老女．¶老～ / 老婆．

4声

拗(抝) **ào** ◇ 滑らかでない．ぎこちない．⏩ niù
【拗口】àokǒu 形(舌が回らず)言いにくい．
【拗口令】àokǒulìng 名 早口言葉．►"绕 rào 口令"とも．

傲 **ào** 形 傲慢(ごうまん)である．おごり高ぶる．¶她～得很哪！/ 彼女はすごく横柄だ．‖ 姓
【傲岸】ào'àn 形〈書〉誇らしげである；尊大である．¶～不群 qún / 傲慢で人となじまない．
【傲骨】àogǔ 名 意志・主張を曲げない性格．硬骨．
*【傲慢】àomàn 形 **傲慢である**．¶态度 tàidu ～ / 態度が傲慢である．
【傲气】àoqì 名 傲慢な態度．横柄な様子．¶～十足 / 高慢で鼻持ちならない．
【傲然】àorán 形〈書〉傲然(ごうぜん)としている．¶～挺立 tǐnglì / 傲然とそびえる．
【傲视】àoshì 動(人や物事を)ばかにする，見下げる．¶～万物 / すべてのものをばかにする．

奥 **ào** ◇ ①奥深い．容易に知りがたい．¶深 shēn ～ / 奥深くてはかり知れない．②建物の中の深く入りこんだ部屋．¶堂 táng ～ / 堂の奥まった所．‖ 姓
【奥博】àobó 形〈書〉(意味が)深くて広い；(知識が)広い．
【奥地利】Àodìlì 名〈地名〉オーストリア．
*【奥林匹克】Àolínpǐkè 名 オリンピック．量 届 jiè．¶～会徽 huìhuī / 五輪マーク．
*【奥秘】àomì 名 **神秘．奥義**．
【奥妙】àomiào 形(道理や内容が)奥深く微妙である．
【奥斯卡金像奖】Àosīkǎ jīnxiàngjiǎng 名 (映画の)オスカー賞．
【奥委会】Àowěihuì 名〈略〉オリンピック委員会．
【奥义】àoyì 名〈書〉奥義．
*【奥运】àoyùn →【奥运会】Àoyùnhuì
【奥运村】àoyùncūn 名〈体〉オリンピック選手村．
【奥运会】Àoyùnhuì 名 **オリンピック大会**．►"奥林匹克运动会 Àolínpǐkè yùndònghuì"の略．"奥运"とも．

澳 **ào** 名 船舶の停泊できる海の入り江．►主として地名に用いる．◇(Ào)マカオ．¶港 Gǎng ～同胞 tóngbāo / 香港とマカオの同胞(中国人)．‖ 姓
【澳大利亚】Àodàlìyà 名〈地名〉オーストラリア．
【澳门】Àomén 名〈地名〉マカオ．►ポルトガルの元植民地で，香港と並ぶ特別行政区．
【澳区】Àoqū 名〈略〉マカオ特別行政区．
*【澳洲】Àozhōu 名〈地名〉オーストラリア．豪州．►"澳大利亚洲"(オーストラリア州)の略．

懊 **ào** ◇ 思い悩む；悔やむ．後悔する．
【懊恨】àohèn 動 悔やむ．悔しがる．
*【懊悔】àohuǐ 動 **後悔する**．悔やむ．¶他对自己做的事感到很～ / 彼は自分のしたことを悔やんでいる．
【懊闷】àomèn 動 後悔し憂うつになる．気がふさぐ．
【懊侬】àonáo 形〈書〉悔やんでいる．
【懊恼】àonǎo 形 思い悩んでいる．くさくさしている．
【懊丧】àosàng 形 がっかりしている．落胆してふさぎ込んでいる．¶神情 shénqíng ～ / 表情が暗い．
【懊心丧气】àoxīn sàngqì 失望落胆する．非常にがっかりする．

A………

【AA制】AA zhì 名 割り勘．
【A拷】A kǎo 名 ① ビデオのマスターテープ．② 編集されただけで，音楽と字幕のついていないテレビコマーシャル．⇒【拷贝】kǎobèi
【A片】A piàn 名 アダルトビデオ；成人映画．
【ATM机】ATM jī 名 現金自動預け払い機．ATM．
【A股】A gǔ 名 A株．国内の投資家向けに上場された中国企業の株．

B

B

ba (ㄅㄚ)

1声 ** **八** bā 数 8．はち；第八(の)．8番目(の)．注意 第4声の前では"八岁 bású"のように第2声で発音することもある．¶～天 / 8日間．¶～楼 / 8階．¶第～届 / 第8回．‖姓

【八拜之交】bā bài zhī jiāo 〈成〉義兄弟の契りを交わした間柄．

【八瓣儿】bābànr 名〈喩〉粉々になった状態．¶玻璃杯 bōlibēi 被他摔 shuāi 了个～ / グラスは彼が落として粉々になった．

【八宝菜】bābǎocài 名(福神漬に似た)漬け物の一種．注意 日本でいう「八宝菜」とは異なる．"八宝"は中国料理で，多くの種類の材料で作ったものを形容する語．

【八宝茶】bābǎochá 名 緑茶に乾燥ナツメや漢方薬などを加え，氷砂糖を入れて飲むホットドリンク．

【八宝饭】bābǎofàn 名〈料理〉もち米にこしあん・ハスの実・ナツメ・干しブドウ・干し竜眼などを加え，氷砂糖で作った葛あんをかけて蒸しあげた甘いご飯．►"重阳节 Chóngyángjié"や祝い事のある時に作る．お粥の場合は"八宝粥 zhōu"という．

【八成】bāchéng ①名 8割．②副(～儿)たぶん．おおかた．大半．¶这工作～儿他干不了 gànbuliǎo / この仕事は彼にはたぶんできないだろう．

【八大菜系】bādà càixì 名 中国の8大料理系統．►山東・四川・江蘇・浙江・広東・湖南・福建・安徽の各料理をさす．

【八带鱼】bādàiyú 名〈口〉タコ．►"章鱼 zhāngyú"の通称．量 只,个．

【八方】bāfāng 名 八方．四方(東・西・南・北)と四隅(北東・北西・南東・南西)の八つの方角；周囲；各地．¶四面～ / 四方八方．

【八分】bāfēn 名 八分．8割．¶～饱 bǎo / 腹八分目．

【八竿子打不着】bā gānzi dǎbuzháo 〈慣〉 血縁の非常に遠い親戚関係をからかっていう言葉；〈転〉まったくの無関係．

【八杠子打不出个屁来】bā gàngzi dǎbuchū ge pì lái 〈慣〉口数が少なく黙りがちな性格．

【八哥】bāge 名(～儿)〈鳥〉キュウカンチョウ．量 只．

【八股】bāgǔ 名 八股文(はっこぶん)．明・清時代に科挙の答案に用いられた文体；〈喩〉内容に乏しく紋切り型の文章や演説．

【八卦】bāguà 名 ①八卦(はっけ)．②〈喩〉ゴシップ．¶～新闻 / ゴシップニュース．

【八行书】bāhángshū 名〈旧〉手紙．書簡．►昔，便箋が8行書けるように赤い罫線で印刷されていたことから．略して"八行"という．

【八件儿】bājiànr 名 8種類の菓子；8品の料理．►"八样儿"とも．

【八角】bājiǎo 名 ダイウイキョウ(の実)．►香料の一種で，肉料理などに用いる．

【八角鼓】bājiǎogǔ 名 ①八角鼓．►八角形でタンバリンに似た満州族の民族打楽器．②"八角鼓"を鳴らしながら演じる語り物の一種．

【八节】bājié 名 立春・春分・立夏・夏至・立秋・秋分・立冬・冬至の八つの節気．¶四时～ / 四つの季節と八つの節気．

【八九不离十】bā jiǔ bù lí shí 〈慣〉(～儿)十中八九．

【八开】bākāi 名〈印〉全紙八つ折り(の紙)．¶～本 / 全紙八つ折り本．►日本のB4判にあたる．⇨【开本】kāiběn

【八路军】Bālùjūn 名〈史〉八路軍．►抗日戦争時の国民革命軍第八路軍．

【八面光】bāmiànguāng 〈慣〉世故にたけて如才なくふるまう．八方美人．

【八面见光】bā miàn jiàn guāng 〈成〉①仕事が入念である．②八方美人である．

【八面玲珑】bā miàn líng lóng 〈成〉(人とのつきあいに)如才がない；八方美人．►悪い意味で使われることが多い．

【八面威风】bā miàn wēi fēng 〈成〉威風堂々あたりを払う．

【八旗】bāqí 名〈史〉八旗(はっき)制度．►清代の軍制で，旗本・貴族に相当する．¶～子弟 zǐdì / "八旗"の家柄の子弟；〈喩〉共産党幹部の子弟．►"太子党 tàizǐdǎng"とも．特に親の威光をかさにきて乱行を働く者をさす．

【八抬(大)轿】bātái (dà)jiào 〈慣〉人をほめ持ち上げる．

【八仙】bāxiān 名 八仙(はっせん)．神話中の8人の仙人．参考 "汉钟离 Hàn Zhōnglí"(漢鐘離)，"张果老 Zhāng Guǒlǎo"(張果老)，"吕洞宾 Lǚ Dòngbīn"(呂洞賓)，"李铁拐 Lǐ Tiěguǎi"(李鉄拐)，"韩湘子 Hán Xiāngzǐ"(韓湘子)，"蓝采和 Lán Cǎihé"(藍采和)，"曹国舅 Cáo Guójiù"(曹国舅)，"何仙姑 Hé Xiāngū"(何仙姑)の8人をさす．めでたいものとしてよく絵画の題材や美術装飾の絵柄となる．

【八仙过海】bā xiān guò hǎi 〈歇〉(普通は"各显神通 gè xiǎn shén tōng"または"各显其能"と続く)おのおの独自のやり方がある．各自がそれぞれ腕を振るって競う．

【八仙桌】bāxiānzhuō 名(～儿)大きな正方形のテーブル．►一辺に二人ずつ計8人かけられる．量 张．

【八一建军节】Bā-Yī jiànjūnjié 名(中国人民解放軍の)建軍記念日．►"八一节"とも．南昌蜂起を記念するもの．

【八音盒】bāyīnhé 名 オルゴール．►"八音琴 qín""八音匣子 xiázi"とも．

【八月节】Bāyuèjié 名 中秋節．旧暦の8月15日．

【八字】bāzì 名(～儿)生まれた年・月・日・時に相当する干支(えと)の8文字．►古くはこれによって運命判断ができると信じられていた．¶～帖儿 tiěr / 旧時，縁組みする男女双方の生年月日を干支(えと)で書いた赤い紙の折り本．

【八字胡】bāzìhú 名 八の字ひげ.
【八字脚】bāzìjiǎo 名 足の爪先を内側か外側に向けて歩く歩き方. ¶内～ / 内また. ¶外～ / 外また.
【八字眉】bāzìméi 名 八の字眉(まゆ).
【八字没一撇】bā zì méi yī piě 〈諺〉(～儿)物事の目鼻がついていない. まだ全然めどが立っていない. ►八の字を書くのにまだ最初の一筆("丿"="撇")さえ書かれていないの意.

巴 bā ❶動 ①ぴったり張りつく. ¶爬山虎 páshānhǔ～在墙上 / ツタが塀にからみついている. ②こびりつく. ¶粥 zhōu～了锅了 / おかゆが鍋にこげついた. ③待ちこがれる. ④〈方〉近づく. ⑤〈方〉開く. 開ける.
❷名 ①〈史〉巴. ►周朝の国名. ②四川省東部. ③〈略〉バス. ¶小～ / マイクロバス.
❸量 バール. ►気圧・圧力の単位.
◇◆ ①くっついたもの. ¶锅～ / おこげ. ②ほおの下の部分. ¶下～ / あご. ‖姓

【-巴巴】-bābā 接尾《「もの足りない,欠けている」「乾いている」といったニュアンスを加える》¶眼～ / 待ちこがれる. じりじりする. むざむざ. ¶干 gān～ / ひからびた. 無味乾燥の. ¶皱 zhòu～ / くしゃくしゃの. ¶淡 dàn～ / 味気のない. ¶死～ / じっと動かない. 硬直した. ¶短 duǎn～ / ちょこんと短い.
【巴巴多斯】Bābāduōsī 名〈地名〉バルバドス.
【巴巴儿】bābār 副(～的)〈方〉①今か今かと切に. ②わざわざ. 特に.
【巴巴结结】bābajiējiē 形(～的)〈方〉①どうにかこうにかである. ②たどたどしい. しどろもどろである.
【巴布亚新几内亚】Bābùyà xīnjǐnèiyà 名〈地名〉パプアニューギニア.
【巴不得】bābude 動〈口〉(多くは実現可能なことを)したくてたまらない. ¶她～马上见你 / 彼女は今すぐ君に会いたがっている.
【巴哈马】Bāhāmǎ 名〈地名〉バハマ.
【巴基斯坦】Bājīsītǎn 名〈地名〉パキスタン.
【巴结】bājie 動 ①取り入る. へつらう. ②〈方〉(向上しようと)がんばる,努力する.
【巴拉圭】Bālāguī 名〈地名〉パラグアイ.
【巴勒斯坦】Bālèsītǎn 名〈地名〉パレスチナ.
【巴黎】Bālí 名〈地名〉パリ. ¶～公社 / パリコミューン.
【巴林】Bālín 名〈地名〉バーレーン.
【巴罗克艺术】bāluókè yìshù 名 バロック芸術.
【巴拿马】Bānámǎ 名〈地名〉パナマ.
【巴儿狗】bārgǒu 名〈動〉チン(犬). ►"叭儿狗"とも書き,"哈巴狗 hǎbagǒu"ともいう.
【巴士】bāshì 名 バス. 乗り合いバス. 量 辆 liàng.
【巴松】bāsōng 名〈音〉バスーン. ►"大管"とも.
【巴头探脑儿】bā tóu tàn nǎor 〈成〉首を伸ばして盗み見る.
【巴望】bāwàng ①動 待ち望む. ②名 望み. 見込み.
【巴西】Bāxī 名〈地名〉ブラジル.
*【巴掌】bāzhang 名 平手. 手の平. ¶拍 pāi～ / 拍手する. ¶打他一～ / 彼を手の平でたたく. ¶一个～拍不响 xiǎng / 〈慣〉相手がいなければけんかにならない.

*__扒__ bā 動 ①(ぺたりと張りつくように)つかまる. へばりつく. すがりつく. ¶～墙头儿 qiángtóur / 塀の上につかまって(中をのぞく). ②掘りかえす. ¶～土 / (手で)土を掘りかえす,かき掘る. ③かき分ける. ¶～开草棵 cǎokē / 草をかき分ける. ④はぐ. 脱ぎ捨てる. ¶～裤袜 kùwà / パンストを脱ぐ. ⑤(家などを)とり壊す. ¶～房 / 建物をとり壊す. ►► pá
【扒车】bā//chē 動(ゆっくり走る列車やバスなどに)しがみつくようにして飛び乗る.
【扒拉】bāla 動〈方〉①指先ではじいて横に動かす. ②押しのける. かき分ける. ⇒【扒拉】pála
【扒皮】bā//pí 動 ①皮をはぐ. ②〈喩〉上前をはねる. ピンハネする;(商売などで)ぼる. 暴利をむさぼる. ¶他做买卖太～ / 彼は商売で暴利をむさぼっている.
【扒头儿】bātour 名 つかまるところ,足場.

叭 bā 〖吧 bā〗に同じ.

芭 bā 名〈古〉香草の一種.
【芭蕉】bājiāo 名〈植〉バショウ.
【芭蕉扇】bājiāoshàn ①名 ビロウの葉で作ったうちわ. ②〈慣〉人をそそのかすのが得意な人.
【芭蕾舞】bālěiwǔ 名 バレエ. ¶跳 tiào～ / バレエを踊る. ¶～演员 yǎnyuán / バレエダンサー. ¶～女演员 / バレリーナ.

吧 bā ①擬《堅いもの,細いもの,乾いているものなどが折れるときの音》ぽきん. ぷつん. ►"叭 bā"とも書く. ②動〈方〉(たばこを)すぱすぱ吸う.
◇◆ バー. ¶酒 jiǔ～ / バー. ¶网 wǎng～ / インターネットカフェ. ►► ba
【吧嗒】bādā 擬 ①《本や窓など薄く,堅く,やや軽いものが当たるときの音》ぱたっ. ぱたん. ②《涙や汗が落ちる音》ぽたぽた. ►"叭哒""叭嗒"とも書く.
【吧嗒】bāda 動 ①口をぱくつかせる. ぱくぱくさせる. ②〈方〉(たばこを)すぱすぱ吸う. ►①② いずれも"叭哒"とも書く.
【吧唧】bājī 擬《液体が物に当たったときの音》ぴちゃっ. ぴちゃぴちゃ. ぱちゃぱちゃ. ►"叭叽""叭唧"とも書く.
【吧唧】bāji 動 ①口を動かす. もぐもぐさせる. ②〈方〉(たばこを)すぱすぱ吸う. ►①② いずれも"叭叽"とも書く.
【吧台】bātái 名(バーの)カウンター.

疤 bā 名 瘡(きず)のあと. 傷あと;(器物などの)傷. 量 道,块 kuài. ¶这个苹果 píngguǒ 上有个～ / このリンゴには傷がある.
【疤痕】bāhén 名 傷あと. 量 道.
【疤瘌・疤拉】bāla 名〈口〉瘡のあと. 傷あと. ¶脸上有个～ / 顔に傷あとがある.

捌 bā 数 "八"の大字(読み違いや書き直しを防ぐための字).

笆 bā ◇◆ 竹や木の枝で編んだもの. ¶竹篱 zhúlí～ / 竹の籬(まがき). ¶～篱 lí / 〈方〉竹や木の枝で編んだ籬.

【笆斗】bādǒu 名 柳の枝などで編んだ穀物を入れるざる.
【笆篱子】bālízi 名〈方〉留置場. 監獄. ¶蹲 dūn ～ / 留置場に入る.
【笆篓】bālǒu 名 柳の枝や竹で編んだ背負いかご.

粑 bā ◇ もち類の食べ物. ¶糍 cí ～ / (もち米を粉にして作った)食品. ¶糖 táng ～ / 砂糖入りのもち.
【粑粑】bābā 名〈方〉もち類の食べ物.

拔 bá 2声 * 動 ①**引き抜く. 抜き取る**;(障害を)**抜き取る,除く**. ¶～钉子 dīngzi / 釘を抜く. ¶～手枪 shǒuqiāng / ピストルを抜く. ¶～掉祸根 huògēn / 禍根を断つ.
②(毒などを)吸い出す.
③(敵の陣地を)奪い取る. ¶～敌人据点 jùdiǎn / 敵の拠点を奪い取る.
④(人材などを)えり抜く.
⑤(声を)張り上げる. ¶～嗓子 / 声を張り上げる.
⑥〈方〉(冷水で)冷やす.
◇ 超える. ぬきんでる. ¶→～萃 cuì. ¶海～ / 海抜. ‖姓
【拔除】báchú 動 抜き取る. 取り除く.
【拔萃】bácuì 動〈書〉(学問・才能・品行などが)ぬきんでる,際立っている. ¶出类 lèi ～ / 抜群である.
【拔地而起】bá dì ér qǐ〈成〉切り立っている.
【拔高】bá//gāo 動 ①(声を)高くする,張り上げる. ②(人や作品などを)わざと高く評価する,もち上げる.
【拔罐子】bá guànzi〈中医〉吸い玉をかける.
【拔海】báhǎi 名 海抜.
【拔河】bá//hé ① 動(運動種目の)綱引きをする. ② 名 綱引き.
【拔火罐儿】bá huǒguànr〈中医〉→【拔罐子】bá guànzi
【拔尖儿】bá//jiānr ① 形 並外れてよい. 群を抜いている. ¶他的学习成绩 chéngjì 在班里是～的 / 彼の学習成績はクラスでずば抜けている. ② 動 出しゃばる. 目立ちたがる. ¶这孩子好 hào ～ / この子は目立ちたがる.
【拔节】bá//jié 動(コウリャンやトウモロコシなどの)主茎が急速に伸長する.
【拔锚】bá//máo 動 いかりを上げる;出帆する.
【拔苗助长】bá miáo zhù zhǎng〈成〉生長を早めようと思って苗を手で引っ張る;〈喩〉功をあせって方法を誤り失敗する. ►"揠 yà 苗助长"とも.
【拔取】báqǔ 動 登用する. ¶～人材 réncái / 人材を登用する.
【拔群】báqún 形〈書〉(才能が)ずば抜けている.
【拔山倒树】bá shān dǎo shù〈成〉勢いが猛烈である.
【拔丝】básī ① 名〈料理〉あめ煮. 参考 油で揚げた果物や山いもなどに煮つめたあめ状の砂糖をかけたもの. 熱いうちに箸でとると糸を引くことからこういう. ¶～山药 shānyao / 山いものあめ煮. ② 動(金属材料を引き延ばして)針金をつくる.
【拔腿】bá//tuǐ 動 ①さっと(歩きだす). ►"拔脚 jiǎo"とも. ¶吓 xià 得小偷 xiǎotōu ～就跑 / こそどろは怖くてさっと逃げた. ②手を引く. 身を引く. 足を洗う. ¶他事情 shìqing 太多,拔不开腿 / 彼は仕事が多くて手が離せない.
【拔营】bá//yíng 動(軍隊が)駐屯地から移動する,出動する.

跋 bá 名 跋文(ばつぶん). あとがき.
◇ 山野を歩く. ¶→～涉 shè.
【跋扈】báhù 形〈書〉跋扈(ばっこ)する. のさばっている.
【跋前疐后】bá qián zhì hòu〈成〉進退きわまる. ►"疐"は"踬"とも書く.
【跋山涉水】bá shān shè shuǐ〈成〉苦しい旅を続ける.
【跋涉】báshè 動〈書〉苦しい長旅をする. ¶长途～ / 長く苦しい旅をする.
【跋文】báwén 名 奥書. 跋文.

把 bǎ 3声 ** ❶ 前 ①《直接目的語に当たる名詞を"把"によって動詞の前に出し,その名詞に処置を加えたり影響を与えたりする文を作る》…を(…する). ¶～书装进 zhuāngjìn 书包 / 本をかばんに入れる. ¶请～酱油 jiàngyóu 递 dì 给我 / しょう油を取ってください. ¶你别 bié ～车停 tíng 在这里 / 車をここに停めてはいけません.
②《"把"により前に出された名詞に,なんらかの変化や結果を生じさせる》►動詞は結果を表す別の動詞や形容詞を補語として伴う. ¶～她羞 xiū 哭了 / 彼女は恥ずかしさのあまり泣き出した.
③《"把"の後の名詞に望ましくない事態が発生したことをいう》¶偏偏 piānpiān ～老婆 lǎopo 病了 / あいにく女房が病気になった.
④《動作の行われる場所や範囲をいう》¶～图书馆找遍 zhǎobiàn 了也没找着 zhǎozháo / 図書館をくまなく探したが,みつからなかった.
⑤《"我把你这个…"の形で,人をとがめる時に用いる》►後に動詞は用いない. ¶我～你这个糊涂虫 hútuchóng 啊! / このまぬけめ.
注意 "把"の文(「処置文」ともいう)成立の条件は,①一般に動詞ははだかのままでは用いない. 動詞の前に修飾語があるか,動詞の後に目的語・補語あるいは助詞の"了"や"着"など,なんらかの要素がついていることが必要である. ②"把"によって動詞の前に出される名詞は話し手が関心を持っている対象である.
❷ 量 ①**柄や取っ手のついている器物**を数える. ¶一～椅子 / (背もたれのある)椅子1脚. ¶一～伞 sǎn / 傘1本. ¶一～菜刀 càidāo / 包丁1丁.
②(～儿)ひとつかみ. ¶一～米 / ひと握りの米.
③《ある種の抽象的な語に用いる》かなりの…. ►数詞は主に"一". ¶他真 zhēn 是一～好手 hǎoshǒu / 彼は実にやり手だ.
④《手に関係のある動作に用いる》¶拉 lā 他一～ / 彼をぐいっと引っ張る;彼を助けてやる.
❸ 動 ①握る. つかむ. ¶船工紧紧地～住舵 duò / 船員は舵をしっかり握る. ②(出入口などの)番をする.
❹ 接尾《数詞"百、千、万"や"里、丈、顷、斤、个"などの量詞について,だいたいそのくらいの数量であることを示す》¶个 gè ～月 / ひと月ばかり. ¶百～块钱 / 100元かそこいら.
◇ ①(自転車・オートバイなどの)ハンドル;(車の)かじ棒. ¶车 chē ～ / (2輪車の)ハンドル. ②束. ¶稻草 dàocǎo ～ / 稲わらの束. ③義兄弟の間柄. ¶～嫂 sǎo / 姉御. ‖姓 ►► bà
【把柄】bǎbǐng 名 ①器物の取っ手. ②〈喩〉(人につけ込まれる)弱み. しっぽ. ►恐喝や攻撃の手段として使う相手の弱みや罪状などをさす. ¶被人抓住

B

zhuāzhù ～ / 弱みを握られる.
【把持】bǎchí 動 ①〈貶〉(地位や権利などを) 独り占めにする, 一手に握る. ②(感情などを) 持ちこたえる.
〖把…当…〗 *bǎ…dàng…* …を…と思い込む. …を…扱いする. ¶王先生已经七十岁 suì 了, 可大家都～他～五十多岁的人 / 王先生はもう70歳だが, みんな彼を50過ぎと思っている.
【把舵】bǎ//duò 動 舵(かじ)を取る ;〈喩〉(仕事・事業で) 指導する. 方向づけする.
【把风】bǎ//fēng 動(犯人の仲間が) 見張る. ¶在外面～ / 外で見張りをする.
〖把…给…〗 *bǎ…gěi…* …を…にする. …を…する. ¶他不小心, ～《成语 chéngyǔ 词典》～弄丢 nòngdiū 了 / 彼はうっかりして『成語辞典』をなくしてしまった.
【把关】bǎ//guān 動 ① 関所を守る. ②〈喩〉(基準に照らして) 厳しく検査する, チェックする. ¶层层 céngcéng ～ / 各段階できびしく検査する.
【把家】bǎ//jiā 動〈方〉家事を上手に切り盛りする. 家を守る. ¶～虎 hǔ /〈慣〉自分の家〔財産〕のことしか考えない人.
【把酒】bǎ//jiǔ 動〈書〉杯を挙げる ; 酒をすすめる.
【把口儿】bǎkǒur 名 横丁の入り口.
【把揽】bǎlan 動〈貶〉独り占めにする. 何でも引き受ける.
【把牢】bǎláo 形〈方〉(多く否定の形で) しっかりしている. 信頼できる.
【把脉】bǎ//mài 動〈方〉脈をとる.
【把门】bǎ//mén 動(～儿) ① 門番をする. 入り口を見張る ; 歯止めをする. 行き過ぎを抑える. ②〈体〉(サッカーなどで) ゴールキーパーをする. ►「ゴールキーパー」は"守门员 shǒuményuán"という.
【把势・把式】bǎshi 名 ①〈口〉武術. ¶练 liàn ～的 / 武芸者. ② 武術のできる人 ;〈転〉腕利き. 達人. 玄人. ¶花儿～ / 花作りの名人. ③〈方〉技術. こつ.
【把守】bǎshǒu 動(重要な場所を) 守る, 守備する. 番をする.
【把手】bǎshou 名 ① 引き手. ノブ ; ハンドル. ¶门～ / ドアのノブ. ② 器物の取っ手. 柄. ¶茶壶 cháhú ～ / どびんの取っ手.
【把头】bǎtou 名 かしら. 親方. ►"包工 bāogōng 头"とも.
【把玩】bǎwán 動〈書〉手にとって鑑賞する ; 愛玩する. ¶～古董 gǔdǒng / 骨董品を鑑賞する.
【把稳】bǎwěn〈方〉① 形 手堅く間違いない. 頼もしい. 信頼できる. ② 動(原則・政策などを) しっかり把握する.
*【把握】bǎwò ① 動(抽象的なものをしっかりと) **つかむ, 理解する** ; (物をしっかりと) **握る**, 持つ. ¶～时代潮流 cháoliú / 時代の流れをとらえる. ¶～时机 / チャンスをつかむ. ¶～方向盘 fāngxiàngpán / ハンドルを握る. ② 名 **自信** ; **成功の可能性**. 見込み. ►"有"または"没(有)"の後に用いることが多い. ¶有〔没〕～ / 自信がある〔ない〕.
【把戏】bǎxì 名 ① 曲芸. 軽業. ② ごまかし. ペテン. たくらみ.
【把兄弟】bǎxiōngdì 名〈旧〉義兄弟の契りを結んだ兄弟分. ►兄貴分のことを"把兄", 弟分のことを"把弟"という.
【把盏】bǎzhǎn 動〈書〉宴席で杯を挙げて酒をすすめ, 客に敬意を表する. ¶为 wèi 客人～ / 客に一献さしあげる.
【把捉】bǎzhuō 動(多く抽象的事物を) とらえる. 把握する.
【把子】bǎzi ❶ 名 ① **束**. ¶秫秸 shújiē ～ / コウリャン殻の束. ②〈劇〉中国の古典劇に用いる武器の総称, または立ち回りの所作. ¶打～ / 立ち回りを演ずる. ❷ 量《数詞は主に"一""几"を用いる》①〈貶〉(人の) 群れ. ¶一～人 / ひと握りの連中. ② 片手で握れる量. 多くは細長いものを数える. ¶一～韭菜 jiǔcài / ひとつかみのニラ. ③ 力・技能など抽象的なものに用いる. 数詞は"一"を用いることが多いが, 省略することができる. ¶加～劲儿 jìnr / ひとがんばりする.
⇒【把子】bàzi

戹 bǎ
〈方〉① 名 大便. うんこ. ② 動 大便をする.
【戹戹】bǎba 名 うんち. ►幼児語.

钯 bǎ
名〈化〉パラジウム. Pd.

靶 bǎ
〈◆ 標的. 的. ¶打～ / 射的をする.
【靶标】bǎbiāo 名 標的.
【靶场】bǎchǎng 名 射撃場.
【靶台】bǎtái 名 射台.
【靶心】bǎxīn 名 的の中心. 図星.
【靶子】bǎzi 名 的. 標的.

4声

坝(壩) bà
名 ① 堰(せき). ダム. ② 土手. 堤防. 堤. ③〈方〉(多く地名に用い) 山間にある小さい平地. ④〈方〉水辺の砂地. 砂浜.
【坝基】bàjī 名 堤防の基礎.
【坝子】bàzi 名 ① 堰(せき). ダム. ②〈方〉山間にある小さい平地.

把 bà
名(～儿) ① **器物の柄. 取っ手. 握り.** ¶锅 guō ～儿 / なべの柄. ¶茶壶 cháhú ～儿 / きゅうすの握り. ② 花梗(かこう). 葉柄. (果物の) へた. ¶梨 lí ～儿 / ナシのへた. ⏩ bǎ
【把儿】bàr 名(器具の) 柄, 取っ手.
【把子】bàzi 名(器具の) 柄, 取っ手. ⇒【把子】bǎzi

*爸 bà
名〈口〉**お父さん**. ¶～, 快来呀! / 父さん, 早くおいでよ. ⇒【爸爸】bàba
比較
【爸爸】bàba 名 **お父さん. パパ. 父.
比較 爸 : 爸爸 : 父亲 fùqin ❶"爸""爸爸"は主として話し言葉に, "父亲"は書き言葉に多く使われる. ❷"爸""爸爸"は父親への呼びかけとして用いられるが, "父亲"は呼びかけには使えない. "爸"は子供が多く用い, 親密度が強い. ❸改まった場面では自分〔相手〕の父に言及する場合"我〔你〕父亲"というが, 日常の会話などでは"我〔你〕爸(爸)"ということも少なくない. "爸""爸爸""父亲"の順で改まった言い方になる. ❹妻が自分または他人の夫をさして"孩子他爸(爸)"とも言う. ❺農村部では"爹 diē"を用いることもある.

耙 bà ①名 まぐわ. ②動 まぐわで土をならす. ¶这块地已经~过了 / この畑はもうまぐわでならした. ▸▸ pá

*__罢__(罷) bà 動〈方〉(結果補語に用い)終わる,終える. ¶说~,他就走了 / 言い終わると,彼はすぐ立ち去った.

◇◆ ①やめる. 放棄する. ¶→~工 gōng. ②免職する. 解雇する. ¶→~职 zhí.

【罢兵】bà//bīng 動 戦争をやめる.

【罢黜】bàchù 動〈書〉①おとしめて退ける. ②罷免する.

【罢工】bà//gōng 動(労働者が)**ストライキを行う.** (量) 次,场 chǎng. ¶罢了五天工 / 5日間ストライキをした.

【罢官】bà//guān 動 免官する.

【罢教】bà//jiào 動(教師が)ストライキをする.

【罢考】bà//kǎo 動(学生が)試験をボイコットする.

【罢课】bà//kè 動(学生が)ストライキをする. 同盟休校する.

*【罢了】bàle 助 …するだけだ. 語法 平叙文の最後につける. よく"不过""无非 wúfēi""只是"などと呼応して用いられる. ¶他不过是说说~ / 彼はちょっと言ってみただけだ.

【罢了】bàliǎo 動(しかたがない)それはそれでまあよいとする. ¶弄坏 nònghuài 了也就~,但总应该道个歉 qiàn / 壊したのはしかたないとしても,一言謝るべきだ.

【罢免】bàmiǎn 動 罷免する. 免職する.

【罢赛】bà//sài 動(スポーツ選手が試合を)ボイコットする.

【罢市】bà//shì 動(商人が)ストライキをする. (商店が)同盟罷業する.

【罢手】bà//shǒu 動 やめる. 手を引く. ¶试验不成功 chénggōng,决不~ / 実験に成功するまでは絶対にやめない.

【罢诉】bà//sù 動 訴訟を取り下げる.

【罢休】bàxiū 動 やめる. 投げ出す. (多く否定文に用いる) ¶不达目的 mùdì 誓 shì 不~ / 目的を達成するまでは決して投げ出さない.

【罢职】bà//zhí 動 免職する. 罷免する.

霸(覇) bà ❶名 ①(権力を後ろだてにして悪事を働く)**ボス**;覇権国家. ¶恶 è~ / 悪玉のボス. ¶他可谓 wèi 当地一~ / 彼はその土地の札つきのボスといえる. ②〈古〉諸侯の中の中心的人物.

❷動 **占領する.** 奪い取る. 横取りする. ¶~别人的财产 cáichǎn / 他人の財産を横領する. ‖姓

【霸道】bàdào ①名(↔王道)覇道. ②形 横暴である. ¶这家伙太~了 / そいつはすごく横暴だ.

【霸道】bàdao 形〈口〉(酒・たばこ・薬などが)きつい,強烈である.

【霸气】bàqì 形 横暴である. 高飛車である.

【霸权】bàquán 名 **覇権.** 支配権. ヘゲモニー. ¶~主义 zhǔyì / 覇権主義.

【霸王】bàwáng 名 ①覇者;〈喩〉暴君. ②〈古〉特定の帝王(たとえば楚の項羽)の称号.

【霸占】bàzhàn 動(人や土地・財産などを)奪う. 権勢を利用して人のものを巻き上げる.

【霸主】bàzhǔ 名〈史〉諸侯中の盟主;〈転〉(ある地域・分野の)ボス,親分.

灞 bà 地名に用いる. "灞水 Bàshuǐ"(灞水(はい)). 西安の東を流れる川の名.

軽声 **吧**(罷) ba 助 ①《文末につけて**断定的な言い方を避ける働きをする**》ⓐ軽い命令や勧告,提案などの語気を表す. ¶我们快走~ / さあ,行きましょう. ¶你去帮 bāng 他一下~ / 彼を手伝ってあげなさい. ⓑ推測や承知・容認の語気を表す. ¶他已经走了~ / 彼はもう出かけちゃったでしょう. ¶你是日本人~ / 君は日本人でしょう. ¶好~,我答应 dāying 你了 / よろしい,引き受けた. ¶这个电影不看就不看~,反正 fǎnzheng 以后还有机会 / この映画を見ないなら見ないでもよい. どうせまた機会があるから.

②《文中に用い,**仮定・譲歩・例示**などの意味を含めて,切れ目を入れ当惑する語気を表したり,相手の注意をひく》¶走~,不好,不走~,也不好 / 行くのもちょっと具合が悪いし,かといって行かなくても具合が悪い. ¶就说北京~,这几年的变化太大了 / たとえば北京はね,この数年の変化はとっても大きいよ.

▸▸ bā

bai (ㄅㄞ)

1声 **掰**(擘) bāi 動(物を)**両手で割る. 折って二つにする**;(枝などを)へし折る. もぎ取る. ¶把烧饼 shāobing ~成两半 / シャオピンを二つに割る. ¶~着手指算 / 指を折って数える. ¶~玉米 yùmǐ / トウモロコシをもぎ取る. ⇨〖擘 bò〗

【掰不开】bāibukāi 動+可補(手で物を)二つに分けられない,割れない.

【掰不开面皮儿】bāibukāi miànpír〈慣〉メンツにこだわる.

【掰扯】bāiche 動 ①手でいじくる. 割ったり引っ張ったりする. ②(理屈を)こねる.

【掰开】bāi//kāi 動+結補(手で物を)二つに分ける,二つに割る.

【掰腕子】bāi wànzi 腕相撲をする.

2声 **白** bái ❶形 ①**白い.** ¶梨花儿 líhuār 很~ / ナシの花は白い. ¶~衬衫 chènshān / 白いシャツ. ②(字形・字音が)間違っている. ¶把字念~了 / 字を読み違えた.

❷副 ①**むだに.** むざむざ. ¶~跑 pǎo 一趟 tàng / むだ足を踏む. ②**ただで.** 無料で. ¶~看戏 / ただで芝居を見る.

❸動(人を)白目で見る. ¶~了他一眼 / 彼をじろっと白目で見た.

◇◆ ①(何も加えず)そのままの;空白の. ¶→~开水. ②明らかである. ¶真相大~ / 真相が明らかになる. ③明るい. ¶→~天. ④《不幸を象徴する》¶→~事. ⑤《反動・反革命を象徴する》¶→~军. ⑥述べる. ¶表~ / 釈明する. ⑦せりふ. ¶独~ / モノローグ. ⑧口語. ¶→~话 huà. ‖姓

【白皑皑】bái'ái'ái 形(~的)(霜や雪が一面に)真っ白である.

【白白】báibái 副(~的)**むだに. いたずらに.** ¶~浪费 làngfèi 了时间 / まったく時間をむだにした.

【白班】báibān 名〈口〉(~儿)(3交替制での)日勤. 通常は朝8時から午後5時までの勤務. ►"早班""日班"とも. ⇨【三班倒】sānbāndǎo

B

【白报纸】báibàozhǐ 名 新聞・雑誌などの印刷用紙．上ざら紙．
【白璧微瑕】bái bì wēi xiá 〈成〉玉にきず．りっぱな人〔物〕にある惜しい欠点．
【白璧无瑕】bái bì wú xiá 〈成〉完全無欠である．純真無垢である．
【白边】báibiān 〈印〉（ページの周囲にある）余白．
【白不呲咧】báibucīliē 形〈方〉①（色あせて）白茶けている，白っぽい．②（料理の色や味が）薄くてまずい．
*【白菜】báicài 名〈植〉①ハクサイ．►"大白菜""结球 jiéqiú 白菜""菘菜 sōngcài"とも．量 棵 kē．②（中国野菜の一種）パクチョイ．►"小白菜""白梗菜 báigěngcài"とも．
【白苍苍】báicāngcāng 形（～的）（髪に光沢がなく；顔に血色がなく）白い．
【白茬】báichá 名（～儿）収穫後，まだ次の植え付けをしていない土地；（塗りや表地を施していない）木製器具，皮革．
【白茶】báichá 名 白茶（ぱいちゃ）．►発酵をおさえた緑茶の一種．"白毫 báiháo 茶"が有名．
【白吃】báichī 動 ①ただで食べる．¶～白喝 / ただで飲み食いをする．②むだ飯を食う．
【白痴】báichī 名 ①〈医〉白痴．②ばか．
【白炽】báichì 名 白熱．
【白炽电灯】báichì diàndēng 名 白熱（電）灯．
【白醋】báicù 名（無色透明の）酢．
【白搭】báidā 動〈口〉むだである．なんにもならない．¶你说也是～ / 君が言ってみてもむだだ．
【白带】báidài 名〈医〉こしけ．
【白地】báidì 名 ①作付けをしていない田畑．②空地．更地．③（～儿）白地（しろじ）．
【白丁】báidīng 名 ①〈旧〉平民．庶民；無位無官の人．②〈転〉出世の望みのない人．
【白俄罗斯】Bái'éluósī 名〈地名〉ベラルーシ．
【白矾】báifán 名 明礬（みょうばん）．
【白饭】báifàn 名 ①（味付けもおかずもないただの）ご飯．②〈喩〉ただ飯．
【白费】báifèi むだに使う．浪費する．¶～力气 / むだ骨を折る．¶～唾沫 tuòmo / むだな言い争いをする．
【白费蜡】báifèilà 〈慣〉むだ骨を折る．役に立たない．
【白粉】báifěn 名 ①粉おしろい．②〈方〉壁塗り用の白色土．③〈方〉ヘロイン．¶～妹 / 麻薬中毒の若い女性．
【白粉病】báifěnbìng 名〈植〉うどん粉病．
【白干儿】báigānr 名 パイカル(酒)．中国北方で飲まれる大衆的な焼酎（しょうちゅう）．►無色透明の蒸留酒でアルコール度が高い．
【白给】báigěi 動 ①ただでやる．無料で与える．②相手にならない．簡単に負けてしまう．¶要下象棋，他简直是～ / 将棋なら，あいつはいいかもだ．
【白宫】Báigōng 名 ホワイトハウス；〈転〉アメリカ政府．¶～高官 gāoguān / アメリカ政府高官．
【白骨精】báigǔjīng 〈慣〉①人を惑わす性悪な女．►《西游记》に登場する白骨が変じた妖怪から．②"白领 báilǐng"（ホワイトカラー）・"骨干 gǔgàn"（中堅幹部）・"精英 jīngyīng"（エリート）の総称．
【白瓜子儿】báiguāzǐr 名 グアズ．（食用の）カボチャの種．
【白鹳】báiguàn 名〈鳥〉コウノトリ．
【白果】báiguǒ 名〈植〉ギンナン．
【白果儿】báiguǒr 名〈方〉（ニワトリの）卵．
【白鹤】báihè 名〈鳥〉ツル．ソデグロヅル．量 只 zhī．
【白喉】báihóu 名〈医〉ジフテリア．
【白虎】báihǔ 名 ①二十八宿のうち，西方七宿の総称．白虎（びゃっこ）．②（五行思想で四方に配される想像上の動物のうちの）白虎．►道教では西方の神．③〈俗〉無毛症の女性．
【白花花】báihuāhuā 形（～的）きらきら光っている．
*【白话】báihuà 名 ①白話（はくわ）．口語体．¶～文学 / 白話文学．¶～诗 shī〔文〕/ "白话"で書かれた詩〔文章〕．②空言（そらごと）．③むだ話．
【白桦】báihuà 名〈植〉シラカバ．
【白化病】báihuàbìng 名〈医〉白子（しらこ）．アルビノ．►この病気の患者を"天老儿 tiānlaor"という．
【白晃晃】báihuǎnghuǎng 形（～的）ぴかぴか光っている．
【白灰】báihuī 名〈鉱〉石灰．
【白金】báijīn 名 ①プラチナ．②〈古〉銀．
【白金唱片】báijīn chàngpiàn 名 〈音〉プラチナディスク．
【白净】báijing 形（肌などが）白くてきれいである．
*【白酒】báijiǔ 名 蒸留酒の総称．
【白驹过隙】bái jū guò xì 〈成〉年月の過ぎ去るのは非常に早い．
【白卷】báijuàn 名（～儿）白紙の答案．¶交 jiāo ～儿 /（試験）答案を白紙のままで出す．
【白军】báijūn 名 反革命軍；国民党軍．
【白开水】báikāishuǐ ①名 白湯（さゆ）．②〈慣〉文章や話に内容がないこと．
【白口】báikǒu 名（～儿）（京劇の）せりふ回し．
【白蜡】báilà 名 ①白ろう．②（精製した）蜜ろう．
【白兰】báilán 名〈植〉ビャクラン．►"白玉兰 báiyùlán"とも．
【白兰地】báilándì 名 ブランデー．
【白兰瓜】báilánguā 名 蘭州白ウリ．►甘粛省蘭州特産のウリ．皮が白く，非常に甘い．
【白梨】báilí 名〈植〉カホクヤマナシ．形が小さく色のやや白い北京地方特産のナシ，またはその木．
【白痢】báilì 名 ①〈中医〉白痢（はくり）．②（家畜・家禽の）白痢菌による急性伝染病．
【白莲教】Báiliánjiào 名〈史〉白蓮（びゃくれん）教．►明・清代にたびたび反乱を起こした宗教結社．
【白脸】báiliǎn 名（伝統劇のくまどりから）かたき役．悪玉．
【白磷】báilín 名〈化〉黄燐（おうりん）．
【白蛉热】báilíngrè 名 ブヨによる発熱．
【白领】báilǐng 名（後ろに名詞をとって）ホワイトカラー….頭脳労働者（の）．
【白领工人】báilǐng gōngrén 名 ホワイトカラー．
【白领阶层】báilǐng jiēcéng 名 ホワイトカラー層．
【白领丽人】báilǐng lìrén 名 美人のキャリアウーマン．
【白露】báilù 名（二十四節気の一つ）白露．►秋の気配が目立ってくるころ．
【白鹭(鸶)】báilù(sī) 名〈鳥〉シラサギ．コサギ．量 只 zhī．
【白蚂蚁】báimǎyǐ 名〈虫〉シロアリ．

【白茫茫】báimāngmāng 形(～的)(雲・雪・大水・霧などが)見渡すかぎり真っ白である.
【白茅】báimáo 名〈植〉チガヤ.
【白毛风】báimáofēng 名〈方〉暴風雪. 吹雪.
【白毛儿】báimáor 名 ① しらが. ㊐ 根 gēn. ② 〈喩〉〈貶〉しらがの老人. ¶那个老～ / あの老いぼれめ. ③(白い)かび.
【白煤】báiméi 名 ①〈方〉無煙炭. ②(動力源としての)水力.
【白蒙蒙】báimēngmēng 形(～的)煙・霧・蒸気などにかすんではっきりしない.
【白米】báimǐ 名 白米. 精白米. ㊐ 粒 lì.
【白面】báimiàn 名 精白した小麦粉.
【白面儿】báimiànr 名〈口〉ヘロイン. ¶抽 chōu ～ / ヘロインを吸う.
【白面书生】báimiàn shūshēng 名 青白きインテリ.
【白描】báimiáo 名 ①〈美〉(中国画の技法)線描,線書き. ►淡墨で輪郭を描き,彩色を施さない. ② 飾り気のない作風あるいは客観事実のみを描く手法.
【白沫】báimò 名 泡. あぶく.
【白木耳】báimù'ěr 名〈植〉シロキクラゲ.
【白内障】báinèizhàng 名〈医〉白内障.
【白嫩】báinèn 形(肌が)白くて柔らかい. もち肌である.
【白泡】báipào 名(～儿) ① 白い泡. ②(皮膚にできる)水ぶくれ.
【白砒】báipī ⇀【砒霜】pīshuāng
【白皮书】báipíshū 名 白書. ¶经济～ / 経済白書.
【白皮松】báipísōng 名〈植〉シロマツ. ►中国特有の松. 幹が白く葉は針状で短い.
【白旗】báiqí 名(投降のしるしの)白旗.
【白鳍豚】báiqítún 名〈動〉ヨウスコウカワイルカ.
【白契】báiqì 名〈旧〉未登記の不動産の売買契約書.
【白区】báiqū 名(国共内戦時の)国民党勢力が支配する地区;反動派勢力の支配する地区.
【白饶】báiráo 動 ① ただで与える. 〈俗〉おまけをつける. ② ただですます. 許す. ③〈方〉むだになる.
【白热】báirè 名 白熱.
【白热化】báirèhuà 動(事態や感情が)白熱化する,最高潮に達する.
【白人】báirén 名 白人. 白色人種. 注意 "白人儿"とr化すると,「ただの平民」の意味.
【白刃】báirèn 名 白刃. 刀の抜き身. ¶～格斗 gédòu / 抜き身で渡り合う. ¶～战 zhàn / 白兵戦.
【白日】báirì 名 ① 白日. 太陽. ② 昼間. 白昼.
【白日做梦】bái rì zuò mèng 〈成〉白昼夢を見る. 空想をたくましくする.
【白肉】báiròu 名〈料理〉水煮したブタ肉. ㊐ 块 kuài.
*【白色】báisè ① 名 **白い色**. 白色. ¶～蔬菜 shūcài /(白やクリーム色の)淡色野菜. ② 形(多く連体修飾語として)**反動的な**. 反革命的な. ¶～恐怖 / 白色テロ.
【白色污染】báisè wūrǎn 名〈環境〉発泡スチロールやポリ袋などの生活廃棄物による環境汚染. ►"白色公害 gōnghài"とも.
【白森森】báisēnsēn 形(～的)青白くすごみのある. ¶～的月光 / 白く冷たい月光.
【白鳝】báishàn 名〈魚〉ウナギ. ㊐ 条 tiáo.
【白芍】báisháo 名〈中薬〉白芍薬(びゃくしゃくやく).
【白参】báishēn 名〈中薬〉乾燥したチョウセンニンジン.
【白生生】báishēngshēng 形(～的)(好感を誘い)真っ白である. ¶～的牙齿 yáchǐ / 白い歯.
【白食】báishí ⇀【吃白食】chī báishí
【白事】báishì 名 葬式. 葬儀. ¶办～ / 葬儀を営む.
【白手】báishǒu 名 素手.
【白手起家】bái shǒu qǐ jiā 〈成〉裸一貫で身代を築き上げる.
【白薯】báishǔ 名 ① **サツマイモ**. ►"甘薯 gānshǔ"の通称. "红薯"とも. ㊐ 块,个. ¶烤 kǎo ～ / 焼きいも. ②〈方〉まぬけ. とんま. ③〈俗〉むだに数えること. ►"白数 shǔ"のかけ言葉.
【白刷刷】báishuāshuā 形(～的)非常に白い.
【白水】báishuǐ 名 ① 白湯(さゆ). ②(何も入っていない)ただの水. ③〈書〉澄んできれいな水.
【白汤】báitāng 名 ブタ肉からとったスープ. "白肉"(水煮したブタ肉)を作った残り汁;しょう油を使わず塩味だけのスープ.
【白糖】báitáng 名 白砂糖.
【白陶】báitáo 名 殷代の白色の陶器. 白陶.
【白藤】báiténg 名〈植〉(＝红藤 hóngténg)トウ. ►トウ椅子などの材料になる.
【白体】báitǐ 名(↔黑体 hēitǐ)明朝体・宋朝体などの活字体. ►ゴシック体に対していう.
【白天】báitiān 名 **昼. **昼間**. **日中**. ► báitian とも発音される. ¶大～ / まっ昼間.
【白条】báitiáo 名(～儿) ① 仮の伝票・領収書;未払いの買付け手形. ¶打～ / 仮領収証を切る;カラ手形を出す. ②(畜殺して内臓・毛・頭などを取り除いた)商品としての家畜.
【白条子】báitiáozi ⇀【白条】báitiáo ①
【白铁】báitiě 名 トタン板. ブリキ.
【白铜】báitóng 名〈冶〉白銅.
【白头】báitóu 名〈書〉しらが;〈転〉年寄り. 老人. ¶少 shào ～ / 若しらが. ¶～偕老 xiélǎo / 老人になるまで夫婦仲よく暮らす.
【白头翁】báitóuwēng 名 ①〈鳥〉シロガシラ. ② 〈植〉ヒロハオキナグサ. ③〈中薬〉白頭翁(はくとうおう). ►消炎剤や解毒・下痢止めに用いる.
【白秃风】báitūfēng 名〈医〉しらくも.
【白玩儿】báiwánr 名〈方〉造作ないこと. たやすくできること.
【白文】báiwén 名 ①(注釈の付いている本や文章の)本文. ►注釈を除いた部分をさす. ② 白文. 参考 注釈のある本で,その注釈を除き,本文だけ印刷した書籍. ③(印章の)陰文(いんぶん). 印を押して,白抜きになる文字の部分. ④(Báiwén)(少数民族)"白族"(ペー族)の文字・文章.
【白皙】báixī 形〈書〉(肌が)白くきれいである.
【白喜事】báixǐshì 名(天寿を全うした人の)葬式. ►"喜事"は祝い事.
【白细胞】báixìbāo 名〈生理〉白血球.
【白相】báixiàng 動〈方〉遊ぶ. もてあそぶ.
【白熊】báixióng 名〈動〉ホッキョクグマ. シロクマ.
【白絮】báixù 名 ① 綿布団の中身. ②〈喩〉雪片. 雪のひとひら.
【白癣】báixuǎn 名〈医〉しらくも.
【白血病】báixuèbìng 名〈医〉白血病.

B

【白血球】báixuèqiú 名〈生理〉白血球.
【白鲟】báixún 名〈魚〉シロチョウザメ. ►長江流域に生息するチョウザメの一種.
【白眼】báiyǎn 名(↔青眼 qīngyǎn)冷淡な目つき.白い目. ¶～看人 / 人を白眼視する. ¶遭 zāo 人～ / 人に白い目で見られる.
【白眼儿狼】báiyǎnrláng〈慣〉恩知らずのやつ.
【白眼珠】báiyǎnzhū 名(～儿·～子)〈口〉白目.
【白杨】báiyáng 名〈植〉モウハクヨウ. ポプラの一種. ¶～树 shù / ポプラ.
【白羊座】Báiyángzuò 名〈天〉おひつじ座.
【白药】báiyào 名〈中薬〉雲南白薬(びゃくやく). ►切りきず薬の一種.
【白要】báiyào 動 ただでもらう.
【白夜】báiyè 名〈地〉白夜.
【白衣战士】báiyī zhànshì 名 白衣の戦士. ►医療・看護に従事する人の総称.
【白蚁】báiyǐ 名〈虫〉シロアリ. (量) 只 zhī. ¶扑灭 pūmiè ～ / シロアリを退治する.
【白翳】báiyì 名〈中医〉外障眼. 上翳(うわひ).
【白银】báiyín 名 銀.
【白鱼】báiyú 名〈魚〉カワヒラ. ►コイ科の淡水魚.日本の「シラウオ」は"银鱼 yínyú"という.
【白云苍狗】bái yún cāng gǒu〈成〉世の中のことは常に移り変わるたとえ.
【白斩鸡】báizhǎnjī 名〈料理〉パイチャンチー. ニワトリを丸ごとゆで,角切りにしてたれを付けて食べる.
【白芷】báizhǐ 名〈植〉セリ科のカラビャクシ;〈中薬〉白芷(びゃくし).
【白纸黑字】bái zhǐ hēi zì〈成〉書面に表された動かぬ証拠.
【白种】báizhǒng 名 白色人種.
【白昼】báizhòu 名〈書〉白昼. 昼間.
【白术】báizhú 名〈植〉オオバナオケラ;〈中薬〉白朮(びゃくじゅつ).
【白字】báizì 名 誤字. 当て字.
【白族】Báizú 名(中国の少数民族)ペー(Bai)族.►チベット系民族の一つで,主に雲南省に住む.
【白嘴儿】báizuǐr 名〈方〉(主食を食べないで)おかずばかり食べること;(おかずを食べないで)主食だけ食べること;酒などなしで食事すること.

拜 bái

"拜拜 báibái"⬇という語に用いられる. ⏩bài

【拜拜】báibái 動《音訳語》バイバイする.

百 bǎi

3声 **

数 100. ひゃく;第百(の). 100番目(の). ¶一～个 / 100個. 100人. ¶一～天 / 100日間. 注意 数字を数える場合,通常"百"は単用せず,前に"一""二""三"などの数字をつける. ¶一～块钱 / 100元. ¶第一～个跑到终点 zhōngdiǎn 的人 / 100番目でゴールインした人.
◇◆ 多いこと. もろもろの. ¶～看不厌 yàn / 何回見ても飽きない. ¶→～忙 máng 之中.
注意 文語音や一部の地名(たとえば"百色")では bó と発音する. ⏩bó

【百般】bǎibān 副 いろいろな方法で. あれこれと.¶～劝解 quànjiě / なだめたりすかしたり.
【百宝箱】bǎibǎoxiāng〈慣〉宝箱.
【百倍】bǎibèi ①数 百倍. ②形 百倍(いっぱい)である. ¶信心～ / 自信満々. 注意 日本語の「百倍になる」などの言い方を,中国語では"勇气百倍"のように誇張していう時や書面語以外は通常,"一"をつけて"一百倍"を用いる. ¶增加 zēngjiā 到一～ / 百倍になる.
【百病】bǎibìng 名 万病. よろずの病. ¶～丛生 cóngshēng / 多くの病気が同時に発生する.
【百步穿杨】bǎi bù chuān yáng〈成〉百歩離れてヤナギの葉を射止める;〈喩〉百発百中のわざ.
【百草】bǎicǎo 名〈書〉いろいろの草.
【百尺竿头,更进一步】bǎi chǐ gān tóu, gèng jìn yī bù〈成〉学問・技量がすでに高い水準にまで到達したが,もう一段の努力・発展を遂げて程度をさらに高めようとする.
【百出】bǎichū 形〈貶〉たび重なる. 百出する.
【百川归海】bǎi chuān guī hǎi〈成〉もろもろの川が海に流れ入る;〈喩〉すべてのものが1か所に集まる.►大勢(たいせい)や人望について.
【百读不厌】bǎi dú bù yàn〈成〉いくら読んでも飽きない.
【百端待举】bǎi duān dài jǔ〈成〉やるべき仕事がたくさん待っている. 興すべき事業が多々ある.
【百儿八十】bǎi'er bāshí〈慣〉百ぐらい. 百そこそこ.
【百发百中】bǎi fā bǎi zhòng〈成〉百発百中である. 確実で,必ず実現する.
【百废俱兴】bǎi fèi jù xīng〈成〉当然興すべきなのに今まで棚上げにされていた事業を一斉に興す. ►"百废俱举 jǔ"ともいい,"俱"は"具"とも書く.
【百分比】bǎifēnbǐ 名 百分比. パーセンテージ.
【百分点】bǎifēndiǎn 名(統計学上の単位)ポイント. 百分の一.
【百分号】bǎifēnhào 名〈数〉パーセント記号(%).
【百分率】bǎifēnlǜ 名〈数〉百分率. パーセンテージ.
【百分数】bǎifēnshù 名〈数〉100を分母とする数字.パーセント(%).
【百分之…】bǎi fēn zhī … …パーセント. 100分の(いくつ). ¶～一 / 1パーセント. 100分の1.注意「%」の読みとしても"百分之…"を用いる.たとえば「5%」は"百分之五"と読む.
【百分之百】bǎi fēn zhī bǎi 100パーセント;〈転〉すべて. 全部. ¶他负有～的责任 zérèn / 彼にすべての責任がある. ¶～地完成了任务 rènwu / 任務を完全に達成した.
【百分制】bǎifēnzhì 名 百点満点制.
【百感】bǎigǎn 名 いろいろな感慨.
【百感交集】bǎi gǎn jiāo jí〈成〉万感こもごも胸にせまる.
【百果】bǎiguǒ 名 いろいろな果物(の実).
【百合】bǎihé 名〈植〉ユリ;〈中薬〉百合(びゃくごう).
【百花】bǎihuā 名 いろいろな花.
【百花齐放】bǎi huā qí fàng〈成〉百花斉放. いろいろな芸術作品が自由に発展するたとえ. ¶～,百家争鸣 bǎi jiā zhēng míng /〈成〉芸術や科学研究の自由化政策.
*【百货】bǎihuò 名 百貨. 各種の商品. ¶日用～ / 日用雑貨. 日用品.
*【百货大楼】bǎihuò dàlóu 名 デパート.
【百货店】bǎihuòdiàn 名 **雑貨店**. **百貨店**. デパート. (量) 家,个. 注意 デパートは"百货公司 gōngsī""百货商店 shāngdiàn""百货大楼 dàlóu"などともいう. "百货店"は規模の大小を問わない.
*【百货公司】bǎihuò gōngsī 名 デパート.

【百家】bǎijiā 名 ① 昔の学術流派. ②(広く)市井の人々とその一族.
【百家锁】bǎijiāsuǒ 名(赤ん坊の生後1か月に贈る)南京錠の形をした金や銀でできた首飾り.
【百家姓】Bǎijiāxìng 名『百家姓(ひゃっかせい)』. 中国に多い姓を集めた書物.
【百家争鸣】bǎi jiā zhēng míng〈成〉百家争鳴. 諸子百家が学術論争を重ね,学術が繁栄したこと.
【百脚】bǎijiǎo 名〈方〉〈動〉ムカデ.
【百科全书】bǎikē quánshū 名 百科全書. 百科事典.
【百孔千疮】bǎi kǒng qiān chuāng〈成〉欠点や故障だらけである. 満身創痍(そうい)である.
【百里不同风】bǎi lǐ bù tóng fēng〈諺〉100里離れれば風俗が違う. 所変われば品変わる.
【百里挑一】bǎi lǐ tiāo yī〈成〉得がたくたいへんすばらしい. えり抜きである.
【百炼成钢】bǎi liàn chéng gāng〈成〉鍛錬を重ねて立派な人になる.
【百灵】bǎilíng 名(～子)〈鳥〉コウテンシ.
【百忙之中】bǎi máng zhī zhōng〈成〉ご多忙のところ. お忙しい中. ►他人が多忙であることをていねいにいう表現.
【百媚千娇】bǎi mèi qiān jiāo〈成〉美しくてかわいいさま. なまめかしく色っぽいしぐさ. ►"千娇百媚""千娇百态 tài"とも.
【百衲本】bǎinàběn 名 種々違った版本をつぎはぎして刊行した全集本.
【百年】bǎinián 名 ① 百年. 長い期間. ¶～不遇 yù / 百年に一度も出あわない;〈転〉きわめてまれであること. ¶～大业 / 百年の大事業. ¶～老树 / 樹齢100年もあると思われる老大木. ②(人の)一生. 終生. 一生涯. ¶～好合 / ともに白髪になるまで仲よく暮らす. ►結婚祝いの言葉. ¶～之后 / 死んだ後. ►婉曲な言い方. ¶(十年树木)～树人 / (木を育てるには10年)人を育てるには100年. 人材を育てるのは容易でないたとえ.
【百鸟】bǎiniǎo 名 いろいろな鳥. すべての鳥類. ¶～争喧 zhēng xuān / いろいろな鳥がさえずりきそう. 意見を自由に出し合う.
【百日】bǎirì 名(子供の)生後100日の祝い. ¶过～ / 生後100日の祝いをする.
【百日红】bǎirìhóng 名〈植〉サルスベリ.
【百日咳】bǎirìké 名〈医〉百日咳.
【百十】bǎishí 数 **100そこそこ**. 数10ないし100ぐらい. 注意 数をかぞえて「110」というときは"一百一(十)"という. ¶～号人 / 100人ぐらい. ¶～来年 / 100年近い.
【百事可乐】Bǎishì kělè 名〈商標〉ペプシコーラ.
【百事通】bǎishìtōng〈慣〉なんでもよく知っている人;知ったかぶりをする人.
【百寿图】bǎishòutú 名(長寿のお祝い用の)各種書体で書かれた"寿"の字の飾り物.
【百思不解】bǎi sī bù jiě〈成〉いくら考えても分からない. どう考えても納得できない. ►"百思不得 dé 其解"とも.
【百万】bǎiwàn 数 100万;〈転〉多数. 巨額(の). ¶～富翁 fùwēng / 百万長者. 大金持ち.
【百闻不如一见】bǎi wén bù rú yī jiàn〈諺〉百聞は一見にしかず.
【百无禁忌】bǎi wú jìn jì〈成〉何でももってこい. 嫌いなものはなし. ►何でも食べる人をからかって言うことが多い.
【百无聊赖】bǎi wú liáo lài〈成〉どうにもやるせない. 退屈でたまらない.
【百无一长】bǎi wú yī cháng 何のとりえもない人. 無能である. ろくでなし.
【百无一失】bǎi wú yī shī〈成〉絶対に大丈夫. 万に一つのまちがいもない.
【百姓】bǎixìng 名〈旧〉(昔,官吏に対していう)**人民. 平民**. 庶民. 注意 原義は「さまざまの姓を名のる人々」で,そこから民衆を意味するようになった. 日本語では「ひゃくせい」と読み,「ひゃくしょう=農民」の意味はない. ¶老～ / 一般人民. 庶民.
【百叶】bǎiyè 名〈方〉①→【千张・千章】qiānzhang ②(～儿)〈食材〉牛や羊など反芻(はんすう)動物の胃袋.
【百叶窗】bǎiyèchuāng 名 ① よろい戸. シャッター. 巻き揚げブラインド. 量 扇 shàn. ②〈機〉同上のような装置.
【百叶箱】bǎiyèxiāng 名〈気〉百葉箱.
【百依百顺】bǎi yī bǎi shùn〈成〉なんでも(ご無理ごもっともと)言いなりになる〔聞き入れる〕. ►従順この上ないさま.
【百战百胜】bǎi zhàn bǎi shèng〈成〉百戦百勝する. 向かうところ敵なし.
【百战不殆】bǎi zhàn bù dài〈成〉百戦危うからず. 何度戦っても負けることはない.
【百折不挠】bǎi zhé bù náo〈成〉どんな困難にもめげない. 不撓(ふとう)不屈.
【百足之虫,死而不僵】bǎi zú zhī chóng, sǐ ér bù jiāng〈成〉ムカデは死んでも倒れない. 力のあるものは倒れてもその影響力が残るたとえ.

伯 bǎi

"大伯子 dàbǎizi"(夫の兄)という語に用いる.
►► bó

佰 bǎi

数"百"の大字(読み違いや書き直しを防ぐための字).

柏(栢) bǎi

名〈植〉**コノテガシワ**. ‖ 姓
►► bó

【柏木】bǎimù 名 コノテガシワの木材.
【柏树】bǎishù 名〈植〉コノテガシワ. 量 棵 kē.
【柏油】bǎiyóu 名 コールタール;アスファルト.

*** 摆(擺・襬) bǎi

左右へ均整に揺れ動く < 均整よく左右に振る / 均整よく置いて並べる

動 ① **並べる. 陳列する. きちんと置く**. ¶把东西～好 / 物をきちんと並べる. ¶～事实 shìshí / 事実を並べる. ②〈貶〉…**の風を吹かす. …のそぶりを示す**. ¶～威风 wēifēng / いばる. ¶～老资格 lǎozīgé / 古参風を吹かす. ③(**左右に)振る,揺り動かす**. ¶大摇 yáo 大～地走 / 大手を振って歩く. ④〈方〉話す. 話をする.
◇◆ ①振り子. ¶钟～ / (時計の)振り子. ②衣服のすそ. ¶下～ / 同上. ‖ 姓
【摆布】bǎibu 動 ①(人を)**あやつる**,思うままに動かす. ¶大家都听他的～ / みんな彼の言いなりになっ

B

B

ている．②段取りする．¶～不开 / 処理しきれない．やり繰りがつかない．③しつらえる．飾り付ける．

【摆不开】bǎibukāi 動＋可補 並べきれない．

【摆不下】bǎibuxià 動＋可補 (場所が狭くて)置くことができない．

【摆动】bǎidòng 動 **揺れ動く**；振り動かす．¶树枝儿迎风～ / 木の枝が風に揺れ動く．

【摆渡】bǎi//dù ①動 船で対岸に渡る〔渡す〕．②名 渡し船．フェリー．

【摆饭】bǎi fàn 動 食卓の用意をする．テーブルに料理を並べる．

【摆放】bǎifàng 動 据える．セッティングする．¶屋里～着一套 tào 沙发 shāfā / 部屋にはソファー一組が置かれている．

【摆供】bǎi//gòng 動 (神仏に)お供えする．祭祀を行う．

【摆架子】bǎi jiàzi 〈慣〉偉そうにする．もったいぶる．お高くとまる．

【摆件】bǎijiàn 名 (美術工芸品などの)室内装飾品，陳列物．

【摆酒】bǎi//jiǔ 動 酒宴を設ける．

【摆开】bǎi//kāi 動＋結補 ①並べ広げる．間隔を置いて並べる．¶一字儿～ / 1列に並んでいる．②→【摆脱】bǎituō

【摆款儿】bǎi//kuǎnr 動 もったいぶる．

【摆阔】bǎi//kuò 動 金持ちぶる．大尽風を吹かす．派手にふるまう．

【摆龙门阵】bǎi lóngménzhèn 〈慣〉〈方〉おしゃべりをする；物語を話す．

【摆门面】bǎi ménmian 〈慣〉見栄を張る．体裁を飾る．

【摆弄】bǎinòng 動 ①**いじる**．もてあそぶ．②**翻弄**(ほんろう)する．(人を)もてあそぶ．▶ bǎinong とも発音される．

【摆平】bǎi//píng 動 平らに置く；〈転〉人事などを公平に扱う．

【摆设】bǎishè 動 (室内を)**飾り付ける**．陳列する．¶书架上～着几件古玩 gǔwán / 本棚には骨董品が数点飾られている．

【摆设】bǎishe 名 (～儿)(室内の)調度品，装飾品；〈喩〉(役に立たない)お飾り．

【摆手】bǎi//shǒu 動 ①手を(左右に)振る．▶拒否あるいは否定を示す．②手招きをする；手を振ってあいさつする．

【摆摊子】bǎi tānzi 〈慣〉①仕事を全面的に展開する．②(機関・団体の指導者が見栄を張るために)派手にやる．

*【摆脱】bǎituō 動 (牵制・束縛や困難などから)**抜け出す，逃れる，脱却する**．¶～束缚 shùfù / 束縛から逃れる．¶患者 huànzhě ～了危险 wēixiǎn / 患者は危険な状態を脱した．

【摆宴】bǎi//yàn 動 宴会を設ける．

【摆样子】bǎi yàngzi 〈慣〉表面を飾る．¶在大家面前～ / みんなの前で体裁をつくろう．

【摆阵】bǎi//zhèn 動 ①陣立てする．②〈方〉本性を出す．

【摆钟】bǎizhōng 名 振り子時計．(量) 座，个．

【摆桌】bǎi//zhuō 動 酒肴を並べる；〈喩〉一席設ける．

【摆子】bǎizi 名〈方〉おこり．マラリア．¶打～ / マラリアの発作を起こす．

4声 **呗** bài 〈古〉"梵呗 fànbài"(読経の声)という語として用いる．⏩ bei

* **败** bài 動 ①(戦争や競技に)**敗れる，負ける**．¶A队以四比五～于B队 / Aチームは4対5でBチームに負けた．¶这次比赛 bǐsài 他们～了 / 今度の試合は彼らが負けた．②**失敗する**．しくじる．**ぶち壊す**．¶这个事情可能就～在他们手里 / この事は彼らによってぶち壊されるかも知れない．③しぼみなえる．¶花儿～了 / 花が散った．

◇◆ ①負かす．¶击 jī～ / 打ち負かす．②除く．散らす．¶→～毒 dú．③ぼろになる．腐る．¶～絮 xù / くず綿．

【败北】bàiběi 動〈書〉敗北する．

【败笔】bàibǐ 名 ①古くなった筆．②(書画・文字・文章などの)できの悪いところ，書き損じ．

【败毒】bài//dú 動 解毒する．

【败坏】bàihuài ①動 (名誉や風俗・風紀などを)損なう，乱す．②形 (品性が)下劣である．

【败火】bài//huǒ 動〈中医〉熱をさます．のぼせをいやす．

【败绩】bàijì 動〈書〉惨敗する．

【败家】bài//jiā 動 家を没落させる．

【败家子】bàijiāzǐ 名 (～儿)放蕩息子；国家や集団の財産を浪費する者．

【败局】bàijú 名 敗色．負けそうな情況．¶挽回 wǎnhuí ～ / 敗勢を挽回する．巻きかえす．

【败军之将】bài jūn zhī jiàng 〈成〉敗軍の将．¶～，不可言勇 yǒng / 敗軍の将，兵を語らず．

【败类】bàilèi 名 **腐敗分子**．**裏切り者**．¶民族～ / 民族のくず．¶社会～ / 社会のかす．

【败露】bàilù 動 (悪事・陰謀が)ばれる，露顕する．

【败落】bàiluò 動 落ちぶれる．衰える．没落する．¶家道～ / 家運が傾く．

【败诉】bàisù 動 敗訴する．

【败兴】bài//xìng 形 ①興ざめる．白ける．¶这件事真使人～ / このことには本当にがっかりした．②〈方〉ついていない．

【败血症】bàixuèzhèng 名〈医〉敗血症．

【败仗】bàizhàng 名 敗戦．負け戦．¶打～ / 戦争に負ける．

【败阵】bài//zhèn 動 陣地で打ち負かされる．戦地で負ける．¶败下阵来 / 陣地から敗走する．

【败子】bàizǐ 名〈書〉どら息子．放蕩息子．

拜 bài 動 ①(敬意または祝賀を表すために)あいさつに行く．¶～街坊 jiēfang 邻居 línjū / 隣近所へあいさつをする．②拝む．ぬかずく．¶～菩萨 / 仏を拝む．③〈旧〉一定の儀式を行って関係を結ぶ．¶～某人为师 / ある人に弟子入りする．

◇◆ ①あがめる．¶崇 chóng ～ / 崇拝する．②《敬意を表す》¶→～见．‖姓 ⏩ bái

【拜拜】bàibai ❶動 ①→【拜拜】báibái ②(犬が)ちんちんをする．❷名〈旧〉女性の行うあいさつ．

【拜别】bàibié 動 いとまごいをする．別れを告げる．¶～老师 / 先生に別れを告げる．

【拜辞】bàicí 動 いとまごいをする．

【拜倒】bàidǎo 動 ひざまずく．ひれ伏す．

【拜垫】bàidiàn 名 礼拝用の座布団・ござ．

【拜读】bàidú 動〈謙〉拝読する.
*【拜访】bàifǎng 動〈謙〉**訪問する**. ¶我今天～母校的老师 / 私はきょう母校の先生を訪ねます.
【拜佛】bài//fó 動 仏像を拝む. 仏教を信じる.
【拜服】bàifú 動 敬服する. 感心する. ¶令人～ / 敬服させられる. 感服の至りである.
【拜贺】bàihè 動〈謙〉お祝い申し上げる.
【拜会】bàihuì 動(表敬)訪問する. お伺いする.
【拜火教】Bàihuǒjiào 名〈宗〉ゾロアスター教.
【拜见】bàijiàn 動〈謙〉お目にかかる. 拝謁する.
【拜街坊】bài jiēfang〈慣〉隣近所に引っ越しのあいさつをして回る.
【拜节】bài//jié 動 訪問して節句のお祝いを述べる.
【拜金】bàijīn 動 金銭を崇拝する.
【拜客】bài//kè 動(人を)訪問する.
【拜领】bàilǐng 動〈謙〉拝受する.
【拜门】bài//mén 動 ①(新婚夫婦が妻の実家を)訪問する. ② 入門する. 弟子となる.
【拜庙】bài//miào 動 社寺に参拝する. ¶朝 cháo 山～ / 巡礼する.
*【拜年】bài//nián 動 **年始回りをする**.
【拜扫】bàisǎo 動 墓参りする.
【拜神】bài//shén 動 神(の像や画像)を拝む.
【拜师】bài//shī 動(師弟関係を結んで)弟子入りする. 師事する.
【拜识】bàishí ① 動〈謙〉近づきになる. ② 名〈方〉義兄弟. 無二の親友.
【拜寿】bài//shòu 動(老人の)誕生日祝いをする.
【拜托】bàituō 動〈謙〉お願いする. お頼みする. ¶这件事～你了 / この件はあなたにお願いします.
【拜望】bàiwàng 動〈謙〉あいさつに伺う. ¶～老师 / 先生の所に伺う.
【拜物教】bàiwùjiào 名 自然物を崇拝する宗教；フェティシズム.
【拜谢】bàixiè 動〈書〉お礼を申し上げる. 謝意を表す.
【拜谒】bàiyè 動〈書〉① 拝謁する. ② 参詣する.

稗 bài ◇ ①ヒエ. ¶→～子. ②卑小な. 正式でない.

【稗官野史】bàiguān yěshǐ 名 逸聞瑣事を記した文章. 稗史(はいし).
【稗史】bàishǐ →【稗官野史】bàiguān yěshǐ
【稗子】bàizi 名〈植〉ヒエ.

ban (ㄅㄢ)

扳 bān 1画 動 ①(下または内側へ)引っ張る. ¶～闸 zhá /(線路の)ポイントを切り換える. スイッチを入れる. ② ひっくり返す. 逆転させる. ¶～成平局 píngjú /(試合などで)同点にまで挽回する.

【扳不倒儿】bānbùdǎor ① 名〈口〉起き上がりこぼし. ②〈慣〉どんな情況にもうまく立ち回る人. 不倒翁.
【扳道】bān//dào 動(鉄道の)ポイントを切り換える.
【扳动】bān//dòng 動+結補(力を入れて)引く, ねじる.
【扳舵】bānduò 動 舵(かじ)をとる.
【扳回】bān//huí 動+方補 挽回する. (得点を)取り返す.
【扳机】bānjī 名(銃の)引き金. ¶勾 gōu～ / 引き金を引く.
【扳钳】bānqián →【扳子】bānzi
【扳手】bānshou 名 ①→【扳子】bānzi ②(器物の)ハンドル, 引き手. (量) 把.
【扳头儿】bāntour 名〈方〉① 握り. ② スパナ. レンチ.
【扳子】bānzi 名 スパナ. レンチ.

班 bān ** ❶ 名 ① **クラス. グループ. 組. 班**；(軍隊で小隊の下の)分隊. ¶汉语～ / 中国語クラス. ¶一年级四～ / 1年4組. ¶专修 zhuānxiū～ / 専攻科. ②(～儿)**勤務**(場所・時間). ¶值 zhí～ / 当直する. ¶早～ / 日直. ¶在～上 / 勤務中. ❖上 *shàng*～ / 出勤する. ❖下 *xià*～ / 退勤する. ❷ 量 ① **グループや仲間**を数える. ¶这～孩子真淘 táo / あの子達はやんちゃだ. ②(交通機関の)**便**, 発着回数. ¶下～飞机 / 次の飛行機. ¶每隔 měigé 十分钟发一～车 / 10分おきに車が発車する. ◇ 定期的に運行される交通機関. ►臨時便と区別する. ¶→～车 chē. ‖ 姓

【班白】bānbái →【斑白】bānbái
【班辈】bānbèi →【辈分】bèifen
【班驳】bānbó →【斑驳】bānbó
【班车】bānchē 名 ① 定期バス(シャトルバス・リムジンバスなど). ②(企業・学校などの)送迎バス.
【班船】bānchuán 名 定期船；(定期の)フェリーボート.
【班次】bāncì 名 ① 交通機関の定期運行便数. ② 学級・学年の順序. ¶在大学时, 她～比我高 / 大学の時, 彼女は私より上のクラスだった.
【班底】bāndǐ 名(～儿)劇団の平団員. (外から呼んでくる有名な役者以外の)一座のもの；〈転〉スタッフ. 顔ぶれ.
【班房】bānfáng 名 ① ブタ箱. 監獄や留置場の俗称. ❖坐 *zuò*～ / 監獄に入る. ②〈旧〉役人の当直室. 詰め所.
【班机】bānjī 名(旅客機の)定期便.
【班级】bānjí 名(学校で)学年とクラスの総称.
【班轮】bānlún 名 定期船.
【班门弄斧】bān mén nòng fǔ〈成〉専門家の前で自分の腕まえを見せびらかす. 身のほどを知らない. ►"班"は大工の神様とされる"鲁班"のこと.
【班配】bānpèi →【般配】bānpèi
【班期】bānqī 名 ①(汽車・バス・船・旅客機などの)運行スケジュール. ¶～表 / 同上の時刻表, ダイヤ. ② 郵便物などを配達する確定期日.
【班师】bānshī 動〈書〉撤兵する；凱旋(がいせん)する.
【班头】bāntóu 名 かしら. 中心的人物.
*【班长】bānzhǎng 名 ① **班長**. ②(学校の)級長. ③(軍隊の)分隊長.
【班主】bānzhǔ 名〈旧〉(劇団の)興行主, 座元.
【班主任】bānzhǔrèn 名 クラス担任.
【班子】bānzi 名 ①〈旧〉芝居の一座. ②(広く, 一定の任務を遂行するための)スタッフやセクション. ③〈旧〉妓楼.
【班组】bānzǔ 名 ① グループ. サークル. ② 企業の生産最小単位.

般 bān 助 …のような〔に〕. ¶暴风雨～的掌声 / あらしのような拍手. ¶米粒 mǐlì～大小 / 米粒ほどの大きさ.

B

◇◆ 様子．種類．¶这～／このような．¶百～／あれこれと．‖姓

【般配】bānpèi 形(結婚相手として互いに,また衣服·住居などが身分とつり合いがとれて)ふさわしい．¶你们俩很～／君たち二人はお似合いだ．

颁 bān ◇◆ ①公布する．②分かち与える．

【颁布】bānbù 動(法令·条例などを)発布する,公布する．►日本語の「頒布」は"分发"に相当する．¶～宪法 xiànfǎ／憲法を発布する．¶～命令／命令を公布する．

*【颁发】bānfā 動(政策·法令などを)通達する．公布する；(勲章·奨励金などを)授与する．¶～勋章xūnzhāng／勲章を授ける．

【颁行】bānxíng 動(法令などを)公布施行する．¶～法律 fǎlǜ／法律を施行する．

斑 bān 名 斑点．¶黑色的～／黒いしみ．◇◆ ぶちの．まだらの．¶→～马．‖姓

【斑白】bānbái 形〈書〉白髪まじりである．ごま塩頭である．¶两鬓 bìn ～／鬢(びん)にしらがが混じっている．

【斑斑】bānbān 形 斑点がたくさんある．¶血迹 xuèjì～／血のあとが点々とついている．

【斑鬓】bānbìn 名〈書〉しらが混じりの鬢．ごま塩の鬢．

【斑驳】bānbó 形〈書〉色が入りまじりまだらである．

【斑驳陆离】bān bó lù lí〈成〉色が(落ちたりにじんだりして)入り乱れている．

【斑点】bāndiǎn 名 斑点．まだら．

【斑鸠】bānjiū 名〈鳥〉キジバト．ジュズカケバト．

【斑斓】bānlán 形〈書〉彩り豊かで美しい．¶～的云霞 yúnxiá／美しい色に染まった雲．

【斑马】bānmǎ 名〈動〉シマウマ．ゼブラ．(量) 匹 pǐ．

【斑马线】bānmǎxiàn 名 横断歩道．ゼブラゾーン．

【斑蝥】bānmáo 名〈虫〉ハンミョウ；〈中薬〉斑蝥(はんみょう)．

【斑秃】bāntū 名 円形脱毛症．まだらはげ．

【斑纹】bānwén 名 ぶち．まだら模様．►ストライプ模様は"条纹 tiáowén",チェック模様は"格纹 géwén"という．

【斑疹伤寒】bānzhěn shānghán 名〈医〉発疹チフス．

【斑竹】bānzhú 名 ①〈植〉ハンチク．②〈電算〉BBSの管理者．ボードマネージャー．►"版主 bǎnzhǔ"から．

**【搬】 bān 動 ①(主に重い物やかさばる物を)運ぶ,移す．¶～砖头 zhuāntou／れんがを運ぶ．②引っ越しする．¶～往 wǎng 北京／北京へ引っ越す．¶他家已经～走了／彼の家はもう引っ越した．③(既存の制度·経験·方法·語句などをそのまま)引用する,採用する,借用する,当てはめる．¶～教条 jiàotiáo／ドグマを引用する．

【搬兵】bān//bīng 動 援軍を派遣してもらう；(広く)救援を求める．

【搬不倒】bānbudǎo 名(～儿)〈口〉起き上がりこぼし．

【搬动】bān//dòng 動+結補(物を)動かす,運んで移動させる．

*【搬家】bān//jiā 動 **引っ越す**．転居する．場所を変える．¶我去年搬了三次家／私は昨年3回引っ越しをした．

【搬弄】bānnòng 動 ①手で動かす．いじくる．②ひけらかす．

【搬弄是非】bān nòng shì fēi〈成〉(双方をそそのかし)ごたごたを巻き起こす．

【搬起石头打自己的脚】bānqǐ shítou dǎ zìjǐ de jiǎo〈諺〉石を持ち上げて自分の足を打つ．人に害を与えようとして自分自身に災いを招いてしまうたとえ．自業自得．

【搬迁】bānqiān 動(建設予定地をあけるために)よそへ引っ越す,立ち退く．¶～新居 xīnjū／新しい住まいに引っ越す．¶～户 hù／立ち退き世帯．

【搬舌头】bān shétou〈慣〉〈方〉告げ口をしてけしかけ悶着を起こさせる．

【搬演】bānyǎn 動 二の舞を演ずる．¶～故事／古い事をくり返す．

【搬用】bānyòng 動(実情を無視して)杓子(しゃく)定規に当てはめる,引き写す．

*【搬运】bānyùn 動 **運搬**する．運送する．¶～费／運搬料．¶～公司／運送会社．

瘢 bān ◇◆ 傷あと．¶～痕 hén／傷あと．

癍 bān 名 皮膚に斑点のできる病気．¶脸上有块～／顔に染みがある．

3声 **坂(阪)** bǎn 名〈古〉坂．勾配(こうばい)．¶如丸 wán 走～／丸いものが坂を転げ落ちるように(速い)．⇨〖坡 pō〗

*【板】 bǎn ❶形 ①(性格が)**堅苦しい**．**融通がきかない**；(表情が)硬い．¶他的做法太～／彼のやり方は堅苦しすぎる．¶这文章写得太～了／この文章はぎこちない．②(板のように)硬い,こわばっている．¶脖子 bózi 有点儿发～／首筋が少しこった．

❷動(顔を)**こわばらせる**．¶他～着脸不说话／彼は不愛想に黙りこくっている．¶～面孔 miànkǒng／仏頂面をする．

❸名 ①**板**．**板状のもの**．¶玻璃 bōli～／ガラス板．②(民族音楽の)拍板；(民族音楽の)拍子．テンポ．¶用手指敲 qiāo 着～儿,哼 hēng 着歌儿／指で拍子をとりながら鼻歌を歌う．

◇◆ ①商店の表戸．¶上～／シャッターをおろす；閉店する．②店の主人．

【板板六十四】bǎnbǎn liùshisì〈慣〉杓子(しゃく)定規で融通がきかない．

【板报】bǎnbào 名(黒板に書いた)ニュース,壁新聞．

【板壁】bǎnbì 名〈方〉(部屋の)板仕切り,板壁．

【板擦】bǎncā 名(～儿)黒板ふき．

【板车】bǎnchē 名(荷物運搬用の)大八車,手押し車または三輪車．(量) 辆．

【板锉】bǎncuò 名 平やすり．►"扁锉 biǎncuò"とも．

【板带】bǎndài 名 堅織りで幅広の腰帯．

【板刀】bǎndāo 名 青竜刀．幅の広い刀．

*【板凳】bǎndèng 名(背もたれのない木製の細長い)**腰掛け**,**ベンチ**．(量) 条,个．

【板斧】bǎnfǔ 名(刃先の広い)斧(おの)．(量) 把,柄bǐng．

【板鼓】bǎngǔ 名〈音〉(京劇などで楽隊の指揮をとる)小太鼓.
【板胡】bǎnhú 名〈音〉胴に薄板を張った胡弓.
【板结】bǎnjié 形〈農〉(土壌が)固まってこちこちである.
【板栗】bǎnlì 名〈植〉(甘栗用の)クリ.
【板脸】bǎn//liǎn 動 顔をこわばらせる. 仏頂面をする. ¶他板起脸来不说话 / 彼はけわしい顔をしてものを言わない.
【板门店】bǎnméndiàn 〈慣〉戸板大の板の上に商品を並べて売る露天商. ►朝鮮半島の地名にかけた言葉.
【板墙】bǎnqiáng 名 板壁. 板塀.
【板球】bǎnqiú 名〈体〉①クリケット. ②クリケットのボール.
【板上钉钉】bǎn shàng dìng dīng 〈成〉事がすでに決まってもう変更できない.
【板式】bǎnshì 名(京劇などの)拍子の種類. ►たとえば"慢板""快板""二六""流水"などがある.
【板实】bǎnshi 形〈方〉①(土壌が)固い. ②(書籍の表紙や衣類などが)しっかりしている. ③足腰がしゃんとしている.
【板书】bǎnshū ①動 板書する. ②名 板書された字.
【板刷】bǎnshuā 名(やや大きい)洗濯用ブラシ.
【板条】bǎntiáo 名 細板. ►木摺(きずり)・木舞(こまい)・羽目など.
【板瓦】bǎnwǎ 名 平瓦.
【板屋】bǎnwū 名 板小屋. 板張りの小屋.
【板鸭】bǎnyā 名 塩漬けにしたアヒルをスルメ状に平たく圧して乾かした食材. ►湯がいてよく洗ってから,蒸したり煮こんだりする.
【板牙】bǎnyá 名 ①〈方〉門歯. ②〈方〉臼歯(きゅうし). ③〈機〉雄ねじ切り. ダイス.
【板烟】bǎnyān 名(板状または塊状に固めた)刻みたばこ.
【板岩】bǎnyán 名〈鉱〉粘板岩. スレート.
【板眼】bǎnyǎn 名 ①民族音楽や旧劇の歌などの拍子. ¶走了～ / 拍子が乱れた. ②〈喩〉物事の条理や順序. ¶她说话没有～ / 彼女の言うことは筋が通っていない.
【板障】bǎnzhàng 名 ①(訓練用の)板状の障害物. ②〈方〉板仕切り.
【板正】bǎnzhèng 形 ①きちんとしている. 折り目正しい. ②(態度・表情などが)まじめそのものである.
【板滞】bǎnzhì 形〈書〉(文章や絵画などが)単調である,型にはまりすぎている;(表情に)動きがない.
【板子】bǎnzi 名 ①板. 木の板. (量)块. ②〈旧〉(罪人をたたく)責め道具;(子供などを)こらしめるために尻をたたく板.

版 bǎn 名 ①(印刷用の)版. ¶排 pái～ / 植字して版を組む. ②書物の版. ¶第一～ / 初版. ③(新聞の)紙面. ¶头～新闻 / 第1面のニュース.
◇◆ ①(土塀を築くとき)両側から土をはさむ板. 版築用の板. ¶～筑 zhù / 版築. ②戸籍. ¶→～图.
【版本】bǎnběn 名 ①版本. テキスト. ②〈電算〉バージョン.
【版次】bǎncì 名(出版の)版数.
【版画】bǎnhuà 名 版画. (量)幅 fú.
【版刻】bǎnkè 名 板刻.
【版口】bǎnkǒu →【版心】bǎnxīn
【版面】bǎnmiàn 名〈印〉①(新聞・雑誌・書籍の)紙面,版面,ページ全体. ②(紙面の)レイアウト,割り付け. ¶～设计 shèjì / 割り付け. レイアウト.
【版权】bǎnquán 名 版権. 著作権.
【版权页】bǎnquányè 名〈印〉(書物の)奥付(おくづけ).
【版式】bǎnshì 名〈印〉割付. フォーマット.
【版税】bǎnshuì 名 印税.
【版图】bǎntú 名 版図(はんと). 領土.
【版心】bǎnxīn 名〈印〉①版面. ②(線装本の)版心. 柱.
【版主】bǎnzhǔ 名〈電算〉BBSの管理者. ボードマネージャー. ►俗に"版猪""版竹"とも.

钣 bǎn 名 金属板. ¶铝 lǚ～ / アルミ板. ¶钢 gāng～ / 鉄板.

舨 bǎn "舢舨 shānbǎn"(サンパン)という語に用い,"舢板"に同じ.

4声 ** **办(辦) bàn** 動 ①**する. やる. 処理する. 取り扱う. さばく.** ¶～酒席 / 酒宴を催す. ¶他一来,事情就好～多了 / 彼が来てくれたから,仕事はずっとやりやすくなった. ¶这点工作我一个人～得了 deliǎo / これぐらいの仕事,私一人でもやれる.
◆～手续 *shǒuxù* / 手続きをする.
②**創設する. 経営・運営する.** ¶～幼儿园 yòu-éryuán / 幼稚園を創設する. ¶县 xiàn～工厂 gōng-chǎng / 県営の工場. ¶学校～得很好 / 学校は運営がうまくいっている.
③仕入れる. 準備する. ¶～海货 / 海産物を買い入れる. ¶～年货 / 正月用品を調える.
④処分する. 処罰する. ¶首恶 shǒu'è 必～ / 主犯は必ず処罰する.

フ カ カ 办

【办案】bàn//àn 動 ①(立件された)事件を処理する. ②凶悪犯を逮捕する.
【办报】bàn//bào 動 ①新聞を発行する. ②新聞社を経営する.
【办不到】bànbudào 動+可補 目的を達せられない;(そこまで)やれない. ¶只要努力就没有～的事 / 努力さえすればできないことはない.
【办成】bàn//chéng 動+結補 成し遂げる.
【办到】bàn//dào 動+結補 成し遂げる. 目的を達する.
【办法】bànfǎ 名 **方法. 手段. やり方. 方式. 方策;(取り扱いなどを定めた)規則. ►bànfa とも発音する. (量)个,套 tào. ¶切实 qièshí 的～ / 確実な方法. ¶没～ / どうしようもない. ¶他很有～ / あの人はなかなかの腕だ.
◆想 *xiǎng*～ / 対策を講じる. なんとかする.
*【办公】bàn//gōng 動 **事務をとる**. 執務する. ¶每天办六小时的公 / 毎日6時間事務をとる. ¶今天对外不～ / 本日は来訪お断り.
【办公会议】bàngōng huìyì 名(役所などの)業務連絡会議.
【办公楼】bàngōnglóu 名 オフィスビル. (量)座,个.

B

【办公室】bàngōngshì 名 ①オフィス．事務室．②機関内に設けられた管理事務を取り扱う部門．¶党委～／党委員会事務局．¶校长～／校長〔学長〕室．

【办公室自动化系统】bàngōngshì zìdònghuà xìtǒng 名 OAシステム．

【办公厅】bàngōngtīng 名（"办公室"より規模が大きい）事務所；官公署．¶国务院～／国務院官房．

【办货】bàn//huò 動 商品を仕入れる．

＊**【办理】bànlǐ** 動 **取り扱う．**処理する．¶～登记手续 shǒuxù／登録の手続きをする．

【办满月】bàn mǎnyuè 子供の生後満1か月のお祝いをする．

【办丧事】bàn sāngshì（↔办喜事 xǐshì）葬式を行う．►"办白事 báishì"とも．

【办生日】bàn shēngri 誕生日の祝いをする．►"做 zuò 生日"ともいい，年配者の場合は"做寿 shòu""办寿"ともいう．

＊**【办事】bàn//shì** 動 **仕事をする．**用事をする．¶～认真／仕事ぶりがまじめである．

【办事处】bànshìchù 名 **事務所．**¶上海驻 zhù 北京～／上海市役所北京連絡所．

【办事员】bànshìyuán 名 ①（行政機関の）事務員．②（企業・事業団体の）職員，事務員．

【办寿】bàn//shòu 動（年配者の）誕生日を祝う．

【办喜事】bàn xǐshì（↔办丧事 sāngshì）結婚式を挙げる．►"办红事 hóngshì"とも．

【办学】bàn//xué 動 学校を運営する．

【办置】bànzhì 動 購入する．買い備える．

【办罪】bàn//zuì 動 処罰する．

＊＊**半 bàn** ❶数 ①**半分．**2分の1．注意 "半公斤 gōngjīn"（0.5キログラム）のように整数がつかない場合は"半"は量詞の前につけるが，"一公斤半"（1.5キログラム）のように整数がつく時は，"半"は量詞の後につける．¶增加 zēngjiā 一倍～／150パーセント増．¶～个馒头／半分のマントウ．¶～个月／半月．¶一个～月／1か月半．②**半ば．まん中．**半分ほど進んだところ．¶～路上／途中．¶～山腰 shānyāo／山の中腹．③**わずか．ほんの少しの（…もない）．**¶连～点儿希望都没有／一縷の望みもない．¶不敢说～个不字／いやのいの字も言えない．

❷副 **不完全に．**半分くらい．¶门～开着／ドアが半開きになっている．¶一座～旧的楼房／やや古くなった建物．¶被打得～死／半殺しの目に会う．¶～干 gān 的衣服／生乾きの服．‖姓

【半百】bànbǎi 名〈書〉（多く年齢をさし）50．数詞の前に"半"がつくのは"半百"だけで，"半千""半万"などとはいわない．¶年逾 yú ～／年が五十の坂を越している．

〖**半…半…**〗***bàn…bàn…*** …でもあり，…でもある；…しながら…する．語法 それぞれ相反する意味の単音節語・造語成分を前後に当てる．¶～文～白／文語と口語が混じっている（文章）．¶～嗔 chēn ～喜／怒っているようで実は喜んでいるさま．¶～吞 tūn ～吐 tǔ／奥歯にものがはさまったような言い方．¶～推 tuī ～就／気のあるような，ないような．

【半半拉拉】bànbanlālā 形（～的）〈口〉**不完全である．**中途半端である．

【半半落落】bànbanluòluò →【半半拉拉】bànbanlālā

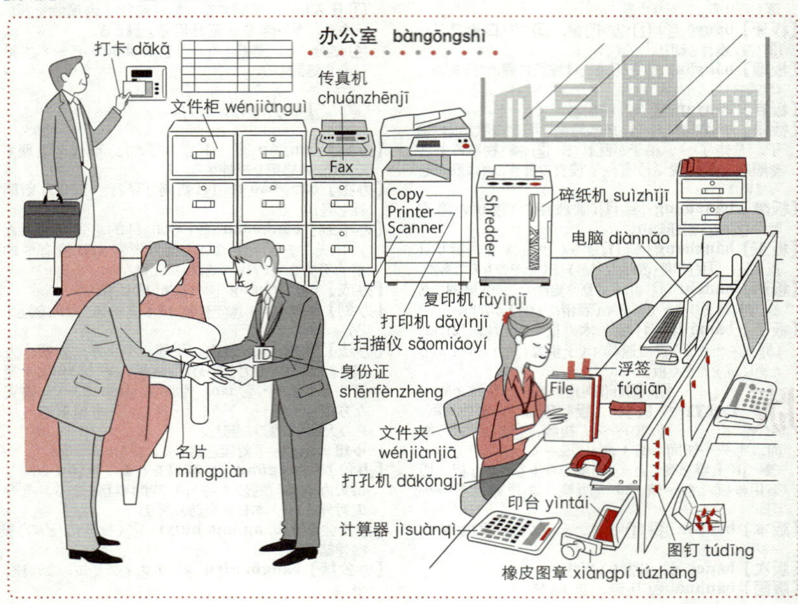

【半饱】bànbǎo 形 腹半分である.
【半辈子】bànbèizi 名 半生. ¶上〔前〕～ / 前半生. ¶下〔后〕～ / 後半生.
【半壁】bànbì 名〈書〉半分. 片方.
【半壁江山】bàn bì jiāng shān 〈成〉(敵の侵略下)残った国土. 半分の山河.
【半边】bànbiān 名 ①(～儿)片方. 片側. ¶右 yòu ～ / 右側. ②〈方〉そば. かたわら.
【半边天】bànbiāntiān 〈慣〉①天の半分を支える人. ►女性をさす. ②〈諧〉女房. 妻.
【半彪子】bànbiāozi 〈慣〉乱暴者. 無鉄砲な人.
〖半…不…〗*bàn…bù…* ①…でもなければ,…でもない. 語法 意味の相反する単音節語・造語成分を前後に当てる. ¶～明～暗 / 薄暗い. ¶～新～旧 / 中古である. ②《同じ単音節語・造語成分を前後に当てはめて,中途半端な状態を表す》¶～新～新 / 中古である. ¶～懂～懂 / わかったようでわからない.
【半场】bànchǎng 名 ①〈体〉ハーフコート. ②(スポーツの試合・映画・劇などの)前半または後半.
【半成品】bànchéngpǐn 名 半製品;調理済みの食品や総菜.
【半大】bàndà 形 中くらいの大きさの. ¶～小子 / 10代の男性. ¶～萝卜 luóbo / あまり大きくなっていないダイコン.
【半岛】bàndǎo 名〈地〉半島.
*【半导体】bàndǎotǐ 名〈電〉**半導体**;トランジスター. 量 个. ¶～集成电路 jíchéng diànlù / (IC, LSIなどの)半導体集積回路.
【半道儿】bàndàor 名 途中. 中途.
【半点】bàndiǎn 名(～儿)ほんの少し. いささか.
【半吊子】bàndiàozi 〈慣〉①おっちょこちょい. ②生半可な人. 生かじり. ③いい加減で当てにならない人. 中途半端で仕事を投げ出す人.
【半费】bànfèi 名 半額. 定価の半分. ¶小孩儿车票 chēpiào 是～ / 子供の乗車券は半額だ.
【半封建】bànfēngjiàn 形 半封建の.
【半疯儿】bànfēngr 名〈罵〉ちょっと普通ではないやつ.
【半高跟鞋】bàngāogēnxié 名 中ヒールの靴. ►"中 zhōng 跟鞋"とも.
【半格】bàngé 名〈印〉〈電算〉半角.
【半工半读】bàn gōng bàn dú 〈成〉働きながら勉強する. 苦学する.
【半酣】bànhān 形 ほろ酔い機嫌である.
【半价】bànjià 名 半額. 半値.
【半截】bànjié 名(～儿・～子)①(**細長いものの**)**半分**. ¶～烟卷儿 yānjuǎnr / たばこの半分. 吸いさし. ②(**物事について**)**途中**. 半分. 中ほど. ¶话说了～ / 話を半分言いかける.
【半斤八两】bàn jīn bā liǎng 〈成〉似たり寄ったり. どんぐりの背比べ. ►旧制の1"斤"は16"两"で,"半斤"は"八两"にあたることから.
【半径】bànjìng 名〈数〉半径.
【半旧】bànjiù 形 **中古の**. お古の. ¶～货 / 中古品. ⇨【半新】bànxīn
【半决赛】bànjuésài 名〈体〉準決勝.
【半开玩笑】bàn kāi wán xiào 〈成〉冗談半分である.
【半空】bànkōng ①形 満たされずぺちゃんこである. ②名(～儿)〈方〉実がちゃんと詰まっていない落花生. ③⇀【半空中】bànkōngzhōng
【半空中】bànkōngzhōng 名〈口〉空中.
【半拉】bànlǎ 名〈方〉半分. ¶～馒头 mántou / マントーの半分.
【半拉子】bànlǎzi 〈慣〉〈方〉①半分. 中途半端. ②半人前の労働者;(以前は)未成年の作男.
【半老】bànlǎo ⇀【半老徐娘】bàn lǎo xú niáng
【半老徐娘】bàn lǎo xú niáng 〈成〉あだな中年増(としま). 中年の色っぽい女性.
【半礼】bànlǐ 名〈旧〉上長者がする軽い答礼.
【半流体】bànliútǐ 名〈物〉半流動体.
【半路】bànlù 名(～儿)①**道半ば**. 途中;〈転〉(物事の)**中途**. **半ば**.
【半路出家】bàn lù chū jiā 〈成〉中途からその道に入る.
【半面】bànmiàn 名(顔や物などの)半面,半分.
【半票】bànpiào 名 半額切符. 半額券. 量 张.
【半瓶醋】bànpíngcù 〈慣〉生かじり. 知ったかぶり. 半可通. 参考 "一瓶醋不响 xiǎng,半瓶醋晃荡 huàngdang"(瓶にいっぱい入っている酢は音がしないが,半分しか入っていない場合は音がする. 生かじりの者ほど知識をひけらかす)という慣用句から. "半瓶子""半瓶子醋"とも.
【半旗】bànqí 名 半旗. ¶降～ / 半旗を掲げる.
【半人】bànrén 名 背丈の半分.
【半日】bànrì 名〈書〉半日. ¶～游 / 半日ツアー.
【半晌】bànshǎng 名〈方〉①しばらく. 長いこと. ②半日. ¶前～ / 午前. ¶后～ / 午後.
【半晌午】bànshǎngwu 名〈口〉昼時. 正午に近いころ.
【半身】bànshēn 名 半身. ¶上～ / 上半身.
【半身不遂】bàn shēn bù suí 〈成〉半身不随である.
【半身像】bànshēnxiàng 名 ①半身写真. ②胸像.
【半生】bànshēng ①名 半生. ②形 半なまである.
【半生不熟】bàn shēng bù shú 〈成〉①半熟である. 生煮えである. ②不慣れだ. 未熟である.
【半世】bànshì 名〈書〉半生.
【半数】bànshù 名 半数.
【半衰期】bànshuāiqī 名〈物〉(放射性元素の原子数の)半減期.
【半死】bànsǐ 形 今にも死にそうである. 死にそうなほど…. ¶庄稼 zhuāngjia 旱 hàn 得～ / 日照りで作物がだめになりそうだ.
【半死不活】bàn sǐ bù huó 〈成〉息も絶え絶えである.
【半天】bàntiān 名 ①(～儿)長い時間**. ¶等了～,他才来 / 長いこと待って彼はやっと来た. ②**半日**. 昼間の半分. ③中空.
【半通不通】bàn tōng bù tōng 〈成〉生かじりである. 半可通. ¶他的汉语 Hànyǔ ～ / 彼の中国語は生かじりだ.
【半途】bàntú 名〈書〉道半ば. 途中.
【半途而废】bàn tú ér fèi 〈成〉中途でやめる. 途中で投げ出す.
【半托】bàntuō 名(託児所の)半日(昼間)依託.
【半脱产】bàntuōchǎn 動 一部本務を離れる〔れて他の仕事をする〕.
【半文盲】bànwénmáng 名 識字程度の低い成人.
【半下】bànxià (～儿) ①名(容器の)半分の量. ②量 ちょっと(突く,打つ). ►"一下"というほどの

B

こともないの意．¶我连 lián ～也没打他 / 私は彼を少しもたたいていない．

【半新】bànxīn 形 中古の．►同じ中古でも"半旧 bànjiù"より新しいニュアンスがある．¶～的住宅 zhùzhái / 中古住宅．¶～不旧的汽车 / 中古車．

【半休】bànxiū 動(病気を理由に)半休する．

【半宿】bànxiǔ 名 一夜の半分．半夜．

【半腰】bànyāo 名 中ほど．►"半中腰 bànzhōngyāo"とも．¶山～ / 山の中腹．

*【半夜】bànyè 名 ①真夜中．夜半．②一夜の半分．

【半夜三更】bàn yè sān gēng 〈成〉真夜中．

【半圆】bànyuán 名〈数〉半円．

【半圆规】bànyuánguī 名 分度器．

【半元音】bànyuányīn 名〈語〉半母音．

【半月刊】bànyuèkān 名 半月刊．月に２回発行する雑誌．

【半殖民地】bànzhímíndì 名 半植民地．形の上では独立しているが,実際には政治・経済・軍事において他国に支配されている国家社会．

【半制品】bànzhìpǐn 名 半製品．

【半中腰】bànzhōngyāo 名〈口〉真ん中．中途．

【半周刊】bànzhōukān 名 週２度発行の定期刊行物．

【半子】bànzǐ 名〈書〉婿．¶～之劳 láo / 婿がしゅうとに尽くすべき義理．

【半自动】bànzìdòng 形 半自動式の．セミオートマチックの．

扮 bàn 動 ①仮装する．装う．¶警察 jǐngchá ～作一个老农 / 警官が農民に変装する．②(劇で)…に扮(ふん)する．¶他在这出戏里～主人公 / 彼はこの劇で主人公に扮する．③ある表情をする．¶→～鬼脸 guǐliǎn．

【扮鬼脸】bàn guǐliǎn あかんべえをする．¶那孩子向 xiàng 我扮了个鬼脸 / あの子は私にあかんべえをした．

【扮戏】bàn//xì 動 ①(役者が)メーキャップする．②〈旧〉芝居を演じる．

【扮相】bànxiàng ①名 舞台姿．②動 メーキャップする．

【扮演】bànyǎn 動(役を)演じる；〈喩〉(役割を)果たす．¶他在电视剧 diànshìjù 中～父亲 / 彼はテレビドラマで父親の役をつとめる．¶你在那个事件中～了什么角色 juésè ? / あなたはその事件でどんな役割を果たしたのか．

【扮装】bànzhuāng 動 ①メーキャップする．②扮装する．

伴 bàn ①名(～儿)連れ．同伴者．相手．¶你这次出差 chūchāi 有～儿吗？/ こんどの出張は連れがあるのですか．②動 お供する．付き従う．相手をする．¶我～你去公园玩儿 wánr 玩儿 / あなたにお供して公園に遊びに行きましょう．¶～着音乐跳舞 tiàowǔ / 音楽に従って踊る．‖姓

【伴唱】bànchàng 動(ボーカルやダンスに合わせて)バックコーラスで歌う．

【伴读】bàndú 動 ①〈旧〉主人の子に付き添って一緒に勉強する．②出国し,留学生である配偶者に付き添って一緒に勉強する．

【伴郎】bànláng 名〈口〉花婿の介添え(男性)．►"男傧相 nánbīnxiàng"とも．

【伴侣】bànlǚ 名〈書〉伴侶(はんりょ)．連れ．仲間．

【伴娘】bànniáng 名〈口〉花嫁の介添え(女性)．►"女傧相 nǚbīnxiàng"とも．

【伴生天然气】bànshēng tiānránqì 名〈鉱〉随伴ガス．原油の産出に伴って出る天然ガス．

【伴送】bànsòng 動(目的地まで)付き添って見送る．

【伴宿】bànsù 動〈方〉(出棺前夜)通夜をする．

【伴随】bànsuí 動(人に)付き従う；…に伴う〔って〕．

【伴同】bàntóng 動(人に)連れ立つ；(事柄に)伴う〔って〕．

【伴舞】bànwǔ 動 ①独唱者やソロのダンサーを引き立たせるために踊る．②ダンスの相手をつとめる．

【伴音】bànyīn 名(映画・テレビの)音声,サウンド．

【伴游】bànyóu 動 観光や遊びに同伴する．

【伴奏】bànzòu 動 伴奏する．

拌 bàn 動 かき混ぜる．混ぜ合わす．ミックスする．¶～佐料 / 調味料を混ぜ合わせる．¶蛋黄酱 dànhuángjiàng ～西红柿 xīhóngshì / (マヨネーズであえた)トマトサラダ．¶～匀 yún / むらなくかき混ぜる．

【拌菜】bàncài ①名 あえもの．②動 あえものをつくる．

【拌和】bànhuò 動 かき混ぜる．

【拌面】bàn//miàn ①動 うどんに調味料や具を加えて混ぜる．②名 調味料や具を加えて混ぜたうどん．

【拌蒜】bàn//suàn 動〈方〉足がもつれる；〈転〉(仕事をするのに)もたつく．しくじる．

【拌嘴】bàn//zuǐ 動 口げんかする．

绊 bàn 動(歩行中)足元をすくう,つまずかせる；足元に絡みつく．¶被门槛 ménkǎn ～了一下 / 敷居につまずいた．

【绊创膏】bànchuānggāo 名 絆創膏(ばんそうこう)．量 张 zhāng,块．

【绊倒】bàndǎo 動+結補 つまずいてころぶ．¶被绳子 shéngzi ～ / 縄に足をとられて倒れた．

【绊脚】bàn//jiǎo 動 足に絡まる；〈転〉邪魔になる．

【绊脚石】bànjiǎoshí 〈慣〉邪魔もの．障害．

【绊儿】bànr →【绊子】bànzi

【绊手绊脚】bàn shǒu bàn jiǎo 〈成〉足手まといになる．

【绊住】bàn//zhù 動+結補 縛る．束縛する．

【绊子】bànzi 名 ①足払い．¶使～ / 足払いを掛ける．②(家畜の)足かせの縄．

***瓣 bàn** (～儿)❶名 ①花弁．花びら．②かけら．きれ；実や球根などのひとかけら．¶橘子 júzi ～ / ミカンのふくろ．¶蒜 suàn ～儿 / ニンニクのひとかけ．❷量 花弁や種子・果実・球根などのひとひら,ひとかけ．¶一～蒜 / ニンニクひとかけ．

【瓣膜】bànmó 名〈生理〉弁膜．

【瓣鳃类】bànsāilèi 名 弁鰓(さい)類．カラスガイ・ハマグリなど二枚貝の類．

bang (ㄅㄤ)

1声 **邦 bāng** ◆国．¶邻 lín ～ / 隣国．¶友～ / 友好国．‖姓

【邦交】bāngjiāo 名 国交. ¶建立～ / 国交を結ぶ. ¶恢复 huīfù ～ / 国交を回復する.
【邦联】bānglián 名 国家連合.
【邦土】bāngtǔ 名〈書〉国土. 領土.

*帮(幫) bāng ❶動 ① 手伝う. 助ける;(一緒に・代わりに)…する;(物資や金銭を与えて)援助する. ¶～妈妈做家务 jiāwù / 母の家事を手伝う. ¶请～我们照张相,好吗? / すみませんが(シャッターを)押してくださいませんか. ②(物資や金銭を与えて)援助する. ¶他家遭 zāo 了灾 zāi,我们～他一点儿钱 / 彼の所が災難にあったから,少し金を贈ってやろう.
❷量 群れ. ►数詞は"一"に限られる. ¶一～小孩儿 / 大勢の子供たち. ¶一大～人 / 大勢の人.
◇◆ ①(中が空洞状の物の)両側,外側,周り. ¶鞋～ / 靴の両側面. ¶船～ / 船べり. ②(野菜の)外側の葉. ¶白菜～ / 白菜の外側のやや硬い葉. ③政治的・経済的目的などで作られるグループ・集団. ¶福建～ / 福建人グループ. ¶搭 dā ～ / 一味に加わる.
【帮案儿】bāng'ànr 名 料理人の助手. 調理補助.
【帮办】bāngbàn〈旧〉① 動 補佐をする. ② 名 補佐. ¶副国务卿 guówùqīng ～ / (アメリカの)国務次官代理.
【帮补】bāngbǔ 動(金銭面で)援助する. 仕送りをする. ¶～家用 / 家計の足しにする.
【帮场儿】bāng//chǎngr 動 大道芸を見物する.
【帮衬】bāngchèn 動 ①〈方〉手助けをする. ②〈方〉金銭上の援助をする. ③〈近〉おもねる.
【帮厨】bāng//chú ① 動 料理人の手伝いをする. ② 名 調理助手.
【帮凑】bāngcòu 動 カンパして援助する.
【帮倒忙】bāng dàománg〈慣〉手伝いのつもりがかえって邪魔になる. ¶你别在这里～了 / ありがた迷惑なことをしないでくれ.
【帮工】bāng//gōng ① 動(農業の仕事を)手伝う,応援する. ② 名 手伝い人. 臨時雇い.
【帮会】bānghuì 名(旧時の"青帮 Qīngbāng""洪帮 Hóngbāng"などの)民間秘密結社の総称.
【帮伙】bānghuǒ 名〈貶〉(悪事を働く)グループ. ぐる.
**【帮忙】bāng//máng 動(他人が困っているときに)手伝う. 手助けする. ¶他帮过我的忙 / あの人は私を助けてくれたことがある. ¶谢谢你,给我帮了个大忙 / ありがとう,おかげでたいへん助かりました. ¶多亏 duōkuī 他的～,我才完成 wánchéng 了工作 / 彼が手伝ってくれたおかげで,仕事がやっと終わった.
【帮派】bāngpài 名 派閥. 分派.
【帮腔】bāng//qiāng 動 ①(芝居で)舞台で歌う役者に,裏方で大勢の人が唱和する. ②〈喩〉〈貶〉相づちを打って加勢する,口添えをする.
【帮手】bāng//shǒu 動 手伝う. 手を貸す.
【帮手】bāngshou 名 手助けする人. 助手.
【帮套】bāngtào ❶名 ① そえ馬をつなぐ綱. ② そえ馬. ❷動 そえ馬にする.
【帮贴】bāngtiē 動(金銭面で)援助する.
【帮闲】bāng//xián ① 動 太鼓持ちをする. 権勢におもねる. ② 名 幇間(ほうかん). 太鼓持ち.
【帮凶】bāng//xiōng ① 動 悪事に手を貸す. ② 名 共犯者. 手下.
【帮主】bāngzhǔ 名 ギャングのボス. 秘密結社のリーダー.
**【帮助】bāngzhù ① 動(知恵を貸したり,物質的・精神的に)援助する,手助けする. ¶我们要互相～ / 私たちはお互い助けあいましょう. ¶哥哥～我温习功课 / お兄さんが復習を手伝ってくれる. ② 名 援助. 助け. ¶在他的～下,我的日语进步得很快 / 彼の協力のおかげで私の日本語は上達が速い. ¶精神 jīngshén 上的～ / 精神的な援助.
【帮子】bāngzi ❶名 ① 白菜などの外側のやや厚くて硬い葉. ② 靴の(靴底との接着部分に近い)両側面の部分. ❷量 →〖帮 bāng〗❷
【帮嘴】bāng//zuǐ 動(～儿) ①(口論で)加勢する. かたわらから口添えする. ② ごちそうのお相伴をする.

嘟 bāng 擬《木と木をたたきあわせる音》こん. ►重ねて用いることが多い.
【嘟嘟】bānglāng 擬《堅い物がぶつかりあって出る音》からん.

梆 bāng 擬《木をたたく音》とんとん. ¶～～～的敲 qiāo 门声 / とんとんと戸をたたく音.
◇◆(夜回り用の)拍子木.
【梆笛】bāngdí 名 横笛の一種. ►"梆子腔"の伴奏に用いる.
【梆子】bāngzi 名 ①(夜回り用の)拍子木. ¶敲 qiāo ～ / 拍子木を鳴らす. ② "梆子腔"などの伴奏用の楽器. ►木製の丸い棒とやや短い角形の棒を両手で打ち鳴らす. ③→【梆子腔】bāngziqiāng
【梆子腔】bāngziqiāng 名 "梆子"(拍子木)で拍子をとりながら歌う,陕西省から流行した旧劇の一種. ►略して"梆子"という.
【梆子头】bāngzitóu 名 おでこ.

浜 bāng 名〈方〉小川. 注意 地名に用いることが多い. ¶沙家 Shājiā ～ / 沙家浜(ｼｬｰﾁｬｰﾊﾞﾝ). ‖姓

3声 *绑 bǎng 動(縄やひもで)縛る,くくる,巻きつける.(人を後ろ手に)縛り上げる. ¶用绷带 bēngdài ～起来 / 包帯を巻く. ¶～一个木头架子 / 丸太で足場を組み立てる. ¶把他～在柱子 zhùzi 上 / 彼を柱に縛りつける.
【绑带】bǎngdài 名(～儿) ① 包帯. ② ゲートル.
【绑匪】bǎngfěi 名(身代金を要求するために)人を誘拐する匪賊. 人さらい. 誘拐犯.
【绑缚】bǎngfù 動(縄などで)縛る.
【绑架】bǎng//jià 動 ① 拉致(らち)する. 力ずくで連れ去る. ¶他被暴徒 bàotú ～走了 / 彼は暴徒たちに強引に連行された. ②→【绑票】bǎng//piào
【绑票】bǎng//piào 動(～儿)(身代金を要求するために)誘拐する.
【绑腿】bǎngtuǐ 名 ゲートル. ¶打～ / ゲートルを巻きつける.

榜 bǎng 名 ①(名前の)掲示;人名一覧表(の掲示). ¶光荣 guāngróng ～ / 表彰者の掲示. ¶～上无名 / 不合格になる. ②〈旧〉告示.
【榜首】bǎngshǒu 名 掲示板に公示されたリストの最上位;(広く)第1位. トップ. ¶名列 liè ～ / 首位にランクされる.
【榜文】bǎngwén 名〈旧〉告示. 布告.

B

*【榜样】bǎngyàng 名 手本．模範．¶他是我们的～／彼はわれわれのお手本だ．¶～性 xìng／(文学作品に描かれる)模範性．大衆の模範となる作中人物像．¶给…树立 shùlì～／…に模範を示す．

膀 bǎng ◇◆ ①肩からひじの上までの部分．二の腕．¶左 zuǒ～／左肩．②(鳥の)翼．▸▸ pāng,páng

【膀臂】bǎngbì 名 ①〈喩〉片腕．助っ人．¶他是我们经理的～／彼はわれわれの社長の片腕だ．②〈方〉肩；二の腕．

【膀大腰圆】bǎng dà yāo yuán 〈成〉がっしりした体つきである．

【膀头儿】bǎngtóur 名 肩．

【膀子】bǎngzi 名 ①肩．腕のつけ根．量 只．¶光 guāng～／もろ肌脱ぎになる．②鳥の翼．¶鸡 jī～／ニワトリの翼．

4声 **蚌 bàng** 名〈貝〉ドブガイ．カラスガイ．

* **棒 bàng** ❶形 ①〈口〉(体力が)すばらしい；(能力が)優れている；(成績が)よい．¶嗯 ǹg,太～了！／もう,最高．¶～小伙子 xiǎohuǒzi／頼もしい若者．¶他太极拳 tàijíquán 打得真～／彼の太極拳はすばらしい．②〈方〉(食物が)硬い．
❷名 棒．量 根 gēn．¶木～／棍棒．¶指挥 zhǐhuī～／タクト．¶球～／(野球の)バット．

【棒棒鸡】bàngbàngjī 名〈料理〉バンバンジー．►四川料理の名．鶏肉をゆでて,棒でたたいて柔らかくほぐし,ごまだれをかけたもの．

【棒冰】bàngbīng 名〈方〉アイスキャンデー．►"冰棒""冰棍儿 gùnr"とも．量 根 gēn．

【棒操】bàngcāo 名〈体〉(新体操の)棍棒(こん)競技．

【棒槌】bàngchui ❶名 ①(洗濯用の)たたき棒．量 根 gēn．¶捶 chuí～／きぬたを打つ．②〈劇〉素人．③〈方〉朝鮮人参．❷形 間抜けである．

【棒球】bàngqiú 名〈体〉①野球．❖打 *dǎ*～／野球をする．¶～比赛 bǐsài／野球の試合．②野球のボール．

【棒儿香】bàngrxiāng 名(細い竹や木を芯にした)線香．

【棒实】bàngshi 形〈方〉(体が)がっしりしている．

【棒头】bàngtóu 名〈方〉トウモロコシ．

【棒硬】bàngyìng 形〈方〉たいへん堅い．こちこちに堅い．►"棒棒硬硬""棒硬硬""棒棒硬"のように重ね型をつくることができる．

【棒子】bàngzi 名 ①棒．棍棒．量 根 gēn．条．②〈方〉トウモロコシ．

【棒子楂】bàngzichá 名(～儿)〈方〉トウモロコシのひき割り．

【棒子面】bàngzimiàn 名(～儿)〈方〉トウモロコシの粉．

傍 bàng 動 ①近寄る．近づく．寄りかかる．¶船～了岸 àn／船が岸に横づけになった．¶那个孩子总 zǒng～在他妈身边／あの子はいつもお母さんのそばに寄りそっている．②〈方〉…になろうとする(時分)．¶～落 luò 太阳的时候／日が沈むころ．

【傍边儿】bàngbiānr 動〈方〉近づく．近寄る．

【傍黑儿】bànghēir 名〈方〉夕方．日暮れ．

【傍亮儿】bàngliàngr 名〈方〉明け方．夜明けごろ．

【傍晌】bàngshǎng 名(～儿)〈方〉昼近く．

*【傍晚】bàngwǎn 名(～儿)夕方．夕暮れ．

【傍午】bàngwǔ 名 昼近く．昼ごろ．

谤 bàng ◇◆ 悪口を言う．そしる．¶毁 huǐ～／そしる．¶～书／人をそしる手紙〔書物〕．

蒡 bàng "牛蒡 niúbàng"(ゴボウ)という語に用いる．

* **磅 bàng** ❶名 台ばかり．¶过～／台ばかりではかる．¶把行李搁 gē 在～上称称 chēngcheng／荷物を台ばかりに載せて重さをはかってみる．
❷動 台ばかりで量る．¶～体重 tǐzhòng／体重をはかる．
❸量 ①(重さの単位)ポンド．►0.9072"市斤"に当たる．⇨〖镑 bàng〗②(活字の大きさの単位)ポイント．¶九～字太小了／9ポイントの活字では小さすぎる．▸▸ páng

【磅秤】bàngchèng 名 台ばかり．►"台秤táichèng"とも．量 台,架 jià．

镑 bàng 量(イギリスなどの貨幣単位)ポンド．¶英 yīng～／英ポンド．

bao (ㄅㄠ)

1声 ** **包 bāo**

(中身を外側から)包み覆う→ひとまとめにそっくり引き受ける→請け合う〔引き受ける／保証する〕

❶動 ①包む．くるむ．コーティングする．¶请把这个～起来／これを包んでください．¶蛋糕 dàngāo 上～上一层巧克力 qiǎokèlì／チョコレートでケーキをコーティングする．¶浓雾 nóngwù～住了群山／山々が濃霧にすっぽりと包まれている．②囲む．とり巻く．¶他被～在人群之中／彼は群衆にとり囲まれている．③引き受ける．請け負う．¶这件事由我～了／これは私が引き受けた．④借り切る．チャーターする．¶～了一天的会场／会場を1日借り切った．⑤保証する．¶～你没错／まちがいないこと請け合いだ．¶～在我身上／私が請け合う．
❷名(～儿)①包み．②袋．バッグ；(じゃんけんの)パー．③(遊牧民のテント)パオ．④こぶ．¶头上撞 zhuàng 了个～／頭にたんこぶができた．
❸量 包んだものを数える．¶一～糖 táng／キャンデー一包み．¶三小～药面儿／粉薬の3包．
◇◆ 含む．¶无所不～／すべてを含んでいる．‖姓

【包办】bāobàn 動 ①一手に引き受ける．請け負う．②〈貶〉独断で勝手に処理する．¶儿女的婚姻,父母不能～／子どもの結婚は,両親が取り決めてはならない．

【包庇】bāobì 動 かばい立てする．

【包藏】bāocáng 動 ひそかに持つ．内に秘める．¶宇宙 yǔzhòu～着无数秘密 mìmì／宇宙は数知れぬなぞを秘めている．

【包产】bāo//chǎn 動 請負生産する．

【包场】bāo//chǎng 動(劇場や映画館などを)借り切る．

【包抄】bāochāo 動(敵を)包囲して攻める.

【包车】bāo//chē ❶動 ①(自動車・バスなどを)チャーターする. ②乗務員が共同責任で1台の機関車・バス・電車の使用・管理を受け持つ. ❷名 チャーターした車.

【包乘制】bāochéngzhì 名 乗務責任制. 列車やバスなどの乗務員が特定の区域において車両の保管・運転・簡単な修理について共同で責任を持つ制度.

【包船】bāo//chuán ①動 船を雇い入れる. ②名 チャーター船.

【包打天下】bāo dǎ tiān xià 〈成〉何もかも自分一人でやろうとする.

【包打听】bāodǎtīng 〈慣〉①知りたがり屋. 消息通. ②〈旧〉密偵.

【包饭】bāo//fàn ①動 月決めで食事を賄う;(宿泊で)食事付きにする. ②名 賄い付き;食事付き. ¶吃~/賄いで食事をする.

【包房】bāo//fáng ①動 部屋を借り切る. ②名 貸し切りの部屋.

【包袱】bāofu 名 ①(物を包む)**ふろしき**. ②**ふろしき包み**. ③〈喩〉(精神的な)**負担**,悩みの種;(思想改造の障害になるような)古い思想. ④ギャグ. "相声 xiàngsheng"(漫才)や"快书 kuàishū"(早口の語り物)などで笑いをとる技法;〈転〉滑稽なこと. ¶这部电影~真多/この映画は実に滑稽だ. ⑤(じゃんけんの)パー.

【包袱底儿】bāofudǐr 名〈方〉①しまいこんでおいてめったに出さないもの. ②プライバシー. ③〈喩〉隠し芸. 十八番.

【包袱皮儿】bāofupír 名 ふろしき. ㊐ 块.

【包干】bāogān 動(~儿)一切引き受ける.

【包工】bāo//gōng ①動(工事などを)請け負う. ¶~修理 xiūlǐ 房屋/家屋の修理を請け負う. ②名 請負仕事;請負業者.

【包工活儿】bāogōnghuór 名 請負仕事.

【包工头】bāogōngtóu 名(~儿)請負仕事の親方.

【包谷】bāogǔ 名〈方〉トウモロコシ.

【包管】bāoguǎn 動 **保証する**. 責任を持つ. ¶~退换 tuìhuàn/(商品の)取り替えや返品を保証する.

*【包裹】bāoguǒ ①名 包み;(郵便の)**小包**. ❖寄 jì~/小包を出す. ②動 包む. くるむ.

*【包含】bāohán 動(内に)**含む**. ¶他的话里~着另lìng 一层 céng 意思/彼の言葉には別の意味が含まれている.

【包涵】bāohan 動 大目にみる. 諒とする. ¶请多多~/ひらにご寛恕願います.

【包活儿】bāo//huór ①動 仕事を請け負う. ②名 請負仕事.

【包伙(食)】bāo//huǒ(shi) ⇀【包饭】bāo//fàn

【包机】bāo//jī ①動 飛行機をチャーターする. ②名 チャーター機.

【包饺子】bāo jiǎozi ①ギョーザを包む〔作る〕. ②〈慣〉敵を包囲殲滅(せんめつ)する.

【包金】bāojīn ①動 金着せをする. ②名〈旧〉出演料.

【包举】bāojǔ 動 すべてを包括する. ¶~无遗 yí/もれなく含んでいる.

*【包括】bāokuò 動(…を)**含む**,含める. ¶十人当中~三名妇女 fùnǚ/10人の中に女性が3名含まれている. ¶房租 fángzū 里不~水电费 shuǐdiànfèi/水道料・電気料は家賃の中に含まない.

【包揽】bāolǎn 動 一手に引き受ける.

【包罗】bāoluó 動 網羅する.

【包罗万象】bāo luó wàn xiàng 〈成〉内容が充実しており,あらゆるものを網羅している.

【包米】bāomǐ 名〈方〉トウモロコシ.

【包赔】bāopéi 動 弁償する.

【包皮】bāopí 名 ①包装紙. 包装材料. ②〈生理〉包皮.

【包片儿】bāopiànr 動 割り当てられた一定地域について責任をもつ.

【包票】bāopiào 名(商品の)保証書. 折り紙. ▸"保票 bǎopiào"とも. ❖打 *dǎ*~/折り紙をつける. 保証する.

【包容】bāoróng 動 ①大目にみる. ②収容する. 含める.

【包探】bāotàn 名〈旧〉探偵. 刑事.

【包头】bāotóu 名 ①ターバン. ②(~儿)布靴のつま先に縫いつける当て革.

【包围】bāowéi 動(周りを)**とり囲む**;包囲(する). ¶他被愤怒 fènnù 的群众 qúnzhòng ~住了/彼は怒った群衆にとり囲まれた.

【包席】bāo//xí ①動 テーブルを借り切る. ②名 予約席. 貸し切り.

【包厢】bāoxiāng 名(旧式劇場の)升席. ボックス席.

【包销】bāoxiāo 動 一手販売する.

【包心菜】bāoxīncài 名〈方〉キャベツ.

【包修】bāoxiū 動 修理保証つきである.

【包银】bāoyín ①名〈旧〉劇場が劇団〔俳優〕に支払う出演料. ギャラ. ②動 銀メッキをする.

【包圆儿】bāoyuánr 動〈方〉①(残りの)品物を全部買い取る. ②(責任をもって)全部引き受ける.

【包月】bāo//yuè 動(賄いなどを)月決めにする.

【包孕】bāoyùn 動〈書〉包含する.

【包扎】bāozā 動(包帯で)巻く,縛る;梱包する.

【包治】bāozhì 動(一定の治療費で完治するまで)責任をもって治療する. 全快を保証する.

【包装】bāozhuāng ❶①動 **包装する**. 荷造りする. ②人や物のイメージアップを図る. ❷名(商品の)**包装**. パッキング. ¶真空~/真空パック. ¶~设计/パッケージデザイン.

【包桌】bāo//zhuō ⇀【包席】bāo//xí

【包子】bāozi 名 ①(中にあんの入った)(中華**)**まんじゅう**. パオツ. ❖包 *bāo*~/パオツを作る. ②〈冶〉取瓶(とりべ).

【包租】bāozū 動 ①(又貸しするために)家屋や田畑を借り受ける. ②(豊凶にかかわらず)定額の地代を納める. ③チャーターする.

苞 bāo

①名 つぼみ. ¶含 hán ~未放/つぼみのままでまだ咲かない;〈喩〉娘がまだ結婚年齢にならない. ②形〈書〉群がって茂る.

【苞谷】bāogǔ 名〈方〉トウモロコシ.

【苞米】bāomǐ 名〈方〉トウモロコシ.

孢 bāo

"孢子 bāozǐ"(胞子)という語に用いる.

胞 bāo

◇◆ ①胞衣(え). ②同腹. ¶~兄/実兄. ③同胞. ¶侨 qiáo ~/在外同胞.

B

炮 bāo 動 ①(肉の切り身を強火で)いためる. ②(ぬれた衣服などを)火で乾かす,あぶる. ¶把湿鞋 shī xié 放在火墙边上~着吧 / ぬれた靴をペーチカのそばに置いて乾かしてください. ▶▶ páo,pào

剥 bāo 動(表皮などを)むく,はぐ. ¶~皮 pí / 皮をむく. ¶~橘子 júzi / ミカンの皮をむく. ¶~花生 / 落花生の殻をむく. ▶▶ bō

龅 bāo "龅牙 bāoyá"(出っ歯. 反っ歯)という語に用いる.

煲 bāo 〈方〉①名(円筒形の)深い鍋. ②動("煲"で長時間)煮る. 煮込む. ¶~饭 / 飯を炊く. ⇒〖炖 dùn〗

【煲仔饭】**bāozǎifàn** 名〈料理〉土鍋で煮込んだ炊き込みご飯.

【煲粥】**bāozhōu** 〈慣〉〈方〉長電話する. ►主に台湾などで用いられる.

褒 bāo ◇◆ ①(↔贬 biǎn)ほめる. ¶~美 / ほめたたえる. ②(着物が)ゆったりして大きい.

【褒贬】**bāobiǎn** 動〈書〉**善し悪しを論評する.** 批評する. ¶不加~ / (善し悪しを)論評しない. ¶~人物 / 人物を批評する. ¶~不一 / 賛否両論.

【褒贬】**bāobian** 動 欠点をあげつらう. 非難する.

【褒奖】**bāojiǎng** 動 表彰激励する.

【褒扬】**bāoyáng** 動 表彰する. 称揚する.

*【褒义】**bāoyì** 名(↔贬义 biǎnyì)(字句に含まれている)**ほめる意味あい.** ¶~词 cí / 褒義語.

2声 **雹 báo** ◇◆ ひょう. ¶冰 bīng~ / ひょう.

【雹暴】**báobào** 名 ひょうを伴うあらし.

【雹灾】**báozāi** 名 ひょう害.

【雹子】**báozi** 名 ひょう. ㊍ 颗 kē,粒 lì ;[回数] 场 cháng. ¶下~ / ひょうが降る.

** **薄 báo** 形 ①(↔厚 hòu)**薄い.** ¶~被 bèi / 薄い掛け布団. ¶~纸 / 薄い紙. ¶穿得很~ / 薄着だ. ¶水面上~~地结 jié 了一层冰 / 水面に薄く氷が張っている. ②(人情が)薄い. ¶她待他不~ / 彼女は彼に冷淡ではない. ③(味が)薄い. ¶这个汤 tāng 味很~ / このスープは味が薄い. ④**少ない. 薄弱である. 貧弱である.** ¶这买卖利润 lìrùn 很~ / この商売は利益が非常に薄い. ¶他的英文底子 dǐzi ~ / 彼の英語は基礎がしっかりしていない. ⑤(地味が)やせている. ▶▶ bó,bò

【薄板】**báobǎn** 名〈機〉薄板.

【薄饼】**báobǐng** 名(中国式)クレープ. 薄皮パイ. 小麦粉をこねて薄く丸く焼いたもの. ►肉や野菜を調理したものをくるんで食べる.

【薄脆】**báocuì** 名(菓子の一種)油で揚げた薄いせんべいのようなもの.

【薄绵纸】**báomiánzhǐ** 名 ティッシュペーパー. 薄手の紙.

3声 ** **饱 bǎo** 形 ①(↔饿 è)**腹がいっぱいである.** ¶我吃~了 / もうおなかいっぱいです. ②充実している. ¶谷粒儿 gǔlìr 很~ / 穀物の実が十分実っている. ◇◆ ①満足させる. ¶一~眼福 yǎnfú / 目の保養ができる. ②存分に. ¶→~经风霜.

【饱餐】**bǎocān** 動 たらふく食べる. ¶~一顿 dùn / たらふく食べる.

【饱尝】**bǎocháng** 動 ①十分に味わう. ②(苦しみなどを)なめ尽くす. ¶~了人间的辛酸 xīnsuān / 世の中の辛酸をなめ尽くした.

【饱打】**bǎodǎ** 動 いやというほどなぐる. 痛打を浴びせる. ¶挨 ái 了一顿 dùn ~ / ひどくなぐられた. 徹底的にやっつけられた.

【饱饭】**bǎofàn** 名 食べでのある食事. ¶吃了一顿 dùn ~ / 腹いっぱい食べた.

【饱嗝儿】**bǎogér** 名 げっぷ. おくび. ㊍ 个. ¶打~ / げっぷをする.

【饱汉不知饿汉饥】**bǎohàn bù zhī èhàn jī** 〈諺〉満ち足りている人は貧乏人の苦しさがわからない. 同情心がない.

【饱和】**bǎohé** ①動 飽和状態になる. ②名〈化〉飽和点.

【饱经风霜】**bǎo jīng fēng shuāng** 〈成〉つぶさに辛酸をなめる.

【饱览】**bǎolǎn** 動 心ゆくまで見る. 十分に眺める. ¶~风景 / 景色を心ゆくまで眺める.

【饱满】**bǎomǎn** 形 ①ふくよかである. 充実している. ¶颗粒 kēlì ~的小麦 / 穀粒のふっくらとした小麦. ②(元気・熱意などが)**満ち満ちている.** ¶精神~ / 元気いっぱいである.

【饱食终日】**bǎo shí zhōng rì** 〈成〉無為徒食の日々を過ごす. ►後に"无所用心"を置くことが多い.

【饱受】**bǎoshòu** 動 いやというほど…を受ける. ひどく…をこうむる. ¶~苦难 kǔnàn / 苦しみをいやというほど味わう.

【饱学】**bǎoxué** 形〈書〉博学である. ¶~之士 / 博学の士.

【饱以老拳】**bǎo yǐ lǎo quán** 〈成〉思いきりげんこつをくらわす.

【饱雨】**bǎoyǔ** 名〈方〉十分な雨. 多量の雨.

* **宝(寶) bǎo** 名 **宝. 貴重品.** ¶石油是~中之~ / 石油は宝の中の宝だ.

◇◆ ①貴重な. ¶→~剑 jiàn. ②人の家族や店に用いる敬称. ¶→~眷 juàn. ‖姓

【宝宝】**bǎobǎo** 名 幼児に対する愛称. ► báobao と発音されることもある.

*【宝贝】**bǎobèi** ❶名 ①**宝物.** ②(~儿)**かわいい子.** ►子供に対する愛称. ¶你们的小~儿几岁了? / お宅のお子さんはおいくつですか. ③変な人. おばかさん. ❷動〈方〉かわいがる.

【宝贝蛋儿】**bǎobèidànr** 名〈方〉最も大切なもの ; かわいい子.

【宝贝疙瘩】**bǎobèi gēda** 名〈方〉最も大切なもの ; かわいい子.

【宝刹】**bǎochà** 名 ①(有名な)寺. ②仏塔.

【宝刀不老】**bǎo dāo bù lǎo** 〈成〉年をとっても腕に衰えがない.

【宝地】**bǎodì** 名 ①肥沃で収穫のよい土地 ;(旧時の地相判断で)地相のよい土地. ②(他人の)郷里に対する敬称. 御地. 貴地.

【宝盖】**bǎogài** 名〈語〉(~儿)うかんむり"宀".

*【宝贵】**bǎoguì** 形 ①**希少価値のある.** ¶~文物 / 貴重な文化財. ②**大切である.** 貴重である. ¶~的意见 / 貴重なご意見.

【宝号】bǎohào 名〈敬〉①貴店. ②御名.
【宝剑】bǎojiàn 名 ①〈旧〉名刀. ②剣.
【宝卷】bǎojuàn 名 韻文と散文を混じえた“说唱”文学の一種. ►唐代の“变文”と宋代の“说经”に由来し,早期のものは仏教説話が多い.
【宝眷】bǎojuàn 名〈敬〉ご家族. ¶～也在济南 Jǐnán 吗？/ ご家族も済南(さい)におられますか.
【宝库】bǎokù 名〈喩〉宝庫.
【宝蓝】bǎolán 形 サファイアブルーの.
【宝瓶座】bǎopíngzuò 名〈天〉①(黄道十二宮の一つ)宝瓶宮. ②水がめ座.
【宝石】bǎoshí 名 **宝石**. 量 颗 kē,块.
【宝塔】bǎotǎ 名 宝塔. ►もとは塔の美称であったが,現在は広く塔をさす.
【宝物】bǎowù 名 貴重な品物；宝物.
【宝藏】bǎozàng 名 秘蔵の宝物；〈転〉地下資源.
【宝重】bǎozhòng 動 高く評価し大切にする.
【宝座】bǎozuò 名 玉座；〈転〉〈貶〉最高の地位.

*保 bǎo 動 ①**請け合う**. 保証する. ¶～你满意 / ご満足いただけるように保証します. ②保つ. 保持する. ¶～冠军 guànjūn / チャンピオンの座を守る.
◇◆ ①(身元)保証人. ¶作～ / 保証人になる. ②守る. 保護する. ‖姓

【保安】bǎo'ān 動 ①治安を守る. ②(労働者の)安全を守る. ③(警備保障会社が)警備する.
【保安族】Bǎo'ānzú 名(中国の少数民族)ボウナン(Bonan)族. ►モンゴル系民族の一つで,甘粛省に住む.
【保镖】bǎobiāo ①動 用心棒をつとめる. ②名 用心棒. ボディーガード. ►“保镳”とも書く.
【保不齐】bǎobuqí 動+可補〈方〉…かも知れない. ¶我们～还会见面 / もしかすると,もう一度会えるかも知れない.
【保不住】bǎobuzhù 動+可補 ①**免れない**. …**するかも知れない**. ¶谁也～说错话 / だれだって言いまちがいはある. ②保証できない. 請け合えない. ⇒【-不住】-buzhù
【保藏】bǎocáng 動 保存する. ¶～母亲的遗物 yíwù / 母の形見を大切にとっておく.
*【保持】bǎochí 動(原状を)保つ,維持する. ¶～现状 / 現状を維持する. ¶～沉默 / 沈黙を守る.
*【保存】bǎocún 動 **保存する**. 残す. 維持する. ¶文物～完好 / 文化財は保存状態が完全である. ¶～实力 / 実力を蓄える.
【保单】bǎodān 名 ①保証書. ②〈経〉保険証券.
【保底】bǎo//dǐ 動 最低限度額の保証をする.
【保管】bǎoguǎn ❶動 ①**保管する**. ②(きっと…であることを)**保証する**,請け合う. ¶这事让他做,～马到成功 chénggōng / これは彼にやらせたらただちに成功する. ❷名(倉庫の)保管係.
【保管室】bǎoguǎnshì 名 保管室. 預かり所.
*【保护】bǎohù 動 **保護する**. 大事にする. ¶～环境 / 環境を保護する. ¶～眼睛 / 目を大事にする. ¶～现场 xiànchǎng / (犯罪・事故の)現場を保存する.
【保护人】bǎohùrén 名 後見人.
【保护伞】bǎohùsǎn〈慣〉〈貶〉庇護者. 後ろだて.
【保护色】bǎohùsè 名 保護色；〈喩〉隠れみの.
【保皇】bǎohuáng 動 皇帝を守る；〈喩〉保守勢力に忠誠を尽くす. ¶～派 / 〈貶〉保守派.
【保火险】bǎo huǒxiǎn 火災保険に加入する.
【保加利亚】Bǎojiālìyà 名〈地名〉ブルガリア.
【保驾】bǎo//jià 動〈諧〉用心棒をつとめる.
【保价函件】bǎojià hánjiàn 名(郵送中に事故があった場合,差出人が補償を請求できる“保价信”“保价包裹”などの)価格表記郵便物.
【保荐】bǎojiàn 動(責任をもって)推薦する.
【保健】bǎojiàn 名 保健. ¶～箱 / 救急箱. ¶～站 / 保健センター. ¶～饮料 / 栄養ドリンク剤.
【保健操】bǎojiàncāo 名 保健体操.
【保健食品】bǎojiàn shípǐn 名 健康食品. サプリメント.
【保金】bǎojīn 名 **保証金**. ¶缴纳 jiǎonà ～ / 保証金を納める.
【保举】bǎojǔ 動 上級機関へ有能な人〔功績のあった人〕を推薦する.
【保龄球】bǎolíngqiú 名〈体〉①ボウリング. ②ボウリングの球.
*【保留】bǎoliú 動 ①(**原形を)保つ**,とどめる. ¶室内还～着原来的样子 / 室内はいまなお昔の様子をとどめている. ②**保留する**. 未決・未処理のままにしておく. ¶～自己的意见 / 自分の意見を保留する. ¶无～地同意 / 全面的に同意する. ③**残しておく**. ¶这套 tào 新书给你～到下星期一 / この新刊書を来週月曜まで取っておいてあげる. ¶把自己的技艺毫无 háo wú ～地教给徒弟 túdi / もっている技術のありったけを弟子に伝える.
【保留剧目】bǎoliú jùmù 名(劇団の)レパートリー.
【保媒】bǎo//méi 動 縁談の世話をする.
【保密】bǎo//mì 動 **機密を守る**. 秘密にする.
【保命】bǎo//mìng ①形 自己保存の. ¶～哲学 / 保身哲学. ②動 命を長らえる. ¶他终于 zhōngyú 保住了命 / 彼はついに助かった.
【保姆】bǎomǔ 名 ①(家事,特に子供の世話をする)**家政婦**,お手伝い. ►“保母”とも書く. ②〈旧〉保母. ►現在では普通は“保育员 bǎoyùyuán”という.
【保暖】bǎonuǎn 動 保温する. 適温を保つ.
【保票】bǎopiào 名 保証. ►“包票 bāopiào”とも. ❖打 *dǎ* ～ / 太鼓判を押す. 請け合う.
【保亲】bǎo//qīn 動〈方〉仲人をする.
【保全】bǎoquán 動(損害を受けないように)守る. 保全する. ¶～面子 / 顔をたてる. ¶～名誉 míngyù / 名誉を保つ.
【保人】bǎoren 名 保証人. ❖当 *dāng* ～ / 保証人になる.
【保湿液】bǎoshīyè 名 ローション. 化粧水.
【保释】bǎoshì 動〈法〉保釈する.
【保守】bǎoshǒu ❶形 ①(思想などが)**保守的である**,古くさい. ¶思想有点儿～ / 考え方が少し古くさい. ②控え目である. ¶计划 jìhuà 定得有些～ / 計画の立て方がいささか控え目である. ❷動(漏れないよう)守る. ¶～军事秘密 mìmì / 軍事上の秘密を守る.
【保寿险】bǎo shòuxiǎn 生命保険に入る.
【保送】bǎosòng 動(無試験で)学生などを推薦する,派遣する. ¶～上大学 / 大学に推薦する.
【保外就医】bǎo wài jiù yī (服役中,重病などの理由で)保証人を立てて一時出所し入院する.
【保外执行】bǎo wài zhíxíng (病気・出産などの理由で)保証人を立てて刑務所外で服役する.
*【保卫】bǎowèi 動 **防衛する**. **守る**. ¶～和平 / 平

B

和を守る．
【保温】bǎowēn 動 保温する．温度を一定に保つ．
【保温杯】bǎowēnbēi 名 保温カップ．
【保温车】bǎowēnchē 名 保冷車．
【保温瓶】bǎowēnpíng 名 魔法瓶．
【保鲜】bǎoxiān 動 鮮度を保つ．
【保鲜膜】bǎoxiānmó 名(食品を包む)ラップ．
*【保险】bǎo//xiǎn ①名 保険．¶人寿 rénshòu～/生命保険．②形 安全である．大丈夫である．¶你这样做可不～/君のそのやり方ではちょっと危なっかしい．¶你还是多带点儿钱,～点儿/やはりお金をもう少し持って行ったほうが安心できるよ．③動(きっと…だと)請け合う．保証する．¶只保三分险/３割方しか請け合えない．¶他～能做好/あの人はきっとうまくやれると思う．
【保险单】bǎoxiǎndān 名 保険証券．
【保险刀】bǎoxiǎndāo 名 安全かみそり．►"安全剃刀"とも．
【保险灯】bǎoxiǎndēng 名 ①(手提げの)安全灯．②〈方〉白熱ガス灯．
【保险费】bǎoxiǎnfèi 名 保険料．►"保费"とも．
【保险杠】bǎoxiǎngàng 名(自動車の)バンパー．
【保险公司】bǎoxiǎn gōngsī 名 保険会社．
【保险柜】bǎoxiǎnguì 名(大型の防火·盗難防止用の)金庫．
【保险丝】bǎoxiǎnsī 名〈電〉ヒューズ．
【保险套】bǎoxiǎntào 名(～儿)〈口〉コンドーム．
【保险箱】bǎoxiǎnxiāng 名(小型の)金庫．
【保险装置】bǎoxiǎn zhuāngzhì 名 安全装置．
【保修】bǎoxiū 動 修理を保証する．アフターサービスをする．¶～一年/１年間の保証付き．
【保养】bǎoyǎng 動 ①保養する．養生する．¶～身体/体を養生する．②(機械などの)手入れをする，メンテナンスをする．¶～汽车/車の整備をする．
【保有】bǎoyǒu 動 保有している．確保している．¶～外汇 wàihuì/手持ち外貨；外貨を持っている．
【保佑】bǎoyòu 動(神仏が)加護する．(神仏が)守ってくださる．
【保育】bǎoyù 動 保育する．
【保育员】bǎoyùyuán 名(幼稚園や託児所の)保育士．
【保育院】bǎoyùyuàn 名 孤児保育学校．
*【保障】bǎozhàng ①動 保障する．¶～信仰 xìnyǎng自由/信仰の自由を保障する．②名 保障(となるもの)．¶生活没有～/生活の保障がない．¶增产 zēngchǎn 有了～/増産は確実なものとなった．
*【保证】bǎozhèng ①動 保証する．請け合う．¶我～按时 ànshí 交工/予定通りに工事を完成して引き渡すことを私が請け合う．②名 保証(となるもの)．¶农业 nóngyè 是人类生存的～/農業は人類生存のための保証である．
【保证金】bǎozhèngjīn 名〈経〉保証金．ギャランティ．
【保证人】bǎozhèngrén 名 保証人．
【保证书】bǎozhèngshū 名 保証書．
【保值】bǎozhí 動〈経〉貨幣価値を保つ．ヘッジする．¶～储蓄 chǔxù/(インフレヘッジのための)変動利率預貯金．¶～公债/ヘッジボンド．
*【保重】bǎozhòng 動 体を大事にする．►他人に対して言う．¶你病刚 gāng 好,要多～身体/病気が治ったばかりですから,どうかお体をお大事に．¶路上 lùshang 请多～/旅行中くれぐれもお体に気をつけて．
【保状】bǎozhuàng 名〈旧〉(保証人が法廷へ差し出す)保証書．
【保准】bǎozhǔn ①形 信頼できる．頼りになる．②副 きっと(…にまちがいない)．¶明天～下雨/明日はきっと雨だ．
【保奏】bǎozòu 動〈旧〉皇帝に人材を推薦する．

堡 bǎo

◇砦(とりで)．¶地～/トーチカ．‖姓 ►bǔ,pù

【堡垒】bǎolěi 名 ①〈軍〉砦(とりで)．トーチカ．②〈喩〉突破しにくいもの．進歩的な思想を受けつけない人．¶攻克 gōngkè 科学～/難しい科学の課題を解決する．

褓 bǎo

"襁褓 qiǎngbǎo"(産衣(うぶぎ))という語に用いる．

报(報) bào

4声 **

❶名 新聞．…報．量[枚数]张；[部数]份 fèn．¶订 dìng 了三份～/新聞を３紙購読予約した．
❷動 ①知らせる．報告する．届け出る．¶～火警 huǒjǐng/火災を通報する．②こたえる．回答する．¶～以热烈的掌声 zhǎngshēng/熱烈な拍手でこたえる．
◇①電報．電信．②ある種の刊行物；ポスター．¶周～/週刊紙．¶海～/ポスター．③仕返しをする．¶→～仇 chóu．
【报案】bào//àn 動(警察に)事件を届け出る．
【报表】bàobiǎo 名(上級機関に届ける)報告表．
【报偿】bàocháng 動 報いる．償う．
*【报仇】bào//chóu 動 復讐(ふくしゅう)する．
*【报酬】bàochou 名 報酬．謝礼．量 份 fèn,笔．¶不计～/報酬は問わない．¶提高劳动～/労働報酬を引き上げる．
【报春花】bàochūnhuā 名〈植〉サクラソウ．プリムラ．
【报答】bàodá 動(実際の行動で)報いる,こたえる．¶～老师的恩情 ēnqíng/先生の恩に報いる．
【报单】bàodān 名 税関申告書．►"报关单"の略称．
【报导】bàodǎo →【报道】bàodào
*【报到】bào//dào 動 到着·着任を届ける．¶去学校～/(新入生が手続きのために)学校に出向く．¶向大会秘书处 mìshūchù～/大会事務局に到着したことを連絡する．
*【报道】bàodào ①動 報道する．¶～消息/ニュースを報道する．②名 ルポ．ニュース原稿．¶写一篇～/ルポをひとつ書く．►①②いずれも"报导bàodǎo"ともいう．
【报德】bào//dé 動〈書〉徳に報いる．
【报恩】bào//ēn 動 恩返しをする．
【报贩】bàofàn 名〈旧〉新聞売り．
【报废】bào//fèi 動(物品や設備を)廃棄処分にする．
【报费】bàofèi 名 新聞購読料．
【报复】bàofù 動 仕返しする．
【报复主义】bàofù zhǔyì 名 ①〈法〉応報主義．刑罰をもって犯罪に対する応報とする主義．②(人に批判されたとき,自分の誤りを検討せず逆に人に)仕返しをしようとする考えや態度．

＊【报告】bàogào ①動(上級機関・大衆に)**報告する**．知らせる．伝える．¶向领导～／指導者に報告する．¶～大家一个好消息／みなさんにうれしいニュースをお知らせします．¶现在～新闻／それではニュースをお伝えします．②名 **報告**．演説．講演．¶今天由老王作～／きょうは王さんにお話をしていただきます．
【报告文学】bàogào wénxué 名 ルポルタージュ．
【报关】bào//guān 動 通関手続きをする．通関申告をする．¶这批出口手工艺品已～了／これらの輸出工芸品はすでに通関手続きをすませた．¶～单dān／税関申告書．
【报官】bàoguān 動〈旧〉役人に報告する．告発する．
【报馆】bàoguǎn 名〈旧〉新聞社．
【报国】bào//guó 動〈書〉国のために尽くしてその恩に報いる．
【报户口】bào hùkǒu ①(出生・転居などの場合)住民登録する．②宿泊届を出す．
【报话机】bàohuàjī 名 小型の無線通信機．
【报价】bào//jià 動〈経〉オファーする．値段をつける．相場を知らせる．
【报架】bàojià 名 新聞掛け．
【报捷】bào//jié 動 戦勝を知らせる；〈転〉成功を知らせる．
【报界】bàojiè 名 新聞界．ジャーナリズム．報道機関．
【报警】bào//jǐng 動(警察などへ)緊急事態を知らせる，通報する．警報を出す．¶看见几个人在打架，老王赶快打电话～／何人かでけんかをしているので，王さんは急いで電話をかけて通報した．¶～灯／警報灯．¶～笛 dí／サイレン．
【报刊】bàokān 名 **新聞・雑誌**などの定期刊行物．
【报考】bàokǎo 動(試験に)出願する．¶～大学／大学受験の申し込みをする．
＊【报名】bào//míng 動 **申し込む**．応募する．¶～参加羽毛球 yǔmáoqiú 赛／バドミントンの試合にエントリーする．
【报幕】bào//mù 動 幕あいにプログラムをアナウンスし，簡単に内容を紹介する．
【报盘】bào//pán 動〈経〉売り申し込みをする．オファーする．相場を知らせる．
【报批】bàopī 動 上部に書類を提出し許可を請う．
【报请】bàoqǐng 動 報告し申請する．¶～上级批准 pīzhǔn／上役に報告し，その許可を願う．
【报人】bàorén 名〈旧〉ジャーナリスト．
【报丧】bào//sāng 動 死亡を通知する．
【报社】bàoshè 名 新聞社．㊊家．
【报失】bàoshī 動(公安局に)遺失届を出す．
【报时】bào//shí 動 時間を知らせる．¶中午～／正午の時報．
【报数】bào//shù ①動 数を報告する．②名(点呼の号令)番号！
【报税】bào//shuì 動 関税申告をする．
【报摊儿】bàotānr 名 露店の新聞売り場．
【报亭】bàotíng 名 新聞・雑誌売りのボックス，スタンド．
【报头】bàotóu 名 新聞の題字欄．
【报务】bàowù 名 電信業務．
【报喜】bào//xǐ 動 吉報を伝える．めでたい成果を報告する．喜ばしいことやうれしいことを知らせる．¶向国庆节 Guóqìngjié ～／国慶節の日にうれしいニュースを報道する．¶～不报忧 yōu／〈慣〉望ましいことだけ報道し，不都合なことは伏せておく；いんちきして人をだます．
【报销】bàoxiāo 動 ①(前払金や立替金などを)**清算する，精算する**．¶～出差 chūchāi 旅费／出張旅費を清算する．¶月票到财务科 cáiwùkē ～／定期乗車券は経理課に実費を請求する．②(使えなくなった備品を)廃棄処分にする，帳簿から消す．③〈諧〉始末する．片付ける．
【报销凭证】bàoxiāo píngzhèng 名 代用領収書．
【报晓】bàoxiǎo 動 夜明けを知らせる．¶晨 chén 鸡～／ニワトリが時をつくる．
【报效】bàoxiào 動 恩に報いるために尽力する．¶～国家／国家のために尽力する．
【报信】bào//xìn 動(～儿)消息を知らせる．
【报应】bàoyìng 名〈仏〉悪業の報い．¶得到应yīng有的～／当然の報いを受けた．
【报怨】bào//yuàn 動 恨みを晴らす．
【报站】bào//zhàn 動(駅・バス停などの)次の到着地をアナウンスする．
【报章】bàozhāng 名 新聞の総称．¶～杂志／新聞や雑誌．¶～体／新聞記事調の文体．
【报账】bào//zhàng 動 ①(仮払金などを)清算する．②(立替金を)支給する．¶车费 chēfèi 可以～／(立て替えた)交通費は請求すれば支給する．③決算報告をする．
＊【报纸】bàozhǐ 名 ①**新聞**．►一般に日刊紙をさす．㊊[枚数]张；[部数]份 fèn．¶今天～上没有什么新消息／きょうの新聞には何も目新しいニュースはない．②**新聞用紙**．►"白报纸 báibàozhǐ"とも．

刨(鉋) **bào** 動(かんななどで)削る．◇◆ かんな．平削盤(ひらけずりばん)．⏩ páo
【刨冰】bàobīng 名 かき氷．シャーベット．
【刨床】bàochuáng 名〈機〉①平削盤(ひらけずりばん)．②かんなの木の部分．かんな台．
【刨刀】bàodāo 名〈機〉バイト．平削り用の刃物．
【刨工】bàogōng 名 平削盤を使う作業，またその職工．
【刨花】bàohuā 名(～儿)かんな屑(くず)．
【刨花板】bàohuābǎn 名〈建〉プラスターボード．
【刨子】bàozi 名 かんな．㊊把，个．¶用～刨／かんなで削る．

＊＊**抱** **bào** ❶動 ①**抱く**．抱える．¶把孩子～起来／子供を抱き上げる．②**心に抱く**．(…の気持ちを)抱く．¶～希望／望みをかける．¶他对未来～着憧憬 chōngjǐng／彼は将来への憧れを胸に秘めている．③初めて跡継ぎ(の子や孫)ができる．¶她快～孙子了／彼女はもうすぐおばあさんになる．④もらい子をする．¶～来的孩子／もらい子．⑤〈方〉固く結び合う．⑥(服・靴などの)サイズが合う．⑦ひなをかえす．
❷量 ひと抱え．¶一～报纸／ひと抱えの新聞紙．
【抱病】bào//bìng 動 病気を抱えている．¶～工作／病気をおして勤める．
【抱不平】bào bùpíng〈慣〉義憤を抱く．¶打～／義憤に燃えて助太刀する．
【抱残守缺】bào cán shǒu quē〈成〉役にたたない古いしきたりをいつまでも固守する．
【抱粗腿】bào cūtuǐ〈慣〉金持ちや権力者に取り入

B

る．ちょうちんを持つ．▶"抱大腿"とも．
【抱蛋】bào∥dàn 動(鳥類が)卵をかえす．
【抱佛脚】bào fójiǎo 〈慣〉苦しい時の神頼みをする．¶平时不烧香 shāo xiāng,临时～/ふだんは準備を怠り,その場になってあわてふためく．
【抱负】bàofù 名 抱負．理想．¶青年人要有远大的～/若い人は大望を持つべきだ．
【抱憾】bàohàn 動 遺憾に思う．残念に思う．
【抱恨】bàohèn 動 残念に思う．痛恨事に思う．¶～终天 zhōngtiān/一生の恨みとなる．
【抱脚儿】bàojiǎor 形〈方〉(靴が)足にぴったり合う．¶这双鞋 xié 不～/この靴はゆるすぎる．
【抱愧】bàokuì 動 恥ずかしく思う．
【抱拢】bào∥lǒng 動 抱きかかえる．
*【抱歉】bàoqiàn 動 **すまなく思う**．恐縮に思う．¶感到～/申しわけなく思う．¶很～,让你久等了/お待たせして申し訳ありません．
【抱屈】bàoqū 動(不当な仕打ちを受けて)悔しく思う．
【抱拳】bào∥quán 動〈旧〉片手でこぶしを握り,もう一方の手でそれをかぶせるようにして胸の前で合わせる．▶伝統的な礼の一つ．
【抱身儿】bàoshēnr 形〈方〉(服が)体にぴったり合う．¶这衣服不～/この服はだぶだぶだ．
【抱头鼠窜】bào tóu shǔ cuàn 〈成〉ほうほうのていで逃げる．
【抱头痛哭】bào tóu tòng kū 〈成〉(身内同士が)抱き合い大声で泣く．
【抱团儿】bào∥tuánr 動 団結する．心を合わせる．
【抱娃娃】bào wáwa ①赤ん坊を生む．¶她快～了/彼女には近々子供が生まれる．②〈慣〉お払い箱にして家へ帰す．▶子守りをする意から．¶这点事都做不了,干脆 gāncuì 让他回家～去吧！/これしきのこともできないし,いっそやつを首にしてしまえ．
【抱委屈】bào wěiqu →【抱屈】bàoqū
【抱窝】bào∥wō 動 卵を抱く．巣につく．
【抱薪救火】bào xīn jiù huǒ 〈成〉(方法を誤っているために)災いを除こうとして,かえってそれを大きくする．
【抱养】bàoyǎng 動 ①養い育てる．②もらい子をする．¶～孩子/子をもらって育てる．
【抱有】bàoyǒu 動(心に)抱いている．(考えを)持っている．¶～信心/自信を持っている．
【抱冤】bàoyuān 動 無念に思う．悔しく思う．
【抱怨】bàoyuàn 動 **恨み言を言う**．**不平をこぼす**．文句を言う．▶軽声に bàoyuan とも発音される．¶不要总是～别人/他人に愚痴をこぼしてばかりいてはいけない．¶他～我为什么不早说/彼はどうして早く言わなかったのかと私に恨み言を言う．
【抱住】bào∥zhù 動+結補 しっかり抱く．抱きつく．¶～旧的规章 guīzhāng 制度 zhìdù 不放/古いしきたりや制度にしがみついて放さない．

豹 bào 名〈動〉ヒョウ．▶代表的な種類に"金钱豹 jīnqiánbào""云豹 yúnbào"などがある．"豹子"とも．量 只 zhī,匹 pǐ,头．¶～皮大衣/ヒョウ皮のコート．‖姓
【豹猫】bàomāo 名〈動〉ヤマネコ．ベンガルヤマネコ．
【豹子】bàozi 名〈動〉ヒョウ．

鲍 bào "鲍鱼 bàoyú"⬇という語に用いる．‖姓
【鲍鱼】bàoyú 名 ①〈貝〉アワビ．②〈書〉塩漬けの魚．

暴 bào ①形(性格が)**荒々しい**．**粗暴である**．¶他的性情 xìngqíng 很～/彼はすぐかっとなる性質だ〔かんしゃく持ちだ〕．②動 ふくれ上がる．¶气得头上直 zhí ～青筋 qīngjīn/こめかみに青筋を立てて怒っている．
◇ ①にわかで激しい．②凶悪な．残酷な．③損なう．‖姓
【暴病】bàobìng 名(突然重体になる)急病．¶他得 dé ～死了/彼は急病で死んでしまった．
【暴跌】bàodiē 動(↔暴涨 bàozhǎng)(物価・相場が)暴落する．¶股票 gǔpiào ～/株が暴落する．
【暴动】bàodòng 名 蜂起．暴動．一揆．¶发生 fāshēng ～/暴動がおきる．
【暴发】bàofā 動 ①〈貶〉成り上がる．突然高い地位や財産を得る．②突然発生する．¶山洪 shānhóng ～/突然,山津波が起こる．
【暴发户】bàofāhù 名〈貶〉にわか成金．成り上がり．
【暴风】bàofēng 名 ①暴風．量 场 cháng．¶刮 guā ～/暴風が吹く．②〈気〉暴風．▶風力11の風．
【暴风雪】bàofēngxuě 名〈気〉大吹雪．雪あらし．
【暴风雨】bàofēngyǔ 名 ①〈気〉**暴風雨**．あらし．量 场 cháng．¶昨晚下了一场～/昨夜,あらしが吹き荒れた．¶革命的～/革命のあらし．¶～般的掌声 zhǎngshēng/あらしのような拍手．②〈喩〉(争い・騒動などの)あらし．
【暴风骤雨】bào fēng zhòu yǔ 〈成〉勢いが猛烈である；あらしのような大衆運動．¶其势 qí shì 如～/その勢いはあらしのようである．
【暴富】bàofù 動 にわか成金になる．
【暴光】bào∥guāng →【曝光】bào∥guāng
【暴洪】bàohóng 名 突然の洪水．
【暴虎冯河】bào hǔ píng hé 〈成〉勇気はあるが,無謀である．
【暴举】bàojǔ 名 暴挙．
【暴君】bàojūn 名 暴君．
【暴力】bàolì 名 **暴力**．**武力**．
【暴利】bàolì 名 暴利．¶牟取 móuqǔ ～/暴利をむさぼる．
【暴戾】bàolì 形〈書〉暴虐である．横暴である．
【暴烈】bàoliè 形(性格が)荒々しい．¶性情 xìngqíng ～/気性が荒々しい．かんしゃく持ちである．
【暴露】bàolù 動(隠された事柄や思想が)**暴露する**；(秘密が自然に)**露見する**．明るみに出る；(意識的に自分の秘密を)さらけ出す．¶这事总有一天会～出来/この事は必ず露見する日が来る．¶～自己的思想/自分の考えをすべて明らかにする．
注意 特に,人に知らせるべきでない秘密・情報・内情などの具体的な事柄を対象とするときには,"泄露 xièlù"を用いる．
【暴露文学】bàolù wénxué 名 暴露文学．社会の暗黒面をあばくだけの文学．
【暴露无遗】bào lù wú yí 〈成〉(悪人や悪事が)残らず明るみに出る．
【暴乱】bàoluàn 名〈貶〉暴動．暴乱．
【暴落】bàoluò 動〈経〉(物価・相場が)暴落する．
【暴怒】bàonù 動 激怒する．烈火のごとく怒る．
【暴虐】bàonüè 形 暴虐である．凶暴である．
【暴脾气】bàopíqi 名 怒りっぽい性格．かんしゃく持ち．

【暴热】bàorè 動(天気が)急に暑くなる.
【暴晒】bàoshài 動 長く日光にさらす.
【暴死】bàosǐ 動 急死する. 頓死(とん)する.
【暴殄天物】bào tiǎn tiān wù 〈成〉自然のものをやたらむだ〔粗末〕にする.
【暴跳如雷】bào tiào rú léi 〈成〉足を踏みならして烈火のごとく怒る.
【暴徒】bàotú 名 暴徒.
【暴土】bàotǔ 名(風が吹けばすぐほこりが立つ)乾ききった土やほこり.
【暴亡】bàowáng 動〈書〉急死する. 頓死(とん)する.
【暴行】bàoxíng 名 暴行. 残虐な行為.
【暴性子】bàoxìngzi 名 かんしゃく持ち.
【暴饮暴食】bào yǐn bào shí 〈成〉暴飲暴食する.
【暴雨】bàoyǔ 名〈気〉暴雨. 豪雨. 大雨. ㊐ 场 cháng. ¶下～ / 激しい雨が降る.
【暴躁】bàozào ①形 怒りっぽい. 荒々しい. ¶脾气 píqi ～ / 気性が激しい. ②動 いらだつ. 焦る.
【暴涨】bàozhǎng 動 ①(↔暴跌 bàodiē)暴騰する. ¶物价 wùjià ～ / 物価が暴騰する. ②(水位が)急に高くなる. ¶大雨过后,河水～ / 大雨が降ったあと川の水位が急に上がる.
【暴政】bàozhèng 名 暴政. 暴虐な政治.
【暴卒】bàozú 動〈書〉急死する. 頓死(とん)する.

曝 bào "曝光 bàoguāng"⬇という語に用いる. 旧読では pùguāng と読んだ. ⏩ pù

【曝光】bào//guāng 動〈写真〉感光させる. 露出する;〈喩〉(醜聞などを)暴露する,明るみに出す.
【曝光表】bàoguāngbiǎo 名〈写真〉露出計.

爆 bào 動 ①**破裂する**. はじける. ほとばしる. ¶车胎 chētāi ～了 / タイヤがパンクした. ¶钢钎 gāngqiān 打到岩石上,～起火星儿 / たがねが岩に当たって火花を散らした. ¶晒 shài ～了皮 / 日に焼けて皮がむけた. ②〈料理〉高熱の油で油通しし,さっといためる.
【爆肚儿】bàodǔr 名 ウシやヒツジの胃袋を刻み,熱湯にさっと通して調味料をつけて食べる料理. ►油でいためたものを"油 yóu 爆肚儿"という.
*【爆发】bàofā 動 ①**爆発する**. ¶火山～ / 火山が爆発する. ¶～出一阵掌声 zhǎngshēng / 突然拍手がわき起こった. ②(事件や戦争などが)**勃発する**,突発する.
【爆发力】bàofālì 名〈体〉瞬発力.
【爆发音】bàofāyīn 名〈語〉破裂音. 閉鎖音.
【爆冷】bàolěng ⇀【爆冷门】bào lěngmén
【爆冷门】bào lěngmén 〈慣〉(～儿)(試合などに)番狂わせが起こる. ¶那次比赛爆出了个冷门 / その試合に番狂わせが起こった.
【爆裂】bàoliè 動 破裂する. はじける.
【爆满】bàomǎn 形 大入り満員である. 超満員である. ¶剧场里观众～,盛况 shèngkuàng 空前 / 劇場は超満員で空前の盛況である.
【爆米花儿】bàomǐhuār 名 爆弾あられ. ポップコーン.
【爆破】bàopò 動 爆破する. 発破をかける.
【爆音】bàoyīn 名〈航空〉ソニックブーム.
【爆炸】bàozhà 動 ①爆発する. ¶炸弹 zhàdàn ～了 / 爆弾が爆発した. ②数量が激増する.
【爆仗】bàozhang 名 爆竹.
【爆竹】bàozhú 名 爆竹. ❖放 fàng～ / 爆竹を鳴らす.

bei (ㄅㄟ)

B

1声 **陂** bēi 名〈書〉①水のほとり. 岸. ②坂. 山道.
◇◆ 池. ¶～塘 táng / 池.

杯(盃) bēi 量 **杯やコップなどの容器を単位として,液体の量を数える. ¶一～酒 / 1杯の酒.
◇◆ ①湯飲み. コップ. 杯. ¶茶～ / 湯飲み茶碗. ②優勝カップ. ¶银～ / 銀杯. ‖姓
【杯弓蛇影】bēi gōng shé yǐng 〈成〉疑心暗鬼になりびくびくする.
【杯盘狼藉】bēi pán láng jí 〈成〉酒宴のあと,杯や皿などが席上に散乱しているさま.
【杯水车薪】bēi shuǐ chē xīn 〈成〉焼け石に水.
【杯中物】bēizhōngwù 名〈喩〉酒.
【杯子】bēizi 名 **コップ. 湯飲み. ㊐ 个.

卑 bēi ◇◆ ①(身分・位置が)低い. 卑しい. ②(品性・品質が)劣っている. ③(言行が)へりくだっている.
【卑鄙】bēibǐ 形 **卑しい**. 下劣である. 卑劣である. ¶～无耻 wúchǐ 的行为 xíngwéi / 下劣で恥知らずな行い.
【卑不足道】bēi bù zú dào 〈成〉取るに足りない.
【卑词・卑辞】bēicí 名〈書〉へりくだった言葉.
【卑躬屈膝】bēi gōng qū xī 〈成〉人にこびへつらう.
【卑贱】bēijiàn 形 ①〈旧〉(生まれが)卑しい. ②(人品が)卑しい.
【卑劣】bēiliè 形 卑劣である. 下劣である.
【卑陋】bēilòu 形 ①小さくて粗末である. みすぼらしい. ¶～的茅屋 máowū / みすぼらしいカヤぶきの小屋. ②地位が低い. 品性が劣る.
【卑怯】bēiqiè 形 卑怯(ひきょう)である. 卑劣で臆病である. ¶～行为 xíngwéi / 卑劣な行為.
【卑人】bēirén 名〈謙〉〈近〉私め.
【卑微】bēiwēi 形(身分が)低い. 卑しい. ¶出身 chūshēn ～ / 生まれが卑しい.
【卑污】bēiwū 形 下劣である. 卑しい.
【卑下】bēixià 形 ①品がない. ¶文风～ / 作風に品がない. ②(地位が)低い.
【卑职】bēizhí 名〈謙〉〈旧〉小職. 小官. 私め.

*背 bēi ❶動 ①**背負う. おんぶする**. ¶～粮 liáng 上山 / 食糧を背負って山に登る. ②(責任・借金などを)負う. しょいこむ. 負担する. ¶～了一身债 zhài / かなりの額の借金を負った.
❷量 背負えるだけの量. ¶一～柴火 cháihuo / 背負えるだけの柴. ⏩ bèi
【背榜】bēi//bǎng 動 試験に最下位で合格する. ¶考了个～ / びりで合格した.
【背包】bēibāo 名 リュックサック. ランドセル. ¶～客 kè / バックパッカー. ⇨【背包】bèibāo
【背包袱】bēi bāofu 〈慣〉心に負担〔悩みの種,うぬぼれ〕を持つ;経済的な負担がかかる. ¶你不要因此～ / このために悩んではいけない.
【背带】bēidài 名 ①サスペンダー. ズボンつり. ¶～裤 kù / (サスペンダー付きの)つりズボン. ②(短銃などを肩に掛ける)掛けひも.
【背负】bēifù 動 背負う. 負担する. 引き受ける.

¶～着祖国的期望 / 祖国の期待を担っている.

【背锅】bēiguō ⇀【背黑锅】bēi hēiguō

【背黑锅】bēi hēiguō 〈慣〉他人の罪を負う. ぬれぎぬを着せられる.

【背口袋】bēi kǒudai 〈慣〉〈口〉背負い投げ.

【背篓】bēilǒu 名 背負いかご. ¶～商店 / 山地で背負子(しょいこ)で商品を売り歩く行商人.

【背头】bēitóu 名(髪型の)オールバック. ¶给我剪 jiǎn 一个～ / オールバックにしてください.

【背债】bēi//zhài 動 借金を負う.

【背着抱着一般沉】bēizhe bàozhe yībān chén 〈慣〉どっちみち負担は同じである.

【背子】bēizi 名 しょいかご.

悲 bēi ◇◆ ①悲しむ. ②哀れむ. ¶慈 cí～ / 哀れむ. 慈悲.

【悲哀】bēi'āi 形 **悲しい**. 痛ましい.

【悲惨】bēicǎn 形(人の境遇が)**悲惨である**. 痛ましい. 惨めである.

【悲愁】bēichóu 形〈書〉悲しい.

【悲怆】bēichuàng 形〈書〉悲愴である.

【悲悼】bēidào 動 悲しみ悼む. 哀悼する. ¶谨 jǐn 表～之意 / 謹んで哀悼の意を表する.

【悲愤】bēifèn 形 悲しみ憤る.

【悲风】bēifēng 名〈書〉悲しみをそそる風.

【悲歌】bēigē ① 動 悲しみ歌う. ② 名 エレジー.

【悲观】bēiguān 形(↔乐观 lèguān)**悲観的**である. ¶持 chí～情绪 qíngxù / 悲観的になる. ¶～主义 / 悲観主義. ペシミズム.

【悲欢离合】bēi huān lí hé 〈成〉別れ・出会いなど世の中の喜びや悲しみ. 人生の常ならぬ移り変わり.

【悲剧】bēijù 名 悲劇.

【悲苦】bēikǔ 形 悲惨で痛ましい.

【悲凉】bēiliáng 形 もの悲しい. うら寂しい. 哀れである. ¶～的歌声 / もの悲しい歌声.

【悲鸣】bēimíng 動 悲鳴を上げる.

【悲泣】bēiqì 動〈書〉悲しみ泣く.

【悲秋】bēiqiū 動 秋のうらぶれた景色に悲しみがわく.

【悲伤】bēishāng 形 **深く悲しむ**. 心が痛む. ¶～地述说遭遇 zāoyù / 悲しそうに境遇を述べる.

【悲酸】bēisuān 形 悲しくてせつない.

【悲叹】bēitàn 動 悲嘆に暮れる.

【悲啼】bēití 動(鳥が)悲しげに鳴く.

【悲天悯人】bēi tiān mǐn rén 〈成〉社会の腐敗や人民の苦痛を憂う.

*【悲痛】bēitòng 形 **心が痛むほど悲しい**. ¶～的消息 / 悲しい知らせ.

【悲喜交集】bēi xǐ jiāo jí 〈成〉悲喜こもごも至る.

【悲咽】bēiyè 動 悲しんでむせび泣く.

【悲郁】bēiyù 形 悲しみに沈む.

【悲壮】bēizhuàng 形 悲壮である.

*****碑** bēi 名 **碑**. **石碑**. (量) 块, 座. ¶为烈士 lièshì 树了一块～ / 烈士のために石碑を立てた.

【碑额】bēi'é 名 石碑の上部.

【碑记】bēijì 名 碑文. 碑銘.

【碑碣】bēijié 名〈書〉石碑. 碑碣(ひけつ). ►長方形のものを"碑", 丸いものを"碣"という.

【碑刻】bēikè 名 石碑に彫りつけた文字や図画.

【碑林】bēilín 名 石碑をたくさん集めてある所. 碑林(ひりん). ►特に西安の陝西省博物館のものが有名.

【碑铭】bēimíng 名 碑銘. 碑文.

【碑帖】bēitiè 名 石碑帳. (碑文の書を写しとった)拓本. (量) 幅 fú; [冊子状態のもの]本, 册 cè.

【碑亭】bēitíng 名 石碑を保護するためのあずま屋.

【碑文】bēiwén 名 碑文.

【碑阴】bēiyīn 名 碑の裏側(の文章).

【碑志】bēizhì ⇀【碑记】bēijì

3声 ****北** běi 方位 **北**. **北の〔へ〕**. ¶坐～朝 cháo 南 / (建物が)北側にあって南向きである. ¶从～往南 / 北から南へ. ◇◆ 敗北する. ¶败 bài～ / 敗北する. ‖ 姓

【北半球】běibànqiú 名〈地〉北半球.

【北边】běibiān (～儿) ① 方位 **北. **北の方**. **北側**. ¶大学～有一个小卖部 / 大学の北側に売店が一つある. ② 名(Běibiān)〈口〉(中国の)北方地区. ⇒【北方】běifāng

【北冰洋】Běibīngyáng 名〈地〉北極海. 北氷洋.

【北朝】Běicháo 名〈史〉(↔南朝 Náncháo)北朝. 北魏(のちに東魏と西魏に分裂)・北斉・北周の総称. ⇒【南北朝】Nánběicháo

【北辰】běichén 名〈書〉北極星.

【北大荒】Běidàhuāng 名 北大荒(ペイターホアン). ►黒竜江省の三江平原あたり.

【北大西洋公约】Běidàxīyáng gōngyuē 名 北大西洋条約. ¶～组织 zǔzhī / NATO. 北大西洋条約機構. ►略して"北约组织".

【北斗】běidǒu 名〈天〉北斗星.

【北斗星】běidǒuxīng 名〈天〉北斗星. 北斗七星.

【北豆腐】běidòufu 名(↔南豆腐)固くて目の粗い豆腐. 木綿豆腐.

*【北方】běifāng ① 方位 **北(の方)**. ¶俄罗斯 Éluósī 在中国的～ / ロシアは中国の北の方にある. ② 名(Běifāng)(中国の)**北方地区**. ►黄河流域およびそれ以北の地域をさす. ¶他生在～, 长 zhǎng 在南方 / 彼は北方で生まれ南方で育った. ¶～人 / 北方出身の人.

【北方话】běifānghuà 名〈語〉北方方言. 長江より北の地域で用いられる方言. ►"北方话"は共通語の基礎となる方言である.

【北瓜】běiguā 名〈方〉カボチャ.

【北国】běiguó 名(中国の)北部, 北方.

【北回归线】běihuíguīxiàn 名 北回帰線.

【北货】běihuò 名 中国北方特産の食品. ►アカナツメ・クルミ・干しガキなど.

【北极】běijí 名 ①〈地〉北極. ②(磁石の)N極.

【北极星】běijíxīng 名〈天〉北極星.

【北郊】běijiāo 名(都市の)北の郊外.

【北京】Běijīng 名〈地名〉ペキン**. **北京**. ►中国一級行政区の一つで省と同レベル. ¶～是中华人民共和国首都 shǒudū / 北京は中華人民共和国の首都である.

【北京烤鸭】běijīng kǎoyā 名〈料理〉北京ダック. 北京式アヒルの丸焼き料理.

【北京人】Běijīngrén 名 ① 北京の人. ② ⇀【北京猿人】Běijīng yuánrén

【北京时间】Běijīng shíjiān 名 北京時間. ►中国の標準時.

【北京鸭】běijīngyā 名〈食材〉北京ダック用のアヒル. ►"北京填 tián 鸭"とも.

【北京猿人】Běijīng yuánrén 名〈史〉北京原人.

B

シナントロプス・ペキネンシス.
【北面】běimiàn ①方位(～儿)**北の方.北側.** ¶图书馆在体育场的～/図書館はグラウンドの北側にある. ②動〈書〉北に向く;〈転〉臣下となる. ¶～称臣 chēngchén/北面して臣下となる.
【北面南饭】běi miàn nán fàn〈成〉北方はマントーやめん類などの小麦製品を,南方は米を主食とすること. ►中国の南北の食習慣の違いをいった言葉.
【北平】Běipíng 名〈旧〉旧時の北京の別称. 参考 明代や中華民国時代に首都を南京に置いたとき"北平"と呼ばれた.
【北曲】běiqǔ 名 ①金・元時代に北方に流行した戯曲の名. ②金・元時代の"杂剧 zájù""套曲 tàoqǔ""散曲 sǎnqǔ"の節.
【北上】běishàng 動 北上する.北の方へ行く. ¶考察队明日～/調査隊は明日北上する.
【北堂】běitáng 名〈旧〉母の称.母堂. ►旧時,"堂"(母屋)の北側が主婦の部屋だったから.
【北纬】běiwěi 名〈地〉北緯.
【北魏】Běiwèi 名〈史〉北魏(ほくぎ).
【北洋】Běiyáng 名〈史〉北洋.清朝末期,奉天・直隷・山東(現在の河北・遼寧・山東省など)の沿海地区をさした.
【北约】Běiyuē →【北约组织】Běiyuē zǔzhī
【北约组织】Běiyuē zǔzhī 名〈略〉北大西洋条約機構.NATO. ►"北约"とも.
【北宗】běizōng 名 ①〈宗〉北宗.昔,中国北部で行われた禅宗の一派. ②中国画の一派.南宗に対していう. ►"北宗画""北画"とも.

4声
贝(貝) bèi
◇◆ ①貝. ¶干～/干し貝柱. ②貨幣. ‖姓

【贝币】bèibì 名〈古〉貝貨.
【贝雕】bèidiāo 名 貝殻細工.
【贝九】Bèi jiǔ 名〈略〉ベートーベンの『第九交響曲』.
【贝壳】bèiké 名(～儿)**貝殻.**
【贝雷帽】bèiléimào 名 ベレー帽.
【贝宁】Bèiníng 名〈地名〉ベナン.
【贝丘】bèiqiū 名〈考古〉貝塚.
【贝塔】bèitǎ 名 ベータ.β.
【贝塔射线】bèitǎ shèxiàn 名〈物〉ベータ線.
【贝叶树】bèiyèshù 名〈植〉タラヨウ.バイタラ. 参考 インド産の常緑樹で,その葉は経文("贝叶经")を書きつけるのに用いられた.

狈 bèi
"狼狈 lángbèi"(さんざん苦しんだり困ったりする)という語に用いる.

备(備) bèi
動 **準備する.** ¶我给孩子们～了一份礼物 lǐwù/子供たちにプレゼントを用意した.
◇◆ ①備わる. ¶无一不～/何もかもそろっている. ②備える. ¶→～荒 huāng. ③設備. ¶军～/軍備. ④つぶさに.ことごとく.完全に. ¶～受欢迎/大いに歓迎される. ‖姓

【备案】bèi//àn 動 主管部門へ報告してその記録に載せる. ¶报上级～/記録に載せてもらうために上級(機関)に報告する.
【备办】bèibàn 動(必要なものを)とりそろえる,調達する.
【备不住】bèibuzhù 動+可補〈方〉断言できない.ことによると…かもしれない. ¶看样子,明天～要下雪/明日,雪が降りそうだ.
【备查】bèichá 動 審査の参考に備える.
【备尝辛苦】bèi cháng xīn kǔ〈成〉苦労をなめ尽くす.
【备而不用】bèi ér bù yòng〈成〉(今は使わないが)万一のために備える.
【备份】bèifèn ①名 予備.スペア;〈電算〉バックアップ. ②動〈方〉員数をそろえる.架空にこしらえる.
【备耕】bèigēng 動 耕作前の支度をする.
【备荒】bèi//huāng 動 飢饉(ききん)に備える. ¶储 chǔ 粮～/食糧を蓄えて飢饉に備える.
【备件】bèijiàn 名 予備の部品.スペア(パーツ).
【备考】bèikǎo ①名 備考. ②動 試験に備える.
【备课】bèi//kè 動(教師が)授業の準備をする.
【备料】bèi//liào 動 資材を用意する.
【备马】bèi//mǎ 動 乗馬の支度をする.
【备品】bèipǐn 名 予備の部品.スペア(パーツ).
【备齐】bèi//qí 動+結補 準備がすっかりでき上がる;(品物を)全部とりそろえる.
【备取】bèiqǔ 動(入試または採用試験などで)補欠として採用する. ¶～生/補欠合格者.
【备忘录】bèiwànglù 名 ①(外交上の)覚書. ②備忘録.メモ.
【备悉】bèixī 動〈書〉委細了承する.
【备细】bèixì 名〈近〉一部始終.詳細.委細. ¶已知～/委細了承しました.
【备下】bèi//xià 動+方補 用意しておく. ¶已为客人～酒饭/客にごちそうを用意しておく.
【备用】bèiyòng 動 必要に備え準備しておく. ¶～车胎 chētāi/スペアタイヤ.
【备员】bèiyuán 名 予備人員.
【备战】bèi//zhàn 動 戦争に備える.
【备至】bèizhì 形 至れり尽くせりである. ¶关怀～/配慮がよく行き届き,至れり尽くせりである.
【备置】bèizhì 動〈書〉備え付ける;買ってきて用意しておく. ¶～一架复印机 fùyìnjī/複写機を1台備え付ける.
【备注】bèizhù 名 付注.注釈.

*背 bèi

背中を向ける < 背ける→隠れて…する / (本などを見ず)暗唱する

❶動 ①**暗唱する.** ❖～课文 kèwén/本文を暗唱する. ②(↔向 xiàng)**背を向ける.背にする.** ¶～着太阳坐/太陽に背を向けて座る. ¶把脸 liǎn～过去/顔を背ける. ③**避ける.陰に回る.隠れる.** ¶～着老师说话/先生に隠れて話をする.
❷名 **背.背中.**
❸形 ①(耳が)**遠い.** ¶老太太耳朵 ěrduo 有点儿～/おばあさんは耳がちょっと遠い. ②辺鄙(へんぴ)である.さびれている. ¶这地方太～了/ここはひどくさびれている. ③〈口〉不調である.運が悪い. ¶手气 shǒuqì～/(かけ事などで)ついていない.
◇◆ ①背く.違反する. ¶→～约 yuē. ②(物の)背面,裏. ¶手～儿/手の甲. ‖姓 ▸▸ bēi
【背包】bèibāo 名 リュックサック.背嚢(はいのう). ⇒【背包】bēibāo

B

【背不下来】bèibuxià//lái 動+可補（記憶力が悪くて）暗記できない.
【背不住】bèibuzhù →【备不住】bèibuzhù
【背城借一】bèi chéng jiè yī〈成〉一か八かの勝負をする.
【背搭子】bèidāzi 名（寝具・衣類などを入れ肩に振り分けてかつぐ）布袋.
【背道而驰】bèi dào ér chí〈成〉反対方向へ向かっていく. 相反する.
【背地】bèidì →【背地里】bèidìli
【背地里】bèidìli 名 陰で. 人の見ていないところで. ¶～说长道短 / 陰であれこれ言う.
【背点儿】bèidiǎnr 形〈口〉運が悪い.
【背篼】bèidōu 名〈方〉背負いかご.
【背风】bèi//fēng 動 風が当たらない；風をさける. ¶找个地方～ / 風が当たらない場所を探す.
【背旮旯儿】bèigālár 名〈方〉人目につかない所. 隅っこ.
【背躬】bèigōng 名（京劇でいう）傍白（ぼうはく）, わきぜりふ. ¶打～ / わきぜりふを言う.
【背光】bèiguāng 形 陰になっている. ¶不要在～的地方看书 / 陰になっているところで本を読まないように.
*【背后】bèihòu 名 ①**背後**. 後ろ. ¶～有一条影子 yǐngzi / 後ろから影がついてくる. ¶房子～ / 家の裏. ②**陰（で）**. 裏（に）. ¶～说闲话 xiánhuà 不好 / 陰でとやかく言うのはよくない. ¶这件事～另有原因 / この件の裏には別の原因がある.
【背货】bèihuò 名 売れ行きの悪い商品.
【背景】bèijǐng 名 ①背景. バック. ¶～音乐 / BGM. ¶以海为～照相 / 海を背景に写真を撮る. ②後ろだて.
【背井离乡】bèi jǐng lí xiāng〈成〉故郷を離れる. ふるさとを追われる.
【背静】bèijing 形 辺鄙（へんぴ）でひっそりとしている.
【背靠背】bèi kào bèi〈慣〉当事者のいないところで議論する.
【背离】bèilí 動 外れる. 背離する. ¶～宪法 xiànfǎ 的基本原则 / 憲法の基本原則に背く.
【背理】bèi//lǐ 動 道理に背く. 筋が通らない.
【背亮儿】bèi//liàngr 動（逆光線で）陰になる.
【背面】bèimiàn 名 裏. 背面. ►bèimian とも発音する. ¶照片 zhàopiàn ～ / 写真の裏側. ¶请阅 yuè ～ / 裏面をお読みください.
【背逆】bèinì 動 逆らう. 逆行する. ¶～时势 shíshì / 時勢に逆行する.
【背叛】bèipàn 動 反逆する. 裏切る. 謀反する. ¶～朋友 / 友人を裏切る.
【背鳍】bèiqí 名〈魚〉背びれ.
【背气】bèi//qì 動（～儿）〈口〉気絶する. （一時）呼吸が止まる. ¶他背过气去了 / 彼は気絶した.
【背弃】bèiqì 動 背く. 破棄する. ¶～诺言 nuòyán / 約束を破棄する.
【背人】bèi//rén ①動 人に隠す. ¶～没好事, 好事不～ / 人に隠れてするような事にはろくな事はなく, よい事は人に隠れてする必要はない. ②形 人目につかない.
【背时】bèishí 形 ①〈方〉時代に合わない. ¶～货 / 時代遅れのしろもの. ②ついていない. ¶～鬼 guǐ / 不運なやつ. ¶～的老虎被犬 quǎn 欺 qī / つきのない虎は犬にまでばかにされる；偉い人でも運のない時はつまらない人にばかにされるたとえ.
【背手】bèi//shǒu 動（～儿）後ろ手を組む.
【背书】bèi//shū ①動 暗唱する. ②名（手形などの）裏書.
【背熟】bèi//shú 動+結補 すらすらと暗唱する. ¶这段台词 táicí, 我已经～了 / このせりふはもう覚えられた. ¶背得 de 熟 / すらすら暗唱できる. ¶背不 bu 熟 / すらすら暗唱できない.
【背水一战】bèi shuǐ yī zhàn〈成〉背水の陣を敷いて一戦を交える.
【背诵】bèisòng 動 暗唱する.
【背心】bèixīn 名（～儿）ベスト. チョッキ；袖なし・半袖の衣類. ►肌着類や上着も含む. 量 件 jiàn. ¶毛 máo ～ / 毛糸のチョッキ. ¶防弹 fángdàn ～ / 防弾チョッキ. ¶西服～ / ベスト. チョッキ. ¶运动 yùndòng ～ / ランニングシャツ.
【背信弃义】bèi xìn qì yì〈成〉信義に背く. ¶～的行为 xíngwéi / 背信行為.
【背兴】bèixìng 形〈方〉ついていない.
【背眼】bèiyǎn 形（～儿）目が届かない（場所）.
【背阴】bèiyīn 名（～儿）日陰. ¶～处 chù / 日陰のところ.
【背影】bèiyǐng 名（～儿）後ろ姿.
【背约】bèi//yuē 動 違約する.
【背运】bèiyùn ①名 不運. ¶走～ / 運が傾く；貧乏くじを引く. ②形 運が悪い.
【背字儿】bèizìr 名〈方〉不運. 悪運. ¶走～ / 運が悪い.

钡 bèi

名〈化〉バリウム. Ba.

【钡餐】bèicān 名〈医〉（X線造影剤の）バリウム. ¶吃～ / バリウムを飲む.

** 倍 bèi

量 倍. ¶增加一～ / 倍増する. 2倍になる. ¶产量增长 zēngzhǎng 了三～ / 生産量が3倍分増えた〔4倍になった〕. ¶这个房间比那个房间大两～ / この部屋はあの部屋の3倍の大きさである.

◇◆ 倍する. ¶事半功～ / 半分の労で倍の効果を上げる. ¶～于 yú … / …に倍する.

注意 "倍"は量詞の一種であるが, 後に名詞を伴わない. また"增加""增多""大"などが先行するときの"倍"はもとの数を含まない. したがって"增加一倍""多一倍"のときは日本語の「倍増する」「倍多い」に当たるが, "增加两倍""大两倍"のときは「3倍に増加した」「3倍の大きさである」ということになる. しかし, "增加到两倍"といえば「2倍になる」ことである. ‖姓

【倍感】bèigǎn 動〈書〉ひとしお…と感じる. ¶读了她的信, ～亲切 qīnqiè / 彼女の手紙を読んでいっそう親しさを感じた.
【倍加】bèijiā 副 ますます. いっそう. ¶～努力 nǔlì / いっそう努力する.
【倍觉】bèijué 動 いっそう…と思う. ますます…を感じる. ¶读完信后, ～可疑 kěyí / 手紙を読んだらますます疑わしく思えた.
【倍儿】bèir 副〈方〉（一部の形容詞に係る）すごく. 非常に. ¶～精神 jīngshen / すごく格好いい. ¶～棒 bàng / すごい. すばらしい.
【倍数】bèishù 名〈数〉倍数.
【倍添】bèitiān →【倍增】bèizēng

【倍增】**bèizēng** 動 倍増する．倍に増える．¶勇气～／勇気倍増する．

悖(誖) bèi

◇◆ ①矛盾する．相反する．¶并行 bìngxíng 不～／同時に行っても矛盾しない．②道理に背く．¶→～谬 miù．

【悖理】**bèilǐ** →【背理】bèi//lǐ

【悖谬】**bèimiù** 形〈書〉理屈に合わない．

【悖逆】**bèinì** 動〈書〉正道に反する．

【悖入悖出】**bèi rù bèi chū** 〈成〉悪銭身につかず．

** 被 bèi

❶ 前《受け身の文で動作主を導く》…に，…から(…される，…られる)．►動詞には他の成分を加える．¶他～警察 jǐngchá 抓住了／彼は警察に捕まった．¶小鸡～黄鼠狼 huángshǔláng 叼 diāo 去了一只／ひよこが1羽イタチにさらわれた．語法 ❶"把"と併用されることがある．¶他～人家把钱偷 tōu 走了／彼はお金を盗まれた．❷書き言葉として"被"は"所 suǒ"と併用されることがある．この場合は「"被…所"＋動詞」の形をとり，動詞は他の要素を伴えない．また，"被"は"为 wéi"と言い替えられる．¶火车～冰雪所阻 zǔ，晚点了／汽車は氷雪に阻まれて遅れてしまった．

❷ 助《動詞の前に用い，受け身の動作であることを表す》►動作主がはっきりしないとき，または示す必要のないとき．¶他～选为 xuǎnwéi 主席／彼は議長に選ばれた．

❸ 名 **掛け布団**．㊣ 条，床 chuáng．¶盖 gài ～／布団をかける．

◇◆ ①覆う．¶→～覆 fù．②(被害を)被る．¶～灾 zāi ／被災する．

【被逼】**bèibī** 動 強制される〔て…〕．¶～无奈 wúnài／強制されてどうしようもない．強制されて仕方なく(…する)．

【被搭子】**bèidāzi** 名(旅行用の)布団袋．►布団カバーのような形をしていて，くるくる巻いて縄でしばる．

【被袋】**bèidài** 名(旅行用の円筒形の)布団袋．

【被单】**bèidān** 名(～儿・～子) ㊣ 条，床．① **シーツ**．**敷布**．布団カバー．②(夏用の)綿を入れない布団．

【被动】**bèidòng** 形(↔主动 zhǔdòng)**受動的である**；(主導権を握れず)守勢に回っている．¶他做工作比较～／彼は仕事ぶりがいささか消極的だ．¶～地位／受け身の立場．¶陷于 xiànyú ～／守勢に回る．

【被动句】**bèidòngjù** 名〈語〉受動文．

【被服】**bèifú** 名(多く軍事用の)寝具や衣類．

【被俘】**bèifú** 動〈書〉捕虜になる．

【被缚】**bèifù** 動 縛られる；逮捕される．

【被覆】**bèifù** ① 動 覆う．かぶせる．② 名 地面を覆う草木など．

【被告】**bèigào** 名〈法〉被告．►"被告人 bèigàorén"とも．¶～席 xí ／被告席．

〖被…给…〗***bèi…gěi…*** …が〔は〕…された〔されてしまった〕．¶茶杯～我～打碎 dǎsuì 了一个／湯飲みを一つ割ってしまった．

【被害人】**bèihàirén** 名〈法〉被害者．

【被里】**bèilǐ** 名(～儿・～子)(↔被面 bèimiàn)掛け布団の裏．

【被虏】**bèilǔ** 動 捕虜になる．

【被面】**bèimiàn** 名(～儿・～子)(↔被里 bèilǐ)布団の表．㊣ 条，床，幅 fú．¶绣花 xiùhuā ～／刺繍をした布団表．

【被难】**bèinàn** 動 ① 災難・事故で命を落とす．¶～者／遭難者．犠牲者．② 災難に遭う．

【被迫】**bèipò** 動 **強いられる**．…を余儀なくされる．しかたなく…する．¶他～中止 zhōngzhǐ 了学业／彼はしかたなく学校を途中でやめた．

【被抢】**bèiqiǎng** 動 略奪される．強盗にあう．¶听说这家银行 yínháng ～了／この銀行は強盗に襲われたそうだ．

【被窃】**bèiqiè** 動 どろぼうに入られる．

【被擒】**bèiqín** 動 捕虜になる．

【被褥】**bèirù** 名 掛け布団と敷き布団．夜具．組布団．㊣ 套 tào，床．¶～店／布団店．

【被胎】**bèitāi** 名 布団の中身．

【被套】**bèitào** 名(～儿) ①(旅行用)布団袋．② 掛け布団カバー．③ 布団の中身．

【被头】**bèitóu** 名 ① 掛け布団の襟．②〈方〉掛け布団．

*【被窝儿】**bèiwōr** 名 封筒状にたたんだ**掛け布団**；寝床．¶钻进 zuānjìn ～／さっと布団にもぐり込む．

【被卧】**bèiwo** 名 掛け布団．

【被诬】**bèiwū** 動 ぬれぎぬを着せられる．

【被絮】**bèixù** 名 掛け布団の中綿．

【被邀】**bèiyāo** 動 招請される．

【被罩】**bèizhào** 掛け布団のカバー．

*【被子】**bèizi** 名 **掛け布団**．㊣ 条，床．◆盖 *gài* ～／布団をかける．

* 辈 bèi

① 量(～儿)(家族・親戚・友人間の長幼の順序)**代**．**世代**．¶他比我长 zhǎng 一～／彼は私より一世代上だ．② 名(～儿)**一生**．生涯．¶前半～儿／前半生．

◇◆ やから．ともがら．¶下流之～／下品なやつら．¶我～／われら．

【辈辈】**bèibèi** 量(～儿)代々．

【辈出】**bèichū** 動〈書〉輩出する．¶人材 réncái ～／人材が輩出する．

【辈分】**bèifen** 名(家族・親戚・友人間の)長幼の順序．¶我比他～小／私は彼より一世代若い．

【辈数儿】**bèishùr** →【辈分】bèifen

*【辈子】**bèizi** 名 **一生**．生涯．一代．¶半～／半生．⇨【一辈子】yībèizi

惫(憊) bèi

◇◆ 非常に疲れる．¶疲 pí ～／極度に疲労する．

【惫乏】**bèifá** 形〈書〉疲労困憊(ひろうこんぱい)する．

焙 bèi

動 火であぶる．ほうじる．炒(い)る．¶～干 gān ／あぶって乾かす．¶～南瓜子／かぼちゃの種を炒る．

【焙粉】**bèifěn** 名 ベーキングパウダー．►"发粉 fāfěn"ともいい，俗に"起子 qǐzi"．

【焙烧】**bèishāo** 動〈化〉あぶり焼く．

【焙制】**bèizhì** 動 火であぶって乾燥させる．¶～药材 yàocái ／火で乾燥させて薬種を作る．

褙 bèi

◇◆ 布や紙を1枚1枚張り合わせる．¶裱 biǎo ～／(書画を)表装する．

【褙子】**bèizi** 名〈方〉(布靴用)千枚張り．

軽声 呗 bei

助 ①(事実や道理が明白でわかりきっていることを表し)…**じゃないか**．…なんですよ．¶没有钱就别买～／お金がなければ買わなければいいじゃないか．②(「動詞＋"就"＋動詞」の形の末尾に用い，しぶしぶ賛成したり

B

譲歩したりする気持ちを表し)(…なら)…したらいいさ. ¶她一定要唱就让 ràng 她唱～ / 彼女がどうしても歌いたいと言うのなら,歌わせてあげればいいよ. 3("就得了 déle""就行了"の後に用い)(それで)いいじゃないか. ¶人家 rénjia 改了就得了～ / あの人が改めたのなら,それでいいじゃないの. ⏩ bài

臂 bei "胳臂 gēbei"(腕)という語に用いる. ⏩ bì

ben (ㄅㄣ)

1声 **奔 bēn** 動 走る. 駆け回る. ◇◆ ①駆けつける. ¶→～丧 sāng. ②逃げる. ¶东～西窜 cuàn / あちこち逃げ回る. ‖姓 ⏩ bèn

【奔波】bēnbō 動 奔走する. 忙しくする.
【奔驰】bēnchí 1 動(車や馬が)疾駆する,速く走る. ¶汽车～在高速公路上 / 車が高速道路を走っている. 2 名〈商標〉ベンツ.
【奔窜】bēncuàn 動 逃げ回る. あわてふためいて逃げる. ¶四处 sìchù～ / あちこち逃げ回る.
【奔放】bēnfàng 形(思想・感情・文章の勢いなどが)ほとばしる. のびやかで勢いがよい. ¶热情 rèqíng～ / 情熱がほとばしる. ¶～不羁 jī / 自由奔放である. のびのびとしている.
【奔赴】bēnfù 動〈書〉駆けつける. 馳(は)せ参じる. ¶～前线 qiánxiàn / 前線に駆けつける.
【奔劳】bēnláo 動 忙しく駆け回る. 仕事や生活にあくせくする. ¶日夜 rìyè～ / 日夜あくせく駆け回る.
【奔流】bēnliú 1 動(水が)勢いよく流れる. 2 名 激流.
【奔马】bēnmǎ 名 奔馬(ほん);〈喩〉速く勢いがよいこと. ¶势 shì 如～ / 奔馬(ほん)の勢い.
【奔忙】bēnmáng 動 忙しく走り回る. 奔走する. 忙しく立ち働く.
【奔命】bēnmìng 動〈書〉命令によって奔走する. ⇒【奔命】bèn//mìng
【奔跑】bēnpǎo 動 駆け回る.
【奔儿】bēnr 名 話をするときの詰まるところ,ひっかかるところ. すらすらしゃべれないこと. とちること. ►"打～"の形で用いることが多い. ⇒【打奔儿】dǎ//bēnr
【奔丧】bēn//sāng 動(郷里の)親の喪に駆けつける.
【奔驶】bēnshǐ 動(車が)疾走する,疾駆する.
【奔逝】bēnshì (時間や川の流れなどが)あっという間に過ぎ去る. ¶岁月 suìyuè～ / 歳月がまたたく間に過ぎ去る.
【奔逃】bēntáo 動 逃走する. 一目散に逃げる. ¶四下～ / 散り散りばらばらになって逃げる.
【奔腾】bēnténg 勢いよく進む. (多くの馬が)飛ぶように疾走する.
【奔突】bēntū 動 がむしゃらに突き進む.
【奔袭】bēnxí 動〈軍〉(遠方の敵を)急襲する.
【奔向】bēnxiàng 動 …に向かって走る. …へと急ぐ. ¶～远方 yuǎnfāng / 遠方へ急いで行く.
【奔泻】bēnxiè 動〈書〉すさまじい勢いで流れる. ¶怒涛 nùtāo 滚滚 gǔngǔn,～千里 / 怒濤(どう)が逆巻き,激しい勢いで流れる.
【奔逐】bēnzhú 動 急追する.
【奔走】bēnzǒu 動 1 走る. 駆け回る. 2(ある目的のために)駆けずり回る.

锛 bēn 1 名 手斧(ちょうな). 2 動(手斧で)削る. ¶～木头 / 手斧で木を削る.

【锛儿头】bēnrtóu 名〈口〉おでこ(の人).
【锛子】bēnzi 名 手斧(ちょうな).

3声 ** **本 běn** 1 量(～儿)(書籍・帳簿類を数え)冊;(脚本・小説・映画の巻数を数え)巻. ¶三～书 / 本3冊. ¶这部小说一共有六～ / この小説は全6巻である. 2 代 こちら〔自分の方〕の. この. 現在の. ¶～公司 gōngsī / わが社. ¶～月 / 今月. 3 副〈書〉もともと. 4 動〈書〉(…に)基づく. 5 名(～儿)ノート・帳簿類. 台本.
◇◆ ①(草や木の)根,根もと;(事物の)根源,根本. ¶忘 wàng～ / 根本を忘れる. ②元手. 資本. ¶工～ / 生産コスト. ③版本. ¶抄 chāo～ / 写本. ④台本. ¶话～ / 講談本. ⑤主要な. ¶→～部 bù. ‖姓

【本本】běnběn 名 本. 書物;〈喩〉(本に書かれた)教条.
【本本主义】běnběn zhǔyì 名(教条的な)書物至上主義.
【本币】běnbì 名〈略〉本位貨幣.
【本部】běnbù 名 本部.
【本埠】běnbù 名 当地. 当市.
【本埠邮件】běnbù yóujiàn 名 市内郵便.
【本草】běncǎo 名 1 生薬(しょうやく)の総称. 2『本草経』『本草綱目』の略.
【本当】běndāng 副 もともと…(す)べきである. ¶这件事～严格 yángé 处理 chǔlǐ / この件は本来はきびしく処理しなければならない.
【本地】běndì 名(↔外地 wàidì)当地. ¶～人 / 土地の人. ¶～货 huò /(その)土地の産物.
【本分】běnfèn 1 名 本分. 職責. ¶守 shǒu～ / 本分を守る. 2 形 分を心得ている. ►"本份"とも書く. ¶他很～ / 彼は分を心得ている.
【本该】běngāi 副〈書〉本来ならば…(す)べきである.
【本固枝荣】běn gù zhī róng〈成〉基礎がしっかりしていれば何事も繁栄する.
【本国】běnguó 名 本国. 自国. ¶～政府 zhèngfǔ / 本国の政府.
【本行】běnháng 名 1 本職. 本来の職業. 2(銀行などの)当店,弊店.
【本号】běnhào 名〈旧〉当店. 弊店.
【本籍】běnjí 名 本籍. 原籍.
【本家】běnjiā 名 父方の祖先を同じくする者. 父方の親戚. 同族. 一族.
【本家儿】běnjiār 名〈方〉当事者. 当人. 本人. ¶这个问题还得 děi～来解决 / この問題はやはり当事者が解決すべきだ.
【本届】běnjiè 名 今期. ¶～毕业生 / 今期の卒業生. 今年の卒業生.
【本金】běnjīn 名 1 元金. 2 資本金.
【本科】běnkē 名(大学の)本科. ¶～生 / 本科生.
*【本来】běnlái 1 形 本来の. もとの. ¶～的计划 jìhuà / 当初の計画. ¶～面貌 miànmào / 本来の姿. 2 副 1(後の状況とは違って)もともと. 元来. 以前. ¶～我不想麻烦 máfan 你,不过有一件事必须 bìxū 向你请教 / 本当は君に面倒をかけたくなかったが,君に教えてもらわなければならないことがある.

¶人～就是野兽 / 人間だってもともとは野獣だ. ②(道理からして)当然そうあるべきだ. 当たりまえだ. ¶你的病还没好,～就不能去 / 君の病気はまだよくなっていないのだから,当然行けはしない. ¶～嘛,学外语就要下工夫 / 当たりまえだよ,外国語を勉強するなら努力しなくては.
【本来面目】bĕn lái miàn mù 〈成〉本来の姿.
【本垒】bĕnlĕi 名〈体〉(野球の)本塁,ホームベース. ¶～打 / 本塁打. ホームラン.
【本利】bĕnlì 名 元金と利息. 元利.
*【本领】bĕnlĭng 名 **才能. 能力. 腕まえ.** 技量. ¶有～ / 腕がいい. ¶学～ / 技能を身につける. ¶卖弄 màinong ～ / 才能をひけらかす. ¶～高强 / 腕まえがすぐれている. 注意 "本领"は学習することによって得られるかなり高度な技術を表すことがあり,この場合重々しいニュアンスで書面に用いられることが多い. "本事 bĕnshi"も同じ意味だが口語的な表現になる.
【本论】bĕnlùn 名 本論.
【本命年】bĕnmìngnián 名 自分の干支(えと)の年.
【本末】bĕnmò 名 ① 事情. 顚末(てんまつ). ¶详述 xiángshù ～ / 事の顚末を詳しく話す. ② 本末. 根本と枝葉. ¶～倒置 dào zhì / 〈成〉本末転倒する.
【本能】bĕnnéng 名 本能(的に). ¶～行为 / 本能的行動. ¶～地感觉到 / 本能的に感づく.
【本票】bĕnpiào 名〈経〉(銀行の)支払指図書;約束手形.
【本钱】bĕnqian 名 **資本金. 元金.** 元手;頼りとなる資格·経歴や能力. ¶下～ / 投資する. 元手をおろす. ¶捞 lāo 回～ / 元手を取り返す.
【本人】bĕnrén 名 ① **本人.** 当人. ¶这是他～写的信 / これは彼が自ら書いた手紙です. ② 私. 自分. ¶这是～的一贯 yīguàn 主张 / これは私の一貫した主張である.
【本日】bĕnrì 名〈書〉本日.
【本嗓儿】bĕnsăngr 名 地声. ►"假嗓子 jiăsăngzi"(うら声·作り声)と区別されるもの.
【本色】bĕnsè 名〈書〉本来の姿. 本来の面目. ¶英雄 yīngxióng ～ / 英雄本来の面目.
【本色】bĕnshăi 名(～儿)地色. もとの色. 生地の色. ►多くは染める前の色をさす. ¶～的布 / 染めていない布. 無地の布.
【本身】bĕnshēn 代 **それ自体.** そのもの. ¶他的态度～就不正常 / 彼の態度そのものがおかしい.
【本省人】bĕnshĕngrén 名 本省人. 参考 主に台湾で用いられ,台湾省籍出身者をさす. 大半は明·清朝時代に中国大陸から大量に移民してきた漢民族. 1949年前後に国民党政権とともに大陸から渡ってきた"外省人"と区別される.
【本事】bĕnshì 名(小説·戯曲·映画などの題材となった)真実や事跡.
*【本事】bĕnshi 名 **腕まえ. 才能. 能力.** ¶他～大 / 彼は大した腕まえだ. ⇨【本领】bĕnlĭng 注意
【本题】bĕntí 名 本題. 中心となるテーマ.
【本体】bĕntĭ 名〈哲〉本体. 実体. ¶～论 lùn / 本体論. 存在論.
【本土】bĕntŭ 名 ① 郷里. ② 本土. 本国. ③ その土地の土壌.
【本位】bĕnwèi 名 ①〈経〉本位. ② 自分の所属する部門. ③ 重点. 中心.
【本位货币】bĕnwèi huòbì 名〈経〉本位貨幣.
【本位主义】bĕnwèi zhŭyì 名 グループエゴイズム.
【本文】bĕnwén 名 ① この文章. ② 原文.
【本息】bĕnxī 名 元金と利息. 元利.
【本戏】bĕnxì 名〈劇〉通し狂言. 長い芝居. 参考 一つの芝居を一度に演ずるか,あるいは数回に分けて演ずるもの. "折子戏 zhézixì"と区別する. ¶连台 liántái ～ / 連続して上演する長い芝居.
【本相】bĕnxiàng 名 正体. 本来の姿. 本性. ¶～毕露 bìlù / 正体をすっかり現す.
【本心】bĕnxīn 名 本心. 本意.
【本性】bĕnxìng 名 本来の性質. 本性. ¶现出～ / 本性を現す. ¶～难移 nán yí / 本性は改めにくい. 三つ子の魂百まで.
【本姓】bĕnxìng 名 旧姓. もとの姓.
【本业】bĕnyè 名 ① 本業. 専門. ②〈書〉農業.
【本义】bĕnyì 名〈語〉本義. 原義.
【本意】bĕnyì 名 本意. 真意. ¶他的话并 bìng 不是出于～ / 彼の話は決して本心からではない.
【本应】bĕnyīng 副〈書〉本来ならば…(す)べきである.
【本源】bĕnyuán 名 事物の根源.
【本愿】bĕnyuàn 名 本心. 念願.
【本月】bĕnyuè 名 本月. 今月.
【本着】bĕnzhe 前 …に基づいて. 語法 何らかの基準に従うことを示す. "原则yuánzé、方针fāngzhēn、精神 jīngshén、态度 tàidu、指示 zhĭshì"などの抽象的な名詞とのみ組み合わせられる. 主語の前に用いてもよい. ¶～节约 jiéyuē 的原则,… / 節約の原則に基づいて….
【本职】bĕnzhí 名 自分の担当する職務. 自分の仕事. ¶做好～工作 / 職責をりっぱに果たす.
【本质】bĕnzhì 名 本質;(人の)本性. ¶透过 tòuguò 现象看～ / 現象を通して本質を見る. ¶他虽然做过错事,但～上还是好的 / 彼はまちがったことをしたが,根はいい人だ.
【本主儿】bĕnzhŭr 名 ① 本人. ¶我不是～,跟我说也没用 / 私は本人ではないから,私に言ってもらちがあかない. ② 所有者. 持ち主. ¶卖不卖这个得 dĕi 由～决定 / これを売るかどうかは持ち主が決めることだ.
【本字】bĕnzì 名〈語〉① 本字. ►同じ字で現行の字体と旧来の字体が異なる場合,旧来の字体を"本字"という. ②(↔假借字 jiăjièzì)同音の当て字に対して,本来書かれるべき字をいう.
【本子】bĕnzi 名 ① **ノート. 冊子. 量 个. ¶笔记～ / ノート(ブック). ¶不要在～上乱 luàn 画 / ノートに落書きしてはいけない. ② 版本. ③(冊子の形の)証明書類.

苯 bĕn 名〈化〉ベンゼン.

【苯胺】bĕn'àn 名〈化〉アニリン.
【苯巴比妥】bĕnbābĭtuŏ 名〈薬〉フェノバルビタール. ►中国でよく用いる鎮痛剤.
【苯酚】bĕnfēn 名〈化〉フェノール. 石炭酸.
【苯甲基】bĕnjiăjī 名〈化〉ベンジル基.
【苯甲酸】bĕnjiăsuān 名〈化〉安息香酸.
【苯乙烯】bĕnyĭxī 名〈化〉スチレン.

畚 bĕn 動 ちり取りですくう. ¶～垃圾 lājī / ちり取りでちりをすくう. ◇ 箕(み). ちり取り.

【畚斗】běndǒu →【簸箕】bòji
【畚箕】běnjī →【簸箕】bòji

[4声] **奔 bèn** ❶動 ①…に向かう．…を目ざす．突進する．¶列车直 zhí ～上海／列車は上海に向かってまっしぐらに進む．¶一直～南／まっすぐ南へ向かう．¶他是～你来的／彼は君を目当てにやって来たんだ．②(年齢について)手が届こうとする．¶他快～六十岁了／彼はもうすぐ60に手が届く．③〈口〉(手に入れるために)奔走する．¶工作上需要 xūyào 什么,让他去～／仕事でなにか必要なものがあれば,彼に調達させよう．❷前 …に向かって．▶▶ bēn

【奔命】bèn//mìng 動〈口〉一生けんめいに仕事に励む；必死に稼ぐ．⇒【奔命】bēnmìng

【奔头儿】bèntour 名(将来に対する)希望,理想．やりがい．張り合い．

* **笨 bèn** 形 ①愚かである．ばかである．間が抜けている．¶他真～／彼は本当にばかだ．②不器用である．下手である．¶嘴 zuǐ ～／口下手．¶手～／手先が不器用である．③(かさばって)重い,力がいる,扱いにくい．¶这沙发 shāfā 太～／このソファーはかさばって重い．

【笨蛋】bèndàn 名〈罵〉まぬけ．のろま．ばか．¶那个～又上当 shàngdàng 了／あのばかまたただまされた．

【笨活儿】bènhuór 名 力仕事．荒仕事．

【笨货】bènhuò 名〈罵〉のろま．とんま．間抜け．

【笨口拙舌】bèn kǒu zhuō shé〈成〉口下手である．

【笨鸟先飞】bèn niǎo xiān fēi〈成〉行動の遅い人は人より先に動き出す；能力の劣る人は早めに仕事に取りかかる．►謙遜して用いることが多い．

【笨手笨脚】bèn shǒu bèn jiǎo〈成〉手足の動きが鈍い．もたもたしている．不器用である．►"笨笨坷 kē 坷""笨手拉 lā 脚"とも．

【笨头笨脑】bèn tóu bèn nǎo〈成〉鈍感である．愚かである．

【笨重】bènzhòng 形 ①ばかでかい．かさばって重い．¶～家具／大きくて重い家具．¶身体～／体が大きく動きが鈍い．②力のいる．骨が折れる．¶～的活计 huóji／力仕事．

【笨拙】bènzhuō 形 不器用である．下手である．不手際である；愚かである．¶我嘴 zuǐ ～,想说说不出来／私は口下手だから,話したいことが話せない．¶动作～／動作が鈍い．¶玩弄～的伎俩 jìliǎng／愚劣な手段を使う．愚かなやり口を使う．

【笨嘴笨舌】bèn zuǐ bèn shé〈成〉口下手である．

beng (ㄅㄥ)

[1声] **崩 bēng** 動 ①崩れる．②破裂する．破れる．決裂する．¶把自行车胎 zìxíngchētāi 打～了／(空気を入れすぎて)自転車のタイヤがパンクした．¶两个人谈～了／二人の話し合いはもの別れになった．③破裂したものが当たる．飛び散って当たる．¶他被石头～伤了／彼は石に当たって負傷した．④〈口〉銃殺する．⑤〈書〉崩御する．

【崩溃】bēngkuì 動 崩壊(する)．破綻(はたん)する．►国の政治・経済・軍事・倫理などに用いることが多い．¶经济～／経済が破綻する．¶内阁 nèigé 面临～／内閣瓦壊の一歩手前にある．

【崩裂】bēngliè 動 炸裂する．割れる．

【崩龙族】Bēnglóngzú 名(中国の少数民族)パラウン族．

【崩刃】bēng//rèn 動 刃こぼれする．

【崩塌】bēngtā 動 倒壊する．崩れ落ちる．¶大楼～了／ビルが倒壊した．

【崩坍】bēngtān 動 崩れ落ちる．¶山崖 shānyá ～／崖が崩れる．

【崩陷】bēngxiàn 動 陥没する．¶地面～／地面が陥没する．

绷(繃) bēng 動 ①(ぴんと)張る,引っ張る．¶～紧／ぴんと張る．¶政治改革这根弦 xián 一定要～紧／政治改革は不退転の決意で行わねばならない．¶衬衣 chènyī 紧～在身上很不舒服 shūfu／下着がぴったりと体にくっついて気持ちが悪い．②はじける．はねてとぶ．¶弹簧 tánhuáng ～飞了／ばねがはじけてとんだ．③(衣服を糸で)しつける．粗い目で縫う．(針で)とめる．¶～被头／掛け布団に襟あてをとじつける．④〈方〉無理に持ちこたえる．⑤〈方〉(他人の金品を)だまし取って逃げる．持ち逃げする．▶▶ běng,bèng

【绷场面】bēng chǎngmiàn〈慣〉〈方〉無理して見えを張る．うわべだけの体裁をつくろう．

【绷带】bēngdài 名 包帯．量 条;[巻いたもの]卷 juǎn．❖缠 chán〔解 jiě〕～／包帯を巻く〔解く〕．¶往 wǎng 伤口上缠～／傷口に包帯を巻く．¶石膏 shígāo ～／ギプス．

【绷弓子】bēnggōngzi 名 ①ドアの自動閉鎖ばね．②〈方〉ぱちんこ．

【绷簧】bēnghuáng 名〈方〉ばね．ぜんまい．

【绷线】bēngxiàn 名(～儿)しつけ糸．

【绷子】bēngzi 名 ①刺繡枠．②ベッドのネット部分．

嘣 bēng 擬 ①《銃などを発射する音》ずどん．ばん．②《硬い厚いものが打ち当たったり,ものが破裂したりする音》ばん．ぱん．ぽん．③《心臓の鼓動が速く激しいときの音》どきどき．

[2声] **甭 béng** 副〈口〉("不用"の合音)…する必要がない．…に及ばない．¶你～管 guǎn／ほっといてくれ；(やわらかい語調で言えば)君は気にしなくてよい．

[3声] **绷(繃) běng** 動 ①〈口〉(顔を)こわばらせる．¶→～脸 liǎn．②辛抱する．¶～行市 hángshi／相場がよくなるのを我慢して待つ．▶▶ bēng,bèng

【绷不住】běngbuzhù 動+可補(表情が崩れるのを)こらえきれない．¶他看到那张照片 zhàopiàn,～笑了起来／彼はその写真を見ると,思わず顔がほころんだ．

【绷劲儿】běng//jìnr 動 ①(気持ちを)落ち着ける．しっかりする．¶别着急 zháojí,绷住劲儿／あわてないで落ち着きなさい．②じっと力を入れる．ぐっとこらえる．¶他真绷得住 dezhù 劲儿,一声不吭 kēng／彼はほんとに辛抱強く,一言も弱音をはかない．

【绷脸】běng//liǎn 動 顔をこわばらせる．(笑いを殺して)すました顔をする．仏頂面をする．¶绷着脸说／まじめくさった顔で言う．

4声

泵 bèng 名〈機〉ポンプ. ¶用～抽水 / ポンプで水を吸い揚げる.

【泵把】bèngbǎ 名(自動車の)バンパー. ►香港で主に使われる.
【泵房】bèngfáng 名 ポンプ室.
【泵站】bèngzhàn 名 ポンプステーション.

迸 bèng 動(火花・水しぶきなどが)飛び散る. ほとばしる;〈喩〉突然言い出す. ►"迸"とは別の字. ¶她突然～出一句话来 / 彼女は出し抜けにひと言言った.

【迸发】bèngfā 動 飛び散る. 跳びはねる. 沸き上がる. ¶～出一阵笑声 / 笑い声が沸き上がる.
【迸裂】bèngliè 動 破裂する. 裂けて飛び散る.

绷(繃) bèng ①動 裂ける. ひびが入る. ¶线缝 xiànfèng～开了 / 縫い目が裂ける. ②副〈口〉《"硬 yìng""直 zhí""亮 liàng"などの形容詞の前につけて程度が甚だしいことを表す》¶～硬 / ものすごく硬い. ¶～直 / まっすぐだ. ¶～亮 / ぴかぴか光る. ¶～脆 cuì / (かむと)さくさくして砕けやすい;(音声が)よく澄んで響く. ⏩ bēng,běng

【绷瓷儿】bèngcír 名(磁器の)ひび焼き.

镚 bèng "镚儿 bèngr""镚子儿 bèngzǐr""镚子 bèngzi"⬇という語に用いる.

【镚儿】bèngr →【镚子】bèngzi
【镚子儿】bèngzǐr 名〈方〉わずかなお金.
【镚子】bèngzi 名〈方〉小額の硬貨.

蹦 bèng 動 跳ぶ. はねる. 飛び上がる. ¶水面上～出一条小鱼 / 水面から小さい魚が1匹跳びはねた. ¶一事刚完,又～出另一事来 / 一つの事が終わったら,また別の事が舞い込んできた.

【蹦蹦跳跳】bèngbèngtiàotiào 形(～的)跳んだりはねたりして元気がよい.
【蹦跶】bèngda 動 跳びはねる;〈喩〉もがく. じたばたする. ¶敌人的末日就要到了,～不了 liǎo 几天了 / 敵の滅びる日はもうすぐだ,じたばたしても先が知れている.
【蹦高儿】bèng//gāor 動〈口〉飛び上がる. ¶乐得直 zhí～ / 小躍りするほど喜ぶ.
【蹦极(跳)】bèngjí(tiào) 名〈体〉バンジージャンプ.
【蹦跳】bèngtiào 動 躍り上がる. ¶他高兴 gāoxìng 得～起来 / 彼は飛び上がって喜んだ.

bi (ㄅㄧ)

1声

屄 bī 名〈俗〉女性の生殖器. 陰門. ►前に"小"や"臭 chòu""傻 shǎ"などをつけると女性に対するののしり語になる.

* **逼 bī** 動 ①無理やり…させる. ¶他～我承认 chéngrèn 错误 cuòwù / 彼は私に過ちを認めるよう無理強いする. ②無理やり取りたてる.
◇◆ ①迫る. 近づく. ¶→～真 zhēn. ②狭い. ¶～仄 zè / 狭い. 狭苦しい.

【逼供】bīgòng 動(拷問などによって)自白を強いる,犯罪を認めさせる.
【逼供信】bī gòng xìn 拷問によって自白させ証拠とする(こと). ¶严禁 yánjìn～ / 拷問による自白は禁止する.
【逼奸】bījiān 動 強姦(ごうかん)する.
【逼近】bījìn 動 切迫する.
【逼勒】bīlè 動 ①ゆする. ②無理に…させる.
【逼迫】bīpò 動 **強制する**. 無理強いをする. ¶～犯人招供 zhāogòng / 犯人に自白を迫る.
【逼人】bī//rén ①動 人に迫る. ②(bīrén) 形 強く感じさせる. ¶形势 xíngshì～ / 情勢がきびしい. ¶寒气 hánqì～ / 寒さがひしひしと身にしみる.
【逼上梁山】bī shàng liáng shān〈成〉追いつめられてやむを得ず反抗する. ►《水浒传 Shuǐhǔzhuàn》の故事による.
【逼使】bīshǐ 動 無理に…させる.
【逼视】bīshì 動 近づいてじっと見る.
【逼死】bīsǐ 動(人を)死に追いやる.
【逼索】bīsuǒ 動 強要する. ゆする.
【逼问】bīwèn 動 ①強制的に白状させる. 自白を迫る. ¶无论怎么～,他一个字都不吐 tǔ / いくら自白を強要されても,彼は一言ももらさなかった. ②理路整然と問い詰める. ¶他被～得无言答对 / 彼は問い詰められて,ぐうの音も出なかった.
【逼肖】bīxiào 形〈書〉真に迫っている. 非常によく似ている.
【逼债】bī//zhài 動 借金を無理に取りたてる. 返済を強要する.
*【逼真】bīzhēn 形 ①**真に迫る**. 本物そっくりである. ¶那个演员演得很～ / あの俳優の演技は真に迫っている. ②はっきりしている. ¶看得～ / はっきり見える. ¶听得～ / はっきり聞こえる.

2声

荸 bí "荸荠 bíqí"(〈植〉クログワイ. オオクログワイ)という語に用いる.

鼻 bí ◇◆ ①鼻. ⚠注意 日本の漢字「鼻」と字形が違う. ¶→～子. ¶鹰钩 yīnggōu～ / わし鼻. ¶酒糟 jiǔzāo～ / 赤鼻. ②(器物の)つまみ. 穴. ¶针 zhēn～ / 針の穴. めど. ③初め. ¶→～祖 zǔ.

【鼻翅儿】bíchìr 名 小鼻. ►"鼻翼 bíyì"の通称.
【鼻窦】bídòu 名〈生理〉副鼻腔. ►"鼻旁窦 bípángdòu"の通称. ¶～炎 yán / 副鼻腔炎.
【鼻峰】bífēng 名 鼻柱の最も高いところ. 鼻筋.
【鼻垢】bígòu 名〈書〉鼻くそ.
【鼻骨】bígǔ 名 鼻骨.
【鼻化元音】bíhuà yuányīn 名〈語〉鼻音化母音.
【鼻尖】bíjiān 名(～儿)鼻先. 鼻の頭.
【鼻疽】bíjū 名〈医〉鼻疽(びそ). ►"马鼻疽 mǎbíjū"ともいい,一般に"吊鼻子 diàobízi"という.
*【鼻孔】bíkǒng 名 鼻の穴. 鼻孔.
【鼻梁骨】bíliánggǔ 名 鼻柱.
【鼻梁儿】bíliángr 名 鼻柱.
【鼻毛】bímáo 名 鼻毛. 量 根 gēn.
【鼻牛儿】bíniúr 名〈方〉鼻くそ. ►"鼻涕 tì 牛儿"とも.
【鼻衄】bínù 名〈医〉鼻血.
【鼻旁窦】bípángdòu 名〈生理〉副鼻腔. ►通称は"鼻窦".
【鼻腔】bíqiāng 名〈生理〉鼻腔.
【鼻青脸肿】bí qīng liǎn zhǒng〈成〉鼻があざだらけとなり,顔がはれあがる;〈転〉ひどく殴られたり,なにかに顔をぶつけたさま. さんざんの体たらく.

【鼻儿】**bír** 名 ① 器物の上の小さな穴．つまみ．¶门～/(掛け金をはめる戸締まり用の)つぼがね．② 〈方〉(汽笛や警笛など)笛のようなもの．
【鼻塞】**bísè** 名 鼻づまり．
【鼻屎】**bíshǐ** 名 鼻くそ．㊜ 块．
【鼻饲】**bísì** 名〈医〉鼻腔栄養法．
*【鼻涕】**bítì** 名 **はな．鼻汁．鼻水**．㊜ 条．❖流 *liú* ～/はなを垂らす．❖擤 *xǐng* ～/はなをかむ．❖擦 *cā* ～/はなをふく．
【鼻涕虫】**bítìchóng** 名 ナメクジ．
【鼻洼子】**bíwāzi** 名 小鼻の脇のくぼんだところ．►"鼻洼""鼻窝 bíwō"とも．
【鼻息】**bíxī** 名 鼻息．呼吸；〈喩〉人の意向．
【鼻血】**bíxiě** 名 鼻血．
【鼻烟】**bíyān** 名(～儿)かぎたばこ．
【鼻炎】**bíyán** 名〈医〉鼻炎．
【鼻眼儿】**bíyǎnr** →【鼻子眼儿】**bíziyǎnr**
【鼻翼】**bíyì** 名〈生理〉鼻翼．小鼻．►一般に"鼻翅儿 bíchìr"という．
【鼻音】**bíyīn** 名 ①〈語〉鼻音．② 鼻声．¶说话带 dài ～/鼻声で話す．声が鼻にかかる．
【鼻韵母】**bíyùnmǔ** 名〈語〉鼻音で終わる"韵母"．►"普通话"では -n, -ng 韻尾をもつ韻母．
【鼻子】bízi** 名〈口〉**鼻**．㊜ 个．¶象～/象の鼻．¶高～/高い鼻．¶大～/鼻の大きいやつ．►西洋人に対する悪口．¶小～/鼻の小さいやつ．►日本人に対する悪口．¶塌 tā ～/獅子(し)鼻．¶鹰钩 yīnggōu ～/かぎ鼻．¶酒糟 jiǔzāo ～/赤鼻．¶牵 qiān 着～走/無理やり引っぱり回す．
【鼻子眼儿】**bíziyǎnr** 名〈口〉鼻の穴．
【鼻祖】**bízǔ** 名 始祖．元祖．

3声 **匕 bǐ** 名 ①〈古〉昔のさじ．杓子(しゃく)；漢方薬を量る器具．②→【匕首】**bǐshǒu**
【匕首】**bǐshǒu** 名 あいくち．㊜ 把．¶拔 bá 出～/あいくちを抜く．

** **比 bǐ** ❶ 前《性状と程度の比較に用いる》…**より**．…**に比べて**．¶你～我高/君はぼくより背が高い．¶他～我大三岁/彼は私より3歳年上だ．¶我去～你去合适 héshì/君よりもぼくが行ったほうが具合がいい．¶弟弟跑得～我快〔弟弟～我跑得快〕/弟は私より足が速い．
語法 ❶〖一＋〈量詞〉＋比＋一＋〈量詞〉〗程度がしだいに進むことを表す．…するにつれて．…ごとに．¶病一天～一天好/病気が日一日とよくなる．❷"A没有B…"が「AはBほど…ではない」の意味を表す客観的な比較であるのに対して，"A不比B…"は，ある予想・期待などを否定する言い方で「AはBより…なわけではない，すなわちほとんど同程度である」意味を表す．¶我不～他高/私は彼より背が高いわけではない(ほとんど同じ背丈だ)．
❷ 動 ① **比べる．競う**．¶～成绩 chéngjì/成績を比べる．¶～～谁的力气大/だれの力が強いか競ってみよう．②(否定の形で)比べものにならない．¶我不～你，你留过学/あなたは留学経験があるから，私なんかかないませんよ．③ 手まねをする．④…にたとえる．…になぞらえる．⇨【比作】**bǐzuò** ⑤(比べ合わせて)…のとおりにする．…をまねる．►多く"着"を伴う．¶～着身材做衣服/体に合わせて服を作る．⑥(得点が)…対…だ．¶二～二平局 píngjú/2対2の引き分け．
❸ 名 比率．割合．比．¶一与 yǔ 三之～/1対3の割合．‖ 姓

【比比】**bǐbǐ** 副〈書〉① しばしば．② 至る所．どこでも．¶～皆 jiē 是/どこにでもある．
【比不得】**bǐbude** 動＋可補 比べものにならない．…のようにはいかない．
【比不过】**bǐbuguò** 動＋可補 かなわない．及ばない．相手にならない．
【比不起】**bǐbuqǐ** 動＋可補(力量・学力・財力などが足りなくて)比べものにならない．
【比不上】**bǐbushàng** 動＋可補 比べものにならない．及ばない．¶远远～…/遠く…に及ばない．
〖比…都…〗 ***bǐ…dōu…*** …よりもさらに…．¶他～大家～高/彼はみなの中で一番背が高い．
*【比方】**bǐfang** ① 名 **たとえ**．❖打 *dǎ* ～/たとえる．¶说个～/たとえを言う．② 動 たとえる．¶她的心可以用暖水瓶 nuǎnshuǐpíng 来～/彼女の心は魔法瓶(外見は冷たいが中は暖かい)にたとえられる．③ 接続(直接には言いかねるとき)**たとえば**．かりに．もしも．¶～说，…/たとえば…．
【比分】**bǐfēn** 名〈体〉得点．スコア．¶～牌 pái/スコアボード．
〖比…更…〗 ***bǐ…gèng…*** …よりも(の方が)さらに…．¶他～我～能吃/彼は私よりも食欲がある．
【比葫芦画瓢】**bǐ húlu huà piáo** 〈諺〉ひょうたんを手本にしてひしゃくを描く．手本のとおりに模倣するたとえ．
【比画・比划】**bǐhua** ► bǐhuà とも発音する．動 ① 手まねをする．手振りで話す．¶他一边说一边～/彼は話しながら手まねをしている．② 腕比べをする．
【比基尼】**bǐjīní** 名 ビキニスタイルの水着．►"三点式"とも．¶～挂历 guàlì/ビキニ水着のモデルが写ったカレンダー．
【比及】**bǐjí** 動〈書〉…したときには．
【比价】**bǐ//jià** 〈経〉❶ 動(請負・売買などの)入札価格を比較する．❷ 名 ① 比較価格．パリティ価格．② 為替レート．¶人民币 rénmínbì 和美元的～/(中国)人民元と米ドルの為替レート．¶按 àn ～交換/為替レートによって交換する．
【比肩】**bǐjiān** 動〈書〉① 肩を並べる．② 匹敵する．
【比肩继踵】**bǐ jiān jì zhǒng** 〈成〉→【摩肩接踵】**mó jiān jiē zhǒng**
【比较】bǐjiào** ① 動 **比較する**．比べる．¶把译文 yìwén 和原文～一下/訳文を原文と比較してみる．¶和去年～，他今年的成绩进步多了/去年と比べてみると彼の成績はずいぶんよくなっている．② 副 **比較的**．わりに．¶我家交通～方便/私の家は交通がわりに便利だ．
*【比例】**bǐlì** 名 ①〈数〉**比例**．② **割合**．比率．比重．¶男女～/男性と女性の割合．
【比例尺】**bǐlìchǐ** 名 ①(製図道具の)縮尺，比例尺．②(地図などの)縮尺，比例尺，スケール．
【比利时】**Bǐlìshí** 名〈地名〉ベルギー．
【比量】**bǐliang** 動 ①(物差しを用いずに他のもので大ざっぱに)寸法をはかる．②→【比试】**bǐshi** ②
【比邻】**bǐlín** 〈書〉① 名 近隣．¶天涯 tiānyá 若～/遠く離れても近隣のよう(に親密)である．② 動 位置が接近している．近くにある．¶～而居 jū/(二人が)隣り合わせに住んでいる．
【比率】**bǐlǜ** 名〈数〉比率．歩合．割合．
【比美】**bǐměi** 動 美を競う．よさを競う．どちらも

優れている. ¶这里的景色 jǐngsè 可以与桂林 Guìlín 相～ / ここの景色は桂林と同じくらいすばらしい.

【比目鱼】**bǐmùyú** 名〈魚〉(“鲽dié”“鳎tǎ”“鲆 píng” などを含む)カレイ・ヒラメ科の海水魚の総称.

【比拟】**bǐnǐ** ①動 **なぞらえる. 比較する.** たとえる. ¶无可～ / 比べものにならない. 比べるものがない. ¶难以 nányǐ ～ / 比べられない. 及びもつかない. ② 名〈語〉比喩.

*【比如】**bǐrú** 接続 **たとえば.** ¶～说我吧,… / たとえば私の場合ですが….

【比萨饼】**bǐsàbǐng** 名〈料理〉ピザ. ピッツァ.

【比赛】bǐsài** ①動 試合をする. 競う. ¶～排球 páiqiú / バレーボールの試合をする. ②名 **試合. 競技.** 量 场,局,项. ¶唱歌～ / 歌唱コンクール.

【比塞塔】**bǐsàitǎ** 名(スペインの旧通貨)ペセタ.

【比上不足,比下有余】**bǐ shàng bùzú, bǐ xià yǒuyú** 〈諺〉まずまずというところである. 人並みである.

【比试】**bǐshi** 動〈口〉①(力・技量などを)比べてみる. 腕比べをする. ¶～气力 / 力比べをする. ②(ある格好を)やってみる. まねをする.

【比手画脚】**bǐ shǒu huà jiǎo** 〈成〉身ぶり手ぶりよろしくしゃべる. ►“指手划脚”とも.

【比索】**bǐsuǒ** 名(メキシコなどの貨幣)ペソ.

【比特】**bǐtè** 名〈電算〉ビット.

【比武】**bǐ//wǔ** 動 武芸を競う.

【比下去】**bǐxiàqu** 動+方補(…に比べて)劣る,引けを取る.

【比翼鸟】**bǐyìniǎo** 〈慣〉仲のよい夫婦.

【比翼齐飞】**bǐ yì qí fēi** 〈成〉夫婦が仲むつまじい.

【比喻】**bǐyù** ①名 比喩. たとえ. ¶打个～ / たとえる. たとえば. ②動 たとえる.

【比照】**bǐzhào** 動 ①…にならう〔ならって〕. …のとおりに. ¶～纸型裁剪 cáijiǎn / 型紙どおりに裁断する. ②比較対照する. ¶两相 liǎngxiāng ～ / 両方を比べ合わせる.

【比值】**bǐzhí** 名〈数〉比. 比率. 割合. ¶九:(＝比)三的～为三 / 9:3の比は3である.

【比重】**bǐzhòng** 名 ①**比率. 割合.** ¶生活开支 kāizhī 的～过大 / 生活費の割合が大きすぎる. ②〈物〉比重.

【比作】**bǐzuò** 動 …にたとえる. …になぞらえる. ¶把儿童～花朵 huāduǒ / 子供を花にたとえる.

妣 bǐ

◇◆ 亡母. ¶先～ / 亡き母. ¶祖 zǔ ～ / 亡き祖母. ¶如丧 sàng 考 kǎo ～ / 〈成〉あたかも両親に死なれたように悲しい. ►“考”は父親(亡父)をさす.

彼 bǐ

代〈書〉①(↔此 cǐ)**あの.** あれ. あちら;**その.** それ. そちら. ¶～处 chù / そこ. あそこ. ¶由此及～ / 次から次へと及んでいく. ②相手(方). 彼. ¶～进我退 tuì / 相手が進めばこちらは退く.

【彼岸】**bǐ'àn** 名 ①〈書〉向こう岸. 対岸. ②〈宗〉彼岸. 仏教でいう悟りの境地. ③〈喩〉理想郷. あこがれの地.

【彼此】**bǐcǐ** ①名 **両方. 互い.** あれとこれ. ¶～都说得对 / どちらの言い分も正しい. ②〈套〉(普通,繰り返しの形で用いて)**お互いさま.** ¶你辛苦啦! ——～～ / どうもご苦労さま——お互いさまですよ.

【彼等】**bǐděng** 代〈書〉彼ら.

【彼时】**bǐshí** 名 かの時. 当時.

【彼一时,此一时】**bǐ yīshí, cǐ yīshí** 〈成〉昔は昔,今は今. 時代の変わったことをいう.

秕(粃) bǐ

◇◆ 粃(しいな). ¶～粒 lì / 粃. 十分実の入っていない穀物.

【秕谷】**bǐgǔ** 名 粃.

【秕糠】**bǐkāng** 名〈書〉粃とぬか;〈喩〉価値のないもの.

【秕子】**bǐzi** 名 粃.

**笔(筆) bǐ

❶名 ①**毛筆・ペン・鉛筆などの総称.** 量 枝 zhī,支. ¶用～写字 / 毛筆で字を書く. ¶你有没有～? / 書くものをお持ちですか. ②**筆画.** 字画. ►“画 huà”とも. ¶末 mò ～ / 最後の1画. ¶“木”字有四～ / 「木」という字は4画だ.

❷量 ①**金銭または取引額など金銭と関係のあるものについていう:口.** ¶一～存款 cúnkuǎn / ひと口の預金. ¶一大～交易 / ひと口の大きな取り引き. ②書画などについていう. ¶他能写一～好字 / 彼は達筆である. ③文章の意で用いる. 後に名詞をつけない. ¶你给他写封信,替 tì 我带一～ / 彼に手紙を書くなら,一筆よろしく書き加えてください.

◇◆ ①書き記す. ¶代～ / 代筆する. ②筆法. ¶伏～ / 伏線. ③まっすぐである. ¶→～直. ‖ 姓

【笔插】**bǐchā** 名 筆さし.

【笔触】**bǐchù** 名 筆遣い. タッチ. ¶这篇文章～锋利 fēnglì,一针见血 xiě / この文章は筆鋒鋭く急所をついている.

【笔答】**bǐdá** 動(↔口答 kǒudá)筆答する. 答案を書く.

【笔道】**bǐdào** 名(～儿)筆遣い. 書いた字の1画1画の太さ・特徴・趣.

【笔底生花】**bǐ dǐ shēng huā** 〈成〉文章が上手で生き生きとしている.

【笔底下】**bǐdǐxia** 名 文章を書く能力. ►“笔下”とも. ¶他～有功夫 gōngfu / 彼は筆が立つ.

【笔调】**bǐdiào** 名 筆致. (文章の)スタイル.

【笔端】**bǐduān** 名〈書〉筆端. 筆の先. ペン先.

【笔伐】**bǐfá** 動 筆誅(ひっちゅう)を加える.

【笔法】**bǐfǎ** 名 筆法. 筆の運び.

【笔锋】**bǐfēng** 名 ①筆の穂先. ②筆鋒.

【笔杆儿】**bǐgǎnr** 名 量 根,枝,支. ①**筆. ペン.** 文筆. ¶要 shuǎ ～儿 / 売文業をする. ペンで生計をたてる;〈転〉言葉だけを弄する. ¶动～的 / 物書き. ②筆の軸.

【笔杆子】**bǐgǎnzi** 〈慣〉①達筆な人. 文章家. ②やせっぽち.

【笔耕】**bǐgēng** 動〈書〉著述や筆写で暮らしをたてる.

【笔供】**bǐgòng** 名(↔口供 kǒugòng)供述調書. 自白書.

【笔画】**bǐhuà** 名 字画. 筆画. ►“笔划”とも書く.

【笔会】**bǐhuì** 名 ペンクラブ. 文芸サロン.

*【笔记】**bǐjì** ❶動 ノートをとる. ❷名 ①**ノート. メモ.** 筆記. ❖记 *jì* ～ / メモをとる. ❖作 *zuò* ～ / 筆記する. ②随筆・紀行文など. ►“随笔 suíbǐ”“札记 zhájì”とも.

【笔迹】**bǐjì** 名 筆跡. ¶对～ / 筆跡を照合する.

*【笔记本】**bǐjìběn** 名 量 个. ①**ノート. 手帳.** ②〈電算〉ノートパソコン.

*【笔记本电脑】**bǐjìběn diànnǎo** 名〈電算〉ノート

B

パソコン．
【笔架】bǐjià 名(～儿)筆置き．筆かけ．
【笔尖】bǐjiān 名(～儿)筆の穂先．ペン先．
【笔力】bǐlì 名 筆力．運筆の勢い．¶～苍劲 cāngjìng / 運筆が力強い．
【笔录】bǐlù ①動 記録する．¶～供词 gòngcí / 供述を記録する．②名 記録文書；〈法〉調書．
【笔路】bǐlù 名 ①筆法．②(創作などの)構想．
【笔毛】bǐmáo 名(～儿)筆の穂．
【笔帽】bǐmào 名(～儿)筆記具のキャップ．
【笔名】bǐmíng 名 ペンネーム．
【笔墨】bǐmò 名 文字．文章．
【笔墨官司】bǐmò guānsi 〈慣〉(紙上の)論争．
【笔铅】bǐqiān 名 鉛筆の芯(しん)．
【笔势】bǐshì 名 ①筆勢．②文章の勢い．
【笔试】bǐshì (↔口试 kǒushì) ①動 筆記試験をする．②名 筆記試験．ペーパーテスト．¶参加～ / 筆記試験を受ける．
【笔受】bǐshòu 動〈書〉(他の人が口述したものを)書き取る．
【笔顺】bǐshùn 名 筆順．
【笔算】bǐsuàn 動(↔口算)筆算する．¶～下列问题 / 次の問題を筆算せよ．
【笔谈】bǐtán ❶動 ①筆談する．②書面で談話を発表する．❷名(書名に用い)筆記．
【笔套】bǐtào 名(～儿) ①ペンのキャップ．②筆入れ．
【笔体】bǐtǐ 名 字のくせ．筆跡．¶我认得出 rèndechū 他的～ / 私は彼の筆跡を見分けられる．
【笔挺】bǐtǐng 形 ①(立っているさまが)**ぴんとまっすぐである**．②(衣服にしわがなく)ぱりっとしている．¶烫 tàng 得～的衬衫 chènshān / アイロンのよくきいたワイシャツ．
【笔筒】bǐtǒng 名(筒状の)筆立て．
【笔头】bǐtóu 名(～儿) ①筆の穂．ペン先．②(↔口头 kǒutóu)文章を書く能力．
【笔误】bǐwù 名 書き誤り．
【笔洗】bǐxǐ 名 筆洗．
【笔下】bǐxià 名 ①文章を書く能力．②書き方．言葉遣い．
【笔芯・笔心】bǐxīn 名(鉛筆やボールペンなどの)芯(しん)．
【笔削】bǐxuē 動〈書〉添削する．筆を入れる．►"削"は木簡などに書かれた文字をナイフで削る意．
【笔译】bǐyì 動(↔口译 kǒuyì)翻訳する．
【笔意】bǐyì 名 筆意．創作の趣向．
【笔札】bǐzhá 名〈書〉筆と紙；〈喩〉文章．►"札"は木簡．紙がなかった時代に木簡や竹簡に文字を書いたことから．
【笔战】bǐzhàn ①動 文筆で論争する．②名 筆戦．論争．
【笔者】bǐzhě 名(多く自称に用い)筆者．
【笔直】bǐzhí 形 **まっすぐである**．¶身子挺 tǐng 得～ / 体がしゃんと伸びている．
【笔走龙蛇】bǐ zǒu lóng shé 〈成〉筆勢が生き生きとして力強い；達筆である．

鄙 bǐ

◇◆ ①卑しい．下品である．¶卑 bēi～ / 下劣である．②私めの…．¶→～见．③軽んずる．¶→～夷 yí．④片田舎．¶边～ / 辺鄙(へん)な(所)．
【鄙薄】bǐbó 〈書〉①動 さげすむ．②形〈謙〉浅はかである．
【鄙夫】bǐfū 名 ①小人(しょう)．②〈謙〉私め．小生．
【鄙见】bǐjiàn 名〈謙〉愚見．愚考．卑見．
【鄙劣】bǐliè 形〈書〉下卑(げ)ている．
【鄙吝】bǐlìn 形〈書〉①卑俗である．②しみったれている．けちくさい．
【鄙陋】bǐlòu 形 見聞が非常に狭い．無知である．見識が浅薄である．¶请原谅 yuánliàng 我的～无知 / 私の無知蒙昧をお許しください．
【鄙弃】bǐqì 動 軽蔑し嫌う．さげすむ．¶～奢侈 shēchǐ 懒惰 lǎnduò 的生活方式 / 腐りきった怠惰な暮らし方をさげすむ．
【鄙人】bǐrén 名 小生．不肖．わたくしめ．注意 "敝人 bìrén"とも．"鄙人"は「田舎者」,"敝人"は「人徳の欠けている者」の意で,ともに自分の謙称．音が近いことから,ほぼ同義語として用いる．
【鄙视】bǐshì 動 卑しめる．軽蔑の目で見る．
【鄙俗】bǐsú 俗っぽい．¶这本周刊 zhōukān 太～了 / この週刊誌はひどく俗っぽい．
【鄙笑】bǐxiào 動 せせら笑う．あざける．
【鄙野】bǐyě 形 野卑である．粗野である．
【鄙夷】bǐyí 動〈書〉さげすむ．見下げる．軽蔑する．►表情やそぶりについていうことが多い．
【鄙意】bǐyì 名〈謙〉愚見．私めの考え．

4声 币(幣) bì

◇◆ 貨幣．通貨．¶硬 yìng～ / 硬貨．¶人民～ / 人民元．
【币值】bìzhí 名 貨幣価値．
【币制】bìzhì 名 貨幣制度．

必 bì

副〈書〉①**必ず．きっと**．¶有你帮助,实验 shíyàn～能成功 chénggōng / あなたが手を貸してくれれば,実験はきっとうまくいく．②**必ず…ねばならない**．¶～读 dú 书目 / 必読のリスト．注意 ①の否定は"未必 wèibì"または"不一定"．②の否定は"无须 wúxū"または"不必"．"必"は書き言葉に用いられ,後には単音節語がくる．‖姓
【必备】bìbèi 形 なくてはならない．必ず備えなければならない．¶～的条件 / 必須の条件．
【必必剥剥】bìbìbōbō 擬《木・豆などが熱せられ,裂けたりはぜたりする音．または火花などが散る音》ぱちぱち．►"毕毕剥剥"とも書く．発音は bībībōbō となることが多い．
【必不可少】bì bù kě shǎo 〈成〉欠くことができない．なくてはならない．必要不可欠である．►"必不可缺 quē"とも．
【必当】bìdāng 副 必ず(…するであろう)．
【必得】bìděi 副 どうしても…しなければならない．
*【必定】bìdìng 副 **きっと．必ず**．まちがいなく．►"必定"の否定は"未必 wèibì"または"不一定"．¶只要努力,～成功 / 努力さえすれば必ず成功する．¶我明天～去帮你的忙 / 明日必ずあなたのところへお手伝いに行きます．
【必恭必敬】bì gōng bì jìng 〈成〉きわめてていねいである．きわめてうやうやしい．►"毕恭毕敬"とも書く．
【必经之路】bì jīng zhī lù 〈成〉避けて通ることのできない道．必ず通らなければならない道．►"必由 yóu 之路"とも．
*【必然】bìrán 形 **必然的な〔に〕．必ず**．¶～(的)结果 / 必然的結果．¶他听了～会高兴 / 彼は聞い

たらきっと喜ぶだろう．注意“必然”はそのままでは述語にならない．述語として用いるときは“…是～的”の形にする．¶工作上遇到困难这是～的／仕事に困難が伴うのは避けられないことだ．

【必然性】bìránxìng 名(↔偶然性 ǒuránxìng)必然性．¶历史的～／歴史的必然性．

【必修】bìxiū 動(↔选修 xuǎnxiū)必修する．¶～课 kè／必修の科目．►“选修课”(選択科目)に対していう．

【必须】bìxū 副 **必ず…しなければならない． ►“必须”の否定は“无须 wúxū”または“不须”“不必”．¶我今天～早点儿回去／私はどうしてもきょう早めに帰らなければならない．¶～保持室内清洁 qīngjié／必ず部屋の中を清潔にしなければならない．¶明天你～上班／明日君は必ず出社しなさい．

*【必需】bìxū 動 **欠くことができない．** 必要とする．¶阳光 yángguāng 是植物 zhíwù 生长 shēngzhǎng 所～的／太陽の光は植物の生長に欠くことができないものである．

〖必须…，才…〗*bìxū…，cái…* …してこそ…できる．…しなければ…できない．¶～马上出发，～能赶上去上海的火车／今すぐ出発しなければ，上海行きの列車に間に合わない．

*【必要】bìyào ①形 **必要である．** ¶事前调查研究 diàochá yánjiū 是十分～的／まえもって調査研究をしておくことは絶対に必要だ．¶提供 tígōng ～的资金／必要な資金を与える．②名 必要．必要性．¶你没～特意去／君がわざわざ行く必要はない．

【必由之路】bì yóu zhī lù →【必经之路】bì jīng zhī lù

毕(畢) bì

①動〈書〉終わる．完了する．¶礼 lǐ ～／式が終了する．¶阅 yuè ～请放回原处 yuánchù／読み終わったらもとのところに置いてください．②副〈書〉完全に．すべて．¶真相 zhēnxiàng ～露 lù／真相がすっかり暴露される．本当の姿が現れる．③名(二十八宿の一つ)あめふりぼし．‖姓

*【毕竟】bìjìng 副 **結局．つまり．さすがに．** ⓐいずれにせよ，結局はこうだと，最後に得た結論を示す．¶他想干 gàn，但～年纪 niánjì 大了／あの人はやる気はあるが，なんといっても年をとってしまっている．ⓑ複文の前半部分に用いて，理由を強調する．¶～是年轻人 niánqīngrén，记忆力 jìyìlì 好／さすが若者であるだけに，記憶力がよい．ⓒ“毕竟”の前の単語または句を“是”に続けて繰り返して用い，強調を示す．¶孩子～是孩子，不能要求 yāoqiú 过严 guòyán／子供は結局子供だ，過酷な要求をしてはいけない．

【毕露】bìlù 動 すっかり露見する．

【毕命】bìmìng 動〈書〉命を落とす．►不慮の死をさすことが多い．

【毕生】bìshēng 名〈書〉一生．終生．畢生(ひっせい)．¶～事业／一生の仕事〔事業〕．¶～难忘 nánwàng／終生忘れがたい．

【毕业】bì//yè 動 **卒業する． ¶他今年高中～／彼は今年，高校を卒業する．¶她～于 yú 北京大学／彼女は北京大学を卒業した．¶毕不了 buliǎo 业／卒業できない．¶～生／卒業生．¶～典礼 diǎnlǐ／卒業式．

*闭 bì

動(目・口などを)**閉める．閉じる．** ¶～上眼／目を閉じる．
◇◆ ①ふさがる．詰まる．¶→～塞 sè．②終わる．¶→～经．‖姓

【闭关自守】bì guān zì shǒu 〈成〉鎖国する；閉鎖的である．

【闭会】bì huì 動 閉会する．¶宣告 xuāngào ～／閉会を宣言する．¶～词／閉会の辞．

【闭经】bìjīng 動〈医〉閉経する．

【闭口】bì//kǒu 動 口を閉じる．口をつぐむ．¶～不谈 tán／口をつぐんで話さない．

【闭路电视】bìlù diànshì 名 有線テレビ．館内テレビ．CATV．

【闭门羹】bìméngēng 〈慣〉門前払い．¶吃了个～／門前払いを食らった．

【闭门思过】bì mén sī guò 〈成〉家にこもって反省し謹慎する．

【闭门造车】bì mén zào chē 〈成〉客観的状況を考慮せず主観だけにたよって物事を行う．

【闭幕】bì//mù 動 ①**閉会する．** ¶会议即将 jíjiāng 胜利～／会議は成功裏に幕を閉じようとしている．¶～词／閉会のあいさつ．②(芝居が)**終わる，はねる，**幕が下りる．

【闭目塞听】bì mù sè tīng 〈成〉目を閉じ，耳をふさぐ．現実を直視しようとしない．

【闭气】bì//qì 動 ①気を失う．失神する．気絶する．¶跌 diē 了一交，闭住气了／転んで気絶した．②息を殺す．息を詰める．

【闭塞】bìsè ❶動 **詰まる．** ふさがる．¶管道～／パイプが詰まる．¶～眼睛捉 zhuō 麻雀 máquè／目をつむってスズメを捕らえる；あてずっぽうで行動するたとえ．❷形 ①(交通が)不便である．¶交通～地区／交通の不便な地区．②(文化・風俗が)開けていない．¶过去，我国社会很～／以前，わが国の社会は開けていなかった．③情報にうとい．¶消息 xiāoxi ～／消息に通じていない．¶耳目～／報道が耳に入らず，新聞が読めない(状態)．

【闭市】bì//shì 動(商店・市場などが)営業を停止する．店じまいする．

【闭眼】bì//yǎn ①目を閉じる．②〈転〉目をつむる．見て見ぬふりをする．¶～装睡 zhuāng shuì／目を閉じて寝たふりをする．③死ぬ．

【闭月羞花】bì yuè xiū huā 〈成〉月がくもり，花がはじらう．非常に美しい女性の形容．¶～之貌 mào／花もはじらう容貌．

【闭嘴】bì//zuǐ 動 口をつぐむ．黙る．¶你给我～！／おまえは黙ってろ．

庇 bì

◇◆ おおう．かばう．¶包～／かばう．¶托 tuō ～／〈書〉(目上の人の)庇護(ひご)を受ける．

【庇护】bìhù 動 かばう．庇護する．えこひいきする．¶～自己的孩子／自分の子をかばう．

【庇护权】bìhùquán 名〈法〉庇護権．

【庇荫】bìyìn 動〈書〉①(樹木が)陰をなす，陰になる．②かばう．保護する．►“庇阴 yīn”とも．

【庇佑】bìyòu 動〈書〉加護する．

毖 bì

◇◆ 慎む．戒める．
⇒【惩前毖后】chéng qián bì hòu

陛 bì

名〈古〉宮殿の階段，きざはし．

【陛见】bìjiàn 動〈書〉皇帝に謁見する．

【陛下】bìxià 名 陛下．

B

毙(斃) bì 動 ①〈口〉銃殺する．¶我～了你！/ お前を銃殺するぞ．②〈俗〉(原稿を)没(ぼつ)にする．
◇◆ 死ぬ．くたばる．¶路～ / 行き倒れになる．
【毙命】bìmìng 動〈貶〉命を落とす．くたばる．

秘(祕) bì 《音訳語に用いる》¶→～鲁 lǔ．‖姓 ▶▶ mì
【秘鲁】Bìlǔ 名〈地名〉ペルー．

敝 bì ◇◆ ①破れた．ぼろぼろの．¶～衣 / ぼろぼろの服．②〈謙〉私めの．私どもの．¶～公司 / 弊社．¶～姓(…) / 私の姓(は…と申します)．
【敝处】bìchù 名〈謙〉①私のところ．②私の郷里．
【敝国】bìguó 名〈謙〉わが国．自分の国．►"贵国 guìguó"に対していう．
【敝号】bìhào 名〈旧〉〈謙〉弊店．当店．
【敝人】bìrén 名〈謙〉小生．⇀【鄙人】bǐrén
【敝屣】bìxǐ 名〈書〉破れたはきもの；〈喩〉価値のないもの．¶弃 qì 之如 rú ～ / ぼろ靴のように捨てる．
【敝友】bìyǒu 名〈旧〉私の友人．
【敝寓】bìyù 名〈謙〉拙宅．
【敝帚自珍】bì zhǒu zì zhēn〈成〉人が見てつまらないものでも自分のものは大切にする．►"敝帚千金 qiān jīn"とも．

婢 bì ◇◆ はしため．¶奴 nú ～ / 下男と下女．
【婢女】bìnǚ 名〈旧〉下女．

赑 bì "赑屃 bìxì"⬇という語に用いる．
【赑屃】bìxì〈書〉①動 盛んに力を出す．②名 贔(ひ)．カメに似た伝説中の動物．

筚(篳) bì 名〈古〉柴または竹で編んだ垣根，または垣根状のもの．¶蓬 péng 门～户 / わらや柴で造ったみすぼらしい家．

萆 bì ◇◆ 補佐する．¶～针 zhēn / (裁縫用の)まち針．安全ピン．

蓖(萆) bì "蓖麻 bìmá"⬇という語に用いる．
【蓖麻】bìmá 名 ①〈植〉トウゴマ．トウダイグサ科の植物．¶～子 / ひまし．トウゴマの種子．②ひまし油．

跸(蹕) bì 名〈書〉(帝王が行幸するときの)先払い．露払い．

痹(痺) bì ◇◆ 肢体の痛みやしびれ．¶麻～ / 麻痺(まひ)する．¶风 fēng ～ / 関節リューマチ．

滗(潷) bì 動(かすや浮いているものを残して液体だけを)こし出す，しぼり出す．

裨 bì ◇◆ 益する．¶无～于事 yú shì / 何の役にも立たない．
▶▶ pí
【裨补】bìbǔ 動〈書〉補う．補充する．
【裨益】bìyì 動〈書〉益がある．役に立つ．

辟 bì 動 ①〈古〉帝王が召して官職を授ける．②〖避 bì〗に同じ．
◇◆ ①君主．¶复～ / 復辟(ふくへき)する．②払い除く．¶→～邪．‖姓 ▶▶ pī,pì
【辟邪】bì//xié 動 魔よけをする．

碧 bì 名〈書〉青玉(せいぎょく)．
◇◆ 青緑色．¶～草如茵 yīn / 緑の草がしとねのようだ．‖姓
【碧波】bìbō 名 青い波．
【碧海】bìhǎi 名 青い海．青海原．
【碧空】bìkōng 名 青空．
【碧蓝】bìlán 形 真っ青の．濃い青色の．
*【碧绿】bìlǜ 形 青緑である．エメラルドグリーンの．
【碧螺春】bìluóchūn 名 ピールオチュン．江蘇省太湖周辺で産する緑茶の品種．
【碧落】bìluò 名〈書〉碧落(へきらく)．¶上穷 qióng ～下黄泉 huángquán / 上は大空の果てまで，下は地の底まで(探しまわる)．
【碧瓦】bìwǎ 名 琉璃瓦(るりがわら)．緑のうわぐすりをかけた高級な瓦．
【碧血】bìxuè 名〈書〉忠臣などが正義のために流した血．
【碧油油】bìyōuyōu 形(～的)緑したたるようである．¶～的麦苗 màimiáo / 青々とした麦の苗．
【碧玉】bìyù 名(装飾用の)碧玉(へきぎょく)．

蔽 bì ◇◆ おおう．さえぎる．¶遮 zhē ～ / おおい隠す．¶聊 liáo ～风雨 / 風雨をしのぐだけである；〈喩〉狭苦しい住まい．

弊 bì ◇◆ ①不正行為．¶作～ / カンニングをする．②弊害．欠点．¶～多利少 / 弊害が多くて利点が少ない．
【弊病】bìbìng 名 弊害．欠点．
【弊端】bìduān 名 弊害．不正行為．
【弊害】bìhài 名 弊害．
【弊绝风清】bì jué fēng qīng〈成〉汚職などの不正がなく政治がよい．
【弊政】bìzhèng 名〈書〉悪政．

篦(笓) bì 動 すき櫛(ぐし)ですく．¶～头 / すき櫛で髪をすく．
【篦子】bìzi 名 すき櫛．

壁 bì 名(二十八宿の一つ)なまめぼし．
◇◆ ①壁；壁のようなもの．¶铜墙 tóngqiáng 铁～ / 金城鉄壁．②砦(とりで)．塁壁．¶→～上观．③絶壁．¶悬崖 xuányá 峭 qiào ～ / 断崖絶壁．
【壁报】bìbào 名 壁新聞．►"墙报 qiángbào"とも．⇒【大字报】dàzìbào
【壁橱】bìchú 名 作り付けの戸棚．クローゼット．
【壁灯】bìdēng 名 壁付け灯．
【壁挂】bìguà 名 織物の壁掛け．¶毛织 máozhī ～ / タペストリー．
【壁虎】bìhǔ 名〈動〉ヤモリ．►俗に"蝎虎 xiēhǔ"，古くは"守宫 shǒugōng"といった．(量) 只,条,个．
【壁画】bìhuà 名 壁画．
【壁垒】bìlěi 名 砦(とりで)；陣営．►現在では対立するものの比喩に用いることが多い．¶～分明 / 鋭く対立する．互いに正反対の立場にある．¶～森严 sēnyán / 水も漏らさぬ守り．
【壁立】bìlì 動(崖などが)壁のように切り立つ．¶～千尺 chǐ / 千尺も高く切り立つ．¶～的山峰 shān-

fēng / 切り立っている峰.

【壁炉】bìlú 名 壁付き暖炉. ペーチカ.

【壁球】bìqiú 名〈体〉スカッシュ.

【壁上观】bìshàngguān 名 高みの見物. ¶作～ / 高みの見物をする.

【壁虱】bìshī 名〈虫〉(量) 只,个. ①ダニ. マダニ. ②〈方〉ナンキンムシ. トコジラミ.

【壁毯】bìtǎn 名(じゅうたんの)壁掛け. タペストリー.

【壁纸】bìzhǐ 名 インテリア用の壁紙. ¶塑料 sùliào 印花～ / ビニールでできた花模様の壁紙.

*避 bì 動 **避ける**; 防ぐ. ¶～雨 / 雨宿りをする. ¶不～嫌疑 xiányí / 嫌疑のかかるのを恐れない. ¶～而 ér 不谈 / (都合の悪いところなどを)避けて話さない.

【避弹衣】bìdànyī 名 防弾チョッキ. ►"防弾背心 fángdàn bèixīn"とも. (量) 件.

【避风港】bìfēnggǎng 名 避難港;〈転〉きびしい現実を逃れて隠れる場所. 隠れ家. ¶他找到了一个远离世俗 shìsú 的～ / 彼は俗世間から遠ざかった避難場所を見出した.

【避讳】bì//huì 動〈旧〉君主や祖先の忌み名を避ける.

【避讳】bìhui 動 忌み避ける. タブーとする. ¶日本人～"四"字 / 日本人は「4」の字を忌みきらう.

【避忌】bìjì ⇀【避讳】bìhui

【避坑落井】bì kēng luò jǐng 〈成〉一難去ってまた一難.

【避雷器】bìléiqì 名 避雷器. アレスター.

【避雷针】bìléizhēn 名 避雷針.

【避乱】bì//luàn 動 戦乱を避け避難する.

【避猫鼠】bìmāoshǔ 〈慣〉(ネコを恐れるネズミのように)おどおどしたようす. 胆の小さい人間.

*【避免】bìmiǎn 動(ある事柄が起きないように)**避ける**. **免れる**. 防止する. ¶错误谁也～不了 / 過ちはだれしも避け難い.

【避难就易】bì nán jiù yì 〈成〉困難を避け,易(やす)きにつく.

【避难】bì//nàn 動 避難する.

【避其锐气,击其惰归】bì qí ruì qì, jī qí duò guī 〈成〉敵が勢いよく攻撃した時は姿をくらまし,疲れて撤退する時に襲いかかる.

【避实就虚】bì shí jiù xū 〈成〉敵の主力を避け手薄なところを攻撃する. ►"避实击 jī 虚"とも.

【避世】bìshì 動〈書〉俗世間を離れる. 隠遁(いんとん)する.

【避暑】bì//shǔ 動 ① **避暑する**. ② 暑気当たりを防ぐ. ¶绿豆汤 lǜdòutāng 可以～ / 緑豆のしるこは暑気当たりを予防できる.

【避邪】bì//xié 動 魔よけをする.

【避孕】bì//yùn 動 避妊する. ¶～套 tào / コンドーム. ¶～环 huán / 避妊リング. ¶～药 yào / 避妊薬. ピル.

【避债】bì//zhài 動(家を留守にしたり居留守を遣ったりして)借金取りから逃げる.

【避重就轻】bì zhòng jiù qīng 〈成〉重要な事を避けて二次的なものを取り上げる. 骨の折れる仕事を避けて楽な仕事をする.

髀 bì ◇◆ ①腿(もも). ②大腿骨.

【髀肉复生】bì ròu fù shēng 〈成〉髀肉(ひにく)の嘆をかこつ. 活躍する機会が得られないことを嘆く.

臂 bì ◇◆ 腕. 注意 肩から手首までの部分をさす. "大臂"はひじから上,"小臂"はひじから下の部分. "腕 wàn"は手首をさす. ¶右～ / 右腕. ¶如左右～ / 左右の腕のようだ;〈喩〉役に立つ助手. 親密な相手. ¶助 zhù 一～之力 / 手助けする. ⏩ bei

【臂膀】bìbǎng 名 ① 腕. (量) 只 zhī,条. ②〈喩〉助手.

【臂膊】bìbó 名〈方〉腕.

【臂力】bìlì 名 腕力.

【臂纱】bìshā 名(腕につける)喪章.

【臂章】bìzhāng 名 腕章. ¶戴 dài ～ / 腕章をつける. ¶摘 zhāi ～ / 腕章をはずす.

【臂助】bìzhù 〈書〉① 動 手助けする. ② 名 助手.

璧 bì ◇◆ ①璧(へき). ►昔の装飾品で,薄くドーナツ状に作った玉. ②玉(ぎょく)の通称. ¶白～ / 白玉. 白い玉.

【璧还】bìhuán 動〈書〉謝意を表して物をすべてもとのまま返す. ►贈り物を辞退するときに用いることが多い. "璧回 bìhuí"とも.

【璧谢】bìxiè 動〈書〉ていねいに辞退して物をそのまますべて返す. ►贈り物を辞退するときに用いることが多い.

襞 bì 名 ①〈古〉ひだ. 衣服のしわ. ¶皱 zhòu ～ / しわ. ひだ. ②〈生理〉胃壁や腸壁などのひだ.

bian (ㄅㄧㄢ)

1声 *边(邊) biān ❶名 ①(～儿)へり. ふち. ¶金～ / 金ぶち. ②(～儿)物の周囲. ¶湖 hú ～ / 湖のほとり. ③〈数〉辺.

❷副 …しながら…する. ⇨〖边…边…〗biān … biān …

❸接尾(～儿)(方位詞を構成し)…の方. ¶上～ / 上の方. ¶东～ / 東の方.

◇◆ ①限界. 境. ¶→～界. ②果て. ¶→～际 jì. ③そば. かたわら. ¶身～ / 身の回り. 手元. ④一方. ¶半～儿 / 片一方. ‖姓

【边隘】biān'ài 名〈書〉辺境の要害.

【边鄙】biānbǐ 名〈書〉辺鄙(へんぴ). 片田舎.

*〖边…边…〗*biān…biān*… …しながら…する. 語法 二つ以上の動詞の前に用い,二つ以上の動作が同時に行われることを表す. "一边…一边…"ともいう. ¶～走～唱 / 歩きながら歌う. ¶他～看地图 dìtú ～打电话 / 彼は地図を見ながら電話をかけている.

【边边角角】biānbiānjiǎojiǎo 名〈方〉隅っこ.

【边城】biānchéng 名 辺境の町. 国境地帯の都市. (量) 座,个.

【边陲】biānchuí 名〈書〉辺境.

【边地】biāndì 名 辺境の地. 国境地帯.

【边防】biānfáng 名 辺境の防衛. 国境の警備. ¶～部队 / 国境警備隊.

【边锋】biānfēng 名〈体〉(サッカーなどの)ウイング・フォワード. ¶左〔右〕～ / 左〔右〕のウイング. レフト〔ライト〕ウイング.

【边幅】biānfú 名〈書〉身なり. うわべ. ¶不修 xiū ～ / 身なりをかまわない.

B

【边鼓】biāngǔ →【敲边鼓】qiāo biāngǔ
【边关】biānguān 名 辺境の要衝.
【边际】biānjì 名 際限. 限度. かぎり. ¶一眼望不到～／見渡すかぎり果てしがない. ¶他的话说得一点也不着 zhuó～／彼の話はまるでとりとめがない.
【边疆】biānjiāng 名 **辺境**. (遠方の)**国境地帯**. ¶保卫 bǎowèi～／辺境を防衛する.
【边角料】biānjiǎoliào 名 切れ端. 端くれ.
【边界】biānjiè 名 **境界**. 境. ►主として国の境をさすが,省・県の境をさすこともある. ¶～线／国境線. ¶～争端 zhēngduān／国境紛争.
【边境】biānjìng 名 **国境**. **国境地帯**. ¶～检查 jiǎnchá 站／国境検問所.
【边框】biānkuàng 名(～儿)(額や鏡の)ふち,枠. ¶镜子 jìngzi 的～／鏡の枠.
【边贸】biānmào 名〈略〉国境貿易.
【边门】biānmén 名 通用口. 非常口.
【边民】biānmín 名 辺境の住民.
【边卡】biānqiǎ 名 境界線の検問所.
【边区】biānqū 名〈史〉辺区. ►解放前,中国共産党が建てた省境・辺境の根拠地.
【边塞】biānsài 名 国境の要塞.
【边务】biānwù 名 辺境地帯の防衛問題.
【边线】biānxiàn 名〈体〉1(サッカーなどの)サイドライン. 2(野球・バスケットボールなどの)ファウルライン. ¶～裁判员 cáipànyuán／ラインズマン. 線審.
【边沿】biānyán 名 端. 周辺. 周り. ¶～地带／周辺地帯. ¶村子的～／村のはずれ.
【边音】biānyīn 名〈語〉側音. ►"普通话"における l(エル)の発音.
*【边缘】biānyuán 名 ふち. へり. 境目;瀬戸際. ¶大地的～／大地の果て. ¶崩溃 bēngkuì 的～／崩壊寸前.
【边缘科学】biānyuán kēxué 名(生物物理学などの)学際科学.
【边远】biānyuǎn 形 遠い辺境の. ¶～省份 shěngfèn／遠い辺境の省.
【边寨】biānzhài 名 辺境地帯の村.
【边镇】biānzhèn 名 辺境地帯の町.

砭 biān

◇ 石針(で治す). ¶针～／人の過ちを指摘し,正す.

【砭骨】biāngǔ 形〈書〉(寒さや痛みが)骨にしみる.

* 编 biān

❶動 1(ひもなどを)**編む**. ¶～竹筐 zhúkuāng／かごを編む. 2(一定の順序に)**配列する**,編成する. ¶把他～在我们班／彼を私たちのクラスに入れる. 3 **編集する**. ¶～杂志／雑誌を編集する. 4(歌・脚本などを)創作する. ¶～剧本 jùběn／脚本を書く. 5 でっち上げる. 捏造(ねつぞう)する. ¶～瞎话 xiāhuà／作り話をでっち上げる.
❷名 編. ¶后～／後編. ¶第二～／第2編.
◇ 定員. 編制. ¶超～／定員をオーバーする.
‖ 姓

【编程】biānchéng 名〈電算〉プログラミング. ►"程序设计 chéngxù shèjì"とも.
【编次】biāncì 1 動 一定の順序によって配列する. 2 名 配列の順序.
【编凑】biāncòu 動 寄せ集めて仕上げる. いろいろな素材をかき集めて作り上げる. ¶这诗 shī 是几个人～的／この詩は何人かが総がかりでまとめ上げたものだ.
【编导】biāndǎo 1 動 脚色と演出をする. 2 名 脚色演出家.
【编订】biāndìng 動 編纂(へんさん)校訂する.
【编队】biān//duì 動 隊を組む. 隊形を組む. ¶～飞行 fēixíng／編隊飛行.
【编发】biānfā 動(原稿を)編集整理して印刷所に発送する.
【编号】biān//hào 1 動 番号をつける. ¶给学生～／学生に番号をつける. 2 名 通し番号. 整理番号.
【编谎】biān//huǎng 動 うそをつく. 作り話をでっち上げる.
【编辑】biānjí 1 動 **編集する**. 注意 映画フィルムやビデオテープの編集は"剪辑 jiǎnjí"という. ¶做～工作／編集の仕事をする. ¶～部／編集部. ¶～人员／編集員. 2 名 **編集者**. ►編集幹部の職階名. "编审""副编审"につぐ. ¶总 zǒng～／編集長. 編集主任. 主筆. ►出版社の編集業務の最高責任者. 書籍や雑誌の最高責任者は"主编 zhǔbiān"という. ►12 とも biānji とも発音される.
【编校】biānjiào 動 編集校訂をする.
【编结】biānjié 動 編み物をする. 編む. ¶～童鞋 tóngxié／乳児用の毛糸靴を編む.
【编剧】biān//jù 1 動 シナリオなどを書く. 2 名 シナリオライター.
【编类】biānlèi 動 分類して編集する.
【编录】biānlù 動 採録し編集する.
【编码】biān//mǎ〈電算〉1 動 コーディングする. 2 名 コード. ¶邮政 yóuzhèng～／郵便番号.
【编目】biān//mù 1 動 図書目録を作成する. 2 名 図書目録.
【编年】biānnián 動 年代順に編集する.
【编排】biānpái 動 1 割りつける. 編成する. ¶～活动日程 rìchéng／行事日程を作る. 2 脚色しリハーサルをする. ¶～节目 jiémù／出し物のリハーサルをする.
【编派】biānpai 動〈方〉(他人の欠点や過失を誇張したりでっち上げて)中傷する.
【编入】biānrù 動 編入する. 組み入れる.
【编审】biānshěn 1 動 編集審査をする. 2 名 編集審定者. ►編集で最上位の職階名.
【编书】biān//shū 動 書物を編纂する.
【编外】biānwài 形 員外の. 定員外の. ¶～人员／定員外のメンバー.
【编舞】biānwǔ 1 動 踊りの振り付けをする. 2 名 振付師.
【编戏】biān//xì 動 戯曲を書く.
【编瞎话】biān xiāhuà 作り話をでっち上げる.
【编写】biānxiě 動 1 編纂する. ¶～教科书／教科書を編集する. 2 創作する. ¶～歌曲／歌を作る. ¶～剧本／シナリオを書く.
【编修】biānxiū 1 動〈書〉編纂する. 2 名〈古〉編修. ►官職名.
【编选】biānxuǎn 動 ダイジェストして編集する.
【编译】biānyì ❶動 翻訳編集する. ❷名 1 編集翻訳者. 2〈電算〉コンパイル.
【编印】biānyìn 動 編纂(へんさん)し印刷する.
【编余】biānyú 形(軍隊・行政部門などの)編制替えによる余剰の. ¶～人员／定員以外の人員.

【编造】biānzào 動 ①(表などを)作成する,編成する,作る. ¶～名册 míngcè / 名簿を作る. ¶～预算 yùsuàn / 予算を編成する. ②(伝説的な物語などを)想像によって作り出す. ¶～神话 shénhuà / 神話を作る. ③でっち上げる. ¶～假话 jiǎhuà / 話をでっち上げる.
【编者】biānzhě 名 編者. 編集人.
【编者按】biānzhě'àn 名 編者の言葉. ►"编者案"とも書く.
【编织】biānzhī 動 編む. 織る. ¶～毛衣 / セーターを編む.
【编制】biānzhì ❶動 ①編む. 編んで作る. ¶～席子 / ござを編む. ②編成する. 制定する. ¶～一年的预算 yùsuàn / 年間予算を編成する. ¶～五年计划 / 5か年計画を立案する. ❷名(組織の人員の)定員と構成.
【编钟】biānzhōng 名〈音〉編鐘(へんしょう). 参考 古代の楽器で,音階の異なる鐘をいくつも並べてつるし,木づちで打って音楽を演奏する.
【编著】biānzhù 動 編纂する.
【编撰】biānzhuàn 動 編纂する.
【编组】biān//zǔ 動 ①組み分けをする. ②〈鉄道〉列車を編成する.
【编纂】biānzuǎn 動 編纂(へんさん)する. ¶～百科全书 bǎikē quánshū / 百科事典を編集する.

煸 biān 動〈料理〉下ごしらえとして,野菜や肉などを短時間いためる.

蝙 biān "蝙蝠 biānfú"⇩という語に用いる.

【蝙蝠】biānfú 名〈動〉コウモリ. ►"蝠"と"福"が同音なので,福をもたらすシンボルとして,吉祥図案に多く用いられる. (量) 只 zhī.

鞭 biān ❶名 ①むち. ②〈口〉(縄状につなぎ合わせて連発するようにした)爆竹. ¶一挂 guà ～ / ひと連なりの爆竹. ¶放～ / 爆竹を鳴らす. ❷動〈書〉むち打つ.
◇◆ ①むち状のもの. ¶教 jiào ～ / 教鞭. ②(食用・薬用の)動物の陰茎.
【鞭策】biāncè 動 むち打つ;〈喩〉(自分を)むち打つ. 励ます. ¶自己～自己 / 自らにむち打つ.
【鞭长莫及】biān cháng mò jí〈成〉力量不足や情勢から思うにまかせない.
【鞭笞】biānchī 動〈書〉むち打つ.
【鞭春】biānchūn 名 立春に豊作を祈願して張り子の牛をむちで打つ伝統行事. ►"打春 dǎchūn"とも.
【鞭打】biāndǎ 動 むちで打つ.
【鞭杆】biāngǎn 名(～儿)むちの柄.
【鞭痕】biānhén 名 むちで打たれたあと. みみずばれ.
【鞭炮】biānpào 名 ①爆竹の総称. ◆放 *fàng* ～ / 爆竹を鳴らす. ②爆竹を長くつなぎ合わせて連発するようにしたもの. 赤く細長い筒が数珠つなぎになっている爆竹. (量)[単発式]个;[連発式]挂 guà,串 chuàn.
【鞭辟入里】biān pì rù lǐ〈成〉(文章が)筋道の通った理論で問題の急所をついている. ►"鞭辟近 jìn 里"とも.
【鞭梢】biānshāo 名(～儿)むちの先につける革のひも.
【鞭尸】biānshī 動〈書〉屍(しかばね)をむち打つ.
【鞭挞】biāntà 動 ①〈書〉むち打つ. ②〈喩〉酷評する. 攻撃する. 非難する. ¶～封建 fēngjiàn 陋习 lòuxí / 封建的な悪習を攻撃する.
【鞭子】biānzi 名 むち. (量) 条,根 gēn. ¶马～ / (馬に用いる)むち.

3声 **贬** biǎn 動 けなす. おとしめる. ¶他并没有～你的意思 / 彼にはあなたをけなすつもりは毛頭ない.
◇◆(官位や値段などを)下げる,落とす. ¶～价 / 値下げする.
【贬斥】biǎnchì 動 ①〈書〉官位を下げる. 降格する. ②おとしめて排斥する.
【贬黜】biǎnchù 動〈書〉左遷する. 罷免する.
【贬词】biǎncí 名 貶義(へんぎ)語. ►"贬义词 biǎnyìcí"とも.
【贬低】biǎndī 動(わざと人や物を)低く評価する. ¶～别人,抬高 táigāo 自己 / 人をけなし,自分をもちあげる.
【贬官】biǎnguān 動〈書〉左遷する. 官位を下げる.
【贬损】biǎnsǔn →【贬低】biǎndī
【贬义】biǎnyì 名(↔褒义 bāoyì)けなす意味あい. 貶義(へんぎ).
【贬抑】biǎnyì 動 見くびり抑えつける.
【贬责】biǎnzé 動 過ちをとがめる.
【贬谪】biǎnzhé 動〈書〉左遷する.
【贬值】biǎn//zhí 動 ①〈経〉(↔升值 shēngzhí)平価切り下げを行う. ②価値が下がる.
【贬职】biǎnzhí 動〈書〉降職する.

***扁** biǎn 形 偏平である. ぺしゃんこである. ¶～石头 / 平たい石. ‖ 姓
▸▸ piān
【扁柏】biǎnbǎi 名〈植〉コノテガシワ.
【扁锉】biǎncuò 名 平やすり. (量) 把.
【扁担】biǎndan 名 てんびん棒. (量) 根,条. ¶挑 tiāo ～ / てんびん棒を担ぐ.
【扁豆】biǎndòu 名〈植〉インゲンマメ. フジマメ. (量)[豆粒]粒 lì,颗 kē;[さや]根. ¶～角儿 / インゲンマメのさや.
【扁(卷)螺】biǎn(juǎn)luó 名〈動〉ヒラマキガイ.
【扁平】biǎnpíng 形 偏平である.
【扁平足】biǎnpíngzú 名〈医〉偏平足. ►"平足"とも.
【扁食】biǎnshi 名〈方〉ギョーザ;ワンタン.
【扁桃】biǎntáo 名 ①〈植〉アーモンド. ハタンキョウ. ②〈中薬〉巴旦杏(はたんきょう). ③〈方〉ハントウ. ►平たい形をしたモモ.
【扁桃体】biǎntáotǐ 名〈生理〉扁桃腺(へんとうせん). ►"扁桃腺 biǎntáoxiàn"とも.
【扁圆】biǎnyuán ①形 丸くて平たい. ②名 楕円.

匾 biǎn 名 ①額. 扁額(へんがく). (量) 块. ②〈方〉竹で編んだ底が浅くて平たい大きなざる.
【匾额】biǎn'é 名〈書〉扁額. 横額.

4声 **卞** biàn ◇◆ 短気である. ¶～急 jí / 気短である. ‖ 姓

弁 biàn 名〈古〉冠.
◇◆ 下級の武官. ¶武 wǔ ～ / 軍人. ‖ 姓
【弁言】biànyán 名〈書〉前書き. 序文.

B

汴 biàn ◇◆ 河南省開封市. ¶～京 jīng / 汴京. ►宋代(北宋)の首都.

＊＊变(變) biàn 動 注意 字形に注意. ① 変わる. 変化する. …になる. ¶态度 tàidu ～了 / 態度が変わった. ¶～了样儿 / 形〔様子〕が変わった. ②(…を…に)変える,改める. ¶～农业国为 wéi 工业国 / 農業国を工業国に変える. ③ 売って金に換える. 換金する. ¶把首饰 shǒushi 拿出来～了钱 / 装身具を出して金に換えた. ④(手品・魔術を)行う.

◇◆ ①事変. 事件. ¶政～ / 政変. ②機転を利かす. ¶→～通 tong. ③変わり得る. ¶～数 shù / 変数；可変要素. ‖姓

【变把戏】biàn bǎxi 手品を演ずる. ¶我变个把戏给你看 / ひとつ手品をお目にかけよう.

【变本加厉】biàn běn jiā lì 〈成〉前よりいっそうひどくなる.

【变产】biàn//chǎn 動 財産を売って現金に換える.

＊【变成】biàn//chéng 動+結補 …に変わる,変える. ¶理想～现实 / 夢が現実になる. ¶把荒地～良田 / 荒れ地を良田に変える.

【变电站】biàndiànzhàn 名〈電〉変電所.

【变调】biàn//diào 動 ①〈語〉変調する. ②〈音〉移調する. 転調する.

【变动】biàndòng 動 ① 変動する. 移動〔異動〕する. ¶人事～ / 人事異動. ② 変更する. 修正する. ¶～一下演出 yǎnchū 节目的次序 cìxù / 上演プログラムの順番を少し変更する.

【变法】biàn//fǎ 動〈史〉法律や制度を変える.

【变法儿】biàn//fǎr 動 工夫をめぐらす. 手を替え品を変え….

【变革】biàngé 動 変革する. ¶～现实 xiànshí / 現実を変革する.

【变更】biàngēng 動 変更する. ¶～计划 jìhuà / 計画を変更する.

【变故】biàngù 名 思わぬ出来事. 災難.

【变卦】biàn//guà 動〈貶〉心変わりする.

＊【变化】biànhuà 動 変化する. ¶情况发生～ / 情勢が変わる. ¶～无常的人 / 移り気な人.

【变幻】biànhuàn 動 変幻する. 激しく変わる. ¶风云 fēngyún ～ / 情勢の変化が激しい. ¶～无常 / 変幻極まりない.

【变换】biànhuàn 動 切り替える. ¶～位置 wèizhi / 位置を変える. ¶～手法 / やり方を変える.

【变价】biàn//jià 動 品物を時価に換算する. 時価で売る. ¶～出售 chūshòu / 物を時価に換算して売り出す.

【变焦距镜头】biànjiāojù jìngtóu 名 ズーム(レンズ).

【变节】biàn//jié 動 変節する. 寝返る.

【变脸】biàn//liǎn 動 ① がらりと態度を変える. 開き直る. ¶～骂 mà 人 / 開き直って悪態をつく. ②(伝統劇で)顔の隈取りを一瞬で変える.

【变流器】biànliúqì 名〈電〉変換器. コンバーター.

【变乱】biànluàn ① 名 変乱. 戦乱. 騒乱. ② 動〈書〉変更して混乱させる.

【变卖】biànmài 動(自分の)物を売り払って金に換える. 換金する.

【变频】biànpín 動〈電子〉周波数を変換する.

【变迁】biànqiān 動 移り変わる.

【变色】biàn//sè 動 ① 色が変わる；〈転〉変節する. ② 顔色を変える. ¶勃然 bórán ～ / むかっとして顔色を変える.

【变色龙】biànsèlóng ① 名〈動〉カメレオン. ②〈慣〉日和見主義者.

【变声】biànshēng 動 声変わりする.

【变速器】biànsùqì 名〈機〉変速器. 変動ギヤ装置. トランスミッション. チェンジギヤ.

【变态】biàntài 名 ①〈動・植〉変態. ②(↔常态 chángtài)変態. 異常な状態. ¶～反应 fǎnyìng / アレルギー. 変態反応. ¶～性鼻炎 / アレルギー性鼻炎. ③(精神的な)変態,異常者.

【变天】biàn//tiān 動(～儿)天気が崩れる；〈喩〉(悪い方向に)世の中が変わる.

【变通】biàntong 動 融通をきかす. (状況に合わせ)臨機応変にやる.

【变位】biànwèi 動 変位する. 位置が変わる.

【变味】biàn//wèi 動(～儿)風味が落ちる.

【变温层】biànwēncéng 名〈気〉対流圏.

【变温动物】biànwēn dòngwù 名〈生〉変温動物. ►一般に"冷血 lěngxuè 动物"という.

【变戏法】biàn xìfǎ 〈慣〉(～儿)ごまかす. ちょろまかす.

【变相】biànxiàng 動〈貶〉(内容は同じで)形だけが変わる；形を変えた. ►多く連体修飾語で用いる. ¶～欺骗 qīpiàn / 詐欺に等しい行為. ¶～涨价 zhǎngjià / (価格をすえ置き,質を下げたり量を減らした)実質的な値上げ.

【变心】biàn//xīn 動(男女間で)心変わりする.

【变星】biànxīng 名〈天〉変光星.

【变形】biàn//xíng 動 ① 変形する. ② 別の姿に変わる.

【变形虫】biànxíngchóng 名〈動〉アメーバ. ►音訳で"阿米巴 āmǐbā"とも.

【变压器】biànyāqì 名〈電〉変圧器. トランスフォーマー.

【变样】biàn//yàng 動(～儿)様子が変わる. 様変わりする.

【变异】biànyì 名〈生〉変異.

【变易】biànyì 動〈書〉変え改める.

【变质】biàn//zhì 動(人間の思想や事物の本質が)変わる. 変質する. 性質が変わる. ¶蜕化 tuìhuà ～ / 堕落し悪くなる.

【变质岩】biànzhìyán 名〈地質〉変成岩.

【变奏】biànzòu 名〈音〉変奏. バリエーション.

＊便 biàn ① 副(《"便"は旧白話小説などで使われていたものが現代の書き言葉に引き継がれたもので,その意味と用法は"就 jiù"にほぼ同じである》¶上午出发 chūfā,下午～能到达 dàodá / 午前に出発すれば,午後には到着できる. ② 接続 たとえ…しても. よしんば. ►仮定譲歩を表す.

◇◆ ①便利だ. 都合がよい. ②都合がよい時・機会. ③手軽な. 日常の. ¶→～装 zhuāng. ④大便・小便(をする). ¶小～ / 小便(をする). ►► pián

【便步】biànbù 名〈軍〉(号令)道足(みちあし).

【便菜】biàncài 名 ふだんの有り合わせの料理.

【便餐】biàncān 名 手軽な食事. ¶设 shè ～招待 zhāodài / 手軽な食事を用意してもてなす.

【便池】biànchí 名(肥料の)小便だめ. 肥だめ.

【便船】biànchuán 名 都合のよい船．便船．

*【便当】biàndāng 名〈方〉弁当．►台湾で使われる．

【便当】biàndang 形 便利である．都合がよい．¶没有那么～ / そう簡単じゃない．

【便道】biàndào 名(量) 条．① 近道．② 歩道．¶行人 xíngrén 走～ / 通行人は歩道を歩きなさい．③ 仮設道路．

【便殿】biàndiàn 名(正殿に対していう)別殿．帝王が休憩したり食事をしたりする殿．

【便饭】biànfàn ① 名 **有り合わせの食事**．(量) 顿 dùn．② 動 簡単な料理を食べる．

【便服】biànfú 名 ① 平服．ふだん着．►"礼服 lǐfú""制服 zhìfú""工作服 gōngzuòfú"と区別する．② 中国式の服．

【便函】biànhán 名(機関・団体で出す)非公式の書簡．►"公函 gōnghán"と区別する．

【便壶】biànhú 名 尿瓶(しびん)．

【便笺】biànjiān 名 ① 便箋(びんせん)．② メモ用紙．

【便捷】biànjié 形 ① 手軽で便利である．手っ取り早い．②(動作が)すばしこい．敏捷である．

【便览】biànlǎn 名 便覧．ハンドブック．¶旅游 lǚyóu～ / 旅行案内書．ガイドブック．

【便利】biànlì ① 形 **便利である**．¶交通 jiāotōng～ / 交通が便利である．② 動 **便利にする**．¶～居民 jūmín / 住民の便宜を図る．

*【便利店】biànlìdiàn 名 **コンビニエンスストア**．

【便了】biànliǎo 助〈近〉《決定・承諾・譲歩の語気を表す》…すればそれでよい．…するまでのことだ．►"就是了"に同じ．

【便帽】biànmào 名(～儿)ふだんかぶる帽子．

【便门】biànmén 名(～儿)通用門．勝手口．

【便秘】biànmì ① 名 便秘．② 動 便秘する．

【便溺】biànniào 動 大小便をする．

【便盆】biànpén 名(～儿)便器．おまる．

【便桥】biànqiáo 名 仮橋．仮設の橋．

【便人】biànrén 名 ついでのある人．¶托 tuō～带个口信 kǒuxìn / ついでのある人にことづけを頼む．

【便时】biànshí 名 都合のよい時．ついでの時．

【便士】biànshì 名(イギリスの貨幣単位)ペンス．

【便所】biànsuǒ 名〈方〉便所．►一般に"厕所 cèsuǒ"という．

【便条】biàntiáo 名(～儿)**書き付け**．メモ．簡単な書状．(量) 个,张．¶留 liú 个～ / 伝言を書き残す．

【便桶】biàntǒng 名 おまる．便器．

【便席】biànxí ⇀【便宴】biànyàn

【便鞋】biànxié 名 ふだんばき用の靴〔布靴〕．

【便携式】biànxiéshì 形 携帯用の．携帯式…．

【便血】biàn//xiě 動 血便をする；血尿が出る．

【便宴】biànyàn 名〈謙〉非公式の宴会；小宴．¶设 shè～招待 / 非公式の宴会に招待する．

【便衣】biànyī 名 ① **平服．ふだん着**．►軍人や警官の制服と区別していう．(量)[枚数]件；[上下のもの]身；[そろいになるもの]套 tào．②(～儿)〈口〉**私服の刑事．私服警官**．私服．

【便宜】biànyí 形〈書〉都合がよい．適宜に．⇨ piányi

【便于】biànyú 動〈書〉…**に便利である；…に都合がよい**．¶～携带 xiédài / 携帯に便利だ．

【便中】biànzhōng 名 ついでの時．都合のよい時．¶～请来我家 / 都合のよい時に家に来てください．

【便装】biànzhuāng 名 平服．ふだん着．

遍(徧) biàn ** ① 量(動作の始めから終わりまでの全過程をさし)**回．遍**．¶请再说一～ / もう一度言ってください．② 動 **広く行きわたる**．¶我们的朋友～天下 / われわれは世界の至る所に友達をもっている．¶走～全国各地 / 国中をくまなく歩き回る．

【遍布】biànbù 動 あまねく分布する．至る所にある．散在している．

【遍处】biànchù 名 至る所．

【遍地】biàndì 名 あたり一面．至る所．

【遍地开花】biàn dì kāi huā〈成〉(事業の発展など)望ましい現象が至る所に現れる．

【遍访】biànfǎng 動〈書〉もれなく訪問する．

【遍告】biàngào 動〈書〉あまねく告げ知らせる．広報する．

【遍及】biànjí 動 あまねく…に及ぶ．¶铁路 tiělù～全国 / 鉄道が全国至る所に通じている．

【遍历】biànlì 動 遍歴する．あちこち巡り歩く．

【遍身】biànshēn 名 体じゅう．¶～疼痛 téngtòng / 体じゅうが痛む．

【遍体】biàntǐ 名 体じゅう(…だらけである)．¶～鳞伤 línshāng /〈成〉全身傷だらけである．

【遍野】biànyě 名 野原一面．►非常に多いことの形容．¶漫山～ / 山野に満ちあふれている．

【遍游】biànyóu 動 あまねく遊歴する．遍歴する．¶～黄山名胜 / 黄山の名勝を歴遊する．

辨 biàn 動 見分ける．弁別する．¶不～真假 / 真偽の見分けがつかない．

【辨白】biànbái ⇀【辩白】biànbái

【辨别】biànbié 動 **区別する**．弁別する．識別する．見分ける．¶～真假 / 真偽を見分ける．¶～方向 / 方向を見定める．⇨【辨认】biànrèn

【辨别力】biànbiélì 名 識別能力．見分ける力．

【辨不出】biànbuchū 動+可補 見分けがつかない．区別できない．►"辨不出来"とも．

【辨不清】biànbuqīng 動+可補 はっきり区別がつかない．はっきり見分けることができない．

【辨惑】biànhuò 動 問題を分析し,疑問を解く．

【辨明】biànmíng 動(識別して)はっきりさせる．¶～是非 / 是非を明らかにする．

【辨认】biànrèn 動 **見分ける**．識別する．判読する．¶～碑文 bēiwén / 碑文を判読する．¶～方向 / 方向を見分ける．

注意 対象が二つ以上の場合は,一般に"辨别"を用いる．"辨认"は"辨别"の意味をもつとともに,あわせて判断・認定の意味が加わる．

【辨士】biànshì ⇀【便士】biànshì

【辨误】biànwù 動 誤りであることを見抜く．

【辨析】biànxī 動 弁別し分析する．¶～近义词 / 類義語を分析する．

【辨证】biànzhèng ⇀【辩证】biànzhèng

【辨证论治】biàn zhèng lùn zhì〈成〉〈中医〉病因・症状などを分析し,治療法を判断すること．►"辨证施治 shīzhì"とも．

辩(辯) biàn 動(理由・是非を明らかにするために)**論じる,弁論する,論争する**．¶不要为一点小事～得面红耳赤 chì / そんなつまらないことで顔をまっ赤にして言い合うのはよせ．

B

【辩白】biànbái 動 弁解する．弁明する．
【辩驳】biànbó 動 反論する．反駁(はんばく)する．¶无可 wúkě ～的事实 shìshí / 動かしがたい事実．
【辩才】biàncái 名〈書〉弁才．
【辩护】biànhù 動 ①(人のために)弁護する．②〈法〉弁護する．
【辩护人】biànhùrén 名 弁護人．
【辩解】biànjiě 動 弁解する．申し開きをする．
*【辩论】biànlùn 動(意見の異なる双方が結論を出すことを求め)論じ合う．議論する．¶～个水落石出 shuǐ luò shí chū / 真相がはっきりするまで論じる．
【辩明】biànmíng 動(説明して物事を)明らかにする．
【辩难】biànnàn 動〈書〉論難する．
【辩士】biànshì 名〈書〉能弁家．
【辩手】biànshǒu 名 雄弁家．
【辩题】biàntí 名 弁論のテーマ．
【辩诬】biànwū 動(誤った非難に)弁解する．
【辩正】biànzhèng 動〈書〉是非を正す．
*【辩证】biànzhèng ①動 論証する．②形 弁証法的である．¶他看问题很～ / 彼のものの見方は非常に弁証法的だ．►①②とも"辨证"とも書く．
【辩证法】biànzhèngfǎ 名 弁証法．

辫(辮) biàn

①動〈方〉結う．束ねる．②量(～儿)(お下げ状のものを数えて)束．

◇◆ お下げ；お下げの形に編んだもの．¶小～儿 / お下げ．¶蒜 suàn ～儿 / (50の球を)お下げの形に編んだにんにく．
【辫发】biànfà 名 ①弁髪(べんぱつ)．②お下げ．
【辫梢】biànshāo 名(～儿)(お下げで)先の編んでない部分．
【辫绳】biànshéng 名(～儿)お下げを結わえるひも．
*【辫子】biànzi 名 ①お下げ；弁髪．②お下げのように編んだもの．量 条 tiáo,根 gēn．¶梳 shū ～ / お下げに結う．③〈喩〉弱み．弱点．¶抓 zhuā ～ / 弱みにつけこむ；しっぽをつかむ．

biao (ㄅㄧㄠ)

1声 标(標) biāo

動 表示する．しるしをつける．¶～号码 / 番号をつける．

◇◆ ①標識．目印．¶浮 fú ～ / ブイ．¶路～ / 道しるべ．②優勝旗．¶夺 duó ～ / 優勝を争う．③入札(価格)．¶招 zhāo ～ / 入札を募る．④樹木のこずえ；枝葉末節．¶治 zhì ～ / 応急の処置をとる．‖姓
【标榜】biāobǎng 動 ①〈書〉標榜する．②過分にほめる．自賛する．¶互相 hùxiāng ～ / 互いにほめ合う．
【标本】biāoběn 名 ①枝葉末節と根本．¶～同治 tóngzhì / 病状と病源を同時に治す．②標本．見本．サンプル．③〈医〉(化学分析や研究用の)標本．
【标兵】biāobīng 名 ①尖兵；標兵．②〈喩〉模範となる個人・団体．
【标称】biāochēng 名 公称．製品に表記する規格・数値など．
【标灯】biāodēng 名 標識灯．ビーコン．
【标的】biāodì 名 ①標的．②目標．③〈経〉契約上の具体的事項．
*【标点】biāodiǎn ①→【标点符号】biāodiǎn fúhào ②動 句読点をつける．
*【标点符号】biāodiǎn fúhào 名〈語〉句読点やかっこなどの文章記号．
【标调】biāo//diào 動 声調を記す．
【标定】biāodìng ❶動 ①(基準を)定める．②(一定の基準に基づいて)測定結果を定める．❷形 基準に合っている．
【标杆】biāogān 名 ①〈測〉測量ポール．②見本．模範．
【标高】biāogāo 名〈測〉標高．
【标格】biāogé 名〈書〉品格．風格．
【标号】biāohào 名(製品の)グレード．等級．
【标绘】biāohuì 動 図示する．
【标记】biāojì 名 標識．記号．
【标价】biāo//jià ①動 値づけする．②名 表示価格．
【标金】biāojīn 名 ①入札保証金．②金の延べ棒．
【标卖】biāomài 動 ①正札どおりで売る．②(入札で)売り出す．
【标名】biāomíng 動 名を記す．
【标明】biāomíng 動 表示する．明記する．¶～日期 rìqī / 日付を明記する．
【标目】biāomù 名(図書カードの最上段に書かれた)見出し．ヘディング．
【标牌】biāopái 名 製品マーク．商品標識．►登録商標は"注册商标 zhùcè shāngbiāo"という．
【标签】biāoqiān 名(～儿) ①ラベル．タグ．量 个,块．¶行李 xíngli ～ / 荷札．②〈貶〉レッテル．¶贴 tiē ～ / レッテルを張る．悪名を着せる．
【标枪】biāoqiāng 名 ①〈体〉槍(やり)投げ．②〈体〉槍．¶掷 zhì ～ / 槍投げ．槍を投げる．③〈古〉投げ鎗．
【标示】biāoshì 動 標示する．
【标题】biāotí 名 見出し．標題．タイトル．¶报纸的通栏 tōnglán 大号～ / 新聞の全段抜きの大見出し．
【标题音乐】biāotí yīnyuè 名〈音〉標題音楽．
【标新立异】biāo xīn lì yì〈成〉新機軸を出す；奇をてらう．
*【标语】biāoyǔ 名 スローガン．量 条．¶张贴 zhāngtiē ～ / スローガン(を書いたポスター)を壁に張る．¶举着横幅 héngfú ～游行 yóuxíng / 横断幕を掲げてデモ行進する．
【标语牌】biāoyǔpái 名 プラカード．量 块,个．¶打着～游行 / プラカードを手にパレードする．
*【标志・标识】biāozhì ①名 標識．しるし．マーク．②動 表す．示す．¶鸽子 gēzi ～着世界和平 / ハトは世界平和を表している．
【标致】biāozhi 形(女性が)美しい．
*【标准】biāozhǔn ①名 標準．基準．②形 標準的である．¶他的汉语发音挺 tǐng ～ / 彼の中国語の発音はとても標準的だ．
【标准时】biāozhǔnshí 名 標準時．
【标准语】biāozhǔnyǔ 名〈語〉標準語．

彪 biāo

◇◆ ①小さい虎；(人の)体が大きくてたくましい．②虎斑；華やかな色彩．‖姓
【彪彪愣愣】biāobiaolènglèng 形(体が)大きくてがっちりしている．►"膘 biāo 膘愣愣"とも書く．¶

他长 zhǎng 得～的 / 彼はがっちりした体をしている.
【彪悍】biāohàn 形 たけだけしい.
膘 biāo (～儿) ① 名(肉の)脂身. ¶这块肉没有～儿 / この肉は脂身がない. ② 動(家畜が)肥える. 肉がつく. 太る.
【膘情】biāoqíng 名 家畜の太り具合.
镖 biāo ◇◆ 手裏剣(しゅりけん). ¶保 bǎo ～ / 用心棒.
【镖局】biāojú 名〈旧〉旅客や貨物輸送の保護に当たった一種の運送業.
【镖客】biāokè 名〈旧〉(旅客・運送の)護衛,用心棒.
3声 ** **表**(錶) biǎo ❶名 ① **時計**. ►腕時計・懐中時計など,携帯できるものをさす. 量 块,只. ¶～慢 màn〔快 kuài〕了 / 時計が遅れて〔進んで〕いる. ¶～停 tíng 了 / 時計が止まった. ¶手～ / 腕時計. ⇒〖钟 zhōng〗
②(～儿)図表. 一覧表. 量 张 zhāng.
③ 計器. メーター. ¶温度 wēndù ～ / 温度計.
❷動 表す. ¶～决心 juéxīn / 決意を表明する. ¶深 shēn ～谢意 / 深く感謝の意を表す.
◇◆ ①(↔堂 táng)《自分の父方の姓をもたないいとこ関係を示す》¶～姐妹 jiěmèi (儿) / 姓の異なるいとこ姉妹. ②表面. 外面. うわべ. ③模範. 手本. ‖姓
【表把儿】biǎobàr 名(時計の)竜頭(りゅうず).
【表白】biǎobái 動(自分の考えなどを)表明する. ¶～自己的意思 / 自分の考えを説明する.
【表报】biǎobào 名(上級機関への)報告書.
【表笔】biǎobǐ 名〈電〉テスター.
【表册】biǎocè 名(図表の)綴じ込み. ¶公文报告～ / 公文書報告類の綴じ込み.
【表层】biǎocéng 名 表層. ¶土壤 tǔrǎng ～ / 土壌の表層.
【表尺】biǎochǐ 名〈軍〉照尺.
*【表达】biǎodá 動(考えや気持ちを)**表現する**,言い表す,伝える. ¶用语言 yǔyán ～出来 / 言葉で言い表す. ¶那是用语言难以 nányǐ ～的 / それは言葉で簡単には表現しづらい. ¶～能力 / 表現力.
【表带】biǎodài 名(～儿)腕時計のバンド.
【表弟】biǎodì 名(自分と姓の異なる)年下の男のいとこ.
【表哥】biǎogē 名(自分と姓の異なる)年上の男のいとこ.
*【表格】biǎogé 名(調査表・統計表などの)**表**.(アンケートなどの)記入用紙. 量 张 zhāng.
【表功】biǎo//gōng 動 ① 手柄を自慢する. ②〈書〉功績を表彰する.
【表姐】biǎojiě 名(自分と姓の異なる)年上の女のいとこ.
【表决】biǎojué 動 表決する. ¶举手 jǔshǒu ～ / 挙手で採決する. ¶～通过 / 票決によって採択される.
【表壳儿】biǎokér 名 懐中時計や腕時計の側(がわ). ¶金～的手表 / 金側の腕時計.
【表里】biǎolǐ 名 ① 表裏. 表と裏. ¶互为～ / 互いに補完する. ②〈中医〉表裏. 疾病の内外,病勢の深浅や軽重などを弁別する基本概念.
【表里如一】biǎo lǐ rú yī〈成〉裏表がない.
【表链】biǎoliàn 名(～儿)懐中時計のくさり. 量 条 tiáo.
【表露】biǎolù 動(表情や口ぶりに)表す,現れる.
【表妹】biǎomèi 名(自分と姓の異なる)年下の女のいとこ.
【表蒙子】biǎoméngzi 名 時計のガラスぶた.
*【表面】biǎomiàn 名 ①(物体の)**表面**. ¶地球 dìqiú 的～ / 地球の表面. ② **うわべ**. 外見. ¶只看事情的～ / 物事のうわべだけを見る. ③〈方〉時計・計器類の文字盤.
【表面光】biǎomiànguāng〈慣〉見てくれがいい.
【表面化】biǎomiànhuà 動 表面化する.
*【表明】biǎomíng 動 **表明する**. **はっきりと表す**. ¶～立场 lìchǎng / 立場を明らかにする.
【表盘】biǎopán 名 時計・計器類の文字盤.
【表皮】biǎopí 名〈生〉表皮.
【表亲】biǎoqīn 名(姓の異なる)いとこ関係の親戚.
*【表情】biǎoqíng ① 名 **表情**. ¶严肃 yánsù 的～ / 厳しい表情. ¶～丰富 fēngfù / 表情が豊か. ② 動 感情を表に出す.
【表示】biǎoshì ❶動 ①(言葉・行為で)表す**,示す. ¶～欢迎 huānyíng / 歓迎の意を表す. ¶～同情 tóngqíng / 同情を示す. ¶～衷心 zhōngxīn 的谢意 / 心からの謝意を表す. ②(事物が)**物語る**,示している. ¶他脸上的皱纹 zhòuwén ～他不凡 bùfán 的经历 / 彼の顔に刻まれたしわは,今までの非凡な経歴を物語っている. ❷名 気配. 素振り. 表情.
【表述】biǎoshù 動〈書〉説明する. 述べる. ¶～已见 jǐjiàn / 自分の考えを述べる.
【表率】biǎoshuài 名 手本. 模範.
【表态】biǎo//tài 動 態度を表明する. 立場をはっきり示す. ¶她没有～ / 彼女ははっきりした態度を示さなかった.
*【表现】biǎoxiàn ❶動 ① **表現する**. **表す**;**表れる**. ②〈貶〉(自分を)**ひけらかす**. ¶他总喜欢～自己 / 彼はいつも得意になって自分をひけらかす. ❷名(表に現れた)**態度**. 言動. ¶他工作～不太好 / 彼は仕事ぶりがあまりよくない.
【表象】biǎoxiàng 名〈哲〉心的観念. イデア.
【表兄】biǎoxiōng 名(自分と姓の異なる)年上の男のいとこ.
*【表演】biǎoyǎn ❶動 ① **演ずる**. 上演する. ¶～相声 xiàngsheng / 漫才を演じる. ¶这个角色 juésè 他～得 de 很成功 chénggōng / この役は彼がみごとに演じた. ②(模範を)披露する,実演する. ¶～新操作 cāozuò 方法 / 新しい操作方法を実演する. ❷名 ① **演技**. 実演. ②〈貶〉人の振るまい. ¶你看看,他那番 fān ～,多么"精彩 jīngcǎi",又多么叫人恶心 ěxin ! / あいつったら,ごらんよ,することなすこと本当にいやらしい. 胸くそが悪くなる.
【表演赛】biǎoyǎnsài 名〈体〉エキジビションゲーム.
*【表扬】biǎoyáng 動 **表彰する**. **ほめる**. ¶～尖子生 jiānzishēng / 優等生を表彰する. ¶受到上司～ / 上役にほめられた.
【表章】biǎozhāng 名〈旧〉上奏文.
【表彰】biǎozhāng 動 顕彰する. 表彰する.
【表针】biǎozhēn 名 時計・計器類の針.
【表证】biǎozhèng 名〈中医〉表面に表れた症状.
【表侄】biǎozhí 名(～儿)(姓の異なる)いとこの息子.

B

【表侄女】biǎozhínǚ 名(～儿)(姓の異なる)いとこの娘.

裱 biǎo 動 ①(書画などを)表装する. ¶揭 jiē ～字画 / 書画をはがして表装する. ②(天井や壁に)紙を張る.

【裱褙】biǎobèi 動(書画を)表装する,表具する.

【裱糊】biǎohú 動 壁紙を張る.

【裱糊匠】biǎohújiàng 名 表具師.

【裱贴】biǎotiē 動 裏打ちする.

【裱装】biǎozhuāng 動 表装する.

4声

俵 biào ◇◆ 山分けする. 注意 日本語の「俵(たわら)」は"稻草包 dàocǎobāo""草袋子 cǎodàizi"という.

【俵分】biàofēn 動〈方〉山分けする.

摽 biào 動 ①(二つのものを)しっかりとくくりつける;しっかり取りつける. ② 腕と腕を組む. ¶两个人～着胳膊 gēbo 走 / 二人がしっかり腕を組んで歩く. ③〈貶〉一緒にいて離れない. いちゃいちゃする. つるむ. ¶他俩儿整天～在一起 / あの二人はいつも一緒にいて離れない.

【摽膀儿】biào//bǎngr 動 肩を組む;〈喩〉団結する.

【摽劲儿】biào//jìnr 動 むきになって張り合う. ¶大伙儿摽着劲儿干 / みんながわれ先にとばかり一斉にとりかかる.

鳔 biào ❶名 ① 魚の浮き袋. ►食材として使う魚の浮き袋は"鱼肚 yúdǔ"という. ② にべにかわ. ❷動〈方〉にかわでくっつける. ¶把两块板子 bǎnzi ～在一起 / 2枚の板をにかわでくっつける.

【鳔胶】biàojiāo 名 にべにかわ.

bie (ㄅㄧㄝ)

1声

憋 biē

おさえふさぐ→こらえる→気がふさぐ

動 ① **抑える**. こらえる. 我慢する. ►怒り・不満・大小便などを我慢する. ¶把火儿～在肚子 dùzi 里 / 怒りを腹におさえる. ¶他早就～着看这场电影了 / 彼は早くこの映画を見たくてむずむずしている. ② **気がふさぐ**. **息が詰まる**. むしゃくしゃする. ¶～得慌 huāng / たまらなくむしゃくしゃする. ③(電気が)切れる. ¶保险丝 bǎoxiǎnsī ～了 / ヒューズが飛んだ.

【憋不住】biēbuzhù 動+可補 こらえきれない.

【憋闷】biēmen 形〈口〉**息が詰まる**. 気が滅入る. 退屈だ;**むしゃくしゃする**. 腹立たしい. ¶这屋子太小,住着有些～ / この部屋は狭すぎて息が詰まりそうだ.

【憋气】biēqì 形〈口〉① 息が詰まる. 息苦しい. ② むしゃくしゃする.

【憋屈】biēqū 形 ① 気がふさぐ. ② むしゃくしゃする. ¶心里～得很 / 気分が非常にむしゃくしゃする.

鳖(鼈) biē 名 **スッポン**. ►"甲鱼 jiǎyú""团鱼 tuányú""水鱼 shuǐyú"ともいい,俗に"王八 wángba"という. 量 只.

【鳖甲】biējiǎ 名〈中薬〉鼈甲(べっこう).

【鳖裙】biēqún 名〈食材〉スッポンの甲羅のすその柔らかいところ. ►料理の材料で,珍味とされる.

2声 **

别 bié ❶副 ①("不要"が縮まったもの)《禁止や制止を表す》**…するな**. …しないでいい. ¶～生气了 / 怒らないで. ¶他来了,你就～去了 / 彼が来たから,君は行かないでいい. [単独で用いて,相手の言い分を打ち消す場合] ¶我先走了!——～,～,咱们 zánmen 一块儿走吧 / お先に失礼します——だめ,だめ,いっしょに行きましょう. ②《望ましくない意外なことが起きたのではと推測する》もしかしたら…かもしれない. …ではないだろうな. ¶他怎么还不来,～出了什么事吧 / 彼はどうしてまだ来ないのか,何かあったのかもしれない. ⇒【别是】biéshì

❷動 ①(留めピンなどで)留める. ¶用别针儿把卷子 juànzi ～住 / 答案用紙をクリップで留める. ② さし込む. さし挟む. ¶把钢笔～在上衣兜儿 dōur 里 / ペンを上着のポケットにさす. ③ 別れる. ¶～了,祖国 zǔguó! / さらば,祖国よ.

◇◆ ①分ける. 分かれる. ¶区 qū ～ / 区別(する). ②差異. ¶差 chā ～ / へだたり. ③分類. ¶性 xìng ～ / 性別. ④別の[に]. ¶→～名 míng.

‖姓 ►► biè

【别本】biéběn 名 ① 副本. ② 異本.

【别称】biéchēng 名 別称. 別名.

【别出心裁】bié chū xīn cái 〈成〉新機軸を打ち出す. 独創性を出す.

【别处】biéchù 名 よそ. ほかの場所.

** 【别的】biéde 代 **別の(もの,こと)**. ¶还要～吗? / ほかにご注文はありますか.

【别动队】biédòngduì 名 別働隊.

* 【别管】biéguǎn 接続 **…にかかわらず. …であろうと**. …を問わず. ¶～是谁,都应该 yīnggāi 学习 / だれであろうと,勉強はするべきだ. ¶～怎么样,工作总要 zǒngyào 做 / どうであろうと,仕事はやらなければならない.

【别号】biéhào 名(～儿)号. 別名.

【别集】biéjí 名 個人の作品を収録した詩文集. ►"总集 zǒngjí"と区別していう.

【别解】biéjiě 名 別の解釈.

【别价】biéjie 感〈方〉だめだめ. よしなさい.

【别具匠心】bié jù jiàng xīn 〈成〉独創的な工夫がこめられている. ¶～的版面 bǎnmiàn / ユニークな紙面・ページ.

【别具一格】bié jù yī gé 〈成〉独特の風格を備えている.

【别开生面】bié kāi shēng miàn 〈成〉別に新生面を開く. 他のものとは違った新しいスタイルを作る.

【别看】biékàn 接続 **…とは言うものの. …だけれども**. ¶～他年纪大,记忆力 jìyìlì 却 què 不错 / あの人は年は取っているが,記憶力はすばらしい.

【别离】biélí 動 別れる. 離れる. ►やや長期にわたり親しい人と別れる場合に用いることが多い.

【别名】biémíng 名(～儿)別名.

【别情】biéqíng 名 別離の情.

【别趣】biéqù 名 特別なおもしろみ. 趣向.

【别人】biérén 名 ほかの人.

** 【别人】biéren 代 **他人**. 人. ¶给～添麻烦 tiān máfan / 他人に迷惑をかける.

【别是】biéshì 副 まさか…ではなかろうな．¶电话～打错了吧 / 電話をかけまちがえたのかな．
【别墅】biéshù 名 ①別荘．ヴィラ．量 所,座．¶～式饭店 fàndiàn / コッテージ式ホテル．②一戸建て住宅．
【别树一帜】bié shù yī zhì〈成〉別の旗印を立てる．別に一派をなす．
*【别说】biéshuō 接続 ①…は言うまでもなく．…は(言うも)おろか．語法 文の前半に用い,後半の"就是〔即使 jíshǐ〕…也…"または"(就)连 lián …也…"の形と呼応する．¶这事儿～他了,就连你也干不了 gànbuliǎo / この仕事は彼はおろか,君でさえできない．②…は言うまでもない．…はなおさらだ．…は問題外だ．語法 文の後半に用い,前半の"(连)…都〔也〕…"の形と呼応する．この場合,多くは"了"で文を結ぶ．¶这件事他连自己的爱人都没告诉 gàosu,～是你我了 / これについては,彼は自分の妻にも話していないのだから,われわれにはなおさらだ．
【别送】bié sòng〈套〉お見送りは結構です．どうぞそのまま．►客が主人側の見送るのを遠慮するときの言葉．"别送,别送！"または"请留步 liúbù,留步！"などと言う．⇨【不送】bùsòng
*【别提】biétí 動 ①(程度の甚だしさが)話にもならない．¶他来了吗？——～了,我等了两个钟头 zhōngtóu,也没见他人影儿 yǐngr / あの人来ましたか——あきれたよ,2時間ほど待ったがついに顔を見せなかった．②("就～…了"の形で)…と言ったらない．非常に…である．¶这个人说起话来,就～多啰唆 luōsuo 了 / あの人は話し出したら,まあ,くどいのなんのって．
【别样】biéyàng ①名 別なもの．②形 別の．
【别业】biéyè 名〈書〉別荘．
【别有洞天】bié yǒu dòng tiān〈成〉別天地のようである．別世界のようである．¶这里宛如 wǎnrú～ / ここはまるで別世界だ．
【别有天地】bié yǒu tiān dì〈成〉(美しくて)別世界のようである．
【别有用心】bié yǒu yòng xīn〈成〉たくらむところがある．下心がある．¶这一说法显然是～的 / この言い方は明らかに下心があってのものだ．
【别择】biézé 動 識別し選択する．
【别针】biézhēn 名(～儿) ①安全ピン．クリップ．留めピン．量[ピン状のもの] 根;[クリップ] 个．②ブローチ．
【别致】biézhi 形 奇抜である．ユニークである．ちょっと気がきいていて趣がある．¶设计 shèjì～ / デザインがユニークである．¶～的样式 yàngshì / 風変わりな様式．
【别传】biézhuàn 名 エピソードを盛りこんだ伝記．個人の逸話集．
*【别字】biézì ①当て字．読み違いの字．誤字．►"白字 báizì"とも．②別名．号．
【别子】biézi 名 ①(書物の帙(ちつ)につける)こはぜ．②(たばこ入れの)根付け．

蹩 bié 動〈方〉(手首や足首を)くじく．

【蹩脚】biéjiǎo 形〈方〉(品質が)悪い;(技量が)劣っている．下手だ．¶～货 / 粗悪品．

瘪 biě 形 へこんでいる．くぼんでいる．¶轮胎 lúntāi～了 / タイヤがぺしゃんこになった．

4声 **别**(彆) biè 動〈方〉(他人の頑固な意見を)変えさせる,改めさせる．►"～不过"の形で用いる．
⇒ bié

*【别扭】bièniu 形 ①ねじけている．ひねくれている．やっかいである．さっぱりしていない．¶这人挺 tǐng～的 / あの人は性質がひねくれている．②意見が合わない．そりが合わない．¶跟…闹 nào～ / …と意見が合わないでもめる．③(言葉や文章が)変わっていてわかりにくい．¶这个文章有点儿～ / この文章は不自然だ．

bīn (ㄅㄧㄣ)

1声 **宾**(賓) bīn ◇◆ 客．¶外～ / 外国からの客．‖姓

【宾白】bīnbái 名 戯曲中で歌の間にはさまれるせりふ．►中国の昔の戯曲は歌が中心であったことから,せりふを"宾"(客)という．
【宾词】bīncí 名〈論〉賓辞(ひんじ)．
【宾东】bīndōng 名〈書〉客と主人．►昔,主人が東,客は西の座席についたことから．
【宾服】bīnfú 動〈書〉(貢納し)服従する．
【宾服】bīnfu 動〈方〉敬服する．
【宾格】bīngé 名〈語〉目的格．
*【宾馆】bīnguǎn 名(高級)ホテル．量 家,座．►台湾では不健全なものを指していうことがある．
【宾客】bīnkè 名 来客．来賓．
【宾朋】bīnpéng 名 客と友人．
【宾天】bīntiān 動〈書〉崩御する．
【宾位】bīnwèi 名 ①客座．②→【宾格】bīngé
【宾语】bīnyǔ 名〈語〉目的語．客語．¶双～ / 二重目的語．
【宾至如归】bīn zhì rú guī〈成〉客が至れり尽くせりのもてなしを受け,自分の家に帰ったように感じる．
【宾主】bīnzhǔ 名 客と主人．主客．

彬 bīn "彬彬 bīnbīn"(〈書〉みやびやかなさま)という語に用いる．‖姓

【彬彬有礼】bīn bīn yǒu lǐ〈成〉上品で礼儀正しい．

傧(儐) bīn "傧相 bīnxiàng"(接待係;婚礼の介添え人)という語に用いる．

斌 bīn 〖彬 bīn〗に同じ．

滨(濱) bīn ◇◆ ①水辺．みぎわ．¶海～ / 海岸．浜．②水に臨んでいる．¶～海 / 海に近い．‖姓

缤(繽) bīn "缤纷 bīnfēn"⇩という語に用いる．

【缤纷】bīnfēn 形〈書〉いろいろなものが入り乱れている．¶五彩～ / いろいろな色彩が入り乱れている．

濒 bīn ◇◆ ①水に臨む．¶～海 / 海に臨む．②近づく．差し迫る．¶～行 xíng / 出発が迫っている．

B

【濒近】bīnjìn 動 近づく．臨む．¶～绝粮 juéliáng / 食糧切れの状況に直面する．
【濒临】bīnlín 動 臨む．接近している．¶～灭亡 mièwáng / 滅亡に瀕(ひん)している．
【濒死】bīnsǐ 動〈書〉死に瀕する．
【濒危】bīnwēi 動〈書〉① 危険に瀕する．② 危篤である．
【濒危物种】bīnwēi wùzhǒng 名 絶滅危惧(きぐ)種．
【濒于】bīnyú 動〈書〉接近している．一歩手前である．瀕(ひん)する．►不幸·災難などについていう．¶～绝望 juéwàng / ほとんど絶望的である．

4声 **摈**（擯）**bìn** ◇◆ 捨てる．排除する．¶～而不用 / 捨てておいて使わない．
【摈斥】bìnchì 動〈書〉(主に人を)排斥する．¶～异己 yìjǐ / 異分子を排斥する．
【摈除】bìnchú 動〈書〉(事物を)排除する．
【摈弃】bìnqì 動 退け捨てる．

殡（殯）**bìn** ◇◆ 柩(ひつぎ)を安置する．柩を墓場へ送る．¶出～ / 出棺する．
【殡车】bìnchē 名 霊柩車．
【殡殓】bìnliàn 動 納棺し出棺する．
【殡仪】bìnyí 名 葬儀．
【殡仪馆】bìnyíguǎn 名 葬儀場．
【殡葬】bìnzàng 動 出棺し埋葬する．

鬓（鬢）**bìn** 名 鬢(びん)．¶两～ / 両鬢．¶双～ / 両鬢．
【鬓发】bìnfà 名 鬢の毛．¶～苍白 cāngbái / 鬢の毛が半白になる．白髪(しらが)混じりである．
【鬓角】bìnjiǎo 名(～儿)もみあげ．
【鬓毛】bìnmáo 名 鬢(の毛)．

bing（ㄅㄧㄥ）

1声 * **冰**（氷）**bīng** ❶名 氷．(量) 层 céng，块，片．❷動 ① **冷たく感じさせる**．¶这水～手 / この水は手が凍るほど冷たい．②(氷や冷水で)**冷やす**．¶把啤酒～上 / ビールを冷やしておく．‖姓
【冰棒】bīngbàng 名〈方〉アイスキャンデー．►"棒冰""冰棍儿 bīnggùnr"とも．
【冰雹】bīngbáo 名〈気〉ひょう．►"雹""雹子""冷子 lěngzi"とも．
【冰碴儿】bīngchár 名〈方〉薄氷；氷のかけら．
【冰场】bīngchǎng 名 スケートリンク．
【冰川】bīngchuān 名 氷河．
【冰川期】bīngchuānqī 名 氷河期．
【冰镩】bīngcuān 名 アイスピック．
【冰袋】bīngdài 名〈医〉氷嚢(ひょうのう)．
【冰刀】bīngdāo 名〈体〉(スケート靴の)エッジ．
【冰岛】Bīngdǎo 名〈地名〉アイスランド．
【冰灯】bīngdēng 名 氷塊を彫ってちょうちんの形に仕上げ，彩色を施し明かりを入れたもの．
【冰点】bīngdiǎn 名 ①〈物〉氷点．② 冷遇されている事象．不人気の場所．
【冰雕】bīngdiāo 名 氷の彫刻．►ハルビンを中心とした東北地方の名物．
【冰冻】bīngdòng 動 ① **結氷する**．¶～三尺，非 fēi 一日之寒 hán /〈諺〉3尺にも達する厚い氷は1日の寒さではできない；双方の不和は1日でできたものではなく，長い過程があることのたとえ．② **冷凍する**．¶～食物 / 冷凍食品．
【冰封】bīngfēng 動(河川·湖沼が)氷に閉ざされる，氷結する．
【冰糕】bīnggāo 名〈方〉アイスクリーム；シャーベット；アイスキャンデー．(量) 块 kuài．
【冰镐】bīnggǎo 名 ピッケル．
【冰挂】bīngguà 名 雨氷(うひょう)；(通称として)つらら．
*【冰棍儿】bīnggùnr **アイスキャンデー**．(量) 根 gēn，支 zhī．¶奶油 nǎiyóu ～ / バニラアイスキャンデー．
【冰河】bīnghé →【冰川】bīngchuān
【冰壶】bīnghú 名〈体〉カーリング(ストーン)．
【冰花】bīnghuā 名 ① 氷紋．② 花氷のような氷中芸術品．③ 樹氷．
【冰肌玉骨】bīng jī yù gǔ〈成〉① 女性の肌が白くてつややかである．② 梅の花が高潔である．
*【冰激凌】bīngjīlíng 名 **アイスクリーム**．►bīngjilíng とも発音し，"冰淇淋 bīngqílín"ともいう．
【冰窖】bīngjiào 名 氷室(ひむろ)．
【冰块儿】bīngkuàir 名 氷の塊．
*【冰冷】bīnglěng 形 ① **氷のように冷たい**．¶～的水 / 氷のように冷たい水．② 非常に冷ややかである．
【冰凉】bīngliáng 形 **非常に冷たい**．**氷のように冷たい**．¶两手冻 dòng 得～ / 両手が凍えて非常に冷たい．
【冰片】bīngpiàn 名〈中薬〉竜脳香(りゅうのうこう)．
【冰淇淋】bīngqílín 名 アイスクリーム．
【冰球】bīngqiú 名〈体〉① アイスホッケー．② 同上のパック．
【冰人】bīngrén 名〈書〉月下氷人．媒酌人．仲人．⇒【月下老人】yuè xià lǎo rén
【冰山】bīngshān 名 ① 氷に覆われた高山．② 氷山．③〈喩〉当てにならない後ろだて．
【冰上运动】bīngshàng yùndòng 名 氷上競技．
【冰释】bīngshì 動〈書〉(疑いや誤解などが)氷解する．
【冰霜】bīngshuāng 名〈書〉〈喩〉① 節操のあること．② 厳粛な顔つき．¶凛若 lǐn ruò ～ /〈成〉(顔つきや態度が)凛然(りんぜん)として厳粛である．
【冰坛】bīngtán 名 氷上スポーツ界．
【冰炭不相容】bīngtàn bù xiāngróng〈諺〉氷炭相容れず．性質がまったく異なっており，一致できない．
【冰糖】bīngtáng 名 氷砂糖．(量) 块 kuài．
【冰糖葫芦】bīngtáng húlu 名 サンザシの実などを竹串に刺し，煮とかした砂糖につけてかためた菓子．主に，華北で冬に売られる．►"糖葫芦"とも．
【冰天雪地】bīng tiān xuě dì〈成〉雪と氷に覆われた世界．
【冰箱】bīngxiāng 名 **冷蔵庫．(量) 个，台 tái．¶把牛肉 niúròu 放在～里 / 牛肉を冷蔵庫に入れる．
【冰消瓦解】bīng xiāo wǎ jiě〈成〉氷解する．瓦解する．
【冰鞋】bīngxié 名 スケート靴．(量) 双 shuāng；[片方なら] 只 zhī．
【冰镇】bīngzhèn 動 氷で冷やす．¶～咖啡 kāfēi / アイスコーヒー．
【冰柱】bīngzhù 名 つらら．¶结 jié ～ / つららが

できる.
【冰砖】bīngzhuān 名(ブロック状の)アイスクリーム.
【冰锥】bīngzhuī 名 ①(～儿)つらら. ②〈登山〉アイスハーケン.

*兵 bīng 名 ①兵士.軍人. ②〈書〉軍隊. ③中国将棋の駒の「兵」.►日本将棋の「歩」に相当する.
◇◆ ①兵器.武器. ②軍事・戦争(の). ¶纸上谈～/机上の空論. ‖姓
【兵变】bīngbiàn 名 軍事クーデター.
【兵不血刃】bīng bù xuè rèn 〈成〉刃(やいば)に血塗らずして勝利を収める.戦うことなく敵に勝つ.
【兵不厌诈】bīng bù yàn zhà 〈成〉戦争では敵を欺いてもかまわない.
【兵端】bīngduān 名〈書〉戦端.
【兵额】bīng'é 名 兵士の定員.
【兵法】bīngfǎ 名 兵法. ¶孙子 Sūnzǐ～/孫子の兵法.
【兵戈】bīnggē 名〈書〉武器;〈転〉戦争. 兵戈(へいか). ¶不动～/戦争をしない.
【兵革】bīnggé 名〈書〉兵器と武具;〈転〉戦争.
【兵工厂】bīnggōngchǎng 名 兵器工場.
【兵荒马乱】bīng huāng mǎ luàn 〈成〉戦争で世の中が乱れる.
【兵火】bīnghuǒ 名 戦争.戦禍. ¶～连天 liántiān/戦争が絶え間ないこと.
【兵祸】bīnghuò 名 戦禍.
【兵家】bīngjiā 名 兵家.軍事家.
【兵舰】bīngjiàn 名 軍艦.
【兵谏】bīngjiàn 動 武力に訴えていさめる.
【兵力】bīnglì 名 兵力.戦力.
【兵连祸结】bīng lián huò jié 〈成〉戦乱が次々と続く.次々と戦禍に見舞われる.
【兵临城下】bīng lín chéng xià 〈成〉敵軍が城下に迫る.
【兵乱】bīngluàn 名 兵乱.戦乱.
【兵马】bīngmǎ 名 兵隊と軍馬;〈転〉部隊.
【兵马俑】bīngmǎyǒng 名 兵馬俑(へいばよう).古代,焼きもので造った殉葬用の兵士や戦馬の像.
【兵棋】bīngqí 名(模型を使った)軍事演習用のシミュレーションゲーム.►"军棋 jūnqí"は軍人将棋のこと.
【兵器】bīngqì 名 兵器.武器.
【兵强马壮】bīng qiáng mǎ zhuàng 〈成〉強い軍隊の形容.
【兵权】bīngquán 名 兵権.軍隊の指揮権.
【兵刃】bīngrèn 名 武器.►昔の刀や槍の類.
【兵戎】bīngróng 名 武器と兵隊.軍隊. ¶～相见/〈成〉武力衝突.戦争状態になる.
【兵士】bīngshì 名 兵士.兵隊.
【兵团】bīngtuán 名〈軍〉①(いくつかの軍団または師団を統轄する)兵団. ②(広く)(連隊以上の)部隊. ¶主力～/主力部隊.
【兵蚁】bīngyǐ 名〈虫〉ヘイタイアリ.
【兵役】bīngyì 名〈軍〉兵役. ❖服 *fú*～/兵役に服する.
【兵役法】bīngyìfǎ 名〈軍〉兵役法.
【兵营】bīngyíng 名〈軍〉兵営.兵舎.
【兵员】bīngyuán 名〈軍〉兵員.兵士(の総称).
【兵源】bīngyuán 名〈軍〉兵力の供給源.
【兵灾】bīngzāi 名 戦災.
【兵站】bīngzhàn 名〈軍〉兵站(へいたん).
【兵制】bīngzhì 名〈軍〉兵制.
【兵种】bīngzhǒng 名〈軍〉(歩兵・砲兵・戦車部隊・ロケット部隊などの)兵種.

栟 bīng "栟柑 bīnggān""栟榈 bīnglǘ"⊕という語に用いる.
【栟柑】bīnggān 名〈植〉ポンカン.
【栟榈】bīnglǘ 名〈植〉シュロ.

槟(檳) bīng "槟榔 bīnglang"⊕という語に用いる.
【槟榔】bīnglang 名〈植〉ビンロウジ;ビンロウジの実.

3声 *丙 bǐng 名 十干の第3:丙(ひのえ);順序の第3番目.(A,B,C…の)C.
◇◆ 火. ¶付 fù～/火にくべる. ‖姓
【丙肝】bǐnggān 名〈医〉C型肝炎.
【丙纶】bǐnglún 名〈紡〉ポリプロピレン.
【丙酮】bǐngtóng 名〈化〉アセトン. ¶～树脂 shùzhī/アセトンレジン.
【丙烷】bǐngwán 名〈化〉プロパン. ¶～气 qì/プロパンガス.
【丙烯】bǐngxī 名〈化〉プロピレン.アクリル. ¶聚 jù～/ポリプロピレン. ¶～树脂 shùzhī/アクリル樹脂.
【丙种维生素】bǐngzhǒng wéishēngsù 名 ビタミンC.

秉 bǐng 動〈書〉①持つ.握る. ¶～笔/筆を執る. ②掌握する. ¶～政/政権を握る. ‖姓
【秉赋】bǐngfù ①名 天賦(てんぷ). ②動(気性などを)備え持つ.
【秉公】bǐnggōng 動 公平にする. ¶～办理/公平に処理する.
【秉性】bǐngxìng 名 性格.気性.
【秉直】bǐngzhí 形〈書〉正直である.心根がまっすぐである. ¶为人～/人となりが正直である.

柄 bǐng ①名 **柄**(え).**取っ手.** ¶勺 sháo～/ひしゃくの柄. ②量〈方〉柄のついているものを数える.►"把"より書面語的. ¶两～伞/傘2本.
◇◆ ①〈植〉柄.梗. ②つっこまれる種. ¶话～/話の種. ¶笑 xiào～/笑いの種. ③掌握する. ¶～政/政権を握る. ④権力. ¶国～/国権.

饼 bǐng 名 小麦粉をこねて薄く円盤状に伸ばし焼いた食べ物. ㊣张 zhāng,块 kuài. 注意 主食で食べるが,日本の「餅(もち)」とはまったく異なる.「もち」に相当するものは"年糕 niángāo". ¶烧～/円形に整え天火で焼いた"饼".
◇◆ 円盤状のもの. ¶柿 shì～儿/干し柿. ¶铁 tiě～/円盤.
【饼茶】bǐngchá 名 円盤状に圧縮したお茶.
【饼铛】bǐngchēng 名 "饼"をつくる平鍋.
*【饼干】bǐnggān 名 **ビスケット.** ㊣块.
【饼子】bǐngzi 名 ①トウモロコシなどの粉をこねて焼いた"饼". ②(マージャンの)ピンズ. ③〈方〉頑固な人. ④〈方〉浪費家.

B

B

炳 **bǐng** ◇◆ 明るい．著しい．¶彪 biāo～／光り輝いて美しい．¶～蔚 wèi／模様が華やかである．‖姓

屏(摒) **bǐng** 動(息を)止める,抑える．¶～住呼吸／息を殺す．◇◆ 捨てる．取り除く．
▸▸ píng

【屏除】bǐngchú 動〈書〉排除する．取り除く．¶～杂念 zániàn／雑念を捨て去る．
【屏气】bǐng//qì 動 息を殺す．息をひそめる．
【屏弃】bǐngqì 動 投げ捨てる．
【屏声】bǐng//shēng 動 息をひそめ声を立てない．¶～倾听 qīngtīng／息を殺して耳を傾ける．
【屏退】bǐngtuì 動〈書〉①(人を)立ち退かせる．②隠遁(いんとん)する．
【屏息】bǐngxī 動〈書〉息を殺す．

禀(稟) **bǐng** 動〈書〉申し上げる．報告する．◇◆ 受け継ぐ．¶天～／生まれつきの性質．

【禀报】bǐngbào 動 上申する．報告する．
【禀承】bǐngchéng 動〈書〉上の指令を受ける．
【禀复】bǐngfù 動(上司や目上に)返事を出す．復命する．
【禀赋】bǐngfù 名〈書〉天賦．
【禀告】bǐnggào 動〈旧〉申し上げる．報告する．
【禀明】bǐngmíng 動(目上に)報告する,詳しく説明する．
【禀求】bǐngqiú 動(目上に)お願いする．
【禀儿】bǐngr 名〈旧〉上申書．報告書．
【禀受】bǐngshòu 動(性質・風格・特徴などを)備え持つ,受け継ぐ．
【禀帖】bǐngtiě 名〈旧〉請願書．上申書．
【禀性】bǐngxìng 名 天性．生まれつき．

4声 * **并**(併・並) **bìng** ❶副 ①《否定の副詞"不、没(有)、未 wèi、无 wú、非 fēi"などの前につけて》**決して,別に,何も(…でない)**．¶我们之间～没有什么隔阂 géhé／われわれの間にはべつにわだかまりがあるわけではない．¶他～不是没有钱／彼はお金がないというわけではない．②共に．いずれもみな．一斉に．
❷接続 **そして．また．**その上．¶会议讨论～通过了这个方案／会議はこの案について討議し,そしてこれを採択した．⇒【并且】bìngqiě
❸動 合わせる．一つにまとめる．一緒にする．¶把桌子～一～／テーブルを合わせる．

【并存】bìngcún 動 共存する．¶～不悖 bèi／〈成〉両立して互いに衝突しない．
【并蒂莲】bìngdìlián 名 1本の茎に並んで咲く2輪のハス；〈喩〉仲のよい夫婦．
【并发】bìngfā 動〈医〉併発する．¶肺炎 fèiyán～／肺炎を併発する．
【并发症】bìngfāzhèng 名〈医〉併発症．合併症．
【并非】bìngfēi 副(強く否定し)まったく…ではない．¶我～不想去,只是没有钱／私は決して行きたくないのではなく,ただお金がないだけなのだ．
【并激】bìngjī 名〈電〉分路．¶～绕组 ràozǔ／分路巻き．
【并驾齐驱】bìng jià qí qū 〈成〉肩を並べて同じ速さで駆ける．ひけをとらない．
【并肩】bìng//jiān 動 **肩を並べる**；〈転〉**同時に行動する．共に努力する．**¶四人～而 ér 行／4人が肩を並べて歩く．¶～前进 qiánjìn／共に向上する．
【并进】bìngjìn 動 並行して進む；同時に並行して進める．
【并举】bìngjǔ 動 並行して進める．¶土洋～／(中国)在来のものと外国のものをともに用いる．
【并力】bìnglì 動〈書〉力を合わせる．
【并立】bìnglì 動 両立する．
【并联】bìnglián 動〈電〉並列接続する．¶～电路／並列回路．
【并列】bìngliè 動 **並列する．横に並ぶ．**¶～第三名／共に3位になる．
【并论】bìnglùn 動 同一に論ずる．同等に扱う．¶二者不能相提 xiāng tí～／二つを同列に論ずることはできない．比べものにならない．
【并排】bìngpái 動(横に)**並んで列を作る．**¶不要～骑车／自転車は横に並んで走ってはならない．
*【并且】bìngqiě 接続 **しかも．その上に．**また．そうして．►並列または添加を表す．¶我们对人要热情 rèqíng,～要有礼貌 lǐmào／われわれは人に対して真心を持ち,かつ礼儀正しくすべきだ．
語法 ❶"并且"の後には副詞"也、还、又"などが呼応することも多い．¶他是这么想的,～也是这么做的／彼はそう言ったし,またそうやった．❷先行する"不但、不仅、不光、不只"などが呼応し,添加を表すこともある．¶他不但会说英语,～会说日语／彼は英語ばかりでなく,日本語も話せる．❸三つ以上の項目を接続する場合は最後の項目の直前に用いる．¶房间宽敞 kuānchang、明亮～清洁 qīngjié／部屋は広く明るくしかも清潔だ．
【并入】bìngrù 動 合併する．一緒になる．¶许多小厂 chǎng～了大厂／多くの小工場が大工場に合併された．
【并吞】bìngtūn 動 併呑(へいどん)する．とりこむ．¶大资本集团～中小企业 qǐyè／大資本のグループが中小企業を吸収合併する．
【并行】bìngxíng 動 ①肩を並べて前進する．②同時に行う．
【并行不悖】bìng xíng bù bèi 〈成〉同時に行っても互いに矛盾しない．
【并重】bìngzhòng 動 同等に重んずる．

** **病** **bìng** ❶名 ①**病気．**(量) 次；[治るまで3,4日以上かかる病気]场 cháng．¶他的～已经好了／彼の病気はもう治った．②やましいこと．うしろめたいこと．心配ごと．¶这是他心上的一块 kuài～／これは彼の一大心配事だ．
❷動 病気になる．かかる．¶他～了(三天)／彼は病気になった(病気で3日寝こんだ)．
◇◆ 欠点．誤り．¶语 yǔ～／語弊．

【病案】bìng'àn 名〈医〉カルテ．病歴．
【病包儿】bìngbāor 名〈口〉病気がちの人．
【病变】bìngbiàn 名〈略〉病理変化．
【病病歪歪】bìngbingwāiwāi 形(～的)長患いで足元がふらついている．►"病歪歪"とも．
【病残】bìngcán 名 病気と身体障害．
【病程】bìngchéng 名 病気の経過．
【病虫害】bìngchónghài 名〈農〉病虫害．
【病床】bìngchuáng 名 ①(病院の)ベッド．(量) 张．②病床．病の床．

【病从口入，祸从口出】bìng cóng kǒu rù, huò cóng kǒu chū 〈諺〉病は口より入り,災いは口より出(い)ず.
【病倒】bìngdǎo 動+結補 病気で床につく．病気で寝こむ.
*【病毒】bìngdú 名 ①〈医〉ウイルス．(濾過性)病原体．¶～性肝炎 gānyán / ウイルス性肝炎．②〈電算〉ウイルス．¶电脑～ / コンピュータウイルス.
*【病房】bìngfáng 名 病室．病棟．(量) 间,个．¶隔离 gélí～ / 隔離病棟．¶查 chá～ / 回診する.
【病夫】bìngfū 名〈貶〉病弱の人.
【病根】bìnggēn 名 ①(～儿·～子)病根；持病．¶～难除 / 持病は根治が難しい．②〈喩〉失敗や災難の原因.
【病故】bìnggù 動 病死する.
【病号】bìnghào 名(～儿)〈口〉(部隊·学校など集団における)病人.
【病号饭】bìnghàofàn 名 病人食.
【病急乱投医】bìng jí luàn tóu yī 〈諺〉病気がひどくなると,手当たりしだいどんな医者にも診てもらう；事情が緊迫すると,取り得る手段はなんでも試みる.
【病家】bìngjiā 名 患者とその家族.
【病假】bìngjià 名 病欠．病気休暇．¶请～ / 病気休暇を申請する．¶给两天～ / 2日間の病気休暇を与える．¶～条 / 病欠証明.
【病句】bìngjù 名(文法的·論理的)誤文．¶改正～ / 誤った文を改める.
*【病菌】bìngjūn 名 病原菌.
【病况】bìngkuàng 名 病状．症状.
【病历】bìnglì 名〈医〉カルテ．病歴．¶～卡 kǎ / カルテ.
【病例】bìnglì 名〈医〉病例．症例．¶流感 liúgǎn～ / インフルエンザの症例.
【病魔】bìngmó 名 病魔．¶～缠身 chánshēn / 病魔にとりつかれる.
【病殁】bìngmò 動 病死する.
【病旁】bìngpáng 名(～儿)(漢字の偏旁)やまいだれ"疒".
【病情】bìngqíng 名 病状．症状．¶～有了好转 hǎozhuǎn / 病状が快方に向かう.
*【病人】bìngrén 名 病人．患者.
【病容】bìngróng 名 病気のような顔色．¶面带 dài～ / 病気のような顔色をしている.
【病入膏肓】bìng rù gāo huāng 〈成〉事態が深刻で,救いようがない．病膏肓(こう)に入る.
【病身子】bìngshēnzi 名 病身；病気の人.
【病势】bìngshì 名 病勢．病状．¶～加重 / 病状が重くなる.
【病逝】bìngshì 動 病没する.
【病榻】bìngtà 名〈書〉病床.
【病态】bìngtài 名 病的状態．¶神经 shénjīng 上的～ / 神経の病的状態．¶～心理 / 病的な心理．異常心理.
【病体】bìngtǐ 名 病体．病身.
【病痛】bìngtòng 名 ちょっとした軽い病気.
【病退】bìngtuì 動 病気で退職する.
【病危】bìngwēi 形 危篤である.
【病象】bìngxiàng 名(病気の)徴候．症候．症状.
【病邪】bìngxié 名〈中医〉疾病を引き起こす四季の邪気.
【病休】bìngxiū 動 病気で休む．¶～一周 zhōu / 病気で1週間休む.
【病秧子】bìngyāngzi 名〈口〉病気がちの人.
【病因】bìngyīn 名 病因.
【病友】bìngyǒu 入院中に知り合った病人同士．入院仲間.
【病愈】bìngyù 動 全快する．病気が治る.
【病员】bìngyuán 名 病人．患者．►病院の側から患者をさしていう.
【病原】bìngyuán 名〈医〉①病原体．②病原.
【病原虫】bìngyuánchóng 名〈医〉病原虫.
【病原菌】bìngyuánjūn 名 病原菌.
【病院】bìngyuàn (専門)病院；隔離病院．(量) 所 suǒ,家 jiā．►日本語の「病院」は,普通は"医院 yīyuàn"という．¶传染 chuánrǎn～ / 伝染病病院.
【病灾】bìngzāi 名 ①病気や災難．②植物などの病害状況.
【病灶】bìngzào 名〈医〉病巣.
【病征】bìngzhēng 名 症状；病気の徴候.
【病症】bìngzhèng 名 病症；疾病.
【病状】bìngzhuàng 名 病状．容体.
【病字旁】bìngzìpáng 名(～儿)(漢字の偏旁)やまいだれ"疒".

bo (ㄅㄛ)

1声 *拨(撥) bō

(はねのけるように)動かす·回す→全体から一部を(はねのけるように)割いて与える

❶動 ①(手足や棒などでものを)動かす,はじく,ほじる,つつく；(指で)回す．¶～钟 zhōng / 時計(の時間)をセットする．¶～电话号码 / 電話のダイヤルを回す．¶把收音机～到调频波段 tiáopín bōduàn / ラジオをFM放送に切り替える．②(全体の中から一部を割いて)分け与える．(ある所から別の所へ)やる,おくる．¶单位 dānwèi～给他一台专车 zhuānchē / 勤め先は彼に専用車を割り当てた.
❷量(～子·～儿)(人をいくつかのグループに分けるときの)ひと組．►話し言葉であり,改まった言い方のときは"批 pī"を用いることが多い．¶分两～儿吃 / ふた組に分けて食事をする.
【拨动】bō∥dòng 動+結補 指ではじいて動かす〔回す〕.
【拨发】bōfā 動 一部を分け与える．支出交付する．¶～救济粮 jiùjìliáng / 救済食糧を配分する.
【拨付】bōfù 動(金銭を)支給する.
【拨给】bōgěi 動 支給する．割り当てる．¶～一批 pī 救急物资 / 救援物資を割り当てた.
【拨号】bō∥hào 動(電話の)ダイヤルを回す.
【拨火棍】bōhuǒgùn 名 火かき棒.
【拨款】bō∥kuǎn ①動(政府または上級機関が資金を)割り当てる,配分する,支給する．¶工程 gōngchéng 费用由国家～ / 工事の費用は国家の支給による．②名(政府または上級機関からの)割当金.
【拨剌】bōlà 擬〈書〉《魚が水をはねる音》ぴちゃっ．ばちゃっ.
【拨拉】bōla 動〈方〉かき分ける．(横に)はらう．¶用手～人 / 手で人をかき分ける．¶～算盘子儿 suàn-

B

panzǐr / そろばんをはじく.

【拨浪鼓】bōlanggǔ 名(～儿)でんでん太鼓.

【拨乱反正】bō luàn fǎn zhèng 〈成〉混乱をしずめて正常に戻す.

【拨弄】bōnong 動 ①(手足や棒などで)かき回す;(指で)はじく,いじくる. ►"拨楞 bōleng"とも. ¶～琴弦 qínxián / 弦楽器の弦を鳴らす. ②あやつる. 翻弄する. ¶受人～ / 人に翻弄される. ③そそのかす. かきたてる. ¶～是非 shìfēi / 悶着(もんちゃく)を起こす.

【拨冗】bōrǒng 動〈書〉万障繰り合わす. 時間の都合をつける. ►手紙や案内状などのきまり文句. ¶恳 kěn 请～光临 guānglín / 万障お繰り合わせの上ご来臨を請う.

【拨弦乐器】bōxián yuèqì 名〈音〉(マンドリン・ギターなど)つま弾く弦楽器.

【拨云见日】bō yún jiàn rì 〈成〉暗黒の中から光明が見えてくる.

【拨子】bōzi ❶名 ①(弦楽器の)ばち・ピックなど. ②(＝高拨子)徽(き)劇の主要な節回しの一つ. ❷量(ひと)組.

波 bō

◇◆ ①波. ¶→～浪 làng. ¶电 diàn～ / 電波. ②波動. ¶微 wēi ～ / さざ波. ③意外な変化. ¶风 fēng ～ / もめごと. ‖姓

【波长】bōcháng 名〈物〉波長.

【波荡】bōdàng 動 波打つ.

【波动】bōdòng ①動 揺れ動く. 変動する. ¶情绪 qíngxù～ / (心配事などで)気持ちが落ち着かない. ¶外汇 wàihuì 比价 bǐjià 不断～ / 為替レートが絶えず変動する. ②名〈物〉波動.

【波段】bōduàn 名〈物〉周波数帯. ウエーブバンド.

【波多黎各】Bōduōlígè 名〈地名〉プエルトリコ.

【波尔卡】bō'ěrkǎ 名〈音〉ポルカ.

【波幅】bōfú 名〈物〉振幅. ►"振幅 zhènfú"とも.

【波及】bōjí 動 波及する. 影響する. ¶经济恐慌 kǒnghuāng～世界 / 経済恐慌が世界中に波及した.

【波兰】Bōlán 名〈地名〉ポーランド.

【波澜】bōlán 名 波瀾(はらん). ¶～起伏 / 波瀾万丈である.

【波澜壮阔】bō lán zhuàng kuò 〈成〉(文章や政治運動などの)勢いがすさまじい.

【波浪】bōlàng 名 波. 波浪. ¶～起伏 qǐfú / 波がうねる.

【波浪发电】bōlàng fādiàn 名 波力発電.

【波浪鼓】bōlanggǔ ⇀【拨浪鼓】bōlanggǔ

【波棱盖】bōlenggài 名(～儿)〈方〉膝頭. 膝小僧. ►"波罗盖 bōluógài"とも.

【波平浪静】bō píng làng jìng 〈成〉平穏無事である.

【波谱】bōpǔ 名〈物〉波動スペクトル.

【波士】bōshì 名 ボス. ►英語 boss の音訳.

【波束】bōshù 名〈物〉ビーム.

【波斯】Bōsī 名〈地名〉ペルシャ.

【波斯猫】bōsīmāo 名〈動〉ペルシャネコ.

【波斯尼亚和黑塞哥维那】Bōsīníyà hé Hēisàigēwéinà 名〈地名〉ボスニア・ヘルツェゴビナ. ►"波黑"とも.

【波涛】bōtāo 名 波濤(はとう). 大波. ¶～汹涌 xiōngyǒng / 大波が逆巻く.

【波纹】bōwén 名(水面の)波紋.

【波源】bōyuán 名〈物〉波源.

【波折】bōzhé 名 紆余(うよ)曲折. 波瀾(はらん). ¶几经 jīng ～ / 幾多の曲折を経る.

玻 bō

"玻璃 bōli"⬇という語に用いる.

【玻利维亚】Bōlìwéiyà 名〈地名〉ボリビア.

*【玻璃】bōli 名 ①ガラス. 量 块. ②〈口〉ガラスのように透明なもの.

【玻璃板】bōlibǎn 名 板ガラス.

*【玻璃杯】bōlibēi 名(ガラスの)コップ. グラス. 量 个.

【玻璃橱】bōlichú 名 ガラスの戸棚.

【玻璃窗】bōlichuāng 名 ガラス窓.

【玻璃粉】bōlifěn 名 ①(研磨用の)ガラス粉. ②(寒天などで作った)ゼリー.

【玻璃钢】bōligāng 名 強化プラスチック.

【玻璃球】bōliqiú 名 ビー玉.

【玻璃丝】bōlisī 名 ガラス繊維・ナイロン糸の総称.

【玻璃纤维】bōli xiānwéi 名 ガラス繊維. グラスファイバー.

【玻璃纸】bōlizhǐ 名 セロハン紙.

钵(鉢) bō

名 ①(陶製の)鉢. ②(僧の使う)鉢.

饽 bō

"饽饽 bōbo"⬇という語に用いる.

【饽饽】bōbo 名〈方〉①菓子. ¶～匣子 xiázi / 菓子折. ②粉食品. ¶贴 tiē ～ / トウモロコシの粉をこねて鍋で蒸し焼きにしたもの.

剥 bō

◇◆(表皮などを)むく,はぐ. ⏩ bāo

【剥夺】bōduó 動 奪い取る. 剝奪する. ¶～公民权 gōngmínquán / 公民権を剝奪する.

【剥离】bōlí 動 剝離(はくり)する. 剝脱(はくだつ)する. ¶视网膜 shìwǎngmó ～ / 〈医〉網膜剝離.

【剥落】bōluò 動 はげ落ちる. はがれ落ちる. ¶墙 qiáng 上的油漆 yóuqī ～了 / 壁のペンキがはげ落ちた.

【剥蚀】bōshí 動(風化作用によって)浸食される.

【剥削】bōxuē 動 搾取する.

【剥啄】bōzhuó 擬〈書〉門を軽くたたく音.

菠 bō

"菠菜"⬇などの語に用いる.

*【菠菜】bōcài 名〈植〉ホウレンソウ. ►"菠薐菜 bōléngcài"とも. 量[株]棵 kē, 株 zhū; [束]把, 捆 kǔn.

【菠萝】bōluó 名〈植〉パイナップル.

【菠萝蜜】bōluómì 名〈植〉①ハラミツ. ナガミパンノキ. ►"波罗蜜"とも書く. ②パイナップル.

播 bō

動 ①広める. 伝える. 伝播する. ¶收音机 shōuyīnjī 里～出轻快 qīngkuài 的乐曲 yuèqǔ / ラジオから軽やかなメロディーが流れている. ②(種を)まく.

【播唱】bōchàng 動(…の)歌を放送する.

【播发】bōfā 動(ラジオで)放送する. ¶～新闻 xīnwén / ニュースを放送する.

【播放】bōfàng 動 ①テレビで放映する. ►"播映 bōyìng"とも. ¶～科教 kējiào 影片 / 科学教育映

画を放映する．②ラジオで放送する．
【播讲】bōjiǎng 動(…の)講演・講義などを放送する．¶～英语会话／英会話を放送する．
【播客】bōkè 名〈電算〉ポッドキャスト．
【播弄】bōnong →【拨弄】bōnong ②③
【播迁】bōqiān 動〈書〉(他郷を)さすらう．
【播撒】bōsǎ 動 蒔(ま)く．散布する．¶～树种／樹木の種子を蒔く．¶～农药／農薬を散布する．
*【播送】bōsòng 動(番組を)放送する．¶现在～新闻节目／ただいまからニュースをお知らせします．
【播演】bōyǎn 動(…の)公演を放送する．¶电视台～话剧 huàjù／テレビ局が芝居の公演を放映する．
【播音】bō//yīn 動(ラジオで番組を)放送する．¶这次～到此 cǐ 结束／この時間の放送はこれで終わります．¶～室／放送室．スタジオ．
【播音员】bōyīnyuán 名 アナウンサー．放送係．
【播映】bōyìng 動 テレビで放映する．
【播种】bō//zhǒng 動 種をまく．
【播种机】bōzhǒngjī 動〈農〉種まき機．
【播种】bōzhòng 動 種で植え付ける；じかまきする．

2声

百 bó 地名のみに残る異読．¶～色 sè／広西チワン族自治区にある県名．▸▸ bǎi

伯 bó ◇◆ ①伯父(父親の兄)．¶大～／父方のいちばん上のおじ．②兄弟の中の最年長者．¶～兄／長兄．③《年長の男性に対する尊称》おじさん．④伯爵．‖姓 ▸▸ bǎi
【伯伯】bóbo 名〈口〉①(父の兄に当たる)おじ．¶二～／2番目のおじ．②(血縁関係のない)おじさん．
*【伯父】bófù 名 ①おじ．(自分の)父親の兄．②(父と同年輩か父より年上の男性に対する呼びかけ)おじさん．
【伯劳】bóláo 名〈鳥〉モズ．►地方によっては"虎不拉 hùbulǎ"ともいう．
【伯乐】bólè 名(秦の伯楽(はく)が馬の優劣を見分ける能力に優れていたことから)人材の発見と抜擢(ばってき)に長じている人．名伯楽．
【伯利兹】Bólìzī 名〈地名〉ベリーズ．
*【伯母】bómǔ 名 ①おば．(自分の)父親の兄の妻．②《父と同年輩か父より年上の男性の妻に対する呼びかけ》おばさん．⇒【阿姨】āyí,【大姐】dàjiě
【伯仲】bózhòng 名〈書〉兄弟．長男と次男；伯仲．►優劣を決めがたいこと．¶～之间／優劣がつけがたい関係．¶相～／相伯仲する．いずれも劣らない．
【伯仲叔季】bó zhòng shū jì 〈成〉兄弟の順序．
【伯祖】bózǔ 名 父の伯父．おおおじ．
【伯祖母】bózǔmǔ 名 父の伯母．おおおば．

驳(駁) bó 動 ①反駁(はんばく)する．¶他们的观点被～得体无完肤 tǐ wú wán fū／彼らの観点は徹底的に反論された．②〈方〉河岸や堤防を拡張する．
◇◆ ①(色が)混ざっている．¶斑 bān ～／(色が)まだらである．②はしけ(で運ぶ)．¶～卸 xiè／はしけから荷をおろす．
【驳岸】bó'àn 名 護岸堤．
【驳不开】bóbukāi 動+可補 無視することができない．¶～面子／メンツをつぶすわけにはいかない．
【驳斥】bóchì 動 反駁する．
【驳船】bóchuán 名 はしけ．
【驳倒】bó//dǎo 動+結補(相手の意見や主張を)論破する．¶驳不倒他／彼をやりこめることはできない．
【驳回】bóhuí 動(願いや請求を)断る．(意見などを)却下する,取り上げない．¶～要求 yāoqiú／請求を却下した．
【驳价】bó//jià 動(～儿)値切る．
【驳壳枪】bókéqiāng 名〈軍〉モーゼル拳銃．
【驳论】bólùn 動 相手の論点を反駁することによって自分の論点を明らかにする．
【驳面子】bó miànzi 〈慣〉(反対・拒絶して相手の)顔をつぶす．すげなく断る．►"驳面儿 miànr"とも．
【驳难】bónàn 動〈書〉反駁し非難する．
【驳运】bóyùn 動 はしけで運ぶ．
【驳杂】bózá 形 入り混じっている．
【驳正】bózhèng 動 反論し非を正す．¶～错误cuòwù 观点／まちがった観点を論駁(ろんばく)して正す．

帛 bó 名〈書〉絹織物の総称．¶玉 yù ～／玉と絹織物．
【帛画】bóhuà 名 帛画(はくが)．絹織物にかかれた絵．
【帛书】bóshū 名 帛書(はくしょ)．絹織物に書かれた書物．

泊 bó 動〈書〉船を岸につける．
◇◆ ①とどまる．¶飘 piāo ～／流浪する．②さっぱりしている．¶淡 dàn ～／あっさりしている．‖姓 ▸▸ pō
【泊位】bówèi 名(港の)バース．船の停泊場所．

柏 bó 地名・人名に用いる．¶～林／ベルリン．▸▸ bǎi

勃 bó ◇◆ ①急に盛んになるさま．②にわかに．急に．‖姓
【勃勃】bóbó 形 盛んである．►"朝气 zhāoqì、兴致 xìngzhì、生气、野心"などと組み合わせて用いられる．¶朝气～／元気はつらつ．¶兴致～／興味津々である．熱中する．
【勃发】bófā 〈書〉①形 光り輝いている．¶英姿 yīngzī ～／英姿が輝く．②動 急に起こる．勃発(ぼっぱつ)する．
【勃郎宁】bólángníng 名 ブローニング(拳銃)．
【勃然】bórán 形〈書〉①勢いが盛んである．¶～而 ér 起／勢いよく興る．②(怒りや驚きで)むっとしている．¶～大怒 nù／かっとする．
【勃兴】bóxīng 動〈書〉勃興(ぼっこう)する．

钹 bó 名(シンバルに似た民族楽器の一種)鈸(はち)．

铂 bó 名〈化〉プラチナ．Pt．►一般に"白金 báijīn"という．

舶 bó ◇◆ 大型船．¶船～／船舶．¶巨 jù ～／巨船．
【舶来品】bóláipǐn 名〈旧〉舶来品．輸入品．

脖 bó 名(～儿)①首．②首のような形をしたもの．¶高尔夫球杆儿 gāo'ěrfūqiú gānr ～／ゴルフクラブのヘッド．
【脖颈儿・脖梗儿】bógěngr 名〈方〉首筋．えり首．

B

►“脖颈子”“脖梗子”とも.

【脖领儿】bólǐngr 名〈方〉(衣服の)首回り. ►“脖领子”とも.

*【脖子】bózi 名 首. ¶伸长 shēncháng ～ / 首を伸ばす. ¶忘到～后头 hòutou 去了 / すっかり忘れてしまった. ¶脸 liǎn 红～粗 cū /〈慣〉青筋を立て,顔をまっ赤にして怒るさま.

博 bó ◇◆ ①(量が)多い. 豊かである;(知識が)広い. ¶→～古通今. ②大きい. ¶宽衣～带 / ゆったりした着物に広い帯. ③博する. 得る. ¶→～得 dé. ④賭博(とばく). ¶～徒 / ばくち打ち. ‖ 姓

【博爱】bó'ài 名 博愛.

【博茨瓦纳】Bócíwǎnà 名〈地名〉ボツワナ.

【博达】bódá 動 広範囲に精通する.

【博大】bódà 形(抽象的な事物が)豊かである,広い. ¶～而精深 jīngshēn 的学识 xuéshí / 広くて深い学識.

【博导】bódǎo 名〈略〉博士課程の指導教官.

【博得】bódé 動 博する. 得る. ¶～同情 / 同情を得る. ¶～好评 / 好評を博する.

【博古通今】bó gǔ tōng jīn〈成〉古今のことに精通する. ►学識が豊かなことを形容する.

【博交会】bójiāohuì 名〈略〉博覧交易会.

*【博客】bókè 名〈電算〉ブログ. ►台湾では“部落格 bùluògé”という.

【博览】bólǎn 動 広く読む. ¶～群书 / 広くさまざまな書物を読む. ¶～强记 qiángjì / いろいろな本を読んでよく覚える. 博覧強記.

【博览会】bólǎnhuì 名 博覧会. ¶世界～ / 万国博覧会. ►略して“世博”という.

【博洽】bóqià 形〈書〉学識が広い.

【博取】bóqǔ 動(信頼などを)博する,取りつける. ¶～欢心 huānxīn / 歓心を得る.

【博识】bóshí 形 博識である.

*【博士】bóshì 名 ①博士. ¶～生 / 博士課程に在籍している学生. ②〈旧〉ある種の技術に通じた人. ③(古代の)教授職を受け持った官吏.

【博士后】bóshìhòu 名 博士号取得後の研究生. オーバードクター.

【博闻强识・博闻强志】bó wén qiáng zhì〈成〉見聞が広く記憶力が優れている. 博学で知識が豊かだ. ►“博闻强记 jì”とも.

【博物】bówù 名 博物. 動物・植物・鉱物・生理などの学科の総称.

*【博物馆】bówùguǎn 名 博物館. 量 个,座.

【博物院】bówùyuàn 名 博物館. ¶故宫 Gùgōng ～ / 故宮博物館.

【博学】bóxué 形 博学である. 学識が豊かである. ¶～之士 / 博学の士.

【博引】bóyǐn 動(資料などを)広く多く引用する. ¶旁征 páng zhēng ～ /〈成〉博引旁証(はくいんぼうしょう).

鹁 bó “鹁鸽 bógē”(〈鳥〉ドバト. イエバト),“鹁鸪 bógū”(〈鳥〉シラコバト. ジュズカケバト)という語に用いる.

渤 bó 地名・人名に用いる. ¶～海 / 渤海.

搏 bó ◇◆ ①組み打ちをする. つかみかかる. ¶肉～ / 格闘する. ②拍動する. ¶脉 mài ～ / 脈拍.

【搏动】bódòng 動(心臓などが)脈打つ.

【搏斗】bódòu 動 格闘する. 取っ組み合う.

【搏击】bójī 動 格闘する. 組み打ちをする.

【搏杀】bóshā 動 武器を持って渡り合う.

箔 bó ◇◆ ①(アシやコウリャンの茎で作る)すだれ. ¶苇 wěi ～ / アシのすだれ. ②箔(はく). 金属の薄片. ③紙銭(しせん). ④蔟(まぶ).

膊 bó ◇◆ 上腕. ¶赤 chì ～ / 肌脱ぎになる.

薄 bó ◇◆ ①薄い;わずかである. ¶→～利. ②誠実でない. 薄情である;軽薄である. ¶轻 qīng ～ / 軽薄である. ③軽蔑する. 冷遇する. ¶厚此 cǐ ～彼 bǐ / 一方を優遇し,他方を冷遇する. ④近づく. 迫る. ¶～海同欢 huān / 世をあげてみな喜ぶ. 注意 “薄”が単独で1語となる場合は,普通 báo と発音する. ‖ 姓

▸▸ báo,bò

【薄酬】bóchóu 名 薄謝. わずかな報酬. ¶谨致 jǐnzhì ～ / 薄謝ですがどうかお納めください.

【薄待】bódài 動 冷遇する.

【薄地】bódì 名 やせた土地.

【薄厚】bóhòu 名 厚さ. ► báohòu とも読む.

【薄礼】bólǐ 名〈謙〉粗品. ¶这是一点～,请您笑纳 xiàonà / 粗品ですがご笑納ください.

【薄利】bólì 名 薄利. わずかの利益. ► báolì とも読む. ¶～多销 xiāo / 薄利多売.

【薄命】bómìng 形(女性が)薄命である,不運である. ¶红颜 hóngyán ～ / 美人薄命.

【薄膜】bómó 名 ①薄い膜. ②フィルム.

【薄暮】bómù 名〈書〉夕暮れ.

【薄情】bóqíng 形 薄情である. つれない.

【薄弱】bóruò 形 薄弱である. 手薄である. 弱い. 確かでない;(雰囲気が)盛り上がっていない. ¶意志～ / 意志薄弱. ¶加强～环节 huánjié / 手薄な部門や弱い部分を強化する. ¶技术力量 lìliang ～ / 技術者が少ない.

【薄物细故】bó wù xì gù〈成〉とるに足りないもの. 些細な事柄.

3声 **跛** bǒ 形 足が不自由である. ¶他脚有点儿～ / 彼は少し足が不自由だ.

【跛鳖千里】bǒ biē qiān lǐ〈成〉努力さえすれば条件が不利でも成功できる.

【跛子】bǒzi 名 足の不自由な人.

簸 bǒ 動(箕(み)で穀物を)ひる,あおる,ふるいにかけて不純物を除く. ▸▸ bò

【簸荡】bǒdàng 動(上下左右に)揺れる. ¶船～得很厉害 lìhai / 船がひどく揺れる.

【簸动】bǒdòng 動 ①揺れる. 上下に動く. ¶车子～得太厉害 lìhai,坐着很不舒服 shūfu / 車の揺れがひどくて,座り心地が悪い. ②〈近〉たたく. ¶～金锣 jīnluó / どらを鳴らす.

【簸箩】bǒluo 名(タケやヤナギなどで編んだ)ざる,かご.

【簸扬】bǒyáng 動(穀物を)箕でふるう.

4声 **薄** bò “薄荷 bòhe”(ハッカ)という語に用いる. ▸▸ báo,bó

擘 bò ◇◆ 親指．►「親指」を表す単語は "大拇指 dàmuzhǐ"．¶巨 jù～／大家(たいか)．第一人者．

【擘画·擘划】bòhuà 動〈書〉計画する．企画する．

簸 bò 語義は〖簸 bǒ〗に同じ．"簸箕 bòji" ▣の場合のみ bò と発音する． ⏩bǒ

【簸箕】bòji 名 ①箕(み)．ちりとり．②弓状や蹄(ひづめ)状の指紋．

bu（ㄅㄨ）

3画 **卜 bǔ** ◇◆ ①占う．¶问～／占ってもらう．②予測する．予想する．¶存亡 cúnwáng 未～／存亡が危ぶまれる．③(場所を)選ぶ；(日取りを)定める．¶～筑 zhù／土地を選んで家を建てる．‖姓

【卜辞】bǔcí 名 卜辞(ぼくじ)．(古代中国で)亀甲や獣骨などに刻んだ占いの記録．⇒【甲骨文】jiǎgǔwén

【卜骨】bǔgǔ 名〈古〉占い用の動物の骨．

【卜卦】bǔguà 動 占う．¶～的／占い師．

【卜居】bǔjū 動〈書〉居所を決める．

【卜课】bǔ//kè 動(吉凶を)占う．

【卜邻】bǔlín 動〈書〉隣に住む人を選び居を定める．

【卜筮】bǔshì 動 占う．占いをする．

【卜宅】bǔzhái 動〈書〉①〈古〉都を定める．②住まいを決める．③墓地を定める．

***补(補) bǔ** 動 ①(不足·欠員を)**補充する**．**補足する**．¶这十块钱他已经～上了／その10元は彼がすでに補った．②(栄養を)補給する．¶～维生素 wéishēngsù／ビタミンを補う．③**繕う**．**修理する**．¶～衣服／服を繕う．
◇◆ 利益．効用．¶空言 kōngyán 无～／空論ばかりで少しもためにならない．‖姓

【补白】bǔbái ①名 埋め草．②動 説明を補う．

【补办】bǔbàn 動 追って…する．¶～手续 shǒuxù／あとから手続きを済ます．

【补报】bǔbào 動 ①事後に報告する．¶日后～／後日報告する．②(恩に)報いる．¶一世～不尽 jìn／一生かかっても報いることができない．

【补差】bǔchā 動(退職後も嘱託などで引き続き働くとき)従来の給料と退職年金との差額を補う．

【补偿】bǔcháng 動 **補償する**．¶～差额 chā'é／差額を埋め合わせる．

*【补充】bǔchōng 動 **補充する**．補足する；追加する．¶～读物 dúwù／副読本．

【补丁·补钉·补靪】bǔding 名 つぎ．(量) 块．¶打～／つぎを当てる．

【补发】bǔfā 動 ①追加支給をする．②再交付する．

【补过】bǔ//guò 動 過失の埋め合わせをする．¶将功 jiāng gōng～／〈成〉手柄を立てて過失を償う．

【补花】bǔhuā 名(～儿)アップリケ．(量) 块．

【补给】bǔjǐ 動〈軍〉(弾薬や糧秣(りょうまつ)などを)補給する．

【补给线】bǔjǐxiàn 名〈軍〉補給線．

【补假】bǔ//jià ❶動 ①代休をとる．②事後に欠席〔欠勤〕届を出す．❷名 代休；振替休日．

【补交】bǔjiāo 動 後納する．不足分を納める．¶～税款 shuìkuǎn／税金の不足分を納める；あとから税金を納める．

【补景】bǔ//jǐng 動(絵画に)背景や添景をかき足す．

【补救】bǔjiù 動 埋め合わせる．救済する．てこ入れする．¶无可～／取り返しがつかない．

【补考】bǔkǎo 動 追試をする〔受ける〕．

*【补课】bǔ//kè 動 ①**補講する〔を受ける〕**．②〈喩〉不出来な仕事をやり直す．

【补空子】bǔ kòngzi 空いたところをふさぐ〔うずめる〕；欠員を補充する．

【补苗】bǔ//miáo 動〈農〉苗の植え足しをする．

【补偏救弊】bǔ piān jiù bì 〈成〉不備や欠点を是正する．

【补票】bǔ//piào ①動 乗車してから目的地までの切符を買い足す．②名 補助切符．

【补品】bǔpǐn 名(薬·強壮剤など)滋養補給剤．栄養食品．

【补缺】bǔ//quē 動 ①欠員を補う．②遺漏を補う．③〈旧〉官吏の候補者が正式に官職に就く．

【补上】bǔshang 動+方補 補充する．付け足す．¶～一笔／一筆書き添える；加筆する．¶缺 quē 多少就～多少／足りない分だけ補充する．

【补台】bǔ//tái 動 芝居で相手のしくじりをうまくカバーする；〈転〉事がスムーズに運ぶように手助けする．

【补贴】bǔtiē ①動 助成する．(経済的に)補助する．②名 補助金．手当．¶交通～／通勤手当．¶发 fā～／補助金を支給する．

*【补习】bǔxí 動 **補習する**．

【补习班】bǔxíbān 名 予備校．塾．

【补休】bǔxiū ⇀【补假】bǔ//jià

【补选】bǔxuǎn 〈略〉①動 補欠選挙を行う．¶～人民代表／人民代表の補欠選挙をする．②名 補欠選挙．

【补血】bǔ//xuè 動 補血〔増血〕する．¶～药 yào／補血剤．増血剤．

【补牙】bǔ//yá 動 虫歯に詰め物をして治す．

【补养】bǔyǎng 動 栄養を補給する．

【补药】bǔyào 名 強壮剤．栄養剤．

【补遗】bǔyí ①名 補遺．②動 遺漏を補う．

【补语】bǔyǔ 名〈語〉補語．

【补正】bǔzhèng 動 補正する．

【补助】bǔzhù ①動 **補助する**．②名 補助(金)．

【补助货币】bǔzhù huòbì 名〈経〉補助貨幣．

【补缀】bǔzhuì 動 繕う．補修する．

【补足】bǔzú 動(不足分を)補充する．¶～缺额 quē'é／不足分〔欠員〕を補充する．

***捕 bǔ** 動 **捕まえる**．¶～苍蝇 cāngying／ハエをとる．‖姓

【捕处】bǔchǔ 動 逮捕し処罰する．

【捕风捉影】bǔ fēng zhuō yǐng 〈成〉話や事柄が雲をつかむように確かでない．

【捕俘】bǔfú 動〈軍〉捕虜にする．

【捕获】bǔhuò 動〈書〉逮捕する．取り押さえる．

【捕快】bǔkuài 名〈旧〉捕り手．罪人を捕らえる役人．

【捕捞】bǔlāo 動 漁をする．

【捕拿】bǔná 動(犯人などを)捕らえる．

【捕杀】bǔshā 動 捕まえて殺す．¶～害虫 hàichóng／害虫を退治する．

【捕食】bǔshí 動(動物が)えさをあさる；捕まえて食

B

う.

【捕鱼】bǔ//yú 動 漁をする. 魚をとる.

【捕捉】bǔzhuō 動 捕まえる. 逮捕する;(チャンスなどを)とらえる. ¶～逃犯 táofàn / 逃走した犯人を捕らえる. ¶～镜头 jìngtóu / スナップショットをとる.

哺 bǔ ◇◆ ①口に食べ物を入れてやる. ¶→～育. ②口中に含んだ食べ物. ¶吐tǔ～ / 口の中の食べ物を吐き出す.

【哺乳动物】bǔrǔ dòngwù 名〈生〉哺乳(ほにゅう)動物.

【哺乳室】bǔrǔshì 名(職場内や駅の待合室などに設けられた)ベビールーム,授乳室.

【哺养】bǔyǎng 動 養い育てる.

【哺育】bǔyù 動 ①哺育(ほいく)する. ②〈喩〉育成する.

堡 bǔ "堡子 bǔzi"⬇という語や地名に用いる.

◇◆ 村. ⏩ bǎo,pù

【堡子】bǔzi 名〈方〉①土塀などで囲まれた町や村. ②(広く)村.

4声 ** **不** bù ❶副 ①《動詞や形容詞などの前に置いて用い,意志・習慣に関する否定や性質・状態の否定を表し》…しない. …でない. ¶明天我们～去 / あした私たちは行きません. ¶他从来～抽烟 / 彼はもとからたばこは吸わない. ¶近来她～忙 / このごろ彼女は忙しくない.

語法ノート

"不"の用法

❶副詞の前に置き部分否定を示すことがある. ¶他～一定来 / 彼は来るとはかぎらない.

❷〖…不…〗反復疑問文を作る. ¶你去～去? / 君は行くの. ¶这筷子 kuàizi 干净～干净? / このはしはきれいかい.

❸〖不…,就〔才〕…〗bù…, jiù〔cái〕… 仮定条件の提示を表す. ¶～刮 guā 大风就好了 / 大風が吹かなければよかったのに.

❹〖什么…不…〗shénme…bù… 前後に同じ語を当てはめ,意に介しないことを表す. ¶什么谢～谢的,别提这个 / お礼なんて,そんなことおっしゃらないで.

❺"没(有) méi(yǒu)"との比較:"没(有)"は動作・行為の発生あるいは完成の否定や性質・状態の変化の否定を示し,それらが事実として発生・存在していないことを表す. なお,"有"の否定形は"没有"もしくは"没"である.

❻"不"に続く音節が第4声であるときは第2声に発音される.

②(単用して)いいえ. いや. ¶他～去吗?――～,他去 / 彼は行かないの――いや,彼は行く. ¶再坐一会儿吧!――～了,我还有事 / もう少しゆっくりしていらっしゃいな――いいえ,まだ用事があるので.

❷助(↔得 de)《動詞と結果補語または方向補語の間に用い,不可能を表す》►軽声で発音される. ¶拿 ná ～动 / 持ち上げられない. ¶运 yùn ～出去 / 運び出せない.

*【不安】bù'ān ①形 不安定である. 落ち着かない. ¶世界局势动荡 dòngdàng ～ / 世界情勢は不安定である. ¶坐立～ / じっとしていられない. ②〈套〉すまないと思う. 恐縮である. ¶总让您费心 fèixīn,实在～ / いつもお気を遣っていただき,まことに恐縮です.

〖不…白不…〗bù…bái bù… ("不A白不A"の形で)…しないのはむざむざ…(しない)ということになる. …しないと損だ〔もったいない〕. ¶公司请客,～吃～吃 / 会社の接待なのだから,食べないと損だ.

【不白之冤】bù bái zhī yuān 〈成〉晴らすことのできない冤罪(えんざい). ぬれぎぬ. ¶蒙 méng 受～ / 無実の罪を着せられる.

【不败之地】bù bài zhī dì 〈成〉不敗の地.

【不备】bùbèi ①動 すきがある. 油断する. ②名〈書〉不一(ふいつ). ►旧時,手紙の終わりに書く語. 気持ちを十分に言い尽くしていない意を表す.

*【不比】bùbǐ 動 …とは違う. …の比ではない. ¶如今～过去 / 今日は以前とうって変わる.

*【不必】bùbì 副 …する必要はない. …でなくてもよい. ¶～担心 dānxīn / 心配には及ばない. [単独でも用いる]¶～了,我都知道了 / それには及びません,全部分かりましたから.

*【不便】bùbiàn ①形 不便である;不都合だ. 不自由だ. ¶交通 jiāotōng ～ / 交通が不便である. ¶手头 shǒutóu ～ / 手元が不如意である. ¶身子～ / 妊娠中である. ②副 …する必要がない. …するまでもない. …するのに具合が悪い. ¶他不讲道理,我也～客气了 / 彼は無礼だから,こちらも遠慮する必要はない.

【不辨菽麦】bù biàn shū mài 〈成〉(豆と麦の区別さえつかないように)実生活の知識に疎いことのたとえ.

*〖不…不…〗bù…bù… ①("不A不B"の形で,ABに同義または類義の1音節の語を当てはめて)…もしなければ…もしない. ¶～言 yán ～语 yǔ / うんともすんとも言わない.

②《"不A不B"の形で,ABにそれぞれ意味の相反する単音節の語を当てはめて,ちょうどよい,適切な状態を表す》…もなければ…もない. ¶～多～少 / 分量がちょうどよい.

③《"不A不B"の形で,ABにそれぞれ意味の相反する単音節の語を当てはめてABのどちらでもないことを表す. しばしばどっちつかずの好ましくない状態を表す》…でもなければ…でもない. ¶～方～圆 yuán / 四角でもなければ丸くもない. 形がよくない.

④("不A不B"の形で,ABにそれぞれ意味の相反する動詞や動詞句を当てはめて)もし…でなければ…でない. ¶～见～散 sàn / 会うまで指定の場所を離れない. ►待ち合わせの約束をするときの決まり文句.

【不才】bùcái ①形〈書〉才能がない. ②名〈謙〉不肖. 私め.

【不测】bùcè ①名 不測の事態. 意外なこと. ¶如有～ / 万一の事があれば. ②形 不測の. 意外な.

【不曾】bùcéng 副〈書〉これまでに…したことがない. ►"过"と呼応することが多い. ¶他～来过这里 / 彼はここに来たことがない.

【不差累黍】bù chā lěi shǔ 〈成〉寸分の差もない.

*【不成】bùchéng ①形 いけない. だめだ. ¶～! 我不去 / だめだ,私は行かない. ②助("难道 nándào""莫非 mòfēi"などと呼応して)…とでも言うのか. まさか…ではあるまい. ¶难道他还不知道～? / 彼がまだ知らないとでも言うのか.

【-不成】-buchéng《動詞の後に用いて,その動作が完成・実現・成功しないことを表す》¶办～ / やれない；(やっても)うまくいかない．¶会开～了 / 会議は開けない．流会になった．¶去～ / 行けない；行くことが実現しない．

【不成比例】**bù chéng bǐ lì** 〈成〉(数量や大きさの差がはげし過ぎて)バランスがとれていない，比較にならない．

【不成话】**bù chéng huà** 〈慣〉話にならない．

【不成器】**bù chéngqì** 〈慣〉(人間について)見込みがない，ものにならない．¶～的人 / うだつの上がらない人間．⇒【成器】chéng//qì

【不成体统】**bù chéng tǐ tǒng** 〈成〉体裁がなっていない．

【不成文法】**bùchéngwénfǎ** 名〈法〉不文法．不文律．慣習法．

【不承想】**bù chéngxiǎng** 意外である．思いがけない．

【不齿】**bùchǐ** 動〈書〉歯牙(しが)にもかけない．問題にしない．¶～于人类的狗屎堆 gǒushǐduī / だれからも相手にされないろくでなし．

【不耻下问】**bù chǐ xià wèn** 〈成〉目下の者や未熟な者に教えを請うのを恥としない．

【不愁】**bùchóu** 動 …する心配はない．…のようなことはない．¶这货 huò ～没人买 / この商品は絶対によく売れるよ．

【不出】**bùchū** 動 …以内である．¶～一年 / 1年以内．

【－不出来】**-buchū//lái** 《動詞の後に用いて，中から外に出たり，事物を完成したり，事物を発見または識別することができないことを表す》¶吐 tǔ ～ / 吐き出せない．¶说～ / (話は口もとまできているが)言い出せない．¶分 fēn ～ / 区別ができない〔つかない〕．¶翻译 fānyì ～ / 訳せない．
⇒【－得出来】-dechū//lái

*【不出所料】**bù chū suǒ liào** 〈成〉予想どおりである．

【不揣冒昧】**bù chuǎi mào mèi** 〈成〉出し抜けながら．ぶしつけながら．

【不辞】**bùcí** 動 ①いとま請いをしない．¶～而 ér 别 / 黙って立ち去る．②いとわない．…を辞さない．¶～劳苦 láokǔ / 労苦をいとわない．

【不凑巧】**bù còuqiǎo** あいにく．間が悪く．

【不错】**bù cuò** 〈套〉(相手の言葉に対して)確かに．正しい．そのとおりである．¶～，就是他 / まちがいない，この人だ．

【不错】bùcuò** 形〈口〉**よい．すばらしい．悪くない．** ¶他英语 Yīngyǔ 说得挺 tǐng ～ / 彼は英語がなかなか上手だ．

【不打不成交】**bù dǎ bù chéngjiāo** 〈諺〉けんかをしなければ友達になれない．雨降って地固まる．►"不打不(成)相识"とも．

【不打自招】**bù dǎ zì zhāo** 〈成〉打たれもしないのに自分から白状する．語るに落ちる．なにげなく話しているうちに真実を漏らしてしまう．

*【不大】**bùdà** 副 **あまり…でない．** ¶～舒服 shūfu / 体の具合があまりよくない．

【不大工夫】**bùdà gōngfu** ちょっとの間．しばらく．

【不大离】**bùdàlí** 形(～儿)たいして違わない；まあまあである．¶两个孩子的身量 shēnliang ～ / 二人の子供の背丈はそう違わない．

【不大一会儿】**bùdà yīhuìr** しばらく．►"不大会儿"とも．

【不待】**bùdài** 動 必要としない．…を待たず．…までもない．¶～言 / 言うを待たない．¶～说 / 言うまでもない．

【不带音】**bù dàiyīn** 名〈語〉無声音．►"不带声dàishēng"とも．

【不丹】**Bùdān** 名〈地名〉ブータン．

【不单】**bùdān** ①副 **…だけではない．** …にとどまらない．¶他说的～是这些 / 彼が言ったのはこれだけではない．②接続 **…だけでなく．** …ばかりでなく．
⇒【不但】bùdàn

【不但】bùdàn** 接続 **…ばかりでなく．** …のみならず．

〖不但…，而且…〗 *bùdàn…, érqiě…*　"不但"は先行句に用い，"而且"のほか，"且、还、也、又、反而 fǎn'ér"や"连…也…、即使…也…、甚至…也…"などの後続句と呼応する．¶她～会唱，而且会跳 tiào / 彼女は歌ばかりでなく踊りもできる．

【不当】**bùdàng** 形 妥当でない．適切でない．¶措词 cuòcí ～ / 言葉遣いが不適当だ．

【不倒翁】**bùdǎowēng** 名(だるまの)起き上がりこぼし；〈喩〉失脚しても何度も復活する人．

【不到】**bùdào** 形 不十分である．¶有～之处，请多多包涵 bāohán / 不行き届きの点がありましたらお許しください．

【－不到】**-budào** 《動詞の後に用いて，その動作がある位置またはある程度や目的に到達し得ないことを表す》¶走～车站 chēzhàn / 駅まで歩けない．¶办 bàn ～ / (そこまで)やれない．¶料 liào ～ / 思い及ばない．

【不到长城非好汉】**bù dào Chángchéng fēi hǎohàn** 〈諺〉初志を貫かないものは立派な人間ではない．

【不道德】**bù dàodé** 不道徳である．¶这种行为 xíngwéi 很～ / このような行いはとても不道徳だ．

【不得】**bùdé** 助動〈書〉…してはならない．

【－不得】**-bude** 《動詞の後に用いて，差し障りがあってその動作ができない，または不適切であることを表す》**…することができない(不適切だ)．…してはならない(許されない)．** …したらたいへんなことになる．►禁止の命令に用いられることが多い．¶吃～ / 食べられない；食べてはならない．¶说～ / 言えない；言っては具合が悪い．¶马虎 mǎhu～ / 油断してはならない；いいかげんなことはできない．

*〖不得不…〗 ***bù dé bù…*** **…せざるを得ない．** ¶病很重，～住院了 / 病気が重く，入院しなければならなくなった．

【不得而知】**bù dé ér zhī** 〈成〉知るよしもない．

*【不得了】**bùdéliǎo** 形 ①**たいへんだ．** 一大事だ．¶粗心 cūxīn 大意受了伤可～ / 不注意でけがでもしたらたいへんだ．②(程度を表す補語として)**…でたまらない．** ¶高兴得～ / うれしくてたまらない．

【不得要领】**bù dé yào lǐng** 〈成〉要領を得ない．要点をつかめない．

【不得已】**bùdéyǐ** 形 **やむを得ない．** しかたがない．¶实在～的时候 / 万やむを得ない時．

【不登大雅之堂】**bù dēng dà yǎ zhī táng** 〈成〉上品な場所に出せない．洗練されていない．►自分の作品に用いることが多い．

【不等】**bùděng** 形 一様でない．不ぞろいである．¶大小～ / 大小まちまちである．

【不第】**bùdì** 動〈書〉(試験に)落第する．不合格であ

B

る.

【不迭】bùdié 接尾 1…する暇がない. …するのに間に合わない. ¶后悔～/後悔しても間に合わない. ¶忙～/大急ぎで…. 2しきりに(…する). ¶称赞 chēngzàn ～/口をきわめてほめる.

*【不定】bùdìng 副(疑問詞または疑問を表す成分を伴い)分からない. ¶他明天～来不来呢/彼はあす来るかどうか分からない. ¶这事还～怎样呢/これがどうなるかまだ分からない.

【-不动】-budòng《動詞の後に用いて,思うように動かしたり,さばいたりできないことを表す》¶搬 bān～/(重くて)運べない. ¶走～/(疲れて)歩けない. ¶咬 yǎo～/嚙み切れない. ¶说～他/彼を説得できない.

【不动产】bùdòngchǎn 名 不動産.

【不动声色】bù dòng shēng sè 〈成〉顔色ひとつ変えない;ものごとに動じない.

【不独】bùdú 接続〈書〉(＝不但 bùdàn)(ただ)…のみならず. …ばかりでなく.

【不端】bùduān 形〈書〉(品行などが)よくない. 品行方正でない.

*【不断】bùduàn 副 **絶えず**. 絶え間なく. ¶情况在～变化/状況は刻々と変化している.

【不对】bùduì 〈套〉いいえ. 違う. ¶～,我不是这样说的/いえ,私はそうは言っていません.

【不对】bùduì 形 1誤っている. ¶你这样回答 huídá～/そういうふうに答えるのはまちがいだ. 2**尋常でない**. 変である. ¶今天会议的气氛 qìfēn 有点儿～/きょうの会議の雰囲気はなんだか変だ. 3仲が悪い. しっくりいかない. 気が合わない. ¶他们俩素来 sùlái～/あの二人は平素からしっくりいかない.

【不对劲儿】bù duìjìnr 気が合わない. うまが合わない;気がすまない.

【不对头】bù duìtóu 1**まちがいである;見当違いである**. ¶方法～,学习进步就慢/方法がまちがっていると,学習の進歩はおそい. 2尋常でない. ¶脸色～/顔色が悪い. 3うまが合わない. しっくりいかない. ¶他们俩老是～/二人はいつもしっくりしない.

〖不…而…〗*bù…ér…* …しないのに…する. ¶～战 zhàn～胜 shèng/戦わずして勝つ.

【不二法门】bù èr fǎ mén 〈成〉最上の方法. 唯一無二のやり方.

【不二价】bù'èrjià 〈慣〉掛け値なし.

【不乏】bùfá 動〈書〉乏しくない. かなりある. ¶～先例 xiānlì/前例がかなりある.

【不法】bùfǎ 形 不法な. ¶～行为 xíngwéi/不法行為.

【不凡】bùfán 形 非凡である.

【不防】bùfáng 副 1だしぬけに. 不意に. 2うっかり. 不用意に.

【不妨】bùfáng 副 **…しても差し支えない**. …してもよい. ¶你～试试看/やってみてごらん. ¶你～马上就去/いますぐ行っても差し支えない.

【不费吹灰之力】bù fèi chuī huī zhī lì 〈慣〉たやすいことである. 朝飯前である.

【不分彼此】bù fēn bǐ cǐ 〈成〉一心同体. きわめて仲がよい. 分け隔てをしない.

【不分青红皂白】bù fēn qīng hóng zào bái 〈成〉有無を言わさない. 事の理非曲直を問わない. 委細かまわず. ►"不问 wèn 青红皂白"とも.

【不分胜负】bù fēn shèng fù 〈成〉勝負がつかない. 引き分ける.

【不忿】bùfèn 形(～儿)(不公平に対し)腹立たしい. ふんまんやるかたない.

【不服】bùfú 動 1認めない. 承服できない. 2慣れない. 適応できない.

【不符】bùfú 動 合わない. 符合しない. ¶～作品原意/作品本来の意図に合わない. ¶前后～/前後が不一致である;つじつまが合わない.

【不服水土】bù fú shuǐtǔ 〈成〉気候風土になじまない. 水が合わない. ►"水土不服"とも.

【不该】bù gāi **…すべきでない**. …するのはまちがいである;しなければよかった. ¶你～这么说/あなたはそんなふうに言うべきでなかった. ¶我～不听妈妈的话/母の話を聞いておけばよかった.

【不干】bùgān 動 関係しない. かかわりがない. ¶～你的事/おまえにはかかわりのないことだ.

【不甘】bùgān 動 甘んじない. よしとしない. 満足しない. ¶～寂寞 jìmò/出しゃばりで静かにしていられない. ¶～落后 luòhòu/人に引けをとりたくない. ¶～示弱 shìruò/弱みを見せたくない.

【不甘心】bù gānxīn 甘んじない. 満足しない. ¶～于自己的失败 shībài/自分の失敗に甘んじない.

【不敢】bù gǎn 1**…する勇気がない**. ⇒〖敢 gǎn〗 2〈套〉(＝不敢当 bù gǎndāng)おそれいります.

*【不敢当】bù gǎndāng 〈套〉**おそれいります**. どういたしまして. 恐縮です. ►もてなしを受けたとき·ほめられたときなどに用いる. ¶你这样说我可真 zhēn～/そんなにおほめくださっておそれいります.

【不公】bùgōng 形 不当である. 不公平である.

【不恭】bùgōng 形〈書〉不遜(そん)である. 失礼である. ¶言词 yáncí～/言葉遣いが不遜である.

【不攻自破】bù gōng zì pò 〈成〉攻めなくても自ら破滅する. (理論など)反論しなくても自分から崩れ去る.

【不共戴天】bù gòng dài tiān 〈成〉共に天をいただかず. 恨みが深く共存できない.

【不苟】bùgǒu 動〈書〉いいかげんにしない. おろそかにしない. ¶一笔～/一点一画もおろそかにしない.

*【不够】bùgòu 動 **不足である**. 不十分である. ¶钱～/お金が足りない. ¶～朋友/友達がいがない. ¶～档次 dàngcì/等級が低い;いまいちだ.

【不顾】bùgù 動 **顧みない**. かまわない. ¶～危险 wēixiǎn/危険を顧みない.

【不关】bùguān 動 関連しない. かかわりがない. ¶～你的事,你不用管 guǎn/君に関係のないことにはかかわるな.

*【不管】bùguǎn 接続《二者択一の語句あるいは疑問代詞などの前に用い,いかなる条件でも結論にかわりがないことを表す》**…のいずれであれ**. …にかかわらず. ¶～是炎热 yánrè 的夏天还是严寒的冬天,他每天坚持 jiānchí 散步/彼は猛暑の夏でも酷寒の冬でも毎日散歩を欠かさない.

〖不管…都〔也〕…〗*bùguǎn…dōu〔yě〕…* ¶～天气怎么样,我都要去/天気がどうであれ,私は行きます.

【不管不顾】bù guǎn bù gù 〈成〉1少しも配慮しない. 2人前をはばからない. 無頓着である. ¶她～地大哭起来/彼女は人前をはばからず大声で泣きだした.

【不管部长】bùguǎn bùzhǎng 名〈政〉無任所大臣.

【不管三七二十一】**bù guǎn sān qī èrshiyī** 〈慣〉しゃにむに．一切を顧みないで．なにがなんでも．委細かまわず．

【不光】**bùguāng** 〈口〉①接続 …**ばかりではなく…**．〖不光…而且…〗*bùguāng … érqiě …* ¶他～会唱歌,而且还会作曲 / 彼は歌が歌えるばかりではなく,作曲もできる．②副 …**にとどまらない**．…だけではない．¶挨 ái 批评的～是老李 / しかられたのは李さんだけではない．

【不轨】**bùguǐ** ①形 無法である．不逞(ふてい)の．¶图谋 túmóu ～ / 反乱をたくらむ．¶～之徒 tú / 不逞(ふてい)のやから．②名 無法．

【不过】bùguò** ①接続《前に述べた事柄に対して部分的修正や補足を加えるときに用いる》**ただ．ただし．でも**．¶这件衣服很好看,～贵 guì 了一点儿 / この服はきれいだけど,ちょっと高い．②副《範囲・程度がわずかであることを示す》…**にすぎない**．ただ…だけだ．¶他～说说罢了,不要信以为 yǐwéi 真 / 彼はちょっと言ってみただけだ,まともに受け取っちゃだめだ．

【-不过】**-buguò** ①(相手に)かなわない．勝てない．追い越せない．…しおおせない．►動詞の後に用いて,相手にまさったり,そのまま通り過ぎたりすることができない意を表す．¶说～ / 言い負かせない．¶打～ / (けんかで)かなわない．¶看～ / 見すごせない．¶瞒 mán ～ / ごまかせない．②助 非常に．この上なく．►複音節形容詞や,単音節形容詞が副詞をとって複音節となったものなどの後において,その程度が甚しいことを表す．¶热闹 rènao ～ / とてもにぎやかだ．¶再好～ / まったく申し分ない．⇒【-得过】**-deguò**

【-不过来】**-buguò//lái** 《動詞の後に用いて,ある経路を経て来ることができない,行き届いて動作ができない,正常な状態に戻せないことなどを表す》¶忙～ / (忙しくて)手が回らない．用事が手に余る．¶学生太多,教～ / 生徒が多くていちいち教えていられない．¶他的毛病 máobing 怎么说也改～ / 彼の欠点はどんなに注意しても直らない．⇒【-得过来】**-deguò//lái**

【-不过去】**-buguò//qù** 《動詞の後に用いて,ある経路を経て行くことができないことを表す》¶走～ / 通って行けない．¶听～ / 聞き捨てならない；耳障りである．¶看～ / 見捨てておけない．⇒【-得过去】**-deguò//qù**

【不过意】**bù guòyì** 〈慣〉**すまないと思う**．►"过意不去"とも．¶无意伤害 shānghài 了她,我很～ / 不注意で彼女を傷つけてしまってとてもすまなく思っている．

【不寒而栗】**bù hán ér lì** 〈成〉身の毛がよだつ．ぞっとする．

【不含糊·不含忽】**bù hánhu** 〈口〉①はっきりした．明確な．あいまいでない．¶在原则问题上绝 jué ～ / 原則的な問題では決してうやむやにしない．②りっぱである．みごとである．¶这活儿作得真～ / この仕事はなかなかりっぱなできばえだ．

【不好】**bù hǎo** ❶①…**しにくい**．…**するのが難しい**．¶～办 / やりにくい．¶他～说话 / 彼はとっつきにくい．②…するわけにはいかない．…してはならない．¶今天有很多事要办,～出去 / 今日は処理することがたくさんあるので,出かけるわけにはいかない．❷〈套〉えらいことだ．大変だ．

【不好过】**bù hǎoguò** ①過ごしにくい．¶日子～ / 生活が苦しい．②せつない．つらい．やりきれない．¶心里～ / 悲しい．やりきれない．

【不好惹】**bù hǎorě** **ばかにできない**．なめてはいけない；(人が)手に余る．

【不好意思】bù hǎoyìsi** ①**恥ずかしい．きまりが悪い**．¶一提到结婚 jiéhūn,她就有点儿～ / 結婚のことを話題にすると,彼女はちょっと恥ずかしがる．¶你唱得真好！――～ / 歌がとてもうまかったよ――恐縮です．②**むげに…できない．すげなく…できない．厚かましく…することができない**．¶～推辞 tuīcí / 断ることができない．¶～再 zài 麻烦 máfan 人家了 / それ以上面倒をかけることはできない．

【不合】**bùhé** ❶動 ①**合わない．一致しない**．¶～时宜 shíyí / 時代に合わない；好みに合わない．¶～口味 / 口に合わない．②**気が合わない**．うまが合わない．¶脾气 píqi ～ / 性格が合わない．❷助動〈書〉…すべきでない．

【不和】**bùhé** 形 仲が悪い．不和である．

【不哼不哈】**bù hēng bù hā** 〈成〉うんともすんとも言わない．おし黙っている．

【不欢而散】**bù huān ér sàn** 〈成〉(会合などで)気まずい思いで別れる．けんか別れになる．

【不慌不忙】**bù huāng bù máng** 〈成〉慌てず騒がず．

*【不会】**bù huì** ①…**できない**．…**の技術を習得していない**．¶～抽烟 chōu yān / たばこをやらない．¶～开车 / 車の運転ができない．②(まさか)…**ことはないだろう**．…**のはずがない**．¶今天他～在家 / きょう彼は家にいるはずがない．③(詰問して)なぜ…しないのか．¶你就～自己问一问？/ なぜ自分で聞かないのか．

【不讳】**bùhuì** 〈書〉①動 はばからない．あからさまに言う．¶直言 zhíyán ～ / 直言してはばからない．②名〈婉〉死去．►"讳"は避けること．死は避けられないものであることから．

【不惑】**bùhuò** 名〈書〉不惑(ふわく)．40歳．¶年逾 yú ～ / 齢(よわい)不惑を過ぎる．

【不羁】**bùjī** 形〈書〉束縛されず自由である．¶倜傥 tìtǎng ～ / 自由奔放であるさま．

【不及】**bùjí** …に及ばない．¶我学习,工作都～他努力 nǔlì / 私は勉強も仕事も彼ほど努力していない．

【-不及】**-bují** 《動詞の後に用いて,及ばない・時間の余裕がなくて間に合わない意味を表す》¶来～ / 間に合わない．¶后悔 hòuhuǐ ～ / 後悔しても間に合わない．¶信～ / 信用できない．

【不即不离】**bù jí bù lí** 〈成〉不即不離．つかず離れず．¶保持 bǎochí ～的关系 / つかず離れずの関係を保つ．

【不及物动词】**bùjíwù dòngcí** 名〈語〉自動詞．

【不急之务】**bù jí zhī wù** 〈成〉緊急を要しない事柄．不急の仕事．

【不计】**bùjì** 動 こだわらない．問題にしない．¶～成本 chéngběn / コストにこだわらない．¶～个人 gèrén 得失 / 個人の損得を抜きにする．

【不济】**bùjì** 形〈口〉よくない．役に立たない．¶精神～ / 元気がない．¶眼力～ / 視力が弱い．

【不记名投票】**bùjìmíng tóupiào** 名 無記名投票．

【不计其数】**bù jì qí shù** 〈成〉数えきれないほど多い．

B

【不济事】bù jìshì 役に立たない．足しにならない．
【不假思索】bù jiǎ sī suǒ〈成〉即座に,考えもせずに．
【不简单】bù jiǎndān ①大したものだ．相当なものだ．¶真～/大したものだ．②簡単ではない．込み入っている．¶这个案子 ànzi ～,要花不少时间/この事件は込み入っているから,かなり時間がかかる．
【不见】bùjiàn 動 ①会わない．顔を見ない．¶一年～,你胖 pàng 多了/1年会わない間にずいぶん太ったね．¶好久～/しばらくぶりですね．②(物が)なくなる．見えなくなる．姿を消す．►必ず"了"を伴う．¶手表 shǒubiǎo ～了/腕時計がなくなった．
【不见得】bùjiànde …とは思えない．…とは限らない．…とは決まっていない．¶～对/正しいとは思えない．注意 "不见得"は単独で述語に立ち,「どうですかね」「そうとは限らないでしょう」の意味になる．
【不见棺材不落泪】bù jiàn guāncai bù luò lèi〈諺〉棺を見るまでは涙を流さない．行くところまで行かないと納得しない．
【不见经传】bù jiàn jīng zhuàn〈成〉古典的な著作に載っていない．名もないことのたとえ．
【不见天日】bù jiàn tiān rì〈成〉空も太陽も見えない．暗黒社会のたとえ．
【不解】bùjiě 動 理解できない．¶～其 qí 意/どういう意味か分からない．¶迷惑 míhuo ～/困惑する．
【不解之缘】bù jiě zhī yuán〈成〉解くことのできない深い縁．
【不介意】bù jièyì 意に介さない．気にかけない．¶毫 háo ～/何とも思っていない．
【不禁】bùjīn 副 思わず；…せずにいられない．¶～笑起来/思わずふき出す．
【不禁不由】bù jīn bù yóu〈成〉(～儿的)思わず．知らず知らず．
*【不仅】bùjǐn ①副 …だけでなく．¶这～(仅)是我个人的愿望/これは私個人の願いにとどまりません．②接続 …のみならず．¶他～有胆 dǎn,而且有谋 móu/彼は勇気があるというだけでなく,策略もある．
【不紧不慢】bù jǐn bù màn〈成〉速くもなければ遅くもない；慌てずに落ち着いているさま．¶他说话总是 zǒngshì ～的/彼はいつも落ち着いてゆっくりと話す．
【不尽】bùjìn ①副 全部が全部…ではない．完全には…ではない．¶～如此 rúcǐ/全部がそうとはかぎらない(例外もある)．②動 尽きない．¶感激 gǎnjī ～/深く感謝します．
【不经一事,不长一智】bù jīng yī shì, bù zhǎng yī zhì〈諺〉経験してみないとわからない．経験は知恵の母．
【不经意】bù jīngyì 不注意である．気をつけない．
【不经之谈】bù jīng zhī tán〈成〉根も葉もないでたらめ．荒唐無稽(こうとうむけい)な話．
【不景气】bùjǐngqì〈経〉►日本語からの借用語．①形 不景気である．②名 不景気．
【不胫而走】bù jìng ér zǒu〈成〉足がないのに走っていく；〈喩〉(消息などが)速やかに伝わること．(商品などが)飛ぶように売れること．物が知らないうちになくなってしまうこと．
*【不久】bùjiǔ 形(ある時期・事件から)間もない．¶在～的将来/近い将来に．¶我出去～爸爸就回来了/私が出かけて間もなくして父が帰って来た．
【不咎既往】bù jiù jì wǎng〈成〉既往はとがめず．済んだことはとがめない．►"既往不咎"とも．
【不拘】bùjū ①動 こだわらない．¶字数～/字数には制限がない．②接続 …を問わず；…であろうと．
【不拘一格】bù jū yī gé〈成〉形式にこだわらない．
【不倦】bùjuàn 動〈書〉倦(う)まない．疲れない．飽きない．¶诲 huì 人～/〈成〉倦まず教えさとす．
【-不开】-bukāi (動詞の後に用いて)①障害があって進行できず,事物の分離・隔離・拡張・開放がやり遂げられないことを表す．¶睁 zhēng ～眼睛/目をあけていられない．¶想～/あきらめきれない．②所定の空間に(通常の方法で)一定の数量を収容できないことを表す．¶摆 bǎi ～/並べられない．¶这儿放～四张床/ここに4台のベッドは置ききれない．⇨【-得开】-dekāi
【不堪】bùkān ❶動 耐えられない．…に堪えない．¶～其苦/その苦しみに耐えられない．¶～一击 jī/〈成〉ひとたまりもない．¶～设想/〈成〉予断を許さない．¶～入耳 rù ěr/〈成〉聞くに堪えない．❷形 ①(望ましくない意味をもつ語の後につけて)たまらなく．甚だしく．¶痛苦 tòngkǔ ～/苦痛極まりない．¶疲倦 píjuàn ～/非常に疲れる．②救いようがない(悪い)．
【不看僧面看佛面】bù kàn sēngmiàn kàn fómiàn〈諺〉メンツのために力を貸してください．►融通をつけてもらう場合に用いる言葉．
【不亢不卑】bù kàng bù bēi〈成〉高ぶらずへつらわず．
【不可】bùkě 助動 ①…してはいけない；…できない．②〖非…不可〗fēi…bùkě ぜひとも…しなければだめだ．¶我看这事非你去～/この件に関しては,あなたが行かなければだめだと思う．
【不可比拟】bù kě bǐ nǐ〈成〉比較にならない．
【不可多得】bù kě duō dé〈成〉まれである．
【不可告人】bù kě gào rén〈成〉表立ってはまずい．
【不可估量】bù kě gū liáng〈成〉計り知れない．
【不可救药】bù kě jiù yào〈成〉もう救いようがない．
【不可开交】bù kě kāi jiāo〈成〉どうしようもない．どうにも収まりがつかない．¶忙得～/てんてこまいの忙しさだ．
【不可名状】bù kě míng zhuàng〈成〉言葉では言い表せない．
【不可磨灭】bù kě mó miè〈成〉不滅である．いつまでも残る．¶～的贡献 gòngxiàn/不滅の貢献．
【不可企及】bù kě qǐ jí〈成〉及びもつかない．
【不可胜数】bù kě shèng shǔ〈成〉数えきれない．
【不可胜言】bù kě shèng yán〈成〉言葉では言い尽くせない．
【不可收拾】bù kě shōu shi〈成〉収拾がつかない；もう取り返しがつかない．
【不可思议】bù kě sī yì〈成〉不思議である．想像もできない．理解できない．¶简直 jiǎnzhí 是～/まったく想像もできない．
【不可同日而语】bù kě tóng rì ér yǔ〈成〉同日の論ではない；比べものにならない．
【不可限量】bù kě xiàn liàng〈成〉計り知れない．

B

【不可向迩】bù kě xiàng ěr 〈成〉(すさまじい勢いなので)近寄ることができない,寄りつけない.
【不可一世】bù kě yī shì 〈成〉眼中人なし.
【不可逾越】bù kě yú yuè 〈成〉克服できない.
【不可战胜】bù kě zhàn shèng 〈成〉天下無敵である.
【不可终日】bù kě zhōng rì 〈成〉事態が切迫している;恐慌をきたしている. ¶惶惶 huánghuáng ～ / びくびくして居ても立ってもいられない.
【不可捉摸】bù kě zhuō mō 〈成〉計り知れない.
【不克】bùkè 動〈書〉できない. ►主として能力が及ばないことをいう.
【不客气】bù kèqi ❶〈套〉①(相手の感謝する言葉に答えて)どういたしまして.** ¶谢谢你特意 tèyì 来送 sòng 我──～ / わざわざお送りくださりありがとうございます──どういたしまして. ②(人の世話や好意に対して)**どうぞおかまいなく.** ¶吃点儿点心 diǎnxin 吧──～～ / お菓子をお召しあがりください──どうぞおかまいなく. ❷遠慮しない. ぶしつけである. ¶说句 jù ～的话 / 率直に言うと. ¶你再 zài 说,我可就～了 / もう一度言ったら承知しないぞ.
【不肯】bù kěn **…しようとしない.** 承知しない. ¶他～把书借给我 / 彼は本を私に貸そうとしない.
【不快】bùkuài 形 ①不愉快である. ¶令 lìng 人～ / 不快を感じさせる. ②(体の)具合が悪い.
【不愧】bùkuì 副(“为 wéi”または“是”と連用し)…に恥じない. さすが…だけのことはある. ¶他～为人民代表 / 彼は人民代表に恥じない.
【－不来】-bulái (動詞の後に用いて) ①動作が話し手の方へ向かって来られないことを示す. ¶我怎么要也要～ / ぼくは何度もお願いしたんだが,まだもらえない. ②習慣から,また経験・習練が足りないため慣れておらず,できないという意を表す. ¶日本酒我喝～ / 日本酒は(飲みつけていないので)飲めない. ③融和できないという意を表す. 動詞は“谈、合、处 chǔ、说”など若干のものに限る. ¶我们俩本来说～ / 私たち二人はもともと話が合わない.
【不赖】bùlài 形〈方〉悪くない. よい. ¶你的中国话 Zhōngguóhuà 说得真～ / あなたは中国語がほんとうにうまいね.
【不郎不秀】bù láng bù xiù 〈成〉役に立たない人. ろくでなし.
【不劳而获】bù láo ér huò 〈成〉労せずして手に入れる.
【不冷不热】bù lěng bù rè ①暑くも寒くもない. 暖かい. ¶昆明 Kūnmíng ～,四季 sìjì 如春 / 昆明は暑くも寒くもなくて,年中春のようだ. ②態度が煮え切らない.
【不离儿】bùlír 形〈方〉悪くない. かなりよい.
【不理】bù lǐ **取り合わない. 相手にしない.** 気にしない. ¶谁也～他 / だれも彼を相手にしない.
【不理会】bù lǐhuì 放っておく. 気にかけない.
【不利】bùlì 形 ①**不利である.** ¶对…极为 jíwéi ～ / …にとってきわめて不利だ. ②〈書〉(戦争で)形勢が悪い.
【不良】bùliáng 形〈書〉よくない. 好ましくない. ¶～影响 / 悪影響. ¶存心～ / 了見がよくない.
【不良贷款】bùliáng dàikuǎn 名〈経〉不良債権.
【不良导体】bùliáng dǎotǐ 名〈物〉不良導体.
【不了】bùliǎo 動(動詞＋“个”＋～の形で)終わらない. 止まらない. ¶笑 xiào 个～ / 笑いが止まらない. ¶忙个～ / 忙しくてたまらない.
【－不了】-buliǎo (動詞の後に用いて) ①…しきれない.** ►その動作を量的に完了・完結できないという意を表す. ¶吃～ / 食べきれない. ¶拿 ná ～ / 持ちきれない. ②(好ましくない結果には)**なり得ない,…しっこない,**…するようなことはない. ¶错～ / 間違えっこない. ¶丢 diū ～ / なくすようなことはない. ¶忘～ / 忘れることはない. ⇨【－得了】-deliǎo
【不了了之】bù liǎo liǎo zhī 〈成〉物事を未解決のままで棚上げにする. うやむやのうちに終わらせる.
*【不料】bùliào 副 **意外にも. 思いがけず.** ¶～今天又遇见 yùjiàn 了她 / 思いがけなく,きょうも彼女に出会った.
【不料想】bùliàoxiǎng ⇀【不料】bùliào
【不吝】bùlìn 動〈書〉惜しまない. ►人に教えや批評を請うとき. ¶务希 wù xī ～指教 / ぜひともご教示のほどお願いします.
【不灵】bù líng 形〈口〉①**動きが鈍い.** 正常に働かない. 物事が思うように運ばない. ¶手脚有点儿～ / 足腰がちょっと弱っている. ②**効き目がない.** ¶这药～ / この薬は効かない.
【不留余地】bù liú yú dì 〈成〉とことんまでやる.
【不露声色】bù lù shēng sè 〈成〉言葉や表情に出さない. おくびにも出さない.
【不伦不类】bù lún bù lèi 〈成〉得体(えたい)が知れない. 似ても似つかない. どっちつかずである.
*【不论】bùlùn 接続 **たとえ**(だれ・なに・どんなに…)**であろうとも.** ¶～下不下雨,我都要去 / 雨が降っても私は行かねばならない. ¶～谁,他都不服 / 彼はだれにも負けない.
【不落窠臼】bù luò kē jiù 〈成〉(文章や芸術などが)古い型にとらわれない.
【不满】bùmǎn 形 **不満である.** ¶我对他的发言很～ / 彼の発言には非常に不満だ.
【不蔓不枝】bù màn bù zhī 〈成〉文章が簡潔である.
【不免】bùmiǎn 副(＝免不了 miǎnbuliǎo)**どうしても…になる〔である〕.** ►前に述べた原因で望ましくない結果となることを表す. ¶他是南方人,说普通话～夹杂 jiāzá 一些方言 fāngyán / 彼は南方の人なので共通語をしゃべっても,どうしても方言が入り込む.
【不妙】bùmiào (形勢が)**芳しくない,** あやしい,まずい. ¶他现在的家境 jiājìng 很～ / 彼は今,生活に貧している.
【不明】bùmíng ①形 不明である. 明らかでない. ¶下落～ / 行方不明. ②動 判断ができない. 理解できない. ¶～是非 shìfēi / 是非の分別がつかない.
【不明飞行物】bùmíng fēixíngwù 名 UFO. 未確認飛行物体.
【不名一文】bù míng yī wén 〈成〉一銭の金もない. 非常に貧しいことの形容. ►“名”は占有の意. “一文不名”“不名一钱 qián”とも.
【不摸头】bù mōtóu 〈慣〉事情が分からない. 状況がよく分からない. 実態がつかめない. ¶对这里的情况～ / ここの実状をよく知らない.
【不谋而合】bù móu ér hé 〈成〉(意見や理解が)はからずも一致する.
【不耐烦】bù nàifán **うるさい. 面倒である.** いやである.
*【不能不】bù néng bù 〈型〉**…せざるを得ない.** ¶人～睡觉 / 寝ないわけにはいかない.

B

【不能吊死在一棵树上】bù néng diàosǐ zài yī kē shù shàng 〈諺〉何か一つのことにこだわる必要はない.

【不念旧恶】bù niàn jiù è 〈成〉昔の憎しみを水に流す;旧悪をとがめない.

【不佞】bùnìng 名〈書〉〈謙〉不肖. 私め.

【不宁唯是】bù nìng wéi shì 〈成〉それだけではない. それのみならず.

【不怕】bùpà 接続〈方〉たとえ…でも. ►用法は"哪怕 nǎpà"に同じ. ¶~下暴雨 bàoyǔ 也非去不可 / たとえ豪雨でも行かなければならない.

【不配】bùpèi 形 ①釣り合わない. ②…にふさわしくない. …の資格がない. ¶他~当 dāng 老师 / 彼は先生になる資格がない.

【不偏不倚】bù piān bù yǐ 〈成〉えこひいきしない. 公平である. 中立を守る.

*【不平】bùpíng ❶形 ①**不公平である**. 不合理である. ②(不正に対して)**不満である**. ¶愤愤 fènfèn ~ / 憤懣(ふんまん)やるかたない. ❷名 不満. 憤り.

【不平则鸣】bù píng zé míng 〈成〉(人間はだれでも)不公平な扱いを受ければ黙っていられない.

【不破不立】bù pò bù lì 〈成〉破壊がなければ建設はない. 古いものを壊さなければ新しいものを作ることはできない.

【不期而遇】bù qī ér yù 〈成〉偶然に出会う.

【不期然而然】bù qī rán ér rán 〈成〉期せずしてそうなる. 自然に.

【-不起】-buqǐ 《動詞の後に用いて》①財的·肉体的·精神的などの負担能力や資格がなくてできないこと,堪えられないことを表す. ¶买~ / (金銭的余裕がなくて)買えない. ¶吃~ / (高すぎて)食べられない. ¶担 dān ~ / (責任が重くて)引き受けられない. 手に負えない. ②相手がその動作を受けるに値しない,基準にかなわないことを表す. ¶看~ / 軽蔑する. ¶称 chēng ~… / …といわれるだけの資格がない. ⇒【-得起】-deqǐ

【不起眼儿】bù qǐyǎnr 〈方〉見ばえがしない. ぱっとしない. ¶这东西看起来很~ / これはどうも見ばえがしない.

【不弃】bùqì 動〈謙〉見捨てない. ¶务请 wùqǐng ~,予以 yǔyǐ 指导 / どうぞお見捨てなくよろしくご指導をお願いいたします.

【不巧】bùqiǎo 副 あいにく. **間が悪い**. ¶我到那儿,~他刚走 / 私がそこに駆けつけたとき,あいにく彼は出かけたばかりだった. ¶他来得真~ / 彼はまったく悪いときに来てしまった.

【不求甚解】bù qiú shèn jiě 〈成〉(大意をつかむだけで)徹底的に理解しようとはしない.

【不求有功,但求无过】bù qiú yǒugōng, dàn qiú wúguò 手柄にならなくても過失さえなければよい. 誤りがなければよしとする.

【不屈】bùqū 動 屈服しない. ¶顽强 wánqiáng ~ / 頑強不屈である. ¶宁 nìng 死~ / 死んでも屈服しない.

【不屈不挠】bù qū bù náo 〈成〉不撓不屈(ふとうふくつ)である. どんな困難にも屈しない.

【-不去】-buqù 《動詞の後に用いて,動作の方向が話し手や話題の事物から遠ざからず,離れて行かないことを表す》►心にわだかまりをもち,気がすまない意を表すこともある. ¶送~ / 届けられない. ¶没有船 chuán,过~ / 船がなくては渡れない. ¶给他一点面子吧,别跟他过~ / 彼の顔を立ててあげて困らせないようにしよう. ¶这个污点 wūdiǎn,怎么也下~ / このしみはどうしても抜けない. ¶怎么想也下~ / どう考えても気が晴れない. ⇒【-得去】-dequ

*【不然】bùrán ①接続 **そうでなければ**. さもなければ;でなければ. ¶我得 děi 早点儿去,~就赶不上 gǎnbushàng 火车了 / 早目に行かなきゃならない,さもないと汽車に遅れてしまう. ¶可以给他打电话,~你就自己跑一趟 tàng / 彼に電話すればいい,でなければ君がひと走りするがいい. ⇒【要不】yàobù
②形(述語として用い)そうではない;(文頭に用い)いえ. そうではない. ¶抄 chāo 抄写写看来很容易,其实 qíshí ~ / 書き写すのは見たところ簡単だが,実はそうではない. ¶~,话不能这么说 / いや,そんなことを言ってもらっては困る.

【不仁】bùrén 形 ①慈しみがない. 思いやりの心がない. ②(手足の)感覚がなくなる. 麻痺している. ¶麻木 mámù ~ / しびれて感覚がなくなる. ►比喩的に用いることが多い.

【不人道】bùréndào 形 人道に背く. 人道的でない.

【不忍】bùrěn 動(…するのに)忍びない. 耐えられない. ¶~坐视 / 座視するに忍びない.

【不认账】bù rèn//zhàng 言ったことやしたことを認めない.

【不日】bùrì 副〈書〉近日中に. そのうち.

【不容】bùróng 動 許さない. …させない.

【不容分说】bù róng fēn shuō 〈成〉有無を言わせない.

【不容置喙】bù róng zhì huì 〈成〉口出しさせない.

*【不如】bùrú 動 **…に及ばない**. ►"A不如B"の形で,AはBに及ばない. AよりもBのほうがよい. ¶我的成绩 chéngjì ~她 / 私の成績は彼女に及ばない. ¶~等明天再来 / 明日もう一度来たほうがよい. ¶一天~一天 / 日1日と悪くなる. ¶论 lùn 汉语,谁也~他 / 中国語にかけては,だれも彼に及ばない.

【不如意】bù rúyì 思いどおりにならない. 不本意である.

【不入耳】bù rù'ěr 耳障りである. 聞いて不愉快である.

【不入虎穴,焉得虎子】bù rù hǔxué, yān dé hǔzǐ 〈諺〉虎穴に入らずんば虎児を得ず. 困難や危険を冒さなければ何事も成功しないたとえ.

【不三不四】bù sān bù sì 〈成〉①ろくでもない. まともでない. 得体の知れない. ②変てこである. さまになっていない.

【不善】bùshàn ❶形 ①よくない. 悪い. ¶经营 jīngyíng ~ / 経営が下手である. ②〈方〉ばかにならない. 相当なものだ. ►"不善乎 hu"とも.
❷動 …するのがまずい. …するのが下手である. ►"不善于 yú"とも. ¶~在人多的场合 chǎnghé 发言 / 人の大勢いる所で発言するのが苦手である.

【-不上】-bushàng 《動詞の後に用いて,障害があるか事物が不適切であるために,その動作が成就あるいは実現し得ないことを表す》¶这衣裳 yīshang 瘦 shòu 得穿~ / この服は小さくて着られない. ¶人太多,买~ / 人が多すぎて買えない.

*【不少】bùshǎo 形 **多い**. **多くの**.

【不慎】bùshèn 形 うっかりしている. 不注意であ

る.

【不声不响】bù shēng bù xiǎng 〈成〉声をたてずに黙って. 人に知られずに. こっそりと.

【不胜】bùshèng 動 1 耐えられない. もちこたえられない. ¶体力～ / 体力が続かない. 2…に堪えない. ¶～感谢 / 感謝に堪えない. 3…しきれない. …し終わらない. ►前後に同じ動詞をくりかえす. ¶防 fáng～防 / 防ぐに防ぎきれない.

【不胜枚举】bù shèng méi jǔ 〈成〉枚挙にいとまがない. いちいち数えきれない.

【不失时机】bù shī shí jī 〈成〉チャンスを逃がさない. 機会をはずさない.

【不时】bùshí 1 副 たびたび. 折につけ. ¶他～地看看窗外 chuāngwài / 彼はときどき窓の外を見たりしている. 2 動 不時の. 思いがけないときの. ¶以备～之需 xū / 不時の必要に備える.

【不识大体】bù shí dà tǐ 〈成〉大局が分かっていない. 全体とのかねあいを知らない.

【不识货】bù shí huò 鑑識眼がない. 目が利かない.

【不识时务】bù shí shí wù 〈成〉客観的情勢を知らない. 時流に疎い.

【不识抬举】bù shí tái jǔ 〈成〉(人からの)好意をわからない. ►好意・引き立てを受け入れない相手を責めるときに用いる.

【不适】bùshì 形 1 気持ちが悪い. 体調がすぐれない. 2 適当でない. 適さない.

【不是地方】bù shì dìfang 〈慣〉 1 場所が悪い. 2 的はずれである.

【不是东西】bù shì dōngxi 〈慣〉〈罵〉ろくでもないやつである.

*〚不是…, 而是…〛*bù shì…, ér shì…* …ではなくて…だ. ¶他们～不能去,～不想去 / 彼らは行けないのではなく,行きたくないのだ.

【不是个儿】bù shì gèr 〈慣〉敵ではない.

【不是话】bù shì huà 〈慣〉(話に)筋が通らない；けしからぬ.

*〚不是…, 就是…〛*bù shì…, jiù shì…* …でなければ…だ. ¶～你去～我去 / 君が行くかぼくが行くかだ. ¶他一天到晚～工作～学习 / 彼は朝から晩まで仕事やら勉強やらをしている.

*〚不是…吗〛*bù shì…ma* …ではないか. ►反語を表す. ¶我不是告诉过你了吗？/ 君に言ったじゃないか.

【不是时候】bù shì shíhou 〈慣〉タイミングが悪い. 折が悪い. 時宜にかなっていない. ¶来得～ / 悪い時に来た.

【不是玩儿的】bù shì wánrde 〈慣〉冗談ではない. 笑いごとではない. たいへんだ. ¶这可～！/ そりゃ,冗談じゃないぞ.

【不是味儿】bù shì wèir 〈慣〉 1(味が)まずい. 変である. ¶他唱得～ / あの人が歌うとぬかみそが腐る. 2 正当でない. 普通ではない.

【不是滋味儿】bù shì zīwèir 〈慣〉いやな感じがする. 後味が悪い. 具合が悪い；ニュアンスが違う. ¶听了那番话,心里很～ / あの話を聞いたらむなしくなった.

【不是】bùshi 名 手落ち. 過失. とが. ► 実際は búshi と発音する. ¶赔 péi～ / 過失をわびる.

【不受用】bù shòuyong 不快を感じる. 具合が悪い.

【不爽】bùshuǎng 形〈書〉 1(体・気持ち・天気などが)すっきりしない. ¶心情 xīnqíng～ / ゆううつな気持ちだ. 2 まちがっていない. 違わない. ¶丝毫 sīháo～ / 寸分違(たが)わない.

【不顺眼】bù shùnyǎn 目障りである. 見ると不愉快になる；見てくれが悪い.

【不死不活】bù sǐ bù huó 〈成〉 1 死ぬに死ねず,生きるに生きられない；困ってどうにもならない. 2 半殺し. なま殺し.

【不送】bù sòng 〈套〉(人の見送りを辞退して)どうぞそのまま. お見送りは結構です. 注意 "别送"のやや文語調の言い方. 主人側が「お送りしません」という場合は"不送了"といい,意味が逆になる.

【不送气】bù sòngqì 〈語〉 1 動 呼気を抑えて発音する. 2 名 無気(音).

【不俗】bùsú 形 なかなかいける. あか抜けている.

【不速之客】bù sù zhī kè 〈成〉招かれざる客；〈転〉強盗. どろぼう.

【不算】bù suàn 1 勘定に入れない. 問題にしない. ¶这次～,再来一次 / 今回はなしにして,もう一回. 2…というほどではない. …の数に入らない. ¶质量 zhìliàng～太坏 / 質はそんなに悪いというわけではない. ¶那～什么 / それはたいしたことじゃない.

【不太】bù tài あまり…ではない. ⇒〖太 tài〗

【不疼不痒】bù téng bù yǎng →【不痛不痒】bù tòng bù yǎng

【不听老人言,吃苦在眼前】bù tīng lǎorén yán, chīkǔ zài yǎnqián 〈諺〉年長者の忠告に耳を貸さなければ,必ずひどい目にあう.

【不通】bùtōng 動 1 通じない. 通れない. ふさがっている. 詰まっている. ¶此 cǐ 路～ / この道は行き止まりになっている. ¶电话～ / 電話が通じない. 2 筋が通らない. ¶文章写得～ / 文章の筋が通っていない.

**【不同】bùtóng 形 異なる.

【不同凡响】bù tóng fán xiǎng 〈成〉(主として芸術作品について)非凡である. 特に優れている.

【不痛不痒】bù tòng bù yǎng 〈成〉痛くもかゆくもない. 急所に触れない.

【不透气】bù tòuqì 空気を通さない. 気密の.

【不图】bùtú 1 動 求めない. ¶～名利 / 名誉も利益も求めない. 2 副〈書〉はからずも. 思いがけなくも. ¶～泄漏 xièlòu 了秘密 mìmì / はからずも秘密が漏れた.

【不妥】bùtuǒ 形 適当でない. 妥当ではない. ¶这样处理 chǔlǐ,恐怕 kǒngpà～ / こういうふうに処理してはよくないと思う.

【不外】bùwài 動 …のうちのどれかである. …にほかならない. ►"不外乎 bùwàihū"とも. ¶星期天在家～睡懒觉 shuì lǎnjiào,看电视 / 日曜日は家で朝寝坊かテレビといったところだ.

【不枉】bùwǎng 動 むだではない.

【不闻不问】bù wén bù wèn 〈成〉見もしなければ聞きもしない. まったく無関心である.

【不问】bùwèn 動 1 問わない. どうでもよい. ¶～年龄 niánlíng 大小 / 年齢不問. 2 罪に問わない.

【不无】bùwú 動 ないことはない. 多少はある. ¶～好处 hǎochu / よい所がまったくないわけではない.

【不务正业】bù wù zhèng yè 〈成〉 正業に就かない. ¶游手好闲 hào xián,～ / ぶらぶらしていてまともな仕事に就いていない.

B

【不惜】bùxī 動 惜しまない．いとわない．¶～余力 yúlì / 力を惜しまず．

【不吸烟席】bùxīyānxí 名 禁煙席．

【不暇】bùxiá 動〈書〉(…する)暇がない．(…に)手が回らない．¶～思索 sīsuǒ / 考える暇がない．¶～细说 / 詳しく説明する暇がない．

【不下】bùxià ⇀【不下于】bùxiàyú 2

【－不下】－buxià（動詞の後に用いて）1 場所的余裕がなく一定の数量を収容しきれないことを表す．動詞の多くは，"坐、站、睡 shuì、躺 tǎng、装 zhuāng、盛 chéng、放、住、搁 gē、摆 bǎi"などである．¶坐～ /（いっぱいで）座れない．（乗り物に）乗りきれない．¶装～ / 入れられない．¶搁 gē ～ / 置ききれない．2 …しておけない．¶他有什么就说什么，存 cún ～一句话 / 彼は言いたいことは何でも言ってしまい，一言も腹のうちにしまっておけない．⇒【－得下】－dexià

【－不下去】－buxiàqù（動詞の後に用いて）1「上から下へおりて行く」ことができないことを表す．¶搬 bān ～ / 運びおろせない．¶这种菜，简直 jiǎnzhí 吃～ / こんな料理はまったく喉を通らない．2 現在の動作を持続・続行することができないことを表す．¶忍 rěn ～ / 辛抱できない．¶句子 jùzi 太长，一口气念～ / 文があまり長いので一息に読み下せない．⇒【下去】xià//qù

【不下于】bùxiàyú 動 1 …より低くない；…に劣らない．¶日本车～美国车 / 日本の車はアメリカの車に劣らない．2 …を下らない．¶新产品～二百种 zhǒng / 新製品は200種類を下らない．

【不相干】bù xiānggān 関係がない．かかわりがない．¶这跟我们～ / これはわれわれとは関係がない．

【不相容】bù xiāngróng 相容れない．¶水火～ / 水と油の仲．お互いに相容れない．

【不相上下】bù xiāng shàng xià〈成〉優劣がない．差がない．似たり寄ったり．

【不相闻问】bù xiāng wén wèn〈成〉没交渉である．交渉がない．

【不详】bùxiáng〈書〉1 形 不詳である．確かでない．2〈套〉(手紙文で)委細は後日に．

【不祥】bùxiáng 形〈書〉不吉である．縁起が悪い．¶～之兆 zhào / 不吉な前兆．

【不想】bùxiǎng 副 意外にも．

*【不像话】bù xiànghuà **話にならない．**お粗末だ．

【不像样】bù xiàngyàng（～儿）1 格好が悪い．みっともない．2 見るかげもない．¶瘦 shòu 得～ / 見るかげもなくやせている．

【不消】bùxiāo 動〈方〉要らない．…の必要がない．¶～说 / 言う必要がない．

【不孝】bùxiào 1 形 親不孝である．2 名〈旧〉親の喪に服している間の自称．

【不肖】bùxiào〈書〉1 形 不肖である．(父に似ないで)愚かである．人徳がない．¶～之子 / 不肖の子．2 名〈謙〉私．

【不屑】bùxiè 動 1 軽蔑する．さげすむ．2 …するに値しない；…するのを潔しとしない．

【不谢】bùxiè〈套〉(人の感謝の言葉に応えて)**どういたしまして．**

【不懈】bùxiè 形 たゆまない．怠らない．¶做～的努力 / たゆまぬ努力をする．

【不兴】bùxīng ❶形 はやらない．流行遅れである．¶这种样式 yàngshì 早就～了 / こんなスタイルはもうはやらないよ．❷動 1（…することが）許されない．…してはいけない．2（反語に用い）…できないのか．…したらどうだ．

*【不行】bùxíng 形 1 **許されない．だめだ．**¶开玩笑可以，骂人可～ / 冗談はかまわないが，悪口を言ってはならない．¶～，我不能答应 dāying / だめだ，私は承知できない．2 **役に立たない．だめだ．**¶这个方法～ / この方法はだめだ．3 **死にかかっている．**死んでしまう．►必ず"了"を伴う．¶我快～了 / 私はもうだめだ．4 **よくない．ひどい．**5 …でたまらない．…でしようがない．►"得 de"の後に用いる．¶累得～ / 疲れてしようがない．

【不省人事】bù xǐng rén shì〈成〉1 人事不省に陥る．2 世間を知らない．

*【不幸】bùxìng 1 形 不幸である；**不幸にも．**¶～的消息 xiāoxi / 不幸な知らせ．¶～言中 zhòng / 不幸にも予想が当たってしまった．2 名 **災い．災難．**¶遭 zāo 到～ / 災難に遭った．

【不休】bùxiū 動 やまない．止まらない．…し続ける．しきりに．¶争论 zhēnglùn ～ / 言い争いがやまない．¶纠缠 jiūchán ～ / しつこく絡む．

【不修边幅】bù xiū biān fú〈成〉身なりや体裁を気にしない．なりふりかまわない．

【不朽】bùxiǔ 形〈書〉不朽である．後世まで残る．

【不锈钢】bùxiùgāng 名 ステンレス(スチール)．

【不须】bùxū 副(＝无须 wúxū)…**する必要がない．**…するまでもない．…に及ばない．

【不虚此行】bù xū cǐ xíng〈成〉むだ足にならない．行ったかいがある．旅のしがいがある．

*【不许】bùxǔ 動 1 許さない．…してはいけない．¶～说话！/ 話してはいけない．黙れ．2（詰問するときに）…できないのか．¶你们说话就～小点声吗？/ 君たちは少し小さな声で話せないのか．

【不恤】bùxù 動 顧みない．かまわない．

【不学无术】bù xué wú shù〈成〉学問がない．無学無能である．

【不逊】bùxùn 形〈書〉不遜(ふそん)である．傲慢である．¶态度～ / 態度が不遜である，傲慢である．

【不雅观】bù yǎguān みっともない．見苦しい．目障りである．

【不亚于】bùyàyú 動(…に)劣らない．(…に比べ)遜色(そんしょく)がない．¶他的技术 jìshù 水平 shuǐpíng ～老王 / 技術レベルなら，彼は王さんにひけをとらない．

【不言而喻】bù yán ér yù〈成〉言うまでもない．言わなくてもわかる．

【不厌】bùyàn 動〈書〉1 …をいとわない．嫌がらない．面倒と思わない．¶～其烦 fán / 面倒なのを嫌がらない．¶百读 dú ～ / 何度読んでも飽きない．2 排斥しない．非とみなさない．

【不扬】bùyáng 形(風采が)あがらない．見栄えがしない．¶其貌 mào ～ /〈成〉風貌がぱっとしない．

【不要】bùyào 副 …してはいけない．…するな．**¶～看外面 / 外を見るな．¶～这样 / そんなではいけない．⇒〚别 bié〛

*【不要紧】bù yàojǐn 1 **差し支えない．大丈夫だ．**たいしたことはない．¶再晚也～ / いくら遅くてもかまいません．2 …するのはかまわないが(おかげで)．¶你这么一说～，把我吓 xià 了一跳 tiào / 君がそう言うのはいいが，おかげで私はびっくりした．

【不要脸】bù yàoliǎn〈慣〉**恥知らずである．**ずうずうしい．

【不要命】**bù yào mìng** 〈慣〉命知らずである. ¶你整天 zhěngtiān 工作～啦 la / 一日中,仕事ばかりしていて体を壊すよ.

【不一】**bùyī** 〈書〉①形 一様でない. まちまち. ►述語だけに用いる. ¶长短 chángduǎn ～ / 長さがまちまちである. ②名(手紙の最後に書く言葉) 不一. いちいち詳述しない. ►"不乙 bùyǐ"とも.

【不依】**bùyī** 動 ① 言うことを聞かない. ¶我怎么求,她都～ / 私がいくら頼んでも彼女はうんと言ってくれない. ② 勘弁しない. ¶你要是再这样,我可～你 / もう一度こんなことをしたら,勘弁しないぞ.

【不依不饶】**bù yī bù ráo** 〈成〉しつこく絡む. ¶他已经道歉 dàoqiàn 了,你就别～了 / 彼はもう謝ったのだから,これ以上しつこく絡まないでね.

*【不一定】**bù yīdìng** **必ずしも…ではない**. …とは**限らない**. ¶～去 / 行くかどうかわからない. ¶他说的～对 / 彼の言ったことは正しいとは限らない.

【不一而足】**bù yī ér zú** 〈成〉一つだけではない. 一度だけではない. ほかにもある.

【不一会儿】**bùyīhuìr** 名(過去について) **間もない時間**. ほどなく. ¶我刚 gāng 到,～他也到了 / 私が着いたら,間もなく彼も到着した.

【不宜】**bùyí** 動〈書〉(…するのは) よくない,…しない方がいい. …すべきでない. ¶～多说 / あまり多く話さない方がいい.

【不遗余力】**bù yí yú lì** 〈成〉全力を尽くす. 力を出しきる.

【不已】**bùyǐ** 動〈書〉(4字句中,2音節の動詞の後に用い) しきりに…する. …することをやめない. ¶赞叹 zàntàn ～ / しきりに賛嘆する.

【不以为然】**bù yǐ wéi rán** 〈成〉納得できない. 同意できない. ¶你不要～ / 素直に聞き入れなさい.

【不以为意】**bù yǐ wéi yì** 〈成〉意に介さない. 気にしない.

【不意】**bùyì** 副 思いがけなく. 意外にも.

【不翼而飞】**bù yì ér fēi** 〈成〉① 羽もないのに飛び去る. 物がいつのまにかなくなるたとえ. ②(うわさなどが) 伝わるのが早い.

【不亦乐乎】**bù yì lè hū** 〈成〉〈諧〉(程度が) ひどい. 甚だしい. 激しい. ►もとは「また楽しからずや」の意. おどけた言い方になる. ¶忙得 de ～ / 忙しくてんてこまいする.

【不易之论】**bù yì zhī lùn** 〈成〉内容が正しくていつまでも変わらない言論. 不変の論. ►"不刊 kān 之论"とも.

【不用】bùyòng** 副 **…する必要がない**. …するに及ばない. ¶～着急 zháojí / 急ぐ必要はない. 慌てるな. ¶～客气 / 遠慮しないでください.

【不由得】**bùyóude** 副 ① **思わず**. **覚えず**. ¶～悲伤 bēishāng 起来 / 思わず悲しくなった. ②…せずにいられない. ¶他说得这么透彻 tòuchè,～你不信服 / 彼がこれほどはっきり言ったからには,君も聞き入れないわけにはいくまい.

【不由自主】**bù yóu zì zhǔ** 〈成〉思うままにならない;〈転〉思わず. 知らず知らず.

【不渝】**bùyú** 動〈書〉(節操・誓約などを) 変えない. ¶始终 shǐzhōng ～ / 終始変わらない.

【不虞】**bùyú** 〈書〉❶動 ① 思いがけない. 予期しない. ¶～之誉 yù / 予期しなかった栄誉. ② 心配しない. 恐れない. ¶～匮乏 kuìfá / 窮乏を恐れない. 窮乏の恐れがない. ❷名 万一. ¶以备～ / 万一に備える.

【不予】**bùyǔ** 動 …を与えない. …してやらない. ¶～批准 pīzhǔn / 批准をしない. 許可しない. ¶～考虑 kǎolǜ / 考慮に入れない.

【不育风】**bùyùfēng** 名 若い夫婦が子供を欲しがらない現象.

【不远千里】**bù yuǎn qiān lǐ** 〈成〉千里を遠しとしない. ¶～而 ér 来 / 遠路はるばるやって来る.

【不怨】**bù yuàn** 動 うらまない. 責めるわけにはいかない;…のも無理はない.

【不约而同】**bù yuē ér tóng** 〈成〉(行動や意見が) 申し合わせたかのように,期せずして一致する.

【不在行】**bù zàiháng** 畑違いである. 素人である. その道に詳しくない.

*【不在乎】**bùzàihu** 動 **気にかけない**. 意に介しない. どうでもよい. ¶完全～别人的眼光 / 人の目をまったく気にしない.

【不在话下】**bù zài huà xià** 〈成〉言うまでもない. 問題にならない.

【不在了】**bù zài le** 〈慣〉〈婉〉亡くなった.

【不在意】**bù zàiyì** **気にしない**. 無関心である. …を問題にしない. ¶毫 háo ～ / 少しも気にしない.

【不择手段】**bù zé shǒu duàn** 〈成〉手段を選ばない.

【不怎么】**bù zěnme** **大して…ではない**. そんなに…ではない. ¶～漂亮 piàoliang / 大してきれいではない.

*【不怎么样】**bù zěnmeyàng** **あまりよくない**. **大したことはない**. そんなによくない.

【不战不和】**bù zhàn bù hé** 〈成〉戦争もしなければ講和もしない. ¶～的局面 / 冷戦状態.

【－不着】**-buzháo** (動詞の後に用いて) ① なんらかの障害があって動作がその対象に達し得ないことを表す. ¶找 zhǎo ～ / 見つからない. ¶睡～觉 / 寝つかれない. ②…すべきでない. …する筋合ではない. ►動作が対象に及ぶことが許されないことを示す. 多くの場合は禁止の意となる. ¶你管 guǎn ～! / おまえの知ったことか. 大きなお世話だ. ⇒【－得着】**-dezháo**

【不折不扣】**bù zhé bù kòu** 〈成〉掛け値なし. 値引きをしない;文字どおりの. そのものずばりの. 100パーセントの. 徹底的な. ¶～地贯彻 guànchè / 完全に遂行する.

【不振】**bùzhèn** 形 不振である. ¶精神 jīngshen ～ / 元気がない.

【不正之风】**bù zhèng zhī fēng** 〈成〉不正の気風. よくない傾向.

【不支】**bùzhī** 動〈書〉耐えられない. 続かない. ¶体力～ / 体力がもたない. ¶财力～ / 財力が続かない.

【不知不觉】**bù zhī bù jué** 〈成〉知らず知らず. ¶～地天黑下来了 / 知らないうちに,周りが暗くなってきた.

【不知好歹】**bù zhī hǎo dǎi** 〈成〉善悪がわからない. 道理をわきまえない.

【不知情】**bùzhīqíng** 動 ①(犯罪の) いきさつを知らない;(犯罪に) 無関係である. ②(人の) 好意を無にする,恩を知らない.

【不知死活】**bù zhī sǐ huó** 〈成〉① 生死不明. ② 向こう見ずである. 思慮分別がない.

【不知所措】**bù zhī suǒ cuò** 〈成〉どうしたらよいか

わからない．途方にくれる．
【不知所云】bù zhī suǒ yún 〈成〉何を言っているのか分からない．話の筋が通らない．中身がない．
【不知天(多)高,地(多)厚】bù zhī tiān (duō) gāo, dì (duō) hòu 〈成〉非常に思い上がっている．
【不值】bùzhí 動 …の値うちがない．…に値しない．¶～一读 / 一読に値しない．
【不值得】bù zhíde …する値うちがない．►"不值当 zhídàng""值不得"とも．¶这种电影 diànyǐng ～看 / こんな映画は見る値うちがない．⇒【值得】zhí//de
【不止】bùzhǐ 動 ①…にとどまらない．…だけではない．►一定の数量や範囲を超えていることを表す．¶没来的～他一个 / 来なかったのは彼一人だけではない．¶～一次 / 一度だけではない．②止まらない．►2音節の動詞の後に置く．¶大哭 kū ～ / いつまでも大泣きする．¶出血 chūxuè ～ / 出血が止まらない．
*【不只】bùzhǐ 接続 …ばかりでなく．¶这样做,～快而且 érqiě 好 / このようにすれば速いだけでなく立派にできる．
【不至于】bùzhìyú 動 …するようなことはない．…するほどのことはない．¶如果早告诉 gàosu 我,事情～这么糟 zāo / もっと早く私に言ってくれたら,ことはこんなにひどくならなくてすんだのに．
【不治之症】bù zhì zhī zhèng 〈成〉不治の病；取り除けない災いや弊害．
【不中】bùzhōng 形〈方〉だめだ．よくない．
【不中用】bù zhōngyòng 役に立たない．
【不周】bùzhōu 形〈書〉行き届かない．¶招待 zhāodài ～,十分抱歉 bàoqiàn / 行き届いたおもてなしができず失礼いたしました．
*【-不住】-buzhù …できない．►動詞の後に用いて,その動作の結果または状態が,安定性・確実性をもち得ないことを表す．¶靠 kào ～ / 頼りにならない．信用できない．¶记～ / 覚えておけない．覚え込めない．¶站～ / 立ち止まれない．立っていられない．⇒【-得住】-dezhù
【不准】bù zhǔn ①動 許さない．禁止する．¶此处 cǐchù ～停车 / ここは駐車禁止．¶～入内 rùnèi / 立ち入り禁止．¶～吸烟 / 禁煙．②副(＝不一定 bù yīdìng)…とは限らない．¶一年也～回老家去看一趟 tàng / 1年に1度ふるさとの家へ帰るとは限らない．
【不着边际】bù zhuó biān jì 〈成〉現実離れしている．要領を得ない．¶说话～ / 突拍子もないことを言う．
【不自量】bù zìliàng 身のほどを知らない．思い上がっている．►"不自量力"とも．
【不自然】bù zìrán ①不自然である．ぎこちない．②気まずい．ばつが悪い．きまりが悪い．
【不自在】bù zìzài 苦しい．苦しむ．不愉快である．¶别找 zhǎo ～ / おまえはなぐられたいのか．
【不足】bùzú 〈書〉❶形 十分でない．不足する．満たない．¶营养～ / 栄養が足りない．❷動(数量が)達しない．¶～八百元 / 800元に達しない．❸助動 ①…の値うちがない．¶毫 háo ～道 / いささかも言う価値がない．¶～取 / 取るに足りない．②…できない．¶～恃 shì / 頼みにならない．¶非 fēi 努力～获得 huòdé 成功 / 努力なしで成功をかちとることはできない．¶～为凭 píng / 証拠にならない．
【不足挂齿】bù zú guà chǐ 〈成〉云云するだけの価値がない．
【不做声・不作声】bù zuòshēng 声を出さない．黙って口をきかない．

*# 布(佈) bù

❶名(絹を除く)布．量 块;[面積の大きいもの]幅 fú;[巻いたもの]匹 pǐ．¶棉 mián ～ / 綿布．
❷動 ①まき散らす．分布する．②敷く．配置する．¶～下天罗地网 tiān luó dì wǎng / 犯人を捕まえる厳重な手配をする．
◇◆ 宣告する．申し立てる．¶开诚 chéng ～公 / 胸襟を開き,誠意を見せる．‖ 姓
【布帛】bùbó 名 織物．
【布帛菽粟】bù bó shū sù 〈成〉衣食用品．日常の生活用品．
【布菜】bù//cài 動(料理を客に)取り分ける．
【布达拉宫】Bùdálāgōng 名(チベットの)ポタラ宮．
【布道】bù//dào 動〈宗〉布教する．伝道する．
【布店】bùdiàn 名 反物屋．
【布丁】bùdīng 名 プリン．プディング．
【布防】bù//fáng 動 防備の兵力を配置する．
【布告】bùgào ①名 布告．掲示．量 张．②動 布告する．告示する．¶张贴 zhāngtiē ～ / 布告を張り出す．¶～板 bǎn / 掲示板．
【布谷】bùgǔ 名〈鳥〉カッコウ．
【布基纳法索】Bùjīnàfǎsuǒ 名〈地名〉ブルキナファソ．
【布景】bùjǐng 名 ①(舞台や撮影所の)セット．②(中国画で)風景の配置．
【布局】bùjú ❶名 ①(詩文・絵画などの)組み立て,配置．¶～显示 xiǎnshì / (コンピュータの)レイアウト表示．②(建造物などの)配置,レイアウト．¶工业～ / 工業分布．③(囲碁などの)布石．❷動 配置する．並べる．
【布控】bùkòng 動(犯罪者などを)張り込む,見張る．
【布朗族】Bùlǎngzú 名(中国の少数民族)プーラン(Blang)族．►モン・クメール系民族の一つ．
【布雷】bù//léi 動(地雷や水雷を)仕掛ける．
【布料】bùliào 名(木綿などの)生地,布地．
【布隆迪】Bùlóngdí 名〈地名〉ブルンジ．
【布麦浪效果】bùmàilàng xiàoguǒ 名〈経〉ブーメラン効果．
【布面】bùmiàn 名(装丁の)クロースカバー．¶～精装 jīngzhuāng 本 / クロース上製本．
【布匹】bùpǐ 名 布(の総称)．布地．
【布施】bùshī 動〈宗〉喜捨する．布施をする．
【布头】bùtóu 名 ①(～儿)布の切れ端．端切れ．②〈方〉布．
【布娃娃】bùwáwa 名 ぬいぐるみ．
【布纹纸】bùwénzhǐ 名 絹目(の印画紙)．
【布鞋】bùxié 名(木綿地でできた)布ぐつ．►"懒汉 lǎnhàn 鞋"など．量 双 shuāng．
【布衣】bùyī 〈書〉①庶民．平民．②木綿の着物．¶～蔬 shū 食 / 〈成〉生活が質素である．
【布依族】Bùyīzú 名(中国の少数民族)プイ(Bouyei)族．►タイ系民族の一つ．
*【布置】bùzhì 動 ①(部屋などを)装飾する,しつらえる．¶～会场 huìchǎng / 会場の飾り付けをする．

②**手配する**．配置する．手はずを整える．¶～工作 / 仕事の手配をする．¶～人员 rényuán / 人を配置する．

*# 步 bù

❶名 ①**ひと足の歩幅**．歩み．¶再 zài 走几～路就到了 / もう少し歩けば着く．¶先走一～ / 一足お先に．¶一～一回头 / 一歩進むごとに振り返る．②**ステップ．段階**．¶最后一～ / 最後の一歩．最後の段階．¶再提高 tígāo 一～ / さらに一歩高める．③**境地．程度．状態**．¶真没想到他会落到 luòdào 这一～ / 彼がこんなはめになるとは夢にも思わなかった．④〈旧〉(長さを測る単位) 1 "步"は 5 "尺 chǐ"に当たる．
❷動〈方〉歩測する．¶～一下这房子的长度 chángdù / この家の長さを歩測してみよう．
◇◆ 歩く．歩む．¶徒 tú ～ / 徒歩．¶～入 rù / 歩み入る．‖姓

【步兵】bùbīng 名〈軍〉歩兵．
【步步登高】bù bù dēng gāo ⇀【步步高升】bù bù gāo shēng
【步步高升】bù bù gāo shēng 〈成〉とんとん拍子に出世する．
【步步为营】bù bù wéi yíng 〈成〉一歩前進するごとに砦(とりで)を設ける．着実に歩む．用心深く行動するたとえ．
【步测】bùcè 動 歩測する．
【步调】bùdiào 名 歩調．足並み．
【步伐】bùfá 名(隊列の)足並み．歩調．¶放慢 màn ～ / 歩みを緩める．歩調を遅くする．
【步话机】bùhuàjī 名(軍用)携帯無線電話．
【步犁】bùlí 名 歩行犁(すき)．
【步履】bùlǚ 動〈書〉歩行する．¶～维艰 wéijiān / 歩行困難である；事が行き詰まっている．
【步枪】bùqiāng 名 歩兵銃．小銃．
【步儿】bùr ⇀【步子】bùzi
【步人后尘】bù rén hòu chén 〈成〉人に追従する．人のまねをする．人の尻馬に乗る．
【步入正轨】bù rù zhèng guǐ 〈成〉正常な状態に入る．軌道に乗る．
【步哨】bùshào 名 歩哨．¶放～ / 歩哨を置く．
【步态】bùtài 名 歩く姿．¶～蹒跚 pánshān / 足元がおぼつかない．
【步谈机】bùtánjī ⇀【步话机】bùhuàjī
【步行】bùxíng 動 徒歩で行く．
【步行机】bùxíngjī ⇀ bùhuàjī【步话机】
【步韵】bù//yùn 動(詩で)韻をふむ．
【步骤】bùzhòu 名 ①段取り．(事の)順序,次第．¶分两个～进行 / 2段階に分けて進む．②措置．¶采取适当 shìdàng 的～ / 適切な措置をとる．
【步子】bùzi 名 歩調．足どり．歩き方．ペース．¶加快改革 gǎigé 的～ / 改革のペースを速める．

怖 bù

◇◆ 恐れる．¶恐 kǒng ～ / 恐怖．¶可～ / 恐ろしい．

钚 bù

名〈化〉プルトニウム．Pu．¶～化合物 huàhéwù / プルトニウム化合物．

*# 部 bù

❶名(官庁・企業・軍隊などの)**省・部**．¶外交 wàijiāo ～ / 外務省．¶编辑 biānjí ～ / 編集部．¶门市 ménshì ～ / 販売部．売店．
❷量 ①**書籍・映画フィルム**などを数える．¶两～诗集 shījí / 詩集 2 冊．¶一～记录片 jìlùpiàn / 記録映画 1 本．②〈方〉機械や車両を数える．¶一～打字机 dǎzìjī / タイプライター 1 台．¶三～汽车 / 自動車 3 台．
◇◆ 部分．全体の中の一部．¶内～ / 内部．内側．¶局 jú ～ / 局部．一部分．‖姓

*【部队】bùduì 名 **部隊．軍隊**．量 支 zhī．
*【部分】bùfen ①名 **部分．一部**．②量 部分．
【部件】bùjiàn 名 **部品．組立て材料**．(機械の)一部分．
【部局级】bùjújí 名(党・政府機関の)部長・局長クラス．►日本の大臣・次官・局長などに相当．
【部落】bùluò 名 部落．村落．集落．
*【部门】bùmén 名 **部門**．¶农业 nóngyè ～ / 農業部門．¶按 àn ～分别进行统计 tǒngjì / 部門別に統計をとる．
【部首】bùshǒu 名〈語〉部首．
【部属】bùshǔ 名 部下．
【部署】bùshǔ ①動(人員を)**配置する**．(任務を)**手配する**．手を打つ．¶进行重大 zhòngdà ～ / 重要な手を打つ．②名 配置．
【部头】bùtóu 名(～儿)書物の大きさ．
【部委】bùwěi 名 部と委員会．►"部和 hé 委员会 wěiyuánhuì"の略．¶国务院 guówùyuàn 各～ / (日本の「省」「庁」に相当する)国務院の各部と各委員会．
【部位】bùwèi 名(主に人体の)部位,位置．¶发音 fāyīn ～ / 発音部位．
【部下】bùxià 名 部下．配下．量 个,名．
*【部长】bùzhǎng 名 ①(中央政府の)**大臣**,長官．¶外交～ / 外務大臣．②(企業・組織などの)部長．
【部长会议】bùzhǎng huìyì 名 閣僚会議．

埠 bù

◇◆ ①埠頭(ふとう)．波止場．港町．¶开～ / 開港する．②市．町．¶本～ / 本市．¶外～ / 他の町．他の都市．¶本～邮件 yóujiàn / 市内郵便．

【埠头】bùtóu 名〈方〉埠頭．波止場．

簿 bù

◇◆ ノート．帳簿．¶练习 liànxí ～ / ノート．¶账 zhàng ～ / 帳簿．‖姓

【簿册】bùcè 名 ノート．帳面．
【簿籍】bùjí 名〈書〉帳簿．名簿．
【簿记】bùjì 名 簿記．¶单式 dānshì〔复式 fùshì〕～ / 単式〔複式〕簿記．
【簿子】bùzi 名 帳簿．帳面．量 册 cè,本．

B………

【B超】B chāo 名〈医〉①超音波を利用した診断．②Bモード超音波断層装置．B型超音波顕像計．
【B股】B gǔ 名〈経〉B株．海外投資家向けの外貨建て中国企業株．
【B拷】B kǎo 名 ①ダビングされたビデオテープ．②音楽や字幕付きで,正式に放送されるテレビコマーシャル．⇨【拷贝】kǎobèi
【BB仔】BB zǎi 赤ちゃん．►"啤 pí 啤仔"とも．英語 baby の広東語訳．"仔"は子供の意．

C

ca (ㄘㄚ)

1声 **擦** cā **

物を押しつけるようにしてこする→こすりつける；こすりとる(とってきれいにする)→こする・かすめる

動 ①(押しつけるように)**こする**．摩擦する；(大根などを)おろす．擂(す)る．¶～掌心 zhǎngxīn / 手のひらを擦りあわせる．¶～火柴 huǒchái / マッチをする．¶～生姜 shēngjiāng / ショウガをおろす．
② **塗りつける**．すりこむ．¶～胭脂 yānzhi / 口紅〔頬紅〕を塗る．¶～油 / オイル〔クリーム〕を塗る．¶往伤口上～软膏 ruǎngāo / 傷口に軟膏をつける．
③(手・布・紙類で)**拭く，ぬぐう**．¶用手绢儿 shǒujuànr～手 / ハンカチで手を拭く．¶把玻璃窗 bōlichuāng ～干净 gānjìng / 窓ガラスをきれいに拭く．❖～皮鞋 *píxié* / 靴を磨く．❖～脸 *liǎn* / 顔を拭く．
④ かすめて通る．¶飞机～着山顶 shāndǐng 飞过 / 飛行機が山頂すれすれに飛んでいった．

【擦棒球】cābàngqiú 名〈体〉(野球の)ファウルチップ．
【擦背】cā//bèi 動〈方〉(風呂で)背中を流す．
【擦边球】cābiānqiú 名〈体〉(卓球の)エッジボール；〈喩〉法律や規定にぎりぎり抵触しない行為．
【擦黑儿】cāhēir 動〈方〉日が暮れる．
【擦肩】cājiān 肩と肩が触れあう(ほど距離の近いこと)．
【擦亮儿】cāliàngr 動〈方〉夜が明ける．¶天～ / 空が明け始める．
【擦屁股】cā pìgu 〈慣〉尻ぬぐい〔後始末〕をする．
【擦破】cā//pò 動 擦りむく．こすって破れる．
【擦拭】cāshì 動 拭く．ぬぐう．¶～家具 jiāju / 家具を拭く．
【擦网】cāwǎng 名〈体〉タッチネット．¶～球 / ネットボール．ネットイン．
【擦洗】cāxǐ 動(ぬれた布やアルコール綿などで)拭く，磨く．¶～餐桌 cānzhuō / テーブルを拭く．
【擦音】cāyīn 名〈語〉摩擦音．►"普通话"では f, s, sh, r, x, h などがこれに当たる．

嚓 cā 擬《硬い材質の物による短い摩擦音》ぎいっ．ざっざっ．►"嚓 chā"とも．

cai (ㄘㄞ)

1声 **猜** cāi *

動(なぞや答えを)**当てる**．**推量する**；(…ではないかと)**思う**．¶你～～我手里有什么 / 私の手の中に何があるか当ててごらん．¶～不出来 / 当てられない．¶瞎 xiā ～ / 当てずっぽうで言う．¶我～他不是好人 / 彼は悪人ではないかと思う．
◇◆ 勘ぐる．邪推する．¶→～忌 jì．¶→～疑 yí．

【猜不透】cāibutòu 動+可補 はっきり推測がつかない．見通せない．
【猜不着】cāibuzháo 動+可補 推測がつかない．当てられない．
【猜测】cāicè 動 **推測する．推量する**．
【猜度】cāiduó 動 推し量る．忖度(そん)する．¶据 jù 我～ / 私の見るところでは．
【猜杆儿】cāigānr 動 親が手に握ったマッチ棒の数を当てる(酒席のゲーム)．
【猜忌】cāijì 動 邪推して恨む；勘ぐる．
【猜枚】cāiméi 動 スイカの種やハスの実，碁石などを手に握って奇数か偶数か，また個数や色を当てて遊ぶ(酒席のゲーム)．
【猜谜】cāi//mí 動 ① なぞを当てる．なぞなぞ遊びをする．②〈喩〉話の本意や事の真相を推測する．
【猜摸】cāimo 動 推測する．憶測する．
【猜破】cāi//pò 動 見破る．見当がつく．
【猜拳】cāi//quán 動 拳を打つ(酒席のゲーム)．►"划 huá 拳"とも．
【猜透】cāi//tòu 動+結補(相手の心の内を)ずばりと当てる．図星をさす．
【猜嫌】cāixián →【猜忌】cāijì
*【猜想】cāixiǎng 動 **推量する．推測して(…だろうと)思う**．¶真～不到原来是你 / 君だとは思いもよらなかった．
【猜疑】cāiyí 動 疑う．邪推する．
【猜着】cāi//zháo 動+結補 推測して当てる．言い当てる．
【猜中】cāi//zhòng 動+結補 的中させる．当てる．¶猜不中 / 当たらない．当てられない．

2声 **才**(纔) cái **

副 ①(時間を表す語句の後に用い)(…して)**やっと**．(…になって)**ようやく**．►事態の移行がスムーズでなかったと感じる気持ちを表す．¶都九点了，他～走 / 彼は9時になってやっと出発した．
②(動詞の前に用い)…**したばかり**．たったいま．¶火车～开 / 汽車はいま出たばかりだ．
③ **わずかに**．ただ…にすぎない．¶时间还早，～五点钟 zhōng / 時間はまだ早い，やっと5時だ．
④(ある条件のもとで，また原因・目的によって)…**してこそ，はじめて**…．►"只有 zhǐyǒu、必须 bìxū、要"または"因为 yīnwèi、由于 yóuyú、为了 wèile"などと呼応する．
〖只有…才…〗¶只有多学习，～能提高业务 yèwù 水平 / 学習を積み重ねてこそ，はじめて仕事のレベルが向上できる．
〖为了…才…〗¶大家为了你好，～这么说的 / みんなは君のためを思えばこそ，そう言ったのだ．
⑤〖才…呢〗*cái…ne* (語気を強めて)とても．それこそ…だ．…こそ…だ．…するものか．¶这孩子～可爱呢！/ この子のかわいいことったら．¶我～不信 xìn 呢！/ だれが信じるものか．
◇◆ ①才能．能力．¶→～华 huá．②人材．¶干 gàn ～ / 有能な人材．‖姓

【才德兼备】cái dé jiān bèi 〈成〉才徳兼備である.
【才分】cáifèn 名(生まれつきの)才能,才知.
【才赋】cáifù 名 才能. 才覚.
*【才干】cáigàn 名 仕事の能力. 腕前. ¶有～ / 才能がある. ¶显示 xiǎnshì ～ / 頭角をあらわす.
【才怪】cái guài 〈套〉それこそどうかしている. ¶他不知道那～呢 / 彼が知らないなんて,それこそおかしいよ.
【才华】cáihuá 名(主に文芸面での)才気. 才能. ¶～出众 chūzhòng / 才能が抜群である.
〖才…就…〗*cái…jiù…* …したばかりなのに…した. たった…なのに,もう…だ. ¶她～走,你～来了 / 彼女が出かけたと思ったら,君が来た. ¶怎么～来～要走？/ 来たばかりなのにもう帰るのか. ¶这个孩子～五岁,～会写很多汉字了 / この子はたった5歳なのに,もうたくさんの漢字が書ける.
【才力】cáilì 名 才能. 才知の働き. ¶～过人 guò rén / 才能が他人より優れている.
【才略】cáilüè 名(政治・軍事上の)才略. 知謀. ¶有文武 wénwǔ ～ / 文武の知謀をそなえている.
【才貌】cáimào 名 才能と容貌. ¶～双全 shuāngquán / 才色兼備. ¶～超群 chāoqún / 才能と容貌がとびぬけて優れている.
*【才能】cáinéng 名 才能. 能力. ¶他很有～ / 彼には能力がある.
【才女】cáinǚ 名 才媛(さいえん). 才女.
【才气】cáiqì 名(文芸面での)才気. ¶～横溢 héngyì / 才気があふれる.
【才疏学浅】cái shū xué qiǎn 〈成〉〈謙〉浅学非才である.
【才思】cáisī 名〈書〉文才.
【才望】cáiwàng 名〈書〉才能と人望.
【才学】cáixué 名 才能と学問.
【才智】cáizhì 名 才知. ¶～超人 / 才知が抜群である.
【才子】cáizǐ 名 才能のすぐれた男子.
【才子佳人】cái zǐ jiā rén 〈成〉才能ある男と美女.

材 cái

◇◆ ①資料. ¶教 jiào ～ / 教材. ¶取 qǔ ～ / 取材する. ②材料. 原料. ¶木～ / 木材. ¶就地 jiùdì 取～ / 現地で原料を調達する. ③役に立つ人. 才能のある人. ¶人～ / 人材. ④棺. ‖姓
*【材料】cáiliào 名 ①材料. 原料. ¶建造 jiànzào 大楼的～ / ビルの建築資材. ¶以此 cǐ 作为宣传 xuānchuán 的好～ / これを宣伝の好材料とする. ②資料. データ. (参考となる)事実,記録. ¶搜集 sōují ～ / 資料を集める. ¶会议～ / 会議の資料. ③〈喩〉器. 人材. ¶他是当 dāng 老师的～ / 彼は先生になる器だ. 注意 日本語の「材料(ざいりょう)」より応用範囲が広く,物や事柄,人の素質もさす.
【材质】cáizhì 名 材質(木材の性質；材料の性質).

财 cái

名 財. 所有する金銭や物資の総称. ¶既没有才,又没有～ / 才能もなければ財産もない. ‖姓
【财宝】cáibǎo 名 財宝. 金銭と貴重品.
【财帛】cáibó 名 財貨. 金銭. ►布帛(ふはく)は木綿と絹地で貨幣の代わり.
【财产】cáichǎn 名 財産. 〈量〉笔 bǐ. ¶私有 sīyǒu ～ / 私有財産.
【财大气粗】cái dà qì cū 〈成〉金のある人ほど横柄に振る舞う.
【财东】cáidōng 名 ①〈旧〉(商店などの)出資者,金主. ②金持ち.
【财阀】cáifá 名 財閥.
【财富】cáifù 名 富. 財. 財産. ¶物质 wùzhì ～ / 物質的な富.
【财经】cáijīng 名〈略〉財政と経済.
【财会】cáikuài 名 財務・会計の総称. 経理. ¶～科 kē / 経理課.
【财礼】cáilǐ 名 結納の金品. ►"彩礼 cǎilǐ"とも.
【财力】cáilì 名 財力. 経済力.
【财路】cáilù 名 金もうけの方法.
【财贸】cáimào 名〈略〉財政と通商.
【财迷】cáimí ①名 守銭奴. けち. ②形〈貶〉金に目がない.
【财能通神】cái néng tōng shén 〈成〉地獄のさたも金次第.
【财气】cáiqì 名(～儿)金運. ¶他这一阵子 yīzhènzi ～不错 / 彼はこのところ金運にめぐまれている. ¶没有～儿 / 金運にめぐまれない.
【财权】cáiquán 名 ①〈法〉財産権. ②財政権.
【财神】cáishén 名 福の神. ►"财神爷"とも.
【财势】cáishì 名 財力と権勢. ¶依仗 yīzhàng ～ / 金と力にものを言わせる.
【财团】cáituán 名 財団. 財閥.
【财务】cáiwù 名 財務. ¶～报告 / 財務報告.
【财物】cáiwù 名 財物. 財産.
【财源】cáiyuán 名(主として公共事業や企業の)財源.
【财运】cáiyùn 名 財運. 金運. ¶～不佳 jiā / 金運が悪い.
【财政】cáizhèng 名 財政. ¶～赤字 / 財政収支の赤字. ¶～危机 wēijī / 財政危機. ¶～寡头 guǎtóu / 巨大金融資本.
【财政部】cáizhèngbù 名〈政〉財政部. ►日本の財務省に相当.
【财主】cáizhu 名 金持ち. 資産家. 長者.

裁 cái

❶動 ①(はさみや刃物で)切る,裁断する. ¶～一件连衣裙 liányīqún / ワンピースを仕立てる. ¶～纸 zhǐ / 紙を切る. ②(不用部分を)取り除く,減らす. ¶～掉多余 duōyú 人员 / 余剰人員を削減する. ¶～去三分之一 / 三分の一減らす.
❷量(＝开 kāi)紙のサイズ. ►全紙の何分の一に裁断したかを示す. ¶对～ / 半裁. ¶四～报纸 bàozhǐ / タブロイド新聞.
◇◆ ①抑制する. コントロールする. ¶制 zhì ～ / 制裁する. ¶独 dú ～ / 独裁. ②決定する. 裁定を下す. ¶→～判 pàn. ③(文学・芸術面で)取捨を決める,構成する. ¶体～ / 体裁. デザイン.
【裁并】cáibìng 動(機構を)簡素化し合併する,整理統合する.
【裁定】cáidìng 動〈法〉裁定する. 決定する. ¶听从法院～ / 裁判所の裁定に従う.
【裁断】cáiduàn 動〈書〉裁断する. 判断し決定する. 裁決を下す. ¶～公平 gōngpíng / 裁決が公平である.
【裁缝】cáiféng 動 衣服を仕立てる.
*【裁缝】cáifeng 名 仕立て職人. 仕立て屋. ¶～

铺 pù / 仕立て屋．テーラー．
【裁革】cáigé 動 整理淘汰(とうた)する．
【裁减】cáijiǎn 動(機構・人員・装備などを)簡素化する，削減する，縮小する．¶～军队员 / 兵力削減．¶～军备 jūnbèi / 軍備を縮小する．¶～事务员 / 事務員を減らす．
【裁剪】cáijiǎn 動(着物を)裁断する．¶～衣服 / 服を裁断する．
【裁决】cáijué 動 裁決する．決裁する．¶依法 yīfǎ～ / 法律によって裁決する．
【裁军】cáijūn 動 軍縮をする．¶核 hé～ / 核軍縮．
【裁可】cáikě 動 決裁し許可する．
*【裁判】cáipàn ❶動 ①〈体〉審判をする．②〈法〉裁判をする．❷名 審判員．►"裁判员"とも．注意 日本語の「裁判」は普通は"审判 shěnpàn"という．
【裁员】cáiyuán 動 人員を削減する．リストラする．
【裁纸刀】cáizhǐdāo 名 カッターナイフ．

3声 * 采(採) cǎi 動 ①摘み取る．摘む．とる；採取する．採集する．¶～草莓 cǎoméi / イチゴ摘み．¶～茶 / 茶を摘む．¶～珍珠 zhēnzhū / 真珠をとる．¶～昆虫 kūnchóng 标本 / 昆虫の標本を採集する．②掘り出す．掘る．¶～煤 méi / 石炭を掘る．
◇◆ ①選び取る．取り入れる．取材する．¶→～取 qǔ．¶→～访 fǎng．②風采．態度．風格．¶神 shén～ / 顔色．表情．
►②の場合のみ"採"の字は用いない．‖姓
【采办】cǎibàn 動 仕入れる．
【采编】cǎibiān 動 取材し編集する．
【采场】cǎichǎng 名〈鉱〉採掘場．
【采伐】cǎifá 動 伐採する．
【采访】cǎifǎng 動(ニュースなどを)取材する，インタビューする．¶现场 xiànchǎng～节目 jiémù / 取材番組．¶～新闻 xīnwén / ニュースを取材する．
*【采购】cǎigòu ①動 購入する．仕入れる．¶～原料 yuánliào / 原料を仕入れる．②名 仕入れ係．
【采光】cǎiguāng 動〈建〉採光する．
【采集】cǎijí 動 採集する．収集する．¶～民间故事 mínjiān gùshi / 民話を収集する．
【采掘】cǎijué 動 採掘する．¶～煤炭 méitàn / 石炭を採掘する．
【采矿】cǎi//kuàng 動 鉱石を採掘する．¶露天 lùtiān～ / 露天掘り．
【采录】cǎilù 動 ①収集し記録する．②(テレビ番組を)収録する．③〈書〉(人を)採用する．
【采买】cǎimǎi 動 購入する．買い入れる．
【采纳】cǎinà 動(意見・提案・要求などを)受け入れる，聞き入れる．¶～建议 jiànyì / 提案を受け入れる．
【采暖】cǎinuǎn 動 暖房する．¶～设备 shèbèi / 暖房装置．
*【采取】cǎiqǔ 動(方針・手段・態度などを)とる，採用する．¶～有效 yǒuxiào 措施 cuòshī / 有効な措置を講ずる．¶～积极 jījí 的态度 / 積極的な態度をとる．前向きの姿勢をとる．
【采石场】cǎishíchǎng 名 採石場．石切り場．
【采写】cǎixiě 動 取材して文章にまとめる．取材レポートを作成する．
【采血】cǎi//xiě 動 採血する．
【采样】cǎi//yàng 動 サンプリングする．
【采药】cǎi//yào 動 薬草を採集する．
*【采用】cǎiyòng 動 採用する．取り入れる．¶～先进技术 / 先進技術を取り入れる．¶没～的稿件 gǎojiàn / 没になった原稿．
【采油】cǎi//yóu 動(石油を)採油する．
【采择】cǎizé 動 採択する．選び取る．
【采摘】cǎizhāi 動(花や果実などを)摘み取る．
【采制】cǎizhì 動 ①採取し加工する．②(番組を)取材制作する．

彩(綵) cǎi ◇◆ ①色．カラー．色彩．¶唐 Táng 三～ / (陶器の)唐三彩．¶→～照．②彩り．精彩．¶丰富 fēngfù 多～ / バラエティーに富む．¶精 jīng～ / 生き生きしている．③イベント用の色絹．カラーリボン．¶剪 jiǎn～ / テープカットをする．④宝くじ．景品．¶→～票 piào．¶中 zhòng～ / 宝くじに当たる．⑤喝采(かっさい)の声．¶喝 hè～ / 喝采する．⑥(戦場で)負傷し血を流す．¶挂 guà～ / (流血の)負傷をする．‖姓
【彩笔】cǎibǐ 名 絵筆．色鉛筆．
【彩车】cǎichē 名 花婿花嫁を乗せるカラフルに飾り立てた自動車．
【彩绸】cǎichóu 名(会場などの飾りつけに用いる)色絹．
【彩带】cǎidài 名(彩色した)絹ひも，リボン．
【彩旦】cǎidàn 名(伝統劇で)女形の道化．
【彩灯】cǎidēng 名 彩色や装飾を施したちょうちん．¶挂 guà～ / 飾りぢょうちんをつるす．
【彩电】cǎidiàn 名〈略〉カラーテレビ．量 台，架 jià，个．
【彩号】cǎihào 名(～儿)負傷兵．
【彩虹】cǎihóng 名 虹．量 道，条．
【彩画】cǎihuà 名(建築物に施した)装飾画．
【彩绘】cǎihuì ①名(器物などの)彩色上絵(うわえ)．¶～器皿 qìmǐn / 彩色上絵を施した器物．②動 色をつけて塗る．色彩画を描く．
【彩轿】cǎijiào 名 旧時，花嫁の乗る飾りつけた輿(こし)．
【彩卷】cǎijuǎn 名(～儿)カラーフィルム．量 盒．
【彩扩】cǎikuò 動〈略〉カラー写真を引き伸ばす．
【彩礼】cǎilǐ 名〈旧〉結納の金品．
【彩练】cǎiliàn →【彩带】cǎidài
【彩门】cǎimén 名 色とりどりに飾り立てた門；歓迎アーチ．
【彩排】cǎipái 動〈劇〉リハーサルをする．
【彩棚】cǎipéng 名(祭りや祝いごとのための)飾りつけのしてある小屋．
【彩票】cǎipiào 名 宝くじ．量 张 zhāng．¶体育 tǐyù～ / スポーツくじ．
【彩旗】cǎiqí 名 彩色旗．色とりどりの旗．
【彩券】cǎiquàn 名 宝くじ．
*【彩色】cǎisè 形 カラーの．多色の．¶～胶卷 jiāojuǎn / カラーフィルム．¶～印刷 yìnshuā / カラー刷り．¶～铅笔 qiānbǐ / 色鉛筆．¶～影片 yǐngpiàn / カラー映画．¶～玻璃 bōli / 色ガラス．
【彩色电视】cǎisè diànshì 名 カラーテレビ．
【彩色片】cǎisèpiàn 名(～儿)カラー映画．►話し言葉では"彩色片儿 piānr"という．
【彩塑】cǎisù 名 彩色の塑像．¶～泥人 nírén / 彩色を施した泥人形．

【彩陶】cǎitáo 名〈史〉彩陶．彩文土器．
【彩头】cǎitóu 名 ①(金もうけや勝負に勝つ)幸先(さいさき)．吉兆．②賞品．
【彩霞】cǎixiá 名 朝焼け〔夕焼け〕雲．
【彩显】cǎixiǎn 名〈略〉〈電算〉カラーディスプレイ．
【彩信】cǎixìn 名〈電算〉マルチメディアメッセージサービス．MMS．¶～手机 / MMS機能つき携帯電話．
【彩印】cǎiyìn 動 カラープリントする．
【彩釉陶】cǎiyòutáo 名 上絵(うわえ)を施した陶器．
【彩云】cǎiyún 名 朝焼け雲．夕焼け雲．
【彩照】cǎizhào 名〈略〉カラー写真．►“彩色照片 cǎisè zhàopiàn”の略．
【彩纸】cǎizhǐ 名 ①カラーの紙．色紙(いろがみ)．②カラー用印画紙．

睬 cǎi 動 **相手にする．かまう．**気にかける．¶不要～他 / 相手にするな．知らん顔をしてろ．

＊**踩 cǎi** 動 **踏む．踏みつける．**¶被 bèi ～了一脚 / 足を踏まれた．

【踩高跷】cǎi gāoqiāo 高足踊りを踊る．
【踩忽】cǎihu 動〈俗〉けなす．ばかにする．
【踩水】cǎishuǐ 名〈体〉立ち泳ぎ．
【踩线】cǎi//xiàn 動〈体〉フットフォールトをする．

4声 ＊＊**菜 cài** 名 ①(～儿)**おかず．副食品；料理．**㊊[大 皿]盘 pán；[小 皿]碟 dié；[セット料理]道．❖做 *zuò* ～ / 料理を作る．❖买 *mǎi* ～ / おそうざいを買う．②**野菜．**蔬菜(そさい)．❖种 *zhòng* ～ / 野菜を作る．‖姓

【菜板】càibǎn 名(～儿)まな板．
【菜帮】càibāng 名(～儿)白菜などの外側の葉．
【菜场】càichǎng ⇀【菜市】càishì
＊【菜单】càidān 名(～儿) ①**メニュー．献立表．**►“菜谱 càipǔ”とも．②〈電算〉メニュー．►“选单”とも．
【菜刀】càidāo 名 **包丁．**㊊把．
【菜地】càidì 名 野菜畑．
【菜豆】càidòu 名〈植〉インゲンマメ．
【菜墩】càidūn 名(～儿·～子)大木を輪切りにして作ったまな板．
【菜饭】càifàn 名 おかずとご飯；(広く)食事．
【菜瓜】càiguā 名〈植〉シロウリ．アオウリ．
【菜馆】càiguǎn 名(～儿)〈方〉**料理屋．レストラン．**►“○○菜馆”のように店の名前としても使う．㊊家．
【菜盒】càihé 名(～儿)おかずを入れるための小さな弁当箱．
【菜花】càihuā 名(～儿) ①カリフラワー．►“花椰菜 huāyēcài”の通称．②アブラナの花．
【菜货】càihuò 名〈方〉〈罵〉役立たず．能なし．►“松包 sōngbāo”“饭桶 fàntǒng”と似たののしり言葉．
【菜窖】càijiào 名 野菜を入れる穴蔵．¶起 qǐ ～ / 穴蔵から野菜を取り出す．
【菜金】càijīn 名 食費；(主に)おかず代．
【菜篮子】càilánzi 名 ①買い物かご．②都市に対する生鮮食料品の供給．
【菜码儿】càimǎr 名〈方〉(＝面码儿 miànmǎr)めん類の具．野菜の千切りなど．
【菜名】càimíng 名(～儿)料理名．
【菜牛】càiniú 名〈口〉食用の牛．肉牛．
【菜农】càinóng 名 野菜農家．
【菜牌子】càipáizi 名(食堂の壁などに掛ける)料理の名称を書いた板，メニュー．
【菜圃】càipǔ 名 野菜畑．
【菜谱】càipǔ 名(～儿) ①**メニュー．献立表．**②**料理の本．**レシピ．¶北京～ / 北京料理の本．
【菜畦】càiqí 名 野菜畑．
【菜青】càiqīng 名 暗緑色．
【菜肉蛋卷】càiròu dànjuǎn 名 オムレツ．
【菜市】càishì 名(野菜·肉·卵などの)副食品マーケット．►“菜市场 chǎng”とも．
【菜蔬】càishū 名 ①野菜．蔬菜(そさい)．②料理．おかず．
【菜薹】càitái 名 野菜の茎．薹(とう)．
【菜摊儿】càitānr 名 野菜を売る露店．
【菜系】càixì 名 中国料理の地方別系統．
【菜心儿】càixīnr 名 ①〈植〉サイシン．►中国野菜の一種．“油菜 yóucài”“油菜心”とも．②野菜(ハクサイなど)の芯(しん)．
【菜蚜】càiyá 名〈虫〉アリマキ．アブラムシ．
【菜肴】càiyáo 名 おかず．料理．
【菜油】càiyóu 名 なたね油．►地方によっては“清油 qīngyóu”とも．
【菜园】càiyuán 名(～子)菜園．野菜畑．
【菜子】càizǐ 名 ①(～儿)野菜の種．②菜種．¶～油 yóu / なたね油．

蔡 cài 名 ①〈史〉蔡．►周代の国名．②〈書〉大きな亀．¶蓍 shī ～ / 占いをする．‖姓

can (ㄘㄢ)

1声 **参(參) cān** ◇◆ ①加わる．参加する．入る．¶～军 jūn / 軍隊に入る．②参考とする．¶～阅 yuè / 参照する．③まみえる．¶→～谒 yè．¶→～拜 bài．⏩ cēn,shēn

【参拜】cānbài 動 参拝する．詣でる．
【参半】cānbàn 動〈書〉相半ばする．半数を占める．¶疑 yí 信～ / 半信半疑である．
【参订】cāndìng 動 照合し訂正する．¶～无讹 é / 校正の結果，誤りがない．
＊＊【参观】cānguān 動 **見学する．見物する．参観する．**(実地に)観察する．¶～工厂 / 工場を見学する．¶～名胜古迹 gǔjì / 名所旧跡を見物する．¶～游览 yóulǎn / 観光する．¶～展览 zhǎnlǎn 会 / 展覧会を見る．¶谢绝 xièjué ～ / 見学お断り．¶～团 / 観光団．
【参合】cānhé 動〈書〉(資料などを)参照し総合する．
＊＊【参加】cānjiā 動 ①**参加する．**加わる．入る．出席する．¶～会议 / 会議に参加する．¶～工作 / 就職する．¶～俱乐部 jùlèbù / クラブに入る．¶～讨论 tǎolùn / 討論に加わる．¶～婚礼 / 結婚式に出席する．②(意見を)出す．¶请 qǐng 你也～点儿意见 / あなたのご意見も聞かせてください．
【参见】cānjiàn 動 ①(文章の注釈用語)参照せよ．¶～第九章 / 第9章を参照せよ．②謁見する．
【参校】cānjiào 動 校閲する．校勘する．
【参看】cānkàn 動 **参照する；**(文章の注釈用語)**参照せよ．**¶～文选 wénxuǎn 第一百三十页 yè / 文選130ページを参照せよ．

C

*【参考】cānkǎo 動 **参考にする**. ¶～一下 / ちょっと参考にする. ¶你要认真 rènzhēn ～～ / まじめに耳を傾けなさい. ¶我提 tí 一点意见,供 gōng 你～ / ご参考までに私の考えを述べさせていただきます. ¶有～价值 jiàzhí 的材料 / 参考にする価値のある資料. ¶仅供 jǐn gōng 内部～ / 内部用参考資料とする(外部には非公開). ¶～书目 / 参考文献目録. ¶～历史文献 wénxiàn / 史料を参考にする.

【参考书】cānkǎoshū 名 ① 参考書. ② 辞典や索引などの類.

【参量】cānliàng 名〈数〉パラメーター.

*【参谋】cānmóu ① 名 **参謀；相談相手**. ② 動 相談相手になる. 知恵を貸す. ► cānmou とも発音する. ¶请给我～～ / 私の相談役になってください.

【参数】cānshù 名〈数〉パラメーター. 助変数.

【参天】cāntiān 動(樹木などが)空高くそびえる. ¶～榉树 jǔshù / 高くそびえるケヤキの木.

【参透】cān//tòu 動 見抜く；深く悟る. ¶～世情 / 世の中のことを見抜く.

【参谒】cānyè 動 拝謁する. (尊敬すべき人の遺影や墓に)参拝する.

【参议】cānyì 動〈書〉参議する. ¶～国事 / 国政に参与する.

【参议院】cānyìyuàn 名〈政〉参議院. 上院.

【参与】cānyù 動(仕事や計画・討論・処理などに)**参与する,加わる,関係する**. ►"参预"とも書く. ¶～制订规划 guīhuà / 計画の制定にかかわる. ¶～阴谋 yīnmóu / 陰謀に荷担する. ¶～度 / 社会活動に参加する度合.

【参阅】cānyuè 動 参照する. ¶～语录 yǔlù 第六十六页 yè / 語録66ページを参照せよ.

【参赞】cānzàn ① 名 参事官. ¶商务 shāngwù ～ / 商務参事官. ② 動〈書〉参与して助ける. ¶～军务 / 軍務に参画する.

【参展】cānzhǎn 動 展覧会に参加・出品する.

【参战】cān//zhàn 動 参戦する.

【参照】cānzhào 動 **参照する. 照らし合わせる. 参考にする**. ¶～别人的方法 / ほかの人のやり方を参考にする. ¶～前例 qiánlì / 先例に照らし合わせる.

【参政】cān//zhèng 動 政治に参加する.

餐 cān

量 **食事の回数を数える**. ¶一日三～ / 1日3食. ⇒〖顿 dùn〗

◇◆ ①食事. 料理. ¶早～ / 朝食. ¶午～ / ランチ. 昼食. ¶正～ / ディナー. 正餐. ¶日～ / 和食. ¶西～ / 西洋料理. ¶中～ / 中国料理. ②食事をする. ¶聚 jù ～ / 会食する. ¶饱 bǎo ～一顿 dùn / 腹いっぱい食べる.

【餐车】cānchē 名(列車の)食堂車.

【餐风宿露】cān fēng sù lù 〈成〉旅のつらさや野宿の苦しみ.

【餐馆】cānguǎn 名 **レストラン**. (量) 家.

【餐巾】cānjīn 名 ナプキン. (量) 块,条.

【餐巾纸】cānjīnzhǐ 名 紙ナプキン.

【餐具】cānjù 名 **食器**. (量) 件；套.

【餐牌】cānpái 名 メニュー(が書いてある看板).

【餐券】cānquàn 名 食券.

*【餐厅】cāntīng 名 **レストラン**. 食堂. (量) 家.

【餐饮】cānyǐn 名 飲食.

【餐饮业】cānyǐnyè 名 飲食産業.

【餐桌】cānzhuō 名(～儿)食卓. ディナーテーブル.

2声 残(殘) cán

形 **不完全である**. 欠けている. 注意 中国語の"残"は「残っている」ことではなく,「欠けている」ことに重点がある. ¶这是一张很珍贵 zhēnguì 的邮票,可惜 kěxī ～了 / これは貴重な切手だが,残念ながら欠けている.

◇◆ ①残りの. なくなりかけの. ¶～夏 xià / 晩夏. ②損なう. 壊す. ¶摧 cuī ～ / 損なう. 踏みにじる. ③むごい. 残忍である. ¶→～暴 bào.

【残奥会】cán'àohuì 名〈略〉パラリンピック.

【残败】cánbài 形 無残なさま. さんざんなさま.

【残暴】cánbào 形 **残虐である**. 凶暴である.

【残杯冷炙】cán bēi lěng zhì 〈成〉飲み残しの酒や食べ残しの料理.

【残兵败将】cán bīng bài jiàng 〈成〉敗残の将兵.

【残次】cáncì 形 不完全で質が悪い．¶～品 / 欠陥品．粗悪品．
【残存】cáncún 動 かすかに残っている．残存する．
【残毒】cándú ①形 残忍である．②名 残留農薬．
【残废】cánfèi 動 身体に機能障害が起こる．体(の一部)が不自由になる．¶～的右手 / 不自由な右手．¶他的下半身完全～了 / 彼の下半身はまったく不自由になってしまった．
【残羹剩饭】cán gēng shèng fàn 〈成〉食べ残しの料理．残飯．►"残羹冷 lěng 饭"とも．
【残骸】cánhái 名 残骸．
【残害】cánhài 動 傷める．損なう；殺害する．¶～肢体 zhītǐ / 肢体を損なう．¶～生命 / 人間を殺害する．人命を奪う．
【残花败柳】cán huā bài liǔ 〈成〉盛りの年を過ぎて容色の衰えた女性．
【残货】cánhuò 名 傷もの．不良品．
【残疾】cánjí 名 **体に障害のあること．**¶这是他从小落下 luòxia 的～ / これは彼が子供のときに受けた障害だ．¶～人 / 身体障害者．
【残迹】cánjì 名 痕迹(こんせき)．跡形．
【残局】cánjú 名 ①(碁や将棋の)寄せ,詰め．¶这棋 qí 已进入～了 / この碁はもう寄せに入った．②失敗や動乱後の事態．¶收拾 shōushi ～ / 事態を収拾する．後始末をする．
【残酷】cánkù 形 **残酷である．むごい．**¶～无情 wúqíng / 情け容赦のない．
【残留】cánliú 動 残留する．残る．
【残年】cánnián 名〈書〉①余生．余命．晩年．②年末．年の暮れ．
【残品】cánpǐn 名 欠陥品．傷もの．
【残破】cánpò 形 破損している．ぼろぼろである．
【残缺】cánquē 形 欠けている．そろわない．不完全である．¶～书籍 shūjí / 欠落のある本．¶～不全 / ずたずた．
*【残忍】cánrěn 形 残忍である．残酷である．¶犯罪 fànzuì 手段 shǒuduàn 十分～ / 犯罪の手段は非常に残忍なものである．
【残杀】cánshā 動 惨殺する．殺害する．虐殺する．¶～无辜 wúgū 老百姓 / 罪のない人々を惨殺する．¶自相 zìxiāng ～ / 内輪の殺し合い．
【残生】cánshēng 名 ①余生．余命．晩年．②かろうじて助かった命．
【残余】cányú 名(人・事物・意識などの)**残余,残り．**¶～部分 / 残りの部分．
【残垣断壁】cán yuán duàn bì 〈成〉家が災難にあったあとの荒れ果てた光景．►"颓 tuí 垣断壁""断壁残〔颓〕垣"とも．
【残渣余孽】cán zhā yú niè 〈成〉残存している悪人．残党．
【残照】cánzhào 名〈書〉西日．夕日．¶西风～ / 秋風に傾いた夕日；〈喩〉没落する勢力．

蚕(蠶) cán

名 カイコ．(量) 条．¶养 yǎng ～ / カイコを飼う．

【蚕豆】cándòu 名〈植〉空豆．
【蚕蛾】cán'é 名〈虫〉蚕のガ(成虫)．蚕蛾．
【蚕茧】cánjiǎn 名 カイコのまゆ．
【蚕眠】cánmián 名 カイコの休眠．
【蚕娘】cánniáng 名 カイコの世話をする女性．►"蚕女 cánnǚ"とも．
【蚕农】cánnóng 名 養蚕農家．
【蚕桑】cánsāng 名 養蚕用の桑．
【蚕沙】cánshā 名〈中薬〉蚕渣(さんさ)；蚕の糞を乾燥させたもの．
【蚕食】cánshí 動〈喩〉蚕食する．じわじわと侵す．¶～鲸吞 jīng tūn / 〈成〉じわじわ侵略することと一挙に併呑(へいどん)すること．さまざまな方法で他国を侵略するたとえ．
【蚕丝】cánsī 名 蚕糸．生糸．
【蚕衣】cányī 名 まゆ(の別名)．
【蚕蚁】cányǐ 名 ふ化したばかりのカイコの幼虫．►アリに似ていることから．
【蚕蛹】cányǒng 名 蚕蛹(さんよう)．カイコのさなぎ．
【蚕蛹油】cányǒngyóu 名 さなぎ油．
【蚕子】cánzǐ 名(～儿)蚕の卵．

惭(慚) cán

◇◆ 恥じる．¶羞 xiū ～ / 恥じ入る．¶→～愧 kuì．

*【惭愧】cánkuì 形 **恥ずかしい．**¶感到～ / 恥ずかしく思う．
【惭色】cánsè 名〈書〉恥じ入る様子．¶面有～ / 恥じ入った顔をしている．

3声 *惨(慘) cǎn

形 ①**悲惨である．痛ましい．**¶他死得真～哪！/ 彼は実に惨めな死に方をした．②(程度が)ひどい．¶这场球赛 qiúsài 输 shū 得很～ / 今回の(球技の)試合はぼろ負けした．
◇◆ むごい．残酷である．¶→～死 sǐ．¶→～无 wú 人道．

【惨案】cǎn'àn 名 虐殺事件．大惨事．
【惨白】cǎnbái 形(景色が)薄暗い；(顔色が)青白い．
【惨败】cǎnbài 動 惨敗する．
【惨变】cǎnbiàn 名 悲惨な出来事．
【惨不忍睹】cǎn bù rěn dǔ 〈成〉むごたらしくて見ていられない．
【惨淡】cǎndàn 形 ①うす暗い．¶天色～ / うす暗い空模様．②いろいろ苦心するさま．►"惨澹"とも書く．
【惨淡经营】cǎn dàn jīng yíng 〈成〉事を進めるのに苦心惨憺(さんたん)する．
【惨毒】cǎndú 形 残酷極まる．残忍極まる．
【惨祸】cǎnhuò 名 痛ましい災禍．惨禍．
【惨境】cǎnjìng 名 悲惨な境遇．
【惨剧】cǎnjù 名 惨劇．惨事．¶造成流血 liúxuè ～ / 流血の惨事を引き起こす．
【惨苦】cǎnkǔ 形 ひどく苦しい．悲惨である．
【惨厉】cǎnlì 形 悲惨である．痛ましい．
【惨烈】cǎnliè 形 ①悲惨である．¶处境 chǔjìng ～ / 境遇が非常に痛ましい．②壮烈である；激しい．
【惨然】cǎnrán 形〈書〉痛ましい．
【惨杀】cǎnshā 動 惨殺する．虐殺する．
【惨死】cǎnsǐ 動 むごたらしい死に方をする．
【惨痛】cǎntòng 形 痛ましい．無惨である．¶～的教训 jiàoxun / 痛ましい教訓．
【惨无人道】cǎn wú rén dào 〈成〉残忍非道．
【惨笑】cǎnxiào 動 苦しげに笑う．
【惨重】cǎnzhòng 形(損失が)きわめて大きい．¶损失 sǔnshī ～ / 被害甚大．
【惨状】cǎnzhuàng 名 悲惨な情景．

C

4声 **灿**(燦) **càn** ◇◆ 鮮やかに輝くさま.

*【灿烂】**cànlàn** 形 **光り輝いている. きらめく.** ►普通は,程度副詞はとらない. ¶～的阳光 / きらきら輝く太陽の光. ¶远景光明～ / 未来が輝かしい.

【灿然】**cànrán** 形 燦然(さんぜん)としている. ¶灯光 dēngguāng ～ / 明かりがこうこうと輝く.

粲 **càn** ◇◆ 鮮やかである. 美しい.

【粲然】**cànrán** 形〈書〉 ① きらきらと光り輝くさま. ② 歯を見せて笑うさま. ③ はっきりしているさま.

cang (ㄘㄤ)

1声 **仓**(倉) **cāng** 名 倉. 倉庫. ¶～里的粮食 liángshi 不多 / 倉庫の食料は少ない. ‖姓

【仓储】**cāngchǔ** 動 倉に蓄える. ¶～量 liàng / 在庫量.

【仓促·仓猝】**cāngcù** 形 慌ただしい. ¶他接到通知 tōngzhī,～赶 gǎn 来 / 彼は知らせを受けてあたふたと駆けつけた. ¶不要～下结论 jiélùn / 早急に結論を出してはいけない.

【仓房】**cāngfáng** 名 倉. 倉庫. 納屋. 量 座,个.

【仓皇·仓黄·仓惶】**cānghuáng** 形 慌てふためいている. あたふたしている. ¶～失措 shī cuò /〈成〉周章狼狽(ろうばい)する.

*【仓库】**cāngkù** 名 **倉庫. 貯蔵庫.** 量 座,间,个. ¶清理 qīnglǐ ～ / 在庫を調べる. 棚卸しをする.

【仓租】**cāngzū** 名 倉庫料. 保管料.

苍(蒼) **cāng** ◇◆ ①青色. 緑色. ¶～松 sōng 翠柏 cuìbǎi / 青々と茂る松や檜(ひのき). ②白みがかった灰色. ¶～髯 rán / ごま塩のひげ. ‖姓

*【苍白】**cāngbái** 形 ① **蒼白である.** 青白い. ¶脸色很～ / 顔色が悪い. ② 灰色である. ¶头发～ / 白髪(しらが)まじりだ. ③ 生気のない. ¶～无力 wúlì 的作品 / 無気力な作品.

【苍苍】**cāngcāng** 形 ① 白髪まじりである. ¶两鬓 bìn ～ / 両びんが白髪まじりになる. ¶白发 báifà ～ / 白髪まじり. ② 広々として果てしない. ¶天～,野茫茫 mángmáng / 空は果てしなく,野原は広々としている. ③ 草木が生い茂っている.

【苍葱】**cāngcōng** 形 青々としている.

【苍翠】**cāngcuì** 形(草木が)濃緑色である.

【苍黄】**cānghuáng** ① 形 青味がかった黄色,灰色がかった黄色である. ¶面色～ / 血色の悪い顔. ② 名〈書〉〈喩〉事物の変化. ③ ⇀【仓皇·仓黄·仓惶】cānghuáng

【苍劲】**cāngjìng** 形(老木や書画の筆勢が)雄勁(ゆうけい)である. ¶～挺拔 tǐngbá 的青松 qīngsōng / 力強くそびえている松.

【苍空】**cāngkōng** 名 空. ¶阴沉 yīnchén 的～ / どんよりした空.

【苍老】**cānglǎo** 形 ①(容貌や声が)老けている. ②(書画の筆致が)枯れてたくましい.

【苍凉】**cāngliáng** 形 もの寂しい. うら寂しい. 荒涼としている. ¶满目 mǎnmù ～ / 見渡すかぎり荒涼としている.

【苍龙】**cānglóng** 名 ①(二十八宿の一つ)蒼竜(そうりゅう). 青竜. ② 伝説中の悪神;〈喩〉極悪人.

【苍鹭】**cānglù** 名〈鳥〉アオサギ.

【苍茫】**cāngmáng** 形(空·海·平原などが)広々として果てしない. ¶～无际 wújì / 広々として限りがない.

【苍莽】**cāngmǎng** 形〈書〉広々として果てしない.

【苍穹】**cāngqióng** 名〈書〉青空. 大空. 蒼穹(そうきゅう). ►“穹苍”とも.

【苍生】**cāngshēng** 名〈書〉庶民. 蒼生(そうせい).

【苍天】**cāngtiān** 名 青空. 天. 蒼天. ►“上苍 shàngcāng”とも.

【苍鹰】**cāngyīng** 名〈鳥〉オオタカ. 量 只.

*【苍蝇】**cāngying** 名 ①〈虫〉ハエ. 量 只. ¶～拍子 pāizi / ハエたたき. ②〈俗〉経済犯の小者. ちっぽけな汚職などをした者.

【苍郁】**cāngyù** 形〈書〉(草木が)うっそうと茂っている.

【苍术】**cāngzhú** 名〈植〉オケラ;〈中薬〉蒼朮(そうじゅつ).

沧(滄) **cāng** ◇◆ ①暗緑色(の水). ¶→～海 hǎi. ②寒い. ¶～热 rè / 寒暑.

【沧海】**cānghǎi** 名 滄海. 青海原.

【沧海横流】**cāng hǎi héng liú** 〈成〉政治が乱れ社会が不安定である.

【沧海桑田】**cāng hǎi sāng tián** ⇀【沧桑】cāngsāng

【沧海一粟】**cāng hǎi yī sù** 〈成〉大きなものの中のきわめて小さなもの.

【沧桑】**cāngsāng** 名 世の移り変わりの激しいこと. ►“沧海桑田”の略. ¶几经 jīng ～ / 幾たびか世の転変を経る.

舱(艙) **cāng** ◇◆(飛行機·船の)客室. ¶货 huò ～ / 船倉. ¶二等～ / 二等客室.

【舱单】**cāngdān** 名 積み荷明細書.

【舱口】**cāngkǒu** 名(甲板の)昇降口. ハッチ. ¶～盖 gài / ハッチドア.

【舱面】**cāngmiàn** 名 甲板. ¶～货 huò / 甲板積み貨物. デッキカーゴ.

【舱内货】**cāngnèihuò** 名 船内積み貨物. アンダーデッキカーゴ.

【舱室】**cāngshì** 名 客室. 船室.

【舱位】**cāngwèi** 名(船や飛行機の)座席,スペース.

2声 *__藏__ **cáng** 動 ① **隠れる. 隠す. ひそめる. ひそむ.** ¶～钱 / お金を隠す. ¶～在厕所 cèsuǒ 里 / トイレに隠れる. ¶～不住 / 隠しておけない. ② 貯蔵する. ストックする. しまっておく. ¶图书馆里～着许多 xǔduō 古籍 gǔjí / 図書館には古い書籍がたくさん収蔵されている. ‖姓 ▸▸ zàng

【藏毒】**cángdú** 動 麻薬を隠し持つ.

【藏躲】**cángduǒ** 動 隠れる. 姿を隠す.

【藏垢纳污】**cáng gòu nà wū** 〈成〉悪人や悪事をかくまう. ►“藏污纳垢”とも. ¶～之地 / 悪のすみか.

【藏奸】**cángjiān** 動 ① 悪意を抱く. ②〈方〉(金や力を)出し惜しみする.

【藏龙卧虎】**cáng lóng wò hǔ** 〈成〉隠れた逸材.

【藏猫儿】**cángmāor** 動〈口〉隠れん坊をする. ►

"藏猫猫""捉迷藏 zhuō mícáng""藏闷儿 cángmēnr"とも.
【藏匿】cángnì 動 隠れる；隠す．隠匿する．
【藏身】cángshēn 動 身を隠す．
【藏书】cáng//shū ① 動 書籍を収蔵する．② 名 蔵書．
【藏头露尾】cáng tóu lù wěi 〈成〉奥歯に物の挟まったような言い方をする．全部を出さない．
【藏掖】cángyē 動 隠しだてをする．

cao（ㄘㄠ）

1声 **操** cāo ❶動 ① 手にとる．握る．¶～生杀大权 quán / 生殺の大権を握る．② (言葉を)操る,使う．¶～一口本地 běndì 口音 / 地元なまりの言葉を使う．
❷名 体操．教練．¶大家都来做～吧 / みんなで体操をしましょう．
◇◆ ①従事する．携わる．¶重 chóng ～旧业 jiùyè / もとの稼業に戻る．②品行．行い．¶～守 shǒu / 品行．行状．‖姓 ▸▸ cào
【操办】cāobàn 動 取り扱う．処理する．取りしきる．¶这件事由 yóu 我～ / その件は私が処理する．
*【操场】cāochǎng 名 運動場．グラウンド．練兵場．
【操持】cāochí 動 ① 切り盛りする．¶～家务 jiāwù / 家事を切り盛りする．② 段取りをつける．
【操刀】cāodāo 動〈医〉執刀する．
【操课】cāokè 名〈軍〉(日課としての)教練,教練に関する講義．
【操劳】cāoláo 動 あくせくと働く．苦労する．世話をやく．¶～过度 / 過労に陥る．
【操练】cāoliàn 動 訓練する．鍛練する．¶每天早上～ / 毎朝訓練する．
【操切】cāoqiè 形〈書〉性急である．せっかちである．¶～从事 cóngshì / あせって事を運ぶ．
【操琴】cāo//qín 動(京劇などで)胡弓で伴奏する．
【操神】cāo//shén 動 気をつかう．腐心する．¶～受累 shòulèi / 心身ともに苦労する．¶你用不着 zháo ～ / 気をもむには及ばない．
*【操心】cāo//xīn 動 気をつかう．心を煩わす．¶这事儿您就别 bié ～了 / このことであなたはご心配なさらぬよう．
【操行】cāoxíng 名(主として学生の)品行,素行．¶～评定 píngdìng / 操行評価．
【操演】cāoyǎn 動(スポーツや軍事の)練習をする,訓練をする．
【操之过急】cāo zhī guò jí 〈成〉やり方が性急すぎる．
【操置】cāozhì 動 ① 購入する．② 処理する．切り盛りする．¶～家业 jiāyè / 家のことを取りさばく．
【操纵】cāozòng 動 操縦する．操作する；(人や事物を不当な手段で)操る．¶～机器 jīqi / 機械を動かす．¶～市场 shìchǎng / 市場を操る．¶幕后 mùhòu ～ / 陰で指図する．¶受人～ / 人に操られる．¶远距离 jùlí ～ / リモートコントロール．
【操作】cāozuò 動(機械や工具を)操作する．¶～人员 / オペレーター．
【操作规程】cāozuò guīchéng 名 操作マニュアル．
【操作系统】cāozuò xìtǒng 名〈電算〉OS.

糙 cāo 形(仕事が)大ざっぱである；きめが粗い；未精白の．¶活儿 huór 做得很～ / 仕事のやり方がたいへん雑だ．¶他的手很～ / 彼の手はざらざらしている．¶～纸 / ざら紙．
【糙糙拉拉】cāocaolālā 形〈方〉粗雑である．大ざっぱである．
【糙活儿】cāohuór 名(単純な)力仕事．
【糙粮】cāoliáng 〈方〉雑穀．
【糙米】cāomǐ 名 玄米．半つき米．
【糙使】cāoshǐ 動 粗末に使う．雑に使う．

2声 **曹** cáo 名 ①〈史〉曹．► 周代の国名．②〈古〉役所(の部局)．
◇◆ やから．…ら．¶吾～ / われら．
‖姓
【曹白鱼】cáobáiyú 名〈魚〉(ニシン科の)ヒラ．

嘈 cáo ◇◆ 騒々しい．がやがやがする．ざわざわする．¶～～ / 騒がしい．がやがやする．
【嘈杂】cáozá 形 がやがやと騒がしい．¶四周 sìzhōu 人声～ / 周囲が騒がしい．

漕 cáo ◇◆ 食糧を水路で輸送する．¶～船 chuán / 食糧を輸送する船．
【漕河】cáohé 名 食糧を輸送する水路．
【漕粮】cáoliáng 名〈旧〉水路で都へ輸送する穀物．
【漕运】cáoyùn 動〈旧〉穀物を運河で都に輸送する．

槽 cáo ❶名 ①(～子)かいば桶；(液体を入れる)角形の桶．②(～儿)溝．くぼみ．❷量〈方〉戸・窓または室内の仕切りを数える．¶两～隔断 géduàn / 2枚の仕切り．¶一～窗户 chuānghu / 窓一つ．
【槽坊】cáofang 名(酒の)醸造元．酒造場．
【槽钢】cáogāng 名〈冶〉溝形鋼．►一般に"槽铁 cáotiě"という．
【槽糕】cáogāo 名〈方〉(型に入れて作った)カステラ．
【槽头】cáotóu 名 家畜に飼料をやる場所．
【槽牙】cáoyá 名 奥歯．臼歯．►"臼齿 jiùchǐ"の通称．
【槽子】cáozi 名 かいば桶；四角な桶．

3声 * **草**(艸) cǎo ① 名(～儿)草；わら．量 棵 kē,株 zhū．¶割 gē ～喂 wèi 牛 / 草を刈ってウシにやる．② 形 粗雑である．大ざっぱである．いいかげんである．¶字写得太～ / 字がとてもぞんざいに書かれている．
◇◆ ①草稿．¶→～案．②起草する．¶→～拟 nǐ．③(漢字やアルファベットなどの)書体や字体の名称．¶～书 / 草書．¶大～ / (ローマ字の)大文字の筆記体．④雌の．¶→～鸡 jī．¶→～驴 lǘ．
*【草案】cǎo'àn 名(法令や条例などの)草案．量 项,个．¶拟 nǐ ～ / 草案を作る．
【草把】cǎobǎ 名(～儿)草の束；(特に)わら束．
【草包】cǎobāo 名 ① たわら．かます．②〈喩〉役立たず．能なし；そそっかしいやつ．
【草编】cǎobiān 名(麦わらや稲わらなどの)編み物細工．
【草草】cǎocǎo 副 いいかげんに．ざっと．あわただしく．¶～了事 liǎoshì / いいかげんに事をすます．¶～收场 shōuchǎng / いいかげんに幕引きする．

C

【草测】cǎocè 動 仮測量する.
【草叉】cǎochā 名 干し草用の三つまた.
【草场】cǎochǎng 名 牧草地.
【草创】cǎochuàng 動 創始する. 新しく始める. 草分け. ¶～时期 / 草分けの時代.
【草刺儿】cǎocìr 名〈喩〉ごくささいなこと. ごくつまらないもの.
【草苁蓉】cǎocōngróng 名〈植〉ハマウツボ. オニク;〈中薬〉草蓯蓉(そうじゅよう).
【草丛】cǎocóng 名 草むら.
【草底儿】cǎodǐr 名〈口〉下書き. 草稿.
*【草地】cǎodì 名 ① 芝生. ㊀ 片,块. ② 野原. 草原. ㊀ 片.
【草甸子】cǎodiànzi 名〈方〉湿原.
【草垫子】cǎodiànzi 名 わらやガマで織った敷物.
【草豆蔻】cǎodòukòu 名〈植〉ソウズク;〈中薬〉草豆蔻(そうずく).
【草垛】cǎoduò 名 わらぐま. わらにお. わらをうず高く積んだもの.
【草房】cǎofáng 名 わらぶきの家.
【草稿】cǎogǎo 名(～儿)草稿. 下書き. ¶打～ / 草稿を書く.
【草菇】cǎogū 名(食用キノコの一種)フクロタケ.
【草棍】cǎogùn 名(～儿)草の茎. ㊀ 根.
【草果】cǎoguǒ 名 ①〈植〉ソウカ;〈中薬〉草果(そうか). ② イチゴ.
【草花】cǎohuā 名(トランプの)クラブの別称. ►普通は"梅花 méihuā"という.
【草荒】cǎohuāng 形(田畑が荒れて)草ぼうぼうとなる.
【草灰】cǎohuī 名 ① 草を焼いた灰. わら灰. 草木灰. ② 灰色がかった黄色.
【草鸡】cǎojī 名〈方〉① 雌鶏(めんどり);在来種の鶏. ②〈喩〉弱虫. 意気地なし.
【草菅人命】cǎo jiān rén mìng〈成〉人の命を粗末にする;支配者がほしいままに人を殺す.
【草浆】cǎojiāng 名 ストローパルプ.
【草芥】cǎojiè 名 ちりあくた. 値打ちのないもの.
【草寇】cǎokòu 名〈旧〉山賊. 追いはぎ.
【草兰】cǎolán 名〈植〉シュンラン.
【草料】cǎoliào 名 かいば. まぐさ.
【草驴】cǎolǘ 名 雌のロバ.
【草履虫】cǎolǚchóng 名〈動〉ゾウリムシ.
【草绿】cǎolǜ 形 黄緑色の. もえぎ色である.
【草莽】cǎomǎng 名 ① 草むら. ②〈近〉民間. 在野. ¶～英雄 yīngxióng / 民間の英雄.
【草帽】cǎomào 名(～儿)麦わら帽子. ㊀ 顶 dǐng.
【草帽缏·草帽辫】cǎomàobiàn 名(～儿)麦わらを平たく編んだひも. 麦稈真田(ばっかんさなだ).
【草莓】cǎoméi 名〈植〉イチゴ.
【草昧】cǎomèi 形〈書〉未開の. 原始的な.
【草棉】cǎomián 名 綿. ►一般には"棉花".
【草茉莉】cǎomòli 名〈植〉オシロイバナ.
【草木皆兵】cǎo mù jiē bīng〈成〉草や木まで敵兵に見える. 疑心暗鬼になる.
【草木犀】cǎomùxi 名〈植〉シナガワハギ. エビラハギ.
【草拟】cǎonǐ 動 起草する. 立案する. ¶～计划 jìhuà / 計画を立てる.
【草棚】cǎopéng 名 わらぶき小屋.
【草皮】cǎopí 名 芝の生えている土を薄く四角に切ったもの. ¶～方向 fāngxiàng / (ゴルフの)芝目.
【草坪】cǎopíng 名 芝生;(ゴルフで)ターフ.
【草器】cǎoqì 名 わら細工. わらで作った工芸品.
【草签】cǎoqiān 動 仮調印する.
【草蜻蛉】cǎoqīnglíng 名〈虫〉クサカゲロウ.
【草裙舞】cǎoqúnwǔ 名 フラダンス.
【草绳】cǎoshéng 名 わら縄.
【草率】cǎoshuài 形(やり方が)いい加減である,ぞんざいである. ¶做事～ / やることがいい加減だ. ¶～从事 cóngshì / いいかげんにやる.
【草酸】cǎosuān 名〈化〉蓚酸(しゅうさん).
【草台班子】cǎotái bānzi 名 どさ回りの一座;〈喩〉烏合の衆.
【草滩】cǎotān 名 湿原;水辺の草原.
【草炭】cǎotàn 名〈方〉泥炭.
【草堂】cǎotáng 名 草ぶきの家;〈喩〉そまつな家.
【草体】cǎotǐ 名 ①(書体の)草書. ② ローマ字の筆記体.
【草头王】cǎotóuwáng 名〈旧〉盗賊の頭目.
【草图】cǎotú 名(設計図などの)下書き. 略図. 見取り図. スケッチ.
【草乌】cǎowū 名〈植〉トリカブト;〈中薬〉草烏頭(そうず).
【草席】cǎoxí 名 むしろ. ござ.
【草鞋】cǎoxié 名 わらじ;わら靴.
【草写】cǎoxiě 名〈口〉崩し書き. (欧文の)筆記体.
【草药】cǎoyào 名 民間薬. ►民間で広く利用されている生薬.
【草野】cǎoyě ① 名〈書〉民間. 在野. ② 形 粗野である.
【草鱼】cǎoyú 名〈魚〉(＝鲩 huàn)ソウギョ. ►コイに似た淡水魚で(口ひげがない),草を食べる.
*【草原】cǎoyuán 名 草原. ㊀ 片 piàn.
【草约】cǎoyuē 名 契約·条約の草案.
【草泽】cǎozé 名 ① 沢. 沼. 沢地. ②〈書〉民間. 在野.
【草纸】cǎozhǐ 名(包装紙やトイレ用ちり紙などに用いられる)ざら紙.
【草字】cǎozì 名〈口〉草書で書かれた文字. 崩し字.
【草字头】cǎozìtóu 名(～儿)(漢字の偏旁)草かんむり"艹".

4声 **肏 cào** 動〈罵〉(女性を)犯す. ►下品な言い方. よく相手をののしるときに使う. 注意 "操 cāo"を当て字とすることもあるが,この場合も cào と発音する. ¶～蛋 dàn / まぬけ. どじ. おたんこなす. ¶～你妈! / この野郎. このあま.

操 cào 〖肏 cào〗に同じ. ►► cāo

ce (ㄘㄜ)

4声 * **册(冊) cè** 量 冊. ¶这套 tào 课本一共六～ / この教科書は全部で6冊になっている.
◇◆ 冊子. 綴じ本. ¶名～ / 名簿. ¶画～ / 画帳.
【册页】cèyè 名 書画帳. 画帖(がじょう).
【册子】cèzi 名 冊子. 綴じ本. ¶小～ / パンフレット.

厕（廁）cè ◇◆ ①便所. ¶男～ / 男子便所. ¶公～ / 公衆便所. ②加わりまじる. ¶→～身.

【厕身】cèshēn 動〈書〉〈謙〉（…に）身を置く. 従事する.

【厕所】cèsuǒ 名 **便所. トイレ. ¶收费 shōufèi ～ / 有料トイレ. ❖上 *shàng* ～ / トイレに行く.

侧 cè 動 傾ける. 斜めにする. ¶～着身子 shēnzi 躺 tǎng 下 / 横向きに寝る. ◇◆ かたわら. わき. そば. ¶道路两～ / 道路の両側.

【侧柏】cèbǎi 名〈植〉コノテガシワ. ⇒〚柏 bǎi〛

【侧扁】cèbiǎn 名〈生〉（魚の）側扁.

【侧刀】cèdāo 名（～儿）（漢字の偏旁）りっとう"刂".

【侧耳】cè'ěr 動 耳を傾ける. ¶～细 xì 听 / 聞き耳を立てる.

【侧击】cèjī 動 側面から攻撃する.

【侧记】cèjì 名 傍聴記. 聞き書き. 現場ルポ. ►多くは文章の題名.

【侧力】cèlì 名 横の力.

【侧脸】cè//liǎn ① 名（～儿）横顔；〈喩〉プロフィール. ② 動 わきを見る.

【侧门】cèmén 名 脇門(わきもん). 通用門.

*【侧面】cèmiàn 名 **側面. 横.** わき；〈喩〉別の方面. ほかの角度. ¶从～打听 dǎting / 側面から調べる. ¶～像 / プロフィール. 横顔.

【侧面图】cèmiàntú ⇀【侧视图】cèshìtú

【侧目】cèmù 動〈書〉目をそらしてまともに見ない. ►畏敬や怒りを表す. "侧目而 ér 视"や"路 lù 人侧目"の形で用いる.

【侧身】cèshēn 動 ① 体を斜め〔横〕にする. ②⇀【厕身】cèshēn

【侧石】cèshí 名〈交〉（歩道の）縁石, ふち石, へり石.

【侧视图】cèshìtú 名 側面図.

【侧手翻】cèshǒufān 名〈体〉側転.

【侧旋】cèxuán 名〈体〉（卓球で）サイドスピン.

【侧压力】cèyālì 名〈地質〉〈物〉側圧.

【侧影】cèyǐng 名 プロフィール. シルエット.

【侧泳】cèyǒng 名〈体〉横泳ぎ. サイドストローク.

【侧重】cèzhòng 動（ある点に）重点をおく. 偏重する. ¶～实践 shíjiàn / 実践に重きをおく.

测 cè 動 測量する. ¶～雨量 yǔliàng / 降雨量を測定する. ¶～高度 / 高さを測る. ◇◆ 推し量る. ¶预 yù ～ / 予測する.

【测电笔】cèdiànbǐ 名〈電〉テストペンシル.

【测定】cèdìng 動 **測定する.** ¶～方位 fāngwèi / 方位を測定する.

【测度】cèduó 動〈書〉推し量る. 推測する. ¶～风向 fēngxiàng / 風向きをはかる.

【测杆】cègān 名 測量竿.

【测候】cèhòu 動（天文・気象などを）観測する.

【测绘】cèhuì 動 測量し製図する.

【测井】cèjǐng 名 油井(ゆせい)の探測. 物理検層.

【测距】cèjù 動 距離を測定する. ¶～仪 yí / 距離測定器. レンジファインダー.

【测控】cèkòng 動 観測し制御する. ¶卫星 wèixīng ～中心 / 人工衛星観測コントロールセンター.

【测力计】cèlìjì 名〈物〉ダイナモメーター. 動力計.

【测量】cèliáng 動 **測量する. 測定する. 測る.** ¶～地形 dìxíng / 地形を測量する. ¶～仪器 yíqì / 測量機器.

*【测试】cèshì 動（機械の性能や人の技能を）**テストする.** ¶对产品质量 zhìliàng 进行～ / 製品の品質をテストする.

【测算】cèsuàn 動 測量し計算する. 推計する.

【测探】cètàn 動 ① 探る. 推し量る. ② 探査する.

【测向计】cèxiàngjì 名 ゴニオメーター. 測角器. 角度計.

【测斜仪】cèxiéyí 名 インクリノメーター. 傾斜計.

*【测验】cèyàn 動（測定器具や一定の方法で）**テストする.** ¶算术～ / 算数の試験. ¶明天～, 大家好好儿 hǎohāor 准备 zhǔnbèi / あしたテストするから, みんなよく勉強しておくように.

【测震学】cèzhènxué 名 地震観測学.

【测字】cè//zì 動（＝拆字 chāi//zì）文字を偏旁などに分解し, その意味によって吉凶を占う.

恻 cè ◇◆ 悲しむ. ¶凄 qī ～ / いたみ悲しむ.

【恻然】cèrán 形〈書〉悲しみ嘆くさま.

【恻隐】cèyǐn 動〈書〉同情する. あわれに思う. ¶～之心 / かわいそうだと思う心.

策 cè ◇◆ ①はかりごと. 策略. ¶决 jué ～ / 方策を決定する. ②昔の文体の一種. ③昔のむちの一種；むち打つ. ¶～马前进 qiánjìn / 馬にむちを当てて進ませる. ④文字を書きつける竹片・木片. ¶简 jiǎn ～ / 竹簡. ‖ 姓

【策动】cèdòng 動（反乱や政変などを）画策する.

【策反】cèfǎn 動 敵の内部に潜り込み, 蜂起や帰順を扇動する.

【策划】cèhuà ① 動 **画策する.** ¶～阴谋 yīnmóu / 陰謀をたくらむ. ② 名 プロデューサー.

【策励】cèlì 動 励ます.

【策略】cèlüè ① 名 **策略.** ② 形 手抜かりがない. 気を配る. ¶要讲就～点儿 / 話すならもっと如才なくやらなければならない.

【策应】cèyìng 動〈軍〉友軍と連係する.

【策源地】cèyuándì 名（戦争や社会運動の）震源地, 発祥地.

cen（ㄘㄣ）

1声 **参**（參）cēn "参差 cēncī"⬇という語に用いる. ⏩ cān, shēn

【参差】cēncī 形（長短・高低・大小が）不ぞろいである. ¶学生年龄 niánlíng ～不齐 qí / 学生は年齢がまちまちである.

ceng（ㄘㄥ）

1声 **噌** cēng ① 擬 ぱっ. さっ. ¶～！跑出一只猫 māo 来 / 1匹の猫がぱっと飛び出した. ② 動〈方〉しかる. ¶妈妈～了他一顿 dùn / お母さんは彼をしかりつけた.

2声 *__层__（層）céng 量 ① **重なっているものを数える：階. 層.** ¶五十～大楼 / 50階建てのビル. ¶两～床 / 2段ベッド. ② **項目や段階に分けられる事柄を数える.** ¶他这话里有两～意思 /

彼の言葉には二重の意味がある. ③ **物の表面を覆っているものを数える.** ¶一～薄膜 bómó / 1枚の薄い膜.
◇◆ 重なった. ¶→～峦 luán. ‖姓

【层报】céngbào 動(下部から上部へ)次々と報告する. ►"层层汇报 huìbào"の略.
【层层】céngcéng 量 幾重にも重なり合う. ¶～包围 bāowéi / 幾重にも包囲する. ¶～把关 bǎguān / 各レベル・過程ごとに検査する.
【层出不穷】céng chū bù qióng 〈成〉次々と現れて尽きない.
【层次】céngcì 名 ①(言葉や文章の)段階,順序. ¶～分明 fēnmíng / (文章の)論旨がはっきりしている. ② 行政機構の階層・段階. ¶减少 jiǎnshǎo ～, 实行面对面领导 lǐngdǎo / 中間の機構を減らして直接的な指導を行う. ③ 人間や事物の階層・段階. ④ グラデーション. 色調の段階. ⑤ 建物の階数. ⑥ レベル. 等級.
【层叠】céngdié 形 重なり合っている.
【层级】céngjí 名 レベル. 層. クラス.
【层见叠出】céng jiàn dié chū 〈成〉何度も発生する. 度重なって起こる.
【层林】cénglín 名 生い茂った林. こんもりした林.
【层峦】céngluán 名 重なり合う山々.
【层面】céngmiàn 名 ① ある一定の範囲. 層. 面. ② 方面.

*曾 céng 副〈書〉**かつて. 以前に.** ¶我～见过她一面 / 私は以前,彼女に会ったことがある. ⏩ zēng

*【曾经】céngjīng 副 **かつて.** 以前. 一度.
語法 動詞の後には通常"过、了"を伴い,また形容詞の後にも"过"か"了"が必要. 否定文は「"没有"＋動詞 / 形容詞(＋"过")」の形をとり,"不曾""未曾 wèicéng"は書き言葉にのみ用いられる. ¶她～在北京住过两年 / 彼女はかつて北京に2年住んだことがある.

4声 蹭 cèng 動 ① こする;こすりつける. 接触して汚れる. ¶手上～破 pò 一块皮 / 手の皮をすりむく. ¶留神 liúshén ～油! / ペンキ塗りたて注意. ② ぐずぐずする. のろのろする. ③〈俗〉(自分の金を使わずに)ちゃっかりもらう. 他人にたかる. ¶～烟 yān / もらいたばこをする. ¶～车 / (バスなどに)ただ乗りする. (鉄道などで)キセルをする. ¶吃～饭 / めしをたかる.

cha (ㄔㄚ)

1声 叉(扠) chā ❶名(～儿) ① フォーク状のもの. ②×(バツ)印. ペケ. ❷動 フォーク状のものでつく. ¶～鱼 / (やすで)魚をつく.
⏩ chá,chǎ

【叉车】chāchē 名〈機〉フォークリフト.
【叉兜】chādōu 名(～儿)服の両わきに斜めに付けたポケット.
【叉烧肉】chāshāoròu 名〈料理〉焼き豚. チャーシュー.
【叉儿】chār 名 ×印(ばつじるし). ばっ点. ¶打～ / ×印をつける.
【叉腰】chā//yāo 動(手を)腰に当てる.
*【叉子】chāzi 名 **フォーク**;フォーク状のもの. 量 把,个. ¶用～叉肉 / フォークで肉をさす.

杈 chā 名 刺股(さすまた). ⏩ chà

差 chā 名〈数〉差.
◇◆ ① 違い. へだたり. ¶时 shí～ / 時差. ¶偏 piān ～ / 偏差. ② 過ち. 間違い. ¶→～错 cuò. ③いささか. 多少. ¶→～强人意. ⏩ chà,chāi

*【差别】chābié 名 **へだたり. 格差. ひらき. 区別.** ¶年龄 niánlíng ～ / 年齢の差. ¶二者之间～很大 / 両者の間に大きな違いがある. ¶这两台照相机的性能 xìngnéng 没什么大的～ / この二台のカメラの性能に大差はない. 注意"差别"は主に「違い・区別・格差」の意味で使われ,他のものより低く扱う場合の「差別する」は"看不起"や"歧视 qíshì"などを用いる. ¶不要看不起妇女 fùnǚ / 女性を差別してはいけない. ¶种族 zhǒngzú 歧视 / 人種差別.
【差池】chāchí 名 万一のこと. 過ち. 過失. ►"差迟"とも書く.
【差错】chācuò 名 ① 過ち. 手違い. ② 思わぬ災難. 意外な出来事.
【差点】chādiǎn 名〈体〉(ゴルフなどで)ハンデ.
【差额】chā'é 名 差額. ¶贸易 màoyì ～ / 輸出入の差額. ¶补足 bǔzú ～ / 差額を埋め合わせる. ¶～选举制 xuǎnjǔzhì / 候補者を定数よりも多くした(落選者の出る)選挙のやり方.
【差价】chājià 名 値段の開き. 価格差. さや. ¶批 pī 零 líng ～ / 卸値と小売り値のさや.
【差距】chājù 名 **格差. へだたり. ひらき.** ¶思想～ / 考え方のへだたり. ¶两国之间的经济 jīngjì ～ / 両国間の経済格差.
【差强人意】chā qiáng rén yì 〈成〉だいたい意にかなう. なんとか満足できる.
【差数】chāshù 名〈数〉(引き算の)差.
【差误】chāwù 名 誤り. 過ち.
【差异】chāyì 名 **相違. 差異.** 違い. ¶文化～ / 文化の違い.
【差之毫厘,谬以千里】chā zhī háo lí, miù yǐ qiān lǐ 〈成〉小さな誤りがやがて大きな誤りとなる.

*插 chā 動 ① **差し込む.** 差しはさむ. ¶～插头 chātóu / プラグを差し込む. ¶把笔～在上衣袋 shàngyīdài 里 / ペンを胸ポケットにしまう. ② 中に組み入れる;(口を)差しはさむ. ¶把他～进我们的小组 xiǎozǔ / 彼を私たちの組に割り込ませる. ¶偶尔 ǒu'ěr ～上几句笑话 xiàohua / ときどき冗談をはさむ.
【插班】chā//bān 動(転入生を)クラスに編入する. ¶～生 / 編入生. 転入生.
【插播】chābō 動(テレビなど)番組の途中にニュースなどをはさむ. ¶～广告 / CMを入れる.
【插翅难飞】chā chì nán fēi 〈成〉羽をつけても逃げられない. 逃げようにも逃げられない.
【插戴】chādài 名〈旧〉(婚約のとき花嫁へ贈る)髪飾り.
【插兜】chādōu 名(～儿)わきポケット.
【插断】chāduàn 動 口出しして人の話を中断させる.
【插队】chā//duì 動 ① 列に割り込む. ②(文革時に)農村に行き人民公社の生産隊に入る.
【插队落户】chā duì luò hù 〈成〉(文革時,都市

の中学・高校生が）人民公社の生産隊に入り農村に住みつく．
【插杠子】chā gàngzi 〈慣〉横やりを入れる．口を挟む．¶因为他从中插了杠子，两个人的婚事 hūnshì 吹 chuī 了 / 彼が横やりを入れたため，二人の縁談はこわされた．
【插户】chāhù 動 1世帯で使っている家に，他の所帯が割り込んで住む．
【插花】chāhuā 動 ① 入り混じる．混じり合う．¶～地 /（いろいろな作物の）混作地．②（chā//huā）花を生ける；生け花．►日本の「生け花」の訳語．
【插画】chāhuà 名 挿し絵．
【插话】chā//huà ① 動 口を挟む．¶插一句话 / ひと言差し挟む．¶大人说话，小孩儿不要乱 luàn ～ / 子供は大人の話にむやみに口を挟んではいけない．② 名 挿話．エピソード．
【插脚】chā//jiǎo 動 ① 足を踏み入れる．►否定文に用いることが多い．¶会场上人太多，几乎 jīhū 无处 chù ～ / 会場は人が多すぎて，ほとんど足を踏み入れる余地がないほどだ．②〈喩〉（物事に）一枚加わる，介入する．
【插孔】chākǒng 名 コンセントの差し込み口．
【插口】chā//kǒu ① 動 →【插嘴】chā// zuǐ ② 名 ソケット．差し込み口．¶三～ / 差し込み口が三つあるソケット．
【插门】chā//mén 動 扉にかんぬきをかける．
【插屏】chāpíng 名（～儿）（絵や大理石をはめ込んだ）机の上に置く屏風の形をした置物．
【插曲】chāqǔ 名 ①〈音〉間奏曲；（演劇や映画などの）挿入歌．② エピソード．挿話．
【插入】chārù 動 ① **挿入する**．挿し込む．¶～旁白 pángbái / ナレーションを入れる．② 介入する．加入する．
【插入语】chārùyǔ 名〈語〉挿入句．
【插身】chāshēn 動 ① 割り込む．押し分けて入る．②〈喩〉（物事に）関係する，かかわり合う，かかわり合いになる．
【插手】chā//shǒu 動 手を出す．加わる．関与する．¶插不上手 / どうしたらいいか分からない．¶插上一手 / 一枚かんでいる．
【插条】chātiáo 名 挿し木．
【插头】chātóu 名〈電〉**プラグ**．►"插销 chāxiāo"とも．❖插 *chā* ～ / プラグを差し込む．
【插图】chātú 名 **挿絵**．**イラスト**．
【插销】chāxiāo 名 ①（ドアや窓の）留め金．丸落とし．②→【插头】chātóu
【插言】chā//yán 動 口を挟む．差し出口をする．
【插秧】chā//yāng 動 田植えをする．
【插页】chāyè 名（書籍・雑誌に挟み込む）別刷りの図版．
【插枝】chāzhī 名 挿し木．
【插足】chāzú 動 ① 足を踏み入れる．② かかわる．参加する；不倫関係を持つ．¶第三者～ / 三角関係になる．
*【插嘴】chā//zuǐ 動 **口を出す**．口を挟む．¶插不上嘴 / 口を出すきっかけがない．
【插座】chāzuò 名〈電〉コンセント．ソケット．

喳 chā "喳喳"⇩という語に用いる．
⏩ zhā

【喳喳】chāchā 擬《ささやく声》ひそひそ．⇒【喳喳】zhāzhā
【喳喳】chācha 動 ささやく．

叉 chá （2声）動〈方〉ふさがる．つまる．動きがとれなくなる．¶路窄 zhǎi 车多，动不动就～住了 / 道幅がせまい上に車が多いので，ともすると道がふさがってしまう．
⏩ chā,chǎ

茬 chá 量（農作物の）取り入れ回数．¶二～韭菜 jiǔcài / 二番刈りのニラ．
◇◆（農作物の）残り株，切り株．¶麦 mài ～儿 / 麦の刈り株．
【茬口】chákǒu 名 ① 輪作する作物の種類と順序．② 作物を収穫した後の土壌．③〈方〉機会．
【茬儿】chár →【碴儿】chár
【茬子】cházi 名（農作物の）残り株．¶刨 páo ～ / 残り株を掘り返す．

茶 chá ** 名（飲料としての）**お茶**；（植物の）チャノキ．量［飲料］杯，碗 wǎn．
❖沏 *qī* ～ / お茶を入れる．❖泡 *pào* ～ / 茶を入れる．❖倒 *dào* ～ / 茶をつぐ．
◇◆（液体状の）嗜好品，食品．¶面～ / 粟の粉をのり状に煮たててごま塩をふりかけたもの．¶杏仁 xìngrén ～ / 杏仁（きょう）の粉と米の粉・砂糖を混ぜて湯でといたもの．‖姓
*【茶杯】chábēi 名 **湯飲み茶碗**．コップ．量 个．
【茶场】cháchǎng 名 ① 茶の栽培地．② 茶畑．
【茶匙】cháchí （～儿）① 名 茶さじ．ティースプーン．量 把，个．② 量 茶さじ1杯の量．¶加 jiā 一～白糖 báitáng / 茶さじ1杯の砂糖を加える．
【茶炊】cháchuī 名 銅や鉄製の大型のやかん．
【茶蛋】chádàn →【茶鸡蛋】chájīdàn
【茶底儿】chádǐr 名 茶を飲んだあと，急須や茶碗の底に残った茶かす．
【茶点】chádiǎn 名 茶と菓子．
【茶碟】chádié 名（～儿）茶托（ちゃたく）．
【茶饭】cháfàn 名 お茶とご飯；（広く）食事．
【茶房】cháfáng 名〈旧〉ボーイ．給仕．雑用係．
【茶缸子】chágāngzi 名（ずん胴で，多くはほうろう引きの）湯飲み．►筒形で，やや深め．ふたと取っ手がついている．
【茶馆】cháguǎn 名（～儿）（中国式の）**喫茶店**．茶店．茶屋．量 家．¶下～ / 喫茶店に行く．
【茶罐子】cháguànzi 名 やかん；〈喩〉お茶をよく飲む人．
【茶褐色】cháhèsè 名 茶褐色．とび色．
*【茶壶】cháhú 名 **急須**．**茶瓶**．ティーポット．量 把，个．
【茶花】cháhuā 名（～儿）〈植〉① ツバキ．サザンカ．¶～女 / 椿姫（書名・曲名）．② 茶の花．
【茶话会】cháhuàhuì 名 茶話会．
【茶会】cháhuì 名 お茶の会．ティーパーティー．
【茶几】chájī 名（～儿）茶卓．
【茶鸡蛋】chájīdàn 名〈料理〉茶の葉・"五香 wǔxiāng"（中国料理用の5種のスパイス）・しょう油でゆでた卵．►"茶叶蛋"とも．
【茶巾】chájīn 名 茶卓用の小さなテーブルクロス．
【茶精】chájīng 名 茶のエキス．
【茶镜】chájìng 名（茶色の）サングラス．
【茶具】chájù 名 茶道具．茶器．量 套 tào．
【茶客】chákè 名 ①"茶馆"の客．② 産地に出張して茶を買い付ける人．

C

【茶礼】chálǐ 名 ①茶の礼．参考 食事の時に茶や酒をつがれた者が謝意を表すために，右手の人さし指と中指で食卓をトントンとたたく動作．②結納金．►"代茶 dàichá"とも．昔，婚約の際に花婿側から花嫁側へ，お茶を贈る習慣があったことから．
【茶楼】chálóu 名 2階建ての茶屋．►茶屋または芝居小屋の屋号に用いることが多い．
【茶炉】chálú 名 小型の湯沸かしこんろ．
【茶卤儿】chálǔr 名 濃い茶汁．►湯をさして飲む．
【茶末】chámò 名 粉茶．茶の屑(くず)．
【茶农】chánóng 名 茶栽培農家．
【茶盘】chápán 名(～儿・～子)茶器を置くお盆．
【茶棚】chápéng 名 露店の茶店．
【茶钱】cháqián 名 茶代；チップ．心付け．
【茶色】chásè 名 茶色．
【茶社】cháshè 名 茶屋．茶屋の屋号．
【茶食】cháshi 名 茶請け．茶菓子．
【茶树】cháshù 名〈植〉茶の木．
*【茶水】cháshuǐ 名 **茶；白湯(さゆ)**．量 杯 bēi，碗 wǎn．¶～站 zhàn／湯茶接待所．
【茶素】chásù 名〈化〉カフェイン．
【茶摊儿】chátānr 名 露店茶屋．
【茶汤】chátāng 名 ①炒ったきび粉やコウリャンの粉に熱湯をさして食べる麦こがしのたぐい．②〈書〉茶．
【茶汤壶】chátānghú 名(銅製の)大きい湯沸かし器．
【茶亭】chátíng 名(公園などの)茶を売る店．
【茶托】chátuō 名(～儿)茶托(ちゃたく)．
*【茶碗】cháwǎn 名 **茶飲み茶碗**．湯飲み．
【茶味儿】cháwèir 名 お茶の香り．
【茶锈】cháxiù 名 茶渋．
*【茶叶】cháyè 名 **茶の葉**．茶．¶放～／茶の葉を入れる．¶买一斤 jīn～／お茶を1斤買う．¶～罐儿 guànr／お茶入れ．茶筒．¶～蛋 dàn／"茶鸡蛋"のこと．
【茶艺】cháyì 名 中国茶のいれ方，飲み方，接待の仕方など一連の作法．
【茶油】cháyóu 名 "油茶"(アブラツバキ)の種子からとった油．茶油．
【茶余饭后】chá yú fàn hòu〈成〉(お茶や食後の)ゆっくりくつろぐひととき．
【茶园】cháyuán 名 ①茶畑．②〈旧〉芝居小屋．
【茶盅】cházhōng 名 取っ手のない小さな湯飲み．
【茶砖】cházhuān 名 れんが状に固めたお茶．磚茶(たんちゃ)．►"砖茶"とも．
【茶资】cházī 名 お茶代．心付け．
【茶座】cházuò 名(～儿) ①(屋外の)茶店．②茶店の座席．

查 chá 動 ①(データなどを)**調べる．辞書などを引く**．❖～字典 *zìdiǎn*／字典を引く．¶～资料 zīliào／資料を調べる．②(照合して)**検査する**．調査する．チェックする．¶～试卷 shìjuàn／答案を見る．¶～血 xuè／血液検査をする．¶～户口 hùkǒu／戸籍を調査する．
【查办】chábàn 動 取り調べて処罰・処分する．
【查抄】cháchāo 動(犯罪者の財産を)取り調べの上，没収する．
【查处】cháchǔ 動 調査した上で処置する．
【查点】chádiǎn 動 数を調べる．点検する．¶～存货 cúnhuò／棚卸しをする．
【查对】cháduì 動 **突き合わせる．照合する**．チェックする．¶～事实 shìshí／事実とつき合わせる．
【查房】chá//fáng 動 回診する．
【查访】cháfǎng 動 実地調査をする．聞き込み調査をする．
【查封】cháfēng 動(調べて)差し押さえる．¶～房屋 fángwū／家屋を差し押さえる．
【查号台】cháhàotái 名(電話の)番号案内．
【查核】cháhé 動 照合する．チェックする．
【查获】cháhuò 動〈法〉(捜査して)押収する；逮捕する．¶～五支 zhī 手枪 shǒuqiāng／ピストルを5丁押収した．
【查缉】chájī 動 ①(密輸・脱税などを)捜査する．¶～走私 zǒusī 物品／密輸品を取り調べる．②捜査し逮捕する．
【查检】chájiǎn 動 ①(書物や文件を)検閲する．②チェックする．
【查禁】chájìn 動 取り締まる．検査し禁止する．
【查究】chájiū 動(調査をして)追究する．糾明する．
【查勘】chákān 動 実地調査(する)．¶～水力资源 zīyuán／水力資源を実地調査する．
*【查看】chákàn 動 **調べる**．点検する．¶～账目 zhàngmù／帳簿を調べる．
【查考】chákǎo 動 調べて事実を確かめる．
【查明】chámíng 動+結補 調べて明らかにする．
【查票】chá//piào 動 検札する．
【查讫】cháqì 動 検査が済む．
【查清】chá//qīng 動+結補 調べて明らかにする．精査する．¶～此人 cǐrén 的来历 láilì／この人の来歴を調べ上げる．
【查实】cháshí 動 究明する．¶案情 ànqíng 已经～／事件のいきさつはもう究明できた．
【查收】cháshōu 動〈書簡〉査収する．¶今寄 jì 上估价单 gūjiàdān，请～／見積書をお送りしますので，ご査収ください．
【查问】cháwèn 動(調べるために)聞く．問い合わせる．尋問する．¶～在场 chǎng 的人／居合わせた者に事情を聞く．
【查无实据】chá wú shí jù〈成〉調査したところ，根拠が見当たらない．
【查询】cháxún ①動 →【查问】cháwèn ②名〈電算〉シーク．検索．
【查验】cháyàn 動(本物かどうか)調べて確かめる．¶～护照 hùzhào／パスポートを調べる．
【查夜】cháyè 動 夜間パトロールする．
【查阅】cháyuè 動(書類を)調べる．
【查账】chá//zhàng 動 帳簿を検査する．会計検査をする．
【查找】cházhǎo 動 探す．探し求める．¶～资料 zīliào／資料を探す．¶～失主 shīzhǔ／落とし主を探す．
【查照】cházhào 動 ご了承ください．►公文書用語．¶即 jí 希～／(右のとおりにつき)ご了承ください．
【查证】cházhèng 動 調べて証明する．

搽 chá 動(皮膚に)つける，塗る．¶～粉 fěn／おしろいをつける．¶～油 yóu／油をつける．¶～药 yào／薬を塗る．

猹 chá 名〈動〉アナグマに似た動物.

碴 chá 動〈方〉(ガラスや陶器の)破片で傷つく. けがをする. ⏩ chā

【碴口】chákǒu 名(物の)切断したり折れた部分.

【碴儿】chár 名 ① かけら. 破片. ►"碴子 cházi"とも. ¶玻璃 bōli ～ / ガラスの破片. ②(器物の)割れ目, かけ目. ③(感情面の)ひび. みぞ. ¶这两家之间有～ / この二つの家の間にはしこりがある. ④言いかけた言葉. 今まで話した事柄. ¶答 dá 不上～ / 話のつぎほがない. ¶不对～ / ちぐはぐである. ⑤〈方〉勢い. けんまく. ⑥〈方〉わけ.

察 chá ◇◆こまかに調べる. つぶさに見る. ¶考 kǎo ～ / 視察調査する. 考察する. ¶→～看 kàn. ‖ 姓

【察察为明】chá chá wéi míng 〈成〉もっぱら枝葉末節の点で才能をひけらかす.

【察访】cháfǎng 動 探訪する.

【察觉】chájué 動 察知する. 気づく. 感づく.

【察看】chákàn 動 つぶさに観察する. ¶～风向 / 風向きを見きわめる.

【察考】chákǎo 動 照らし合わせて調べる.

【察言观色】chá yán guān sè 〈成〉言葉つきや顔色から人の心を探る.

3画 **叉** chǎ 動(また状に)開く, 広げる. ¶～着腿 tuǐ / 股(また)を開いている. ⏩ chā, chá

蹅 chǎ 動(ぬかるみに足を)突っ込む. ¶不小心脚～在了淤泥 yūní 里 / うっかり足をぬかるみに突っ込んでしまった.

4画 **汊** chà ◇◆川の分流する所. ¶河～ / 分流. 支流.

【汊港】chàgǎng 名 水流の分岐する所.

杈 chà ◇◆木のまた. ⏩ chā

【杈子】chàzi 名 木のまた. ¶打～ / 木のまたを裂く. ¶树 shù ～ / 木のまた.

岔 chà 動 それる. そらす；(時間的に)重ならないようにする, ずらす. ¶车子～上了小道 / 車はわき道へそれていった.

◇◆ ①分岐している. ¶三～路口 lùkǒu / 三叉路(さんさ). ②まちがい. しくじり. ¶→～儿.

【岔道儿】chàdàor ⇀【岔路】chàlù

【岔开】chàkāi 動+結補 ①(道が)分かれる, 分岐する. ¶公路在这儿～两股 gǔ / 自動車道路がここで二方向に分かれる. ② そらす. はぐらかす；それる. はずれる. ¶～话题 / 話をそらす. ③(時間的に)重ならないようにする, ずらす. ¶把访问 fǎngwèn 的时间～ / 訪問の時間をずらす.

【岔口】chàkǒu 名(道の)分かれ目, 分岐点.

【岔流】chàliú 名 分流. ►"汊流"とも書く.

【岔路】chàlù 名 分かれ道. わき道. 抜け道. ¶因贪 tān 财, 走上～ / 金欲しさに道を踏みはずす.

【岔曲儿】chàqǔr 名 "单弦 dānxián"(演芸の一種)のまくらとして歌う短い歌. ►叙情·叙景を内容としたものが多い. ⇒【单弦儿】dānxiánr

【岔儿】chàr 名 まちがい. 事故. ¶出～ / 事故を起こす. トラブルが起きる.

【岔子】chàzi 名 ① 分かれ道. ② 事故. まちがい. ¶一不留神 liúshén, 手里的活儿出了～ / ちょっと気を散らして手仕事をしくじってしまった.

刹 chà ◇◆寺. 仏寺. ¶古～ / 由緒ある古い寺. ¶宝 bǎo ～ / 貴寺. 貴院. ►相手の寺を敬っていう. ¶名～ / 有名な寺. ⏩ shā

【刹那】chànà 名 刹那(せつな). 瞬間. とっさ. ¶一～ / 一瞬.

衩 chà 名(衣服の)脇あき, 裾あき, スリット.

诧 chà ◇◆いぶかる. 不思議に思う.

【诧异】chàyì 動 **不思議に思う**. いぶかる. 怪しむ. ¶～的神色 shénsè / 不思議そうなようす.

＊＊**差** chà ❶形 ①**劣る**. まずい. 悪い. ¶设备 shèbèi ～ / 設備が劣る. ¶质量 zhìliàng 太～ / 非常に質が悪い. ¶优 yōu, 良 liáng, 中, ～, 劣 liè / (学校の5段階成績評価の)A, B, C, D, E. ②**隔たりがある**. 異なる. ちがう. ¶兄弟俩 liǎ 性格 xìnggé ～得很大 / 兄弟二人は性格がずいぶん違う. ③間違っている. ¶一点儿不～ / ぴったりあっている. ¶记 jì ～了 / 思い違いをした.

❷動 **不足する**. 足りない. 欠ける. ¶还 hái ～一个人 / あと一人足りない. ¶我还～你五万块钱 / まだ5万円の借りがある.

⏩ chā, chāi

【差不点儿】chàbudiǎnr ⇀【差点儿】chàdiǎnr

＊＊【差不多】chàbuduō ❶形 ①**たいして違わない. ほとんど同じ**. ¶价钱 jiàqián ～ / 値段はほぼ同じ. ②**(ある基準·程度にほぼ達していて)だいたいよい, まあまあよいところだ**. ¶水～要开了 / 湯がほぼ沸いた. ¶论文 lùnwén 写得～了 / 論文はだいたい書き終わった. ③**(後に"的"を伴い)ほとんどの. たいていの**. ¶中国～的城市 chéngshì 我都去过 / 中国のほとんどの都市に私は行ったことがある.

❷副 ほぼ. ほとんど(同じく)…. ¶两座楼房 lóufáng ～高 / 二つのビルはほとんど同じ高さだ. ¶跑 pǎo 了～一百公里 gōnglǐ 高速公路 / 100キロ近く, 高速道路を走った.

【差不离】chàbulí 形(～儿)ほぼ同じ；同じくらい.

＊【差点儿】chàdiǎnr 副 ① あやうく(…するところだった). ►望ましくない事態をあやうく逃れたことを表し,「**幸いなことに**」という気持ちを含む. 肯定形·否定形のいずれでも表す意味は同じ. ¶～(没)摔倒 shuāidǎo / あやうく転んでしまうところだった(幸いにも転ばなかった). ② すんでのところで(…するところだった). ►望ましい事態が実現しそうもなかったのに実現したことを表し,「**幸いなことに**」という気持ちを含む. 必ず否定形で用いる. ¶这种软件 ruǎnjiàn 卖得很快, ～没买到 / このソフトはとてもよく売れるので, 危うく買えないところだった. ③ もう少しのところで(…しそこねた). ►望ましい事態が実現しそうで結局は実現しなかったことを表し,「**惜しいことをした**」という気持ちを含む. 必ず肯定形で, かつ動詞の前に"就"を置くことが多い. ¶他的成绩 chéngjì 不

错,～就考上大学了 / 彼の成績はかなりよいが,惜しいことに大学に合格しなかった.

【差劲】chàjìn 形(～儿)(人柄や品質が)悪い,ひどい,なってない.

【差生】chàshēng 名 劣等生.落ちこぼれ.¶单 dān ～ / 学業成績の悪い生徒.¶双 shuāng ～ / 学業成績も素行も悪い生徒.

【差事】chàshì 形〈口〉出来が悪い.役に立たない.¶这个破风扇 pòfēngshàn 太～了,还没怎么用就坏了 / この扇風機はひどいね,まだいくらも使っていないのに壊れてしまった.⇒【差事】chāishi

【差一点儿】chà yīdiǎnr ⇀【差点儿】chàdiǎnr

chai (ㄔㄞ)

1声 *拆 chāi 動 ①壊す.取り除く.解体する.¶～房子 / 家屋を取り壊す.②(合わさったものや組み立てたものを)はずす,離す,ばらばらにする.¶～信 / 手紙を開封する.¶～机器 jīqì / 機械を解体する.⏩ cā

【拆白】chāibái 動〈方〉金品をだまし取る.¶～党 dǎng / ペテン師の一味.

【拆除】chāichú 動(建物を)取り壊す.解体する.

【拆穿】chāichuān 動 暴く.暴露する.¶～秘密 mìmì / 秘密をあばく.

【拆东墙,补西墙】chāi dōngqiáng, bǔ xīqiáng〈諺〉東の壁を壊して,西の壁を補修する.一時しのぎの手段をとる.

【拆毁】chāihuǐ 動 取り壊す.

【拆伙】chāi//huǒ 動(～儿)(団体や組織が)解散する.

【拆开】chāi//kāi 動+結補 分解する.引き離す.引き裂く.¶～包装 bāozhuāng / 包装を解く.

【拆零】chāilíng 動 ばら売りする.

【拆卖】chāi//mài 動(セットの物を)ばらで売る.

【拆迁】chāiqiān 動(建て替えのため)立ち退く.¶～补偿 bǔcháng / 立ち退き料.¶～户 hù / 立ち退き世帯.

【拆散】chāisǎn 動 一揃いのものをばらばらにする.¶这是一套 tào 书,不能～了卖 / これはセットの本だから,ばら売りはできません.

【拆散】chāisàn 動(家族を)離散させる.ばらばらになる.(集団を)くずす.¶～组织 zǔzhī / 組織を解体する.

【拆台】chāi//tái 動 土台をぐらつかせる.足をすくう.

【拆息】chāixī 名〈経〉①日歩.②コール.短資.

【拆洗】chāixǐ 動(綿入れや布団などを)ほどいて洗う.¶～被子 bèizi / 掛け布団をほどいて洗う.

【拆线】chāi//xiàn 動〈医〉抜糸する.

【拆卸】chāixiè 動(機械などを)分解する,解体する.

【拆用】chāiyòng 動 ①組みになっているものをばらにして使う.②〈方〉短期間の借金を融通してもらう.

【拆字】chāi//zì 動 文字で運勢判断をする.¶～先生 / (同上の占いをする)占い師.

钗 chāi ◇◆ かんざし.¶金～ / 金のかんざし.

【钗裙】chāiqún 名〈旧〉かんざしと裳裾(もすそ);〈喩〉女性.

差 chāi 動 派遣する.遣わす.¶～人去送封信 / 人をやって手紙を届けさせる.

◇◆ ①公務.職務.¶出～ / 出張する.②小役人.¶→～役 yì.⏩ chā,chà

【差旅费】chāilǚfèi 名 出張旅費.

【差遣】chāiqiǎn 動(公務で人を)派遣する.

【差使】chāishǐ 動 派遣する.使いに出す.

【差使】chāishi 名〈旧〉(臨時の)官職;(広く)公務.職務.

【差事】chāishi ①動(走り)使い.¶派 pài 你一件～ / 君にひとつ使いに行ってもらいたい.②名 ⇀【差使】chāishi ⇒【差事】chàshì

【差役】chāiyì 名 ①(封建時代の)労役.賦役.②〈旧〉(役所の)下働きをする者.小役人.

2声 柴 chái ❶名 薪.たきぎ.柴.¶劈 pī ～ / まきを割る.❷形〈方〉①(食物などが)干からびてかさかさである.②下手である;劣っている.‖姓

【柴草】cháicǎo 名(燃料にする)柴や草.

【柴刀】cháidāo 名 なた.

【柴房】cháifáng 名 たきぎ小屋.

【柴扉】cháifēi ⇀【柴门】cháimén

【柴胡】cháihú 名 ①〈植〉ミシマサイコ.ホタルソウ.②〈中薬〉柴胡(さいこ).

【柴火】cháihuo 名 柴.薪.たきぎ.

【柴门】cháimén 名〈書〉柴の編み戸.柴の戸;〈喩〉貧しい家.隠者の家.

【柴米】cháimǐ 名 薪と米;〈喩〉生活必需品.¶～油盐 yóu yán / 燃料・食糧・油・塩.欠くことのできない生活必需品.►さらに"酱 jiàng"(みそ),"醋 cù"(酢),"茶"の三つを加えて"开门七件事"(暮らしに必要な七つのもの)という.

【柴油】cháiyóu 名("重柴油"と"轻柴油"とからなる)燃料油;ディーゼルオイル.¶～机车 / ディーゼル機関車.

【柴油机】cháiyóujī 名 ディーゼルエンジン.

豺 chái 名〈動〉ヤマイヌ.ジャッカル.►"豺狗 cháigǒu"とも.

【豺狼】cháiláng 名 ヤマイヌとオオカミ;〈喩〉残忍非道な者.

【豺狼成性】chái láng chéng xìng〈成〉(ヤマイヌやオオカミのような)残忍な性格.

【豺狼当道】chái láng dāng dào〈成〉極悪非道な者が権力を握る.

chan (ㄔㄢ)

1声 搀(攙) chān 動 混ぜる.¶面粉 miànfěn 里再～点水 / 小麦粉にもう少し水を入れなさい.

【搀兑】chānduì 動(成分の異なったものを)混ぜ合わせる.¶按 àn 比例～水和水泥 shuǐní / 比率どおり水とセメントを混ぜ合わせる.

【搀混】chānhùn 動 混ぜ合わせる.¶把两种 zhǒng 药～在一起 / 2種類の薬を混ぜ合わせる.

【搀和】chānhuo 動 ①混ぜ合わせる.②割り込む.かかわる.余計なことに頭を突っ込む.

【搀假】chān//jiǎ 動 にせ物や品質の悪い物を良い

物に混入する.
【搀杂】chānzá 動 混ぜ合わせる；混じり合う．入り混じる.

搀(攙) chān
動 ①体を支えてやる．手を貸す．助ける．¶把老人～起来 / お年寄りに手を貸して起こしてあげる．②混ぜる.
【搀兑】chānduì →【掺兑】chānduì
【搀扶】chānfú 動 支え助ける．手を貸す.
【搀混】chānhùn →【掺混】chānhùn
【搀和】chānhuo →【掺和】chānhuo
【搀假】chān//jiǎ →【掺假】chān//jiǎ
【搀杂】chānzá →【掺杂】chānzá

2声

单(單) chán
"单于 chányú"↓という語に用いる．⏩ dān
【单于】chányú 名〈史〉単于(ぜんう)．►匈奴(きょうど)の君主の称号.
【单于】Chányú ‖姓

谗(讒) chán
◇ 中傷する．¶进～ / 讒言(ざんげん)をする.
【谗害】chánhài 動 中傷して人を陥れる.
【谗佞】chánnìng 名〈書〉目上の人に取り入るために他人を中傷すること〔人〕．讒佞(ざんねい).
【谗言】chányán 名〈書〉讒言(ざんげん)．中傷.

婵(嬋) chán
"婵绸 chánchóu""婵娟 chánjuān"↓などの語に用いる.
【婵绸】chánchóu 名〈紡〉薄いシルク．¶～衬衫 chènshān / 薄手のシルクのブラウス.
【婵娟】chánjuān〈書〉①形(女性の容姿が)麗しい．②名 月.
【婵媛】chányuán 形〈書〉①→【婵娟】chánjuān ②心が引かれている．③(枝が)もつれ合っている.

*馋(饞) chán
形 ①**口がおごっている**．食い意地が張っている．¶嘴 zuǐ～ / 食いしん坊である．②**見ると欲しくなる**．うらやましがる．¶见人家 rénjia 添了新衣服,她就～得慌 huāng / 人が服を新調したのを見ると,彼女はすぐうらやましくてたまらなくなる．¶这人见酒就～ / この人は酒を見るとすぐ飲みたがる.
【馋鬼】chánguǐ 名 食いしん坊.
【馋猫】chánmāo 名(～儿)〈貶〉食いしん坊.
【馋涎欲滴】chán xián yù dī〈成〉のどから手が出そうになる.
【馋嘴】chánzuǐ ①形 食い意地が張っている．②名 食いしん坊.

禅(禪) chán
◇ ①静座して思索する．¶坐～ / 座禅を組む．②仏教関係の．⏩ shàn
【禅房】chánfáng 名 僧侶の住む部屋；(広く)寺院.
【禅林】chánlín 名〈書〉寺院.
【禅师】chánshī 名〈仏〉禅師．►僧に対する尊称.
【禅宗】chánzōng 名〈仏〉禅宗.

孱 chán
◇ ひ弱い．¶～躯 qū / 弱々しい体．⏩ càn
【孱弱】chánruò 形〈書〉①(肉体的に)ひ弱である．②(精神的に)軟弱である．③(比喩的に)弱々しい.

缠(纏) chán
動 ①(くるくると)**巻く**．巻き付ける；**つきまとう**．からみつく．まつわる．¶～线 / 糸を巻き付ける．¶他手上～着绷带 bēngdài / 彼は手に包帯をしている．②**つきまとう**．絡みつく．¶小孩儿～得我不能看书 / 子供がまつわりついて本も読めない．③〈方〉あしらう．相手にする．¶这人真难 nán～ / あいつはまったく始末におえない.
【缠绵】chánmián ①動(病気や感情が)まつわりつく,つきまとう．¶乡思 xiāngsī～ / ホームシックに悩まされる．②形(声や音が)感情がこまやかで人を引きつける．¶～动人的歌声 / しみじみと心を打つ歌声.
【缠磨】chánmo 動〈口〉つきまとう．まつわりつく．だだをこねる．¶醉汉 zuìhàn 老爱和人～ / 酔っぱらいは人にからむものだ.
【缠绕】chánrào 動 ①巻きつく．¶大树上～着藤罗 téngluó / 大木にはフジがからみついている．②つきまとう．まつわりつく．¶问题～不休 bùxiū / 問題がしつこくからむ.
【缠身】chánshēn 動(用事などが)身にまといつく．とりつかれる．¶琐事 suǒshì～ / 雑用に追われる.
【缠手】chán//shǒu 形(物事に)手を焼く,手こずる,持て余す；(病気が)治りにくい.
【缠足】chán//zú 動〈旧〉纏足(てんそく)する.

蝉(蟬) chán
名〈虫〉セミ．►口語では"知了 zhīliǎo".
【蝉联】chánlián 動(タイトルを)保持する；(もとの職務を)再任する,留任する．¶多次～世界冠军 guànjūn / 世界選手権を何度も続けて保持する．¶～下一任 rèn 外长 wàizhǎng / 外相に留任する.
【蝉蜕】chántuì ①名〈中薬〉蟬蛻(せんぜい)．セミの抜け殻．②動〈書〉抜け出る．解脱する.
【蝉翼】chányì 名 セミの羽．¶薄如 báo rú～的轻纱 qīngshā / セミの羽のような薄い紗(しゃ).

潺 chán
◇ 水の流れる音.
【潺潺】chánchán 擬〈書〉《せせらぎの音》さらさら.
【潺湲】chányuán 形〈書〉水の流れがさらさらとしている.

蟾 chán
◇ ヒキガエル．¶→～蜍 chú.
【蟾蜍】chánchú 名 ①〈動〉ヒキガエル．►俗に"癞蛤蟆 làiháma""疥蛤蟆 jièháma"という．②〈喩〉月.
【蟾宫】chángōng 名〈書〉月の別称．►月の中にヒキガエルがいるという伝説から.

3声

产(產) chǎn
動 ①(動物が)**卵や子を産む**．②**産する．産出する**．¶东北～大豆 / 東北では大豆がとれる.
◇ ①子供を産む．¶小～ / 早産する；流産する．②(物を)つくり出す．生産する．¶增 zēng～ / 増産(する)．③物産．生産物．¶特 tè～ / 特産物．④財産．¶房 fáng～ / 所有する家屋敷．‖姓
【产出】chǎnchū 動 製品を生産する.
【产地】chǎndì 名 **産地**．原産地.

【产犊】chǎndú 動 牛が子を産む.
【产儿】chǎn'ér 名 新生児;〈喩〉産物. 成果.
【产房】chǎnfáng 名 産室.
【产妇】chǎnfù 名 産婦.
【产后】chǎnhòu 名 産後. ¶～访视 fǎngshì / 新生児訪問指導.
【产假】chǎnjià 名 出産休暇. 産休.
*【产量】chǎnliàng 名 **生産高**. 産出量. ¶提高～/ 生産高を上げる.
【产卵】chǎnluǎn 動 産卵する.
【产门】chǎnmén 名〈生理〉産道の入口.
*【产品】chǎnpǐn 名 **生産物**. **生産品**. **製品**. ¶手工业～/ 手工業製品. ¶～寿命 shòumìng / ライフサイクル. ¶～返销fǎnxiāo /(貿易で)バイバック.
【产前】chǎnqián 名 産前. ¶～检查 jiǎnchá / 出産前の検査.
【产权】chǎnquán 名 財産権.
【产褥热】chǎnrùrè 名〈医〉産褥(じょく)熱. ►俗に"月子病 yuèzibìng"という.
*【产生】chǎnshēng 動 **生み出す**. **生じる**. ¶～好的结果 jiéguǒ / よい結果を生む. ¶～矛盾 máodùn / 矛盾が生じる. ¶～巨大影响 / 大きな影響を及ぼす. ¶～困难 kùnnan / 問題が起きる.
【产物】chǎnwù 名(抽象的な)**産物**. **成果**.
【产销】chǎnxiāo 名〈略〉〈経〉生産と販売. ¶～平衡 pínghéng / 生産と販売のバランスがとれている.
【产学研】chǎnxuéyán 名〈略〉生産部門・学校教育部門・科学研究部門.
【产业】chǎnyè 名 ① **産業**. ►特に工業生産をさす. ¶振兴 zhènxīng ～ / 産業を振興する. ②〈旧〉**資産**. 財産. 身代. ►特に土地・家屋などの不動産をさす.
【产业工人】chǎnyè gōngrén 名 産業労働者.
【产业资本】chǎnyè zīběn 名〈経〉産業資本.
【产院】chǎnyuàn 名 産科医院.
【产值】chǎnzhí 名 生産額.
【产仔】chǎn//zǐ 動 家畜が子を産む.

谄 chǎn

◇ へつらう. おもねる. 追従(ついしょう)する. ¶不骄 jiāo 不～ / おごりもせず卑屈にもならない.

【谄媚】chǎnmèi 動 こびへつらう. 追従(ついしょう)する. ¶～取宠 chǒng / こびへつらって機嫌をとる.
【谄上欺下】chǎn shàng qī xià〈成〉上の者にへつらい,下の者を侮る.
【谄笑】chǎnxiào 動 追従笑いをする.
【谄谀】chǎnyú 動 こびへつらう. おもねる.

铲(鏟) chǎn

① 名(～儿)シャベルやスコップの類. ② 動 シャベルやスコップですくう. ¶～了一锹 qiāo 又一锹 / ひと鍬(くわ)ずつ続けてすくう. ¶把地～平 / 土地を(シャベルで)ならす.

【铲车】chǎnchē 名〈機〉① フォークリフト. (量) 台 tái, 辆 liàng. ② ショベルカー.
【铲除】chǎnchú 動(根こそぎ)取り除く. 一掃する. ¶～杂草 zácǎo 乱石 / 雑草や石ころを取り除く. ¶～旧的,树立 shùlì 新的 / 古いものを取り除き,新しいものを打ちたてる.
【铲土机】chǎntǔjī 名 ①(整地機械の一種)スクレーパー. ② ショベルカー.
【铲子】chǎnzi 名 ① シャベル. スコップ. ② 鉄べら. フライ返し. (量) 把,个.

阐(闡) chǎn

◇ 明らかにする. はっきり述べる.

【阐发】chǎnfā 動 詳しく論じる.
【阐明】chǎnmíng 動 **明らかにする**. **解明する**. ¶～自己的观点 guāndiǎn / 自分の見解をはっきり述べる.
【阐释】chǎnshì 動 詳しく説明する.
【阐述】chǎnshù 動(理論などを)**詳しく述べる**.
【阐扬】chǎnyáng 動 説明し宣伝する.

忏(懺) chàn

4声

◇ ① 懺悔(ざんげ)する. 悔いる. ② 祈禱の経文. ¶拜 bài ～ / 懺悔する人のためにいとなむ仏事.

【忏悔】chànhuǐ 動 懺悔する.

颤 chàn

動(ぶるぶる)震える. 小刻みに揺れ動く. ¶手～了一下 / 手が震えた.

【颤动】chàndòng 動 **小刻みに揺れる**. **震える**. ¶声音 shēngyīn ～ / 声が震える.
【颤抖】chàndǒu 動 **ぶるぶる震える**. ¶冷得浑身 húnshēn ～ / 寒くて体じゅうがぶるぶる震えている.
【颤活】chànhuo 動〈方〉揺れる. 震える. ¶一过火车地面就～ / 列車が通るたびに揺れる.
【颤巍巍】chànwēiwēi 形(～的)(老人や病人が)よろよろしている.
【颤悠悠】chànyōuyōu ➡【颤悠】chànyou
【颤悠】chànyou 形 ゆらゆらしている. ¶他挑 tiāo 着扁担 biǎndan ～～地走着 / 彼は天びん棒を担いで,ゆっさゆっさと歩いている.

chang(ㄔㄤ)

伥(倀) chāng

1声

◇ 悪の手先.

【伥鬼】chāngguǐ 名〈喩〉悪の手先.

昌 chāng

◇ 盛んになる. 勢いがある. ‖姓

【昌明】chāngmíng ① 形(政治や文化が)盛んである,繁栄している,発達している. ② 動 盛んにする. 栄えさせる.
*【昌盛】chāngshèng 形 **盛んである**. **隆盛である**. ¶建设一个繁荣 fánróng ～的国家 / 富み栄えた国を建設する.
【昌言】chāngyán〈書〉① 名 正論. ② 動 包み隠さず直言する.

菖 chāng

"菖蒲 chāngpú"➡という語に用いる.

【菖蒲】chāngpú 名〈植〉ショウブ;〈中薬〉石菖蒲(せきしょうぶ).

猖 chāng

◇ たけり狂う. 暴れる. 狂暴である.

【猖獗】chāngjué ① 形 はびこる. 猛威をふるう. ¶肝炎 gānyán ～ / 肝炎が猛威をふるう. ② 動〈書〉倒れる.
【猖狂】chāngkuáng 形 凶暴である. 狂気じみている. ¶～的挑衅 tiǎoxìn / 狂気じみた挑戦.

娼 chāng ◇◆ 遊女．売春婦．

【娼妇】**chāngfù** 名〈罵〉売女(ばいた)．¶你这个～！/この売女め．

【娼妓】**chāngjì** 名 娼妓．女郎．遊女．

【娼门】**chāngmén** 名 妓楼．遊女屋．

鲳 chāng ◇◆ マナガツオ．参考 普通は全身が銀色であることから"银鲳 yínchāng"といい，また"镜鱼 jìngyú""平鱼 píngyú"ともいう．

【鲳鱼】**chāngyú** 名〈魚〉マナガツオ．

2声 ＊＊ **长(長) cháng** ①形(空間的・時間的に)**長い**．¶这条河 hé 很～/この川はとても長い．¶～～的头发垂 chuí 到肩膀 jiānbǎng 上/長い髪が肩まで垂れている．¶日子一～，两人的关系就疏远 shūyuǎn 了/時がたつと，二人の間柄は疎遠になった．¶夜～了/夜が伸びた．❖(有)多(yǒu)duō～/長さはどれくらいか．

②名 **長さ**．¶全～有六公尺 gōngchǐ/全長6メートル．¶袖子 xiùzi 不够～/袖丈が少し短い．

◇◆ ①優れている．¶擅 shàn～/…にたけている．¶→～于 yú．②長所．¶一技 jì 之～/一芸に秀でる．③永遠．¶→～眠 mián．

注意 「成長する；大きくなる」や「年長である」「部長」「班長」などの意味のときは"长 zhǎng"と発音する．‖姓 ▸▸ zhǎng

ノ ⺈ 𠂒 长

＊【长安】**Cháng'ān** 名 ①〈史〉(前漢・隋・唐代などの都)長安(現在の陝西省西安)．②(広く)都．

【长安道上】**cháng ān dào shàng** 〈成〉仕官の道．猟官の道．

【长臂虾】**chángbìxiā** 名〈動〉テナガエビ．

【长臂猿】**chángbìyuán** 名〈動〉テナガザル．

【长波】**chángbō** 名〈電〉長波．

＊【长城】**Chángchéng** 名 **長城．万里の長城**；〈喩〉強固な力．堅固な守り．

【长虫】**chángchong** 名〈口〉蛇．量 条 tiáo．

＊【长处】**chángchu** 名 **長所**．特長．¶人既 jì 有～也有短处 duǎnchu/人には長所もあれば短所もある．

【长此】**chángcǐ** 副 いつまでも現状のままで．このままずっと．¶～下去/いまの状態が続くと．

【长此以往】**cháng cǐ yǐ wǎng** 〈成〉(悪い状態について言及し)この調子でいけば．このままでいけば．

【长存】**chángcún** 動 とこしえに存在する．滅びることがない．¶友谊 yǒuyì～/友情がとこしえに存在する．

【长笛】**chángdí** 名〈音〉フルート．量 支，管 guǎn，根．❖吹 *chuī*～/フルートを吹く．

【长度】**chángdù** 名 長さ．

＊【长短】**chángduǎn** 名 ①(～儿)**長さ**．サイズ．¶～不一/長短まちまち；不ぞろいである．¶这条裙子 qúnzi～合适 héshì 吗？/このスカートの長さはぴったりですか．②**是非．善し悪し；長所と短所**．¶说人～/人の善し悪しを言う．¶说长道短/あれこれ取りざたする．③(命にかかわる)万一の事態．¶万一 wànyī 有个～，你怎么办？/万一のことがあったらどうするつもりですか．④ほぼ．くらい．►数量詞の後につけて，およその長さを示す．¶三米～的布料 bùliào/3メートル前後の布地．

【长法】**chángfǎ** 名(～儿)長い目で見た方法．

【长方体】**chángfāngtǐ** 名〈数〉直方体．

【长方形】**chángfāngxíng** 名〈数〉(＝矩形 jǔxíng)長方形．

【长工】**chánggōng** 名〈旧〉常雇い．作男．

【长号】**chánghào** 名〈音〉トロンボーン．量 支，把，管．

【长河】**chánghé** 名 長い川；〈喩〉長い過程．量 条 tiáo．¶历史的～/歴史の長い流れ．

【长话短说】**cháng huà duǎn shuō** 〈慣〉話せば長くなることを要領よく話す．端的に言う．

【长活】**chánghuó** 名(～儿)①常雇いの仕事．②〈方〉常雇い．作男．

【长计】**chángjì** 名 ①長期の計画．②良策．

【长技】**chángjì** 名 得意な技能．得意な芸．おはこ．

【长假】**chángjià** 名 ①長期休暇．②〈旧〉永のいとま．辞職．

＊【长江】**Chángjiāng** 名 **長江**．揚子江．

【长江后浪推前浪】**Chángjiāng hòulàng tuī qiánlàng** 〈諺〉("世上新人换旧人"と続き)世の中は絶え間なく変化し，新しい世代が古い世代に取って代わる．

【长劲】**chángjìn** 名(～儿)持久力．根気．

【长颈鹿】**chángjǐnglù** 名〈動〉キリン．►"麒麟 qílín"は想像上の動物．量 只．

【长久】**chángjiǔ** 形(時間が)長い．久しい．¶～以来/長い間ずっと．¶这不是～之计 jì/これは先を見通した考えではない．これは根本的な解決(法)ではない．

【长局】**chángjú** 名(多く"不是"の後に用い)長続きできる状態．

【长空】**chángkōng** 名 大空．¶万里 wànlǐ～/広々とした大空．

【长裤】**chángkù** 名 長ズボン．量 条．

【长廊】**chángláng** 名 長い廊下．長い回廊．

【长里】**chángli** 名〈口〉長さ．►"长里下 xià"とも．

【长龙】**chánglóng** 名〈喩〉長蛇の列．

【长眠】**chángmián** 動〈書〉〈婉〉永眠する．

【长明灯】**chángmíngdēng** 名(仏前にともす)常夜灯．

【长命百岁】**cháng mìng bǎi suì** 〈成〉百歳まで長生きする．►旧時，生まれた子供を祝福する言葉．

【长命锁】**chángmìngsuǒ** 名(お守り用の)子供の首に掛ける銀製の首飾り．

【长年】**chángnián** 名 ①一年中．¶他～不请假 qǐngjià/彼は1年を通じて休暇をとったことがない．②〈方〉常雇い．作男．③〈書〉長寿．

【长年累月】**cháng nián lěi yuè** 〈成〉長い間．長い年月．

【长袍】**chángpáo** 名(～儿)(あわせ，または綿入れの)長い男性用中国服．

【长跑】**chángpǎo** 名〈体〉〈略〉長距離競走．

【长篇大论】**cháng piān dà lùn** 〈成〉〈貶〉長たらしい文章．長談義．

＊【长期】**chángqī** 形 **長期の．長い間の**．¶做～打算 dǎsuan/長期の計画を立てる．¶～以来/これまでの長い間．¶～贷款 dàikuǎn/長期貸付．¶～稳

定 wěndìng 的供应 gōngyìng / 長期安定的な供給．

【长枪】chángqiāng 名〈旧〉 ① 槍(やり)． ②(小銃・カービン銃など)銃身の長い銃．

【长驱直入】cháng qū zhí rù 〈成〉長い距離を一気に進軍する．

【长衫】chángshān 名(男性用のひとえの)長い中国服．(量) 件．

【长舌】chángshé 名〈喩〉(いざこざを引き起こす)おしゃべり．

【长蛇阵】chángshézhèn 名 長蛇の列．¶排 pái 成～/長い行列をつくる．

【长蛇座】chángshézuò 名〈天〉海へび座．

【长生不老】cháng shēng bù lǎo 〈成〉不老長寿．

【长生果】chángshēngguǒ 名〈方〉〈植〉落花生．

【长逝】chángshì 動〈書〉長逝する．永眠する．

【长寿】chángshòu 形 **長寿である**．¶～老人/長寿の老人．¶祝 zhù 您健康～/ご健康とご長寿をお祈りいたします．

【长寿面】chángshòumiàn 名 誕生日を祝って食べるめん類．

【长谈】chángtán 動 長談義をする．長話をする．

【长叹】chángtàn 動 深いため息をつく．

【长体】chángtǐ 名〈印〉縦長の書体の活字．長体．

【长条儿】chángtiáor 名 細長い形(をしたもの)．

【长条椅】chángtiáoyǐ 名 長椅子．ベンチ．

【长筒袜】chángtǒngwà 名 ひざ上丈のストッキング．►"长统袜"とも書く．

*【长途】chángtú ① 形 **長距離の**．¶～汽车/長距離バス．¶～电话/長距離電話．② 名〈略〉長距離電話．長距離バス．

【长途跋涉】cháng tú bá shè 〈成〉長い旅の苦労をする．

【长袜】chángwà →【长筒袜】chángtǒngwà

【长物】chángwù 名 役に立つもの．まともなもの．¶身无 wú～/〈成〉身辺に一物(いち)もないほど貧しい．

【长线产品】chángxiàn chǎnpǐn 名 (↔短线 duǎnxiàn 产品)供給過剰の商品．

【长性】chángxìng 名 辛抱強さ．根気．

【长吁短叹】cháng xū duǎn tàn 〈成〉しきりにため息をつく．

【长须鲸】chángxūjīng 名〈動〉ナガスクジラ．

【长夜】chángyè 名 ① 長い夜；〈喩〉暗黒状態．¶～难 nán 明/長い夜がなかなか明けない．② 夜通し．

【长椅】chángyǐ 名 ベンチ．長椅子．

【长于】chángyú 動(ある事に)長じている．秀でている．たけている．¶～画画儿 huàr/絵心がある．¶～写作 xiězuò/ものを書くのが得意である．

【长圆】chángyuán 名 長円．楕円．

【长元音】chángyuányīn 名〈語〉長母音．

*【长远】chángyuǎn 形 **長期の**．先々の．►未来について．¶～打算 dǎsuan/長期のもくろみ．¶～利益 lìyì/長い目で見た利益．¶～计划 jìhuà/長期計画．

【长斋】chángzhāi 名 ずっと肉食を断つこと．

*【长征】chángzhēng ① 動 長い旅をする；長征する．¶这只是万里～的第一步/それは長い旅路の第一歩にすぎない．② 名〈史〉中国労農赤軍の2万5千華里の長征．

【长足】chángzú 形〈書〉長足の．迅速である．¶～发展 fāzhǎn/著しく発展する．

**场(場) cháng

❶量 ①(事柄の経過時間を単位として)…回．…度．¶下了一～雨/ひと雨降った．¶一～大战/(一場の)激戦．¶做了一～恶梦 èmèng/悪い夢を見た．¶害 hài 了一～病/1回病気を患った．②(動作・行為の経過時間を単位として)…回．…しきり．¶大哭一～/ひとしきり泣きわめいた．¶大笑一～/げらげらと笑いこけた．¶责备 zébèi 了他一～/彼をうんとしかった．

注意 公演回数などは chǎng と発音する．

❷名 ①(乾燥・脱穀用の)広場，場所．¶打 dǎ～/(脱穀場で)脱穀する．②〈方〉定期市．市．¶赶 gǎn～/市に行く．►► chǎng

【场院】chángyuàn 名 脱穀場．

*肠(腸) cháng

名 **腸**．はらわた．►一般に"肠子 chángzi"や"肠管 chángguǎn"とも．

【肠断】chángduàn 動〈書〉断腸の思いをする．ひどく悲しむ．

【肠梗阻】chánggěngzǔ 名 ①〈医〉腸閉塞．②〈喩〉発展を妨げる障害．

【肠管】chángguǎn 名 腸．はらわた．

【肠儿】chángr 名 腸詰め．ソーセージ．¶腊 là～/ソーセージ．¶小泥 xiǎoní～/ウインナソーセージ．¶熏 xūn～/薫製のソーセージ．

【肠伤寒】chángshānghán 名〈医〉腸チフス．

【肠胃】chángwèi 名 **胃腸**．¶～不好/胃腸が悪い．¶～炎 yán/胃腸カタル．

【肠炎】chángyán 名〈医〉腸カタル．腸炎．

【肠衣】chángyī 名 ガット(腸線)の原料となる動物の腸；ソーセージの皮．

【肠痈】chángyōng 名〈中医〉虫垂炎．

【肠子】chángzi 名 腸．(量) 根，条．

**尝(嘗) cháng

動 ①(食物・調味料を)**味わう**，味をみる．¶请～～/食べてみてください．② **体験する**．なめる．¶～到甜头 tiántou/よさを知る．ありがたさを体得する．¶让他～～我的厉害 lìhai！/あいつをひどいめにあわせてやる．

◇◆ かつて．以前に．¶未 wèi～/…したことがない．‖ 姓

*【尝试】chángshì 動 **試してみる**．試みる．¶～过种种 zhǒngzhǒng 办法/いろいろな方法を試してみた．¶第一次～/初の試み．

【尝受】chángshòu 動 自ら経験する．(辛酸を)なめる．

【尝味】chángwèi 動 味わう；試す．

【尝鲜】cháng//xiān 動 とれたてのものを食べる；初物を食べる．

【尝新】cháng//xīn 動 とれたてのものを食べる；初物を食べる．¶今天特地 tèdì 请你来尝尝新/きょうは初物を味わっていただこうとわざわざおいでを願ったのです．

倘 cháng

"倘佯 chángyáng"(ぶらぶら歩く)という語として用い，"徜徉 chángyáng"に同じ．►► tǎng

*常 cháng 副 いつも．しょっちゅう．しばしば；変わりなく．¶她～去听音乐会／彼女はよく音楽会に行く．¶我们不～见面／われわれはあまり顔を合わせない．
◇◆ ①平常の．一般の．¶反～／異常である．¶→～识 shí．②常に変わらない．一定の．¶～数 shù／常数．‖姓

【常备不懈】cháng bèi bù xiè 〈成〉常に備えを怠らない．

**【常常】chángcháng 副 しばしば．しょっちゅう．いつも．常に．►"常常"の否定形は一般には"不常常"とせず"不常"とする．¶他～去卡拉 kǎlā OK歌厅 gētīng／彼はしょっちゅうカラオケクラブに行く．

【常川】chángchuān 副 常に．絶えず．►"长川"とも書く．¶～往来 wǎnglái／しょっちゅう往復する．¶～供给 gōngjǐ／絶えず供給する．

【常春藤】chángchūnténg 名〈植〉キヅタ．フユヅタ；〈中薬〉常春藤(じょうしゅんとう)．

【常服】chángfú 名 ふだん着．平服．

【常规】chángguī ❶名 ①慣例．しきたり．¶打破 dǎpò ～／しきたりを打ち破る．¶按照 ànzhào ～办事／慣例に従って事をはこぶ．②〈医〉通常の検査．❷形 通常の．¶～战争 zhànzhēng／核を用いない通常兵器による戦争．

【常规武器】chángguī wǔqì 名 通常兵器．

【常轨】chángguǐ 名 正常の方法．普通の行い．¶越出 yuèchū ～／常軌を逸する．

【常会】chánghuì 名 例会．

【常见】chángjiàn 形 よく見かける．よくある．¶这种水果 shuǐguǒ 在北方不～／この種の果物は北方ではあまり見ない．¶～病／よくある病気．

【常客】chángkè 名 常連．よく来る客．

【常礼】chánglǐ 名 日常の礼儀作法．¶家无 wú ～／家庭内では改まった礼儀作法はいらない．

【常理】chánglǐ 名(～儿)ごく当たり前の道理．社会通念．常識．¶按 àn ～我应该去看望他／道理からいえば,私は彼を見舞いに行くべきだ．

【常例】chánglì 名 従来のしきたり．慣例．¶遵守 zūnshǒu ～／慣例を守る．

【常量】chángliàng 名〈数〉定数．常数．

*【常年】chángnián 名 ①一年中．いつも．¶父亲～在外奔波 bēnbō／父は一年中地方を駆け回り苦労している．②平年．¶今年冬天比～冷得多／この冬は例年より寒さがはるかにきびしい．

【常青】chángqīng 形 常緑である．

【常情】chángqíng 名 普通の人間が持っている人情．¶人之～／人情の常．¶这种 zhǒng 作法不符 fú ～／このやり方は常識に反する．

【常人】chángrén 名 普通の人．一般の人．凡人．

【常任】chángrèn 形 常任の．¶联合国 Liánhéguó 安全理事会 lǐshìhuì ～理事国／国連安保理常任理事国．

【常山】chángshān 名〈植〉ジョウザン；〈中薬〉常山(じょうざん)．

【常设】chángshè 形 常設の．¶～机构 jīgòu／常設機構．

【常识】chángshí 名 常識．

【常识课】chángshíkè 名（小学校高学年で）理科・衛生・保健の基礎を教える教科．

【常事】chángshì 名 よくあること．日常のこと．

【常态】chángtài 名(↔变态 biàntài)正常の状態．¶恢复 huīfù ～／平常の状態を取り戻す．¶一反～／常とうって変わる．

【常谈】chángtán 名 ありふれた話．聞き慣れた話．¶老生 lǎoshēng ～／新鮮味のないありふれた話；聞きあきた話．

【常套】chángtào 名 決まりきった手段や格式．

【常委】chángwěi 名〈略〉①常務委員会．¶人大 réndà ～／人民代表大会常務委員会．②常務委員．

【常温】chángwēn 名 常温．►15-25℃の間をさす．¶～层 céng／〈地〉常温層．常温帯．

【常温动物】chángwēn dòngwù 名 恒温動物．

【常蚊】chángwén 名〈虫〉イエカ．

【常务】chángwù 形 日常の業務の．常務の．¶～委员会 wěiyuánhuì／常務委員会．

【常性】chángxìng 名 ①根気．我慢強さ．¶他干 gàn 什么都没～／彼はどんなことをしても長続きしない．②〈書〉習性．

【常言】chángyán 名 ことわざ．格言．¶～说得 shuōde 好／ことわざにもうまく言うとおり．

【常用】chángyòng 形 常用の．¶～药／常備薬．

【常驻】chángzhù 動 常駐する．駐在する．¶～大使 dàshǐ／駐在大使．¶～代表 dàibiǎo／駐在員．

偿(償) cháng ◇◆ ①償う．埋め合わせる．¶得 dé 不～失 shī／儲けより損のほうが大きい．¶补 bǔ ～／補償する．償う．埋め合わせる．②満たす．果たす．¶如 rú 愿以～／望みどおりに実現する．

【偿付】chángfù 動(負債などを)支払う,決済する,償還する．¶延期 yánqī ～／支払い延期．¶～行 háng／決済銀行．

【偿还】chánghuán 動(借金を)償還する．返済する．¶～债务 zhàiwù／債務を返済する．

【偿命】cháng//mìng 動 命で償う．

【偿清】cháng//qīng 動 完済する．

徜 cháng "徜徉 chángyáng"(ぶらぶら歩く．逍遥(しょうよう)する)という書面語に用いる．

裳 cháng 名〈古〉はかま．スカート．裳裾(もすそ)．

嫦 cháng 女性の名前に使う．"嫦娥 Cháng'é"↓という語に用いる．

【嫦娥】Cháng'é 名 ①嫦娥(じょうが)．►月に住むという仙女．②月の別称．

3声 厂(廠) chǎng 名 ①工場．¶这个～的产品 chǎnpǐn 质量 zhìliàng 好／この工場の製品は品質がよい．②〈旧〉(広い場所があり,物を置いたり加工したりできる)店．¶煤 méi ～／石炭問屋．‖姓

【厂标】chǎngbiāo 名 ①(工場・映画製作所の)ロゴマーク,シンボルマーク．②工場の定める製品技術基準．

【厂方】chǎngfāng 名 メーカー側．

【厂房】chǎngfáng 名 工場の建物．仕事場．作業場．

【厂规】chǎngguī 名 工場の規定・規則.
【厂家】chǎngjiā 名 メーカー. 製造業者.
【厂矿】chǎngkuàng 名 工場と鉱山の総称. ¶～企业 qǐyè / 工場や鉱山企業.
【厂礼拜】chǎnglǐbài 名(日曜日の代わりに)その工場で決めた定休日. ►"小礼拜 xiǎolǐbài""厂休 chǎngxiū"とも.
【厂商】chǎngshāng 名 ①工場経営者. メーカー. ¶承包 chéngbāo～ / 請負業者. ②工場と商店.
【厂休】chǎngxiū →【厂礼拜】chǎnglǐbài
【厂长】chǎngzhǎng 名 工場長.
【厂址】chǎngzhǐ 名 工場所在地. 工場用地.
【厂主】chǎngzhǔ 工場主.
【厂子】chǎngzi 名 ①〈口〉工場. 量 家 jiā, 个. ②〈旧〉(広い場所があり,物を置いたり加工したりできる)店. ¶木～ / 材木屋.

*场(場) chǎng 量(芝居の)場;(スポーツ・演芸・映画などの)上演回数;(テストなどの)回数. ¶一～精彩 jīngcǎi 的足球赛 / エキサイティングなサッカーの試合. ¶二幕 mù 五～歌剧 gējù / 2幕5場のオペラ. ¶看了一～电影 diànyǐng / 映画を見た. ¶今天考了两～ / 今日はテストを2回受けた.
◇◆ ①広場. 場所;〈物〉場. ¶操 cāo～ / グラウンド. ¶在～ / その場に居合わせる. ¶磁 cí～ / 磁場. ②舞台. ¶下～ / 退場する. ▸▸ cháng

一 十 土 圽 场 场

【场磁铁】chǎngcítiě 名〈電〉界磁. 界磁石.
【场次】chǎngcì 名 上映・上演回数.
*【场地】chǎngdì 名 更地. 工場用地;グラウンド. 量 片 piàn, 块 kuài. ¶这块～太小,容不下这么多人 / この場所は狭すぎて,こんなに大ぜいの人は入れられない. ¶比赛～ / 競技場. ¶施工 shīgōng～ / 工事現場.
*【场合】chǎnghé 名(人が活動する)場所. 場合.
参考 日本語からの借用語.「…の場合」と訳すことができるが,「…の場所」と訳したほうがよいことがある. ¶公开～ / 公の場所. ¶她一到人多的～就害羞 hàixiū / 彼女は人の大ぜいいる所に出ると恥ずかしくなる. ¶在这种～ / こういう場合には.
【场记】chǎngjì 名 映画撮影の記録の仕事. ¶～员 / スクリプター. 記録係.
【场景】chǎngjǐng 名 ①(演劇や映画の)場面,シーン. ¶惊心动魄 pò 的赛车 sàichē～ / はらはらするカーチェイスの場面. ②(広く)情景.
*【场面】chǎngmiàn 名 ①(劇・映画などの)場面,シーン. ¶最后的～ / ラストシーン. ¶武打 wǔdǎ～ / 格闘シーン.殺陣(たて). ②(広く)その場の様子. 情景. ¶难忘 nánwàng 的～ / 忘れがたい光景. ¶～很大 / 非常に盛大である. ③体裁. 見栄. ¶摆 bǎi～ / 体裁を飾る. ¶撑 chēng～ / 〈慣〉見栄を張る. ④〈劇〉はやし方;はやしの楽器.
【场面话】chǎngmiànhuà 名 社交辞令. 建前.
【场面人】chǎngmiànrén 名 ①社交家. ②社会的地位のある人.
【场所】chǎngsuǒ 名(人の活動する)場所. ところ. ¶公共～ / 公共の場所. ¶休息 xiūxi～ / 休息所.
参考 "场所"は日本語からの借用語. 主に多くの人が集まり活動する場所をさすが,時には人が活動する場所以外の所をも示す. また,"娱乐 yúlè 场所"(娯楽場),"运动场所"(運動場)のように施設をさすこともある. ¶海滨 hǎibīn 是人们休闲 xiūxián 的～ / 海辺はレジャーを楽しむ所だ.
【场子】chǎngzi 名 場所. 広場. ¶大～ / 広い場所.

昶 chǎng 形〈書〉①昼の時間が長い. ②のびのびしている. ゆったりしている. ‖ 姓

敞 chǎng ①形(家や庭が)広い. 開放的である. ¶这院子 yuànzi 太～ / この庭はだだっ広い. ②動 広げる. 開ける. ¶～着窗户 chuānghu / 窓を開け放しにしている. ¶～胸 xiōng 露 lù 怀 / 胸をはだける.
【敞车】chǎngchē 名 ①オープンカー. ②無蓋貨車. ③幌のない馬車.
【敞怀】chǎng//huái 動(ボタンをかけずに)衣服の前をはだける.
【敞开】chǎng//kāi ①動+結補 大きく広げる. 開け放す. ¶～窗户 chuānghu / 窓を開け放す. ¶～思想,好好谈谈 / 腹を割って存分に話す. ②副(～儿)思う存分. ¶这儿有的是 yǒudeshì 酒,你～喝吧! / 酒ならいくらでもあるから,飲みたいだけ飲みなさい.
【敞口儿】chǎngkǒur 副〈方〉思う存分.
【敞亮】chǎngliàng 形 ①(家屋などが)広々として明るい. ¶这房间～通风 tōngfēng / この部屋は明るく風通しがよい. ②(気持ちが)晴れ晴れする. ¶心里～ / 気が晴れる.
【敞露】chǎnglù 動 開け放す.
【敞篷车】chǎngpéngchē 名 ①オープンカー. ②幌(ほろ)のない馬車.

4声 怅(悵) chàng ◇◆ がっかりする. しょげる. ¶惆 chóu～ / 恨み悲しむさま.
【怅怅】chàngchàng 形〈書〉がっかりしている.
【怅恨】chànghèn 動(思いどおりにならず)残念がる,恨めしく思う.
【怅然】chàngrán 形〈書〉がっかりしている.
【怅惋】chàngwǎn 動 失望し悲しむ. 残念がる.
【怅惘】chàngwǎng 形〈書〉失意に茫然としている.

畅(暢) chàng ◇◆ ①滞りがない. ¶流 liú～ / 流暢(りゅうちょう)である. ②のびのびした. ¶舒 shū～ / のびのびと心地よい. ③ほしいままに. 思う存分. ¶～饮 yǐn / 痛飲する. ‖ 姓
【畅达】chàngdá 形〈書〉①(言葉や文章が)流暢である. ¶译文 yìwén～ / 訳文がこなれている. ②(交通の)流れがよい.
【畅快】chàngkuài 形 楽しい. 愉快である. ¶心情 xīnqíng～ / 心が晴れ晴れとして愉快である.
【畅适】chàngshì 形 心地よい. 快適である.
【畅抒】chàngshū 動 思う存分に述べる. ¶～己 jǐ 见 / 自分の意見を存分に述べる.
【畅所欲言】chàng suǒ yù yán 〈成〉言いたいことを思う存分言う.
【畅谈】chàngtán 動 心おきなく話す. ¶～友情 yǒuqíng / 友情を語り合う.
【畅通】chàngtōng 動 滞りなく通じる. 開通する.

¶排除 páichú 了险情 xiǎnqíng,铁路又～了 / 危険が取り除かれて鉄道がまた通じた.
【畅想】chàngxiǎng 動 想像をたくましくする. 思いをめぐらす.
【畅销】chàngxiāo 動(商品が)**よく売れる,売れ行きがよい.** ¶这批 pī 货物 huòwù 十分～ / この商品は非常に売れ行きがよい. ¶～书 / ベストセラー. ¶～全国 / 全国で売れ行きがよい.
【畅行无阻】chàng xíng wú zǔ 〈成〉滞りなく通じる. 順調に進む.
【畅叙】chàngxù 動 心ゆくまで語り合う.
【畅游】chàngyóu 動 ① 心ゆくまで遊覧する. ¶～名胜古迹 gǔjì / 名所旧跡の見物を楽しむ. ② 存分に泳ぐ. ¶～松花江 Sōnghuājiāng / 松花江を心ゆくまで泳ぐ.

倡 chàng ◇◆ 提唱する. ¶首 shǒu ～ / 真っ先に唱える.
【倡导】chàngdǎo 動 唱道する.
【倡乱】chàngluàn 動 騒乱を起こす.
【倡始】chàngshǐ 動 首唱する.
【倡首】chàngshǒu 動 率先して主張する.
【倡言】chàngyán 動 呼びかける. 提唱する.
【倡议】chàngyì 動 **提案する. 呼びかける.** ¶～改革 gǎigé 国有企业 / 国有企業の改革を呼びかける. ¶～书 / 提議書.

****唱 chàng** 動 ① **歌う.** ¶～卡拉 kǎlā OK / カラオケで歌う. ② 鳴く. ¶鸡 jī ～三遍 / ニワトリが3べん時を告げる.
◇◆ ①(大声で)読みあげる. ¶→～票 piào. ②歌. 歌曲. 歌詞. ¶小～ / 民謡. ‖姓
【唱白脸】chàng báiliǎn 〈慣〉悪役を演じる. 憎まれ役を買って出る.
【唱本】chàngběn 名(～儿)歌の本.
【唱词】chàngcí 名 歌詞. 歌の文句.
【唱碟】chàngdié 名〈方〉レコード.
【唱独角戏】chàng dújiǎoxì 〈慣〉独り芝居を演じる;独力で何かをする.
【唱段】chàngduàn 名(伝統劇の)歌のひとくさり. ¶京剧 Jīngjù ～ / 京劇のひとくさり.
【唱对台戏】chàng duìtáixì 〈慣〉相手の向こうを張る. 対抗する.
【唱反调】chàng fǎndiào 〈慣〉(～儿)(わざと)反対を唱える. 反対の行動をとる. 右といえば左. ¶他总是跟我～ / あいつはいつも私に難癖をつける.
【唱付】chàngfù 動 店員が客にお釣りを返すとき,釣り銭の額を言って確認する.
【唱高调】chàng gāodiào 〈慣〉(～儿)(実際にできもしない)大きな話をする. 大口をたたく.
【唱歌】chàng//gē 動(～儿)歌を歌う.
【唱功·唱工】chànggōng 名(～儿)(伝統劇での)歌の技巧. ¶～戏 xì / 歌を主とする芝居.
【唱和】chànghè 動 唱和する;〈転〉口を合わせる. 口をそろえる.
【唱红脸】chàng hóngliǎn 〈慣〉善玉を演じる. 正義派の役割をはたす. ¶一个唱白脸,一个～ / 一人が悪玉になり,もう一人が善玉になって硬軟両様の手段で人を丸め込む.
【唱机】chàngjī 名 レコードプレーヤー. ¶激光 jīguāng～ / CDプレーヤー.
【唱空城计】chàng kōngchéngjì 〈慣〉① はったりをかける. ② 人が出払ってもぬけの殻である.
【唱名】chàng//míng ① 動 点呼する. ② 名〈音〉ド・レ・ミ・ファ…の音階名.
【唱盘】chàngpán 名 CD. MD. レコード.
【唱片儿】chàngpiānr ⇀【唱片】chàngpiàn
【唱片】chàngpiàn 名 **レコード.** 量 张. ❖放 *fàng* ～ / レコードをかける. ¶激光 jīguāng ～ / CD.
【唱票】chàng//piào 動 開票の際,投票用紙に書かれた候補者の名前を大声で読み上げる. ¶～人 / 開票係.
【唱腔】chàngqiāng 名(京劇などの)節,節回し.
【唱诗班】chàngshībān 名(教会の)聖歌隊.
【唱收】chàngshōu 動 店員が受け取った代金の額を口に出して確認する.
【唱双簧】chàng shuānghuáng 〈慣〉ぐるになる. ►"双簧"は一人がしぐさを演じ,後ろに隠れたもう一人がせりふを言ったり歌ったりする一種の演芸.
【唱戏】chàng//xì 動〈口〉伝統劇を演じる. 芝居をする. ¶～的 / 役者. 俳優.
【唱针】chàngzhēn 名 レコードの針. 量 根 gēn.

chao (ㄔㄠ)

1声 ***抄(钞) chāo** 動 ① **書き写す,**引き写す. ¶～笔记 / ノートを写す. ②(他人の文章を)盗用する. ¶这篇 piān 文章是～人家的 / この文章は盗作だ. ③ **捜査して没収する.** 差し押さえる. ¶从他家～出许多违禁品 wéijìnpǐn / 彼の家から多数の禁制品を没収した. ④ 近道をする. ¶～近道 / 近道をとる. ⑤(一方の手を他方の手の袖口に入れ)腕組みをする. ¶他～着手在那里看热闹 rènao / 彼は腕組みをしたまま見物している. ⑥〖绰 chāo〗① に同じ.
【抄本】chāoběn 名 写本.
【抄道】chāo//dào 動(～儿)近道をする.
【抄后路】chāo hòulù 〈慣〉(敵の)背後に回る.
【抄获】chāohuò 動 捜査して見つける. 押収する.
【抄家】chāo//jiā 動 家財を没収する.差し押さえる.
【抄件】chāojiàn 名(上級機関の出した文書を関係機関に送るための)文書の写し,コピー.
【抄近儿】chāo//jìnr 動〈口〉近道をする. ¶～走 / 近道をして行く.
【抄录】chāolù 動 写し取る. 書き写す.
【抄身】chāo//shēn 動 ボディーチェックをする.
【抄手】chāoshǒu 名〈方〉ワンタン.
【抄送】chāosòng 動 写しをとって回送する.
【抄袭】chāoxí 動 ① 剽窃(ひょうせつ)する. 盗作する. ② 踏襲する. ③ 回り込んで敵を不意に襲撃する.
*【抄写】chāoxiě 動 **書き写す. 清書する.** ¶～文件 wénjiàn / 文書を書き写す.
【抄用】chāoyòng 動 踏襲する.
【抄造】chāozào 動 パルプから紙を製造する.
【抄纸】chāozhǐ 動 紙をすく.

钞 chāo 〖抄 chāo〗①② に同じ.
◇◆ 紙幣. ¶现 xiàn ～ / 現金. ¶让您破 pò ～了 / 〈套〉ご散財をおかけしました. ‖姓
【钞票】chāopiào 名 **紙幣. 札.** 量 张 zhāng. ¶一百元一张的～ / (額面)100元の紙幣.

绰 chāo 動 ①(あたふたと)ひっつかむ,つかみ取る. ¶～手包 / ハンドバッグをひったくる. ②(野菜を)ゆがく. ►"焯"とも書く. ⏩chuò

C

***超 chāo** ◇◆ ①超過する. 超える. ¶→～过 guò. ¶→～车 chē. ②ぬきんでる ¶→～等 děng. ③…の枠を超越した. ‖姓

【超拔】chāobá 動 ①超絶する. ずばぬける. ②抜擢(ばってき)する. ③(悪い状態を)切り抜ける,抜け出す.

【超编】chāobiān 動 定員・定量をオーバーする.

【超标】chāobiāo 動 基準を超える. ¶工程 gōngchéng 费用～ / 工事費は基準を超えた.

【超产】chāochǎn 動〈略〉生産ノルマを超過達成する.

【超车】chāo//chē 動(前の)車を追い越す. ¶～道 / 追越車線. ¶不准 zhǔn ～! / (車の)追い越し禁止.

*【超出】chāochū 動(一定の数量や範囲を)超過する,オーバーする. ¶～预算 yùsuàn / 予算を超過する. ¶～预料 yùliào / 予想を超える. ¶～实际 shíjì 可能 / 実際にできる範囲を超える.

【超导】chāodǎo 名〈物〉超伝導. ►"超电导体"とも. ¶～技术 jìshù / 超伝導技術.

【超等】chāoděng 形 卓越した. 特上の. ¶～技艺 jìyì / 飛び抜けて優れた腕まえ.

【超短裙】chāoduǎnqún 名 ミニスカート. (量) 条. ►ひざまでの長さの"短裙"と区別する. "迷你 mínǐ 裙"とも.

*【超额】chāo'é 動(ノルマ・定額を)超過する. ¶～完成任务 rènwu / 任務を超過達成する. ¶～百分之五 / ノルマの5パーセントを上回る.

【超额利润】chāo'é lìrùn 名〈経〉超過利潤.

【超凡】chāofán 形 非凡である. ¶技艺 jìyì ～ / 技術が非凡である.

【超凡入圣】chāo fán rù shèng〈成〉(学問・芸術の)造詣が並はずれて深い.

*【超过】chāoguò 動 ①追い越す. ¶她终于 zhōngyú～了前面的人 / 彼女はついに前の人を追い抜いた. ②上回る. 突破する. 超える. ¶～界限 jièxiàn / 限界を超える. ¶～原计划 jìhuà / 当初の計画を上回る.

【超合金】chāohéjīn 名 超合金. ►"超耐热 nàirè 合金"とも.

*【超级】chāojí 形 スーパー…. 超…. ¶～模特儿 mótèr / スーパーモデル. ¶～油轮 yóulún / マンモスタンカー.

【超级大国】chāojí dàguó 名 超大国.

*【超级市场】chāojí shìchǎng 名 スーパーマーケット.

【超假】chāo//jià 動 休暇の限度を超過する.

【超绝】chāojué 形〈書〉飛び抜けてすぐれている. ¶技巧 jìqiǎo ～ / 技巧が卓越している.

【超链接】chāoliànjiē 名〈電算〉ハイパーリンク.

【超龄】chāolíng 動 規定年齢を超える.

【超媒体】chāoméitǐ 名〈電算〉ハイパーメディア.

【超期】chāoqī 動 期限を超過する. ¶报废 bàofèi ～使用车辆 chēliàng / 使用期限を超えた車を廃棄処分する.

【超迁】chāoqiān 動〈書〉(官吏が)一足飛びに抜擢(ばってき)される. 特進する.

【超前】chāoqián ①名〈電〉リード. ②動 先取りする. 先行する. ¶～新闻 xīnwén / 物事が事実にならないうちに予測に基づき発表されるニュース.

【超前教育】chāoqián jiàoyù 名 早期教育.

【超勤】chāoqín 動〈方〉残業する. ►台湾での表現. 普通は"加班 jiābān"という.

【超群】chāoqún 形 ぬきんでている. 抜群である. ¶容姿 róngzī ～ / スタイル抜群.

【超群出众】chāo qún chū zhòng〈成〉衆にぬきんでる.

【超群绝伦】chāo qún jué lún〈成〉ずばぬけている. 卓越している.

【超然】chāorán 形 超然としている. ¶采取 cǎiqǔ ～的态度 / 超然とした態度をとる.

【超然物外】chāo rán wù wài〈成〉①浮世を逃れる. 実社会を逃れて孤高を保つ. ②局外に身を置く.

【超人】chāorén ①形 並みはずれている. ¶～的记性 jìxing / 超人的な記憶力. ②名 超人. スーパーマン. ¶女 nǚ ～ / スーパーレディー.

【超生】chāoshēng 動 ①〈宗〉輪廻(りんね)する. ②〈旧〉〈喩〉寛大に罪を免じ,活路を与える. ③〈略〉産児制限の枠を破り出産する.

【超声波】chāoshēngbō 名〈物〉超音波. ►"超音波 chāoyīnbō"とも.

【超声速】chāoshēngsù →【超音速】chāoyīnsù

**【超市】chāoshì 名〈略〉スーパーマーケット. ►"超级市场 chāojí shìchǎng"の略.

【超速】chāosù 動(車が)制限速度を超える.

【超脱】chāotuō ❶形 しきたりや形式などにこだわらない. 自由闊達である. ❷①動 抜け出る. ¶～现实 / 現実から超脱する. 現実を逃れる. ②〈宗〉解脱する.

【超现实主义】chāoxiànshí zhǔyì 名 超現実主義. シュールレアリスム.

【超逸】chāoyì 形(様子や趣が)あかぬけしている.

【超音速】chāoyīnsù 名〈物〉超音速. ¶～喷气机 pēnqìjī / 超音速ジェット機.

【超员】chāo//yuán 動 定員をオーバーする.

【超越】chāoyuè 動 超越する. 越える. ¶～职权 zhíquán 范围 fànwéi / 職務の権限を超える. ¶～障碍 zhàng'ài / 障害を乗り越える.

【超载】chāozài 動〈交〉規定の積載量をオーバーする. ¶卡车 kǎchē ～了 / トラックは積載オーバーだ.

【超支】chāozhī ①動 支出超過する. 赤字になる. ¶这个月我家～了 / 今月わが家は赤字だ. ②名 受け取るべき額以上に受け取った部分.

【超重】chāo//zhòng 動 重量を超過する. ¶～费 fèi / 重量超過料金. ¶～行李 xíngli / 規定重量を超えた手荷物.

【超重氢】chāozhòngqīng 名〈化〉トリチウム. ►"氚 chuān"の旧称.

【超自然】chāozìrán 形〈哲〉霊的な. 超自然的な.

焯 chāo 動(野菜を)ゆがく. ►"绰"とも書く. ¶～青梗菜 qīnggěngcài / チンゲンサイをさっとゆでる.

剿 chāo ◇◆ 剽窃(ひょうせつ)する. 踏襲する. ⏩jiǎo

【剿说】chāoshuō 動〈書〉他人の言論を受け売りする.

2声 **晁**(鼂) **cháo** ‖姓

巣 cháo ◇◆ ①(鳥やハチ・アリなどの)巣. ¶蜂 fēng ～ / ハチの巣. ¶归 guī ～ / 巣へ帰る. ②〈転〉盗賊や敵の巣窟. ¶匪 fěi ～ / 盗賊の巣窟. ‖姓

【巣居】cháojū 動 木の上にねぐらを作って住む.

【巣窟】cháokū →【巣穴】cháoxué

【巣穴】cháoxué 名 巣;〈喩〉巣窟.

** **朝 cháo** ①前(…の方に)**向かって**. ►"着"を伴って"朝着"とすることができるが,単音節の方位詞を目的語にとるときは付けることができない. ¶～前走 / 前に向かって歩く. ¶他～我笑 xiào 了笑 / 彼は私にほほえんだ. ②動(…に)向ける. (…を)向く. ¶这房子坐北～南 / この家は(道の)北側にあって南向きである.

◇◆ ①王朝. ¶清 Qīng ～ / 清朝. ②天子の在位期間. ¶康熙～ / 康熙帝の御代. ③朝廷. ¶→～野 yě. ④謁見する. ¶→～见 jiàn. ‖姓 ▸▸zhāo

【朝拜】cháobài 動 君主に拝謁する. 寺院や聖地に参詣する.

【朝代】cháodài 名 朝. …王朝時代.

【朝顶】cháodǐng 動 名山の寺に詣でる.

【朝服】cháofú 名 朝衣. 朝廷に出るときに着る服.

【朝贡】cháogòng 動 朝貢する.

【朝会】cháohuì 動 大臣などが君主に謁見する.

【朝见】cháojiàn 動 君主に謁見する. ¶进宫 gōng ～ / 参内して君主に謁見する.

【朝觐】cháojìn 動 ①〈書〉(君主に)拝謁する. ②(聖地・聖像を)参拝する.

【朝山】cháoshān 動 名山や寺院に参詣する.

【朝圣】cháoshèng 動〈宗〉聖地を巡礼する.

【朝廷】cháotíng 名 朝廷.

*【朝鲜】Cháoxiǎn 名〈地名〉朝鮮.

【朝鲜族】Cháoxiǎnzú 名 ①朝鮮民族. ②(中国の少数民族)朝鮮族. ►主に吉林省・黒竜江省・遼寧省に居住.

【朝向】cháoxiàng 名(建物や窓の)方向,向き.

【朝阳】cháoyáng 動 太陽の方向に向いている. 南向きである. ¶这间房子是～的 / この部屋は南向きだ. ⇒【朝阳】zhāoyáng

【朝阳花】cháoyánghuā 名〈植〉ヒマワリ. ►"向日葵 xiàngrìkuí""向阳花"とも.

【朝野】cháoyě 名 朝廷と民間;政府と民間.

嘲 cháo ◇◆ あざける. ¶冷～热讽 fěng / 冷ややかな嘲笑と辛辣(しんらつ)な諷刺. ¶→～谑 xuè.

【嘲讽】cháofěng 動 **あざける. 風刺する.** ¶这本小说～了腐朽 fǔxiǔ 的官僚 guānliáo 主义思想 / この小説は腐りきった官僚主義的な考えを皮肉っている.

【嘲弄】cháonòng 動 **からかう.** もてあそぶ. 嘲弄(ちょうろう)する.

【嘲笑】cháoxiào 動 嘲笑する. せせら笑う. ¶受 shòu 人～ / 人の嘲笑を買う.

【嘲谑】cháoxuè 動 嘲笑する. からかう.

潮 cháo 形 **湿っている.** しけている. ¶这屋子很～ / この部屋はとてもじめじめしている. ¶这花生米 huāshēngmǐ ～了 / このピーナッツはしけている. ¶火柴 huǒchái 受～了 / マッチが湿った.

◇◆ ①潮. ¶涨 zhǎng ～ / 潮が満ちる. ②社会の変動や運動の趨勢(すうせい). ¶消费 xiāofèi ～ / 消費ブーム. ¶学～ / 学生運動の高揚. 学園騒動. ③(広東省の)潮州. ¶→～白. ‖姓

【潮白】cháobái 名 潮州産の中白の砂糖.

【潮红】cháohóng 形 ほおが赤い.

【潮呼呼】cháohūhū 形(～的)じめじめする. 湿っぽい. ¶～的褥子 rùzi / 湿っぽい敷き布団.

【潮流】cháoliú 名 **潮流**;〈喩〉**流れ. 成り行き. 時勢.** ¶民主化的～ / 民主化の流れ.

【潮脑】cháonǎo 名 樟脳(しょうのう).

【潮气】cháoqì 名〈口〉湿気. 湿り気.

【潮热】cháorè ①名〈中医〉消耗熱. ②形 蒸し暑い.

【潮润】cháorùn 形 ①(土や空気などが)湿って潤いがある. みずみずしい. ¶海风轻轻 qīngqīng 吹 chuī 来,使人觉得～而有凉意 liángyì / 海風がそよそよと吹き,しっとりとした涼味を感じさせる. ②目がうるんでいる. ¶说到这儿,她两眼～了 / ここまで話すと彼女は目をうるませた.

*【潮湿】cháoshī 形 **湿っぽい. じっとりする.** ¶刚 gāng 下过雨,屋子里很～ / 雨上がりで,部屋はじめじめしている.

【潮水】cháoshuǐ 名 潮. うしお.

【潮汐】cháoxī 名 潮汐(ちょうせき). 潮の干満. ¶～发电 fādiàn / 潮力発電.

【潮信】cháoxìn 名 ①潮の満ち引きする時刻. 潮時. ②〈婉〉(女性の)生理時.

【潮绣】cháoxiù 名 広東省スワトウ産の刺繍.

【潮汛】cháoxùn 名 大潮. 上げ潮.

【潮涌】cháoyǒng 動 うしおのように押し寄せる. ¶心事如～ / いろいろな思いがこみ上げてくる. ¶追星族～而来 / 追っかけがどっと押し寄せてきた.

3声 ** **吵 chǎo** ❶形 **騒がしい.** やかましい. ¶孩子们～得慌 huāng / 子供たちがうるさくてたまらない.

❷動 ①**騒がしくする.** ¶别把孩子～醒 xǐng / やかましくして寝た子を起こすな. ②**言い争う.** ¶他们俩 liǎ 一见面就～个没完 / あの二人は顔を合わせるとけんかが絶えない.

*【吵架】chǎo//jià 動 **けんかする. 口論する. 言い合う.** ¶他俩动不动就～ / 二人は何かあるとすぐけんかする.

*【吵闹】chǎonào ❶動 ①**(大声で)けんかする.** 口論する. ¶别～了 / 言い争うな. ②騒がしくする. ¶孩子们～得他睡不着 shuìbuzháo 觉 / 子供たちが騒ぐので,彼は寝ていられない. ❷形 騒々しい. やかましい. ¶我家紧靠 jǐnkào 菜市场,每逢 měiféng 早晚,很～ / わが家は食品マーケットのすぐ側なので,朝夕はいつも騒々しい.

【吵嚷】chǎorǎng 動 がやがや騒ぐ. わめきたてる. がなる.

【吵扰】chǎorǎo 動 ①騒がしくする. 邪魔する. ¶请你不要～别人 / (やかましくして)人の邪魔をしないように. ¶～你半天,很过意 guòyì 不去 / すっかりお騒がせしてしまい,どうもすみませんでした. ②〈方〉口げんかをする. 口論する.

【吵嘴】chǎo//zuǐ 動 口論する. 言い争う. ¶两口子～是常事 / 夫婦げんかはよくあることだ.

C

*炒 chǎo 動 ①〈料理〉(油で)いためる；いる．¶～花生米 / ピーナッツをからいりする．② 投機取引でもうける．¶～股票 gǔpiào / 株の売買をする．¶～外汇 wàihuì / 外貨のやみ取引．¶～地皮 dìpí / 土地転がしをする．③ あおる．もちあげる；(マスコミが)先を争って報道する．¶～新闻 xīnwén / 報道合戦をする．④〈方〉解雇する．

【炒菜】chǎo//cài 〈料理〉① 動 野菜を油でいためる．② 名 いためもの．

【炒饭】chǎofàn 名〈料理〉チャーハン．

【炒肝】chǎogān 名(～儿)〈料理〉豚のレバーをいため，あんかけにした料理．

【炒更】chǎogēng 動〈方〉① 残業する．►広東省・香港で用いられる言葉．普通は"加班 jiābān"という．② 副業で収入を増やす．

【炒股】chǎo//gǔ 動(投機目的の)株の売り買いをする．

【炒汇】chǎohuì 動 外貨を売買する．

【炒货】chǎohuò 名 スイカの種・落花生・そら豆などをいったものの総称．

【炒鸡蛋】chǎojīdàn 名〈料理〉いり卵．スクランブルエッグ．

【炒家】chǎojiā 名 ブローカー．転売人．

【炒冷饭】chǎo lěngfàn 〈慣〉(冷や飯を温めなおすことから)二番煎じをやる．焼き直しをする．蒸し返す．

【炒买炒卖】chǎo mǎi chǎo mài 〈成〉投機売買．やみ取引．

【炒米】chǎomǐ 名〈料理〉① いり米．¶～花儿 / 爆弾あられ．ポップコーン．¶～团 tuán /（丸形の）米おこし．¶～糖 táng / おこし．② いったウルチキビ．►モンゴル族の常食．

【炒米粉】chǎomǐfěn 名〈料理〉(台湾・福建地方の郷土料理)いためビーフン．►"汤 tāng 米粉"(汁ビーフン)に対していう．

*【炒面】chǎomiàn 〈料理〉名 ① 焼きそば．② 麨(はったい)．麦こがし．

【炒肉丝】chǎoròusī 名〈料理〉千切り肉のいためもの．

【炒勺】chǎosháo 名 ①(片手の)中華鍋．② フライがえし．

【炒鱿鱼】chǎo yóuyú 〈慣〉首にする．¶他因渎职 dúzhí 被 bèi 炒了鱿鱼 / 彼は汚職で解雇された．

【炒友】chǎoyǒu 名(外国為替などの)売買をする人，ブローカー．►"倒爷儿 dǎoyér"とも．

che（ㄔㄜ）

1声 **车(車) chē ❶名 車．►自動車・自転車をさすことが多い．(量) 辆 liàng．¶大～ / リヤカー．

❖骑 qí ～ / 自転車に乗る．¶骑～上班 / 自転車で出勤する．❖坐 zuò ～ / 車に乗る．

❷動 ① 旋盤で削る．¶～圆 yuán /（旋盤にかけて）滑らかに磨く，切削する．② 水車で水を汲み上げる．¶～水 / 同上．③〈方〉(身体を)回す．¶～过头来 / 顔をこちらへ向ける．

◇◆ 輪軸を回す機械装置．¶滑 huá ～ / 滑車．¶吊 diào ～ / クレーン．起重機．¶水～ / 水車．

注意 "车"は一輪車から汽車までの，交通手段や機械類を含む，車輪のあるものを幅広くさす．‖姓

➡ jū

一 𠂇 𠂉 车

【车把】chēbǎ 名 ハンドル．人力車のかじ棒．

【车把势・车把式】chēbǎshi 名 車夫．御者．

【车厂】chēchǎng 名 ①(～子)〈旧〉人力車や三輪車の賃貸しをする店．車宿．② 車両製造所．

【车场】chēchǎng 名 ① モータープール．車置き場．② 鉄道駅構内の操車場・貨物用引込線・車庫など．③ 道路運輸と都市公共交通企業の一級管理部門．

【车床】chēchuáng 名〈機〉旋盤．(量) 台．

【车次】chēcì 名 ①(列車・バスなどの)ダイヤ．発車の回数・順番．② 列車番号．

【车带】chēdài 名(車の)タイヤ；(車の)チューブ．

【车刀】chēdāo 名〈機〉旋盤用バイト．

【车道】chēdào 名 車道．►"人行道 rénxíngdào"(歩道)と区別する．(量) 条 tiáo．

【车到山前必有路】chē dào shān qián bì yǒu lù 〈諺〉案ずるより産むがやすし．►"必"は"自 zì"とも．

【车灯】chēdēng 名 車両のライト．

【车蹬子】chēdēngzi 名(自転車の)ペダル．

【车队】chēduì 名 ① 自動車や荷馬車などの隊列．②(ホテルなどに配属されている)タクシーチーム．③(企業や機関などの)車両部門．

【车匪】chēfěi 名 列車強盗．

【车费】chēfèi 名 車代．交通費．

【车份儿】chēfènr 名〈方〉(車引きが車主に支払う)車の借り賃[損料]．

【车夫】chēfū 名〈旧〉車夫．御者．

【车工】chēgōng 名 ① 旋盤で切削する作業．¶～车间 chējiān / 旋盤の作業場．② 旋盤工．

【车钩】chēgōu 名 車両連結器．

【车轱辘】chēgūlu 名〈口〉車輪．

【车轱辘话】chēgūluhuà 名〈方〉繰り言．

【车号】chēhào 名 ① 車種を示す列車記号．② 自動車の登録ナンバー．

*【车祸】chēhuò 名 交通事故．輪禍．(量) 次,起．

【车技】chējì 名 自転車の曲乗り．►"杂技 zájì"(曲芸)の一つとして演じられる．

*【车间】chējiān 名 作業場．生産現場．仕事場．(量) 个,间．

【车捐】chējuān 名〈経〉車両税．

【车库】chēkù 名 車庫．ガレージ．

【车筐】chēkuāng 名 (自転車の)かご．

*【车辆】chēliàng 名 車(の総称)．►自転車や荷車なども含む．量詞の"辆 liàng"は使えない．

【车铃】chēlíng 名 自転車や人力車のベル．

【车轮】chēlún 名 車輪．

【车马费】chēmǎfèi 名 ①(公務出張時の)交通費．②〈婉〉車代．謝礼．

【车门】chēmén 名 ① 車のドア．②(表門のわきにある)車馬の通用門．

【车牌】chēpái 名 ナンバープレート．

【车篷】chēpéng 名 車の覆い．幌(ほろ)．

【车皮】chēpí 名〈鉄道〉車両．►主に貨車に使う．¶这列货车 huòchē 有多少节 jié ～？/ この貨物列車は何両編成ですか．

*【车票】chēpiào 名(列車・バスの)**乗車券,切符**. ►"票"とも略す. 量 张 zhāng. ¶ 买张～/切符を1枚買う.
【车前】chēqián 名〈植〉オオバコ;〈中薬〉車前子(しゃぜんし).
【车钱】chēqián 名 車賃. 交通費.
【车身】chē//shēn ①動〈方〉体の向きを変える. ②名(自動車などの)ボディー. 車体.
【车水马龙】chē shuǐ mǎ lóng〈成〉車馬が盛んに往来する.
【车胎】chētāi 名(車の)タイヤ;(車の)チューブ. ¶～爆 bào 了/タイヤがパンクした.
【车贴】chētiē 名 通勤手当.
【车头】chētóu 名 車の先端部分. 列車の先頭;(特に)機関車. ►"火车头"とも.
【车厢】chēxiāng 名(列車・自動車などの)人や物をのせるところ. **車両**. 量 节 jié,个. ►"车箱"とも書く.
【车削】chēxiāo 動〈機〉旋盤で削る.
【车行道】chēxíngdào 名 車道.
【车辕】chēyuán 名(車の)ながえ,かじ棒.
【车载斗量】chē zài dǒu liáng〈成〉たくさんあってちっとも珍しくない. 掃いて捨てるほどある.
【车闸】chēzhá 名 ブレーキ.
【车站】chēzhàn 名 **駅. 停車場. 停留所. 量 个,座.
【车照】chēzhào 名 ①車両証. 車検証. ②運転免許証.
【车辙】chēzhé 名 わだち. 車の通った跡.
【车轴】chēzhóu 名 車軸. 心棒.
【车转】chēzhuǎn 動〈方〉(主に体の)向きを変える. ¶ 他～身来笑 xiào 了/彼は振り向いてにこりとした.
*【车子】chēzi 名 ①(小型の)**車**. 量 辆 liàng. ②**自転車**.
【车座】chēzuò 名 サドル;(車の)座席.

尺 chě
3声
名《中国民族音楽の音階の一つ》現行略譜の"2"(レ)に相当. ⇒【工尺】gōngchě ▸▸ chǐ

*扯(撦) chě
動 ①**引っ張る**. ¶ 他～着儿子 érzi 就走/彼は子供を引っ張って行った. ¶～住他不放/彼を引き止めて離さない. ②**裂く. 引き破る**. ちぎる. ¶～下海报 hǎibào/ポスターを引き破る. ¶～了三尺 chǐ 布/布を3尺買った. ③**とりとめのないことを言う**. ¶～家常 jiācháng/世間話をする. ④無理にいっしょにする. 巻きぞえにする. ¶ 他把我也～上了/彼は私まで巻きぞえにした.
【扯淡・扯蛋】chě//dàn 動〈方〉でたらめを言う. くだらないことを言う. ¶～去吧!/ばかを言え.
【扯后腿】chě hòutuǐ〈慣〉⇀【拉后腿】lā hòutuǐ
【扯谎】chě//huǎng 動 **うそをつく**. ►"扯泡 pào"とも. ¶ 他又 yòu 扯了一个谎/あいつはまたうそをついた.
【扯皮】chě//pí 動 水掛け論をする. 責任のなすり合いをする.
【扯臊】chě//sào 動〈方〉〈罵〉でたらめを言う. うそをつく.
【扯顺风旗】chě shùnfēngqí〈慣〉〈貶〉風向きしだいで態度を変える. 日和見をきめこむ.
【扯腿】chě//tuǐ 動 ①足を引っ張る. ②〈方〉さっさと歩き出す.

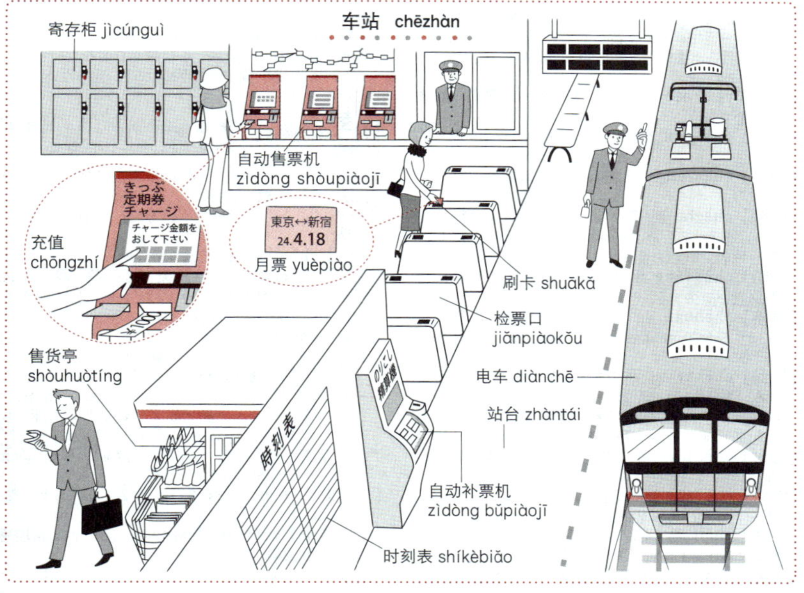

【扯闲篇】chě xiánpiān (～儿)〈方〉雑談をする．►"扯闲天儿""扯闲盘儿 pánr"とも．

4声 **彻**(徹) chè ◇◆突き通す．突き通る；徹底的である．¶响 xiǎng～云霄 yúnxiāo /(音や声が)空まで響き渡る．¶透 tòu～/(事情の把握や分析が)詳しくてはっきりしている．

【彻查】chèchá 動 徹底的に調査する．

*【彻底】chèdǐ 形 徹底している．►"澈底"とも書く．¶～清查 qīngchá / 徹底的に調査する．¶病菌消灭 xiāomiè 得不～/ 病原菌の殺菌の仕方が不徹底である．

【彻骨】chègǔ 形 骨身にこたえる；〈喩〉程度の甚だしい．¶寒流 hánliú～/ 寒波が骨身にこたえる．

【彻头彻尾】chè tóu chè wěi〈成〉徹頭徹尾．初めから終わりまで．¶～的谎言 huǎngyán / 真っ赤なうそ．

【彻悟】chèwù 動 はっきり悟る．はっきりわかる．

【彻夜】chèyè 名 徹夜．夜通し．¶～喝酒 / 一晩飲み明かす．¶～不眠 mián / 夜通し寝ない．

坼 chè ◇◆裂ける．割れる．¶天寒地～/ 天気が寒くて地面がひび割れる．¶～裂 liè / 裂ける．割れる．

掣 chè 動 ①引く．引っ張る．¶～他的衣服 / 彼の服をぐいと引っ張る．②引き抜く．抜き取る．¶～签 qiān / くじを引く．¶他赶紧 gǎnjǐn～回手去 / 彼はすばやく手を引っこめた．◇◆ひらめく．¶风驰 chí 电～/ きわめて速い．

【掣肘】chèzhǒu 動 他人の行動を妨害する．制肘(せいちゅう)する．

***撤** chè 動 ①取り除く．除去する；職務を解く．¶请把碗筷儿 wǎnkuàir～下去 / 食器を下げてください．②退く．引き揚げる；撤回する．¶向 xiàng 后～/ 後退させる．‖姓

【撤保】chè//bǎo 動 保証を取り消す．保証の継続を拒否する．

【撤本】chè//běn 動(～儿)資本金や出資金を取り戻す．

【撤兵】chè//bīng 動 撤兵する．軍隊を引き揚げる．

【撤除】chèchú 動 取り除く．取り消す；(職を)免ずる．¶～脚手架 jiǎoshǒujià / 足場を取り除く．¶～代表 / 代表を罷免する．

【撤防】chè//fáng 動 陣地から軍隊を引き揚げ，防御施設を撤去する．

【撤换】chèhuàn 動(人や物を)入れ替える，更迭する．¶～公关 gōngguān 人员 rényuán / 渉外係を替える．

【撤回】chèhuí 動 ①引き揚げる．呼び戻す．召還する．¶～驻沪 zhù Hù 代表 / 上海駐在員を引き揚げる．②(文書などを)撤回する，取り下げる．¶～起诉 qǐsù / 起訴を取り下げる．

【撤火】chè//huǒ 動 暖房をやめる．¶我家早就 zǎojiù～了 / うちはとっくに暖房を止めました．

【撤军】chè//jūn 動 軍隊を引き揚げる．¶限期 xiànqī～/ 期限内に軍を撤退させる．

【撤离】chèlí 動 撤退する．離れる．

【撤退】chètuì 動(軍隊を)撤退する．撤収する．

【撤消・撤销】chèxiāo 動(法律・機構・職階などを)取り消す．撤回する．¶～处分 chǔfèn / 処分を取り消す．¶～职务 zhíwù / 免職する．

【撤职】chè//zhí 動 免職する．一時解職する．►懲戒処分の一つで，"开除 kāichú"(懲戒免職)より軽い．¶～查办 chábàn / 免職の上，司法機関に引き渡して処罰する．

澈 chè ◇◆(水が)澄んでいる．¶澄 chéng～/(水が)澄みきっている．¶清 qīng～/ 澄みきっている．

chen (ㄔㄣ)

1声 **抻** chēn 動〈口〉ぴんと引っ張る．引き伸ばす．¶把洗好 xǐhǎo 的床单 chuángdān～一～/ 洗ったシーツを引っぱってしわを伸ばす．

【抻劲儿】chēnjìnr 名〈口〉①(物が)引っ張りに耐える力．②〈転〉焦らずにじっとこらえる力．根気．

【抻面】chēn//miàn〈料理〉①動 こねた小麦粉を道具を使わず両手で細長く引き伸ばしてめんを作る．¶这是我抻的面 / このうどんは私の手打ちです．②名(①の方法で作った)伸ばしめん．►"切面 qiēmiàn"(切りそろえたうどん)と区別していう．"拉面 lāmiàn"とも．

嗔 chēn ◇◆①怒る．腹を立てる．¶生 shēng～/ 怒る．②不満を持つ．¶→～怪 guài．

【嗔怪】chēnguài 動 非難する．とがめる．¶自己错 cuò 了，不要～别人 / 自分がまちがっておいて，他人をとがめるんじゃない．

【嗔怒】chēnnù 動〈書〉怒る．腹を立てる．

【嗔色】chēnsè 名 不機嫌な顔．怒りの色．¶微露 wēilù～/ いささかむっとした．

【嗔怨】chēnyuàn 動 とがめる．恨む．

【嗔着】chēnzhe 動〈口〉…に腹を立てる．…を根にもつ．¶你别～我了 / もう私のことを怒らないでください．

瞋 chēn ◇◆(怒って)にらむ．¶～目而 ér 视 shì / 怒ってにらみつける．

2声 **臣** chén 名(↔君 jūn)君主に対する官吏の自称．◇◆臣下．¶君～/ 君主と臣下．‖姓

【臣僚】chénliáo 名 文武の諸官吏．

【臣仆】chénpú 名〈書〉①家来と下僕．役人と召使い．►国に仕えるものを"臣"といい，家に仕えるものを"仆"という．②奴隷．

【臣属】chénshǔ 動〈書〉臣下となる．

尘(塵) chén ◇◆①ほこり．ごみ．ちり．¶灰 huī～/ ほこり．¶吸 xī～器 qì / クリーナー．¶一～不染 rǎn /〈成〉非常に清潔でちりひとつない．¶洗 xǐ～/ 長旅のちりをはらう．長旅の苦労をねぎらう．②俗世．浮世．¶红 hóng～/ 俗世間．¶～俗 sú / 世俗．

【尘埃】chén'āi 名 塵埃(じんあい)．ほこり．ちり．量 层 céng．

【尘埃传染】chén'āi chuánrǎn 名〈医〉塵埃感染．空気伝染．

【尘暴】chénbào 名〈気〉砂嵐．土砂嵐．黄塵．

【尘毒】chéndú 名 有毒物質を含んだ粉塵.
【尘凡】chénfán 名 俗世間. 浮世.
【尘垢】chéngòu 名 ほこりとあか.
【尘事】chénshì 名 俗事. 日常の瑣事.
*【尘土】chéntǔ 名 ちり. ほこり. 土ぼこり. (量) 层 céng. ¶～大 / ほこりがひどい. ¶桌面上落了一层～ / テーブル一面にほこりが積もっている.
【尘网】chénwǎng 名 俗世間. ¶落入 luòrù ～ / 俗世間に生まれる.
【尘缘】chényuán 名〈仏〉俗世の因縁.

辰 chén 名 十二支の第5：辰(たつ). ◇◆ ①天体. 日・月・星の総称. ¶星 xīng ～ / 星. ②時. 日. 時日. ¶诞 dàn ～ / 誕生日. ¶时～ / 時刻. ¶一个时～ / 一時(いっとき). ►現在の2時間. ‖姓

【辰光】chénguāng 名〈方〉時. 時間.
【辰砂】chénshā 名 湖南省辰州産の朱砂. ►赤色顔料や漢方の原料.
【辰时】chénshí 名〈旧〉辰の刻. ►午前7時から9時.

****沉(沈) chén** ❶動 ①(↔浮 fú)(水中に)沈む. ¶船 chuán ～了 / 船が沈没した. ¶等 děng 茶叶～底 dǐ 再喝 hē / お茶葉が底に沈んでから飲む. ②沈下する. 陥没する. ③落ち着かせる. ¶你要～住气,别慌 huāng / 落ち着け,慌てることはない. ¶～下心来 / 気持ちを落ちつかせる. 腰を据える. ④〈喩〉不快感を表す. ¶把脸 liǎn 一～ / むっとする.
❷形 ①(目方が)重い. ¶这皮箱 píxiāng ～得拿不动 / このトランクは重くて持てない. ②(感覚が)重い. だるい. ¶头～ / 頭が重い. ③程度が深い. ¶睡得很～ / ぐっすり眠っている.

【沉沉】chénchén 形 ①どっしりと重い. ¶稻穗 dàosuì ～地垂 chuí 下来 / 稲穂が重たげに頭を垂れている. ②沈んでいる. ¶暮霭 mù'ǎi～ / 夕もやが立ちこめる. ③(程度が)深い. ¶～入睡 rùshuì / こんこんと眠る.
【沉船】chénchuán 名 沈没船. ¶打捞 dǎlāo ～ / 沈んだ船を引きあげる.
【沉甸甸】chéndiāndiān 形(～的)(物や気持ちが)ずっしりと重い.
【沉淀】chéndiàn 動 沈殿する. よどむ.
【沉浮】chénfú 名(世の)浮き沈み. 栄枯盛衰.
【沉积】chénjī 動 堆積する. 沈殿する;〈喩〉蓄積する. ¶沙子 shāzi ～河底 hédǐ / 砂が河底に沈積する.
【沉寂】chénjì 形 ①ひっそりと静まり返っている. ②消息がない.
【沉降】chénjiàng 動 沈下する. 沈降する.
【沉浸】chénjìn 動 思いにふける. ひたる.
【沉静】chénjìng 形 ①ひっそりとしている. しんとしている. ¶夜深了,四周 sìzhōu ～下来 / 夜が更けて,あたりはひっそりと静まりかえっている. ②(性格や態度が)もの静かである,落ち着いている. ¶～的神色 shénsè / もの静かな面持ち.
【沉沦】chénlún 動〈書〉零落する. (罪悪の泥沼に)はまり込む.
【沉闷】chénmèn 形 ①(天気や雰囲気が)重苦しい,うっとうしい. ¶这种阴天 yīntiān 真～ / こんな曇りの日はほんとうにうっとうしい. ②(性格が)沈みがちである. (気分が)ふさぐ,晴れ晴れしない. ¶心情～ / 気持ちがふさぐ.
【沉迷】chénmí 動 熱中する. ふける. おぼれる.
【沉眠】chénmián 動 熟睡する. ¶～不醒 xǐng / ぐっすり眠る.
【沉湎】chénmiǎn 動〈書〉耽溺(たんでき)する. ひたる. ¶～于 yú 酒色 / 酒色におぼれる.
【沉没】chénmò 動 沈没する. (水や霧の中に)沈む. ¶码头 mǎtou ～在夜雾 yèwù 里 / 波止場は夜霧に包まれている.
*【沉默】chénmò ①形 口数が少ない. 無口である. ¶～寡言guǎyán / 寡黙(かもく)である. ②動 沈黙する. ¶他～了一会儿 / 彼はしばらく黙っていた.
【沉溺】chénnì 動 耽溺する. ふける.
【沉睡】chénshuì 動 熟睡する.
【沉思】chénsī 動 深く考えこむ. 沈思する. ¶老王 Lǎo Wáng ～了两个钟头 zhōngtóu / 王さんは2時間も考えこんだ.
【沉痛】chéntòng 形 ①沈痛である. 悲しみが深い. ¶表示～的哀悼 āidào / 深い哀悼の意を表す. ②深刻である. 重大である. ►言論についていうことが多い. ¶～的教训 jiàoxun / にがい教訓.
【沉稳】chénwěn 形 ①(性格などが)落ち着いている. 着実である. ¶他是个～可信 kěxìn 的人 / 彼は着実で信用できる人だ. ②平穏である. 安らかである. ¶睡 shuì 得～ / すやすや眠っている.
【沉陷】chénxiàn 動 ①(地面や建物の土台が)沈下する. ②(物が地中などに)落ち込む,めり込む.
【沉香】chénxiāng 名〈植〉ジンコウ;〈中薬〉沈香(じんこう).
【沉毅】chényì 形 落ち着いていて意志が強い.
【沉吟】chényín 動 深く考える. 思案する.
【沉鱼落雁】chén yú luò yàn〈成〉女性の美貌が並外れている. ►"沉鱼"は西施を,"落雁"は王昭君をいうとも.
【沉郁】chényù 形〈書〉沈うつである. ふさぎ込んでいる.
【沉渣】chénzhā 名 沈んだかす. 残ったかす;〈喩〉価値のないもの. ¶～泛起 fànqi / つまらない人間が権勢を握る. ¶～浮沫 fúmò / 沈んだかすや浮いた泡. つまらないもののたとえ.
【沉滞】chénzhì 動〈書〉滞る. 動かなくなる.
*【沉重】chénzhòng ①形(負担が)重い;(気分が)重い;(程度が)深刻だ. ¶～的脚步 jiǎobù / 重い足どり. ¶心里很～ / 気が重い. ¶病势 bìngshì ～ / 病状が深刻だ. ②名(～儿)重い責任.
【沉住气】chén//zhù qì 気を落ち着かせる. 度胸をすえる. ¶你要～ / 慌てるな. あがるな. ¶沉不住气 / 慌てる. あがる.
【沉着】chénzhuó ①形 落ち着いている. ¶～应付 yìngfu / 沈着に対処する. ②動〈医〉(色素などが)沈着する.
【沉子】chénzi 名(漁網の)おもり.
【沉醉】chénzuì 動 酩酊(めいてい)する. 酔いしれる. ひたる.

忱 chén ◇◆ 心. 感情. ¶热 rè ～ / 熱意. 熱情. ¶谢 xiè ～ / 感謝の心. 謝意. ‖姓

陈(陳) chén ①形(食物などが)古くなって腐りかけている;(酒が)古くなっておいし

い. ¶食品 shípǐn 放～了 / 食料品を置きっ放しにして腐らせてしまった.
②名(Chén)〈史〉陳(ちん). ⓐ南北朝時代の南朝の一つ. ⓑ周代の国名の一つ.
◇◆ ①置く. 並べる. ¶→～设 shè. ②述べる. 陳述する. ¶→～诉 sù. ‖姓 ►説明するときは,"耳东 ěr dōng 陈"という.

C

【陈兵】chénbīng 動 兵を配置する.
【陈陈相因】chén chén xiāng yīn〈成〉すべて古いしきたりを踏襲し,なんら改良を加えない.
【陈词·陈辞】chéncí ①動 自分の言い分を述べる. ¶慷慨 kāngkǎi ～ / 自分の考えをとうとうと述べる. ②名 言い古された言葉. ¶～滥调 làndiào / 使い古されて中身のない語句.
【陈醋】chéncù 名 長く貯蔵した酢.
【陈放】chénfàng 動 飾りつける. 並べる.
【陈腐】chénfǔ 形 陳腐である. 古くさい. ¶～的观念 guānniàn / 古くさい考え.
【陈谷子烂芝麻】chén gǔzi làn zhīma〈慣〉古くさくてつまらない話や物事.
【陈规】chénguī 名 古い尺度. 古いしきたり.
【陈规陋习】chéng guī lòu xí〈成〉古い規則と悪い習慣.
【陈货】chénhuò 名 棚ざらしの商品.
【陈迹】chénjì 名 昔の事柄;古い記憶.
【陈酒】chénjiǔ 名 ①古酒. ②→【黄酒】huángjiǔ
*【陈旧】chénjiù 形 **古い. 古くさい. 時代遅れである.** ¶那套 tào 设备 shèbèi ～了 / あの設備はもう古くなった. ¶～的观念 guānniàn / 時代後れの考え.
【陈粮】chénliáng 名 1年以上たった穀物.
*【陈列】chénliè 動 **陳列する. 展示する.** ¶橱窗 chúchuāng 里～着各种各样的时装 shízhuāng / ショーウインドーにいろいろな服が陳列してある. ¶～柜 guì / 陳列棚. ¶～品 pǐn / 展示品.
【陈米】chénmǐ 名 古米.
【陈年】chénnián 形 長い間蓄えた. ¶～老酒 lǎojiǔ / 長年寝かせた酒. ¶～老账 lǎozhàng / 古い債務.
【陈皮】chénpí 名〈中薬〉陳皮(ちんぴ). ミカンまたはダイダイの皮を干したもの.
【陈情】chénqíng 動〈書〉真情を吐露する. 事情を開陳する.
【陈设】chénshè 動 ①**並べる. 飾りつける.** ¶书房里～着几件宋代 Sòngdài 的花瓶 huāpíng / 書斎にはいくつかの宋代の花瓶が並べてある. ②名 **飾りつけ.** 飾り. 装飾品. ¶这些～过时 guòshí 了 / これらの装飾品は古くさくなってしまった.
【陈饰】chénshì 名(花瓶・いすカバーなどの)室内調度品. インテリア.
【陈世美】Chén Shìměi 名 高い地位を得た後,心変わりした男;(広く)移り気な男. ►京劇の悪役の名から.
【陈述】chénshù 動 **陳述する. 述べる.** ¶在会上～自己 zìjǐ 的意见 / 会議で自分の意見を述べる.
【陈述句】chénshùjù 名〈語〉平叙文.
【陈说】chénshuō 動 陳述する. 述べる. ¶～利害 lìhài / 利害を説く.
【陈诉】chénsù 動(苦しみ・くやしさなどを)訴える. ¶～委屈 wěiqu / くやしさを訴える.
【陈套】chéntào 名 古いパターンや方法.
【陈言】chényán〈書〉①動 言葉を述べる. ②名 陳腐な言葉.
【陈账】chénzhàng 名 古い借金;〈喩〉古い問題.

宸 chén

名〈古〉家屋. 奥深い家. ◇◆ 王位;帝王. ¶～居 / 皇居. ¶～章 zhāng / 天子の文章.
【宸翰】chénhàn 名〈書〉天子の親筆.

晨 chén

◇◆ 朝. ►広く,夜半以降から昼前までをさすこともある. ¶早～ / 朝. ¶凌 líng ～ / 未明. ‖姓
【晨报】chénbào 名(新聞の)朝刊;(Chénbào)中華民国期,上海で発行された新聞名.
【晨光】chénguāng 名 朝の光. 朝日.
【晨练】chénliàn 名 早朝トレーニング. 朝練(あされん). ►"晨运 chényùn"とも.
【晨星】chénxīng 名 ①暁の星;〈喩〉数が少ないこと. ¶寥 liáo 若 ruó ～ / 夜明けの星のように少ない. ②〈旧〉明けの明星(金星);水星.
【晨衣】chényī 名 モーニングガウン. バスローブ.

3声 碜(磣) chěn

◇◆ ①(食物に砂が混じっていて)じゃりじゃりする. ¶牙 ～yáchen / 砂が混じってじゃりじゃりする. ②見苦しい. 不格好である. ¶寒 ～hánchen / 醜い.

4声 衬(襯) chèn

動 ①下に(もう1枚)**当てる,敷く,着る.** ¶里面～一件背心 bèixīn / 下にランニングシャツを1枚着る. ¶～上一层 céng 纸 / 下に紙を1枚敷く. ②際立たせる.引き立てる. ¶胖 pàng 太太把他～得更瘦 shòu 了 / 太った奥さんのおかげで彼はいっそうやせて見える.
◇◆ ①下に当てたり,着たりするもの. ¶→～裤 kù. ②襟やそでの裏につけて汚れを防ぐもの. ¶袖 xiù ～儿 / そでカバー.
【衬布】chènbù 名(服の)当て布,芯.
【衬垫】chèndiàn 名 ①〈機〉ライナー. 敷き金. ¶接合 jiēhé ～ / ジョイントライナー. ②当て布.
【衬垫料】chèndiànliào 名 包装用の緩衝材. クッション.
【衬裤】chènkù 名 ズボン下.
【衬里】chènlǐ 名 裏張り. 裏打ち.
【衬裙】chènqún 名 スリップ. ペチコート. 量 条.
【衬衫】chènshān 名(～儿)ワイシャツ. ブラウス.** 量 件. ¶男 nán ～ / ワイシャツ. ¶女 nǚ ～ / ブラウス.
【衬托】chèntuō 動(他のものによって)際立たせる,引き立てる.
*【衬衣】chènyī 名 **下着. シャツ.** 量 件.
【衬映】chènyìng 動 引き立てる. 際立たせる.
【衬字】chènzì 名(戯曲などの歌の歌詞で)口調をそろえたり,メロディーに合わせたりするために加えられる字.

称(稱) chèn

◇◆ かなう. つり合う. ぴったり合う. 適合する. ¶相 xiāng ～ / マッチしている. ¶→～身 shēn. ⇨〖秤 chèng〗
►► chēng
【称身】chèn//shēn 動 (～儿)**(服が)体に合う.** ¶这件衣服你穿 chuān 着挺 tǐng ～的 / その服は君

にぴったりだ.

【称体裁衣】chèn tǐ cái yī 〈成〉実際に即して事を処理する. ►"量 liàng 体裁衣"とも.

*【称心】chèn//xīn 動 **意にかなう. 思いどおりになる.** すっかり満足する. ¶这条裙子 qúnzi 挺 tǐng ～ / このスカートはなかなか気に入っている. ¶日子 rìzi 过得不～ / 暮らしに満足できない. ¶～应手 yìngshǒu / 好適だ；思いどおりになる. ►略して"称手"ともいう.

【称心如意】chèn xīn rú yì 〈成〉思いどおりになって満足する.

【称意】chèn//yì 動 意にかなう. 気に入る. ¶快心 kuài xīn ～ / 大いに満足する.

【称愿】chèn//yuàn 動(人の失敗や災難を)いい気味だと思う.

【称职】chènzhí 形 職責を果たし得る. 適任である. ¶～干部 gànbù / 能力のある幹部.

*# 趁(趂) chèn

❶前 **…を利用して. …に乗じて. …のうちに.** 注意 後ろの目的語が2音節以上のときには"着 zhe"を加えることができる. ¶～暑假 shǔjià 去旅行 / 夏休みを利用して旅行に行く. ¶～着我现在身体还 hái 好,想多做一点儿工作 / 体がまだ達者なうちに,少しでも多く仕事がしたい. ¶→～热 rè.

❷動 ①〈方〉(財産を)持っている. ¶他很～钱 / 彼は金持ちだ. ②〈方〉便乗する. ③〈書〉追う. 追いかける.

【趁便】chèn//biàn 副(…の)機会を利用して；ついでに. ►"顺 shùn 便"とも. ¶～到书店 shūdiàn 买一本书 / ついでに書店に寄って本を1冊買う.

【趁火打劫】chèn huǒ dǎ jié 〈成〉火事場どろぼうを働く.

【趁机】chènjī 副 **機会に乗じて.** ¶～捣乱 dǎoluàn / どさくさにまぎれて騒ぎを起こす.

【趁空】chèn//kòng 副(～儿)暇を利用して. …を見はからって.

【趁亮】chèn//liàng 副(～儿)明るいうちに. 日が暮れないうちに.

【趁热】chèn//rè 副(～儿)熱いのに乗じて. **熱いうちに.** ¶～吃吧 / 冷めないうちに召し上がれ.

【趁热打铁】chèn rè dǎ tiě 〈成〉鉄は熱いうちに打て.

【趁势】chènshì 副 チャンスを利用して. 勢いに乗じて.

【趁手】chènshǒu 副〈方〉ついでに.

【趁心】chèn//xīn →【称心】chèn//xīn

【趁早】chènzǎo 副(～儿)早めに. 早いうちに. ¶～治疗 zhìliáo / 早いうちに治療する. ¶～动身 dòngshēn / 早めに出発する.

谶 chèn

◇◆ 吉凶禍福に関する予言.

【谶纬】chènwěi 名〈古〉讖緯(しんい). 神秘的予言書.

【谶语】chènyǔ 名 不吉な予言.

cheng (ㄔㄥ)

称(稱) chēng

動 ①**…という. …と呼ぶ.** ¶大家都～他再世 zàishì 孔明 Kǒngmíng / みんな彼のことを孔明の生まれかわりと呼んでいる. ¶中文把 *computer* ～作电脑 / コンピュータを中国語で"电脑"といいます.

②(はかりで目方を)量る；(目方売りのものを)買う. ►物差しなどで測るのは"量 liáng"という. ¶～一～体重 tǐzhòng / 体重を量ってみよう. ¶给我～斤 jīn 栗子 lìzi / 栗を1斤(500 g)量って〔売って〕ください. ¶他～回两斤肉 ròu 来 / 彼は肉を2斤(1キロ)買ってきた.

◇◆ ①ほめ称える. ¶→～颂 sòng. ¶→～赞 zàn. ②言う. 述べる. ¶→～便 biàn. ¶→～快 kuài. ③名称. 呼び方. ¶简 jiǎn ～ / 略称. ‖姓

⇒〖秤 chèng〗 ►► chèn

【称霸】chēng//bà 動 覇を唱える. 支配権を握る. ¶～一时 / 一時的に権力の座につく.

【称便】chēngbiàn 動 便利であるとほめる. ¶人人 rénrén ～ / みんな便利だと言う.

【称病】chēngbìng 動 病気を口実にする. ¶～旷课 kuàngkè / 病気を口実に授業をサボる.

【称不起】chēngbuqǐ 動+可補 …とは呼べない. …の資格がない.

【称大】chēng//dà 動 偉ぶる. お高く止まる.

【称贷】chēngdài 動 借金する.

【称道】chēngdào 動 口に出す. 述べる；称賛する.

【称得起】chēngdeqǐ 動+可補 …といえる. …と称するに足りる.

【称号】chēnghào 名 称号. 呼び名.

*【称呼】chēnghu ①動 **呼ぶ.** ¶请问,您怎么～? / すみません,あなたは何とおっしゃいますか. ¶我应该 yīnggāi 怎么～她? / 彼女を何と呼んだらいいでしょうか. ②名(お互いの関係を示す)**呼び名,** 呼称. 参考 中国では相手の名を呼ぶことがあいさつや敬語の代わりになる場合が多い. "老李、小王"のように姓に"老、小"をつけたり,"吴 Wú 经理"のように職称を加えたり,"刘 Liú 大姐"のように親族呼称を組み合わせて呼ぶ. ¶这种～人家 rénjia 早就不用了 / そんな呼び方はとっくに使われなくなっているよ.

【称快】chēngkuài 動 痛快がる. 快哉(かいさい)を叫ぶ. ¶拍手 pāi shǒu ～ / 手をたたいて快哉を叫ぶ.

【称量】chēngliáng 動 目方を量る. ¶～配方 pèifāng 药材 yàocái / 処方通りに薬材の分量を量って調剤する.

【称奇】chēngqí 動 珍しさに感心する. ¶啧啧 zézé ～ / その珍しさを口々に称賛する.

【称赏】chēngshǎng 動 ほめたたえる.

【称述】chēngshù 動 述べる. 言う.

【称说】chēngshuō 動(事物の名を)呼ぶ. ¶为了 wèile 便于 biànyú ～,给每个人都起了个外号 wàihào / 呼びやすくするために,みんなにそれぞれあだ名をつけた.

【称颂】chēngsòng 動 ほめたたえる. 称賛する.

【称叹】chēngtàn 動 賛嘆する. 感心してほめる.

【称谓】chēngwèi 名(親族·身分·職務などの)名称,呼称.

【称谢】chēngxiè 動 礼を言う. 謝意を述べる. ¶～不已 yǐ / 繰り返し礼を言う.

【称雄】chēngxióng 動 雄を唱える. 地方の旗頭となる.

【称许】chēngxǔ 動〈書〉称賛する. ほめる.

【称誉】chēngyù 動〈書〉称賛する. ほめたたえる.

C

C

*【称赞】chēngzàn 動 称賛する．ほめたたえる．¶受到 shòudào 大家的～／みんなにほめられた．

撑(撐) chēng

（さお状のもので）つっぱって支える→がんばって支える→（内から外へ張るように）ぴんとひろげる→（内から外に向かって）つっぱる，ふくれる

動 ①支える；開く．（ぴんと）広げる．¶站直 zhànzhí！别～着桌子 zhuōzi／ちゃんと立て．机に手をつくな．¶用拐杖 guǎizhàng～住身体／杖で体を支える．¶～开伞 sǎn／傘をさす．②（詰め込んで）いっぱいになる，ふくれる．¶～得都站不起来了／腹いっぱいでもう立つこともできない．③持ちこたえる．こらえる．¶他～不住哭 kū 了／彼はこらえきれなくて泣きだした．④突っ張って動かす．¶～船 chuán／さおで舟を操る．

【撑场面】chēng chǎngmiàn 〈慣〉外観を取り繕う．見栄を張る．

【撑持】chēngchí 動 無理に支える．なんとか持ちこたえる．¶他带 dài 病～着去上班 shàngbān／彼は病気を押して出勤する．

【撑得慌】chēngdehuang 動（食べすぎて）腹が張る．

【撑竿跳高】chēnggān tiàogāo 名〈体〉棒高跳び．►"撑杆跳高"とも書く．

【撑门面】chēng ménmian ⇀【撑场面】chēng chǎngmiàn

【撑市面】chēng shìmiàn 〈慣〉主役を務める；腕をふるう；局面を支える．

【撑顺风船】chēng shùn fēng chuán ①〈成〉流れに身をまかせる．場当たり的．►"撑下水船"とも．②〈慣〉のんびりする．

【撑腰】chēng//yāo 動〈喩〉後押しをする．支持する．¶为 wèi 他～／彼の後押しをする．¶～打气 qì／肩入れして元気づける．

瞠 chēng

◇◆ 目を見張る．¶→～目．

【瞠乎其后】chēng hū qí hòu 〈成〉力が遠く及ばず追いつけない．

【瞠目】chēngmù 動〈書〉（驚き，またはあきれて）目を見張る．¶～不知所 suǒ 答／目を丸くするばかりで答えることができない．¶～相视 xiāng shì／びっくりして互いに見つめ合う．

【瞠目结舌】chēng mù jié shé 〈成〉あっけにとられてものが言えない．

2声 *成 chéng

❶動 ①成し遂げる．完成する．¶这件事～不～，还不好说／この件が成功するかどうかはまだなんとも言えない．

語法ノート 動詞（＋"得／不"）＋"成"

完成する．仕上げる．実現する．¶毛衣织 zhī～了／セーターを編み上げた．¶稿子 gǎozi 明天才 cái 写得～／原稿は明日にならなければ書き上がらない．

②…になる．¶他～了一名足球选手 xuǎnshǒu／彼はサッカー選手になった．

語法ノート 動詞＋"成"

…にする．…となる．►"得 de"を挿入できない．¶雪 xuě 化 huà～了水／雪がとけて水になった．

❷形 ①有能である．¶论本领 běnlǐng，他可真～！／彼の腕前ときたら，そりゃたいしたもんだ．②（＝行 xíng）よろしい．¶～，就这么办 bàn／よろしい．そうしましょう．¶你不去怎么～？／君が行かなくちゃだめじゃないか．

❸量 10分の1．…割．¶三～／3割．

◇◆ ①成果．成就．¶一事无 wú～／何一つ成果がない．②成熟した．¶→～人．③すでに出来上がった．¶→～语．④あるまとまった数量に達した．¶→～千上万．‖姓

【成败】chéngbài 名 事の成り行き．成功と失敗．¶不能以～论 lùn 人／結果によって人を評価してはならない．

【成本】chéngběn 名 原価．コスト．¶生产 shēngchǎn～／生産コスト．¶～核算 hésuàn／原価計算．¶降低 jiàngdī～／コストダウンする．

【成才】chéng//cái 動 有用な人物になる．

【成材】chéng//cái 動 材料になる；〈喩〉役に立つ人になる．¶这种树 shù 三四年就可以～／この種類の木は3，4年で材木になる．¶他成不了 buliǎo 什么材！／あいつが役立つ人間になるはずがない．

【成虫】chéngchóng 名〈動〉（昆虫の）成虫．

【成堆】chéng//duī 動 山積する．¶市场 shìchǎng 上摆 bǎi 着～的蔬菜 shūcài／マーケットに野菜が山のように積んである．¶问题 wèntí～／問題が山積する．

【成法】chéngfǎ 名 既定の法律．既成の方法．

【成方】chéngfāng 名（～儿）できあいの処方．既成の処方．►医師が診断後に書く処方と区別していう．¶买 mǎi～药 yào／既成の処方によって薬を買う．

*【成分·成份】chéngfen 名 ①成分．要素．¶肥料 féiliào 的～／肥料の成分．②階級区分．►革命参加以前の経歴や就職前の履歴によって決定される．¶工人～／労働者出身．►①②とも chéngfèn とも読む．

【成风】chéngfēng 動 風習となる．気風が広まる．¶学外语蔚然 wèirán～／外国語の学習が流行となる．

【成服】chéngfú ①動〈書〉喪服を着る．喪に服する．②名 既製服．

【成个儿】chénggèr 動〈口〉①（果物や家畜などが）一定の大きさになる．成熟する．②〈喩〉きちんとした形になる．¶喂 wèi 的鸭 yā 都～了／飼っているアヒルはみな大きく育った．¶这些汉字写得不～，很难认 nán rèn／これらの漢字は形になっていないので，なかなか分かりにくい．

*【成功】chénggōng ①動（↔失败 shībài）成功する．¶手术 shǒushù～了／手術は成功した．¶获得 huòdé 很大的～／大きな成功を収める．②形 見事である．成功である．¶这次大会开得很～／今回の大会は大成功だった．

【成规】chéngguī 名 従来からの規則やしきたり．量 条 tiáo．¶墨守 mò shǒu～／〈成〉旧習を固く守る．

*【成果】chéngguǒ 名 **成果**．たまもの．¶获得 huòdé ～ / 実を結ぶ．¶丰硕 fēngshuò ～ / 偉大な成果．

【成婚】chéng//hūn 動 結婚する．

【成活】chénghuó 動〈生〉活着する．成育する．¶移植 yízhí 的樱花树 yīnghuāshù ～了 / 移植した桜の木が根づいた．

【成绩】chéngjì 名 **成績．記録． ►chéngji または chéngjī と発音することもある．¶取得 qǔdé 良好 liánghǎo 的～ / よい成績を上げる．¶他的～越 yuè 来越好 / 彼の成績はますますよくなった．¶～单 dān / 成績表．

【成家】chéng//jiā 動 ①(男性が)**結婚する，所帯を持つ**．¶我的两个儿子 érzi 都已经～了 / 息子は二人とももう所帯を持っている．②(学術などで)一家をなす．専門家として知られる．

【成家立业】chéng jiā lì yè〈成〉結婚して独立する．

【成奸】chéngjiān 動 姦通(かんつう)する．

【成见】chéngjiàn 名 ①先入観．¶固执 gùzhí ～ / 先入観に固執する．¶消除 xiāochú ～ / 先入観を除く．②定見．個人的見解．

【成交】chéng//jiāo 動 **取引が成立する**．成約する．¶～额 é / 取引高．¶出售 chūshòu 的住房 zhùfáng 很快就～了 / 売り出しの住宅はすぐ売れた．

*【成就】chéngjiù ①名 **成就．達成．業績**．¶取得 qǔdé ～ / 成果を収める．¶他是一个很有～的科学家 kēxuéjiā / 彼はたいへん業績のある科学者だ．②動(事業を)**達成する，成し遂げる**．¶～事业 shìyè / 事業を成し遂げる．

【成礼】chéng//lǐ 動 ①儀式を終わる．②→【成婚】chéng//hūn

*【成立】chénglì 動 ①(組織や機構などを)**創立する．誕生する**．¶中华人民共和国 Zhōnghuá rénmín gònghéguó 是1949年10月1日～的 / 中華人民共和国は1949年10月1日に誕生した．¶～科协 kēxié / 科学協会を創設する．②(理論や意見が)成り立つ，筋が通る．¶这个论点 lùndiǎn 完全可以～ / この論点は完全に成り立つ．

【成例】chénglì 名 慣例．先例．

【成殓】chéngliàn 動 納棺する．

【成龙配套】chéng lóng pèi tào〈成〉組み合わせて完備した体系をつくる．►"配套成龙"とも．

【成名】chéng//míng 動 名をあげる．有名になる．¶～作 / 出世作．¶一举 jǔ ～ / いっぺんに有名になる．

【成名成家】chéng míng chéng jiā〈成〉名をあげ一家をなす．

【成命】chéngmìng 名 すでに出された命令・指示・決定．¶收回 shōuhuí ～ / 命令を撤回する．

【成年】chéngnián 名 ①**成年**．¶～人 / おとな．¶未 wèi ～ / 未成年．②〈口〉1年中．►"成年价 chéngniánjia"とも．

【成年累月】chéng nián lěi yuè〈成〉幾年月．長い間．

【成批】chéngpī 形 大口の．大量の．¶～生产 shēngchǎn / 大量生産．

【成品】chéngpǐn 名(加工済みの)製品．完成品．

【成品粮】chéngpǐnliáng 名 精白した穀物．

【成器】chéng//qì 動 有用な人物になる．¶玉 yù 不琢 zhuó，不～ /〈諺〉玉も磨かなければ器にはならない；人は鍛えなければ有用な人物にはならない．

【成气候】chéng qìhou〈慣〉将来の見込みがある．ものになる．►否定に用いられることが多い．

【成千上万】chéng qiān shàng wàn〈成〉数が非常に多い．幾千幾万．►"成千累 lěi 万""成千成万"とも．

【成亲】chéng//qīn 動 結婚する．¶择 zé 日～ / 吉日を選んで結婚する．

【成全】chéngquán 動(ある目的を達成するよう)助ける，尽力する，世話をする，面倒をみる．¶这下可～了我了 / これでたいへん助かりました．¶～好事 / 他人のよい行い〔縁談・恋〕を成就させる．

【成群】chéngqún 動 群れをなす．¶三五～ / 三々五々群れをなす．¶～结 jié 队 / 群れをなし隊を組む．群れをなす．

【成人】chéng//rén ①動 **大人になる**．¶长 zhǎng 大～ / 大人に成長する．②名 成人．注意 "成人"は「成人になる」以外に「りっぱな大人になる」「一人前になる」の意味を含むことがある．¶这个孩子不～ / この子はろくな人間にならない．

【成人教育】chéngrén jiàoyù 名 成人教育．社会人教育．

【成人之美】chéng rén zhī měi〈成〉人を助けてよい事を成し遂げさせる．

【成日】chéngrì 名 終日．一日中．

【成色】chéngsè 名 ①金貨・銀貨や地金の中に含まれる純金・純銀の分量．純分．②(広く)品質．¶看～定价钱 jiàqián / 品質によって値段を決める．

【成事】chéng//shì ①動 成就する．成功する．¶因 yīn 人～ / 人のおかげで成功する．②名〈書〉過ぎ去ったこと．昔のこと．

【成书】chéngshū ①動 書物になる．1冊の本になる．②名 すでに世間に伝わっている本．

*【成熟】chéngshú 動 ①(植物の実が)**熟する**．¶草莓 cǎoméi ～了 / イチゴが熟した．②完全な程度に達する．¶我这个意见很不～ / 私のこの意見はまだ練れていない．¶时机 shíjī ～了 / 機が熟した．

【成数】chéngshù 名 ①("二十、三百"など)端数のつかない数．②割合．パーセンテージ．

【成双】chéng//shuāng 動 ①対になる．¶～成对 / 対にする．②結婚する．

【成算】chéngsuàn 名 成算．見込み．

【成套】chéng//tào 動 組になる．セットになる．¶～设备 shèbèi / プラント．¶～家具 jiāju / セットになっている家具．そろいの家具．

*【成天】chéngtiān 名〈口〉**一日中．終日**．►"成天价 chéngtiānjia"とも．¶～忙碌 mánglù / 一日中忙しく動き回る．

*【成为】chéngwéi 動+結補 **…になる．…となる**．¶～习惯 xíguàn / 習慣となる．¶梦想终于 zhōngyú ～现实 / 夢がついに現実となる．

【成文】chéngwén〈書〉①名 できあいの文章；〈喩〉古いやり方のたとえ．¶抄袭 chāoxí ～ / 他人の文章を盗用する；古いやり方をそっくりそのまま受け継ぐ．②動 文章化する．

【成文法】chéngwénfǎ 名〈法〉成文法．

【成问题】chéng wèntí〈慣〉**問題になる．困ったことになる**．¶完成销售 xiāoshòu 指标 zhǐbiāo 不～ / 販売目標は問題なく達成できる．

【成想】chéngxiǎng →【承想】chéngxiǎng

【成效】chéngxiào 名 **効果．効き目**．¶～卓著

zhuózhù / 効果が顕著である.
【成心】chéngxīn 形 故意である. わざとである. ¶～难为 nánwéi 她 / わざと彼女を困らせる.
【成行】chéngxíng 動 出発できるようになる;(旅行・訪問などが)本決まりとなる.
【成形】chéngxíng 動 ① 一定の形になる;一定の形にする. ¶～作品 zuòpǐn / できあがった作品. ② 〈医〉整形する. ¶～外科 wàikē / 整形外科. ③ 〈医〉正常な形態を保つ. ¶不～便 biàn / 軟便.
【成性】chéngxìng 動 癖になる. 習わしとなる. ¶懒惰 lǎnduò ～ / なまけ癖がつく.
【成药】chéngyào 名 調合済みの薬. 売薬.
【成夜】chéngyè 名 一晩中. ¶成日～ / まる一昼夜. ¶～不睡 shuì / 夜通し起きている.
【成衣】chéngyī ① 動 服を仕立てる. ¶～厂 chǎng / 縫製工場. ¶～匠 jiàng / 裁縫師. ¶～铺 pù / 仕立屋. ② 既製服.
【成议】chéngyì 名 成立した協議. 合意.
【成瘾】chéng//yǐn 動 習慣となる. やみつきになる.
【成油气】chéngyóuqì 名〈化〉エチレン.
*【成语】chéngyǔ 名〈語〉**成語**. 成句. ことわざ. ►中国語の成語は多く漢字4字から成る. ㊜ 句,个,条.
*【成员】chéngyuán 名 **構成員**. **メンバー**. ¶～国 / 加盟国.
【成约】chéngyuē 名 締結済みの条約. 決めた約束.
【成灾】chéng//zāi 動 災難となる. ¶暴雨 bàoyǔ ～ / 豪雨が災難となる. ¶黄色录像 huángsè lùxiàng 泛滥 fànlàn ～ / ポルノビデオがはんらんし大きな災いとなる.
【成章】chéngzhāng 動 ① 文章ができ上がる. ¶下笔 bǐ ～ / 筆を執ればたちまち達意の文ができ上がる. ¶出口～ / 口にしたことがそのまま文章になる. ② 筋が通る. ¶顺 shùn 理～ / 〈成〉理にかない筋が通っている.
*【成长】chéngzhǎng 動 **成長する;生長する**. ¶她已～为 wéi 大姑娘 gūniang 了 / 彼女はもう年ごろの娘に育った. ¶小树苗 shùmiáo 一天天～着 / 小さな苗木は毎日生長している.
【成竹在胸】chéng zhú zài xiōng 〈成〉胸に成算がある. 成功する見込みがある. ►"胸有 yǒu 成竹"とも.
【成总儿】chéngzǒngr 副〈口〉① 全部まとめて. ¶把这个摊儿 tānr 上的货 huò ～买下了 / その屋台の品をまとめて買ってしまった. ② 大量に. どっさり. ¶零买 língmǎi 不如～买 / ちびちび買うよりまとめ買いしたほうが得だ.

丞 chéng "丞相 chéngxiàng"(古代の執政の大臣)という語に用いる. ‖姓

呈 chéng 動 ①(ある色や形を)**呈する**. (…の状態・様子を)**示している**. ¶他的眉毛 méimao ～八字形 / 彼の眉は八の字の形になっている. ¶面～喜悦 xǐyuè 之色 / 顔に喜びの色が現れている. ② 差し上げる. 進呈する. ¶～上礼物 / 贈り物を差し上げる.
◇◆ 上申書. 申請書. ¶→～文. ‖姓
【呈报】chéngbào 動(書面で)報告する,上申する.
【呈露】chénglù 動 現す. 現れる.
【呈请】chéngqǐng 動(書面で)申請する,願い出る.
【呈送】chéngsòng 動 差し上げる. 呈上する.
【呈文】chéngwén 名〈旧〉上申書. 申告書.
【呈现】chéngxiàn 動 **現れる**. **現す**. **呈する**.
【呈献】chéngxiàn 動 献呈する. 進呈する.
【呈阅】chéngyuè 動 上司の高覧に供する.
【呈正・呈政】chéngzhèng 動〈書〉〈謙〉(作品を贈呈するときに添え書きする語)ご叱正(しっせい)を請う.
【呈子】chéngzi 名 上申書. 申請書.

诚 chéng ◇◆ ①誠の. 実(じつ)のある. ¶开～布 bù 公 / 〈成〉誠意を表す. ②実際に. 確かに. ¶～有此事 cǐshì / 実際にそんなことがあった. ‖姓
【诚笃】chéngdǔ 形 誠実である.
【诚惶诚恐】chéng huáng chéng kǒng 〈成〉恐れ入ってびくびくする. ►元来は臣下が皇帝に上奏する際の決まり文句.
*【诚恳】chéngkěn 形 **真心がこもっている**. **心からの**. ¶～的愿望 yuànwàng / 切なる願い.
【诚朴】chéngpǔ 形 誠意があって朴訥(ぼくとつ)である.
【诚然】chéngrán ① 副〈書〉実際に. ほんとうに. ② 接続 なるほど…(しかし…).
*【诚实】chéngshi 形 **誠実である**. **まじめである**. ¶他为人 wéirén ～,从没骗 piàn 过人 / 彼は誠実な人で,人をだましたことがない.
【诚心】chéngxīn ① 名 **真心**. **誠意**. ¶一片 piàn ～ / 誠意がこもっている. ② 形 誠実である.
【诚信】chéngxìn ① 形 誠実である. 約束を守る. ② 名 誠実さと信用.
【诚意】chéngyì 名 **誠意**. **真心**. ¶缺乏 quēfá ～ / 誠意がない.
【诚挚】chéngzhì 形 真摯(しんし)である. 誠実である.

承 chéng 動〈套〉(人の好意を)被(こうむ)る. …にあずかる. …していただく. ¶～您过奖 guòjiǎng / おほめにあずかって恐れ入ります.
◇◆ ①引き受ける. 担当する. 請け負う. ¶→～办 bàn. ¶→～包 bāo. ¶→～担 dān. ②支える. 受けとめる. ¶→～载 zài. ¶以盆 pén ～雨 / たらいで雨水を受ける. ③受け継ぐ. 継続する. ¶继 jì ～ / 継承する. 相続する. ‖姓
【承办】chéngbàn 動 請け負う. 引き受ける.
【承包】chéngbāo 動(仕事を)**請け負う**;(大口の注文を)**引き受ける**. ¶～商 / 請負業者. ¶～桥梁 qiáoliáng 工程 gōngchéng / 橋の工事を請け負う. ¶搞 gǎo ～ / 請負制をとり入れる.
【承保】chéngbǎo 動 保証〔保険〕を引き受ける. ¶～人 / 保証人.
【承担】chéngdān 動(職務・責任などを)**引き受ける**,**担当する**. ¶～艰巨 jiānjù 的工作 / 困難な仕事を引き受ける. ¶～一切费用 fèiyòng / 一切の費用を受け持つ. ¶～后果 hòuguǒ / 結果に責任を持つ.
【承当】chéngdāng 動 ① **請け負う**. **責任を負う**. 引き受ける. ¶～责任 zérèn / 責任を負う. ②〈方〉承知する. 承諾する.
【承兑】chéngduì 動〈経〉手形の支払いを引き受ける. ¶银行～旅行支票 lǚxíng zhīpiào / 銀行でトラベラーズチェックを引き受ける.

【承恩】chéng//ēn 動 恩を受ける．恩義をこうむる．
【承继】chéngjì 動 ①(跡継ぎのいないおじの)養子になる．②(兄弟の子を)跡継ぎにする．③相続する．¶～人/相続人．
【承建】chéngjiàn 動 建築工事を請け負う．
【承教】chéngjiào 動〈套〉教えを受ける．ご指導を賜る．¶～～/お教えいただきありがとうございます．
【承接】chéngjiē 動 ①(容器で液体を)受ける,受け止める．②(仕事などを)引き受ける．③(文章などを)接続する,受ける．¶～上文/前の文を受けて後に続く．
【承揽】chénglǎn 動(業務を)請け負う,引き受ける．
【承蒙】chéngméng 動〈套〉受ける．…にあずかる．¶～指教 zhǐjiào,非常感谢/ご教示いただき,本当にありがとうございました．¶～来电祝贺 zhùhè,谨致 jǐn zhì 谢意/ご祝電をいただき,謹んで謝意を表します．
【承诺】chéngnuò 動 承諾する．承知する．¶我对他没有～过任何 rènhé 事/私は彼に何も承諾していない．
【承情】chéng//qíng 動〈套〉温かいお気持ちをいただく．ご親切にも．¶我～了,礼品 lǐpǐn 可不能收 shōu/お気持ちだけありがたくいただきます,お品はいただくわけにはまいりません．
*【承认】chéngrèn 動 ①**認める．同意する．**肯定する．¶～错误 cuòwù/ミスを認める．②(新しい国や政権を)承認する．
【承上启下】chéng shàng qǐ xià〈成〉(文章などで)上を受けて下を起こす；上からの指図を受けて下の方へ伝達する．►"承上起下"とも．
*【承受】chéngshòu 動 ①**(試練・重量などを)受ける．耐える．**¶～外界压力 yālì/外部からの圧力に耐える．¶～不住重量 zhòngliàng/重量に耐えられない．②(財産・権利などを)相続する．¶～祖产 zǔchǎn/祖先の財産を受け継ぐ．
【承望】chéngwàng 動(多く否定や反語に用い)思ってみる．予想する．¶没～你也能来旅游 lǚyóu,真太好了/思いがけなくも君も旅行に来ることができて,ほんとうによかった．
【承袭】chéngxí 動 ①踏襲する．②(爵位などを)襲う,受け継ぐ．
【承先启后】chéng xiān qǐ hòu〈成〉先人の後を受けて,新しく発展する端緒を開く．►多く学問や事業などについていう．
【承想】chéngxiǎng 動(多く否定や反語に用い)予想する．►"成想"とも．¶谁 shéi ～今天又刮 guā 大风呢/きょうもまた強風になるなんてだれも予想しなかった．
【承修】chéngxiū 動 修理を引き受ける．¶～各种钟表 zhōngbiǎo/各種時計の修理をいたします．►看板に書く文句．
【承应】chéngyìng 動 承諾する．
【承允】chéngyǔn 動 承諾する．受け入れる．¶满口 mǎnkǒu～/二つ返事で承諾する．
【承运】chéngyùn 動 ①運送を引き受ける．¶～人/運送人．配達人．②〈旧〉天命を受ける．
【承载】chéngzài 動 荷重を受ける．¶～能力 nénglì/荷重能力．
【承造】chéngzào 動 請け負って製造〔建築〕する．
【承重】chéngzhòng 名〈建〉荷重耐圧．
【承转】chéngzhuǎn 動 公文書を受け取ってから上級または下級へ回す．
【承做】chéngzuò 動 注文を受けて製造する．

*# 城 chéng

名 ①(↔乡 xiāng)**都市．町．**㊖座．②**城壁で囲まれた区域．市街地．**❖进 jìn～/町へ行く．③城壁．㊖座．¶一座～/一つの城．④〈喩〉専門街．特定業種の集まったビル・街区．
【城堡】chéngbǎo 名 砦(とりで)．城．
【城防】chéngfáng 名 都市の防衛．¶巩固 gǒnggù～/都市の防衛をしっかりする．¶～工事/都市の防衛施設．
【城府】chéngfǔ 名〈書〉他人に対する警戒心．¶～很深 shēn/なかなか腹を割らない．気持ちがつかめない．¶胸 xiōng 无～/率直である．
【城根】chénggēn 名(～儿)城壁に近い所；城壁の下．
【城关】chéngguān 名 城外で城門に近い区域．
【城郭】chéngguō 名〈書〉(一般に)都市．
【城壕】chéngháo 名 城の堀．外堀．
【城隍】chénghuáng 名 ①〈書〉城の堀．②町の守り神．¶～庙 miào/鎮守のやしろ．
【城建】chéngjiàn 名〈略〉都市建設(の計画や工事)．
【城郊】chéngjiāo 名 城外．郊外．
【城里】chénglǐ 名 **城内．市内．**¶～人/町の人．
【城楼】chénglóu 名 城門の上の物見やぐら．
【城门】chéngmén 名 城門．
【城门洞】chéngméndòng 名(～儿)城門の出入口．
【城门脸儿】chéngménliǎnr 名 城門の外側一帯．
【城门失火,殃及池鱼】chéng mén shī huǒ, yāng jí chí yú〈成〉思わぬ巻きぞえを食う．
【城墙】chéngqiáng 名 城壁．㊖堵 dǔ,垛 duǒ．
【城区】chéngqū 名 市街地区．都市中心部．►"郊区 jiāoqū"(近郊地区)と区別する．
【城阙】chéngquè 名〈書〉①城門の両側の物見やぐら．望楼．②宮殿．
【城市】chéngshì 名 **都市．㊖座,个．¶友好～/友好都市．¶～规划 guīhuà/都市計画．¶～居民 jūmín/都市の住民．¶～热岛 rèdǎo 效应 xiàoyìng/都市のヒートアイランド現象．
【城头】chéngtóu 名 城壁の上．
【城外】chéngwài 名 郊外．市外．¶家住～/郊外に住む．
【城下之盟】chéng xià zhī méng〈成〉城下の盟．屈辱的な条約．
【城乡】chéngxiāng 名 都市と農村．
【城厢】chéngxiāng 名 市街と城門に接した大通り．
【城镇】chéngzhèn 名 **都市と町．**

*# 乘 chéng

❶動 ①**乗る．**►話し言葉では,普通"坐 zuò"や"骑 qí"を用いる．¶～马/馬に乗る．¶～车/車に乗る．¶～飞机 fēijī/飛行機に乗る．②〈数〉掛ける．乗ずる．¶7～3等于 děngyú 21/7掛ける3は21．
❷前 **…に乗じて．…につけこんで．**…を利用して．►話し言葉では"趁 chèn"を用いることが多い．
❸◆仏教の教義．¶大～/大乗仏教．‖姓

C

⏩ shèng
【乘便】chéngbiàn 副(…の)機会に乗じて；ついでに.
【乘除】chéngchú 名 1 掛け算と割り算；(一般に)計算. 2〈書〉栄枯盛衰.
【乘法】chéngfǎ 名〈数〉乗法. 掛け算.
【乘方】chéngfāng 名〈数〉累乗.
【乘风破浪】chéng fēng pò làng〈成〉困難をものともせずに前進する. すさまじい勢いで発展する.
【乘号】chénghào 名〈数〉掛け算の記号. 乗号.
【乘机】chéngjī 副 **機に乗じて**. その機会に. ¶小偷～逃出了派出所 / 泥棒はすきを見て派出所から脱走した.
【乘积】chéngjī 名〈数〉積. ►"积"とも.
【乘警】chéngjǐng 名 鉄道警察(官).
*【乘客】chéngkè 名 **乗客**.
【乘凉】chéng//liáng 動 涼む. 涼をとる.
【乘人之危】chéng rén zhī wēi〈成〉人の困っているのに付け込む. 人の足もとを見る.
【乘胜】chéngshèng 副 勝ちに乗じて. ¶～追击 zhuījī / 勝ちに乗じて追撃する.
【乘时】chéngshí 副 機会に乗じて. ¶～趋利 qū lì / 機会に乗じて利に走る.
【乘势】chéngshì 副 勢いに乗じて.
【乘务】chéngwù 名(列車や飛行機・船などの)乗務.
【乘务员】chéngwùyuán 名 乗務員.
【乘隙】chéngxì 副〈書〉すきに乗じて. ¶～脱逃 tuōtáo / すきに乗じて脱走する.
【乘兴】chéngxìng 副 興に乗って.
【乘虚】chéngxū 副 虚に乗じて. 虚をついて. ¶～而入 / すきをついて入りこむ.
*【乘坐】chéngzuò 動(車や船などに)乗る. ¶～火车〔飞机〕/ 列車〔飛行機〕に乗る.

*## 盛 chéng

動 1(飲食物などを)**盛る**, よそう. ¶～饭 / ご飯を盛る. ¶～汤 tāng / おつゆをつける. 2 **入れる. 収容する**. ¶这个礼堂 lǐtáng 能～三千人 / このホールは3千人収容できる. ⏩ shèng
【盛器】chéngqì 名 器. 容器.

程 chéng

名 道のり. 少しの道のり. ¶送 sòng 你一～ / 途中までお送りします.
◇◆ ①規定. 法式. ¶章 zhāng ～ / 規約. ②順序. 次第. ¶议 yì ～ / 議事日程. ③道の距離. ¶射 shè ～ / 射程. ‖姓
*【程度】chéngdù 名 1 **事物が変化して到達した状況**. ¶现在还没热到难忍 rěn 的～ / 今はまだ暑くてがまんできないほどではない. 2 **知識や能力などの面での水準**. ¶文化 wénhuà ～ / 教養の程度. 学歴.
【程控】chéngkòng 名〈電算〉〈略〉プログラム制御. ¶～设备 shèbèi / プログラム制御装置.
【程式】chéngshì 名 **法式. 書式**. 規格. ¶公文 gōngwén ～ / 公文書式.
【程限】chéngxiàn 名〈書〉 1 格式と制限. 枠. 2 定められた進度.
*【程序】chéngxù 1 **順序. 手順**. ¶工作 gōngzuò ～ / 仕事の手順. 2〈電算〉**プログラム**. ¶～设计 shèjì / プログラミング.
【程序控制】chéngxù kòngzhì 名〈電算〉プログラム制御.
【程仪】chéngyí 名〈書〉餞別(せんべつ).
【程子】chéngzi 名〈方〉ある時分.

惩(懲) chéng

◇◆ ①処罰する. こらしめる. ¶严 yán ～ / 厳しく処罰する. ②警戒する. ¶～警 jǐng / 警戒する.
【惩办】chéngbàn 動(犯罪者に)罰を加える. 処罰する.
【惩处】chéngchǔ 動(犯罪者を)処罰する. ¶依法 yīfǎ ～ / 法律によって処罰する.
【惩罚】chéngfá 動 **懲罰する. 厳重に処罰する**. ¶对于 duìyú 酒后开车者必须 bìxū ～ / 飲酒運転は厳重に処罰しなければならない. ¶奸商 jiānshāng 得到了应 yīng 有的～ / 悪徳商人は当然の懲罰を受けた.
【惩羹吹齑】chéng gēng chuī jī〈成〉あつものに懲りてなますを吹く.
【惩戒】chéngjiè 動 懲戒する. ¶通过罚款 fákuǎn ～违规 wéiguī 的司机 sījī / 罰金を取ることで,交通ルールを守らない運転手を懲戒する.
【惩前毖后】chéng qián bì hòu〈成〉前の誤りを後の戒めとする. ¶～,治病救人 zhì bìng jiù rén / 過去の失敗や誤りを戒めとして,欠点をなおしてりっぱな人間にする.
【惩一儆百】chéng yī jǐng bǎi〈成〉一罰百戒. 少数の者をこらしめて大勢のみせしめとする. ►"惩一警百"とも.
【惩治】chéngzhì 動 懲罰する. 処罰する.

澄(澂) chéng

◇◆(水が)澄んでいる. ¶→～清 qīng.
⏩ dèng
【澄澈】chéngchè 形 澄みわたっている. すきとおっている. ►"澄彻"とも書く.
【澄空】chéngkōng 名 澄みきった空. ¶～如洗 rú xǐ / 空はまるで洗ったように晴れわたっている.
【澄明】chéngmíng 形 澄みきって明るい. ¶泉水 quánshuǐ ～ / 泉の水が澄みきっている.
【澄清】chéngqīng 形 ❶澄んでいる. ¶湖水碧绿 bìlǜ ～ / 湖水はまっ青に澄んでいる. ❷動 1(問題や認識を)はっきりさせる. 明らかにする. ¶～误会 wùhuì / (真相をはっきりさせて)誤解を解く. 2(混乱した局面を)一掃する. ⇒【澄清】dèng//qīng
【澄莹】chéngyíng 形〈書〉清く明るい.
【澄湛】chéngzhàn 形〈書〉明るく澄んでいる.

橙 chéng

名〈植〉ダイダイ.
◇◆ だいだい色.
【橙黄】chénghuáng 名 だいだい色.
【橙子】chéngzi 名 ダイダイの実.

逞 chěng

3画

動 1 **見せびらかす**. ひけらかす. ¶～威风 wēifēng / いばりちらす. 2 **放任する**. なすがままにさせる. ¶不要～着孩子调皮 tiáopí / 子供のいたずらを放任してはいけない.
◇◆(悪だくみが)うまくいく. ¶得 dé ～ / 悪だくみがうまくいく.
【逞脸】chěng//liǎn 動〈方〉つけあがる. 図に乗る. ¶你别～了 / 図にのるな.
【逞能】chěng//néng 動 能力をひけらかす. 格好をつける. ¶好 hào ～ / 強がる.

【逞强】chěng//qiáng 動 強がる．からいばりする．¶～好胜 hàoshèng / 空いばりで負けずぎらいだ．
【逞性子】chěngxìngzi 動 わがままをする．►“逞性”とも．
【逞凶】chěngxiōng 動 のさばる．横暴を働く．

4声 **秤**(称) chèng 名 はかり．(量) 台 tái; [竿ばかり]杆 gǎn. ⇒〖称chèn,chēng〗
【秤锤】chèngchuí 名 はかりの分銅．
【秤杆】chènggǎn 名(～儿)竿ばかりの竿．
【秤钩】chènggōu 名 竿ばかりの先のかぎ．
【秤毫】chèngháo 名 竿ばかりのつり手．
【秤盘子】chèngpánzi 名 竿ばかりの皿．
【秤星】chèngxīng 名(～儿)竿ばかりの目盛り．

chi (ㄔ)

1声 ** **吃**(喫) chī 動 ①**食べる**．食う；(薬・乳・酒などを)**飲む**．¶～一顿 dùn 饭 / ご飯を食べる．¶～过饭了吗？/ 食事は済みましたか．¶～饱 bǎo 了 / おなかがいっぱいです．¶～药 yào / 薬を飲む．
②(場所・道具を目的語にとって)…**で食べる**．¶～饭馆 fànguǎn / レストランで食事をする．¶～大碗 dàwǎn / どんぶりで食べる．
③(生活手段を目的語にとって)…**で生活する**．¶～失业保险 shīyè bǎoxiǎn / 失業保険をもらって生活する．
④**吸収する**．吸いとる．¶棉布 miánbù ～汗 hàn / コットンは汗をよく吸う．
⑤(相手の駒を)取る．(敵を)殲滅(せんめつ)する．¶他的“马 mǎ”～着你的“车 jū”呢 / (中国将棋で)彼の馬が君の車を取ろうとしている．¶A公司～掉 diào 了B公司 / A社がB社を乗っ取った．
⑥(被害を)**受ける**；(ひどい目に)遭う；**騙**される．¶～苦头 kǔtou / ひどい目に遭う．¶不～这一套 tào / その手は食わない．
◇◆ ①消耗する．消費する．¶→～力 lì．②耐える．支える．¶→～不消 buxiāo．③どもる．¶口～ / どもる．
【吃白饭】chī báifàn 〈慣〉①ご飯だけ食べておかずに箸をつけない．②無銭飲食する．③ただ飯を食う；居候をする．
【吃白食】chī báishí 〈方〉ただ飯を食う．
【吃豹子胆】chī bàozidǎn 〈慣〉向こう見ずで大胆である．
【吃闭门羹】chī bìméngēng 〈慣〉門前払いを食う．
【吃瘪】chībiě 動(～子)〈方〉①へこまされる．やりこめられる．②屈服する．降参する．
【吃不服】chībufú →【吃不惯】chībuguàn
【吃不惯】chībuguàn 動+可補 **口に合わない．食べつけない**．¶生鱼片 shēngyúpiàn 我总 zǒng ～ / どうも刺身は口に合わない．
【吃不开】chībukāi 動+可補 通用しない．歓迎されない．¶那一套 tào 现在可～了 / そんなやり方は今はもうはやらない．
【吃不来】chībulái 動+可補 **食べ慣れない．口に合わない**．¶我～腐乳 fǔrǔ / 私はフールー（発酵豆腐の塩漬け）が食べられない．
【吃不了】chībuliǎo 動+可補(量が多くて)食べきれない．食べられない．¶我已经～了 / 私はもう食べられない．¶因为过敏 guòmǐn，他～鸡蛋 jīdàn / アレルギーで卵が食べられない．
【吃不了兜着走】chībuliǎo dōuzhe zǒu 〈諺〉食べきれない分は包んで持ち帰る；失敗したら責任を負う．
【吃不起】chībuqǐ 動+可補(金がなくて)食べられない，口にすることができない．¶鱼翅 yúchì 我可～ / フカヒレなんて，高くて食べられませんよ．
【吃不上】chībushàng 動+可補 食物にありつけない．食いはぐれる．¶～鲜鱼 xiānyú / 新鮮な魚にありつけない．
【吃不下】chībuxià 動+可補 **(満腹で)食べられない；(病気で)食物が喉を通らない**．¶谢谢，我实在 shízài ～了 / ありがとう，もうほんとうにおなかがいっぱいで食べられません．¶再吃点儿 diǎnr 吧！——我已经～了 / もう少し食べなさい——もう喉を通らないよ．
【吃不消】chībuxiāo 動+可補 **閉口する．やりきれない**．¶今天我有点儿～ / 今日はちょっと疲れた．
【吃不住】chībuzhù 動+可補 支えきれない；耐えられない．¶这根 gēn 绳子 shéngzi ～那么重 zhòng 的东西 / この縄ではあんな重い物は支えきれない．
【吃不准】chībuzhǔn 動+可補 ①はっきり把握できない．¶我～他是在开玩笑 kāi wánxiào，还是在说真的 / 彼が冗談を言っているのか，本当のことを言っているのかさっぱり分からない．②自信がない．
【吃吃喝喝】chīchīhēhē 動 飲み食いをする．
【吃穿】chīchuān 名 衣食．¶不愁 chóu ～ / 衣食に困らない．
【吃醋】chī//cù 動(多く男女間で)やきもちを焼く．
【吃大锅饭】chī dàguōfàn 〈慣〉親方日の丸．►悪平等のたとえ．
【吃大户】chī dàhù 〈慣〉①〈旧〉凶作の年，農民が大挙して地主や富豪を襲い食糧を奪う．②(口実を設けて)豊かな個人や組織に飲食や金をねだる．
【吃得开】chīdekāi 動+可補 受けがよい．顔がきく．¶他在这一带很～ / 彼はこの界隈では顔がきく．
【吃得来】chīdelái 動+可補(口に合って)食べられる．¶鸡肉 jīròu 我～ / 私はトリ肉なら食べられる．
【吃得上】chīdeshàng 動+可補 食にありつける；食事に間に合う．¶那个时候，只有靠 kào 海的地方才～鱼 / あのころは，海の近くでないと魚が食べられなかった．
【吃得下】chīdexià 動+可補 食べられる．食事が喉を通る．¶还有一点，你～吗？/ 少し残っていますが，まだ食べられますか．
【吃得消】chīdexiāo 動+可補 支えきれる．耐えられる．¶这么重 zhòng 的活儿 huór，她怎么～？/ こんなきつい作業に彼女が耐えられるものか．
【吃得住】chīdezhù 動+可補 支えきれる．¶装 zhuāng 了这么多东西，袋子 dàizi ～吗？/ こんなにものがいっぱい入っていて，袋は大丈夫ですか？
【吃定心丸】chī dìngxīnwán 〈慣〉よい知らせをもらって安心する．
【吃豆腐】chī dòufu 〈慣〉〈方〉①(多くは女性を)からかう，ひやかす．②不幸のあった家へお悔やみに行く．
【吃独食】chī dúshí 〈慣〉(～儿)利益を独占する．
【吃耳光】chī ěrguāng 〈慣〉びんたを食らう．¶吃

C

了几 jǐ 个耳光 / 2, 3 発びんたを食らった.

【吃饭】chī//fàn 動 食事をする；〈転〉生きていく．生活する．¶吃了饭再 zài 走吧 / 食事をしてからお帰りになってはいかがですか．¶靠 kào 利息 lìxī ～ / 利子で暮らす．

【吃干饭】chī gānfàn 〈慣〉むだめし食い．役立たず．

【吃功夫】chī gōngfu 〈慣〉骨が折れる．¶这是一个很～的工作 / これはとてもしんどい仕事だ．

【吃挂络儿】chī guàlàor 〈慣〉とばっちりを食う．¶他做错了事,别人也跟 gēn 着～ / 彼がしくじったので他の人も巻き添えをくった．

【吃官司】chī guānsi 〈慣〉訴えられる．裁判沙汰になる．

【吃馆子】chī guǎnzi 〈口〉料理屋で食事をする；外食する．

【吃光蛋】chī guāngdàn 〈慣〉テストで零点を取る．►0が卵の形をしていることからの連想．

【吃喝风】chīhēfēng 名 公金で飲み食いする風潮．

【吃喝嫖赌】chī hē piáo dǔ 〈成〉飲む・打つ・買う；悪い遊びにふける．

【吃喝儿】chīhēr 名〈口〉飲食物；飲み食い．

【吃喝玩乐】chī hē wán lè 〈成〉酒食遊楽にふける．ぜいたく三昧の生活をする．

【吃黑枣儿】chī hēizǎor 〈慣〉弾(たま)を食らう；銃殺される．

【吃后悔药】chī hòuhuǐyào 〈慣〉後悔する．►"卖 mài 后悔药"とも．

【吃回扣】chī huíkòu 〈慣〉リベートを受け取る．

【吃货】chīhuò 名〈罵〉むだ飯食い．穀つぶし．

【吃紧】chījǐn 形 ①(軍事・政治情勢・金融市場などが)緊張している,逼迫している,急を要する．¶银根 yíngēn ～ / 金融が逼迫する．②重要である．緊要である．

【吃劲】chī//jìn ❶形 ①(～儿)力がいる．骨が折れる．¶一个人提 tí 这件行李 xíngli 可有点儿～ / 一人でこの荷物を持つのはちょっと骨だ．②〈方〉(多く否定の形で)重要である．❷動(～儿)力に耐える．支える．

*【吃惊】chī//jīng 動 **驚く．びっくりする．**¶吃了一惊 / びっくりした．¶大吃一惊 / びっくり仰天する．

【吃空额】chī kòng'é 〈慣〉水増し報告をして支給された人件費を着服する．►"吃空饷 xiǎng"とも．

*【吃苦】chī//kǔ 動 **苦労をする．苦しい目にあう．**►"吃累 lèi"とも．¶～耐劳 nàiláo / 苦しみやつらさを堪え忍ぶ．

【吃苦头】chī kǔtou つらい目にあう．ひどい目にあう．

*【吃亏】chī//kuī 動 ①**損をする．ばかをみる．**¶吃大亏 / 大損をする．¶我吃过他的亏 / 私は彼に一杯食わされたことがある．②(条件が)不利である．

【吃劳保】chī láobǎo 労働保険で生活する．

【吃老本】chī lǎoběn 〈慣〉(～儿)自分の経歴・学問・技術などに満足して,それ以上努力しない．

【吃里爬外】chī lǐ pá wài 〈成〉敵側の利益をはかる．裏切り行為(をする)．

*【吃力】chīlì 動 **骨が折れる．苦労する．**

【吃力不讨好】chīlì bù tǎohǎo 〈諺〉骨折り損．¶～的差事 chāishi / 割の悪い仕事．

【吃零嘴】chī língzuǐ 間食する．

【吃奶】chī//nǎi 動 乳を飲む．¶给 gěi 孩子～ / 赤ん坊におっぱいを飲ませる．

【吃派饭】chī pàifàn (幹部が農村に出張し)指定された農家で食事をする．

【吃偏饭】chī piānfàn 〈慣〉特別扱いされる．►"吃偏食"とも．

【吃偏食】chī piānshí 〈慣〉他人よりよい食事をする；〈慣〉特別扱いされる．►"吃偏饭"とも．

【吃枪药】chī qiāngyào 〈慣〉つっけんどんで道理をわきまえない話し方をする．いきり立っていて荒々しい言い方をする．

【吃枪子】chī qiāngzǐ (～儿)〈慣〉〈罵〉鉄砲玉に当たって死ぬ．

【吃请】chīqǐng 動〈貶〉供応を受ける．食事に招かれる．

【吃软不吃硬】chī ruǎn bù chī yìng 〈諺〉下手(したて)に出られると折れるが,強く出られると反発する．

【吃商品粮】chī shāngpǐnliáng 〈慣〉都市で生活する．

【吃食】chīshí 動(～儿)(動物が)えさを食べる．

【吃水】chīshuǐ ❶動 水分を吸収する．¶这种大米 dàmǐ ～ / この種の米はよく水を吸う．❷名 ①(船の)喫水．¶船身 chuánshēn ～一米八 / 船体の喫水は1.8メートルだ．②〈方〉飲用水．飲料水．

【吃私】chīsī 動 そでの下を取る．収賄する．¶～舞弊 wǔbì / 賄賂を取って不正を働く．

【吃素】chīsù 動 ①精進料理を食べる．②〈喩〉(多く否定の形で)容赦する．

【吃透】chī//tòu 動+結補 すっかり理解する．十分にのみ込む．¶今天学的内容没～,回家得 děi 好好儿 hǎohāor 复习 / 今日習った内容は完全に理解できていないので,家に帰ったらちゃんと復習しなければいけない．

【吃闲饭】chī xiánfàn 〈慣〉居そうろうをする；むだ飯を食う．

【吃现成饭】chī xiànchéngfàn 〈慣〉苦労せずにうまい汁を吸う．何もせずに利益を得る．

【吃香】chīxiāng 動〈口〉歓迎される．受ける．もてる．

【吃相】chīxiàng 名 食べる格好．食べる姿．¶那个人的～回真难看 nánkàn / あの人の食べている格好,本当にみっともない．

【吃小灶】chī xiǎozào 〈慣〉特に面倒をみてもらう．特別優遇を受ける．

【吃心】chī//xīn 動〈方〉気を回す．疑う．

【吃鸭蛋】chī yādàn 〈慣〉試験などで0点を取る．►"吃鸡蛋 jīdàn"とも．

【吃哑巴亏】chī yǎbakuī 〈慣〉泣き寝入りする．

【吃一堑,长一智】chī yī qiàn, zhǎng yī zhì 〈諺〉一度つまずけばそれだけ利口になる．

【吃斋】chī//zhāi 動 ①精進する．(肉食せず)菜食する．②(僧が)食事をする．

【吃重】chīzhòng ❶形 ①責任が重い．¶教练职务 zhíwù 很～ / コーチの仕事は責任重大だ．②骨が折れる．¶编纂 biānzuǎn 词典是一项 xiàng 很～的工作 / 辞書の編集は骨の折れる仕事だ．❷名 積載量．荷重．

【吃准】chī//zhǔn 動 間違いないと思う．確信を持つ．¶我～他一定 yídìng 会来的 / 彼はきっと来ると信じている．

【吃租】chīzū 動 小作料や家賃の収入で生活する．

【吃嘴】chī//zuǐ 〈方〉①動 間食をする．②形 食いしん坊である．口が卑しい．

【吃罪】chīzuì 動 責任を取る．罪を負う．¶～不起 / 責任を取り切れない．¶～不轻 qīng / 重い罪を着る．

哧 chī

擬 ①《紙・布などを勢いよく引き裂く音》びりっ．②《吹き出すような笑い声》ぷっ．くすっ．③《気体・液体が狭いところから噴き出す音》しゅう．ひゅう．

注意 "吃""嗤"とも書く．②③の場合は重ねて用いることが多い．発音は子音 ch だけのこともある．

【哧溜】chīliū 擬《勢いよく滑った音，または滑って転んださま》つるっ．すてん．►"嗤溜"とも書く．

鸱 chī

名〈古〉〈鳥〉ハイタカ．
◇ フクロウ．

【鸱尾】chīwěi 名 鴟尾(しび)，沓形(くつがた)．
【鸱吻】chīwěn 名 棟の両端に用いる鬼瓦の一種．
【鸱鸮・鸱枭】chīxiāo 名〈鳥〉フクロウ．
【鸱鸺】chīxiū 名〈鳥〉ミミズク．

眵 chī

◇ 目やに．目くそ．¶眼 yǎn ～ / 目やに．目くそ．

【眵目糊】chīmuhū 名〈方〉目やに．目くそ．

笞 chī

◇ むち・杖・竹板で打つ．¶鞭 biān ～ / むちで打つ．

嗤 chī

◇ あざ笑う．

【嗤笑】chīxiào 動 あざ笑う．
【嗤之以鼻】chī zhī yǐ bí 〈成〉鼻であしらう．

痴(癡) chī

形 ①愚かである．¶心眼儿太 tài ～ / 頭の働きがにぶい．②〈方〉気がふれている．
◇ 夢中になる．¶书～ / 本の虫．

【痴呆】chīdāi 形(動作が)鈍い．ぼんやりしている．
【痴肥】chīféi 形 ぶくぶくに太っている．
【痴狂】chīkuáng 形 夢中になっている．うつつを抜かす．
【痴迷】chīmí 形 無我夢中になっている．
【痴情】chīqíng ①名 ひたむきな愛情．痴情．②形 うつつを抜かす．¶你对她未免 wèimiǎn 太～了吧 / 君は彼女にちょっと入れ込みすぎじゃあないのかい．
【痴人说梦】chī rén shuō mèng 〈成〉できもしないばかげたこと．
【痴想】chīxiǎng ①動 ぼんやり考え込む．②名 空想．妄想．
【痴笑】chīxiào 動 へらへらと笑う．
【痴心】chīxīn 名 いちずに思う心．¶一片 piàn ～ / 思いこがれる心．
【痴心妄想】chī xīn wàng xiǎng 〈成〉ひたすら妄想にふける．
【痴长】chīzhǎng 動〈謙〉馬齢を重ねる．
【痴子】chīzi 名〈方〉①ばか者．愚か者．②狂人．

螭 chī

名(伝説上の)角のない竜．►古代建築や工芸品の装飾品のモチーフに使われる．

魑 chī

"魑魅 chīmèi"↓という語に用いる．

【魑魅】chīmèi 名〈書〉魑魅(ちみ)．►伝説上の化け物．¶～魍魉 wǎngliǎng / 魑魅魍魎(もうりょう)．

池 chí

2声

◇ ①大きい水たまり．水ため．►湖の意味で使うこともある．¶游泳 yóuyǒng ～ / プール．¶盐 yán ～ / 塩湖．¶洗碗 xǐwǎn ～ / 流し．②中がくぼんだ所．¶花～ / 花壇．花畑．¶乐 yuè ～ / オーケストラボックス．¶舞 wǔ ～ / ダンスホールの踊り場．③劇場の階下中央の観覧席．¶→～座 zuò．④堀．¶城 chéng ～ / 城壁と堀．都市．‖姓

【池汤】chítāng →【池堂】chítáng
【池堂】chítáng 名(銭湯の)浴槽，湯船．
*【池塘】chítáng 名 ①池．ため池．②→【池堂】chítáng
【池盐】chíyán 名 塩湖からとれた塩．
【池鱼之殃】chí yú zhī yāng 〈成〉とばっちりを受ける．►"池鱼之祸 huò"とも．
【池沼】chízhǎo 名 池や沼．
【池子】chízi 名〈口〉①池．②浴槽．③ダンスホールの踊り場．④〈旧〉劇場の階下中央の観覧席．
【池座】chízuò →【池子】chízi ④

弛 chí

◇ 緩む．緩める．¶松 sōng ～ / 緩む．たるむ．

【弛缓】chíhuǎn 動 ①(情勢が)緩和する，和らぐ．(気が)緩む，ほっとする．¶紧张 jǐnzhāng 的心情渐渐 jiànjiàn ～下来 / 張りつめた気持ちがだんだん和らいできた．②だらける．たるむ．緩む．
【弛禁】chíjìn 動〈書〉禁令を解く．解禁する．

驰 chí

◇ ①走る．¶飞 fēi ～ / (車や馬が)疾走する．②伝わる．広まる．¶→～名 míng．③(思いを)はせる．¶神 shén ～ / 思いをはせる．

【驰骋】chíchěng 動〈書〉(馬に乗って)駆け回る；〈転〉活躍する．¶～于 yú 棒球界 bàngqiújiè / 野球界で活躍する．
【驰名】chímíng 動〈書〉名をはせる．名声をとどろかす．¶～中外 zhōngwài / 全世界に名をはせる．¶福建 Fújiàn 以产茶 chǎn chá ～ / 福建は茶の産地としてその名を知られている．
【驰念】chíniàn 動 思いを馳せる．思慕の情を寄せる．

迟(遲) chí

形 (時間が)**遅い，遅れる．**¶对不起，来～了 / 遅くなってすみません．
◇(進み方が)のろい，遅い．¶→～钝 dùn．¶→～缓 huǎn．‖姓

【迟笨】chíbèn 形 のろい；鈍い．
【迟迟】chíchí 形 遅々としている．遅い．¶～不进 jìn / 遅々として進まない．¶她为什么～不来？/ 彼女はどうしていつまでたっても来ないのか．
【迟到】chídào 動 **遅刻する．¶～十分钟 zhōng / 10分遅刻する．¶～罚 fá 三杯 bēi！/ さあ，駆けつけ3杯だ．
【迟钝】chídùn 形(頭の働きが)**鈍い**；(動作が)**のろい．**¶反应 fǎnyìng ～ / 反応がにぶい．鈍感である．
【迟缓】chíhuǎn 形 遅い．のろい．緩慢である．¶进展 jìnzhǎn ～ / 進展が遅い．
【迟慢】chímàn 形 遅い．のろい．¶老年人走路～ / お年寄りは歩き方がゆっくりしている．
【迟误】chíwù 動 遅れて支障をきたす．¶不得

C

bùdé ～ / ぐずぐずしていてはいけない．

【迟延】**chíyán** 動 遅延する．長引く．

【迟疑】**chíyí** 動 ためらう．躊躇(ちゅうちょ)する．¶～不决 jué / ぐずぐずして決心がつかない．

【迟早】**chízǎo** 副 遅かれ早かれ．早晩．¶他～会来的 / 彼はどっちみち来るに決まっている．

【迟滞】**chízhì** ❶動 ① 遅滞する．滞る．② 遅らせる．阻む．❷形 鈍い．

持 chí 動 ①(刃物・鉄砲などを)持つ,握り持つ．注意 "持"は書き言葉に近く，広く「持つ」意味で用いることはできない．¶～刀 dāo 行抢 qiǎng / 刃物を手に強盗を働く．②(態度・意見などを)持つ,とる．¶～相反 xiāngfǎn 意见 / 反対の意見を持つ．

◇◆ ①持ちこたえる．¶坚 jiān ～ / 堅持する．やり続ける．¶→～久 jiǔ．②対抗する．対峙する．¶相～不下 / 相対峙して譲らない．③管理する．処理する．¶主 zhǔ ～ / 主宰する．司会をする．¶→～家 jiā．

【持股】**chígǔ** 動〈経〉株を持つ．

【持家】**chíjiā** 動 家事を取り仕切る．¶～有方 / 家事の切り盛りが上手だ．

【持久】**chíjiǔ** 動 長続きする．¶药效 yàoxiào ～ / 薬の効果が長持ちする．

【持论】**chílùn** 動〈書〉主張する．議論を持ち出す．¶～有据 jù / 議論に裏付けがある．

【持平】**chípíng** 形 ① 公正である．公平である．② 数量・価格などに大きな変化がない．

【持球】**chí//qiú** 動〈体〉(バレーボールで)ホールディングをする．

【持续】**chíxù** 動 **続く．持続する．**¶两国之间的友好关系 yǒuhǎo guānxi ～了几百年 / 両国間の友好関係は何百年も続いた．

【持有】**chíyǒu** 動 所持している；(考えなどを)抱いている．¶～护照 hùzhào / パスポートを持っている．

【持斋】**chízhāi** 動〈宗〉精進をする．肉類を断つ．

【持之以恒】**chí zhī yǐ héng** 〈成〉根気よく続ける．あくまでもやり通す．

【持之有故】**chí zhī yǒu gù** 〈成〉見解や主張に一定の根拠がある．

【持重】**chízhòng** 形〈書〉慎重である．落ち着いている．

匙 chí ◇◆ さじ．►"钥匙yàoshi"(かぎ)ではshiと発音する．量 把．¶汤 tāng ～ / テーブルスプーン．ちりれんげ．⇒ shi

【匙子】**chízi** 名 **スプーン．ちりれんげ．**量 把．►"调羹 tiáogēng""羹匙 gēngchí"とも．

踟 chí "踟蹰・踟躇 chíchú"↓という語に用いる．

【踟蹰・踟躇】**chíchú** 動 ためらう．躊躇(ちゅうちょ)する．¶～不前 / 二の足を踏む．

3声 *
尺 chǐ ① 量(長さの単位)尺．►"市尺"の通称．3"尺"が1メートル．1"公尺 gōngchǐ"は1メートル．② 名 **物差し．**定規；計器．量 根 gēn,把．¶用～量 liáng 一量 / 物差しではかってごらん．

◇◆ 物差し状のもの．¶丁字 dīngzì ～ / T字定規．¶放大～ / パンタグラフ．¶折 zhé ～ / かね尺．¶计算 jìsuàn ～ / 計算尺．⇒ chě

*【尺寸】**chǐcun** 名 ① **寸法．**サイズ．¶量 liáng ～ / 寸法を測る．②〈口〉**節度．程合い．**¶他办事 bànshì 很有～ / あの人は何をやるにも節度をよくわきまえている．

【尺牍】**chǐdú** 名〈書〉書簡．手紙．尺牘(せきとく)．参考 昔は長さ1尺の木簡に手紙を書いたことから．現在では旧式書簡・擬古文調手紙をいう．¶～文 / 書簡文．

【尺度】**chǐdù** 名 尺度．標準．基準．

【尺短寸长】**chǐ duǎn cùn cháng** 〈成〉人にはそれぞれ長所・短所がある．

【尺幅千里】**chǐ fú qiān lǐ** 〈成〉形は小さくても多くの内容を含んでいる．

【尺蠖】**chǐhuò** 名〈虫〉シャクトリムシ．

【尺码】**chǐmǎ** 名(～儿) ①(靴や帽子などの)寸法，サイズ．¶你戴 dài 多大～的帽子 màozi ? / あなたの帽子のサイズはどれくらいですか．② サイズの基準．基準．

【尺头儿】**chǐtóur** 名〈方〉① 寸法．サイズ．② 布の切れ端．

【尺中】**chǐzhōng** 名〈中医〉手首にある三つの脈所の一つ．

*【尺子】**chǐzi** 名 **物差し．**量 根 gēn,把．

呎 chǐ 量〈旧〉フィート．►"英尺 yīngchǐ"の旧称．"呎"だけで yīngchǐ とも読む．

齿(齒) chǐ ◇◆ ①歯．¶牙 yá ～ / 歯．¶→～垢 gòu．②歯のような形をしたもの；歯のついたもの．¶梳子 shūzi ～儿 / くしの歯．③年齢．¶～德俱 jù 尊 zūn / 高齢で人徳も高い．④口にする．言及する．¶不足挂 guà ～ / 〈成〉言うだけの価値がない．

【齿贝】**chǐbèi** 名〈貝〉タカラガイ．

【齿唇音】**chǐchúnyīn** 名〈語〉唇歯音(しんしおん)．

【齿垢】**chǐgòu** 名 歯垢(しこう)．

【齿及】**chǐjí** 動〈書〉言及する．問題にする．

【齿孔】**chǐkǒng** 名(郵便切手などの)目打ち．

【齿轮】**chǐlún** 名〈機〉歯車．ギヤ．►俗に"牙轮 yálún"という．¶～箱 / ギヤボックス．¶～刀具 dāojù / ギヤカッター．

【齿龈】**chǐyín** 名〈生理〉歯齦(しぎん)．歯茎．►"牙龈 yáyín"ともいい,一般に"牙床 yáchuáng"という．

侈 chǐ ◇◆ ①ぜいたくな．¶奢 shē ～ / ぜいたくである．②大げさな．¶→～谈 tán．

【侈靡】**chǐmí** 形〈書〉身分不相応にぜいたくである．►"侈糜"とも書く．

【侈谈】**chǐtán** 〈書〉① 動 大げさなことを言う．② 名 大げさな話．

耻(恥) chǐ ◇◆ ①恥じる．¶可 kě ～ / 恥ずべきである．¶羞 xiū ～ / 恥ずかしい．②恥．恥辱．¶奇 qí ～大辱 rǔ / 大恥．赤恥．

【耻辱】**chǐrǔ** 名 恥辱．恥．辱め．¶洗雪 xǐxuě ～ / 恥をそそぐ．

【耻笑】**chǐxiào** 動 あざけり笑う．嘲笑する．

4声
彳 chì "彳亍 chìchù"↓という語に用いる．

【彳亍】**chìchù** 動〈書〉そぞろ歩きをする．逍遥(しょうよう)する．¶在湖边 húbiān ～ / 湖のほとりをぶらぶら歩く.

叱 chì ◇◆ 大声でしかる. ¶怒 nù ～ / 怒ってどなりつける. ‖姓

【叱呵】chìhē 動 大声でしかりつける.
【叱喝】chìhè →【叱呵】chìhē
【叱骂】chìmà 動 怒鳴りつける.
【叱责】chìzé 動 叱責(しっせき)する. しかりとがめる.
【叱咤】chìzhà 動〈書〉叱咤(しった)する. 大声でしかる.
【叱咤风云】chì zhà fēng yún 〈成〉勢力や威力が大きい.

斥 chì ◇◆ ①とがめる. 責める. ¶申 shēn ～ / 叱責(しっせき)する. ¶→～责 zé. ②退ける. 引き離す. ¶排 pái ～ / 排斥する. ③広げる. ¶→～地. ④探る. 偵察する. ¶～骑 qí / 偵察騎兵.

【斥地】chìdì 動〈書〉土地を開拓する.
【斥革】chìgé 動〈書〉罷免する. 免職する. 除名する.
【斥候】chìhòu 動〈旧〉斥候を出す.
【斥骂】chìmà 動 とがめののしる.
【斥挞】chìtà 動〈俗〉しかる. ¶又挨 ái ～了 / またしかられた.
【斥退】chìtuì 動〈書〉①〈旧〉免官する；退学処分にする. ②人払いをする.
【斥责】chìzé 動 厳しく責める. 叱責(しっせき)する. ¶厉声 lìshēng ～ / 言葉激しく責める.
【斥逐】chìzhú 動〈書〉駆逐する. 追い払う.

赤 chì ◇◆ ①むき出しの. ¶→～脚 jiǎo. ②空(から)の. 何もない. ③赤色；赤い. ¶～血球 xuèqiú / 赤血球. ④忠実である. ¶→～胆 dǎn 忠心. ⇒〖红 hóng〗 ‖姓

【赤背】chì//bèi 動 肌脱ぎになる.
【赤膊】chì//bó ①動 肌脱ぎになる. ②名 肌脱ぎ. ¶打 dǎ ～ / 肌脱ぎになる.
【赤膊上阵】chì bó shàng zhèn 〈成〉準備なしに事を行う. 隠さずに事を行う.
【赤忱】chìchén 〈書〉①形 誠実である. ②名 真心.
【赤诚】chìchéng 形 誠実である. 真心がこもっている.
【赤胆忠心】chì dǎn zhōng xīn 〈成〉非常に忠実である.
【赤道】chìdào 名〈地〉赤道.
【赤道几内亚】Chìdào Jīnèiyà 名〈地名〉赤道ギニア.
【赤地】chìdì 名〈書〉(干害や虫害で)不毛になった土地.
【赤豆】chìdòu 名〈植〉アズキ. ►一般に"小豆 xiǎodòu"という.
【赤光光】chìguāngguāng →【赤条条】chìtiāotiāo
【赤褐色】chìhèsè 名 赤褐色.
【赤红】chìhóng 形 赤い. 深紅色の. ¶～脸儿 liǎnr / 赤ら顔.
【赤狐】chìhú 名〈動〉アカギツネ. ►"红狐 hónghú"ともいい, 俗に"火狐 huǒhú"という.
【赤脚】chì//jiǎo ①動 はだしになる. 素足になる. ¶～穿布鞋 bùxié / 素足に布ぐつをはく. ②名 はだし. 素足.
【赤金】chìjīn 名 純金.
【赤痢】chìlì 名〈中医〉血だけでうみの混ざらない下痢. ►日本でいう病気の「赤痢」は"痢疾 lìji".
【赤露】chìlù 動(肌を)あらわにする. ¶～着膀子 bǎngzi / 肌脱ぎになっている.
【赤裸】chìluǒ ①動 裸になる；裸である. ②形 裸の. むき出しの.
【赤裸裸】chìluǒluǒ 形(～的) ①裸である. ¶～的身体 / まる裸. ②〈喩〉少しも包み隠さない. 赤裸々である. ► chìluōluō とも発音する. ¶～的谎言 huǎngyán / 真っ赤なうそ.
【赤贫】chìpín 形 赤貧である. 無一物である. ¶～户 hù / 貧乏で何もない家.
【赤身】chìshēn ①動 裸になる. ¶～露体 lùtǐ / 素っ裸になる. ②形 独りぼっちの.
【赤手空拳】chì shǒu kōng quán 〈成〉徒手空拳.
【赤陶】chìtáo 名 赤土で作った素焼き. テラコッタ.
【赤条条】chìtiāotiāo 形(～的)素っ裸である. ► chìtiáotiáo とも発音する. ¶孩子们脱 tuō 得～地在河里戏 xì 水 / 子供たちは裸になって川で水遊びをしている.
【赤县】Chìxiàn 名〈古〉"赤县神州 shénzhōu"(中国の別称)の略. ►"神州"とも.
【赤小豆】chìxiǎodòu 名〈植〉アズキ. ►"小豆""红小豆 hóngxiǎodòu"とも.
【赤心】chìxīn 名〈書〉赤心. 真心. ¶～相待 xiāngdài / 真心をもって応対する.
【赤血球】chìxuèqiú 名〈生理〉赤血球.
【赤杨】chìyáng 名〈植〉ハンノキ.
【赤子】chìzǐ 名 ①赤子(せきし). あかご. ¶～之心 / (赤ん坊のように)純真な心. ②故郷を心から愛する人.
【赤字】chìzì 名〈経〉赤字. ¶弥补 míbǔ ～ / 赤字を埋め合わせる. 欠損を補う.
【赤足】chì//zú 動 はだしになる.

饬 chì ◇◆ ①整頓する. 整理する. ¶整 zhěng ～ / 整頓する. ②命令する. ¶～令 lìng / 命令する.

炽(熾) chì ◇◆ 盛んである. 激しい. ►下位に立項の"炽…"の形の各形容詞は一般に程度副詞をとらない. ¶火 huǒ ～ / にぎやかである. 緊張している.

【炽烈】chìliè 形 熾烈(しれつ)である. 勢いが盛んで激しい.
【炽热】chìrè 形 非常に熱い. 灼熱(しゃくねつ)の.
【炽盛】chìshèng 形〈書〉非常に盛んである.
【炽燥】chìzào 形 乾燥して焼けつくように熱い.

翅 chì ◇◆ ①鳥類や昆虫などの羽. 翼. ¶→～膀 bǎng. ②フカのひれ. ¶鱼 yú ～ / (料理用の)フカのひれ. ③物の両側に羽のように出っぱったもの. ¶鼻 bí ～儿 / 小鼻.

*【翅膀】chìbǎng 名(～儿) ①羽. 翼. (量) 只；对, 双. ¶展开 zhǎnkāi ～ / 翼を広げる. ¶～硬 yìng 了就想飞 / 鳥は成長して羽が強くなると飛びたがる；〈喩〉一人前になる. ②翼の形状をしたもの. ¶飞机～ / 飛行機の翼.
【翅子】chìzi 名 ①〈食材〉フカひれ. ►"鱼翅"とも.

C

②〈方〉羽．翼．

敕(勅) **chì** ◇◆ 勅．皇帝の命令．詔(みことのり)．¶～命 mìng / 勅命．¶～旨 zhǐ / 勅旨．

chong (ㄔㄨㄥ)

1声 *__冲__(沖・衝) **chōng** ❶動 ①(湯などを)**注ぐ,つぐ**．(湯などで)とく．¶～咖啡 kāfēi /(熱湯を注いで)コーヒーを入れる．②(水などで)すすぐ,押し流す．¶～胶卷 jiāojuǎn / フィルムを現像する．¶用开水～一下碗 wǎn / 湯で茶碗をすすぐ．¶便 biàn 后～水 / 用便のあとは水を流すこと．③**突進する**．突破する．¶～向球门 qiúmén / ゴールに突進する．¶～过防线 fángxiàn / 防御線を突破する．④厄払いをする．❷名〈方〉山間の平地．►地名に用いられる．
◇◆ ①激しくぶつかる．¶→～突 tū．②大通り．要衝．¶要～ / 要衝．③相殺する．¶→～账．
‖姓 ⏩chòng

【冲程】chōngchéng 名〈機〉ストローク．行程．衝程．►"行程 xíngchéng"とも．¶活塞 huósāi ～ / ピストンの行程．

【-冲冲】-chōngchōng 接尾《形容詞などの後について「感情の高ぶるさま」を表す》¶兴 xìng ～ / 有頂天なさま．¶怒气 nùqì ～ / ぷんぷん怒るさま．

【冲刺】chōngcì 動 ①〈体〉ラストスパートをかける．②目標達成に向けて努力する．

【冲淡】chōngdàn 動 ①薄める．¶～威士忌酒 wēishìjìjiǔ / ウイスキーを水でわる．②(雰囲気・効果・感情などを)弱める．

【冲动】chōngdòng ①動 興奮する．衝動にかられる．¶他好 hào ～ / 彼はかっとなりやすい．②名 衝動．

【冲犯】chōngfàn 動(相手の)機嫌を損なう,怒らせる．

【冲锋】chōngfēng 動 突撃する．¶击退 jītuì 敌人 dírén 的～ / 敵の突撃を退ける．¶～号 hào / 突撃ラッパ．

【冲锋枪】chōngfēngqiāng 名〈軍〉自動小銃．

【冲锋陷阵】chōng fēng xiàn zhèn 〈成〉①勇猛にたたかう．②(広く)正義のためにたたかう．

【冲服】chōngfú 動 粉末の薬を水や酒で溶いて服用する．¶用 yòng 开水～ / 湯でといて飲む．

【冲昏头脑】chōng hūn tóu nǎo 〈成〉思い上がる．のぼせ上がる．¶他被一时的成绩 chéngjì 冲昏了头脑 / 彼は一時的な成果で舞い上がってしまった．

***【冲击】chōngjī** 動 ①(流れや波などが物に)**激しくぶつかる,突き当たる**．¶浪头 làngtou ～岩石 yánshí / 波が岩を洗う．¶巨大 jùdà 的不幸 bùxìng, 一次又一次地～着她 / 大きな不幸が次から次へと彼女にふりかかってきた．②〈軍〉突撃する．③衝撃を与える．

【冲击波】chōngjībō 名〈物〉衝撃波．

【冲剂】chōngjì 名 湯などで溶いて服用する粉薬．

【冲决】chōngjué 動 ①大水が堤を突き破る．②制限・束縛などを突き破る．

【冲口而出】chōng kǒu ér chū 〈成〉口をついて出る．►"脱 tuō 口而出"とも．

【冲垮】chōngkuǎ 動(洪水などで)崩壊する．

【冲扩】chōngkuò 動 写真の焼き増しをする．

【冲浪】chōnglàng 動 ①〈体〉サーフィンをする．¶～板 / サーフボード．②〈電算〉ネットサーフィンをする．

【冲力】chōnglì 名 はずみ．勢い．

【冲凉】chōng//liáng 動〈方〉シャワーを浴びる．¶用冷水冲个凉 / 冷たい水で行水をする．

【冲破】chōngpò 動 突き破る．

【冲散】chōngsàn 動 追い散らす．蹴散らす．

【冲杀】chōngshā 動 突撃する；勇敢に戦う．

【冲晒】chōngshài 動(写真の)現像焼き付けをする．¶～部 / 現像焼付店．DP店．►撮影も行う店は"照相馆 zhàoxiàngguǎn"という．

【冲刷】chōngshuā 動 ①水をかけて洗い流す．¶～地板 dìbǎn / 床を水で洗う．②浸食する．¶岩石 yánshí 受到潮水 cháoshuǐ 的～ / 岩が潮に浸食されている．

【冲塌】chōngtā 動(水が)押し流す,押し倒す．

【冲天】chōngtiān 動 天を突く；勢いの盛んなさま．¶怒气 nùqì ～ / かんかんに怒る．

***【冲突】chōngtū** 動 **衝突する．ぶつかる**．かち合う．¶言语 yányǔ ～ / 口論になる．¶你的发言前后～ / 君の発言は前後が矛盾している．

【冲洗】chōngxǐ 動 ①(フィルムを)**現像する**．¶～胶卷 jiāojuǎn / フィルムを現像する．¶～放大 / 現像と引き伸ばしをする．②水で洗い流す．¶～伤口 shāngkǒu / 傷口を洗浄する．

【冲喜】chōng//xǐ 動 家に重病人がいるとき,喜び事や祝い事によって疫病神を追い払う．

【冲销】chōngxiāo 動 相殺する．►"抵销 dǐxiāo"とも．

【冲泻】chōngxiè 動(水が)激しい勢いで流れる．¶洪水 hóngshuǐ 从山坡 shānpō 上哗哗 huāhuā 地～下来 / 洪水が山からどどっと流れてきた．

【冲要】chōngyào 〈書〉①形(軍事や交通上)重要である,要害の．②名 要職．

【冲账】chōng//zhàng 動〈経〉勘定を相殺する．

【冲撞】chōngzhuàng 動 ①ぶち当たる．ぶつかる．②(相手の)機嫌を損なう,怒らせる．¶～父亲 / 父親につっかかる．

充 **chōng** 動 装う．…のふりをする．いつわる．…まがいの．¶打肿 zhǒng 脸～胖子 pàngzi /〈慣〉見栄を張る．¶～行家 hángjia / 玄人ぶる．
◇◆ ①満ちる；満たす．¶→～电 diàn．②ふさぐ．¶→～耳 ěr 不闻．③担当する．¶→～当 dāng．
‖姓

【充畅】chōngchàng 形(商品の供給などが)十分かつ円滑である；(文章に)力がある．

【充斥】chōngchì 動〈貶〉はびこる．氾濫(はんらん)する．¶假货 jiǎhuò ～市场 / にせものが市場にはびこる．

【充磁】chōng//cí 動〈物〉磁化する．

【充当】chōngdāng 動 **担当する．務める**．…になる．¶～导游 dǎoyóu / ガイドを務める．¶～配角儿 pèijuér / 脇役になる．

【充电】chōng//diàn 動〈電〉充電する；〈喩〉一定期間休養し,将来に備えて活力や知識を蓄える．

【充耳不闻】chōng ěr bù wén 〈成〉耳をふさいで聞こうとしない．

***【充分】chōngfèn** ①形 **十分である**．►通常,抽象的な事物について用いる．¶有～的信心 xìnxīn /

十分な自信がある．¶准备 zhǔnbèi ～ / 準備が万全だ．②副 **余すところなく．十分に．**
【充公】chōng//gōng 動(没収して)公有にする．
【充饥】chōng//jī 動 飢えをしのぐ．腹の足しにする．
*【充满】chōngmǎn 動(…が…を)**満たす**；(…に…が)**満ちる**．¶餐厅 cāntīng 里～了孩子们的欢笑声 huānxiàoshēng / 食堂は子供たちの笑い声でいっぱいだった．¶喜悦 xǐyuè ～心头 xīntóu / 心が喜びに満ちあふれる．
【充沛】chōngpèi 形 **満ちあふれている．みなぎっている．**¶精力～ / 気力が満ちあふれている．
【充其量】chōngqíliàng 副 いくら多く見積もったところで．せいぜい．¶他～只有 zhǐyǒu 九十斤 jīn / 彼はせいぜい45キロだ．
【充任】chōngrèn 動 担当させる．当てる．
【充塞】chōngsè 動 いっぱい詰め込む．
*【充实】chōngshí ①形 **充実している．**¶生活 shēnghuó～ / 生活が充実している．②動 **充実させる．**¶～内容 nèiróng / 内容を充実させる．
【充数】chōng//shù 動 員数をそろえる．間に合わせに使う．
【充溢】chōngyì 動 満ちあふれる．¶会谈 huìtán ～着友好气氛 qìfēn / 会談は友好的な雰囲気に包まれている．
【充盈】chōngyíng 形 ①満ちあふれている．¶仓廪 cānglǐn ～ / 穀物が倉に満ちあふれる．②〈書〉(体が)豊満である．
【充裕】chōngyù 形 余裕がある．豊かである．ゆったりしている．¶经济 jīngjì ～ / 暮らし向きが豊かである．¶时间还很～ / 時間はまだ十分ある．
【充值】chōngzhí 動(プリペイドカードなどに)入金する．チャージする．
*【充足】chōngzú 形 **十分である．ふんだんにある．**►具体的な事物に用いることが多い．¶资金 zījīn ～ / 資金が潤沢である．

舂 chōng 動(石臼や乳鉢で)つく，つき砕く．¶～米 mǐ / 米をつく．¶～药 yào / 薬を粉にする．

憧 chōng "憧憧 chōngchōng" "憧憬 chōngjǐng"⬇という語に用いる．

【憧憧】chōngchōng 形 揺れ動くさま．¶灯影～ / 火影がゆらめく．
【憧憬】chōngjǐng 動 あこがれる．

2画 **虫(蟲) chóng** 名(～儿)**虫**．昆虫．量 条 tiáo, 只 zhī, 个．◇ ①虫以外の動物を虫になぞらえる．¶长 cháng ～ / ヘビ．¶大～ / 虎．②…なやつ．¶糊涂 hútu ～ / まぬけ．¶可怜 kělián ～ / あわれなやつ．あわれな存在．

【虫草】chóngcǎo 名〈略〉〈中薬〉冬虫夏草(とうちゅうかそう)．
【虫吃牙】chóngchīyá 名 虫歯．►"龋齿 qǔchǐ" の俗称．"虫牙"とも．
【虫情】chóngqíng 名 作物の虫害の状況．
【虫牙】chóngyá 名〈俗〉虫歯．
【虫眼】chóngyǎn 名(～儿)(果物・器物などの)虫食い(の穴)．
【虫瘿】chóngyǐng 名〈植〉虫瘿(ちゅうえい)．虫こぶ．
【虫灾】chóngzāi 名(被害の大きな)虫害．
*【虫子】chóngzi 名 **昆虫．(広く)虫．**量 只；[長形は]条．¶衣服被～蛀 zhù 了 / 服が虫に食われた．¶婴儿 yīng'ér 的手叫～咬 yǎo 了 / 赤ちゃんの手が虫に刺された．

种 chóng ‖姓 ►► zhǒng,zhòng

*__重 chóng__ ①副 **再び．もう一度．**重ねて．¶～访 fǎng 重庆 Chóngqìng / 再び重慶を訪れる．②動 **重複する．**重なる．¶这本书买～了 / 同じ本を買ってしまった．¶这份 fèn 资料 zīliào ～了 / 資料が重複している．③量 重なったものを数える：層．重．¶双～锁 suǒ / 二重ロック．
注意「重い」の意味の場合は，zhòng と発音する．
‖姓 ►► zhòng

【重版】chóngbǎn 動 重版する．再版する．
【重播】chóngbō 動 ①(ラジオ・テレビで)再放送する．②〈農〉種をまき直す．追いまきする．
【重唱】chóngchàng 名〈音〉重唱．¶四～ / 四重唱．カルテット．
【重重】chóngchóng 形 幾重にも重なり合っている．¶～包围 bāowéi / 十重二十重(とえはたえ)の包囲．¶忧虑 yōulǜ ～ / 気苦労が絶えない．
【重出】chóngchū 動(多く文字や語句について)重複して現れる．
【重打(锣)鼓另开张】chóng dǎ (luó)gǔ lìng kāizhāng 〈諺〉新規まき直しをする．最初からやり直す．
【重蹈覆辙】chóng dǎo fù zhé 〈成〉覆轍(ふくてつ)を踏む．同じ失敗を繰り返す．二の舞を演じる．
*【重叠】chóngdié 動(同じものが)**幾重にも重なる，重複する．**¶～在一起 yìqǐ / 重ねて一つにする．¶山峦 shānluán ～ / 山々が幾重にも連なる．
【重读】chóngdú 動 留年する．
【重发球】chóngfāqiú 名〈体〉サーブのやり直し．
【重返】chóngfǎn 動 戻る．引き返す．¶～家园 jiāyuán / 家〔故郷〕へ戻る．
【重犯】chóngfàn 動(過失を)再び犯す．¶～错误 cuòwù / 誤ちを繰り返す．⇒【重犯】zhòngfàn
【重逢】chóngféng 動 再会する．¶久别 jiǔbié ～ / 久しぶりに再会する．
*【重复】chóngfù 動 ①**重複する．**重なる．¶两个句子 jùzi ～了 / 二つの文が重複している．②(同じ行為を)**繰り返す．**¶～说明 / 説明を繰り返す．
【重合】chónghé 動〈数〉重なり合う．
【重婚】chónghūn 動〈法〉重婚する．
【重建】chóngjiàn 動 **再建する．**¶～公司 gōngsī / 会社を再建する．
【重见天日】chóng jiàn tiān rì 〈成〉暗黒の世界を抜け出して再び光明にめぐり合う；拘禁されていた者が自由を取り戻す．
【重九】Chóngjiǔ →【重阳】Chóngyáng
【重来】chónglái 動 ①再び来る．②再びする．もう一度やる．¶错了没关系，再～一遍 biàn / 間違ってもかまわない，もう一度やり直そう．
【重起炉灶】chóng qǐ lú zào 〈成〉始めからやり直す．再出発する．
【重庆】Chóngqìng 名〈地名〉重慶．
【重申】chóngshēn 動 重ねて言明する．
【重审】chóngshěn 動〈法〉再審する．
【重生】chóngshēng 動 ①生き返る．②(生物の組織や器官が)再生する．

C

【重生父母】chóng shēng fù mǔ 〈成〉命の恩人. ►"再生父母"とも.

【重施故技】chóng shī gù jì 〈成〉古い手口を再び使う.

【重孙】chóngsūn 名(～子)(男の)曾孫(ひ), ひまご. ►"重孙子"とも.

【重孙女】chóngsūnnǚ 名(～儿)(女の)曾孫(ひ), ひまご.

【重弹老调】chóng tán lǎo diào 〈成〉言い古されたことを繰り返す.

【重提】chóngtí 動 再び問題にする. 古い話を蒸し返す. ¶旧事 jiùshì ～ / 古いことをまた持ち出す.

【重围】chóngwéi 名 重囲. 厳重な包囲. ¶杀 shā 出～ / 幾重もの包囲網を突破する.

【重温】chóngwēn 動 復習する. ¶～汉语 Hànyǔ 语法 / 中国語の文法を復習する.

【重温旧梦】chóng wēn jiù mèng 〈成〉過ぎ去った昔をしのぶ.

【重午·重五】Chóngwǔ 名 端午の節句.

【重现】chóngxiàn 動 再現する. 再び現れる.

*【重新】chóngxīn 副 再び. もう一度;新たに. 改めて. ¶～做人 / 真人間になる. ¶～考虑 kǎolü / 考え直す. ¶～开张 kāizhāng / (休業中の店が)新規オープンする. ►略して"重张"とも.

【重修】chóngxiū 動 ①(建物などを)修築する. 改修する. ¶～马路 / 道路を修築する. ②改訂する. ¶～县志 xiànzhì / 県誌を編集し直す.

【重言】chóngyán 名〈語〉重言. 同じ字を重ねて修辞効果を高めること.

【重演】chóngyǎn 動 再演する;〈喩〉二の舞を演じる. ►好ましくない事件やできごとに用いることが多い. ¶历史的悲剧 bēijù 不许 xǔ ～ / 歴史の悲劇を二度と繰り返すことは許されない.

【重阳】Chóngyáng 名 重陽. 旧暦の9月9日の節句. 参考 陽の数である九が二つ重なることから. "重九"ともいう. 以前は菊の花を浮かべた酒を飲んだり,"登高 dēnggāo"(高い所に登る)をする風習があった.

【重洋】chóngyáng 名 遠い海. ¶远涉 yuǎnshè ～ / はるか海のかなたへ渡る.

【重译】chóngyì 動 ①翻訳し直す. ②何度も翻訳を重ねる. 何重にも通訳をする. ③重訳する.

【重印】chóngyìn 動 再版する. 増刷する.

【重圆】chóngyuán 動 長い間離れ離れになっていた親族が再び一緒になる. ¶破镜 pòjìng ～ / 〈成〉夫婦が元のさやに収まる.

【重张】chóngzhāng 動 新装開店する.

【重整旗鼓】chóng zhěng qí gǔ 〈成〉(失敗してから)新たに態勢を立て直す.

【重组】chóngzǔ 動(組織·資産などを)再建する, 再構築する. ¶～公司 gōngsī / 企業改編. リストラ.

崇 chóng

◇◆ ①高い. ¶→～高 gāo. ②重んずる. 尊敬する. ¶推 tuī ～ / 高く評価する. ‖姓

*【崇拜】chóngbài 動 **崇拝する**. あがめ敬う. ¶他很～鲁迅 Lǔ Xùn / 彼はたいへん魯迅を崇拝している.

*【崇高】chónggāo 形 **崇高である**. 気高い. ¶～的理想 / 崇高な理想.

【崇敬】chóngjìng 動 崇敬する. あがめ敬う.

【崇尚】chóngshàng 動〈書〉あがめ尊ぶ. ¶～勤俭 qínjiǎn / 勤勉倹約を尊ぶ.

【崇洋】chóngyáng 動 西洋を崇拝する. 外国を崇拝する. ¶～媚外 mèiwài / 〈成〉外国を崇拝し,外国にこびる.

3声 宠(寵) chǒng

動 溺愛(できあい)する. ひどくかわいがる. ¶她也太～小明了 / 彼女は明ちゃんをちょっと溺愛しすぎている. ¶别把孩子～坏huài了 / 子供を甘やかしてだめにしてはいけない. ‖姓

【宠爱】chǒng'ài 動 寵愛(ちょうあい)する. 特別に目をかける.

【宠儿】chǒng'ér 名 寵児(ちょうじ). お気に入り.

【宠辱不惊】chǒng rǔ bù jīng 〈成〉人の評判に左右されない.

【宠物】chǒngwù 名 ペット. 愛玩動物. ¶～热 rè / ペットブーム. ¶～食品 shípǐn / ペットフード.

【宠信】chǒngxìn 動〈貶〉寵愛し信用する.

4声 冲(衝) chòng

❶形〈口〉①(においなどが)きつい,強烈である. ¶汾酒 fénjiǔ 很～ / 汾酒はにおいがきつい. ¶香水 xiāngshuǐ 味儿真～ / 香水のにおいがぷんぷんする. ②(勢いが)激しい,強い. ¶原油 yuányóu 来得真～ / 原油が勢いよく吹き出て来た. ¶他说话很～ / あの人はずけずけとものを言う.

❷前〈口〉①…に向かって. …に対して. ¶他～我招招手 zhāozhaoshǒu / 彼は私に向かって手を振った. ¶这话是～他说的 / これは彼に対して言ったんです. ②…に基づいて. …という点からして. ¶～着他的面子 miànzi,我只好答应 dāying / 彼のメンツを立ててしかたなく承知した.

❸動〈機〉(プレスで)押し抜く,打ち抜く.

» chōng

【冲床】chòngchuáng 名〈機〉押し抜き機. パンチプレス.

【冲劲儿】chòngjìnr 名 ①向こうっ気. 負けん気. ¶他有一股 gǔ ～ / 彼は威勢がよい. ②強い刺激. ¶茅台酒 máotáijiǔ 有～ / マオタイ酒は強い.

【冲孔】chòngkǒng 〈機〉①動 押し抜く. ②名(押し抜いた)穴.

【冲模】chòngmú 名〈機〉押し抜き機の型.

【冲头】chòngtóu 名〈機〉ドリフト.

【冲压】chòngyā 動 押し抜く. 打ち抜く. ¶～机 / 〈機〉パンチプレス.

【冲子】chòngzi 名(金属に穴をあける)パンチ.

铳 chòng

◇◆(旧式の)鉄砲. ►「銃」は普通"枪 qiāng"という. ¶火～ / 火縄銃.

chou (イヌ)

1声 抽 chōu **

動 ①(一部分を)**取り出す**,引き抜く;(中の物を)**抜き出す**,引っ張り出す. ¶把信从信封 xìnfēng 里～出来 / 封筒から手紙を抜き出す. ¶怎么也～不出时间 / どうしても時間がとれない. ¶～几个人去帮忙 bāngmáng / 何人かを手伝いに差し向ける. ② **吸う**. **吸い込む**. ¶烟 yān ～多了 / たばこを吸いすぎた. ③(繊維が)縮む. ¶这件毛衣 máoyī 一洗 xǐ 就～了 / このセーターは洗ったらこんなに縮んでしまった. ④(むち状のもので)打つ,たたく,ひっぱたく. ¶拿鞭子 biānzi ～马 / むちでウマをたたく. ¶～陀螺 tuóluó / (むちで)こまを回す.
◇◆(植物の)芽が出る. ¶→～芽 yá.

【抽测】chōucè 動 抽出測定する. サンプル測定をする.

【抽查】chōuchá 動 抜き取り検査をする. ¶～样品 yàngpǐn / サンプリング.

【抽成】chōu//chéng 動 割り前を取る;一定額を控除する.

【抽搐】chōuchù 動〈医〉(主に顔面や手足が)ひきつる,けいれんする.

【抽打】chōudǎ 動(むちなどで)**ひっぱたく,たたく**. ¶用皮鞭 píbiān ～ / 皮のむちでひっぱたく.

【抽打】chōuda 動〈口〉(弾力のある棒やタオルなどで服や毛布などのほこりを)たたき落とす,はたく.

【抽搭】chōuda 動〈口〉すすり泣く. しゃくり上げる. ¶抽抽搭搭 dādā 地哭 kū / しくしく泣く.

【抽调】chōudiào 動(人員や物資を)引き抜いてよそへ振り向ける. ¶～一部分人力去支援 zhīyuán 新建的工厂 gōngchǎng / 一部の人員を新設の工場へ差し向ける.

【抽动】chōudòng 動 けいれんする. ひきつる.

【抽肥补瘦】chōu féi bǔ shòu〈成〉豊かなところから引き抜いて不足しているところを補う.

【抽风】chōu//fēng 動 ①器具で空気を吸い込む. ②〈医〉ひきつける. けいれんを起こす. ③〈喩〉非常識なことをする. 常軌を逸する.

【抽工夫】chōu gōngfu (～儿)時間を割く. ひまをつくる. ¶抽不出工夫 / 時間の都合がつかない.

【抽换】chōuhuàn 動 入れ替える. 差し替える.

【抽机】chōujī 名〈機〉(＝泵 bèng)ポンプ.

【抽奖】chōu//jiǎng 動 抽選で当選者を決める.

【抽筋】chōu//jīn 動(～儿)〈口〉筋がけいれんする. 筋がひきつる.

【抽筋拔骨】chōu jīn bá gǔ〈成〉無理算段する.

【抽考】chōukǎo 動 ①何人かを任意に抽出して試験する. ②習ったものの一部を任意に抽出して試験する.

*【抽空】chōu//kòng 動(～儿)**時間を繰り合わせる. 暇をつくる**. ¶抽不出空 / 暇ができない.

【抽冷子】chōu lěngzi〈慣〉不意をついて. 出し抜けに. 突然.

【抽泣】chōuqì 動 すすり泣く. 泣きじゃくる.

【抽气机】chōuqìjī 名〈機〉排気器. 空気ポンプ.

【抽签】chōu//qiān 動(～儿)くじ引きをする.

【抽球】chōu//qiú 動〈体〉(球技で)ドライブをかける.

【抽取】chōuqǔ 動 抜き取る. 抽出する. ¶～血样 xuèyàng / 採血して検査する.

【抽纱】chōushā 名(刺繍法の)糸抜きかがり. ドローンワーク.

【抽身】chōu//shēn 動 抜け出す. 手を離す. ¶抽不出身 / 手が離せない.

【抽湿】chōu//shī 動 除湿する.

【抽水】chōu//shuǐ 動 ①(ポンプなどで)水を吸い上げる. ②(綿布などが)水にぬれて縮む.

【抽水管】chōushuǐguǎn 名 スポイト.

【抽水机】chōushuǐjī 名〈機〉吸い上げポンプ. (量)台.

【抽水马桶】chōushuǐ mǎtǒng 名 水洗式便器.

【抽税】chōu//shuì 動 税金を取る. 課税する.

【抽丝】chōu//sī 動〈紡〉(まゆから)糸を繰る. ¶病来如 rú 山倒 dǎo,病去如～ / 〈諺〉病気というものは激しい勢いで襲いかかるが,糸を繰るように少しずつしか治らないものだ.

【抽穗】chōu//suì 動 穂が出る. 穂を出す.

【抽缩】chōusuō 動(筋肉などが)収縮する.

【抽薹】chōu//tái 動(野菜に)薹(とう)が立つ.

*【抽屉】chōuti 名 **引き出し**. ❖拉开 *lākāi* ～ / 引き出しを開ける. ❖关上 *guānshang* ～ / 引き出しを閉める.

【抽头】chōu//tóu 動(～儿) ①寺銭を取る. ¶聚赌 jùdǔ ～ / 賭博を開帳して寺銭をとる. ②ピンはねする.

【抽闲】chōuxián 動 暇を見つける. 時間をつくる.

*【抽象】chōuxiàng ①形(↔具体)抽象的である. ¶你的话太～了 / 君の話は抽象的すぎる. ②動 抽象する.

【抽薪止沸】chōu xīn zhǐ fèi〈成〉根本的な解決をはかる.

【抽血】chōuxuè 動〈医〉採血する.

【抽芽】chōu//yá 動(～儿)芽を吹く. 芽が出る.

*【抽烟】chōu//yān 動 **たばこを吸う**. ¶我不会 huì ～ / 私はたばこをやりません〔吸えません〕.

【抽验】chōuyàn 動 抜き取り検査をする. ¶～产品 chǎnpǐn 质量 zhìliàng / 製品を抜き出して品質を検査する.

【抽样】chōuyàng 動 サンプルを抽出する. ¶随机 suíjī ～ / ランダムサンプリング. ¶～调查 diàochá / サンプリング調査.

【抽噎】chōuyē 動(＝抽搭 chōuda)しゃくり上げる. すすり泣く.

【抽印】chōuyìn 動 抜き刷りをする. ¶～本 / 抜き刷り本.

【抽油烟机】chōuyóuyānjī 名(台所の)換気扇.

2声

仇(讐) chóu

名 恨み. あだ. ¶两家有～ / 両家の間には遺恨がある.
◇◆ かたき. ¶→～敌 dí. ▸▸ qiú

【仇敌】chóudí 名 仇敵(きゅうてき). かたき. ¶不共戴 dài 天的～ / 不倶戴天のかたき.

【仇恨】chóuhèn ①動 **恨む**. ¶～社会的邪恶 xié'è / 社会の不正を憎む. ②名 恨み.

【仇家】chóujiā 名 かたき. あだ.

【仇人】chóurén 名 かたき. あだ. ¶～相见,分外 fènwài 眼红 yǎnhóng / 〈諺〉かたき同士が顔を合わせれば憎さ百倍になる.

【仇杀】chóushā 動 怨恨(えん)から殺人を犯す.

【仇视】chóushì 動 敵視する.

【仇怨】chóuyuàn 名 深い恨み. 激しい憎しみ.

惆 chóu

"惆怅 chóuchàng"(がっかりしてふさぎ込んでいる)という語に用いる.

绸(紬) chóu

◇◆ 薄い絹織物. ¶丝 sī～ / 絹織物. シルク.

【绸缎】chóuduàn 名 繻子(しゅす)と緞子(どんす);(広く)絹織物. (量) 块 kuài,匹 pǐ.

【绸纹纸】chóuwénzhǐ 名 絹目の印画紙.

【绸子】chóuzi 名 繻子(しゅす). 薄い絹織物.

C

畴(疇) chóu ◇◆ ①田畑．¶田～／田畑．②種類．¶范fàn～／範疇(はんちゅう)．カテゴリー．

酬(醻) chóu ◇◆ ①(金や物で)報いる；謝礼(をする)．報酬．¶同工同～／同一労働は同一報酬．¶稿gǎo～／原稿料．②交際する．つきあう．¶应yìng～／つきあいをする．③かなう．実現する．¶壮志zhuàngzhì未～／大志がまだ実現していない．④酒をすすめる．¶→～酢zuò．

【酬报】chóubào ①動(金品または行為で)**報いる**．お礼をする．②名 報酬．謝礼．

【酬宾】chóubīn 動 顧客感謝セールを行う．¶新年大～／新年大安売り．

【酬答】chóudá 動 ①謝礼をする．②言葉や詩文で応答する．

【酬对】chóuduì 動 応答する．応対する．

【酬金】chóujīn 名 報酬．謝礼金．

【酬劳】chóuláo ①動 謝礼をする．¶～有功yǒugōng人员rényuán／手柄をたてた人を慰労する．②名 報酬．

【酬谢】chóuxiè 動(金または品物で)謝礼をする．

【酬应】chóuyìng 動 ①交際する．¶善于shànyú～／つきあいが上手である．②〈書〉応答する．応対する．

【酬载】chóuzài 名〈航空〉有料荷重．ペイロード．

【酬酢】chóuzuò〈書〉①動 主客が互いに酒をすすめる．②名(一般に)交際．

稠 chóu 形 ①**濃い**．¶这粥zhōu太～／このおかゆはどろどろだ．②**密である**．ぎっしり詰まっている．¶种zhòng得太～了／植え方が詰まりすぎだ．

【稠糊】chóuhu 形(～儿)〈方〉(のりのように)どろどろしている．

【稠密】chóumì 形 **密集している．稠密(ちゅうみつ)である**．¶交通网jiāotōngwǎng～／交通網が入り組んでいる．

【稠人广众】chóu rén guǎng zhòng〈成〉大勢の人の集まり．►"稠人广座zuò"とも．

【稠云密布】chóu yún mì bù〈成〉濃い雲が低くたれこめている．

***愁** chóu 動 ①**心配する**．案じる．¶他～找不到zhǎobudào一个好工作／彼はいい仕事が見つかるか心配している．¶不～吃,不～穿chuān／衣食に困らない．②心配させる．嘆かせる．¶去还是不去,真～人／行くか行かないか本当に悩んでしまう．

【愁肠】chóucháng 名 憂える心．¶～寸断cùnduàn／憂いで心が千々(ちぢ)に乱れる．¶～百结bǎijié／心が晴れ晴れしない．気が滅入る．

【愁怀】chóuhuái 名 憂い苦しむ気持ち．

【愁苦】chóukǔ 動 心配し苦しむ．

【愁虑】chóulǜ 動 思い悩む．

【愁帽】chóumào 名 心配事．¶戴dài～／心配事をかかえる．

【愁眉】chóuméi 名 愁眉(しゅうび)．憂いを含んだ顔．¶～不展zhǎn／心配そうな顔をする．

【愁眉苦脸】chóu méi kǔ liǎn〈成〉心配そうな顔(をする)．浮かぬ顔(をする)．

【愁眉锁眼】chóu méi suǒ yǎn〈成〉心配し憂うつな顔をする．

【愁闷】chóumèn 形 気がふさぐ．気がめいる．

【愁容】chóuróng 名 心配そうな顔．¶面带～／心配そうな顔をしている．

【愁云】chóuyún 名 打ち沈んだ表情．もの悲しい様子．¶～满面mǎnmiàn／憂い顔．

筹(籌) chóu 動 算段する．工面する．¶～了一笔款子kuǎnzi／金を工面した．◇◆ ①計画する．企画する．¶统tǒng～／統一的に計画する．②数取り棒．¶酒～／酒宴での遊びに用いる数取り棒．

【筹办】chóubàn 動(行事などを)準備し実行する．¶～展览会zhǎnlǎnhuì／展覧会の開催を企画する．

【筹备】chóubèi 動(行事などを)**計画準備する**,手配する．¶～建校事宜shìyí／学校創設を準備・計画する．¶～委员会／設立準備委員会．

【筹措】chóucuò 動(金などを)工面する,調達する．¶～资金zījīn／資金を調達する．

【筹划】chóuhuà 動 ①計画する．¶～修建xiūjiàn旅游饭店／観光ホテルの建設を計画する．②調達する．工面する．►"筹画"とも書く．

【筹集】chóují 動 工夫し集める．¶～资金zījīn／資金を集める．資金を出し合う．

【筹建】chóujiàn 動 計画して建設をする．¶～工厂gōngchǎng／工場建設の計画を実施する．

【筹借】chóujiè 動 金策をする．工面をする．¶～款项kuǎnxiàng／資金を調達する．

【筹款】chóukuǎn 動〈経〉資金を調達する．

【筹码】chóumǎ 名(～儿)①(賭博・遊戯などの計算に用いる金属・木・象牙などの)数取り棒．②手段．③〈経〉(貨幣・預金・有価証券などの)手持ち資金．►"筹马"とも書く．

【筹谋】chóumóu 動 対策を練る．方法を考える．

【筹募】chóumù 動(資金を)集める,調達する．

【筹拍】chóupāi 動(映画・テレビドラマなどの)撮影を準備する．

【筹思】chóusī 動 計画する．思いめぐらす．

【筹算】chóusuàn 動 ①計算する．②画策する．

【筹委会】chóuwěihuì 名〈略〉準備委員会．

踌(躊) chóu "踌躇chóuchú""踌伫chóuzhù"⇩という語に用いる．

【踌躇】chóuchú 動 **躊躇(ちゅうちょ)する**．ためらう．¶～不决jué／ためらう．二の足を踏む．¶她～了一会儿,才走进门去／彼女はしばらくためらって,入口を入っていった．►"踌蹰"とも書く．注意"踌躇"は一般に書き言葉に用いられ,話し言葉では"犹豫yóuyù"を用いることが多い．

【踌躇满志】chóu chú mǎn zhì〈成〉得意満面である．

【踌伫】chóuzhù 動〈書〉ためらう．二の足を踏む．

雠(讎) chóu ①(文字の)校正をする．¶校jiào～／校正をする．②〖仇chóu〗に同じ．

3声 ***丑**(醜) chǒu ❶形(↔美měi)(容貌が)**醜い**．¶这孩子长zhǎng得不～／この子は醜い顔立ちではない．❷名 ①(～儿)芝居の道化役．三枚目．②十二支の第2：丑(うし). ¶～时 shí / 丑の刻. 午前1時から3時まで.
◇◆ 恥ずべきである. みっともない. ¶出～ / 恥をさらす. ¶→～态 tài. ‖姓
【丑八怪】chǒubāguài 名 顔の醜い人.
【丑表功】chǒubiǎogōng 〈慣〉厚かましく自己宣伝をする.
【丑旦】chǒudàn 名 伝統劇で女性に扮する道化役.
*【丑恶】chǒu'è 形 **醜い. 醜悪である.** ぶざまである. ¶～的社会 / 醜悪な社会. ¶～的行为 xíngwéi / 恥さらしの行い.
【丑化】chǒuhuà 動 醜く描く. 戯画化する.
【丑话】chǒuhuà 名 ① 聞くに堪えない話；下品な言葉. ②(あとで気まずくなることのないように)断っておく言葉. ¶～说在前头 qiántou / 前もって断っておきます.
【丑剧】chǒujù 名 茶番劇. 猿芝居. ¶演 yǎn 了一幕 mù ～ / 茶番劇を一幕演じた.
【丑角】chǒujué 名(～儿) ① 道化役. 三枚目. ②(ある出来事の中での)悪役.
【丑类】chǒulèi 名 悪人. 悪党.
*【丑陋】chǒulòu 形(容貌や格好が)**醜い, ぶざまである.** ¶相貌 xiàngmào ～ / 顔つきが醜い.
【丑史】chǒushǐ 名(個人の)汚れた経歴.
【丑事】chǒushì 名 スキャンダル. 悪事. ¶好事不出门,～扬 yáng 千里 / 〈諺〉よい事はなかなか人に知られないが,醜聞はたちまち遠くまで伝わる. 悪事千里を走る.
【丑态】chǒutài 名 醜態. ¶～百出 bǎichū / 醜態の限りを尽くす.
【丑闻】chǒuwén 名 スキャンダル. 醜聞.
【丑相】chǒuxiàng 名 醜い様相. 醜い姿.
【丑行】chǒuxíng 名 醜い行い. 恥ずべき行為.

瞅 chǒu 動〈方〉見る. 目にする. ¶他～了我一眼,什么话也没说 / 彼は私をちらっと見たが,何も言わなかった. ¶～准 zhǔn 机会 / チャンスをうかがう.

4声 *
臭 chòu ❶形 ①(↔香 xiāng)**臭い；腐っている.** ¶这鱼 yú ～了,不能吃了 / この魚は腐って食べられない. ② **いやらしい. 鼻持ちならない.** ¶名声 míngshēng 很～ / 評判がくそみそだ.
❷副 ひどく. 激しく. ¶～揍 zòu 一顿 / たたきのめす.
▸▸ xiù
【臭虫】chòuchóng 名 ①〈虫〉トコジラミ. ナンキンムシ. ►"床虱 chuángshī"ともいい,また地方によっては"壁虱 bìshī"ともいう. 量 只. ②〈電算〉バグ.
【臭豆腐】chòudòufu 名 ① 豆腐を発酵させて作った臭みのある食品. ②〈喩〉評判は良くないのに利益の出るもの.
【臭烘烘】chòuhōnghōng 形(～的)臭気ぷんぷんとしている.
【臭乎乎】chòuhūhū 形(～的)いやなにおいがしている.
【臭架子】chòujiàzi 名 鼻持ちならない態度. きざ. ¶摆 bǎi ～ / きどる.
【臭老九】chòulǎojiǔ 名 9番目の鼻つまみ者. ► 文革時にインテリに対して用いられた蔑称.
【臭骂】chòumà 動 悪罵(あく)を浴びせる. ¶～一顿 dùn / 痛罵(つう)する.
【臭美】chòuměi 動 思い上がる. 妙に気取って人に反感を与える.
【臭名远扬】chòu míng yuǎn yáng 〈成〉悪名が広く知れわたる.
【臭棋】chòuqí 名 へぼ将棋. ざる碁.
【臭气】chòuqì 名 臭いにおい. 臭気. ► xiùqì と発音すれば単に「におい」の意. ¶～熏天 xūntiān / 臭いにおいがぷんぷんする.
【臭钱】chòuqián 名 いかがわしい金. あぶく銭.
【臭味】chòuwèi 名(～儿)臭いにおい. 悪臭. 量 股 gǔ.
【臭味相投】chòu wèi xiāng tóu 〈成〉(悪事で)意気投合する.
【臭氧】chòuyǎng 名〈化〉オゾン.
【臭氧层】chòuyǎngcéng 名〈気〉オゾン層.
【臭氧洞】chòuyǎngdòng 名〈気〉オゾンホール.
【臭油】chòuyóu 名〈口〉ピッチ. コールタール.
【臭鼬鼠】chòuyòushǔ 名〈動〉スカンク.
【臭嘴】chòuzuǐ 名〈喩〉憎まれ口をたたく人. ¶～不臭心 / 口は悪いが腹は黒くない.

chu (ㄔㄨ)

1声 **
出 chū ❶動 ①(中から外へ)**出る.** ¶从来 cónglái 没～过日本 / 今まで日本から出たことがない.
②(時間・範囲を)**超える.** ¶高速公路 gāosù gōnglù 不～两年就完成了 / 高速道路は2年たたないうちに完成した. ¶→～界 jiè.
③(問題・布告・知恵・金銭・力などを)**出す.** ¶～主意 zhǔyi / 知恵を出す.
④ **生じる.** 産出する. 生む. ¶～危险 wēixiǎn / 危険が生じる.
⑤(体内から)出る. ¶～汗 hàn / 汗が出る.
❷量 芝居を数える；(もとは)ひと幕. ¶三～戏 xì / 三つの芝居.
◇◆ ①支出する. ¶量 liàng 入为 wéi ～ / 収入を考えて支出する. ②出席する. 出場する. ¶→～席 xí. ¶→～场 chǎng. ③量が増える. ¶→～数儿 shùr.

語法ノート
方向補語"－出"の用法
❶**内から外へ向かう意を表す.** ¶走～房间 fángjiān / 部屋を出ていく. ¶渗 shèn ～一身 shēn 汗 / 体じゅうから汗がにじみ出てくる.
❷**隠れた状態から明らかな状態へ**――事物の発見・識別を表す. ¶我猜 cāi ～了他的来意 / 私は彼の来たわけを探り当てた.
❸**新しい事物の出現**――事物の生産・成就・実現を表す. ¶设计 shèjì ～一套 tào 新式服装 fúzhuāng / ニューモードの服装をデザインした.
❹**感情や考えを表出**する. ¶笑～了声音 shēngyīn / 笑い声をたてた.
❺(形容詞に後接し)何らかの基準より数量的に超えることを表す. ¶这裤子 kùzi 再长～三厘米 límǐ 就好了 / このズボンはもう3センチ長いとちょうどよい.

*【出版】chūbǎn 動 **出版する.** ¶这本书是去年～的 / この本は去年出版されたものだ. ¶～社 shè / 出版社.
【出榜】chū//bǎng 動 ① 合格者の名前を掲示す

C

る. ②〈旧〉告示を出す. ¶～安民 / 告示を出して民心を落ち着かせる.

【出奔】chūbēn 動 逃げ出す. 家出する. 出奔する.

【出殡】chū//bìn 動 出棺する.

【出兵】chū//bīng 動 出兵する.

【出彩】chū//cǎi 動 ① 血を流す. ►伝統劇で赤い液体で流血のさまを表す. ② 恥をかく. ¶当场 dāngchǎng ～ / その場で恥をかく.

【出岔子】chū chàzi 事故を起こす. 面倒が起きる.

*【出差】chū//chāi 動 ① **出張する.** ¶～到北京 / 出張で北京に行く. ¶～费 fèi / 出張費. ② 出稼ぎをする.

【出产】chūchǎn ① 動 **産出する. 生産する.** ¶云南～大理石 / 雲南は大理石を産出する. ② 名 産物. 物産. ¶～丰富 fēngfù / 物産が豊富だ.

【出厂】chū//chǎng 動 **工場から出荷する.** ¶～价格 jiàgé / 生産者価格. ¶～日期 rìqī / 出荷期日.

【出场】chū//chǎng 動(舞台に)登場する ;(競技場に)出場する. ¶～费 fèi / ギャラ. 出演料. ¶～运动员名单 míngdān / 出場選手名簿.

【出超】chūchāo 動(↔入超 rùchāo)輸出超過になる.

【出车】chū//chē 動 車を出す.

【出丑】chū//chǒu 動 醜態を演じる. 恥をさらす. ¶当众 dāngzhòng ～ / みんなの前で醜態を演じる.

【出处】chūchù 名 出所(でどころ). 出典. ¶注明 zhùmíng ～ / 出典をはっきり記す.

【出错】chū//cuò 動(～儿)まちがいが起こる.

【出道】chū//dào 動(徒弟が)独り立ちする.

【出典】chūdiǎn 名 出典. 出所(でどころ). ¶成语chéngyǔ ～ / 成語の出典.

【出点子】chū diǎnzi 知恵を出す. ¶出坏 huài 点子 / 悪知恵をつける.

【出动】chūdòng 動 ①(**部隊が**)**出動する.** ¶待命 dàimìng ～ / 命令を待って出動する. ②(**軍隊を**)**派遣する.** ¶～军舰 jūnjiàn / 軍艦を派遣する. ③(多くの人が)総出で行動する.

【出痘儿】chū//dòur 動 天然痘・疱瘡(ほうそう)にかかる.

【出尔反尔】chū ěr fǎn ěr 〈成〉移り気である. 言行が一致しない.

【出发】chūfā 動 ① **出発する. 出かける. ¶准备～ / 出発の準備をする. ¶～线 xiàn / スタートライン. ②(“从 cóng”と呼応して)…**を出発点とする. …をよりどころとする.** ¶从实际 shíjì ～ / 現実を出発点として.

【出发点】chūfādiǎn 名 ① **出発点.** ② **着眼点. 動機.**

【出饭】chūfàn 動〈口〉ご飯の炊き上がりの量が多くなる. ¶这种 zhǒng 米～ / この米は炊くと量が増える.

【出访】chūfǎng 動 外国を訪問する.

【出份子】chū fènzi 〈慣〉 ①(贈り物をするために)金を出し合う. ② 慶弔の金を出す.

【出风头】chū fēngtou 〈慣〉出しゃばる.

【出伏】chū//fú 動 三伏が終わる. 夏の盛りが過ぎる. ⇒【三伏】sānfú

【出港】chū//gǎng 動 ① 出港する. ② 輸出する.

【出格】chū//gé 動 ① 群を抜く. ずばぬける. ②(言葉や行いが)度が過ぎる. ¶你这样做,可有点儿～了 / 君のやり方は度を超している.

【出工】chū//gōng 動(農作業や工事などの)仕事に出る.

【出恭】chū//gōng 動〈婉〉排便する. 用を足す.

【出乖露丑】chū guāi lù chǒu 〈成〉人前で醜態を演じる.

【出轨】chū//guǐ 動 ①(列車が)脱線する. ②〈喩〉(言葉や行いが)度が過ぎる. 失言する.

【出国】chū//guó 動 出国する. 国外へ出る. ¶～热 rè / 出国ブーム.

【出海】chū//hǎi 動 海に出る. 沖に出る.

【出汗】chū//hàn 動 **汗が出る.** ¶出一身汗 / びっしょりと汗をかく.

【出航】chū//háng 動(船・飛行機が)出航する.

【出号】chū//hào 動(～儿)規格をはみ出す. 並みはずれる. ¶脚 jiǎo 大得出了号 / 足は特大だ.

*【出乎意料】chū hū yì liào 〈成〉思いのほか. 予想外である.

〚出乎…之外〛*chūhū…zhīwài* (“出乎”と“之外”の間に“意料”などの名詞を挟んで)予想に反し…. ¶～我的意料～,她竟然 jìngrán 考上了大学 / 意外にも彼女は大学に合格した.

【出花儿】chū//huār →【出痘儿】chū//dòur

【出活】chū//huó (～儿) ① 動 仕事が仕上がる. ¶人少也能～ / 人が少なくても仕事は仕上げられる. ② 形 仕事の効率がよい. ¶换上这种新工具很～ / この新しい道具にかえたら仕事の能率が上がった.

【出火】chū//huǒ 動 うっぷんを晴らす.

【出击】chūjī 動 出撃する. 攻撃をかける.

【出继】chūjì 動 養子に出る.

【出家】chū//jiā 動 出家する.

【出家人】chūjiārén 名 出家者 ►僧侶・道士の総称.

【出价】chū//jià 動 値をつける.

【出嫁】chū//jià 動 嫁に行く. 嫁ぐ.

【出界】chū//jiè 動〈体〉(球技でボールが)ラインを割る, アウトになる.

【出借】chūjiè 動(物品などを)貸し出す.

【出境】chū//jìng 動 **出国する. 国境を出る.** ¶驱逐 qūzhú ～ / 国外へ追放する. ¶办理～手续 shǒuxù / 出国手続きをとる. ¶～证 zhèng / 出国カード.

【出局】chū//jú 動 ①〈体〉アウトになる. ② 失格になる. 敗退する. ③ 淘汰される.

*【出口】chū//kǒu ❶動 ① 口に出して言う. 言葉に出す. ¶～伤 shāng 人 / 毒づく. 悪口を言う. ② 出港する. ③(↔进口)**輸出する.** ¶～管制 guǎnzhì / 輸出規制. ¶～创汇 chuànghuì / 輸出による外貨稼ぎ. ¶～转 zhuǎn 内销 nèixiāo / 輸出向け商品を国内販売に回す. ❷名 出口. ¶车站 chēzhàn ～ / 駅の出口.

【出口成章】chū kǒu chéng zhāng 〈成〉言うことがそのまま文章になる. ►文才があるさま.

【出来】chū//lái 動+方補 ①(内から外に)出てくる.** ¶你～一下,我跟你商量点事 / ちょっと出てきなさい,話があるから. ¶出不来 / 出てこられない. ② 現れる. 出現する. ¶问题又 yòu ～了,怎么办? / 問題が再び起きたら,どうしよう. ③(公開の場所に)顔を出す. ¶今天的演出 yǎnchū,有不少著名 zhùmíng 的音乐家都～了 / きょうの公演は有名な音楽家が何人も顔を出した．

語法ノート

複合方向補語“－出来”の用法

動詞の後に用いて，動作が内から外へ，話し手(話し手の視点は外にある)に向かってくることを表す．
❶**内から外へ**出てくる．¶跑 pǎo ～ / 駆け出してくる．¶从书包里拿 ná 出一本书来～ / かばんから本を一冊取り出す．
❷**(明らかな状態になって)分かる**．¶看出大毛病 máobing 来 / 大きなきずがあった〔あるのが分かった〕．
❸**新しい事物が出現する**．¶论文已经写～了 / 論文はもうでき上がった．¶制造 zhìzào 出新产品来〔制造～新产品〕/ 新しい製品を造り上げた．

【出类拔萃】**chū lèi bá cuì** 〈成〉抜群である．
【出力】**chū//lì** ①動 **力を出す．精を出す**．骨を折る．¶他为 wèi 大家出过不少力 / 彼はみんなのためにずいぶん力を尽くした．
【出猎】**chūliè** 動 猟に出る．
【出溜】**chūliu** 動〈方〉滑る．滑るように進む．¶打～ /（滑り台などから）滑り落ちる．
【出笼】**chū//lóng** 動 ① せいろうから蒸しあがった物を取り出す．¶刚 gāng ～的馒头 mántou / ふかしたてのマントー．②〈喩〉(紙幣や投機商品などを)売り出す，濫発する．③ 世に出す．
【出娄子】**chū lóuzi** 間違いが起きる．支障が生じる．
*【出路】**chūlù** 名 ① **出口**．② **活路**．¶打开 dǎkāi 一条～ / ひと筋の活路を切り開く．③ **販路**．売れ口．¶这种商品 shāngpǐn 已经没有～了 / この手の品はすでに販路がない．
【出乱子】**chū luànzi** 〈慣〉不慮の事故が起きる．厄介なことが起きる．¶有他就出不了 buliǎo 乱子 / 彼がいるならば，めんどうが起こることはない．
【出落】**chūluo** 動(少女が年ごろになって)美しくなる．
【出马】**chū//mǎ** 動 ① 出馬する．乗り出す．¶这事非 fēi 你～不行 / この件はぜひとも君が乗り出さなければだめだ．②〈方〉往診する．
*【出卖】**chūmài** 動 ① **売る．売り出す**．② **裏切る．売り渡す**．¶家具 jiāju ～完了 / 家具は売り払った．¶～朋友 péngyou / 友人を裏切る．
【出毛病】**chū máobing** **故障・間違い・事故が起きる**．
【出梅】**chū//méi** 動 梅雨が明ける．►“断 duàn 梅”とも．
*【出门】**chū//mén** 動 ①(～儿)**外出する**．¶他刚 gāng ～，一会儿就回来 / 彼は今出かけたばかりですが，すぐに戻ってきます．②(～儿)家を離れて遠くへ行く．¶出远 yuǎn 门 / 遠い旅に出る．③〈方〉嫁に行く．
【出面】**chū//miàn** 動 ①(ことに当たるために)顔を出す，表に立つ．¶～解决 jiějué〔调停 tiáotíng〕/ 解決役〔調停役〕を買って出る．② 名前〔名義〕を出す．
【出名】**chū//míng** 動(～儿) ① **有名になる．名が出る**．¶她凭 píng 这首歌 gē，一下子出了名 / 彼女はこの歌で一躍有名になった．②→【出面】**chū//miàn** ②
【出没】**chūmò** 動 出没する．
【出没无常】**chū mò wú cháng** 〈成〉出没常ならず．神出鬼没．
【出谋划策】**chū móu huà cè** 〈成〉入れ知恵をする．悪知恵をつける．►“出谋画策”とも書く．
【出纳】**chūnà** 名 ①(金銭の)出納．(図書の)出し入れ．¶图书 túshū ～室 shì / 図書貸し出し室．② 出納係．
【出品】**chūpǐn** ① 動 製造する．¶这电脑 diànnǎo 是哪儿～的？/ このパソコンはどこの製品ですか．② 名 製品．
【出奇】**chūqí** 形 特別である．珍しい．尋常でない．¶今年冬天真冷 lěng 得～ / 今年の冬は例年になく実に寒い．
【出其不意】**chū qí bù yì** 〈成〉不意をつく．意表を突く．
【出奇制胜】**chū qí zhì shèng** 〈成〉相手の意表を突いて勝ちを制する．
【出气】**chū//qì** 動 うっぷんを晴らす．腹いせをする．¶他动不动就拿 ná 孩子～ / 彼は何かあるとすぐ子供に八つ当たりして腹いせをする．
【出气口】**chūqìkǒu** 名 排気口．
【出气儿】**chū//qìr** ① 動 空気を通す．② 名 吐く息．
【出气筒】**chūqìtǒng** 名 理由なく当たり散らされる人．腹いせの対象となる人．
【出勤】**chū//qín** 動 ① 出勤する．② 出張する．公務で外出する．
【出去】chū//qù** 動＋方補 (内から外へ)**出る，出て行く**．
【－出去】**-chū//qu** 《動詞の後に用い，動作が内から外へ，話し手から(話し手の視点は内にある)離れていくことを表す》¶跑 pǎo ～ / 駆け出していく．¶卖 mài ～ / 売りさばく．¶走得 de〔不〕～ / 外へ出ていくことができる〔できない〕．
注意 可能補語の形や，間に目的語をとる形の場合は，“去 qù”も原調で発音する．
【出圈儿】**chū//quānr** 動 常軌を逸する．度を越す．¶开玩笑 kāi wánxiào 不能～ / 冗談も度を超えてはいけない．
【出缺】**chūquē** 動(多く要職に)欠員ができる．
【出让】**chūràng** 動(自分の持ち物を他人に)譲渡する．¶～他人 tārén / 他人に譲る．
【出人命】**chū rénmìng** 〈慣〉人命が失われる．
【出人头地】**chū rén tóu dì** 〈成〉一頭地を抜く．人にぬきんでる．
【出人意料】**chū rén yì liào** 〈成〉意表を突く．予想外である．►“出人意表”とも．
【出入】**chūrù** ① 動 **出入りする**．¶～请随手 suíshǒu 关门 / 出入りするときはその手でドアを閉めてください．② 名 **(数や言葉の)不一致，食い違い**．¶～很大 / 差があまりにも大きい．¶他说的和你说的有～ / 彼の言うことと君の言うこととは食い違っている．
【出丧】**chū//sāng** 動 出棺する．
【出色】**chūsè** 形 **すばらしい．際立って優れている**．¶这篇 piān 文章写得很～ / この文章は際立ってよく書けている．
【出山】**chū//shān** 動 ① 隠者が出仕する．山を下りる．②〈喩〉出馬する．乗り出す．
【出身】**chūshēn** ① 名 **出身**．出．② 動(…の)出身だ．(…の)出である．注意 中国語の“出身”は，一般に過去の経歴や生まれた家の階級区分をさす．

C

¶工会 gōnghuì ～的代表 / 組合出身の代表者. ¶他不像个农民 nóngmín ～ / 彼は農民の出には見えない. ¶她～于 yú 资产阶级 zīchǎn jiējí / 彼女はブルジョアの出身だ.

C

【出神】chū//shén 動(～儿)うっとりする. ぼんやりする. 放心する.

【出神入化】chū shén rù huà 〈成〉入神〔絶妙〕の域に達する.

*【出生】chūshēng 動 生まれる. ¶这个小孩儿是十月三号～的 / この子は10月3日に生まれた. ¶～于 yú 上海 / 上海に生まれる. ¶～年月 niányuè / 生年月日.

【出生入死】chū shēng rù sǐ 〈成〉生死の境をさまよう. 生命の危険を冒す.

【出师】chū//shī 動 ①(見習い工が)年季が明けて一人前の職人になる. ②〈書〉出兵する. ¶～不利 / 出兵が失敗する；〈転〉初手からうまくいかない.

【出使】chūshǐ 動 使節として外国へ行く.

【出示】chūshì 動 出して見せる. 呈示する. ¶～证件 zhèngjiàn / 証明書を呈示する.

【出世】chūshì 動 ①(人が)生まれる,出生する. ②(物事が)発生する,現れ出る. ③浮世を離れる. 俗世を超越する. 注意 日本語の「出世」の意味はない.

*【出事】chū//shì 動(～儿)事故が起きる. ¶出了什么事儿？/ 何事が起こったのか. ¶～地点 dìdiǎn / 事故の現場.

【出手】chū//shǒu ❶動 ①(品物を)売り渡す,手放す. ②出す. 取り出す. ③→【打出手】dǎ chūshǒu ❷名 ①袖の長さ. ②腕前. 力量. ¶～不凡 bùfán / 並々ならぬ腕まえ.

【出首】chūshǒu 動(他人の犯罪を)告発する.

【出售】chūshòu 動 売り出す. 販売する. ¶开始～夏季 xiàjì 用品 / 夏物を売り出す.

【出数儿】chū//shùr 動〈口〉数量が多くなる. かさが増す.

【出水芙蓉】chū shuǐ fú róng 〈成〉女性の美貌や美しい詩文・書など.

【出台】chū//tái 動 ①舞台に出る. 登場する. ②〈喩〉公然と顔を出して活動する. ③(政策や施策などが)公布される,実施される.

【出逃】chūtáo 動(家や国から)抜け出す,逃亡する.

【出题】chū//tí 動 出題する. 問題を出す. ¶出考试 kǎoshì 题 / 試験問題を作る.

【出挑】chūtiao 動 ①(年ごろの少女が)美しくなる. ②熟達する. 腕まえが上がる.

【出庭】chū//tíng 動 法廷に出る. ¶～作证 zuòzhèng / 証人として出廷する.

【出头】chū//tóu 動 ①困難を脱する. ②(物体が)表面に出る. ③顔を出す. 先頭に立つ. ④(～儿)ちょっと上回る. (まとまった数に)端数がつく. ¶他已经五十～了 / あの人はもう50歳を越している.

【出头露面】chū tóu lòu miàn 〈成〉①公の場所へ顔を出す. ②表面に立って事に当たる.

【出头天】chūtóutiān 動〈方〉出世する. ►主に台湾で用いる.

【出土】chū//tǔ 動 出土する. ¶西安 Xī'ān 最近又～了一批 pī 文物 wénwù / 西安で最近またまとまった文物が出土した.

【出外】chūwài 動 よその土地へ行く.

【出亡】chūwáng 動 逃亡する. 出奔する.

*【出席】chū//xí 動 出席する. ¶请告知～与否 yǔfǒu / ご出欠をお知らせください. ¶因为有事,～不了 buliǎo / 都合で出席できません.

*【出息】chūxi ❶名 ①前途. 見込み. ¶有～ / 見込みがある. ¶没～ / 意気地がない. ②〈方〉収益. 利益. ❷動〈方〉向上する. 進歩する；(成長して)美しくなる. ¶他比过去～多了 / 彼は昔よりずっと成長した.

【出险】chū//xiǎn 動 ①危地を脱する. ②(工事で)危険が発生する,事故が起こる.

*【出现】chūxiàn 動 出現する. 現れる. ¶～矛盾 máodùn / 矛盾が出てくる. ¶音乐界 yīnyuèjiè ～了一批 pī 新秀 xīnxiù / 音楽界に何人かの新人が現れた. ¶～在眼前 yǎnqián / 眼前に現れる.

【出线】chū//xiàn 動 選手やチームが勝ち進む. ¶～权 quán /(スポーツ大会・本選などへの)出場権.

【出项】chūxiàng 名 支出. 出費.

【出血】chū//xiě 動〈口〉①血が出る. ②〈方〉〈喩〉自腹を切る. ¶～价 jià / 出血サービス価格.
注意 ①②とも, xiě は実際には規範外の読みで xuè と発音されることが多い. ⇒【出血】chū//xuè

【出行】chūxíng 動 よそへ行く. 旅に出る.

【出血】chū//xuè ①動〈医〉出血する. ②名〈印〉(製本で)化粧裁ち. ⇒【出血】chū//xiě

【出芽】chū//yá ①動(～儿)芽が出る. 芽を吹く. ②名〈生〉出芽.

【出洋】chū//yáng 動〈旧〉外国へ行く. 洋行する. ¶～留学 liúxué / 外国へ留学する.

【出洋相】chū yángxiàng 〈慣〉失態を演じる. 恥をさらす. ¶出他的洋相 / 彼に恥をかかせる.

【出迎】chūyíng 動 出迎える.

【出游】chūyóu 動 旅行に出る. 外遊する.

【出于】chūyú 動 …から出る. …に基づく. …による. ►出所や原因を表す目的語をとる. ¶～对病人的关怀 guānhuái / 病人に対する配慮による. ¶～无奈 wúnài / やむを得ないからだ. ¶青 qīng ～蓝 lán 而 ér 胜于 shèngyú 蓝 / 〈諺〉出藍の誉れ. 弟子が師より優れているたとえ.

*【出院】chū//yuàn 動 退院する.

【出月】chū//yuè 動 翌月になる. 月を越す.

【出月子】chū yuèzi 産褥(さんじょく)を出る. 産後満1か月になる.

【出战】chūzhàn 動 戦いに出る. 戦う.

【出账】chū//zhàng ①動 支払い勘定に記入する. ¶运费 yùnfèi 出买主的账 / 運送費は買い手の勘定につける. ②名〈方〉支出金. 支出.

【出蛰】chūzhé 動 動物が冬眠を終えて活動を始める.

【出诊】chū//zhěn 動 往診する.

【出征】chū//zhēng 動 出征する.

【出众】chūzhòng 形 人並み優れる. 衆にぬきんでる. ひときわ目立つ. ¶成绩 chéngjì ～ / 成績が抜群である. ¶～的才华 cáihuá / 優れた才能.

【出自】chūzì 動 …から出る. ¶这个典故 diǎngù ～《史记 Shǐjì》/ この故事の出典は『史記』です.

【出走】chūzǒu 動 家出をする. 出奔する.

*【出租】chūzū 動 賃貸しする. リースする. レンタルする. ¶房子 fángzi 已经～给 gěi 人了 / 家はもう人に貸した.

**【出租汽车】chūzū qìchē 名 タクシー. ハイヤー. ►"出租车""计程车 jìchéngchē""的士 dīshì"とも.

(量) 辆 liàng, 部. ¶～站 zhàn / タクシー乗り場.

*初 chū ① [副] 初めて…したばかり. ¶～来此 cǐ 地 / 当地に来たばかり. ② [接頭] 《陰暦の日付(初めの10日)につけて用いる》 ¶～一 / 陰暦のついたち. ¶～十 / 陰暦の10日.
◇◆ ①初め. ¶～冬 dōng / 初冬. 冬の初め. ②初級の. ¶→～等 děng. ③もとの. ¶→～心 xīn.
‖ [姓]

【初版】chūbǎn ① [動] 初版を出す. ② [名] 初版.

*【初步】chūbù [形] **初歩的な**. 差し当たっての. ¶～设想 shèxiǎng / 試案. ¶问题已～解决 jiějué / 問題はすでに一応解決された. ¶～意见 / 未熟な意見.

【初出茅庐】chū chū máo lú 〈成〉初めて世間に出る. 駆け出しである.

【初创】chūchuàng [動] 創立して間がない. ¶～时期 shíqī / 草創期.

【初次】chūcì [名] 初回. 第1回. 最初. ¶～见面 jiànmiàn / 初対面. ¶～通信 / (手紙で)初めてお便りします.

【初等】chūděng [形] **初等の**. ¶～数学 shùxué / 初等数学.

【初等教育】chūděng jiàoyù [名] 初等教育. 小学校教育.

【初伏】chūfú [名] 初伏. [参考] "三伏 sānfú"中の第一伏. 夏至ののち3回目の庚(かのえ)の日, またはその日から第4の庚の日までの10日間. このころ, 暑さも本格的になる. "头伏 tóufú"とも.

【初稿】chūgǎo [名] 最初の原稿; 未定稿.

【初更】chūgēng [名]〈旧〉宵の口. 現在の午後8時から10時までの間. ►"更"は夜の時間を計る単位.

【初婚】chūhūn [名] ① 初婚. ② 新婚.

*【初级】chūjí [形](↔高级 gāojí) **初級の**. ¶～阶段 jiēduàn / 初歩的段階.

【初级中学】chūjí zhōngxué [名] **初級中学**. ►日本の中学校に相当.

【初来乍到】chū lái zhà dào 〈成〉 初めて来た. 来たばかりだ.

【初恋】chūliàn [名] ① 初恋. ② 恋愛の初期.

【初露锋芒】chū lù fēng máng 〈成〉初めて頭角を現す.

【初期】chūqī [名] **初期**. **初めのころ**. ¶战争 zhànzhēng～ / 戦争の初期.

【初赛】chūsài [名]〈体〉第1回戦.

【初丧】chūsāng [名](家庭に)不幸があって間もないころ.

【初审】chūshěn [名] ① 第1回審査. ② 最初の尋問. ③〈法〉第1審. ¶～法庭 fǎtíng / 第1審の法廷.

【初生之犊不怕虎】chū shēng zhī dú bù pà hǔ 〈諺〉若い人はこわいもの知らずである.

【初始化】chūshǐhuà [動]〈電算〉(磁気ディスクなどを)初期化する.

【初试】chūshì [名] 最初の試験. 1次試験.

【初头】chūtóu [名] 初頭. (年・月の)初め.

【初心】chūxīn [名] 最初の志. 初志.

【初选】chūxuǎn [名] 予選.

【初学】chūxué [動] 初めて学ぶ. ¶～乍 zhà 练 liàn / 教わったばかりである; 未熟だ.

【初旬】chūxún [名] 初旬. 上旬.

【初叶】chūyè [名] 初期. 初め. ¶二十世纪 shìjì～ / 20世紀の初頭.

【初夜】chūyè [名] ① 宵の口. ② 新婚初夜.

【初一】chūyī [名] ①(旧暦で)各月の最初の日. ②〈略〉中学1年生.

【初愿】chūyuàn [名] 初志.

【初战】chūzhàn [名] 緒戦. ►"序战 xùzhàn"とも.

【初志】chūzhì [名]〈書〉初志.

【初中】chūzhōng [名]〈略〉中学校. 初級中学.

【初衷】chūzhōng [名] 初志. 初心. ¶坚持 jiānchí～, 奋斗 fèndòu 到底 dàodǐ / 初志を貫き最後までがんばる.

2声 刍(芻) chú ◇◆ ①まぐさ. ¶反 fǎn～ / 反芻(はんすう)する. ②草を刈る. ¶→～荛 ráo.

【刍狗】chúgǒu [名] 草で形作った犬; 〈喩〉廃物として捨てられるもの. 取るに足りないもの.

【刍秣】chúmò [名]〈書〉まぐさ.

【刍荛】chúráo 〈書〉 ① [動] 草や柴を刈る. ② [名]〈謙〉卑見. 愚見.

【刍议】chúyì [名]〈書〉〈謙〉卑見.

*除 chú ❶[動] ① **取り除く**. ¶～害虫 hàichóng / 害虫を取り除く. ②〈数〉**割る**. 除する. ¶八～以二等于 děngyú 四 / 8割る2は4. ③〈書〉授ける. (官職を)任命する.
❷[前] **…を除いて**. **…以外は**. ►主に書き言葉に用い, 話し言葉では多く"除了"を用いる. ¶～北京近郊 jìnjiāo 之外, 还游览 yóulǎn 了许多名胜古迹 gǔjì / 北京近郊以外にもまだ多くの名所旧跡を訪れた.
◇◆ きざはし. ¶阶 jiē～ / 階段. ‖ [姓]

【除暴安良】chú bào ān liáng 〈成〉暴虐を除き, 善良な民を安んじる.

【除草】chú cǎo [動] 除草する.

【除尘】chúchén [動] 集塵する. 気体中に浮いている細かいちりを取り集める.

【除尘器】chúchénqì [名] クリーナー. 電気掃除機.

【除虫菊】chúchóngjú [名]〈植〉ジョチュウギク.

【除此之外】chú cǐ zhī wài このほか. それ以外.

【除掉】chú//diào [動+結補] 除く. 除き去る.

【除法】chúfǎ [名]〈数〉除法. 割り算.

【除非】chúfēi ❶ [接続]
① 〖除非…才…〗 *chúfēi…cái…* 《唯一の先決条件であることを示す》**…しない限り…しない**. **…でなければ…ない**. ¶～你去请他, 他才会来 / 君が招きに行かないかぎり, 彼は来ない. ¶～努力 nǔlì, 才能学好汉语 / 努力してこそ中国語をマスターできる.
② 〖除非…, (否则)…不 / 没有…〗 *chúfēi…, (fǒuzé)…bù/méiyǒu…* **…しなければ…しない**. **…でなければ…ない**. ¶～你去, 否则事情办不成 / 君が行かなければ, 事はうまくいかない. ¶你～坐飞机去, 否则来不及 láibují / 君は飛行機で行かなければ間に合わない.
③ 〖(如果)…要…, 除非…〗 *(rúguǒ)…yào…, chúfēi*…ならば…のほかかない. ¶要想学好汉语, ～下功夫 gōngfu / 中国語をマスターしようと思うなら, 努力するほかかない.
❷ [前](＝除了)…を除いて. …以外. ¶这件事～小李知道, 别人谁也不知道 / このことは小李が知っている以外, だれも知らない.

C

C

【除服】chú∥fú 動〈書〉喪が明ける.
【除根】chú∥gēn 動(〜儿)根こそぎにする.
【除号】chúhào 名〈数〉割り算の記号(÷).
【除旧布新】chú jiù bù xīn 〈成〉古いものを取り除き,新しいものを打ち立てる.
【除开】chúkāi →【除了】chúle
**【除了】chúle 前 ①…を除いて.…するほか.►"外､以外､之外"などを加えることもある.
a 〖除了…,都〔全〕…〗 *chúle…,dōu〔quán〕…* (特殊な例を除き,その他が一致する)…を除けば.…以外は.¶〜老张,我都通知了/張さん以外の全員に連絡した.
b 〖除了…,还〔再､也〕…〗 *chúle…,hái〔zài､yě〕…* (既知のものを除き,新たにその他のものを補う)…のほかにさらに…だ.¶〜汉语以外,他还会说英语/彼は中国語のほかにも英語が話せる.¶〜以上几点而外,再补充 bǔchōng 一点/以上何点かのほかに,もう一つつけ加えます.
② 〖除了…,就(是)…〗 *chúle…,jiù(shì)…* …でなければ…だ.¶这个地方,〜刮风 guāfēng,就是下雨/ここは風が吹くか雨が降るかだ.
**〖除了…以外〗 *chúle…yǐwài* →【除了】chúle
【除名】chú∥míng 動 除名する.除籍する.
*【除去】chúqù →【除了】chúle
【除却】chúquè 動 取り除く.除外する.
【除丧】chú∥sāng 動〈書〉喪が明ける.
【除四害】chú sìhài 四害(スズメ･ネズミ･ハエ･カ)を退治する.►1950-60年代のスローガン.
【除外】chúwài 動(…を)除く.除外する.¶幼儿 yòu'ér 〜/小児は(対象から)除く.¶春节 Chūnjié 〜,商店 shāngdiàn 每天营业 yíngyè/旧正月を除き,店は毎日営業する.
【除夕】chúxī 名 除夜.(旧暦の)大みそか.►旧暦の場合は"春节 Chūnjié"(旧正月)の前日,新暦の場合は12月31日をいう.
【除夜】chúyè 名 除夜.大みそかの夜.
【除以】chúyǐ 動〈数〉割る.►話し言葉では"除以"を略して"除"ということもある.¶六〜三等于 děngyú 二/6割る3は2.

厨(廚) chú

◇◆ 食事をつくる場所･人･道具.

*【厨房】chúfáng 名 台所.炊事場.厨房.キッチン.㊖间.¶在〜做菜/台所で料理を作る.¶〜用具 yòngjù/台所用具.
【厨工】chúgōng 名 調理員.コック.
【厨具】chújù 名 料理〔台所〕道具.
【厨娘】chúniáng 名〈方〉女性の料理人.
【厨师】chúshī 名 料理人.コック.¶〜长 zhǎng/料理長.シェフ.
【厨师傅】chúshīfu 名〈口〉料理人.コック.►敬称.
【厨子】chúzi 〈貶〉→【厨师】chúshī

锄(耡) chú

① 名 鋤(すき).㊖把.② 動(土を)鋤き起こす.鋤き返す.¶〜草 cǎo/草を鋤く.
◇◆ 根こそぎ取り除く.¶→〜奸 jiān.
【锄地】chú∥dì 動 鋤で土を柔らかくしたり除草したりする.(広く)土地を耕す.
【锄奸】chú∥jiān 動 裏切り者を粛清する;スパイを摘発する.

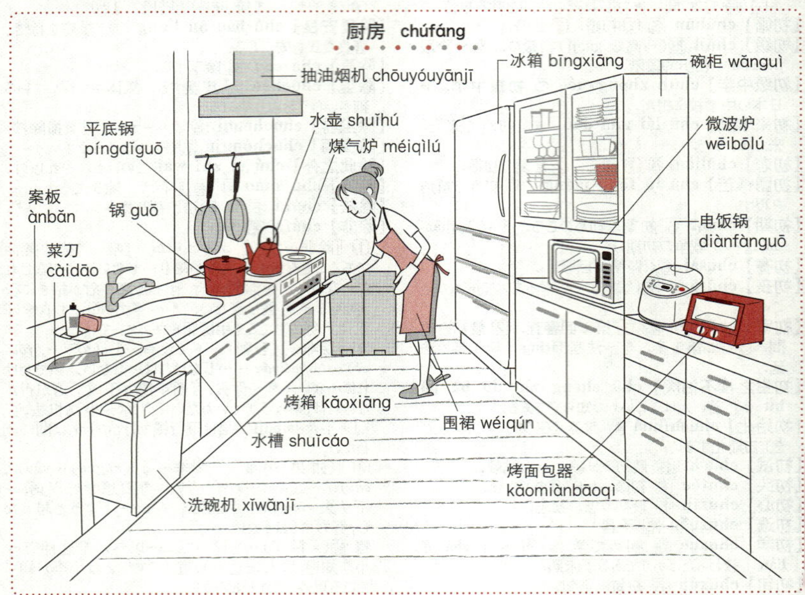

【锄头】chútou 名[把] ① 南方で用いるくわ状の農具. ②〈方〉鋤.

雏（雛）chú ◇◆（鳥類の）ひな. ¶～燕 yàn / ツバメのひな.

【雏鸡】chújī 名 ひよこ.
【雏鸟】chúniǎo 名 ひな鳥.
【雏儿】chúr 名〈口〉① ひな. ¶鸭 yā～ / アヒルのひな. ②〈喩〉若くて一人前でない者. ひよこ. ¶他还是个～,涉世 shèshì 不深 / あんなのまだ青二才だ,世間を知っちゃいない.
【雏形】chúxíng 名 ① 最初の形態. 原形. ② ひな形. 縮小模型.

橱（櫥）chú 名(～儿) ひつ. たんす. 戸棚. ¶～里放着很多古董 gǔdǒng / 戸棚に骨董がたくさんおいてある.

【橱窗】chúchuāng 名 ①（商店の）ショーウインドー. ②（展覧用の）陳列窓；（ガラス張りの）掲示板.
【橱柜】chúguì 名 ①（～儿）食器戸棚. 水屋. ②（机の代用にもなる）低い戸棚.

3声
*　**处**（處）chǔ 動 ① **一緒に暮らす. 付き合う.** 交際する. ¶这婆媳 póxí 俩 liǎ～得很好 / この姑と嫁は仲よくやっている. ¶那个人不好～ / あの人はつき合いにくい. ②（…の場に身を）**おく.**（…の場所に）ある. ¶我们正～在一个伟大 wěidà 的历史时期 shíqī / われわれはまさに偉大な歴史的な時代に身を置いている. ③ 処罰する. ¶～三年以上徒刑 túxíng / 3年以上の懲役に処する.
◇◆ 処理する. 処置する. ¶→～理 lǐ. ¶→～事 shì. ②居住する. ‖ 姓　▶▶ chù

【处不来】chǔbulái 動+可補 うまく付き合っていけない. ¶我跟他怎么都～ / 彼とはどうしても馬が合わない.
【处得来】chǔdelái 動+可補 うまく付き合っていける. 仲よくやっていける.
【处罚】chǔfá 動 処罰する.
【处方】chǔfāng ① 動 処方箋を書く. ② 名 処方箋. ¶开～ / 処方箋を出す. ¶～药 / 処方薬.
*【处分】chǔfèn 動 ① **処分する. 処罰する.** ¶受到 shòudào～ / 処分を受ける. ¶免予 miǎnyǔ～ / 処分を免じる. ②〈書〉処理する.
【处境】chǔjìng 名 **境遇. 立場.** ►不利な状況をさすことが多い. ¶他的～不妙 miào / 彼は苦しい立場に置かれる. ¶同情 tóngqíng 别人的～ / 他人の境遇に同情する.
【处决】chǔjué 動 ① 死刑を執行する. ¶依法 yīfǎ～ / 法律に基づいて死刑を執行する. ② 処理し決定する.
*【处理】chǔlǐ 動 ① **処理する**；解決する. ¶妥善tuǒshàn～ / うまく処理する. ¶～家务 jiāwù / 家のことをかたづける. ② 処分する. 処罰する. ③ 安く売り払う；（在庫品を）処分する. ¶～积压 jīyā 商品 / 在庫品を安売りする. ④ 特定の方法で処理する. ¶热～ / 熱処理.
【处理价】chǔlǐjià 名 バーゲン価格.
【处理品】chǔlǐpǐn 名（在庫品の）特売品,見切り品.
【处女】chǔnǚ ① 名 処女. バージン. ►元来は「嫁いでおらず,まだ家に処(ぉ)る娘」の意. ② 形 最初の. 第1回の. ¶～作 / 処女作. ¶～峰 fēng / 処女峰.
【处女座】chǔnǚzuò 名〈天〉乙女座.
【处身】chǔshēn 動 身を置く.
【处士】chǔshì 名 処士. 在野の士.
【处世】chǔshì 動 世に処する. 世渡りする. ¶善于 shànyú～ / 世渡りがうまい.
【处事】chǔshì 動 事を処理する. ¶～严谨 yánjǐn / 慎み深く事をさばく.
【处暑】chǔshǔ 名（二十四節気の一つ）処暑(しょ). ►立秋の約半月後,残暑が終わるころ.
【处死】chǔsǐ 動 死刑に処する.
【处心积虑】chǔ xīn jī lǜ〈成〉心を砕き謀りごとをめぐらす. 苦心惨憺(さん)策謀する.
【处刑】chǔxíng 動〈法〉処刑する.
【处于】chǔyú 動（ある状態に）**置かれている.** ¶～有利 yǒulì 地位 / 有利な立場にある.
【处之泰然】chǔ zhī tài rán〈成〉泰然として物事に対処する.
【处治】chǔzhì 動 処分する. 処罰する.
【处置】chǔzhì 動 ① 処置する. 処理する. ¶～得宜 déyí / 処置が当を得ている. ② 処罰する. 懲(こ)らしめる.

杵 chǔ ① 名 きね. ¶～臼 jiù / きねと臼. ¶砧 zhēn～ / 洗濯用のきぬたときね. ② 動〈方〉（細長いもので）突く,突つく. ¶用手指头～了他一下 / 指で彼をちょっと突ついた.

础（礎）chǔ ◇◆ 土台石. 礎(いしずえ). ¶基 jī～ / 基礎.

【础石】chǔshí 名 ① 礎石. ② 基礎.

储 chǔ ◇◆ ①蓄える. 貯蔵する. ►日本語の「儲ける」は,"赚钱 zhuànqián""得利 délì"などに相当する. ¶→～存 cún. ¶冬 dōng～白菜 / 冬季に蓄えるハクサイ. ②皇位〔王位〕継承者. ¶王～ / 王位継承者. ‖ 姓

【储备】chǔbèi ① 動 **備蓄する.** ¶～粮食 liángshi / 食糧を備蓄する. ¶外汇 wàihuì～ / 外貨準備(高). ¶为 wèi～而 ér 进口 / 備蓄のために輸入する. ② 名 備蓄物.
【储备基金】chǔbèi jījīn 名〈経〉準備金.
【储藏】chǔcáng 動 ① **貯蔵する.**（物を）しまっておく. ¶～室 shì / 貯蔵室. ② **埋蔵する.** ¶～量 liàng / 埋蔵量.
【储存】chǔcún 動 一時的に保存しておく. 蓄える. ¶不能长期～ / 長期の貯蔵にたえない. ¶～余粮 yúliáng / 余分の食糧を貯蔵する. ¶～机能 jīnéng /（ワープロなどの）保存機能.
【储放】chǔfàng 動 預けて置く. 保管してもらう. ¶～行李 xíngli / 荷物を預ける.
【储户】chǔhù 名 預金者.
【储君】chǔjūn 名 帝王の世継ぎ. 皇太子. 皇儲(ちょ).
【储量】chǔliàng 名〈鉱〉埋蔵量. ¶远景 yuǎnjǐng～ / 見通し埋蔵量.
【储气】chǔ//qì 動 ガスを埋蔵・貯蔵する.
【储气罐】chǔqìguàn 名 ガスタンク. ¶～儿 / ガスボンベ.
【储蓄】chǔxù 動 **貯蓄する. 貯金する.** ¶～以备晚年 wǎnnián / 老後にそなえて貯蓄する. ¶活期

C

huóqī～ / 普通預金. ¶定期～ / 定期預金. ¶～所 / 貯蓄所. ►銀行の支店の下に設けられ,預金の出し入れを扱う.
【储油】chǔ//yóu 動 石油を埋蔵·貯蔵する.
【储油构造】chǔyóu gòuzào 名〈地質〉含油構造.
【储油罐】chǔyóuguàn 名〈石油〉オイルタンク.
【储运】chǔyùn 名 貯蔵と運輸. ¶～站 zhàn / 貯蔵運輸ステーション.
【储值】chǔzhí 動 カードに金やポイントをためる.

楚 chǔ 名(Chǔ)〈史〉楚(そ). ►周代の列国の一つ.
◇◆ ①はっきりしている. 鮮やかである. ¶清 qīng～ / はっきりしている. ②苦しみ. ¶苦 kǔ～ / 苦痛. ③湖北省. ‖姓

【楚材晋用】chǔ cái jìn yòng〈成〉楚の人材が晋に使われる. 人材が流出するたとえ.

褚 chǔ ‖姓

4声 **亍** chù →〖彳 chì〗►"亍"は俗に"街 jiē"の簡体字として用いられることもある.

***处(處)** chù 量 場所や家を数える. ¶发现 fāxiàn 两～印刷 yìnshuā 错误 cuòwù / ミスプリントを2か所見つける. ¶几～人家 rénjiā / 数戸の住家.
◇◆ ①所. 場所. ¶到～ / 至る所. ¶长 cháng～ / 長所. ②(機関またはその)一部門,部. ¶办事 bànshi～ / 事務所. ¶售票 shòupiào～ / 切符売場. ¶总务 zǒngwù～ / 総務部. ⏩ chǔ

*【处处】chùchù 副 至る所に. あらゆる面で. ¶鲜花 xiānhuā～开放 kāifàng / 至る所に花が咲く. ¶～关心 guānxīn 别人 / 他人のことをなにくれとなく世話をする.
【处所】chùsuǒ 名 場所. 所.
【处长】chùzhǎng 名 処長. 部長. ►役職名で,"局长 júzhǎng"の下,"科长 kēzhǎng"の上.

怵(怺) chù 動〈方〉おじける.
◇◆ おびえる.

【怵目惊心】chù mù jīng xīn〈成〉びくびくする.

绌 chù ◇◆ 不足する. 欠乏する. ¶支 zhī～ / (金が)不足する.

畜 chù ◇◆ 家畜類. ¶牲 shēng～ / 家畜. ¶～产品 chǎnpǐn / 畜産品.
⏩ xù

【畜肥】chùféi 名〈農〉家畜肥料. 厩肥(きゅうひ).
【畜类】chùlèi 名 家畜類.
【畜力】chùlì 名 畜力. 家畜による労働力.
【畜生】chùsheng 名 ①禽獣(きんじゅう). ②〈罵〉畜生. 人でなし.
【畜疫】chùyì 名 家畜の伝染病.

搐 chù ◇◆ ひきつける. ¶抽 chōu～ / けいれんを起こす.

【搐动】chùdòng 動 けいれんを起こす. ¶脸 liǎn 上～了一下 / 顔の筋肉がけいれんした.
【搐搦】chùnuò 名〈医〉ひきつけ. けいれん.
【搐缩】chùsuō 動(筋肉などが)収縮する.

触(觸) chù 動 触れる. 触る. ぶつかる. ¶～到了他的痛处 tòngchù / 彼の痛い所を突いた.
◇◆(心を)動かす. 感動する.

【触电】chù//diàn 動 ①感電する. ¶小心别触了电! / 感電しないように注意しなさい. ②映画やテレビドラマに(初めて)出演する.
【触动】chùdòng 動 ①ぶつかる. ¶只～了一下自动门 / 自動ドアにちょっとぶつかっただけだ. ②触れる. 抵触する. ¶用手～了一下键盘 jiànpán / 手でキーを触った. ③(心を)打つ. (記憶を)呼び起こす. ¶～心弦 xīnxián / 心の琴線に触れる.
【触发】chùfā 動 触発する. 気持ちを呼び起こす. ¶～乡思 xiāngsī / 望郷の念を呼び起こす.
【触犯】chùfàn 動 犯す. 触れる. ¶～法律 fǎlǜ / 法律を犯す.
【触感】chùgǎn 名 触感. 手触り. ¶～良好 liánghǎo / 手触りがよい.
【触击】chùjī 動〈体〉(野球で)バントする.
【触机即发】chù jī jí fā〈成〉("不假思索"に続き)(よく考えもしないで)思いついたことをそのまま口に出す.
【触及】chùjí 動 触れる. 触る. ¶不敢 bùgǎn～问题的要害 yàohài / 問題の本質に触れる勇気がない.
【触礁】chù//jiāo 動 ①暗礁に乗り上げる. 座礁する. ②〈喩〉(物事が)行き詰まる. ¶谈判 tánpàn～ / 交渉が行き詰まる.
【触景生情】chù jǐng shēng qíng〈成〉目前の情景に接して感慨を催す.
【触觉】chùjué 名〈生理〉触覚.
【触类旁通】chù lèi páng tōng〈成〉一つの事柄から類推して他を理解する.
【触霉头】chù méitóu〈慣〉〈方〉いやなことにぶつかる. ►"触楣头"とも書く.
【触摸】chùmō 動 手で触れる. そっとなでる. ¶禁止 jìnzhǐ～展品 / 展示品にさわらないこと.
【触摸屏】chùmōpíng 名 タッチパネル.
【触目】chùmù〈書〉①動 目に触れる. 目につく. ②形 目立っている. 際立っている. ¶～的大字标语 biāoyǔ / くっきりとした目立つスローガン.
【触目惊心】chù mù jīng xīn〈成〉(深刻な情景を)目のあたりにして心が乱れる.
【触怒】chùnù 動 怒りに触れる. 怒りを買う.
【触痛】chùtòng ①動 痛いところを突く. ¶～旧创 chuāng / 古傷に触る. ②名〈医〉触診による痛み.
【触网】chùwǎng 名〈体〉ネットタッチ.
【触须】chùxū 名〈動〉触角(しょっかく).

憷 chù 動〈方〉おじける. 臆(おく)する. 気後れする. ¶发 fā～ / びくびくする.

【憷头】chùtóu 動〈方〉臆する. おじける. 気後れする.

黜 chù ◇◆ 罷免する. 免職する. ¶罢 bà～ / 罷免する.

【黜斥】chùchì 動 退ける. 退けて用いない.
【黜免】chùmiǎn 動〈書〉罷免する. 免官する.
【黜退】chùtuì 動 免職する.

矗 chù 〈◆ そびえ立つ.

【矗立】chùlì 動 そびえ立つ. ¶～着一座座高楼大厦 dàshà / たくさんの高層ビルがそびえ立つ.

chua (ㄔㄨㄚ)

1声 **欻** chuā 擬 《集団が隊列を組んで歩く足音》さっさっ.

【欻拉】chuālā 擬 《野菜などを油のたぎった鍋に入れたときの音》じゅうじゅう. じゃあじゃあ.

chuai (ㄔㄨㄞ)

1声 **揣** chuāi 動(懐に)しまう,隠す,押し込む. ¶把名片 míngpiàn ～在兜儿 dōur 里 / 名刺をポケットにしまう. ¶他有话总～着不说 / 彼は話があるのにいつも腹にしまっている. ▸▸ chuǎi,chuài

【揣手儿】chuāi//shǒur 動 懐手(ふところで)をする.

搋 chuāi 動 ①こねる. もむ. もみ洗いする. ¶～面 / 小麦粉をこねる. ¶把衣服洗了又～ / 服を水洗いしてさらにもみ洗いする. ②(“搋子”で)詰まりを通す.

【搋子】chuāizi 名(下水道の詰まりを取り除く道具)柄の付いた吸盤. ラバーカップ.

3声 **揣** chuǎi 〈◆ 推し量る. ¶不～冒昧 màomèi / 失礼を顧みず. ‖姓 ▸▸ chuāi,chuài

【揣测】chuǎicè 動 推測する. 憶測する. ¶我～,他不会来了 / 私の推測では,彼はもう来ないだろう.

【揣度】chuǎiduó 動〈書〉忖度(そんたく)する. 推測する.

【揣摩】chuǎimó 動(意味を)かみしめる. 推察する. ¶～不出 / 推察することができない. ¶～他的用意 / 彼の意向を探る.

【揣摸】chuǎimo ⇀【揣摩】chuǎimó

【揣想】chuǎixiǎng 動 推量する. 推し量る.

啜 chuài ‖姓 ▸▸ chuò

揣 chuài ①“囊揣 nāngchuài”(虚弱である. 気が弱い)という語に用いる. ②“挣揣 zhèngchuài”(あがく. もがく)という語に用いる. ▸▸ chuāi,chuǎi

踹 chuài 動(足の裏で)ける,踏みつける;踏み込む. ¶一脚把门～开 / 足でドアをけり開ける. ¶没留神 liúshén 一脚～在水沟 shuǐgōu 里 / うっかり溝に足がはまってしまった.

chuan (ㄔㄨㄢ)

川 chuān 〈◆ ①川. 流れ. ►一般に大河を“河 hé”“江 jiāng”といい,小川は“小河”“小溪 xī”という. “川”は総称として用いられることが多い. ¶高山大～ / 高い山と大きい川. ②平地. 平原. ¶平～ / 平地. ¶米粮 mǐliáng ～ / 穀倉地帯. ③四川省. ‖姓

【川菜】chuāncài 名 四川料理.

【川剧】chuānjù 名 川劇(せんげき). 四川省を中心に行われる地方劇.

【川军】chuānjūn 名〈植〉四川省産のダイオウ.

【川流不息】chuān liú bù xī 〈成〉(人や車の往来が)川の流れのように絶え間なく続く. ひっきりなし. ¶马路上,人来人往 wǎng ～ / 通りは人の行き来が絶えない.

【川芎】chuānxiōng 名〈植〉センキュウ;〈中薬〉川芎(せんきゅう).

【川资】chuānzī 名 旅費.

****穿** chuān

穴に通す→(手や足を通すようにして)身につける

動 ①(↔脱 tuō, 宽 kuān)(衣服を)**着る**. (ズボン・スカート・靴・靴下などを)**履く**. ¶～西装 xīzhuāng / 背広を着る. ¶～鞋 xié / 靴を履く. ¶衣服～旧 jiù 了 / 服が着くたびれた. ¶～裤子 kùzi / ズボンをはく. 注意 同じ身につけるものでも,帽子・眼鏡・スカーフ・手袋・指輪など頭・顔・首・手などにつけるものは“戴 dài”を用いる.
②(場所を)通り抜ける. ¶～过山洞 shāndòng / 山の洞窟を通り抜ける.
③(穴に)**通す**. (ひもなどを穴に通して)つなぐ. ¶用珠子 zhūzi ～成项链 xiàngliàn / ビーズでネックレスをつくる.
④**穴をあける**. うがつ. 破る. 貫通する. ¶把纸 zhǐ ～了个洞 dòng / 紙に穴をあけた. ¶子弹 zǐdàn 射 shè ～右臂 yòubì / 弾丸が右腕を貫通する. ¶看～ / 見抜く. 見破る.

【穿插】chuānchā 動 ①交互に行う. ②(小説や戯曲の)挿話,エピソードを挟む. ¶在讲演 jiǎngyǎn 中～一些笑话 xiàohua / 講演の中にいくつかジョークをはさむ.

【穿戴】chuāndài ①動 着飾る. 身なりを整える. ②名 服装. 身なり. ¶不讲究 jiǎngjiu ～ / 身なりをかまわない.

【穿过】chuān//guò 動＋方補 **突っ切る**. **横切る**. ¶～马路 mǎlù / 通りを横断する.

【穿孔】chuānkǒng ①名〈医〉穿孔(せんこう). ¶胃 wèi ～ / 胃穿孔. ②動 穴をあける. ¶～机 jī / パンチ.

【穿儿】chuānr 名〈方〉あな. ¶从这儿打个～ / ここに穴をあけよう.

【穿梭】chuānsuō 動 織機の梭(ひ)のように行き交う. 往来が頻繁である. ¶～外交 / シャトル外交.

【穿堂风】chuāntángfēng 名 隣室や向かいの窓から通り抜ける風.

【穿堂门】chuāntángmén 名(～儿)二つの横丁を結ぶ小さな路地の入り口に建てられた門.

【穿堂儿】chuāntángr 名 表庭から裏庭に通り抜けられるようになっている部屋. ►普通は家屋の中央の部屋.

【穿透】chuān//tòu 動＋結補(鋭利なものが)物体を貫く,貫通する.

【穿小鞋】chuān xiǎoxié (～儿)〈慣〉(小さい靴をはかされ,足が痛くて歩けずに困ることから)意地悪をする. 仕返しをする. ¶他净 jìng 给人家 rénjia

～/あの人はいつも人を困らせてばかりいる.
【穿孝】chuān//xiào 動〈旧〉喪服を着る. 喪に服する.
【穿鞋戴帽】chuān xié dài mào〈成〉意味のないことを言う.
【穿行】chuānxíng 動 通り抜ける. ¶火车在隧道 suìdào 中～/汽車はトンネルを通り抜けた.
【穿靴戴帽】chuān xuē dài mào →【穿鞋戴帽】chuān xié dài mào
【穿衣镜】chuānyījìng 名 姿見.
【穿一条裤子】chuān yī tiáo kùzi〈慣〉(一つのズボンをいっしょにはく意から)ぐるになる. 野合する. ¶你不要跟他～/彼と結託するな.
【穿越】chuānyuè 動 通り抜ける. ¶～边境biānjìng/国境を越える.
【穿凿附会】chuān záo fù huì〈成〉こじつける. 牽強付会.
【穿针】chuān//zhēn 動 針に糸を通す.
【穿针引线】chuān zhēn yǐn xiàn〈成〉(特に男女の)仲を取り持つ,仲介をする.
【穿着】chuānzhuó 名 身なり. 服装. ¶～朴素 pǔsù/質素な身なりをしている. ¶讲究 jiǎngjiu～/服装に凝る.

2声 *传(傳) chuán 動 ①伝わる. 伝える. ¶自古～下来的故事 gùshi/昔から伝わってきた物語. ②広まる. 広める. ¶那个消息 xiāoxi～遍 biàn 了全国/そのニュースは全国に伝わった. ③伝授する. 教え伝える. ¶把文化遗产 yíchǎn～给后代/文化遺産を後世に伝える. ④〈電〉伝導する. ¶～电/電気を伝える. ⑤〈口〉伝染する. 移る. ¶这种病～得很厉害 lìhai/この病気は感染力が強い. ⑥召喚する. 呼びつける. ¶把他～来/彼を出頭させよ. ¶～证人 zhèngren/証人を召喚する. ‖姓 ▸▸zhuàn
【传案】chuán'àn 動 法廷に召喚する.
【传帮带】chuán bāng dài (技術を)伝授し,習得を助け,手本となる.
【传杯换盏】chuán bēi huàn zhǎn〈成〉杯を順繰りに手渡し,酒をくみ交わす. ►"推 tuī 杯换盏"とも.
*【传播】chuánbō 動 ①振りまく. 広く伝わる. ¶～病菌 bìngjūn/病原菌を振りまく. ¶～小道儿 xiǎodàor 消息 xiāoxi/うわさを言いふらす. ¶这个先进经验 jīngyàn 已经～开来/その先進的な経験はすでに伝え広まった. ②〈物〉伝播(でんぱ)する.
【传布】chuánbù 動 広める.
【传唱】chuánchàng 動(歌などが)歌い継がれる. ¶这首歌在民间 mínjiān 广为 wéi～/この歌は世間で広く歌われている.
【传抄】chuánchāo 動 次から次へと筆写を重ねる. 転写を重ねる.
【传达】chuándá ❶動 ①(上から下へ)伝える. (口頭で)伝える. ¶～命令 mìnglìng/命令を伝達する. ¶～上级的指示 zhǐshì/上司の指示を伝達する. ②取り次ぐ. ¶～室/受付. ❷名 受付係.
【传代】chuán//dài 動 何世代もつながる.
【传单】chuándān 名 宣伝ビラ. 量[枚数]张;[部数]份 fèn. ¶散发 sànfā～/ビラをまく.
【传导】chuándǎo 名 ①〈物〉(熱・電気などの)伝導. ¶～率 lǜ/伝導率. 伝導度. ②〈生理〉(知覚の)伝導.
【传道】chuándào 動 ①布教する. ②聖賢の道を伝える.
【传递】chuándì 動 次から次へ送り伝える. 順送りに手渡す. ¶～信件 xìnjiàn/手紙を転送する. ¶～信息 xìnxī/情報を伝達する.
【传动】chuándòng 名〈機〉伝動. 動力伝送. ¶～装置 zhuāngzhì/(油圧シリングなどの)アクチュエータ.
【传动带】chuándòngdài 名〈機〉(伝動)ベルト.
【传粉】chuánfěn 名〈植〉受粉.
【传感器】chuángǎnqì 名〈電〉センサー. 検出器. ¶红外线 hóngwàixiàn～/赤外線センサー.
【传告】chuángào 動 伝達する. 伝え知らせる. ¶奔走 bēnzǒu～/急いで知らせて回る. ¶～喜讯 xǐxùn/吉報を伝える.
【传呼】chuánhū 名(長距離電話・公衆電話の)呼び出し.
【传话】chuán//huà 動 言葉を取り次ぐ. 伝言する. ¶对不起,请给他传个话/すみませんが,彼に話を伝えておいてください.
【传唤】chuánhuàn 動 ①呼ぶ. 声をかける. ②〈法〉召喚する. 呼び出す.
【传家】chuánjiā 動 代々その家に伝わる.
【传家宝】chuánjiābǎo 名 家伝の宝物. 家宝. ►"传家之 zhī 宝"とも.
【传教】chuán//jiào 動 ①〈宗〉(キリスト教を)伝道する,布教する. ②〈書〉教えを広める.
【传教士】chuánjiàoshì 名 宣教師. 伝道師.
【传戒】chuánjiè 名〈宗〉(仏教での)授戒.
【传经】chuán//jīng 動 ①経典を伝授する. ②経験を伝える.
【传经送宝】chuán jīng sòng bǎo〈成〉貴重な経験や伝統を伝える.
【传看】chuánkàn 動 回覧する.
【传令】chuán//lìng 動 命令を伝達する.
【传媒】chuánméi 名 ①〈略〉マスメディア. ②疾病感染の媒介と経路.
【传名】chuán//míng 動 名を伝える. 名声を上げる.
【传票】chuánpiào 名 ①〈法〉勾引状. 召喚状. 呼出状. ¶签发 qiānfā～/召喚状を出す. ②(会計の)伝票.
【传奇】chuánqí 名 ①〈文〉伝奇;唐・宋時代の文語体の短編小説. 明・清時代に流行した長編戯曲. ②珍しい話. 綺談(きだん).
【传情】chuán//qíng 動 感情・気持ちを伝える. ¶眉目 méimù～/秋波を送る.
【传球】chuán//qiú 動〈体〉ボールをパスする. トスする.
【传染】chuánrǎn 動 ①伝染する. うつる. ¶流感 liúgǎn 很容易～/インフルエンザは伝染しやすい. ②〈喩〉(感情・悪習などが)伝わる.
【传染病】chuánrǎnbìng 名 伝染病.
【传人】chuán//rén ❶動 ①(芸を)伝授する. ②人を呼び出す. 召喚する. ③人に伝染する. ❷名〈書〉伝承者.
【传入神经】chuánrù shénjīng 名〈生理〉感覚神経. ►"感觉 gǎnjué 神经"とも.
【传神】chuánshén 動 真に迫る. 真髄を伝える. ¶～之笔/人物を活写した文章.

【传声器】**chuánshēngqì** 名〈電〉マイクロフォン.
【传声筒】**chuánshēngtǒng** 名 ① メガホン. ②（定見がなく）他人の言ったことを受け売りする人.
【传世】**chuánshì** 動（昔の宝や著作などが）はるか後の世まで伝わる. ¶～珍宝 zhēnbǎo / 昔から伝わった宝物.
【传授】**chuánshòu** 動 **伝授する**. ¶～经验 jīngyàn / 経験を伝える.
【传输】**chuánshū** 動（エネルギー・情報などを）伝送する,発信する.
【传述】**chuánshù** 動 言い伝える. ¶～故事 gùshi / 物語を言い伝える.
【传说】**chuánshuō** ①動 言い伝えられている.（言い伝えによると）…そうだ. ¶～如此 rúcǐ / このように伝えられている. ② 名 **伝説**. ¶民间 mínjiān～ / 民間の伝説.
【传送】**chuánsòng** 動（品物や情報を）送り届ける. ¶～消息 xiāoxi / 知らせを伝える.
【传诵】**chuánsòng** 動 伝唱する. 語り伝える. ¶为 wéi 世人所 suǒ～ / 世間の人に語り伝えられる.
【传颂】**chuánsòng** 動 次々と知らせ回って称賛する.
【传送带】**chuánsòngdài** 名〈機〉ベルトコンベヤー.
*【传统】**chuántǒng** 名 **伝統**. ¶保护 bǎohù～文化 / 伝統文化を守る. ¶打破 dǎpò～ / 伝統を破る.
【传闻】**chuánwén** ①動 うわさに聞く.（うわさによると）…そうだ. ②名 うわさ. ¶此人 cǐrén 有很多艳事 yànshì～ / あの人には艶聞がたくさんある.
【传习】**chuánxí** 動〈書〉伝習する.
【传销】**chuánxiāo** ①動 マルチ販売をする. ②名 マルチ商法. ねずみ講.
【传信儿】**chuán//xìnr** 動 ことづけをする. ¶请你给我传个信儿 / ちょっとことづけをお願いします.
【传讯】**chuánxùn** 動〈法〉(司法機関や公安機関が)召喚して審問する.
【传言】**chuányán** ❶名 ① うわさ. 伝説. ¶～非虚 xū / うわさのとおりである. ②〈書〉発言. ❷動 伝言する. ことづける. ¶～送语 / 伝言をことづける.
【传扬】**chuányáng** 動（名声や事柄が）伝わり広まる. 伝播（でんぱ）する. ¶～丑闻 chǒuwén / スキャンダルが広まる.
【传阅】**chuányuè** 動 回覧する. ¶把书信 shūxìn 给大家～一下 / 手紙をみんなに回覧しなさい. ¶～文件 wénjiàn / 文書を回覧する.
*【传真】**chuánzhēn** ❶名 ① **ファクス**. ¶给他发 fā～ / 彼にファクスを送る. ¶～机 jī / ファクス(機器). ② 写真電送. ❷動 肖像画を描く.
【传种】**chuán//zhǒng** 動 種を残す. 種つけをする.
【传宗接代】**chuán zōng jiē dài** 〈成〉(よいものを)子々孫々に伝える. 代々血統を継ぐ.

船 chuán 名 **船**. 量 只 zhī,条,艘 sōu. ❖划 *huá*～ / 船をこぐ. ❖上 *shàng*〔乘 *chéng*〕～ / 船に乗る. ❖下 *xià*～ / 船を下りる. ❖晕 *yùn*～ / 船に酔う.
【船帮】**chuánbāng** 名 ① 船べり. 船体の側面. ② 船団.
【船舶】**chuánbó** 名 **船舶**. 船(の総称).
【船埠】**chuánbù** 名 埠頭. 波止場.
【船舱】**chuáncāng** 名 船倉. 船室.
【船到江心补漏迟】**chuán dào jiāngxīn bǔlòu chí** 〈諺〉時機がすでに遅いこと. 後の祭り.
【船队】**chuánduì** 名 船団.
【船帆】**chuánfān** 名 帆. ¶扬起 yángqǐ～ / 帆を揚げる.
【船夫】**chuánfū** 名 船頭. 舟子. ¶～曲 qǔ / 船歌.
【船工】**chuángōng** 名 船頭. 舟子.
【船籍港】**chuánjígǎng** 名 船籍のある港.
【船壳】**chuánké** 名 船体.
【船篷】**chuánpéng** 名 ① 船の苫(とま). ② 船の帆.
【船票】**chuánpiào** 名 乗船切符. ¶预订 yùdìng～ / 乗船切符を予約する.
【船期】**chuánqī** 名 出港日. 出帆日.
【船钱】**chuánqian** 名 船賃.
【船桥】**chuánqiáo** 名 船橋. ブリッジ.
【船蛆】**chuánqū** 名〈虫〉フナクイムシ.
【船上交货】**chuánshàng jiāohuò** 名〈経〉本船渡し. 甲板渡し. FOB.
【船身】**chuánshēn** 名 船体. 船の長さ.
【船首】**chuánshǒu** 名 船首.
【船台】**chuántái** 名 船台. 造船台.
【船头】**chuántóu** 名 船首. へさき.
【船桅】**chuánwéi** 名 船のマスト. 帆柱.
【船尾】**chuánwěi** 名 船尾. とも.
【船位】**chuánwèi** 名(航行中の)船の位置. ¶测定 cèdìng～ / 船の位置を測定する.
【船坞】**chuánwù** 名 ドック. 量 座 zuò,个. ¶干 gān～ / 乾ドック. ¶浮 fú～ / 浮きドック.
【船舷】**chuánxián** 名 舷側. 船べり.
【船员】**chuányuán** 名 船員.（船の）乗組員.
【船闸】**chuánzhá** 名〈水〉閘門(こうもん). 水門.
【船长】**chuánzhǎng** 名 船長. キャプテン.
【船只】**chuánzhī** 名 **船(の総称)**. **船舶**. ►個数を数える量詞は用いない. ¶往来 wǎnglái～ / 往来する船舶.

椽 chuán ◇◆ たる木. 屋根板の支えとして,棟から軒に渡す木. ¶～条 tiáo / たる木. ¶～子 / たる木.

3声 **舛 chuǎn** ◇◆ ①まちがい. 誤り. ②背く；運勢がよくない. ¶命途 míngtú 多～ / 挫折や不運の続く人生.
【舛错】**chuǎncuò** 〈書〉❶名 ① まちがい. 誤り. ② 不運. 不幸. ❷動 入り交じる.
【舛误】**chuǎnwù** 名〈書〉誤り. 錯誤.

***喘 chuǎn** ① 動 **あえぐ. 息を切らす**. ② 名 "气喘 qìchuǎn"(喘息(ぜんそく))の略称.
*【喘气】**chuǎn//qì** 動 ① **呼吸する**；深呼吸する. ¶累 lèi 得喘不过气来 / へとへとで息切れしそうだ. ② ひと息入れる. ¶喘口气儿再干 gàn 吧！/ 一服してからまたやろう.
【喘息】**chuǎnxī** 動 ① あえぐ. 息を切らす. ¶～未 wèi 定 / あえぎがまだ収まらない. ② ひと息入れる. ¶工作忙得没有～的机会 jīhuì / 仕事に追われて息をつく機会もなかった.
【喘吁吁】**chuǎnxūxū** 形(～的) 息せき切っている.

►"喘嘘嘘"とも書く. ¶～地跑 pǎo 来 / あえぎあえぎ走って来た.

4声 **串 chuàn** ❶量(～儿) つながった状態のものを数える. ¶一～儿珍珠 zhēnzhū / 真珠1連. ¶一～儿葡萄 pútao / ひと房の葡萄.
❷動 ① さしつらねる. ¶～钥匙 yàoshi / カギを束ねる. ② 混じる. ずれる. こんがらかる. ¶看～一行 háng / 1行見まちがえる. ③(場所に)出入りする. 歩き回る. ¶～了几家朋友 / 何軒かの友達の家をはしごした. ¶我们～街 jiē 去吧 / 町をぶらぶらしに行こう. ¶走街～巷 xiàng / 路地や横町を歩き回る.
◇◆ ①(仲間と)ぐるになる,結託する. ¶→～供 gòng. ②劇に出演する. ¶→～演 yǎn. ‖姓

【串供】chuàn//gòng 動〈法〉供述の口裏合わせをする.
【串话】chuàn//huà 動(電話が)混線する.
【串换】chuànhuàn 動 取り交わす. 交換する. ¶～优良 yōuliáng 品种 / 優良品種を交換する.
【串讲】chuànjiǎng 動 ①(国語の授業で)文の意味を1句1句解釈する. ② 一つの文章または書物をひと区切りずつ学んだあと,全体の内容をまとめて説明する.
【串联·串连】chuànlián ①動 順繰りにつながりをつける. ¶他～了一些本省 běnshěng 出身的作家 / 彼は本省出身の作家とつながりをつけた. ¶世界大～ / 世界中との交流. ②名〈電〉直列連結. 直列. ¶～电阻 diànzǔ / 直列抵抗. ¶～线圈 xiànquān / 直列コイル.
【串铃】chuànlíng 名 ①(かつて大道易者や薬売りが客寄せに鳴らした)房状につながった鈴. ② 鈴をずらりとつけた馬の首輪.
【串门】chuàn//mén 動(～儿·～子)(よその家へ)遊びに行く.
【串气】chuàn//qì 動 気脈を通じる. ぐるになる.
【串亲戚】chuàn qīnqi 親戚回りをする. ►"串亲"とも.
【串通】chuàntōng 動 ① 気脈を通じる. ぐるになる. ¶他～了几个流氓 liúmáng 到处 dàochù 干 gàn 坏事 / あいつは数人のごろつきと結託してあちこちで悪いことばかりしている. ② つながりをつける. 連絡をとる.
【串通一气】chuàn tōng yī qì〈成〉ぐるになる. 共謀する.
【串味】chuàn//wèi 動(～儿)においが移る.
【串戏】chuàn//xì 動 ① 芝居に出演する. ②(特に)素人がプロの役者に混じって出演する.
【串线】chuàn//xiàn 動 混線する.
【串行打印机】chuàngxíng dǎyìnjī 名〈電算〉シリアルプリンター.
【串演】chuànyǎn 動 役に扮する.
【串秧儿】chuànyāngr 動〈俗〉交雑する. 掛け合わせる.
【串游】chuànyou 動〈口〉ぶらつく. ¶四处 sìchù ～ / あちこちぶらつく.
【串种】chuànzhǒng →【串秧儿】chuànyāngr
【串珠】chuànzhū 名 つなぎ連ねた玉. ひとつなぎの玉.
【串子】chuànzi 名 ひとつながりになった物. ¶钱 qián ～ / 穴に糸を通した硬貨の束.

钏 chuàn ◇◆ 腕輪. ブレスレット. ¶玉 yù ～ / 玉の腕輪. ¶金 jīn ～ / 金のブレスレット. ‖姓

chuang (ㄔㄨㄤ)

1声 **创(創) chuāng** ◇◆ 傷. ¶→～痕 hén. ➡ chuàng

【创痕】chuānghén 名 傷跡. ¶心灵 xīnlíng 的～ / 心の傷跡.
【创可贴】chuāngkětiē 名 簡易救急ばんそうこう.
【创口】chuāngkǒu 名 傷口.
【创面】chuāngmiàn 名 傷の表面.
【创伤】chuāngshāng 名 ① 外傷. 傷. ②〈喩〉(物質的·精神的な)傷跡,痛手. トラウマ.
【创痍】chuāngyí →【疮痍】chuāngyí

疮(瘡) chuāng 名 できもの. 瘡(かさ). 量 块 kuài, 个. ¶长 zhǎng 了一块～ / できものができた.
◇◆ 外傷. ¶褥 rù ～ /(病人の)床ずれ. ¶刀 dāo ～ / 刃物の切り傷.

【疮疤】chuāngbā ①名 できものや傷などの治ったあと. 瘡(きず). 量 道,条 tiáo. ¶脸部 liǎnbù ～ / 顔の傷跡. ¶好了～忘了疼 téng /〈諺〉喉元過ぎれば熱さを忘れる. ②〈喩〉傷跡. 痛いところ. ¶揭 jiē 人～ / 人の痛いところ〔古傷〕をつく.
【疮痕】chuānghén 名 傷跡.
【疮痂】chuāngjiā 名 かさぶた.
【疮口】chuāngkǒu 名 吹き出物の破れた口.
【疮痍】chuāngyí 名〈書〉① 切り傷. ►"创痍"とも書く. ¶～未 wèi 复 fù / 傷がまだ癒(い)えない. ②〈喩〉受けた被害.
【疮痍满目】chuāng yí mǎn mù〈成〉見渡す限り廃墟と化した光景.

* **窗(窓·窻) chuāng** 名(～儿) 窓. ウインドー. 量 扇 shàn.

【窗玻璃】chuāngbōli 名 窓ガラス.
【窗格子】chuānggézi 名 窓の格子.
**【窗户】chuānghu 名 窓. 量 扇 shàn. ❖打开 *dǎkāi* ～ / 窓を開ける.
【窗花】chuānghuā 名(～儿)(窓に張る)切り紙細工.
【窗口】chuāngkǒu 名 ① 窓. ②(～儿)窓辺. ③ 窓口. カウンター. ¶～单位 dānwèi / サービス部門. ¶～行业 hángyè / サービス業. ④〈喩〉窓. ルート. ¶眼睛 yǎnjing 是心灵 xīnlíng 的～ / 目は心の窓である. ⑤〈電算〉ウインドー.
【窗框】chuāngkuàng 名 窓枠. サッシ. ¶铝制 lǚzhì ～ / アルミサッシ.
【窗帘】chuānglián 名(～儿)(窓の)カーテン. 量 条,块. ❖拉开 *lākāi*〔拉上 *lāshàng*〕～ / カーテンを開ける〔閉める〕.
【窗明几净】chuāng míng jī jìng〈成〉部屋が明るく清潔である.
【窗纱】chuāngshā 名 防虫網. 網戸.
【窗扇】chuāngshàn 名(～儿)両開きの窓の開けたてする部分.

【窗台】chuāngtái 名(～儿)窓台.
【窗沿】chuāngyán →【窗台】chuāngtái
【窗子】chuāngzi 名〈方〉窓.

2声 ** **床**(牀) chuáng ①名 ベッド.寝台. 量 张 zhāng. ¶一张～ / ベッド1台. ②量 布団などの寝具を数える. ¶一～铺盖 pūgai / ひとそろいの布団.
◇◆ ①台状の地面. ¶苗 miáo ～ / 苗床. ¶河～ / 河床. ②ベッド状で台として使うもの. ¶机～ / 工作機械. ¶车 chē ～ / 旋盤.
【床单】chuángdān 名(～儿·～子)シーツ. 量 条,床. ◆铺 pū ～ / シーツを敷く.
【床垫】chuángdiàn 名 ベッドのマットレス. ¶弹簧 tánhuáng ～ / スプリングマット.
【床架】chuángjià 名 ベッドの枠.
【床铺】chuángpù 名 寝床. 量 张 zhāng.
【床上安床】chuáng shàng ān chuáng 〈成〉屋上屋を架す.
【床身】chuángshēn 名〈機〉機体.
【床虱】chuángshī 名〈虫〉トコジラミ. ナンキンムシ. ►"臭虫 chòuchóng"とも.
【床榻】chuángtà 名 寝台の総称. ►大きいものを"床",細長いものを"榻"という.
【床头】chuángtóu 名 枕もと. ¶～灯 dēng / 枕もとのスタンド.
【床头柜】chuángtóuguì 名 ①ベッドサイドテーブル. ナイトテーブル. ②〈俗〉恐妻家. ►"柜"は"跪 guì"と同音であることから,ベッドサイドにひざまずくことにひっかけたしゃれ.
【床位】chuángwèi 名(病院·汽船·宿舎などの)ベッド,ベッド数. 量 张 zhāng.
【床沿】chuángyán 名(～儿)寝台の縁.
【床罩】chuángzhào 名(～儿)(装飾用の)ベッドカバー.
【床子】chuángzi 名 ①工作機械. ②〈方〉(露店などで商品を並べるための)台. 露店. ¶菜 cài ～ / 八百屋.

幢 chuáng 名〈古〉旧時に用いた旗の一種.
◇◆ 仏名や経文を刻んだ石柱. ¶经 jīng ～ / 経文を刻んだ石柱. ⇒zhuàng

3声 * **闯** chuǎng 動 ①まっしぐらに突進する. 不意に飛び込む. ¶突然 tūrán ～进来 / だしぬけに飛び込んでくる. ②実社会で鍛える. 経験を積む. ¶他在社会 shèhuì 上～了几年 / 彼は社会に出て何年か経験を積んだ. ¶～出一条新路子 lùzi / 新しい道を切り開く. ③(災いを)引き起こす. ‖姓
【闯荡】chuǎngdàng 動〈旧〉異郷で生活を求める. ¶～江湖 jiānghú / 大道商人などをして世を渡り歩くこと.
【闯红灯】chuǎng hóngdēng ①赤信号を突き進む. 信号無視をして走る. ②〈慣〉公然と法を破る.
【闯祸】chuǎng//huò 動 災いを招く. 問題を引き起こす. ¶你～了! / 君はとんだことをしでかした. ¶小心 xiǎoxīn 别～ / 事故を起こさないようにくれぐれも気をつけなさい.
【闯江湖】chuǎng jiānghu 〈旧〉(大道商人·賭博師·占い師·芸人などをしながら世間を)渡り歩く.
【闯将】chuǎngjiàng 名 荒武者;〈喩〉〈褒〉先鋒. 草分け.
【闯劲】chuǎngjìn 名(～儿)開拓精神. 先駆者の意気込み. ¶工作～ / (仕事上の)パイオニア精神.
【闯练】chuǎngliàn 動 社会に出て実生活の中で鍛える.
【闯南走北】chuǎng nán zǒu běi 〈成〉(ある目的のため)各地を遍歴する.
【闯牌子】chuǎng páizi →【创牌子】chuàng páizi
【闯入】chuǎngrù 動 押し入る. ¶不得 dé 擅自 shànzì ～ / かってに入るべからず.

4声 **创**(創) chuàng 動 始める. 創造する. 初めて…する. ¶～新记录 jìlù / 新記録をつくる. ¶～一番 fān 事业 / 事業を始める. ひと旗揚げる. ⇒chuāng
【创办】chuàngbàn 動(具体的な事業などを)始める. 創設する. ¶～一个工厂 / 工場を新たに作る.
【创汇】chuànghuì 動 外貨を獲得する. ¶～率 lǜ / 外貨獲得率.
【创获】chuànghuò 名 これまでにない成果. 新発見.
【创纪录】chuàng jìlù 新記録を樹立する.
【创见】chuàngjiàn 名 創見. 独創的な見解.
【创建】chuàngjiàn 動 創建する. 創立する. ¶这所医院 yīyuàn ～于 yú 五十年代 / この病院は50年代に創建された.
【创举】chuàngjǔ 名 初めての行動や事業,試み.
【创刊】chuàng//kān 動 創刊する. ¶～杂志 zázhì / 雑誌を創刊する. ¶～号 hào / 創刊号.
【创立】chuànglì 動 創立する. (国家·事業·学説などを)打ち立てる. ¶～新的国家 / 新しい国を打ち建てる. ¶～新体系 tǐxì / 新しい体系をつくる.
【创牌子】chuàng páizi 商品や企業の知名度を上げる. ブランドをつくる. ►"闯 chuǎng 牌子"とも.
【创设】chuàngshè 動 ①創設する. 創立する. ¶～研究所 yánjiūsuǒ / 研究所を創立する. ②(条件を)つくる. ¶～学习条件 tiáojiàn / 学習環境を整える.
【创始】chuàngshǐ 動 創始する. ¶这种技术 jìshù 据说 jùshuō ～于宋朝 Sòngcháo / この技術は宋代に始まったということである. ¶～人 / 創始者. 草分け.
【创收】chuàngshōu 動 教育·研究機関が技術提供などによって経済的利益を得る.
*【创新】chuàngxīn ①動 古いものを捨てて新しいものをつくり出す.新機軸を打ち出す. ¶不断 bùduàn ～ / 絶えず新機軸を打ち出す. ②名 独創性.
【创业】chuàng//yè 動 創業する. 事業を始める. ¶～资金 zījīn / ベンチャーキャピタル.
【创议】chuàngyì 名 新しい提議. イニシアチブ.
*【创造】chuàngzào 動 創造する. 新たにつくり出す. ¶～新记录 jìlù / 新記録を樹立する. ¶～条件 / 条件をつくり出す. ¶～奇迹 qíjì / 奇跡を起こす.
【创制】chuàngzhì 動(法律や文字などを)制定する.
*【创作】chuàngzuò ①動(文芸作品を)創作する. ¶集体 jítǐ ～ / 集団で創作する. ¶～美术品 měishùpǐn / 美術品をつくる. ②名(文芸や芸術の)作品. ¶划 huà 时代的～ / 画期的な作品. ¶文学

～ / 文学作品.

怆(愴) chuàng ◇◆ 悲しみいたむ. ¶凄 qī ～ / いたましい. ¶悲 bēi ～ / 悲しみいたむ.

【怆然】chuàngrán 形〈書〉悲しみいたむさま. ¶～泪 lèi 下 / 悲嘆にくれて涙を流す.

chui (ㄔㄨㄟ)

1声 **吹 chuī** ** 動 ① 息を吹きつける. ¶～灭 miè 蜡烛 làzhú / ろうそくを吹き消す. ¶～一口气 / 息を吹きつける. ②(風などが)吹く,吹きつける. ¶脸被风～得生疼 téng / 風に当たって顔がひどく痛い. ③〈口〉(事柄・間柄が)だめになる. もの別れになる. ¶他们俩 liǎ ～了 / あの二人は別れた. ¶这事～了 / この件はだめになった. ④〈口〉ほらを吹く. 自慢する. ¶他～得太厉害 lìhai 了 / 彼は大ぼらを吹いた. ¶别再 zài ～了 / もう自慢はよせ. ⑤ 楽器を吹く. 吹いて鳴らす. ¶～黑管 hēiguǎn / クラリネットを吹く.

【吹吹打打】chuīchuīdǎdǎ 動 笛を吹いたり太鼓をたたいたりする.

【吹吹拍拍】chuīchuīpāipāi 動 ちょうちんを持ったりおもねったりする. ¶～,拉拉扯扯 lālachěchě / おべっかを使ったり,馴れ馴れしくしたりする.

【吹打】chuīdǎ 動 ①(吹奏楽器と打楽器を)演奏する. ¶～乐器 yuèqì / 楽器を吹いたり,たたいたりする. ②(風雨が)吹き荒れる.

【吹大气】chuī dàqì 〈慣〉大言する. 大ぼらを吹く.

【吹荡】chuīdàng 動(風に)揺らめく.

【吹灯】chuī//dēng 動 ① 明かりを吹き消す. ②〈方〉人が死ぬ. ③〈方〉失敗する;(主として)恋愛関係が破綻する. ►"吹""吹了""告吹 gàochuī""拉吹 lāchuī"とも.

【吹灯拔蜡】chuī dēng bá là 〈方〉おしまいになる. お陀仏になる.

【吹动】chuī//dòng 動+結補(風が)吹く. 風にそよぐ. ¶微风 wēifēng ～ / そよ風が吹いている.

【吹风】chuī//fēng 動 ① 風に当たる. ¶你病 bìng 还没有好,不要～ / まだ体がよくなっていないんだから,風に当たってはだめだ. ②(髪に)ドライヤーをかける. ③(～儿)〈口〉わざと人にほのめかす. それとなく漏らす. ¶他向别人～要辞职 cízhí / 彼は辞職したいと人にほのめかしている.

【吹风会】chuīfēnghuì 名 ブリーフィング. ►首脳会談などのあと,当局者から報道関係者に対してなされる簡単な内容説明.

*【吹风机】chuīfēngjī 名 ドライヤー.

【吹拂】chuīfú 動(そよ風が)なでる,そよそよと吹く.

【吹鼓手】chuīgǔshǒu 名 ①(旧式の婚礼・葬儀の際に呼ばれる)楽士. ②〈喩〉〈貶〉あることを吹聴したり,人をおだてたりする者. 太鼓持ち.

【吹胡子瞪眼】chuī húzi dèng yǎn 〈慣〉恐ろしい形相で怒る.

【吹乎】chuīhu 動〈方〉① 怒鳴りつける. 決めつける. ②→【吹嘘】chuīxū

【吹灰之力】chuī huī zhī lì 〈成〉微小な力;〈転〉たやすいこと. ¶不费 fèi ～ / 朝飯前だ. お安い御用.

【吹喇叭】chuī lǎba 〈慣〉人をおだてる. ¶～,抬 tái 轿子 jiàozi / おだてて担ぎ上げる.

【吹擂】chuīléi 動 自慢する. ほらを吹く.

【吹冷风】chuī lěngfēng 〈慣〉冷水を浴びせる. 水をさす.

【吹毛求疵】chuī máo qiú cī 〈成〉重箱の隅をほじくる. あら捜しをする.

【吹牛】chuī//niú 動 ほらを吹く. 大ぶろしきを広げる. ►"吹牛皮 niúpí""吹牛腿 niútuǐ"とも.

【吹牛拍马】chuī niú pāi mǎ 〈成〉ほらを吹き,おべっかを使う.

【吹拍】chuīpāi 動 人を持ち上げてお世辞を言う. ►"吹牛皮拍马屁 mǎpì"の略.

【吹捧】chuīpěng 動 おだてる. ¶那家伙 jiāhuo 就会～上级 / あいつは上司をおだてるのがうまい.

【吹求】chuīqiú 動 あら捜しをする.

【吹台】chuī//tái 動〈口〉おじゃんになる. だめになる. ¶那件事～了 / あの件はおじゃんになった.

【吹嘘】chuīxū 動 大きなことを言う. ¶～自己的功劳 gōngláo / 自身の功績を自慢する.

【吹奏】chuīzòu 動(楽器を)吹き鳴らす. 吹奏する. ¶～乐 yuè / 吹奏楽.

炊 chuī ◇◆ 炊事する. ¶～饭 fàn / ご飯をたく. ¶野 yě ～ / 野外で炊事をする. ‖ 姓

【炊具】chuījù 名 炊事道具.

【炊事】chuīshì 名 炊事. ¶～员 / 炊事係. 料理人.

【炊烟】chuīyān 名 炊事の煙. ¶～四起 sìqǐ / あちこちから炊煙が立ちのぼる.

【炊帚】chuīzhou 名(食器洗い用の)ささら,たわし.

2声 **垂 chuí** 動 垂れる. 下がる. ¶房檐 fángyán 上～着几根冰柱 bīngzhù / 軒下につららが何本かぶら下っている. ◇◆ ①伝え残す. 後世に伝える. ¶名～千 qiān 古 / 〈成〉名をとこしえに残す. ②近づく. なんなんとする. ¶→～暮 mù. ¶→～危 wēi. ③〈敬〉…してくださる. ¶→～念 niàn. ¶→～问 wèn.

【垂钓】chuídiào 動 釣り針を垂れる. 魚を釣る.

【垂范】chuífàn 動〈書〉模範を示す.

【垂泪】chuí//lèi 動(悲しみで)涙を流す. ¶～不止 bùzhǐ / とめどなく涙を流す. ¶暗自 ànzì ～ / ひそかに涙を流す.

【垂怜】chuílián 動〈書〉哀れみを示す.

【垂帘】chuílián 動 皇太后が執政すること. ►原義は御簾(ᵃ)を垂れてその奥で奏上を聞くこと.

【垂帘听政】chuí lián tīng zhèng 〈成〉皇太后が執政する;〈転〉権力を裏で操る.

【垂柳】chuíliǔ 名〈植〉シダレヤナギ.

【垂柳樱】chuíliǔyīng 名〈植〉シダレザクラ.

【垂暮】chuímù 動〈書〉日が暮れかかる;老境に近づく.

【垂念】chuíniàn 動〈敬〉ご配慮にあずかる. ¶承蒙 chéngméng ～,感激 gǎnjī 不尽 jìn / ご高配にあずかり感謝にたえません.

【垂泣】chuíqì 動 忍び泣く. 涙を落とす.

【垂青】chuíqīng 動〈書〉人から重く見られる. 人を重視する. 参考 旧時,ひとみを"青眼"といい,人をまっすぐに見ることはその人を重視することを表したことから.

【垂手】**chuí∥shǒu** 動 両手を垂れる；〈転〉たやすい；うやうやしくする．¶～侍立 shìlì / うやうやしく侍する．
【垂首】**chuíshǒu** 動 頭を垂れる．¶～拭泪 shìlèi / 頭を垂れ目頭を押さえる．
【垂手而得】**chuí shǒu ér dé** 〈成〉労せずして手に入れる．
【垂死】**chuísǐ** 動 瀕死の状態にある．死にかけている．
【垂死挣扎】**chuí sǐ zhēng zhá** 〈成〉土壇場の悪あがき．
【垂体】**chuítǐ** 名〈生理〉脳下垂体．
【垂涕】**chuítì** 動 涙を流す．泣く．
【垂头丧气】**chuí tóu sàng qì** 〈成〉しょんぼりして元気がない．がっかりしてうなだれる．
【垂亡】**chuíwáng** 動〈書〉滅亡に向かう．
【垂危】**chuíwēi** 動〈書〉①危篤に陥る．②(国や民族が)滅亡の危機に瀕する．
【垂问】**chuíwèn** 動〈書〉下問する．
【垂涎】**chuíxián** 動〈書〉垂涎(すいぜん)する．
【垂涎三尺】**chuí xián sān chǐ** 〈成〉のどから手が出るほど欲しがる．
【垂杨柳】**chuíyángliǔ** ⇀【垂柳】**chuíliǔ**
【垂直】**chuízhí** 形〈数〉垂直である．¶～平分线 xiàn / 垂直二等分線．¶两线～相交 xiāngjiāo / 2本の線が垂直に交わる．
【垂直关系】**chuízhí guānxi** 名 縦の関係．

陲 chuí ◇ 辺地．辺境．¶边 biān ～ / 辺境の地．

捶 chuí 動(こぶしや槌などで)**打つ，たたく**．¶～背 bèi / 背中をたたく．¶～衣裳 yīshang / 洗濯物をきぬたでたたく．洗濯物をたたいて洗う．
【捶打】**chuídǎ** 動(こぶしや槌などで)打つ，たたく．
【捶胸顿足】**chuí xiōng dùn zú** 〈成〉胸をたたき地団駄を踏む．悲しんだりくやしがったりする．

棰 chuí ①動〈古〉棒で打つ．②〖槌 chuí〗に同じ．

槌 chuí 名(～儿)たたき棒．ばち．¶棒 bàng ～ / (きぬたに使う)きね．¶鼓 gǔ ～儿 / 太鼓のばち．

锤(鎚) chuí ❶名 ①〈古〉球状の金属に柄を取りつけた兵器．②(じゃんけんの)グー．
❷動(金槌で)打つ．鍛える．
◇ ①金槌．¶铁～ / ハンマー．¶钉 dīng ～ / 金槌．②"锤"のようなもの．¶秤 chèng ～ / はかりの分銅．‖姓
【锤炼】**chuíliàn** 動 ①鍊磨する．鍛える．¶～自己 zìjǐ / 己を鍛える．②(芸術作品などに)磨きをかける．¶～字句 zìjù / 字句を練る．
【锤子】**chuízi** 名 ①金槌．ハンマー．量 把．②(じゃんけんの)グー．

chun (ㄔㄨㄣ)

春 chūn ◇ ①春．¶→～天 tiān．¶～景 jǐng / 春景色．②色情．¶怀 huái ～ / 春情を催す．③生命力．¶回～ / 春になる；〈喩〉病気を治癒する．重病が全快する．‖姓
【春饼】**chūnbǐng** 名〈料理〉小麦粉をこねて丸く薄く伸ばして焼いたもの．
参考 肉や野菜の料理を中に包んで食べる．立春の日に食べるのでこう呼ばれる．"薄饼 báobǐng""荷叶饼 héyèbǐng"とも．量 张 zhāng．
【春播】**chūnbō** 動〈農〉春の種まきをする．¶～作物 zuòwù / 春まきの作物．
【春潮】**chūncháo** 名 春のうしお；〈喩〉すさまじい勢い．
【春大麦】**chūndàmài** 名 春まきの大麦．
【春凳】**chūndèng** 名 背もたれのない長い腰掛け．
【春地】**chūndì** 名 秋の収穫後,翌年の春まきに使う畑．
【春分】**chūnfēn** 名(二十四節気の一つ)春分．
【春风】**chūnfēng** 名 ①春風．¶～送 sòng 暖 / 春風が暖かく吹く．②〈喩〉和やかな顔つき．③〈書〉〈喩〉恵み．恩恵．
【春风得意】**chūn fēng dé yì** 〈成〉とんとん拍子に出世したり,事業が順風満帆で誇らしげである．
【春风化雨】**chūn fēng huà yǔ** 〈成〉よい教育．
【春风满面】**chūn fēng mǎn miàn** 〈成〉喜びに輝いた顔つき．
【春耕】**chūngēng** 名 春の耕作．¶～大忙季节 jìjié / 春の農繁期．
【春宫】**chūngōng** 名 ①皇太子の住居．東宮．②春画．ポルノ．
【春菇】**chūngū** 名〈食材〉春のシイタケ．
【春光】**chūnguāng** 名 春景色．¶～明媚 míngmèi / うららかな春景色．
【春寒】**chūnhán** 名 春の寒い天気．春の冷え込み．¶～料峭 liàoqiào / 春のはだ寒さ．
【春华秋实】**chūn huá qiū shí** 〈成〉文才と品行の兼ね合い．
【春画】**chūnhuà** 名(～儿)春画．ポルノ絵．
【春季】**chūnjì** 名 **春季**．春の季節．¶～拍卖 pāimài / スプリングセール．
【春假】**chūnjià** 名(学校の)春休み．
【春节】Chūnjié 名 **旧暦の元旦．旧正月．春節**(しゅんせつ)．参考 新暦では1月末から2月上旬ごろ．"年节 niánjié"とも．日本の正月に相当する最も重要な祭日．
【春卷】**chūnjuǎn** 名(～儿)〈料理〉春巻．►春野菜などのあんを入れ立春のころ作るのでこの名がある．
【春兰】**chūnlán** 名〈植〉シュンラン．
【春兰秋菊】**chūn lán qiū jú** 〈成〉人の才能や物にはそれぞれ秀でたものがある．
【春联】**chūnlián** 名(～儿)春聯(しゅんれん)．►旧正月に門に張る,めでたい文句を赤紙に書いた対聯(ついれん)．"门对 ménduì""春帖 chūntiě"とも．量 副 fù．
【春令】**chūnlìng** 名 ①春の季節．春．②春の気候．¶冬行 xíng ～ / 冬が春のように暖かい．►気候の不順なことをいう．
【春麦】**chūnmài** 名 春まき小麦．
【春忙】**chūnmáng** 名〈農〉春の農繁期．
【春梦】**chūnmèng** 名 〈喩〉はかない夢．
【春情】**chūnqíng** 名 春情．色情．恋情．
【春秋】**chūnqiū** 名 ①〈書〉春と秋；(広く)1年；歳月．¶～多佳 jiā 日 / 春と秋は天気のよい日が多い．②年齢．¶～正富 fù / 年が若くて将来が長い

こと．¶～已高 / すでに高齢である．③(経書の)『春秋』．④〈史〉春秋時代．
【春秋衫】chūnqiūshān 名(ジャケットやブレザーなど)春と秋に着る上着の総称．合服．(量) 件 jiàn.
【春色】chūnsè 名 ①春色．春景色．② 酒で顔が赤らむさま；うれしそうな顔色．
【春笋】chūnsǔn 名 春のタケノコ．¶雨后 yǔhòu～ /〈成〉雨後のタケノコ．
**【春天】chūntiān 名 春．► chūntian とも発音される．¶芬芳 fēnfāng 的～ / かぐわしい春．¶一到～,花就开了 / 春になると花が咲く．
【春捂秋冻】chūn wǔ qiū dòng〈諺〉春は厚着に,秋は薄着に．►主に北方で衣服の用意についていう．
【春宵】chūnxiāo 名 ①〈書〉春の夜．¶～一刻值 zhí 千金 qiānjīn / 春宵一刻あたい千金．② 男女が情を交わす夜．
【春心】chūnxīn 名 春情．色情．恋心．
【春汛】chūnxùn 名(降雨または解氷による河川の)春の増水．►"桃花汛 táohuāxùn"とも．
【春药】chūnyào 名 催淫剤．媚薬(びやく)．
【春意】chūnyì 名 ①春らしさ．¶～正浓 nóng / 春たけなわである．② 春情．色情．
【春蚓秋蛇】chūn yǐn qiū shé〈成〉書が下手で,ミミズや蛇がのたくっているようである．
【春游】chūnyóu 名 春のピクニック．春の遠足．
【春雨】chūnyǔ 名 春雨．¶～贵 guì 如油 yóu / 春の雨は油のように貴い；農作物にとって春先の雨が大事である．
【春运】chūnyùn 名〈略〉春節(旧正月)帰省混雑期の特別輸送(期間)．¶～高峰 gāofēng / 旧正月帰省ラッシュ．
【春装】chūnzhuāng 名 春の服装．

*椿 chūn 〈植〉(＝香椿 xiāngchūn) チャンチン．シンジュ．注意 日本の「ツバキ」ではない．「ツバキ」のことは"山茶 shānchá""茶花 cháhuā"という．‖姓
【椿皮】chūnpí 名〈中薬〉椿皮(ちんぴ)．►ニガキ科のシンジュの根皮または樹皮を乾燥させたもの．
【椿象】chūnxiàng 名〈虫〉カメムシ．

2声 纯 chún 形 ①混じりけがない．純粋である．¶这块铜 tóng 很～ / この銅は混じりけがない．② 熟達する．¶工夫 gōngfu 不～ / 腕が未熟である．‖姓
【纯粹】chúncuì ①形 純粋である．混じりけがない．¶～的北京话 Běijīnghuà / 生粋の北京語．②副 単に．ただ．まったく．¶这～是出于自私 zìsī / これは単に私欲によるものにほかならない．
【纯化】chúnhuà 名 純化．浄化．
【纯碱】chúnjiǎn 名〈化〉純炭酸ソーダ．►俗に"口碱 kǒujiǎn"という．
【纯洁】chúnjié ①形 純潔である．汚れがない．¶心地 xīndì～ / 心が清らかである．②動 純化する．浄化する．¶～组织 zǔzhī / 組織を浄化する．
【纯金】chúnjīn 名 純金．
【纯净】chúnjìng ①形 きれいで混じりけがない．►多く水質や空気などに用いる．¶～的水 / 清浄な水．②動 純化する．
【纯净水】chúnjìngshuǐ 名 浄化処理された飲用水．
【纯利】chúnlì 名 純益．
【纯美】chúnměi 形 清純である．汚れがなく美しい．
【纯朴】chúnpǔ 形 素朴である．純朴である．
【纯情】chúnqíng ①名(少女の)純真な感情や愛情．②形(主に女性が)純情である．
【纯然】chúnrán ①形 純粋で混じりけがない．②副 純然と．単に．¶这～是信口雌黄 cíhuáng / これはただ単に出まかせを言っただけだ．
【纯熟】chúnshú 形 熟達している．¶技术 jìshù～ / 技術が熟達している．
【纯属】chúnshǔ 動 まさしく…である．間違いなく…である．¶～捏造 niēzào / まったくのでっち上げに過ぎない．
【纯损】chúnsǔn 名〈経〉純損失．
【纯一】chúnyī 形 純一である．単一である．¶目标mùbiāo～ / 目標は一つだ．
【纯音】chúnyīn 名〈物〉純音．単純音．
【纯贞】chúnzhēn 形 ひたすら忠節である．
【纯真】chúnzhēn 形 純真である．清らかである．¶～的儿童 értóng / 純真な子供．
【纯真无邪】chún zhēn wú xié〈成〉純真無垢．
【纯正】chúnzhèng 形 純粋である．混じりけがない．¶口音 kǒuyīn～ / 発音になまりがない．¶动机 dòngjī～ / 動機は純粋だ．
【纯挚】chúnzhì 形 真心がこもっている．心底誠実である．¶～的感情 / 真心のこもった感情．
【纯种】chúnzhǒng 名 純血種．

莼(蓴) chún "莼菜 chúncài"(ジュンサイ)という語に用いる．

唇 chún ◇◆ 唇．►話し言葉では,普通は"嘴唇 zuǐchún"という．¶上～ / 上唇．
【唇笔】chúnbǐ 名 リップペンシル．
【唇齿】chúnchǐ 名〈喩〉唇と歯とのように互いに関係が密接なこと．
【唇齿相依】chún chǐ xiāng yī〈成〉切っても切れない関係．
【唇膏】chúngāo 名 口紅．また,リップクリーム．
【唇裂】chúnliè 名 口唇裂．兎唇(としん)．►"兔唇 tùchún"ともいい,俗に"豁嘴 huōzuǐ"とも．
【唇枪舌剑】chún qiāng shé jiàn〈成〉激しく論争する．►"舌剑唇枪"とも．
【唇舌】chúnshé 名〈喩〉言葉．口数．¶费 fèi～ / 言葉を費やす；何やかや話をする．¶徒费 túfèi～ / 口を酸っぱくして言ってもむだだ．
【唇亡齿寒】chún wáng chǐ hán〈成〉利害を共にする関係にある．
【唇吻】chúnwěn 名〈書〉口ぶり．弁舌の才．言葉．
【唇脂】chúnzhī 名 リップクリーム．

淳 chún ◇◆ 素朴である．飾り気がない．‖姓
【淳厚】chúnhòu 形 純朴である．淳厚である．
【淳朴】chúnpǔ 形 純朴である．素朴である．►"纯朴"とも書く．¶他为人 wéirén 十分～ / 彼はとっても純朴な人だ．

鹑 chún ◇◆ ウズラ．¶鹌 ān～ /〈鳥〉ウズラ．
【鹑衣】chúnyī 名〈書〉ぼろぼろの服．

C

醇 chún ① 形(酒の味が)濃くてこくがある. ¶酒味 jiǔwèi 很～/酒の味が濃くてこくがある. ② 名〈化〉アルコール. ¶丁 dīng ～/ブタノール.
◇◆ 純粋な. ¶→～化.
【醇和】**chúnhé** 形(性質·味が)やさしい,まろやかである.
【醇厚】**chúnhòu** 形 ①(においや味に)厚みがある.こくがある. ②純朴である.
【醇化】**chúnhuà** 動 ①純化する.混じりけをなくす. ②名〈化〉アルコール飽和. ¶～物 wù/アルコレート.
【醇酒】**chúnjiǔ** 名 混じりけのない酒.生一本.
【醇美】**chúnměi** 形 純粋で美しい. ¶～的嗓音 sǎngyīn/清らかに澄んだ歌声. ¶酒味 jiǔwèi ～/芳醇な酒.

3声 **蠢 chǔn** 形 ① **間が抜けている**.愚かである. ¶你这个人真 zhēn ～/君というやつはなんて間抜けなんだ. ② 動作がにぶい.のろまである. ¶动作很～/動作がにぶい.
◇◆ 虫がはう.うごめく. ¶→～动 dòng.
【蠢笨】**chǔnbèn** 形 ①間が抜けている.不器用である. ②にぶい.のろい.
【蠢材】**chǔncái** 名〈罵〉ばか者.間抜け.とんま. ¶你这个～!/このばか者め.
【蠢蠢】**chǔnchǔn** 形〈書〉 ①うごめくさま. ②(国家·社会が)不安定である,ぐらついている.
【蠢蠢欲动】**chǔn chǔn yù dòng** 〈成〉敵や悪人が今にも動き出そうとする.
【蠢动】**chǔndòng** 動 ①うごめく. ②(敵や悪人が)蠢動(しゅんどう)する.
【蠢话】**chǔnhuà** 名 ばかげた話.常識はずれの話.
【蠢货】**chǔnhuò** →【蠢材】chǔncái
【蠢驴】**chǔnlǘ** →【蠢材】chǔncái
【蠢人】**chǔnrén** 名 ばか者.愚か者.間抜け.
【蠢事】**chǔnshì** 名 愚かなこと.ばかなまね.
【蠢物】**chǔnwù** 名 がさつ者.愚か者.とんま.

chuo (ㄔㄨㄛ)

1声 **戳 chuō** ❶動 ①(細長いものの先端で)突く,突き抜く;後押しする. ¶他用手指 shǒuzhǐ 把纸 zhǐ ～了一个洞 dòng/彼は指で紙を突ついて穴をあけた. ¶背后 bèihòu 一定有人给他～着/背後できっとだれかが彼の後押しをしているだろう. ②〈方〉くじく.折れる. ¶不小心把手～了/不注意で突き指をした. ③〈方〉まっすぐに立てる.
❷名(～儿)〈口〉はんこ.スタンプ.認印.
【戳不住】**chuōbuzhù** 動+可補 試練に耐えきれない.
【戳穿】**chuō//chuān** 動+結補 ①突き破る. ②すっぱ抜く.真相を暴露する. ¶～阴谋 yīnmóu/陰謀をあばく.
【戳得住】**chuōdezhù** 動+可補 しっかりしていて試練に耐えられる.めげない.
【戳脊梁骨】**chuō jǐlianggǔ** 〈慣〉後ろ指をさす.
【戳记】**chuōjì** 名(主に団体や機関の)印章.印鑑.
【戳破】**chuō//pò** 動+結補 ①突き破る. ②暴露する.すっぱ抜く.
【戳儿】**chuōr** 名〈口〉**印鑑**.**判**. ►"戳子"とも. ¶打一个～/判を押す. ¶在文件 wénjiàn 上盖 gài 个～/書類に判を押す. ¶橡皮 xiàngpí ～/ゴム判.
【戳心】**chuō//xīn** 動 心を刺される. ¶～之痛 tòng/胸を突かれるような痛み,悲しみ.
【戳子】**chuōzi** 名〈口〉はんこ.スタンプ.

4声 **啜 chuò** 動〈書〉すする. ¶～茗 míng/茶をすする.
◇◆ すすり泣くさま. ¶→～泣 qì.
▶▶ chuài
【啜泣】**chuòqì** 動 すすり泣く.しゃくり上げる.

绰 chuò ◇◆ ゆるやかな.ゆったりしている. ¶→～～有余 yǒuyú.
▶▶ chāo
【绰绰有余】**chuò chuò yǒu yú** 〈成〉余裕しゃくしゃくである.
【绰号】**chuòhào** 名 **あだ名**.ニックネーム. ¶小张的～叫小老虎 lǎohǔ/張君のあだなは虎ちゃんっていうんだ.
【绰约】**chuòyuē** 形〈書〉(女性の姿態が)しなやかである,しとやかである.

辍 chuò ◇◆ 中止する.やめる. ¶～工/仕事をやめる. ¶时 shí 作时～/(仕事や勉強などを)やったりやめたりする.
【辍笔】**chuòbǐ** 動〈書〉(絵や文章を)中途で書くのをやめる.
【辍学】**chuòxué** 動 中途退学する.

ci (ㄘ)

1声 **刺 cī** 擬《滑る音》つるっ.すてん;《導火が着くときの音》しゅう.ひゅう. ¶～的一声摔 shuāi 了个跟头 gēntou/つるっと滑って転んだ. ¶引线 yǐnxiàn ～～地冒 mào 着火星 huǒxīng/導火線がしゅうしゅう火花を散らした.
▶▶ cì
【刺拉】**cīlā** 擬 ①《紙や布などを勢いよく引き裂く音》びりっ. ②《物どうしのこすれ合う音》しゅっ.
【刺棱】**cīlēng** 擬《動作がすばやく行われるときの音,またはそのさま》すっ.さっ.
【刺溜】**cīliū** 擬《勢いよく滑った音,または滑って転んださま》つるっ.すてん.

呲 cī 動(～儿)〈口〉小言を言う. ¶我～儿了他两句/私は彼に二言三言小言を言った. ⇒〖龇 zī〗

疵 cī ◇◆ 傷.欠点. ¶吹 chuī 毛求 qiú ～/〈成〉毛を吹いて傷を求める.人のあら捜しをする.
【疵病】**cībìng** 名 欠点.傷.
【疵点】**cīdiǎn** 名 傷.欠点.
【疵瑕】**cīxiá** 名〈書〉過失.欠点.

跐 cī 動 **足元が滑る**. ¶～了一跤 jiāo/足が滑って転んだ.
【跐溜】**cīliū** ①動 足もとが滑る. ②擬 《すばやいさま》さっと.

2声 ** **词 cí** 名 ①(～儿)(文章や戯曲·講話の中の)**語句·言葉**.せりふ. ¶这首歌儿～写得很美/この歌は歌詞がすばらしい. ②(～

儿)〈語〉**語．単語**．独立して運用できる,意味を有する最小の言語単位．㊐ 个．③ 詞(し)．►宋代に盛んになった長短句交じりの詩の一形式．
【词不达意】**cí bù dá yì** 〈成〉舌足らずで意を尽くさない．►"辞不达意"とも書く．
【词典】cídiǎn 名(単語を主にした)**辞書．辞典**．►"字典"と区別する．㊐ 本,部．¶汉日 Hàn-Rì～／中日辞典．❖查 *chá* ～／辞書を調べる．
【词调】**cídiào** 名 "词"の格調・形式．
【词法】**cífǎ** 名〈語〉形態論．語形論．
【词锋】**cífēng** 名 言葉の鋭さ．筆鋒．
【词干】**cígàn** 名〈語〉語幹．
【词根】**cígēn** 名〈語〉語幹．語根．
【词话】**cíhuà** 名 ① 語り物の一種で,随所に"词"を交じえた文学作品．② "词"についての評論書．
【词汇】**cíhuì** 名〈語〉**語彙**(ごい)．¶常用 chángyòng～／常用語彙．¶～学／語彙論．
【词句】**cíjù** 名 語句．(広く)言葉遣い．¶空洞 kōngdòng 的～／空虚な言葉．
【词类】**cílèi** 名〈語〉品詞．
【词牌】**cípái** 名 "词"が歌われるメロディーの名称．
【词谱】**cípǔ** 名 詞譜．"词"を作る際の参考となるよう,各"词牌"の平仄(ひょうそく)を符号で表した書物．
【词曲】**cíqǔ** 名 "词"と"曲"の総称．
【词人】**círén** 名 ① 詞を作る人．②(広く)詩歌・文章の上手な人．
【词讼】**císòng** 名 訴訟．►"辞讼"とも書く．
【词素】**císù** 名〈語〉形態素．意味を有する最小の言語単位．
【词头】**cítóu** 名〈語〉接頭辞．接頭語．語頭．►"前缀 qiánzhuì"とも．
【词尾】**cíwěi** 名〈語〉接尾辞．接尾語．語尾．►"后缀 hòuzhuì"とも．
【词形】**cíxíng** 名〈語〉語形．
【词性】**cíxìng** 名〈語〉語の性質．品詞の分類のよりどころとなる特徴．
【词序】**cíxù** 名〈語〉語順．
【词义】**cíyì** 名 語義．語の意味．¶～学／意味論．
【词余】**cíyú** 名 元曲の別称．⇒【元曲】**yuánqǔ**
*【词语】**cíyǔ** 名 字句．語句．¶历史～／歴史用語．¶方言～／方言的な語句．
【词源】**cíyuán** 名〈語〉語源．
【词藻】**cízǎo** 名 言葉のあや．言葉の修飾．
【词章】**cízhāng** ⇀【辞章】**cízhāng**
【词缀】**cízhuì** 名〈語〉接頭語と接尾語の総称．
【词组】**cízǔ** 名〈語〉句．連語．フレーズ．►"短语 duǎnyǔ"とも．¶主谓 zhǔwèi～／主述句．主述連語．¶偏正 piānzhèng～／修飾連語．修飾語と被修飾語の組み合わせ．

茨 cí

① 動〈古〉カヤのたぐいで屋根をふく．② 名〈書〉〈植〉ハマビシ．
【茨冈人】**Cígāngrén** 名 ロマ．ジプシー．
【茨菰】**cígu** 名〈植〉クワイ．

祠 cí

◇◆ 祠(ほこら)．社(やしろ)．¶宗 zōng～／一族の先祖の御霊屋(おたまや)．¶家～／一家の先祖の御霊屋．¶先贤 xiānxián～／先賢を祭る社．
【祠庙】**címiào** 名 祠(ほこら)．社(やしろ)．►"祠宇 cíyǔ"とも．
【祠堂】**cítáng** 名〈旧〉① 一族の先祖を祭ってあるところ．祠堂(しどう)．② 崇拝する人物を祭ってあるところ．社(やしろ)．祠(ほこら)．㊐ 座．

瓷 cí

名 磁器．►器そのものではなく材質をさす．¶～的花瓶 huāpíng／磁器製の花瓶．
【瓷雕】**cídiāo** 名 焼き物に施した彫刻．
【瓷饭碗】**cífànwǎn** 名 待遇や報酬はいいが,将来の保証がない職業．►"铁饭碗"に対していう．
【瓷公鸡】**cígōngjī** ⇀【铁公鸡】**tiěgōngjī**
【瓷瓶】**cípíng** 名 ① 磁器製の瓶．②〈電〉碍子(がいし)．
【瓷漆】**cíqī** 名 エナメルペイント．エナメルラッカー．
【瓷器】**cíqì** 名 磁器．
【瓷实】**císhi** 形〈方〉丈夫である．しっかりしている．¶身体～／体がとてもがっしりしている．¶学习～／着実に勉強している．
【瓷土】**cítǔ** 名 磁土．高嶺(カオリン)土．
【瓷砖】**cízhuān** 名 タイル．㊐ 块,片．¶镶 xiāng～的洗澡间 xǐzǎojiān／タイル張りの浴室．

辞(辭) cí

❶動 ① **辞職する**．¶～去厂长 chǎngzhǎng 职务 zhíwù／工場長の職を退く．② **解雇する**．暇をだす．¶把他～了／彼をくびにした．
❷名 古典文学の一体；古詩の一体．¶楚 Chǔ～／楚辞．
◇◆ ①別れを告げる．¶告～／いとまごいをする．②辞退する．断る．きらう．¶推 tuī～／口実をもうけて辞退する．③美しい言葉．¶修 xiū～／修辞．
注意 "辞典"を"词典"とも書くように一部の"辞"は"词"と書くことがある．‖ 姓
【辞别】**cíbié** 動 別れを告げる．いとまごいをする．
【辞呈】**cíchéng** 名 辞表．辞職願い．¶提出 tíchū～／辞職願いを出す．
【辞典】**cídiǎn** 名 **辞典．辞書**．►"词典"とも書く．㊐ 本,部．⇒【词典】**cídiǎn**
【辞赋】**cífù** 名(中国古代の韻文)辞賦(じふ)．
【辞工】**cí//gōng** 動 ① 解雇する．¶东家 dōngjia 辞了他的工／雇い主が彼を解雇した．② 辞職する．¶～返 fǎn 乡 xiāng／仕事を辞め故郷に帰る．
【辞灵】**cí//líng** 動 出棺の前に死者に告別する．¶～仪式 yíshì／告別式．
【辞令】**cílìng** 名 辞令．応対の言葉づかい．►"词令"とも書く．¶外交 wàijiāo～／外交辞令．
【辞让】**círàng** 動 遠慮して辞退する．¶相互 xiānghù～／互いに辞退しあう．
【辞世】**císhì** 動〈書〉この世を去る．死ぬ．
【辞书】**císhū** 名(辞典や字引の総称として)辞書．
【辞讼】**císòng** ⇀【词讼】**císòng**
【辞岁】**cí//suì** 動(旧暦の大みそかの夜に)家庭内で目上の人に年末のあいさつをする．►"辞年"とも．
【辞退】**cítuì** 動 解雇する．ひまを出す．
【辞谢】**cíxiè** 動 丁寧に辞退する．謝絶する．
【辞行】**cí//xíng** 動 いとまごいをする．
【辞藻】**cízǎo** 名 詞藻．言葉のあや．
【辞灶】**cízào** 名 かまどの神を天に送る祭り．►旧暦の12月23日または24日の夕方に行われる．
【辞章】**cízhāng** 名 ① 文章．② 修辞．►"词章"とも書く．
【辞职】**cí//zhí** 動 **辞職する**．¶他已经辞了职,不在这儿／彼はすでに辞めて,ここにはいない．

慈 cí 〈◆ ①情深い．優しい．慈しむ．¶→～和 hé．②母親．¶～亲 qīn /（慈愛深い）母．¶家～ / 私の母．‖姓

【慈蔼】cí'ǎi 形 柔和である．温かみがある．
【慈爱】cí'ài ①動（年長者が幼い者を）慈しみ愛する．②形 愛情が深い．¶～的母亲 / 慈愛に満ちた母親．
【慈悲】cíbēi 形 慈悲深い．慈しみ哀れむ．¶大发 fā ～ / 同情心がわく．
【慈姑】cígu 名〈植〉クワイ．►"茨菰"とも書く．
【慈和】cíhé 形 情が深くてやさしい．
【慈眉善目】cí méi shàn mù 〈成〉慈悲深い顔つき．
【慈善】císhàn 形 同情心に富んでいる．慈善の．¶～机关 jīguān /（老人などの）慈善団体．
【慈祥】cíxiáng 形（老人の態度や顔つきが）**慈悲深くてやさしい**．¶～的面容 miànróng / 慈悲深い顔つき．
【慈心】cíxīn ①名 慈悲の心．②形 心やさしい．

磁 cí 名 磁器．►"瓷"に同じ．〈◆〈物〉磁性．磁気．¶→～鼓 gǔ．¶→～控管 kòngguǎn．

【磁场】cíchǎng 名〈物〉磁場．磁界．¶～强度qiángdù / 磁場の強さ．
*【磁带】cídài 名 **磁気テープ；録音テープ**；録画テープ．㊀ 盒 hé, 盘 pán．¶一盘录像 lùxiàng ～ / ビデオテープ1本．¶～录音机 / テープレコーダー．¶空 kōng ～ / 生テープ．¶音乐 yīnyuè ～ / ミュージックテープ．
【磁浮列车】cífú lièchē 名〈略〉リニアモーターカー．
【磁钢】cígāng 名 永久磁石．
【磁鼓】cígǔ 名〈電算〉磁気ドラム．
【磁化】cíhuà 名〈物〉磁化．¶～率 lǜ / 磁化率．¶～器 qì / マグネタイザー．
【磁极】cíjí 名〈物〉磁極．¶～强度 qiángdù / 磁極の強さ．
【磁卡】cíkǎ 名 **磁気カード**．¶～机 jī / ICカードを利用した機械．¶～电话 / カード電話．
【磁控管】cíkòngguǎn 名 磁電管．マグネトロン．
【磁疗】cíliáo 名〈略〉体のつぼに磁石を張りつける治療法．
【磁路】cílù 名 磁気回路．
【磁能】cínéng 名〈物〉磁気エネルギー．
【磁盘】cípán 名〈電算〉**磁気ディスク**．㊀ 个．¶～存储器 cúnchǔqì / 磁気ディスク記憶装置．¶～驱动器 qūdòngqì / ディスクドライブ．
【磁气】cíqì 形〈方〉仲がよい．親密である．¶小李跟我特 tè ～ / 李君はぼくと大の仲よしだ．
【磁石】císhí 名 ①〈物〉磁石．②磁鉄鉱．
【磁实】císhi 形 ①〈俗〉誠実である．正直である．¶他心眼儿 xīnyǎnr ～，就是不爱说话 / 彼は根が正直だ，ただ口数が少ないだけだ．②→【瓷实】císhi
【磁体】cítǐ 名〈物〉磁性体．
【磁铁】cítiě 名〈物〉**磁石**．►"磁石 císhí""吸铁石 xītiěshí"とも．¶永久 yǒngjiǔ ～ / 永久磁石．¶电～ / 電磁石．
【磁铁矿】cítiěkuàng 名〈鉱〉磁鉄鉱．
【磁头】cítóu 名 磁気ヘッド．
【磁心】cíxīn 名 磁気コア．¶～存储器 cúnchǔqì / 磁気コア記憶装置．
【磁性】cíxìng 名〈物〉磁性．磁気．¶顺 shùn ～ / 常磁性．¶抗 kàng ～ / 反磁性．
【磁悬浮列车】cíxuánfú lièchē 名 リニアモーターカー．

雌 cí 形（↔雄 xióng）雌の．¶～兔 tù / 雌のウサギ．
⇒〖牝 pìn〗〖母 mǔ〗

【雌伏】cífú 動〈書〉雌伏する．
【雌黄】cíhuáng 名 ①〈鉱〉雌黄（しおう）．石黄（せきおう）．②でたらめに添削したり，勝手な議論を吹っかけたり，出任せを言ったりすること．►文字を添削するとき，①を用いたことから．
【雌蕊】círuǐ 名〈植〉雌しべ．
【雌性】cíxìng 名〈生〉雌性．雌．
【雌雄】cíxióng 名 ①雌と雄．②〈喩〉勝負．優劣．¶决 jué ～ / 勝負を決する．

3声 **此 cǐ** 代〈書〉①ここ．このとき．¶时间不早了，就～告辞 gàocí / 遅いのでこれで失礼します．¶今天到～结束 jiéshù / きょうはこれまで．¶从～以后 / それ以来．②（↔彼 bǐ）**これ．この**．►"人 rén、物 wù、事 shì、地 dì、时 shí"など単音節の語を修飾することが多い．¶～处 chù / ここ．③このようである．
注意 "此"は書き言葉または改まった言い方で，普通は"这、这个、这里、这时"などを用いる．

【此岸】cǐ'àn 名〈仏〉此岸．現世．
【此辈】cǐbèi 名 このやから．こいつら．
【此次】cǐcì 名 このたび．今回．今度．
【此道】cǐdào 名（技芸・技能をさし）この道．この方面．¶精于 jīngyú ～ / この方面の技能に熟達している．
【此等】cǐděng 名 これら．
【此地】cǐdì 名 当地．この土地．この場所．¶～人 / 土地の人．
【此地无银三百两】cǐdì wú yín sānbǎi liǎng 〈諺〉隠そうとしてかえってばれてしまう．
【此番】cǐfān 名 このたび．今度．今回．
【此伏彼起】cǐ fú bǐ qǐ →【此起彼伏】cǐ qǐ bǐ fú
【此后】cǐhòu 名 それ以後．この後．
【此呼彼应】cǐ hū bǐ yìng 〈成〉相呼応する
【此间】cǐjiān 名〈書〉ここ．当地．
【此举】cǐjǔ 名 このこと．このような行動．
【此刻】cǐkè 名 現在．今．このとき．
【此路不通】cǐ lù bù tōng 〈成〉この先通行止め．
【此起彼伏】cǐ qǐ bǐ fú 〈成〉ひっきりなしに起こる．►"此伏彼起""此起彼落"とも．
【此前】cǐqián 名 この前．この間．以前．
【此人】cǐrén 名 この人．その人．
【此生】cǐshēng 名 今生（こんじょう）．この世．現世．
【此时】cǐshí 名 このとき．¶～此刻 cǐkè / ちょうどこのとき．¶～此地 cǐdì / このときここで．
*【此外】cǐwài 接続 **このほかに．それ以外に**．
【此行】cǐxíng 名 この度の旅行．¶不虚 xū ～ / 行ったことがむだではなかった．
【此一时，彼一时】cǐ yīshí, bǐ yīshí 〈諺〉昔は昔，今は今．
【此志】cǐzhì 名 この気持ち．この願い．この希望．¶～不移 yí / この望みを変えない．
【此致】cǐzhì 〈套〉ここに申し上げます．►手紙の末尾に用いる．¶～敬礼 jìnglǐ / 敬具．
【此中】cǐzhōng 名 このうち．この中．この間の．

¶～大有文章 wénzhāng / これには大いにわけがある.

4声 **次** cì ①量 繰り返し現れることに用いる：**回．度**．遍．¶他去过两～北京(＝他去过北京两～) / 彼は2回北京に行ったことがある.［目的語が人称代詞の場合には,前者の語順はとれず,「数詞＋"次"」は目的語の後に置く］¶我找过他两～ / 私は彼を2度訪ねたことがある. ¶第六～特快 / 第6便の特急.［"次"は他の量詞(あるいは名詞)と連用して,のべ数量を表すことがある］¶人～ / のべ人数. ②形 **劣っている**. ¶手艺 shǒuyì 太～ / 技量が劣る. ひどい腕だ.

◇◆ ①2番目の. 次の. ¶～日 / 翌日. ②順序. 順位. ¶依 yī～ / 順番に. ¶→～序 xù. ③旅先で滞在するところ. ¶旅 lǚ～ / 旅先. ¶途 tú～ / 旅の途中. ‖姓

【次大陆】cìdàlù 名〈地〉亜大陸. ¶南亚 Nányà～ / 南アジア亜大陸. インド亜大陸.

【次等】cìděng 形 二級の. 二等の.

【次第】cìdì ①名 順序. 次第. ②副 順を追って. 順次. ¶～入座 rùzuò / 順番に席につく.

【次发达】cìfādá 名〈経〉経済が,先進地区よりは遅れ,未発達の地区よりは進んでいる状況. 中開発.

【次货】cìhuò 名 二流品. 粗悪品.

【次贫】cìpín 名 かなり貧しい人.

【次品】cìpǐn 名 二等品. 不良品.

【次日】cìrì 名 翌日. 次の日.

【次生】cìshēng 形 二次性の. ¶～灾害 zāihài / 二次災害.

【次数】cìshù 名 **回数**. **度数**. ¶～不多 / 回数が多くない.

【次序】cìxù 名 **順序**. **順番**. 序列. ¶按 àn～入场 rùchǎng / 順番に入場する. ¶～颠倒 diāndǎo / 順序が逆になる.

*【次要】cìyào 形 **二次的な**. 副次的な. ¶～问题 / 副次的な問題.

【次于】cìyú 動(多く否定の形で)…**に次ぐ**. …**より劣る**. ¶他的技术 jìshù 不～我 / 彼の技術は私にひけをとらない.

【次之】cìzhī 動 次が…である. これに次ぐ.

【次重量级】cìzhòngliàngjí 名〈体〉(重量挙げなどの)ミドルヘビー級.

【次最轻量级】cìzuìqīngliàngjí 名〈体〉(重量挙げなどの)フライ級.

伺 cì "伺候 cìhou"⬇という語に用いる. ⏩ sì

【伺候】cìhou 動 **世話をする**. 仕える. ¶～病人 bìngrén / 病人の世話をする.

* **刺** cì ❶動 ①(先端のとがったもので)**突き刺す**,突き通す. ¶那么厚 hòu 的鞋底 xiédǐ 都～透 tòu 了 / あれほど厚い靴底も突き刺した. ¶～得很深 shēn / 深く突き刺す. ②(目・鼻・耳などを)刺激する. ¶辣 là 味～鼻 bí / 辛さが鼻を突く. ③暗殺する. ¶被 bèi～ / 暗殺される. ④風刺する. ¶～了她一句 jù / 彼女を一言皮肉った.

❷名(～儿)とげ. ¶鱼 yú～儿 / 魚の小骨. ¶手上扎 zhā 了个～ / 手にとげが刺さった. ¶话里有～儿 / 言葉にとげがある.

◇◆ ①探る. ¶→～探 tàn. ②名刺. ¶名～ / (昔の)名刺. ‖姓 ⏩ cī

【刺刺不休】cì cì bù xiū〈成〉くどくどしゃべる.

【刺刀】cìdāo 名 銃剣. ¶上～! / (号令)剣をつけ. ¶下～! / (号令)剣をはずせ.

【刺耳】cì'ěr 形 **耳ざわりである**. **聞き苦しい**. ¶声音 shēngyīn～ / 音が耳ざわりだ.

【刺骨】cìgǔ 形(寒さが)肌を刺す,身にしみる. ¶寒风 hánfēng～ / 寒い風が身にしみる.

【刺槐】cìhuái 名〈植〉ニセアカシア. ハリエンジュ.

*【刺激】cìjī 動 **刺激する**. ¶～人的话还是不说为妙 wéi miào / 人を刺激するような話はやはり言わないほうがよい. ¶物质 wùzhì～ / 物質的激励. 金品による生産刺激策. ¶～食欲 shíyù / 食欲をそそる. ¶他神经 shénjīng 受了～ / 彼は(神経に)ショックを受けた. ¶经不住 jīngbuzhù～ / ショックに耐えられない. ¶～物 / 刺激物. **興奮剤**.

【刺客】cìkè 名 刺客. 暗殺者.

【刺目】cìmù ⇀【刺眼】cìyǎn

【刺挠】cìnao 形〈方〉かゆい.

【刺儿菜】cìrcài 名〈植〉アザミ.

【刺儿话】cìrhuà 名 いやみ. 皮肉. ¶说～ / ちくりと皮肉を言う.

【刺儿头】cìrtóu 名〈方〉うるさ型. 扱いにくい人.

【刺杀】cìshā ①動 武器で暗殺する. ②名 銃剣術. ¶练习 liànxí～ / 銃剣術を練習する.

【刺参】cìshēn 名〈動〉ナマコ. マナマコ. ►"沙噀 shāxùn"とも. "海参 hǎishēn"の一種.

【刺史】cìshǐ 名〈旧〉州の長官.

【刺探】cìtàn 動 偵察する. こっそりと探る. ¶～情况 qíngkuàng / 情況を探る.

【刺铁丝】cìtiěsī 名 有刺鉄線.

【刺网】cìwǎng 名 刺し網.

【刺猬】cìwei 名〈動〉ハリネズミ. ナミハリネズミ.

【刺心】cì//xīn 動 心を刺す. 胸に突き刺さる.

【刺绣】cìxiù ①動 刺繡する. ②名 刺繡.

【刺眼】cìyǎn 形 ①(光が)まばゆい,まぶしい. ¶亮 liàng 得～ / まぶしいほど明るい. ②目ざわりである. ¶～的衣服 / けばけばしい服.

【刺痒】cìyang 形〈方〉かゆい. むずがゆい.

【刺鱼】cìyú 名〈魚〉トゲウオ. トミヨ.

赐 cì 動 賜る. ¶天上 tiānshàng～下来的礼物 lǐwù / 神様が下さった贈り物.

◇◆ 賜りもの. ¶厚 hòu～ / 過分の贈り物.

【赐教】cìjiào 動〈敬〉ご指導くださる. ¶请您多多～ / どうぞよろしくご指導ください.

【赐予】cìyǔ 動 賜る. くださる. 与える. ►"赐与"とも書く. ¶民主不是～的 / 民主は与えられるものではない.

cong（ㄘㄨㄥ）

1声 **匆**(怱) cōng ◇◆ 慌ただしい. ¶→～～. ¶→～忙 máng.

【匆匆】cōngcōng 形 **慌ただしい**. **そそくさ**. **あたふた**. ¶来去～ / 行きも帰りも慌ただしい. ¶～吃了一顿 dùn 饭 / そそくさと食事を済ませた.

【匆促】cōngcù 形 せわしい. 慌ただしい. ¶～起程 qǐchéng / 慌ただしく出発する. ¶时间 shíjiān～ / 時間が切迫する.

【匆猝·匆卒】cōngcù 形 せわしい．慌ただしい．
【匆遽】cōngjù 形〈書〉慌ただしい．忙しい．
*【匆忙】cōngmáng 形 **慌ただしい**．¶～作出决定 juédìng / 慌ただしく決定を下す．¶匆匆忙忙答复 dáfù / 慌てて返答する．

囱 cōng ◇◆ 煙突．¶烟 yān～ / 煙突．

* **葱**（蔥）cōng 名 **ネギ**．►ネブカ・ワケギの総称．量 根，棵 kē．¶加点儿～更香 / ネギを少し入れると香ばしくなる．
◇◆ 青い色．¶→～翠 cuì．
【葱白】cōngbái 名 浅い青色．
【葱白儿】cōngbáir 名〈方〉ネギの白い部分．
【葱爆】cōngbào 動〈料理〉(臭み消しのため) ネギを強火で手早くいためる．
【葱葱】cōngcōng 形〈書〉草木が青々と茂る．¶郁郁 yùyù～ / 草木が青々と生い茂っている．
【葱翠】cōngcuì 形 草木が青々と茂っている．
【葱花】cōnghuā 名(～儿) ①(薬味用の) 刻みネギ．②ネギ坊主．
【葱绿】cōnglǜ ① 名 もえぎ色．黄色味を帯びた緑．② 形(草木が) 青々としている．¶～的田野 tiányě / 青々とした田畑．¶林木～ / 林が青々としている．
【葱头】cōngtóu 名 タマネギ．
【葱郁】cōngyù 形 草木が青々と茂っている．¶～的树林 shùlín / こんもりとした林．

聪（聰）cōng ◇◆ ①耳がさとい．¶耳 ěr～目 mù 明 / 耳がさとく目もよくきく．②聴覚．¶右耳失 shī～ / 右の耳が聞こえない．③賢い．¶→～明 ming．
【聪慧】cōnghuì 形〈書〉賢い．聡明である．
【聪敏】cōngmǐn 形 賢くさとい．聡明である．¶这个孩子很～ / この子はなかなか賢い．
【聪明】cōngming 形 **聡明である．賢い．利口である．¶～能干 nénggàn / 聡明で有能である．頭がよく仕事もできる．¶他脑子 nǎozi 很～ / 彼は頭がよい．¶～一世，糊涂 hútu 一时 / 知者の一失．¶小～ / こざかしい．
【聪颖】cōngyǐng 形〈書〉賢い．聡明である．

** **从**（從）cóng ❶ 前 ①《空間・時間・範囲の起点を表す》…**から**．…**より**．¶～这儿到北京大学不很远 yuǎn / ここから北京大学まではたいして遠くない．¶这个消息 xiāoxi 他是～报纸上知道的 / このニュースは彼は新聞で知ったのです．¶～前天 qiántiān 起 / おとといから．¶～老师到学生 / 先生から学生まで．¶～简 jiǎn 到繁 fán / 簡単なものから複雑なものに．
②《経過地点を示す》…**から**．…**を**．¶～公园里穿过去吧 / 公園を通り抜けて行こう．
③《根拠・よりどころを示す》…から．…に基づいて．¶～实际 shíjì 情况出发 / 実際の情況から考える．
❷ 副(否定文に用い) **かつて**．**これまで**．今まで．¶～没见过面 / 今まで会ったことはない．¶他～不失信 shīxìn / 彼はこれまで約束を破ったことがない．
◇◆ ①従事する．参加する．¶→～政 zhèng．②(方法・方針・態度などを) とる．¶→～严 yán．③つき従う．ついていく．¶→～师 shī．④服従する．¶→～命．⑤従者．¶随 suí～ / お供．⑥副次的な．¶→～犯 fàn．⑦(父方が) 同じ祖父の．¶～兄 xiōng / いとこ．‖ 姓
【从长计议】cóng cháng jì yì〈成〉じっくりと相談する．
*【从此】cóngcǐ 副 **これ〔それ〕から**．この〔その〕時から；**ここから**．そこから．¶～以后 / それからのち．¶我～再 zài 不跟你开玩笑 wánxiào 了 / 今後もう二度と君には冗談を言わない．¶～他再也没来 / その時から彼は一度も来ていない．
【从打】cóngdǎ 前〈方〉…より．…してから．►過去の時点をさす．
*〖从…到…〗 *cóng…dào…* …**から…まで**．¶～上～下 / 上から下まで．¶～早～晚 / 朝から晩まで．¶～小～大 / 小さいものから大きいものまで．¶这本小说～内容 nèiróng～写作技巧 jìqiǎo 都很好 / この小説は内容も創作テクニックもすばらしい．
【从动】cóngdòng 形〈機〉従動の．¶～齿轮 chǐlún / 従動ギヤ．
*【从而】cóng'ér 接続 **したがって**．**それによって**．¶通过调查 diàochá，研究 yánjiū，～解决 jiějué 问题的实质 shízhì / 調査・研究によって問題の本質を解決する．
【从犯】cóngfàn 名〈法〉従犯．共犯．
【从缓】cónghuǎn 動 ① ゆっくりする．② 延期する．¶此件～，容 róng 后再议 / この件はしばらく見合わせ，あとでもう一度検討する．
【从俭】cóngjiǎn 動 節約する．倹約する．¶一切～ / すべて節約を旨とする．
【从简】cóngjiǎn 動 簡略にする．簡単にすます．¶一切 yīqiè～ / 一切を簡略にする．¶手续 shǒuxù 力求～ / 手続きはできるだけ簡略にする．
【从教】cóngjiào 動 教育に携わる．教鞭をとる．
【从井救人】cóng jǐng jiù rén〈成〉(井戸にとび込んで救うように) 命がけで人を助けるたとえ．
〖从…就…〗 *cóng…jiù…* …以来…になる．…してから．語法 動作や事柄が過去のある時点から始まったことを強調したり，今でも続いていることを示す．¶这里～周代～有制陶 zhìtáo 业 / ここは周代から陶器の製造が営まれている．
【从句】cóngjù 名〈語〉従節．従文．
〖从…开始〗 *cóng…kāishǐ…* …**から(…が)始まる**．¶～晚上十一点～停电 / 夜11時から停電する．
【从宽】cóngkuān 動 できるだけ寛大に取り扱う．大目に見る．¶坦白 tǎnbái～，抗拒 kàngjù 从严 / 白状すれば寛大に処分し，逆らえば厳しく処分する．
【从来】cónglái 副 **いままで．**これまで**．**かつて**．
ⓐ多くは否定文に用いる．語法 "不、没、没有"の前に置き，"没""没有"があるときは後に"过"を伴うことが多い．また単音節の動詞・形容詞が"没"の後にくるときは必ず"过"を伴う．¶那儿我～没去过 / そこには今まで行ったことがない．¶这孩子～不跟人家 rénjia 打架 dǎjià / この子はいままで人とけんかしたことがない．¶～没听说过这样的怪事 guàishì / これまでこんな不思議な話を聞いたことがない．ⓑ肯定文に用いられるのは，習慣や恒常的な事実の場合に限る．注意 単独で動詞・形容詞を修飾しない．¶他的房间～就很干净〔×他的房间～干净〕/ 彼の部屋はいつも清潔だ．¶我睡觉 shuìjiào 前～是先洗澡 xǐzǎo 的 / 私は寝る前に決まって入浴する．¶他～就是如此 rúcǐ / 彼はいつもこうだ．

C

【从略】cónglüè 動 省略する．簡略にする．¶具体 jùtǐ 办法～ / 具体策は省略する．
【从命】cóng//mìng 動 命令に従う．仰せに従う．¶恭敬 gōngjìng 不如～ / 〈套〉あくまで遠慮するよりも(主人の)仰せに従うほうがよい．►「仰せに従い遠慮なくいただきます」の意味．
【从旁】cóngpáng 副 そばから．わきから．¶～插嘴 chāzuǐ / 横から口を出す．¶～观之 guān zhī / そばから見る(と)．
*〖从…起〗 *cóng…qǐ* …から(…)する．¶我～九岁 suì ～就学习英语 / 私は9歳の時から英語を学び始めた．⇒〖从 cóng〗❶①
*【从前】cóngqián 名 以前．これまで．昔．¶他～是老师 / 彼は以前,教師だった．¶～,这里有一座庙 miào / 以前,ここにお寺があった．
【从轻】cóngqīng 動(刑罰や処罰を)できるだけ軽くする．¶～处罚 chǔfá / 罰を軽くする．
【从权】cóngquán 動〈書〉便宜をはかる．臨機応変に行う．
【从人】cóngrén 名 従者．お供(の者)．
【从戎】cóngróng 動〈書〉従軍する．¶投笔 tóubǐ ～ / (学生や文学者が)ペンを捨てて従軍する．
【从容】cóngróng 形 ① 落ち着きはらっている．ゆったりしている．¶举止 jǔzhǐ ～ / ふるまいが落ち着いている．¶～就义 jiùyì / 従容として正義のために死ぬ(敵に殺される)．②(時間や経済に)余裕がある,ゆとりがある．¶时间～ / 時間は十分ある．¶手头 shǒutóu ～ / 懐具合がよい．
【从容不迫】cóng róng bù pò 〈成〉落ち着き払って慌てない．悠揚せまらぬ．
【从善如流】cóng shàn rú liú 〈成〉喜んで他人のよい意見を受け入れ,またはよい行いを見習う．►“从善若 ruò 流”とも．
【从师】cóngshī 動〈書〉師に就く．¶～习艺 xíyì / 師匠に就いて技芸を教わる．
【从实】cóngshí 副 事実のとおり．¶你要～招 zhāo 来 / 包み隠さず白状しろ．
*【从事】cóngshì 動 ① 携わる．従事する．¶～医务 yīwù 工作 / 医療にたずさわる．②(規則に基づいて)処理する．¶依法 yīfǎ ～ / 法に照らして処罰する．¶慎重 shènzhòng ～ / 慎重に処置する．
【从属】cóngshǔ 動 従属する．つき従う．¶～地位 dìwèi / 従属的な地位．
【从死】cóngsǐ 動 殉死する．
【从俗】cóngsú 動 ① 風俗習慣に従う．¶～办理 bànlǐ / 慣習に従って処理する．② 流行を追う．
【从速】cóngsù 副 すみやかに…する．¶～处理 chǔlǐ / すみやかに処理する．
*【从头】cóngtóu 副(～儿) ① 初めから(…する)．¶～儿学起 / 初歩から習い始める．② 新たに,改めて(…する)．¶失败 shībài 了～儿再来 / しくじったらもう一度やりなおす．
【从头至尾】cóng tóu zhì wěi 〈成〉始めから終わりまで．終始．►“从头到尾”とも．
【从未】cóngwèi 副 まだ…したことがない．いまだかつて…ない．¶我～跟 gēn 他说过话 / 私はあの人と一度も話したことがない．
【从先】cóngxiān 名〈方〉以前．昔．これまで．
*【从小】cóngxiǎo 副(～儿)小さいときから．►“自小”とも．¶她～就爱看书 / 彼女は小さいときから読書が好きだった．
【从新】cóngxīn 副 新たに．新規に．¶～做起 / 一からやり直す．
【从严】cóngyán 動 厳しい態度で臨む．厳しくする．¶～惩处 chéngchǔ / 厳重に処罰する．
【从业】cóngyè 動 就職する．仕事につく．¶～机会 jīhuì / 就労の機会．
【从业员】cóngyèyuán 名 従業員．
【从优】cóngyōu 動 できるだけよく…する．よく取り計らう．¶价格 jiàgé ～ / 値段はサービスする．¶～给奖 jǐjiǎng / できるだけ多く賞を与える．
【从政】cóngzhèng 動 政治に携わる．政界に入る；官僚になる．
【从中】cóngzhōng 副 …の中から．中に立って．間に立って．¶～渔利 yúlì / 中に立って利をむさぼる．¶～调解 tiáojiě / 間に立って調停する．¶～作梗 zuògěng / 間に立って邪魔をする．¶～受到很大的启发 qǐfā / その中から大いにヒントを得た．

从(叢) cóng

量 草木などの群がっているものを数える．¶一～杂草 zácǎo / 一面の雑草．
◇◆ ①茂み．¶草 cǎo ～ / 草むら．¶树 shù ～ / 木の茂み．②(人や物の)群．¶人～ / 人込み．③群がり集まる．¶→～集 jí．‖姓
【丛集】cóngjí 動 ①(いろいろな物事が)群がり集まる．¶债务 zhàiwù ～ / 債務が山積する．② 名 叢書．双書．シリーズ．
【丛刊】cóngkān 名 叢書．双書．
【丛刻】cóngkè 名 木版印刷による叢書．
【丛林】cónglín 名 ① 林．ジャングル．圖 片,处 chù．② 僧林．大寺院．
【丛密】cóngmì 動 草木が密生する．¶林木～ / 林がうっそうと茂っている．
【丛生】cóngshēng 動 ①(草木などが)群生する．¶荆棘 jīngjí ～ / いばらが生い茂る．② 同時に発生する．¶百弊 bǎibì ～ / いろいろな弊害が続出する．
【丛书】cóngshū 名 叢書．双書．シリーズ．►“丛刊 kān”“丛刻 kè”とも．圖 套 tào,部．¶少年 shàonián 百科～ / 少年百科シリーズ．
【丛谈】cóngtán 名 同じテーマで集められた文章や書物．►多く書名に用いる．
【丛杂】cóngzá 形〈書〉雑然としている．

cou (ㄘㄡ)

4声
*## 凑 còu

あちこちから寄せ集める,寄り集まる→(寄り集まるように)近づく

動 ① 寄せ集める；寄り集まる．¶～在一起 / 1か所に集まる．¶→～钱 qián．
② 近寄る．近づく．¶往前～～ / 少し前の方へ近寄る．¶～上去问 / 前へ近づいて尋ねる．
③ 都合よく〔悪く〕ぶつかる．めぐりあう．(機会に)乗ずる．¶咱们 zánmen ～机会一块儿去吧 / いつか機会があったらいっしょに行こう．
【凑巴】còuba 動〈方〉かき集める．
【凑份子】còu fènzi 〈慣〉 ①(贈り物などをするため

に)金を出し合う. ②〈方〉あいにく都合の悪いときに入ってくる；迷惑をかける.

*【凑合】còuhe ❶動 ① **集まる**. 寄り合う. ¶几个人～在他家打麻将 májiàng / 何人かが集まって彼の家でマージャンをする. ② **寄せ集める**. かき集める. ③ **間に合わせる**. ¶～着用 / 間に合わせで使う. ¶没有时间,就～着吃一顿 dùn 吧 / 時間がないので簡単な食事で間に合わせよう. ¶这种工作他～能干 gàn / この手の仕事なら彼はどうにかやれる. ④ いいかげんにする. お茶を濁す. ❷形(よくもないが)そう悪くもない. ¶这本小说怎么样？──还～ / この小説はどうかね──まあまあだ.

【凑乎】còuhu 動 ① 寄せ集める. ② 間に合わせる. ¶凑凑乎乎 hūhū 过了一个月 / ひと月をなんとかやり繰りして過ごした.

【凑集】còují 動(人または物を)寄せ集める. ¶～资料 zīliào / 資料を寄せ集める. ¶～在一起 / 寄り集まる.

【凑近】còujìn 動 近寄る. 近づける.

【凑拢】còulǒng 動 1か所に寄り集まる.

【凑齐】còu//qí 動+結補 集めそろえる. ¶人数 rénshù 都～了吗？/ 人数はそろいましたか.

【凑钱】còu//qián 動 金を出し合う. 醵金(きょきん)する.

*【凑巧】còuqiǎo 形 **都合がよい**. 折よく. ¶你来得～ / ちょうどいいときに来た. ¶真不～,我去找 zhǎo 他,他刚 gāng 走 / 折悪しく,私が訪ねた時彼は出かけたところだった.

【凑趣儿】còu//qùr 動 ① 座を取り持つ. ¶两人喝酒没意思,你也凑个趣儿吧！/ 二人で酒を飲んでもつまらないから,君もつきあえよ. ② 人をからかう. 冗談を言う. ¶你别拿 ná 我～ / 私をからかうな.

【凑热闹】còu rènao (～儿) ① 遊びの仲間入りをする. ¶让 ràng 我也来凑个热闹吧 / 私も仲間入りをさせて. ② 都合の悪いときにやって来て邪魔をする. ¶他们正 zhèng 忙得不可开交 bù kě kāi jiāo,你就别再去～了 / 彼らは目も回るくらい忙しいのだから,これ以上邪魔だてするんじゃない.

【凑手】còu//shǒu 形 ①(金・物などが)都合よく手元にある,間に合う. ¶现在不～,我付不起 fùbuqǐ 那么多钱 / 今手元不如意なので,そんなに多くの金は払えない. ② 使いやすい. ¶这枝 zhī 笔我用着～ / この筆は私には使いやすい.

【凑数】còu//shù 動(～儿)員数をそろえる. (無理をして)数を満たす. ¶人不够的话,我也凑个数儿吧 / 人が足りないなら,私も数に入れてもらいましょう.

【凑整儿】còu//zhěngr 動 付け足して切りのいい数にする. ¶你再给我几块钱,凑个整儿吧 / まとまった金額にしたいから,あと数元出してくれよ.

cu (ㄘㄨ)

粗(麤) cū 形 ①(↔细xì)(**幅や直径が**)**太い,広い**；(**粒や目が**)**粗い**；(声が)太くて低い；(性格が)粗忽である,そそっかしい. ¶这线 xiàn 画得太～了 / この線を太く引きすぎた. ¶咖啡豆 kāfēidòu 磨 mò 得太～ / コーヒー豆のひき方が粗い. ¶～嗓子 sǎngzi / 太い声. ②(↔精 jīng)(**質や仕事が**)**粗末である,いい加減だ**,粗雑である. ¶这一段论点 lùndiǎn 说得太～ / この部分の論旨は説明が雑すぎる. ¶这手工活儿很～ / これは細工が粗末だ. ③ 荒っぽい. 粗野である. ¶这些话太～ / その話はあまりにぶっきらぼうだ.

◇◆ いくらか. ほぼ. ¶→～通 tōng. ¶→～看 kàn. ¶～具规模 guīmó / ほぼ目鼻がついている.

*【粗暴】cūbào 形(性格・言動が)**乱暴である**. 荒っぽい. ¶她态度非常～ / 彼女は態度がひどく荒っぽい. ¶～地骂 mà 人 / 口汚く罵る.

【粗笨】cūbèn 形 ①(動作が)鈍い. 不器用である. ¶动作～ / 動作が鈍い. ②(物が)かさばって重い. ¶～的家具 jiāju / ばかでかい家具.

【粗鄙】cūbǐ 形 粗野である. 下品だ. ¶言语 yányǔ ～ / 言葉遣いが粗野である.

【粗布】cūbù 名 ① 粗布. 目の粗い平織綿布. ►テントに用いられることが多い. ② 手織りの綿布.

*【粗糙】cūcāo 形 ① **きめが粗い**. (手触りが)**ざらざらしている**. ¶皮肤 pífū ～ / 皮膚がざらざらしている. ②(作りが)**雑である,粗末である**. **粗削りである**. ¶活儿 huór 做得～ / 作りが雑である.

【粗茶淡饭】cū chá dàn fàn 〈成〉質素な食事.

【粗大】cūdà 形 ①(人や物が)太くてでかい. ごつい. ¶～的木头 mùtou / 太い丸太. ¶～的手 / ごつごつした大きな手. ②(声や音が)大きい. ¶～的嗓门儿 sǎngménr / 大きな声. どら声.

【粗纺】cūfǎng 名〈紡〉粗紡. ¶～呢绒 níróng / 紡毛織物. ►防寒用衣料や毛布などに用いられる.

【粗放】cūfàng 形 ①〈農〉(↔集约)粗放である. ¶～耕作 gēngzuò / 粗放農法. ② ぞんざいである. おおまかである. ③(筆遣いや表現が)豪放で飾り気がない.

【粗犷】cūguǎng 形〈書〉① 粗野である. 無骨である. ② こせこせしない. 豪放である. ¶～的歌声 gēshēng / 豪快な歌声.

【粗豪】cūháo 形 ① 豪放磊落(らいらく)である. ¶～坦率 tǎnshuài / 豪快でさっぱりしている. ②(音などが)勇壮である. ¶～的汽笛 qìdí 声 / すさまじい汽笛の音.

【粗花呢】cūhuāní 名〈紡〉ツイード. スコッチ織り.

【粗话】cūhuà 名 下品な言葉. 低俗な話.

【粗活】cūhuó 名(～儿)荒仕事. 力仕事.

【粗货】cūhuò 名 粗悪品.

【粗看】cūkàn ① 動 ざっと目を通す. ¶那本书我只是～了一遍 biàn / その本はざっと読んだだけだ. ②〈挿〉一見. ちょっと見. ¶～,他好像 hǎoxiàng 是一个学生 / ちょっと見たところ,彼はどうも学生のようだ.

【粗拉】cūla 形〈口〉粗雑である. いいかげんである.

【粗粮】cūliáng 名(↔细粮)雑穀. トウモロコシ・コウリャン・粟・豆類などをさす. ►白米や小麦粉と区別したいい方.

【粗劣】cūliè 形 粗雑である. 粗末である. ¶～的赝品 yànpǐn / 粗雑なにせ物.

【粗陋】cūlòu 形 ① 粗末である. 貧弱である. ¶～的房屋 fángwū / 粗末な小屋. ② 下品で醜い.

【粗鲁】cūlǔ 形(性格や行為などが)**荒っぽい**. 無骨である. ►"粗卤"とも書く. ¶语言 yǔyán ～ / 言葉がぞんざいだ. ¶态度 tàidu ～ / 態度ががさつである.

【粗略】cūlüè 形 大まかである. 大ざっぱである. ¶这只是个～的估计 gūjì / これは大まかな見積もり

C

C

だ．¶～一看／ざっと見る．

【粗麻布】cūmábù 名 黄麻で織った粗布．

【粗莽】cūmǎng 形(性格が)荒っぽい．無鉄砲である．

【粗浅】cūqiǎn 形 浅はかである．表面的である．¶～的看法 kànfǎ／皮相な見方．

【粗人】cūrén 名 ①無骨な人．粗野な人．②〈謙〉無学な人．

【粗纱】cūshā 名〈紡〉太番手の綿糸．太糸．

【粗声暴语】cū shēng bào yǔ〈成〉粗暴な言葉．

【粗实】cūshi 形 太くて丈夫である．頑丈である．

【粗手笨脚】cū shǒu bèn jiǎo〈成〉手先が不器用である．動作が鈍い．

【粗疏】cūshū 形 ①そそっかしい．粗忽である．¶我一时～,忘 wàng 写名字了／私はうっかり名前を書き忘れた．②(毛が)まばらである．(線が)太い,荒い．

【粗率】cūshuài 形 ぞんざいである．いい加減である．¶～的决定 juédìng／熟慮を欠いた決定．

【粗饲料】cūsìliào 名 粗飼料．►作物の茎・わら・豆のさやなど．

【粗俗】cūsú 形(言動などが)下品だ,粗野である．¶说话～／話しぶりが下品だ．

【粗通】cūtōng 動 少しだけ通じている．いくらか分かる．¶他～英语 Yīngyǔ／彼は英語が少し分かる．¶～电脑 diànnǎo／コンピュータを少しいじれる．

*【粗细】cūxì 名 ①(細長いものの)**太さ**；(粒状物の)**細かさ**．¶二十公分～的钢管 gāngguǎn／太さ20センチくらいの鋼管．¶～跟 gēn 头发差不多的光纤维 guāngxiānwéi／太さが髪の毛ほどの光ファイバー．②(仕事の)細かさ,丹念さの程度．出来具合．¶质量 zhìliàng 好坏,全凭 píng 活儿干 gàn 得～／質がいいかどうかは,仕事の念の入れ方しだいだ．

【粗线条】cūxiàntiáo ❶名 太い線；粗いタッチ．❷形 ①神経の太い．¶～的人物／線の太い人物．②(構想や叙述が)大ざっぱである．¶～的大纲 dàgāng／アウトライン．

*【粗心】cūxīn 形 **そそっかしい．不注意である**．うかつである．¶他这个人很～／彼って本当にそそっかしい．

*【粗心大意】cū xīn dà yì〈成〉**うかつである**．大ざっぱでいい加減である．

【粗哑】cūyǎ 形 声がしわがれている．¶～的嗓门儿 sǎngménr／だみ声．

【粗野】cūyě 形 粗野である．がさつである．¶他的话说得很～／彼は乱暴な口をきく．¶举止 jǔzhǐ～／ふるまいが粗野である．¶～动作／ラフプレー．

【粗针大线】cū zhēn dà xiàn〈成〉荒っぽいやり方．

【粗枝大叶】cū zhī dà yè〈成〉大ざっぱでいい加減である．

【粗直】cūzhí 形 がさつである．¶为人 wéirén～／がさつな人柄．

【粗中有细】cū zhōng yǒu xì〈成〉大まかなようで細かいところに気がつくこと．

【粗重】cūzhòng 形 ①(声が)太くて大きい．¶～的嗓音 sǎngyīn／太い声．②(手や足が)太くて力強い．③(物が)かさばって重い,ばかでかい．④線が太くて色が濃い．¶浓黑 nónghēi～的眉毛 méimao／黒くて太いまゆ毛．⑤(仕事が)きつくて骨が折れる．¶～活儿 huór／力仕事．

【粗壮】cūzhuàng 形 ①(体が)**太くて丈夫である,たくましい**．¶～的小伙子 xiǎohuǒzi／たくましい若者．②(声が)**太くて大きい**．¶声音 shēngyīn～／声が太くて大きい．③(物が)**頑丈である**．

4声 **促 cù** ◇◆ ①(時間が)せわしくなる．¶短 duǎn～／(時間が)短い．差し迫る．¶气～／息が切れる．②促す．促進する．¶催 cuī～／促す．急がす．¶→～使 shǐ．③近づける．¶→～膝 xī 谈心．

【促成】cùchéng 動 完成するように助力する．後押しして成功させる．¶～他们两个人的婚事 hūnshì／彼ら二人の結婚がうまくいくよう後押しする．

*【促进】cùjìn 動(↔促退 cùtuì)(よい方向に)**促進する**．拍車をかける．促す．►動詞(句)を目的語にとることが多い．¶～发展 fāzhǎn／発展を促す．¶～两国人民的互相 hùxiāng 了解 liǎojiě／両国人民の相互理解を促す．[連体修飾語として用い]¶起～作用 zuòyòng／促進効果を生じる．¶～派 pài／推進派．

【促迫】cùpò 動 差し迫る．切迫する．¶日期 rìqī～／期日が切迫する．

【促使】cùshǐ 動 …するように促す．…するように仕向ける．►兼語文をつくる．¶～贸易成交 chéngjiāo／商取引がうまくいくようにはからう．

【促退】cùtuì 動(↔促进 cùjìn)後退するように仕向ける．¶～派／(促進)反対派．

【促膝谈心】cù xī tán xīn〈成〉ひざを交えて話す．打ち解けて話す．

【促织】cùzhī 名〈虫〉コオロギ．参考 コオロギは冬仕度を急がせる虫とされたことと,機織りをして冬仕度をすることとをかけたいい方．普通は"蟋蟀 xīshuài"という．

猝 cù ◇◆ 突然．にわかに．¶仓 cāng～／慌ただしい．

【猝不及防】cù bù jí fáng〈成〉突如やってきて防ぐいとまがない．虚をつかれて対応できない．

【猝然】cùrán 副 突然．出し抜けに．¶～决定 juédìng／出し抜けに決める．

【猝死】cùsǐ 動〈医〉突然死する．

* **醋 cù** 名 **酢**．¶汤里～放多了／スープに酢を入れすぎた．◇◆ 嫉妬．¶吃～／焼きもちを焼く．

【醋罐子】cùguànzi →【醋坛子】cùtánzi

【醋劲儿】cùjìnr 名 嫉妬心．

【醋酸】cùsuān 名〈化〉酢酸．エタン酸．

【醋坛子】cùtánzi 名(酢を入れるつぼの意から転じて)焼きもち焼き．嫉妬深い人．►"醋罐子 guànzi"とも．

【醋心】cùxīn 名〈口〉胸焼け．胃酸過多．

【醋意】cùyì 名 嫉妬心．焼きもち．¶她有几分～／彼女はいくらか焼きもちを焼いている．

簇 cù 量 ひとかたまりの花や草木,群がる人・物に用いる．¶一～鲜花 xiānhuā／ひと束の花．◇◆ 群がる．¶花团锦 jǐn～／(一団が)色とりどりに着飾って華やかなさま．

【簇生】cùshēng 動 植物が群生する．

【簇新】cùxīn 形(服装などが)真新しい．¶～的西服 xīfú／真新しい洋服．

【簇拥】cùyōng 動(大ぜいの人が)取り囲む,取り巻く.

蹙 cù ◇◆ ①(顔を)しかめる. ¶～眉 méi / 眉をひそめる. ¶颦 pín～ / 眉をひそめる. 心配そうな顔をする. ②緊迫する. せっぱ詰まる. ¶穷 qióng～ / 困窮する.

蹴 cù ◇◆ ①ける. ¶～鞠 jū / けまりをする. ②踏む. ¶一～而 ér 就 / やすやすと成就する.

cuan（ㄘㄨㄢ）

1声 **氽 cuān** 動 1〈料理〉材料を煮え湯の中に入れてさっと煮る. ¶～汤 tāng / スープをこしらえる. ¶～丸子 wánzi / 肉団子のスープ(を作る). 2〈方〉(“氽子”で)湯を沸かす.

【氽子】cuānzi 名(石炭こんろの中で用いる)ブリキ製の細長い円筒形の湯沸かし.

撺(攛) cuān 動〈方〉1 投げる. 2 急いで作る. ►目的語はとらない. ¶临时 línshí 现～ / その場になって大急ぎでやる. 一時の間に合わせ. 3(～儿)怒る. ¶他～儿了 / あの人は怒ってしまった.

【撺掇】cuānduo 動〈方〉おだてる. そそのかす. ¶她一再 yīzài ～我去健身房 jiànshēnfáng / 彼女はエステに通えとしきりに私をあおる.

【撺弄】cuānnong ➡【撺掇】cuānduo

镩(鑹) cuān 動(アイスピックで氷を)割る,うがつ. ¶～冰 bīng / 氷を割る.

【镩子】cuānzi 名 アイスピック.

蹿(躥) cuān 動 1 跳び上がる. はね上がる. ¶猫 māo 一下～上了墙顶 qiángdǐng / ネコがぱっとへいの上に跳び上がった. 2〈方〉噴き出す. 激しく下痢する. ¶鼻子 bízi ～血 xuè / 鼻から血が出る. 3〈俗〉背が伸びる. ►俗に“窜”とも.

【蹿腾】cuānteng 動〈方〉暴れて跳んだり跳ねたりする.

【蹿跳】cuāntiào 動 跳び回る.

攒(欑) cuán 動 寄せ集める. ¶～钱 / 金を出し合う. ¶用旧零件 língjiàn ～成一辆 liàng 自行车 / 古い部品を寄せ集めて自転車を1台作った. ⏩ zǎn

【攒动】cuándòng 動(多くの人が)群がり動く. ¶街上 jiēshang 人头～ / 町は人波であふれている.

【攒聚】cuánjù 動 1か所に集まる.

【攒客】cuánkè 名 手配師.

【攒三聚五】cuán sān jù wǔ〈成〉三々五々集まる.

窜(竄) cuàn 動(悪人・敵・獣などが)**逃げ回る.** 走り回る. ¶～来～去 / あちこち逃げ回る.

◇◆ ①(文字を)書き改める. ¶点～ / 文章の字句を直す. ¶→～改. ②放逐する.

【窜犯】cuànfàn 動(敵が)侵犯する.

【窜改】cuàngǎi 動(文書や古典などの文字を)改竄(ざん)する. ¶～账目 zhàngmù / 帳簿をかってに書き変える.

【窜扰】cuànrǎo 動(敵が)出没してかき乱す. ¶～活动 huódòng / 攪乱(かく)活動.

【窜逃】cuàntáo 動 こそこそ逃げる. 逃亡する.

篡 cuàn ◇◆(君位を)奪い取る. ¶→～国.

【篡党】cuàn//dǎng 動 党の最高権力を奪い取る.

【篡夺】cuànduó 動(権力や地位を)簒奪(さんだつ)する. ¶～皇位 huángwèi / 帝位を奪い取る.

【篡改】cuàngǎi 動(理論・政策などを)改竄(ざん)する,歪曲する. ¶～历史 lìshǐ / 歴史を改竄する.

【篡国】cuàn//guó 動 国家権力を奪い取る.

【篡权】cuàn//quán 動 政権を奪い取る.

【篡位】cuàn//wèi 動 君位を奪い取る.

cui（ㄘㄨㄟ）

1声 **崔 cuī** ◇◆ 高くて大きい. ‖姓

【崔巍】cuīwēi 形〈書〉(山や建物が)高く雄大である,高くそびえ立っている.

【崔嵬】cuīwéi〈書〉1 名 石のある丘. 2 形 高く大きい.

* **催 cuī** 動(人に対して)**催促する,せきたてる.** **促す.** ¶这件事,已～过小张三次了 / この件はもう3度も張君に催促している. [兼語の形をとって]¶～他还 huán 书 / 彼に図書の返済を催促する.

◇◆ 促進する. ¶→～奶 nǎi. ‖姓

【催逼】cuībī 動(借金の返済などを)厳しく催促する.

【催产】cuī//chǎn 動(薬品などで妊婦に)産気づかせる.

【催促】cuīcù 動 **催促する.** ¶三番 fān 五次地～他 / 何度も彼に催促する. [兼語の形をとって]¶导游 dǎoyóu ～大家赶快 gǎnkuài 上车 / ガイドがみんなに早く乗車するようにせかした.

【催动】cuīdòng 動 1 促して行動させる. せきたてる. ¶～坐骑 zuòqí / 馬を促して行かせる. 2 促して始動させる. ¶春风～着花事 huāshì / 春風が花の季節の到来を告げている.

【催化】cuīhuà 名〈化〉カタリシス. 触媒作用. ¶～反应 fǎnyìng / 触媒反応.

【催化剂】cuīhuàjì 名〈化〉触媒.

【催泪瓦斯】cuīlèi wǎsī 名 催涙ガス.

【催眠】cuīmián 動〈心〉眠くさせる.

【催眠曲】cuīmiánqǔ 名 子守歌.

【催眠术】cuīmiánshù 名 催眠術.

【催命】cuī//mìng 動 矢の催促をする. 容赦なくせきたてる.

【催奶】cuī//nǎi 動(薬や食べ物によって産婦の)乳の出を早める.

【催青】cuīqīng 動〈農〉1 薬で動物の発情を促す. ►“催情”とも. 2(養蚕で)催青. 温度・湿度・光線などを調節し一斉に孵化(ふ)させる. 3〈旧〉春化処理する.

【催请】cuīqǐng 動〈旧〉宴会に招待した人に対して定刻に出席するよう改めて催促する. ¶恕 shù 不

C

～ /《招待状に書く文句》催促いたしませんので(どうぞご出席を願います).

【催生】cuī//shēng 動 産気づかせる. 出産を促す. ¶～符 fú / 安産のお札. ¶～剂 jì / 陣痛促進剤. ¶～礼 lǐ / (実家が)出産前に贈る出産祝い.

【催讨】cuītǎo 動(金銭の支払い・返品などを)催促する.

【催醒剂】cuīxǐngjì 名 興奮剤.

【催妆礼】cuīzhuānglǐ 名 婚礼の数日前に新郎側から新婦の家へ届ける贈り物.

摧 cuī ◇◆ 砕き折る. 破壊する. ¶无坚 jiān 不～ / いかに堅固な防備でも粉砕することができる.

【摧残】cuīcán 動(政治・経済・文化・身体・精神などに)**重大な損害を与える**. 踏みにじる. 打ち壊す. ¶～身体 shēntǐ / 体を痛めつける. ¶～民主 mínzhǔ / 民主を踏みにじる. ¶～人的心灵 xīnlíng / 人の心を傷つける.

【摧毁】cuīhuǐ 動(建物・陣地・制度などを徹底的に)**打ち砕く**. ¶强 qiáng 台风把许多民房～了 / 強い台風が多くの民家を破壊した.

【摧枯拉朽】cuī kū lā xiǔ〈成〉腐敗した勢力がたやすく粉砕される.

4声 **脆** cuì 形 ①(↔韧 rèn)もろい. **丈夫でない. 壊れやすい**. ¶这种纸 zhǐ 太～ / この紙は破れやすい. ② **歯ざわりがよい**. ►味覚の一つとしてとらえられている. ¶这个饼 bǐng 很～ / このパイはさくさくしていておいしい. ③(声が)澄んでいる, よく通る. ¶她的嗓音 sǎngyīn 挺 tǐng ～ / 彼女の声はとても澄んでいる. ④〈方〉(事を処理するのに)てきぱきしている. ¶他办事很～ / 彼は仕事ぶりがてきぱきとしている.

【脆绷】cuìbeng 形〈方〉①(食物の)歯ざわりがよい. ¶这瓜 guā 吃起来挺 tǐng ～ / このウリはさくさくして歯ざわりがいい. ②(声が)はきはきしている. ¶他说话声音 shēngyīn 挺～ / 彼の話し方は歯切れがいい.

【脆骨】cuìgǔ 名(食品としてのウシ・ヒツジ・ブタなどの)軟骨.

【脆快】cuìkuài 形〈方〉(言葉が)はきはきしている;(事の処理が)てきぱきしている. ¶办事～ / 仕事をてきぱきとする.

【脆亮】cuìliàng 形(声が)澄んでよく通る. ¶唱腔 chàngqiāng 甜美 tiánměi ～ / 節回しが心地よく, よく通る.

【脆弱】cuìruò 形 **脆弱(ぜいじゃく)である. もろくて弱い**. ¶感情 gǎnqíng ～ / 感情にもろい. ¶性格 xìnggé ～ / 性格が弱い.

【脆生】cuìsheng 形〈方〉①(食物が)ぱりぱり・さくさくしている. ►"脆生生"と重ね型も作る. ¶脆生生 cuìshēngshēng 的大苹果 píngguǒ / さくさくと歯ざわりのよい大きなリンゴ. ②(声や音が)よく通る, 澄んでいる. ¶她的嗓音 sǎngyīn 可真～ / 彼女の声は実によく通る.

【脆性】cuìxìng 名〈物〉もろさ.

【脆枣】cuìzǎo 名(～儿)〈方〉種を除いて干したナツメ.

啐 cuì 動(つばやたんを)吐く, とばす. ¶～痰 tán / たんを吐く.

【啐谁】cuì//shéi 動〈俗〉けなす. ばかにする.

淬 cuì 動 焼き入れする.

【淬火】cuì//huǒ 動〈冶〉焼き入れする.

【淬砺】cuìlì 動〈書〉(刀に)焼きを入れ磨きをかける;〈喩〉修養に努める.

瘁 cuì ◇◆ 疲れ果てる. ¶鞠躬 jūgōng 尽 jìn ～ /〈成〉全力を傾けて国事に力を尽くす. ¶心力交 jiāo ～ / 心身ともに疲れ果てる.

粹 cuì ◇◆ ①純粋な. 混じりけのない. ¶～美 / 混じりけがなく美しい. ¶～而 ér 不杂 zá / 純粋で混じりけがない. ②精髄. ¶精 jīng ～ / (文章などが)よく練れている, 精密で純粋である.

【粹白】cuìbái 形 〈書〉①純粋である. ②純白である.

翠 cuì ◇◆ ①青緑色. ¶～竹 zhú / 緑の竹. ②ひすい. ¶～花 / ひすいで作ったかんざし〔ブローチ〕. ¶翡 fěi ～ / ひすい. ③カワセミ. ¶→～鸟 niǎo. ‖姓

【翠碧】cuìbì 形 青緑色の.

【翠菊】cuìjú 名〈植〉アスター. エゾギク.

【翠绿】cuìlǜ 形 エメラルドグリーンの.

【翠鸟】cuìniǎo 名〈鳥〉カワセミ.

【翠玉】cuìyù 名 ひすい. エメラルド.

cun (ㄘㄨㄣ)

1声 ***村**(邨) cūn ①名(～儿)**村. 村落**. ¶现在～～都有小学 / 今は村々に小学校がある. ②形 下品である. 粗野である. ¶他说话太～ / 彼はとても口汚い. ‖姓

【村姑】cūngū 名(～儿)農村の娘.

【村话】cūnhuà 名 野卑な言葉. 汚い言葉.

【村口】cūnkǒu 名(～儿)村の出入り口.

【村落】cūnluò 名〈書〉村落. 村. ►文学作品などに使うかたい表現.

【村民】cūnmín 名 村の住民.

【村民委员会】cūnmín wěiyuánhuì 名 村民委員会(都市の"居民委员会"に相当する農村末端の大衆自治組織).

【村塾】cūnshú 名〈旧〉村塾. 寺子屋. ►"村学 cūnxué"とも.

【村头】cūntóu 名(～儿)村はずれ. 村の出入り口.

【村野】cūnyě ①名 村と野原. ②形 粗野である. ¶这人～得很 dehěn, 动不动就跟 gēn 人打架 dǎjià / そいつはひどく荒っぽくて, 何かするとすぐにけんかざただ.

【村寨】cūnzhài 名 村. 村囲い. ¶～相望 xiāngwàng / 村と村が向かい合っている.

【村镇】cūnzhèn 名 村と町.

【村庄】cūnzhuāng 名 **村. 村落**. ►ややかたい表現. 量 个.

*【村子】cūnzi 名 **村. 村落**. ►くだけた表現.

皴 cūn ①動 あかぎれが切れる. ¶手～了 / 手にあかぎれが切れた. ②名〈方〉(皮膚の)垢(あか).

【皴法】cūnfǎ 名(中国画で山や岩の凹凸を表す画法)皴法(しゅんぽう).

2声 *存 cún 動 ①大切にとっておく．保存する．¶这些土豆儿 tǔdòur 再～～,等到冬天再卖 mài / このジャガイモはもうちょっととっておいて,冬になってから売りなさい．¶天气热 rè,鲜食品 xiānshípǐn ～不住 / 暑いから生ものは保存できない．②(金品を)預ける．貯える；保管してもらう．¶有富余 fùyu 钱要～在银行 yínháng 里 / 余分な金があるなら銀行に預金しなければいけない．¶地方 dìfang 有限 yǒuxiàn,～不了 buliǎo 这么多行李 xíngli / 場所がいくらもないから,こんなにたくさんの手荷物は預けられない．③溜まる．積もる．¶这里～着很多水 / ここに水がいっぱい溜まっている．④心に溜まる．胸に抱く．¶～着很大的希望 xīwàng / 大きな希望を抱いている．¶～了一肚子 dùzi 话 / 言いたいことがいっぱい溜まる．
◇◆ ①存在する．生存する．¶幸 xìng ～ / 幸いにして生き残る．②保留する．¶→～疑 yí．¶→～根 gēn．③残り．残高．¶库 kù ～ / 在庫品；手持ち資金．金庫にある現金．‖姓

【存案】cún//àn 動 所轄機関の記録に残す．登録する．

【存查】cúnchá 動(書類を)保存して後日の調べに備える．►主として公文書を決裁するときに用いる．¶把文件交秘书科 mìshūkē ～ / 文書を秘書課に保存して後日の調べに備えよ．

【存车处】cúnchēchù 名 自転車預かり所．►普通,有料で管理人がいる．車の駐車場は"停车场 tíngchēchǎng"という．

【存储】cúnchǔ ①名〈電算〉メモリー．¶～(容)量 / メモリー容量．¶～器 qì / メモリー．記憶装置．¶～元件 yuánjiàn / メモリーエレメント．¶～电路 diànlù / メモリー回路．②動 蓄える．ためる．¶～备粮 bèiliáng / 非常食を蓄える．

【存单】cúndān 名 預金証書．㊀ 张．¶定期 dìngqī ～ / 定期預金証書．

【存档】cún//dàng 動(処理済みの)公文書や書類を保存する．ファイルに入れる．

【存底】cún//dǐ (～儿) ①動 控えを残す．②名 在庫品．ストック．

【存而不论】cún ér bù lùn 〈成〉討議を後回しにする．

【存放】cúnfàng 動 ①入れておく；保管する．¶请把贵重物品～好 / 貴重品をきちんと保管して下さい．②預けておく．¶把自行车～在叔叔 shūshu 家里 / 自転車をおじさんの家に預けておく．

【存根】cúngēn 名(小切手・手形・証拠書類などの)控え．¶支票 zhīpiào ～ / 小切手の控え．

【存户】cúnhù 名(銀行などの)預金者,預け主．

【存活】cúnhuó 動(動物や植物などが)生存する．生き延びる．¶～率 lǜ / 生存率．

【存货】cún//huò ①動 商品を仕入れておく．商品をストックする．②名 在庫品．ストック．

【存据】cúnjù 名 保存用証文．

【存款】cún//kuǎn ①動 金を預ける．預金する．¶他在银行 yínháng 里存了一笔 bǐ 款 / 彼は銀行に預金した．②名 預金．預け入れ．㊀ 笔．¶提取 tíqǔ ～ / 預金を引き出す．¶～户头 hùtóu / 預金口座．¶活期 huóqī ～ / 普通預金．¶定期～ / 定期預金．

【存栏】cúnlán 動(統計に用い)飼養中である．

【存粮】cún//liáng ①動 食糧を貯蔵する．¶～备荒 bèihuāng / 不作に備えて食糧を貯蔵する．②名 備蓄食糧．

【存留】cúnliú 動 残しておく．とどめる．

【存念】cúnniàn 動 記念に残す．►記念品や記念写真に書く文句．¶某某 mǒumǒu 先生～ / 記念のために,某先生机下．

【存盘】cúnpán 動〈電算〉ディスクにデータを保存する．

【存取】cúnqǔ 動〈電算〉アクセスする．

【存入】cúnrù 動 預け入れる．¶把卖货款项 kuǎnxiàng ～银行 / 売り上げを銀行に預ける．

【存身】cún//shēn 動 身を落ち着ける．身を置く．¶无处 chù ～ / 身を落ち着ける場所がない．

【存食】cún//shí 動(胃に)もたれる．食もたれする．

【存亡】cúnwáng 名〈書〉存 亡．¶ ～ 未 卜 wèibǔ / 存亡が危ぶまれる．¶生死～之秋 / 危急存亡の秋(とき)．

【存息】cúnxī 名〈経〉預貯金の利息．預貯金利子．

【存现句】cúnxiànjù 名〈語〉存現文．

【存项】cúnxiàng 名〈口〉(預金の)残高．

【存心】cún//xīn ①動 下心を持つ．¶～不良 bùliáng / 悪い下心を持っている．②副 故意に．わざと．¶～捣乱 dǎoluàn / わざと邪魔だてをする．

【存休】cúnxiū 名(労働者の)振替休暇,代休．►"存假 cúnjià"とも．

【存续】cúnxù 動 存続する．継続中である．

【存疑】cúnyí ①動 結論や判断を保留する．¶这件事暂时 zànshí ～ / この件はいちおう保留しておく．②名 心の奥にある疑問．

*【存在】cúnzài ①動 存在する．ある．実在する．►"～着"の形で用いることが多い．¶我心里～着一个顾虑 gùlǜ / 私の心に心配事が残っている．②名〈哲〉存在．¶～主义 zhǔyì / 実存主義．実存主義哲学．

【存照】cúnzhào ①動 契約書を保存して証拠とする．②名 保存してある契約書．

【存折】cúnzhé 名(銀行などの)預金通帳．㊀ 本 běn．

【存正】cúnzhèng 〈套〉ご叱正ください．

【存执】cúnzhí ⇀【存根】cúngēn

【存贮】cúnzhù 動 蓄える．貯蔵する．

【存贮器】cúnzhùqì 名〈電算〉メモリー．記憶装置．

3声 忖 cǔn ◇◆ 推し量る．思い量る．¶→～度 duó．¶自～ / 自分で見当をつけてみる．

【忖度】cǔnduó 動〈書〉忖度(そんたく)する．推測する．推し量る．¶据 jù 我的～ / 私の推測では．

【忖量】cǔnliàng 動 ①推し量る．推量する．¶他～着对方说的那番 fān 话的意思 / 彼は相手がこんなことを言ったのはどういう意味かと推測をめぐらした．②思案する．考える．¶他～了半晌 bànshǎng,才答应 dāying 下来 / 彼はしばらく思案して,やっと承知した．

4声 *寸 cùn 量(長さの単位)寸．►1"尺 chǐ"(尺)の10分の1．約3.3センチ．
◇◆ わずか．ほんの．¶→～功 gōng 未 wèi 立．‖姓

【寸步】cùnbù 名〈書〉わずかの歩み．¶ ～不让 ràng / 寸歩たりとも譲らない．

【寸步不离】cùn bù bù lí 〈成〉いつも連れだって寸刻も離れない．

C

【寸步难行】cùn bù nán xíng 〈成〉行き詰まって,にっちもさっちもいかない. ►"寸步难移 yí"とも.
【寸草】cùncǎo 名 小さな草. 寸草. ¶～不生/草1本生えない(不毛の地).
【寸草不留】cùn cǎo bù liú 〈成〉天災や人災に見舞われ,徹底的に破壊される.
【寸断】cùnduàn 動〈書〉ずたずたに切る〔切れる〕. ¶肝肠 gān cháng～/〈成〉断腸の思いをする.
【寸功未立】cùn gōng wèi lì 〈成〉わずかな手柄も立てていない.
【寸金难买寸光阴】cùnjīn nán mǎi cùnguāngyīn 〈諺〉一寸の金をもってしても一寸の光陰を買うことはできない. 時は金なり.
【寸劲儿】cùnjìnr 名〈方〉①こつ. 要領. 勘どころ. ②偶然の成り行き.
【寸口】cùnkǒu 名〈中医〉①手首にある三つの脈どころ. ►"寸口、关上、尺中 chǐzhōng"(略して"寸、关、尺"という)の総称. ②特に手首にいちばん近い脈どころ. ►略して"寸"という.
【寸铁】cùntiě 名 寸鉄. 小さい武器. ¶手无 wú～/〈成〉身に寸鉄も帯びない.
【寸头】cùntóu 名 五分刈り. スポーツ刈り.
【寸土】cùntǔ 名 寸土. わずかの土地.
【寸土必争】cùn tǔ bì zhēng 〈成〉寸土たりとも譲らぬ. 寸土といえども手離すわけにはいかない.
【寸心】cùnxīn 名〈書〉①心. 心の中. ¶得失 déshī～知/損得は内心分かっている. ②寸志. 微意. ¶聊 liáo 表～/いささか寸志を表す. 寸志まで に.
【寸阴】cùnyīn 名〈書〉寸陰. わずかな時間.

吋 cùn 量〈旧〉(ヤード・ポンド法の長さの単位)インチ. ►"英寸 yīngcùn"の旧称. "吋"1字で yīngcùn と読むこともある.

cuo (ㄘㄨㄛ)

1声

搓 cuō 動(両手で)**もみこする**;(両手を)もみこする;(ひもなどを両の手の平で)**よる,より合わせる**. ¶把裤腿 kùtuǐ 上的泥 ní～掉/ズボンについている泥をこすり落とす. ¶～一条麻绳 máshéng/麻縄を1本なう.
【搓板】cuōbǎn 名(～儿)洗濯板. ►"洗衣板儿 xǐyībǎnr"とも.
【搓球】cuōqiú 動〈体〉(卓球で)ボールをカットする.
【搓揉】cuōróu 動(手で)もむ,こする.
【搓手】cuōshǒu 動 手をもむ;(手もちぶさたで)手もみをする. ¶～取暖 qǔnuǎn/手をこすりあわせて暖める.
【搓手顿脚】cuō shǒu dùn jiǎo 〈成〉いらいらして居ても立ってもいられない.
【搓洗】cuōxǐ 動 もみ洗いする.
【搓澡】cuō//zǎo 動(公衆浴場で客の)背中を流す. ►公衆浴場の有料サービスで,絞った手拭いで体をこすること. ¶～的/垢すりサービスをする人.

磋 cuō ◇◆ ①象牙を加工する. ②相談する. 協議する.
【磋商】cuōshāng 動 折衝する. 協議する. ¶与 yǔ 各有关部门 bùmén 进行～/各関係方面と協議を行う.

撮 cuō ❶量 ①〈方〉…つまみ. ¶一～盐 yán/ひとつまみの塩. ②〈貶〉(多く悪人をさし)ごくわずかな人数を表す. ¶一小～捣乱 dǎoluàn 分子 fènzǐ/ひとにぎりの破壊活動分子. ③(容量単位)1ミリリットル.
❷動 ①〈方〉(指で)つまむ. ¶往 wǎng 菜里～点儿盐 yán/塩を少しつまんで料理に入れる. ②(散らばったものを)すくい取る,かき集める. ¶垃圾 lājī～干净 gānjìng 了吗?/ごみは全部かき集めましたか. ③〈俗〉(レストランなどで)おごる,ごちそうする. ¶他们请 qǐng 那个记者 jìzhě～了一顿 dùn/彼らはあの記者を招待した.
◇◆ ①(要点を)かいつまむ. ¶→～要 yào. ②寄せ集める. いっしょにする. ¶→～合 he. ▸▸ zuǒ
【撮合】cuōhe 動 間を取り持つ. 仲立ちをする. ►多く縁組みについていう.
【撮箕】cuōjī 名〈方〉ちりとり.
【撮弄】cuōnòng 動 ①からかって困らせる. ¶你不要～老实 lǎoshi 人/まじめな人をからかうな. ②そそのかす. ¶别～她闹事 nàoshì/彼女をたきつけて騒ぎを起こさせるな.
【撮要】cuōyào ①動 要点をかいつまむ. ¶把基层 jīcéng 的情况 qíngkuàng～上报/現場の情況を上級機関にかいつまんで報告する. ②名 摘要. 要約. ¶论文 lùnwén～/論文の要約.

蹉 cuō "蹉跌 cuōdiē"(つまずく. 失敗する),"蹉跎 cuōtuó"(時がむだに流れる. 時機を失する)という語に用いる.

2声

嵯 cuó "嵯峨 cuó'é"(山が険しくて高い)という語に用いる.

矬 cuó 形〈方〉(背丈が)低い. ►けなすときに用いる. ¶他长 zhǎng 得太～/彼はとても背が低い.
【矬个儿】cuógèr 名〈方〉〈貶〉背の低い人.
【矬子】cuózi 名〈方〉〈貶〉背の低い人.

痤 cuó "痤疮 cuóchuāng"(にきび)という語に用いる.

4声

挫 cuò 動 **抑えつける**. くじく. ¶～了敌人 dírén 的锐气 ruìqì/敵の出鼻をくじいた.
◇◆ ①低く抑える. ¶抑扬顿 dùn～/〈成〉声に抑揚や間をもたせ,急に調子を変えたりする. ②事がうまく運ばない. ¶→～折 zhé. ¶受～/挫折する.
【挫败】cuòbài ①名 挫折. 失敗. ②動 打ち負かす. 打ち砕く.
【挫伤】cuòshāng 動 ①(手足などを)**くじく**. ②(勢いを)**そぐ**,くじく. ¶～感情 gǎnqíng/感情をそこねる.
【挫折】cuòzhé 動 ①くじく. 抑えつける. 妨げる. ¶计划 jìhuà 刚 gāng 开始就受〔遭〕到了～/計画は出鼻をくじかれた. ②失敗する. 挫折する.
注意 "遭 zāo、受 shòu"などの動詞の目的語として用いることが多い.

措 cuò ◇◆ ①処理する. 配置する. 手配する. ¶→～置 zhì. ②計画する. 工夫する. ¶筹 chóu～/金を工面する.
【措办】cuòbàn 動 処置する. 取り計らう.
【措辞·措词】cuò//cí ①動 言葉を選ぶ. ②名 言

葉の使い方．措辞．¶～不当 bùdàng / 言葉遣いが当を得ない．

*【措施】cuòshī 名 **措置．処置．対策．** ㊐ 项 xiàng．¶采取 cǎiqǔ 有效 yǒuxiào ～ / 有効な措置をとる．

【措手】cuòshǒu 動 **手を下す**．手をつける．¶难以 nányǐ ～ / 手のつけようがない．

【措手不及】cuò shǒu bù jí 〈成〉手を下すいとまがない．処置が間に合わない．

【措意】cuòyì 動〈書〉心に留める．気を配る．

【措置】cuòzhì 動 処置する．処理する．¶～得当 dédàng / 処理が適切である．

锉 cuò

①名 やすり．②動 やすりをかける．¶～锯齿 jùchǐ / のこぎりの目を立てる．

【锉刀】cuòdāo 名 やすり．㊐ 把．¶用～锉 / やすりをかける．

【锉屑】cuòxiè 名 やすりの削りくず．

**错 cuò

❶形 ① **まちがっている**．正しくない．¶这种 zhǒng 作法是～的 / このやり方はまちがっている．¶对不起，是我～了 / すみません，私がまちがっていました．［連用修飾語として用い］¶～把好人当成 dàngchéng 坏人 / まちがって善人を悪人だと思った．

動詞＋"错"

…し違える．…しまちがえる． ¶坐 zuò ～车 /（列車やバスを）乗りまちがえる．¶认 rèn ～了人 / 人違いだった．

② 悪い．劣っている．語法 **否定形"不错、错不了 cuòbuliǎo"のみ用いる．** "不错"の程度は「**悪くない**」から「**たいへんよい**」まで幅がある．"不错"が名詞を修飾するときは，"很、相当"などを前に，"的"を後につける．¶今年又是一个很不～的丰收年 fēngshōunián / 今年もたいへん豊作だ．¶她的英语说得不～ / 彼女の英語はかなり上手だ．

注意 形容詞として用いる場合：❶副詞の修飾を受けない．❷"了、过、下去"などを伴うことができる．❸数量を表す語句を伴うことができる．¶作业～了五个字 / 宿題が５字もまちがっている．

❷名(～儿)まちがい．過ち．過失．¶这是我的～儿 / これは私の誤りだ．¶你准 zhǔn 是又 yòu 喝酒了，没～儿 / 君はまた酒を飲んだろう，まちがいない．

❸動 ①(位置・時間などを)ずらす，ずれる．¶～骨缝儿 gǔfèngr / 脱臼する．¶把时间～开 / 時間をずらす．② 擦れ合う．¶～牙齿 yáchǐ / 歯ぎしりをする．③ 行きちがう．¶→～车 chē．

◇ ①象眼する．②入り交じる．

【错案】cuò'àn 名 誤審された事件．

【错别字】cuòbiézì 名 誤字と当て字．►"错字"は誤字，"别字"は当て字をいう．

【错车】cuò//chē 動(汽車・電車・自動車などの)車両がすれ違う；(ほかの車を)やりすごす．¶地方小，错不开车 / 狭くて，車がすれ違えない．

【错处】cuòchu 名 まちがい．過失．¶这篇 piān 文章～甚 shèn 多 / この文章はミスが多い．

【错待】cuòdài 動 義理を欠いた扱いをする．¶他不会～你，你放心 fàngxīn 好了 / 彼は君を悪いようにするはずがないから，安心しなさい．

【错讹】cuò'é 名(文字・記載の)誤り．

【错非】cuòfēi 前〈方〉…を除いては．…以外には．…よりほかには．⇨【除非】chúfēi

【错怪】cuòguài 動 誤って人を責める．悪くとる．¶别～人 / 誤って人をとがめてはならない．

【错过】cuòguò 動(時機を)失う；(対象を)逸する．¶～时机 shíjī / 時機を逃す．¶～机会 jīhuì / チャンスを逃す．

【错简】cuòjiǎn 名 綴じまちがい．乱丁．

【错金】cuòjīn 名(工芸装飾の技法)針金象眼．

【错觉】cuòjué 名〈心〉錯覚．¶产生 chǎnshēng ～ / 錯覚を起こす．¶那只是 zhǐshì 你的～ / それは君の錯覚にすぎない．

【错开】cuò//kāi 動＋結補(時間などを)ずらす．¶～上下班时间 shíjiān / 出退勤の時間をずらす．

【错漏】cuòlòu 名 誤りと遺漏．

【错乱】cuòluàn 動 錯乱する．混乱する．¶神经 shénjīng ～ / 精神錯乱を起こす．

【错落】cuòluò 形 まちまちである．入り乱れている．¶～不齐 qí / 入り乱れて不ぞろいである．

【错谬】cuòmiù 名〈書〉誤り．ミス．

【错失】cuòshī 名 過ち．手抜かり．¶工作上的～ / 仕事上の過ち．

【错时】cuòshí 動 時間をずらす．¶～上下班 / 時差出勤・退勤．⇨【错开】cuò//kāi

【错位】cuò//wèi 動 ① 本来の位置からずれる；(骨などが)外れる．②〈喩〉食い違う．ずれる．

*【错误】cuòwù ①形 まちがっている．誤っている．¶～思想 / まちがった考え．②名 **過失．過ち．まちがい．** ¶犯 fàn ～ / 過ちを犯す．¶改正 gǎizhèng ～ / 誤りを正す．¶～地估计 gūjì 形势 xíngshì / 誤って状勢を判断する．

【错杂】cuòzá 動 錯雑する．入り混じる．¶哭声 kūshēng 和笑声 xiàoshēng ～在一起 / 泣き声と笑い声が入り混じっている．

【错字】cuòzì 名 誤字．誤植．¶～连篇 liánpiān / 誤字だらけである．

【错综】cuòzōng 形 錯綜(さくそう)している．入り交じっている．¶～复杂 fùzá / 複雑に入り組む．

C………

【CD唱机】CD chàngjī 名 CDプレーヤー．►"激光 jīguāng 唱机"とも．

【CD唱盘】CD chàngpán 名 CD．コンパクトディスク．

【CT断层扫描】CT duàncéng sǎomiáo 名〈医〉CTスキャナー．

【CT检查】CT jiǎnchá 名〈医〉CTスキャン．

D

D

da（ㄉㄚ）

1声 *搭 dā

上からのせてつけ足す→両端を支えかけわたして組み立てる,(人·言葉·商品·不足分などを)くっつけ合わせる,乗り物に乗せる

動 ①(柔らかいものを上からのせて)**かける,ひっかける,かぶせる**. ¶把衣服～在绳子 shéngzi 上晒 shài / 衣類をロープにかけて干す. ¶你给爸爸身上～点儿什么 / お父さんになにかかけてあげなさい.
②(骨組みの上から)**かけわたして**(一時的に)**組み立てる**. ¶快把桥 qiáo ～起来 / 早く橋をわたせ. ¶～梯子 tīzi / 梯子(はしご)をかける〔わたす〕.
③**つながる**. くっつく. ¶～上关系 / 関係をつける. コネをつくる. ¶前言 qiányán 不～后语 hòuyǔ / 話のつじつまが合わない.
④**乗る;乗せる**. ►日常よく「便乗する〔させる〕」意味でも用いる. ¶～轮船 lúnchuán / 汽船に乗る.
⑤(協力して)持ち上げる,運ぶ. ¶～担架 dānjià / 担架を運ぶ. ¶把倒 dǎo 了的摩托车 mótuōchē ～起来 / 倒れたバイクを起こした.
⑥(不足分を)足す,つけ加える. ¶米饭 mǐfàn 不够 gòu,～点面包吃 / ご飯が足りないからパンで補おう. ¶把这些钱～上也不够 / それだけのお金を足してもまだ足りない.

【搭班】dā//bān 動(～儿)(仕事·芝居などのため)臨時にグループを作る,一座に加わる.

【搭伴】dā//bàn 動(～儿)**道連れになる**. 連れ立つ. ¶咱俩 liǎ 同路,搭个伴儿吧 / 私たち二人は同じ方向ですから,いっしょに行きましょう.

【搭帮】dā//bāng 〈方〉❶ 動 ①(多くの人が)連れ立つ. 連れになる. ¶搭着帮一块儿走 / 連れ立っていっしょに行く. ②援助する. 助ける. ❷ 前 おかげさまで. …のおかげで.

【搭茬儿·搭碴儿】dā//chár 動〈方〉答える. 返事する.

【搭车】dā//chē 動 **車や列車に乗る〔乗り込む〕**;ヒッチハイクする;〈転〉便乗する. ¶搭夜车 yèchē 到广州 Guǎngzhōu / 夜行列車に乗って広州へ行く. ¶～涨价 zhǎngjià / 便乗値上げ.

【搭乘】dāchéng 動〈書〉(車·船·飛行機などに)乗る,搭乗する.

【搭船】dā//chuán 動 **船に乗り込む. 乗船する**. ¶～去武汉 Wǔhàn / 汽船に乗って武漢へ行く.

【搭错车】dā cuòchē 〈慣〉他人に追従して失敗する.

【搭当·搭档】dādàng ①動 協力する. 仲間になる. ¶这几个人～唱 chàng 了一台戏 xì / この数人が協力し合って芝居を一つ披露した. ②名 協力者. 連れ. 仲間.

【搭调】dādiào 動 調子が合う. ¶歌 gē 唱得不～ / 歌の調子がはずれている.

【搭钩】dā//gōu 動(かぎを引っかけるの意から)取っかかりをもつ,コネをつける,**提携する**. ¶这个工厂 gōngchǎng 跟一家客商 kèshāng 搭上了钩 / この工場はある商社と渡りをつけた.

【搭话】dā//huà 動 ①話しかける. 話の相手をする. ②人の話に口をはさむ. ¶别胡 hú ～! / 横からよけいなことを言うな.

【搭伙】dā//huǒ 動 ①仲間入りする. 仲間になる. ¶成群 chéngqún ～ / 大ぜいの人が連れになる. ②共同炊事をする. 同じ賄いで飯を食べる.

【搭架子】dā jiàzi ①骨組みを作る. ¶做大文章 wénzhāng 要先～ / 長文を書くにはまず骨組みを作らなくちゃ. ②〈方〉もったいぶる. 尊大ぶる. ¶这人好 hào ～ / この人は威張りたがる.

【搭脚儿】dā//jiǎor 動〈方〉(無料で他人の船や車に)便乗する. ►"捎 shāo 脚儿"とも. ¶请让我搭个脚儿 / 私を便乗させてってください.

【搭界】dājiè 動 ①(…と)境を接する. ¶～的地方 / 境になっているところ. ②付き合う. 関係する. ¶此事 cǐ shì 和他不～ / この事は彼には関係ない.

【搭救】dājiù 動 救う. 救助する.

【搭拉】dāla 動 垂れ下がる. ¶他～着脸 liǎn,一言不发 yìyánbùfā / 彼はうつむいたままでひと言も言わない.

【搭理】dāli →**【答理】dāli**

【搭卖】dāmài 動 抱き合わせ販売する.

【搭配】dāpèi 動 **抱き合わせる. 組み合わせる**. ¶好坏货～着卖 / よい品と悪い品を抱き合わせで売る.

【搭铺】dā//pù 動(臨時に)ベッドをしつらえる. 両端に長椅子などを置き,その上に"铺板 pùbǎn"(戸板)を差し渡してベッドにする.

【搭腔】dā//qiāng 動 ①口で答える. 応じる. ¶跟她说话,她总是 zǒngshì 不～ / 話しかけても彼女はいつも口を開かない. ②〈方〉口をきく. 声をかける. ►①②いずれも"答腔"とも書く.

【搭桥】dā//qiáo 動 ①橋を架ける;〈転〉仲を取り持つ. ②〈医〉バイパス手術をする.

【搭桥牵线】dā qiáo qiān xiàn 〈成〉斡旋(あっせん)·仲介する.

【搭讪·搭赸】dāshan 動(人と近づきになろうとしたり,あるいは気まずい場をごまかそうとして)**話題をさがして話しかける**. ¶他很尴尬 gāngà,～着走开了 / 彼は気まずくなったので,二言三言お愛想を言って退散した. ¶他走过去跟她～了一阵 zhèn / 彼は近づいていって彼女に言葉をかけしばらく世間話をした. ►"答讪"とも書く.

【搭手】dā//shǒu 動 手伝う. 手を貸す. ¶这事儿你给搭把手吧 / この件についてちょっと手伝ってあげなさい. ¶搭不上手 / 手の貸しようがない.

【搭售】dāshòu 動 抱き合わせで売る. ►"搭卖 dāmài"とも.

【搭头】dātou 名(～儿)おまけ;抱き合わせ販売の人気のない商品. ⇒**【搭卖】dāmài**

【搭线儿】dā//xiànr 動 渡りをつける. 連絡をとる.

¶牵头 qiāntóu ～ / 先頭に立って手を引く.
【搭腰】dāyao 名 馬車馬の背にかける馬具.
【搭载】dāzài 動(車や船などに旅客・貨物を)便乗させる. ¶～客人 kèrén / 客を便乗させる.

嗒(噠) **dā** 擬《ウマのひづめの音・機関銃を連続して発射する音などに用いる》だっだっ. ►一般に"～～"のように2字以上続ける.

答 **dā** ◇◆ 意味は"答 dá"に同じ. "答应 dāying""答理 dāli"など,下に掲げた見出し語のようなごく一部の熟語について dā と発音される. ⏩ dá
【答茬儿・答喳儿】dā//chár 動〈方〉答える. 返事する. ►"搭茬儿"とも書く.
【答理】dāli 動〈方〉相手にする. 返事する. かまう. ►否定文に用いることが多い. "搭理"とも書く. ¶不～ / 取り合わない. ¶不爱～人 / お高くとまる.
【答腔】dā//qiāng ⇀【搭腔】dā//qiāng
【答讪】dāshan ⇀【搭讪】dāshan
【答言】dā//yán 動 人の話に続けて言う;受け答えをする. ⇒【答言】dáyán
【答应】dāying 動 ① **承諾する. 聞き入れる. ¶我再三请求,他才 cái ～ / 私が何度も頼んだので彼はやっと承知した. ¶他一口～了我的要求 yāoqiú / 彼は快く私の求めに応じた. ② **答える**. **返事する**. ¶我喊 hǎn 了好几声,也没个人～ / 私は何度も呼んでみたが,だれも返事をする者がいなかった.

褡 **dā** "褡包 dābao"(中国服の上から締める幅広の布帯)や"褡裢 dālian"(帯にぶら下げたり,肩に振り分ける二つ折りの長方形の財布)という語に用いる.

打 **dá** 量 **ダース**. ¶两～铅笔 qiānbǐ / 2ダースの鉛筆. ¶论～卖 mài / ダース単位で売る. ⏩ dǎ

达(達) **dá** ◇◆ ①(道が)通じる. (場所に)到着する. ¶四通 tōng 八～ / 〈成〉四方八方に通じている. ¶直 zhí ～ / 直通する,直行する. ②(目的を)達成する. (程度・分量に)達する,及ぶ. ¶→～成 chéng. ¶→～到 dào. ③表現する. 伝える. 表す. ¶转 zhuǎn ～ / ことづけを伝える. ④深く通じる. 精通する. ¶知情 qíng ～理 lǐ / 人情に通じ道理をよくわきまえている. ⑤重要な地位に昇る. 出世する. ¶～官 guān / 高官.
【达标】dábiāo 動(学生・生徒の体育の成績が)基準に達する.
【达标赛】dábiāosài 名 段・級の認定や昇進のための試合. ¶举办射箭 shèjiàn ～ / アーチェリーの昇級試合を催す.
【达成】dáchéng 動 **達成する**. **成立する**. **まとまる**. ¶～交易 jiāoyì / 取引が成立する.
【达达主义】dádá zhǔyì 名 ダダイズム.
【达旦】dádàn 動〈書〉夜明けになる. ¶通宵 tōngxiāo ～ / (一晩中)徹夜する.
*【达到】dá//dào 動+結補 (目的・水準に)**達する,達成する,到達する**. ¶～目的 mùdì / 目的を達成する. ¶～国际 guójì 水平 / 国際的水準に達する. ¶达得到 dádedào / 達成できる. ¶达不到 / 達成できない.
【达观】dáguān 動 達観する.
【达赖喇嘛】Dálài lǎma 名(チベット仏教の活仏)ダライ・ラマ.
【达姆弹】dámǔdàn 名〈軍〉ダムダム弾.
【达斡尔族】Dáwò'ěrzú 名(中国の少数民族)ダフール(Daur)族. ►内蒙古などに住むモンゴル系民族.

沓 **dá** 量(～儿)重なった薄いものを数える:重ね. 畳(じょう). 束. つづり. ¶一～信纸 xìnzhǐ / 便箋1冊. ¶几～儿新票子 / 幾束かの新紙幣. ⏩ tà

***答** **dá** 動 **答える**. **返事する**. ¶这个问题他～得不对 / この問題は彼は答えを間違った. ¶笑 xiào 而 ér 不～ / 笑って返事をしない.
◇◆ 報いる. ¶报～ / 報いる. ⏩ dā
*【答案】dá'àn 名 **答案**. **解答**. **答え**. ¶拿不出～ / 解答を出せない.
【答拜】dábài 動 答礼訪問をする.
【答报】dábào 動 報いる. 恩返しをする.
【答辩】dábiàn 動 **答弁する**. ¶进行论文～ / 自分の論文に対する質疑に答える.
【答词】dácí 名 答辞. ¶代表 dàibiǎo 毕业生 bìyèshēng 致 zhì ～ / 卒業生を代表して答辞を読む.
【答对】dá//duì 動(相手の質問に)受け答える. ►目的語はとらない. 否定文に用いることが多い. ¶无 wú 言～ / 返答する言葉がない.
*【答复】dáfù 動 **回答する**. **返事する**. ¶他们在等待 děngdài 厂方 chǎngfāng 的～ / 彼らは工場側の回答を待っている.
【答话】dá//huà 動 返事する. ►目的語はとらない. 否定文に用いることが多い. ¶心里有事,不愿～ / 考えることがあるので,答える気がしない.
*【答卷】dá//juàn ①動 試験問題を解く. ¶答完卷的同学可以离场 / 試験問題を解き終わった者は退場してもいい. ②名 答案. 解答用紙. ¶标准 biāozhǔn ～ / 模範答案.
【答礼】dá//lǐ 動 返礼する. ►お返しの贈り物もさす.
【答数】dáshù 名〈数〉(計算などの)答え. ►"得数 déshù"とも.
【答问】dáwèn ①動 質問に答える. ②名 問答式に書かれた本や論文.
【答谢】dáxiè 動(人からの好意や招待に対して)礼を言う. ¶～宴会 yànhuì / 返礼の宴.
【答言】dáyán 動(～儿)答える. 返事する. ⇒【答言】dā//yán
【答疑】dáyí 動 疑問に答える.

鞑(韃) **dá** "鞑靼 Dádá"(①韃靼(だったん);蒙古. ②〈地名〉タタルスタン)という語に用いる.

3声 **打** **dǎ** ❶動 ① **打つ**. たたく; **殴る**; (物を)**壊す**; (物が)**壊れる**. ¶～鼓 gǔ / 太鼓を打つ. ¶～人 / 人を殴る. ¶～鸡蛋 jīdàn / 卵を割る. ¶碗 wǎn ～了 / 茶碗が割れた.
②《広くさまざまな動作を表す》①(人とやりとりの行為を)する. ¶→～官司 guānsi. ②構築する. 築く. ¶～墙 qiáng / 塀を築く. ¶～坝 bà / 堤防を構築する. ③(器物や食べ物を)つくる. ¶～家具 / 家具をつくる. ¶～烧饼 shāobing / シャオピンをつくる. ④かきまぜる. かきまぜてつくる. ¶～卤 lǔ / あんかけ料理をつくる. ¶～鸡蛋 / 卵をとく. ⑤縛

D

る．くくる．巻く．¶～包裹 bāoguǒ / 小包にする．¶～领带 lǐngdài / ネクタイを結ぶ．⑥編む．結う．❖～毛衣 *máoyī* / セーターを編む．⑦塗りつける．描く．捺印する．¶～蜡 là / ワックスをかける．¶～个问号 / 疑問符をつける．¶～手印 / 拇印を押す．⑧開ける．切り開く．掘る．うがつ．❖～井 *jǐng* / 井戸を掘る．⑨揚げる．あげる．❖～伞 *sǎn* / 傘をさす．¶～招牌 zhāopai / 看板を掲げる．⑩放つ．出す．送る．❖～电话 *diànhuà* / 電話をかける．¶～手电 / 懐中電灯をつけて照らす．¶～炮 pào / 大砲を撃つ．⑪(証明書を)出す,もらう．¶～介绍信 / 紹介状を書いてやる〔もらう〕．⑫取り除く．削減する．¶～皮 pí / 皮をむく．⑬汲む．すくう．¶～水 / 水を汲む．¶～粥 zhōu / 粥をよそう．⑭買う．¶～油〔酒,酱油 jiàngyóu〕/ 油〔酒,醬油〕を買う．¶～车票 / 乗車券を買う．⑮(獣や鳥・魚を)捕らえる．¶～鸟儿 / 小鳥をとる．⑯(穀物を)刈り入れる．(草などを)刈る．¶～草 / 草を刈る．⑰(案などを)立てる,定める．…に勘定する．¶～草稿 cǎogǎo / 草稿をつくる．❖～主意 *zhǔyi* / 考えを決める．¶成本 chéngběn ～五百块 / コストを500元とする．⑱…する．従事する．¶～短工 / 臨時雇いになる．¶～夜班 yèbān / 夜勤をする．⑲(ある種の)遊戯をする．❖～网球 *wǎngqiú* / テニスをする．❖～扑克 *pūkè* / トランプをやる．❖～秋千 *qiūqiān* / ブランコに乗る．⑳(ある種の動作を)する．¶→～哆嗦 duōsuo．❖～哈欠 *hāqian* / あくびをする．㉑(ある手段を)とる．¶→～官腔 guānqiāng．❖～比喻 *bǐyù* / たとえて言う．

❷ 前 …から．…より．¶你～哪儿来？/ 君はどこから来たのか．¶～水路走,一天可以到 / 水路を行けば１日で着く．⏩ dá

【打靶】dǎ//bǎ 動〈軍〉射撃練習をする．

【打把势・打把式】dǎ bǎshi 〈慣〉①〈方〉やりくり算段する．② 武術の練習をする．

【打摆子】dǎ bǎizi 〈方〉マラリアにかかる．マラリアの発作が起こる．

【打败】dǎ//bài 動 ① **打ち負かす**．¶甲队以三比零 líng ～了乙队 / ３対０でAチームがBチームを負かした．② **負ける．敗戦する．**

【打板子】dǎ bǎnzi 〈慣〉(板などで)折檻(せっかん)する；〈転〉人を攻撃する．

*【打扮】dǎban** ①動 **装う；着飾る．**¶孩子们～得漂漂亮亮的 / 子供たちはきれいに着飾っている．② 名 **装い；いでたち．**¶庄重 zhuāngzhòng 的～ / 上品な身なり．► dǎban とも発音する．

【打包】dǎ//bāo 動 ① 梱包(こんぽう)する；(残った料理を持ち帰るためにパックに)詰める．¶～装箱 zhuāngxiāng / 梱包して箱に詰める．② 梱包してあるものを解く．

【打包票】dǎ bāopiào 〈慣〉(保証書を発行する意から)保証する．請け合う．►"打保票 bǎopiào"とも．¶这件事,我可不敢 gǎn ～ / そのことは保証できないよ．

【打抱不平】dǎ bàobùpíng 〈慣〉弱い者の味方をする．

【打奔儿】dǎ//bēnr 動〈方〉①(話や暗唱の途中で)つまる．② つまずく．

【打蹦儿】dǎ//bèngr 動〈方〉躍り上がる．跳びはねる．¶他高兴得直 zhí ～ / 彼は喜びのあまり小躍りした．¶急 jí 得直～ / あせってしきりに地団太を踏む．

【打比】dǎbǐ 動 ① たとえる．例にとる．►"打比方 bǐfang"とも．②〈方〉比べる．

【打笔墨官司】dǎ bǐmò guānsi 〈慣〉文書で論争する．紙上論争を展開する．

【打边鼓】dǎ biāngǔ 〈慣〉わきから加勢する．¶他在旁边 pángbiān 紧着 jǐnzhe ～ / 彼はそばでしきりにあおった．►"敲 qiāo 边鼓"とも．

【打表】dǎ//biǎo 動〈口〉(タクシーが)料金メーターを使用して走る．

【打不住】dǎbuzhù 動+可補 ①(ある数量に)とどまらない．② 足りない．③(撃ち)当たらない．取り逃がす．

【打草稿】dǎ cǎogǎo 下書きする．下絵をかく．

【打草惊蛇】dǎ cǎo jīng shé 〈成〉不用意なことをして相手に感づかれる．やぶへび．

【打叉】dǎ//chā 動 ×印をつける．►誤りや犯人・処刑者などを示す．⇨**【打钩儿】dǎ//gōur**

【打喳喳】dǎ chācha 〈方〉ひそひそ話をする．

【打杈】dǎ//chà 動 枝払いをする．

【打岔】dǎ//chà 動(他人の話や仕事を)妨げる．話の腰を折る．¶爸爸 bàba 在工作,不要～ / お父さんは仕事をしているのだから,邪魔をしてはいけないよ．

【打柴】dǎ//chái 動 柴を刈る．たきぎをとる．

【打禅】dǎ//chán 動 座禅を組む．

【打颤】dǎ//chàn 動 ぶるぶる震える．⇨**【打颤】dǎ-zhàn**

【打场】dǎ//cháng 動(穀物を)脱穀する．

*【打车】dǎ//chē** 動 タクシーを拾う．

【打成一片】dǎ chéng yī piàn 〈成〉一丸となる．思想・感情が一体になる．

【打冲锋】dǎ chōngfēng 〈慣〉先陣を切る；先駆ける．

【打出溜】dǎ chūliu 〈慣〉(～儿)〈方〉つるつると滑る．

【打出手】dǎ chūshǒu 〈慣〉①(～儿)〈劇〉立ち回りで武器を投げ合って闘う．►"过家伙 jiāhuo"とも．②〈方〉殴り合いのけんかをする．¶大～ / 激しい殴り合いをする．

【打憷】dǎ//chù 動 おじける．気後れする．¶他在困难面前从来没打过憷 / 彼は困ったことが起こってもしりごみしたことはない．

【打春】dǎ//chūn 〈口〉① 名 立春．② 動 立春に張り子のウシをむちで打つ．ウシが耕作に励み,豊作となることを祈願する．

【打从】dǎcóng 前 ①…から．…より．②《場所を示す名詞の前に置いて経過や移動を表す》…を．

*【打倒】dǎ//dǎo** 動+結補 **打倒する．くつがえす．**¶～官僚 guānliáo 主义！/ 官僚主義を打倒せよ．

【打道】dǎdào 動〈旧〉先払いをする．

【打得火热】dǎde huǒrè 〈慣〉熱々だ．いちゃいちゃしている．►多くけなす意味に用いる．

【打的】dǎ//dī 動 タクシーを拾う〔利用する〕．⇨〖的 dī〗

【打底】dǎ//dǐ 動(～儿) ① 酒を飲む前に少し物を食べる；突き出しを食べる．②(気持ちが)落ち着く．③→**【打底子】dǎ dǐzi** ④〈紡〉下染めする．

【打底子】dǎ dǐzi ① 下書きをする．下絵をかく．草稿をつくる．¶画画儿先要～ / 絵を描くにはまず下絵をかかなければならない．② 基礎・下地をつくる．

【打地铺】dǎ dìpù 〈慣〉地べたに寝る．

【打点】dǎdian 動 ①(贈り物や旅装などを)準備する,用意する. ¶～行装 xíngzhuāng / 旅支度をする. ②〈旧〉賄賂を贈る. そでの下を使う.

【打叠】dǎdié 動 ① 用意する. 準備する. ② 元気を出す.

【打动】dǎdòng 動(心を)動かす. 感動させる. ¶他的一席 xí 话～了我的心 / 彼のその話に心を打たれた.

【打赌】dǎ//dǔ 動 賭(か)けをする. ¶打个赌 / 賭けをする.

【打短儿】dǎduǎnr 動〈口〉臨時雇いになる.

【打断】dǎ//duàn 動 ①(棒などで)殴って折る. ¶我～你的腿 tuǐ ! / お前の足をへし折ってやる. ② 断つ. さえぎる. ¶～别人的话头 / 人の話をさえぎる.

【打盹儿】dǎ//dǔnr 動〈口〉居眠りをする. うとうとする. ¶打了个盹儿 / ひと眠りした.

【打顿】dǎ//dùn 動(話・暗唱・動きが)途切れる. ¶他说话不～ / 彼のおしゃべりは切れ間がない.

【打哆嗦】dǎ duōsuo 身震いする. ¶冻 dòng 得直～ / 寒さで体がぶるぶる震える.

【打耳光】dǎ ěrguāng びんたを食わせる. ¶打一记 jì 耳光 / びんたを1発食らわす.

【打发】dǎfa 動 ①(人を)行かせる. 派遣する. ¶我～人去找他了 / 私はあの人を呼びに行かせた. ② 立ち去らせる. ¶她好容易 hǎoróngyì 才把缠人 chánrén 的推销员 tuīxiāoyuán ～走了 / 彼女はやっとの思いでしつこいセールスマンを帰らせた. ③ 日を過ごす. ¶日子难 nán ～ / 日々の暮らしがつらい.

【打幡】dǎfān 名 葬式. ►喪主が白い幡(はた)を持って棺の前に立つことから.

【打翻】dǎfān 動 ひっくり返す. 打ち倒す. ¶风波 fēngbō ～了小船 xiǎochuán / 波風が小舟をひっくり返した.

【打翻身仗】dǎ fānshēnzhàng 〈慣〉(立ち後れた状況から)立ち直るよう努力する. ¶大打农业翻身仗 / 立ち後れた農業を大々的に立て直す.

【打榧子】dǎ fěizi 〈口〉指を鳴らす.

【打稿】dǎ//gǎo 動(～儿)起草する. 原稿を書く.

【打格】dǎ//gé 動(～儿)罫(け)を引く.

【打嗝儿】dǎ//gér 動〈口〉① しゃっくりが出る. ►"呃逆 ènì"の通称. ② おくびが出る. げっぷが出る. ►"嗳气 ǎiqì"の通称.

【打更】dǎ//gēng 動〈旧〉夜回りをする. ►"更"は一晩を5等分した時間の単位. ¶～的 / 夜回り.

【打工】dǎ//gōng 動 雇われ仕事をする. 出稼ぎに行って働く. アルバイトをする. ¶昨天打了半天 bàntiān 工 / きのうは半日バイトだった. ¶～仔 zǎi〔妹 mèi〕/ 出稼ぎの男性〔女性〕労働者.

【打工妹】dǎgōngmèi 名 出稼ぎの若い女性.

【打工仔】dǎgōngzǎi 名 出稼ぎの若い男性.

【打躬作揖】dǎ gōng zuò yī 〈成〉腰を低くしてぺこぺこする.

【打钩儿】dǎ//gōur 動 ∨印をつける. ►正解や同意などを示す. ¶～表示 biǎoshì 对,打叉 chā 表示错 / ∨印をつけたのは正解を示し,×印をつけたのは間違いを示す. ⇨【打叉】dǎ//chā

【打鼓】dǎ//gǔ 動 ① 太鼓をたたく. ¶重 chóng ～另开张 kāizhāng / 始めからやり直す. 新規まき直しをする. ②(不安で)気をもむ. ¶心里直～ / たいへん不安である. 胸がどきどきする.

【打谷场】dǎgǔcháng 名 脱穀場.

【打瓜】dǎguā 名 食用の種子("瓜子 guāzǐ")をとるためのスイカ.

【打卦】dǎ//guà 動 占いをする.

【打官腔】dǎ guānqiāng 〈慣〉もったいぶった言い方をする;杓子定規なことを言って体よく断る.

【打官司】dǎ guānsi ① 訴訟を起こす. ¶我准备 zhǔnbèi 跟他～ / 私は彼を告訴するつもりだ. ②〈口〉言い争う. ¶打不完的官司 / きりのない言い争い.

【打光棍儿】dǎ guānggùnr 〈慣〉〈俗〉(男性が)独身で暮らす.

【打鬼】dǎguǐ 名(チベット仏教の)鬼やらい.

【打滚】dǎ//gǔn 動(～儿) ① ごろごろ転がる. 転げ回る. ¶笑 xiào 得直～儿 / 笑いころげる. ②〈転〉長い間ある一つの環境の中で生活する.

【打棍子】dǎ gùnzi 〈慣〉① 棍棒で殴る. ②(でっち上げて)攻撃する. 懲らしめる.

【打哈哈】dǎ hāha 〈慣〉① 冗談を言う. ¶少～ / 冷やかすな. 冗談を言うな. ② お茶を濁す.

【打哈欠】dǎ hāqian あくびをする.

【打鼾】dǎ//hān 動 いびきをかく.

【打寒噤】dǎ hánjìn (寒気・驚きのため)体がぶるっと震える,身震いする. ►"打寒战 hánzhàn""打冷噤 lěngjìn"とも.

【打夯】dǎ//hāng 動 地突きをする.

【打黑】dǎhēi 動 暴力団を厳しく取り締まる.

【打横】dǎhéng 動(～儿)下座につく.

【打呼噜】dǎ hūlu いびきをかく.

【打滑】dǎhuá 動 空回りする;滑る.

【打黄】dǎhuáng 動 ポルノ・売春などを取り締まる.

【打晃儿】dǎ//huàngr 動 よろめく.

【打回票】dǎ huípiào 〈方〉拒絶する. 突き返す;すごすご引き返す.

【打回头】dǎ huítóu 〈方〉体の向きを変える(そして逆戻りする). ►"打回转 huízhuǎn"とも.

【打火机】dǎhuǒjī 名 ライター. ►"打火"は火打ち石で火をきる,火をおこすの意. (量) 个,只.

【打伙儿】dǎ//huǒr 動〈口〉仲間になる. 連れ立つ. ¶几个人～去旅游 lǚyóu / 数人連れ立って旅行に行く.

【打击】dǎjī 動 ① 打ちたたく. ¶～乐器 yuèqì / 打楽器. ② 打撃を与える. ¶～报复 bàofù / 仕返しをする.

【打饥荒】dǎ jīhuang 〈方〉金に困る. 借金する. ►もとは飢饉をしのぐ意.

【打家劫舍】dǎ jiā jié shè 〈成〉集団で民家を襲う.

【打假】dǎjiǎ 動 にせ物を摘発・撲滅する.

【打价】dǎ//jià 動(～儿)〈口〉値段をまけさせる. 値切る. ►否定文に用いることが多い.

*【打架】dǎ//jià 動(殴り合いの)けんかをする. ¶打群 qún 架 / 大ぜいで殴り合いのけんかをする.

【打尖】dǎ//jiān 動 ①〈農〉(綿花などの)先端を摘み取る. ►"打顶 dǐng"とも. ②(旅の途中,店で)休息して食事をする.

【打键】dǎ//jiàn 動 タイプを打つ.

【打浆】dǎjiāng 動(製紙の工程で)パルプをたたきほぐし水と均質に混ぜる.

*【打交道】dǎ jiāodao つきあう. 応対する. ¶跟顾客 gùkè ～ / 客を相手にする. ¶这个人好 hǎo ～ / この人はつきあいやすい.

D

*【打搅】dǎjiǎo ①動(仕事などの)邪魔をする．¶你姐姐在做功课 gōngkè,别～她 / お姉ちゃんは勉強しているんだから,邪魔してはいけない．②〈套〉おじゃまする．¶～您了,回头见！/ おじゃましました,ではまた．
【打劫】dǎ//jié 動 略奪する．¶趁 chèn 火～ /〈成〉火事場どろぼうを働く．
【打结】dǎ//jié 動(～儿)結び目を作る．
【打紧】dǎ//jǐn 形 大切である．重要である．►否定文に用いることが多い．¶这不～ / それは大したことはない．
【打卡】dǎ//kǎ 動 タイムカードを押す．
【打卡机】dǎkǎjī 名 タイムレコーダー．
**【打开】dǎ//kāi 動+結補 ①開ける．開く．とく．¶请～书 / 本を開いて下さい．¶把行李 xíngli ～ / 荷物をほどく．¶把门～ / ドアを開ける．¶～天窗 tiānchuāng〔窗子〕说亮话 liànghuà / ざっくばらんに話す．率直に話をする．②つける．スイッチを入れる．¶～电视 / テレビをつける．③打開する．¶～局面 / 局面を打開する．
【打瞌睡】dǎ kēshuì 居眠りをする．
【打坑】dǎ//kēng 動〈方〉穴を掘る．墓穴を掘る．
【打孔机】dǎkǒngjī 名(紙に穴をあける)パンチ．
【打垮】dǎ//kuǎ 動+結補 打ちのめす．¶把对方～ / 相手を打ちのめす．
【打来回】dǎ láihuí (～儿)往復する．¶半天的功夫 gōngfu,打了两个来回 / たったの半日で,2往復もした．
【打捞】dǎlāo 動(水中から沈没船や死体を)引き上げる．
【打雷】dǎ//léi 動 雷が鳴る．
【打擂】dǎ//lèi 動 武芸の技を競う；〈転〉競争する．►"打擂台"とも．
【打冷枪】dǎ lěngqiāng〈慣〉不意打ちをする．
【打冷战·打冷颤】dǎ lěngzhan 身震いする．ぶるぶる震える．
【打愣】dǎ//lèng 動(～儿)〈方〉あっけにとられる．
【打量】dǎliang 動 ①(人の身なりや姿を)観察する,じろじろ見る．¶她不住 búzhù 地～着来人 / 彼女は来た人をじろじろながめた．②推量する．…と思う．¶你做的事,～我不知道？/ 君がしたことを私が知らないとでも思っているのか．
【打猎】dǎ//liè 動 猟をする．
【打零杂】dǎ língzá (～儿)〈方〉こまごました仕事をする．
【打绺儿】dǎ//liǔr 動〈口〉①(服などが)よれよれになる．¶打了绺儿的西服 xīfú / かなりくたびれた洋服．②糸や髪の毛などがもつれる．
【打卤面】dǎlǔmiàn 名 あんかけうどん．
【打乱】dǎluàn 動 乱す．混乱させる．¶～了计划 jìhuà / 計画がめちゃくちゃになった．
【打落水狗】dǎ luò shuǐ gǒu〈成〉失敗した者に追い討ちをかける．
【打麻将】dǎ májiàng マージャンをする．
【打马虎眼】dǎ mǎhuyǎn〈慣〉いい加減なことを言ってごまかす．
【打埋伏】dǎ máifu 待ち伏せする；〈喩〉(物資·財産·資金などを)隠匿する．¶你有多少钱快实说 shíshuō,别～ / 君がどのくらい金を持ってるか,隠さずに正直に言え．
【打闷棍】dǎ mèngùn〈慣〉不意打ちをかける．相手の機先を制する．►"打杠子 gàngzi"とも．
【打闷雷】dǎ mènléi〈慣〉〈方〉(事の委細を知らず)あれこれ勘ぐる．¶你别让 ràng 人～了 / (隠さずに)教えてくれよ．
【打鸣儿】dǎ//míngr 動〈口〉(鶏が)時を告げる．
【打磨】dǎmo 動 磨き上げる．
【打闹】dǎnào 動 暴れたり騒いだりする．
【打蔫儿】dǎniānr 動〈方〉しおれる．しぼむ．¶花儿～了 / 花がしおれた．¶怎么～啦 la,不舒服吗？/ 元気がないね,気分でも悪いのかい．
【打拍子】dǎ pāizi リズムをとる．
【打牌】dǎ//pái 動 カルタ·トランプ·マージャンなどをする；〈喩〉カードを切る．¶在美日贸易战中,美国欲 yù 打中国牌 / 日米貿易戦争でアメリカは中国カードを切ろうとした．
【打泡】dǎ//pào 動(手足などに)まめができる．¶我脚上打了一个泡 / 足にまめができた．
【打炮】dǎ//pào 動 ①砲弾を発射する；〈転〉お目見え公演をする．②〈俗〉セックスをする．
【打喷嚏】dǎ pēnti くしゃみをする．►"打嚏喷 tìpen"とも．
【打屁股】dǎ pìgu ①しりをたたく．②〈慣〉きつくしかる．
【打拼】dǎpīn 動〈方〉頑張る．努力する．►主に台湾で用いる．
【打平手】dǎ píngshǒu〈慣〉(試合が)決着がつかない,引き分ける．¶两队打了个平手 / 両チームは互角の試合だった．
【打破】dǎ//pò 動 打破する．打ち壊す．►制限·規準·束縛などに用いることが多い．¶～记录 / 記録を破る．¶～情面 qíngmian / 情実をかなぐり捨てる．¶～僵局 jiāngjú / 膠着(こうちゃく)状態を打開する．¶～沙锅 shāguō 问到底 / 土鍋を壊すと底までひびが入る；とことん問いただす．►"问"を"璺 wèn"(ひび)にかけている．
【打谱】dǎ//pǔ 動 ①碁の打ち方を学ぶ．②(～儿)だいたいの計画を立てる．
【打气】dǎ//qì 動 ①空気を入れる．¶给车胎 chētāi ～ / タイヤに空気を入れる．②〈喩〉激励する．¶给考生们～ / 受験生たちを激励する．
【打钎】dǎ//qiān 動 錐(きり)で岩石に穴をあける．
【打前站】dǎ qiánzhàn (行軍の宿泊や食事を準備するために)先遣隊を務める．
【打枪】dǎ//qiāng 動 ①発砲する．②(＝枪替qiāngtì)替え玉受験をする．
【打秋风】dǎ qiūfēng〈慣〉(いろいろな名目で)金品をねだる,無心する．
【打球】dǎ//qiú 動 球技をする．
【打趣】dǎ//qù 動(～儿)からかう．ひやかす．¶你别拿我～儿 / からかわないでください．
【打圈儿】dǎ quānr 動 丸で囲む．丸をつける．
【打圈子】dǎ quānzi〈慣〉ぐるぐる回る；堂々めぐりをする．
【打拳】dǎ//quán 動 拳術の練習をする．
*【打扰】dǎrǎo 動 邪魔をする．¶～您了 / お邪魔しました．
【打入】dǎrù 動 潜入する．侵入する；追い込む．¶～匪巢 fěicháo / 匪賊の巣窟に潜入する．¶～冷宫 lěnggōng / お蔵入りにする．
【打散】dǎsàn 動(組になっているものを)ばらばらにする．

【打扫】dǎsǎo 動 **掃除する.** ¶～屋子 / 部屋を掃除する. ¶～卫生 wèishēng / 清掃する.

【打扇】dǎ//shàn 動(人を)うちわであおぐ.
【打胜】dǎshèng 動 打ち勝つ.
【打食】dǎ//shí 動 ①(～儿)えさをあさる. ② 消化剤〔下剤〕を飲む.
【打是亲，骂是爱】dǎ shì qīn, mà shì ài 〈諺〉子供に手を上げたりしかったりするのは,わが子がかわいいからだ.
【打手势】dǎ shǒushi 手まねをする.
【打手】dǎshou 名 用心棒.
【打水漂儿】dǎ shuǐpiāor ① 水切りあそびをする. ②〈慣〉浪費する. むだ遣いする. ¶不要拿着钱～ / 金を遊び半分に使ってはいけない.
【打算盘】dǎ suànpan そろばんをはじく；損得勘定をする. ¶打小算盘 / そろばんずくである. 計算高い. ¶打错了算盘 / 思惑が外れる.
【打算】dǎsuan ① 助動 **…するつもりだ.** …する予定である. ►動詞(句)や主述句を目的語にとる. ¶你～到哪儿去旅行 lǚxíng ? / あなたはどこへ旅行に行くつもりですか. ② 名 **意図. 考え.** ¶暑假 shǔjià 你有什么～ ? / 夏休みは何か予定を立てましたか. ③ 動(…の利益のために)考える. ¶处处 chùchù 为 wèi 别人～ / あらゆる点で人のためを考える. ►悪い意味でも用いる. ¶她总为个人 gèrén ～ / 彼女は打算的だ.
【打碎】dǎsuì 動+結補 **(粉々に)壊す,壊れる.**
【打胎】dǎ//tāi 動 堕胎する.
【打嚏喷】dǎ tìpen くしゃみをする.
【打天下】dǎ tiānxià 〈慣〉武力で天下を取る；〈喩〉事業を始める. 身代を築き上げる. ¶单枪匹马 dān qiāng pǐ mǎ 到国外去～ / 彼は一旗あげるため裸一貫で海外へ出た.
【打铁】dǎ//tiě 動 鉄を打つ. 鉄を鍛える. ►"锻造 duànzào"の通称. ¶～的 / かじ屋. ¶趁 chèn 热～ / 〈諺〉鉄は熱いうちに打て.
【打挺儿】dǎ//tǐngr 動〈方〉体を反らす.
【打听】dǎting 動 **尋ねる. 問い合わせる.** ¶跟您～一件事 / ちょっとお尋ねしますが. ¶～道儿 / 道を尋ねる. ¶～一下有没有明天到昆明 Kūnmíng 去的班机 bānjī / あす昆明行きの便があるかどうか問い合わせる.

比較 打听：问 wèn ❶"打听"は一般に聞き手とはかかわりのない事柄を尋ねる場合に使われるのに対し,"问"にはこの面での制限はない. ❷"打听"は"问"とは異なり,人を目的語(間接目的語)にとることができないので,前置詞"跟"(あるいは"和""向")を用いて"跟…打听…"(…に…を尋ねる)のようにする.

【打通】dǎ//tōng 動+結補 ①(隔てを取って)**通じさせる.** ¶隧道 suìdào ～了 / トンネルが開通した. ¶两个房间被 bèi ～了 / 二つの部屋が間を取り払って通しにされた. ②(障害を取り除いて)思想を正す；贈賄で有力者に通じる. ¶～思想 / 納得させる. ¶～关系 guānxi / 関係をつける.
【打通关】dǎ tōngguān 〈慣〉宴席で一人が同席者と順次拳を打って,罰杯を一巡させる.
【打通宵】dǎ tōngxiāo 〈慣〉徹夜仕事をする.
【打通】dǎ//tòng 動(～儿)(芝居の前に)どらや太鼓を打ち鳴らす.
【打头】dǎ//tóu 動(～儿) ① 先頭に立つ. ② ピンハネをする.
【打头】dǎtóu 副(～儿)〈方〉初めから. 新たに.
【打头风】dǎtóufēng 名 向かい風.
【打头炮】dǎ tóupào 〈慣〉口火を切る.
【打头阵】dǎ tóuzhèn 〈慣〉一番乗りする. 先陣を切る.
【打退】dǎtuì 動 撃退する. ¶～敌人 dírén 的进攻 jìngōng / 敵の進攻を撃退する.
【打退堂鼓】dǎ tuìtánggǔ 〈慣〉(退庁の太鼓を打つ意から)しりごみして逃げをうつ. 約束をほごにする.
【打网】dǎ//wǎng 動 ① 網を編む. ②〈方〉網を打つ. ③〈近〉わなをかける.
【打围】dǎ//wéi 動 猟をする.
【打伪】dǎwěi 動〈略〉偽物・粗悪商品の製造販売を取り締まる.
【打下】dǎ//xià 動+方補 ①(基礎を)固める. ¶～基础 jīchǔ / 基礎を築く. ② 攻め落とす.
【打下手】dǎ xiàshǒu (～儿)二次的・補助的な仕事をする. 下働きをする.
【打先锋】dǎ xiānfēng 先頭をつとめる. 先駆けとなる.
【打响】dǎ//xiǎng 動 ①(物事が)初めからうまくいく. ¶这一炮 pào 要是打不响 dǎbuxiǎng, 可就坏 huài 了 / これがうまくいかなければまずい. ② 開戦する. ¶战斗 zhàndòu ～了 / 戦闘が始まった.
【打消】dǎ//xiāo 動 取り除く. なくす. ►抽象的な物事についていう. ¶～误解 wùjiě / 誤解をとく.
【打小报告】dǎ xiǎobàogào 〈貶〉(上司に)告げ口する.
【打小算盘】dǎ xiǎosuànpan (～儿)〈慣〉目先だけの損得勘定をする.
【打斜】dǎxié 動(目上の人や客の)斜め向かいに立つ〔座る〕. ►敬意を表す. ¶～坐在一边儿 / 斜め向かいの傍らに座る.
【打旋儿】dǎ//xuánr 動 旋回する.
【打雪仗】dǎ xuězhàng 雪合戦をする.
【打鸭子上架】dǎ yāzi shàng jià 力ずくでアヒルを止まり木に止まらせようとする；〈慣〉人にできないことを無理強いする. ►"赶 gǎn 鸭子上架"とも.
【打牙祭】dǎ yájì 〈慣〉〈方〉たまにごちそうを食べる.
【打眼】dǎ//yǎn 動 ①(～儿)穴をあける. ②〈方〉(買い物で)傷物であることを見落とす.

【打掩护】dǎ yǎnhù 援護する；(悪人や悪事を)かくまう，かばう．
【打样】dǎ//yàng 動 ①設計図をかく．②〈印〉校正刷りを刷る．
【打烊】dǎ//yàng 動〈方〉閉店する．
【打药】dǎ//yào ❶動 ①〈方〉漢方薬を買う．②(植物などに)薬を散布する．❷名 下剤．
【打夜作】dǎ yèzuò 夜なべをする．夜勤をする．
*【打印】dǎ//yìn 動 ①判を押す．②タイプ印刷する．
*【打印机】dǎyìnjī 名 プリンター．
【打印台】dǎyìntái 名 スタンプ台．
【打油】dǎ//yóu 動 ①(容器を持って)油を買う．②〈方〉搾油する．
【打游击】dǎ yóujī 〈慣〉①遊撃戦をやる．②かけもちの仕事をやる．
【打油诗】dǎyóushī 名 諧謔(かいぎゃく)詩．
【打鱼】dǎ yú 漁をする．
【打援】dǎ//yuán 動 敵の援軍を攻撃する．
【打圆场】dǎ yuánchǎng 〈慣〉仲裁する．►“打圆盘 yuánpán”とも．¶你出面 chūmiàn 给他们打打圆场吧 / あなたが顔を出して彼らの間をまるく収めてください．
【打砸抢】dǎ zá qiǎng 殴打·破壊·略奪をはたらく．►文化大革命の混乱を示す言葉．
【打杂儿】dǎ//zár 動 雑役をする．
【打造】dǎzào 動(金属製の器具を)製造する．
【打颤·打战】dǎzhàn 動(～儿)震える．⇒【打颤】dǎ//chàn
*【打仗】dǎ//zhàng 動 戦争する．¶打胜仗 / 戦争に勝つ．勝ち戦をする．¶打了个漂亮 piàoliang 仗 / すばらしい戦果を収めた．
*【打招呼】dǎ zhāohu 〈慣〉①あいさつする．¶跟同事～ / 同僚にあいさつする．②(事前·事後に)知らせる．¶事先跟大家～ / 前もってみんなに知らせる．
【打照面儿】dǎ zhàomiànr 〈慣〉①ばったり出会う．鉢合わせする．②顔を出す．¶他在会上打了个照面儿就走了 / 彼は会合にちょっと顔を出すと帰ってしまった．
*【打折】dǎ//zhé 動 値引きする．¶全场打八折 / 全品2割引．
【打折扣】dǎ zhékòu ①値引きする．②〈慣〉規定どおりにしない．
【打着灯笼也没处找】dǎzhe dēnglong yě méi chù zhǎo 〈諺〉珍しい人や物；見つけようのないこと．
*【打针】dǎ//zhēn 動 注射する．►鍼灸の針を打つのは“扎 zhā 针”という．¶打预防 yùfáng 针 / 予防注射を打つ；〈慣〉予防線をはる．¶每天打一次针 / 毎日1回注射をする．
【打整】dǎzheng 動〈方〉整理する．
【打肿脸充胖子】dǎzhǒng liǎn chōng pàngzi 〈諺〉見栄をはる．
【打中】dǎ//zhòng 動+結補 命中する．¶～要害 / 急所をつく．
【打皱】dǎ//zhòu 動(～儿)〈方〉しわが寄る．
【打主意】dǎ zhǔyi ①対策を練る．方法を考える．¶打定主意 / 考えをまとめる．覚悟を決める．②目をつける．¶他正在打你的主意 / 彼は君に目をつけている．
【打住】dǎ//zhù 動+結補 ①(話を)やめる．¶～话头 / 話を打ち切る．②〈方〉(他人の家またはよその土地に)しばらく滞在する．
【打转】dǎzhuàn 動(～儿)ぐるぐる回る．►“打转转(儿)”とも．
【打桩】dǎ//zhuāng 動〈建〉杭を打つ．
【打籽儿】dǎ//zǐr 動(植物が)実を結ぶ．
【打字】dǎ//zì 動 タイプライターを打つ．(文字などを)入力する．
【打字机】dǎzìjī 名 タイプライター．量 架 jià，台．
【打总儿】dǎ//zǒngr 動〈方〉まとめて…する．¶～买 / まとめて買う．
【打嘴(巴)】dǎ//zuǐ(ba) 動 びんたを張る．
【打嘴仗】dǎ zuǐzhàng 口論する．
【打坐】dǎ//zuò 動 座禅を組む．

4声 **大 dà ❶形(大きさ·広さ·サイズなどが)大きい，大きくなる；(程度が)強い，強くなる．¶房子～ / 家が大きい．¶年纪～ / 年が上である；年を取っている．¶名声很～ / 名声が高い．¶他的酒量 jiǔliàng ～ / 彼は酒が強い．¶雨～起来了 / 雨が激しくなった．¶他比我～两岁 / 彼は私より2歳年上だ．❖(有)多(yǒu)duō～ / 大きさはどれくらいか．¶你穿多～的鞋 xié ? / あなたの靴のサイズはいくつですか．
❷副 ①大いに．ひどく．すっかり．¶～搞 gǎo 市场经济 jīngjì / 市場経済を大々的にやる．②(“不”と連用して)あまり，さほど(…でない)．¶不～出门 / あまり外出しない．¶还不～会说汉语 / まだそんなに上手に中国語を話せない．
◇❖ ①(兄弟や親戚の中で)一番上の子；大人．年寄り．¶老～ / 長男．長女．¶→～哥 gē．¶一家～小 / 一家の老若全員．②〈敬〉《相手に関する事柄》．¶尊 zūn 姓～名 / ご高名．¶→～作 zuò．③《天候·季節·日時を強調》¶～冷天 / こんなに寒い日．‖姓 ▸▸dài
【大白】dàbái ①動 すっかり明るみに出る．¶真相 zhēnxiàng ～ / 真相がすっかり明らかになる．②名〈方〉消石灰．
【大白菜】dàbáicài 名〈植〉ハクサイ．►“小白菜”(ツケナ類)と区別していう．
【大白天】dàbáitiān 名 真っ昼間．
【大伯子】dàbǎizi 名〈口〉夫の兄．
【大败】dàbài 動 ①徹底的に打ち負かす．②大敗する．
【大班】dàbān 名 ①企業の支配人．商店の主人．¶～椅 yǐ / 社長の椅子；トップの座．②(幼稚園の)年長組．►5，6歳の子供が対象で，それ以下の4，5歳は“中班”(年中組)，3，4歳は“小班”(年少組)に入る．
【大板车】dàbǎnchē 名 大八車．量 辆．
【大办】dàbàn 動 大々的にやる．大いに力を入れる．¶～汽车产业 chǎnyè / 自動車産業を大いに発展させる．
【大半】dàbàn ①名 ほとんど．過半数．大部分．¶收入 shōurù 的～靠 kào 房租 fángzū / 収入の大半は家賃です．¶～天 / 小半日．②副 たぶん．おそらく．¶这孩子直哭 kū，～是饿è了 / その赤ん坊はしきりに泣いているが，たぶんおなかがすいたのだろう．
【大包大揽】dà bāo dà lǎn 〈成〉すべてを一気に引き受ける．
【大本营】dàběnyíng 名(大本営の意から転じて)活動の本拠；(登山の)ベースキャンプ．

【大鼻子】dàbízi 名〈俗〉西洋人．►鼻が大きいことから．けなす意味を含む．
【大笔】dàbǐ ❶量 大口の．¶一～钱／かなりまとまった額の金．❷名 ①筆．¶～一挥 huī／筆をふるう．②〈敬〉筆跡．
【大便】dà//biàn ①動 大便をする．②名 大便．
【大兵】dàbīng 名〈貶〉兵隊．
【大饼】dàbǐng 名 ①大きな"饼"(ピン)．►小麦粉をこねて,平たく焼いた食べ物．量 个,块,张．②〈方〉⇀【烧饼】shāobing
【大波妹】dàbōmèi 名〈方〉水商売の女性．
【大波斯菊】dàbōsījú 名〈植〉コスモス．
【大伯】dàbó 名 ①いちばん上の伯父．②年配の男性に対する称．
【大部】dàbù 名 大部分．
【大部分】dàbùfen 名 ほとんど．
【大步流星】dà bù liú xīng〈成〉大またにすたすたと歩く．
【大部头】dàbùtóu 名 分厚い書物．¶她专爱看～的小说／彼女は分厚い小説本ばかり読む．
【大不了】dàbuliǎo ①副 せいぜい．たかだか．¶～挨 ái 顿 dùn 呲儿 cīr／最悪でもしかられるだけだ．②形 重大である．たいへんである．►否定文に用いることが多い．¶不是什么～的事,别担心 dānxīn／大したことではないから,心配しないで．
【大材小用】dà cái xiǎo yòng〈成〉有能な人材をつまらないことに使う．
【大菜】dàcài 名 ①(中国料理の宴席で)メインディッシュ．►"大件儿 dàjiànr"とも．②〈方〉西洋料理．
【大操大办】dà cāo dà bàn〈成〉冠婚葬祭を盛大に行う．
【大肠】dàcháng 名〈生理〉大腸．¶～杆菌 gǎnjūn／〈医〉大腸(桿)菌．
【大氅】dàchǎng 名〈方〉外套．コート．
【大车】dàchē 名 ①(家畜が引く)荷車．②〈敬〉(船の)機関長．(列車の)機関士．►"大伡"とも書く．
【大臣】dàchén 名(君主制国家の)大臣．►中国の国務院(日本の内閣に相当する)で大臣に当たる職名は"部长 bùzhǎng"という．
【大吃大喝】dà chī dà hē〈成〉派手に飲み食いする．
【大吃一惊】dà chī yī jīng〈成〉びっくり仰天する．
【大虫】dàchóng 名〈方〉〈動〉トラ．量 只,个．
【大出血】dàchūxuè 動 ①〈医〉大出血する．②大安売りする．
【大处落墨】dà chù luò mò〈成〉物事の本質をとらえ枝葉末節にとらわれない．
【大处着眼,小处着手】dàchù zhuóyǎn, xiǎochù zhuóshǒu〈諺〉大局に目を向け,小さい具体的なところから手をつける．
【大疮】dàchuāng 名〈医〉潰瘍(かいよう)．
【大吹大擂】dà chuī dà léi〈成〉大ぼらを吹く．
【大吹法螺】dà chuī fǎ luó〈成〉大ぼらを吹く．
【大春】dàchūn 名〈方〉①春．②春まきの作物．¶～作物／同上．
【大醇小疵】dà chún xiǎo cī〈成〉多少の欠点はあるがだいたいよい．
【大葱】dàcōng 名〈植〉ネギ．量 根 gēn,棵 kē;［束にしたもの］把,捆 kǔn．
【大错特错】dà cuò tè cuò〈成〉たいへんなまちがい．
【大打出手】dà dǎ chū shǒu〈成〉①はでにやり合う．②(同一集団内部での)泥試合,殴り合い．
【大大】dàdà ①副 大いに．►連用修飾語として用いることが多い．¶生产效率 xiàolǜ～提高 tígāo／生産性が大いに向上した．②形 とても大きい．
〖大…大…〗dà…dà…《単音節の名詞・動詞・形容詞の前に置き,規模・程度の大きいことを表す》¶～鱼～肉／ごちそうが豊富．¶～摇 yáo～摆 bǎi／大手を振って歩く．
【大大方方】dàdafāngfāng 形(～的)鷹揚(おうよう)で迫らない．ゆったりとしている．
【大大咧咧】dàdaliēliē 形(～的)無頓着である．気まぐれである．
【大大落落】dàdaluōluō 形(～的)〈方〉鷹揚(おうよう)である．堂々としている．
【大大小小】dàdaxiǎoxiǎo 名 ①大人と子供．②大きなものと小さなもの．
【大袋鼠】dàdàishǔ 名〈動〉カンガルー．量 只,个．
*【大胆】dàdǎn 形 大胆である．¶～创新 chuàngxīn／大胆に新しいものを創り出す．
【大刀】dàdāo 名 大きな刀．
【大刀阔斧】dà dāo kuò fǔ〈成〉大なたをふるう．思いきった処置をとる．
【大道】dàdào 名 メインストリート．
【大道理】dàdàolǐ 名 たてまえ．
【大灯】dàdēng 名 ヘッドライト．
【大敌】dàdí 名 大敵．強敵．¶～当前 dāngqián／強敵を前にする．
【大抵】dàdǐ 副〈書〉たいてい；たぶん．¶这几种意见～相同／これらのいくつかの意見はだいたい同じだ．¶他去北京,～是去年秋天／彼は北京に行ったが,たぶん去年の秋だったと思う．
【大地】dàdì 名 大地；全世界．¶阳光普照 pǔzhào～／光が全世界をあまねく照らす．
【大典】dàdiǎn 名(国家の)重大な儀式．大典(たいてん)．
【大殿】dàdiàn 名 ①(宮殿の)正殿．②(仏寺の)内陣,本堂．
【大调】dàdiào 名〈音〉長調．
【大动干戈】dà dòng gān gē〈成〉兵力を発動する．戦争を起こす；大げさにする．
【大动肝火】dà dòng gān huǒ〈成〉かんしゃくを起こす．
【大动脉】dàdòngmài 名〈生理〉大動脈；〈喩〉交通幹線．
【大豆】dàdòu 名〈植〉ダイズ．►"黄豆 huángdòu"ともいう．量 颗 kē．¶～饼 bǐng／豆かす．¶～酱 jiàng／大豆かすのみそ．
【大都】dàdū 副〈書〉ほぼ．ほとんど．大部分．►dàdōu と発音されることも多い．
【大度】dàdù 形〈書〉度量が大きい．¶～包容 bāoróng／寛大で包容力がある．
【大肚子】dàdùzi 名 ①〈口〉身重(になる)．妊婦．はらぼて．►やや不まじめな言い方．②〈口〉大めし食い．③〈貶〉〈方〉資本家や地主．
【大队】dàduì 名 ①〈軍〉大隊．②(以前の人民公社の)生産大隊．
【大多】dàduō 副 大部分．大多数．おおかた．►"大都 dàdū"とも．

*【大多数】dàduōshù 名 **大多数**.
【大而无当】dà ér wú dàng 〈成〉大きいだけで使いものにならない.
【大耳朵】dà'ěrduo 名〈俗〉(衛星放送受信用の)パラボラアンテナ.
【大发雷霆】dà fā léi tíng 〈成〉かんかんに怒る.
【大法】dàfǎ 名 ①憲法. ②〈書〉重要な法令.
【大发】dàfa 動〈方〉度を過ごす. ひどい事になる. ►多く補語に用い,後に"了"をつける. ¶这件事闹 nào ～了 / その事は騒ぎが大きくなった.

D

【大凡】dàfán 副 そもそも. およそ. ¶～经常锻炼 duànliàn 的人,身体 shēntǐ 都比较健康 jiànkāng / およそ平素から運動をしている人はわりあいに健康である.
【大方】dàfāng 名 ①〈書〉識者. 専門家. ¶贻笑 yí xiào ～ / 〈成〉玄人の物笑いになる. ②緑茶の一種.
*【大方】dàfang 形 ①**気前がよい**. ¶他很～,不计较 jìjiào 这几个钱 / あの人はたいへん気前がよく,これくらいの金にけちけちしない. ②(ふるまいが)**鷹揚**(おうよう)**である**. こせこせしない. ¶举止 jǔzhǐ ～ / ふるまいがおっとりしている〔上品である〕. ③(様式や色が)あか抜けしている. ¶颜色 yánsè ～ / 色が上品である.
【大方向】dàfāngxiàng 名 政策全体の方向.
【大放厥词】dà fàng jué cí 〈成〉〈貶〉やたらに議論をする. 勝手にまくしたてる.
【大粪】dàfèn 名 人糞(じんぷん).
【大风】dàfēng 名 ①大風. ②風力8の風.
【大风大浪】dà fēng dà làng 〈成〉社会の大変動.
【大夫】dàfū 名(古代の官職名)大夫(たいふ). ►卿の下,士の上の位. ⇒【大夫】dàifu
【大幅度】dàfúdù 形 大幅に.
【大副】dàfù 名 一等航海士.
【大腹便便】dà fù pián pián 〈成〉〈貶〉(多く金持ちをさし)太鼓腹.
【大概】dàgài ①副 **たぶん. おそらく. ¶他～明天来 / 彼はたぶんあす来る. ②形 **大概の. おおよその**. ¶～的估计 gūjì / おおよその見積もり. ③名 **概略. あらまし**. ¶我只 zhǐ 知道个～ / 私はあらまししか知らない.
【大盖帽】dàgàimào 名 上部が平らでつばのある帽子.
【大概其・大概齐】dàgàiqí 副〈方〉大概. あらまし.
【大干】dàgàn 動 大々的にやる. 全力を尽くしてやる. ¶～苦干 kǔgàn / 頑張って大いに働く.
【大纲】dàgāng 名 大要. 要綱.
【大高个儿】dàgāogèr 名 背の高い人. のっぽ.
【大哥】dàgē 名〈口〉①**長兄. いちばん上の兄**. ②《自分と同年配の男性に対する敬称》貴兄.
【大个儿】dàgèr 名 大きな体の人. 大男. 大女. ►"大个子 dàgèzi"とも.
【大公】dàgōng 名 大公. ►欧州の爵位名.
【大功】dàgōng 名 大きな功労. 大きな手柄. ¶立 lì ～ / 大きな手柄を立てる. ¶～告成 gàochéng / 大事業が成功を収めること.
【大功率】dàgōnglǜ 名〈電〉ハイパワー.
【大公无私】dà gōng wú sī 〈成〉公正無私.
【大姑子】dàgūzi 名〈口〉夫の姉.
【大鼓】dàgǔ 名(～儿) ①地方の語り物の一種. ②〈音〉大太鼓.
【大骨节病】dàgǔjiébìng 名〈医〉カシンベック病.
【大褂】dàguà 名(～儿)ひとえで丈の長い中国服.
【大观】dàguān 名〈書〉(景色などが)壮観. ¶蔚 wèi 为～ / 〈成〉一大壮観を呈する. ¶洋洋～ / 〈成〉壮大ながめ.
【大管】dàguǎn 名〈音〉バスーン. 量 支.
【大规模】dàguīmó 形 **大規模な. 大がかりの**. ¶举行～罢工 bàgōng / 大規模なストライキをやる. ¶～集成 jíchéng 电路 / 大規模集積回路. LSI.
【大鬼】dàguǐ 名(トランプの多色刷りの)ジョーカー. ►"大王"とも. 単色のほうは"小鬼 xiǎoguǐ""小王 xiǎowáng".
【大锅饭】dàguōfàn 名 能力に関係なく待遇が一律であること. ¶吃 chī ～ / 〈喩〉(働きのいかんにかかわらず)同じ生活待遇を受ける.
【大过】dàguò 名 重大過失.
【大过门儿】dàguòménr 名(伝統劇の歌や歌謡曲などの)長い前奏または間奏.
【大海】dàhǎi 名 **海**. ¶～捞针 lāo zhēn / 〈成〉海に落とした針を探す. 見つけることがきわめて難しい.
【大函】dàhán 名〈敬〉お手紙. 貴簡. ¶～已悉 yǐ xī / お手紙拝読いたしました.
【大寒】dàhán 名(二十四節気の一つ)大寒(だいかん).
【大寒食】dàhánshí 名 清明節の第2日目.
【大喊大叫】dà hǎn dà jiào 〈成〉がなりたてる.
【大汉】dàhàn 名 巨漢. 量 条,个.
【大汉族主义】dàhànzú zhǔyì 名 大漢民族主義. 漢民族は国内の他の民族よりも優れているとする考え方や態度.
【大好】dàhǎo ①形 すばらしい. ►"的"を伴わずに連体修飾語となれる. ¶～时机 / 絶好のチャンス. ¶～河山 / うるわしい山河. ②動〈方〉(病気が)全快する. ►"了"を伴うことが多い.
【大号】dàhào 名 ①大きいサイズ. Lサイズ. ¶特 tè ～ / LLサイズ. ②〈音〉チューバ. 量 支. ③〈敬〉お名前. ④〈敬〉貴店. ►"宝号 bǎohào"とも.
【大河】dàhé 名 ①大きな川. 大河. ②黄河の別称.
【大红】dàhóng 形 深紅色の.
【大红大紫】dà hóng dà zǐ 〈成〉人気者になる. 売れっ子になる.
【大后方】dàhòufāng 名〈史〉大後方. 奥地. ►抗日戦争期の国民党支配下の西南・西北地区をいう.
【大后年】dàhòunián 名 明々後年.
【大后天】dàhòutiān 名 **明々後日. しあさって**. ►"大后儿 dàhòur"とも.
【大户】dàhù 名 ①資産家. ②大家族.
【大花脸】dàhuāliǎn 名 伝統劇の男性役の一つ. 顔にくまどりを施し,主役を務めることが多い.
【大滑头】dàhuátóu 名 非常にずるい人.
【大话】dàhuà 名 ①ほら. 大きな話. 大ぶろしき. ¶说～ / ほらを吹く. ②脅しの言葉. 威嚇の言葉. ¶你甭 béng 拿～压 yā 人 / そんな脅しをしてもむだだ.
【大黄】dàhuáng 名〈植〉ダイオウ. ►"大黄dàihuáng"とも.
【大黄蜂】dàhuángfēng 名〈虫〉スズメバチ.
【大黄鱼】dàhuángyú 名〈魚〉フウセイ. ►ニベ科でイシモチの仲間.
【大茴香】dàhuíxiāng 名〈植〉ダイウイキョウ. ►

実は香料(八角)となる.

*【大会】dàhuì 名 総会;大会. ¶举行 jǔxíng〔召开 zhàokāi〕～ / 総会を開く〔召集する〕. ¶庆祝 qìngzhù ～ / 祝賀大会.

*【大伙儿】dàhuǒr 代〈口〉みんな. 一同. ►"大家伙儿 dàjiāhuǒr"とも.

【大惑不解】dà huò bù jiě〈成〉不可解である.

【大吉】dàjí 名 大吉. ¶～大利 / 万事好都合. ¶万事～ / 万事めでたし.

【大计】dàjì 名 遠大な計画. (量) 件 jiàn, 项 xiàng. ¶百年～ / 百年の大計. ¶共商 gòngshāng ～ / 重要な計画をいっしょに相談する.

【大蓟】dàjì 名〈植〉ノアザミ;〈中薬〉大薊(だいけい).

**【大家】dàjiā ❶代 みんな. みなさん. ¶～齐心 qíxīn 协力 xiélì / みんなで心を合わせて協力する. ¶你去告诉～, 今晚 jīnwǎn 有大雨 / 今晩は大雨だとみんなに伝えてくれ. ¶你们～ / 君たち. あなた方.

注意 "大家"は複数を表す人称代詞の後に同格成分として置かれることが多い. また話し言葉では"大家伙儿"をよく用いる. ❷名 ① 大家(たいか). 著名な作家や芸術家. ¶书法 shūfǎ ～ / 書の大家. ②〈旧〉名門. 名家. ¶～闺秀 guīxiù / 名門の令嬢.

【大家伙儿】dàjiāhuǒr →【大家】dàjiā ①注意

【大家庭】dàjiātíng 名 ① 大家族. 多人数の家庭. ►"小家庭"は核家族の意味になる. ② 共同体.

【大件】dàjiàn 名 高価な耐久消費財.

【大建】dàjiàn 名(陰暦で30日ある)大の月.

【大件儿】dàjiànr →【大菜】dàcài ①

【大江】dàjiāng 名 ① 大河. ②(Dàjiāng)長江.

【大将】dàjiàng 名〈軍〉大将. 将軍.

【大酱】dàjiàng 名 ダイズとコムギで作った甘味噌. ►"黄酱 huángjiàng"とも.

【大脚】dàjiǎo 名〈旧〉纏足(てんそく)をしていない女性の足.

【大教】dàjiào 名〈宗〉(イスラム教徒がいう)イスラム教以外の宗教.

【大教堂】dàjiàotáng 名〈宗〉大聖堂.

*【大街】dàjiē 名 大通り. (量) 条. ¶逛 guàng ～ / 大通りを見物する.

【大节】dàjié 名 ① 大義. 国家や民族の存亡にかかわる大事. ②(党・国家・人民・集団に対する)忠誠心, 節操. ③〈書〉大綱. 大切な道理.

【大捷】dàjié 名 大勝.

【大姐】dàjiě 名 ① いちばん上の姉. ②《女友達または知り合いの女性の間で相互に呼び合うときの敬称, または年上の女性を呼ぶときの敬称》お姉さん.

【大解】dàjiě 動 大便をする.

【大襟】dàjīn 名 中国服の上前衽(おくみ)の部分.

【大尽】dàjìn →【大建】dàjiàn

【大惊失色】dà jīng shī sè〈成〉びっくりして顔が真っ青になる.

【大惊小怪】dà jīng xiǎo guài〈成〉つまらないことで大げさに騒ぐ. ¶有什么～的! / 大げさに騒ぐほどのことじゃない.

【大静脉】dàjìngmài 名〈生理〉大静脈.

【大酒大肉】dà jiǔ dà ròu〈成〉大盤振る舞い;盛大な宴席.

【大舅子】dàjiùzi 名〈口〉妻の兄.

【大局】dàjú 名 大局. 全体の情勢. ¶顾 gù 全～ / 全体のために考える. ¶事关～ / 事は大局にかかわる. ¶～已定 / 大勢はすでに決まった.

【大举】dàjǔ 副 大挙(して). ►軍事行動についていうことが多い. ¶～进攻 jìngōng / 大挙して攻撃する.

【大军】dàjūn 名 大軍. (量) 支.

【大卡】dàkǎ 量〈物〉キロカロリー.

【大开】dàkāi ❶動 ① 大きく開ける. ¶门窗 ménchuāng ～ / ドアや窓が開け放されている. ② 盛大に開催する. ¶～筵席 yánxí / 盛大に宴会を催す. ❷名 満開.

【大楷】dàkǎi 名 ① 手書きで書かれた大きな楷書(かいしょ)の字体. ② 表音ローマ字の大文字印刷体.

【大考】dàkǎo 名 学期末試験.

【大科学】dàkēxué 名 地球規模の技術開発・天文・気象・生態問題などを含めた巨大科学プロジェクト. ビッグサイエンス.

【大课】dàkè 名 合同授業;共通講義.

【大客车】dàkèchē 名(大型)バス.

【大快人心】dà kuài rén xīn〈成〉痛快である. 溜飲を下げる.

【大块头】dàkuàitóu 名〈方〉太った人. 大男.

【大块文章】dà kuài wén zhāng〈成〉形式内容ともに立派な文章.

【大款】dàkuǎn 名(～儿)金持ち.

【大牢】dàláo 名〈口〉牢屋. ぶた箱. ¶坐 zuò ～ / ぶた箱に入る.

【大老粗】dàlǎocū 名 無骨者.

【大老虎】dàlǎohǔ 名〈喩〉経済犯の大者. ►小者は"小苍蝇 xiǎocāngying"または"苍蝇"という.

【大老婆】dàlǎopo 名 本妻.

【大礼拜】dàlǐbài 名(隔週休日の)休みになる週の日曜.

*【大力】dàlì ① 副 大いに. ¶请给予 jǐyǔ～协助 xiézhù / 大いにご協力のほどお願いいたします. ② 名 大きな力.

【大丽花】dàlìhuā 名〈植〉ダリア.

【大力士】dàlìshì 名 怪力の持ち主.

【大殓】dàliàn 名 納棺.

【大梁】dàliáng 名〈建〉棟木. ►"脊檩 jǐlǐn"とも. 日本語の梁(はり)は"柁 tuó"という.

*【大量】dàliàng 形 ① 大量である. おびただしい. ►連用修飾として用いることもある. ¶积累 jīlěi ～资金 / 巨額の資金を積み立てる. ¶～事实 / 数多くの事実. ¶向国外～出口新产品 chǎnpǐn / 新製品を大量に輸出する. ② 度量が大きい. ¶宽宏 kuānhóng ～ / 寛容で度量が大きい.

【大料】dàliào 名 八角ウイキョウの実.

【大龄】dàlíng 名(結婚適齢期を過ぎた)年齢. ¶～青年 / 同上の青年.

【大溜】dàliù 名 河心の速い水流.

*【大楼】dàlóu 名 ビルディング. (量) 座, 栋 dòng. ⇨【大厦】dàshà

*【大陆】dàlù 名 ①〈地〉大陸. ②(台湾に対して)中国大陸.

【大路】dàlù 名 大通り.

【大路菜】dàlùcài 名(↔细菜 xìcài)生産量が多く, 値段が安い野菜. ►たとえば, 北京の夏のキュウリ・キャベツ, 冬の白菜など.

【大路朝天, 各走一边】dàlù cháo tiān, gè zǒu yībiān〈成〉互いにかかわりをもたない.

【大路货】dàlùhuò 名 安価な人気商品.

D

【大陆架】dàlùjià 名〈地〉大陸棚.
【大略】dàlüè ❶名 ①概略. あらまし. ¶关于 guānyú 这件事我只知道个～/そのことについては私は大体のことしか知らない. ②〈書〉遠大な計画. ¶胸 xiōng 有～/〈成〉胸に遠大な計画がある. ❷副 ざっと. おおざっぱに.
【大妈】dàmā 名〈口〉①伯母. ②《年上の既婚に対する敬称》おばさん.

D

【大麻】dàmá 名 ①〈植〉アサ. ►"线麻 xiànmá"とも. ¶～子 zǐ/アサの実;ヒマの実. ②大麻. マリファナ.
【大麻风】dàmáfēng 名〈医〉ハンセン病. ►"麻风"とも.
【大马哈鱼】dàmǎhāyú 名〈魚〉サケ. ►"鲑鱼 guīyú"の俗称. "大麻哈鱼 dàmáhāyú""三文鱼 sānwényú""撒蒙鱼 sāméngyú"とも.
【大麦】dàmài 名〈植〉オオムギ.
【大忙】dàmáng 形 多忙である. ►程度副詞はとらない. ¶三夏～季节/夏作の農繁期.
【大蟒】dàmǎng 名〈動〉大蛇.
【大猫熊】dàmāoxióng 名〈動〉パンダ.
【大毛】dàmáo 名 毛の長い毛皮.
【大帽子】dàmàozi 名〈喩〉汚名. レッテル.
【大媒】dàméi 名(縁談の)仲人.
*【大门】dàmén 名 正門. 表門. 量 扇 shàn.
*【大米】dàmǐ 名 米. 白米. ►"小米"(アワ)に対して. ¶～饭/米の飯.
【大面】dàmiàn →【大花脸】dàhuāliǎn
【大面儿】dàmiànr 名〈方〉①表面. 表向き. うわべ. ¶～上还过得去/表面上はまずまずというところだ. ②体面. 顔. メンツ.
【大名】dàmíng 名 ①ご高名. ¶久仰 jiǔyǎng～/お名前はかねがね伺っております. ②人の正式の名前. ►学齢に達したときにつける名前. ③名声.
【大螟】dàmíng 名〈虫〉(ガの一種)イネヨトウ.
【大鸣大放】dà míng dà fàng〈成〉自由に発言し,大いに意見を述べる. ►文化大革命の時,"大字报"(壁新聞)・"大辩论"(大論争)と合わせて"四大"(4大権利)と呼ばれた.
【大名鼎鼎】dà míng dǐng dǐng〈成〉名声が世に広く知れ渡っている.
【大谬不然】dà miù bù rán〈成〉大まちがいである.
【大模大样】dà mú dà yàng〈成〉鷹揚(おうよう)である;傲慢・横柄である.
【大拇哥】dàmǔgē 名〈方〉親指.
*【大拇指】dàmuzhǐ 名〈口〉親指. ¶竖 shù 起～赞 zàn 不绝口 juékǒu/親指を立ててほめたたえる.
【大拿】dàná 名〈方〉①権力を握っている人. ②その道の権威者.
【大奶子】dànǎizi 名〈俗〉グラマーな女性.
【大男大女】dànán dànǚ 名 適齢期を過ぎた未婚の男女.
【大男子主义】dànánzǐ zhǔyì 名 亭主関白.
【大难】dànàn 名 大きな災難.
*【大脑】dànǎo 名〈生理〉大脳. ¶～皮层 pícéng/大脳皮質.
【大脑皮质】dànǎo pízhì 名〈生理〉大脳皮質. ►"大脑皮层"とも.
【大鲵】dàní 名〈動〉オオサンショウウオ. ►鳴き声が子供の泣き声に似ていることから俗に"娃娃鱼 wáwayú"とも.
【大逆不道】dà nì bù dào〈成〉極悪非道.
【大年】dànián 名 ①豊年. ②旧暦で12月が30日ある年. ③旧正月. ¶～夜 yè/〈方〉(旧暦の)除夜,おおみそかの夜. ¶～初一 chūyī/(旧暦の)元旦,元日.
*【大娘】dàniáng 名〈口〉①伯母. ②《年上の既婚女性に対する敬称》おばさん.
【大炮】dàpào 名 ①大砲. ②〈喩〉放言家. ③〈口〉手巻きのたばこ.
*【大批】dàpī 形 大量の. 大勢の. ¶～出口/大量に輸出する. ¶每年都有～学生走上社会/毎年多くの学生が就職する.
【大片】dàpiàn 名(～儿)映画の大作.
【大票】dàpiào 名(～儿)高額紙幣.
【大破大立】dà pò dà lì〈成〉古い思想や事物を徹底的に批判し,新しい思想や気風を打ち立てる. ►文化大革命時の言葉.
【大谱儿】dàpǔr 名 だいたいの腹案. ¶这件事,我已经有了～了/本件については,私はすでにだいたいの腹案ができている.
【大气】dàqì 名 ①(～儿)荒い息. ¶吓 xià 得他～也不敢 gǎn 出/彼は恐ろしさのあまり息もできなくなった. ②大気. ¶～污染 wūrǎn/大気汚染.
【大气候】dàqìhòu 名〈気〉広地域気候;〈転〉将来の情勢.
【大器晚成】dà qì wǎn chéng〈成〉大器晩成. 大人物は若いころは目立たず,後になって大成する.
【大千世界】dà qiān shì jiè〈成〉広大無辺な世界.
【大钱】dàqián 名 ①(～儿)〈旧〉穴あき銭. ②〈口〉大金. ¶他最近拿到一笔 bǐ～/彼は最近巨額の金を手に入れた.
【大前年】dàqiánnián 名 さきおととし.
【大前天】dàqiántiān 名 さきおととい. ►"大前儿 dàqiánr"とも.
【大清早儿】dàqīngzǎor 名 早朝. 朝っぱら. ¶他～就走了/彼は朝早くから出かけていった.
【大庆】dàqìng 名 ①大慶事. ¶建国六十周年 zhōunián～/建国60周年祝賀行事. ②〈敬〉(老人の)誕生祝い.
【大秋】dàqiū 名 秋の収穫(期). ¶～作物 zuòwù/秋作物. 秋に収穫する作物.
【大曲】dàqū 名 ①小麦麹(こうじ)から造った良質の"白酒 báijiǔ". ►"大曲酒"とも. ②"白酒"を造る麹.
【大权】dàquán 名 政権. 権力. 重大な権限. ¶掌握 zhǎngwò～/権力を握る. ¶掌生杀予夺 yǔ duó 的～/生殺与奪の権を握る.
【大染缸】dàrǎngāng 名〈喩〉悪い影響を与える環境.
【大人】dàrén 名〈敬〉(書簡で)世代が上の人.
*【大人】dàren 名 ①(↔小孩儿 xiǎoháir)大人. ¶孩子～都好啊?/ご家族のみなさんお元気ですか. ②〈旧〉《地位の高い長官に呼びかける敬称》大人(たいじん);高貴な人. ¶张～/張大人.
【大儒】dàrú 名〈書〉大儒(たいじゅ). 大学者.
【大撒把】dà sābǎ (自転車で)手放しをする;手放しのような態度をとる. ¶他现在什么也不管,～了/彼はいま何もかも放りだして人任せにしている.

【大嫂】dàsǎo 名〈口〉①長兄の妻．兄嫁．②《自分と同年配の既婚女性に対する敬称》奥さん．
【大扫除】dàsǎochú 名 大掃除する．¶今天全校搞 gǎo～/きょうは全校で大掃除を行う．
【大厦】dàshà 名 ビルディング．量 座,栋 dòng．参考 ビルの名前に用いることが多い．"大楼"に比べて高級な感じがする．¶国贸 Guómào～/国際貿易ビル．
【大少爷】dàshàoyé 名 若旦那．道楽息子．►わがままに育てられた人物をけなしていうことが多い．¶～脾气 píqi/坊ちゃん根性．
【大舌头】dàshétou 名 舌足らず．ろれつが回らない人．
【大赦】dàshè 動 大赦を行う．
【大神】dàshén 名 シャーマン．►"跳 tiào 大神(儿)的"とも．男女の別なく用いる．
【大婶儿】dàshěnr 名〈口〉《母と同世代で母よりも年下の既婚女性に対する敬称》おばさん．
*【大声】dà//shēng ①動 声を大きくする．¶～点儿！/もう少し大きい声で．②名 大声．
【大牲口】dàshēngkou 名 ウシ・ウマ・ラバなどの比較的大きな家畜．役畜．
【大圣】dàshèng 名 ①大聖人．②知・徳が特にすぐれている人．
【大师】dàshī 名〈書〉①大家．巨匠．¶艺术 yìshù～/大芸術家．②法師．►僧侶に対する敬称．③(中国将棋やチェスの)マスター,準名人．►"特级 tèjí 大师"に次ぐ称号．
【大师傅】dàshīfu 名〈口〉①コック．②(僧侶に対する敬称)法師．
【大失所望】dà shī suǒ wàng〈成〉大いに失望する．がっかりする．
【大使】dàshǐ 名 大使．¶～馆 guǎn/大使館．►"大使馆"は略して"使馆"とも．
【大势】dàshì 名 大勢(たいせい)．►普通は政治情勢をさす．¶～所趋 qū/大勢の赴くところ．¶～已去/(勝ち負けの)大勢がほぼ決まった．もはや挽回できない．
【大事】dàshì ❶名 ①重大なできごと．量 件．¶这可是件～/これは重要な事だ．②全般的な情勢．¶～不好！/そら一大事．❷副 大いに．大々的に．¶～鼓吹 gǔchuī/大ぶろしきを広げる．
【大是大非】dà shì dà fēi〈成〉原則的な是と非．¶分清 fēnqīng～/根本的な是非をはっきりさせる．
【大事记】dàshìjì 名 年代記．年表．
【大手笔】dàshǒubǐ 名〈書〉①大家の著作．②名作家．
【大手大脚】dà shǒu dà jiǎo〈成〉金遣いが荒い．¶他花钱 huā qián～/あの人は金遣いが非常に荒い．
【大寿】dàshòu 名(老人の)10年ごとの誕生日．¶六十～/六十の誕生日．
【大叔】dàshū 名〈口〉《父と同世代で父より年下の男性に対する敬称》おじさん．
【大暑】dàshǔ 名(二十四節気の一つ)大暑(たいしょ)．
【大率】dàshuài 副〈書〉だいたい．おおむね．
【大肆】dàsì 副〈書〉(多く悪い事を)ほしいままに．¶～吹嘘 chuīxū/盛んに吹聴する．
【大蒜】dàsuàn 名〈植〉ニンニク．►"蒜"とも．
【大踏步】dàtàbù 副 大またで．►抽象的な意味に用いることが多い．¶～前进 qiánjìn/急ピッチで事を進める．
【大堂】dàtáng 名 ①〈旧〉役所の広間．②(ホテルなどの)ホール．
〖大…特…〗dà…tè…《それぞれのあとに同じ動詞を置き,規模の大きいことや程度の甚だしいことを表す》¶～书～书/特筆大書する．¶～错～错/たいへんなまちがい(をする)．
【大提琴】dàtíqín 名〈音〉チェロ．量 把．
【大体】dàtǐ ①副 大体において．ほぼ．¶我～上同意你的看法/私はあなたの見方にほぼ賛成だ．②名〈書〉大切な道理．¶识 shí～,顾 gù 大局/重要な道理を知り,大局を念頭におく．
【大天白日】dà tiān bái rì〈成〉真っ昼間．►強調の意味を含む．
【大田】dàtián 名〈農〉広い田畑．¶～作物/小麦・コウリャンなどの作付面積の大きい農作物．
【大厅】dàtīng 名 大広間．ホール．量 间,个．
【大庭广众】dà tíng guǎng zhòng〈成〉公衆の面前．
【大同】dàtóng 名 大同(だいどう)の世．理想社会．
【大同小异】dà tóng xiǎo yì〈成〉大同小異．
【大头】dàtóu 名 ①お人よし．いいかも．¶拿 ná～/〈慣〉いいかもにする．②(～儿)(天びん棒で担ぐ)荷物の大きい一端；〈転〉大きい方．主要な部分．¶把利益 lìyì 的～让 ràng 给农民/大部分の利益を農民に与える．
【大头菜】dàtóucài 名 ①〈植〉ダイトウサイ．カブ．ネガラシナ．およびそれらの根．②〈方〉キャベツ．
【大头鱼】dàtóuyú 名〈魚〉①タラ．②タイ．
【大头针】dàtóuzhēn 名 虫ピン．
【大团圆】dàtuányuán 名 ①大団円．②〈劇〉ハッピーエンド．
【大腿】dàtuǐ 名 太もも．量 条．►"股 gǔ"とも．¶～根儿 gēnr/もものつけ根．
【大碗茶】dàwǎnchá 名 街頭で売られるどんぶり茶．
【大腕儿】dàwànr 名(作家や俳優など)有名人の金持ち,売れっ子；有力者．
【大王】dàwáng 名 ①《独占資本・大手企業への呼称》►チェーン店の名前にも使われる．¶汽车～/自動車王．¶饺子～/ギョーザ専門チェーン店(の名)．②その道の達人．¶足球 zúqiú～/サッカーの神様．¶吹牛 chuīniú～/ほら吹き大将．③(トランプの多色刷の)ジョーカー．►"大鬼 dàguǐ"とも．単色のほうは"小王 xiǎowáng""小鬼"．⇨【大王】dàiwang
【大为】dàwéi 副〈書〉大いに．¶～改观 gǎiguān/大いにさま変わりする．面目を一新する．
【大尉】dàwèi 名〈軍〉大尉．
【大我】dàwǒ 名 大我．(個人の事柄ではなく)全体．集団．
【大五金】dàwǔjīn 名 金属材料の総称．►たとえば鉄管・鉄板など．
【大西洋】Dàxīyáng 名〈地名〉大西洋．
【大喜】dàxǐ 名〈口〉祝い事．►お祝いのあいさつとして用いることが多い．¶～～！/おめでとう．¶您～啦 la！/おめでとうございます．¶～过望/望外の喜び．
【大戏】dàxì 名 ①大がかりな芝居．②〈方〉京劇．
【大虾】dàxiā 名〈動〉クルマエビ．
【大显身手】dà xiǎn shēn shǒu〈成〉大いに腕を

ふるう.

【大显神通】dà xiǎn shén tōng 〈成〉存分にすぐれた技を示す.

【大相径庭】dà xiāng jìng tíng 〈成〉大きな隔たりがある.

*【大小】dàxiǎo ❶名 ①大と小. 長幼. 上下. ¶～十张相片 xiàngpiàn / 大きさの違う写真10枚. ¶全家～三口 / 大人と子供合わせて一家3人. ¶大大小小六张纸 zhǐ / 大小合わせて6枚の紙. ¶不分～ / 上下尊卑の別がない. ¶说话没个～ / 失礼な口のききかたをする. ②(～儿)大きさ. サイズ. ¶～合适 héshì / サイズがぴったりだ. ¶～跟 gēn 这个差不多 / これとだいたい同じ大きさ.
❷副 いずれにせよ. 大なり小なり. ¶事到如今 rújīn, ～总得 zǒngděi 想个办法 bànfǎ 才是 / 事ここに至ってはなんらかの対策を講じるしかない.

【大校】dàxiào 名〈軍〉大佐.

【大写】dàxiě 名 ①(領収書などに用いる)数字の書き直しや読み違いを防ぐ,筆画の多い字を使う書き方. 大字. ►たとえば“一”は“壹 yī”,“二”は“贰 èr”. ②表音ローマ字の大文字.

【大卸八块】dà xiè bā kuài 〈成〉ばらばらにする.

【大兴】dàxīng 動 …を盛んに行う. ¶～土木 tǔmù / 〈成〉大いに土木工事をおこす. ►普通は家屋の建築をさす.

【大猩猩】dàxīngxing 名〈動〉ゴリラ. 量 只,个.

*【大型】dàxíng 形(↔小型 xiǎoxíng)(後ろに名詞をとって)大型の. 大規模な…. ¶～歌剧 gējù / グランドオペラ. ¶～客车 kèchē / 大型観光バス. ►略して“大客”とも.

【大行星】dàxíngxīng 名〈天〉(太陽系の)九大惑星.

【大姓】dàxìng 名 ①他人の姓への敬称. ご苗字. ②よくある姓. ③〈旧〉豪族. 名門.

【大兄】dàxiōng 名 ①《友人間の敬称》大兄. ②一番上の兄.

【大熊猫】dàxióngmāo 名〈動〉パンダ. ジャイアントパンダ. 量 只,个.

【大修】dàxiū 動 徹底的に修理する. オーバーホールする.

【大选】dàxuǎn 名 総選挙. 量 次.

**【大学】dàxué 名 大学. 総合大学. ►“学院”(単科大学)や“专科学校”(高等専門学校)と区別される. 量 所,个.

【大学生】dàxuéshēng 名 大学生.

【大学生】dàxuésheng 名 ①年の大きな学生. ②〈方〉年の大きな男の子.

【大雪】dàxuě 名 ①大雪(おおゆき). 量 场 cháng,次 cì. ②(二十四節気の一つ)大雪(たいせつ).

【大牙】dàyá 名 ①奥歯. ②前歯.

【大雅】dàyǎ 名〈書〉風雅. 上品. ¶有伤 shāng～ / (言行が)下品になる. 醜態を演じる.

【大烟】dàyān 名〈口〉アヘン. ¶抽 chōu～ / アヘンを吸う.

【大烟鬼】dàyānguǐ 名 アヘン飲み.

【大盐】dàyán 名 粗塩.

【大言不惭】dà yán bù cán 〈成〉ぬけぬけと大きなことを言う.

【大眼瞪小眼】dàyǎn dèng xiǎoyǎn 〈慣〉あっけにとられて顔を見合わせる.

【大雁】dàyàn 名〈鳥〉ガン.

【大洋】dàyáng 名 ①大洋. ►太平洋·大西洋などをさす. ②〈旧〉一元銀貨. ¶现～ / 現なまの銀貨.

【大样】dàyàng 名 ①〈印〉新聞紙1ページ大の校正刷り. ②(工事の細部を示す)仕様図. ¶足尺 zúchǐ～ / 実物大仕様図.

【大摇大摆】dà yáo dà bǎi 〈成〉大手を振って歩く.

【大要】dàyào 名〈書〉大要. 骨子. ¶文章 wénzhāng～ / 文章のあらまし.

【大爷】dàyé 名 ①だんな様. ¶～脾气 píqi / だんな根性. ②《旧時,県知事などに対する呼称》お偉方.

【大业】dàyè 名 大業.

【大夜班】dàyèbān 名(工場などの三交替勤務で)深夜勤.

【大叶杨】dàyèyáng 名〈植〉モウハクヨウ. ドロノキ.

【大爷】dàye 名〈口〉①伯父. 父の兄. ¶二～ / 2番目の伯父. ②《年上の男性に対する敬称》

**【大衣】dàyī 名 オーバーコート. 量 件.

【大一统】dàyītǒng 動(中央がすべてを)統制する. ¶国家长期垄断 lǒngduàn 的外贸～的格局 géjú 已被打破 / 長い間国家が独占してきた対外貿易の統制体制はすでになくなった.

【大姨】dàyí 名(～儿)〈口〉伯母;母の長姉.

【大姨子】dàyízi 名〈口〉妻の姉.

*【大意】dàyì 名 大意.

*【大意】dàyi 形 うかつである. 不注意である. ¶这孩子太 tài～了 / この子ときたらほんとうに不注意なんだから.

【大义】dàyì 名〈書〉大義.

【大义凛然】dà yì lǐn rán 〈成〉大義のために凛とした態度を示す.

【大印】dàyìn 名〈口〉権力のしるしとしての印章. 権力. ¶掌 zhǎng～ / 権力を握る.

【大油】dàyóu 名 ラード.

【大有】dàyǒu ①動 大いに…がある〔いる〕. ¶～讲究 jiǎngjiu / たいそう凝っている. ¶～可为 kěwéi / 大いにやるべき値打ちがある. 非常にやりがいがある. ¶～文章 wénzhāng / 大いに腕を振るう余地がある;大いにいわくがある. ¶～作为 / 大いにやりがいがある. 活動する余地が大いにある. ②形〈書〉作柄が非常によい. ¶～之年 / 豊作の年.

【大雨】dàyǔ 名 大雨. 豪雨. 量 场 cháng,次.

【大员】dàyuán 名〈旧〉大官. 高官;(特に)派遣された官吏.

【大院】dàyuàn 名 ①大きな“院子 yuànzi”(屋敷·中庭). ②→【大杂院】dàzáyuàn

*【大约】dàyuē 副 ①大体. およそ. ほぼ. …ぐらい. ►大体の数字を示す. ¶他们走了～二十公里 gōnglǐ 的路 / 彼らはおよそ20キロ歩いた. ②たぶん. おそらく. ¶明天～不会下雨 / 明日はおそらく雨は降らないでしょう.

【大约摸】dàyuēmo 副〈方〉だいたいのところ. ほぼ.

【大月】dàyuè 名(↔小月 xiǎoyuè)新暦では31日,旧暦で30日の月. 大の月.

【大跃进】dàyuèjìn 名 大躍進. ►1958年に発動された急激な社会主義建設運動.

【大杂烩】dàzáhuì 名 ①ごった煮. ②〈転〉ごた混ぜ. 寄せ集め. ►けなす意味を含む.

【大杂院】dàzáyuàn 名(～儿)雑居住宅.
【大早】dàzǎo 名(～儿)早朝．夜明け方．¶这一天,他起了个～儿 / この日,彼は朝早くに起きた.
【大灶】dàzào 名 ①(れんが造りの)かまど．②(共同炊事の)並の食事．►"小灶 xiǎozào"と区別する.
【大站】dàzhàn 名 乗降客の多いバス停・駅.
【大张旗鼓】dà zhāng qí gǔ〈成〉大がかりに行う．大々的に行う.
【大丈夫】dàzhàngfu 名 一人前の男．¶男子汉 nánzǐhàn ～ / 男一匹.
【大志】dàzhì 名 大きな志.
【大治】dàzhì 動 大いに治まる．よく治まる.
【大致】dàzhì ①副 **だいたい．おおむね…．** ¶～说明一下 / 大ざっぱに説明する．②形 **おおよその．** ¶～情况 qíngkuàng / おおよそのところ.
【大智若愚】dà zhì ruò yú〈成〉賢者は利口ぶらないから,愚者のようである.
【大众】dàzhòng 名 **一般の庶民．** ►日本語の「大衆」は"群众 qúnzhòng"を用いることが多い．¶～化 / 大衆化．大衆向き．¶～歌曲 / 歌謡曲．ポピュラーソング.
【大洲】dàzhōu 名〈地〉大陸.
【大主教】dàzhǔjiào 名〈宗〉大司教.
【大专】dàzhuān 名 ① "大学"(総合大学)と"专科学院"(単科大学)の併称．② 大学相当の"专科学校"(高等専門学校)の略称．►通常,2年または3年制で,短期大学に近い．ただし学士の資格がない.
【大专院校】dàzhuān yuànxiào 名〈略〉総合大学と単科大学.
【大字】dàzì 名 ① 筆で書いた楷書の字体．②「大」の字；〈喩〉文字．¶奶奶 nǎinai ～不识 shí / おばあさんは「大」の字も知らない.
【大字报】dàzìbào 名 壁新聞.
【大宗】dàzōng ①形 大口の．②名 主要生産物〔商品〕.
【大族】dàzú 名 ① 人数や分家した家族の多い一族．② 名門.
【大作】dàzuò ①名〈敬〉大著．貴著．②動 大いに起こる．¶狂风 kuángfēng ～ / 大風が吹き荒れる.

dai (ㄉㄞ)

*呆(獃) dāi ❶形 ① 愚鈍である．頭がにぶい．機転がきかない．② **ぼんやりする．ぽかんとする．** じっとしている．¶发～ / ぼんやりする．¶～～地望着 / ぼんやり見ている．¶吓 xià ～了 / あっけにとられぽかんとする．❷動 → 〖待 dāi〗 ‖姓
【呆板】dāibǎn 形 ①(性格などが) **融通がきかない．** ¶这人很～ / この人はとても融通がきかない．¶动作～ / 動作がぎこちない．②(文章などが) **味がない,** 型にはまっている.
【呆货】dāihuò 名〈罵〉のろま．間抜け.
【呆愣】dāilèng 動 ぼんやりする．ぼうっとする.
【呆愣愣】dāilènglèng 形(～的)ぼうっとしている.
【呆木】dāimù 形 ぼうっとしている．間が抜けている.
【呆气】dāiqì 形 間が抜けている．ぼんやりしている.
【呆然】dāirán 形 呆然としている.
【呆若木鸡】dāi ruò mù jī〈成〉(恐怖や驚きで)ぽかんとする.
【呆傻】dāishǎ 形 愚かである；反応が鈍い.
【呆头呆脑】dāi tóu dāi nǎo〈成〉頭の働きが鈍い．間が抜けている.
【呆小症】dāixiǎozhèng 名〈医〉クレチン病．►"克汀病 kètīngbìng"とも.
【呆笑】dāixiào 動 ばか笑いする.
【呆账】dāizhàng 名〈経〉不良債権．貸し倒れ．こげつき.
【呆滞】dāizhì 形 ①(表情などが)活発でない．¶两眼～无神 wúshén / 目の動きがにぶくてどろんとしている．②(物事が)停滞している.
【呆子】dāizi 名 間抜け．あほ.

待 dāi 動〈口〉(何もしないで,またはどこへも行かないで) **じっとしている．** (あるところに) **とどまる．** ►"呆"とも書く．¶老～在上海不走 / ずっと上海にとどまり離れない．
⏩ dài

3声
歹 dǎi ◇◆ よこしまである．悪い(人または事)．¶为 wéi 非 fēi 作～ /〈成〉いろいろ悪事を働く．¶不分好～ / 善し悪しをわきまえない．‖姓
【歹毒】dǎidú 形 陰険悪辣(あくらつ)である．¶心肠 xīncháng ～ / 腹黒い.
【歹话】dǎihuà 名〈方〉気まずい話．いやな話.
【歹徒】dǎitú 名 悪人；無頼漢；暴徒．(量) 伙huǒ,群qún.
【歹心】dǎixīn 名 悪心．悪いたくらみ．¶起～ / 悪心を起こす.
【歹意】dǎiyì 名 人を害する考え．悪意.

逮 dǎi 動 **捕える．捕まえる．** ¶～住了罪犯 zuìfàn / 犯人を逮捕した．¶猫 māo ～老鼠 lǎoshǔ / ネコがネズミを捕る．
⏩ dài

傣 dǎi ◇◆ タイ族をさす．¶～剧 jù / タイ族の芝居．¶～文 / タイ文字．
⇒【傣族】Dǎizú
【傣族】Dǎizú 名(中国の少数民族)タイ(Dai)族．►雲南省に住むタイ系民族.

4声
大 dài "大夫""大黄""大王"⬇という語に用いる．►それ以外は普通 dà と発音する．⏩ dà
**【大夫】dàifu 名〈口〉医者．(量) 位,个,名．⇒【大夫】dàfū
【大黄】dàihuáng 名〈植〉ダイオウ；〈中薬〉大黄(だいおう)．► dàhuáng とも.
【大王】dàiwang 名(盗賊の)頭目．首領．►戯曲の中では国王をもさす．⇒【大王】dàwáng

*代 dài ❶動 ① **代わる．代わってする．** ¶我～你写 / 私が代わりに書いてあげよう．¶请给我～买一个 / 私の代わりに一つ買ってください．② 代理となる．¶校长不在时,由副校长～ / 校長が不在のときは教頭が代理となる．¶～局长 júzhǎng / (局長不在の時に置く)局長代理.
❷量 **世代．ジェネレーション．** ¶第二～ / 次の世代．二世．¶～～相传 xiāngchuán / 一代一代と伝わっていく.
◇◆ 歴史の時代区分．代；地質時代を最も大きく分けた区分．代．¶当 dāng ～英雄 yīngxióng / 現

代の英雄．¶古生～／古生代．‖姓

【代办】dàibàn ①動 代行する．¶这件事请你～一下／私に代わってそれをやってください．②名 代理大使．代理公使．►大使・公使よりもランクが低い．¶临时 línshí～／臨時代理大使〔公使〕．

【代办所】dàibànsuǒ 名 取扱所．¶储蓄 chǔxù～／貯蓄取扱所．

【代笔】dài//bǐ 動 代筆する；代わって署名する．¶～书信 shūxìn／手紙を代筆する．

D

*【代表】dàibiǎo ❶名 代表．❷動 ①代表する．¶他～部长 bùzhǎng 主持 zhǔchí 开幕 kāimù 典礼／彼が大臣に代わって開幕式を執り行う．② 体現する．具体的に表す．¶这个调查 diàochá～了社会舆论 yúlùn／この調査は世論を表している．

注意 中国語の"代表"は動詞「代表する」や名詞「代表(する人)」の訳語として使うことができるほか，"有代表性的"の形で「代表的な」の訳語にもなる．¶汽车是日本有～性的出口货 huò／自動車は日本の代表的な輸出品だ．

【代步】dàibù 動〈書〉(歩く代わりに)車などに乗る．¶以车～／車で行く．

【代词】dàicí 名〈語〉代詞．►中国語には人称代詞・指示代詞・疑問代詞の三つがある．

【代沟】dàigōu 名 ジェネレーションギャップ．

【代购】dàigòu 動 代理購入する．¶～代销点 dàixiāodiǎn／購入販売代理店．

【代号】dàihào 名 ①略称．別名．②(商品などの)符丁，コード番号．暗号．

【代价】dàijià 名 代金；代価．¶不惜 bùxī 任何 rènhé～／いかなる代価も惜しまない．

【代驾】dàijià 動 運転を代行する．

【代课】dài//kè 動(授業を)代講する．

【代劳】dàiláo 動〈婉〉①自分に代わってやってもらう．►人に骨折りを頼むときに用いる．②他人に代わって事を行う．

【代理】dàilǐ 動 代理する．代行する．

【代理人】dàilǐrén 名 ①〈法〉代理人．②保険外交員．保険業務員．③〈貶〉手先．回し者．¶反动势力 shìli 的～／反動勢力の手先．

【代领】dàilǐng 動 代理受領する．

【代码】dàimǎ 名 コード番号；暗号．

【代名词】dàimíngcí 名〈語〉代名詞．

【代庖】dàipáo 動〈書〉他人に代わって事を行うこと．⇒【越俎代庖】yuè zǔ dài páo

【代培】dàipéi 動(企業が大学に委託して)人材を育成する．¶～生／人材育成のため企業から専門教育機関に派遣された社員．

【代乳粉】dàirǔfěn 名 代用粉ミルク．

【代收货价包裹】dàishōu huòjià bāoguǒ 名 代金引換小包．

【代售】dàishòu 動 代理販売する．

【代数】dàishù 名 代数．代数学．►"代数学 dàishùxué"の略称．

*【代替】dàitì 動 代わりをつとめる．取って代わる．¶你请老王～老李吧／李さんの代わりに王さんにやってもらいなさい．¶～品／代替品．

【代为】dàiwéi 動 代わりに…する．¶～保管 bǎoguǎn／代わりに保管する．

【代销】dàixiāo 動 代理販売をする．

【代谢】dàixiè 名 ①代替．交替．入れ替わり．¶新旧 xīnjiù 事物的～／新しい事物と古い事物の交替．②〈生理〉新陳代謝．

【代行】dàixíng 動 代行する．代わりを務める．

【代序】dàixù 名 序に代わる文章．

【代言人】dàiyánrén 名 代弁者．

【代议制】dàiyìzhì 名 代議制度．

【代用】dàiyòng 動 代用する．

【代用品】dàiyòngpǐn 名 代用品．

【代职】dài//zhí 動 一時的に別の職務の代理をする．

【代字号】dàizìhào 名 波ダッシュ．"～"

岱 dài 山東省にある名跡・名山，泰山の別称．►"岱宗 Dàizōng""岱岳 Dàiyuè"とも．‖姓

骀 dài "骀荡 dàidàng"(春ののどかなさま)という語に用いる．

玳(瑇) dài "玳瑁 dàimào"(タイマイ：ウミガメの1種で背甲がべっこうとなる)という語に用いる．

带(帶) dài 動 ①携帯する．持つ．¶～雨伞 yǔsǎn／傘を持っていく．¶我没有～钱／私はお金を持ち合わせていない．②ついでに届ける．事のついでに…する．¶请你～个口信／ついでにことづけをお願いします．¶你出去请把门～上／出て行くついでにドアを閉めてください．③帯びる．含む．¶面～笑容 xiàoróng／顔に笑みを浮かべる．④付帯している．併せて…する．¶～盖儿 gàir 的碗／ふた付きの茶碗．¶连说～笑／(みなが)話したり笑ったりする．⑤引き連れる．率いる．(導いて)手本を示す．¶～小孩儿上街／子供を連れて街へ行く．⑥(子供を)育てる．世話する．¶他是由奶奶 nǎinai～大的／彼は祖母の手で育てられた．

◇◆ ①ひも・ベルト・テープの類．¶腰 yāo～／ベルト．帯．¶鞋～／靴ひも．¶录音 lùyīn～／録音テープ．②タイヤ．¶车～／タイヤ．③区域．地帯．¶长江下游一～／長江下流域．‖姓

比較 带：戴 dài ❶"戴"は頭・顔・胸・腕などにつけることを示すのに対し，"带"は携帯することを表す．❷両者は「身につける」という点で共通の意味を有し同音であるので，本来"戴"を用いるべきところに画数の少ない"带"が使われることも多い．

【带兵】dài//bīng 動 兵隊を率いる．

【带病】dài//bìng 動 病気を押して…する．¶～坚持 jiānchí 工作／病気を押して仕事を続ける．

【带操】dàicāo 名〈体〉(新体操の)リボン演技．

【带刺儿】dài//cìr 動(言葉に)とげがある．¶话里～／ちくちく当てこするような言い方をする．

【带电】dài//diàn 動〈電〉(物質が)電気を帯びる．¶～体／帯電体．

【带动】dài//dòng 動 ①率先して範を垂れる．手本を示す．¶先进～落后 luòhòu／進んだ者が手本を示して後れた者を向上させる．②動力でものを動かす．¶用水力～电机 diànjī 发电 fādiàn／水力で発電機を動かして発電する．

【带好儿】dài//hǎor 動 よろしく伝える．

【带话】dài//huà 動(～儿)ことづける．

【带劲】dài//jìn 動(～儿)①力がこもっている．張り切っている．②張り合いがある．興味をそそる．

【带锯】dàijù 名〈機〉帯のこぎり．量 条．

【带菌者】dàijūnzhě 名 保菌者．キャリア；〈喻〉誤った思想で，他人や社会に危害を加える人．

【带累】dàilěi 動 巻き添えにする．

*【带领】dàilǐng 動 ① **引率する．案内する．** ② 指導する．指揮する．

【带路】dài//lù 動 道案内をする．

【带球】dài//qiú 動〈体〉ドリブルする．

【带声】dàishēng ⇀【带音】dàiyīn

【带手儿】dài//shǒur 副〈方〉ついでに．¶～买点儿菜回来 / ついでに総菜を買ってきてください．

*【带头】dài//tóu 動 **先頭に立つ．率先して手本を示す．** ¶～作用 / 率先的な役割．¶～发言 fāyán / 率先して発言する．

【带头人】dàitóurén 名 先頭に立つ人．案内役．

【带徒弟】dài túdi 弟子をとる．

【带下】dàixià 名〈中医〉こしけ．白帯下(はくたいげ)．

【带孝】dài//xiào 動(哀悼の意を表すために)喪服または喪章をつける．►"戴孝"とも書く．¶披 pī 麻 má ～ / 親の喪に服する．

【带信儿】dài//xìnr 動 伝言する．¶你去的时候，顺便 shùnbiàn 带个信儿给她吧 / 行ったとき，ついでに彼女に伝言してください．

【带星级】dàixīngjí 名 星印のランクがついた高級ホテルやレストラン．

【带音】dàiyīn 名〈語〉有声音．

【带鱼】dàiyú 名〈魚〉タチウオ．

【带崽儿】dài//zǎir 動(動物が)はらむ．

【带职】dài//zhí 動(ポストを離れて他の活動をする際に)もとの肩書きを用いる．¶～下海 / 肩書きは変わらず民間企業で働いたり，個人で仕事を始める．⇨【脱产】tuō//chǎn

【带子】dàizi 名 ① **ひも．ベルト．** 量 条，根．¶皮 pí ～ / 皮のひも．②(ビデオなどの)テープ．量 盘，盒．

【带座】dàizuò 動(映画館などで)係が客を席に案内する．

殆 dài ◇◆〈書〉①危うい．¶危 wēi ～ / 危ない．②ほとんど．おそらく．¶～不可得 dé / たぶん不可能だ．

贷 dài 動 **貸し出す．借り入れる．** ¶银行 yínháng ～给公司一笔款 kuǎn / 銀行が会社に一口の資金を貸し付けている．⇨〖借 jiè〗

◇◆ ①貸付金．¶农～ / 農業貸付金．②(責任を)逃れる，転嫁する．¶责 zé 无旁 páng ～ / 責任逃れは許されない．③仮借する．容赦する．¶严惩 yánchéng 不～ / 厳罰に処して容赦しない．

【贷方】dàifāng 名(簿記の)貸方(かしかた)．

【贷放】dàifàng 動 貸し付ける．

【贷记卡】dàijìkǎ 名 デビットカード．►"借记卡"とも．

【贷款】dài//kuǎn ① 動 **金を貸し付ける．** ② 名 **貸付金．ローン．融資．** 量 笔，项 xiàng．¶银行 yínháng ～ / 銀行融資．

待 dài 動 ① **遇する．もてなす．接待する．** ¶～人诚恳 chéngkěn / 人に誠意を尽くす．②〈書〉**待つ．** ¶许多问题尚 shàng ～解决 / 幾多の問題がまだ解決されないでいる．⇨〖等 děng〗 ③〈書〉必要とする．¶自 zì 不～言 yán / もちろん言うまでもない．④〈近〉…しようとする．…するつもりだ．¶正～出门，有客来访 / ちょうど出かけようとしたときに客が訪ねてきた．⏩ dāi

【待毙】dàibì 動〈書〉死を待つ．¶奄奄 yǎnyǎn ～ / 気息奄々(えんえん)として死を待つばかりである．

【待查】dàichá 動 調査する必要がある．¶此件 cǐjiàn ～ / 要調査．本件は調査を要する．►公文書に用いる．¶引文出处 chūchù ～ / 引用文の出所は未詳である．

【待承】dàicheng 動〈方〉接待する．

【待机】dàijī 動 待機する．機会を待つ．¶～行动 xíngdòng / 機会を待って行動する．

【待价而沽】dài jià ér gū 〈成〉値が上がるのを待って売る．►比喩に用いることが多い．

【待见】dàijian 動〈方〉好む．►"戴见"とも書く．¶他特别 tèbié ～这孩子 / 彼は特にこの子をかわいがっている．

【待考】dàikǎo 動 調査を要する．¶详情 xiángqíng ～ / 詳細についてはさらに調査を要する．

【待理不理】dài lǐ bù lǐ 〈成〉無愛想にする．ろくに応対もしない．

【待命】dàimìng 動 命令を待つ．¶原地 yuándì ～ / その場で命令を待つ．

【待人】dài//rén 動 人に接する．¶诚心实意 chéngxīn shíyì ～ / 誠意をもって他人に接する．

【待要】dàiyào 助動〈近〉…しようとする．

【待业】dàiyè 動 **就職を待つ．職を探す．** ¶～青年 qīngnián / 未就業青年．失業青年．

【待遇】dàiyù ❶動(人を)**遇する，** 取り扱う．❷名 ①(人に対する)**遇し方．** ¶周到 zhōudao 的～ / 行き届いた扱い．② **待遇．** ¶～优厚 yōuhòu / 待遇がよい．③ 給与．

怠 dài ◇◆ 怠ける．怠る．おろそかにする．¶懈 xiè ～ / だらける．怠ける．

【怠惰】dàiduò 動〈書〉怠ける．¶因循 yīnxún ～ / ぐずぐずして仕事を怠る．

【怠工】dài//gōng 動 怠業する．サボる．

【怠慢】dàimàn 動〈口〉①〈套〉(もてなしが)**不行き届きである．** ¶～～，请多多包涵 bāohan / 不行き届きで，どうかお許しください．② そっけなくする．冷淡にあしらう．¶～客人 / 客を冷淡にあしらう．

*****袋** dài (～儿) ① 名 **袋．** ¶工具～ / 道具入れ．
② 量 **袋入りの物**を数える．►"大"や"小"を"袋"の前に置くことができる．¶两～儿面 / 小麦粉ふた袋．¶一大～染料 rǎnliào / 大袋の染料一つ．

【袋茶】dàichá 名 使い切り用の袋入り茶葉．量 包，袋．

【袋泡茶】dàipàochá 名 ティーバッグ．量 包，袋．

【袋兽】dàishòu 名 有袋類の動物．

【袋鼠】dàishǔ 名〈動〉カンガルー．量 只，个．

【袋装】dàizhuāng 形 袋入りの．¶～奶粉 nǎifěn / 袋入りの粉ミルク．

【袋子】dàizi 名 **袋．** ¶面～ / 小麦粉の袋．¶塑料 sùliào ～ / ビニール袋．

逮 dài ◇◆ ①〈書〉至る．及ぶ．¶以匡 kuāng 不～ / 私の至らぬ点を正してくださるようお願い申し上げます．►書簡での表現．②捕らえる．¶→～捕 bǔ．‖ 姓 ⏩ dǎi

【逮捕】dàibǔ 動〈法〉**逮捕する．** ¶～法办 / 逮捕し

D

て裁判にかける.

****戴 dài** 動 ①(帽子を)かぶる.(眼鏡を)かける.(指輪や手袋を)はめる.(装身具やバッジを)身につける.(花を髪に)さす. ❖～帽子 *màozi* / 帽子をかぶる. ❖～戒指 *jièzhi* / 指輪をはめる. ❖～口罩 *kǒuzhào* / マスクをする. ❖～眼镜 *yǎnjìng* / 眼鏡をかける. ⇨〚带 dài〛
②(罪やレッテルを)かぶせる. ¶→～帽子 màozi.
◇◆(人物を)おしたててあおぐ. ¶爱 ài ～ /(指導者などを)敬愛する. ‖姓

【戴高帽】dài gāomào 〈慣〉(～儿·～子)おだてる.持ち上げる. ¶你别给我～ / 私をおだてるな.

【戴绿帽】dài lǜmào 〈慣〉(～儿·～子)妻を寝取られる;妻を寝取られた男.

【戴帽子】dài màozi 〈慣〉(反革命·右派などの政治的な)レッテルを張る. ¶我们反对～、打棍子 gùnzi 的作法 / 他人にレッテルを張ったり,むやみに攻撃したりするやり方に反対する.

【戴罪立功】dài zuì lì gōng 〈成〉罪滅ぼしに手柄を立てる.

黛 dài 名 ①眉墨. ¶粉 fěn ～ / おしろいと眉墨.美人をさすこともある. ②青黒色.眉墨色. ‖姓

【黛绿】dàilǜ 名〈書〉濃い緑色.

dan (ㄉㄢ)

1声 **丹 dān** ◇◆ ①やや淡い赤色.朱色. ②練り薬.丹薬(たんやく). ¶丸散膏 wán sǎn gāo ～ / 丸薬·粉薬·膏薬·練り薬.あらゆる薬. ‖姓

【丹顶鹤】dāndǐnghè 名〈鳥〉タンチョウヅル.

【丹毒】dāndú 名〈医〉丹毒. ►"流火"とも.

【丹凤眼】dānfèngyǎn 名 つり目.

【丹桂】dānguì 名〈植〉キンモクセイ.

【丹麦】Dānmài 名〈地名〉デンマーク.

【丹青】dānqīng 名〈書〉①赤と青;色彩.絵の具.絵画. ¶尤 yóu 善 shàn ～ / 特に絵画の芸術に長じている. ②史籍.歴史書.

【丹砂】dānshā 名 辰砂(しんしゃ).朱砂(すさ).

【丹参】dānshēn 名〈植〉タンジン;〈中薬〉丹参(たんじん).

【丹田】dāntián 名 丹田(たんでん).へその下3寸のところ.

【丹心】dānxīn 名 赤心.真心. ¶一片 piàn ～ / ひたむきな真心.

【丹朱】dānzhū 名 朱.

担(擔) dān 動 ①(肩で)担ぐ,担う. ¶～水 /(桶などを担いで)水を運ぶ. ②担当する.引き受ける.背負う. ¶这一重任 zhòngrèn ～在你的身上了 / この重任は君が担うことになった. ¶有了问题由我来～ / 問題が起きたら私が責任を持つ. ¶～风险 fēngxiǎn / 危険を冒す. ¶～嫌疑 xiányí / 嫌疑をかけられる. ►► dàn

【担保】dānbǎo 動 保証する.請け合う. 注意 主述句や動詞句を目的語にとることが多い.日本語の「担保」は"抵押 dǐyā"という. ¶这事交给她办,～错不了 buliǎo / この件は彼女に任せておけば間違いっこない.

【担不是】dān bùshi 責任を負う.非難される. ¶让 ràng 我一个人～,没门儿 / 私一人に責任を負わせるなんて,だめだ. ¶他怕 pà ～ / 彼は責任を問われるのが心配だ.

【担不起】dānbuqǐ 動+可補 ①〈謙〉恐れ入ります. ②(責任を)負えない. ¶这个责任 zérèn 我可～呀 ya! / そんな責任は私には負えない.

【担待】dāndài 動〈口〉①勘弁する.大目に見る. ②(責任を)引き受ける,負う.

【担当】dāndāng 動 引き受ける.請け合う. ¶～重任 zhòngrèn / 重任を引き受ける.

【担负】dānfù 動(責任·仕事·費用などを)負う,担う. ¶～一家人的生活费 shēnghuófèi / 家族の生活費を負担している. ¶我可～不了 buliǎo 这个责任 / 私はこの責任を負えない.

【担架】dānjià 名 担架. 〈量〉副 fù. ¶搭 dā ～ / 担架を運ぶ.

【担惊受怕】dān jīng shòu pà 〈成〉不安におののく. ►"担惊害 hài 怕"とも.

*【担任】dānrèn 動 担任する,担当する. ¶～校长 xiàozhǎng / 校長を務める. ¶～新的工作 / 新しい仕事を受け持つ.

*【担心】dān//xīn 動 心配する.安心できない. ¶不必～ / 心配する必要はない. ¶为 wèi 他的健康 jiànkāng ～ / 彼の健康を心配する.

【担忧】dānyōu 動 憂える.憂慮する. ¶不要为我的身体～ / 私の健康を気遣う必要はありません.

【担担面】dāndànmiàn タンタンメン. ⇨【担担面】dàndanmiàn

【担名】dān//míng 動(～儿)ある名義を担わされる.名ばかりである.

***单(單) dān** ❶形 ①(↔双 shuāng)単一の.(対をなす)片方の. ¶～扇门 shànmén / 一枚戸. ②(↔双)奇数の. ¶→～数 shù. ③手薄な.弱々しい. ¶兵力太～,寡 guǎ 不敌众 zhòng / 兵力が手薄で勝ち目がない.
❷名(～儿)書き付け;ビラ;明細書. ¶名～ / 名簿. ¶清 qīng ～ / 明細書.目録.
❸副 ただ.単に. ¶～说这件事 / このことしか言わない. ¶此事 cǐshì ～他反对 / この事に彼だけが反対している.
◇◆ ①シーツ類. ¶被 bèi ～儿 / 布団カバー. ②簡単な.単純である. ¶简 jiǎn ～ / 簡単である.単純である. ③ひとえの. ¶→～衣 yī.
►► chán

【单板】dānbǎn 名 合板の上に張った上質の薄板.

【单帮】dānbāng 名 にわか商人.担ぎ屋. ¶跑 pǎo ～ / 担ぎ屋をする.

【单倍体】dānbèitǐ 名〈生〉(染色体の)半数性,半数体. ¶～植物 / 半数(染色)体植物.

【单边】dānbiān 形〈経〉一方の.片側の. ¶～进口 jìnkǒu /(輸入のみの)片貿易.

【单薄】dānbó 形 ①薄着である. ②ひ弱い.やせこけている. ③(力や論拠が)不十分である.

【单产】dānchǎn 名 単位面積の収穫量·生産量.

【单车】dānchē 名 ①1台の車〔自動車·トラクター〕. ②〈方〉自転車. ¶电～ / バイク.

【单程】dānchéng 名(↔来回)片道. ¶～车票 / 片道切符.

【单传】dānchuán 動 ①代々男子一人の家系が続く. ②一子相伝(いっしそうでん)する. ③〈旧〉一人の師匠か

ら教えを受ける．

*【单纯】dānchún ①形 単純である．簡単である．¶头脑 tóunǎo～/頭が単純だ．②副 単に．ひたすら．¶不能～为 wèi 学理论 lǐlùn 而 ér 学理论/単に理論のために理論を学んではいけない．

*【单词】dāncí 名〈語〉①単純語．②単語．►"词组 cízǔ"と区別する．

【单打】dāndǎ 名(↔双打 shuāngdǎ)(テニス・卓球などの)シングルス．¶男子～/男子シングルス．

【单打一】dāndǎyī〈慣〉一本槍でいく．一つの仕事だけに集中する．

【单单】dāndān 副 ①ただ…だけ．¶大家都赞成 zànchéng,～他一个人反对/みなが賛成しているのに,ただ彼だけが反対だ．②よりによって．こともあろうに．¶他早不来晚不来,～这时候来/彼はよりによってこんな時にやって来るなんて．

【单刀】dāndāo 名 ①ひと振りの刀；(特に武術用の)太刀．②〈体〉(↔双刀 shuāngdāo)ひと振りの太刀で演じる武術．►武術競技の一種目．

【单刀赴会】dān dāo fù huì〈成〉危険な会合に単身乗り込む．

【单刀直入】dān dāo zhí rù〈成〉単刀直入である．

*【单调】dāndiào 形 単調である．変化に乏しい．¶现在的生活 shēnghuó 太～了/今の生活はあまりにも変化がない．

【单独】dāndú 形 単独の．¶我要和他～谈 tán 一谈/私は彼と単独で話したい．

【单耳刀】dān'ěrdāo 名(～儿)(漢字の偏旁)ふしづくり．"卩"．►"卩"は"節(节) jié"の古字．

【单方】dānfāng 名(民間に伝わっている中国医薬の)処方．►"丹方"とも書く．

【单方面】dānfāngmiàn 名 一方．片方．¶～撕毁 sīhuǐ 协定 xiédìng/一方的に協定を破る．

【单飞】dānfēi 動 ①〈航空〉単独飛行をする．②(アーティストが)ソロ活動を始める．

【单峰驼】dānfēngtuó 名〈動〉ヒトコブラクダ．

【单幅】dānfú 名(～儿)〈紡〉(布地の)シングル幅．

【单干】dāngàn 動 単独でやる．個人経営する．¶一个人～/単独でやる．

【单干户】dāngànhù 名 個人経営の農家．単独で仕事をする人；独身者．

【单杠】dāngàng 名〈体〉①(体操用具)鉄棒．②(体操の種目)鉄棒．►"双杠 shuānggàng"は平行棒．

【单个儿】dāngèr ①副 単独で．一人で．②名(組または対になっているものの)片方．¶要买 mǎi 就是一对儿,～的不卖 mài/買うなら対でだ,一つだけでは売らないよ．

【单挂号】dānguàhào 名 普通書留郵便．

参考 日本の簡易書留にあたる．"双 shuāng 挂号"(配達証明付き書留郵便)と区別していう．

【单轨】dānguǐ 名 単線．単線軌道．

【单轨电车】dānguǐ diànchē 名〈交〉モノレール．►略して"单轨"とも．

【单过】dānguò 動 独り立ちする．一人暮らしをする．

【单寒】dānhán 形 ①(衣服が)薄くて寒々としている．②〈旧〉身寄りがなくて貧しい．

【单号】dānhào 名 奇数番号．¶～入口/(映画館や劇場の)奇数番号側の入り口．

【单簧管】dānhuángguǎn 名〈音〉クラリネット．►"黑管 hēiguǎn"とも．(量)支．

【单击】dānjī 名〈電算〉シングルクリック．

【单季稻】dānjìdào 名〈農〉一毛作(の稲)．

【单价】dānjià ①名(商品の)単価．②形〈生〉〈化〉一価の．

【单间】dānjiān 名(～儿)①一人部屋．個室．¶住 zhù～/個室に泊まる．②ひと間だけの家．¶～铺面 pùmiàn/ひと間だけの店構え．

【单脚跳】dānjiǎotiào 名〈体〉(三段跳びの)ホップ．

【单晶体】dānjīngtǐ 名〈鉱〉単結晶体．

【单句】dānjù 名〈語〉単文．

【单据】dānjù 名 証票．証券．(量)张．¶货运 huòyùn～/船荷証券．運送証券．

【单口】dānkǒu 名 一人で演じる音曲や語り物．

【单口相声】dānkǒu xiàngsheng 名 落語．漫談．

【单利】dānlì 名〈経〉(↔复利 fùlì)単利．

【单立人】dānlìrén 名(漢字の偏旁)にんべん．"亻"．►"单人旁儿 pángr"とも．

【单恋】dānliàn 動 片思いをする．

【单皮鼓】dānpígǔ 名 片側だけに皮を張り,台の上に置いてばちで演奏する,太鼓のような民族楽器．►他の楽器の指揮をとる役割ももつ．

【单片眼镜】dānpiàn yǎnjìng 名 片眼鏡(かためがね)．単眼鏡．

【单枪匹马】dān qiāng pǐ mǎ〈成〉(槍1本,馬1頭で戦うことから)人に頼らずに単独で行動する．

【单亲家庭】dānqīn jiātíng 名 父親か母親しかいない家庭．

【单人】dānrén 形 一人用の．シングルの．¶～床/シングルベッド．¶～舞/ソロダンス．¶～房(间)/(ホテルの)シングルルーム．

【单日】dānrì 名 奇数日．

【单弱】dānruò 形 ①ひ弱である．弱々しい．②不十分である．薄弱である．

【单色】dānsè 形 単色の．¶～光/単色光．¶～画/モノクローム．

【单身】dānshēn 名 単身．独身．独り者．¶～在外/一人他郷に暮らす．¶～宿舍 sùshè/独身寮．

【单身汉】dānshēnhàn 名(男子の)独身者,独り者．

【单式编制】dānshì biānzhì 名〈教〉能力別クラス編成．

【单数】dānshù 名 ①奇数．②〈語〉単数．

【单体】dāntǐ 名〈化〉単量体．モノマー．

【单条】dāntiáo 名(～儿)(↔屏条)(1本だけの)掛け軸．

*【单位】dānwèi 名 ①勤務先．勤め先．所属先．¶你是哪个 nǎge〔něige〕～的？/どちらにお勤めですか．②機関・団体またはその所属部門．¶直属 zhíshǔ～/直属部門．¶行政 xíngzhèng～/行政機関．③(計量・計数の)単位．¶长度 chángdù～/長さの単位．注意 学科の「単位」は"学分 xuéfēn"を用いる．

【单弦儿】dānxiánr 名(民間芸能の一種)演者が"八角鼓 bājiǎogǔ"というタンバリンを打ち鳴らしながら三弦の伴奏で歌う語り物．

【单线】dānxiàn 名 ①1本の線．②単線軌道．単線．

【单相思】dānxiāngsī 動 片思いをする．

D

【单向】dānxiàng 形 一方の．片側の．¶～交通／一方通行．
【单项】dānxiàng 名 ①〈数〉単項．②〈体〉種目別．
【单行】dānxíng ❶動 ①(法規などが)単一項目のみもしくは一部地域のみで実行される．②単独に訪れる．③単独で印刷発行する．❷形 一方通行の．
【单行本】dānxíngběn 名 単行本．
【单行线】dānxíngxiàn 名(車の)一方通行路．
【单姓】dānxìng 名(↔复姓 fùxìng)(張・王・劉・李などの)1字の姓．
【单眼皮】dānyǎnpí 名(～儿)(↔双眼皮)一重まぶた．
【单一】dānyī 形 単一の．ただ一つの．¶～种植 zhòngzhí／単一栽培．モノカルチャー．¶商品 shāngpǐn～／品数が少ない．
【单衣】dānyī 名 裏をつけない服．ひとえ．(量)件．
【单翼机】dānyìjī 名 単葉機．
【单音词】dānyīncí 名〈語〉(↔复音词 fùyīncí)単音節語．
【单引号】dānyǐnhào 名 引用符．(' '「 」)
【单元】dānyuán 名 ①(集合住宅の表示)一つの階段を共有する家のまとまり．¶三号楼二～四号／3号棟2単元4号．¶～楼 lóu／団地式集合住宅．②"单元楼"のなかの1住宅．ユニット住宅．►"单元房"の略．日本でいう3Kは"三间一个～"または"三间一套"("套"はセットの意)，2Kは"两间一个～"または"两间一套"…という．③(教科内容の)単元．►その試験を"单元〔阶段 jiēduàn〕考试 kǎoshì"という．
【单元房】dānyuánfáng 名(アパートやマンションの中の)一世帯．
【单证】dānzhèng 名 領収書；証明書．
【单子】dānzi 名 ①書き付け．¶菜～／献立表．メニュー．¶开个～／明細書を書く．②シーツ．敷布．(量)床 chuáng,块．¶床～／ベッドシーツ．¶布 bù～／木綿のシーツ．
【单字】dānzì 名 ①(漢字の)1字．②(外国語の)単語．¶背 bèi～／単語を暗記する．

眈 dān "眈眈 dāndān"(鋭い目つきでじっと見つめるさま)という語に用いる．

耽 dān 動〈書〉ふける．耽溺(たんでき)する．¶～于幻想 huànxiǎng／幻想にふける．◇遅延する．遅れる．ぐずぐずする．
【耽搁】dānge 動 ①滞在する．逗留する．②遅らせる．引き延ばす．手間どる．¶这事可不能再～了／この件はこれ以上遅らせるわけにいかない．③手遅れになる．
【耽溺】dānnì 動 耽溺(たんでき)する．(思いに)ふける；(悪いことに)おぼれる．
*【耽误】dānwu 動 遅らせる．滞らせる；手遅れになる．¶把～的时间 shíjiān 夺 duó 回来／遅れた時間を取り戻す．¶～时间／時間をむだにする．¶有病 bìng 不宜 bùyí～／病気は手遅れになってはだめだ．

郸(鄲) dān 地名に用いる．¶～城／河南省の都市．‖姓

聃 dān 人名に用いる．¶老～／老子．

殚(殫) dān ◇尽くす；尽きる．¶～心／心を尽くす．¶～力／力を尽くす．¶～思极虑 lǜ／思慮の限りを尽くす．
【殚精竭虑】dān jīng jié lǜ〈成〉精魂を傾け，思慮を尽くす．

箪(簞) dān 名(竹で丸く編んだ)古代の飯びつ．

3声 **胆**(膽) dǎn 名 ①(～儿)肝っ玉．度胸．¶～儿很小／肝っ玉が小さい．¶～小如鼠 shǔ／肝っ玉が非常に小さいこと．¶为他壮 zhuàng～儿／彼に勇気をつけてやる．②〈生理〉(通称で)胆嚢(たんのう)．③器物の内側の層．¶热水瓶 rèshuǐpíng～／魔法瓶の中瓶．‖姓
【胆大】dǎndà 形 度胸がある．大胆である．
【胆大包天】dǎn dà bāo tiān〈成〉大胆不敵である．
【胆敢】dǎngǎn 副 大胆にも．向こう見ずに．
【胆固醇】dǎngùchún 名〈生化〉コレステロール．
【胆管】dǎnguǎn 名〈生理〉胆管．輸胆管．
【胆寒】dǎnhán 動 怖がる．びくびくする．
【胆力】dǎnlì 名 度胸．胆っ玉．¶～过人／人一倍の度胸がある．
【胆量】dǎnliàng 名 勇気．度胸．胆っ玉．¶这位厂长 chǎngzhǎng 很有～／こちらの工場長さんは胆っ玉が大きい．
【胆略】dǎnlüè 名〈書〉胆略．知勇．
【胆囊】dǎnnáng 名〈生理〉胆嚢(たんのう)．►一般に"胆""苦胆 kǔdǎn"という．
【胆瓶】dǎnpíng 名 くびの細長い花瓶．
【胆怯】dǎnqiè 形 臆病である．おじけづく．
【胆小鬼】dǎnxiǎoguǐ 名 臆病者．意気地なし．
【胆战心惊】dǎn zhàn xīn jīng〈成〉あまりの恐ろしさに肝をつぶす．►"胆颤 zhàn 心惊""心惊胆战"とも．
【胆汁】dǎnzhī 名〈生理〉胆汁．
【胆子】dǎnzi 名 胆．胆っ玉．度胸．¶～不小／大胆である．¶放开 fàngkāi～／思いきって．¶好大的～！／不敵なやつだ．

疸 dǎn "黄疸 huángdǎn"(黄疸)，"黑疸 hēidǎn"(黒穂病)という語に用いる．

掸(撣) dǎn 動(はたきなどで)はたく，払う．¶～灰尘 huīchén／ほこりを払う．
⇒〖担 dān,dàn〗
【掸把子】dǎnbàzi 名 はたきの柄(え)．
【掸子】dǎnzi 名 はたき．(量)把．

4声 **石** dàn 量(容積の単位)石(こく)．100升．注意 古典中にみえる俸禄(ほうろく)高を示す表現では shí と発音する．たとえば"二千石""万石"など．►► shí

旦 dàn 名(旧劇で)女形(おやま)．►"青衣、花旦、花衫 huāshān、老旦、刀马 dāomǎ 旦、武 wǔ 旦"などの総称．
◇①〈書〉明け方．朝．¶～暮 mù／朝晩．¶通宵 tōngxiāo 达～／(翌朝まで)徹夜する．②日．¶元 yuán～／元日．¶一～／ある日．

【旦角】dànjué 名(～儿)(旧劇で)女形(おやま).
【旦夕】dànxī 名〈書〉旦夕(たんせき). 朝と晩;〈転〉時間が切迫する. ¶危 wēi 在～ / 〈成〉危険が眼前に迫っている.

*但 dàn ①接続 …(だ)が. しかし. ただし. ところが. ►話し言葉では普通,"但是"を用いる. ¶虽 suī 下雪,～并 bìng 不冷 / 雪が降っているが,寒くない.
②副 ただ. だけ. ばかり. ►書き言葉で用いられる. ¶不求 qiú 有功 gōng,～求无过 / 功績は求めず,ただ過失のみを避ける. ►ことなかれ主義のたとえ.
参考 "但是"の後にはポーズをおく(コンマを打つ)ことができるが,"但"にはそれができない. ‖姓
【但凡】dànfán 接続〈口〉…でありさえすれば. およそ…であれば. ►意味は"凡是""只要是"に同じ.
**【但是】dànshì 接続 しかし. けれども. …が.
語法 逆接を表す. "虽然 suīrán""尽管 jǐnguǎn"などと呼応することも多い. ¶虽然她岁数 suìshu 不大,～很有学问 xuéwèn / 彼女はまだ年が若いのに,とても学がある. ¶他个子虽小,～力气却 què 不小 / 彼は体は小さいが,力は強い.
【但书】dànshū 名〈法〉但し書き. ►日本語からきた言葉.
【但愿】dànyuàn 動 ひたすら…であることを願う. ¶～明天别下雨 / 明日雨が降りませんように. ¶～如此 rúcǐ / そうあってくれればいい(のだが).

担(擔) dàn 量 ①(重量の単位)1"担"は100"斤"に相当する.
②天びん棒で担ぐものを数える. ¶两～煤 méi / 2荷の石炭.
◇ ①(＝扁担 biǎndan)天びん棒;天びん棒で担ぐ荷物. ②〈喩〉負担. 責任. ¶重 zhòng ～ / 重責.
▸▸ dān
【担担面】dàndanmiàn 名〈料理〉タンタンメン.
【担子】dànzi 名 ①天びん棒で担ぐ荷物. ②〈喩〉責任. 重荷. ¶他一个人挑 tiāo 起了经营 jīngyíng 管理 guǎnlǐ 的～ / 彼一人で経営の責任を担うようになった.

诞 dàn ◇ ①誕生する. 誕生日. ¶寿 shòu ～ / 誕生日. ②でたらめな. ¶荒 huāng ～ / 荒唐無稽である.
【诞辰】dànchén 名〈敬〉誕生日. ►書き言葉に多く用い,重々しい. 偉大な人物に用いられる. ¶今天是他的五十～ / きょうは彼の50歳の誕生日である.
*【诞生】dànshēng 動 誕生する. 生まれる. ►人だけでなく,組織や国家にも用いられる重々しい言葉.

啖(啗) dàn 動〈書〉①食う. 食わせる. ¶以枣 zǎo ～之 / ナツメを食べさせる. ②(利益で)釣る. ¶～以重利 / 莫大な利益で誘う. ‖姓

*淡 dàn 形 ①(↔浓 nóng)(飲みものが)薄い;(酒・たばこが)弱い,マイルドだ. ►酒・たばこがきついのは"冲 chòng"という. ¶这杯 bēi 咖啡 kāfēi 太～了,不好喝 / このコーヒーは薄すぎておいしくない. ¶我抽 chōu 的烟 yān 很～ / 私の吸っているたばこはマイルドだ.
②(↔咸 xián)塩気が薄い. 味が薄い. ¶这菜太～了 / この料理は味が薄すぎる.
③(↔深 shēn,浓)(色が)薄い,淡い,明るい. ¶颜色 yánsè ～点儿好 / 色は明るいほうがいい.
④冷淡である. 冷ややかである. ¶他～～地说了一句话 / 彼は味もそっけもなくひとこと話した.
⑤(商売が)閑散としている. ¶生意 shēngyi ～了 / 商売が暇になった.
◇〈方〉つまらない(話). ¶→～话 huà. ¶扯 chě ～ / ナンセンスなことを言う. ‖姓
【淡泊】dànbó 形〈書〉淡泊である. 無欲である. ►"澹泊"とも書く.
*【淡薄】dànbó 形 ①(霧などが)薄い. ②(味が)薄い. ③(感情や興味が)希薄である. ¶他俩儿的感情逐渐 zhújiàn ～了 / 二人の愛情がしだいに薄らいできた. ④(印象が)薄い.
【淡出】dànchū 動〈映〉フェードアウトする.
【淡定】dàndìng 形 落ち着いている.
【淡饭】dànfàn 名 粗末な食事. 粗食. ¶粗衣 cūyī ～ / 質素な生活.
【淡话】dànhuà 名 くだらない話.
【淡季】dànjì 名(↔旺季 wàngjì)(商売などの)閑散期.
【淡绿】dànlǜ 名 薄緑. ライトグリーン.
【淡漠】dànmò 形 ①冷淡である. ②記憶や印象が薄い.
【淡墨】dànmò 名 薄墨(うすずみ).
【淡青】dànqīng 名 薄い青色.
【淡然】dànrán 形〈書〉(どこ吹く風と)平気である. ¶～置 zhì 之 / 気にもとめずに放っておく.
【淡入】dànrù 動〈映〉フェードインする.
【淡水】dànshuǐ 名 淡水. ¶～湖 hú / 淡水湖. ¶～鱼 yú / 淡水魚.
【淡忘】dànwàng 動(印象や記憶が)しだいに薄れる,少しずつ薄らぐ.
【淡雅】dànyǎ 形(色が)あっさりしていて上品である.
【淡月】dànyuè 名(↔旺月 wàngyuè)(商売の)閑散な月.
【淡竹叶】dànzhúyè 名〈植〉ササクサ;〈中薬〉淡竹葉(たんちくよう).
【淡妆】dànzhuāng 名 薄化粧.

弹(彈) dàn 名(～儿)弾力で発射される小さな玉. ¶泥 ní ～儿 / 粘土をこねて作ったはじき玉.
◇ 鉄砲の弾. ¶炮 pào ～ / 砲弾. ¶炸 zhà ～ / 爆弾. ▸▸ tán
【弹道】dàndào 名〈物〉弾道.
【弹道导弹】dàndào dǎodàn 名〈軍〉弾道ミサイル.
【弹弓】dàngōng 名 はじき弓. パチンコ.
【弹痕】dànhén 名 弾痕. (鉄砲の)弾の当たった跡.
【弹壳】dànké 名(～儿)①薬莢(やっきょう). ►"药筒 yàotǒng"の俗称. ②爆弾の外殻.
【弹坑】dànkēng 名 爆弾や砲弾であいた穴.
【弹孔】dànkǒng 名 弾丸の当たった穴.
【弹片】dànpiàn 名(～儿)炸裂した砲弾の破片.
【弹头】dàntóu 名 弾丸;(誘導弾の)弾頭.
【弹丸】dànwán 名 ①はじき玉. ②銃弾. ③〈書〉〈喩〉狭い土地.
【弹丸之地】dàn wán zhī dì 〈成〉猫の額ほどの土地.

【弹匣】dànxiá 名〈軍〉弾倉.
【弹药】dànyào 名〈軍〉弾薬.
【弹着点】dànzhuódiǎn 名〈軍〉着弾点.
【弹子】dànzǐ 名 ①はじき玉. ②〈方〉ビリヤード. 玉突き. ¶打 dǎ～/ビリヤードをする.
【弹子房】dànzǐfáng 名〈方〉玉突き場. ビリヤード場.

*蛋 dàn 名 卵. ¶下～/卵を産む. ◇◆ ①卵状のもの. ¶泥 ní～儿/泥の塊. ②やつ. ちくしょう. ¶坏 huài～/悪いやつ. ¶王八 wángba～/この恥知らずめ.
【蛋白】dànbái 名 ①卵白. ►"卵白 luǎnbái"とも. 卵黄(黄身)は"蛋黄 dànhuáng"という. ②蛋白質. ►"蛋白质 zhì""朊 ruǎn"とも. ¶～尿 niào/蛋白尿. ¶～肉 ròu/大豆蛋白食品.
【蛋白石】dànbáishí 名〈鉱〉蛋白石. オパール.
【蛋白质】dànbáizhì 名 蛋白質.
【蛋粉】dànfěn 名 卵を乾燥させ粉末にした食品.
*【蛋糕】dàngāo 名 ①ケーキ. カステラ. ㊞块. ¶花～/デコレーションケーキ. ②〈喩〉パイ. (社会の)共有の利益や財.
【蛋羹】dàngēng 名〈料理〉茶碗蒸し.
【蛋黄】dànhuáng 名(～儿)卵黄. ¶～酱 jiàng/マヨネーズ.
【蛋卷】dànjuǎn 名(～儿) ①卵を多く使った筒状のクッキー. ②ソフトクリーム.
【蛋壳】dànké 名(～儿)卵の殻.
【蛋品】dànpǐn 名 卵および卵製品.
【蛋青】dànqīng 名(アヒルの卵の殻のような)ごく薄い青色.
【蛋清】dànqīng 名(～儿)〈口〉卵の白身.
【蛋用鸡】dànyòngjī 名 卵用種の鶏.
【蛋子】dànzi 名 丸いもの. ¶脸 liǎn～/(子供などのかわいい)ほっぺた. ¶石头～/石ころ.
【蛋子儿】dànzǐr 名〈口〉睾丸(こうがん).

氮 dàn 名〈化〉窒素. N. ¶～族 zú/窒素族元素.
【氮肥】dànféi 名〈農〉窒素肥料.

dang (ㄉㄤ)

1声 **当(當) dāng 1動 ①…になる;(…の役・職を)務める;(職務を)受け持つ. ¶我想～老师 lǎoshī/私は先生になりたい. ¶他～过小组长 xiǎozǔzhǎng/彼はグループ長を務めたことがある. ②(責任を)引き受ける;(資格・条件に)相当する. ふさわしい. ¶我可～不起 buqǐ 那个队长/私にはそのリーダーはとても引き受けられない. ③つかさどる. 管理する. ¶→～家 jiā.
2前 …に. …で. …を前に. ►事柄が起きた〔起きる〕時・場所を表す. ¶～他结婚 jiéhūn 那一年/彼が結婚したその年に. ¶～着大家的面儿说清楚 qīngchu/みんなの前ではっきり言う.
〖当…的时候〗dāng … de shíhou …のとき〔ころ〕. ¶～他十五岁的时候/彼が15歳のときに. ¶～樱花 yīnghuā 盛开 shèngkāi 的时候,他访问 fǎngwèn 了日本/サクラが満開のころ,彼は日本を訪れた.
3助動 当然…すべきである. ¶～说则 zé 说/言うべきことは言う.
4擬《金属製の器物をたたく音》かあん. ごおん.
◇◆ ①釣り合う. ¶相～/匹敵する. ②まさに今. ¶→～场 chǎng. ‖姓 ►► dàng
【当班】dāng//bān 動 当番になる. 当直する. ¶他下午～到七点/彼は午後は7時まで勤務がある.
【当兵】dāng//bīng 動 軍隊に入る. 兵隊になる. ¶～的/(やや軽蔑のニュアンスで)兵隊.
【当差】dāng//chāi〈旧〉①動 使い走りや下僕の仕事をする. ②名 使用人. 下僕.
【当场】dāngchǎng 副 その場で. 現場で. ¶～表演 biǎoyǎn/その場で実演する.
【当场出彩】dāng chǎng chū cǎi〈成〉人前で醜態を演じる.
【当初】dāngchū 名 最初. もと. 以前. ¶～你就不该 gāi 这么做/初めからこうするんじゃなかったんだ.
【当代】dāngdài 名 現代. 当代. 参考 ふつう,中華人民共和国成立以後をさす.
【当代文学】dāngdài wénxué 名 現代文学.
【当道】dāngdào ①名(～儿)〈方〉道の真ん中. ②動〈貶〉政権を握る. ¶奸臣 jiānchén～/奸臣(かんしん)が政権を握る.
*【当地】dāngdì 名 当地. その土地. ¶～风俗 fēngsú/現地の風俗.
【当地雇员】dāngdì gùyuán 名 現地採用者.
【当关】dāng//guān ①動 関所を守る. ②名〈書〉門衛.
【当官】dāng//guān 動 役人になる.
【当归】dāngguī 名〈植〉トウキ;〈中薬〉当帰(とうき).
【当行出色】dāng háng chū sè〈成〉餅(もち)は餅屋.
【当机立断】dāng jī lì duàn〈成〉時機を外さず即断する.
【当即】dāngjí 副〈書〉すぐさま. たちどころに. ►過去の事についていうことが多い.
【当家】dāng//jiā 動 家事〔家庭〕を切り盛りする. 家庭を切り回す. ¶善于 shànyú～/家事の切り盛りが上手だ.
【当家的】dāngjiāde 名 ①〈口〉(一家の)主人. ②〈方〉(妻が夫に対し)亭主. あなた. ►第二人称としても用いられる. ③〈口〉(寺院の)住職.
【当间儿】dāngjiànr 名〈方〉真ん中.
【当今】dāngjīn 名 ①今. 当世. ②〈旧〉今の皇帝.
【当今之世】dāngjīn zhī shì 今の世の中.
【当局】dāngjú 名 当局. ¶政府 zhèngfǔ～/政府当局.
【当局者迷】dāng jú zhě mí〈成〉傍目八目(おかめはちもく).
【当空】dāngkōng 動(日・月が)中天にかかる. ¶皓月 hàoyuè～/明月が中空にかかっている.
【当口儿】dāngkour 名〈方〉ちょうどその時.
【当啷】dānglāng 擬《金属製の物が硬いものに打ち当たって出す音》がらん. からん. ►"哨啷"とも書く.
【当量】dāngliàng 名〈化〉当量. ¶克 kè～/グラム当量.
【当令】dānglìng 動 旬を迎える. ¶～的新鲜 xīnxiān 水果/季節の新鮮な果物.
【当面】dāng//miàn 動(～儿)面と向かう. じかに…

する. ¶有意见～提 tí, 不要背后 bèihòu 乱说 / 意見があるなら陰であれこれ言わず, 面と向かって言いなさい.

*【当年】dāngnián 名 当時. 往年. ¶～他当 dāng 过科长 kēzhǎng / 昔, 彼は課長だった. ⇒【当年】dàngnián

*【当前】dāngqián ①名 目下. 現段階. ¶～的最大任务 rènwu / 当面の最大の任務. ②動 目の前にある〔いる〕. ¶大敌 dàdí ～ / 敵が目前に迫っている.

【当权】dāng//quán 動 権力を握る.

【当权派】dāngquánpài 名 実権派.

【当儿】dāngr 名〈方〉①ちょうどその時. 折から. ②(時間・場所の)すきま, あき.

**【当然】dāngrán ①形 当然である. ¶他提出抗议 kàngyì 是～的 / 彼が抗議するのは当たり前だ. ②副 もちろん. 言うまでもなく. ¶你也去吗? —～去 / 君も行くのか—もちろん行く.

【当仁不让】dāng rén bù ràng〈成〉自分で担うべき責務は進んで果たす. ►自分から役目を買って出るときの常套表現.

【当日】dāngrì 名〈書〉当時. その時. ⇒【当日】dàngrì

*【当时】dāngshí 名 当時. その時. ¶～我才 cái 十二岁 / そのとき私はまだ12歳だった. ⇒【当时】dàngshí

【当事人】dāngshìrén 名 当事者. ¶听取 tīngqǔ ～双方 shuāngfāng 的意见 yìjiàn / 当事者双方の意見を聴取する.

【当头】dāngtóu ❶副 頭から. ❷動 ①(事が)眼前に迫る. ¶大难 nàn ～ / 大きな災難が頭上にふりかかっている. ②首位におく. ¶干 gàn 字～, 困难低头 dītóu / 意気込みが先行すれば困難は退く. やる気を出せば何でもできる. ⇒【当头】dàngtou

【当头棒喝】dāng tóu bàng hè〈成〉頭ごなしに一喝する. 厳しい警告やショックを与える.

【当头一棒】dāng tóu yī bàng →【当头棒喝】dāng tóu bàng hè

【当务之急】dāng wù zhī jí〈成〉当面の急務.

【当下】dāngxià 副 即刻. ただちに. ¶～决定 juédìng / すぐに決める.

【当先】dāngxiān ①動 先頭に立つ. ②名〈方〉最初. 以前.

*【当心】dāngxīn ①動 用心する. 気をつける. ¶一不～就会出岔子 chàzi / ちょっと気をゆるめるとまちがいが起こる. ②名〈方〉(胸部の真ん中の意味から広く)真ん中.

【当选】dāngxuǎn 動 当選する. ¶～议员 yìyuán / 議員に選ばれる.

【当腰】dāngyāo 名 真ん中. ►長い物についていうことが多い. ¶球棒 qiúbàng 从～断 duàn 了 / バットが真ん中から折れた.

【当一天和尚撞一天钟】dāng yī tiān héshang zhuàng yī tiān zhōng〈諺〉坊主である間だけ鐘をつく;〈喩〉場当たり的に仕事をする. ►"做 zuò 一天和尚撞一天钟"とも.

【当院】dāngyuàn 名(～儿)〈方〉庭先.

【当政】dāngzhèng 動 政権を握る. ¶军人～ / 軍人が政権を握った.

【当之无愧】dāng zhī wú kuì〈成〉その名に恥じない.

【当中】dāngzhōng 方位 真ん中;…の中. 中間. ¶在我们～他是最年轻 niánqīng 的 / われわれの内で彼はいちばん若い.

【当中间儿】dāngzhōngjiànr 方位〈方〉真ん中. ただ中.

【当众】dāngzhòng 副 みんなの前で. ¶～表演 biǎoyǎn / みんなの前で芸をやる. ¶～出丑 chūchǒu / みんなの前で恥をかく.

【当子】dāngzi 名〈方〉すきま. あき.

铛(鐺) dāng

擬《金属の器物のぶつかる音》がちゃん.

裆(襠) dāng

名 ①(ズボンの)まち. ¶横 héng ～ / 横まち. ¶直 zhí ～ / 縦まち. ②股間. 股ぐら. ¶腿 tuǐ ～ / 内もも.

3声 *挡(擋・攩) dǎng

❶動 さえぎる. 立ちはだかる;抵抗する;おおう. ¶汽车～住了去路 / 自動車が道をさえぎった. ¶～光 guāng / 光線をさえぎる.
❷名 ①(～儿)おおい. ¶窗 chuāng ～儿 / 雨戸. ②〈機〉ギヤ. 変速装置. ►"排挡 páidǎng"の略. ③《計器の光・熱・電力の量を表す等級》

【挡车】dǎngchē 動 紡績機械の操作をする. ¶～工 / (紡績機械の)オペレーター.

【挡道】dǎng//dào 動 道をふさぐ. 邪魔する. ¶自行车停 tíng 在这儿～ / 自転車をここに放置すると邪魔になる.

【挡寒】dǎng//hán 動 防寒をする. ¶喝一口酒挡一挡寒 / 一杯飲んで寒さを防ぐ.

【挡横儿】dǎng//hèngr 動 邪魔する. 横やりを入れる. ¶你～是怎么的? / おまえ邪魔だてする気か.

【挡驾】dǎng//jià 動〈婉〉来訪を断る. 門前払いをする.

【挡箭牌】dǎngjiànpái 名〈慣〉(盾の意味から)口実. 言い訳. ¶拿 ná 有病作～ / 病気を言い訳にする.

【挡路】dǎng//lù →【挡道】dǎng//dào

【挡泥板】dǎngníbǎn 名(自動車や自転車などの)泥よけ.

【挡子】dǎngzi 名 おおい. 囲い. ¶炉 lú ～ / ストーブの囲い.

*党(黨) dǎng

名 党. 政党;(特に)中国共産党.
◇◆ ①徒党. 一味. ¶结～营私 yíngsī / 徒党を組んで私利をはかる. ②(一方に)味方をする. えこひいきする. ③親類をさす. ¶父〔母〕～ / 父方〔母方〕の親類. ‖姓

【党八股】dǎngbāgǔ 名(中国共産党の)紋切り型で意味のない文体や活動方法. ⇒【八股】bāgǔ

【党报】dǎngbào 名 党の機関紙.

【党阀】dǎngfá 名 派閥のボス.

【党费】dǎngfèi 名 党費.

【党纲】dǎnggāng 名 党綱領.

【党棍】dǎnggùn 名 政党の悪ボス;(特に国民党の)ボス.

【党籍】dǎngjí 名 党籍. ¶开除 kāichú ～ / 党から除名する.

【党纪】dǎngjì 名 党紀.

【党禁】dǎngjìn 名 ある党派に属する者を官職につ

かせず,政治に参加させないこと.
【党课】dǎngkè 名 党の組織が党員や入党申請者に党の綱領や規約についての教育を施す課程.
【党魁】dǎngkuí 名〈貶〉政党のボス．党首.
【党龄】dǎnglíng 名 党歴.
【党内】dǎngnèi 名 党内．¶～民主 / 党内の民主.
【党派】dǎngpài 名 党派．¶无 wú ～人士 rénshì / 無党派人士．どの政党にも属さない有力者.
【党票】dǎngpiào 名〈俗〉中国共産党員の身分．►立身出世のための資格として,党員の身分を架空の手形に見立てていう.
【党旗】dǎngqí 名 党旗.
【党参】dǎngshēn 名〈植〉ヒカゲツルニンジン；〈中薬〉党参(とうじん).
【党同伐异】dǎng tóng fá yì〈成〉意見を同じくする者と徒党を組み,意見を異にする者を攻撃する.
【党徒】dǎngtú 名〈貶〉徒党．一味.
【党团】dǎngtuán 名 ①〈略〉党派と団体の略称．►現在の中国では特に中国共産党と共産主義青年団をさす．②国会議員団.
【党外】dǎngwài 名 党外．中国共産党以外．¶～人士 rénshì / 党外人士.
【党委】dǎngwěi 名〈略〉政党の各級の**党委員会**の略称．►現在は特に中国共産党の各級の党委員会をさす.
【党务】dǎngwù 名 党務.
【党校】dǎngxiào 名 党学校．中国共産党が各級幹部を育成・訓練する学校.
【党性】dǎngxìng 名 党派性．党人気質．►中国では特に中国共産党のそれをさす.
【党羽】dǎngyǔ 名〈貶〉仲間．一味．►非難されるべき集団で首領以外のものをさす.
【党员】dǎngyuán 名 **党員**．►現在の中国では特に中国共産党の党員をさす.
【党章】dǎngzhāng 名 党規約.
【党证】dǎngzhèng 名 党員証.
【党支部】dǎngzhībù 名 党支部.
【党组】dǎngzǔ 名(中国共産党の)党グループ．政府機関や企業・団体などに設けられた党組織.
【党中央】dǎngzhōngyāng 名 **党中央**．党の指導部；(特に)中国共産党中央委員会.

4声 * **当**(當) **dàng** 動 ①**…とする．…と見なす**．¶他把 bǎ 公司 gōngsī ～自己 zìjǐ 的家 / 彼は会社を自分の家と見なした.
②**…と思い込む**．¶你还在这儿,我～你走了 / 君はまだいたのか,もう帰ったと思ったが.
③**…に相当する**．…に当たる．¶一个人～两个人用 / 一人で二人分の働きをする.
④**質に入れる**．¶当时我生活 shēnghuó 困难 kùnnan,把戒指 jièzhi 和项链 xiàngliàn 都～了 / あのころ私は生活に困っていて,指輪やネックレスまで質入れした.
◇◆ ①適切である．ちょうどよい．¶恰 qià ～ / 適当である．¶得 dé ～ / 妥当である．②事が起こった時．¶→～时 shí．¶→～天 tiān．③質草；質屋．¶赎 shú ～ / 質を請け出す．¶→～铺 pù.
▸▸ dāng
*【当成】dàngchéng ⇀【当做】dàngzuò
【当当】dàngdàng 動 質に入れる.
【当卖】dàngmài 動 質に入れたり売ったりする．¶穷 qióng 得靠 kào ～过日子 / 質入れしたり売ったりしてその日暮らしをする.
【当年】dàngnián 名 **その年．同じ年**．⇒【当年】dāngnián
【当票】dàngpiào 名(～儿)質札.
【当铺】dàngpù 名 質屋.
【当日】dàngrì 名 その日．当日．¶～有效 yǒuxiào / (切符などの)発行当日限り有効．⇒【当日】dāngrì
【当时】dàngshí 副 **即座に．直ちに**．⇒【当时】dāngshí
【当是】dàngshi 動(**間違って)…と思う．てっきり…だと思う**．¶我～小张来了,原来是你 / 張君が来たのかと思ったら,君だったのか.
【当天】dàngtiān 名 **当日．その日．同日**．¶他～来,～就走了 / 彼はその日来て,その日のうちに帰った．¶～往返 wǎngfǎn / 日帰り.
【当头】dàngtou 名 質草．⇒【当头】dāngtóu
【当晚】dàngwǎn 名 その夜.
【当月】dàngyuè 名 その月．同じ月.
【当真】dàngzhēn ①動 **本気にする．真に受ける**．¶放心 fàngxīn,谁 shuí 也不会～ / 安心しろ,だれも本気にしないから．②形 **本当である．果たして**．¶这话～吗？/ その話は本当か．¶这事儿你～能办 bàn 吗？/ この件を君は本当にやれるか.
*【当做】dàngzuò 動 **…と見なす．…と思う**．¶把他～自己的亲哥哥 qīngēge / 彼を自分の本当の兄のように思う.

荡(蕩) **dàng** ❶動 ①**揺れる．揺れ動く**．¶～桨 jiǎng / 櫓(ろ)をこぐ．❖～秋千 *qiūqiān* / ぶらんこに乗る．②さまよう．ぶらつく．¶～一会儿马路 mǎlù / 街をしばらくあてもなくぶらぶら歩く.
❷名(浅い)湖．►地名に用いる.
◇◆ ①洗う．¶冲 chōng ～海岸 hǎi'àn / (波が)海岸を洗う．②すっかり取り除く．一掃する．¶扫 sǎo ～ / 掃討する．③放縦な．ふしだらである．かって気ままな．¶淫 yín ～ / 淫乱(いんらん)である．¶～子 / 放蕩児．‖姓
【荡涤】dàngdí 動〈書〉洗う．洗い清める.
【荡然】dàngrán 形〈書〉跡形もない.
【荡漾】dàngyàng 動 波打つ．¶湖水～ / 湖水が波打つ．¶歌声～ / 歌声が流れる.

档(檔) **dàng** ❶名 ①(書類を保管する)段付きの棚．¶归 guī ～ / 関係文書をファイルする．②(～儿)支え棒．横木．¶桌子的横 héng ～儿 / 机の横木．③**保存書類**．¶查 chá ～ / 保存書類を調べる．④(商品や製品の)等級.
❷量 "评弹 píngtán"などの大衆芸能の演目に用いる．¶头 tóu ～ / 1番目(の演目)．¶双 shuāng ～ / 二役者による(演目)．‖姓
*【档案】dàng'àn 名 ①(職場の人事部門が保管する)身上調書,人事記録．►正式には"人事 rénshì 档案"という．中学入学時から記録され,人事などに利用される．(量)份 fèn．②保存書類.
【档案馆】dàng'ànguǎn 名 公文書館.
【档次】dàngcì 名(一定の規準に基づく)等級,ランク．¶高～的商品价格 jiàgé 也贵 / 高級品は値段

も高い. ¶不够 gòu ～ / いまひとつ.

【档子】dàngzi 量〈方〉① 事・出来事に用いる. ►"档儿 dàngr"ともいう. ¶这～事难对付 duìfu / これはやりにくい. ② 組になった演芸や見せ物を数える. ⇨〖档 dàng〗❷

dao（ㄉㄠ）

1声 * **刀 dāo** ① 名(～儿)ナイフ. 刀. 刃物類. ㊫ 把. ② 量(紙を数える単位)普通, 1"刀"は100枚.

◇◆ 刀状の物. ¶冰 bīng ～ / スケート靴のエッジ. ‖姓

【刀把儿】dāobàr 名 ① 刀のつか. 刃物の柄；〈転〉権力. ②〈方〉(脅迫の)たね. 弱点. ¶被 bèi 人抓住 zhuāzhù 了～ / 人に弱みを握られる. ►①②とも"刀把子 dāobàzi"とも.

【刀背】dāobèi 名(～儿)刀の峰.

【刀笔】dāobǐ 名〈書〉〈貶〉(特に司法関係の)文書に関すること,文書を書く人.

【刀兵】dāobīng 名 武器；〈転〉戦争. ¶动～ / 戦争を始める. ¶～之祸 huò / 戦禍.

【刀叉】dāochā 名 ナイフとフォーク. ㊫ 副 fù,套 tào.

【刀豆】dāodòu 名〈植〉ナタマメ.

【刀锋】dāofēng 名 刀の刃.

【刀架】dāojià 名〈機〉バイト台.

【刀具】dāojù 名〈機〉バイト. 刃物類の総称. ►"刃具 rènjù"とも.

【刀口】dāokǒu 名 刃. やいば；〈喩〉肝心なところ.

【刀螂】dāolang 名〈方〉〈虫〉カマキリ.

【刀片】dāopiàn 名〈機〉切削具の刃. バイト；かみそりの刃.

【刀枪】dāoqiāng 名 刀と槍；武器.

【刀鞘】dāoqiào 名 刀の鞘(さや).

【刀儿】dāor 名 小刀. ㊫ 把. ¶剃 tì ～ / かみそり. ¶铅笔 qiānbǐ ～ / 鉛筆削り.

【刀刃】dāorèn 名(～儿)刃. やいば.

【刀山火海】dāo shān huǒ hǎi 〈成〉剣の山,火の海. 非常に危険なところ. ►"火海刀山"とも.

【刀条脸】dāotiáoliǎn 名〈俗〉細面(ほそおもて). ►"瓦刀 wàdāo 脸"とも.

【刀削面】dāoxiāomiàn 名 山西料理で,棒状にこねた小麦粉を三日月形の包丁("月牙刀 yuèyádāo")で削って湯に落とし,ゆでてあげたもの. 肉みそやあん,スープをかけて食べる麺(めん).

【刀鱼】dāoyú 名〈魚〉タチウオ.

** 【刀子】dāozi 名〈口〉**小刀. ナイフ.** ㊫ 把.

【刀子嘴】dāozizuǐ 〈慣〉言葉がきつい. ¶～,豆腐心 / 〈慣〉口は悪いが気持ちは優しい.

【刀俎】dāozǔ 名〈書〉包丁とまな板；〈喩〉殺したり害を加えたりする者.

叨 dāo "叨叨 dāodao"↓などの語に用いる. ⏩ dáo,tāo

【叨叨】dāodao 動〈口〉〈蔑〉くどくど言う. ぶつくさ言う.

【叨登】dāodeng 動〈口〉①(物を)引っかき回して取り出す. ② くどくど言う. ぶつくさ言う.

【叨唠】dāolao 動〈口〉くどくど言う. ►"唠叨"とも.

【叨念】dāoniàn 動 うわさをする. つぶやく. ►"念叨"とも.

氘 dāo 名〈化〉デューテリウム. 重水素. ►"重氢 zhòngqīng"とも.

2声 **叨 dáo** "叨咕 dáogu"(ぶつぶつ言う)という語に用いる. ⏩ dāo,tāo

捯 dáo 動〈方〉①(糸・ひも・縄などを)たぐる. かい繰る. ¶～绳儿 shéngr / 縄をたぐる. ② 追究する. 原因を突き詰める. ¶～根儿 gēnr / 物事の原因を追究する.

【捯气儿】dáo//qìr 動〈方〉①(死に際に)呼吸が途切れ途切れになる. ②(しゃべるのが早くて)せき込む.

【捯腾】dáoteng 動〈方〉① ひっかき回す. ひっくり返す. ②〈貶〉余計なことをする.

3声 **导（導）dǎo** ◇◆ ①導く. 引き連れる. ¶教 jiào ～ / 教え導く. ②伝導する. ¶→～热 rè. ‖姓

【导标】dǎobiāo 名〈交〉航路標識.

【导弹】dǎodàn 名〈軍〉**ミサイル.** ㊫ 颗,枚. ¶～基地 / ミサイル基地. ¶核 hé ～ / 核ミサイル. ¶～发射井 fāshèjǐng / ミサイル地下発射台. ¶～核潜艇 héqiántǐng / ミサイル搭載原子力潜水艦.

【导电】dǎodiàn 動〈物〉電気を伝導する.

【导读】dǎodú ❶動 読書指導をする. ❷名 ①(新聞の)見出し目次. ② 読書案内書.

【导管】dǎoguǎn 名 ① 導管. パイプ. ②〈生〉(動物の)血管・リンパ管など.

【导轨】dǎoguǐ 名〈機〉ガイド. 誘導装置. すべり座.

【导航】dǎoháng 動(レーダーなどで)飛行機や船の航行を誘導する.

【导火线】dǎohuǒxiàn 名 導火線；〈喩〉導火線. きっかけ. ►"导火索"とも.

【导坑】dǎokēng 名 トンネル工事で予備的に掘る小さなトンネル. 導坑.

【导流】dǎoliú 名〈水〉導流. 導水.

【导路】dǎolù 名 道路案内.

【导热】dǎorè 動〈物〉熱を伝導する.

【导师】dǎoshī 名 ① **指導教官.** ② **指導者.**

【导数】dǎoshù 名〈数〉導関数.

【导体】dǎotǐ 名〈物〉導体. ¶半 bàn ～ / 半導体. ¶超 chāo ～ / 超伝導体.

【导线】dǎoxiàn 名〈電〉導線. ㊫ 条,根;[巻いたもの]卷 juǎn.

【导言】dǎoyán 名 緒言. 序言.

* 【导演】dǎoyǎn ① 動(演劇や映画を)**演出する,監督する.** ¶～话剧 huàjù / 現代劇を演出する. ② 名 **映画監督.** 演出家.

【导引】dǎoyǐn 名 導引術. 道教の術で,呼吸法と運動を結びつけた一種の医療体操.

【导引员】dǎoyǐnyuán 名 案内人. ガイド.

* 【导游】dǎoyóu ❶動 **観光旅行の案内をする.** ❷名 ① ガイド. 案内人. ¶当 dāng ～ / ガイドをする. ② ガイドブック. 観光案内書.

【导游图】dǎoyóutú 名 観光案内図.

【导源】dǎoyuán 動 ①…に源を発する. ②…から. …に基づく.

* 【导致】dǎozhì 動(悪い結果を)**導く,招く.** ¶～分

裂 fēnliè / 分裂の原因となる.

*岛(島) dǎo 名 島. ►単独で用いることは少ない. ¶海～ / 島嶼(とうしょ). ‖ 姓

丿 ㇇ ㇇ 乌 乌 岛 岛

D

【岛国】dǎoguó 名〈地〉島国.
【岛屿】dǎoyǔ 名〈地〉島(の総称). 島々.

捣(擣) dǎo 動 ①(杵(きね)状のもので)つく,つき砕く. ¶～米 / 米をつく. ②(棒・こぶしなどで)たたく. ¶～衣 / (たたき棒で)洗濯物をたたく. ¶用胳膊肘 gēbozhǒu ～了他一下 / ひじで彼をこづいた.

◇◆ かき回す. 攪乱(かくらん)する. ¶→～乱 luàn.

【捣蛋】dǎo//dàn 動 言いがかりをつける. からむ. ¶调皮 tiáopí ～ / 文句をいったりけちをつけたりする;(子供が)いたずらをする.
【捣鬼】dǎo//guǐ 動(こそこそ)悪巧みをする. ¶你们在捣什么鬼? / 君たちは何をこそこそとたくらんでいるのだ.
【捣毁】dǎohuǐ 動 たたき壊す. ¶～敌巢 dícháo / 敵の根城を粉砕する.
【捣乱】dǎoluàn 動 ①騒動を起こす. 破壊活動をする. ②わざと邪魔する. ¶我在看书,你别～ / 本を読んでるんだからうるさくしないでくれ.
【捣乱分子】dǎoluàn fènzǐ 名 騒動を起こす者.
【捣麻烦】dǎo máfan〈慣〉他人に面倒をかける. 他人を困らせる.
【捣弄】dǎonong 動 ①いじくる. ¶他把纸牌 zhǐpái 拿 ná 在手里～了一阵 yīzhèn / 彼はカードを手にとってしばらくいじくり回していた. ②→【倒弄】dǎonong ①②
【捣碎】dǎosuì 動 つき砕く.

**倒 dǎo 動 ①倒れる. 横倒しになる. ¶墙 qiáng ～了 / 塀(へい)が倒れてしまった. ¶摔 shuāi ～ / つまずいて転ぶ.
②(事業が)失敗する,つぶれる. ¶工厂 gōngchǎng ～了 / 工場はつぶれてしまった.
③(俳優などの声が)かすれる,つぶれる. ¶他的嗓子 sǎngzi ～了,再也唱不了 chàngbuliǎo 歌了 / 彼は声がつぶれてしまい,もう二度と歌を歌えない.
④換える. 移す. ¶请～个位子 wèizi 好吗? / 席を替わっていただけませんか.
⑤よける. (身を)かわす. ¶地方太窄 zhǎi,～不开身 / 場所が狭すぎて,身をかわすことができない.
⑥譲渡する. 売り渡す. ¶房产 fángchǎn ～出去了 / 家屋敷はもう人に譲った.
▸▸ dào

【倒把】dǎobǎ 動 さや取引をする. ¶投机 tóujī ～ / 相場で投機をする.
【倒班】dǎo//bān 動 勤務を交替する. ¶他们倒着班值日 zhírì / 彼らは交替で当直する.
【倒闭】dǎobì 動(企業が)破産する,倒産する.
【倒毙】dǎobì 動 行き倒れになる. ¶～街头 jiētóu / 街頭で行き倒れになる.
【倒仓】dǎo//cāng 動 ①穀物を干すために倉から出したり入れたりする. ②穀物を他の倉へ移す. ③〈劇〉俳優が青年期に声変わりをする.
【倒茬】dǎochá 動〈農〉輪作する.
【倒车】dǎo//chē 動(汽車・バスなどを)乗り換える. ¶从这里到王府井 Wángfǔjǐng 不用～ / ここから王府井(ワンフーチン)まで乗り換えなくてよい. ⇒【倒车】dào//chē
【倒底】dǎodǐ 名(～儿)店舗の譲り渡し,または譲り受け.
【倒戈】dǎogē 動〈書〉裏切る. 寝返る. ►矛先を逆に向けることから.
【倒换】dǎohuàn 動 交替させる. 循環させる;(順序を)変える.
【倒汇】dǎo//huì 動 外貨の投機売買をする.
【倒嚼・倒噍】dǎojiào 動 反芻(はんすう)する. ►"反刍 fǎnchú"の通称.
【倒睫】dǎojié 動 逆さまつげになる.
【倒卖】dǎomài 動(不法に)転売する.
*【倒霉】dǎo//méi 形 不運である. ついていない. ►"倒楣"とも書く. ¶车开走了,真～ / 車が行ってしまった,まったくついてない.
【倒弄】dǎonong 動 ①移す. 運ぶ. ②売り買いする. ¶～粮食 liángshi / 食糧を売買する.
【倒牌子】dǎo páizi〈慣〉ブランドイメージを悪くする.
【倒嗓】dǎo//sǎng 動(俳優の)声がつぶれる.
【倒手】dǎo//shǒu 動 ①手を持ち替える. ②(商品を)転売する.
【倒塌】dǎotā 動(建物が)倒壊する. ¶房子 fángzi ～ / 家屋が倒壊する.
【倒台】dǎo//tái 動 崩れる. 失敗する.
【倒腾】dǎoteng 動〈口〉①運ぶ. 移す. ②販売する. ►①②とも"捣腾"とも書く.
【倒替】dǎotì 動 交替でする. ¶两个人～着看护 kānhù 病人 / 二人が交替で病人を看護する.
【倒头】dǎo//tóu 動 ①横になる. ¶～就睡 shuì / 横になるとすぐに寝てしまう. ②〈方〉くたばる. おだぶつになる. 死ぬ. ¶～经 jīng / 枕経. 死者の枕もとでする読経.
【倒胃口】dǎo wèikou〈慣〉①食べ飽きる. ②いやになる. うんざりする.
【倒血霉】dǎo xiěméi〈慣〉〈口〉極めて不運である.
【倒休】dǎoxiū 動 振り替え休日をとる. (量) 天,个. ►"调休 tiáoxiū"とも.
【倒牙】dǎoyá 動〈方〉(酸っぱいものを食べて)歯が浮く.
【倒爷】dǎoyé 名〈口〉悪質ブローカー. 商品を転売して法外に儲ける業者. ¶洋 yáng ～ / 外国人の投機商.
【倒运】dǎo//yùn 動 ①〈方〉運が悪い. ついていない. ②(投機商人が商品を)転売して利益を得る.
【倒账】dǎozhàng 名 貸し倒れ. ¶吃了一笔 bǐ ～ / 貸し金を踏み倒された.

祷(禱) dǎo ◇◆ ①祈る. ¶祈 qí ～ / 祈禱する. ②切望する. ►書簡用語. ¶盼 pàn ～ / 願い望む.

【祷告】dǎogào 動(神仏に)祈る.
【祷祝】dǎozhù 動 祈る. 祈願する.

蹈 dǎo ◇◆ ①踊る. 跳ねる. ¶舞 wǔ ～ / 踊る. ②踏む. 踏みつける. ¶赴 fù 汤～火 / 水火も辞さない.

【蹈袭】dǎoxí 動 踏襲する. ¶～前人 qiánrén / 前人にならう.

4声 ** **到 dào** ❶動 ① **到着する；(…までに)なる，達する．** ¶火车～上海了 / 汽車は上海に着いた． ¶他还不～三十岁 / 彼はまだ三十前です．

動詞＋"到"

動作の実現，到達した結果・場所・時間を表す．

❶動作の結果や目的が達成されることを表す． ¶收 shōu～了一封 fēng 信 / 手紙を1通受け取った． ¶这事你办得～吗？/ これは君にもできますか．

❷ある場所への到達を表す． ►場所を表す語の後にさらに"来"か"去"をつけて動作の方向を示すこともできる． ¶他终于 zhōngyú 回～了自己的家 / 彼はついに自分の家に着いた． ¶你快把他送 sòng～医院 yīyuàn 去 / 早く彼を病院まで送ってやりなさい．

❸動作がその時間まで続くことを表す． ¶大雨下～半夜才停 tíng / 大雨は夜中まで降り続いた．

❹動作または性質・状態などがどの程度まで達したかを表す． ¶事情已经发展～不可收拾 shōushi 的地步 dìbù / 事態はすでに収拾がつかないところまできている．

② **…へ行く；…へ来る．** ¶你～过北京吗？/ 君は北京へ行ったことがありますか． ¶您～哪儿去？/ どちらへお出かけですか． ③《学校などで出席をとるときの返事》はい． ¶～！/ はい．

❷形 周到である．行き届く． ¶想得很～ / 細かい点まで気がつく． ‖ 姓

【到岸价格】dào'àn jiàgé 名 運賃保険料込み値段．CIF． ⇒【离岸价格】lí'àn jiàgé

【到场】dào//chǎng 動(ある場所に)顔を出す．出席する． ¶双方 shuāngfāng 有关 yǒuguān 人员 rényuán～ / (当事者)双方が出席する．双方出席のもとに．

*【到处】dàochù 名 **いたるところ．あちこち．方々．** ¶～打听 / あちこち尋ねる．

【到此一游】dào cǐ yī yóu 〈成〉某ここに遊ぶ．名所旧跡を訪れた記念に落書きとして書く決まり文句．

*【到达】dàodá 動 **到着する．** 着く． ¶好容易～了目的地 mùdìdì / やっと目的地に着いた． ¶飞机 fēijī～上海 / 飛行機が上海に到着する． ¶～站 zhàn / (列車等の)到着駅．

【到底】dàodǐ ❶副 ① **いったい．そもそも．

注意 疑問文に使うが"吗 ma"のつく文には"到底"を用いることができない．たとえば，"你到底去吗？"とはいえない．この場合は"你到底去不去？"(君はいったい行くのか行かないのか)という． ¶你说的～是什么意思 yìsi？/ 結局，君は何を言おうとしているのか． ② **とうとう．ついに．** ¶我想了好久，～明白了 / 私は長いこと考えて，ついに分かった． ③ **さすがは．なんといっても．** ¶～是座古城 gǔchéng，古迹 gǔjì 真多 / さすが古都だけあって，古跡が実に多い．

❷動(dào//dǐ) **最後まで…する．あくまで…する．** 徹底的に行う． ¶将 jiāng 改革 gǎigé 进行～ / 改革を最後までやり抜く．

【到点】dào//diǎn 動 時間になる；到着時刻． ¶～准时 zhǔnshí 出发 chūfā / 予定の時間どおりに出発する．

【到顶】dào//dǐng 動 頂点に達する；頭打ちになる．

【到会】dào//huì 動 会に出席する． ¶部长 bùzhǎng～致词 zhìcí / 大臣が会に出てあいさつする．

【到货】dào//huò 動(商品が)入荷する．

【到家】dào//jiā 動 高い水準に達する． ¶他的日语还不～ / あの人の日本語はまだ十分にこなれていない．[補語に用いて] ¶这个东西贱 jiàn～了 / もうこれ以上安いものはない． ¶糊涂 hútu～了！/ ばかもいいとこだ．

*【到来】dàolái 動 **到来する．** ¶即将 jíjiāng～ / 目前にひかえている．

【到了儿】dàoliǎor 副〈俗〉ついに．あげくの果て． ►"到老儿 dàolǎor"とも． ¶经 jīng 再三说服 shuōfú，他～同意了 / 再三説得したので，彼はとうとう承知した．

【到期】dào//qī 動 **期限になる．** 期日が到来する． ¶合同尚未 shàngwèi～ / 契約がまだ満期にならない．

【到任】dào//rèn 動 着任する．

【到手】dào//shǒu 動 **手に入れる．**

【到头】dào//tóu 動(～儿)極限に達する．

【到头来】dàotóulái 副 しまいには．あげくの果てには． ►よくない事柄に用いることが多い． ¶～是一场 cháng 梦 mèng / 結局のところははかない夢だった．

【到位】dào//wèi ①動 所定の位置につく．②形(dàowèi)ふさわしい．満足である．

【到位资金】dàowèi zījīn 名〈経〉(投資)実行金額．

【到职】dào//zhí 動 着任する．

倒 dào ❶動 ①(上下や前後の位置を)**逆さまにする**〔なる〕． ¶把次序 cìxù～过来 / 順番を逆にしなさい． ¶箱子 xiāngzi 千万 qiānwàn 别～过来 / 箱を絶対逆さまにしないでね．

②(容器を傾けて)**つぐ，注ぐ**，あける． ¶～酒 jiǔ / 酒をつぐ． ¶～垃圾 lājī / ごみを捨てる．

③ 車をバックさせる． ¶把车～进车库 chēkù / 車を車庫にバックで入れる．

❷副 ①《道理や予想に反することを表す》**…なのに．かえって．** ¶春天到了，天气～冷起来了 / 春になったのに，かえって寒くなった．

②《**意外であることを表す**》 ¶十个人中～有八个是北方人 / 10人のうち(意外にも)なんと8人までが北方の人だ． ¶有这样的事？ 我～要听听 / そんな事があるのか聞いてみたいものだね．

③《人の甘い考えを非難する気持ちを表す》

語法 「動詞＋"得"＋"倒"＋形容詞」の形で用いられ，動詞は"说、想、看"などに限られる．また形容詞も"容易、简单、轻松 qīngsōng"などに限られる． ¶说得～简单，你试试 shìshi 看 / 君はいかにも簡単に言うが，それなら自分でやってごらん．

④《「…だが…だ」の後部に用いて逆接を表し，後に望ましい語句を続ける》 ¶(虽然)房间不大，陈设 chénshè～挺讲究 jiǎngjiu / 部屋はそう広くないが，調度はなかなかりっぱだ．

⑤《「…だが…だ」の前部に用いて譲歩を表す》 ►多く"A倒(是)A"の形で用い，後に"就是、只是、可是、但是、不过"などが呼応する． ¶这地方环境 huánjìng 清静 qīngjìng～清静，但是交通很不方便 / ここは閑静なことは閑静なんだけれども，ただ交通が非常に不便だ．

⑥《口調をやわらげる》まあ．べつに． ¶借这个机会

D

去看看老朋友,～也不错 / この機会に古い友達を訪ねてみるのも,悪くないね. ¶你说他不肯 kěn 去？这～不见得 bùjiànde / 彼は行きたくないと言ったって.どうだか分からないね.
⑦《催促や詰問を表す》¶你～说句话呀 ya ！/ なんとか言えよ. ⇒【倒是】dàoshi
▸▸ dǎo

D

【倒背手】dàobèi shǒu 後ろ手を組む.
【倒不如】dàobùrú 〈型〉むしろ…したほうがよい. それよりも…するほうがましだ. ¶这种戏 xì,～不看 / あんな芝居だったら見ないほうがましだ.
【倒彩】dàocǎi →【倒好儿】dàohǎor
【倒插笔】dàochābǐ →【倒叙】dàoxù
【倒插门】dàochāmén 〈慣〉入り婿になる. ►“倒过门 dàoguòmén”“倒上门 dàoshàngmén”“倒装门 dàozhuāngmén”とも.
【倒车】dào//chē 動 車をバックさせる. ⇒【倒车】dǎo//chē
【倒春寒】dàochūnhán 名 春の寒波. 寒の戻り.
【倒刺】dàocì 名 ①(指にできる)逆むけ,ささくれ. ②釣り針やもりの先のかえし(逆鉤).
【倒打一耙】dào dǎ yī pá 〈成〉自分の過失や欠点を棚に上げて,人をとがめる.
【倒挡】dàodǎng 名〈機〉逆進装置. バックギヤ.
【倒飞】dàofēi 名〈航空〉背面飛行.
【倒钩球】dàogōuqiú 名〈体〉(サッカーで)オーバーヘッドキック.
【倒挂】dàoguà 動 ①逆さまに引っかける. ②逆ざやになる.
【倒灌】dàoguàn 動(川や海の水が)逆流する. ¶江水 jiāngshuǐ～市区 shìqū / 川の水が市街に溢れる.
【倒过儿】dào//guòr 動〈方〉逆さまになる；逆さまにする.
【倒好】dào hǎo (皮肉をこめて)よい,たいしたものだ.
【倒好儿】dàohǎor 名(役者に対する)やじ. ►“倒彩 dàocǎi”とも. 演技のまずい時にわざと“好！”とやじること. ¶喝 hè～ / やじる.
【倒计时】dàojìshí 動 カウントダウンする.
【倒苦水】dào kǔshuǐ 〈慣〉過去の辛酸を語る.
【倒立】dàolì 動 ①逆さまに立つ. ¶柳树 liǔshù 影子 yǐngzi～在水中 / 柳の影が水面に逆さまに映っている. ②逆立ちする.
【倒流】dàoliú 動 逆流する. (人員·物資などが)Uターンする. ¶河水 héshuǐ 不会～ / 川の水が逆流することはない.
【倒赔】dàopéi 動(もうけるところを)損をする；資本を食いつぶす.
【倒片】dào//piàn 動(フィルムを)巻き戻す.
*【倒是】dàoshi 副〈口〉…なのに. ►人の態度に不満を感じたときのじれったさや問いつめる気持ちを表す. ¶人家叫了你好几 hǎojǐ 声,你～答应 dāying 啊？/ 人(私)が何回も呼んでいるのに,返事ぐらいしたらどうだ. ⇒〖倒 dào〗❷
【倒数】dàoshǔ 動 逆に数える. 後ろから数える. ¶～第三 / 後ろから3番目.
【倒数】dàoshù 名〈数〉逆数.
【倒锁】dàosuǒ 動(内側に人のいる部屋に)外側から鍵をかける.
【倒贴】dàotiē 動(金や物をもらうべきところを)逆にやる. 補塡する.
【倒退】dàotuì ①動 後退する；さかのぼる. ¶～五年的话,空调 kōngtiáo 的价钱还贵得 de 不得了 bùdéliǎo / 5年も前だったらエアコンなどとても手の出る値段ではなかった. ②名 逆行. 後退.
【倒行逆施】dào xíng nì shī 〈成〉道理に反して事を行う. 時流に逆行する.
【倒叙】dàoxù ①動 過去の出来事を語る. ②名(映画で)フラッシュバック.
【倒悬】dàoxuán 動〈書〉逆さまにぶら下げる；非常に苦しい境遇にある.
【倒也是】dào yě shì 〈套〉それはそうですね. ►他人の話に賛同するときに用いる. “可也是”とも.
【倒因为果】dào yīn wéi guǒ 〈成〉結果を原因と見なす.
【倒影】dàoyǐng 名(～儿)倒影.
【倒映】dàoyìng 動 影が逆さに映る. 倒影ができる.
【倒栽葱】dàozāicōng 〈慣〉頭から倒れる. もんどり打って倒れる.
【倒找】dàozhǎo 動 金を払うべきなのにかえってもらう.
【倒找钱】dàozhǎo qián 相手につり銭用の小銭がないので,自分の方で逆に小銭をそえて出してあげる；金を払う側が逆にもらう. ¶这种电影 diànyǐng,～我也不去 / こんな映画は金をもらっても行くものか.
【倒置】dàozhì 動 逆さまにする. ¶本末 mò～ / 〈成〉本末転倒.
【倒转】dàozhuǎn ①動 ひっくり返す. 逆にする. ②副〈方〉かえって.
【倒装】dàozhuāng 名〈語〉倒置. ¶～句 jù / 倒置文.
【倒座儿】dàozuòr 名 ①“四合院”の“正房”に向かい合った部屋. ②(車や船の)進行方向とは逆の座席.

盗 dào

◇◆ ①盗む. ¶→～取 qǔ. ¶欺 qī 世～名 / 〈成〉世人を欺いて名誉を盗む. ②強盗. 大どろぼう. ¶→～贼 zéi. ¶海 hǎi～ / 海賊.

【盗案】dào'àn 名 盗難事件.
【盗版】dào//bǎn 名 海賊版.
【盗匪】dàofěi 名 盗賊·匪賊.
【盗汗】dào//hàn 〈医〉①動 寝汗をかく. ②名 寝汗.
【盗劫】dàojié 動 強盗略奪をする.
【盗卖】dàomài 動 公共の財産を盗んで売り飛ばす.
【盗墓】dào//mù 動 墓を盗掘する.
【盗骗】dàopiàn 動 ごまかして横領する.
【盗窃】dàoqiè 動 盗む. 窃盗をする.
【盗取】dàoqǔ 動 盗み取る. 着服する. ¶～机密 jīmì 文件 / 機密書類を盗み取る.
【盗用】dàoyòng 動 横領する. 着服する. 盗用する. ¶～公款 gōngkuǎn / 公金を横領する,使い込む.
【盗贼】dàozéi 名 盗賊. どろぼう.

悼 dào

◇◆ 悼み悲しむ. ¶追 zhuī～ / 追悼する. ¶哀 āi～ / 哀悼する.

【悼词·悼辞】dàocí 名 弔辞.
【悼念】dàoniàn 動(死者を)追憶し,悼み悲しむ. ¶沉痛 chéntòng～ / 深い悲しみをもって哀悼する.

*# 道 dào

1 [名] [1](～儿)(陸の)**道,道路**;(水の)**川筋,水道**. ►道路の場合は"路 lù"の方をよく使う. ¶小～/小道. 路地. ¶河～/川筋. ¶黄河 Huánghé 改～/黄河の川筋が変わる. [2](～儿)**線**. 筋. ¶画一条横 héng ～儿/横線を1本引く.

2 [量] [1] **川や細長いもの**を数える. ¶一～河/ひと筋の川. ¶几～皱纹 zhòuwén /いく筋かのしわ. [2] 出入口や塀などを数える. ¶两～铁丝网tiěsīwǎng/2重の鉄条網. ¶建 jiàn 一～围墙 wéiqiáng/塀〔壁〕を一つ築く. [3] **命令や標題**などを数える. ¶一～命令 mìnglìng/一つの命令. ¶十五～问题/設問15題. [4] 回数・度数を数える. ¶换 huàn 两～水/水を2度取り替える. ¶第三～菜是鱼 yú/3番目の料理は魚です. ¶省 shěng 一～手续 shǒuxù/手続き(手間)を1回省く.

3 [動] [1]〈近〉**言う**. ¶老爷 lǎoye ～: …/旦那さまは「…」と言った. ¶能说会～/口先がうまい. [2]…だと思う. ¶我～你走了,怎么还在这里?/君はもう帰ったと思ったんだけど,どうしてまだここにいるんだ.

◇◆ ①方法. 道理. ¶养生 yǎngshēng 之～/健康法. ②(学問や宗教の)道,教義. ¶传 chuán ～/布教する. ③道教の(僧・寺院). ¶→～士 shi.

【道白】dàobái [名] せりふ.

【道班】dàobān [名] 道路修理班. 鉄道の保線班. ¶～工人/道路修理工. 保線工.

【道别】dào//bié [動] いとまごいをする. ¶握手wòshǒu～/握手をかわして別れる.

【道岔】dàochà [名]〈交〉[1](～儿)転轍(てつ)機. ポイント. [2](～子)〈方〉鉄道の踏切. [3](～子)幹線道路から分かれる小路. 枝道.

【道场】dàochǎng [名] 僧や道士が法事を行うところ;僧や道士が行う法事.

【道床】dàochuáng [名]〈交〉道床.

【道道儿】dàodaor [名] [1] 方法. 手段;対策. [2] やり方. こつ.

*【道德】dàodé [1][名] **道徳**. ¶讲 jiǎng ～/道徳を重んじる. [2][形] 道徳的である. ¶这种行为 xíngwéi 太不～了/このような行為は非常に不道徳である.

【道高一尺,魔高一丈】dào gāo yī chǐ, mó gāo yī zhàng 〈諺〉正義の力が強くなれば,邪悪の勢力もいっそう強くなる.

【道姑】dàogū [名] 女道士.

【道观】dàoguàn [名] 道教の寺院. ►"观"は「寺院」を意味する場合だけ guàn と読む.

【道号】dàohào [名] 修道者の別名.

【道贺】dàohè [動] お祝いを述べる.

【道家】Dàojiā [名] 道家. ►"诸子百家"の一つで,老子・荘子を始祖とする学派.

【道教】Dàojiào [名]〈宗〉**道教**.

【道具】dàojù [名](芝居用の)道具. ►一般の道具は"工具 gōngjù"という.

【道口】dàokǒu [名](～儿) [1] 踏切. [2] 道の交差点.

*【道理】dàoli [名] [1] **わけ. 理由**. (量) 个. [2] **筋道**. 理屈. ►日本語の「道理」よりニュアンスが軽い. ¶摆 bǎi 事实,讲～/事実を並べ,道理を説く. ¶他说得没～/彼はわけがわからないことを言っている. ¶有～/なるほどその通り.

【道林纸】dàolínzhǐ [名] ドーリング紙. 光沢のある上質の印刷用紙.

*【道路】dàolù [名] [1] **道路**;(抽象的な意味の)**道**;進路. (量) 条 tiáo. ¶为两国首脑 shǒunǎo 会谈铺平 pūpíng ～/両国の首脳会談に道をひらく. [2](陸上・海上の)交通. ¶～阻塞 zǔsè/交通渋滞;道路がふさがる.

【道貌岸然】dào mào àn rán 〈成〉道徳家気どりで,まじめくさった顔つきをしている. ►皮肉に用いることが多い.

【道木】dàomù [名] 枕木. ⇨【枕木】zhěnmù

【道袍】dàopáo [名] 道士の着る服;だぶだぶした服.

【道破】dàopò [動] 喝破する. ¶一语 yǔ ～/一言で喝破する. 図星をさす. そのものずばり.

*【道歉】dào//qiàn [動] **わびる**. 謝る. ¶向老李～/李さんに謝る.

【道情】dàoqíng [名](民間芸能の一種)楽器の伴奏に合わせて,唱いながら語る道教系の語り物. ►"渔鼓道情 yúgǔ dàoqíng"とも.

【道士】dàoshi [名] 道士. 道教の僧.

【道听途说】dào tīng tú shuō 〈成〉他人から聞いた話を受け売りして話す. 受け売りの話.

【道喜】dào//xǐ [動] お祝いを述べる.

【道谢】dào//xiè [動] 礼を言う. 謝意を述べる.

【道学】dàoxué [名] [1] 道学. 宋代に朱子や程子が唱えた性理の学. [2] 聖人ぶること. ¶～先生/道徳家を気どる人. 道学にとらわれて世事にうとい人. ¶假 jiǎ ～/偽善者.

【道义】dàoyì [名] 道義. ¶～之交/道義の交わり.

【道院】dàoyuàn [名] [1] 道教の寺院. [2] 修道院.

【道藏】dàozàng [名] 道教経典の集大成.

【道长】dàozhǎng [名]〈敬〉道士.

【道子】dàozi [名] 筋. 線. ¶脸上有条 tiáo ～/顔に傷がある. ¶桌上被 bèi 划 huá 了一条～/机に1本の線のあとが残った.

稻 dào

◇◆〈植〉イネ. 水稲;もみ米. ¶～穗 suì/イネの穂. ¶～种 zhǒng/種もみ. ¶～作/稲作. 米作.

【稻草】dàocǎo [名] 稲わら. (量) 根. ¶～绳 shéng/荒縄.

【稻草人】dàocǎorén [名] かかし;〈喩〉才能のない人.

【稻谷】dàogǔ [名] もみ. ►もみ殻を取り除いたものを"大米 dàmǐ"という.

【稻糠】dàokāng [名] 粗ぬか. もみぬか. すりぬか.

【稻壳】dàoké [名](稲の)もみ殻.

【稻米】dàomǐ [名] **イネ. 米**. (量) 颗 kē,粒 lì. ¶～之乡 xiāng/米の生産地.

【稻螟虫】dàomíngchóng [名]〈虫〉イネノズイムシ.

【稻田】dàotián [名] 稲田. 水田.

【稻瘟病】dàowēnbìng [名]〈農〉いもち病. ►"稻热病 dàorèbìng"とも.

【稻秧】dàoyāng [名] イネの苗.

【稻子】dàozi [名]〈口〉〈植〉イネ. (量) 株 zhū.

de (ㄉㄜ)

2声 ** # 得 dé

1 [動] [1] **得る. 手に入れる**. 獲得する. ¶→～奖 jiǎng. ¶～病 bìng/病気になる. [2](演算の結果)…**になる**. ¶二四～八/2に4を掛けると8になる. [3]〈口〉**できあがる**. ¶饭～了/ご飯ができた. [4]〈口〉《話に結末をつけるとき,同意または制止を表す》**もうよろしい**.

¶～了,别啰嗦 luōsuo 了 / もういい,くどくど言うな. ¶～了,就这么办 / よし,じゃあ,そうしよう. ⑤〈口〉《やり損なったり当惑した気持ちを表す》¶～,又搞 gǎo 错了 / ちえっ,またしくじった.

❷ 助動《許可を表す》►主として法令や公文書に用いる.否定文に用いることが多い.

⏩ de,děi

D

【得便】débiàn 動〈口〉都合がつく.

*【得病】dé//bìng 動 **病気になる**.病気にかかる.

【得不偿失】dé bù cháng shī〈成〉割に合わない.

【得逞】dé//chěng 動〈貶〉(悪事が)うまくいく.

【得宠】dé//chǒng 動〈貶〉(↔失宠)寵愛(ちょうあい)を受ける.

【得出】dé//chū 動 **…を得る.…を出す**.¶由此 cǐ 可以～这样的结论 jiélùn / このことから次の結論を出すことができる.

【得寸进尺】dé cùn jìn chǐ〈成〉欲望には際限がない.

【得当】dédàng 形 当を得ている.¶措词 cuòcí ～ / 言葉遣いが当を得ている.

【得到】dé//dào 動 ① **得る.手に入れる.¶～一笔 bǐ 奖金 jiǎngjīn / 賞金をもらった.¶得不到一点儿帮助 bāngzhù / わずかな援助も得られない.② **受ける.…される**.¶～好处 hǎochu / 利益を得る.¶～鼓励 gǔlì / 激励を受ける.

【得道多助,失道寡助】dé dào duō zhù, shī dào guǎ zhù〈成〉道義にかなえば多くの支持が得られ,道義にもとれば多くの支持を失う.

【得法】défǎ 形(やり方が)適切である.

【得分】dé//fēn 動 得点する.¶两队比赛～相等 xiāngděng / 両チームの得点は同じである.

【得过且过】dé guò qiě guò〈成〉その場しのぎをする.その日暮らしをする.

【得计】déjì 動〈貶〉計画がうまくいく.思いどおりになる.¶他自以为 yǐwéi ～,其实 qíshí 不然 / 彼は自分ではうまくいったと思っているが,実はそうでもない.

【得奖】dé//jiǎng 動 **奨励を受ける**.賞(金)をもらう.¶～人 / 受賞者.

【得劲】déjìn 形(～儿)〈口〉①(体の)調子がよい.② 使いやすい.

【得救】dé//jiù 動 救われる.助かる.

【得空】dé//kòng 動(～儿)〈口〉手があく.暇になる.¶他一～就拼命 pīnmìng 学习 / 彼は暇さえあれば一生けんめい勉強する.

*【得了】déle ①〈套〉《制止や同意を表す》**もういい.よそう**.¶～,别再说了 / よせ,もう言うな.② 助 **それでよい**.それだけのことだ.¶你走～,不用挂念guàniàn 家里的事 / もう出かけていいよ,家のことは気にしなくていいから.⇒【得了】déliǎo

【得力】dé//lì ① 動 手助けを得る.② 形 腕利きである;力強い.頼りになる;効き目がある.

【得了】déliǎo 動《否定または反語に用いて事態の重大さを強調することが多い》やりおおせる.無事にすむ.¶竟敢 jìnggǎn 动手 dòngshǒu 打人,这还～!/ 腕力に訴えるなんて,ただですむと思うか.¶不～了!/ たいへんなことになった.⇒【得了】déle

【得陇望蜀】dé lǒng wàng shǔ〈成〉貪欲で飽くことを知らない.

【得人心】dé rénxīn 人心を得る.¶他的作法很不～ / 彼のやり方は評判が悪い.

【得胜】dé//shèng 動 勝利を得る.勝ちを制する.¶～归 guī 来 / 戦いに勝って帰る.凱旋する.

【得失】déshī 名 利害.得失.¶～相当 xiāngdāng / 損得なし.

【得时】dé//shí 動 運が向く.時流に乗る.

【得势】dé//shì 動〈貶〉勢力を得る.

【得手】dé//shǒu ① 動 順調に運ぶ;調子がよい.② 形(déshǒu)順調である.¶近来 jìnlái 工作不大～ / 最近,仕事があまりうまくいかない.

【得数】déshù 名〈数〉(計算の)答え.

【得体】détǐ 形(言動が)適切である,ふさわしい.

【得天独厚】dé tiān dú hòu〈成〉条件に恵まれている.

【得悉】déxī 動〈書〉知る.►書簡文に用いる.

【得闲】dé//xián 動 暇ができる.

【得心应手】dé xīn yìng shǒu〈成〉ことが思いどおりに進む.

【得宜】déyí 形〈書〉適切である.当を得ている.

【得以】déyǐ 助動(…によって)…することができる.

【得益】dé//yì 動 益を得る;役に立つ.

*【得意】dé//yì 動 **得意になる.満足する**.►自慢する意味に用いることが多い.¶～扬扬 yángyáng / 得意満面である.¶～门生 ménshēng / 自慢の弟子.

【得意忘形】dé yì wàng xíng〈成〉有頂天になる.

【得用】déyòng 形 役に立つ.使いよい.¶这台电脑 diànnǎo 很～ / このパソコンはなかなか使いよい.

【得鱼忘筌】dé yú wàng quán〈成〉成功すると,その手段や条件を忘れてしまう.►"筌"は竹で編んだ魚をとる道具.

【得知】dézhī 動〈書〉(…によって)**知る**.¶从信里～您近来欠安 qiàn'ān / あなたが近ごろ体調を崩していることを手紙で知りました.

【得志】dé//zhì 動〈書〉志を遂げる.願いどおりになる.►普通,名利上の欲望の満足についていう.

【得罪】dé//zuì 動(人の)**感情を害する.恨みを買う**.(相手を)**怒らせる**.¶不怕 pà ～人 / 人に憎まれてもかまわない.¶他不大～人 / 彼は他人の悪口は言わない.

德 dé ◇◆ ①マナー.道徳.品行.(政治的)品性.¶公～ / 公衆道徳.②心.¶一心一～ / みんなが心を合わせる.¶离 lí 心离～ / 心が離れ離れになる.③恵み.恩恵.¶恩 ēn ～ / 恩恵.④(Dé)"德国"(ドイツ).¶～文 / ドイツ語.¶→～国 guó.‖姓

【德昂族】Dé'ángzú 名(中国の少数民族)トーアン(Deang)族.►モン・クメール系民族で,雲南省に住む.

【德才兼备】dé cái jiān bèi〈成〉才徳兼備.

【德高望重】dé gāo wàng zhòng〈成〉徳望が高い.

【德国】Déguó 名〈地名〉ドイツ**.►"德意志联邦 liánbāng 共和国"(ドイツ連邦共和国)の略.首都は"柏林 Bólín"(ベルリン).

【德望】déwàng 名〈書〉徳望.人徳が高いとの評判.

【德行】déxíng 名〈書〉徳行.道義に合った行い.

【德行】déxing 名〈俗〉つら.ざま.►他人の風采・挙止・態度・行為などをけなして憎々しくいう.¶瞧 qiáo 他那个～!/ あのいやらしいこととときたらどうだ.

*【德语】Déyǔ 名 ドイツ語.

【德育】déyù 名 道德教育.

軽声 **地** de ** 助《他の語句の後につけて,連用修飾語(動詞・形容詞を修飾)を形成する》
語法 ❶修飾成分が"地"を介さないで直接に動詞・形容詞を修飾することも少なくない.通常必ず"地"を必要とする場合(形容詞の前に程度副詞があるとき),"地"を用いない場合(単音節形容詞が動詞を修飾するとき),"地"の省略が可能な場合(多くの場合)がある. ¶非常热情 rèqíng ～招待 / とても温かくもてなす. ¶远(×～)看 / 遠く見渡す. ¶胜利 shènglì(～)完成任务 / 立派に任務を全うした. ¶痛痛快快 tòngtongkuàikuài(～)玩儿一天 / 心ゆくまで1日遊ぶ. ¶故意 gùyì(～)开玩笑 / わざと冗談を言う. ❷発音の同じ"的"の字が当てられることもある.
⏩ dì

** **的** de 助 1《連体修飾語を形成し,後ろの名詞に対して修飾あるいは所有の関係を表す》…の. …な. ¶中国～少数民族 / 中国の少数民族. ¶我～书 / 私の本. ¶幸福～生活 / 幸福な生活. ¶关于台风～知识 zhīshi / 台風に関する知識. ¶他送来～信 / 彼が届けてきた手紙.
2《"…的"で》…のもの〔人〕. ¶他的行李 xíngli 多,我～少 / あの人の荷物は多いが,私のは少ない. ¶两个孩子,大～六岁,小～三岁 / 二人の子供のうち,上のが6歳,下が3歳だ. ¶男～ / 男の人. ¶卖豆腐 dòufu ～ / 豆腐売り. ¶教书 jiāoshū ～ / 教師.
3《「動詞＋"的"(＋目的語)」の形で,すでに発生した動作の主体者・時間・場所・方式・目的などを強調する》►強調する要素の前にしばしば"是"を加え,説明的な語気を強める. ¶他(是)昨天进～城 chéng / 彼が町に行ったのはきのうだ. ¶(是)他买～票 / 切符を買ったのは彼だ. ¶我不是坐 zuò 飞机来～ / 私は飛行機で来たのではありません.
4《文末に用い,可能性・必然性を強調する》¶他明天会来～ / 彼は明日きっと来ます.
5《"…的"の形で述語になる》a"是…的"の形で述語になる. ¶工作是愉快 yúkuài ～ / 仕事は楽しい. b「名詞 / 代詞＋"的"」で,所属関係あるいは原料を表す. ¶那条围巾 wéijīn,丝绸 sīchóu ～吧? / そのスカーフは絹だね. c「単音節形容詞＋"的"」で述語になる. ¶这葡萄 pútao,酸 suān ～! / このぶどうって酸っぱい. d「描写形の形容詞＋"的"」で述語になる. ¶井水 jǐngshuǐ 凉冰冰 liángbīngbīng ～ / 井戸水が氷のように冷たい. e「"怪 guài、挺 tǐng、够 gòu"＋2音節形容詞＋"的"」で述語になる. ¶心里挺高兴～ / 心中とてもうれしい. f「動詞 / 主述句＋"的"」で述語になる. ¶这本小说借来～ / この小説は借りてきたのだ. g「4音節語＋"的"」で述語になる. ¶屋子里乱 luàn 七八糟 zāo ～ / 部屋の中がめちゃくちゃに散らかっている.
6《「動詞＋"得"＋形容詞 / 4音節語＋"的"」で動作の結果としての状態を表す》¶写得很清楚qīngchu ～ / 非常にきれいに書いてある. ¶笑得前仰 yǎng 后合～ / 笑いこけている.
7《「人＋"的"＋職務・身分」で人がある役割を担うことを表す》¶今天谁～值日 zhírì ? / きょうはだれが日直ですか.
8《「動詞＋人＋"的"＋目的語」で人が動作の対象であることを表す》¶别生 shēng 我～气 qì / 私に腹を立てないで.
9《文頭の末尾に用い,原因・条件・情況などを強調する》¶大过节～,怎么也不休息 xiūxi ? / せっかくの祭日なのに,なぜ休まないの.
10《並列した語句の後に用い,「…といった類の」の意味を表す》¶铅笔,橡皮 xiàngpí ～,… / 鉛筆,消しゴムなどは….

語法ノート "的"を用いる場合,用いない場合

❶人称代詞の後に親族や所属機関が来るとき,"的"はしばしば省略される. ¶我妹妹 / 私の妹. ¶我们学校 / 私(たち)の学校.
❷熟語化している表現では"的"を用いない. ¶数学 shùxué 教员 / 数学教師. ¶制药厂 zhìyàochǎng / 製薬工場. ¶中国老师 / 中国人である先生.
❸属性を示す単音節形容詞の後には通常"的"を用いない. ¶一朵 duǒ 红花 / 1輪の赤い花. ►ただし,具体的に状態を描写したり,なんらかの必要から強調したりするときには,"的"を用いることが必要である. ¶给他那朵红～花 / 彼にその赤い花をあげなさい.
❹特別な意味をもたせた修飾語には単音節語でも必ず"的"を用いる. ¶铁～纪律 jìlǜ / 鉄の規律.
❺常用される組み合わせでは"的"を省くことができる. ¶中国(～)电影 / 中国映画. ¶通俗 tōngsú(～)语言 / わかりやすい言葉.

⏩ dī,dí,dì

*【的话】de huà 助 …ということなら. ►仮定を表す句の後につけて,次の句を引き出す. ¶你有事～,就不要来了 / 用事があるということなら,来なくてもよい.

** **得** de 助《動詞や形容詞の後に用い,補語を導く》
1《様態〔状態〕補語を導く》
語法 ❶否定形や疑問形は"得"の後ろに導かれる補語の部分で作る. ¶雨下～不大 / 雨はそれほど降っていない. ❷動詞が目的語を伴う場合は,目的語の後ろで動詞を繰り返さなければならない. ¶她写字写～很好 / 彼女は字を書くのが上手だ. ❸補語に動詞が立つときは,動詞は必ず他の成分を伴う. ¶高兴～跳 tiào 了起来 / 飛び上がるほどうれしかった.
2《程度補語を導く》►程度補語に立つ語は限られている. ¶清楚～很 / とてもはっきりしている. ¶累～慌 huāng / しんどくてたまらない. ¶冷～要命 yàomìng / 寒くて我慢できない. ¶后悔 hòuhuǐ ～不得了 bùdéliǎo / 残念でたまらない.
3《可能補語を導く》a《動詞と,結果補語や方向補語との間に挿入し,「動詞＋"得"＋結果補語 / 方向補語」の形で用いる》►否定は"得"の代わりに"不"を挿入する.否定形式の方が圧倒的に使用頻度が高く,"得"を用いた肯定形式は主として疑問文・反語文などに現れる. ¶那话怎么说～出? / そんなことどうして口に出せますか. ¶那个字看～清楚看不清楚? / あの字ははっきり見えるかい. b《「動詞 / 形容詞＋"得"」の形で,許容(あるいはまれに可能)を表す》¶这件事怨 yuàn 不～你 / これは君のせいではない. ¶这个东西晒 shài ～晒不～? / これは日に当ててもいいですか. c《「動詞＋"得"＋"了 liǎo"」の形で用いる》⇨【－得了】-deliǎo
4《"得"の後に適当な言葉がないとき,それで言葉を

D

打ち切る》¶瞧 qiáo 你说～！/ そんなこと(ないよ)．とんでもない；どういたしまして．¶看把你急 jí～/ 君のあわてぶりったら．
▶▶ dé,děi

【－得出来】-dechū//lái《動詞の後に用いて,**内から外に出たり,事物を完成したり,事物を発見または識別する**ことができることを表す》¶挤 jǐ～/ 搾り出すことができる．¶猜 cāi～/ 当てられる．

【－得到】-dedào《動詞の後に用いて,その動作がある位置あるいはある程度や**目的に到達し得る**ことを表す》¶办 bàn～/（そこまで）やれる．処理がとどく．

【－得动】-dedòng《動詞の後に用いて,**思うように動かしたりさばいたりする**ことができることを表す》¶搬 bān～/ 運べる．¶吃～/（歯の具合がよくて）食べられる．

【－得多】-deduō（…に比べて）ずっと…だ．►形容詞の後に用いて,**差が大きいこと**を表す．比較に用いる．¶好～/ ずっとよい．¶比 bǐ 你们快～/ 君たちよりずっと速い．

【－得过】-deguò《動詞の後に用いて,**相手にまさる**という意味を表す》¶说～他 / 彼には言い負かされない．口では負けない．¶敌 dí～/ 対抗できる．勝ち得る．

【－得过来】-deguò//lái《動詞の後に用いて,ある**経路を経て来る**ことができること,ある時間・空間・数量などの条件の下で**あまねく行き渡って・行き届いて動作する**ことができること,また**正常な状態に戻す**ことができることなどを表す》¶那条路,车开～开不过来？/ あの道は車で通ってくることができますか．¶改～/ 改めることができる．

【－得过去】-deguò//qù《動詞の後に用いて,ある**経路を経て行く**ことができることを表す》¶走～/ 通って行ける．¶忍 rěn～/ 我慢できる．

*【－得很】-dehěn〈方〉《形容詞や一部の動詞の後に用いて,**程度の高いこと・甚だしいこと**を表す》¶好～/ とてもよい．¶喜欢 xǐhuan～/ 非常に好きだ．¶好看～/ たいへん美しい．

【－得慌】-dehuāng〈口〉ひどく…だ．…でたまらない．►形容詞や一部の動詞の後に用いて,**感覚上ある程度を超えている**ことを表す．普通,生理的に不快な感覚を表す語に用いる．¶饿 è～/ 腹ぺこだ．¶闲 xián～/ ひまでしようがない．¶臊 sào～/ 恥ずかしくてたまらない．

【－得及】-dejí（↔－不及）《動詞の後に用いて,**時間的余裕がありできる**という意味を表す》¶来～/ 間に合う．⇒【来得及】láideji

【－得开】-dekāi（動詞の後に用いて）ⓐなんらかの障害があるにもかかわらず,動作が進行でき,**事物の分離・拡張・開放がやり遂げられる**ことを表す．¶分～/ 分けられる．¶拉 lā～/ 引き離すことができる．ⓑ空間的余裕があり,**所定の空間に一定の数量を収容できる**ことを表す．¶住 zhù～/（余裕があり）住める．泊まれる．¶摆 bǎi～摆不开,那要看怎么摆 / 並べられるかどうかは並べ方による．

【－得来】-delái（動詞の後に用いて）ⓐ動作が**話し手の方へ向かって来る**ことができることを表す．¶上～/ 上って来られる．ⓑ習慣からまた経験・習練が十分で**慣れておりできる**という意味を表す．¶中国菜,你吃～吃不来？/ 中国料理は君食べられますか．ⓒ**融和できる**意味を表す．動詞は“谈 tán､合 hé､处 chǔ､说”など若干のものに限る．¶他们俩很谈～/ あの二人はうまが合う．

*【－得了】-deliǎo（動詞の後に用いて）ⓐその動作を**量的に完了・完結できる**という意を表す．¶吃～/ 食べきれる．ⓑ反語形で,“－不了”に同じ,つまり「**（…には）なり得ない**」という意味を表す．動詞は好ましくない結果を招くものに限る．¶那还能赔 péi～？/ 損をするようなことがあるはずないじゃないか．

【－得起】-deqǐ（動詞の後に用いて）ⓐ**経済的・肉体的・精神的**などの負担能力や資格があり「**できる,堪えられる**」という意味を表す．¶买～/（金銭的余裕があり）買える．ⓑ相手がその動作を受けるに値する,基準にかなうことを表す．¶称 chēng～… / …と称するに足る．…と（ほめて）言われるだけの資格がある．

【－得去】-deqù《動詞の後に用いて,**動作の方向が話し手や話題の事物から遠ざかって離れて行く**ことを表す》►反語に用い,心中わだかまりをもち,気がすまないという意味を表すこともある．¶送 sòng～/ 届けられる．¶你不收下 shōuxia,叫我心里怎么过～呢？/ 受け取っていただけないのでは,私の気がすまないじゃありませんか．

【－得下】-dexià《動詞の後に用いて場所的余裕があり**一定の数量を収容できる**ことを表す》¶也许 yěxǔ 坐～/（無理に乗れば）乗れるかもしれない．¶没准儿装 zhuāng～/（詰めて入れたら）入るかもしれない．

【－得着】-dezháo（動詞の後に用いて）ⓐさまざまな障害にもかかわらず**動作が達成される**ことを表す．¶买 mǎi～/ 買える．入手できる．¶睡 shuì～/ 眠れる．ⓑ…すべきでない．…する筋合いではない．►反語形で,動作が対象に及ぶことが許されないことを表す．¶你管 guǎn～吗？/ おまえの知ったことじゃねえ．

【－得住】-dezhù《動詞の後に用いて,その動作の結果または状態が,**安定性・確実性・静止性・不動性をもつ**ことを表す》¶靠 kào～/ 頼れる．信頼できる．¶支持 zhīchí～/ 支えられる．

dei（ㄉㄟ）

3声 **得** ＊＊ **děi** ❶〔助動〕①…しなければならない．¶我～赶紧 gǎnjǐn 走了 / 私はもう急がなければならない．〔注意〕否定の表現には“不用”や“无须 wúxū”を用い,“不得”とはいわない．②きっと…になる．きっと…だ．►推測を表す．否定形はない．¶要不快走,我们就～迟到 chídào 了 / さっさと歩かないと遅刻してしまうよ．

❷〔動〕〈口〉**要する．かかる．いる．**¶买这本词典～多少钱？/ この辞典を買うのにいくらいりますか．

〔注意〕否定の表現には“不需要 xūyào”“用不了 liǎo”を用いる．前に“不”を置くことはできない．

▶▶ dé,de

den（ㄉㄣ）

4声 **扽**（撴）**dèn** 〔動〕〈方〉①（服のそでなどを）ちょっと引っ張る．¶把床单 chuángdān～一～/ シーツをちょっと引っ張る．②（縄などを）ぴんと引っ張る．¶～住皮尺 píchǐ 两头 / 巻き尺の両端をしっかりと引っ張る．

deng（ㄉㄥ）

1声 ＊＊**灯**（燈）**dēng** 名 ①(照明用の)**明かり．ともし火．電灯．ランプ．**㊞ 盏 zhǎn． ❖点 *diǎn*～／明かりをつける．❖开 *kāi*〔关 *guān*〕～／(電気などの)明かりをつける〔消す〕．②バーナー．¶酒精 jiǔjīng～／アルコールランプ．‖姓

【灯彩】**dēngcǎi** 名 ①(工芸の)飾りちょうちん．②(装飾や芝居で使う)飾りちょうちん．

【灯船】**dēngchuán** 名 灯船．ライトシップ．►危険水域に係留され,灯台の代わりにする．

【灯管】**dēngguǎn** 名 蛍光灯．►本来は,蛍光灯の棒状の部分をさす．"管灯"とも．

【灯光】**dēngguāng** 名 ①明かり；明るさ．¶夜深了,屋里还有～／夜も更けたが,部屋はまだ電気がついている．②〈劇〉照明．

【灯红酒绿】**dēng hóng jiǔ lù** 〈成〉ぜいたくで享楽的な生活．

【灯虎】**dēnghǔ** ⇀【灯谜】**dēngmí**

【灯花】**dēnghuā** 名(～儿)ランプの灯心の燃えかすが花のようになったもの．灯花．►縁起のよいものとされる．

【灯会】**dēnghuì** 名 元宵節(旧暦1月15日)に開かれる灯籠祭り．

【灯火】**dēnghuǒ** 名 **灯火．明かり．**¶万 wàn 家～／〈成〉都市の夜景の華やかさの形容．

【灯节】**Dēngjié** 名(旧暦1月15日の)元宵節,小正月．►"元宵节 Yuánxiāojié"とも．

【灯具】**dēngjù** 名 照明器具．ランプ類．

【灯亮儿】**dēngliàngr** 名 ともし火(の光)．

【灯笼】**dēnglong** 名 **灯籠．ちょうちん．**㊞ 盏 zhǎn,个．¶挂 guà～／ちょうちんを掛ける．

【灯笼裤】**dēnglongkù** 名 ニッカーボッカーズ．

【灯谜】**dēngmí** 名 灯籠やちょうちんの上になぞなぞを書いて当てさせる遊び．►元宵節や中秋節に行われる．"灯虎(儿) dēnghǔ(r)"とも．¶猜 cāi～／"灯谜"のなぞを解く．

【灯苗】**dēngmiáo** 名(～儿)(石油ランプなどの)炎．

【灯捻】**dēngniǎn** 名(～儿)ランプの灯心．

【灯泡】**dēngpào** 名(～儿·～子)〈口〉**電球．**㊞ 个,只．

【灯伞】**dēngsǎn** 名(電灯の)かさ．シェード．

【灯市】**dēngshì** 名("元宵节"のとき)飾りちょうちんで飾られた街．飾りちょうちんを売る市．

【灯丝】**dēngsī** 名 フィラメント．

【灯塔】**dēngtǎ** 名 灯台．㊞ 座,个．

【灯台】**dēngtái** 名 灯明台．燭台．

【灯头】**dēngtóu** 名 ①(電灯の)ソケット；〈転〉明かりの数．②(石油ランプの)口金．

【灯碗】**dēngwǎn** 名(～儿)灯盏(とうさん)．油皿．

【灯心·灯芯】**dēngxīn** 名 灯心．

【灯心绒】**dēngxīnróng** 名 コールテン．コーデュロイ．►"条绒 tiáoróng"とも．

【灯油】**dēngyóu** 名 灯油．►一般に"煤油 méiyóu"という．

【灯语】**dēngyǔ** 名 灯火による信号．

【灯盏】**dēngzhǎn** 名(ほやのない)油ランプ．

【灯罩】**dēngzhào** 名(～儿·～子)ランプのほや；電灯のかさ．

＊**登** **dēng** 動 ①**掲載する．載せる．**記載する．¶在报纸上～广告 guǎnggào／新聞に広告を出す．②**登る．上がる．**►やや硬いいい方．口語では"爬 pá""上 shàng"などという．¶～上天安门／天安門に上がる．③足で乗る．足をかける；力を入れて踏む．►"蹬 dēng"とも．¶～梯子 tīzi／はしごに登る．¶～水车／水車を踏んで回す．‖姓

D

【登报】**dēng//bào** 動 新聞に載る〔載せる〕．¶～寻 xún 人／新聞に尋ね人の広告を載せる．

【登鼻子上脸】**dēng bízi shàng liǎn** 〈慣〉〈口〉度を越す．つけあがる．

【登场】**dēng//cháng** 動 収穫した穀物を脱穀場へ運ぶ．

【登场】**dēng//chǎng** 動(舞台に)登場する．¶粉墨 fěnmò～／メーキャップをして登場する．出演する．►悪人が政治の舞台に登場することをけなしていうことが多い．

【登程】**dēngchéng** 動 出発する；旅立ちをする．

【登峰造极】**dēng fēng zào jí** 〈成〉(学問や技能が)極みに達する．

【登高】**dēnggāo** 動 ①高い所に登る．¶～远眺 tiào／高みに登って遠くを眺める．②重陽節(旧暦9月9日)に小高い山に登って,久しく会わない家族や友人をしのぶ行事を行う．

【登机】**dēng//jī** 動(飛行機に)搭乗する．¶～口／搭乗ゲート．¶～牌 pái／搭乗券．ボーディングパス．

【登基】**dēng//jī** 動 即位する．位につく．

【登极】**dēng//jí** ⇀【登基】**dēng//jī**

＊【登记】**dēngjì** 動 ①**登記〔登録〕する；**(大学·工場などで)外来者が受付で名前を記入する．¶～结婚 jiéhūn／婚姻届けをする．¶办理～手续 shǒuxù／登録の手続きをする．¶来客请～／外来者は受け付けをしてください．②(ホテルや飛行機の搭乗などで)チェックインする．¶～牌 pái／(チェックイン)登録カード．

【登临】**dēnglín** 動〈書〉(広く)行楽に出かける．

【登龙门】**dēng lóngmén** 〈慣〉登竜門．

【登陆】**dēng//lù** 動 ①**上陸する．**¶台风在东南沿海 yánhǎi～了／台風は南東部の海岸沿いに上陸した．②〈喩〉(商品などが)新しい市場や地域に進出する．

【登录】**dēnglù** 動 ①登録する．②〈電算〉ログオンする．

【登陆艇】**dēnglùtǐng** 名 上陸用舟艇．

【登门】**dēng//mén** 動 訪問する．¶～拜访 bàifǎng／私邸を訪問する．

【登攀】**dēngpān** 動 よじ登る．¶世上无难事,只要肯 kěn～／〈諺〉よじ登る勇気さえあれば,世に難事はない．やる気さえあればなに事も必ずやり遂げることができる．

【登山】**dēng//shān** 動 山に登る．¶～队 duì／登山パーティ．¶～运动员／登山家．

【登山服】**dēngshānfú** 名 ①ウィンドヤッケ．②ダウンジャケット．

【登时】**dēngshí** 副 即刻．たちまち．►過去の事を叙述する場合に用いることが多い．¶上课铃 líng 一响 xiǎng,学生们～跑进 pǎojìn 了教室／ベルが鳴ると,生徒たちはすぐに教室に入った．

【登台】**dēng//tái** 動 演壇〔舞台〕に立つ；政治の舞

台に出る.
【登徒子】dēngtúzi 名 好色漢．色好みの人．
【登载】dēngzǎi 動 掲載する．¶在报上～小说 / 新聞に小説を載せる．

噔 dēng 擬《重いものが打ち当たって出る音》とん．ことん．すとん．¶他～～～地从楼下 lóuxià 跑上来 / 彼はとんとんとんと階段を上がってきた．

D

蹬 dēng 動 踏む．踏みつける；足をかける．
【蹬技】dēngjì 名 "杂技 zájì"(中国サーカス)の足芸．
【蹬腿】dēng//tuǐ 動 ①足を突っ張る．足を伸ばす．②(～儿)〈諧〉くたばる．死ぬ．

3声 **等** děng ＊＊ ❶動 ①待つ．¶～车 / 車を待つ．¶～了三个小时 xiǎoshí / 3時間待った．¶请～一～ / ちょっと待っててください．¶～着瞧 qiáo 吧！/ 待ってろ,いまに分かる．
②〖等…再〔才、就〕…〗děng … zài〔cái、jiù〕… …してから．…になって．¶～这件事办完 bànwán 再去吧 / この用事をかたづけてから行きましょう．¶～他回来再说 / あの人が帰ってからにしよう．¶～大家都起床 qǐchuáng 了,他才起来 / みんなが起きてしまったころに,彼はやっとベッドを出る．
❷量 クラス．等級．¶二～舱 cāng / 2等船室．¶共分三～ / 全部で3等級に分かれている．¶一～价 jià 一～货 huò / 値段が変われば品も変わる．
❸助 ①など．►一部分のみを例示するという気持ちで用いる．重ねて用いてもよい．¶北京、天津 Tiānjīn ～地 dì / 北京・天津などの地．⇒【等等】děngděng
②《列挙した語の最後につける》¶长江、黄河、黑龙江 Hēilóngjiāng、珠江 Zhūjiāng ～四大河流 / 長江・黄河・黒竜江および珠江の四大河川．
◇◆ 等しい．同じである．¶相 xiāng ～ / 相等しい．¶→～于 yú．¶大小不～ / 大小まちまちである．‖姓
【等差】děngchā 名〈書〉等差．
【等次】děngcì 名 等級．順位．¶按 àn 产品质量 zhìliàng 划分 huàfēn ～ / 生産品の品質に応じて等級をつける．
＊【等待】děngdài 動 待つ．¶耐心地～ / じっと待つ．¶～时机 shíjī / 時機を待つ．
【等到】děngdào 接続 …してから．…に及んで．…になって．¶这事～将来 jiānglái 再说 / このことはまたにしよう．
【等等】děngděng 助 等々．…など．►普通,固有名詞の後には用いない．もっぱら文末に用いる．¶桌子上有书和 hé 笔～ / 机の上には本や筆などがある．
【等第】děngdì 名 等位．等級．►人についていう．
【等份】děngfèn 名(～儿)等しい分け前．
【等号】děnghào 名〈数〉等号．"＝"
＊【等候】děnghòu 動 待つ．¶在车上～开车 kāichē / 車内で出発を待つ．
【等级】děngjí 名 ①等級．クラス．¶按 àn 商品～规定 guīdìng 价格 / 商品の等級によって価格を定める．¶工资 gōngzī ～表 / 賃金の等級表．②〈史〉階層．(官吏などの)等級．
【等价】děngjià 名 等価．¶～交换 jiāohuàn / 等価で交換する．
【等离子彩电】děnglízǐ cǎidiàn 名 プラズマテレビ．
【等离子体】děnglízǐtǐ 名〈物〉プラズマ．
【等量齐观】děng liàng qí guān 〈成〉同一視する．
【等门】děng//mén 動(門を開けてやるために)帰宅する人を待つ．
【等日】děngrì 副〈方〉いずれそのうち．いずれまた．¶～再说吧 / またの機会にしましょう．
【等同】děngtóng 動 同一視する．
【等外】děngwài 形 等級外の．¶～品 / 不合格品．
【等闲】děngxián ❶形〈書〉ありきたりである．普通である．¶～视之 / 等閑視する．❷副 ①いたずらに．なおざりに．②わけもなく．
＊【等于】děngyú 動 …に等しい．…とイコールである．…と同じである．¶六加七～十三 / 6足す7は13．¶有钱不～幸福 xìngfú / お金があれば幸せだということではない．

4声 **邓**(鄧) dèng ‖姓 ►説明する時は"邓小平 Dèng Xiǎopíng 的邓"や"又字加耳刀"という．

凳 dèng ◇◆(～儿)(背もたれのない)腰掛け．床机．¶一张方～ / 四角な腰掛け1脚．¶板 bǎn ～ / 細長い板の腰掛け．縁台．¶竹 zhú ～儿 / 竹製の腰掛け．¶一条～ / 長い腰掛け1脚．
【凳子】dèngzi 名(背もたれのない)腰掛け．(量)张；[長い形のもの]条．⇒【椅子】yǐzi

澄 dèng 動(液体を)澄ます．¶水很浑 hún,得 děi ～一～ / 水が濁っているから,すこし澄まさなければならない．► chéng は書き言葉での発音．▸▸ chéng
【澄清】dèng//qīng 動+結補(液体を)澄ます．¶把浑水 húnshuǐ ～ / 濁った水を澄ます．⇒【澄清】chéng//qīng
【澄沙】dèngshā 名 こしあん．¶～包儿 / こしあんのまんじゅう．

瞪 dèng 動 ①目を大きく見張る．¶～眼睛 yǎnjing / 目を丸くする．②(目を見張って)にらみつける．¶老师～了他一眼 / 先生は彼をじろりとにらみつけた．
【瞪眼】dèng//yǎn 動 ①目を見張る．②にらみつける．►不満を表す．¶他一～,很不高兴地走了 / 彼はぐっと目をむくと,不機嫌そうに行ってしまった．¶他就爱跟别人～ / 彼はなにかというとすぐに人に食ってかかろうとする．

di (ㄉㄧ)

1声 **低** dī ＊＊ ①形 地上・地面から近い；ものの高さ・背丈・温度・気圧などが低い；地勢が低い．くぼんでいる；声・音が小さい；値段が安い；程度が劣る；等級が下である．¶飞机 fēijī 飞得很～ / 飛行機が低く飛ぶ．¶气压 qìyā ～ / 気圧が低い．¶声音太～ / 声が低すぎる．¶售价 shòujià ～ / 売値が安い．¶我比他～一班 / 私は彼より1級下だ．¶文化水平较 jiào ～ / 教養の程度がやや低い．⇒〖矮 ǎi〗

②動 **低くする**．¶～着头 tóu, 弯 wān 着腰 yāo / 頭を低く下げ,腰をかがめる．

【低矮】dī'ǎi 形(物の高さが)低い．¶～的茅屋 máowū / 低いあばら屋．

【低标号】dībiāohào 名 数字の小さな商品番号．►一般には番号の小さなものほど質が落ちる．¶～产品 chǎnpǐn / 質の悪い製品．

【低产】dīchǎn 形 収穫量が低い．¶～田 / 収穫量の低い田畑．¶～井 / 産油量の少ない油井．

【低潮】dīcháo 名 干潮．引潮；〈転〉衰退期．下り坂．低調．

【低沉】dīchén 形 ①(音が)**低い**；(暗雲が)低迷する．¶大提琴 dàtíqín 的声音比小提琴～ / チェロの音はバイオリンよりも低く沈んでいる．②(気が)**沈んでいる**．¶情绪 qíngxù ～ / 意気消沈する．

【低垂】dīchuí 動 低く垂れこめる．¶天色阴暗 yīn'àn, 乌云 wūyún～ / 空は暗く,黒雲が垂れこめている．

【低档】dīdàng 形 低級な．¶～货 huò / 低級品．

【低等】dīděng 形 下等な．¶～动物 dòngwù / 下等動物．

【低调】dīdiào ❶形 低調である．控えめである．❷名(～儿) ①控えめな論調．②〈写真〉ローキートーン．

【低估】dīgū 動 過小評価する．見くびる．¶～了对手的实力 / 相手の実力を見くびった．

【低谷】dīgǔ 名(勢いや景気の)落ち込み．

【低级】dījí 形 ①初歩的な．②**低級な**．下品な．¶～趣味 qùwèi / 低俗な趣味．¶～下流 xiàliú 的行为 / 低級下劣な行い．

【低贱】dījiàn 形(身分などが)卑しい．

【低空】dīkōng 名 低空．

【低廉】dīlián 形 安い．¶价格 jiàgé ～ / 値段が安い．

【低劣】dīliè 形(**品質が**)**悪い**,劣る．

【低落】dīluò 動 下落する．下降する．¶情绪 qíngxù ～ / 意気消沈する．

【低能】dīnéng 形 知能や能力が低い．

【低频】dīpín 名〈電〉低周波．

【低热】dīrè 名 微熱．►"低烧 dīshāo"とも．

【低人一等】dī rén yī děng 〈成〉他人より一段劣っている．

【低三下四】dī sān xià sì 〈成〉やたらにぺこぺこして卑屈である．

【低烧】dīshāo 名 微熱．¶发～ / 微熱を出す．

【低声】dīshēng 名 小声．

【低声下气】dī shēng xià qì 〈成〉声を低くしてうやうやしくへりくだる．

【低首下心】dī shǒu xià xīn 〈成〉平身低頭する．かしこまる．

【低俗】dīsú 形 低俗凡庸である．俗っぽい．¶言语 yányǔ ～ / 言葉遣いが低俗である．

【低头】dī//tóu 動 ①**うつむく**．**うなだれる**．¶他低着头,什么也不说 / 彼はうつむいて,何も言わない．②〈喩〉頭を下げる．屈服する．¶决 jué 不向困难 kùnnan ～ / 決して困難に屈服しない．

【低洼】dīwā 形(地勢が)低い．¶～地 / くぼ地．低地．

【低微】dīwēi 形 ①(声が)低い,細い,かすかである．¶只能听到～的喘息 chuǎnxī 声 / かすかな息の音しか聞こえない．②〈旧〉(身分や地位が)低い．

【低温】dīwēn 名 低温．¶～气候 / 低温気候．

【低息】dīxī 名〈経〉低金利．低利．

【低下】dīxià 形(生産の水準や社会的地位などが一般よりも)**低い**．¶生产管理 shēngchǎn guǎnlǐ 水平～ / 生産管理の水準が低い．注意 日本語の「低下する」は"下降 xiàjiàng""降低"などを用いる．

【低消耗】dīxiāohào 名(原材料・燃料などの)低消耗,低消費．

【低压】dīyā 名 ①〈物〉〈電〉低圧．②〈気〉低気圧．③〈医〉最小血圧．

【低压槽】dīyācáo 名〈気〉気圧の谷．トラフ．

【低音提琴】dīyīntíqín 名〈音〉コントラバス．

【低语】dīyǔ 動 小声で話す．

的 dī

◇◆ タクシー．¶打 dǎ ～ / タクシーを拾う．▸▸ de, dí, dì

【的哥】dīgē 名(↔的姐)男性のタクシードライバー．

【的姐】dījiě 名(↔的哥)女性のタクシードライバー．

*【的士】dīshì 名 タクシー．

堤(隄) dī

名 堤．土手．堤防．

【堤岸】dī'àn 名 堤．土手．

【堤坝】dībà 名 堰(せき)．

【堤防】dīfáng 名 堤防．堤．量 道,座,条,个．¶加固 jiāgù ～ / 堤防を補強する．

【堤围】dīwéi 名 堤．土手．

提 dī

〖提 tí〗①に同じ．►以下の語彙のときだけ dī と発音する．▸▸ tí

【提防】dīfang 動 **用心する**．**警戒する**．¶～点儿,别上当 shàngdàng / だまされないように用心しなさい．

【提溜】dīliu 動〈方〉ひっさげる．ぶら下げる．¶手里～着两瓶酒前去拜访 bàifǎng / 酒を2本ぶら下げて訪ねていった．

嘀 dī

擬《クラクションの音》ぶう．¶司机 sījī 一个劲儿 yīgejìnr ～～地按喇叭 lǎba / 運転手はぶうぶうとクラクションを鳴らし続ける．▸▸ dí

【嘀打】dīdā ⇀【滴答】dīdā

【嘀嗒】dīda ⇀【滴答】dīda

【嘀里嘟噜】dīlidūlū 形(～的)べらべらと早口でしゃべる．►"滴里嘟噜"とも書く．

【嘀铃铃】dīlínglíng 擬《比較的小さいベルの音》じりじり．りんりん．

*滴 dī

①量 しずくを数える：滴(てき)．¶一～水 / 1滴の水．②動(しずくを)垂らす；したたる．¶～眼药 / 目薬をさす．

◇◆ しずく．¶汗 hàn ～ / 汗のしずく．

【滴虫】dīchóng 名〈動〉トリコモナス原虫．¶～病 bìng / トリコモナス症．

【滴答】dīdā 擬 ①《軽いものが打ち当たる短い音》かたかた．②《しずくのしたたり落ちる音》ぽたぽた．¶滴滴答答地下了一夜雨 / ぽたぽたと一晩雨が降り続いた．③《時計の音》ちくたく．④《ラッパの音》ぷうぷう．

【滴答】dīda 動 したたる．垂れ落ちる．►"嘀嗒"とも書く．¶龙头 lóngtóu ～着水 / 蛇口から水がしたたり落ちている．

【滴滴涕】dīdītì 名〈薬〉DDT．►英語からの音訳．

【滴定】dīdìng 動〈化〉滴定する.
【滴定管】dīdìngguǎn 名〈化〉ビュレット.
【滴沥】dīlì 擬《雨垂れの音》ぽたぽた．ぽたぽた.
【滴里嘟噜】dīlidūlū 擬(〜的) ①(ぶどうなど)小さくて丸いものがひと連なりになっているさま. ②→【嘀里嘟噜】dīlidūlū
【滴溜溜】dīliūliū 擬(〜的)くるくる．くりくり. ►物が回ったり流動するさま.
【滴水不漏】dī shuǐ bù lòu 〈成〉(話が)緻密ですきがない. ►"滴水不透 tòu"とも.
【滴水成冰】dī shuǐ chéng bīng 〈成〉非常に寒いさま.
【滴水】dīshui 名 ①建物と建物の間に雨だれを流すために残しておくすきま. ②〈方〉軒端の瓦の先端の模様のある部分. ¶〜瓦 wǎ / 軒先の瓦. ¶〜檐 yán / 軒端.

2声 **狄** dí 名 ①北方民族に対する古代の蔑称；(広く)野蛮人. ②《音訳語》¶〜塞耳 sài'ěr / ディーゼル. ‖姓

迪(廸) dí ◇◆ 教え導く. ¶启 qǐ 〜 / 啓発し導く. ‖姓

【迪斯科】dísīkē 名 ディスコ(テーク). ¶〜舞厅 wǔtīng / ディスコホール.
【迪厅】dítīng 名 ディスコ.

的 dí ◇◆ 真実の．確かに. ¶→〜确 què. ▸▸ de,dī,dì

【的当】dídàng 形〈書〉ちょうどよい．適切である. ¶格言 géyán 引用〜 / 格言の引用が当を得ている.
【的款】díkuǎn 名 確実で当てになる金.
*【的确】díquè 副 **確かに．疑いなく.** ¶这〜是一本好书 / これはまちがいなくよい本だ. ¶这事我〜不知道 / この件は私は本当に知らない. 注意 日本語の「的確」は"确切 quèqiè""准确 zhǔnquè""正确 zhèngquè""恰当 qiàdàng"と訳す場合が多い.

敌(敵) dí ◇◆ ①敵. ¶→〜人 rén. ②対抗する. ¶寡 guǎ 不〜众 zhòng / 〈成〉衆寡(しゅうか)敵せず. ③匹敵する. ¶势均 jūn 力〜 / 勢力が伯仲する.

【敌不过】díbuguò 動+可補 かなわない.
【敌不住】díbuzhù 動+可補 かないっこない. ¶A队〜B队的攻势 gōngshì / AチームはBチームの攻勢を防ぎきれない.
【敌对】díduì 形 敵対的な.
【敌对情绪】díduì qíngxù 名 敵意.
【敌后】díhòu 名 敵の後方.
【敌情】díqíng 名 敵情. ¶侦察 zhēnchá 〜 / 敵の動静を探る.
【敌情观念】díqíng guānniàn 名 敵に対する警戒心.
【敌酋】díqiú 名 敵の首領.
*【敌人】dírén 名 **敵．仇敵.** ► díren とも発音される. ¶消灭 xiāomiè 〜 / 敵を殲滅(せんめつ)する. ¶恐惧 kǒngjù 是战胜病魔 zhànshèng bìngmó 的〜 / 恐懼(きょうく)は病に打ち勝つための障害だ.
【敌视】díshì 動 敵視する.
【敌手】díshǒu 名 ①**敵．相手．ライバル.** ②敵の手. ¶落入 luòrù 〜 / 敵の手に陥る.
【敌特】dítè 名 敵のスパイ.
【敌伪】díwěi 名〈史〉(抗日戦争期の)日本軍と傀儡(かいらい)政権.
【敌我矛盾】díwǒ máodùn 名 敵対矛盾.
【敌意】díyì 名 敵意. ¶他没有一点儿〜 / 彼は少しも敵意を持っていない.
【敌阵】dízhèn 名 敵陣.

涤(滌) dí ◇◆ 洗う. ¶洗 xǐ 〜 / 洗浄する.

【涤除】díchú 動 洗い落とす；取り除く. ►比喩に用いることが多い. ¶〜迷信 míxìn 思想 / 迷信を一掃する.
【涤荡】dídàng 動 洗い清める.
【涤棉布】dímiánbù 名 ポリエステル綿.

笛 dí 名 横笛. 参考 "横笛 héngdí"とも. 現在の"箫 xiāo"のような縦笛も古くは"笛"といった. ⇒【笛子】dízi
◇◆ 鋭い音を出す発声器. ¶汽〜 / 汽笛. ¶警 jǐng 〜 / 警笛.

【笛膜】dímó 名(〜儿)笛の響孔に張る,竹やアシからとった薄い膜.
【笛子】dízi 名 笛．横笛. 量 支 zhī,管 guǎn. ¶吹 chuī 〜 / 笛を吹く.

嘀 dí "嘀咕 dígu"↓という語に用いる. ▸▸ dī

【嘀咕】dígu 動 ①**ひそひそ話をする.** ¶他总 zǒng 在背后嘀嘀咕咕 / 彼はよく陰でとやかく言う. ②**ぐずぐずする．ためらう.** ¶我心里直 zhí 〜这件事 / 私はその事がずっと気になっている. ►①②とも"唧咕"とも書く.

嫡 dí ◇◆ 正妻；血統の最も近い. ¶〜长子 zhǎngzǐ / 嫡出の長男.

【嫡传】díchuán 動 直伝する.
【嫡母】dímǔ 名 嫡母．(庶子からいう)父の正妻.
【嫡派】dípài 名 直系；(多くは技術·武芸などの)直伝を受けた一派.
【嫡亲】díqīn 形 血統の最も近い. ¶〜姐姐 jiějie / 実姉.
【嫡堂】dítáng 形 血縁が比較的近い．祖父または曾祖父を同じくする父方の親族関係. ►"嫡亲"よりは血統が遠い. ¶〜兄弟 / 同姓のいとこ.
【嫡系】díxì 名 正統．直系.

3声 **邸** dǐ ◇◆ お屋敷．邸宅. ¶官 guān 〜 / 官邸. ¶私 sī 〜 / 私邸. ‖姓

诋 dǐ ◇◆ 悪口を言う．ののしる. ¶丑 chǒu 〜 / 辱めののしる.

【诋毁】dǐhuǐ 動〈書〉そしる. ¶肆意 sìyì 〜 / さんざんけなす.

抵 dǐ 動 ①**突っ張る．支える.** ¶他用手〜着下巴 xiàba / 彼はほおづえをついている. ¶晚上请把门〜上 / 夜は戸にかんぬきをかけてください. ②**相当する．匹敵する.** …に代わる. ¶干起活儿来一个〜俩 liǎ / 仕事をやりだすと,一人で二人分の働きをする. ③〈書〉到着する. ¶平安 píng'ān 〜沪 Hù / 無事上海に着く.
◇◆ ①防ぎ止める．抵抗する. ¶→〜挡 dǎng. ¶→〜制 zhì. ②あがなう．償う. ¶→〜命 mìng. ③抵当にする．かたにする. ¶→〜押 yā. ④相殺す

る．帳消しにする．¶→～消 xiāo．¶相～ / 相殺する．差し引く．

【抵补】dǐbǔ 動 補う．補塡(ほてん)する．¶～亏损 kuīsǔn / 欠損を埋める．

【抵偿】dǐcháng 動(同じ価値のもので)弁償する，補う．¶以房产 fángchǎn ～债务 zhàiwù / 家屋をもって債務を償う．

【抵触】dǐchù 動 抵触する．差し障る．►"牴触"とも書く．¶～情绪 qíngxù / 反発する気持ち．

【抵达】dǐdá 動 **到着する．**

【抵挡】dǐdǎng 動 防ぎ止める．抵抗する．¶～洪水 hóngshuǐ / 洪水を防ぎ止める．

【抵还】dǐhuán 動 ほぼ同じ値打ちの金品で弁償する．¶作价～ / (弁済に当てる物の)値を決めて弁済する．

【抵换】dǐhuàn 動 引き替える．取り替える．¶拿钱～性命 xìngmìng / お金で命を買う．

【抵抗】dǐkàng 動 **抵抗する．反抗する．**¶～外压 wàiyā / 外圧に抵抗する．

【抵赖】dǐlài 動(罪や過失を)否認する，言い逃れる．

【抵命】dǐ//mìng 動 命で償う．

【抵事】dǐ//shì 動〈方〉足しになる．役に立つ．►否定文に用いることが多い．¶这么几个人，不～ / これだけの人数では間に合わない．

【抵死】dǐsǐ 副〈書〉あくまでも．死んでも．¶～不允 yǔn / 頑として承知しない．

【抵消】dǐxiāo 動 相殺する．帳消しにする．

【抵押】dǐyā 動 抵当にする．¶以房产 fángchǎn 作～ / 家屋を抵当に入れる．¶～放款 fàngkuǎn / 担保を取って金を貸す．担保貸し．

【抵押品】dǐyāpǐn 名 抵当品．担保．

【抵御】dǐyù 動〈書〉防ぎ止める．

【抵债】dǐ//zhài 動(物品や労役で)債務を償う．

【抵账】dǐ//zhàng 動(物や労力で)返済に当てる．

【抵制】dǐzhì 動 ① 拒む．制止する．阻止する．¶～投机 tóujī 商人哄抬 hōngtái 物价 wùjià / 投機商人の物価つり上げを食い止める．② 排斥する．ボイコットする．¶～外货 wàihuò / 舶来品をボイコットする．

【抵住】dǐ//zhù 動+結補 ① **匹敵する．**② **食い止める．**¶抵不住对方的进攻 jìngōng / 相手の攻撃を食い止めることができない．

*## 底 dǐ

名 ①(～儿)**草稿．控え．**よりどころ．¶留个～儿 / 控えをとっておく．②(図案などの)下地，地．¶这个图案 tú'àn 的～是绿的 / この図案の地はグリーンだ．③(～儿)**事の子細．**真相．¶这一下可露 lòu 了～儿了 / これで種がばれてしまった．④(～儿)**底．**¶沉 chén ～ / 底に沈む．

◇◆(年・月の)末，終わり．¶年～ / 年末．‖姓

【底版】dǐbǎn 名(写真の)ネガ．

【底本】dǐběn 名 ①(残しておく)原稿．控え．② 種本．テキスト；校訂のよりどころとなる版本．

【底册】dǐcè 名 控え．控え帳．¶把这一份 fèn 留作～ / この1部を控えにとっておく．

【底层】dǐcéng 名 ①〈建〉いちばん下の階．1階．¶楼房 lóufáng 的～ / ビルのいちばん下の階．②(社会の)最下層．どん底．③ 下塗り．

【底稿】dǐgǎo 名(～儿)(保存)原稿．

【底火】dǐhuǒ 名 ①(新たに燃料を加える前の)かまどの中に残っている火．種火．②〈軍〉雷管．

【底货】dǐhuò 名 ①(船の)底荷．② 在庫品．売れ残り品．

【底襟】dǐjīn 名(～儿)中国服の下前衽(おくみ)の部分．

【底里】dǐlǐ 名(事の)子細．¶不知～ / 事の子細を知らない．

【底牌】dǐpái 名 ①(ポーカーで)伏せてある1枚の札；切り札．②〈喩〉内情．¶亮 liàng ～ / 手の内を見せる．

【底盘】dǐpán 名(自動車などの)シャーシー．車台．

【底片】dǐpiàn 名(写真の)ネガ．

【底漆】dǐqī 名 下塗りペイント．

【底气】dǐqì 名 ① 息の強さ．発声力．② 気力．意欲．¶～十足 shízú / ファイト満々．大乗り気．

【底儿潮】dǐr cháo 〈慣〉〈俗〉素行が悪い．前歴がある．

【底数】dǐshù 名 ①〈数〉底数．② 事の子細．内実．予定の計画や数字など．¶心里有了～ / 事の子細を心得る．

【底拖网】dǐtuōwǎng 名 底引き網．

【底细】dǐxi 名 詳しい事情．いきさつ．人の素性．¶不知～ / いきさつを知らない．

***【底下】dǐxia** ① 方位 **下．**¶桌子～ / 机の下．¶手～有很多工作 / 手もとに仕事がたまっている．② 名 **そのあと．その先．**¶～怎么样了呢？/ それから先はどうなったの．

【底线】dǐxiàn 名 ①〈体〉(球技の)コートに引く線．② 敵の内部に忍び込んで状況を探る人．密偵．③〈喩〉最低ライン．►"底限"とも．

【底薪】dǐxīn 名 基本給．

【底子】dǐzi 名 ① **底．**¶鞋 xié ～ / 靴底．② **内情．**子細．¶摸清 mōqīng ～ / 子細を了解する．③(学問などの)基礎，素養．¶我的外语 wàiyǔ ～不好 / 私の外国語は基礎ができていない．④ 控え．下書き．¶发出的文件要留 liú 个～ / 発送する書類は控えをとっておかなければならない．⑤ 残り．¶货 huò ～ / 商品の売れ残り．⑥〈方〉素地．¶灰 huī ～红花的裙子 qúnzi / グレーの地に赤い模様のスカート．

【底座】dǐzuò 名(～儿)台．台座．¶座钟 zuòzhōng 的～ / 置き時計の台．

砥 dǐ

◇◆〈書〉砥石(といし)．¶～砺 lì / 鍛え磨く；励ます．激励する．►"砥""砺"とも砥石(といし)のこと．

【砥柱中流】dǐzhù zhōngliú 〈喩〉困難な環境にもめげずよくもちこたえる．

骶 dǐ

名〈生理〉尾骶骨(びていこつ)．¶～骨 gǔ / 仙椎(せんつい)．►"骶椎 dǐzhuī""荐骨 jiàngǔ""荐椎 jiànzhuī"とも．

4声 *## 地 dì

名 ① 大地．土地．陸地．② **田畑．**量 块 kuài，片 piàn．¶三亩 mǔ ～ / 3ムーの畑．¶下～干 gàn 活儿 / 畑へ行って働く．③ **床．土間．地面．**¶水泥 shuǐní ～ / コンクリートの床．④(～儿)地．下地．¶白～红花儿的大碗 dàwǎn / 白地に赤い模様の鉢．⑤ 道のり．►"里"や"站"の後につけて用いる．¶一里～ / 500メートル(の道のり)．¶两站 zhàn ～ / 二駅(の道のり)．

◇◆ ①地区．地点．¶内～ / 内地．内陸．¶目的 mùdì ～ / 目的地．②考え方．見方．¶见～ / 見地．¶心～ / 気立て．③境地．¶余 yú ～ / ゆとり．④地下の．¶→～雷 léi．¶→～窖 jiào．

►► de

【地板】dìbǎn 名 ①床板．床．②〈方〉田畑．
【地堡】dìbǎo 名〈軍〉トーチカ．
【地表】dìbiǎo 名 地表．¶～水／地表水．
【地波】dìbō 名(地震の)表面波．
【地步】dìbù 名 ①(主として悪い)事態．¶事情到了不可收拾 shōushi 的～／収拾のつかない事態になった．②(物事の)程度．¶她气得简直 jiǎnzhí 到了发疯 fāfēng 的～／彼女は気が変になったかと思うほどかんしゃくを起こした．③余地．立場．

D

【地层】dìcéng 名〈地質〉地層．
【地产】dìchǎn 名 不動産としての土地．¶房 fáng～／不動産．
【地秤】dìchèng 名 大型の台ばかり．
【地磁】dìcí 名〈物〉地磁気．¶～效应 xiàoyìng／地磁気効果．
【地磁场】dìcíchǎng 名〈物〉地磁界．
【地大物博】dì dà wù bó 〈成〉土地が広くて物産が豊富である．地大物博(ちだいぶつはく)．¶中国～,人口众 zhòng 多／中国は土地が広く資源が豊かで,人口が多い．
*【地带】dìdài 名 地帯．地域．地区．¶沙漠 shāmò～／砂漠地帯．¶无人～／無人の地．
【地道】dìdào 名〈軍〉地下道．¶～战 zhàn／地下道戦．地下戦．
*【地道】dìdao 形 ①本場のものである．名産地のものである．¶这才是～的法国香水 xiāngshuǐ／これこそ本場のフランス製の香水だ．②生粋である．本物である．¶他是～的北京人／あの人は生粋の北京っ子だ．¶地地道道的足球迷 mí／正真正銘のサッカーファン．③(仕事や物が)確かである．良質である．¶他干 gàn 这活儿比你～／この仕事をやるには,彼のほうが君より確かだ．
*【地点】dìdiǎn 名 地点．場所．位置．¶你把音乐会的～通知 tōngzhī 大家／皆さんにコンサート会場を知らせてください．
【地洞】dìdòng 名 地下の洞穴．
【地段】dìduàn 名 一区域．¶在指定 zhǐdìng 的～工作／指定された地域で仕事をする．
【地方】dìfāng 名 ①地方．¶～政府 zhèngfǔ／地方自治体．¶～铁路 tiělù／ローカル鉄道．②当地．地元．¶联系 liánxì～上的群众 qúnzhòng／地元の大衆とつながりを保つ．③(軍に対して)民間(の)．⇒【地方】dìfang
**【地方】dìfang 名 ①(～儿)場所．ところ．¶你是什么～的人？／お国はどちらですか．¶只要有正式的工作,我什么～都去／正式の職さえあればどこへでも行きます．¶这个～放不开沙发 shāfā／この場所は(狭くて)ソファーが置けない．②部分．ところ．¶这篇 piān 文章有些～写得还不错 bùcuò／この文章はある部分がよく書けている．¶这篇稿子 gǎozi 的这个～好像有人改过／この原稿のこのところはだれかが直したようだ．⇒【地方】dìfāng
【地方病】dìfāngbìng 名 風土病．
【地方戏】dìfāngxì 名 地方劇．地方の方言で演じる劇．
【地缝儿】dìfèngr 名 地の割れ目．¶臊 sào 得想找个～钻 zuān 进去／恥ずかしくて穴があれば入りたい．
【地府】dìfǔ 名 あの世．
【地沟】dìgōu 名 地下溝．
【地瓜】dìguā 名〈方〉〈植〉①サツマイモ．②クズイモ．
【地滚球】dìgǔnqiú 名〈体〉①(野球で)ゴロ．②ボウリング．
【地黄】dìhuáng 名〈植〉ジオウ；〈中薬〉地黄(じおう)．
【地积】dìjī 名 土地の面積．
【地基】dìjī 名 ①敷地．建築用地．②建築物の基礎．地盤．►“地脚 dìjiao”とも．¶打～／基礎工事をする．
【地极】dìjí 名〈地〉極地,両極．
【地脚】dìjiǎo 名〈印〉ページ下の余白．
【地窖】dìjiào 名 地下の食糧貯蔵室．
【地界】dìjiè 名 土地の境界．
【地久天长】dì jiǔ tiān cháng 〈成〉とこしえに変わらない．
【地牢】dìláo 名 地下牢．
【地老虎】dìlǎohǔ 名 ①〈虫〉ネキリムシ．②土地の貸与権を利用して賄賂を得る人．③大量に土地資源を消費する事業．
【地雷】dìléi 名 地雷．(量)颗,个
【地垒】dìlěi 名〈地質〉地塁．ホルスト．
【地塄】dìléng 名〈方〉あぜ．
【地理】dìlǐ 名 地理；地理学．
【地力】dìlì 名 地力．¶用肥料 féiliào 加强～／肥料を使って地力を高める．
【地利】dìlì 名 ①地力．作物の植え付けに有利な土地の状態．②地の利．地勢上の有利さ．¶天时～／〈成〉天の時地の利．
【地邻】dìlín 名 隣接している耕地．
【地龙】dìlóng 名〈動〉ミミズ．►漢方薬として用いる．
【地脉】dìmài 名 地形の吉凶．地相．
【地幔】dìmàn 名〈地質〉マントル．
【地貌】dìmào 名〈地〉地形．
【地貌图】dìmàotú 名 地形図．
*【地面】dìmiàn 名 ①地面．地上．¶高出～两米／地面より2メートル高い．②床(ゆか)．¶瓷砖 cízhuān～／タイル張りの床．③(～儿)〈口〉地元．当地；区域．地域．¶这儿是我的～／ここは俺の縄ばりだ．¶此 cǐ 地属于 shǔyú 上海的～／このあたりは上海市の区域に入る．
【地名】dìmíng 名 地名．
【地膜】dìmó 名(農業用)マルチフィルム．
【地亩】dìmǔ 名 土地．田畑．¶～册子 cèzi／土地台帳．¶丈量 zhàngliáng～／土地を測量する．
【地能热】dìnéngrè 名 地熱エネルギー．
【地盘】dìpán 名(～儿)勢力範囲．地盤．
【地陪】dìpéi 名 現地ガイド．►1都市だけに付き添う観光ガイドで,ツアーの全行程に付き添う“全陪”と区別される．
【地皮】dìpí 名 ①建築用地．敷地．②(～儿)地面．地表．¶太阳 tàiyáng 一出来,～就干 gān 了／太陽が出ると地面はすぐに乾いた．
【地痞】dìpǐ 名 その地方のごろつき．
【地痞流氓】dìpǐ liúmáng 名 ごろつきやチンピラ．
【地平线】dìpíngxiàn 名 地平線．
【地铺】dìpù 名〈方〉地面〔床(ゆか)〕の上に臨時にしつらえた寝床．¶打～／床の上の臨時の寝床に寝る．
【地契】dìqì 名 土地売買契約書．►“土地契约”の略．
【地壳】dìqiào 名〈地質〉地殻．
【地勤】dìqín 名〈空〉地上勤務．

*【地球】dìqiú [名]〈天〉**地球**. ¶ 绕 rào ～一周 zhōu / 地球を1周する.
【地球仪】dìqiúyí [名]〈地〉地球儀.
*【地区】dìqū [名] ① **地区. 地域. 地方**. ¶山东 Shāndōng ～ / 山東地区. ¶ 多山～ / 山岳地帯. ② (省・自治区などが設けた)いくつかの県・市を統轄する行政区域.
【地权】dìquán [名] 土地所有権.
【地儿】dìr [名]〈口〉座る〔立つ〕場所 ; 収容する場所. ¶房间 fángjiān 里已经没～了 / 部屋の中はもう場所がない.
【地热】dìrè [名]〈地〉地熱. ¶ ～发电 fādiàn / 地熱発電.
【地热能】dìrènéng [名] 地熱エネルギー.
【地声】dìshēng [名](地震の)地鳴り.
【地势】dìshì [名] **地勢. 地形**. ¶ ～平坦 píngtǎn / 地勢が平らである. ¶ ～险恶 xiǎn'è / 地形が険しい.
【地摊】dìtān [名](～儿)(道ばたの)露店. ¶ 摆 bǎi ～ / 露店を開く.
【地毯】dìtǎn [名] **じゅうたん**. ㊞ 张,块. ❖ 铺 *pū* ～ / じゅうたんを敷く.
【地铁】dìtiě [名]〈略〉地下鉄**. ►"地下铁道 dìxià tiědào"の略称. ❖坐 *zuò* ～ / 地下鉄に乗る.
【地头】dìtóu [名](～儿) ①〈口〉田畑のへり. あぜ. ②〈方〉その地方. 当地. ③ 書物のページの下の方の余白. ►"地脚 dìjiǎo"とも.
【地头蛇】dìtóushé [名] 土地のボス.
【地图】dìtú [名] **地図. ㊞ 张,幅 fú ;〔本になったもの〕本,册 cè. ¶ ～集 jí / 地図帳.
【地委】dìwěi [名]〈略〉(党の)地区委員会.
*【地位】dìwèi [名] ① **地位. ポスト**. ¶战略 zhànlüè ～ / 戦略上の地位. ¶ 占 zhàn 有重要～ / 重要な地位を占める. ②〈方〉(人や物の占める)場所. ¶这些东西在屋子 wūzi 里不占 zhàn 多少～ / これらの物は部屋の中でいくらも場所をとらない.
【地峡】dìxiá [名] 地峡.
【地下】dìxià ❶[名] ① **地下**. ¶ ～天线 tiānxiàn / 埋設アンテナ. ② **秘密活動**. ¶转入 zhuǎnrù ～ / 地下に潜る. ❷[形] 非合法の. ¶ ～旅馆 / やみ営業の旅館.
【地下】dìxia [名] **地面. 床**. ¶ 花瓶 huāpíng 掉 diào 到～摔碎 shuāisuì 了 / 花瓶は地面に落ちて割れた. ¶ ～还是铺 pū 块地毯 dìtǎn 吧 / 床にやはりじゅうたんを敷こう.
【地下铁道】dìxià tiědào ⇀【地铁】dìtiě
【地线】dìxiàn [名]〈電〉アース.
【地心】dìxīn [名]〈地〉地心. 地球の中心.
【地心引力】dìxīn yǐnlì [名]〈物〉引力. 重力.
【地形】dìxíng [名] **地形**.
【地狱】dìyù [名] 地獄 ;〈転〉悲惨な生活環境. ¶人间～ / この世の地獄.
【地域】dìyù [名] ① **地域**. エリア. ¶ ～宽广 kuānguǎng / 地域が広大である. ¶ 按 àn ～划分 huàfēn / 地域別に区分する. ② **郷土**. 地方. ¶ ～观念 guānniàn / お国意識.
【地震】dìzhèn ①[名] **地震**. ►俗に"地动 dìdòng"という. ¶这次～为 wéi 六・五级 liù diǎn wǔ jí / 今度の地震はマグニチュード6.5である. ¶ ～波 bō / 地震波. ¶ ～棚 péng / 地震避難用の小屋・テントなど. ¶ ～仪 yí / 地震計. ►"地震计 dìzhènjì"とも. ②[動] 地震が起こる.
【地震烈度】dìzhèn lièdù [名] 震度.
【地震震级】dìzhèn zhènjí [名] マグニチュード.
【地政】dìzhèng [名] 土地行政事務.
【地支】dìzhī [名] 十二支.
*【地址】dìzhǐ [名] ① **住所**. ¶回信～ / 返信のあて先. ②〈電算〉アドレス.
【地志】dìzhì [名] 地誌.
【地质】dìzhì [名] 地質. ¶ ～学 / 地質学.
【地主】dìzhǔ [名] ① **地主**. ②〈書〉(外来者に対していう)地元の人. ¶尽 jìn ～之谊 yì / 土地のホスト役を果たす.
【地租】dìzū [名] 小作料. 地代.

弟 dì
◇◆ ①弟. ¶→～弟 di. ¶二～ / (2番目の)弟. ¶胞 bāo ～ / 実の弟. ②〈旧〉《友人同士間の書簡文に用いる一人称》私. ¶小～ / 私. ③親戚の中の,同世代で,自分より年下の男子. ¶ 堂 táng ～ / 父方の姓を共有する年下の男のいとこ. ¶族 zú ～ / 同族の同じ世代で自分より年下の男子. ‖[姓]
【弟弟】dìdi [名] ① **弟. ¶小～ / 小さい方の弟. 末の弟. ② 同族中の同じ世代で年下の男子. ¶叔伯shūbó ～ / 父方のいとこ. ¶远房 yuǎnfáng ～ / (自分より年下の)遠縁のいとこ.
【弟妇】dìfù [名] 弟の妻.
【弟妹】dìmèi [名] ① 弟と妹. ②〈口〉弟の妻. ③ 年下の友人の妻に対する親しい呼び方.
【弟兄】dìxiong [名](男) **兄弟**. [a]本人を含まない場合. ¶他从小就没有父母 fùmǔ,也没有～ / あの人は幼い時から父母も兄弟もいない. [b]本人を含む場合. ¶他(们)～三个 / 彼(ら)は3人兄弟だ. ¶他就～一个 / 彼には兄弟がいない. [c]同等の立場に立っての他者への呼びかけ. ¶ ～们 / みなさん.
【弟子】dìzǐ [名] 弟子. 門人. 門下生.

的 dì
◇◆ 的(まと). ¶目～ / 目的. ¶无 wú ～放矢 shǐ / はっきりとした目的もなく行動または発言をすること. ¶众 zhòng 矢之～ / 多くの人の非難の的. ⏩的 de,dī,dí

帝 dì
◇◆ ①(古代の)天を主宰する神. 天帝. ¶上～ / 神. ¶玉皇 Yùhuáng 大～ / 玉皇上帝(ぎょくこうじょうてい). (道教で)天界の最高神. ②天子. 皇帝. ¶皇～ / 皇帝. ¶称 chēng ～ / 帝をとなえる. 帝位につく. ③〈略〉帝国主義. ¶反～斗争 dòuzhēng / 反帝国主義闘争. ‖[姓]
【帝俄】Dì'é [名]〈史〉帝政ロシア.
【帝国】dìguó [名] **帝国**. ¶大英～ / 大英帝国.
【帝号】dìhào [名] 皇帝の称号.
【帝君】dìjūn [名] 大神. 神々の中の最高の神.
【帝王】dìwáng [名] 帝王.
【帝位】dìwèi [名] 帝位.
【帝制】dìzhì [名] 帝制.

*递(遞) dì
[動] **手渡す**. 順繰りに渡す. ¶请把报～给我 / 新聞を取ってください. ¶给他～个口信 kǒuxìn / 彼に伝言する.
◇◆ しだいに. 順序を追って. ¶ ～降 jiàng / しだいに下がる.
【递补】dìbǔ [動] 順次に補充する. ¶ ～缺额 quē'é / 欠員を補充する.
【递加】dìjiā ⇀【递增】dìzēng
【递减】dìjiǎn [動] 逓減する. 次第に減らす〔減る〕.

D

D

¶高速 gāosù 公路 gōnglù 的使用费 shǐyòngfèi 将逐年 zhúnián ～ / 高速道路の使用料は年ごとに減っていく.
【递交】dìjiāo 動 手渡す. ►正式で厳粛な感じを伴う. ¶～国书 / 国書を捧呈する.
【递升】dìshēng 動 徐々に高まる；(職位を)順次引き上げる. ¶水位 shuǐwèi 年年～ / 水位が年ごとに高くなる.
【递送】dìsòng 動(郵便物などを)**届ける,配達する**.
【递眼色】dì yǎnsè 〈慣〉目くばせする. ¶他一面说,一面～给大妈 / 彼は話しながらおばさんに目くばせした.
【递增】dìzēng 動 逓増する. 次第に増やす〔増える〕. ►"递加 dìjiā"とも. ¶石油 shíyóu 产量 chǎnliàng 逐年 zhúnián ～ / 石油の生産高は年々少しずつ増加する.

第 dì 接頭《整数の前に置いて順序を示す**》¶～十 / 10番目. ¶宪法 xiànfǎ ～九条 / 憲法第9条. 注意 時間や通し番号には一般に"第"を用いない. ¶(×第)二月 / 2月. ¶住在(×第)二十五号 / 25号室に住んでいる.
◇◆ ①科挙試験に合格すること. ¶及 jí〔落 luò〕～ / 科挙の試験に合格〔落第〕する. ¶不～ / 不合格. ②〈旧〉屋敷. 邸宅. ¶府 fǔ ～ / 邸宅. ¶门～ / 家柄. ‖姓
【第二次国内革命战争】Dì'èrcì guónèi gémìng zhànzhēng 名〈史〉第一次国共内戦.
【第二职业】dì'èr zhíyè 名 本職以外の仕事. 副業. サイドビジネス.
【第三产业】dìsān chǎnyè 名 第三次産業.
【第三次国内革命战争】Dìsāncì guónèi gémìng zhànzhēng 名〈史〉第二次国共内戦. 1946年から1949年までの共産党と国民党の戦争.
【第三世界】Dìsān shìjiè 名 **第三世界**. アジア,アフリカ,ラテン・アメリカなどの発展途上国.
【第三者】dìsānzhě 名 ① 第三者. ②(夫婦以外の)愛人. 不倫相手.
【第四产业】dìsì chǎnyè 名 情報産業.
【第五产业】dìwǔ chǎnyè 名 カウンセリング業. コンサルタント業.
【第五纵队】dìwǔ zòngduì 名 スパイ組織.
【第一】dìyī ① 数 **第一の**. 最初の. ¶他是～个报考的人 / 彼は受験を申し込んだ最初の人だ. ¶他们班在篮球 lánqiú 联赛 liánsài 中得 dé 了～ / 彼らのクラスはバスケットのリーグ戦で優勝した. ¶～把手 / 指導者中の首班. トップ. ナンバーワン. ② 形 **第一である. 最も重要である**. ¶质量 zhìliàng ～ / 品質が第一である.
【第一次国内革命战争】Dìyīcì guónèi gémìng zhànzhēng 名〈史〉北伐戦争. 1924年から27年にかけて,国民党と共産党が連合して主に華南・華中の軍閥と戦った戦争.
【第一流】dìyīliú 形 一流の. いちばん優れた. ¶～演员 yǎnyuán / 一流の俳優.
【第一手】dìyīshǒu 形 直接の. 他人の手を通さない. ¶～材料 cáiliào / 直接手に入れた資料.
【第一线】dìyīxiàn 名 第一線. 最前線.
【第宅】dìzhái 名 邸宅. 屋敷.

谛 dì ◇◆ ①子細に. ¶～听 / 詳しく聞く. ②道理. ¶真～ / 真の道理.

蒂 dì ◇◆(花や果実などの)蒂(へた),萼(がく). ¶瓜熟 shú ～落 / 条件が熟せば自然に成功する.

棣 dì ◇◆ ①ヤマブキ. ②ニワウメ. アマナシ. ¶棠 táng ～ / 同上.

睇 dì 動〈書〉流し目で見る. 横目で見る.

缔 dì ◇◆ 結ぶ. 取り決める.
【缔交】dìjiāo 動 ①〈書〉交際を始める. ② 国交を結ぶ.
【缔结】dìjié 動(条約などを)**締結する**. ¶～邦交 bāngjiāo / 国交を結ぶ. ¶～友好条约 / 友好条約を結ぶ.
【缔约】dìyuē 動 条約を結ぶ.
【缔造】dìzào 動(偉大な事業を)創建する.

dia (ㄉㄧㄚ)

3声 **嗲** diǎ 形〈方〉① 声や素ぶりが甘ったれている. ¶～声～气 / 甘ったれた声. ②(称賛して)すばらしい.

dian (ㄉㄧㄢ)

1声 **掂**(敁) diān 動 手のひらにのせて重さを量る. ¶你～一～这块铁有多重 duō zhòng？ / この鉄の重さがどれくらいあるか,手で量ってごらん.
【掂掇】diānduo 動〈口〉① 考える. 考慮する. ¶你～着办吧 / 君の考えでしかるべくやってください. ② 見積もる.
【掂斤播两】diān jīn bō liǎng 〈成〉小事をみみっちく計算する. ►"掂斤簸 bǒ 两"とも.
【掂量】diānliang 動〈口〉① 手で目方を量る. ¶他用手～了一下金币 jīnbì 的分量 fènliàng / 彼は手で金貨の重さを量ってみた. ② 考える. 思案する.
【掂算】diānsuàn 動 見積もる. 判断する.

滇 diān ◇◆ 雲南省の別称. ¶～剧 jù / 雲南省の伝統劇の一つ. ‖姓
【滇红】diānhóng 名 雲南省産の紅茶.

颠 diān 動 ① **上下に震動する**. ►自動車・船・飛行機についてよく用いる. ¶汽车～得慌 huāng / 車が上下にひどく揺れる.
②(～儿)〈俗〉(あわただしく)走る. いなくなる. ¶连 lián 跑带 dài ～儿 / 急ぎあわてて走る.
◇◆ ①頭のてっぺん. ¶华 huá ～ / 白髪まじり. ¶塔 tǎ ～ / 塔のてっぺん. ¶山～ / 山の頂上. ②倒す. ひっくり返る. ¶→～覆 fù. ¶～扑 pū 不破 pò / (理論が正しくて)覆すことができない.
【颠簸】diānbǒ 動 上下に揺れる. ¶飞机开始～了 / 飛行機が上下に揺れだした.
【颠倒】diāndǎo 動 ① **逆にする**. ¶主次～ / 主客転倒. ¶放～ / 逆さまに置く. ② 気が動転する. ¶神魂 shénhún ～ / 気が狂うほど夢中になる.
【颠倒是非】diān dǎo shì fēi 〈成〉是非を転倒す

る．►"颠倒黑白"とも．

【颠覆】diānfù 動 **転覆する**．►けなす意味を含む．¶～政权的阴谋 yīnmóu / 政権転覆の陰謀．

【颠狂】diānkuáng ⇀【癫狂】diānkuáng

【颠来倒去】diān lái dǎo qù 〈成〉同じことを何度も繰り返す．¶就那么点事，他～地说个没完 / たったそれだけのことを，彼はくどくどと繰り返して話す．

【颠沛】diānpèi 動〈書〉困窮する．

【颠沛流离】diān pèi liú lí 〈成〉貧困のため流浪の身となる．

【颠三倒四】diān sān dǎo sì 〈成〉つじつまが合わない．でたらめである．

癫 diān

◇◆ 精神が錯乱する．¶疯 fēng～ / 瘋癲(ふうてん)．精神異常．

【癫狂】diānkuáng 形 ① 精神が錯乱している．② (言動が)軽率である．►"颠狂"と書くことが多い．

【癫痫】diānxián 名〈医〉てんかん．

典 diǎn

動(土地・家屋などの)不動産を抵当に入れる，抵当にとる．¶他把房子 fángzi～给人家了 / 彼は家を抵当に入れた．

◇◆ ①標準．法則．¶→～范 fàn．¶→～章 zhāng．②(規準となる)書籍．¶→～籍 jí．¶药～ / 薬局方．③典故．典拠．¶用～ / 故事を引用する．④式典．儀式．¶盛 shèng～ / 盛大な式典．¶→～礼 lǐ．⑤質屋．質店．¶～业 / 質屋業．⑥主管する．¶～试 shì / (旧時の)官吏登用試験を主管する(役人)．‖姓

【典当】diǎndàng 動 抵当に入れる．質に入れる．►"典押 diǎnyā"とも．

【典范】diǎnfàn 名 模範．手本．

【典故】diǎngù 名 典故．故事．

【典籍】diǎnjí 名 古代の法制を記した書籍；(広く)古代の書籍．

【典礼】diǎnlǐ 名 **式典**．**儀式**．¶毕业 bìyè～ / 卒業式．¶开幕 kāimù～ / 開幕式．

【典卖】diǎnmài 動 請け戻し条件つきで不動産を抵当に入れる．

【典型】diǎnxíng ① 名 **典型**．**モデル**．¶作个～ / 手本とする．¶～示范 shìfàn / 典型として範を示す．¶抓 zhuā～ / 手本となる物事や人物を見定める．② 形 **典型的である**．¶这个情况 qíngkuàng 很～，值得 zhíde 学习 / このケースは非常に典型的で，きちんと学んでおいたほうがいい．

【典押】diǎnyā ⇀【典当】diǎndàng

【典雅】diǎnyǎ 形 優美である．上品である．

【典章】diǎnzhāng 名 法令制度．¶文物 wénwù～ / 文物に関する法令制度．

点(點) diǎn

❶ 量 ①(時間の単位)…時．¶上午七～半 / 午前7時半．¶现在几～了？——十～钟 zhōng / 今，何時ですか——10時です．②(～儿)**少量のものを表す**．►数詞は主に"一"もしくは"半 bàn"を用いる．¶一～儿小事 xiǎoshì / ほんのちょっとした事．¶吃～儿东西 / ちょっと何かを食べる．¶他今天好～儿了 / 彼はきょうは少しよくなった．③ 事項を数える．¶我有两～意见 yìjian / 私には意見が二つある．

❷ 動 ① **点を打つ**．印をつける．¶～个逗号 dòuhào / コンマを打つ．②(火や明かりを)**つける**．¶～灯 dēng / 明かりをつける．¶→～火 huǒ．③ **一つずつ改め調べる**．数える．¶请你把钱～一～ / お金を確かめてください．¶→～数 shù．④ 液体を1滴垂らす；一定の間隔を開けて種をまく．¶～眼药 yǎnyào / 目薬をさす．¶～大豆 dàdòu / ダイズをまく．⑤(同類のものの中から)指定する．¶→～菜．⑥ ちょっと触ってすぐ離れる．突っつく．¶蜻蜓 qīngtíng～水 / トンボがしっぽで水面をかすめる；申し訳程度に仕事に参加するたとえ．

❸ 名 点．①(～儿)液体の粒．¶雨～儿 / 雨粒．¶水～儿 / 水滴．②(～儿)斑点．ほし．¶泥 ní～ / 泥のはね．③ ちょぼ．漢字の筆画の「、」．④(～儿)小数点．¶三～五 / 3.5．⑤〈数〉幾何学上の点．¶两线的交～ / 2線の交わる点．

◇◆ ①一定の位置や程度を表す．¶冰 bīng～ / 氷点．¶居民 jūmín～ / 住宅区．②物事の部分・個所・面・問題点を表す．¶特 tè～ / 特徴．¶从这一～来看 / その点から見て．③軽食．おやつ．¶→～心 xin．¶早～ / 軽い朝食．‖姓

【点播】diǎnbō 動 ①(ラジオ放送で)**リクエストする**．¶～歌曲 gēqǔ / 曲をリクエストする．②〈農〉点播(てんぱ)(する)．►"点种 diǎnzhòng"とも．

【点拨】diǎnbo 動 ① 要点を押さえて教える．ヒントを与える．② そそのかす；人の悪口を言う．

【点菜】diǎn//cài 動 料理を注文する．

【点穿】diǎnchuān 動 喝破する．すっぱ抜く．

【点滴】diǎndī 形 ① わずかな．ちょっぴりの．¶～不留 liú / 少しも残さずに．¶点点滴滴地积累 jīlěi 经验 jīngyàn / 経験を少しずつ積み重ねる．② 名〈医〉点滴注射．

【点火】diǎn//huǒ 動 火をつける；〈転〉扇動する．

【点击】diǎnjī 動〈電算〉クリックする．

【点饥】diǎn//jī 動 少し物を食べて空腹をしのぐ．¶吃点儿点心点点饥 / おやつを少し食べて空腹をしのぐ．

【点将】diǎn//jiàng 動〈喩〉指名して何かをやらせる．

【点句】diǎn//jù 動 句読点を打つ．

【点卯】diǎn//mǎo 動〈口〉出頭する；タイムレコーダーを押す．¶他到单位 dānwèi 点了一个卯，就回去了 / 彼は勤め先にちょっと顔を出しただけで，すぐ帰った．

【点名】diǎn//míng 動 ① **点呼する**．¶课前 kèqián～ / 授業の前に出席をとる．¶～册 cè / 出席簿．② **指名する**．¶上面～要你 / 上級機関は君を指名してきた．¶～批判 pīpàn / 名指しで批判する．

【点明】diǎnmíng 動 はっきり指摘する．¶～问题所在 suǒzài / 問題の所在をはっきり指摘する．

【点破】diǎn//pò 動 喝破する．

【点球】diǎnqiú 名〈体〉(サッカーの)ペナルティーキック；(ホッケーの)ペナルティーストローク．

【点燃】diǎnrán 動 **燃やす；点火する**．¶～鞭炮 biānpào / 爆竹を鳴らす．¶～火把 huǒbǎ / たいまつをともす．

【点收】diǎnshōu 動(確認のために)一つ一つ調べて受け取る．¶～货物 huòwù / 品物を確認して受け取る．

【点手】diǎn//shǒu 動 軽く手招きをする．

【点数】diǎn//shù 動 数を調べる．

【点题】diǎn//tí 動 話や文章のテーマをかいつまんで示す．

D

【点铁成金】diǎn tiě chéng jīn 〈成〉下手な文章を要領よくうまい文章に改める.

【点头】diǎn tóu 動(～儿)うなずく. **軽く頭を下げる**. ¶点点头 / ちょっとうなずく. ¶～打招呼 zhāohu / 頭をちょっと下げてあいさつする. ¶～之交 / 顔見知りの間柄.

【点头哈腰】diǎn tóu hā yāo 〈成〉ぺこぺこ こびへつらう.

【点线】diǎnxiàn 名 点線 ; ミシンけい. 破線.

【点心】diǎn//xīn 動〈方〉簡単に食べて空腹をしのぐ. ¶吃点儿东西点点心吧 / 何か少し食べて空腹をしのごう.

＊＊【点心】diǎnxin 名 **軽食**. おやつ. スナック. ►軽く腹ごしらえをするために食べる物で, 菓子類だけでなく, たとえばめん類なども含んでいう. ¶甜 tián〔咸 xián〕～ / 甘味〔塩味〕のおやつ.

【点穴】diǎn//xué 動(武術で)指先で相手の急所を突く.

＊【点钟】diǎn zhōng (時間の単位)時. ¶下午三～ / 午後3時.

【点缀】diǎnzhui 動 ①引き立たせる. 飾り付ける. ¶～风景 / 風景に趣を添える. ②その場を繕う. 調子を合わせる.

【点字】diǎnzì 名 点字. ►"盲字 mángzì"とも.

【点子】diǎnzi ❶名 ①しずく. ¶雨 yǔ ～ / 雨粒. ②しみ. 斑点. ¶油 yóu ～ / 油のしみ. ③〈音〉(打楽器の)リズム. ¶鼓 gǔ ～ / 太鼓のリズム. ④要点. ポイント. ¶工作抓 zhuā 到～上 / 仕事の要点をつかんでいる. ⑤〈方〉考え. 知恵. 工夫. やり方. 意味. ¶想不出好～ / よい考えが浮かばない. ¶出坏 huài ～ / 悪知恵を出す. ¶～公司 gōngsī / コンサルタント(会社). ❷量〈方〉少量.

碘 diǎn

名〈化〉沃素(ようそ). ヨード. I. ¶～酊 dīng / 〈薬〉ヨードチンキ. ¶～酒 / 〈薬〉ヨードチンキ.

踮(跕) diǎn

動 つま先で立つ. ►"点"とも書く. ¶他～起脚 jiǎo 才看得见前面 qiánmiàn / 彼はつま先立ってやっと前が見えた.

【踮脚】diǎn//jiǎo 動 足をひきずって歩く.

＊电(電) diàn

4声

❶名 **電気**. ❷動 ①感電する. ¶他被高压电 gāoyādiàn ～了一下 / 彼は高圧電流に感電した. ②相手をしびれさせる. 魅惑する.

◇◆ ①電報(を打つ). ¶急 jí ～ / 至急電報. ¶即 jí ～中央报急 / 中央に電報を打って急を告げる. ②電気によって動く, 光る. ¶→～车 chē. ¶→～灯 dēng. ③雷. ¶闪 shǎn ～ / 稲光(がする). ‖姓

丶 冂 曰 日 电

【电棒】diànbàng 名(～儿) ①(拷問や警備用の)電気ショックを与える棒. ►"电警棒 diànjǐngbàng"とも. ②〈方〉懐中電灯.

＊【电报】diànbào 名 **電報**. 電信. 量 封 fēng, 份 fèn. ¶打～让 ràng 他回来 / 電報を打って彼を呼び戻す.

【电表】diànbiǎo 名 電気計器 ; 電気メーター.

＊【电冰箱】diànbīngxiāng 名 **電気冷蔵庫**. 量 台.

【电波】diànbō 名〈電〉電磁波.

【电铲】diànchǎn 名〈機〉(動力)掘削機. パワーショベルカー.

【电唱机】diànchàngjī 名 プレーヤー. 電蓄.

＊＊【电车】diànchē 名 量 辆. ①**電車**. ②**トロリーバス. 路面電車**. ¶无轨 wúguǐ ～ / トロリーバス. ¶有轨～ / 路面電車.

＊【电池】diànchí 名〈電〉**電池**. 量 节 jié, 个. ¶干 gān ～ / 乾電池. ¶充 chōng ～ / 充電池.

【电传】diànchuán 名 テレックス.

【电吹风】diànchuīfēng 名 ヘアドライヤー.

【电炊具】diànchuījù 名 電気調理器具. 電気釜.

【电磁】diàncí 名〈電〉電磁.

【电磁波】diàncíbō 名〈電〉電磁波.

【电磁铁】diàncítiě 名〈電〉電磁石.

【电大】diàndà 名(テレビの)放送大学. ►"电视大学 diànshì dàxué"の略称.

＊＊【电灯】diàndēng 名 **電灯**. ❖开 *kāi*〔关 *guān*〕～ / 電気をつける〔消す〕.

【电灯泡】diàndēngpào 名(～儿)**電球**. ►俗に"灯泡"とも.

【电动】diàndòng 形 電動の. 電気…. ¶～自行车 / 電動自転車. ¶～扶梯 fútī / エスカレーター. ¶～刮胡刀 guāhúdāo / 電気かみそり.

【电动机】diàndòngjī 名〈機〉電動機. モーター. ►motor の音訳語"马达 mǎdá"もある.

【电动汽车】diàndòng qìchē 名 電気自動車.

【电镀】diàndù 名 電気めっき.

【电度表】diàndùbiǎo 名 積算電力計. 電気メーター. ►"瓦时计 wǎshíjì"ともいい, 俗に"火表 huǒbiǎo"という.

【电饭锅】diànfànguō 名 **電気釜**. 電気炊飯器. ►"电饭煲 diànfànbāo"とも.

＊【电风扇】diànfēngshàn 名 **扇風機**.

【电镐】diàngǎo 名〈機〉①電気削岩機. ②電気シャベル.

【电告】diàngào 動 電報で知らせる.

【电工】diàngōng 名 ①**電気工**. ②電気工学. ¶～技术 jìshù / 電気工学技術.

【电功率】diàngōnglǜ 名〈電〉電力. ►単位は"瓦(特) wǎ(tè)"(ワット).

【电工学】diàngōngxué 名〈電〉電気工学.

【电购】diàngòu 動 電話などで買い物をする. 通信販売.

【电光】diànguāng 名 電光. 稲妻. ►一般にいなずまをさし, また電気照明の光をさすこともある.

【电滚子】diàngǔnzi 名〈方〉①発電機. ②電動機. モーター.

【电焊】diànhàn 名 アーク溶接. ►"电弧焊接 diànhú hànjiē"の通称.

【电贺】diànhè 動 祝電を打つ.

【电弧】diànhú 名〈電〉電弧. アーク.

＊＊【电话】diànhuà 名 **電話(機)**. 量[電話機]台 tái, 架 jià ; [電話の回数]个, 次. ❖打 *dǎ* ～ / 電話をかける. ¶给小林打～ / 林くんに電話する. ❖接 *jiē* ～ / 電話に出る. ❖挂 *guà* ～ / 電話を切る. ¶～占线 zhànxiàn / 電話は話し中だ. ¶那台～出了故障 gùzhàng / あの電話は故障した. ¶老李, 你的～ / 李さん, お電話です. ¶公用～ / 公衆電話. ¶～总机 zǒngjī / 電話交換台. ¶～号码簿 bù / 電話帳.

*【电话号码】diànhuà hàomǎ 名 電話番号.
【电化教育】diànhuà jiàoyù 名 視聴覚教育.
【电话卡】diànhuàkǎ 名 テレホンカード.
【电话亭】diànhuàtíng 名 電話ボックス.
【电荒】diànhuāng 名 電力不足.
【电汇】diànhuì 名 電信為替.
【电机】diànjī 名 発電機. 電動機.
【电机车】diànjīchē 名 電気機関車.
【电极】diànjí 名〈電〉電極. ►略して"极"という. ¶阳〔阴 yīn〕～／陽〔陰〕電極.
【电教】diànjiào 名〈略〉"电化教育"の略.
【电教中心】diànjiào zhōngxīn 名 視聴覚教育センター.
【电介质】diànjièzhì 名 誘電体.
【电锯】diànjù 名 電動のこぎり.
【电烤箱】diànkǎoxiāng 名 電気オーブン.
【电缆】diànlǎn 名 ケーブル.
【电烙铁】diànlàotiě 名 電気アイロン. 電気はんだごて.
【电力】diànlì 名 **電力**. ¶～供应 gōngyìng／電力供給. ¶～机车 jīchē／電気機関車. ►"电气 diànqì 机车"とも.
【电力网】diànlìwǎng 名 電力系統. パワーネットワーク. ►"供电系统 gōngdiàn xìtǒng"または"电力系统"とも.
【电力线】diànlìxiàn 名〈電〉①電力綱. 電気力線. ②送電線.
【电量】diànliàng 名〈電〉電気量.
【电疗】diànliáo 名〈医〉電気治療(法).
【电铃】diànlíng 名 **ベル**. 電鈴.
【电流】diànliú 名〈電〉電流. ►単位は"安培 ānpéi"(アンペア). 量 股 gǔ. ¶～表／電流計.
【电炉】diànlú 名 電気ストーブ・電気こんろ・電気炉など電熱を利用した装置.
【电路】diànlù 名〈電〉電気回路.
【电码】diànmǎ 名 ①電信符号. 電信暗号. コード(モールス符号など). ②(中国の電報で)漢字の代わりに用いる4けたの数字. ¶～本／電報コード本.
【电门】diànmén 名 電気のスイッチ.
【电脑】diànnǎo 名 **コンピュータ**. 量 台.

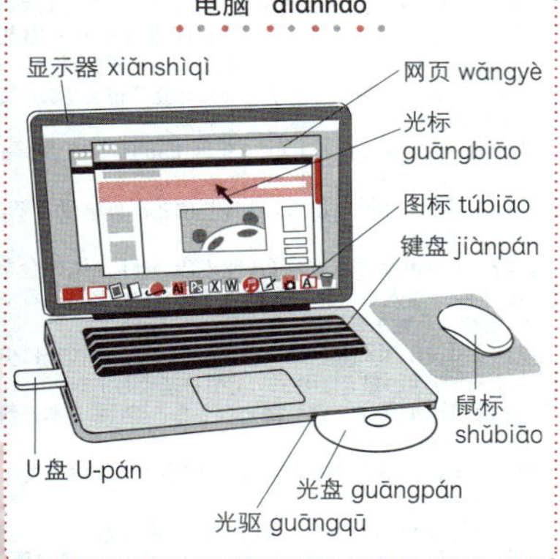

【电脑病毒】diànnǎo bìngdú 名 コンピュータウイルス.
【电脑程序】diànnǎo chéngxù 名 コンピュータプログラム.
【电能】diànnéng 名〈電〉電気エネルギー.
【电钮】diànniǔ 名(電気器具の)**スイッチ,押しボタン**. ❖按 àn～／押しボタンを押す. ⇒【开关】kāiguān
【电暖气】diànnuǎnqì 名 電気ストーブ.
【电瓶】diànpíng 名〈電〉(自動車の)バッテリー. ►"蓄电池 xùdiànchí"の通称.
【电瓶车】diànpíngchē 名 電気自動車. バッテリーカー.
【电气】diànqì 名 **電気**. ¶～机车／電気機関車. ►"电力机车"とも.
【电器】diànqì 名 **電気器具**.
【电气化】diànqìhuà 動 電化する.
【电热】diànrè 名 電熱. ¶～杯 bēi〔壶 hú〕／電気ポット. ¶～毯 tǎn／電気毛布.
【电热厂】diànrèchǎng 名 熱供給発電所.
【电容器】diànróngqì 名〈電〉コンデンサー. 蓄電器. ►"容电器"とも.
*【电扇】diànshàn 名 **扇風機**. ファン. 量 架 jià, 台.
【电石】diànshí 名〈化〉カーバイド.
【电石气】diànshíqì 名〈化〉アセチレン.
【电视】diànshì 名 **テレビ. テレビジョン. ►テレビ受像機をさしていうときは"电视机 jī". ❖看 *kàn*～／テレビを見る. ❖放 *fàng*～／テレビを放送する. ¶彩色～／カラーテレビ. ¶高清晰 qīngxī 度～／ハイビジョンテレビ. ¶～购物 gòuwù／テレビショッピング. ¶～唱片 chàngpiàn／ビデオディスク. ¶～广播 guǎngbō／テレビ放送. ¶～广播卫星 wèixīng／放送衛星. ¶～主持人 zhǔchírén／(テレビ番組の)司会者.
【电视大学】diànshì dàxué 名(テレビの)放送大学.
【电视电话】diànshì diànhuà 名 テレビ電話.
【电视广播卫星】diànshì guǎngbō wèixīng 名 放送衛星.
【电视会议】diànshì huìyì 名 テレビ会議.
【电视机】diànshìjī 名 テレビ(受像機). ►"电视接收机 jiēshōujī"の通称. 量 台,架 jià.
*【电视剧】diànshìjù 名 テレビドラマ.
【电视片】diànshìpiàn 名 テレビ放送向けのフィルム. ►人物・風景を紹介したドキュメンタリーをさすことが多い.
【电视摄像机】diànshì shèxiàngjī 名 ビデオカメラ. 量 架,台,个.
*【电视台】diànshìtái 名 **テレビ放送局**.
*【电台】diàntái 名 量 家. ①**無線電信局**. ►"无线 wúxiàn 电台"の略. ②**ラジオ放送局**. ►"广播 guǎngbō 电台"の略.
【电梯】diàntī 名 **エレベーター. **リフト**. 量 台. ❖坐 *zuò*～／エレベーターに乗る.
【电筒】diàntǒng 名 懐中電灯.
【电玩】diànwán 名〈略〉テレビゲーム.
【电网】diànwǎng 名 ①高電圧の鉄条網. ②〈略〉電力系統.
【电位】diànwèi 名〈電〉電位. ►"电势 diànshì"とも.

D

【电文】diànwén 名 電文．電報の文句．
【电线】diànxiàn 名 電線．¶～杆 gān / 電信柱．
【电信】diànxìn 名 電気通信．電話·電報·無線などによる通信方法．
【电学】diànxué 名 電気学．
【电讯】diànxùn 名 ① 電話·電報の通信．¶来自 láizì 世界各地的～ / 世界各地から送られてくる通信．② 無電の信号．
【电压】diànyā 名〈電〉電圧．
【电唁】diànyàn 動 弔電を打つ．
【电邀】diànyāo 動 電報で招く．
【电椅】diànyǐ 名（死刑の）電気椅子．
**【电影】diànyǐng 名（～儿）映画．量 部；［上映回数］场 chǎng．❖拍 pāi ～ / 映画を撮る．❖放 fàng ～ / 映画を上映する．¶～明星 / 映画スター．¶～原声带 yuánshēngdài / 映画のサウンドトラック．
*【电影票】diànyǐngpiào 名（映画館の）入場券．
【电影演员】diànyǐng yǎnyuán 名 映画俳優．
*【电影院】diànyǐngyuàn 名 映画館．シアター．量 家．
【电影制片厂】diànyǐng zhìpiànchǎng 名 映画撮影所．
【电邮】diànyóu 名〈略〉電子メール．
【电源】diànyuán 名〈電〉電源．（電気を引き込む）幹線．►（電力を供給する）電池や発動機をさすこともある．¶～开关 kāiguān / パワースイッチ．
【电灶】diànzào 名 電気こんろ．
【电闸】diànzhá 名 大型スイッチ．
【电站】diànzhàn 名 発電所．►"发 fā 电站"とも．¶水～ / 水力発電所．
【电钟】diànzhōng 名 電気時計．
【电珠】diànzhū 名 豆電球．
【电子】diànzǐ 名〈物〉〈電算〉電子．¶～工程学 gōngchéngxué / 電子工学．¶～宠物 chǒngwù / 電子ペット．¶～出版 chūbǎn / 電子出版．¶～词典 / 電子辞書．¶～媒介 méijiè / 電子メディア．¶～游戏室 yóuxìshì / ゲームセンター．
【电子病历】diànzǐ bìnglì 名〈医〉電子カルテ．
【电子管】diànzǐguǎn 名〈電〉電子管．真空管．
【电子汇款】diànzǐ huìkuǎn 名〈電算〉ネット送金．
【电子货币】diànzǐ huòbì 名 電子マネー．
*【电子计算机】diànzǐ jìsuànjī 名 電子計算機．コンピュータ．
【电子签名】diànzǐ qiānmíng 名〈電算〉電子署名．デジタルサイン．
【电子钱包】diànzǐ qiánbāo 名〈電算〉電子財布．eウォレット．
【电子琴】diànzǐqín 名 電子オルガン．
【电子闪光灯】diànzǐ shǎnguāngdēng 名 ストロボライト．
【电子商务】diànzǐ shāngwù 名 電子商取引．eコマース．
【电子图书】diànzǐ túshū 名〈電算〉電子ブック．
【电子图书馆】diànzǐ túshūguǎn 名〈電算〉電子図書館．
【电子显微镜】diànzǐ xiǎnwēijìng 名 電子顕微鏡．
【电子信箱】diànzǐ xìnxiāng 名〈電算〉メールボックス．►"电子邮箱"とも．
【电子学】diànzǐxué 名〈電〉電子工学．
【电子眼】diànzǐyǎn 名（治安や交通のための）監視カメラ．►"电眼"とも．
【电子音乐】diànzǐ yīnyuè 名 電子音楽．テクノポップ．
*【电子邮件】diànzǐ yóujiàn 名〈電算〉電子メール．❖发 fā ～ / メールを出す．
*【电子游戏机】diànzǐ yóuxìjī 名 テレビゲーム．
【电子战】diànzǐzhàn 名 サイバー戦(争)．
【电阻】diànzǔ 名〈電〉抵抗．►単位は"欧(姆) ōu(mǔ)"(オーム)．
【电钻】diànzuàn 名〈機〉電気ドリル．

佃 diàn
◇◆ 小作をする．¶～田 / 田畑を小作する．‖ 姓
⏩ tián
【佃户】diànhù 名 小作人．
【佃农】diànnóng 名 小作農．
【佃租】diànzū 名 小作料．

甸 diàn
名 ①（古代の）郊外．►城郭の外を"郊 jiāo"，"郊"の外を"甸"という．（現在は）地名に用いる．② 放牧地．‖ 姓

*店 diàn
名（旧式でランクの低い）宿屋．¶小～儿 / 小さな宿屋．¶下～ / 宿屋に泊まる．
◇◆ 店．店舗．¶商～ / 店．¶书～ / 本屋．
【店东】diàndōng 名 店〔宿屋〕の主人．
【店房】diànfáng 名 ① 宿屋．② 店先．店構え．
【店面】diànmiàn 名 店構え．
【店铺】diànpù 名 店舗；商店．量 个，家．
【店员】diànyuán 名 店員；（サービス業の）従業員．

玷 diàn
◇◆ ①玉のきず；〈転〉欠点．②きずを付ける．¶～辱 rǔ / 辱める．侮辱を加える．
【玷污】diànwū 動（名誉を）汚す．►比喩的に用いることが多い．¶她被暴徒 bàotú ～了 / 彼女は暴徒に犯された．

垫（墊） diàn
❶ 動 ①（ものを厚く，高くまたは平らにするために）下に当てる，敷く，詰める．¶～草席 cǎoxí / むしろを敷く．¶～尿布 niàobù / おむつを当てる．②（欠けているところを）埋め合わせる；金を立て替える．¶临时 línshí ～一出节目 jiémù / 座つなぎに芝居を行う．¶你先给我～一下钱，明天还 huán 给你 / ちょっと立て替えておいていただけますか，明日お返ししますから．
❷ 名（～儿）下に敷くもの．¶靠 kào ～ / クッション．¶鞋 xié ～儿 / 靴の中敷き．
【垫背】diàn//bèi 動〈方〉代わりにとがめを受ける．身代わりになる．
【垫补】diànbu 動〈方〉①（埋め合わせに）他の金を流用する，他人から金を借りる．② おやつを食べる；（空腹しのぎに）ちょっと食べる．
【垫底】diàn//dǐ 動（～儿）① 底に敷く．②（先に少し食べて）腹の足しにする．③ …を基礎とする．
【垫付】diànfù 動 立て替える．¶～书钱 / 本の代金を立て替える．
【垫肩】diànjiān 名（物を担ぐのに用いる）肩当て；（服の）肩当て．パッド．
【垫脚石】diànjiǎoshí 名（出世の）踏み台．
【垫圈】diàn//juàn 動 畜舎に土を敷く．⇒【垫圈

diànquān
【垫款】diàn//kuǎn ①動 金を立て替える. ②名 立て替えた金.
【垫平】diàn//píng 動+結補(土などを敷いて)平らにならす. ¶用黄土 huángtǔ 把路～ / 黄土で道を平らにならす.
【垫圈】diànquān 名(～儿)〈機〉座金. ワッシャー.
【垫上运动】diànshàng yùndòng 名〈体〉(体操で)マット運動.
【垫子】diànzi 名 敷物. クッション. ¶垫～ / 座布団〔下敷き〕を敷く. ¶椅 yǐ ～ / 座布団. ¶草 cǎo ～ / わら製の敷物〔座具〕. ¶弹簧 tánhuáng ～ / スプリングマットレス. ¶茶杯 chábēi ～ / 茶托(ちゃたく).

钿 diàn ◇◆ 器物に金属・宝石・貝がらなどを象眼(ぞうがん)し装飾する. ¶螺 luó ～ / 螺鈿(らでん). ▸▸ tián

淀(澱) diàn 名 浅い湖. よど. ►多く地名に用いる.
◇◆ 沈殿する.
【淀粉】diànfěn 名 でんぷん.
【淀粉酶】diànfěnméi 名〈化〉アミラーゼ.

惦 diàn 動 **気にかける. 心配する.** ►必ず後ろに"着"を伴う. ¶我一直 yīzhí ～着这件事 / 私はずっとそのことを気にかけている.
【惦挂】diànguà 動 気にかける. 心配する.
【惦记】diànjì 動 **気にかける. 心配する.** ►後ろに"着"を伴う. ¶～着孩子的健康 jiànkāng / 子供の健康をずっと気にかけている.
【惦念】diànniàn 動 気にかける. 心配する. ¶你不必 bùbì ～孩子 / 子供のことを心配するには及ばない.

奠 diàn ◇◆ ①固める. 打ち立てる. ¶～立 / 定める. 打ち立てる. ②供え物をして死者を祭る. ¶祭 jì ～ / 祭る. ‖姓
【奠定】diàndìng 動(土台を)固める. **定める.** ¶～基础 jīchǔ / 基礎を固める.
【奠都】diàndū 動 都を定める. ¶～南京 Nánjīng / 都を南京に定める.
【奠基】diànjī 動 **基礎を定める.** 基礎を築く〔固める〕. ¶～礼 lǐ / 定礎式. ¶～人 / 創始者.
【奠酒】diànjiǔ 動〈旧〉酒を地にそそぎ神を祭る. ►祭祀(さいし)での儀式の一つ.
【奠仪】diànyí 名 香典.

殿 diàn 名 大きく立派な邸宅;(特に)宮殿. 神仏殿. ¶大雄宝～ / 寺院の本殿.
◇◆ しんがり. 最後尾. ¶→～军 jūn. ‖姓
【殿后】diànhòu 動 しんがりを務める.
【殿军】diànjūn 名 ①殿軍. しんがり部隊. ②(試合・試験の)最下位.
【殿堂】diàntáng 名 ①(宮殿・社殿などの)広壮な建築物. ②(宮殿の)ホール,広間;(社殿の)堂.
【殿下】diànxià 名 殿下.
【殿宇】diànyǔ 名 神殿仏閣などの建物.

靛 diàn ◇◆ ①天然藍(染料). ②紫がかった藍色. 紺.
【靛蓝】diànlán 名(染料の)インジゴ.
【靛青】diànqīng 名 ①濃い青. ②〈方〉インジゴ.

diao (ㄉㄧㄠ)

1声

刁 diāo 形 狡猾(こうかつ)である. ずるくて卑劣である. ¶这个人真 zhēn ～ / こいつは実にたちが悪い. ¶放 fàng ～ / 悪辣(あくらつ)なやり口で人を困らす. ‖姓
【刁横】diāohèng 形 狡猾で横暴である.
【刁滑】diāohuá 形 **狡猾(こうかつ)である.** ずるい. ¶他为人 wéirén ～ / 彼はずるい人間だ.
【刁难】diāonàn 動 わざと人を困らせる. 難癖をつける.
【刁顽】diāowán 形 ずるくて頑固である.
【刁钻】diāozuān 形 ずる賢い. 意地の悪い. ¶～古怪 gǔguài / ずる賢くて得体が知れない;(性質が)ねじけていて素直でない.

叼 diāo 動〈口〉**くわえる.** ¶他整天 zhěngtiān 嘴里 zuǐli ～着烟 yān / 彼はいつも口にたばこをくわえている.

凋(彫) diāo ◇◆ しおれる. しぼむ. ¶～萎 wěi / しぼみ枯れる.
【凋零】diāolíng 動 ①(草木が)枯れる. ②〈転〉落ちぶれる. 衰微する;(多くの知人が)亡くなる. ¶往日同窗 tóngchuāng,大半～ / 昔の同窓生も多く死に残り少ない.
【凋落】diāoluò 動 凋落(ちょうらく)する.
【凋谢】diāoxiè 動 ①(花や葉が)枯れる;〈転〉落ちぶれる. ②〈喩〉(老人が)死ぬ.

貂(鼦) diāo 名〈動〉テン. ¶～皮 pí / テンの毛皮. ¶～裘 qiú / テンのコート.

碉 diāo ◇◆ トーチカ. ¶～堡 bǎo / トーチカ. ¶～楼 lóu / 〈旧〉望楼.

雕(鵰・彫) diāo ① 名〈鳥〉ワシ. ►"老雕""鹫 jiù"とも. ② 動(竹木・玉石・金属などの上に)彫る,彫刻する.
◇◆ 彩色を施してある. 彩った. ¶～弓 gōng / 彩色を施した弓. ‖姓
【雕版】diāobǎn ①動 版木に字を彫る. ②名 木版.
【雕虫小技】diāo chóng xiǎo jì〈成〉取るに足りない技能. ►多くは文章の字句を飾る小細工をさす.
【雕花】diāohuā ①動 模様を彫刻する. ②名 彫刻された模様.
【雕刻】diāokè 動 **彫刻する.** ¶～石像 shíxiàng / 石像を彫る. ¶～工具 gōngjù / 彫刻用の道具. ¶希腊 Xīlà～ / ギリシア彫刻.
【雕漆】diāoqī 名 堆朱(ついしゅ). ►"漆雕"とも. 北京や揚州のものが有名.
【雕塑】diāosù ①動 彫塑する. ②名 彫刻と塑造.
【雕像】diāoxiàng 名 彫像.
【雕琢】diāozhuó 動 ①(玉を)彫り刻む. ②〈転〉過度に文章を飾る.

鲷 diāo 名〈魚〉タイ. ►"鲷鱼 yú""真鲷 zhēndiāo"とも. 量 条.

D

4声

*吊(弔) diào ❶ 動 ① つる．つるす．ぶら下げる．¶把湿 shī 衣服～在外边 / ぬれた服を外につるしておく．¶门上～着一把锁 suǒ / 入り口に錠がぶら下がっている．②(縄などで)引き上げる，つり上げる，つり下げる．¶把建筑 jiànzhù 材料 cáiliào ～上去 / 建材をロープでつり上げる．③ コートや服の裏に毛皮をつけて仕立てる．¶～皮袄 pí'ǎo / 裏に毛皮のついた服を仕立てる．¶～里儿 / (服の)裏をつける．
❷ 量(昔の貨幣単位)吊(ちょう)．ぜに1さし．
◇◆ ①弔う．¶开～ / 葬式〔告別式〕を挙行する．②取り上げる．¶→～销 xiāo．

D

【吊车】diàochē 名 起重機．クレーン．量 台 tái，架 jià．
【吊打】diàodǎ 動 つるし上げて折檻(せっかん)する．
【吊带】diàodài 名 靴下つり．ガーター．►"吊袜带 diàowàdài"とも．
【吊灯】diàodēng 名 つり下げ式の電灯．¶枝形 zhīxíng ～ / シャンデリア．
【吊儿郎当】diào'erlángdāng 形〈口〉ちゃらんぽらんである．
【吊环】diàohuán 名〈体〉つり輪．
【吊链】diàoliàn 名 つり鎖．
【吊铺】diàopù 名 ハンモック．
【吊桥】diàoqiáo 名 つり橋．
【吊丧】diào//sāng 動 喪を弔う．お悔やみに行く．
【吊嗓子】diào sǎngzi 芸人がのどを鍛える．
【吊扇】diàoshàn 名 天井に取り付ける扇風機．
【吊死】diàosǐ 動 首をつって死ぬ．¶～鬼 guǐ / 首つり自殺をした人〔亡霊〕．
【吊索】diàosuǒ 名 つりロープ．
【吊桶】diàotǒng 名 つるべ．
【吊胃口】diào wèikǒu〈慣〉興味をかき立てる．欲をそそる．¶别吊人胃口了，快告诉 gàosu 我发生 fāshēng 了什么事儿 / じらさないで，何があったのか早く言ってよ．
【吊销】diàoxiāo 動(証明書などを)無効にする．¶～护照 hùzhào / パスポートを取り上げる．
【吊孝】diào//xiào 動〈口〉お悔やみに行く．
【吊唁】diàoyàn 動〈書〉弔問する．お悔やみを述べる．
【吊针】diàozhēn 名 点滴注射．

*钓 diào 動(魚などを)釣る．
◇◆(名利を)あさる，ねらう，求める．¶沽名 gū míng ～誉 yù /〈成〉売名行為をする．
【钓饵】diào'ěr 名(魚を釣る)えさ；〈喩〉(人を誘う)えさ，手段．
【钓竿】diàogān 名(～儿)釣り竿．量 根．
【钓钩】diàogōu 名 釣り針；〈喩〉わな．
【钓具】diàojù 名 釣り道具．
【钓鱼】diào//yú 動 魚釣りをする．¶～迷 mí / 釣りマニア．

*调 diào ❶ 動(人員を)異動する；(物質を)調達する．移動する．転勤・転属する〔させる〕．¶～兵 bīng / 軍隊を移動させる．¶对～ / (二人の)職務や地位を入れ替える．¶～粮食 liángshi / 食糧を調達する．¶他～走了 / 彼は転勤した．[兼語を伴い]¶～他到省里工作 / 彼を省に転任させる．
❷ 名 ①〈音〉節．メロディー．¶这个～太刺耳 cì'ěr / このメロディーは耳障りだ．②〈音〉(音階の種類)調．調子．¶C～ / ハ調．
◇◆ ①(～儿)話し方．アクセント．なまり．¶南腔 qiāng 北～ / 言葉に南北各地の方言が入りまじっていること．②調査する．¶→～查 chá． ▸▸ tiáo

【调拨】diàobō 動(物資・資金などを)配分する，調達する．¶～救灾物资 jiùzāi wùzī / 救援物資を回す．
【调茬】diàochá 名〈農〉輪作．輪栽．
*【调查】diàochá 動 調査する．►直接現場に行って調べることをさす場合が多い．¶～市场 shìchǎng / 市場を調査する．
【调车场】diàochēchǎng 名〈鉄道〉操車場．
【调调】diàodiao 名(～儿)①〈音〉節．メロディー．調．② 論調．口ぶり．③〈貶〉(不快な)さま，態度．
*【调动】diàodòng 動 ①(ポスト・位置などを)換える，移動する．¶～工作 / 勤務を変える．¶人事～ / 人事異動．② 動員する．結集する．¶～一切积极 jījí 因素 yīnsù / すべての積極的な要素を引き出す．
【调度】diàodù ① 動(仕事・人力・物資などの)手配をする．¶生产 shēngchǎn ～ / 生産管理．¶～员 yuán / 業務指導員；配車係．運行管理者．② 名 管理者．手配係．
【调号】diàohào 名 ①(～儿)〈語〉声調記号．②〈音〉調号．
【调虎离山】diào hǔ lí shān〈成〉人を居所からおびき出してその虚をつくたとえ．
【调换】diàohuàn 動 交換する．
【调回】diào//huí 動+方補(派遣先から)呼び戻す．召還する．
【调集】diàojí 動(人や物資を)集中させる．¶～器材 qìcái / 資材を調達する，かき集める．
【调类】diàolèi 名〈語〉声調の種類．参考 古漢語の"调类"は"平声""上声""去声""入声"の四つで，現在の共通語は"入声"がなくなり，"阴平 yīnpíng"(第一声)，"阳平"(第二声)，"上声"(第三声)，"去声"(第四声)に分かれる．
【调离】diàolí 動 転出させる．¶他已～该 gāi 厂 / 彼はもうその工場から転任した．
【调令】diàolìng 名 人員の移動指令．
【调派】diàopài 動(人員を)移動配置する．
【调配】diàopèi 動 移動し配置する．配分する．¶～原材料 / 原料や材料を配分する．⇒【调配】tiáopèi
【调遣】diàoqiǎn 動 移動配置する．
【调任】diàorèn 動 転任する．転勤する．¶他已～车间 chējiān 主任 zhǔrèn / 彼は職場の主任に転任した．
【调式】diàoshì 名〈音〉音階．
【调头】diào//tóu ① 動(乗り物が)Uターンする，反対方向へ向きを変える．►"掉头"とも書く．② 名 論調．
【调研】diàoyán 動〈略〉調査し研究する．►"调查研究 diàochá yánjiū"の略．¶～员 yuán / 調査研究員．
【调用】diàoyòng 動 転用する．¶～物资 wùzī / 物資を転用する．
【调运】diàoyùn 動 調達し送る．
【调值】diàozhí 名〈語〉声調の実際値．

【调职】diào//zhí 動 転職・転任する．
【调子】diàozi 名 ①音調．調子；節．メロディー．¶他唱歌～不对／彼の歌は調子はずれだ．②口調．話しぶり．③論調．

掉 diào 動 ①落ちる．落とす．¶～了几滴 dī 眼泪 yǎnlèi／涙をぽたぽた落とした．
②なくす．失う；抜け落ちる．取れて落ちる．¶我把钱包 qiánbāo～在门口了／私は財布をドアの所でなくしてしまった．¶这本书～了五页 yè／この本は5ページほど抜け落ちている．

語法ノート **動詞＋"掉"**

❶(他動詞の後につけて)排除することを表す．¶擦 cā～／ぬぐい取る．¶洗 xǐ～／洗い落とす．¶改 gǎi～坏习惯 xíguàn／悪い習慣を改める．
❷(自動詞の後につけて)離脱を表す．¶逃 táo～／逃げてしまう．¶走 zǒu～／行ってしまう．¶溜 liū～／抜け出す．

③減少する．下落する．¶他体重 tǐzhòng～了十公斤／彼は体重が10キロ減った．
④向きを変える．¶～过脸 liǎn 来／顔をこっちに向ける．
⑤取り替える．¶～座位 zuòwèi／座席を交換する．
⑥振り回す．揺り動かす．¶尾 wěi 大不～／部下の勢力が強すぎておさえがきかないたとえ．
【掉包】diào//bāo 動(～儿)すり替える．
【掉队】diào//duì 動 落後する．
【掉过儿】diào//guòr 動〈口〉位置を取り替える．場所を交換する．ひっくり返す．¶咱们 zánmen 俩 liǎ 掉个过儿,好吗？／私たち座席を交換しませんか．
【掉换】diàohuàn 動(互いに)交換する；(別のものに)取り替える．¶～工作／新しいポストにつく．別の仕事をする．
【掉价】diào//jià 動(～儿) ①(売り手から見て)値段が下がる．¶外汇 wàihuì～／外貨の値が下がる．②身分・品位・体面が下がる．
【掉脸】diào//liǎn 動〈口〉顔をこわばらせる．
【掉色】diào//shǎi 動(布地の)色があせる,色がさめる．¶这种布一洗 xǐ 就～／この手の布は洗うとすぐ色落ちする．
【掉头】diào//tóu 動(人が)向きを変える；(乗り物が)Uターンする．►"调头"とも書く．¶汽车掉了个头／自動車はUターンした．
【掉线】diàoxiàn 動(電話・通信の)回線が切れる．
【掉以轻心】diào yǐ qīng xīn〈成〉軽く考えて油断する．
【掉转】diàozhuǎn 動(正反対の方向に)向きを変える．¶～身子 shēnzi／体の向きを変える．¶～枪口 qiāngkǒu／銃口を味方に向ける．矛先を転ずる．

die (ㄉㄧㄝ)

爹 diē 名〈方〉父ちゃん．お父さん．►直接呼びかけにも用いる．¶～娘 niáng／父母．両親．¶～妈／父母．両親．
【爹爹】diēdie 名〈方〉①父．お父さん．②祖父．おじいさん．

跌 diē 動 ①転ぶ．つまずく．¶～伤 shāng 了腿 tuǐ／転んで足にけがをした．②(物価が)下がる；(物体が)落下する．¶物价 wùjià 下～／物価が下がる．
【跌打损伤】diēdǎ sǔnshāng 名 打ち身．捻挫．
【跌宕】diēdàng 形〈書〉①(性格が)洒脱(しゃだつ)で物事にとらわれない．②(音調に)抑揚がある；(文章が)変化に富む．►"跌荡"とも書く．
【跌倒】diēdǎo 動＋結補 つまずいて転ぶ．¶～了又爬 pá 起来／転んでまた起き上がった．
【跌跌撞撞】diēdiezhuàngzhuàng 形(～的)よろよろと歩くさま．
【跌价】diē//jià 動 値下がりする．¶股票 gǔpiào 大～／株が暴落する．
【跌交・跌跤】diē//jiāo 動 ①(つまずいて)転ぶ．¶跌了一交／もんどり打って転んだ．②〈喩〉失敗する．挫折する．
【跌落】diēluò 動 ①(物が)落ちる．②(価格や生産高が)下落する．
【跌足】diēzú 動 地団太を踏む．

迭 dié ◇◆ ①互いに．代わる代わる．交代する．¶更 gēng～／更迭(する)．交替(する)．②しばしば．たびたび．¶～挫 cuò 强敌 qiángdí／しばしば強敵を打ち破る．③("不迭"の形で)するひまがない．¶忙不～／急いで….慌てて….
【迭起】diéqǐ 動 たびたび現れる．何度も起こる．

谍 dié ◇◆ ①諜報(ちょうほう)活動をする．スパイをする．②スパイ．¶间 jiàn～／間諜．スパイ．
【谍报】diébào 名 諜報．
【谍报员】diébàoyuán 名 スパイ．

喋 dié "喋喋 diédié"(ぺちゃくちゃ．べらべら),"喋血 diéxuè"(血の海(になる))という語に用いる．
【喋喋不休】dié dié bù xiū〈成〉ぺちゃくちゃとしゃべりまくる．

牒 dié ◇◆ 文書．証明書．¶通 tōng～／通牒(つうちょう)．

叠(疊・疊) dié 動 ①積み重ねる．重複する．¶把箱子 xiāngzi～在一起／箱を1か所に積み重ねる．¶层见 céngjiàn～出／続々と現れる．②(服・布団・紙などを)折り畳む．¶～被子 bèizi／掛け布団を畳む．¶～衣服／服を畳む．‖姓
【叠床架屋】dié chuáng jià wū〈成〉屋上屋を架す．無用なことを重ねてする．
【叠句】diéjù 名〈語〉文の繰り返し．畳句．
【叠印】diéyìn 動(映画やテレビの)画面をダブらせる．
【叠影】diéyǐng 名(テレビ画像の)多重像．ゴーストイメージ．画像のぶれ．
【叠韵】diéyùn 名〈語〉2音節語の二つの文字が韻母を同じくすること．►たとえば"阑干 lángān""千年 qiānnián"など．
【叠嶂】diézhàng 名 重なり合った山々．連山．¶层峦 céngluán～／幾重にも重なった山々．
【叠字】diézì 名 重畳語．同じ字を重ねた言葉．►たとえば"坛坛罐罐 tántán guànguàn"など．

D

碟 dié (～儿)名 小皿．►"盘子 pánzi"(大皿)よりも小さい．¶一盘菜分成四～儿 / 大皿に盛った料理を 4 枚の小皿に取り分ける．[量詞として用い]¶三～凉菜 liángcài / 前菜 3 品．
◇◆ 磁気ディスク．►主に台湾・香港などで用いられる．¶光 guāng～ / CD.

【碟子】diézi 名 小皿．量 个；[積み重ねられた数] 摞 luò.

蝶 dié ◇◆ チョウ．¶蝴 hú～ / チョウ．¶凤 fèng～ / アゲハチョウ．¶菜粉 càifěn～ / モンシロチョウ．

【蝶泳】diéyǒng 名〈体〉(水泳で) **バタフライ**；ドルフィンキック．

dìng (ㄉㄧㄥ)

1声 **丁 dīng** 名 ① 十干の第 4：丁(ひのと)；順序の第 4 番目．¶～种维生素 wéishēngsù / ビタミン D．②(～儿)(野菜・肉などを)さいの目に切ったもの．¶肉 ròu～儿 / さいの目に切った肉．
◇◆ ①成年の男子．¶成 chéng～ / 男子が成年に達する．②人口．¶～口 / 人口．③特定の仕事に従事する人．¶园 yuán～ / 庭師．¶庖 páo～ / コック．‖ 姓 ▸▸ zhēng

【丁当】dīngdāng →**【叮当】dīngdāng**

【丁点儿】dīngdiǎnr 量〈方〉ほんのわずか．きわめて小さい．ほんのちょっぴり．►程度が"点儿"よりも甚だしい．前に"一""这"や"不"をつけて用いる．¶就吃这么一～啊 a？/ こんなにちょっぴりしか食べないの．

【丁冬・丁东】dīngdōng →**【叮咚】dīngdōng**

【丁克】dīngkè 名〈俗〉ディンクス．共働きで子供のいない家庭．¶～家庭 jiātíng〔族〕/ 同上．

【丁零・丁铃】dīnglīng 擬《鈴や小さな金物の触れ合う音》りんりん．►"丁零零""丁丁零零"などの変化形も多い．

【丁零当郎・丁零当啷】dīnglingdānglāng 擬《金属や磁器などがぶつかり合って出る強い音》がちゃがちゃ．ちゃりんちゃりん．

【丁男】dīngnán 名 成年の男子．

【丁宁】dīngníng →**【叮咛】dīngníng**

【丁是丁，卯是卯】dīng shì dīng, mǎo shì mǎo 〈諺〉物事にきちょうめんで，まったく融通がきかない．

【丁烷】dīngwán 名〈化〉ブタン．¶～气 qì / ブタンガス．

【丁香】dīngxiāng 名〈植〉① リラ．ライラック．►"丁香花 huā"または"紫 zǐ 丁香"とも．② チョウジ(丁字)．►チョウジのつぼみは健胃剤に用いる．

【丁字】dīngzì 形 T 字形の．

【丁字尺】dīngzìchǐ 名〈測〉T 形定規．

叮 dīng 動 ①(蚊などが)刺す．¶腿 tuǐ 上叫 jiào 蚊子 wénzi～了一下 / 蚊に足を刺された．② 問いただす．念を押す．確かめる．¶这事儿已经～了他好几 hǎojǐ 次了 / この件はもう何度も彼に念を押した．

【叮当】dīngdāng 擬《金属や磁器などのぶつかり合う音》ちりんちりん．かちん．►"丁当"とも書く．

【叮咚】dīngdōng 擬《玉や金属などがぶつかり合って出る澄んだ音》ちーん．こーん．►"丁冬""丁东"とも書く．

【叮咛】dīngníng 動 ねんごろに言いつける．繰り返し言い聞かせる．►"丁宁"とも書く．¶千～万嘱咐 zhǔfù / 繰り返し繰り返し言いつける．

【叮问】dīngwèn 動〈方〉問いただす．念を押す．

【叮嘱】dīngzhǔ 動 くれぐれも言い聞かせる．繰り返し言い含める．

盯 dīng 動 **見つめる．凝視する；見張りをする．尾行する．**►"钉"とも書く．¶眼睛 yǎnjing 紧 jǐn～着银幕 yínmù / 目は映画のスクリーンにくぎづけになっている．¶～住他，别让 ràng 他跑了 / 逃げられないようにあいつにぴったり張りついていろ．

【盯梢】dīng//shāo 動 尾行する．►"钉梢"とも書く．

【盯视】dīngshì 動 まじまじと見る．¶相互 xiānghù～ / 互いに見つめ合う．

町 dīng 地名に用いる．¶畹 Wǎn～镇 zhèn / 雲南省にある地名．¶西门～ / 台北にある繁華街．▸▸ tǐng

钉 dīng ❶ 名(～儿)くぎ．¶螺丝 luósī～ / ねじくぎ．¶～帽 mào / くぎの頭．⇒**【钉子】dīngzi**
❷ 動 ① ぴったりくっついて離れない；(運動競技で相手を)マークする．② 督促する．催促する．¶你要～着他吃药，别让 ràng 他忘 wàng 了 / 忘れてはいけないから，彼に薬を飲むようにちゃんと言うんだよ．
③→〖盯 dīng〗 ▸▸ dìng

【钉锤】dīngchuí 名 金づち．

【钉耙】dīngpá 名 まぐわ．

【钉人】dīng//rén 動〈体〉(運動競技で相手を)マークする，警戒する．¶～防守 fángshǒu / マンツーマンディフェンスをする．

【钉梢】dīng//shāo 動 尾行する．►"盯梢"とも書く．

【钉鞋】dīngxié 名 スパイクシューズ；(布に桐油を塗り，底にびょうが打ってある)旧式の防水靴．

【钉子】dīngzi 名 くぎ．量 根 gēn．¶～屁股 pìgu / くぎの頭．¶～尖儿 jiānr / くぎの先．¶～户 / 立ち退き拒否の世帯．❖钉 *dìng*～ / くぎを打つ．❖碰 *pèng*～ /〈慣〉ひじ鉄を食う．

酊 dīng 名"酊剂 dīngjì"(チンキ)の略称．▸▸ dǐng

3声 ＊**顶 dǐng** ❶ 量 帽子やテントのように**てっぺんのあるもの**に用いる．¶一～帽子 / 一つの帽子．¶一～蚊帐 wénzhàng / かや 1 張．
❷ 副 **最も．いちばん．**きわめて．►"最 zuì"と用法は基本的には同じだが，"顶"は話し言葉にのみ用いられる．¶她～喜欢吃饺子 jiǎozi / 彼女はギョーザが最も好きだ．¶～后边 / いちばん後ろ．びり．¶～有用 / きわめて重宝だ．
❸(～儿)名 **てっぺん．**いただき．頂上．¶头～ / 頭のてっぺん．
❹ 動 ① 頭で受け支える．¶头上～着罐子 guànzi / 頭にかめを載せている．② 下から押し上げる．突き上げる．¶嫩芽 nènyá 把土～起来了 / 若芽が土を持ち上げた．③(頭・角で)突く．¶这头牛 niú 爱～人 / このウシはよく人につっかかる．④ 支え

る．押す．つっぱる．¶拿杠子 gàngzi 把门～上 / 棒でドアのつっかいをする．⑤(風雨などに)向かっていく．(風雨を)突く．¶他～着雨走了 / 彼は雨の中を出かけた．⑥たてつく．逆らう．¶我～了他几句 / 私は彼に少し言い返した．⑦担当する；持ちこたえる．我慢する．¶这些工作他俩 liǎ ～不了 / これらの仕事は彼ら二人にはとてもできない．⑧相当する．匹敵する．¶他工作起来，一个人～两个人 / 仕事となると，彼は一人で二人前の働きをする．⑨取って代わる．代える．替え玉になる．¶拿次货 cìhuò ～好货 / 粗悪品をよい品とすり替える．

【顶班】dǐng//bān 動 ①勤務に就く．規定時間いっぱい働く．¶我已能独立 dúlì ～了 / 私はもう一人前に働けるようになった．②(～儿)人の仕事を代わりにする．¶车间 chējiān 有人病了，他就去～ / 職場に病人が出たので，彼が代わりに仕事をした．

【顶板】dǐngbǎn ❶名 ①〈鉱〉天盤．②天井板．❷動〈方〉逆らう．¶跟 gēn 上级～ / 上司に反抗する．

【顶灯】dǐngdēng 名 ①自動車の屋根に乗せる文字灯．②(自動車の)天井にあるライト．ルームランプ．

【顶点】dǐngdiǎn 名 ①〈数〉頂点．②クライマックス．最高潮．¶比赛气氛 qìfēn 达到 dádào 了～ / 試合の盛りあがりが最高潮に達した．

【顶端】dǐngduān 名 ①最上・最高の部分．ピーク．トップ．¶登上 dēngshang 电视塔的～ / テレビ塔のてっぺんに登る．②いちばん端の所．

【顶多】dǐngduō 副 **せいぜい**．多くても．¶这条小渡船 xiǎodùchuán 一次～能摆渡 bǎidù 二十人 / この渡し船は1回20人を渡すのが関の山だ．

【顶风】dǐng//fēng ①動 風に逆らう．¶～冒 mào 雪 / 風や雪をものともせずに．②名 向かい風．

【顶峰】dǐngfēng 名(山の)頂上；〈喩〉ピーク．

【顶刮刮・顶呱呱】dǐngguāguā 形(～的)〈口〉すばらしい．とてもよい．

【顶好】dǐnghǎo 副 いちばんよいのは….(…が)**いちばんである**．(…に)**越したことはない**．語法 よく文頭に用い，話者が最良と考える選択，あるいは話者にとって最も望ましいことを表す．¶～先去打听 dǎtīng 打听，什么时候卖票 / 入場券はいつ売り出すか，まず問い合わせておいたほうがよい．

【顶级】dǐngjí 形 最高級の．最高クラスの．¶～餐厅 cāntīng / 最高クラスのレストラン．

【顶尖】dǐngjiān ❶名 ①先端．②〈機〉センター．❷形 トップレベルの．

【顶礼】dǐnglǐ 名〈宗〉ひざまずいて両手を地に伏せ，頭を尊敬する人の足につけるようにして行う仏教信者の最高の礼拝方式．

【顶礼膜拜】dǐng lǐ mó bài 〈成〉極端に崇拝する．

【顶梁柱】dǐngliángzhù 名〈喩〉大黒柱．中心人物．

【顶门儿】dǐngménr 名 前頭部．額．

【顶牛儿】dǐng//niúr ①動〈俗〉ぶつかる．角突き合わせる．¶兄弟俩 liǎ 不和，一谈 tán 就～ / 兄弟二人は仲が悪く，口を開けば口論だ．②名 "骨牌"の遊び方の一種．日本の七並べのようなもの．►"接龙 jiēlóng"とも．

【顶棚】dǐngpéng 名 天井．

【顶球】dǐngqiú 名〈体〉(サッカーの)ヘディング．

【顶少】dǐngshǎo 副 少なくとも．最低限度．¶这东西～也要一百 yìbǎi 块钱 / これは少なくとも100元かかる．

【顶事】dǐng//shì 動(～儿)役に立つ．効き目がある．¶这么短的棍子 gùnzi 顶什么事？/ こんなに短い棒では，何の役にも立たない．

【顶视图】dǐngshìtú 名〈測〉俯瞰図(ふかん)．平面図．►"俯视图 fǔshìtú"とも．

【顶数】dǐng//shù 動(～儿) ①穴埋めにする．間に合わせに使う．②役に立つ．効き目がある．有用である．►否定文に用いることが多い．¶那张介绍信 jièshàoxìn 不～ / あの紹介状は役に立たない．

【顶坛子】dǐng tánzi 名 つぼ芸．頭で大きなつぼを回す曲芸．►"顶花坛"とも．

【顶替】dǐngtì 動 **替え玉になる**．身代わりになる．¶冒名 màomíng ～ / 他人の名をかたって替え玉になる．

【顶替工】dǐngtìgōng 名 身代わり工．

【顶天立地】dǐng tiān lì dì 〈成〉堂堂たる英雄の気概．

【顶头】dǐngtóu ①副 真正面から．出合い頭に．¶～风 / 向かい風．②名 いちばん端〔上〕．¶胡同 hútòng 的～ / 路地のいちばん奥．

【顶头上司】dǐngtóu shàngsi 名 直属の上司〔機関〕．

【顶碗】dǐngwǎn 名 積み重ねた碗を頭にのせて演じる曲芸．

【顶用】dǐng//yòng 動 役に立つ．使いものになる．¶你干 gān 着急 zháojí 顶什么用？/ 心配ばかりしてもなんにもならないじゃないか．

【顶账】dǐng//zhàng 動 品物や労働で借金を返す．

【顶针】dǐngzhen 名(～儿)指ぬき．

【顶住】dǐng//zhù 動＋結補 **耐えきる**．持ちこたえる．¶顶不住压力 yālì / 圧力に耐えきれない．

【顶撞】dǐngzhuàng 動 **逆らう**．口答えをする．¶儿子 érzi ～老子 lǎozi / 息子が父親に口答えする．

【顶子】dǐngzi 名 ①あずま屋・塔・駕籠(かご)などのてっぺんの飾り．②屋根．¶挑 tiǎo ～ / 屋根を取り壊して再建する．

【顶嘴】dǐng//zuǐ 動〈口〉口答えをする．言い争う．¶跟爸爸顶了一次嘴 / お父さんに口答えをした．

酊 dǐng

"酩酊 mǐngdǐng"(したたか酒に酔うさま．酩酊(めいてい)する)という語に用いる．⏩ dīng

鼎 dǐng

名 ①鼎(かなえ)．古代の銅器の一種で，3本脚の丸くて深い器．参考 もとは煮たき用に使われたが，のちに祭祀に使われ，また勢力を示す重要な装飾品となった．②〈方〉なべ．

◇◆ まさに．ちょうど．¶→～盛 shèng．

【鼎鼎】dǐngdǐng 形 盛大である．¶～大名 dàmíng / 名声がきわめて高いさま．

【鼎立】dǐnglì 動〈書〉三方面の勢力が対立する．►鼎の脚は3本であることから．¶三国～ / 三つの国が鼎立(ていりつ)する．

【鼎盛】dǐngshèng 形〈書〉真っ盛りである．¶春秋 chūnqiū ～ / 人生の盛りである．

【鼎新】dǐngxīn 動〈書〉革新する．¶革 gé 故～ / 古い物事を改め新しいものを打ち立てる．

【鼎峙】dǐngzhì 動〈書〉三者に分かれ対立する．

【鼎足】dǐngzú 動〈書〉三つのものが並び立つ．

4声 *订 dìng 動 ① **予約する．注文する．** ¶～杂志 zázhì / 雑誌を予約購読する．¶飞机票～好了,明天去拿 ná / 飛行機のチケットは予約してあるので,あす受け取りに行く．
② (条約·契約などを)**取り決める**,結ぶ；(計画などを)立案する,立てる；(規則などを)定める．¶～约会 yuēhuì / (会う)約束をする．デートする．¶把结婚 jiéhūn 日期～下来 / 結婚の日取りを決める．¶～合同 hétong / 契約を取り決める．¶～计划 jìhuà / 計画を立てる．
③ 装丁する．とじる．¶把废纸 fèizhǐ ～在一起当 dàng 本子用 / 古紙をとじてノートにした．
◇◆(文章などを)直す．筆を入れる．¶修 xiū ～ / 改訂する．

【订单】dìngdān 名 注文書．►"定单"とも書く．(量) 张,份．

【订费】dìngfèi 名 予約金．購読料．

【订购】dìnggòu 動 購入の契約をする．発注する．注文する．►"定购"とも書く．¶从国外～整套设备 zhěngtào shèbèi / 国外からプラントを予約購入する．

【订户】dìnghù 名(新聞·雑誌の)定期購読者．予約者．►"定户"とも書く．

【订婚】dìng//hūn 動 **婚約する．** ►"定婚"とも書く．¶～戒指 jièzhi / 婚約指輪．エンゲージリング．

【订货】dìng//huò 動 **商品を注文する．** 商品を発注する．►"定货"とも書く．¶向厂家 chǎngjiā ～ / メーカーに注文する．¶样本 yàngběn ～ / カタログによる注文．¶～簿 bù / オーダーブック．注文控え帳．

【订立】dìnglì 動(条約·契約などを)取り決める．締結する．(規則などを)定める．¶～合同 hétong / 契約を結ぶ．

【订票】dìng//piào 動 切符を予約する．

【订亲】dìng//qīn 動 婚約する．►"订婚"とも．

【订书机】dìngshūjī 名 ホッチキス．►"订书器 qì"とも．

【订位子】dìng wèizi 席を予約する．

【订阅】dìngyuè 動(新聞や雑誌などを)とる,予約購読する．¶～报刊 bàokān / 新聞·雑誌を予約購読する．¶～期刊 qīkān / 雑誌を定期購読する．►"定阅"とも書く．

【订正】dìngzhèng 動(著書の中の誤りなどを)訂正する．► dīngzhèng と発音することもある．¶～错字 cuòzì / 誤字を直す．

【订制】dìngzhì 動 注文して作らせる．あつらえる．

【订座】dìng//zuò 動(～儿)(飛行機や汽車の)座席を予約する；(レストランや劇場の)席を予約する．

钉 dìng 動 ① **くぎで打ち付ける．** くぎで固定する．¶～钉子 dīngzi / くぎを打つ．¶～鞋 xié / (靴の底に)くぎを打つ；靴を修理する．¶把窗子 chuāngzi ～死 / 窓をくぎ付けにする．② 縫い付ける．¶～纽扣 niǔkòu / ボタンを縫い付ける．» dīng

*定 dìng ❶ 動 ①(気持ちなどを)**落ち着ける；安定させる．** ¶～～神 shén 再说 / 気を落ち着けてから話しなさい．② **決まる．決める．** 確定させる．¶～计划 / 計画を立てる．¶～日子 / 日にちを決める．¶～规矩 guīju / 規則を定める．

語法ノート

動詞＋"定"

❶**固定して動かないこと**を表す．¶坐 zuò ～ / しっかり腰を下ろす．¶站 zhàn ～ / 両足を踏みしめて立つ．

❷**決定·確定**を表す．►単音節動詞の場合は,"得 / 不"を間に入れて可能補語を作ることができる．¶下～决心 juéxīn / 決心を固める．¶商 shāng ～ / 話がまとまる．¶拿 ná 不～主意 / なかなか決心がつかない．

❸**決心の固いこと**を表す．►"定"を強く読む．¶这个仗 zhàng 我们打 dǎ ～了 / この戦争はなにがなんでも戦い抜くのだ．

③ **注文する．予約する．** 約束する．¶～了一桌 zhuō 菜 / 料理をひとテーブル注文した．¶～报 / 新聞を定期購読する．⇨〖订 dìng〗
❷ 副〈書〉必ず．きっと．⇨【一定】yīdìng ‖ 姓

【定案】dìng//àn ① 動(事件や計画についての)最終決定を下す．¶这件事,一时还不能～ / この件はすぐに結論を出すわけにはいかない．② 名 最後の結論．断案．¶这个问题已有～ / この問題はすでに結論が出ている．

【定本】dìngběn 名(書物の)決定版．定本．

【定单】dìngdān 名 注文書．►"订单"とも書く．(量) 张,份．

【定鼎】dìngdǐng 動〈書〉都を定める；天下をとる．►"鼎"は国家のシンボルであったことから．

【定都】dìng//dū 動 都を定める．

【定夺】dìngduó 動〈書〉決裁する．

【定额】dìng'é 名 **決まった数**；(作業の)**基準量,ノルマ,定員．** ¶完不成～ / ノルマを達成できない．

【定稿】dìng//gǎo ① 動 定稿にする．② 名 最終稿．決定稿．¶词典 cídiǎn 由 yóu 总编 zǒngbiān ～ / 辞書を編集長が定稿にする．

【定购】dìnggòu 動(品物を)注文する,発注する．►"订购"とも書く．

【定规】dìngguī ① 名 決まり．おきて．規定．② 副〈方〉きっと．必ず．►もっぱら主観的意志をさす．¶让 ràng 孩子吃药 chīyào,他～不吃 / 子供に薬を飲ませようとしたが,どうしても飲もうとしない．

【定户】dìnghù →【订户】dìnghù

【定婚】dìng//hūn →【订婚】dìng//hūn

【定货】dìng//huò →【订货】dìng//huò

【定计】dìngjì 動 計画を定める．計略を立てる．

【定价】dìng//jià ① 名 定価．② 動 値段を決める．

【定金】dìngjīn 名 手付け金．予約金．

【定睛】dìngjīng 動 目を凝らしてじっと見る．¶～细看 xìkàn / 目を据えてよく見る．

【定居】dìngjū 動 定住する．¶～北京 / 北京に居を定める．

【定居点】dìngjūdiǎn 名(遊牧民などの)定住地．

【定局】dìng//jú ① 動(重要事の)最終決定をする．¶这件事情 shìqing 拖 tuō 到今天还没个～ / この件はきょうになってもまだ最終決定ができない．
② 名 定まった状態．不動の局面．¶胜利 shènglì 已成～ / 勝利は動かぬところとなった．

【定礼】dìnglǐ 名〈旧〉結納．¶纳 nà ～ / 結納の品を納める．

【定理】dìnglǐ 名 定理.
【定例】dìnglì 名 定例. 慣例.
【定量】dìngliàng ①動 定量を決める. ¶～分配 fēnpèi / 量を決めて配給する. ②名 定量. ¶分配是有～的 / 配給には一定の量がある. ¶超出 chāochū ～ / 規定の量を超える.
【定律】dìnglǜ 名 不変の原理. 法則. ¶动量守恒 shǒuhéng ～ / 運動量保存の法則.
【定论】dìnglùn 名 定説.
【定名】dìng//míng 動 命名する. ►人には用いない. ¶这个公司 gōngsī ～为 wéi 中日服务 fúwù 公司 / この会社を中日サービス公司と命名する.
【定牌加工】dìngpái jiāgōng 名〈経〉相手先ブランド生産. OEM.
【定盘星】dìngpánxīng 名 ①さおばかりのゼロの位に刻んだ目盛り. ②〈喩〉一定の見解. 定見. ►否定文に用いることが多い.
【定评】dìngpíng 名 定評. 定論.
【定期】dìngqī ①動 **期日を決める.** ¶～召开 zhàokāi 选拔 xuǎnbá 大会 / 期日を定めて選抜大会を開く. ②形 **定期の.**
【定期存款】dìngqī cúnkuǎn 名 定期預金.
【定钱】dìngqian 名 手付け金. 予約金. ¶交 jiāo ～ / 手付けを渡す. 手付けを打つ.
【定亲】dìng//qīn 動〈旧〉婚約する. 縁談を決める. ►親が決めた場合が多い. ►"订亲"とも書く.
【定情】dìngqíng 動(男女が誓いの物を取り交わして)結婚の契りを結ぶ.
【定然】dìngrán 副 必ず. きっと.
【定神】dìng//shén 動 ①注意力を集中する. ¶～端详 duānxiang / 注意してじっくり見る. ②気を落ち着かせる. ¶他极力 jílì 定了定神 / 彼は懸命に気を落ちつかせた.
【定时器】dìngshíqì 名 タイマー.
【定时炸弹】dìngshí zhàdàn 名 時限爆弾;〈喩〉潜在する危険.
【定说】dìngshuō 名 定説.
【定位】dìng//wèi ❶動 ①計器で物体の位置を測定する. ②適切な位置に置く;評価する. ❷名 測定された位置.
【定息】dìngxī 名 一定の利息.
【定弦】dìng//xián 動(～儿) ①弦楽器の調子を合わせる. ②〈方〉考えを決める.
【定向】dìngxiàng 形 指向的である. 方向が定まった. ¶～募集 mùjí / 限定募集.
【定心】dìng//xīn ①動 気を落ち着ける. 精神を安定させる. ②名〈機〉センター. ¶～规 guī / センターゲージ.
【定心丸】dìngxīnwán 名 ①鎮静剤. ②〈喩〉人を安心させる言葉や措置. ¶吃了个～ / もう安心した.
【定型】dìng//xíng 動 定型〔規格〕化する.
【定性】dìngxìng ①名 定性. ②動 犯罪や過失の性質を決める.
【定义】dìngyì 名 定義. ¶下～ / 定義を下す.
【定音鼓】dìngyīngǔ 名〈音〉ティンパニー.
【定语】dìngyǔ 名〈語〉限定語. 連体修飾語.
【定员】dìngyuán ①動 人員・人数を決める. ②名 定員.
【定阅】dìngyuè ⇀【订阅】dìngyuè
【定则】dìngzé 名〈物〉定則. 法則.
【定制】dìngzhì 動 注文して作らせる. あつらえる. ¶～家具 jiāju / 家具をオーダーメイドする.
【定准】dìngzhǔn ①名(～儿)一定の標準. ¶你说话也得 děi 有个～ / あなたは勝手気ままなことを言ってはいけないよ. ②副 必ず. きっと. ¶我挑 tiāo 的人,你～满意 mǎnyì / 私が選んだ人を,あなたはきっと気に入る.
【定罪】dìng//zuì 動 罪を決定する.
【定做】dìngzuò 動 **注文して作らせる. あつらえる.** ¶～西装 xīzhuāng / スーツをあつらえる.

碇(矴・椗) dìng

名 いかり. ¶下～ / いかりをおろす.

锭 dìng

❶名 ①紡錘. スピンドル. ②(金属の)塊;(薬の)錠剤. ¶金～ / 金塊. ¶钢 gāng ～ / 鋼塊. ❷量 塊状のものを数える. ¶一～墨 mò / 墨1個. ¶一～银子 yínzi / 銀のひと塊.
【锭剂】dìngjì 名 錠剤.
【锭子】dìngzi 名 紡錘.

diu (ㄉㄧㄡ)

1声 ＊＊丢 diū

動 ①**紛失する. 失う.** ¶钱包～了 / さいふをなくした. ¶我把眼镜 yǎnjìng ～哪儿了? / めがねをどこへ置き忘れたのかな. ②**投げる. 捨てる.** ¶不要随地 suídì ～烟头儿 yāntóur / たばこのすいがらを所かまわず捨ててはいけない. ③ほったらかす. ほうっておく. ¶～在脑后 nǎohòu / すっかり忘れてしまう. ¶把孩子 háizi ～在家里 jiāli / 子供を家においておく.
【丢丑】diū//chǒu 動 恥をさらす. 物笑いになる. ¶简直 jiǎnzhí 是～! / 実に恥さらしだ.
【丢掉】diū//diào 動+結補 ①**なくしてしまう. 紛失する.** ¶不小心把图章 túzhāng ～了 / 不注意ではんこをなくしてしまった. ②投げ捨てる. 捨て去る. ¶～幻想 huànxiǎng / 幻想を捨て去る.
【丢份儿】diū fènr 動〈俗〉①顔がつぶれる. 面目が立たない. ②(身分や地位に)傷がつく.
【丢了西瓜拣芝麻】diūle xīguā jiǎn zhīma 〈諺〉大損しながら小さな利益を汲々と追う. ►"拣了芝麻丢了西瓜"とも.
＊【丢脸】diū//liǎn 動 恥をかく. **面目を失う.** ►"丢面子 miànzi"とも. ¶不要让他～ / 彼のメンツをつぶしてはいけない.
【丢面子】diū miànzi **面目を失う.** 恥をかく. ¶不要怕 pà ～ / メンツにこだわってはならない.
【丢弃】diūqì 動 放棄する.
＊【丢人】diū//rén 動 **恥をかく.** 名折れになる. ¶你的行为 xíngwéi 简直 jiǎnzhí 给公司～ / おまえの行いはまったく会社の恥だ.
【丢三落四】diū sān là sì 〈成〉物忘れがひどい.
【丢失】diūshī 動 紛失する.
【丢手】diū//shǒu 動 手を引く. ほったらかす. ¶～不管 bùguǎn / ほったらかして顧みない. ¶这工作丢不开手 / この仕事から手を引けない.
【丢眼色】diū yǎnsè 〈慣〉目配せする.
【丢卒保车】diū zú bǎo jū 〈成〉(中国将棋の「卒」の駒を犠牲にして「車」を守る意から転じて)小を捨てて大を守る. ►"丢车保帅 shuài"とも.

D

dong (ㄉㄨㄥ)

1声 **东**(東) **dōng** ＊＊ [方位] **東．東の**〔へ〕．¶往 wǎng ～去 / 東の方へ行く．[注意]"东"は"东拉 lā 西扯 chě"のような成語や熟語となったり，"往 wǎng 东走"のように前置詞につく以外は，話し言葉では普通単独では用いられず，"边""面""头""方"などを後につける．"南""西""北"も同じ．
◇◆ ①(～儿)主人役．¶作～ / おごる．②主人．¶房 fáng ～ / 家主．¶股 gǔ ～ / 株主．‖[姓]

一 ⺧ 㐄 东 东

＊【东北】**dōngběi** [1][方位] **東北．北東．** [2][名](Dōngběi)中国の東北地区．►遼寧省・吉林省・黒竜江省および内蒙古自治区の東部をさす．

【东奔西跑】**dōng bēn xī pǎo** 〈成〉東奔西走する．►"东奔西走 zǒu"とも．

＊＊【东边】**dōngbian** [方位] (～儿)**東．東の方．東側．**

【东窗事发】**dōng chuāng shì fā** 〈成〉陰謀やスキャンダルなど悪事がばれる．

【东倒西歪】**dōng dǎo xī wāi** 〈成〉[1]よろめく．¶一瓶 píng 酒下肚 dù，走起路来～的 / 酒を1本飲んで，歩きだすと千鳥足になった．[2](立っている物が)いろいろな方向に倒れたり傾いたりする．

【东道】**dōngdào** [名] [1](宴会などの)**主人役．**¶做～ / ホスト役をつとめる．[2]おごること．人にごちそうすること．¶做～ / おごる．

【东道国】**dōngdàoguó** [名] 主催国．

【东道主】**dōngdàozhǔ** [名] 主人役．

【东帝汶】**Dōngdìwèn** [名]〈地名〉東ティモール．

【东渡】**dōngdù** [動]〈書〉日本へ渡る．

＊【东方】**dōngfāng** [1][方位] **東．東の方．**►dōngfang とも発音される．[2][名](Dōngfang)**東洋．アジア．**‖[姓]

【东风】**dōngfēng** [名] [1]東から吹く風．春風．[2]〈喩〉革命の力や勢い．

【东风吹马耳】**dōngfēng chuī mǎ'ěr** 〈諺〉馬耳東風．

【东宫】**dōnggōng** [名]〈旧〉皇太子の住む所；皇太子．

【东郭先生】**Dōngguō xiānsheng** [名] 悪人に慈悲を施す人．

【东汉】**Dōnghàn** [名]〈史〉後漢．

【东家】**dōngjia** [名] [1]商店主．資本家．株主．[2]主人．雇い主．►雇い人の雇い主に対する称，または小作人の地主に対する称．

【东晋】**Dōngjìn** [名]〈史〉東晋．

【东经】**dōngjīng** [名]〈地〉東経．

【东拉西扯】**dōng lā xī chě** 〈成〉(話や文章が)とりとめない．

【东盟】**Dōngméng** [名]〈略〉東南アジア諸国連合．ASEAN．►"东协 Dōngxié"とも．

＊【东面】**dōngmiàn** [方位](～儿)**東の方．東側．**

＊【东南】**dōngnán** [1][方位] **東南．南東．** [2][名](Dōngnán)中国の東南沿海地区．►上海市・江蘇省・浙江省・福建省などをさす．

【东跑西颠】**dōng pǎo xī diān** 〈成〉[1]あちこち遊び回る．[2]東奔西走する．

【东拼西凑】**dōng pīn xī còu** 〈成〉[1]方々から寄せ集める．[2]無理算段する．

【东坡肉】**dōngpōròu** [名]〈料理〉ブタバラ肉のしょう油煮込み．トンポーロウ．►蘇東坡(〈そとうば〉・〈スートンポー〉)が杭州に住んでいたときに考案したと伝えられる．

【东三省】**Dōng sānshěng** [名]〈旧〉中国東北の遼寧・吉林・黒竜江の3省．旧満州．

【东山再起】**dōng shān zài qǐ** 〈成〉(失脚から)再起する．

【东施效颦】**dōng shī xiào pín** 〈成〉身の程を知らずに他人をまねる．

【东魏】**Dōngwèi** [名]〈史〉東魏．

【东西】**dōngxī** [方位] [1]**東と西．**¶～乱窜 luàncuàn / あちこちへ逃げる．[2]**東から西まで．**¶这个公园 gōngyuán ～三里，南北五里 / この公園は東西3(華)里，南北5(華)里ある．⇒【东西】dōngxi

〖东…西…〗 ***dōng…xī…*** あちこち．いろいろ．¶～挪 nuó ～借 / あちこちで金を借りる．無理算段して借金する．¶～逃 táo ～窜 cuàn / あちこち逃げまどう．¶～涂 tú ～抹 mǒ / やたらに塗りつける．書きなぐる．¶～张 zhāng ～望 wàng / きょろきょろ見回す．¶～一句 jù ～一句 / 話にとりとめがないこと．¶～一个，～一个 / あちこちに散らばっていること．

＊＊【东西】**dōngxi** [名] [1]**物．品物**；食物や酒・たばこなどをさす．◆买 *mǎi* ～ / 買物をする．¶收拾 shōushi ～ / もの〔荷物〕をかたづける．¶请把那个～给我 / それをください．¶病人 bìngrén 吃～了没有？/ 病人はなにか(ものを)食べるようになりましたか．[2]**道理・知識・事柄**など無形のものや**文学作品・芸術作品**をさす．¶我们从 cóng 中学得 xuédé 很多～ / 私たちはその中から非常に多くのものを学び取った．¶语言 yǔyán 这～，… / 言葉というものは，….[3](人や動物をさして)**やつ．**►嫌悪(きらい)あるいは親愛(かわいい)の気持ちを込めて言う．¶老～ / 老いぼれめ．¶那个～ / あいつ．あの野郎．¶我很喜欢兔子 tùzi 这小～ / ウサギって小さい動物は私大好き．
[注意] dōngxī と発音すると「東西」の意味となる．⇒【东西】dōngxī

【东乡族】**Dōngxiāngzú** [名](中国の少数民族)トンシャン(Dongxiang)族．►イスラム教徒．主として甘粛省に住む．

【东协】**Dōngxié** →【东盟】**Dōngméng**

【东亚】**Dōngyà** [名]〈地〉東アジア．アジア東部．¶～运动会 yùndònghuì / (日本・中国など参加の)東アジア競技大会．

【东洋】**Dōngyáng** [名]〈旧〉日本．

【东洋货】**dōngyánghuò** [名] 日本製品．

【东洋人】**Dōngyángrén** [名] 日本人．

【东瀛】**dōngyíng** [名]〈書〉[1]東海．[2]日本．

【东正教】**Dōngzhèngjiào** [名]〈宗〉ギリシア正教．

【东周】**Dōngzhōu** [名]〈史〉東周．►洛邑(洛陽)遷都後の周で諸侯割拠の時代．

＊ **冬 dōng** [1][名] **冬．**¶在北京住了两～ / 北京で2回冬を越した．[注意]話し言葉では通常，単独では用いず，"冬天"を用いることが多い．
[2][擬]〖咚 dōng〗に同じ．‖[姓]

【冬奥会】**dōng'àohuì** [名]〈略〉冬季オリンピック．

【冬菜】**dōngcài** [名] [1]白菜やカラシナの葉を漬けて

乾かしたもの．►スープの具に用いる．②冬場用の保存野菜．

【冬虫夏草】dōngchóng xiàcǎo 名〈中薬〉冬虫夏草(とうちゅうかそう).

【冬防】dōngfáng 名 ①冬季の治安防衛．②冬季の防寒の備え．

【冬菇】dōnggū 名〈植〉(冬にとれる)シイタケ．

【冬瓜】dōngguā 名〈植〉トウガン．¶～盅 zhōng／トウガンの五目蒸し．

【冬候鸟】dōnghòuniǎo 名 越冬する渡り鳥．冬鳥．

【冬季】dōngjì 名 冬季．¶～体育运动 yùndòng／ウィンタースポーツ．

【冬节】dōngjié 名(二十四節気の一つ)冬至．►"冬至"とも．

【冬令】dōnglìng 名 冬季；冬の気候．¶春行～／春になっても気候が冬のように寒いこと．

**【冬天】dōngtiān 名 冬．冬季．►dōngtian とも発音される．

【冬汛】dōngxùn 名 冬の漁期．

【冬衣】dōngyī 名 冬服．綿入れ．

【冬泳】dōngyǒng 名 寒中水泳．

【冬月】dōngyuè 名 旧暦の11月．

【冬至】dōngzhì 名(二十四節気の一つ)冬至．

参考 この日，北方ではワンタン，南方では肉の煮込みなど，体を温めるものを食べる習慣がある．

【冬装】dōngzhuāng 名 冬服．

咚 dōng

擬《かなりの勢いで堅いものが打ち当たったり，重いものが落ちたりしたときの音》どん．►太鼓の音，戸をたたく音，重い足音などが代表的．"冬"とも書く．また，"咚咚""咚咚嚓 cā"などの変化形も多い．

氡 dōng

名〈化〉ラドン．Rn.

董 dǒng

◇◆ ①理事．¶校 xiào～／学校の理事．②監督する．取り締まる．¶～理／管理する．‖姓

【董事】dǒngshì 名 ①地方公共団体の役員．②個人企業·学校などの理事会の一員．理事．取締役．

【董事会】dǒngshìhuì 名 理事会．取締役会．

【董事长】dǒngshìzhǎng 名 理事長．取締役会長．

懂 dǒng

動 ①分かる．理解する．¶你的意思 yìsi 我～了／きみの考えていることは分かった．¶不～装 zhuāng～／知ったかぶりをする．
②知っている．わきまえている．身につけている．¶她～英语／彼女は英語が分かる．¶很～礼貌 lǐmào／礼儀をとてもわきまえている．‖姓

【懂得】dǒngde 動 理解する．分かる．¶你～这句谚语 yànyǔ 的意思吗？／このことわざの意味が分かりますか．¶他～人情 rénqíng／彼は人情をわきまえている．

【懂行】dǒngháng 動〈方〉通じること．…に明るいこと．►"懂门儿 dǒngménr"とも．¶～的人／玄人．

【懂事】dǒng//shì 動 分別がある．道理をわきまえる．¶这孩子很～／この子は物わかりがよい．¶不～／わからず屋．¶～明理 mínglǐ／分別があり，道理をわきまえる．

4声 ** 动(動) dòng

動 ①《位置や様子などを変える》動く．動かす；手を触れる．¶你～一～，我就开枪 qiāng！／動いたら撃つぞ．¶别～人家 rénjiā 的东西／他人の物に手を触れるな．¶这篇 piān 文章 wénzhāng 用不着 yòngbuzháo 大～／この文章は大きく手直しする必要はない．

語法ノート 動詞(＋"得／不")＋"动"

❶その動作によって目的のものが動くことを表す．¶拿 ná 得～／持てる．¶嚼 jiáo 不～／かめない．
❷(人の考えを)変えさせる(ことができる)．¶他不同意 tóngyì，我说不～他／彼が承知しないのを私は説き伏せることができない．¶我怎么也劝 quàn 不～他／私がいくら忠告してもなんにもならない．

②行動する．動作をする．¶只要 zhǐyào 大家～起来，什么都好办 bàn／みんなが行動しだしさえすれば，何事も難しくはない．
③使う．働かす．¶→～笔 bǐ．¶→～脑筋 nǎojīn．¶→～心思 xīnsi．¶→～手术 shǒushù．
④(ある感情が)動く．(心に)触れる．感動させる．¶这出戏 xì 演得很～人／この芝居はたいへん人を感動させる．¶～感情 gǎnqíng／感情的になる．いきりたつ．

【动笔】dòng//bǐ 動 筆を執る．書き始める．¶他最近很少～／彼は最近あまりものを書かない．

【动兵】dòng//bīng 動 出兵する．

【动不动】dòngbudòng 副(通常"就 jiù"を伴って)ややもすれば．ともすれば．…しがちである．►起こってほしくない事柄に用いることが多い．¶～就吵嘴 chǎozuǐ／ともすれば口げんかをする．

【动词】dòngcí 名〈語〉動詞．¶～的被动形 bèidòngxíng／動詞の受け身(の形)．

【动荡】dòngdàng 動(波が)揺らめく；〈転〉(情勢が)動揺する，不穏である．¶河水 héshuǐ～／川の水が揺らめく．¶～的局势 júshì／流動的な情勢．

【动肝火】dòng gānhuǒ〈慣〉かんしゃくを起こす．

【动工】dòng//gōng 工事を始める．施工する．¶破土 pòtǔ～／くわ入れをする．起工する．

【动画片】dònghuàpiàn 名(～儿)動画．アニメ．

【动换】dònghuan 動〈口〉動く．動かす．¶他上课 shàngkè 时老在那儿～／彼は授業中いつもじっとしていない．

【动火】dòng//huǒ 動(～儿)〈口〉かっと怒る．

【动机】dòngjī 名 動機．¶你考 kǎo 这个学校是出于 chūyú 什么～呢？／この学校を受けた動機は何でしょうか．

*【动静】dòngjing 名 ①物音．¶一点～也没有／物音一つしない．②様子．動静．

【动口】dòngkǒu 動 口を使う．話す；食べる．►"动嘴 zuǐ"とも．¶君子 jūnzǐ～不动手／〈諺〉君子は口を使うが手は出さない．

【动筷子】dòng kuàizi はしをつける．¶来，大家～吧！／さあ，食べましょう．

【动力】dònglì 名 動力；(事業を推し進める)原動力．¶历史 lìshǐ 的～／歴史の原動力．

【动力机】dònglìjī 名〈機〉エンジン．

【动量】dòngliàng 名〈物〉運動量．

D

【动乱】dòngluàn [名] 動乱．騒乱．
*【动漫】dòngmàn [名] 漫画．アニメ．¶～人物 rénwù / アニメのキャラクター．
【动脑筋】dòng nǎojīn **頭を働かせる．頭を使う．**考える．¶他在这个问题 wèntí 上动了不少脑筋 / 彼はこの問題でずいぶん頭を悩ました．
【动能】dòngnéng [名]〈物〉運動エネルギー．
【动怒】dòng//nù [動] かっと怒る．
【动气】dòng//qì [動]〈口〉怒る．腹を立てる．
【动迁】dòngqiān [動]（住民を）立ち退かせる．
*【动人】dòng//rén [形] **感動的である．**人の胸をうつ．¶～场面 chǎngmiàn / 感動的な場面．
【动人心弦】dòng rén xīn xián〈成〉人の心を揺さぶる．心の琴線に触れる．
*【动身】dòng//shēn [動] **出発する．**旅立つ．¶明天早上～去上海 / あすの朝,上海へ出発する．
*【动手】dòng//shǒu [動] ① **開始する．**着手する．とりかかる．手をつける．¶这项 xiàng 工作什么时候开始～？/ この仕事はいつから着手しますか．② **手を触れる．**¶只许 xǔ 看,不许～ / 見るだけで,手を触れてはならない．③ **手を出す．**人を殴る．¶你俩 liǎ 谁先动的手？/ どちらが先に手を出したのだ．
【动手术】dòng shǒushù 手術をする〔受ける〕．
【动态】dòngtài [名] 動向．動き．¶科技 kējì 新～ / 科学技術の新しい動き．
【动弹】dòngtan [動]（人・動物・機械などが）動く．身動きする．¶机器 jīqi 不～了 / 機械が止まってしまった．
*【动听】dòngtīng [形]（話や音楽が）**感動的である,**興味深い．¶这段 duàn 音乐很～ / この音楽はとても人を感動させる．
【动土】dòng//tǔ [動]（家を建てたり埋葬したりするときに）鍬(くわ)を入れる．着工する．
【动窝儿】dòng//wōr [動]〈方〉居所を変える．
【动武】dòng//wǔ [動] 腕力に訴える．
【动物】dòngwù [名] **動物．
【动物淀粉】dòngwù diànfěn [名] グリコーゲン．
【动物油】dòngwùyóu [名] 動物性の油．
*【动物园】dòngwùyuán [名] **動物園．**
【动向】dòngxiàng [名] **動向．動き．**¶思想 sīxiǎng ～ / 思想上の傾向．¶敌人 dírén 的～ / 敵の動静．
【动心】dòng//xīn [動] 心が揺さぶられる；欲・興味・関心が引き起こされる．¶他有点儿～了 / 彼は少し気持ちが動いた〔欲が出た〕．
【动心思】dòng xīnsi 考える．
【动心眼儿】dòng xīnyǎnr〈口〉人を丸め込む方法を考える．手練手管を弄する．
【动刑】dòng//xíng [動] 刑具を使う．拷問にかける．
*【动摇】dòngyáo [動] **動揺する〔させる〕．**ぐらつく．ぐらつかせる．不安定である〔にする〕．¶～人心 / 民心をぐらつかせる．
【动议】dòngyì [名] 動議．
【动因】dòngyīn [名] 動機．
【动用】dòngyòng [動] ① 使用する．¶～大量人力 / 多くの人力を動員する．② 流用する．¶这笔 bǐ 钱不能随便 suíbiàn ～ / この金はかってに流用することはできない．
*【动员】dòngyuán [動] ①（ある活動に参加するように）**働きかける,説得する,**立ち上がらせる．¶～报告 /（仕事の目標達成などの）激励会の演説．¶～选民 xuǎnmín 积极 jījí 投票 tóupiào / 選挙民に積極的に投票するよう呼びかける．¶大家直 zhí ～我 / みんながしきりに私を引っぱりだそうとする．②（事件解決や戦争などのために）**動員する．**¶～人们义务 yìwù 献血 xiànxuè / 大衆を献血運動に動員する．
【动嘴】dòngzuǐ [動] 話す；食べる．
*【动作】dòngzuò ① [動] 行動をとる．② [名] **動作．**行動．

*# 冻(凍) dòng

❶[動] ① **凍る．**氷結する．¶晾 liàng 在外面的袜子 wàzi ～上了 / 外に干した靴下が凍ってしまった．¶～肉 / 凍った肉．冷凍肉．② **凍える．**寒い思いをする．¶别把孩子～坏 huài 了 / 子供に寒い思いをさせるな．¶～手 / 手がかじかむ．❷[名]（～儿）煮こごり．ゼリー．¶果 guǒ ～儿 / 果物のゼリー．‖[姓]

【冻冰】dòng//bīng [動] 氷が張る．¶河 hé 上～了 / 川に氷が張った．
【冻疮】dòngchuāng [名] しもやけ．凍傷．
【冻豆腐】dòngdòufu [名] 凍り〔高野〕豆腐．
【冻害】dònghài [名]〈農〉冷害．
【冻僵】dòngjiāng [動] 凍えてかじかむ．
【冻结】dòngjié [動] **氷結する；（人事や資金などを）凍結する．**¶～资金 zījīn / 資金を凍結する．
【冻裂】dòngliè [動] あかぎれができる．¶手～了 / 手にあかぎれができた．
【冻凝】dòngníng [動] 凍って凝結する．¶～点 / 凝結点．
【冻伤】dòngshāng [名]〈医〉凍傷．
【冻死】dòng//sǐ [動] 凍死する．
【冻土】dòngtǔ [名]〈地〉凍土．
【冻土带】dòngtǔdài [名] ツンドラ．
【冻雨】dòngyǔ [名]〈気〉みぞれ．
【冻着】dòng//zháo [動+結補] こごえる．風邪を引く．

侗 dòng

◇◆ トン族．¶～剧 jù / トン族の芝居．⇨【侗族】Dòngzú

【侗族】Dòngzú [名]（中国の少数民族）トン（Dong）族．►貴州省などに住むタイ系民族．

栋(棟) dòng

[量] 家屋を数える：棟．¶一～楼房 / ビル1棟．
◇◆ 棟木．‖[姓]

【栋梁】dòngliáng [名] 棟木と梁(はり)；〈転〉一国の重任を担う人．

*# 洞 dòng

① [名]（～儿）**穴．**洞穴．トンネル．坑道；（ゴルフの）ホール．(量) 个．¶轮胎 lúntāi 穿了一个～ / タイヤに穴があいた．¶老鼠 lǎoshǔ ～ / ネズミの穴．¶山～ / 洞窟(どうくつ)．
② [名]（軍隊などで,暗号的に数を読むときの）**ゼロ．**►ゼロは正しくは"零líng"．¶电码是1702（yāo,guǎi,dòng,liǎng）/電報コードは1702です．
◇◆ 深く見抜くさま．¶→～察 chá．

【洞察】dòngchá [動]〈書〉洞察する．見抜く．見通す．¶～下情 xiàqíng / 下部の事情を見抜いている．
【洞彻】dòngchè [動]〈書〉知り抜いている．よく分かっている．¶～事理 shìlǐ / ものの道理をよくわきまえている．

【洞房】dòngfáng 名 新婚夫婦の部屋．►“喜房 xǐfáng”“新房 xīnfáng”とも．¶闹 nào～／結婚式の夜に同年配の親類や友人が新婚夫婦の部屋に押しかけて花嫁花婿をからかう風習．►“闹房”とも．¶→～花烛 zhú.
【洞房花烛】dòngfáng huāzhú 名(新婚夫婦の部屋に華燭(かしょく)をともしたことから)結婚式．華燭の典．¶～夜 yè／新婚初夜．
【洞见】dòngjiàn 動 見抜く．見透かす．
【洞鉴】dòngjiàn ⇀【洞见】dòngjiàn
【洞若观火】dòng ruò guān huǒ〈成〉火を見るよりも明らかである．
【洞天】dòngtiān 名(道教で)神仙の住む場所；〈転〉仙境．別天地；人をうっとりさせる状況．
【洞天福地】dòng tiān fú dì〈成〉風光明媚(めいび)な景勝地．
【洞悉】dòngxī 動〈書〉知り尽くす．はっきり知る．¶为 wéi 大家所 suǒ～／みんなのよく知っているところである．
【洞箫】dòngxiāo 名 簫(しょう)の笛．
【洞穴】dòngxué 名 洞穴．洞窟．

恫 dòng ◇◆ 恐れる．怖がる．¶～恐 kǒng／恐れる．

【恫吓】dònghè 動 脅しつける．恫喝(どうかつ)する．¶虚声 xūshēng～／虚勢を張って脅す．

胴 dòng ◇◆ ①胴．胴体．②〈書〉大腸．

【胴体】dòngtǐ 名 胴体；(特に)家畜の胴体．

dou（ㄉㄡ）

都 dōu 副 ①(範囲内で例外なく)**いずれも．全部**．みんな．¶他每天～来／彼は毎日来る．¶大家～带水壶 shuǐhú 来了吗？／みんな水筒を持ってきましたか．
注意 疑問詞疑問文に用いると，その答えの事物が複数であると予想し，複数にわたる回答を望んでいることを示す．¶你家里～有什么人？／君の家族にはどんな人がいるの．
②…**でさえも．…すら**．►きわだった例をひとつ持ち出して強調し，それ以外のものはなおさら話にならないという気持ちを表す．
a 〖连…都…〗*lián…dōu*… …でさえ．¶连草～不长 zhǎng／草さえ生えない．
b 〖〈疑問代詞〉＋都〗…も．¶她什么～不想吃／彼女は何も食べたがらない．
c 〖一＋〈量詞〉＋都＋〈動詞(否定形)〉〗*yī*…*dōu* 少しも…ない．¶这酒他一口～没喝／この酒を彼は一口も飲まなかった．
d 〖比…都…〗*bǐ*…*dōu*… …よりも．¶我儿子比我～高了／息子は私よりも背が高くなったんだ．
e 〖〈強調する語句〉＋都〗…でさえ．…すら．¶他～去了，你怎么还不去？／彼まで行ったのに，なんで君は行かないんだ．
③**もう．すでに**．►事態がそこまで及んでいることを表し，通常，文末に助詞“了”を伴う．¶～十二点了，还不睡 shuì！／もう12時なのに，なんでまだ寝ないんだ．¶他～快七十岁 suì 了／彼はもう七十に手がとどく．
④(“是”を伴い)みんな…のおかげで．みんな…のせいだ．¶～是因为你／みんな君のせいだ．
▸▸ dū

兜 dōu ❶名(～儿)**ポケット．袋状のもの**．¶衣服～儿／服のポケット．
❷動 ①(布･紙などを袋のようにして物を)**包み込む**．¶老大爷用包袱皮儿 bāofupír～着几个瓜 guā／おじいさんはふろしきでウリを何個か包んで手に提げている．②**囲む．取り巻く**．③ひと回りする．めぐる．¶他们坐游览车 yóulǎnchē 在市内～了一圈儿 quānr／彼らは観光バスで市内をひとめぐりした．④**責任を負う**．引き受ける．¶出了问题我给～着／何かあったら私が責任をとる．⑤客を引き寄せる．客をつかむ．¶～生意 shēngyi／得意先回りをする．取引先をつくる．

【兜捕】dōubǔ 動 取り囲んで捕らえる．
【兜底】dōu//dǐ 動(～儿)〈方〉秘密を暴き出す．
【兜兜】dōudou ⇀【兜肚】dōudu
【兜肚】dōudu 名 腹掛け．
【兜风】dōu//fēng 動 ①(車で)ドライブする．(夏にバイクやウマ，ボートなどを乗りまわし)風に当たって涼をとる．②(帆などが)風をはらむ．
【兜揽】dōulǎn 動 ①(商店などが)客を引きつける．¶～主顾 zhǔgù／客を引く．②一手に引き受ける．¶把麻烦 máfan～在自己身上／面倒なことを自分がすべて引き受ける．
【兜圈子】dōu quānzi ぐるぐる回る；〈慣〉堂々めぐりをする．¶说话不要～／回りくどく言わないで．
【兜售】dōushòu 動 売りつける．押し売りする．¶～私货 sīhuò／密輸品を売りつける．
【兜销】dōuxiāo 動 売りつける．押し売りする．
【兜子】dōuzi 名 ①**ポケット．袋状のもの**．¶裤 kù～／ズボンのポケット．¶菜 cài～／買い物袋．②(人を乗せる)山かご．山道を行くときに乗る竹製のかご．►“篼子”とも書く．

蔸(槐) dōu〈方〉①名 株．►水稲についていうことが多い．¶禾 hé～／水稲の株．
②量 木や野菜などの株または群生の数．¶一～草／ひとむれの草．¶两～白菜／ハクサイ2株．

【蔸距】dōujù 名〈方〉株と株の間の距離．株間(かぶま)．

篼 dōu ◇◆(竹製・籐製などの)かご．ざる．¶背 bèi～／背負いかご．

【篼子】dōuzi 名〈方〉山道を行く時の竹かご．►“兜子”とも書く．

3声 **斗** dǒu ❶量(容積の単位)斗(と)．10升(10リットル)．
❷名 ①一斗升(いっとます)．②渦状の指紋．③(二十八宿の一つ)ひつきぼし．
◇◆(～儿)升のような形をしたもの．¶漏 lòu～／じょうご．▸▸ dòu

【斗车】dǒuchē 名(鉱山用の)トロッコ．量 辆．
【斗胆】dǒudǎn 副(多く謙譲語として)大胆に．あえて．
【斗方】dǒufāng 名(～儿)(旧正月などに)四角の赤い紙に書いて門や壁に張られた書画．
【斗箕】dǒuji 名 指紋．►渦状のものを“斗”，蹄状のものを“箕 jī”という．“斗记 dǒujì”とも．
【斗笠】dǒulì 名 編み笠．
【斗篷】dǒupeng 名 ①マント．②〈方〉笠．

【斗渠】dǒuqú 名 水を灌漑(かんがい)地区に引き入れるための支流水路.
【斗子】dǒuzi 名 ①(炭鉱用の)バケット;(家庭用の)石炭入れ. ②板などで作った物入れ. ¶料 liào～/まぐさ入れ.

抖 dǒu 動 ①**振り動かす**. 払う. ¶把衣服上的雪 xuě～掉 diào/服についた雪を払い落とす. ¶～开毛巾 máojīn/タオルを両手で振って広げる. ②(寒さや恐れのために)**震える**. ¶浑身 húnshēn 直 zhí～/体がぶるぶる震える. ③("－出来"を伴い)**暴露する**. さらけ出す. ¶把他干 gàn 的坏事都给～了出来/彼の悪事を洗いざらいさらけ出した. ④(元気などを)**奮い起こす**. ¶～起精神 jīngshen/元気を奮い起こす. ⑤("－起来"を伴い)出世したり金持ちになったりし羽振りがよくなる. ►皮肉のニュアンスを含む. ¶他～起来了/あいつは羽振りを利かすようになった.

D

【抖动】dǒudòng 動 ①(体が)震える. ②(物を)振るう. 振って動かす.
【抖空竹】dǒu kōngzhú こま回しをする.
【抖搂】dǒulou 動〈方〉①(衣服・布団・ふろしきなどを)振るう.(付着しているごみなどを)払い落とす. ②("－出来"を伴い)洗いざらいさらけ出す. ¶把包里的东西～出来/かばんの中身を全部出す. ③浪費する. 使い果たす. はたく.
【抖擞】dǒusǒu 動(元気などを)**奮い起こす. 奮い立つ**. ¶～精神 jīngshen/元気を奮い起こす.
【抖威风】dǒu wēifēng〈慣〉いばって見せる. 威嚇する.

陡 dǒu 形 **傾斜が急である**. 急で険しい. ¶这个山坡 shānpō 很～/この山坂はたいへん険しい.
◇◆〈書〉突然. 急に. ¶天气～变/天気が急変する.
【陡壁】dǒubì 名(壁のように)切り立った崖. ¶～悬崖 xuányá/断崖絶壁.
【陡峻】dǒujùn 形(地勢が)高くて険しい.
【陡立】dǒulì 動(山や建物が)切り立つ.
【陡坡】dǒupō 名 急勾配.
【陡峭】dǒuqiào 形(山などが)切り立っている. 険しい. ¶～的山峰 shānfēng/切り立った峰.
【陡然】dǒurán 副 突然. 急に. ¶物价 wùjià～上涨 shàngzhǎng/物価が急に上がる.

蚪 dǒu "蝌蚪 kēdǒu"(オタマジャクシ)という語に用いる.

4声 **斗(鬥・鬭) dòu** 動 ①(…と)**闘争する, 闘う**; 勝負事をする. ¶～地主 dìzhǔ/地主をやっつける. ¶我～不过他/私は彼には及ばない. ②〈方〉合わせる. 寄せ集める. ¶大家～一～情况 qíngkuàng/各自の情報を持ち寄って情況を判断する. ¶这个口袋 kǒudai 是用几块碎布 suìbù～起来的/この袋は半端の布切れを寄せ集めたものだ. ③競り合う. 闘わせる. ¶～蛐蛐儿 qūqur/コオロギを闘わせる.
◇◆ けんかする. 格闘する. ¶械 xiè～/大勢が武器を手にしてけんかする. ⏩dǒu
【斗法】dòu//fǎ 動(昔の小説などで魔法を使って闘う意味から)計略を使って闘う;暗闘する.
【斗闷子】dòu mènzi〈慣〉冗談を言う. からかう. ¶别～啦 la, 说正经 zhèngjing 的吧/冗談はいいかげんにして本題に入ろう.
【斗殴】dòu'ōu 動 格闘する. 殴り合いをする. ►"殴斗"とも.
【斗气】dòu//qì 動(～儿)〈口〉意地になって争う. いきり立って争う.
【斗心眼儿】dòu xīnyǎnr〈慣〉〈貶〉腹を探り合う.
【斗眼】dòuyǎn 名(～儿)〈俗〉寄り目. 斜視. ►"内斜视 nèixiéshì"の通称.
*【斗争】dòuzhēng ❶動 ①**闘争する**. 対立する. 衝突する;奮闘する. 量 场 cháng, 次. ¶与 yǔ 他做坚决 jiānjué 的～/彼と断固として闘う. ¶新与 yǔ 旧的～/新旧の対立. ②(敵対する者を)**つるし上げる**, やっつける. ¶～恶霸 èbà/悪辣なボスをつるし上げる. ③努力する. 奮闘する. ❷名 闘争.
【斗志】dòuzhì 名 闘志. ファイト. ¶～昂扬 ángyáng/闘志をたぎらせる.
【斗智】dòu//zhì 動 知恵比べをする.
【斗嘴】dòu//zuǐ 動(～儿) ①口論する. ②減らず口をたたく. 冗談を言う. ¶取 qǔ 笑～/冗談のやりとりをする.

豆 dòu 名(～儿)**マメ**. 量 粒 lì, 颗 kē. ¶黄 huáng～/ダイズ. ¶毛～/エダマメ.
◇◆ 豆粒のような形をしているもの. ¶花生～儿/ピーナッツ. ¶土～儿/ジャガイモ. ‖姓
【豆瓣儿】dòubànr 名 皮をむいた豆粒の裂開したもの. 割れた豆粒. ►豆の子葉をさすこともある.
【豆瓣儿酱】dòubànrjiàng 名 トウバンジャン. ►四川料理特有の調味料で, ダイズやソラマメのひき割りで作ったみそ.
【豆包】dòubāo 名 あん入りまんじゅう. ►"豆"は"豆沙 dòushā"(アズキあん)のこと.
【豆豉】dòuchǐ 名 ダイズを煮てから発酵させた乾納豆. ►調味料として用いる.
*【豆腐】dòufu 名 **豆腐**. 量 块. ¶～泡儿 pāor/(中国式)油揚げ. ¶～里挑 tiāo 骨头/〈慣〉無理矢理にあら捜しをする.
【豆腐干】dòufugān 名(～儿)半乾燥の豆腐.
【豆腐脑儿】dòufunǎor 名 豆乳を煮立て半固体に固めたもの.
【豆腐皮】dòufupí 名(～儿)湯葉.
【豆腐乳】dòufurǔ 名 乳腐(にゅうふ). 豆腐を発酵させ塩漬けにしたもの.
【豆腐丝】dòufusī 名(～儿)"豆腐干"の千切り.
【豆腐渣】dòufuzhā ⇀【豆渣】dòuzhā
【豆腐渣工程】dòufuzhā gōngchéng 名 手抜き工事.
【豆荚】dòujiá 名 ①サヤマメ. サヤインゲン. ②マメのさや.
【豆浆】dòujiāng 名 **豆乳**. ►"豆腐浆 dòufujiāng""豆乳 dòurǔ""豆奶 dòunǎi"とも. 熱くして"油条 yóutiáo"(揚げパン)などとともに朝食にとることが多い.
【豆角儿】dòujiǎor 名〈口〉サヤインゲン.
【豆秸】dòujiē 名 豆がら.
【豆蔻】dòukòu 名 ①〈植〉ビャクズク;〈中薬〉白豆蔻(びゃくずく). ②処女. 少女.
【豆绿】dòulǜ 名 淡緑色.
【豆面】dòumiàn 名 大豆の粉.
【豆苗】dòumiáo 名〈食材〉トウミョウ. エンドウマメ

の新芽.
【豆萁】dòuqí 名〈方〉豆がら.
【豆青】dòuqīng →【豆绿】dòulù
【豆乳】dòurǔ 名 ①豆乳. ②〈方〉豆腐を発酵させて塩漬けにした調味料.
【豆沙】dòushā 名 アズキあん. ¶～包 / あんまん.
【豆薯】dòushǔ 名 クズイモ. ►俗に"凉薯 liángshǔ" "地瓜 dìguā"という.
【豆芽菜】dòuyácài 名 もやし. ►特にリョクトウで作ったものをいう. (量) 根 gēn.
【豆芽儿】dòuyár 名(マメ)もやし. ►特にダイズで作ったものをいう. (量) 根 gēn.
【豆渣】dòuzhā 名 おから. うのはな. ►"豆腐 dòufu 渣"とも.
【豆汁】dòuzhī 名 ①(～儿)リョクトウではるさめを作るときの残り汁. 酸味があり飲料となる. ②〈方〉豆乳.
【豆子】dòuzi 名 マメ(科の作物) ; マメ状のもの. (量) 粒 lì,颗 kē. ¶金 jīn ～ / 金の粒.

*逗(鬥・鬭) dòu ❶動 ①あやす. からかう. ¶～孩子玩 wán / 子供をあやす. ②(ある感情を)起こさせる. ¶一岁的小孩儿最～人爱 / 1歳ぐらいの子供がいちばん人にかわいがられる.
❷形〈方〉おもしろい. ひょうきんだ. ¶那人真～ / あの人はほんとにひょうきんだ.
❸〖读 dòu〗に同じ.
◇◆ とどまる. ¶→～留 liú.
【逗点】dòudiǎn →【逗号】dòuhào
【逗哏儿】dòu//génr 動(こっけいなことを言って)笑わせる. ►"相声 xiàngsheng"(漫才)の「つっこみ」役をさすことが多い.
*【逗号】dòuhào 名〈語〉コンマ(,). 読点. ►"逗点 dòudiǎn"とも. ⇨〖读 dòu〗
【逗留・逗遛】dòuliú 動 逗留する. 滞在する. ¶这次你打算 dǎsuan 在上海～多久? / 今回あなたは上海にどのくらい滞在の予定ですか.
【逗闷子】dòu mènzi 〈慣〉おどけたことを言う. 冗談を言う. ►"斗闷子"とも書く.
【逗弄】dòunong 動 ①あやす. たわむれる. ¶～小孩 / 子供をあやす. ②からかう. いたずらをする. ¶他～你呢 / 彼は君をからかっているのだ.
【逗趣儿】dòu//qùr 動(話や身ぶりがおもしろくて)人を笑わせる.
【逗人】dòu//rén 動(性格・言動が)人を引き付ける,人を楽しませる. ¶这孩子,真 zhēn ～ / この子ったら,ほんとにおもしろい. ¶～乐 lè / 人を笑わせる.
【逗笑儿】dòuxiàor 動 人を笑わせる.
【逗引】dòuyǐn 動(子供を)あやして…させる.

读(讀) dòu 名 文中の切れ目. 読点(,). 参考 昔,文の短い切れ目を"读"といい,長い切れ目を"句 jù"といった. のちに"读"を"逗 dòu"と書くようになり,現在では"读"の記号を"逗点 dòudiǎn"または"逗号 dòuhào"という. ▶▶ dú

痘 dòu 名 ①天然痘. 痘瘡(とうそう) ; 天然痘または種痘により皮膚にできる豆状の疱疹(ほうしん). ►天然痘は一般に,"天花"という. ②痘苗(とうびょう).
【痘疮】dòuchuāng 名〈医〉天然痘. 痘瘡(とうそう).
【痘苗】dòumiáo 名 天然痘ワクチン. ►"牛痘苗niúdòumiáo"とも.

窦(竇) dòu ◇◆ ①孔. 穴. ¶疑 yí ～ / 疑わしい点. ②(人体で)くぼんだ所. ¶鼻 bí ～ / 〈生理〉副鼻腔. ‖姓

du (ㄉㄨ)

1声 都 dū ◇◆ ①首都. 都. ¶建 jiàn ～ / 都を置く. ¶定 dìng ～ / 都を定める. ②都市. 都会. ¶钢 gāng ～ / 鉄鋼業都市. ¶磁 cí ～ / 陶磁器の都(景徳鎮). ▶▶ dōu
【都城】dūchéng 名 首都. 都.
【都会】dūhuì 名 都会. 都市.
【都市】dūshì 名 都市. 都会.

督 dū ◇◆ ①監督する. 取り締まる. ¶～战 zhàn / 作戦を監督する. ¶～率 shuài / 監督し引率する. ②せきたてる. ¶→～促 cù. ‖姓
【督察】dūchá 動 監督査察する.
【督促】dūcù 動 督促する. 実行するよう促す. (立場の下の者に)励行させる.
【督励】dūlì 動 督励する. 督促し激励する.

嘟 dū ①擬《自動車などのクラクションの音》ぶーぶー.
②動〈方〉(口を)とがらす.
【嘟噜】dūlu 〈口〉①量 房や束になったものを数える:房. 束. ¶一～葡萄 pútao / ひと房のブドウ. ②動(ひと房になって)垂れる. ¶树上～着几个马蜂窝 mǎfēngwō / 木に蜂の巣がいくつかぶら下がっている. ③名(～儿)《舌を震わせる音》るるる…. ¶打～儿 / 舌を震わせる.
【嘟囔】dūnang 動 ぶつぶつ言う. 小声でつぶやく. ►"嘟哝 dūnong"とも.
【嘟哝】dūnong →【嘟囔】dūnang

2声 *毒 dú ❶名 ①毒. ¶中 zhòng ～ / 中毒する. ¶蝎子 xiēzi 有～ / サソリには毒がある. ②(思想面での)害毒,弊害. ¶有～的思想 sīxiǎng / 害のある思想. ③麻薬. ¶贩 fàn ～ / 麻薬を販売する.
❷形 ①悪辣(あくらつ)である. 残忍である. ¶心肠 xīncháng 真～ / 気性が実に残忍である. ②(日差しなどが)ひどい,きつい. ¶盛夏 shèngxià 的太阳 tàiyáng 真～ / 真夏の太陽はひどく照りつける.
❸動 毒殺する.
【毒草】dúcǎo 名 毒草 ; 〈転〉人民にとって有害な言論や文学作品.
【毒打】dú//dǎ 動 ひどく殴る. めった打ちする. ¶挨 ái 了一顿 dùn ～ / こっぴどく殴られた.
【毒饵】dú'ěr 名(害虫などを殺すための)毒入り餌.
【毒害】dúhài ❶動 ①毒殺する. ②(人心などを)毒する. ¶～青年的黄色书刊 huángsè shūkān / 若者を毒するわいせつ本. ❷名 害毒.
【毒化】dúhuà 動 ①(麻薬などで)堕落させる. ②(雰囲気・気風などを)悪化させる.
【毒计】dújì 名 悪巧み. ¶中 zhòng ～ / 悪巧みにひっかかる.
【毒剂】dújì 名 毒物. 毒薬.
【毒辣】dúlà 形 悪辣である.
【毒瘤】dúliú 名〈医〉癌(がん). ►"恶性肿瘤 èxìng

zhǒngliú"の通称.
【毒谋】dúmóu 名 悪辣な計略.
【毒品】dúpǐn 名 麻薬. ►主としてアヘン・モルヒネ・ヘロインなどをさす.
【毒气】dúqì 名 毒ガス. ►"毒瓦斯 dúwǎsī"とも. ¶～弹 dàn / 毒ガス弾.
【毒杀】dúshā 動 毒殺する.
【毒手】dúshǒu 名 残忍な仕打ち. ¶下～ / 毒手を下す.
【毒死】dúsǐ 動 毒殺する.
【毒素】dúsù 名〈生〉毒素;〈転〉(言論や作品の)有害要素.
【毒瓦斯】dúwǎsī 名 毒ガス. ►"毒气"とも.
【毒物】dúwù 名 有毒物質. 毒物.
【毒刑】dúxíng 名 残酷な体刑.
【毒蕈】dúxùn 名 毒キノコ.
【毒药】dúyào 名 毒薬.
【毒汁】dúzhī 名 毒液;〈喩〉毒汁.

独(獨) dú 1副 ①ただ…だけ. ¶～有她还没来 / 彼女だけがまだ来ていない. ②一人だけで. ¶～坐书房 shūfáng / 一人で書斎にいる.
2形 利己的である.
◇◆ ただ一つ. ただ一人. ¶→～子 zǐ. ¶→～居 jū. ¶鳏寡 guān guǎ 孤 gū ～ /〈成〉身寄りのない人. ►特に子のいない老人. ‖姓
【独霸】dúbà 動 独占する.
【独白】dúbái〈劇〉①名 独白. モノローグ. ②動 独白する.
【独裁】dúcái 動 独裁する.
【独唱】dúchàng 動〈音〉独唱する. ¶～家 / ソロ歌手.
【独出心裁】dú chū xīn cái〈成〉独特の工夫をする. 独自のスタイルを生み出す. ►文章・詩作についていうことが多い.
【独创】dúchuàng 動 独創する.
【独当一面】dú dāng yī miàn〈成〉単独である分野の責任者となる.
【独到】dúdào 形 比類なくすぐれた. ¶有～之处 chù / 他の追随を許さないところがある.
【独独】dúdú 副 ただ単に. ただ…だけ. ¶谁 shéi 都知道,～我不知道 / だれでも知っているのに,私だけが知らない. ⇨〖独 dú〗
【独断】dúduàn 動 独断する.
【独断专行】dú duàn zhuān xíng〈成〉独断専行する. ►"独断独行"とも.
【独个】dúgè 副(～儿)一人で. 一人だけで. ¶他～住在一间屋子 wūzi 里 / 彼は一人でひと部屋を使っている.
【独根】dúgēn 名(～儿)跡継ぎの一人息子. 一粒種. ►"独根苗 miáo""独苗"とも.
【独家】dújiā 形 一手に独占する形で…. ¶～采访 cǎifǎng / 独占インタビュー.
【独家代理】dújiā dàilǐ 名 独占代理. 一手販売代理店.
【独家新闻】dújiā xīnwén 名 特ダネ. スクープ.
【独角戏】dújiǎoxì 名 一人芝居;〈転〉孤軍奮闘. ►"独脚戏"とも書く.
【独居】dújū 動 独り住まいをする.
【独具匠心】dú jù jiàng xīn〈成〉独創性がある. オリジナリティーに富んでいる.
【独揽】dúlǎn 動 一手に握る. 独占する. ¶～大权 dàquán / 権力を一手に握る.
【独力】dúlì 副 独力で….
*【独立】dúlì 動 ①自力で行う. 独り立ちする. ¶～思考 sīkǎo / 一人で考える. ②独立する. ¶宣布 xuānbù ～ / 独立を宣言する. ¶～营 yíng / 独立大隊. ③〈書〉独りで立つ.
【独立王国】dúlì wángguó 名 独立王国. だれからも支配されない独立の勢力範囲.
【独联体】Dúliántǐ 名〈略〉独立国家共同体(CIS). 旧ソ連. ►"独立国家联合体"の略.
【独龙族】Dúlóngzú 名(中国の少数民族)トールン(Derung)族. ►チベット系山地民族で,雲南省に住む.
【独轮车】dúlúnchē 名(手押しの)一輪車.
【独门独院】dúmén dúyuàn 名(～儿)一戸建ての家.
【独苗】dúmiáo 名 一人っ子. ►"独根 dúgēn""独根独苗"とも.
【独木不成林】dúmù bù chéng lín〈諺〉一個人の能力には限りがあり,大事を成し遂げることができない.
【独幕剧】dúmùjù 名〈劇〉一幕劇.
【独木难支】dú mù nán zhī〈成〉一人の力では全局面を支えることができない.
【独木桥】dúmùqiáo 名 丸木橋;〈喩〉渡りにくい困難な道.
【独木舟】dúmùzhōu 名 丸木舟.
【独女】dúnǚ 名(～儿)一人娘. ►"独生女"とも.
【独身】dúshēn 名 ①独りぼっち. ¶她这几年一直 yīzhí ～在海外留学 liúxué / 彼女はここ数年,ずっと独りで外国で勉強している. ②独身.
【独生女】dúshēngnǚ 名 一人娘.
【独生子】dúshēngzǐ 名 一人息子.
*【独生子女】dúshēng zǐnǚ 名 一人っ子.
【独树一帜】dú shù yī zhì〈成〉独自の一派をなす.
【独特】dútè 形 独特である. 特有の. ¶～的方法 fāngfǎ / 特有の方法.
【独吞】dútūn 動(利益を)独占する.
【独眼龙】dúyǎnlóng 名〈貶〉片目の人.
【独一无二】dú yī wú èr〈成〉唯一無二.
【独院儿】dúyuànr 名〈方〉一戸建ての家.
【独占】dúzhàn 動 独占する.
【独资】dúzī 名〈略〉(↔合资 hézī)単独投資. ►"独立投资 dúlì tóuzī"の略. ¶外商～企业 qǐyè / 100パーセント外資企業.
【独子】dúzǐ 名 一人息子. ►"独生子 dúshēngzǐ"とも.
【独自】dúzì 副 自分一人で. 単独で. ¶他～一人去国外旅游 lǚyóu / 彼は一人で海外旅行に行った.
【独奏】dúzòu 動〈音〉独奏する. ¶钢琴 gāngqín ～ / ピアノソロ.

读(讀) dú 動 ①〈口〉(学校で)勉強する. ¶他正在～高中 / 彼はいま高校で勉強している. ②読む. (本などを)声を出さないで読む. ¶这本小说很值 zhí 得一～ / この小説は一読の価値がある. ③読み上げる. 声を出して読む. ¶～课本 kèběn / テキストを読む. ¶你～一下儿这个句子 jùzi / この文を読んでみなさい. ►► dòu

【读本】dúběn 名 教科書．読本．
【读破句】dú pòjù 文の句切りをまちがって読む．
*【读书】dú//shū 動 1 勉強する．学校で学ぶ．¶他在学校里～很用功 yònggōng / 彼は学校でよく勉強する．¶当时，我还在～ / その時，私はまだ学校に通っていた．2 本を読む．読書をする．¶读了一遍 biàn 书 / 1ぺん本を読んだ．
【读书人】dúshūrén 名〈旧〉読書人．知識人．インテリ．参考 "读书人"は，旧時，科挙(官僚選抜のための国家試験)合格をめざして勉強を続ける人々を意味した．学者一般ではなく，そのような環境のもとにある特定の階級をさす．
【读数】dúshù 名(計器や機械などの)示度，目盛り．¶温度计 wēndùjì ～ / 寒暖計の示度．
【读物】dúwù 名 読み物．¶儿童 értóng ～ / 児童読み物．¶通俗 tōngsú ～ / やさしい読み物．
【读音】dúyīn 名 文字の音〔読み方〕．¶这个字有两种 zhǒng ～ / この字にはふた通りの発音がある．
【读者】dúzhě 名 読者．¶～来信 / 読者からの投書．

渎(瀆) dú ◇◆ ①汚(けが)す．冒瀆(ぼうとく)する．¶烦 fán ～ / 煩わす．¶亵 xiè ～ / 冒瀆する．¶→～职 zhí．②溝．用水路．¶沟 gōu ～ / 溝．
【渎职】dúzhí 動 職責に違反する．汚職する．

犊(犢) dú 名 ウシの子．子ウシ．¶初生之～不畏 wèi 虎 / 生まれたばかりの子ウシはトラを恐れない；〈喩〉若い者は何でも大胆に行う．
【犊子】dúzi 名 子ウシ．¶牛～ / ウシの子．

牍(牘) dú 名 木簡．◇◆ 文書．手紙．¶文～ / 文書．¶尺 chǐ ～ / 尺牘(せきとく)．手紙．¶案 àn ～ / 公文書．

黩(黷) dú 動〈書〉(＝渎 dú) 汚(けが)す．◇◆ 軽率である．ほしいままに何かをする．¶→～武 wǔ．
【黩武】dúwǔ 動〈書〉武力を乱用する．¶穷 qióng 兵～ / 正義のない戦争に兵力を傾けること．

髑 dú "髑髅 dúlóu"(どくろ．されこうべ)という語に用いる．

肚 dǔ 名(～儿)胃袋．¶羊 yáng ～儿 / (料理の材料としての)ヒツジの胃袋．¶拌 bàn ～丝儿 sīr / ブタ・ヒツジ・ウシの胃袋を煮てせん切りにし，調味料をかけたもの．▶▶ dù
【肚子】dǔzi 名〈食材〉(動物の)胃袋．注意 dùzi と読めば「腹」の意味になる．¶猪 zhū ～ / (料理の材料としての)ブタの胃袋．⇒【肚子】dùzi

笃 dǔ ◇◆ ①忠実である．心がこもっている．¶情爱甚 shèn ～ / 情愛が非常に厚い．②(病気が)重い．¶危 wēi ～ / 危篤である．‖姓
【笃厚】dǔhòu 形 真心がこもっていて親切である．
【笃实】dǔshí 形 1 誠実で親切である．実直である．¶～敦厚 dūnhòu / 誠実で人情味が深い．2 内容がある．充実している．
【笃信】dǔxìn 動 深く信じる．¶～佛教 Fójiào / 仏教を深く信仰する．
【笃学】dǔxué 形 学問に熱心である．
【笃志】dǔzhì 動〈書〉志を傾ける．

***堵 dǔ** ❶動 1 (移動していく人や物の運動を止めるために)ふさぐ，さえぎる．¶鼻子 bízi ～了 / 鼻がつまる．¶把窟窿 kūlong ～上 / 穴をふさぐ．¶～住升学 shēngxué 后门 / 裏口入学の道をふさぐ．2 (胸などが)つかえる，ふさがる．¶心里～得难受 / 胸がつかえて苦しい．❷量 塀を数える．¶一～墙 qiáng / 一つの塀．‖姓
*【堵车】dǔ//chē 動(車が)渋滞する．
【堵击】dǔjī 動 迎撃する．¶～敌人 dírén / 敵を迎え撃つ．
【堵截】dǔjié 動(途中で)阻止する．
【堵塞】dǔsè 動(穴や道を)ふさぐ．詰まる．¶管道 guǎndào ～ / パイプが詰まる．¶交通 jiāotōng ～ / 交通渋滞(する)．
【堵心】dǔxīn 動 気がふさぐ．
【堵嘴】dǔ//zuǐ 動 1 口止めをする．2 絶句させる．

赌 dǔ 1 動 賭(か)け事をする；〈転〉(一般に)賭ける．¶～犯 fàn / 賭博犯．¶～了一夜 / 一晩ばくちを打った．2 名 賭け事．¶打～ / 賭け事をする．
【赌本】dǔběn 名 賭博の元手；〈転〉冒険のよりどころ．
【赌博】dǔbó 動 ばくちを打つ．
【赌场】dǔchǎng 名 ばくち場．
【赌东道】dǔ dōngdào 賭けで負けた人がおごる．►"赌东儿 dōngr"とも．
【赌鬼】dǔguǐ 名 博徒．ばくち打ち．
【赌棍】dǔgùn 名〈貶〉ばくち打ち．
【赌气】dǔ//qì 動 ふてくされる．やけになる．
【赌钱】dǔ//qián 動 ばくちを打つ．金を賭ける．
【赌徒】dǔtú 名 ばくち打ち．
【赌窝】dǔwō 名 賭場．
【赌咒】dǔ//zhòu 動 誓う．
【赌注】dǔzhù 名 賭け金．¶下～ / 金銭を張る．冒険をする．

睹 dǔ ◇◆ 見る．¶耳闻 wén 目～ / 実際に見聞する．
【睹物思人】dǔ wù sī rén 〈成〉遺品によって亡き人をしのぶ．

杜 dù (4声) ◇◆ ①ヤマナシ．¶～树 / 同上．②ふさぐ．途絶させる．¶→～绝 jué．‖姓
【杜鹃】dùjuān 名 1〈鳥〉ホトトギス．(量) 只．参考 ホトトギス属のカッコーは"大杜鹃"("郭公 guōgōng""布谷 bùgǔ"ともいう)，ホトトギスは"小杜鹃"という．2〈植〉ツツジ．
【杜鹃花】dùjuānhuā 名〈植〉ツツジ．マルバサツキ．►"映山红 yìngshānhóng"とも．
【杜绝】dùjué 動 1 途絶させる．根絶する．¶～贪污 tānwū 和浪费 làngfèi / 汚職と浪費を防止する．2〈旧〉不動産の売買契約書に，買い戻しを許さないと明記する．
【杜康】Dù Kāng 名(伝説で)周代の酒造り名人；(dùkāng)〈転〉酒．
【杜门谢客】dù mén xiè kè 〈成〉家に閉じこもって世間と交渉なく暮らす．
【杜仲】dùzhòng 名〈植〉トチュウ；〈中薬〉杜仲(とちゅう)．

D

【杜撰】dùzhuàn 動〈貶〉いいかげんに書いたり話したりする．でっちあげる．¶那个故事 gùshi 是他～的 / その話は彼の作り事だ．

肚 dù 名(～儿)おなか．腹部．¶大～儿,小～儿 / 上腹部と下腹部．¶～儿圆 yuán /（俗な言い方で,食べたり太ったりしていて）腹が丸い．腹がふくれる．
◇◆ 腹のように丸くふくれているもの．¶手指头 shǒuzhǐtou ～儿 / 指の腹．⇒【肚子】dùzi ▶▶dǔ

D

【肚量】dùliàng ⇀【度量】dùliàng
【肚皮】dùpí 名〈方〉腹．おなか；腹の皮．¶大～ / 太鼓腹．大食家．
【肚脐】dùqí 名(～儿)へそ．►"肚脐眼儿 yǎnr"とも．
**【肚子】dùzi 名 腹；物体の丸くふくれている部分．¶～饿 è 了 / 腹がへった．¶腿 tuǐ ～ / ふくらはぎ．¶～里有墨水 mòshuǐ /〈喩〉学問のある人．⇒【肚子】dǔzi

妒(妬) dù ◇◆ ねたむ．嫉妬(ㄕㄧ)する．¶忌 jì 贤 xián ～能 / 才能のある人をねたむ．

【妒忌】dùjì 動 嫉妬する．ねたむ．

*__度 dù__ ❶量 ①(温度・アルコール・眼鏡・角度・経緯度・電力など計量の単位)度．¶今天(有)三十六～ / きょうの気温〔体温〕は36度ある．¶这种 zhǒng 酒有三十～左右 zuǒyòu / この酒は30度位だ．¶那位歌手能唱 chàng 五个八～ / あの歌手は5オクターブ声が出る．¶直角 zhíjiǎo 为 wéi 九十～ / 直角は90度である．¶南纬 nánwěi 十八～ / 南緯18度．¶八十～电 / 80キロワット時の電力．
②たび．度．¶一年一～ / 1年に1回．¶再 zài ～要求 yāoqiú / 再度要求する．
❷接尾 ①度合い．►形容詞の後につく．¶硬 yìng ～ / 硬度．硬さ．¶热 rè ～ / 熱さ．温度．¶浓 nóng ～ / 濃さ．濃度．②一定期間；基準．法則；〈理〉次元．¶年～ / 年度．¶季 jì ～ / 四半期．③基準．法則．¶制 zhì ～ / 制度．¶法 fǎ ～ / 決まり．④〈物〉次元．¶三～空间 kōngjiān / 三次元空間．
❸動 過ごす．暮らす．¶欢 huān ～春节 Chūnjié / 旧正月を楽しく過ごす．¶在乡下 xiāngxia ～过童年 tóngnián / 少年時代を田舎で過ごした．
◇◆ 程度；限度；度量．寛容さ；考慮の範囲．¶极 jí ～ / 極度(に)．¶长短 chángduǎn 适 shì ～ / ちょうどよい長さ．¶劳累 láolèi 过～ / 疲れすぎ．過度の疲労．¶气～ / 度量．¶把生死置 zhì 之～外 / 生死を度外視する．‖姓 ▶▶duó

*【度过】dùguò 動(時間・休暇を)過ごす,送る．¶～暑假 shǔjià / 夏休みを過ごす．⇒〖度 dù〗❸
【度荒】dù//huāng 動 飢饉(ききん)を切り抜ける．
【度假】dù//jià 動 休日を過ごす．
【度假村】dùjiàcūn 名 休暇村．リゾート地．
【度量】dùliàng 名 度量．►"肚量"とも書く．¶他～大,能容人 róngrén / あの人は度量が大きくて,包容力がある．
【度命】dù//mìng 動 命をつなぐ．生き延びる．¶靠 kào 啃 kěn 树皮 shùpí ～ / 木の皮をかじって命をつなぐ．
【度日】dù//rì 動 日を過ごす．生活する．暮らす．►貧しい暮らしをさしていうことが多い．¶打工 dǎgōng ～ / アルバイトで食べていく．¶你靠 kào 什么～？/ 君はどうやって暮らしているんだ．¶～如 rú 年 /〈成〉(悩みなどで)1日が1年のように長くてつらい；生活が苦しい．
【度数】dùshu 名 度数．目盛り．¶电表 diànbiǎo ～ / 電気メーターの目盛り．

*__渡 dù__ 動 ①(川などを)渡る；〈転〉(困難な時を)過ごす．通り抜ける．¶～过难关 nánguān / 難関を切り抜ける．②(人や物資を)渡す．¶把客人～过河 hé / 客を対岸に渡す．
◇◆(多く地名に用い)渡し場．

【渡槽】dùcáo 名 水道橋．
【渡船】dùchuán 名 渡し船．フェリーボート．
【渡口】dùkǒu 名 渡し場．
【渡轮】dùlún 名 連絡船．フェリーボート．
【渡桥】dùqiáo 名 間に合わせに架けておく橋．仮橋．

镀 dù 動 めっきする．¶电 diàn ～ / 電気めっき．¶～铬钢 gègāng / クロームめっき鋼．

【镀金】dù//jīn 動 ①金めっきをする．¶～首饰 shǒushi / 金めっきのアクセサリー．②(海外留学などで)箔(はく)を付ける．肩書きをりっぱにする．
【镀锡】dù//xī 動 錫(すず)めっきをする．¶～铁 tiě / ブリキ板．
【镀锌】dù//xīn 動 亜鉛めっきをする．¶～铁 tiě / トタン板．

蠹(蠧) dù ◇◆ ①衣類・紙類・木材などを食い荒す虫．¶书～ /（本の）シミ．②むしばむ．虫が食う．

【蠹虫】dùchóng 名 器物などを食い荒す虫；シミ；〈転〉集団利益の敵．獅子身中の虫．
【蠹鱼】dùyú 名〈虫〉シミ．

duan（ㄉㄨㄢ）

1声 *__端 duān__ 動 ①(両手または片手でものを水平に保つようにして)持つ,捧げる．¶把玉米 yùmǐ 汤～上来 / コーンスープを持ってきて出す．②さらけ出す．持ち出す．¶把问题～出来 / 問題をすべて並べあげる．
◇◆ ①(物の)端．さき；(事の)きっかけ．糸口．¶两～ / 両端．¶南～ / 南端．¶开～ / 糸口．事の始まり．②正しい．端正である．¶→～正 zhèng．¶～坐 / きちんと座る．③項目．部分．¶大～ / 重要な点．‖姓

【端方】duānfāng 形〈書〉方正である．立派である．¶品行 pǐnxíng ～ / 品行が方正である．
【端肩膀】duān jiānbǎng 肩を怒らす．肩を張る．
【端节】Duānjié 名 ①端午の節句．②水族(少数民族)の収穫祭．
【端丽】duānlì 形 きりっとして美しい．
【端量】duānliáng 動 ①じろじろ見る．②目分量で見積もる．
【端然】duānrán 形 端然としている．きちんとしている．¶～正坐 / きちんと正座する．
【端午・端五】Duānwǔ 名 端午．¶～节 jié / 端午の節句．参考 "端阳 Duānyáng"とも．日本では子供の日にあたるが,中国の子供の日("儿童节Értóng-

jié”)は6月1日である.
【端线】duānxiàn 名〈体〉エンドライン.
【端详】duānxiáng ①名 詳細. 委細. ¶说～ / つぶさに話す. ②形 端然としておだやかである. ¶举止 jǔzhǐ～ / ふるまいが落ち着いている.
【端绪】duānxù 名〈書〉端緒. 糸口.
【端砚】duānyàn 名 端渓(たんけい)のすずり. ►広東省の高要県肇慶に産するすずり石で作った最高級品.
【端阳】Duānyáng 名 端午の節句. ►“端午 duānwǔ”とも.
【端由】duānyóu 名 原因. わけ.
【端正】duānzhèng ①形 **端正である**. きちんとしている；正しい. ¶五官 wǔguān～ / 目鼻立ちが端正である. ②動 正す. きちんとさせる. ¶～思想 / 考えを正しくする.
【端庄】duānzhuāng 形(立ち居振る舞いが) きちんとして威厳がある.

3声 ** **短** duǎn ①形(↔长 cháng)(空間的・時間的に)**短い**. ¶这件衣服有点儿～ / この服は少し短い. ¶开 kāi 个～会 / 短時間の会を開く.
②動 **欠けている**. **借りがある**. 少ない. 足りない. ¶到出发的时候,才发现 fāxiàn～了两个人 / 出発のころになって,二人足りないことに気づいた. ¶我～她五十块钱 / 彼女に50元の借りがある.
◇◆(～儿)欠点. 短所. ¶揭 jiē～儿 / (人の)欠点をあばく. ¶护 hù～儿 / 欠点や落ち度をかばう.
【短兵相接】duǎn bīng xiāng jiē 〈成〉真っ向から鋭く対決する.
【短不了】duǎnbuliǎo 動+可補 ①欠かせない. 必要である. ②やむを得ない. ありがちである. ¶以后 yǐhòu～麻烦 máfan 你 / 今後とも何かとお世話になります.
【短长】duǎncháng 名(是非・優劣・善悪などの)長短. ¶论 lùn 人～ / 人をあれこれとあげつらう.
【短程】duǎnchéng 名 短距離.
【短秤】duǎn//chèng 動(売る商品の)目方が足りない.
【短处】duǎnchu 名(↔长处 chángchu)**欠点**. 短所.
【短粗】duǎncū 形 太くて短い.
【短促】duǎncù 形(時間が)短い. ¶呼吸 hūxī～ / 呼吸が速くなる.
【短打】duǎndǎ 名〈劇〉立ち回り. 殺陣(たて). ►役者が丈の短い衣服を着て演技することから.
【短大衣】duǎndàyī 名 ハーフコート.
【短笛】duǎndí 名〈音〉ピッコロ.
【短工】duǎngōng 名(↔长工 chánggōng)臨時雇い. ¶打～ / 臨時雇いになる.
【短褂儿】duǎnguàr 名 短い上着. ㊊件 jiàn.
【短见】duǎnjiàn 名 ①浅はかな考え. 無分別なこと. ②自殺. ¶寻 xún～ / 自殺する.
【短裤】duǎnkù 名 **半ズボン**. ショートパンツ. ㊊条.
【短路】duǎnlù 名〈電〉短絡. ショート.
【短命】duǎnmìng 形 短命である.
【短跑】duǎnpǎo 名 短距離競走. スプリント. ¶～运动员 yùndòngyuán / 短距離選手. スプリンター.
【短片】duǎnpiàn 名(～儿)短編映画.
【短评】duǎnpíng 名(新聞・雑誌の)短い評論. ¶～栏 lán / コラム.
【短期】duǎnqī 形(↔长期 chángqī)短期の〔に〕. ¶在～内 / 短期間に. ¶～放款 fàngkuǎn / コール. 短期貸付金.
【短浅】duǎnqiǎn 形(見識が)浅い. 浅はかである. ¶目光 mùguāng～ / 見通しがきかない.
【短欠】duǎnqiàn ①動 欠けている. 足りない. ②名 短期間の借り.
【短枪】duǎnqiāng 名 ピストル.
【短缺】duǎnquē 動 不足する.
【短儿】duǎnr 名 ①欠点. 短所. ②軽装.
【短衫】duǎnshān 名 短い上着・シャツ.
【短少】duǎnshǎo 動 不足する. 足りない. ►一定の数や額に満たない意味に用いることが多い. ¶～一页 yè / 1ページ欠けている.
【短秃秃】duǎntūtū 形(～的)ちょこんと短い. ¶～的兔子 tùzi 尾巴 wěiba / ちょこんと短いウサギのしっぽ.
【短途】duǎntú 名 近距離. ¶～运输 yùnshū / 近距離輸送.
【短袜】duǎnwà 名 ソックス. 短い靴下.
【短纤维】duǎnxiānwéi 名 ①短繊維. ¶～棉花 miánhua / 短繊維の綿. ②〈紡〉ステープルファイバー. スフ.
【短小】duǎnxiǎo 形 **小さい**. **短い**. ¶身材 shēncái～ / 小柄である. ¶～的序幕 xùmù / 短い序幕.
【短小精悍】duǎn xiǎo jīng hàn 〈成〉①小柄で精悍(せいかん)である(人). ②(文章などが)簡潔で力強い.
*【短信】duǎnxìn 名(携帯電話の)ショートメール. ❖发 *fā*～ / ショートメールを送る.
【短袖】duǎnxiù 名 **半袖**. ¶～汗衫 hànshān / 半袖のシャツ.
【短训】duǎnxùn 名〈略〉短期研修.
【短讯】duǎnxùn 名 短いニュース.
【短语】duǎnyǔ 名〈語〉(＝词组 cízǔ)連語. 句. フレーズ.
【短暂】duǎnzàn 形 時間が短い. ¶～的一生 / 短い一生. ¶做～的停留 tíngliú / 短期間滞在する.
【短装】duǎnzhuāng 名 身軽ないでたち. 軽装；スポーティーな服装. ¶～打扮儿 dǎbanr / 身軽ないでたち.

4声 * **段** duàn ❶量 ①**長い物のひと区切り**を数える. ¶边界 biānjiè 东～ / 境界の東部分. ¶一～铁路 tiělù / 鉄道の1区間. ②**一定の距離や時間**を表す. ¶这～时期 shíqī / この期間. ¶一～路 / ひと区切りの道のり. ③**事物の段落・段階**を数える. ¶一～文章 / 文章のひと区切り. ¶这～历史 lìshǐ / この段階の歴史.
❷名(料理で)小口切り.
◇◆(鉄道や企業の)区,部門. ¶机务 jīwù～ / 機関区. ‖姓
【段落】duànluò 名 **段落**. **区切り**. 切れ目.
【段位】duànwèi 名(囲碁の)段位.
【段子】duànzi 名(漫才や講談などの)段,ひとくさり.

* **断**(斷) duàn ❶動 ①(長いものを中間で)**切る**. 切れる. ¶这条绳子 shéngzi～了,不能用了 / このひもは切れてしまったから使えな

D

い．¶喀嚓 kāchā 一声，铅笔 qiānbǐ ～成两截 jié／ぽきっと鉛筆が二つに折れた．②途切れる．¶～水／断水．¶～电／停電．¶～了音讯 yīnxùn／音信が途絶えた．③（酒やたばこを）断つ，やめる．¶～烟 yān／たばこをやめる．

❷副〈書〉断じて．決して．►否定形にのみ用いる．¶～无此 cǐ 理／そんなはずは絶対にない．¶～～不可／絶対にだめだ．

◇◆ 判断する．決定する．¶诊 zhěn ～／診断する．

D

【断案】duàn//àn ①動 訴訟事件を裁く．②名〈論〉（三段論法の）結論．

【断编残简】duàn biān cán jiǎn 〈成〉切れ切れになった書き物〔書物〕．一部分しか残っていない書物や文章．►"断简残编""断简残篇 piān""残篇断简"とも．

【断肠】duàncháng 動〈書〉断腸の思いをする．

【断炊】duàn//chuī 動〈書〉食うに事欠く．

【断代】duàn//dài 動 ①跡継ぎが絶える．②後継者がいなくなる．③時代区分する．

【断代史】duàndàishǐ 名 時代史．

【断档】duàn//dàng 動（商品が）品切れになる；（物を）使い終わる．

【断定】duàn//dìng 動 断定する．断言する．¶～结论 jiélùn／結論を下す．¶他来不来我不敢 gǎn ～／彼が来るかどうか断言できない．

【断断续续】duànduànxùxù 形 断続的である．¶雨～地下个不停 tíng／じとじとと雨が降ったりやんだりしている．

【断顿儿】duàn//dùnr 動 日に三度の食事がとれない．食いはぐれることがある．

【断根】duàn//gēn 動（～儿）①→【断后】duàn//hòu ②〈喩〉根を断つ．

【断后】duàn//hòu 動 跡継ぎが絶える．

【断乎】duànhū 副 断固として．断じて．絶対に．►否定文に用いることが多い．¶～不可 bùkě／絶対にいけない．

【断交】duàn//jiāo 動 絶交する；断交する．外交関係を断つ．

【断句】duàn//jù 動（句読点の施されていない書物の文章に）句読点をつけて区切る．

【断绝】duànjué 動 断絶する．絶える．切れる．¶～关系 guānxi／関係を断ち切る．絶交する．¶～交通 jiāotōng／交通を遮断する．

【断粮】duàn//liáng 動 食糧が切れる．¶～绝 jué 水／食も水もなくなる．

【断流器】duànliúqì 名〈電〉遮断器．ブレーカー．¶安全 ānquán ～／安全遮断器．

【断奶】duàn//nǎi 動 ①離乳する；断乳する．②〈喩〉支援を打ち切る．

【断七】duàn//qī 名 四十九日（の法事）．

【断气儿】duàn//qìr 動 息が絶える．死ぬ．

【断然】duànrán 〈書〉①形 断固たる．きっぱりと．¶采取 cǎiqǔ ～的措施 cuòshī／断固とした措置をとる．¶她～回答 huídá："什么也不要！"／何もいらないと彼女はきっぱり答えた．②副 断じて．絶対に．¶～不能接受 jiēshòu／絶対に受け入れられない．

【断送】duànsòng 動 失う．棒に振る．¶～前途 qiántú／前途を棒に振る．¶～生命 shēngmìng／命を失う．

【断头台】duàntóutái 名 ギロチン．

【断弦】duàn//xián 動〈書〉妻に死なれる．

【断线风筝】duàn xiàn fēng zhēng 〈成〉糸の切れたたこ．〈喩〉行ったままで戻ってこないこと．

【断续】duànxù 動 断続する．¶～器 qì／（電気の）開閉器．⇒【断断续续】duànduànxùxù

【断言】duànyán 動 断言する．

【断语】duànyǔ 名 結論．¶遽 jù 下～／早急に結論を下す．

【断垣残壁】duàn yuán cán bì 〈成〉人家の荒れ果てた光景．

【断章取义】duàn zhāng qǔ yì 〈成〉文章や発言の一部を利用する．

【断种】duàn//zhǒng 動 ①跡継ぎが絶える．②（種が）絶滅する．

【断子绝孙】duàn zǐ jué sūn 〈成〉子孫が死に絶えて血統が途絶える．►他人をののしる言葉．

【断奏】duànzòu 名〈音〉スタッカート．

缎 duàn ◇◆ 緞子（どんす）．¶绸 chóu ～／絹織物．¶素 sù ～／無地の緞子．

【缎带】duàndài 名（髪飾りの）リボン．

【缎纹】duànwén 名〈紡〉繻子（しゅす）織り．

【缎子】duànzi 名 緞子．¶～被 bèi／緞子の掛け布団．¶大红～／真っ赤な緞子．

椴 duàn ◇◆〈植〉ムクゲ．¶～木 mù／ムクゲ〔ネコヤナギ〕の木材．¶～树 shù／ムクゲ．¶～杨 yáng／ポプラの雑種．

锻 duàn ◇◆（金属を）鍛える；トレーニングする．¶→～工 gōng．¶→～炼 liàn．

【锻工】duàngōng ①動 鍛造する．②名 鍛造工．

【锻件】duànjiàn 名 鍛造物．

【锻接】duànjiē 動 鍛接する．

*【锻炼】duànliàn 動 ①（体を）鍛える，トレーニングする．❖～身体 *shēntǐ*／体を鍛える．¶每天坚持 jiānchí ～半小时／毎日30分間トレーニングを続けている．②（実践の中で自覚や能力などを）鍛える，高める．③（金属を）鍛える，製錬する．

【锻炉】duànlú 名 鍛冶炉．

【锻模】duànmó 名 鍛造型．

【锻铁】duàntiě 名 鍛鉄．錬鉄．►"熟铁 shútiě"とも．

【锻压】duànyā 名 鍛造と型押し（プレス）の総称．

dui（ㄉㄨㄟ）

1声 *

堆 duī ①動 積む．積み上げる．積み重ねる．¶～麦秸 màijiē／麦わらを積み上げる．¶他把东西都～在了床 chuáng 上／彼は物を全部ベッドの上に積み上げた．②名（～儿）うず高く積み上げたもの；小山．¶柴火 cháihuo ～／まきの山．¶土～／土の山．③量 うず高く積んであるもの，または群れをなした人を数える．¶一大～衣服／うず高く積み重ねられた服．¶一～黄瓜 huángguā 两块／ひと山2元のキュウリ．¶一～人／ひと群れの人．

【堆存】duīcún 動 積んでおく．ストックする．

【堆叠】duīdié 動 積み重ねる．

【堆放】duīfàng 動 積んでおく．¶仓库 cāngkù 里

～着许多积压货 jīyāhuò / 倉庫に売れ残りの商品がたくさん置いてある.
【堆房】duīfang 名 物置. 倉庫.
【堆肥】duīféi 名〈農〉堆肥.
【堆积】duījī 動 **積み上げる**. 積み重ねる. ¶问题～如山 / 問題が山積している. ¶工地上器材 qìcái～如山 / 工事現場には器材が山のように積み上げられている.
【堆笑】duī//xiào 動(作り)笑いを浮かべる. ►作意的な笑いについていうことが多い. ¶满脸 mǎnliǎn～/ 満面に笑みをたたえる.
【堆子】duīzi 名(地面に)うず高く積まれたもの. ¶草 cǎo～/ 干し草の山.

4画 * **队**(隊) **duì** 量 **整列した一団の人を数える**：隊. ¶一～警察 jǐngchá / 一隊の警察官.
◇◆ ①隊. チーム. ¶足球 zúqiú～/ サッカーチーム. ②行列. 隊列. ¶排 pái～/ 列に並ぶ. ③少年先鋒隊.
【队列】duìliè 名 隊列.
【队旗】duìqí 名〈体〉隊の旗. チームの旗.
*【队伍】duìwu 名 ①(組織された民衆の)**隊列**,隊伍(たい). ¶游行 yóuxíng～/ デモ隊. ② **軍隊**.
【队友】duìyǒu 名(スポーツチームや観測隊などの)チームメイト,隊員仲間.
【队员】duìyuán 名 **隊員**. **チームメンバー**；(特に)少年先鋒隊の隊員.
*【队长】duìzhǎng 名 **キャプテン**. リーダー. 隊長.

** **对**(對) **duì** ❶ 形 ① **正しい**. **そのとおりだ**. ¶你的话很～/ 君の言うことは正しい. ごもっともです. ¶这次考试 kǎoshì,五道题我～了四道 / こんどの試験で,5題のうち私は4題できた. ② 正常である. ¶脸色 liǎnsè 有点儿不～/ 顔色がちょっとおかしい.
❷ 量(～儿)(臨時的に)**二つでひと組になっている物を数える**：対. 組. ¶一～枕头 zhěntou / 1対のまくら. ¶一～花瓶 huāpíng / 1対の花瓶. ¶两～夫妇 fūfù / ふた組の夫婦. 注意 1対で売買されたり,贈答されたりするものには"对"が用いられる. なお,本来的に1対(二つ)でひとそろいになる物には"双 shuāng"を用いる. ⇒〖双 shuāng〗比較
❸ 前 …**に向かって**. …**に対して**. …について. …にとって. ¶他～我使了个眼色 yǎnsè / 彼は私に目くばせをした. ¶大家～我都很热情 rèqíng / みんな私にたいへん親切だ. ¶～国际形势 xíngshì 的分析 fēnxī / 国際情勢に対する分析. ⇒〖对…来说〗*duì…lái shuō*
❹ 動 ①(二つのものを)照らし合わせる. 突き合わせる. ¶～号码 hàomǎ / 番号を確認する. ¶～相片 xiàngpiàn / 写真と本人を突き合わせる.
② 調整して合わせる. ¶～表 / 時計を合わせる. ¶～焦距 jiāojù / ピントを合わせる.
③ 適合する. ぴったりする. ¶～心眼儿 xīnyǎnr / 意にかなう. ¶他们俩～脾气 píqi / あの二人は気が合う.
④ 液体を加える. 混ぜる. ►"兑"とも. ¶咖啡 kāfēi 里～点儿牛奶 niúnǎi / コーヒーにミルクを少し入れる. ⇒〖兑 duì〗②
⑤ 対処する. 対抗する. ¶你不能这样～他 / 彼をそんなふうに扱ってはならない. ¶天津队 Tiānjīnduì～广州队 Guǎngzhōuduì / 天津チーム対広州チーム.
⑥(常に"着 zhe"を伴って)方向が…に向いている. ¶枪口 qiāngkǒu～着敌人 dírén / 銃口は敵に向けている.
◇◆ ①対句. ¶→～联 lián. ②答える. ¶→～答 dá. ③向かい合う. ¶→～面 miàn.
【对岸】duì'àn 名 対岸.
【对白】duìbái 名〈劇〉ダイアローグ. 対話.
【对半】duìbàn 名(～儿) ① 半分ずつ. ② 倍. ¶那个商人赚 zhuàn 了～儿利 / あの商人は元手と同額の儲けを得た.
【对本】duìběn 名 利潤・利息が元金と同額であること.
*【对比】duìbǐ ① 動 **対比する**. 比較する. ¶～两种社会的异同 yìtóng / 二つの社会の異同を比較する. ② 名 比例. 割合.
【对比度】duìbǐdù 名(テレビ画面の)コントラスト.
【対比色】duìbǐsè 名〈美〉補色. 余色. 反対色.
【对不起】duìbuqǐ ①〈套〉申し訳ない**. **すみません**. ►"对不住 duìbuzhù"とも. ¶～,我得 děi 走了 / 失礼ですが,もうおいとまさせていただきます. ¶～,请再说一遍 biàn ? / すみませんが,もう一度言ってください. ②(…**に対して**)**すまないと思う**. ¶做了～他的事 / 彼に顔向けできないことをした.
【对不住】duìbuzhù →【对不起】duìbuqǐ
【对策】duìcè 名 ① **対策**. ¶上有政策 zhèngcè,下有～/ 上に政策があれば,下に(それに対する)対策がある. ②〈書〉科挙で,政策の課題について論文で答えること.
【对茬儿】duì//chár 動〈方〉符合する. つじつまが合う. ►常に否定の形で用いられる. ¶这件事有点儿不～,需要 xūyào 调查 diàochá 一下 / これはちょっとちぐはぐだ,調べてみなければならない.
【对唱】duìchàng〈音〉① 名 二人またはふた組の歌手が交互に歌うこと. ② 動 同上で歌う.
【对称】duìchèn 形 対称的である.
【对冲基金】duìchōng jījīn 名〈経〉ヘッジファンド.
【对答】duìdá 動 応答する. 返答する. ¶～如流 liú / よどみなく応答する.
【对打】duìdǎ 動 殴り合いをする.
*【对待】duìdài 動(事や人に)**対応する**. 向き合う. ¶～长辈 zhǎngbèi 要有礼貌 lǐmào / 目上の人に対しては礼儀正しくなければならない.
*【对得起】duìdeqǐ 動+可補 **期待に背かない**. 申し訳が立つ. ►"对得住 duìdezhù"とも. ¶你这种态度 tàidu～老师 lǎoshī 吗？/ そんな態度で先生に申し訳が立つのか.
【对等】duìděng 形 対等である.
【对调】duìdiào 動 入れ替える. 交換する.
*【对方】duìfāng 名 **相手**. **先方**. ¶让 ràng～付款 fùkuǎn / 着払いにする；コレクトコールでかける.
*【对付】duìfu ❶ 動 ① **対処する**. **取り扱う**. ¶难～/ あしらいにくい. ② **なんとか間に合わせる**. どうにか間に合う. ¶先用这个～一下吧 / とりあえずこれで間に合わせてください. ❷ 形〈方〉気が合う. ¶我跟 gēn 他不～/ あいつとは馬が合わない.
【对歌】duìgē ① 動 かけ合いで歌う. ② 名(同上の)歌. ►少数民族地区で特に広く行われている.
【对光】duì//guāng 動(カメラの)ピント・絞り・シャッター速度を調整する.

D

【对过】duìguò 名(～儿)向かい(側).

【对号】duì//hào (～儿) ①動 番号に合わせる. ②名 チェックマーク.(宿題や答案を)チェックするときに用いる正しいことを意味する記号. ►中国では正答に"∨",誤答に"×"をつけることが多い.

【对号入座】duì hào rù zuò 〈成〉指定席に座る;〈喩〉特定の人や事柄を自分に当てはめて考える.

*【对话】duìhuà ①動 対話する. ②名 対話. ダイアローグ.

【对换】duìhuàn 動 交換する.

【对火】duì//huǒ 動 たばこの火を借りる.

【对家】duìjiā 名 相手方. 先方.

【对接】duìjiē ①動(人工衛星や宇宙船が)ドッキングする. ②名〈機〉突き合わせ溶接.

【对襟】duìjīn 名(～儿)前ボタン式で,襟が前で合わさる,中国服の上着の一種.

【对劲】duì//jìn 動(～儿)〈口〉①気が合う. 馬が合う. ¶他们俩一向 yīxiàng 很～ / あの二人はずっと仲がよい. ②適当である. 正常である. 正しい. ¶这件事我越 yuè 想越觉得 juéde 不～儿 / その事は考えれば考えるほどおかしい. ③気に入る. 具合がよい. ¶这把菜刀 càidāo 我使着很～儿 / この包丁はとても使いよい.

【对局】duì//jú 動(碁などで)対局する.(スポーツで)手合わせする. 量 场 cháng.

【对开】duìkāi ❶動 ①(車や船が)2地点から向かい合って同時に出発する. ②半分ずつ分ける. ❷名(紙の)二つ折.

【对抗】duìkàng 動 ①対抗する. 対立する. ②抵抗する.

【对抗赛】duìkàngsài 名 団体競技. 対抗試合.

【对口】duìkǒu ❶名 ①(漫才・民謡などの)掛け合い形式. ►"相声 xiàngsheng"(漫才)や"山歌 shāngē"の上演形式の一つ. ¶→～词 cí. ¶～山歌 / 掛け合いの民謡. ②〈中医〉首の後ろにできる腫れもの. ❷動 ①(～儿)(双方の仕事や性質が)一致する. ¶工作 gōngzuò ～ / 仕事が自分に適している. ②口に合う.

【对口词】duìkǒucí 名 二人が掛け合いで演じる詩の朗読のようなもの.

【对口快板儿】duìkǒu kuàibǎnr 名 二人が掛け合いで演じる"快板儿"(鳴り物入りで早口で歌う歌).

【对口(味)】duì kǒu(wèi)(食物が)口にあう;〈転〉性格など相性がいい(こと). ►"对胃口 wèikǒu"とも.

【对口相声】duìkǒu xiàngsheng 名 掛け合い漫才.

【对口型】duì kǒuxíng 動(映画やテレビの)吹き替えで音声を画像に合わせる. ¶～配音 pèiyīn / 吹き替え.

〖对…来说〗duì…lái shuō …について言えば. …にとっては. ¶～她～,这并 bìng 不难 nán / 彼女にとって,これは決して難しくはない.

*【对了】duìle 〈套〉《文頭に用い,相手または自分の注意を促す》そうだ.

【对垒】duìlěi 動(球技・囲碁などで)対決する.

【对立】duìlì 動 ①対立する. ②抵抗する.

【对联】duìlián 名(～儿)対聯(れん). 紙や布に対句を書いた掛け物. 対句を2枚の紙に書きわけて門の入口の両側や部屋の正面などに貼ったもの. ►春節を祝うもの(赤い紙に書く)を"春联 chūnlián"という. 量 副 fù.

【对路】duì//lù 動 ①需要に合う. 用途に向く. ¶这种货 huò 对城市人的路 / この商品は都市ではよく売れる. ②気に入る. ちょうどよい.

【对门】duì//mén ①動(～儿)(門が)向かい合う. ②名 向かいの家.

**【对面】duìmiàn (～儿) ①名 真向かい;真正面. 向こう. ¶商店 shāngdiàn ～是一家电影院 diànyǐngyuàn / 店の真向かいは映画館だ. ¶～来了一个人 / 向こうからだれかやってくる. ②動 面と向かい合う. ¶他俩 liǎ ～儿坐着 / あの二人は向かい合って座っている.

【对内】duìnèi 形 国内の. 国内に対する. ¶～政策 zhèngcè / 国内政策.

【对牛弹琴】duì niú tán qín 〈成〉馬の耳に念仏.

【对手】duìshǒu 名 ①(試合の)相手. ②好敵手. ライバル. ¶他哪里是我的～ / あいつなんか相手になるもんか.

【对台戏】duìtáixì 名 ①二つの劇団が競演する同一の芝居. ②双方が同一の仕事で向こうを張ること. ¶双方大唱 chàng ～ / 双方が大いに張り合っている.

【对头】duì//tóu ❶形 ①(方法・考えなどが)正しい. 適当である. ¶他的想法 xiǎngfǎ 很～ / 彼の考えは正しい. ②(顔色・態度などが)正常である. ►否定文に用いることが多い. ❷動 気が合う. 馬が合う. ►否定文に用いることが多い. ⇒【不对头】bù duìtóu

【对头】duìtou 名 敵. かたき;相手.

【对外】duìwài 形 対外の. 外国に対する. ¶～经济 jīngjì 开发区 / 対外経済特別開発地域.

【对外贸易】duìwài màoyì 名〈経〉対外貿易. 対外取引.

【对胃口】duì wèikou ①(料理などが)食欲をそそる,口に合う. ¶她做的菜很对我的胃口 / 彼女の料理はぼくの口に合う. ②(事柄が自分の)興味・趣味に合う. ¶他俩 liǎ 谈 tán 得很～ / 彼ら二人は話が合う. ►"对口味 kǒuwèi"とも.

【对味儿】duì//wèir ①動 口に合う. ¶这个菜对我的味儿 / この料理は私の口に合う. ②形 適当である. 妥当である. ►否定文に用いることが多い. ¶他的发言 fāyán 不大～ / 彼の発言はちょっと変だ.

【对虾】duìxiā 名〈動〉タイショウエビ. クルマエビ.

*【对象】duìxiàng 名 ①(結婚・恋愛などの)相手. フィアンセ. 恋人. ❖搞 gǎo ～ / 恋愛する. ¶他有～了 / 彼は恋人ができた. ②対象. ¶研究 yánjiū ～ / 研究の対象.

【对消】duìxiāo 動 相殺する.

【对心思】duì xīnsi 気に入る. 心にかなう.

【对眼】duì//yǎn 〈口〉①動 気に入る. 目にかなう. ②名(～儿)内斜視. 寄り目.

【对应】duìyìng 動 対応〔相応〕する.

*【对于】duìyú 前 …について. …に関して. …にとって. …に対して. ►主として主語の後に用いるが,主題として文頭に出すこともある. ¶他～这个问题还 hái 没完全理解 lǐjiě / 彼はこの問題についてまだ完全には理解していない. ¶～国际 guójì 形势,大家都谈 tán 了自己的看法 kànfǎ / 国際情勢に関して,みんなは自分の見解を述べた.

比較 对于：关于 guānyú ❶動作の対象を示すときには"对于"を用い，関連する事物を示すときは"关于"を用いる．文の内容が双方を兼ねているときは，どちらを用いてもよい．❷"对于…"が連用修飾語となる場合，それは主語の前後いずれにも置けるが，"关于…"が連用修飾語となる場合は主語の前にのみ置く．❸"对于"はタイトルに用いるとき，必ず"对于…的"の形で名詞を修飾したものでなければならないが，"关于…"は名詞を伴わずにそれだけでタイトルとすることができる．¶对于节约 jiéyuē 能源 néngyuán 的看法 / エネルギー節約に対する見方．¶关于节约能源 / エネルギー節約について．

【对照】duìzhào ①動 対照する．②名 対照．コントラスト．

【对折】duìzhé 名 5割引き．

【对着干】duìzhe gàn ①(相手と逆の行動をとって)対抗する．¶他总是 zǒngshì 跟我～ / 彼はいつも私とはりあっている．②(相手と同じやり方で)競争する，張り合う．向こうを張る．

【对证】duìzhèng 動 照合する．¶～笔迹 bǐjì / 筆跡を照合する．

【对症下药】duì zhèng xià yào 〈成〉状況に応じて適切な措置を講じる．

【对质】duìzhì 動〈法〉(法廷で関係者が)質問し合う，対決する，互いに問いただす．

【对峙】duìzhì 動 対峙(たいじ)する．にらみ合う．

【对准】duìzhǔn 動 ①ねらいを定める．②正確に合わせる．

【对子】duìzi 名 ①対句；対聯．►主として"春联 chūnlián"をさす．②対になっている物〔人〕．

兑 duì ❶動 ①取り換える．両替する．¶～款 kuǎn / 現金に引き換える．手形や小切手を現金と交換する．②(主に液体を)混ぜ合わせる．¶这酒是～了水的 / この酒は水で割ってある．
❷名(易の八卦(はっか)の一つ)兌(だ)．☱．‖姓

【兑付】duìfù 動(手形などを)現金に引き換える．

*【兑换】duìhuàn 動 両替する．¶用日元～人民币 bì / 円を人民元に両替する．¶～处 chù / 両替所．

【兑奖】duì//jiǎng 動(宝くじなどの)当選券を賞品に引き換える．

【兑现】duìxiàn 動 ①(銀行券や手形を)現金に引き換える．¶这张支票 zhīpiào 不能～了 / この小切手は不渡りになった．②〈喩〉約束を果たす．¶说话不～ / 口約束を果たさない．

碓 duì 名 唐臼(からうす)．¶石 shí ～ / 石臼．¶～房 fáng / 米つき場．

dun (ㄉㄨㄣ)

吨(噸) dūn 量(重量の単位．"公吨 gōngdūn"とも)トン；(船の積載貨物容積の単位)容積トン．¶一～货物 huòwù / 1トンの品物．¶～公里 gōnglǐ / (陸上運送の計算単位)トンキロメートル．¶～位 wèi / (船舶の)容積トン数．

敦 dūn ◇◆ 手厚い．ねんごろである．¶～请 qǐng / 懇願する．¶～聘 pìn / 丁重に招聘(しょうへい)する．‖姓

【敦促】dūncù 動(懇切に)促す．

【敦厚】dūnhòu 形 篤実である．実直である．

【敦实】dūnshi 形 低くてがっちりしている；丈夫でどっしりしている．

墩 dūn 量(～儿)群生したり幾本かが一緒になっている植物を数える．¶一～竹子 zhúzi / ひとむれの竹．
◇◆ ①土盛り．¶土 tǔ ～ / 同上．②台座；分厚い石や木など．¶树 shù ～ / 木の切り株．¶桥 qiáo ～ / 橋脚．橋台．

【墩布】dūnbù 名 モップ．

【－墩墩】-dūndūn 接尾《形容詞・名詞のあとについて「ずんぐりした」様子を表す状態形容詞をつくる》¶矮 ǎi ～ / ずんぐりした．ちんちくりんの．¶胖 pàng ～ / ずんぐりした．¶厚 hòu ～ / 分厚い．

【墩子】dūnzi 名 分厚い石や木．

***蹲** dūn 動 ①(しりを地面などにつけずに)しゃがむ．うずくまる．¶～下去 / しゃがみ込む．¶腿 tuǐ 疼 téng，～不下来 / 足が痛くてしゃがめない．¶～在地上聊天儿 liáotiānr / しゃがんでよもやま話をする．②〈喩〉働かないでいる．ぶらぶらする．¶你不能老～在家里 / 君は家でごろごろしてはいけない．

【蹲班】dūn//bān 動〈俗〉落第する．留年する．►正式には"留级 liújí"という．

【蹲班房】dūn bānfáng 〈俗〉刑務所に入る．むしょ暮らしをする．

【蹲膘】dūn//biāo 動(～儿)(家畜を)太らせる．►冗談として人についてもいう．

【蹲点】dūn//diǎn 動 指導幹部が末端組織に長期間入り，仕事に参加しながら調査研究をする．

【蹲坑】dūn//kēng 動 ①(～儿)便つぼにまたがる．用便かがみをする．②〈喩〉(人をじっと)監視する，見張る，張り込む．③〈方〉野菜を植えるときに穴をあける．

3声

盹 dǔn ◇◆ 居眠り．うたたね．¶打～儿 / 居眠りをする．¶醒 xǐng ～儿 / 居眠りから覚める．

趸(躉) dǔn ◇◆ まとめて(仕入れる)．大口に(買い入れる)．¶～货 / 商品をまとめて仕入れる．¶现 xiàn ～现卖 / 売れるだけ仕入れる；〈転〉受け売りをする．

【趸船】dǔnchuán 名 浮桟橋用の船．

【趸批】dǔnpī 名 大口．►商品の売買についていう．¶～买进 / 大口に仕入れる．¶～出卖 chūmài / 大口に売る．

4声

囤 dùn 名(竹・柳の枝・わら・アシなどで編んだ細長いアンペラを巻いて作った)穀物を貯蔵する囲い．►穀物が入るにつれてどんどん高く巻いていく．¶粮食 liángshi ～ / 穀物を入れた囲い．‖姓 ▸▸ tún

炖(燉) dùn 動 ①(とろ火で)煮込む．煮詰める．►肉料理についていうことが多い．¶～牛肉 niúròu / ビーフシチュー．②物を器に入れて湯の中で煮る．¶～酒 / 酒のかんをする．¶～药 yào / 煎じ薬を器に入れて湯で加熱する．

钝 dùn 形(刃物の切れ味が)鈍い，鋭くない．¶这把菜刀 càidāo 太～了 / この包丁は全然切れない．
◇◆ のろい．鈍い．¶迟 chí ～ / (頭や動作が)鈍

い.

【钝伤】dùnshāng 名〈医〉鈍器による傷害.

盾 dùn ①名 盾. ②量《ベトナム・インドネシアなどの本位貨幣》ドン.
◇◆ 盾形に作ったもの. ¶金 jīn～/(賞品として与えられる)金の盾.

【盾牌】dùnpái 名 ①〈旧〉(兵士が防御用に持つ)盾. ②〈喩〉口実. 言い逃れ.

* **顿** dùn ❶量 食事・叱責・忠告・罵倒などの動作の回数を表す. ¶一天吃三～饭/1日に3度食事をする. ¶被 bèi 他说了一大～/彼にひどくしかられた.
❷動 ①ちょっと止まる. 短時間停止する. ¶他～了一下,又接着往 wǎng 下说/彼はちょっと言葉を途切らせてから,また話を続けた. ②(地面・床などを)踏みつける. ¶～了几下脚/地団太を踏んだ.
◇◆ ①かたづける. ¶安 ān～/落ち着かせる. ②にわかに. 突然. ¶～悟 wù/急に分かる. ¶→～然 rán. ③へたばる. ¶困 kùn～/くたびれてへたばっている. ④床に頭をぶつける. ¶→～首 shǒu. ‖姓

【顿挫】dùncuò 動(語調や音律に)めりはりをつける. 注意 計画や事業が「頓挫する」ことには,"挫折 cuòzhé"や"停顿 tíngdùn"を用いる.

*【顿号】dùnhào 名〈語〉読点(、). 並列・列挙を表す句読点の一つ.

【顿开茅塞】dùn kāi máo sè〈成〉にわかに悟る. はたと納得する.

【顿然】dùnrán 副 急に. にわかに.

【顿时】dùnshí 副 ただちに. にわかに. 急に. ►過去の事柄を叙述するときにのみ用いる. ¶她刚 gāng 出门,～下起大雨 dàyǔ 来/彼女が出かけたと思ったら,急に大雨が降り出した.

【顿首】dùnshǒu 名〈書〉頓首(とんしゅ). 敬具. ►書簡文の終わりに用いることが多い.

【顿足】dùnzú 動 地団太を踏む.

【顿足捶胸】dùn zú chuí xiōng〈成〉地団太を踏み胸をたたいてくやしがる. ►"捶胸顿足"とも.

遁(遯) dùn ◇◆ 逃げる. ¶～走/逃げる. 遁走(とんそう)する. ¶逃 táo～/姿をくらます. ¶隐 yǐn～/逃げ隠れる.

【遁世】dùnshì 動〈書〉隠棲する. 俗世を逃れる.

【遁逃】dùntáo 動〈書〉遁走する. 逃げる.

duo (ㄉㄨㄛ)

1声 ** **多** duō ❶形 ①(↔少 shǎo)多い. たくさんである. ¶人很～/人が多い. ¶很～(的)人/たくさんの人. ¶不用 búyòng～说/多くしゃべる必要はない. ¶请您～～指教 zhǐjiào/どうぞご指導のほどよろしくお願い申し上げます.
②(一定の数量と比較して)多い,余る. ¶这句 jù 话～了一个字/この文は1字余分だ. ¶～住 zhù 了几天/滞在を数日延ばした.
③《比較の結果差が大きいことを表す》ずっと. はるかに.
〚〈形容詞〉+多+了〛…*duō le* ずっと…だ. ¶病人 bìngrén 今天好～了/病人はきょうはずっとよくなった.
〚〈形容詞〉+得+多〛…*de duō* ずっと…だ. ¶这样摆 bǎi 好看得～/こういうふうに置くとずっとよくうつる.
❷数(数量詞の後につけて)…あまり. ¶十～个人/10数人. ¶一千～公斤 gōngjīn 大米/千数百キロの米. ¶十～斤 jīn 白糖 báitáng(＝十几斤白糖)/10数斤の砂糖. ¶十斤～白糖/10斤と少しばかりの砂糖.
❸副 ①《程度を問う》どれだけ. どれほど. ¶这座山(有)～高?/この山の高さはどのくらいですか.
注意 多くは"大 dà、高 gāo、长 cháng、远 yuǎn、粗 cū、宽 kuān、厚 hòu"などのような積極的な意味を表す単音節形容詞の前に用いる.
②《感嘆文に用い》なんと. ¶看她～精神 jīngshen!/彼女はなんと元気なことか.
③《任意の程度をさす》どんなに(…でも). いくら. ¶～长 cháng 都行 xíng/どんな長さでもかまわない.
◇◆ ①余計な. ¶→～事 shì. ②2以上の. ¶→～音字 yīnzì. ‖姓

*【多半】duōbàn(～儿)①数 大半. おおかた. ②副 たぶん. おそらく. ¶他～今天不来了/彼はたぶんきょうは来ないだろう.

【多边】duōbiān 形 多角的な. ¶～条约 tiáoyuē/多国間条約.

【多边贸易】duōbiānmàoyì 名 多角貿易.

【多变】duōbiàn 動 よく変わる. 変化に富む. ¶风云 fēngyún～/情勢がめまぐるしく変わる.

【多才多艺】duō cái duō yì〈成〉多芸多才.

【多产】duōchǎn 形 生産量が多い;多産の. ¶～作家/多作の作家. ¶～母猪 mǔzhū/多産の雌ブタ. 注意"多产"は人や動物に用いることができるが,人に用いる場合よい響きをもたないことが多い.

【多愁善感】duō chóu shàn gǎn〈成〉感傷的である. 多感である.

【多此一举】duō cǐ yī jǔ〈成〉余計な世話を焼く. いらぬことをする.

【多次】duōcì 名 数度. たびたび.

【多的是】duōdeshì 動 たくさんある. いくらでもある. ►"有的是"とも. ¶时间～,就是没有钱/時間はいくらでもある,ただお金がない.

【多多少少】duōduōshǎoshǎo 副 ①多少とも. ②多かれ少なかれ.

【多多益善】duō duō yì shàn〈成〉多ければ多いほどよい.

【多方】duōfāng 副 いろいろと. 多方面にわたって. ¶～协助 xiézhù/いろいろと協力する.

【多方面】duō fāngmiàn 形 多方面にわたる.

【多哥】Duōgē 名〈地名〉トーゴ.

【多寡】duōguǎ 名(数量の)多寡,多少.

【多国公司】duōguó gōngsī 名 多国籍企業. ►"跨国 kuàguó 公司"とも. ㊣ 家,个.

【多会儿】duōhuìr 疑〈口〉①いつ. いつか. ►疑問文に用い,時間を問う. ¶你～走?/いつ出発しますか. ②どんなとき(でも). いつ(でも). ►漠然とある時間あるいは不定の時間をさす.

【多聚糖】duōjùtáng 名〈化〉多糖類.

【多口相声】duōkǒu xiàngsheng 名 3人以上で演じる漫才.

【多亏】duōkuī 動 …のおかげである. 幸いに. ¶～你的帮助 bāngzhù,我们才提前 tíqián 完成 wánchéng 了工作/君が手伝ってくれたおかげで,ぼくたちは仕事を期限前に完成した. ¶～了他,不然 bùrán 我们连 lián 票也买不上 / 彼のおかげだ,でなければ私たちは切符さえ買えないところだった.
【多虑】duōlǜ 動 余計な心配をする. 気をもむ.
**【多么】duōme 副 ①《感動を聞き手と共にしようとするときに》なんと. どんなに. いかに. ¶这朵 duǒ 花～好看呀！/ この花はなんと美しいのだろう. ②《任意の程度をさす》どんなに(…でも). ¶不论～累,他总是 zǒngshì 坚持 jiānchí 锻炼 duànliàn / どんなに疲れていようと,彼はトレーニングを続けている.
【多媒体】duōméitǐ 名 マルチメディア.
【多米尼加共和国】Duōmǐníjiā gònghéguó 名〈地名〉ドミニカ共和国.
【多米尼克国】Duōmǐníkèguó 名〈地名〉ドミニカ国.
【多米诺骨牌】duōmǐnuò gǔpái 名 ドミノ. ドミノ遊び.
【多面手】duōmiànshǒu 名 多芸多才の人.
【多谋善断】duō móu shàn duàn〈成〉知恵をよく働かせ,的確な判断を下す.
【多幕剧】duōmùjù 名 数幕からなる戯曲〔芝居〕.
【多纳饼】duōnàbǐng 名 ドーナツ. ►"油炸圈饼 yóuzhá quānbǐng""甜甜圈 tiántiánquān"とも.
【多情】duōqíng 形(異性に)ほれっぽい. (他人に対する)情愛が深い.
【多人房】duōrénfáng 名(ホテルの)ドミトリー.
【多日】duōrì 名 何日もの間. 長い間.
【多如牛毛】duō rú niú máo〈成〉極めて多い.
【多色】duōsè 形 多色の. ¶～印刷 yìnshuā / 多色刷り. カラー印刷.
【多少】duōshǎo ❶名(数量の)多少. ¶～不等 děng / 数がそろわない. ❷副 ①多かれ少なかれ. ¶事情总算 zǒngsuàn ～有了进展 jìnzhǎn / 事態は多少なりとも進展をみた. ②少し. いささか. ¶～有点儿失望 shīwàng / 少しばかりがっかりしている.
**【多少】duōshao 疑 ①《数量を問う》いくら. どれほど. どれだけ. ¶这本书～钱？/ この本はいくらですか. ¶全班 bān 学生一共有～？/ クラスは全部で何人ですか. ②《不定の数量を表す》いくらか. いくらでも. ¶没有～,就这一点儿 / いくらもない,これだけだ. ¶要～给～ / いくらでも要るだけやる.
比較 多少：几 jǐ ❶"多少"は大きな数を問うのにも,小さな数を問うのにも用いられる. これに対し"几"は多く10未満の数が答えとして予想・要求される場合に用いる. ❷"几"は原則として後に量詞を置かなければならないが,"多少"は名詞との間に量詞を省略してもよい. ❸序数の場合はふつう"几"を用いる. ただし,"亿 yì""万"の単位にのみ"多少"も用いることができる.
【多时】duōshí 名〈書〉長い間. ¶～未 wèi 见 / しばらく会わない.
【多事】duō//shì ①動 余計なことをする. してはならないことをする. ¶你真 zhēn ～ / 君はほんとうにお節介だ. ②形 事が多い. 多事である.
【多数】duōshù 名(↔少数 shǎoshù)多数. 語法 程度副詞の修飾を受けず,単独で述語にもならない. 連体修飾語か目的語になることが多い.
【多头】duōtóu ①名〈経〉(投機市場での)現物取引投資家,強気筋. ②形 多方面の.
【多谢】duōxiè〈套〉ありがとう. ►"谢谢"より感謝する気持ちが強い. よく重ねて用いる. ¶～你的帮助 bāngzhù / 協力ありがとうございます.
【多心】duō//xīn 動 疑う. 気を回す. ¶我不是这个意思 yìsi,你不必 bùbì ～ / そういう意味ではないから,気にしないでください.
【多样化】duōyànghuà 動 多様化する. バラエティにとむ.
【多一半】duōyībàn ⇀【多半】duōbàn
【多疑】duōyí 形 疑い深い；よく気を回す.
【多音字】duōyīnzì 名 多音字. 二つ以上の発音をもつ字. ►"好 hǎo, hào"など.
【多用】duōyòng 形 いろいろな用途の. ¶一机～ / 1台の機械をいろいろ使い分ける.
【多余】duōyú 形 余分な. 余計な. むだな. ¶～的话 / 言わずもがなの話.
【多咱】duōzan 疑〈方〉いつ. いつか. ►使い方は"多会儿 duōhuir"に同じ.
【多种多样】duō zhǒng duō yàng〈成〉多種多様. いろいろな.
【多种经营】duōzhǒng jīngyíng 名 多角経営. ►"单一 dānyī 经营"に対していう.
【多嘴】duō//zuǐ 動 余計なことを言う. 口出しをする. ¶少 shǎo ～！/ 出しゃばるのもいいかげんにしろ. ¶～多舌 shé / 差し出口をする.

咄 duō

擬《しかりつける声》こら；《嘆息または驚きの声》おやおや. ちぇっ.
【咄咄逼人】duō duō bī rén〈成〉気勢激しく人に迫る.
【咄咄怪事】duō duō guài shì〈成〉とても奇怪なことだ.

哆 duō

"哆嗦 duōsuo"(震える)という語に用いる. ¶气得直～嗦 / いきり立つ. ¶冷得打～嗦 / 寒さにぶるぶる震える.

掇 duō

動〈方〉(いすなどを)両手で持つ,運ぶ.
◇ 拾う. 拾い取る. ¶拾 shí ～ / 片づける.
【掇弄】duōnòng 動〈方〉①片付ける. ②もてあそぶ.

裰 duō

①動(服の破れを)繕う. ¶补 bǔ ～ / 破れを繕う. ②"直 zhí 裰"(僧服・道服)という語に用いる.

2声 *夺(奪) duó

動 ①奪い取る. ¶钱包 qiánbāo 被坏人 huàirén ～走了 / 財布を悪者に奪われた. ¶把敌人 dírén 的枪 qiāng ～过来 / 敵の銃を奪い取る. ②勝ち取る. ¶～高产 / 高い生産高を勝ち取る. ¶～锦标 jǐnbiāo / 優勝を勝ち取る.
◇ ①(地位・権利などを)取り上げる. ¶剥 bō ～ / 剝奪する. ②定める. 決定する. ¶裁 cái ～ / 裁定する. ③脱落する. ¶讹 é ～ / 誤字脱字. ④突き破る.
【夺标】duó//biāo 動 ①(競技で)優勝する. ②落札する.
【夺得】duódé 動 勝ち取る. 奪い取る.
【夺冠】duó//guàn 動 優勝する.
【夺回】duóhuí 動 奪回〔奪還〕する.
【夺眶而出】duó kuàng ér chū〈成〉涙がどっと出てくる. はらはらと涙を流す.
【夺魁】duó//kuí 動 首位を奪う. 優勝する.

【夺门而出】duó mén ér chū 〈成〉(多くは緊急時に)慌ててドアに駆け寄って飛び出す.
【夺目】duómù 形 まばゆい. ¶光彩 guāngcǎi ～ / まばゆいほどに美しい.
【夺取】duóqǔ 動 **奪取する. 勝ち取る.**
【夺权】duó//quán 動 権力を奪取する. 政権を奪い取る.

D

度 duó ◇◆ 推測する. 推し量る. ¶测 cè ～ / 推測する. 忖度(そんたく)する. ¶～德量 liàng 力 / 身の程を知ること. ▸▸dù

铎(鐸) duó 名 大きな鈴. ¶木～ / 木鐸(ぼくたく). 木製の舌(ぜつ)をつけた鈴. ►昔,政令を発布する際などに鳴らした. ¶铃 líng ～ / 鈴.

踱 duó 動 そぞろ歩きをする. ¶～来～去 / ゆっくりと行ったり来たりする. ¶～方步 fāngbù / ゆったりと大股に歩く.

3声 *
朵(朶) duǒ 量 **花や雲,またはそれに似たものを数える.** ¶一～花 / 1輪の花. ¶一～云彩 yúncai / ひとひらの雲. ‖姓
【朵儿】duǒr ❶名 ①花. ②〈方〉つぼみ. ❷→〖朵 duǒ〗

垛(垜) duǒ ◇◆ 塀の外または上に突き出た部分. ¶城墙 chéngqiáng ～口 / 城壁の上の凹状の部分. ▸▸duò
【垛子】duǒzi 名 塀の外または上に突き出た部分. ¶门～ / 門の両側の塀が斜めに突き出た部分.

*
躲(躱) duǒ 動 **身をかわす.** よける. 避ける. 隠れる. ¶～雨 yǔ / 雨を避ける. ¶～车 / 車をよける. ¶他来了,赶快 gǎnkuài ～起来 / 彼が来た,急いで身を隠しなさい. ¶你怎么老～着她？/ 君はどうしていつも彼女を避けるのか.
【躲避】duǒbì 動(会うのを)**避ける**;(不利なことから)**逃れる**. ¶她故意 gùyì ～我 / 彼女はわざと私を避けている. ¶～球 qiú / 〈球〉ドッジボール.
【躲藏】duǒcáng 動 身を隠す.
【躲躲闪闪】duǒduoshǎnshǎn 形 事実をわざと隠したり,避けようとするさま.
【躲风】duǒ//fēng 動(風向きが悪いので)身をひそめる;(非難・指弾の)矛先をかわす.
【躲让】duǒràng 動 身をかわす,よける.
【躲闪】duǒshǎn 動 避ける. 身をかわす.
【躲债】duǒ//zhài 動 借金取りを避ける.

4声
驮 duò "驮子 duòzi"⬇という語に用いる. ▸▸tuó
【驮子】duòzi ①名 役畜に背負わせた荷. 荷駄. ②量 役畜に背負わせた荷を数える.

剁(剁) duò 動(包丁で)たたくようにして切る,切って細かく刻む. ¶～骨头 gǔtou / 骨をたたき切る. ¶～饺子馅儿 jiǎozi xiànr / ギョーザの中身になる肉や野菜を刻む.

垛(垜) duò ①動 きちんと積み上げる. ¶～稻草 dàocǎo / わらを積み上げる. ②名 きちんと積み上げたもの. ¶粮 liáng ～ / 穀物の山. ③量 きちんと積み上げたものを数える. ¶一～砖 zhuān / 一積みのれんが. ▸▸duǒ
【垛子】duòzi 名(作物・れんが・瓦などの)きちんと積まれたもの. …の山. ¶麦秸 màijiē ～ / 麦わらの山.

舵 duò 名(船などの)かじ. ¶方向 fāngxiàng ～ / 方向舵. ¶升降 shēngjiàng ～ / 昇降舵.
【舵工・舵公】duògōng 名 かじ取り.
【舵轮】duòlún 名(自動車などの)ハンドル;(船の)舵輪(だりん);(飛行機の)方向舵(ほうこうだ). 操縦輪.
【舵手】duòshǒu 名 かじ取り;〈喩〉指導者.

堕(墮) duò 動〈書〉落ちる. 落ち込む. ¶～地 dì / 地に落ちる.
【堕落】duòluò 動 **堕落する.**
【堕入】duòrù 動 落ち込む. ¶～海中 / 海に墜落した. ¶～陷阱 xiànjǐng / わなに落ち込む.
【堕胎】duò//tāi 動 堕胎する.

惰 duò ◇◆ 怠ける. …を怠る. ¶懒 lǎn ～ / 怠ける. ¶怠 dài ～ / 〈書〉怠ける.
【惰性】duòxìng 名 ①〈化〉不活性. ¶～元素 yuánsù / 希ガス元素. 不活性気体. ②なまけぐせ.

跺(跥) duò 動 力をこめて足踏みをする. 足で激しく地を蹴る. ¶孩子～脚大哭 kū / 子供は足をばたばたして大泣きする. ¶她气 qì 得直 zhí ～脚 / 彼女はじだんだを踏んだ.

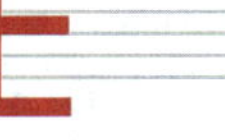

e（ㄜ）

1声

阿 ē ◇◆ ①おもねる．へつらう．¶→～谀 yú．②曲がりくねった所．¶山～／山のくま．‖姓 ▶▶ ā

【阿附】ēfù 動〈書〉人の機嫌をとる．こびへつらう．

【阿胶】ējiāo 名〈中薬〉ロバや牛の皮を水で煮て作ったにかわ．►止血や化膿(かのう)止めに用いる．

【阿弥陀佛】Ēmítuófó 名〈仏〉阿弥陀仏．

【阿其所好】ē qí suǒ hào 〈成〉人の好みに迎合する．

【阿谀】ēyú 動〈貶〉〈書〉こびへつらう．¶～奉承 fèngcheng／阿諛追従する．

屙 ē 動〈方〉大小便をする．排泄する．¶～屎 shǐ／大便をする．¶～尿 niào／小便をする．

痾 ē ◇◆ 病気．¶宿 sù～／持病．

2声

讹（譌） é 動 ゆする．たかる．だまし取る．¶你可别～我／私をゆするな．◇◆ 誤り．まちがい．¶～字／当て字．誤字．

【讹传】échuán ① 動 誤って伝わる〔伝える〕．② 名 誤報．

【讹赖】élài 動〈方〉ゆする；恐喝する．⇀【讹诈】ézhà

【讹谬】émiù 名 まちがい．誤り．誤謬(ごびゅう)．

【讹人】é//rén 動 だましたり言いがかりをつけたりして人の金品を巻き上げる．¶那小子净 jìng～／あいつはいつも人をだます．

【讹脱】étuō 名（文字の）誤り，脱落．

【讹误】éwù 名（文字や記載の）誤り．

【讹音】éyīn 名 なまり．正しくない発音．

【讹诈】ézhà 動（言いがかりをつけ金品を）巻き上げる；恐喝する．¶～钱财 qiáncái／金品をゆする．

囮 é “囮子 ézi”⬇という語に用いる．

【囮子】ézi 名（鳥を捕らえる）おとり．

俄 é ◇◆ ①にわかに．¶→～而 ér．②ロシア．¶～汉词典 cídiǎn／露中辞典．‖姓

【俄而】é'ér 副〈書〉ほどなくして．

【俄国】Éguó 名〈地名〉ロシア．►首都は“莫斯科 Mòsīkē”(モスクワ)．

【俄罗斯】Éluósī 名〈地名〉ロシア．

【俄罗斯族】Éluósīzú 名（中国の少数民族）オロス(Russ)族．►スラブ系民族で，新疆ウイグル自治区を中心に居住するロシア民族のこと．

【俄文】Éwén 名 ロシア語．

【俄语】Éyǔ 名 ロシア語．

哦 é ◇◆ 口ずさむ．¶吟 yín～／吟詠する．▶▶ ó,ò

峨 é ◇◆ 高い．¶巍 wēi～／高くそびえ立つ．

娥 é （女性が）美しい；美女．¶宫 gōng～／宮中の女官．‖姓

【娥眉】éméi 名（弓形の）美しい眉．美女の眉；〈転〉美人．►“蛾眉”とも書く．

*__鹅__（鵞） é 名〈鳥〉ガチョウ．量 只；［つがい］对儿；［群れ］群 qún．

【鹅蛋脸】édànliǎn 名 卵型の顔．瓜実(うりざね)顔．

【鹅卵石】éluǎnshí 名（建築材料の）玉石．

【鹅毛】émáo 名 ガチョウの羽；〈喩〉軽微なもの．¶千里送～，礼 lǐ 轻 qīng 情意重／遠方からの贈り物はちょっとした物でも，その気持ちはありがたい．¶～大雪 dàxuě／ぼたん雪．

【鹅绒】éróng 名 ガチョウの細くて柔らかな羽毛．¶～被 bèi／羽布団．

蛾 é ◇◆ 蛾(が)．¶→～子 zi．

【蛾眉】éméi ⇀【娥眉】éméi

【蛾子】ézi 名 ガ(蛾)．量 只．►ただし，“蛾子 ézǐ”といえば蛾の卵．

额 é ◇◆ ①額(ひたい)．¶→～头 tóu．②規定の数量．¶超 chāo～／ノルマや定員を超過する．③額(がく)．¶横 héng～／額．横額．‖姓

【额定】édìng 形（後ろに名詞をとって）規定数量の．定額の．¶～工资 gōngzī／規定の賃金．

【额角】éjiǎo 名 こめかみ．

【额手称庆】é shǒu chēng qìng 〈成〉手を額(ひたい)に当てて祝意を表す．

【额头】étóu 名 おでこ．étou とも読み，北京では“脑门儿 nǎoménr”をよく用いる．

【额外】éwài 形（後ろに名詞をとって）規定数量以上の．定額を超えた…．定員・定数外の．

3声

恶（惡） ě “恶心 ěxin”⬇という語に用いる．▶▶ è,wù

【恶心】ěxin 動 ① 吐き気を催す．¶头痛 tóutòng～／頭が痛くて吐き気がする．② いやらしい．むかつく．¶这话说得叫 jiào 人～／こんなことは言うだけで胸くそが悪くなる．③ いやがらせをする．¶他净 jìng～人／あの人はいやがらせばかりする．

4声

厄（阨） è ◇◆ ①険しい所．¶险 xiǎn～／険しい．②災い．災厄．¶遭 zāo～／災難にあう．③ふさぐ．¶阻 zǔ～／阻止する．

【厄瓜多尔】Èguāduō'ěr 名〈地名〉エクアドル．

【厄境】èjìng 名 苦しい境遇．難局．

【厄立特里亚】Èlìtèlǐyà 名〈地名〉エリトリア．

【厄运】èyùn 名 悪運．不運．悪いめぐり合わせ．¶～亨通 hēngtōng／悪運が強い．

扼 è ◇◆ ①とりひしぐ．手で押さえて絞める．¶～住喉咙 hóulong /(のどを)絞めつける．②守る．制御する．
【扼杀】èshā 動 絞め殺す．►比喩的に用いることが多い．¶～新生力量 / 新しい勢力をつぶす．
【扼守】èshǒu 動(重要な場所を)守る．
【扼死】èsǐ 動 絞め殺す．扼殺(やくさつ)する．
【扼要】èyào 形(発言や文章などが)要点を押さえている．
【扼制】èzhì 動 抑制する．制御する．支配する．

轭 è 名 軛(くびき)．車の轅(ながえ)の先につけ,牛馬の首に当てる横木．

恶(惡) è 形 凶暴である．◇◆ ①悪辣(あくらつ)な．¶→～霸 bà．②悪行．悪事．¶无 wú～不作 / 悪事の限りを尽くす．►► ě,wù
【恶霸】èbà 名 悪辣なボス．悪の親玉．
【恶报】èbào 名 悪の報い．¶前世～ / 前世の報い．
【恶变】èbiàn 動〈医〉腫瘍が悪性転化する．
【恶臭】èchòu 名 悪臭．いやなにおい．
【恶斗】èdòu 名 激しい戦い．
【恶毒】èdú 形 悪辣である．あくどい．
【恶感】ègǎn 名 悪意．悪い感情．¶引起～ / 不快感をまねく．
【恶贯满盈】è guàn mǎn yíng〈成〉(悪の限りを尽くし)ついに年貢の納め時がきた．
【恶棍】ègùn 名 悪党．無頼漢．ごろつき．
【恶果】èguǒ 名 悪い結果．悪の報い．
【恶狠狠】èhěnhěn 形(～的)ものすごく怒っている．憎々しげである．凶暴である．
*【恶化】èhuà 動 **悪化する〔させる〕**．
【恶疾】èjí 名〈書〉たちの悪い病気．難病．
【恶口】èkǒu 名 毒々しい言葉．悪口．
【恶浪】èlàng 名 怒濤(どとう)．荒波；〈喩〉悪い勢力．
【恶劣】èliè 形 **下劣である；非常に悪い**．¶手法 shǒufǎ～ / やり方が下劣だ．¶情绪 qíngxù～ / 機嫌がすこぶる悪い．
【恶露】èlù 名 産後の下り物．
【恶梦】èmèng 名 悪夢．量 场 cháng,个．¶做～ / 悪い夢を見る．
【恶名】èmíng 名 悪い評判．悪名．
【恶魔】èmó 名 ①〈宗〉悪魔．②〈喩〉凶悪な人．
【恶煞】èshà 名 悪霊．鬼神；〈喩〉凶悪な人間．
【恶声】èshēng 名 ①罵声．怒声．②〈書〉低俗な音楽．③〈書〉悪い評判．
【恶事】èshì 名 悪い行い．悪事．
【恶习】èxí 名(賭け事・麻薬・売春などの)悪習,悪い習慣．¶染上 rǎnshàng～ / 悪習に染まる．
【恶相】èxiàng 名 凶悪な顔つき．¶一脸 liǎn～ / 鬼のような形相．
【恶性】èxìng 形(後ろに名詞をとって)悪性の．悪質な….
【恶性循环】èxìng xúnhuán 名 悪循環．
【恶性肿瘤】èxìng zhǒngliú 名〈医〉悪性腫瘍．
【恶意】èyì 名 悪意．悪い心．
【恶语】èyǔ 名 悪口．¶～中伤 zhòngshāng / 悪意をもって中傷する．悪罵中傷．
【恶语伤人】è yǔ shāng rén〈成〉悪意をもって中傷する．
【恶运】èyùn 名 不幸なめぐり合わせ．悪運．
【恶战】èzhàn ①動 苦戦する．激しい戦いをする．②名 苦戦．激戦．►"恶仗 èzhàng"とも．
【恶仗】èzhàng 名 激しい戦い．
【恶兆】èzhào 名 不吉な兆し．悪い兆候．
【恶浊】èzhuó 形 汚れている．汚く濁っている．
【恶作剧】èzuòjù 名 ひどいいたずら．悪ふざけ．

饿 è ①形(↔饱 bǎo)**腹が減る．飢える**．ひもじい．¶肚子 dùzi～了 / 腹が減った．¶挨 ái～ / ひもじい思いをする．¶小心 xiǎoxīn～坏了 / 食事をとらないと体に悪いよ．②動 飢えさせる．ひもじい思いをさせる．¶～他一顿 dùn / 彼の飯を1食抜きにする．
【饿虎扑食】è hǔ pū shí〈成〉飢えた虎が獲物に飛びかかる；〈転〉猛烈な勢いで飛びつくさま．►"饿虎扑羊 yáng"とも．

鄂 è ◇◆ 湖北省．‖姓

【鄂伦春族】Èlúnchūnzú 名(中国の少数民族)オロチョン(Oroqen)族．►ツングース系の民族．
【鄂温克族】Èwēnkèzú 名(中国の少数民族)エヴェンキ(Ewenki)族．►ツングース系の民族．

萼 è ◇◆ 花の萼(がく)．うてな．⇒【花萼】huā'è
【萼片】èpiàn 名〈植〉萼片(がくへん)．

遏 è ◇◆ 抑える．止める．遮る．¶怒 nù 不可～ / 怒りを抑えきれない．
【遏抑】èyì 動 抑制する．抑圧する．
【遏止】èzhǐ 動 抑止する．
【遏制】èzhì 動 抑制する．抑え止める．

愕 è ◇◆ 驚く．あきれる．びっくりする．¶惊 jīng～ / びっくりする．
【愕然】èrán 形〈書〉愕然(がくぜん)とする．
【愕视】èshì 動 驚いて見る．

腭(齶) è 名〈生理〉口蓋．►一般に"上膛 shàngtáng"という．

鹗 è 名〈鳥〉ミサゴ．量 只 zhī．

颚 è 名 ①(ある種の昆虫の)あご，顎(がく)．¶上～ / 上顎．¶下～ / 下顎．②〈生理〉口蓋．¶～骨 gǔ / 顎骨(がっこつ)．

噩 è ◇◆ 不吉な．恐ろしい．
【噩耗】èhào 名〈書〉訃報(ふほう)．
【噩梦】èmèng 名 恐ろしい夢．悪夢．
【噩运】èyùn 名 悪運．不運．
【噩兆】èzhào 名 凶兆．

鳄 è ◇◆ ワニ．¶→～鱼．
【鳄鱼】èyú 名〈動〉ワニ．量 条 tiáo,只．
【鳄鱼眼泪】è yú yǎn lèi〈成〉悪人のそら涙．

軽声 **呃** e 助《文末に用い感嘆や驚きを表す》 参考 "啊 a"と似た情感を表すが,"啊"よりも語気が穏やか．

ê（せ）

1声 **欸** ē 感《人に呼びかけたり注意を促す》►"啊a"よりも語気は穏やか．相手が承知していて,念のため注意をひくときに用いられる．ēiとも発音する．¶～,你上哪儿 nǎr 去？/ねえ,どこへ行くの．⏩é,ě,è

2声 **欸** é 感《意外な気持ちを表す》►"啊 a"よりも語気は穏やか．éiとも発音する．¶～,他怎么 zěnme 走了？/おや,彼はどうして帰ってしまったの．⏩ē,ě,è

3声 **欸** ě 感《反対・不同意の気持ちを表す》►ěiとも発音する．¶～,你这话可不对 duì 呀！/いいや,君の言うことはちょっとおかしいよ．⏩ē,é,è

4声 **欸** è 感《承諾や同意の気持ちを表す》►èiとも発音する．¶～,就这么 zhème 办！/うん,そうしよう．⏩ē,é,ě

en（ㄣ）

奀 ēn 形〈方〉小柄でやせている．►人名に用いることが多い．

恩 ēn 名 恩．恵み．慈しみ．¶报 bào～/恩に報いる．¶我对他有～/私は彼に恩がある．‖姓

【恩爱】ēn'ài 形 仲むつまじい．►夫婦間で用いることが多い．¶～夫妻 fūqī / 相愛の夫婦．

【恩宠】ēnchǒng 名 寵愛(ちょうあい)．¶受 shòu～/寵愛を受ける．かわいがられる．

【恩仇】ēnchóu 名 恩愛と怨恨．恩讐(おんしゅう)．

【恩赐】ēncì 動 恵む．施し与える．

【恩德】ēndé 名 恵み．恩恵．

【恩典】ēndiǎn ①名 恩恵．恵み．②動 恩恵を与える．情のある取り扱いをする．

【恩公】ēngōng 名 恩人に対する尊称．

【恩惠】ēnhuì 名 **恩恵**．恵み．¶施 shī 以～/恩恵を与える．

【恩将仇报】ēn jiāng chóu bào〈成〉恩を仇(あだ)で返す．

【恩情】ēnqíng 名 恩．情け．慈しみ．

【恩人】ēnrén 名 **恩人**．

【恩怨】ēnyuàn 名 情けと恨み．►「恨み」に重点をおいていうことが多い．¶不计较 jìjiào 个人 gèrén～/私的な恨みを問題にしない．

摁 èn 動(指先で)押す,押さえる．¶～电铃 diànlíng / ベルを押す．¶～住不放/押さえて放さない．⇨〖按 àn〗

【摁钉儿】èndīngr 名〈口〉押しピン．画びょう．量 个,颗 kē．

【摁扣儿】ènkòur 名〈口〉(衣服などの)スナップ．(凹凸状の)ホック．►"摁钮儿 ènniǔr""子母扣儿 zǐmǔkòur"とも．量 个,对．

er（ㄦ）

儿(兒) ér 接尾〈口〉①《名詞につく》ⓐ小さいこと〔かわいらしいこと〕を表す．"花儿"(花),"小猫儿 xiǎomāor"(子猫)．ⓑ動詞・形容詞を名詞化する．"盖儿 gàir"(ふた),"热闹儿 rènaor"(にぎわい．騒ぎ)．ⓒ具体的な事物の抽象化を表す．"门儿"(こつ．要領),"油水儿 yóushuǐr"(甘い汁．利益)．ⓓ事物の違いを表す．"白面 báimian"(小麦粉)—"白面儿"(ヘロイン)．②《少数の動詞につく》"玩儿 wánr"(遊ぶ),"火儿 huǒr"(かっとなる)．③《形容詞の重ね型につく》"小小儿的""慢慢儿 mànmānr 地"．

◇◆ ①息子．¶没～没女 nǚ / 息子も娘もいない．②子供．¶小～科 kē / 小児科．③若者．¶男 nán～/男．

【儿不嫌母丑,狗不嫌家贫】ér bù xián mǔ chǒu, gǒu bù xián jiā pín〈諺〉自分を育ててくれた者を嫌うはずがないというたとえ．

【儿歌】érgē 名 子供の歌．童謡．量 首,支．

【儿化】érhuà 名〈語〉巻舌音化．r 化．

【儿科】érkē 名〈医〉**小児科**．

【儿马】érmǎ 名〈口〉雄馬．

【儿女】érnǚ 名 ①**息子と娘**；(広く)**子供**．¶他的～很孝顺 xiàoshùn / 彼の子供たちはたいへん親孝行だ．②(若い)男と女．

【儿时】érshí 名 子供のころ．

【儿孙】érsūn 名 子供と孫；子孫．跡継ぎ．

*【儿童】értóng 名 **子供**．児童．►"少年 shàonián"よりも小さい．¶～节目 jiémù / 子供番組．

【儿童节】Értóngjié 名 **子供の日**(6月1日)．

【儿童票】értóngpiào 名(乗物などの)小人切符．

【儿童医院】értóng yīyuàn 名 小児科病院．

【儿媳妇儿】érxífur 名 息子の妻．嫁．

【儿戏】érxì 名 子供の遊び．►大事な仕事などにまじめに対処しないことのたとえに用いる．¶视同 shì tóng～/児戯に等しいと軽視する．¶别把工作当 dàng～/仕事をふまじめにしちゃいかん．

【儿行千里母担忧】ér xíng qiānlǐ mǔ dānyōu〈諺〉子供が遠くに行けば,母親の心配は絶えない．►母が子を思う気持ち．

【儿子】érzi 名 **息子．せがれ．量 个．¶他有两个～、一个女儿/彼には二人の息子と一人の娘がいる．¶大～/長男．

* **而** ér 接続 ①《名詞以外の並列等の関係にある二つの成分を接続する》ⓐ並列関係を表す．¶严肃 yánsù～认真 rènzhēn 的态度/真剣でまじめな態度．ⓑ肯定形と否定形とで互いに補足し合う．¶华 huá～不实 shí / はでであるが中身がない．ⓒ順接関係を表す．¶取 qǔ～代 dài 之/取って代わる．ⓓ逆接関係を表す．¶他明明 míngmíng 知道～装 zhuāng 不知道/彼は明らかに知っているのに,知らないふりをする．ⓔ因果関係を表す．¶因病～缺席 quēxí / 病気で欠席した．

②(…より)…まで．¶一～再 zài,再～三/一度が二度,二度が三度にまでなる．

③《方式・状態を表す成分を動詞に接続する》¶匆匆 cōngcōng～来/あわただしくやって来る．

④《主語と述語の間に入れ仮定を表す》¶作家 zuòjiā～不写作,那算 suàn 什么作家？/作家でありながら創作しないのならば,作家といえるだろうか．

【而后】érhòu 接続〈書〉それから．しかる後．

【而今】érjīn 名 今．今日(こんにち)．目下(もっか)．

【而况】érkuàng 接続 いわんや(…においてをや)．まして．

E

【而立】érlì 名〈書〉而立(じりつ). 30歳の異称.

**【而且】érqiě 接続 そのうえ. しかも；(…であるばかりか)…でもある. 語法 前で述べたことにさらにもう一つつけ加えることを表す. "不但"や"不仅 bùjǐn"などに呼応して用いられることが多い. ¶表面柔软 róuruǎn～光滑 guānghua / 表面はやわらかで, そのうえなめらかだ. ¶他不仅会做,～做得很好 / 彼は単に作れるだけでなく, しかも上手に作れる.

【而外】érwài 方位 …のほかに. それ以外に.

【而已】éryǐ 助〈書〉…にすぎない. …だけである. ¶这不过是虚张声势 xū zhāng shēng shì～ / これは虚勢を張っただけだよ. ¶那只是借口 jièkǒu～ / それは言い訳にすぎない.

E

3声 尔(爾) ěr ❶代〈書〉①なんじ. ¶非 fēi～之过 / なんじの過ちに非ず. ②かくのごとく. そのような. ¶果～ / 果たしてかくのごとし. ③あの. その. ¶～日〔时〕/ あの日〔時〕. ❷接尾《形容詞に付く》¶莞 wǎn～一笑 / にっこり笑う.

【尔耳·尔尔】ěr'ěr 代〈書〉かくのごとし. そのとおり. ¶不过 búguò～ / せいぜいそれくらいのものだ.

【尔后】ěrhòu 接続〈書〉以後. それから.

【尔虞我诈】ěr yú wǒ zhà 〈成〉互いに欺き合う. ►"尔诈我虞"とも.

耳 ěr 助〈書〉だけ. のみ. ¶想当然 dāngrán～ / それは当て推量にすぎない. ◇◆ ①耳. ¶→～朵 duo. ②耳のような形をしたもの；両側にあるもの. ¶木 mù～ / キクラゲ. ¶～门 mén / 脇門.

【耳背】ěrbèi 形 耳が遠い. 耳がよく聞こえない.

【耳鼻喉科】ěrbíhóukē 名〈医〉耳鼻咽喉科.

【耳边风】ěrbiānfēng 〈慣〉(人の意見などを)聞いても別に気にかけない, 聞き流す. ¶你怎么可以把父母的话当成 dàngchéng～？/ どうして親の話をどこ吹く風かと聞き流すの.

【耳垂】ěrchuí 名(儿)〈生理〉耳たぶ. ►"耳朵垂儿 ěrduochuír"とも.

【耳聪目明】ěr cōng mù míng 〈成〉(老人が)耳もよく聞こえ, 目もよく見える.

【耳刀】ěrdāo 名(～儿)(漢字の偏旁)"单耳刀"(ふしづくり："卩")と"双耳刀"(こざと·おおざと："阝")の総称.

【耳底】ěrdǐ 名 ①耳の内部. ②"耳朵底子"(中耳炎)の略.

【耳钉】ěrdīng 名(小さな)イヤリング, 耳飾り.

**【耳朵】ěrduo 名 耳. 量 只；[两耳]对, 双. ¶大象 dàxiàng 的～很大 / ゾウの耳は大きい.

【耳朵底子】ěrduo dǐzi 名〈方〉中耳炎. ►"耳底子"とも. ¶闹 nào～ / 中耳炎になる.

【耳朵尖】ěrduo jiān ①耳ざとい. ②耳が早い.

【耳朵软】ěrduo ruǎn 〈慣〉人の言葉をたやすく信用する；定見を持たず簡単に考えを変える.

【耳房】ěrfáng 名(四合院式の家屋で)"正房 zhèngfáng"(母家)の両端に建てられたやや低い部屋. ►"耳屋 ěrwū"とも. ⇒【四合院】sìhéyuàn

【耳福】ěrfú 名 聞いて楽しむこと. 耳の保養. ¶大饱 bǎo～ / 大いに耳を楽しませる.

【耳根】ěrgēn 名 ①(～子)耳のつけ根. ②(～儿·～子)耳.

【耳垢】ěrgòu 名 耳垢(あか). 耳くそ. ¶挖 wā～ / 耳垢をとる.

【耳鼓】ěrgǔ 名〈生理〉鼓膜.

【耳刮子·耳瓜子】ěrguāzi 名〈口〉びんた.

【耳掴子】ěrguāizi →【耳光】ěrguāng

【耳光】ěrguāng 名 びんた. 横つらを張ること. ¶吃了一记 jì～ / びんたを1発食らった. ¶打～ / びんたを食らわす.

【耳环】ěrhuán 名(大きな)耳飾り, イヤリング. 量 个, 只；[两耳セットになったもの]对, 副 fù. ❖戴 dài～ / イヤリングをつける. ⇒【耳钉】ěrdīng

【耳机】ěrjī 名(電話の)送受話器；イヤホーン. ヘッドホン. 量 个, 只；对, 副 fù.

【耳聋】ěrlóng 形 耳が不自由である〔聞こえない〕.

【耳鸣】ěrmíng 動 耳鳴りがする.

【耳目】ěrmù 名 ①耳と目；聞くことと見ること. ¶～所及 jí / 耳目の及ぶかぎり. ¶遮 zhē 人～ / 人の耳目をごまかす. ②他人のために情報を探る人. ¶～众多 zhòngduō / 耳となり目となる人が多い.

【耳目一新】ěr mù yī xīn 〈成〉目に触れ耳にするものすべてが新しく変わる.

【耳旁风】ěrpángfēng →【耳边风】ěrbiānfēng

【耳热】ěrrè 形 耳が熱い；恥ずかしがるさま；興奮するさま.

【耳濡目染】ěr rú mù rǎn 〈成〉聞き慣れ見慣れるうちにその影響を受けること.

【耳软心活】ěr ruǎn xīn huó 〈成〉他人の言葉を軽々しく信じて定見がない.

【耳塞】ěrsāi 名 ①イヤホーン. ②(水泳のときの)耳栓. 量 个, 只；[两耳用]对, 副 fù.

【耳塞】ěrsai 名〈口〉耳垢(あか). 耳くそ.

【耳生】ěrshēng 形(↔耳熟 ěrshú)聞き覚えがない. 耳慣れない. ¶这个词 cí 听着有点～ / この言葉はあまり聞いたことがない.

【耳食】ěrshí 動〈書〉人の言うことを真に受ける.

【耳屎】ěrshǐ 名〈口〉耳垢(あか). →【耳垢】ěrgòu

【耳熟】ěrshú 形(↔耳生 ěrshēng)聞き覚えがある. 耳慣れている. ¶听他声音 shēngyīn 有点～ / あの人の声は聞き慣れている.

【耳熟能详】ěr shú néng xiáng 〈成〉聞き慣れているので詳しく説明することができる.

【耳提面命】ěr tí miàn mìng 〈成〉じかに懇切丁寧に教え導く.

【耳挖子】ěrwāzi 名 耳かき. 量 根.

【耳闻】ěrwén 動 うわさに聞く. ¶～不如目见 mùjiàn / うわさに聞くよりも目で確かめたほうが確実だ.

【耳闻目睹】ěr wén mù dǔ 〈成〉実際に見聞する.

【耳性】ěrxìng 名(人の言いつけなど)聞いたことをよく覚えていること. ►"没(有)～"と否定文に用いることが多い.

【耳音】ěryīn 名 聞き取る能力.

【耳语】ěryǔ 動 耳打ちする. ひそひそ話をする.

【耳针】ěrzhēn 名〈中医〉(耳のつぼに打つ)耳針.

【耳坠】ěrzhuì 名(～儿·～子)(下げ飾りのついた)耳飾り.

【耳子】ěrzi 名(器物の)耳, 取っ手, つまみ.

饵 ěr ◇◆ ①えさ. 餌食. ¶鱼～ / 釣りのえさ. ②おびき寄せる. ¶～以重利 zhònglì / 莫大な利益をえさにする. ③菓子類. ¶果 guǒ～ / 菓子.

4声 **二 èr 数 a 2. に. ¶～位 / お二人. ¶～两 / 100グラム(1"两"は50グラム). ¶一加一等于 děngyú～ / 1足す1は

2．¶～～得 dé 四／2・2が4．¶～层 céng 楼／2階建ての建物．¶一百～／120．►102は“一百零二”となる．ⓑ第二(の)．2番目(の)．次の．¶第～天／翌日．¶～哥 gē／2番目の兄．¶～楼 lóu／2階．¶～路公共 gōnggòng 汽车／2番路線のバス．¶他今年读 dú ～年级／彼は今年2年生です．►“二”と“两 liǎng”の使い分けは“两”の項を参照．⇒〖两 liǎng〗比較
◇◆ 2種類．ふた通り．¶不～价 jià／掛け値を言わない．正札．¶→～心 xīn．

【二八月，乱穿衣】**èr bā yuè, luàn chuānyī** 〈諺〉旧暦2月と8月は季節の変わり目で，服装もいろいろである．

【二把刀】**èrbǎdāo** 〈方〉〈慣〉(知識や技術が)未熟である，生かじりである；二流の職人．

【二把手】**èrbǎshǒu** 名 ナンバーツー．

【二百二】**èrbǎi'èr** 名〈薬〉赤チン．►“二百二十”“红汞 hónggǒng”“红药水 hóngyàoshuǐ”とも．

【二百五】**èrbǎiwǔ** 〈慣〉①〈口〉間抜け．あほう．うすのろ．②〈方〉生かじり．半可通．

【二部制】**èrbùzhì** 名(中・小学校で)2部交替制の授業制度．

【二传手】**èrchuánshǒu** 名〈体〉(バレーボールで)セッター；〈喩〉仲立ちとなる人．おぜん立てをする人．

【二道贩子】**èrdào fànzi** 名〈貶〉やみ商人．

【二噁英・二恶英】**èr'èyīng** 名〈化〉ダイオキシン．

【二房东】**èrfángdōng** 名 家を又貸しする者．

【二伏】**èrfú** →【中伏】**zhōngfú**

【二副】**èrfù** 名 2等航海士．

【二锅头】**èrguōtóu** 名(コウリャンを原料としたアルコール度の高い)二番しぼりの焼酎．

【二胡】**èrhú** 名 胡琴の一種．二弦の擦弦楽器．量 把．❖拉 *lā* ～／二胡を弾く．

【二虎相斗，必有一伤】**èrhǔ xiāngdòu, bì yǒu yī shāng** 〈諺〉2匹のトラが争えばどちらかが傷つく．►争いを戒めるたとえ．

【二乎・二忽】**èrhu** 形〈方〉①二の足を踏む．しりごみする．¶他对困难 kùnnan 从不～／彼はこれまで困難にひるんだことがない．②ためらう．¶他干 gàn 什么都是二二乎乎的／彼はなにをするにもぐずぐずして決心がつかない．③見込みがない．¶我看这事～了／その件はもう見込みがないと思う．

【二话】**èrhuà** 名 **文句．苦情**．不満．►否定文に用いることが多い．¶他～没说，抬腿 táituǐ 就走／彼は何も言わずにさっさと行った．¶再苦 kǔ 再累 lèi 决无～／どんな苦労をしても文句はない．

【二环路】**èrhuánlù** 名 環状2号線道路．►北京のものが有名．

【二黄・二簧】**èrhuáng** 名 “京剧”(京劇)で歌う節の一種．ゆっくりとしたテンポで，叙情的な内容や悲傷の心情を表現する．

【二婚头】**èrhūntóu** 名〈貶〉再婚した女性．►“二婚儿”とも．

【二极管】**èrjíguǎn** 名〈電〉ダイオード．►台湾では“二极体”という．

【二进宫】**èrjìngōng** 名〈俗〉前科者が再び罪を犯して収監されること．►伝統劇の題名にかけたしゃれで，“宫”は“公安局 gōng'ānjú”をさす．

【二进制】**èrjìnzhì** 名 ①〈数〉2進法．②〈電算〉バイナリー．

【二赖子】**èrlàizi** 名 ふしだらな人間．ぐうたら．

【二郎神】**èrlángshén** 名 民間信仰における水を司る神の名．二郎神(じじん)．

【二郎腿】**èrlángtuǐ** 名(腰掛けて)足を重ねて組んだ姿勢．¶跷 qiāo 起～／足を組んで腰掛ける(こと)．

【二老】**èrlǎo** 名(老いた)父母．

【二愣子】**èrlèngzi** 名 そそっかしい人．無謀な人．

【二流子】**èrliúzi** 名 ぶらぶらして正業につかない者．ごろつき．無頼漢．のらくら者．►北京では“流”を liū に発音し，“二溜子”とも書く．

【二毛子】**èrmáozi** 名〈罵〉①混血児．中国人と西洋人との間に生まれた子．②西洋人の手先となった，または西洋かぶれした中国人．

【二门】**èrmén** 名(～儿)①“大门 dàmén”(正門)を入った次の門．②〈俗〉(サッカーの)フルバック．

【二米饭】**èrmǐfàn** 名 “小米 xiǎomǐ”(粟)と“大米 dàmǐ”(米)の混ざったご飯．

【二拇指】**èrmuzhǐ** 名〈口〉人差し指．量 根．

【二奶】**èrnǎi** 名 愛人．

【二皮脸】**èrpíliǎn** 名〈口〉面の皮が厚い人．厚かましい人．

【二手】**èrshǒu** 形(～儿)人手を経た….間接の．

【二手车】**èrshǒuchē** 名 中古車．

【二手房】**èrshǒufáng** 名 中古住宅．

【二手货】**èrshǒuhuò** 名 中古品．

【二手烟】**èrshǒuyān** 名 副流煙；受動喫煙．

【二水】**èrshuǐ** 形(～儿)〈口〉一度使用した．

【二踢脚】**èrtījiǎo** 名 地面と空中で2度爆発する爆竹．

【二五眼】**èrwuyǎn** (～儿)〈方〉①形 いい加減である；(品物の)質が悪い．②名 へまをする人．

【二线】**èrxiàn** 名 ①第二線地区．②第一線を退いた顧問や相談役のような立場．¶退居 tuìjū ～／第一線を退く．

【二心】**èrxīn** ①名 二心．ふたごころ．¶有～／二心を抱く．②形 ためらう．専心できない．

【二氧化碳】**èryǎnghuàtàn** 名〈化〉二酸化炭素．►“碳酐 tàngān”“碳酸气 tànsuānqì”とも．

【二一添作五】**èr yī tiān zuò wǔ** ①二一天作(にいちてんさく)の五．►珠算での割り算の九九の一つ．1 ÷ 2 ＝0.5の意．②〈慣〉折半(する)．山分け(する)；割り勘(にする)．

【二尾子】**èryǐzi** 名〈方〉ふたなり．男女両性を備えた人．注意“尾”は標準語音では wěi だが，方言では yǐ の音も残っている．

【二意】**èryì** ①名 二心．背く心．¶终 zhōng 无～／終生二心を抱かない．②動 ためらう．別の考えがある．¶三心～／〈成〉優柔不断．

【二月二】**èryuè'èr** 名 旧暦の2月2日に行われる祭．►“花朝节”“蹈 dǎo 青节”とも．

【二战】**Èrzhàn** 名〈略〉第二次世界大戦．

【二职】**èrzhí** 名〈略〉副業．サイドビジネス．¶为了生活，他不得不 bùdébù 兼 jiān ～／生活のために，彼は副業をやらなければならない．

弍 èr
〖二 èr〗に同じ．►“二”の古字．

贰 èr
数 “二”の大字(読み違いや書き直しを防ぐため契約書などに用いる字)．
◇◆ 変節する．背く．¶～臣 chén／二君に仕える家臣．変節漢．

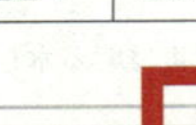

F

fa（ㄈㄚ）

1声 *发(發) fā ❶動 ①(↔收 shōu)発送する. ❖～电报 diànbào / 電報を打つ. ❖～工资 gōngzi / 給料を支払う. ②発射する. 放つ. ¶～炮 pào / 大砲を撃つ. ¶→～光 guāng. ③生じる. 発生する. 起こる. ¶→～芽 yá. ④言い表す；(命令や指示を下に)伝達する. ¶～命令 mìnglìng / 命令を下す. ⑤金持ちになる. 富む. ¶→～财 cái. ⑥(発酵したり水にもどしたりして)ふくれる. ¶～海参 hǎishēn / ナマコをもどす. ⑦変化してある種の色や性質を帯びる. ¶～黄 huáng / 黄ばむ. ⑧(ある感情が)起こる. ¶→～脾气 píqi. ⑨(不愉快さを)感じる. ¶～痒 yǎng / かゆくなる.
❷量 銃弾や砲弾を数える：発. ¶两～炮弾 pàodàn / 砲弾2発.
◇◆ ①開ける. ¶→～掘 jué. ②暴く. ¶揭 jiē ～ / 摘発する. ③行動を開始する. ¶奋 fèn ～ / 奮い立つ. ‖姓

注意「髪の毛」を意味するときは fà と発音する. ▸▸fà

𠂉 ナ 方 发 发

【发案】fā'àn 動 犯罪事件が起こる.

【发榜】fā//bǎng 動(試験の)合格者の名前を掲示する,発表する.

【发包】fābāo 動(建築工事・商品加工などを)請け負わせる. 請負に出す.

【发报】fā//bào 動(無線で)発信する. 電報を打つ. ¶～人 / 発信人.

【发标】fā//biāo 動 ①〈方〉かんしゃくを起こす. ②(落札者に対して)証明書を授与する.

*【发表】fābiǎo 動 ①発表する. 表明する. ¶～声明 shēngmíng / 声明を発表する. ②新聞・雑誌などに掲載する.

【发兵】fā//bīng 動 出兵する. 軍隊を出動させる.

【发病】fā//bìng 動 発病する. ¶～率 lǜ / 罹病(りびょう)率.

【发布】fābù 動(命令・指示などを)公布する；(ニュースなどを)発表する.

*【发财】fā//cái 動 金持ちになる. 金を儲ける. ¶恭喜 gōngxǐ ～ / おめでとう. ¶发大财 / 大金持ちになる.

【发颤】fāchàn 動(体や声が)震える；(物が)揺れる. ぐらつく.

【发潮】fā//cháo 動 湿気を帯びる. 湿る.

【发车】fā//chē 動(バスや電車が)発車する.

【发痴】fā//chī 動〈方〉①ぼんやりする. 呆然とする. ②発狂する. 気がふれる.

【发愁】fā//chóu 動 心配する. いやになる.

*【发出】fāchū 動 ①(音や疑問などを)発する. ¶～声音 shēngyīn / 声〔音〕を出す. ②(命令や指示を)出す. ③(原稿や手紙などを)出す.

【发憷・发怵】fāchù 動〈方〉気後れする. 恥ずかしがる. おずおずする.

*【发达】fādá ①形 発達している. ¶肌肉～ / 筋肉が発達している. ¶工商业 gōngshāngyè 都很～ / 商工業ともに盛んだ. ②動 発達させる. ¶～经济 jīngjì / 経済を発展させる.

【发达国家】fādá guójiā 名 先進国.

【发呆】fā//dāi 動 ぼんやりする. ぽかんとする.

【发单】fādān →【发票】fāpiào

【发电】fā//diàn 動 ①発電する. ¶原子能 yuánzǐnéng ～ / 原子力発電. ②電報を打つ.

【发电厂】fādiànchǎng 名 発電所.

【发电机】fādiànjī 名〈電〉発電機.

*【发动】fādòng 動 ①(戦争やストライキなどを)始める. 開始する. ¶～罢工 bàgōng / ストライキを始める. ②(ある行動をとるよう)働きかける. ¶～群众 qúnzhòng / 大衆を動員する. ③(機械を)動かす. ¶～机器 jīqi / 機械を動かす.

【发动机】fādòngjī 名〈機〉発動機.

*【发抖】fādǒu 動 震える. 身震いする. ¶冻 dòng 得～ / 寒さのあまり震える.

【发端】fāduān 動 発端(となる). 原因とする.

【发放】fāfàng 動(貸付金や救済金などを)支給する. (物資を)放出する. ¶～贷款 dàikuǎn / 貸付をする.

【发粉】fāfěn 名 ベーキングパウダー. 膨らし粉.

【发奋】fāfèn 動 ①発奮する. 奮い立つ. ¶～有为 yǒuwéi / 奮い立って仕事に励む. ②→【发愤】fāfèn

【发愤】fāfèn 動 固く決心する. ¶～图强 tú qiáng /〈成〉意気込んで向上を求める.

【发疯】fā//fēng 動 気が変になる. ¶你发什么shénme 疯 / お前,気がふれたのか.

【发福】fā//fú 動 福々しくなる. かっぷくがよくなる. ►常套語として,中年以上の相手が太ったことを,感じよく言う.

【发干】fāgān 動 乾燥する；(のどが)渇く.

【发糕】fāgāo 名 蒸しパンの一種.

【发稿】fā//gǎo 動〈印〉原稿を印刷所に回す.

【发给】fāgěi 動 支給する. 発行する；(トランプなどを)配る. ¶～他护照 hùzhào / 彼にパスポートを発行する.

【发光】fā//guāng ①動 発光する. 光を放つ. ¶闪闪 shǎnshǎn ～的宝石 bǎoshí / きらきら輝いている宝石. ②名〈物〉ルミネッセンス.

【发光二极管】fāguāng èrjíguǎn 名 発光ダイオード. LED.

【发汗】fā//hàn 動(薬を飲んで)汗を出す,発汗させる. ¶～药 yào / 発汗薬.

【发行】fāháng 動〈旧〉卸売りをする. ►"批发 pīfā"とも. ⇒【发行】fāxíng

【发号施令】fā hào shī lìng〈成〉命令を下す. 号令する. 指図する.

【发狠】fā//hěn 動 ①思いきる. 決意する. ②怒

る．かっとなる．
【发横】fāhèng 動 横柄にふるまう．無礼にふるまう．横暴になる．
【发花】fā//huā 動 ①花が咲く．開花する．②目がかすみ始める．
【发话】fā//huà 動 ①口頭で命令する．②怒って話をする．③気負ってものを言う．④話し出す．発言する．
【发还】fāhuán 動(普通は上の者から下の者に)返却する,送り返す．
【发慌】fā//huāng 動 慌てる．うろたえる．¶心里 xīnli ～ / どぎまぎする．
*【发挥】fāhuī 動 ①**発揮する．発揮させる．**¶～专长 zhuāncháng / 特技を発揮する．¶～作用 / 役立つ．②詳しく論述する．展開する．¶这篇 piān 文章题意～得很好 / この文章は題意を十分に尽くしている．
【发昏】fā//hūn 動 ①気が遠くなる．②頭がぼうっとする．ぼんやりする．
【发火】fā//huǒ 動 ①**発火する**；発射する．②(～儿)**怒りだす．**¶他最近动不动 dòngbudòng 就～ / 彼は最近,ややもするとすぐかっとなる．③〈方〉火がよく燃える．④〈方〉火事になる．
【发货】fā//huò 動 **商品を発送する．**出荷する．¶～单 dān / 送り状．インボイス．¶～人 / 発送人．
【发急】fā//jí 動 焦る．いらいらする．気をもむ．
【发迹】fā//jì 動 出世する．
【发家】fā//jiā 動 身代を築く．家を興す．財産を作る．¶～致富 zhìfù / 金持ちになる．
【发奖】fā//jiǎng 動 賞品や賞状を授与する．¶～仪式 yíshì / 表彰式．
【发焦】fājiāo 動 ①焦げる．¶面包烤 kǎo 得～了 / パンが焦げてしまった．②渇く．からからになる．¶嗓子 sǎngzi 渴 kě 得～ / のどが渇いてからからだ．
【发酵】fā//jiào 動 発酵する．¶～粉 fěn / 膨らし粉．ベーキングパウダー．
【发酒疯】fā jiǔfēng 酒に酔って暴れる．
【发觉】fājué 動 **気がつく．**発見する．¶～三处 chù 错误 cuòwù / 3か所の間違いに気づく．¶付 fù 钱时,才～钱包 qiánbāo 没了 / 金を払うとき,財布がなくなったのに気づいた．
【发掘】fājué 動 発掘する．掘り出す．
【发刊】fākān 動 発刊する．本や雑誌などを刊行する．¶～词 cí / 発刊の言葉．
【发狂】fā//kuáng ⇀【发疯】fā//fēng
【发困】fākùn 動〈口〉眠くなる．眠けを催す．
【发懒】fālǎn 動 ①だるくなる．もの憂くなる．¶浑身 húnshēn ～ / 体中だるい．②嫌気がさす．
【发牢骚】fā láosao 〈慣〉愚痴をこぼす．
【发冷】fālěng 動 **寒気がする．**¶浑身～打颤 dǎchàn / 全身寒気がして震える．
【发愣】fā//lèng ⇀【发呆】fā//dāi
【发利市】fā lìshì 〈方〉①商売が繁盛する．②始めてすぐにうまくいく．
【发亮】fāliàng 動 **明るくなる．光る．**¶东方 dōngfāng ～ / 東の空が明るくなる．¶皮鞋 píxié 擦 cā 得直～ / 皮ぐつをぴかぴかに磨いている．
【发令枪】fālìngqiāng 名〈体〉競技開始の合図に用いるピストル．
【发聋振聩】fā lóng zhèn kuì 〈成〉言葉や文字によって愚かな人にもわかるように教え導く．声を大にして呼びかけるたとえ．
【发露】fālù 動(悪事が)表に現れる．
【发麻】fāmá 動 ①しびれる．¶手脚 shǒujiǎo ～ / 手足がしびれる．②(気味悪くて)ぞっとする．
【发毛】fā//máo 動 ①〈口〉怖がってびくびくする．②〈方〉怒る．かんしゃくを起こす．
【发霉】fā//méi 動 かびが生える．
【发闷】fāmēn 動 蒸し暑い．
【发闷】fāmèn 動 気がふさぐ．気が滅入る．
【发蒙】fāmēng 動〈口〉のぼせる．頭がぼうっとする．
【发懵】fāměng ⇀【发蒙】fāmēng
【发面】fā//miàn ①動 小麦粉を水でこねて発酵させる．②名 発酵して膨れた小麦粉．¶～饼 bǐng / 発酵して膨れた小麦粉で作った"饼"(ピン)．
*【发明】fāmíng ❶動 ①**発明する．**②〈書〉独創的に述べる．❷名 発明．
【发木】fāmù 動 しびれる；頭がぼうっとする．
【发难】fā//nàn 動 ①(革命運動を)起こす．蜂起する．反乱を起こす．②〈書〉質疑する．
【发蔫】fāniān 動(花や木が)しおれる．(果物などが)しなびる；打ちしおれる．しょんぼりする．
【发黏】fānián 動 ねばねばする．粘り気が出る．
【发怒】fā//nù 動 怒り出す．腹を立てる．
【发排】fāpái 動〈印〉(原稿を)植字に回す．
【发盘】fāpán 動 オファーする．申し込む．
【发胖】fāpàng 動(体が)太る．
【发皮】fāpí 動(湿ったりして)歯ざわりが悪くなる．
【发脾气】fā píqi **怒る．かんしゃくを起こす．**¶这人好 hào ～ / この人はすぐ怒る．
【发票】fāpiào ❶名 ①**領収書．**レシート．(量)张．¶请给我开张～ / 領収証を下さい．②インボイス．送り状．船積商品の明細を記載した出荷案内書．❷動 券を配る．
【发起】fāqǐ 動 ①発起する．始める．¶他们～组织 zǔzhī 了一个民间团体 tuántǐ / 彼らが提唱して民間団体を作った．¶～人 / 発起人．②(戦争などを)起こす,発動する．
【发情】fāqíng 動〈動〉発情する．
【发球】fā//qiú 動〈体〉(テニスや卓球などで)**サーブする．**¶该 gāi 谁～？/ どちらのサーブだ．¶换 huàn ～ / サービスチェンジ．¶接 jiē ～ / サーブレシーブ．
【发热】fā//rè 動 ①熱を発する．②⇀【发烧】fā//shāo ③〈喩〉冷静でない．のぼせる．¶头脑 tóunǎo ～ / 冷静さを失う．¶～友 yǒu / 〈俗〉アイドルの熱烈なファン．追っかけ．
【发人深思】fā rén shēn sī 〈成〉人の心を打って深く考えさせる．
【发人深省】fā rén shēn xǐng 〈成〉深く考えさせ(られ)る．►"发人深醒"とも書く．
【发散】fāsàn 動 ①〈物〉(光が)発散する．②〈中医〉薬を飲ませて熱を下げる．¶吃点儿药 yào,～一下,就会好的 / 薬を少し飲んで熱を下げれば,じきによくなるでしょう．
【发丧】fā//sāng 動 ①死亡通知を出す．②葬儀を営む．
【发傻】fā//shǎ 動 ①ぼうっとする．②ばかなことを言う；とんでもないことをする．
【发烧】fā//shāo 動 **熱が出る．発熱する；〈喩〉熱中する．夢中になる．►"发热 rè"とも．¶他感冒

F

gǎnmào 了,正在～ / 彼は風邪をひいて熱を出している．¶发高烧 / 高熱が出る．¶有点儿～ / 少し熱がある．

【发烧友】fāshāoyǒu 名〈方〉熱烈なファン．

【发射】fāshè 動 **発射する**．打ち上げる．¶～火箭 huǒjiàn / ロケットを発射する．¶～井 jǐng / 地下ミサイル格納庫．

【发身】fāshēn 動(体が)大人びる；(性的に)成熟する．

【发神经】fā shénjīng 〈慣〉気がふれる．常軌を逸する．

【发生】fāshēng 動 ① **発生する．**起こる**．生ずる．¶～变化 biànhuà / 変化が起こる．¶～关系 / 関係ができる．(男女の仲が)できる．② 名〈生〉卵子が受精して成長すること．発生．

【发市】fā//shì 動(商店で)その日最初の取引がある．

【发誓】fā//shì 動 **誓う**．固く約束する．►連動文を作ることが多い．¶他～要完成 wánchéng 任务 rènwu / 彼は任務を達成することを誓った．

【发售】fāshòu 動 売り出す．発売する．

【发抒・发舒】fāshū 動(意見を)述べる；(感情を)表す．¶～己见 / 自分の見解を述べる．

【发水】fā//shuǐ 動 洪水になる．大水が出る．

【发送】fāsòng 動 ① 送信する．発信する．②(郵便物や貨物などを)発送する．送り出す．

【发送】fāsong 動〈口〉葬式を出す．

【发酸】fāsuān 動 ①(食べ物が悪くなって)酸っぱくなる．②(身体が)だるくなる,ぐったりする．こる．③ 悲しくなる．

【发条】fātiáo 名〈機〉ぜんまい．スプリング．ばね．

【发威】fā//wēi 動 威勢で脅す．威張ってみせる．

【发文】fā//wén ① 動 公文書を発送する．② 名 発信した公文書．

【发问】fāwèn 動(口頭で)問題を出す,質問する．

【发物】fāwù 名 アレルゲン．アレルギーを引き起こしたり,炎症をひどくさせるような物質．

*【发现】fāxiàn 動 ①(研究・考察の結果)**発見する**,見いだす．¶这一规律 guīlǜ 是他～的 / この法則は彼によって発見された．② **気づく**．見つける．¶～毛病 máobing / 異状に気づく．¶我没有～什么情况 / 別に異状はありませんでした．[主述句を目的語にとって]¶我～她好像有什么心事 / 彼女にはなにか心配事がありそうだと気づいた．

【发祥】fāxiáng 動〈書〉① よい兆しが現れる．② 発生する．起こる．

【发祥地】fāxiángdì 名 発祥地．

【发饷】fā//xiǎng 動〈旧〉(主に軍隊や警察で)給与を支給する．

【发笑】fāxiào 動 **笑う**．**笑い出す**．笑わせる．

【发泄】fāxiè 動(うっぷんなどを)**晴らす**．八つ当たりする．当たり散らす．¶～怨气 yuànqì / うっぷんを晴らす．¶～不满 bùmǎn / 不満をもらす．

【发信】fā//xìn 動 手紙を出す．

【发信人】fāxìnrén 名 差出人．

*【发行】fāxíng 動 ① **発行する**．(書籍や雑誌を)発売する．② 映画を配給する．③(通貨を)発行する．⇒【发行】fāháng

【发虚】fāxū 動 ① おどおどする．びくつく．気後れする．②(体が)弱々しくなる．虚弱になる．

【发噱】fāxué 動〈方〉人を笑わせる．おかしい．

【发芽】fā//yá 動 発芽する．芽を出す．

*【发言】fā//yán ① 動(会議などで)**発言する**．¶他已经发过言了 / 彼はもう発言した．② 名(会議での)発言．

【发炎】fā//yán 動〈医〉炎症を起こす．

【发言人】fāyánrén 名 スポークスマン．

*【发扬】fāyáng 動 ①(伝統・精神などを)**さらに強化する,発揚する**,奮い起こす．② 発揮する．

【发洋财】fā yángcái 〈慣〉外国人と組んで金儲けする；〈転〉ぼろ儲けをする．

【发扬光大】fā yáng guāng dà 〈成〉(伝統・精神などを)大いに発揚する．

【发疟子】fā yàozi 〈方〉マラリアの発作を起こす．

【发音】fā//yīn ① 動 発音する．声を出す．② 名〈語〉発音．

【发引】fāyǐn 動 出棺する．

【发育】fāyù 動 **発育する**．¶～得快 / 発育が早い．¶有碍 ài ～ / 発育を妨げる．

【发源】fāyuán ① 動 **源を発する**．**…より起こる**．¶黄河～于青海省 shěng / 黄河は青海省に源を発する．② 名 **起源**．**始まり**．

【发源地】fāyuándì 名 発生地．発祥地．

【发愿】fā//yuàn 動 ① 願をかける．¶起誓 shì ～ / 誓いを立て願をかける．② 事実を強く否定し,身の潔白を証明しようとする．

【发晕】fāyūn 動 目まいがする．

【发运】fāyùn 動 運び出す．

*【发展】fāzhǎn 動 ① **発展する**．**発展させる**．¶～经济 / 経済を発展させる．②(メンバーなどを)増やす,受け入れる．¶新近 xīnjìn ～了三十名会员 / 最近会員を30名受け入れた．

注意 "发展"は小から大へ,簡単から複雑へ,低いレベルから高いレベルへ「発展する」ことであるが,悪い状態へ変化する場合にも用いることができる．¶他从小偷 xiǎotōu 小摸 xiǎomō ～到犯罪 fànzuì / 彼は小さなちょろまかしから犯罪を犯すようになった．

【发展中国家】fāzhǎnzhōng guójiā 名 発展途上国．

【发胀】fāzhàng 動 ① 張る,膨らむ(感じがする)．¶肚子 dùzi ～ / おなかが張る．¶头脑 tóunǎo ～ / 分別を失う．見境がなくなる．②(針術で)しびれる感じ(がする)．

【发怔】fāzhèng 動 ぼんやりする．

【发皱】fāzhòu 動 しわが寄る．縮む．

【发字头】fāzìtóu 名(～儿)(漢字の偏旁)はつがしら"癶"．

【发作】fāzuò 動 ①(病気などの)発作が起きる．(作用などが)現れる．¶酒性～ / 酔いが回る．② 怒り出す．腹を立てる．

乏 fá

2声

形 ① **疲れている**．¶走～了 / 歩き疲れた．②〈方〉無能な．役に立たない．力がない．¶～地 / やせた土地．¶贴 tiē ～了的膏药 gāoyao / 貼って効き目のなくなった膏薬．

◇◆ 乏しい．欠けている．…がない．¶贫 pín ～ / 乏しい；貧しい．

【乏货】fáhuò 名〈方〉役立たず．弱虫．

【乏累】fálèi 形 疲れている．¶工作一天很～ / 一日働いて疲れてしまった．

【乏力】fálì 形 だるい．気力がない．

【乏味】fá//wèi 形 味気ない．おもしろ味がない．¶

这本小说 xiǎoshuō 写得真～ / この小説は実につまらない. ¶语言 yǔyán ～ / 言葉にセンスがない.

伐 fá 動(木を)切る. 伐採する. ¶～了一棵 kē 树 shù / 木を1本切った.
◇◆ ①攻める. ¶讨 tǎo ～ / 討伐する. ②自慢する. ¶→～善 shàn. ‖姓

【伐木】**fámù** 動 伐採する. ¶～业 yè / 伐採業.
【伐区】**fáqū** 名〈林〉伐採区域.
【伐善】**fáshàn** 動〈書〉自分のことを自分でほめる.

*__罚(罸) fá__ 動 **罰する.** ¶挨 ái ～ / 罰せられる. 罰金を取られる. ¶～他唱 chàng 个歌儿 / 罰として彼に歌を歌わせる.

【罚不当罪】**fá bù dāng zuì** 〈成〉不当な処罰をする. 処罰が重すぎる.
【罚出场】**fá chūchǎng** 〈体〉ファウルアウト. 反則で退場を命ぜられること.
【罚金】**fájīn** 名〈法〉罰金.
【罚酒】**fá//jiǔ** ①動 罰として酒を無理に飲ませる. ¶他被罚了一杯酒 / 彼は罰杯を飲まされた. ②名 罰杯.
【罚款】**fá//kuǎn** ①動 罰金を取る；違約金を取る. 科料(を取る). ¶乱扔 rēng 烟头儿 yāntóur 要～ / 吸い殻を捨てると罰金を取る. ②名 罰金. 違約金.
【罚球】**fá//qiú** 動〈体〉(ラグビーやサッカーで)ペナルティーキックを与える；(バスケットボールで)フリースローを与える. ¶罚点球 / (サッカーの)ペナルティーキック. ¶罚任意 rènyì 球 / (サッカーの)フリーキック.

垡 fá 〈方〉①動(土地を)耕す. 土を掘り起こす. ¶～地 dì / 土地を耕す. ②名 掘り起こした土の塊. ¶打～ / 代(しろ)かき(をする).

阀 fá 名〈機〉バルブ. ►"阀门 fámén"ともいい,一般に"活门 huómén"という. ¶安全 ānquán ～ / 安全バルブ.
◇◆ 閥. ある方面に支配勢力をもつ人物または集団. ¶军 jūn ～ / 軍閥.

筏 fá ◇◆ いかだ. ¶皮 pí ～ / ウシやヒツジの皮で作ったいかだ. ‖姓

【筏子】**fázi** 名 いかだ. 量 只 zhī.

法 fǎ 名 ①(～儿)**方法. 手段.** ¶这个～儿真好 / この方法はとてもよい. ¶没～儿办 / なすべき方法がない. ②**法律. 法令.** ¶守 shǒu ～ / 法律を守る. ¶犯 fàn ～ / 法律に違反する.
◇◆ ①模範. 手本. 見習うべきもの；倣う. 従う. ¶效 xiào ～ / 倣う. 模倣する. ②魔法. ¶作～ / 魔法を使う. ③仏教の道理. ¶说～ / 法を説く. ④(Fǎ)フランス. ¶→～国.

【法案】**fǎ'àn** 名 法案.
【法办】**fǎbàn** 動 法律に従って処罰する.
【法宝】**fǎbǎo** 名 ①仏法または僧侶の衣鉢(いはつ)や錫杖(しゃくじょう)など. ②(道教でいう)神通力のある宝物. ③〈喩〉特に有効な用具や方法.
【法场】**fǎchǎng** 名 ①僧侶や道士が法事を行う場所. ②〈旧〉処刑場.
【法定】**fǎdìng** 形 法定の. ¶～汇价 huìjià〔汇率 huìlǜ〕/ 公定為替レート.
【法度】**fǎdù** 名 ①法律. 法令制度. ②行動の規範となるもの.
【法官】**fǎguān** 名 司法官. 裁判官.
【法规】**fǎguī** 名 法規.
【法国】Fǎguó** 名 **フランス.** ►首都は"巴黎 Bālí"(パリ). ►Fàguó と発音することもある. ¶～资产阶级 jiējí 革命 / フランス革命.
【法国梧桐】**fǎguó wútóng** 名〈植〉プラタナス. スズカケノキ.
【法号】**fǎhào** 名 法名.
【法纪】**fǎjì** 名〈略〉法律と規律. ¶目无～ / 法律や規律を無視する.
【法家】**fǎjiā** 名(諸子百家の)法家(ほうか).
【法警】**fǎjǐng** 名 司法警察.
【法拉】**fǎlā** 量(電気容量の単位)ファラッド.
【法兰绒】**fǎlánróng** 名〈紡〉フランネル.
*【法郎】**fǎláng** 量(通貨の単位)フラン. ¶瑞士 Ruìshì ～ / スイスフラン.
【法理】**fǎlǐ** 名 ①法理. ②〈書〉法則. ③仏法の教義.
【法力】**fǎlì** 名 仏法の力；神通力.
【法令】**fǎlìng** 名 **法令.**
*【法律】**fǎlǜ** 名 **法律.** 量 条,项.
【法螺】**fǎluó** 名 ホラガイ. ¶自吹 chuī ～ / 自画自賛する.
【法盲】**fǎmáng** 名 法律の知識が乏しい人.
【法门】**fǎmén** 名 ①(勉学・修行に入る)方法・順序. こつ. 要領. ②〈宗〉仏道に入る道.
【法名】**fǎmíng** 名 法名. ⇒**【法号】fǎhào**
【法器】**fǎqì** 名〈宗〉法事を営む時に僧侶や道士が使う楽器・仏具の類.
【法权】**fǎquán** 名 法律上の権利. 特権.
【法儿】**fǎr** 名 **方法.** やり方. ¶想个～ / 方法を考える. 注意 北京方言では fār と発音することがある. ⇒**【法子】fǎzi**
【法师】**fǎshī** 名 法師. 僧や道士の尊称.
【法式】**fǎshì** 名 法式. 基準となる格式.
【法书】**fǎshū** 名 ①法書. 法帖(ほうじょう). ②〈敬〉相手の書を敬っていう語.
【法术】**fǎshù** 名 ①(法家でいう)治国の術. ②(道士・祈禱師などの)法術,魔術,妖術.
【法帖】**fǎtiè** 名 法帖(ほうじょう). 著名な書家の筆跡を模刻したもの.
【法庭】**fǎtíng** 名 法廷.
【法统】**fǎtǒng** 名 憲法と法律の伝統. 支配権力の法的根拠.
【法网】**fǎwǎng** 名 法網. 法の網. ¶逃脱 táotuō ～ / 法の網を逃れる.
【法西斯】**fǎxīsī** ①名 ファッショ. ②形 ファシズム的な.
【法西斯蒂】**fǎxīsīdì** 名 ファシスト.
【法西斯主义】**fǎxīsī zhǔyì** 名 ファシズム.
【法学】**fǎxué** 名 法学.
【法衣】**fǎyī** 名〈口〉袈裟(けさ).
【法医】**fǎyī** 名 法医学者. 監察医.
【法医学】**fǎyīxué** 名 法医学.
*【法语】**Fǎyǔ** 名 フランス語.
【法院】**fǎyuàn** 名 **裁判所.**
【法则】**fǎzé** 名 ①法則；法規. ②〈書〉模範.
【法政】**fǎzhèng** 名 法律と政治. 法政.
【法旨】**fǎzhǐ** 名 神の意思. 天の意思.

F

F

【法制】fǎzhì 名 法制．法律と制度．¶～建设 jiànshè / 法体系の整備．
【法治】fǎzhì ① 名 法治．② 動(国家や社会を)法で治める．
*【法子】fǎzi 名 方法．手立て．量 个．注意 北京方言では fázi と発音することがある．¶我们得 děi 想个～解决这个问题 / われわれはなんとかしてこの問題を解決しなければならない．

砝 fǎ "砝码 fǎmǎ"(分銅)という語に用いる．

4声 **发(髮) fà** ◇◆ 頭髪．髪の毛．注意 "毛 máo"は体毛全体をさし,"发"は頭髪をさす．話し言葉では普通,"头发 tóufa"という．¶理～ / 理髪する．¶毛～ / 毛髪．¶白～ / 白髪．▸▸ fā
【发辫】fàbiàn 名(～儿)お下げ髪；弁髪．
【发菜】fàcài 名〈植〉ネンジュモ科の藻(も)の一種．参考 乾燥品が頭髪に似ていることから．食材として用いられ,音が"发财 fācái"(金持ちになる)に通じるので,縁起のよい食品として珍重される．
【发带】fàdài 名(絹などの布の)ヘアバンド．量 条 tiáo,根 gēn．⇨【发箍】fàgū
【发箍】fàgū 名(プラスチック製の)ヘアバンド．カチューシャ．量 个,支 zhī．⇨【发带】fàdài
【发际】fàjì 名 髪の生え際．¶前～ / 額の髪の生え際．
【发髻】fàjì 名 髷(まげ)．¶绾 wǎn～ / 髷を結う．
【发夹】fàjiā 名 ヘアピン．量 个．
【发胶】fàjiāo 名 ヘアスプレー；ムース．
【发蜡】fàlà 名 ポマード．(コスメ)チック．
【发廊】fàláng 名 理髪店．美容院．►多く個人経営のものをさす．
【发妻】fàqī 名〈旧〉初婚の妻；〈転〉正妻．本妻．►"结发之妻"(成人後すぐ結婚した妻)の略．
【发卡】fàqiǎ 名 ヘアピン．ヘアクリップ．量 个．
【发乳】fàrǔ 名 ヘアクリーム．
【发刷】fàshuā 名 ヘアブラシ．
【发套】fàtào 名 かつら．
【发网】fàwǎng 名 ヘアネット．
【发屋】fàwū 名 理髪店．美容院．量 家．
【发型】fàxíng 名 髪形．ヘアスタイル．
【发癣】fàxuǎn 名〈医〉しらくも．►"白癣 báixuǎn"とも．
【发油】fàyóu 名 ヘアローション．ヘアオイル．
【发针】fàzhēn 名(長い針状の)ヘアピン．量 根 gēn,支 zhī．
【发指】fàzhǐ 動〈書〉髪の毛が逆立つほど激怒する．烈火のごとく怒る．¶令 lìng 人～ / 激怒させる．

珐(琺) fà "珐琅 fàláng"(エナメル．ほうろう)という語に用いる．

fan (ㄈㄢ)

1声 **帆 fān** 名(船の)帆．¶～樯 qiáng 林立 / 帆柱が林のように立っている．¶一～风顺 shùn / 〈成〉順風に帆を揚げる．物事が順調に進むたとえ．
【帆板】fānbǎn 名 ① ウィンドサーフィン．② サーフボード．
【帆布】fānbù 名 ズック．¶～鞋 xié / ズック靴．
【帆布床】fānbùchuáng 名 携帯ベッド．キャンプ用ベッド．
【帆船】fānchuán 名 帆船．帆掛け船；ヨット．量 只,艘 sōu,条．

***番 fān** 量 ①(景観・味などについて)一種の．►数詞は"一"のみ．¶别有一～天地 / 別世界に足を踏み入れたよう．② 言説を表す行為またはそれを含む行為に用いる．►労力や時間を惜しまず誠意を尽くすとき．¶郑重 zhèngzhòng 地解释 jiěshì 了一～ / まじめにじっくりと説明した．¶作了一～自我介绍 jièshào / ひと通り自己紹介した．③ 動詞"翻 fān"とともに用いて倍数を表す．►たとえば"翻三番"は2^3で「8倍になる」の意味．¶产量翻 fān 两～ / 生産高が4倍になる．►ただし,この本来の用法をはずれ単に"倍 bèi"と同様に用いることも少なくない．
◇◆ 外国の．異民族の．¶→～客 kè．¶→～茄 qié．
【番菜】fāncài 名〈方〉西洋料理．►"西餐 xīcān"の旧称．
【番瓜】fānguā 名〈植〉①〈方〉カボチャ．② →【番木瓜】fānmùguā
【番号】fānhào 名 番号；部隊番号．
【番椒】fānjiāo 名〈中薬〉唐辛子．⇨【辣椒】làjiāo
【番客】fānkè 名〈旧〉異民族の人．外国人．
【番木瓜】fānmùguā 名〈植〉パパイヤ．►俗に"木瓜"という．
【番茄】fānqié 名〈植〉トマト．►"西红柿 xīhóngshì"とも．¶～汁 zhī / トマトジュース．
【番茄酱】fānqiéjiàng 名 ① トマトペースト．② トマトケチャップ．
【番薯】fānshǔ 名〈方〉〈植〉サツマイモ．

蕃 fān ◇◆ 外国．▸▸ fán

藩 fān ◇◆ ①まがき．垣根．②〈書〉囲い．¶屏 píng～ / びょうぶと囲い．►古くは国家の重臣にたとえた．③藩．封建時代の属国・属領．
【藩篱】fānlí 名 垣根．
【藩属】fānshǔ 名 封建時代の属領・属国．
【藩镇】fānzhèn 名〈史〉唐代に辺境各州に設けた節度使．1地区の軍政・行政・財政をつかさどる．

****翻 fān**

ひっくり返す・ひっくり返る→(ひっくり返して)めくる,さがす,訳す．定説・結論をくつがえす．前事を蒸し返す．数が倍増する；乗り越える

動 ①(物が)ひっくり返る．(物を)ひっくり返す,裏返しにする．¶马车～了 / 馬車がひっくり返った．¶这件大衣可以～着穿 chuān / このオーバーはリバーシブルだ．②(ページを)めくる．¶～书 / 本をめくる．¶～字典 / 辞書を調べる．③(あちこちをひっかき回して)さがす．¶抽屉 chōuti 我都～遍了,还是找不到 / 引き出しをくまなくさがしたが,見つからない．④ 翻訳する．通訳する．¶把英文～成中文 / 英語を中国語に翻訳する．⑤(元のものを)くつがえす；(以前の事などを)蒸し返す．¶～历史旧案 jiù'-

àn / 史実をひっくり返す. 6(山やへいを)**乗り越える. 登る.** ¶～雪山 xuěshān / 雪山を越える. 7 がらりと態度を変える. ¶他们俩闹 nào～了 / あの二人はけんかをした. 8 倍増する. ►"翻"+数詞+"番 fān"で倍数を表す. ¶～(一)番 / 倍になる. ¶～两番 / 倍になったものがさらにまた倍になる. 4倍になる. ⇒〖倍 bèi〗〖番 fān〗3

【翻案】fān//àn 動 判決・処分・評価・定論などをくつがえす.

【翻把】fān//bǎ 動〈方〉1 勢いを盛り返す. 2(前言を)ひるがえす. ほごにする;しらを切る.

【翻白眼】fān báiyǎn〈慣〉(～儿)白目をむく. ►不満・失望・重態などの表情をいう.

【翻版】fānbǎn 1 名 複製本. 2 動 複製する.

【翻本】fān//běn 動(～儿)とばくで負けた金を取り戻す;失敗の穴を埋める.

【翻查】fānchá 動(ページなどを)めくって調べる. かきまわして調べる.

【翻场】fān//cháng 動 脱穀場に干してある穀物を早く乾かすためひっくり返して日光に当てる.

【翻车】fān//chē 動 1 車がひっくり返る. 2〈喩〉挫折する. 3〈口〉怒る. 4〈喩〉急に態度を変える. ⇒【翻脸】fān//liǎn

【翻车鱼】fānchēyú 名〈魚〉マンボウ.

【翻船】fān//chuán 動 船が転覆する;〈喩〉失敗する.

【翻地】fān//dì 動〈農〉畑にすきを入れる. 土をすき起こす. 田畑の地起こしをする.

【翻动】fāndòng 動(もとの位置や様子を)変える. ¶～身子 shēnzi / 体の位置を変える.

【翻斗车】fāndǒuchē 名 ダンプカー.

【翻番】fān//fān 動 倍増する.

【翻飞】fānfēi 動(鳥やチョウなどが)舞う;ひらひらと揺れ動く. はためく.

【翻覆】fānfù 動 1 ひっくり返る. ひっくり返す;いちじるしく変化する. ¶天地～ / 天地がひっくり返るほどの大変化. 2 体の向きを変える. 寝返りを打つ. 3〈書〉前言をひるがえす.

【翻盖】fāngài 動 家屋を建て直す. 改築する.

【翻杠子】fān gàngzi〈体〉鉄棒・平行棒で体操をする.

【翻个儿】fān//gèr 動 ひっくり返す. ひっくり返る. ►"翻过儿 guòr"とも.

【翻跟头】fān gēntou とんぼ返りを打つ;挫折する. ►"翻斤斗 jīndǒu""翻筋斗 jīndǒu"とも.

【翻工】fān//gōng ⇀【返工】fǎn//gōng

【翻供】fān//gòng 動 供述をひるがえす.

【翻滚】fāngǔn 動 1(波が)逆巻く;(煙や雲が)むくむくと湧き上がる;(湯が)たぎる. ¶波浪 bōlàng～ / 波が逆巻く. ¶乌云 wūyún～ / 黒雲がむくむくと湧き上がる. 2 転げ回る.

【翻黄・翻簧】fānhuáng ⇀【竹黄・竹簧】zhúhuáng

【翻悔】fānhuǐ 動 後悔して前言をひるがえす. 気が変わる. ►"反悔 fǎnhuǐ"とも.

【翻检】fānjiǎn 動(本や文件などを)めくって調べる. ⇒【翻查】fānchá

【翻浆】fān//jiāng 動 凍っていた地面や道路の表面が春になって解け,どろんこになる.

【翻江倒海】fān jiāng dǎo hǎi〈成〉(天地を覆すほど)力や勢いが盛んなである.

【翻来复去】fān lái fù qù〈成〉1 何度も寝返りを打つ. 2 同じことを何回となく繰り返す. ►12とも"翻过来,翻过去"とも.

【翻老皇历】fān lǎohuánglì 古い暦を調べる;〈慣〉古い経験で物事にあたり,古い見方で人を見る(こと).

【翻老账】fān lǎozhàng〈慣〉古いことを蒸し返す. ►"翻旧账"とも.

【翻脸】fān//liǎn 動 **がらりと態度を変える.** 開き直る. 突然怒り出す. 不快な顔をする. ¶～不认人 / 急に態度を変えて今までのよしみを無にする.

【翻领】fānlǐng 1 名(～儿)開襟(かいきん). 折り襟. ¶～衬衫 chènshān / 開襟シャツ. 2 動 えりをかえす.

【翻录】fānlù 動 録音・録画テープをダビングする. ¶禁止 jìnzhǐ～ / 複製を禁ずる.

【翻弄】fānnòng 動(ページなどを)めくり返す.

【翻然】fānrán 副〈書〉翻然と. にわかに改めるさま. ►"幡然"とも書く.

【翻砂】fānshā〈機〉1 動 鋳造する. 2 名 砂鋳型製作.

【翻山越岭】fān shān yuè lǐng〈成〉山を登り峰を越える. 何度も山を越える.

【翻烧饼】fān shāobing〈慣〉しきりに寝返りを打ち寝つけない.

【翻身】fān//shēn 動 1 **寝返りを打つ.** 体の向きを変える. 2 **生まれ変わる. 今まで抑圧されていたものが解放されて立ち上がる.** 3〈喩〉後れを取り戻して立ち直る.

【翻腾】fānteng 動 1(波・火などが)盛んに沸き返る. 2 思い乱れる. 3 まぜかえす. ひっかき回す. 繰り返し述べる. ¶过去的事就不要～了 / 過去のことはもう蒸し返さないでくれ.

【翻天】fān//tiān 動 1 天をひっくり返す;大騒ぎを形容する. ¶闹 nào～ / 上を下への大騒ぎをする. 2〈喩〉政権をひっくり返す. ►"返 fǎn 天"とも.

【翻天覆地】fān tiān fù dì〈成〉1 天地がくつがえる(ほどの変化). 2 ひどく騒ぎ立てる. ¶闹 nào 得～ / 上を下への大騒ぎをする.

【翻箱倒柜】fān xiāng dǎo guì〈成〉たんすや箱をひっくり返して物を探すこと. 徹底的に探すこと. ►"翻箱倒箧 qiè"とも.

【翻新】fānxīn 動(古着などを)作りかえる,リフォームする. 古いものを新しくする. ¶花样～ / (古いものが)様変わりする. デザインを一新する.

【翻修】fānxiū 動(建物や道路を)修復する.

【翻译】fānyì 1 動 **翻訳する. 通訳する. 訳す. ¶～小说 / 小説を翻訳する. ¶～本 / 訳本. ¶～片 / 吹き替え映画. 2 名 **通訳.** 翻訳. 通訳者. 翻訳者. ❖当 *dāng*～ / 通訳をする〔になる〕.

【翻印】fānyìn 動(書籍や印刷物を)複製する. ¶～本 / 複製本. リプリント.

【翻阅】fānyuè 動(文書や書籍に)目を通す. 一読する. 閲覧する.

【翻越】fānyuè 動 乗り越える. 越す.

【翻云覆雨】fān yún fù yǔ〈成〉言葉や態度が猫の目のように変わること;さまざまな手段を巧みに弄すること.

*凡(凢) fán 1 副 1〈書〉(…するものは)およそ. 一般に. おしなべて. ¶～此 cǐ 种种 zhǒngzhǒng, 不一而足 / この種のものはたくさんあって,い

ちいち数えるまでもない．⇒【凡是】fánshì
②〈書〉合計で．全部で．¶全书～五十卷 juàn / その本は全部で50巻ある．
❷名 中国民族音楽の10音階の一つ．
◇◆ ①平凡な．ありふれた．¶非 fēi ～ / 尋常でない．②俗世．¶～心 / 俗世を思う心．③大略．¶大～ / おおよそ．
‖姓
【凡夫俗子】fánfū súzǐ 名〈貶〉凡人．平凡な一般人．
【凡例】fánlì 名 凡例．
【凡人】fánrén 名 ①〈書〉凡人．普通の人．②俗世の人．►"神仙 shénxian"と区別する．
【凡事】fánshì 名 万事．何事も．
*【凡是】fánshì 副(主語の前に置いて)すべて．およそ．おしなべて．¶～我知道的,都告诉 gàosu 你了 / およそ私が知っていることは,すべて君に話した．
【凡士林】fánshìlín 名〈化〉ワセリン．
【凡庸】fányōng 形〈書〉凡庸な．平凡な．平平凡凡の．普通の．►人をさすことが多い．

2声 **氾** fán ‖姓 ⇒〖泛 fàn〗

矾(礬) fán 名〈化〉明礬(みょうばん)．
【矾土】fántǔ 名〈鉱〉アルミナ．

* **烦** fán ❶形 ①くさくさする．いらいらする．¶这几天我心里很～ / ここ数日ひどくいらいらしている．②(多く補語に用い)飽き飽きする．いとわしい．¶这些话,我都听～了 / そんな話はもう聞くのもいやだ〔聞き飽きた〕．③くどくどしい．¶报告 bàogào 不要太～ / 報告はくどくならないようにしなさい．
❷動 煩す．面倒な思いをさせる．¶～您给她捎 shāo 个信儿 / ご面倒でも彼女に伝言していただけますか．►丁寧にものを頼む言い方．¶真～人 / まったくいやになる．
【烦劳】fánláo 動〈敬〉面倒をかける．煩わす；(人にものを頼む時)すみませんが…,恐れいりますが….
【烦闷】fánmèn 形 悩み煩う．(気持ちが)いらだつ．うんざりする．
【烦难】fánnán →【繁难】fánnán
*【烦恼】fánnǎo 動 悩み煩う．悩む．心配する；悩み．心配ごと．¶自寻 xún ～ / 思い過ごしをする．¶为找不到对象 duìxiàng 而～ / 結婚相手がみつからず悩む．
【烦请】fánqǐng 動〈敬〉お願いする．煩わす．¶～光临 guānglín / ご足労を煩わす．¶～火速 huǒsù 回复 huífù / (手紙で)お手数ながら大至急ご返事ください．
【烦扰】fánrǎo ①動(人に)面倒をかける．迷惑をかける．②形 いらだつ．いらいらする．煩わしい．
【烦人】fánrén 形 煩わしい．
【烦冗】fánrǒng 形 繁雑である；(文章が)冗長である,くどい．►"繁冗"とも書く．
【烦琐】fánsuǒ 形(文章や話が)くどい,こまごまと煩わしい．►"繁琐"とも書く．
【烦嚣】fánxiāo 形〈書〉(音が)騒がしい．
【烦心】fánxīn 動 心を悩ます．心配する．
【烦躁】fánzào 形 いらいらする．気がもめる．¶～不安 / 気持ちがいらだって落ち着かない．

蕃 fán ◇◆(草木が)繁茂する；(動物が)繁殖する．¶～昌 chāng / 繁盛する．¶～茂 mào / 繁茂する．⏩ fān
【蕃息】fánxī 動〈書〉繁殖する．

樊 fán ◇◆ まがき．垣根．
【樊篱】fánlí 名 垣根；障壁．
【樊笼】fánlóng 名〈書〉鳥かご；〈転〉不自由な境遇．

燔 fán 動〈書〉焼く．あぶる．

繁 fán 形 多くて込み入っている．¶这道数学题很～ / この数学の問題はとても込み入っている．
◇◆ 繁殖する．¶→～殖 zhí．
【繁博】fánbó 形(引用が)多くて広範である．
【繁多】fánduō 形 非常に多い．雑多である．
【繁复】fánfù 形 重複して繁雑である．
【繁花】fánhuā 名 咲き乱れる花．さまざまな花．¶～似锦 jǐn / 咲き乱れる花が錦のように美しい．
【繁华】fánhuá 形(町や市街などが)にぎやかである．
【繁丽】fánlì 形 文章などの用語が豊富で美しい．
【繁忙】fánmáng 形 多忙である．忙しい．¶工作十分～ / 仕事が非常に多忙だ．
【繁茂】fánmào 形(草木が)生い茂っている．
【繁密】fánmì 形 びっしりと詰まっている．多くて密である．ひっきりなしである．
【繁难】fánnán 形 複雑で難しい．煩雑でやりにくい．►"烦难"とも書く．
*【繁荣】fánróng ①形 繁栄している．②動 繁栄させる．¶～经济 jīngjì / 経済を発展させる．
【繁荣昌盛】fán róng chāng shèng〈成〉隆盛を極める．
【繁冗】fánrǒng 形 くどい．冗長である．►"烦冗"とも書く．
【繁缛】fánrù 形〈書〉こまごまとして煩わしい．
【繁盛】fánshèng 形 ①繁盛している．繁栄している．②繁茂している．
【繁琐】fánsuǒ →【烦琐】fánsuǒ
*【繁体字】fántǐzì 名 繁体字．旧字体．参考 "简体字 jiǎntǐzì"に対していう．たとえば"对 duì"が簡体字であるのに対し,"對"が繁体字で,台湾や香港などで使われる．
【繁文缛礼】fán wén rù lǐ〈成〉こまごました煩わしい礼法やしきたり．繁文縟礼(はんぶんじょくれい)．►"繁文缛节 jié"とも．
【繁芜】fánwú 形(文章が)くどくて雑然としている．
【繁星】fánxīng 名〈書〉無数の星．
【繁衍】fányǎn 動 しだいに多くなる．繁殖する．増殖する．►"蕃衍"とも書く．
【繁育】fányù 動 繁殖させて育てる．育成する．
【繁杂】fánzá 形 繁雑である．雑多である．複雑である．►"烦杂"とも書く．
【繁殖】fánzhí 動 繁殖する．繁殖させる．¶人工 réngōng ～大熊猫 dàxióngmāo / パンダを人工増殖させる．
【繁重】fánzhòng 形(労働や役割が)多くて重い．(負担が)大きい．

3画 *反 fǎn ❶形(↔正 zhèng)反対の．逆の．¶～绑 bǎng 双手 / 後ろ手に縛る．¶袜子 wàzi 穿～了 / 靴下を裏返しに履いた．¶适 shì 得其～ / 〈成〉ちょうど反対の結果になる．
❷動 ① 反対する．反抗する．¶～贪污 tānwū / 汚職に反対する．② 反逆する．謀反する．③ ひっくり返す．
❸副 むしろ．かえって．¶他不但没发财 fācái，～破 pò 了产 / 彼はもうかるどころか，かえって破産してしまった．
◇◆ ①逆にする．反対にする；返る．返す．¶→～问．②類推する．¶举 jǔ 一～三 / 一つのことから類推して多くのことを知る．③反革命・反動．¶有～必肃 sù / 反革命があれば必ず粛正する．

【反霸】fǎnbà 動 ① 覇権主義に反対する．②(土地改革運動で)ボス地主の罪悪を暴き，こらしめる．

【反比】fǎnbǐ 名 ① 反比．二つの事物または事物の二つの面が同時に相反する方向に変化すること．►反比例の関係をさす．②〈数〉反比例．¶成～ / 反比例する．

【反驳】fǎnbó 動 反駁(はんばく)する．

【反哺】fǎnbǔ 動 子供が成長して後，親の恩に報いる．反哺(はんぽ)．

【反差】fǎnchā 名〈写真〉コントラスト；(対比したときの)差異．

【反常】fǎncháng 形 ふだんと違う．異常である．

【反衬】fǎnchèn 動(正反対の事物を引き立て役として)ある事物を際立たせる．

【反冲击】fǎnchōngjī 動 逆襲する．反撃する．

【反冲力】fǎnchōnglì 名〈物〉反動力．

【反刍】fǎnchú 動 反芻(はんすう)する．►一般に"倒嚼 dǎojiào"という．¶～动物 dòngwù / 反芻動物．

【反串】fǎnchuàn 動(芝居などで)代役をする．

【反唇相讥】fǎn chún xiāng jī 〈成〉(他人の批判を受け入れずに)かえって相手を悪く言う．

【反导弹导弹】fǎndǎodàn dǎodàn 名〈軍〉弾道弾迎撃ミサイル．ABM．量 颗 kē，枚 méi．

【反倒】fǎndào 副 かえって．反対に．あべこべに．¶你这么客气 kèqi，～令 lìng 我不安 / そんなに遠慮なさると，かえって恐縮してしまいます．

【反帝】fǎndì 形 反帝国主義の．

【反动】fǎndòng ① 形 反動的である．¶他太～了 / 彼はあまりにも反動的だ．② 名 反発．反動．

【反动派】fǎndòngpài 名 反動派．

【反对】fǎnduì 動 反対する．¶大家都～这么早就出发 / こんなに早く出発するのはみんな反対している．¶～贪污 tānwū 浪费 làngfèi / 汚職や浪費に反対する．

【反而】fǎn'ér 副 かえって．反対に．¶风不但 bùdàn 没停，～越刮越大 / 風は止むどころか，かえってますますひどくなった．

【反腐】fǎnfǔ 動 役人の不正・腐敗に反対する．

【反复】fǎnfù 動 ① 繰り返す．¶～修改 xiūgǎi 文章 / 繰り返し文章に手を入れる．②(考えが)ふらふらする．気が変わる．裏切る．¶已经答应 dāying 了人家，不应该再～了 / もううんと言ったんだから心変わりしてはいけない．③ 再現する．再発する．¶他的病又 yòu 出现了～ / 彼の病気は再発した．

【反复无常】fǎn fù wú cháng 〈成〉気が変わりやすい．

【反感】fǎngǎn ① 名 反感．►「…に反感をもつ」は"对…反感"，「反感を買う」は"引起反感""令人反感"などの表現を用いる．¶他的言行 yánxíng 引起 yǐnqǐ 了大家的～ / 彼の言動は皆の反感を買った．② 形 反感を持っている．

【反戈一击】fǎn gē yī jī 〈成〉矛を逆さまにして一撃を加える．►裏切ることの比喩として用いることが多い．

【反革命】fǎngémìng ① 形 反革命的である．② 名 反革命分子．

【反攻】fǎngōng 動〈軍〉反攻する．反撃する．

【反躬自问】fǎn gōng zì wèn 〈成〉わが身を省みて自らを問う．反省する．►"抚 fǔ 躬自问"とも．

【反顾】fǎngù 動〈書〉振り返ってみる；〈喩〉気が変わりためらう．¶义 yì 无～ / 正義のためには後へ引けず，勇気を奮って前進する．

【反光】fǎnguāng ① 動(光線が)反射する．② 名 反射光線．

【反光镜】fǎnguāngjìng 名 バックミラー．

【反过来】fǎnguòlai 動+方補 ① 翻(ひるがえ)す；(本論に)立ち戻る．② 裏返す；反対に．逆に．

【反黑】fǎnhēi 動 ①(暴力団などの)犯罪組織を取り締まる．②〈体〉八百長を撲滅する．③〈電算〉ハッカーに対抗する．

【反话】fǎnhuà 名 反語．(逆説的に言う)皮肉．

【反悔】fǎnhuǐ 動(後悔して)前言を取り消す．気が変わる．約束を破る．

【反击】fǎnjī 動 反撃する．逆襲する．

【反剪】fǎnjiǎn 動 両手を後ろに回す．後ろ手に縛る．

【反间】fǎnjiàn 動 ① スパイを逆用する．②(敵のスパイを逆用して)敵の内部の離間をはかる．

【反建议】fǎnjiànyì 名 対案．逆提案．

【反骄破满】fǎn jiāo pò mǎn 〈成〉おごりたかぶることに反対し，自己満足を捨てる．

【反诘】fǎnjié 動〈書〉問い返す．詰問する．

*【反抗】fǎnkàng 動 反抗する．抵抗する．逆らう．

【反客为主】fǎn kè wéi zhǔ 〈成〉主客転倒する．

【反馈】fǎnkuì 動 ①〈電〉フィードバックする．② 情報や便りなどが帰ってくる．¶市场销售 xiāoshòu 情况的信息不断～到工厂 / 市場の売れ行き情況に関する情報が途切れなく工場に寄せられる．

【反面】fǎnmiàn 名 ①(～儿)(↔正面 zhèngmiàn)裏側．裏面．裏．②(↔正面)悪い面．否定的な面．マイナス面．

【反面教员】fǎnmiàn jiàoyuán 名 反面教師．

【反面人物】fǎnmiàn rénwù 名 敵役となる人物．

【反目】fǎnmù 動〈書〉反目する．仲たがいする．不和になる．►夫婦の間についていうことが多い．¶夫妻 fūqī ～成仇 chóu / 夫婦仲が悪くなって，まるでかたきのようだ．

【反派】fǎnpài 名(映画・戯曲・小説などの)悪役，敵役，悪玉．¶唱 chàng ～ / 悪玉を演じる．

【反叛】fǎnpàn 動 謀反を起こす．反逆する．

【反叛】fǎnpan 名〈口〉裏切り者．謀反人．

【反批评】fǎnpīpíng 名 逆批判．

【反扑】fǎnpū 動(猛獣や敵が)逆襲する．

【反潜】fǎnqián 動 対潜水艦攻撃をする．

【反切】fǎnqiè 名〈語〉反切(はんせつ)．漢字2字の音を組み合わせて別の漢字1字の音を示す方法．

【反求诸己】fǎn qiú zhū jǐ 〈成〉振り返って自分

F

の責任を追求する．反省する．
【反犬旁】fǎnquǎnpáng 名(～儿)(漢字の偏旁)けものへん．"犭"．►"犬犹儿 quǎnyóur"とも．
【反射】fǎnshè 動〈物〉〈生理〉反射する．¶ 条件～／条件反射．¶～镜 jìng／反射鏡．
【反射炉】fǎnshèlú 名〈冶〉反射炉．
【反射线】fǎnshèxiàn 名〈物〉反射光線．
【反身】fǎnshēn 動 身をひるがえす．
【反是】fǎnshì 接続〈書〉これと反対に．これに反して．それに反し．逆に．

F

【反噬】fǎnshì 動〈書〉(原告や非難をする人に対して)逆ねじを食わす．
【反手】fǎn//shǒu ❶動 ①手を背の後ろに回す．②〈喩〉(仕事などが)容易に行える．❷名〈体〉バックハンド．¶～抽球 chōuqiú／バックハンドドライブ．
【反水】fǎn//shuǐ 動〈方〉①寝返る．②気が変わる．
【反思】fǎnsī 動(過去を振り返り)改めて考える．再認識する．逆の立場から顧みる．反省する．
【反诉】fǎnsù 動〈法〉反訴する．
【反锁】fǎnsuǒ 動 人が外にいる場合中から，中にいる場合外から，鍵をかける．
【反弹】fǎntán 動 ①跳ね返る．②〈経〉(価格や相場が)反騰する．¶ 股市 gǔshì ～／株式市場が反騰する．③(ダイエット後に)リバウンドする．
【反坦克炮】fǎntǎnkèpào 名〈軍〉対戦車砲．►"防坦克炮 fángtǎnkèpào"とも．
【反题】fǎntí 名〈哲〉アンチテーゼ．反立．
【反文旁】fǎnwénpáng 名(～儿)(漢字の偏旁)ぼくにょう"攵"．
【反问】fǎnwèn ①動 **問い返す**．反問する．②名〈語〉反語(文)．
【反响】fǎnxiǎng 名 反響．
【反向】fǎnxiàng 名 逆方向．
【反省】fǎnxǐng 動 **反省する**．¶ 深刻 shēnkè ～自己／自らを深く反省する．
【反咬一口】fǎnyǎo yī kǒu 〈慣〉(自分が悪事をしておきながら)他人に罪をなすりつける．
【反义词】fǎnyìcí 名〈語〉反義語．反意語．
*【反应】fǎnyìng ❶動 **反応する**．❷名 ①(注射や薬の)アレルギー；化学反応．¶ 过敏 guòmǐn ～／アレルギー反応．¶→～堆 duī．②(意見・態度などによる)**反響，反応**．¶ 这篇 piān 社论 shèlùn 引起了强烈 qiángliè 的～／この社説は大きな反響を呼んだ．¶～冷淡 lěngdàn／あまり反響がない．
*【反映】fǎnyìng ❶動 ①**反映する**．写し出す．¶ 美元贬值 biǎnzhí ～了美国经济的衰退 shuāituì／ドル安はアメリカの景気後退を反映している．②(状況や意見を上層部へ)**報告する**．¶～下属 xiàshǔ 意见／部下の考えを上司に伝える．❷名(人・事柄に対する)評判，文句．¶ 群众 qúnzhòng 对他的～很不好／大衆の彼に対する評判はあまりよくない．
【反应堆】fǎnyìngduī 名〈物〉原子炉．
【反语】fǎnyǔ 名 アイロニー．►「反語」は"反问 fǎnwèn"という．
【反照】fǎnzhào 動 照り返す．反射する．►"返照"とも書く．¶ 夕阳 xīyáng ～／夕映え．夕焼け．
*【反正】fǎnzhèng 動 正しい状態に戻る；(敵の軍隊が)投降する．
【反证】fǎnzhèng 名 反証．反対の証拠．
【反证法】fǎnzhèngfǎ 名〈数〉背理法．帰謬法．
【反正】fǎnzheng 副 どうせ．どのみち．いずれにせよ．►"无论 wúlùn""不管 bùguǎn""任凭 rènpíng"などと呼応させ用いられることが多い．¶ 不管下不下雨，～我们今天旅游 lǚyóu 是去定了／雨が降ろうが降るまいが，いずれにせよ私たちはきょう旅行に出かけなければならない．
【反之】fǎnzhī 接続 これに反して．反対に．
【反转】fǎnzhuàn 動 逆転する．反転する．¶～片 piàn／リバーサルフィルム．反転フィルム．
【反转来】fǎnzhuànlái ⇀【反过来】fǎnguòlai
【反坐】fǎnzuò 動〈旧〉人を陥れようとした罪で誣告(ぶこく)人が逆に処罰される．
【反作用】fǎnzuòyòng 名〈物〉反作用；〈喩〉逆効果．

返 fǎn

◇◆〈書〉帰る．引き返す．¶ 一去不复～／行ったきりで戻らない．永遠に過ぎ去ってしまう．¶ 流连 liúlián 忘～／〈成〉名残惜しくて帰るのを忘れる．
【返场】fǎn//chǎng 動 アンコールにこたえる．
【返潮】fǎn//cháo 動(地面・食物・衣服などが)湿る．
【返程】fǎnchéng 帰路．帰り道．
【返防】fǎn//fáng 動〈軍〉駐屯地へ引き返す．
【返工】fǎn//gōng 動(製品の)手直しをする；(仕事を)やり直す．
【返航】fǎn//háng 動 帰航する．
【返回】fǎnhuí 動 **帰る．戻る**．
【返老还童】fǎn lǎo huán tóng 〈成〉老いてますます盛んになる．若返る．
【返里】fǎnlǐ 動〈書〉故郷へ帰る．
【返聘】fǎnpìn 動(元の職場が)退職者を再雇用する．
【返璞归真】fǎn pú guī zhēn 〈成〉(外在的な飾りを捨て)本来の飾り気のない姿に戻る．
【返任】fǎnrèn 動 帰任する．
【返销】fǎnxiāo ①動 災害や不作のために国家が手持ちの食糧を放出する．¶～粮 liáng／(国家が)放出した食糧．②逆輸入する．
【返校】fǎnxiào 動(休暇があけて，あるいは休暇中一時的に)帰校する．
【返修】fǎnxiū 動 修理し直す．再修理する．
【返照】fǎnzhào ⇀【反照】fǎnzhào
【返祖现象】fǎnzǔ xiànxiàng 名〈生〉帰先遺伝．先祖返り．隔世遺伝．

4声 *犯 fàn

動 ①**犯す**．**違反する**．¶～纪律 jìlǜ／規律を破る．②**侵害する**．¶ 人不～我，我不～人／人侵さずんば，われ侵さず．③(**病気などに**)なる．**発生する**．…を**する**．**しでかす**．►誤った事またはよくない事をさすことが多い．¶～错误 cuòwu／過ちをしでかす．¶～脾气 píqi／かんしゃくを起こす．¶ 她又～老毛病 máobìng 了／彼女はまた悪い癖が出た．¶～官僚 guānliáo 主义／官僚主義になる．¶ 他的胃病 wèibìng 又～了／彼の胃病が再発した．
◇◆ 犯罪者．¶ 罪 zuì ～／犯人．罪人．
【犯案】fàn//àn 動 ①犯罪が発覚する．②犯罪を犯す．
【犯病】fàn//bìng 動 持病が再発する．
【犯不上】fànbushàng ⇀【犯不着】fànbuzháo
【犯不着】fànbuzháo 動+可補 …するには及ばない．…するに値しない．¶～跟他生气／彼に腹を立てるだけ損だ.
【犯愁】fàn//chóu 動 心配する. ⇒【发愁】fā//chóu
【犯得上】fàndeshàng ⇀【犯得着】fàndezháo
【犯得着】fàndezháo 動+可補 …する必要がある. …する価値がある. …するに値する. ►普通は反語に用いる. ¶你～为这点儿小事生气吗？/ これっぽっちの事でそんなに怒らなくてもよいのに.
【犯嘀咕】fàn dígu (いろいろ考えても)決めかねる, ためらう, 迷う.
【犯法】fàn//fǎ 動 法を犯す. 法律に違反する.
【犯规】fàn//guī 動 ①規則違反. 規則に違反する. ②〈体〉反則する. ¶他犯了两次规 / 彼は反則を2回した.
【犯忌】fàn//jì 動 タブーを犯す.
【犯节气】fàn jiéqi 〈慣〉季節の変わりめに持病が出る. 時候あたり.
【犯戒】fàn//jiè 動〈宗〉戒律を犯す.
【犯禁】fàn//jìn 動 禁制を破る.
【犯口舌】fàn kǒushé とやかく言われる. 紛糾を引き起こす.
【犯难】fàn//nán 動 困る. 持て余す.
【犯人】fànrén 名 犯人. 犯罪者. ► fànren とも発音される.
【犯傻】fàn//shǎ 動〈方〉〈貶〉①とぼける. ②ばかげたことをする. ③ぼんやりする.
【犯上】fàn//shàng 動 目上の人にたてつく.
【犯上作乱】fàn shàng zuò luàn 〈成〉目上の人にたてつき騒ぎを起こす.
【犯事】fàn//shì 動〈方〉犯罪が発覚する. 悪事がばれる. 罪を犯す.
【犯小人】fàn xiǎorén 〈慣〉自分の不利になる人に出会う(ことによって幸運が流されてしまう).
【犯疑】fàn//yí 動 疑う. 疑いを抱く. 勘ぐる. ►"犯疑心 yíxīn"とも.
【犯嘴】fàn//zuǐ 動〈方〉口論する. 言い争う.
【犯罪】fàn//zuì 動〈法〉**罪を犯す**. ¶犯大罪 / 大きな罪を犯す. ¶～方式 / 犯罪の手口. ¶～分子 fènzǐ / 犯罪者. ¶～行为 xíngwéi / 犯罪行為.

饭 fàn 名 ①**飯. ご飯.** ►普通は米の飯をさす. 量[茶碗の数]碗 wǎn; [何口]口. ¶我吃了两碗～,已经很饱 bǎo 了 / ご飯を2ぜん食べたので,もうおなかがいっぱいです.
②**食事.** 量[何人前]份 fèn ; [何食]顿 dùn, 餐 cān. ¶早～ / 朝食. ¶午～ / 昼食. ►"中饭 zhōngfàn"とも. ¶晚～ / 夕食. ¶一天吃三顿～ / 毎日3度の食事をする. ¶开～了 / 食事の時間だよ.
【饭菜】fàncài 名 ①**食事**. ご飯とおかず. ¶准备～ / 食事の用意をする. ¶～可口 / 食事が口に合う. ②(↔酒菜 jiǔcài) ご飯のおかず. 総菜.
【饭底子】fàndǐzi 名 茶碗の中のご飯の食べ残し. ¶吃饭不许剩 shèng ～！/ ご飯を食べ残してはいけない.
【饭店】fàndiàn 名 ①ホテル**. 量 家. ¶预订 yùdìng ～ / ホテルを予約する. ❖住 zhù ～ / ホテルに泊まる. ②〈方〉料理店. レストラン. 参考 中国では,比較的大きくて,設備の整った外国人用ホテルを"饭店""宾馆",一般の中国人が利用する旅館を"旅店""旅馆""旅社"などという. 公的な宿泊所を"招待所"という. 香港や台湾では"(大)酒店""(大)饭店""(大)旅社"のつくホテルが多い. 量 家,个,座.
*【饭馆】fànguǎn 名(～儿·～子)**レストラン. 料理**

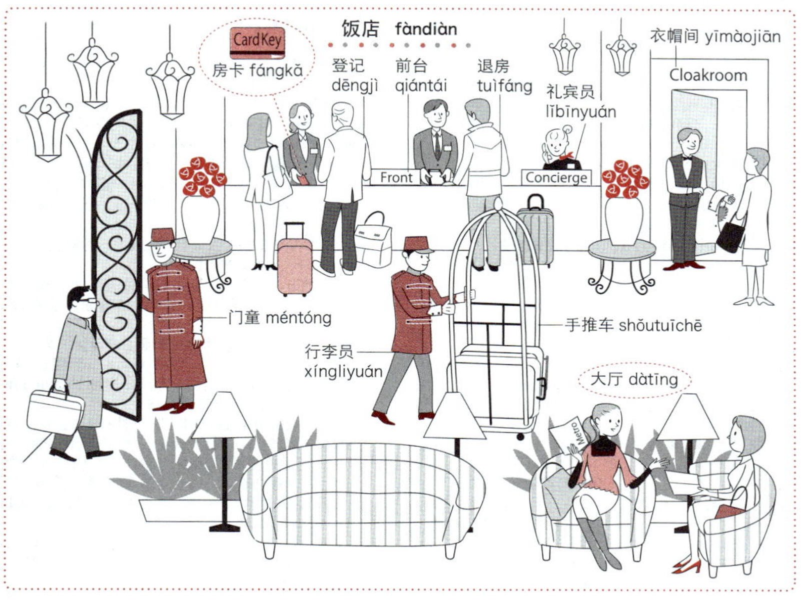

F

店．飲食店．(量) 家．¶下～儿／レストランで食事をする．

【饭锅】fànguō [名] ① 飯を炊くかま．(量) 个．② 〈喩〉飯のたね．生計．

【饭盒】fànhé [名](～儿) **弁当箱**．►「弁当」は“盒饭”という．(量) 个．

【饭口】fànkǒu [名]〈口〉① 食事時．飯時．②(食堂などの)主食やおかずを売る窓口．

【饭来张口，衣来伸手】fàn lái zhāng kǒu, yī lái shēn shǒu 〈諺〉人に食事や衣服の世話をしてもらい，裕福な暮らしをする．座して果実を食らう．

【饭量】fànliàng [名] **食事の量**．1回に食べられる量．¶他的～很大／あの人は大食いだ．

【饭票】fànpiào [名] **食券**．(量) 张 zhāng．

【饭铺】fànpù [名](～儿)飯屋．小食堂．

【饭勺】fànsháo [名] しゃもじ．

【饭时】fànshí [名]〈方〉食事時．

【饭食】fànshi [名](～儿)食事．►食事のよしあしについていうことが多い．

【饭厅】fàntīng [名](ホテル・飛行場などの中にある) **食堂，レストラン**．(量) 个，间．

【饭桶】fàntǒng [名] 飯びつ；〈喩〉大飯ぐらい．ごくつぶし．能なし．

【饭碗】fànwǎn [名] ① **ご飯茶碗**．(量) 个．②(～儿)生活のよりどころ．生活手段．¶打破～／飯の食い上げになる．¶丢 diū ～／職を失う．¶找 zhǎo ～／飯の種を探す．¶铁～／食いはぐれのない職．

【饭庄】fànzhuāng [名](～子) **大きな料理店**．(量) 家．

【饭桌】fànzhuō [名] 食卓．テーブル．(量) 张．

泛(汎・氾) fàn

[動](色が)表に出る，さす．(においが)漂う；浮かぶ．浮かべる．¶脸上～红／顔に赤みがさす．¶～出香味儿／よい香りが漂う．

◇◆ ①一般的で広い．¶广～／広範な．②中身がない．薄っぺらである．¶空 kōng ～／中身がない．③浮かぶ．浮かべる．¶→～舟 zhōu．④氾濫する．¶→～滥 làn．

【泛称】fànchēng [動] 通称・総称する．

【泛泛】fànfàn [形](後ろに名詞をとって)うわべだけ(の)．皮相的な….¶～之 zhī 交／うわべだけのつきあい．¶～地一说／ざっと説明する．

【泛滥】fànlàn [動] ①(河川が) **氾濫する**．¶～成灾 chéngzāi ／氾濫して災害になる．②〈喩〉(悪いことが)はびこる．

【泛水】fàn//shuǐ ① [動] 水びたしになる．② [名]〈建〉水切り．雨押さえ．

【泛音】fànyīn [名]〈音〉上音．倍音．

【泛指】fànzhǐ [動] 広くさしていう．¶“个体户 gètǐhù”～各种各样 gèzhǒng gèyàng 的个体经营者 jīngyíngzhě ／「個体戸」とはさまざまな個人経営者のことを広くさす．

【泛舟】fànzhōu [動]〈書〉舟を浮かべる．舟遊びをする．

范(範) fàn

◇◆ ①模範．手本．¶示 shì ～／手本を示す．②鋳型．¶铁～／鉄の鋳型．③範囲．枠．区切り．¶就～／指図どおりになる．④制限する．¶防 fáng ～／防備する．

【范本】fànběn [名] 手本．►書画についていうことが多い．¶习字 xízì ～／習字の手本．

【范畴】fànchóu [名] ①〈哲〉範疇(ちゅう)．カテゴリー．② 類型．タイプ．

【范例】fànlì [名] 模範事例．模範例．

*【范围】fànwéi ① [名] **範囲**．¶经营 jīngyíng ～／取り扱い内容．② [動]〈書〉制限する．概括する．

【范文】fànwén [名] 模範となる文章．

贩 fàn

[動] 仕入れる．¶～药／薬を仕入れる．

◇◆ 行商人．(小)商人．¶摊 tān ～／露天商人．

【贩毒】fàndú [動] 麻薬を密売する．

【贩夫走卒】fàn fū zǒu zú 〈旧〉〈成〉小商人と小役人；(広く)社会的地位の低い人．

【贩卖】fànmài [動] **仕入れて売る**．販売する；〈喩〉否定的なものを押しつける．

【贩私】fànsī [動] 密売する．密輸品や禁制品を売る．

【贩运】fànyùn [動] 商品を買いつけてよそへ運んで売りさばく．

【贩子】fànzi [名] 小商人．行商人．►けなす意味を含むことが多い．¶战争 zhànzhēng ～／戦争屋．死の商人．

梵 fàn

◇◆ ①古代インドの．②仏教の．¶～音／読経の声．

【梵蒂冈】Fàndìgāng [名]〈地名〉バチカン．

【梵宫】fàngōng [名] 仏寺．

【梵文】fànwén [名] サンスクリット．梵語(ぼん)．

fang (ㄈㄤ)

方 fāng

1声 *

❶[名] ① 方向．方角．¶东～／東の方．東．¶哪 nǎ 一～？／どの方向．どちら．② 方面．サイド．側．¶我～／わが方．当方．¶对～／相手側．¶甲 jiǎ ～／甲側．

❷[形] 方形の．四角い．¶那张饭桌 fànzhuō 是～的／あの食卓は四角だ．¶长～／長方形．

❸[量] ⓐ四角いものを数える．¶一～图章 túzhāng ／印鑑1個．¶两～手帕 shǒupà ／ハンカチ2枚．ⓑ平方または立方の略．►一般に平方メートルまたは立方メートルをさす．¶一～沙子 shāzi ／1立方メートルの砂．

❹[副]〈書〉いままさに．ちょうどいま．¶～今盛世 shèngshì ／時あたかも太平の世．

◇◆ ①地方．ところ．¶远～／遠方．②方法．¶千～百计／百方手を尽くす．③処方箋．¶处 chǔ ～／処方する．

*【方案】fāng'àn [名] **仕事の計画．プラン**．プログラム；方案．草案．(量) 个，项 xiàng．¶建校 jiàn xiào ～／学校創設の計画．¶汉语拼音 Hànyǔ pīnyīn ～／中国語ローマ字表記法．

【方便】fāngbiàn ❶[形](時間・条件・懐具合などが) **便利な，都合がいい，具合がいい．¶交通 jiāotōng 很不～／交通の便がずいぶんと悪い．¶您什么时候～？／いつ都合がいいですか．¶手头 shǒutóu 不～／手元不如意である．¶～(商)店 (shāng) diàn ／コンビニエンスストア．[身体について“不～”というと，障害があることを婉曲にさす]¶耳朵 ěrduo 不～／耳が遠い．¶身子不～／身体の具合が悪い．妊娠している．¶走路不～／足が悪い．

❷動 ① 便宜をはかる．¶为了～顾客 gùkè / 客の便宜をはかって．¶你行 xíng 个～吧 / なんとか便宜をはかってください．►知らない人に何かを頼むときの前口上．②〈口〉トイレに行く．用を足す．¶～一下 / トイレに行く．
注意 fāngbian と発音してもよい．
【方便面】fāngbiànmiàn 名 インスタントラーメン．量 包；[カップめん]碗 wǎn, 盒 hé.
*【方便食品】fāngbiàn shípǐn 名 インスタント食品．
【方步】fāngbù 名 規則正しくゆったりとした歩み．¶踱 duó～ / 大股にゆっくり歩く．
【方才】fāngcái ①名 いましがた．さきほど．¶她～还在这儿 / 彼女はさっきまでここにいた．②副《"才"に同じ．ただし語調がやや強い》やっと．ようやく．初めて．¶夜里十二点他～到家 / 夜の12時になって，彼はようやく家に着いた．
【方程】fāngchéng 名〈数〉方程式．
【方尺】fāngchǐ 量 1尺平方；平方尺．
【方寸】fāngcùn ❶量 1寸平方；平方寸．❷名 ①〈書〉心．¶～已乱 / 心が乱れる．②切手．
**【方法】fāngfǎ 名 やり方．方法．量 个，种．
【方方面面】fāngfāngmiànmiàn 名 各方面．
【方格】fānggé 名 格子縞(じま)．チェック．¶～纹 wén / 格子縞．
【方格纸】fānggézhǐ 名 グラフ用紙．
【方根】fānggēn 名〈数〉ルート．根(こん)．
【方技】fāngjì 名 方術．医術・神仙術・占星術などの総称．
【方剂】fāngjì 名 処方箋．処方．
【方家】fāngjiā 名〈書〉学問または一芸に秀でた人．専門家．大家(たいか)．►"大方之家 dàfāng zhī jiā"の略．
【方巾气】fāngjīnqì 名 考え方や行いが古臭いこと．
【方孔钱】fāngkǒngqián 名(真ん中に四角な穴の空いた)丸いお金；昔の銅銭．
【方块】fāngkuài 名 ①四角なもの．②(新聞の)コラム．►普通は"专栏 zhuānlán"という．③(トランプの)ダイヤ．
【方块字】fāngkuàizì 名 漢字．角張った文字．
【方框】fāngkuàng 名 四角の枠．
【方括号】fāngkuòhào 名 角形かっこ．ブラケット．"[ ]".
【方里】fānglǐ 量 1(華)里平方；平方(華)里．
【方脸儿】fāngliǎnr 名 角ばった[四角い]顔．
【方略】fānglüè 名 方略．全体的な計画と策略．
【方面】fāngmiàn 名 方面．面．側．¶另一～ / 他方．¶从医疗技术 yīliáo jìshù ～来看 / 医療技術の面から見れば．
【方枘圆凿】fāng ruì yuán záo〈成〉四角いほぞと丸いほぞ穴；〈転〉互いにしっくりしない．互いに相容れない．
【方胜】fāngshèng 名(～儿)(昔の装身具に用いた)菱形を二つつなぎ合わせた図案．違菱(ちがい)．
【方始】fāngshǐ 副 初めて．やっと．
【方士】fāngshì 名 方士．古代，神仙術を行った人．
【方式】fāngshì 名 方式．形式．やり方．様式．スタイル．¶生活～ / 生活様式．
【方糖】fāngtáng 名 角砂糖．量 块 kuài.
【方位】fāngwèi 名 方位．方角；方向と位置．►"上""上边"など．
*【方位词】fāngwèicí 名〈語〉方位詞．
【方向】fāngxiàng 名 方角；方向．¶～标 biāo / 道しるべ．
【方向舵】fāngxiàngduò 名(飛行機の)方向舵．
【方向盘】fāngxiàngpán 名(自動車などの)ハンドル．
*【方向】fāngxiang 名〈方〉情勢．¶看～行事 xíngshì / 情勢を見て事を行う．
【方兴未艾】fāng xīng wèi ài〈成〉今まさに発展の最中で，勢いが衰えないこと．
【方形】fāngxíng 名 方形．四角形．¶～桌子 / 四角い机．
【方言】fāngyán 名〈語〉方言．量 种，口．
【方药】fāngyào 名 中国医学の処方に使う薬．
【方音】fāngyīn 名〈語〉方言音．なまり．
【方圆】fāngyuán 名 ①付近．②周囲の長さ．¶那个湖 hú～三十公里 / あの湖は周囲が30キロある．③方形と円形；〈喩〉一定の規則や基準．
【方丈】fāngzhàng 量 1(華)丈平方；平方(華)丈．
*【方针】fāngzhēn 名 方針．量 个，条，种 zhǒng．¶改变 gǎibiàn～ / 方針を変える．
【方阵】fāngzhèn 名 方陣．正方形の陣形．
【方正】fāngzhèng 形 ①正方形である．形が整っている．②〈書〉公正である．正直である．¶为人 wéirén～ / 人となりが公正である．¶～脾气 píqi / 正直すぎて融通のきかない性格．
【方志】fāngzhì 名 地方誌．土地の歴史や沿革について記した書物．
【方桌】fāngzhuō 名 四角いテーブル．量 张．
【方字】fāngzì 名 児童に字を教えるためのカード．
【方子】fāngzi 名 ①処方．②化学製品などの配合方法．►"配方 pèifāng"の通称．

邡 fāng 地名に用いる．¶什 Shí～ / 四川省にある県の名．‖姓

坊 fāng ◇ ①坊．►街の名に用いることが多い．②忠孝貞節の人物を顕彰するために建てられたアーチ型の建物．►"牌坊 páifāng"という．▸▸ fáng
【坊本】fāngběn 名〈旧〉民間の書店から出版した書籍．►"坊刻本 fāngkèběn"の略．
【坊间】fāngjiān 名 市中．町中；〈旧〉書店．

芳 fāng ◇ ①かぐわしい．¶芬 fēn～ / かぐわしい．②(品行や評判などが)よい，りっぱである．¶→～名．
【芳龄】fānglíng 名〈書〉若い女性の年齢．¶她今年～二八 / 彼女はいま芳紀16歳だ．
【芳名】fāngmíng 名 ①若い女性の名前．②誉れのある名．よい評判．
【芳香】fāngxiāng ①名(草花の)芳しい香り．②形 香りがよい．芳しい．
【芳泽】fāngzé 名〈書〉①〈古〉女性が使った髪油．②(広く)よい香り．香気．③女性の風格や容貌．

枋 fāng 名 木の名．檀(まゆみ)の一種．►車材に用いる．
◇ ①角材．②棺おけ．
【枋子】fāngzi 名 ①方柱形の木材．②〈方〉棺おけ．柩(ひつぎ)．

2声 **防** **fáng** *
動 防ぐ．備える．¶～旱 hàn / 干魃(かんばつ)を防ぐ．¶～敌人 dírén 偷袭 tōuxí / 敵の奇襲に備える．
◇◆ ①防御する．¶布 bù ～ / 守りの兵士を配置する．②堤防．
【防暴】fángbào 動 暴動を鎮圧する．
【防暴警察】fángbào jǐngchá 名 機動隊．警察の暴動鎮圧部隊．
【防备】fángbèi 動 防備する．用心する．
【防波堤】fángbōdī 名 防波堤．
【防不胜防】fáng bù shèng fáng 〈成〉防ぐに防ぎきれない．どうにも防ぎようがない．
【防潮】fángcháo 動 ①湿気を防ぐ．②高潮を防ぐ．
【防尘】fángchén 動 ほこりやちりを防ぐ．
【防除】fángchú 動(害虫などを)防除する．
【防磁】fángcí 動 磁気を遮断する．
【防弹】fángdàn 動 弾を防ぐ．
【防弹背心】fángdàn bèixīn 名 防弾チョッキ．
【防盗】fángdào 動 盗難を防ぐ．
【防盗门】fángdàomén 名 防犯ドア．
【防地】fángdì 名(軍の)防御地区．警備区域．
【防冻】fángdòng 動 ①凍害を防ぐ．②結氷を防ぐ．
【防毒】fángdú 動 毒ガスを防ぐ．防毒する．
【防毒面具】fángdú miànjù 名 防毒マスク．
【防范】fángfàn 動 防備する．警備する．
【防风】fángfēng ①動 風を防ぐ．②名〈植〉ボウフウ；〈中薬〉防風(ぼうふう)．
【防辐射】fáng fúshè 放射能を防ぐ．
【防腐】fángfǔ 動 腐食を防ぐ．
【防腐剂】fángfǔjì 名 防腐剤．
【防洪】fánghóng 動 洪水を防ぐ．
【防洪工程】fánghóng gōngchéng 名 水防工事．
【防护】fánghù 動 守る．保護する．防護する．¶～眼镜 / ゴーグル．風防用めがね．
【防护林】fánghùlín 名 防護林．防風林・防雪林・防砂林などの総称．
【防滑链】fánghuáliàn 名(自動車の)タイヤチェーン．量 条 tiáo．
【防患未然】fáng huàn wèi rán 〈成〉事故や災害を未然に防ぐ．
【防火】fánghuǒ 動 火災を防ぐ．¶～板 / 断熱板．¶～队 / 消防隊．
【防火墙】fánghuǒqiáng 名 ①防火壁．②〈電算〉ファイアウォール．
【防空】fángkōng 動 空からの攻撃を防ぐ．防空．
【防空洞】fángkōngdòng 名 ①防空壕．②〈喩〉悪い人や悪い思想の隠れ場所．隠れみの．
【防老】fánglǎo 動 老後に備える．
【防涝】fánglào 動 冠水を防ぐ．
【防裂唇膏】fángliè chúngāo 名 リップクリーム．
【防裂膏】fángliègāo 名 ハンドクリーム．
【防凌】fánglíng 動 流氷で川がふさがるのを防止する．
【防区】fángqū 名 防御区域．防備地区．
【防沙林】fángshālín 名 防砂林．砂防林．
【防晒霜】fángshàishuāng 名 日焼け止めクリーム．
【防身】fángshēn 動 身を守る．
【防守】fángshǒu 動 守る．防ぐ；(スポーツで)ディフェンスする．
【防暑】fángshǔ 動 暑さを防ぐ．
【防霜林】fángshuānglín 名 霜害を防ぐための林．
【防水】fáng//shuǐ 動 ①防水する．¶～处理 chǔlǐ / 防水加工．②洪水を防ぐ．
【防水表】fángshuǐbiǎo 名 防水時計．
【防缩】fángsuō 動〈紡〉収縮を防止する．
【防特】fángtè 動 スパイ活動を防ぐ．
【防微杜渐】fáng wēi dù jiàn 〈成〉(まちがいや悪事を)小さいうちに断つ,未然に防ぐ．
【防伪】fángwěi 動〈略〉偽造を防ぐ；(特に)偽札を防止する．
【防卫】fángwèi 動 防衛する．防ぎ守る．
【防务】fángwù 名 国防の職務．
【防闲】fángxián 動〈書〉束縛する．制限する．
【防线】fángxiàn 名 防御線．
【防锈】fángxiù 動 さびを防ぐ．¶～剂 jì / さび止め剤．¶～漆 qī / さび止めペイント．
【防汛】fángxùn 動 洪水を防ぐ．増水を防ぐ．
【防疫】fángyì 動 伝染病を防ぐ．¶～措施 cuòshī / 防疫措置．
【防疫针】fángyìzhēn 名 予防注射．
【防雨布】fángyǔbù 名 防水シート．防水布．
【防御】fángyù 動〈軍〉防御する．
【防灾】fángzāi 動 災害に備える．災害を防ぐ．
【防震】fángzhèn 動 ①震動を防ぐ．►機械・時計などに用いる．②地震に対する防備をする．¶～措施 cuòshī / 耐震措置．
【防震结构】fángzhèn jiégòu 名 耐震構造．
*【防止】fángzhǐ 動 防止する．¶～事故 / 事故を防ぐ．
【防治】fángzhì 動 ①予防治療する．②事前防止・事後処理をする．
【防蛀】fángzhù 動 虫食いを防ぐ．防虫する．

坊(房) **fáng**
◇◆ 手工業者の仕事場．¶作～ zuōfang / 仕事場．¶粉 fěn ～ / 製粉工場．¶豆腐～ / 豆腐屋．»fāng

妨 **fáng**
◇◆ 妨げる．差し支える．¶不～ / 差し支えない．¶何～ / 何の差し支えがあろうか．
注意 方言では独立して用いることもある．¶你在这里～别人学习 / 君がここにいると,ほかの人の勉強の邪魔になる．
【妨碍】fáng'ài 動 妨げる．妨害する．¶～交通 / 交通を妨害する．
【妨害】fánghài 動 …を害する．…に有害である．…に損害を与える．¶环境污染 huánjìng wūrǎn ～人们的健康 / 環境汚染が人々の健康を害している．

肪 **fáng**
"脂肪 zhīfáng"(脂肪)という語に用いる．

* **房** **fáng**
❶名 ①家屋．建物．家；部屋．¶一栋 dòng ～ / 1軒の家．¶一间 jiān ～ / 1部屋．¶我还没买 mǎi ～ / 私はまだ家を買っていない．②(二十八宿の一つ)そいぼし．
❷量 妻妾や嫁などを数える．¶两～媳妇 xífù / 兄弟二人の嫁たち．
◇◆ ①大家族を構成するそれぞれの家庭．►子供が

結婚してそれぞれ部屋を持つことからその妻子をあわせていう．¶长 zhǎng ～ / 長男の所．本家．②部屋状のもの．¶蜂 fēng ～ / ハチの巣．‖姓

【房舱】fángcāng 名（小部屋に仕切られた）船室，キャビン．

【房产】fángchǎn 名（不動産としての）家屋敷．不動産．

【房产主】fángchǎnzhǔ 名 家主．大家．

【房贷】fángdài 名 住宅ローン．

【房地产】fángdìchǎn 名 不動産．

【房顶】fángdǐng 名 屋根．

【房东】fángdōng 名 家主．大家．►"房客 fángkè"に対していう．

【房费】fángfèi 名 ルームチャージ．部屋代．

【房改】fánggǎi 名〈略〉住宅の供給・所有体制および賃料に関する改革．

【房管局】fángguǎnjú 名〈略〉住宅管理局．

【房荒】fánghuāng 名 住宅難．住宅不足．

【房基】fángjī 名 家屋の敷地．

【房价】fángjià 名〈略〉住宅の価格．

**【房间】fángjiān 名 部屋．量 个．¶换 huàn ～ / 部屋を換える．¶～号码 hàomǎ / ルームナンバー．

【房卡】fángkǎ 名（ホテルなどの）カードキー．

【房客】fángkè 名 借家人．店子（たなこ）．►"房东 fángdōng"に対していう．

【房龄】fánglíng 名 家屋の築年数．

【房契】fángqì 名 家屋権利証．

【房钱】fángqián 名 家賃．

【房事】fángshì 名 房事（ぼうじ）．セックス．

【房柁】fángtuó 名（家屋の）梁（はり）．

【房屋】fángwū 名 家屋．家．

【房型】fángxíng 名 家の間取り．

【房檐】fángyán 名（～儿）軒．軒先．

【房主】fángzhǔ 名 家主．家の所有者．

**【房子】fángzi 名 家屋．家．量 间，座，所，栋 dòng，幢 zhuàng．❖盖 gài ～ / 家を建てる．

【房租】fángzū 名 家賃．¶付～ / 家賃を支払う．

3声 仿（倣）fǎng

①動 まねる．模倣する．¶～明代风格 fēnggé 做家具 jiājù / 明代の様式をまねて家具を製作する．②名（手本を見て書いた）習字．臨書．¶写了一张～ / 習字を1枚書いた．

◇◆ 似ている．¶相 xiāng ～ / 似ている．

【仿办】fǎngbàn 動 …に倣って処理する．…に準じて処理する．…をまねて行う．

【仿单】fǎngdān 名 商品の説明書．

*【仿佛】fǎngfú ①副 あたかも（…のようだ）．まるで．さながら．¶我～在哪儿见过他 / どこかで彼に会ったことがあるようだ．¶他～在沉思 / 彼は何か考えているようだ．②動 似ている．そっくりである．►前に"相 xiāng"をつけて用いることも多い．¶他俩儿的脾气 píqi 相～ / お二人の性格はよく似ている．

注意 "彷彿""髣髴"とも書く．また fǎngfu と軽声になったり，fǎngfo と発音されることもある．

比較 仿佛：好像 hǎoxiàng ❶"仿佛"は書き言葉に用いられ，"好像"は書き言葉と話し言葉の両方に用いられる．❷"仿佛"は類似を表し，目的語を伴わずに単独で述語になることもできるが，"好像"にはこうした用法がない．

【仿古】fǎnggǔ 動 古代の器物や古代の芸術をまねて作る．¶～品 pǐn / 古代の器物・芸術の模造品．

【仿冒】fǎngmào 動（模造して）本物に見せかける．¶严肃 yánsù 查处 cháchǔ ～、伪造 wěizào 商品 / 模造品・にせ物を厳しく取り締まる．

【仿生树】fǎngshēngshù 名 イミテーション植物．

【仿生学】fǎngshēngxué 名 生物工学．バイオニクス．

【仿宋】fǎngsòng 名〈印〉（活字の書体の）宋朝体．►"仿宋体 fǎngsòngtǐ"とも．

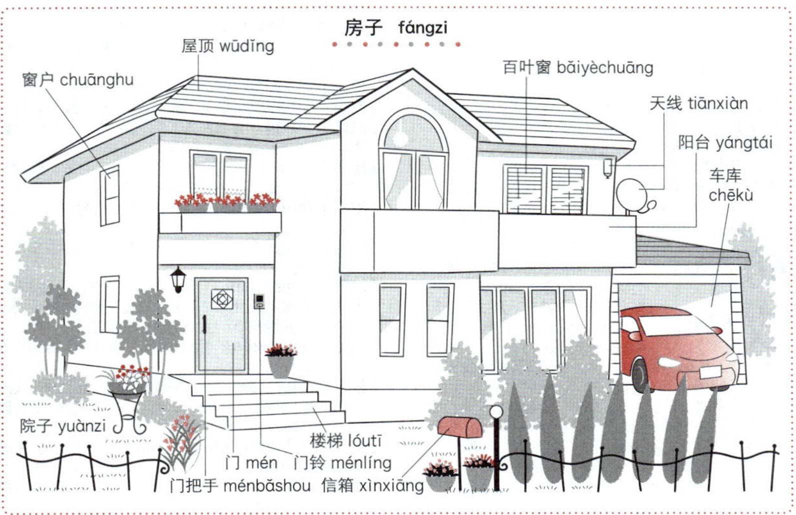

F

【仿效】fǎngxiào 動 模倣する．倣う．まねる．
【仿行】fǎngxíng 動 …に倣って行う．…に準じて行う．
【仿造】fǎngzào 動 **模造する**．似せて作る．¶～品 / イミテーション．
【仿照】fǎngzhào 動 まねる．準ずる．
【仿真】fǎngzhēn 形 擬似(ぎ)の．¶～器 qì / シミュレーター．
【仿真食品】fǎngzhēn shípǐn 名 コピー食品．
【仿纸】fǎngzhǐ 名 児童の習字の練習用紙．
【仿制】fǎngzhì 動 模造する．似せて作る．¶～品 / 模造品．
【仿智逻辑】fǎngzhì luójí 名 ファジーロジック．あいまい理論．

F

访 fǎng 動〈書〉訪れる．訪ねる．訪問する．¶有客来～ / お客が訪ねてくる．
◇◆(出向いて)調べる．探し求める．¶→～求 qiú．¶采 cǎi ～ / 取材する．
【访查】fǎngchá 動 聞き込み捜査をする．
【访古】fǎnggǔ 動 古跡を訪ねる．
【访华】fǎng Huá **訪中(する)**．
【访旧】fǎngjiù 動 旧跡や旧知を訪ねる．
【访求】fǎngqiú 動 訪ね求める．
【访谈】fǎngtán 動 インタビューする．
【访问】fǎngwèn 動 ①訪問する**．訪れる．訪ねて話を聞く．¶～亲友 qīnyǒu / 親戚や友人を訪問する．②〈電算〉アクセスする．
【访问学者】fǎngwèn xuézhě 名 海外に出ている学者．客員教授．

彷 fǎng "彷佛 fǎngfú"("仿佛 fǎngfú"と同じ)という語に用いる．
▶▶ páng

纺 fǎng 動 紡ぐ．¶～线 xiàn / 糸を縒(よ)る．¶～棉花 miánhua / 綿を紡ぐ．
◇◆ 薄い絹織物の一種．¶杭 Háng ～ / 杭州産の薄い絹織物．
【纺车】fǎngchē 名 糸縒(よ)り車．糸繰り車．
【纺绸】fǎngchóu 名〈紡〉絹織物．
【纺锤】fǎngchuí 名〈紡〉紡錘．
【纺锭】fǎngdìng 名〈紡〉紡錘．
【纺纱】fǎngshā 動 糸を紡ぐ．
【纺纱厂】fǎngshāchǎng 名 紡績工場．
*【纺织】fǎngzhī 動 糸を紡ぎ布を織る．**紡織**．
【纺织娘】fǎngzhīniáng 名〈虫〉クツワムシ．
【纺织品】fǎngzhīpǐn 名 **織物**．

舫 fǎng ◇◆ 舟．船．¶游～ / 遊覧船．¶石 shí ～ / 水辺に建てる屋形船の形をした石造の建物．

4声 **放 fàng** 動 ①(下へ)**置く**；**預ける**．¶把铅笔盒 qiānbǐhé ～在桌子上 / 筆箱を机の上に置く．
②…**に入れる**．混ぜる．¶～点儿酱油 jiàngyóu / しょう油を少し入れる．
③**解き放す**；放牧する；休みになる．¶～牛 / ウシを放牧する．¶别～他走 / 彼を行かせるな．¶机会不能～过 / チャンスを逃がしてはならない．¶～了学去打工 / 放課後アルバイトをしに行く．
④放つ．射る．撃つ；光を発する；火を着ける；爆竹を鳴らす．¶～枪 qiāng / 銃を撃つ．¶～人造地球卫星 wèixīng / 人工衛星を打ち上げる．¶～清香 qīngxiāng / すがすがしい香りを放つ．¶～鞭炮 biānpào / 爆竹を鳴らす．
⑤ほしいまま振る舞う．思う存分…する．¶～声大哭 kū / 大声を上げて泣く．¶～开嗓子 sǎngzi / 大声を上げる．
⑥放っておく；(政策を)自由化する．¶他～着工作不干 gàn 去钓鱼 diào yú / 彼は仕事を放って魚釣りに行く．
⑦(機器を)つける，動かす；(映画を)放映する．¶～音乐 / 音楽を流す．¶现在～什么电影？/ いまなんの映画をやっていますか．
⑧大きくする．広げる．引き伸ばす；(態度や行動を)緩める；(自制した行いを)する．¶～高音量 / 音量を大きくする．¶把裙子 qúnzi ～长 cháng 十公分 / スカートのたけを10センチ長くする．¶把胆子～大些 / もっと大胆になれ．¶～轻松 qīngsōng / 気を楽にする．¶～稳重 wěnzhòng 些！/ 軽々しい振る舞いをするな．
⑨(花が)咲く；(芽が)出る．¶百花齐 qí ～ /〈成〉色とりどりの花がいっせいに咲く．
⑩(金銭を)貸し付ける，貸し与える．¶～款 kuǎn / 貸付金．¶～高利贷 gāolìdài / 高利貸しをする．
‖ 姓

【放步】fàng//bù 動 大股に歩く．¶～前进 / 大股に前進する．
【放长线，钓大鱼】fàng chángxiàn, diào dàyú〈諺〉ゆっくり構えて大きな利益を獲得するたとえ．
【放出】fàng//chū 動+方補 放つ．出す．発散する．
【放达】fàngdá 動〈書〉(言行が)世俗にとらわれない．度量が大きく物事にこだわらない．
*【放大】fàngdà 動 ①**大きくする**．拡大する．¶～声音 shēngyīn / 音を大きくする．②(写真を)**引き伸ばす**．引き伸ばし．③〈電〉増幅する．
【放大镜】fàngdàjìng 名 凸レンズ；拡大鏡．
【放大炮】fàng dàpào〈慣〉大言壮語する．
【放大器】fàngdàqì 名 ①〈電〉増幅器．アンプ．②拡大尺．
【放胆】fàngdǎn 動 大胆にやる．
【放诞】fàngdàn 動〈書〉勝手気ままな言動をする．
【放荡】fàngdàng 形 気ままにふるまう．¶～不羁 bùjī /〈成〉放縦で締まりがない．
【放刁】fàng//diāo 動 言いがかりをつける．因縁をつける．悪辣(らつ)な手口で人にからむ．
【放定】fàng//dìng 動〈旧〉(婚約した男が女に)結納の品を贈る．
【放毒】fàng//dú ①動 毒を盛る．②〈転〉有害な言論をまき散らす．
【放风】fàng//fēng ①動 空気を通す．②囚人を屋外に一定時間出して散歩させたり便所へ行かせたりする．③情報やうわさを流す〔広める〕．
【放工】fàng//gōng 動(仕事が)引ける．休みになる．退勤する．
【放过】fàng//guò 動+方補(機会を)見逃す；(人に対して)見逃してやる．大目にみる．¶机会不能～ / チャンスを逃してはならない．
【放虎归山】fàng hǔ guī shān〈成〉悪人を見逃して禍根を残すたとえ．►"纵 zòng 虎归山"とも．
【放怀】fànghuái 動 ①心を開く．思う存分．腹を割って．②安堵(ど)する．安心する．

【放荒】fàng//huāng 動 野火を放つ．野焼きをする．

【放火】fàng//huǒ 動 放火する；〈転〉騒ぎをあおりたてる．けんかをけしかける．扇動する．

*【放假】fàng//jià 動 **休みになる**．¶放暑假／夏休みになる．¶放了两天假／２日間休みになった．

【放开】fàng//kāi 動+結補 ①放す．②自由化する．¶～价格 jiàgé／価格を自由化する．③開く．

【放开手脚】fàngkāi shǒujiǎo 〈慣〉大胆に心おきなくやる．

【放空】fàng//kōng 動(タクシーやトラックなどが人や荷物を乗せないで)空(から)で走る；〈喩〉(政策などが)実行されず放置されたままの状態．

【放空炮】fàng kōngpào ①〈慣〉大言壮語する．実力以上のことを偉そうにしゃべる．►"放大炮"とも．②空砲を打つ．

【放空气】fàng kōngqì 〈慣〉よくないうわさや雰囲気を広める．

【放宽】fàngkuān 動 寛大にする．手加減する．緩やかにする．ゆるめる．緩和する．

【放款】fàng//kuǎn ① 動(銀行などが)貸し付ける．②名 貸付金．

【放浪】fànglàng 動〈書〉気ままに振る舞う．

【放冷风】fàng lěngfēng 〈慣〉デマを飛ばす．根も葉もないうわさを流す．

【放冷箭】fàng lěngjiàn 〈慣〉闇討ちをかける；陰で人を中傷する．

【放量】fàng//liàng 動 思う存分食べる〔飲む〕．¶放开量喝酒／たらふく酒を飲む．

【放疗】fàngliáo 名〈医〉放射線治療．

【放马后炮】fàng mǎhòupào 〈慣〉事が終わった後でとりかかる．後の祭．

【放慢】fàngmàn 動(速度を)落とす．

【放牧】fàngmù 動 放牧する．放し飼いにする．

【放牛娃】fàngniúwá 名 牛飼いの子供．

【放排】fàng//pái 動 いかだを流す．いかだ流し．

【放盘】fàng//pán 動(～儿)(商店が相場よりも)安く売る，または高く買い入れる．値引きする．

【放炮】fàng//pào 動 ①大砲を撃つ；爆竹を鳴らす；発破を掛ける．②パンクする．¶车带 chēdài～了／タイヤがパンクした．③〈喩〉人を驚かすような説を発表したり，人を激しく攻撃したりする．

【放屁】fàng//pì 動 ①〈罵〉**ばかを言え**．でたらめ言うな．②屁(へ)をひる．おならをする．

*【放弃】fàngqì 動(もとからある権利・主張・意見など抽象的なものを)**放棄する，断念する**．¶～机会／チャンスを放棄する．

【放青】fàng//qīng 動 家畜を草原に放牧する．

【放青苗】fàng qīngmiáo 〈旧〉(農民の生活苦に乗じて)青田買いをする．

【放晴】fàng//qíng 動(雨が)上がる．晴れる．

【放任】fàngrèn 動 放任する．¶～自流 zì liú／〈成〉成り行きに任せる．

【放散】fàngsàn 動 発散する．

【放哨】fàng//shào 動〈軍〉歩哨(ほしょう)を置く．パトロールする．

【放射】fàngshè 動 放射する．

【放射线】fàngshèxiàn 名〈物〉放射線．

【放射性】fàngshèxìng 名 放射性．¶～元素 yuánsù／放射性元素．¶～同位素 tóngwèisù／放射性同位体．ラジオアイソトープ．

【放射性废物】fàngshèxìng fèiwù 名〈環境〉放射性廃棄物．

【放射性污染】fàngshèxìng wūrǎn 名〈環境〉放射能汚染．

【放声】fàngshēng 動 声を放つ．

【放手】fàng//shǒu 動 ①(持っている)手を放す．②(かかわっていたことから)手を引く．③**思い切って(…する)**．¶你～干 gàn 吧／思い切ってやりたまえ．

【放水】fàng//shuǐ 動 ①(水門や水路を開いて)放水する．②貯水池に水を入れる．③八百長試合をする．

【放肆】fàngsì 形 勝手気ままである．ほしいままにふるまう．無礼な言葉を吐く．¶～的行为 xíngwéi／無礼なふるまい．

*【放松】fàngsōng 動(精神的にも肉体的にも)**ゆるめる**；ゆるがせにする；楽にする．►よい意味でも悪い意味でも使える．¶散散步，～一下精神／ちょっとぶらぶらして，リラックスしよう．¶把皮带 pídài～一下／ベルトを緩める．¶～警惕 jǐngtì／油断する．

【放送】fàngsòng 動 放送する．(放送を)流す．¶～音乐／音楽を流す．注意 日本語の「放送する」は"播送 bōsòng""播放"を使うことが多い．"放送"は校内放送・有線放送や会場で録音を流すときなど狭い範囲で使う．

【放下】fàng//xià 動+方補 **下に置く；手放す**；やめる．¶～(臭 chòu)架子 jiàzi／〈慣〉尊大な態度を改める．

【放像机】fàngxiàngjī 名 ①再生専用ビデオデッキ．②〈写真〉引き伸ばし機．

【放血】fàngxiě 動 ①〈医〉瀉血(しゃけつ)する．②〈方〉暴力をふるう．③〈俗〉自腹を切る．

【放心】fàng//xīn 動 **安心する．¶请您～／ご安心ください．¶～不下／気が気でない．

【放行】fàngxíng 動 通す．通過や通関を許す．

【放学】fàng//xué 動 ①**学校が引ける**．②学校が休みになる．

【放眼】fàngyǎn 動(遠くへ)目を放つ；視界を広げる．

【放羊】fàng//yáng 動 羊を放牧する；〈喩〉ほうっておく．勝手にさせる．

【放养】fàngyǎng 動 放し飼いをする．養殖する．

【放印子】fàng yìnzi 〈旧〉高利貸しをする．

【放映】fàngyìng 動 **上映する．映写する**．¶～电影／映画を上映する．¶～员／映写技師．¶特别 tèbié～／ロードショー．

【放映机】fàngyìngjī 名 映写機．

【放淤】fàngyū 動 泥水を田に流しこんで土地を肥沃にする．

【放债】fàng//zhài 動 金貸しをする．高利貸しをする．

【放账】fàng//zhàng 動 金貸しをする．

【放之四海而皆准】fàng zhī sì hǎi ér jiē zhǔn 〈成〉世界中どこにでも適用できる．普遍妥当性を持つ．

【放置】fàngzhì 動 放置する．

【放逐】fàngzhú 動〈書〉放逐する．

【放恣】fàngzì 動〈書〉勝手気ままである．

【放纵】fàngzòng ①動 放任する．するがままに任せる．②形 わがままである．

F

fei (ㄈㄟ)

1声 ＊＊ **飞**(飛) **fēi** 動 ①飛ぶ．¶鸟～／鳥が飛ぶ．¶从北京～往上海／北京から飛行機で上海へ飛ぶ．②(空中に)ひらひらと舞う,漂う,飛び散る．¶唾沫星子 tuòmo xīngzi 乱～／つばきが飛び散る．③〈口〉揮発する．なくなる．¶酒精 jiǔjīng ～得很快／アルコールはすぐ飛んでしまう．

◇◆ ①(飛ぶように)速い,速く．¶→～跑 pǎo．②根も葉もない．意外な．¶→～语．‖姓

F

【飞白】**fēibái** 名 飛白．書体の一種で,かすれたように書くもの．

【飞报】**fēibào** 動 急いで知らせる．

【飞奔】**fēibēn** 動 飛ぶように走る．

【飞车】**fēichē** 名 暴走車．¶开～／猛スピードで運転する．

【飞驰】**fēichí** 動(車や馬が)疾走する．

【飞船】**fēichuán** 名 ①宇宙船．②飛行船．

【飞弹】**fēidàn** 名〈軍〉①(ミサイルなど)自動飛行装置のある爆弾．②流弾．流れ弾．

【飞地】**fēidì** 名(行政区画の)飛び地．

【飞碟】**fēidié** 名 ①空飛ぶ円盤．UFO．②〈商標〉フリスビー．③クレー射撃の標的．

【飞短流长】**fēi duǎn liú cháng** 〈成〉いろいろとうわさする．あれこれデマを飛ばす．►"蜚短流长"とも書く．

【飞蛾投火】**fēi é tóu huǒ** 〈成〉飛んで火に入る夏の虫．自ら滅亡を招くたとえ．►"飞蛾扑 pū 火"とも．

【飞花】**fēihuā** 名 紡績作業中に舞い上がる綿くずや綿ぼこり．

【飞蝗】**fēihuáng** 名〈虫〉ワタリバッタ．トビバッタ．

【飞黄腾达】**fēi huáng téng dá** 〈成〉とんとん拍子に出世する．►"飞黄"は伝説中のウマの名．

【飞祸】**fēihuò** 名 不慮の災禍．

＊＊【飞机】**fēijī** 名 **飛行機**．量 架．¶直升 zhíshēng～／ヘリコプター．¶喷气式 pēnqìshì～／ジェット機．¶～失事 shīshì／飛行機事故．

【飞机场】**fēijīchǎng** 名 飛行場．

＊【飞机票】**fēijīpiào** 名 航空券．

【飞溅】**fēijiàn** 動 飛び散る．

【飞将军】**fēijiāngjūn** 名(漢の名将･李広の呼称から転じて)優れた将軍．勇敢な将兵．

【飞快】**fēikuài** 形 ①飛ぶように速い．¶中国经济发展～／中国の経済発展はすさまじく速い．②(刃物が)たいへんよく切れる．

【飞毛腿】**fēimáotuǐ** 名 非常に足の速い人．

【飞盘】**fēipán** 名(～儿)〈商標〉(遊戯用の)フリスビー．

【飞跑】**fēipǎo** 動 飛ぶように駆ける．

【飞蓬】**fēipéng** 名〈植〉ムカシヨモギ．

【飞禽走兽】**fēi qín zǒu shòu** 〈成〉(飛ぶ鳥と走る獣の意から)鳥獣類の総称．

【飞泉】**fēiquán** 名 滝．

【飞散】**fēisàn** 動 ①(煙や霧などが)空中に漂い広がる．②飛び散る．

【飞沙走石】**fēi shā zǒu shí** 〈成〉(砂が舞い上がり石が転がる意から)大風が荒れ狂うさま．

【飞速】**fēisù** 形 飛ぶように速い．

【飞腾】**fēiténg** 動 飛び立つ．舞い上がる．

【飞艇】**fēitǐng** 名 飛行船．►"飞船 fēichuán"とも．

【飞舞】**fēiwǔ** 動 舞うように飛ぶ．舞い上がる．

【飞翔】**fēixiáng** 動(旋回して)飛び回る．

【飞行】**fēixíng** 動(飛行機やロケットが)**空を飛ぶ**,飛行する．

【飞行员】**fēixíngyuán** 名(飛行機などの)操縦士．

【飞檐】**fēiyán** 名〈建〉反り返った軒先．反りひさし．

【飞眼】**fēi//yǎn** 動(～儿)色目を使う．ウインクする．

【飞扬･飞飏】**fēiyáng** 動 舞い上がる．

【飞扬跋扈】**fēi yáng bá hù** 〈成〉勝手気ままに振る舞う．

【飞翼】**fēiyì** 名 ハンググライダー．

【飞鱼】**fēiyú** 名〈魚〉トビウオ；〈喩〉すぐれた水泳選手．

【飞语】**fēiyǔ** 名 根も葉もないうわさ．►"蜚语"とも書く．¶流言～／〈成〉流言飛語．

【飞跃】**fēiyuè** ❶形 目覚ましい勢いの[で]．❷動 ①飛びかう．飛躍する．目覚ましく発展する．②〈体〉(スキーで)ジャンプする．❸名〈哲〉飛躍．

【飞云】**fēiyún** 名〈気〉流れ雲．

【飞灾】**fēizāi** 名 思わぬ災い．予期せぬ災難．

【飞贼】**fēizéi** 名 屋根や塀を乗り越えて忍び込む盗賊；空から侵犯する敵．敵の飛行機．

【飞涨】**fēizhǎng** 動 ①(物価が)暴騰する．②(水の勢いが)急激に増す．

【飞针走线】**fēi zhēn zǒu xiàn** 〈成〉針仕事が熟練して速い．

妃 **fēi** ◇◆ 妃(きさき)．►帝王の妻で,"后"の次に位する．¶贵～／皇后に次ぐ夫人の称．¶王～／王妃．

【妃嫔】**fēipín** 名 妃(ひ)と嬪(ひん)；(広く)皇帝の側室．

【妃色】**fēisè** 名 ピンク．淡紅色．

【妃子】**fēizi** 名 妃．"皇后"の次の位．

＊ **非** **fēi** ❶動 …ではない．…にあらず．►書き言葉の中で,一定の形式で用いる．¶这件事～我们所能处理 chǔlǐ 的／このことはわれわれで解決できるようなものではない．¶似 sì 懂～懂／分かったようで分かららない．

❷副 ①〚非…不可〔不行,不成〕〛 *fēi…bùkě*〔*bùxíng*, *bùchéng*〕ぜひとも…でなければならない．どうしても…しようとする．¶这件事～他出面解决不可／このことは彼が顔を出さないと解決できない．["非要""非得 děi"の形で]¶不让 ràng 他干 gàn,他～要干／やるなというのに,彼はどうしてもやろうとする．

②《前項が後項の必要条件であることを表す》

〚非…才…〛 *fēi…cái…* …してはじめて…できる．…しなければ…できない．¶这病～开刀 kāidāo 才有治／この病気は手術しなければ治らない．

〚非…不…〛 *fēi…bù…* …でなければ…でない．¶～经批准 pīzhǔn 不得随意动工 dònggōng／許可がない限り,かってに工事を始めてはならない．

◇◆ ①(↔是 shì)まちがい．誤り．不正．¶明是～／是非を明らかにする．②合わない．¶→～法．③反対する．責める．¶→～议．④(Fēi)アフリカ．¶→～洲 zhōu．

＊＊【非常】**fēicháng** ①副 たいへん．とても．非常に．

¶～高兴 / たいへんうれしい. ¶～好 / 非常にいい. 注意 ❶書き言葉では形容詞の後に用いることがある. ¶商店里热闹 rènao ～ / 商店の中は非常ににぎやかだ. ❷強調するために"之 zhī"や"地 de"を伴うことがある. ¶西湖的风景 fēngjǐng ～之美 / 西湖の景色は非常に美しい. ②形 **尋常でない**. なみでない. 特殊な. ¶～人物 / 非凡な人物. ¶～的现象 / 異常な現象. ¶～的途径 tújìng / 特殊なルート.

【非但】fēidàn 接続〈書〉…であるばかりでなく. ¶～他不懂,连我也不懂 / 彼が分からないばかりでなく,私ですら分からない.

〖非但…而且…〗*fēidàn…érqiě…* …ばかりでなく,…でもある. ¶～他自己不去,～也不让 ràng 别人去 / 彼は自分が行かないだけでなく,他人までも行かせない.

【非导体】fēidǎotǐ 名〈物〉不導体. 絶縁体.

【非得】fēiděi 副 **どうしても…しなければならない**. ぜひとも…しなくてはならない. ►一般に"不"あるいは"才"と呼応する. ¶我～说说他不可 / 彼に小言を言わなきゃならん.

【非典】fēidiǎn 名〈略〉〈医〉SARS(サーズ). 新型肺炎.

【非典型肺炎】fēidiǎnxíng fèiyán ⇀【非典】fēidiǎn

【非独】fēidú 接続〈書〉…ばかりでなく.

【非法】fēifǎ 形(後ろに名詞をとって)**不法な**…. 非合法の. ¶～行为 xíngwéi / 不法行為.

【非凡】fēifán 形 非凡である. 並外れている. ¶～的才能 / 非凡な才能. ¶热闹～ / 非常ににぎやかである.

〖非…非…〗*fēi…fēi…* …でもなければ…でもない. ¶～亲～故 / 赤の他人. ¶～僧 sēng ～俗 sú / 僧侶でもなければ俗人でもない. 変わった身なりをしていること.

【非分】fēifèn 形 ①分不相応な. 身の程をわきまえない. けじめがない. ¶～之想 / 分不相応な考え. ②自分のものでない.

【非公莫入】fēi gōng mò rù 〈成〉公用の者以外は入るべからず.

【非官方】fēiguānfāng 形 非公式の. 政府筋でない. ¶～消息 / 非公式のニュース.

【非婚生子女】fēihūnshēng zǐnǚ 名 非嫡出子.

【非机动车】fēijīdòngchē 名(馬車など)エンジンのない車両. ¶～道 / 動力のない車の走行車線.

〖非…即…〗*fēi…jí…* …か…か(どちらか)である. …でなければ…である. ¶～打～骂 mà / 殴るかののしるかする. ¶～亲～友 yǒu / 親戚か友人かどちらかである. ¶～此 cǐ ～彼 bǐ / こちらでなければあちらである.

【非金属】fēijīnshǔ 名 非金属.

【非晶质金属】fēijīngzhì jīnshǔ 名 アモルファス金属.

【非军事区】fēijūnshìqū 名 非武装地帯.

【非礼】fēilǐ ①形〈書〉無礼である. ②動〈方〉女性にわいせつ行為をする.

【非驴非马】fēi lǘ fēi mǎ 〈成〉ロバともウマともつかない. 得体が知れない. どっちつかずである.

【非卖品】fēimàipǐn 名 非売品.

【非命】fēimìng 名〈書〉非業(ひごう)(の死). ¶死于～ / 非業の死を遂げる.

【非难】fēinàn 動〈書〉非難する. ►否定文に用いることが多い. ¶无可～ / 非難すべきことはない.

【非人】fēirén 形 ①〈書〉適当な人ではない. 適材ではない. ②非人道的な. ¶～待遇 dàiyù / 非人道的な取り扱い.

【非特】fēitè 接続〈書〉…ばかりでなく. ►よく"而且 érqiě""并且 bìngqiě"と呼応する.

【非同小可】fēi tóng xiǎo kě 〈成〉ただ事ではない. 事が重大である. 並大抵ではない.

【非徒】fēitú 接続〈書〉…ばかりでなく. …だけでなく. ►よく"而且 érqiě""并且"と呼応する.

【非笑】fēixiào 動 嘲笑する.

【非刑】fēixíng 名 不法な酷刑.

【非要】fēiyào 副 どうしても…しなくてはならない. ¶他～去留学 liúxué 不可 / 彼は何が何でも留学しなければだめだ.

【非议】fēiyì 動 非難する. ►否定文に用いることが多い. ¶无可～ / 非難の余地がない.

【非营利组织】fēiyínglì zǔzhī 名 NPO.

【非政府组织】fēizhèngfǔ zǔzhī 名 NGO.

【非正式】fēizhèngshì 形 非公式の. ¶～访问 fǎngwèn / 非公式訪問.

【非止】fēizhǐ ⇀【非但】fēidàn

【非洲】Fēizhōu 名 **アフリカ**. ¶～象 xiàng / アフリカゾウ.

菲 fēi

◇◆ 花の美しくかぐわしいさま. ¶芳 fāng ～ / 花の香り. ▸▸ fěi

【菲菲】fēifēi 形〈書〉①花が咲き乱れて美しいさま. ②花が芳しいさま.

【菲律宾】Fēilǜbīn 名〈地名〉フィリピン.

啡 fēi

"咖啡 kāfēi"(コーヒー), "吗啡 mǎfēi"(モルヒネ)という語に用いる.

绯 fēi

◇◆ 濃い朱色. 緋色(ひいろ). スカーレット. 赤.

【绯红】fēihóng 形 真っ赤である. 緋色の. 深紅色の. ¶～的晚霞 wǎnxiá / 真っ赤な夕焼け.

【绯闻】fēiwén 名 艶聞.

扉 fēi

◇◆ 扉. 開き戸. ¶柴 chái ～ / (貧しい家の)柴で作った扉.

【扉画】fēihuà 名(書物の)扉絵.

【扉页】fēiyè 名(書物の)扉.

蜚 fēi

〈書〉〖飞 fēi〗に同じ. ▸▸ fěi

【蜚短流长】fēi duǎn liú cháng ⇀【飞短流长】fēi duǎn liú cháng

【蜚声】fēishēng 動〈書〉名を揚げる. ¶～文坛 wéntán / 文壇で名を揚げる.

【蜚语】fēiyǔ ⇀【飞语】fēiyǔ

霏 fēi

◇◆ ①(雨や雪が)しきりに降る. ¶雨雪其～ / 雨や雪が降りしきる. ②(煙や雲が)立ちこめる,たなびく. ¶烟～云 yún 敛 liǎn / 霧が立ちこめ,雲が群がる.

【霏霏】fēifēi 形〈書〉(雨・雪などが)しきりに降るさま. ¶淫雨 yínyǔ ～ / 長雨がしとしとと降り続く. ¶～细 xì 雨 / 降りしきる小雨.

【霏微】fēiwēi 形〈書〉霧や小雨が立ちこめるさま.

鲱 fēi 名〈魚〉ニシン．¶～鱼干儿 gānr / 身欠きニシン．

2声 *
肥 féi ❶形 ①(動物が)**肥えている**．脂肪分が多い．►人が太っている場合は普通,"胖 pàng"を用いる．¶～猪 zhū / 肥えたブタ．¶这头牛 niú 又～又壮 zhuàng / このウシは肉付きがよくてたくましい．②(土地が)**肥沃である**；(土地を)肥やす．¶这块地 dì 很～ / この土地は非常に肥えている．③(服・靴下などが)ゆったりしている,幅が広い,だぶだぶしている．¶这件衣服～了一点儿 / この服は少し大きすぎる．
❷動 ①(土地を)肥やす．②(不正な収入で)富ませる．
◇◆ ①肥料．¶施 shī ～ / 肥料をやる．②うまみが多い．¶→～差 chāi．③うまい汁．¶分 fēn ～ / 分け前にあずかる．‖姓

【肥差】féichāi 名〈俗〉実入りの多いポスト．役得の多い官職．
【肥肠】féicháng 名(～儿)(食用にする)豚の大腸．
【肥大】féidà 形 ①(衣服が)ゆるくて大きい．②(動植物が)丸々している．③〈医〉肥大している．
【肥分】féifèn 名〈農〉肥料の有効成分．
【肥滚滚】féigǔngǔn 形(～的)むっちりしている．
【肥厚】féihòu 形 ①肥えて厚い．②〈医〉肥大している．③(土が)深くまで肥沃である．④(待遇が)手厚い．
【肥力】féilì 名〈農〉土壌の肥沃の程度．
【肥料】féiliào 名 肥料．
【肥美】féiměi 形 ①(土地が)肥沃である．②(動植物が)よく肥えている．③脂がのっておいしい．
【肥胖】féipàng 形(人が)太っている．►人が太っていることをけなしていう．
【肥胖症】féipàngzhèng 名 肥満症．
【肥缺】féiquē 名(不正な)実入りの多いポスト．役得の多い官職．
【肥肉】féiròu 名 **肉の脂身**．►"瘦肉 shòuròu"(赤身)に対していう．〈喩〉うまみのあるもの．
【肥实】féishi 形 ①肉付きがよくてたくましい．②脂身が多い．③裕福である．
【肥瘦】féishòu 名 ①(衣服の)大きさ．サイズ．¶～正好 / サイズがちょうどいい．②(～儿)〈方〉赤身と脂身が半々の肉．
【肥硕】féishuò 形 ①(果実が)よく実って大きい．②(体が)大きくて太っている．
【肥田】féi//tián ①動 土地を肥やす．②名 肥沃な田畑．
【肥田草】féitiáncǎo 名〈農〉肥料になる草．
【肥头大耳】féi tóu dà ěr 〈成〉(人や動物が)太って大柄なさま．
【肥沃】féiwò 形(↔瘠薄 jíbó) **肥沃である**．
【肥效】féixiào 名〈農〉肥効．肥料の効き目．
【肥育】féiyù 動〈牧〉肥育する．►"育肥"とも．
【肥源】féiyuán 名〈農〉肥料の原材料．
*【肥皂】féizào 名 **石鹸**．►俗に"胰子 yízi"という．(量)块．¶用～洗手 / 石鹸で手を洗う．
【肥皂粉】féizàofěn 名 粉石鹸．
【肥皂剧】féizàojù 名 ソープオペラ．昼のメロドラマ；〈転〉お粗末な話．
【肥皂泡】féizàopào 〈慣〉水の泡．はかないもの．
【肥壮】féizhuàng 形 肉付きがよくてたくましい．

淝 féi 地名に用いる．¶～河 hé / 安徽省にある川の名．"淝水"とも．¶～水之战 / 淝水(ひすい)の戦．南北朝の分立を決定づけた戦争．

腓 féi ◇◆ ふくらはぎ．►普通は"腿肚子 tuǐdùzi"という．

【腓骨】féigǔ 名〈生理〉腓骨(ひこつ)．

3声
匪 fěi ◇◆ ①強盗．野盗．¶盗 dào ～ / 盗賊．②〈書〉…でない．►"非 fēi"に同じ．¶获 huò 益 yì ～浅 qiǎn / 益するところ大である．

【匪帮】fěibāng 名 匪賊の一味；反動的な政治グループ．(量)伙 huǒ．
【匪巢】fěicháo 名 匪賊の巣窟．
【匪盗】fěidào 名 盗賊．
【匪患】fěihuàn 名 匪賊による被害．
【匪祸】fěihuò →【匪患】fěihuàn
【匪警】fěijǐng 名 警察への緊急通報．110番通報．
【匪军】fěijūn 名(敵軍をののしって)匪賊のような軍隊．
【匪类】fěilèi 名 匪賊のような悪人．悪人ども．
【匪首】fěishǒu 名 盗賊の頭．匪賊のボス．
【匪徒】fěitú 名 強盗．悪党．
【匪穴】fěixué 名 匪賊の根城．
【匪夷所思】fěi yí suǒ sī 〈成〉(多く,言行が)常軌を逸していて一般の人には想像もできない．

诽 fěi ◇◆ 誹謗(ひぼう)する．そしる．¶一派 yīpài ～言 / まったくのうそばかり．

【诽谤】fěibàng 動 誹謗する．そしる．

菲 fěi ◇◆ わずかである．薄い．粗末である．[謙譲語に用いて]¶～礼 lǐ / 粗末な贈り物．粗品．⏩fēi

【菲薄】fěibó ①形 わずかである．粗末である．②動 見下げる．軽蔑する．
【菲酌】fěizhuó 名〈謙〉ささやかな酒肴．

斐 fěi ◇◆ あやがあって美しいさま．¶～然成章 / 文章が美しく書けている．

【斐济】Fěijì 名〈地名〉フィジー．
【斐然】fěirán 形〈書〉①(文章や衣服が)あやがあって美しいさま．②(成績が)目覚ましい．

榧 fěi ◇◆ カヤ．¶香 xiāng ～ / カヤ．

【榧子】fěizi 名 ①〈植〉カヤ；〈中薬〉榧子(ひし)．カヤの実．►寄生虫駆除に用い fěizǐ ともいう．②指を鳴らすこと．¶打～ / 指を鳴らす．

蜚 fěi "蜚蠊 fěilián"⬇という語に用いる．⏩fēi

【蜚蠊】fěilián 名〈虫〉ゴキブリ．アブラムシ．

翡 fěi "翡翠 fěicuì"⬇という語に用いる．

【翡翠】fěicuì 名 ①〈鳥〉カワセミ．②(宝石の)ひすい．►"硬玉 yìngyù"ともいい,略して"翠"という．
【翡翠绿】fěicuìlǜ 名 エメラルドグリーン．
【翡翠面】fěicuìmiàn 名〈料理〉ひすいめん．ホウレンソウの絞り汁で緑に色づけしためん．►炒めたり,ス

ープに入れたりして食べる.

4画 **吠 fèi** ◇〈書〉(犬が)吠(ほ)える. ¶狂 kuáng～ / けたたましく吠える. ¶鸡 jī 鸣 míng 犬 quǎn～ / ニワトリが鳴き犬が吠える. ひどく騒がしいことの形容.

【吠形吠声】fèi xíng fèi shēng 〈成〉事の真相を知らずに人の後について騒ぐたとえ. 付和雷同. ►"吠影 yǐng 吠声"とも.

***肺 fèi** 名 **肺**. 肺臓. 注意 "肺"の字のつくりは"市"としない. また"肺脏 fèizàng"とも.

【肺癌】fèi'ái 名〈医〉肺癌(はいがん).

【肺病】fèibìng 名〈医〉肺病. 肺結核.

【肺腑】fèifǔ 名 肺腑(はいふ);〈喩〉心の奥底.

【肺腑之言】fèi fǔ zhī yán 〈成〉心底から出た言葉. 誠意のある言葉.

【肺结核】fèijiéhé 名〈医〉肺結核.

【肺痨】fèiláo 名〈口〉肺結核.

【肺气肿】fèiqìzhǒng 名〈医〉肺気腫(きしゅ).

【肺吸虫】fèixīchóng 名〈動〉(寄生虫の)肺臓ジストマ. ►"肺蛭 fèizhì"とも.

【肺炎】fèiyán 名〈医〉肺炎.

【肺鱼】fèiyú 名〈魚〉ハイギョ.

【肺脏】fèizàng 名〈生理〉肺. 肺臓.

【肺蛭】fèizhì →【肺吸虫】fèixīchóng

狒 fèi "狒狒 fèifèi"(ヒヒ. マントヒヒ)という語に用いる.

废(廢) fèi 動 **廃止する**. 取りやめる. ¶半途 tú 而～ / 〈成〉中途でやめる.

◇ ①役に立たない. 不用の. ¶→～纸 zhǐ. ②身体障害の. ¶→～疾 jí.

【废除】fèichú 動(法令・制度・条約などを)廃棄する,撤廃する.

【废黜】fèichù 動 1〈書〉免職する. 罷免する. 2 特権的な地位を廃止する.

*【废话】fèihuà 1 動 **よけいな口をきく**. むだ話をする. ¶少 shǎo～! / 黙れ. 2 名 よけいな話. むだ話.

【废话连篇】fèi huà lián piān 〈成〉くだらないことを長々しく言う.

【废疾】fèijí 名 身体障害(者).

【废旧】fèijiù 形 使い古された. 不用になった. ¶～物资 wùzī / 不用品と中古品の総称.

【废料】fèiliào 名 廃棄物. 使えなくなった原料. くず. スクラップ.

【废票】fèipiào 名 無効の切符;無効票.

【废品】fèipǐn 名 1 不合格品. 2 廃品. 廃物.

【废气】fèiqì 名 排気(ガス).

【废弃】fèiqì 動 廃棄する. 廃止する. 捨てる.

【废寝忘食】fèi qǐn wàng shí 〈成〉寝食を忘れる. ►"废寝忘餐 cān"とも.

【废然】fèirán 形〈書〉失望するさま. ¶～而返 fǎn / がっかりして帰る.

【废人】fèirén 名 1 身体障害者. 2 仕事をする能力のない人;役に立たない人.

【废水】fèishuǐ 名 廃液. 廃水. ►"废液 fèiyè"とも.

【废铁】fèitiě 名 くず鉄.

【废物】fèiwù 名 廃棄物.

【废物】fèiwu 名〈罵〉能なし. ろくでなし.

【废墟】fèixū 名 廃墟(はいきょ).

【废学】fèixué 動 学校を中退する.

【废渣】fèizhā 名 固形廃棄物.

【废止】fèizhǐ 動(法令・制度などを)廃止する,やめる.

【废纸】fèizhǐ 名 紙くず. 無効となった証書類.

【废置】fèizhì 動(使わずに)放っておく.

沸 fèi ◇ 沸騰する. 沸く. ¶→～腾 téng.

【沸点】fèidiǎn 名〈物〉沸点. 沸騰点.

【沸反盈天】fèi fǎn yíng tiān 〈成〉上を下への大騒ぎ. ひどく騒々しいこと.

【沸沸扬扬】fèi fèi yáng yáng 〈成〉沸き返るように騒ぐさま. わいわい大騒ぎをする.

【沸热】fèirè 形 温度が高く非常に熱い.

【沸石】fèishí 名〈鉱〉ゼオライト. 沸石.

【沸腾】fèiténg 動〈物〉**沸騰する**;〈喩〉(感情・雰囲気が)**沸き立つ**;〈喩〉わいわい騒ぎ立てる.

***费 fèi** 動 1(金銭・労力・時間などが)**かかる**. ¶～了半天工夫 / 長いこと時間がかかった. 2(よけいに)**使う**. ¶这孩子穿衣服很～ / この子はすぐ服をだめにしてしまう.

◇ 費用. 料金. ¶伙食 huǒshi～ / 食費. ¶交～ / 料金を納める. ‖姓

【费工】fèi//gōng 動(仕事の)手間がかかる,手間をかける.

【费话】fèi//huà 動 1 口が酸っぱくなるほど言う. 長々と説明する. 2 よけいな話をする. ¶少 shǎo 说～,有事儿你快讲 / よけいなことはいいから,用事があったらさっさと言え.

【费解】fèijiě 形(文章の語句や話が)難解である.

【费劲】fèi//jìn 動(～儿)骨を折る. 力を入れる. **苦労する**.

【费尽心机】fèi jìn xīn jī 〈成〉いろいろと頭を絞って考える.

【费口舌】fèi kǒushé 〈慣〉多くの言葉を費やして説明しなければならない.

【费力】fèi//lì 動 **苦労する**. 骨を折る. 骨が折れる.

【费力不讨好】fèilì bù tǎohǎo 〈諺〉骨折り損のくたびれもうけ.

【费难】fèi//nán →【费事】fèi//shì

【费钱】fèi//qián 1 動 金をかける. 2 形 不経済である.

【费神】fèi//shén 動 気をつかう;お手数ですが. ►人に依頼するとき. ¶这篇作文您～给改改 / この作文にご面倒でしょうが手を入れていただけますか.

【费事】fèi//shì 1 動 **手間をかける**. **手間がかかる**. 2 形 面倒である. ►"费难 nán"とも.

【费手脚】fèi shǒujiǎo 〈慣〉手間がかかる. 手間をかける. 面倒である.

【费吐沫】fèi tùmo 〈慣〉口数を費やす;手数がかかる. ►"费唾沫"とも.

【费心】fèi//xīn 動 気をつかう. 煩わす;ご面倒ですが. ►人に依頼するとき. ¶叫你～了! / ご心配をおかけしまして.

【费心思】fèi xīnsi 〈慣〉思い悩む.

【费眼】fèi//yǎn 1 動 目を使う. 2 形 目が疲れ

F

る.

*【费用】fèiyong 名 **費用**. 支出. 量 笔,项 xiàng. ¶生产～ / 生産コスト.

痱 fèi "痱子 fèizi"(あせも)という語に用いる. ¶～子粉 / ベビーパウダー. 天花粉.

fen (ㄈㄣ)

1声 ** **分 fēn** ❶量 ①(**時間・貨幣・角度などの単位)分**. ¶三点五十～ / 3時50分. ¶四块六毛八～钱 qián / 4元6角8分. ②**点数**.(競技などの)得点. ¶输 shū 了九～ / 9点負け越す. ③分数. 10分の1;歩合;利率(年利は1分で10%,月利は1分で1%). ¶二～之 zhī 一 / 2分の1. ¶百～之八十 / 80%.
❷動 ①**分ける. 分かれる**. ¶一年～四季 sìjì / 1年は四季に分かれる. ¶药 yào ～三次吃 / 薬は3回に分けて飲む. ②**分配する**. 分け与える. ¶～给你一点儿吧 / 少し分けてあげましょう. ¶～传单 chuándān / ビラを配る. ③見分ける. 区別する. ¶是非不～ / 是非をわきまえない.
〈◆(全体から)分かれた. ¶→～公司. ¶～部 / 支部. ‖姓 ⏩fèn

【分贝】fēnbèi 量〈物〉(音の強さの単位)デシベル.

【分崩离析】fēn bēng lí xī 〈成〉(集団や国家が)分裂瓦解する,ばらばらに崩れる.

【分辨】fēnbiàn 動 **見分ける**. 識別する. ¶～真假 zhēnjiǎ / 真偽を見分ける.

【分辩】fēnbiàn 動 言いわけをする. ¶不容～ / 弁解の余地がない.

*【分别】fēnbié ❶動 ①**別れる**. ¶刚～半年又见面了 / 別れて半年たったばかりでまた会った. ②**区別する**. 見分ける. ¶难以 nányǐ ～ / 見分けがつかない. ❷名 **区別. 違い**. ¶这两件东西是有～的 / この二つのものには違いがある. ❸副 **別々に**. それぞれ. ¶～对待 duìdài / それぞれに対処する.

【分布】fēnbù 動 **分布する**. ¶～很广 / 非常に広く分布している. ¶人口～图 / 人口分布図.

【分不出】fēnbuchū 動+可補 区別できない.

【分不开】fēnbukāi 動+可補 切り離せない.

【分餐制】fēncānzhì 名 料理を大皿から一人分ずつとり分けて食べるサービス法.

【分册】fēncè 名 分冊. ¶第二～ / 第2分冊.

【分成】fēn//chéng 動+結補 (～儿)…に分ける. 分配する. ¶四六～ / 4対6の割で(利益を)分配する. ¶～三块 / 三つに分ける.

【分寸】fēncun 名 程合い. ちょうどよい程度. ¶他做事很有～ / あの人は行き過ぎたことをしない.

【分担】fēndān 動 分担する. ¶男女～家务劳动 / 男女が家事を分担する. ¶～费用 / 費用を分担する. 割り勘にする.

【分道】fēndào 名〈体〉(トラック競技の)コース.

【分道扬镳】fēn dào yáng biāo 〈成〉それぞれが自分の選んだ道を歩む.

【分等】fēn//děng 動 等級を分ける.

【分店】fēndiàn 名 支店. 量 家.

【分度】fēndù 名 目盛り.

【分队】fēnduì 名 ①〈軍〉分隊. "排"(小隊)と"班"(軍の最小組織)の総称. ②分遣隊. 別働隊.

【分发】fēnfā 動 ①一つ一つ配る. 分配する. ¶～奖品 jiǎngpǐn / 賞品を配る. ②(人を職場に)配属する.

【分房】fēn//fáng 動(勤務先が)住宅を割り当てる. ►"分配住房 fēnpèi zhùfáng"の略.

【分肥】fēn//féi 動(不正な手段による)利益の分け前にあずかる.

【分赴】fēnfù 動 手分けして〔それぞれ〕…へ行く.

【分付】fēnfu ⇀【吩咐】fēnfu

【分割】fēngē 動 分割する. 切り離す. ¶～领地 lǐngdì / 領土を分割する.

【分隔】fēngé 動 二つに仕切る. 分け隔てる.

*【分工】fēn//gōng 動 **分業する**. 分担する. ¶～合作 / 仕事を分担しながら協力する.

【分公司】fēngōngsī 名 支社.

【分管】fēnguǎn 動 分担して受け持つ. ¶～公关工作 / 渉外の仕事を受け持つ.

【分规】fēnguī ⇀【分线规】fēnxiànguī

【分毫】fēnháo 名 一分一厘;〈喩〉寸分. ¶～不差 / 寸分も違わない.

【分号】fēnhào 名 ①〈語〉セミコロン(;). ►二つ以上の節を並列したり対比したりするのに用いる. ②支店.

【分红】fēn//hóng 動 利益を配当する.

【分洪】fēnhóng 動(一定地域の水害を防ぐために)洪水の流れをそらす.

【分户账】fēnhùzhàng 名(帳簿の)元帳. 原簿.

【分化】fēnhuà 動 ①分化する. 分かれる;分裂させる. ¶两极～ / 両極に分化する. ¶～敌人 dírén / 敵を分裂させる. ②〈生〉分化する.

【分机】fēnjī 名(電話の)内線. 切り替え電話. ¶请接405～ / 内線405をお願いします.

【分级】fēn//jí 動 等級をつける.

【分级机】fēnjíjī 名〈農〉選別機.

【分家】fēn//jiā 動 分家する;二つに分かれる.

【分拣】fēnjiǎn 動 仕分けする.

【分解】fēnjiě 動 ①〈化〉〈物〉分解する. ②調停する. 仲裁する. ¶难以 nányǐ ～ / 調停しにくい. ③分裂する. ④詳しく話す. ►旧小説で章の終わりに用いる言葉. ¶且 qiě 听下回～ / 詳しくは次回の講釈を聞かれよ.

【分界】fēn//jiè 動 境界を分ける. 境目をつける.

【分界线】fēnjièxiàn 名 境界線.

【分斤掰两】fēn jīn bāi liǎng 〈成〉つまらないことをいちいち問題にする.

【分镜头】fēnjìngtóu 名 映画・ドラマの撮影で,いくつかのカットに分けること.

【分居】fēn//jū 動 **別居する**. ¶夫妻 fūqī ～ / 夫婦が離れて住んでいる. ¶～两处 chù / 2か所に分かれて住む.

【分句】fēnjù 名〈語〉(複文を構成するそれぞれの)単文;(英文法で)クローズ. 節.

*【分开】fēn//kāi 動+結補 **別れる**. 別々になる;**分ける**. 別々にする. ¶他俩儿～已经十年了 / 二人は別れてからもう10年になる. ¶把好的和坏 huài 的～ / よいものと悪いものを分ける.

【分类】fēn//lèi 動 **分類する**. ¶～归纳 guīnà / 分類して整理する.

【分离】fēnlí 動 **分離する**. 引き離す;**別れる**. 離れ離れになる. ¶他们俩从未 cóngwèi ～过 / 彼ら二人は離れたことが一度もない.

【分厘卡】fēnlíkǎ 名〈測〉マイクロメーター.

【分理处】fēnlǐchù 名(銀行などの)出張所.
【分裂】fēnliè 動 **分裂する;分裂させる.** ¶～团结 tuánjié / 団結を裂く.
【分路】fēn//lù ①動 別々の道をたどる. ¶～进攻 jìngōng / 別々に攻撃する. ②名〈電〉分路. ¶～电阻 diànzǔ / 分路抵抗.
【分门别类】fēn mén bié lèi 〈成〉それぞれの部門やタイプごとに分ける.
【分米】fēnmǐ 量(長さの単位)デシメートル. 10センチ.
【分泌】fēnmì 動 分泌する.
【分娩】fēnmiǎn 動 分娩する.
【分秒】fēnmiǎo 名 分秒;〈喩〉わずかな時間.
【分秒必争】fēn miǎo bì zhēng 〈成〉分秒を争う. 寸刻もおろそかにしない.
*【分明】fēnmíng ①形 **明らかである.** はっきりしている. ¶黑白～ / 善悪がはっきりしている. ②副 はっきりと. 明らかに. ¶我～看见有人进来 / 誰かが入ってきたのをちゃんと見とどけた.
【分母】fēnmǔ 名〈数〉分母.
【分派】fēnpài 動 ①それぞれ配属する. ¶他被～到这个公司工作 / 彼はこの会社の仕事に配属された. ②割り当てる. ¶～任务 rènwu / それぞれに任務を言い渡す.
*【分配】fēnpèi 動 ①**分配する. 割り当てる.** ¶～房子 / 家を割り当てる. ②配分する. 配置する. (職場へ)配属する. ¶他被～在北京工作 / 彼は北京に配属された. ③〈経〉分配する.
【分批】fēn//pī 動 何回かに(またはいくつかの組に)分ける,分かれる. ¶～到滑雪场 huáxuěchǎng 集训 jíxùn / いくつかのグループに分かれてスキー場へ合宿に行く.
【分片】fēn//piàn 動(～儿)区域や範囲を分ける.
【分期】fēn//qī 動 **期間を分ける.** ¶～付款 fùkuǎn / 分割払いをする. ¶～实行 shíxíng / 段階的に実行する.
【分歧】fēnqí ①名(思想・記載・意見などの)相違,不一致. ②形 食い違っている.
【分清】fēn//qīng 動+結補 はっきり見分ける. **はっきり区別する.** ¶分不清好坏 hǎohuài / 善悪の区別がつかない.
【分群】fēn//qún 動(ハチが)分封(㓹)する.
【分润】fēnrùn 動 利益を分ける. 分け前にあずかる.
*【分散】fēnsàn ❶動 ばらまく.配る.分け与える. ¶～传单 chuándān / ビラを配る. ❷形 散らばっている.
【分色机】fēnsèjī 名〈印〉カラースキャナー.
【分设】fēnshè 動 別々に設置する.
【分身】fēn//shēn 動(ある場所または仕事から)離れる,手を離す. ►否定文に用いることが多い. ¶忙得分不开身 / 忙しくて手が離せない.
【分神】fēn//shén 動(～儿)気を遣う. 配慮する. ►人に依頼をするとき. ¶这件事请您～去办一下吧 / お手数ですがこの件をかたづけていただけませんか.
*【分手】fēn//shǒu 動 **別れる.** ¶你俩 liǎ 在什么地方～的? / お二人はどこで別れたの. ¶他们已经～了 / 彼らはもう別れた.
【分数】fēnshù 名 ①(成績の)点数. ¶英语的～是七十分 / 英語の点数は70点だ. ②〈数〉分数.
【分数线】fēnshùxiàn 名 ①(分母と分子の間の)分数の横線. ②(入試などの)合格ライン.
【分水岭】fēnshuǐlǐng 名 ①〈地〉分水嶺. ②〈喩〉分かれ目. 分岐点. ►"分水线 xiàn"とも.
【分税制】fēnshuìzhì 名 付加価値税と法人税に分けて課税する制度.
【分水】fēnshui 名(魚の)ひれ.
【分说】fēnshuō 動 言い訳をする. 弁解する. ►"不容 bùróng"や"不由 bùyóu"などの後に置くことが多い. ¶不容～ / 有無を言わせない.
【分送】fēnsòng 動 分配する.
【分摊】fēntān 動(費用を)分担する. 割り勘にする. ¶每人～五元 / 一人当たり5元負担.
【分庭抗礼】fēn tíng kàng lǐ 〈成〉(もとは主人と来客が庭の両端に立って互いにあいさつを交わすことから)対等にふるまうこと.
【分头】fēntóu ①副 手分けして. それぞれ. 別々に. ¶～行动 xíngdòng / 別々に行動する. ②名 左右に分ける髪型. ¶留 liú ～ / 髪を伸ばして分ける.
【分文】fēnwén 名 わずかなお金. びた一文. ¶～不值 zhí / 全く価値がない. ¶身无～ / 懐に一銭もない. ¶～不取 qǔ / 無料である.
*【分析】fēnxī 動 **分析する.** ¶～形势 xíngshì / 情勢を分析する. ¶～事故 shìgù 的原因 / 事故の原因を分析する.
【分线规】fēnxiànguī 名 ディバイダー. 分割器. ►"分规"とも.
【分享】fēnxiǎng 動(喜びなどを)分かち合う.
【分销】fēnxiāo 動 分け売りをする.
【分销店】fēnxiāodiàn 名 代理店. 小売店.
【分晓】fēnxiǎo ❶名 ①事の子細. 結果. ►"见"の後に用いることが多い. ¶谁胜 shèng 谁负 fù,今天就见～ / どちらが勝つか,きょう結果が分かる. ②分別. 道理. ►否定文に用いることが多い. ¶没～的话 / 分別のない話. ❷動 はっきりする. ¶问个～ / はっきり分かるまで問いただす.
【分心】fēn//xīn 動 ①気が散る. 気を散らす. ¶为生活琐事 suǒshì ～ / 生活上の些細なことで気を散らす. ②配慮する. ►人に依頼をするとき. ¶让您～了 / ご配慮いただきました. ③私心を抱く.
【分阴】fēnyīn 名〈書〉寸陰. わずかな時間. ¶惜 xī ～ / 寸陰を惜しむ.
【分忧】fēnyōu 動 憂いを共にする. ¶为他人～ / 他人の心配事を共に憂える.
【分赃】fēn//zāng 動 盗品を分ける;〈喩〉不当な権利や利益を分ける.
【分针】fēnzhēn 名(時計の)分針,長針.
【分支】fēnzhī 名 一つの系統から分かれた部分.
【分至点】fēnzhìdiǎn 名〈天〉春分点・秋分点・夏至点・冬至点の総称. 回帰点.
*【分钟】fēnzhōng 量(時間の単位)**分. 分間.**
【分子】fēnzǐ 名 ①〈数〉分子. ②〈物〉〈化〉分子. ⇒【分子】fènzǐ
【分组】fēnzǔ 動 グループに分ける〔分かれる〕. ¶～讨论 tǎolùn / グループに分けて議論する.

芬 fēn

◇◆ 香り. 香気. ¶清 qīng ～ / すがすがしい香り.

【芬芳】fēnfāng ①形 芳しい. かぐわしい. ¶～的桂花 guìhuā / 香気ただようモクセイ. ②名 香

F

り.
【芬兰】Fēnlán 名〈地名〉フィンランド.
【芬郁】fēnyù 形 香り高い. かぐわしい.

吩 fēn "吩咐 fēnfu"⇩という語に用いる.

*【吩咐】fēnfu 動 **言いつける. 申しつける.** 指図する. ►"分付"とも書く. ¶科长 kēzhǎng ～他今天必须 bìxū 把这项工作干 gàn 完 / 課長は彼にきょう中にその仕事を仕上げるように言いつけた.
比較 吩咐：嘱咐 zhǔfu "吩咐"には,使役の意があり命令口調を含むが,"嘱咐"は「話す」「言いふくめる」の意味で命令の色あいがない.

纷 fēn ◇◆ 入り乱れる. ¶大雪～飞 / 大雪が降りしきる.

【纷繁】fēnfán 形 多くて複雑である. 入り組んでいる.
【纷飞】fēnfēi 動(雪や花などが)ひらひら舞い飛ぶ.
*【纷纷】fēnfēn ①形 **雑多である.** 入り乱れている. 次々と続いている. ¶议论 yìlùn ～ / 議論百出する. ¶落叶～ / 落ち葉がはらはらと散る. ②副 **次から次へと.** ¶大家～发言 fāyán / みんなが次々に発言した.
【纷纷扬扬】fēnfēnyángyáng 形(雪·花·木の葉などが)ひらひら舞い落ちるさま.
【纷乱】fēnluàn 形 **乱れている.** もつれている. 混乱している. 紛糾している.
【纷披】fēnpī 動〈書〉乱れて広がる.
【纷扰】fēnrǎo 動 混乱する. ¶人声～ / 人声がざわめく. ¶内心～ / 胸さわぎがする.
【纷纭】fēnyún 形〈書〉(言論·意見·事柄などが)入り乱れている,まちまちである. ¶众说～ / 人々の言い分がまちまちである. 諸説紛々としている.
【纷争】fēnzhēng 名 紛争. ¶～不已 bùyǐ / 紛争がやまない. ¶内部～ / 内紛.
【纷至沓来】fēn zhì tà lái 〈成〉続々とやってくる. 次から次へと現れる.

氛 fēn ◇◆ 気. 空気;気分. 様子. ¶气～ / 雰囲気.

【氛围】fēnwéi 名 雰囲気. ►"雰围"とも書く.

酚 fēn 名〈化〉フェノール. 石炭酸. フェノール類. ¶～酞 tài / フェノールフタレーン.

【酚醛】fēnquán 名〈化〉フェノリックアルデヒド.
【酚醛塑料】fēnquán sùliào 名 ベークライト. フェノール樹脂.

雰 fēn ◇◆ 霧. 水蒸気.

【雰雰】fēnfēn 形〈書〉雪などが降りしきるさま. ¶大雪～ / 雪が一面降りしきる.
【雰围】fēnwéi →【氛围】fēnwéi

2声 **坟**(墳) fén 名〈口〉**塚. 墓.** 土まんじゅうの墓. 量 座,个.

【坟池】fénchí 名 墓穴. 棺を入れる穴.
【坟地】féndì 名 **墓地.** 墓場. 量 块,片 piàn.
【坟墓】fénmù 名 **墓.** 墳墓. 量 座,个.
【坟圈子】fénquānzi 名 無縁墓地.
【坟山】fénshān 名〈方〉①墓;大きな土盛りの墓. ②墓の後ろの土囲い.
【坟头】féntóu 名(～儿)墓の土盛り(またはれんが造り)の部分.
【坟茔】fényíng 名 ①墓. ②墓地.

汾 fén ◇◆ 川の名に用いる. "汾河"は山西省にある川の名.

【汾酒】fénjiǔ 名 汾酒(フェンチュー). ►山西省名産の蒸留酒.

焚 fén ◇◆ 焼く. 燃やす. ¶忧 yōu 心如～ / 心配でたまらない.

【焚风】fénfēng 名〈気〉フェーン.
【焚化】fénhuà 動(死体·神仏の像·紙銭などを)焼く.
【焚毁】fénhuǐ 動 焼き払う.
【焚琴煮鹤】fén qín zhǔ hè 〈成〉風流を理解しないたとえ. 無粋なことをする.
【焚烧】fénshāo 動 焼き払う.
【焚香】fén//xiāng 動 ①焼香する. ②香をたく.

鼢 fén "鼢鼠 fénshǔ"(モグラ)という語に用いる.

3声 **粉** fěn ❶名 ①**粉. 粉末.** ¶把小麦 xiǎomài 磨 mò 成～ / 小麦をひいて粉にする. ②おしろい. ¶搽 chá ～ / おしろいをつける.
❷動〈方〉①(壁を)白く塗る. ②粉になる.
◇◆ ①でんぷんで作った食品. ¶干 gān ～ / はるさめ. ¶米～ / ビーフン. ②白色の. 白い粉のついている. ¶～底布鞋 / 白い底の布靴. ③桃色の. ピンクの. ¶→～红.

【粉笔】fěnbǐ 名 **チョーク.** 白墨. 量 枝,支.
【粉饼】fěnbǐng 名 固形のファンデーション類.
【粉肠】fěncháng 名(～儿)でんぷんと調味料で作ったソーセージ状の食品.
【粉尘】fěnchén 名 粉塵(ふんじん).
【粉刺】fěncì 名〈口〉にきび. ►"痤疮 cuóchuāng"の俗称. ¶～露 lù / にきびの薬用化粧水. ¶～霜 shuāng / にきび用クリーム.
【粉黛】fěndài 名 ①〈書〉おしろいとまゆ墨;〈喩〉化粧(品). ②〈旧〉女性.
【粉底霜】fěndǐshuāng 名(化粧品の)ファンデーション.
【粉蝶】fěndié 名〈虫〉シロチョウ. モンシロチョウ. 量 只. ¶白～ / モンシロチョウ.
【粉房】fěnfáng 名 製粉所. 緑豆の澱粉ではるさめなどを作る工場.
【粉红】fěnhóng 形 ピンクの. 桃色の.
【粉剂】fěnjì 名〈薬〉粉剤;〈農〉粉末殺虫剤.
【粉瘤】fěnliú 名〈医〉アテローム. 粥腫(じゅくしゅ).
【粉末】fěnmò 名(～儿)粉末. 粉. ¶研 yán 成～ / 粉々にすりつぶす.
【粉墨登场】fěn mò dēng chǎng 〈成〉メーキャップをして舞台に出る. 悪人が装いをこらして政治の舞台に登場するたとえ.
【粉牌】fěnpái 名(商店でメモをするのに用いる)白い塗り板. ►筆で書き,拭き取って消す.
【粉皮】fěnpí 名(～儿)緑豆などの澱粉を水に溶かして煮沸させ薄く伸ばしたもの. 幅の広いはるさめ.

【粉扑儿】fěnpūr 名 パフ．おしろいたたき．㊐块．¶拍 pāi ～ / パフをたたく．
【粉芡】fěnqiàn 名(料理にかける)クズあん．
【粉墙】fěnqiáng 名 しっくい塗りの壁．白壁．
【粉沙】fěnshā 名〈地質〉微砂．細砂．
【粉身碎骨】fěn shēn suì gǔ〈成〉ある目的のために身命を惜しまず努力する．
【粉饰】fěnshì 動 うわべを飾りつくろう．
【粉饰太平】fěn shì tài píng〈成〉(乱世を)天下太平を装う．
【粉刷】fěnshuā ❶動 ①(壁を)白く塗る．②〈方〉建物の表面にしっくいなどを塗りつける．❷名〈方〉建物の表面に塗った保護層．
【粉丝】fěnsī 名 ① 豆そうめん．はるさめ．►材料は緑豆．②(歌手・俳優などの)ファン．
*【粉碎】fěnsuì ① 形 **粉々である．** 粉々に砕ける．¶玻璃 bōli 被砸 zá 得～ / ガラスが粉々に砕かれる．② 動 粉々にする；**粉砕する．** ¶～了对方的进攻 jìngōng / 相手の攻撃を徹底的に打ちくだいた．
【粉条】fěntiáo 名(～儿)平たいひも状のはるさめ．►材料はジャガイモ．

4
分 fèn 〖份 fèn〗に同じ．◇◆ ①成分．¶盐 yán ～ / 塩分．②本分．分．職責．¶过～ / 分に過ぎる．⇒ fēn
【分地】fèndì 名 領主が農奴に分け与えた土地．
*【分量】fènliang 名 ① **重さ．** 目方．②(言葉や問題などの)**重み,** 重要度．¶这句话很有～ / その言葉はなかなか重みがある．¶掂 diān ～ / 重要性を推し量る．
【分内】fènnèi 形 職責範囲内の．本分内の．
【分所当然】fèn suǒ dāng rán〈成〉本分として当然である．
【分外】fènwài ① 副 **非常に．ことのほか．** ►心理動詞や形容詞に用いる．¶心里～高兴 / ことのほかうれしかった．¶这盘 pán 菜～香 / この料理は格別うまい．② 形 本分以外の．自分の分担以外の…．¶～的事不过问 / 自分の担当以外は手をつけない．
【分子】fènzǐ 名 ある階級・階層・集団に属する人,またはある特徴によってグループ化された人．¶资产阶级 jiējí ～ / 資産階級．ブルジョア．¶知识 zhīshi ～ / 知識人．インテリ．¶积极 jījí ～ / 活動家．⇒【分子】fēnzǐ

*
份(分) fèn ❶名(～儿)**全体の一部分．** ¶分成两～儿 / 2組に分ける．¶出一～儿力 / 応分の力を出す．
❷量(～儿) ① **組やそろいになったものを数える．** ¶两～儿客饭 / 定食2人前．¶送了一～礼物 / 贈り物を1組送った．② **新聞や書類を数える．** ¶一～报纸 / 新聞1部．¶本合同 hétong 双方各持一～ / 本契約書は双方がそれぞれ1部を持つ．
◇◆ 省・県・年・月などの区分した1単位．¶二月～ / 2月．2月分．¶省～ / (行政区分の)省．
【份额】fèn'é 名 分け前．割り当て．シェア．
【份儿】fènr ❶名 ① **取り分．** …の分．¶这一～是你的 / これは君の分だ．② 地位．身分．¶这个团体里没有我的～ / この団体ではぼくなんか数に入らない．③ 物事の程度．段階．¶事情 shìqing 到了这～上 / 事はこんな状態にまでなってしまった．❷形 ①〈方〉(服装が)しゃれている．②〈方〉(やり方・踊りなどが)上手である,光っている．
【份儿饭】fènrfàn 名 定食．
【份子】fènzi 名(何人かで金を出し合って贈り物をするときの)各人の負担分,割り前；(割り勘のときの)各人の出し分．►"份子钱 fènziqián"ともいう．また広く慶弔金,香典,祝儀などもさす．¶出～ / 割り当て分を出す．¶摊 tān ～ / 各自の出し分を均等にする．

奋(奮) fèn ◇◆ ①奮い立つ．奮起する．¶勤 qín ～ / 勤勉．¶振 zhèn ～ / 奮い立つ．②振り上げる．¶→～笔疾书．‖姓
【奋笔疾书】fèn bǐ jí shū〈成〉筆をふるって速く書く．
【奋不顾身】fèn bù gù shēn〈成〉身の危険をも顧みずに勇気を奮って突き進む．
*【奋斗】fèndòu 動(目標に向かって)**奮闘する．** がんばる．努力する．¶为 wèi 考上大学而～ / 大学に入るためにがんばる．¶～目标 mùbiāo / 努力目標．
【奋发】fènfā 動 発奮する．奮い立つ．¶～有为 yǒuwéi / 向上心に燃え,前途有為である．
【奋发图强】fèn fā tú qiáng〈成〉奮起して国家の富強をはかる．
【奋进】fènjìn 動 奮い立って前進する．
【奋勉】fènmiǎn 動 奮励努力する．
【奋起】fènqǐ 動 ① 奮い立つ．¶～直追 zhuī / 奮い立ってまっしぐらに追いかける．② 力を入れて持ち上げる．
【奋勇】fènyǒng 動 勇気を奮い起こす．勇み立つ．¶～前进 / 勇気を奮い起こして進む．
【奋战】fènzhàn 動 奮戦する．

忿 fèn ① 〖愤 fèn〗に同じ．② ⇀【不忿】bùfèn
【忿忿】fènfèn ⇀【愤愤】fènfèn

粪(糞) fèn 名 糞．大便．◇◆ 肥やしをやる．¶～地 dì / 田畑に肥やしをやる．
【粪便】fènbiàn 名 糞便．
【粪车】fènchē 名 肥取車(こえとりぐるま)．肥車(こえぐるま)．
【粪池】fènchí 名 肥だめ．
【粪堆】fènduī 名 積み上げた下肥．
【粪肥】fènféi 名〈農〉下肥．
【粪箕子】fènjīzi 名(肥料や燃料用の)糞を拾い集めるのに用いる箕(み)．
【粪坑】fènkēng 名(～子) ① 肥だめ．② 便所．
【粪筐】fènkuāng 名 ① 糞を拾って入れるかご．② ⇀【粪箕子】fènjīzi
【粪门】fènmén 名〈方〉肛門．
【粪桶】fèntǒng 名 肥桶．肥たご．
【粪土】fèntǔ 名 糞便と土；〈喩〉価値のないもの．きたないもの．

愤 fèn ◇◆ 怒る．恨む．¶气 qì ～ / 憤慨する．¶民～ / 民衆の憤り．
【愤愤】fènfèn 形 憤懣(ふんまん)やるかたない．►"忿忿"とも書く．¶～不平 píng / 憤りのために心が穏やかでない．
【愤恨】fènhèn 動 恨み憤る．憤慨する．
【愤激】fènjī 形 憤激している．

【愤慨】fènkǎi 形 憤慨にたえない. ¶深感～/とても憤慨する. ¶表示～/憤りを表す.

*【愤怒】fènnù 動 **憤怒する**. ¶感到～/怒りを覚える. ¶抑制 yìzhì 不住心头的～/心中の怒りを抑えることができない.

【愤然】fènrán 形 憤然とする. ¶～而 ér 去/憤然として立ち去る.

【愤世嫉俗】fèn shì jí sú〈成〉不合理な社会に憤り,その悪い習俗に憎しみをもつ.

F

feng (ㄈㄥ)

1声 **丰**(豐) fēng ◇◆ ①豊かである. 多い. ¶→～盛 shèng. ¶→～收 shōu. ②大きい. ¶→～碑 bēi. ③美しい容貌や姿. ¶→～姿 zī. ‖姓

【丰碑】fēngbēi 名 高い石碑;〈喩〉不朽の名作. 偉大な功績.

【丰采】fēngcǎi →【风采】fēngcǎi

【丰产】fēngchǎn 名 多収穫. 豊作. ¶～年/豊年. 収穫の多い年.

【丰登】fēngdēng 動〈書〉豊かに実る. ¶五谷 wǔgǔ～/〈成〉五穀豊穣(ほうじょう).

【丰富】fēngfù ①形 **豊富である. 豊かである. ②動 **豊富にする**. ¶～自己的生活经验 jīngyàn/自分の生活経験を豊かにする.

【丰富多彩】fēng fù duō cǎi〈成〉多彩である. ►"丰富多采"とも書く.

【丰功伟绩】fēng gōng wěi jì〈成〉偉大な功績. ►"丰功伟业 yè"とも.

【丰厚】fēnghòu 形 ①厚くてふかふかしている. ②豊かである. 手厚い.

【丰满】fēngmǎn 形 ①**満ち満ちている**. いっぱいである. ②**肉付きがよい**. ふっくらとしている. 豊満である.

【丰茂】fēngmào 形 こんもりと茂っている.

【丰美】fēngměi 形 多くてりっぱである. 豊かで美しい. ¶～的菜肴 càiyáo/盛りだくさんでおいしい料理.

【丰年】fēngnián 名 豊年. 豊作の年.

【丰沛】fēngpèi 形(雨水が)十分である.

【丰饶】fēngráo 形 豊饒(ほうじょう)である.

【丰润】fēngrùn 形(体が)ふっくらして肌がみずみずしい.

【丰盛】fēngshèng 形(物が)**豊富である**. ¶～的筵席 yánxí/(料理が)盛りだくさんな宴席. 盛大な宴会.

【丰收】fēngshōu 動 **豊作になる**;〈喩〉好成績を収める.

【丰硕】fēngshuò 形(果実が)多くて大きい;(成果などが)豊かである. ►比喩に用いることが多い. ¶取得 qǔdé～的成果 chéngguǒ/実り多い成果をあげる.

【丰衣足食】fēng yī zú shí〈成〉衣食ともに満ち足りた. 暖衣飽食.

【丰裕】fēngyù 形 富裕である. 豊かである.

【丰韵】fēngyùn →【风韵】fēngyùn

【丰姿】fēngzī 名 美しい姿.

【丰足】fēngzú 形 豊かで十分である. ¶衣食～/衣食に不自由しない.

** **风**(風) fēng 名 ①**風**. 量 阵 zhèn, 股 gǔ. ❖刮 guā～/風が吹く. ②(～儿)うわさ. 消息. たより. ¶听到一点～/うわさを耳にした. ¶走～/うわさが漏れる. 口外する.
◇◆ ①風俗. 習慣;態度. ¶世 shì～/世相. ¶学～/学習の態度. ②言い伝えの. 根拠のない. ¶→～言～语. ③風の力で…する. ¶→～干 gān. ¶晒干 shàigān～净 jìng/(穀物を)日光にさらし,風にあててきれいにする. ④民謡. ¶采 cǎi～/民謡を集める. ⑤ある種の疾病. ¶羊角 yángjiǎo～/てんかん. ‖姓

【风暴】fēngbào 名 ①あらし. 暴風雨. ¶海上～/海上のあらし. ②〈喩〉大規模で勢いのすさまじい事件〔現象〕. ¶红色～/革命のあらし.

【风泵】fēngbèng 名〈機〉エアポンプ. ►"气泵 qìbèng"とも.

【风痹】fēngbì 名〈中医〉関節リューマチ.

【风标】fēngbiāo 名 風見. 風向指示器.

【风波】fēngbō 名 もめごと. 騒ぎ. ¶起 qǐ～/もめごとが起きる.

【风采】fēngcǎi 名〈書〉①(立派な)態度,人品,風貌. ②文芸の才能. ►"丰采"とも書く. ¶～动人/風采がりっぱで人を引きつける.

【风餐露宿】fēng cān lù sù〈成〉旅の苦労.

【风操】fēngcāo 名 風采と節操.

【风车】fēngchē 名 ①風車(ふうしゃ);(子供の玩具)風車(かざぐるま). ②唐箕(とうみ). 穀物に混じったしいな・もみ殻・ちりなどを吹き分ける道具.

【风尘】fēngchén 名〈喩〉①旅の苦労. ¶～仆 púpú/旅の苦労の形容. ②〈旧〉さすらいの身. ③〈書〉乱世.

【风驰电掣】fēng chí diàn chè〈成〉きわめて速いさま. 電光石火.

【风传】fēngchuán ①動 うわさとして伝わる. ②名 うわさ.

【风吹草动】fēng chuī cǎo dòng ちょっとした事故. わずかな異変.

【风吹雨打】fēng chuī yǔ dǎ 風にたたかれ雨に痛めつけられる. 生活のために苦労するたとえ. ¶经不起～/風雨〔苦労〕に耐えられない. ►"风吹雨淋 lín"とも.

【风锤】fēngchuí 名〈機〉エアハンマー.

【风挡】fēngdǎng 名(車などの)風よけ. ¶～玻璃 bōli/(自動車の)風防ガラス. フロントガラス.

【风灯】fēngdēng 名 ①防風用ランプ. ②〈方〉家庭内でつるす装飾品のちょうちん. ►"风雨灯 fēngyǔdēng"とも.

【风笛】fēngdí 名〈音〉バグパイプ.

【风度】fēngdù 名 風格. 風采(ふうさい). 人柄. ¶有～/風格がりっぱである. ¶～大方 dàfang/おっとりした人柄.

【风发】fēngfā 形 盛んである. 急に高まる.

【风范】fēngfàn 名〈書〉風格. 態度.

【风风火火】fēngfēnghuǒhuǒ 形 ①あたふたしている. ②勢いがよく勇ましい.

【风风雨雨】fēngfēngyǔyǔ 形 ①困難で曲折が多い. ②うわさが乱れとぶさま. ¶她进公司不久就引起 yǐnqǐ 了很多～/彼女が入社して間もなく,彼女のいろんなうわさが広まった.

【风干】fēnggān 動 陰干しにする. ¶～腊肉 làròu

/ 陰干しのベーコン.
【风镐】fēnggǎo 名〈機〉エアピック.
【风格】fēnggé 名 ① **風格**. 気品. 精神. マナー. 精神. ¶比赛 bǐsài ～ / 試合のマナー. ②(芸術作品の) スタイル,作風.
【风骨】fēnggǔ 名 ① 気骨. ②(詩文や書画の) 力強い風格,筆致.
【风光】fēngguāng 名 **風光**. **風景**. 景色. ㊀片. ¶北国～ / 北国の風景.
【风寒】fēnghán 名 冷え,寒け. ¶受～ / 冷える. 風邪をひく.
【风和日丽】fēng hé rì lì 〈成〉気候が温和であるさま. ►"风和日暖"とも.
【风和日暖】fēng hé rì nuǎn 〈成〉風穏やかで日うらら. 気候が温和である形容.
【风花雪月】fēng huā xuě yuè 〈成〉 ① 花鳥風月. 自然の美しい風物;〈転〉美辞麗句を並べただけで中身がない詩文. ② 男女の色恋.
【风化】fēnghuà ① 名 良俗. ►現在では多く男女関係についていう. ¶有伤 shāng ～ / 良俗を乱す. ② 動 風化する. 風解する.
【风火墙】fēnghuǒqiáng 名 防火壁.
【风级】fēngjí 名〈気〉**風力の等級**. ►風力を0から12までの13級に区分したもの.
【风纪】fēngjì 名 風紀. 規律. 軍紀.
【风纪扣】fēngjìkòu 名(中山服などの) 襟元のホック. ►襟が正され,きりりとした装いであることから.
【风井】fēngjǐng 名〈鉱〉換気坑.
*【风景】fēngjǐng 名 **風景**. 景色. ㊀处 chù,种 zhǒng.
【风景画】fēngjǐnghuà 名 風景画.
【风景区】fēngjǐngqū 名 景勝地.
【风镜】fēngjìng 名 風防眼鏡. ゴーグル.
【风卷残云】fēng juǎn cán yún 〈成〉風が雲を吹き払う;〈喩〉あっという間に一掃する.
【风口】fēngkǒu 名 風の通路;〈喩〉風当たりの強い所. ¶站在～上 / 風の当たる所に立つ.
【风口浪尖】fēng kǒu làng jiān 〈成〉風が強く波の高い所;〈喩〉激しい社会闘争の最前線.
【风浪】fēnglàng 名 風波;〈喩〉荒波.
【风雷】fēngléi 名 暴風と雷;〈喩〉すさまじい力. あらし.
【风力】fēnglì 名 ① **風力**. ② 風速による等級.
【风凉】fēngliáng 形 風が当たって涼しい.
【风凉话】fēngliánghuà 名 皮肉るような冷ややかな言葉.
【风铃】fēnglíng 名(仏殿や塔の軒下につるす) 風鐸(ふうたく);風鈴.
【风流】fēngliú 形 ① 傑出している. ¶～人物 / 傑出した人物. ② 風流である. ③ 色事にかかわる. ¶～案件 ànjiàn / 色恋ざた.
【风马牛不相及】fēng mǎ niú bù xiāng jí 〈成〉風馬牛(ふうばぎゅう)も相及ばず. 互いに全く関係のないこと.
【风帽】fēngmào 名 ①〈旧〉風よけ・防寒用の帽子. ►後ろに長さ2尺(約60センチ)ばかりのたれがついている. ② コートやヤッケなどのフード.
【风貌】fēngmào 名 ① 風格;様式. ¶民间艺术 yìshù ～ / 民間芸術の風格. ② 風采(ふうさい)と容貌. ③ 様相. 姿.
【风门】fēngmén 名 ①〈鉱〉換気孔. ②〈中医〉(つぼの) 人体のつぼの一つ. 風門(ふうもん). 左右肩胛骨(けんこうこつ)の上部からやや中心寄りのところ.
【风靡】fēngmǐ 動 風靡(ふうび)する. 一面に広がる. ¶～一时 / 〈成〉一世を風靡する.
【风魔】fēngmó ⇀【疯魔】fēngmó
【风能】fēngnéng 名 風力エネルギー.
【风平浪静】fēng píng làng jìng 〈成〉何事もなく平穏であるさま.
【风起云涌】fēng qǐ yún yǒng 〈成〉大風が起こり黒雲が湧く;〈転〉(事物が) 次から次へと勢いよく出現する,引きも切らず現れる.
*【风气】fēngqì 名 **気風**. **風習**. 習慣. 風潮. ¶坏 huài ～ / 悪い習慣. ¶向钱看的～一定要扭转 niǔzhuǎn / 金銭第一主義という風習は必ず改めなければならない.
【风琴】fēngqín 名〈音〉**オルガン**. ㊀架,台,个. ❖弹 *tán* ～ / オルガンを弾く. ¶管～ / パイプオルガン. ¶～钟 zhōng / オルゴール時計.
【风情】fēngqíng 名 ① 風向や風力の状況. ②〈書〉風貌や挙止. ③〈書〉心持ち. 情趣. ④〈貶〉(男女の間で) 気のある素ぶり. ¶卖弄 màinong ～ / 思わせぶりをする. ⑤ 風情.
【风趣】fēngqù ① 形(話や文章が) ユーモラスである. ¶他的演说十分～ / 彼の演説はユーモアたっぷりだ. ② 名 ユーモア.
【风圈】fēngquān 名 太陽や月の暈(かさ).
【风骚】fēngsāo ① 名〈書〉文学. 詩文;文才. ►『詩経』の「国風」と『楚辞』の「離騒」から作られた言葉. ② 形 色気がある. コケティッシュである.
【风色】fēngsè 名 風向き;〈喩〉気配. 動静. 様子. ¶观察 guānchá ～ / 様子をうかがう. ¶～不对 / 風向きが悪い. 形勢が悪い.
【风沙】fēngshā 名 砂あらし. 風と砂ぼこり. ¶刮 guā ～ / 砂あらしが吹く.
【风扇】fēngshàn 名 ① 天井につるし,ひもで引いて風を起こす布製の扇. ② 扇風機.
【风尚】fēngshàng 名 気風. 風習. 流行. ¶体育 tǐyù ～ / スポーツマンシップ.
【风声】fēngshēng 名 ① 風の音. ② うわさ. 消息. ¶走漏 zǒulòu ～ / 口外する. うわさを漏らす.
【风声鹤唳】fēng shēng hè lì 〈成〉おじけづいてわずかなことにもおののく.
【风湿(病)】fēngshī(bìng) 名〈医〉リューマチ.
【风霜】fēngshuāng 名〈喩〉(旅や生活の) 困難. 辛酸. ¶饱 bǎo 经～ / 〈成〉辛酸をなめ尽くす.
【风水】fēngshui 名 風水(ふうすい). 地相判断の占い. ¶看～ / 地相を見る. ¶～先生 / 地相占い師.
【风丝儿】fēngsīr 名 そよ風. 微風.
*【风俗】fēngsú 名 **風俗**. 風習.
【风速】fēngsù 名〈気〉**風速**. ¶～计 / 風速計.
【风瘫】fēngtān 名 中風(ちゅうぶ). 半身不随. ►"瘫痪 tānhuàn"の通称. "疯瘫"とも書く.
【风头】fēngtou 名 ① 風向き. 形勢. ¶看～ / 形勢を見る. ②〈貶〉("出～"で) 出しゃばること. ③ 羽振り.
【风土】fēngtǔ 名 風土. ¶～人情 / 風土と人情. ¶～病 / 風土病. ¶～志 / 風土記.
*【风味】fēngwèi 名(～儿)(地方的な) **特色,味わい**. ¶家乡 jiāxiāng ～ / 郷土料理.
【风闻】fēngwén ① 動 うわさに聞く. 風の便りに聞く. ② 名 うわさ.

F

【风习】fēngxí 名 風俗習慣.
【风险】fēngxiǎn 名 リスク. 万一の危険. ¶经得起～/いざという時にもびくともしない. ¶冒 mào～/危険を冒す.
【风险企业】fēngxiǎn qǐyè 名〈経〉ベンチャー企業.
【风箱】fēngxiāng 名 ふいご. ㊣ 只 zhī. ¶拉 lā～/ふいごを押す.
【风向】fēngxiàng 名〈気〉風向. 風向き;〈喩〉情勢.
【风向标】fēngxiàngbiāo 名〈気〉風向計.
【风信子】fēngxìnzǐ 名〈植〉ヒヤシンス.
【风行】fēngxíng 動 流行する. はやる. 盛んに行われる. ¶～一时/一時期流行する.
【风选】fēngxuǎn 名〈農〉風選. 風力で穀物をより分ける方法.
【风雅】fēngyǎ ①形 優雅である. ¶举止 jǔzhǐ～/立ち居振る舞いが上品である. ②名〈書〉詩文. 詩文を作ること.
【风言风语】fēng yán fēng yǔ〈成〉根も葉もないうわさやデマ. 陰でとやかく言うさま.
【风衣】fēngyī 名 ウインドブレーカー. ダスターコート. ㊣ 件 jiàn.
【风雨】fēngyǔ 名 ①風雨. 風と雨. ¶～无误 wúwù/天気が悪くても必ず出席する. ②〈喩〉困苦や苦労. ¶经 jīng～,见世面 shìmiàn/苦労をして世間を渡る.
【风雨飘摇】fēng yǔ piāo yáo〈成〉情勢が非常に不安定である.
【风雨如磐】fēng yǔ rú pán〈成〉希望の持てない世の中や苦しい境地.
【风雨同舟】fēng yǔ tóng zhōu〈成〉困難を共に切り抜ける.
【风雨无阻】fēng yǔ wú zǔ〈成〉雨天決行.
【风雨衣】fēngyǔyī 名 ウィンドブレーカー.
【风月】fēngyuè 名 ①風月;(広く)景色. ②〈旧〉恋愛ごと. 色事.
【风云】fēngyún 名 風雲;変化の激しい情勢.
【风云人物】fēng yún rén wù〈成〉風雲児.
【风韵】fēngyùn 名 あでやかな姿. ►女性についていうことが多い. "丰韵"とも書く.
【风灾】fēngzāi 名 風害. 風による災害.
【风疹块】fēngzhěnkuài 名〈医〉じんましん.
【风筝】fēngzheng 名 凧(たこ). ㊣ 只,个. ❖放 *fàng*～/凧を揚げる.
【风中之烛】fēng zhōng zhī zhú〈成〉風前の灯火(ともしび).
【风烛残年】fēng zhú cán nián〈成〉余命幾ばくもない.
【风姿】fēngzī 名(美しい)容姿. ►"丰姿"とも書く. ¶～秀逸 xiùyì/容姿が秀麗である.
【风钻】fēngzuàn 名〈機〉空気鑿岩(さくがん)機;空気ドリル. エアドリル.

枫 fēng

◇ フウ. カエデ. ¶～香树/同上. ¶～叶旗 qí/カナダの国旗. ¶～糖浆 tángjiāng/メープルシロップ. ‖姓

** 封 fēng

❶量 封入されたものを数える. ¶两～信/2通の手紙.
❷動 ①閉じる. 封をする. 密閉する. 封印する. 封鎖する. ¶～瓶口 píngkǒu/瓶の口を密閉する. ¶办公室被 bèi～了/事務所は閉鎖された. ②〈史〉(王侯に)封(ほう)ずる.
◇ 物を入れるための紙包み. ¶信～/封筒. ‖姓
【封闭】fēngbì 動 ①密封する. ②閉鎖する. ¶～公司/会社を閉鎖する.
【封存】fēngcún 動 密封して保存しておく.
【封底】fēngdǐ 名〈印〉(本の)裏表紙. ►"封四"とも.
【封地】fēngdì 名〈旧〉封土. 領地.
【封顶】fēngdǐng 動 ①植物の茎の発芽が止まる. ②屋上部分が完成する. ¶大楼按期～/ビルが工期通りに完成する. ③頭打ちになる. ¶奖金 jiǎngjīn 不～/奨励金の上限をはずす.
【封冻期】fēngdòngqī 名 氷結期.
【封二】fēng'èr 名(本の)表表紙の裏,見返し.
【封官许愿】fēng guān xǔ yuàn〈成〉(他人を味方に引き入れようとして)よい地位を与えることを約束する.
【封河】fēng//hé 動 河川が結氷する.
【封火】fēng//huǒ 動(火が長もちするように)かまどやストーブのふたを閉めたり火を灰の中に埋(い)ける.
*【封建】fēngjiàn ①名〈史〉封建制(度). 地方に諸侯を封じた統治制度. ②形 封建的である. 古臭い. ¶头脑 tóunǎo 很～/頭が古臭い.
【封镜】fēngjìng 名 クランクアップ.
【封口】fēng//kǒu (～儿)❶動 ①(瓶や手紙の)封をする. (傷口が)癒合(ゆごう)する. ¶这封信还没～/この手紙はまだ封をしていない. ②(これ以上の議論や質問は無用だとばかりに)口をつぐむ,黙ってしまう. ❷名(封筒などの)封をするところ.
【封蜡】fēnglà 名 封蠟(ふうろう).
【封里】fēnglǐ 名(本の)表表紙(おもてびょうし)の裏側,表2,見返し;(本の)裏表紙の裏側,表3,裏見返し. ►それぞれ"封二 fēng'èr""封三 fēngsān"とも.
【封面】fēngmiàn 名 ①線装本の表紙の裏側. とびら. ②(本の)表表紙と裏表紙の総称. ③(本の)表表紙. 表1. ►"封一"とも.
【封泥】fēngní 名 封泥. 木簡などを束ねてひもで縛り,結び目の上に泥をつけて押印した昔の封印.
【封皮】fēngpí 名〈方〉①→【封条】fēngtiáo ②(本の)表紙. ③包装紙. ④封筒.
【封妻荫子】fēng qī yìn zǐ〈成〉(封建時代に)功臣の妻が封ぜられ,子孫が官職を世襲する.
【封三】fēngsān 名(本の)裏表紙の裏,裏見返し.
【封山】fēng//shān 動 山道が閉ざされる. 山止めにする. ¶大雪～/大雪で山道が閉ざされる. ¶～育林/緑化や環境保全のために山での樹木の伐採や家畜の放牧を一定期間禁じる.
【封四】fēngsì 名(本の)裏表紙,表4.
【封锁】fēngsuǒ 動 ①封鎖する. 遮断する. ②出入りをできなくする. 交通を遮断する. ¶～港口 gǎngkǒu/港を封鎖する.
【封套】fēngtào 名(～儿)(書類や書籍雑誌を入れる両端の開いた厚手の)封筒.
【封条】fēngtiáo 名 封印の紙. ¶贴 tiē～/封印の紙を張る.
【封网】fēngwǎng 動〈体〉(バレーボールで)ブロックする. ブロッキング. ►"拦网 lánwǎng"とも.
【封一】fēngyī 名(本の)表表紙,表1.
【封印】fēngyìn 名〈郵〉封印. シール.
【封斋】fēng//zhāi 動〈宗〉(イスラム教などで)斎戒

(さい)断食する．ラマダーン．►"把斋"とも．

【封嘴】fēng//zuǐ 動 ①口をつぐむ．②黙らせる．¶封住 zhù 他的嘴 / 彼の口をふさぐ．

疯 fēng 形 ①**気がおかしい**．¶他～了 / 彼は頭が変になってしまった．②農作物が枝や葉ばかり茂って実がならない．¶棉花 miánhua～了 / 綿が徒長した．

【疯癫】fēngdiān ①名 瘋癲(ふうてん)．②形 気がおかしい．►"疯颠"とも書く．

【疯疯癫癫】fēngfengdiāndiān 形(～的)狂気じみている．正気の沙汰でない．►軽はずみな言動についていう．¶这孩子整天 zhěngtiān～的 / この子は1日中,大騒ぎしている．

【疯狗】fēnggǒu 名 狂犬．

【疯话】fēnghuà 名 妄言．

【疯狂】fēngkuáng 形 狂気じみている．¶～进攻 jìngōng / 狂気じみた攻撃を行う．

【疯魔】fēngmó ①形 気がおかしい．②動 熱狂する〔させる〕．③名 狂人．

【疯牛病】fēngniúbìng 名〈医〉BSE．牛海綿状脳症．狂牛病．

【疯人院】fēngrényuàn 名 精神科病院．

【疯瘫】fēngtān →【风瘫】fēngtān

【疯长】fēngzhǎng 動〈農〉(作物が)徒長する．農作物が枝や葉ばかり茂って実がならない．

【疯枝】fēngzhī 名〈農〉徒長枝．むだに伸び実をつけない枝．►"疯杈 chà"とも．

【疯子】fēngzi 名 精神障害のある人．

峰(峯) fēng 量 ラクダを数える．¶三～骆驼 luòtuo / 3頭のラクダ．

◇ 峰；峰の形をしたもの．¶顶 dǐng～ / 頂上；〈喩〉最高峰．¶浪 làng～ / 波の山．¶驼 tuó～ / ラクダのこぶ．‖姓

【峰会】fēnghuì 名 最高首脳会談．サミット．

【峰峦】fēngluán 名 山の峰と尾根．

【峰值】fēngzhí 名〈電〉ピーク値．

烽 fēng ◇ のろし．

【烽火】fēnghuǒ 名〈古〉のろし；〈喩〉戦争．¶～台 / のろし台．

【烽烟】fēngyān 名 のろし．

锋 fēng ◇ ①(刀剣・槍の)切っ先．矛先．¶刀～ / 刀の切っ先．¶词 cí～ / 言葉の鋭さ．②先列．先陣．先手．¶前～ / 前衛；フォワード．③前線．¶冷～ / 寒冷前線．

【锋钢】fēnggāng 名 高速度鋼．

【锋利】fēnglì 形 ①(刃物が)**よく切れる**,切れ味がよい．鋭利である．¶这把钢刀 gāngdāo 很～ / この刃物はよく切れる．②(言論や批評が)**鋭い**．¶～的笔调 bǐdiào / 鋭い筆法．¶谈吐 tántǔ～ / 言葉遣いが鋭い．

【锋芒・锋铓】fēngmáng 名 ①切っ先．矛先；〈転〉物事の勢いが鋭いたとえ．¶～所向 / 矢面．矛先の向かうところ．②〈喩〉表面に現れた才能．¶～逼人 bīrén / 才を誇り鋭くせまる．¶不露 lù～ / 才気があってもひけらかすことをしない．¶～毕露 / 〈成〉才能をひけらかす．

【锋面】fēngmiàn 名〈気〉不連続面．前線面．

蜂 fēng 名〈虫〉ハチ；ミツバチ．

◇ 群れる．¶→～拥 yōng．

【蜂巢】fēngcháo 名 ハチの巣；(特に)ミツバチの巣．

【蜂刺】fēngcì 名 ハチの針．

【蜂毒】fēngdú 名 ハチの毒．

【蜂房】fēngfáng 名 蜂房．ハチの巣．

【蜂糕】fēnggāo 名 小麦粉に砂糖・香料などを入れて作った蒸しパン．

【蜂皇精】fēnghuángjīng 名 ロイヤルゼリーのエキス．►"蜂乳 rǔ 精"とも．

【蜂聚】fēngjù 動 ハチのように群がる．大ぜいの人が集まる．¶盗匪 dàofěi～ / 盗賊が群がる．

【蜂蜡】fēnglà 名 蜜蠟(みつろう)．ビーズワックス．►一般に"黄蜡 huánglà"という．

【蜂蜜】fēngmì 名 蜂蜜．

【蜂鸣器】fēngmíngqì 名 ブザー．

【蜂鸟】fēngniǎo 名〈鳥〉ハチドリ．

【蜂起】fēngqǐ 動〈書〉蜂起(ほうき)する．

【蜂群】fēngqún 名 ハチの群れ．

【蜂乳】fēngrǔ 名 ロイヤルゼリー．

【蜂王】fēngwáng 名 女王バチ．¶～浆 jiāng / ロイヤルゼリー．

【蜂窝】fēngwō 名 ハチの巣；ハチの巣のようにたくさん穴のあいているもの．¶→～煤 méi．

【蜂窝煤】fēngwōméi 名(穴あきの)練炭．

【蜂箱】fēngxiāng 名 養蜂用の箱．

【蜂拥】fēngyōng 動 殺到する．¶～而至 zhì / 大ぜいの人が押し寄せる．

酆 fēng "酆都 Fēngdū"(地獄)という言葉に用いる．¶～都城 chéng / あの世．冥土(めいど)．

2声

冯 féng ‖姓 ►説明するときは"两点马的冯"などという．

逢 féng 動 **出会う**．出くわす；…の日〔時季〕になる．¶相～ / 出会う．¶～节假日 jiéjiàrì 休息 / 日・祭日は休みである．‖姓

【逢场作戏】féng chǎng zuò xì 〈成〉機会があるときだけたまに遊ぶ；〈転〉ちょっとまね事をしてごまかす．間に合わせのことをする．

【逢集】féngjí 動 市が立つ．

【逢年过节】féng nián guò jié 〈成〉新年や節句〔祭日〕のたびに．

【逢凶化吉】féng xiōng huà jí 〈成〉災いを転じて福となす．

【逢迎】féngyíng 動 迎合する．おべっかを使う．¶阿谀 ē yú～ / 〈成〉阿諛(あゆ)迎合する．

缝 féng 動 **縫う**．縫い合わせる．¶～件衣裳 yīshang / 服を1着縫う．¶裤子 kùzi 破了,我给你～一下 / ズボンが破れたので,縫ってあげる．¶～扣子 kòuzi / ボタンをつける．►► fèng

【缝补】féngbǔ 動 縫い繕う．つぎはぎをする．

【缝缝补补】féngféngbǔbǔ 動 縫ったり繕ったりする．針仕事をする．►"缝缝连连 liánlián"とも．

【缝缝连连】féngfengliánlián 動 縫ったり繕ったりする．

【缝合】fénghé 動〈医〉縫合する．縫い合わせる．¶

F

～伤口 shāngkǒu / 傷口を縫合する.
【缝纫】féngrèn 動 裁縫をする.
【缝纫机】féngrènjī 名 ミシン.

3声 **讽** fěng ◇◆ ①暗にいさめる. 皮肉を言う. 当てこすりを言う. ¶讥 jī ～ / 皮肉る. ②朗読する.
【讽刺】fěngcì 動 風刺する. 皮肉を言う.
【讽谏】fěngjiàn 動〈書〉婉曲にいさめる.
【讽诵】fěngsòng 動 抑揚をつけて朗読する.
【讽喻】fěngyù 名(修辞法の)風諭.

F

4声 **凤**(鳳) fèng ◇◆ 鳳凰(ほうおう). ¶龙 lóng ～ / 竜と鳳凰. ‖姓
【凤蝶】fèngdié 名〈虫〉アゲハチョウ. 量 只.
【凤冠】fèngguān 名(婚礼のときに用いる)宝石などを飾った鳳凰の形をした冠.
【凤凰】fènghuáng 名 (古代伝説中の鳥の王)鳳凰.
【凤凰竹】fènghuángzhú 名〈植〉ホウオウチク.
【凤梨】fènglí 名 パイナップル. ►"菠萝 bōluó"とも.
【凤毛麟角】fèng máo lín jiǎo〈成〉きわめて得難い人や物.
【凤仙花】fèngxiānhuā 名〈植〉ホウセンカ. ►爪を染めるのに用いたので,俗に"指甲花 zhǐjiahuā"(爪の花)とも.
【凤眼】fèngyǎn 名 切れ長ですっきりした目. 鳳眼(ほうがん). ►女性に用いる場合が多い. ¶～柳眉 liǔméi / 鳳眼に柳の眉. ►美人を形容する.
【凤眼蓝】fèngyǎnlán 名〈植〉ホテイアオイ.

奉 fèng 動〈書〉(上役や目上の人に)差し上げる,献上する;(目上の人から)頂く,承る. ¶～上新书一册 cè / 新刊書を1冊差し上げます. ¶昨～手书 / 昨日お手紙を拝受いたしました.
◇◆ ①信仰する;尊重する. ¶信～ / 信仰する. ②仕える. かしずく. ¶侍 shì ～ / 仕える. ③謹んで…する. ¶→～托 tuō. ‖姓
【奉承】fèngcheng 動 お世辞を言う. 機嫌を取る. ¶他最会～人 / あの人はお世辞がうまい.
【奉承话】fèngchenghuà 名 お世辞.
【奉告】fènggào 動〈謙〉申し上げる. お知らせする. ►"告诉"の敬語. ¶无可～ / ノーコメント.
【奉公守法】fèng gōng shǒu fǎ〈成〉官吏が不正をはたらかない.
【奉命】fèng//mìng 動 命令を受ける;命令を守る. ►"奉令 lìng"とも.
【奉陪】fèngpéi 動〈謙〉お供をする. お相伴をする. ¶恕 shù 不～ / ごいっしょできませんが,あしからず.
【奉劝】fèngquàn 動〈謙〉ご忠告申し上げる. お勧めする. ►"劝告"の敬語.
【奉若神明】fèng ruò shén míng〈成〉神のように敬い奉る. 偶像のように崇拝する. ►けなす意に用いることが多い.
【奉使】fèngshǐ 動 命を受けて外国へ行く.
【奉祀】fèngsì 動〈書〉祭る.
【奉送】fèngsòng 動〈謙〉贈呈する. 差し上げる.
【奉托】fèngtuō 動〈謙〉お願いする.
【奉献】fèngxiàn ①動〈謙〉献上する. 捧げる. ¶把青春 qīngchūn ～给祖国 zǔguó / 青春を祖国に捧げる. ②名 貢献.
【奉行】fèngxíng 動(…のとおり)実行する,施行する. ¶～故事 gùshì / 従来のしきたりどおり行う.
【奉养】fèngyǎng 動(父母などに)孝養を尽くす. ¶～二老 èrlǎo / 両親に孝行する.

俸 fèng ◇◆ 給料. 俸禄(ほうろく). 俸給. ¶薪 xīn ～ / 俸給. ‖姓
【俸禄】fènglù 名〈旧〉俸禄. 官吏の俸給.

缝 fèng 名(～儿)量 道,条. ①縫い目. 継ぎ目. ¶缭 liáo ～儿 / 継ぎ目をかがる. ②すきま. 裂け目. 割れ目. ¶门上有一条～儿 / 戸にすきまがある. ►► féng
【缝隙】fèngxì 名 すきま. 量 条 tiáo.
【缝子】fèngzi 名 すきま. 裂け目. 割れ目. 量 道,条. ¶墙上裂 liè 了一道～ / 壁に裂け目ができた.

fo (ㄈㄛ)

2声 **佛** fó 名 ①仏さま. お釈迦(しゃか)さま;悟りを開いた者. 仏. ¶成 chéng ～ / 仏となる. 成仏する. ②仏教. ¶我母亲信～ / 母は仏教を信仰している. ¶～老 / 釈迦と老子;仏教と道教. ③仏像. 量 尊 zūn.
【佛得角】Fódéjiǎo 名〈地名〉カーボベルデ.
【佛法】fófǎ 名 ①仏法. ②仏法の力.
【佛法僧】fófǎsēng 名〈仏〉仏法僧. 三宝. ►仏,その教え,教えを伝える者の三者をいう.
【佛家】fójiā 名 僧侶.
【佛教】Fójiào 名 仏教. ¶～徒 tú / 仏教徒.
【佛经】fójīng 名 お経. 仏教の経典. 仏典. ►"释典 shìdiǎn"とも. ¶念～ / お経を読む.
【佛龛】fókān 名〈仏〉仏壇. 仏像を納置する厨子.
【佛门】fómén 名 仏門. 仏教. ¶～弟子 dìzǐ / 仏教徒.
【佛事】fóshì 名 法事. 仏事. 法要.
【佛手】fóshǒu 名〈植〉ブッシュカン. ►ミカン科の常緑低木. 健胃・去痰剤などに用いる.
【佛堂】fótáng 名 仏堂. 仏間.
【佛跳墙】fótiàoqiáng 名〈料理〉仏跳牆(ぶっちょうしょう). フカヒレやナマコなどの高級材料を煮込んだ福建省の名物料理.
【佛头着粪】fó tóu zhuó fèn〈成〉よいものを台なしにする.
【佛陀】Fótuó 名 仏陀(ぶっだ). 仏さま. お釈迦(しゃか)さま.
【佛像】fóxiàng 名 仏像. 量 座.
【佛学】fóxué 名 仏教学.
【佛牙】fóyá 名 仏陀の歯. ►釈迦牟尼(しゃかむに)の歯と伝えられるもので,これを祭った.
【佛爷】fóye 名 ①仏さま. お釈迦さま. ②〈隠語〉こそどろ. どろぼう.

fou (ㄈㄡ)

3声 **缶** fǒu 名〈書〉缶(ほとぎ). 瓮(もたい). 胴が太くて口の小さな土器.

否 fǒu ❶助〈書〉①("是否,能否,可否,来否"などの形で)…かどうか. ¶你是～去? / 君は行くのか行かないのか.

¶明日能～出发 chūfā,要看天气 / あす出発できるかどうかは天気しだいだ. ②《文の最後につけて疑問を表す》¶此事能成～？/ このことは成就できるか.
❷副〈書〉いや. いいえ. ¶此 cǐ 话当真？——～ / この話は本当か——いや.
◇◆《否定を表す》¶→～认 rèn. ⏩ pǐ

*【否定】fǒudìng ①動 **否定する**. ¶一口～ / きっぱりと否定する. ②形 否定的な. ¶～的答复 dáfù / 否定の返答.

【否决】fǒujué 動 否決する. 拒否する. ¶这项 xiàng 草案被～了 / その草案は否決された.

【否决权】fǒujuéquán 名 拒否権.

【否认】fǒurèn 動 **否認する. 否定する.**

*【否则】fǒuzé 接続 **さもなくば.** でないと. ¶最好是今天去,～明天也行 / きょう行くのがいちばんよいが,でなければ明日でもかまわない. ¶～的话 / そうでなければ.
〖除非…,(才…,)否则…〗 *chúfēi*…, (*cái*…,) *fǒuzé*… …はともかく(…は別として),でなければ…. ¶除非考上了研究生 yánjiūshēng,～我就出国留学 liúxué / 大学院に受かったら別だが,でなければ外国へ留学に行く.

fu (ㄈㄨ)

夫 fū ◇◆ ①夫. ¶姐～ / 姉の夫. ②肉体労働に従事する人. ¶轿 jiào～ / かごかき. ③労役に服す人. ¶～役 yì / 〈旧〉人夫. ④成年の男. ¶匹 pǐ～ / 一人前の男. ‖姓 ⏩ fú

【夫唱妇随】fū chàng fù suí 〈成〉夫唱婦随. 妻が夫に従順であること；(のちに)仲むつまじい夫婦の形容.

【夫妇】fūfù 名 **夫妻**. ►"夫妻 fūqī"より丁寧な言い方. ㊏ 对.

【夫君】fūjūn 名〈旧〉自分の夫に対する称.

【夫妻】fūqī 名 **夫婦**. 夫と妻. ㊏ 对. ¶～分居 fēnjū 两地 / 勤務の都合で夫婦が別々の所に住むこと.

【夫妻店】fūqīdiàn 名 夫婦だけで経営している小さな店.

【夫人】fūrén 名 **夫人**. ►外国人との社交の場で多く用いる. ㊏ 位 wèi.

【夫婿】fūxù 名〈書〉夫.

【夫子】fūzǐ 名 ①〈旧〉孔子,または高名な儒学者に対する称. 夫子(ふうし). ¶孔 Kǒng～ / 孔子. ②〈旧〉学生が先生に,妻が夫に対して用いる敬称. ►書簡に用いる. ③頭の古くさい読書人. ►けなす意を含む. ¶老～ / 老先生.

【夫子自道】fū zǐ zì dào 〈成〉他人のことを言っているつもりで自分のことを言っている.

肤(膚) fū ◇◆ ①皮膚. 肌. ②うわべの. 薄っぺらな.

【肤泛】fūfàn 形 とおりいっぺんで中身がない. 浅はかである.

【肤觉】fūjué 名〈生理〉皮膚感覚.

【肤皮潦草】fū pí liáo cǎo ⇀【浮皮潦草】fú pí liáo cǎo

【肤浅】fūqiǎn 形(学識や理解などが)浅い,皮相である. 不十分である.

【肤色】fūsè 名 皮膚の色.

麸 fū ◇◆ ふすま.

【麸皮】fūpí ⇀【麸子】fūzi

【麸曲】fūqū 名 ふすま(で培養した)こうじ.

【麸子】fūzi 名 ふすま. 小麦を粉にするときに出る皮のくず. ►"麸皮 fūpí"とも.

跗 fū 名〈書〉足の甲.

【跗骨】fūgǔ 名〈生理〉跗骨(ふこつ).

稃 fū ◇◆ ①もみ殻. ¶内～ / もみぬか. ¶外～ / もみ殻. ②小麦などの種子殻.

孵 fū 動 卵をかえす.

【孵化】fūhuà 動 ①〈動〉孵化(ふか)する. ②〈喩〉ベンチャー企業などを育成する.

【孵卵】fūluǎn 動 卵をかえす.

敷 fū 動(薬・おしろいなどを)つける. 塗る. ¶～药 yào / 薬を塗る.
◇◆ ①敷く. 広げる. ¶→～设 shè. ②足りる. ¶入 rù 不～出 / 収入が支出に及ばない. ‖姓

【敷料】fūliào 名〈医〉(ガーゼなど外科の)手当用品.

【敷设】fūshè 動〈書〉(鉄道や水道管などを)敷設する；(水雷や地雷を)敷設する.

【敷衍・敷演】fūyǎn 動〈書〉敷衍(ふえん)する. ⇨【敷衍】fūyan

【敷衍了事】fū yǎn liǎo shì 〈成〉いい加減にごまかす.

【敷衍塞责】fū yǎn sè zé 〈成〉いい加減なことをして責めを逃れる.

【敷衍】fūyan 動 ①**いいかげんにあしらう. お茶を濁す.** ¶～搪塞 tángsè / 言い逃れをする. ②どうにか持ちこたえ(させ)る. ¶这件棉衣 miányī 还能～一冬 / この綿入れは今年の冬はまだなんとか着られる.

2声 **夫** fú 〈書〉❶代 ①あの. その. この. ¶乐 lè～天命 / その天命を楽しむ. ②彼. あの人. ❷助 ①(文頭に用い)そもそも. それ. ►文の冒頭に用いる. 発語の辞. ②(文末に用い)か. かな. ►文の終わり,または句切りに用いて感嘆を表す. ⏩ fū

弗 fú 副〈書〉…ない. …ず. ►打ち消しを表す. ¶吾 wú 愧 kuì～如 / 残念ながら(彼には)及ばない. ‖姓

伏 fú ①動 **伏せる**. うつ伏せになる. ¶～在地上 / 地面に伏せる. ②量〈電〉ボルト.
◇◆ ①低くなる. ¶一起一～ / 起伏する. ②隠れる. 潜む. ¶设 shè～ / 伏兵をおく. ③屈服する〔させる〕. ¶→～输 shū. ④酷暑の時期. ¶→～天 tiān. ¶→～暑 shǔ. ‖姓

【伏安】fú'ān 量〈電〉ボルトアンペア.

【伏案】fú'àn 動 机に向かう.

【伏笔】fúbǐ 名 伏線. ¶下～ / 伏線を張る.

【伏法】fúfǎ 動(犯人が)死刑に処せられる〔なる〕. ►"伏诛 fúzhū"とも.

【伏旱】fúhàn 名 三伏の酷暑の日照り.

F

【伏击】fújī 動 待ち伏せ攻撃をする．¶打～ / 待ち伏せ攻撃をかける．
【伏软】fúruǎn 動(～儿)(相手に)屈する．弱音を吐く．
【伏侍】fúshi ⇀【服侍】fúshi
【伏输】fú//shū 動 降参する．かぶとを脱ぐ．►"服输"とも書く．
【伏暑】fúshǔ 名〈書〉夏のひどく暑い時期．酷暑の季節．⇒【伏天】fútiān
【伏特】fútè 量〈電〉ボルト．►略して"伏"という．
【伏特计】fútèjì 名〈電〉電圧計．ボルトメーター．►"电压表 diànyābiǎo""电压计"とも．
【伏特加】fútèjiā 名 ウオツカ．
【伏天】fútiān 名 夏の酷暑の時期．夏至から数えて3番目の庚(かのえ)の日以後の30日間をいう．
【伏帖】fútiē 形 ①気持ちがよい．快適である．¶心里很～ / 気持ちがさわやかだ．②従順である．素直である．
【伏贴】fútiē 動 ぴったりくっつく．ぴったりである．¶这件衣服你穿 chuān 着很～ / この服は君にぴったりだ．
【伏汛】fúxùn 名 夏季の増水．
【伏诛】fúzhū ⇀【伏法】fúfǎ
【伏罪】fú//zuì 動 罪を認める．罪に服する．

凫(鳧) fú

名〈鳥〉カモ．マガモ．
◇◆ 泳ぐ．¶～水 / 泳ぐ．

芙 fú

"芙蓉 fúróng"⇩などの語に用いる．

【芙蓉】fúróng 名 ①〈植〉フヨウ．②〈書〉ハスの花．¶出水～ / 開いたばかりのハスの花．►初々しい美しさにたとえることが多い．③材料を卵白で包んだ料理．¶～汤 tāng / 卵スープ．

*扶 fú

手をぴったりあてて支える ↗自分を支える→つかまる,寄りかかる ↘人や物を支える→手を貸す,助け起こす

動 ①(倒れないように手で)支える．¶～老奶奶过马路 / おばあさんに手を貸して道を渡らせる．②手でつかまる．¶～着栏杆 lángān 下台阶 táijiē / 手すりにつかまって階段を降りる．③助け起こす．¶把摔倒 shuāidǎo 的孩子～起来 / 倒れた子供を助け起こした．
◇◆ 力を貸す．援助する．¶→～贫 pín．¶～盲 máng / 盲人を助ける．¶→～企 qǐ．‖姓
【扶持】fúchí 動 ①支える．手を貸す．②助ける．
【扶老携幼】fú lǎo xié yòu〈成〉老人を助け子供の手を引く．
【扶轮社】Fúlúnshè 名 ロータリークラブ．
【扶贫】fúpín 動 貧困状態から救済し,自立を助ける．
【扶企】fúqǐ 動〈略〉中小企業や郷鎮企業を支援する．
【扶弱抑强】fú ruò yì qiáng〈成〉弱きを助け強きをくじく．
【扶桑】fúsāng 名 ①扶桑(ふそう)．東海の日の出る所にあるという神木．②扶桑国．日本．③〈植〉ブッソウゲ．
【扶手】fúshou 名 ①手すり．欄干(らんかん)．¶～把儿 / 手すり．②ひじ掛け．
【扶梯】fútī 名 ①手すりのある階段．タラップ．¶电动 diàndòng ～ / エスカレーター．②〈方〉はしご．
【扶危济困】fú wēi jì kùn〈成〉危険や困難に直面している人を助ける．
【扶养】fúyǎng 動 扶養する．養う．¶～成人 chéngrén / 大きくなるまで育てる．⇒【抚养】fǔyǎng
【扶摇直上】fú yáo zhí shàng〈成〉①とんとん拍子に出世する．②値段がうなぎ登りに上がる．
【扶正】fú//zhèng 動 ①〈中医〉人体内の免疫力をつける．¶～祛邪 qūxié / 抗病力を高め,病気のもとを取り除く．②置き直す．位置を正す．③〈旧〉妾(めかけ)を正妻に取り立てる．
【扶植】fúzhí 動 もり立てる．育成する．助成する．¶～工业 / 工業を育成する．
【扶助】fúzhù 動 扶助する．助ける．¶～老弱 lǎoruò / 老人や弱者を助ける．

拂 fú

動 ①そっとかすめる．¶春风～面 / 春風が頬をなでる．②払う．はたく．¶～去灰尘 huīchén / ほこりを払う．
◇◆ ①逆らう．背く．¶～意 / 意に逆らう．②ゆする．¶～袖 xiù /(怒って)袖を振り払う．
【拂尘】fúchén 名 ちり払い．
【拂拂】fúfú 形〈書〉風がそよそよと吹くさま．¶凉风 liángfēng ～ / 涼しい風がそよそよと吹く．
【拂拭】fúshì 動〈書〉(ちりやほこりを)払う,ぬぐい去る．
【拂晓】fúxiǎo 名〈書〉払暁．明け方．¶～出发 / 夜明けに出発する．

服 fú

動 ①(薬を)飲む．服用する．¶～药 yào / 薬を飲む．②服従する．心服する．¶我～你,不～他 / 私はあなたには従うが,彼には頭を下げない．③(義務や刑罰に)服する．¶～兵役 bīngyì / 兵役に服する．
◇◆ ①衣服．着物；喪服．¶西～ / 洋服．背広．¶便～ / ふだん着．私服．②慣れる．適応する．¶不～水土 / 気候風土になじまない．③心服させる．¶说～ / 説き伏せる．⏩fù
*【服从】fúcóng 動 服従する．¶～命令 mìnglìng / 命令に従う．
【服毒】fúdú 動 服毒(する)．毒を仰ぐ．
【服法】fúfǎ 動 有罪を認める．法に従う．¶认罪～ / 罪を認める．
【服老】fúlǎo 動 自分が相応の年であることを認める．►否定で用いることが多い．¶不～ / 年寄り扱いを嫌う．
【服量】fúliàng 名(薬の)用量．
【服满】fúmǎn 動 喪が明ける．
【服气】fúqì 動 心服する．納得する．¶我就是不～ / 私はぜったいに納得がいかない．
【服软】fú//ruǎn 動(～儿)負けを認める．過失を認める．弱腰になる．¶不～ / 強がる．
【服丧】fú//sāng 動 喪に服する．
【服饰】fúshì 名 服飾．衣服・帽子・身につける飾り．
【服侍】fúshi 動 仕える．世話をする．¶～病人 bìngrén / 病人を介抱する．►"服事""伏侍"とも書く．
【服输】fú//shū 動 降参する．
【服输】fú//shū ⇀【伏输】fú//shū

【服帖】fútiē 形 ①従順である．素直である．¶他被训得服服帖帖的／彼はしかられておとなしくなった．②穏当である．妥当である．¶事情都办得服服帖帖／仕事はみなきちんと処理してある．

**【服务】fúwù 動 勤める．サービスする．奉仕する．¶他在商业部门～／彼は商業部門に勤めている．¶～周到 zhōudao／サービスが行き届いている．

【服务行业】fúwù hángyè 名 サービス業．

【服务器】fúwùqì 名〈電算〉サーバー．

【服务商】fúwùshāng 名〈電算〉プロバイダー．

*【服务台】fúwùtái 名(ホテルの)フロント，(店員が応対する)カウンター．

【服务态度】fúwù tàidu 名 接客態度．

*【服务员】fúwùyuán 名(ホテルやレストランの)従業員，店員，ウェーター，ウェートレス，ボーイ．

【服务站】fúwùzhàn 名(町内住民の組織する)サービスステーション．衣服の仕立て・洗濯・器具の修理その他の手伝いなどをする．

【服孝】fú//xiào 動 喪に服する．

【服刑】fú//xíng 動 刑に服する．服役する．

【服役】fú//yì 動 兵役〔労役〕に服する．¶～期满／兵役〔労役〕の期間が明ける．

【服用】fúyòng ①名〈書〉衣服と日用品．¶～甚 shèn 俭 jiǎn／生活がつつましい．②動 服用する．(薬を)飲む．

【服装】fúzhuāng 名 服装．身なり．¶～整齐zhěngqí／身なりがきちんとしている．¶～商店 shāngdiàn／衣料品店．¶～设计 shèjì／衣服のデザイン．¶～模特儿 mótèr／ファッションモデル．

【服罪】fú//zuì 動 罪に服する．自分の罪を認める．¶低头 dītóu～／おとなしく罪に服する．

佛 fú

形〈書〉憂えたり怒ったりするさま．¶～郁 yù／ふさぎこんだるさま．

【佛然】fúrán 形〈書〉腹が立つさま．¶～作色／むっとなって顔色を変える．

茯 fú

"茯苓 fúlíng"(〈植〉〈中薬〉ブクリョウ)という語に用いる．

氟 fú

名〈化〉弗素(ふっ)．F．

【氟化氢】fúhuàqīng 名〈化〉弗化水素(ふっかすいそ)．

【氟利昂】fúlì'áng 名〈化〉フロン．►"氟里昂 fúlǐ'áng""氟氯烷 fúlǜwán"とも．

【氟石】fúshí 名〈鉱〉ホタル石．

俘 fú

動 捕虜にする．¶被 bèi～／捕虜になる．

◇◆ 捕虜．¶战 zhàn～／捕虜．

【俘获】fúhuò 動〈書〉敵を捕虜にしたり戦利品を分捕ったりする．

【俘虏】fúlǔ ①動 捕虜にする．¶～了一千三百名敌军／敵軍1300人を捕虜にした．②名 捕虜；〈喩〉とりこ．

浮 fú

❶動 ①(↔沉 chén)浮かぶ．漂う．遊離する．¶油～在水上／油が水面に浮いている．¶计划 jìhuà 要切实 qièshí，不能～于表面／計画は適切にすべきで，現実から遊離してはならない．②(表情を)浮かべる．¶～着微笑／笑みを浮かべる．③〈方〉泳ぐ．

❷形 軽はずみである．落ち着きがない．¶那个人办事太～／あの人は仕事がいいかげんだ．

◇◆ ①表面の．¶→～皮 pí．②固定していない．¶→～财 cái．③一時的な．¶～支 zhī／仮払い．④超過する．¶～额 é／超過額．‖姓

【浮报】fúbào 動 水増しして報告する．

【浮标】fúbiāo 名 浮標．ブイ．

【浮冰】fúbīng 名 流氷．水上に浮かぶ氷．

【浮财】fúcái 名 動産．家財道具．

【浮尘】fúchén 名(空中に舞い上がっている)ほこり，ちり．

【浮沉】fúchén 動 浮いたり沈んだりする．¶与 yǔ 世～／時勢の移り変わりに巧みに順応する．

【浮尘子】fúchénzǐ 名〈虫〉ウンカ．ヨコバイ．

【浮船坞】fúchuánwù 名 浮きドック．

【浮词・浮辞】fúcí 名 中身のない言葉．

【浮袋】fúdài 名(水泳練習用の)浮き袋．

【浮荡】fúdàng ①動(空中を)漂う．②形 軽薄で放縦である．

【浮雕】fúdiāo 名〈美〉浮き彫り．レリーフ．

【浮吊】fúdiào 名 クレーン船．

【浮动】fúdòng 動 ①流れ動く；変動する．②動揺する．不安定になる．

【浮动汇率】fúdòng huìlǜ 名〈経〉変動為替相場．

【浮泛】fúfàn ①動〈書〉水の上に漂う；(表情が)顔に表れる．¶脸上～着喜色 xǐsè／喜びの色が浮かんでいる．②形 表面的である．

【浮光掠影】fú guāng lüè yǐng〈成〉はかなく消えやすいたとえ．印象が薄くすぐに消えること．

【浮华】fúhuá 形 派手である．うわべを飾り立てた．

【浮夸】fúkuā 形(言うことが)大げさである．

【浮浪】fúlàng 形 放蕩(ほうとう)である．¶～子／放蕩息子．

【浮码头】fúmǎtou 名 浮き桟橋．

【浮面】fúmiàn 名(～儿)表面．うわべ．

【浮名】fúmíng 名 虚名．

【浮皮】fúpí 名(～儿)①(生物の)表皮．②(物の)表面．上面．量 层 céng．

【浮皮蹭痒】fú pí cèng yǎng〈成〉(言行が)表面的で，深く突っ込まない．いいかげんなこと．¶～的话／おざなりの言葉．

【浮皮潦草】fú pí liáo cǎo〈成〉(仕事が)大ざっぱでいいかげんなこと．►"肤皮 fūpí 潦草"とも．

【浮漂】fúpiāo 形(仕事や学習が)上っ調子である．

【浮萍】fúpíng 名〈植〉ウキクサ；〈中薬〉浮萍(ふひょう)；〈喩〉ゆらゆらして落ち着かない．

【浮签】fúqiān 名(～儿)付箋(ふせん)．

【浮浅】fúqiǎn 形(学識や理解が)浅薄である．浅はかである．軽薄である．¶认识 rènshi～／認識が浅い．

【浮桥】fúqiáo 名 浮き橋．

【浮尸】fúshī 名 水面に浮いた死体．水死体．

【浮石】fúshí 名 浮き石．軽石．

【浮水】fúshuǐ 動〈方〉水泳をする．泳ぐ．

【浮筒】fútǒng 名 浮標．ブイ．

【浮头儿】fútóur 名〈方〉表面．

【浮屠・浮图】fútú 名〈仏〉①仏陀(ぶっだ)．②僧；(広く)仏教．③仏塔．

【浮土】fútǔ 名 ①土地の表面の土．②表面についたほこり．

【浮文】fúwén 名 冗長な文章．うわべを飾った言葉；形式的な文．

F

【浮现】fúxiàn 動(過去の印象や思い出が)浮かぶ,現れる. ¶往事 wǎngshì 时时～在眼前 / 過ぎ去った事がいつもまぶたに浮かぶ.
【浮想】fúxiǎng ①動 思い浮かべる. ②名 頭に浮かぶ思い. 思い出. 回想.
【浮言】fúyán 名 中身のない言葉;根拠のない話. 根も葉もない話.
【浮岩】fúyán 名 浮き石. 軽石.
【浮艳】fúyàn 形(文章などが)美辞麗句を並べるだけで内容がない;派手なだけである.
【浮游】fúyóu 動 ①浮遊する. ②〈書〉漫遊する.
【浮游生物】fúyóu shēngwù 名〈生〉プランクトン.
【浮云】fúyún 名 浮き雲.
【浮躁】fúzào 形 そわそわして落ち着かない. 上調子である. ¶性情～ / 落ち着きがない.
【浮肿】fúzhǒng ①動 むくむ. ②名 むくみ. ►"水肿 shuǐzhǒng"の通称.
【浮舟】fúzhōu 名(水上飛行機の)フロート.
【浮子】fúzi 名(釣り糸につける)浮き.

符 fú 名(道士がかいた魔よけの)お札(ふだ). 護符. ¶画了一道～ / お札を1枚かいた.
◇◆ ①符号. 記号. ¶音～ / 音符. ②符合する. 合致する. ぴったり合う. ¶相 xiāng ～ / 一致する. ¶不～ / 合わない. ③割り符. ¶兵～ / (昔の)軍事用の割り符.
【符号】fúhào 名 ①符号. 記号. ¶代数～ / 代数の記号. ¶～表 / (コンピュータ用の)マークシート. ②衣服につけて職業や身分を示す標識.
【符号论】fúhàolùn 名〈哲〉記号論.
*【符合】fúhé 動 符合する. 一致する. 合致する. …にかなう. ¶～要求 yāoqiú / 要求にかなう. ¶与 yǔ 事实 shìshí 完全～ / 事実と完全に一致する.
【符节】fújié 名 割り符. 証拠札. 符節.
【符咒】fúzhòu 名 魔よけの札と呪文(じゅもん).

匐 fú "匍匐 púfú"(はう. 伏せる)という語に用いる.

袱(襆) fú "包袱 bāofu"という語に用いる. ⇒【包袱】bāofu

***幅 fú** ①名 布地の幅. 幅. 広さ. ¶单～ / シングル幅. ¶双 shuāng ～ / ダブル幅. ②量 布地や絵画を数える. ¶一～画 / 一幅の絵. ¶一～布 / 1枚の布.
注意 布地の幅や量詞のときは r 化して fúr と読むこともある.
◇◆ 広く幅をさす. ¶振 zhèn ～ / 振幅. ¶大～照片 / サイズの大きな写真.
【幅度】fúdù 名 幅. 物の変動の差. ¶物价 wùjià 上涨 shàngzhǎng 的～很大 / 物価の上げ幅が大きい.
【幅面】fúmiàn 名(布地の)幅. ¶～很宽 kuān / 幅が広い.
【幅员】fúyuán 名〈書〉領土の面積. ►"员"は周囲をさす. ¶～广大 / 領土が広い.

辐 fú ◇◆(車輪の)輻(や),スポーク.
【辐射】fúshè 動〈物〉輻射(ふくしゃ)する. ¶～能 / 輻射エネルギー.
【辐射热】fúshèrè 名〈物〉輻射熱.
【辐条】fútiáo 名〈口〉(車輪の)輻(や),スポーク.

蜉 fú "蜉蝣 fúyóu"(〈虫〉カゲロウ)という語に用いる.

福 fú ①名 幸福. 幸せ. ¶造 zào ～人类 / 人類に幸福をもたらす. ②動〈旧〉(女性が)おじぎをする.
◇◆(Fú)福建省. ¶→～橘 jú.
【福彩】fúcǎi →【福利彩票】fúlì cǎipiào
【福地】fúdì 名 神仏の住む地;楽天地. 恵まれた所.
【福尔马林】fú'ěrmǎlín 名〈薬〉ホルマリン.
【福分】fúfen 名 幸せ. 幸運.
【福分】fúfen〈口〉→【福气】fúqi
*【福建】Fújiàn 名〈地名〉福建(ふっけん)省.
【福橘】fújú 名 福建省特産のミカン.
【福利】fúlì 名 福利. 福祉. ¶为职员 zhíyuán 谋 móu ～ / 職員の福利を図る. ¶社会～ / 社会福祉. ¶～事业 shìyè / 福祉事業.
【福利彩票】fúlì cǎipiào 名 福祉事業の資金集めのための宝くじ.
【福利院】fúlìyuàn 名(養老院・孤児院などの)福祉施設.
【福气】fúqi 名 幸せ. 幸運. ¶他很有～ / 彼は運がいい.
【福寿双全】fúshòu shuāngquán〈成〉幸せも長生きも両方を全うする.
【福星】fúxīng 名 幸運の星. 人々に幸福や希望をもたらす人またはもの. ¶祝您～高照 gāozhào / ご幸運を祈ります.
【福音】fúyīn 名〈宗〉(キリスト教でいう)福音;喜ばしい知らせ.
【福佑】fúyòu 動 加護する. ¶～子孙 zǐsūn / 末代まで加護をたれる.
【福祉】fúzhǐ 名 ①〈書〉幸福. ②福祉.
【福至心灵】fú zhì xīn líng〈成〉幸運に恵まれれば頭の働きもよくなる.

蝠 fú ◇◆ コウモリ. ►"福"と同じ発音なので吉祥とされ,めでたい図柄に用いられる. ⇒【蝙蝠】biānfú

3声

父 fǔ 名〈古〉老人. 年寄り. ¶田～ / 年取った農民. ¶渔 yú ～ / 年取った漁師. ►► fù

抚(撫) fǔ ◇◆ ①慰める. 慰問する. ¶～问 / 慰問する. ②保護する. 扶助する. いたわる. ¶→～养 yǎng. ③なでる. 軽くそっと押さえる. ¶→～摩 mó.
【抚爱】fǔ'ài 動 なでる;世話する.
【抚今追昔】fǔ jīn zhuī xī〈成〉現在の事に触れて昔の事をしのぶ.
【抚摸】fǔmō 動 なでる. 手でさする. ¶～头发 tóufa / 髪をなでる.
【抚摩】fǔmó 動 なでる. ¶～小狗 xiǎogǒu 的头 / 子犬の頭をなでる.
【抚弄】fǔnòng 動(愛惜の情をもって)なで回す.
【抚慰】fǔwèi 動 慰める. 慰問する. いたわりの言葉をかける. ¶～灾民 zāimín / 罹災民(りさいみん)を慰問する.
【抚恤】fǔxù 動(国や組織が公務のために負傷したり

死亡した者やその遺族を）**慰め救済する．補償を与える．**

【抚恤金】fǔxùjīn 名（国家あるいは組織からの）救済金，弔慰金，補償金．

【抚养】fǔyǎng 動（子供を）扶養する，育てる．¶～子女／子供を育てる．

【抚育】fǔyù 動〈書〉（愛情をこめて児童や動植物を）育てる．¶～孤儿 gū'ér／孤児を育てる．

甫 fǔ

〈古〉1 名 旧時では男子に対する美称．後に男子の字(あざ)につける敬語に用いた．¶台～／お名前．2 副 はじめて．やっと．¶年～十五／やっと15になったばかり．

斧 fǔ

◇ ①斧(おの)．¶～头 tóu／斧．②まさかり状の兵器．

【斧削】fǔxuē ⇀【斧正·斧政】fǔzhèng

【斧凿】fǔzáo 1 名 斧とのみ．2 動（詩文が不自然になるほど）手を加える．

【斧正·斧政】fǔzhèng 動〈書〉〈敬〉斧正(ふせい)を加える．添削を加える．¶恭 gōng 请～／謹んでご斧正を請う．►自分の著作などを人に献呈するときの常套語．

【斧子】fǔzi 名 斧．量 把．

【斧足类】fǔzúlèi 名〈動〉二枚貝の類．斧足(ふそく)類．

府 fǔ

◇ ①役所．官庁．政府機関；官邸．邸．¶政 zhèng ～／政府．¶总统 zǒngtǒng ～／大統領官邸．②〈敬〉お宅．¶贵～／お宅．③〈旧〉（唐代から清代までの）行政区画の一つ．‖姓

【府邸】fǔdǐ ⇀【府第】fǔdì

【府第】fǔdì 名〈旧〉貴族や官僚·大地主の屋敷．

【府上】fǔshang 名〈敬〉お宅．

俯 fǔ

◇ ①うつむく．¶→～视．②《公文書や書簡の用語で，相手の動作を敬って用いる》…してくださる．¶～念／お考えくださる．¶～察 chá／お察しくださる．¶～鉴 jiàn／ご覧くださる．¶→～就 jiù．

【俯冲】fǔchōng 動（飛行機などが）急降下する．¶～轰炸 hōngzhà／急降下爆撃．

【俯伏】fǔfú 動（地面に）うつぶせになる．腹ばいになる．

【俯就】fǔjiù 動 1〈敬〉（意を）まげてお引き受けくださる．2 譲歩する．（我をまげて）折れる．

【俯瞰】fǔkàn ⇀【俯视】fǔshì

【俯身】fǔ//shēn 動 身をかがめる．

【俯拾即是】fǔ shí jí shì 〈成〉いくらでもある．どこにでもある．

【俯视】fǔshì 動 高い所から見下ろす．

【俯首】fǔshǒu 動 うつむく．頭を下げる．►へつらい服従するたとえに用いる．

【俯首帖耳】fǔ shǒu tiē ěr 〈成〉〈貶〉きわめて従順なさま．►"俯首贴耳"とも書く．

【俯卧】fǔwò 動 腹ばいになる．うつぶせに寝る．

【俯卧撑】fǔwòchēng 名〈体〉腕立て伏せ．¶做～／腕立て伏せをする．

【俯仰】fǔyǎng 動〈書〉うつむいたりあおむいたりする．►一挙一動をさす．

【俯仰由人】fǔ yǎng yóu rén 〈成〉何事も他人のいいなりになる．

【俯仰之间】fǔ yǎng zhī jiān 〈成〉またたく間に．

釜 fǔ

名〈古〉釜(かま)．なべ．►現代中国語では"锅 guō"という．¶破 pò ～沉舟 zhōu／〈成〉背水の陣を敷く．

【釜底抽薪】fǔ dǐ chōu xīn 〈成〉問題を根本的に解決するたとえ．

【釜底游鱼】fǔ dǐ yóu yú 〈成〉逃げることができず非常に危険な状態．まないたの鯉(こい)．►"鱼游釜中""釜中之鱼"とも．

辅 fǔ

◇ 助ける．補佐する．

【辅币】fǔbì 名〈略〉補助貨幣．►中国では"角 jiǎo""分 fēn"．

【辅弼】fǔbì 動〈書〉補佐する．

【辅车相依】fǔ chē xiāng yī 〈成〉互いに助け合うたとえ．►"辅"は頬骨(ほおぼね)，"车"はあごをさす．

*【辅导】fǔdǎo 動 **指導する．補習する**；補導する．¶进行～／補習を行う．¶做业务 yèwù ～／業務指導を行う．

【辅导员】fǔdǎoyuán 名 補習·クラブ活動·少年団などの指導者．

【辅料】fǔliào 名 ある物を作る際の（主たる材料でない）補助的な材料．

【辅音】fǔyīn 名〈語〉子音．►"子音 zǐyīn"とも．

【辅助】fǔzhù 1 動 **協力する．助ける．** 2 形 **補助的な．** ¶～劳动 láodòng／補助的な労働．

【辅佐】fǔzuǒ 動〈書〉（君主·上役を）補佐する．

脯 fǔ

◇ ①干し肉．②果物の砂糖漬け．¶杏 xìng ～／アンズの砂糖漬け．⇒ pú

腑 fǔ

◇ はらわた．¶脏 zàng ～／臓腑．¶肺～／肺腑．

腐 fǔ

◇ ①腐る；堕落·腐敗する．¶陈 chén ～／古臭い．②豆腐．¶→～乳 rǔ．

【腐败】fǔbài 1 動（物が）**腐敗する．** 腐る．¶～的食品／腐った食べ物．2 形（制度·組織などが）腐敗している．堕落している；（考え方が）古臭い．

【腐恶】fǔ'è 1 形 腐敗していて凶悪である．2 名 腐敗した凶悪な勢力．

【腐化】fǔhuà 動 腐敗する〔させる〕．**堕落する．** 腐り果てる．►抽象的な事物に用いることが多い．¶贪污 tānwū ～／汚職腐敗．¶不被拜金主义 bàijīn zhǔyì 思想所～／拝金主義の思想におかされない．

【腐烂】fǔlàn 1 動 腐乱する．2 形（制度·組織などが）乱れている；（考え方や行いが）堕落している．

【腐气】fǔqì 名 1 腐敗した臭い．2 古臭いやり方．沈滞した気分．

【腐乳】fǔrǔ 名 さいころ状に切った豆腐を発酵させてから塩に漬けたもの．

【腐蚀】fǔshí 動 1 **腐食する．** ¶～版 bǎn／腐食銅版．エッチング．2 **堕落させる．** 悪影響を与える．むしばむ．

【腐蚀剂】fǔshíjì 名〈化〉腐食剤．

【腐熟】fǔshú 動〈農〉（堆肥が）腐熟する．

【腐朽】fǔxiǔ 形 1（木などが）腐りいたんでいる．2（生活が）堕落している．（思想が）腐りきっている．

【腐竹】fǔzhú 名〈料理〉湯葉を細長く巻いて干した

もの.

4声 **父 fù** ◇◆ ①父. ¶→～亲. ¶老～ / 老父. ②親族または親戚中の目上の男子. ¶伯 bó～ / 父の兄. おじさん. ▶▶fǔ

【父本】fùběn 名〈植〉雄株.
【父老】fùlǎo 名〈書〉(郷里の)老人,年長者.
*【父母】fùmǔ 名 **両親**. 父母.
【父亲】fùqin 名 **父. **お父さん**. ⇒【爸爸】bàba 比較
【父亲节】Fùqinjié 名 父の日.
【父权制】fùquánzhì 名 家父長制度.
【父系】fùxì 名 父系. 父方. ¶～亲属 qīnshǔ / 父方の親族. ¶～家族 / 父系家族.
【父兄】fùxiōng 名 父と兄;(広く)保護者.
【父子】fùzǐ 名 父子. 父と子. 親子.

讣 fù ◇◆ 死亡を通知する. 死亡通知.

【讣告】fùgào ①動 死亡通知を出す. ②名 死亡通知.
【讣简】fùjiǎn 名 葬儀の通知状.
【讣闻・讣文】fùwén 名 訃報. 死亡通知.

付 fù ❶動 ①(お金を)払う. 支出する. ¶～钱 qián / お金を払う. [精力や物資について用い]¶～出辛勤 xīnqín 的劳动 / たいへんな労働を代償として支払う. ②〈書〉(…の処置に)付する. ¶～表决 / 表決に付する.
❷量 ①漢方薬を数える. ②→〖副 fù〗❶ ‖姓

【付丙(丁)】fùbǐng(dīng) 動〈書〉(手紙などを)焼き捨てる.
【付出】fùchū 動(代金や代価を)**支払う**. ¶～代价 / 代価を払う. ¶～现款 xiànkuǎn / 現金を払う.
【付方】fùfāng 名(↔收方 shōufāng)(簿記の)貸方. ►"贷方 dàifāng"とも.
【付费】fùfèi 動 費用を払う.
【付款】fù//kuǎn 動 **金を支払う**. ¶～人 / 支払人. ¶～交单 / 支払い渡し(荷為替手形).
【付排】fùpái 動(原稿を)植字に回す.
【付讫】fùqì 動〈書〉支払い済みである.
【付清】fùqīng 動 支払い済みにする. 決済する.
【付托】fùtuō 動 依頼する. 委託する. 付託する. ¶～得人 dérén / 最適の人に委託する.
【付息】fùxī ①動 利息を支払う. ②名 支払い利息.
【付现】fùxiàn 動 現金で支払う.
【付印】fùyìn 動 ①印刷に回す. ②上梓(じょうし)する. 出版する.
【付邮】fùyóu 動〈書〉郵送する.
【付与】fùyǔ 動(…に)支払う,手渡す.
【付账】fù//zhàng 動 勘定を払う.
【付之一炬】fù zhī yī jù〈成〉すっかり焼き払ってしまう.
【付之一笑】fù zhī yī xiào〈成〉一笑に付す.
【付诸东流】fù zhū dōng liú〈成〉水泡に帰する.
【付梓】fùzǐ 動〈書〉上梓(じょうし)する.

负 fù ❶名〈数〉**マイナス**. 負. ¶～五点三 / マイナス5.3.
❷動 ①(**責任・任務などを**)**負う**,引き受ける. ►話し言葉では"背 bēi"ともいう. ¶～责任 zérèn / 責任を負う. ②(↔胜 shèng)負ける. 失敗する. ¶甲 jiǎ 队二比三～于 yú 乙 yǐ 队 / Aチームは2対3でBチームに負けた.
◇◆ ①受ける. 被る. ¶→～伤 shāng. ②借金がある. 債務がある. ¶→～债 zhài. ③背く. たがえる. ¶→～约 yuē. ④頼みとする. ¶～隅 yú / (敵や盗賊が)険要の地をよりどころにする. ⑤陰極の. ¶→～电 diàn. ‖姓

*【负担】fùdān ①動 **負担する**. 引き受ける. ¶他～全家生活费 / 彼は家計をすべて担っている. ②名(生活面や精神面での)**負担,重荷,責任**. ¶～过重 / 負担が重すぎる. ¶这对我来说是个～ / これは私には重荷だ.
【负电】fùdiàn 名〈物〉負電気. 陰電気.
【负电荷】fùdiànhè 名〈物〉陰電荷. 負の電荷.
【负电极】fùdiànjí 名〈物〉陰極.
【负号】fùhào 名(～儿)マイナス記号.
【负荷】fùhè ①動〈書〉負担に耐える. ②名〈電〉負荷. 荷重.
【负极】fùjí 名〈物〉陰極.
【负荆请罪】fù jīng qǐng zuì〈成〉心から過ちを認めて謝罪する. ►"荆"は昔のむち打ちの刑具.
【负疚】fùjiù 動〈書〉気がとがめる. 気がひける.
【负离子】fùlízǐ 名〈物〉マイナスイオン. 陰イオン.
【负面】fùmiàn 名(物事の)マイナス面. ¶～效果 xiàoguǒ / マイナス効果.
【负片】fùpiàn 名(写真の)ネガ.
【负气】fùqì 動 腹を立てる. しゃくにさわる.
【负情】fùqíng 動 心変わりする. 情に背く.
【负伤】fù//shāng 動 **負傷する**. 傷を負う.
【负数】fùshù 名〈数〉負数. マイナス. ¶～三 / マイナス3.
【负心】fù//xīn 動 変心する. 心変わりする. ►愛情についていうことが多い. ¶～人 / 薄情者.
【负约】fù//yuē 動〈書〉約束に背く. 違約する.
【负载】fùzài 名〈電〉負荷.
*【负责】fùzé ①動 **責任を負う**. 責任を持つ. ¶这个工作由 yóu 你～ / この仕事はあなたが責任を負う. ¶对改革 gǎigé～ / 改革に責任を持つ. ¶～干部 gànbù / 担当責任者. ②形 責任感が強い. まじめで着実である. ¶他对工作很～ / 彼は仕事に対してたいへん責任感がある.
【负债】fù//zhài ①動 借金する. 負債を負う. ¶他负了一身债 / 彼はたくさんの借金を抱えている. ②名〈経〉(企業会計上の)負債.
【负重】fùzhòng 動 ①重い物を背負う. ②重責を担う.

妇(婦) fù ◇◆ ①(広く)女性. ¶→～科. ②既婚女性. ¶少 shào～ / 若い人妻. ③妻. ¶夫～ / 夫妻.

【妇产科】fùchǎnkē 名 産婦人科.
【妇产医院】fùchǎn yīyuàn 名 産婦人科医院.
【妇道】fùdao 名〈旧〉婦人. ¶～人家 / 女の身. ご婦人方.
【妇科】fùkē 名〈医〉婦人科.
*【妇女】fùnǚ 名 **女性**. 婦人.
【妇女病】fùnǚbìng 名〈医〉婦人病.
【妇女节】Fùnǚjié 名 国際婦人デー(3月8日).
【妇人】fùrén 名 **既婚の女性**. 婦人.
【妇孺】fùrú 名 女性と子供. ¶～皆知 / だれでも知っている.

【妇幼】fùyòu 名 女性と子供．婦人と子供．¶～保健 bǎojiàn〔卫生 wèishēng〕/ 母子の健康・衛生．

附（坿）fù 動 ①付け加える．添える．¶随信～上近照两张 / 最近の写真を 2 枚同封する．②近づく．くっつく．¶～在他耳边悄悄 qiāoqiāo 地说着 / 彼の耳元に口をよせてひそひそ話をした．

◇◆ ①付け足しの．¶→～录 lù．②従う．従属する．¶→～庸 yōng．

【附笔】fùbǐ 名 付記．添え書き．後書き．

【附带】fùdài ①動 つけ加える；ついでに…する．¶～说一下 / ついでに言うと．②形 副次的な．

【附点】fùdiǎn 名〈音〉付点．ドット．

【附耳】fù'ěr 動 耳打ちする．

【附和】fùhè 動 同調する．►けなす意を含むことが多い．¶随声 suíshēng ～ / 付和雷同する．¶～别人的意见 yìjian / 他人の意見に追随する．

【附会】fùhuì 動 こじつける．►"傅会"とも書く．¶牵强 qiānqiǎng ～ / 牽強付会(けんきょうふかい)．無理にこじつける．

【附骥】fùjì 動〈書〉優れた人の後に付いて行動する．驥尾に付す．►"附骥尾 fùjìwěi"とも．

【附加】fùjiā 動 付け加える．¶～值 zhí / 付加価値．¶～条款 tiáokuǎn / 付加条項．

【附加内存】fùjiā nèicún 名〈電算〉拡張メモリ．

【附件】fùjiàn 名 ①付属文書．②(文書といっしょに送達する)関係書類．③付属品．部品．④〈電算〉アクセサリー．⑤〈電算〉添付ファイル．

**【附近】fùjìn 名 付近．近所．¶～居民 jūmín / 付近の住民．

【附近地区】fùjìn dìqū 名 近接地区．

【附捐邮票】fùjuān yóupiào 名 寄付金付き切手．

【附录】fùlù 名 付録；巻末につける参考資料・統計資料・解説など．¶书末 mò 附有～ / 巻末に付録がある．

【附上】fùshàng 動 付け加える．同封する．¶随信～照片 zhàopiàn 一张 / 写真を 1 枚同封する．

【附设】fùshè 動 付設する．

【附生植物】fùshēng zhíwù 名 寄生植物．

【附属】fùshǔ ①形 付属の．②動 帰属する．¶～于大国 / 大国に依拠する．

【附属国】fùshǔguó 名 属国．従属国．

【附体】fù//tǐ 動(霊魂が)身にとりつく．¶吓 xià 得魂 hún 不～ / たまげて度肝を抜かれた．

【附图】fùtú 名 付図．¶参见 cānjiàn ～一 / 図解 1 を参照．

【附小】fùxiǎo 名〈略〉付属小学校．

【附言】fùyán 名(手紙の)二伸，追伸．P.S．

【附议】fùyì 動 他人の提案に賛成して共同提案者となる．

【附庸】fùyōng 名 ①従属国．►"附庸国"とも．②随従者．③付属物．

【附庸风雅】fù yōng fēng yǎ〈成〉柄にもなく風流人ぶる．

【附庸国】fùyōngguó 名 属国．従属国．

【附载】fùzǎi 動 ついでに書き記す．

【附则】fùzé 名(法規や条約の)付則．

【附中】fùzhōng 名〈略〉付属中学校または付属高等学校．

【附注】fùzhù 名(本文の最後などにつける)注．

【附着】fùzhuó 動 付着する．くっつく．¶～在身 / 体に付着する．

【附着力】fùzhuólì 名 付着力．

【附子】fùzǐ 名〈中薬〉附子(ぶし)．トリカブトの側根．

咐 fù "吩咐 fēnfu"(申し付ける)，"嘱咐 zhǔfu"(言い聞かせる)という語に用いる．

阜 fù 名〈古〉小山．丘．

◇◆(物が)多い．¶物～民丰 fēng / 物産が多く民が豊かである．‖姓

服 fù 量 漢方薬を数える．¶吃一～药 yào / 薬を 1 服飲む．▸▸ fú

驸 fù ◇◆(数頭立ての馬車の)副馬(そえうま)．

【驸马】fùmǎ 名 皇女の夫．皇帝の女婿；貴人の娘むこ．

赴 fù 動〈書〉赴く．行く．¶→～宴 yàn．

◇◆ ①泳ぐ．¶～水 / 泳ぐ．②〖讣 fù〗に同じ．

【赴会】fùhuì 動 会に出席する．

【赴任】fùrèn 動 赴任する．任地へ赴く．

【赴汤蹈火】fù tāng dǎo huǒ〈成〉どんな苦難や危険をもいとわないたとえ．

【赴席】fùxí 動 宴会に出席する．

【赴宴】fùyàn 動 宴会に行く．

【赴约】fùyuē 動 約束した人に会いに行く．

复（複・復）fù ◇◆ ①繰り返す．行ったり来たりする．反復する．¶反～ / 反復する．②回復する．元どおりになる．¶恢 huī ～健康 jiànkāng / 健康を取り戻す．③回答する．返事する．¶→～函 hán．④再び．また．¶→～发 fā．⑤重複する．重なる．¶→～制 zhì．⑥(↔单 dān)複数の．単一でない．¶→～姓 xìng．⑦仕返しをする．¶报 bào ～ / 報復する．

【复本】fùběn 名 複本．⇒【副本】fùběn

【复辟】fùbì 動 君主が復位する；(旧支配者・旧制度が)復活する．

【复查】fùchá 動 再検査する．再調査する．

【复仇】fùchóu 動 復讐(ふくしゅう)する．あだを討つ．

【复电】fùdiàn 名 返電．

【复读】fùdú 動 進学できなかった小・中・高の卒業生が，翌年の受験に備えて，元の学年でもう 1 年間授業を受ける．

【复发】fùfā 動 再発する．ぶりかえす．¶老病又～了 / 持病がまた再発した．

【复返】fùfǎn 動 再度戻る．►否定で用いる場合が多い．¶青春一去不～ / 青春は過ぎ去ってしまえば二度とやってはこない．

【复方】fùfāng 名〈中医〉2 種以上の処方を組み合わせた処方；〈薬〉複方．

【复岗】fù//gǎng 動 復職する．

【复工】fù//gōng 動(労働者が)職場に復帰する；(中止していた)仕事を再開する．

【复古】fùgǔ 動 復古する．

【复函】fù//hán ①動 返事を書く．返信する．②名 返事．返信．

【复合】fùhé 動 複合する．組み合わせる．¶～材料 / 複合材料．コンポジット材料．

F

【复核】fùhé 動 1 照合する．突き合わせる．¶～一下账面 zhàngmiàn 的金额 / 帳簿の金額を照合する．2〈法〉死刑の判決を下した事件について最高人民法院が再審する．
【复合词】fùhécí 名〈語〉複合語．
【复婚】fù//hūn 動(離婚した夫婦が)もう一度結婚する，元のさやに収まる．
【复活】fùhuó 動 **復活する**；復活させる．►比喩的に用いることが多い．¶～失传 shīchuán 的民间艺术 yìshù / 滅びた民芸をよみがえらせる．
【复活节】Fùhuójié 名(キリスト教の)復活祭．イースター．
【复交】fùjiāo 動 1 仲直りする．2 外交関係を回復する．
【复旧】fù//jiù 動 1 復古する．►古い習俗・考え・制度などについていう．2 原状を回復する．
【复句】fùjù 名〈語〉複文．
【复刊】fù//kān 動 復刊する．
【复课】fù//kè 動(停止していた)授業を再開する．
【复利】fùlì 名〈経〉(↔单利)複利．¶按 àn ～计算 / 複利で計算する．
【复明】fùmíng 動(失明後)視力が回復する．
【复赛】fùsài 名〈体〉初戦を終えてから決勝までの試合．準決勝など．
【复审】fùshěn 動 1 再審査する．2〈法〉(裁判を)再審する．
【复生】fùshēng 動 蘇生する．生き返る．
【复式】fùshì 名 複式．¶～簿记 bùjì / 複式簿記．
【复试】fùshì 名(2回に分けて行う試験のうち，最初の"初试 chūshì"に対して)第2次試験．
【复式编制】fùshì biānzhì 名 複式学級．
【复述】fùshù 動 1 **人の話をもう一度繰り返す**．¶～命令 mìnglìng / 命令を復唱する．2(国語教育における練習法の一つ)テキストの内容を自分の言葉に置き換えて話す．¶～课文 kèwén / 教科書の本文を自分の言葉に置き換えて話す．
【复数】fùshù 名 1〈語〉複数．2〈数〉複素数．
【复苏】fùsū 動 1 生き返る．2 活力を取り戻す．¶经济 jīngjì ～ / 景気が回復する．
【复位】fù//wèi ❶動 1 脱臼が治る．2 君主が権力を取り戻す．3〈電算〉リセットする．❷名〈電算〉リセット．
【复习】fùxí 動 **復習する．¶～功课 gōngkè / 授業のおさらいをする．
【复线】fùxiàn 名〈交〉複線．
【复写】fùxiě 動 複写する．¶～纸 / 複写紙．カーボン紙．►コピー用紙は"复印纸 fùyìnzhǐ"．
【复信】fù//xìn 1 動 返事を書く．2 名 返事．¶写 xiě 一封～ / 返事を書く．
【复兴】fùxīng 動 復興する．復興させる．¶文艺 wényì ～ / ルネッサンス．¶～国家 / 国を復興する．
【复姓】fùxìng 名 複姓．漢字2字以上からなる姓．たとえば，"欧阳 Ōuyáng""上官 Shàngguān""司马 Sīmǎ""诸葛 Zhūgě"など．
【复学】fù//xué 動 復学する．
【复叶】fùyè 名〈植〉複葉．
【复议】fùyì 動 再議する．再審議する．
【复音词】fùyīncí 名〈語〉多音節語．►たとえば"葡萄""服务""共产党"など．
*【复印】fùyìn 動 **複写する．コピーする**．¶～纸 / コピー用紙．
*【复印机】fùyìnjī 名 コピー機．
【复元】fù//yuán →【复原】fù//yuán 1
【复员】fù//yuán 動 1(戦争状態から)平和状態に戻る．2(軍人が)復員する．¶～军人 jūnrén / 退役軍人．
【复原】fù//yuán 動 1 健康を取り戻す．►"复元"とも書く．2 復原する．原状を回復する．
【复杂】fùzá 形 **複雑である．¶这个问题 wèntí 很～ / この問題は非常に複雑である．
【复诊】fùzhěn 動〈医〉再診する．
【复职】fù//zhí 動 復職する．
【复制】fùzhì 動 **複製する**．コピーする．¶～模型 móxíng / 複製模型．¶～片 / (フィルムの)コピー．¶～生物 shēngwù / クローン．
【复种】fùzhòng 名〈農〉多毛作．¶～指数 / 多毛作作付け面積の比率．多毛作指数．
【复壮】fùzhuàng 1 動〈農〉品種の優良特性を回復させ，種子の活性を高める．2 名 若返り．

副 fù ❶量 1 **セットや組になっているものを数える**．¶一～对联 duìlián / 一対の対聯(ついれん)．2("一～"で)顔の表情についていう．数詞は"一"のみで，名詞には修飾語が加わることが多い．¶装出一～笑脸 / 笑顔をつくる．
参考 俗に"付"とも書く．
❷形 **副次的な**．第二の．►"正"や"主"と区別する．¶～厂长 chǎngzhǎng / 副工場長．
◇◆ ①付帯的な．¶→～产品 chǎnpǐn．②符合する．適合する．¶名～其实 / 名実相伴う．‖姓
【副本】fùběn 名 **副本．コピー．写し．控え．抄本**．
【副标题】fùbiāotí 名 副題．サブタイトル．
【副产品】fùchǎnpǐn 名 副産物．►"副产物 fùchǎnwù"とも．
【副产物】fùchǎnwù 名 副産物．
【副词】fùcí 名〈語〉副詞．
【副歌】fùgē 名〈音〉リフレイン．反復歌唱．
【副教授】fùjiàoshòu 名 **准教授**．
【副刊】fùkān 名(新聞の)文芸・学芸欄．特集ページ．特集欄．
【副伤寒】fùshānghán 名〈医〉パラチフス．
【副肾】fùshèn 名〈生理〉副腎(じん)．
【副食】fùshí 名 **副食**．副食物．¶～品 / 副食品．
【副手】fùshǒu 名 助手．
【副署】fùshǔ 動 副署する．連署する．
【副题】fùtí 名(文章や新聞の)小見出し，サブタイトル．►"副标题 fùbiāotí"とも．
【副性征】fùxìngzhēng 名 第二次性徴．
【副业】fùyè 名 **副業**．¶～生产 / 副業生産．¶家庭～ / 家庭で行う副業．
【副翼】fùyì 名〈航空〉補助翼．
【副油箱】fùyóuxiāng 名〈航空〉補助(燃料)タンク．
【副职】fùzhí 名 副次的な職務．補佐職．
【副作用】fùzuòyòng 名 副作用．

赋 fù 名 賦(ふ)．古代の文体の一つ．►韻文と散文を総合した文体で，叙景・叙事のものが多い．
◇◆ ①授ける．¶天～ / 天賦(てんぷ)．生まれつき．¶→～予 yǔ．②(詩を)作る．¶～诗 shī 一首 / 詩を1首作る．③田地の租税．¶田 tián ～ / 地租．¶→～税 shuì．
【赋格曲】fùgéqǔ 名〈音〉フーガ．遁走曲(とんそうきょく)．

【赋税】fùshuì 名 租税.
【赋性】fùxìng 名 天性. 生まれつき. ¶～刚强 gāngqiáng / 生まれつき意志が強い.
【赋役】fùyì 名 賦役(ぶえき). 地租と夫役(ぶやく).
【赋有】fùyǒu 動(性格や気質などを)備えている,生まれつき持っている. ¶～学者风度 fēngdù / 学者の風格がある.
【赋予】fùyǔ 動(任務や使命を)授ける,与える. ¶～荣誉 róngyù 称号 chēnghào / 栄えある称号を授ける.

傅 fù 動〈古〉助ける. 教え導く.
◇◆ ①教師. 師匠. ¶师～ shīfu / 師匠. 親方. ②塗る. つける. ‖姓
【傅彩】fùcǎi 動 色を塗る.
【傅粉】fùfěn 動〈書〉おしろいをつける.
【傅会】fùhuì ⇀【附会】fùhuì

***富 fù** 形 1(↔贫 pín,穷 qióng)**財産が多い. 金持ちである**. ¶这个村子很～ / この村はたいそう裕福だ. 2(…が)**豊かである**. (…に)**富む**. ¶→～饶 ráo. ¶～于养分 yǎngfèn / 栄養分に富む.
◇◆ 資源. 財産. ¶财 cái～ / 財産.
【富贵】fùguì 形 富貴である. ¶～人家 rénjiā / 財産と地位のある家. 富豪.
【富贵病】fùguìbìng 名〈俗〉ぜいたく病.
【富贵花】fùguìhuā 名〈植〉ボタンの別称.
【富国强兵】fù guó qiáng bīng〈成〉富国強兵. 国を豊かにし軍隊を強大にすること.
【富含】fùhán 動 大量に含む.
【富豪】fùháo 名〈書〉富豪. 権勢と財産のある人.
【富户】fùhù 名(～儿)裕福な家.
【富丽】fùlì 形 華麗である. はなやかである. ¶～堂皇 tánghuáng / 華麗でりっぱである.
【富农】fùnóng 名 富農. 自分も労働に加わるが,作男を雇ったり高利貸しもする,豊かな農民.
【富婆】fùpó 名 大金持ちの女性.
【富强】fùqiáng 形(国家が)**富強である**. 富んで強い.
【富强粉】fùqiángfěn 名 強力(きょうりき)粉.
【富饶】fùráo 形(物産や資源が)豊かである. ¶～的长江流域 liúyù / 豊饒(ほうじょう)な長江流域.
【富人】fùrén 名(地主・資本家などの)金持ち.
【富商】fùshāng 名 金持ちの商人.
【富庶】fùshù 形 人口が多くて物産が豊かである.
【富态・富泰】fùtai 形〈方〉〈婉〉(体が)太っている. 福々しい.
【富翁】fùwēng 名 **金持ち. 長者**. 富豪. ¶亿万 yìwàn～ / 億万長者.
【富有】fùyǒu 1 動 …**に富む**. ►よい意味のものについていう. ¶～文采 wéncǎi / 文才が豊かである. 2 形 富んでいる. 財産が多い.
【富于】fùyú 動 …に富む.
【富裕】fùyù 1 形 **裕福である**. ¶～户 hù / 裕福な家庭. 2 動 豊かにする.
【富余】fùyu 動 余分にある. ¶～人员 / 余剰人員. ¶家境 jiājìng～ / 暮らし向きは豊かである.
【富源】fùyuán 名(森林・鉱物などの)天然資源.
【富足】fùzú 形 裕福である.

腹 fù 名〈書〉腹. ►話し言葉では"肚子 dùzi"という.
◇◆(器物の)胴の部分.
【腹背受敌】fù bèi shòu dí〈成〉前と後ろから敵に攻撃される.
【腹地】fùdì 名 内陸. (中心に位置する)奥地.
【腹诽】fùfěi 動(口には出さないが)心の中で否定する. ►"腹非"とも.
【腹稿】fùgǎo 名 腹案. 頭の中で考えている原稿.
【腹股沟】fùgǔgōu 名〈生理〉鼠蹊(そけい)部.
【腹面】fùmiàn 名(動物の)腹の側.
【腹膜】fùmó 名〈生理〉腹膜.
【腹鳍】fùqí 名〈動〉腹びれ.
【腹水】fùshuǐ 名〈医〉腹水. ¶抽 chōu～ / 腹水を除く.
【腹泻】fùxiè 動 **下痢をする**. ►"水泻 shuǐxiè"ともいい,俗に"拉稀 lāxī""泻肚 xièdù""闹肚子 nào dùzi"という.
【腹心】fùxīn 名〈書〉〈喩〉1 急所. ¶～之患 huàn / 内部にひそみ,命取りとなる災い. 2 腹心. 心から信頼でき何でも話せる人. 3 誠意. 真心.

鲋 fù 名〈古〉〈魚〉フナ. ¶涸辙之 hé zhé zhī～ / 〈成〉涸れた轍(わだち)の中にいるフナ. 困窮にあえいで救いを求める人のたとえ.

缚 fù ◇◆ 縛る. ¶束 shù～ / 束縛する. ‖姓

蝮 fù "蝮蛇 fùshé"(マムシ)という語に用いる.

鳆 fù "鳆鱼 fùyú"(アワビ)という語に用いる.

覆 fù ◇◆ ①覆う. かぶせる. ¶被～ / 覆いかぶさる. ②覆る. ひっくり返る. ¶～舟 / 難破する. ③返事をする.
【覆巢无完卵】fùcháo wú wánluǎn〈成〉(ひっくり返った巣に完全な卵はない意から)集団が災難に見舞われれば無傷の人はありえないたとえ.
【覆盖】fùgài 1 動 **覆う**;〈電算〉上書きする. 2 名 地面に生えている植物.
【覆盖率】fùgàilǜ 名 カバー率.
【覆盖面】fùgàimiàn 名 1 被覆率. 2 影響範囲.
【覆灭】fùmiè ⇀【覆没】fùmò 2
【覆没】fùmò 動 1〈書〉(船が)転覆して沈む. 2(軍隊が)全滅する. 3〈書〉陥落する.
【覆盆之冤】fù pén zhī yuān〈成〉晴らすことのできない冤罪(えんざい).
【覆盆子】fùpénzǐ 名〈植〉トックリイチゴ;〈中薬〉覆盆子(ふくぼんし).
【覆水难收】fù shuǐ nán shōu〈成〉覆水盆に返らず. やってしまったことは取り返しがつかないたとえ. また,一度こじれた夫婦の仲はよりを戻すのが困難であるたとえ.
【覆亡】fùwáng 動 滅亡する.
【覆辙】fùzhé 名 車のひっくり返った跡;〈喩〉失敗の前例.

馥 fù ◇◆ 香りがよい. かぐわしい. ¶～～ / 濃厚でかぐわしいさま.
【馥郁】fùyù 形〈書〉馥郁(ふくいく)としている. 芳しい. ¶芬芳 fēnfāng～ / 香りが強くて馥郁としている.

F

ga (ㄍㄚ)

1声 **夹**(夾) **gā** "夹肢窝 gāzhiwō"(腋．腋の下)という語に用いる． ▸▸ jiā,jiá

旮 **gā** "旮旯儿 gālár"⬇という語に用いる．

【旮旯儿】**gālár** 名〈方〉①隅っこ．②狭苦しい辺鄙(ぴ)な所．

伽 **gā** "伽马 gāmǎ"(ギリシア文字のガンマ．γ)という語に用いる． ▸▸ jiā,qié

咖 **gā** "咖喱 gālí"⬇などの外来語の表記に用いる． ▸▸ kā

【咖喱】**gālí** 名 **カレー**．►jiālí と発音する場合もある．¶～饭 / カレーライス．

嘎 **gā** 擬 ①《堅い材質の物がたわんだり，ゆがんだり，こすれ合ったりするとき発する音》ぎいっ．¶车～的一声停住了 / 車がきいっと音を立てて止まった．②→【嘎嘎】gāgā

【嘎巴】**gābā** 擬 ①《木の枝など細く乾いている物が折れるときの音》ぽきん．ぽきぽき．②《ビスケットなどを嚙むときに出る音》ぱりっ．ぱりぱり．¶～～地嚼 jiáo 着咸饼干 xiánbǐnggān / ぱりぱりとクラッカーを食べている．

【嘎巴儿】**gābar** 名〈方〉(のり状の物が乾いて)こびりついたもの．

【嘎嘣(儿)脆】**gābēng(r)cuì** 形〈方〉(声が)澄んでいる；(食感が)さくさくしている；てきぱきしている．

【嘎噔】**gādēng** 擬 ①《物が急に折れたり切れたりするときの音》ぽきっ．ぷつっ．②《堅い物が軽く打ち当たって出る音》かたっ．がたっ．¶窗户 chuānghu ～～直响 xiǎng / 窓ががたがたと鳴っている．③《驚いたとき，心臓が1回強く鼓動するさま》どきっ．¶～吓 xià 了一跳 tiào / どきっとした．
⇨【咯噔】gēdēng

【嘎嘎】**gāgā** 擬 ①《アヒルやガチョウなどの鳴き声》があがあ．②《大きな笑い声》からから．¶～大笑 / からからと高笑いをする．

【嘎啦】**gālā** 擬 ①《重量感のあるものが回転や振動によって出す音》ががら．►重ねて用いることが多い．¶石头～～地掉 diào 下来 / 岩石ががらがらと落ちてきた．②《落雷の音》ごろごろ．

【嘎然】**gārán** 形 ①高らかに響く音の形容．②物音が突然途切れる形容．¶扬声器 yángshēngqì ～中断 zhōngduàn / スピーカー(の声)がぷつっと切れた．

【嘎吱】**gāzhī** 擬 ①《材木や組み立てた物体が圧力を受けたり，こすれ合ったりしてきしむ音》ぎいぎい．ぎしぎし．②《革靴などの音》こつこつ．►重ねて用いることが多い．⇨【咯吱】gēzhī

4声 **尬** **gà** "尴尬 gāngà"(ばつが悪い．具合が悪い)という語に用いる．

gai (ㄍㄞ)

1声 ＊＊ **该** **gāi** ❶助動 ①…するのが当然である．…すべきである．¶我们～走了 / もう行かなくては．¶本来就～如此 rúcǐ / もともとこうすべきなのだ．②(道理・経験に基づけば)…にちがいない，…に決まっている．¶火车～到站了 / 汽車は駅に着くはずだ．③(感嘆文に用い)どんなに…だろう．¶那～多好啊！/ そうなってくれればどんなにいいだろう．
❷動 ①…でなくてはならない．②…が当たるべきだ；…の番である．¶这一回～我了 / 今度は私の番だ．¶今天晚上～着 zhe 你值班 zhíbān 了 / 今晩は君が当直です．③(単独で用いて)そうなるのは当たり前だ．それみたことか．¶～！谁叫他淘气 táoqì 来着 / だから言わないこっちゃない，いたずらするからさ．④借りがある．借金がある．¶我～公司两万块钱 / 私は会社に2万元借りがある．
❸代 この．その．当該の．上記の．¶～厂 / 同工場．

【该当】**gāidāng** 助動 **当然…すべきである**．…するのが当然である．¶～何罪 zuì？/ このばち当たりめ．¶～如此 rúcǐ / 当然そうあるべきだ．

〖该…就…〗***gāi…jiù…*** …すべきは…する．¶～我负责 fùzé，我～负责，决不推托 tuītuō / 私の責任なら，決して言い逃れをしません．

【该死】**gāisǐ** 形〈罵〉《嫌悪やいまいましい感情を表す》この死に損ないめ．くたばってしまえ．¶～的天气！/ いまいましい天気だ．

【该账】**gāi//zhàng** 動 借金がある．¶不该你的账 / 君に借りはない．

【该着】**gāizháo** 動〈口〉〈俗〉…は当たり前だ．…は当然の結果である．►物事がそうなったのはなにかの巡り合わせによるものだという気持ちを表す．

垓 **gāi** ①数(昔の数の単位)1億．►現在の日本の位取りの単位と異なる．②(Gāi)地名に用いる．¶～下 / 垓下(がいか)．►漢楚の戦いで，楚の項羽が敗北した所．

赅 **gāi** ◇ ①完備している．¶→～备 bèi．②兼ねる．包括する．¶举一～百 / 一つの事柄で全体を概括する．

【赅备】**gāibèi** 動 完全に備わる．

【赅博】**gāibó** 動〈書〉該博である．知識が広い．

【赅括】**gāikuò** 動〈書〉概括する．

3声 ＊＊ **改** **gǎi** 動 ①**変える．変わる**．¶他的坏习惯 huài xíguàn 已经～了 / 彼の悪いくせはもう改まった．②**直す．訂正する**．¶～衣服 / 服を仕立て直す．¶老师在～作文 / 先生は作文を直している．¶～错字 / まちがった字を直す．③(過ちを)**正す**．¶～有错误一定要～ / 過ちがあれば必ず改めなければならない．‖姓

【改版】gǎi//bǎn 動 ①改版する. ②(テレビやラジオの)番組を変更する.
【改扮】gǎibàn 動 身なりを変える. 変装する.
*【改编】gǎibiān 動 ①(作品を)**改編する**. 改作する. 脚色する. 編曲する. ¶把小说～成电影 / 小説を映画化する. ②(軍隊などの組織を)改編する. 編成替えする.
*【改变】gǎibiàn 動 ①**変わる**. 変化する. ▶著しく変わることをさすことが多い. ¶领导 lǐngdǎo 的想法～了 / 指導者の考え方が変わった. ¶环境 huánjìng ～了 / 環境が変わった. ②**変える**. 変更する. ¶你为什么～了主意 zhǔyi ? / 君はなぜ考えを変えたのか. ¶～话题 huàtí / 話題を変える.
【改朝换代】gǎi cháo huàn dài 〈成〉王朝・政権が変わる.
【改次】gǎicì 名 次回. この次.
【改窜】gǎicuàn 動 文章を改竄(かいざん)する.
【改道】gǎi//dào 動 ①旅行のコースを変える. ②川筋が変わる. ③(車の)車線変更.
【改调】gǎi//diào 動 ①〈音〉移調する. 変調する; 転調する. ②転任〔転職〕する.
【改掉】gǎi//diào 動+結補 きれいさっぱり改める. ¶～吸烟的习惯 / 喫煙の習慣をきっぱりと捨てる.
【改订】gǎidìng 動(文章・書籍・規則などを)改訂する,改め訂正する. ¶～计划 jìhuà / 計画を改める.
【改动】gǎidòng 動(文章・項目・順序などを)変える,手直しする,手を加える. ¶文章～了几处 chù / 文章はいくつかの個所が修正された.
【改恶从善】gǎi è cóng shàn 〈成〉悪い行いを改めて善い行いをする. 真人間に立ち返る.
*【改革】gǎigé 動 **改革する**. 革新する. ¶～经济 jīngjì 体制 / 経済のシステムを改革する. ¶技术 jìshù ～ / 技術の革新.
【改观】gǎiguān 動 様子が変わる. 変貌する.
【改过】gǎiguò 動 過ちやまちがいを改める.
【改行】gǎi//háng 動 **転業する**. くら替えする. ¶她～了 / 彼女は転職した.
【改换】gǎihuàn 動 変える. 取り替える.
【改悔】gǎihuǐ 動 悔い改める.
【改嫁】gǎi//jià 動(女性が)再婚する.
【改建】gǎijiàn 動 改築する. 改修する.
*【改进】gǎijìn 動(方法・やり方を)**改善する**,改良する. ¶～工作作风 zuòfēng / 仕事のやり方を改める. ¶服务态度有了～ / 接客態度がよくなった.
【改口】gǎi//kǒu 動 口ぶりを変える. 言葉を変える. 言い直す. ¶一旦 yīdàn 决定,不易～ / 一度決めたことをいまさら変えようとは言いにくい. ¶改不过口来 / (言い出したことが)引っ込みがつかなくなる.
【改良】gǎiliáng 動(道具・製品・土壌などを)改良する.
【改判】gǎipàn 動〈法〉(裁判所が)判決を変更する.
【改期】gǎi//qī 動 期日を変更する.
【改任】gǎirèn 動 職務が変わる.
【改日】gǎirì 名 日を改めて. 後日. ¶～再谈 tán / いずれまたお話ししましょう.
【改色】gǎisè 動 ①色が変わる. ②顔色・表情が変わる. ¶面不～心不跳 tiào / 顔色ひとつ変えないで落ち着いている.
*【改善】gǎishàn 動(生活・関係・条件などを)**改善する**,よくする. ¶待遇 dàiyù 得到了～ / 待遇がよくなった. ❖～生活 shēnghuó / 生活条件をよくする; たまにおいしい料理を食べる.
【改天】gǎitiān 名〈口〉**いずれ(また)**. 他日. 近いうちに. ¶今天爸爸没有空 kòng,～再去动物园 dòngwùyuán 吧! / きょうパパは暇がないから,今度動物園へ行こうよ. ¶～(再)见 / 他日またお目にかかりましょう.
【改天换地】gǎi tiān huàn dì 〈成〉大きく変革する.
【改头换面】gǎi tóu huàn miàn 〈成〉〈貶〉内容はもとのままにしてうわべだけを変える. 看板を変える.
【改弦更张】gǎi xián gēng zhāng 〈成〉制度や方法を根本から変える.
【改弦易辙】gǎi xián yì zhé 〈成〉態度や方法をすっかり変える.
【改线】gǎi//xiàn 動(道路・バスの)路線を変更する; (電話の)回路を変更する.
【改邪归正】gǎi xié guī zhèng 〈成〉悪事から足を洗って正道に立ち返る.
【改写】gǎixiě 動(文章や著作を)書き直す. 改作する. ¶把小说～成电视剧本 jùběn / 小説をテレビドラマに改作する.
【改性】gǎi//xìng ①動 性転換する. ▶"变性"とも. ¶做～手术 / 性転換手術を行う. ②名〈化〉変性.
【改姓】gǎixìng 動 姓を変える. 参考 中国では18歳までなら法的にも可能. また女性は結婚しても改姓しない.
【改选】gǎixuǎn 動 改選する.
【改业】gǎi//yè 動 転職する.
【改元】gǎiyuán 動 元号を改める.
*【改造】gǎizào 動 ①(変更・修正を加えて)**改造する**,改善する,改良する. ¶～沙漠 shāmò / 砂漠を改造する. ②(根本から)**作り直す**. ¶～自己 / 自己を改造する. ¶城市 chéngshì ～ / 都市改造.
【改辙】gǎi//zhé 動〈喩〉やり方を変える. 別の方法をとる.
*【改正】gǎizhèng 動(過ちを)**正す**. 是正する. 改正する. ¶～错误 cuòwù / まちがいを直す.
【改装】gǎizhuāng 動 ①変装する. ②包装を変える. ③(機械の装置を)取り替える,直して取り付ける.
【改锥】gǎizhuī 名 ねじ回し. ドライバー. ▶"螺丝刀 luósīdāo""螺丝起子 qǐzi"とも.
【改组】gǎizǔ 動(機構や組織を)改組する,改造する,組織し直す.
【改嘴】gǎi//zuǐ 動〈方〉言葉を変える. 口ぶりを変える; 〈転〉言い直す.

4声 **丐 gài** ◇◆ ①乞食. ¶乞 qǐ ～ / 乞食. ②請い求める. ③恵む.

芥 gài "芥菜 gàicài"(カラシナ),"芥蓝菜 gàiláncài"(結球しないカンラン野菜)という語に用いる. ▸▸ jiè

钙 gài 名〈化〉**カルシウム**. Ca.

【钙化】gàihuà 動 石灰化する.
【钙离子】gàilízǐ 名 カルシウムイオン.
【钙片儿】gàipiànr 名 カルシウムの錠剤.
【钙质】gàizhì 名 石灰質.

盖(蓋) gài **

(ふたをするように)上からかぶせる,すっかり覆う;(家などを)建てる;(印鑑を)押す.

❶動 ①(家などを)建てる. ❖～房子 *fángzi* / 家を建てる. ②覆う. かぶせる. かける;覆い隠す. ❖～被子 *bèizi* / ふとんをかける. ③(判を)押す. ❖～图章 *túzhāng* / 捺印する. ④圧倒する. 他をしのぐ. ¶他的成绩 chéngjì ～过了全班同学 / 彼の成績はクラスメイトを圧倒した.

❷名 ①(～儿)キャップ. ふた. 覆い. ¶～儿盖不上 / ふたがしまらない. ②甲羅. ¶螃蟹 pángxiè ～儿 / カニの甲羅.

❸形〈俗〉すごい. ずばぬけている. ¶你今天穿的衣服真～了 / きょうの服はきまってるね.

❹副〈古〉およそ. けだし.

❺接続〈古〉(それは)…だからである. ‖姓

【盖菜】gàicài 名〈植〉カラシナ.

【盖饭】gàifàn 名 ご飯の上に肉や野菜などをのせた食事. どんぶりもの. ►"盖浇饭 gàijiāofàn"とも. ㊜碗 wǎn. ¶什锦 shíjǐn ～ / 中華丼(ドン).

【盖棺论定】gài guān lùn dìng 〈成〉人間の真価は死後にはじめて定まる.

【盖火】gàihuo 名(ストーブの火を調節するための)円形の上ぶた.

【盖了】gàile 形 最高である. すばらしい. ⇨【盖帽儿】gài//màor ②

【盖帽儿】gài//màor 〈俗〉①動〈体〉(バスケットボールで)ブロックショットをする. ②形(スポーツなどで喝采するときに言う)すごい. うまい. いいぞ;最高だ. ►"盖"と"帽"の間に"了"を置いて"盖了帽了"ということが多い.

【盖儿鞋】gàirxié 名 スリップオン型で,甲にベルトのついている革靴.

【盖世】gàishì 動(才能・功績などが)世にぬきんでる. ¶～无双 wúshuāng / たぐいない.

【盖头】gàitou 名 旧時の婚礼で花嫁が頭にかぶる赤い絹. 参考 "蒙头袱 méngtóufú""盖头红 hóng"ともいい,"洞房 dòngfáng"(新婚夫婦の部屋)に入ってから新郎によって初めて取り除かれる.

【盖碗】gàiwǎn 名(～儿)ふた付きの湯のみ茶碗.

【盖章】gài//zhāng 動 捺印する.

*【盖子】gàizi 名〈口〉①ふた;〈喩〉覆い. ❖盖 *gài* ～ / ふたをする. ②甲羅.

溉 gài "灌溉 guàngài"(灌漑)という語に用いる.

概 gài 副〈書〉一切. 一律に. ►後に否定詞"不"などを伴う. ¶～不退换 tuìhuàn / 返品は一切お断り.

◇◆ ①おおむね. 大略. ¶梗 gěng ～ / 粗筋. ②態度. 表情. ¶气～ / 気概. ③光景. 様子. ¶胜～ / 美しい景色.

【概观】gàiguān 名 概観. 概況.

【概况】gàikuàng 名 概況. 大体の状況.

*【概括】gàikuò ①動 概括する;要約する. ¶～地说明文章 wénzhāng 内容 nèiróng / 文章の内容をかいつまんで説明する. ②形 要領を得ている.

【概率】gàilǜ 名〈数〉確率. ¶～论 / 確率論.

【概略】gàilüè ①名 あらまし. ②副 簡潔に.

【概貌】gàimào 名 だいたいの様子.

*【概念】gàiniàn 名 概念. ¶～化 / 概念化.

【概数】gàishù 名 概数. おおよその数.

【概算】gàisuàn ①動 概算する. ②名 概算. 見積もり.

【概要】gàiyào 名 概要. あらまし.

gan (ㄍㄢ)

1声 ***干(乾) gān**

❶形 ①乾いている. 乾燥している. ¶油漆 yóuqī 没～ / ペンキが乾いていない. ②からっぽである. 中身がない;干上がっている. ¶钱都花～了 / お金を使い果たした. ③〈方〉(物言いが)ぶっきらぼうである.

❷副 むなしく. むだに. いたずらに. ¶～着急 zháojí / 気をもむばかり.

❸名(～儿)乾燥させた食品. ¶把红薯 hóngshǔ 晒成 shàichéng ～儿 / サツマイモを日に干して干しサツマイモをつくる.

❹動 ①(酒を)飲み干す,あける. ¶把酒～了 / 酒を飲み干した. ②つっけんどんに言う. なじる. ③冷たくあしらう.

❺量 関係あるすべての人を集団として数える. ¶一～人 / 関係者一同;一味の者たち.

◇◆ ①義理の. ¶～姐妹 / 義理の姉妹. ②(干支の)十干. ‖姓 ►► gàn

【干巴】gānba 形〈口〉①ひからびている. ¶井 jǐng ～了 / 井戸が涸(か)れた. ②(皮膚が)かさかさである. ¶嘴唇 zuǐchún ～ / 唇がかさかさしている.

【干巴巴】gānbābā 形(～的)①乾ききった. かさかさした. ひからびた. ►嫌悪の意を含む. ¶～的面包 miànbāo / ひからびたパン. ②(文章などが)無味乾燥である,味がない.

【干板】gānbǎn 名(写真の)乾板. ►"干片 gānpiàn"とも.

【干鲍】gānbào 名〈食材〉干しアワビ.

*【干杯】gān//bēi 動 杯をほす. 乾杯する. ¶再干一杯 / もう一度乾杯しましょう. ¶为大家的健康 jiànkāng ～! / 皆さんの健康のために乾杯.

【干贝】gānbèi 名〈食材〉干し貝柱.

【干瘪】gānbiě 形 ①ひからびている;やせこけている. ②(文章・話が)無味乾燥である. ¶干瘪瘪的文章 / 無味乾燥な文章.

【干冰】gānbīng 名 ドライアイス.

【干菜】gāncài 名(干しイモや干しダイコンなどの)干した野菜.

【干草】gāncǎo 名 干し草;乾燥した麦わら.

【干柴烈火】gān chái liè huǒ 〈成〉一触即発の状況;引きつけ合ってまさに火がつきそうな男女の間柄.

*【干脆】gāncuì ①形 さっぱりしている. てきぱきしている. きっぱりしている. ¶办事～利索 lìsuo / 仕事がてきぱきしている. ¶你～一点嘛! / もっとはきはきしたらどうだ. ②副 思い切って;あっさりと. ¶我们～走着去吧 / いっそ歩いて行きましょう.

【干打雷,不下雨】gān dǎ léi, bù xià yǔ 〈諺〉掛け声ばかりで実行が伴わない.

【干打垒】gāndǎlěi 名 板と粘土で造った壁(の家).

【干瞪眼】gāndèngyǎn 〈慣〉やきもきするだけで手も足も出ない. ¶～插不上 chābushàng 手 / はらはらするだけで手の出しようがない.
【干电池】gāndiànchí 名 **乾電池**. 量 节 jié, 个.
【干犯】gānfàn 動 犯す. 侵す.
【干饭】gānfàn 名〈料理〉(かゆに対して)ご飯.
【干粉】gānfěn 名〈料理〉干したはるさめ.
【干戈】gāngē 名〈書〉(広く)武器;〈喩〉戦争. ¶动 dòng ～ / 武力に訴える.
【干股】gāngǔ 名〈経〉出資せずに配当だけ受ける権利株.
【干果】gānguǒ 名 ①〈植〉(クリ・クルミなど)乾果. ②ドライフルーツ.
【干旱】gānhàn ①形(土地が日照りで)**乾燥している**. ②名 日照り. 干ばつ. ¶～天气 / 干燥気候.
【干嚎・干号】gānháo 動 空泣きする.
【干涸】gānhé 動(川や池などが)干上がる.
【干货】gānhuò 名 ①乾物. 乾かした果実や魚介類などの総称. ②〈喩〉偽りのない本当の実力〔内容〕.
【干急】gānjí 動 やきもきするだけで手のつけようがない. ►"干着急 zháojí"とも.
【干结】gānjié 動(水分が少なくて)固くなる,かちかちになる. ¶大便～ / 大便が固い. 便秘する.
【干尽】gānjìn 形 何も残っていない.
【干净】gānjìng 形 ①きれいである. 清潔である.** ¶这个餐馆 cānguǎn 不太～ / このレストランはあまり清潔ではない. ¶妈妈把衣服洗 xǐ ～了 / 母は服をきれいに洗った. ②(言葉や動作が)簡潔ですっきりしている,てきぱきしている. ¶～利落 lìluo / てきぱきしている. ③(何も残さず)きれいさっぱりしている. すっかり. ¶忘得干干净净 / すっかり忘れてしまった. 注意 ①②③とも gānjing とも発音する.
【干咳】gānké 動 空せきをする.
【干渴】gānkě 形 のどがからからである.
【干枯】gānkū 動 ①枯れる. ②ひからびる. (皮膚が)かさかさになる.
【干哭】gānkū 動 涙を出さずに泣く.
【干酪】gānlào 名 チーズ. 量 块 kuài ; 盒 hé.
【干冷】gānlěng 形 乾燥して寒い.
【干连】gānlián 動 巻き添えにする.
【干粮】gānliáng 名(マントーや"烙饼 làobǐng"のような)**汁けのない主食**;(小麦粉で作った"饼"のような)**携帯用食品**. ►"gānliang"とも.
【干裂】gānliè 動 乾燥して裂ける.
【干妹子】gānmèizi 名〈方〉親しい同輩の若い女性への呼称. ►もとは義理の妹の意味.
【干呕】gān'ǒu 動 吐くものがない状態で吐き気を催す.
【干片】gānpiàn →【干板】gānbǎn
【干亲】gānqīn 名 義理の親戚(関係).
【干儿】gānr 名 乾燥した食品. ¶牛肉～ / ビーフジャーキー.
【干扰】gānrǎo 動 ①(人を)**邪魔する**. 妨げる. 妨害する. ¶～别人 / 人を邪魔する. ¶受～ / 妨害を受ける. ②〈電〉(ラジオなどの受信機の)電波妨害. 受信妨害.
【干扰素】gānrǎosù 名〈医〉インターフェロン.
【干涩】gānsè 形 ①ひからびている. ②(声が)かれている. ③(表情・動作や文章が)わざとらしい.
【干烧】gānshāo 動〈料理〉辛味をきかせたスープで煮込む. ¶～明虾 míngxiā / エビのチリソース煮.
*【干涉】gānshè 動 ①**干渉する**;横やりを入れる. ¶～私事 sīshì / 個人的な事に干渉する. ¶谁也别～他 / 彼のことにだれも干渉するな. ¶拒绝 jùjué 他国～ / 他国に干渉させない. 注意 日本語の「干渉する」と異なり,不合理な行為に対してそれを制止する時にも用いることがある. ¶乱放自行车,人人有权 quán ～ / 自転車の違法放置行為をやめさせなければならない. ②関係する. かかわりを持つ. ¶二者了 liǎo 无～ / 両者は全く関係ない. ¶互 hù 不～ / 互いに関係ない.
【干湿计】gānshījì 名〈気〉乾湿球湿度計. 乾湿計. ►"干湿表""湿度计"とも.
【干瘦】gānshòu 形 やせこけている.
【干丝】gānsī 名〈方〉"豆腐干儿 dòufugānr"(半乾燥豆腐)をせん切りにしたもの.
【干松】gānsong 形〈方〉乾いてふわふわしている.
【干洗】gānxǐ 動 ドライクリーニングをする. ►"水洗 shuǐxǐ"と区別する.
【干系】gānxi 名(責任を問われたり紛争を引き起こしたりする)かかわり,関係,責任. ¶跟事故没有～ / 事故とは関係がない. ¶逃脱 táotuō 不了 buliǎo ～ / 責任を逃れられない.
【干笑】gānxiào 動(場をとりつくろうために)作り笑いをする,空笑いをする.
【干薪】gānxīn 名 ①(実際に仕事をしない)名義だけの職務に対する給料. ¶拿 ná ～ / 働かないで給料をとる. ②基本給.
【干预・干与】gānyù 動 **関与する. 口出しをする.** くちばしを入れる. ¶不得 bùdé ～私人生活 / プライバシーに口を出すな.
*【干燥】gānzào 形 ①**乾燥している**. 水分のない. ¶气候 qìhòu ～ / 気候が乾燥している. ¶大便 dàbiàn ～ / 大便が固い. ②**無味乾燥である**. 味がない. ¶～无味 wúwèi / 〈成〉おもしろ味がない.
【干支】gānzhī 名 干支. えと. 参考 十干と十二支の組み合わせ. "甲子 jiǎzǐ"から"癸亥 guǐhài"までの60種を循環して紀年法などに用いる.

甘 gān

◇◆ ①甘い. おいしい. ¶→～泉quán. ②(よくない事に)甘んじる. ¶不～落后 luòhòu / 人に後れを取りたくない. ‖姓

【甘拜下风】gān bài xià fēng 〈成〉かぶとを脱ぐ. 心服して負けを認める.
【甘草】gāncǎo 名〈植〉カンゾウ;〈中薬〉甘草(かんぞう). ►せき止め・鎮痛・去痰剤に用いる.
【甘当】gāndāng 動 甘んじて当たる. つとめる. ¶～陪衬 péichèn / 甘んじて引き立て役になる.
【甘蕉】gānjiāo 名〈植〉バナナ.
【甘居】gānjū 動(低いポストに)甘んじる. ¶～人下(中游) / 人の風下に立つことに甘んじる.
【甘苦】gānkǔ 名 ①甘苦. 苦楽. ¶同～,共患难 huànnàn / 苦楽を共にし,艱難(かんなん)を同じくする. ②つらさや楽しさ;(特に)つらいこと.
【甘蓝】gānlán 名〈植〉ハボタン;キャベツ. ¶结球 jiéqiú ～ / キャベツ.
【甘露】gānlù 名 ①〈植〉チョロギ. ②〈旧〉恩沢. 恩恵. ③甘味の液汁. ►"甘露子"とも.
【甘美】gānměi 形(味が)甘美である,うまい. ¶～的泉水 quánshuǐ / 泉のおいしい水.
【甘泉】gānquán 名 おいしい湧き水.

【甘受】gānshòu 動(叱責・精神的苦痛などを)甘受する,じっと耐える. ¶～罪 zuì / 苦難を耐えしのぶ.
【甘薯】gānshǔ 名〈植〉サツマイモ.
*【甘肃】Gānsù 名〈地名〉甘粛(かんしゅく)省.
【甘甜】gāntián 形 甘い. ¶～的西瓜 xīguā / 甘くておいしいスイカ.
【甘心】gānxīn 動 ① 喜んでする. 進んで…する. ¶～忍受 rěnshòu / 甘んじて堪え忍ぶ. ¶～情愿 qíngyuàn / 心から望む. ② 満足する. ¶死也不～ / 死んでも死にきれない.
【甘休】gānxiū 動 やめる. 手を引く. ►否定文に用いることが多い. ¶不达 dá 目的,决不～ / 目的を達成するまで絶対やめない.
【甘油】gānyóu 名〈化〉グリセリン.
【甘于】gānyú 動 喜んで…する. 自ら進んで…する.
【甘雨】gānyǔ 名 農作物に適した雨. 恵みの雨.
【甘愿】gānyuàn 動 喜んで…する. 自ら進んで…する.
【甘蔗】gānzhe 名〈植〉サトウキビ. 量 根 gēn ; [ふしで切ったもの]节 jié.
【甘之如饴】gān zhī rú yí 〈成〉つらいことでも苦労をいとわずに喜んで行う.

*杆 gān ◇◆(～儿)竿. 棒. ¶一根旗 qí ～ / 1本の旗竿. ¶栏 lán ～ / 手すり. ▸▸ gǎn
【杆子】gānzi 名 ① 棒. 柱. 量 根 gēn,截 jié. ¶电线 diànxiàn ～ / 電信柱. ②〈方〉盗賊の集団. ⇒【杆子】gǎnzi

*肝 gān 名〈生理〉肝臓. ►"肝脏 gānzàng"とも.
【肝癌】gān'ái 名〈医〉肝臓癌(がん).
【肝肠寸断】gān cháng cùn duàn 〈成〉断腸の思い.
【肝胆】gāndǎn 名〈喩〉① 肝胆. 真心. ¶～俱 jù 裂 liè / 心も張り裂けんばかり. ② 勇気. 胆力. 血気. ¶～过人 / 勇気が人一倍すぐれている.
【肝胆相照】gān dǎn xiāng zhào 〈成〉互いに真心をもって深く交わる.
【肝功能】gāngōngnéng 名 肝機能.
【肝火】gānhuǒ 名 かんしゃく. ❖动 dòng ～ / かんしゃくを起こす.
【肝脑涂地】gān nǎo tú dì 〈成〉命を投げ出す. 命を犠牲にする. ►もとはむごたらしい死に方をする形容.
【肝气】gānqì 名 ①〈中医〉肋骨(ろっこつ)が痛んで嘔吐・下痢を催す病気. ② かんしゃく. ¶动～ / 腹を立てる. かんしゃくを起こす.
【肝儿】gānr 名〈食材〉(牛・豚などの)レバー.
【肝糖】gāntáng 名〈化〉グリコーゲン.
【肝吸虫】gānxīchóng 名 肝臓ジストマ.
【肝炎】gānyán 名〈医〉肝炎. ¶乙型～ / B型肝炎.
【肝硬化】gānyìnghuà 名〈医〉肝硬変.
【肝脏】gānzàng 名〈生理〉肝臓.
【肝蛭】gānzhì 名〈医〉肝臓ジストマ. 肝吸虫.

坩 gān "坩埚 gānguō""坩子土 gānzitǔ"⬇という語に用いる.
【坩埚】gānguō 名 るつぼ.
【坩子土】gānzitǔ 名〈方〉カオリン.

矸 gān "矸石 gānshí""矸子 gānzi"(石炭のぼた)という語に用いる.

泔 gān "泔水 gānshuǐ"(米のとぎ汁. 野菜などを洗った汚水)という語に用いる. ¶～水桶 tǒng / 生ごみを入れる桶.

柑 gān 名(大ぶりの種類の)ミカン. ⇒〖橘 jú〗
【柑橘】gānjú 名 かんきつ類.
【柑子】gānzi 名〈方〉ミカン.

竿 gān ◇◆(～儿)竿. ¶钓 diào ～儿 / 釣り竿. ¶一根竹 zhú ～儿 / 1本の竹竿.
【竿子】gānzi 名 竹竿. 量 截 jié,根 gēn. ¶一～插 chā 到底 / 徹底的にやる ;〈転〉最下部まで素早く命令・情報を伝達する.

疳 gān 名〈中医〉中国医学でいう病名. ¶下～ / 性病の一種.
【疳积】gānjī 名(栄養失調や寄生虫による)子供の貧血症.

尴(尷) gān "尴尬 gāngà"⬇という語に用いる.
【尴尬】gāngà 形 ① ばつが悪い. 具合が悪い. 気まずい. 手が焼ける. ¶处境 chǔjìng ～ / 苦しい立場におかれる. ②〈方〉尋常でない. 普通でない. ¶神情 shénqíng ～ / 顔つきがおかしい.

3声 杆(桿) gǎn 量 棒状の柄の部分のある器物を数える. ¶一～枪 qiāng / 1丁の銃.
◇◆ 器物の棒状の部分. ¶钢笔 gāngbǐ ～ / ペン軸. ¶烟袋 yāndài ～ / キセルのラオ. ▸▸ gān
【杆秤】gǎnchèng 名 竿ばかり.
【杆菌】gǎnjūn 名〈生〉桿菌(かんきん). バチルス.
【杆子】gǎnzi 名 棒 ; 軸 ; 筒. ⇒【杆子】gānzi

秆(稈) gǎn ◇◆(～儿)(麦などの)茎. わら. ¶麦 mài ～儿 / 麦わら.
【秆子】gǎnzi 名(作物の)茎.

*赶(趕) gǎn ❶動 ① 追う. 追いかける. ¶～先进,超 chāo 先进 / 先進的なものを追いかけ,追い抜く. ¶→～上 shang. ② 急ぐ. 間に合わせる. はやめる. ¶～头班车 tóubānchē / 始発列車に間に合わせる. ③(家畜を)駆りたてる. ¶～牲口 shēngkou / 家畜を追う. ④ 追い払う. 追いやる. ¶～苍蝇 cāngying / ハエを追う. ⑤(ある事態や時期に)ぶつかる,出くわす. ¶～上大雪 / 大雪にぶつかる.
❷前(時間を表す語の前につけて)…になったら. ¶～过年再回家 / お正月になったら家へ帰る. ‖ 姓
【赶不及】gǎnbují 動+可補 間に合わない. ¶现在去也～了 / いまから行っても間に合わない.
【赶不上】gǎnbushàng 動+可補 ① 追いつけない ; かなわない. ¶他走得快,我～他 / あの人は足が速いので,私は追いつけない. ¶论 lùn 英语,她～我 / 英語なら彼女はぼくに及ばない. ② 間に合わない. ③ 巡り合えない.

【赶场】gǎn//chǎng 動 俳優が一つの舞台を務めた後,直ちに別の舞台に駆けつける.
【赶超】gǎnchāo 動(ある水準に)追いつき追いこす.
【赶潮流】gǎn cháoliú 〈慣〉時代の流行を追う.
【赶车】gǎn//chē 動 ①(家畜が引く)車を御する,駆る. ¶赶马车 / 馬車を駆る. ¶～的 / 御者. ②列車やバスに遅れないように急ぐ.
【赶到】gǎn//dào 動+方補 ①**間に合うように到着する**. 急いで駆けつける. ¶我～的时候,火车已经开走了 / 私が駆けつけた時には,汽車はもう出てしまっていた. ②〈口〉…**のときになってから**. …のときになると.
【赶道】gǎn//dào 動(～儿)道を急ぐ.
【赶得及】gǎndejí 動+可補 間に合う. ¶现在去还～吗? / いまから行っても間に合いますか.
【赶得上】gǎndeshàng 動+可補(↔赶不上 gǎnbushàng) ①**追いつける**. ②**間に合う**. ¶大家再加把力,还～ / みんながもっと馬力をかければまだ間に合う. ③巡り合える.
【赶赴】gǎnfù 動 急いで駆けつける.
【赶工】gǎn//gōng 動 工事をはやめる. ¶昼夜zhòuyè～ / 昼夜を分かたず工事を急ぐ.
【赶行市】gǎn hángshi 〈慣〉投機売りする. 相場·市価の高いときをねらって物を売る.
【赶活】gǎn//huó 動(～儿)仕事を急ぐ.
【赶集】gǎn//jí 動 市(いち)へ行く.
*【赶紧】gǎnjǐn 副 **大急ぎで**. さっそく. できるだけ早く. ¶下班～回家做饭 / 仕事がひけて大急ぎで家に帰ってご飯を作る.
【赶尽杀绝】gǎn jìn shā jué 〈成〉皆殺しにする. 徹底的にやっつける. ►一般にやり方が悪辣(あくらつ)で人を窮地に追い込むことをいう.
*【赶快】gǎnkuài 副 **早く. 急いで**. ¶时间不早了,～出发吧 / 時間が遅くなった,早く出発しよう. ¶老鼠一看见猫,就～逃跑 táopǎo 了 / ネズミはネコを見るとすぐ逃げてしまった.
【赶浪头】gǎn làngtou 〈慣〉時流に乗る.
【赶路】gǎn//lù 動 **道を急ぐ**. ¶他们急 jí 着往前～ / 彼らは道を急いだ.
【赶落】gǎnluò 動〈方〉せきたてる;人を窮地に追い込む. ¶你别那么～人好不好? / そんなにせかさなくていいじゃないか.
【赶忙】gǎnmáng 副 **急いで**. 大急ぎで. さっそく. ¶他～扶 fú 起跌倒 diēdǎo 的孩子 / 彼は大急ぎで転んだ子供を助け起こした.
【赶明儿】gǎnmíngr 副〈方〉そのうち. 後日.
【赶跑】gǎnpǎo 動 追い払う. 立ち退かす.
【赶巧】gǎnqiǎo ①副 ちょうど. 折よく;あいにく. ¶俩人 liǎrén ～相遇 / 二人は折よく出会った. ②動 ちょうどその時機に巡り合う.
【赶热闹】gǎn rènao 〈慣〉遊びの仲間に加わる. みんながにぎやかにやっているところに入る.
【赶上】gǎn//shang 動+方補 ①**追いつく**. 間に合う. ¶有半年就能～他的中文水平 / 半年で彼の中国語のレベルに追いつける. ②**ちょうど…に巡り合う**;折よく〔折悪しく〕…に出くわす. ¶那天～我有事儿,没去成 / あの日はちょうど用事があって行けなかった. ③…に匹敵する.
【赶时髦】gǎn shímáo 〈慣〉〈貶〉流行を追う.
【赶趟儿】gǎn//tàngr 動 間に合う. ¶现在出发已经不～了 / 今からの出発ではもう間に合わない.
【赶鸭子上架】gǎn yāzi shàng jià 〈諺〉できないことを無理にやらせる.
【赶早】gǎnzǎo 副(～儿)早いうちに. 早く. ¶应该～让孩子学外语 / 子供には早いうちに外国語を学ばせるべきだ.
【赶早不赶晚】gǎn zǎo bù gǎn wǎn 〈諺〉何事も早めにすべきである.
【赶着】gǎnzhe 動 ①急いで…する. 次から次へと…する. ¶人们都～参加 cānjiā 进来 / 人々がわれもわれもと加わった. ②(ある時期に)乗じて. …のうちに. ¶一切准备 zhǔnbèi 应～在年前做好 / すべての準備を年内にすまさなければならない. ③追いつく. 間に合う. ④追い立てる. ¶～一群 qún 羊 / ヒツジの群れを追う.
【赶锥】gǎnzhuī 名 ねじ回し. ドライバー.
【赶走】gǎnzǒu 動 **追い払う. 追い出す**.

敢 gǎn ** ❶助動 ①**思い切って…する**. …する勇気がある. ¶你～不～一个人去? —～! / 一人で行けるかい—行けるとも. ②**確信をもって〔はっきりと〕…する**. ¶他来不来我不～肯定 kěndìng / 彼が来るかどうか,私はなんとも言いかねる.
❷副〈旧〉〈謙〉失礼ですが. 恐れ入りますが. ¶～问 / 失礼ながらお尋ねします. ‖姓
【敢保】gǎnbǎo 動 間違いなく…になる;請け合う. ¶我～巴西 Bāxī 队会赢 yíng / ブラジルチームのほうが勝つに違いない.
【敢当】gǎndāng 動 引き受ける勇気がある. ¶您的话我不～ / お言葉まことに恐れ入ります.
⇒【不敢当】bù gǎndāng
【敢怒而不敢言】gǎn nù ér bù gǎn yán 〈成〉じっと怒りを抑えて黙りこくる. 内心不満ではあるが口に出すことがはばかられる.
【敢情】gǎnqing 副〈方〉①さては. なるほど. 道理で. ¶他～是个两面派 liǎngmiànpài! / さてはあいつは二またをかけていたのか. ②もちろん. むろん. ►相手の言うことに賛意を表すとき. ¶那～好 / それは願ってもないことです.
►①②いずれも"赶情"とも書く.
【敢是】gǎnshì 副〈方〉おそらく. ことによると. ¶～今天有客人来吧 / おそらく今日は客があるだろう.
【敢死队】gǎnsǐduì 名 決死隊.
【敢于】gǎnyú 助動 思いきって. …するだけの勇気がある. ¶～自我批评 pīpíng / 自己批判する勇気がある.
【敢作敢当】gǎn zuò gǎn dāng 〈成〉やった事にはすべて責任を負う.
【敢作敢为】gǎn zuò gǎn wéi 〈成〉恐れずに思い切って事を行う.

感 gǎn 動 **感じる**. 思う. ¶他对京剧 Jīngjù 很～兴趣 xìngqù / 彼は京劇に強い関心をもっている.
◇◆ ①感謝する. ¶→～谢 xiè. ②感動する〔させる〕. ¶→～人 rén. ③感覚;感想. ¶自豪 zìháo ～ / 自尊心. プライド. ¶读后～ / 読後感. ④感光する. ¶→～光. ⑤風邪を引く. ¶→～冒.
【感触】gǎnchù 名 感動. 感銘. 感慨. ¶深有～地说 / 感慨深げに言う.
*【感到】gǎndào 動 **感じる. 思う**. ¶～高兴 / 非常にうれしく思う. ¶他～自己错 cuò 了 / 彼は自分がまちがったと悟った. ¶忙了一整天 zhěngtiān,～有

点儿累 lèi / 一日中忙しかったので,少しくたびれた.

*【感动】gǎndòng 動 ①感動する. 感激する. ¶听了这个故事 gùshi,~得流下了眼泪 yǎnlèi / その話を聞いて,感動のあまり涙を流した. ¶深受~ / 非常に心を打たれる. ②感動させる. ¶他的话深深地~了大家 / 彼の話はみんなに深い感銘を与えた.

【感恩】gǎn//ēn 動 恩に感ずる. 恩に着る. ¶~道谢 dàoxiè / 恩に感じて礼を述べる. ¶~不尽 jìn / ご恩は忘れません.

【感恩图报】gǎn ēn tú bào 〈成〉恩に感謝してそれに報いようとする.

【感奋】gǎnfèn 動 感激して奮い立つ.

【感官】gǎnguān 名〈略〉〈生理〉感覚器官.

【感光】gǎn//guāng 動(フィルムなどが)感光する.

【感光纸】gǎnguāngzhǐ 名 感光紙.

【感化】gǎnhuà 動 感化する. よい影響を与える. ¶他终于被~了 / 彼はついに改心した.

【感怀】gǎnhuái 動 感傷的に考える. ¶~身世 / 身の上を悲しむ. ¶~往事 / 昔をしのぶ.

*【感激】gǎnjī 動(人の好意に)心を強く動かされる,感謝する. ¶~不尽 jìn / 感謝にたえない.

比較 感激:感谢 gǎnxiè "感激"は他人の好意に強く心を打たれ,気持ちが高ぶることに重点があり,"感谢"は他人からの援助や贈り物に対してお礼の気持ちを表すことに重点がある. "感激"は"感谢"よりも強さ・重みがある. また日本語の「感激」とは異なり,必ず他人の好意や援助についていう.

*【感觉】gǎnjué ❶名 感じ. 感覚. 感触. ¶这只是你个人的~ / それは君個人の感触にすぎない. ❷動 ①感じる. …のような気がする. ¶凉风 liángfēng 轻轻 qīngqīng 吹来,我~有点儿冷 / 涼しい風がさっと吹いて来て,ちょっと寒く感じた. ②…と考える. …と思う.

【感慨】gǎnkǎi 動 感慨を覚える. ¶~万端〔万千〕/ 感慨無量である.

**【感冒】gǎnmào 動 ①風邪を引く. ¶他~了 / 彼は風邪を引いた. ②〈諧〉(多く否定の形で)興味がある.

*【感情】gǎnqíng 名 ①感情. 気持ち. ❖动 dòng ~ / 感情的になる. いきり立つ. ¶克制 kèzhì ~ / 感情を抑える. ¶易 yì 动~ / 情にもろい. ②好感;友情;愛着. ¶联络 liánluò ~ / 関係をよくする. ¶~破裂 pòliè / (男女が)仲たがいをする. ¶他们俩~很不错 / あの二人はとても仲がよい. ¶伤 shāng ~ / 友情を傷つける. ¶他对她很有~ / 彼は彼女のことが好きだ.

【感情用事】gǎn qíng yòng shì 〈成〉(事に当たって)感情に走る.

【感染】gǎnrǎn 動 ①感染する. ¶~上肝炎 gānyán / 肝炎にかかった. ②(言葉や行為によってよい)影響を与える,感化する. ¶为周围 zhōuwéi 气氛 qìfēn 所~ / まわりの雰囲気に引きずられた. ¶~力 / 影響力.

【感人】gǎnrén ①動 感動させる. ②形 感動的である.

【感伤】gǎnshāng 動 ものに感じて悲しくなる. 感傷的になる. ¶他非常~地讲述 jiǎngshù 了老王的悲惨 bēicǎn 遭遇 zāoyù / 彼は痛ましげに王さんの悲惨な境遇を語った.

【感伤主义】gǎnshāng zhǔyì 名 センチメンタリズム.

【感受】gǎnshòu ①動(肌身で)感じる. ¶同事们的热情关怀 guānhuái,使他~到了集体的温暖 wēnnuǎn / 同僚みんなの思いやりで,彼は集団の温かさを身にしみて感じた. ②名 体験. 感銘. 印象. ¶这次参观 cānguān,我的~很深 shēn / このたび見学してみて,感銘が非常に深かった.

【感叹】gǎntàn 動 感嘆する.

【感叹词】gǎntàncí 名〈語〉感嘆詞.

【感叹号】gǎntànhào 名〈語〉感嘆符(!).

【感叹句】gǎntànjù 名〈語〉感嘆文.

【感悟】gǎnwù 動 悟る.

*【感想】gǎnxiǎng 名 感想. ¶请你谈谈~ / 感想を話してください.

**【感谢】gǎnxiè 動 感謝する. ¶~您的款待 kuǎndài / あなたのおもてなしに感謝します. ¶~不尽 jìn / 感謝にたえない. ¶表示衷心 zhōngxīn 的~ / 心から感謝の意を表します. ⇨【感激】gǎnjī

【感性】gǎnxìng 名〈哲〉感性. ¶~认识 rènshi / 感性的認識. ¶~知识 / 感性的知識.

【感应】gǎnyìng ①名〈電〉誘導. ¶~圈 quān / 誘導コイル. ¶~电流 / 誘導電流. ②動 感応する. ¶对外界~迟钝 chídùn / 外部のことに鈍感だ.

【感召】gǎnzhào 動 感化する.

橄 gǎn

"橄榄 gǎnlǎn"↓という言葉に用いる.

【橄榄】gǎnlǎn 名〈植〉①カンラン. ►俗に"青果 qīngguǒ"という. 解毒作用があり,蜜漬けや薬酒にする. ②オリーブ. ►通称で,正しくは"油橄榄 yóugǎnlǎn". ¶~枝 zhī / オリーブの枝.

【橄榄绿】gǎnlǎnlǜ 名 オリーブグリーン;〈転〉(制服の色から)軍人・警察.

【橄榄球】gǎnlǎnqiú 名〈体〉ラグビー(ボール). 量 个.

【橄榄油】gǎnlǎnyóu 名 オリーブオイル.

擀(扞) gǎn

動 ①(棒でものを)伸ばす. 押しつぶす. ¶~面 / こねた小麦粉をめん棒で伸ばす. ¶~饺子皮儿 jiǎozi pír / ギョーザの皮を薄く伸ばす. ②〈方〉磨きをかける.

【擀面杖】gǎnmiànzhàng 名 めん棒. 量 根. ¶~吹火,一窍 qiào 不通 / 〈慣〉(めん棒で火を吹いても)ちっとも通じない;〈喩〉何も分かっていない.

鳡 gǎn

名〈魚〉鳡魚(𩸽). コイ科の淡水魚. ►"黄钻 huángzuàn"とも. 性質が荒く,他の魚を食べる.

**干(幹) gàn 4声

動 ①(仕事を)する,やる. ¶他是~什么的? / あの人は何をしている人ですか. ¶要~你就~到底 / やるならとことんまでやれ. ②担当する. 従事する. ¶他~过会计 kuàijì / 彼は経理をやったことがある. ③〈方〉しくじる. だめになる. ¶~了 / しまった. 失敗した.

◇❖ ①事物の主体. 主要部. ¶树~ / 木の幹. ②敏腕である. ¶→~才 cái. ③幹部. ¶高~ / 高級幹部. ▶▶ gān

*【干部】gànbù 名 幹部;(党・政府機関・軍隊などの)指導メンバー;(広く)一定の公職にある者. ¶工厂~ / 工場の管理職〔事務職員〕. ¶机关~ / 公務員.

【干才】gàncái 名 ①仕事の能力. 才能. ②敏腕家. 切れ者.

【干道】gàndào 名 幹線道路.
【干得过儿】gàndeguòr 動 する価値がある. やりがいがある.
【干掉】gàn//diào 動+結補〈口〉殺す. やっつける. ¶把那个家伙 jiāhuo ～ / やつを始末しろ.
*【干活】gàn//huó 動(～儿)仕事をする. 働く. ¶下车间 chējiān ～ / 現場に入って働く. ¶今儿你干什么活啊? / 君はきょうどんな仕事をするのかね.
【干家】gànjiā ①動 家事を切り盛りする. ②名 やり手. 敏腕家.
【干架】gàn//jià 動〈方〉けんかをする.
【干将】gànjiàng 名 腕利き. やり手.
【干劲】gànjìn 名(～儿)(物事に対する)意気込み. ¶～儿十足 / やる気十分. ¶鼓足 gǔzú ～ / 大いに意気込む.
【干警】gànjǐng 名 ①公安・法制部門の幹部と警官の併称. ②(広く)刑事警察. 刑事巡査.
【干练】gànliàn 形 有能で練れている. ¶精明 jīngmíng ～ / 頭も切れるし腕もよい.
【干流】gànliú 名 主流. 本流.
*【干吗】gànmá〈口〉①疑 どうして. なぜ. なんで. ►"干嘛"とも書く. ¶你～说这话? / どうしてそんなことを言うんだ. ¶你找 zhǎo 我妹妹～? / おれの妹に何の用があるのだ. ②動 何をするのか. ¶你想～? / 何をしようとするのだ.
【干渠】gànqú 名 幹線用水路.
【干什么】gàn shénme ①どうして. なぜ. ¶你～不早说呀? / なぜもっと早くに言わないのだ. ②何をするのか. ¶你在～? / 何しているの.
【干事】gànshi 名 幹事;(事務)担当責任者.
【干线】gànxiàn 名(交通・電気・輸送管などの)幹線,本線.
【干校】gànxiào 名〈略〉①幹部学校. ②文化大革命期の"五・七干校".

绀 gàn ◇◆ 赤みがかった黒色.

【绀青】gànqīng 名(色の一種)紫紺. 茄子紺(なす).

赣 gàn ◇◆ 江西省. ►地名に用いる. ¶～江 jiāng / 江西省にある川の名.

gang (ㄍㄤ)

冈(岡) gāng ◇◆(低い山の)尾根. ¶山～ / 山の尾根. 注意 俗に"岗"と混同し, gǎng と発音する人も多い. ⇒〖岗 gǎng〗 ‖姓

【冈比亚】Gāngbǐyà 名〈地名〉ガンビア.
【冈陵】gānglíng 名 丘陵. ¶～起伏 qǐfú / 丘陵が起伏する.
【冈峦】gāngluán 名 連なる丘陵.

刚(剛) gāng ❶副 ①《ある動作や情況が生じて間もないことを表す》…したばかりである. …して間もない. ¶他～下班 / 彼は仕事を終えたばかりです. ¶你的伤 shāng ～好,不要参加比赛 bǐsài 了 / 君は傷が治ったばかりだから,試合に出るな. ②《複文に用い,二つの事柄が時間的に密着して生じることを表す》…したかと思うと. …するやいなや;…しようとすると. …したときに. ¶我～进屋,他就来了 / 私が部屋に入ると,すぐに彼が来た. ¶～一立秋,天气马上就凉快了 / 立秋になったとたん,天気が急に涼しくなった. ¶～要出门,忽然 hūrán 下起雨来了 / 出かけようとしたところ,突然雨が降りだした. ③ちょうど. ぴったり. ¶这双鞋～合 hé 我的脚 / この靴はぼくにぴったりだ. ¶这封信～十克 kè,没超重 chāozhòng / この手紙はちょうど10グラムで重量オーバーしていない. ④やっと. どうにか. …しかない. ¶声音 shēngyīn 太小,～可以听见 / 音がかすかで,やっと聞き取れるくらいだ. ¶搬到 bāndào 这里～三年 / ここに引っ越してきてまだ3年にしかならない.
❷形(気性が)堅い,強い. ¶性子太～准 zhǔn 吃亏 chīkuī / 気性が激しいときっと損をする. ‖姓

**【刚才】gāngcái 名《発話の時を基準としてきわめて近い過去をさして》先ほど. いましがた. ¶～你为什么哭 kū? / さっきなぜ泣いていたの. ¶吃了药,现在比～好多了 / 薬を飲んだら,さっきよりずっと楽になった. ¶～的话你可别忘了 / さっきの話は忘れるなよ.
比較 刚才:刚 gāng:刚刚 gānggāng ❶品詞が異なる. "刚"と"刚刚"は副詞で一般に連用修飾語になるのに対して,"刚才"は時間を表す名詞である. ❷"刚"や"刚刚"は"刚才"と異なり,話し手の意識にかかわるものなので,客観的にはかなり以前のことをさすこともある. ¶我刚(刚)入学 rùxué 的时候,一个字也不会写 / 私は入学したばかりのころは1字も書けなかった. ►この場合,"刚才"に替えることはできない.
*【刚刚】gānggāng 副 ちょうど. たった今. …したばかり. ¶我～吃过饭 / たった今ごはんを食べたばかりです. 注意"刚"と基本的に同じ. ただし,意味と用法の上で次のような違いがある. ❶二つの動作・状態の継起を表す場合,"刚刚"は"刚"よりもっと間隔の短いことを表す. ¶他刚要敲 qiāo 门,门就开了 / 彼がノックをしようとしたときに,ドアが開いた. ¶他刚刚要敲门,门就开了 / 彼がノックをしようとするかしないうちに,ドアが開いた. ❷数量詞の前に用いるとき,"刚"は数量の少ないことを強調するのに対し,"刚刚"はちょうどその数量であることを表す. ¶他搬到 bāndào 南京刚两年 / 彼は南京に引っ越してきてまだ2年にしかならない. ¶他搬到南京刚刚两年 / 彼が南京に引っ越してきてちょうど2年になる. ⇒【刚才】gāngcái 比較
【刚果】Gāngguǒ 名〈地名〉①コンゴ共和国. ②コンゴ民主共和国.
【刚好】gānghǎo 副(時間・空間・数量などについて)ちょうど. うまい具合に. ¶我去找 zhǎo 她,～她在家 / 彼女を訪ねたところ,折よく家にいた. ¶他的身高～一米八 / 彼の身長はちょうど180センチだ.
【刚健】gāngjiàn 形〈書〉(性格・風格・体つきなどが)剛健である,たくましい.
【刚劲】gāngjìng 形〈書〉力強い. たくましい.
〖刚…就…〗 *gāng…jiù…* …するとすぐ…. ¶你怎么～来～要走? / 来たばかりなのに,どうしてすぐに帰るんですか?
【刚烈】gāngliè 形 剛直で気骨がある.
【刚强】gāngqiáng 形(性格や意志が)強い,気丈である.
【刚巧】gāngqiǎo 副 ちょうどよく. うまい具合に. 折よく. ¶～要出门,他就来了 / ちょうど出かけるところに彼が来た.

【刚韧】gāngrèn 形（性格が）強靭(きょうじん)である，粘り強い．¶～的性格 xìnggé／物に屈しない性格．
【刚毅】gāngyì 形 剛毅(ごうき)である．毅然としている．意志が固い．¶～的性格 xìnggé／毅然たる性格．
【刚正】gāngzhèng 形 剛直である．一本気である．¶～不阿 ē／一本気で人にへつらわない．
【刚直】gāngzhí 形 剛直である．一本気で曲がったことをしない．

肛 gāng ◇◆ 肛門．¶脱 tuō ～／脱肛．

【肛道】gāngdào 名〈生理〉肛門管．►“肛管 gāngguǎn”とも．
【肛瘘】gānglòu 名〈医〉痔瘻(じろう)．►一般に“漏疮 lòuchuāng”“痔漏 zhìlòu”という．
【肛门】gāngmén 名〈生理〉肛門．

纲（綱）gāng 名 ①**綱の大綱**(たいこう)；〈転〉**事柄の要点**；（文件や言論などの）**綱要**，骨子．¶以粮 liáng 为 wéi ～／食糧をかなめとする．②（生物学の分類上の１単位）綱(こう)．
【纲举目张】gāng jǔ mù zhāng〈成〉物事の要点をつかめば全体は解決される；文章の筋道が立っている．
【纲领】gānglǐng 名（政府・政党などの）**綱領**．（指導的役割をする）原則．¶～性文件 wénjiàn／綱領的な性格をもつ文書．
【纲目】gāngmù 名 綱目．大綱と細目；（単に）大綱，綱要．
【纲要】gāngyào 名 綱要．大要；概要．

*__钢__（鋼）gāng 名 **鋼**(はがね)．**鋼鉄**．⏩gàng
【钢板】gāngbǎn 名 ①鋼板．②（自動車の）板ばね．③〈略〉謄写版のやすり．
【钢镚儿】gāngbèngr 名 硬貨；（広く）お金．
*【钢笔】gāngbǐ 名 **ペン．万年筆**．量 支，枝，管 guǎn，杆 gǎn．¶～帽儿 màor／万年筆のキャップ．
【钢材】gāngcái 名 鋼材．
【钢尺】gāngchǐ 名（スチール製の）巻き尺．
【钢锭】gāngdìng 名〈冶〉鋼塊．インゴット．
【钢骨】gānggǔ 名〈建〉鉄筋．
【钢管】gāngguǎn 名 鋼管．¶无缝 wúfèng ～／継ぎ目なし鋼管．シームレスパイプ．
【钢轨】gāngguǐ 名 軌条．レール．►“铁轨 tiěguǐ”とも．
【钢花】gānghuā 名〈冶〉鋼湯の飛び散ったもの．¶～玻璃 bōli／強化ガラス．
【钢化玻璃】gānghuà bōli 名 強化ガラス．
【钢结构】gāngjiégòu 名〈建〉鉄骨構造．
【钢筋】gāngjīn 名〈建〉鉄筋．►“铁筋 tiějīn”“钢骨 gānggǔ”とも．
【钢筋混凝土】gāngjīn hùnníngtǔ 名〈建〉鉄筋コンクリート．
【钢精】gāngjīng 名（日常器具用の）アルミニウム．►“钢种 gāngzhǒng”とも．¶～锅 guō／アルミ鍋．
【钢锯】gāngjù 名 弓のこ．
【钢筘】gāngkòu 名〈紡〉おさ．リード．
【钢盔】gāngkuī 名 金属ヘルメット．量 顶 dǐng．
【钢片琴】gāngpiànqín 名〈音〉鉄琴；チェレスタ．
【钢钎】gāngqiān 名 たがね．ドリルロッド．
【钢琴】gāngqín 名 **ピアノ．量 架 jià，台 tái．¶三角～／グランドピアノ．❖弹 tán ～／ピアノを弾く．
【钢砂】gāngshā 名〈略〉金属砂；研磨材．
【钢丝】gāngsī 名 スチールワイヤー．¶～床／スプリングベッド．¶～绳 shéng／ワイヤーロープ．スチールケーブル．¶～刷 shuā／ワイヤーブラシ．
【钢丝锯】gāngsījù 名 糸のこ．
【钢条】gāngtiáo 名 帯鋼．帯金．
【钢铁】gāngtiě 名 ①**鋼鉄**．鋼と鉄の総称．►特に鋼をさす．¶～工业／製鉄工業．¶～厂 chǎng／鉄工所．②〈喩〉**意志や信念がきわめて固いもの**．¶～战士 zhànshì／不屈の戦士．¶～般的誓言 shìyán／鉄の誓い．
【钢印】gāngyìn 名 ドライスタンプ（の押印）．
【钢渣】gāngzhā 名〈冶〉鉱滓(こうさい)．スラグ．
【钢种】gāngzhǒng ⇀【钢精】gāngjīng
【钢珠】gāngzhū 名〈機〉（ボールベアリングの）鋼球．スチールボール．

缸 gāng 名 ①（～儿）**かめ**．**鉢**；かめ状のもの．►一般に形の大きい物は r 化しないが，小さな物は r 化する．量 口，个．¶水～／水がめ．¶醋 cù ～／酢つぼ．②⇀【缸瓦】gāngwǎ
【缸管】gāngguǎn 名 土管．
【缸盆】gāngpén 名 “缸瓦 gāngwǎ”の鉢．
【缸瓦】gāngwǎ 名 陶土に砂を混ぜて焼いた土器・陶器．
【缸砖】gāngzhuān 名〈建〉陶土を焼いて造った強度の高いれんが．
【缸子】gāngzi 名 量 口，个．①（琺瑯(ほうろう)引きの）コップ．¶茶～／（取っ手のついた）筒形湯飲み．②つぼ．¶茶叶 cháyè ～／茶つぼ．

3声 **岗**（崗）gǎng 名 **歩哨所**．見張り所．¶站 zhàn ～／歩哨に立つ．¶布 bù ～／歩哨を立てる．
◇◆ ①持ち場．職場．¶→～位．②（～儿）丘．¶黄土 huángtǔ ～儿／黄土の丘陵．③（～儿）平面上の細長い隆起．¶血～／みみずばれ．注意 中国では“冈 gāng”よりも“岗”のほうがよく使われるので，“冈”は“岗”で代用されることが多い．⇒〖冈 gāng〗
【岗警】gǎngjǐng 名 交番に立っている警官．
【岗楼】gǎnglóu 名 監視塔；望楼．量 座．
【岗哨】gǎngshào 名 ①歩哨所．¶设置 shèzhì ～／見張り所をおく．②歩哨．
【岗亭】gǎngtíng 名 見張り番所；交番．
【岗位】gǎngwèi 名 ①（職場や部署などの）**持ち場**．¶工作～／仕事の持ち場．職場．¶～工作／職務．¶走上新的～／新しいポストにつく．¶～责任制 zérènzhì／各職種の職務を明確に定め，指標達成の度合いに応じ，待遇にも差をつける制度．②兵士や巡査の受け持ちの守備位置．
【岗子】gǎngzi 名 ①丘．小山．¶土～／小山．②平面上の細長い隆起．¶手上肿起 zhǒngqǐ 一道～／手がみみずばれになっている．

*__港__ gǎng ◇◆ ①河川の支流．②港．¶商～／貿易港．③（Gǎng）香港．‖姓
【港澳同胞】Gǎng Ào tóngbāo 名（中国本土から見て）香港・マカオ在住の中国人同胞．

*【港币】gǎngbì 名 香港ドル(HK＄).
【港汊】gǎngchà 名 大きな川の支流.
【港口】gǎngkǒu 名 **港**. 港湾. 量 个,座 zuò.
【港商】gǎngshāng 名 香港から大陸に来た商人・ビジネスマン.
【港式】gǎngshì 形(身なりなどが)香港式の,香港スタイルの. ¶～发型 fàxíng / 香港式の髪型.
【港台】Gǎng Tái 名〈略〉**香港・台湾(の)**. ¶～流行歌曲 / 香港・台湾の流行歌. ¶～明星 míngxīng / 香港・台湾のスター.
【港湾】gǎngwān 名 港湾.
【港务】gǎngwù 名 港務. 港の行政事務. ¶～监督 jiāndū / 港務監督. ¶～局 jú / 港務局. 港湾管理局.
【港纸】gǎngzhǐ 名〈方〉香港ドル.

杠(槓) **gàng** ① 動(文字の訂正などに)傍線を引く. ¶在病句 bìngjù 下面～了一条杠子 / 誤った文の下に線を引いた.
② 名〈方〉棺おけを担ぐための棒.
◇◆(やや太い)棒；傍線；(機械体操の)鉄棒,平行棒；(旋盤の)軸. ¶红～ / 赤い傍線. ¶单～ / 鉄棒. ¶双 shuāng～ / 平行棒. ¶丝 sī～ / 親ねじ.
【杠棒】gàngbàng 名 担ぎ棒.
【杠房】gàngfáng 名〈旧〉葬儀屋. 葬式用具を貸す店.
【杠杆】gànggǎn 名〈物〉てこ. レバー；〈喩〉てこ. ¶～率 lǜ / てこ比.
【杠铃】gànglíng 名〈体〉バーベル. 量 个,对儿,副.
【杠头】gàngtóu 名〈方〉① 棺おけ担ぎ(“杠夫”)の頭. ②〈諧〉議論好き. ⇒【抬杠】tái//gàng
【杠子】gàngzi 名 ① やや**太い棒**. 量 条,根. ②(機械体操の)鉄棒. ❖盘 *pán*～ / 鉄棒をする. ③(文章の訂正などに引く)太線,傍線. 量 道,条. ¶画～ / 線を引く.

钢(鋼) **gàng** 動 ①(刃物を布・皮・石などで)研ぐ. ¶把菜刀～一～ / 包丁をちょっと研ぐ. ② 刃を付け焼きする. ▸▸ gāng

gao(ㄍㄠ)

高 **gāo** ❶形 ①(高さが)**高い**. ¶这座楼真～ / このビルはずいぶん高いね. ¶她比小红～得多 / 彼女は紅ちゃんよりずっと背が高い. ¶东京塔 tǎ 有三百三十三米～ / 東京タワーは高さが333メートルだ. ❖(有)多(*yǒu*) *duō*～ / 高さはどれくらいか. ②(等級が)**高い**. ¶～年级 / 高学年. ③(品質・能力・程度などが一般よりも)**優れている**. **一定の水準を超えている**. ¶～风格 fēnggé / 風格がある. 度量が大きい. ¶～手儿 / うわて. ¶货色～ / 品質が優れている. ¶体温～ / 体温が高い. ¶～难度表演 / 非常に難しい演技. ¶这主意真～！/ その考えは実にすばらしい.
❷名〈化〉過. ¶～锰酸钾 měngsuānjiǎ / 過マンガン酸カリ.
◇◆ 相手に関する事物につけて敬意を示す. ¶→～见 jiàn. ‖ 姓
【高矮】gāo'ǎi 名(～儿)高さ. ¶这两位兄弟 xiōngdì～差不多 / この二人の兄弟は背の高さが同じくらいだ.
【高昂】gāo'áng ❶動(人体や物の先端部分を)高く上げる. ❷形 ①(声や意気が)揚がる,高揚する. ¶情绪 qíngxù～ / 気分が盛り上がっている. ② 値段が高い；物価が騰貴している.
【高傲】gāo'ào 形 おごり高ぶっている. 尊大である. ¶～自大 / 思い上がって尊大である.
【高标号】gāobiāohào 名(数の)大きな商品番号；製品の高性能度. ¶～水泥 shuǐní / (400号以上の)高品質セメント.
【高标准公路】gāobiāozhǔn gōnglù 名 高標準道路. ►幅員23メートル以上,片側2車線で,中央分離帯が設けられている.
【高不成,低不就】gāo bù chéng, dī bù jiù〈諺〉望んでいるものは得られず,得られるものは気に入らず. ►職業や配偶者の選択についていう.
【高不可攀】gāo bù kě pān〈成〉高くてよじ登れない；(水準や程度・家柄が)高くて手が届かない. 高根の花.
【高才】gāocái 名 **優れた才能**. **優れた才能を持つ人**. エリート.
【高材生・高才生】gāocáishēng 名(学校の)優等生.
【高参】gāocān 名〈略〉高級参謀；〈喩〉策略家.
【高层】gāocéng 名 高層. 上層. ¶～建筑 jiànzhù / 高層建築. ¶～气团 / 上層気団.
【高产】gāochǎn ① 形 収穫が多い. ¶～作物 zuòwù / 多収穫作物. ② 名 高い生産高.
【高唱】gāochàng 動 ① 高らかに歌う. ¶～凯歌 kǎigē / 凱歌(がい)を高らかに歌う. ② 大声で叫ぶ.
【高超】gāochāo 形 **一段と優れている**. ずば抜けている. ¶技术 jìshù～ / 技術がずば抜けている.
【高潮】gāocháo 名 ①〈気〉高潮. 満潮. ②〈喩〉高まり. 高潮；(小説や映画などの)クライマックス,山場. ¶民主运动的～ / 民主運動の高揚.
【高醋】gāocù 名 上物の酢.
*【高大】gāodà 形 ① **高くて大きい**. ¶身材 shēncái～ / 背が高く体が大きい. ② 気高い. ¶形象 xíngxiàng～ / 気高い姿. ③〈近〉年を取っている. 高齢に達している.
【高档】gāodàng 形(後ろに名詞をとって)**高級の**. 上等の. ¶～货 huò / 高級品. ¶～白兰地 báilándì / 高級なブランデー.
【高档商品】gāodàng shāngpǐn 名 高額商品. ぜいたく品.
*【高等】gāoděng 形(後ろに名詞をとって)**程度や等級が高い**. **高等**…. ハイクラスの. ¶～数学 / 高等数学. ¶～院校 yuànxiào / (大学・大学院などの)高等教育機関. ⇒【高校】gāoxiào
【高低】gāodī ❶名 ① **高低**. **高さ**. ¶道路～不平 / 道がでこぼこしている. ¶温度 wēndù 的～ / 温度の高さ. ② **上下**. **優劣**. ¶～难分 / 優劣が決めがたい. ¶争个～ / 優劣を競う. ③(言うことなすことの)程合い,ころあい. ¶不知～ / 身の程〔程度〕を知らない. ❷副 ① どうしても. ¶～不去 / どうしても行かない. ②〈方〉ついに.
【高低杠】gāodīgàng 名〈体〉段違い平行棒.
【高地】gāodì 名 高地.
【高调】gāodiào (～儿)名 高い調子；〈喩〉きれいごと. ¶唱 chàng～ / きれいごとを並べる.
*【高度】gāodù ① 名 **高度**. 高さ. ¶楼房 lóufáng～ / ビルの高さ. ¶～表 / 高度計. ② 形 **高度の**.

G

(程度の)高い. ¶～评价 píngjià / 高く評価する. ¶～现代化 / 高度な現代化.

【高尔夫球】gāo'ěrfūqiú 名 ① ゴルフ. ►"高球"とも. ¶～场 / ゴルフ場. ❖打 *dǎ* ～ / ゴルフをする. ② ゴルフボール.

【高分子】gāofēnzǐ 名〈化〉高分子.

【高峰】gāofēng 名 ①〈喩〉最高点. ピーク. ¶上下班～ / ラッシュアワー. ¶用电～ / 電力使用のピーク時. ② 高峰. 高い峰. (量) 座 zuò,个. ¶珠穆朗玛峰 Zhūmùlǎngmǎfēng 是世界第一～ / チョモランマ(エベレスト)は世界一の高峰である. ¶攀登 pāndēng 科学的～ / 科学の高峰をよじ登る. ③〈喩〉最高指導者.

【高峰会议】gāofēng huìyì 名 首脳会談. サミット.

【高风亮节】gāo fēng liàng jié〈成〉品行がきわめて高潔である.

【高干】gāogàn 名〈略〉高級幹部. 高官. ►普通,中央機関の局長クラス以上をさす.

【高干子弟】gāogàn zǐdì 名 高級幹部の子供や兄弟姉妹.

【高岗】gāogǎng 名 丘.

【高高低低】gāogāodīdī 形(～的)でこぼこしているさま.(程度や水準が)不ぞろいである. ¶这班学生的成绩 chéngjì ～ / このクラスの学生は成績がまちまちだ.

【高高手】gāogaoshǒu〈套〉(～儿)大目に見てください. ►許しを請うとき. ¶您～儿,我们就过去了 / 大目に見てくだされば,私たちは助かります.

【高高在上】gāo gāo zài shàng〈成〉お高くとまっている. 指導者が大衆から遊離していること.

【高阁】gāogé 名 ① 高い建物. 高楼. ② 高い棚. ¶束 shù 之～ / 棚上げする.

【高个儿】gāogèr 名 背の高い人. のっぽ. ►"高个子 gāogèzi""大高个儿"とも. ¶细 xì ～ / ひょろ長い体つき(の人).

【高跟(儿)鞋】gāogēn(r)xié 名 ハイヒール. (量) 双,只. ¶脚穿 chuān 一双～ / ハイヒールを履く.

【高贵】gāoguì 形 ① 気高い. ② 高級である. ③ 高貴である.

【高寒】gāohán 形 地勢が高くて寒い. ¶～地带 dìdài / 寒冷地帯.

【高喊】gāohǎn 動 大きな声で叫ぶ.

【高呼】gāohū 動 大きな声で叫ぶ. 強く呼びかける.

【高胡】gāohú 名〈音〉二胡の一種.

*【高级】gāojí 形 ①(段階・クラスなどが)高級な. ハイレベルの. ►連体修飾語のみに用い,単独では述語にならない. ¶～干部 / 高官. ¶～阶段 / 高い段階. ②(品質・水準などが)上等である,優れている. ►単独で述語になることができる. ¶这块手表很～ / この時計は高級だ. ¶～烟 yān / 高級たばこ.

【高技术】gāojìshù 名 ハイテクノロジー. ¶～战争 / ハイテク戦争.

【高价】gāojià 名 高価. 高値. ¶～出售 chūshòu / 高値で売る.

【高架路】gāojiàlù 名 高架道路.

【高架桥】gāojiàqiáo 名 高架橋. 陸橋.

【高见】gāojiàn 名〈敬〉ご意見. お考え. ►他人の意見をていねいにいう語. ¶老兄 lǎoxiōng ～ / あなたのおっしゃるとおりです.

【高洁】gāojié 形 高潔である.

【高精尖】gāojīngjiān 形(技術などが)高度で精密で最先端にある.

【高就】gāojiù 動〈旧〉〈敬〉栄転する. ¶另 lìng 有～ / 別のポストに栄転する.

【高举】gāojǔ 動 高く掲げる.

【高踞】gāojù 動 お高くとまる.

【高聚物】gāojùwù 名〈化〉高分子化合物.

【高峻】gāojùn 形(山や地勢が)高くて険しい.

【高亢】gāokàng 形 ①(声が)高くてよく響き渡る. ¶～的歌声 / 高らかな歌声. ②(地勢が)高い. ¶～地 / 地勢の高い土地. ③〈書〉高慢である.

【高考】gāokǎo 名〈略〉大学入試. ►"全国高等院校招生统一考试"の略称.

【高科技】gāokējì 名〈略〉先端科学技術. ハイテク.

【高空】gāokōng 名 高空. 高い空. ¶～飞行 fēixíng / 高空飛行.

【高空作业】gāokōng zuòyè 名 高所での作業.

【高栏】gāolán 名〈体〉ハイハードル.

【高丽】gāolí 名 ①(Gāolí) 高麗(こうらい). ►朝鮮の別称. ¶～草皮 / 高麗シバ. ②〈料理〉卵白の衣をつけた揚げもの.

【高丽参】gāolíshēn 名〈中薬〉朝鮮人参.

【高丽纸】gāolízhǐ 名 クワの樹皮で作った白い丈夫な紙；障子紙.

【高利】gāolì 名 高利.

【高利贷】gāolìdài 名 高利貸し. 高利の貸し付け(金). ¶～者 zhě / 高利貸し. ¶放 fàng ～ / 高利貸しをする.

【高粱】gāoliang 名〈植〉コウリャン. ►"蜀黍 shǔshǔ"とも. (量) 棵 kē ;[穀物]颗 kē. ¶白～ / 実の白いコウリャン.

【高粱酒】gāoliangjiǔ 名 コウリャン酒. ►"高粱烧"とも.

【高粱米】gāoliangmǐ 名(精白した)コウリャンの実.

【高龄】gāolíng 名〈敬〉高齢. ►一般に60歳以上をさす. ¶父亲已是七十～的人了 / 父はもう70歳の高齢だ.

【高岭土】gāolǐngtǔ 名 カオリン. 高陵土. ►"瓷土 cítǔ""陶土""坩子土 gānzitǔ"とも.

【高楼大厦】gāolóu dàshà 名 大きくてりっぱな建物. ビルディング.

【高炉】gāolú 名〈冶〉高炉. 溶鉱炉. ►"炼铁炉 liàntiělú"とも.

【高论】gāolùn 名〈敬〉高論. ご高説.

【高慢】gāomàn 形 思い上がっている.

【高帽子】gāomàozi 名 ① 紙で作った長い筒状の帽子. ②〈喩〉おだて言葉. ►"高帽儿"とも. ¶给人家戴 dài ～ / 人をおだてる. ¶戴～游街 /(地主・犯人・反革命分子に)高い三角帽子をかぶせて引き回す.

【高门】gāomén 名〈旧〉名門. 素封家. ¶～大户 dàhù / 権勢のある一族. 豪族.

【高妙】gāomiào 形 巧妙である. 巧みである. ¶战术 zhànshù ～ / 戦術が巧妙である.

【高明】gāomíng ① 形(見解や技能が)すぐれている. ¶他的医术 yīshù 很～ / 彼の医術はたいへん優れている. ② 名 すぐれた人.

【高能】gāonéng 名 高エネルギー. ¶～燃料 ránliào / 高エネルギー燃料.

【高年】gāonián 名〈書〉年寄り；年老いた親.

【高攀】gāopān 動 自分よりも地位の高い人と交際したり姻戚関係を結んだりする. ¶不敢～ / (縁談や交際を断るとき)私どもとは身分が違いますので遠慮させていただきます.
【高频】gāopín 名〈電〉高周波. ¶～电缆 diànlǎn / 高周波ケーブル. ¶～电波 / 高周波の電波. ¶～起动机 qǐdòngjī / 高周波スターター.
【高品位】gāopǐnwèi 形 ハイビジョンの；ハイグレードな.
【高气压】gāoqìyā 名〈気〉高気圧.
【高强】gāoqiáng 形(武芸が)優れている. ¶武艺 wǔyì ～ / 武芸が優れている.
【高强度】gāoqiángdù 名 高張力. ¶～不锈钢 bùxiùgāng / 高張力ステンレス鋼.
【高跷】gāoqiāo 名(民間芸能の一種)高足踊り. ►長い木の棒に乗って,伝説や芝居の中の人物に扮して踊り歩く. ¶踩 cǎi ～ / 高足踊りを踊る.
【高清晰度电视】gāoqīngxīdù diànshì 名 ハイビジョンテレビ. ►略して"高清电视"とも.
【高人】gāorén 名〈書〉すぐれた人. 地位の高い人.
【高人一等】gāo rén yī děng〈成〉人よりも一段優れている. 一頭地を抜く.
【高僧】gāosēng 名 高僧. 高徳の僧.
【高山流水】gāo shān liú shuǐ〈成〉気心の知れた友人. 知己.
【高山族】Gāoshānzú 名(中国の少数民族)カオシャン(Gaoshan)族. ►台湾に住む.
【高尚】gāoshàng 形 ①(人格などが)気高い. ¶～的人 / 上品な人. ②(趣味などが)高尚である. ¶～的娱乐 yúlè / 高尚な趣味.
【高烧】gāoshāo 名〈医〉高熱. ❖发 *fā* ～ / 高熱を出す.
【高射机枪】gāoshè jīqiāng 名〈軍〉高射機関銃. ►"高射机关枪"とも.
【高深】gāoshēn 形(学問や技術などの)程度が高い,奥深い. ¶莫 mò 测 cè ～ / 奥深くて計り知れない.
【高升】gāoshēng 動 昇進する.
【高手】gāoshǒu 名(～儿)達人. 名手. 量 名 míng, 位 wèi. ¶脑外科～ / 脳外科の権威. ¶围棋 wéiqí ～ / 碁の達人.
【高寿】gāoshòu 名 ①長寿. 長生き. ②〈敬〉老人の年齢を問うときに用いる. ¶敢 gǎn 问～? / 失礼ですが,お年はおいくつでしょうか.
【高耸】gāosǒng 動 高くそびえる. ¶～入云 rùyún / 天をつくばかりに高くそびえる.
【高速】gāosù 形 高速の. 高速度の. ¶～转弯 zhuǎnwān / 高速で曲がる. ¶～发展 fāzhǎn / 急速な発展.
【高速公路】gāosù gōnglù 名 高速道路.
【高速铁路】gāosù tiělù 名 高速鉄道. 新幹線.
【高抬贵手】gāo tái guì shǒu〈套〉どうか大目に見てください.
【高谈阔论】gāo tán kuò lùn〈成〉〈貶〉とりとめもなく大いに弁舌をふるう.
【高汤】gāotāng 名(ブタ・ニワトリ・アヒルなどの)煮出し汁. 薄味のスープ. ►通常,料理屋で無料のサービスとして出される. 量 碗 wǎn.
【高堂】gāotáng 名 ①高い建物. ¶～大厦 dàshà / 高層ビル. ②〈書〉父母. ご両親. ►他人の両親に対していう.
【高挑儿】gāotiǎor 形〈方〉細身で背丈が高い. ひょろ長い. ¶细 xì ～ / 細身で背が高い.
【高徒】gāotú 名〈敬〉すぐれた弟子. 高弟.
【高位】gāowèi 名 ①〈書〉高位. ②肢体の上の方の部位.
【高温】gāowēn 名 高温. 高い温度. ¶～作业 / 高温での作業.
【高下】gāoxià 名 上下. 優劣. ¶难分～ / 雌雄を決しかねる.
【高消费】gāoxiāofèi 名 高い消費レベル.
【高校】gāoxiào 名〈略〉(大学・大学院などの)高等教育機関. 注意"高等学校"の略称. 日本の「高等学校(高校)」に相当するものは"高级中学 gāojí zhōngxué",略して"高中"という.
【高效】gāoxiào 形 高い効率の.
【高薪】gāoxīn 名 多額の給料. 高給.
【高新技术】gāoxīn jìshù 名 ハイテクノロジー. 高度先端技術. ►"高技术"とも.
**【高兴】gāoxìng ①形 うれしい. 機嫌がよい. ¶大家都很～ / みんなとても喜んでいる. ¶孩子们高高兴兴地唱着歌儿 / 子供たちは楽しそうに歌っている. ②動 喜ぶ. うれしがる. ¶他从来没有～过 / 彼は一度としてうれしそうな顔を見せたことがない. ¶请你讲一讲事情的经过,也让我们～～ / 事のいきさつを話し,われわれにもその喜びをともにさせてください. ③助動 喜んで…する. ¶我京剧 Jīngjù 听不懂,不～去 / 京劇は(聞いても)わからないので,私は行く気になれない. 注意 重ね型はＡＢＡＢ型("高兴高兴")とＡＡＢＢ型("高高兴兴")の２通りがある. 動詞を修飾するときには後者を用いる. ¶请你讲一讲事情的经过,也让 ràng 我们～～ / 事のいきさつを話し,われわれにもその喜びをともにさせてください. ¶孩子们高高兴兴地唱着歌儿 / 子供たちは楽しそうに歌っている.
【高血压】gāoxuèyā 名〈医〉高血圧.
【高压】gāoyā ❶名 ①高圧. ②高い電圧. ③最大血圧. ④〈気〉高気圧. ❷形 高圧的である. ¶～手段 shǒuduàn / 高圧的な手段.
【高压电】gāoyādiàn 名〈電〉高圧電力.
【高压锅】gāoyāguō 名 圧力鍋.
【高压脊】gāoyājǐ 名〈気〉高気圧の張り出し部.
【高压线】gāoyāxiàn 名〈電〉高圧線.
【高雅】gāoyǎ 形 高尚・上品である. ¶格调 gédiào ～ / 格調高い.
【高音】gāoyīn 名 ①高い音. ¶～喇叭 lǎba / 高音用スピーカー. ②→【女高音】nǚgāoyīn ③→【男高音】nángāoyīn
*【高原】gāoyuán 名〈地〉高原. ¶青藏 Qīngzàng ～ / 青海チベット高原.
【高云】gāoyún 名〈気〉巻雲(けんうん). 巻き雲.
【高燥】gāozào 形(地勢が)高くて乾燥している. ¶地势 dìshì ～ / 地勢が高くて乾燥している.
【高瞻远瞩】gāo zhān yuǎn zhǔ〈成〉大所高所からものを見る. 遠大な見識をもつ.
【高涨】gāozhǎng 動(物価が)騰貴する；(運動が)発展する；(意気が)高まる,高揚する. ¶罢工 bàgōng 浪潮 làngcháo 日益 rìyì ～ / ストライキの波が日増しに高まっている. ¶情绪 qíngxù ～ / 意気が大いに上がる.
【高招・高着】gāozhāo 名(～儿)よい方法. よい知恵. ¶没想到他还有这一手～ / 意外にも,彼にはまだこんなうまい方法があった.

【高枕无忧】gāo zhěn wú yōu 〈成〉枕を高くして寝る；警戒心を解いている.

【高知】gāozhī 名〈略〉(教授・高級技師・著名作家・有名俳優など) インテリ層で上位にある者. 高級インテリ. ►"高级知识分子 gāojí zhīshi fènzǐ"の略.

【高枝儿】gāozhīr 名 ①高所の木の枝. ②〈喩〉高い地位. ¶攀 pān ～ / 高い地位に昇る；高い地位のものに取り入る.

**【高中】gāozhōng 名 高校. ►"高级中学"の略. 量 所 suǒ. ⇒【高校】gāoxiào

【高姿态】gāozītài 名 度量のある態度.

【高足】gāozú 名〈敬〉ご高弟.

【高祖】gāozǔ 名 ①高祖. ②開国の帝王の呼称. ③〈書〉始祖.

【高祖母】gāozǔmǔ 名 高祖母. 曾祖父の母.

羔 gāo

◇◆ 子ヒツジ；動物の子. ¶羊～ / 子ヒツジ. ¶鹿 lù ～ / 子ジカ.

【羔皮】gāopí 名 子ヒツジの毛皮.

【羔羊】gāoyáng 名 子ヒツジ. ►無邪気なものまたは弱いものにたとえていう. 量 只 zhī. ¶迷途 mítú 的～ / 迷える子ヒツジ.

【羔子】gāozi 名 子ヒツジ.

睾 gāo

"睾丸 gāowán"(睾丸(こうがん))という語に用いる.

膏 gāo

◇◆ ①脂肪. 油. ¶脂 zhī ～ / 脂肪. ②ねばねばした糊状のもの；(外用の) 貼り薬. 膏薬(こうやく)；(内服の) 練り薬. ¶牙 yá ～ / 練り歯磨き. ¶软 ruǎn ～ / 軟膏. ►► gào

【膏肓】gāohuāng 名〈書〉膏肓(こうこう). 事態がもはや救いようのない状態. ¶病入 rù ～/ 〈成〉やまい膏肓に入る.

【膏火】gāohuǒ 名〈書〉灯油；〈転〉夜間の作業にかかる費用, とくに学資.

【膏剂】gāojì 名〈薬〉ペースト状の内服薬. 練り薬.

【膏粱】gāoliáng 名〈書〉①ごちそう. ②富貴(の家). ¶～子弟 / 金持ちの家に生まれた子供.

【膏霜】gāoshuāng 名 皮膚を保護するクリーム類 ("护手膏""冷霜"など) の総称.

【膏血】gāoxuè 名 あぶらと血；〈喩〉苦労して働いて得た成果.

【膏药】gāoyao 名 膏薬. ► gāoyào とも発音される. 量 张, 块, 贴 tiē. ❖贴 tiē ～ / 膏薬をはる.

【膏腴】gāoyú 形〈書〉肥沃である.

【膏子】gāozi 名〈方〉軟膏.

篙 gāo

名 竿(さお)；(船の) 棹(さお). 量 根 gēn. ‖姓

【篙头】gāotou 名〈方〉(船の) 棹.

【篙子】gāozi 名〈方〉(船の) 棹；物干しざお.

糕 gāo

名 米の粉・小麦粉を主材料として作った食品. ¶年～ / (中国式の) もち. ¶蜂 fēng ～ / 蒸し菓子の一種. ‖姓

【糕点】gāodiǎn 名 菓子類の総称.

【糕干】gāogan 名 糁粉(しんこ)に砂糖などを混ぜて作ったらくがんの類.

3声 **搞 gǎo

動 ①《各種の動詞の代わりをつとめ, 目的語や補語によっていろいろな意味を表す. ある何かの**活動を行ったり**, あるいは**生み出したり, 招来したり, 従事したりする**ことを表すことが多い》**やる**. する. ¶～买卖 / 商売をやる. ¶～关系 guānxi / コネをつける. ¶事故原因必须～清楚 qīngchu / 事故の原因ははっきりさせなければならない. ¶这个公司是由 yóu 妇女 fùnǚ ～起来的 / この会社は女性の手で築き上げられたのだ. ¶我打算在这儿～一个书店 / 私はここに本屋を開きたいと思っている. ¶这傢伙 jiāhuo 爱乱 luàn ～ / こいつはすぐ(異性に)手を出す. ¶你这是怎么～的！/ とんだことをしでかしたな.

② **なんとかして手に入れる**〔買ってくる, もらってくる, とってくる〕. 能不能～两张票？/ チケットを2枚手に入れてくれないか.

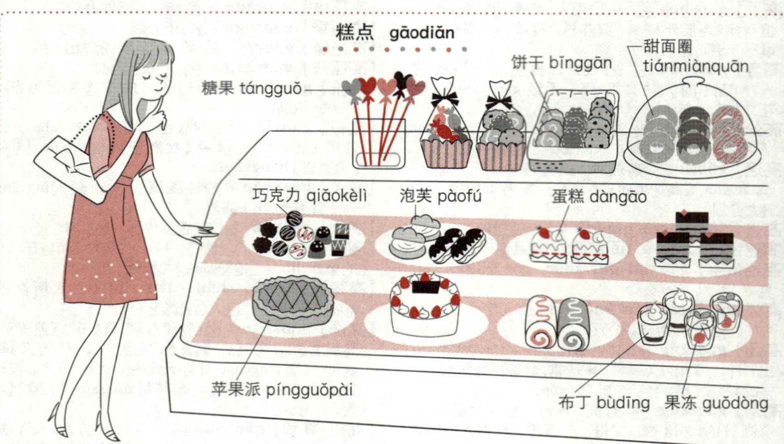

【搞不通】gǎobutōng 動+可補 理解できない．合点がいかない．¶他一直 yīzhí ～这个问题 / 彼はずっとこの問題が分かっていない．
【搞定】gǎodìng 動〈方〉うまく処理する．問題を解決する．►広東語"搞掂"から．¶那件事已经～了 / その件はすでに解決済みである．
【搞对象】gǎo duìxiàng **恋愛する**．(結婚を前提として)つきあう；結婚相手を探す．
【搞法】gǎofǎ 名 やり方．
【搞鬼】gǎo//guǐ 動 悪巧みをする．裏で立ち回る．¶暗中 ànzhōng ～ / 裏で悪巧みをする．
【搞好】gǎo//hǎo 動+結補 **きちんとやる**．¶～团结 tuánjié / うまく団結する．
【搞活】gǎohuó 動(措置を講じて)活力を与える，活性化する．¶～企业 qǐyè / 企業を活性化する．
【搞头】gǎotou 名 やりがい．¶有～ / やりがいがある．
【搞小动作】gǎo xiǎodòngzuò 〈慣〉小細工を弄する．¶他专爱～ / 彼は陰でこそこそするのが得意だ．

缟 gǎo
◇◆ 白絹．¶～素 sù / 〈書〉喪服．

槁(槀) gǎo
◇◆ 枯れる．¶枯 kū ～ / (草木が)枯れる．¶～木死灰 huī / 〈成〉すべての物事に幻滅を感じ，無関心になるたとえ．

镐 gǎo
名 つるはし．くわ．㊐ 把．¶一把～ / 1丁のくわ．¶十字～ / 十字ぐわ．つるはし．
【镐头】gǎotou 名 つるはし．くわ．㊐ 把．

稿 gǎo
◇◆ ①(～儿)原稿．草稿．腹づもり．(公文書の)文案，草稿．¶打个～儿 / 下書きをする．¶阅 yuè ～ / 文案に目を通す．¶核 hé ～ / 文案を突き合わせる．②〈書〉(穀類植物の)茎．わら．
【稿本】gǎoběn 名 ① 著作原稿．② 絵画の手本．
【稿酬】gǎochóu 名 原稿料．
【稿费】gǎofèi 名 原稿料．
【稿件】gǎojiàn 名(出版社などで取り扱う)原稿．
【稿约】gǎoyuē 名 投稿規定．
【稿纸】gǎozhǐ 名 **原稿用紙**．㊐ 张 zhāng．
【稿子】gǎozi 名 ①(詩文・絵などの)**草稿**，下書き．㊐ 篇 piān，份 fèn，页 yè．❖写 *xiě* ～ / 原稿を書く．②(書き上げた)**原稿**，詩文．③〈喩〉腹づもり．

告 gào
動 ① **訴訟を起こす．訴える**．¶是他把你～了 / 君を訴えたのは彼だ．②(ある事柄が)実現する．¶～一段落 duànluò / 一段落を告げる．
◇◆ ①告げる．¶→～知 zhī．②願い出る．¶→～假 jià．③申し出る．¶→～辞 cí．‖姓
【告白】gàobái ① 名 公示；掲示；ビラ．② 動 説明する．打ち明ける．
【告便】gào//biàn 〈套〉(中座する〔手洗いに行く〕ときの決まり文句)ちょっと失礼します．
【告别】gào//bié 動 **別れを告げる**；死者に別れを告げる．¶我向你～来了 / お別れの挨拶に来ました．¶挥手 huīshǒu ～ / 手を振って別れを告げる．¶～宴会 yànhuì / さよならパーティー．
【告禀】gàobǐng 動 申し上げる．
【告成】gàochéng 動(大事な仕事が)完成する．¶大功 dàgōng ～ / 大業が成る．
【告吹】gàochuī 動 だめになる．おじゃんになる．
【告辞】gào//cí 動(訪問先の主人に)**いとま請いをする**．¶向您～了 / ではおいとまいたします．
【告贷】gàodài 動〈書〉金を借りる．借金を申し込む．¶～无门 / 金を借りる当てがない．
【告地状】gào dìzhuàng 〈慣〉自分の不幸せな身の上を紙に書いて張り出したり，地面にチョークで書いて，通行人の同情をひき物ごいする．
【告发】gàofā 動(公安機関・裁判所などに)告発する．摘発する．
【告急】gào//jí 動 急を告げる；救助を求める．
【告假】gào//jià 動 届け出て休暇をもらう．¶～探亲 tànqīn / 休暇をとって帰省する．
【告捷】gào//jié 動 ① 勝利する．② 勝利を告げる．
【告竭】gàojié 動(財物・鉱物などが)尽き果てる．
【告诫】gàojiè 動 訓戒を与える．戒める．たしなめる．►"告戒"とも書く．
【告警】gàojǐng 動 緊急事態の発生を告げる；(警察などに)警戒や援助を強化するように要請する．
【告绝】gàojué 動 跡を断つ．
【告竣】gàojùn 動 竣工(しゅんこう)する．落成する．►やや大きな工事についていうことが多い．
【告劳】gàoláo 動 自分の苦労を人に告げる．¶不敢 gǎn ～ / 微力を尽くしただけのことです．
【告老】gào//lǎo 動〈旧〉(官吏が)老年で退職する．隠居する．¶～还乡 huánxiāng / 退職して郷里へ帰る．
【告密】gào//mì 動〈貶〉密告する．
【告罄】gàoqìng 動(財物などが)尽き果てる．
【告饶】gào//ráo 動 許しを請う．¶求情 qiúqíng ～ / 泣きついて許してもらう．
【告示】gàoshi 名 ① **告示．布告**．¶安民～ / 民心を安んじさせる布告；〈転〉会議などの事前準備をさせるために出す通知．②〈旧〉ポスター．
【告送・告诵】gàosong 動〈方〉告げる．
＊＊【告诉】gàosu 動 **告げる．知らせる**．教える．►"告送 gàosong"とも．¶有什么消息，～我一声 / 何かニュースがあったら教えてください．¶～她别等了 / 彼女に待つなと伝えてくれ．¶我～你，她是真爱你！/ 教えてあげるけど，彼女は本気で君が好きなんだ．[“告诉”＋“你(们)”＋“说”の形で，相手に警告するときに用いる]¶我～你说，下回可不能这样做！/ 言っておくけど，この次はこんなことしてはだめだよ．注意 日本語の「告訴する」は，普通，"控告 kònggào"という．
【告退】gàotuì 動 ① 会の途中で退出する．② 退団する．③〈旧〉辞職を願い出る．
【告慰】gàowèi 動 慰めを言う．
【告语】gàoyǔ 動〈書〉告げる．知らせる．
【告知】gàozhī 動 知らせる．
【告终】gàozhōng 動 終わりを告げる．終止符を打つ．¶以失败 shībài 而～ / 失敗をもって終わりを告げる．
【告状】gào//zhuàng 動〈口〉① 訴える．¶为财产继承 jìchéng 问题，他向法院告了一状 / 財産相続で彼は裁判所に提訴した．②(目上の人に)告げ口をする．¶向母亲～ / お母さんに告げ口をする．

诰 gào
名〈書〉①(昔の)訓戒的な文章．② 皇帝が臣下に対して下す命令．詔．
【诰命】gàomìng 名 ① 皇帝が臣下に対して下す命

令．詔．②〈旧〉皇帝から位を授けられた女性．

膏 gào 動 ①(車軸や機械などに)油をさす．¶往轴承 zhóuchéng 上～点儿油 / ベアリングに油をさす．②(筆に墨をつけて)硯(すずり)のふちでならす．¶～墨 mò / 筆先の墨をならす．▸▸ gāo

ge (ㄍㄜ)

1声

戈 gē 名〈古〉矛(ほこ)．‖姓

【戈比】gēbǐ 名(ロシアなどの補助貨幣)カペイカ．►ルーブルの100分の1．

【戈壁】Gēbì 名 ゴビ(の砂漠)．►モンゴル語のGobi(砂礫(されき)を含んだ草原)から．

仡 gē "仡佬族 Gēlǎozú"(コーラオ族：中国西南に住む少数民族の一つ)という語に用いる．

圪 gē "圪垯·圪塔 gēda"(①丘．小山．②"疙瘩 gēda"に同じ),"圪节 gējie"(細長いもののひと区切り)という語に用いる．

疙 gē "疙瘩 gēda"⬇などの語に用いる．

【疙瘩·疙疸】gēda ❶名 ①(皮膚の)できもの．②球状〔塊状〕のもの．¶～汤 tāng / 小麦粉を団子状にして汁の中に落として煮た食品で,日本のすいとんに似る．③悩み．わだかまり．¶解除 jiěchú 心里的～ / 心の中のしこりを解く．④〈方〉区域．❷量〈方〉かたまりを数える．❸形〈方〉面倒である．

【疙疙瘩瘩】gēgedādā 形(～的)〈口〉①でこぼこしているさま；(物事が)順調にいかないさま．②取り除けない；消化しない．

咯 gē "咯噔 gēdēng""咯咯 gēgē""咯吱 gēzhī"⬇などの擬声語に用いる．▸▸ kǎ,lo

【咯噔】gēdēng 擬 ①《物が急に折れたり切れたりするときの音》ぽきっ．ぷつっ．②《堅いものが軽く打ち当たって出る音》かたっ．がたっ．③《突然の出来事に驚いて,心臓が１回強く鼓動するさま》どきっ．¶她不由得 bùyóude 心里～了一下 / 彼女は思わず胸がどきっと鳴った．

【咯咯】gēgē 擬 ①《笑い声》くすくす．けらけら．②《歯ぎしりの音》ぎりぎり．③《機関銃の射撃音》だっだっ．④《鳥の鳴き声》こっこっ．

【咯吱】gēzhī 擬 ①《物がきしむ音》きしきし．ぎしぎし．ぎちぎち．►"嘎吱"とはほぼ同じであるが,やや軽い感じ．②《革靴などの音》こつこつ．③《かじる音》がりがり．

格 gē "格格 gēgē(的)"(笑い声や機関銃を射つ音を形容する擬声語：くっく,からから,けらけら,だっだっ)という形で用いる．¶～～傻笑 shǎxiào / けらけらばか笑いをする．▸▸ gé

***哥** gē 名(呼びかけて)お兄ちゃん．◇◆ ①兄；親戚中の同世代で年上の男子．►普通"哥哥"という．¶大～ / 長兄．¶堂 táng ～ / (父方の同姓の)従兄．②同年輩の男子に対する呼称．►親しみや尊敬の意を含む．¶王大～ / 王さん．‖姓

**【哥哥】gēge 名 ①兄．¶我有一个～ / 私には兄が一人いる．②年上のいとこ．¶叔伯 shūbai ～ / いとこ(父の兄弟の子)．¶远房 yuǎnfáng ～ / 遠縁のいとこ．

【哥伦比亚】Gēlúnbǐyà 名〈地名〉コロンビア．

【哥们儿】gēmenr 名〈方〉〈俗〉①兄弟たち．②《友人同士で親しみを込めた呼び方》兄弟分．►形は複数だが単数にも用いられる．"哥儿们"とも．

【哥儿】gēr 名 ①〈方〉兄弟．¶你们～几个？/ あなた方は何人兄弟ですか．②〈旧〉坊ちゃん．官僚や金持ちの息子．¶娇 jiāo ～ / わがままなお坊ちゃん．

【哥斯达黎加】Gēsīdálíjiā 名〈地名〉コスタリカ．

【哥特式】gētèshì 名〈建〉ゴシック式．

【哥特体】gētètǐ 名〈印〉ゴシック体．►"粗体字 cūtǐzì""黑体字 hēitǐzì"とも．

胳 gē "胳膊 gēbo""胳肘窝 gēzhǒuwō"⬇などの語に用いる．

【胳臂】gēbei ⇀【胳膊】gēbo

*【胳膊】gēbo 名(＝胳臂 gēbei)腕．肩から手首までの部分．量 只,条；［两腕］双 shuāng．

【胳膊拧不过大腿】gēbo nǐngbuguò dàtuǐ 〈諺〉弱者が強者に逆らってもとてもかなわない．

【胳膊腕子】gēbo wànzi 名 手首．►"胳膊腕儿"とも．

【胳膊肘子】gēbo zhǒuzi 名 ひじ．►"胳膊肘儿"とも．

【胳肘窝】gēzhǒuwō 名 わきの下．

鸽 gē ◇◆ ハト．¶和平 hépíng ～ / 平和のハト．¶信 xìn ～ / 伝書バト．

【鸽子】gēzi 名〈鳥〉ハト．量 只．

***搁** gē 動 ①(一定の場所に)置く．¶把东西～在这儿吧 / 品物をここに置きなさい．②(調味料などを)入れる．③放っておく．¶这件事～一～再办吧 / この事はしばらくそのままにしておこう．▸▸ gé

【搁笔】gē//bǐ 動(著作·手紙や絵画の)筆をおく．書くのをやめる．¶就此～ / これで筆をおきます．

【搁放】gēfàng 動 ①(物を)置く．②放っておく．そのままにしておく．

【搁浅】gē//qiǎn 動 ①座礁する．②〈喩〉(物事が)行き詰まる．

【搁下】gē//xià 動+方補 ①下に置く．¶把东西～休息一会儿吧！/ 荷物を降ろして、ちょっと休憩したら！②放っておく．

【搁置】gēzhì 動 放っておく．棚上げにする．¶这事很重要 zhòngyào,不要～ / とても大切なことだから,放っておいてはいけない．

***割** gē 動 切る．刈る．断つ．►全体から一部分を切り取ること．¶～麦子 màizi / 麦を刈る．¶她削 xiāo 苹果 píngguǒ 不小心～破 pò 了手指 / 彼女はリンゴをむこうとして指を切ってしまった．

【割爱】gē'ài 動 削り取る．除外する．¶忍痛 rěntòng ～ / 残念ながら割愛する．

【割草机】gēcǎojī 名 草刈り機．量 台．

【割除】gēchú 動 切り取る．取り除く．

【割地】gē//dì 動(他国に)領地を割譲する．

【割肚牵肠】gē dù qiān cháng 〈成〉(腹を割いて

はらわたを引っ張られるように)気が気でない,心配でじっとしていられない.

【割断】gēduàn 動 断ち切る. 切り取る. ¶～联系 liánxì / 連絡を絶つ.

【割鸡焉用牛刀】gē jī yān yòng niúdāo 〈諺〉小事を処理するのに大がかりな手段を用いる必要はない.

【割胶】gē//jiāo 動(ゴムの液を採取するために)ゴムの木に切り口をつける.

【割据】gējù 動 割拠する.

【割捆机】gēkǔnjī 名〈農〉バインダー. 穀物を刈り取って束ねる機械.

【割裂】gēliè 動 切り離す. 別々にする. ►抽象的な事柄に用いることが多い.

【割切】gēqiē 動〈機〉切断する.

【割让】gēràng 動(領土を)割譲する.

【割舍】gēshě 動 手放す. 思い切る. 割愛する.

【割腕】gē//wàn 動 手首を切る. ¶～自杀 zìshā / 手首を切って自殺する.

*歌 gē 名(～儿) 歌. 量 首 shǒu,支 zhī,个. ¶唱 chàng 一个～儿 / 歌を歌う. ◇◆ 歌う. ¶高～ / 高らかに歌う.

【歌唱】gēchàng 動 1(歌を)歌う. ►目的語はとらない. ¶纵情 zòngqíng ～ / 思いきり歌う. 2 謳歌(おう)する. ¶～祖国 zǔguó / 祖国を歌いたたえる.

【歌词】gēcí 名 歌詞.

【歌功颂德】gē gōng sòng dé 〈成〉〈貶〉功績や人徳をむやみに持ち上げる.

【歌喉】gēhóu 名(歌い手の)喉. 声. ¶～婉转 wǎnzhuǎn / 歌声に抑揚があって快い.

【歌剧】gējù 名 歌劇. オペラ. ¶小～ / オペレッタ. ¶～团 tuán / オペラ劇団. ¶～院 / オペラ劇場. ¶音乐 yīnyuè ～ / ミュージカル.

【歌诀】gējué 名 暗唱しやすいように事の要点・秘訣を口調よく歌にしたもの. ¶汤头 tāngtóu ～ / 煎じ薬の処方を歌に編み,覚えやすくした決まり文句.

【歌迷】gēmí 名 歌謡曲ファン;歌うのが好きな人. ¶我姐姐 jiějie 是个～ / 姉は歌うのが大好きだ.

【歌女】gēnǚ 名〈旧〉門付けの女演歌師;ダンスホールなどで歌うのを職業としている女性.

【歌篇儿·歌片儿】gēpiānr 名 唱歌用の楽譜ピース.

【歌谱】gēpǔ 名(歌の)楽譜.

【歌鸲】gēqú 名〈鳥〉コマドリ.

【歌曲】gēqǔ 名 歌曲. 量 支,首,个. ¶流行 liúxíng ～ / 流行歌.

【歌手】gēshǒu 名 歌手.

【歌颂】gēsòng 動(言葉や文章などで)歌いたたえる,盛んにほめたたえる. ¶～祖国 zǔguó / 祖国を賛美する.

【歌坛】gētán 名 歌謡界. 声楽界. ¶～新秀 xīnxiù / 歌謡界の有望な新人.

【歌舞】gēwǔ 名 歌舞. 音楽と舞踊. ¶～团 / 歌舞団.

【歌舞剧】gēwǔjù 名 歌と舞踊をもつ劇.

【歌舞升平】gē wǔ shēng píng 〈成〉歌ったり踊ったりして天下太平を謳歌する. ►皮肉として用いることが多い.

【歌星】gēxīng 名 スター歌手.

【歌谣】gēyáo 名 伴奏なしで歌う韻文調の民謡.

【歌吟】gēyín 動 歌を歌う. 詩を吟ずる.

【歌咏】gēyǒng 動(歌を)歌う. ¶～队 duì / 合唱団. ¶～组 zǔ / 合唱サークル.

2声 革 gé ◇◆ ①毛を取ってなめした皮. ¶皮～ / 皮革. なめし革. ¶制～ / 製革. ②改める. 変える. ¶→～新 xīn. ③(職務を)罷免する. ¶开～ / 罷免する. ‖姓

【革出】géchū 動 除名する. 破門する. ¶～佛门 fómén / 宗門から追放する.

【革除】géchú 動 1 取り除く. 2 解雇する.

【革履】gélǚ 名〈書〉革靴.

【革面洗心】gé miàn xǐ xīn 〈成〉徹底的に悔い改める. 心を入れかえる. ►"洗心革面"とも.

*【革命】gé//mìng 1 動 革命を行う. 革命事業に加わる. ¶革一辈子命 / 一生革命に従事する. 2 名 革命. (思い切った)改革. 量 场 cháng,次. ¶干 gàn ～ / 革命をやる. ¶思想 sīxiǎng ～ / 思想の変革. 3 形 革命的である. ¶最～的阶级 jiējí / 最も革命意識のある階級.

【革囊】génáng 名 革の袋.

【革新】géxīn 動 革新する. ¶技术 jìshù 不断～ / 技術は絶えず革新する.

【革职】gé//zhí 動 免職する. 罷免する. ¶他上个月被革了职 / 彼は先月首になった.

阁 gé ◇◆ ①高殿. ¶楼 lóu ～ / 高層の建て物. ②内閣. ¶组 zǔ ～ / 組閣する. ③女性の住む部屋. ¶出～ / 嫁入りする. ④棚. ¶束 shù 之高～ / 〈成〉棚上げする. ‖姓

【阁楼】gélóu 名 屋根裏部屋. 部屋の一部を2段に仕切った上の段.

【阁下】géxià 名〈敬〉閣下.

【阁子】gézi 名 1 木造の小屋. ¶板 bǎn ～ / 板ぶき小屋. 2〈方〉→【阁楼】gélóu

格 gé 名 1(～儿)(格子形の)罫(け). 枠. 段. 行. ¶→～子 zi. ¶在纸上打方～儿 / 紙に縦横に罫を引く. 2 規格. 標準. ¶不够 gòu ～ / 標準に達しない. 資格がない. 3〈語〉格. ¶宾 bīn ～ / 目的格. ◇◆ ①撃つ. ¶→～斗 dòu. ②究める. ¶→～物. ③妨げる. ‖姓 ▸▸gē

【格调】gédiào 名 1(芸術的)特徴,格調,スタイル. 2〈書〉人品. 人格.

【格斗】gédòu 動 格闘する.

【格格不入】gé gé bù rù 〈成〉まったく相容れない. 全然受けつけない.

【格局】géjú 名(文章などの)組み立て,構成;(建物などの)構え,構造.

【格林兰】Gélínlán 名〈地名〉グリーンランド.

【格林纳达】Gélínnàdá 名〈地名〉グレナダ.

【格鲁吉亚】Gélǔjíyà 名〈地名〉グルジア.

【格律】gélǜ 名(詩歌の)形式と韻律.

【格杀】géshā 動 撲殺する. ¶～勿论 wùlùn / 切り捨て御免.

【格式】géshi 名 1 書式. 型. ¶书信 shūxìn ～ / 書簡文の型. 2〈電算〉フォーマット.

【格式化】géshihuà 動〈電算〉フォーマットする.

*【格外】géwài 副 1 特に. ことのほか. いっそう. ►"地"を伴うことがある. ¶今晚的月亮 yuèliang 显得 xiǎnde ～圆 yuán / 今夜の月はいつもよりずっと丸く見える. [否定形を後にとって]¶今天的鱼～

不新鲜 xīnxiān / 今日の魚はぐっと鮮度が落ちている．［可能補語を伴う動詞を後にとって］¶ 又远,又有雾 wù,～看不清楚 qīngchu / 遠い上に,霧なので,なおさらはっきり見えない．②ほかに．別に．

【格物】géwù 動〈書〉事物の道理をきわめる．
【格言】géyán 名 格言．㊞ 句 jù．
【格子】gézi 名(格子形の)罫(けい)．ます．枠．¶打～ / 縦横に罫線を引く．¶～布 / 格子縞の布．¶～窗 chuāng / 格子窓．¶～花呢 huāní / タータンチェックの毛織物．

搁 gé 〈◆ 耐え得る．我慢できる．⏩ gē
【搁不住】gébuzhù 動＋可補 耐えられない．
【搁得住】gédezhù 動＋可補 耐え得る．

葛 gé 名〈植〉クズ．⏩ gě
【葛布】gébù 名 クズ布．
【葛根】gégēn 名〈中薬〉葛根(かっこん)．クズの根．►解熱・止渴剤に用いる．
【葛藤】géténg 名〈書〉もつれ．

蛤 gé "蛤蜊 gélí"⬇などの語に用いる．⏩ há
【蛤蚧】géjiè 名〈動〉オオヤモリ．
【蛤蜊】gélí 名〈貝〉①シオフキ(ガイ)．②ハマグリ．►"文蛤 wéngé"の通称．

*__隔 gé__ 動 ①隔てる．遮(さえぎ)る．仕切る．¶两个村子之间～着一条河 / 二つの村は1本の川で隔てられている．¶把一间屋～成两间 / 一つの部屋を二間に仕切る．
②(時間・距離を)置く,あける．¶～两三天再去 / 2,3日たってまた行く．¶我家和学校相～不远 / 家と学校は距離が近い．¶～两周去一次 / 2週間おきに1回行く．¶请～行 háng 写 / 1行おきに書いてください．¶每棵 kē 树要～开五米 / 木は5メートルの間隔をとらねばならない．
【隔岸观火】gé àn guān huǒ 〈成〉対岸の火事．
【隔辈人】gébèirén 名〈口〉世代が違う人．
*【隔壁】gébì 名 隣．隣家．隣人．
【隔断】gé//duàn 動＋結補 遮断する．阻む．
【隔断】géduan 名 間仕切り．
【隔行】géháng 動 商売が異なる．¶～如隔山 / 職業が異なれば相手のことは皆目分からない．
【隔阂】géhé 名 わだかまり．隔たり．みぞ．¶制造 zhìzào ～ / みぞを深くする．¶消除 xiāochú ～ / わだかまりを解く．
【隔火墙】géhuǒqiáng 名 防火壁．
【隔绝】géjué 動 隔絶する．断絶する．途絶える．¶音信 yīnxìn ～ / 音信が途絶える．
【隔离】gélí 動 ①引き離す．隔て離す．¶～墩 dūn / (車道の)分離帯．¶～审查 shěnchá / 隔離審査．査問．¶种族 zhǒngzú ～ / 人種隔離．アパルトヘイト．②〈医〉隔離する．
【隔膜】gémó ①名 隔たり．わだかまり．②形 疎い．
【隔年皇历】gé nián huáng lì 〈成〉今ではなんの役にも立たないもの．
【隔墙】géqiáng 名〈建〉仕切り；壁．
【隔墙有耳】gé qiáng yǒu ěr 〈成〉壁に耳あり．
【隔热】gé//rè 動〈建〉断熱する．
【隔日】gérì 名 1日あいだを置く．隔日．
【隔三差五】gé sān chà wǔ 〈成〉数日ごとに；しょっちゅう．►"隔三岔五"とも．¶因工作关系 guānxi,他～去北京出差 chūchāi / 仕事の関係で,彼はしょっちゅう北京へ出張する．
【隔山】géshān 名〈旧〉腹違いの兄弟や姉妹．¶～兄弟 xiōngdì / 腹違いの兄弟．
【隔扇】géshan 名〈建〉(部屋の)仕切り板．紙やガラスをはめこんだ板製の戸を屏風のように連ねたもの．
【隔声】géshēng 名〈建〉防音．遮音．
【隔靴搔痒】gé xuē sāo yǎng 〈成〉核心に届かずもどかしいこと．隔靴掻痒(かっかそうよう)．
【隔夜】gé//yè 動 一夜を越す．
【隔音】gé//yīn 動〈建〉防音する．
【隔音符号】géyīn fúhào 名〈語〉隔音符号．音分離記号．►(')の符号を用いる．
【隔着门缝儿看人】gézhe mén fèngr kàn rén 〈諺〉("把人看扁 kànbiǎn 了"と続き,戸のすき間から様子をうかがうように)人を安く見積もる,人を見くびる．

嗝 gé 名(～儿)①げっぷ．¶打～儿 / げっぷをする．②しゃっくり．¶打～儿 / しゃっくりが出る．►"嗝嗝儿 géger""嗝嘚儿 géder"とも．

膈 gé 〈◆〈生理〉横隔膜．隔膜．►"膈膜 gémó""横膈膜 hénggémó"とも．
【膈膜】gémó 名〈生理〉横隔膜．
【膈疝】géshàn 名〈医〉横隔膜ヘルニア．

镉 gé 名〈化〉カドミウム．Cd．¶～黄 huáng / カドミウムイエロー．菜の花色．

3声

个(個) gě 〈方〉"自个儿 zìgěr"(自分)という語に用いる．⏩ gè

合 gě ①量(容積の単位)1升の10分の1．②名 1合ます．⏩ hé

葛 gě ‖姓 ⏩ gé

4声

**__个(個・箇) gè__ ❶量 ►ふつう軽声に発音する．①《最も広く用いられる量詞で,専用の量詞のない名詞に用いるほか,一部の他の量詞に代用される》¶两～人 / 二人．¶一～桃子 táozi / モモ1個．¶一～想法 xiǎngfa / 一つのアイディア．¶那～〔张〕桌子 zhuōzi / あの机．
②《"一个"の"一"を省略した"个"の形で,「一つの」という計量の意味ではなく,同類事物中の一つを具体化する働きをする》¶找 zhǎo ～地方 dìfang 喝点儿茶吧 / どこかで(どこか場所をさがして)お茶でも飲みましょう．¶他是～好孩子 háizi / あの子は(ほんとうに)よい子だ．
③《主に話し言葉で,動詞と目的語の間に置き,その動作を軽い気持ちで行うことを表す》¶让 ràng 他来～独唱 dúchàng 吧 / ひとつここで彼にソロをしてもらいましょう．¶洗 xǐ 了～冷水浴 lěngshuǐyù / 冷水浴をした．
④《概数の前につける》¶这点儿活儿 huór 有～两三

天就干完了 / これしきの仕事などせいぜい 2，3 日もあればやり終わる．

⑤《主に話し言葉で,動詞と補語の間に置く》¶ 吃～饱 bǎo / 腹いっぱい食う．¶ 玩儿～痛快 tòngkuai / 思う存分遊ぶ．¶ 雪下～不停 tíng / 雪がひっきりなしに降る．

❷ 接尾 ►軽声に発音する．①《量詞"些"の後に用いる》¶ 这些～客人 / これらの客．②《"昨儿""今儿""明儿"の後に用いる》

◇◆ ①単独の．¶→～别．②人・物の大きさ．¶→～儿．▶▶ gě

【个把】gèba 数 わずか．一二．

*【个别】gèbié 形 ① **個別の．個々の．** ¶～指导 zhǐdǎo / 別々に指導する．② **まれな．** ごくわずかの．¶ 那是极 jí ～的事 / それはごく例外的なことだ．

【个个儿】gègèr 量 どれもこれも．みな．¶～都是好样儿的 / どの人もやり手だ．

*【个儿】gèr 名 ①(人の) **体格,背丈**；(物の) **大きさ．** ¶ 他～不大 / 彼は背が高くない．¶ 这个菠萝 bōluó 的～挺 tǐng 大 / このパイナップルはめっぽう大きい．② 一人ずつ；一つずつ．¶ 挨 āi ～握手 wòshǒu / 一人一人と握手する．¶ 这是论～卖还是论斤卖？/ これは 1 個いくらで売るのですか,目方で売るのですか．③〈方〉(試合などの)相手．

*【个人】gèrén 名 ① **個人．** ¶ 用我～的名义 míngyì / 私個人の名義で．¶～崇拜 chóngbài / 個人崇拝．② 私．自分．¶ 保留 bǎoliú ～意见 / 自分の意見を保留する．

【个人问题】gèrén wèntí 名 プライベートな問題；〈婉〉恋愛・結婚の問題．

【个人主义】gèrén zhǔyì 名 個人主義．

*【个体】gètǐ 名 ①(人または生物の) **個体；個人．** ¶～服务 / 個人経営による業務．② →【个体户】gètǐhù

【个体户】gètǐhù 名 自営業者．個人経営者．

【个体经济】gètǐ jīngjì 名〈経〉(農民や商工業者の)個人経営経済．小規模な私有経済．

【个头儿】gètóur 名(人の)背丈；(物の)大きさ．¶ 这鱼 yú ～真大 / この魚は実に大きい．

【个位】gèwèi 名〈数〉(十進法での) 1 の位．

【个性】gèxìng 名 ①(人の) **個性．** ②(物の)特性．特殊性．

【个中】gèzhōng 名〈書〉このうち．この範囲内．

【个中人】gèzhōngrén 名 内情に通じている人．

【个子】gèzi 名 ①(人の) **背丈**；(動物の) **大きさ．** ¶ 矮 ǎi ～ / 背の低い人．② 束にした細長いもの．

各 gè ① 代《名詞・量詞の前に用い,ある範囲内のそれぞれの個体をさす》**それぞれの．** 各．¶～医院 / 各病院．

② 副 **いずれも．** それぞれ．[「"各"＋動詞(＋目的語)」の形で用い] ¶ 人的想法～不相同 / 人の考えはそれぞれ違う．[「"各"＋動詞＋"各"(後の"各"は指示代詞)」の形で用い] ¶ 这两种工具～有～的用处 yòngchu / この 2 種類の工具はそれぞれ違った使い道がある．[「"各"＋数量詞」の形で用い] ¶ 发给每个人词典和参考书～三册 / 一人に辞典と参考書を 3 冊ずつ配る．‖ 姓

【各半】gèbàn 動 半々である．

【各奔前程】gè bèn qián chéng〈成〉それぞれ自分の道を行く．

【各别】gèbié ① 副 **別々に．** 区別して．¶～处理 chǔlǐ / 区別して処理する．¶～答复 dáfù / 個別に回答する．② 形〈方〉独特である．風変わりである；〈貶〉変わっている．変である．¶ 她的发型 fàxíng 很～ / 彼女のヘアスタイルはなかなか風変わりである．

【各持己见】gè chí jǐ jiàn〈成〉各人がそれぞれ自分の意見に固執する．►"各执 zhí 己见"とも．

【各打五十大板】gè dǎ wǔshí dàbǎn〈喩〉けんか両成敗．争いの双方に同じ罰を与えること．►旧時の処罰の一つから．

【各得其所】gè dé qí suǒ〈成〉それぞれが適所を得る．適材適所である．

【各个】gègè ① 代 **それぞれ．** みな．¶～方面 fāngmiàn / 各方面．② 副 いちいち．一つ一つ．¶～击破 jīpò / 個別に対処し解決する．

【各行各业】gè háng gè yè〈成〉名 各業種．

【各级】gèjí 形 各クラスの．

【各界】gèjiè 名 各界の．¶～人士 rénshì / 各界の人々．

【各就各位】gè jiù gè wèi〈成〉① それぞれ自分の持ち場につく；各自自分の席につく．②〈体〉(トラック競技で)位置について．

【各取所需】gè qǔ suǒ xū〈成〉各人が必要な分を取る．

【各人】gèrén 名 **各自．おのおの．**

【各色】gèsè 形 ① いろいろの．さまざまな．¶～物品,一应俱 jù 全 / いろいろな品物がみなそろっている．②〈方〉〈貶〉変わっている．

【各式各样】gè shì gè yàng〈成〉種々さまざまである．

【各抒己见】gè shū jǐ jiàn〈成〉おのおの自分の意見を述べる．

【各位】gèwèi 名 **みなさん．** 各位．¶～朋友 / 友人のみなさん．¶～来宾 láibīn / ご来賓の各位．

【各行其是】gè xíng qí shì〈成〉各人が思い思いのことをやる．

【各有千秋】gè yǒu qiān qiū〈成〉それぞれ長所がある．►"各有所长 cháng"とも．

【各有所长】gè yǒu suǒ cháng〈成〉それぞれ長所がある．

【各有所好】gè yǒu suǒ hào〈成〉それぞれ好みがある．

【各执一词】gè zhí yī cí〈成〉それぞれが自分の言い分を主張する．

*【各种】gèzhǒng 形 各種の．さまざまな．

【各种各样】gèzhǒng gèyàng〈成〉さまざまである．各種各様の．

*【各自】gèzì 代 **各自．** めいめい．

【各自为政】gè zì wéi zhèng〈成〉全局を顧みずにそれぞれ勝手に振る舞う．

虼 gè "虼螂 gèláng"(クソムシ．フンコロガシ),"虼蚤 gèzao"(ノミ)という語に用いる．

硌 gè 動〈口〉でこぼこした硬いものに触れて痛みや不快を感じる．¶ 鞋 xié 里有沙子 shāzi,～脚 jiǎo / 靴に砂が入って足が痛い．

铬 gè 名〈化〉クロム．Cr．"克罗米 kèluómǐ"とも．¶～黄 huáng / 黄鉛．クロムイエロー．

【铬钢】gègāng 名〈冶〉クロム鋼．

【铬铁矿】gètiěkuàng 名〈鉱〉クロム鉄鉱．

gei (ㄍㄟ)

3声 **给 gěi** ** ❶動 ①(人に物を)**与える**,やる,くれる.►「(他の人に)やる」にも「(自分に)くれる」にもなる.¶~不~小费 xiǎofèi / チップをやりますか〔くれますか〕.¶他~了我一张票 / 彼は私にチケットを1枚くれた.¶~她一杯啤酒 píjiǔ 喝 / 彼女にビールを1杯飲ませる〔彼女にビールをやる,彼女はそれを飲む〕.

②(人に不利なことを)**与える**,食らわせる,してやる.►直接目的語は動詞や形容詞でもよいが,必ず数量詞を伴う.¶~了他两拳 quán / 彼にげんこつを2発食らわせた.¶~你一点儿厉害 lìhai / おまえをひどい目にあわせてやる.

③《使役を表す》…**させる**.…することを許す.►"叫、让"の用法に近い.¶请~我看看 / 見せてくださいな.

❷前 ①《手紙・電話などでの伝達や物などの受け手を導く》…**に**.¶回头~你打电话 / あとでお電話いたします.(「動詞+"给"の形で」)¶请帖 qǐngtiě 已经寄 jì ~朋友们了 / 招待状はすでに友人たちに送られた.

②《動作・行為の受益者を導く》…**のために**.…に.¶请你~我当向导 xiàngdǎo / 私のためにガイドを務めてください.¶你出去的时候,~我把这袋垃圾 lājī 扔掉 rēngdiào / 出かけるとき,このごみ袋を捨ててちょうだい.

③《動作・行為の被害者を導く》¶别把书~人家rénjia 弄脏 nòngzāng 了 / 他人の本を汚さないよう気をつけなさい.

④《「"给我"+動詞」の形で命令の口調を強める》…しろ.¶你~我滚 gǔn 出去 / 出てうせろ.

⑤…に対して.…に向かって.¶他~我使 shǐ 了一个眼色 yǎnsè / 彼は私に(向かって)目くばせをした.

⑥《受け身文に用い,動作主を表す》…に(…される).¶房屋~大水冲 chōng 了 / 家が洪水に流された.

❸助 ①《受け身文で,"叫、让"などと呼応させて動詞の直前に用いる》►"给"を用いると話し言葉的な色彩が強まる.¶日本队叫中国队以二比零(~)打败 dǎbài 了 / 日本チームは中国チームに2対0で敗れた.

②《"把"を用いた処置文で動詞の直前に用いる》¶我把玻璃杯 bōlibēi (~)打碎 dǎsuì 了 / 私はグラスを割ってしまった.

③《動詞の前に置き,動作を強調する》¶请~转 zhuǎn 一〇八号房间 / 108号室につないでください.

►► jǐ

【给面子】**gěi miànzi** 顔を立ててやる.►"给脸 liǎn"とも.

【给以】**gěi//yǐ** 動 やる.与える.注意"给以"に続く目的語は与えられる事物(多くは抽象的な事物)に限られる.¶对留学生,一律 yīlǜ ~优待 yōudài / 留学生に対して一様に優遇策をとる.¶~充分的重视 zhòngshì / 重要視する.

gen (ㄍㄣ)

1声 **根 gēn** * ❶名 ①(~儿)(**草や木の**)**根**.量 条.¶连~拔掉 bádiào / 根こそぎにする.②(~儿)〈喩〉子孫;(人の)身元.¶命 mìng ~儿 / (男の)跡継ぎ.¶他的~儿很硬 yìng / 彼の家柄は力がある.③〈数〉根.ルート;代数方程式の解.

❷量(~儿)**細長いものを数える**.¶一~火柴 huǒchái / 1本のマッチ棒.¶一~绳子 shéngzi / 1本の縄.

◇◆ ①(物の)つけ根,根もと.¶耳 ěr ~ / 耳のつけ根.②(物事の)根源.¶祸 huò ~ / 災いのもと.③根本的に.徹底的に.¶→~治 zhì.④よりどころ.¶→~据.‖姓

*【根本】**gēnběn** ①副[否定文に用い]**まったく**.根っから.始めから;[肯定文に用い]**徹底的に**.完全に.¶她~没有想过结婚问题 / 彼女は結婚問題など全然考えたこともない.¶~改变选举制度 xuǎnjǔ zhìdù / 選挙制度を徹底的に改める.②形 **主要である**.根本的な.¶这是最~的原因 yuányīn / これが最も根本的な原因である.③名(↔枝节 zhījié)**根本**.根源.¶从~上解决 jiějué 问题 / 根本から解決する.¶水土 shuǐtǔ 是农业 nóngyè 的~ / 水と土は農業の基礎である.

【根除】**gēnchú** 動 根絶する.根こそぎにする.

【根底・根柢】**gēndǐ** 名 ①根底.基礎.¶~浅 qiǎn / 基礎が浅い.②いきさつ.子細.¶你了解 liǎojiě 这个人的~吗?/ 君はその人の素性を知っていますか.

【根号】**gēnhào** 名〈数〉ルート.根号(√).

【根基】**gēnjī** 名 土台.根底;〈喩〉家の財産.

【根脚】**gēnjiao** 名 ①土台.基礎.¶这座大楼 dàlóu 的~很坚固 jiāngù / このビルは土台がしっかりしている.②〈近〉出身.来歴.

*【根据】**gēnjù** ①前 …**によれば**.…に基づいて.¶~原文改写成剧本 jùběn / 原文をもとに脚本を書く.②動 …**を根拠とする**.¶财政 cáizhèng 支出应该~节约 jiéyuē 的原则 / 財政支出は節約の原則に基づかねばならない.③名 **根拠**.よりどころ.¶毫无 háo wú ~ / 何らの根拠もない.

【根据地】**gēnjùdì** 名〈政〉**根拠地**.解放区.

【根绝】**gēnjué** 動 根絶する.¶~事故 shìgù / 事故を根絶する.

【根苗】**gēnmiáo** 名 ①(植物の)根と新芽.②〈喩〉(事の)由来,いきさつ.③跡継ぎ.

【根深蒂固】**gēn shēn dì gù** 〈成〉根がしっかり生え深いこと;容易に動揺しない.¶~的种族歧视 zhǒngzú qíshì / 根強い人種差別.

【根深叶茂】**gēn shēn yè mào** 〈成〉根が深く葉もよく茂る.基礎がしっかりしており事業がよく発展するたとえ.

【根式】**gēnshì** 名〈数〉無理式.

【根性】**gēnxìng** 名 もって生まれた性質,性格.¶劣 liè ~ / 下劣な性格.

【根由】**gēnyóu** 名 来歴.原因.

【根源】**gēnyuán** ①名 根本原因.②動 …に根差す.…に起因する.

【根治】**gēnzhì** 動 根治する.¶~疾病 jíbìng / 疾病を根治する.¶~黄河 Huánghé / 黄河を根本的に治水する.

【根子】**gēnzi** 名〈口〉①植物の根.根っ子.②(物事の)根源;(人の)素性,身元.

** **跟 gēn** ❶前 ①…**といっしょに**.►共に行動する人または相手となる人を示す.¶~你一起去 / 君と一緒に行く.

¶我～她结婚 jiéhūn / 私は彼女と結婚する.
注意 否定詞"不"を"跟"の後に用いるときは客観的に事実を述べるだけだが,前に用いるときは話し手の意志を表す. 否定詞"没"の場合はいずれでも意味は変わらない. ¶我～他不在一起 / 私は彼といっしょではない(いっしょにいない). ¶我不～他在一起 / 私は彼といっしょにいない(いるのが嫌だ).
②…に(対して). …から. ►動作・行為の相手を示す. ¶把你的意见～大家谈谈 tántan / 君の意見をみんなに話してごらん. ¶这本书你～谁借 jiè 的？/ この本はだれから借りたのですか.
③…について(学ぶ). …を利用して(学ぶ). ¶～着留学生学汉语 Hànyǔ / 留学生に中国語を教わる.
④…と(関係がある,ない). ¶他～这事没关系 / 彼はこの事件と関係ない.
⑤…と(比較して). ¶这橘子 júzi ～柠檬 níngméng 一样酸 suān / このミカンはレモンと同じように酸っぱい. ⇒〖跟…一样〗 *gēn…yīyàng*
❷ 接続 (＝和 hé)…と. ►(並列を表す)話し言葉に用いることが多い. ¶小王～我都是东北人 / 王君と私は二人とも東北出身です.
比較 跟：同 tóng：和 hé：与 yǔ　❶前置詞としては,話し言葉では"跟"または"和"が,書き言葉では"同"が多く用いられる. 接続詞としては,通常"和"を用い,"跟"はあまり用いられない. "同"が用いられることはさらに少ない. ❷"与"は普通,書き言葉に用いられる. 特に書名や表題に多い.
❸(～儿) 名 かかと. ヒール. ¶高跟鞋 gāogēnxié 的～儿容易掉diào / ハイヒールのかかとは折れやすい.
❹ 動 つき従う. あとについて行く. ¶～我来 / ぼくについて来なさい. ¶请～我念 niàn / 私のあとについて読んでください.

【跟班】gēn//bān ① 動 グループに加わる. ② 名〈旧〉従者. 従僕. ►"跟班儿的"とも.
【跟包】gēnbāo (～儿) ① 動〈旧〉付き人をする. ② 名〈口〉("～的"の形で)腰ぎんちゃく.
【跟不上】gēnbushàng 動+可補 追いつけない. ついて行けない. …に及ばない. ¶跟不上形势 xíngshì 的变化 / 情勢の変化に追いつけない.
【跟差】gēnchāi 名(役人の)従者,お供.
【跟从】gēncóng ① 動 つき従う. ② 名〈旧〉随行者.
【跟斗】gēndou →【跟头】gēntou
【跟脚】gēn//jiǎo ❶動〈方〉①〈旧〉主人にお供する. ¶～的 / 従者. ②(子供が)大人のそばを離れない. ③(靴が)ちょうど足に合う. ❷副(～儿)すぐさま.
【跟劲】gēn//jìn 動(～儿)〈口〉順調である. 事が思いどおりに運ぶ.
【跟屁虫】gēnpìchóng〈慣〉〈貶〉(～儿)金魚の糞.
【跟前】gēnqián 方位(～儿)**そば**. そば近く. ¶走近～ / そばへ近づく.
【跟儿】gēnr 名 かかと. ヒール.
【跟上】gēn//shàng 動+方補(遅れないように)**ぴったりついて行く**. ¶快～！/ 早くついて行け. 続け. ¶～时代的潮流 cháoliú / 時代の流れに追いつく. ⇒【跟不上】gēnbushàng
【跟手】gēnshǒu 副(～儿)〈方〉① ついでに. ② 直ちに.
【跟随】gēnsuí ① 動 あとにつく. ② 名〈旧〉お供. 従者.
【跟帖】gēntiě〈電算〉① 動 レスをつける. ② 名 レス.
【跟头】gēntou 名 宙返り. ❖栽 *zāi* ～ / もんどり打つ;〈転〉失敗する. ❖翻 *fān* ～ / とんぼ返りをする.
【跟头虫】gēntouchóng 名〈口〉〈虫〉ボウフラ.
〖跟…一样〗 *gēn…yīyàng* …**と同様だ**〔に〕. ¶他～我～,过去没有学过汉语 / 彼は私と同じで,以前中国語を学んだことはない. ⇒〖跟 gēn〗❶⑤
【跟着】gēnzhe ① 動 つき従う. ¶请～我念 / 私について読んでください. ② 副 **引き続いて**. ¶听完报告,～就讨论 tǎolùn / 報告を聞いてから,引き続いて討論する.
【跟追】gēnzhuī 動 跡をつけて追いかける.
【跟踪】gēnzōng 動 **追跡する**. 尾行する. ¶～服务 / アフターサービス. ¶～嫌疑犯 xiányífàn / 容疑者を尾行する.

2声 **哏 gén** (～儿)〈方〉① 形 滑稽である. 笑わせる. ¶这段相声 xiàngsheng 真～ / この漫才は実に笑わせる. ② 名("相声"や演劇などで)人を笑わせる言葉やしぐさ. ギャグ. ¶逗 dòu ～ / ギャグで笑わせる;(漫才の)つっこみ. ¶捧 pěng ～ /(漫才の)引き立て役.

3声 **艮 gěn** 形〈方〉①(気性が)まっすぐである;(言葉が)ぶっきらぼうである. ¶这个人真～！/ この人はほんとに愛想がない. ②(食物が)固くて歯切れが悪い. ¶这萝卜 luóbo ～了,不好吃了 / このダイコンは筋が入ってしまっていて,おいしくない. ⏩ gèn

4声 **亘 gèn** ◇◆(空間的・時間的に)連なっている. ¶横 héng ～ / またがる. ¶～古及 jí 今 / 昔からいままで.

艮 gèn 名(易の八卦(はっ)の一つ)艮(ごん). ☶. ►山を表す. ⇒【八卦】bāguà ‖ 姓 ⏩ gěn

geng (ㄍㄥ)

1声 **更 gēng** 量〈旧〉(夜の時間を計る単位)更(こう). ►初更から五更まであり,日没から日の出までを5等分した時間. 1更は約2時間. ¶打 dǎ ～ / 夜回りをする.
◇◆ ①変える. 改める. ¶变 biàn ～ / 変更する. ②経験する. ¶少 shào 不～事 / 〈成〉年が若くて世慣れていない. ⏩ gèng

【更迭】gēngdié 動 更迭する;交替する.
【更定】gēngdìng 動 修正する. 修訂する.
【更动】gēngdòng 動 改める. 修正する. ¶人事～ / 人事の変更. ¶～文章内容 nèiróng / 文の内容に手を入れる.
【更番】gēngfān 動〈書〉順番にやる.
【更改】gēnggǎi 動 **改める**. 変更する. ¶～身份 shēnfen / 身分を改める.
【更鼓】gēnggǔ 名〈旧〉"更"(夜の時間の単位)を知らせる太鼓.
【更换】gēnghuàn 動 **取り替える**. 入れ替える. ¶～家具 jiājù / 家具を取り替える.
【更楼】gēnglóu 名〈旧〉"更"(夜の時間の単位)を知らせるための楼.
【更名】gēng//míng 動 名前を改める. 改名. ¶～改姓 gǎixìng / 姓名を変える.
【更年期】gēngniánqī 名 更年期. ¶～障碍zhàng'-

ài / 更年期障害.
【更深人静】gēng shēn rén jìng 〈成〉夜が更けて人が静かになる.
【更生】gēngshēng ①動 生き返る. 更生する. ¶自力～ / 自力更生(をする). ②形 再生した.
【更替】gēngtì 動 交替する. 入れ替わる.
【更新】gēngxīn 動 ①更新する. 改まる. ②〈林〉森林が再生する.
【更新换代】gēng xīn huàn dài 〈成〉新しいものが古いものにとって代わる.
【更衣】gēngyī 動〈書〉①衣替えをする. 着替える. ②〈旧〉〈婉〉手洗いへ行くこと.
【更衣室】gēngyīshì 名 (量) 间 jiān. ①更衣室. ②トイレ. 化粧室.
【更张】gēngzhāng 動 琴の弦を張り替える;〈喩〉改革を行う. ¶改弦 xián ～ / 〈成〉制度を改革する. 方法を変える.
【更正】gēngzhèng 動 直す. 訂正する. ¶～错误 cuòwù / 誤りを訂正する.

庚 gēng

名 十干の第7:庚(かのえ).
◇◆ 年齢. ¶同～ / 同い年.
【庚日】gēngrì 名 庚の日.
【庚帖】gēngtiě 名 婚約のときに交換する,双方の生年月日を干支で記載した書状.

耕 gēng

動 耕す.
【耕畜】gēngchù 名 役畜.
【耕地】gēng//dì ①動 田畑を耕す. ②名 耕地.
【耕牛】gēngniú 名 耕作用のウシ. 役牛.
【耕耘】gēngyún 動〈書〉耕して草をとる;〈喩〉努力する.
【耕云播雨】gēng yún bō yǔ 〈成〉(物事を発展させるための)土壌作りをする.
【耕种】gēngzhòng 動〈農〉耕し植え付ける.
【耕作】gēngzuò 動〈農〉耕作する.

羹 gēng

名 あつもの. (ポタージュのように)とろみのあるスープ. ¶鸡蛋 jīdàn ～ / 茶碗蒸し.
【羹匙】gēngchí 名 ちりれんげ. スプーン.

3声

埂 gěng

◇◆ ①あぜ. ¶田～儿 / 田畑のあぜ. ②丘;土手. ¶～堰 yàn / 土手.
【埂子】gěngzi 名 田畑のあぜ. ¶地 dì ～ / あぜ(道).

耿 gěng

◇◆ ①明るい. ②忠誠である. 正直である. ‖姓
【耿饼】gěngbǐng 名 厚くて形の小さい干し柿.
【耿耿】gěnggěng 形〈書〉①明るいさま. ¶～星河 xīnghé / きらめく銀河. ②忠誠である. ¶忠心 zhōngxīn ～ / 忠誠を尽くす. ③不安である. ¶～于怀 huái / 気にかかって忘れられない.
【耿介】gěngjiè 形〈書〉剛直である.
【耿直】gěngzhí 形 正直である. (性格が)さっぱりしている. ►"梗直""鲠直"とも書く.

哽 gěng

動 ①(食べ物などで)のどが詰まる. ②(感情が高ぶり)声が詰まる.
【哽咽】gěngyè 動〈書〉涙にむせぶ.

梗 gěng

①名(～儿)植物の枝や茎. ¶菠菜 bōcài ～儿 / ホウレンソウの茎. ②動("～着"で)まっすぐにする. ¶～着脖子 bózi / 首をまっすぐにして.
◇◆ ①率直である. ¶～直 zhí / さっぱりしている. ②ふさぐ. 邪魔する. ¶作～ / 邪魔する. ③頑固である.
【梗概】gěnggài 名〈書〉あらまし. 概略.
【梗儿】gěngr ⇀〖梗 gěng〗①
【梗塞】gěngsè ①動 ふさがる. 詰まる. ②名〈医〉梗塞(こうそく). ►"梗死 gěngsǐ"とも.
【梗阻】gěngzǔ 動 ふさがる. ふさぐ;邪魔する.

颈(頸) gěng

"脖颈儿 bógěngr"(首筋. えり首)という語に用いる. ▸▸ jǐng

鲠(鯁) gěng

①名〈書〉魚の骨. ②動(魚の骨などが)喉に刺さる.

4声 **

更 gèng

副 ①いっそう. ますます. ¶雨下得～大了 / 雨がいっそう強くなった. ②〈書〉さらに. 再び.
▸▸ gēng
*【更加】gèngjiā 副 ますます. なおいっそう. ►普通,2音節の動詞か形容詞の前に置く. ¶～努力 / よりいっそう努力する.
【更上一层楼】gèng shàng yī céng lóu 〈成〉より高い所をめざす.
【更为】gèngwéi 副〈書〉いっそう. ますます.

gong (ㄍㄨㄥ)

1声

工 gōng

❶名 ①労働者が1日にする仕事量. ¶铺 pū 这条路要八个～ / この道を舗装するには延べ8人要る. ②中国民族音楽の10音階の一つ.
❷動〈書〉長じている. ¶～于音乐 yīnyuè / 音楽に長じている.
◇◆ ①(肉体)労働者. 職人. ¶矿 kuàng ～ / 鉱員. ¶临时 línshí ～ / 臨時雇い. パート. アルバイター. ②仕事. 生産労働. ¶做～ / 仕事をする. ¶加～ / 加工(する). ③工事. ¶动～ / 工事を始める. ④工業. ⑤(～儿)技術. 技量. 腕前. ¶唱 chàng ～ / (中国劇の)歌う技術. ‖姓
【工本】gōngběn 名 生産費. コスト. ¶～费 / 生産費. ¶不惜 bùxī ～ / コストを惜しまない.
**【工厂】gōngchǎng 名 工場. (量) 家,个,座,所suǒ.
注意 "工场"は手工業の作業場,"工厂"は工業生産を行う場. ¶～自动化 zìdònghuà / ファクトリーオートメーション. FA.
【工场】gōngchǎng 名 作業場. ¶～手工业 shǒugōngyè / マニュファクチュア.
【工潮】gōngcháo 名 労働争議. 労働運動の高まり.
【工尺】gōngchě 名 中国民族音楽の音階の総称. ¶～谱 pǔ / 民族音楽の楽譜.
*【工程】gōngchéng 名(大規模な)(各種の)工事. 大規模な工事. プロジェクト. ¶土木～ / 土木工事. ¶～队 / 施工班. 作業隊;(軍の)工兵隊.
【工程兵】gōngchéngbīng 名〈軍〉工兵.
*【工程师】gōngchéngshī 名 技師. エンジニア.
【工党】gōngdǎng 名〈政〉労働党.

【工地】gōngdì 名 建築現場．工事現場．
【工读】gōngdú 動 働きながら勉強する．¶～生／苦学生；少年院や教護院で働きながら教育を受ける少年．
【工读学校】gōngdú xuéxiào 名 非行歴のある少年・少女を更生させるための学校．
【工段】gōngduàn 名 ①工事の具体的な仕事に基づいて分けられた施工部門．②工場の生産過程によって細分した職場．
【工分】gōngfēn 名 労働点数．►かつての人民公社などで労働量とその報酬を計算する単位．
【工蜂】gōngfēng 名〈虫〉働きバチ．
【工夫】gōngfu 名 ①(～儿)(費やされる)時間．¶她只花了半天～就画好了这张画／彼女はわずか半日でこの絵を描きあげた．¶一会儿～／ちょっとの間．②(～儿)ひま．¶明天你有～吗？／あしたはひま？③(～儿)〈方〉とき．¶那～／あのとき．あのころ．④技量．腕前；造詣．►"功夫"と書くことが多い．¶练 liàn ～／腕を磨く．¶很有～／みごとな腕まえだ．
【工夫茶】gōngfuchá 名 広東省や福建省南部，台湾などに普及している点茶法．小型の急須(きゅう)で濃い茶を入れ，ちょこで飲む．
【工会】gōnghuì 名 労働組合．
【工价】gōngjià 名(建築や製品を生産するための)人件費．
【工架】gōngjià ⇀【功架】gōngjià
【工间操】gōngjiāncāo 名 仕事の合間にする体操．
【工匠】gōngjiàng 名 職人．
【工具】gōngjù 名 ①工具．道具．器具．量 件．②〈喩〉(何らかの目的を達成するために用いる)手段・品物．¶外语是认识 rènshi 世界的～／外国語は世界を知るための手段である．
【工具书】gōngjùshū 名 字引・辞書類や年鑑・索引・百科事典などの総称．
【工楷】gōngkǎi 名 きちんと整っている楷書．
【工龄】gōnglíng 名 勤続年数．
【工贸结合】gōngmào jiéhé 名 貿易専門の会社と工業生産部門が連携・合同して対外貿易を拡大しようとする政策．
【工农】gōngnóng 名 労働者と農民．労農．¶～干部／労農出身の幹部．¶～子弟兵 zǐdìbīng／〈喩〉人民解放軍．
【工农兵】gōngnóngbīng 名 労働者と農民と兵士．労農兵．¶～学员 xuéyuán／(文革時の)三年制大学の学生．
【工农联盟】gōngnóng liánméng 名(権力に対する)労働者階級と農民層の同盟．
【工棚】gōngpéng 名 工事現場の小屋．
【工期】gōngqī 名 工期．
【工钱】gōngqian 名 ①手間賃．②〈方〉賃金．
【工巧】gōngqiǎo 形(工芸品や詩文・書画が)巧みである．
【工区】gōngqū 名 建設・鉱山関係などの鉱工業や企業の下部生産部門．
【工人】gōngrén 名 労働者．► gōngren とも発音される．量 个；[集団で] 批 pī，群 qún．
【工人贵族】gōngrén guìzú 名 労働貴族．
【工人阶级】gōngrén jiējí 名 労働者階級．
【工伤】gōngshāng 名 仕事中の事故による負傷．¶～事故／労働災害．
【工商】gōngshāng 名〈略〉商工業．工業・商業．¶～税 shuì／商工業税．¶～所 suǒ／商工業管理所．
【工商界】gōngshāngjiè 名 商工業界．
【工商联】gōngshānglián 名〈略〉商工業連合会．
【工商业】gōngshāngyè 名 商工業．
【工时】gōngshí 名 労働量を計算する単位．マンアワー．►一人の労働者の1時間の労働量を"一个工时"という．
【工事】gōngshì 名〈軍〉(塹壕(ざんごう)・トーチカなどの)陣地構築物の総称．
【工头】gōngtóu 名(～儿)〈旧〉(労働者の)監督．職工頭．親方．
【工细】gōngxì 形 精巧である．
【工效】gōngxiào 名〈略〉仕事の能率．►"工作效率 xiàolǜ"の略．¶提高 tígāo ～／仕事の能率を高める．
【工薪】gōngxīn 名 賃金．給料．
【工薪阶层】gōngxīn jiēcéng 名 サラリーマン層．
【工薪族】gōngxīnzú 名 サラリーマン層．
【工休】gōngxiū 名 ①仕事のローテーションに合わせた休日．¶～日／工場などが決めた休日．②仕事の合間の休憩．
【工序】gōngxù 名 工程．仕事の段取り．量 道．¶～复杂 fùzá／手順が複雑である．
*【工业】gōngyè 名 工業．¶～机器人 jīqirén／産業用ロボット．
【工蚁】gōngyǐ 名〈虫〉働きアリ．
【工艺】gōngyì 名 ①原材料または半製品を加工して製品化する仕事・方法・技術・技能．テクノロジー．¶～流程 liúchéng／(工業品製造の)工程．¶～设计 shèjì／テクノロジカルデザイン．②手工芸．
【工艺美术】gōngyì měishù 名 工芸美術．
*【工艺品】gōngyìpǐn 名 工芸品．
【工友】gōngyǒu 名 ①(学校の)用務員．②〈旧〉労働者相互間の呼称．
【工余】gōngyú 形 作業・勤務時間以外の．余暇の．
【工运】gōngyùn 名〈略〉労働運動．
【工长】gōngzhǎng 名 職工長．現場監督．
【工整】gōngzhěng 形 きちんと整っている．¶字迹 zìjì ～／字がきちんとしている．
【工致】gōngzhì 形 巧緻(こうち)である．
【工种】gōngzhǒng 名(工・鉱業関係の)職種．¶按 àn ～划分 huàfēn／職種別に分ける．
【工装裤】gōngzhuāngkù 名 オーバーオール．ジーンズ．►"牛仔裤 niúzǎikù"とも．
*【工资】gōngzī 名 賃金．給料．量 份 fèn．¶提 tí 一级～／給料をワンランクあげる．❖开 *kāi* ～／賃金を支払う．❖领 *lǐng* ～／賃金を受けとる．
【工资条】gōngzītiáo 名 給与明細表．
【工字形】gōngzìxíng 名 I型．H型．
**【工作】gōngzuò ①動 仕事をする．働く；(機械などが)動く，作業する．►アルバイトやパートのときは"打工""做临时工"という．¶您在哪里～？／どちらにお勤めですか．¶我在银行～／私は銀行員です．¶～几年了？／働いて何年になりますか．¶在贸易公司～过七年／貿易会社で7年働いた．¶新的机器～起来噪音 zàoyīn 很小／新しい機械は騒音が小さい．②名 職業．¶找 zhǎo ～／仕事を探す．¶没有～／仕事がない．¶分配 fēnpèi ～／(国・学校

G

などが)就職先を割り当てる. ③ 仕事;任務. 量 项,个. ¶近来~忙吗?/最近仕事は忙しいですか. ¶~人员/要員. スタッフ. ¶~饭/(ホテルや料理屋での接待などの)仕事上の食事. ④ 加工. 工作;作業. 業務.
*【工作单位】gōngzuò dānwèi 名 (所属)職場. 仕事先.
【工作服】gōngzuòfú 名 仕事着. 作業服.
【工作面】gōngzuòmiàn 名 ①〈鉱〉切り羽. 切り場. ②〈機〉加工面.
【工作母机】gōngzuò mǔjī 名〈機〉工作機械. ► "机床 jīchuáng"ともいい,略して"母机"とも.
【工作日】gōngzuòrì 名 ① 労働時間. ② 労働日.
【工作站】gōngzuòzhàn 名 ① ビジネスセンター. オフィス. ②〈電算〉ワークステーション.
【工作者】gōngzuòzhě 名(仕事や活動などに)従事する人. ¶教育~/教育関係者. ¶艺术 yìshù ~/芸術家.
【工作证】gōngzuòzhèng 名(職場が発行する)身分証明書. 従業員証.
【工作制】gōngzuòzhì 名 労働制度. 勤務体制. ¶按 àn 八小时~的话/8時間労働制ならば. ¶实行 shíxíng 弹性 tánxìng ~/フレックスタイム制を行う.

弓 gōng

❶名 ① 弓. 量 张,把. ¶~箭 jiàn/弓矢. ¶拉 lā ~/弓を引き絞る. ②(~儿)弓型のもの. ¶小提琴 xiǎotíqín ~/バイオリンの弓. ③〈旧〉土地測量道具.
❷動 曲げる. かがめる. ¶~着背 bèi 走路/背を丸くして歩く. ¶~着腿 tuǐ 坐着/立てひざをする.
‖姓
【弓背】gōngbèi 名 ① 弓の背. ② 猫背. ③〈喩〉曲がった道.
【弓箭步】gōngjiànbù 名 両足を広げひざを曲げる姿勢. 矢を射るときの姿勢.
【弓弦】gōngxián 名 ① 弓弦(ゆづる). 量 根 gēn. ¶~乐器/弦楽器. ②〈喩〉まっすぐの道.
【弓形】gōngxíng 名〈数〉弓形;アーチ形.
【弓子】gōngzi 名 形や作用が弓のようなもの. ¶胡琴 húqin ~/胡弓の弓.

公 gōng

形(↔母 mǔ)雄の. ¶~鸡 jī/オンドリ. ¶这只鸭子 yāzi 是~的/このアヒルは雄だ.
◇◆ ①(↔私 sī)公の. ¶→~而 ér 忘私. ②共通の. 公共の. ¶→~理 lǐ. ¶→~约 yuē. ③公にする. ¶→~开 kāi. ④国際間共通の. ¶→~制 zhì. ⑤公平な. ¶→~买~卖 mài. ⑥公務. 公事. ¶因~受伤 shòushāng/公務上の負傷. ⑦年寄りの男子に対する敬称;夫の父. しゅうと. ¶李~/李先生. ¶→~婆. ⑧公爵. ‖姓
【公安】gōng'ān 名 公安. 警察. ¶~局/公安局. 警察署. ¶~人员/公安官. 警察官. ¶~部队 bùduì/治安部隊.
【公案】gōng'àn 名 ①〈旧〉官吏が裁判事件を審査するときに用いる机. ② 解決困難な事件.
【公办】gōngbàn 動 国が創設する. ¶~企业 qǐyè/国営企業.
【公报】gōngbào 名 ① 公報. コミュニケ. 声明. ¶新闻~/プレスコミュニケ. ¶联合 liánhé ~/共同声明. ② 官報.
【公报私仇】gōng bào sī chóu〈成〉公の事を利用して私的な恨みを晴らす.
【公布】gōngbù 動 公布する. 公表する. ¶~试验 shìyàn 结果/実験の結果を発表する.
【公厕】gōngcè 名〈略〉公衆便所. ►"公用〔公共〕厕所 gōngyòng〔gōnggòng〕cèsuǒ"の略.
【公差】gōngchāi 名 ① 公務出張. ¶出~/出張する. ②〈旧〉公務で派遣された小役人.
【公产】gōngchǎn 名 公共財産.
【公称】gōngchēng 名 公称. ►機械の性能,設計図・青写真など寸法の規格・標準についていう. ¶~尺寸 chǐcùn/ノミナルサイズ.
【公尺】gōngchǐ 量 メートル. ►"米 mǐ"の旧称.
【公出】gōngchū 動 公務で出張する. ¶他~到香港去了/彼は公務で香港に出張した.
【公畜】gōngchù 名 雄の家畜.
【公担】gōngdàn 量(重量単位の)キンタル. 100キログラム.
【公道】gōngdào 名 公正な道理. 正義. ¶主持 zhǔchí ~/正義を主張する.
【公道】gōngdao 形 公平である. 適正だ;(値段が)高くない. ¶说句~话/公平に言えば. ¶办事~/物事の処理が公平である. ¶价钱 jiàqian ~/値段が手ごろだ.
【公德】gōngdé 名 公徳. (社会的)マナー.
【公敌】gōngdí 名 共通の敵.
【公牍】gōngdú 名〈書〉公文書.
【公断】gōngduàn 動 第三者によって裁断する;公平に裁く.
【公吨】gōngdūn 量(重量単位の)トン.
【公而忘私】gōng ér wàng sī〈成〉公のために尽くし,私事を顧みない.
【公法】gōngfǎ 名〈法〉公法. ¶国际 guójì ~/国際公法. 国際法.
【公房】gōngfáng 名 公舎. 官舎.
*【公费】gōngfèi 名 公費. 国家または団体が出す費用. ¶~生/公費学生. ¶~留学生/官費留学生. ¶~旅游 lǚyóu/会議や出張を名目として公費で旅行すること. 官費旅行. ¶~医疗 yīliáo/公費負担医療.
【公分】gōngfēn 量〈旧〉① センチメートル. ►"厘米 límǐ"の旧称. ② グラム. ►"克 kè"の旧称.
【公愤】gōngfèn 名 大衆の憤怒. 公憤. ¶引起 yǐn qǐ ~/大衆の憤りを買う.
【公分儿】gōngfènr 名〈方〉(みんなで金を出し合って贈る)贈り物・祝い・香典など,またはその金. ¶凑 còu 个~买礼物 lǐwù/みんなでお金を出し合って贈り物を買う.
【公干】gōnggàn 名 公務;ご用件.
【公告】gōnggào 名 公告. 布告. ¶候选人 hòuxuǎnrén 名单~/候補者名簿の公告. ¶~牌 pá[illegible]杂志/ビルボード誌.
*【公共】gōnggòng 形(後ろに名詞をとって)公共の. 共同の. 公衆の. ¶爱护 àihù ~设施 shèshī/公共の施設を大切にする. ¶→~汽车. ¶~卫生 wèishēng/公衆衛生.
【公共积累】gōnggòng jīlěi 名 公共積立金.
【公共课】gōnggòngkè 名(大学の)共通科目,必修科目,一般教養.
**【公共汽车】gōnggòng qìchē 名(乗り物の)バス

►音訳で"巴士 bāshi"とも. ㊣ 辆 liàng. ¶～站 zhàn / バス停.
【公共浴池】gōnggòng yùchí 名 公衆浴場.
【公公】gōnggong 名 ① 夫の父. しゅうと. ②〈方〉(母方の)祖父. ③《老人に対する敬称》おじいさん. ¶老～ / おじいさん. ④〈近〉宦官(かんがん)に対する称.
【公股】gōnggǔ 名〈経〉政府持ち株.
【公关】gōngguān 名〈略〉広報活動. 渉外. ►"公共关系 gōnggòng guānxi"の略. ¶～部 / (企業などの)広報部.
【公关小姐】gōngguān xiǎojie 名 渉外担当の女性. キャンペーンガール.
【公馆】gōngguǎn 名〈旧〉官僚や富豪の邸宅.
【公海】gōnghǎi 名 公海.
【公害】gōnghài 名 公害. ¶净化 jìnghuà 空气, 减少 jiǎnshǎo ～ / 空気を浄化し, 公害を少なくする.
【公函】gōnghán 名 手紙形式の公文.
【公会】gōnghuì 名 同業組合.
【公积金】gōngjījīn 名 企業が収益の一部を拡大再生産の資金として積み立てるもの ; 公共積立金.
【公祭】gōngjì 動(人民に功労のあった人に対してその死後)公共団体や知名人によって丁重に告別式を行う ; 人民に功労のあった人の告別式.
【公家】gōngjia 名〈口〉(国家・政府機関・企業・公共団体など)公(おおやけ).
【公检法】gōng jiǎn fǎ 名〈略〉"公安局 gōng'ānjú"(警察), "检察院 jiǎncháyuàn"(検察), "法院 fǎyuàn"(裁判所)をひっくるめていうときの略称. 司法機関.
*【公交车】gōngjiāochē 名 路線バス.
*【公斤】gōngjīn 量 キログラム.
【公举】gōngjǔ 動 みんなで推薦する.
【公决】gōngjué 動 みんなで決める.
*【公开】gōngkāi ① 形 公然の. 公開の. ¶比赛是～的, 谁都可以报名参加 / 競技はオープンで, だれでも参加できる. ¶～交往 jiāowǎng / 公に付き合う. ¶～的秘密 mìmì / 公然の秘密. ② 動 公にする. 公開する. ¶把事情 shìqing ～出去 / 事を明るみに出す. ¶～宣布 xuānbù / 公に発表する.
【公开赛】gōngkāisài 名〈体〉公開競技. …オープン.
【公开信】gōngkāixìn 名 公開状.
【公筷】gōngkuài 名 取り箸.
【公款】gōngkuǎn 名 公金. ¶挪用 nuóyòng ～ / 公金を使い込む.
【公厘】gōnglí 量〈旧〉ミリメートル.
【公里】gōnglǐ 量 キロメートル.
【公理】gōnglǐ 名 ①〈数〉定理. ② 公理.
【公历】gōnglì 名 西暦. ►"格里历 gélǐlì"(グレゴリオ暦)ともいい, 一般に"阳历 yánglì"という.
【公立】gōnglì 形 公立の. 国立の. ¶～学校 / 公立学校.
【公例】gōnglì 名 一般の法則, 原則.
【公粮】gōngliáng 名 農業税として政府に納める穀物.
【公了】gōngliǎo 動(↔私了 sīliǎo)(トラブルなどを)公の機関に持ち込む, 裁判にかける.
【公路】gōnglù 名(町と町を結ぶ)自動車道路. ハイウェイ. ㊣ 条, 段 duàn. ¶高速 gāosù ～ / 高速道路. ¶～港 gǎng / 道路交通ターミナル.
【公论】gōnglùn 名 公論. 輿論(よろん).
【公买公卖】gōng mǎi gōng mài 〈成〉公正に売買する.
【公民】gōngmín 名 公民. ¶～投票 tóupiào / 住民投票. 国民投票.
【公亩】gōngmǔ 量 アール. ►メートル法の面積の単位. 100平方メートル.
【公墓】gōngmù 名 共同墓地.
【公派】gōngpài 動 国が派遣する.
【公判】gōngpàn 動 ①〈法〉裁判所が民衆大会で判決を宣告する. ② 大衆が判定・批判する.
【公平】gōngpíng 形 公平である. ¶班长 bānzhǎng 做事很～ / 班長の仕事ぶりはたいへん公平だ. ¶这似乎 sìhū 太不～了吧 / それってちょっとあんまり不公平じゃないですか.
【公平秤】gōngpíngchèng 名 自由市場などで買った物の重さを客が確かめるために置かれているはかり.
【公婆】gōngpó 名 ① 夫の両親. ②〈方〉夫婦.
【公仆】gōngpú 名 公僕.
【公顷】gōngqǐng 量 ヘクタール.
【公请】gōngqǐng 動 みんなで共同して招聘(しょうへい)する. 招待する.
【公然】gōngrán 副 公然と. おおっぴらに. 包み隠さずに. ►けなす意味で使う. よい意味で使う場合は"公开"を用いる. ¶～出兵 / 公然と出兵する. ¶～撕毁 sīhuǐ 协议 xiéyì / 公然と協定を破る.
【公认】gōngrèn 動 公認する.
【公伤】gōngshāng 名 公傷.
【公社】gōngshè 名 ① 原始共同体. ② コミューン. ¶巴黎 Bālí ～ / パリコミューン. ③ "人民公社"(人民公社)の略.
【公审】gōngshěn 動〈法〉公開の法廷で審理する.
【公升】gōngshēng 量 リットル.
【公使】gōngshǐ 名 公使. ►"特命全权 tèmìng quánquán 公使"の略称.
【公事】gōngshì 名 ①(↔私事 sīshì)公務. 公用. ㊣ 件 jiàn. ¶～公办 bàn / 公の事は私情にとらわれずに原則に従って公平に処理する〔すべきだ〕. ②〈旧〉公文書. ¶看～ / 公文書に目を通す.
【公式化】gōngshìhuà 動 ①(作品などを)公式化する. 形式化する. ② 杓子(しゃくし)定規なやり方をする.
【公式主义】gōngshì zhǔyì 名 ①〈文〉公式主義. ② 画一主義. 杓子定規なやり方.
【公署】gōngshǔ 名〈旧〉公署. 官署.
**【公司】gōngsī 名 会社. ㊣ 家. ¶贸易 màoyì ～ / 貿易会社. 商社. ¶百货～ / 百貨店. ¶皮包 píbāo ～ / ペーパーカンパニー. ¶股份 gǔfèn 有限～ / 株式会社.
【公私】gōngsī 名 公と個人. ¶～兼顾 jiāngù / 公の利益と個人の利益の双方に気を配る. ¶～不分 / 公私を混同する.
【公诉】gōngsù 名〈法〉公訴. ¶检察院 jiǎncháyuàn 提起～ / 検察が公訴を提起する.
【公孙树】gōngsūnshù 名〈植〉イチョウ.
【公所】gōngsuǒ 名〈旧〉① 役所. 役場. ¶区～ / 区役所. ② 同業者の事務所. 同一地方出身者のクラブ.
【公堂】gōngtáng 名 ① 法廷. ② 祖先を祭る祠(ほこら).

【公托】gōngtuō 名〈略〉(役所が運営する)公立の託児所・幼稚園.
【公文】gōngwén 名 **公文書**. (量) 件 jiàn. ¶～袋 / 公文書を入れる袋. ¶～程式 / 公文書の書式.
【公务】gōngwù 名 **公務**. (量) 件,项. ¶办理～ / 公務を処理する. ¶～护照 hùzhào / 公用パスポート.
*【公务人员】gōngwù rényuán 名 公務員.
【公物】gōngwù 名(↔私产 sīchǎn)公共物.
【公务员】gōngwùyuán 名 ① 公務員. ②〈旧〉(官公庁や団体などの)雑役係.
【公休】gōngxiū 名 公休. ¶～日 / 公休日.
【公鸭嗓】gōngyāsǎng 名(～儿)甲高いだみ声. ►"公鸭嗓子"とも.
【公演】gōngyǎn 動 公演する.
【公议】gōngyì 動 みんなで討議する. 評議する. 合議する. ¶自报 zìbào ～ / まず自分で意見を出し,合議によって決定する.
【公益】gōngyì 名 公益. ¶～金 jīn / 公益金；福祉基金.
【公意】gōngyì 名 みんなの意志. 総意.
【公益广告】gōngyì guǎnggào 名 公共広告.
【公益金】gōngyìjīn 名 公益金. 福祉基金.
【公营】gōngyíng 形(↔私营 sīyíng)**公営の**. 国家または地方が経営する. ¶～企业 qǐyè / 公営企業.
【公映】gōngyìng 動 公開上映する.
【公用】gōngyòng ① 動 **共同で使う**. ② 形 共同の. ¶～厕所 cèsuǒ / 公衆便所.
*【公用电话】gōngyòng diànhuà 名 **公衆電話**.
【公用事业】gōngyòng shìyè 名 公益事業.
【公有】gōngyǒu ① 動 共有する. ② 形 共有の. ¶～土地 / 公有地. ¶～财产 cáichǎn / 共有財産.
【公有制】gōngyǒuzhì 名(国有や集団所有などの)生産手段の社会的共有制.
【公寓】gōngyù 名 ① マンション. アパート. (量) 所,家. ②〈旧〉月決めで部屋を借りて住む宿屋.
*【公元】gōngyuán 名 **西暦紀元**. ¶～二〇〇〇 èr líng líng líng 年 / 西暦2000年.
【公园】gōngyuán 名 **公園. (量) 个,座 zuò. ¶逛 guàng ～ / 公園をぶらつく.
【公约】gōngyuē 名 ①(多国間の)**条約**. ¶人权 rénquán ～ / 人権条約. ② 規約. 申し合わせ. ¶卫生 wèishēng ～ / 衛生規約.
【公约数】gōngyuēshù 名〈数〉公約数.
【公允】gōngyǔn 形〈書〉公平で妥当である. ¶貌似 màosì ～ / 表面は公正な様子である.
【公债】gōngzhài 名〈経〉公債.
【公债券】gōngzhàiquàn 名 公債証書.
【公章】gōngzhāng 名 公印. ¶盖 gài ～ / 公印を押す.
【公正】gōngzhèng 形 公正である.
【公证】gōngzhèng 動 **公証をする**. ¶～书 / 公正証書.
【公职】gōngzhí 名 公職.
【公制】gōngzhì 名〈略〉メートル制. ►"国际 guójì 公制"の略称.
【公众】gōngzhòng 名 公衆. 大衆.
【公众人物】gōngzhòng rénwù 名 (政財界やスポーツ・芸能界などの)有名人.
【公诸同好】gōng zhū tóng hào〈成〉自分の愛好するものを同好者とともに楽しむ.
【公诸于世】gōng zhū yú shì〈成〉社会に発表する. 世間に知らしめる.
【公主】gōngzhǔ 名 皇女. 姫.
【公转】gōngzhuàn 動〈天〉公転する.
【公子】gōngzǐ 名〈旧〉若様. 王子；〈敬〉ご令息.
【公子哥儿】gōngzǐgēr 名(官僚や金持ちの世間知らずの)お坊ちゃん.

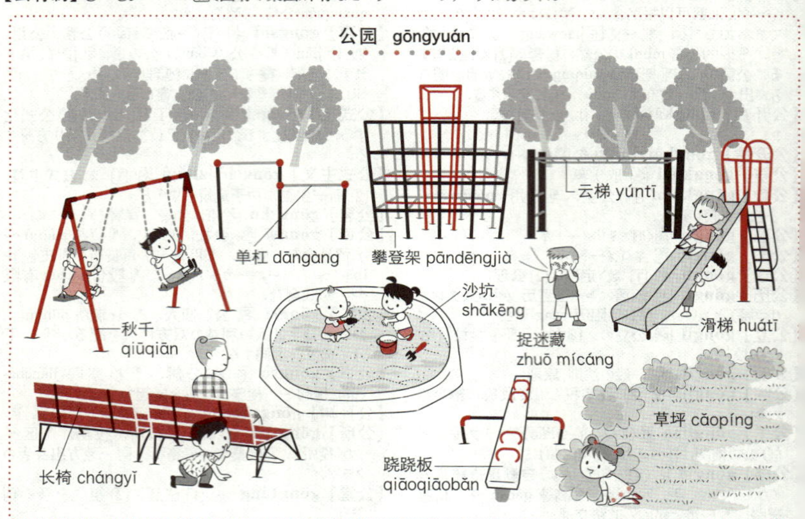

功 gōng 名 ①(↔过 guò)**手柄．功労．功績．**¶立大～／大手柄を立てる．¶一等～／(表彰としての)1等の功労．②〈物〉仕事．¶→～率 lù．
◇◆ ①効用．成果．業績．¶事半～倍 bèi／半分の労力で倍の成果を上げる．②(～儿)技．技能．¶画～／絵の技巧．¶基本～／基礎となる技術．

【功败垂成】gōng bài chuí chéng 〈成〉あと一息で成功というところで失敗する．
【功臣】gōngchén 名 ①〈旧〉功臣．功労のある人物．②人民の革命事業に功績のあった人．
【功到自然成】gōng dào zìrán chéng 〈諺〉努力さえすれば何事も必ず成功する．
【功德】gōngdé 名 ①功績と徳行．②〈仏〉功徳(くどく)．
【功底】gōngdǐ 名(芸・技術の)基礎．
*【功夫】gōngfu 名 ①**技量．腕前．**¶很有～／みごとな腕前だ．¶～不负 fù 有心人／〈諺〉努力すれば必ず報われる．②カンフー．中国拳法．③→【工夫】gōngfu
【功夫茶】gōngfuchá →【工夫茶】gōngfuchá
【功夫片儿】gōngfupiānr 名 カンフー映画．
【功过】gōngguò 名 功労と過失．
【功绩】gōngjì 名(大きな)功績．手柄．量 份,个．
【功架】gōngjià 名(京劇俳優の)身のこなし，しぐさ．
*【功课】gōngkè 名 ①**授業**；成績．量 门．¶复习～／授業の復習をする．②宿題．勉強．③〈仏〉(読経などの)勤行(ごんぎょう)．
【功亏一篑】gōng kuī yī kuì 〈成〉長年の努力を最後のわずかなことで失敗に終わらせてしまう．
*【功劳】gōngláo 名 **功労．**功績．¶立～／功績を立てる．¶妈妈的～可不小啊！／お母さんこそたいへん骨を折った．
【功劳簿】gōngláobù 名 功績簿．
【功力】gōnglì 名 ①効率．効能．②技と力．
【功利】gōnglì 名 功利．功果と利益．
【功率】gōnglǜ 名〈物〉パワー．仕事率．¶～计 jì／ダイナモメーター．
【功名】gōngmíng 名 ①偉業と名声．②〈旧〉科挙に及第して得た資格や官職．
【功能】gōngnéng 名 **機能．**職能．量 种 zhǒng．
【功能键】gōngnéngjiàn 名〈電算〉ファンクションキー．
【功效】gōngxiào 名 効き目．効果．
【功勋】gōngxūn 名 勲功．手柄．¶～章 zhāng／勲章．
【功业】gōngyè 名 功績の大きい事業．
【功用】gōngyòng 名 効用．用途．
【功罪】gōngzuì 名 功罪．

攻 gōng 動 ①**攻める．**討つ．②〈書〉**責める．**とがめる．¶群起而～之／みんなが口をそろえて責める．③**研究する．**学ぶ．►"专 zhuān ～"の形で用いることが多い．¶专～物理学／物理学を専攻する．‖姓

【攻博】gōngbó 動 博士課程で学ぶ．
【攻城略地】gōng chéng lüè dì 〈成〉都市を攻め落とし土地を奪う．
【攻错】gōngcuò 動〈書〉〈喩〉他人の長所を取り入れ自分の短所を直す．
【攻打】gōngdǎ 動 攻撃する．
【攻读】gōngdú 動(書物を)一心に読む．(学問を)専攻する．
【攻关】gōngguān 動(学問や技術上の)難関を攻める．重要問題に取り組む．
【攻击】gōngjī 動 ①**攻撃する．**攻め撃つ．②**非難する．**¶恶毒 èdú ～／悪辣(あくらつ)な非難．
【攻歼】gōngjiān 動 攻撃し殲滅(せんめつ)する．
【攻坚】gōngjiān 動 ①堅塁を攻略する．②〈喩〉最も厄介な問題に取り組む．
【攻坚战】gōngjiānzhàn 名〈軍〉陣地攻撃戦．
【攻讦】gōngjié 動〈書〉他人の過失や秘密をあばいて責める．
【攻克】gōngkè 動 攻め落とす．攻略する．
【攻破】gōng//pò 動 撃破する；攻め落とす．
【攻其无备】gōng qí wú bèi 〈成〉虚をついて攻める．不意打ちをかける．
【攻取】gōngqǔ 動 攻略する．
【攻势】gōngshì 名 攻勢．
【攻守同盟】gōng shǒu tóng méng 〈成〉攻守同盟；〈転〉ぐるになって互いにかばい合うこと．
【攻书】gōngshū 動 学問に打ち込む．
【攻无不克】gōng wú bù kè 〈成〉攻撃すれば陥落しないところはない．百戦百勝．
【攻下】gōng//xià 動＋方補 攻め落とす．突破する．
【攻陷】gōngxiàn 動 陥落させる．攻め落とす．
【攻心】gōngxīn 動 ①(思想の面から教育を行い)改心させる．②〈俗〉(怒りや悲しみで)気絶しそうになる．¶怒气 nùqì ～／怒りのために気絶する．
【攻研】gōngyán 動 …の研究に力を入れる．研鑽する．¶～诗文／詩文の研究に打ち込む．
【攻占】gōngzhàn 動 攻撃占領する．

*__供__ gōng 動 ①**供給する．**与える．¶～不上／供給しきれない．②**(便宜を)供する,提供する．**¶候车室专 zhuān ～旅客 lǚkè 休息／待合室はもっぱら旅客の休息に供する．¶～读者参考／読者の参考に供する．‖姓 ▸▸gòng

【供不应求】gōng bù yìng qiú 〈成〉供給が需要に応じきれない．
【供电】gōngdiàn 動 電力を供給する．
*【供给】gōngjǐ 動 **供給する．**提供する．注意 俗に gōnggěi と発音する人もいる．
【供给制】gōngjǐzhì 名 現物給与制．
【供暖】gōngnuǎn 動 暖房する．¶蒸气 zhēngqì ～／スチーム暖房．
【供气】gōngqì 動〈機〉空気やガスを供給する．
【供求】gōngqiú 名 **需給．**需要と供給．¶～紧张 jǐnzhāng／需給がタイトだ．
【供销】gōngxiāo 名 供給と販売．
【供销合作社】gōngxiāo hézuòshè 名 購買販売協同組合．
【供需】gōngxū ①名 供給と需要．需給．②動〈書〉(需要のある物品を)供給する．
【供养】gōngyǎng 動(親や目上の人を)養う,生活の面倒をみる．¶～父母 fùmǔ／父母を養う．⇨【供养】gòngyǎng
【供应】gōngyìng 動 **供給する．**補給する．¶～蔬菜 shūcài／野菜を市場に出す．

肱 gōng ◇◆ 二の腕；(広く)腕．¶股 gǔ ～／頼りになる人．

【肱骨】gōnggǔ 名〈生理〉上腕骨．上膊骨．

宫 gōng

名 ①客殿．②古代中国の音楽の5音階の一つ．

◇◆ ①寺院．神殿．¶雍和Yōnghé～／雍和宮．►北京にあるラマ教寺院．②(文化娯楽用の)殿堂，館．¶少年 shàonián～／少年文化センター．③神話中の神の住む所．¶龙lóng～／竜宮．‖姓

【宫保】gōngbǎo 名 材料を油で揚げ，辛味のあるあんをかける料理法．¶～鸡丁 jīdīng／角切り鶏肉の辛味あんかけ．

【宫灯】gōngdēng 名(宮廷で用いた)八角または六角の灯籠(とうろう)．宮灯．

【宫殿】gōngdiàn 名 宮殿．量 座．¶～式建筑jiànzhù／宮殿造り．

【宫娥】gōng'é 名 宮中に仕える女性．女官．

【宫颈】gōngjǐng 名〈略〉〈医〉子宮頸(けい)．¶～癌ái／子宮頸癌．

【宫内节育器】gōngnèi jiéyùqì 名 避妊リング．

【宫女】gōngnǚ 名 宮仕えの女．女官．

【宫阙】gōngquè 名 宮殿．

【宫室】gōngshì 名 ①〈古〉家屋．②王宮．

【宫廷】gōngtíng 名 宮廷；宮中．王室；(集合的に)廷臣．

【宫廷政变】gōngtíng zhèngbiàn 名 宮廷内の政変；〈転〉クーデター．

【宫外孕】gōngwàiyùn 名〈医〉子宮外妊娠．

恭 gōng

◇◆ ①恭しい．¶→～候 hòu．②大小便．¶出～／用を足す．‖姓

【恭读】gōngdú 動(手紙文で)拝読いたしました．

【恭贺】gōnghè 動 謹んで祝う．¶～新禧 xīnxǐ／明けましておめでとうございます．

【恭候】gōnghòu うやうやしく待つ．¶～光临guānglín／謹んでご光臨をお待ち申しあげます．

【恭谨】gōngjǐn 形 丁重である．

【恭敬】gōngjìng 形(目上の人や客に対し)恭しい．礼儀正しく丁寧である．¶～待人 dàirén／礼儀正しく人に接する．

【恭敬不如从命】gōngjìng bùrú cóngmìng 〈諺〉遠慮するよりは相手の好意を受け入れたほうがよい．

【恭请】gōngqǐng 動 謹んでお願い申しあげる．►招待・招請の書簡文に多く用いる．¶～光临／ご出席くださいますようお願い申しあげます．

【恭顺】gōngshùn 形 恭順である．従順である．

【恭桶】gōngtǒng 名 便器．

【恭惟・恭维】gōngwei 動 お世辞を言う．おべっかを使う．¶～话／お世辞．

【恭喜】gōngxǐ 〈套〉おめでとう．¶～！～！／おめでとうございます．¶～你考上了大学／大学合格おめでとうございます．¶～发财 fācái／お金儲けができますように．►正月や祝日のあいさつの言葉．

蚣 gōng

"蜈蚣 wúgong"(ムカデ)という語に用いる．

躬 gōng

◇◆ ①自ら．¶→～行 xíng．②(体を)曲げる．¶鞠 jū～／おじぎをする．

【躬亲】gōngqīn 動〈書〉自分で行う．

【躬行】gōngxíng 動〈書〉自ら行う．

龚(龔) gōng ‖姓

觥 gōng

名〈古〉獣の角で作った酒器．¶～筹 chóu 交错／酒宴のにぎやかなさま．

3声

巩(鞏) gǒng

◇◆ 堅固である．頑丈である．¶～皮病／象皮病．‖姓

*【巩固】gǒnggù ①形(多く抽象的な物事について)強固である．揺るぎがない．¶～的政权 zhèngquán／強固な政権．②動 強化する；強固にする．¶～基础 jīchǔ／基礎を固める．

汞 gǒng

名〈化〉水銀．Hg．一般に"水银 shuǐyín"という．‖姓

【汞电池】gǒngdiànchí 名 水銀電池．

【汞弧灯】gǒnghúdēng 名 水銀アーク灯．

【汞溴红】gǒngxiùhóng 名〈薬〉マーキュロクロム．赤チン．►"红汞 hónggǒng""红药水 hóngyàoshuǐ"とも．

拱 gǒng

動 ①手をこまねく．両手を組み合わせ，ひじより上を挙げる．¶→～手．②(体で)上または前に押す．持ち上げる．押しのける；(植物が)土を押し分けて芽を出す．¶用肩膀 jiānbǎng 把门～开／肩でドアを突きあける．¶叶芽 yèyá～出地面／芽が土の中から出てきた．③体を弓形に曲げる．¶花猫 huāmāo～了～腰 yāo／三毛猫がちょっと背伸びをした．

◇◆ ①アーチ形．せりもち．¶→～桥 qiáo．②取り巻く．取り囲む．¶→～卫 wèi．‖姓

【拱坝】gǒngbà 名 アーチダム．

【拱抱】gǒngbào 動(山々が)取り囲む．¶群峰qúnfēng～／多くの山に取り囲まれる．

【拱顶】gǒngdǐng 名〈建〉丸屋根．丸天井．

【拱门】gǒngmén 名〈建〉アーチ形の門．

【拱桥】gǒngqiáo 名〈建〉アーチ形の橋．太鼓橋．量 座 zuò．¶石 shí～／石のアーチ橋．

【拱手】gǒng//shǒu 動 拱手(きょうしゅ)の礼をする．

参考 両手を胸の前で組み合わせて，あるいは右手で左手のこぶしを握り，上下に動かして敬意を表す伝統的なあいさつの礼．¶他向大家拱了拱手／彼はみんなに拱手の礼をした．

【拱卫】gǒngwèi 動 取り囲んで周囲から守る．

【拱券】gǒngxuàn 名〈建〉アーチ．橋梁・窓などの弧形になった所．►"券 xuàn"とも．

4声

*共 gòng

❶副 ①全部で．合計．¶鲁迅选集～十三卷／魯迅選集は全部で13巻です．②〈書〉共に．一緒に．¶～聚 jù 一堂／一堂に集まる．¶朝夕 zhāoxī 与～／日夜行動を共にする．¶我俩儿～搭 dā 一辆车／私たち二人はいっしょに車に乗った．

❷動 共にする．¶同甘苦 gānkǔ，～患难 huànnàn／苦楽を同じくし，艱難(かんなん)を共にする．

◇◆ ①共通の．共有の．¶→～通．②共産党．¶中～／中国共産党．‖姓

*【共产党】gòngchǎndǎng 名 共産党．

【共产国际】Gòngchǎn guójì 名 コミンテルン．第三インターナショナル．

*【共产主义】gòngchǎn zhǔyì 名 共産主義(の制度)．

【共处】gòngchǔ 動 共存する. ¶和平 hépíng ～ / 平和共存.
【共度】gòngdù 動 ともに過ごす. ¶～佳节 jiājié / いっしょに祝祭日を祝う.
【共犯】gòngfàn 名 共犯(者).
【共和】gònghé 名 共和(政体).
【共和国】gònghéguó 名 共和国.
【共计】gòngjì 動 ① **合計する；合わせて…である.** ¶两项 xiàng 开支 kāizhī ～三百元 / 二つの支出は合わせて300元である. ② 共に話し合う.
【共居】gòngjū 動 同時に存在する. ►抽象的なものをさすことが多い.
【共聚】gòngjù ① 名〈化〉共重合. ② 動 一堂に会する.
【共勉】gòngmiǎn 動 互いに励まし合う. ¶愿 yuàn ～之 / お互いに励まし合いましょう.
【共鸣】gòngmíng ① 動 共鳴する. 共感する. ② 名〈物〉共鳴. ¶～器 qì / 共鳴器.
【共栖】gòngqī 名〈生〉片利共生.
【共青团】gòngqīngtuán 名〈略〉共産主義青年団. 共青団.
【共识】gòngshí 名 共通の認識. コンセンサス.
【共事】gòng//shì 動 事を共にする；一緒に仕事をする.
【共通】gòngtōng 形 共通の.
*【共同】gòngtóng ① 形 **共同の.** 共通した. ¶～理想 / 共通の理想. ¶两者之间没有～之处 chù / 両者の間には共通点がない. ② 副 **共同で.** ¶～努力 nǔlì / 一緒に努力する.
【共同体】gòngtóngtǐ 名 ① 共同体. ② 国家連合の形式の一つ.
【共同语言】gòngtóng yǔyán 名 共通言語；〈喩〉共通の話題.
【共享】gòngxiǎng 動 共に享受する. 分かち合う. ¶～欢乐 huānlè / 喜びを共に享受する.
【共享资源】gòngxiǎng zīyuán 名〈電算〉共有資源. 共有リソース.
【共性】gòngxìng 名 共通性.

贡 gòng

◇◆ ①貢ぎ物. ¶进～ / 貢ぎ物を奉る. ¶纳 nà ～ / 貢ぎ物を献上する. ②有能な人材を選抜して朝廷に推薦する. ‖ 姓
【贡品】gòngpǐn 名 貢ぎ物.
【贡税】gòngshuì 名〈古〉人民が皇帝に納めた金銭や財物. ►“贡赋 gòngfù”とも.
【贡献】gòngxiàn ① 動(公のために) **ささげる, 寄与する,** 差し出す. ¶她为科学～了全部精力 jīnglì / 彼女は科学のためにすべての力をささげた. ¶他把世代珍藏 zhēncáng 的文物字画～给博物馆了 / 彼は代々秘蔵してきた書画骨董を博物館に寄付した. ② 名 **貢献. 寄与.** ► gòngxian と発音することが多い. ¶作出历史的～ / 歴史的な貢献をする.

供 gòng

動 ①(位牌や仏像などに) **供える.** ¶～祖宗 zǔzong / 祖先の位牌に供え物をする. ② **供述する.** 自供する. ¶他～出了自己的罪行 zuìxíng / 彼は自分の犯罪を自供した.
◇◆ ①お供え. ¶上～ / 供物を供える. ②供述. ¶招 zhāo ～ / 白状する. ⏩ gōng
【供词】gòngcí 名 供述. 自供.
【供奉】gòngfèng ① 動(位牌や仏像などを) 祭る. ¶～圣像 shèngxiàng / イコンを祭る. ② 名 皇帝に仕える芸人.
【供具】gòngjù 名 供え物用の器具.
【供品】gòngpǐn 名 供え物.
【供认】gòngrèn 動 白状する. 自供する. ¶～不讳 bùhuì / 包み隠さず自供する.
【供事】gòng//shì 動 職務を担当する.
【供养】gòngyǎng 動〈宗〉供え物をして神仏などを祭る. ¶香花～ / 線香と花を供える.
⇒【供养】gōngyǎng
【供职】gòng//zhí 動 奉職する.
【供状】gòngzhuàng 名 供述書.
【供桌】gòngzhuō 名 供物台.

gou (ㄍㄡ)

1声 勾(句) gōu

動 ① **チェック印(∨)や棒線などで印をつけて削除または抜き出す.** ¶把他的名字～掉 diào / 彼の名を名簿から除く. ¶～掉这笔账 zhàng / この勘定を帳消しにする. ¶用红笔～出重点 zhòngdiǎn / 重要なところに赤ペンでしるしをつける. ② 輪郭をとる. ¶用铅笔～一个轮廓 lúnkuò / 鉛筆で輪郭をとる. ③(セメントなどで) すきまを埋める. ¶～墙缝 qiángfèng / 壁のすきまを塗りつぶす. ④ **引き起こす. 誘い出す.** ¶这张画～起了我对童年 tóngnián 的回忆 huíyì / この絵は私の幼い時の思い出を呼び起こした. ⑤〈料理〉とろみをつける. ¶→～芡 qiàn.
◇◆ 結託する. ¶→～结 jié. ‖ 姓 ⏩ gòu
【勾搭】gōuda 動 結託する. ぐるになる. ひそかに内通する. ¶那两个人～上了 / あの2人はくっついた.
【勾股定理】gōugǔ dìnglǐ 名〈数〉ピタゴラスの定理.
【勾画】gōuhuà 動 簡単に輪郭だけを描く；(文字で) 簡単に描写する. ►“勾划”とも書く.
【勾魂】gōu//hún 動(～儿) 心を奪う. ¶你被谁勾住了魂? / あなたはだれに心を奪われているの.
【勾结】gōujié 動 **結託する.** ぐるになる. ¶暗中 ànzhōng ～ / ひそかに結託する.
【勾勒】gōulè 動 ① 輪郭をとる. ¶～轮廓 lúnkuò / 輪郭を描き出す. ② 簡単に描写する.
【勾脸】gōu//liǎn 動(～儿)(役者が) 顔のくまどりをする.
【勾留】gōuliú 動〈書〉逗留する.
【勾描】gōumiáo 動 輪郭をとる.
【勾芡・勾欠・勾纤】gōu//qiàn 動(～儿) あんかけにする. 片栗粉でとろみをつける. ¶汤 tāng 里勾点儿芡 / スープにとろみをつける.
【勾通】gōutōng 動 結託する. 内通する.
【勾销】gōuxiāo 動 取り消す. 抹殺する. ¶一笔 bǐ ～ / あっさり帳消しにする.
【勾引】gōuyǐn 動 ① 結託する. 悪の道に誘い込む. ②(異性を) 誘惑する. ③ 引き出す.

句 gōu

“高句丽〔骊〕Gāogōulí”(昔の国名), “句践 Gōujiàn”(春秋時代, 越国の国王の名) などの固有名詞に用いる.
⇒〖勾 gōu〗 ⏩ jù

佝 gōu

“佝偻病 gōulóubìng”↓という語などに用いる.

【佝偻】gōulóu ①動(背を)曲げる. ②形(背中が)曲がっている.
【佝偻病】gōulóubìng 名〈医〉くる病.

沟(溝) gōu

名(～儿)(量)条 tiáo,道. ①溝. 堀. ②(溝型の)くぼみ. ¶开～播种 bōzhòng / 溝を切って種をまく. ③川筋. 谷間. 谷川. ¶小河～儿 / 小さな谷川.
【沟壑】gōuhè 名 谷間.
【沟渠】gōuqú 名(灌漑・排水用の)溝渠(こうきょ),溝. 用水路. クリーク.
【沟鼠】gōushǔ 名〈動〉ドブネズミ.
【沟通】gōutōng 動 橋渡しをする;(意志・文化を)疎通させる. ¶～南北的南京长江大桥 Chángjiāng dàqiáo / 南と北を結ぶ南京長江大橋. ¶～思想 sīxiǎng / 意思を通わせる.
【沟沿儿】gōuyánr 名 溝の両側.

枸 gōu

"枸橘 gōujú"(カラタチ)という語に用いる. ▸▸ gǒu,jǔ

钩(鉤) gōu

❶名 ①(～儿)(ものを引っかける)かぎ. フック. 釣り針. (量)个. ¶秤 chèng～儿 / 竿(はかり)ばかりのかぎ. ¶钓鱼 diàoyú～儿 / 釣り針. ¶挂衣 guàyī～ / 衣服を掛けるかぎ. ②(～儿)チェック,照合・採点などの印(∨). ¶打～ / ∨印をつける. ③漢字の筆画の一つ. はねる筆法.
❷動 ①(かぎで)引っかける;ロックする. ¶～住窗户 / 窓をロックする. ¶把东西～上来 / 物を引っかけてつり上げる. ¶他的袖子 xiùzi 给钉子 dīngzi～住了 / 彼の袖が釘に引っかかった. ②かぎ針で編む;まつり縫いをする. ¶～一个钱包 qiánbāo / かぎ針で財布を編む. ¶～贴边 tiēbiān / 縁をまつり縫いする. ‖姓
【钩虫】gōuchóng 名 十二指腸虫.
【钩心斗角】gōu xīn dòu jiǎo 〈成〉互いに腹を探り合って暗闘する. ►"勾心斗角"とも書く.
【钩针】gōuzhēn 名(～儿)かぎ針.
【钩子】gōuzi 名 かぎ. フック(状のもの). ¶火～ / 火かき棒. ¶把帽子 màozi 挂在～上 / 帽子をかぎに掛ける.

篝 gōu

名〈書〉かがり.
【篝火】gōuhuǒ 名 かがり火. たき火.

3声
苟 gǒu

接続〈書〉もし. かりに. ¶～不慎 shèn,必有失 / ちょっと油断をすれば必ずすきができる.
◇◆ ①ゆるがせにする. ¶→～同. ②一時的に. ¶→～安. ‖姓
【苟安】gǒu'ān 動〈書〉目先の安逸をむさぼる.
【苟活】gǒuhuó 動〈書〉いい加減に生きる.
【苟且】gǒuqiě 形〈書〉①一寸逃れである. ¶～偷生 tōushēng / 良心をごまかして生き長らえる. ②いい加減である. ¶因循 yīnxún～ / ぐずぐずしていいかげんにごまかす. ③(男女の関係が)不義の.
【苟全】gǒuquán 動〈書〉かろうじて(一命を)保つ. 死なずにすむ. ¶～性命 xìngmìng / いたずらに長生きをする.
【苟同】gǒutóng 動〈書〉いい加減に同意する.
【苟延残喘】gǒu yán cán chuǎn 〈成〉なんとか命を保つ. 余命をつなぐ.

**
狗 gǒu

名 イヌ. (量)条,只. ❖养 yǎng～ / イヌを飼う.
◇◆ 人をののしる. ¶～地主 / 地主め. ⇨〖犬 quǎn〗
【狗吃屎】gǒu chī shǐ 〈慣〉(嘲笑の気持ちを含んで)前へつんのめって倒れるさま.
【狗胆包天】gǒu dǎn bāo tiān 〈成〉〈罵〉力がないくせに大それたことをしようとする.
【狗獾】gǒuhuān 名〈動〉タヌキ;アナグマ.
【狗急跳墙】gǒu jí tiào qiáng 〈成〉〈貶〉追いつめられた者は何でもする. 窮鼠猫をかむ.
【狗拿耗子,多管闲事】gǒu ná hàozi, duō guǎn xiánshì (イヌがネズミをとる,すなわち)余計なお節介をする.
【狗刨】gǒupáo 名(～儿)(水泳の)犬かき. ►"狗爬 gǒupá"とも.
【狗皮膏药】gǒupí gāoyao 名〈喩〉いかさま商品.
【狗屁】gǒupì 名〈罵〉(話や文章が)下らないこと. でたらめなこと. ¶～不通! / でたらめで全然なっていない. ¶放 fàng～! / ばかを言え!
【狗肉】gǒuròu 名〈食材〉イヌの肉.
【狗屎堆】gǒushǐduī 名〈罵〉人間のくず.
【狗头军师】gǒutóu jūnshī 名 知恵の足りない策士.
【狗腿子】gǒutuǐzi 名 悪の手先.
【狗尾草】gǒuwěicǎo 名〈植〉エノコログサ. ►"狗尾巴 ba 草"とも.
【狗尾续貂】gǒu wěi xù diāo 〈成〉立派な文章に悪文を書き足す.
【狗窝】gǒuwō 名 イヌ小屋.
【狗熊】gǒuxióng 名 ①〈動〉ツキノワグマ. ②〈喩〉能なし.
【狗血喷头】gǒu xuè pēn tóu 〈成〉悪罵を浴びせる. ¶被骂 mà 得～ / さんざん悪罵を浴びせられた.
【狗眼看人低】gǒuyǎn kàn rén dī 〈諺〉自分がつまらない人間のくせに,人よりもすぐれていると思い上がる.
【狗咬狗】gǒu yǎo gǒu 〈慣〉イヌのけんか;〈喩〉内輪もめを皮肉る言葉. ¶～,一嘴 zuǐ 毛 / 醜い仲間げんかは取るに足りない.
【狗咬吕洞宾】gǒu yǎo Lǚ Dòngbīn 〈歇〉("不识好人心"と続き)人格者にほえるというところから人を見分ける目がない,人の好意が分からない.
【狗仗人势】gǒu zhàng rén shì 〈成〉他人の勢力を笠に着ていじめる.
【狗嘴里吐不出象牙】gǒu zuǐli tǔbuchū xiàngyá 〈諺〉下品な人間がりっぱなことを言えるはずがない.

枸 gǒu

"枸杞 gǒuqǐ"(クコ. クコシ)という語に用いる. ¶～杞子酒 / クコ酒. ▸▸ gōu,jǔ

4声
勾(句) gòu

"勾当 gòudàng"(〈貶〉事柄. こと.)という語に用いる. ‖姓 ▸▸ gōu

构(構) gòu

◇◆ ①構成する. 組み立てる. ¶→～造. ¶～词 / 語の組み立て. ②(事を)構える. ¶虚 xū～ / フィクションで書く. ③文芸作品. ¶佳 jiā～ / 佳作. ‖姓
*【构成】gòuchéng 動 構成する. つくり上げる. ►

G

「…によって構成される」は"由 yóu …构成"の形をとり,「…をつくる」は"构成…"の形をとる. ¶这个政府是由三个党 dǎng ～的 / この政府は 3 党からなっている.

【构件】**gòujiàn** 名 ①(機械の)部材. ②〈建〉プレキャスト部材.

【构建】**gòujiàn** 動(抽象的な事柄を)構築する.

【构思】**gòusī** ①動 構想する. ②名 構想;着想. ¶～巧妙 qiǎomiào / 構想が巧みである.

【构图】**gòutú** 名〈美〉構図. ¶这张画～平凡 píngfán / この絵は構図が平凡だ.

【构想】**gòuxiǎng** ①動 構想を練る. ②名 構想.

*【构造】**gòuzào** 名 **構造**. 構成. ¶转缸 zhuǎngāng 式发动机 fādòngjī 的～ / ロータリーエンジンの構造.

【构筑】**gòuzhù** 動(軍事関係のものを)構築する,修築する. ¶～工事 / 塹壕を掘る.

【构筑物】**gòuzhùwù** 名(給水塔や煙突などの)構築物.

购(購) gòu

◇◆ 買う. ¶采 cǎi ～ / 買い付ける.

【购房】**gòufáng** 動 住宅を購入する. ¶～储蓄 chǔxù / 住宅購入貯蓄. ¶～贷款 dàikuǎn / 住宅融資. 住宅ローン.

【购货单】**gòuhuòdān** 名 注文書.

【购买】**gòumǎi** 動 **購買する**. 買う. ¶～化肥 huàféi / 化学肥料を買い入れる.

【购买力】**gòumǎilì** 名 購買力.

*【购物】**gòuwù** 名 **買物**. **ショッピング**.

*【购物中心】**gòuwù zhōngxīn** 名 ショッピングセンター.

【购销】**gòuxiāo** 名 **仕入れと販売**. 買い付けと販売. ¶～差价 chājià / 仕入れと販売の利ざや. ¶～两旺 wàng / 仕入れと販売ともに盛んである.

【购置】**gòuzhì** 動(長期に使用するものを)買い入れる. ¶～一套家具 / 家具を一式購入する.

诟 gòu

◇◆ ①恥. ②ののしる. 罵倒する. ¶～骂 mà / 口汚くののしる.

垢 gòu

◇◆ ①あか. 汚れ. ¶油～ / 油の汚れ. ¶泥 ní ～ / 泥垢. ②汚い. 不潔である. ③恥. 恥辱.

【垢污】**gòuwū** 名 汚れ. あか.

够(夠) gòu

❶動 ①(必要な数量・標準・程度などに)**達する,足りる,十分ある**;(量が多くて)**あきる**. ►名詞(多く 2 音節語)・動詞(多く単音節語)・主述句の目的語が後に続くこともある. ¶钱～了吗?——～了,～了 / お金は足りますか——はい,十分あります. ¶他当 dāng 教授～资格 zīgé 了 / 彼は教授になる資格が十分ある. ¶有碗 wǎn 汤面就～吃了 / ラーメン 1 杯あれば(食べるのに)十分だ.

> 語法ノート
>
> **動詞(+"得 / 不")+"够"**
>
> 動作の結果「**十分である;多すぎてあきる**」ことを表す. ¶还没看～呢,让 ràng 我再 zài 看一会儿 / まだ十分に見ていないので,もうしばらく見させてください. ¶带 dài 孩子我可带～了 / 子供の世話はもうあきあきした.
>
> **動詞+"个"+"够"**
>
> 動作が「**思う存分,たっぷり**」行われることを表す. ¶明天的舞会 wǔhuì,你们可以跳 tiào 个～ / あすのダンスパーティー,君らは思う存分踊ったらいい.

②(腕をできるだけ伸ばすか,または長い道具を使って物を)取る. ¶劳驾 láojià,请把落 luò 在院子里的球 qiú 给～上来 / すみませんが,庭に落ちたボールを取ってください. ❖～不着 *buzháo* / 手が届かない;取れない.

❷副 ①《形容詞を修飾し,一定の標準・程度に達することを表す》**十分に**. ¶饺子 jiǎozi 已经～多了 / ギョーザの数はもうこれで十分だ.

②《形容詞を修飾し,程度の高いことを表す》**ずいぶん**. えらく. ►後に"的"や"了"を呼応させることが多い. ¶房间 fángjiān 真～冷 lěng 的 / 部屋がずいぶん寒い. ¶你们可～辛苦 xīnkǔ 了 / みなさん,たいへんご苦労さまでした.

【够本】**gòu//běn** 動(～儿)(商売や賭博で)元がとれる;〈喩〉損得なし. ¶不～ / 損をする. ¶够不够本? / 元値がとれましたか.

【够格】**gòu//gé** 動(～儿)標準に達している. 合格である.

【够交情】**gòu jiāoqing** 〈慣〉①交際が深い. ②⇀【够朋友】**gòu péngyou**

【够劲儿】**gòujìnr** 形〈口〉①面白い. 興味をそそる. ②**相当骨が折れる**. **かなりひどい**. ¶疼 téng 得真～ / ほんとうにひどい痛さだ.

【够朋友】**gòu péngyou** 〈慣〉友達がいがある.

【够戗・够呛】**gòuqiàng** 形〈方〉**たまらない**. すさまじい. やりきれない. ¶痒 yǎng 得～ / かゆくてたまらない. ¶这家伙 jiāhuo 真～! / ほんとうにひどいやつだ.

【够瞧的】**gòuqiáode** 形〈口〉とてもひどい. ひどくてやりきれない. ¶够他瞧的 / あいつ,さぞやりきれないだろう.

【够受的】**gòushòude** 形〈口〉たまらない. やりきれない. ¶够你受的 / 実にたいへんですね.

【够数】**gòushù** 動(～儿)数が足りる.

【够损的】**gòusǔnde** 形〈口〉(言葉が)辛辣である. (行為が)たちが悪い. ¶他说话真～ / あいつの話はひどすぎる.

【够味儿】**gòuwèir** 形〈口〉なかなかのものである. 味わいがある.

【够意思】**gòu yìsi** 〈慣〉①すばらしい. 立派だ. ②友達がいがある.

媾 gòu

◇◆ ①縁組みをする. ¶婚 hūn ～ / 結婚. 縁組み. ②和睦する. ¶→～和 hé. ③交合する. ¶交～ / 性交する.

【媾和】**gòuhé** 動〈書〉講和する.

gu(ㄍㄨ)

估 gū

1声

動 **見積もる**. **推測する**. 評価する. 見通しをつける. ¶你～一～这堆 duī 橘子 júzi 有几公斤 / このひと山のミカンが何キロあるか当ててごらん. ▸▸ **gù**

【估产】**gū//chǎn** 動 生産量を見積もる;財産・資産を評価する.

【估堆儿】gū//duīr 動 ひとまとめにして値踏みする.
*【估计】gūjì ①動(おおよそを)見積もる. 推測する. ¶～他会来 / 彼は来ると思う. ¶他把小李的业务水平 yèwù shuǐpíng ～过高了 / 彼は李君の業務水準を過大評価してしまった. ②名 見積もり. 見通し.
【估价】gū//jià 動 ①値段を見積もる. ¶这堆 duī 商品已经估了价 / このひと山の品はもう値をつけた. ②(人や事物を)評価する. ¶正确 zhèngquè 地～历史人物 / 歴史上の人物を正しく評価する.
【估量】gūliáng 動 見積もる;(数量・大小・軽重などを)推し測る. ►gūliang とも発音する. ¶用眼睛～ / 目分量ではかる.
【估摸】gūmo 動〈方〉(大ざっぱに)見積もる. 推測する.
【估算】gūsuàn 動 推算する. 推定する.

咕 gū

擬 ①《ニワトリやハトなどの鳴き声》くっくっ. こっこっ. ②《腹がすいたときの音》ぐうぐう. ►重ねて用いることが多い. ⇒【咕噜】gūlū

【咕咚】gūdōng 擬 ①《かなり重いものが落ちたりぶつかったり水中に突入したりするときの音》どしん;どぶん. ②《水を勢いよく飲む音》ごくごく.
【咕嘟】gūdū 擬 ①《液体の沸騰する音》ぐらぐら. ぐつぐつ. ②《水などが湧き出る音》こんこん. ③《水などを勢いよく飲む音》がぶがぶ.
【咕嘟】gūdu 動 ①〈方〉長い間煮込む. ②(口を)とがらす. ふくれる.
【咕唧・咕叽】gūjī 擬《水などがはねとばされたり飛び散ったりして出る音》ばしゃばしゃ. ぴちゃぴちゃ. ►"咕哧 gūchī"とも.
【咕唧・咕叽】gūji 動 小声でささやく.
【咕隆】gūlōng 擬《雷の音;車輪などのきしむ音》ごろごろ. ごうごう. ►"咕隆隆"などの変化形がある.
【咕噜】gūlū 擬 ①《おなかがすいた時の音》ぐうぐう. ►"咕噜噜"などの変化形がある. ②《物が転がる音》ごろごろ. ③《水などを一口飲み下すときの音》ごくん. ►"咕噔 gūdēng""咕嘟 gūdū"とも. ④《水の湧く音》こんこん.
【咕噜】gūlu 動 ぶつぶつ言う.
【咕哝】gūnong 動 ぼそぼそ話す.

呱 gū

"呱呱 gūgū"⬇という書面語に用いる. ⏩guā

【呱呱】gūgū 擬〈書〉《赤ん坊の泣き声》呱呱(こ). おぎゃあ. ⇒【呱呱】guāguā

沽 gū

◇◆ ①買う. ¶～酒 / 酒を買う. ②売る. ¶待价 dàijià 而～ / 値段が上がるのを待って売る. ③(Gū)天津.

【沽名】gūmíng 動 売名行為をする.

姑 gū

副〈書〉ひとまず. しばらく. ¶～置勿 wù 论 / しばらく問題にしない. それはともかく.

◇◆ ①父の姉妹. ¶大～ / いちばん上のおば. ②夫の姉妹. こじゅうと. ¶大～子 / 夫の姉. ③しゅうとめ. ¶翁 wēng ～ / しゅうととしゅうとめ. ④仏門に入った女性. ¶尼 ní ～ / 尼. ‖姓

【姑表】gūbiǎo 名 親同士が兄と妹または姉と弟の関係にあるいとこ.
【姑姑】gūgu 名〈口〉父の姉妹. おば.
【姑夫・姑父】gūfu 名 おじ. 父の姉妹の夫.
【姑舅】gūjiù 父の姉妹の嫁ぎ先の親戚関係. ¶～亲 qīn / いとこ関係の親戚.
【姑老爷】gūlǎoye 名 ①〈敬〉婿どの. ②外祖父の姉妹の夫.
【姑妈】gūmā 名〈口〉(既婚の)父の姉妹. おば.
【姑母】gūmǔ 名 父の姉妹. おば.
【姑奶奶】gūnǎinai 名 ①父方の祖父の姉妹. ②嫁いだ娘に対する実家からの呼称.
*【姑娘】gūniang 名 ①(未婚の)女性. 少女. ②〈口〉娘. 女児. ¶三～ / 3番目の娘.
【姑婆】gūpó 名〈方〉①夫の父の姉妹. ②父方の祖父の姉妹.
【姑且】gūqiě 副 しばらく. ひとまず. ¶～不论 / しばらく論じない.
【姑嫂】gūsǎo 名 ある女性とその男兄弟の妻(兄嫁または弟の嫁).
【姑妄听之】gū wàng tīng zhī〈成〉いちおう聞くだけは聞いておく.
【姑妄言之】gū wàng yán zhī〈成〉いちおう伝えるだけは伝えておく.
【姑息】gūxī 動 甘やかす. 寛大に取り扱う.
【姑息疗法】gūxī liáofǎ 名〈医〉病状を一時的に緩和させる療法;〈喩〉一時しのぎの策.
【姑息养奸】gū xī yǎng jiān〈成〉悪に対して寛大であればやがては悪を助長することになる.
【姑爷】gūye 名〈口〉妻の実家から婿に対する呼称. ¶我家～很厚道hòudao / うちの婿はおとなしい人だ.
【姑子】gūzi 名〈口〉尼. 尼僧.

孤 gū

◇◆ ①孤独な. 独り. ¶→～独 dú. ②幼くして父または両親を失った. ¶→～儿 ér. ③古代王侯の自称.

【孤傲】gū'ào 形〈書〉(性格や態度が)ひねくれていて傲慢である.
【孤本】gūběn 名 世にただ一つだけ伝わった本;1冊しか現存しない手稿や拓本.
*【孤单】gūdān 形 ①独りぼっちである. 寄る辺がない. ¶孤孤单单的老人 / 寄る辺のない年寄り. ②(力が)弱い. 無力である.
【孤胆】gūdǎn 形 一騎当千の.
【孤独】gūdú 形 ①孤独である;独りぼっちである. ¶她独自一人生活,感到很～ / 彼女は一人暮らしで寂しかった. ②人付き合いをしたがらない.
【孤儿】gū'ér 名 ①父のいない子供. ¶～寡母 guǎmǔ / 父・夫を亡くした母子. ②孤児.
【孤芳自赏】gū fāng zì shǎng〈成〉高潔の士とうぬぼれ,自己陶酔に陥る.
【孤负】gūfù →【辜负】gūfù
【孤高】gūgāo 形〈書〉孤高である. ¶～傲 ào 世 / 自分一人が偉いと思って世の中の人を見下げる.
【孤寡】gūguǎ ①名 孤児と未亡人. ¶老弱 lǎoruò ～ / 老人・病弱者・孤児・寡婦. ②形 孤独である.
【孤拐】gūguai 名〈方〉①頬骨. ②足の両側. 親指と小指のつけ根辺りの横に突き出た部分.
【孤家寡人】gū jiā guǎ rén〈成〉大衆から浮き上がって孤立している人.
【孤军】gūjūn 名 孤軍. 味方から孤立した軍隊. ¶～作战 zuòzhàn / 孤軍で奮戦する.
【孤苦】gūkǔ 形 頼る人がなく生活が苦しい.
【孤苦伶仃】gū kǔ líng dīng〈成〉独りぼっちで身寄りがない. ►"孤苦零丁"とも書く.
【孤老】gūlǎo ①形 孤独で年を取っている. ②名

子供のいない老人.
【孤立】gūlì ①形 孤立している. ②動 孤立する;孤立させる. ¶处境 chǔjìng ～ / 孤立状態におかれる. ¶～敌人 dírén / 敵を孤立させる.
【孤零零】gūlínglíng 形(～的)独りぼっちで寂しい. 孤独なさま. ¶～的老人 / 孤独な老人. ¶～的一所小房子 / ぽつんと建っている小さな一軒家.
【孤陋寡闻】gū lòu guǎ wén 〈成〉学識が浅く見聞が狭いこと. ►自分のことを謙遜していうことが多い.
【孤僻】gūpì 形 性質がひねくれていて人づきあいをしない. ¶性情 xìngqíng ～ / 性質がひねくれている.
【孤身】gūshēn 名 独りぼっち.
【孤孀】gūshuāng 名 ①孤児と寡婦. ②未亡人.
【孤行】gūxíng 動(人の反対を顧みずに)独り決めで行う. ¶～已见 jǐjiàn / 独断専行する.
【孤掌难鸣】gū zhǎng nán míng 〈成〉一人だけでは何もできない.
【孤注一掷】gū zhù yī zhì 〈成〉一か八かの勝負をする. 土壇場で決着をつける.
【孤子】gūzǐ 名 孤児.

轱 gū “轱辘 gūlu”⇩という語に用いる.

【轱辘・轱轳】gūlu ①名〈方〉車輪. 車. ¶车～ / 車輪. ②動 転がる.

骨 gū “骨朵儿 gūduor”“骨碌 gūlu”⇩などの語に用いる. ⏩gǔ

【骨朵儿】gūduor 名〈方〉(花の)つぼみ.
【骨碌碌】gūlūlū 形(目や物が)くるくる回るさま. ¶眼睛～地直 zhí 转 zhuàn / 目がきょろきょろする.
【骨碌】gūlu 動(～的) ①(湯が)ぐつぐつと沸く. ②ころころ転がる. 注意 gūlū と発音すると擬声語「ころころ」の意になり,表記は“咕噜”などに変わる.

菇 gū ◇◆ きのこ. ¶蘑～ mógu / きのこ. ¶香 xiāng ～ / シイタケ. ¶冬～ / (冬季に取れる)シイタケ. ‖姓

菰 gū 名〈植〉①マコモ. ►イネ科の多年草で,葉はむしろ用,実と若芽は食用にする. ②〖菇 gū〗に同じ.

【菰菜】gūcài 名 マコモダケ. ►マコモの若い茎の下部に黒穂菌が寄生して肥大したもの.
【菰米】gūmǐ 名〈植〉マコモ米. マコモの種子.

辜 gū ◇◆ ①罪. ¶无～ / 罪がない(人). ②背く. ¶～恩 ēn / 恩に背く. ‖姓

【辜负】gūfù 動(期待などに)背く. (好意などを)無にする. ►“孤负”とも書く. ¶～老师的好意 / 先生の好意を無にする.

酤 gū 〈古〉①名 薄い酒. ②動(酒を)買う;(酒を)売る.

觚 gū 名 ①古代の酒器の一種. ②古代,字を書くのに使った木簡. ¶操 cāo ～ / 文章を書く. ③稜角.

箍 gū ①動 たがを掛ける. たがを締める. ¶头上～着条毛巾 máojīn / 頭にタオルで鉢巻きをしている. ②名(～儿)たが. 輪. 巻きつける物. ¶铁 tiě ～ / 鉄のたが.

3声 ＊**古** gǔ 形 古い. 古めかしい. ¶这座庙 miào ～得很 / この寺はたいへん古い. ◇◆ 古代. 昔. ¶～时候 / 古代. 昔. ‖姓

【古奥】gǔ'ào 形(詩文などが)古めかしくて難しい.
【古巴】Gǔbā 名〈地名〉キューバ.
【古板】gǔbǎn 形 昔かたぎである. 融通がきかない.
【古刹】gǔchà 名 古刹(こさつ).
＊【古代】gǔdài 名 古代. ¶～建筑 jiànzhù / 古代建築.
【古道热肠】gǔ dào rè cháng 〈成〉律義で人情に厚い.
【古典】gǔdiǎn 名 ①典故. 典例故実. ②古典. クラシック. ¶～文学 / 古典文学. ¶～音乐 yīnyuè / クラシック音楽.
【古董】gǔdǒng 名 ①骨董. ►“古玩 gǔwán”とも. ②〈喩〉時代遅れのものや頑固で保守的な人のたとえ. ►①② いずれも“骨董”とも書く.
【古都】gǔdū 名 古都.
【古尔邦节】Gǔ'ěrbāngjié 名(イスラム教の)クルバン祭.
【古方】gǔfāng 名(～儿)昔から伝えられてきた処方. 古伝の処方.
【古风】gǔfēng 名 ①昔の風俗習慣. ②⇀【古体诗】gǔtǐshī
【古怪】gǔguài 形 風変わりである. 変てこである. ¶这个人脾气 píqi 真～ / あの人はほんとうに変わり者だ. ¶穿着 zhuó ～ / 風変わりな格好をする.
【古话】gǔhuà 名 古くから言われている言葉.
【古籍】gǔjí 名 古典籍.
＊【古迹】gǔjì 名 古跡. 量 处 chù. ¶名胜 míngshèng ～ / 名所旧跡.
【古今】gǔjīn 名 昔と今. ¶～中外 / 古今東西. ¶～杂糅 záróu / 古い物と新しい物の寄せ集め.
【古旧】gǔjiù 形 古くさい.
【古柯】gǔkē 名〈植〉コカ. ¶～碱 jiǎn / 〈薬〉コカイン.
【古来】gǔlái 名 古来.
【古兰经】Gǔlánjīng 名〈宗〉コーラン.
＊【古老】gǔlǎo 形(歴史が)古い. ¶～的城堡 chéngbǎo / 古い砦(とりで).
【古老肉】gǔlǎoròu 名〈料理〉酢豚.
【古龙水】gǔlóngshuǐ 名 オーデコロン.
【古朴】gǔpǔ 形 古めかしく飾り気がない.
【古钱】gǔqián 名 古銭.
【古琴】gǔqín 名(中国の弦楽器)七弦琴.
【古人】gǔrén 名 古代人;昔の人;〈転〉故人.
【古色古香】gǔ sè gǔ xiāng 〈成〉古色蒼然としている.
【古诗】gǔshī 名 ①⇀【古体诗】gǔtǐshī ②(一般に)旧時の詩歌.
【古书】gǔshū 名 古い書物.
【古体诗】gǔtǐshī 名〈文〉古詩. 古体詩. ►唐代以後の“近体诗”(律詩・絶句)と区別していう.
【古铜色】gǔtóngsè 名 濃い褐色.
【古玩】gǔwán 名 骨董.
【古往今来】gǔ wǎng jīn lái 〈成〉古今を通じて. 昔から今まで.
【古为今用】gǔ wéi jīn yòng 〈成〉昔のものを現在に役立たせる. ¶～,洋为中用 / 過去を今に生かし,外国のものを中国に役立たせる.

G

【古文】gǔwén 名 ①(駢儷文(べんれいぶん)以外の)**文語文**の総称. ②(↔今文 jīnwén)漢代に通用した隷書に対し,秦代以前の字体をいう.
【古文字】gǔwénzì 名 古代の文字. ►中国では特に隷書以前の文字,甲骨文·金文から秦代の篆書(てんしょ)までの各書体をさす.
【古物】gǔwù 名 古物.
【古昔】gǔxī 名〈書〉昔. いにしえ.
【古稀】gǔxī 名〈書〉古稀(こき). 70歳.
【古训】gǔxùn 名 教訓となる昔の言葉.
【古雅】gǔyǎ 形(器物や詩文が)古風でみやびやかである.
【古谚】gǔyàn 名(古い)ことわざ.
【古音】gǔyīn 名〈語〉①(一般に)古代の語音. ②周·秦代の語音.
【古语】gǔyǔ 名 ①古語. ②→【古话】gǔhuà
【古猿】gǔyuán 名 類人猿. 猿人. ¶南方～/アウストラロピテクス.
【古筝】gǔzhēng 名 筝(そう). 木製の弦楽器.
【古装】gǔzhuāng 名 昔の服装. ¶～戏 xì/時代劇.
【古拙】gǔzhuō 形〈書〉古拙である.

谷(穀) gǔ

◇◆ ①(穀を取っていない)アワ. ¶～穗儿 suìr/アワの穂. ②穀物. ¶百～/いろいろな穀物. ③〈方〉稲;もみ. ④谷. 谷川. ¶山～/谷. 渓谷. ‖姓
【谷氨酸】gǔ'ānsuān 名〈化〉グルタミン酸.
【谷仓】gǔcāng 名 穀倉.
【谷草】gǔcǎo 名 ①アワ殻. ②〈方〉わら.
【谷壳】gǔké 名 もみ殻.
【谷类作物】gǔlèi zuòwù 名 穀類作物. イネ·ムギ·アワ·コウリャン·トウモロコシなどの総称.
【谷雨】gǔyǔ 名(二十四節気の一つ)穀雨(こくう). ►穀物をうるおす春雨が降るころ.
【谷子】gǔzi 名(量)粒 lì. ①〈口〉**アワ**. ►"粟 sù"とも. 穀を取った実は"小米 xiǎomǐ"という. ②(もみ殻つきの)コメ.

诂 gǔ

◇◆ 古代の言語·文字や方言字義を解釈する. ¶解 jiě～/古語の意味を説き明かす.

股 gǔ

❶量 ①**線やすじ**になったものを数える. ►(より合わさった)1本以上のものの1本1本をさす. ¶从一～小道儿上山/1本の細い道から山に登る. ②**気体や水の流れ**などを数える. ¶一～热气 rèqì/むっと吹きつける熱気. ¶一～泉水 quánshuǐ/ひと筋の泉水. ③**におい·力·感情**などを数える. ►通常"一股"の形で用いる. ¶屋里有一～霉味儿 méiwèir/部屋にかび臭いにおいがする. ¶一～劲儿 jìnr/ぐっと入れた力. ④一味·集団を数える. ►悪人や悪い勢力についていう. ¶两～歹徒 dǎitú/二組の悪党.
❷名 ①(～儿)(資金や財物を平均にいくつかに分けた場合の)**1株**,**1口**,**持ち分1**. ¶按 àn～均分,每～五百元/1口500元の割合で均等に分ける. ②官庁·団体·企業などの事務分担の部門;係. ¶总务 zǒngwù～/総務係. ③(～儿)より合わせたものの1本1本. ¶三～儿绳索 shéngsuǒ/3本よりのロープ. ④〈書〉もも. 太もも. ►"大腿 dàtuǐ"とも.
【股本】gǔběn 名 ①株式資本. ②資本. 資金.
【股东】gǔdōng 名(大口の)**株主**. 出資者. ¶～大会/株主総会.
【股份】gǔfèn 名 ①〈経〉**株式**;(一般に)出資の単位. ②(協同組合に対する)出資の単位. ►"股分"とも書く.
*【股份公司】gǔfèn gōngsī 名〈経〉**株式会社**. ►中国には"股份有限公司"と"有限责任公司"の2種ある.
【股份制】gǔfènzhì 名 株式制度.
【股肱】gǔgōng 名〈書〉手足と頼む者.
【股骨】gǔgǔ 名〈生理〉大腿骨.
【股价】gǔjià 名 株価.
【股金】gǔjīn 名 出資金. 株金.
【股利】gǔlì 配当金.
【股盲】gǔmáng 名〈俗〉株音痴.
【股民】gǔmín 名(株取引の)一般個人投資家.
【股票】gǔpiào 名 **株券**. (量)张 zhāng. ¶～价格指数/株価指数.
【股市】gǔshì 名 ①〈略〉株式市場. ►"股票市场"の略. ¶上海～休市 xiūshì/上海証券取引所は休み. ②株式相場.
【股息】gǔxī 名 配当金.
【股长】gǔzhǎng 名 係長.
【股子】gǔzi ①名(資金などの)1株. 1口. ②量 力や臭気などを数える. ¶他身上有一～使不完的劲儿 jìnr/彼の体には使っても使いきれない力がある.

骨 gǔ

◇◆ ①骨. ¶→～头 tou. ②骨組み. ¶钢 gāng～水泥 shuǐní/鉄骨コンクリート. ③人柄. 気骨. 性格. ¶傲 ào～/傲然(ごうぜん)として屈しない気質. ¶俗 sú～/卑俗な根性. 注意 "骨头"の場合は gútou と第二声に読みならわすこともあるが,現在は"骨朵儿gūduor""骨碌 gūlu"以外はすべて第三声に統一された.
▸▸ gū
【骨董】gǔdǒng →【古董】gǔdǒng
【骨肥】gǔféi 名〈農〉骨粉肥料.
【骨粉】gǔfěn 名 骨粉. ►肥料用のものは"骨肥 gǔféi"とも.
*【骨干】gǔgàn 名 ①〈生理〉骨幹. ②〈喩〉**中堅**. **柱**. ¶～工业/基幹産業. ¶研究所 yánjiūsuǒ 的～力量/研究所の主力.
【骨骼】gǔgé 名〈生理〉骨格.
【骨鲠】gǔgěng〈書〉①名 魚の骨. ¶～在喉 hóu/喉に魚の骨がつかえる;〈喩〉言いたいことが言い出せないで苦しむ. ②形 剛直である. ¶～之气/剛直な気概.
【骨灰】gǔhuī 名 ①遺骨. ¶～盒 hé/遺骨を納める箱. 骨箱. ¶～堂 táng/納骨堂. ¶～安放仪式 ānfàng yíshì/(追悼会のあとの)納骨式. ②(動物の)骨灰.
【骨架】gǔjià 名 骨格;〈喩〉骨組み.
【骨胶】gǔjiāo 名 にかわ.
【骨节】gǔjié 名〈生理〉骨節.
【骨科】gǔkē 名〈医〉整骨科.
【骨力】gǔlì 名 ①雄渾(ゆうこん)な筆致. ②堅固でゆるぎのない力.
【骨料】gǔliào 名〈建〉骨材.
【骨瘤】gǔliú 名〈医〉骨腫.
【骨膜】gǔmó 名〈生理〉骨膜.
【骨牌】gǔpái 名(骨·象牙·竹などで作った)カルタ;(マージャン用·ドミノ遊び用の)パイ.

【骨盆】gǔpén 名〈生理〉骨盤.
【骨气】gǔqì 名 ① 気骨(きこつ). 気概. ¶没有～的人 / 意気地なし. ② 力強い筆遣い.
【骨肉】gǔròu 名 **骨肉. 肉親**；〈喩〉緊密な間柄. ¶～兄弟 / 血を分けた兄弟. ¶～团聚 tuánjù / 親族が集まる. ¶～之情 qíng / 血縁の情.
【骨软化】gǔruǎnhuà 名〈医〉骨軟化症.
【骨瘦如柴】gǔ shòu rú chái 〈成〉骨と皮ばかりにやせこける. ►"骨瘦如豺"とも書く.
【骨髓】gǔsuǐ 名〈生理〉骨髄. ¶～库 / 骨髄バンク.
*【骨头】gǔtou 名 ① **骨**. ㊊ 块；[長いもの]根. ②〈喩〉**人柄. 性格. 気骨**. ¶软 ruǎn ～ / 骨なし. 弱虫. 腰抜け. ¶他是个硬 yìng ～汉 / 彼は硬骨漢だ. ③〈方〉〈喩〉(言葉の)とげ. ¶话里带～ / 話にとげがある.
【骨头架子】gǔtou jiàzi 名〈口〉① 骨格. ② やせっぽち.
【骨头节儿】gǔtoujiér 名〈方〉骨節.
【骨血】gǔxuè 名 肉親；(特に)実子.
【骨折】gǔzhé 名 骨折.
【骨子】gǔzi 名(物の芯(しん)や支えになる)骨. ¶伞 sǎn ～ / 傘の骨. ¶扇 shàn ～ / 扇子の骨.
【骨子里】gǔzilǐ 名 ①〈口〉内心. 実質. ②〈方〉内輪. 内部.

牯 gǔ

"牯牛 gǔniú"⇩という語に用いる.

【牯牛】gǔniú 名 ① 雄牛. ②〈古〉雌牛；去勢した雄牛；(広く)牛.

贾 gǔ

◇◆ ①商人. あきんど. ►もともと"贾"は店舗を構えた商人をさし,"商"は行商人をさした. ¶书～ / 書籍商. ②商売をする. ¶多财善 shàn ～ / 資本が大きければ商売はやりやすい. ③買う. 買い入れる. ④招く. もたらす. ¶→～祸 huò. ⑤売る. ▸▸ jiǎ

【贾祸】gǔhuò 動〈書〉災いを招く.
【贾人】gǔrén 名〈書〉商人.

钴 gǔ

名〈化〉コバルト. Co. ¶～蓝 lán / コバルト・ブルー. 露草(つゆくさ)色. ¶～弹 dàn / コバルト爆弾.

蛊(蠱) gǔ

名 伝説上の毒虫.

【蛊惑】gǔhuò 動 蠱惑(こわく)する. 惑わす. 毒する. ►"鼓惑"とも書く. ¶～人心 / 人心を惑わす.

鹄 gǔ

◇◆(弓の)的. ¶正～ / 的の真ん中の黒い点. 正鵠(せいこく). ¶中 zhòng ～ / 的に当たる. ▸▸ hú

【鹄的】gǔdì 名〈書〉① 的の真ん中. ② 目的. 目標.

鼓 gǔ

❶名(～儿)**鼓. 太鼓**. ㊊ 个,面. ¶你敲 qiāo ～,我打锣 luó / おまえが太鼓をたたけば,おれは銅鑼を打つ.
❷動 ①(楽器などを)**打つ,たたく,弾く**. ¶～琴 qín / 琴を弾く. ② **立ち上がらせる. 奮い起こす**. ¶～起勇气 yǒngqì / 勇気を奮い起こす. ③ ふくれる. ふくらます. ¶～着嘴 zuǐ / ふくれっ面をする. ④(ふいごで)あおる. ¶～风 / 風を起こす.
❸形 ふくれている. ¶肚子吃得太～了 / 食べすぎて腹がぱんぱんだ. ‖姓

【鼓板】gǔbǎn 名(京劇などの伴奏に用いる)打楽器の一種. 短冊形の板を3枚合わせて作る.
【鼓吹】gǔchuī 動 ① **鼓吹する**. ② ほらを吹く. ¶大肆 dàsì ～ / 大ぶろしきを広げる.
【鼓槌】gǔchuí 名 太鼓のばち. ㊊ 把.
【鼓捣】gǔdao 動〈方〉① いじくる. ¶～乐器 / 楽器をやる. ② そそのかす. けしかける. ¶～别人去干坏事 / 悪い事をするようにそそのかす. 注意 声調変化で実際の発音は gúdao となる.
【鼓点】gǔdiǎn 名(～儿・～子)太鼓の拍子；(京劇などで楽団の指揮をとる)"鼓板"の拍子.
【鼓动】gǔdòng 動 ① ばたつかせる. ②(言葉や文章などで)扇動する. (ある行動をとるように)奮い立たせる. ¶～斗志 dòuzhì / ファイトを出させる.
【鼓风机】gǔfēngjī 名〈機〉送風機.
【鼓风炉】gǔfēnglú 名〈冶〉溶鉱炉.
【鼓鼓囊囊】gǔgǔnāngnāng 形(～的)(包みや袋などが)ふくれ上がっている. ¶穿 chuān 得～ / 着ぶくれている.
【鼓惑】gǔhuò ⇀【蛊惑】gǔhuò
【鼓劲】gǔ//jìn 動(～儿)励ます. はっぱをかける. ¶互相～ / 互いに励ます.
*【鼓励】gǔlì 動 **激励する**. 奨励する. ►兼語文をつくることができる. ¶～孩子好好儿学习 / よく勉強するように子供を励ます.
【鼓楼】gǔlóu 名〈旧〉鼓楼. 昔,時刻を知らせる太鼓を置いた城楼.
【鼓膜】gǔmó 名〈生理〉鼓膜.
【鼓弄】gǔnong 動〈口〉いじくる.
【鼓舌】gǔ//shé 動 長々としゃべる. ¶摇唇 yáo chún ～ / やたらにしゃべりまくる.
【鼓师】gǔshī 名(京劇などで)"板鼓"を打つ人.
【鼓手】gǔshǒu 名 ドラマー.
*【鼓舞】gǔwǔ 動 ① **鼓舞する**. ¶～士气 shìqì / 士気を鼓舞する. ② **奮い立つ**. 興奮する. ¶欢欣 huānxīn ～ / 喜び勇む.
【鼓乐】gǔyuè 名 太鼓をまじえた音楽. ¶～齐鸣 qímíng / 音楽や太鼓がいっせいに鳴りだす.
【鼓噪】gǔzào 動 がやがや騒ぐ. ¶～一时 / 一時大いに宣伝される.
*【鼓掌】gǔ//zhǎng 動 **拍手する**. ¶热烈 rèliè ～欢迎来宾 láibīn / 熱烈な拍手で来賓を歓迎する. ¶～通过 tōngguò / 拍手によって可決する.
【鼓足干劲】gǔ zú gàn jìn 〈成〉大いに意気込む. ¶～,力争上游 lìzhēng shàngyóu / 大いに意気込み,つねに高い目標を目ざす.

縠 gǔ

◇◆ ①よい. ¶～旦 dàn / めでたい日. ②俸給. ③⇀〖谷 gǔ〗 注意 穀物の意味では,現在は"谷 gǔ"を用いる.

瞽 gǔ

◇◆ ①目が見えない. ②分別のない. ¶～说 / 理の通らない言論.

估 gù

4声 "估衣 gùyī"(売り物の古着；安物の既製服)という語に用いる.
▸▸ gū

固 gù

接続〈書〉もとより. むろん. ¶这种药～可治病,但也有一些副作用 fùzuòyòng / この薬はむろん病気を治せるが,副作用も少しある.
◇◆ ①しっかりしている. 丈夫である. ¶稳 wěn ～ / 堅固である. ②断固として. ¶～请 / 再三頼む. ¶～不认错 / 頑として過ちを認めない. ③固め

る．¶～本／根本を固める．¶加～／強化する．④もともと．元来．¶→～有 yǒu．‖[姓]

【固定】gùdìng ①[形] **固定している．** ¶～办法／決まりきったやり方．¶～户口 hùkǒu／永住戸籍．現住所に永住している人の戸籍．¶～职业 zhíyè／きまった職業．定職．②[動] **固定させる．** 固める．¶把换班制度 huànbān zhìdù～下来／交替勤務の制度を定着させる．

【固定工】gùdìnggōng [名]（終身雇用の）固定労働者．►"合同工 hétonggōng"（契約労働者）と区別していう．

【固定汇率】gùdìng huìlǜ [名]〈経〉固定為替相場（制）．

【固发精】gùfàjīng [名]（毛髪用の）ブローローション．

【固化】gùhuà [名]〈化〉固化．

【固陋】gùlòu [形]〈書〉固陋（ころう）．見聞が狭い．¶～无知／見聞が狭くて知識がない．

【固然】gùrán [接続] ①《一つの事実を認めた上でその転換をはかる》**もとより（…であるが）．** むろん（…であるが）．►"但是""但""可是"などと呼応させることが多い．¶北京～比较 bǐjiào 冷，但是东北更 gèng 冷／北京はもちろん寒いが，東北はもっと寒い．¶这～是个极端 jíduān 的例子／もとよりこれは極端な例である．②《ある事実を当然のこととして認めながら別の事実もまた同時に存在するということを表す．重点は後者にある》**もちろん．** むろん．►"也 yě"と呼応させることが多い．¶吝啬 lìnsè～是不行的，浪费 làngfèi 也大大的失算 shīsuàn／けちはもちろんいけないが，むだ遣いも大変まずい．

【固若金汤】gù ruò jīn tāng〈成〉守りがこの上もなく堅固であること．

【固沙林】gùshālín [名] 砂防林．

【固守】gùshǒu [動] 固守する；固持する．固執する．¶～阵地 zhèndì／陣地を固守する．¶～先例／前例をかたくなに守る．

【固体】gùtǐ [名] 固体．固形．¶～食品 shípǐn／固形食物．¶～燃料 ránliào／固形燃料．

【固习】gùxí [名] 悪い〔どうしても直らない〕くせ．

【固有】gùyǒu [形] **固有の．もとからある．** ¶母子之情是生来～的／母と子の愛情は天性のものだ．¶～的文化／固有の文化．

【固执】gùzhí [動] **固執する．頑固である．** ¶这家伙 jiāhuo 很～／こいつはとても頑固だ．¶～已见 jǐjiàn／自説に固執する．

故 gù

[接続] ゆえに．したがって．¶因忙于工作，～未 wèi 能及时 jíshí 复信，请原谅 yuánliàng／仕事に忙殺されたため，お返事が遅れましたこと，ご容赦ください．

◇◆ ①もとの．昔の．古い．¶→～宫 gōng．¶黄河～道／黄河の以前の川筋．②友人；友情．¶亲 qīn～／親戚と友人．③事故．事件．¶变 biàn～／思わぬ事件．④わけ．理由．原因．¶缘 yuán～／原因．⑤わざと．故意に．¶→～意 yì．¶→～杀 shā．⑥（人が）亡くなる．¶病 bìng～／病死する．‖[姓]

【故步自封】gù bù zì fēng〈成〉古い殻にとじこもって進取の精神がない．保守的で，新しいものを受け入れようとしない．►"固步自封"とも書く．

【故城】gùchéng [名] ①以前の城．以前の街．②古い城．古い街．

【故此】gùcǐ [接続]〈書〉それゆえに．そのために．だから．それで．

【故地】gùdì [名] かつて住んでいた所．

【故都】gùdū [名] 昔の都．古都．

【故而】gù'ér [接続]〈書〉ゆえに．

【故尔】gù'ěr [接続]〈書〉それゆえに．だから．►"故而 gù'ér"とも．

【故宫】gùgōng [名] ①旧王朝の宮殿．もとの皇帝の住んでいた宮城．②（Gùgōng）故宮（きゅう）．北京にある明・清代の皇居．旧紫禁城．

【故国】gùguó [名]〈書〉①長い歴史をもつ国．②祖国．③ふるさと．

【故技】gùjì [名] 使い古されたやり口．古いトリック．¶～重演 chóngyǎn／古い手をもう一度使う．

【故家】gùjiā [名] 名門．旧家．¶～出身／名門の出．

【故交】gùjiāo [名] 旧友．

【故旧】gùjiù [名]〈書〉旧知．

【故居】gùjū [名] **もとの住まい．** 生前住んでいた家．

【故里】gùlǐ [名]〈書〉故郷．¶重返～／故郷に戻る．

【故弄玄虚】gù nòng xuán xū〈成〉わざとわけのわからないことを言って，人をけむに巻く．

【故去】gùqù [動] 他界する．

【故人】gùrén [名]〈書〉①古くからの友達．昔なじみ．②〈旧〉前妻，または前夫．③死者．亡くなった人．¶已成～／すでに故人となる．

【故杀】gùshā [名]〈法〉故殺．故意に人を殺すこと．

【故实】gùshí [名] ①歴史上の事実．②出典．

【故世】gùshì [動] 死去する．

【故事】gùshì [名] 古いしきたり．

【故事】gùshi [名] ①物語．**（量）个．¶民间～／民間に伝わる物語．民話．¶虚构 xūgòu 的～／フィクション．❖讲 *jiǎng*～／物語を話す．②話の筋．ストーリー．

【故事片儿】gùshipiānr [名] 劇映画．

【故书】gùshū [名] ①古書．②古本．

【故态】gùtài [名] もとの状態または態度．旧態．

【故态复萌】gù tài fù méng〈成〉いつもの癖がまた出る．

【故土】gùtǔ [名]〈書〉故郷．

【故我】gùwǒ [名] 昔のままの自分．

*【故乡】gùxiāng [名] **故郷．ふるさと．** 郷里．¶怀念 huáiniàn～／ふるさとを懐かしむ．[参考]"故乡"は親しみや愛情を込めたいい方であり，生まれた場所あるいは長期にわたり生活したことのある場所をさす．書き言葉に使われることが多い．話し言葉では"家乡 jiāxiāng"をよく用いる．¶你家乡在哪儿？／あなたの故郷はどこですか．

*【故意】gùyì ①[副] **故意に．わざと（…する）．** ►日本語の「故意」よりくだけた言い方にも用いられる．¶～刁难 diāonàn／わざと難題を吹っかける．¶对不起，我不是～的／すみません．わざとやったのじゃないのです．②[名]〈法〉故意．犯意．

【故园】gùyuán [名] 故郷．

【故障】gùzhàng [名] **故障；**〈電算〉バグ．¶洗衣机 xǐyījī 出了～／洗濯機が故障を起こした．

【故知】gùzhī [名]〈書〉旧知．旧友．

【故纸堆】gùzhǐduī [名] 反故（ほご）の山．古い書籍や資料の山をいう．

*顾（顧）gù

[動] **気を配る．かまう．** ¶只 zhǐ～别人，不～自己／人のことだけに気を配り，自分のことは頓着しない．¶光～说话，忘了学习／話に夢中

になって,勉強を忘れてしまった.
◇◆ ①振り向いて見る.見回す.¶回～/振り返る.②訪れる.¶光～/ご来駕.③ひいきにする.¶惠 huì～/ご愛顧にあずかる.‖姓
【顾不得】gùbude 動+可補 かまっていられない.
【顾不过来】gùbuguòlái 動+可補 手がまわらない.
【顾不上】gùbushàng 動+可補 …する暇がない.¶～吃饭/食事をする暇もない.
【顾此失彼】gù cǐ shī bǐ〈成〉あちら立てればこちらが立たず.忙しくててんてこ舞いになる.
【顾及】gùjí 動 気を配る.かまう.¶无暇 wúxiá～/かまう暇がない.
【顾忌】gùjì 動 差し控える.遠慮する.¶毫无 háo wú～/何ひとつはばかることがない.
【顾家】gù//jiā 動 家庭を顧みる.
*【顾客】gùkè 名 **顧客**.
【顾脸】gù//liǎn 動 体面を重んずる.¶不～/恥知らず.
【顾虑】gùlǜ 動 心配する.懸念する.¶～重重 chóngchóng/いろいろ気をもむ.
【顾面子】gù miànzi ①相手の顔を立てる.②自分の体面にこだわる.
【顾名思义】gù míng sī yì〈成〉名称を見ただけでその意味がわかる.文字どおり.
【顾念】gùniàn 動 懸念する.
【顾盼】gùpàn 動〈書〉周りを見回す.¶～自雄 xióng/周囲を見回し,得意そうな様子をする.
【顾前不顾后】gù qián bù gù hòu〈諺〉目先のことだけを考えて軽率に行動し,後のことを考えない.
【顾全】gùquán 動 傷つけないように配慮する.損なわないように気をつける.¶～大局 dàjú/大局に目を配る.全体の利益のために考える.
【顾问】gùwèn 名 **顧問**.¶出任 chūrèn～/顧問になる.
【顾惜】gùxī 動 大切にする.いたわる.
【顾影自怜】gù yǐng zì lián〈成〉自分の影を見て自らを哀れむ.失意のさま.
【顾主】gùzhǔ 名 顧客.

梏 gù ◇◆ 手かせ.¶桎 zhì～/桎梏(しっこく).足かせ手かせ.

雇(僱) gù 動 ①(人を)**雇う**.¶～保姆 bǎomǔ/お手伝いを雇う.②(車や船などを)賃借りする,雇う.¶～船 chuán/船を賃借りする.‖姓
【雇工】gù//gōng ①動 労働者を雇う.②名 雇用人;雇農.
【雇农】gùnóng 名 雇われ農民.
【雇请】gùqǐng 動 人を雇う.
【雇佣】gùyōng 動 雇用する.¶～兵役制 bīngyìzhì/傭兵制.
【雇佣观点】gùyōng guāndiǎn 名 雇われ人根性.
【雇佣劳动】gùyōng láodòng 名〈経〉賃労働.
【雇用】gùyòng 動 雇う.¶～乡村 xiāngcūn 姑娘 gūniang/村の娘を雇う.
【雇员】gùyuán 名〈旧〉雇員.臨時雇い.
【雇主】gùzhǔ 名 雇い主.

锢 gù ◇◆ ①鋳掛けをする.②監禁する.¶禁 jìn～终身 zhōngshēn/終身禁固.
【锢露・锢漏】gùlou 動 鋳掛けをする.¶～锅 guō/割れ鍋の鋳掛けをする.

痼 gù ◇◆(病気や癖などが)なかなか直らない.¶～疾 jí/長びく病気.不治の病.
【痼习】gùxí 名 なかなか直らない(悪い)習慣.

gua (ㄍㄨㄚ)

1声 *

瓜 guā 名〈植〉**ウリ**.ウリ科の植物の総称.量 个.‖姓
【瓜代】guādài 動〈書〉任期を終えて交替する.
【瓜分】guāfēn 動(土地・領土をウリを切るように)分割する.¶～遗产 yíchǎn/遺産を分割する.
【瓜葛】guāgé 名 縁故.つながり;(広く)かかわり合い.
【瓜熟蒂落】guā shú dì luò〈成〉条件が熟せば自然に成功する.
【瓜田李下】guā tián lǐ xià〈成〉嫌疑を受けやすい場所〔状況〕.
*【瓜子】guāzǐ 名(～儿)クアズ.(お茶うけなどに食べる)スイカやカボチャなどの種に塩を加えて炒ったもの.量 粒 lì,颗 kē.
【瓜子脸】guāzǐliǎn 名 うりざね顔.►女性の美貌を形容することが多い.
【瓜皮帽】guāpímào 名(～儿)おわん帽.半球形の帽子.►"瓜皮小帽儿"とも.量 顶 dǐng.
【瓜仁】guārén 名(～儿)ウリ類の種のさね.►干したり炒ったりして茶うけにする.

呱 guā "呱嗒 guādā""呱呱 guāguā"↓などの語に用いる.▸▸ gū
【呱嗒・呱哒】guādā 擬《硬い物同士がぶつかりあって出す音》がたっ.がたり.ばたっ.
【呱嗒・呱哒】guāda 動〈方〉①仏頂面をする.②〈貶〉ぺちゃくちゃ話す.③皮肉る.
【呱嗒板儿】guādabǎnr 名 ①2枚または数枚の竹板で作った一種の楽器.②〈方〉木のサンダル.つっかけ.
【呱呱】guāguā 擬(～的)①《赤ん坊の泣き声》おぎゃあおぎゃあ.②《カエルなどの鳴き声》けろけろ.③《カラスなどの鳴き声》かあかあ.⇒【呱呱】gūgū
【呱呱叫】guāguājiào 形〈口〉(人・物が)とびきりよい,ずば抜けている.
【呱唧・呱叽】guāji ①擬《拍手の音》ぱちぱち.②動 拍手をする.

**

刮(颳) guā 動 ①(風が)**吹く**.
注意「風が吹く」は"刮风 fēng"といい,"吹 chuī风"といえばドライヤーをかけることになる.¶北风～了一天一夜/北風が一昼夜吹いた.¶电线杆 diànxiàngān 被～断了/電柱が風で折れた.
②**そる**.むく.こそげる.こすり落とす.❖～胡子 *húzi*/ひげをそる.¶～萝卜皮/(皮むきで)ダイコンの皮をむく.¶～鱼鳞 yúlín/魚のうろこを落とす.¶～刨 bào 见新/かんなをかけてきれいにする.¶～破一点皮/皮膚をちょっと擦りむく.
③(へらのようなもので糊などを)なでつける.¶～糨子 jiàngzi/糊をなでつける.糊をのばす.
④(財貨を)かすめ取る.略奪する.巻き上げる.¶

G

搜～民财 / 人民の財貨を収奪する.
【刮鼻子】guā bízi 〈慣〉①人指し指で相手の鼻をそぐまねをする. ►トランプなどで勝った者が負けた者に対して,また大人が子供に「こら,だめじゃないか」と親しみを込めてしかるときなどにするしぐさ. ②自分の鼻を人差し指でこする. ►相手をばかにして恥をかかせるしぐさ. ③〈方〉叱責(しっせき)する. ¶这事办糟 zāo 了,又要被～了 / こいつをしくじったら,また油を絞られてしまう.
【刮刀】guādāo 名(工具の一種)きさげ. スクレーパー.
【刮地皮】guā dìpí 〈慣〉(悪徳地主などが)人民の財貨を略奪する.
【刮宫】guā//gōng 動〈医〉子宮掻爬(そうは)をする. 堕胎手術をする.
【刮刮叫】guāguājiào 〈口〉(人・物が)とびきりよい, ずば抜けている.
【刮脸】guā//liǎn 動 顔をそる. ひげをそる.
【刮脸皮】guā liǎnpí 〈慣〉〈方〉(相手に向かって)人差し指で頬(ほお)をそるまねをする. ►厚かましいぞという意思表示. "刮老面皮"とも.
【刮目相看】guā mù xiāng kàn 〈成〉刮目(かつもく)する. ►"刮目相待"とも.
【刮水器】guāshuǐqì 名(車の)ワイパー.
【刮土机】guātǔjī 名(整地機械の)スクレーパー.
【刮削】guāxiāo 動 ①(刃物で)表面を削り落とす. ¶～器 / 削器(さっき). ②〈喩〉上前をはねる.
【刮油】guā//yóu 動 ピンハネする. 利益をかすめ取る. ¶刮公家的油 / 公の利益をかすめる.

3声 **剐**(剮) **guǎ** 動 ①鋭いものに引っ掛けて傷をつける. ¶衣服上～了个口子 / 服にかぎ裂きができた. ②(極刑で)八つ裂きにする. ¶千刀万～ / 体をずたずたに切る.

寡 **guǎ** ◇◆ ①少ない. 欠ける. ¶沉默 chénmò～言 / 寡黙(かもく)である. ②味がない. ¶清汤 qīngtāng～水 / 料理に味のないこと;〈喩〉粗末な食事. ③やもめ. ¶～居 jū / やもめ暮らし.
【寡不敌众】guǎ bù dí zhòng 〈成〉多勢に無勢. 衆寡(しゅうか)敵せず.
【寡恩】guǎ'ēn 形 不親切である. 人に与える恩恵が少ない. ¶刻薄 kèbó～ / 人に対する仕打ちがひどくつれない.
【寡妇】guǎfu 名 未亡人.
【寡廉鲜耻】guǎ lián xiǎn chǐ 〈成〉恥知らずである. 厚顔無恥である.
【寡情】guǎqíng 形〈書〉薄情である. 人情に薄い. ¶冷淡 lěngdàn～ / 冷淡で人情が薄い.
【寡人】guǎrén 名〈書〉封建君主の自称. 寡人(かじん). ►徳の少ない者の意.
【寡头】guǎtóu 名 少数の権力者. ¶～政治 zhèngzhì / 少数者による独裁政治.
【寡言】guǎyán 形〈書〉口数が少ない.
【寡欲】guǎyù 形〈書〉無欲である.

4声 **卦** **guà** 名 卦(け). 易で陽爻(こう)と陰爻の組み合わせで示される形象. 八卦(はっけ). ¶占 zhān～ / 占いをする. ¶打～ / 八卦をみてもらう.

** **挂**(掛) **guà** ❶動 ①(つるすように)掛ける. ¶～牌子 / 看板を掛ける. ¶把西装 xīzhuāng～在衣架 yījià 上 / 洋服をハンガーに掛ける. ②未解決のままにしておく. ¶那个问题被～起来了 / その問題は棚上げにされている. ③**引っ掛ける.** ¶风筝 fēngzheng～到电线上了 / 凧(たこ)が電線に引っ掛かった. ④(車両を)連結する. ¶加～卧车 wòchē / 寝台車を増結する. ⑤〈方〉(心に)かける. 気にする. ¶～在心上 / (心に)かける. ⑥(電話や受話器を)**切る,** 置く;〈方〉(交換台を通し電話を)掛ける. ❖～电话 *diànhuà* / 電話を切る. ⑦**申し込み手続きをとる.** ¶我～眼科 yǎnkē / 眼科の診察をお願いします.
❷量 連結したものや,そろいのものを数える. ¶一～葡萄 pútao / ブドウ1房. ¶一～鞭炮 biānpào / 爆竹1連.
【挂碍】guà'ài 名 気がかり.
【挂表】guàbiǎo 名〈方〉懐中時計.
【挂不住】guàbuzhù 動+可補〈方〉きまりが悪い. ¶～劲儿 / きまりが悪い. 気恥ずかしい.
【挂彩】guà//cǎi 動 ①(祝い事に)門に色とりどりの絹布を掛ける. ②〈婉〉戦争で負傷する.
【挂车】guàchē 名 連結車. (他の牽引車に引かれる)トレーラー;(三輪車やトラックに連結する)荷台だけの車.
【挂齿】guàchǐ 動〈書〉取り立てて言う. 言及する. ►よく常套語として用いる. ¶区区 qūqū 小事,何足 hé zú～ / それしきのこと,取り立てて言うほどのこともありません.
【挂挡】guà//dǎng 動(自動車などの)ギアを入れる. ¶挂高速 gāosù 挡 / 高速ギアに入れる.
【挂刀】guà//dāo 動〈喩〉引退する.
【挂灯】guàdēng 名 つるしちょうちん.
【挂斗】guàdǒu 名 トレーラー.
【挂钩】guà//gōu ❶動 ①車両を連結する. ②〈喩〉連携する;コネをつける. ¶出版社跟 gēn 书店～ / 出版社が書店と提携する. ❷名 ①〈経〉リンク. 為替レートの連動. ②クレーンのフック;連結器.
【挂冠】guàguān 動〈書〉官職を辞する.
*【挂号】guà//hào 動 ①**登録する.** 届け出る. 申し込む. ¶看病要先～ / 診察を受けるにはまず受け付けをしなければならない. ¶～处 chù / (病院の)受付. ②**書留にする.** ¶你这封信要不要～? / その手紙は書留にしますか. ③〈俗〉("挂了号"の形で)前科がある. 公安にマークされている.
【挂号信】guàhàoxìn 名 書留郵便.
【挂花】guà//huā 動 戦争で負傷する.
【挂怀】guàhuái 動 心配する.
【挂幌子】guà huǎngzi 〈慣〉はっきり顔に出る.
【挂记】guàji 動 気にかける. ¶一直～着那件事 / ずっとあのことを気にかけている.
【挂靠】guàkào 動(機構や組織が別の組織に)付属している.
【挂累】guàlěi 動 巻き添えにする.
【挂历】guàlì 名 壁掛けの月別カレンダー.
【挂镰】guà//lián 動 秋の取り入れを終える. 来年再び鎌を使うときまで壁に掛けておく.
【挂零】guàlíng 動(～儿)端数がつく. (…に)余る.
【挂漏】guàlòu 動 遺漏がある.
【挂虑】guàlǜ 動 懸念する. 心配する. 気にかける. ¶～孩子 / 子供のことを心配する.
【挂落】guàluò 動 巻き添えにする.
【挂面】guàmiàn 名 乾めん. 干しうどん. ►めん棒

に掛けて乾燥させることから. ㊀ 根 gēn. ¶ 粗 cū ～ / (幅が) 広い乾めん. ひもかわうどん.

【挂名】guà//míng 動(～儿)(実態を伴わず) 名前だけを出す. ¶～差事 chāishi / 名ばかりの官職.

【挂念】guàniàn 動 **心配する. 気にかかる.** ¶我一切 yīqiè 都好, 请勿 wù ～ / すべては順調ですから, 安心してください.

【挂拍】guà//pāi 動(卓球・バドミントンなどの選手が) 引退する. ►"拍"は"球拍 qiúpāi"(ラケット).

【挂牌】guà//pái 動 ①(医者や弁護士などが) 正式に開業する. ②〈経〉上場する. ¶～上市 / 同上.

【挂屏】guàpíng 名(～儿) 室内の壁に掛ける装飾品. 多くはガラスをはめた木の額縁に書画を入れたもの.

【挂牵】guàqiān 動 心配する.

【挂欠】guàqiàn 動 掛け売り〔買い〕する.

【挂伤】guà//shāng 動 負傷する. ¶腿 tuǐ 上挂了三处 chù 伤 / 足に3か所傷を負った.

【挂失】guà//shī 動 紛失届を出す.

【挂帅】guà//shuài 動 ① 元帥となる. 全軍の指揮をとる. ②〈喩〉先頭に立つ. ¶校长 xiàozhǎng ～ / 校長が指揮をとる. ¶利润 lìrùn ～ / 利益第一.

【挂锁】guàsuǒ 名 錠前.

【挂毯】guàtǎn 名 タペストリー.

【挂图】guàtú 名 掛け図. ¶一幅 fú ～ / 掛け図1枚.

【挂相】guà//xiàng 動 顔色を変える. ¶他脸上从来不～ / 彼の顔にはいつもあわてた様子がでない.

【挂孝】guà//xiào 動 服喪する.

【挂笑】guà//xiào 動 笑みを浮かべる. ¶满脸 mǎnliǎn ～ / 満面に笑みを浮かべている.

【挂鞋】guà//xié 動(サッカー・陸上競技などの選手が) 引退する. ⇒【挂靴】guà//xuē

【挂心】guà//xīn 動 気にかける. 心配する. ¶这件事您就别～了 / この事を気にかけることはない.

【挂靴】guà//xuē (スポーツシューズを壁に掛ける意から, スポーツ選手が) 引退する, 現役をやめる.

【挂羊头卖狗肉】guà yángtóu mài gǒuròu 〈成〉羊頭狗肉(ようとうくにく).

【挂一漏万】guà yī lòu wàn 〈成〉漏れ落ちや手抜かりが多い. たくさんの遺漏がある.

【挂账】guà//zhàng 動〈方〉掛け売りする.

【挂职】guàzhí 動 ①(研修のために) しばらくある職務を担当する. ② もともとの職務を保留する. ¶～下放 / 下部に下ろして鍛錬させる.

【挂钟】guàzhōng 名 **掛け時計.** 柱時計. ㊀ 个.

【挂轴】guàzhóu 名(～儿) 掛け軸. 掛け物. ㊀ 幅 fú.

褂 guà 名(～儿) **ひとえの中国服.** ㊀ 件 jiàn.

【褂子】guàzi 名 **ひとえの中国服.** ㊀ 件 jiàn.

guai (ㄍㄨㄞ)

乖 guāi 形 ①(子供が) **おとなしい, 聞き分けがよい.** ►「いい子だ」と子供に話しかけるときなどに使われる. ¶～孩子 / おとなしい子. ②(子供などが) **賢い. 利口である.** ¶他又失败 shībài 了, 怎么也学不～ / 彼はまた失敗したが, 一向に利口にならない.

◇◆ 情理にもとる. ¶→～谬 miù. ¶→～僻 pì.

【乖乖】guāiguāi ① 形(～儿的) **おとなしい. 素直である.** ② 名(小さな子供に対する呼びかけ) いい子. お利口さん. ¶～, 别哭 kū / いい子だから泣かないで. ③ 感 まあ. ほら. ¶～, 买来个这么大的布熊猫 xióngmāo ! / おやまあ, こんな大きなパンダの縫いぐるみを買ってきたの.

【乖觉】guāijué 形 賢い. 機敏である.

【乖谬】guāimiù 形 でたらめである.

【乖僻】guāipì 形 つむじ曲がりである.

【乖巧】guāiqiǎo 形 ① 人に気に入られる. ② 賢い.

【乖张】guāizhāng 形 ① つむじ曲がりである. ② 理にもとる.

3声 ＊**拐**(柺) guǎi ❶動 ①(角を) **曲がる. 方角を変える** ¶往 wǎng 右～ / 右へ曲がる. ② 足をひきずりながら歩く. ¶走路一～一～的 / 足をひきずりながら歩く. ③ だまし取る. かどわかす. ¶皮箱 píxiāng 被人～走了 / トランクを持ち逃げされた.

❷名 松葉杖. ¶架 jià 着双 shuāng ～走路 / 2本の松葉杖をついて歩く.

【拐脖儿】guǎibór 名〈方〉(ストーブの煙突をつなぐのに使う) 直角に曲がったブリキ製の煙突.

【拐带】guǎidài 動(女や子供を) かどわかす. 誘拐する. ¶～妇女 fùnǚ / 女性を誘拐する.

【拐棍】guǎigùn 名(～儿) **杖. ステッキ.** ㊀ 根.

【拐角】guǎijiǎo 名(～儿) 曲がり角. 曲がった所.

【拐卖】guǎimài 動 誘拐して売り飛ばす.

【拐骗】guǎipiàn 動(～儿)(ものを) だまし取る, 持ち逃げする, (人を) かどわかす, 誘拐する. ¶～儿童 értóng / 子供を誘拐する.

【拐弯】guǎi//wān (～儿) ❶動 ① **角を曲がる.** カーブする. ¶汽车向左 zuǒ ～ / 車は左へカーブする. ¶别～, 一直 yīzhí 走 ! / 角を曲がらずまっすぐ行け. ¶拐大弯儿 / 大回りする. ②(**考えを**) **直す**; (**話題を**) **そらす.** 方向転換をする. ¶他见大家不爱听, 赶紧 gǎnjǐn 把话拐过弯儿来 / みんなが白けたので, 彼は急いで話をそらした. ¶拐着弯儿索取 suǒqǔ 贿赂 huìlù / 遠回しにそでの下を求める. ❷名 曲がり角. ¶～那儿有个花店 / 曲がり角のところに花屋がある.

【拐弯抹角】guǎi wān mò jiǎo 〈成〉(～儿・～的) ① 曲がりくねった道を歩く. ②(話が) 遠回しである, 回りくどい. ¶你有意见干脆 gāncuì 说吧, 别那么～的 ! / 文句があるならはっきり言ってくれ, そんなもって回った言い方をしなくてもいいじゃないか.

【拐杖】guǎizhàng 名 杖. ㊀ 根.

【拐子】guǎizi 名 ① 糸巻き. ② 松葉杖. ③〈方〉足の不自由な人. ④ 人さらい; ペテン師.

4声 ＊**怪** guài ① 動 **責める. とがめる.** …のせいにする. ¶这都～我不好 / これは私の方が悪い. ¶此事～不着 bùzháo 他 / この事は彼をとがめることができない.

② 副〈口〉("怪…的"の形で) **ひどく. めっぽう.** すごく. a「"怪"＋形容詞＋"的"」の形. ¶那家菜～好吃的 / あの店の料理はめっぽううまい. ¶～可怜 kělián 的 / すごくかわいそうだ. b「"怪"＋動詞＋"的"」の形. ¶我～想老师的 / 先生が無性に懐かしい. ¶考试分数叫我～担心 dānxīn 的 / 試験の点

G

数がたいへん心配だ. Ⓒ「"怪"+"不"+形容詞/動詞+"的"」の形. ¶～不好意思的/とても恥ずかしい. ¶～过意不去的/どうもすみません.
③形 おかしい. 風変わりな. 不思議な. 怪しい. ¶叔叔的脾气 píqi 有点儿～/おじさんの気性はちょっと変わっている. ¶～现象 xiànxiàng/おかしな現象. ¶出～题/意地悪な問題を出す.
◇◆ ①お化け. 妖怪. ¶鬼 guǐ～/化け物. ②怪しむ. いぶかる. ¶可～/怪しい.

*【怪不得】guàibude ①副 **道理で. なるほど…だ.** …するのも無理はない. ¶哎哟,外边下雪啦,～这么冷!/おや,外は雪だ,なるほど寒いわけだ. ②動 **とがめるわけにはいかない.** ¶自己做错了事,～别人/自分で間違えたのであって,他人に腹をたててはいけない. 注意 ②では guàibudé と"得"を強めに発音することが多い.

【怪诞】guàidàn 形〈書〉奇怪である. でたらめである. ¶～不经/荒唐無稽である.

【怪道】guàidào 副〈方〉道理で.

【怪话】guàihuà 名 ① **奇怪な話.** でたらめな話. ¶～连篇 liánpiān/とりとめのない話を並べる. ②文句. 不満. ¶说 shuō～/不平をこぼす.

【怪谲】guàijué 形〈書〉奇怪である.

【怪里怪气】guàiliguàiqì 形〈貶〉(格好や声などが)変てこである.

【怪模怪样】guài mú guài yàng〈成〉(～儿的)(格好が)おかしい,風変わりである.

【怪癖】guàipǐ 名 変わった好み. 変な癖.

【怪僻】guàipì 形(性質が)ひねくれている,偏屈である,つむじ曲がりである.

【怪声怪气】guài shēng guài qì〈成〉奇妙な声である.

【怪事】guàishì 名 おかしなこと.

【怪味】guàiwèi 名 ①あえ物のたれ. ►四川料理を代表する独特のたれ. ¶～鸡 jī/"怪味"のたれをかけたニワトリの料理. ②いやな臭い.

【怪物】guàiwu 名 ① **怪物.** 不思議なもの. ►比喩的に用いることが多い. ② **変人.**

【怪象】guàixiàng 名 奇妙な現象.

【怪讶】guàiyà 動 いぶかる.

【怪异】guàiyì ①形 奇異である. ¶～的景色 jǐngsè/奇異な風景. ②名 不思議な現象.

【怪罪】guàizuì 動 とがめる. 責める. 恨む. ¶～于人/他の人の責任にする. ¶别～他/彼をとがめるな.

guan (ㄍㄨㄢ)

1声 **关(關) guān** **1動 ①(開いているものを)閉める,閉じる;(運転やスイッチを)オフにする;(業務を)終了する.** ¶把门～上/ドアを閉める. ¶抽屉 chōuti～不上/引き出しが閉まらない. ¶～上煤气 méiqì/ガス栓を止める. ¶～上开关/スイッチを切る. ② **閉じ込める.** 監禁する. ¶他被～进了监狱 jiānyù/彼は投獄された. ¶笼子 lóngzi 里～了两只鸟 niǎo/かごに鳥が2羽入れられている. ③(企業・店などが) **倒産する,** 閉鎖する. ¶又有一家商店～了/また店がつぶれた. ④ **かかわる.** 関係する. 関連する. ¶这不～我的事/私にはかかわりのないことです.
2名 ①税関;関所. ②〈喩〉難関;重要な時期;重要なところ. ¶只要突破 tūpō 这一～,就好办了/この難関さえ突破すればあとは楽だ.
◇◆ 節となる所. 重要な所. ¶→～节. ‖姓

【关爱】guān'ài 動 思いやる.

【关隘】guān'ài 名〈書〉堅固な関所.

【关碍】guān'ài 動 妨げる.

【关板】guānbǎn 動(～儿) ①閉店する. ¶商店 shāngdiàn 五点～/店は5時に閉める. ②店をたたむ. 廃業する.

【关闭】guānbì 動 ①(門などを) **閉める.** ¶窗户 chuānghu 紧紧 jǐnjǐn～着/窓がしっかりと閉めてある. ②(企業,商店,学校などが) **休業する,廃業する.**

【关岛】Guāndǎo 名〈地名〉グアム.

【关帝庙】guāndìmiào 名 関帝廟(びょう). (三国時代の蜀の武将)関羽を祭った廟. ►"关王庙""关公庙"とも.

【关东】Guāndōng 名(一般に)中国の東北地方. 参考 以前は長城の東のはずれである山海関より東の地域をさし,さらに古くは"函谷关 Hángǔguān"(函谷関(かんこく))よりも東の地,河南・山東などをさした. "关外 Guānwài"とも.

【关东糖】guāndōngtáng 名 あめの一種.

【关防】guānfáng 名 ①機密漏洩(ろうえい)防止措置. ②〈旧〉長方形の公印. ►公文書の偽造を防止するために用いる.

【关乎】guānhū 動 …に関係する. …にかかわる. …に関連をもつ. ¶这是～病人生死的手术 shǒushù/これは病人の生死にかかわる手術である.

【关怀】guānhuái 動(目上が目下に) **配慮する,** 心にかける. ►"关心 guānxīn"に比べニュアンスが重く,使用範囲も狭い. 多くは人に対して用いる. ¶感谢 gǎnxiè 您的～/あなたのお心遣いに感謝します. ¶在生活上给予 jǐyǔ 热情 rèqíng 的～/生活面で手厚く配慮する.

*【关键】guānjiàn ①名 **肝心な点;かぎ.** ¶问题的～/問題のかぎ. ②形 決定的である. ¶～的年头/かなめとなる年. ¶～时刻 shíkè/肝心な時. 正念場.

【关键词】guānjiàncí 名 キーワード.

【关节】guānjié 名 ①関節;〈転〉重要な点. ②〈旧〉(賄賂などで)役人に渡りをつけること. ¶通～/役所の主管官吏に賄賂を贈って頼みこむ.

【关口】guānkǒu 名 ①関所;〈喩〉関門. 量 个,道. ②→【关头】guāntóu

【关里】Guānlǐ →【关内】Guānnèi

【关联】guānlián 動 関連する. ¶～问题/関連質問. ►"关连"とも書く.

【关门】guān//mén 動 ①閉店する. 廃業する. ②門戸を閉じる;返答を拒否する. ¶采取 cǎiqǔ～态度 tàidu/閉め出しする.

【关门主义】guānmén zhǔyì 名 排他主義. 閉鎖主義.

【关内】Guānnèi 名 長城の東端・山海関より西で嘉峪関より東の地. 関内. 中国の中心地. 参考 古くは"函谷关 Hángǔguān"以西の地をさした. "关里 Guānlǐ"とも.

【关卡】guānqiǎ 名 ①(徴税または警備のための)検問所. 関所. ②〈喩〉審査の関門.

【关切】guānqiè ①形 **親切である.** 親しみがある. ¶～的话语 huàyǔ/心のこもった言葉. ②動 **強い**

関心を持つ.(親しみのこもった)配慮をする.

【关税】guānshuì 名 関税. ¶交纳 jiāonà ～ / 関税を納める.

【关头】guāntóu 名 瀬戸際. 最も大切な時機. ¶紧要～ / いざというとき. 大事な瀬戸際.

【关外】Guānwài →【关东】Guāndōng

**【关系】guānxi ❶名 ①(人と人との)関係,間柄. ¶夫妇 fūfù ～好 / 夫婦仲がいい. ¶外交 wàijiāo ～ / 外交関係. ②〈俗〉コネ. 特殊な利害関係. ◆拉 lā ～ / コネをつける. ③(事物間の)関係,つながり,かかわり. ¶我公司 gōngsī 与该公司没有业务 yèwù ～ / わが社はその会社と取り引きがない. ¶两者具有密切 mìqiè ～ / 二つの事に深いつながりがある. ¶发生 fāshēng ～ / つながりができる.

❷動 関連する. かかわる. 関係する. ►"～到"の形で用いることが多い. ¶这是～到能不能毕业 bìyè 的问题 / これは卒業できるかどうかにかかわる問題だ.

【关系户】guānxìhù 名 コネのある相手や取引先.

【关系网】guānxìwǎng 名(人脈による)コネクション.

【关系学】guānxixué 名(皮肉で)コネづくりの学問.

【关饷】guān//xiǎng 動(兵士などに)給料を払う.

**【关心】guān//xīn 動 関心を持つ. 重視する. ¶～国事 / 国の政治に関心を持つ. ¶家里的事你也该稍微 shāowēi 关点儿心啊 / 家のことも少しは気にかけてくださいよ. ¶谢谢你的～ / 気にかけてくれてありがとう. ⇒【关怀】guānhuái

【关押】guānyā 動〈法〉(犯人を)拘禁する. ¶～犯人 fànrén / 犯人を拘禁する.

*【关于】guānyú 前 …に関する〔して〕. …について(の).

ⓐ前置詞句を作り,文頭に置かれて連用修飾語となる. ¶～离婚 líhūn 问题,我不打算 dǎsuan 在这里多说 / 離婚問題については,ここでこれ以上話すつもりはない.

ⓑ前置詞句を作り,後に"的"を伴って連体修飾語となる. ¶他读 dú 了几本～胆固醇 dǎngùchún 的书 / 彼はコレステロールに関する本を数冊読んだ.

ⓒ前置詞句を作り,"是…的"の形で述語となる. ¶这个手册 shǒucè 是～计划生育的 / このハンドブックは計画出産についての本だ.

ⓓ前置詞句を作り,単独で文章などの題目にすることができる. ¶～报导 bàodǎo 自由 / 報道の自由について. ⇒【对于】duìyú 比較

【关张】guān//zhāng 動 店をたたむ.

【关照】guānzhào 動 ①面倒をみる. 世話をする. ►人に依頼するときに用いる. ¶今后请多～ / 今後もどうぞよろしく. ¶谢谢您的～ / いろいろお世話になりありがとうございました. ②〈口〉口頭で通知する. 言いつける. ¶你～他们一声今晚加班 jiābān / 今晩残業をしてくれるよう,彼らに伝えなさい.

【关中】Guānzhōng 名 函谷関・武関・散関・蕭関に囲まれた陝西省の渭河流域地区をさす.

【关注】guānzhù 動 関心を持つ. 強く心を引かれる. 重大な注意を払う.

【关子】guānzi クライマックス. 山場.

观(觀) guān

◇◆ ①見る. 眺める. ¶→～察 chá. ②眺め. 状況. ありさま. ¶壮 zhuàng ～ / 雄大な景観. ③(物の)見方. 考え方. ¶乐 lè ～ / 楽観的である. ▸▸ guàn

【观测】guāncè 動 ①観測する. ¶～气象 qìxiàng / 気象を観測する. ②(状況を)探る. ¶～行情 hángqíng / 市況を探る.

【观察】guānchá 動 観察する. ¶～病情 bìngqíng / 病情を見守る.

【观察家】guāncháijiā 名 政治評論家. 消息筋. ►普通,筆者の署名として用いる.

【观察员】guāncháyuán 名 オブザーバー.

【观潮派】guāncháopài 名 日和見主義者.

*【观点】guāndiǎn 名 観点. 見地. 見方;(特に)政治的観点. ¶～偏左 piān zuǒ / 見方が左に偏っている. ¶阐明 chǎnmíng ～ / 政治的観点をはっきり述べる.

【观风】guān//fēng 動 動静を探る. 見張りをする. ¶你到前边去观观风 / ちょっと前へ行って様子を探ってこい. ►"望风"とも.

【观感】guāngǎn 名 観察した後の印象と感想. ¶报告～ / 印象と感想を報告する.

【观光】guānguāng 動 観光する. 見物する. ¶他刚从各地～回来 / 彼は各地を見物して帰ってきたばかりだ.

【观看】guānkàn 動 見物する. 眺める;観察する. ¶～国庆 Guóqìng 游行 yóuxíng / 建国記念日のパレードを見物する. ¶～足球 zúqiú 比赛 bǐsài / サッカーの試合を見る. ¶～动静 dòngjìng / 動きを探る.

【观礼】guānlǐ 動(招かれて)式典に参列する. ¶国庆 guóqìng ～ / 建国記念日式典に参列する.

【观摩】guānmó 動 見学する. 見習う. ¶～演出 yǎnchū /(見学させるための)競演. コンクール.

【观念】guānniàn 名 ①思想. 意識. ¶破除 pòchú 旧的～ / 古い思想を一掃する. ②観念. 概念.

【观念形态】guānniàn xíngtài 名 イデオロギー.

【观赏】guānshǎng 動 観賞する. 見て楽しむ. ¶～文艺节目 jiémù / 演芸を見る.

【观世音】Guānshìyīn 名〈宗〉観音. 観世音.

【观望】guānwàng 動 ①成り行きを見る. ②あたりを見回す. ¶四下～ / あたりを見回す.

【观象台】guānxiàngtái 名〈天〉気象台.(天文・気象・地磁気・地震などの)観測所.

【观音】Guānyīn 名〈仏〉観音さま. 観世音菩薩. ►"观世音"の略. "观自在 Guānzìzài""观音大士 dàshì"とも.

【观音竹】guānyīnzhú 名〈植〉カンノンチク.

【观瞻】guānzhān ①名 外観. ¶有碍 ài ～ / みっともない. 目障りである. ②動 展望する.

【观战】guānzhàn 動(戦い・競技を)観戦する.

*【观众】guānzhòng 名 観衆. 見物人. ¶看台上挤 jǐ 满了～ / スタンドは観衆でいっぱいだ.

*官 guān

名(～儿)役人. 官吏. ¶军 jūn ～ / 将校.

◇◆ ①官有の. 政府の;公共の. ¶→～办. ¶～道 / 公用道路. ②器官. ¶感 gǎn ～ / 感覚器官. ‖姓

【官办】guānbàn 形 国営の. 官営の. ¶～企业 qǐyè / 国営・公営企業.

【官报私仇】guān bào sī chóu〈成〉個人的な恨みを公の事で晴らす.

【官本位】guānběnwèi 名 役人本位.

【官兵】guānbīng 名 ①士官と兵士. ②〈旧〉政府軍.

G

【官场】guānchǎng 名 官界.
【官倒】guāndǎo 名 ①役人の不正な商取引き. ②役人ブローカー. ►"官倒爷 yé"とも.
【官邸】guāndǐ 名 官邸. (量) 座 zuò.
【官方】guānfāng 名 政府筋〔側〕. 当局側. ¶～消息 xiāoxi / 政府筋のニュース. ¶～人士 rénshì / 政府関係者.
【官府】guānfǔ 名〈旧〉官庁. 役所;(特に)地方の官庁;封建官吏.
【官官相护】guān guān xiāng hù〈成〉役人同士がかばい合うこと. ►"官官相为 wèi"とも.
【官话】guānhuà 名 ①〈旧〉**北方方言**;(特に)**北京語**(北京官話). マンダリン. ②(もとは)政界の外交辞令;(現在では)規則や制度を口実にした逃げ口上.
【官家】guānjiā 名 ①官庁. ②〈古〉皇帝に対する称. ③〈旧〉官吏.
【官价】guānjià 名(政府の決めた)公定価格.
【官架子】guānjiàzi 名 役人風(ふう). ❖摆 *bǎi*～/ 役人風を吹かす.
【官爵】guānjué 名 官職と爵位.
【官脸】guānliǎn 名 もったいぶった態度や表情.
【官僚】guānliáo ①名 **官僚**. ②形 官僚(主義)的である. ¶要 shuǎ～/ 官僚主義を振りかざす. ¶这个人很～/ この人は役人根性丸出しだ.
【官僚主义】guānliáo zhǔyì 名 **官僚主義**. ¶～者 zhě / 役人風(ふう)を吹かせる人. ¶～作风 zuòfēng / 官僚主義的な態度・傾向.
【官僚资本】guānliáo zīběn 名〈経〉官僚資本.
【官僚资产阶级】guānliáo zīchǎn jiējí 名 官僚ブルジョアジー.
【官迷】guānmí 名 役人になることにとりつかれた者.
【官能】guānnéng 名 感覚機能. ¶嗅觉 xiùjué 是鼻子 bízi 的～/ 嗅覚(きゅうかく)は鼻の働きだ.
【官念】guānniàn 名 権力志向.
【官气】guānqì 名 官僚主義的な態度. ¶～十足 shízú / ひどく役人風(ふう)を吹かす.
【官腔】guānqiāng 名 役人口調. ¶打～/ お役所的答弁で逃げる.
【官商】guānshāng 名 ①国営・公営の商業. ②客へのサービス精神のない国営商店などの従業員. ¶改变 gǎibiàn～作风 / 殿さま商売の悪風を改める. ③役所と民間企業.
【官署】guānshǔ 名〈旧〉官庁.
【官司】guānsi 名〈口〉**訴訟**. ❖打 *dǎ*～/ 訴訟を起こす. ¶笔墨 bǐmò～/ 文章による論戦.
【官厅】guāntīng 名〈旧〉官庁.
【官威】guānwēi 名 役人の貫禄.
【官务】guānwù 名(指導幹部の)公務.
【官衔】guānxián 名 官吏の肩書き. 官職名.
【官涯】guānyá 名 役人の道.
【官样文章】guān yàng wén zhāng〈成〉形式的で中身のない文章. 紋切り型の文章.
【官瘾】guānyǐn 名 仕官病.
【官员】guānyuán 名(外交などの)官吏,役人.
【官运】guānyùn 名〈旧〉役人になれる運;役人の出世運. ¶～亨通 hēngtōng / 仕官への道が開ける.
【官长】guānzhǎng 名 ①高級官吏. ②〈旧〉将校.
【官制】guānzhì 名 官職制度.

G

冠 guān ◇◆ 冠. 帽子;冠のような形のもの. ¶免 miǎn～照片 / 無帽の写真. ¶鸡 jī～/ 鶏のとさか.
➡ guàn
【冠冕】guānmiǎn ①名 冠冕(かんべん). 昔の皇帝や官吏の冠. ②形 体裁がよい. ►"冠冕堂皇 tánghuáng"の略. ¶说得～点儿 / 体よく言えば.
【冠冕堂皇】guān miǎn táng huáng〈成〉(見かけは)堂々として体裁がよい.
【冠心病】guānxīnbìng 名〈医〉冠状動脈心臓病.
【冠子】guānzi 名 とさか.

棺 guān ◇◆ 棺. ひつぎ. ¶→～木 mù. ¶开～验尸 yànshī / 棺を開いて死体を検証する.
【棺材】guāncai 名 **棺おけ**. ►"寿材 shòucái"ともいう. 旧時は老人が60歳を超えると棺おけを用意した. (量) 口,个. ¶～池 chí / 墓穴.
【棺椁】guānguǒ 名 ①〈考古〉内棺と外棺. ②ひつぎ.
【棺木】guānmù 名 棺おけ.

鳏 guān ◇◆ 男やもめ. ¶～居 jū / 男やもめ暮らしをする.
【鳏夫】guānfū 名 男やもめ.
【鳏寡孤独】guān guǎ gū dú〈成〉労働能力がなく身寄りのない人. 男やもめ・寡婦・孤児,および子供のいない老人をさす.

3画
莞 guǎn 地名に用いる. "东莞"は広東省にある県名. ➡ wǎn

***馆**(舘) guǎn ◇◆ ①公共的な建物・施設. ¶宾 bīn～/ ホテル. ¶大使～/ 大使館. ¶博物～/ 博物館. ②(～儿)(サービス業の)店. ¶饭～儿 / レストラン. ¶菜～/ 料理屋. ③私塾.
【馆子】guǎnzi 名 **食堂**. **飲食店**. レストラン. 料理屋. (量) 家 jiā. ❖吃 *chī*〔下 *xià*〕～/ レストランで食事をする.

***管** guǎn ❶動 ①(物を)**管理する**,扱う;(仕事を)**担当する**,受け持つ. 管轄する. ¶父亲退休 tuìxiū 后,工厂的事都由他儿子～/ お父さんが引退してから,工場のことは息子がやっている. ❖～家务 *jiāwù* / 家事を切り回す. ②**かまう**. **口出しする**. かかわりあう. ¶你们快逃 táo 吧!别～我 / 君たち早く逃げろ. ぼくのことはいいから. ¶他破坏 pòhuài 公物,我们都应该～/ あいつは公共物を壊したんだ. 黙っているわけにはいかない. ¶你爱去不去,～我什么事?/ 君が行こうと行くまいと,ぼくの知ったことじゃない. ③(子供を)しつける;(人を)監督する. ¶～孩子 / 子供をしつける. ¶～犯人 fànrén / 犯人を取り締まる. ④保証する. ¶有毛病～换 huàn / 故障があったらお取り替えします.
❷前〈口〉〖管…叫…〗*guǎn…jiào*… …を(…と呼ぶ,…という). ¶大家～她叫小兔子 xiǎotùzi / みんなは彼女をうさぎちゃんと呼ぶ.
❸接続 …**にかかわらず**. …を問わず. 注意 主語となる"你、他、它"など人称代詞が具体的には何もさない形式的な主語であることもある. ¶～它下雨不下雨,咱们 zánmen 干 gàn 咱们的 / 雨が降る降ら

ないにかかわらず,われわれは同じようにやりましょう.
⇨【不管】bùguǎn
❹ 量 **細長い円筒形のもの**を数える. ¶一~短笛duǎndí / 1本のピッコロ.
◇◆ ①管. パイプ. ¶胶皮 jiāopí ~子 / ゴムホース. ②管楽器. ③管状のもの. ¶电子~ / 電子管.
‖姓

【管保】guǎnbǎo 動 保証する. 請け合う. ¶照 zhào 这样做,~没错儿 / こういうふうにやれば絶対にまちがいはない.

【管不了】guǎnbuliǎo 動+可補 ①(多すぎて)**かまいきれない**. ¶来客这么多,我~ / お客がこんなに多くては,私はかまいきれない. ② **制御できない**. 抑える力がない. ¶上司 shàngsi ~自己的部下 bùxià / 上司が自分の部下をしっかり管理できない.

【管不住】guǎnbuzhù 動+可補(一応制御するが)**制御しきれない**. つなぎとめられない. ¶他连 lián 自己都~ / 彼は自分さえもコントロールできない.

【管道】guǎndào 名 ①(水蒸気・ガス・水などの)パイプ. ②〈電算〉(コマンドラインの)パイプ. ③〈方〉道筋.

【管道煤气】guǎndào méiqì 名 都市ガス.

【管饭】guǎn//fàn 動 食事付きにする.

【管风琴】guǎnfēngqín 名〈音〉パイプオルガン. (量) 架 jià.

【管家婆】guǎnjiāpó 名 ①〈旧〉地主や官僚などの家の女中頭. ②(主婦に対する呼称)おかみさん.

【管家】guǎnjia 名 ①〈旧〉地主や官僚の家の執事. ② 管理人. 集団のために財産や日常生活を管理し世話する人.

【管见】guǎnjiàn 名〈書〉〈謙〉管見. 卑見. 狭い見識. ►竹の管から天をのぞく意から.

【管教】guǎnjiào 動 ①(子供を)しつける. ¶那孩子没有礼貌 lǐmào,要好好儿~~ / あの子は不作法だから,しっかりしつけなくてはいけない. ② 管理教育する. ¶~所 / 少年院. ③〈方〉保証する.

【管井】guǎnjǐng 名 ポンプ式の井戸.

【管窥】guǎnkuī 名 管見. ¶~所及 / 管見によれば.

【管窥蠡测】guǎn kuī lí cè 〈成〉視野が狭く見識が浅い.

*【管理】guǎnlǐ** 動 ① **管理する**. 処理する. ¶~公寓 gōngyù / アパートを管理する. ¶~人才 / 管理能力のある人. ¶动物园~处 chù / 動物園の管理事務所. ② **取り締まる**. ¶~枪支 qiāngzhī / 銃器を取り締まる.

【管路】guǎnlù 名〈機〉パイプライン.

【管儿灯】guǎnrdēng 名 蛍光灯.

【管事】guǎn//shì ❶動 ① 管理する. ¶这里谁~? / ここではだれが責任者ですか. ¶~的 / 責任者. ②(~儿)〈口〉効き目がある. ¶他这个病吃药也不~ / 彼の病気は薬を飲んでも効き目がない. ❷ 名〈旧〉庶務係;執事.

【管束】guǎnshù 動 拘束する. 監督する. ¶严加 yánjiā ~ / 厳しく取り締まる.

【管辖】guǎnxiá 動 管轄する.

【管闲事】guǎn xiánshì おせっかいを焼く.

【管弦乐】guǎnxiányuè 名〈音〉管弦楽. ¶~团 tuán / オーケストラ.

【管线】guǎnxiàn 名〈建〉パイプや電線.

【管押】guǎnyā 名〈法〉(一時的に)拘禁する.

【管用】guǎn//yòng 動 **役に立つ**. 効き目がある. ¶这把钥匙 yàoshi 不~ / このかぎでは役に立たない.

【管乐器】guǎnyuèqì 名〈音〉管楽器.

【管制】guǎnzhì ①動 管制する. 取り締まる. コントロールする;拘束する. ¶交通~ / 交通取り締まり. ② 名〈法〉(刑罰の一種)管制.

【管中窥豹】guǎn zhōng kuī bào 〈成〉見識が狭い.

【管子】guǎnzi 名 ① **管**. **パイプ**. (量) 根 gēn. ¶自来水~ / 水道管. ②(民族楽器の一つ)ひちりき. タケの管に表に七つ,裏に一つの穴をあけた管楽器.

4声 **观(觀) guàn** 名 道教の寺院. 道観. ¶白云 Báiyún ~ / (北京にある道観)白雲観.
‖姓 ▸▸ guān

贯 guàn 量〈旧〉(旧時の通貨の単位)ひもに通した穴あき銭1千個(銭千文)が1"贯".
◇◆ ①貫く. 突き通す. ¶纵 zòng ~ / 縦に(南北に)貫く. ②1列に連なる. ¶鱼 yú ~ / ひとつながりになって. ‖姓

*【贯彻】guànchè** 動 **貫徹する**. 徹底的に行う. ¶~改革开放的政策 zhèngcè / 改革開放の政策を徹底的に実行する.

【贯穿】guànchuān 動 ① 貫く. ¶这条铁路是一条~全国 quánguó 的大动脉 dàdòngmài / この鉄道は全国を貫く大動脈だ. ②⇀**【贯串】guànchuàn**

【贯串】guànchuàn 動(主張を)貫く. 首尾一貫する.

【贯通】guàntōng 動 ①(学術・思想などに)精通する. ¶~文史哲 / 文学・歴史・哲学に精通する. ¶意思~ / 意味がすっかり分かる. ② 貫通する. ¶京广线~五省 shěng / 北京広州線は五つの省を貫いている.

【贯注】guànzhù 動 ①(精神や精力を)**集中する**. ¶全神~ / 全神経を集中する. ②(文意などが)一貫する. ¶改革精神 jīngshén ~始终 shǐzhōng / 改革精神は最後まで貫かれている.

冠 guàn 動〈書〉① 冠する. 付加する. ¶在队名前~以所在的地区名 / チーム名の前に所在地の名をつけ加える. ②〈書〉冠・帽子をかぶる.
◇◆ 第1位を占める. ¶全国之~ / 全国第一. ¶→~军. ‖姓 ▸▸ guān

【冠词】guàncí 名〈語〉冠詞.

*【冠军】guànjūn** 名〈体〉**優勝**;優勝者. (量) 项 xiàng, 次;[優勝者]个,名. ¶~赛 sài / 決勝戦. ❖获得 *huòdé* ~ / 優勝する.

掼 guàn 動〈方〉① 投げる. 投げつける. 放っておく. ②(物の一端を握ってもう一端を)たたきつける,たたき打つ. ③ 転ぶ;転ばす. ¶路滑 huá,不留神~了个跟头 / 道が滑って,ちょっと油断して転んだ.

惯 guàn 動 ① **慣れる**. **習慣になる**. ►単独で述語にもなり,補語として他の動詞の後に置かれることもある. ¶乡下生活我已经~了 / 田舎の暮らしにはもう慣れた. ¶看不~ / 見慣れない;気に食わない. ②(子供を)**甘やかす**. 放任する. ¶独生子女容易被~坏 / 一人っ子は甘やかされて悪くなりやすい.

【惯常】guàncháng ①形 手慣れている．②副 いつも．③名 ふだん．
【惯盗】guàndào 名 常習の窃盗犯．
【惯犯】guànfàn 名 常習犯．
【惯技·惯伎】guànjì 名〈貶〉常套手段．
【惯例】guànlì 名 慣例．しきたり．¶打破 dǎpò ～／慣例を破る．
【惯窃】guànqiè 名 常習的な窃盗(犯)．
【惯偷】guàntōu 名 盗み癖(のある人)．
【惯用】guànyòng 動 常用する．いつも用いる．¶～手法 shǒufǎ／常套手段．いつもの手．¶～的字眼儿 zìyǎnr／よく使う文句．決まり文句．
【惯于】guànyú 動 …に慣れている．¶我最不～在众人 zhòngrén 面前讲话／私はどうも人前で話すのが苦手だ．
【惯纵】guànzòng 動 甘やかす．気ままにさせる．¶～孩子／子供をちやほやする．

盥 guàn ◇(手や顔を)洗う．

【盥漱】guànshù 動 顔を洗い口をすすぐ．
【盥洗】guànxǐ 動 手や顔を洗う．¶～室 shì／洗面所．¶～用具 yòngjù／洗面用具．

灌 guàn 動 ①**水をやる；灌漑(かんがい)する．**②(液体·気体·顆粒を)中に入れる,中に入る,吹き込む．¶～开水／熱湯を注ぐ．¶桶里～满了啤酒／たるをビールでいっぱいにする．③録音する．吹き込む．¶～唱片 chàngpiàn／レコードに吹き込む．‖姓

【灌肠】guàn//cháng 動〈医〉浣腸(かんちょう)する．
【灌肠】guànchang 名 ソーセージの一種；腸詰め．量 根 gēn．
【灌溉】guàngài 動 灌漑する．¶～网 wǎng／灌漑網．
【灌溉渠】guàngàiqú 名 用水路．
【灌浆】guàn//jiāng 動 ①〈建〉(れんがや石のすきまに)モルタルを流し込む．②〈農〉胚乳が乳状になる．乳熟．③〈医〉(天然痘または種痘による疱疹が)化膿する．
【灌录】guànlù 動 録音〔録画〕する．
【灌米汤】guàn mǐtang〈慣〉甘言でおだてる．
【灌木】guànmù 名 灌木．量 棵 kē,丛 cóng．
【灌区】guànqū 名 灌漑区．
【灌输】guànshū 動 ①水を引き入れる．②(思想や知識などを)教え込む．
【灌音】guàn//yīn 動 録音する．
【灌制】guànzhì 動(レコードやテープを)録音して制作する．
【灌注】guànzhù 動 注ぎ込む．

鹳 guàn 名〈鳥〉コウノトリ．¶白～／コウノトリ．¶黑～／ナベコウ．

罐 guàn 名 ①(～儿)**缶．**小さなつぼ．►"缶 fǒu"(土器の一種)は別字．¶茶叶 cháyè ～儿／茶筒．¶水～／水がめ．②〈鉱〉トロッコ．

【罐车】guànchē 名 タンク車．タンクローリー．
【罐焖】guànmèn 動 とろ火で煮込む．
*【罐头】guàntou 名 ①**缶詰．**量 听 tīng,个．②〈方〉小さなつぼ．缶．
【罐子】guànzi 名 広口の容器．缶．

guang (ㄍㄨㄤ)

1声 ***光** guāng ❶形 ①(きれいさっぱりと)何もない,何も残っていない．¶这个月的钱已经～了／今月のお金はもう少しも残っていない．

> **語法ノート**
>
> **動詞＋"光"**
>
> 「**きれいさっぱりなにもない；…し尽くす**」ことを表す．¶猫 māo 把鱼都吃～了／ネコは魚を残さず食べた．¶钱都花～了／金を使い果たした．¶用～／使い果たす．¶孩子们吓 xià 得都跑～了／子供たちは驚いて一人残らず逃げてしまった．

②**つるつるしている．**すべすべしている；**ぴかぴかしている．**¶封面 fēngmiàn 很～／表紙がすべすべしている．¶这块镜子 jìngzi 擦 cā 得很～／この鏡はぴかぴかに磨かれている．
❷動(身体の一部を)むき出しにする．あらわにする．¶～屁股 pìgu／尻を丸出しにする．¶～着头／帽子をかぶらずにいる．¶弟弟～着脚在草地 cǎodì 上玩儿／弟ははだしになって芝生で遊んでいる．
❸副《範囲を限定する》**ただ．だけ．**¶～说不做／言うだけでやらない．¶～吃肉不吃菜／肉ばかり食べて,野菜を食べない．¶～报名 bàomíng 的就有一千人／申し込み者だけでも千人になる．
❹名 ①**光．光線．**光波．ライト．量 道,条 tiáo,丝 sī,束 shù．¶从窗户 chuānghu 里射出 shèchu 一条～来／窓から一筋の光が射してくる．②名誉．光栄．¶脸上有〔无〕～／面目を施す〔潰す〕．¶为国增 zēng ～／国家のために栄誉を高める．
◇ ①景色．¶风～／風景．②輝かす．‖姓

【光笔】guāngbǐ 名 ペン状のコンピュータ入力装置．
【光标】guāngbiāo 名〈電算〉カーソル．¶～阅读机 yuèdújī／光学式マーク読み取り装置．
*【光彩】guāngcǎi ①名 **彩り．**¶～耀 yào 人／彩りに目がくらむ．②形 **光栄である．**¶这事干得不～／この事は不名誉だった．►"光采"とも書く．
【光灿灿】guāngcàncàn 形(～的)《まぶしく光るさま》きらきらしている．¶～的枝形吊灯 zhīxíng diàodēng／きらきら光るシャンデリア．
【光赤】guāngchì 動 裸にする．¶～着身子逃跑 táopǎo／裸のまま逃げる．
【光存储器】guāngcúnchǔqì 名〈電算〉光メモリー．MO．
【光导纤维】guāngdǎo xiānwéi 名 光ファイバー．►略称は"光纤"．
【光电子】guāngdiànzǐ 名〈物〉光電子．¶～学／オプトエレクトロニクス．
【光碟】guāngdié 名〈電算〉CD．CD-ROM．
【光伏发电】guāngfú fādiàn 名〈環境〉太陽光発電．ソーラー発電．
【光复】guāngfù 動(滅びた国を)建て直す；(失地や国家の主権を)回復する．
【光杆儿】guānggǎnr 名 ①花や葉のすっかり落ちた草木．②独りぼっち．
【光顾】guānggù 動 ご愛顧を賜る．►商人が顧客を歓迎する言葉．¶承蒙 chéngméng ～,不胜 bù-

shèng 感谢 / お運びいただきましてまことにありがとうございます.

【-光光】-guāngguāng 接尾《形容詞や名詞の後につき「つややかな」「すっかり無い」様子を表す状態形容詞を作ったり,語幹を強調したりする》¶ 油 yóu ～ / つやつやした;油でべったりした. ¶ 红～ / 赤くつやつやした.

【光棍】guānggùn 名 ① **ごろつき**. ならず者. ② 〈方〉聡明な人. 利口者. ¶ ～不吃眼前亏 kuī / 〈諺〉利口な人はみすみす損をしない. 賢い男は勝てない相手とは争わない.

【光棍儿】guānggùnr 名(男性の)**独身者**. 男やもめ. ❖打 *dǎ* ～ / やもめ暮らしをする.

【光合作用】guānghé zuòyòng 名〈植〉光合成.

【光华】guānghuá 名 明るい輝き.

*【光滑】guānghuá 形 **つるつるしている**. なめらかである. ¶ 地板 dìbǎn 很～ / 床がつるつるしている. ¶ 皮肤 pífū ～ / 肌がなめらかだ.

【光化学烟雾】guānghuàxué yānwù 名 光化学スモッグ.

【光环】guānghuán 名 ①〈天〉星の環. ¶ 土星～ / 土星の環. ② 光の環. ③〈宗〉光輪;後光.

*【光辉】guānghuī ① 名 輝き. ►抽象的な事物についていうことが多い. ② 形 **輝かしい**. ¶ ～的历程 lìchéng / 輝かしい道程. ¶ ～的成就 chéngjiù / 輝かしい業績.

【光洁】guāngjié 形 つややかできれいである.

【光景】guāngjǐng ❶名 ① 光景. 状況. 様子. 量 种 zhǒng, 副 fù. ¶ 你还记得 jìde 当年咱们一起读书 dúshū 时的～吗?/ 君は昔われわれがいっしょに勉強していたころの様子をまだ覚えているかい. ② 境遇. ¶ 他家的～还不错 / 彼の家の暮らしはまあまあいいほうだ. ③ 前後. ころ. くらい. ►推量した時間や数量を表す語の後につける. ¶ 每天下午三点～吃点心 / 毎日午後の3時ごろおやつを食べる. ❷副〈方〉たぶん. どうやら. ¶ 车都停 tíng 了, ～前面出事了 / 車が全部止まった,恐らく前の方で事故が起きたのだろう.

【光控】guāngkòng 名 光(による)コントロール.

【光缆】guānglǎn 名 光ケーブル.

【光亮】guāngliàng ① 形 **ぴかぴかしている**. ¶ 光亮亮的新房 / 真新しい新居. ¶ 他的车总是擦 cā 得光光亮亮的 / 彼の車はいつもぴかぴかに磨いてある. ② 名 明かり.

【光临】guānglín 動 **ご光臨を賜る**. ¶ 欢迎～ / 〈套〉いらっしゃいませ. ¶ 敬候 jìnghòu ～ / おいでをお待ちしております.

【光溜溜】guāngliūliū 形(～的) ① すべすべしている. つるつるしている. ② 丸裸である. 何もない. ⇒【-溜溜】-liūliū

【光溜】guāngliu 形〈口〉なめらかである.

【光芒】guāngmáng 名 尾を引く光の筋. 光. 光線. ¶ 旭日 xùrì 东升 shēng, ～四射 shè / 朝日が昇り,四方に光を放つ.

【光芒万丈】guāng máng wàn zhàng 〈成〉光がきらきらとあたり一面に輝く.

【光明】guāngmíng ❶名 輝き;希望. ¶ 火的使用把人类 rénlèi 引向～ / 火の使用は人類を光明へと導いた. ❷形 ① **光り輝く**. ¶ 那是一个张灯结彩 zhāng dēng jié cǎi 的～之夜 / それは飾り付けたちょうちんが明々と輝く夜のことだった. ② **光明に満ちた**. 希望に満ちた. ¶ ～之路 / 明るい未来への道. ③ 公明正大である.

【光明磊落】guāng míng lěi luò 〈成〉公明でさっぱりしている.

【光明正大】guāng míng zhèng dà 〈成〉公明正大である.

【光能】guāngnéng 名〈物〉光エネルギー.

【光年】guāngnián 名〈天〉光年.

【光盘】guāngpán 名 ① CD-ROM;CD. ② 光ディスク. 量 张 zhāng.

【光谱】guāngpǔ 名〈物〉スペクトル. ¶ ～分析 fēnxī / スペクトル分析. ¶ ～仪 yí / 分光器.

【光驱】guāngqū 名〈電算〉CD-ROMドライブ.

【光圈】guāngquān 名〈写真〉(レンズの)絞り. ►"光孔 guāngkǒng""光阑 guānglán"とも.

*【光荣】guāngróng ① 形 **光栄である**. 栄誉ある. ¶ ～传统 chuántǒng / 栄えある伝統. ¶ 哥哥～地当选 dāngxuǎn 了村长 cūnzhǎng / 兄は光栄なことに村長に選ばれた. ② 名 **光栄**. 栄誉. ¶ ～归于 guīyú 祖国 / 祖国に光栄あれ.

【光荣榜】guāngróngbǎng 名 すぐれた人々を表彰する掲示.

【光润】guāngrùn 形 つやつやしている. なめらかである. ►皮膚についていうことが多い.

【光闪闪】guāngshǎnshǎn 形(～的)きらきら光る.

【光速】guāngsù 名〈物〉光速.

【光天化日】guāng tiān huà rì 〈成〉白昼. 真っ昼間. ¶ ～之下 / 白日の下.

【光通讯】guāngtōngxùn 名 光ファイバー通信.

【光头】guāng//tóu ❶動 帽子をかぶらない. ❷名 ① 坊主刈りの頭. ② はげ頭.

【光秃秃】guāngtūtū 形(～的)丸裸である. すっかりはげている.

【光纤】guāngxiān 名〈略〉光ファイバー. ►"光导纤维 guāngdǎo xiānwéi"の略. 量 条 tiáo.

【光纤电缆】guāngxiān diànlǎn 名 光ケーブル.

【光纤通信】guāngxiān tōngxìn 名 光ファイバー通信.

*【光线】guāngxiàn 名〈物〉**光線**.

【光学】guāngxué 名 光学. オプティクス.

【光学字符阅读器】guāngxué zìfú yuèdúqì 名 光学式文字読取り装置. OCR.

【光耀】guāngyào ① 名 輝き;栄光. ¶ ～夺目 duómù / 目を奪うばかりに光り輝く. ② 動 輝かしいものにする. ③ 形 輝かしい.

【光阴】guāngyīn 名 ① 年月. 時間. ¶ ～似箭 sì jiàn / 光陰矢のごとし. ②〈方〉暮らし. 生活.

【光泽】guāngzé 名 光沢. つや.

【光子】guāngzǐ 名〈物〉光子. フォトン. ►"光量子 guāngliàngzǐ"とも. ¶ ～计算机 jìsuànjī / 光コンピュータ.

【光宗耀祖】guāng zōng yào zǔ 〈成〉祖先の名を上げる.

咣 guāng

擬《金属などが強くぶつかり合ったときの大きな音》があん. ごおん. ばたん. ⇒〖哐 kuāng〗

【咣当·咣啷】guāngdāng 擬《重いものが回転や振動によって当たるときの音》ごっとん. がたん. ばたん.

【咣啷】guānglāng 擬《金属が堅い物に打ち当たって出す大きな音》がらん. どたん. ►"当啷 dānglāng"

よりややこもる感じ.

3声 *广(廣) guǎng 形(面積や範囲などが)広い. ¶这首shǒu歌曲流行liúxíng很～/この歌は広く流行している.
◇◆ ①多い. ¶大庭tíng～众zhòng/大ぜいの人のいる場所. ②広める. 広げる. ¶推～/押し広める. ③(Guǎng)広東(カントン);広州. 注意"两广"というときは広東と広西をさす. ¶～交会jiāohuì/広州での貿易商品取引会. 広州交易会. ‖姓

**【广播】guǎngbō ①動(ラジオ・テレビ・有線を)放送する. ②名 放送. 番組. ❖听tīng～/ラジオを聞く. ¶实况shíkuàng～/実況放送.
*【广播电台】guǎngbō diàntái 名 放送局.
【广播段】guǎngbōduàn 名〈電〉放送波長.
【广播剧】guǎngbōjù 名 放送劇. ラジオドラマ.
【广播体操】guǎngbō tǐcāo 名 ラジオ体操.
【广博】guǎngbó 形 範囲が広い. ►学識についていうことが多い.
*【广场】guǎngchǎng 名 広場. (量) 个,片piàn. ¶天安门～/天安門広場.
*【广大】guǎngdà 形 ①(面積・空間が)広い. ¶～区域qūyù/広大な区域. ¶土地～/土地が広大だ. ②(規模が)大きい. ¶～的组织zǔzhī/全国的な組織網. ③(人数が)広範な. 幅広い. 多くの.
*【广东】Guǎngdōng 名〈地名〉広東(カントン)省.
【广东菜】guǎngdōngcài 名 広東料理.
【广东锅】Guǎngdōngguō 名(両手のついた)中華なべ. ►片手のものは"北京锅"という.
【广度】guǎngdù 名 広さ. 範囲.
【广而言之】guǎng ér yán zhī〈成〉概して言えば.
*【广泛】guǎngfàn 形 多方面にわたっている. 広範である. ¶～征求zhēngqiú意见/広く意見を求める. ¶～的兴趣xìngqù/幅広い趣味.
【广柑】guǎnggān 名〈植〉(広東省産の)ネーブル. ►広く四川・台湾産のものをさすこともある.
*【广告】guǎnggào 名 広告. CM. ¶做～/広告する. 宣伝する. ¶～词/公告文. コピー. ¶～主/スポンサー.
【广寒宫】Guǎnghángōng 名 月にあるといわれる伝説上の宮殿.
【广角镜头】guǎngjiǎo jìngtóu 名 広角レンズ.
【广开才路】guǎng kāi cái lù〈成〉動 広く人材登用の道を開く.
【广开财路】guǎng kāi cái lù〈成〉広く財源を切り開く.
【广开门路】guǎng kāi mén lù〈成〉広く問題の解決方法を探す.
【广开言路】guǎng kāi yán lù〈成〉広く言論発表の道を開く.
*【广阔】guǎngkuò 形 広大である. 広い. ¶～的牧场mùchǎng/広大な牧場. ¶前景qiánjǐng～/前途が洋々としている.
*【广西】Guǎngxī 名〈地名〉広西(こうせい)チワン族自治区.
【广义】guǎngyì 名(↔狭义xiáyì)広義. 広い意味. ¶～地说/広い意味で言って.
*【广州】Guǎngzhōu 名〈地名〉広州(こうしゅう).

犷(獷) guǎng ◇◆ 粗野である. ¶粗cū～/同上.

4声 桄 guàng ①動 糸巻きに糸を巻く. ¶把线～上/糸を糸巻きに巻く. ②名(～儿)糸巻きの糸. かせ糸. ③量(～儿)かせ糸を数える. ¶一～线/ひと巻きの(かせ)糸.
【桄子】guàngzi 名(タケや木で作った)糸をかけて巻いておく道具. かせ.

*逛 guàng 動 ぶらぶらする. 散歩する. 見物する. ¶下班后上街～～/仕事が終わってから街をぶらぶらする. ¶～了一整天zhěngtiān公园/公園で一日中遊んだ.
【逛荡】guàngdang 動 ぶらつく. ほっつき歩く. ►"逛游guàngyóu"とも.

gui (ㄍㄨㄟ)

1声 *归(歸) guī ❶動 ①(分散していたものを)まとめる,集める. ¶把行李xíngli～到一块儿/荷物を1個所にまとめる. ¶条条tiáotiáo大河～大海/すべての川は海に集まる. ②…に属す. …に帰属する. ¶土地tǔdì～个人所有suǒyǒu/土地は個人の所有に帰する. ¶父母死后,这所房子～儿子了/両親が亡くなって,この家は息子のものとなった. ③(同じ動詞の間に用い)…にとどめる;…にとどまる. ¶玩笑wánxiào～玩笑,工作可得认真rènzhēn做/冗談は冗談として,仕事はまじめにやらなくては. ¶吵架chǎojià～吵架,两口子却què很恩爱ēn'ài/けんかはするが,二人はあいかわらず愛し合っている.
❷前 …が…することにする〔なっている〕. ►行為の責任者を示す. ¶饭～男的做,菜～女的做/ご飯は男性が炊き,おかずを女性が作る. ¶这一带都～北京市管辖guǎnxiá/このあたりはすべて北京市の管轄となっている.
◇◆ ①帰る. ¶→～国guó. ②返る;返す. ¶→～还huán. ‖姓

【归案】guī//àn 動 逃亡中の犯人が逮捕される. 事件が解決する.
【归并】guībìng 動 ①合併する. ¶把两家银行yínháng～成一家/二つの銀行を一つに合併する. ②まとめる.
【归程】guīchéng 名 帰途.
【归档】guī//dàng 動(書類などを)分類して保存する.
【归队】guī//duì 動 ①原隊に帰る. ②〈喩〉本職に戻る.
【归附】guīfù 動 帰順する. 支配下に入る.
【归根】guī//gēn 動 ルーツに戻る. ¶叶落yèluò～/〈成〉葉落ちて根に帰る;さすらう者も結局は故郷に落ちつく.
【归根结底】guī gēn jié dǐ〈成〉結局. とどのつまり. ►"归根结柢"とも書く. ¶我的意见,～是这样/私の意見はつまるところこうです.
【归公】guī//gōng 動 公有に帰する.
【归功】guīgōng 動 …の功績とする. ⇒【归于】guīyú 注意
【归国】guīguó 動〈書〉帰国する. 国へ帰る. ►話し言葉では普通,"回国"を用いる. ¶学成～/学問を修めて国へ帰る. ¶～华侨huáqiáo/中国に戻った華僑.
【归航】guīháng 動(飛行機や船が)帰航する. ¶～飞行 / 帰りの飛行.
【归还】guīhuán 動 返却する. ¶按时 ànshí ～ / 時間通りに返す.
【归结】guījié ①動 まとめる. ¶～起来,大体如下 rúxià / せんじつめれば,だいたい次の通りだ. ②名 結末. 結果.
【归咎】guījiù 動 **罪を人になすりつける**. …のせいにする. ¶～于人 / 罪を他人にかぶせる. ⇨【归于】guīyú 注意
【归口】guī//kǒu 動 ①一定の管理系統に集約する. ¶～管理 guǎnlǐ / 管理の一本化をはかる. ②本業に戻る.
【归来】guīlái 動 よその土地から帰って来る.
【归类】guī//lèi 動 分類する.
【归里包堆】guīlibāoduī 副(～儿)〈方〉全部ひっくるめて.
【归拢】guīlǒng 動 1か所にまとめる. かたづける. ¶请你把桌上的东西～一下 / 机の上のものをかたづけてください.
【归纳】guīnà 動 ①論理的にまとめる. ②〈論〉帰納する.
【归宁】guīníng 動〈書〉(嫁が)里帰りする.
【归期】guīqī 名 戻る時期. ¶～未定 wèidìng / 帰りの日時は未定である.
【归侨】guīqiáo 名〈略〉帰国し定住した華僑.
【归入】guīrù 動 繰り入れる.
【归属】guīshǔ 動 帰属する. ¶无 wú 所～ / 帰属する所がない.
【归顺】guīshùn 動 帰順する.
【归宿】guīsù 名 落ち着き先.
【归天】guī//tiān 動〈婉〉(目上の人などが)死亡する,逝去する. ⇨〖死 sǐ〗
【归田】guītián 動〈書〉官職を辞して帰郷する.
【归途】guītú 名 帰途.
【归西】guī//xī 動〈婉〉死ぬ. 西方浄土へ旅立つ.
【归向】guīxiàng 動(政治的によい方に)つく. ¶人心～ / 人心が赴く.
【归心】guīxīn ①名 帰りたい心. ¶～似箭 sì jiàn / 帰心矢のごとし. ②動 帰服する. ¶四海～ / 天下の人が帰服する.
【归阴】guī//yīn 動〈婉〉死ぬ. 冥土へ旅立つ.
【归于】guīyú 動 ①**…に属する**. **…のものである**. ¶最后胜利 shènglì ～我们 / 最後の勝利は我々のものだ. ¶功劳 gōngláo ～大家 / 功績はみんなのものだ. 注意 功績を与える場合は"归功 gōng 于",責任や罪をなすりつける場合は"归罪 zuì 于""归咎 jiù 于"の形で用いることが多い. ¶进步归功于老师的严教 / 進歩は先生の厳しい教えの賜物である. ¶把失败 shībài 归罪于他人 / 失敗を他人に転嫁する. ②(…の結果…の状態に)なる. ►形容詞や自動詞を目的語にとる. ¶喧闹 xuānnào 的会场渐渐 jiànjiàn ～平静 píngjìng / ざわめいていた会場がだんだん静かになってきた.
【归着】guīzhe →【归置】guīzhi
【归置】guīzhi 動 かたづける. 整頓する. ¶行李～好了吗? / 手荷物はかたづきましたか.
【归总】guīzǒng ①動 まとめ上げる. ¶要把这些材料 cáiliào ～起来 / これらのデータをまとめなければならない. ②副 全部で.
【归罪】guīzuì 動 罪を人になすりつける. …のせいにする. ⇨【归于】guīyú 注意

圭 guī

❶名 ①(玉器の一種)圭(けい). 上がとがって下が四角な玉. ②中国古代の天文計器. ❷量(古代の容積の単位)1升の10万分の1. ‖姓
【圭亚那】Guīyànà 名〈地名〉ガイアナ.

龟(龜) guī

名〈動〉**カメ**. 量 只 zhī. 参考 昔は神聖な動物とされていたが,後世には恥知らずの人物の代名詞などとされ,よい意味では使われなくなった. ▸▸ jūn
【龟板】guībǎn 名 カメの腹甲. ►"龟甲 guījiǎ"ともいい,漢方薬として強壮剤に用いる.
【龟趺】guīfū 名 石碑の下のカメの形をした台座.
【龟鉴】guījiàn 名 手本. 亀鑑(きかん). ►"龟镜 guījìng"とも.
【龟缩】guīsuō 動(カメが頭を甲の中に入れるように)縮こまる.

规 guī

◇ ①規則. しきたり. ¶校～ / 校則. ②コンパス. ¶圆 yuán ～ / コンパス. ¶两脚～ / ディバイダー. ③いさめる. 忠告する. ¶～勉 miǎn / いましめ励ます. ④計る. 計画する. ¶→～划 huà. ‖姓
【规避】guībì 動〈書〉なんとかして逃れる.
【规程】guīchéng 名 **規程**. 規則.
*【规定】guīdìng ①動 **規定する**. 定める. ¶～期限 / 期限を決める. ¶在～的地点 dìdiǎn 集合 jíhé / 定められた場所に集合する. ¶学校～每天下午七点上晚自习 zìxí / 学校では,毎日午後7時の夜の自習を決めている. ②名 **規定**. 定め. 決まり. 量 项 xiàng.
【规范】guīfàn ①名 規範. 標準. ¶合乎 héhū ～ / 標準に合う. ②形 規範に合う. ¶这个词 cí 的用法不～ / この単語の使い方は規範に合っていない. ③動 規範化する.
【规范化】guīfànhuà 動 標準化する. 規範化する.
【规格】guīgé 名 ①(製品の)**規格**. ¶不合～ / 規格に合わない. ②(広く)待遇のランク.
【规划】guīhuà ①動(全体的な長期にわたる)**計画を立てる**. **企画する**. ②名(長期の)計画. プラン. ¶长远 chángyuǎn ～ / 長期計画.
【规谏】guījiàn 動〈書〉いさめる.
*【规矩】guīju ①名 **規則**. **決まり**. 習わし. ¶按 àn ～办 / 規則どおりにする. ¶不守 shǒu ～ / 規則を守らない. ¶不懂 dǒng ～ / 習わしがわからない. ②形 **品行が正しい**. **行儀がよい**. きちんとしている. ¶请把字写得～点儿 / 字をきちんと書いてください. ¶没～ / 行儀が悪い.
*【规律】guīlǜ 名 **法則**. 量 个,条,种. ¶经济发展 fāzhǎn ～ / 経済発展の法則.
*【规模】guīmó 名 **規模**. ¶～宏大 hóngdà 的三峡水库 Sānxiá shuǐkù / 規模の壮大な三峡ダム.
【规劝】guīquàn 動 忠告する. ¶好意～ / 善意で忠告する.
【规行矩步】guī xíng jǔ bù〈成〉①規則に合わせて行動する. ②しきたりを墨守して融通がきかない.
【规约】guīyuē 名 規約.
*【规则】guīzé ①名 **規則**. 量 条. ¶借书～ / 図書貸し出し規則. ②形 **規則正しい**. 整然とした.

G

¶黄河 Huánghé 的水道原来很不～ / 黄河の川筋はもともとたいへん不規則だった.
【规章】guīzhāng 名 規則.
【规整】guīzhěng ①形 きちんと整っている. ②動 整理する. ¶你快把床～一下 / 早くベッドをかたづけなさい.

闺 guī ◇◆ ①小さなアーチの門. ②女性の寝室. ¶深 shēn ～ / 深窓.
【闺房】guīfáng 名〈旧〉女性の居室.
【闺门】guīmén 名(女性の)寝室の戸. ¶不出～的千金小姐 / 箱入り娘.
【闺女】guīnü 名 ①未婚の女性. ②〈口〉娘.
【闺秀】guīxiù 名〈旧〉名家の娘. お嬢様.

硅 guī 名〈化〉珪素(けいそ). Si.
【硅肺】guīfèi 名〈医〉珪肺(けいはい).
【硅钢】guīgāng 名〈冶〉珪素鋼.
【硅谷】guīgǔ 名 シリコンバレー.
【硅藻】guīzǎo 名〈植〉ケイソウ(珪藻).
【硅砖】guīzhuān 名 シリカれんが.

瑰 guī ◇◆ 珍奇な. 珍しい. ¶～异 yì / 珍しい.
【瑰宝】guībǎo 名 貴重な宝物.
【瑰丽】guīlì 形〈書〉非常に美しい.
【瑰玮·瑰伟】guīwěi 形〈書〉①(品質·人柄が)すばらしい. ②(辞句が)美しい.

鲑 guī ◇◆ サケ. ¶～鱼 / サケ. ►"大马哈鱼 dàmǎhāyú"とも.

3声 **轨** guǐ ◇◆ ①レール；軌道. ¶钢 gāng ～ / レール. ②(守るべき)やり方,規則,秩序. ¶越 yuè ～ / 常軌を逸する.
【轨道】guǐdào 名 ①(鉄道の)レール. 量 条 tiáo. ②(天体·物体の)軌道. ¶火星～ / 火星の軌道. ③(本来あるべき)路線. ¶两国关系进入正常zhèngcháng ～ / 両国関係が正常な道を歩みはじめた.
【轨范】guǐfàn 名 規範. 手本.
【轨枕】guǐzhěn 名 枕木. 量 根 gēn.

诡 guǐ ◇◆ ①欺く. ずる賢い. ¶→～计 jì. ②怪しい. 奇異な. ¶→～异 yì.
【诡辩】guǐbiàn 動 詭弁を弄する.
【诡称】guǐchēng 動 詐称する.
【诡怪】guǐguài 形 怪しい. 奇異である.
【诡计】guǐjì 名 詭計. ペテン. ¶～多端 duōduān / 悪知恵にたけている.
【诡谲】guǐjué 形〈書〉①怪しい. 奇怪である. ②でたらめである. ③狡猾である. ずるい.
【诡秘】guǐmì 形〈書〉(行動·態度が)秘密めき,とらえがたい.
【诡异】guǐyì 形 奇異である. ►"诡奇 guǐqí"とも.
【诡诈】guǐzhà 形 悪賢い. ずるい.

* **鬼** guǐ ❶名 ①死者の魂；幽霊. 亡霊. ¶吊死 diàosǐ ～ / 首つりの亡霊. ¶闹 nào ～ / お化けが出る. ②《人に対する蔑称に用いる》¶胆 dǎn 小～ / 臆病者. ¶色 sè ～ / 色情狂. すけべえ.［悪癖をもつ者に対して］¶酒 jiǔ ～ / 飲んべえ. ¶赌 dǔ ～ / ギャンブル狂.［悪い外国人に対して］¶→～子 zi. ③《子供への愛称に用いる》¶小～ / (親しみを込めて)小僧. ちび. ¶机灵 jīling ～ / お利口さん. ④悪だくみ；うしろめたいこと. ¶心里有～ / 心中やましいところがある. 腹に一物ある. ¶捣 dǎo ～ / 悪だくみをする. ⑤(二十八宿の一つ)たまおのぼし.
❷形 ①(嫌悪感をもって)ひどい. 劣悪な. あやしげな. ¶～地方 / 変な所. あやしげな所. ¶～天气 / いやな天気. おかしな天気. ②〈口〉(子供や動物が)賢い. すばしこい. 利口である. ¶这个孩子真～ / この子はほんとうに利口だ.
◇◆ 陰険である. こそこそした. ¶→～～祟 suì 祟. ¶→～头 tóu ～脑 nǎo. ¶→～胎 tāi.
【鬼把戏】guǐbǎxì 名 陰険な手段. 悪だくみ. ►"鬼化狐 guǐhuàhú""鬼花招 guǐhuāzhāo"とも. ¶他那套 tào ～,没人不知道 / 彼の悪だくみを知らない人はない.
【鬼才】guǐcái 名 鬼才. 特殊な才能(を持つ人).
【鬼道】guǐdào 形(子供が)利発である. ¶这孩子真～ / この子はほんとに賢い.
【鬼点子】guǐdiǎnzi 名 悪知恵. 悪だくみ.
【鬼斧神工】guǐ fǔ shén gōng〈成〉建築や彫刻などが精巧なこと.
【鬼怪】guǐguài 名 幽霊と妖怪；〈喩〉邪悪な勢力.
【鬼鬼祟祟】guǐguǐsuìsuì 形(～的)陰でこそこそしている.
【鬼话】guǐhuà 名 でたらめ. たわごと. ¶～连篇 liánpiān / でたらめばかり. うそ八百.
【鬼画符】guǐhuàfú 名〈喩〉①下手くそな字. ②うそ. でたらめ.
【鬼魂】guǐhún 名 亡霊. 幽霊. ¶～戏 xì / 亡霊や冥界の威力を描いた芝居.
【鬼混】guǐhùn 動 ①のらりくらりと日を送る. ②ふしだらな生活をする.
【鬼火】guǐhuǒ 名 鬼火. きつね火.
【鬼节】guǐjié 名 死者を祭る日の総称.
【鬼脸】guǐliǎn 名(～儿)①仮面. ②おどけた顔. あかんべえ.
【鬼魅】guǐmèi 名〈書〉化け物. 変化(へんげ).
【鬼门关】guǐménguān 名 地獄の入り口；〈喩〉危険きわまりない場所.
【鬼迷心窍】guǐ mí xīn qiào〈成〉魔がさす.
【鬼使神差】guǐ shǐ shén chāi〈成〉事柄の発生が意外である. ►"神差鬼使"とも.
【鬼祟】guǐsuì 形 こそこそしている.
【鬼胎】guǐtāi 名 後ろ暗いこと. 悪だくみ. ¶心怀 huái ～ / やましい考えを抱いている.
【鬼头鬼脑】guǐ tóu guǐ nǎo〈成〉こそこそするさま.
【鬼头】guǐtou〈口〉①形(子供が)利発でかわいい. ¶这孩子长 zhǎng 得怪 guài ～的 / この子はこましゃくれだが,なかなかかわいい. ②名 利発でかわいい子供.
【鬼物】guǐwù 名 幽霊. おばけ.
【鬼戏】guǐxì 名 亡霊や冥界(めいかい)を描いた芝居.
【鬼用品】guǐyòngpǐn 名(死者を祭るのに用いる)紙銭·紙馬など.
【鬼主意】guǐzhǔyi 名 悪知恵. 悪巧み.
【鬼子】guǐzi 名 外国人に対する憎悪をこめた呼称. ¶～兵 bīng / 外国兵め. ¶日本～ / (侵略者)日本の畜生ども.

癸 guǐ 名 十干の第10：癸(みずのと). ⇨〖甲 jiǎ〗①
【癸水】guǐshuǐ 名〈生理〉月経.

晷 guǐ ◇◆ ①日影；時間. ¶余～／暇な時間. ¶日无暇 xiá ～／1日として暇な時間がない. ②日時計. ¶日～／日時計.

柜(櫃) guì 名 ①(～儿)戸棚.(保管用の)箱. たんす. ②帳場. 商店. ¶本～／当店.
【柜橱】guìchú 名 食器戸棚.
【柜房】guìfáng 名 帳場.
【柜上】guìshang 名 ①帳場. ②商店.
【柜台】guìtái 名(商店の)カウンター；売り場.
【柜员机】guìyuánjī 名 ATM. ¶自动～／ATM. ►"自动提款机"とも.
【柜子】guìzi 名 戸棚. たんす. ㊀ 个.

刽(劊) guì ◇◆ 断ち切る.
【刽子手】guìzishǒu 名 ①〈旧〉首切り役人. ②〈喩〉人殺し.

贵 guì ①形(値段が)高い. ¶这本词典的价钱 jiàqian 不～／この辞典は(値段が)高くない. ②動〈書〉貴ぶ. 重んじる. ¶兵～神速 shénsù ／(戦争では)兵の動きが速いことが大切だ.
◇◆ ①貴重である. ¶→～重 zhòng. ②身分が高い. ¶→～族 zú. ③貴…. ご…. ¶～国／貴国. ¶～公司 gōngsī ／御社. ‖姓
【贵宾】guìbīn 名 貴賓. ㊀ 位.
【贵妃】guìfēi 名(皇后に次ぐ)皇帝の妃(きさき).
【贵干】guìgàn 名〈敬〉ご用. ご用件.
【贵庚】guìgēng 名〈敬〉《相手の年齢を問う言葉》おいくつ. ¶令尊lìngzūn～？／お父様はおいくつですか.
【贵客】guìkè 名 高貴な客. 賓客.
【贵人】guìrén 名 ①身分の高い人. ¶～多忘事／身分の高い人はよく物忘れをする. ►人が物忘れをした時にからかって言う. ②〈古〉(女官の名称)貴人.
【贵姓】guìxìng 名〈敬〉あなたの姓. ご芳名. ►相手の姓を丁寧に尋ねるときに用いる表現. ¶您～？／ご苗字は何とおっしゃいますか.
【贵阳】Guìyáng 名〈地名〉貴陽(きよう).
【贵重】guìzhòng 形 貴重である. ¶～物品／貴重品.
【贵州】Guìzhōu 名〈地名〉貴州(きしゅう)省.
【贵族】guìzú 名 貴族. ¶～学校／〈喩〉学費が高く設備などが整っている私立学校.

桂 guì 名(Guì)広西チワン族自治区の別称.
◇◆ ニッケイやシナモン・モクセイ・ゲッケイジュなど香りのする木. ¶肉～／ニッケイ. ¶丹 dān ～／キンモクセイ. ‖姓
【桂冠】guìguān 名 月桂冠.
【桂花】guìhuā 名〈植〉モクセイ.
【桂皮】guìpí 名 ①〈植〉シナモン. セイロンニッケイ. ②〈中薬〉桂皮(けいひ). 肉桂(ニッケイ).
【桂圆】guìyuán 名〈植〉リュウガン. "龙眼 lóngyǎn"とも.
【桧柏】guìbǎi 名〈植〉イブキ.

跪 guì 動 ひざまずく. ►両ひざを曲げ,両方または片方のひざがしらを地面に着ける. ¶下～／ひざまずく. ¶～在地上／地面にひざまずく. 土下座する.
【跪拜】guìbài 動 ひざまずいて頭を地につけ拝礼する.
【跪倒】guìdǎo 動 ひれ伏す.
【跪坐】guì//zuò 動 正座する.

鳜 guì ◇◆ ケツギョ. ¶～鱼／同上. ►スズキに似た淡水魚.

gun (ㄍㄨㄣ)

衮(袞) gǔn ◇◆ 昔の帝王の礼服. ¶～冕 miǎn ／天子の礼服と礼帽.
【衮衮】gǔngǔn 形〈書〉絶えないさま；多いさま.

滚(滾) gǔn 動 ①転がる. ¶台球～进球囊 qiúnáng ／ビリヤードの球がポケットに入った. ②出て行け. ►叱ったりののしったりするときの言葉. ¶～开！／とっとと消え失せろ. どけ. ¶～出去！／出て行け. ③たぎる. 沸騰する. ¶水壶 shuǐhú 里水～了／やかんの中の湯がたぎった. ④(衣服などの)縁取りをする. ‖姓
【滚边】gǔnbiān (～儿) ①動 玉縁をつける. ②名 服や布靴などにつける玉縁.
【滚存】gǔncún 動《簿記用語》繰り越しをする.
【滚蛋】gǔn//dàn 動〈罵〉消えうせろ. 出て行け.
【滚刀肉】gǔndāoròu 名〈方〉手に負えないやつ.
【滚动】gǔndòng 動 転がる.
【滚翻】gǔnfān 名〈体〉宙返り.
【滚杠】gǔngàng 名〈機〉ローラー.
【滚瓜烂熟】gǔn guā làn shú 〈成〉すらすらと朗読〔暗唱〕する.
【滚滚】gǔngǔn 形 激しく絶え間なく動くさま；こんこんと. ¶大江～东去／長江がとうとうと東へ流れる.
【滚开】gǔnkāi 動 ①煮えたぎる. ②→【滚蛋】gǔn//dàn
【滚轮】gǔnlún 名〈体〉フープ.
【滚热】gǔnrè 形 非常に熱い. ¶～的牛奶 niúnǎi ／あつあつのミルク.
【滚水】gǔn//shuǐ ①名 熱湯. ②動 水があふれる.
【滚烫】gǔntàng 形 ①非常に熱い. ¶海滩 hǎitān 晒 shài 得～／砂浜は日に照らされて焼けつくようだ. ②体がほてる. ¶浑身 húnshēn～／体中がほてる.
【滚梯】gǔntī 名 エスカレーター.
【滚雪球】gǔn xuěqiú 雪玉を作る；雪だるま式に増える.
【滚圆】gǔnyuán 形 まん丸い.
【滚轧】gǔnzhá 名〈機〉圧延. ¶～机／圧延機.
【滚珠】gǔnzhū 名(～儿)〈機〉(軸受けの)ボール, 玉. ¶～轴承 zhóuchéng ／ボールベアリング.

磙(磙) gǔn 動 ローラーでならす. ¶～地 dì ／ローラーで整地する.
◇◆ ローラー.
【磙子】gǔnzi 名 ローラー.

4声 **棍** gùn 名(～儿)棒．ステッキ．量 根 gēn, 条 tiáo.
◇◆ ごろつき．¶赌 dǔ ～ / ばくち打ち．¶恶 è～ / 悪党．

【棍棒】gùnbàng 名〈体〉(武術・新体操の) こん棒．
【棍儿茶】gùnrchá 名 くき茶．
【棍子】gùnzi 名 ①棒．杖．量 根 gēn, 条 tiáo. ②〈喩〉懲らしめ．

guo (ㄍㄨㄛ)

1声 **过**(過) guō 動 超過する．超える．►話し言葉に用いられることが多い．¶～费 fèi / むだ遣い．‖姓 ►► guò, -guo

埚(堝) guō "坩埚 gānguō"(るつぼ)という語に用いる．

郭 guō ◇◆ 城の周囲にある石や土の囲い．¶城 chéng～ / 城郭．‖姓

聒 guō ◇◆ やかましい．騒々しい．¶→～耳 ěr.

【聒耳】guō'ěr 形 やかましい．うるさい．¶蝉声 chánshēng～ / セミの鳴き声がやかましい．
【聒噪】guōzào ①形〈方〉騒々しい．②動 騒ぐ．

* **锅**(鍋) guō 名(～儿)鍋．かま．量 口,个．¶炒菜 chǎocài～ / 料理を作る鍋．中華鍋．¶作了一～饭 / 飯をひとかま炊いた．
◇◆ ①液体を加熱する器具．¶→～炉 lú. ②(器具の)鍋状の部分．¶烟袋 yāndài～儿 / キセルのがん首．

【锅巴】guōbā 名 おこげ；(四川料理の)おこげご飯．¶虾仁 xiārén～ / エビのおこげ料理．
【锅饼】guōbing 名 小麦粉を焼いて作った厚さ3センチ・直径60センチくらいの大きな"饼 bǐng".
【锅铲】guōchǎn 名 フライ返し．
【锅炉】guōlú 名 ボイラー．
【锅台】guōtái 名 かまど(の上の平らな部分)．¶整天围 wéi 着～转 / 一日中台所仕事で忙しい．
【锅贴儿】guōtiēr 名 焼きギョーザ．►中国では"饺子 jiǎozi"というと普通,"水饺 shuǐjiǎo"(水ギョーザ)をさす．
【锅子】guōzi 名 ①〈方〉鍋．②鍋のような形をしたもの．③→【火锅】huǒguō

蝈(蟈) guō "蝈蝈儿 guōguor"(キリギリス)という語に用いる．

2声 * **国**(國) guó 名 国．国家．注意 国(くに)の意味で"国"は話し言葉では単用せず,"我国""国家"のように他の語と結びつけて用いられる．
◇◆ ①国を代表するもの．¶→～旗 qí. ②わが国の．本国の．¶→～产 chǎn. ‖姓

【国宝】guóbǎo 名 ①国宝．¶传为 chuánwéi～ / 国宝として伝わる〔伝える〕．②国家に特別の貢献をした人物のたとえ．
【国标】guóbiāo 名〈略〉国家基準．国家規格．
【国产】guóchǎn 形 国産の．¶这是～的 / これは国産品だ．¶～电视 diànshì / 国産テレビ．
【国耻】guóchǐ 名 国辱．
【国粹】guócuì 名 国粋．
【国都】guódū 名 首都．
【国度】guódù 名 国家．
【国法】guófǎ 名 国法．
【国防】guófáng 名 国防．¶～力量 lìliang / 国防力．
【国防部】Guófángbù 名〈政〉国防省．
【国歌】guógē 名 国歌．►中国の国歌は"义勇军行进曲"．
【国格】guógé 名 国柄．国家の体面・尊厳．
【国故】guógù 名 ①中国固有のすぐれた文化．►言語・文字・文学・歴史などをさすことが多い．②〈書〉国が被る戦争や天災などの重大な異変．
【国号】guóhào 名 国号．歴代の王朝名．
【国花】guóhuā 名 国花．
【国画】guóhuà 名 中国画．
【国徽】guóhuī 名 国章．
【国货】guóhuò 名 国産品．
【国籍】guójí 名 国籍．¶取得 qǔdé 美国～ / アメリカ国籍を取る．
*【国际】guójì 形 国際的な．¶～电话 / 国際電話．¶～新闻 / 国際ニュース．¶～法院 / 国際司法裁判所．¶～航线 hángxiàn / (飛行機の)国際線．
【国际儿童节】Guójì értóngjié 名 国際児童デー．6月1日．
【国际法】guójìfǎ 名 国際法．
【国际妇女节】Guójì fùnǚjié 名 国際婦人デー．3月8日．
【国际歌】Guójìgē 名 インターナショナル(の歌)．
【国际公制】guójì gōngzhì 名 万国メートル法．►"米制 mǐzhì"とも．略して"公制"という．
【国际共管】guójì gòngguǎn 名 国際共同管理．
【国际货币基金组织】Guójì huòbì jījīn zǔzhī 名〈経〉国際通貨基金．IMF.
【国际机场】guójì jīchǎng 名 国際空港．
【国际劳动节】Guójì láodòngjié 名 メーデー．5月1日．
【国际联盟】Guójì liánméng 名〈史〉国際連盟．注意 "国联"とも略す．現在の「国際連合」「国連」は"联合国 Liánhéguó"という．
【国际联运列车】guójì liányùn lièchē 名 国際列車．
【国计民生】guójì mínshēng 名 国家の経済と人民の生活．
【国际日期变更线】guójì rìqī biàngēngxiàn 名 国際日付変更線．
【国际象棋】guójì xiàngqí 名 チェス．
【国际音标】guójì yīnbiāo 名〈語〉国際音声記号．
【国际主义】guójì zhǔyì 名 インターナショナリズム．
**【国家】guójiā 名 国．国家．►"国家"は書き言葉,話し言葉のどちらにも用いられ,「国」と訳すほうがよい場合もある．量 个．¶你是哪个～的？/ あなたはどちらのお国の方ですか．
【国家机关】guójiā jīguān 名 ①国家機関．②中央の機関．
【国家质量奖】guójiā zhìliàngjiǎng 名 国家品質賞．
*【国家主席】guójiā zhǔxí 名 国家主席．►中国

の元首.
【国交】guójiāo 名 国交. ¶建立 jiànlì ～ / 国交を樹立する.
【国脚】guójiǎo 名 ナショナルチームの一流サッカー選手. ►"国手"から派生した造語.
【国界】guójiè 名 国境.
【国境】guójìng 名 国境.
【国酒】guójiǔ 名 国内一の銘酒；マオタイ酒.
【国剧】guójù 名(京劇など)中国で広く行われている伝統的な劇.
【国君】guójūn 名 君主.
【国库券】guókùquàn 名 国債. ►略して"库券"という.
【国立】guólì 形 国立の. ¶～大学 / 国立大学.
【国联】Guólián 名〈史〉国際連盟.
【国门】guómén 名〈書〉1 首都の門. 2 国境. 3〈体〉ナショナルチームのゴールキーパー.
【国民】guómín 名 **国民**.
*【国民党】Guómíndǎng 名(中国)国民党. ►"中国国民党"の略称.
【国民生产总值】guómín shēngchǎn zǒngzhí 名〈経〉国民総生産. GNP.
【国民收入】guómín shōurù 名〈経〉国民所得.
【国难】guónàn 名 国難.
【国内】guónèi 名 **国内**. ¶～贸易 màoyì / 国内の商業取引. ¶～新闻 xīnwén / 国内ニュース.
【国内生产总值】guónèi shēngchǎn zǒngzhí 名〈経〉国内総生産. GDP.
【国旗】guóqí 名 **国旗**. 量 面 miàn；[竿につけたもの]杆 gǎn. ¶挂 guà ～ / 国旗を掲げる.
【国情】guóqíng 名 国情.
【国情咨文】guóqíng zīwén 名(アメリカ大統領の)一般教書.
*【国庆节】Guóqìngjié 名 **国慶節**. 建国記念日. 国家成立記念日. ►"国庆"とも.
【国人】guórén 名〈書〉国民.
【国色】guósè 名〈書〉国内一の美人. ¶天姿 tiānzī ～ / 絶世の美人. ¶～天香 / ボタンの異称.
【国殇】guóshāng 名〈書〉国家のために命を捧げた人.
【国史】guóshǐ 名 1〈旧〉国史. 2〈古〉記録を担当した史官.
【国事】guóshì 名 国事. 国家の大事.
【国是】guóshì 名〈書〉国是. 国家の大計. ¶共商 gòngshāng ～ / 共に国是を討議する.
【国事访问】guóshì fǎngwèn 名 外国への公式訪問.
【国手】guóshǒu 名(囲碁・スポーツ・医学などの)名人. ¶～战 zhàn / (囲碁の)名人戦.
【国书】guóshū 名(大使・公使の)信任状. ¶呈递 chéngdì ～ / 信任状を捧呈する.
【国泰民安】guó tài mín ān〈成〉国が安定し民が安らかである.
【国帑】guótǎng 名〈書〉国家の財産.
【国体】guótǐ 名 1〈政〉国家の体制. 2 国家の体面.
【国土】guótǔ 名 国土. 領土. 量 片 piàn. ¶收复 shōufù ～ / 国土を取り戻す.
【国外】guówài 名 **国外**. ¶～市场 shìchǎng / 海外市場. ¶～事务 shìwù / 外国に関する事務. 対外事務.
【国王】guówáng 名 **国王**.
【国务卿】guówùqīng 名〈政〉(アメリカの)国務長官.
【国务委员】guówù wěiyuán 名 〈政〉国務院委員. ►"副总理"に相当.
【国务院】guówùyuàn 名 1 **国務院**. ►中央政府の呼称. 日本の内閣に相当する. 2〈史〉民国初年の内閣. 3(アメリカの)国務省.
【国宴】guóyàn 名 国賓を招待して行う政府主催の宴会.
【国药】guóyào 名(伝統的な)中国医薬. ►主に台湾・香港や華僑の間で用いられる. 中国では現在, "中药"という.
【国营】guóyíng 形(↔私营 sīyíng)**国営の**. ¶～企业 qǐyè / 国営企業. ►所有権・経営権を国がもつ. ¶～商店 / 国営商店. ¶这个企业是～的 / この企業は国営です.
【国有】guóyǒu 動(↔私有 sīyǒu)国家が所有する. ¶土地～ / 土地を国有にする. ¶～私营 sīyíng / 国家所有で民間が経営すること.
【国有企业】guóyǒu qǐyè 名 国有企業. ►国が所有権をもつ.
【国语】guóyǔ 名 1 国語. 自国の言語. その国の共通語. 参考 中国では"汉语普通话 Hànyǔ pǔtōnghuà"の旧称. 台湾・香港では標準語(北京語)のことをいう. 2〈旧〉(中学と小学校の学課としての)国語. ►現在は"语文 yǔwén"という.
【国乐】guóyuè 名 中国の伝統音楽.
【国债】guózhài 名 国債.

帼(幗) guó ◇◆ 女性が髪を包むかざり布. ¶巾 jīn ～ / 〈書〉婦人.

3声 **果** guǒ ◇◆ ①果実. ¶水～ / 果物. ¶干 gān ～ / 乾燥させた果物. ②結果. 帰結. ¶恶 è ～ / 悪い結果. ③断固とした. 思い切りがよい. ¶→～断 duàn. ④果たして. 案の定. ¶→～真 zhēn. ‖姓
【果报】guǒbào 名 因果応報.
【果不其然】guǒ bù qí rán〈成〉予想どおり. 案の定.
【果冻】guǒdòng 名(～儿)ゼリー.
【果断】guǒduàn 形 断固としている. ¶～地解决纠纷 jiūfēn / きっぱりと紛争を解決する.
【果饵】guǒ'ěr 名 お菓子. おやつ.
【果脯】guǒfǔ 名 果物の砂糖漬け.
【果腹】guǒfù 動〈書〉満腹する.
【果干】guǒgān 名(～儿)ドライフルーツ.
【果敢】guǒgǎn 形 決断力がある. 大胆である. ¶～决断 juéduàn / 大胆に決断を下す.
【果酱】guǒjiàng 名 ジャム.
【果木】guǒmù 名 果樹. ¶～园 / 果樹園.
【果皮】guǒpí 名 果物の皮.
【果皮箱】guǒpíxiāng 名 **ごみ箱**. ►"果壳箱 guǒkéxiāng"とも.
【果品】guǒpǐn 名 果物とドライフルーツの総称. ¶干鲜 gān xiān ～ / 果物とドライフルーツ.
*【果然】guǒrán 1 副 **果たして**. **やはり**. 案の定. ¶他～没说错,今天下雨了 / 彼の言ったとおり,今日は雨だった. ¶～名不虚 xū 传 / 予想どおり名にたがわない. 2 接続 もし. 果たして…なら.
〚果然…就…〛*guǒrán…jiù…* ¶你～爱她,就应该

G

帮助她 / 君がもし彼女を愛しているのなら力になってやるべきだ.

【果仁儿】guǒrénr 名 ①種の中身．さね．②〈方〉落花生の実.

【果实】guǒshí 名 ①**果実**．②戦利品．収穫．報酬；〈転〉成果．¶劳动 láodòng 的～ / 労働の成果.

【果穗】guǒsuì 名(穀類作物の)穂.

【果园】guǒyuán 名 果樹園.

*【果真】guǒzhēn ①副 **果たして．やはり**．¶你～猜着 cāizháo 了 / やはり君の予想どおりだ．②接続 もし本当に．¶他中彩 zhòngcǎi ～是事实的话,可太有福 fú 了 / 彼がもし本当に宝くじに当たったとしたら,とても運がよい.

*【果汁】guǒzhī 名 果汁．ジュース.

【果枝】guǒzhī 名 果実のなる枝.

【果子】guǒzi 名 **果実．果物**．¶桃树结 jiē 了很多～ / モモの木がたくさんの実をつけた.

【果子酱】guǒzijiàng 名 ジャム.

【果子酒】guǒzijiǔ 名 果実酒.

【果子狸】guǒzilí 名〈動〉ハクビシン.

【果子露】guǒzilù 名 フルーツシロップ.

裹 guǒ 動 ①(紙や布で)**巻く．くるむ．包む**．¶头上～着毛巾 máojīn / 頭にタオルを巻いている．②(不当な目的のために人や物を)巻き込む,まぜる．¶怎么把我～进去了 / なんで私を巻き込んだんだ．‖姓

【裹脚】guǒ//jiǎo 動〈旧〉纏足(てんそく)をする.

【裹脚】guǒjiao 名〈旧〉纏足に用いる長い布.

【裹乱】guǒ//luàn 動〈方〉(内部から)かき乱す；いらぬ口出しをする．邪魔だてする.

【裹腿】guǒtui 名 ゲートル．脚絆(きゃはん)；レギンス．量 条.

【裹胁】guǒxié 動(悪事を働くように)脅迫する.

【裹扎】guǒzā 動 包んで〔巻いて〕縛る.

【裹足不前】guǒ zú bù qián〈成〉二の足を踏む．しりごみする.

4声 ** **过(過)** guò ❶動 ①(ある場所を)**通る,渡る**,越える,通過する．¶～马路,要注意车辆 / 大通りを渡るときは車に気を付けなさい．¶～了桥就到南京了 / 橋を渡ればすぐ南京だ.

②(時間が)**たつ**；(ある種の暮らしを)する．►祝祭日や誕生日などを祝う〔祝って過ごす〕意味でも用いる．¶再～一个星期就放暑假 shǔjià 了 / あと1週間すれば夏休みだ．¶我们的日子～得很快乐 kuàilè / われわれはとても楽しく暮らしています．¶今天我们给您～生日 shēngri / きょうはお誕生日のお祝いをします.

③(ある範囲や限度を)**超える**,超過する．¶这架 jià 照相机 zhàoxiàngjī 要多少钱？总不会～千 qiān 吧 / このカメラはいくらですか,まさか千元以上ということはないでしょうね.

④(ある処理・行為を)**経る**,通す．►器具を目的語にとることもある．¶把今天的比赛在脑子 nǎozi 里又～了一下 / きょうの試合をまた思い返してみた．¶～筛子 shāizi / ふるいにかける.

❷名(↔功 gōng)**過失**．過ち．¶他被 bèi 记了一次～ / 彼は過失記録の処分を受けた.

❸副(単音節形容詞の前に用いて)…**すぎる**．¶差价 chājià ～大 / 値の開きが大きすぎる.

方向補語"－过"の用法

❶動詞の後に用いて,ある場所を通過したり,あるところを経過してものが移動したりすることや動作が限度・程度を超したことを表す．¶走～那座大楼就是地铁口 / あのビルを通り過ぎたらもう地下鉄の入り口です．¶他拉 lā ～一把椅子,坐在我的病床旁 páng / 彼は椅子を引きずり寄せて私のベッドのかたわらに座った．¶他回～头看见了我 / 彼は振り向いて私を見た.

❷動詞の後に用いて,勝っていることを表す．動詞との間に"不 bu"や"得 de"を挿入して可能補語を作ることが多い．¶我可说不～她 / 私はとても彼女を言いまかすことはできない.

❸形容詞の後に用いて,超過することを表す．形容詞は単音節で,"高 gāo､长 cháng､强 qiáng"など積極的な意味のものに限られる．¶儿子 érzi 已经长 zhǎng 得高～我了 / 息子は私よりも背が高くなった.

►► guō, -guo

【过百岁】guò bǎisuì 赤ん坊の生後100日の祝いをする.

【过半】guòbàn 動 半分を越す.

【过半数】guòbànshù 名 過半数.

【过磅】guò//bàng 動 台ばかりにかける.

【过不去】guòbuqù 動+可補 ①通れない；解決できない．¶世上没有～的事情 / 世の中に解決のできないことはない．②困らせる．¶你怎么老跟我～？/ どうしていつも私に難癖ばかりつけるの？③すまないと思う.

【过场】guòchǎng ❶動 ①俳優が舞台を素通りする．②申し訳にその場をつくろう．¶走～ / いいかげんにやってごまかす．❷名 幕あいの短い芝居.

*【过程】guòchéng 名 **過程**．プロセス.

【过秤】guò//chèng 動 はかりにかける.

【过错】guòcuò 名 過失．過ち．¶承认 chéngrèn ～ / 過失を認める．¶改正～ / 過ちを改める.

【过道】guòdào 名 ①新式家屋の玄関から各部屋に通じる廊下．②旧式家屋の各庭をつなぐ通路；(特に)表門にある部屋.

【过得去】guòdequ 動+可補 ①通れる．¶卡车 kǎchē ～这座桥吗？/ トラックはこの橋を通れますか．②(生活が)どうにかやっていける；まずまずである．¶我身体还～ / 私の体はまあまあというところです．③気がすむ．►反語的に用いることが多い．¶让您受累,我怎么～呢？/ ご苦労をおかけして,ほんとうに申しわけありません.

【过得硬】guòdeyìng〈慣〉①(軍事面で)厳しい試練に耐え得る．②(技量・思想が)しっかりしている.

【过电影】guò diànyǐng〈慣〉過去のことを思い浮かべる.

【过冬】guò//dōng 動 冬を越す.

【过冬作物】guòdōng zuòwù 名〈農〉越冬作物.

【过度】guòdù 動 度を越す．¶紧张 jǐnzhāng ～ / 緊張しすぎる．上がる.

【过渡】guòdù ①動 移行する．②形 過渡的である．¶～时期 shíqī / 過渡期.

【过渡色】guòdùsè 名〈美〉中間色.

【过渡营地】guòdù yíngdì 名(登山での)前進キャンプ.

*【过分】guò//fèn ①動 あまり…しすぎる．度を越す．¶～谦虚 qiānxū / 遠慮しすぎる．¶这样做太～了 / このやり方はあまりに度を超している．②形 ぜいたくである．►"过份"とも書く．

【过付】guòfù ①動 仲介人を通して取引する．②名 払いすぎ．

【过关】guò//guān 動 関門を通り抜ける．難関を突破する．►比喩的に用いることが多い．¶不能让毒品 dúpǐn～ / 麻薬を通過させてはならない．¶过技术 jìshù 关 / 技術上の難関を突破する．

【过关斩将】guò guān zhǎn jiàng ⇀【过五关斩六将】guò wǔ guān zhǎn liù jiàng

【过过风儿】guòguo fēngr 風に吹かれる．涼む．

【过河拆桥】guò hé chāi qiáo 〈成〉恩をあだで返す．

【过后】guòhòu 名 ①後日．②あとで．

【过话】guò//huà 動〈方〉①言葉を交わす．②伝言する．

【过活】guòhuó 動(～儿)生活する．

【过火】guò//huǒ 動(言動が)度を過ごす，行きすぎる．¶你说话也太～了 / 君の言葉はあんまりだ．

【过激】guòjī 形 過激である．

【过继】guòjì 動 養子にする；養子にやる．

【过家家】guò jiājia (～儿)ままごと遊びをする．

【过奖】guòjiǎng 動〈謙〉**ほめすぎる．過分にほめる．** ¶我做得太少，您～了 / たいしたことはしていません，過分のおほめです．

【过街地道】guòjiē dìdào 名 地下連絡通路．

【过街老鼠】guò jiē lǎo shǔ 〈成〉嫌われ者．

【过街楼】guòjiēlóu 名 路地の入り口にアーチ状に作られた建物．

【过街天桥】guòjiē tiānqiáo 名 歩道橋．

【过节】guò//jié 動 祝日を祝う．祝日を過ごす．¶过春节 / 正月を迎える．

【过劲】guò//jìn 動(～儿)度が過ぎる．

【过境】guò//jìng 動 境界線を通過する．¶～税 shuì / 通過税．¶～旅客 lǚkè / 乗り継ぎ旅客．トランジット．¶～签证 qiānzhèng / 通過ビザ．

【过客】guòkè 名 行きずりの人；旅人．

【过来】guò//lái 動+方補(ある地点から話し手または叙述の対象に向かって)やって来る．** ¶请～一下，我有话问你 / 聞きたいことがあるからこちらへ来なさい．

語法ノート **複合方向補語"－过来"の用法**

❶動詞の後に用いて，動作が話し手(の立脚点)の方へ向かってなされ，事物が近づくことを表す．¶跑 pǎo～ / 駆けて来る〔とんで来る〕．¶传 chuán～ / 伝わってくる．

❷反転(向きを変える)の作用を有する動詞("翻 fān、转 zhuǎn、弯 wān、掉 diào、回、倒 dào、反 fǎn、磨 mò"など)に用いて，その動作によって何かが向きを変え自分と向かい合わせになることを表す．¶倒～ / 逆さまにする．¶你把车磨 mò～ / 車をこちらへ戻せ〔Uターンさせろ〕．

❸本来の正常な状態(あるいはより良好な状態)に戻ることを表す．¶醒 xǐng～ / 正気に戻る．¶救～ / (病人を)救う．¶劝 quàn～ / 思い直させる．

【过来人】guòláirén 名 経験者．

【过礼】guò//lǐ 動〈旧〉(男性側から女性側に)結納を贈る．

【过量】guò//liàng 動(酒などが)量を過ごす．

【过淋】guòlìn 動 こす．¶把豆浆 dòujiāng 再～一遍 / 豆乳をこし直す．

【过录】guòlù 動 転記する．

【过路财神】guò lù cái shén 〈成〉一時大金を手にするが結局自分のものにならない人．

【过路的】guòlùde 名 通行人．

【过虑】guòlǜ 動 取り越し苦労をする．

【过滤】guòlǜ 動 **濾過する．** こす．¶～器 qì / 濾過器．¶～嘴 zuǐ / (たばこの)フィルター．

【过门】guò//mén 動(～儿)嫁入りする．輿入れする．¶没～的媳妇 xífù / (婚約はしたが)まだ嫁入りしない嫁．

【过敏】guòmǐn ①名〈医〉過敏(症)．アレルギー．¶花粉 huāfěn～性反应 fǎnyìng / 花粉アレルギー．¶～性皮炎 píyán / アレルギー性皮膚炎．②形 過敏である．¶你太～了，哪有这回事？/ 君は神経が過敏すぎる，そんなことあるものかい．

【过目】guò//mù 動 目を通す．

【过目成诵】guò mù chéng sòng 〈成〉一度目を通せば暗唱できる．記憶力がよい．

*【过年】guò//nián 動 ①**新年を祝う．** ¶过一个欢欢喜喜的年 / 楽しい正月を迎える．¶快～了 / もうすぐお正月だ．¶～好！/ 明けましておめでとう．②**年を越す．**

【过年】guònian 名〈方〉来年．

【过期】guò//qī 動 期限が過ぎる．期限が切れる．¶～作废 zuòfèi / 期限が過ぎれば無効になる．

【过谦】guòqiān 動〈婉〉謙遜しすぎる．¶～～ / ご謙遜です．

【过去】guòqù 名 **過去． 以前．¶～的工作 / 今までの仕事．¶他比～老多了 / 彼は以前よりずっと老けた．

【过去】guò//qù 動+方補 ①(話し手またはその立脚点から離れて)向こうへ行く．** 通り過ぎて行く．¶你在这里等着，我～看看 / 私が向こうへ行って見てくるから，ここで待っていなさい．¶公共汽车刚 gāng～ / バスはここを通ったばかりだ．②〈婉〉死亡する．死ぬ．►必ず"了"を伴う．

語法ノート **複合方向補語"－过去"の用法**

❶動詞の後に用いて，動作が話し手(の立脚点)から遠ざかること，あるいは話し手(の立脚点)でない方へ「通過していく」ことを表す．¶跳 tiào～ / 飛び越していく．¶从山后面绕 rào～ / 回り道をして山の後ろを通って行く．

❷都合の悪いことを避けてしまうことを表す．¶困难 kùnnan，想绕也绕不～ / 困難は避けようとしても避けられるものではない．¶蒙混 ménghùn 不～ / もうごまかしようがない．

❸反転(向きを変える)の作用を有する動詞("翻 fān、转、回、倒"など)に用いて，その動作によって何かの裏側が話し手の方へ向くようになることを表す．¶把信封翻～ / 封筒を裏返す．¶她转 zhuǎn 过身子去招了一下手 / 彼女は振り返って手を振った．

❹本来の正常な状態を離れる，多くは人間が正気を失った状態になることを表す．¶晕 yūn～ / 気を失う．

G

❺形容詞の後に用い,「それ以上である」ことを表す. ¶这个行李再重 zhòng 也重不～五十公斤 / この荷物はいくら重くても50キロ以上はあるまい.

【过儿】guòr 量〈方〉回. 度. ¶这条绷带 bēngdài 洗了三～了 / この包帯は3回洗った.
【过热】guòrè 形 物事の発展するいきおいが,すさまじいほどはげしい.
【过人】guòrén 形 人よりまさっている.
【过日子】guò rìzi 生活する. 暮らす. ¶人人向往 xiàngwǎng 过好日子 / だれでもよい暮らしにあこがれる. ¶她挺 tǐng 会～ / 彼女は家事の切り盛りがうまい.
【过筛子】guò shāizi 〈慣〉厳しく選抜する.
【过山车】guòshānchē 名 ジェットコースター.
【过山龙】guò shānlóng 名〈口〉サイフォン.
【过晌】guòshǎng 名〈方〉昼過ぎ. 午後.
【过甚】guòshèn 形〈書〉(言葉が)誇大である,大げさである. ¶言之～ / 針小棒大である.
【过生日】guò shēngri 誕生祝いをする.
【过剩】guòshèng 形 過剰である.
【过失】guòshī 名 過失.
【过时】guò//shí 動 ①規定の時刻を過ぎる. ②流行遅れになる. ¶～的口号 / 時代遅れのスローガン.
【过世】guò//shì 動 逝去する.
【过手】guò//shǒu 動(金銭を)取り扱う. ¶钞票 chāopiào ～,当面点清 / 金銭の授受にあたっては,その場で(金額を)あらためること.
【过数】guò//shù 動(～儿)数を確認する. ¶请你过过数儿 / 一度,数をあらためてください.
【过水面】guòshuǐmiàn 名 水通ししたゆで麵.
【过堂】guò//táng 動〈旧〉法廷で審問を受ける.
【过堂风】guòtángfēng 名(～儿)(建物を)吹き抜ける風. ►"穿堂风"とも.
【过厅】guòtīng 名 旧式家屋で前後に入り口があり,通り抜けられる部屋. ホール. 量 间 jiān.
【过头】guò//tóu 動(～儿)度を越す. ►多く,補語あるいは述語となる. ¶鱼烤 kǎo ～了 / 魚を焼きすぎた. ¶他的话说得～了 / 彼の言うことは針小棒大である. ¶这样的批评 pīpíng 未免 wèimiǎn 有点儿～ / このような批判はいささか行きすぎだ.
【过网】guòwǎng 名〈体〉オーバーネット.
【过往】guòwǎng 動 ①行き来する. ②付き合う. ¶～密切 / つきあいが深い.
【过望】guòwàng 動 望みを超える.
【过味】guò//wèi 動 味が悪くなる. ¶他做的汤面 tāngmiàn 咸 xián 得过了味 / 彼の作ったタンメンは塩辛くて味がよくなかった.
【过问】guòwèn 動 口出しする. 関与する. ¶亲自 qīnzì ～ / 直接に取り組む.
【过午】guòwǔ 名 昼過ぎ.
【过五关斩六将】guò wǔ guān zhǎn liù jiàng 〈成〉多くの障害や困難を克服するたとえ. ►『三国志』の関羽の話から. "过关斩将"とも略す.
【过细】guòxì 形〈方〉綿密な.
【过眼】guò//yǎn 動 目を通す.
【过眼云烟】guò yǎn yún yān 〈成〉またたく間に消え去る.
【过夜】guò//yè 動 ①外泊する. ②宵越しする.
【过意】guòyì 動 気にさわる. 不快に思う. ►"在意 zàiyì"とも.
【过意不去】guòyìbuqù 動＋可補 すまないと思う. 恐縮に思う. きまりが悪い. ►"不过意"とも. ¶给您添 tiān 了不少麻烦 máfan,真～ / いろいろとご迷惑をおかけして,ほんとうに申し訳ありません.
【过瘾】guò//yǐn 動 堪能する. ¶唱了一晚上卡拉OK,～了！/ 一晩中カラオケを歌って満足した.
【过硬】guò//yìng 動 厳しい試練に耐える. ¶～的技术 jìshù / しっかりした技術.
【过油】guò//yóu 動 油通しする.
【过犹不及】guò yóu bù jí 〈成〉過ぎたるはなお及ばざるがごとし.
【过于】guòyú 副 …すぎる. あまりにも. ¶这个计划 jìhuà ～庞大 pángdà 了 / これはあまりにも不適当な計画だ.
【过誉】guòyù 動〈謙〉ほめすぎる.
【过云雨】guòyúnyǔ 名 通り雨.
【过载】guòzài 動 ①荷を積みすぎる. ②(貨物の)積み替えをする.
【过账】guò//zhàng 動 別の帳簿に転記する.
【过重】guòzhòng 動 重量超過する.

軽声 ＊＊ **-过**(過) **-guo** 助 アスペクト(動作の段階)を表す.

①《動詞の後に用いて,かつてそのようなことがあったという意味を表す》…したことがある.
ⓐこの種の「動詞＋"过"」はすべて過去の行動を表す. 文の中で時を示さなくてもよいが,示す場合は,必ず明確な時を示す語句を用いなければならない. ¶(前年)我去～北京 / (おととし)私は北京に行ったことがある. [動詞の前に"曾经 céngjīng"を用いることもある] ¶人类 rénlèi 曾经梦想 mèngxiǎng ～到月球 yuèqiú 旅行 / 人類はかつて月への旅行を夢見たことがある. ⓑ否定形は「"没(有)"＋動詞＋"过"」. ¶老舍 Lǎoshě 的小说我没看～ / 老舎の小説は読んだことがない. ⓒ疑問文の形式には次の3種類がある. ¶你吃～北京烤鸭 kǎoyā 吗？; 你吃～北京烤鸭没有？; 你吃没吃～北京烤鸭？/ あなたは北京ダックを食べたことがありますか.
注意 動作性の弱いいくつかの動詞,たとえば"知道、以为、认为、在、属于 shǔyú、使得、免得 miǎnde"などは"过"を伴うことができない.
②《「形容詞＋"过"」の形で,通常,時を示す語句を伴い,「(現在と異なり)…であった(ことがある)」という意味を表す》►否定形は「"没(有)"＋形容詞＋"过"」の形を用い,前には"从来、过去"などを置き,形容詞の前にはよく"这么"を加える. ¶他年青 niánqīng 的时候胖 pàng ～一阵儿 yīzhènr / 彼は若いときに太っていたことがある. ¶这孩子从来没有这么安静 ānjìng ～ / この子は今までこんなにおとなしかったことはない.
③《動詞の後に用い,その動作を終えた〔すませた〕ことを表す》語法 ❶過去に限ることなく用い,また予定されていたことや習慣になっていることに用いることが多い. ❷後に"了"を伴うことが多い. ❸「"没(有)"＋動詞＋"过"」という否定形はない. ¶你吃～饭了吗？──还没吃呢 / 食事はすみましたか──まだ食事をしていません. ¶洗～澡 zǎo 再喝啤酒 píjiǔ / 風呂に入ってからビールにする.
⇒ guō, guò

ha (ㄏㄚ)

哈 hā ❶ 擬《口を大きく開けて笑う声》ははは．わはは．¶～～大笑 xiào / あははっと大笑いをする．
❷ 感《得意なさま,満足なさまを表す》ははあ．へへえ．¶～～,我猜着 cāizhao 了 / ははあ,そんなことだろうと思ったよ．
❸ 動 ① はあと息を吐きかける．¶～了一口气 yī kǒu qì / はあと息を吐きかける．②(腰を)曲げる．③〈方〉大好きである．こよなく愛する．▸▸ hǎ

【哈巴涅拉】hābānièlā 名〈音〉ハバネラ．
【哈哈镜】hāhājìng 名 マジックミラー．
【哈哈儿】hāhar 名〈方〉笑いぐさ．冗談．►"哈哈(儿)笑"とも．
【哈吉】hājí 名〈宗〉ハッジ．(イスラム教で)聖地メッカへの巡礼；メッカへの巡礼を終えた者に対する尊称．
【哈里发】hālǐfā 名 ① カリフ．ハリファ．イスラム教国家の教主兼国王．②(中国のイスラム教で)寺院でイスラム経典を学ぶ者に対する呼称．
【哈密瓜】hāmìguā 名〈植〉ハミウリ．
【哈尼族】Hānízú 名 ハニ(Hani)族．►チベット系の少数民族で,主に雲南省に住む．
【哈气】hā//qì ❶動 息を吐く．❷名 ① 吐いた息．② 水蒸気．¶玻璃上有～了 / ガラスが曇った．
【哈欠】hāqian 名 あくび．►"哈哧 hāchi"とも．
❖打 dǎ ～ / あくびをする．
【哈日族】hāRìzú 名 日本ファン．日本びいき．
【哈萨克斯坦】Hāsàkèsītǎn 名〈地名〉カザフスタン．
【哈萨克族】Hāsàkèzú 名(中国の少数民族)カザフ(Kazak)族．►トルコ系民族で,主に新疆ウイグル自治区などに住む．
【哈腰】hā//yāo 動〈口〉① 腰を曲げる．② 軽く体をかがめて礼をする．¶点头 diǎn tóu ～ / ぺこぺこするさま．

蛤 há "蛤蟆 háma"⬇という語に用いる．▸▸ gé

【蛤蟆】háma 名〈動〉カエル．
【蛤蟆镜】hámajìng 名 ファッショングラス．

哈 hǎ 動〈方〉どなりつける．¶～他一顿 dùn / やつをさんざんどなりつける．
‖ 姓 ▸▸ hā

【哈巴狗】hǎbagǒu 名 ①〈動〉チン．ペキニーズ．②〈喩〉飼いならされた手先．

hai (ㄏㄞ)

咳 hāi 感《悲しみや後悔,または驚きを表す声》ああ．うへっ．やれやれ．►"嗨"と書くこともある．¶～！你是怎么搞的！/ うへっ,何てことをしてくれたんだね．▸▸ ké

【咳声叹气】hāi shēng tàn qì 〈成〉しきりにため息をつく．

嗨 hāi "嗨哟 hāiyō"(力仕事をするときの掛け声：えんやこりゃ．やっこらさ)という語に用いる．

2声 ＊＊ **还(還)** hái

(そのほかに)まだ；(いまも)まだ；(…より)もっと；(それでも)なお；まあまあ,まずまず

副 ①《項目や数量の増加・範囲の拡大を表す》**(そのほかに)まだ**．その上．さらに．ほかに．¶桌子上有书和本子 běnzi,～有笔 bǐ / 机の上には本とノート,それに鉛筆がある．¶你～要什么？/ ほかに何がいりますか．
["不但 bùdàn、不仅 bùjǐn、不光 bùguāng"などと呼応して]¶她每天不但要工作,～要照顾 zhàogù 孩子 / 彼女は毎日仕事をするだけでなく,子供の世話もしなければならない．
②《動作・状態の継続・持続・未変化を表す》**(いまも)まだ**．なお．依然として．¶十一点钟了,哥哥～在学习 / 11時になっても,お兄さんはまだ勉強している．¶他出去了,～没回来 / 彼は外出中で,まだ帰ってこない．
["虽然 suīrán、尽管 jǐnguǎn、即使 jíshǐ"などと呼応して]¶他尽管不舒服 shūfu,～是坚持 jiānchí 学习 / 彼は気分はよくないものの勉強をやり続けている．
③《比較に用い,程度の違いを強調する》**(…よりも)なお**．もっと．¶明天可能比今天～要冷 / あすはきょうよりもっと寒くなりそうだ．
④《不十分ながらどうにかなることを表す》**まあまあ**．まずまず．►好ましい意味の形容詞を修飾することが多い．¶最近身体怎么样？——～好,～好 / 近ごろはお元気ですか——まあまあです．
[時には「"还"＋"算"＋形容詞」の形で]¶～算不错,他总算 zǒngsuàn 答应 dāying 了 / まずはよかった,とにかく彼は承知したのだから．
⑤《数量が少ないことや時間がまだ早いことを表す》まだ．¶现在～早,可以再等一会儿 / まだ早い,もう少し待ってもいい．
〖还(没)…就…〗*hái(méi)…jiù…* まだ…の時(しないうち)に．¶～不到五点钟,他就起床了 / まだ5時にならないのに彼はもう起きた．¶我～没告诉他,他就知道了 / 私がまだ知らせないうちに,彼はすでに知っていた．
⑥…さえ(…なのに)．¶这些作业三个星期～做不完呢,不用说十天了 / これだけの宿題は3週間かかってもできないのに,10日でなんてとんでもないよ．
〖连…还…〗*lián…hái…* ¶连你～不知道,我怎么会知道呢 / 君さえ知らないのに,私が知っているわけないだろう．
⑦《驚き(意外な気分)・あざけり(それでも…か)・反語などを表す》¶天这么冷,你～来了！/ こんなに寒いのに,君はよく来たね．¶连"三加六是几"你都不会,

你～是学生呢 / 3＋6がいくらかさえ分からなくて，おまえはそれでも学生か．¶这～能假 jiǎ？/ これがうそのはずがあるもんか．¶～不快叫李伯伯 bóbo? / 早く李おじさんにあいさつをしないか．

▸▸ huán

【还好】hái hǎo ①〈套〉まずまずよろしい．¶最近，买卖怎么样？——～ / 近ごろご商売はいかがですか——まあまあです．②〈挿〉幸いに．¶～，他没感冒 / 幸いなことに彼は風邪を引かなかった．

**【还是】háishi ❶副 ①《行為・動作・状態などに変化がないことを表す》依然として．やはり．►主語の前に用いる場合を除いて，この種の"还是"は"还"で代替することができる．¶五年不见，他～老样子 lǎoyàngzi / 5年ぶりに会ったのに，彼は相変わらずもとのままだ．¶下次课堂讨论 tǎolùn，～让他讲 jiǎng 吧 / 次のゼミでもやはり彼に発表してもらおう．

②《比較や選択をし，よりよい方を示す》やはり．¶你看哪件衣服好？——～这件好 / どちらの服がいいと思う——やはりこっちの方がいい．¶～你来吧，我去不方便 / やっぱり君に来てもらおう，ぼくが行くのは都合が悪い．

❷ 接続 〖(是)…还是…〗〖(还是)…，还是…〗《選択を表す》…か，それとも…か．¶你(是)今天去，～明天去？/ 君は今日行くのですか，それとも明日行くのですか．

["无论 wúlùn〔不论，不管〕…，还是…，都〔总〕…"の形で，いかなる条件にもこだわらないことを表すことがある]¶不论大事～小事，大家都愿意找 zhǎo 他商量 shāngliang / 大事なことだろうがささいなことだろうが，みんなは彼に相談にのってもらいたがる．

【还许】háixǔ 副〈口〉ひょっとしたら…かもしれない．¶他～没来 / 彼はまだ来ていないかもしれない．

【还有】háiyǒu 接続 それから．そして．その上に．¶你把这份 fèn 文件送去，～，顺便 shùnbiàn 叫小王来一下 / この書類を届けて，それから，ついでに王君を呼んできてくれ．¶词典、本子～笔都整齐 zhěngqí 地摆 bǎi 在书桌 shūzhuō 上 / 辞典，ノートそして筆記用具がみなきちんと勉強机の上に置いてある．

孩 hái

◇◆ 子供．¶女～儿 / 女の子．

【孩儿】háir →【孩子】háizi

【孩童】háitóng 名 児童．子供．

**【孩子】háizi 名 ① 子供．児童．¶嘿 hēi，那～，你过来一下 / おい，そこの子，ちょっとこっちへおいで．② 子女．息子と娘．¶你有几个～？/ あなたには何人のお子さんがおありですか．

【孩子气】háiziqì ①名 稚気．幼さ．¶他一脸的～ / 彼はまだ顔にあどけなさが残っている．②形 子供っぽい．

【孩子头】háizitóu 名(～儿) ① 子供と遊ぶのが好きな大人．② 餓鬼大将．

【孩子王】háiziwáng 名 ① 餓鬼大将．②〈讽〉幼稚園や小学校の先生．

骸 hái

◇◆ ①死人の骨．むくろ．¶→～骨 gǔ．②体．¶形～ / 人の体．

【骸骨】háigǔ 名 骸骨．

3画

浬 hǎilǐ

"海里 hǎilǐ"(ノット．海里)の古い書き方．⇒【海里】hǎilǐ

**

海 hǎi

①名 海．(地名に用い)大きな池．湖．►話し言葉では単用せず，普通，"大海""海上""海里"など2音節の形で用いる．②形〈方〉とても多い．►後に"啦 la"を伴う．¶广场上的人可～啦！/ 広場はものすごい人だ．③副〈方〉やたらに．めちゃくちゃに．¶～吃～喝 / やたらに飲み食いする．鯨飲馬食．¶～骂 mà / だれかれの見境なくののしる．

◇◆ ①非常に数多く集まるさま．¶林～ / 樹海．②(容量が)大きい．¶→～碗 wǎn．③(昔)外国から伝来した．¶→～棠 táng．‖姓

【海岸】hǎi'àn 名 海岸．

【海拔】hǎibá 名 海抜．

【海报】hǎibào 名 ポスター．¶张贴 zhāngtiē ～ / ポスターをはる．

【海豹】hǎibào 名〈動〉アザラシ．

【海滨】hǎibīn 名 海辺．

【海菜】hǎicài 名(食用の)海草．

【海产】hǎichǎn ①形 海でとれる．¶～植物 zhíwù / 海草類．②名 海産物．

【海潮】hǎicháo 名 潮．潮の干満．

【海程】hǎichéng 名 海程．水程；航海旅行．

【海船】hǎichuán 名 海を航行する船．

【海带】hǎidài 名〈植〉コンブ．

【海胆】hǎidǎn 名〈動〉ウニ．

【海岛】hǎidǎo 名 海の島．

【海盗】hǎidào 名 海賊．¶～行为 xíngwéi / 海賊のような略奪行為．

【海灯】hǎidēng 名 仏前に供える灯明．

【海堤】hǎidī 名 防波堤．量 道 dào，条 tiáo．

【海底】hǎidǐ 名 海底．¶～电缆 diànlǎn / 海底ケーブル．

【海底捞月】hǎi dǐ lāo yuè〈成〉むだ骨を折るだけで実現不可能なこと．

【海底捞针】hǎi dǐ lāo zhēn〈成〉探すのがきわめて困難なこと．

【海地】Hǎidì 名〈地名〉ハイチ．

【海防】hǎifáng 名 沿岸の防衛．¶～前线 / 沿岸防衛前線．¶～部队 / 沿岸防衛部隊．

【海港】hǎigǎng 名 海港．港．量 个，座 zuò．

【海沟】hǎigōu 名 海溝．

【海狗】hǎigǒu 名〈動〉オットセイ．

*【海关】hǎiguān 名 税関．¶过 guò ～ / 税関を通る．

【海关检查】hǎiguān jiǎnchá 名 税関検査．

【海归】hǎiguī ①動 海外留学〔職務〕から帰国する．②名 帰国留学生．

【海龟】hǎiguī 名 ①〈動〉ウミガメ．アオウミガメ．量 只 zhī．② 帰国留学生．►"海归"と同音．

【海脊】hǎijǐ 名〈地〉海底山脈．

【海疆】hǎijiāng 名 沿海地区．

【海角】hǎijiǎo 名〈地〉岬．¶天涯 tiānyá ～ / 天地の果て．遠いかなた．

【海景】hǎijǐng 名 海の景色．

【海鸠】hǎijiū 名〈鳥〉ウミガラス．

【海军】hǎijūn 名 海軍．

【海军陆战队】hǎijūn lùzhànduì 名〈軍〉海兵隊．

【海口】hǎikǒu 名 ① 湾内の港．② 大ぼら．¶夸 kuā (下)～ / 大言壮語する．大ぶろしきを広げる．

【海枯石烂】hǎi kū shí làn〈成〉永遠に心変わりしない．

【海葵】hǎikuí 名〈動〉イソギンチャク.
【海阔天空】hǎi kuò tiān kōng 〈成〉考えることや話すことが無限に広がるさま.
【海蓝】hǎilán 名 マリンブルー.
【海狸】hǎilí 名〈動〉〈旧〉ビーバー.
【海里】hǎilǐ 量 ノット. 海里. ⇒〖浬 lǐ〗
【海蛎子】hǎilìzi 名〈貝〉カキ.
【海量】hǎiliàng 名 ①**酒豪**;酒量が多いこと. ¶这人可是个～/この人はお酒が強い. ②〈敬〉大きな度量.
【海岭】hǎilǐng 名〈地〉海底山脈.
【海流】hǎiliú 名〈地〉海流.
【海龙】hǎilóng 名〈動〉ラッコ.
【海路】hǎilù 名 海路. ¶走～/船で行く.
【海驴】hǎilú 名〈動〉アシカ.
【海轮】hǎilún 名 外洋汽船.
【海螺】hǎiluó 名〈貝〉ホラガイ.
【海洛因】hǎiluòyīn 名〈薬〉ヘロイン.
【海马】hǎimǎ 名〈動〉タツノオトシゴ.
【海米】hǎimǐ 名〈食材〉乾燥むきエビ. ►ギョーザに入れたり,だしをとったりする.
【海绵】hǎimián 名 ①海綿の骨格;海綿. ②スポンジ.
*【海南】Hǎinán 名〈地名〉**海南**(かいなん)**省**.
【海难】hǎinàn 名 海難.
【海内】hǎinèi 名 国内.
【海鸥】hǎi'ōu 名〈鳥〉カモメ. (量) 只 zhī.
【海派】hǎipài 名 上海スタイル. ¶～戏 xì/上海流の京劇.
【海盘车】hǎipánchē 名〈動〉ヒトデ.
【海侵】hǎiqīn 名〈地〉海流などによる浸食現象.
【海区】hǎiqū 名〈軍〉海域.
【海上】hǎishàng 名 **海上**. ¶～保险 bǎoxiǎn/海上保険. ¶～救难 jiùnàn/海難救助. ¶～遇险 yùxiǎn 信号/エス・オー・エス(SOS).
【海参】hǎishēn 名〈動〉ナマコ. (量) 支 zhī,个.
【海狮】hǎishī 名〈動〉アシカ科の動物の総称.
【海事】hǎishì 名 ①海事. ②船舶事故.
【海誓山盟】hǎi shì shān méng 〈成〉いつまでも変わらない愛を誓う. ¶立下～/永遠の愛を誓い合う.
【海市蜃楼】hǎishì shènlóu 名 ①蜃気楼(しんきろう). ►"蜃景 shènjǐng"とも. ②〈喩〉架空の物事.
【海水】hǎishuǐ 名 **海水**.
【海獭】hǎitǎ 名〈動〉ラッコ.
【海滩】hǎitān 名 砂浜. 海浜. ¶～排球 páiqiú/(球技の)ビーチバレー.
【海棠】hǎitáng 名〈植〉カイドウ.
【海塘】hǎitáng 名 防波堤.
【海图】hǎitú 名 海図.
【海豚】hǎitún 名〈動〉イルカ. (量) 只 zhī.
【海豚泳】hǎitúnyǒng 名〈体〉ドルフィンキック泳法.
【海外】hǎiwài 名 **海外**. **国外**. ¶～同胞 tóngbāo/海外の同胞.
【海外奇谈】hǎi wài qí tán 〈成〉根拠のない奇想天外な話.
【海湾】hǎiwān 名〈地〉海湾. 湾.
【海碗】hǎiwǎn 名 大きなお碗. どんぶり. ¶～面/どんぶりに入れたうどん.
【海味】hǎiwèi 名 海産物. 海の幸. ¶山珍 zhēn～/山海の珍味.
【海峡】hǎixiá 名〈地〉**海峡**. ¶～两岸 liǎng'àn/海峡の両岸;(特に)中国大陸と台湾.
【海鲜】hǎixiān 名 生鮮魚介類.
【海象】hǎixiàng 名〈動〉セイウチ.
【海啸】hǎixiào 名〈地〉津波.
【海蟹】hǎixiè 名(海にすむ)カニ.
【海星】hǎixīng 名〈動〉ヒトデ.
【海熊】hǎixióng 名〈動〉オットセイ.
【海盐】hǎiyán 名 海塩.
【海燕】hǎiyàn 名 ①〈鳥〉ウミツバメ. ②〈動〉イトマキヒトデ.
*【海洋】hǎiyáng 名〈地〉**海洋**.
【海域】hǎiyù 名 海域. ¶～分界线 fēnjièxiàn/海域境界線.
【海员】hǎiyuán 名 船員. 海員. ¶～俱乐部 jùlèbù/船員クラブ.
【海运】hǎiyùn 名 海運.
【海葬】hǎizàng 名 海葬. 水葬.
【海枣】hǎizǎo 名〈植〉ナツメヤシ.
【海藻】hǎizǎo 名〈植〉海藻. 海草.
【海蜇】hǎizhé 名〈動〉クラゲ. ¶～皮 pí/クラゲの傘状の部分. ¶～头/クラゲの口腕(下半部).
【海猪】hǎizhū 名〈動〉イルカ.

4声 **亥** hài 名 十二支の第12:亥(い). ⇒【地支】dìzhī
【亥时】hàishí 名〈旧〉亥の刻. ►午後9時から11時.

骇 hài ◇◆ 驚く. 驚かす. ¶惊涛 jīng tāo～浪/逆巻く大波.
【骇然】hàirán 形〈書〉びっくりして驚くさま.
【骇人听闻】hài rén tīng wén 〈成〉聞く人を驚かせる(悪い出来事).

氦 hài 名〈化〉ヘリウム. He. 一般に"氦气 hàiqì"(ヘリウムガス)という.

* **害** hài 動 ①**害を与える**;("～得"の形で)…するはめになった. ¶～人不浅 qiǎn/人に対して害が非常に大きい. ¶你把地址 dìzhǐ 写错了,～得我白跑了一趟 tàng/君が住所を書き間違えたものだから,おかげでむだ足を踏んだ. ②**殺す**. ¶他在三天前被～了/彼は3日前に殺害された. ③**病気になる**. ¶～了一场 cháng 大病/大病を患った.
◇◆ ①不安な気持ちになる. ¶→～怕 pà. ¶→～羞 xiū. ②有害な. ¶→～虫 chóng. ③災害. 災難. ¶灾 zāi～/災害.
【害病】hài//bìng 動 病気になる.
【害虫】hàichóng 名 **害虫**.
【害处】hàichu 名 弊害. 悪い点. ¶没有～/弊害がない.
【害口】hài//kǒu 動〈方〉つわりになる.
【害命】hài//mìng 動 殺害する.
【害鸟】hàiniǎo 名 害鳥.
【害怕】hài//pà 動 **怖がる. 恐れる;**心配する**. ¶这孩子一见到狗 gǒu 就～/この子はイヌに会うとすぐ怖がる. ¶他～考试 kǎoshì 不及格 jígé/彼は試験に受からなかったらとたいへん心配している.
【害群之马】hài qún zhī mǎ 〈成〉集団に害を及

H

H

ぼす者.

【害人虫】hàirénchóng 名〈喩〉人々に害を及ぼす者や集団. ►"害人精 hàirénjīng"とも.

【害臊】hài//sào 動 恥ずかしがる. はにかむ. 照れる. ¶她～地低下头去 / 彼女は恥ずかしくてうなだれてしまった. ¶真不～ / 全く恥知らずだ.

【害喜】hài//xǐ 動〈口〉つわりになる. ►地方によっては"害口 kǒu"とも.

*【害羞】hài//xiū 動 **恥ずかしがる**. きまり悪がる. ¶她一说话就～ / 彼女は一言話すとすぐはにかんだ.

【害眼】hài//yǎn 動〈口〉目を患う.

嗐 hài 感（悲しんだり残念がったりするときに発する言葉）►"咳"と書くこともある. ¶～！这些人真可怜 kělián / ああ, その人たちはほんとうに気の毒ですね.

han（ㄏㄢ）

1声

顸 hān 形〈方〉太い. ¶这线 xiàn 太～,有细 xì 点儿的吗？/ この糸は太すぎる, もっと細いのはありますか.

酣 hān ◇ ①気持ちよく存分に飲む. ¶半 bàn ～ / ほろ酔い. ②心ゆくまで…する. ¶～歌 gē / 心ゆくまで歌う.

【酣畅】hānchàng 形〈書〉（飲酒や睡眠について）十分である；心地よい.

【酣梦】hānmèng 名 甘い眠り. 熟睡.

【酣适】hānshì 形 のびのびして気持ちがよい.

【酣熟】hānshú 形 ぐっすり眠っているさま.

【酣睡】hānshuì 動 熟睡する.

【酣饮】hānyǐn 動 思う存分飲む.

【酣战】hānzhàn 動 激戦する.

【酣醉】hānzuì 動 ①泥酔する. ②陶酔する.

憨 hān 形 聡明でない. 愚かである. ¶他真～！/ あいつはほんとうにばかだ. ◇ 素直である. 無邪気である. ¶→～直 zhí. ‖姓

【憨厚】hānhou 形 素直である. 温厚篤実である.

【憨实】hānshí 形 温厚で誠実である.

【憨笑】hānxiào 動 ばか笑いをする；無邪気に笑う.

【憨直】hānzhí 形 素直で正直である.

鼾 hān ◇ いびき. ¶打～ / いびきをかく.

【鼾声】hānshēng 名 いびきの音.

2声

汗 hán ◇ "可汗 kèhán"（可汗(こくかん)：モンゴル族などの君主）の略称. ¶成吉思 Chéngjísī ～ / ジンギス汗.
►► hàn

邯 hán 地名に用いる. ¶～郸 dān 之梦 / 邯鄲(かんたん)の夢. 人の世の栄枯盛衰ははかないたとえ.

***含 hán** 動 ①（口に）**含む**, くわえる. ¶嘴 zuǐ 里～着一块糖 táng / 口にあめ玉をほおばっている. ②（事物の中に）**含有する, 存在する**. ¶～着眼泪 yǎnlèi / 目に涙を浮かべている. ¶～铁量 tiě liàng / 鉄分含有量；〈喩〉企業の中の親方日の丸度. ③（内に意味・感情を）**帯びる, 抱く**. ¶他的话里～着讽刺 fěngcì / 彼の言葉には皮肉がこめられている.

【含垢忍辱】hán gòu rěn rǔ 〈成〉恥辱を堪え忍ぶ.

【含恨】hán//hèn 動 恨みを持つ. ¶～而 ér 终 / 恨みを晴らせず死んでいった.

*【含糊】hánhu ❶形 ①**あいまいである**. はっきりしない. ¶～其辞 qí cí / 言葉を濁す. ¶～不清 / あいまいではっきりしない. ②**いい加減である**. あやふやである. ¶办事不得 bùdé ～ / 仕事はいいかげんではだめだ. ❷動〈口〉弱みを見せる. ►"含胡"とも書く.

【含混】hánhùn 形 はっきりしない. あいまいである. ¶言辞 yáncí ～ / 言うことがあいまいである.

【含量】hánliàng 名 **含有量**.

【含怒】hán//nù 動 怒りを含む. むかっ腹が立つ.

【含情】hánqíng 動（目つきや振る舞いに）愛情がこめられている.

【含沙射影】hán shā shè yǐng 〈成〉それとなく人を誹謗(ひぼう)中傷する.

【含漱剂】hánshùjì 名〈薬〉うがい薬.

【含笑】hán//xiào 動 笑いを浮かべる.

【含辛茹苦】hán xīn rú kǔ 〈成〉辛酸をなめる. ►"茹苦含辛"とも.

【含羞】hán//xiū 動 はにかむ. 恥ずかしがる.

【含羞草】hánxiūcǎo 名〈植〉オジギソウ. ネムリグサ.

【含蓄】hánxù ❶動 含む. ❷形 ①（言葉や詩文に）含蓄がある. ②（思想や感情を）表に現さない. ¶～的批评 pīpíng / 言外の批判. ¶他是个很～的人 / 彼はとても内気な人だ. ►①② いずれも"涵蓄"とも書く.

【含血喷人】hán xuè pēn rén 〈成〉ありもしないことを言いふらし人を傷つける.

【含义】hányì 名（字句の中に）含まれている意味. ¶这句话～深刻 shēnkè / この言葉は意味深長だ.

【含有】hányǒu 動 含まれる. 含有する.

【含冤】hán//yuān 動 冤罪が晴れない. ¶～死去 / 無実の罪が晴れずに死ぬ.

【含怨】hán//yuàn 動 恨みを持つ.

函 hán 名〈書〉箱. ケース. 封筒. ◇ ①手紙. 書簡. ¶公～ / 公文書. ②含む. 入れる. ¶→～数 shù.

【函大】hándà 名〈略〉通信教育大学.

【函电】hándiàn 名 手紙や電報の総称.

【函调】hándiào 名（人事関係の調査や身元調査などの）手紙などの通信による調査.

【函复】hánfù 動〈書〉手紙で返事をする.

【函告】hángào 動〈書〉手紙で知らせる.

【函购】hángòu 動 通信販売で買う.

【函件】hánjiàn 名〈書〉手紙；郵便物.

【函授】hánshòu 動 通信教育をする.

【函数】hánshù 名〈数〉関数.

【函索】hánsuǒ 動（資料やサンプルなどを）手紙で請求する.

涵 hán ◇ ①含む. 包含する. ¶海～ / 大目に見る. ②暗渠(あんきょ). 排水路.

【涵洞】hándòng 名（鉄道や道路の下の）暗渠, 排水路.

【涵管】hánguǎn 名 ①暗渠のパイプ. ②管状の暗渠.

【涵蓄】hánxù →【含蓄】hánxù

【涵养】hányǎng ①名 修養. ②動(水分を)蓄える.

韩(韓) hán 名〈史〉韓. ►戦国七雄の一つ.
◇◆ 韓国. ‖姓

**【韩国】Hánguó 名〈地名〉韓国.
【韩流】hánliú 名 韓国ブーム. 韓流.

寒 hán ◇◆ ①寒い. ¶～夜 / 寒い夜. ②貧しい. 身分が低い. ¶～素 sù / 貧しくて質素である. ③恐れる. ¶胆 dǎn ～ / びくびくする. ‖姓

【寒蝉】hánchán 名 ①季節が終わって鳴かなくなった,あるいは鳴き声が弱ったセミ. ②〈虫〉ツクツクボウシ.
【寒潮】háncháo 名〈気〉寒波.
【寒碜】hánchen 〈口〉❶形 ①醜い. ②みっともない. 体裁が悪い. ❷動 恥をかかせる. 顔をつぶす. ►"寒伧"とも書く.
【寒窗】hánchuāng 名〈喩〉貧しくてつらい学習環境. ¶十年～ / 蛍雪10年.
【寒带】hándài 名〈気〉寒帯.
【寒冬腊月】hándōng làyuè 名 旧暦12月の厳寒の候；(広く)寒い冬.
【寒风】hánfēng 名〈書〉寒風. ¶～刺骨 cìgǔ / 寒風が骨にしみる.
**【寒假】hánjià 名 冬休み. ►中国の学校では1月と2月の間に"春节"を挟んで3,4週間の休みがある. ¶下月开始放 fàng ～ / 来月から冬休みが始まる.
【寒噤】hánjìn 名 身震い. ¶打～ / 身震いする.
【寒苦】hánkǔ 形(家が)貧困である.
【寒来暑往】hán lái shǔ wǎng 〈成〉季節が移り変わる.
*【寒冷】hánlěng 形 寒い. (風が)冷たい. ►"寒冷"は"冷"よりかたい言い方. ¶～的冬天 dōngtian / 寒い冬.
【寒流】hánliú 名 ①〈地〉寒流. ②〈気〉寒波.
【寒露】hánlù 名(二十四節気の一つ)寒露(かんろ). ►晩秋の露が出始めるころ.
【寒毛】hánmao 名 うぶ毛.
【寒门】hánmén 名〈書〉①貧しい家. ②身分の低い家柄.
【寒气】hánqì 名 冷たい空気；寒気.
【寒秋】hánqiū 名 晩秋.
【寒色】hánsè 名 寒色.
【寒舍】hánshè 名〈謙〉拙宅.
【寒食】Hánshí 名 寒食. 清明節の前日.
【寒暑表】hánshǔbiǎo 名 寒暖計.
【寒酸】hánsuān 形 貧乏くさい. みすぼらしい. ¶～相 xiàng / 貧相な格好.
【寒微】hánwēi 形〈書〉(家柄や出身が)貧しくて卑しい. 社会的地位が低い.
【寒武纪】hánwǔjì 名〈地質〉カンブリア紀.
【寒心】hán//xīn 動 ①がっかりする. 落胆する. ②怖がる.
【寒星】hánxīng 名 寒空の星.
【寒暄】hánxuān 動 時候のあいさつをする. ►"暄"は暖かいの意味. ❖打 *dǎ* ～ / あいさつを交わす.
【寒衣】hányī 名 冬着. 防寒服.
【寒意】hányì 名 寒さ. 冷え.
【寒战·寒颤】hánzhàn 名 身震い. ¶他吓 xià 得直打～ / 彼は驚きのあまりがたがた震えている.

3声 罕 hǎn ◇◆ まれである. めったにない. ¶稀 xī ～ / 珍しい. ¶→～有. ‖姓

【罕见】hǎnjiàn 形 まれに見る. めったにない. ¶～现象 xiànxiàng / めったにない現象.
【罕事】hǎnshì 名 稀有な事柄.
【罕有】hǎnyǒu 形 めったにない.

喊 hǎn 動 ①(大声で)叫ぶ. わめく.** ¶那些人在～什么？/ あの人たちはなにを叫んでいるのか. ¶～口号 / スローガンを叫ぶ. ②(人を)**呼ぶ.** ¶～他进来 / 彼に中へ入るよう声をかける. ¶你去～他一声 / ちょっと彼を呼んできてくれ.

【喊叫】hǎnjiào 動 **叫ぶ. わめく.** 呼ぶ. ¶拼命 pīnmìng ～ / 必死に叫ぶ.
【喊嗓子】hǎn sǎngzi ①大声で叫ぶ. ②(役者が)のどを慣らす.
【喊冤】hǎn//yuān 動 無実を訴える.

4声 汉(漢) hàn 名(Hàn)〈史〉(王朝名)**漢.** 参考 劉邦(りゅうほう)の建てた前漢と劉秀(りゅうしゅう)の再興した後漢. また五代の一つにもある.
◇◆ ①漢民族. ¶→～族 zú. ②男. ¶老～ / 年寄り. ③銀河. ¶银 yín ～ / 銀河. ‖姓

【汉白玉】hànbáiyù 名 白色の大理石.
【汉堡包】hànbǎobāo 名 ハンバーガー.
【汉奸】hànjiān 名 売国奴. 侵略者の手先.
【汉民】Hànmín 名〈口〉漢族の人.
【汉人】Hànrén 名 ①漢民族. ②漢の時代の人.
【汉文】Hànwén 名 ①中国語. ②漢字.
【汉姓】hànxìng 名 ①漢族の姓. ②漢族以外の人が用いる漢族の姓.
【汉学】hànxué 名 ①漢学. 古典の訓詁注解を中心とする実証主義的な学風. ②中国学. シノロジー. ¶～家 / 中国研究家.
【汉语】Hànyǔ 名 **中国語. 漢語. (少数民族の言語に対して)漢民族の言語.
【汉语拼音方案】Hànyǔ pīnyīn fāng'àn 名 中国語ローマ字表記法. 参考 1958年2月11日に第1回全国人民代表大会第5次大会会議において採択された,漢字の発音や共通語の語音を表記する草案. アルファベットと声調符号からなり,漢字の学習と共通語普及の手立てとした.
【汉字】Hànzì 名 **漢字. ¶简化 jiǎnhuà ～ / 漢字を簡略化する；簡略化された漢字. ¶～国标码 guóbiāomǎ / (コンピュータの)中国漢字GBコード.
【汉子】hànzi 名 ①**男.** ②〈方〉(＝丈夫 zhàngfu)夫. 亭主.
【汉族】Hànzú 名 **漢族. 漢民族.**

*汗 hàn 名 汗. 〈量〉滴 dī. ❖出 *chū* ～ / 汗をかく. ▸▸ hán

【汗背心】hànbèixīn 名 ランニングシャツ. 〈量〉件 jiàn.
【汗褂儿】hànguàr →【汗衫】hànshān
【汗津津】hànjīnjīn 形(～的)汗ばむさま. ¶浑身 húnshēn 湿 shī 得～的 / 体がじっとりと汗ばんできた.
【汗流浃背】hàn liú jiā bèi 〈成〉背中がぬれるほど汗をかく.
【汗马功劳】hàn mǎ gōng láo 〈成〉戦場での手

H

柄；仕事などでの功績．¶为 wèi 公司立下 lìxia ～／会社のために功績をあげた．

【汗毛】hànmáo 名 うぶ毛．►"寒毛 hánmao"とも．

【汗牛充栋】hàn niú chōng dòng 〈成〉蔵書がおびただしい．

【汗衫】hànshān 名(量) 件．①肌着．②〈方〉ワイシャツ；ブラウス．

【汗水】hànshuǐ 名(たくさんの)汗．¶～湿透shītòu 衣衫／衣服が汗でぐっしょりとぬれる．

【汗褟儿】hàntār 名〈方〉(夏に着る中国式の)肌着．下着のシャツ．肌ジュバン．(量) 件．

【汗液】hànyè 名 汗．

【汗珠子】hànzhūzi 名 玉の汗．

H

旱 hàn 形(↔涝 lào)雨が降らない．日照りである．¶天～／雨が降らない．¶庄稼 zhuāngjia 都～了／農作物はみな日照りにあった．

◇◆ ①水と無関係な．¶→～伞 sǎn．②陸上の．¶→～桥 qiáo．¶起～／陸路で行く．

【旱魃】hànbá 名(伝説中の)日照りの神．

【旱冰】hànbīng 名 ローラースケート．¶溜 liū～／ローラースケートをする．

【旱稻】hàndào 名(＝陆稻 lùdào)陸稲．

【旱地】hàndì 名 畑；灌漑(かんがい)不能の耕地．

【旱季】hànjì 名 乾季．

【旱井】hànjǐng 名 ①(水源に乏しい地方で)雨水をためる井戸．②野菜を貯蔵する穴ぐら．

【旱路】hànlù 名(↔水路 shuǐlù)陸路．

【旱年】hànnián 名 日照りの年．

【旱桥】hànqiáo 名 陸橋．

【旱情】hànqíng 名 干ばつの状況．

【旱伞】hànsǎn 名 日傘．

【旱田】hàntián ⇀【旱地】hàndì

【旱象】hànxiàng 名 日照りの状況．

【旱鸭子】hànyāzi 名〈俗〉泳げない人．金づち．

【旱烟】hànyān 名(キセル用の)刻みたばこ．

【旱烟袋】hànyāndài 名 キセル．►一般に"烟袋"という．

【旱灾】hànzāi 名 干害．

捍 hàn ◇◆ 守る．防衛する．

【捍卫】hànwèi 動 防衛する．¶～领海 lǐnghǎi／領海を守る．

【捍御】hànyù 動〈書〉防御する．

悍 hàn ◇◆ ①勇猛である．¶强 qiáng～／勇猛果敢である．②凶暴である．¶凶 xiōng～／凶暴である．

【悍妇】hànfù 名 気性の荒い女．

【悍然】hànrán 副 乱暴に．横暴にも．¶～不顾 bùgù／頑として反対を押しきる．

焊(銲) hàn 動 溶接する．はんだ付けをする．

【焊工】hàngōng 名〈機〉①溶接作業．②溶接工．

【焊接】hànjiē 動 溶接する．はんだ付けをする．

【焊镴】hànlà 名 軟鑞(なんろう)．はんだ．

【焊料】hànliào 名 溶接材料．はんだ．

【焊条】hàntiáo 名 溶接棒．

【焊锡】hànxī 名 はんだ．

【焊液】hànyè 名 溶接フラックス．溶接剤．

【焊油】hànyóu 名 はんだペースト．

颔 hàn ◇◆ ①下あご．②うなずく．¶→～首 shǒu．

【颔首】hànshǒu 動〈書〉うなずく．

撼 hàn ◇◆ 揺り動かす．¶摇 yáo～／揺さぶる．¶震 zhèn～／震撼させる．

【撼动】hàndòng 動 揺り動かす．¶强烈的地震～着城市／激しい地震が町を揺り動かしている．

翰 hàn ◇◆(羽毛より転じて)筆．文字．手紙．¶挥 huī～／揮毫する．¶书～／書簡．‖姓

【翰林】hànlín 名 翰林(かんりん)．唐代以後に設けられた,皇帝の文学侍従官．

【翰墨】hànmò 名〈書〉筆と墨；(広く)文章や書画．

憾 hàn ◇◆ 残念である．心残りである．¶遗 yí～／遺憾とする．

【憾事】hànshì 名 残念なこと．

瀚 hàn ◇◆ 広大である．¶浩 hào～／広大である；(書物が)非常に多い．

【瀚海】hànhǎi 名 ①〈書〉砂漠．②〈旧〉ゴビ砂漠．

hang (厂尢)

1声 **夯 hāng** ❶名(地固めに使う)たこ．胴突き．❷動 ①(たこで)突く．固める．¶～地／地固めをする．②〈方〉(力を入れて)担ぐ,背負う．¶这件事他一个人～不住／その事は彼一人では背負いきれない．③〈方〉(力を込めて)たたく．

【夯歌】hānggē 名 胴突きの時に力を添えるために歌う歌．よいとまけの歌．

【夯具】hāngjù 名(地固めに使う)胴突き用具．

2声 ***行 háng** ❶量 行や列になったものを数える．¶十四～诗 shī／14行詩．ソネット．¶两～眼泪 yǎnlèi／ふたすじの涙．

❷名 ①行．列．¶第五～／第5列．¶排 pái 成两～／2列に並ぶ．¶另 lìng 起一～／改行する．②(兄弟やいとこ内の)生まれた順序．¶您～几？／あなたは(同族の)兄弟の中で何番目ですか．③業種．職業．¶干 gàn 哪一～？／仕事は何ですか．¶改 gǎi～／商売替えをする．

◇◆ 商店．商社．►卸業や金融業者·手工業者などの屋号に用いることが多い．¶米 mǐ～／米問屋．¶银 yín～／銀行．⇒ xíng

【行帮】hángbāng 名〈旧〉同業組合．

【行辈】hángbèi 名(親族·友人間の)世代,長幼の順序．

【行当】hángdang 名 ①(～儿)〈口〉職業．稼業．商売．②(伝統演劇の)役柄．

【行道】hángdao 名〈方〉職業．商売．

【行贩】hángfàn 名(～儿)小商人．►"小贩 xiǎofàn"とも．

【行行出状元】hángháng chū zhuàngyuan 〈諺〉どんな職業でも成功者が出る．

【行话】hánghuà 名 業者仲間の専門語．隠語．►"行业语 hángyèyǔ"とも．
【行家】hángjia ①名 専門家．玄人．②形〈口〉精通している．
【行间】hángjiān 名 ①〈書〉軍隊．②行や列の間．¶字里～／行間．
【行款】hángkuǎn 名(書道の)字配り；(印刷物の)割付け,配置．
【行列】hángliè 名 **列．行列．隊列**．¶仪仗队 yízhàngduì ～／儀仗隊の列．
【行情】hángqíng 名〈経〉**市況**．相場．
【行市】hángshi 名〈経〉相場．市価．¶外汇 wàihuì ～／外国為替相場．
【行手】hángshǒu 名〈方〉玄人．ベテラン．
【行伍】hángwǔ 名〈旧〉軍隊の隊列；(広く)軍隊．¶～出身／軍人出身である．
*【行业】hángyè 名 **職種．業種**．
【行业语】hángyèyǔ →【行话】hánghuà
【行长】hángzhǎng 名 銀行の頭取．

吭 háng ◇ のど．¶引～高歌／声を張り上げて高らかに歌う．▶▶kēng

杭 háng ◇ 杭州(こうしゅう)．‖姓
【杭纺】hángfǎng 名 杭州産の絹織物．
【杭剧】hángjù 名(地方劇の一)杭劇．

航 háng ◇ ①(船・飛行機が)航行する．¶领 lǐng ～／水先案内をする．(航空機を)誘導する．②船．‖姓
*【航班】hángbān 名 **就航ダイヤ．フライトナンバー；(船や飛行機の)便**．
【航标】hángbiāo 名 航路標識．
【航测】hángcè 名〈略〉航空測量．
【航程】hángchéng 名 航程．飛行機・汽船などの進む道のり．
【航船】hángchuán 名 ①江蘇・浙江省一帯の運河を定期的に航行する旅客用木造船．②汽船．
【航次】hángcì 名 ①航行順．フライトナンバー．②航行回数．
【航道】hángdào 名 航路．¶国际 guójì ～／国際航路．¶主～／主要な航路．
【航海】hánghǎi 動 **航海する**．
【航空】hángkōng 動 **飛行機で飛行する**．¶～公司／航空会社．
【航空港】hángkōnggǎng 名 ハブ空港．航空路線網の拠点となる空港．
【航空母舰】hángkōng mǔjiàn 名 航空母艦．空母．
【航空信】hángkōngxìn 名 **航空郵便**．航空便．エアメール．►中国には国内郵便物にも航空便がある．
【航空邮简】hángkōng yóujiǎn 名 航空書簡．
【航路】hánglù 名 航路．¶开辟 kāipì ～／航路を開く．
【航母】hángmǔ 名〈略〉〈軍〉空母．航空母艦．
【航速】hángsù 名 航行速度．
【航天】hángtiān 動 宇宙飛行する．►"航空"が大気圏内飛行であるのに対し,"航天"は大気圏外太陽系内飛行をいう．¶～站／宇宙ステーション．¶～服／宇宙服．
【航天飞机】hángtiān fēijī 名 スペースシャトル．
【航图】hángtú 名〈略〉航空図．
【航务】hángwù 名 海上運輸に関する業務．
【航线】hángxiàn 名 航海路と航空路の総称．
【航向】hángxiàng 名 針路；〈喩〉進路．¶偏离 piānlí ～／〈喩〉進路をそれる．
【航行】hángxíng 動 **航行する**．¶海上～／海上を航行する．
【航宇】hángyǔ 動 宇宙飛行する．
【航运】hángyùn 名 水上運輸事業の総称．

4声 **巷** hàng ◇ 坑道．¶～道／坑道．▶▶xiàng

hao (ㄏㄠ)

1声 **蒿** hāo ◇ ヨモギ．‖姓
【蒿子】hāozi 名〈植〉ヨモギ．
【蒿子秆儿】hāozigǎnr 名〈食材〉春菊．

薅 hāo 動 ①(草などを手で)抜く,むしる．¶～草／草をむしり取る．②〈方〉(人を)引きずる,引っ張る．
【薅刀】hāodāo 名 除草用の柄の短いすき．

嚆 hāo "嚆矢 hāoshǐ"(物事の始まり)という語に用いる．

2声 **号**(號) háo 動 大声で泣く．泣きわめく．◇ 叫ぶ．わめく．¶→～叫 jiào．▶▶hào
【号叫】háojiào 動 大声で叫ぶ．
【号哭】háokū 動 泣きわめく．
【号丧】háo//sāng 動〈旧〉葬儀で大声をあげて泣く．
【号啕・号咷】háotáo 動 泣き叫ぶ．►"嚎啕""嚎咷"とも書く．¶～大哭 kū／大声で泣き叫ぶ．

蚝(蠔) háo 名〈貝〉カキ．
【蚝油】háoyóu 名〈料理〉カキ油．オイスターソース．

* **毫** háo ①副 **少しも．ちっとも**．►否定形にのみ用いる．¶～不足怪 guài ／少しも怪しむに足らない．¶～无头绪 tóuxù ／全然手がかりがない．
②量(長さや重さなどの単位)"1寸 cùn"(約3.3センチ)または"1钱"(5グラム)の千分の1．
◇ ①細長くとがった毛．¶→～毛．②毛筆．¶狼 láng ～笔／イタチの毛で作った筆．¶挥 huī ～／筆をふるう．③はかり竿などの取緒(とりお)．¶头～／はかりの最初の取緒．
*【毫不】háo bù 〈型〉**少しも…ない**．⇒〖毫 háo〗①
【毫克】háokè 量 ミリグラム．
【毫厘】háolí 名 きわめて少ない数量．¶～不差 chā ／少しも違わない．
【毫毛】háomáo 名(人または鳥獣の)うぶ毛；〈喩〉わずかな数量．
【毫米】háomǐ 量 **ミリメートル**．►以前は"公厘gōnglí"といった．
【毫秒】háomiǎo 量 ミリ秒．

H

【毫末】háomò 名〈書〉毛の末端；〈喩〉微細なもの.
【毫升】háoshēng 量 ミリリットル. ►以前は“西西 xīxī”(cc)といった.
*【毫无】háo wú 〈型〉少しも…ない. ¶～办法 / お手上げだ. ¶～根据 gēnjù / 何の根拠もない.
【毫针】háozhēn 名(鍼灸に用いる)細い針. 毫針(ごうしん).

嗥 háo 動(オオカミや山犬が)ほえる,咆哮(ほうこう)する.

貉 háo ◇◆ “貉 hé”と同義. 以下の語の場合だけ háo と発音する. ⏩ hé
【貉绒】háoróng 名(硬い毛を取った)タヌキの毛皮.
【貉子】háozi 名〈動〉タヌキ. (量) 只 zhī.

H

豪 háo ◇◆ ①人並みすぐれた人. ¶英～ / 英傑. ②豪快である. ¶→～放 fàng. ③横暴である. ¶～夺 duó / 力ずくで奪い取る.
【豪放】háofàng 形 豪放である. 太っ腹である. ¶性情 xìngqíng ～ / 性格が豪放である.
【豪华】háohuá 形 1(生活が)ぜいたくである. 2 豪華である.
【豪杰】háojié 名 豪傑. 傑出した人.
【豪迈】háomài 形 豪胆である. 勇壮である.
【豪门】háomén 名〈書〉富も権勢もある家柄. 豪族. ¶～大族 dàzú / 豪族.
【豪气】háoqì 名 豪気.
【豪强】háoqiáng 1 形 横暴である. 2 名 権勢をたてに横暴に振る舞う人.
【豪情】háoqíng 名 豪気な感情.
【豪绅】háoshēn 名〈旧〉土豪劣紳. 土地のボス・顔役.
【豪爽】háoshuǎng 形 太っ腹である. 豪快でさっぱりしている. ¶他性情 xìngqíng ～ / 彼はさっぱりした人だ.
【豪侠】háoxiá 1 形 義侠心がある. 2 名 義侠心のある人.
【豪兴】háoxìng 名 強い興味；旺盛な意欲.
【豪言壮语】háo yán zhuàng yǔ 〈成〉気概のこもった言葉.
【豪饮】háoyǐn 動〈書〉大酒を飲む.
【豪宅】háozhái 名 豪邸. 立派な屋敷.
【豪猪】háozhū 名〈動〉ヤマアラシ.
【豪壮】háozhuàng 形 豪壮である. 勇ましい.

壕(濠) háo ◇◆ ①堀. ¶城 chéng ～ / 城の堀. ②塹壕(ざんごう). ¶防空 fángkōng ～ / 防空壕.
【壕沟】háogōu 名 1 塹壕. 2 溝.

嚎 háo 動 大声で泣く. 泣きわめく. ◇◆ 大声で叫ぶ.
【嚎啕・嚎咷】háotáo ⇀【号啕・号咷】háotáo

3声 **好 hǎo** ** ❶ 形 1 よい. すぐれている；健康だ. 悪いところがない；仲がよい. 親密である. ¶今天天气 tiānqì 很～ / 今日は天気がよい. ¶养 yǎng 几天就～了 / しばらく養生すると元気になる. ¶我跟他不太～ / 私は彼とあまり仲がよくない.

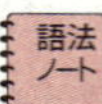

動詞＋“好”
「…しおわる」こと,あるいは**あるべき状態にあること**を表す. ¶行李准备 zhǔnbèi ～了 / 荷物は用意できた. ¶履历表 lǚlìbiǎo 你已经填 tián ～了吗？/ 履歴書はもう記入し終えましたか.

語法 ❶疑問文で相手の意向を問いかけたり,嫌みを帯びた命令を表したりする. ¶在这儿多待 dāi 一会儿,～吗？/ もうしばらくここにいましょうか,どうですか. ¶你们别在这儿抽烟 chōu yān ～不～,熏 xūn 死人了！/ ここでたばこを吸わないでくれないかね,けむくてしようがないよ. ❷「“还是”＋動詞(主述句)(＋“的”)＋“好”」の形で,比較の結果,よりよい方を示す. ¶你还是到医院去检查 jiǎnchá 一下的～ / 君はやはり病院へ行って検査してもらった方がよい. ❸「“好”＋“在”」の形で,“好”の理由を説明する. ¶你说他～在什么地方？/ 彼のどこがいいと言うのか.
2 …しやすい. ►動詞の前に用い,その動作が容易にできることを表す. ¶这首 shǒu 歌不～唱 chàng / この歌は歌いにくい.
3《各種の**感嘆・応答の言葉**として用いる》►単独に用いるときは感嘆詞に近い. ①《同意・承諾を表す》よろしい. はい. ¶～,这件事我明天就去办 / ええ,そのことは明日にでもすぐやります. ¶我们一起去看电影吧──～！/ 映画にいっしょに行かない──いいわよ. ②《おしまいにすることを表す》もういい. 十分だ. ¶～了,太晚了,快睡吧！/ さあさあ,もう遅いから早く寝なさい. ③《反語として不満や腹いせの気持ちを表す》なんだ. ¶～,这下可糟 zāo 了 / やれやれ,これはしまった.
❷ 副 1 **ずいぶん**. 語法 数量や時間を表す語,または形容詞の“多,久”などの前に用い,量の大きいことを強調する. 数詞は“一,几”に限る. ¶他～久没来信了 / 彼はずいぶん長いこと手紙をよこさなかった. ¶一上午,就来了～几个电话 / 午前中だけで,何本もの電話がかかってきた. 2 **とても**. **なんて**. ►程度の強いことを表す. 感嘆の気持ちを含む. ¶～深的一口井 jǐng 啊！/ ずいぶん深い井戸だね. ¶你这个人～糊涂 hútu / あなたってほんとうにぼんやりね.
❸ 助動 …**するのに都合がよい**. …することができるように. ►複文で後の(主述)句に用い,前の(主述)句で述べた動作の目的を述べる. ¶你留 liú 个电话号码 diànhuà hàomǎ,到时候我～通知 tōngzhī 你 / 電話番号を書いておいてくれ,その時になったら知らせてあげるから.
❹ 接頭《相手に何か頼むとき,親族の呼称や人の名前の前に用いて,親しみを示す》¶～爸爸,您就带 dài 我去吧！/ ねえお父さん,私を連れてってよ. ¶～明明 Míngmíng,听话！/ ねえミンちゃん,いい子にしてよ.
◇◆ 姿・形・音・味・感じなどがよい. ¶→～看 kàn. ¶→～吃 chī. ¶→～玩儿. ⏩ hào
【好办】hǎobàn 形 やりやすい. 処理しやすい. ¶这件事不～ / これは厄介だ.
【好比】hǎobǐ 動 あたかも…のようである. まるで…のようなものだ. ¶祖国 zǔguó ～母亲 / 祖国はあたかも母のようなものだ.
*【好不】hǎobù 副 とても. なんと…だろう. 注意

2音節の形容詞の前につけて程度の甚だしいことを表す．感嘆の語気を含む用い方は“多么 duōme”に同じ．¶大人哭 kū,小孩儿叫 jiào,～热闹 rènao / 大人の泣き声に子供の叫び声で,とても大騒ぎだ．

【好不容易】hǎobù róngyì →【好容易】hǎoróngyì

**【好吃】hǎochī 形 おいしい．¶这个点心真～ / この菓子はほんとうにおいしい．

【好处费】hǎochùfèi 名 リベート．手間賃．

*【好处】hǎochu 名 ①有利な点．利益．得．¶这样做彼此 bǐcǐ 都有～ / こうすればお互いに得だ．②好意．恩恵．

【好歹】hǎodǎi ❶名 ①善し悪し．ことの分別．►多くの場合,“懂 dǒng”や“知道 zhīdao”の目的語として事柄や行為の結果についていう．¶这个人怎么一点儿都不知道～ / この人はどうして分別さえつかないのか．②(多く生命の危険をさし)もしものこと．万一のこと．¶万一她有个～,这可怎么办！/ 彼女にもしものことがあったらどうしよう！

❷副 ①適当に．ざっと．¶这里人太多了,咱们～看看就回去吧 / ここはひどく混んでいるので,ざっと見たらすぐ帰ろう．②よかれあしかれ．とにもかくにも．¶这个任务 rènwu 我～算完成了 / その任務はどうにかこうにか成し遂げた．

【好的】hǎode 〈套〉《文頭に用い,同意などを表す》¶～,就这么办吧 / よろしい．そうしよう．

【好端端】hǎoduānduān 形(～的) ①平穏無事である．②わけもないのに．

*【好多】hǎoduō ①数 多数(の)．たくさん(の)．ⓐ「“好多”(＋量詞)＋名詞」の形で．¶～人 / 大勢．たくさんの人．¶～天 / 何日間も．¶有～问题 wèntí / 多くの問題〔トラブル・疑問〕がある．ⓑ「“好多”(＋量詞)」の形で名詞のように用いられる．¶公司里的职员 zhíyuán ～(人)都是我的同学 / 社員の多くは私の同窓〔級〕生だ．ⓒ「“好多”(＋量詞)＋動量詞」の形で．¶他去过～次北京 / 彼はなんども北京に行ったことがある．¶这事我告诉 gàosu 她～遍了 / この件は彼女に何度も話してある．ⓓ“好多好多”の形で,数量の多いことを強調する．¶他吃了～～ / 彼はたくさん食べた．¶收到了～～珍贵 zhēnguì 礼物 / 珍しいみやげをどっさりもらった．ⓔ「動詞 / 形容詞＋“好多”」の形で,程度の甚だしいこと,数量のおびただしいことを表す．¶里边还有～ / 中にまだたくさんある．¶买了～ / たくさん買った．注意 次のような“好多”は,形容詞“好”に比較の結果差が大きいことを表す“多了”が付いたものである．¶病人比昨天好多了 / 病人はきのうよりずっとよくなった．②疑〈方〉どのくらい．¶买房子要～钱？/ 家を買うのにいくらいりますか．

【好感】hǎogǎn 名 好感．好きになる気持ち．¶抱有 bàoyǒu ～ / 好感を抱く．

【好过】hǎoguò 形 ①暮らしが楽である．¶因为孩子多,他家日子不大～ / 子供が多いので彼の家の暮らしは楽ではない．②気分がよい．

【好汉】hǎohàn 名 りっぱな男．㊖条,个．¶～做事～当 dāng / りっぱな男は自分の責任を人になすりつけない．

【好汉不吃眼前亏】hǎohàn bù chī yǎnqián kuī 〈諺〉賢い男はみすみす損をしない．

【好好儿】hǎohāor (～的) ①副 よく．ちゃんと．¶～想一想 / じっくり考えてみる．②形 ちゃんとしている．►後に突然の出来事やいわれのない行いを表す文が続くことが多い．¶～的一件婚事,叫他给搞糟 zāo 了 / まともな縁談が彼にめちゃくちゃにされてしまった．

【好好先生】hǎohǎo xiānsheng 名 〈貶〉お人よし．

【好话】hǎohuà 名 ①ためになる言葉．¶给他说句～ / 彼のためにとりなしてやる．②聞こえのよい文句．体裁のよいこと．

【好坏】hǎohuài 名 善し悪し．¶～分明 fēnmíng / 是非がはっきりしている．

【好几】hǎojǐ 数 ①《量詞や位数詞の前に用い,多いことを示す》¶咱们～年没见了 / 何年かぶりだなあ．②《整数の後につけ端数を表す》¶他已经三十～了 / 彼はもう30をいくつも過ぎている．

【好家伙】hǎojiāhuo 〈套〉《あきれたり感嘆したりするときに発する言葉》これはこれは．

【好景不长】hǎo jǐng bù cháng 〈成〉よいことは長続きしない．月にむら雲,花に風．

*【好久】hǎo jiǔ 長い間．¶～不见了 / 久しぶりです．

**【好看】hǎokàn 形 ①(男女を問わず人が,または事物が)美しい,きれいである．¶这幅 fú 画很～ / この絵はとてもきれいだ．②体裁がよい．面目が立つ．¶儿子立了功,我这做娘 niáng 的脸上也～ / 息子が手柄を立てて,母親として肩身が広い．③(“要…的好看”の形で)…に恥をかかせる．¶我五音不全,你让我唱歌,不是存心要我的～吗？/ ぼくは音痴なのに,歌を歌えなんて,わざと恥をかかせるつもりかい．④(映画・芝居・テレビなどが)おもしろい．¶这出戏 xì 特别 tèbié ～ / この劇はとてもおもしろい．

【好赖】hǎolài ❶名 善し悪し．❷副 ①よかれあしかれ．とにもかくにも．②いいかげんに．

【好了疮疤忘了疼】hǎole chuāngbā wàngle téng 〈諺〉のどもと過ぎれば熱さを忘れる．►“好了伤疤忘了痛”とも．

【好脸】hǎoliǎn 名(～儿)〈口〉機嫌のいい顔．楽しげな表情．¶成天没～儿 / 一日中にこりともしない．

【好评】hǎopíng 名 好評．よい評価．

【好气儿】hǎoqìr 名〈口〉いい顔．よい機嫌．►否定文に用いることが多い．¶他没～地说 / 彼は腹を立てて言った．

【好儿】hǎor 名 ①体面．メンツ．②好意；恩恵．¶买～ / 親切ごかしを言う．③よいところ．メリット．④〈套〉《ご機嫌をうかがう言葉》よろしく．

【好人】hǎorén 名 ①善人．品行方正な人．②健康な人．③お人よし．

【好人好事】hǎo rén hǎo shì 〈成〉(称賛すべき)りっぱな人とりっぱな行い．¶表扬 biǎoyáng ～ / りっぱな人や優れた行いを表彰する．

【好人家】hǎorénjiā 名 良家；金持ちの家．

【好日子】hǎorìzi 名 ①吉日．②(誕生日・婚礼の日などの)めでたいことのある日．③よい暮らし向き．¶现在人人都过上了～ / 今はみないい暮らしをしている．

*【好容易】hǎoróngyì 副 やっとのことで．ようやく．¶找了半天,～才找到 / さんざん探してやっと見つけた．¶～才把这个工作干完了 / やっとのことでこの仕事をかたづけた．►この場合,“不”を入れて“好不容易”としても意味に変わりがない．¶好(不)容易见面,你明天却 què 又要走了！/ やっと君に会うこ

H

とができたのに,あしたもう帰るなんて.
注意 「なまやさしいことではない,大変だ」という意味のときの"好不容易"は,"不容易"を"好"で強めたものなので,"好容易"とはできない.

【好声好气】hǎo shēng hǎo qì 〈成〉口調・態度が穏やかである.

【好使】hǎoshǐ 形 使いやすい. ¶这支钢笔挺 tǐng ～ / このペンはとても使いやすい.

【好事】hǎoshì 名 1 よいこと. ためになること. ¶他从不办～ / 全くろくなことをしない奴だ. 2〈宗〉仏事. 3 慈善事業. 4〈書〉めでたいこと. ⇒【好事】hàoshì

【好事不出门,恶事传千里】hǎoshì bù chūmén, èshì chuán qiānlǐ 〈諺〉よい行いはだれにも知られないが,悪い行いは遠くまで伝わる.

【好事多磨・好事多魔】hǎo shì duō mó 〈成〉好事魔多し.

【好手】hǎoshǒu 名(～儿)腕利き. 名手.

【好受】hǎoshòu 形 気持ちがよい. 快適である. ¶心里很不～ / 心中たいへんつらい.

【好说】hǎoshuō 1〈套〉どういたしまして. ►繰り返して用いることが多い. ¶叫你受累 lèi 了——～～ / ごくろうさまでした——どういたしまして. 2 形 どうでもよい. 大丈夫だ. ¶要是你买,价钱 jiàqian ～ / 君が買うんだったら,値段は相談に応じる.

【好说歹说】hǎo shuō dǎi shuō 〈成〉あれこれ説得する.

【好说话】hǎo shuōhuà (～儿)(人が)頼みやすい;気さくである.

【好死】hǎosǐ 動(変死ではなく)天寿を全うする. 畳の上で死ぬ. ¶不得 dé ～! / ろくな死に方をしないぞ.

【好死不如赖活】hǎosǐ bùrú làihuó 〈諺〉命あっての物種.

【好似】hǎosì →【好像】hǎoxiàng

【好天】hǎotiān 名(～儿)よい天気.

*【好听】hǎotīng 形 1(声や音楽が)美しい,すばらしい. ¶这个歌儿真～ / この歌は実にいい. 2(言うことが)立派である. 人聞きがよい.

*【好玩儿】hǎowánr 形 1 おもしろい. 楽しい. ¶香港～的地方可多了 / 香港にはおもしろい所がいっぱいある. 2 あいきょうがある. かわいい.

【好闻】hǎowén 形 においがよい.

【好戏】hǎoxì 名 1 よい芝居. 2〈諷〉おもしろい場面. 見物(みもの). ¶这回可有～看了 / (冷やかしの気持ちで)こんどこそ見物だぜ.

**【好像】hǎoxiàng 1 動 まるで…みたいだ. ¶她长得很漂亮,～电影演员 / 彼女はなかなかの美人で,まるで映画俳優みたいだ. ►後に"似的 shìde""一样 yīyàng""一般 yībān"を伴うことがある. ¶～做梦 zuòmèng 似的 / まるで夢のようだ. 2 副 …のような気がする. …のようだ. ¶这个人我～在哪儿见过 / この人にはどこかで会ったことがあるような気がする. ►"好像是"の形でも用いる. ¶～是她比我先到的 / たしか彼女は私より先に到着したと思う. ¶～是节日 jiérì 一般 / まるで祭日のようだ.

【好小子】hǎoxiǎozi 名 このやろう. こいつめ. ►親しみを込めて用いる場合は,仲のよい目下の者に限る. ¶～,有你的 / いいぞこいつ,大したものだ.

【好笑】hǎoxiào 形 おかしい. 笑わせる. ¶又可气,又～ / 腹立たしいやら,おかしいやら. ¶这有什么～的? / 何がおかしいのか. ►人が笑うのをやめさせる言葉.

*【好些】hǎoxiē 数 多くの. たくさんの. ¶她最近瘦 shòu 了～ / 彼女は最近ずいぶんやせた. ►"好些个 hǎoxiēge"とも.

【好心】hǎoxīn 名 好意. 善意.

【好心没好报】hǎoxīn méi hǎobào 〈諺〉好意を誤解される. 親切があだになる. ►"好心不得 dé 好报"とも.

【好性儿】hǎoxìngr 形 気性がよい.

【好样儿的】hǎoyàngrde 名〈口〉気骨のある人. 手本となる人.

【好一个】hǎo yīge 〈型〉何が…なものか. ►相手の言葉を強く否定する反語として用いる. ¶～正人君子 jūnzǐ! / 何が人格者だい.

【好意】hǎoyì 名 好意. 親切心. 善意. ¶我说这话完全是出于～ / 私がそう言ったのはまったくの善意からです(他意はありません). ¶谢谢你对我的～ / ご好意に感謝いたします.

*【好意思】hǎoyìsi 形(多く反語文に用いて)平気である. 恥ずかしくない. ¶做了这种事,亏 kuī 他还～说呢! / あんな事をしておきながら,よくも平気で口に出せたものだ. ⇒【不好意思】bù hǎoyìsi

【好在】hǎozài 副 幸い. 都合のよいことに. ¶～我现在有时间,可以帮你一下儿 / ちょうどいま手があいたので,お手伝いができます.

【好转】hǎozhuǎn 動 好転する. ¶尚不见～ / 好転の兆しが見られない.

郝 hǎo ‖姓

4声 ** 号(號) hào

1 名 1(～儿)日にち. 日. ►正式には"日 rì"という. ¶今天几月几～?——五月一～ / 今日は何月何日ですか——5月1日です. 2(～儿)順番. ナンバー;(数字の後につけ)…番. …号. No.…. ¶挂 guà ～ / 登録する;(病院などの)受け付けをする. ¶编 biān ～ / 番号を付ける;通し番号. ¶三～窗口 chuāngkǒu / 3番窓口. 3(～儿)サイズ;クラス. 等級. ¶大～ / Lサイズ. ¶头～米 / 特選米. 4(～儿)しるし. サイン. マーク. ¶暗 àn ～ / 合図. ¶问～ / クエスチョンマーク. 5 ラッパ. ¶吹 chuī ～ / ラッパを吹く. 6 あざな. 別名.

2 量 1(～儿)取引の回数を表す. ¶这三～买卖 / この3件の取引. 2 他人や物を軽蔑していうときに用いる. ¶他那～人靠不住 kàobuzhù / あんなやつは信用できない. 3 人数を表す. ¶今天有二十来～人报名 / 今日は20名近くの登録があった.

3 動 1 チェックする. 印をつける. ¶～房子 / 家に番号をつける;住む所を手配する. 2(脈を)取る. ¶～脉 mài / 脈を取る.

◇ ①名称. 名前. ¶国～ / 国号. ¶绰 chuò ～ / あだ名. ②商店. ¶本～ / 弊店. ¶分 fēn ～ / 支店. ③号令. 命令. ¶→令. ④ある種の人員を表す. ¶病～ / 病人. ‖姓 ▸▸ háo

【号称】hàochēng 動 1…の名で有名である. ¶香港夜景 Xiānggǎng yèjǐng ～世界之最 / 香港の夜景は世界一とうたわれている. 2(表向き)…と称する.

【号房】hàofáng 名〈旧〉受付;受付係.

【号角】hàojiǎo 名(昔,軍隊で用いた)角笛;(広く)ラッパ.
【号令】hàolìng ①動〈書〉(軍隊などで)号令する. ②名 号令. 命令.
*【号码】hàomǎ 名(～儿)番号. 量 个. ¶电话～/電話番号.
【号码机】hàomǎjī 名 ナンバリングマシン.
【号脉】hào//mài 動〈口〉脈を取る.
【号儿】hàor 量〈口〉取引の回数を数える. ¶一～买卖 mǎimai / 一口の商売.
【号手】hàoshǒu 名 ラッパ手.
【号数】hàoshu 名(～儿) 番号.
【号头】hàotóu 名(～儿)〈方〉番号.
【号外】hàowài 名(新聞の)号外. ¶发 fā ～/号外を出す.
【号型】hàoxíng 名(靴や帽子・服装などの)サイズや種類.
*【号召】hàozhào ①動 **呼びかける**. ¶国家～青年晚婚 wǎnhūn / 国は若者に晩婚を呼びかけている. ②名 呼びかけ. アピール.
【号子】hàozi 名 ①〈方〉記号. 印. ②監獄の部屋番号. ③力仕事をするときの掛け声の歌.

*好 hào 動 ①**好む**. ¶～学/勉強が好きである. ¶～管闲事 xiánshì / おせっかいをする. ②**よく…する**. **…しがちである**. ¶～晕 yùn 船 / よく船に酔う.
▸▸ hǎo
【好吃懒做】hào chī lǎn zuò〈成〉〈貶〉食いしん坊の怠け者.
【好大喜功】hào dà xǐ gōng〈成〉〈貶〉大きなことをして手柄を立てようと焦る. ¶这家伙 jiāhuo ～/こいつは手柄をたてようとしている.
【好高骛远・好高务远】hào gāo wù yuǎn〈成〉高望みをする.
【好客】hàokè 形 客好きである. ¶中国人非常～/中国人はたいへんお客好きだ.
【好奇】hàoqí 形 **好奇心がある**. ¶～心/好奇心.
【好强】hàoqiáng 形 向上心がある. 負けん気が強い. ¶～的姑娘 gūniang / 勝ち気な娘.
【好色】hàosè 動 女色を好む.
【好尚】hàoshàng 名〈書〉好み. 愛好.
【好胜】hàoshèng 形 負けず嫌いである. ¶年轻 niánqīng ～/若くて負けず嫌い.
【好事】hàoshì 形 物好きである. 余計なおせっかいをする. ⇨【好事】hǎoshì
【好为人师】hào wéi rén shī〈成〉教育者ぶる.
【好恶】hàowù 名 好き嫌い.
【好战】hàozhàn 形 好戦的である.

耗 hào 動 ①減らす. 費やす. ¶油都～光了/油を全部使い果たした. ②〈方〉(時間を)つぶす. ぐずぐずする. ¶别～着了,快去吧/ぐずぐずしていないで,早く行きなさい.
◇◆ 悪いニュースや知らせ. ¶噩 è ～/訃報.
【耗材】hàocái ①動 材料や原料を消耗する. ②名 消耗品.
【耗电量】hàodiànliàng 名 電気消費量.
【耗费】hàofèi 動 消費する. 浪費する. ¶～时间/時間をむだにする.
【耗竭】hàojié 動 消耗し尽くす.
【耗尽】hàojìn 動 使い果たす.
【耗能】hào//néng 動 エネルギーを消費する.
【耗神】hàoshén 動 精力を消耗する. 心身をすり減らす.
【耗损】hàosǔn 動 すり減らす. 消耗する. ¶～体力 tǐlì / 体力をすり減らす.
【耗油量】hàoyóuliàng 名 ガソリン消費量. 燃費.
【耗资】hàozī 動 資産を浪費する.
【耗子】hàozi 名〈方〉ネズミ.

浩 hào ◇◆ ①大きい. 盛んである. ¶→～繁 fán. ②多い. ¶→～博 bó.
【浩博】hàobó 形〈書〉とても多い. 豊富である.
【浩大】hàodà 形(気勢や規模が)大規模である,盛んである.
【浩荡】hàodàng 形 ①水が広々としたさま. ②(広く)壮大なさま. 雄大なさま.
【浩繁】hàofán 形 おびただしい. 繁雑である.
【浩瀚】hàohàn 形〈書〉①広大である. ¶～的宇宙 yǔzhòu / 広大な宇宙. ②多い. おびただしい.
【浩浩】hàohào 形 ①広い. ¶～的天空 tiānkōng / 広々とした空. ②水勢の盛んなさま.
【浩劫】hàojié 名 **大災害;大きな災禍**. ¶十年～/10年の災禍. ►(特に)1966-76年の文化大革命をさす.
【浩气】hàoqì 名〈略〉〈書〉浩然(こうぜん)の気.
【浩如烟海】hào rú yān hǎi〈成〉文献や資料が数えきれないほど多い.

皓(皜) hào ◇◆ ①白い. 真っ白い. ¶→～首 shǒu. ②明るい. ¶→～月. ‖姓
【皓首】hàoshǒu 名〈書〉白髪頭;〈転〉老人.
【皓月】hàoyuè 名 明るい月.

he (ㄏㄜ)

1声 *呵 hē ①動(息を)吐く,吹きかける. ¶～一口气/はあと息を吹きかける. ②〖嗬 hē〗に同じ.
◇◆ 大声で責める. しかる. ¶→～责 zé.
【呵斥・呵叱】hēchì 動 大声で責める. しかりつける. ¶厉声 lìshēng ～/激しい声で責める.
【呵呵】hēhē 擬《笑い声》ほほほ. ¶～地笑着/ほほうと笑っている.
【呵欠】hēqiàn 名〈方〉あくび. ¶打～/あくびをする.
【呵责】hēzé 動〈書〉大声で責める.

喝 hē ❶動 ①液体飲料・流動食物をとる**. 飲む. ❖～茶 *chá* / 茶を飲む. ❖～粥 *zhōu* / かゆを食べる. ②(特に)酒を飲む. ¶～醉了/酔っぱらった.
❷〖嗬 hē〗に同じ. ▸▸ hè
【喝闷酒】hē mènjiǔ やけ酒を飲む.
【喝迷魂汤】hē míhúntāng〈慣〉だまされる.
【喝墨水】hē mòshuǐ〈慣〉(～儿)学校で読み書きを習う.
【喝头儿】hētour 名 飲みごたえ. 飲む価値. ¶这酒没～/この酒はちっともおいしくない.
【喝西北风】hē xīběifēng〈慣〉すきっ腹を抱える.

嗬 hē 感(驚嘆を表し)ほう. へえ. ¶～,真了不起 liǎobuqǐ !/ほう,こりゃ大したもんだ.

2声 **禾 hé** ◇◆ 穀類作物；(特に水稲の)苗．¶ →～本科 kē．¶→～苗 miáo．‖姓

【禾本科】héběnkē 名〈植〉イネ科．禾本(かほん)科．
【禾场】hécháng 名〈方〉脱穀場；もみ干し場．
【禾苗】hémiáo 名 穀物の苗．
【禾木旁】hémùpáng 名(～儿)(漢字の偏旁)のぎへん"禾"．

* **合 hé** ❶動 ①(もとの状態に)**閉める,閉じる,合わせる**．¶～上眼 / 目を閉じる．¶把书本～上 / 本を閉じなさい．② **一つにする,一つになる**〔なって〕．¶临时 línshí ～个班 / とりあえず一つのクラスにする．③(換算して…)**相当する**；全部で(…になる)．¶一两～五十克 / 1両は50グラムに当たる．④(…に)**合致する**,ぴったり合う．¶正～他的心意 / 彼の考えにぴったり合致する．❷形〈書〉全体の．すべての．全部の．¶～家团聚 tuánjù / 一家だんらんする．¶～村 cūn / 村中．‖姓
▸▸ gě

【合办】hébàn 動 共同経営する．
【合抱】hébào 動 両腕を広げて抱き抱える．
【合璧】hébì 動 二つのものを一緒に並べる．
【合并】hébìng 動 ① 合併する；一括する．¶～银行 yínháng / 二つの銀行が合併する．②(病気が)併発する．
【合并症】hébìngzhèng 名 合併症．
【合不来】hébulái 動+可補 そりが合わない．¶他俩 liǎ ～ / あの二人はそりが合わない．
【合唱】héchàng 動〈音〉合唱する．¶男女声 shēng ～ / 混声合唱．
【合成】héchéng 動 ① **合わさって…になる**．構成する．②〈化〉合成する．¶～橡胶 xiàngjiāo / 合成ゴム．
【合得来】hédelái 動+可補 **気が合う**．馬が合う．¶她的脾气 píqi 好,跟谁都～ / 彼女は気立てがやさしいのでだれとでも気が合う．
【合订本】hédìngběn 名 合本．
【合度】hédù 形 程がよい．手ごろである．¶身材 shēncái ～ / 中肉中背である．
*【合法】héfǎ 形 **合法的である**．
*【合格】hégé 動 **合格する**．規格に合う．¶质量 zhìliàng ～ / 品質が規格に合う．
【合共】hégòng 副 合わせて．合計．
【合乎】héhū 動 …に合う．…にかなう．¶～规律 guīlǜ / 法則に合う．¶～要求 yāoqiú / 要求にかなう．
【合户】héhù 動 2世帯または3世帯が一つの家に住む．
【合欢】héhuān ① 動(相愛の男女が)逢瀬(おうせ)を楽しむ．② 名〈植〉ネムノキ．►"马缨花 mǎyīnghuā"とも．
【合欢酒】héhuānjiǔ 名 新婚夫婦の固めの杯．
【合伙】hé//huǒ 動(～儿)共同でする．¶～企业 qǐyè / パートナー企業．
【合击】héjī 動 共同攻撃する．
【合计】héjì 動 合計する．
【合计】héji 動 ① 考えをめぐらす．¶他～来～去,总算想出了一个好办法 / 彼はあれこれ考えていたが,やっといい方法を考えついた．② **相談する**．
【合脚】hé//jiǎo 動(靴や靴下が)足に合う．
【合金】héjīn 名〈冶〉合金．
【合刊】hékān 名(定期刊行物の)合併号．
【合口】hé//kǒu ① 動(傷口が)ふさがる,治る．② 形(食べものが)口に合う．►"合口味"とも．¶这个菜不太～ / この料理はあまり口に合わない．
*【合理】hélǐ 形 **理にかなっている**．筋道が通っている．合理的である．¶他的看法很～ / 彼の見解は筋道が通っている．
【合力】hélì ① 動 力を合わせる．¶同心～ / 心を一つにして力を合わせる．② 名〈物〉合力．
【合流】héliú 動 ①(川が)合流する．②〈喩〉(思想や行動が)一致する．►けなす意味に用いることが多い．③(学問や芸術の)異なった流派が合併する．
【合拢】hé//lǒng 動 ひとまとめにする．
【合谋】hémóu 動 共謀する．
【合拍】hé//pāi 動 ① リズムに合う；〈喩〉息が合う．② みんなで一緒に写真に収まる．
【合情合理】hé qíng hé lǐ〈成〉人情や道理にかなう．
【合群】héqún 形(～儿)みんなと仲よくできる．打ち解け合う．
【合身】hé//shēn 動(～儿)(衣服が)体にぴったり合う．
【合十】héshí 動 合掌する．►仏教徒の礼．
【合时】héshí 動 時代にマッチする．¶穿戴chuāndài ～ / 身なりが当世風である．
【合适·合式】héshì 形 **ちょうどよい．適切である．¶这件大衣 dàyī 你穿着正～ / このオーバーは君にぴったりだ．
【合数】héshù 名〈数〉合成数．
*【合算】hésuàn ① 形 **引き合う**．勘定に合う．¶这块表一万元不～ / この腕時計は1万元では割に合わない．② 動 計算する．見積もる．
【合体】hé//tǐ →【合身】hé//shēn
*【合同】hétong 名 **契約**．(量) 项 xiàng,个,份 fèn．❖订 *dìng* ～ / 契約を結ぶ．
【合同工】hétonggōng 名 契約労働者．
【合围】héwéi 動 ①(戦闘または狩猟の際に)包囲する．② →【合抱】hébào
【合胃口】hé wèikǒu 口に合う；(自分の)好みや考え方に合う．
【合眼】hé//yǎn 動 ① 目を閉じる；眠る．¶我一夜没～ / 私は一晩中,眠らなかった．②〈婉〉死ぬ．
【合演】héyǎn 動 共演する．
【合叶·合页】héyè 名 ちょうつがい．
【合一】héyī 動 一つにする．¶三家～ / 3社が一つになる〔する〕．
【合宜】héyí 形 具合がよい．ふさわしい．
【合意】hé//yì 動 気に入る．意にかなう．¶正合我意 / わが意を得たり．
【合影】hé//yǐng ① 動 何人かで一緒に写真を撮る．¶～留念 liúniàn / いっしょに写真を写して記念に残す．② 名 何人かの人が一緒に写っている写真．¶毕业 bìyè ～ / 卒業記念写真．
【合用】héyòng ① 動 共同使用する．¶几家人～一个水管子 shuǐguǎnzi / 何世帯かの人が一つの蛇口を共同で使う．② 形 使用に適している．
【合掌】hézhǎng 動 合掌する．¶～行礼 xínglǐ / 合掌の礼をする．
【合辙】hé//zhé 動(～儿) ① 物事がぴったり一致する．②(芝居や小唄などで)韻を踏む．
【合着】hézhe 副〈方〉結局…ということになる．とす

ると…ということだ.

【合著】hézhù 動 共著を書く.

【合资】hé//zī 動 共同出資する. ¶～经营 jīngyíng / 合弁経営. ¶～企业 qǐyè / 合弁企業.

【合子】hézǐ 名〈生〉融合体.

【合奏】hézòu 動〈音〉合奏する. ¶管弦乐 guǎnxiányuè ～ / オーケストラ.

*【合作】hézuò 動 **協力する**. **提携する**. 合作する. ¶他两人～得很好 / 彼ら二人はぴったり息があっている.

【合作经营】hézuò jīngyíng 名 共同経営.

【合作社】hézuòshè 名 協同組合.

何 hé

疑〈書〉 1 **何**. **どんな**; **どこ**. **どちら**. ¶～人? / だれ. 何者. ¶从～而 ér 来? / どこから来たのか.

2《反語を表す》**どうして**. **なんで**. ¶有～不可 / どうしていけないことがあろう. ‖姓

*【何必】hébì 副《反語の表現をつくる. "不必"の意味に同じ》…**することはないじゃないか**. ¶都是老同学,～客气? / みな同窓生ばかりだから,遠慮することはないじゃないか. ¶～明天(去)呢? 今天就可以去 / あすといわず,きょう行ったらいいじゃないか. [単独でも用いる]¶这又～呢? / これはまた余計なことじゃないか.

*【何不】hébù 副《反語の表現をつくる. "为什么不"の意味に同じ》**どうして…しないのだ**. …したらいいじゃないか.

【何曾】hécéng 副《反語の表現をつくる》これまで…したことがあろうか. どうして…であろうか.

【何尝】hécháng 副〈書〉《反語の表現をつくり,肯定形式の前に用いると否定を表し,否定形式の前に用いると肯定を表す》どうして…であろうか. …でないことがあるか. …しないことがあるものか. ¶我～说过这样的话? / 私がいつそんなことを言ったのか. ¶我～不想去? 只是没有时间 / 私が行きたくないなんてことがあるものか,ただ時間がないだけだ.

【何等】héděng 1 代 どのような. ¶你知道他是～人物? / 彼がどんな人物か知ってるかい. 2 副《感嘆の気持ちを表す》なんと. いかに.

【何妨】héfáng 副《反語の表現をつくり,"不妨 bùfáng"の意味を表す》**ひとつ…してみたらどうか**. ¶既然 jìrán 来了,～谈一谈呢? / 来たからには,ともかく話し合ってみたらどうかね.

【何故】hégù 代〈書〉なぜ. どんな理由で.

【何苦】hékǔ 副《反語の語気で,面倒なことを背負い込むことはないと止めるとき》わざわざ…しなくてもいいじゃないか.

【何况】hékuàng 接続 1《先行の"尚且 shàngqiě、都 dōu"などと呼応して,反語の表現をつくる》**まして…はなおさらのことだ**. ¶这问题你都不会,～我呢! / この問題はあなたでさえできないのだから,まして私はなおさらだ. 2《新しい理由を述べ,一歩進んで話し手の論拠を強調する》**おまけに**. **しかも**. まして. ►この用法は"而且 érqiě""况且 kuàngqiě"にほぼ同じ. ¶这台电脑很难用,～他又是初学者 / このパソコンは使いにくい,おまけに彼は初心者だ.

【何其】héqí 副〈書〉なんと. いかに. ¶～糊涂 hútu! / なんて愚かなんだろう.

【何去何从】hé qù hé cóng 〈成〉(重大な問題について)何を取捨選択するか.

【何如】hérú 代 1…したらどうか. ¶你先试验 shìyàn 一下,～? / まず試してみたらどうだ. 2 どんな. 3《反語の表現をつくり,"不如"の意を表す》…するよりも…したほうがよい.

【何谓】héwèi 動〈書〉1…とは何か. ¶～幸福 xìngfú? / 何を幸福というのか. 2 どういう意味か. ¶此 cǐ ～也 / これはどういう意味か.

【何须】héxū ⇀【何必】hébì

【何许】héxǔ 代〈書〉どこ. いずこ.

【何以】héyǐ 副〈書〉 1 何をもって. 2 どうして. なぜ.

【何在】hézài 動〈書〉どこにあるか.

【何止】hézhǐ 副 とても…にとどまらない.

**和 hé

1 接続《対等の成分を二つ以上並べて示す》…**と**. **および**. ならびに; あるいは. ¶理论学习～调查研究 / 理論学習と調査研究. ¶北京、天津 Tiānjīn、上海～重庆 Chóngqìng 是直辖市 zhíxiáshì / 北京・天津・上海および重慶は直轄市である. [動詞や形容詞を並べて述語にするときは, 2 音節の動詞・形容詞に限る]¶会议讨论～通过了明年的政府 zhèngfǔ 预算 yùsuàn 方案 / 会議は来年度の政府予算案を討議しかつ採択した.

2 前《**動作の相手・比較の対象**などを表す》

①《動作を共にする相手を示す》…**と**(**いっしょ**). …に. ¶这件事我要～他商量一下 / このことは彼に相談してみましょう. ②《動作の向かう相手を示す》…**に**. …**に対して**. …に向かって. ¶关于这件事你～他谈谈,好不好? / その件については彼に話してみたらどうですか. ③《関係の及ぶ対象を示す》…に. …と. ¶这件事～我毫无 háo wú 关系 / それは私にはなんのかかわりもない. ④《比較の対象を示す》…と. ¶她的身高～我妹妹一样 / 彼女の身長は私の妹と同じだ.

3 動(碁や将棋などで)**引き分けになる**. ¶那盘 pán 棋 qí ～了 / その一局は引き分けた.

4 名〈数〉和. ►"和数 héshù"とも.

◇◆ ①仲むつまじい. ¶→～谐 xié. ②穏やかである. 和やかである. ¶→～风 fēng. ③和睦・和解する. ¶讲～ / 講和する. ④日本. ¶～服 / 和服.

‖姓 ▸▸hè,hú,huó,huò

【和蔼】hé'ǎi 形 **やさしい**. **穏やかである**. ¶～可亲 / 穏やかで親しみやすい.

【和畅】héchàng 形(風が)穏やかである.

【和风】héfēng 名 暖かい風. 注意 「日本ふうの」という意味の「和風」は"日本式""和式"という. ¶～丽日 lìrì / 風は穏やかで日はうららか.

【和风细雨】hé fēng xì yǔ 〈成〉やり方が穏やかである.

【和服】héfú 名(日本の)和服.

【和好】héhǎo 動 仲直りする. 和解する. ¶解怨 yuàn ～ / 恨みをといて仲直りする.

【和缓】héhuǎn 1 形 和やかである. 穏やかである. ¶态度 tàidu ～ / 態度がやわらかである. ¶药性 yàoxìng ～ / 薬の性質が穏やかである. 2 動 和らぐ. 和らげる. 緩和する. ¶～会场的气氛 qìfēn / 会場の空気を和らげる.

【和会】héhuì 名 講和会議.

【和解】héjiě 動 和解する. 仲直りする. ¶采取 cǎiqǔ ～的方式 / 打ち解けた態度をとる.

【和局】héjú 名(将棋や球技などで)引き分け.

【和乐】hélè 形 むつまじく楽しい.

【和美】héměi 形 むつまじく楽しい.
【和睦】hémù 形 **仲むつまじい**. 仲がよい. ¶～相处 xiāngchǔ / 仲よくつき合う.
【和暖】hénuǎn 形 暖かい. ¶～的阳光 yángguāng / 暖かい日の光.
【和盘托出】hé pán tuō chū 〈成〉洗いざらいさらけ出す. 包み隠さず打ち明ける.
*【和平】hépíng ① 名 **平和**. ② 形 穏やかである. ¶一个安静 ānjìng 而～的夜晚 / 静かで安らかな夜.
【和平共处】hé píng gòng chǔ 〈成〉平和共存する.
【和平谈判】hépíng tánpàn 名 和平交渉.
【和平演变】hépíng yǎnbiàn 名(社会主義政権の)平和的な転覆.
【和棋】héqí 名(引き分けになった将棋や碁)持(じ)将棋;持碁.
【和气】héqi ❶形 ①(態度が)**穏やかである**,温和である. ¶他对人很～ / あの人は穏やかな人だ. ② **むつまじい**. 仲がよい. ¶邻里 línlǐ 间过往～ / 隣近所が仲むつまじい. ❷名 **むつまじい間柄・感情**. ¶伤 shāng ～ / 気まずくなる.
【和善】héshàn 形 温和で善良である.
【和尚】héshang 名〈仏〉和尚. 僧侶.
【和声】héshēng 名〈音〉ハーモニー. 和声.
【和事老・和事佬】héshìlǎo 名 仲裁人. とりなし役.
【和数】héshù 名〈数〉和.
【和顺】héshùn 形 温和で従順である.
【和谈】hétán 名 和平交渉.
【和谐】héxié 形 ① 調和がとれている. ¶～社会 / 調和のとれた社会. ② 仲むつまじい.
【和煦】héxù 形〈書〉暖かい. のどかである.
【和颜悦色】hé yán yuè sè 〈成〉穏やかでにこやかな顔.
【和约】héyuē 名 **講和条約. 平和条約**. ¶签订 qiāndìng ～ / 平和条約に調印する.
【和悦】héyuè 形 愛想がよい.

劾 hé

◇◆ 罪状をあばく. ¶弹 tán ～ / 弾劾する.

**河 hé

名 **川. 河川**. 量 条,道. ¶江～ / 河川;(特に)長江と黄河. ¶内～ / 自国の領土内を流れる河川. ¶护城 hùchéng ～ / 城の(外)堀.
◇◆ ①銀河系. ¶→～汉 hàn. ②黄河. ¶→～北. ‖ 姓

【河坝】hébà 名 堰(せき). 土手.
*【河北】Héběi 名〈地名〉**河北(ほく)省**.
【河槽】hécáo →【河床】héchuáng
【河汊子】héchàzi 名 支流.
【河川】héchuān 名(大小の)河川.
【河床】héchuáng 名 河床(かしょう). 川床(かわどこ).
【河道】hédào 名 川筋. ¶改变 gǎibiàn ～ / 川の流れを変える.
【河东狮吼】hé dōng shī hǒu 〈成〉(恐妻家を嘲笑して)やきもち焼きの妻が甲高くわめく.
【河防】héfáng 名 ① 河川の水防. ►特に黄河についていう. ¶～工程 gōngchéng / 河川の水防工事. ② 黄河の軍事防衛.
【河沟】hégōu 名 小川.
【河汉】héhàn 名〈書〉① 天の川. ②〈喩〉絵空事.
【河狸】hélí 名〈動〉ビーバー.
*【河流】héliú 名 **河川**. 量 条 tiáo, 道 dào.
【河卵石】héluǎnshí 名〈建〉玉石. 栗石.
【河马】hémǎ 名〈動〉カバ. 量 只 zhī.
*【河南】Hénán 名〈地名〉**河南(なん)省**.
【河清海晏】hé qīng hǎi yàn 〈成〉天下泰平であるさま.
【河曲】héqū 名 川のくま.
【河渠】héqú 名 川と水路.
【河山】héshān 名 ① 山河. ② 国土.
【河身】héshēn →【河床】héchuáng
【河神庙】Héshénmiào 名 水神をまつった廟.
【河套】hétào 名 ① 三方が川に囲まれた地方. ② オルドス. 黄河の冂形に湾曲した部分をさす.
【河豚】hétún 名〈魚〉フグ. 量 条 tiáo.
【河网】héwǎng 名 水路網.
【河鲜】héxiān 名 川でとれた新鮮な魚貝類.
【河心】héxīn 名 川の真ん中.
【河沿】héyán 名(～儿)川辺. 川のほとり.
【河鱼】héyú 名 川魚. 淡水魚.
【河源】héyuán 名 川の源. 水源.
【河运】héyùn 名 河川による運輸.

阂 hé

◇◆ 閉じふさぐ. ¶隔 gé ～ / 隔たり. わだかまり.

荷 hé

◇◆ ①ハス. ②(Hé)オランダ. ‖ 姓 ⏩ hè

【荷包】hébao 名 ① 小さな袋. きんちゃく. ② ポケット.
【荷包蛋】hébāodàn 名 ① 落とし卵. ポーチドエッグ. ② 目玉焼き.
【荷尔蒙】hé'ěrméng 名〈生理〉ホルモン.
【荷花】héhuā 名〈植〉ハスの花;**ハス**.
【荷兰】Hélán 名〈地名〉オランダ.
【荷兰豆】hélándòu 名〈植〉〈食材〉大きなサヤエンドウ.
【荷叶】héyè 名 ハスの葉. ►乾燥させたものは漢方薬として解熱・止血剤に用い,また料理にも使う. ¶～饼 / "薄饼 báobǐng"の別名. (中国式)クレープ. ⇒【薄饼】báobǐng

核(覈) hé

名 ①(～儿)さね. ¶这种水果没有～ / この果物には種がない. ¶桃 táo ～(儿) / モモのさね. ② 中心をなすもの;(特に)原子核. ¶细胞 xìbāo ～ / 細胞核. ¶→～电.
◇◆ 照合する. 突き合わせる. ¶审 shěn ～ / 審査する. ⏩ hú

【核爆炸】hébàozhà 名 核爆発.
【核查】héchá 動 綿密に調査する.
【核打击力量】hédǎjī lìliang 名〈軍〉核戦力.
【核弹】hédàn 名〈軍〉(原爆や水爆の)核爆弾.
【核导弹】hédǎodàn 名〈軍〉核ミサイル.
【核电】hédiàn 名 原子力発電.
【核电站】hédiànzhàn 名 原子力発電所. ►"原子能发电站 yuánzǐnéng fādiànzhàn"とも. 量 座 zuò.
【核定】hédìng 動 査定する. 裁定する. ¶～奖金 jiǎngjīn / ボーナスを査定する.
【核动力】hédònglì 名 原子力. ¶～航空母舰 hángkōng mǔjiàn / 原子力空母.

*【核对】héduì 動 照合する．突き合わせる．¶～账目 zhàngmù / 帳簿を突き合わせる．
【核反应】héfǎnyìng 名 核反応．¶热 rè ～ / 核融合．
【核反应堆】héfǎnyìngduī 名 原子炉．
【核辐射】héfúshè 名 核放射．
【核复】héfù 動 調査の上,回答する．
【核火箭】héhuǒjiàn 名 核ロケット．
【核计】héjì →【核算】hésuàn
【核减】héjiǎn 動 審査して削減する．
【核聚变】héjùbiàn 名〈物〉核融合．
【核裂变】hélièbiàn 名〈物〉核分裂．
【核能】hénéng →【核子能】hézǐnéng
【核能发电】hénéng fādiàn 名 原子力発電．
【核潜艇】héqiántǐng 名〈軍〉原子力潜水艦．
【核燃料】héránliào 名 核燃料．
【核实】héshí 動 事実を調査して確かめる．
【核试验】héshìyàn 名〈軍〉核実験．
【核算】hésuàn 動(企業運営上,採算がとれるかどうかを)計算する．¶～成本 chéngběn / 原価を計算する．
【核算单位】hésuàn dānwèi 名〈経〉コストの計算単位．
【核糖】hétáng 名〈生化〉リボース．
【核糖核酸】hétáng hésuān 名〈生化〉リボ核酸．RNA．¶脱氧 tuōyǎng ～ / デオキシリボ核酸．DNA．
【核桃】hétao 名〈植〉クルミ．►"胡桃 hútáo"とも．¶～酥饼 sūbǐng / クルミ入りパイ．
【核武器】héwǔqì 名〈軍〉核兵器．
【核销】héxiāo 動 審査の上,帳簿から消す．確認して帳消しにする．
【核心】héxīn 名 核心．中核．中心．¶领导 lǐngdǎo ～ / 指導的中核．¶～小组 / 中心となるグループ．¶～工程 gōngchéng / 重点工事．¶～作用 / 中心的な役割．
【核战争】hézhànzhēng 名 核戦争．
【核准】hézhǔn 動 審査の上許可する．
【核子】hézǐ 名〈物〉核子．
【核子反应】hézǐ fǎnyìng 名〈物〉核反応．
【核子能】hézǐnéng 名〈物〉原子エネルギー．

盒 hé (～儿) ① 名(小型の)容器,箱,ケース．►ふた付きのものが多く,引き出し式のものもある．方形に限らず各種の形のものをいう．¶饭～ / 弁当箱．¶火柴 huǒchái ～儿 / マッチ箱．② 量 箱入りのものを数える．¶两～香烟 xiāngyān / たばこ2箱．
◇◆(箱に入っている)仕掛け花火．¶花～ / 仕掛け花火．
【盒带】hédài 名 カセットテープ；ビデオテープ．
【盒饭】héfàn 名(箱のようなものに入った販売用の)弁当．駅弁．
【盒儿】hér →【盒子】hézi
【盒子】hézi 名 ① 小箱．ケース．►方形に限らず各種の形のものをいう．"箱子 xiāngzi"は大きな箱や方形の容器をいう．量 个．②(箱に入っている)仕掛け花火．③→【盒子枪】héziqiāng
【盒子枪】héziqiāng 名〈方〉モーゼル拳銃．

涸 hé ◇◆(水が)乾く．涸(か)れる．¶～干 gān / 干上がる．
【涸辙之鲋】hé zhé zhī fù〈成〉困窮にあえいで救いを求める人．

颌 hé 名 顎(がく)．あご．¶上～ / 上あご．¶下～ / 下あご．

貉 hé ◇◆ タヌキ．ムジナ．►一般には"貉子 háozi"という．¶一丘 qiū 之～ / 〈成〉一つ穴のムジナ．⏩ háo

阖(阁) hé ◇◆ ①全部．すべて．¶→～府 fǔ．②閉ざす．閉める．¶～户 hù / 戸を閉ざす．
【阖府】héfǔ 名(書簡用語)貴家のみなさま．
【阖家】héjiā 名 一家．一家そろって．¶～欢聚 huānjù / 一家だんらん．

4声 **吓**(嚇) hè 感《不満を表す》ちぇっ．ふん．¶～,他怎么能那么搞 gǎo！/ ちぇっ,なんてまねをやってくれたんだ．
◇◆ 脅す．¶恫 dòng ～ / 恫喝(どうかつ)する．⏩ xià

和 hè 動(他人の詩歌に)答えて詩歌を作る．¶奉 fèng ～一首 / 詩1首を和して進呈する．
◇◆(歌に)唱和する．¶唱 chàng ～ / 唱和する．
⏩ hé,hú,huó,huò

贺 hè ◇◆ 祝う．賀する．¶祝 zhù ～ / 祝賀する．¶道 dào ～ / お祝いを述べる．
‖ 姓
【贺词】hècí 名 祝辞．
【贺电】hèdiàn 名 祝電．¶发～ / 祝電を打つ．
【贺函】hèhán 名 お祝いの手紙．
【贺卡】hèkǎ 名 お祝い用のグリーティングカード．
【贺礼】hèlǐ 名 お祝いの贈り物．
【贺年】hè//nián 動 新年を祝う．¶～片 / 年賀状．
【贺年卡】hèniánkǎ 名 年賀状．
【贺岁片】hèsuìpiàn 名(～儿)正月映画．
【贺喜】hè//xǐ 動 お祝いを述べる．
【贺信】hèxìn 名 お祝いの手紙．

荷 hè 動〈書〉担ぐ．担う．¶～枪 qiāng / 銃を担う．
◇◆ ①荷．負担．¶重 zhòng ～ / 重荷．②恩恵を受ける．…していただく．►書簡文に用いて感謝の意を表すことが多い．¶无任 wúrèn 感～ / 感謝の至りです．⏩ hé
【荷重】hèzhòng 名〈建〉荷重．

喝 hè ◇◆ 叫ぶ．どなる．¶吆～ yāohe / 叫ぶ．¶～止 / 大声でどなりつけてやめさせる．¶→～问．⏩ hē
【喝彩】hè//cǎi 動 喝采(かっさい)する．►"喝采"とも書く．¶观众齐声 qíshēng ～ / 観衆はどっと喝采する．
【喝令】hèlìng 動(大声で)命令する．
【喝问】hèwèn 動 大声で尋ねる．

赫 hè ◇◆ ①輝かしい．盛大である．¶显 xiǎn ～ / 位が高く世に知られる．②ヘルツ．¶兆 zhào ～ / メガヘルツ．
‖ 姓
【赫赫】hèhè 形〈書〉赫々(かくかく)たる．
【赫然】hèrán 形〈書〉① 恐ろしい物や大きな物などが突然現れるさま．② いきり立つさま．¶～大怒 nù / 烈火のごとく怒る．
【赫哲族】Hèzhézú 名(中国の少数民族)ホジェン

H

(Hezhen)族. ►ツングース系民族で,黒竜江省に住む.

【赫兹】hèzī 量〈物〉ヘルツ.

褐 hè 名〈書〉粗い綿布(の衣服). ►古くは,貧しくて身分の低い人をさした.
◇◆ 褐色. くり色. ¶→～色.

【褐色】hèsè 名 褐色.

鹤 hè 名〈鳥〉ツル. 量 只. ►話し言葉では単独では用いられず,“仙鹤 xiānhè”(タンチョウ),“灰鹤 huīhè”(クロヅル)などという.

【鹤发童颜】hè fà tóng yán〈成〉白髪童顔. 年老いてもかくしゃくとしていること. ►昔は仙人の形容としてよく用いられた.

【鹤立鸡群】hè lì jī qún〈成〉凡人たちの中で一人だけが際立ってすぐれている. 鶏群の一鶴.

壑 hè ◇◆ 谷. 溝. 穴. ¶沟 gōu ～ / 溝や堀. ¶丘 qiū ～ / 丘と谷. ¶千山万～ / 多くの山や谷.

hei (厂乀)

1声 ＊＊ **黑 hēi** ❶形 ①黒い. ¶这个墨 mò 颜色很～ / この墨の色はとても黒い. ↳参考 “黑”(黒)は暗黒や恐怖を表す色で,闇(やみ)・邪悪・不正・反動などの象徴に用いられ,昔は貧しさや愚かさも意味した. ②暗い. 暗くなる. ¶天～了 / 日が暮れた. ¶屋子里很～ / 部屋の中がとても暗い. ③よこしまである. ►“心”と組み合わせて用いる. ¶他的心很～ / 彼は腹黒い.
❷動〈電算〉ハッキングする.
◇◆ ①秘密の. 闇の. ¶→～市. ②反動的な. ¶→～帮 bāng. ③黒竜江省. ‖姓

＊【黑暗】hēi'àn 形 ①暗い. ②〈喩〉(社会が)暗黒である. ¶～的年月 / 暗い時代.

【黑白】hēibái 名 ①黒と白. ¶～照片 / 白黒写真. ②〈喩〉正邪. 是非. ¶～分明 fēnmíng / 白と黒がはっきりしている.

【黑白片】hēibáipiàn 名 白黒映画.

＊＊【黑板】hēibǎn 名 黒板. 量 块. ¶～擦儿 cār / 黒板ふき. ❖擦 cā ～ / 黒板をふく.

【黑板报】hēibǎnbào 名 黒板新聞.

【黑帮】hēibāng 名 犯罪〔反動〕組織；犯罪〔反動〕組織の構成員.

【黑不唧】hēibujī 形(～的)〈方〉どす黒い.

【黑不溜秋】hēibuliūqiū 形(～的)〈方〉黒ずんでいる. どす黒い. ►けなす意を含む.

【黑材料】hēicáiliào 名 でっち上げの証拠；人を陥れるための罪状.

【黑灿灿】hēicàncàn 形(～的)(自然に)黒く光っている. ¶～的煤 méi / 黒光りしている石炭.

【黑车】hēichē 名 ①白タク. ②ナンバープレートを付けていない車.

【黑沉沉】hēichénchén 形(～的)(多くは空について)真っ暗である.

【黑道】hēidào 名(～儿) ①暗い夜道. ②悪の道. ③やくざ. 暴力団.

【黑道日子】hēidào rìzi 名 凶日. 占いで諸事に凶とされる日. ►日本の仏滅にあたる.

【黑灯瞎火】hēi dēng xiā huǒ〈成〉灯火がなく真っ暗なさま. ►“黑灯下火”とも.

【黑地】hēidì 名(登記していない)闇の土地.

【黑店】hēidiàn 名 ①不法営業の店. ②〈近〉(客を殺して金品を奪う)いかさま旅籠(はたご)屋.

【黑貂】hēidiāo 名〈動〉クロテン.

【黑洞洞】hēidōngdōng 形(～的)(室内・トンネル・森林などが)真っ暗である. ►主として部屋・森などを形容する.

【黑洞】hēidòng 名〈天〉ブラックホール.

【黑豆】hēidòu 名 黒ダイズ.

【黑钙土】hēigàitǔ 名 黒土. 黒色土.

【黑更半夜】hēi gēng bàn yè〈成〉真夜中.

【黑咕隆咚・黑古隆冬】hēigulōngdōng 形(～的)〈口〉(光がなくて)真っ暗なさま.

【黑管】hēiguǎn 名〈音〉クラリネット. 量 支.

【黑光】hēiguāng 名〈物〉紫外線.

【黑孩子】hēiháizi 名〈口〉戸籍のない子供. 闇っ子.

【黑糊糊・黑乎乎・黑忽忽】hēihūhū 形(～的) ①真っ黒である. ¶～的隧道 suìdào / まっ暗なトンネル. ②黒々とした. ►人や物が多いことをいう.

【黑户】hēihù 名 ①戸籍のない所帯. ②営業許可証を持たない商店.

【黑户口】hēihùkǒu 名 戸籍のない所帯.

【黑话】hēihuà 名 ①隠語. 合い言葉. ②反動的な言葉.

【黑货】hēihuò 名 闇商品；脱税品；禁制品. 密輸品.

【黑家鼠】hēijiāshǔ 名〈動〉クマネズミ. ►“黑鼠”とも.

【黑胶布】hēijiāobù 名〈電〉絶縁テープ.

【黑客】hēikè 名〈電算〉ハッカー. ►台湾では“骇客 hàikè”とも.

【黑溜溜】hēiliūliū 形(～儿・～的)黒く輝いているさま.

＊【黑龙江】Hēilóngjiāng 名〈地名〉黒竜江(こくりゅうこう)省.

【黑轮】hēilún 名〈方〉(台湾式の)おでん.

【黑麦】hēimài 名〈植〉ライムギ.

【黑茫茫】hēimángmáng 形(～的)見渡すかぎり暗いさま. ►夜などの描写に使われる.

【黑霉】hēiméi 名 クロカビ.

【黑蒙蒙】hēimēngmēng 形(～的)薄暗いさま.

【黑面包】hēimiànbāo 名 黒パン.

【黑名单】hēimíngdān 名 ブラックリスト.

【黑幕】hēimù 名 内幕. 裏の事情. ¶～小说 / 暴露小説.

【黑木耳】hēimù'ěr 名〈植〉〈食材〉クロキクラゲ.

【黑啤酒】hēipíjiǔ 名 黒ビール.

【黑漆漆】hēiqīqī →【黑黢黢】hēiqūqū

【黑钱】hēiqián 名 悪銭. 不当な手段で得た金. ►汚職・収賄の金をさすことが多い.

【黑枪】hēiqiāng 名 ①不法所持の銃器. ②凶弾.

【黑黢黢】hēiqūqū 形(～的)黒々としている. 真っ暗である. ►“黑漆漆 qīqī”とも.

【黑人】hēirén 名 ①黒人. ②戸籍がない日陰者. ¶～黑户 / 無戸籍者. 居住地に正規の戸籍をもたない人〔世帯〕.

【黑色】hēisè 名 黒色；〈喩〉闇の.

【黑色人种】hēisè rénzhǒng 名 黒色人種.

【黑色收入】hēisè shōurù 名 不正な手段によって

得た収入．違法な収入．
【黑色素】hēisèsù 名〈生理〉黑色素．メラニン．
【黑山】Hēishān 名〈地名〉モンテネグロ．
【黑社会】hēishèhuì 名 暴力団．マフィア組織．
【黑市】hēishì 名 闇市．闇相場．¶跑～的 / 闇屋．¶～价格 jiàgé / 闇相場．
【黑手】hēishǒu 名 黒幕．
【黑鼠】hēishǔ ⇀【黑家鼠】hēijiāshǔ
【黑死病】hēisǐbìng 名〈医〉ペスト．
【黑糖】hēitáng 名〈方〉黒砂糖；赤砂糖．
【黑桃】hēitáo 名(トランプの)スペード．
【黑体】hēitǐ 名 ①ゴシック活字．②〈物〉黒体．
【黑天白日】hēi tiān bái rì〈成〉昼と夜．四六時中．►"黑间白日""黑夜白日"とも．
【黑头】hēitóu 名(京劇で)敵役・悪役の中で豪快な人物に扮する者．
【黑土】hēitǔ 名 黒土．黒色土．
【黑五类】hēiwǔlèi 名 ①〈政〉文革中の地主・富農・反革命分子・悪質分子・右派分子．②(黒豆や黒ゴマなど)５種類の自然食品を加工した栄養健康食品．
【黑瞎子】hēixiāzi 名〈動〉〈方〉ツキノワグマ．►"黑傻子 shǎzi"とも．
【黑匣子】hēixiázi 名〈空〉ブラックボックス．フライトレコーダー．
【黑下】hēixia 名〈方〉夜．
【黑心】hēixīn ①名 悪心．¶起～ / 悪心を起こす．②形 腹黒い．
【黑信】hēixìn 名 ①匿名の手紙．②脅迫状．③密告書．
【黑猩猩】hēixīngxing 名〈動〉チンパンジー．
【黑熊】hēixióng 名〈動〉ツキノワグマ．
【黑魆魆】hēixūxū 形(～的)(空や部屋が)真っ暗である．
【黑压压】hēiyāyā 形(～的)(人や物がたくさん集まって)黒山のようだ．►"黑鸦鸦"とも書く．¶～的人群 rénqún / 黒山のような人だかり．
【黑眼镜】hēiyǎnjìng 名 サングラス．►"墨镜 mòjìng""太阳镜 tàiyángjìng"とも．
【黑眼珠】hēiyǎnzhū 名(～儿)黒目．
【黑夜】hēiyè 名 夜中；闇夜．
【黑影】hēiyǐng 名(～儿)影．黒影．
【黑油油】hēiyōuyōu 形(～的)黒光りした．黒くてつやつやした．¶～的头发 tóufa / 黒くてつやつやした髪．緑の黒髪．
【黑黝黝】hēiyōuyōu 形(～的)①⇀【黑油油】hēiyōuyōu ②真っ暗である．
【黑鱼】hēiyú 名〈魚〉カムルチー．ライギョ．
【黑枣】hēizǎo 名(～儿) ①〈植〉マメガキ．②〈食材〉黒い干しナツメ．③〈方〉〈喩〉銃弾．
【黑痣】hēizhì 名 ほくろ．黒いあざ．
【黑种】Hēizhǒng 名 黒色人種．
【黑竹】hēizhú 名〈植〉シチク(紫竹)．
【黑子】hēizǐ 名 ①〈書〉ほくろ．②太陽の黒点．►"太阳 tàiyáng 黑子"とも．

嘿(嗨) hēi 感 ①(呼びかけたり注意を促したりして)ねえ．おい．ほら．¶～,往回走吧 / ねえ,そろそろ戻ろうよ．②(得意がって)どうだい．¶～,咱们生产的机器 jīqi 可真不错呀！/ ええ,どうだい,うちで造った機械はよくできてるよなあ．③(賛嘆したり驚いたりして)おや．へえ．まあ．¶～！下雪了 / おや,雪が降ってきたよ．注意 必ずしも第一声に読むわけではなく,場合によっては短く発音されたり,伸ばしたり,下降調になることもある．
【嘿嘿】hēihēi 擬《笑い声》へっへっ．¶～地冷笑了两声 / へっへっとせせら笑った．

hen (ㄏㄣ)

2声 **痕** hén ◇◆ 痕跡．¶泪 lèi ～ / 涙の跡．¶伤 shāng ～ / 傷跡．
*【痕迹】hénjì 名 痕跡．跡．

3声 ** **很** hěn 副《形容詞や一部の動詞・助動詞の前に用い,程度の高いことを表す》とても．たいへん．なかなか．¶这些都～便宜 piányi / これらはどれもとても安い．
語法 ❶形容詞(特に単音節の形容詞)が単独で述語になるとき,その前に"很"をつけることが多い．これは文を言い切りにするためであり,"很"に程度強調の働きはない．"很"をつけないと対比の意味になる．¶这间屋子～大 / この部屋は大きい．¶这间屋子大 / こっちの部屋は大きい．
❷「"很"＋形容詞」で名詞を修飾するときは通常"的"を伴う．ただし,"很多"の場合はふつう"的"を用いない．¶～深的井 jǐng / とても深い井戸．¶～多人 / 大勢の人．
❸形容詞によっては"很"の修飾を受けないものがある．"紫 zǐ､灰 huī､广大､错､真正 zhēnzhèng､共同､永久 yǒngjiǔ､温 wēn､亲爱"などやまた"雪白､红红的､白花花的,酸不溜丢 suānbuliūdiū 的"のような形式の形容詞．
❹一部の情緒・態度・理解・評価・状態を表す動詞も"很"の修飾を受けられるし,また動詞の中にはある一定の形式をとることによって"很"の修飾を受けることができるものもある．¶～喜欢看戏 xì / 芝居を見るのがとても好きだ．¶～受欢迎 / とても評判がよい．¶～看不起人 / ひどく人を見くびる．とても傲慢である．¶她～有礼貌 lǐmào / 彼女はたいへん礼儀正しい．
❺一部の助動詞も"很"の修飾を受けられる．¶他～会画画儿 / 彼は絵がとても上手だ．
❻"不…"の前に置くことができる．好ましい意味をもつ形容語をとって,不満や不服を表すことが多い．¶～不认真 rènzhēn / どうも不まじめだ．¶～不听话 tīnghuà / どうも言うことを聞かない．
❼"得"の後に単独で用い,程度補語となる．¶好得～ / たいへんよろしい．¶喜欢得～ / とても好きだ．とてもうれしい．

* **狠** hěn 形 ①凶悪である．残忍である．¶你真～哪！/ ひどい人ね．②断固としている．きびしい．
【狠毒】hěndú 形 むごい．残忍である．
【狠狠】hěnhěn 副(～的)容赦なく．手痛く．¶老师～地批评 pīpíng 了他一顿 dùn / 先生は厳しく彼をしかった．
【狠命】hěnmìng 形 懸命である．命がけで….
【狠心】hěn//xīn ①動 心を鬼にする．②名 断固たる決心．③形 冷酷である．
【狠抓】hěnzhuā 動 全力を尽くして指導を行う；全力投球をする．

H

4声 *恨 hèn 動 ①恨む．憎む．¶我～过他,现在还～着他 / 私は彼を恨んだし,今だってまだ憎んでいる．②残念がる．悔やむ．¶我～我自己把事办砸 zá 了 / 私は自分の過ちを悔やんでいる．

*【恨不得】hènbude 動（できることなら）…したくてたまらない；できないのが残念．►実際には実現不可能なことについていう．¶我～马上就见到她 / すぐにでも彼女に会いたくてならない．

【恨不能】hènbunéng →【恨不得】hènbude

【恨人】hènrén 形〈方〉憎らしい．しゃくにさわる．

【恨入骨髓】hèn rù gǔ suǐ 〈成〉恨み骨髄に徹する．

【恨事】hènshì 名 残念なこと．

【恨铁不成钢】hèn tiě bù chéng gāng 〈諺〉さらに立派な人間になるよう高度な要求をする．

H

heng（ㄏㄥ）

1声 亨 hēng ◇◆ 順調にいく．滞りがない．‖姓

【亨通】hēngtōng 形 順調にいく．

*哼 hēng 動 ①苦しくてうんうんうなる．¶疼 téng 得他一个劲儿 jìnr ～～ / 痛くてうんうんうなっている．②鼻歌を歌う．▸▸ hng

【哼哧】hēngchī 擬《息を苦しそうに激しく出す音》ふうふう．はあはあ．►重ねて用いる場合が多い．

【哼哈二将】hēng hā èr jiàng 〈成〉ぐるになって悪事を働く二人の悪人．

【哼哼】hēngheng 動〈方〉①うんうんうなる．②鼻歌を歌う．

【哼唧】hēngji 動〈方〉①鼻声で歌う．小声で歌う．口ずさむ．②（子供がすねたりむずかったりして）わけのわからないことを言う,ぐずる．

【哼唷】hēngyō 感《大勢で力仕事をするときの掛け声》えんやこらさ．よいしょ．

2声 恒（恆）héng ◇◆ ①常に変わらない．¶→～久．②いつもの．¶～态 tài / 常態．‖姓

【恒产】héngchǎn 名 恒産；不動産．

【恒齿】héngchǐ 名〈生理〉永久歯．

【恒定】héngdìng 形 永久に変化しない；不変である．

【恒久】héngjiǔ 名 恒久．永久．

【恒量】héngliàng 名〈物〉定数．

【恒生指数】Héngshēng zhǐshù 名〈経〉ハンセン指数．►香港株式市場の平均株価の変動を表す指数．

【恒温】héngwēn 名 恒温．定温．¶～动物 dòngwù / 恒温動物．

【恒心】héngxīn 名 変わらない意志．恒心．

【恒星】héngxīng 名〈天〉恒星．

珩 héng 名〈古〉昔の帯ひもの飾りにする玉．¶～床 chuáng / 〈機〉ホーニング盤．

桁 héng 名〈建〉（＝檩 lǐn）けた．¶～架 jià / トラス．結構．けた構え．橋構え．

*横 héng ❶形（↔竖 shù,直 zhí,纵 zòng）水平方向の．横の；東西方向の；左右方向の．¶纬线 wěixiàn 是～的 / 緯線とは東西方向のものだ．¶～写 xiě / 横書きする．

❷動 ①横たわる．¶江上～着一座铁桥 tiěqiáo / 川の上に鉄橋が通っている．②横にする．横たえる．¶把竹竿 zhúgān ～过来放 / 竹ざおを横に寝かせて置く．

❸名（～儿）（漢字の筆画）横に引く棒．

◇◆ ①縦横に入り乱れている．¶→～生 shēng．②横暴である．¶→～加 jiā．‖姓 ▸▸ hèng

【横穿】héngchuān 動 横切る．

【横裆】héngdāng 名 ズボンの横幅．横まち．

【横倒竖歪】héng dǎo shù wāi 〈成〉横倒しになったり傾きかけたり．

【横笛】héngdí 名 笛．横笛．

【横渡】héngdù 動 川や海を横断する．¶～太平洋 Tàipíngyáng / 太平洋を横断する．

【横队】héngduì 名 横隊．

【横幅】héngfú 名 横長の書画・スローガン・横断幕など．

【横格】hénggé 名 横縞(ヒ).

【横膈膜】hénggémó 名〈生理〉横隔膜．

【横格纸】hénggézhǐ 名 横罫紙．

【横亘】hénggèn 動〈書〉（橋や丘などが）横たわる．

【横加】héngjiā 副 横暴に．強引に．

【横跨】héngkuà 動 横たわる．またがる．¶～两个世纪 / 二つの世紀をまたぐ．

【横梁】héngliáng 名〈建〉けた．横梁(おう).

【横眉】héngméi 動 眉をつり上げる．¶～竖眼 shùyǎn / 眉をつり上げ目を怒らす．

【横眉怒目】héng méi nù mù 〈成〉眉をつり上げ目を怒らす．

【横排】héngpái 名〈印〉横組み．活字を横に並べて組むこと．¶～本 / 横組みの本．

【横批】héngpī 名（対聯に対する）横額．扁額．

【横披】héngpī 名（書画の）横物．壁などに掛ける横長の軸物．

【横剖面】héngpōumiàn 名〈測〉横断面．

【横七竖八】héng qī shù bā 〈成〉ごちゃごちゃに入り乱れている．

【横切面】héngqiēmiàn 名〈測〉横断面．

【横肉】héngròu 名 凶悪な人相．

【横三竖四】héng sān shù sì →【横七竖八】héng qī shù bā

【横扫】héngsǎo 動 ①掃討する．打ち負かす．②さっと見渡す．

【横生】héngshēng 動 ①（草などが）ぼうぼうと生い茂る．②思いがけなく発生する．¶～是非 shìfēi / 予想外の悶着が起こる．③次々に起こる．¶妙趣 miàoqù ～ / 妙趣に満ちている．

【横生枝节】héng shēng zhī jié 〈成〉思わぬ面倒が起こる．

【横是】héngshi 副〈方〉たぶん．おそらく．

【横竖】héngshù 副〈口〉どうせ．どっちみち．いずれにしても．¶他～不肯 kěn 去 / あいつはどうせ行きやしないよ．

【横说竖说】héng shuō shù shuō 〈成〉あれこれと繰り返し説く．

【横躺竖卧】héng tǎng shù wò 〈成〉大勢の人が

ざこ寝している.
【横挑鼻子竖挑眼】héng tiāo bízi shù tiāo yǎn 〈慣〉他人のあら捜しをする.
【横尾翼】héngwěiyì 名〈航空〉水平尾翼. 水平安定板.
【横向】héngxiàng 形 横方向の. ¶加强～联合liánhé / 横断的な協力を進める. ►主に関連企業間の協力・合併などをさす.
【横心】héng//xīn 動 腹をすえる. 心を鬼にする. ¶横下一条心 / 心を鬼にする. ほぞを固める.
【横行】héngxíng 動 横行する. のさばる. ¶～不法 / 不法をほしいままにする.
【横行霸道】héng xíng bà dào 〈成〉権勢をたのんで横暴な振る舞いをする.
【横征暴敛】héng zhēng bào liǎn 〈成〉重税を搾り取る.
【横轴】héngzhóu 名〈機〉横軸.

衡 héng ◇◆ ①はかり(ざお). ②重さを量る. ¶→～器 qì. ③判断する. 推し量る. ¶→～量 liang. ④平らである. ¶均 jūn ～ / バランスがとれている. ‖姓

【衡量】héngliang 動 1 評定する. 判断する. ¶～得失 déshī / 損得をはかりにかける. 2 考慮する.
【衡器】héngqì 名 重さを量る器具.

横 hèng 形 横柄である. 粗暴である. ¶这个人说话挺 tǐng ～ / この人は横柄な口のきき方をする.
◇◆ 思いがけない. 不吉な. ¶→～事 shì.
⏩ héng

【横暴】hèngbào 形 横暴である.
【横财】hèngcái 名 不正なもうけ. 悪銭.
【横祸】hènghuò 名 不慮の災難.
【横蛮】hèngmán 形(態度が)横暴である. 横柄である.
【横事】hèngshì 名 不幸な出来事. 不慮の災難.
【横死】hèngsǐ 動 横死する. 不慮の死を遂げる.

hng (ㄏㄫ)

哼 hng 感(反駁(はんばく)して,不満や不信を表し)ふん. ⏩ hēng

hong (ㄏㄨㄥ)

轰(轟) hōng ❶擬《爆発音など》どかん. どん;《どよめき》わっ. どっ.
❷動 1 追う. 追い払う. ¶～苍蝇 cāngying / ハエを追っ払う. ¶把他～出去! / 彼を追い出せ. 2 (雷が)鳴る;(大砲や爆弾などで)爆破する.

【轰动】hōngdòng 動 沸き立たせる. センセーションを巻き起こす. ►"哄动"とも書く. ¶～一时 / 一大センセーションを巻き起こす.
【轰赶】hōnggǎn 動 追う. 追い払う.
【轰轰】hōnghōng 擬(～的) 1《連続する爆発音》どかんどかん. 2《雷の音》ごろごろ. 3《機械などの振動によって出される大きな音》ごうごう. ⇨〖轰 hōng〗
【轰轰烈烈】hōnghōnglièliè 形 規模が雄大で勢いのすさまじいさま.
【轰击】hōngjī 動 1 砲撃する. 2〈物〉衝撃を加える.
【轰隆】hōnglōng 擬《爆発音や雷などの大きな音》どかん. どん. ごろごろ.
【轰鸣】hōngmíng 動 とどろく.
【轰然】hōngrán 形 とどろき響くさま.
【轰炸】hōngzhà 動 爆撃する.
【轰炸机】hōngzhàjī 名 爆撃機.

哄 hōng 擬《大勢の人が笑ったり騒いだりする声》どっ. がやがや.
⏩ hǒng,hòng

【哄传】hōngchuán 動 盛んに言いふらされる.
【哄动】hōngdòng ⇀【轰动】hōngdòng
【哄抢】hōngqiǎng 動 集団で略奪する.
【哄然】hōngrán 形 大勢の人が同時に声をあげるさま. どっと. わっと.
【哄抬】hōngtái 動(物価を)つり上げる.
【哄堂大笑】hōngtáng dàxiào 〈成〉一座の者がどっと笑う.
【哄笑】hōngxiào 動 どっと笑う.

烘 hōng 動(火で)あぶる. 乾かす. 暖める. ¶把湿 shī 袜子 wàzi 放在暖气上～一～ / ぬれたくつ下をスチームの上に置いて乾かす. ¶～面包 miànbāo / パンを焼く. ¶～手 / 手を火にかざして暖める.
◇◆ 際立たせる. 引き立たせる. ¶→～衬 chèn.

【烘焙】hōngbèi 動(茶やたばこの葉を)あぶる.
【烘衬】hōngchèn 動 引き立たせる. 際立たせる.
【烘干】hōnggān 動 火干しにする. ¶～机 jī / 乾燥機.
【烘缸】hōnggāng 名 乾燥器. ドライヤー.
【烘烘】hōnghōng 擬(～的)《火が盛んに燃える音》ぼうぼう.
【烘篮】hōnglán 名〈方〉小さな火鉢を中に入れた竹かご.
【烘笼】hōnglóng 名(～儿) 1 炭火などの上にかぶせ,衣類を乾かすのに用いる竹や柳で編んだかご. 2 ⇀【烘篮】hōnglán
【烘炉】hōnglú 名 1 乾燥炉. 2 オーブン.
【烘染】hōngrǎn 動 誇張する. 尾ひれをつける.
【烘托】hōngtuō 動 1(中国画の画法)水墨や淡い色彩で輪郭を引き立たせる. 2 引き立たせる. 際立たせる.
【烘碗机】hōngwǎnjī 名 食器乾燥機.
【烘箱】hōngxiāng 名 1 乾燥器. 2 オーブン.

2声 **弘** hóng ◇◆ ①大きい. 広い. ②大きくする. 広める. ‖姓

【弘扬】hóngyáng 動〈書〉大いに発揚する. ¶～祖国 zǔguó 文化 / 祖国の文化を発揚する.
【弘愿】hóngyuàn ⇀【宏愿】hóngyuàn

** **红** hóng 形 1 赤い. ¶～袖章 xiùzhāng / 赤い腕章. (顔・首・耳などを)赤らめる. ¶她很害羞 hàixiū, 见了生人就～了脸 liǎn / 彼女はとても恥ずかしがり屋で,知らない人に会うと顔を赤くする. 参考 "红"(赤)は慶事や喜びを象徴する縁起のよい色で,農村などの伝統的な結婚式では花嫁の衣装や新婚夫婦の枕・掛け布団などによく用いられる. 旧正月にも赤い提灯をつるし,窓に赤い切り紙,家の入口に赤い"春联

chūnlián"をはるなど中国人に好まれている．また，革命や忠誠心，順調や成功，人気などの象徴にもなる．②**順調だ．人気がある．**¶那个影星很～／あの映画スターは大いにもてはやされている．③**革命的である．政治的自覚が高い．**¶又～又专 zhuān／思想的にも進んでおり，仕事の面でも優れている．
◇◆ ①配当．ボーナス．¶分 fēn ～／利益配当をする．②慶事を象徴する赤い布．¶挂 guà ～／赤い布を飾りつける．③慶事ごとの．‖姓

【红案】**hóng'àn** 名(～儿)(調理上の区分で肉料理など主食以外の)料理を作ること．
【红白喜事】**hóng bái xǐ shì** 〈成〉(～儿)結婚式と葬式．冠婚葬祭．
【红榜】**hóngbǎng** 名 すぐれた人々を表彰する掲示板．
【红包】**hóngbāo** 名(～儿)赤い紙でお金をくるんだ包み．**祝儀．**
【红宝石】**hóngbǎoshí** 名 ルビー．
【红不棱登】**hóngbulēngdēng** 形(～的)〈口〉(嫌悪の意味で)赤みがかった．
【红菜薹】**hóngcàitái** 名〈植〉コウサイタイ．
【红菜汤】**hóngcàitāng** 名(ロシア料理の)ボルシチ．
【红菜头】**hóngcàitóu** 名〈植〉サトウダイコン．
【红茶】hóngchá 名 **紅茶．
【红潮】**hóngcháo** 名 ①赤面すること．②月経．③赤潮．
【红尘】**hóngchén** 名 繁華な社会；(広く)俗世間．
【红蛋】**hóngdàn** 名 赤く染めた卵．►旧時の習慣で，子供の生まれた家から親戚や友人への贈り物として用いられた．
【红灯】**hóngdēng** 名 ①(交通の)赤信号．②赤いランプ．③〈喩〉風俗営業の店．
【红灯区】**hóngdēngqū** 名 歓楽街．
【红点颏】**hóngdiǎnké** 名〈鳥〉ノゴマ．
【红豆】**hóngdòu** 名 ①〈植〉唐小豆．►実はよく相思相愛の象徴とされた．¶～饭／(日本の)赤飯．¶～粥 zhōu／アズキがゆ．②唐小豆の種．
【红汞】**hónggǒng** 名〈薬〉マーキュロクロム．
【红瓜子】**hóngguāzi** 名(食用の)スイカの種．
【红光满面】**hóng guāng mǎn miàn** 〈成〉顔色がよくてつやつやしている．
【红果儿】**hóngguǒr** 名(～儿)〈方〉サンザシの実．►"红菓儿"とも書く．
【红红绿绿】**hónghónglùlù** 形(～的)**色とりどりできらびやかなさま．**¶～的衣裳 yīshang／色とりどりの服．
【红狐】**hónghú** 名〈動〉アカギツネ．
【红花】**hónghuā** 名〈植〉ベニバナ；〈中薬〉紅花(こうか)．►"红兰花 hónglánhuā"とも．
【红花草】**hónghuācǎo** 名〈植〉レンゲソウ．
【红货】**hónghuò** 名〈旧〉宝石類．
【红火】**hónghuo** 形 盛んである．にぎやかである；生活が豊かである．
【红教】**Hóngjiào** 名〈宗〉紅教(こうきょう)．
【红净】**hóngjìng** 名〈劇〉(京劇の役柄の一つ)忠誠心にあふれた勇敢な人物．
【红酒】**hóngjiǔ** 名〈俗〉赤ワイン．
【红角】**hóngjué** 名(～儿)人気俳優．
【红军】**Hóngjūn** 名 ①〈略〉紅軍．労農赤軍．②(旧時のソ連の)赤軍．
【红利】**hónglì** 名(資本主・株主に対する)配当金；(従業員に対する)賞与金．►"花红 huāhóng"とも．
【红脸】**hóng//liǎn** 動 ①顔を赤らめる．はにかむ．②腹を立てる．
【红领巾】**hónglǐngjīn** 名 ①(少年先鋒隊員の)赤いネッカチーフ．②少年先鋒隊員．
【红柳】**hóngliǔ** 名〈植〉ギョリュウ．
【红绿灯】**hónglùdēng** 名 **交通信号灯．**
【红螺】**hóngluó** 名〈貝〉アカニシ．
【红萝卜】**hóngluóbo** 名〈植〉**ニンジン．** 注意 "胡萝卜"とも．"人参 rénshēn"は漢方薬の朝鮮ニンジンをさす．
【红帽子】**hóngmàozi** 名 ①〈旧〉アカ(共産主義者)のレッテル．②(駅の)赤帽．
【红焖】**hóngmèn** 動〈料理〉(豚肉や鶏肉などを)醤油で味付けしてとろ火で煮込む．
【红模子】**hóngmúzi** 名 子供の習字用紙．►紙の上に字が赤で印刷してあり，その上を筆でなぞる．
【红木】**hóngmù** 名〈植〉マホガニー．
【红男绿女】**hóng nán lù nǚ** 〈成〉美しく着飾った青年男女．
【红娘】**Hóngniáng** 名〈喩〉良縁を結ばせる仲人役．►もとは『西廂記』に登場する人物で，聡明な侍女の名．
【红牌】**hóngpái** 名(～儿)〈体〉レッドカード．量 块 kuài．⇒【黄牌】**huángpái**
【红盘】**hóngpán** 名(～儿)〈経〉①〈旧〉旧正月の初相場．②値上がり株価〔株指数〕．
【红皮鸡蛋】**hóngpí jīdàn** 名(慶事に用いる)赤色をつけた卵．
【红皮书】**hóngpíshū** 名 白書．政府の調査報告書．
【红扑扑】**hóngpūpū** 形(～的)(顔が)赤くつやつやしている．¶～的脸 liǎn／赤くほてった顔．
*【红旗】**hóngqí** 名 ①**赤旗．**②試合で優勝者に贈る赤い旗．③〈喩〉先進的であること．共産主義思想を身につけていること．¶～单位／先進的な職場．
【红契】**hóngqì** 名〈旧〉不動産売買のとき，納税して官署の捺印(なつ)を受けた契約書．
【红青】**hóngqīng** 名 赤みを帯びた黒色．
【红曲】**hóngqū** 名 米飯にこうじを加えて密封し，発酵させて作った調味料．
【红壤】**hóngrǎng** 名 紅土．ラテライト．
【红人】**hóngrén** 名(～儿)お気に入り．人気者．
【红润】**hóngrùn** 形 赤くてつやつやしている．¶红润润的皮肤 pífū／赤くつやつやした皮膚．
【红三叶】**hóngsānyè** 名〈植〉ムラサキツメクサ．アカツメクサ．
【红色】**hóngsè** 名 ①**赤色．**②**革命と共産主義の象徴．**
【红杉】**hóngshān** 名〈植〉ベニスギ．
【红烧】**hóngshāo** 動〈料理〉しょう油で煮込む．肉や魚などを油と砂糖を加えて炒めたあと，しょう油などで煮込む．¶～明虾 míngxiā／車エビのうま煮．
【红苕】**hóngsháo** 名〈方〉〈植〉サツマイモ．
【红十字会】**Hóngshízìhuì** 名 赤十字社．
【红事】**hóngshì** 名 祝い事．慶事．
【红薯】**hóngshǔ** 名〈植〉サツマイモ．
【红树】**hóngshù** 名〈植〉ヒルギ；マングローブ．
【红松】**hóngsōng** 名〈植〉チョウセンマツ．

【红糖】hóngtáng 名 黒砂糖.
【红桃】hóngtáo 名(トランプの)ハート.
【红藤】hóngténg 名〈植〉トウ.
【红彤彤·红通通】hóngtōngtōng 形 (～的)真っ赤である. ¶～的朝霞 zhāoxiá / まっ赤な朝焼け.
【红铜】hóngtóng 名 赤銅.
【红头文件】hóngtóu wénjiàn 名 党や政府機関の公文書. ►見出しが赤く大きな活字で印刷されることから.
【红头蝇】hóngtóuyíng 名〈虫〉ギンバエ.
【红土】hóngtǔ 名 ①紅土. ラテライト. ②ベンガラ.
【红土子】hóngtǔzi 名(顔料の)ベンガラ.
【红外线】hóngwàixiàn 名〈物〉赤外線.
【红卫兵】hóngwèibīng 名 紅衛兵.
【红细胞】hóngxìbāo 名〈生理〉赤血球.
【红小豆】hóngxiǎodòu 名〈植〉小豆. (量) 颗,粒.
【红心】hóngxīn 名 ①〈喩〉革命事業に忠実な心. ②(トランプの)ハート.
【红新月会】Hóngxīnyuèhuì 名 イスラム教国家の赤十字社.
【红星】hóngxīng 名 ①赤い星. ②人気のあるスター.
【红血球】hóngxuèqiú 名〈生理〉赤血球.
【红颜】hóngyán 名〈書〉①美人. ¶～多薄命 bómìng / 美人には薄命が多い. ②美少年.
【红眼】hóng//yǎn 動 ①(目を血走らせて)怒る. ②うらやましがる.
【红眼病】hóngyǎnbìng 名 ①〈医〉急性結膜炎. ②ねたみ病.
【红艳艳】hóngyànyàn 形(～的)鮮やかな赤い色の. ¶～的杜鹃花 dùjuānhuā / 赤く鮮やかなツツジの花.
【红样】hóngyàng 名〈印〉朱筆を入れたゲラ.
【红药水】hóngyàoshuǐ 名〈口〉マーキュロクロム水溶液. 赤チン. ►"二百二"とも.
【红叶】hóngyè 名 紅葉. もみじ. ¶看～ / 紅葉狩り.
【红衣主教】hóngyī zhǔjiào 名 〈宗〉枢機卿(すうききょう).
【红运】hóngyùn 名 幸運. ►"鸿运"とも書く. ¶走～ / 幸運にめぐり合う.
【红晕】hóngyùn 名 頬の赤み.
【红枣】hóngzǎo 名〈食材〉赤いナツメ. ¶～粽子 zòngzi / ナツメ入りちまき.
【红藻】hóngzǎo 名〈植〉紅色藻類の総称.
【红蜘蛛】hóngzhīzhū 名 ①〈虫〉アカダニ. ②麦につくダニ.
【红肿】hóngzhǒng 動 赤く腫れ上がる.
【红种】Hóngzhǒng 名〈旧〉ネイティブアメリカン. インディアン.

宏 hóng ◇◆ 広くて大きい. ¶～壮 zhuàng / りっぱで大きい. ¶宽 kuān ～ / 度量が大きい. ‖姓

【宏大】hóngdà 形(規模や志が)広大である,巨大である.
【宏观】hóngguān 形(↔微观 wēiguān)(後ろに名詞をとって)巨視的な. マクロの.
【宏观经济】hóngguān jīngjì 名 〈経〉マクロ経済.
【宏观世界】hóngguān shìjiè 名 マクロコスモス.
【宏图】hóngtú 名 遠大な計画.
【宏伟】hóngwěi 形(規模や計画などが)雄大である,壮大である.
【宏愿】hóngyuàn 名 偉大な志. 大きな願望.

虹 hóng 名 虹. ¶出～ / 虹が出る. ¶彩～由 yóu 七色组成 zǔchéng / 虹は7色でできている. ⏩ jiàng

【虹膜】hóngmó 名〈生理〉虹彩.
【虹吸管】hóngxīguǎn 名 サイフォン.

洪 hóng ◇◆ ①大きい. ¶→～福 fú. ¶→～涛 tāo. ②洪水. ¶防 fáng ～ / 洪水を防ぐ. ¶→～灾 zāi. ‖姓

【洪帮】Hóngbāng 名〈史〉洪幇(ホン). ►"天地会 Tiāndìhuì"系の秘密結社.
【洪波】hóngbō ⇀【洪涛】hóngtāo
【洪大】hóngdà 形(音声が)大きい.
【洪都拉斯】Hóngdūlāsī 名〈地名〉ホンジュラス.
【洪峰】hóngfēng 名(河川の増水期の)最高水位;最高水位に達した洪水.
【洪福】hóngfú 名 大きな幸福. ¶～齐天 qítiān / 無上の幸福. 至福.
【洪亮】hóngliàng 形(音声が)大きくてよく通る.
【洪量】hóngliàng 形 ①度量が大きい. ②酒量が多い.
【洪流】hóngliú 名 洪水の流れ;〈喩〉大きな流れ. ¶时代 shídài 的～ / 時代の大きな流れ.
【洪炉】hónglú 名 大きな炉;〈喩〉人間を鍛える環境. ¶革命 gémìng 的～ / 革命のるつぼ.
【洪水】hóngshuǐ 名 洪水.
【洪水猛兽】hóng shuǐ měng shòu〈成〉甚だしい災禍.
【洪水位】hóngshuǐwèi 名 最高水位.
【洪涛】hóngtāo 名 大波.
【洪灾】hóngzāi 名 洪水による災害.
【洪钟】hóngzhōng 名〈書〉大きな鐘. ¶声如 rú ～ / 声がよく響きわたる.

鸿 hóng ◇◆ ①ヒシクイ. オオカリ. ¶→～雁 yàn. ②手紙. ¶来～ / お便り. ③大きい. ¶→～儒 rú. ‖姓

【鸿福】hóngfú ⇀【洪福】hóngfú
【鸿沟】hónggōu 名 はっきりした境界. 大きなギャップ.
【鸿鹄之志】hóng hú zhī zhì〈成〉鴻鵠(こうこく)の志. 大人物の遠大な志.
【鸿毛】hóngmáo 名 鴻毛(こうもう);〈喩〉非常に軽い物事. ¶轻于 qīngyú ～ / 鳥の羽根より軽い.
【鸿门宴】hóngményàn 名 鴻門(こうもん)の宴. 客人を陥れようとする招宴.
【鸿儒】hóngrú 名〈書〉大学者.
【鸿图】hóngtú ⇀【宏图】hóngtú
【鸿雁】hóngyàn 名〈鳥〉サカツラガン.
【鸿运】hóngyùn 名 幸運. ►"红运"とも書く.

3声 **哄** hǒng 動 ①だます. 欺く. ¶你这是～我,我不信 / うそだ,そんなこと信じられない. ②あやす. 機嫌を取る. ¶她很会～孩子 / 彼女は子供をあやすのが本当にうまい. ⏩ hōng,hòng

【哄弄】hǒngnòng 動〈方〉だます. 翻弄する.
【哄骗】hǒngpiàn 動 だます. 欺く.

4声 **讧** hòng 動〈書〉争う；混乱する．¶内～／内輪もめ．内訌(ないこう)．

哄(鬨) hòng 動 やじを飛ばす．からかう．¶起～／やじを飛ばす．¶别～了／からかうな．
◇◆ わいわい騒ぐ．¶一～而散 sàn／わっと声をあげて退散する．⇒ hōng,hǒng

【哄场】hòng//chǎng 動 観衆がやじる．

hou (厂ヌ)

1声 **齁** hōu ①動(甘すぎたり塩からすぎたりしてのどを)不快にさせる．¶蜂蜜 fēngmì 太甜,～嗓子 sǎngzi／はちみつが甘すぎて喉がおかしくなる．②副〈方〉いやに．ばかに．とても．►不満を表すことが多い．¶天气～热 rè／天気がばかに暑い．
◇◆ いびき．¶→～声．

【齁声】hōushēng 名〈書〉いびき．

2声 **侯** hóu ◇◆ ①侯爵．②高位高官の人．¶～门／貴族の邸宅．‖姓

【侯爵】hóujué 名 侯爵．

喉 hóu ◇◆ のど．¶→～头．

【喉风】hóufēng 名〈中医〉咽喉(いんこう)カタル．
【喉结】hóujié 名〈生理〉のどぼとけ．
【喉咙】hóulong 名 咽喉．のど．
【喉舌】hóushé 名 のどと舌；〈喩〉代弁者．
【喉头】hóutóu 名〈生理〉のど．喉頭．
【喉炎】hóuyán 名〈医〉喉頭炎．

猴 hóu ❶名(～儿)①〈動〉猿．¶一只小～儿／子ザル1匹．②〈喩〉利口者．
❷形〈方〉利口である．すばしこい．賢い．►子供についていうことが多い．
❸動〈方〉猿のようにうずくまる．‖姓

【猴儿精】hóurjīng〈方〉①形 小利口だ．こざかしい．②名 こざかしい人．
【猴年马月】hóu nián mǎ yuè〈成〉いつになるかわからないとき．¶那要等到～！／それは,いくら待ってもこないよ．
【猴皮筋儿】hóupíjīnr 名〈口〉ゴムひも．量 根．►"猴筋儿"とも．¶跳 tiào ～／ゴム跳びをする．
【猴头】hóutóu 名〈植〉ヤマブシタケ．
【猴戏】hóuxì 名 猿の芝居．猿回し．
*【猴子】hóuzi 名〈動〉猿．量 只．

瘊 hóu "瘊子 hóuzi"(いぼ)という語に用いる．¶长 zhǎng ～子／いぼができる．

3声 **吼** hǒu 動 ①(猛獣が)ほえる．¶狮子 shīzi ～／ライオンがほえる．②(人が)怒ってどなる,叫ぶ．③(風が)吹きすさぶ；(汽笛が)鳴り響く；(砲声が)とどろく．¶北风怒 nù ～／北風が吹きすさぶ．¶汽笛长 cháng ～了一声／汽笛が長く鳴り響いた．‖姓

【吼叫】hǒujiào 動 大声で叫ぶ．ほえる．うなり声を上げる．
【吼声】hǒushēng 名 叫び．雄たけび．

4声 ** **后**(後) hòu ❶方位 ①(空間的に)後ろ(の)．¶村前村～各有一条 tiáo 河／村の前にも後ろにも川がある．[前置詞("向,朝,往,在,由")＋"后"の形で]¶由 yóu ～向前数 shǔ／後ろから前へ数える．②(時間的に)後(の)．おそい．¶毕业 bìyè ～还要继续 jìxù 学习／卒業した後も勉強を続けていかなければならない．③(順序が)後ろ(の)．¶～五名／あとの5人．
❷名 ①〈書〉跡継ぎ．子孫．¶无 wú ～／跡継ぎがいない．②〈古〉皇后．¶～妃 fēi ／皇后と妃．‖姓

【后爸】hòubà 名〈口〉継父．
【后半年】hòubànnián 名(～儿)1年の後半．下半期．
【后半晌】hòubànshǎng 名(～儿)〈方〉午後．
【后半天】hòubàntiān 名(～儿)午後．
【后半夜】hòubànyè 名 夜中から夜明けまでの時間．
【后备】hòubèi 名 ①(人員・物資などの)後備,予備．②補欠．
【后背】hòubèi 名 背中．
【后辈】hòubèi 名 ①後の世代の人；子孫．②後輩．後進．
【后备军】hòubèijūn 名 予備役；〈喩〉予備軍．
**【后边】hòubian 方位(～儿)(場所・順番で)後,後ろの方．►"后"とは違って比較的自由に単独で用いることができる．¶我在～叫了他好几声,他都没听见／私は後ろから何回も呼んだが,彼には聞こえなかった．¶我～／私の後．¶商店 shāngdiàn 的～／店の裏．
【后步】hòubù 名 余地．ゆとり．
【后尘】hòuchén 名〈書〉後塵(こうじん)．
*【后代】hòudài 名 ①後代．②後代の人．子孫．
【后灯】hòudēng 名(自動車の)尾灯．テールランプ．
【后爹】hòudiē 名〈口〉継父．
【后盾】hòudùn 名 後ろだて．
【后发制人】hòu fā zhì rén〈成〉まず一歩譲っておき,有利な立場を占めることによって相手を制する．►"先发制人 xiān fā zhì rén"(先んずれば人を制す)を逆にした表現．
【后方】hòufāng ❶名 ①銃後．後方．②(現場・管理系統に対して)雑用・サービス・支援部門．¶～勤务 qínwù／後方勤務．❷方位 後方．
【后夫】hòufū 名 二度目の夫．
【后福】hòufú 名 将来の幸福．晩年の幸福．
【后父】hòufù 名 継父．
【后跟】hòugēn 名(～儿)(靴や靴下の)かかと．¶鞋 xié ～／靴のかかと．
【后顾】hòugù 動〈書〉①後々の心配をする．②回顧する．
【后顾之忧】hòu gù zhī yōu〈成〉後顧の憂い．
*【后果】hòuguǒ 名 最後の結果．►悪い結果をいうことが多い．¶～严重 yánzhòng／悪影響が深刻である．
【后话】hòuhuà 名 後の話．
【后患】hòuhuàn 名〈書〉将来の災い．後の憂い．
*【后悔】hòuhuǐ 動 後悔する．¶～莫及 mòjí／後悔先に立たず．¶他也很～／彼もたいへん後悔している．¶他～不该跟人吵架 chǎojià／彼はけんかなんかするんじゃなかったと悔やんだ．

【后悔药】hòuhuǐyào 名(～儿)〈口〉①人に後悔させるような言葉．②後悔すること．
【后会有期】hòu huì yǒu qī〈成〉またお目にかかりましょう．
【后脊梁】hòujǐliang 名 背中．
【后记】hòujì 名 後書き．後記．
【后继】hòujì 名 後継ぎ．跡継ぎ．¶～有人 / 後継ぎがある．
【后脚】hòujiǎo 名 ①後ろ足．②〈口〉すぐ後．►"前脚"と呼応する．
【后街】hòujiē 名 裏通り．
【后襟】hòujīn 名 衣服の後ろ身ごろ．
【后进】hòujìn ❶名 ①後進；後輩．②遅れている人．❷形 進歩の遅い．
【后劲】hòujìn 名(～儿)①後になって強くなる効果や力．②最後の頑張り．ラストスパート．
【后景】hòujǐng 名 背景．バック．
【后来】hòulái ①名(↔起先 qǐxiān)その後．それから．** 注意 "来"は軽声に読まれることもある．"以后 yǐhòu"と異なり，単独でしかも過去の事にしか用いない．¶～怎么样？/ その後どうなりましたか．¶～的情况好多了 / その後の情況はずっと好転した．②形 後から来た；後から成長した．¶～人 / 後継者．後進．
【后来居上】hòu lái jū shàng〈成〉後の者が先の者を追い越す．
【后浪推前浪】hòulàng tuī qiánlàng〈諺〉後のものが前のものを促して，物事がたえず前進する．
【后路】hòulù 名 ①〈軍〉退路．②(～儿)〈喩〉余地．
【后妈】hòumā 名〈口〉継母．
【后门】hòumén 名(～儿)①**裏門**．②〈喩〉**裏口**．コネ．❖走 *zǒu* ～ / 裏から手を回す．コネをつける．
*【后面】hòumian 方位(～儿)①(場所の)**後ろ．後方**．裏側．¶学校～有一家书店 / 学校の後ろに本屋さんがある．②(順序の)**後**；(文章または話の)後の部分．¶这个问题～还要说 / この問題は後ほどもう１回話します．¶文章的～三次提到了他的名字 / 文章の後の方に３回も彼の名が出ている．
【后母】hòumǔ 名 継母．
【后脑勺子】hòunǎosháozi 名〈方〉後頭部(の突き出た部分)．►"后脑勺儿"とも．
*【后年】hòunián 名 **再来年**．
【后娘】hòuniáng 名〈口〉継母．
【后怕】hòupà 動 後になって怖くなる．
【后排】hòupái 名 後列．
【后妻】hòuqī 名 後妻．
【后期】hòuqī 名 **後期**．¶二十世纪 shìjì ～ / 20世紀後半．
【后期录音】hòuqī lùyīn 名 アフレコ．アフターレコーディング．►"后期配音 pèiyīn"とも．
【后起】hòuqǐ 形 新進の．新たに現れた．
【后起之秀】hòu qǐ zhī xiù〈成〉優秀な新人．
【后勤】hòuqín 名〈略〉後方勤務(サービス・雑用・支援部門)．►"后方勤务 qínwù"の略．
【后儿】hòur 名〈口〉明後日．►"后儿个 hòurge"とも．
【后人】hòurén 名 後代の人；子孫．
【后任】hòurèn 名 後任．
【后日】hòurì 名 ①後日．将来．②〈方〉明後日．►"后天"とも．
【后晌】hòushǎng 名〈方〉午後．
【后晌】hòushang 名〈方〉晩．夕方．
【后身】hòushēn 名 ①(～儿)後ろ姿．②(～儿)衣服の後ろ身．③(～儿)家屋の裏．④生まれ変わり．⑤(機構や制度などの)後身．
【后生】hòushēng〈方〉①名 若者．②形 若々しい．
【后生可畏】hòu shēng kě wèi〈成〉後生畏(おそ)るべし．後から生まれた者は先輩を追い越す力を持っているので，おそれるに値する．
【后世】hòushì 名 後世．
【后事】hòushì 名 ①葬儀．②〈近〉以後のこと．►旧小説で，１回を締めくくる決まり文句．
【后视镜】hòushìjìng 名(車の)バックミラー．
【后手】hòushǒu 名 ①〈旧〉後任者．②〈旧〉手形の引受人．③(囲碁や将棋の)後手．¶～棋 qí / 後手．④(～儿)余地．¶留 liú ～ / 余地をのこす．
【后嗣】hòusì 名 跡継ぎ．子孫．
【后台】hòutái 名 ①楽屋．②〈喩〉**後ろだて．バック**．
【后台老板】hòutái lǎobǎn 名〈貶〉後ろだて．黒幕．
【后天】hòutiān 名 ①明後日**．あさって．► hòutian とも発音される．¶大～ / しあさって．②(↔先天 xiāntiān)**後天的**．
【后天性免疫】hòutiānxìng miǎnyì 名〈医〉獲得免疫．
*【后头】hòutou 方位 ①**後ろ．後方**．裏側．¶那座山的～有条河 / あの山の後ろには川がある．②(順序や時間的な)**先，これから**．¶好日子 hǎorìzi 在～呢 / よい暮らしはこれからだ．
【后腿】hòutuǐ 名〈動〉(昆虫や動物の)後肢．
【后退】hòutuì 動 **後退する**．退く．
【后卫】hòuwèi 名 ①〈軍〉後衛．②〈体〉後衛；(バスケットボールで)ガード；(サッカーで)フルバック．
【后效】hòuxiào 名 後の効き目；以後の態度．
【后心】hòuxīn 名 背中の真ん中．
【后行】hòuxíng 動 後で行う．
【后续】hòuxù ①形 後続の．②名〈方〉後妻．
【后学】hòuxué 名 後学．後進の学者．
【后腰】hòuyāo 名 ①腰．►"后腰眼儿 hòuyāoyǎnr"とも．②〈体〉(サッカーで)ボランチ．
【后遗症】hòuyízhèng 名 ①〈医〉後遺症．¶落下了～ / 後遺症が残った．②〈喩〉後遺症；後腐れ．
【后尾儿】hòuyǐr 名〈口〉最後．後尾．►"尾"は wěi が普通であるが，yǐ が方言音として残っている．¶船 chuán ～ / 船尾．とも．
【后裔】hòuyì 名〈書〉後裔(こうえい)．子孫．
【后影】hòuyǐng 名(～儿)後ろ姿．
【后援】hòuyuán 名 援軍；(広く)後援．支援．
【后院】hòuyuàn 名(～儿)①裏庭．②〈喩〉後方；内部．
【后账】hòuzhàng 名 ①裏帳簿．②事後の精算．
【后者】hòuzhě 名 後者．
【后肢】hòuzhī 名〈動〉(昆虫や動物の)後肢．
【后轴】hòuzhóu 名 後車軸．
【后缀】hòuzhuì 名〈語〉接尾辞．
【后坐力】hòuzuòlì 名〈物〉反動力．

厚 hòu ❶形 ①(↔薄 báo)厚い**．¶～木板 mùbǎn / 厚い板．❖(有)多(*yǒu*) *duō* ～ / 厚さはどれくらいか．②(**感情が**)**深い**．こまやかである．¶交情 jiāoqing 很～ / 友情が深い．③(数量が)多い；(利潤が)大

H

きい；(抽象的に程度が) 甚だしい. ¶这家公司gōngsī的利lì很～/この会社のもうけはなかなか大きい. ¶礼品lǐpǐn太～了/贈り物はずいぶんと気前がよい. ④(味が)濃厚である. ¶这酒味wèi很～/この酒はこくがある.
❷名 厚さ. 厚み. ¶十公分gōngfēn～的雪/10センチばかり積もった雪.
◇◆ ①温厚誠実である. ¶宽kuān～/寛大で親切である. ②重んじる. ¶→～此cǐ薄彼. ‖姓

【厚薄】hòubó 名 厚さ. 厚み. ¶这两块板bǎn的～一样/この2枚の板の厚さは同じだ.
【厚此薄彼】hòu cǐ bó bǐ〈成〉不公平な取り扱いをする.
【厚待】hòudài 動 優遇する. 厚くもてなす.
【厚道】hòudao 形 温厚である. 親切である.
【厚度】hòudù 名 厚さ. 厚み.
【厚墩墩】hòudūndūn 形(～的)厚ぼったい.
【厚利】hòulì 名 大きな利益.
【厚脸皮】hòu liǎnpí〈口〉面の皮が厚い；面の皮を厚くする.
【厚禄】hòulù 名 手厚い俸禄.
【厚实】hòushi 形 ①分厚い. ②豊かである.
【厚望】hòuwàng 名 大きな期待.
【厚颜】hòuyán 名〈書〉厚顔. 鉄面皮. ¶～无耻wúchǐ/厚顔で恥知らず. 厚顔無恥.
【厚谊】hòuyì 名 厚誼.
【厚意】hòuyì 名 厚意.
【厚纸】hòuzhǐ 名 ①ボール紙. ②厚手の紙.

候 hòu 動 待つ. ¶请稍shāo～/ちょっとお待ちください.
◇◆ ①ご機嫌を伺う. ¶致zhì～/あいさつする. ②時節. 季節. ¶节～/季節. ③状況. 加減. ¶症zhèng～/症状. ¶火～/火加減. ‖姓

【候补】hòubǔ ①名 候補. ¶～委员wěiyuán/委員候補. ②動〈旧〉官吏が任官されるのを待つ.
【候场】hòuchǎng 動(舞台への)出を待つ.
【候车】hòuchē 動 発車を待つ.
【候车室】hòuchēshì 名(駅の)待合室.
【候机楼】hòujīlóu 名 空港ロビー.
【候机室】hòujīshì 名 空港の待合室.
【候鸟】hòuniǎo 名 渡り鳥.
【候审】hòushěn 動〈法〉審問を待つ.
【候选人】hòuxuǎnrén 名(選挙の)立候補者.
【候账】hòu//zhàng 動 →【会账】huì//zhàng
【候诊】hòuzhěn 動 診察を待つ. ¶～室shì/病院の待合室.

鲎(鱟) hòu 名 ①〈動〉カブトガニ. ►俗に"鲎鱼hòuyú"という. ②〈方〉虹.

hu (ㄏㄨ)

1声

乎 hū ❶助〈古〉《疑問を表す》►現代語の"吗ma""呢ne"に同じ. ¶然～？/そうなのか.
❷感〈古〉《感嘆を表す》►現代語の"啊a"に同じ. ¶天～！/ああ,神さま.
❸接尾 ①《動詞の後につく》…に. …から. ►"于yú"と同じはたらきをする. ¶出～意料yìliào/思いがけない. ¶合～目的mùdì/目的にかなう. ②《形容詞または副詞の後につく》¶郁郁yùyù～/盛んに茂っているさま.

【-乎乎】-hūhū 接尾《形容詞や名詞の後について,「充満している」様子を描写する状態形容詞をつくったり,語幹を強調したりする》►漢字表記は"乎"以外に"呼､胡､忽､糊"などを当てることがある. ¶胖pàng～/でっぷりした. ¶毛máo～/毛むくじゃらの. ¶热rè～的馒头mántou/ほかほかのマントー.

***呼** hū ❶動 ①(↔吸xī)息を吐き出す. ¶～出一口气/ひと息吐く. ②大声をあげる. ¶～口号/スローガンを叫ぶ. ③〈書〉呼ぶ. 呼び寄せる.
❷擬 ①《風の音》ひゅう. びゅう. ②《いびき》ぐうぐう. ‖姓

【呼哧·呼蚩·呼嗤】hūchī 擬《息を激しく苦しそうに吹き出す音》はあはあ. ふうふう. 注意 重ねて用いることが多い. hūchi と発音すると動詞の用法となる.
【呼风唤雨】hū fēng huàn yǔ〈成〉大自然を征服する.
【呼喊】hūhǎn 動 叫ぶ. 大声を出す.
【呼号】hūháo 動 泣きわめく. 叫ぶ.
【呼号】hūhào 名 ①コールサイン. ②(組織の)スローガン.
【呼呼】hūhū 擬 ①《風の音. または物が風を切って飛ぶときの音》ひゅうひゅう. びゅうびゅう. ②《いびきの音. またはぐっすり眠っているさま》ぐうぐう.
【呼唤】hūhuàn 動(用事を言いつけるために)呼ぶ；呼びかける. ►多く抽象的なことに用いる.
【呼叫】hūjiào 動 ①(無線で)呼びかける. ②叫ぶ.
【呼救】hūjiù 動 助けを求めて叫ぶ. ¶～信号/救難信号.
【呼啦·呼拉·呼喇】hūlā 擬 ①《物が落ちたり崩れたりするときの音》がらっ. ②《人だかりができたり散ったりするさま》わっ. ③《旗などが風にはためいたり打ち当たったりするときの音》ばたばた. ►①②③いずれも"呼啦啦"とも.
【呼啦圈】hūlāquān 名 フラフープ.
【呼噜】hūlū 擬 ①《物が飛ぶときの音》ひゅう. ②《喉を鳴らす音》ごろごろ.
【呼噜】hūlu 名〈口〉いびきの音. ❖打dǎ～/ぐうぐういびきをかく.
【呼扇】hūshan 動〈口〉①(薄い板などが)揺れる. ②物をばたばた動かす.
【呼哨】hūshào 名 指笛. ㊀声shēng. ❖打dǎ～/指笛を鳴らす.
【呼声】hūshēng 名 ①(大勢の人の)叫び声. ②(大衆の)要望.
【呼天抢地】hū tiān qiāng dì〈成〉悲しさのあまり天に向かって叫び,頭を地にぶつける.
*【呼吸】hūxī 動 呼吸する.
【呼吸系统】hūxī xìtǒng 名〈生理〉呼吸器系統.
【呼啸】hūxiào 動(風や弾丸などが)鋭くて長い音を立てる.
【呼幺喝六】hū yāo hè liù〈成〉①賭博場の騒がしい音. ②〈方〉やたらにいばり散らす.
【呼应】hūyìng 動 呼応する.
【呼吁】hūyù 動 呼びかける. アピールする.
【呼之欲出】hū zhī yù chū〈成〉文学作品の人物描写が生き生きとして真に迫っている.

* **忽 hū** ①副 〚忽…忽…〛 **突然．急に；…と思えば，また…になる．** 突然…たり…たり．►"忽"の後には単音節語のみがくる．¶ 情绪 qíngxù ～高～低 / 気分が晴れたりふさいだりする．¶ 那人～冷～热，靠不住 kàobuzhù / あの人は気まぐれだから頼りにならない．
②量(長さ・重さの単位)"丝 sī"の10分の1．"毫 háo"の100分の1．
◇◆ おろそかにする．¶→～略 lüè．‖姓

【忽布】hūbù 名〈植〉ホップ．
【忽地】hūdì 副〈近〉にわかに．突然．
【忽而】hū'ér 副 〚忽而…忽而…〛 突然…したり…したり．…したかと思うと…する．¶～下雨，～天晴 qíng，变化无常 wúcháng / 降るかと思えばまた晴れるで，天気はころころ変わる．
〚忽…忽…〛 *hū…hū…* ⇀〚忽 hū〛①
【忽略】hūlüè 動 **なおざりにする．見落とす．**
【忽米】hūmǐ 量 センチミリメートル．
【忽然】hūrán 副 **思いがけなく．にわかに．急に． ¶回家的路上～下起大雨来 / 家へ帰る途中，突然大雨が降り出した．¶～想起一件事儿 / ふとある事を思い出した．
【忽然间】hūránjiān 副 突然．
【忽闪】hūshǎn 動 ぱっと光る．
【忽闪】hūshan 動 きらめく．
*【忽视】hūshì 動 **軽視する．** 無視する．¶～小节 / 細かなことをないがしろにする．
【忽悠】hūyou 動〈方〉①ゆらゆらする．②大ぶろしきを広げる；言葉で人をだます．

惚 hū "恍惚 huǎnghū"(①ぼんやりする．②…のような気がする)という語に用いる．

糊 hū 動(のり状のものですきま・穴・平面に)塗りつける．¶用水泥 shuǐní 把墙缝 qiángfèng ～上 / セメントで壁のすき間を塗りつぶす． ►► hú,hù

囫 hú "囫囵 húlún"⬇という語に用いる．

【囫囵】húlún 形 完全な．丸ごと．そっくりそのまま．¶→～觉 jiào．
【囫囵吞枣】hú lún tūn zǎo 〈成〉〈成〉ナツメを丸呑みにする；〈喩〉物事をよく検討せず鵜呑みにする．►読書についていうことが多い．
【囫囵个儿】húlungèr 副(～的)〈方〉①そのままそっくり．②服を着たまま．
【囫囵觉】húlunjiào 名 夜通し眠り続けること．

和 hú 動(マージャンなどで)上がる．¶叫～儿 / 上がりを待つ．テンパイ．¶没叫～儿 / ノーテン．¶～了！/ ロン！
►► hé,hè,huó,huò

狐 hú 名〈動〉キツネ．►一般に単独で用いられることは少ない．¶→～狸 li．‖姓

【狐臭】húchòu 名 わきが．
【狐假虎威】hú jiǎ hǔ wēi 〈成〉虎の威を借る狐．権力者の威勢を笠に着る者のたとえ．
【狐狸】húli 名〈動〉**キツネ．** ►タヌキではない．量 只．
【狐狸精】húlijīng 名 ①伝説の中のキツネのお化け．②〈罵〉男を誘惑するあだっぽい女．
【狐狸尾巴】húli wěiba 名〈喩〉化けの皮．
【狐朋狗友】hú péng gǒu yǒu 〈成〉悪友ども．不良仲間．
【狐裘】húqiú 名 裏にキツネの毛皮をつけたコート．
【狐群狗党】hú qún gǒu dǎng 〈成〉悪人の仲間．悪党の一味．
【狐臊】húsāo ⇀【狐臭】húchòu
【狐仙】húxiān 名 キツネのお化け．
【狐疑】húyí 動 疑いを抱く．

弧 hú 名 ①〈数〉弧．円周の一部．②〈古〉弓．

【弧度】húdù 量 弧度．ラジアン．
【弧光】húguāng 名 弧光．アーク．量 道．
【弧菌】hújūn 名 ビブリオ．►桿菌(かんきん)の一属．
【弧圈球】húquānqiú 名〈体〉(卓球で)ループドライブ．
【弧形】húxíng 名 アーチ形．

胡 hú ①名 **北方と西方の諸民族**の古称．②擬〈書〉なぜ．どうして．
◇◆ ①異民族の；外来の．¶→～椒 jiāo．②でたらめに．むやみに．¶→～吹 chuī．¶→～闹 nào．③ひげ．¶→～须 xū．‖姓

【胡缠】húchán 動 やたらにつきまとう．
【胡扯】húchě 動 雑談する；でたらめを言う．
【胡吃海塞】hú chī hǎi sāi 〈成〉やたら飲み食いする．►"胡吃海喝""胡餐 cān 海喝"とも．
【胡吃闷睡】hú chī mèn shuì 〈成〉毎日をのんびりと無為に過ごすこと．
【胡臭】húchòu ⇀【狐臭】húchòu
【胡吹】húchuī 動 大ぼらを吹く．
【胡蝶】húdié ⇀【蝴蝶】húdié
【胡豆】húdòu 名〈植〉空豆．
【胡蜂】húfēng 名〈虫〉スズメバチ．
【胡搞】húgǎo 動 ①でたらめにやる．②異性とみだらなことをする．
【胡瓜】húguā 名〈植〉キュウリ．
【胡话】húhuà 名 うわごと．
【胡椒】hújiāo 名 胡椒．❖撒 *sǎ* ～ / コショウをふりかける．
【胡搅】hújiǎo 動 ①ばか騒ぎをする．邪魔をする．②不合理なことを言う．
【胡搅蛮缠】hú jiǎo mán chán 〈成〉何やかやと不合理なことを言う．
【胡来】húlái 動〈口〉①でたらめにやる．②勝手放題に振る舞う．
【胡里胡涂】húlihútu ⇀【糊涂】hútu
【胡噜】húlu 動〈方〉①さする．なでる．②(ぬぐうようにして)かきのける，かき集める．
*【胡乱】húluàn 副 ①**いい加減に．** そそくさと．②**やたらに．勝手に．**
【胡萝卜】húluóbo 名〈植〉ニンジン．
【胡麻】húmá 名〈植〉アマ．ヌメゴマ．
【胡闹】húnào 動 でたらめをやる．ふざける．
【胡琴】húqin 名(～儿)胡弓．伝統的な弦楽器の総称．量 根 gēn，把．❖拉 *lā* ～ / 胡弓を弾く．
*【胡说】húshuō 動 **でたらめを言う．** ¶你别～了 / でたらめを言うのはよせ．
【胡说八道】hú shuō bā dào 〈成〉口から出任せを言う．
【胡思乱想】hú sī luàn xiǎng 〈成〉あれこれとく

だらないことを思いめぐらす.
【胡桃】hútáo 名〈植〉クルミ. ►"核桃"とも.
【胡同】hútòng 名(～儿)路地. 横町. 量 条 tiáo. 注意 路地の名前につける場合"同"は軽声に発音し,r 化しない. たとえば"金鱼～ Jīnyú hútong"(キンギョ横丁). ¶死～/袋小路.
【胡涂】hútu →【糊涂】hútu
【胡须】húxū 名 ひげ.
【胡言】húyán 動 でたらめを言う. ¶一派 pài ～/でたらめばかり.
【胡言乱语】hú yán luàn yǔ〈成〉口から出任せを言う.
【胡羊】húyáng 名〈方〉〈動〉メンヨウ.
【胡杨】húyáng 名〈植〉コヨウ. ポプラ.
【胡枝子】húzhīzǐ 名〈植〉ヤマハギ.
【胡诌】húzhōu 動 出任せを言う.
H *【胡子】húzi 名(人間の)ひげ. 量 根,绺 liǔ,撮 zuǒ. ❖刮 guā ～/ひげを剃る. ❖留 liú ～/ひげを伸ばす.
【胡子碴儿·胡子茬儿】húzichár 名(剃り残したり,剃ったあとに生える)短いひげ.
【胡子工程】húzi gōngchéng 名 未完成のままいつまでも終わらぬ工事.
【胡子拉碴】húzilāchā 形(～的)ひげぼうぼうの.
【胡作非为】hú zuò fēi wéi〈成〉さんざん乱行や悪事を働く.

*壶(壺) hú ①名(取っ手と口のついている)器. やかん·きゅうすの類. 量 把. ¶这把～的样子很好看/このきゅうすは形がいい. ②量 "壶"に入った液体を数える. ¶一～酒 jiǔ/酒1本. ‖姓

核 hú "核儿 húr"(さね;さねに似たもの)という形で用いる. ►〖核 hé〗①② と同じ意味だが, húr の方が話し言葉的. ¶梨 lí～儿/梨のたね. ¶冰 bīng～/ぶっかき氷.
▸▸ hé

葫 hú ‖姓 "葫芦 húlu"(ヒョウタン)という語に用いる. ¶～芦瓢 piáo/ヒョウタンを二つに切って作ったひしゃく.

鹄 hú 名〈鳥〉ハクチョウ. ¶～候 hòu/〈書〉(ハクチョウのように)首を長くして待つ. ▸▸ gǔ

猢 hú "猢狲 húsūn"⬇という語に用いる.
【猢狲】húsūn 名〈動〉アカゲザル.

餬 hú ◇◆ かゆ. ¶～口 kǒu/糊口をしのぐ. どうにか暮らしを立てる. ►"糊口"とも書く.

*湖 hú 名 湖. ¶～上有一只小船 xiǎochuán/湖にボートが浮かんでいる.
◇◆(Hú)湖南(こなん)省·湖北(こほく)省.
‖姓
*【湖北】Húběi 名〈地名〉湖北省.
【湖滨】húbīn 名 湖畔.
【湖光山色】hú guāng shān sè〈成〉山紫水明の景色.
*【湖南】Húnán 名〈地名〉湖南省.
【湖泊】húpō 名 湖(の総称).
【湖青】húqīng 名 水色.
【湖色】húsè 名 薄緑色.
【湖田】hútián 名 湖沼地帯に開いた水田.
【湖心亭】húxīntíng 名 湖の中に建てられたあずまや.
【湖泽】húzé 名 湖沼.

瑚 hú "珊瑚 shānhú"(サンゴ)という語に用いる.

煳 hú 形 焦げている. ¶饭 fàn～了/飯が焦げた. ¶衣服熨 yùn～了/服にアイロンをかけて焦がしてしまった. ¶～味儿 wèir/焦げ臭い.

槲 hú 名〈植〉カシワ. ¶～栎 lì/ナラガシワ. クヌギの一種.

蝴 hú "蝴蝶 húdié"⬇という語に用いる.
*【蝴蝶】húdié 名〈虫〉チョウ. チョウチョウ. ►"胡蝶"とも書く. 量 只;[つがいのもの]对.
【蝴蝶花】húdiéhuā 名〈植〉サンシキスミレ. パンジー.
【蝴蝶结】húdiéjié 名 ちょう結び.

糊 hú ①動 のりではる. ¶～了二十个信封 xìnfēng/封筒を20ほどのりづけした. ②〖煳 hú〗に同じ.
▸▸ hū,hù
【糊口】húkǒu 動 どうにか暮らしを立てる.
【糊里糊涂】húlihútu 形 愚かだ. めちゃくちゃである.
【糊料】húliào 名 粘稠剤(ねんちゅうざい).
【糊墙】hú//qiáng 動 壁に壁紙を張りつける.
*【糊涂】hútu 形 ①わけのわからない. 愚かだ. ¶别装 zhuāng～/とぼけたまねをするな. ¶我真～,把信忘在家里了/私はほんとうにどうかしている,手紙を家に忘れてしまった. ②めちゃくちゃである. でたらめである. ¶一塌 tā～/めちゃくちゃである. ③〈方〉ぼんやりしている. ►①②③ いずれも"胡涂"とも書く.
【糊涂虫】hútuchóng 名 ばか者. 間抜け.
【糊涂账】hútuzhàng 名 でたらめな帳簿. どんぶり勘定.

3声 虎 hǔ ①名〈動〉トラ. ►話し言葉では単用せず,普通は"老虎 lǎohǔ"という. ②動〈方〉怖い顔をする. ¶～起脸/怖い顔をする.
◇◆ 勇猛で威勢がよい. ¶→～将 jiàng. ‖姓
【虎背熊腰】hǔ bèi xióng yāo〈成〉体格がたくましいさま.
【虎彪彪】hǔbiāobiāo 形 たくましい. 屈強である.
【虎耳草】hǔ'ěrcǎo 名〈植〉ユキノシタ;〈中薬〉虎耳草(こじそう).
【虎骨】hǔgǔ 名〈中薬〉虎骨(ここつ).
【虎骨酒】hǔgǔjiǔ 名 トラの脛骨を浸した薬酒.
【虎虎】hǔhǔ 形〈書〉威勢のいいさま.
【虎将】hǔjiàng 名 勇将.
【虎劲】hǔjìn 名(～儿)ものすごい張り切りよう.
【虎踞龙盘】hǔ jù lóng pán〈成〉地勢が険しい形容. ►"虎踞龙蟠"とも書き,"龙盘虎踞"ともいう.
【虎口】hǔkǒu 名 ①〈喩〉虎口. 危険な場所. ②親指と人差し指の間.
【虎口拔牙】hǔ kǒu bá yá〈成〉非常に危険なこと

をする.
【虎口余生】hǔ kǒu yú shēng 〈成〉九死に一生を得る.
【虎狼】hǔláng 名 凶暴で残酷な者.
【虎里虎气】hǔlihǔqì 形 たくましくて堂々としている.
【虎列拉】hǔlièlā 名〈医〉コレラ.
【虎魄】hǔpò 名 コハク.
【虎钳】hǔqián 名 バイス. 万力.
【虎视眈眈】hǔ shì dān dān 〈成〉すきがあればつけ入ろうと機会をうかがうさま.
【虎头虎脑】hǔ tóu hǔ nǎo 〈成〉丈夫で元気なたとえ. ►男の子についていうことが多い.
【虎头蛇尾】hǔ tóu shé wěi 〈成〉初めは盛んだが,終わりは振るわないたとえ. 竜頭蛇尾.
【虎头鞋】hǔtóuxié 名(幼児の魔よけにする)虎の頭のアップリケのついた布靴.
【虎威】hǔwēi 名(武将の)あたりを払う威風.
【虎穴】hǔxué 名〈書〉〈喩〉非常に危険な場所. ¶不入～,焉 yān 得 dé 虎子 / 虎穴に入らずんば虎児を得ず.
【虎牙】hǔyá 名 突き出た犬歯. 八重歯.
【虎鱼】hǔyú 名〈魚〉オコゼ.
【虎字头】hǔzìtóu 名(～儿)(漢字の偏旁)とらかんむり"虍".

浒 hǔ ◇◆ 水辺. ¶水～ / 水辺. ¶《水～传 zhuàn》/『水滸伝(すいこでん)』. ➡ xǔ

唬(虎) hǔ 動〈口〉(虚勢を張ったり,事実を大げさに言って人を)脅かす,ごまかす. ¶你别～人,我才不怕 pà 呢？/ 脅かしたってだめだよ,そんなことちっとも怖くないさ.

琥 hǔ "琥珀 hǔpò"(コハク. 松柏の樹脂の化石)という語に用いる.

互 hù 副 互いに. 注意 書き言葉に用い,通常,単音節の動詞の前あるいは2音節の動詞の否定形の前に用いる. ¶～致 zhì 问候 / 互いにあいさつを交わす. ¶～不干涉 gānshè 内政 nèizhèng / 互いに内政に干渉しない.
‖ 姓
【互补】hùbǔ 動 互いに補い合う.
【互不侵犯条约】hù bù qīnfàn tiáoyuē 名〈政〉相互不可侵条約.
【互动】hùdòng 動 互いに影響し合う.
【互访】hùfǎng 動 互いに訪問し合う.
【互购贸易】hùgòu màoyì 名〈経〉カウンターパーチェス. CP.
〖互…互…〗hù…hù… 互いに…し合う. ¶～教 jiāo ～学 / 教え合い学び合う.
【互换】hùhuàn 動 交換する.
【互惠】hùhuì 動 互いに利益を与え合う. ¶平等 píngděng ～ / 平等互恵. ¶～关税 guānshuì / 互恵関税.
【互利】hùlì 動 互いに利益がある.
【互联网】hùliánwǎng 名〈電算〉インターネット.
【互让】hùràng 動 互いに譲り合う. ¶互谅 liàng ～ / 互いに理解し譲り合う.
【互通】hùtōng 動 互いに通じ合う. 交換する. ¶～有无 / 有無相通ずる. ¶～信息 xìnxī / 互いに情報を交換する.
**【互相】hùxiāng 副 相互に. お互いに. ¶～帮助 bāngzhù / 互いに助け合う. ¶～推卸 tuīxiè 责任 zérèn / 責任を押しつけ合う.
【互选】hùxuǎn 動 互選する.
【互助】hùzhù 動 互いに助け合う. ¶～合作 hézuò / 互いに援助し協力し合う.

*__户__ hù 量 家を数える：世帯. 戸. ¶这座高级公寓 gāojí gōngyù 里住有五十～人家 / このマンションは50戸ある.
◇◆ ①家. 世帯. ¶落 luò ～ / 定住する. ②戸. 戸口. ¶门～ / 門. ③口座. ¶存～ / 預金者. ¶账 zhàng ～ / 口座. ¶开～ / 口座を開く. ④家柄. ¶门当 dāng ～对 / (縁談の)家柄がつり合う.
‖ 姓
【户籍】hùjí 名 戸籍.
【户均】hùjūn 名 一所帯平均.
*【户口】hùkǒu 名 ①戸数と人口. 世帯. ②戸籍. ¶报 bào ～ / (出生・転居などの場合)住民登録する.
【户口簿】hùkǒubù 名 戸籍簿.
【户枢不蠹】hù shū bù dù 〈成〉いつも動いているものは腐食しない.
【户头】hùtóu 名 口座. ¶开～ / 口座を開く.
【户主】hùzhǔ 名 戸主. 世帯主.

护(護) hù 動 かばう. ひいきする. ¶她总是 zǒngshì ～着自己的孩子 / 彼女はいつも自分の子をかばう.
◇◆ 保護する. 守る. ¶救 jiù ～ / 助ける.
【护城河】hùchénghé 名 城壁の周囲にめぐらした堀.
【护犊子】hù dúzi 〈慣〉〈貶〉自分の子供が悪いのに,むやみに子をかばう.
【护短】hù//duǎn 動 欠点や落ち度をかばう.
【护耳】hù'ěr 名(防寒用の)耳当て.
【护法】hùfǎ 動 ①〈宗〉仏法を守る. ②国法を擁護する.
【护发】hùfà 動 ヘアケアする.
【护发膏】hùfàgāo 名 トリートメント.
【护发素】hùfàsù 名 リンス. ►"润丝 rùnsī"とも.
【护封】hùfēng 名(書籍の)カバー.
【护肤】hùfū 動 スキンケアする.
【护肤霜】hùfūshuāng 名 スキンクリーム.
【护符】hùfú 名 お守り.
【护工】hùgōng 名 介護業務；ヘルパー.
【护航】hùháng 動(船や航空機を)護衛する.
【护栏】hùlán 名 ①ガードレール. ②中のものを保護するための柵.
【护理】hùlǐ 動 ①(病人を)看護する. ②管理する. 手入れをする.
【护路】hùlù 動 道路や鉄道を防護する.
【护面】hùmiàn 名〈体〉面. マスク.
【护目镜】hùmùjìng 名 ゴーグル. 保護眼鏡.
【护坡】hùpō 名 石やセメントで築いた河岸〔道路〕の斜面.
【护身符】hùshēnfú 名 お守り.
**【护士】hùshi 名 看護師. ¶～长 zhǎng / 看護師長.
【护手】hùshǒu 名 刀剣のつば.
【护手膏】hùshǒugāo 名 ハンドクリーム.

H

【护送】hùsòng 動 護送する.
【护田林】hùtiánlín 名 田畑の防護林.
【护腿】hùtuǐ 名〈体〉すね当て.
【护卫】hùwèi ①動 護衛する. ②名 護衛(兵).
【护卫舰】hùwèijiàn 名〈軍〉護衛艦.
【护卫艇】hùwèitǐng 名〈軍〉巡視船.
【护膝】hùxī 名〈体〉ひざ当て.
【护心镜】hùxīnjìng 名 よろいの胸当て.
【护胸】hùxiōng 名〈体〉胸当て.
【护眼镜】hùyǎnjìng 名 ゴーグル. ㊀ 副 fù.
【护养】hùyǎng 動 ①注意して育てる. ②メンテナンスする.
**【护照】hùzhào 名㊀ 册,本. ①パスポート. 旅券. ②〈旧〉通行手形.

沪(滬) hù ◇◆ 上海市. 滬(こ). ¶～宁 Níng 铁路 / 上海・南京間の鉄道.

戽 hù ①名 田へ水をくみ入れる農具. ¶风～ / 風車を利用して田へ水をくみ入れる農具. ②動(田へ水を)くみ入れる. ¶～水机 / 揚水機.
【戽斗】hùdǒu 名 田へ水を汲み入れる旧式農具.

瓠 hù ◇◆ ユウガオ. ¶～子 zi / 〈植〉ユウガオ.

扈 hù ◇◆ 付き従う. 随行する. ¶～从 cóng / (帝王や大官の)従者,侍従. ‖姓

糊 hù ◇◆ かゆ状の食物. ¶面～ / 小麦粉を水でといて作ったのり状の食品. ¶辣椒 làjiāo ～ / トウガラシのペースト. ⏩ hū,hú
【糊弄】hùnong 動〈方〉①ごまかす. だます. ¶他净 jìng ～人 / 彼はよく人をだます. ②間に合わせる. いいかげんにする.

hua (ㄏㄨㄚ)

1声 **化 huā** 動(金や時間を)使う. 費やす. ¶～钱 qián / 金を遣う. ¶～工夫 gōngfu / 時間をかける. ⏩ huà
⇨〖花 huā〗❸
【化子】huāzi 名 乞食.

花 huā ❶名(～儿) ①花. ㊀ 朵 duǒ. ¶开了两朵～儿 / 花が2輪咲いた. ②模様. 柄. 図案. ¶她织 zhī 的～儿真好看 / 彼女の編む図柄はほんとうにきれいだ. ③〈喩〉(文化の)精華. ¶文艺 wényì 之～ / 文芸の華. ④綿. 綿花. ¶这床被子 bèizi 用了四斤 jīn ～ / この掛け布団は綿を4斤使った. ⑤〈料理〉飾り切り.
❷形 ①(カラフルな)模様のついた. ¶这块布 bù 太～ / この布は派手だ. ②(目が)かすむ. ぼやけてくる. ¶看书看得眼睛 yǎnjing 都～了 / 本を読んでいたら目がちらちらしてぼやけてきた.
❸動 ①(金・時間・精力などを)費やす. ¶很～时间 / ずいぶん時間がかかる. ¶→～钱 qián. ¶～心血 xīnxuè / 心血を注ぐ. ②たぶらかす. ¶她被 bèi 你～了 / 彼女は君にだまされた. ③〈俗〉頭をかち割る.
◇◆ ①花の形をしたもの. ¶雪～儿 / ちらちら降る雪. ¶葱 cōng ～儿 / 刻みネギ. ②天然痘. ¶种 zhòng ～儿 / 種痘をする. ③戦場での負傷. ¶挂 guà ～ / 名誉の負傷をする. ④花火. ¶→～炮 pào. ⑤妓女. 娼妓. ¶→～魁 kuí. ‖姓
【花白】huābái 形(髪やひげが)白黒入り混じった,ごま塩の. ¶～头发 tóufa / ごま塩頭.
【花斑】huābān 名 まだら. ぶち.
【花斑癣】huābānxuǎn 名〈医〉なまず.
【花瓣】huābàn 名〈植〉花弁. 花びら.

【花苞】**huābāo** 名 つぼみ. ►"苞 bāo"の通称.
【花边】**huābiān** 名 ①(～儿)縁飾り. ②(～儿)レース. ③(～儿)〈印〉飾り罫. ④ 囲み記事. コラム. ¶～新闻 / 同上.
【花布】**huābù** 名 模様のある布.
【花不棱登·花不楞噔】**huābulēngdēng** 形(～的)〈口〉色合いや模様がごてごてしている.
【花菜】**huācài** ⇀【花椰菜】**huāyēcài**
【花草】**huācǎo** 名 ①(観賞用の)草花. ②〈方〉レンゲ.
【花插】**huāchā** ❶動〈口〉交差する. 入り交じる. ❷名 ① 剣山. ② 花瓶.
【花茶】**huāchá** 名 ジャスミンなどの花の香りをつけた茶. ►"香片 xiāngpiàn"とも.
【花厂】**huāchǎng** 名〈旧〉花屋. 植木屋.
【花车】**huāchē** 名 花で飾りをつけた乗り物.
【花城】**Huāchéng** 名 ① 広東省広州の別称. ② 花の都. パリの別称.
【花池子】**huāchízi** 名 花壇.
【花丛】**huācóng** 名 群がって咲いている花.
【花搭】**huādā** 〈口〉① 動(いろいろな種類·品質を)取り混ぜる. 交互に…. ② 形(色に)むらがある.
【花大姐】**huādàjiě** ⇀【花媳妇儿】**huāxífur**
【花旦】**huādàn** 名 伝統劇の女形で,活発な若い女性の役.
【花灯】**huādēng** 名 飾り灯籠(とうろう). ►特に"元宵节 Yuánxiāojié"(旧暦1月15日)に観賞するものをさす.
【花点子】**huādiǎnzi** 名 人を欺く策略. 奸計(かんけい).
【花雕】**huādiāo** 名 上等の紹興酒. ►花や美女などの美しい模様を彫り込んだ壺に入れるのでこう呼ばれる.
【花缎】**huāduàn** 名 色模様の緞子(どんす).
【花朵】**huāduǒ** 名 花(の総称);〈喩〉精華. ¶儿童 értóng 是祖国 zǔguó 的～ / 子供は国の宝だ.
【花萼】**huā'è** 名〈植〉萼(がく).
【花房】**huāfáng** 名 草花を栽培する温室.
【花费】**huāfèi** 動 遣う. 費やす. ¶～了不少钱 / 多くの金を遣った. ¶～心血 xīnxuè / 心血を注ぐ.
【花费】**huāfei** 名 費用.
【花粉】**huāfěn** 名 ① 花粉. ②〈中薬〉〈略〉天花粉(てんかふん).
【花岗石】**huāgāngshí** 名〈鉱〉花崗岩.
【花岗岩】**huāgāngyán** 名 ①〈鉱〉花崗岩. ②〈喩〉頑固者. ¶～脑袋 nǎodai / わからず屋.
【花糕】**huāgāo** 名 甘いあんを入れ,干し果物を上にのせた蒸し菓子. ►昔,"重阳节 Chóngyángjié"に食べた.
【花骨朵】**huāgūduo** 名 つぼみ.
【花鼓】**huāgǔ** 名 一人がどらを鳴らし,一人が太鼓をたたきながら歌い踊る民間舞踊.
【花冠】**huāguān** 名 ①(旧時,花嫁がかぶった)花の冠. ②〈植〉花冠(かかん).
【花好月圆】**huā hǎo yuè yuán** 〈成〉夫婦が円満で仲むつまじいさま. ►新婚祝いに用いることが多い.
【花盒】**huāhé** 名 花火と仕掛け花火.
【花和尚】**huāhéshang** 名 生臭坊主. ►《水浒传》に登場する魯智深の別名.
【花红】**huāhóng** 名 ① 祝儀. ② 配当金. ボーナス. ③〈植〉ワリンゴ.
【花红柳绿】**huā hóng liǔ lù** 〈成〉花が咲き木々が緑に萌える.
【-花花】**-huāhuā** 接尾《形容詞や名詞の語幹に付いて「あでやかな,ひどく」といったニュアンスを加え,状態形容詞をつくる. また語幹を強調する意味もある》¶太阳毒 dú～ / ぎらぎらする日の光. ¶白～ / 銀色に光る. ぴかぴかする.
【花花公子】**huāhuā gōngzǐ** 名 道楽息子. プレーボーイ.
【花花绿绿】**huāhuālùlù** 形(～的)色とりどりの.
【花花世界】**huāhuā shìjiè** 名〈貶〉繁華なところ;(広く)世間.
【花花搭搭】**huāhuadādā** 形(～的)〈口〉① 取り混ぜてある. ②(大きさや密度が)まちまちである.
【花环】**huāhuán** 名(慶弔用の)花輪.
【花卉】**huāhuì** 名 ① 草花. ② 草花を題材にした中国画.
【花季】**huājì** 名 15,6歳ごろの少女;(広く)少年少女.
【花甲】**huājiǎ** 名〈書〉還暦. 満60歳. ¶年登 dēng～ / 還暦を迎える. ¶年逾 yú～ / 60歳を過ぎる.
【花架子】**huājiàzi** 名 花の飾り棚;〈喩〉見てくれはよいが実用に供せないもの.
【花椒】**huājiāo** 名〈植〉サンショウ.
【花轿】**huājiào** 名〈旧〉婚礼のとき新婦が乗る花かご. ►"彩轿 cǎijiào""喜轿 xǐjiào"とも. ¶坐～ / 花かごに乗る;嫁入りする.
【花街柳巷】**huā jiē liǔ xiàng** 〈成〉花柳街.
【花茎】**huājīng** 名〈植〉花軸.
【花镜】**huājìng** 名 老眼鏡.
【花卷】**huājuǎn** 名(～儿)小麦粉をこねてくるくると巻いて蒸した食品.
【花魁】**huākuí** 名 ① 他に先駆けて咲く花;(多く)梅の花. ②〈喩〉名妓.
【花篮】**huālán** 名(～儿) ① 花かご. ② 飾りつけたかご.
【花蕾】**huālěi** 名〈植〉つぼみ.
【花梨】**huālí** ⇀【花榈木】**huālǘmù**
【花里胡哨】**huālihúshào** 形(～的)〈口〉① 色がけばけばしい. ②〈喩〉華やかなだけで実を伴わない.
【花脸】**huāliǎn** 名(中国の伝統劇で)粗暴で豪快な男役. ►主に敵役で,顔にくま取りをする.
【花露】**huālù** 名 スイカズラの花やハスの葉を蒸留して作った薬用の液体.
【花露水】**huālùshuǐ** 名 オーデコロン;ローション.
【花榈木】**huālǘmù** 名〈植〉カリン.
【花面狸】**huāmiànlí** 名〈動〉ハクビシン. ジャコウネコの一種. ►料理材料にもなる.
【花苗】**huāmiáo** 名 ① 花の苗. ②〈方〉綿の苗.
【花名】**huāmíng** 名 ① 花の名. ② 源氏名.
【花名册】**huāmíngcè** 名 人名簿.
【花木】**huāmù** 名(観賞用の)花と木.
【花呢】**huāní** 名 柄物の毛織物.
【花鸟】**huāniǎo** 名 ① 花と鳥. ② 花鳥画.
【花农】**huānóng** 名 花を専門に作る農家.
【花炮】**huāpào** 名 花火と爆竹.
【花盆】**huāpén** 名(～儿)植木鉢.
【花片】**huāpiàn** 名 花びら.
【花瓶】**huāpíng** 名 ① 花瓶. ②〈喩〉飾り物;お飾り(の女性).
【花圃】**huāpǔ** 名 花畑.
【花扦儿】**huāqiānr** 名 切り花. 造花.

H

【花钱】huā//qián 動 金がかかる．金を遣う；浪費する．¶你买这本词典花了多少钱？—花了六十块钱 / あなたはこの辞典を買うのにいくら遣いましたか—60元かかりました．¶为减肥 jiǎnféi 花了不少钱 / ダイエットにたいそうお金をかけた．

【花枪】huāqiāng 名 ①〈旧〉飾りのついた短い槍(やり)．②悪巧み．

【花腔】huāqiāng 名 ①〈音〉コロラチュラ．②〈喩〉甘言．

【花墙】huāqiáng 名 中段より上に透かし模様の入った塀．

【花俏】huāqiào 形 スマートである．

【花圈】huāquān 名 葬儀用の花輪．花輪．¶献 xiàn ～ / 花輪をささげる．

【花儿匠】huārjiàng 名 ①植木屋．庭師；花屋．②生け花の師匠．

【花儿针】huārzhēn 名 刺繡針．

【花容月貌】huā róng yuè mào 〈成〉(花や月のように)女性の容貌が美しいさま．►"花容玉 yù 貌"とも．

【花蕊】huāruǐ 名〈植〉花蕊(ずい)．

【花色】huāsè 名 ①柄と色．②種類．

【花纱布】huāshābù 名 綿花・綿糸・綿布の総称．

【花衫】huāshān 名(中国の伝統劇で)若い女性に扮する女形(おやま)．

【花哨】huāshao 形〈口〉①(衣服や装飾などが)派手である，けばけばしい．②変化に富む；技巧的である．

*【花生】huāshēng 名 ①〈植〉落花生．②ピーナッツ．(量) 粒 lì，颗 kē．

【花生豆】huāshēngdòu 名(～儿)〈方〉ピーナッツ．

【花生酱】huāshēngjiàng 名〈料理〉ピーナッツクリーム．

【花生米】huāshēngmǐ 名(～儿)(殻をむいた)落花生．ピーナッツ．

【花生油】huāshēngyóu 名 落花生油．(量) 滴 dī．

【花市】huāshì 名 花の市．

【花饰】huāshì 名 装飾模様．

【花束】huāshù 名 花束．

【花说柳说】huā shuō liǔ shuō 〈成〉〈方〉口先でうまいことを言う．

【花丝】huāsī 名 ①〈植〉花糸．②金(銀)糸細工．

【花坛】huātán 名 花壇．

【花天酒地】huā tiān jiǔ dì 〈成〉酒色におぼれた生活．

【花厅】huātīng 名 旧式住宅の"大厅"(大広間)以外の客間．離れ．

【花团锦簇】huā tuán jǐn cù 〈成〉色とりどりに着飾った華やかな一団．

【花纹】huāwén 名(～儿)模様．

【花媳妇儿】huāxífur 名〈口〉〈虫〉テントウムシ．

【花线】huāxiàn 名 ①電気器具のコード．►"软线 ruǎnxiàn"とも．②〈方〉いろいろな色の刺繡糸．

【花销・花消】huāxiao 〈口〉❶動 お金を遣う．❷名 ①出費．費用．②〈旧〉手数料；税金．

【花心】huāxīn ①名〈植〉花の蕊(しべ)．蕊(ずい)．②形 浮気性の．

【花须】huāxū 名〈植〉花蕊(ずい)．

【花絮】huāxù 名〈喩〉こまごましたニュース．こぼれ話．ゴシップ．►新聞の見出しに用いることが多い．¶大会 dàhuì ～ / 大会余聞．¶球场 qiúchǎng ～ / 球場こぼれ話．

【花押】huāyā 名 書き判．花押(かおう)．

【花言巧语】huā yán qiǎo yǔ 〈成〉①甘言．②甘言を並べる．

【花眼】huāyǎn 名 老眼．►"老视眼 lǎoshìyǎn"の通称．

*【花样】huāyàng 名(～儿) ①模様．柄．②→【花招】huāzhāo

【花样滑冰】huāyàng huábīng 名〈体〉フィギュアスケート．

【花样游泳】huāyàng yóuyǒng 名〈体〉シンクロナイズドスイミング．

【花椰菜】huāyēcài 名〈植〉カリフラワー．►俗に"菜花"，地方によっては"花菜"とも．

【花用】huāyòng 名 費用．消費．

*【花园】huāyuán 名(～儿)花園．庭園．(量) 个,座．

【花贼】huāzéi 名 浮気者．プレーボーイ．

【花账】huāzhàng 名 水増し勘定．¶开～ / 勘定をごまかす．

【花障】huāzhàng 名(～儿)草花をはわせた垣根．

【花招】huāzhāo 名(～儿) ①(武術で)見た目にはきれいな演出．②手管．¶要 shuǎ ～ / 手練手管を使う．►"花着"とも書く．

【花朝】huāzhāo 名 花朝(ちょう)．►旧暦の2月12日または15日．百花の誕生日とされ，花神を祭る．

【花朝月夕】huā zhāo yuè xī 〈成〉時候もよく景色も美しいさま．►特に旧暦の2月15日と8月15日をさす．

【花枝招展】huā zhī zhāo zhǎn 〈成〉女性が華やかに着飾って美しい．

【花烛】huāzhú 名 ①婚礼の際にともす赤いろうそく．②〈転〉新婚．¶～夫妻 fūqī / 正式に結婚した夫婦．

【花子儿】huāzǐr 名 ①花の種子．②〈方〉綿の実．

【花子】huāzi 名 乞食．

哗(嘩) huā

擬 ①《雨や水の大きな音》ざあざあ．►重ねて用いることが多い．②《金属がぶつかり合う連続音》がちゃん．⇒ huá

【哗啦】huālā 擬 ①《物が落ちたり崩れたりする音》がらっ．②《大量の液体や砂などが流れたり落下したりする音》ざあっ．③《水の流れる音》さらさら．

2声 *划(劃) huá

動 ①(とがったもので)こする，切る，ひっかいて傷をつくる．¶～玻璃 bōli / ガラスを切る．¶～了一根火柴 huǒchái / マッチを1本すった．¶手上～了道口子 kǒuzi / 手にひっかき傷ができた．②(舟を)こぐ．(水を)かく．¶～船 chuán / 舟をこぐ．

◇ 引き合う．割りに合う．¶→～不来．⇒ huà

【划不来】huábulái 動+可補 割りに合わない．

【划得来】huádelái 動+可補 割りに合う．

【划拉】huála 動〈方〉①払いのける．②かき集める．③書きなぐる．④とり込む．

【划拳】huá//quán 動 拳を打つ．¶～行令 xínglìng /（酒席で）拳を打って座興をやる．

【划算】huásuàn 動 ①思案する．②割りに合う．

【划子】huázi 名 ボート．小舟．(量) 个,只．

华(華) huá

名〈気〉暈(かさ)．ハロー．

◇ ①(Huá) 中国(の)；(漢民族の使用する)中国

語. ¶驻 zhù ～大使 / 中国駐在大使. ¶英～词典 / 英中辞典. ②精華. 最もすぐれた部分. ¶英～ / 精髄. ③繁栄した. ¶繁 fán ～ / にぎやかだ. ④ぜいたくである. ¶～屋 wū / 豪華な邸宅. ⑤光. 輝き. つや. ¶光 guāng ～ / 輝く光. ⑥白髪まじりである. ¶～鬓 bìn / 白髪まじりのびん. ⑦相手に関係ある事物に用いる. ¶→～翰 hàn.
‖姓 ▸▸ huà

【华表】huábiǎo 名 宮殿や陵墓などの前に建てられた装飾用の大きな石柱.
【华达呢】huádání 名 ギャバジン.
【华诞】huádàn 名〈敬〉お誕生日.
【华灯】huádēng 名 飾り提灯.
【华而不实】huá ér bù shí〈成〉見かけ倒し.
【华尔兹】huá'ěrzī 名〈音〉ワルツ.
【华发】huáfà 名〈書〉白髪まじりの髪.
【华工】huágōng 名〈旧〉外国で働く中国人労働者.
【华贵】huáguì 形 豪華である.
【华翰】huáhàn 名〈敬〉貴書. 貴簡.
【华里】huálǐ 量 華里(かり). 中国里. 参考 1"华里"は500メートル. "市里shìlǐ"の旧称. "公里gōnglǐ"(キロメートル)と区別していう.
【华丽】huálì 形 **華麗である.**
【华美】huáměi 形 派手やかで美しい.
*【华侨】huáqiáo 名 **華僑.** ►国外に居住する中国籍をもつ中国人.
*【华人】huárén 名 ①中国人. ②**華人.** ►中国籍をもたず,居住国の国籍をもつ中国系住民.
【华氏温度】Huáshì wēndù 名 華氏温度計の目盛りで表された温度. ¶～计 / 華氏温度計.
【华文】Huáwén 名 中国語.
【华夏】Huáxià 名 中国の古称.
【华裔】huáyì 名 ①中国と中国の隣国. ②外国に出生し,その国の国籍を取得した中国系住民.
【华语】Huáyǔ 名(中華民族の話す)**中国語.** ►主としてマレーシアやシンガポールで使われている中国語の標準語(北京語)をさす.
【华胄】huázhòu 名 ①〈書〉貴族の末裔(まつえい). ②"华夏"(中国)の後裔. 漢民族.

哗(嘩・譁) huá

◇◆ 騒がしい. やかましい.
▸▸ huā

【哗变】huábiàn 動(軍隊が)突然反乱を起こす.
【哗然】huárán 形 がやがや騒がしい.
【哗众取宠】huá zhòng qǔ chǒng〈成〉派手に立ち回って人気をとる.

猾 huá

◇◆ ずる賢い. ¶～吏 lì / ずる賢い小役人. ¶狡 jiǎo ～ / ずる賢い.

滑 huá

1形 ①**つるつるしている. 滑らかである.** すべすべしている. ¶路～得很,不好走 / 道はつるつる滑って歩きにくい. ②**ずるい.** こすい. ¶这人很～ / こいつはこすい.
2動 **滑る.** ¶～了一交 jiāo / つるりと滑って転んだ. ‖姓

【滑板】huábǎn 名〈体〉スケートボード. ¶～滑雪 / スノーボード.
【滑冰】huá//bīng 動 ①〈体〉**スケートをする.** ¶～场 / スケートリンク. ¶花样 huāyàng ～ / フィギュアスケート. ¶速度 sùdù ～ / スピードスケート. ¶～舞 wǔ / スケートダンス. ②氷上を滑る.
【滑不唧溜】huábujīliū 形(～的)〈方〉つるつるして滑りやすい. ►嫌悪の意味を含む. "滑不唧""滑不唧唧"とも.
【滑车】huáchē 名 滑車.
【滑动】huádòng 動 滑る.
【滑竿】huágān 名(～儿)竹で編んだいすを2本の竹竿に縛りつけた登山用の乗り物.
【滑稽】huáji ①形 こっけいである. ¶他说话很～ / 彼の話しぶりはひょうきんだ. ②名 上海一帯で盛んな漫才. 漫談. ►北方の"相声 xiàngsheng"(漫才)に近い.
【滑溜】huáliu 形〈口〉つるつるしている. 滑らかである.
【滑轮】huálún 名〈物〉滑車.
【滑腻】huánì 形(多く皮膚が)すべすべしてきめの細かい.
【滑坡】huápō ①名 地滑り. 山崩れ. ②動〈喩〉(景気などが)下降する.
【滑润】huárùn 形 潤いがあって滑らかである.
【滑润油】huárùnyóu 名 潤滑油.
【滑石】huáshí 名 滑石. タルク.
【滑鼠】huáshǔ 名〈電算〉マウス. ►主に台湾で用いられる.
【滑爽】huáshuǎng 形(布地などが)なめらかで心地よい,ざらつかない.
【滑水】huá//shuǐ 動〈体〉水上スキーをする.
【滑梯】huátī 名 滑り台. (量) 座.
【滑头】huátóu ①形 ずる賢い. ②名 ずる賢い人.
【滑头滑脑】huá tóu huá nǎo〈成〉ずる賢い.
【滑翔】huáxiáng 動〈物〉滑空する.
【滑翔机】huáxiángjī 名 グライダー.
【滑行】huáxíng 動 ①滑走する. ②(自動車などが)惰力で走る.
【滑雪】huá//xuě 動〈体〉スキーをする.** ¶高山〔越野〕～ / アルペン〔クロスカントリー〕スキー.
【滑雪板】huáxuěbǎn 名 スキー板.
【滑雪衫】huáxuěshān 名 防寒ジャケット;スキーウェア.

4声 *化 huà

《事物の**形態や性質が変わる**》
①動(液体の中で,熱によって)**溶ける.** ¶屋面 wūmiàn 上的雪～光了 / 屋根の雪はすっかり溶けた. ¶用水～开 / 水で溶かす. ②接尾 …**化する**(こと). ►動詞・名詞・形容詞の後に用い,ある性質・状態に変える〔変わる〕ことを表す. ¶绿 lǜ ～首都 shǒudū / 首都を緑化する. ¶工业 gōngyè ～ / 工業化する.
◇◆ ①変える. 変わる. ¶～为 wéi … / …に変える〔変わる〕. ¶→～装 zhuāng. ②消化する. 取り除く. ¶～食 / 食物を消化する. ¶→～痰 tán. ③感化する. ¶教～ / 教化する. ④焼く. ¶火～ / 火葬する. ⑤布施を請う. ¶募 mù ～ / 布施を求める. ⑥(仏教・道教で)死ぬ. ¶坐～ / 端座したまま往生する. ⑦化学. ¶理～ / 物理化学. ‖姓
▸▸ huā

【化除】huàchú 動(抽象的な事物を)取り除く. ¶～成见 chéngjiàn / 先入観を取り除く.
【化肥】huàféi 名〈略〉化学肥料.
【化分】huàfēn 動 分解する.
【化工】huàgōng 名〈略〉化学工業.
【化合】huàhé 動〈化〉化合する.

【化合价】huàhéjià 名〈化〉原子価.
【化解】huàjiě 動 取り除く. 消す.
【化疗】huàliáo 名〈略〉〈医〉化学療法.
【化名】huà//míng ①動 偽名を使う. ②名 仮名. 偽名.
【化脓】huà//nóng 動 化膿する.
【化身】huàshēn 名 ①化身. ②象徴. 権化(ごん).
【化石】huàshí 名 化石.
【化痰】huàtán 動 痰(たん)を取り除く.
【化铁炉】huàtiělú 名 溶鉱炉. 量 座.
【化为乌有】huà wéi wū yǒu 〈成〉烏有(うゆう)に帰す. (特に火災などにより)何もなくなってしまう.
【化纤】huàxiān 名〈略〉化学繊維.
【化险为夷】huà xiǎn wéi yí 〈成〉危険な状態を平穏な状態にかえる.
*【化学】huàxué 名 ①化学. ¶～反应 fǎnyìng / 化学反応. ¶～能 / 化学エネルギー. ②〈旧〉セルロイド.
【化学纤维】huàxué xiānwéi 名 化学繊維.
*【化验】huàyàn 動 化学検査をする. 化学分析をする.
【化油器】huàyóuqì 名〈機〉気化器. キャブレター.
【化缘】huà//yuán 動 布施を請う.
【化妆】huà//zhuāng 動 化粧する.
【化装】huà//zhuāng 動 ①〈劇〉扮装する. メークアップする. ②仮装する. 変装する.
【化妆品】huàzhuāngpǐn 名 化粧品.
【化妆师】huàzhuāngshī 名 メークアップアーティスト.
【化妆室】huàzhuāngshì 名 ①メーク室. ②(台湾などで)トイレット. 化粧室.
【化妆刷】huàzhuāngshuā 名 メイクブラシ.
【化妆水】huàzhuāngshuǐ 名 化粧水.

*# 划(劃) huà

❶動 ①分ける. 区分する. ¶～等级 děngjí / 等級分けをする. ②(金銭・物品を)振り当てる, 回す. ¶～一部分化肥 huàféi 给菜农 càinóng / 化学肥料を一部分けて野菜農家に与える. ③(筆などで)印をつける. ❷名 画数. ◇◆ 計画する. ¶筹 chóu ～ / 計画する. ⏩ huá
【划拨】huàbō 動 ①(金を銀行などによって)振り替える. ②分け与える.
【划策】huàcè 動 画策する.
【划定】huàdìng 動 境界を定める.
【划分】huàfēn 動 ①分ける. 区分する. ¶把这些人～成三个小组 xiǎozǔ / この人たちを3グループに分ける. ②区別する.
【划归】huàguī 動 編入する. 合併する.
【划价】huà//jià 動 患者の薬代や治療費の内訳を処方箋に記す.
【划框框】huà kuāngkuang 〈慣〉枠をはめる; 制限を加える.
【划清】huà//qīng 動 はっきり区分する.
【划时代】huà shídài 時代を画する. ¶～的作品 zuòpǐn / 画期的な作品.
【划一】huàyī ①動 画一にする; 一律にする. ②形 画一的である. 一律である.
【划一不二】huà yī bù èr 〈成〉①正札掛け値なし. ②(やることが)一律である, 紋切り型である.

华(華) huà

地名に用いる. ¶～山 / 陝西省にある山の名. ‖姓 ⏩ huá

**# 画(畫) huà

❶動 ①(絵や図などを)かく; 印をつける. 記号をかく. ¶～画儿 / 絵をかく. ¶～线 xiàn / 線を引く. ¶～表格 biǎogé / 図表を作る. ②印をつける. 記号をかく. ¶～箭头 jiàntóu / 矢印をかく.
❷名 ①(～儿)絵. 絵画. 量 张, 幅 fú. ¶墙 qiáng 上挂 guà 着很多～儿 / 壁に絵がたくさん掛かっている. ②漢字の筆画. ¶"水"字四～ / "水"の字は4画だ. ‖姓
【画板】huàbǎn 名 画板.
*【画报】huàbào 名 画報. グラフ雑誌. 量 本.
【画笔】huàbǐ 名 絵筆.

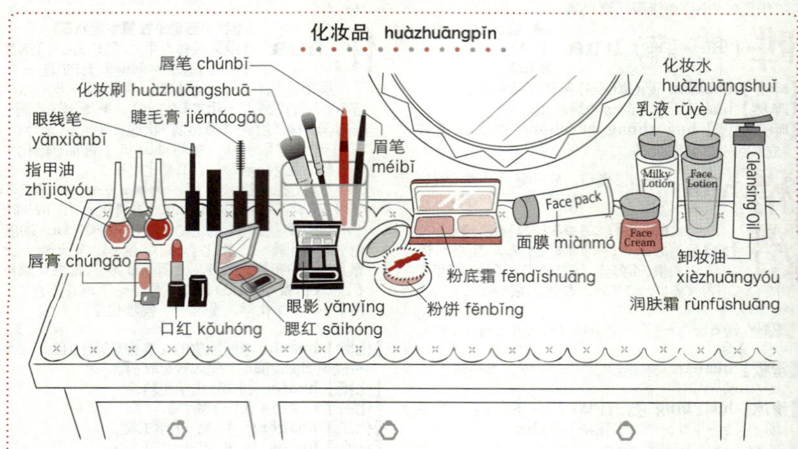

【画饼】huàbǐng 名 画餅(がべい). 絵にかいた餅. ¶ 终 zhōng 成～ / 計画倒れになる.
【画饼充饥】huà bǐng chōng jī 〈成〉名のみで実がない；〈喩〉空想によって自らを慰める.
【画布】huàbù 名 画布. キャンバス. 量 块,幅 fú.
【画册】huàcè 名 画帖(がじょう). 画集.
【画到】huà//dào 動 出勤〔出席〕したとき出勤〔出席〕簿に"到"と記入する.
【画地为牢】huà dì wéi láo 〈成〉指定の範囲内だけで活動を許す.
【画法】huàfǎ 名 絵のかき方.
【画舫】huàfǎng 名 美しく飾りたてた遊覧船.
【画符】huà//fú 動 道士が魔よけの札をかく.
【画幅】huàfú 名 ① 絵. 絵画. ② 絵の寸法.
【画稿】huà//gǎo ① 動 責任者が公文書の文案に署名する. ② 名(～儿)画稿. 下絵.
【画供】huà//gòng 動 犯人が供述書に署名する.
【画虎类狗】huà hǔ lèi gǒu 〈成〉高望みをして失敗し見苦しい結果になる. ►"画虎不成反类狗""画虎类犬 quǎn"とも.
【画家】huàjiā 名 **画家**.
【画匠】huàjiàng 名 ① 画工. ②〈旧〉三文画家.
【画卷】huàjuàn 名 ① 絵画の巻き物. 絵巻. ②〈喩〉壮麗な景観.
【画刊】huàkān 名 画報. グラフ.
【画廊】huàláng 名 ① 絵が描かれている回廊. ② 画廊. ギャラリー.
【画龙点睛】huà lóng diǎn jīng 〈成〉竜を描いて最後にひとみをかき入れる；〈喩〉最後に大切な部分を付け加えて完全に仕上げること. 画竜点睛(がりょうてんせい).
【画眉】huàméi 名〈鳥〉ガビチョウ.
【画皮】huàpí 名〈喩〉化けの皮. 素性や真相などを覆い隠すうわべの形.
【画片儿】huàpiānr ⇀【画片】huàpiàn
【画片】huàpiàn 名 絵はがき. 絵入りのカード.
【画屏】huàpíng 名 絵をはめ込んだびょうぶ.
【画谱】huàpǔ 名 ① 絵の手本. ② 画譜(がふ).
【画圈】huà//quān 動(指導幹部や高級幹部が自分の名前に)閲了印をつける.
【画儿】huàr 名 **絵**. **絵画**. 量 张,幅 fú. ❖ 画 *huà* ～ / 絵を描く.
【画蛇添足】huà shé tiān zú 〈成〉蛇足を加える. 余計なものを付け加える.
【画师】huàshī 名 画家. 絵師.
【画十字】huà shízì ① 読み書きのできない人が署名代わりに"十"の字を書く. ②(キリスト教徒が)十字を切る.
【画室】huàshì 名 アトリエ.
【画帖】huàtiè 名 絵の手本.
【画图】huà//tú ① 動 図や地図をかく. ② 名 絵図. ►多く比喩的に用いる.
【画外音】huàwàiyīn 名(映画・テレビで)画面外の声.
【画像】huà//xiàng 動 肖像画を描く.
【画押】huà//yā 動(契約書や供述書に)書き判をかく.
【画页】huàyè 名(書籍や新聞の)挿絵・写真のあるページ.
【画苑】huàyuàn 名 絵画の粋を集めた所；〈転〉美術界.
【画展】huàzhǎn 名 絵画展.
【画轴】huàzhóu 名 掛け軸. 量 卷 juǎn,个.

话 huà ① 名(～儿)言葉**. **話**. 量 句;［やや長いもの］段. ¶ 我要跟你说两句～ / ちょっとお話ししたいことがあります. ② 動 話す. 言う. ¶ ～家常 jiācháng / 世間話をする.
【话把儿】huàbàr 名〈口〉話の種.
【话本】huàběn 名 宋・元代に行われた講談の台本. 語り物.
【话别】huà//bié 動(別れる前に)名残の語らいをする.
【话柄】huàbǐng 名 話の種. 語りぐさ.
【话不投机】huà bù tóu jī 〈成〉意見が合わず,話がまとまらない.
【话茬儿】huàchár 名〈方〉① 話の継ぎ穂. ② 口ぶり.
【话锋】huàfēng 名 話題. 話の糸口.
【话旧】huàjiù 動 思い出話をする.
*【话剧】huàjù 名 **現代劇**. 新劇.
【话口儿】huàkǒur 名〈方〉話ぶり.
【话里有话】huàli yǒu huà 〈慣〉話に言外の意味がある. 話に含みがある. ►"话里套话 tào huà""话中 zhōng 有话"とも.
【话料】huàliào 名(～儿)話の種.
【话梅】huàméi 名 梅の実を酢や塩に漬けた食品.
【话说】huàshuō ①〈套〉(旧小説の冒頭の言葉)さて. ② 動 語る.
【话题】huàtí 名 **話題**.
【话筒】huàtǒng 名 ①(電話の)送話器. ② マイクロフォン. ③ メガフォン. ►"传声筒 chuánshēngtǒng"とも.
【话头】huàtóu 名(～儿)話の糸口.
【话务员】huàwùyuán 名 電話交換手.
【话匣子】huàxiázi 名 ① 蓄音機；(現在は)ラジオ. ②〈喩〉おしゃべり.
【话音】huàyīn 名 ① 話し声. ②(～儿)〈口〉言外の意味. 口ぶり.
【话又说回来了】huà yòu shuō huílai le 〈套〉〈口〉《相手の考えに同意できず自説を通そうと,話題を戻したり変えたりするときに用いる》話は戻るが. 話は変わるが. ところで.
【话语】huàyǔ 名 言葉. 話.

桦(樺) huà ◇❖ カバノキ. ¶ 白～ / シラカバ. ¶ 黑～ / クロカンバ.

huai (ㄏㄨㄞ)

2声 *怀(懷) huái ❶ 名 **胸**. **懐**(ふところ). ►よく"中､里"などの方位詞を伴う. ¶ 那个小孩儿在他妈妈～里睡着 shuìzháo 了 / その子は母親の胸で眠り込んだ.
❷ 動 ① **妊娠する**. 身ごもる. ¶ ～上了孩子 / 子供を身ごもった. ¶ →～胎 tāi. ¶ →～孕 yùn. ②(**心に**)**抱く**,**もつ**. ►後ろに"着 zhe"を伴うことが多い. ¶ ～着远大理想 lǐxiǎng / 高遠な理想を抱く.
◇❖ ①思い. 気持ち. ¶ 襟 jīn ～ / 胸中. 気概. ②しのぶ. 懐かしむ. ¶ ～乡 xiāng / ふるさとが恋しい. ‖ 姓
【怀抱】huáibào ❶ 動 ① 懐に抱く. ② 心に抱く.

H

¶～着崇高 chónggāo 的理想 / 気高い理想を抱いている. ❷名 ① 懐．胸．¶回到祖国 zǔguó 的～ / 祖国の懐に帰る．②(～儿)〈方〉赤ん坊のとき．③〈書〉抱負．考え．

【怀表】huáibiǎo 名 懐中時計．

【怀才不遇】huái cái bù yù〈成〉才能が埋もれてしまう．

【怀古】huáigǔ 動 懐古する．

【怀鬼胎】huái guǐtāi〈慣〉心にやましいところがある．

【怀恨】huái//hèn 動 恨みを抱く．

【怀旧】huáijiù 動〈書〉昔のことや旧友を懐かしむ．

【怀恋】huáiliàn 動 恋しく思う．懐かしく思う．

*【怀念】huáiniàn 動 しのぶ．恋しく思う．¶～故乡 gùxiāng / 故郷をしのぶ．

【怀柔】huáiróu 動 懐柔する．

【怀胎】huái//tāi 動 妊娠する．

【怀喜】huái//xǐ 動〈口〉身ごもる．妊娠する．

【怀想】huáixiǎng 動 しのぶ．恋しく思う．

*【怀疑】huáiyí 動 ① 疑惑を抱く．¶这桩 zhuāng 事件令 lìng 人～ / この事件は疑惑を抱かせる．② 推測する．¶我～她曾 céng 到过这里 / 彼女は以前ここへ来たことがあるのではないかと思う．

【怀孕】huái//yùn 動 妊娠する；(雌の動物が) 孕(はら)む．

淮 huái

◇◆ 淮河(わい)．¶～北 / 淮河以北の地；安徽省北部．¶～南 / 淮河以南で長江以北の地；安徽省中部．‖姓

槐 huái

◇◆ エンジュ．‖姓

【槐黄】huáihuáng 名 エンジュの花と果実で作った黄色の染料．

【槐树】huáishù 名〈植〉エンジュ．

踝 huái

◇◆ くるぶし．

【踝子骨】huáizigǔ 名〈方〉くるぶし．

4声 **

坏(壞) huài

❶形 ①(↔好) 悪い．よろしくない．¶～习惯 xíguàn / 悪い習慣．¶她脾气 píqi 很～ / 彼女は気性が荒い．② 壊れている．傷んでいる．だめになる．¶自行车～了 / 自転車が壊れた．¶～鸡蛋 jīdàn / 腐った卵．¶景气再～下去, 我们公司就要倒闭 dǎobì 了 / これ以上景気が悪くなると, うちの会社は潰れるだろう．

語法ノート　動詞 / 形容詞＋"坏"

…してだめになる；ひどく…だ．

❶動詞の後に置き, 悪い結果が生じることを表す．¶把录象机 lùxiàngjī 弄 nòng ～了 / ビデオをだめにしてしまった．¶不要把眼睛 yǎnjing 看～了 / あまり長く見て目を悪くしないように．¶宠 chǒng ～孩子 / 子供を甘やかしてだめにする．

❷心理状態を表す動詞や形容詞の後に置き, 程度のはなはだしいことを表す．¶累 lèi ～了 / 疲れ果てた．¶气 qì ～了 / 無性に腹が立つ．¶这两天可把我忙 máng ～了 / この 2, 3 日はてんてこまいだった．

❷動 壊す．悪くする．だめにする．¶～肚子 dùzi / 腹をこわす．¶别～了他的事 / 彼のやっていることをぶち壊してはいけない．

❸名 悪知恵．悪巧み．¶使～ / 下劣な仕打ちをする．

【坏包】huàibāo 名(～儿)〈口〉悪たれ．

*【坏处】huàichu 名 害．不利な点．悪い所．

*【坏蛋】huàidàn 名〈罵〉悪人．ろくでなし．

【坏东西】huàidōngxi 名 悪者．悪玉．

【坏分子】huàifènzǐ 名 悪質分子．社会秩序を破壊する悪人．

【坏话】huàihuà 名 ① 耳障りな話．② 悪口．憎まれ口．¶说别人的～ / 人の悪口を言う．

【坏疽】huàijū 名〈医〉壊疽(えそ)．

【坏评】huàipíng 名 批判的な評論．

【坏人】huàirén 名 ① 悪人．②→【坏分子】huàifènzǐ

【坏事】huài//shì ① 動 物事をだめにする．② 名 悪いこと．

【坏水儿】huàishuǐr 名〈方〉悪知恵．悪巧み．

【坏死】huàisǐ 動〈医〉壊死(えし)する．

【坏心眼儿】huàixīnyǎnr 名〈口〉悪意．意地悪．

huan (ㄏㄨㄢ)

1声

欢(歡) huān

形〈方〉(多く補語に用い) 活発である．勢いがよい．¶火着 zháo 得～ / 火が盛んに燃える．

◇◆ 喜ぶ．楽しい．¶→～喜．

【欢蹦乱跳】huān bèng luàn tiào〈成〉元気はつらつとしているさま．

【欢畅】huānchàng 形 のびのびとして気持ちがよい．

【欢度】huāndù 動 楽しく過ごす．

【欢呼】huānhū 動 歓呼する．

【欢聚】huānjù 動 楽しく集う．¶～一堂 / 一堂に楽しく集う．

【欢快】huānkuài 形 軽快である．浮き浮きする．

【欢乐】huānlè 形 浮き浮き楽しい．うれしい．►大ぜいの人についていうことが多い．

【欢庆】huānqìng 動 楽しく祝う．

【欢声】huānshēng 名 歓声．

【欢声笑语】huān shēng xiào yǔ〈成〉楽しげな声や笑い声．

【欢实·欢势】huānshi 形〈方〉活発である．元気である．

*【欢送】huānsòng 動 歓送する．送別する．¶～会 / 歓送会．

【欢腾】huānténg 動 喜びに沸く．狂喜する．►大ぜいの人についていうことが多い．

【欢天喜地】huān tiān xǐ dì〈成〉大喜びする．狂喜する．

【欢喜】huānxǐ ① 形 喜ばしい．うれしい．¶欢欢喜喜过新年 / 楽しく新年を祝う．② 動〈方〉好む．¶她～看足球赛 zúqiúsài / 彼女はサッカーの試合を見るのが好きだ．

【欢笑】huānxiào 動 明るく笑う．

【欢心】huānxīn 名 歓心．¶讨 tǎo 人～ / 歓心を買う．

【欢欣】huānxīn 形 喜んでいる．¶～鼓舞 gǔwǔ

/喜びに沸き立つ.

【欢迎】huānyíng 動 ①(人の来訪を)**喜んで迎える,歓迎する**. ¶～,～!/よくいらっしゃいました. ¶～你来我家玩儿 wánr/どうぞうちに遊びにいらしてください. ¶热烈 rèliè～/熱烈に歓迎する. [“受到 shòudào、表示 biǎoshì”などの動詞の目的語となる]¶外宾 wàibīn 们受到学生们的热烈 rèliè～/外国からの賓客たちは学生諸君から暖かく迎えられた. ¶表示～/歓迎の意を表する.
②(事物や人の行動を)**喜んで受け入れる**,歓迎する. ¶用户 yònghù 很～这种 zhǒng 产品/消費者はこのような製品を非常に歓迎する. ¶～批评 pīpíng/批判を喜んで受け入れる. ¶～老李给我们唱chàng个歌!/李さんに歌をお願いいたしましょう. [“受到、得到 dédào”などの動詞の目的語となる]¶这项措施 cuòshī 深受市民的～/この措置は都市住民の受けがたいへんよい.

【欢悦】huānyuè 動 喜ぶ.

貛 huān ◇ アナグマの類. ¶狗 gǒu～/アナグマ.

还(還) huán 動 **返却する.返済する.** ¶欠 qiàn 他的钱 qián 已经～了/彼に借りていた金はもう返した. ¶～小王自行车 zìxíngchē/王君に自転車を返す.
◇ ①(もとの状態に)復する. 戻る. ¶→～原 yuán. ②報いる. 仕返しをする. ¶→～手 shǒu.
‖姓 ▸▸hái

【还报】huánbào 動 報いる.

【还本】huán//běn 動 元金を返す.

【还贷】huándài 動 ローンを返済する.

【还给】huángěi 動 …**に返す**. ¶我把书～小林了/本を林くんに返した.

【还魂】huán//hún 動 ①死者が生き返る. ②〈方〉再生する.

【还击】huánjī 動 反撃する.

【还价】huán//jià ①動(～儿)値切る. ¶讨价 tǎojià～/(値段の)駆け引きをする. ②名〈経〉カウンターオファー.

【还口】huán//kǒu 動 口答えする.

【还礼】huán//lǐ 動 ①答礼する. ②返礼する.

【还盘】huánpán 名〈経〉逆指値;条件修正申し込み.

【还清】huán//qīng 動+結補(借金を)完済する.

【还手】huán//shǒu 動 殴り返す. ¶他打我,我才还的手/彼がぼくを殴ったから殴り返したのです.

【还俗】huán//sú 動 還俗(げんぞく)する.

【还席】huán//xí 動 答礼の宴を設ける.

【还乡】huánxiāng 動 故郷に帰る.

【还阳】huán//yáng 動 死者がよみがえる.

【还原】huán//yuán 動 ①〈化〉還元する. ②原状に復する.

【还愿】huán//yuàn 動 ①お礼参りをする. 願ほどきをする. ②〈喩〉約束を履行する.

【还债】huán//zhài 動 借金を返す.

【还账】huán//zhàng 動 借金を返す.

【还嘴】huán//zuǐ 動 口答えする.

环(環) huán 量(射撃などの輪状の)標的の点数.
◇ ①輪. 輪になったもの. ¶耳 ěr～/耳輪. ②一環. 物事の最も重要な部分. ¶一～/一環. 一部分. ③めぐる. 取り巻く. ¶～城 chéng 铁路/環状線.
‖姓

【环靶】huánbǎ 名〈軍〉輪状の標的.

【环保】huánbǎo 名〈略〉**環境保護**. ►“环境保护 huánjìng bǎohù”の略.

【环抱】huánbào 動(自然物が)ぐるりと取り囲む.

【环城】huánchéng 動 都市のまわりをめぐる.

【环城公路】huánchéng gōnglù 名 環状道路.

【环岛】huándǎo 名(交差点の)ロータリー.

【环发】huánfā 名 環境と開発.

【环顾】huángù 動〈書〉ぐるりと見渡す.

【环海】huánhǎi 動 海に囲まれる.

【环节】huánjié 名 ①〈動〉環節. ¶～动物 dòngwù/体節動物. ②一環. 一部. ¶薄弱 bóruò～/弱い部分. ¶中心～/かなめとなる部分.

*【环境】huánjìng** 名 ①周囲の情況・条件;周囲. 周り. ¶他家住在小山坡 shānpō 上,～很幽静 yōujìng/彼の家は丘陵の斜面にあり,周りはとても静かだ. ②**環境**.

*【环境保护】huánjìng bǎohù** 名 環境保護.

【环境污染】huánjìng wūrǎn 名 環境汚染.

【环幕电影】huánmù diànyǐng 名 環状スクリーン映画.

【环球】huánqiú ①動 地球をめぐる. ¶～旅行 lǚxíng/世界一周旅行. ②名 全世界.

【环绕】huánrào 動 取り巻く. 取り囲む.

【环山】huánshān 動 ①ぐるりと山を巡る. ②山に囲まれる.

【环食】huánshí 名〈天〉金環食. ►“日环食 rìhuánshí”とも.

【环视】huánshì 動 周囲を見回す.

【环线】huánxiàn 名 環状線.

【环行】huánxíng 動 周りをめぐる. 環状に走る. ¶～岛 dǎo/ロータリー. ¶～铁路 tiělù/環状線(汽車). ¶～电车 diànchē/環状線(電車).

【环形】huánxíng 形 輪の形をした. 環状の.

【环氧树脂】huányǎng shùzhī 名〈化〉エポキシ樹脂.

桓 huán ‖姓

貆 huán 名〈書〉①タヌキの子. ②ヤマアラシ. 参考 古文では“貛 huān”に同じ.

寰 huán ◇ 広い地域. ¶人～/人の世.

【寰球】huánqiú 名 全地球. 全世界.

【寰宇】huányǔ 名〈書〉全世界.

鹮 huán 名〈鳥〉トキ. ¶朱 zhū～/トキ(ニッポニア・ニッポン).

3声 **缓 huǎn** 動 ①**遅らせる. 延期する.** ¶这件事～几天再说/この件は2,3日見合わせよう. ②(正常な生理状態に)回復する. ¶过了好一会儿才～过来/ずいぶんたってからやっと息を吹き返した.
◇ ①遅い. のろい. ¶～步/ゆっくり歩く. ¶→～慢. ②ゆるめる. 緩和する. ¶→～冲 chōng.

H

【缓兵之计】huǎn bīng zhī jì 〈成〉時間を稼ぐ策謀. 引き延ばし策.
【缓不济急】huǎn bù jì jí 〈成〉急場に間に合わない.
【缓冲】huǎnchōng 動 緩衝する. 衝突を緩和させる. ¶～材料 / 緩衝材. クッション.
【缓和】huǎnhé 動 **緩和する〔させる〕**. 和らぐ〔げる〕.
【缓急】huǎnjí 名 ①緩急. ゆっくりしていることと急ぐこと. ②急場. 困難. ¶～相助 xiāngzhù / 急場のときは助け合う.
【缓解】huǎnjiě 動 ①緩和する. ②和らげる. 改善する.
*【缓慢】huǎnmàn 形 **緩慢である**. 遅い. ¶行动xíngdòng～ / 動作が緩慢である.
【缓坡】huǎnpō 名(↔陡坡 dǒupō)だらだら坂. 女坂.
【缓期】huǎnqī 動 期限を延ばす. ¶～执行 zhíxíng / 執行を猶予する.
【缓气】huǎn//qì 動 息をつぐ. 息を入れる. ►極度に疲労したあとの休息をさすことが多い.
【缓限】huǎnxiàn 動 期限を延ばす.
【缓刑】huǎnxíng 動〈法〉刑の執行を猶予する.
【缓行】huǎnxíng 動 ①徐行する. ②実行を延期する.
【缓征】huǎnzhēng 動 徴税・徴兵を猶予する.

4声 **幻 huàn** ◇ ①実在しない. 真実でない. ¶梦 mèng～ / 夢と幻. ②不思議に変化する. ¶→～化 huà / 異様に変化する.
【幻灯】huàndēng 名 スライド；スライド映写機.
【幻灯机】huàndēngjī 名 スライド映写機.
【幻化】huànhuà 動 異様に変化する.
【幻景】huànjǐng 名 幻の光景. 幻影.
【幻境】huànjìng 名 幻の世界. 幻の境地.
【幻梦】huànmèng 名 幻想. 夢幻.
【幻灭】huànmiè 動 幻滅する. 幻のように消える.
【幻术】huànshù 名 魔術. 手品.
【幻想】huànxiǎng ①動 **幻想する**. 夢見る. ②名 **幻想**. 空想. 注意 "幻想"は褒貶(ほうへん)の色彩がなく必ずしも現実離れした悪い意味の「幻想」だけではなく, よい意味での「空想」や「想像」にも用いられ, "美丽""幸福"と組み合わせることができる. ¶科学需要 xūyào 创造 chuàngzào, 也需要～ / 科学には創造が必要であり, また空想も必要である.
【幻象】huànxiàng 名 幻. 幻像.
【幻影】huànyǐng 名 幻影. 幻.

奂 huàn 形〈古〉①盛んである. 多い. ②色鮮やかである.

宦 huàn ◇ ①役人. 官吏. ¶→～海 hǎi / 官界. ②役人になる. ¶仕 shì ～ / 仕官する. ③宦官(かんがん). ‖姓
【宦场】huànchǎng 名 官界；官吏.
【宦官】huànguān 名 宦官. 昔, 後宮に仕えた, 去勢された男性. ►"太监 tàijiàn"とも.
【宦海】huànhǎi 名 官界.

** **换 huàn** 動 ①**交換する**. ¶用米 mǐ～布 bù / 米を布地と交換する. ②取り替える. ¶～衣服 / 着替えをする. ③兑换(だかん)する. ¶把人民币 rénmínbì～成日圆 Rìyuán / 人民元を日本円に換える.
【换班】huàn//bān 動 ①勤務交替する. ②(指導部が)世代交替する.
【换茬】huàn//chá 動〈農〉輪作する.
【换车】huàn//chē 動(汽車やバスを)**乗り換える**. ¶在下一站 zhàn～ / 次の駅〔バス停〕で乗り換える.
【换乘】huànchéng 動 乗り換える.
【换代】huàndài 動 ①王朝が交代する. ②(製品が)モデルチェンジする.
【换挡】huàn//dǎng 動〈機〉ギアを入れ換える.
【换发球】huàn fāqiú 〈体〉サーブチェンジをする.
【换防】huàn//fáng 動〈軍〉(軍隊の)守備任務を交替する.
【换房】huàn//fáng 動 住宅を交換する.
【换岗】huàn//gǎng 動 歩哨を交替する.
【换个儿】huàn//gèr 動〈口〉位置を取り替える.
【换行】huàn//háng 動〈電算〉改行する.
【换汇】huànhuì 動 外貨に換算して受け取る.
【换货】huàn//huò 動 物品を取り替える.
【换季】huàn//jì 動 季節が変わる.
【换届】huànjiè 動(指導部の任期満了に伴い)改選〔転任〕する.
【换句话说】huàn jù huà shuō 〈挿〉言葉をかえて言えば.
【换脑筋】huàn nǎojīn →【换脑子】huàn nǎozi
【换脑子】huàn nǎozi 〈慣〉①古い考え方を改める. ②頭を休める.
【换气】huàn//qì 動 換気する.
【换钱】huàn//qián 動 ①両替えする. ¶请给我换一下钱 / お金を両替してください. ②物を金に換える.
【换取】huànqǔ 動 交換によって手に入れる.
【换人】huàn//rén 動 人を替える；〈体〉選手を交替させる.
【换算】huànsuàn 動 換算する.
【换汤不换药】huàn tāng bù huàn yào 〈諺〉形式だけを変えて内容を変えない.
【换文】huàn//wén ①動(外交上)覚え書きを交換する. ②名(外交上の)交換公文.
【换洗】huànxǐ 動(服やシーツなどを)取り替えて洗う.
【换牙】huàn//yá 動〈生理〉乳歯が生え替わる.
【换言之】huàn yán zhī 〈書〉換言すれば.
【换样】huàn//yàng 動(～儿)様子が変わる.
【换药】huàn//yào 動 患部の塗り薬や張り薬を交換する.

唤 huàn 動 **大声で呼ぶ**. 叫ぶ. ¶～狗 gǒu / イヌを呼ぶ.
【唤起】huànqǐ 動 ①奮い立たせる. ②(注意や記憶を)呼び起こす.
【唤醒】huànxǐng 動 ①呼び覚ます. ②我に返らせる. 目覚めさせる.

涣 huàn ◇ 散る. 消えてなくなる.
【涣然冰释】huàn rán bīng shì 〈成〉(疑問などが)氷解する.
【涣散】huànsàn ①形 緩んでいる. だらけている. ②動 緩める. だらける.

浣(澣) **huàn** ◇◆ ①洗う. ¶～衣服を洗う. ¶～纱 shā / 洗濯をする. ②10日間. 旬日. ¶上～ / 上旬. ‖姓

***患** **huàn** 動 **患う**. ¶～病 / 病気にかかる. ¶～了肝炎 gānyán / 肝炎にかかった.
◇◆ ①災難. 災害. ¶水～ / 水害. ¶防 fáng ～未然 wèirán / 災難を未然に防ぐ. ②憂える. 心配する. ¶忧 yōu ～ / 憂慮する.

【患处】huànchù 名 患部.
【患得患失】huàn dé huàn shī 〈成〉個人の損得にばかりこだわる.
【患难】huànnàn 名 難儀. 艱難(かんなん). ¶～之交 / 難儀を共にした友人. ¶同甘苦 gānkǔ,共gòng ～ / 甘苦を共にし,難儀を共にする.
【患者】huànzhě 名 患者.

焕 **huàn** ◇◆ 光り輝く. 美しく輝く. ‖姓

【焕发】huànfā 動 ①美しく輝き現れる. ②奮い起こす.
【焕然一新】huàn rán yī xīn 〈成〉面目を一新する.

痪 **huàn** "瘫痪 tānhuàn"(①半身不随. ②麻痺状態)という語に用いる.

豢 **huàn** "豢养 huànyǎng"⇩という語に用いる.

【豢养】huànyǎng 動 ①家畜を飼育する. ②〈喩〉(手先を)飼い慣らす.

鲩 **huàn** 名〈魚〉ソウギョ(草魚). ►"草鱼 cǎoyú"とも. 量 条 tiáo.

huang (ㄏㄨㄤ)

肓 **huāng** "病入膏 gāo 肓"(病膏肓(こう)に入る)という語に用いる. ⇒【病入膏肓】bìng rù gāo huāng ‖姓

荒 **huāng** ①形 **(田畑が)荒れている**. ¶地～了 / 土地が荒れた.
②動(仕事・学業などを)**おろそかにする**;(技術が)鈍る. ¶一年没上学,功课全～了 / 1年間も学校を休んで,すっかり学業をおろそかにしてしまった. ¶～了手艺 shǒuyì / 腕がなまった.
◇◆ ①開墾されていない土地. ¶→～地 dì. ¶开～ / 荒地を開墾する. ②凶作. 飢饉(ききん). ¶备 bèi ～ / 飢饉に備える. ③(深刻な)欠乏,不足. ¶水～ / 水不足. ¶房 fáng ～ / 住宅難. ④荒涼とした. 辺鄙(へんぴ)な. さびれた. ¶→～凉 liáng. ¶→～僻 pì. ⑤でたらめな. 正しくない. ¶→～谬 miù. ¶→～唐 tang.

【荒草】huāngcǎo 名 荒地に生えている草.
【荒村】huāngcūn 名 寒村.
【荒诞】huāngdàn 形 でたらめである. 荒唐である. ¶～不经 bùjīng / でたらめでとりとめがない. ¶～无稽 wújī / 荒唐無稽.
【荒地】huāngdì 名 **荒地. 未耕作地**. 量 片,块.
【荒废】huāngfèi 動 ①(土地を)荒れ果てたままにする. ②おろそかにする. ¶～学业 xuéyè / 学業をなおざりにする. ③(時間を)浪費する. ¶～时间 shíjiān / 時間を空費する.
【荒郊】huāngjiāo 名 荒れ野原.
【荒凉】huāngliáng 形 **荒涼としている**. 荒れ果てて人気のない.
【荒乱】huāngluàn 形(世の中が)混乱している.
【荒谬】huāngmiù 形 でたらめである.
【荒漠】huāngmò ①形 荒漠としている. ②名 広々とした砂漠〔荒野〕.
【荒年】huāngnián 名 凶年.
【荒僻】huāngpì 形 荒れ果てて辺鄙である.
【荒疏】huāngshū 動 おろそかにする.
【荒唐】huāngtang 形 ①**でたらめである**. とりとめがない. ②放縦である. 気ままである.
【荒芜】huāngwú 形(田畑が)荒れ果てている.
【荒无人烟】huāng wú rén yān 〈成〉荒れ果てて人家もない.
【荒野】huāngyě 名 荒野.
【荒淫】huāngyín 形 酒色におぼれている;生活がすさんでいる. ¶～无度 wúdù / 酒色におぼれきっている.
【荒原】huāngyuán 名 荒れ野.

***慌** **huāng** ①形 **慌てている. うろたえている**. ¶沉 chén 住气,别～! / 落ち着け,あわてるな.
②動 慌てて…となる. ►必ず"神儿 shénr""手脚 shǒujiǎo"などのような決まった名詞を目的語に取る. ¶～了手脚 shǒujiǎo / あわててまごまごしてしまった.

> **語法ノート**
> **動詞 / 形容詞＋"得 de"＋"慌"**
> **情況や状態が極端な程度に達する**ことを表す. ►話し言葉で使う. ¶闷 mèn 得～ / 退屈でストレスがたまる. ¶挤 jǐ 得～ / すし詰めの混雑. ¶一见到他就气得～ / あいつの顔を見ると腹が立ってしょうがない.

【慌乱】huāngluàn 形 **慌てて取り乱している**. ►大ぜいの人についていうことが多い.
【慌忙】huāngmáng 形 **慌ただしい. 慌てて…**. ¶他～追 zhuī 了过去 / 彼は慌てて追いかけていった.
【慌神儿】huāng//shénr 動〈口〉どぎまぎする. まごつく.
【慌手慌脚】huāng shǒu huāng jiǎo 〈成〉慌てふためくさま.
【慌张】huāngzhang 形 **慌てている**. そわそわしている. ¶慌慌张张地溜 liū 走了 / あたふたと逃げ出した. ¶～失措 shīcuò / あわてふためく.

2声 **皇** **huáng** ◇◆ ①皇帝. 君主. ¶～城 chéng / 宮城. ②盛大である. ¶堂 táng ～ / 立派である. ‖姓

【皇朝】huángcháo 名 封建王朝.
【皇储】huángchǔ 名 皇太子. 皇儲(こうちょ).
*【皇帝】huángdì 名 **皇帝**. ¶末代 mòdài ～ / (王朝の)最後の君主. ラストエンペラー.
【皇宫】huánggōng 名 皇宮. 皇居.
【皇冠】huángguān 名 ①王冠. ②〈喩〉最高の権

H

威〔水準〕.
【皇后】huánghòu 名 皇后．妃(きさき).
【皇皇】huánghuáng 形 1 堂々としている．2→【惶惶】huánghuáng 3→【遑遑】huánghuáng
【皇家】huángjiā 名 皇室．
【皇历】huángli 名 1 暦．2〈喩〉古くなったしきたり．►"黄历"とも書く．
【皇粮】huángliáng 名 1〈旧〉官庁の管轄下にある穀物．税として納められた穀物．2〈転〉国家が支給する金や物資．
【皇上】huángshang 名(在位中の)皇帝．
【皇太子】huángtàizǐ 名 皇太子．
【皇天】huángtiān 名 天(の神)．上帝．
【皇天后土】huáng tiān hòu tǔ〈成〉天と地．

＊＊黄 huáng 1 形 黄色い．参考"黄"(黄色)は,かつて皇帝の禁色であったように,もともとは高貴のしるしであり,神聖・権威を表した．しかし,一方で"枯黄 kūhuáng"(枯れて黄ばむ)に通じることから,不健康で元気がないことも形容する．なお,"黄"のカバーする色調の範囲は日本語の「黄色」のそれよりかなり広く,むしろ「赤い」に近い場合もある．¶到了秋天,谷子 gǔzi～了,高粱 gāoliang 红了／秋になり,アワが黄色くなって,コウリャンは赤く色づいた．¶他的脸很～／彼は(病気で)顔色が悪い．
2 動〈口〉(約束などが)だめになる,ふいになる；(商店などが)つぶれる．閉店する．¶买卖～了／取引きができなかった；店がつぶれた．
◇◆ ①(Huáng)黄河．¶治 zhì～／黄河治水．¶～泛 fàn 区／黄河氾濫(はんらん)地区．②エロ．ポルノ．¶～话／猥談．¶扫 sǎo～／ポルノを一掃する．
‖姓
【黄包车】huángbāochē 名〈方〉人力車．
【黄表纸】huángbiǎozhǐ 名(神仏を祭るのに用いる)黄色い紙．
【黄病】huángbìng 名〈口〉黄疸(おうだん).
【黄檗·黄柏】huángbò 名〈植〉キハダ；〈中薬〉黄柏(おうばく).
【黄菜】huángcài 名〈方〉〈料理〉卵で作った料理．
【黄灿灿】huángcàncàn 形(～的)金色に輝くさま．¶～的金手镯 shǒuzhuó／黄金色に輝く金のブレスレット．
【黄潮】huángcháo 名〈喩〉ポルノ出版など風俗産業の隆盛・氾濫．
【黄刺玫】huángcìméi 名〈植〉ヤマブキ．
【黄疸】huángdǎn 名 黄疸(おうだん).
【黄道】huángdào 名〈天〉黄道．
【黄道吉日】huángdào jírì 名 黄道吉日(こうどうきちにち).
【黄澄澄】huángdēngdēng 形(～的)黄金色の．¶～的稻穗 dàosuì／金色に実ったイネの穂．
【黄碘】huángdiǎn 名〈薬〉ヨードホルム．
【黄豆】huángdòu 名〈植〉大豆．
【黄发】huángfà 名 老人の黄ばんだ毛髪；〈転〉老人．
【黄风】huángfēng 名 黄塵を巻き上げる風．►中国の北方で3月から4月初めにかけて吹く．
【黄蜂】huángfēng 名〈虫〉スズメバチ．
＊【黄瓜】huánggua 名〈植〉キュウリ．►地方によっては"胡瓜 húgua"とも．量 条 tiáo,根 gēn.
【黄花】huánghuā 名 1〈植〉菊．2(～儿)〈口〉〈植〉ユリ科の植物の総称．3〈口〉未婚の女子〔男子〕．¶～后生／未婚の男子．¶～郎 láng／童貞．未婚の男子．¶～女儿 nǚ'ér／処女．
【黄花鱼】huánghuāyú 名〈魚〉キグチ．
【黄昏】huánghūn 名 たそがれ．
【黄酱】huángjiàng 名〈料理〉大豆と小麦粉で作った甘辛いみそ．
【黄教】Huángjiào 名〈宗〉黄教．
【黄金】huángjīn 1 名 黄金．金．ゴールド．注意"金"を単独で用いることは少なく,"金子"あるいは"黄金"という．2 形〈喩〉貴重な．
【黄金地带】huángjīn dìdài 名 一等地．
【黄金时代】huángjīn shídài 名 黄金時代．最盛期．
【黄金时间】huángjīn shíjiān 名 ゴールデンタイム．
【黄金周】huángjīnzhōu 名 ゴールデンウィーク．
【黄酒】huángjiǔ 名 もち米・米・アワなどで醸造した酒．
【黄口小儿】huángkǒu xiǎo'ér 名 青二才；赤ん坊．
【黄蜡】huánglà 名 蜜蠟(みつろう).
【黄鹂】huánglí 名〈鳥〉コウライウグイス．
【黄历】huángli →【皇历】huángli
【黄连】huánglián 名〈植〉オウレン；〈中薬〉黄連(おうれん).
【黄粱梦】huángliángmèng 名 黄粱一炊(いっすい)の夢．注意 中国では,「かってに描いた願望が崩れ去る」たとえとして用いることが多い．"黄粱美 měi 梦""一枕 yī zhěn 黄粱"とも．
【黄磷】huánglín 名〈化〉黄燐．
【黄龙】huánglóng 名〈喩〉敵国の都．
【黄麻】huángmá 名 1〈植〉ツナソ；〈中薬〉黄麻(こうま)．2 ツナソの茎皮の繊維．ジュート．
【黄毛丫头】huángmáo yātou 名 小娘．尼っ子．►からかう意味を含む．
【黄梅季】huángméijì 名 梅雨期．
【黄梅天】huángméitiān 名 梅雨期．
【黄梅雨】huángméiyǔ 名 梅雨．►"梅雨""霉雨 méiyǔ"とも．
【黄米】huángmǐ 名 もちアワ．
【黄鸟】huángniǎo 名〈鳥〉1"黄鹂 huánglí"(コウライウグイス)類の総称．2(～儿)〈口〉(＝金丝雀 jīnsīquè)カナリア．
【黄牛】huángniú 名 1〈動〉アカウシ．2 だふ屋．
【黄牌】huángpái 名 イエローカード．警告カード．⇒【红牌】hóngpái
【黄皮书】huángpíshū 名 白書．政府の重要報告書．
【黄片】huángpiàn 名(～儿)ポルノ映画．
【黄芩】huángqín 名〈植〉コガネバナ；〈中薬〉黄芩(おうごん)．►根は消炎・解熱剤に用いる．
【黄泉】huángquán 名 黄泉(よみ)．冥土(めいど)．¶～之下／冥土．¶命赴 fù～／死ぬ．
【黄儿】huángr 名 卵の黄身．
【黄热病】huángrèbìng 名〈医〉黄熱(病).
【黄色】huángsè 1 名 黄色．2 形 腐敗した．堕落した；扇情的な．¶～小说／ポルノ小説．
【黄色人种】huángsè rénzhǒng 名 黄色人種．
【黄色网站】huángsè wǎngzhàn 名〈電算〉アダルトサイト．
【黄色文学】huángsè wénxué 名 ポルノ文学．

【黄沙】huángshā 名〈気〉黄砂.
【黄鳝】huángshàn 名〈魚〉タウナギ.
【黄书】huángshū 名〈俗〉ポルノ(小説).
【黄熟】huángshú 動〈農〉黄熟する.
【黄鼠】huángshǔ 名〈動〉ジリス.
【黄鼠狼】huángshǔláng 名〈動〉マンシュウイタチ. ¶～给鸡 jī 拜年 bàinián / イタチがニワトリに新年のあいさつをする.(“不安好心”と続き)下心がある.
【黄水疮】huángshuǐchuāng 名〈口〉とびひ.
【黄汤】huángtāng 名〈貶〉酒.
【黄体】huángtǐ 名〈生理〉黄体.
【黄铜】huángtóng 名〈鉱〉真鍮(しんちゅう).
【黄土】huángtǔ 名〈地質〉黄土.
【黄羊】huángyáng 名〈動〉蒙古羚(もうこれい). モウコガゼル.
【黄杨】huángyáng 名〈植〉ヒメツゲ.
【黄莺】huángyīng →【黄鹂】huánglí
【黄油】huángyóu 名 ①バター. 量 块;[箱に入っているもの]盒 hé. ¶抹 mǒ ～ / バターを塗る. ②グリース.
【黄鼬】huángyòu 名〈動〉イタチ.
【黄鱼】huángyú 名 ①〈魚〉“大黄鱼”(フウセイ)と“小黄鱼”(キグチ)の通称. ②〈俗〉頭の鈍い人.
【黄鱼车】huángyúchē 名〈方〉(運搬用の荷台の付いた)三輪車.
【黄玉】huángyù 名〈鉱〉トパーズ.
【黄种】huángzhǒng 名 黄色人種.

凰 huáng ◇◆ 鳳凰(ほうおう). 想像上の霊鳥)の雌. ⇒【凤凰】fènghuáng

遑 huáng ◇◆ ①暇. ¶不～ / 暇がない. ②慌ただしい. ¶～遽 jù / 恐れ慌てる.
【遑遑】huánghuáng 形〈書〉慌ただしいさま.

惶 huáng ◇◆ 恐れる. びくびくする. ¶→～恐 kǒng.
【惶惶】huánghuáng 形 びくびくしている. ►“皇皇”とも書く. ¶～不可终日 zhōngrì / 恐怖のあまり生きた心地もしない.
【惶惑】huánghuò 形 恐れ惑っている. 不安がっている.
【惶恐】huángkǒng 形 慌て恐れている. 恐れ入る.

煌 huáng ◇◆ 光り輝く. ¶辉 huī ～ / 輝かしい.
【煌煌】huánghuáng 形〈書〉光り輝いている.

潢 huáng 名〈古〉貯水池. ◇◆ 防虫などのため紙を染める. ¶装 zhuāng ～ / 表装する.

蝗 huáng ◇◆ イナゴ. ►地域によっては“蚂蚱 màzha”とも. ¶→～虫.
【蝗虫】huángchóng 名〈虫〉イナゴ.
【蝗蝻】huángnǎn 名 イナゴの幼虫.
【蝗灾】huángzāi 名 イナゴによる被害.

磺 huáng ◇◆ 硫黄. ¶硫 liú ～ / 硫黄.
【磺胺】huáng'àn 名〈薬〉スルフォンアミド.

簧 huáng 名 ①〈音〉(管楽器の)舌,リード. ¶笙 shēng ～ / 笙(しょう)の舌. ②ばね. ぜんまい. スプリング. ¶弹 tán ～ / ばね. ¶锁 suǒ ～ / 錠のばね.
【簧风琴】huángfēngqín 名〈音〉リードオルガン.
【簧片】huángpiàn 名〈音〉(楽器の)舌,リード.
【簧乐器】huángyuèqì 名〈音〉リード楽器.

3声 **恍** huǎng ◇◆ ①(“如”や“若”と結び)あたかも…のようだ. ¶→～如隔世. ②はっと(悟る). ¶→～然 rán 大悟. ③うっとりしているさま. ぼんやりしているさま. ¶→～惚 hū.
【恍惚·恍忽】huǎnghū 形 ①**ぼんやりしている.** ぼうっとしている. ¶精神～ / 気がぼうっとする. ②**…のような気がする.** どうも…のようである. ¶～看见树下有一个人影儿 rényǐngr / 木の下にぼんやりと人の影が見えたような気がした.
【恍然大悟】huǎng rán dà wù 〈成〉はっと悟る.
【恍如隔世】huǎng rú gé shì 〈成〉まさに隔世の感がある.
【恍悟】huǎngwù 動 突然悟る.

晃 huǎng 動 ①**まぶしく光る. きらめく.** ¶阳光 yángguāng ～得人睁不开 zhēngbukāi 眼 / 日光がまぶしくて目を開けていられない. ②一瞬ちらりとする.(目の前を)さっと通り過ぎる. ¶人影儿 rényǐngr 一～就不见了 / 人の姿が通り過ぎたかと思うともう見えなくなった. ▶▶ huàng
【-晃晃】-huǎnghuǎng 接尾《形容詞·名詞のあとについて,「まばゆい」様子を表す》¶银 yín ～ / 銀色に光る. ¶亮 liàng ～ / きらきら明るい. ¶白～ / ぴかぴか光る.
【晃眼】huǎngyǎn ①動 まぶしい. まばゆい. ②名《きわめて短い時間の形容》瞬間.

谎 huǎng 名 **うそ.** ¶说～ / うそを言う. ◇◆ ①掛け値. ¶要～ / 掛け値を言う. ふっかける. ②偽りの. ¶→～报 bào.
【谎报】huǎngbào 動 うその報告をする.
【谎花】huǎnghuā 名〈植〉あだ花.
【谎话】huǎnghuà 名 うそ. いつわり.
【谎价】huǎngjià 名(～儿)掛け値.
【谎言】huǎngyán 名 うそ.

幌 huǎng ◇◆ とばり. 幕.
【幌子】huǎngzi 名 ①〈旧〉(商店の)看板. ②〈喩〉表看板. 見せかけ.

4声 **晃** huàng 動 **揺り動かす;揺れ動く.** ¶他～了～旗子 qízi / 彼は旗を左右に振った. ▶▶ huǎng
【晃荡】huàngdang 動 ①(左右に)揺れる;揺らす. ②ぶらぶらする.
【晃动】huàngdòng 動 揺れ動く. 揺り動かす.
【晃悠】huàngyou 動 左右に揺れる.

hui (ㄏㄨㄟ)

1声 * **灰** huī ❶名 ①**灰.** ¶炉 lú ～ / ストーブ〔かまど〕の灰. ¶柴 chái ～ / 薪の灰. ②**ほこり. 粉末.** ¶书架 shūjià 上

H

都是～ / 本棚はほこりだらけだ. ③ 石灰. しっくい. ¶～墙 qiáng / しっくい塗りの壁.
❷形 ① グレーの. 灰色の. ►単独では述語になれず,"是…的"の形をとる. ¶布料 bùliào 的颜色 yánsè 是～的 / 布地の色はグレーだ. ¶银～ / 銀ねず色の. 参考"灰"(灰色)は,黒と白の中間であいまいな色なので,意気消沈・落後・不潔・卑劣などの悪い意味で使われることが多い. ② がっかりする. 気落ちする. ¶心都～了 / すっかり気落ちした.
【灰暗】huī'àn 形(光線が)薄暗い. (色が)鮮明でない.
【灰白】huībái 形 薄い灰色の. 青白い.
【灰不溜丢】huībuliūdiū 形(～的)〈方〉〈貶〉くすんだ灰色の. ►嫌悪の意味を含む. "灰不溜秋 qiū"とも.
*【灰尘】huīchén 名 ほこり. 量 层 céng.
【灰沉沉】huīchénchén 形(～的)灰色でどんよりした. ¶～的天空 / どんよりした空.
【灰姑娘】Huīgūniang 名(童話の主人公)シンデレラ. ►かまどの近くに座らされ,灰をかぶっていたことから.
【灰浆】huījiāng 名〈建〉① しっくい. ② 石灰モルタル.
【灰烬】huījìn 名 灰燼(かいじん). ¶化为 huàwéi ～ / 灰燼に帰す.
【灰溜溜】huīliūliū 形(～的) ① 薄暗い灰色である. ►嫌悪の意味を含む. ② 気力がない.
【灰蒙蒙】huīmēngmēng 形(～的)薄暗くてぼうっとしている. 陰鬱(いんうつ)である. ►風景をさすことが多い. ¶天色～的 / 空模様はどんよりとしている.
【灰锰氧】huīměngyǎng 名〈化〉過マンガン酸カリウム.
【灰泥】huīní 名 しっくい.
【灰扑扑】huīpūpū 形(～的)ほこりだらけである.
【灰雀】huīquè 名〈鳥〉ウソ.
【灰色】huīsè ❶名 灰色. グレー. ❷形 ① 陰気である. ¶～的作品 zuòpǐn / 悲劇的内容の陰気な作品. ②(態度が)あいまいである. ⇒〖灰 huī〗❷① 参考
【灰膛】huītáng 名 かまどの下の灰を受けるところ.
【灰头土脸】huītóu tǔliǎn (～的)〈方〉① 頭や顔がほこりだらけである. ② 面目をなくす. 興ざめる.
【灰土】huītǔ 名 土ぼこり.
*【灰心】huī//xīn 動 がっかりする. 気落ちする. ¶没考上大学也不要～ / 大学に受からなくても気を落とすな.
【灰质】huīzhì 名〈生理〉灰白質(かいはくしつ).

诙 huī

◇◆ ふざける. おどける;あざける. からかう.
【诙谐】huīxié 形 滑稽である. ユーモアのある.

*挥 huī

動 振るう. 振り回す. ¶～刀 dāo / 刀を振り回す. ¶～笔 bǐ / 筆を振るう.
◇◆ ①(手で涙や汗を)ぬぐう. ¶～汗 hàn / 汗をぬぐう. ②指揮する. 命令する. ¶～师 shī / 軍を指揮する〔指揮して移動させる〕. ③まき散らす. 思いきり出す. ¶→～发 fā.
【挥动】huīdòng 動 振り動かす.
【挥发】huīfā 動 揮発する.
【挥汗成雨】huī hàn chéng yǔ 〈成〉大勢の人がひしめく.
【挥汗如雨】huī hàn rú yǔ 〈成〉しきりに汗をかく.
【挥毫】huīháo 動〈書〉揮毫(きごう)する. ¶～泼墨 pōmò / 墨痕鮮やかに筆を振るう.
【挥霍】huīhuò ① 動 金を浪費する. ② 形〈書〉(動作が)敏捷(びんしょう)である.
【挥金如土】huī jīn rú tǔ 〈成〉金銭を湯水のようにつかう.
【挥洒】huīsǎ 動 ①(涙や水などを)こぼす,流す. ②〈喩〉(文章や絵を)自由自在に書く.
【挥手】huī//shǒu 動(前後に)手を振る. ►手を左右に振るのは"摇 yáo 手"という. ¶～告别 gàobié / 手を振って別れを告げる.
【挥舞】huīwǔ 動 振りかざす.

咴 huī

"咴儿 huīr 咴儿"(馬やロバのいななく声:ひんひん. ひひいん)という語に用いる.

恢 huī

◇◆ 大きい. 広い.
*【恢复】huīfù 動 回復する. 立ち直る;回復させる. 立ち直らせる. ¶～邦交 bāngjiāo / 国交を回復する. ¶～名誉 míngyù / 名誉を挽回する. ¶～原职 yuánzhí / 原職に復帰する.
【恢弘·恢宏】huīhóng 〈書〉① 形 大きい. 広い. ② 動 高める. 奮い立たせる.
【恢恢】huīhuī 形〈書〉非常に広大である.

晖 huī

◇◆ 日光. ¶春 chūn ～ / 春の日ざし. ¶朝 zhāo ～ / 朝日の光. ¶～映 yìng / 照り映える.

辉(煇) huī

◇◆ ①輝き. 光. ¶光 guāng ～ / 輝き. ②輝く. 照らす. ¶→～映 yìng.
*【辉煌】huīhuáng 形 光り輝いている. ¶灯火 dēnghuǒ ～ / 一面の明かりで光り輝く.
【辉映】huīyìng 動 照り輝く.

麾 huī

① 名〈旧〉軍隊を指揮する旗. 采配. ② 動〈書〉(軍隊を)指揮する. ¶～军 jūn 前进 qiánjìn / 軍隊を指揮して前進する.
【麾下】huīxià 名〈書〉① 部下. ②〈敬〉麾下(きか). 閣下. ►将校に用いる.

徽 huī

◇◆ ①(集団を示す)しるし. 徽章. マーク. ¶校～ / 校章. ②美しい. よい. ¶→～号. ③(Huī)徽州(きしゅう). 現在の安徽省歙(きゅう)県. ¶～墨 mò / 徽州産の墨. ¶→～剧 jù.
【徽号】huīhào 名 美称. ニックネーム.
【徽剧】huījù 名 安徽省の伝統劇.
【徽章】huīzhāng 名 徽章. バッジ.

2声 **回(廻) huí

❶ 動 ① 帰る. 戻る. ¶→～家 jiā. ¶～国 / 帰国する. ¶～北京 / 北京に戻る. ② 向きを変える. 回す. めぐらす. ►多くの場合"～过"の形で用いる. ¶他～过身子朝 cháo 这边走来 / 彼は回れ右をしてこちらへ歩いてきた. ③ 返答する. 返事をする. ¶给他～了一封 fēng 信 / 彼に返事を書いた. ④(招待を)断る;(宴席を)取り消す;(雇い人に)ひまを出す. ⑤〈旧〉取り次ぐ. 申し上げる.

❷ 量 ① 動作の回数や事柄の回数を数える．度．回．¶这本书我看过三～ / この本は3回読んだ．►一般に"这么,那么,怎么"の後に用いて"事"を修飾する．¶这是怎么～事？/ これはいったい何事だ．②〈旧〉(明・清代の旧小説や講談の)章節,くだり,回．

◇◆ ①(Huí)回族．¶→～民 mín．②めぐる．回る．¶巡 xún ～ / 巡回する．¶～形针 xíngzhēn / クリップ．¶→～旋 xuán．‖姓

語法ノート

方向補語"－回"の用法

❶**動作に伴って動作の対象がある場所に戻る**ことを表す．¶收 shōu ～发出的文件 wénjiàn / 発送した公文書を取り戻す．¶飞机出了毛病 máobing,今天飞不～北京了 / 飛行機が故障したので,きょうは北京へ飛んで帰れない．

❷**不利な状態から有利な状態に戻す**ことを表す．¶救 jiù ～了一条命 / 一命をとりとめた．¶挽 wǎn ～一局 jú / 1セット取り戻す．

【回拜】**huíbài** 動 答礼訪問をする．

【回报】**huíbào** 動 ①(任務・使命の執行状況を)報告する．復命する．②報いる．¶～养育 yǎngyù 之恩 ēn / 父母の恩に報いる．③仕返しする．

【回避】**huíbì** 動 ①**回避する**．逃げる．¶不要～困难 kùnnan / 困難を回避してはならない．②〈法〉回避する．

【回驳】**huíbó** 動 反駁(はんばく)する．

【回肠荡气】**huí cháng dàng qì** 〈成〉(文章や音楽が)深い感銘を与える．►"荡气回肠"とも．

【回潮】**huí//cháo** 動 ①一度乾燥したものがまた湿る．②一度すたれた現象や習慣が再び現れる．

【回车键】**huíchējiàn** 名〈電算〉リターンキー．

【回程】**huíchéng** 名 帰路．

【回春】**huíchūn** 動 ①再び春になる．②〈喩〉病気が治癒する．¶～妙药 miàoyào / 起死回生の妙薬．¶妙手 miàoshǒu ～ / 医術が卓越していてよく重病を治す．

【回答】**huídá** 動 **回答する．返答する**；お返しをする．¶我问,你～ / 私の質問に答えなさい．¶这么简单 jiǎndān 的问题,你都～不出来 / こんな易しい問題も君は答えられないのか．

【回单】**huídān** 名(～儿)(手紙や品物などを受け取ったことを証明して配達者に渡す)受け取り書き,受領メモ．

【回荡】**huídàng** 動(音声が)こだまする．

【回电】**huí//diàn** 動 返電を打つ．¶请速 sù ～ / 折り返し返電を請う．

【回访】**huífǎng** 動 答礼訪問をする．

【回复】**huífù** 動 ①(多く書信で)返答する．②回復する．原状に戻す．注意 病気などの快復の意味のときは"恢复 huīfù"を用いる．

【回顾】**huígù** 動 ①**振り返る**．②**回顧する**．

【回光返照】**huí guāng fǎn zhào** 〈成〉夕日の照り返し；〈喩〉臨終の際,一時急に精神が興奮すること．事物が滅亡する寸前に一時勢いを得ること．

【回光镜】**huíguāngjìng** 名 反射鏡．

【回归】**huíguī** 動(もとのところへ)戻る,返還される．¶一九九七年香港 Xiānggǎng ～了中国 / 1997年に香港が中国に返還された．

【回归带】**huíguīdài** 名〈地〉熱帯．

【回归线】**huíguīxiàn** 名〈地〉回帰線．

【回锅】**huí//guō** 動(出来上がった食べ物を)鍋に入れて温め直す．¶～肉 / 回鍋肉(ホイクォ)．►四川の大衆料理の名．

【回合】**huíhé** 名 対戦の数．¶赛 sài 了好几个～ / 何度も試合をした．

【回话】**huí//huà** ①動〈旧〉(目上に対して)返答する．②名(～儿)(人にことづける)返事．¶恭候 gōnghòu ～ / ご返事をお待ちしております．

【回环】**huíhuán** 形 曲がりくねっている．

【回击】**huíjī** 動 反撃する．

【回家】**huí//jiā** 動 **家に帰る**．帰宅する．¶你几点～ / 何時に帰ってきますか．

【回见】**huíjiàn** 〈套〉(すぐ)またお目にかかります．

【回教】**Huíjiào** 名 イスラム教．►"清真教 Qīngzhēnjiào""伊斯兰教 Yīsīlánjiào"とも．¶～原教旨派 yuánjiàozhǐpài / イスラム原理主義派．

【回敬】**huíjìng** 動 ①返礼する．¶～你一杯 bēi / ご返杯いたします．②仕返しをする．

【回绝】**huíjué** 動 断る．

【回扣】**huíkòu** 名 リベート．割り戻し．¶吃～ / リベートを取る．

【回馈】**huíkuì** 動 還元する．お返しする．

【回来】huí//lái** 動+方補 **帰って来る**．戻って来る．¶我～了 / ただいま(帰りました)．¶你～了 / お帰りなさい．¶他刚 gāng 从外地～ / あの人は地方から帰って来たばかりだ．¶晚饭前回不来 / 夕食前には帰って来れない．

【－回来】**-huí//lái** 《方向補語として動詞の後に用い,動作がもとの所へ戻って来る意味を表す》注意 目的語が"－回来"の間に入らないときは"来"は軽声に発音する．¶跑 pǎo ～ / 駆け戻って来る．¶送 sòng ～ / 送り返して来る．¶刚从街上 jiēshang 买回一本书来 / 街から本を1冊買ってきたばかりです．

【回廊】**huíláng** 名 回廊．

【回老家】**huí lǎojiā** ①里帰りする．②〈慣〉あの世へ行く．死ぬ．

【回礼】**huí//lǐ** 動 ①返礼する．②贈り物のお返しをする．

【回笼】**huí//lóng** 動 ①(食品をせいろうに入れて)蒸しなおす．②〈経〉発行した通貨が中央銀行に戻ってくる．

【回炉】**huí//lú** 動 ①(金属の器物を)溶かしなおす．②("烧饼"などを)焼きなおす,温めなおす．③〈喩〉(不合格者などを)再学習させる．

【回落】**huíluò** 動(水位や相場などが)一度上がって再び下がる．

【回马枪】**huí mǎqiāng** 〈慣〉突然後を振り向いて追撃者〔味方〕を槍で突き刺すこと．¶杀 shā ～ / 不意に反撃する．

【回门】**huí//mén** 動(結婚して数日後に)嫁が婿を伴って里帰りする．

【回民】**Huímín** 名(中国の)回教徒．¶～饭馆 fànguǎn〔食堂 shítáng〕/ イスラム教徒のためのレストラン〔食堂〕．►ブタ肉・ブタの脂を使わない．

【回眸】**huímóu** 動(女性が)振り返って見る．¶～一笑 xiào / 振り返ってほほえむ．

【回暖】**huínuǎn** 動(天気が)暖かさを取り戻す．

【回棋】**huí//qí** 動(将棋や碁で)待ったをする．

【回请】**huíqǐng** 動 答礼の宴を設ける．

【回去】huí//qù 動+方補 **帰っていく；家へ帰る.** ¶你早点儿～吧！/ 早めに帰りなさい.

【-回去】-huí//qù《方向補語として動詞の後に用い,動作がもとの所へ戻って行く意を表す》¶把孩子送 sòng ～ / 子供を送り返す. ¶这么多书你拿 ná 得～吗？/ こんなにたくさんの本を持って帰れますか. ¶给父母寄 jì 回一笔钱去 / 親にまとまった金を送った. 注意 間に目的語をとらず直接動詞のあとに置かれる場合は"-huiqu"と軽声でよい.

【回绕】huírào 動 曲がりくねる. 蛇行する.

【回身】huí//shēn 動 体の向きを変える.

【回升】huíshēng 動(下がったあと)再び上昇する.

【回生】huí//shēng 動 ① よみがえる. ¶起死～ / 起死回生する. ②(一度煮たものが冷めて生煮え状態になる意から)事の解決が徹底しないためにまた元の状態に戻る. ¶几年不用,我的德文 Déwén 又～了 / 数年使わないので,私のドイツ語はさびてしまった.

【回声】huíshēng 名〈物〉反響. こだま.

【回师】huíshī 動〈書〉軍隊を呼び戻す.

【回示】huíshì 名 ご返書. お返事. ¶敬待 jìngdài ～ / お返事をお待ちしております.

【回收】huíshōu 動 ①(廃品を)回収して利用する. ②(放出したり発射したりしたものを)回収する.

【回手】huíshǒu 動 ① すぐその手で(…する). ② 打ち返す. 反撃する.

【回首】huíshǒu 動 ① 振り向く. ②〈書〉回想する.

【回赎】huíshú 動(借金を返し)抵当を請け出す.

【回天】huítiān 動 衰えた勢いを盛り返す.

【回条】huítiáo 名(～儿)受け取り. 受領メモ.

【回帖】huítiě ① 名(～儿)〈旧〉郵便為替などの領収証；配達証明書. ② 動〈電算〉レスをつける.

【回头】huí//tóu ❶動 ①(～儿)**振り返る.** ¶～一看 / 振り返って見ると. ② 悔い改める. 改心する. ❷副 **後ほど.** 後で. ¶～见！/ また後で. ¶这事～再说 / このことはいずれ話すことにしましょう.

【回头客】huítóukè 名(店の)常連. リピーター.

【回头路】huítóulù 名 通ってきた道. ¶走 zǒu ～ / 後退する. もと来た道を戻る.

【回头是岸】huí tóu shì àn〈成〉悔い改めさえすれば救われる.

【回味】huíwèi ① 名 後味. ¶～无穷 wúqióng / 味わいが尽きない. ② 動 回想する. 追憶する. ¶～往事 wǎngshì / 過去を振り返る.

【回文】huíwén 名 ① 回答文書. ② 回文(かいぶん). 回転文. ③(Huíwén)回族の使うアラビア文字〔語〕.

【回乡】huí//xiāng 動 故郷へ帰る.

【回响】huíxiǎng ① 動 反響する. ② 名 反響.

【回想】huíxiǎng 動 **回想する.** 思い出す. ¶我一～起那件事就觉得伤心 shāngxīn / その事を思い出すと悲しくなる.

【回心转意】huí xīn zhuǎn yì〈成〉思い直して態度を改める.

【回信】huí//xìn ❶動 **返事を出す.** ¶希望 xīwàng 早日～ / 至急ご返事いただきたい. ❷名 ① **返信.** ¶给哥哥 gēge 写了一封 fēng ～ / 兄さんに返事を書いた. ②(～儿)**言葉での返事.** ことづけ.

【回形针】huíxíngzhēn 名(書類を留める)クリップ. ►"曲别针"とも.

【回旋】huíxuán 動 ① 旋回する. ② 融通をきかす. ¶这事还有～余地 yúdì / この件はまだ融通をきかす余地がある.

【回旋曲】huíxuánqǔ 名〈音〉ロンド.

【回忆】huíyì 動 **思い出す.** 追憶する. ¶～往事 wǎngshì / 昔を思い出す.

【回忆录】huíyìlù 名 回想録.

【回音】huíyīn 名 ① こだま. エコー. ② 返信.

【回应】huíyìng 動 返事をする.

【回赠】huízèng 動 返礼の進物を贈る. お返しの品を贈る.

【回执】huízhí 名 ① 領収書. ② 郵便為替などの領収証；配達証明書.

【回转】huízhuǎn 動 向きを変える. ぐるっと回す. ¶她～身就走 / 彼女はくるっと背を向けて行ってしまった. 注意 "回转"はぐるりと向きを変えるための回転であり,ぐるぐる回転する時には,"旋转 xuánzhuǎn" "转动 zhuàndòng" "转 zhuàn"を用いる.

【回转仪】huízhuǎnyí 名 ジャイロスコープ. 回転儀.

【回族】Huízú 名(中国の少数民族)回(Hui)族. ►主に寧夏・甘粛・青海に住むイスラム教を信じる民族.

【回嘴】huí//zuǐ 動 口答えする.

茴 huí

"茴香 huíxiāng"(ウイキョウ)という語に用いる. ¶～香豆 dòu / ういきょう豆.

蛔(蛕) huí

"蛔虫 huíchóng"(回虫)という語に用いる. ¶打～虫 / 回虫を駆除する.

悔 huǐ

3声 ◇◆ 悔いる. 後悔する. ¶懊 ào ～ / 後悔する. ¶忏 chàn ～ / 懺悔(ざんげ).

【悔不当初】huǐ bù dāng chū〈成〉最初にそうしなければよかったと後悔する.

【悔不该】huǐ bu gāi …するのではなかった. …したことが悔やまれる.

【悔改】huǐgǎi 動 **悔い改める.** ¶彻底 chèdǐ ～ / 今までの過ちをすっかり悔い改める.

【悔过】huǐguò 動 過ちを悔い改める. ¶～自新 / 過ちを悔い改めて再出発する.

【悔恨】huǐhèn 動 ひどく悔やむ.

【悔婚】huǐ//hūn 動(一方が)婚約を解消する.

【悔棋】huǐ//qí 動(碁・将棋で)待ったをする.

【悔悟】huǐwù 動 自分の過ちを悟る.

【悔约】huǐ//yuē 動 約束を反故(ほご)にする.

【悔之无及】huǐ zhī wú jí〈成〉いくら悔やんでももう遅い.

【悔罪】huǐ//zuì 動(自分の)罪を悔やむ.

毁 huǐ

動 ① **壊す.** 損なう. 台なしにする. ¶这场 cháng 雹子 báozi 把庄稼 zhuāngjia ～了 / そのひょうで作物がやられてしまった. ②〈方〉ある物を別の物に改造する. ►古着を仕立て直すことをいうことが多い.

◇◆ ①焼き払う. ¶焚 fén ～ / 焼き捨てる. ②そしる. ¶诋 dǐ ～ / 中傷する. ‖姓

【毁谤】huǐbàng 動 誹謗する.

【毁害】huǐhài 動 壊す. 損ねる. 損害を与える.

【毁坏】huǐhuài 動 壊す. 損なう. ¶不要～公物 gōngwù / 公共物を壊すな.

【毁灭】huǐmiè 動 すっかり破壊する. ¶～森林 sēnlín / 森を破壊する.

【毁弃】huǐqì 動 破棄する. 壊して捨てる.

【毁伤】huǐshāng 動 損なう．破壊する．
【毁损】huǐsǔn 動 破損する．
【毁誉】huǐyù 名 毀誉(きよ)．悪口とほめ言葉．¶～参半 cānbàn / 毀誉相半ばする．
【毁约】huǐ//yuē 動 約束を反故(ほご)にする；契約・協定などを破棄する．

卉 huì
◇ 草の総称；観賞用の草花．¶花～ / 花卉(かき)．草花．¶奇花异 yì～ / 珍しい花と草．

汇(滙・匯・彙) huì
動 ①為替で送る．(銀行などから)送金する．¶钱已～出 / 金はすでに送った．¶请把经费 jīngfèi 尽快 jǐnkuài ～来 / 経費をできるだけ早く送金してください．¶电～ / 電報為替．
②(流れが一つに)集まる．¶～成巨流 jùliú / 合流して大きな流れとなる．
◇ ①集める．まとめる．¶→～报 bào．¶→～总 zǒng．②集めたもの．まとめたもの．¶词 cí ～ / 語彙(ごい)．

*【汇报】huìbào 動(資料や情報をまとめて上役あるいは大衆に)報告する．¶向上级～工作 / 仕事の進ちょく状況を上司に報告する．¶听取 tīngqǔ ～ / 報告を聞く．
【汇编】huìbiān ①動 総合的に編集する．②名(多く書名で)編集した文章や資料．
【汇兑】huìduì 名 為替を組む．
【汇费】huìfèi 名 為替料．
【汇合】huìhé 動 合流する．集合する．
【汇集】huìjí 動 集める．集まる．►"会集"とも書く．¶～材料 cáiliào / 資料を集める．
【汇寄】huìjì 動 為替で送金する．
【汇价】huìjià 名 為替レート．為替相場．
【汇聚】huìjù ⇀【会聚】huìjù
【汇款】huì//kuǎn ①動 為替で送金する．¶往国外～ / 外国へ為替で送金する．②名(為替の)送金．¶～收讫 shōuqì / 送金領収済み．¶～行 háng / 送金銀行．
【汇流】huìliú 動 合流する．
【汇率】huìlǜ 名 為替レート．為替相場．
【汇票】huìpiào 名 為替手形．
【汇水】huìshuǐ ⇀【汇费】huìfèi
【汇演】huìyǎn ⇀【会演】huìyǎn
【汇总】huìzǒng 動(資料や証票・金銭などを)ひとまとめにする．

会(會) huì
❶助動 ①(一般的な事柄について，習得していて)…することができる．¶她不但～骑 qí 车，也～开 kāi 车 / 彼女は自転車に乗れるだけでなく，自動車の運転もできる．¶他～不～弹 tán 钢琴 gāngqín ? / 彼はピアノがひけますか．
②…するのがうまい．…が上手である．►前によく"很 hěn、真 zhēn、最 zuì"などをつける．¶他很～说谎 huǎng / 彼はうそをつくのがうまい．¶你真～说话 / ほんとうに話がお上手ですね．
③《可能性があることを表す》…するだろう．…するはずだ．¶今天不～下雨的 / きょうは雨になりっこないよ．¶他怎么～知道呢？/ 彼が知っているはずないじゃないか．
["不会不"で可能性の非常に大きいことを表す．"一定 yīdìng"の意味に近い]¶她不～不懂 dǒng 的 / 彼女なら分からないはずがない．
❷動 ①(…に)通じている．►なんらかの技術を習得していることに用いる．¶他～英语 Yīngyǔ / 彼は英語ができる．¶你～什么？──什么都不～ / 君は何ができるんだ──何もできません．②集まる．落ち合う．¶毕业 bìyè 五年了，今天又～在一起 / 卒業して5年たち，きょうまたみんなで集まった．③会う．面会する．¶昨天没～着 zháo 她 / きのう彼女に会えなかった．④勘定を払う．支払いをもつ．¶饭钱我～过了 / 飯代はぼくが払った．⑤理解する．わかる．¶这几题 tí 他全～了 / この数問を彼は全部わかった．
❸名 ①しばらく．ちょっとの間．⇒【会儿】huìr ①
②集まり．会合．集会．¶晚上有一个～ / 夜，会合がある．
◇ ①(団体組織としての)会．¶工～ / 労働組合．②重要な都市．¶省 shěng ～ / 省都．③時機．機会．¶机 jī ～ / チャンス．⏩kuài
【会餐】huì//cān 動 会食する．¶节日 jiérì ～ / 祝日に会食する．
【会操】huì//cāo 動 合同演習をする．
*【会场】huìchǎng 名 会場．¶一个主～，两个分～ / メイン会場一つと分科会場二つ．
【会钞】huì//chāo ⇀【会账】huì//zhàng
【会车】huìchē 動(列車や自動車が)すれ違う．
【会道门】huìdàomén 名(～儿)民間信仰団体．
【会费】huìfèi 名 会費．¶交纳 jiāonà ～ / 会費を納める．
【会馆】huìguǎn 名 以前に同業組合やギルドが各省都や大都市に建てた集会所．
【会合】huìhé 動 合流する．落ち合う．¶途中 túzhōng ～ / 旅先で合流する．
【会合点】huìhédiǎn 名 集合地点．合流地点．
**【会话】huìhuà 動 会話する．►外国語や方言の学習上の会話をさすことが多い．¶用汉语～ / 中国語で会話する．
【会集】huìjí ⇀【汇集】huìjí
【会籍】huìjí 名 会員である身分．
*【会见】huìjiàn 動(多く公式な場で)会見する，面会する．¶～外宾 wàibīn / 外国の賓客と会見する．
【会聚】huìjù 動 集合する．
【会聚透镜】huìjù tòujìng 名〈物〉凸レンズ．
【会刊】huìkān 名 ①(会議の)議事録．②団体の会報．
*【会客】huì//kè 動 客に会う．¶他正在～ / 彼はただいま客に面会中です．¶～室 shì / 応接室．客間．
【会面】huì//miàn 動 会う．面会する．
【会期】huìqī 名 ①会の日取り．②開会期間．
【会齐】huì//qí 動 集合する．(全部)集まる．
【会儿】huìr ①量 しばらくの間．ちょっとの間．
注意 huǐr と発音されることもある．また，南方方言区では r 化せず (yī) huì と発音することもある．¶一～就好 / すぐできます．¶等 děng ～ / しばらく待ってから．しばらくあとで．②名 時．ころ．¶要是不休息 xiūxi，这～早就到了 / 休まなかったら今ごろはとっくに着いているはずだ．
【会商】huìshāng 動 協議する．談合する．
【会审】huìshěn 動 ①(事件などを)合同審理する．②(論文などを)合同審査する．
【会师】huì//shī 動 友軍と合流する；〈喩〉集まる．

【会首】huìshǒu 名 会の発起人.
【会水】huì//shuǐ 動 水泳ができる.
【会说】huì shuō 話上手である. 口が達者である. 口がうまい.
*【会谈】huìtán 動 **会談する.** ¶举行 jǔxíng 中美首脑 shǒunǎo ～ / 中米首脳会談を行う.
【会堂】huìtáng 名 講堂. ホール. ►建物の名称に使われることが多い. ¶人民大～ / 人民大会堂.
【会同】huìtóng 動 …と共同で…する.
【会晤】huìwù 動〈書〉(公の場で)会見する.
【会心】huìxīn 動 意味を悟る. 暗黙のうちに了解する.
【会演】huìyǎn ① 名(演芸の)コンクール. ② 動 合同公演する.
*【会议】huìyì 名 **会議.** 量 个,次,届 jiè. ¶召开 zhàokāi ～ / 会議を開く. ¶参加 cānjiā ～ / 会議に出る.
【会意】huìyì ① 動 意味を悟る. ② 名〈語〉(六書(りくしょ)の)会意(かいい).
【会友】huìyǒu ① 名 会員. ② 動〈書〉交わりを結ぶ.
【会员】huìyuán 名 会員.
【会章】huìzhāng 名 会則.
【会长】huìzhǎng 名 会長.
【会账】huì//zhàng 動(一人でみなの飲食代などの)勘定をもつ. 支払う. ►"会钞 chāo"とも. ¶他替 tì 大家会了账 / 彼はみんなの勘定を代わりに支払った.
【会诊】huì//zhěn 動 数人の医師が共同で診断にあたる.
【会址】huìzhǐ 名 ① 会議の場所. ② 会の所在番地.
【会子】huìzi 量 しばらくの間. 少しの間.

讳(諱) huì

名 ① 人に触れられるのを嫌がること. タブー. ¶别犯 fàn 了他的～ / 彼の気にしていることを言ってはならない. ② 諱(いみな). 忌み名. 実名.
◇◆ 忌む. はばかる. ¶忌 jì ～ / 忌み嫌う. ‖ 姓
【讳疾忌医】huì jí jì yī〈成〉欠点を覆い隠して改めようとしない.
【讳莫如深】huì mò rú shēn〈成〉ひた隠しに隠す.
【讳言】huìyán 動 包み隠して言わない. ¶无可 wúkě ～ / 何はばかることがない；はっきり言えば.

荟(薈) huì

◇◆ 草木が生い茂るさま.
【荟萃】huìcuì 動〈書〉(えり抜きの人物や品物が)集まる. ¶～一堂 / 一堂に会する.

诲 huì

◇◆ 教え導く. ¶教 jiào ～ / 教え導く.
【诲人不倦】huì rén bù juàn〈成〉人を教え導いて倦(う)むことがない.
【诲淫诲盗】huì yín huì dào〈成〉みだらな行為や犯罪をあおる.

绘(繪) huì

◇◆ 描く. ¶→～图 tú.
注意 日本語の「絵」は"画儿 huàr""图画 túhuà""绘画 huìhuà"という.
【绘画】huìhuà 名 **絵画.**
【绘声绘色】huì shēng huì sè →【绘影绘声】huì yǐng huì shēng
【绘图】huìtú 動 設計図や地図を制作する.
【绘影绘声】huì yǐng huì shēng〈成〉描写が生き生きとしていて真に迫っている.
【绘制】huìzhì 動(図表などを)制作する.

贿 huì

◇◆ 賄賂. ¶行 xíng〔受 shòu〕～ / 賄賂を使う〔もらう〕.
【贿赂】huìlù ① 動 **賄賂を贈る.** ② 名 **賄賂.**
【贿买】huìmǎi 動 賄賂で買収する.
【贿选】huìxuǎn 動 選挙で買収をはかる. 利益誘導で選挙を操る.

烩(燴) huì

動〈料理〉① いためてスープを加えた後,仕上げに溶きかたくりでとろみをつける. ¶～虾仁 xiārén / エビのくずびき煮. ② 米などに具を混ぜて炊き込む. ¶把饼 bǐng ～一～吃 / ピン("饼")を具と煮込んで食べる.

彗(篲) huì

名〈古〉ほうき.
【彗星】huìxīng 名〈天〉彗星. ほうき星. ¶哈雷 Hāléi ～ / ハレー彗星.

晦 huì

◇◆ ①(↔朔 shuò)旧暦で毎月の最終日. みそか. ②暗い. 不明確だ. ¶→～暗. ③夜.
【晦暗】huì'àn 形 暗い.
【晦气】huìqì 形 運が悪い.
【晦涩】huìsè 形(詩文・楽曲が)晦渋(かいじゅう)である,難解である.

秽(穢) huì

◇◆ ①汚い. ¶污 wū ～ / 不潔である. ¶～水 / 汚水. ②醜い. けがれた. ¶→～闻 wén.
【秽土】huìtǔ 名〈書〉ごみ. ちり.
【秽闻】huìwén 名〈書〉醜聞.
【秽行】huìxíng 名〈書〉醜行.
【秽语】huìyǔ 名 みだらな話. 猥談(わいだん).

惠 huì

◇◆ ①恵み；恵む. 利益を与える. ¶受 shòu ～ / 恩恵を被る. ②〈敬〉相手から自分に対する行為を敬っていう. ¶→～临. ‖ 姓
【惠存】huìcún 動〈敬〉お手元におとどめ置きください. ►人に記念写真や書物などを贈るときに用いる.
【惠顾】huìgù 名(商店が顧客に対して言う言葉)ご来店. ご愛顧. ¶谢谢您的～ / 毎度ありがとうございます.
【惠及】huìjí 動〈書〉恩恵を受ける.
【惠临】huìlín 動〈敬〉ご光臨くださる.

喙 huì

◇◆ くちばし. (鳥獣の)口；〈喩〉人間の口. ¶鸟 niǎo ～ / くちばし. ¶不容 róng 置 zhì ～ / 口出し無用である.

慧 huì

◇◆ 聡明. さとい. 賢い. ¶智 zhì ～ / 知恵. ¶聪 cōng ～ / 聡明. ‖ 姓
【慧心】huìxīn 名 聡明な心.
【慧眼】huìyǎn 名 慧眼(けいがん). 物の本質を鋭く見抜く力.

H

hun（ㄏㄨㄣ）

***昏** hūn ①動 **気を失う**．失神する．¶她突然 tūrán ～过去了 / 彼女は急に気を失った．②形 **意識がぼんやりする**．¶今天我头很～ / きょうは頭がくらくらする．
◇◆ ①たそがれ．日暮れ．¶晨 chén ～ / 朝夕．②暗い．¶→～暗 àn．
【昏暗】hūn'àn 形 **薄暗い**．¶灯光 dēngguāng ～ / 明かりがぼんやり暗い．
【昏沉】hūnchén 形 ①薄暗い．¶暮色 mùsè ～ / 夕やみが迫ってぼんやりと暗くなる．②(頭が)ぼうっとする．¶因失眠 shīmián，头昏沉沉的 / 眠れなかったので頭がぼうっとしている．
【昏黑】hūnhēi 形 真っ暗である．
【昏花】hūnhuā 形(多く老人について)目がぼんやりかすんでいる．¶老眼 lǎoyǎn ～ / 老眼がぼんやりかすむ．
【昏黄】hūnhuáng 形 薄暗い．►空の色や月の明かりについていう．
【昏昏欲睡】hūn hūn yù shuì〈成〉うとうとと眠気を催す．
【昏厥】hūnjué 動〈医〉卒倒する．気絶する．
【昏君】hūnjūn 名〈書〉暗愚な君主．
【昏乱】hūnluàn 動 ①頭がくらくらして意識不明になる．②〈書〉政治が暗黒で社会が混乱する．
【昏昧】hūnmèi 形 暗愚である．愚昧である．
【昏迷】hūnmí 動 意識不明になる．¶～不省 xǐng / 人事不省に陥る．
【昏睡】hūnshuì 動 昏々と眠る．
【昏死】hūnsǐ 動 気絶する．
【昏天黑地】hūn tiān hēi dì〈成〉①外が暗い．②意識がぼうっとする．③生活がふしだらである．④社会が乱れている．
【昏头昏脑】hūn tóu hūn nǎo〈成〉頭がぼんやりしている．
【昏头转向】hūn tóu zhuàn xiàng〈成〉頭がくらくらして方向感覚がなくなる；頭が混乱して何が何だかわからなくなる．
【昏眩】hūnxuàn 動〈書〉目まいがする．目が回る．
【昏庸】hūnyōng 形 愚昧である．

荤 hūn 名(↔素 sù)生臭物．魚や肉などの動物性食物．¶开～ / (精進をやめて)生臭物を食べる．¶她不吃～ / 彼女は菜食主義者だ．
◇◆(仏教徒が)特殊なにおいのあるニンニクやネギなどの野菜をいう．¶五～ / ニラ・ニンニク・ネギ・ヒル・ギョウジャニンニク．
【荤菜】hūncài 名 生臭料理．肉料理．
【荤腥】hūnxīng 名 生臭物．魚や肉類の食品．
【荤油】hūnyóu 名 ラード．

婚 hūn ◇◆ 結婚する；婚姻．婚約．¶已 yǐ ～ / 既婚．¶订 dìng ～ / 婚約する．¶退 tuì ～ / 婚約を解消する．¶～假 jià / 結婚休暇．
【婚假】hūnjià 名〈略〉結婚休暇．
【婚嫁】hūnjià 名 妻をめとることと，人に嫁ぐこと．
【婚检】hūnjiǎn 名 婚姻届を出す前に行う身体検査．
【婚礼】hūnlǐ 名 **結婚式**．¶举行 jǔxíng ～ / 結婚式を挙げる．
【婚恋】hūnliàn 名 結婚と恋愛．
【婚龄】hūnlíng 名 ①婚期．適齢期．②結婚年齢．
【婚配】hūnpèi 動 結婚する．
【婚期】hūnqī 名 ①結婚の日取り．②結婚適齢期．¶错过 cuòguò ～ / 婚期を逸する．
【婚纱】hūnshā 名 ウエディングドレス．
【婚纱照】hūnshāzhào 名 結婚記念の写真．ウエディングドレスを着た新婦を写した写真．
【婚生子女】hūnshēng zǐnǚ 名〈法〉正式の結婚によって生まれた子供．
【婚事】hūnshì 名 結婚に関する事柄．
【婚书】hūnshū 名〈旧〉結婚証明書．
【婚外恋】hūnwàiliàn 名 結婚している相手以外との恋愛．不倫．浮気．►"婚外情"とも．
【婚外孕】hūnwàiyùn 名 婚前妊娠；婚外妊娠．
【婚宴】hūnyàn 名 結婚披露宴．
*【婚姻】hūnyīn 名 **婚姻**．
【婚姻介绍所】hūnyīn jièshàosuǒ 名 結婚紹介所．
【婚约】hūnyuē 名 婚約．¶解除 jiěchú ～ / 婚約を破棄する．¶订立 dìnglì ～ / 婚約する．

2声 **浑** hún 形 ①**濁っている**．¶水～了 / 水が濁った．②**愚かである**．¶你这人真～ / おまえってやつはほんとうにばかだ．
◇◆ ①生まれつき．自然の．¶→～朴 pǔ．②すべて．すっかり．¶→～身 shēn．‖姓
【浑蛋】húndàn 名〈罵〉**ばか**．たわけ．►他人をののしる言葉．"混蛋"とも書く．
【浑厚】húnhòu 形 ①(性格が)重厚である．②(詩や書画が)雄渾である．¶笔力 bǐlì ～ / 筆力が雄渾である．
【浑金璞玉】hún jīn pú yù〈成〉質朴で純真な性質．
【浑朴】húnpǔ 形 質朴である．朴実である．
【浑球儿】húnqiúr 名〈方〉ばか野郎．
【浑然】húnrán〈書〉①形 入り混じっている．②副 完全に．まったく．
*【浑身】húnshēn 名 **全身**．¶～上下 / 体中．¶～是汗 hàn / 全身汗だくだ．¶～无力 wúlì / 全身力がぬける．
【浑身是胆】hún shēn shì dǎn〈成〉きわめて大胆なこと．
【浑水摸鱼】hún shuǐ mō yú〈成〉どさくさにまぎれ利を得る．火事場どろぼう(をする)．►"混水摸鱼"とも書く．
【浑圆】húnyuán 形 真ん丸い．
【浑浊】húnzhuó 形 濁っている．

珲 hún 地名に用いる．¶～春 / 吉林省にある地名．

馄 hún "馄饨 húntun"⇩という語に用いる．
【馄饨】húntun 名 ワンタン．

混 hún 〖浑 hún〗①②に同じ．
⏩ hùn
【混蛋】húndàn →【浑蛋】húndàn

H

【混球儿】húnqiúr →【浑球儿】húnqiúr
【混水摸鱼】hún shuǐ mō yú →【浑水摸鱼】hún shuǐ mō yú

魂 hún 名 ①(～儿)魂．霊魂．②気持ち．心．¶吓掉 xiàdiào 了～儿 / 驚いて肝をつぶす．
◇◆(国家や民族の気高い)心,精神．¶国～ / 国家の精神．
【魂不附体】hún bù fù tǐ〈成〉胆をつぶす．びっくり仰天する．
【魂不守舍】hún bù shǒu shè〈成〉放心状態になる；度肝を抜かれるたとえ．
【魂飞魄散】hún fēi pò sàn〈成〉胆をつぶす．
【魂灵】húnlíng 名(～儿)〈口〉魂．霊魂．
【魂魄】húnpò 名 魂魄(こんぱく)．魂．

H 4声 **诨** hùn ◇◆ 冗談．¶打～ / 冗談を言う．
【诨名】hùnmíng 名 あだ名．

* **混** hùn ❶動 ①混ぜる．混じる．¶好坏不能～在一起 / よいものと悪いものを一緒に混ぜてはいけない．②いい加減に過ごす．無為に日を送る．❖～日子 *rìzi* / その日暮らしをする．③ごまかし欺く．¶别让没有门票的人～进来 / 入場券のない者をごまかして入れてはいけない．
❷副 いいかげんに．でたらめに．¶～出主意 zhǔyì / 思いつきで意見を出す．⏩ hún
【混充】hùnchōng 動 …のふりをする．¶～内行nèiháng / 玄人ぶる．
【混沌】hùndùn ①名 混沌．②形 無知である．
【混饭吃】hùn fàn chī〈慣〉①どうにか生計を立てる．②いい加減に仕事をして報酬をもらう．
【混合】hùnhé 動 ①混合する．¶男女～双打 / 男女混合ダブルス．②〈化〉混合する．
【混合泳】hùnhéyǒng 名〈体〉(水泳の)メドレー種目．
【混混儿】hùnhunr 名〈方〉与太者．
【混进】hùnjìn 動(組織や地区に)まぎれ込む．
*【混乱】hùnluàn 形 混乱している．¶思想～ / 考えが混乱する．頭の中がごちゃごちゃになる．¶车厢 chēxiāng 内拥挤 yōngjǐ ～ / 車内は押し合って混雑する．
【混凝土】hùnníngtǔ 名〈建〉コンクリート．¶～搅拌机 jiǎobànjī / コンクリートミキサー．¶～泥浆 níjiāng / 生コン．
【混入】hùnrù →【混进】hùnjìn
【混事】hùn//shì 動〈貶〉生計を立てるためだけに職業につく．►"混事由儿 yóur"とも．
【混世魔王】hùnshì mówáng 名〈喩〉世を騒がせる大悪人．
【混同】hùntóng 動 混同する．
【混为一谈】hùn wéi yī tán〈成〉一緒くたにする．同列に論じる．
【混淆】hùnxiáo 動 ①入り混じる．②混淆(こんこう)する．►矛盾・関係・是非・区別など抽象的な事柄についていう．¶真伪 zhēnwěi ～ / 真贋(しんがん)が入り混じる．
【混血儿】hùnxuè'ér 名 混血児．
【混一】hùnyī 動 混一する．
【混音】hùn//yīn 動(録音の)ミキシングをする．
【混杂】hùnzá 動 混同する．まぜこぜにする．¶鱼龙 yúlóng ～ / 悪人と善人とが混ざり合っているたとえ．
【混账】hùnzhàng 形〈罵〉ろくでなしである．ばかである．
【混浊】hùnzhuó 形(水や空気が)濁っている．

huo (ㄏㄨㄛ)

1声 **嚄** huō 感《驚嘆するときに発する言葉》ほう．¶～！好漂亮 piàoliang 的雪景！/ ほう,とてもきれいな雪景色だ．⏩ ǒ

豁 huō 動 ①裂ける．破れる．¶～了一个口子 / 裂け目ができた．②(腹をくくって)投げ出す；思い切って…する．¶～出一千块钱把它买下来 / 千元奮発してそれを買ってしまう．⏩ huò
【豁出去】huō//chū//qù 動+方補 捨て身になる．¶我～了,风险 fēngxiǎn 再大,也要干 gàn / こうなったら必死だ，リスクがどんなに大きかろうとやめたりしないぞ．
【豁口】huōkǒu 名(～儿)欠けた部分．裂け目．
【豁子】huōzi 名〈方〉①裂け目．欠けた部分．②→【豁嘴】huōzuǐ
【豁嘴】huōzuǐ 名(～儿)兎唇(としん)；兎唇の人．

2声 **和** huó 動(粉末に水を加え)こねる．かき混ぜる．¶～面 / 小麦粉をこねる．⏩ hé,hè,hú,huò

** **活** huó ❶動(↔死 sǐ)生きる．生存する．¶鱼在水里才能～ / 魚は水の中でなければ生きていられない．¶这棵 kē 树没～几天就枯死 kūsǐ 了 / この木は何日もしないうちに枯れてしまった．[比喩的に用いて]¶她永远 yǒngyuǎn ～在我的心里 / 彼女は永遠に私の心のなかに生きている．
❷形 ①生きている．►名詞を修飾するのみ．¶～鱼 yú / 生きている魚．活魚．¶→～字典 zìdiǎn．②生き生きとしている．¶这篇 piān 文章写得很～ / この文章は生き生きと書かれている．¶搞 gǎo ～经济 jīngjì / 経済を活性化する．③固定していない．動く．自由に取りはずしのできる．¶他脑筋 nǎojīn 很～ / 彼は頭がよく働く．
❸名(～儿)①仕事．►一般に肉体労働をさす．¶庄稼 zhuāngjia ～ / 野良仕事．¶粗 cū ～儿 / 力仕事．❖干 *gàn* ～儿 / 仕事をする．働く．②製品．¶这手艺～儿做得真好 / この手芸は実によくできている．¶废 fèi ～ / 不合格品．
❹副 とても．まったく．¶简直 jiǎnzhí 是～受罪 shòuzuì / まったくの災難だ．
◇◆ ①真に迫る．¶→～像 xiàng．¶→～现 xiàn．②生きたままで．¶→～埋 mái．¶→～捉 zhuō．
【活靶子】huóbǎzi 名 ①動く標的．¶打～ / 動く標的を打つ．②(批判や非難の)的になる人または事物．¶批判 pīpàn 的～ / 矢面に立つ人．
【活宝】huóbǎo 名〈貶〉おどけ者．お調子者．¶别耍 shuǎ ～了 / ふざけていないで．
【活蹦乱跳】huó bèng luàn tiào〈成〉元気よく跳ね回る．
【活便】huóbian 形〈方〉①敏捷である．②都合がよい．便利である．

【活到老，学到老】huó dào lǎo, xué dào lǎo 〈諺〉生きているかぎり学び続ける.
【活地狱】huódìyù 名 生き地獄.
*【活动】huódòng ❶動 ①体を動かす. 活動する. ¶出去散散步,～～／外へ散歩に出て運動しよう. ②ぐらつく. ¶牙 yá～了／歯がぐらつく. ③奔走する；賄賂を使う. ¶这事也托 tuō 人去～过,没有成功 chénggōng／この件については人に頼んで働きかけてもらったが,うまくいかなかった.
❷形 固定していない；融通性がある. ¶口气有点儿～了／口ぶりがいくらか変わった. ¶～房屋 fángwū／移動できる組立式家屋.
❸名 活動. 量 项 xiàng,个. ¶集体～／集団活動. ¶文娱 wényú～／文芸娯楽活動.
【活动家】huódòngjiā 名 活動家.
【活泛】huófan 形〈口〉機転が利く. 融通が利く.
【活佛】huófó 名 生き仏；活仏. ►チベット仏教の高僧の俗称.
*【活该】huógāi ①動 当たり前だ；いい気味だ. ¶～如此 rúcǐ／そうなるのは当然だ. ¶～！／ざまを見ろ,いい気味だ. ②助動〈方〉当然…すべきだ.
【活化】huóhuà 動 活性化する.
【活话】huóhuà 名(～儿)〈口〉不確かな約束. あいまいな言葉. 一時逃れの言葉. ¶他总是说～,叫人摸不着 mōbuzháo 头脑／彼はよく言葉を濁すので,本当のところがつかめない.
【活化石】huóhuàshí 名 生きた化石.
【活活】huóhuó 副(～儿)生きながら；無残にも. むざむざ. ¶～打死／無残にも打ち殺してしまう.
【活火】huóhuǒ 名 炎の出ている火；盛んに燃えている火.
【活计】huóji 名 ①(以前は)針仕事；(現在は広く)肉体労働. ②(完成した,または未完成の)手工芸品.
【活见鬼】huójiànguǐ 〈慣〉奇怪千万だ. さても不思議なことだ.
【活结】huójié 名(↔死结 sǐjié)(ちょう結びなど)一方を引くと解ける結び方.
【活口】huókǒu 名 ①生き証人. ②情報を提供できる捕虜〔犯人〕.
【活扣】huókòu ⇀【活结】huójié
【活力】huólì 名 活力.
【活灵活现】huó líng huó xiàn 〈成〉(演技や描写が)生き生きとして真に迫っているさま. ►"活龙 lóng 活现"とも.
【活路】huólù 名 量 条. ①解決の道. 打開策. ②活路. 生きていく道.
【活路】huólu 名 仕事；肉体労働.
【活络】huóluò 形〈方〉①(物が)固定していない,がたつく. ②(言うことが)あやふやである. ③すばしこい. 頭の回転が速い.
【活埋】huómái 動 生き埋めにする.
【活门】huómén 名〈機〉バルブ. 弁.
【活命】huó//mìng ❶動 ①生きていく. 命をつなぐ. ②〈書〉命を助ける. ❷名 生命. 量 条 tiáo.
【活泼】huópo 形 活発である. 生き生きしている. 元気がよい. ¶这个孩子真～／この子はほんとに元気がいい. ¶文章 wénzhāng 写得～／文章が生き生きしている.
【活菩萨】huópúsa 名 生き菩薩(ぼさつ)；〈喩〉苦難を救う人.
【活期】huóqī 形〈経〉(後ろに名詞をとって)当座の. ¶～存款 cúnkuǎn／普通預金. 当座預金. ¶～放款／当座貸し. コールローン.
【活气】huóqì 名 活気. 生気. ¶市上充满 chōngmǎn 了～／マーケットは活気にあふれている.
【活塞】huósāi 名〈機〉ピストン.
【活生生】huóshēngshēng (～的) ①形 生き生きとした. 生々しい. ¶～的例子 lìzi／生き生きとした例. ②副 生きているままで. みすみす. ►生物が被害を受けることを形容する場合が多い.
【活食】huóshí 名(～儿)生きた獲物.
【活石灰】huóshíhuī 名 生石灰.
【活受罪】huóshòuzuì 〈慣〉ひどい目に遭う. 生きた心地がしない.
【活水】huóshuǐ 名(↔死水 sǐshuǐ)流れている水. 流動水.
【活死人】huósǐrén 名〈喩〉生気のまったくない人. 生ける屍(しかばね).
【活体】huótǐ 名 生体.
【活土层】huótǔcéng 名 耕作後の柔らかい土層.
【活脱儿】huótuōr 動〈口〉生き写しである. ¶他长 zhǎng 得～是他父亲／彼は父親に生き写しだ.
【活鲜】huóxiān 名(商品としての)生きた食用動物や新鮮な果物・野菜.
【活现】huóxiàn 形 生き生きとしている. ¶神气 shénqi～／誇らしげな様子が目に見えるようだ.
【活像】huóxiàng 動 そっくりである. 生き写しだ. ¶那男孩儿 nánháir 长 zhǎng 得～他父亲／あの男の子は父親にそっくりだ.
【活血】huóxuè 動〈中医〉血行を盛んにする.
【活阎王】huóyánwang 名〈喩〉生き閻魔(えんま)；極悪非道な人. 残忍な極悪人.
【活页】huóyè 名 ルーズリーフ. ¶～笔记本 bǐjìběn／ルーズリーフ式ノート.
*【活跃】huóyuè ①形 活発である. 活躍している. ¶市场 shìchǎng～／市場が活発である. ②動 活発にする. ¶～会场的气氛 qìfēn／会場の雰囲気を盛り上げる.
【活捉】huózhuō 動 生け捕りにする.
【活字】huózì 名〈印〉活字.
【活字版】huózìbǎn 名〈印〉活字版.
【活字典】huózìdiǎn 名〈喩〉生き字引. ¶他是部 bù～／彼は生き字引だ.
【活罪】huózuì 名 生きながら受ける苦難.

3声 **火 huǒ** ** ❶名 ①(～儿)火. 量 团 tuán,把. ❖点 diǎn〔灭 miè〕～／火をつける〔消す〕. ¶～灭了／火が消えた. ②怒り. ¶→～冒三丈.
❷動(～儿)かっとなる. 怒る. ¶他～儿了／彼はかんかんに怒った.
❸形〈口〉盛んである. 人気がある. ブームである. ¶买卖 mǎimai 很～／商売が繁盛している.
◇◆ ①赤い. 赤色の. ¶→～红 hóng. ②銃砲や弾薬. ¶开 kāi～／火ぶたを切る. ③のぼせ. ¶上～／のぼせる. ④緊急である. ¶→～速 sù. ‖姓
【火把】huǒbǎ 名 たいまつ.
【火暴・火爆】huǒbào 形〈方〉①怒りっぽい. せっかちである. ¶脾气 píqi～／気性がせっかちである. ②盛んである.
【火并】huǒbìng 動 仲間割れして争う. 内ゲバで殺し合う.

*【火柴】huǒchái 名 マッチ. 量[本数]根;[箱の数]盒 hé, 包. ¶~盒 / マッチ箱. ❖擦 cā〔划 huá〕~ / マッチを擦る.
【火场】huǒchǎng 名 火災現場.
**【火车】huǒchē 名 汽車. 量[列車数]列 liè ;[車両数]节 jié. ¶~站 zhàn / 駅.
【火车头】huǒchētóu 名 ①機関車. ②〈喩〉先頭に立つ人〔事物〕; 牽引車.
【火炽】huǒchì 形〈方〉盛んである. にぎやかである.
【火电站】huǒdiànzhàn 名〈略〉火力発電所. 量 个,座,所,处 chù.
【火夫】huǒfū 名〈旧〉①ボイラーマン. ②(軍隊や機関などの)炊事員.
【火罐儿】huǒguànr 名〈中医〉吸いふくべ.
【火锅】huǒguō 名(中国風)寄せ鍋. こんろのついている鍋(で作る料理). ►一般に真鍮(しんちゅう)製で,中央に煙突があり,炭を用いる. ¶吃~ / 寄せ鍋を食べる.
【火海】huǒhǎi 名〈喩〉火の海.
【火红】huǒhóng 形 ①真っ赤である. ②活気に満ちている. 燃えている.
【火候】huǒhou 名(~儿) ①火加減. ¶看~ / 火加減をみる. ②(道徳・学問・技能の)素養. ③肝心な時機. 潮時.
【火花】huǒhuā 名 ①火花. ¶冒 mào ~ / 火花が散る. ②(~儿)マッチ箱のラベル.
【火花塞】huǒhuāsāi 名〈機〉点火プラグ.
【火化】huǒhuà 動 火葬する. ¶~场 / 火葬場.
【火鸡】huǒjī 名〈鳥〉シチメンチョウ. ►"吐绶鸡 tǔshòujī"の通称.
【火急】huǒjí 形 火急の. ¶十万~ / きわめて差し迫っている. 大至急.
【火碱】huǒjiǎn 名〈化〉苛性ソーダ.
【火箭】huǒjiàn 名 ロケット. 量 支,枚.
【火箭炮】huǒjiànpào 名〈軍〉ロケット砲.
【火箭筒】huǒjiàntǒng 名〈軍〉ロケットランチャー.
【火警】huǒjǐng 名 ①火災. 火事. ぼや. ¶发生 fāshēng ~ / 火災が起こる. ②火災通報電話. 119番.
【火具】huǒjù 名 点火や爆発に用いる器具の総称.
【火炬】huǒjù 名 たいまつ. ¶~接力 jiēlì / 聖火リレー. たいまつリレー. ¶~塔 tǎ / 聖火台.
【火炕】huǒkàng 名 オンドル.
【火坑】huǒkēng 名〈喩〉きわめて悲惨な境遇. 生き地獄. 苦界. ¶跳 tiào ~ / みすみす不幸になること.
【火筷子】huǒkuàizi 名 火ばし. 量 双 shuāng.
【火辣辣】huǒlālā 形(~的) ①きわめて熱い. ②(やけどや鞭などに打たれて)ひりひりする. ③(興奮・焦燥・羞恥などで)いらいらしている,焦っている.
【火力】huǒlì 名 ①(動力の)火力. ②〈軍〉火力. 武器の威力.
【火烈鸟】huǒlièniǎo 名〈鳥〉フラミンゴ.
【火龙】huǒlóng 名 ①火のついた竜. ►連なった灯火を形容する. ②〈方〉かまどから煙突に通じる斜めの煙道.
【火炉】huǒlú 名(~子)こんろ. かまど. ストーブ. 量 个,座,只.
【火冒三丈】huǒ mào sān zhàng〈成〉烈火のごとく怒るさま.
【火煤・火媒】huǒméi 名(~儿)火つけ用のこより.
【火苗】huǒmiáo 名(~儿・~子)火炎.
【火捻】huǒniǎn 名(~儿) ①火つけ用のこより. ②導火線.
【火炮】huǒpào 名〈軍〉大砲.
【火盆】huǒpén 名 火鉢.
【火漆】huǒqī 名 封蠟(ふうろう).
【火气】huǒqì 名 ①怒気. 怒り. いらいらした気持ち. ¶他现在~很大 / 彼は今かんかんに怒っている. ②〈中医〉のぼせ. 炎症・腫(は)れ・いらだちなどの症状を引き起こす病因. 注意 火の気の意味での「火気」は中国語では"烟火 yānhuǒ"を用いる.
【火器】huǒqì 名〈軍〉火器.
【火钳】huǒqián 名 火挟み.
【火枪】huǒqiāng 名 旧式の猟銃; 火縄銃.
【火墙】huǒqiáng 名 ①内部を伝わる煙の熱によって暖を取るようになっている壁. ②〈軍〉火網(かもう).
【火热】huǒrè 形 ①火のように熱い. ②熱烈である.
【火绒】huǒróng 名 火口(ほくち).
【火色】huǒsè 名〈方〉火加減. ¶拿稳 wěn 了~ / 火加減をちょうどよくする. 潮時をちゃんとつかむ.
【火山】huǒshān 名〈地質〉火山. ¶~地震 dìzhèn / 火山性地震.
【火上浇油】huǒ shàng jiāo yóu〈成〉火に油を注ぐ. 人をますます怒らせる. ►"火上加 jiā 油"とも.
【火烧火燎】huǒ shāo huǒ liǎo〈成〉体がほてる; 極度にいらいらする.
【火烧眉毛】huǒ shāo méi máo〈成〉焦眉(しょうび)の急. 一刻も猶予できない.
【火烧云】huǒshāoyún 名 朝焼け雲; 夕焼け雲.
【火烧】huǒshao 名 ゴマをまぶしていない"烧饼 shāobing"(シャオピン).
【火舌】huǒshé 名 火の手.
【火神】huǒshén 名(道教で)防火を司る神様.
【火石】huǒshí 名 火打ち石;(ライターの)発火石.
【火势】huǒshì 名 火の燃える勢い. 火勢.
【火树银花】huǒ shù yín huā〈成〉打ち上げ花火や灯火が光り輝くさま.
【火速】huǒsù 副 大至急. 大急ぎで.
【火塘】huǒtáng 名〈方〉(暖をとるために室内の土間に作り付けた)暖炉.
【火烫】huǒtàng ①形 焼けつくように熱い. ②名 アイロンパーマ.
【火头】huǒtóu 名(~儿) ①炎. 火炎. ②火加減. ¶~儿不到,菜 cài 是炒 chǎo 不好的 / 火加減が十分でないと炒め物は上手にできない. ③怒気. 怒り. ¶压 yā ~ / 怒りをしずめる. ¶→~上 shang.
【火头上】huǒtóushang 名("(正)在 ~"の形で)怒っている最中.
【火腿】huǒtuǐ 名(中国式の)ハム. ¶~蛋 dàn / ハムエッグ. ¶~沙拉 shālā / ハムサラダ.
【火险】huǒxiǎn 名 火災保険. ¶保 bǎo ~ / 火災保険をかける.
【火线】huǒxiàn 名 ①前線. 戦場. ②回路で電気を送る電源線;(直流の場合は)プラス(+).
【火硝】huǒxiāo 名〈化〉硝酸カリウム.
【火星】huǒxīng 名 ①(~儿)火花. 火の粉. ②〈天〉火星.
【火性】huǒxìng 名(~子)〈口〉短気. かんしゃく.
【火眼】huǒyǎn 名〈中医〉急性結膜炎.

【火眼金睛】huǒ yǎn jīn jīng 〈成〉邪悪を見抜く眼力．深い洞察力があること．

【火焰】huǒyàn 名 火炎．炎．

【火焰喷射器】huǒyàn pēnshèqì 名〈軍〉火炎放射器．

【火药】huǒyào 名 火薬．►"炸药 zhàyào"とも．

【火药味】huǒyàowèi 名(～儿)火薬のにおい；〈転〉きな臭いにおい．戦争の気配．

【火印】huǒyìn 名 焼き印．

【火油】huǒyóu 名〈方〉石油．

【火灾】huǒzāi 名 火災．

【火葬】huǒzàng 動 火葬する．

【火纸】huǒzhǐ 名 硝酸を塗った紙．火付け紙．►燃えやすいため火種に用いることが多い．¶～捻儿 niǎnr / 火付け紙のこより．

【火中取栗】huǒ zhōng qǔ lì 〈成〉火中の栗を拾う．他人の利益のために非常な危険を冒すこと．

【火种】huǒzhǒng 名 火種．

【火烛】huǒzhú 名 火の元．¶小心 xiǎoxīn ～ / 火の元用心．

【火柱】huǒzhù 名 火柱．

【火砖】huǒzhuān 名 耐火れんが．

伙(火・夥) huǒ

量 人の群れを数えるのに用いる．¶一～人 / 一群の人．¶分成两～ / ふた組に分かれる．

◇◆ ①仲間．同僚．¶同～ / 仲間．②仲間で．組んで．¶合～ / 共同で事業をする．③〈旧〉店員．丁稚(でっち)．¶店 diàn ～ / 店員．④食事．賄い．¶搭 dā ～ / 共同炊事に加わる．‖姓

*【伙伴】huǒbàn 名 仲間．同僚．

【伙房】huǒfáng 名(学校などの)炊事場．

【伙耕】huǒgēng 動 共同で耕作する．

【伙计】huǒji 名 ①(呼びかけにも用い)仲間．②〈旧〉店員．常雇い．

*【伙食】huǒshi 名(共同または公の)賄い，食事．¶～费 fèi / 食費．¶～账 zhàng / 食堂の帳簿．食費の勘定．

【伙同】huǒtóng 動 ぐるになる．いっしょになって(悪事を行う)．¶～坏人作案 zuò'àn / 悪者とぐるになって犯罪行為をする．

【伙着】huǒzhe 副 共同して．組んで．

【伙子】huǒzi 名 群れ．グループ．(悪の)仲間．¶这是一小～坏人 huàirén 干的 / これは一握りの悪者がやったのだ．

夥 huǒ

①形〈書〉多い．おびただしい．¶获益 huòyì 甚 shèn ～ / 莫大な利益を得る．②〖伙 huǒ〗に同じ．

或 huò

❶接続 あるいは．もしくは．注意 書き言葉に用い，ふつう連用する．"或者"と同じ意味だが一定の形式(たとえば4音節語を作るとき)では"或"しか用いられない．⇒〖或…或…〗*huò…huò…*【或者】huòzhě

❷副 ①あるいは…かもしれない．¶晚上～可到达 / 夜には着けるかもしれない．②〈書〉いささか．少し．¶不可～忽 / いささかもゆるがせにしてはならない．

❸代〈古〉ある人．

〖或…或…〗*huò…huò…* …するかあるいは．…であるかあるいは．¶～骑 qí 自行车去，～乘 chéng 汽车去，自行决定 juédìng / 自転車で行くか，バスで行くかは各人で決めること．¶～多～少 shǎo / 多かれ少なかれ．¶～迟 chí ～早 / 遅かれ早かれ．

【或然】huòrán 形 蓋然(がいぜん)的である．¶～性 xìng / 蓋然性．

【或然率】huòránlǜ 名〈数〉確率．

【或是】huòshì 接続 あるいは；…かそれとも…か．

【或许】huòxǔ 副 あるいは．もしかすると．ひょっとしたら…かも知れぬ．¶～她知道 zhīdao / もしかすると彼女が知っているかも知れない．

【或则】huòzé 接続 あるいは．…したり…したり．

**【或者】huòzhě ❶接続 ①…かそれとも…か．あるいは．¶～你去，～他去，都行 / 君が行っても彼が行ってもどちらでもよい．¶受到表扬 biǎoyáng 的单位 dānwèi ～个人 gèrén / 表彰された職場または個人．②…したり…したり(する)．►"有的…有的…""有时候…有时候…"に同じ．¶老人在公园里～散步 sànbù，～做操 zuòcāo / 公園に来ている老人は散歩している者もいれば，体操している者もいる．❷副 もしかすると．¶这本书～对你有帮助 bāngzhù / この本はひょっとしたら君の役に立つかもしれない．

和 huò

①動(粉状または粒状のもの，あるいは液体を)混ぜる．こねる．¶～药 yào / 薬をとく．¶～面 / 小麦粉をこねる．②量 洗濯のときに水を換える回数；薬を煎じるときに水を加える回数を数える．¶多洗 xǐ 几～ / 何回も水を換えて洗う．¶二～药 / 二番煎じの薬．▸▸ hé,hè,hú,huó

【和弄】huònong 動〈方〉①かき混ぜる．②けしかける．そそのかす．

【和稀泥】huò xīní 〈慣〉無原則に妥協させる．なあなあでまとめる．

*货 huò

名 商品．品物．量 件，批 pī．¶进了一批～ / 一口入荷した．¶到～ / 品物が入荷する．¶订 dìng ～ / 商品を注文する．¶取 qǔ ～ / 品物を受け取る．¶退 tuì ～ / 返品(する)．

◇◆ ①貨幣．¶通 tōng ～ / 通貨．②やつ；代物．►他人をののしる言葉．¶笨 bèn ～ / のろま．③売る．¶→～郎 láng．‖姓

【货币】huòbì 名〈経〉貨幣．

【货币贬值】huòbì biǎnzhí 名〈経〉①平価切り下げ．②貨幣価値の下落．

【货币升值】huòbì shēngzhí 名〈経〉①平価切り上げ．②貨幣価値の高騰．

【货舱】huòcāng 名 飛行機や船の貨物室．

【货场】huòchǎng 名 貨物置き場．

【货船】huòchuán 名 貨物船．量 条，艘 sōu．

【货单】huòdān 名〈経〉積荷明細書．

【货到付款】huò dào fùkuǎn 名〈経〉現金引換え払い．COD．

【货柜】huòguì 名 ①商品陳列台．②〈方〉コンテナ．

【货机】huòjī 名〈航空〉貨物輸送機．

【货价】huòjià 名 商品の価格．

【货架子】huòjiàzi 名 ①商品棚．②自転車の荷台．

【货款】huòkuǎn 名 商品の代金．

【货郎】huòláng 名 小間物を売り歩く行商人．

【货郎鼓】huòlánggǔ 名 "货郎"の打ち鳴らすでんでん太鼓．

【货轮】huòlún 名 貨物船．

H

【货票】huòpiào 名〈経〉船荷証券；貨物引替証.
【货品】huòpǐn 名 商品.
【货色】huòsè 名 ①商品の品質と種類. ¶～齐全 qíquán / 各種の商品がそろっている. ②〈貶〉《人や考え・言論・作品などを悪くけなしていう》代物(しろもの). やつ. ¶像 xiàng 他这样的～,谁也看不起 / あんなやつ,だれだって軽蔑している.
【货摊】huòtān 名(～儿)露店.
【货位】huòwèi 名 ①貨物列車1両分の積荷量. ②(駅・商店・倉庫などの)臨時荷物置き場.
【货物】huòwù 名 商品. 貨物.
【货箱】huòxiāng 名 コンテナ.
【货样】huòyàng 名 商品見本. サンプル.
【货源】huòyuán 名 商品の仕入れ先〔供給源〕. ¶开辟 kāipì ～ / 商品の仕入れ先を開拓する.
【货运】huòyùn 名 貨物運送. 貨物運輸業務. ¶～量 liàng / 貨物輸送量.
【货栈】huòzhàn 名(営業用の)倉庫.
【货真价实】huò zhēn jià shí 〈成〉品質が信用でき,価格も掛け値がなく安い；〈転〉正真正銘である. ¶他是～的老滑头 lǎohuátou / 彼は正真正銘のたぬきおやじだ.
【货主】huòzhǔ 名 荷主.

获(獲・穫) huò ◇◆ ①得る. 手に入れる. ¶→～奖 jiǎng. ②捕らえる. ¶捕 bǔ ～ / 捕獲〔逮捕〕する. ③作物を取り入れる. ¶收 shōu ～ / 収穫する.

*【获得】huòdé 動 獲得する. 得る. ►抽象的な物事についていうことが多い. ¶～好评 / 好評を博する. ¶～经验 jīngyàn 教训 jiàoxun / 経験と教訓を得る. ¶～成功 chénggōng / 成功を収める.
【获奖】huò//jiǎng 動 受賞する.
【获救】huòjiù 動 救われる. 助かる.
【获利】huòlì 動 利益を得る.
【获取】huòqǔ 動 得る. 手に入れる. ¶通过实验 shíyàn ～第一手资料 zīliào / 実験によって直接にデータを手に入れる.
【获胜】huòshèng 動 勝利する.
【获悉】huòxī 動〈書〉耳に入る. 承る.
【获知】huòzhī 動 知る.
【获准】huòzhǔn 動 許可を得る. ►動詞句や主述句も目的語にとることができる.
【获罪】huòzuì 動 有罪になる；罪を着せられる.

祸(禍) huò 名(↔福 fú)災い. 不幸. 災難. ►"闯 chuǎng、惹 rě"などのごく少数の動詞のみの目的語になる. 量 场 cháng. ¶惹～ / 災いを招く.
◇◆ 災いをもたらす. 損害を与える.

【祸不单行】huò bù dān xíng 〈成〉災いは重なるものだ.
【祸端】huòduān 名〈書〉災いの始まり.
【祸根】huògēn 名 禍根(かこん). 災いのもと.
【祸国殃民】huò guó yāng mín 〈成〉国家と人民に災いをもたらす.
【祸害】huòhai ❶名〈口〉①災い. ②害になる人〔事物〕. ❷動 害を及ぼす.
【祸患】huòhuàn 名 災い. 災害.
【祸乱】huòluàn 名 災難と変乱.
【祸事】huòshì 名 災い.
【祸首】huòshǒu 名 災禍を引き起こした張本人. 元凶. ¶罪魁 zuìkuí ～ / 犯罪事件や災禍の元凶.
【祸水】huòshuǐ 名〈喩〉災禍を引き起こす人〔集団〕.
【祸祟】huòsuì 名 たたり.
【祸心】huòxīn 名 悪巧み. 悪事をたくらむ心. ¶包藏 bāocáng ～ / 悪いことをたくらむ.
【祸殃】huòyāng 名 災禍. 災い. ¶遭 zāo ～ / 災いにあう.
【祸种】huòzhǒng 名 災いの種.

惑 huò ◇◆ ①惑う. ¶疑 yí ～ / 疑う. ¶大～不解 bùjiě / 〈成〉さっぱりわけがわからない. ②惑わす. 迷わす. ¶～人耳目 ěrmù / 人の耳目を惑わす.

【惑乱】huòluàn 動 迷わす. 乱す.

霍 huò ◇◆ にわかに. 急に. ¶→～然 rán. ‖姓

【霍地】huòdì 副〈近〉さっと.
【霍霍】huòhuò ①擬《刀を研ぐ音》シュッシュッ. ②動 ぴかぴか光る.
【霍乱】huòluàn 名 ①コレラ. ¶发生 fāshēng ～ / コレラが発生する. ②〈中医〉激しい嘔吐や腹痛を伴う胃腸疾患.
【霍然】huòrán ①副 にわかに. 急に. ②形〈書〉病気がけろりと治るさま.

豁 huò ◇◆ ①広々と開けた. ②免除する. ⏩huō

【豁达】huòdá 形〈書〉心が広い.
【豁朗】huòlǎng 形(気持ちが)晴れ晴れとしている, さっぱりする.
【豁亮】huòliàng 形 ①広々として明るい. ②(声が)よく通る.
【豁免】huòmiǎn 動(税金や労役を)免除する.
【豁然】huòrán 形〈書〉(迷いや疑いが)突然に解ける；(わだかまりやつかえがとれて)急に明るくなる. ¶～开朗 kāilǎng / ぱっと明るくなる.

嚯 huò ①感《驚嘆するとき発する言葉》おや. あれ. ¶～,好大的西瓜 xīguā ! / ほう,大きなスイカだな. ②擬《笑い声》ほほほ. ►発音は"huō"になることもある.

H.........

【H股】H gǔ 名〈経〉H株. 香港の証券市場に上場された中国企業の株.
【HSK】HSK 名(中国国家教育委員会認定の)中国語能力検定試験. ►"汉语水平考试 Hànyǔ Shuǐpíng Kǎoshì"のピンインの頭文字を取った略語.

I.........

【IC卡】IC kǎ 名〈電算〉ICカード.
【IP地址】IP dìzhǐ 名〈電算〉IPアドレス.
【IP电话】IP diànhuà 名 IP電話.
【IP卡】IP kǎ 名 IP電話のテレホンカード.
【IT公司】IT gōngsī 名 IT企業.
【IT股】IT gǔ 名 IT株.

J

jī（ㄐㄧ）

几（幾）jī 副〈書〉ほとんど．
◇◆ 小さな机．¶茶～儿／茶器を置く小さなテーブル．¶条 tiáo～／細長い机．‖姓 ▶▶jǐ

*【几乎】jīhū 副 ①ほとんど．ほぼ．►数量や情況が非常に接近していることを表す．¶～等了一个钟头 zhōngtou／1時間近くも待った．¶颜色 yánsè 和这件～一样／色はこの服とほとんど同じだ．¶～每家都有一辆 liàng 汽车／ほとんどすべての家が車を1台持っている．
②もう少しで．危うく．すんでのことで．［もう少しで望ましくないことが起こりそうだった場合は肯定文・否定文；望ましいことが起こりそうだったがだめになった場合は肯定文；だめになりそうだったがうまくいった場合は否定文］¶～没摔倒 shuāidǎo〔～摔倒〕／危うく転ぶところだった．¶事情～办成了／話がもう少しでまとまるところだった(実際はだめになった)．¶事情～没办成／話がだめになりそうだった(実際はまとまった)．

【几内亚】Jīnèiyà 名〈地名〉ギニア．

【几内亚比绍】Jīnèiyàbǐshào 名〈地名〉ギニアビサウ．

讥（譏）jī ◇◆ そしる．あざける．からかう．

【讥嘲】jīcháo 動 そしる．

【讥刺】jīcì 動〈書〉皮肉る．そしる．

【讥讽】jīfěng 動〈書〉皮肉る．当てこする．

【讥诮】jīqiào 動〈書〉皮肉る．当てこする．

【讥笑】jīxiào 動 あざける．あざ笑う．¶受人～／人からばかにされる．

击（擊）jī ◇◆ ①打つ．たたく．¶～鼓 gǔ／太鼓をたたく．②攻める．¶袭 xí～／襲撃(する)．③当たる．ぶつかる．¶撞 zhuàng～／突き当たる．

一 二 キ 丰 击

【击败】jībài 動 打ち負かす．打ち破る．¶以 yǐ 三比 bǐ 二～对手／3対2で相手を負かす．

【击毙】jībì 動 射殺する．

【击发】jīfā 動(射撃で)引き金を引く．

【击毁】jīhuǐ 動 打ち壊す．破壊する．

【击剑】jījiàn 名〈体〉フェンシング．

【击键】jījiàn 動(ワープロやタイプライターの)キーを打つ，タイピングする．

【击溃】jīkuì 動 壊走させる．

【击落】jīluò 動 撃墜する．

【击破】jīpò 動 撃破する．

【击球】jīqiú 名〈体〉(野球の)バッティング；(サッカーでキーパーの)パンチング；(ゴルフの)ショット．

【击水】jīshuǐ 動 ①水面をたたく．②水泳する．

【击退】jītuì 動 撃退する．

【击掌】jīzhǎng 動 ①拍手する．②(手をたたき合って)誓い合う．

叽（嘰）jī 擬《小鳥・虫などの鳴き声》ちっちっ．ちゅっちゅっ．¶小鸟～～地叫／小鳥がちっちっと鳴く．

【叽噔咯噔】jīdēnggēdēng 擬《重い物が揺れ動く音，または重い靴音》ごとごと．

【叽咕】jīgu 動 ひそひそ話す．¶不要叽叽咕咕的，好好儿说！／ぶつぶつ言わずにちゃんと話せ．

【叽里旮旯儿】jīligālár 名〈方〉隅々．そこいらじゅう．

【叽里咕噜】jīligūlū 擬 ①《よく聞き取れない声》ぼそぼそ．むにゃむにゃ．②《物体が転がる音》ごろごろ．

【叽里呱啦】jīliguālā 擬《大声でうるさくしゃべる声》ぺらぺら．べらべら．べちゃくちゃ．►外国語や方言を話す場合をさすことが多い．

【叽吱咯吱】jīzhīgēzhī 擬《硬い物がこすれる，きしむときの音》きいきい．

【叽叽嘎嘎】jījigāgā 擬 ①《大声で騒ぐ声》がやがや．わいわい．②《物体や機械などがこすれあってきしむ音》ぎいぎい．ぎこぎこ．ぎしぎし．

【叽叽喳喳】jījizhāzhā 擬 ①《小鳥の鳴き声》ぴいちくぱあちく．②《うるさくしゃべる声．》ぺちゃくちゃ．

饥（饑）jī ◇◆ ①飢える．腹がすく．¶～餐渴 kě 饮／腹が減れば食い，のどがかわけば飲む．►旅の道中を表す言葉．②凶作．飢饉(ききん)．¶大～／大飢饉．

【饥不择食】jī bù zé shí〈成〉切羽詰まったときはあれこれ選んでいられない．

【饥肠】jīcháng 名〈書〉空腹．すきっ腹．¶～辘辘 lùlù／空腹でおなかがぐうぐう鳴る．

【饥饿】jī'è 形 飢えている．¶忍受 rěnshòu～／飢餓を堪え忍ぶ．

【饥寒】jīhán 名 飢えと寒さ．

【饥荒】jīhuang 名 ①凶作．②〈口〉家計が成り立たない．やりくりがつかない．¶闹 nào～／生活苦に悩まされる．③〈方〉債務．¶拉 lā～／借金をする．

【饥馑】jījǐn 名〈書〉飢饉．凶作．

【饥民】jīmín 名 飢餓の民．

【饥色】jīsè 名 栄養不良による悪い顔色．

圾 jī "垃圾 lājī"(ごみ，ちり)という語に用いる．⇒【垃圾】lājī

机（機）jī ◇◆ ①機械．¶录像 lùxiàng～／ビデオ．¶拖拉 tuōlā～／トラクター．②飛行機．¶客 kè～／旅客機．¶班～／定期航空便．③機会．チャンス．¶乘 chéng～／機会に乗じて．④きっかけ．かなめ．¶危 wēi～／危機．⑤生物体の生存機能．¶生～／生命力．⑥機敏である．¶～警 jǐng／すばしこい．神経が鋭い．‖姓

注意「机(つくえ)」は"桌子 zhuōzi"という．

【机变】jībiàn 形〈書〉臨機応変である.
【机舱】jīcāng 名 ①(船の)機関室. ②飛行機の客室,貨物室.
【机场】jīchǎng 名 **飛行場. 空港. 量 座,个. ¶国际 guójì ～ / 国際空港. ¶～大楼问讯处 wènxùnchù / 空港ビル案内所. ¶～费 fèi / 空港(施設)使用料.
【机车】jīchē 名〈交〉機関車. ►俗に"火车头 huǒchētóu"という.
*【机床】jīchuáng 名〈機〉①旋盤. ②(広く)工作機械.
【机电】jīdiàn 名 機械設備と電力設備の総称. ¶～一体化 / メカトロニクス.
【机动】jīdòng 形 ①**融通のきく**. **融通性のある**. ¶～处理 shǔlǐ / 臨機応変に処理する. ②**機械で動く**. ¶～船 chuán / 発動機船. ③予備である. ¶～粮 liáng / 予備の食糧.
【机动车】jīdòngchē 名 エンジン車.
【机断】jīduàn 副 臨機応変に. ¶～行事 xíngshì / 自由裁量で行動する.
【机房】jīfáng 名 ①機関室. 発電機室. ②機(はた)を織る部屋. 機屋.
【机腹降落】jīfù jiàngluò 名(飛行機の)胴体着陸. ►"机身着陆 jīshēn zhuólù"とも.
【机耕】jīgēng 名〈農〉機械化農業.
【机工】jīgōng 名 機械工.
【机构】jīgòu 名 ①**機関·団体**や各種の**職場**をさす. ¶你打听的那个～早就没了 / お尋ねのその機関はずっと以前になくなっていますよ. ¶～合并 hébìng / 機関を統合する. ②(機関·団体の)内部組織. ¶精简 jīngjiǎn ～ / 組織を簡素化する. ③(機械の)内部構造. メカニズム.
【机构投资者】jīgòu tóuzīzhě 名〈経〉機関投資家.
*【机关】jīguān ❶名 ①装置. ②(公務を処理する)機関. **役所**. ¶政府～ / 政府機関. ¶～工作 / 役所の仕事. ③巧妙な計略. からくり. ¶识破 shípò ～ / からくりを見破る. ❷形 機械仕掛けの. ¶～布景 bùjǐng / 機械仕掛けの舞台装置.
【机会】jīhuì 名 機会. **チャンス. 折. ►jīhui とも発音される. 量 个,次. ¶这是一个好～ / これはいいチャンスだ. ¶错过 cuòguò ～ / チャンスを逃す. ¶借 jiè 这个～ / この機会に.
【机会主义】jīhuì zhǔyì 名 日和見主義.
【机件】jījiàn 名〈機〉部品.
【机井】jījǐng 名 モーター式ポンプ井戸.
【机具】jījù 名 機械と道具.
【机库】jīkù 名 飛行機格納庫.
【机理】jīlǐ 名 メカニズム. 構造.
*【机灵】jīling ①形 **利口である**. 賢い. さとい. ►"机伶"とも書く. ¶这孩子怪 guài ～的 / この子は実に利口だ. ②動〈方〉驚いてぶるっと震える,身震いする. ►"激灵"とも書く.
【机灵鬼儿】jīlingguǐr 名〈口〉利口者;ずる賢い人.
【机米】jīmǐ 名 ①北京地方でいう南方産の米. うるち米. ②機械で精米した米.
【机密】jīmì ①形 **機密の**. ¶～文件 / 機密書類. ②名 **機密**.
【机敏】jīmǐn 形 機敏である.
【机谋】jīmóu 名〈書〉機知に富んだ策略.
【机能】jīnéng 名〈生〉機能.
【机票】jīpiào 名 航空券. 量 张 zhāng.
*【机器】jīqi 名 ①**機械**. 量 台 tái,架 jià. ¶开～ / 機械を動かす. ¶安装 ānzhuāng ～ / 機械を据え付ける. ¶～语言 yǔyán /(コンピュータの)マシン語. ¶～脚踏车 jiǎotàchē /〈方〉オートバイ. 原動機付き自転車. ¶～体系 tǐxì / 機械のシステム. ②機構. 機関. ¶国家 guójiā ～ / 国家機関.
注意 jīqì とも発音される.
【机器翻译】jīqi fānyì 名 機械翻訳.
【机器人】jīqirén 名 ロボット. ►"机械人 jīxièrén"とも.
【机枪】jīqiāng 名〈略〉機関銃. 量 挺 tǐng.
【机巧】jīqiǎo 形 巧みである. 精巧である.
【机上服务员】jīshàng fúwùyuán 名 客室乗務員. ►現在ではふつう"空姐 kōngjiě〔空中小姐 kōngzhōng xiǎojiě〕"という.
【机身】jīshēn 名 飛行機の胴体.
【机体】jītǐ 名 ①生命体. ②飛行機の胴体.
【机头】jītóu 名(飛行機の)機首.
【机尾】jīwěi 名(飛行機の)後部.
【机务】jīwù 名 ①重要な事務. ②機械整備に関する仕事. ¶～段 duàn /(鉄道の)機関区.
【机务人员】jīwù rényuán 名 ①機械整備員. ②(飛行機の)地上整備員.
*【机械】jīxiè ①名 **機械**. 装置. 注意 実物の機械については"机器"を用いることが多い. ¶～码 mǎ /(コンピュータの)機械語,マシン語. ②形 機械的で融通がきかない. ¶这个人太～了 / この人は全然融通がきかない.
【机械化】jīxièhuà 動 機械化する.
【机械手】jīxièshǒu 名〈機〉マジックハンド.
【机型】jīxíng 名(機械の)モデル,型.
【机修】jīxiū 名 機械修理. 機械メンテナンス. ¶～工 / 機械修理工.
【机要】jīyào 形(後ろに名詞をとって)機密の…. 極秘事項の. ¶～部门 bùmén / 機密を扱う部門. ¶～通信 tōngxìn /(郵便で扱う)機密通信. ¶～文件 / 機密文書.
【机翼】jīyì 名 飛行機の翼.
【机油】jīyóu 名 機械油.
【机遇】jīyù 名 よい機会. チャンス. ¶抓住 zhuāzhù ～ / チャンスをつかむ.
【机缘】jīyuán 名 縁. めぐり合わせ.
【机运】jīyùn 名 ①機会. 時機. ¶偶然 ǒurán 的～ / 偶然のチャンス. ふとしたこと(から). ②運命. めぐり合わせ.
【机长】jīzhǎng 名 機長.
【机制】jīzhì ❶名 ①(機械の)メカニズム,構造. ②(有機体の)構造と機能. ►①②は"机理 jīlǐ"とも. ③(組織·体系の)メカニズム. ¶竞争 jìngzhēng ～ / 競争メカニズム. ❷形 機械製の. ¶～纸 zhǐ / 機械製紙.
【机智】jīzhì 形 機知に富んでいる.
【机杼】jīzhù 名 ①〈書〉機(はた). 織機. ②〈喩〉詩文の構成. ¶自出～ /〈成〉(文学作品が)独創的である.
【机子】jīzi〈口〉名 ①機(はた). ②電話機·織機などの機器. ③銃の引き金.
【机组】jīzǔ 名 ①機械のユニット. ②飛行機の乗組員. ¶～人员 / 乗組員.

J

肌 jī ◇◆ 筋肉．[注意]「肌(はだ)」は普通"皮肤 pífū"という．¶不随意 suíyì ～ / 不随意筋．

【肌肤】jīfū [名]〈書〉筋肉と皮膚．
【肌腱】jījiàn [名]〈生理〉腱(けん)．
【肌理】jīlǐ [名]〈書〉肌のきめ．
【肌肉】jīròu [名]〈生理〉**筋肉**．►"筋肉 jīnròu"とも．¶～紧张 jǐnzhāng / 筋肉が引き締まっている．
【肌体】jītǐ [名] ①(人間の)体．②〈喩〉有機体．

矶(磯) jī [名] 磯．►地名に用いることが多い．¶采石 Cǎishí ～ / 安徽省にある地名．

鸡(雞·鷄) jī [名]〈鳥〉**ニワトリ**．►"家鸡 jiājī"ともいう．(量)只 zhī．❖养 yǎng ～ / ニワトリを飼う．¶母～下蛋 dàn / めんどりが卵を生む．‖[姓]

【鸡巴】jība [名] ①〈口〉陰茎．②〈俗〉くそったれ．
【鸡蛋】jīdàn [名](ニワトリの)**卵**．(量)个．¶～糕 gāo / カステラ．¶～黄 huáng / 黄身．卵黄．¶～清 qīng / 白身．卵白．¶～包饭 bāofàn / オムライス．¶打～ / 卵をわる．¶～碰 pèng 石头 shítou / 全然相手にならないたとえ．
【鸡蛋里挑骨头】jīdànli tiāo gǔtou〈諺〉卵の中から骨を探し出そうとする；あら捜しをする．
【鸡飞蛋打】jī fēi dàn dǎ〈成〉あれもこれもとねらって結局は何も得られない；虻蜂(あぶはち)取らず．
【鸡冠】jīguān [名](～子)とさか．
【鸡冠花】jīguānhuā [名]〈植〉ケイトウ；〈中薬〉鶏冠花．
【鸡奸】jījiān [名] 男色．鶏姦(けいかん)．
【鸡口牛后】jī kǒu niú hòu〈成〉鶏口となるも牛後となるなかれ．►"鸡尸 shī 牛从 cóng"とも．
【鸡肋】jīlèi [名]〈書〉ニワトリの肋骨(ろっこつ)；〈喩〉役に立たないが捨てるには惜しいもの．
【鸡零狗碎】jī líng gǒu suì〈成〉ばらばらである．
【鸡毛】jīmáo [名] ニワトリの羽．¶～菜 / 〈方〉つまみ菜．
【鸡毛蒜皮】jīmáo suànpí〈慣〉(ニワトリの羽やニンニクの皮のように)取るに足りない事柄．
【鸡毛信】jīmáoxìn [名] 緊急の手紙．
【鸡鸣狗盗】jī míng gǒu dào〈成〉取るに足りない技能や小さな技術．
【鸡皮疙瘩】jīpí gēda [名]〈口〉鳥肌．¶起 qǐ ～ / 鳥肌が立つ．
【鸡犬不惊】jī quǎn bù jīng〈成〉軍隊の規律が厳しいこと．
【鸡犬不留】jī quǎn bù liú〈成〉皆殺しにする．
【鸡犬不宁】jī quǎn bù níng〈成〉治安がひどく乱れている．
【鸡犬升天】jī quǎn shēng tiān〈成〉一人が権勢を得ると，その親族·縁者までがその利益を得る．
【鸡肉】jīròu [名] トリ肉．チキン．
【鸡尸牛从】jī shī niú cóng〈成〉→【鸡口牛后】jī kǒu niú hòu
【鸡头】jītóu [名] ①ニワトリの頭．②〈植〉オニバス．
【鸡尾酒】jīwěijiǔ [名] カクテル．¶～会 / カクテルパーティー．
【鸡窝】jīwō [名] ニワトリ小屋．
【鸡心】jīxīn ①[形](ニワトリの心臓の意から)ハート形の．¶～领 / Vネック．②[名] ハート形の装身具．
【鸡胸】jīxiōng [名] はと胸．
【鸡眼】jīyǎn [名] うおのめ．¶脚上长 zhǎng 了个～ / 足にうおのめができた．
【鸡杂儿】jīzár [名]〈食材〉ニワトリのもつ．
【鸡子儿】jīzǐr [名]〈方〉卵．
【鸡子】jīzi [名]〈方〉ニワトリ．

奇 jī ◇◆ ①奇数．②端数．¶五十有～ / 50余り．►► qí

【奇零】jīlíng [名]〈書〉端数．►"畸零"とも書く．¶～之数 shù / 端数．半端な数．
【奇数】jīshù [名]〈数〉奇数．►"单数 dānshù"とも．

唧 jī ①[動](ホースなどで)水をかける．水を噴射する．¶～了我一身水 / 私は水をかけられて体中びしょぬれになった．②[擬]《虫の鳴く声》ちっちっ．じいじい．

【唧咕】jīgu →【叽咕】jīgu
【唧唧】jījī [擬]《虫の声》じいじい．
【唧唧嘎嘎】jījigāgā →【叽叽嘎嘎】jījigāgā
【唧唧喳喳】jījizhāzhā →【叽叽喳喳】jījizhāzhā
【唧啾】jījiū [擬]《小鳥·虫などの声》ちっちっ．
【唧哝】jīnong [動] ひそひそ話す．ささやく．

积(積) jī ①[動] **次第にたまる**．ためる．¶～了好多钱 / お金をずいぶんためた．②[名]〈数〉積．►"乘积 chéngjī"の略．◇◆ ①多年にわたる．¶→～习 xí．¶→～弊 bì．②〈中医〉子供の消化不良．

【积弊】jībì [名] 積もり積もった悪．古くからの弊害．¶清除 qīngchú ～ / 積年の弊害を一掃する．
【积储】jīchǔ →【积存】jīcún
【积存】jīcún [動] ①ためる．貯蔵する．¶～货物 huòwù / 商品をストックする．②金をためる．
【积德】jī//dé [動] 善行を積む．
【积肥】jī//féi [動] 堆肥をつくる．
【积分】jīfēn [名] ①合計点．②〈数〉積分．
*【积极】jījí [形] ①**積極的である**．熱心である．¶工作不～ / 仕事に熱心でない．¶他对社会活动 huódòng 很～ / 彼は社会活動にとても積極的だ．②**肯定的である**．プラス評価の．¶～的作用 zuòyong / プラスの役割．¶～因素 yīnsù / プラスの要因．
【积极分子】jījí fènzǐ [名] ①(政治面での)積極分子．②愛好家．
【积极性】jījíxìng [名] **積極性．意欲**．¶生产～ / 生産意欲．
【积久】jījiǔ [動] 長い間に蓄える．¶～而成 / 長い間の努力の積み重ねによって目標を達成する．
【积聚】jījù [動] 収集する．
【积劳】jīláo [動]〈書〉苦労が重なる．¶～成疾 jí / 心労で病気になる．
*【积累】jīlěi ❶[動] **蓄積する**．¶～财富 cáifù / 富を蓄積する．❷[名] ①蓄積．¶知识 zhīshi 的～ / 知識の蓄積．②〈経〉資本の蓄積．¶扩大 kuòdà ～ / 蓄積をふやす．
【积木】jīmù [名] 積み木．
【积年累月】jī nián lěi yuè〈成〉長い月日．
【积欠】jīqiàn ①[動] 滞納する．②[名] 積もった債務．¶清理 qīnglǐ ～ / 積もった債務を清算する．
【积少成多】jī shǎo chéng duō〈成〉ちりも積もれば山となる．
【积食】jī//shí [動]〈方〉消化不良になる．

J

【积数】jīshù 名〈数〉積．
【积水】jī//shuǐ ① 動 水がたまる．② 名(はけ口のない)たまり水．
【积习】jīxí 名 長年の習慣．¶～难 nán 去 / 長年の習慣がこびりついている．
【积蓄】jīxù ① 動 金をためる．② 名 蓄え．貯金．
【积雪】jī//xuě ① 動 雪が積もる．② 名 積雪．根雪．
【积压】jīyā 動(金や品物を)運用せずに寝かせる；〈喩〉わだかまる．¶～物资 wùzī / 物資を寝かせる；過剰在庫．
【积雨】jīyǔ 名 長雨．
【积雨云】jīyǔyún 名〈気〉積乱雲．
【积郁】jīyù 動 鬱積(うっせき)する．
【积怨】jīyuàn 名 積年の恨み．
【积云】jīyún 名〈気〉積雲．
【积攒】jīzǎn 動〈口〉少しずつ蓄える．¶～邮票 yóupiào / 切手を１枚１枚集める．
【积重难返】jī zhòng nán fǎn〈成〉悪習は改めにくい．

屐 jī ◇◆ ①木靴．¶木～ / 木靴；(日本の)げた．②(一般に)靴．¶～履 lǚ / 靴．

姬 jī ◇◆ ①女性に対する昔の美称．人名に用いる．注意 日本では，元来別字であった「姫」の字を用いる．②(昔の)そばめ，妾(めかけ)．¶侍 shì～ / そばめ．③古く，歌舞を職業とした女性．¶歌 gē～ / 歌姫．‖姓

基 jī 名〈化〉基．¶氨 ān～ / アミノ基．◇◆ ①土台．基礎．¶房～ / 建物の基礎．土台．②基本的な．はじめの．¶→～层 céng．¶→～调 diào．‖姓

*【基本】jīběn ① 名 基本．基礎．もと．¶民主 mínzhǔ 是建国 jiànguó 的～ / 民主は建国の基本だ．② 形 根本的な．基本的な．主要な．重要な．¶～矛盾 máodùn / 根本的な矛盾．¶～方法 / 基本的な方法．¶～条件 tiáojiàn / 主要な条件．③ 副 大体において．一応．►"基本上"とも．¶水利建设工程 gōngchéng～完成 / 水利建設工事はおおよそ完成した．
【基本功】jīběngōng 名 基本的な知識と技能．¶练 liàn 好～ / 基本的な技をたたき上げる．
【基本工资】jīběn gōngzī 名 基本給．
【基本上】jīběnshang 副 ① だいたい．一応．¶生产任务 rènwu～已经完成 / 生産任務はすでにほぼ達成している．¶～听懂 tīngdǒng 了 / 大体のところは聞いて分かりました．② 主として．
【基层】jīcéng 名(各社会組織の)末端，下部，現場．¶～单位 dānwèi / 下部の単位．最下部の組織．¶要让大学生到～锻炼 duànliàn 锻炼 / 大学生は現場で鍛えてもらうべきだ．
*【基础】jīchǔ 名 ① 基礎．基点．基盤；建物の基礎，土台．¶打好～ / 基礎を固める．②〈哲〉下部構造．経済的基礎．
【基础课】jīchǔkè 名 一般教養課程．
【基础设施】jīchǔ shèshī 名 インフラ(ストラクチャー)．
【基地】jīdì 名 ① 軍事上の基地．根拠地．¶～营 yíng / ベースキャンプ．② ある事業の発展の基礎となる地区．
【基点】jīdiǎn 名 ① 中心．重点．② 基礎．出発点．
【基调】jīdiào 名 ①〈音〉主調．② 基調．
【基督教】Jīdūjiào 名 キリスト教．►"耶苏教 Yēsūjiào"とも．"天主教 Tiānzhǔjiào"(カトリック)に対し，特にプロテスタントをさすこともある．
【基肥】jīféi 名〈農〉基肥(もとごえ)．原肥．
【基干】jīgàn 名 ① 基幹．② 中堅幹部．
【基价】jījià 名 基準価格．
【基建】jījiàn 名〈略〉基本建設．インフラ整備．
【基金】jījīn 名 基金．ファンド．
【基里巴斯】Jīlǐbāsī 名〈地名〉キリバス．
【基诺族】Jīnuòzú 名(中国の少数民族)ジノー(Jino)族．►チベット系民族で，雲南省に住む．
【基色】jīsè 名 原色．
【基石】jīshí 名 礎石．►比喩に用いることが多い．
【基数】jīshù 名 基数；計算の基準となる数．
【基业】jīyè 名 事業発展の基礎．
【基因】jīyīn 名〈生〉遺伝子．¶～组 / ゲノム．¶～型 xíng / 遺伝子型．¶～文库 wénkù / 遺伝子ライブラリー．
【基因重组】jīyīn chóngzǔ 名〈生〉遺伝子組み換え．►"基因改造"とも．
【基因工程】jīyīn gōngchéng 名〈生〉遺伝子工学．
【基因疗法】jīyīn liáofǎ 名〈医〉遺伝子療法．
【基因污染】jīyīn wūrǎn 名〈環境〉遺伝子組み換え技術の弊害としておこる生態系の異常．
【基于】jīyú 前 …に基づいて．…によって．¶～宪法 xiànfǎ / 憲法に基づき．
【基柱】jīzhù 名 基礎と支柱；〈喩〉基盤．
【基准】jīzhǔn 名 基準．標準．¶～点 diǎn / 基準点．

期 jī 名〈書〉① １周年．まる１年．¶～而除丧 chúsāng / １年で喪が明ける．② まる１か月．▸▸ qī

缉 jī ◇◆ 捜査し逮捕する．¶～私 sī / 密輸犯を逮捕する．¶～获 huò 要犯 yàofàn / 重要犯人を逮捕する．▸▸ qī
【缉捕】jībǔ 動〈書〉(犯人を)逮捕する．¶～归案 guī'àn / 逮捕して裁判にかける．
【缉查】jīchá 動 捜査する．¶挨户 āihù～ / 軒並みに捜査する．
【缉拿】jīná 動 捜査し逮捕する．

畸 jī ◇◆ ①偏る．②正常でない．変則的な．③〈書〉端数．¶～零 líng / 端数．
【畸形】jīxíng ① 名 奇形．② 形(事物の発展が)不均衡である．いびつである．¶～发展 fāzhǎn / 不均衡な発展．

跻(躋) jī 動〈書〉登る．上がる．
【跻身】jīshēn 動(あるレベル・領域に)登りつめる，身を置く．

箕 jī 名(二十八宿の)みぼし．◇◆ ①〈書〉箕(み)．ちり取り．¶簸～ bòji / ちり取り．②ひずめ形[ちり取り形]の指紋．¶斗～ dǒuji / 渦状とひずめ形の指紋．指紋．‖姓
【箕踞】jījù 動〈書〉(ちり取りの形のように)両足を投げ出して座る．

J

稽 jī ◇◆ ①検査する．調べる．②言い争う．¶反唇相～ / 皮肉たっぷりに言い返す．③とどまる．引き延ばす．¶～留 liú / 引き止めておく．‖姓 ➡ qǐ

【稽查】jīchá 1 動(脱税·密輸などを)査察する．¶～员 yuán / 調査員．¶～处 chù / 査察所．2 名 査察官．

【稽核】jīhé 1 動 会計監査をする．2 名 会計検査員．

【稽考】jīkǎo 動〈書〉考察する．¶无可 wúkě ～ / 調べようがない．

畿 jī ◇◆ 都に近い一帯の土地．¶京 jīng ～ / 都とその周辺．

【畿辅】jīfǔ 名〈書〉都の付近．

激 jī 動 1(水が)**はね上がる**，巻き上がる；引き起こす．¶江面上～起阵阵 zhènzhèn 浪花 lànghuā / 川面に次から次へと波しぶきが上がる．¶他的发言 fāyán ～起一阵骚动 sāodòng / 彼の発言から大騒ぎになった．
2(人の感情をかきたてて)**怒らせる**，けしかける．¶拿 ná 话～他 / 言葉で彼を刺激する．
3〈方〉水にぬれて病気になる．¶被雨～着发烧 fāshāo 了 / 雨にぬれて熱が出た．
4 水で冷やす．¶把西瓜 xīguā ～一～ / スイカを(水で)冷やす．
◇◆ ①(感情が)高ぶる．興奮させる．¶感～ / 感激(する)．¶愤 fèn ～ / 憤激(する)．②急激である．強烈である．¶→～增 zēng．¶→～烈 liè．‖姓

【激昂】jī'áng 動 激高する．興奮する．

【激变】jībiàn 動 激変する．

【激荡】jīdàng 動 1 激しく波うつ．¶心潮 xīncháo ～ / 心が激しく揺れ動く．2 激しく揺り動かす．

*【激动】jīdòng 動 1(**気持ちが**)**高ぶる**．►事の是非を問わず，気持ちの高ぶりをいう．「興奮する」ときも「感激する」ときも含む．¶她～得流下了眼泪 yǎnlèi / 彼女は感激のあまり涙を流した．¶他～得说不出话来 / 彼は興奮して言葉が出なかった．2 **感動させる**．(感情を)つき動かす．¶这个故事 gùshi 非常～人心 / この物語はとても感動的だ．3→【激荡】jīdàng

【激发】jīfā 動(**意識や感情を**)**呼び起こす**，**かき立てる**，発奮させる．¶～热情 rèqíng / 情熱をかき立てる．

【激奋】jīfèn 動 奮い立たせる．

【激愤】jīfèn 動 憤激する．いきり立つ．►"激忿"とも書く．

【激光】jīguāng 名〈物〉**レーザー**．¶～唱盘 chàngpán / CD；レーザーディスク．¶～测距 cèjù / レーザー距離測定法．¶～雷达 léidá / レーザーレーダー．

【激光打印机】jīguāng dǎyìnjī 名〈電算〉レーザープリンター．

【激光器】jīguāngqì 名 レーザー発生装置．

【激光武器】jīguāng wǔqì 名〈軍〉レーザー兵器．

【激化】jīhuà 動 **激化する**〔**させる**〕．

【激活】jīhuó 動 活性化する．

【激将】jījiàng 動(刺激して)発奮させる，しむける．¶～法 / けしかけて自発的に行わせるやり方．

【激进】jījìn 形 急進的である．¶～派 pài / 急進派．ラジカリスト．

【激浪】jīlàng 名 激しい波．

【激励】jīlì 動〈書〉激励する．励ます．►話し言葉では"鼓励 gǔlì"を用いることが多い．

*【激烈】jīliè 形(弁論·競争などが)**激烈である**．激しい．¶～的争论 zhēnglùn / 激しい論争．¶争夺得很～ / 激しく争う．

【激灵】jīling 動〈方〉驚いてぶるっと身震いする．►"机灵"とも書く．

【激流】jīliú 名 激流．¶渡过～ / 激流を渡る．

【激怒】jīnù 動(刺激して)怒らせる，立腹させる．

【激起】jīqǐ 動 引き起こす．巻き起こす．¶～公愤 gōngfèn / 大衆の憤りを引き起こす．

【激情】jīqíng 名 激情．

【激素】jīsù 名〈生理〉ホルモン．¶雄性 xióngxìng ～ / 男性ホルモン．

【激扬】jīyáng 動 1 激励して奮起させる．¶～士气 shìqì / 士気を奮起させる．2 高ぶる．興奮する．¶～的欢呼声 huānhūshēng / 沸き上がる歓呼の声．3 悪をさげすみ善を称揚する．

【激越】jīyuè 形(声や感情が)高ぶって激しい．¶感情 gǎnqíng ～ / 感情が高ぶる．

【激增】jīzēng 動 激増する．¶销路 xiāolù ～ / 急によく売れるようになる．

【激战】jīzhàn 名 激戦．

【激浊扬清】jī zhuó yáng qīng 〈成〉悪をさげすみ善を称揚する．

羁(羈) jī 名〈古〉馬のおもがい．くつわ．◇◆ ①拘束する．¶→～勒 lè．¶不～ / 不羈(ふき)．束縛されないで自由にふるまうこと．②長く他郷に身を寄せる．

【羁绊】jībàn 名〈書〉きずな；〈転〉束縛．拘束．¶挣脱 zhèngtuō ～ / きずなを断ち切る．

【羁勒】jīlè 動〈書〉束縛する．

【羁留】jīliú 動〈書〉1(旅先に)滞在する．2 拘留する．

【羁旅】jīlǚ 動〈書〉長く他郷にいる．

【羁押】jīyā 動〈書〉勾留する；〈法〉拘禁する．

2声 * **及** jí 接続 および．語法 書き言葉に用い，並立する成分(多くは名詞や名詞句)を接続する．並立する成分が三つ以上のときは最後の成分の前に用いる．¶中国共产党～各民主党派 mínzhǔ dǎngpài / 中国共産党および民主諸党派．［"及＋其 qí"の形で，あるものと，それに従属するものとを接続する］¶本人～其家属 jiāshǔ / 本人およびその家族．⇒【以及】yǐjí
◇◆ ①及ぶ．届く．達する．¶波 bō ～ / 波及(する)．¶水深～腰 / 水の深さは腰まで届く．¶言不～义 / 発言が核心に触れていない．②追いつく．間に合う．¶～早 / 早めに．‖姓

【及第】jídì 動〈旧〉科挙に合格する．

*【及格】jí//gé 動(試験に)**合格する**，**及第する**．►合格点に達すること．¶小王英语～了 / 王君は英語はパスした．

*【及时】jíshí 1 形 **時宜にかなっている**．タイムリーな．¶这场 cháng 雨下得很～ / この雨はほんとうによい時に降ってくれた．¶～的措施 cuòshī / タイムリーな処置．2 副 **早速**．すぐに．時を移さず．¶发现问题要～解决 jiějué / 問題が見つかったらただちに解決すべきだ．

【及时雨】jíshíyǔ 1 名 ちょうどよいときに降った雨．2〈慣〉渡りに船．

【及物动词】jíwù dòngcí 名〈語〉他動詞.
【及早】jízǎo 副 早いうちに. 早目に. ¶～回家 / 早いうちに帰宅する.
【及至】jízhì 接続 …になってから. …のときになって. ¶～上课铃 shàngkè líng 响 xiǎng 了,他才慢慢走进教室 jiàoshì / 始業のベルが鳴ってから,彼はようやくゆっくりと教室に入っていった.

吉 jí ◇◆ ①(↔凶 xiōng) よい. めでたい. 吉祥. ¶凶多～少 / どうも雲行きが怪しい. (事が)よくない方に傾きそうだ. ②(Jí) 吉林省. ‖姓

【吉卜赛人】Jíbǔsàirén 名 ジプシー. ロマ. ►"茨冈人 Cígāngrén"とも.
【吉布提】Jíbùtí 名〈地名〉ジブチ.
【吉尔吉斯斯坦】Jí'ěrjísīsītǎn 名〈地名〉キルギス.
【吉剧】jíjù 名 吉林省の地方劇.
*【吉利】jílì 形 縁起がよい. めでたい. ¶取〔讨 tǎo〕～ / 〈口〉縁起をかつぐ. ¶～的日子 / 縁起のよい日. ¶～号 / ラッキーナンバー.
*【吉林】Jílín 名〈地名〉吉林(きつりん)省.
【吉普车】jípǔchē 名〈商標〉ジープ. 量 辆 liàng.
【吉期】jíqī 名〈旧〉吉日;結婚の日.
【吉庆】jíqìng 形 めでたい. ¶平安 píng'ān ～ / 平穏無事. めでたし,めでたし.
【吉人天相】jí rén tiān xiàng〈成〉善良な人には天の加護がある. ►旧時,人の病気・不幸などをなぐさめるときの常套語.
【吉日】jírì 名 吉日.
【吉他】jítā 名〈音〉ギター. 量 把 bǎ.
【吉祥】jíxiáng 形 めでたい. ¶～号码 / 縁起のよい番号. ►"888"など. ¶～话 / 縁起のよい言葉. ¶～如意 rúyì / 〈成〉万事めでたく順調である.
【吉祥物】jíxiángwù 名 マスコット(キャラクター).
【吉星】jíxīng 名 吉兆の星. 幸運をもたらす人や物事のたとえ. ¶～高照 zhào / 〈成〉吉兆の星が天上から照らす. ►他人の幸運を祝う言葉.
【吉凶】jíxiōng 名 吉凶. ¶～未卜 wèi bǔ / (結果が)どうなるかだれにも分からない.
【吉兆】jízhào 名 吉兆.

岌 jí ◇◆〈古〉山の高いさま. ¶～～可危 wēi / 〈成〉非常に危ないさま. きわどいさま.

汲 jí 動(井戸や川などから)水をくむ. ¶把水罐 shuǐguàn ～满 / 水がめに水を満たす. ‖姓

【汲汲】jíjí 形〈書〉あくせくしている.
【汲取】jíqǔ 動 取り入れる. くみ取る.
【汲引】jíyǐn 動〈書〉〈喩〉抜擢(ばってき)する. 引き立てる.

*
级 jí ❶名 ①(職階・給与・学位などの)等級. ランク. ¶升 shēng ～ / 等級が上がる. 昇格する. ¶我们俩的工资 gōngzī 是一个～的 / われわれ二人の給料は同じランクだ. ¶乙 yǐ ～水平 / Bレベル. ②学年. 入学年度. ¶你初中几年～?──二年～ / 君は中学何年生──2年生です. ¶留～ / 留年する. ¶我和小李同～不同班 / 私と李さんは同学年だが同じクラスではない. ⇒〖届 jiè〗
❷量 ①階段や階層を数える:段. 重. ¶十～台阶儿 táijiēr / 10段の階段. ¶五～宝塔 bǎotǎ / 五重の塔. ②職階・給与・学位などに用いる. ¶他是局长 júzhǎng,职务 zhíwù 比我高一～ / 彼は局長なので,私よりも職階が一つ上だ.
◇◆ 階段. ¶石～ / 石段.

【级别】jíbié 名 等級. 等級別. ランク.
【级任】jírèn 名 クラス担任. ►"班主任 bānzhǔrèn"の旧称.

*
极(極) jí 副 ごく. きわめて. とても. ¶～大的空间 / とても広い空間. ¶车子开得～慢 màn / 車のスピードがきわめて遅い. ¶～不安全 / きわめて危険だ. [助動詞や動詞の前に用い,程度が最上級であることを表す] ¶～敢冒险 màoxiǎn / 大の冒険好きだ. ¶～不希望这种情况 qíngkuàng 发生 / この種の事が発生するのを極力避けたい. 注意 "极"は"了"を伴って程度補語になる. ⇒【极了】jíle
◇◆ ①頂点. はて. 極まり. ¶登峰造 dēng fēng zào ～ / 〈成〉頂上を極める. 学問や技術が最高の域に達する. ②(地球や磁石の)極. ¶北～ / 北極. ③極まる. 頂点に達する. 尽きる. ¶盛 shèng ～一时 / 一時期きわめて盛んになる. ④最終の. 最高の. ¶→～度 dù. ¶→～刑 xíng. ‖姓

【极地】jídì 名〈地〉極地.
【极点】jídiǎn 名 極点. 最大限.
【极顶】jídǐng ①名 最高点. ②形 最高の.
【极度】jídù ①副 極度に. ②名 極点.
【极端】jíduān ①名 極端. ¶走～ / 極端に走る. ②副 極度に. ¶～困难 / 極めて困難である.
【极峰】jífēng 名〈旧〉最高指導者. その国の元首またはその省の省長. ¶～会议 / 首脳会議.
【极光】jíguāng 名〈天〉オーロラ.
【极化】jíhuà 名〈電〉分極.
【极尽】jíjìn 副 あらん限りの力を尽くして.
【极口】jíkǒu 動 口を極める.
【极乐世界】jílè shìjiè 名〈仏〉極楽世界. 極楽. ►"西天 xītiān"とも.
**【极了】jíle とても. 実に. ►形容詞・動詞の補語として用い,程度が最高であることを示す. 通常,話し言葉に用いる. ¶精神 jīngshen 好～ / すこぶる元気だ. ¶得了满分,高兴～ / 満点を取り,うれしくてしかたがない. ¶这话对～ / お言葉は実にごもっともです. ⇒〖极 jí〗
【极力】jílì 副 力の限り. 極力. 精いっぱい. ¶～设法 shèfǎ / 百方手を尽くす. ¶～反对 fǎnduì / 極力反対する.
【极目】jímù 動 見渡す限り遠くを眺める. ¶～远眺 yuǎntiào / はるかに見渡す. 見はるかす.
【极品】jípǐn 名〈書〉極上の品. 最高級品.
*【极其】jíqí 副 きわめて. 語法 "极"と同義. 多音節の形容詞・動詞のみを修飾し,書き言葉に用いる. 補語にはなれない. ¶受到～深刻的教育 / きわめて深い教訓を得た. ⇒〖极 jí〗
【极权主义】jíquán zhǔyì 名 全体主義.
【极盛】jíshèng 形 最盛の.
【极为】jíwéi 副〈書〉きわめて. ¶上级对此 cǐ ～重视 zhòngshì / 上部はこれをきわめて重くみている.
【极限】jíxiàn 名 最高限度. 極限. ¶～作业机器人 jīqìrén / 極限作業ロボット.
【极刑】jíxíng 名〈書〉極刑. 死刑.
【极夜】jíyè 名 極地の明けない夜. 極夜.
【极昼】jízhòu 名 白夜.

*即 jí ❶〈書〉①動 **すなわち…である**．ほかでもなく…である．►書き言葉に用い，判断を表す．¶周树人 Zhōu Shùrén ～鲁迅 Lǔ Xùn／周樹人とは魯迅のことである．
②副 **すぐ．ただちに**．►ある動作がただちに〔ある条件のもとではすぐに〕発生することを表す．また肯定を強調する．¶吃了这药～可见效 jiànxiào／この薬を飲めば，すぐに効果が現れる．¶一触 chù ～发 fā／軽く触れるだけですぐ爆発する；一触即発．
③接続 たとえ．よしんば．¶→～使 shǐ．
◇◆ ①近づく．接する．¶若 ruò ～若离 lí／〈成〉つかず離れず．どっちつかずのさま．②つく．就任する．¶→～位 wèi．③その時に．その場で．¶→～日 rì．¶→～席 xí．‖姓

【即便】jíbiàn 接続〈書〉よしんば．たとえ．仮に．¶～你去，也无济于事 wú jì yú shì／君が行ったとしても何の役にもたたない．
【即或】jíhuò 接続〈書〉よしんば．仮に．
【即将】jíjiāng 副〈書〉**まもなく…する**．¶～出版／まもなく出版される．¶研讨会 yántǎohuì ～开始／シンポジウムは間もなく開会する．
【即景】jíjǐng 動〈書〉眼前の景色に基づいて詩や絵をかく．¶～诗／即興詩．
【即刻】jíkè 副〈書〉即刻．
【即令】jílìng 接続〈書〉たとえ．仮に．
【即期】jíqī 名（雑誌などの）最新号．
【即日】jírì〈書〉①名 即日．その日から．②副 近く．近いうちに．¶本片 piàn ～放映 fàngyìng／この映画は近いうちに上映します．
【即若】jíruò〈書〉→【即使】jíshǐ
【即时】jíshí 副 直ちに．すぐに．¶～答复 dáfù／即時に返答する．
【即食】jíshí 名 インスタント食品．
【即食面】jíshímiàn 名 インスタントラーメン．即席めん．
*【即使】jíshǐ 接続〈書〉**たとえ…としても**．よしんば…であろうと．►仮定・譲歩を表し，"也、还(是)、总 zǒng、又 yòu、仍然 réngrán"などと呼応することが多い．¶～明天下雨，我们也要去参观 cānguān／たとえあす雨が降ってもわたしたちは見学に行く．¶～很难，也还是要做／たとえ難しくとも，やらなければならない．注意 書き言葉では"即便、即或、即令"と"即使"との意味や用法は基本的に同じだが，"即使"の使用頻度が最も高い．話し言葉では"就是、哪怕 nǎpà"がこれらに当たる．
【即位】jí//wèi 動〈書〉①着席する．②即位する．
【即席】jíxí〈書〉①副（宴会や集会などにおいて）即席で．②動 着席する．
【即兴】jíxìng 副 即興で．¶～表演／即興的に芸を演ずる．

亟 jí 副〈書〉速やかに．¶～待 dài 解决 jiějué／早急に解決を要する．

【亟亟】jíjí 形〈書〉急いでいる．

笈 jí 名〈書〉笈（おい・きゅう）．背中に負う本箱．¶负 fù ～从师／遊学して師につく．

急 jí ❶動 ①**いらだつ．焦る**．¶～得直冒汗 mào hàn／焦って汗が噴き出る．¶不用～，时间还早得很／焦るな，時間はまだとても早い．②気をもませる．いらだたせる．いらいらさせる．¶你怎么来得这么晚，真把人～死啦！／どうしてこんなに遅れるんだ，ほんとにやきもきさせるんだから．
❷形 ①**怒りっぽい．せっかちである**．¶还没等解释 jiěshì，他就～了／説明も聞かないうちに彼は怒りだした．②速くて激しい．¶水流很～／水の流れが急だ．¶话说得很～／話しぶりがたいへんせいている．③差し迫っている．緊急である．¶事情很～，必须立即 lìjí 处理 chǔlǐ／事は急を要するので，ただちに処理しなければならない．
◇◆ ①（人の難儀や公の事に）いち早く援助の手を差し伸べる．一役買って出る．¶～人之难 nàn／人の難儀を助ける．②緊急を要する重大事件．¶告～／急を告げる．¶燃眉 rán méi 之～／焦眉（しょうび）の急．

【急巴巴】jíbābā 形（～的）〈口〉切羽詰まっている．
【急板】jíbǎn 名〈音〉プレスト．急速に（演奏）．
【急变】jíbiàn 動 急変する．
【急病】jíbìng 名〈口〉急病．¶生 shēng ～／急病になる．¶害 hài ～／急病を患う．
【急不可待】jí bù kě dài〈成〉一刻の猶予もならない．
【急茬儿】jíchár 名〈方〉急用．
【急赤白脸】jíchìbáiliǎn 形（～的）〈方〉いきり立って顔色を変えるさま．
【急冲冲】jíchōngchōng 形（～的）大急ぎである．あわてている．
【急匆匆】jícōngcōng 形（～的）あたふたしている．そそくさとしている．
【急促】jícù 形 ①あわただしい．せわしない．②（**残り時間が）少ない**．せっぱつまる．
【急电】jídiàn 名 至急電報．
【急风暴雨】jí fēng bào yǔ〈成〉激しい風雨．►よく革命運動の激しさを形容する．
【急腹症】jífùzhèng 名 急な腹痛．
【急公好义】jí gōng hào yì〈成〉積極的に公に尽くし，義侠心に富む．
【急功近利】jí gōng jìn lì〈成〉目前の功利を求めて焦る．
【急急如律令】jíjí rú lǜlìng〈慣〉ただちに命令を執行せよ．►道教などでお祓（はら）いの結びに使う言葉．
【急急巴巴】jíjibābā 形（～的）〈口〉非常に急いでいる．せかせかしている．
【急件】jíjiàn 名 至急送達を要する書類．緊急文書；緊急案件．
【急进】jíjìn 形 急進的である．¶～派 pài／急進派．
【急惊风】jíjīngfēng 名〈中医〉ひきつけ．
【急救】jíjiù 動 応急手当をする．
【急救包】jíjiùbāo 名 救急箱．►"急救箱 jíjiùxiāng"とも．
【急救车】jíjiùchē 名 **救急車**．►"救护车 jiùhùchē"とも．量 辆 liang．
【急救站】jíjiùzhàn 名 救急ステーション．
【急就章】jíjiùzhāng 名 急務のために急いで作った文章または事物．速成版．
【急剧・急遽】jíjù 形 急である．
【急口令】jíkǒulìng 名〈方〉早口言葉．►"绕 rào 口令"とも．
【急流勇进】jí liú yǒng jìn〈成〉急流に逆らって

進む．進んで困難にぶつかっていく．
【急流勇退】jí liú yǒng tuì 〈成〉(役人などが)最も華やかな時期に決然と引退する；複雑なもめごとから早目に手を引く．
*【急忙】jímáng 形 あわただしい．せわしい．急いで．¶铃声 língshēng 一响 xiǎng 大家～跑进教室 / チャイムがなると，みんなは急いで教室に入った．¶你干吗 gànmá 这样急急忙忙的？/ 君はなぜそんなに急いでいるの．
【急难】jí//nàn 〈書〉①動(人の)難儀を助ける．¶急人之难 / 人の難儀を助ける．②名 差し迫った難儀．非常事態．
【急迫】jípò 形 せっぱつまっている．差し迫っている．
【急起直追】jí qǐ zhí zhuī 〈成〉すばやく行動を起こして進歩に追いつく．
【急切】jíqiè 形 ①差し迫っている．せっぱつまっている．②にわかに．すぐに．
【急如星火】jí rú xīng huǒ 〈成〉非常に急ぐ．急を要する．
【急刹车】jíshāchē 動 ①急ブレーキをかける．②好ましくない物事に急いで歯止めをかける．
【急事】jíshì 名 急用．
【急速】jísù 形 急速である．
【急湍】jítuān ①名 急流．②形 水の流れが速い．
【急弯】jíwān 名 ①急カーブ．②急ターン．
【急务】jíwù 名 急務．¶当前～ / 当面の急務．
【急先锋】jíxiānfēng 名 ①先駆者．②急先鋒．
【急性】jíxìng ①形 急性の．¶～阑尾炎 lánwěiyán / 急性虫垂炎〔盲腸炎〕．②名(～儿) → 【急性子】jíxìngzi
【急性病】jíxìngbìng 名 急性の病気；〈転〉せっかち．あわてんぼう．
【急性子】jíxìngzi ①形 短気である．せっかちである．②名 短気な人．せっかちな人．¶～办不了 bànbuliǎo 大事 / せっかちは大きな仕事をやりとげられない．
【急需】jíxū ①名 緊急需要．¶储备 chǔbèi 粮食，以应 yìng ～ / 食糧を蓄え，急場に備える．②動 急いで必要である．
【急眼】jí//yǎn 動〈口〉①焦る．いらだつ．②怒る．かっとなる．
【急用】jíyòng 名 差し迫った入用(の金)．
【急于】jíyú 動 急いで…する．焦って…する．¶～求成 / 功を焦る．
【急雨】jíyǔ 名 にわか雨．
【急躁】jízào 形 ①いらだつ．焦る．¶凡事 fánshì 切不可～ / どんなことがあってもいらだってはいけない．②せっかちである．¶～病 / いらいら病．¶别～，慢慢来 / そうせかせかしないで，ゆっくりやりなさい．
【急诊】jízhěn 名 急診．¶～室 / 救急診察室．
【急症】jízhèng 名 急病．
【急智】jízhì 名 機転．機知．
【急中生智】jí zhōng shēng zhì 〈成〉とっさによい知恵が出る．
【急骤】jízhòu 形〈書〉急速な．せわしい．¶～的枪声 qiāngshēng / あわただしい銃声．
【急转弯】jízhuǎnwān 動 ①急カーブを切る．②〈喩〉態度・考えなどが急変する．
【急转直下】jí zhuǎn zhí xià 〈成〉(形勢・劇の筋・文体などが)急転直下する．

疾 jí ◇ ①病(やまい)．¶目～ / 眼病．¶疟～ nüèji / マラリア．②痛む．¶痛 tòng 心～首 shǒu / 心を痛め頭を悩ます．③憎む．④すばやい．猛烈な．¶→～驰 chí．
【疾病】jíbìng 名 疾病(しっぺい)．病気の総称．¶消灭 xiāomiè ～ / 病気を根絶する．注意 "疾病"は日本語同様，やや固い言い方で，書き言葉に用いられることが多い．話し言葉では"病"を用いる．
【疾步】jíbù 名 早足．¶～行走 / 早足で歩く．
【疾驰】jíchí 動 疾走する．
【疾恶如仇】jí è rú chóu 〈成〉かたきのように悪を憎む．
【疾风】jífēng 名 ①疾風．¶～迅 xùn 雨 / 激しい風雨．②〈気〉強風．
【疾风劲草】jí fēng jìng cǎo 〈成〉困難に直面して初めてその人の意志の強さがわかる．
【疾患】jíhuàn 名〈書〉疾患．
【疾苦】jíkǔ 名 生活上の苦労．
【疾驶】jíshǐ 動 疾駆する．
【疾首蹙额】jí shǒu cù é 〈成〉激しく憎み嫌う．
【疾书】jíshū 動〈書〉速い筆の運びで書く．¶挥笔 huībǐ ～ / 筆をふるって一気に書く．
【疾言厉色】jí yán lì sè 〈成〉顔をこわばらせて言葉を荒らげる．荒々しく人に当たる．

棘 jí 名〈植〉サネブトナツメ．►一般に"酸枣 suānzǎo"という．
◇ とげ．針．¶荆 jīng ～ / 荊棘(けいきょく)．イバラ．
【棘手】jíshǒu 形 手を焼く．手に余る．¶这次谈判很～ / 今回の交渉は一筋縄ではいかない．
【棘爪】jízhuǎ 名(つめ車の)つめ．

戢 jí ◇〈古〉おさめる．やめる．¶～翼 yì / 翼をたたむ．引退する．
‖姓

*__集 jí__ ①名(定期的に開かれる)市．¶赶 gǎn ～ / 市へ行く．¶→～日 rì．②量(書籍・映画などの)編．部．¶这部电视连续剧 liánxùjù 有八～ / このテレビ連続ドラマは８編である．
◇ ①集まる．集める．¶会～ / 会合する．集まる．¶齐 qí ～ / 勢ぞろいする．②詩歌・小説などを集めたもの．¶诗 shī ～ / 詩集．‖姓
【集餐】jí//cān 動 数人が同じ容器から料理を取って食べる．►"分餐"に対していう．
【集尘器】jíchénqì 名 集塵装置．
【集成电路】jíchéng diànlù 名〈電子〉集積回路．IC．
【集大成】jídàchéng 名 一大集成．
【集电极】jídiànjí 名〈電〉コレクター．
*【集合】jíhé ❶動 ①集合する．¶我们上午八点在正门前～ / 午前８時に正門前に集まろう．②集める．¶～物资 wùzī 运往灾区 zāiqū / 物資を集めて被災地へ送る．❷名〈数〉集合．
【集会】jíhuì ①動 集会を開く．②名 集会．
【集结】jíjié 動 集結する．
【集锦】jíjǐn 名 絵や詩・文などの名作集．►書名に用いることが多い．¶图片 túpiàn ～ / 写真集．¶邮票 yóupiào ～ / 切手図鑑．
【集居】jíjū 動 一か所に集中して住む．
【集聚】jíjù 動 集まる．集合する．
【集刊】jíkān 名 学術研究機関より刊行される論文

J

集．►"单刊 dānkān""专刊 zhuānkān"と区別する．
【集录】jílù 動(資料を)集録する,集めて記録する．
【集贸】jímào 名〈略〉自由市場での取引．►"集市贸易"の略．
【集权】jíquán 名 集権．
【集群】jíqún ①動 群れる．②名〈生〉コロニー．
【集日】jírì 名 市の立つ日．
【集市】jíshì 名(農村や小都市の)定期市．
【集思广益】jí sī guǎng yì〈成〉衆知を集めて有益な意見を広く吸収する．
*【集体】jítǐ 名(↔个人 gèrén)集団．グループ．組織．¶关心～／みんなに配慮を払う．¶以～名义邀请 yāoqǐng 他／団体の名義で彼を招請する．¶～领导／集団による指導．¶～利益 lìyì／集団の利益．¶～旅行／団体旅行．
【集体主义】jítǐ zhǔyì 名 集団主義．
【集团】jítuán 名(一定の目的のために組織され,共同行動をとる)集団,グループ；一味．¶中旅 Zhōnglǚ～有限公司 yǒuxiàn gōngsī／中国旅行社企業グループ．
【集训】jíxùn 動 集団訓練をする．¶～中心／研修センター．
【集腋成裘】jí yè chéng qiú〈成〉ちりも積もれば山となる．
【集邮】jí//yóu 動 切手を収集する．¶他的爱好 àihào 是～／彼の趣味は切手収集だ．
【集约】jíyuē 形(↔粗放 cūfàng)集約的な．
【集约经营】jíyuē jīngyíng 名 集約化された経営．
【集运】jíyùn 動 集めて運搬する．¶～木材 mùcái／木材を集めて運搬する．
【集镇】jízhèn 名(非農業人口を主とする)町．
*【集中】jízhōng 動(分散している人·事物·力などを)集める；意見·経験などをまとめる．¶～兵力 bīnglì／兵力を結集する．¶～大家的智慧 zhìhuì／みんなの知恵を集める．¶～地训练 xùnliàn／集中的に訓練する．¶～领导 lǐngdǎo／中央集権的な指導．
【集中营】jízhōngyíng 名〈貶〉収容所．
【集注】jízhù ①動(注意や視線を)集中する．②名 集注(しゅうちゅう)．ある著書に対する諸家の注釈を集めたもの；自分の見解による注釈をつけ加えたもの．
【集装箱】jízhuāngxiāng 名〈交〉コンテナ．貨物輸送用の容器．¶～船 chuán／コンテナ船．¶～运输 yùnshū／コンテナ輸送．
【集资】jízī 動 資金を集める．
【集子】jízi 名 文集．
【集总】jízǒng 動 ひとまとめにする．総括する．

蒺 jí "蒺藜 jíli"⇩という語に用いる．

【蒺藜】jíli 名 ①〈植〉ハマビシ；〈中薬〉蒺藜子(しつりし)．②ヒシの実の形をしたもの．►"蒺藜"とも書く．

楫 jí ◇(船をこぐ)かい．¶舟 zhōu～往来／舟が行き来する．

辑 jí 名 集めたもの．第…集．►書物·資料などの構成部分．¶新闻简报 jiǎnbào 第一～／ニュースダイジェスト第1集．
◇ 材料を集め編集すること．
【辑录】jílù 動 収録する．
【辑要】jíyào 名 要約．

嫉 jí ◇ ①嫉妬する．②憎む．

*【嫉妒】jídù 動 嫉妬する．
【嫉恶如仇】jí è rú chóu〈成〉かたきのように悪を憎む．
【嫉恨】jíhèn 動 ねたみ憎む．嫉妬する．

瘠 jí ◇ ①(身体が)やせている．②(土地が)やせている．¶贫 pín～／(土地が)やせている．

【瘠薄】jíbó 形(↔肥沃 féiwò)(身体·土地が)やせている．
【瘠瘦】jíshòu 形〈書〉やせている．¶身体 shēntǐ～／体がやせこけている．
【瘠田】jítián 名〈書〉やせた田畑．

籍 jí ◇ ①書籍．本．¶古 gǔ～／古書．古籍．②原籍．¶原 yuán～／原籍．本籍．③個人と国家または組織との所属関係．¶国～／国籍．¶外～／外国国籍．¶学～／学籍．‖姓

【籍贯】jíguàn 名 原籍．本籍．出生地．

3声 ** **几(幾)** jǐ 疑 ①いくつ．いくら．注意 10までの数を予想して(月日·時刻などは例外)尋ねるのに用いる．¶这本书你看了～遍 biàn 了？／君はこの本を何回読みましたか．¶今天～月～号？—五月十九号／きょうは何月何日ですか—5月19日です．¶他三十～(岁 suì)了？／彼は30何歳ですか．②いくつか．何人か．いくらか．►不定の数をさす．用法は①と同じ．¶今天来了十～个客人／きょうは10数人のお客が来た．

語法 ❶"几十,几百,几千"(何十,何百,何千)など"十,百,千,万,亿 yì"の前に用いたり,"十几,二十几,三十几"(10いくつ,20いくつ,30いくつ)など"十"の後に用いることができる．❷"好几,几十几百,几千几万"等の形で数量の大きいことを強調する．¶我好～个月没吃日本菜了／私は何か月も日本料理を口にしていない．❸「"没有／不"+"几"+量詞」の形で,数量の少ないことを強調する．"几"の前に他の数詞があってはならない．¶我这里没有～本书／私のところに本は何冊もありません．❹"三几""五几"などの形は"三四""五六"と同様,概数を表す．
►► jī

【几多】jǐduō〈方〉①疑 いくつ．¶～人？／何人ですか．②副 なんと．どんなに．
【几何】jǐhé ①疑〈書〉いくばく．②名〈数〉幾何(学)．
【几何体】jǐhétǐ 名〈数〉立体．
【几何学】jǐhéxué 名〈数〉幾何学．
【几儿】jǐr 疑〈方〉いつ．何日．¶你～来的？／君はいつ来たのか．
*【几时】jǐshí 疑 ①いつごろ．いつ．¶～出发？／いつ出発しますか．②いつでも．►任意の時をさす．¶你～有空 kòng～来／いつでも暇な時にいらっしゃい．
【几许】jǐxǔ 疑〈書〉いくら．いくばく．

己 jǐ 名 十干の第6：己(き)．つちのと．
◇ おのれ．自分．¶舍 shě～为人／〈成〉おのれを捨てて人のために尽くす．¶自～／自分．‖姓

J

【己方】jǐfāng 名 当方.
【己见】jǐjiàn 名 自分の意見.
【己任】jǐrèn 名 自分の務め.

纪 jǐ ‖姓 ▸▸jì

＊＊挤（擠）jǐ ❶形 **混んでいる.** ¶车厢 chēxiāng 里人很～／車両の中は込み合っている.
❷動 ①**ぎっしり詰まる.** ¶屋子 wūzi 里～满了人／室内は人でぎっしりだ.
②**押し合いをする. 押しのける.** ¶人真多,～过来～过去的／人が多くて,押し合いへし合いしている. ¶～到前边去看看／前の方へ割り込んでいって見よう. ¶别～呀！／押さないでください.
③(まわりから圧迫して)**押し出す,しぼり出す.** ¶～牛奶 niúnǎi／牛乳をしぼる. ¶→～牙膏 yágāo.
④(時間・お金などを)無理して作り出す. ¶～出时间 shíjiān 学习／時間をひねり出して勉強する.
【挤兑】jǐduì 動(銀行で)取り付け騒ぎを起こす.
【挤对】jǐdui 動〈方〉無理強いする. 困らせる. いじめる. ►"挤兑"と書くこともある. ¶你怎么老是～我呀？／君はなぜいつも僕を困らせるんだ.
【挤咕】jǐgu 動〈方〉まばたきをする. 目くばせする.
【挤眉弄眼】jǐ méi nòng yǎn 〈成〉眉をひそめて目くばせする.
【挤奶】jǐ//nǎi 動 牛乳をしぼる. ¶～机／搾乳(さくにゅう)器.
【挤压】jǐyā 動(金属などを)型から押し出す.
【挤牙膏】jǐ yágāo ①歯磨きを絞り出す. ②〈慣〉進んで口を開こうとせず,強制されると少しずつしゃべる.
【挤眼】jǐ//yǎn 動 目くばせする. ¶他向我挤了一下眼／彼は私に目くばせしてみせた.
【挤占】jǐzhàn 動 無理に占拠する. 割り込む.

济（濟）jǐ 地名に用いる. ¶～南 nán／済南(山東省の省都). ¶～宁 níng／済寧(山東省にある都市). ‖姓 ▸▸jì
【济济】jǐjǐ 形〈書〉多くの人が寄り集まっている. ¶人才 réncái～／多士済々.
【济济一堂】jǐ jǐ yī táng 〈成〉優秀な人たちが一堂に会する.

给 jǐ ◇ ①供給する. ¶补 bǔ～／補給する. ¶自～自足／自給自足(する). ②余裕がある. 十分足りる. ¶家～户足／どこの家も生活がみな豊かである. 注意 ①②とも俗な読みでは gěi と発音する場合もあるが誤り. ▸▸gěi
【给水】jǐshuǐ 動 給水する.
【给养】jǐyǎng 名(軍隊の)給養物資. ►食糧・飼料・炊事用燃料などをさす.
【给予・给与】jǐyǔ 動〈書〉**与える.** ►抽象的な意味の名詞(主に2音節)を目的語とする場合が多い. ¶～好评 hǎopíng／いい評価を与える. ¶～肯定 kěndìng／是認する. 評価する.

脊 jǐ ◇ ①脊椎. 背骨. ②背骨のようなもの. ¶山～／山の尾根. ¶屋 wū～／棟. ¶书 shū～／書物の背. ‖姓
【脊背】jǐbèi 名〈生理〉背中.
【脊梁】jǐliang 名 背中.
【脊梁骨】jǐlianggǔ 名 背骨.
【脊檩】jǐlǐn 名〈建〉棟木.
【脊鳍】jǐqí 名〈魚〉背びれ.
【脊神经】jǐshénjīng 名〈生理〉脊髄神経.
【脊髓】jǐsuǐ 名〈生理〉脊髄.
【脊索】jǐsuǒ 名〈動〉脊索(せきさく).
【脊柱】jǐzhù 名〈生理〉脊柱.
【脊椎】jǐzhuī 名〈生理〉脊椎(せきつい).
【脊椎动物】jǐzhuī dòngwù 名 脊椎動物.
【脊椎骨】jǐzhuīgǔ 名 椎骨(ついこつ).

麂 jǐ 名〈動〉キョン. ►一般に"麂子"という.
【麂皮】jǐpí 名 セーム革.
【麂子】jǐzi 名〈動〉キョン.

4声 **计** jì ❶名 **計略. 考え.** もくろみ. ►多く成語や熟語にも用いる. ¶妙 miào～／妙策. うまい手. ¶脱身 tuōshēn 之～／(不利な場所から)抜け出す方法. 脱出策.
❷動〈書〉①**計算する.** ¶按 àn 时～价 jià／時間で値段を計算する. ¶以每人 měirén 一百元～,一共三千多块／一人当たり100元として計算すれば,全部で約3000元余りになる. ②**勘定する**；(損得を)はかりにかける. ►多く否定形で用いる. ¶仗义 zhàngyì 直言,不～个人得失 déshī／正義のために直言し,個人の損得にこだわらない. ③("为…计"の形で)…のためを思って. …を考え合わせて. …を勘案して. ¶为公司利益 lìyì～,我绝 jué 不能这么做／会社の利益を考えれば,私は絶対にそんなまねはできない. ④《内容の列挙や統計に用いる》¶～有制服 zhìfú 一套 tào、衬衣 chènyī 两件／内訳は制服1着,シャツ2枚.
◇ 計器. メーター. ¶体温 tǐwēn～／体温計. ¶伏特 fútè～／電圧計. ボルトメーター. ‖姓
【计步器】jìbùqì 名 歩数計.
【计策】jìcè 名 策略.
【计程车】jìchéngchē 名〈方〉タクシー. ►主に台湾で用いられる.
【计程器】jìchéngqì 名 走行距離メーター.
【计酬】jì//chóu 動(原稿料などの)報酬を計算する.
＊【计划】jìhuà ①名 **計画.** ㊐个,项 xiàng. ¶～性不强／あまり計画的でない. ¶切实 qièshí 可行的～／確実に実行し得る計画. ¶有～地进行／計画的に進める. ②動 **計画する.** ¶～好了再干／よく計画してから取り掛かる. [よく動詞性の目的語をとる] ¶我们～去上海／われわれは上海へ行く予定です. ►"计画"とも書く.
【计划生育】jìhuà shēngyù 名 計画出産.
【计价】jìjià 動 価格計算をする.
【计件】jìjiàn 動 出来高によって計算する.
【计件工资】jìjiàn gōngzī 名 出来高払い.
【计较】jìjiào ❶動 ①あれこれ**計算してこだわる.** ¶斤斤 jīnjīn～／細かいことでけちけちする. ¶不～个人 gèrén 得失 déshī／個人の損得などにこだわらない. ②**言い争う.** ¶他从来没因为个人的事跟人～过／彼はいままで個人的なことで人と言い争ったことがない. ❷名〈方〉計画. もくろみ.
【计量】jìliàng 動 ①計量する. ②計算する.
【计谋】jìmóu 名 策略. 計略.
【计日程功】jì rì chéng gōng 〈成〉完成までの日が数えられる；日ならずして完成できる.
【计时】jìshí 動 時間を単位として計算する. ¶倒

dào ～ / (時間の) 逆カウント.
【计时工资】jìshí gōngzī 名 時間給.
【计数】jì//shù 動 数を数える. ¶～器 qì / 計数器. カウンター.
【计司】jìsī 名 チーズ.
*【计算】jìsuàn 動 ① **計算する**. ② **思案する**. 計画する. ¶他心里～着买台电脑 / 彼は1台パソコンを買おうと考えている. ③ ひそかに他人を陥れようとたくらむ. ¶这个人常会～他人,要提防 dīfang 着点儿 / そいつはよく画策して人をはめるから,用心しなさいよ.
*【计算机】jìsuànjī 名 計算機 ;(特に) **コンピュータ**. 量 台 tái,个. ¶电子～ / コンピュータ. ¶超级 chāojí ～ / スーパーコンピュータ. ¶～程序 chéngxù 设计 / コンピュータプログラミング.
【计算机病毒】jìsuànjī bìngdú 名 〈電算〉コンピュータウイルス.
【计算机网络】jìsuànjī wǎngluò 名〈電算〉コンピュータネットワーク.
【计算器】jìsuànqì 名 電卓.
【计议】jìyì 動 相談する. 打ち合わせる. ¶从长 cháng ～ / じっくり相談する.

记 jì ❶動 ① **覚える**. **記憶する**. ¶学数学 shùxué 要～公式 / 数学の勉強では公式を覚えなければならない. ¶好好儿～住 / よく覚えておきなさい. ¶那天的事儿我～起来了 / その日のことを私は思い出した. ② **記す**. **書き留める**. ¶～日记 rìjì / 日記をつける. ¶～在本子上 / ノートに記す.
❷名 ①(～儿) しるし. 符号. ¶标 biāo ～ / しるし. ¶暗～儿 / (見えないところにつけた) しるし. ② あざ. ¶手臂 shǒubì 上有个黑 hēi ～ / 腕に黒いあざがある. ③ 記事文. 紀行文. 書き物. ►作品の題目にもよく用いられる. ¶《西游～》/ 『西遊記』.
❸量 〈方〉殴る回数. ¶被 bèi 打了一～耳光 ěrguāng / 横っ面を一つ張り飛ばされた. ‖ 姓
【记步表】jìbùbiǎo 名 万歩計.
【记仇】jì//chóu 動 恨みを抱く.
*【记得】jì//de 動 **覚えている**. ►主述句も目的語にとることができる. 否定形は"不～"あるいは"记不得". ¶你还～我吗? / 私をまだ覚えていますか.
【记分】jì//fēn 動 (～儿) (仕事·試合などの) 得点を記録する. ¶～员 yuán / スコアラー.
【记功】jì//gōng 動 功績として記録する. ¶记了一次大功 / 大きな功績として1回記録した.
【记挂】jìguà 動 〈方〉心配する.
【记过】jì//guò 動 過失として記録する. ¶记了一次过 / 一度記録に残る過失を犯した.
【记号】jìhao 名 **しるし**. 記号. マーク. ¶做～ / マークをつける. ¶联络 liánluò ～ / 連絡のしるし.
【记恨】jìhèn 動 〈方〉恨みを抱く. 根に持つ. ¶～前仇 qiánchóu / 遺恨を抱く.
*【记录】jìlù ❶動 **記録する**. ❷名 ① **記録**. ¶会议～ / 会議記録. ② **記録係**. ¶这次你当 dāng ～吧 / 今回は君が記録係をしてください. ③ **最高記録**. レコード. ¶打破 dǎpò ～ / レコードを破る. ► ①②③ いずれも"纪录"とも書く.
【记录片儿】jìlùpiānr →【记录片】jìlùpiàn
【记录片】jìlùpiàn 名 **記録映画**. ドキュメンタリー映画. ►"纪录片"とも書く. 量 部,个.
【记名】jìmíng 動 記名する. ¶～证券 zhèngquàn / 記名式の株券. ¶无～投票 tóupiào / 無記名投票.
【记时仪】jìshíyí 名〈天〉クロノメーター.
【记事儿】jì//shìr 動 物心がつく. ¶打～起 / 物心がついてから.
【记述】jìshù 動 記述する. 書き記す.
【记诵】jìsòng 動 暗唱する.
*【记性】jìxing 名 **記憶力**. 物覚え. ¶～好 / 物覚えがよい. ¶～坏 huài / 覚えが悪い. ¶没～ / 記憶力が悪い.
【记叙】jìxù 動 記述する. ¶～文 / 叙述体.
【记要】jìyào 名 要点だけ記録したもの. 要録. ►"纪要"とも書く. ¶会谈 huìtán ～ / 議事録.
*【记忆】jìyì ① 動 **記憶する**. **思い起こす**. ¶因为是好久以前的事,他已经～不起来了 / ずいぶん古いことだから彼はもう思い出せない. ② 名 記憶. ¶～犹 yóu 新 / 記憶に新しい.
【记忆力】jìyìlì 名 記憶力.
【记载】jìzǎi ① 動 **記載する**. 書き記す. ¶文章～了当时会见的实况 shíkuàng / 文章にはあの時の会見の模様が記されている. ② 名 **事柄を記載した文章**. 記録. ¶这份～十分宝贵 bǎoguì / この記録はたいへん貴重なものだ.
【记账】jì//zhàng 動 ① 記帳する. 帳簿につける. ②(…の) 勘定につける.
*【记者】jìzhě 名 **記者**. ¶～招待会 zhāodàihuì / 記者会見. ¶特派～ / 特派員.
【记住】jì//zhù 動+結補 **しっかり記憶して忘れない**. しっかり覚える. ¶年纪大了,看什么东西也记不住 / 年を取ったので,何を読んでも覚えられない.

伎 jì 名 ① 技能. 技. ⇒〖技 jì〗 ②〈方〉踊り子.
◇ 技.
【伎俩】jìliǎng 名〈貶〉芸当. 腕前. やりくち.

纪 jì ◇ ①記憶に留める. 書き記す. 注意 "记 jì"と同じ. 主に"纪录""纪念"などに使われるほかは"记"を用いることが多い. ②規律. ¶军 jūn ～ / 軍規. ③紀. 年月. ¶二十世～ / 20世紀. ▸▸ jǐ
【纪纲】jìgāng 名〈書〉おきて. 紀綱.
【纪检】jìjiǎn 動 規律検査する. ¶～干部 gànbù / 規律検査をする幹部.
【纪录】jìlù →【记录】jìlù
【纪录片】jìlùpiàn 名(～儿) 記録映画.
*【纪律】jìlǜ 名 **規律**. ¶遵守 zūnshǒu ～ / 規律を守る.
【纪年】jìnián 名 ① 紀年. ②〈史〉編年体.
*【纪念】jìniàn ① 動 **記念する**. 思い出とする. ¶～诞辰 dànchén / (偉人の) 誕生日を記念する. [連体修飾語として用い] ¶～邮票 yóupiào / 記念切手. ② 名 **記念品**. 思い出(の種). ¶建国 jiànguó 五十周年～ / 建国50周年記念. ¶送张照片 zhàopiàn 给你做个～ / あなたに記念に写真を贈ろう.
【纪念碑】jìniànbēi 名 記念碑.
【纪念品】jìniànpǐn 名 記念品.
【纪实】jìshí ❶名 ① 事実の記録. ② ルポルタージュ. ¶～文学 / ノンフィクション文学. ❷動 報道する.
【纪委】jìwěi 名〈略〉規律検査委員会.
【纪行】jìxíng 名 紀行. 旅行記.

J

【纪要】jìyào ⇀【记要】jìyào
【纪元】jìyuán 名 ①紀元. ②新しい段階. ¶开辟 kāipì 历史的新～/歴史の新たな段階を切り開く.

技 jì ◇◆技能. 技. 腕まえ. ¶绝 jué～/離れ技. ¶一～之长 cháng/一芸に秀でる. ‖姓
【技工】jìgōng 名 技術工.
【技工学校】jìgōng xuéxiào 名 技術者養成学校.
【技击】jìjī 名〈書〉武術. 武芸.
【技能】jìnéng 名 技能.
*【技巧】jìqiǎo ①名 **技巧**. 技法. テクニック. ¶写作～/文章を書く技法. ②形〈体〉徒手体操用の. ¶～鞋 xié/徒手体操用の運動靴.
【技巧运动】jìqiǎo yùndòng 名 〈体〉アクロバット体操.
【技师】jìshī 名 技師.
【技士】jìshì 名 技手.
*【技术】jìshù 名 ①**技術. テクニック.** 量 门,项 xiàng. ¶他的驾驶 jiàshǐ～很熟练 shúliàn/彼の運転の腕はすばらしい. ¶～要求 yāoqiú 很高/非常に高い技術水準が求められる. ¶尖端 jiānduān～/先端技術. ②技術設備. ¶这个厂 chǎng 的～比较先进 xiānjìn/この工場の技術設備は比較的進んでいる.
【技术学校】jìshù xuéxiào 名 専門技術者養成学校.
*【技术员】jìshùyuán 名 **技術者**.
【技术作物】jìshù zuòwù 名〈農〉工芸作物.
【技校】jìxiào 名〈略〉専門技術者養成学校.
【技艺】jìyì 名 技芸. 技巧. テクニック. ¶～精湛 jīngzhàn/演技が堂に入っている.

*
系(繫) jì 動 **結ぶ. 締める. 掛ける.** ¶～领带 lǐngdài/ネクタイを締める. ¶把鞋带 xiédài～好/靴ひもを結ぶ. ¶请您～好安全带/シートベルトをお締め下さい. ▸▸ xì

忌 jì 動 ①忌み避ける. ¶～生冷食物/なま物や冷たい物はいけない. ②(嗜好品などを)断つ,控える. ¶他已经～了烟 yān/彼はもうたばこをやめた.
◇◆ ①ねたむ. ¶猜 cāi～/疑い深い. ②おそれる. はばかる. ¶顾 gù～/懸念する.
【忌辰】jìchén 名 命日.
【忌惮】jìdàn 動〈書〉はばかる. おそれる. ¶肆无 sì wú～/勝手にふるまって,なんらはばかるところがない;したい放題をする.
*【忌妒】jìdu 動 **ねたむ**. そねむ. ►目的語をとることが多い. ¶有人～他/彼のことをねたむ人がいる.
【忌讳】jìhui ❶動 ①忌みはばかる. 嫌う. ②極力避ける. ❷名 ①タブー. ②〈方〉〈婉〉酢.
【忌刻·忌克】jìkè 形 嫉妬深くて過酷である.
【忌口】jì//kǒu 動(病気のときなど)体にさわる食物を避ける,特定の食物を断つ. ►"忌嘴 zuǐ"とも.
【忌日】jìrì ⇀【忌辰】jìchén
【忌嘴】jì//zuǐ ⇀【忌口】jì//kǒu

际(際) jì ①名〈書〉(…の)時. 折. ¶挺身 tǐngshēn 于危难 wēinàn 之～/危難のときに挺身(ていしん)する. ②動〈書〉…に当たり. …に際して. ¶～此年始/この年頭に臨んで.
◇◆ ①きわ. 果て. ¶边 biān～/果て. ②うち. 中. ¶脑 nǎo～/頭の中. ¶胸 xiōng～/胸のうち. ③相互の間. ¶国～/国際.
【际会】jìhuì 名 出会い. めぐり合わせ. ¶风云 fēngyún～/たぐいまれなめぐり会い.
【际遇】jìyù 名〈書〉(主として幸運な)めぐり合わせ.

妓 jì 名〈書〉遊女. 娼妓. ¶娼 chāng～/娼妓. 売春婦.
【妓女】jìnǚ 名 娼妓. 遊女.
【妓院】jìyuàn 名 妓楼. 遊郭.

季 jì 名 ①**季節**. 春夏秋冬. ②(～儿)一時期. ¶旺 wàng～/最盛期. ¶西瓜xīguā～儿/スイカの出盛り期. ③〈書〉末. 末期. ¶清 Qīng～/清末. ¶明 Míng 之～世/明の末ごろ.
◇◆ ①春夏秋冬の最後の月. ¶～秋 qiū/旧暦の9月. ②(兄弟の)4番目,いちばん末. ¶～弟 dì/末弟. ‖姓
【季度】jìdù 名 四半期. ¶～预算 yùsuàn/四半期の予算.
【季风】jìfēng 名〈気〉季節風. モンスーン. ¶～气候 qìhòu/季節風気候.
【季候】jìhòu 名〈方〉季候. 季節. ¶隆冬 lóngdōng～/真冬の季節. ¶～风/季節風.
*【季节】jìjié 名 **季節**. シーズン. ¶梅雨 méiyǔ～/梅雨の季節.
【季节性】jìjiéxìng 形 季節的な. ¶～工作 gōngzuò/季節的な仕事.
【季军】jìjūn 名(スポーツ競技の)第3位. 参考 第1位(優勝)は"冠军 guànjūn",第2位(準優勝)は"亚军 yàjūn"という.
【季刊】jìkān 名(定期刊行物の)季刊.

剂(劑) jì ①量 水薬を数える. ►"服 fù"とも. ¶一～药 yào/1服の薬.
②名(～儿)こねた小麦粉を小さくちぎったもの.
◇◆ ①調合した薬. 薬剤. ¶片 piàn～/錠剤. ¶针 zhēn～/注射薬. ②化学的作用のある薬品. ¶洗涤 xǐdí～/洗剤.
【剂量】jìliàng 名〈薬〉薬の分量.
【剂子】jìzi 名 マントーやギョーザを作るとき,こねた小麦粉を1個分ずつ小さくちぎったもの. ►"面剂儿 miànjìr"とも.

荠(薺) jì 名〈植〉①ナズナ. ②ハマビシ. ▸▸ qí
【荠菜】jìcài 名〈植〉ナズナ.

哜(嚌) jì 動〈古〉なめる.
【哜哜嘈嘈】jìjicáocáo 擬《小声で話し合う音》ぼそぼそ.

迹(跡·蹟) jì ◇◆ ①跡. 痕跡. ¶足 zú～/足跡. ¶血 xuè～/血の跡. 血痕. ②遺跡. 遺物. ¶遗 yí～/遺跡. ¶真～/真筆. ③(なにかを立証する)行動. 形跡. ¶事～/事績. ¶行 xíng～可疑 yí/行動があやしい.
【迹象·迹像】jìxiàng 名 兆し. 形跡.

济(濟) jì ◇◆ ①(川を)渡る．¶同舟zhōu共～/〈成〉同じ舟で川を渡る．協力して困難に打ち勝つたとえ．②助ける．救う．¶～弱ruò扶倾fúqīng/弱い者を救い,貧しい者を助ける．③有益．成果．¶无wú～于事yú shì/なんの役にも立たない．⏩jǐ

【济贫】jìpín 動 貧しい人を救済する．

【济事】jì//shì 動 役に立つ．►否定文に用いることが多い．¶这点儿材料cáiliào,不～/これっぽっちの材料では用をなさない．

***既** jì ①副("又yòu、且qiě、也"などと同時に用いて)…**の上に…だ**．…**でもあれば…でもある**．…し,かつ…する．¶～漂亮,又聪明cōngming/きれいだし賢い．¶他～是文学家,又是历史学家/彼は文学者であるばかりでなく歴史学者でもある．¶～高且大/高くて大きい．¶他～懂dǒng日语,也懂英语/彼は日本語もわかれば英語もわかる．②接続 …**したからには**．…する〔した〕以上．►書き言葉の複文で先行する(主述)句の主語の後に用いる．¶～要写,就要写好/書く以上は,きちんと書かなくてはならない．¶他～已决定,我也不便阻拦zǔlán/彼がすでに決めた以上,私も止めるわけにはいかない．⇨【既然】jìrán

◇◆ すでに．►固定形式の中で用いられる．¶～成事实shìshí/既成事実．

【既定】jìdìng 形 すでに決まっている．既定の．

【既而】jì'ér 副〈書〉しばらくすると．やがて．¶～众人皆jiē至/ほどなくしてみながそろった．

*【既然】jìrán 接続 …**したからには**．…である以上．

語法 複文の先行する(主述)句に用い,すでに実現したかもしくは確実となった前提を述べ,後続する(主述)句で前提に基づく結論を出す．多く"就、也、还"などと呼応する．"既然"は"既"とは異なり主語の前後いずれも用いられる．¶～你一定要去,我也只好zhǐhǎo同意/君がどうしても行くというのなら,私も同意するしかない．¶你～订dìng了计划,就该照着去做/計画を立てたからには,そのとおり実行すべきだ．¶事情～已经过去了,还提tí它干什么？/済んでしまったことを,蒸し返して何になるのか．

【既是】jìshì 接続 …**であるからには**．…である以上．¶～如此,何必勉强miǎnqiǎng？/こうであるからには無理強いすることもなかろう．

【既往】jìwǎng 名 ①過去．¶一如～/これまでと同じように．②過ぎ去ったこと．

【既往不咎】jì wǎng bù jiù〈成〉過ぎ去ったことは水に流す．

继(繼) jì 接続〈書〉続いて．¶他先是腹fù痛,～又下泻xiàxiè/彼はまず腹が痛くなり,その後下痢をした．

◇◆ 継ぐ．続く．¶→～任rèn．¶前仆pū后～/前の人の屍(しかばね)を乗り越えて後から続く．‖姓

【继承】jìchéng 動 ①(前人の残した事業を)**受け継ぐ**．¶～先辈xiānbèi的事业/先人の事業を引き継ぐ．②(遺産を)相続する．¶～遗产yíchǎn/遺産を相続する．

【继承人】jìchéngrén 名 ①〈法〉相続人．②(王位の)継承者．¶王位～/王位継承者．

【继而】jì'ér 副 続いて．¶先是家父逝去shìqù,～家母又亡wáng/父親が先に世を去り,続いて母親も他界した．

【继父】jìfù 名 継父．義理の父．

【继母】jìmǔ 名 継母．義理の母．

【继配】jìpèi 名 後妻．

【继任】jìrèn 動(前任者の)職務を引き継ぐ．後釜にすわる．¶～人选rénxuǎn/後継候補．

【继室】jìshì 名 後妻．

【继嗣】jìsì〈書〉①名 後継ぎ．②動 養子をもらう；養子にやる．

【继往开来】jì wǎng kāi lái〈成〉前人の事業を受け継ぎ,将来の発展に道を開く．

【继位】jì//wèi 動 王位などを継承する．

【继武】jìwǔ 動〈書〉先人の足跡をたどる．先人の事業を受け継ぐ．

【继续】jìxù ①動(ある活動を)継続する**；(ある情況が)**続く**．¶～工作/仕事を続ける．¶～干gàn下去/引続きやっていく．¶这种zhǒng局面不能再～下去了/これ以上こんな情況は続けていけない．¶谈判tánpàn还在～着/交渉は依然続いている．[時間量を示す語句を伴うこともある]¶暴风雨bàofēngyǔ～了一昼夜zhòuyè/嵐が一昼夜続いた．②名(活動や情況の)**継続**,続き．¶这篇piān文章wénzhāng是前一篇文章的～/この文は前の文章の続きだ．

【继子】jìzǐ 名 養子．

祭 jì 動(神や祖先を)**祭る**．¶～天/天を祭る．¶～祖宗zǔzōng/先祖を祭る．

◇◆ 弔いをする．¶公～/公葬(する)．¶→～奠diàn．

【祭百日】jì bǎirì 死後百日目の墓参りをする．

【祭奠】jìdiàn 動 弔いをする．供養する．

【祭礼】jìlǐ 名 ①祭事．②祭礼の供え物．

【祭扫】jìsǎo 動 墓参りをする．

【祭祀】jìsì 動 祭祀を行う．

【祭坛】jìtán 名 祭壇．

【祭文】jìwén 名 祭文(さいもん)．葬儀のときに死者の霊に告げる文．

【祭灶】jì//zào 動〈旧〉(旧暦の12月23日か24日に)かまどの神を祭る．⇨【灶神】Zàoshén

悸 jì ◇◆(恐怖や驚きで)どきどきする．¶惊jīng～/驚いてどきどきする．¶心有余yú～/思い出すと今でも恐ろしい．

****寄** jì

人に託す,委ねる→人に託して送る＝郵送する

動 ①**郵送する**．¶～信/手紙を出す．¶～钱/為替で金を送る．¶这个包裹bāoguǒ请帮我～一下/この小包を郵送しておいてもらえますか．②(物を)**預ける**．¶～行李/荷物を預ける．③〈書〉(望みを)託す．¶～希望xīwàng于下一代/次の世代に望みを託す．

◇◆ ①頼る．すがる．¶～籍jí/寄留先の臨時戸籍．②義理の(親類)．¶～女/義理の娘．‖姓

【寄存】jìcún 動 預ける．¶把皮箱píxiāng～在行李寄存处/トランクを荷物預かり所に預ける．¶～柜guì/コインロッカー．

【寄存器】jìcúnqì 名〈電算〉レジスター．

【寄放】jìfàng 動(物を)預ける．

【寄费】jìfèi 名 郵便料金．郵送料．

【寄给】jìgěi 動 …に郵送する．¶～母亲的信 / 母に出した手紙．
【寄件人】jìjiànrén 名 差出人．発送人．¶～总付邮费 yóufèi 邮件 / 料金別納郵便．
【寄居】jìjū 動 寄寓する．仮住まいをする．¶～在北京的叔叔 shūshu 家 / 北京のおじさんの家に身を寄せる．
【寄居蟹】jìjūxiè 名〈動〉ヤドカリ．►"寄居虾 jìjūxiā"とも．
【寄卖】jìmài 動 委託販売する〔してもらう〕．►売れたら手数料を取る．¶～行 háng /（委託販売の）リサイクルショップ．
【寄人篱下】jì rén lí xià〈成〉居そうろうになる．
【寄身】jìshēn 動〈書〉身を寄せる．¶～海外 hǎiwài / 外国に身を寄せる．
【寄生】jìshēng 動 ①〈生〉寄生する．②〈喩〉他人に頼って生活する．
【寄生虫】jìshēngchóng 名〈生〉寄生虫；〈喩〉他人に頼って生活する者．
【寄食】jìshí 動 居そうろうする．
【寄售】jìshòu 動 委託販売する．¶～业务 yèwù / 委託販売．►"寄卖 jìmài"とも．
【寄宿】jìsù 動 ①(人の家に)泊めてもらう,厄介(やっかい)になる．¶～在朋友家里 / 友達の家に泊まる．②(↔走读 zǒudú)(学生が学校の宿舎に)寄宿する．
【寄托】jìtuō 動 ①預ける．②(希望や理想などを)託する．¶把自己的希望 xīwàng ～在孩子身上 / 自分の夢を子供に託す．
【寄销】jìxiāo 名 委託販売する．►主として出版社が書店に対して行うものをいう．
【寄信人】jìxìnrén 名 手紙の差出人．
【寄押】jìyā 動 拘留する．勾留する．
【寄养】jìyǎng 動 里子に出す．
【寄予】jìyǔ 動 ①託する．¶我妈妈对我～很大的希望 xīwàng / 母は私に大きな望みを託している．②(同情などを)与える．寄せる．►"寄与"とも書く．
【寄语】jì//yǔ 動〈書〉伝言する．
【寄寓】jìyù 動 ①〈書〉寄寓する．②託する．

寂 jì ◇◆ ①静かである．¶～无一人 / しんとして人っ子一人いない．②寂しい．¶枯 kū ～ / やるせなく寂しい．
【寂静】jìjìng 形 ひっそりと静まり返っている．¶夜晚,热闹 rènao 的故宫 Gùgōng 变得～下来 / 夜には,にぎやかだった故宮はしんと静まり返った．
【寂寥】jìliáo 形〈書〉がらんとして静まり返った．
【寂寞】jìmò 形 ①寂しい．¶感到 gǎndào ～ / 寂しさを感じる．②静かである．
【寂然】jìrán 形〈書〉寂然．静かなさま．¶～无声 / ひっそりと静まり返っている．

绩 jì 動 紡ぐ．¶纺 fǎng ～ / 紡績．¶～麻 má / 麻を紡ぐ．
◇◆ 功績．成果．¶成～ / 成績．¶功 gōng ～ / 功績．¶劳～ / 労働による成果．

蓟 jì 名〈植〉アザミ．‖姓

霁(霽) jì 動〈古〉(雨や雪が)晴れる；(怒りが)しずまる．¶雪 xuě ～ / 雪が晴れる．¶色～ / 怒りが静まる．

鲚(鱭) jì 名〈魚〉エツ．カタクチイワシ科の魚．

暨 jì 〈書〉①接続 および．②動 及ぶ．¶～今 / 今まで．‖姓

稷 jì 名 ①昔の食用作物の名．参考 キビの変種やアワの別称に用いられた．②五穀の神．穀物の神．‖姓

鲫 jì ◇◆ フナ．
【鲫鱼】jìyú 名〈魚〉フナ．►"鲫瓜子 jìguāzi"とも．

髻 jì 名 まげ．もとどり．たぶさ．¶抓 zhuā ～ /（昔,未婚の女性が頭の両側に結った）まげ．¶蝴蝶 húdié ～ / ちょう形のまげ．

冀 jì 動〈書〉願う．望む．¶～其成功 chénggōng / 成功を願う．
◇◆(Jì) 河北省．‖姓
【冀望】jìwàng 動〈書〉希望する．

骥 jì 名〈古〉すぐれた馬；〈喩〉有能な人．

jia (ㄐㄧㄚ)

1声 ** **加** jiā 動 ①(↔减 jiǎn) 足す．加える．¶三～四等于 děngyú 七 / 3足す4は7だ．¶喜上～喜 / 重なるおめでた．
②増える．増す．¶～三块钱 / 3元増やす．
③(もともとなかったものを) つけ加える．つけ足す．¶～符号 fúhào / 記号をつける．¶～注解 zhùjiě / 注釈を加える．
④…する．►前に単音節の副詞,後に動作を表す2音節語をとる．¶多～小心 / 十分気をつける．¶不～考虑 kǎolǜ / よく考えない．⇒【加以】jiāyǐ ‖姓
*【加班】jiā//bān 動 ①残業する．超過勤務をする．¶今天晚上～一个小时 / 今晩1時間の残業をする．¶加过一次班 / 1回残業した．¶～费 fèi / 残業手当．②増便する．
【加倍】jiā//bèi ①動 倍する．倍増する．¶产量 chǎnliàng ～ / 生産量が倍増する．②副 いっそう．一段と．¶～小心 / 注意に注意を重ねる．
【加车】jiā//chē ①動(バス・列車などの)臨時便を出す．②名 臨時便．
【加大】jiādà 動 大きくする．
【加点】jiā//diǎn 動 時間外勤務をする．¶加班～ / 残業する．
【加法】jiāfǎ 名〈数〉足し算．
【加饭酒】jiāfànjiǔ 名(紹興酒の一種) 加飯酒(かはんしゅ)．
【加封】jiā//fēng 動 ①封をする．②〈旧〉位や領地を封ずる．
【加盖】jiāgài ①名(郵便切手の)加刷．未使用の切手の上に新しく文字・模様・料金などを印刷すること．②動(印鑑などを)押す．押捺(おうなつ)する．
*【加工】jiā//gōng 動 ①加工する．¶技术 jìshù ～ / 技術の面から手を入れる．¶这篇 piān 论文还需要再加加工 / この論文はさらに手を入れなくてはならない．②仕上げをする．

【加固】**jiāgù** 動 強化する．増強する．¶～堤坝 dībà／ダムの補強をはかる．
【加官晋爵】**jiā guān jìn jué** 〈成〉昇進する．出世する．
【加害】**jiāhài** 動 危害を与える．傷つけたり殺したりする．¶～于人／人に危害を与える．
【加号】**jiāhào** 名〈数〉プラス記号．
【加急】**jiājí** 形 ①いよいよ激しくなる．慌ただしさを増す．②緊急の．¶～电报／至急電報．
【加级鱼】**jiājíyú** 名〈魚〉マダイ．
【加价】**jiā//jià** 動（ある価格に）上乗せする．値上げする；別途料金を取る．¶～出售 chūshòu／値を上げて売り出す．¶不另 lìng～／別料金は頂きません．
【加紧】**jiājǐn** 動 **強める．一段と力を入れる．**馬力をかける．¶～生产 shēngchǎn／生産に拍車をかける．¶～工作／仕事に力を入れる．
【加劲】**jiā//jìn** 動（～儿）力を入れる．努力する．¶加把劲儿！／しっかり力を入れなさい．がんばれ．
【加剧】**jiājù** 動 激化する；激化させる．¶病势～／病状が悪化する．
【加快】**jiākuài** 動 **速める．加速する．**¶～步伐 bùfá／歩みを速める．¶～速度 sùdù／スピードをあげる．
【加宽】**jiākuān** 動 幅を広げる．¶～路面 lùmiàn／道路の幅を広くする．
【加料】**jiā//liào** ①動 原料を機械に送り込む．②形（原料をたくさん使った）特製の．
【加仑】**jiālún** 量（液体容積の単位）ガロン．
【加码】**jiā//mǎ** 動 ①（～儿）値上げする．②（数量やノルマの）上乗せをする．
【加盟】**jiāméng** 動 加入する．
【加密】**jiāmì** 動 暗号化する．
【加冕】**jiā//miǎn** 動 戴冠する．¶～礼 lǐ／戴冠式．
*【加拿大】**Jiānádà** 名〈地名〉カナダ．
【加纳】**Jiānà** 名〈地名〉ガーナ．
【加蓬】**Jiāpéng** 名〈地名〉ガボン．
*【加强】**jiāqiáng** 動 **強める．**強化する．►抽象的事物を表す名詞が目的語となる．¶～友好关系／友好関係を強化する．¶～管理 guǎnlǐ／管理を強化する．
【加热】**jiā//rè** 動 **加熱する．**¶～到100℃／100℃まで加熱する．
【加入】**jiārù** 動 ①（組織に）**加入する，**参加する．¶～工会／組合に入る．②**添加する．**混ぜ（入れ）る．¶～少许食盐 shíyán／塩を少し入れる．
【加塞儿】**jiā//sāir** 動〈口〉割り込む．
【加赛】**jiā//sài** 動 プレーオフを行う．
【加上】**jiāshang** ①動 加える．②接続 **その上．**さらに．¶天热，～劳累 láolèi，终于病倒了／暑く，その上，働きすぎでついに病気で倒れた．
【加深】**jiāshēn** 動 **深める．深まる．**¶～了解 liǎojiě／理解を深める．¶～理解／理解を深める．
【加湿器】**jiāshīqì** 名 加湿器．
【加时赛】**jiāshísài** 名〈体〉延長戦．
【加速】**jiāsù** 動 **速める．**速くする．¶～城市建设 jiànshè／都市建設の速度を速める．［連用修飾語となることが多い］¶～建设油田 yóutián／油田の建設を急ぐ．¶～踏板 tàbǎn／（自動車の）アクセルペダル．
【加速器】**jiāsùqì** 名〈物〉加速装置．アクセル．
【加薪】**jiā//xīn** 動 賃上げする．
【加压釜】**jiāyāfǔ** 名 圧力釜．
*【加以】**jiāyǐ** ①動《ある事物に対してある行為をもって対応・処理することを表す》**行う．**…する．►2音節の行為を表す動詞を目的語にとる．否定形は"不加…"とする．¶～说明 shuōmíng／説明を行う．¶有问题要及时 jíshí～解决 jiějué／問題があればただちに解決しなければならない．¶～认真 rènzhēn对待 duìdài／真剣に対応する．⇨〖加 jiā〗④ ②接続 加うるに．その上．►原因や条件をつけ加えるときに用いる．
【加意】**jiāyì** 動 特に注意する．¶～提防 dīfang／よくよく用心するように．
【加印】**jiāyìn** 動（写真の）焼き増しをする．►"加洗 jiāxǐ"とも．
*【加油】**jiā//yóu** 動 ①（～儿）**がんばる．精を出す．**馬力をかける．¶～干 gàn／精を出してがんばる．¶～，～／（応援の掛け声）がんばれ，がんばれ．②**給油する．**
【加油加醋】**jiā yóu jiā cù** 〈成〉話に尾ひれをつける；大げさな話．►"添 tiān 油加醋""加油添醋""添油添醋"とも．
*【加油站】**jiāyóuzhàn** 名 ガソリンスタンド．
【加之】**jiāzhī** 接続〈書〉その上．さらに．
【加重】**jiāzhòng** 動 **重くする．重くなる．**¶～任务 rènwu／任務が重くなる．¶～语气 yǔqì／語気を強める．¶病情 bìngqíng～了／病状が悪化した．

*## 夹（夾・挾）jiā

❶動 ①**はさむ；**両側からはさむように迫る．¶用筷子 kuàizi～肉／箸で肉きれをはさむ．¶小轿车 xiǎojiàochē被～在两辆卡车 kǎchē 中间／小型乗用車は2台のトラックにはさまれている．②**脇に抱える．**¶～着书包／かばんを脇に抱える．③**入り混じる．**¶～在人群 rénqún 里／人込みの中に紛れる．
❷名 物をはさんでおく道具．¶文件～／ファイル．⇨〖挟 xié〗 ⏩ gā,jiá

【夹板】**jiābǎn** 名 ①ベニヤ板．合板．②（包装などに使う）添え板；（外科用の）添え木．
【夹板儿气】**jiābǎnrqì** 名〈口〉両方からいじめられること．板ばさみ．¶受～／板ばさみになる．
【夹层】**jiācéng** 名 間にものがはさまれていること．
【夹层玻璃】**jiācéng bōli** 名（ポリエチレンなど）プラスチック配合ガラス．►安全ガラスの一種．
【夹带】**jiādài** ①動 こっそり持ち込む．ひそかに携帯する．②名 カンニングペーパー．
【夹道】**jiādào** ①名（～儿）両側に塀のある狭い道．②動 道の両側に並ぶ．¶受到小朋友们的～欢迎 huānyíng／道の両側に並んだ子供たちの歓迎を受けた．
【夹缝】**jiāfèng** 名（～儿）すきま．
【夹攻】**jiāgōng** 動 挟撃する．はさみ打ちにする．¶左右 zuǒyòu～／左右からはさみ打ちにする．
【夹击】**jiājī** 動 はさみ打ちする．
【夹剪】**jiājiǎn** 名 やっとこ．
【夹克】**jiākè** 名 ジャケット．
【夹七夹八】**jiā qī jiā bā** 〈成〉（話が）とりとめのないさま，あれやこれやとまとまりのないさま．►"夹七杂 zá 八"とも．

J

【夹塞儿】jiā//sāir 動〈口〉(列に)割り込む. ►“加塞儿”とも書く. ¶买东西请排队 páiduì,不要～/買い物するときは列に並びなさい,割り込んではいけない.

【夹生】jiāshēng 形 生煮えである;〈喩〉中途半端である.

【夹生饭】jiāshēngfàn 名 ① 生煮えの飯. ②〈喩〉中途半端な仕事.

【夹丝玻璃】jiāsī bōli 名 網目ガラス. 金網入りガラス.

【夹馅】jiā//xiàn 形(～儿)あん入りの. 具入りの. ¶～馒头mántou/具入りのマントー. ¶～面包miànbāo/(ジャムなどの)あん入りのパンの総称.

【夹心】jiāxīn 形(～儿) ① あん入りの. 具入りの. ② 混ぜ合わせの. ③ 間にはさんだ. ¶～巧克力 qiǎokèlì/ピーナツ入りのチョコレート.

【夹杂】jiāzá 動 **入り混じる.** ¶哭声 kūshēng 和笑声 xiàoshēng～在一起/泣き声と笑い声が入り混じっている.

【夹竹桃】jiāzhútáo 名〈植〉キョウチクトウ.

【夹注】jiāzhù 名 割注. 文中に挿入する注釈.

【夹子】jiāzi 名 ① クリップ・ファイル・洗濯ばさみなど物をはさむ道具. ¶头发 tóufa～/ヘアピン. ¶皮 pí～/革の札入れ. ¶把计划书 jìhuàshū 放在～里/企画書を紙挟みに入れる. ② 動物のはさみ.

茄 jiā “雪茄 xuějiā”(シガー,葉巻たばこ)という語,あるいは音訳語に用いる. ▸▸ qié

【茄克】jiākè 名 ジャケット. ►音訳語で“夹克”とも書く. ¶～衫 shān/ジャケット. ¶皮～/革のジャンパー.

佳 jiā ◇ よい. りっぱな. 美しい. ¶～宾 bīn/上客. お客. ¶成绩甚 shèn～/成績が優秀である. ‖姓

【佳话】jiāhuà 名 美談.

【佳节】jiājié 名〈書〉節句. 祝日. ¶人逢 féng～倍 bèi 思亲/〈諺〉人は節句になるとますます親類のことをしのぶ.

【佳境】jiājìng 名 ① 風光明媚な地. ② 佳境.

【佳句】jiājù 名 詩歌のよい文句. 佳句.

【佳丽】jiālì ① 形(容貌や風景が)美しい. ② 名 美女.

【佳品】jiāpǐn 名 最上品. 上物.

【佳人】jiārén 名〈書〉美人. 佳人.

【佳肴】jiāyáo 名 ごちそう. 上等な料理. ¶～美酒 měijiǔ/おいしい料理とうまい酒.

【佳音】jiāyīn 名〈書〉吉報. よい知らせ. ¶静候 jìnghòu～/よいニュースをお待ちしております.

【佳作】jiāzuò 名 佳作. よい作品.

枷 jiā 名〈旧〉首かせ. ¶披 pī～带锁 suǒ/首かせをかけられ,鎖につながれる.

【枷板】jiābǎn 名 首かせ;〈喩〉束縛.

【枷锁】jiāsuǒ 名 首かせと鎖;〈喩〉圧迫と束縛.

浃(浹) jiā ◇ しみとおる. ¶汗 hàn 流～背/(多くは恥ずかしさや恐ろしさのために)背中がぬれるほど汗を流す.

痂 jiā 名 かさぶた. ¶伤口 shāngkǒu 结～/傷口にかさぶたができる.

家 jiā ❶名 ① **家庭.** ►“家庭 jiātíng”よりもくだけた感じ. なお,建物としての「家」は“房子 fángzi”. ¶我～四口人/うちは4人家族です. ¶那间平房 píngfáng 是王～/あの平屋は王さんの家だ. [家庭のあるところという意味で,場所を表すこともある]¶～前有一棵 kē 树/家の前に木が1本ある. ② **勤め先. 職場.** ►その人の活動のホームグラウンドとして. ¶厂长 chǎngzhǎng 出差 chūchāi 了,不在～/工場長は出張していて留守です.

❷量 家庭または商店・企業を数える. ¶两～书店 shūdiàn/書店2軒. ¶一～人家 rénjiā/1軒のお宅.

❸形〈方〉飼いならされておとなしい. ►補語として用いられる. ¶这只小鸟 xiǎoniǎo 已经养 yǎng～了/この小鳥はもうなれている.

❹(jia) 接尾 ① 同類の人をさす. ►年齢・性別・身分などで分ける. ¶女人～/女(のくせに). ¶小孩子～别插嘴 chāzuǐ/子供のくせに口を出すな. ② 男性の名前や兄弟の順序を表す語の後につけて,その妻をさす. ¶张红～/張紅の妻. ¶老二～/次男の妻.

◇ ①専門家. ¶专 zhuān～/専門家. エキスパート. ¶文学～/文学者. 作家. ②ある種の職業に従事する人や家. ¶船 chuán～/船頭. ¶渔 yú～/漁業者の家. ③学術の流派. ¶儒 Rú～/儒家. ¶百～争鸣 zhēng míng/〈成〉百家争鳴. ④〈謙〉(他人に対して)自分より目上の身内をいうときに用いる. ¶～父/父. ¶～兄 xiōng/兄. ⑤飼いならした. ¶→～畜 chù. ¶→～禽 qín. ‖姓

【家财】jiācái 名 財産. 一家の資産. ¶～万贯 wànguàn/巨万の財産.

【家蚕】jiācán 名〈虫〉カイコ.

【家产】jiāchǎn 名 一家の財産. 身代.

【家常】jiācháng ① 形 日常の. ¶～菜/家庭料理. ② 名 世間話. よもやま話. ¶谈 tán～/よもやま話をする. ¶～话/世間話.

【家常(便)饭】jiācháng(biàn)fàn 名 普段の食事;〈喩〉日常茶飯事.

【家长里短】jiā cháng lǐ duǎn〈成〉日常のこまごましたこと.

【家丑】jiāchǒu 名 家庭内のもめごと. ¶～不可外扬/〈諺〉内輪のごたごたは外部にさらけだしてはいけない.

【家畜】jiāchù 名 家畜.

【家传】jiāchuán 形 家伝の.

【家当】jiādàng 名(～儿)〈口〉身代. 財産. ¶～倾空 qīng kōng/財産を使い果たす.

【家道】jiādào 名 暮らし向き. ¶～小康 xiǎokāng/暮らし向きはまあまあだ.

【家底】jiādǐ 名(～儿)長年蓄えた財産;〈喩〉余った資財.

【家电】jiādiàn 名 家電. ►“家用电器”の略.

【家法】jiāfǎ 名 ① 師徒相伝の学術理論や方法. ②〈旧〉家のおきて. 家のきまり. ③〈旧〉家長が家人を折檻(せっかん)する道具.

【家访】jiāfǎng 動 家庭訪問をする. ¶～学生/生徒の家を訪れる.

【家父】jiāfù 名〈謙〉私の父.

【家鸽】jiāgē 名〈鳥〉ドバト. イエバト.

【家规】jiāguī 名 家訓. 家のしきたり.

【家伙】jiāhuo 名〈口〉①《軽蔑や冗談の意を含めて人をさす時に用いる》やつ. ¶你这个～/こいつめ. ②動物をさす. ¶这～真好玩儿/こいつはとてもかわいい. ③道具. 武器. ►①②③いずれも"傢伙"とも書く.
【家鸡】jiājī 名〈鳥〉ニワトリ.
【家计】jiājì 名〈書〉家計. 生計.
【家家】jiājiā 名(～儿)家という家. どの家も. 家ごと. ¶～有彩电 cǎidiàn/どの家にもカラーテレビがある. ¶～都有本难念的经 jīng/〈諺〉どの家にもその家なりの悩みがある.
【家家户户】jiājiāhùhù 名 家という家. 軒並み.
【家教】jiājiào 名 ①しつけ. 家庭教育. ¶没有～/しつけが悪い. ②〈略〉家庭教師.
【家景】jiājǐng 名 家の情況. 暮らし向き. ¶～不丰裕 fēngyù/暮らし向きが豊かでない.
【家境】jiājìng 名 家庭の暮らし向き. 生活状態. ¶他～不好/彼の家は生活が苦しい.
【家居】jiājū ①動 働かず家にいる. ②名 居間.
*【家具】jiāju 名 **家具**. 家庭用具. ►炊事道具も含む. "傢具"とも書く. 量 件,个;[セット]套 tào.
【家眷】jiājuàn 名 家族. 妻.
【家口】jiākǒu 名 家族. ¶养活 yǎnghuo ～/家族を養う.
【家累】jiālěi 名 家庭生活の負担. ¶单身一人,没有～/独り身で生活が気楽だ.
【家里】jiāli 名 ①(場所としての)**家庭**. 家. ¶～来客 kè/家に客が来た. ②家内. 妻. ③出張先で**自分の職場**をさす. うちの職場.
【家门】jiāmén 名 ①玄関;〈転〉家. ②〈書〉家族. 家. ③〈方〉一族. ¶～堂兄弟 tángxiōngdì/一族の(同じ姓の)いとこ. ④家柄. 素性. ¶自报～/自己紹介.
【家庙】jiāmiào 名 祖先を祭った廟.
【家母】jiāmǔ 名〈謙〉私の母.
【家奴】jiānú 名 奴隷. 家僕.
【家贫如洗】jiā pín rú xǐ〈成〉赤貧洗うがごとし.
【家破人亡】jiā pò rén wáng〈成〉一家が離散し,肉親を失う.
【家谱】jiāpǔ 名 系譜. 家系図.
【家雀儿】jiāqiǎor 名〈鳥〉〈方〉スズメ. ►"雀 què"を qiǎo と言うのは北京方言.
【家禽】jiāqín 名(ニワトリ・アヒルなど)家禽.
【家人】jiārén 名 ①一家の者. 身内. 家族. ¶～团聚 tuánjù/一家の者が団欒(だん)する. ②〈旧〉召使い. 下僕.
【家史】jiāshǐ 名 一家の歴史.
【家世】jiāshì 名〈書〉家柄. ¶～寒微 hánwēi/家柄が貧しくて卑しい.
【家事】jiāshì 名 ①家の事. ②〈方〉暮らし向き.
【家室】jiāshì 名 ①家族. 妻. ②〈書〉住居.
【家什】jiāshi 名〈口〉家財道具. 道具. 家具. ►"傢什"とも書く.
【家书】jiāshū →【家信】jiāxìn
【家属】jiāshǔ 名 **家族**;妻.
【家鼠】jiāshǔ 名〈動〉イエネズミ.
【家私】jiāsī 名〈口〉財産. 身代. ¶～不丰 fēng/財産があまりない. ¶万贯 wànguàn ～/百万の身代.
【家庭】jiātíng 名 **家庭**. 所帯;家族. ¶～副业 fùyè/内職. ¶～出身 chūshēn/出身家庭. 生まれた家庭が属する階級. ¶～手工业 shǒugōngyè/家内(手)工業.
【家庭暴力】jiātíng bàolì 名 家庭内暴力. DV.
【家庭病床】jiātíng bìngchuáng 名〈医〉在宅医療.
【家庭妇女】jiātíng fùnǚ 名 専業主婦. ►"职业 zhíyè 妇女"と区別する.
【家庭观念】jiātíng guānniàn 名 マイホーム主義.
【家庭作业】jiātíng zuòyè 名 宿題.
【家徒四壁】jiā tú sì bì〈成〉家が貧乏で持ち物が何もない. 赤貧洗うがごとし. ►"家徒壁立 lì"とも.
【家兔】jiātù 名〈動〉飼いウサギ.
【家务】jiāwù 名 ①**家事**. ¶忙于 mángyú ～/家事に追われる. ¶帮助 bāngzhù 料理 liàolǐ ～/家事の手伝いをする. ②家庭内のいざこざ. ¶闹 nào ～/家庭内で悶着を起こす.
*【家乡】jiāxiāng 名 **郷里**. ふるさと. ¶离开 líkāi ～/ふるさとを離れる.
【家小】jiāxiǎo 名 妻子. 妻.
【家信】jiāxìn 名 家への手紙. 家からの手紙.
【家鸭】jiāyā 名〈鳥〉アヒル.
【家业】jiāyè 名 ①家産. ②〈書〉家業;家学.
【家用】jiāyòng ①名 家庭の生活費. ¶贴补 tiēbǔ ～/家計の足しにする. ②形 家庭用の. ¶～电脑/パソコン.
【家用电器】jiāyòng diànqì 名 家電製品.
【家喻户晓】jiā yù hù xiǎo〈成〉だれもがよく知っている. 津々浦々に知れわたる. ¶做到～/だれにも分かるようにする.
【家园】jiāyuán 名 ①家の庭;(広く)郷里. ¶返回 fǎnhuí ～/ふるさとに帰る. ¶重建～/郷里を復興する. ②〈方〉家の畑でとれたもの. ¶～蔬菜 shūcài/家の畑からとれた野菜.
【家贼】jiāzéi 名 身内のどろぼう. 内部で悪事を働く者. ¶～难防 nán fáng/内部の裏切りは防ぎようがない.
【家宅】jiāzhái 名 住宅;家庭.
【家长】jiāzhǎng 名 ①**保護者**. 父母. ¶～会/保護者会. ②家長.
【家子】jiāzi 名〈口〉家庭. 家.
【家族】jiāzú 名 家族. 一族. ►日本語の「家族」よりも大きな血縁集団.
【家族公司】jiāzú gōngsī 名 ファミリー企業.

袈 jiā "袈裟 jiāshā"(袈裟(けさ))という語に用いる.

傢 jiā "傢伙 jiāhuo"(①人. ②動物. ③道具),"傢具 jiāju"(家具),"傢什 jiāshi"(家財道具,家具)という語に用い,それぞれ"家伙""家具""家什"とも書く.

嘉 jiā ◇◆ ①立派な. 喜ばしい. ¶～礼/婚礼. ②たたえる. ¶～纳 nà/よしとして聞き入れる. ‖姓

【嘉宾】jiābīn 名 賓客. ゲスト.
【嘉奖】jiājiǎng 動 ①表彰する. ②褒賞を与える.

2声 **夹**(夾・裌・袷) jiá 形 ふたえの. あわせの(服・布団など). ¶～袄 ǎo/あわせの服. ¶这件衣服是～的/この服はあわせだ. ►► gā,jiā

【夹衣】jiáyī 名 あわせ. 裏地つきの服.

J

荚(莢) **jiá** 名(マメ類の)さや．¶豆～/豆のさや．‖姓

【荚果】**jiáguǒ** 名〈植〉莢果(きょう)．さや．

颊(頰) **jiá** ◇◆ 頰(ほお)．►一般に"脸蛋儿 liǎndànr"という．¶两～绯红 fēihóng/頰が真っ赤だ．¶面～/頰．

3声 **甲** **jiǎ** ❶名 ①十干の第1：甲(こう)．きのえ．(A,B,C…の)A．第1．参考 A,B,C,D…，1，2，3，4…，α，β，γ…など順番をつけるとき，Aや1，αの代わりに用いる．また十二支と組み合わせて年を表記した．¶→～子 zǐ．¶～级 jí/1級．
②甲羅．¶乌龟 wūguī 的～/カメの甲羅．
③旧時の戸籍制度の一つ．
❷動〈書〉第一である．¶桂林 Guìlín 山水～天下/桂林の山水は天下一だ．
◇◆ つめ；保護用に覆いかぶせるもの．¶指～ zhǐjia/つめ．¶铠 kǎi～/よろい．¶盔 kuī～/よろいかぶと．‖姓

【甲板】**jiǎbǎn** 名 甲板．デッキ．
【甲苯】**jiǎběn** 名〈化〉トルエン．トルオール．
【甲虫】**jiǎchóng** 名〈虫〉甲虫．量 只 zhī．
【甲醇】**jiǎchún** 名 メチルアルコール．
【甲酚】**jiǎfēn** 名〈化〉クレゾール．
【甲肝】**jiǎgān** 名 A型肝炎．
【甲骨文】**jiǎgǔwén** 名〈語〉甲骨文．亀甲・獣骨などに刻まれた殷代の文字．
【甲类地区】**jiǎlèi dìqū** 名(中国が外国人に未解放の)甲類地区．未開放地区．
【甲壳】**jiǎqiào** 名〈動〉(エビ・カニなどの)甲殻．殼．¶～动物 dòngwù/甲殻類．
【甲醛】**jiǎquán** 名 ホルムアルデヒド．
【甲醛水】**jiǎquánshuǐ** 名 ホルマリン．
【甲烷】**jiǎwán** 名〈化〉メタン．
【甲午战争】**Jiǎwǔ zhànzhēng** 名〈史〉日清戦争．►1895年は甲午(きのえうま)の年にあたるので名付けられた．
【甲型肝炎】**jiǎxíng gānyán** 名 A型肝炎．►略して"甲肝 jiǎgān"とも．
【甲鱼】**jiǎyú** 名〈動〉スッポン．シナスッポン．量 只,个．
【甲种】**jiǎzhǒng** 名 A種．アルファ．¶～粒子 lìzǐ/〈物〉アルファ粒子．¶～射线 shèxiàn/〈物〉アルファ線．¶～维生素 wéishēngsù/ビタミンA．
【甲状腺】**jiǎzhuàngxiàn** 名〈生理〉甲状腺．¶甲状旁腺 pángxiàn/副甲状腺．
【甲状腺肿】**jiǎzhuàng xiànzhǒng** 名〈生理〉甲状腺腫．
【甲子】**jiǎzǐ** 名 ①甲子．②干支のひとめぐり．

岬 **jiǎ** 名 ①岬．►地名に用いることが多い．②山あい．

【岬角】**jiǎjiǎo** 名 岬．

胛 **jiǎ** "胛骨 jiǎgǔ"(肩胛骨(けんこうこつ))という語に用いる．

贾 **jiǎ** ‖姓 ►► gǔ

钾 **jiǎ** 名〈化〉カリウム．K．

【钾玻璃】**jiǎbōli** 名 ボヘミア・ガラス．カリガラス．
【钾肥】**jiǎféi** 名〈農〉カリ肥料．

＊**假** **jiǎ** 形(↔真 zhēn)いつわりである．にせである．¶他的话一点儿也不～/彼の話にまったくうそはない．¶～商标shāngbiāo/にせのブランド．¶～的/にせもの．［述語になる場合，肯定型では"是～的"の形で使われることが多い］¶这个护照 hùzhào 是～的/このパスポートはにせ物だ．
◇◆ ①人造の．本来のものではない．¶→～发 fà．¶→～手 shǒu．②もしも．かりに．¶→～如 rú．③仮定する．¶→～设 shè．④借用する．¶→～公 gōng 济私．►► jià

【假扮】**jiǎbàn** 動 仮装する．変装する．¶～商人 shāngrén/商人に変装する．
【假币】**jiǎbì** 名 偽造貨幣．
【假唱】**jiǎchàng** 動 口パクで歌う．
【假钞】**jiǎchāo** 名 偽造紙幣．
【假充】**jiǎchōng** 動 いつわる．ふりをする．¶～正经 zhèngjing/まじめなふりをする．
【假道学】**jiǎdàoxué** 名 にせ君子．
【假定】**jiǎdìng** ①動 かりに…とする．¶～他坐火车来，这会儿就该 gāi 到了/かりに汽車で来るとしても，もう着いてもいいころだ．②名(科学上の)仮説．
【假发】**jiǎfà** 名 かつら．
【假分数】**jiǎfēnshù** 名〈数〉仮分数．
【假公济私】**jiǎ gōng jì sī** 〈成〉公事にかこつけて私腹を肥やす．
【假花】**jiǎhuā** 名 造花．
【假话】**jiǎhuà** 名 うそ．¶说～/うそをつく．
【假货】**jiǎhuò** 名 にせ物．
【假借】**jiǎjiè** ❶動 ①(名義や力などを)借りる．¶～名义 míngyì/名目にかこつける．②〈書〉仮借する．容赦する．❷名〈語〉(六書の)仮借(かしゃ)．►ある意味を，そのことばと同音の文字を借りて表現する方法．
【假扣押】**jiǎkòuyā** 名〈法〉仮差し押さえ．
【假令】**jiǎlìng** 接続〈書〉もしも…なら．
【假冒】**jiǎmào** ①動(名義・商標などを)いつわる，詐称する．②名 にせブランド．にせ物．
【假面具】**jiǎmiànjù** 名 仮面．お面；化けの皮．¶揭穿 jiēchuān～/化けの皮をはぐ．
【假名】**jiǎmíng** 名 ①偽名．②(日本の)かな文字．¶片 piàn～/かたかな．
【假漆】**jiǎqī** 名 ワニス．ニス．
【假仁假义】**jiǎ rén jiǎ yì** 〈成〉えせ仁義．偽善．
【假如】**jiǎrú** 接続 もしも…なら．かりに…とすれば．►"假若 jiǎruò""假使 jiǎshǐ"とも．¶～你一定要去，我也跟你去/もしあなたがどうしても行くなら，私もついて行く．
【假若】**jiǎruò** →【假如】**jiǎrú**
【假嗓子】**jiǎsǎngzi** 名 裏声．作り声．
【假山】**jiǎshān** 名 築山．
【假设】**jiǎshè** ❶動 仮に…とする．❷名 ①虚構．②仮説．
【假声】**jiǎshēng** 名 作り声．裏声．
【假使】**jiǎshǐ** →【假如】**jiǎrú**
【假释】**jiǎshì** 名 仮釈放．

【假手】jiǎ//shǒu ❶動 ①手を借りる. ②利用する. ¶假他人之手 / 他人を利用する. ❷名 ①義手. ②〈方〉左手.
【假睡】jiǎshuì 動 たぬき寝入りする.
【假说】jiǎshuō 名(科学上の)仮説.
【假死】jiǎsǐ ❶動 ①仮死状態になる. ②死んだまね(擬死)をする. ❷名 いつわりの死.
【假腿】jiǎtuǐ 名 義足. ¶安装 ānzhuāng ～ / 義足をつける.
【假托】jiǎtuō 動 ①**口実を借りる**. かこつける. ¶他～有事,中途溜 liū 了 / 彼は用があるからと口実を設け,途中で逃げた. ②**人の名をかたる**. 詐称する. ¶他～小李的朋友给我打过一次电话 / 彼は李君の友達だと偽って私に電話してきたことがある. ③託する. こと寄せる. ¶～故事 gùshi 说明道理 / 物語に託して道理を説き明かす.
【假伪】jiǎwěi 名 粗悪品.
【假仙】jiǎxiān 動〈方〉わざとらしく振る舞う.
【假想】jiǎxiǎng 形 仮想の.
【假想敌】jiǎxiǎngdí 名〈軍〉仮想敵.
【假象·假相】jiǎxiàng 名 偽りの姿. 見せかけ.
【假小子】jiǎxiǎozi 名 男まさりの娘. おてんば.
【假笑】jiǎxiào 動 作り笑いをする.
【假惺惺】jiǎxīngxīng 形〈貶〉わざとらしい. 親切ごかしである.
【假性近视】jiǎxìng jìnshì 名〈医〉仮性近視.
【假牙】jiǎyá 名 **入れ歯**. 義歯. ¶镶 xiāng ～ / 入れ歯をする. ¶一口～ / 総入れ歯.
【假眼】jiǎyǎn 名 義眼. ㊐ 只.
【假意】jiǎyì ①名 いつわりの心. ¶别信他的～虚 xū 情 / 彼のおためごかしにだまされるな. ②副 わざと. ¶他～输 shū 给了对方 / 彼はわざと相手に負けた.
【假造】jiǎzào 動 ①偽造する. ¶～证件 zhèngjiàn / 証書を偽造する. ②捏造(ねつぞう)する. ¶～理由 lǐyóu / 理由をでっち上げる.
【假招子】jiǎzhāozi 名 いんちき.
〚假…真…〛*jiǎ…zhēn…* うわべは…と見せかけて,実は…である. ¶～团结 tuánjié, ～分裂 fēnliè / 団結は口先だけで,実際は分裂をたくらんでいる.
【假正经】jiǎzhèngjing 名 見せかけのまじめさ. ¶装 zhuāng ～ / 猫をかぶる.
【假肢】jiǎzhī 名 義肢.
【假装】jiǎzhuāng 動 **ふりをする**. 装う. ¶～生气 / 怒ったふりをする.

价(價) **jià** 名(～儿)**価格**. **値段**. ¶这件衣服不值 zhí 这个～ / この服はこんな値段はしない. ¶～儿不贵 guì / 値段が高くない. ¶涨 zhǎng ～ / 値が上がる.
◇◆ 値. 値打ち. ¶评 píng ～ / 評価する. ¶等～交换 jiāohuàn / 等価交換. ‖姓
【价格】jiàgé 名 **値段**. 価格. ¶～昂贵 ángguì / 値段が高すぎる. ¶～下降 xiàjiàng / 値段が下がる. ¶批发 pīfā ～ / 卸値. ¶零售 língshòu ～ / 小売価格.
【价款】jiàkuǎn 名〈書〉代価. 代金. ¶～已 yǐ 付 fù / 代金は支払い済み.
【价廉物美】jià lián wù měi〈成〉安くて品もよい.
【价码】jiàmǎ 名(～儿)〈口〉値段. 定価.
【价目】jiàmù 名 表示された商品価格. 定価. ¶～表 biǎo / 価格表.
【价钱】jiàqian 名〈口〉値段**. 価格. ¶～很便宜 piányi / 値段が安い. ¶讲～ / 値段を掛け合う. 値切る. ¶～公道 gōngdao / 値段が適正である.
*【价值】jiàzhí 名 ①**値打ち**. 意味. 有効性. ¶有～的资料 zīliào / 値打ちのある資料. ¶～极 jí 大 / 価値が非常に高い. ②〈経〉**価値**.
【价值观】jiàzhíguān 名 価値観.
【价值规律】jiàzhí guīlǜ 名〈経〉価値法則. ► "价值法则 fǎzé"とも.
【价值形式】jiàzhí xíngshì 名〈経〉価値形態. 交換価値.

驾 **jià** 動 ①(車に馬を)**つける**. ②**運転する**. **操縦する**. 御する. ¶～飞机 fēijī / 飛行機を操縦する. ¶～车 / 馬車を御する. 車を運転する.
◇◆〈敬〉相手の出向くことをさす. ¶大～光临 guānglín / ご来駕. ¶劳～ / ご足労. ‖姓
【驾到】jiàdào 動〈敬〉ご来駕になる.
【驾临】jiàlín 動〈書〉〈敬〉ご光臨いただく.
【驾凌】jiàlíng 動 凌駕(りょうが)する.
【驾驶】jiàshǐ 動 **操縦する**. **運転する**. ¶～飞机 / 飛行機を操縦する. ¶～员 / 操縦士. 運転手. ¶～学校 xuéxiào / 自動車教習所. ¶～执照 zhízhào / 運転免許証.
【驾校】jiàxiào 名〈略〉自動車教習所.
【驾御·驾驭】jiàyù 動 ①(馬などを)御する,扱う. ¶～马车 / 馬車を御する. ②制御する. 思いどおりに扱う. ¶这个学生～语言 yǔyán 的能力很强 qiáng / この学生は言語を操る能力が非常にすぐれている.
【驾辕】jià//yuán 動 車の轅(ながえ)に馬をつける.
【驾照】jiàzhào 名〈略〉運転免許証.

*__架__ **jià** ❶量 **支えのついたものや機械類**を数える:台. ¶一～钢琴 gāngqín / ピアノ1台. ¶几～飞机 fēijī / 数機の飛行機. ¶一～葡萄 pútao / ひと棚のブドウ.
❷動 ①(支柱の上に)**架設する,架け渡す**,据え付ける;(棒や手などでものが倒れないように)**支える**. ¶～桥 qiáo / 橋を架ける. ¶～电话线 / 電話線を架設する. ¶把三脚架 sānjiǎojià ～起来 / 三脚を立てる. ②(両わきや両腕を)支え助ける. ¶～着病人去医院 / 病人を支えて病院へ行く. ¶～拐 guǎi / 杖で支える. 松葉杖をつく. ③拉致(らち)する. 無理に連れて行く. ¶警察 jǐngchá 硬 yìng 把他～走了 / 警官は無理やり彼を連れて行った. ¶绑 bǎng ～ / 人質にする. ④(勢いを)受けとめる,防ぎ止める. ¶→～不住 buzhù.
◇◆ ①(～儿)(支柱のついた)台,棚;支柱. ラック. スタンド. ¶行李～ / (電車の)網棚. ¶书～ / 本棚. ¶衣～ / ハンガー. ②けんか. 殴り合い. ¶打 dǎ ～ / つかみ合いのけんかをする. ¶吵 chǎo ～ / 口げんか(をする).
【架不住】jiàbuzhù 動+可補〈方〉①耐えきれない. 支えきれない. ¶美国 Měiguó 有点儿～中南美的难民 nànmín / アメリカは中南米からの難民を防ぎきれない. ②及ばない. かなわない. ¶～年老 / 年にはかなわない.
【架次】jiàcì 量(飛行機の出動する)延べ機数. ¶五百～ / 延べ500機.
【架得住】jiàdezhù 動+可補 耐えられる.

【架空】jiàkōng 動 ① 地上高く架け渡す. ¶～铁道 / 高架線. 高架鉄道. ② 根拠がない. 宙に浮いている. ③ 肩書きだけで実権のない地位にすえる.
【架弄】jiànong 動 そそのかす.
【架设】jiàshè 動 架設する. 架け渡す. ¶～桥梁 qiáoliáng / 橋を架け渡す.
【架势】jiàshi 名 ① 姿勢. ¶摆开 bǎikāi～ / 構える. ②〈方〉様子. ►"架式"とも書く.
【架秧子】jiàyāngzi 〈慣〉〈方〉騒ぐ. やじる. ¶起哄 qǐhòng～ / やじを飛ばす.
【架子】jiàzi 名 ① **棒状のものが組み合わさってできた支え・棚・台;骨組み**. ¶骨头 gǔtou～ / 骨格. ②〈喩〉**事物の構成・骨組み**. ¶写文章 wénzhāng 要先搭 dā 好～ / 執筆にとりかかる前にアウトラインを考えなさい. ③ **いばった態度. もったいぶった様子**. ¶他一点儿～都没有 / あの人は少しもいばったところがない. ¶摆 bǎi 什么臭 chòu～,别理他 / なにをいばりくさってやがるんだ,あんなやつにかまうことはない. ④ 姿勢. 構え. ►技芸について用いる. ¶他拉开 lākāi～,打起太极拳 tàijíquán 来 / 彼は構えをとって太極拳の型を始めた.
【架子车】jiàzichē 名(リヤカーや大八車のような)大きな二輪荷車.

假 jià 名 **休み**. 休暇. ¶春节有一个礼拜 lǐbài～ / 旧正月は1週間の休みがある. ⇨【放假】fàng//jià【请假】qǐng//jià ►► jiǎ

【假期】jiàqī 名 休暇期間;**休日**. ¶国庆节 Guóqìngjié 有两天～ / 国慶節には2日間の休みがある.
【假日】jiàrì 名 **休日**. ¶节 jié～ / 祝日と休日. ¶～集市 / ホリデーマーケット.
【假条】jiàtiáo 名(～儿)欠席届;休暇願い.

***嫁** jià 動(↔娶 qǔ)**嫁ぐ**. 嫁に行く. **嫁がせる**. ¶她～给张明 Zhāng Míng〔～到张家〕了 / 彼女は張明と結婚した〔張家に嫁いだ〕. ¶把三个女儿都～出去了 / 娘を3人とも嫁がせた.
◇◆(罪を)なすりつける. (災難を)押しつける. ¶转 zhuǎn～ / 転嫁する. ‖姓

【嫁鸡随鸡, 嫁狗随狗】jià jī suí jī, jià gǒu suí gǒu 〈諺〉一度嫁いだら夫に最後までついていく.
【嫁接】jiàjiē 動〈植〉接ぎ木する.
【嫁衣】jiàyī 名 嫁入り衣装. ウエディングドレス.
【嫁妆】jiàzhuang 名 嫁入り道具. ►"嫁装"とも書く.

稼 jià ◇◆ ①(穀物を)植える. ¶耕 gēng～ / 耕作する. ②穀物. ¶庄～ zhuāngjia / 農作物. 穀物.

【稼穑】jiàsè 名〈書〉野良仕事.

jian (ㄐㄧㄢ)

1声 ***尖** jiān ❶形 ① **とがっている. 鋭い**. ¶把铅笔削 xiāo～ / 鉛筆を削ってとがらせる. ¶～下巴 xiàba / とがったあご. ② **(耳や目などが)さとい,鋭い**. ¶眼 yǎn～ / 目が鋭い. ¶耳朵 ěrduo～ / 耳がさとい. ¶鼻子 bízi～ / 嗅覚が鋭い. 鼻がきく. ③ **(声が)甲高い**. ¶～嗓子 sǎngzi / 甲高い声.
❷動(声を)張り上げる.
❸名 ①(～儿)**先端;とがった先**. ¶指 zhǐ～ / 指先. ¶舌 shé～ / 舌端. ¶笔 bǐ～ / 筆の穂先. ペンの先. ¶塔 tǎ～ / 塔のてっぺん. ②(～儿)**いちだんとぬきんでた人や物**. ¶～儿货 huò / ごく上等の品物. ‖姓

【尖兵】jiānbīng 名〈軍〉先兵;〈喩〉仕事の先頭に立つ人. 先駆者.
【尖脆】jiāncuì 形(音声が)高く鋭い,甲高い. ¶～的枪声 qiāngshēng / 耳をつんざく銃声.
【尖刀】jiāndāo 名 ① 先のとがった刀. ¶他的话像一把～戳中 chuōzhòng 了要害 / 彼の言葉があいくちのように急所を突いた. ②〈喩〉先陣. ¶～任务 rènwu / 突撃任務.
【尖顶】jiāndǐng 名 先端.
【尖端】jiānduān ① 名 **先端**. 頂点. ¶站 zhàn 在时代的～ / 時代の先端を行く. ② 形(科学技術などにおいて)**最も進んだ**. ¶～科学 kēxué / 最も進んだ科学.
【尖端技术】jiānduān jìshù 名 先端技術. ハイテクノロジー.
【尖刻】jiānkè 形(言葉が)辛辣(しんらつ)である.
【尖括号】jiānkuòhào 名 山形かっこ. 〈 〉.
【尖利】jiānlì 形 鋭い. 鋭利である. ¶笔锋 bǐfēng～ / 筆鋒が鋭い. ¶声音～ / 声が鋭い.
【尖溜溜】jiānliūliū 形(～的)〈方〉非常に鋭い. ¶～的嗓子 sǎngzi / 甲高い声.
【尖脐】jiānqí 名 ① 雄ガニのとがった甲羅. ② 雄ガニ.
*【尖锐】jiānruì 形 ①(先が)**とがって鋭い**. ¶～的锥子 zhuīzi / 鋭いきり. ②(客観事物に対する認識が)**鋭敏である**. ¶看问题很～ / 物の見方が鋭い. ③(声や音が)**甲高い**,けたたましい. ④(言論・闘争などが)**激しい**. ¶～的批评 pīpíng / 厳しい批判. ¶矛盾 máodùn～ / 対立が鋭い.
【尖酸】jiānsuān 形(言葉が)とげとげしい,手厳しい. ¶～刻薄 kèbó / 辛辣(しんらつ)である.
【尖头】jiāntóu 名(刃物などの)鋭い先端. ¶～鞋 xié / 先のとがった靴.
【尖子】jiānzi 名 ① 先進的な人物. 新進気鋭. ¶技术 jìshù～ / 技術のすぐれた人. ¶班上的～ / クラスの秀才. ②(旧劇で)歌の調子が急に高くなる部分.
【尖嘴薄舌】jiān zuǐ bó shé 〈成〉言葉にとげがある. 辛辣(しんらつ)である.
【尖嘴猴腮】jiān zuǐ hóu sāi 〈成〉貧相で醜い容貌.

奸(姦) jiān 形〈口〉**ずるい**. 悪賢い. 手前勝手である. ¶这个人太～ / あの人はたいへんずるい.
◇◆ ①よこしまな. ¶→～险 xiǎn. ②不忠な. ¶→～臣 chén. ③裏切り者. ¶汉～ / 売国奴. 漢奸(かんかん). ④不義を働く. ¶通～ / 姦通(かんつう)する.

【奸臣】jiānchén 名 奸臣. 邪悪な家臣.
【奸夫】jiānfū 名 間男. 他人の妻と密通する男.
【奸妇】jiānfù 名 夫以外の男と密通する女.
【奸猾・奸滑】jiānhuá 形 ずるい. 悪賢い.
【奸计】jiānjì 名 奸計. 悪だくみ.
【奸佞】jiānnìng 動〈書〉腹黒で人にへつらう.
【奸情】jiānqíng 名 姦通事件. 密通. 不義.
【奸商】jiānshāng 名 悪徳商人.
【奸徒】jiāntú 名 腹黒い者. 悪党.

【奸污】jiānwū 動 強姦する．手込めにする．
【奸细】jiānxi 名 スパイ．回し者．
【奸险】jiānxiǎn 形 悪賢くて腹黒い．
【奸笑】jiānxiào 動 陰険に笑う．にたりと笑う．
【奸邪】jiānxié〈書〉①形 邪悪である．②名 悪人．
【奸淫】jiānyín 動 ①姦淫する．②強姦する．
【奸贼】jiānzéi 名 奸賊．裏切り者．陰謀家．
【奸诈】jiānzhà 形 悪賢い．腹黒い．

歼(殲) jiān ◇◆ 滅ぼす．

【歼击】jiānjī 動 攻撃し殲滅(せんめつ)する．
【歼击机】jiānjījī 名〈軍〉戦闘機．
【歼灭】jiānmiè 動(敵を)殲滅(せんめつ)する,全滅させる．¶～敌人 dírén / 敵を殲滅する．

坚(堅) jiān ◇◆ ①かたい．丈夫である．¶～冰 bīng / かたい氷．¶～不可破 / かたくて破ることができない．②堅固なもの〔陣地〕．¶攻 gōng ～ / 堅塁を攻略する．③動揺しない．¶→～定 dìng．¶→～决 jué．‖姓

【坚不可摧】jiān bù kě cuī〈成〉非常に堅固で破壊できない．難攻不落である．
*【坚持】jiānchí 動 ①**あくまでがんばる**．あくまで主張する．固執する．►動詞(句)を目的語にとることができる．¶～原则 yuánzé / 原則を堅持する．¶～学外语 / 外国語の勉強をやり通す．¶他～要留下 / 彼はどうしても残ると言い張る．¶～到底 / とことんまでやり通す．②**持ちこたえる**．がんばって続ける．¶他的病恐怕 kǒngpà ～不了 buliǎo 多久 / 彼の病気は持ちこたえられないかも知れない．¶～下去 / 続けていく．がんばり通す．
【坚持不懈】jiān chí bù xiè〈成〉うまずたゆまずやる．
【坚定】jiāndìng ①形(意志や立場が)**しっかりしている**,動揺しない．(決意が)かたい．¶我们的立场 lìchǎng 一直 yīzhí 很～ / われわれの立場は一貫して変わらない．②動 **かたくする**．かためる．¶进一步～决心 juéxīn / よりいっそう決意を揺るぎないものにする．
【坚固】jiāngù 形(物が)**堅固である**,丈夫である．►事物がしっかりしていて簡単にはこわれないことをいう．¶这张桌子～耐用 nàiyòng / この机は丈夫で長持ちする．
【坚决】jiānjué 形(思想や行動が)**断固としている**．決然としている．きっぱりしている．¶态度 tàidu ～ / 態度はきっぱりとしている．¶～完成 wánchéng 任务 rènwu / あくまで任務を成し遂げる．
【坚苦】jiānkǔ 動(仕事・生活などの困難に)辛抱強く耐える．¶～卓绝 zhuójué / ねばり強い．
【坚牢】jiānláo 形 堅固である．丈夫である．
【坚牢度】jiānláodù 名〈紡〉(織物の)強さ．
【坚强】jiānqiáng ①形(組織・意志などが)**堅固で強力である**．¶意志 yìzhì 十分～ / 意志が非常に強固である．②動 強める．強化する．¶～我们的组织 zǔzhī / われわれの組織を強化する．
【坚忍】jiānrěn 形 我慢強く堪え忍ぶ．
【坚韧】jiānrèn 形 強靭(きょうじん)である．ねばり強い．►多く精神・生活・意志・生命力などに用いるが,皮革などの物品にも用いることができる．
【坚韧不拔】jiān rèn bù bá〈成〉どこまでも耐え抜く．
【坚实】jiānshí 形 ①**かたくて丈夫である**．堅固である．¶打下～的基础 jīchǔ / 堅固な基礎を築く．②(体が)**頑丈である**．
【坚守】jiānshǒu 動 しっかりと守る．¶～阵地 zhèndì / 陣地をしっかりと守る．
【坚挺】jiāntǐng 形 ①かたくてまっすぐである．②〈経〉(相場などが)堅調である．
【坚信】jiānxìn 動 **かたく信じる**．¶～不疑 / かたく信じて疑わない．
【坚毅】jiānyì 形 毅然としている．
【坚硬】jiānyìng 形(物体が)**かたい**．
【坚贞】jiānzhēn 形〈書〉節操がかたい．

***间**(間) jiān ①量 **部屋**を数える．►本来は正面(間口)の柱間数をいう．¶一～客厅 kètīng / 客間ひと間．
②名(二つあるいは多くのものの)あいだ,間柄．►"之 zhī"を前に置くことが多い．¶朋友(之)～ / 友人の間．¶两座山峰 shānfēng 之～有一条溪流 xīliú / 二つの山の峰の間を小川が流れている．
③接尾《"忽然 hūrán""突然 tūrán"などにつく．意味は変わらない》
◇◆ ①部屋．¶里～ / 奥の間．¶车～ / 生産関係の職場．¶衣帽 yīmào ～ / クローク(ルーム)．②ある一定の空間または時間をさす．¶人～ / 世の中．世間．¶晚～ / 夕方．¶三十年～ / 30年間．
‖姓 ⏩ jiàn

【间不容发】jiān bù róng fà〈成〉間髪を入れず．危険が目の前に迫っている．
【间架】jiānjià 名 家の構え；〈転〉(書道の)筆画の配り；(文章の)組み立て．
【间距】jiānjù 名 幅．距離．間隔．
【间量】jiānliang 名(～儿)〈方〉部屋の大きさ．
【间奏曲】jiānzòuqǔ 名〈音〉間奏曲．

浅(淺) jiān "浅浅 jiānjiān"⬇という語に用いる．⏩ qiǎn

【浅浅】jiānjiān 擬〈書〉《水の流れる音》さらさら．¶流水～ / 水がさらさらと流れる．

肩 jiān ①名 **肩**．►ふつう"肩膀 jiānbǎng"を用いる．¶他～上背 bēi 着书包 shūbāo / 彼は肩にかばんを掛けている．
②動 **担う**．**負う**．¶身～重任 zhòngrèn / 身に大任を帯びる．

【肩膀】jiānbǎng 名(～儿) ①**肩**．(量) 个；[両方] 双,副．¶挑 tiāo 得～都肿 zhǒng 了 / てんびん棒を担いで肩がはれてしまった．②〈喩〉任務を引き受けられる度胸や能力．¶这个人没～,不能把这任务 rènwu 交给他 / あの人には背負いきれないから,彼にその仕事を任すな．¶～儿硬 yìng / 重任を負える．¶溜 liū ～ / 責任逃れをする．
【肩负】jiānfù 動 担う．背負う．¶青年～着世界的未来 wèilái / 世の中の未来は若者の双肩にかかっている．
【肩胛】jiānjiǎ 名 肩．肩胛部(けんこう)．
【肩胛骨】jiānjiǎgǔ 名〈生理〉肩胛骨(けんこう)．
【肩摩毂击】jiān mó gǔ jī〈成〉人や車がとても込み合う．

J

【肩头】jiāntóu 名 ①肩の上．肩先．②〈方〉肩．
【肩窝】jiānwō 名(～儿)肩のくぼみ．
【肩章】jiānzhāng 名 肩章．

艰(艱) jiān

◇◆ 困難である．難しい．

【艰巨】jiānjù 形(仕事・工事などが)きわめて困難である,非常に骨の折れる．¶任务 rènwu 十分～／任務は並大抵のものではない．¶～的工程 gōngchéng／骨の折れる工事．
*【艰苦】jiānkǔ 形(生活や仕事の環境が悪く)苦難に満ちている,苦しい．¶～的工作 gōngzuò／困難な仕事．¶～奋斗 fèndòu／刻苦奮闘する．¶这里的生活 shēnghuó 很～／ここでの暮らしはとても苦しい．
*【艰难】jiānnán 形(生活や行動の上で)苦難に満ちている．苦しい．¶～的事业 shìyè／艱苦(かんく)に満ちた事業．
【艰涩】jiānsè 形〈書〉(文章が)晦渋(かいじゅう)である．
【艰深】jiānshēn 形(文章や道理が)難しい,わかりにくい．
【艰危】jiānwēi 名(国家や民族の運命の)艱難(かんなん)と危険．危急．
【艰险】jiānxiǎn ①形 困難で危険である．②名 困難と危険．¶不畏 wèi ～／困難と危険を恐れない．
【艰辛】jiānxīn 名〈書〉艱苦．辛苦．¶尝尽 chángjìn ～／辛苦をなめつくす．

监(監) jiān

◇◆ ①見張りをする．監視する．¶→～考 kǎo．¶→～工．②監獄．監房．¶探 tàn ～／監獄に面会に行く．¶女 nǚ ～／女子監房．▸▸ jiàn

【监测】jiāncè 動 長期にわたって監視し測定する．¶～器 qì／モニター．監視測定装置．
【监察】jiānchá 動 監察する．¶～财务 cáiwù／財務を監査する．
【监场】jiān//chǎng 動 試験監督をする．
【监督】jiāndū ①動 監督する．督促する．¶～修路工程 xiūlù gōngchéng／道路工事を監督する．¶～犯人 fànrén／犯罪者を管理する．②名 監督者．¶舞台 wǔtái ～／舞台監督．
【监犯】jiānfàn 名 獄中の犯罪人．
【监工】jiāngōng 〈旧〉①動 工事を監督する．②名 工事監督．
【监管】jiānguǎn 動(犯人を)監視・管理する．勾留する．
【监护】jiānhù 動 ①〈法〉後見する．②看護をする．
【监护人】jiānhùrén 名〈法〉後見人．
【监禁】jiānjìn 動 監禁する．拘禁する．
【监考】jiān//kǎo ①動 試験場の監督をする．②名 試験監督．
【监牢】jiānláo 名 監獄．
【监理】jiānlǐ 動 総合的マネージメントをする．
【监票】jiān//piào 動 開票検査をする．¶～人／開票検査人．
【监试】jiānshì 動 試験監督をする．
【监视】jiānshì 動 監視する．見張る．¶～可疑 kěyí 分子／疑わしい者を監視する．
【监守】jiānshǒu 動 保管する．管理する．
【监守自盗】jiān shǒu zì dào 〈成〉職務上の横領．
【监听】jiāntīng 動(ラジオ番組などを)監視する．モニターする．¶～器 qì／モニター装置．監視装置．
【监外执行】jiānwài zhíxíng 名(重病・妊娠・出産・授乳などによる)刑務所外の服役．
【监狱】jiānyù 名 監獄．刑務所．(量) 个,座,所．¶投入 tóurù ～／投獄する．¶放出 fàngchū ～／監獄から出す．釈放する．
【监制】jiānzhì 動 商品をチェックする；(映画やテレビ作品を)監督する．

兼 jiān

動 ①兼ね備える．兼ね合わす．¶～有各家之长／各家の長所を兼ね備えている．②兼任・兼職する．¶王副县长 xiànzhǎng 又～工业局长／王副県知事は工業局長を兼任している．
◇◆ 倍の．2倍の．¶～旬 xún／20日間．‖姓

【兼备】jiānbèi 動 兼備する．¶才学 cáixué ～／才能と学問を兼ね備える．
【兼并】jiānbìng 動 併合する．
【兼差】jiānchāi 動〈旧〉兼職する．
【兼程】jiānchéng 動〈書〉1日で2日の道程を行く．大急ぎで進む．¶日夜 rìyè ～／夜を日についで急ぐ．
【兼顾】jiāngù 動 両方に配慮する．¶公司、家庭两～／会社と家庭の双方に気を配る．
【兼课】jiān//kè 動(本務以外の)授業を掛け持つ．
【兼任】jiānrèn ①動 兼任する．②形 兼任の．
【兼容机】jiānróngjī 名〈電算〉(コンピュータの)互換機．
【兼施】jiānshī 動(各種の手段・方法を)同時に使う．¶软硬 ruǎnyìng ～／硬軟使い分ける．
【兼听则明，偏信则暗】jiān tīng zé míng, piān xìn zé àn 〈成〉広く意見を聞けば是非を明らかにできるが,一方だけの意見を信じるなら判断を誤る．
【兼业户】jiānyèhù 名 複合経営農家．
【兼语】jiānyǔ 名〈語〉兼語．¶～句 jù／〈語〉兼語文．兼語式．
【兼之】jiānzhī 接続 その上．さらに．
【兼职】jiān//zhí 動 兼職する．¶身兼数 shù 职／一人でいくつかの職務を兼ねる．

菅 jiān

名〈植〉カルカヤ．メガルカヤ．‖姓

笺(箋・牋) jiān

名〈書〉書信．
◇◆ ①書簡用紙．¶信 xìn ～／便箋(びんせん)．¶便 biàn ～／メモ用紙．②注釈．

【笺注】jiānzhù 名 古典の注釈．

渐 jiān

動〈書〉流れて入る．注ぎ込む．¶西学东～／西洋の学問が東洋に入ってくる．
◇◆ 浸たる．しみる．▸▸ jiàn

【渐染】jiānrǎn 動〈書〉長く接触して染まる．

缄 jiān

動〈書〉閉じる．封をする．►手紙の封筒の差出人の下によくこの字を書く．¶王～／王より．

【缄口】jiānkǒu 動〈書〉口をつぐむ．
【缄默】jiānmò 動 沈黙する．

搛 jiān 動(箸で)挟む. ¶给人～菜 / (箸で)客におかずを取り分ける.

煎 jiān ❶動 ①〈料理〉**鍋に少量の油を入れて焼く. いためる.** ¶～鱼 / 魚を油で焼く. ¶～鸡蛋 jīdàn / 目玉焼き. ¶～鸡蛋卷儿 juǎnr / オムレツ. ¶～牛排 niúpái / ビーフステーキ.
②煎じる. ¶～药 yào / 薬を煎じる.
❷量〈中薬〉薬を煎じる回数をいう. ¶头～ / 一番煎じの薬.
【煎熬】jiān'áo 名〈喩〉苦しみ. ¶饱受 bǎoshòu～ / いやというほどの苦しみをなめる.
【煎饼】jiānbing 名 水に溶いた小麦粉などを鍋に薄くのばして焼いた食べ物. 中国風クレープ. (量) 块 kuài.

鲣(鰹) jiān 名〈魚〉カツオ. ¶～鸟 niǎo / 〈鳥〉カツオドリ.

*__拣__(揀) jiǎn 動 ①**選ぶ.** よる. ¶把最好的西红柿 xīhóngshì～出来 / いちばんよいトマトを選び出す. ②拾う. ⇒〖捡 jiǎn〗 比較
【拣选】jiǎnxuǎn 動 選び取る.

茧(繭) jiǎn 名(カイコの)まゆ. ◇◆(手足にできる)たこ.
【茧绸】jiǎnchóu 名 蚕糸を使った織物.
【茧子】jiǎnzi 名 ①〈方〉まゆ. ②(手足にできる)たこ, まめ. ¶手上起了～ / 手にまめができた.

柬 jiǎn ◇◆ 手紙・名刺・招待状など. ¶请 qǐng～ / 招待状.
【柬埔寨】Jiǎnpǔzhài 名〈地名〉カンボジア.
【柬帖】jiǎntiě 名 書きつけ. メモ.

俭(儉) jiǎn ◇◆ 倹約する. 浪費しない. ¶勤 qín～ / 勤勉で節約すること. ¶省 shěng 吃～用 / 生活を切り詰める. 倹約して暮らす. ‖姓
【俭朴】jiǎnpǔ 形 **倹約して質素である.** つましい. ¶生活 shēnghuó～ / 暮らしは質素である.
【俭省】jiǎnshěng 形 つましい. ►"省俭"とも. ¶过日子～ / 暮らしがつましい.
【俭约】jiǎnyuē 動〈書〉節約する. 倹約する.

捡(撿) jiǎn 動 ①**拾う.** 拾い集める. ¶～垃圾 lājī / ゴミを拾う. ¶～了个钱包 qiánbāo / さいふを拾った.
②〈方〉しまう. かたづける.
比較 捡：拣 jiǎn 拾うという意味ではどちらも使うが, よいものを拾い取る, 選ぶという意味には"拣"を使う.
【捡了芝麻, 丢了西瓜】jiǎnle zhīma, diūle xīguā 〈諺〉ゴマを拾い上げてスイカを見逃がす. 一文惜しみの百知らず.
【捡漏】jiǎn//lòu 動〈建〉屋根の雨漏りを調べて修繕する.
【捡漏儿】jiǎn//lòur 動〈方〉揚げ足を取る.
【捡破烂儿】jiǎn pòlànr くず拾いをする. ¶～的 / (旧時の)くず拾い.
【捡洋落儿】jiǎn yánglàor 〈慣〉〈方〉思いがけない利益を手にする. おこぼれにあずかる.
【捡字】jiǎn//zì 動〈印〉活字を拾う. 文選をする.

检(檢) jiǎn 〖捡 jiǎn〗に同じ.
◇◆ ①調べる. 点検する. ¶～字 zì / (字引で)字を調べる；文字の索引. ¶体～ / 身体測定. ②自制する. ¶行为 xíngwéi 不～ / 行いがだらしない.
‖姓
【检测】jiǎncè 動 検査測定する. ¶质量 zhìliàng～ / 品質テスト.
*【检查】jiǎnchá 動 ①(問題がないか)**点検する, 検査する.** ¶～身体 / 身体検査をする. ¶仔细 zǐxì～ / 細かく点検する. ②(文献などを)調査する. ③**(自己)批判する.**
【检察】jiǎnchá 動〈法〉(犯罪事実を)審査し告発する.
【检察院】jiǎncháyuàn 名〈政〉検察院. ►国家の検察権を行使する司法機関.
【检场】jiǎnchǎng 動(伝統劇で)幕を下ろさずに舞台道具を配置したり片付けたりする.
【检钞机】jiǎnchāojī 名 にせ札検査機.
【检点】jiǎndiǎn 動 ①一つ一つあたって調べる. ¶～行李 xíngli / 荷物を点検する. ②(自己の言動に)節度を守る. 身を慎む. ¶教师 jiàoshī 要特别～自己的言行 yánxíng / 教師は自らの言動によくよく注意しなければならない.
【检举】jiǎnjǔ 動 告発する. 摘発する.
【检录】jiǎnlù 動〈体〉選手の点呼をとり入場の案内をする. ¶～员 yuán / 選手の点呼と入場の案内をする人.
【检票】jiǎn//piào 動 検札する；(選挙の)開票をする. ¶～口 kǒu / 改札口.
【检视】jiǎnshì 動 点検する. 検査する.
【检束】jiǎnshù ⇀【检点】jiǎndiǎn ②
【检索】jiǎnsuǒ ①動(図書・資料・データを)検索する. ¶～书名 / 書名を検索する. ②名(検索のための)目次, インデックス. ¶联机 liánjī～ / オンライン検索.
*【检讨】jiǎntǎo ❶動 ①(個人または団体の思想上・活動上の欠点や過ちを調べ, その原因を追究して)**自己批判をする.** 反省する. ►"检查 jiǎnchá"より重い響きがある. ¶自我～ / 自己批判をする. ¶～书 / 始末書. ②(学術面で)検討する, 調査し研究する. ❷名 反省文.
【检修】jiǎnxiū 動(機械や建物などを)点検修理する.
【检验】jiǎnyàn 動(規格にあうか)**検査する. 検証する.** 試す.
【检疫】jiǎnyì 動〈医〉検疫する.
【检阅】jiǎnyuè 動 ①検閲する. ②検討する.
【检孕卡】jiǎnyùnkǎ 名 妊娠診断試験紙.
【检字法】jiǎnzìfǎ 名〈語〉(辞典の)検字法. ¶部首 bùshǒu～ / 部首検字法. ¶音序 yīnxù～ / アルファベット検字法.

趼(繭) jiǎn "趼子 jiǎnzi"((手や足の裏にできる)たこ, まめ："老趼 lǎojiǎn"とも)という語に用いる.

*__减__(減) jiǎn 動 ①(↔加 jiā)**減らす. 差し引く.** ¶五～三等于 děngyú 二 / 5引く3は

2. ② 減る．衰える．落ちる．¶精力不～当年 dāngnián / 昔と比べてバイタリティーが衰えをみせない．
【减产】jiǎn//chǎn 動 生産が減る；生産を減らす．
【减低】jiǎndī 動 **下げる．低くする．** ¶～速度 sùdù / 速度を落とす．
【减法】jiǎnfǎ 名〈数〉引き算．
*【减肥】jiǎnféi 動 ① **ダイエットする．** 減量する．¶～操 cāo / スリム体操．¶～食品 shípǐn / ダイエット食品．②〈喩〉機構を簡素化する．ダウンサイジングする．
【减号】jiǎnhào 名〈数〉マイナス記号(－)．
【减缓】jiǎnhuǎn 動(程度を)軽くする；速度を緩める．¶～进程 jìnchéng / 進行の速度を緩める．
【减价】jiǎn//jià 動 **値段を割り引く．** 値下げする．¶～三成 chéng / 3割引きする．30%オフ．¶大～ / 大安売り．¶～出售 chūshòu / バーゲンセール．
【减免】jiǎnmiǎn 動(税や刑罰などを)減免する．¶～一半学费 / 学費を半額免除する．
【减排】jiǎnpái 動〈環境〉(温室効果ガス・排気ガスなどの)排出を減らす．
*【减轻】jiǎnqīng 動 軽減する．¶～负担 fùdān / 負担を軽くする．¶病情 bìngqíng ～了 / 病状が軽くなった．
【减弱】jiǎnruò 動 ① **弱まる．** ¶风势 fēngshì ～ / 風の勢いが弱くなる．② **弱める．** ¶～势力 shìli / 勢力を弱める．
【减色】jiǎnsè 動(外観・活動などが)見劣りする，ぱっとしない．精彩を欠く．
*【减少】jiǎnshǎo 動 ① **減らす．** ¶～事故 shìgù / 事故を減らす．② **減る．** ¶工资 gōngzī ～了 / 給料が減った．
【减声器】jiǎnshēngqì 名〈機〉(自動車などの)消音器，マフラー．
【减速】jiǎnsù 動 **減速する．** スピードを落とす．¶～剂 jì /〈物〉減速材．モデレーター．
【减缩】jiǎnsuō 動 縮減する．減らす．¶～开支 kāizhī / 支出を切り詰める．
【减退】jiǎntuì 動 減退する．減る．下がる．¶视力 shìlì ～ / 視力が減退する．¶性能 xìngnéng ～ / 性能が衰える．
【减薪】jiǎnxīn 動 減給する．
【减刑】jiǎn//xíng 動〈法〉減刑する．刑罰を軽くする．¶给他减了刑 / 彼を減刑にした．
【减削】jiǎnxuē 動 削減する．
【减员】jiǎn//yuán 動 ①(軍隊で)人員が減る．② 人員削減する．
【减震】jiǎnzhèn 動 振幅を減衰させる．¶～器 / ダンパー．(自動車の)ショックアブソーバー．
【减皱霜】jiǎnzhòushuāng 名 しわ取りクリーム．

*剪 jiǎn

動(はさみで)**切る，裁つ**；刈り込んで整える．❖～指甲 *zhǐjia* / 爪を切る〔手入れする〕．¶别把头发 tóufa ～得太短了 / 髪をあまり短く刈らないでくれ．
◇◆ はさみ；(ジャンケンの)チョキ．¶→～刀．¶～,包,锤 chuí / チョキ，パー，グー．‖姓
【剪报】jiǎn//bào 動 新聞の切り抜きをする．
【剪裁】jiǎncái 動 ①(服を)裁断する．②〈転〉(文章の材料を)取捨選択する．
【剪彩】jiǎn//cǎi 動(開会式などで)テープカットする．
【剪除】jiǎnchú 動(悪人・禍根などを)取り除く．
【剪刀】jiǎndāo 名 **はさみ．** (量) 把．
【剪发】jiǎn//fà 動 髪を切る．髪をカットする．
【剪辑】jiǎnjí 動(映画フィルムなどの)カッティングをして編集する．¶～员 yuán / エディター．¶～照片 zhàopiàn / 写真のレイアウト〔割り付け〕．
【剪接】jiǎnjiē 名(映画の)カッティング，編集．
【剪毛】jiǎn//máo 動 剪毛する．
【剪票】jiǎn//piào 動 **改札する．** 切符を切る．¶～口 / 改札(口)．¶～员 yuán / 改札員．
【剪贴】jiǎntiē ❶動 ①(新聞などの)切り抜きを作る．¶～簿 bù / スクラップブック．②〈電算〉カットアンドペーストする．❷名 切り絵細工．
【剪头】jiǎn//tóu 動 散髪する．
【剪影】jiǎnyǐng 名 ① 影絵．シルエット．② 事物の輪郭．あらまし．►よくタイトルに用いる．¶奥运会 Àoyùnhuì ～ / オリンピックダイジェスト．
【剪纸】jiǎnzhǐ 名 **切り紙細工．**
【剪纸片】jiǎnzhǐpiàn 名 切り紙アニメ．
【剪子】jiǎnzi 名 ① はさみ．(量) 把．②(じゃんけんの)チョキ．¶出～ / チョキを出す．

睑(瞼) jiǎn

名〈生理〉まぶた．►"眼睑"とも．

简 jiǎn

◇◆ ①簡単である．②簡単にする．簡略にする．¶从 cóng ～ / 簡略にする．簡単にすます．③手紙．¶书～ / 書簡．④古代，文字を記すのに用いた竹や木の札．⑤(人材を)選抜する．¶～拔 bá / 選出する．選り抜く．‖姓
【简办】jiǎnbàn 動 簡素に行う．►主として冠婚葬祭に用いる．
【简报】jiǎnbào 名 **短信．** 短いニュース．¶新闻 xīnwén ～ / ニュースダイジェスト．¶会议～ / 会議通信．
【简本】jiǎnběn 名 ダイジェスト版．縮約本．
【简编】jiǎnbiān 名 簡略本．ダイジェスト版．►多く書名に用いる．¶中国通史 tōngshǐ ～ / 中国通史略編．
【简便】jiǎnbiàn 形 **簡便である．** ¶手续 shǒuxù ～ / 手続きが簡単だ．
【简称】jiǎnchēng ① 名 略称．② 動 **略称する．**
【简单】jiǎndān 形 ①(↔复杂 fùzá) **簡単である． 単純である．¶内容 nèiróng 很～ / 内容はとてもやさしい．¶～的午饭 / 軽い昼食．¶～地说 / 簡単に言えば．②(人の経歴や能力などが)**平凡である，** 人並みである．►否定の形で用いることが多い．¶她钢琴 gāngqín 弹 tán 得这么好，真不～哪！/ 彼女，ピアノがこんなにうまくひけるのか，大したものだ．③(やり方が)いいかげんである．►多く連用修飾語に用いる．¶～了事 liǎoshì / いいかげんにかたづけてしまう．
【简短】jiǎnduǎn 形 簡潔である．
【简分数】jiǎnfēnshù 名〈数〉単分数．
【简化】jiǎnhuà 動 **簡素化する．簡略化する．** 簡易化する．¶～手续 shǒuxù / 手続きを簡略化する．
【简化汉字】jiǎnhuà Hànzì 名 簡略化された漢字．簡体字．
【简化字】jiǎnhuàzì →【简化汉字】jiǎnhuà Hànzì
【简洁】jiǎnjié 形 簡潔である．¶语言 yǔyán ～ /

言葉が簡潔である.
【简捷】jiǎnjié 形 ①ストレートである. ②簡便である.
【简介】jiǎnjiè 名 簡単な紹介・説明. ¶剧情 jùqíng～/ドラマのあらまし. 劇のパンフレット. ¶人物 rénwù～/(人物)プロフィール.
【简括】jiǎnkuò 動 要約する.
【简历】jiǎnlì 名 略歴.
【简练】jiǎnliàn 形(文などが)簡潔である,練れている. ►"简炼"とも書く.
【简陋】jiǎnlòu 形(建物や設備が)**粗末である**,貧弱である,古い. ¶设备 shèbèi～/設備が古い. ¶～的住房 zhùfáng/粗末な住居.
【简略】jiǎnluè 形(話や文章の内容が)簡単にまとめてある,簡略である.
【简慢】jiǎnmàn ①形(もてなしが)行き届かない. ¶招待 zhāodài～/もてなしが粗略である. ②〈套〉お粗末で失礼しました.
【简明】jiǎnmíng 形 簡明である. 手短かで分かりやすい. ¶～的话语 huàyǔ/簡単明瞭な話. ¶～汉语词典 Hànyǔ cídiǎn/コンパクト中国語辞典.
【简朴】jiǎnpǔ 形(言葉・文章・生活態度などが)簡素である,質朴である. ¶老张生活 shēnghuó 十分～/張さんは生活がとても質素だ.
【简谱】jiǎnpǔ 名〈音〉略譜. 数字譜. ►中国でよく用いられる数字の1—7で音階を表記した楽譜.
【简缩】jiǎnsuō 動 簡素化する.
【简体】jiǎntǐ 名 簡体字.
*【简体字】jiǎntǐzì 名 簡体字.
【简写】jiǎnxiě 名 略書き. ¶叶 yè 是葉的～/"叶"は"葉"の略書きである.
【简讯】jiǎnxùn 名 短信. ニュースダイジェスト.
【简要】jiǎnyào 形 簡単で要領がよい. ¶～地介绍 jièshào/かいつまんで紹介する.
【简易】jiǎnyì 形 ①**簡単で容易である**. ¶加工方法十分～/加工の方法がとても簡単だ. ②**粗末・不備で応急の**. ¶～住房 zhùfáng/簡易住宅. 一時しのぎの家.
【简约】jiǎnyuē ①形 簡明である. ②動 節約する.
【简则】jiǎnzé 名 簡単な規則.
【简章】jiǎnzhāng 名 簡単な決まり. 略則. 要覧. ¶招生 zhāoshēng～/学生募集の要項.
【简直】jiǎnzhí 副 **まるで. まったく**. からきし. そっくり. 語法"简直"以下の内容を,そのとおりである〔ほとんどそれに等しい〕と強調する(誇張を含むこともある). ¶天气这么好,～像春天一样/天気がよくて,まるで春のようだ. ¶两条腿 tuǐ 疼 téng 得～站不起来/両足がひどく痛くて全然立ち上がることができない. ¶你说得太快了,～一点儿也听不懂/あなたは話すのが速すぎて,まったく聞き取れません. ¶你这个人呀,～是!/あなたという人はまったくもう.
【简装】jiǎnzhuāng 名 簡易包装.

谫(譾) jiǎn ◇ 浅はかである. ¶～陋 lòu/〈書〉浅はかである.

碱(鹻) jiǎn ❶名 ①〈化〉アルカリ. 塩基. ②炭酸ソーダ. ►"纯碱 chúnjiǎn"の通称. ❷動(アルカリに侵され)白い斑紋ができる.
【碱地】jiǎndì 名 アルカリ性土壌.
【碱荒】jiǎnhuāng 名 荒れたアルカリ性土壌の土地.
【碱金属】jiǎnjīnshǔ 名〈化〉アルカリ金属.
【碱性】jiǎnxìng 名〈化〉アルカリ性.

翦 jiǎn 〖剪 jiǎn〗に同じ. ‖姓

謇 jiǎn 〈古〉①形 足が不自由である;順調にいかない. 不運である. ②名 駑馬(ど). のろい馬;ロバ. ‖姓

4声 **
见(見) jiàn ❶動 ①(人に)**会う. 面会する**. ¶他想～王主任/彼は王主任に会いたいと思っている. ¶～到张老师,请替 tì 我问个好儿/張先生に会ったらよろしく言ってください. ¶一年不～,你长 zhǎng 得更 gèng 漂亮了/1年会わないうちにずいぶんきれいになったね.
②**見える. 見る**. 目に入る. ►通常,単独で述語にならない. ¶～好的就买/よい物が目に入ったらすぐに買う. ¶只～树木 shùmù,不～森林 sēnlín/〈諺〉木を見て森を見ず. ¶车锁 chēsuǒ 不～了/車のキーが見当たらない. ⇨【不见】bù jiàn
③(光・風などに)当てる,当たる,触れる. ►必ず名詞を目的語にとる. ¶胶卷 jiāojuǎn 一～光就失效 shīxiào/フィルムは光に当てるとだめになってしまう. ¶汽油 qìyóu～火就着 zháo/ガソリンは火に接するとすぐ燃え出す.
④(効果・成果・現象などが)現れる. 目に見えて…なる. ►書き言葉に用いることが多い. 必ず名詞・形容詞を目的語にとる. ¶病趋 qū～好/病気は快方に向かう.
⑤(文献などの出典が…に)見える. …を見よ. ¶这个故事 gùshi～于《史记・项羽本纪》/この物語は『史記・項羽本紀』に見える. ¶本公司的组织机构 jīgòu～右图 yòutú/当社の組織図は右の通りである.

語法ノート
動詞+"见"
❶結果補語として視覚・聴覚・味覚など「**感じとる**」意味を表す. ¶看～/見える. 目に入る. ¶听～/聞こえる. 耳に入る. ¶闻 wén～/においがする. におう. ¶梦 mèng～/夢に見る. ¶遇 yù～/出会う. ぶつかる.
❷動詞との間に"得/不"を入れ可能・不可能を表す. ¶从这儿看不～富士山/ここから富士山は見えない.

❷助〈書〉単音節動詞の前につける. ①《受け身を表す》¶→～笑 xiào. ¶～重于 zhòngyú 当时/時の人々に重んぜられる. ②…してくれる. …してください. ¶尚希 shàngxī～谅 liàng/どうかご了察願いたい. ¶请～教 jiào 为荷 wéihè/お教えいただければ幸いです. ‖姓
【见报】jiàn//bào 動 新聞に載る.
【见不得】jiànbude 動+可補 ①人前をはばかる. 明るみへ出せない. ¶～人的勾当 gòudàng/やましいやり口. ②…と接すると差し支えがある. 禁物である. ¶酒鬼～酒/飲んべえに酒は見せられない. ③〈方〉見たくない. ¶我～摆架子 bǎi jiàzi 的人/いば

る人はいやだ. ⇒【－不得】-bude

【见财起意】jiàn cái qǐ yì 〈成〉金銭を見て邪心を起こす. 出来心を起こす.

【见长】jiàncháng 動 たけている. 得意とする. ⇒【见长】jiànzhǎng

【见得】jiànde 動(…のように)見える. らしい. …が明らかだ. …と思われる. ►否定文または疑問文にのみ用いる. ¶今天不～有雨 / 今日は雨になりそうもない. ¶何以 héyǐ～? / なぜそうなのか. なぜわかるのか.

【见地】jiàndì 名 見識. 見解. ¶很有～ / 見識がある. ¶～很高 / 見識が高い.

【见多识广】jiàn duō shí guǎng 〈成〉経験豊富で知識が広い.

【见方】jiànfāng ① 名〈俗〉平方. ¶这间屋子有四米 mǐ～ / その部屋は4メートル平方ある. ② 形 正方形である.

【见风是雨】jiàn fēng shì yǔ 〈成〉物事の一端を見ただけで軽々しく判断する. 早合点をする.

【见风转舵】jiàn fēng zhuǎn duò →【看风使舵】kàn fēng shǐ duò

【见缝插针】jiàn fèng chā zhēn 〈成〉利用できるすべての時間や空間を利用する. あらゆる可能性を利用する.

【见缝就钻】jiàn fèng jiù zuān 〈成〉あらゆる機会を逃さずに乗ずる. すきがあればすぐに潜り込む.

【见怪】jiàn//guài 動(他人が自分を非難して)とがめる,怒る. ¶来晚了,请别～ / 遅くなったけど,怒らないでください.

【见鬼】jiàn//guǐ 動 ① 不思議に思う. ¶这真是见了鬼 / ほんとうに変だね. ② 死ぬ. くたばる. ¶让他～去吧! / 奴なんかくたばってしまえ.

【见好】jiàn//hǎo 動〈口〉(病情や売れ行きなどが)好転する,持ち直す. ¶病情 bìngqíng～ / 病気が快方に向かう.

【见好就收】jiàn hǎo jiù shōu 〈諺〉〈口〉潮時を見て切り上げる.

*【见解】jiànjiě 名 **見解**. 見方. ¶这篇 piān 论文 lùnwén 很有～ / この論文の見解は独創的だ.

【见景生情】jiàn jǐng shēng qíng 〈成〉臨機応変に対処する.

【见老】jiànlǎo 動〈口〉老けこむ. 年とってみえる. ¶几年不见,他明显 míngxiǎn～了 / 数年会わずにいたうちに,彼は明らかに老けこんだ.

【见礼】jiàn//lǐ 動 会ってあいさつをする.

【见利忘义】jiàn lì wàng yì 〈成〉利益に目がくらんで正義を忘れる.

【见谅】jiànliàng 動〈套〉了承を願う. 許しを請う. ►手紙文で用いることが多い.

【见猎心喜】jiàn liè xīn xǐ 〈成〉自信がある芸事などを見て,腕が鳴る.

【见面】jiàn//miàn 動 ① **会う. **出会う**. 顔を合わせる. 注意 後に目的語をとらない.「…と会う」は"和〔跟〕…见面"となり,"×见面…"とはいえない. ¶他俩 liǎ 一见面就像老朋友一样 / 彼ら二人は初対面ですぐ昔からの友人のようになった. ¶我没跟他见过面 / 彼とは会ったことがない. ②(考え・政策・事情などを)秘密にせず公にする. ¶大家都要思想～,别憋 biē 在心里 / みんな胸にしまっておかないで,腹を割って考えを打ち明けなければいけない.

【见面礼】jiànmiànlǐ 名(年長者から年少者へ)初対面の贈り物.

【见票即付】jiàn piào jí fù 〈経〉(手形の)一覧払.

【见钱眼开】jiàn qián yǎn kāi 〈成〉金を見るとすぐに態度を変える. 現金である.

【见轻】jiànqīng 動(病状が)よくなる.

【见上帝】jiàn Shàngdì 〈慣〉天帝にまみえる;〈喩〉(人が)死ぬ.

【见世面】jiàn shìmiàn 見聞を広める. ¶没见过世面 / 見聞が狭い.

【见识】jiànshi ① 名 **見聞**. **見識**. ¶他～很广 / 彼は見聞が広い. ¶长 zhǎng～ / 見聞を広める. ¶不要和他一般 yībān～ / 彼の相手になるな(君は彼と違って見識があるのだから). ② 動 **見聞を広める**. ¶我想利用暑假 shǔjià 到各地～～ / 夏休みを利用しあちこちに行って見聞を広めたい.

【见树不见林】jiàn shù bù jiàn lín 〈諺〉木を見て森を見ず. 小事にとらわれて大局を見失うこと.

【见所未见】jiàn suǒ wèi jiàn 〈成〉かつて見たこともないものを見る. 事柄が非常に珍しい形容. ►よく"闻所未闻"を後に続けて用いる.

【见外】jiànwài 動 他人行儀にふるまう. よそよそしくする. ¶请不要～ / 水臭くしないでください.

【见微知著】jiàn wēi zhī zhù 〈成〉わずかな兆しから物事の発展の方向を判断する. 一を聞いて十を知る.

【见闻】jiànwén 名 見聞.

【见习】jiànxí 動 見習いをする. 実習する. ¶～医生 yīshēng / 研修医.

【见效】jiàn//xiào 動 効き目が出る. ¶大见成效 / 効果が大いに見られる. ¶～很快 / あっという間に効き目が現れる.

【见笑】jiànxiào 動 ① 笑われる. ►謙遜して用いる. ¶唱 chàng 得不好,～,～ / どうも歌が下手でお恥ずかしいしだいです. ② 笑いものにする. ¶请勿 wù～ / どうか笑わないでください.

【见新】jiàn//xīn 動〈方〉(修理して)新しくする.

【见阎王】jiàn Yánwang 〈慣〉死ぬ.

【见异思迁】jiàn yì sī qiān 〈成〉気が変わりやすい. 移り気である.

【见义勇为】jiàn yì yǒng wéi 〈成〉正義感にもえて勇敢に行動する.

【见于】jiànyú 動(用語の出典を示す言葉)…に見える. …を参照されたい. ¶"小康 xiǎokāng"～《礼记 Lǐjì》 /「小康」という言葉は『礼記』に見える.

【见长】jiànzhǎng 動 成長する. 大きくなる. ⇒【见长】jiàncháng

【见证】jiànzhèng ① 動 証人に立つ. ② 名 証人. 証拠品.

【见证人】jiànzhèngrén 名〈法〉証人.

【见罪】jiànzuì 動〈書〉とがめる. ¶请勿 wù～ / どうぞ悪しからず.

**件 jiàn

❶ 量 ① **事柄・事件・公文書・手紙**などに用いる. ¶一～大事 / 一つの大きな事柄. ¶三～公文 / 公文書3通. 注意 "事件、案件、文件、信件"など"件"字のついた名詞には用いることができない. ¶两份 fèn〔×件〕文件 / 書類2部.

②(～儿)**衣類**(主として**上着**)に用いる. ►上下一そろいのものは"套 tào"で,またズボンやスカートは"条

tiáo”で数える. ¶两～衬衫 chènshān〔背心 bèixīn, 毛衣 máoyī〕/ シャツ〔ベスト, セーター〕2着.
③(～儿)総称を表す名詞に用いる. ¶五～家具 jiāju / 家具5点. ¶两～行李 xíngli〔货物 huòwù〕/ 荷物〔商品〕2個. ¶几～首饰 shǒushi / アクセサリー数点.
❷ 接尾 全体の一部分となる物, あるいは一つ一つ数えられる事柄や事物に用いる. ¶零 líng ～ / 部品. パーツ. ¶案 àn ～ / 訴訟事件. 案件. ¶急 jí ～ / 緊急公文書. ¶快～ / 速達の荷物〔貨物〕.
‖ 姓

间(閒) **jiàn** 動(苗を)**間引く**. ¶～萝卜苗 luóbomiáo / ダイコンの苗を間引く.
◇◆ ①(～儿)すきま. 間. ¶乘 chéng ～ / すきに乗ずる. ②間をおく. 隔てる. ¶相～ / 隔たりがある. ③仲を裂く. ¶反～计 / 離間策. ▸▸ **jiān**

【间壁】**jiànbì** 名 隣家.
【间谍】**jiàndié** 名 **スパイ**. 回し者. 間諜. ¶从事 cóngshì ～活动 / 諜報活動に従事する.
【间断】**jiànduàn** 動 中断する. 途切れる.
【间隔】**jiàngé** ① 動 **隔てる**. 間をおく. ¶两件事只 zhǐ ～了十几天 / 二つの出来事は十数日しか間をおいていない. ② 名 **間隔**. 隔たり.
【间隔号】**jiàngéhào** 名〈語〉中黒. (·).
【间接】**jiànjiē** 形(↔直接 zhíjiē)**間接的な. 間接的に**. ¶我是～知道的 / 私は又聞きで知ったのです.
【间接经验】**jiànjiē jīngyàn** 名 書物などを通して得た経験.
【间接税】**jiànjiēshuì** 名 間接税.
【间苗】**jiàn//miáo** 動〈農〉間引きする.
【间色】**jiànsè** 名〈美〉中間色.
【间隙】**jiànxì** 名 ① すきま ; 余暇. ¶工作～ / 仕事の合間. ②(ハンドルやブレーキなどの) 遊び.
【间歇】**jiànxiē** 名 間欠.
【间歇泉】**jiànxiēquán** 名〈地〉間欠泉.
【间杂】**jiànzá** 動 入り混じる.
【间种】**jiànzhòng** 動〈農〉間作する.
【间作】**jiànzuò** 動〈農〉間作する.

饯(餞) **jiàn** ◇◆ ①宴を張ってはなむけをする. ②(果物の)砂糖漬け. ¶蜜 mì ～ / 果物の砂糖漬け.

【饯别】**jiànbié** 動 送別の宴を開く.
【饯行】**jiànxíng** 動 送別の宴を開く.

***建** **jiàn** 動 ① **建てる**. **建造する**. ¶～新厂房 chǎngfáng / 新しい工場ビルを建てる. ¶～电站 diànzhàn / 発電所を造る. ② **創立する**. (組織などを)作る. ¶新～了几个小组 xiǎozǔ / 新たに数グループができた. ¶～厂 / 工場をつくる.
◇◆ ①提唱する. 首唱する. ¶→～议 yì. ②(Jiàn) 福建省. ¶～漆 qī / 福建産の漆器. ‖ 姓

【建党】**jiàn//dǎng** 動 党を建設する.
【建都】**jiàn//dū** 動(…に)都を定める. ¶唐朝 Tángcháo ～长安 Cháng'ān / 唐は都を長安に定めた.
【建国】**jiàn//guó** 動 **建国する**.
【建交】**jiàn//jiāo** 動 外交関係を結ぶ.
【建军】**jiànjūn** 動 軍隊を創設する. ¶～节 jié / 建軍記念日. ►中国のは8月1日.
*【建立】**jiànlì** 動(組織・制度・規則や友情・自信・親しさ・関係などを)**作り上げる**. 築く. 設立する. 樹立する. ¶～岗位 gǎngwèi 责任制 / 持ち場責任制を作り上げる. ¶～新家庭 / 新しい家庭を築く. ¶～友谊 yǒuyì / 友誼を結ぶ. ¶～合作关系 / 協力関係を確立する.
*【建设】**jiànshè** ① 動 **新事業を始める**. 新たな組織・施設を建設する. ►国家事業などの大規模なものに用いる. ¶～铁路 tiělù / 鉄道を敷設する. ¶～新农村 nóngcūn / 新しい農村を建設する. ② 名 **建設**. ¶经济 jīngjì ～ / 経済建設. ¶～性的意见 / 建設的な意見.
【建树】**jiànshù** 〈書〉 ① 動(功績を)残す. ② 名 功績. 手柄.
*【建议】**jiànyì** ① 動 **提案する**. 意見を出す. ¶大夫 dàifu ～他打打太极拳 tàijíquán / 医者は彼に太極拳をやってみてはとアドバイスした. ② 名 **提案**. 建議. (量) 条, 个, 点. ¶他向新领导 lǐngdǎo 提 tí 了一条～ / 彼は新しい指導幹部に意見を出した.
【建造】**jiànzào** 動 **建造する**. ¶～房屋 / 家を建てる. ¶～防护林 fánghùlín / 防護林をつくる.
【建制】**jiànzhì** 名(機関や軍隊の)編制 ; (行政区画などの)制度.
*【建筑】**jiànzhù** ① 動 **建築する**. 築造する. 造る. ¶～高速公路 / 高速道路をつくる. ¶～礼堂 / 講堂を建てる. ② 名 **建築物** ; 構造. ¶哥特式 gētèshì ～ / ゴシック建築. ¶上层～ / 上部構造.
【建筑物】**jiànzhùwù** 名 建築物.

荐(薦) **jiàn** ◇◆ ①推薦する. 紹介する. ¶推 tuī ～ / 推薦(する). ¶～人 / 人を推薦する. ¶～主 zhǔ / 推薦者. 紹介人. ②草 ; わらなどで編んだ敷物. ¶草～ / わら布団. わらのれん.

【荐骨】**jiàngǔ** 名〈生理〉仙骨.
【荐举】**jiànjǔ** 動 推挙する. 紹介する.
【荐椎】**jiànzhuī** 名〈生理〉仙椎.

贱(賤) **jiàn** 形 ①(↔贵 guì)(**値段が**) **安い**. ►話し言葉では, 普通“便宜 piányi”を多く用いる. ¶这种布真～ / この手の布は実に安い. ¶～卖 / 安く売る. 値引きする. ¶～售 shòu 库存货物 / 在庫品を一掃セールする. ②(↔贵)(身分が) **卑しい, 低い**. ③ 下卑ている. 卑屈である. ¶～脾气 píqi / げす根性.
◇◆〈謙〉旧時, 自分の事をさしていう. ¶(您)贵姓? ―～姓王 / お名前は―私は王と申します.

【贱骨头】**jiàngǔtou** 名〈罵〉げす. 嫌らしいやつ.
【贱货】**jiànhuò** 名 ① 安物. ②〈罵〉げす.
【贱民】**jiànmín** 名(旧時の)賤民 ; (インドのカースト制度で最下層の)不可触賤民. スードラ.
【贱内】**jiànnèi** 名〈旧〉自分の妻を謙遜していった言葉. 家内.
【贱人】**jiànrén** 名〈罵〉〈旧〉(古い小説・戯曲で女をののしる言葉)卑しい女. はすっぱ. あま.

剑(劍) **jiàn** 名 **剣**(けん・つるぎ). (量) 口, 把, 柄 bǐng. ‖ 姓

【剑兰】**jiànlán** 名〈植〉グラジオラス. トウショウブ.
【剑麻】**jiànmá** 名〈植〉サイザルアサ. シザルアサ.
【剑眉】**jiànméi** 名 まっすぐでしり上がりの眉. りりしい眉.

J

【剑桥】Jiànqiáo 名〈地名〉ケンブリッジ.
【剑侠】jiànxiá 名 剣客.

监(監) jiàn 名 古代の役所の名. ¶钦 qīn 天～ / 天文台兼気象台に相当する古代の役所. ‖姓 ▸▸ jiān
【监生】jiànshēng 名 監生(かんせい). 明・清代の"国子监 guózǐjiàn"(最高学府・大学)の学生, または金銭でその名称を得た者.

健 jiàn ◇◆ ①体が丈夫である. ②丈夫にする. 強める. ¶～胃 wèi / 胃を丈夫にする. ③(ある面で)すぐれている. 度が過ぎる. ‖姓
【健步】jiànbù 形〈書〉健脚である. ¶～如飞 / 足が達者で飛ぶように速く歩く.
【健儿】jiàn'ér 名 健児. ►勇士や運動選手をさすことが多い.
【健将】jiànjiàng 名 ① その道の達人. ② 運動選手の最高級の称号.
【健康】jiànkāng 形 ① **健康である. ¶两位老人都很～ / 二人のお年寄りはともに健康である. ¶祝 zhù 您～ / ご健康を祈ります. ② **健全である.** 確かである. ¶这个电影很～ / この映画は健全だ. ¶爱鸟活动 àiniǎo huódòng 正在全国～发展 fāzhǎn / 愛鳥活動は全国で着実に発展している.
【健美】jiànměi ① 形 健康で美しい. ② 名〈体〉フィットネス；ボディービル. ¶～比赛 bǐsài / ボディービルコンテスト.
【健美操】jiànměicāo 名〈体〉エアロビクス.
【健俏】jiànqiào 形 売れ行きがよい.
*【健全】jiànquán ❶ 形 ①(心身が) **健全である.** ¶他神经 shénjīng 不～ / 彼は神経がまともでない. ② **整っている.** 完備している. ¶建立一套 tào ～的经营 jīngyíng 管理体制 guǎnlǐtǐzhì / 整った経営管理体制を作る. ❷ 動 **整える.** 健全にする. ¶～学校规章 guīzhāng 制度 / 学校の校則を整える.
【健身】jiànshēn ① 動 体力作りをする. ② 名 フィットネス. ¶～运动 / フィットネス.
【健身操】jiànshēncāo 名〈体〉健康体操.
【健身房】jiànshēnfáng 名 アスレチックジム.
【健身球】jiànshēnqiú 名 ① 小さな鉄〔石〕球. ►手のひらで転がすと血行がよくなるなどの効果をもたらす. ②〈体〉バランスボール.
【健谈】jiàntán 形 話し上手である. 能弁である.
【健忘】jiànwàng 形 忘れっぽい.
【健旺】jiànwàng 形 健康そのものである. 元気旺盛(おうせい)である.
【健在】jiànzài 形〈書〉健在である. ►多く年配者についていう. ¶家母依然 yīrán ～ / 母はまだ健在である.
【健壮】jiànzhuàng 形 **壮健である.** 健やかでたくましい. ¶～的身体 / たくましい体.

舰(艦) jiàn ◇◆ 軍艦. ¶巡洋 xúnyáng ～ / 巡洋艦.
【舰队】jiànduì 名 艦隊.
【舰对空导弹】jiànduìkōng dǎodàn 名 艦対空ミサイル.
【舰艇】jiàntǐng 名 艦艇. 量 艘 sōu, 只 zhī.
【舰载】jiànzài 形 艦載の. ¶～飞机 / 艦載機. ¶～导弹 dǎodàn / 艦載ミサイル.
【舰长】jiànzhǎng 名 艦長.
【舰只】jiànzhī 名 艦船.

涧 jiàn ◇◆ 谷. 谷川. ¶溪 xī ～ / 谷川. ¶山～ / 谷.

渐 jiàn 副〈書〉しだいに. だんだんと. ¶天气～冷 / 天気がだんだん寒くなる. ¶说话声～远 / 話し声はしだいに遠ざかった. ‖姓 ▸▸ jiān
【渐次】jiàncì 副〈書〉しだいに. だんだんと.
【渐渐】jiànjiàn 副 **だんだんと. しだいに.
語法 動詞や形容詞の前に置かれるとき,"地 / 的"を加えてもよい. 主語の前では必ず"地"を加え, その後にポーズを置く. ¶天气～(地)暖和 nuǎnhuo 起来了 / 天気がだんだん暖かくなってきた. ¶～地, 病好起来了 / 病気はだんだんよくなってきた.
【渐进】jiànjìn 動 漸進する.
【渐入佳境】jiàn rù jiā jìng〈成〉だんだん感興が深まる；徐々に境遇が好転する.
【渐显】jiànxiǎn 動〈映〉フェードインする.
【渐隐】jiànyǐn 動〈映〉フェードアウトする.

谏 jiàn 動〈書〉(君主・目上・友人を)いさめる. 苦言を呈する. ¶冒 mào 死以～ / 死を覚悟でいさめる. ¶～诤 zhèng / 〈書〉率直に人の過ちを指摘し, いさめること.

践(踐) jiàn ◇◆ ①踏む. 踏みつける. ②履行する. 実行する. ¶实 shí ～ / 実践(する).
【践诺】jiànnuò 動〈書〉約束を実行する.
【践踏】jiàntà 動 ① 踏む. 踏みつける. ¶～庄稼 zhuāngjia / 作物を踏みつける. ②〈喩〉踏みにじる.
【践约】jiàn//yuē 動 約束を果たす.
【践祚】jiànzuò 動〈書〉(皇帝が)即位する.

毽 jiàn "毽子 jiànzi"⬇という語に用いる.
【毽子】jiànzi 名 蹴羽根(けはね). ►穴あき銭や金属片に鳥の小さな羽を数枚さしたもので, 足でけって遊ぶ. ⇒【踢毽子】tī jiànzi

腱 jiàn 名〈生理〉腱(けん). ►"肌腱 jījiàn"とも.
【腱鞘】jiànqiào 名〈生理〉腱鞘(けんしょう). ¶～炎 / 腱鞘炎.
【腱子】jiànzi 名(人・牛・羊などの)ふくらはぎの筋肉の発達した部分.

溅(濺) jiàn 動(液体が)はね上がる. ¶汽车开过, ～了他一身泥 ní / 車が通って, 彼は体中に泥水をはね上げられた.
【溅落】jiànluò 動 重い物が空中から水中に落ちる；(特に人工衛星や宇宙飛行船が)着水する.

鉴(鑒) jiàn 〈書〉❶ 名 ① 鏡. ② 戒め. ¶引以为～ / 戒めとする. ❷ 動 ① 照らす. ¶水清可～ / 顔が映るほど水が澄んでいる. ② ご高覧に与(あず)る. ►旧時の書簡用語. ¶钧 jūn ～ / (某先生)ご高覧.
◇◆ つぶさに見る. ¶→～别 bié.
【鉴别】jiànbié 動 鑑別する. 識別する. ¶～古物

gǔwù / 骨董品を鑑定する.

*【鉴定】jiàndìng ①動(人物を)評定する;(物の優劣・真偽を)鑑定する. ¶～笔迹 bǐjì / 筆跡を鑑定する. ②名 鑑定;評定. ¶工作～ / 勤務評定.

【鉴戒】jiànjiè 名〈書〉戒め. ¶以此 cǐ 为～ / これを戒めとする.

【鉴谅】jiànliàng 動〈書〉了察する. ¶尚 shàng 希～ / ご賢察を請う.

【鉴赏】jiànshǎng 動(芸術品・文物などを)鑑賞する.

【鉴于】jiànyú 前〈書〉…にかんがみて. …という見地から. ¶～上述 shàngshù 情况,我们提出以下建议 jiànyì / 上述の事情にかんがみ,われわれは次のように提案する.

【鉴证】jiànzhèng 動 ①鑑査する. 鑑定する. ②取引契約の内容を法に照らして点検する.

键 jiàn 名 ①(楽器やパソコンなどの)鍵盤,キー. ②(機械の)止めピン,ボルト,くさび. ③〈書〉戸のかんぬき.

【键盘】jiànpán 名 ①(楽器の)鍵盤. ②〈電算〉(コンピュータやパソコンの)キーボード. ¶打～ / キーをたたく. ¶～操作 cāozuò / キーボードを打つ.

【键盘乐器】jiànpán yuèqì 名 鍵盤楽器.

【键入】jiànrù 動〈電算〉入力する.

槛(檻) jiàn 名〈古〉欄干. 手すり;(動物などを囲う)おり. ¶兽 shòu ～ / 獣のおり. ¶～车 chē / (昔の)囚人護送車. ⇒ kǎn

僭 jiàn ◇◆ 分を越えたことをする. 身の程知らずのことをする. ¶～号 / 臣下が帝の称号をとなえる. 僭称(せんしょう)する. ¶～越 yuè / 僭越(せんえつ).

***箭** jiàn 名 矢. 量 枝.

【箭靶子】jiànbǎzi 名 標的.

【箭步】jiànbù 名(矢のように)すばやく歩くこと. ¶一个～抢 qiǎng 上前去 / すばやくぱっと進み寄る.

【箭垛子】jiànduǒzi 名〈口〉①城壁の上の凹凸状の部分. ひめ垣. ②的. 標的.

【箭杆】jiàngǎn 名 矢. 矢竹. 矢柄.

【箭楼】jiànlóu 名 城壁の上に設けたやぐら.

【箭筒】jiàntǒng 名 矢筒.

【箭头】jiàntóu 名(～儿)①矢印(→). ②矢じり.

【箭猪】jiànzhū 名〈動〉ヤマアラシ.

【箭镞】jiànzú 名 矢じり.

jiang (ㄐㄧㄤ)

江 jiāng 名 大きな川. ►「川」は普通“河 hé”を用いる. 量 条. ¶珠 Zhū ～ / 珠江.
◇◆(Jiāng)長江. ¶～南 / 長江以南. ‖姓

【江防】jiāngfáng 名 長江の洪水対策施設,または軍事上の施設.

【江河日下】jiāng hé rì xià 〈成〉形勢や状況が日増しに悪化する.

【江湖】jiānghú 名 ①世の中. 国内の各地. ¶走～ / 各地を渡り歩く. ¶流落 liúluò ～ / 落ちぶれて各地を放浪する. ¶闯 chuǎng ～ / 香具師(やし)・旅芸人などを渡世にして各地を渡り歩く. ②(国中をまわる)香具師,旅芸人. ►“走 zǒu 江湖的”とも.

【江湖骗子】jiānghú piànzi 名 てき屋;詐欺師.

【江轮】jiānglún 名 川蒸気船.

【江米】jiāngmǐ 名 もち米. ►“糯米 nuòmǐ”とも.

【江米酒】jiāngmǐjiǔ 名 甘酒.

【江米纸】jiāngmǐzhǐ 名 オブラート. ►“糯米纸 nuòmǐzhǐ”とも.

【江山】jiāngshān 名 山河. 国家. ►国家または国家の支配権をさすことが多い. ¶～易 yì 改,禀性 bǐngxìng 难移 yí / 〈諺〉山河の改造はたやすいが,根性を入れ換えるのは難しい.

*【江苏】Jiāngsū 名〈地名〉江蘇(こうそ)省.

*【江西】Jiāngxī 名〈地名〉江西(こうせい)省.

【江西腊】jiāngxīlà 名〈植〉アスター.

【江心补漏】jiāng xīn bǔ lòu 〈成〉川の真ん中で漏水を繕う. 手遅れ. どろなわ.

【江洋大盗】jiāng yáng dà dào 〈成〉天下の大泥棒.

***将**(將) jiāng ❶副〈書〉①間もなく…しようとする. 間もなく…であろう. ►動作や情況が間もなく起ころうとしていることを表す. 書き言葉に用い,話し言葉の“快要、就要”に当たる. ¶他们～去东京进修 jìnxiū 业务 / 彼らはまもなく東京へ行って業務を研修する. ②(必ずや)…となるであろう. ►将来の情況に対する判断を表す. 確実にそうなるという意味が含まれる. 書き言葉に用いる. ¶我们～永远 yǒngyuǎn 缅怀 miǎnhuái 他 / われわれは彼を永遠に追憶するだろう. ③やっと. どうにか. ►かろうじてある数量に達することを表す. 強調するときは“将将”を用いる. 書き言葉に用い,話し言葉の“刚刚 gānggāng”に当たる. ¶买来的点心～(～)够 gòu 吃 / 買ってきた菓子はかろうじて足りる.
❷前〈書〉①…を. ►書き言葉に用い,話し言葉の“把 bǎ”に当たる. ¶他～家里的情况写信告诉了哥哥 / 彼は家の情況を兄に書き送った. ②…で. …によって. ►書き言葉に用い,話し言葉の“拿 ná、用 yòng”に当たる. 成句または方言に用いることが多い. ¶～本图 tú 利 / 元金によって利殖を図る.
❸助〈方〉動詞と方向補語の間に用いる. ►旧小説などに多く用いられる. ¶打～起来 / けんかし始める.
❹動 ①(将棋で)王手をかける;(できそうもない注文を出して他人を)困らせる,返答につまらせる. ¶我们这一问可把他～住了 / われわれのこの質問に彼はつまってしまった.
②けしかける. そそのかす. ¶打个电话～他一下 / 電話でひとつ彼をけしかけよう.
◇◆ ①助ける. ¶扶 fú ～ / 手を貸す. ②養生する. 保養する. ¶→～养 yǎng. ‖姓 ⇒ jiàng

【将错就错】jiāng cuò jiù cuò 〈成〉まちがいを押し通す.

【将功补过】jiāng gōng bǔ guò 〈成〉手柄によって過ちを償う. ►“将功折罪 zhé zuì”とも.

【将计就计】jiāng jì jiù jì 〈成〉相手の計略の裏をかく.

【将将】jiāngjiāng 副 かろうじて. どうにかこうにか. ⇒〖将 jiāng〗❶③

【将近】jiāngjìn 動(数が)…に近い. ¶～晌午 shǎngwu / 昼ごろに. ¶～一百人参加了义务 yìwù 劳动 / 百人近くがボランティアに参加した.

【将就】jiāngjiu 動(仕方なく)間に合わせる. 我慢

する．¶你～用吧／何とか間に合わせてください．¶你就～他一次吧／今回は彼を大目に見てやってください．

【将军】jiāng//jūn ❶動 ①（中国将棋で）王手をかける．②〈喩〉難題をふっかける．わざと困らせる．¶他将了我一军／彼は私を困らせた．❷名 "将 jiàng" クラスの軍官．将軍；（広く）高級将校．注意 "将军"以外の職官名のときは"将"は第四声．"中将 zhōngjiàng"（中将）など．

【将军肚】jiāngjūndù 名〈諧〉太鼓腹．

**【将来】jiānglái 名 将来．未来．¶不远的～／そう遠くない将来．

【将心比心】jiāng xīn bǐ xīn 〈成〉相手の立場になって考える．

【将信将疑】jiāng xìn jiāng yí 〈成〉半信半疑である．¶他对此 cǐ ～／彼はこれに対して半信半疑だ．

【将养】jiāngyǎng 動 休養する．養生する．

【将要】jiāngyào 副〈書〉間もなく…しようとする．¶他～到上海去工作／彼は上海に働きに行くことになっている．

*姜（薑）jiāng 名〈植〉ショウガ．¶～是老的辣 là ／〈諺〉年長者のほうが経験が多く，何をしてもうまくいくたとえ．亀の甲より年の功．‖姓

【姜黄】jiānghuáng 名 ①〈植〉ウコン；〈中薬〉姜黄．②（ショウガのような）黄色．

豇 jiāng "豇豆 jiāngdòu"⇩という語に用いる．

【豇豆】jiāngdòu 名 ①〈植〉ササゲ．②〈食材〉ササゲの実；ササゲの若い莢（さや）．

浆（漿）jiāng ①名 どろりとした液体．のり状のもの．¶豆～／豆乳．¶泥 ní ～／泥水．②動（衣服に）のりを付ける．¶新衬衫 chènshān 的领子 lǐngzi ～得很硬／新しいワイシャツのえりはのりがきいてぱりぱりだ．⇒〖糨 jiàng〗

【浆洗】jiāngxǐ 動 洗ってのりを付ける．

僵（殭）jiāng 形 ①硬直している．こわばっている．¶手脚～了／手足がかじかんだ．②（事態が）行き詰まっている．¶事情 shìqing 已经 yǐjīng ～了／事がにっちもさっちもいかなくなっている．③〈方〉（後に"着"を伴って）顔をこわばらせている．

【僵持】jiāngchí 動 相対峙して譲らない．にらみ合って対立する．

【僵化】jiānghuà 動 硬化する．膠着（こうちゃく）状態になる．¶局势 júshì ～／情勢が膠着状態になる．

【僵局】jiāngjú 名 膠着（こうちゃく）した局面．にらみ合いの状態．¶谈判 tánpàn 陷入 xiànrù ～／交渉が膠着状態になる．

【僵尸】jiāngshī 名（中国の幽霊の）キョンシー．硬直した死体；〈喩〉没落・退廃した事物．

【僵死】jiāngsǐ 動 硬直化して生命力を失う．

【僵硬】jiāngyìng 形 ①（肢体が）硬直している．②融通のきかない．¶～的工作方法／融通のきかない仕事のやり方．

【僵直】jiāngzhí 形 硬直している．こわばってる．

缰（繮）jiāng ◇手綱．

【缰绳】jiāngsheng 名 手綱．

疆 jiāng ◇ ①極限．境界．¶边 biān～／国境．②（Jiāng）新疆ウイグル自治区．

【疆场】jiāngchǎng 名 戦場．

【疆界】jiāngjiè 名 境界．国境．

【疆土】jiāngtǔ 名 領土．

【疆域】jiāngyù 名 国土．境域．►面積についていう．

3声 **讲（講）jiǎng 動 ①話す．言う．❖～故事 gùshi ／物語をする．②解釈する．説明する．¶这本书～的是电脑的用法 yòngfǎ ／この本はパソコンの使い方を解説したものです．③相談する．交渉する．¶～条件／条件を交渉する．④重視する．気をつける．❖～卫生 wèishēng ／衛生に注意する．❖～面子 miànzi ／体面を重んじる．⑤…の点で言えば．►比較するときによく用いる．¶～工作年数，他不如你多／勤続年数からいうと彼は君ほど長くはない．‖姓

【讲法】jiǎngfa 名 ①言葉遣い．②意見．見解．¶这句话有其它～／この文は別の解釈もある．

【讲稿】jiǎnggǎo 名（～儿）講演・講義などの原稿．

【讲和】jiǎng//hé 動 講和する．

*【讲话】jiǎng//huà ❶動 ①話をする．発言する．►後に目的語はとることができない．¶他上课老跟人～／彼は授業中いつもだれかと話している．¶他在会上讲了话／彼は会議で発言した．②非難する．❷名 ①（重要人物の正式な場での）講演，発言，報告．¶文艺 wényì ～／文芸についての講演．②《書名に用いる》…ガイド．…入門．

【讲价】jiǎng//jià 動（～儿）値段を掛け合う〔交渉する〕．¶国营商店 guóyíng shāngdiàn 不得 bùdé ～／国営商店では値段の交渉ができない．

【讲交情】jiǎng jiāoqing 友情を重んじる．¶你真不～／君はまったく冷たい．

【讲解】jiǎngjiě 動 解説する．説明する．¶～语法／文法を解説する．¶～员／解説員．

【讲究】jiǎngjiu ①動 重んずる；念を入れる．¶～礼貌 lǐmào ／礼儀を重じる．¶～卫生 wèishēng ／衛生に気をつける．②形 凝っている．¶宾馆布置 bùzhì 得很～／ゲストハウスはとても趣味よく飾り付けられている．¶她很～穿戴／彼女はなかなかのおしゃれだ．③名（～儿）深い道理．わけ．いわれ．¶五月节吃粽子 zòngzi 有什么～？／端午の節句にちまきを食べるのはどんないわれがあるのですか．

【讲课】jiǎng//kè 動 講義する．教師が授業をする．¶讲中文 Zhōngwén 课／中国語の授業をする．¶张老师给我们～／張先生が私たちに授業をする．

【讲理】jiǎng//lǐ 動 ①事の是非を論ずる．¶我们来讲讲理／はっきり話をつけよう．②道理をわきまえる．道理にかなっている．¶他是个～的人／あの人はものわかりのよい人だ．

【讲论】jiǎnglùn 動 ①人のうわさをする．②論述する．

【讲明】jiǎngmíng 動 はっきりと説明する．

【讲评】jiǎngpíng 動 講評する．論評する．

【讲情】jiǎng//qíng 動（人のために）とりなす．（人

のために）わびを入れる．¶替 tì 他～／彼のためにとりなす．

【讲求】jiǎngqiú 動 重視する；追求する．
【讲儿】jiǎngr 名〈口〉①意味．②わけ．理由．
【讲师】jiǎngshī 名 講師．
【讲授】jiǎngshòu 動 講義する．
【讲书】jiǎng//shū 動 講義する；講釈する．
【讲述】jiǎngshù 動（事柄や道理を）述べる．
【讲台】jiǎngtái 名 教壇．演壇．
【讲坛】jiǎngtán 名 演壇．教壇；講演や討論の場．
【讲堂】jiǎngtáng 名〈旧〉教室．
【讲习】jiǎngxí 動 講習する．
【讲叙】jiǎngxù 動 語る．
【讲学】jiǎng//xué 動（講師として招かれて）特別講義をする．学術講演をする．
【讲演】jiǎngyǎn 動 **講演する．**
【讲义】jiǎngyì 名（学生に配布する）講義プリント．（授業の）教材．
*【讲座】jiǎngzuò 名 **講座．** ¶广播 guǎngbō ～／ラジオ講座．¶电脑操作 cāozuò ～／パソコン講座．

*奖（獎）jiǎng ①動 **励ます．奨励する．ほめる．表彰する．** ¶～他一万元／彼に報奨金として１万元与える．
②名 **褒賞．ほうび．賞品**；当たりくじの賞金．¶诺贝尔 Nuòbèi'ěr ～／ノーベル賞．¶得 dé ～／賞品をもらう．¶发 fā ～／賞品を与える．¶中 zhòng ～／くじに当たる．

【奖杯】jiǎngbēi 名 賞杯．カップ．トロフィー．
【奖惩】jiǎngchéng 名 賞罰．¶～条例 tiáolì／賞罰規定．¶～制度 zhìdù／賞罰制度．
*【奖金】jiǎngjīn 名 **賞金．** 奨励金；**ボーナス．** 賞与．❖发 *fā* ～／ボーナスを出す．❖领 *lǐng* ～／ボーナスをもらう．
【奖励】jiǎnglì 動（栄誉や金銭・物品を与えて）**励ます，奨励する，褒賞する．** ¶～优秀 yōuxiù 学生／優秀な学生を表彰する．¶学校～了我们科学实验 shíyàn 小组 xiǎozǔ 一台电脑 diànnǎo／学校は，われわれのグループに褒賞としてパソコンを１台くれた．
【奖牌】jiǎngpái 名 表彰メダル．
【奖品】jiǎngpǐn 名 賞品．
【奖券】jiǎngquàn 名〈旧〉宝くじ．富くじ．
【奖赏】jiǎngshǎng 動 褒賞する．ほうびを与える．
【奖售】jiǎngshòu 動（作物などの）国家の買い付けに応じるよう農民に物資を供給して奨励する．
【奖学金】jiǎngxuéjīn 名 **奨学金．** ⇨【助学金】zhùxuéjīn
【奖章】jiǎngzhāng 名 表彰バッジ．
【奖状】jiǎngzhuàng 名 賞状．❖发 *fā* ～／賞状を授ける．

桨（槳）jiǎng 名（船の）かい．¶划 huá ～／船をこぐ．

蒋（蔣）jiǎng ‖姓

膙 jiǎng "膙子 jiǎngzi"（〈口〉（手足にできる）たこ，まめ）という語に用いる．¶脚底起～子了／足の裏にまめができた．

4声 匠 jiàng ◇ 職人．¶木～／大工．¶瓦 wǎ ～／左官．¶能工巧 qiǎo ～／腕利きの職人．

【匠气】jiàngqì 形 作品に独創性がなく俗っぽい．
【匠心】jiàngxīn 名〈書〉創意．工夫．

*降 jiàng 動（↔升 shēng）**落ちる．下がる；落とす．下げる．** ¶水位～下去了／水位が下がった．¶～一下室内的温度 wēndù／室内の温度を下げる．‖姓 ▸▸ xiáng

【降半旗】jiàng bànqí 半旗を掲げる．
*【降低】jiàngdī 動 **下がる；下げる．** ¶温度～／気温が下がる．¶～物价 wùjià／物価を下げる．¶～要求 yāoqiú／要求を下げる．
【降调】jiàng//diào ①動 調子を下げる．②名〈語〉下降調．
【降格】jiàng//gé 動〈書〉身分・標準などを下げる．降格する．ランクを落とす．
【降级】jiàng//jí 動 ①（行政処分で従業員の）等級を下げる，格下げする．②留年する．落第する．
【降价】jiàng//jià 動 値下げする．値引きする．
【降临】jiànglín 動〈書〉訪れる．来る．¶夜色～／夜が訪れる．¶大驾 dàjià ～／おいでくださる．¶大祸 huò ～到他头上／大きな災いが彼に降り掛かる．
【降落】jiàngluò 動 ①（飛行機が）降下する；着陸する．②低くなる．
【降落伞】jiàngluòsǎn 名 パラシュート．
【降旗】jiàng//qí 動 旗を降ろす．
【降生】jiàngshēng 動〈書〉降誕する．この世に生まれ出る．
【降世】jiàngshì ⇀【降生】jiàngshēng
【降温】jiàng//wēn 動 ①温度を下げる；気温が下がる．②情熱が冷める；勢いが弱まる．
【降压】jiàng//yā 動 ①〈電〉電圧を下げる．¶～器 qì／逓降変圧器．②〈医〉血圧を下げる．¶～片 piàn／血圧降下剤．
【降雨】jiàng//yǔ 動〈書〉雨が降る．
【降旨】jiàngzhǐ 動 皇帝が勅諭を下す．

虹 jiàng 名〈口〉虹．(量) 条，道．注意 単独に用いる場合のみ jiàng と発音し，一般には hóng と発音する．¶出～了／虹が出た．虹が立った．▸▸ hóng

将（將）jiàng ❶名 ①"将"クラスの**軍官．将官．** ¶上～／大将．②"象棋 xiàngqí"（中国将棋）の駒の一つ．►日本将棋の王将に相当する．
❷動〈書〉指揮する．統率する．¶～兵／兵を指揮する．
注意 "将军"のときは jiāng と第一声に発音．
▸▸ jiāng

【将官】jiàngguān 名 将官．将軍．
【将官】jiàngguan 名 将校．
【将领】jiànglǐng 名 将校．
【将帅】jiàngshuài 名 将軍と元帥．
【将校】jiàngxiào 名 将校．►"将"クラスと"校"クラスの軍官の総称．

绛 jiàng ◇ 深紅．

【绛紫】jiàngzǐ 名 えび茶色．

强(強·彊) **jiàng** 形 いこじである．強情である．頑固である．¶他脾气 píqi 太～ / 彼はとても強情っ張りだ．⇨【倔强】juéjiàng ▶▶ qiáng,qiǎng

【强嘴】jiàng//zuǐ 動 口答えをする．強弁する．言い張る．►“犟嘴”とも書く．

酱(醬) **jiàng** ❶名 ① ダイズや麦を発酵させてつくる調味料．みそ．
② ジャム状の食品．¶芝麻 zhīma ～ / ゴマのペースト．¶果子 guǒzi ～ / ジャム．
❷動(野菜を)みそやしょう油に漬ける．¶把萝卜 luóbo ～一～ / ダイコンをみそ漬けにする．

【酱爆】jiàngbào 名〈料理〉みそいため．¶～肉丁ròudīng / さいの目に切った肉のみそいため．

【酱菜】jiàngcài 名〈料理〉みそまたはしょう油漬けの野菜．

【酱豆腐】jiàngdòufu 名(調味料の一種)豆腐を発酵させてから塩·こうじに漬けたもの．►“腐乳 fǔrǔ”とも．

【酱坊】jiàngfáng →【酱园】jiàngyuán

【酱缸】jiànggāng 名 漬け物がめ．みそ·しょう油を入れるかめ．

【酱色】jiàngsè 名 濃褐色．濃いあずき色．

【酱汤】jiàngtāng 名(日本の)みそ汁．

*【酱油】jiàngyóu 名 しょう油．

【酱园】jiàngyuán 名(みそ·しょう油の)醸造元,販売店．►“酱坊 jiàngfáng”とも．

【酱紫】jiàngzǐ 名 えび茶色．

犟 **jiàng** 形 いこじである．強情である．¶～脾气 píqi / 強情っ張り．

【犟劲】jiàngjìn 名 屈強さ．意地っ張り．

【犟嘴】jiàngzuǐ 動 口答えをする．強弁する．言い張る．►“强嘴”とも書く．

糨(浆) **jiàng** 形(液体が)濃い,どろどろしている．¶粥 zhōu 熬 áo 得太～了 / かゆが濃くなりすぎた．⇨〖浆 jiāng〗

【糨糊】jiànghu 名 のり．¶涂 tú ～ / のりをつける．

【糨子】jiàngzi 名〈口〉のり．¶打～ / のりを作る．

jiao (ㄐㄧㄠ)

1声 ** **交**(跤) **jiāo** ❶動 ①(物を関係方面に)引き渡す,手渡す,納める；(任務などを)任せる．►“～给”の形で後ろに「…に」と受け手を表す語を導き,二つの目的語をとることもできる．¶～给她一封信 / 彼女に手紙を手渡す．¶～不起房租 fángzū / 家賃が払えない．¶这件事～给我办吧 / この件は私に任せてください．¶招工 zhāogōng 的事～给人事科 rénshìkē 去解决 / 人員募集の件は人事部で解決してもらう．❖～作业 *zuòyè* / 宿題を提出する．¶我们把作业～给老师了 / 私たちは宿題を先生に出した．
② つき合う．交際する．❖～朋友 *péngyou* / 友達になる．¶咱们～个朋友 / 友達になりましょう．¶我从来不跟那种人～朋友 / 私は今まであんな人とつき合ったことがない．
③(ある時刻または季節に)入る,なる．¶明天就～夏至 xiàzhì 了 / あすはもう夏至だ．
④ 交差する．¶ＡＢ､ＣＤ､ＥＦ三条线～于Ｎ点 / ＡＢ·ＣＤ·ＥＦの３本の線はＮ点で交わる．
❷名 ① 交際．交わり．¶忘年 wàngnián 之～ / 年を超えた交際．
② 交差点．境目．接合点．季節の変わり目．¶位于 wèiyú 中印之～ / 中印国境に位置する．¶四季 sìjì 之～ / 季節の変わり目．
◇◆ ①性交；(動物の)交尾,交配．¶杂 zá ～ / かけ合わせ．②代わる代わる．同時に．¶→～加 jiā．③(＝跤 jiāo)転ぶ．‖姓

【交白卷】jiāo báijuàn〈慣〉(～儿)答案を白紙で出す；〈転〉任務を全然果たせないこと．

【交拜】jiāobài 動 互いに礼を交わす；(特に)旧式の婚礼で新郎新婦が向かい合って互いに礼を交わすことをさす．

【交班】jiāo//bān 動(勤務交替で)仕事の引き継ぎをする．

【交办】jiāobàn 動(多くは上の者が下の者に)任せて処理させる．¶～任务 rènwu,克日 kèrì 完成 / 任務を与え,期限どおり完遂させる．

【交杯酒】jiāobēijiǔ 名(婚礼のときの)夫婦の固めの杯(さかずき)．⇨【交拜】jiāobài

【交兵】jiāo//bīng 動〈書〉交戦する．

【交叉】jiāochā 動 ① 交差する．¶三条线在这里～ / ３本線がここで交差する．② 交錯する．入り交じる．¶两个提案～的部分 / ２件の提案の重複した部分．¶～作业 / 入り組んだ作業．③ 交互に行う．¶～进行 / 代わる代わる行う．

【交差】jiāo//chāi 動(役目を果たして)復命する．¶交不了 buliǎo 差 / 役目を果たしていない．

【交出】jiāo//chū 動+方補 差し出す．提出する．

【交错】jiāocuò 動〈書〉交錯する．入り交じる．¶犬牙 quǎnyá ～ / 〈成〉境界線がジグザグに入り組んでいること．

*【交代】jiāodài 動 ①(仕事の)引き継ぎをする．引き渡す．¶把所里的事跟新所长 suǒzhǎng ～一下 / 所の仕事を新所長に引き継ぐ．② 言いつける．言い聞かせる．¶她临 lín 走时～丈夫 zhàngfu 要带好孩子 / 彼女は出かける間際に夫に子供の面倒をよくみるように言った．③(事情や意見を関係者に)話し伝える,説明する．¶这件事你应该 yīnggāi 向大家～一下 / この件を君はみんなにはっきり話しておくべきだ．④ 申し開きをする．¶这个问题你怎么～？/ この問題を君はどう申し開きするのか．⑤ 白状する．¶～罪行 zuìxíng / 罪を自白する．
参考 日本語の「交代する」は“交替 jiāotì”“替换 tìhuan”“轮换 lúnhuàn”“轮流 lúnliú”などを用いる．¶替换投球手 / ピッチャーを交代する．¶昼夜 zhòuyè 轮换工作 / 昼夜交代で働く．

【交待】jiāodài 動 ①→【交代】jiāodài ③④⑤ ② おしまいになる．

【交道】jiāodao →【打交道】dǎ jiāodao

【交底】jiāo//dǐ 動(～儿)事の委細を話す．手の内を見せる．

【交点】jiāodiǎn 名 ①〈数〉交差点．②〈天〉交点．

【交锋】jiāo//fēng 動 矛(ほこ)を交える．交戦する．¶思想～ / 腹を割って意見を戦わす．

【交付】jiāofù 動 ① 交付する．支払う．¶～定金 / 手付け金を渡す．② 引き渡す．¶大楼已～使

用 / ビルはすでに引き渡され使用されている.
【交感神经】jiāogǎn shénjīng 名〈生理〉交感神経.
【交割】jiāogē 動 ①受け渡しする；決済する. ¶～日 / 受け渡し日. ②引き継ぎをする.
【交给】jiāogěi 動 …に(…を)**手渡す**. **渡す**. ¶请你把这封信～她 / この手紙を彼女に渡してください. ¶这事就～你办啦 la / このことは君にまかせるよ. ⇒〖交 jiāo〗❶①
【交工】jiāo//gōng 動 工事を完成して引き渡す.
【交公】jiāo//gōng 動 政府や公的機関へ引き渡す.
【交媾】jiāogòu 動(人が)性交する.
【交关】jiāoguān ①動 互いに関連をもつ. ¶性命 xìngmìng ～ / 命にかかわる. ②形〈方〉きわめて多い. ③副〈方〉非常に.
【交好】jiāo//hǎo 動 仲よくする. 友達になる.
【交合】jiāohé 動 ①つながる；つなげる. ②交配する；性交する.
【交互】jiāohù 副 ①互いに. 交互に. ►具体的な動作に用いる. ②代わる代わる.
【交还】jiāohuán 動 返す. 返還する.
*【交换】jiāohuàn 動 **交換する**. ¶～礼品 lǐpǐn / プレゼントを交わす. ¶～意见 / 意見を交換する. ¶等价 děngjià ～ / 等価交換. ¶～场地 chǎngdì /〈体〉チェンジコート. チェンジサイド.
【交火】jiāo//huǒ 動 交戦する.
【交货】jiāo//huò 動 商品を引き渡す. 納品する. ¶船上 chuánshàng ～ / 本船〔甲板〕渡し. FOB. ¶～期 qī / 納期.
【交集】jiāojí 動(異なった感情や物事が)こもごも至る,同時に現れる. ¶百感～ / 万感こもごも至る. ¶悲喜 bēixǐ ～ / 悲喜こもごも至る.
*【交际】jiāojì 動 **交際する**. 付き合う. ¶小张很会～ / 張さんは社交上手だ. ¶他不善于 shànyú ～ / 彼は交際が下手だ. ¶～工具 gōngjù / コミュニケーション手段.
【交际花】jiāojìhuā 名 社交界の花.
【交际舞】jiāojìwǔ 名 社交ダンス.
【交加】jiāojiā 動〈書〉(二つの物事が)同時にやってくる. ►成語によく用いる. ¶风雪～ / 風と雪が同時に激しくなる. ¶贫 pín 病～ / 貧乏と病気の二重苦に迫られる.
【交接】jiāojiē 動 ①接する. つながり合う. ¶冬春～之际 jì / 冬と春との変わり目. ②(仕事や物を)引き渡す,引き継ぐ. やりとりする. ¶～班 / 勤務を交替する. ③付き合う. 交際する.
【交界】jiāojiè 動 境を接する.
【交警】jiāojǐng 名〈略〉交通警察.
【交卷】jiāo//juàn 動(～儿)試験の答案を提出する；〈転〉任務を達成して復命する. ¶这个月内 nèi 交不了 buliǎo 卷 / 今月中には任務を完成できない.
【交口】jiāo//kǒu 動 ①異口同音に言う. ②〈方〉言葉を交わす.
【交口称誉】jiāo kǒu chēng yù〈成〉口をそろえてほめる.
【交困】jiāokùn 動 いろいろな困難が一時に現れる. ¶内外～ / (国政が)内外ともに行き詰まる.
【交流】jiāoliú 動 ①**交流する**. 取り交わす. ¶～工作经验 jīngyàn / 仕事の経験を話し合う. ②入り混じって流れる.
【交流电】jiāoliúdiàn 名 交流電気.
【交纳】jiāonà 動 納める. 払い込む. ¶～伙食费 huǒshífèi / 食費を納める. ¶～学费 / 学費を納める.
【交派】jiāopài 動 上級機関から下級機関に任務を言いつける. 指図する.
【交配】jiāopèi 動〈生〉交配する. (雌雄を)かけ合わせる.
【交迫】jiāopò 動 こもごも迫る.
【交情】jiāoqing 名 間柄. 友情. 仲. ¶这个人很讲～ / この人はなかなか友情を大切にする.
【交融】jiāoróng 動 とけ合う. ¶水乳 rǔ ～ / (二つの物が)しっくりとけ合う形容.
【交涉】jiāoshè 動 交渉する. 掛け合う. ¶办～ / 交渉にあたる. ¶～失败 shībài / 交渉が決裂する. ¶～得很顺利 shùnlì / 交渉がスムーズに進む.
【交手】jiāo//shǒu 動 取っ組み合う. 殴り合う.
【交售】jiāoshòu 動(国家に)売り渡す. ¶～公粮 gōngliáng / 現物納入穀物を売り渡す.
*【交谈】jiāotán 動 **話し合う**. **言葉を交わす**. ¶亲热地～ / 親しげに話し合う.
【交替】jiāotì 動 ①**交替する**. 交代する. ¶新旧 xīnjiù ～ / 新旧交替(する). ②**代わる代わる行う**. ¶～工作 / 交替で仕事をやる.
*【交通】jiāotōng ❶名 ①**交通**. 各種の運輸と通信事業の総称；通信と連絡の仕事〔人〕. ¶～堵塞 dǔsè / 交通渋滞(する). ②〈旧〉(革命部隊・地下組織間の)連絡員,通信員. ❷動 ①〈書〉(縦横に)通じている. ¶阡陌 qiānmò ～ / あぜ道が四方八方に走っている. 互いに連絡交流していること. ②〈書〉ぐるになる. ¶～敌国 díguó / 敵国に内通する.
【交通部】Jiāotōngbù 名 交通省. ►日本の国土交通省に相当する.
【交通岛】jiāotōngdǎo 名(交差点の中央にある)交通巡査が立つ台.
【交通工具】jiāotōng gōngjù 名 交通機関.
【交通员】jiāotōngyuán 名〈旧〉(革命部隊間の)連絡員.
【交头接耳】jiāo tóu jiē ěr〈成〉ひそひそ話をする. 耳打ちする. ¶考场 kǎochǎng 内禁止 jìnzhǐ ～ / 試験場では耳打ち禁止.
*【交往】jiāowǎng 動 **付き合う**. 交際する.
【交尾】jiāowěi 動〈動〉交尾する.
【交恶】jiāowù 動 仲たがいする.
【交相辉映】jiāo xiāng huī yìng〈成〉(いろいろな光や色が)照り映える.
【交响曲】jiāoxiǎngqǔ 名〈音〉交響曲.
【交响乐】jiāoxiǎngyuè 名〈音〉交響楽. シンフォニー.
【交响乐队】jiāoxiǎng yuèduì 名〈音〉交響楽団. ►"交响乐团"とも.
【交心】jiāo//xīn 動 心の底までさらけ出す. 胸中を打ち明ける.
【交学费】jiāo xuéfèi〈慣〉(授業料を払うの意から)相当の損失をして貴重な教訓を得る.
【交验】jiāoyàn 動(証明書などを)提出して検査を受ける；(製品などの)検証を受ける. ¶～护照 hùzhào / パスポートの審査を受ける.
【交椅】jiāoyǐ 名 ①(折りたたみ式の)椅子. ②〈転〉地位. ポスト. ③〈方〉ひじかけ椅子.
*【交易】jiāoyì 名 ①**交易**. **取引**. ¶做了一笔 bǐ ～ / 取引を1件すませた. ②〈喩〉互いの利益をはか

ること．¶证券 zhèngquàn～/証券取引．［結託し互いの利益をはかる意に用いる］¶这是一桩肮脏āngzang 的政治～/これは卑劣な政治取引だ．

【交谊】jiāoyì 名〈書〉交誼．友誼．友情．

【交易所】jiāoyìsuǒ 名 取引所．

【交游】jiāoyóu 動〈書〉交遊する．交際する．¶～甚 shèn 广/交際がたいそう広い．¶不好 hào～/人付き合いが嫌いである．

【交友】jiāoyǒu 動 友だちになる．

【交运】jiāo//yùn 動 運が向いてくる．

【交杂】jiāozá 動 入り交じる．

【交战】jiāo//zhàn 動 交戦する．

【交账】jiāo//zhàng 動 ①支払いをする．②〈喩〉責を果たす；申し開きをする．¶再考不上大学,怎么向父母～/今度も,大学に受からなかったら,どうやって両親に言い訳をしよう．

【交织】jiāozhī ①動 入り交じる．②名 交ぜ織り．

郊 jiāo ◇ 郊外．町はずれ．市外．¶四～/郊外．¶～野 yě/郊外の野原．‖姓

*【郊区】jiāoqū 名(↔市区 shìqū) **近郊地区**．

【郊外】jiāowài 名 **郊外**．町はずれ．¶～住宅区 zhùzháiqū/郊外の住宅地区．

【郊游】jiāoyóu 動 **ピクニックをする**．遠足に行く．¶去～/ピクニックに行く．

茭 jiāo 名〈書〉まぐさ．

【茭白】jiāobái 名〈植〉(中国野菜の一種)マコモダケ．

***浇(澆) jiāo** 動 ①(水を)**注ぐ,かける**．¶～花/花に水をやる．¶～水/水をかける．¶全身被雨水～透 tòu 了/雨に降られて全身びしょぬれになった．②灌漑する．¶引水～地/水を引いて田畑を灌漑する．③(鋳型に)流し込む．¶～铅字 qiānzì/活字を鋳造する．
◇ つれない．冷酷である．

【浇薄】jiāobó 形〈書〉薄情である．

【浇灌】jiāoguàn 動 ①(型に)流し込む．¶～混凝土 hùnníngtǔ/コンクリートを型に流し込む．②灌漑する．

【浇冷水】jiāo lěngshuǐ〈慣〉水をかける．冷水を浴びせる►"拨 pō 冷水"とも．

【浇铸】jiāozhù 動〈冶〉(金属を鋳型に流し込んで)鋳造する．

娇(嬌) jiāo ①動 **甘やかす**．¶小孩子别 bié 太～了/子供はあまり甘やかすべきではない．
②形 **弱々しい．意気地がない**．¶他才走几里地就叫苦 jiàokǔ,未免 wèimiǎn 太～了/彼はほんの数里歩いただけでもう弱音を吐くなんて,どうも根性が足りない．¶他身体太～/彼は体が虚弱だ．
◇(女性・子供・花などが)愛くるしい,ういういしい．¶撒 sā～/甘える．¶江山 jiāngshān 如此多～/江山はかくも美しい．

【娇宠】jiāochǒng 動 甘やかす．

【娇滴滴】jiāodīdī 形 愛くるしい；甘ったるい．

【娇惯】jiāoguàn 動 **甘やかす**．溺愛(できあい)する．

【娇贵】jiāogui 形 ①大切に育てられてひ弱である．②(物が)壊れやすい．

【娇媚】jiāomèi 形 ①色っぽく甘えている．②なまめかしく美しい．コケティッシュな．

【娇嫩】jiāonen 形(体が)か弱い,きゃしゃである；(物が)壊れやすい,もろい．デリケートだ；(花が)みずみずしい．

【娇娜】jiāonuó 形(若い女性が)姿態が美しく愛らしい．

【娇气】jiāoqi 形(人間が)お上品すぎる,ひ弱である,我慢や苦労ができない；(物が)壊れやすい,傷みやすい．¶她从小就很～/彼女は小さいころからひ弱だ．

【娇娆】jiāoráo 形〈書〉なまめかしくあでやかである．

【娇柔】jiāoróu 形 上品でやさしい．

【娇声】jiāoshēng 名(女性の)なまめかしい声,甘え声．¶～软语 ruǎnyǔ/とろけるような甘ったるい言葉．

【娇生惯养】jiāo shēng guàn yǎng〈成〉甘やかされて大きくなる．

【娇小玲珑】jiāo xiǎo líng lóng〈成〉小柄で愛くるしい；(物が)小さくて精巧にできている．

【娇羞】jiāoxiū 動(女性が)なまめかしくはにかむ．

【娇艳】jiāoyàn 形 あでやかである．なまめかしい．

【娇养】jiāoyǎng 動(子供を)**甘やかす**．¶她从小被父母～惯 guàn 了/彼女は子供の時から父母に甘やかされて育った．

【娇纵】jiāozòng 動 甘やかす．増長させる．

姣 jiāo 形〈古〉みめうるわしい．美しい．

【姣好】jiāohǎo 形(容姿が)美しい．

骄(驕) jiāo ◇ ①おごり高ぶる．②激しい．¶→～阳 yáng．

*【骄傲】jiāo'ào ①形 **おごり高ぶっている**．傲慢である．¶态度 tàidu～/傲慢である．②動 **誇りに思う**．¶为祖国 zǔguó 而～/祖国を誇りに感ずる．③名 **誇り**．

【骄横】jiāohèng 形 横暴である．専横である．¶～跋扈 báhù/傲慢で横暴である．

【骄矜】jiāojīn 形〈書〉傲慢である．おごり高ぶる．

【骄慢】jiāomàn 形 傲慢である．

【骄气】jiāoqi 名 傲慢な態度・気風．

【骄奢淫逸】jiāo shē yín yì〈成〉傲慢(ごうまん)・奢侈(しゃし)・淫蕩(いんとう)・逸楽．生活が堕落している．►"骄奢淫佚"とも書く．

【骄阳】jiāoyáng 名〈書〉強烈な日光．強い日差し．¶～似 sì 火/焼けつくような日差し．

【骄子】jiāozǐ 名 寵愛(ちょうあい)される子供．わがまま息子；世間にもてはやされた人．寵児．¶影业 yǐngyè～/映画界の寵児．

【骄纵】jiāozòng 形 傲慢で放縦である．

胶(膠) jiāo ①名 **にかわ**；(ゴムなどの)樹脂；合成樹脂．
②動(のり状のもので物を)**継ぎ合わせる,くっつける**．¶把两块木板～在一起/2枚の板をにかわでくっつける．
◇ ねばねばした．¶→～泥 ní．‖姓

【胶版】jiāobǎn 名 ①〈印〉オフセット印刷．②ゴム版．

【胶布】jiāobù 名 ① 絶縁テープ．ガムテープ．② ばんそうこう．
【胶带】jiāodài 名 ① セロハンテープ；ゴムバンド．② フィルム．¶电影～／映画のフィルム．③ 録音テープ．
【胶合】jiāohé 動(にかわで)接着する．
【胶合板】jiāohébǎn 名 ベニヤ板．
【胶结】jiāojié 動(にかわなどが乾いて)しっかりとくっつく,接着する．¶～剂 jì／接着剤．
【胶卷】jiāojuǎn 名(～儿)(写真用の)**フィルム．**
【胶木】jiāomù 名〈化〉ベークライト．
【胶囊】jiāonáng 名 カプセル薬．
【胶泥】jiāoní 名 泥状粘土．しっくい．
【胶皮】jiāopí 名 ① ゴム．¶～轱辘 gūlu／ゴムタイヤ．¶～管子 guǎnzi／ゴムホース．②〈方〉人力車．
【胶片】jiāopiàn 名(～儿)**フィルム．**¶缩微 suōwēi～／マイクロフィルム．
【胶乳】jiāorǔ 名〈化〉(ゴムの木の)乳液．ラテックス．
【胶水】jiāoshuǐ 名(～儿)液体のり．ゴムのり．
【胶体】jiāotǐ 名〈化〉コロイド．
【胶鞋】jiāoxié 名 ゴム靴．
【胶靴】jiāoxuē 名 ゴム長靴．
【胶印】jiāoyìn 名〈印〉オフセット印刷．
【胶柱鼓瑟】jiāo zhù gǔ sè〈成〉(琴柱をにかわで固定すると調子を変えることができないことから)物事にこだわって融通のきかないたとえ．
【胶着】jiāozhuó 動〈喩〉動きがとれなくなる．¶～状态／膠着状態．

教 jiāo ** 動(知識や技術を)**教える．** 注意 情況を教える場合は,一般に"告诉 gàosu""介绍 jièshào"を用いる．ⓐ目的語は人(「…に」)と事物(「…を」)の両方,またはどちらか一方だけでもよい．¶她～小学生／彼女は小学生に教える．¶～她滑雪 huáxuě／彼女にスキーを教える．ⓑ場所や教材・道具を目的語とする．¶～了七年高中／高校で7年教えた．¶～钢琴 gāngqín／ピアノを教える．▸▸ jiào
【教给】jiāogěi 動 …に(…を)**教える．**¶姐姐～妹妹做菜 zuòcài／姉は妹に料理を教えている．
【教书】jiāo//shū 動 **授業をする；教師をする．**¶她在小学里～／彼女は小学校で教鞭を執っている．
【教学】jiāo//xué 動(知識や技能を)教える,教授する．教師になる．⇒【教学】jiàoxué

椒 jiāo ◇◆ サンショウ・コショウなど刺激性の味がする植物．¶花～／サンショウ．¶辣 là～／トウガラシ．¶柿子 shìzi～／ピーマン．
【椒盐】jiāoyán 名(～儿)炒ったサンショウを細かく砕いて塩と混ぜた調味料．

蛟 jiāo "蛟龙 jiāolóng"(みずち．水中にすむ竜の一種)という語に用いる．

焦 jiāo ❶ 形 ① **焦げている．**¶面包烤 kǎo～了／パンが焦げた．¶一不注意,饭都～了／ちょっとした不注意で,ご飯が焦げた．② かりかりである．からからである．¶晒 shài～／干からびる．
❷ 名 コークス．¶煤 méi～／コークス．¶炼 liàn～／コークスを製造する．¶→～油 yóu．
◇◆ 焦る．いらだつ．じれる．¶心～／いらいらする．‖ 姓
【焦脆】jiāocuì 形 ①(食べ物が)キツネ色に焦げて歯当たりがいい．②(音が高く)鋭い．¶～的枪声 qiāngshēng／乾いた銃声．
【焦点】jiāodiǎn 名 ①〈数〉〈物〉焦点．②(レンズの光軸上の)焦点．③(事件の)焦点．
【焦黑】jiāohēi 形 黒焦げである．
【焦黄】jiāohuáng 形 黄色く干からびている．キツネ色である．
【焦急】jiāojí 形 **いらだつ．**やきもきする．気をもむ．¶心里很～／心が落ち着かない．¶他～地等待děngdài 着／彼はいらいらしながら待っている．
【焦距】jiāojù 名〈物〉焦点距離．フォーカス．
【焦渴】jiāokě 形 ①(のどが)からからに渇く．② 焦がれる．
【焦枯】jiāokū 形(草木が)枯れている．
【焦烂】jiāolàn 形 焼け焦げてぼろぼろである．
【焦虑】jiāolǜ 動 苦慮する．気をもむ．
【焦炭】jiāotàn 名 コークス．
【焦头烂额】jiāo tóu làn é〈成〉火事場でやけどをする；さんざんな目にあう．
【焦土】jiāotǔ 名 焦土．¶化为～／焦土と化す．
【焦油】jiāoyóu 名〈化〉コールタール．
【焦躁】jiāozào 形 いらいらしている．やきもきしている．¶车子 chēzi 老不来,大家十分～／車が長いこと来ないので,みんなとてもいらいらしている．
【焦炙】jiāozhì 動〈書〉(火であぶられるように)ひどくいらだつ．

跤 jiāo ◇◆ 転ぶ．►"交 jiāo"とも書く．¶跌 diē～／つまずいて転ぶ．⇒〖交 jiāo〗◇◆③

鲛 jiāo 名〈魚〉サメ．フカ．►"沙鱼 shāyú""鲨鱼 shāyú"とも．

蕉 jiāo ◇◆ 葉がバショウに似た植物をいう．¶香 xiāng～／バナナ．¶美人 měirén～／カンナ．‖ 姓

礁 jiāo ◇◆ 暗礁；珊瑚礁(さんごしょう)．
【礁湖】jiāohú 名〈地〉(環)礁湖．
【礁石】jiāoshí 名 暗礁．

2声 **嚼** jiáo 動 **かむ．**かみ砕く．¶～口香糖 kǒuxiāngtáng／ガムをかむ．▸▸ jiào,jué
【嚼舌】jiáo//shé 動 ① 減らず口をたたく．とやかく言う．►"嚼舌头 shétou""嚼舌根儿 shégēnr"とも．② つまらない言い争いをする．
【嚼用】jiáoyòng 名〈方〉〈口〉生活の費用．食費．
【嚼子】jiáozi 名 くつわ．

3声 ** **角** jiǎo ❶ 名 ① **角**(つの)；角笛．量 只 zhī；[対の数] 对．¶牛 niú～／ウシの角．②(～儿)**隅．角**(かど)．¶桌子～儿／机の角．¶东南～／東南の隅．③ 岬．►地名に用いることが多い．¶好望 Hǎowàng～／(南アフリカの)喜望峰．④〈数〉角．¶钝 dùn～／鈍角．⑤(二十八宿の一つ)すぼし．
❷ 量 ① 4分の1．四半分．¶一～月饼 yuèbing／4分の1の月餅(げっぺい)．②(**貨幣単位**)1"圆〔元〕yuán"の10分の1．►話し言葉では"毛 máo"という．
◇◆ ①角(つの)に似たもの．¶豆～儿／マメのさや；サ

J

ヤインゲン. ②古代の軍用楽器. ¶号～／軍用ラッパ. ▸▸jué

【角尺】jiǎochǐ 名 差し金. かね尺.
【角度】jiǎodù 名 ①〈数〉角度. ②角度. 観点.
【角楼】jiǎolóu 名 城壁の上の四隅にあるやぐら. 隅櫓(すみやぐら).
*【角落】jiǎoluò 名 ①**隅**. 隅の方. ②**辺鄙**(へんぴ)な所. ¶消息传遍 chuánbiàn 了每个～／うわさが隅々にまで広まった.
【角门】jiǎomén 名(～儿)脇戸. 門の脇の入り口.
【角膜】jiǎomó 名〈生理〉角膜.
【角票】jiǎopiào 名 額面が"角"単位の3種の補助紙幣の総称. ►"毛票"とも.
【角球】jiǎoqiú 名〈体〉(サッカーの)コーナーキック;(水球・ハンドボールの)コーナースロー.
【角质】jiǎozhì 名 ①〈動〉角質. ②〈植〉外被. 外膜.
【角柱体】jiǎozhùtǐ 名〈数〉角柱.
【角锥体】jiǎozhuītǐ 名〈数〉角錐.

侥(僥) jiǎo

"侥幸 jiǎoxìng"⬇という語に用いる.

【侥幸】jiǎoxìng 形 僥幸(ぎょうこう)に恵まれる. 思いがけず幸いである. ¶心存 cún ～／まぐれを期待する.

佼 jiǎo

◇◆ 美しい. 立派である.

【佼佼】jiǎojiǎo 形〈書〉すぐれたさま. ¶～者／秀でた人.

狡 jiǎo

◇◆ 悪賢い. ずるい. ¶→～猾 huá. ¶→～计 jì.

【狡辩】jiǎobiàn 動 詭弁を弄する. ずるく言い訳をする. うまく言い逃れる.
*【狡猾・狡滑】jiǎohuá 形 **狡猾**(こうかつ)**である**. ずる賢い.
【狡计】jiǎojì 名 悪賢いたくらみ. 奸計. 計略.
【狡兔三窟】jiǎo tù sān kū〈成〉(人が)いくつも隠れ家をもっている;あらかじめ逃げ道を用意している.
【狡诈】jiǎozhà 形 狡猾である. 悪賢い.

饺 jiǎo

◇◆ ギョーザ. ¶水～／ゆで〔水〕ギョーザ.

【饺子】jiǎozi 名 **ギョーザ. 注意 日本の焼きギョーザは"锅贴儿 guōtiēr"といい,中国で"饺子"というと普通"水饺子"(ゆでギョーザ)をさす. 量 个. ¶～皮／ギョーザの皮. ¶～馅 xiàn ／ギョーザの具.
❖包 *bāo*〔煮 *zhǔ*〕～／ギョーザを作る〔ゆでる〕.

绞 jiǎo

❶動 ①**絞る**. ねじる. ¶～肉末／ひき肉をつくる. ¶把抹布 mābù ～干 gān ／雑巾をかたく絞る. ②なう. より合わせる. ¶三股 gǔ 线～成一股／3本の糸を1本により合わせる. ③巻き揚げる. ¶～着辘轳 lùlú 打水／ろくろで水をくむ. ④(縄で)絞め殺す. ⑤こんがらかる. ¶许多 xǔduō 问题～在一起,闹 nào 不清楚／たくさんの問題がこんがらかっていて,訳がわからない. ⑥(リーマーで)削る. ¶～孔 kǒng ／(リーマーで)穴を削る.
❷量 綿糸や毛糸を数える:かせ. ¶一～毛线 máoxiàn ／ひとかせの毛糸.

【绞车】jiǎochē 名 ウインチ.
【绞架】jiǎojià 名 絞首台.
【绞尽脑汁】jiǎo jìn nǎo zhī〈成〉ありったけの知恵を絞る.
【绞脸】jiǎoliǎn 動(旧時,婚礼の前に)女性が顔のうぶ毛を抜く. ►ぴんと張った糸で挟んで抜く.
【绞脑汁】jiǎo nǎozhī〈慣〉知恵をしぼる. ¶绞尽 jìn 了脑汁／ありったけの知恵をしぼる.
【绞盘】jiǎopán 名〈機〉(船の)ウインチ.
【绞肉机】jiǎoròujī 名 ひき肉機.
【绞杀】jiǎoshā 動 ①絞殺する. ②〈喩〉圧殺する.
【绞丝】jiǎosī 名(～儿)(漢字の偏旁)いとへん"纟".
【绞痛】jiǎotòng 動(内臓が)激しく痛む. さしこみがする. ¶肚子 dùzi ～／腹がさしこむ. ¶心～／心臓に起こる劇痛.
【绞刑】jiǎoxíng 名 絞首刑.

铰 jiǎo

動〈口〉①(はさみで)切る,裁つ. ②(リーマーで)削る.

【铰接】jiǎojiē 動〈機〉ヒンジで連結する. ¶～式无轨 wúguǐ 电车／2両連結のトロリーバス.
【铰链】jiǎoliàn 名〈機〉ヒンジ. ちょうつがい.

矫(矯) jiǎo

◇◆ ①正す. 曲がっているものをまっすぐにする. ②強い. 勇ましい. ③偽る. かこつける. ¶～饰 shì ／わざとらしくつくろう. ‖姓

【矫健】jiǎojiàn 形 力強くたくましい.
【矫捷】jiǎojié 形 たくましくてすばしこい.
【矫情】jiǎoqíng 名〈書〉あまのじゃく.
【矫揉造作】jiǎo róu zào zuò〈成〉わざとらしくふるまう. いじくり回して不自然にする.
【矫枉过正】jiǎo wǎng guò zhèng〈成〉是正が行き過ぎる. 角を矯(た)めて牛を殺す.
【矫形】jiǎoxíng 動〈医〉整形する. ¶～外科／整形外科. ¶～手术 shǒushù ／整形手術.
【矫正】jiǎozhèng 動 **矯正する**. 是正する. 直す. 正す. ¶～发音／発音を直す. ¶～偏差 piānchā ／偏りを是正する.

皎 jiǎo

◇◆ 白く光って明るいさま. ¶～月／白く照り映える月. ‖姓

【皎皎】jiǎojiǎo 形 白く光って明るい.
【皎洁】jiǎojié 形(月などが)白く輝いている.

** 脚 jiǎo

名 ①**足**. ►"腿"の下,くるぶしからつま先までをいう. 量 只;〔両方〕双. ②(～儿)**物の下部**. ¶墙 qiáng ～／塀の土台. ¶山～／山のふもと.
◇◆ 人力運搬の. ¶拉 lā ～／馬車ひきをする. ¶→～夫 fū.

【脚板】jiǎobǎn 名〈方〉足の裏;(広く)足.
【脚背】jiǎobèi 名 足の甲.
【脚本】jiǎoběn 名 脚本. 台本. シナリオ.
【脚脖子】jiǎobózi 名〈方〉 足首.
*【脚步】jiǎobù 名(～儿)①**歩幅**. ②**足どり**. ¶放轻～／足どりを軽くする. ¶加快～／足どりを速める. ¶～声 shēng ／足音.
【脚踩两只船】jiǎo cǎi liǎng zhī chuán〈慣〉二股をかける. ►"脚踏两只船 jiǎo tà liǎng zhī chuán"とも.
【脚灯】jiǎodēng 名〈劇〉フットライト.

【脚蹬子】jiǎodēngzi 名 ペダル.
【脚底板】jiǎodǐbǎn 名(〜儿)〈方〉足の裏.
【脚底下】jiǎodǐxia 名 ①(〜儿)足もと. ② 足の力. 足のわざ.
【脚夫】jiǎofū 名〈旧〉① 運搬人夫. ② 馬方.
【脚跟・脚根】jiǎogēn 名 かかと. ¶站稳 zhànwěn 〜 / 足もとをしっかりと固めて動揺しない.
【脚行】jiǎoháng 名〈旧〉運送業;運搬人夫.
【脚后跟】jiǎohòugen 名(=脚跟)かかと.
【脚迹】jiǎojì 名 足跡.
【脚尖】jiǎojiān 名(〜儿)つま先. ¶踮着 diǎnzhe 〜走 / つま先を立てて歩く.
【脚劲】jiǎojìn 名(〜儿)〈方〉足の力.
【脚力】jiǎolì 名 ① 脚力. ②〈旧〉運搬人足. ③ 運搬賃. ④〈旧〉人足に与える祝儀. 酒手.
【脚镣】jiǎoliào 名 足かせ.
【脚门】jiǎomén →【角门】jiǎomén
【脚面】jiǎomiàn 名 足の甲.
【脚盆】jiǎopén 名 足洗い用のたらい.
【脚蹼】jiǎopǔ 名(潜水用の)足ひれ. フィン.
【脚气】jiǎoqì 名 ①〈医〉脚気(かっけ). ②〈口〉水虫.
【脚色】jiǎosè →【角色】juésè
【脚手架】jiǎoshoujià 名〈建〉足場.
【脚踏车】jiǎotàchē 名〈方〉自転車.
【脚踏垫】jiǎotàdiàn 名 足ふきマット.
【脚踏两只船】jiǎo tà liǎng zhī chuán →【脚踩两只船】jiǎo cǎi liǎng zhī chuán
【脚踏实地】jiǎo tà shí dì〈成〉(仕事をする態度が)着実である,足が地についている.
【脚腕子】jiǎowànzi 名 足首. ¶〜崴 wǎi 了 / 足首をくじいた.
【脚下】jiǎoxià 名 ① 足もと. ②〈方〉目下. ③〈方〉近く.
【脚心】jiǎoxīn 名(足裏の)土踏まず.
【脚癣】jiǎoxuǎn 名〈医〉水虫. ►俗に"脚气 jiǎoqì"とも.
【脚丫子・脚鸭子】jiǎoyāzi 名〈方〉足首から先の部分. 足. ¶光着〜 / はだしになっている.
【脚印】jiǎoyìn 名(〜儿)足跡. ¶留下 liúxià 〜 / 足跡を残す.
【脚闸】jiǎozhá 名(三輪自転車の)足踏みブレーキ.
【脚掌】jiǎozhǎng 名 足の裏.
【脚爪】jiǎozhǎo 名〈方〉動物の足.
【脚正不怕鞋歪】jiǎo zhèng bù pà xié wāi〈諺〉行いが正しければ他人の誹謗など恐れることはない.
【脚趾】jiǎozhǐ 名 足の指.
【脚指甲】jiǎozhǐjia 名 足の指のつめ. ► jiǎozhījia, または jiǎozhíjia とも発音する.
【脚指头】jiǎozhǐtou 名〈口〉足の指. ► jiǎozhítou とも発音する.
【脚注】jiǎozhù 名 脚注.

搅(攪) jiǎo 動 ① **かき混ぜる**. ¶用筷子 kuàizi 〜鸡蛋 jīdàn / 箸(はし)で卵をかき混ぜる. ② **かき乱す. 邪魔する**. ¶我忙着呢,别〜我 / 忙しいので私の邪魔をしないで. ③〈方〉うるさくからむ.
【搅拌】jiǎobàn 動 **攪拌(かくはん)する**. かき混ぜる. ¶〜水泥 shuǐní / セメントをかき混ぜる.
【搅拌机】jiǎobànjī 名 攪拌機.
【搅缠】jiǎochán 動 まとわりつく.
【搅动】jiǎo//dòng 動+結補 ①(棒で液体を)かき回す. ② かき乱す.
【搅浑】jiǎo//hún 動+結補 かき回して濁らせる. ¶把水〜 / 水をかき回して濁らせる;〈転〉かき乱す. 妨害する.
【搅混】jiǎohun 動〈口〉入り乱れる. 入り混じる.
【搅和】jiǎohuo〈方〉動 ① 混じり合う. ② 邪魔をする.
【搅乱】jiǎoluàn 動 ① **攪乱する**. 邪魔だてをする. ②(順序などを)**乱す**,めちゃめちゃにする. ¶〜秩序 zhìxù / 秩序を乱す.
【搅扰】jiǎorǎo 動(動作や音で)**邪魔をする**. ¶不要〜你爸爸 bàba 的工作 / お父さんの仕事を邪魔するな.

剿 jiǎo ◇◆ 攻め滅ぼす. 討伐する. ¶围 wéi 〜 / 包囲討伐する. ¶〜匪 fěi / 匪賊(ひぞく)を討伐する. ►► chāo
【剿除】jiǎochú →【剿灭】jiǎomiè
【剿灭】jiǎomiè 動 討伐して全滅させる. 掃討する. ¶〜土匪 tǔfěi / 匪賊を討伐し一掃する.

缴 jiǎo 動 ①(義務として,またはやむを得ず)**納める,上納する**,差し出す. ¶〜税 shuì / 税金を納める. ¶〜学费 / 学費を納める.
②(武器などを)引き渡す. ¶〜枪 qiāng 不杀 / 武器を差し出したら命は助けてやる. ‖ 姓
【缴付】jiǎofù 動 **金銭を納める**. 納付する. ¶〜水电费 / 水道・電気料を納める.
【缴获】jiǎohuò ① 動 分捕る. ② 名 戦利品. 鹵獲(ろかく)品.
【缴纳】jiǎonà 動 **納める**. ¶〜管理费 guǎnlǐfèi / 管理費を納める.
【缴销】jiǎoxiāo 動(免許などを)返上して無効とする.
【缴械】jiǎo//xiè 動(敵の)武装を解除する.

4声 ** **叫**(教) jiào ❶ 動 ①(**名前は**)…**という**. ¶你〜什么名字?──我〜李华 Lǐ Huá / あなたのお名前はなんといいますか──私は李華といいます. 注意 姓だけを言うときは,"我姓李"のように"姓 xìng"を用いる.
②(人・物を)…**と呼ぶ**. ►呼び名を表す. 必ず二重目的語をとる. ¶大家都〜他"眼镜儿 yǎnjìngr"张 / みんなは彼をめがねの張と呼ぶ.
③(食堂で料理を)**注文する**;(タクシーなど車を)呼ぶ;(配達を頼んで)届けさせる. ¶他〜了三个菜 / 彼は料理を3皿注文した.
④(人を)呼ぶ,呼びつける. ¶小张,老师〜你 / 張君,先生が呼んでるよ.
⑤ 叫ぶ. 声を立てる;(鳥や虫が)鳴く;(犬が)ほえる. ¶青蛙 qīngwā 〜 / カエルが鳴く.
⑥《**使役表現**に用いられる》(…に)…**させる**;(…することを)許す. ►必ず兼語を伴う. ¶上司 shàngsi 〜我到深圳 Shēnzhèn 去一趟 tàng / 上司は私に深圳に行ってこいと言った. ¶我妻子 qīzi 不〜我抽烟 chōu yān / 女房が私がたばこを吸うことを許しません.
❷ 前(動作の主体を導き)…**に**〔**で**〕…**される**. …に〔で〕…させられる. ►北方の口語に用いられ,"教"と表記されることもある. "叫"に"给"が呼応して「"叫"…"给"+動詞」の形になることがある. ¶收音

机 shōuyīnjī ～弟弟弄坏 nònghuài 了 / ラジオは弟に壊された. ¶我的自行车～他给骑 qí 走了 / 私の自転車は彼に乗っていかれた. ¶三张票～妹妹拿 ná 去了一张 / 3枚の切符のうち,妹に1枚持っていかれた.

❸動 …される. ►直接に動詞の前に用い,受動を表す. ¶好大的雨,衣服都～淋透 líntòu 了 / ひどい雨だ,服がすっかりぬれてしまった.

【叫喊】jiàohǎn 動 叫ぶ. 大声を出す. ¶高声～ / 大声で叫ぶ.

【叫好】jiào//hǎo 動(～儿)喝采する. (すばらしい演技などに)大声で"好"と掛け声をかける. ¶叫倒好儿 dàohǎor / (演技者がしくじったときに)やじを飛ばす.

【叫号】jiào//hào 動(～儿) ①(順番を表す)番号を呼ぶ. ②〈方〉(力仕事をする時)掛け声をかける. ③〈方〉挑発する. そそのかす. 挑戦する.

【叫花鸡·叫化鸡】jiàohuājī 名 〈料理〉乞食鶏(こじきどり). ハスの葉で包んだニワトリを泥で塗り固めて蒸し焼きにしたもの.

【叫花子】jiàohuāzi 名 〈口〉乞食. ►"叫化子"とも書く.

【叫唤】jiàohuan 動 ①大声で叫ぶ. ¶他疼 téng 得直～ / 彼はあまりの痛さに声を出した. ②(動物が)鳴く. ¶马～ / 馬がいななく.

【叫绝】jiào//jué 動 すばらしいと叫ぶ. 喝采(かっさい)する. ¶拍案 pāi'àn ～ / 机をたたいて絶賛する.

【叫苦】jiào//kǔ 動 苦しさを訴える. 弱音を吐く. こぼす. 悲鳴を上げる. ¶他从来没叫过苦 / 彼はこれまで弱音を吐いたことがない. ¶～不迭 dié / しきりに悲鳴を上げる.

【叫苦连天】jiào kǔ lián tiān 〈成〉立て続けに悲鳴を上げる;非常に苦しい.

【叫骂】jiàomà 動 大声でののしる.

【叫卖】jiàomài 動(路上·店頭で)振り売りする. 呼び売りする. ¶～声 shēng / 売り声.

【叫门】jiào//mén 動(戸口で)案内を請う. ドアをノックする. 外から呼び掛ける.

【叫屈】jiào//qū 動(人に)不当な待遇·取り扱いや無実を訴える.

【叫嚷】jiàorǎng 動 叫ぶ. わめく. 大声で騒ぐ.

【叫停】jiàotíng 動 ①〈体〉タイムをかける. ②(ある行為を)やめさせる.

【叫响】jiàoxiǎng 動 好評である.

【叫嚣】jiàoxiāo ①動〈貶〉わめきたてる. ¶大肆 sì ～ / 大いにわめきたてる. ②名 わめき声.

【叫醒】jiào//xǐng 動+結補 呼び覚ます. 起こす. ¶～服务 fúwù / モーニングコールサービス. ►"叫早 jiàozǎo 服务"とも.

【叫真】jiào//zhēn 動(～儿)〈口〉本気にする. ¶这人好 hào ～ / あの人はすぐ真に受ける. ►"较真"とも書く.

【叫座】jiàozuò 動(～儿)(劇や俳優が)観客をひきつける,人気を呼ぶ.

*【叫做】jiàozuò 動 …と呼ばれる. …という. 名前は…である. ¶这条街 jiē ～美术馆街 / この通りは美術館街と呼ばれる.

觉(覺) jiào

名 眠り. 睡眠. ¶午～ / 昼寝. ¶一～醒 xǐng 来 / 目が覚める. ¶睡了一～ / ひと眠りした. ⏩ jué

校 jiào

動 校正する. 校訂する. 正す. ¶～稿子 gǎozi / 原稿を校正する. ¶～过一遍 biàn / 1回校正した.

◇◆ 比較する. 比べる. ⏩ xiào

【校场】jiàochǎng 名〈旧〉練武場.

【校点】jiàodiǎn 動 校訂し句読点をつける.

【校订】jiàodìng 動 校訂する.

【校对】jiàoduì ❶動 ①照合する. チェックする. ②校正する. ❷名 校正者.

【校改】jiàogǎi 動 校訂する.

【校核】jiàohé 動 校正する.

【校勘】jiàokān ①動 校勘する. ②名 テキストクリティーク. (古典などについて)テキスト間の異同を整理する.

【校样】jiàoyàng 名 校正刷り. ゲラ刷り.

【校阅】jiàoyuè 動 ①校閲する. ②〈書〉観閲する.

【校正】jiàozhèng 動 ①校正する. ②修正する. 改める. ¶～错别字 cuòbiézì / 誤字と当て字を直す.

【校注】jiàozhù 名 校訂と注釈.

【校准】jiào//zhǔn 動+結補〈機〉(計器などの目盛りを)修正する. ¶～器 qì / 目盛り(口径)測定器.

轿(轎) jiào

◇◆ かご. こし. ¶花～ / 嫁入りのかご. ¶抬 tái ～ / かごをかく.

【轿车】jiàochē 名 ①〈旧〉箱馬車. ②乗用車. セダン. 量 辆 liàng. ¶大～ / 大型乗用車.

【轿夫】jiàofū 名〈旧〉かごかき.

【轿子】jiàozi 名〈旧〉かご. こし. 量 顶,个. ¶坐～ / かごに乗る. ¶抬 tái ～ / かごをかく.

*较 jiào

①副 比較的. わりあいに. より…. ►主に単音節形容詞を修飾する. ¶他数学～好 / 彼は数学がわりとできる. ¶水平～高 / レベルがわりと高い.

②前〈書〉…より. ¶工作～前更为繁重 fánzhòng / 仕事が前よりもいっそうきつくなった.

◇◆ ①比べる. ¶～短论 lùn 长 / いろいろとあげつらう. ¶→～劲 jìn. ②明らかである. ¶～著 zhù / 顕著である.

【较劲】jiào//jìn ❶動(～儿) ①力比べをする. ¶较一较劲儿 / 力比べをする. ②敵対的な態度をとる. ❷名 頑張りどころ. 力の出しどころ. 腕の見せどころ. ►いずれも"叫劲"とも書く.

【较量】jiàoliang 動 競いあう. 力比べをする. ¶你不服,就跟他～～ / もし不服なら彼と勝負してみろ.

【较为】jiàowéi 副〈書〉比較的…である. ¶这样做～安全 / こうすればまあまあ安全だ.

教 jiào

〖叫 jiào〗❷に同じ.

◇◆ ①教え. 教育. ¶请～ / 教えを請う. ¶受～ / 教えを受ける. ¶管 guǎn ～ / しつける. ②宗教. ¶佛 Fó ～ / 仏教. ¶信～ / 宗教を信奉する. ‖姓 ⏩ jiāo

【教案】jiào'àn 名 授業計画.

【教本】jiàoběn 名〈書〉教科書. テキスト.

【教鞭】jiàobiān 名 教鞭(きょうべん). ¶执 zhí ～ / 教鞭を執る.

*【教材】jiàocái 名 教材.

【教程】jiàochéng 名 教程. 専門学科の教程.

【教导】jiàodǎo ①動 教える. 教え導く. ¶爸爸 bàba 常常～我要珍惜 zhēnxī 时间,努力学习 / 父にはいつも時間を大切にして勉強に励むよう指導される．②名 教え．指導．

【教风】jiàofēng 名 教師の授業に対する姿勢．

【教改】jiàogǎi 名 ①教育改革．②教授法の改革．

【教工】jiàogōng 名 教員・職員・用務員を含めた学校教職員．►“教职员工”の略．

【教规】jiàoguī 名〈宗〉教規．宗教上の規律．

【教化】jiàohuà 動〈書〉教化する．

【教皇】jiàohuáng 名〈宗〉ローマ法王．教皇．

【教会】jiàohuì 名 **教会**．教団．¶～学校 / ミッションスクール．注意 組織としての教会を指す．建物としての教会は“教堂”．

【教诲】jiàohuì ①動〈書〉教えさとす．②名 教戒．

【教具】jiàojù 名 教具．教育用器具．

【教科书】jiàokēshū 名 **教科書**．►“课本 kèběn”とも．量 本．

【教练】jiàoliàn ①動 **訓練する**．コーチする．¶～驾驶 jiàshǐ 技术 / 運転技能をコーチする．②名 **コーチ；監督**．

【教龄】jiàolíng 名 教歴．

【教门】jiàomén 名 ①(～儿)〈口〉イスラム教(をさす)．②宗派．教派．

【教派】jiàopài 名〈宗〉教派．宗派．

*【教师】jiàoshī 名 **教師**．教員．

【教师节】Jiàoshījié 名 教師の日．►9月10日．

*【教室】jiàoshì 名 **教室**．量 间 jiān,个．¶视听 shìtīng ～ / 視聴覚教室．

*【教授】jiàoshòu ①動 教え授ける．教授する．②名 **教授**．¶副 fù ～ / 准教授．

【教唆】jiàosuō 動(悪事を行うよう)そそのかす；教唆する．¶～犯 fàn / 教唆犯．

*【教堂】jiàotáng 名 **教会堂**．礼拝堂．

【教条】jiàotiáo ❶名 ①(宗教の)信条,教義．②(思想などの)教条．ドグマ．❷形〈口〉教条主義的である．¶他的话太～了 / 彼の話はあまりにも教条的だ．

【教廷】jiàotíng 名 ローマ教皇庁．

【教徒】jiàotú 名 教徒．信徒．

【教务】jiàowù 名 教務．¶～处 chù / 教務部．

【教习】jiàoxí ①名〈旧〉教員．②動〈書〉訓練する．

*【教学】jiàoxué ①動 **教授する**．②名 教学．¶～大纲 dàgāng / 教育指導要綱．¶～方法 / 教授法．¶～计划 jìhuà / カリキュラム．教学計画．¶～内容 nèiróng / 講義内容．¶～楼 lóu / 教室棟．⇒【教学】jiāo//xué

【教学相长】jiào xué xiāng zhǎng〈成〉学生も教師も共に向上する．

【教训】jiàoxun ①動 **教えさとす**．**しかる**．こらしめる．¶～孩子 / 子供を教えさとす．¶好好儿 hǎohāor ～他一顿 dùn / 彼をみっちりこらしめる．②名 **教訓**．¶吸取 xīqǔ ～ / 教訓をくみ取る．

【教研室】jiàoyánshì 名 “教室研究室”の略．教育研究組織．¶日语～ / 日本語研究室．►規模の小さなものは“教研组”．

【教研组】jiàoyánzǔ 名 教育研究グループ．

【教养】jiàoyǎng ①動(子供を)しつける．教え育てる．¶～员 yuán / 幼稚園の先生．保母．②名 教養．►多く“有、没有”の目的語として用いる．¶这个人很有～ / あの人は教養がある．

【教养院】jiàoyǎngyuàn 名 青年のための更生施設．少年院．

*【教育】jiàoyù ①名(徳育面における)**教育**．②動 **教え導く**．教育する．¶～下一代 / 次の世代を教育する．¶说服～ / 説得によって教育する．¶～～他 / 彼に説教してやる．注意 中国語の“教育”は「教育」のほか,広く「教訓」や「啓発」のニュアンスも帯びる．¶这件事～了我们 / このことで私たちは教えられた．

【教育部】Jiàoyùbù 名〈政〉教育省．►現在の中国国務院の行政機構では“国家教育委员会”と呼ばれる．日本の文部科学省に相当する．

*【教员】jiàoyuán 名 **教員**．教師．

【教长】jiàozhǎng 名〈宗〉(イスラム教の)司式僧,会師,導師．

【教正】jiàozhèng 動〈書〉叱正する．斧正(ふせい)を請う．►自分の作品を人に贈るときの常套語．¶敬 jìng 请～ / 謹んでご叱正を請う．

【教主】jiàozhǔ 名〈宗〉教主．開祖．始祖．

窖 jiào

①名 穴蔵．囲い．¶白菜～ / ハクサイ貯臓用の穴蔵．②動〈方〉穴蔵にしまう,貯蔵する．¶～冰 / 氷を穴蔵に蓄える．¶把萝卜 luóbo ～起来 / ダイコンを穴蔵に貯蔵する．

【窖藏】jiàocáng 動 穴蔵に貯蔵する．

酵 jiào

◇ 発酵する．¶发 fā ～ / 発酵(する)．¶发～粉 fěn / ふくらし粉．

【酵母】jiàomǔ 名 酵母．イースト．

【酵母菌】jiàomǔjūn 名 酵母菌．

【酵素】jiàosù 名〈化〉酵素．

【酵子】jiàozi 名〈方〉パン種．(パン種として)イーストを入れてこねた小麦粉．

嚼 jiào

“倒嚼 dǎojiào”(反芻(はんすう)する)という語に用いる．

⏩ jiáo,jué

jie (ㄐㄧㄝ)

1声 节(節) jiē

“节骨眼 jiēguyǎn”“节子 jiēzi”⬇という語に用いる．

⏩ jié

【节骨眼】jiēguyǎn 名(～儿)〈方〉〈喩〉肝心なとき．要所．

【节子】jiēzi 名 材木の節．

阶(階) jiē

◇ ①階段．¶音～ / 音階．②等級．¶官～ / 官等．‖姓

【阶层】jiēcéng 名 ①(階級内の)階層．②(社会の)層．

【阶地】jiēdì 名〈地〉(河岸・湖岸・海岸などの)段丘,テラス,段地．

*【阶段】jiēduàn 名 ①**段階**．¶第一～工程 gōngchéng / 第1段階の工事．¶历史发展 fāzhǎn ～ / 歴史発展の段階．注意 日本語の「階段」は“楼梯 lóutī”“阶梯 jiētī”という．②〈鉱〉水平坑道．

*【阶级】jiējí 名 ①**階級**．¶工人～ / 労働者階級．②〈書〉階段．③〈旧〉役人の等級．

【阶梯】jiētī 名 **階段**．**はしご**；〈喩〉出世コース．¶要使 shǐ 旧知识成为 chéngwéi 学习新知识的～ / 古い知識を新しい知識を学ぶ足がかりとするべきだ．¶进身 jìnshēn 的～ / 出世の階段．

疖(癤) **jiē** "疖子 jiēzi"⬇という語に用いる.

【疖子】**jiēzi** 名〈医〉疔(ちょう). できもの.

皆 **jiē** 副〈書〉みな. ことごとく. ¶人人～知 / だれでも知っている.

【皆大欢喜】**jiē dà huān xǐ** 〈成〉みなが喜ぶこと.

结 **jiē** 動(実が)なる. (実を)結ぶ. ¶树上～了好多桃子 táozi / 木にたくさんのモモがなった. ⏩jié

【结巴】**jiēba** 〈口〉①形 どもる. ¶这个人讲起话来～得很 / この人は話すとすごくどもる. ¶他结结巴巴 bāba 地讲了几句 / 彼はしどろもどろに二言三言話した. ②名 吃音(きつおん)者.

【结果】**jiē//guǒ** 動 実を結ぶ. 果物がなる. ¶柿子树 shìzishù 结了很多果 / 柿の実が鈴なりだ. ⇒【结果】jiéguǒ

【结实】jiēshi** 形 ①(体・物が)丈夫である. ¶包装 bāozhuāng 不～ / 包みがゆるすぎる. ¶他的身体很～ / 彼の体はとても丈夫だ. ②(足どりや動作が)しっかりしている.

J

** **接** **jiē**

> つなぐ→向こうから来るものを(次へつなぐべく)受け取る:手紙・電報などを受け取る,電話を受ける,ボールを受ける,人を出迎える,仕事・任務を引き継ぐ.

動 ①つなぐ. ¶两张桌子～起来,就能打乒乓球 pīngpāngqiú / テーブルを二つつなげたら,ピンポンができる. ¶请～268分机 fēnjī / 内線の268をお願いします. ¶节目 jiémù 一个～着一个进行 / 出し物が次々と引き続いて進められる.
②受け取る. 受け止める. ¶一个球 qiú 也～不住 / 1球も取れない. ❖～电话 *diànhuà* / 電話に出る.
③出迎える. ¶爸爸到飞机场去～一位客人 / 父さんは空港へお客さんを出迎えに行った.
④(仕事・任務を)引き継ぐ,交替する. ¶他的工作由 yóu 你来～ / 彼の仕事は君に引き継いでもらいたい.
◇◆ 接近する. 接触する. ¶→～近 jìn. ¶→～触 chù. ‖姓

【接班】**jiē//bān** 動(～儿) ①勤務を交替する. 仕事を引き継ぐ. ¶每天 měitiān 下午五点来～ / 毎日午後5時に来て勤務を引き継ぐ. ②(先人の仕事を)引き継ぐ.

【接班人】**jiēbānrén** 名〈喩〉後継者.

【接茬儿】**jiē//chár** 動〈方〉①受け答えする. ②続けてほかのことをする. ③("接下茬儿"の形で)人の話をとって話をする. ►"接碴儿"とも書く.

*【接触】**jiēchù** ❶動 ①触れる. さわる;近づく. 出くわす. ¶在厂 chǎng 里我常～有毒物质 yǒudú wùzhì / 工場で私はいつも有毒物質に触れている. ¶这种事情我从来也没～过 / このような事にこれまであったことがない. ②(人と人が)近づきになる. つきあう. ¶代表团～了各界人士 rénshì / 代表団は各界の人々と近づきになった. ③敵と接触し交戦する;〈転〉交渉する. ❷名 接触. コンタクト. ¶～不良 / 〈電〉接触不良. ¶～传染 chuánrǎn / 〈医〉接触伝染.

*【接待】**jiēdài** 動 ①接待する. 応接する. ¶～外宾 / 外国人客を接待する. ¶～室 / 応接室. ¶～站 / 接待所. ②受け付ける. 受け入れる. ¶美术馆从上午十点到下午四点～观众 guānzhòng / 美術館は午前10時から午後4時まで参観者を受け付ける. ¶～单位 / 受け入れ団体.

比較 接待:招待 zhāodài "接待"は主に礼儀上の一般的なもてなしをいい,"招待"はもてなしの内容と仕方についていい,飲食や酒席によってもてなすことが多い.

*【接到】**jiē//dào** 動+結補 受け取る. 受領する. ¶～家里的来信 / 家からの手紙を受け取る. ¶～通知 tōngzhī / 知らせを受け取る.

【接地】**jiēdì** 動〈電〉アースする.

【接二连三】**jiē èr lián sān** 〈成〉次から次へと. 引き続いて. たて続けに. ¶大选 dàxuǎn 的消息 xiāoxi ～地传来 / 選挙報告が次から次へと伝わってくる.

【接发球】**jiē fāqiú** 〈体〉(卓球・バレーボールなどの)レシーブをする.

【接风】**jiēfēng** 動(遠来の客のために)歓迎会を開く.

【接管】**jiēguǎn** 動 接収管理する.

【接轨】**jiē//guǐ** 動 ①レールを連結する. ②リンクさせる.

【接合】**jiēhé** 動 継ぎ合わせる. ¶螺栓 luóshuān ～ / ボルト継ぎ合わせ. ¶～器 qì / アダプター.

【接火】**jiē//huǒ** 動(～儿) ①砲火を交える. 交戦する. ②〈俗〉電気が通じる.

【接济】**jiējì** 動 仕送りをする. (物質的な)援助をする. ¶～学费 xuéfèi / 学費の仕送りをする. ¶～穷人 qióngrén / 貧しい人を援助する.

*【接见】**jiējiàn** 動 接見する. ►正式な来訪を受けて,または上の者が下の者に面会すること. ¶～外宾 wàibīn / 外国のお客さんに接見する.

*【接近】**jiējìn** ①動 接近する. 近づく;親しくする. ¶不要跟这种人～ / その手の人には近寄ってはいけない. ¶试验 shìyàn ～成功 / 試験の成功は間近だ. ②形 近い. 類似している. ¶我们俩的看法 kànfǎ 很～ / 私たちの考え方は似ている.

【接境】**jiējìng** 動 境を接する.

【接客】**jiē//kè** 動〈旧〉①(売春婦が)客をとる. ②(旅館などで)客を呼び込む.

【接口】**jiē//kǒu** ❶動(他人の話に続けて,あるいは前を受けて)話をつなぐ. ❷名 ①(多く接ぎ木の)継ぎ口. ②〈電算〉インターフェース. ¶～设备 shèbèi / インターフェースユニット.

【接力】**jiēlì** 動 リレーする. 引き継いで行う. ¶～运输 yùnshū / リレー輸送.

【接力棒】**jiēlìbàng** 名〈体〉バトン.

【接力赛跑】**jiēlì sàipǎo** 名〈体〉リレー競走.

*【接连】**jiēlián** 副 引き続いて. 続けざまに. たて続けに. ¶我～看了三部电影 diànyǐng / 私は続けざまに3本も映画を見た. ¶～不断 bùduàn / ひっきりなしに.

【接木】**jiēmù** 動〈植〉接ぎ木する.

【接目镜】**jiēmùjìng** 名〈物〉接眼レンズ.

【接纳】**jiēnà** 動 ①(個人・団体の組織への参加を)受け入れる. ②(意見などを)受け入れる.

【接片】jiēpiàn 動 フィルムをつなぐ.
【接气】jiē//qì 動(文章の内容が)つながっている.
【接洽】jiēqià 動 相談する. かけあう. 交渉する. ¶～工作 / 仕事を打ち合わせる.
【接腔】jiēqiāng 動 声に応じる. 受けて答える.
【接壤】jiērǎng 動〈書〉境を接する.
【接任】jiērèn 動 職務を引き継ぐ. 後任になる.
【接墒】jiēshāng 動 降雨や灌漑によって農作物に必要な水分を得る.
【接生】jiē//shēng 動 赤ん坊を取り上げる. 助産する. ¶～婆 pó / 助産婦. ¶～站 zhàn / 産院.
【接收】jiēshōu 動 ①(物品を)**受け取る**；受理する；受信する. ¶～外稿 gǎo / 投稿を受理する. ¶～无线电信号 / 無線信号を受信する. ②(法令に基づいて)接収する. ¶～工厂 / 工場を接収する. ③(人を)受け入れる. ¶～新会员 / 新会員を受け入れる.
【接手】jiē//shǒu ①動(仕事を)引き継ぐ. ¶这项工作我刚 gāng ～,还不熟悉 shúxī / この仕事は引き継いだばかりなので,まだ不案内だ. ②名(野球で)捕手.
*【接受】jiēshòu 動(贈り物・賞金・遺産などを)**受け取る**；(任務・試練・教訓・批判・意見・賄賂(ﾜｲﾛ)などを拒まずに)**受け入れる**. ¶～礼物 / 贈り物を受け取る. ¶～遗产 yíchǎn / 遺産を引き継ぐ. ¶～教训 jiàoxun / 教訓をくみ取る. ¶～条件 / 条件を受け入れる. ¶～书 / 〈外〉承認文書.
⇒【接收】jiēshōu
【接谈】jiētán 動 面談する. 会って話をする.
【接替】jiētì 動 引き継ぐ. 交替する. ¶我来～你干 gàn 吧 / 私が君のあとを引き継いでやろう.
【接通】jiētōng 動+結補(電話が)つながる,通じる. ¶电话～了吗？/ 電話はつながりましたか.
【接头】jiē//tóu 動 ①〈口〉打ち合わせをする；連絡する. ¶跟 gēn 有关人员～商谈 shāngtán / 関係者と打ち合わせする. ¶我找 zhǎo 谁～？/ 私はだれと連絡をとればよいのですか. ② 事情に通じている. ¶这件事我不～ / その件について私は何も知らない. ③(ひも状の物を)つなぎ合わせる.
【接头儿】jiētóur 名 ①接ぎ目. つなぎ目. ②〈機〉継ぎ手. ジョイント.
【接吻】jiē//wěn 動 口づけする. キスをする. ¶接了一个吻 / 1回口づけをした.
【接物】jiēwù 動〈書〉① 人に接する. 人と付き合う. ¶待人 dàirén / 人に接する態度. 人当たり. ② 物事を処理する.
【接线】jiē//xiàn ❶動 ①〈電〉配線する. ¶～图 tú / 配線図. ②(交換台が)電話をつなぐ. ¶～员 yuán / 交換手. ❷名〈電〉コード.
【接线柱】jiēxiànzhù 名〈電〉ターミナル.
【接续】jiēxù 動 受け継ぐ. 継続する. ¶～前页 yè / 前のページに続く.
【接应】jiēyìng 動 ① 応援する. ② 補給する. ¶～粮食 liángshi / 食糧を補給する. ③ 声に応じる. 調子を合わせる. ¶里外 lǐwài ～ / 内外ともに呼応する.
【接援】jiēyuán 動 応援する. 加勢する. ►軍事について用いることが多い.
【接站牌】jiēzhànpái 名(飛行場や駅での)出迎え用プラカード.
【接着】jiēzhe ①副 **続けて**. そのまま. ¶下午～开会 / 午後も引き続き会議を行う. ¶请～讲下去 / 続けて話してください. ②接続 **引き続いて**. ¶他到了北京,～又到了天津 Tiānjīn / 彼は北京に行き,その後ですぐ天津に行った. ③動(手で)受け止める.
【接踵】jiē//zhǒng 副〈書〉きびすを接する. 引きも切らず. 続々と. ►多く成語などに用いる. ¶摩肩 mó jiān ～ / 〈成〉押し合いへし合いする. ¶～而 ér 来 / 次から次へとやってくる.
【接种】jiēzhòng 動〈医〉接種する. ¶～疫苗 yìmiáo / ワクチンを接種する.

秸(稭) jiē

◇◆ 刈った農作物の茎. ¶麦 mài ～ / 麦わら. ¶秫 shú ～ / コウリャンがら.
【秸秆】jiēgǎn 名(穀物の粒を穂から取った後の)茎.

揭 jiē

動 ①**はがす. めくりとる；(ふたを)とる；(幕などを)あける**. ¶～下墙上的挂历 guàlì / 壁のカレンダーをはがす. ②**あばく. すっぱ抜く**. ¶～人疮疤 chuāngbā / 人の痛いところをつく. ¶～老底 / 古傷をつく.
◇◆ 高くあげる. 掲げる. ‖姓
【揭不开锅】jiēbukāi guō 〈慣〉その日の食事にも事欠く.
【揭穿】jiēchuān 動(化けの皮・ペテン・陰謀などを)あばく. 摘発する. ¶把戏 bǎxì 被我们～了 / ペテンはわれわれによってあばかれた.
【揭底】jiē//dǐ 動(～儿)(弱みとなる)秘密をあばく. 内情を暴露する.
【揭短】jiē//duǎn 動(～儿)人のあら・欠点をあばく. 痛いところをつく.
【揭发】jiēfā 動(欠点・誤り・罪などを)あばき出す,摘発する. 暴露する.
【揭盖子】jiē gàizi ① ふたを開ける. ②〈慣〉真相を明らかにする.
【揭竿而起】jiē gān ér qǐ 〈成〉むしろ旗を掲げて立ち上がる. 人民が蜂起する.
【揭开】jiē//kāi 動+結補(本などを)**開ける**；(覆いなどを)はがす,めくる；(真相を)明らかにする. ¶～历史 lìshǐ 上的新的一页 yè / 歴史に新しい1ページを開く. ¶～内幕 nèimù / 内幕を明らかにする.
*【揭露】jiēlù 動(真相・矛盾・実体や陰謀・罪などを)**あばき出す**. ¶～矛盾 máodùn / 矛盾をあばき出す. ¶～秘密 mìmì / 秘密を明るみに出す.
【揭幕】jiēmù 動 ①(開幕式などで)除幕する. ②〈喩〉重大な事柄を開始する. 幕を切って落とす.
【揭批】jiēpī 動 摘発し批判する.
【揭破】jiēpò 動(真相を)暴き出す；(罪状を)告発する.
【揭示】jiēshì 動 ①**掲示する**. ¶～牌 pái / 掲示板. ②(事柄の本質を)**指摘してはっきり示す**. ¶这篇 piān 文章～了问题的实质 / その著作によって問題の本質が明らかに示された.
【揭帖】jiētiě 名〈旧〉張り紙.
【揭晓】jiēxiǎo 動(事の結果を)公表する.

嗟 jiē

◇◆ 嘆息する.
【嗟悔】jiēhuǐ 動〈書〉後悔する.
【嗟叹】jiētàn 動〈書〉嘆く.

****街 jiē** ①**大通り．街．**㊐条．¶上～买东西／街へ買い物に行く．¶～上人很多／大通りは人が混み合っている．¶大～小巷 xiàng／大通りと狭い路地．
②〈方〉市(いち)．¶赶 gǎn～／市場へ行く．‖姓

*【街道】jiēdào 名 ①**大通り．**街路．ストリート．㊐条．¶繁华 fánhuá 的～／にぎやかな通り．②**町内．**¶～工作／町内の仕事．¶～办事处 bànshìchù／区役所出張所．街道弁事所．¶～工厂／町工場．

【街灯】jiēdēng 名 街灯．

【街坊】jiēfang 名〈口〉隣近所．隣人．

【街景】jiējǐng 名 町の景観．

【街门】jiēmén 名 表門．通りに面した門．

【街面儿上】jiēmiànrshang 名〈口〉①世間のありさま〔町の景気〕．¶镇子 zhènzi 不大,～倒 dào 挺热闹 rènao／町としては小さいが,町中はとてもにぎやかだ．②近所界隈．町内のあちこち．

【街上】jiēshang 名 表通り．街頭．¶～人山人海／町中が人で埋まる．

【街市】jiēshì 名 商店の建ち並ぶ通り．市街．

【街谈巷议】jiē tán xiàng yì〈成〉世間の取りざた．巷間のうわさ．

【街头】jiētóu 名 街頭．路頭．¶十字 shízì～／四つつじ．四つ角．¶露宿 lùsù～／野宿する．

【街头巷尾】jiē tóu xiàng wěi〈成〉街のあちこち．大通りや横町．

【街舞】jiēwǔ 名 ヒップホップダンス．ストリートダンス．

【街心】jiēxīn 名 街路の中央．¶～花园 huāyuán／大通りの中心に造った小さな緑地・花壇．

孑 jié 2声 ◇◆ 孤立するさま．独りぼっちである．¶茕茕 qióngqióng～立／独りぼっちで身寄りがない．‖姓

【孑孓】jiéjué 名〈虫〉ボウフラ．

【孑然】jiérán 形〈書〉孤立している．¶～一身／独りぼっちである．

****节(節) jié** ❶名 ①**節**(ふし)．¶竹 zhú～／竹の節．②**節句．記念日．祝祭日．**¶春～／旧暦の正月．春節．¶过～／節句・記念日を祝う．
❷量 **いくつかの区切りに分けられるものを数える．**¶两～车厢 chēxiāng／(列車の)二つの車両．¶数学 shùxué 是第三～课／数学は3時限だ．
❸動 **節約する．切り詰める．**¶～电／節電する．
◇◆ ①節(ふし)．区切り．¶→～拍 pāi．¶音～／音節．②要約する．¶～选 xuǎn／抜粋する．③物事．事柄．¶拘泥 jūnì 于生活小～／生活上のこまごましたことにこだわる．④操．節操．¶变 biàn～／節を曲げる．‖姓 ▸▸jiē

【节哀】jié'āi 動〈書〉(人の死に対する)悲しみを抑える．►不幸のあった人に対する慰問の言葉．

【节本】jiéběn 名 抄本．抜粋本．

【节操】jiécāo 名〈書〉節操．

【节度】jiédù 名 節度．節制．

【节假日】jiéjiàrì 名 "节日"(祝日)と"假日"(休日)の併称．祝日・休日．

【节俭】jiéjiǎn 形 つましい．節約を心がけている．

【节减】jiéjiǎn 動 節減する．

【节节】jiéjié 副 引き続き．どんどん．だんだん．¶产量 chǎnliàng～上升 shàngshēng／生産高がどんどん上昇する．

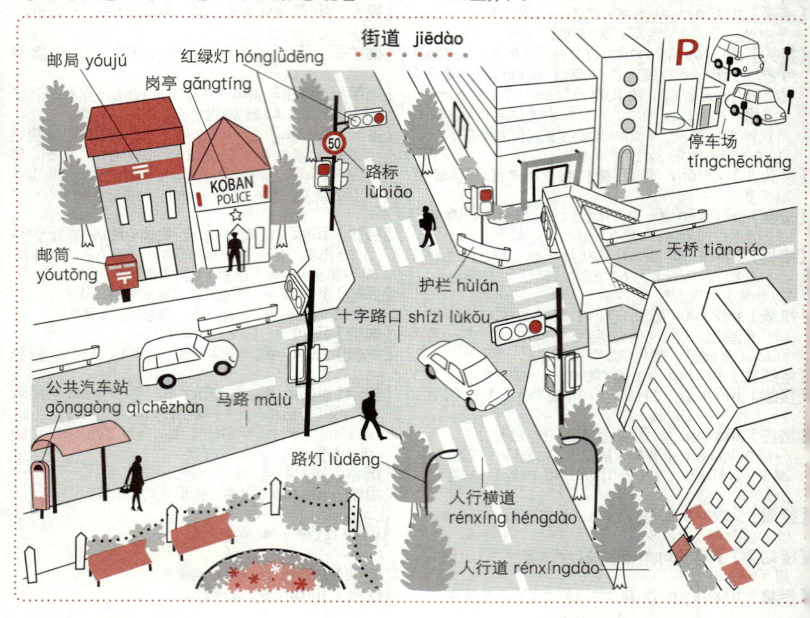

【节令】jiélìng 名 節気．時候．¶～商品 / 季節商品．
【节流】jiéliú ① 動 支出を切り詰める．¶开源 yuán ～ / 収入の道を開発し増やして,支出を切り詰め節約する．② 名〈機〉(内燃機関の)スロットル,絞り弁．¶全～ / 全速力(で)．
【节录】jiélù ① 動 抄録する．抜粋する．② 名 抄録．抜粋．
【节律】jiélù 名 律動．リズム．
【节略】jiélüè ❶名 ①(要点だけ書き抜いた)覚え書き．要約．②(外交文書の一種)口上書．❷動 省略する．
*【节目】jiémù 名(演劇・演奏・ラジオ・テレビなどの)**番組,プログラム**．また,その中の一演目,出し物．量 个,套 tào,组 zǔ ；[劇場での上演回数]场 chǎng．¶～单 dān /(印刷した)プログラム．¶儿童 értóng ～ / 子供番組．¶新闻〔体育〕～ / ニュース〔スポーツ〕番組．
【节能】jiénéng 名 省エネルギー．
【节拍】jiépāi 名〈音〉拍子．リズム．¶～器 qì / メトロノーム．
【节气】jiéqi 名 節気．時節．►1年を24季に分けたひとくぎり．
*【节日】jiérì 名 ①**記念日**．祭日．②(伝統的な)**祝日**．節句．¶～服装 / 晴れ着．
*【节省】jiéshěng 動(労力・金銭・時間などを)**節約する,**倹約する．¶～开支 kāizhī / 出費を抑える．¶他把零用钱 língyòngqián 都～下来 / 彼は小遣いを大事に遣って切り詰めた．
【节食】jiéshí 動 節食する．食事量を減らす．¶～减肥 jiǎnféi / 節食してダイエットする．
【节外生枝】jié wài shēng zhī〈成〉節(ふし)以外の所から枝が出る；〈喩〉本筋と関係のない問題が派生する．
【节下】jiéxia 名 節句の前後．
【节选】jiéxuǎn 動 文章からある段落や章を選び出す．
【节衣缩食】jié yī suō shí〈成〉衣食を切り詰める．節約する．
【节余】jiéyú ① 動 節約して残しておく．② 名 残しておいた金品．
【节育】jiéyù 動〈略〉産児制限をする．避妊する．¶～环 huán / 避妊リング．
【节约】jiéyuē 動 **節約する**．¶～时间 shíjiān / 時間を節約する．¶～用电 / 節電．
【节肢动物】jiézhī dòngwù 名〈動〉節足動物．
【节制】jiézhì 動 ① 節制する．¶～饮食 yǐnshí / 食事を控え目にする．②〈書〉指揮管轄する．
【节子板】jiézibǎn 名(民族楽器の一つ)小さな竹の板を5枚,ひもでつないだ打楽器．
【节奏】jiézòu 名 ①〈音〉**リズム．テンポ**．②〈喩〉(生活や仕事の)リズム．¶生活～ / 生活リズム．

劫(刦) jié

① 動 **略奪する**．② 名〈仏〉きわめて長い時間．劫(ごう)．
◇◆ ①無理やりにさせる．¶→～持 chí．②災難．¶浩 hào ～ / 大災禍．¶遭 zāo ～ / 災難にあう．
【劫持】jiéchí 動 ① 誘拐する．¶～人质 rénzhì / 人質を誘拐する．②(飛行機などを)乗っ取る．¶～飞机 fēijī / 飛行機を乗っ取る．
【劫道】jiédào 動 追いはぎをする．
【劫夺】jiéduó 動(武力で財物や人を)**強奪する**．
【劫机】jiéjī 動 ハイジャックする．¶～犯 fàn / ハイジャック犯．
【劫牢】jiéláo 動 監獄破りをして脱獄させる．
【劫掠】jiélüè 動 強奪する．略奪する．
【劫难】jiénàn 名 災難．災禍．¶历经 lìjīng ～ / さんざん災難に遭う．
【劫余】jiéyú 名〈書〉① 災難にあった後(の情況)．② 戦乱のあとの悲惨な情況．
【劫狱】jié//yù 動 監獄破りをして脱獄させる．

杰(傑) jié

◇◆ ①すぐれた人物．¶豪 háo ～ / 豪傑．¶俊 jùn ～ / 英才．②ぬきんでた．秀でた．‖姓
【杰出】jiéchū 形 **傑出している**．¶～的业绩 yèjì / すばらしい業績．
【杰作】jiézuò 名 **傑作**．

诘 jié

◇◆ 詰問する．なじる．責める．¶盘 pán ～ / 追及する．尋問する．¶反～ / 問い返す．
【诘问】jiéwèn 動〈書〉追及する．詰問する．

拮 jié

"拮据 jiéjū"⬇という語に用いる．
【拮据】jiéjū 形 懐が寒い．金がない．

洁(潔) jié

◇◆ 清潔である．きれいである．¶整 zhěng ～ / きちんとしている．¶纯 chún ～ / 純潔である．‖姓
*【洁白】jiébái 形 **純白である**．純真である．¶～的花朵 huāduǒ / まっ白な花．¶～的心灵 xīnlíng / 純真な心．注意 日本語の「潔白」の意味には"清白"を用いる．
【洁净】jiéjìng 形 清潔である．
【洁癖】jiépǐ 名 潔癖．潔癖症．
【洁身自好】jié shēn zì hào〈成〉① 身を清く保ち世俗に染まらない．②〈転〉面倒なことにいっさいかかわりたがらない．

结 jié

❶ 動 ① **結ぶ．結わえる**．編む．¶～绳 shéng / ひもを結ぶ．¶鱼网 yúwǎng ～好了 / 魚網は編み上がった．
② 結合する．固まる．¶～成冰块 bīngkuài / 氷になる．
③ 締めくくる．完了する．¶没～没完 / だらだらと続いてきりがない．¶→～账 zhàng．
❷ 名 結び目．¶活～ / 引き結び．一方を引っ張れば解ける結び方．¶打一个蝴蝶 húdié ～ / ひとつちょう結びをする．
◇◆ ①関係を結ぶ．¶→～亲 qīn．¶→～仇 chóu．②〈旧〉証文．¶保 bǎo ～ / 保証書．‖姓 ▸▸ jiē
【结案】jié//àn 動 判決を下す．
【结拜】jiébài 動(義兄弟の)契りを結ぶ．
【结伴】jié//bàn 動(～儿)道連れになる．連れ立つ．¶～儿旅行 / 連れ立って旅をする．
【结冰】jié//bīng 動 **氷が張る**．結氷する．
【结彩】jié//cǎi 動(祝いのときに)色テープや色絹で門口や室内を飾る．¶张灯 zhāng dēng ～ /〈成〉ちょうちんをつるし,リボンを飾り付ける．
【结仇】jié//chóu 動 かたき同士となる．互いに恨みを抱くようになる．
【结存】jiécún 動 決算後の残高として残る．

【结党营私】jié dǎng yíng sī 〈成〉徒党を組んで私利をはかる.
【结发夫妻】jiéfà fūqī 名 双方とも初婚で結ばれた夫婦.
*【结构】jiégòu 名 ①構成. 仕組み. ¶小说的～/小説のプロット. ¶～严密 yánmì/構成ががっちりしている. ②(建築の)組み立て. 構造. ¶钢筋混凝土 gāngjīn hùnníngtǔ～/鉄筋コンクリート構造.
【结构式】jiégòushì 名〈化〉構造式.
【结构主义】jiégòu zhǔyì 名〈哲〉構造主義.
【结关】jié//guān 名 通関手続.
*【结果】jiéguǒ ①名 結果. ¶会谈的～/会談の成果. ②副 結局. とどのつまり. あげくの果て. ¶用尽 jìn 了各种办法,～还是不行/あらゆる手だてを尽くしたが,結局はむだだった. ③動〈近〉殺す. 始末する. ⇒【结果】jiē//guǒ
*【结合】jiéhé 動 ①結びつける. 結合する. ¶理论～实际/理論を実際と結びつける. ②夫婦になる.
【结核】jiéhé 名 ①〈医〉結核. ¶～杆菌 gǎnjūn/結核菌. ②〈地質〉結核. 団塊.
【结核菌素】jiéhé jūnsù 名〈医〉ツベルクリン.
**【结婚】jié//hūn 動 結婚する. ¶跟高中老师～/高校の先生と結婚する. ¶他结过三次婚/彼は3度の結婚歴がある. ¶我们～二十五年了/私たちは結婚して25年になる. ¶～蛋糕 dàngāo/ウエディングケーキ. ¶～证书 zhèngshū/結婚証明書. ¶～登记 dēngjì/結婚届.
【结伙】jié//huǒ 動 ①仲間を組む. ¶～成队/グループになる. ②共謀する. ぐるになる. ¶～扒窃 páqiè/示し合わせて万引きをする.
【结集】jiéjí 動 ①文集を編む. ¶～付印 fùyìn/文集を編んで印刷する. ②(軍隊が)集結する.
【结交】jié//jiāo 動 付き合う. 交際する. ¶他～了不少中国朋友/彼は多くの中国人の友人と付き合いを得た.
【结晶】jiéjīng ①動 結晶する. ②名 結晶. 貴い成果. ¶爱情 àiqíng 的～/愛の結晶.
【结晶体】jiéjīngtǐ 名〈鉱〉結晶体.
【结局】jiéjú 名 ①結果. 結末. ¶事件的～/事件の結末. ¶～以失败 shībài 告终 gàozhōng/結局は失敗に終わった. ②戯曲・小説などの大団円.
*【结论】jiélùn 名 結論. ❖下 *xià*～/結論を下す. ¶没有～/結論が出ない.
【结盟】jié//méng 動 同盟を結ぶ. ¶不～国家/非同盟国. 同盟に参加していない国家.
【结幕】jiémù 名 劇の最後の1幕. 終幕;〈喩〉クライマックス. 結末.
【结欠】jiéqiàn 名 決算後の不足額.
【结亲】jiéqīn 動 ①結婚する. ②(結婚によって両家が)親戚となる.
【结清】jié//qīng 動 清算する. 決算する.
【结球甘蓝】jiéqiú gānlán 名〈植〉キャベツ.
【结舌】jié//shé 動(驚いたり当惑して)舌がこわばる,言葉に詰まる. ¶～无言/舌がもつれて言葉が出ない.
【结社】jiéshè 動 団体をつくる.
【结石】jiéshí 名〈医〉結石.
【结识】jiéshí 動 知り合いになる. 近づきになる. ¶～了很多新朋友/新しい友人をいっぱいつくった.
**【结束】jiéshù ①動 終わる. 終わらせる. ¶暑假快要～了/夏休みがもうすぐ終わる. ¶今天的洽谈 qiàtán 到此～吧/きょうの商談はこれで終わりにしましょう. ¶～动作 dòngzuò/(体操の)フィニッシュ. ②名〈近〉装束. いでたち.
【结束语】jiéshùyǔ 名 まとめの言葉.
【结算】jiésuàn 動 決算する. ¶用人民币 rénmínbì～/人民元で決算する. ¶期票 qīpiào～/約束手形による決算.
【结尾】jiéwěi ①動 結末をつける. ②名 結末. 最後の段階. ¶工程 gōngchéng 已到～阶段 jiēduàn/工事はすでに仕上げの段階に入っている.
【结业】jié//yè 動(短期講習や訓練を)修了する,卒業する. ¶～生/(大学・専門学校の)修了生. ¶～证书 zhèngshū/修了証明書.
【结义】jiéyì 動 義兄弟の契りを結ぶ.
【结余】jiéyú ①動(決算後に)残る. ②名 残高. 残金.
【结语】jiéyǔ 名 結語. 文章の結び.
【结缘】jié//yuán 動 知り合いになる;(ある事柄と)関係を持つ.
【结怨】jié//yuàn 動 恨みのたねをまく. 恨みを抱く.
【结扎】jiézā 動〈医〉(血管などを)縛る. 結紮(けっさつ)する.
【结账】jié//zhàng 動 会計する;決算する. 帳簿を締める. ¶请～吧!/お勘定をお願いします. ¶结不了 buliǎo 账/勘定が締められない. ¶年终～/年末決算(をする).
【结子】jiézi 名 結び目.

桔 jié "桔梗 jiégěng"⬇という語に用いる. ⏩jú

【桔梗】jiégěng 名〈植〉キキョウ;〈中薬〉桔梗.

桀 jié 名 夏王朝末代の君主で,暴君と伝えられる人物の名. 桀王(けつおう);〈喩〉凶暴な性質.

【桀骜不驯】jié ào bù xùn 〈成〉(性質が)強情で不遜である. 荒々しくててこずらせる.

捷 jié ◇◆ ①すばしこい. 速い. ¶敏 mǐn～/すばしこい. ②戦いに勝つ. ¶三战 zhàn 三～/3戦3勝する. ‖姓

【捷报】jiébào 名 ①勝利の知らせ. 勝報. ②〈旧〉科挙の合格通知.
【捷径】jiéjìng 名 近道;〈喩〉手っ取り早い方法. ¶走～/近道で行く. ¶没有～可走/近道なんかはない.
【捷克】Jiékè 名〈地名〉チェコ.
【捷足先登】jié zú xiān dēng 〈成〉行動の早い者が先に目的に達すること. 早いもの勝ち.

睫 jié ◇◆ まつげ. ¶→～毛 máo. ¶目不交～/一睡もしないこと.

【睫毛】jiémáo 名〈生理〉まつげ. ㊊ 根 gēn. ¶～膏 gāo/マスカラ.

截 jié ❶動 ①断ち切る,切り離す. ¶把钢管 gāngguǎn～成两段/スチールパイプを二つに断ち切る. ②さえぎる. 止める. ¶～住人流 rénliú/人の流れをさえぎる. ❷量(～儿)区切ったものを数える. ¶一～儿木头/ひときれの木材. ¶话说了半～儿/話を半分言いかける.

◇◆ 締め切る．¶→～止 zhǐ．‖姓

【截长补短】jié cháng bǔ duǎn 〈成〉長所をとって短所を補う．

【截断】jié//duàn 動+結補 ①切断する．②さえぎる．¶～了敌人的退路 tuìlù / 敵の退路を断つ．

【截稿】jiégǎo 動 原稿を締め切る．

【截获】jiéhuò 動(途中で)捕獲する．分捕る．

【截击】jiéjī ①動(敵を)迎え撃つ．¶～导弹dǎodàn / 迎撃ミサイル．②名〈体〉(テニスの)ボレー．

【截留】jiéliú 動(金や物を)差し止める．

【截流】jiéliú 動 流れをせき止める．

【截门】jiémén 名(液体用パイプの)バルブ．

【截面】jiémiàn 名〈測〉切断面．

【截取】jiéqǔ 動(中から)切り取る．取り出す．

【截然】jiérán 副 明らかに．截然と．¶～不同 / 明らかに別物である．全然異なる．¶～分开 / はっきりと一線を画する．

【截肢】jié//zhī 動〈医〉手足の切断をする．

【截止】jiézhǐ 動 締め切る．¶申请 shēnqǐng 至本月二十日～ / 申し込みは今月20日で締め切る．

【截至】jiézhì 動 …までで締め切る．期限を切る．¶报名 bàomíng 日期～本月底 / 応募は今月末に締め切る．

碣 jié

◇◆(丸い)石碑．¶碑 bēi ～ / 石碑．

竭 jié

◇◆ 尽きる．尽くす．¶枯 kū ～ / かれる．干上がる．¶力～声嘶 sī / 力が尽き声がかれる．‖姓

【竭诚】jiéchéng 動〈書〉誠を尽くす．¶～爱戴 àidài / 心から敬愛する．

【竭尽】jiéjìn 動〈書〉(力を)尽くす．¶～绵薄 miánbó / 微力を尽くす．

【竭力】jiélì 副 力を尽くして．極力．¶～避免 bìmiǎn 事故的发生 / 極力事故の発生を防ぐ．

【竭泽而渔】jié zé ér yú 〈成〉一物も残さずさらっていく；目先の利益ばかり考えて将来を考えない．►"涸 hé 泽而渔"とも．

羯 jié

① "羯羊 jiéyáng"⬇という語に用いる．

②名(Jié)羯(けつ)．古代の部族名．

【羯鼓】jiégǔ 名(民族楽器の一)羯鼓(かっこ)．羯族から伝わったという腰部の細い鼓で，2本のばちで両面をたたく．

【羯羊】jiéyáng 名 去勢された雄羊．

姐 jiě

名 ①**姉**．¶大～ / いちばん上の姉．¶二～ / 2番目の姉．¶～丈 zhàng / 〈書〉姉婿．参考 普通"姐姐"というが，単独でも呼びかけなどに用いることがある．

②親戚で**自分と同世代で年上の女性**．►通常は"嫂 sǎo"と呼ぶべき人を除く．¶表～ / (姓の異なる)従姉．¶堂 táng ～ / (姓を同じくする)従姉．

③**若い女性に対する呼称**．¶刘 Liú 二～ / 劉家の2番目の娘．‖姓

【姐夫】jiěfu 名〈口〉姉婿．義兄．¶我～是教师 / 私の義兄は教師です．

【姐姐】jiějie 名 ①**姉**．②同世代で年上の親類の女性．¶远房 yuǎnfáng ～ / 遠縁のねえさん．►①②とも半三声+軽声のままに発音する．

【姐妹】jiěmèi 名 ①姉妹．¶她只 zhǐ 有两个弟弟，没有～ / 彼女は弟が二人いるだけで，女のきょうだいはいない．¶我们～三个 / 私たちは3人姉妹です．②兄弟姉妹．

【姐儿】jiěr 名〈方〉姉妹．

【姐儿们】jiěrmen 名 女兄弟たち．►"姐们儿"とも．

*解 jiě

❶動 ①(縛ったり結んだりしてあるものを)**解く．ほどく**．¶～衣服 / 服を脱ぐ．¶把领带 lǐngdài ～下来 / ネクタイを解く．②**取り除く**．いやす．¶→～馋 chán．¶→～渴 kě．③**わかる．了解する**．¶通俗 tōngsú 易～ / 通俗的でわかりやすい．

❷名〈数〉(代数方程式の)解．答え；解を求める．

◇◆ ①分解する．¶瓦 wǎ～ / 瓦解する．¶→～剖 pōu．②解釈する．¶注 zhù ～ / 注解(する)．③用便する．¶大～ / 大便をする．¶小～ / 小便をする．¶→～手 shǒu．⏩ jiè,xiè

【解馋】jiě//chán 動(食べたいもの・うまいものを食べて)食欲を満たす．

【解嘲】jiě//cháo 動(人からのあざけりに対し)取り繕う，照れ隠しをする．¶自我 zìwǒ ～ / 自嘲する．

【解除】jiě//chú 動 **解除する**；(苦しみや災難などを)**取り除く**．¶～职务 zhíwù / 職務を解く．¶～误解 wùjiě / 誤解を解く．¶～痛苦 tòngkǔ / 苦痛を取り除く．

*【解答】jiědá 動 **解答する**．説明する．

【解冻】jiě//dòng 動 ①氷が解ける．②資金の凍結を解除する．③〈喩〉緊張状態が緩和する．

【解毒】jiě//dú 動 ①解毒する．②〈中医〉のぼせ・発熱を治す．

【解饿】jiě//è 動 飢えを満たす．

【解乏】jiě//fá 動 疲れをいやす．

*【解放】jiěfàng ①動 **解放する**．自由にする．束縛を解く．②名 解放．►"解放"は中国の場合特に，1949年10月1日の中華人民共和国成立をさす．¶～以后 / 解放後．

【解放军】jiěfàngjūn 名 **解放軍**．►特に中国人民解放軍をさす．

【解付】jiěfù 動〈経〉(小切手を)支払う．

【解构】jiěgòu 動 ①分析する．②〈哲〉脱構築する．

【解雇】jiě//gù 動 解雇する．首にする．

【解寒】jiě//hán 動(体を温めて)寒さを振り払う．

【解恨】jiě//hèn 動 溜飲を下げる．憎しみを和らげる．

【解甲】jiě//jiǎ 動 軍人が除隊・降参する．

【解禁】jiě//jìn 動 解禁する．

【解救】jiějiù 動(危険または困難から)救い出す．¶～遭灾 zāozāi 者 / 被災者を助け出す．

【解决】jiějué 動 ①解決する**．¶～问题 / 問題を解決する．②(敵・悪人を)やっつける，片付ける．

【解开】jiě//kāi 動+結補 **解く**．ほどく．¶～围巾 wéijīn / マフラーをとる．¶～大衣 / オーバーコートのボタンをはずす．

【解渴】jiě//kě 動 渇きをいやす；〈喩〉用が足りる．¶喝茶～ / 茶を飲んで渇きをとる．

【解扣】jiě//kòu 動(～儿) ①ボタンをはずす．②〈機〉(留め金などが)はずれる．③〈喩〉わだかまりを解く．

【解缆】jiělǎn 動 出帆する．

【解铃系铃】jiě líng jì líng 〈成〉問題を引き起こした人がその問題を解決すべきである．►"解铃还须

xū 系铃人"とも.
【解码】jiě//mǎ 動(暗号を)解読する.
【解闷】jiě//mèn 動(～儿)**気を晴らす**.退屈しのぎをする.¶借酒消愁 xiāochóu ～/酒で憂いを消しうさを晴らす.
【解密】jiě//mì 動 1(機密文書などを)解禁する.2〈電算〉パスワードを解除する.
【解囊】jiěnáng 動 財布のひもをほどく.金銭を出して人を助ける.
【解聘】jiě//pìn 動(招聘(しょうへい)した人を)解任する.
【解剖】jiěpōu 動 1**解剖する**.2〈喩〉分析する.¶严于 yányú ～自己/自分に対して厳しく評価する.
【解气】jiě//qì 動(人を殴ったり物を壊したりして)うっぷんを晴らす,憂さ晴らしをする.腹いせをする.
【解劝】jiěquàn 動 なだめる.慰める.
【解散】jiěsàn 動 **解散する**.解散させる.
*【解释】jiěshì 動 1**解釈する**.**説明する**.¶～法律/法律を解釈する.2**釈明する**.言い訳する.¶这是误会 wùhuì,～一下就行了/これは誤解だから,訳を話せばだいじょうぶだ.
【解手】jiě//shǒu 動 1(～儿)用便する.2〈書〉別れる.
【解说】jiěshuō 1 動(口頭で)解説する.釈明する.2 名 ナレーション.¶～员/ナレーター.
【解体】jiětǐ 動 解体する.分解する.
【解脱】jiětuō 動 1〈仏〉解脱(げだつ)する.2 抜け出す.¶～苦恼 kǔnǎo /悩みから抜け出す.3(罪・責任を)逃れる.
【解围】jiě//wéi 動 1(敵の)包囲を解く.2(人の)窮状を打開してやる.助け船を出す.
【解约】jiě//yuē 動 約束を取り消す.契約を解消する.
【解职】jiě//zhí 動〈書〉解職する.解雇する.

4声 **介** jiè 1 量〈古〉(＝个 gè)個.¶一～书生/一介の書生.2 名 旧劇の脚本でしぐさを表す語.¶饮酒～/酒を飲むしぐさ.
◇◆ ①中間にある.介在する.¶媒 méi ～/媒介.②心にかける.¶→～意 yì.③剛直である.気骨がある.¶耿 gěng ～/剛直である.④よろい.甲羅.殼.‖姓
【介词】jiècí 名〈語〉前置詞.介詞.
【介壳】jièqiào 名〈動〉貝殻.
【介入】jièrù 動 介入する.割り込む.口出しする.¶～内部纠纷 jiūfēn /内紛に介入する.
【介绍】jièshào 動 1(人を)紹介する**.引き合わせる.¶自我 zìwǒ ～/自己紹介(する).¶我来给大家～～/私がご紹介しましょう.¶～信 xìn /紹介状.2(新しい人や事物を)**引き入れる**,**持ち込む**.►兼語文もつくることができる.¶他把这种先进技术 xiānjìn jìshù ～到国内/彼はこのような先進技術を国内にもたらした.¶我想～他入会/私は彼を会に紹介して入会させてあげたい.3(理解・熟知できるよう)**説明する**.¶下面再把保养 bǎoyǎng 的方法给大家～一下/では引き続いて手入れの仕方をみなさんにご説明します.
【介绍人】jièshàorén 名 1 紹介者.2 仲人.
【介意】jiè//yì 動 **気にする**.気にかける.意に介する.►否定語の後に用いることが多い.¶别人怎么说他都毫 háo 不～/彼は人が何と言おうと意に介さない.
【介音】jièyīn 名〈語〉介音.韻母中,主母音の前の母音.►たとえば"天 tiān"の介音は i,"多 duō"の介音は u,"略 lüè"の介音は ü である.
【介胄】jièzhòu 名 よろいかぶと.
【介子】jièzǐ 名〈物〉中間子.

*戒 jiè 動 嗜好(しこう)品を**断つ**,**やめる**.❖～烟 *yān* /たばこをやめる.¶～荤 hūn /生臭物を断つ.
◇◆ ①警戒する.用心する.②戒める.¶劝 quàn ～/忠告する.③戒め.戒;仏教の戒律.¶酒 jiǔ ～/酒の戒め.¶破 pò ～/戒を破る.‖姓
【戒备】jièbèi 1 名 警備.¶～森严 sēnyán /警備が厳重である.2 動 警戒する.
【戒除】jièchú 動(よくない習慣を)やめる.¶～恶习 èxí /悪い習慣をやめる.
【戒忌】jièjì 1 名 タブー.2 動 忌み嫌う.
【戒骄戒躁】jiè jiāo jiè zào〈成〉おごりや焦りを戒める.
【戒律】jièlǜ 名〈宗〉戒律;わずらわしいおきて.¶清规 qīngguī ～/やかましい決まりやおきて.
【戒严】jiè//yán 動 1 戒厳令を敷く.2 非常線を張る.
【戒指】jièzhi 名(～儿)**指輪**.量 只,个.¶定婚～/婚約指輪.エンゲージリング.❖戴 *dài* ～/指輪をはめる.

芥 jiè ◇◆ カラシナ.
⏩ gài
【芥菜】jiècài 名〈植〉カラシナ.
【芥末】jièmo 名 からし粉.
【芥子】jièzǐ 名 カラシナの種.からし.
【芥子气】jièzǐqì 名〈化〉マスタードガス.

*届(屆) jiè 量 定期会議や卒業の年度を数える:**期**.**回**.►"次 cì"にほぼ同じ.¶第三十二～联大 Liándà /第32回国連総会.¶连任 liánrèn 三～市长/3期市長を重任する.¶本～毕业生 bìyèshēng /今年度の卒業生.
◇◆(時期に)至る.‖姓
【届满】jièmǎn 動(任期が)満期になる.¶任期 rènqī ～/任期満了.
【届期】jièqī 動 その日になる.当日になる.
【届时】jièshí 動〈書〉そのときになる.

界 jiè 名 **境**.**境界**.
〚以…为界〛 *yǐ…wéi jiè* …を境とする.¶这两个省 shěng 以黄河为～/この二つの省は黄河を境としている.
◇◆ ①ある範囲.¶眼 yǎn ～/視界.¶管 guǎn ～/管轄範囲.②階層.社会.仲間.¶教育～/教育界.③界.類.►自然界の最大類別.¶无机 wújī ～/無機類.④地質時代の「代」.
【界碑】jièbēi 名 境界を示す標石.
【界定】jièdìng 動 境界を定める.
【界河】jièhé 名 両国〔地区〕の境界をなす川.
【界面】jièmiàn 名 1 界面.2〈電算〉インターフェース.
【界石】jièshí 名 境界を示す標石.
【界外球】jièwàiqiú 名〈体〉1(テニス・卓球で)アウト.2(野球で)ファウル.
【界限】jièxiàn 名 1 **限界**.けじめ.**境界線**.¶

划清 huàqīng ～ / はっきりとした一線を画す. ② きり. 限度. ¶他的野心 yěxīn 是没有～的 / 彼の野心には際限がない.

【界线】jièxiàn 名 ① 境界線. ② 物事の切れ目.

【界桩】jièzhuāng 名 境界に立てた標木.

诫 jiè ◇◆ 警告する. 勧告する. ¶告 gào ～ / 警告する. ¶规 guī ～ / 戒める.

** **借**(藉) jiè 動 ① 借りる；貸す. ¶从图书馆 túshūguǎn ～书 / 図書館から本を借りる. ¶我跟他～了一件睡衣 shuìyī / 私は彼にパジャマを借りた. ¶～钱给他 / 彼に金を貸してやる.

注意 ❶"借"には「借りる」と「貸す」の両方の意味があるが,単独で用いたときには「借りる」の意味になることが多い.「貸す」となるためには前後関係など一定の条件が満たされなければならない.

❷"～给"は「…に貸す」の意味で用いる. 二重目的語をとって「…に…を貸す」の形で用いることも多い. ¶这支 zhī 笔能不能～给我？/ このペンを貸していただけますか. ⇨【借给】jiègěi

❸金を払って「借りる」のは"借"ではなく"租 zū"を用いる. ¶租汽车 / 車をレンタルする.

② かこつける. 口実にする. ►"着 zhe"を伴うことも多い. ¶～着出差 chūchāi,游山玩水 / 出張にかこつけて観光する.

③ 利用する. 頼る. ¶～着词典翻译 fānyì / 辞典を引きながら翻訳する.

【借词】jiècí 名〈語〉借用語. 外来語.

【借代】jièdài 名〈語〉(修辞法の)換喩. 転喩.

【借贷】jièdài ① 動 借金する. ② 名 借りと貸し. 貸借；(簿記などの)借方と貸方.

【借单】jièdān 名(～儿)(金銭・物品などの)借用書. ►"借单子"とも.

【借刀杀人】jiè dāo shā rén〈成〉(自分は表に出ず)他人を利用して相手を倒す.

【借道】jiè//dào 動 自分の管轄範囲外の地区を通過する. 経由する.

【借调】jièdiào 動 出向する；他の職場から人手を借りる.

【借端】jièduān 動 言いがかりをつける. 因縁をつける.

【借风使船】jiè fēng shǐ chuán〈成〉他人の力を借りて自分の目的を果たす. ►"借水行舟 shuǐ xíng zhōu"とも.

【借给】jiègěi 動 …に(…を)貸す. ¶我把自行车 zìxíngchē ～他了 / 私は自転車を彼に貸した. ¶我～他一本词典 cídiǎn / 私は彼に辞書を 1 冊貸した. ⇨〖借 jiè〗①

【借古讽今】jiè gǔ fěng jīn〈成〉昔のことを評論するふうを装って,現代を批判する.

【借故】jiègù 動 口実を設ける. わざと理由をつくる. ¶～推辞 tuīcí / 口実を設けて断る.

【借光】jiè//guāng ①〈口〉〈套〉ご免ください. すみませんが…. ちょっとお尋ねしますが. ►人にちょっとした頼み事をしたり,配慮を求めたりするときに言う. ¶～,火车站在哪儿？/ ちょっとお尋ねしますが,駅はどこでしょうか. ② 動(人の)おかげをこうむる. ¶一路上借了您不少光 / 道中たいへんお世話になりました.

【借花献佛】jiè huā xiàn fó〈成〉もらいもので義理を果たす. 人のふんどしで相撲をとる.

【借火】jiè//huǒ 動(～儿)(たばこの)火を借りる.

【借鉴】jièjiàn 動 参考にする. 手本とする. ¶～发达 fādá 国家的经验 jīngyàn / 先進国の経験を参考にする.

【借酒浇愁】jiè jiǔ jiāo chóu 酒で憂さを晴らす.

【借据】jièjù 名 借用証.

*【借口】jièkǒu ① 動 口実にする. ¶～有病不去上课 / 病気を言い訳にして授業を休む. ② 名 口実. ¶找 zhǎo ～ / 口実を探す. ¶制造 zhìzào ～ / 口実を作る.

【借款】jiè//kuǎn ❶ 動 ① 金を借りる. ② 金を貸す. ¶银行 yínháng ～给公司 / 銀行が会社に金を貸す. ❷ 名 借金. ローン. ㊊ 笔 bǐ.

【借脑】jiènǎo 動 知恵を借りる；ブレーンを雇う.

【借券】jièquàn ⇀【借据】jièjù

【借尸还魂】jiè shī huán hún〈成〉(一度消滅したりすたれたりした思想・勢力あるいは行為などの)悪いことが形を変えて復活する.

【借宿】jiè//sù 動 宿を借りる. よそに泊まる.

【借题发挥】jiè tí fā huī〈成〉事によせて自分の真意を述べる；手前みそを並べる.

【借条】jiètiáo 名(～儿)(簡単な)借用証.

【借问】jièwèn〈套〉お尋ねしますが.

【借以】jièyǐ 接続〈書〉それによって…する. ¶举出这几点,～说明这篇 piān 文章的重要性 / これら数点を取り上げ,それによってこの論文の重要性を証明する.

【借用】jièyòng 動 ① 借用する. 借りる. ¶～公司的汽车 / 会社の車を借用する. ② ほかの用途に使う. 転用する.

【借阅】jièyuè 動(図書・資料などを)借りて読む.

【借债】jiè//zhài 動 借金する.

【借助】jièzhù 動 …の助けを借りる. ►多くは"～于 yú"の形で用いる. ¶要看极 jí 远的东西,就得 děi ～于望远镜 wàngyuǎnjìng / ずっと遠い所の物を見ようとすれば,望遠鏡の助けを借りなくてはならない.

【借住】jièzhù 動 宿を借りる. 泊めてもらう.

解 jiè 動 護送する. ¶犯人 fànrén 已被～到北京 / 犯人はすでに北京へ護送された. ¶～款 kuǎn / (警備して)現金を輸送する. ⏩ jiě,xiè

【解送】jièsòng 動(財物や犯人を)護送する,警備しながら送り届ける.

藉 jiè ① 名〈古〉敷き物. ②〖借 jiè〗②③ に同じ.

◇◆(下に)敷く. ¶枕 zhěn ～ / 雑魚寝をする.

jin (ㄐㄧㄣ)

1声 **巾** jīn ◇◆ 布. きれ. ¶手～ / 手ぬぐい. ¶毛～ / タオル. ¶围 wéi ～ / えり巻き. マフラー.

** **斤**(觔) jīn 量(重さの単位)斤(きん). ► 1"斤"は500グラム.

◇◆ ①《重量で計算するものを表す単音節語の後につけて 2 音節語を作り,その総称とする》¶煤 méi ～ / 石炭. ¶盐 yán ～ / 塩. ②木を切る道具. ¶斧 fǔ ～ / 斧. ‖ 姓

【斤斤】jīnjīn 形〈書〉きわめて勘定高い．細かなつまらないことにこだわっている．¶～计较 jìjiào / 細かいことにけちけちする．

【斤两】jīnliǎng 名 ①〈喩〉重み．②目方．重量．

今 jīn ◇◆ ①現代．現在．いま．¶厚 hòu～薄 bó 古 / 新しい事物を重んじ,古い事物に対しては批判的であること．②いまの．現在の．この．►年・日・朝・晩など．¶从～以后 / いまから以後．¶～秋 / この秋．‖姓

【今番】jīnfān 名 このたび．

*【今后】jīnhòu 名 今後．以後．これからのち．¶～仍 réng 请多关照 guānzhào / 今後ともよろしくお願いいたします．

**【今年】jīnnián 名 今年．

【今儿(个)】jīnr(ge) 名〈方〉きょう．

【今人】jīnrén 名〈書〉現代人．当代の人．

【今日】jīnrì 名〈書〉①きょう．本日．¶地震 dìzhèn 讨论会于 yú～举行 jǔxíng / 地震シンポジウムは本日行われる．②今日(こんにち)．現在．¶～的繁荣 fánróng 来之不易 lái zhī bù yì / 今日の繁栄はなかなか得がたいものである．
►話し言葉では"今天 jīntiān"を用いる．

【今生】jīnshēng 名〈書〉今生．この一生．¶～今世 / この一生．生きている間．

【今世】jīnshì →【今生】jīnshēng

**【今天】jīntiān 名 ①きょう．この日．¶十年后的～ / 10年後のこの日．¶～很热 rè / きょうはとても暑い．②現在．いま．¶就～看来 / 現在から見ると．

【今昔】jīnxī 名 今昔．

【今译】jīnyì 名(古文の)現代語訳．

【今朝】jīnzhāo 名 ①〈方〉きょう．②現在．

* **金 jīn** 名 ①金．ゴールド．[参考] 化学用語以外で使う場合,一般には単音節では用いず,"金子 jīnzi""黄金 huángjīn"などの形で用いる．②(Jīn)(中国の王朝名)金(きん)．►12世紀,女真族の建てた北方民族の国．
◇◆ ①金属．¶五～ / 金物の総称．¶合～ / 合金．②金銭．¶现～ / 現金．¶基 jī～ / 基金．③金色．黄金色．¶→～黄 huáng．④貴重な．¶→～玉 yù．‖姓

【金榜】jīnbǎng 名 科挙試験で,殿試の合格者名を書きつらねた掲示の俗称；〈喩〉大学などの合格者名簿掲示板．¶～题名 tímíng / 殿試に合格すること；〈喩〉難しい試験に合格すること．

【金镑】jīnbàng 量 ポンド．

【金本位】jīnběnwèi 名〈経〉金本位(制度)．

【金笔】jīnbǐ 名(金ペンの高級)万年筆．(量) 枝 zhī,支 zhī．

【金币】jīnbì 名 金貨．

【金碧辉煌】jīn bì huī huáng〈成〉極彩色に輝く．

【金箔】jīnbó 名 金箔．

【金不换】jīnbuhuàn〈慣〉万金にもかえがたい；〈喩〉貴重である．

【金灿灿】jīncàncàn 形(～的)金色に輝く．

【金蝉脱壳】jīn chán tuō qiào〈成〉(セミが外皮を脱ぐように)人に知られずそっと姿をくらます．¶～之计 / こっそり逃亡する計略．

【金城汤池】jīn chéng tāng chí〈成〉金城湯池．難攻不落の城．

【金点子】jīndiǎnzi 名 特別に優れたアイディア．

【金店】jīndiàn 名 貴金属装身具の店．

【金额】jīn'é 名 金額．

【金发色】jīnfàsè 名 ブロンド．

【金饭碗】jīnfànwǎn 名〈喩〉実入りの多いポスト．待遇のよい職業．►"铁饭碗"をもじって作った言葉．

【金刚】jīngāng 名 ①〈仏〉金剛力士．②〈方〉(昆虫,特にハエなどの)さなぎ．

【金刚石】jīngāngshí 名 ダイヤモンド．金剛石．►"金刚钻"とも．(量) 粒 lì,颗 kē,个．

【金刚钻】jīngāngzuàn 名〈鉱〉ダイヤモンド．

【金戈铁马】jīn gē tiě mǎ〈成〉兵事．戦争．

【金箍棒】jīngūbàng 名(孫悟空の)如意棒．

【金鼓】jīngǔ 名〈音〉どらと太鼓．

【金光】jīnguāng ①名 金色の光．②形 輝かしい．¶～大道 / 輝かしい道．

【金龟子】jīnguīzǐ 名〈虫〉コガネムシ．(量) 只 zhī．

【金贵】jīnguì 形〈方〉とても貴重である．¶东西越少越～ / 物は少なくなればなるほど貴重になる．

【金黄】jīnhuáng 形 黄金色の．¶～的麦浪 màilàng / 黄金色のムギ畑．¶稻田 dàotián 一片～ / 水田は見渡すかぎり黄金色だ．

【金婚】jīnhūn 名 金婚(式)．

【金鸡】jīnjī 名〈鳥〉キジ科の鳥．キンケイ．"锦鸡 jǐnjī"とも．②ニワトリの美称．

【金鸡奖】Jīnjījiǎng 名〈映〉金鶏賞．中国の映画賞の一つ．1981年の酉年に賞が創設．

【金交椅】jīnjiāoyǐ 名〈喩〉金や権力につながるポスト．

【金酒】jīnjiǔ 名(蒸留酒の)ジン．

【金橘】jīnjú 名〈植〉キンカン．

【金科玉律】jīn kē yù lù〈成〉金科玉条．不変の規則．

【金壳郎】jīnkéláng 名〈方〉〈虫〉コガネムシ．

【金口玉言】jīn kǒu yù yán〈成〉ありがたいお言葉；必ず守る約束．►もとは天子の言葉をさした．

【金库】jīnkù 名 国庫．►通称は"国库 guókù"．

【金块】jīnkuài 名 金塊．金の塊．

【金矿】jīnkuàng 名 金の鉱床．金鉱．

【金莲】jīnlián 名(～儿)〈旧〉纏足(てんそく)した女性の足．

【金缕玉衣】jīnlǚ yùyī 名〈考古〉(貴人の遺体を包む)玉片を金の糸でつなぎ合わせてつくった衣．

【金銮殿】jīnluándiàn 名 宮殿．正殿；皇帝に拝謁する御殿．

【金牛座】jīnniúzuò 名〈天〉①おうし座．②金牛宮．

【金瓯无缺】jīn ōu wú quē〈成〉領土が完全で侵略されていないこと．

【金牌】jīnpái 名 金の板；金メダル；1等賞．

【金钱】jīnqián 名 金銭．かね．

【金枪鱼】jīnqiāngyú 名〈魚〉マグロ．

【金秋】jīnqiū 名 秋．

【金曲】jīnqǔ 名〈音〉ゴールデンディスク；ヒット曲．

【金融】jīnróng 名 金融．¶～危机 wēijī / 金融恐慌．

【金色】jīnsè 名 金色．黄金色．¶～的朝阳 zhāoyáng / 金色に輝く朝の太陽．

【金闪闪】jīnshǎnshǎn 形(～的)きらきら光る．¶～的首饰 shǒushi / ぴかぴか光る装身具．

【金石】jīnshí 名 ①〈書〉金属や石；(木や紙に対し

て)堅固なもの. ②金石. 古代,文字の刻まれた青銅器や石器. ¶～学 / 金石に刻まれた文字・文章などを研究する学問.

*【金属】jīnshǔ 名 **金属.** ¶有色～ / 非鉄金属. ¶黑色～ / 鉄. ¶～架 jià 眼镜 / メタルフレームの眼鏡.

【金丝猴】jīnsīhóu 名〈動〉キンシコウ. チベットシシバナザル. ►第1類保護動物で,金色の柔毛で覆われている.

【金丝雀】jīnsīquè 名〈鳥〉カナリア.

【金条】jīntiáo 名 金の延べ棒.

【金文】jīnwén 名〈考古〉〈語〉金文(きんぶん). 古代の青銅器にしるされた銘文.

【金屋藏娇】jīn wū cáng jiāo 〈成〉りっぱな屋敷に愛人を囲う.

【金星】jīnxīng 名 ①〈天〉金星. ②金色の星形. ③目まいの時など目にちらつく金色の光. ¶眼冒 mào ～ / 目の前がちらちらする.

【金钥匙】jīnyàoshi 名〈喩〉問題解決の決め手.

【金银锦缎】jīnyín jǐnduàn 名 ラメ織物.

【金鱼】jīnyú 名 **キンギョ**(金魚). ㊧ 条. ¶养 yǎng ～ / キンギョを飼う.

【金玉】jīnyù 名〈書〉黄金や珠玉. 貴重なもの. ¶～满堂 mǎntáng / 黄金や珠玉が部屋にあふれていること. ¶～良言 liángyán / 貴重な忠告.

【金元】jīnyuán 名 米ドル.

【金针】jīnzhēn 名 ①〈書〉縫い物に使う金属製の針. ②鍼灸(しんきゅう)用の針. ㊧ 根 gēn. ③(食用にする)"金针菜"の花. ④〈喩〉秘訣.

【金针菜】jīnzhēncài 名 ユリ科の植物の総称.
参考 黄色いつぼみを干して料理の材料(キンシンサイ)とする.

【金枝玉叶】jīn zhī yù yè 〈成〉高貴な家柄の出身. 皇族の生まれ.

【金钟儿】jīnzhōngr 名〈虫〉スズムシ. ㊧ 个,只 zhī.

【金字塔】jīnzìtǎ 名 ①ピラミッド. ►金の字の形に似ていることから. ②不朽の業績.

【金字招牌】jīnzì zhāopai 名〈喩〉金ぴかの看板. (人に見せびらかす)立派な肩書.

【金子】jīnzi 名〈口〉金. 黄金.

津 jīn

◇◆ ①唾液. つば;汗;体液. ¶生～ / 〈中医〉唾液の分泌を促進する. ②渡し場. ¶～渡 dù / 渡し場. ③(Jīn)天津.

【津巴布韦】Jīnbābùwéi 名〈地名〉ジンバブエ.

【津津】jīnjīn 形 ①津々. 味わい深い. ¶～有味 / 〈成〉たいへんうまそうである;興味津々たるものがある. ②(汗や水が)流れている. ¶汗 hàn ～ / 汗ばむ.

【津贴】jīntiē ①動 **特別手当を出す.** ②名 **特別手当.** 手当金. ¶住宅 zhùzhái ～ / 住宅手当.

矜 jīn

◇◆ ①あわれむ. 不憫(ふびん)に思う. ¶～惜 xī / 〈書〉あわれむ. ②誇る. うぬぼれる. ¶骄 jiāo ～之气 / うぬぼれた気持ち. ③慎み深い. ¶～重 zhòng / 控え目で慎重である.

【矜持】jīnchí 形(態度が)かたくなっている.

筋 jīn

名 ①(～儿)〈口〉筋(すじ). 靭帯(じんたい). ¶牛蹄 niútí ～儿 / ウシのひづめの靭帯. ►食用とする.
②〈口〉(皮膚を透けて見える)静脈. ㊧ 条,根 gēn. ⇨【青筋】qīngjīn
③〈生理〉筋(きん). 筋肉. ►"肌 jī"の旧称.
◇◆ 筋状のもの. ¶叶 yè ～ / 葉脈.

【筋骨】jīngǔ 名 筋骨;体格.

【筋节】jīnjié 名 ①筋肉と関節. ②要点,節目.

【筋疲力尽】jīn pí lì jìn 〈成〉疲れてくたくたになる. ►"精 jīng 疲力竭 jié"とも.

【筋肉】jīnròu 名〈生理〉筋肉. ►"肌肉"とも.

禁 jīn

動 **耐える.** 持ちこたえる. ¶牛仔裤 niúzǎikù ～穿 / ジーンズは長持ちする. ¶～得起诱惑 yòuhuò / 誘惑に耐え得る. ¶～脏 zāng / 汚れが目立たない.
◇◆ こらえる. 我慢する. ¶不～笑出来 / 思わず笑い出した. ▸▸ jìn

【禁不起】jīnbuqǐ ①動+可補 耐えられない. ►人についていうことが多い. ¶他身体不好,～风霜 fēngshuāng / 彼は体が悪く,苦難に耐えられない. ②副 思わず.

【禁不住】jīnbuzhù 動+可補 ①耐えられない. 弱い. ►人や物についていう. ¶你怎么这样～批评 pīpíng? / 君は人の批判に対してどうしてそんなに弱いのか. ②**こらえきれず. 思わず.** ¶～笑了起来 / 思わず笑い出した.

【禁得起】jīndeqǐ 動+可補 耐えられる. 持ちこたえられる. ⇨【禁不起】jīnbuqǐ

【禁得住】jīndezhù 動+可補 持ちこたえられる. 耐えられる. ►人や物についていう. ¶那座大桥～七级地震 dìzhèn / あの橋はマグニチュード7の地震でも大丈夫だ.

【禁受】jīnshòu 動 耐え忍ぶ. 持ちこたえる. ¶～考验 kǎoyàn / 試練に耐える.

襟 jīn

◇◆ ①衣服の胸前の部分. 前身ごろ. ¶大～ / 前おくみ. ►衣服の「襟(えり)」は普通"领子 lǐngzi"という. ②姉妹の夫同士. あいむこ. ¶～兄 / 妻の姉の夫.

【襟怀】jīnhuái 名〈書〉胸中. 気概. ¶～坦白 tǎnbái / 胸中があっさりしている. 邪心がない.

3声 *仅(僅) jǐn

副〈書〉ただ. たった. わずか. ¶不～如此 rúcǐ / それだけではない. ‖ 姓 ▸▸ jìn

【仅见】jǐnjiàn 動 まれに見る.

*【仅仅】jǐnjǐn 副 **わずかに…だけ.** ただ…だけ. ¶～一个星期,他就学会了汉语拼音 Hànyǔ pīnyīn / たった1週間で,彼は中国語のピンインをマスターした.

【仅只】jǐnzhǐ ⇀【仅仅】jǐnjǐn

*尽(儘) jǐn

1動 ①**最大の限度まで力を尽くして行う.** ¶～我的力量 lìliang 去做 / 私の全力を尽くしてやる. ②("～着 zhe"の形で)…**を限度にする.** …以内にする. ¶～着三天做完 / 3日以内にすます. ③("先～(着)"の形で)…を優先する. ¶先～着好吃的吃 / まずうまいものから食べる.
2副 ①**いちばん. 最も.** ►方向・場所を表す語の前につけ,意味は"最 zuì"に同じ. ¶～后头 / いちばん後. ¶～左边 zuǒbian / いちばん左側. ②〈方〉いつまでも…するばかり. ¶这些日子 rìzi ～下雨 / このところ雨が降ってばかりだ.
▸▸ jìn

*【尽管】jǐnguǎn 1副 ①《無条件に行えることを表す》**かまわずに.** 遠慮なく. いくらでも. ¶你有什么

困难 kùnnan ～说,大家可以帮助你 / なにか困ることがあったら遠慮なく言ってください,力になりますから. ②(消極的な事柄を)いつまでも…するばかり. ¶你不工作,～聊天儿 liáotiānr 怎么行？/ おまえ仕事もやらずにおしゃべりばかりしちゃだめじゃないか.

❷接続《譲歩を表す》…**だけれども**. …にもかかわらず. たとえ…であっても. ►ふつう“但是、可是,然而 rán'ér,可,还是,仍然 réngrán,却 què,也”などと呼応する. ¶～下这么大的雨,我还是要去 / こんな大雨だけれども,私は行かねばならない. [書き言葉では“尽管”の句を後にもってきて強調することがある] ¶这种句子并不是问句,～句中有疑问词 yíwèncí / 文の中に疑問詞があっても,こういう文は疑問文ではない.

比較 尽管:不管 bùguǎn “尽管”の後ろは一つの事実が置かれるのに対して,“不管”の方は仮定条件を表すので不確定や選択を表す語句を後ろに伴う. “尽管”はむしろ“虽然”に近い. ¶不管谁反对,我还是要去 / だれが反対しても私は行く.

J

【尽可能】**jǐnkěnéng** 副 できるだけ. ¶～多推销 tuīxiāo / できるだけ多く売りさばく.

【尽快】**jǐnkuài** 副 できるだけ早く. ¶请你～换衣服 / なるべく早く身仕度してください.

*【尽量】**jǐnliàng** 副《最大限度に達するように力を尽くすことを表す》**できるだけ**. **極力**. なるべく. ¶～录用 lùyòng 女生 / 女子学生をできる限り採用する. ¶～多进口一些 / なるべくたくさん輸入する. ⇒【尽量】jìnliàng

【尽先】**jǐnxiān** 副 優先的に.

【尽早】**jǐnzǎo** 副 できるだけ早く. ¶～完成任务 / できるだけ早く任務を終える.

*紧(緊) jǐn ❶形(↔松 sōng) ①(締められて)**ぴんと張っている**. ¶把绳子 shéngzi 拉～ / ロープをぴんと張る.

②**ぴったり合っている**. しっかり固定してある. ¶写字的时候,要捏 niē ～笔杆 bǐgǎn / 字を書くときは,筆の軸を指でしっかり持たなくてはいけない. ¶他的眼睛～～盯 dīng 住那个目标 mùbiāo / 彼の目はぴったりその目標に据えられている.

③**ぴったりくっついている**. すきまがない. ¶这双鞋 xié 太～了 / この靴はきつすぎる. ¶门太～,不好开关 / ドアがきつくて開け閉めしにくい.

④(雨・雪・風や音などが)ぴったり引き続いて間断がない. ¶雨下得正～ / 雨がしきりに降る.

⑤(日程・仕事などが)**切迫している**. ¶任务 rènwu 很～ / 仕事がぎっしり詰まっている. ¶日程 rìchéng 安排 ānpái 得太～ / スケジュールがきつすぎる.

⑥(情勢・事態・戦況などが)**緊迫している**. ¶风声越来越～ / 情勢がますます緊迫する.

⑦(管理ややり方が)**厳格である**. ¶她爸爸管得很～,不让 ràng 她出来玩儿 / 彼女のお父さんはたいへん厳しくて,遊びに出させてもらえない.

⑧**手元不如意である**. 生活に余裕がない. ¶这两天手头儿 shǒutóur 比较～ / この2,3日,懐具合がちょっと苦しい.

❷動 ひき締める. ぴんと張る. ¶～一～弦 xián / 弦をちょっと締める.

【紧巴巴】**jǐnbābā** 形(～的) ①窮屈である. ②生活が逼迫する. ¶活得总是 zǒngshì ～的 / 生活がいつもきゅうきゅうとしている.

【紧梆梆】**jǐnbāngbāng** 形(～的)ぴったりしている.

【紧绷绷】**jǐnbēngbēng** 形(～的) ①ぎゅっと締めてある. ②緊張している. こわばっている. ¶老师的脸 liǎn 总是～的 / 先生の顔はいつもこわばっている.

【紧逼】**jǐnbī** 動 ひしひしと迫る. ¶步步～ / 一歩一歩と迫ってくる.

【紧凑】**jǐncòu** 形 むだがない. すきがない. きちんと整っている. ¶结构 jiégòu ～的连环画 liánhuánhuà / 構成にすきのない劇画.

【紧火】**jǐnhuǒ** 名 強火. ¶～鱼,慢火 mànhuǒ 肉 / 魚は強火で,肉はとろ火で料理する.

【紧急】**jǐnjí** 形 **緊急である**. 差し迫っている. ¶情况 qíngkuàng ～ / 事態は切迫している. ¶～手术 / 緊急の手術. ¶～动员 / 緊急の動員.

【紧紧】**jǐnjǐn** 形(～的)きつく締まっている. しっかりとしている. ¶城门关得～的 / 城門がぴったりと閉まっている. ¶～拥抱 yōngbào / しっかりと抱き合う.

【紧邻】**jǐnlín** 名 すぐ隣.

【紧锣密鼓】**jǐn luó mì gǔ** 〈成〉おおっぴらに活動を始める前に盛大に触れ込みをすること. 鳴り物入りで登場する. ►多くけなす意味.

【紧密】**jǐnmì** 形 ①**緊密である**. (つながりが)しっかりしている. ¶～联系用户 yònghù / ユーザーとつながりを緊密にする. ¶～合作 / 緊密に協力する. ②ひっきりなしである. ¶枪声 qiāngshēng ～ / 銃声が絶え間なく聞こえる.

【紧迫】**jǐnpò** 形 緊迫する. 差し迫っている.

【紧俏】**jǐnqiào** 形 供給が需要に追いつかない. ¶～货 huò / 売れ足の速い人気商品.

【紧缺】**jǐnquē** 形(物や人が)非常に不足している. ¶瘦肉 shòuròu ～ / 赤身の肉が品薄だ.

【紧身裙】**jǐnshēnqún** 名 タイトスカート.

【紧身儿】**jǐnshenr** ①名(～儿)(防寒用の)下着. ②形 体にぴったりした.

【紧身衣】**jǐnshēnyī** 名 レオタード;体にぴったりフィットした服.

【紧缩】**jǐnsuō** 動 緊縮する. 切り詰める. ¶～国防开支 kāizhī / 防衛支出を切り詰める.

【紧要】**jǐnyào** 形 **重要である**. 大切である. ¶这一点十分～ / この点は非常に重要である. ¶～关头 guāntóu / 大事な瀬戸際.

【紧张】jǐnzhāng** 形 ①(気が)**張り詰めている**. 緊張している. ¶他一发言 fāyán 就～ / 彼は発言するとすぐ緊張する. ②**忙しい**. 激しい. 緊迫している. ¶学习很～ / 勉強がとても忙しい. ¶戏 xì 已经进入～阶段 jiēduàn / 芝居はクライマックスに達した. ③(供給などに)**余裕がない**. **逼迫**(ひっぱく)**している**. 手詰まりである. ¶大城市 chéngshì 的旅馆 lǚguǎn 很～ / 大都市の宿泊施設は手いっぱいだ.

【紧着】**jǐnzhe** 副 すばやく. 頑張って.

堇 jǐn “堇菜 jǐncài”“堇色 jǐnsè”↓という語に用いる.

【堇菜】**jǐncài** 名〈植〉スミレ.

【堇色】**jǐnsè** 名 薄紫色.

锦 jǐn ◇◆ ①錦. ②きらびやかな. 目の覚めるような. ¶～霞 xiá / 目もあやな朝焼け. ‖姓

【锦标】jǐnbiāo 名 優勝のしるし．►優勝旗・優勝杯など．¶夺回 duóhuí ～ / 優勝を奪還する．
【锦标赛】jǐnbiāosài 名〈体〉選手権大会．
【锦缎】jǐnduàn 名 錦．錦織り．
【锦纶】jǐnlún 名〈紡〉ナイロン．ポリアミド繊維．
【锦囊妙计】jǐn náng miào jì 〈成〉(いざという時に役に立つよう)前もって用意された妙策．緊急問題を解決するよい方法．
【锦旗】jǐnqí 名 優勝旗．(感謝・慶祝・褒賞の意を表すために贈る)錦の旗．量 面．
【锦上添花】jǐn shàng tiān huā 〈成〉錦上に花を添える．美しいものの上にさらに美しいものを加える．
【锦绣】jǐnxiù 名〈喩〉美しいもの．輝かしいもの．
【锦衣玉食】jǐn yī yù shí 〈成〉生活が豪奢(ごうしゃ)をきわめる．

谨 jǐn 副〈書〉**謹んで**．丁重に．ねんごろに．¶～此致意 zhìyì / (手紙文で)謹んで敬意を表します．¶～领 lǐng / 拝受する．頂戴する．
◇◆ 慎重である．¶～守规程 guīchéng / 規定を厳守する．
【谨防】jǐnfáng 動 注意深く防ぐ．¶～扒手 páshǒu / すりにご用心．¶～假冒 jiǎmào / (商品広告)偽物にご注意．
【谨上】jǐnshàng 名〈套〉敬具．(以上)謹んで申しあげます．►手紙の末尾に書く言葉．
【谨慎】jǐnshèn 形 **慎重である．慎み深い**．¶小心～ / 用心深く慎重である．¶说话～ / (言い間違いのないように)言葉に気をつける．
【谨小慎微】jǐn xiǎo shèn wēi 〈成〉小心翼々としている．
【谨言慎行】jǐn yán shèn xíng 〈成〉言行を慎む．

馑 jǐn “饥馑 jījǐn”(飢饉．凶作)という語に用いる．

槿 jǐn “木槿 mùjǐn”(ムクゲ)という語に用いる．

仅(僅) jǐn 副〈書〉…に近い．ほとんど…だ．¶我校学生～千人 / わが校の生徒は千人近い．
⏩ jǐn

尽(盡) jìn ❶動 ① **尽きる**；(補語として)…**し尽くす**．¶油～了 / オイルが切れた．¶想～方法节约 jiéyuē 资材 zīcái / あらゆる方法を講じて資金と物質を節約する．② **全部出しきる．発揮する**．¶～一切力量救济 jiùjì 灾民 zāimín / 全力をあげて被災者を救済する．¶～其 qí 所有 / ありったけのものを投げ出す．全力をあげる．③ **全うする**．全力で達成する．¶～自己的责任 zérèn / 自分の責任を果たす．
❷副 **すべて．ことごとく**．¶到会的～是学生 / 会の出席者はみな学生である．¶～说废话 fèihuà / くだらないことばかり言う．
◇◆ ①極点に達する．¶→～头 tóu．¶→～善 shàn ～美．②すべて．¶→～数 shù．¶→～人皆知 rén jiē zhī．③死ぬ．¶自～ / 自害する．
⏩ jǐn
【尽力】jìn∥lì 動 **全力を尽くす**．¶我将～帮助你 / これからはあなたの力になります．
【尽量】jìnliàng 動 **心ゆくまで飲む〔食べる〕**；堪能する．►主として酒や食事の量について用いる．¶最近胃 wèi 不好，饭不敢 gǎn ～ / 近ごろ胃が悪くて食べすぎないようにしている．⇨【尽量】jǐnliàng
【尽情】jìnqíng 副 思う存分．思いきり．¶～歌唱 / 思いきり歌を歌う．
【尽然】jìnrán 形 完全にそうである．まったくそのとおり．►否定形“不～”で用いることが多い．¶也不～ / そうとも限らない．
【尽人皆知】jìn rén jiē zhī 〈成〉だれでも知っている．
【尽人事】jìn rénshì 人事を尽くす．やるべきことはすべてする．¶～以待 dài 天命 / 人事を尽くして天命を待つ．
【尽善尽美】jìn shàn jìn měi 〈成〉善美を尽くす．非の打ちどころがない．
【尽收眼底】jìn shōu yǎn dǐ 〈成〉景色の全体が視界に入る．一望に収める．
【尽数】jìnshù 副 すべて．ことごとく．ありったけ．
【尽头】jìntóu 名 **末端．果て**．終点．はずれ．¶这条街的～有一个赛马场 sàimǎchǎng / この通りのはずれに競馬場がある．
【尽心】jìn∥xīn 動(他人のために)心を尽くす．¶～护理 hùlǐ 病人 / 心を尽くして病人を看護する．
【尽兴】jìnxìng 動 心ゆくまでやる．¶～地打了一天高尔夫球 gāo'ěrfūqiú / 一日中，思う存分ゴルフをした．
【尽性】jìnxìng ① 副 気のすむまで．¶～抒怀 shūhuái / 思う存分，所感を述べる．② 動〈書〉天分を発揮する．
【尽义务】jìn yìwù ① 義務を尽くす．② ボランティア活動をする．無報酬で働く．
【尽职】jìn∥zhí 動 **職責を果たす**．
【尽致】jìnzhì 動 すべて表現し尽くされている．
【尽忠】jìn∥zhōng 動 ① 忠義を尽くす．② 国のために命を捧げる．

****进**(進) jìn ❶動 ①(↔出 chū)(ある場所に)**入る**．¶请～ / どうぞお入りください．¶～中山大学研究现代史 / 中山大学に入学し現代史を研究する．
②(↔退 tuì)**進む**．前進する；(関係や内容が)発展する，深まる．¶退一步，～两步 / 1歩後退して，2歩前進する．¶两国关系又～了一步 / 両国の関係はまたひとつ深まった．
③(金が)入る；(商品を)仕入れる；(人員を)受け入れる．¶商店里～了一批 pī 新软件 ruǎnjiàn / 店は新しいソフトウェアを一まとめ仕入れた．
④〈書〉すすめる．差し出す．推薦する．¶～酒 / 酒を勧める．¶为君 jūn ～一言 yán / 君に一言忠告する．
❷量(伝統的な中国式家屋で，前後にいくつかの中庭があるときの)庭を数えるのに用いる．

語法ノート
方向補語“－进”の用法

動詞の後に用いて，動作が外から内へ向かう意を表す．
❶「中に入る」意味を表す．¶走～课堂 / (歩いて)教室に入る．¶他们俩 liǎ 住～了公寓 gōngyù / 二

人はマンションに移り住んだ.
❷「中に入れる」意味を表す. ¶把戒指 jièzhi 放～盒子 hézi 里 / 指輪を箱の中に入れる. ¶宣传科 xuānchuánkē 买～了一台复印机 / 宣伝課は複写機を買い入れた.
注意 動詞と"－进"の間に"得 / 不"を挿入して可能・不可能を表すことができる. ¶这套 tào 茶具放得～餐具橱 cānjùchú 吗? / このティーセットは食器棚に入れられますか. ¶我挤 jǐ 不～会场 / 会場が込み合っていて入れない.

【进兵】jìnbīng 動 進軍する.
*【进步】jìnbù ①動 **進歩する**. ¶商店的服务比以前～多了 / 商店のサービスは前よりずっと進歩した. ②形 **進歩的である**. ¶他的思想很～ / 彼の考えは進歩的だ.
【进餐】jìn//cān 動 食事をとる.
【进场】jìn//chǎng 動 ①入場する. ②(飛行機が)着陸する. 進入する.
【进城】jìn//chéng 動(郊外から)市内へ行く,町へ行く. ¶～卖 mài 白菜 / 白菜を売りに町へ行く.
【进程】jìnchéng 名 過程. コース. プロセス.
【进出】jìnchū ①動 出入りする. 出たり入ったりする. ¶～商店的多为女性 / 商店に出入りするのは女性が多い. ②名 収入と支出. 収支. ¶这家摊子 tānzi 每天也有数 shù 千元的～ / こんなちっぽけな店でも毎日,何千元も金の出入りがある.
【进出口】jìnchūkǒu 名 ①**輸出入**. ¶～公司 / 貿易会社. ¶～贸易 màoyì / 輸出入貿易. ②**入り口と出口. 出入り口**.
【进度】jìndù 名 ①**進度**. 進捗(しんちょく)状態. ②仕事の手順. ¶～表 / 工程進度表.
【进而】jìn'ér 接続(もとの基礎をふまえてさらに一歩進むことを表す)さらに進んで. その上で. ¶经济改革 gǎigé 先行,～进行政治改革 / 経済改革を先に行い,その上で政治改革を行う.
【进发】jìnfā 動(車・船または大ぜいの人が)出発する,前進する.
【进犯】jìnfàn 動(敵軍が)侵犯する,来襲する.
*【进攻】jìngōng ❶動 ①〈軍〉進攻する. ②(闘争または試合で)攻勢に出る. ❷名〈体〉アタック.
【进贡】jìn//gòng 動 朝貢する. 貢ぎ物を捧げる.
*【进化】jìnhuà 動 進化する. ¶～论 lùn / 〈生〉進化論.
【进货】jìn//huò 動(商品を)仕入れる.
【进击】jìnjī 動(軍隊が)進撃する,攻撃する.
【进见】jìnjiàn 動(目上の人に)謁見する. 会う.
【进京】jìn//jīng 動 上京する.
【进军】jìn//jūn 動 進軍する;〈転〉目標に立ち向かう. ¶向沙漠绿化 shāmò lǜhuà～ / 砂漠緑化に邁進(まいしん)する.
*【进口】jìn//kǒu ❶動 ①**輸入する**. ¶～货 / 輸入品. ②(船舶が)入港する. ❷名(～儿)入り口.
【进款】jìnkuǎn 名〈口〉(個人・家庭または団体の)収入.
【进来】jìn//lái 動+方補 **入って来る. ¶请～ / どうぞお入りください.
【－进来】-jìn//lái《動詞の後に用いて,動作が外から内へ入ってくることを表す》¶流～ / 流れ込んでくる. ¶收～ / (洗濯物などを)取り入れる. [場所を表す語が目的語となるとき,その目的語は"进"と"来"の間にくる] ¶走进教室 jiàoshì 来 / 教室に(歩いて)入ってくる.
【进门】jìn//mén 動 ①入口から入る. ②入門する. ③嫁にくる.
【进取】jìnqǔ 動 向上しようと努力する. ¶～心 / 進取の精神.
【进去】jìn//qù 動+方補 **中へ入っていく. ¶先～看看再说 / まず入ってみてからにしよう.
【－进去】-jìn//qù《動詞の後に用いて,動作が外から中へ入っていくことを表す》¶投～ / 投げ入れる. ¶包括 bāokuò～ / (取り込んで)まとめる. ¶听不～ / 耳に入らない;聞き入れない. [場所を表す語が目的語となるとき,その目的語は"进"と"去"の間にくる] ¶走进网球场 wǎngqiúchǎng 去 / テニスコートに(歩いて)入っていく.
*【进入】jìnrù 動(ある範囲や段階に)**入る**. 進出する. ¶～市区 shìqū / 市街地に入る. ¶～梦乡 mèngxiāng / 夢路に入る. ¶～新阶段 jiēduàn / 新しい段階に入る.
【进深】jìnshēn 名(庭や部屋の)奥行き.
【进身之阶】jìn shēn zhī jiē〈成〉出世の道. 登竜門.
【进士】jìnshì 名〈旧〉進士. 科挙の最終試験合格者.
【进退】jìntuì 名《成語などに用いる》①前進と後退. ¶～两难 nán / にっちもさっちもいかない. ジレンマに陥る. ¶～维谷 wéigǔ / 進退きわまる. 行き詰まって途方に暮れる. ②(分に応じた)立ち居ふるまい. ¶不知～ / 身の程をわきまえない.
【进位】jìn//wèi 動〈数〉桁を繰り上げる. 切り上げる. ¶进一位 / ひと桁繰り上げる.
【进贤】jìnxián 動 有能な人材を推薦する.
【进香】jìn//xiāng 動(仏教徒や道教徒が,遠路はるばる)聖地や名山の寺院に参拝する.
【进项】jìnxiang 名 収入.
【进行】jìnxíng 動(正式あるいは重々しい持続的な活動を)行う,する,進める**. ►動詞を目的語にとるとき,目的語となる行為を表す語は2音節である(単音節は不可). ¶对开发计划～审查 shěnchá / 開発計画について審査を行う. ¶手术 shǒushù～了六个小时 / 手術は6時間続いた.
【进行曲】jìnxíngqǔ 名〈音〉行進曲. マーチ.
*【进修】jìnxiū 動(主として在職中の人が技術を高めるために一定期間)**研修を受ける**.
【进言】jìn//yán 動〈書〉進言する. ¶向经理 jīnglǐ 进一言 / 支配人に少し意見を申し述べる.
【进谒】jìnyè 動 謁見する.
*【进一步】jìnyībù 副 **さらに**. 一歩進んで. ¶～发展贸易 màoyì 关系 / 貿易関係をいっそう発展させる.
【进展】jìnzhǎn 動 **進展する**. はかどる. ¶形势 xíngshì 有很大～ / 情勢は大きく進展した.
【进驻】jìnzhù 動(軍隊が)進駐する.

近 jìn ❶形 ①(↔远 yuǎn)《空間的または時間的距離が短い》近い**. ¶天津离 lí 北京很～ / 天津は北京から近い. ¶离考试 kǎoshì 越来越～ / 試験までどんどん近くなってきた.
②**親しい**. つながりが深い. ¶别看 bié kàn 这俩人显着 xiǎnzhe～,其实 qíshí,各有各的打算 / あの二人はいかにも親しいように見えるかもしれないが,実は

それぞれ違った思わくがあるんだ.
❷動 接近する；ある数量に近い．¶年～六十 / 年は60に近い.
◇◆ 分かりやすい．¶言～旨 zhǐ 远 / 言葉は分かりやすいが意味は深長である．¶浅 qiǎn ～ / 平易である．‖姓
【近便】jìnbian 形 道が近くて便利である.
【近程】jìnchéng 形 射程の短い.
【近代】jìndài 名〈史〉近代．►中国史ではアヘン戦争から五四運動までの間．注意 日本語の「近代」にあたる「進んだ」「モダンな」は中国語では"现代 xiàndài"を用いることが多い．¶现代建筑 jiànzhù / 近代的な建築.
【近道】jìndào 名 近道．抜け道．¶走～ / 近道をする.
【近古】jìngǔ 名〈史〉近古．►中国では多くの場合，宋・元・明・(アヘン戦争までの)清の各時代をさす.
【近乎】jìnhū 動 …に近い．¶合于情义 qíngyì，～人情 / 義理も立つし人情にもかなう.
【近乎】jìnhu 形(～儿)〈方〉関係が親密である．¶套 tào ～ / なれなれしくする.
【近郊】jìnjiāo 名 近郊.
【近景】jìnjǐng 名 ①近距離の景色．近景．②(撮影の)クローズショット，クローズアップ．③当面の情況.
【近况】jìnkuàng 名 近況．最近の様子.
【近来】jìnlái 名 **近ごろ**．このごろ．¶他～工作很忙 / 近ごろ彼は仕事がとても忙しい.
【近邻】jìnlín 名 近隣．隣り近所．¶远亲 yuǎnqīn 不如～ /〈諺〉遠くの親戚より近くの他人.
【近路】jìnlù 名 近道．¶抄 chāo ～ / 近道をする；〈慣〉要領よくやる.
【近年】jìnnián 名 **近年**．この2，3年来．¶～学习汉语的人猛增 měngzēng / 近年，中国語を学ぶ人が急増している.
【近旁】jìnpáng 名 付近．そば．周り.
【近期】jìnqī 名 近いうち．短期間内.
【近亲】jìnqīn 名 近親．近い親戚.
【近人】jìnrén 名 ①現代人．②〈書〉身内．血縁の近い人.
【近日】jìnrì 名 ①近ごろ．このごろ．最近．②近日．近いうち．¶～我会跟你联系 liánxì / 近いうちにご連絡します.
【近视】jìnshì 形 ①近視である．②〈喩〉目先がきかない.
【近视镜】jìnshijìng 名 近眼鏡.
【近视眼】jìnshiyǎn 名 近視.
【近水楼台】jìn shuǐ lóu tái〈成〉役得のある地位につく；何かをするのに便利な場所・地位にある.
【近似】jìnsì 動 近似する．似通う．¶词义 cíyì ～ / 語の意味が近い.
【近体诗】jìntǐshī 名〈文〉唐代に形成された律詩・絶句の通称．近体詩．►句中の平仄(ひょうそく)を整えた詩で，唐以前の古詩と区別していう.
【近义词】jìnyìcí 名 類義語.
【近因】jìnyīn 名 直接の原因.
【近影】jìnyǐng 名 最近撮った肖像写真．近影．►"近照"とも.
【近于】jìnyú 動 …に近づく．…にかなう．¶～荒唐 huāngtáng / ほとんどでたらめだ.
【近朱者赤，近墨者黑】jìn zhū zhě chì, jìn mò zhě hēi〈成〉朱に近づけば赤くなり，墨に近づけば黒くなる．朱に交われば赤くなる.

*劲(勁) jìn ❶名 ①(～儿)**力．ファイト**．¶加把～儿，不然 bùrán 你要落后了 / 頑張ってスパートしろ，でないと遅れてしまうぞ．¶我烧 shāo 是退 tuì 了，可身上还是没～儿 / 熱は引いたのだけれど，まだ元気が出ない．②**おもしろみ．張り合い**．¶打扑克 pūkè 没～，咱们去游泳 yóuyǒng 吧 / トランプなんかつまらないよ，泳ぎに行こうよ．③(～儿)**気持ち．意気**．¶鼓 gǔ 起～儿大干一场 cháng / 元気を奮い起こし大いに張り切ってやる.
❷接尾(～儿)《形容詞・動詞に接辞して，態度・状態などを表す》…さ．…加減．…っぷり．¶瞧 qiáo 他那高兴～儿 / 彼の喜びようときたらどうだ．¶骄傲 jiāo'ào ～儿 / いばりかえった態度.
▸▸ jìng
【劲头】jìntóu 名(～儿)〈口〉①**力**．㊜ 股 gǔ．¶较量 jiàoliang ～ / 力を比べる．②意気込み．はり．意欲．③様子．ふり．格好.

晋(晉) jìn 名(Jìn)(中国の王朝名)晋(しん).
◇◆ ①進む．②(Jìn)山西省．‖姓
【晋级】jìn//jí 動 昇級する.
【晋见】jìnjiàn 動 謁見する.

烬(燼) jìn ◇◆ 燃えかす．燃え殻．¶灰 huī ～ / 灰燼(かいじん)．¶余 yú ～ / 余燼．燃えかす.

浸 jìn ❶動 ①**浸す．水につける**．¶把纱布 shābù ～在酒精里 / ガーゼをアルコールに浸す．②**しみる．しみこむ**．¶衣服让汗水～湿 shī 了 / 服が汗でびっしょりぬれた.
❷副〈書〉しだいに．¶爱情～厚 hòu / 愛情がしだいに深まる.
【浸礼】jìnlǐ 名〈宗〉(キリスト教の)洗礼.
【浸泡】jìnpào 動(水などの液体に)浸す；つかる.
【浸染】jìnrǎn 動 ①しだいに染まる．►悪習についていうことが多い．¶～吸毒恶习 èxí / 麻薬を吸う悪習にだんだんと影響される．②液体がしみて色に染まる.
【浸润】jìnrùn 動(液体が)徐々にしみこむ.
【浸透】jìntòu 動 ①しみこむ；びしょぬれ(になる)．¶雨水～了衬衣 chènyī / 雨で下着までびしょぬれだ．②〈喩〉(ある思想や感情が)浸透する．しみこむ.
【浸渍】jìnzì 動 浸す．(水に)つける.

禁 jìn 動 **禁ずる**．許さない．¶～放鞭炮 biānpào / 爆竹を鳴らすのを禁ずる.
◇◆ ①監禁する．拘束する．¶→～闭 bì．②法律上や習慣上で許されない事柄．禁制．¶犯～ / 禁を犯す．¶违 wéi ～品 / 禁制品．③皇帝の住むところ．宮中．¶～宫 gōng / 皇居．禁裏.
▸▸ jīn
【禁闭】jìnbì 動 禁固する．閉じ込める．¶～室 shì / 営倉．禁固室．¶他被 bèi 关了一天～ / 彼は1日，閉じ込められた.
【禁地】jìndì 名 立入禁止地区.
【禁毒】jìn//dú 動 麻薬の生産・取引・使用を禁止する.
【禁锢】jìngù 動〈書〉①(旧時，支配グループが対立者の)仕官の道をふさぐ，あるいは政治に参画させない

J

こと．禁固．②〈法〉禁固する．監禁する．③束縛する．強制的に制限する．

【禁忌】jìnjì ❶名 ①タブー．②〈医〉禁忌．❷動 忌み嫌う．

【禁绝】jìnjué 動 徹底的に禁止し根絶させる．

【禁例】jìnlì 名 禁止条例．禁止令．

【禁区】jìnqū 名 ①**立入禁止地区**．②禁猟区．(動植物などの)保護区．③〈体〉(サッカーの)ペナルティーエリア；(バスケットボールの)制限区域．④〈喩〉聖域．タブー．

【禁赛】jìnsài 動〈体〉出場停止にする．

【禁书】jìnshū 名 禁書．発禁本．

【禁烟】jìnyān 動 ①喫煙を禁じる．②(旧時,寒食節に)炊事の火を使うことを禁じる．

【禁夜】jìnyè 動 夜間通行禁止にする．

【禁运】jìnyùn 動 禁輸措置をとる．

*【禁止】jìnzhǐ 動 **禁止する**．許さない．►動詞(句)や兼語を後にとることができる．掲示にもよく用いられる．¶～吸烟 xī yān / 禁煙．¶～车辆通行 chēliàng tōngxíng / 車両の通行を禁止する．

J

觐 jìn ◇(君主に)まみえる,拝謁する；(聖地に)参拝する．¶朝 cháo ～ / 朝見する．

噤 jìn ◇ ①口をつぐむ．押し黙る．¶～口 / 口をつぐむ．¶～声 / 声を出さない．②(寒くて)ぶるぶる震える,身震いする．¶寒 hán ～ / 寒さによる身震い．

【噤若寒蝉】jìn ruò hán chán 〈成〉寒くなって鳴かなくなったセミのように口をつぐむ．小さくなって押し黙る．

jing (ㄐㄧㄥ)

1声 **茎**(莖) jīng ①名(植物の)茎．②量〈書〉細長いものを数える．¶数 shù ～水草 / 数本の水草．

京 jīng 数〈古〉1千万．◇ ①都．首都．¶→～城．②(Jīng)北京．¶～菜 / 北京料理．¶～包铁路 / (北)京一包(頭)線．‖姓

【京城】jīngchéng 名 都．国都．

【京都】jīngdū 名 都．国都．

【京胡】jīnghú 名 主として京劇の伴奏に用いる胡弓の一種．►2弦で,胴には蛇の皮を張る．

【京华】jīnghuá 名〈書〉都．花の都．

*【京剧】Jīngjù 名(中国の代表的な演劇の一つ)**京劇**．►"京戏 Jīngxì""国剧 guójù"とも．量 出 chū, 台 tái, 场 chǎng.

【京腔】jīngqiāng 名〈旧〉北京弁．北京なまり．

【京师】jīngshī 名〈書〉都．首都．国都．

【京味】jīngwèi 名(～儿)北京の味．北京風．

【京戏】jīngxì →【京剧】jīngjù

【京族】Jīngzú 名(中国の少数民族)キン(Gin)族．►ベトナム系民族で,広西などに住む．

泾(涇) jīng 地名に用いる．

【泾渭分明】jīng wèi fēn míng 〈成〉涇河(けいが)と渭河(いが)の水ははっきり分かれている；〈転〉物事の区別やけじめがはっきりしている．

* **经**(經) jīng ❶前(過程や手続きを)**通じて,経て**；(…の)**結果**．►書き言葉に用いることが多い．¶未 wèi ～批准 pīzhǔn 挪用 nuóyòng 公款 / 許可なしに公金を流用する．

❷動 ①〈書〉**経る**．**経過する**．¶这路车～王府井 Wángfǔjǐng 开往动物园 dòngwùyuán / この路線のバスは王府井経由動物園行きです．②**経験する**．体験する．¶久～考验 kǎoyàn 的领导 lǐngdǎo / 長い間試練に耐えたリーダー．¶他可～了不少大世面 / 彼はそれこそ広く世界を見ている．③耐える．受ける．►"住""起"などを伴う．¶这点挫折 cuòzhé, 我还～得住 / これくらいの挫折(ざせつ)に負けることはない．

◇ ①経営する．管理する．治める．¶→～商 shāng．②変わらない．正常である．¶→～常 cháng．③経典．¶念 niàn ～ / 経を読む．④(機織の)縦糸．¶～密 mì / 〈紡〉縦糸の密度．⑤経度．¶东～一百十三度 / 東経113度．⑥月経．¶～血 xuè 不调 / 生理不順．⑦〈中医〉人体の主な脈絡．¶～络 luò / 経絡．¶～脉 mài / 経脈．‖姓

【经办】jīngbàn 動(営業として,または委託を受けて)取り扱う,営む．

【经闭】jīngbì 動〈生理〉月経が止まる．閉経．

【经不起】jīngbuqǐ 動+可補(試練などに)耐えられない．¶～诱惑 yòuhuò / 誘惑に耐えられない．

【经常】jīngcháng ①副 **いつも．しょっちゅう．常に．絶えず．¶上海～下雨 / 上海はしょっちゅう雨が降る．②形(仕事・労働・情況などが)平常である,普通である．¶～的工作 / ふだんの仕事．¶打扫街道是～的 / 通りを掃除するのはいつものことである．

【经得起】jīngdeqǐ 動+可補(試練などに)耐えられる．¶他俩的爱情 àiqíng 是～时间考验 kǎoyàn 的 / 二人の愛は時が経っても変わらないのだ．

【经典】jīngdiǎn ❶名 ①古典．②経典．❷形〈喩〉権威がある．¶～作品 / 古典的作品．権威のある作品．

【经度】jīngdù 名〈地〉経度．

【经费】jīngfèi 名 **経費**．経常の支出．

【经风雨,见世面】jīng fēngyǔ, jiàn shìmiàn 〈慣〉荒波にもまれ,世間を知る．

【经管】jīngguǎn 動 管理する．取り扱う．¶～财物 cáiwù / 財産を管理する．

【经过】jīngguò ❶動 ①(ある場所を)通過する**,通る,経る．¶～深圳 Shēnzhèn 到香港 Xiānggǎng / 深圳を通って香港に着く．¶我每天上学都～那儿 / ぼくは毎日学校へ行く時,いつもあそこを通る．②(時間が)**かかる**,経過する；(事柄や手続きなどを)経験する,経る．¶女儿～三年才返回 fǎnhuí 北京 / 娘は3年してようやく北京に戻ってきた．¶～这道关卡 guānqiǎ 就可以留学 liúxué / この審査をすませると留学できる．③(過程や手続きを)**経る**．¶～十年的努力,终于 zhōngyú 成功了 / 10年の努力の結果,ついに成功した．¶～调查,找 zhǎo 到了问题所 suǒ 在之处 chù / 調査をして問題の所在が判明した．❷名 経過．いきさつ．¶介绍了事情的～ / 事の経過を説明した．

【经籍】jīngjí 名〈書〉①経書．②書籍．

【经济】jīngjì ❶名 ①経済**．¶～医院 / 経営コンサルティングサービス会社．②**個人の経済**．生活．¶～宽裕 kuānyù / 生活は豊かである．❷形 **経済**

的である．むだがない．¶这种 zhǒng 东西十分～／この品はたいへん経済的です．¶不～／むだが多い．¶～舱 cāng／エコノミークラス．❸動〈書〉国を治める．

【经纪】jīngjì ①動 経営する．運営する．¶善于 shànyú ～／経営がうまい．②→【经纪人】jīngjìrén

【经纪人】jīngjìrén 名 仲買人．ブローカー．¶房地产 fángdìchǎn ～／不動産仲買人．

【经济特区】jīngjì tèqū 名 経済特(別)区．外資・技術の導入を目的として設けられた保税加工地区．参考 中国には"海南 Hǎinán""深圳 Shēnzhèn""珠海 Zhūhǎi""汕头 Shàntóu"(スワトウ),"厦门 Xiàmén"(アモイ)の5地域がある．

【经济危机】jīngjì wēijī 名〈経〉恐慌．

【经济效益】jīngjì xiàoyì 名 経済効率．

【经久】jīngjiǔ 動 ①長時間たつ．②長もちする．¶～耐用 nàiyòng／長持ちする．

*【经理】jīnglǐ ①名(ある部門の)**担当責任者．支配人**．経営者．¶总 zǒng ～／総支配人．社長．②動 経営・管理する．¶～一家小面馆／小さなラーメン屋を経営する．注意 会社などの「経理課」は"会计科 kuàijìkē"という．

*【经历】jīnglì ①動 **経験する**．体験する．¶他曾 céng ～过很多困难／彼は多くの困難を経験したことがある．②名 経歴；経験．

【经络】jīngluò 名〈中医〉経絡．

【经脉】jīngmài 名〈中医〉経絡．

【经盲】jīngmáng 名〈俗〉市場経済の常識に欠ける人．経済音痴．

【经贸】jīngmào 名〈略〉経済と貿易．¶～公司／貿易会社．

【经年累月】jīng nián lěi yuè〈成〉何年も何か月も．長い間．

【经商】jīng//shāng 動 商売をする．商業を営む．¶弃 qì 学～／学業を捨てて商売を始める．¶～热 rè／商売ブーム．

【经史子集】jīng shǐ zǐ jí 伝統的図書分類法．経(経書)・史(歴史)・子(諸子)・集(詩文集)からなる書籍の分け方．

【经手】jīng//shǒu 動 手がける．取り扱う．¶～人／担当者．取扱者．

【经受】jīngshòu 動(試練などを)受ける,耐える．¶～考验 kǎoyàn／試練に耐える．

【经售】jīngshòu 動 取次販売する．

【经书】jīngshū 名 経書．儒学の経典．

【经天纬地】jīng tiān wěi dì〈成〉すぐれた才能を持つこと．¶～之才／天下を治めることのできるほどの才．

【经纬】jīngwěi 名 ①縦糸と横糸．②〈地〉経度と緯度．¶～度／経緯度．③経緯．

【经线】jīngxiàn 名 ①縦糸．②〈地〉経線．

【经销】jīngxiāo 動 取次販売する．¶～处 chù／取次販売店．代理店．

【经心】jīngxīn 動 注意する．心にかける．気をつける．¶漫 màn 不～／まるで無頓着である．¶～保管 bǎoguǎn 寄存物 jìcúnwù／預かり物を大切にする．

【经学】jīngxué 名 経学．経書を研究する学問．

【经验】jīngyàn ①名 **経験**．►実践を通じて得た見識・知識・技能などをいう．¶～少／経験が浅い．¶积累 jīlěi ～／経験を積む．②動 **経験する**．体験する．¶这种怪事 guàishì,我从来没有～过／こんな奇妙なことは,今まで経験したことがない．

【经一事,长一智】jīng yī shì, zhǎng yī zhì〈諺〉一つの経験をすれば,それだけ知恵が増える．

【经意】jīngyì 動 心にかける．注意する．

【经营】jīngyíng 動 ①(企業などを)**経営する**；(広く)**営む**．**運営する**．¶～服装业／アパレル業を営む．②**苦心する**．いろいろ工夫する．¶苦心 kǔxīn ～／苦心さんたんする．③取り扱う．

【经营口岸】jīngyíng kǒu'àn 名 商品の輸出入を行っている港や都市．

【经用】jīngyòng 動 ①長もちする．②〈書〉常用する．

【经由】jīngyóu 動 経由する．通過する．¶～大阪 Dàbǎn 到上海／大阪経由で上海へ行く．

荆 jīng

◇◆ ①イバラ；(原野に群生する)低木の総称．②(Jīng)楚国の別称；湖南・湖北地方をさす．‖姓

【荆棘】jīngjí 名〈植〉イバラ．¶～载途 zàitú／行く手に多くの困難が待ち受けているたとえ．

【荆妻】jīngqī 名〈書〉〈謙〉荊妻(けいさい)．愚妻．

【荆条】jīngtiáo 名 イバラの枝．

菁 jīng

"菁华 jīnghuá""菁菁 jīngjīng"▼という語に用いる．

【菁华】jīnghuá 名 精華．エッセンス．

【菁菁】jīngjīng 形〈書〉草木が茂るさま．

旌 jīng

◇◆ ①(昔の旗の一種)旗竿の先に五色の羽毛を飾り付けたもの．②表彰する．

【旌旗】jīngqí 名 色とりどりの旗．

惊(驚) jīng

動 ①**驚く**．¶一声巨响 jùxiǎng,孩子们都～呆 dāi 了／大きな音がして,子供たちはびっくりしてあっけにとられた．["受,吃"などの目的語となることができる]¶受～／びっくりさせられる．¶大吃一～／びっくり仰天する．②**驚かす**．¶当心,别～了孩子／気をつけて,子供をびっくりさせるといけないから．③(馬などが)驚いて暴れる．¶枪声 qiāngshēng ～了牛群／牛の群れが銃声に驚いてどっと逃げだした．

【惊诧】jīngchà 動 驚きいぶかる．

【惊动】jīngdòng 動 **騒がす**．**驚かす**．邪魔をする．¶小声点儿,别～他／もう少し小声で,彼を驚かすな．

【惊愕】jīng'è 動〈書〉驚いてぼう然とする．

【惊服】jīngfú 動 驚嘆し敬服する．

【惊弓之鸟】jīng gōng zhī niǎo〈成〉一度危険な目にあうとちょっとしたことにもすぐおびえる．

【惊呼】jīnghū 動 驚いて叫ぶ．

【惊慌】jīnghuāng 動 驚き慌てる．¶～失措 shīcuò／驚いて度を失う．

【惊惶】jīnghuáng →【惊慌】jīnghuāng

【惊叫】jīngjiào 動 驚いて叫ぶ．悲鳴をあげる．

【惊惧】jīngjù 動〈書〉恐れる．恐懼(きょう)する．

【惊恐】jīngkǒng 動 驚き恐れる．恐怖にかられる．¶～失色 shīsè／恐ろしさに顔が青くなる．

【惊奇】jīngqí 動(不思議なこと,意外なこと,恐ろしいことなどに接し)**びっくりする,不思議である**．¶做出这样的决定 juédìng,我感到很～／そういう決定

になって,私はとても不思議に感じた.

*【惊人】jīngrén 形 **驚異的である**.¶这个消息 xiāoxi 非常～/このニュースはとてもショッキングだ.¶～的记录/驚異的な記録.

【惊师动众】jīng shī dòng zhòng〈成〉大ぜいの人を驚かす.人騒がせなことをする.

【惊世骇俗】jīng shì hài sú〈成〉世を驚かし俗人をびっくりさせる.世間をあっと言わせる.

【惊悚片】jīngsǒngpiàn 名(～儿)ホラー映画.

【惊悚小说】jīngsǒng xiǎoshuō 名 ホラー小説.

【惊叹】jīngtàn 動 驚嘆する.驚いて感心する.

【惊叹号】jīngtànhào 名〈語〉感嘆符.(!).

【惊涛骇浪】jīng tāo hài làng〈成〉逆巻く大波;〈転〉危険と不安な状態.

【惊天动地】jīng tiān dòng dì〈成〉天地を震動させるような(大きな音やすばらしい事業).¶～的大业 dàyè/驚天動地の大事業.

【惊悉】jīngxī 動〈書〉(書簡用語)知って驚く.

【惊喜】jīngxǐ ① 動 **驚喜する**.② 名 驚きと喜び.¶～交集 jiāojí/かつ驚きかつ喜ぶ.

【惊吓】jīngxià 動(意外な物事に)怖がってびくびくする;びっくりさせる.

【惊险】jīngxiǎn 形 恐怖感を与える.スリリングである.¶～片/(映画やテレビの)スリラー.

【惊羡】jīngxiàn 動〈書〉驚嘆しうらやむ.

【惊心动魄】jīng xīn dòng pò〈成〉手に汗を握る.はらはらする;深い感銘を受ける.

【惊醒】jīngxǐng 動 驚いて目を覚ます;目を覚まさせる.¶电话铃声 língshēng ～了孩子/電話のベルで子供が目を覚ました.

【惊醒】jīngxing 形 眠りが浅い.

*【惊讶】jīngyà 動 事の意外さに驚く.**いぶかる**.あきれる.

【惊异】jīngyì 動 **驚いて不思議がる**.

【惊蛰】jīngzhé 名(二十四節気の一つ)啓蟄(けいちつ).►冬ごもりの虫が地中からはい出るころ.

晶 jīng

◇◆ ①明るい.きらめく.¶亮 liàng～～的/きらきらと輝いている.②水晶.¶紫 zǐ～/紫水晶.③結晶体.¶结 jié～/結晶(する).‖姓

【晶亮】jīngliàng 形 きらきら光る.きらきら輝く.¶～的星斗 xīngdǒu/きらきら輝く星.

【晶体】jīngtǐ 名 結晶.結晶体.

【晶体管】jīngtǐguǎn 名〈電〉トランジスター.

【晶莹】jīngyíng 形 きらきらして透明である.

【晶状体】jīngzhuàngtǐ 名〈生理〉水晶体.

睛 jīng

◇◆ ひとみ.¶目不转 zhuǎn～/ひとみをこらして見つめる.¶定～一看/よくよく見れば.

粳(稉) jīng

◇◆(イネの一種)うるち.

【粳稻】jīngdào 名〈植〉ウルチイネ.

【粳米】jīngmǐ 名 ウルチ米.

兢 jīng

"兢兢业业 jīngjīngyèyè"⇩という語に用いる.

注意 "竞(競) jìng"とは別の字.

【兢兢业业】jīngjīngyèyè 形 勤勉である.

精 jīng

形 ①(↔粗 cū)《十分手が加わっている》**ちみつである**.**上質である**.¶这些种子 zhǒngzi 选 xuǎn 得很～/これらの種は選り抜きだ.¶～加工 jiāgōng/精密に加工する.② **賢い**.利口である;**抜け目がない**.¶这孩子比大人还～/この子は大人よりも利口だ.¶这个人太～,处处 chùchù 想占便宜 zhàn piányi/あいつは抜け目がなくて,どんなことでもうまい汁にありつこうとする.③ 精通している.¶要说下棋 xià qí,会是会,就是不～/将棋はさせることはさせるのだけど,ただあまり知らないんだ.

◇◆ ①精髄.エッセンス.¶酒～/アルコール.¶香水～/香水のエキス.②精霊.妖怪.¶→～灵 ling.¶狐狸 húli～/キツネ〔女性〕の化け物.③最も優れている.¶→～彩 cǎi.¶→～益 yì 求～.④非常に.きわめて.¶→～湿 shī.¶→～瘦 shòu.⑤精液.¶遗 yí～/夢精する.

【精兵】jīngbīng 名 精兵.

【精兵简政】jīng bīng jiǎn zhèng〈成〉人員を減らし機構を簡素化する.

*【精彩】jīngcǎi ① 形 **精彩を放っている**.すばらしい.¶演奏 yǎnzòu～极了/演奏は最高にすばらしかった.¶～的表演/すばらしい演技.② 名〈書〉精気.►"精采"とも書く.

【精巢】jīngcháo 名〈生理〉精巣.睾丸(こうがん).

【精诚】jīngchéng 名〈書〉誠実.真心.誠意.¶～团结 tuánjié/真心から団結する.

【精萃】jīngcuì 形 よりぬきの.

【精粹】jīngcuì 形 ①(文章などが)よく練れている.② よりぬきの.

【精打细算】jīng dǎ xì suàn〈成〉(人や物を使う場合に)綿密に計画する,細かくそろばんをはじく.

【精雕细刻】jīng diāo xì kè〈成〉用意周到に取り扱う.

【精雕细镂】jīng diāo xì lòu〈成〉腕によりをかけて仕上げる.用意周到に取り扱う.►"精雕细刻 kè"とも.

【精读】jīngdú 動 精読する.

【精干】jīnggàn 形 腕利きである.有能である.

【精耕细作】jīng gēng xì zuò〈成〉入念に耕作する.

【精工细做】jīng gōng xì zuò〈成〉腕によりをかけてていねいに作り上げる.

【精光】jīngguāng 形 ① すっかりなくなる.¶把我存 cún 的钱花了个～/ためたお金を使い果たしてしまった.② ぴかぴか光る.

【精悍】jīnghàn 形 ①(人が)有能で精力的である.②(筆致が)鋭くて力がこもっている.

【精华】jīnghuá 名(↔糟粕 zāopò) ① **精華**.真髄.精髄.エキス.¶取其～,去取糟粕 zāopò/〈成〉残滓を取り除き,精華を取り入れる.②〈書〉光.輝き.

【精简】jīngjiǎn 動 簡素化する.削減する.¶～节约 jiéyuē/簡素化を図り節約する.¶～机构 jīgòu/機構の合理化をはかる.

【精进】jīngjìn 動〈書〉① すぐれた成績を収める.②〈宗〉精進する.

【精矿】jīngkuàng 動 選鉱する.

*【精力】jīnglì 名 **精力**.体力と気力.¶～充沛 chōngpèi/元気いっぱい.

【精练】jīngliàn 形(文章や話が)よく練れている.¶～的致词 zhìcí/こなれたスピーチ.

【精炼】jīngliàn ① 動 精錬する.精製する.②→【精练】jīngliàn

【精良】jīngliáng 形〈書〉すぐれてよい．非の打ちどころがない．¶装备～的越野车 yuèyěchē / 装備のよいジープ．
【精灵】jīngling ① 名 **化け物**．もののけ．② 形〈方〉**利口である**．賢い．¶儿童们 értóngmen ～可爱 / 子供たちは利口でかわいい．
【精美】jīngměi 形 **精巧で美しい**．¶包装 bāozhuāng ～ / 包装がきれいである．¶～的汕绣 Shànxiù / 精巧で美しい汕頭(ｽﾜﾄｳ)刺繍．
【精密】jīngmì 形 **精密である**．¶～度 / 〈機〉精度．
【精妙】jīngmiào 形 すぐれて巧みである．¶构思 gòusī 非常～ / 構想が非常に巧みである．
【精明】jīngmíng 形 **細心で頭が切れる**．¶这个人很～ / この人はなかなか頭がよい．
【精明强干】jīng míng qiáng gàn 〈成〉有能で精力的である．
【精疲力竭】jīng pí lì jié 〈成〉精も根も尽き果てる．
【精辟】jīngpì 形〈書〉(識見や理論が)透徹している，深い．
【精品】jīngpǐn 名 入念に作られた物；高級品．¶皮革 pígé ～ / 精を尽くした皮革製品．¶～柜台 guìtái / 高級品コーナー．
【精品屋】jīngpǐnwū 名 おしゃれな商品を扱う小型の店．
【精气神儿】jīngqìshénr 名〈口〉元気な様子．
【精巧】jīngqiǎo 形 **精巧である**．巧みである．¶～的管风琴 guǎnfēngqín / 精巧なパイプオルガン．
【精确】jīngquè 形 精密で正確である．
【精肉】jīngròu 名〈方〉肉の赤身．
【精锐】jīngruì 形(軍隊が)精鋭である．
【精深】jīngshēn 形(学問や理論に)深く精通している，詳しくて深い．¶博大 bódà ～ / (学識が)広くて深いこと．
【精神】jīngshén 名 ①(人の)**精神**．心．¶～上的负担 fùdān / 心の重荷．気掛かり．¶～食粮 shíliáng / 心の糧．¶～准备 zhǔnbèi / 覚悟．心構え．②(文章や理論などの)**精神**．主旨．意義．本義．主眼．¶领会 lǐnghuì 文件的～ / 文書の主旨を理解する．⇨【精神】jīngshen
【精神】jīngshen ① 名 **活力**．**元気**．活気．❖有 yǒu ～ / 元気である．¶～焕发 huànfā / 元気はつらつとしている．¶振奋 zhènfèn ～ / 元気を奮い起こす．¶打起～来再干 gàn 一场 cháng / 元気を出してもう一度やる．② 形 **元気である**．**はつらつとしている**．¶老人满面红光，看着怪 guài ～的 / 老人は血色のいい顔をしていて，いかにも元気そうである．⇨【精神】jīngshén
【精神病】jīngshénbìng 名 精神病．
【精神文明】jīngshén wénmíng 名 精神文明．►進歩的な思想・文化などをさす．
【精神污染】jīngshén wūrǎn 名 精神汚染．►退廃的な思想・文化などをさす．
【精神头儿】jīngshentóur 名 活力．元気．
【精湿】jīngshī 形〈方〉ずぶぬれである．
【精瘦】jīngshòu 形〈口〉ひどくやせている．
【精熟】jīngshú 形 習熟している．
【精髓】jīngsuǐ 名 精髄．精華．
【精通】jīngtōng 動(学問・技術・業務などに)**精通する**．¶～法国历史 / フランス史に精通する．¶～采购 cǎigòu 业务 / 仕入れ業務に精通する．
【精微】jīngwēi ① 形(学識などが)詳しく細かい；精微である．② 名 神秘．
【精卫填海】jīng wèi tián hǎi 〈成〉必ずかたきを討つたとえ；困難にめげずに努力奮闘するたとえ．
【精细】jīngxì 形 ① **精密である**．**細かい**．►人や仕事に対して用いられる．¶夫人的晚宴服 wǎnyànfú 做工很～ / 夫人のイブニングドレスは念入りに仕立ててある．② 細心で頭がよい．
【精心】jīngxīn 形 心がこもっている．念入りである．¶～栽培 zāipéi / 苦心して栽培する．
【精选】jīngxuǎn 動 念入りに選ぶ．精選する．
【精盐】jīngyán 名 精製塩．
【精液】jīngyè 名〈生理〉精液．
【精益求精】jīng yì qiú jīng 〈成〉さらに磨きをかける．向上に向上を重ねる．
【精英】jīngyīng 名 ① 卓越した人物．¶青年企业家 qǐyèjiā 的～ / 青年実業家のエリート．② 精華．
【精湛】jīngzhàn 形〈書〉詳しくて深い．巧みで完璧である．¶～的论证 lùnzhèng / 透徹した論証．
【精制】jīngzhì 動 精製する．
*【精致】jīngzhì 形(細工などが)**巧みである，手が込んでいる**，緻密である．¶～的图案 tú'àn / 細かなデザイン．¶～的糕点 gāodiǎn / 手の込んだケーキ．¶～陶瓷 táocí / ファインセラミックス．
【精装】jīngzhuāng 名 ① 上製(本)．ハードカバー．►"平装 píngzhuāng"と区別する．② きれいな包装．►"简装 jiǎnzhuāng"と区別する．
【精壮】jīngzhuàng 形 たくましい．
【精子】jīngzǐ 名〈生理〉精子．

鲸 jīng

名〈動〉**クジラ**．►俗に"鲸鱼 jīngyú"という．(量) 头，条 tiáo．¶长须 chángxū ～ / ナガスクジラ．
【鲸吞】jīngtūn 動(主として土地・領土を)併呑(ﾍｲﾄﾞﾝ)する．¶～蚕食 cánshí / (他者の利益などを)いろいろな方法で奪いとる．
【鲸吸牛饮】jīng xī niú yǐn 〈成〉《酒や水を多量に飲む形容》鯨飲する．
【鲸须】jīngxū 名 クジラのひげ．
【鲸油】jīngyóu 名 クジラの脂肪．鯨油(ｹﾞｲﾕ)．
【鲸鱼】jīngyú 名〈口〉**クジラ**の通称．(量) 头，条．

3声 *井 jǐng

名 ① **井戸**．(量) 口，眼 yǎn．¶水～ / 井戸．¶双眼～ / 水をくむ穴が二つある井戸．¶打～ / 井戸を掘る．②(二十八宿の一つ)ちちりぼし．
◇◆ ①井戸状のもの．¶油～ / 油井．¶竖 shù ～ / 立て坑．¶探 tàn ～ / 試掘．ボーリング．②きちんとしているさま．整然としているさま．‖姓
【井底】jǐngdǐ 名 井戸の底．鉱坑の底．
【井底之蛙】jǐng dǐ zhī wā 〈成〉井の中の蛙(ｶﾜｽﾞ)；見識の狭い人．
【井井有条】jǐng jǐng yǒu tiáo 〈成〉整然と秩序立っている．規則正しくきちんとしている．
【井口】jǐngkǒu 名 ① 井戸の穴．② 油井の噴出口．
【井喷】jǐngpēn 動(石油などが)噴出する．
【井然】jǐngrán 形〈書〉整然としている．きちんとしている．¶秩序 zhìxù ～ / 秩序が整然としている．
【井绳】jǐngshéng 名 つるべ縄．¶一朝 yīzhāo 被蛇 shé 咬 yǎo，三年怕 pà ～ / 〈諺〉あつものに懲りて

なますを吹く.

【井水不犯河水】jǐngshuǐ bù fàn héshuǐ〈諺〉互いに縄張りを荒らさない. 互いの領分を侵さないこと.

【井蛙】jǐngwā 名 井の中の蛙(かわず). 見識の狭い人.

阱(穽) jǐng ◇◆ 落とし穴. ¶陷 xiàn～/落とし穴. 陥穽(かんせい).

刭(剄) jǐng ◇◆ 首を切る. ¶自 zì～/首をかき切って自殺する.

颈(頸) jǐng ◇◆ 首. ¶长 cháng～鹿 lù/キリン. ▶▶ gěng

【颈项】jǐngxiàng 名 首.

【颈椎】jǐngzhuī 名〈生理〉頸椎(けいつい).

景 jǐng 名 ①(～儿)景色. 風景. ¶那地方～儿不错/あそこは景色がすばらしい. ②〈劇〉景. 場.
◇◆ ①情況. 様子. ¶远 yuǎn～/前途. 未来. ②(劇や映画の)バック, 背景, シーン. ¶背 bèi～/背景. ¶内～/セット. ¶外～/ロケーション. ③慕う. 尊敬する. ¶→～慕 mù. ¶→～仰 yǎng. ‖姓

【景点】jǐngdiǎn 名 観光名所.

【景观】jǐngguān 名 ①地形. 外形. ②(広く)景観.

【景况】jǐngkuàng 名 情況. ありさま;〈転〉暮らし. 境遇. ¶～不佳 jiā/景気が悪い. ¶他的～有所好转 hǎozhuǎn/彼の暮らし向きはよくなってきた.

【景慕】jǐngmù 動〈書〉景慕する. 慕い仰ぐ.

【景颇族】Jǐngpōzú 名(中国の少数民族)チンポー(Jingpo)族. ►チベット系の山岳民族.

【景气】jǐngqì ①名 景気. ¶～好转 hǎozhuǎn/景気がよくなる. ②形 景気がよい. ¶不～/不景気である.

【景色】jǐngsè 名(大自然の)景色. 風景. ¶早春的～/早春の景色.
比較 景色:景物 jǐngwù:景象 jǐngxiàng ❶“景色”は草木・山水などから構成される大自然の風景を広くさす. “景物”は山水・草木・雨や雪・建築物などの具体的な事物をさす. “景象”は自然の景色と人間の活動によって構成される情景をさす. ❷“景色”は好ましい風景をさすことが多いが, “景象”は美しい情景もあればそうでない場合もある.

【景深】jǐngshēn 名(写真の)奥行き. 焦点深度.

【景泰蓝】jǐngtàilán 名(伝統工芸品の一つ)景泰藍(チンタイラン). 銅製の七宝焼き.

【景物】jǐngwù 名(山水・建築物などの)風物. ⇨【景色】jǐngsè

【景象】jǐngxiàng 名 光景. ありさま. もよう. 様子. ⇨【景色】jǐngsè

【景仰】jǐngyǎng 動〈書〉敬慕する.

【景致】jǐngzhì 名 景色. 眺め. 風景. ¶三峡 Sānxiá 的～世界闻名/三峡の眺めは世界的に有名である.

儆 jǐng ◇◆ 戒める. ¶～戒 jiè/戒める. ¶惩 chéng 一～百/〈成〉一人を懲らしめて大ぜいの者の見せしめとする.

憬 jǐng ◇◆ 悟る. ¶闻 wén 之～然/(人の言葉を)聞いてはっと悟る.

【憬悟】jǐngwù 動〈書〉はっと悟る.

警 jǐng ◇◆ ①警戒する. 用心する. ¶→～惕 tì. ②注意を促す. 用心させる. ¶→～报 bào. ③警察. ¶路～/鉄道警察. ¶交通 jiāotōng～/交通警察. ④非常. 危急. ¶火～/火災. ¶报～/非常を知らせる. ⑤さとい. 敏感である. ¶机 jī～/機敏である. ‖姓

【警报】jǐngbào 名 警報. ¶拉 lā～/警報を鳴らす.

【警备】jǐngbèi 動 警備する. ¶～森严 sēnyán/警備が厳重である.

*【警察】jǐngchá 名 警官. 巡査;警察. ¶我要叫～啦 la/警察を呼ぶぞ. ¶～署 shǔ/(外国の)警察署.

【警车】jǐngchē 名 パトカー.

【警灯】jǐngdēng 名(パトカー・消防車などの)警告灯, 回転灯.

【警笛】jǐngdí 名(～儿) ①警笛. ②サイレン.

【警方】jǐngfāng 名 警察(側).

【警服】jǐngfú 名 警官や刑務官の制服.

*【警告】jǐnggào ①動 警告する. ¶～有关人员/関係者に警告する. ②名 警告. 戒告.

【警官】jǐngguān 名 警察官.

【警号】jǐnghào 名 ①警報ラッパ. ②警察官バッジ.

【警戒】jǐngjiè 動 ①戒める. ¶给他个处分 chǔfèn, ～他一下/処分を与えて彼をひとつ戒めねば. ②警戒する. ¶～水位/警戒水位. ¶采取 cǎiqǔ～措施 cuòshī/警戒措置をとる.

【警觉】jǐngjué ①名 警戒心. ②動 危険を察知する.

【警铃】jǐnglíng 名 警報ベル. 非常ベル.

【警犬】jǐngquǎn 名 警察犬.

【警探】jǐngtàn 名〈旧〉警官と探偵.

【警惕】jǐngtì ①動 警戒する. 用心する. ②名 警戒心. ¶提高 tígāo～/警戒心を高める. ¶放松 fàngsōng～/警戒心を緩める.

【警卫】jǐngwèi ①動 警備する. 護衛する. ¶～森严 sēnyán/水も漏らさぬ警戒ぶり. ②名 警備員. 護衛. ボディーガード. ¶～室 shì/警備室. 護衛所.

【警务】jǐngwù 名 警察業務. ¶～人员 rényuán/警察要員.

【警悟】jǐngwù 動 敏感に悟る.

【警醒】jǐngxǐng ①形 目が覚めやすい. ②動 用心深くなる.

【警钟】jǐngzhōng 名 警鐘. ❖敲 qiāo～/警鐘を鳴らす.

4声

劲(勁) jìng ◇◆ 強い. 激しい. ¶强～/強い. 手ごわい. ¶～风/激しい風. ▶▶ jìn

【劲拔】jìngbá 形〈書〉力強く勢いがよい.

【劲敌】jìngdí 名 強敵. 手ごわい相手. 苦手.

径(徑・逕) jìng 副〈書〉じかに. 直接. ¶来稿请～寄编辑部 biānjíbù

/投稿は直接編集部にお送りください.
◇◆ ①細い道. 小道. ¶曲 qū～/曲がった小道. ②目的を達成するための方法. ¶捷 jié～/近道. 手軽な方法. ¶门 mén～/手引き. 方法. ③直径. ¶口 kǒu～/口径. ►③の場合は"逕"の字は用いられない.
【径情直遂】jìng qíng zhí suì 〈成〉(事が)思いどおり成功する.
【径赛】jìngsài 名〈体〉トラック競技.
【径庭】jìngtíng 名〈書〉径庭(けいてい). 大きな隔たり. ¶大有～/大きくかけ離れている.
【径直】jìngzhí 副 ① **まっすぐに.** ¶马～往 wǎng 前跑去/馬はまっすぐ前に走っていった. ② **直接に.** じかに. ③ **一気に.**
【径自】jìngzì 副 ①断りなしに. 勝手に. ¶～离开 líkāi 工作岗位 gǎngwèi/勝手に仕事の持ち場を離れる. ②ひたすら.

*净(淨) jìng ❶副 ① **…ばかり. …だけ;いつも…ばかり.** しょっちゅう. ¶～顾 gù 着说话,忘了招待 zhāodài 客人了/おしゃべりばかりして,客の接待を忘れてしまった. ¶那家伙 jiāhuo～说别人的坏话/あいつは他人の悪口ばかり言う.
②(「"净"+"是"」の形で) **全部. …ばかり. …だけ.** ►話し言葉では"是"を省略したり,代わりに"都"を用いたりすることがある. ¶这一带～是空地 kòngdì/このあたりは空き地ばかりだ.
❷形(多く補語に用い) ① **きれいである. 清潔である.** ¶碗 wǎn 每次要洗 xǐ～/お碗は使うたびにきれいに洗わねばならない. ② **何もない.** すっからかん. 残らず. ¶存款 cúnkuǎn 用～了/貯金をすっかり遣い果たした.
❸動 きれいに洗う〔拭く〕. ¶～一～桌面儿/テーブルの上をきれいに拭く〔かたづける〕.
❹名(京劇などの)敵役. ►一般に"花脸 huāliǎn"という.
◇◆ 純粋な. 正味の. ネットの. ¶→～重 zhòng. ¶→～赚 zhuàn.
【净产值】jìngchǎnzhí 名〈経〉純生産額.
【净荷载】jìnghèzài 名 正味の積載量.
【净化】jìnghuà 動 浄化する. ¶～河水 héshuǐ/川の水を浄化する.
【净利】jìnglì 名(↔毛利 máolì)純利. 純益.
【净身】jìngshēn ❶形 着の身着のままである. ¶～出户 hù/着の身着のままで家を出る〔追い出される〕. ❷動 ①〈旧〉男子が去勢する. ②〈宗〉身を清める.
【净剩】jìngshèng 名 ①残高. ②純益.
【净手】jìng//shǒu 動 ①〈近〉〈婉〉便所に行く. ②〈方〉手を洗う.
【净水】jìngshuǐ 名 きれいな水.
【净水厂】jìngshuǐchǎng 名 浄水場.
【净土】jìngtǔ 名 ①〈仏〉極楽浄土. ②(広く)汚染されていない土地.
【净余】jìngyú ①動 残る. ¶除去开支 kāizhī,～二百元/支払いを差し引くと200元残る. ②名 余りの. 残りの.
【净重】jìngzhòng 名(↔毛重 máozhòng)正味の重量. 純量. ¶每盒 hé～一公斤/一箱は正味1キロです.
【净赚】jìngzhuàn 名〈口〉純益. 儲け.

胫(脛) jìng 名〈生理〉すね. はぎ.

痉(痙) jìng ◇◆ 筋肉がひきつる.
【痉挛】jìngluán 動〈生理〉痙攣(けいれん)する.

竞(競) jìng ◇◆ 競う. 争う.
【竞标】jìngbiāo 動 競争入札する.
【竞渡】jìngdù 動 ①競漕する. ボートレースをする. ¶龙舟 lóngzhōu～/(端午の節句に行う)竜船競争,ペーロン. ②(川や湖などで)競泳する.
【竞技】jìngjì 名〈体〉運動競技. スポーツ.
【竞技体操】jìngjì tǐcāo 名〈体〉体操競技.
【竞技状态】jìngjì zhuàngtài 名〈体〉(選手の)コンディション.
【竞拍】jìngpāi ①名 競売. ②動 競り落とす.
*【竞赛】jìngsài 動 **競技する. 競争する.** ¶汽车～/カーレース. ¶生产～/生産競争. ¶军备 jūnbèi～/軍備競争.
【竞销】jìngxiāo 動 販路を競う.
【竞选】jìngxuǎn 動 選挙運動をする. 選挙に立つ. ¶参加～/選挙に出る. ¶～学生会长/生徒会長に立候補する.
*【竞争】jìngzhēng 動 **競争する.** 競い合う;(利益をめぐって)争う. ¶～不过对手/相手と競争して勝てない. ¶出口～/輸出競争.
【竞逐】jìngzhú 動 競い合う. しのぎを削る.
【竞走】jìngzǒu 名〈体〉競歩.

*竟 jìng 副 **意外にも. こともあろうに. なんと.** ¶他今天～这么早到/彼がきょうこんなに早く着くとは.
◇◆ ①終わる. 成し遂げる. ¶未 wèi～/未完. ②始めから終わりまで. 全部. ¶～日/一日中. ③ついに. 最後には. ¶有志者事～成/〈諺〉やる気があれば事はいつか成就する. ④徹底的に究明する. ¶穷 qióng 源～委/物事の委細を深くつきとめる. 根源をきわめる. ‖姓
【竟敢】jìnggǎn 副 大胆にも(…をあえてする). ¶你～出卖 chūmài 我!/よくも私を裏切ったな.
【竟顾】jìnggù ⇀【只顾】zhǐgù
*【竟然】jìngrán 副 **意外にも.** なんと. ¶他～跟自己的学生结婚 jiéhūn 了/彼はなんと教え子と結婚した.
【竟至】jìngzhì 副〈書〉(思いがけないことに)とうとう…のようになる.
【竟自】jìngzì 副 意外にも;ついに.

敬 jìng 動(酒・たばこ・茶などを敬意を表して) **すすめる,差しあげる.** ¶～烟 yān/たばこをすすめる. ¶～你一杯/一献差しあげましょう.
◇◆ ①敬う. ¶致 zhì～/敬意を表する. ②恭しく. 謹んで. ¶～请指教 zhǐjiào/謹んでご教示を請う. ③敬意を表す贈り物. ¶喜 xǐ～/(包みの上に書いて)「ご結婚祝」. ‖姓
*【敬爱】jìng'ài 動 **敬愛する.** ¶～的李老师/敬愛する李先生. ►手紙文の書き出し.
【敬陈者】jìngchénzhě 名 拝啓. 謹啓.
【敬辞】jìngcí 名 敬語.

J

【敬而远之】jìng ér yuǎn zhī 〈成〉敬遠する．うわべは敬うように見せて,実は遠ざける．けむたがる．
【敬奉】jìngfèng 動 1(神仏を)祭る．2 献上する．
【敬复者】jìngfùzhě 名 拝復．
【敬贺】jìnghè 動 敬賀．謹んで祝賀する．
【敬酒】jìng//jiǔ 動 酒をすすめる．祝杯を挙げる．
【敬酒不吃,吃罚酒】jìngjiǔ bù chī, chī fájiǔ 〈諺〉丁重な頼みを断り,頭ごなしの命令に従う．
【敬老院】jìnglǎoyuàn 名 養老院．老人ホーム．量 家,个,所．
【敬礼】jìng//lǐ 1 動 敬礼する；(教室で)礼をする．2 名〈敬〉(手紙の最後に改行してつける)敬具．
【敬慕】jìngmù 動 敬慕する．敬い慕う．
【敬佩】jìngpèi 動 敬服する．感服する．¶～他的为人 wéirén / 彼の人となりに敬服している．
【敬启者】jìngqǐzhě 名 拝啓．謹啓．
【敬挽】jìngwǎn 動 謹んで弔意を表す．
【敬畏】jìngwèi 動〈書〉畏敬する．
【敬献】jìngxiàn 動〈書〉謹んで差しあげる．献上する．¶～花圈 huāquān / 花輪を手向ける．
【敬仰】jìngyǎng 動〈書〉敬慕する．敬い慕う．
【敬业】jìngyè 動(学業や職務に)一心不乱に励む．
【敬意】jìngyì 名 敬意．¶向 xiàng …表示 biǎoshì ～ / …に対して敬意を表する．
【敬赠】jìngzèng 動〈敬〉謹呈する．
【敬重】jìngzhòng 動 尊敬する．敬い重んじる．
【敬祝】jìngzhù 動 謹んで祝う；謹んで祈る．¶～健康长寿 chángshòu / 謹んでご健康とご長寿をお祈りします．

靖 jìng ◇◆ ①安らかである．穏やかである．¶宁 níng ～ / 治安がよい．②安定させる．鎮める．¶～乱 luàn / 戦乱を平定する．‖姓

*****静**(靜) jìng ❶形 1(↔ 动 dòng)動きがない．落ち着いて静かである．¶等他～下来再同他谈 / 彼が落ち着いてから話をしよう．¶他心脏病 xīnzàngbìng 发作了,让他～躺 tǎng 着吧 / 彼は心臓病の発作を起こしたので,静かに横にならせておきなさい．¶入夜 rùyè,湖面上风平浪 làng ～ / 夜になり,湖面は風や波がなく静かである．2(↔ 闹 nào)物音がしない．¶整幢 zhuàng 大楼没有一个人,～极了 / ビル中だれもいないので,ひっそり静まりかえっている．
❷動 静かにする．¶大家～下来吧 / みなさん静かにしてください．‖姓
【静电】jìngdiàn 名 静電気．
【静观】jìngguān 動 静観．冷静に観察する．¶～运动发展 fāzhǎn / 運動の推移を静観する．
【静寂】jìngjì 形 物静かである．(あたりが)しんとしている．¶夜深了,街上一片 piàn ～ / 夜が更けて,町はしんと静まり返っている．
【静脉】jìngmài 名〈生理〉静脈．
【静谧】jìngmì 形〈書〉静かである．ひっそりしている．¶～的月夜 / 静かな月夜．
【静默】jìngmò 動 1 沈黙する．¶～不语 yǔ / 黙して語らない．2 黙とうする．
【静悄悄】jìngqiāoqiāo 形(～的)ひっそりと静かである．静まり返っている．¶村子里～的 / 村はひっそりしている．
【静态】jìngtài 形 静態的な．¶～图像 túxiàng / 静止画像．
【静心】jìng//xīn 動 心を静める．
【静养】jìngyǎng 動 静養する．
【静止】jìngzhǐ 動 静止する．じっとして動かない．
【静坐】jìngzuò 動 1 静座する．2 座り込みをする．

境 jìng ◇◆ ①境．境界．¶入～ / 入国する．¶越～ / (不法に)国境を越える．②所．場所．¶身临其 qí ～ / その場に身を置く．¶→～界 jiè．③情況．境遇．¶家～ / 暮らし向き．¶处 chǔ ～ / 境遇．立場．
【境地】jìngdì 名 1(不利な)立場．¶陷入 xiànrù 孤立 gūlì 的～ / 孤立した立場に陥る．2→【境界】jìngjiè 2
【境界】jìngjiè 名 1(土地の)境界．2 境地．¶理想～ / 理想の境地．
【境况】jìngkuàng 名 経済情況．暮らし向き．
【境内】jìngnèi 名 境界線の内側．►国内·省内·県内などをさす．¶庐山 Lúshān 在江西省～ / 廬山(ろざん)は江西省内にある．
【境外】jìngwài 名 境界線の外．►国外·省外·県外などをさす．
【境域】jìngyù 名 1 情況．環境．2 境地．領域．
【境遇】jìngyù 名 境遇．身のなりゆき．生活情況．

镜 jìng ◇◆ ①鏡．¶穿衣 chuānyī ～ / 姿見．②レンズ．¶花～ / 老眼鏡．¶眼～儿 / めがね．¶凸 tū ～ / 凸レンズ．¶三棱 sānléng ～ / プリズム．¶放大 fàngdà ～ / 拡大鏡．虫めがね．
【镜花水月】jìng huā shuǐ yuè 〈成〉実際にはありそうもない幻想．
【镜框】jìngkuàng 名(～儿)(ガラスのはまった)額縁．
【镜片】jìngpiàn 名(光学器械やめがねの)レンズ．量 个,块．
【镜头】jìngtóu 名 1 レンズ．¶长焦 chángjiāo ～ / 望遠レンズ．2(写真の)画面,ショット,シーン．3(映画撮影の)カット．¶特写 tèxiě ～ / クローズアップ．
*【镜子】jìngzi 名 1 鏡．量 面,块．❖照 *zhào* ～ / 鏡を見る．2 手本．模範．量 面．¶广州 Guǎngzhōu 是我市的一面～ / 広州はわが市の手本だ．3〈口〉めがね．量 副 fù．

jiong (ㄐㄩㄥ)

3声 **迥** jiǒng ◇◆ 遠い．かけはなれた．
【迥别】jiǒngbié 形〈書〉大いに異なる．まったく別ものである．
【迥乎】jiǒnghū →【迥然】jiǒngrán
【迥然】jiǒngrán 形 まるきり違っているさま．
【迥殊】jiǒngshū →【迥别】jiǒngbié
【迥异】jiǒngyì →【迥别】jiǒngbié

炯 jiǒng "炯炯 jiǒngjiǒng" "炯然 jiǒngrán" ⬇ という語に用いる．

【炯炯】jiǒngjiǒng 形（目が）鋭く輝くさま．¶两只眼睛 yǎnjing ～有神 yǒushén / 両の目がきらきらと輝いている．

【炯然】jiǒngrán 形 ①明らかなさま．②光り輝くさま．

窘 jiǒng ❶形 ①**困窮している**．（生活が）苦しい．¶她家里有点儿～ / 彼女は暮らしがちょっと苦しい．②**立場に窮する**．きまりが悪い．¶我事前没做准备 zhǔnbèi，当时 dāngshí 很～ / 前もって準備しておかなかったので，あのときはほんとうに困った．
❷動 **困らせる．困惑させる**．¶这个问题～得他手足无措 shǒu zú wú cuò / この問題には彼も困りきり手の下しようがなかった．

【窘急】jiǒngjí 動（事態が）急迫する．差し迫って処置に困る．

【窘境】jiǒngjìng 名 苦境．窮地．¶陷于 xiànyú ～ / 苦境に陥る．

【窘况】jiǒngkuàng 名 窮状．苦しい状態．

【窘困】jiǒngkùn 動 困惑する；困窮する．

【窘迫】jiǒngpò 形 ①（暮らしが）窮迫する．②（立場・境遇が）行き詰まっている．

【窘态】jiǒngtài 名 困り果てた様子．¶脸上露出 lòuchū ～ / 困惑した表情をする．

jiu（ㄐㄧㄡ）

纠 jiū ◇◆ ①まつわる．からみつく．¶→～纷 fēn．②集める．¶→～合 hé．③正す．¶有错必～ / まちがいがあれば必ず是正する．‖姓

【纠察】jiūchá ❶名 ピケット．監視員．❷動 ①ピケを張る．¶～队 / ピケ隊．②（公開集会・活動などの秩序を）維持する．取り締まる．

【纠缠】jiūchán 動 ①**からみつく．もつれる**．からまる．¶问题～不清 / 問題がもつれる．②**つきまとう**．邪魔する．¶他忙着呢，别～他了 / 彼は忙しいんだ，彼にまといついてじゃまするんじゃない．

【纠纷】jiūfēn 名 紛争．もめ事．¶调解 tiáojiě ～ / もめ事を仲裁する．

【纠葛】jiūgé 名 もめ事．ごたごた．いざこざ．

【纠合】jiūhé 動 寄せ集める．かき集める．►けなす意味に用いることが多い．"鸠合"とも書く．¶～狐 hú 朋狗友 / 悪友をかき集める．

【纠集】jiūjí 動 かき集める．ぐるになる．►けなす意味に用いることが多い．"鸠集"とも書く．¶～了一伙人去闹事 nàoshì / 仲間をかき集めて騒動を起こす．

【纠结】jiūjié 動 もつれ合う．からみ合う．

【纠偏】jiū//piān 動 偏向を改める．

【纠正】jiūzhèng 動（行動・方法などの欠点や誤りを）**正す，是正する**．¶～错误 cuòwù / 誤りを是正する．¶～姿势 zīshì / 姿勢を正す．¶～不正之风 / 不正の気風を正す．

鸠 jiū ◇◆ ①ハト．②集まる．集める．¶～合 hé / かき集める．¶～集 jí / ぐるになる．

究 jiū 副〈書〉いったい．結局．とどのつまり．¶～应如何解释 jiěshì？/ いったいどう説明すればよいのか．
◇◆ 究める．追究する．¶推 tuī ～ / 究明する．¶细～ / 細かく追究する．

【究办】jiūbàn 動 取り調べて処罰する．

【究根儿】jiū//gēnr 動〈口〉根源を突きとめる．徹底的に調べる．¶～问底儿 / 根掘り葉掘り尋ねる．

*【究竟】jiūjìng ❶副 ①（＝到底 dàodǐ）**いったい．結局**．►疑問文に用い，一歩突っ込んで問いただす．書き言葉に用いることが多い．¶事故的原因～在哪里呢？/ いったい全体，事故の原因はどこにあるのか．¶～是你错了还是她错了？/ 君が間違ったのか，彼女が間違ったのか，いったいどちらなのだ．
注意 "吗"で終わる疑問文には用いられない．¶你～答应 dāying 不答应？〔×你～答应吗？〕/ 結局，君は承知するのかね．
②（＝毕竟 bìjìng）**結局のところ．なにしろ**．なんといっても．►語調を強める．評価の意味を含む平叙文に用いることが多い．¶她～经验 jīngyàn 丰富，判断 pànduàn 很准确 zhǔnquè / 彼女はさすがに経験を積んでいるだけあって，判断が的確だ．¶孩子～是孩子，哭 kū 了一会儿又笑起来了 / 子供はやはり子供だ，泣いていたと思ったらまた笑い出した．
❷名 **結果**．一部始終．委細．►通常，前に"个"を置く．¶记者们 jìzhěmen 想知道个～ / 記者は結局どうなったかを知りたがっている．

【究问】jiūwèn 動 問いただす．糾明する．

赳 jiū "赳赳 jiūjiū"⬇という語に用いる．

【赳赳】jiūjiū 形 強いさま；勇ましいさま．¶～武夫 wǔfū / 勇ましい武人．¶雄 xióng ～，气昂昂 qì'áng'áng / 勇ましく意気盛んである．

阄（鬮）jiū ◇◆（～儿）くじ．¶抓 zhuā ～儿 / くじを引く．¶拈 niān ～儿 / くじを引く．

揪 jiū 動 **しっかりつかむ〔つかんで引っ張る〕**．¶～着他的袖子 xiùzi 不放 / 彼のそでをつかんで放さない．¶别那么使劲儿 shǐjìnr ～绳子 shéngzi / そんなに力いっぱいロープを引っ張るな．¶赶快 gǎnkuài ～住他！/ 早くあいつをつかまえろ．

【揪辫子】jiū biànzi〈慣〉（人の古傷をあばいたりして）その弱点につけこむ；揚げ足を取る．

【揪出】jiū//chū 動＋方補 引っ張り出す；〈転〉暴露する．摘発する．¶～幕后人 mùhòurén / 黒幕を摘発する．

【揪心】jiū//xīn 動〈方〉気をもむ．心を痛める．

啾 jiū "啾唧 jiūjī""啾啾 jiūjiū"⬇という語に用いる．

【啾唧】jiūjī 擬《小鳥などの小さな鳴き声》ちゅっちゅっ．

【啾啾】jiūjiū 擬 ①《多くの小鳥がいっせいに鳴く声》ちっちっ．②《甲高い叫び声》きいっ．

鬏 jiū 名（～儿）髷（まげ）．

3声 **九 jiǔ** ** 数 ⓐ9．きゅう．ここの(つ)．¶～个 / ここのつ．9人．¶～天 / 9日間．ⓑ第九(の)．9番目(の)．¶～连 lián / 第9中隊．
◇◆ ①《冬至の翌日からの9日間を"九"といい，"一九"から"九九"(81日目)まで続く．真冬をいう》¶

J

～尽 jìn 寒 hán 尽 / 寒が明ければ寒さも過ぎる．¶数 shǔ ～天 / 冬の寒い日．②《回数や数量が多いことを表す》‖姓

【九重】jiǔchóng 名 ①九重(ここのえ)の空．天上．②〈喩〉宮中．

【九重霄】jiǔchóngxiāo 名 九重(ここのえ)の空．天上のいちばん高いところ．

【九九表】jiǔjiǔbiǎo 名 九九の表．

【九九歌】jiǔjiǔgē 名(掛け算の)九九(くく)．¶背 bèi ～ / 九九を暗唱する．

【九九归一】jiǔjiǔ guī yī とどのつまり．結局のところ．►"九九归原 yuán"とも．

【九牛二虎之力】jiǔ niú èr hǔ zhī lì 〈成〉あらん限りの力．たいへんな努力．¶费 fèi ～ / あらん限りの力を尽くす．

【九牛一毛】jiǔ niú yī máo 〈成〉九牛の一毛．大多数の中のごく少数．

【九泉】jiǔquán 名〈書〉九泉(きゅうせん)．黄泉(よみ)の国．冥土(めいど)．¶～之下 / 冥土．

【九死一生】jiǔ sǐ yī shēng 〈成〉九死に一生を得る．

【九天】jiǔtiān 名 天空のいちばん高いところ．

【九霄云外】jiǔ xiāo yún wài 〈成〉はるか天のかなた．果てもなく遠いところ．►"到""在"の後につけて補語とする．¶把那件事忘到～了 / そのことをすっかり忘れてしまった．

【九一八事变】Jiǔ-Yībā shìbiàn 名〈史〉九・一八事変．満州事変．

【九州】jiǔzhōu 名 ①中国．(中国)全土．►古代では全国の行政区画を九つの州に分けたとされることから．②(Jiǔzhōu)(日本の)九州．

*久 jiǔ 形(時間が)長い．久しい．¶他等了很～ / 彼はずいぶんと長い間待った．❖(有)多 (yǒu)duō ～ / (時間の長さが)どれくらいか．¶他离家多～了？/ 彼が家を離れてからどれくらいたちましたか．‖姓

【久别】jiǔbié 動 久しく別れている．¶～重逢chóngféng / 〈成〉久しぶりに再会する．

【久病】jiǔbìng 動 長患いをする．

【久病成医】jiǔ bìng chéng yī 〈成〉長患いをすれば病気に詳しくなる．

【久等】jiǔděng 動 長い間待つ．長らく待つ．¶叫您～了 / 〈套〉お待たせしました．

【久而久之】jiǔ ér jiǔ zhī 〈成〉月日のたつうちに．

【久经】jiǔjīng 動 長い間経験する．¶～锻炼 duànliàn / 長く鍛えてきた．

【久久】jiǔjiǔ 名 長い間．

【久留】jiǔliú 動 長い間とどまる．長居をする．

【久违】jiǔwéi 〈套〉お久しぶりです．¶～了，这几年您上哪儿去啦？/ お久しぶりです，ここ数年どちらへいらっしゃっていたのですか．

【久仰】jiǔyǎng 〈套〉お名前はかねて承っております．►初対面のあいさつ．¶～～ / 初めまして．お名前はかねがね．►人を紹介されたときの言葉．

【久已】jiǔyǐ 副 とっくに．ずっと前から．

【久远】jiǔyuǎn 形(時間が)長い．久しい．¶创业 chuàngyè ～ / 創業が古い．

【久坐】jiǔzuò 動 長居する．長座する．

玖 jiǔ 数 "九"の大字(読み違いや書き直しを防ぐための字)．

灸 jiǔ 動 灸(きゅう)をすえる．►俗に jiū とも発音する．¶针 zhēn ～ / 鍼灸(しんきゅう)．

韭(韮) jiǔ ◇◆ ニラ．

【韭菜】jiǔcài 名〈植〉ニラ．

【韭花】jiǔhuā 名〈食材〉ハナニラ．

【韭黄】jiǔhuáng 名〈食材〉黄ニラ．

**酒 jiǔ 名 酒．参考 日本の焼酎(しょうちゅう)と同じ蒸留酒は無色透明で"白酒 báijiǔ""白干儿 báigānr"と総称される．日本酒と同じ醸造酒は"老酒 lǎojiǔ"(ラオチュウ)と俗称される"黄酒 huángjiǔ"が有名．また酒屋などでは，俗字の"氿"を使うこともある．❖喝 *hē* ～ / 酒を飲む．❖倒 *dào* ～ / 酒をつぐ．‖姓

【酒吧】jiǔbā 名 バー．酒場．量 家．¶～间 / (ホテルやレストラン内などの)バー．

【酒杯】jiǔbēi 名 グラス．杯．

【酒菜】jiǔcài 名 ①酒と料理．②酒のさかな．

【酒厂】jiǔchǎng 名(酒の)醸造所，製造所．

*【酒店】jiǔdiàn 名 量 家．①酒屋．②居酒屋．③ホテル．►多くホテル名に用いる．

【酒饭】jiǔfàn 名 酒と食事．

【酒疯】jiǔfēng 名 酒乱．酒癖の悪い人．❖发 *fā* ～ / 酒乱になる．酒に酔って乱暴する．

【酒逢知己千杯少】jiǔ féng zhījǐ qiān bēi shǎo 〈諺〉親友と飲む酒は千杯あっても足りない；〈転〉気の合った同士は会えば話が尽きない．

【酒馆】jiǔguǎn 名(～儿)居酒屋．バー．

【酒鬼】jiǔguǐ 名〈罵〉飲んだくれ．飲んべえ．

【酒酣耳热】jiǔ hān ěr rè 〈成〉ほろ酔い機嫌．

【酒后吐真言】jiǔ hòu tǔ zhēnyán 〈諺〉酒が入ると本音が出る．

【酒壶】jiǔhú 名 徳利．銚子．¶用～烫 tàng 酒 / 徳利で燗(かん)をつける．

【酒花】jiǔhuā 名〈植〉ホップ．

【酒会】jiǔhuì 名(簡単な)パーティー．¶鸡尾 jīwěi ～ / カクテルパーティー．

【酒家】jiǔjiā 名 ①レストラン・料理屋．②酒場．③ホテル．④〈近〉酒屋の店員．

【酒劲】jiǔjìn 名(～儿)酔い(の程度)．¶～儿上来了 / 酔いが回ってきた．

【酒精】jiǔjīng 名 アルコール．¶～处理 chǔlǐ / アルコール漬け．

【酒经济】jiǔjīngjì 名〈俗〉酒の接待による営業活動．

【酒狂】jiǔkuáng →【酒疯】jiǔfēng

【酒力】jiǔlì 名 ①酒の強さ．¶茅台酒 máotáijiǔ 的～比较猛 měng / マオタイ酒は相当強い．②→【酒量】jiǔliàng

【酒量】jiǔliàng 名 酒量．¶他～不太大 / 彼はあまり飲めない．

【酒令】jiǔlìng 名(～儿)酒席に興を添える遊び．►負けると酒を飲まされる．❖行 *xíng* ～ / (拳を打ったりして)酒席のゲームをする．

【酒母】jiǔmǔ 名(酒を造る)こうじ．

【酒囊饭袋】jiǔ náng fàn dài 〈成〉大酒飲みで穀つぶし．ろくでもないやつ．

【酒铺】jiǔpù 名(～儿)酒屋．

【酒气】jiǔqì 名 酒のにおい．(酒を飲んだ人の)酒

J

気．¶～熏 xūn 人 / 酒のにおいがぷんぷんする．
【酒钱】jiǔqian 名〈旧〉心付け．チップ．祝儀．
【酒曲】jiǔqū 名 こうじ．
【酒肉朋友】jiǔ ròu péng yǒu〈成〉飲み食い仲間．飲み友達．遊び仲間．
【酒色】jiǔsè 名 ①酒と女色．¶沉溺 chénnì ～ / 酒色におぼれる．②酒の色．③〈書〉酔態．
【酒食】jiǔshí 名 酒と食事．
【酒徒】jiǔtú 名〈書〉酒飲み．飲んべえ．
【酒窝儿・酒涡儿】jiǔwōr 名 えくぼ．
【酒席】jiǔxí 名 酒席．㊐ 桌．
【酒心巧克力】jiǔxīn qiǎokèlì 名 ウイスキーボンボン．
【酒兴】jiǔxìng 名 酒興．¶～正浓 nóng / 酒興まさにたけなわ．
【酒筵】jiǔyán 名 酒席．
【酒言酒语】jiǔyán jiǔyǔ〈成〉酒の上の繰り言．酒席でのぐち．
【酒宴】jiǔyàn 名 酒宴．酒盛り．¶丰盛 fēngshèng 的～ / 豪華な酒宴．
【酒药】jiǔyào 名(甘酒や"黄酒"を造る)こうじ．
【酒靥】jiǔyè 名〈方〉えくぼ．
【酒意】jiǔyì 名 一杯機嫌．¶他已有几分～ / 彼は少し酔いが回っている．
【酒友】jiǔyǒu 名 飲み友達．
【酒糟】jiǔzāo 名 酒かす．
【酒糟鼻】jiǔzāobí 名〈貶〉赤鼻．►"酒渣鼻"とも．
【酒渣鼻】jiǔzhābí 名〈貶〉ざくろ鼻．赤鼻．►"酒糟鼻"とも．
【酒账】jiǔzhàng 名 ①酒屋のつけ．②酒の勘定．
【酒盅・酒钟】jiǔzhōng 名(～儿)小さな杯．㊐ 个,只 zhī．
【酒足饭饱】jiǔ zú fàn bǎo〈成〉酒も食事も十分いただいた．

旧(舊) jiù

形 ①古い．昔の．¶～时代 / 昔．¶～习惯 xíguàn / 古い習慣．②使い古した．古くなった．注意"古"は時間が長くたったこと,"旧"は一般的に古いことによって価値が下がることをいう．¶～衣服 / 古着．¶父亲的西装 xīzhuāng 是～的 / 父の背広は古いものだ．
◇ 旧友．昔なじみ．¶念～ / 古い友を思う．‖姓
【旧案】jiù'àn 名 ①長いこと処理されていない案件．②前例．
【旧病】jiùbìng 名 以前からの病気．持病．¶～复发 fùfā / 持病が再発する．悪い癖が出る．
【旧地】jiùdì 名 なじみのある土地．以前に行ったことのある土地．¶重 chóng 游～ / 旧遊の地を再び訪れる．
【旧调重弹】jiù diào chóng tán〈成〉古いことを蒸し返す．いつもの調子で繰り返す．
【旧恶】jiù'è 名 旧悪．以前からの恨み．以前の悪事．¶不念～ / 旧悪を根に持たない．
【旧故】jiùgù 名 昔なじみ．前からの知り合い．
【旧好】jiùhǎo 名〈書〉①古いなじみ．②昔の友人．
【旧恨新仇】jiù hèn xīn chóu〈成〉昔からの恨みに新しい恨みを重ねる．重なる恨み．
【旧货】jiùhuò 名 中古品．使い古しの品物．
【旧家】jiùjiā 名〈書〉旧家．
【旧交】jiùjiāo 名 旧交．古い交わり．旧友．¶重温 chóngwēn ～ / 旧交を温める．
【旧教】Jiùjiào 名〈宗〉旧教．カトリック教．
【旧金山】Jiùjīnshān 名〈地名〉サンフランシスコ．
【旧居】jiùjū 名 旧居．故居．かつて住んだところ．
【旧历】jiùlì 名 旧暦．陰暦．
【旧年】jiùnián 名〈方〉去年．昨年．
【旧瓶装新酒】jiùpíng zhuāng xīnjiǔ〈諺〉(文芸作品などで)伝統的な形式に新しい内容を盛る．
【旧情】jiùqíng 名 ①以前からの愛情・友情．¶～不断 duàn / 以前からの友情がずっと続いている；(悪い意味で)腐れ縁が切れない．②昔の様子．
【旧诗】jiùshī 名 文言詩．中国の伝統的な形式による詩．
【旧时】jiùshí 名 以前．昔．
【旧式】jiùshì 形 旧式の．
【旧事】jiùshì 名 古い事．過去の事柄．往事．¶不要重提 chóngtí ～了 / 昔のことを蒸し返すな．
【旧书】jiùshū 名 ①古本．②古籍．
【旧俗】jiùsú 名 旧習．古い風俗と習慣．
【旧套子】jiùtàozi 名〈口〉古い形式．古いしきたり．
【旧闻】jiùwén 名 旧聞．古いニュース；逸話．
【旧习】jiùxí 名 古いしきたり．旧習．►否定的な意味で用いることが多い．¶～难改 gǎi / 古い習わしはなかなか直らない．¶陈规 chénguī ～ / 古い決まりやしきたり．
【旧戏】jiùxì 名 旧劇．
【旧业】jiùyè 名 ①以前の商売．¶重操 chóngcāo ～ / 再び元の職業に戻る．②〈書〉昔の財産．
【旧友】jiùyǒu 名 旧友．古いなじみ．古い友人．注意"旧友"は書き言葉に用いるかたい言い方で,話し言葉では"老朋友 lǎopéngyou"がよく用いられる．
【旧账】jiùzhàng 名 昔の借金；〈喩〉過去の過失や怨恨．
【旧制】jiùzhì 名(度量衡などの)古い制度．

臼 jiù

名 うす．
◇ うす状のもの．
【臼齿】jiùchǐ 名〈生理〉臼歯(きゅうし)．►一般に"槽牙 cáoyá"という．

咎 jiù

◇ ①過ち．とが．¶～有应得 dé / とがめられるのは当然だ．②とがめる．¶既往 jìwǎng 不～ / 過ぎ去った事はとがめない．③凶事．¶休～ / 〈書〉吉凶．‖姓
【咎由自取】jiù yóu zì qǔ〈成〉自業自得．身から出たさび．

疚 jiù

◇ 気がとがめる．やましさを感じる．¶负 fù ～ / 気がとがめる．やましさを感じる．¶内～于 yú 心 / 良心のとがめを感じる．

柩 jiù

◇ ひつぎ．¶棺 guān ～ / 棺桶．¶灵 líng ～ / ひつぎ．¶～车 / 霊柩車．

*救 jiù

動《危険や災難から逃れさせる》…を救う．助ける．¶他跳 tiào 进急流,把小孩儿～出来了 / 彼は急流に飛び込み,子供を救い出した．["有、没、得 dé"の目的語になることができる]¶你看这病人还有～没～？/ この病人はまだ助かるでしょうか．¶终于 zhōngyú 得～了 / とうとう助かった．
◇《危険や災難を差し止め,防ぐ》…から救う．¶→～急 jí．¶→～火 huǒ．

J

【救兵】jiùbīng 名 援兵．援軍．救援部隊．¶搬 bān～／援軍を求める．
【救国】jiù//guó 名 救国．国難を救う．
【救护】jiùhù 動 救護する．¶～队 duì／救護隊．¶～车／救急車．►“急救车”とも．
【救荒】jiù//huāng 動 不作を切り抜ける；飢饉から人々を救う．
【救活】jiùhuó 動 ①**命を救う**．救命する．¶他医术高明 gāomíng，曾 céng～了不少人／彼は医術が優れ，これまでに多くの人の命を救った．②〈喩〉持ち直しよみがえる．
【救火】jiù//huǒ 動 火事を消す．¶同学们，快来～！／みんな早くきて火を消せ．¶～机／消防ポンプ．¶～车／消防車．
【救急】jiù//jí 動 急場を救う．¶～包 bāo／救急袋．
【救济】jiùjì 動（被災民や生活困窮者を金銭や物質で）助ける，救済する．
【救命】jiù//mìng 動 **命を助ける**．¶～啊！／助けてくれ．¶～恩人 ēnrén／命の恩人．¶～稻草 dàocǎo／（溺れかかった人の）つかもうとするわら；〈喩〉はかないよりどころ．
【救难船】jiùnànchuán 名 遭難救助船．
【救儿】jiùr 名 助かる見込み．¶没～了／もうだめだ．
【救生】jiùshēng 動 人命を救助する．¶～带 dài／救命ベルト．
【救生圈】jiùshēngquān 名 救命ブイ．
【救生艇】jiùshēngtǐng 名 救命ボート．
【救生衣】jiùshēngyī 名 救命胴衣．
【救死扶伤】jiù sǐ fú shāng 〈成〉死にかかっている人を救助し，負傷した人の手当てをする．医療関係者の献身的な働きぶり．
【救亡】jiùwáng 動 救国；祖国の危急を救う．¶～运动 yùndòng／救国運動．
【救险车】jiùxiǎnchē 名 救難車．救援車．
【救星】jiùxīng 名〈喩〉救いの神．救い主．
【救药】jiùyào 動〈喩〉薬を使って治療する．救助策を講じる．►否定に用いることが多い．“药”は薬で治すこと．¶无可 wúkě～／〈成〉手の施しようがない．さじを投げる．
【救应】jiùying 動 救援する．
【救灾】jiù//zāi 動 ①被災者を救済する．②災害を防ぐ．
【救治】jiùzhì 動 応急手当てをして救う．
【救主】jiùzhǔ ①名 救い主．②動 主人または君主を救う．

厩（廄）jiù ◇◆ うまや．¶马～／馬小屋．

【厩肥】jiùféi 名〈農〉厩肥（きゅうひ）．

就 jiù ❶副 ①《事態が（話し手にとって予想以上に）**早く**〔**速く**〕**あるいは順調に運ぶことを表す**》

①（間をおかずに）**すぐに．じきに**．¶你先走，我～来／先に行ってください，すぐに行きますから．②《“就”の前に時間を表す語があるとき，話し手が早いと感じていることを表す》ⓐ（これからのことについて）**間もなく**．¶棒球联赛 bàngqiú liánsài 明天～开始／野球のリーグ戦はあすいよいよ開幕だ．¶冬天～要过去／冬は間もなく過ぎ去ろうとしている．ⓑ（もうすでに実現していることについて）**すでに，もう**，もうとっくに．¶他的儿子五岁～开始学画画儿了／彼の息子は5歳でもう絵の勉強を始めたんだ．¶小林从小儿～喜欢音乐／林君は小さいときから音楽が好きだった．③《こうすれば〔こうであれば〕あることが**相次いで発生する**〔こういう結果になる〕ということを表す》¶我吃了早饭～去上学了／ぼくは朝ご飯を食べたらすぐに学校に行きました．¶再来一个人～满座了／もう一人来ると満席になる．

［二つの事柄がほぼ同時に発生することを表す］
〖一…就…〗 *yī…jiù…* ¶一看～明白了／見ればすぐ分かる．
〖刚…就…〗 *gāng…jiù…* ¶上课铃 líng 刚响 xiǎng，老师～进来了／始業のベルが鳴ったとたん先生が入って来た．
〖才…就…〗 *cái…jiù…* ¶怎么才来～要走／来たばかりなのにもう帰るのか．

②《肯定を強める》**まさに．ほかでもなく．絶対に**．
ⓐ“是、在”の文に用いて．¶我家～在这胡同 hútòng 里／ぼくの家はほらこの路地の中だ．ⓑかたい意志・態度を表す．►“就”を強く発音する．¶你不让见她，我～要见她／彼女に会わせないというなら，意地でも会ってみせる．ⓒ「これ（主語）こそちょうどそう（述語）だ」と，条件に合うものを示す．►ほかに当たる必要はないという意味合いを含む．“就”は軽く発音する．¶小林～离过一次婚，你可以问他／林くんがちょうどバツイチだから，彼に聞けばいい．¶这种车型 chēxíng～行／この車種がちょうどよい．

③《範囲限定する》**ただ…だけ**．
ⓐ「“就”（＋“有”）＋名詞」の形で．¶姐姐家～（有）一个女儿／姉一家には娘が一人いるだけだ．ⓑ述部の示す内容に限定を加える．►“就”を強く発音する．¶姐姐～去过法国（＝没去过别的国家）／姉はフランスにしか行っていない（ほかの国に行ったことがない）．ⓒ主語の示す内容に限定を加える．¶昨天～他没出席 chūxí（别人都出席了）／きのう出席しなかったのは彼だけだ（ほかの人はみな出席した）．ⓓ「“就”＋“这样”」の形で．¶～这样，她离开 líkāi 了我／こうして彼女は私から去っていった．

④《数が多いこと（このときは，“就”の前を強く発音する），または少ないこと（このときは，“就”を強く発音する）を強調する》¶大娘 dàniáng～要了三斤 jīn 肉，没多要／おばさんは肉をたった3斤もらっただけで，もっとくれとは言わなかった．¶大娘一人～要了三斤肉，没剩 shèng 几斤了／おばさんだけで肉を3斤もらっていったので，あとは何斤も残っていない．¶一买～好些／買うとなるとどっさり買ってしまう．

⑤《条件・因果などの関係を表す複文の後半に用いる》
ⓐ接続詞と呼応する．►文が短いときには接続詞を用いず，“就”だけで接続するほうがむしろ自然．¶如果他参加，我～不参加了／彼が参加するなら私は参加しない．¶下雪～不去／雪なら行かない．
ⓑ〖A就A〔不A就不A〕〗…したら…したまでのことである〔もし…しないなら，必ず…しない〕．¶错～错了，着急 zháojí 也没用／間違ったら間違ったで，あせってもしようがない．¶不干 gàn～不干，要干就得 děi 像个干的样子／やらないならそれまでだが，やるなら立派にやらなければならない．ⓒ相手の話を受け入れる．¶运输 yùnshū 的事～这么办吧！／輸送についてはそういうふうにしましょう．

❷ 前《論述の範囲を示す》…**について**．…に基づいて．¶这部作品～文字看来,不像明朝 Míngcháo 的 / この作品は文章から見て,明代のものとは思えない．

❸ 接続(＝就是 jiùshì,即使 jíshǐ) **たとえ…でも**．かりに…でも．►仮定条件・譲歩を表し,後ろに"也"を呼応させることが多い．話し言葉に用いる．¶他～不参加,也没关系 / かりに彼が参加しなくてもかまわない．

❹ 動 ①(手近にある便宜・機会などを)利用する．►目的語が単音節でない場合は"就着"となる．¶他～着出差 chūchāi 的机会,回了一趟 tàng 老家 / 彼は出張の機会を利用して故郷に帰った．
②(…をおかずにしてご飯を)食べる；(…をさかなにして酒を)飲む．¶咸菜 xiáncài ～饭 / 漬け物でご飯を食べる．
③…に従う．…の次第による．…に合わせる．¶我反正 fǎnzheng 有空 kòng,～你的时间吧 / どうせ私は暇だから,あなたの都合次第でよい．
④近づく．近寄る．¶～着灯才能看清 / 明かりの近くでないとはっきり見えない．
◇◆ ①就く．従事する．始める．¶→～席 xí．¶→～餐 cān．②成し遂げる．完成する．でき上がる．¶功成业～ / 功成り名を遂げる．

【就伴】jiù//bàn 動(～儿)…と連れ立つ．…の連れとなる．

【就便】jiù//biàn 副(～儿)ついでに．¶上街～买了包烟 yān / 街へ行ったついでにたばこを買った．

【就菜】jiù//cài 動(ご飯や酒と一緒に)おかずを食べる．¶就着菜喝酒,不易 yì 醉 zuì / 料理を食べながら酒を飲むと簡単には酔わない．

【就餐】jiùcān 動〈書〉(レストラン・食堂などに行って)食事をする．

【就此】jiùcǐ 副 これで．ここで．¶讨论～结束 jiéshù / 討論はここまでとする．

【就道】jiùdào 動〈書〉途につく．

【就地】jiùdì 副 ①**その場で**．現場で．¶～调查 diàochá / その場で調査する．¶～取材 qǔcái / 現地で原材料を入手する．②(～儿)そのまま地面に．¶～而 ér 坐 / そのまま地面に座る．

【就读】jiùdú 動(学校で)勉強する．¶～于 yú 人民大学 / 人民大学で勉強する．

【就饭】jiù//fàn 動(おかずと一緒に)ご飯を食べる．¶菜要～吃 / おかずばかり食べないでご飯といっしょに食べなさい．

【就近】jiùjìn 副 近所で．最寄りの所で．¶～入学 rùxué / (小・中学校の)小学区制．居住地域ごとに指定された近くの学校に入ること．

【就劲】jiù//jìn 副(～儿)…のはずみに(乗じて)．

【就酒】jiù//jiǔ 動(おかずと一緒に)酒を飲む．

【就擒】jiùqín 動(犯人などが)捕らえられる．

【就寝】jiùqǐn 動〈書〉就寝する．寝床につく．

【就任】jiùrèn 動 就任する．¶～总理 zǒnglǐ / 首相に就任する．

【就食】jiùshí 動〈書〉生計の道を図る．

【就势】jiùshì 副 …のはずみに．勢いに乗じて．¶对手扑 pū 过来,我～把他摔倒 shuāidǎo 在地 / 相手が飛び掛かってきた勢いに乗じて投げ飛ばした．

【就是】jiùshì ❶副 ①《**範囲を限定し,他を排除する**》¶我公司～这一层 céng 楼 / わが社はこのワンフロアだけだ．¶他女儿挺 tǐng 漂亮,～有点不爱说话 / 彼の娘はなかなかきれいだが,ただ少し無口だ．¶别人都没忘 wàng,～你忘了 / みなは覚えている,忘れたのはおまえだけだ．["就是"＋"这样"の形で] ¶～这样,母子再也没有见面 / こうして母と子は二度と再び会うことはなかった．
②《**意志の確定を強調する**》① 〚就是＋〈動詞〉〛どうしても．絶対に．決して．►確固たる語気を含む．¶不管 bùguǎn 怎么请求,她～不饶 ráo 我 / いくら頼んでも,彼女はどうしても私を許さない．
② 〚不A就是不A〛*bù…jiùshì bù…* …ないならそれまでだが．¶不行～不行,不要装 zhuāng 行 / できないならできなくてもいいが,できるふりをしてはいけない．
③ 〚就是＋〈動詞句 / 形容詞句〉〛どうであれ…だ．►ある性質や状態を強く肯定する．¶这孩子～招 zhāo 人喜欢 / この子はとにかく人に好かれる．
④ 〚〈動詞句〉＋就是＋〈数量〉〛…するなり．…するやいなや．►動作が迅速果断なことを強調する．¶对准 duìzhǔn 球门～一脚 / ゴールに狙いをつけるなり1発シュートを放った．
⑤ 〚一＋〈動詞〉＋就是＋〈数量〉〛話し手が数量が多いと思っていることを表す．¶一谈 tán ～半天 / 一度話し出すと長い．
③《単独で用い,同意を表す》**ごもっとも**．そのとおり．¶～,～,你的报价 bàojià 很合理 hélǐ,但是… / おっしゃるとおり,そちらのオファーは筋が通っていますが….
❷接続(＝即使 jíshǐ) ①**たとえ…でも**．かりに…でも．►仮定条件・譲歩を表し,後ろに"也"が呼応することが多い．¶你～白送给我,我也不要 / かりにただでくれてもいらない．
②《極端な場合を表す》…にしても．…さえも．¶她一哭起来,～妈妈也劝不动 quànbudòng 她 / 彼女が泣きだすと,母親でさえもなだめることができない．

【就事论事】jiù shì lùn shì 〈成〉事実に即して論ずる．

【就是了】jiùshile 助 平叙文の文末に用いる．①**…してよい**．…すればいい．…したらいい．¶我一定按期 ànqī 写完剧本,你放心～ / 必ず期日どおり脚本を書くから,安心していなさい．②**…だけのことだ**．…にすぎない．►よく"不过、只是"などと呼応する．¶他只不过说说～ / 彼はただ口先で言ったにすぎない．

*【就是说】jiùshishuō **言い替えれば**．それはつまり．¶～,你不爱我了 / つまり,あなたは私を愛していないんでしょ．

【就手】jiùshǒu 副(～儿)ついでに．

【就说】jiùshuō ⇀【就算】jiùsuàn

【就算】jiùsuàn 接続〈口〉**たとえ**．かりに．よしんば．¶～你会说英语,又有什么用？/ たとえ君が英語ができたとしても,それがなにになるんだい．

【就位】jiù//wèi 動〈書〉席につく；就任する．

【就席】jiù//xí 動(宴会などで)席につく．

【就绪】jiùxù 動 軌道に乗る．用意ができる．¶准备 zhǔnbèi ～ / 用意が整った．

【就学】jiù//xué 動 就学する．学校に入る．¶在私立小学～ / 私立小学校に入学する．

【就养】jiùyǎng 動 親が子のところへ来て養ってもらう．

【就要】jiùyào 副 **間もなく**．**いますぐ**．►"～…的时候"など以外は,文の後に"了"を伴う．¶末班车

mòbānchē ～开了 / 最終列車は間もなく出ます. ¶ 菜～来了,你等一会儿吧 / 料理はすぐに来るから,ちょっと待ちなさい.

【就业】jiù//yè 動 就職する. 就業する. ¶～难 / 就職難. ¶再 zài ～ / 再就職.

【就医】jiù//yī 動 医者にかかる.

【就义】jiùyì 動〈書〉正義のために死ぬ. ¶从容 cóngróng ～ / 従容として(正義の)死につく;烈士が死刑にされる.

【就着】jiùzhe 前 機会に乗じて.

【就职】jiù//zhí 動 就任する. 普通は比較的高い職位につくことをいう. ¶宣誓 xuānshì ～ / 宣誓をして就任する. ¶～演说 yǎnshuō / 就任のあいさつ. 就任演説. 注意 日本語の「就職」は"就业"という. また,中華人民共和国成立後は,"参加工作"も就職するの意味でよく使われる.

【就中】jiùzhōng 副 ① 中に立って(なにかをする). ¶～调停 tiáotíng / 中に立って調停する. ② なかんずく. なかでも.

【就座】jiù//zuò 動 着席する. ¶旁听 pángtīng 者陆续 lùxù ～ / 傍聴人は次々と席についた. ►"就坐"とも書く.

舅 jiù

◇ ①母の兄弟. おじ. ¶大～ / いちばん上のおじ. ¶二～ / 2番目のおじ. ②〈古〉夫の父. しゅうと. ¶～姑 gū / しゅうととしゅうとめ. ③妻の兄弟. ¶妻 qī ～ / 妻の兄弟.

【舅父】jiùfù 名 母の兄弟. 母方のおじ.

*【舅舅】jiùjiu 名〈口〉(母の兄弟の)**おじさん**. 母方のおじ.

【舅妈】jiùmā 名〈口〉母の兄弟の妻. おば.

*【舅母】jiùmu 名 母の兄弟の妻. おば.

【舅嫂】jiùsǎo 名〈口〉妻の兄弟の妻.

【舅爷】jiùyé 名 父の"舅父".

【舅爷】jiùye 名 "舅子"の敬称.

【舅子】jiùzi 名〈口〉妻の兄弟. ¶大～ / 妻の兄. ¶小～ / 妻の弟.

鹫 jiù

名〈鳥〉ワシ. ►"雕 diāo"とも. ¶～雕 / イヌワシ.

ju (ㄐㄩ)

1声

车(車) jū

名 "象棋 xiàngqí"(中国将棋)の駒の一つ. ►日本将棋の飛車のように動く. ➡ chē

拘 jū

動 ① **逮捕する**. 拘禁する. ¶他没有被 bèi ～过 / 彼は捕らえられたことがない. ②〈書〉制限する. 縛る. ¶多少不～ / 数量に制限はない. ③ こだわる. 融通がきかない. ¶别太～! / あまりこだわるな. ¶→～泥 nì.

【拘捕】jūbǔ 動〈法〉逮捕する. ¶～证 zhèng / 勾引(こういん)状.

【拘管】jūguǎn 動 束縛する. 制限する;厳しくしつける.

【拘谨】jūjǐn 形 謹直である. 堅苦しい.

【拘礼】jūlǐ 動 礼儀にこだわる. ¶熟 shú 不～ / 懇意な間柄は礼儀にこだわらない.

【拘留】jūliú 動〈法〉拘置する. 逮捕する. ¶～所 / 留置場.

【拘拿】jūná 動 逮捕する.

【拘泥】jūnì 動 ① **こだわる**. 固執する ¶～于形式 / 形式にこだわる. ② 堅くなる.

【拘守】jūshǒu 動 固守する. 墨守する. ¶～旧习 jiùxí / 古いしきたりを墨守する.

【拘束】jūshù ① 形 **堅苦しい**. 四角張る. ¶请不要～ / どうぞ気楽にしてください. ② 動 **束縛する**. 制限する. ¶做家长的不要～孩子们的正当 zhèngdàng 活动 / 父兄は子供たちの正当な活動を束縛してはいけない.

【拘押】jūyā 動 拘禁する.

【拘役】jūyì 名〈法〉拘留. 短期間の自由刑.

狙 jū

名〈古〉サルの一種. アカゲザル. ◇ ひそかにうかがう. 狙(ねら)う.

【狙击】jūjī 動〈軍〉狙撃する. ¶～手 / 狙撃手.

居 jū

◇ ①住む. ¶同～ / 同居する. ¶分～ / 別居する. ②住まい. ¶迁 qiān ～ / 転居. ③(…に)ある. 置かれる. ¶～前 / 前にある. ¶→～首 shǒu. ④当たる. 任ずる. ¶自～ / 自任する. ⑤ためる. (手元に)置く. ¶～积 jī / 蓄える. ⑥とどまる. 固定する. ¶岁月 suìyuè 不～ / 月日が流れていく. ⑦しまっておく. ¶→～心 xīn. ‖姓

【居安思危】jū ān sī wēi 〈成〉平和なときも危険に備え準備を怠らない.

【居多】jūduō 動 多数を占める.

【居高临下】jū gāo lín xià 〈成〉見晴らしのきく有利な地勢を占めていること.

【居功】jūgōng 動 功績を鼻にかける.

【居家】jūjiā 動 ① 家に居る. ② 日常生活をする.

【居间】jūjiān 動(話し合いや仲介のために)間に入る. 中に立つ. ¶～调解 tiáojiě / 中に立って調停する. ¶～人 / 仲介者.

【居民】jūmín 名 **住民**. ¶街道 jiēdào ～ / 町内の住民. ¶～户口 hùkǒu / 都市居住者の戸籍.

【居民身份证】jūmín shēnfenzhèng 名 居民証. 中国公民としての身分証明書.

【居民委员会】jūmín wěiyuánhuì 名 住民委員会. 町内会.

【居奇】jūqí 動(値上がりを待って)売り惜しみする.

*【居然】jūrán 副 **意外にも**. 思いがけなくも. ►"居然"の語調は"竟 jìng""竟然 jìngrán"よりもやや強い. ¶我真没想到他～会说谎 shuōhuǎng / まさかあの人がうそをつくとは思わなかった.

【居丧】jūsāng 動〈書〉喪中である.

【居士】jūshì 名〈仏〉在家の信徒. 居士(こじ).

【居室】jūshì ❶名 ① 居間. 居室. ¶二～的住房 zhùfáng / 2 DK の住宅. ②〈方〉家屋. ❷動〈書〉夫婦が同居する.

【居首】jū//shǒu 動 ① トップを占める. ②(犯罪集団の)首謀者となる.

【居孀】jūshuāng 動 やもめ暮らしをしている.

【居心】jū//xīn 動〈貶〉下心を持つ. 企む. ¶～不善 / 了見がよくない.

【居于】jūyú 動 …の地位に立つ. ¶～领导 lǐngdǎo 地位 / 管理職になる.

【居中】jūzhōng ① 動 間に立つ. 仲介する. 中に立つ. ¶～挑拨 tiǎobō / 間に入ってそそのかす. ② 名 真ん中.

【居住】jūzhù 動 **住む**. **居住する**. ¶～在北京市内 / 北京市内に住んでいる.

驹 jū 名(～儿)ウマ・ラバ・ロバなどの子供. ◇◆ 若くて元気なウマ. ¶千里～ / 千里を駆けるウマ. 名馬.

【驹儿】jūr 名 子ウマ. ¶毛驴 lǘ～ / ロバの子.

【驹子】jūzi 名(1歳未満の)ウマ,ロバ,ラバ. 量 只,匹 pǐ. ¶马～ / 子ウマ.

疽 jū 名〈中医〉悪性のはれもの.

掬 jū ◇◆ ①両手で受け止める,すくう. ¶～水 / 両手で水をすくう. ②表情がこぼれるように外に表れる. ¶笑容可～ / こぼれるような笑みをたたえる. ‖ 姓

锔(鋦) jū 動(陶磁器などに)かすがいを打つ. ‖ 姓

【锔子】jūzi 名 かすがい.

鞠 jū ◇◆ ①養う. 育てる. ¶～育 yù / 育てる. ②かがむ. 腰を曲げる. ¶→～躬 gōng. ‖ 姓

【鞠躬】jū//gōng 動 ① 身をかがめて**お辞儀をする**. ¶深深地鞠了个躬 / 深々とお辞儀をした. ② 〈書〉(身をかがめて)敬い謹む.

【鞠躬尽瘁】jū gōng jìn cuì 〈成〉つつしみ深く献身的に尽くす.

【鞠养】jūyǎng 動〈書〉養い育てる.

局 jú ① 名 **機関・団体の事務分業単位**. 局. ¶公安 gōng'ān～ / 公安局. ② 量 **碁や試合の回数**を数える. ¶下了一～围棋 wéiqí / 碁を1局打った. ¶第一～ / 第1回戦. 第1セット.
◇◆ ①(将棋や碁の)盤. ¶棋 qí～ / 碁盤. ②形勢. 状況. ¶布～ / 布石. 配置. ¶政 zhèng～ / 政局. ③わな. 計略. ¶骗 piàn～ / わな. ペテン. ④一部分. ¶→～部 bù. ⑤〈旧〉商店の名称. ¶书～ / 書店. ⑥拘束する. 制限する. ¶→～促 cù. ⑦〈旧〉宴会・賭博(とばく)などの集まり. ¶赌 dǔ～ / ばくち場. ‖ 姓

【局部】júbù 名 **局部**. **一部分**. ¶～地区有阵雨 zhènyǔ / (天気予報で)一部の地域でにわか雨が降るでしょう.

【局促】júcù 形 ①(家・部屋・環境などが)狭い,窮屈である. ②〈方〉(時間が)短い. ¶时间 shíjiān～ / 時間が差し迫っている. ③ 気詰まりである.

【局地】júdì 名 局地.

【局面】júmiàn 名 ① **局面**. **情勢**. 形勢. ¶维持 wéichí～ / 現状を維持する. ¶扭转 niǔzhuǎn～ / 局面を転換する. ②〈方〉規模. 構え.

【局末平分】júmò píngfēn 名〈体〉(球技などで)ジュース.

【局内人】júnèirén 名(事件などの)関係者,当事者.

【局势】júshì 名(政治や軍事などの)形勢,情勢. ¶中东～ / 中東情勢. ¶复杂 fùzá 的～ / 複雑な情勢.

【局外人】júwàirén 名 局外者. 部外者.

【局限】júxiàn 動 **限定する**. 限られる. ¶此项规定 guīdìng 仅 jǐn～于外人 wàirén / この規定は外部の者にのみ適用される.

【局域】júyù 名〈電算〉ローカルエリア. ¶～网 / ローカルエリアネットワーク. LAN.

【局子】júzi 名 ①〈隠語〉公安局. 警察. ¶进～ / 豚箱に入る. ② 警備会社. ③〈近〉わな. 計略.

桔 jú "橘 jú"の俗字. ⇒〖橘 jú〗 ▸▸ jié

菊 jú ◇◆ キク. ¶墨 mò～ / 濃い紫色のキク. ¶赏 shǎng～ / キクをめでる. ¶观 guān～ / キクを観賞する. ‖ 姓

【菊花】júhuā 名〈植〉キク;〈中薬〉菊花(きくか). 量 朵 duǒ. ¶～茶 / 菊花茶.

【菊石】júshí 名〈地〉アンモナイト.

焗 jú 〈方〉 ① 動〈料理〉蒸し焼きにする. ② 形 蒸し暑い. ¶快打开车窗 chēchuāng,乘客 chéngkè～得难受 nánshòu 啊! / 車の窓を早くあけてくれ,乗客たちは蒸し暑くてたまらない.

【焗油】jú//yóu 動 蒸気を利用して毛髪のケア〔カラーリング〕をする.

跼 jú ◇◆〈古〉身をかがめる. 腰を折って小さくなる. ¶～促 cù / "局促"に同じ. ⇒【局促】júcù

橘 jú ◇◆ ミカン. ¶金～ / キンカン.
参考 小さくて皮の薄いミカン類を"橘"といい,大きくて皮の厚いミカン類を"柑 gān"という.

【橘饼】júbǐng 名 ミカンの砂糖漬け.

【橘黄】júhuáng 名 濃い黄色. ダイダイ色.

【橘子】júzi 名 **ミカン. 量 个;[むいた袋] 瓣 bàn.
注意 "橘"の俗字"桔"を用いて,"桔子"と書かれることが多い. ¶～树 shù / ミカンの木. ¶～瓣儿 / ミカンの袋.

*【橘子水】júzishuǐ 名 オレンジジュース.

3声

咀 jǔ ◇◆ かむ. かみ砕く. ►"嘴 zuǐ"(口)の俗字として用いられることがある. ¶含 hán 英～华 / 文章の精髄をかみしめる.

【咀嚼】jǔjué 動〈書〉咀嚼(そしゃく)する. かみ砕く;〈転〉味わう. 玩味する.

沮 jǔ ◇◆ ①阻む. 阻止する. ¶～其 qí 成行 xíng / 行くのを遮る. ②元気がなくなる. がっかりする.

【沮丧】jǔsàng 動 気落ちする. 気落ちさせる.

枸 jǔ "枸橼 jǔyuán"(クエン. マルブシュカン),"枸橼酸 jǔyuánsuān"(クエン酸)という語に用いる. ▸▸ gōu,gǒu

矩 jǔ ◇◆ ①直角定規. ¶→～尺 chǐ. ②おきて. 決まり. ¶循规 xúnguī 蹈 dǎo～ / 規則やおきてにそのまま従うこと;非常に几帳面であること.

【矩尺】jǔchǐ 名 T字定規. 直角定規.

【矩形】jǔxíng 名〈数〉長方形. 矩(く)形.

****举**(舉・擧) jǔ 動 ①(**物を高く**)**持ち上げる**,差し上げる. ¶他把孩子～到头上 / 彼は子供を頭上に持ち上げた.
② **推挙する**. 選ぶ. ¶大家～他做代表 / みんなで彼を代表に推した.
③(**事実や例を**)**提示する**. ¶我可以～出好几件事来说明 / 私は相当数の事例を挙げて説明することができる.
◇◆ ①動作. 行為. ¶→～动 dòng. ¶一～一动 / 一挙一動. ②企てる. 起こす. 始める. ¶→

J

～兵 bīng. ¶→～火 huǒ. ③すべて. 挙げて. ¶→～世 shì. ④"举人"(郷試に合格した者)の略称. ‖姓

【举案齐眉】jǔ àn qí méi 〈成〉夫婦が互いに尊敬し合う.

*【举办】jǔbàn 動 **開催する**. 主催する;**開設する**. 興す. ¶～进修班 jìnxiūbān / セミナークラスを開く. ¶～福利 fúlì 事业 / 福祉事業を興す.

【举报】jǔbào 動〈法〉告発する. 通報する. ¶～电话 / 告発ホットライン.

【举兵】jǔ//bīng 動 兵を挙げる.

【举不胜举】jǔ bù shèng jǔ 〈成〉枚挙にいとまがない.

【举措】jǔcuò 名〈書〉動作. ふるまい. ¶～可笑 kěxiào / ふるまいがおかしい.

【举动】jǔdòng 名(多く日常生活の)**動作, ふるまい**, 行為. ¶～迟缓 chíhuǎn / 動作がのろい. ¶这种 zhǒng ～很不文明 wénmíng / このようなふるまいは無作法だ.

【举发】jǔfā 動 告発する;摘発する.

【举凡】jǔfán 副〈書〉およそ. 総じて.

【举国】jǔguó 名 挙国. 国を挙げて. ¶～欢庆 huānqìng / 国を挙げて歓喜して祝う.

【举火】jǔhuǒ 動〈書〉①火をともす. ②火をおこす.

【举家】jǔ//jiā 名 一家を挙げて. 家全体. ¶～去外国旅游 lǚyóu / 一家で外国旅行に行く.

【举荐】jǔjiàn 動 推薦する.

【举例】jǔ//lì 動 例を挙げる. ¶～证明 zhèngmíng / 例を挙げて証明する.

【举目】jǔmù 動〈書〉目を上げて見る. ¶～远眺 yuǎntiào / 目を上げて遠くを眺める.

【举棋不定】jǔ qí bù dìng 〈成〉碁石を持ってためらう;態度を決しかねる.

【举人】jǔrén 名〈史〉挙人. 科挙試験の郷試に合格した人.

【举世】jǔshì 名 全世界;世を挙げて. ¶～皆 jiē 知 / 全世界に知られている. ¶～闻名 / 天下に名高い.

【举手】jǔ//shǒu 動 手を挙げる. ¶要发言 fāyán, 先～ / 発言する時, まず手を挙げなさい.

【举手之劳】jǔ shǒu zhī láo 〈成〉わずかな骨折り.

*【举行】jǔxíng 動(集会・試合・儀式などを)**挙行する, 行う**. ¶～婚礼 / 結婚式を挙げる. ¶～高级首脑 shǒunǎo 会议 / サミットを挙行する. ¶～运动会 / 運動会を行う.

【举一反三】jǔ yī fǎn sān 〈成〉一つの事から類推して多くの事を知る.

【举义】jǔyì 動 蜂起する.

【举止】jǔzhǐ 名 挙止. ふるまい. 挙動. ¶～文雅 wényǎ / 立ち居ふるまいが上品だ.

【举踵】jǔzhǒng 動 かかとを上げる.

【举重】jǔzhòng 名〈体〉重量挙げ.

【举足轻重】jǔ zú qīng zhòng 〈成〉重要な地位にあって一挙手一投足が全局面に影響すること.

【举座】jǔzuò 名 満座(の人).

蒟 jǔ "蒟蒻 jǔruò"⇩, "蒟酱 jǔjiàng"(キンマ. コショウ科の植物)という語に用いる.

【蒟蒻】jǔruò 名〈植〉コンニャク(イモ). ►"魔芋 móyù"とも.

榉(櫸) jǔ 名〈植〉①ケヤキ. メゲヤキ. ②ブナ. ►"山毛榉 shānmáojǔ"とも.

龃 jǔ "龃龉 jǔyǔ"⇩という語に用いる.

【龃龉】jǔyǔ 動〈書〉齟齬(そ)をきたす;食い違う.

4声 **巨(鉅)** jù ◇◆ 大きい. 巨大である. ¶～浪 làng / 大波. ¶～款 kuǎn / 莫大な金額. ‖姓

【巨变】jùbiàn 名 巨大な変化.

*【巨大】jùdà 形(規模・形態・数量・音などが)**きわめて大きい, 巨大である**. ¶受到～的压力 yālì / 大きな圧力を受ける.

【巨盗】jùdào 名 名の知られた盗賊. 大どろぼう.

【巨额】jù'é 名 巨額(の). 莫大な金額.

【巨富】jùfù 名 巨富. 莫大な財産. ¶致 zhì ～ / 巨万の富を成す.

【巨滑】jùhuá 名〈書〉奸知にたけた人. 老獪(ろうかい)な人間. ¶老奸 jiān ～ / 海千山千.

【巨祸】jùhuò 名 大きい災禍・災害.

【巨奖销售】jùjiǎng xiāoshòu 名 高額の賞金・賞品を付けて販売すること.

【巨流】jùliú 名 大きな流れ;〈喩〉時代の流れ.

【巨轮】jùlún 名 ①大きな車輪. ②大汽船.

【巨人】jùrén 名 ①巨人. 大男. ②〈喩〉偉人. 巨人.

【巨商】jùshāng 名 豪商.

【巨室】jùshì 名 大きな家.

【巨头】jùtóu 名〈貶〉ボス. かしら. ¶政治 zhèngzhì ～ / 政界のボス.

【巨细】jùxì 名 細大. 大小. ¶～毕究 bìjiū / 細大もらさず追究する. ¶事无～ / 事の大小にかかわりなく.

【巨蟹座】jùxièzuò 名〈天〉①かに座. ②巨蟹宮(きょかいきゅう).

【巨型】jùxíng 形 **大型の**, ジャンボサイズの. ¶～客机 kèjī / ジャンボ旅客機. ¶～油轮 yóulún / マンモスタンカー.

【巨眼】jùyǎn 名〈書〉すぐれた鑑識眼.

【巨著】jùzhù 名 大著. りっぱな著作.

*** **句** jù 量 **言葉や詩文の区切り**を数える. ¶两～诗 / 詩2句. ¶我来说几～话 / ちょっとごあいさついたします.

◇◆ 文. センテンス. ¶问～ / 疑問文. ¶造 zào ～ / 短文をつくる. ➡ gōu

【句点】jùdiǎn →【句号】jùhào

【句法】jùfǎ 名 ①文の構造. 構文. ②〈語〉シンタックス. 統語論.

【句号】jùhào 名〈語〉句点(。または .). ピリオド. ►"句点 jùdiǎn"とも. (量) 个.

【句型】jùxíng 名〈語〉文型. 文のパターン.

*【句子】jùzi 名〈語〉**文. センテンス**. (量) 个. ¶造 zào 一个～ / 文を一つ作る.

拒 jù ◇◆ ①刃向かう. 抵抗する. ¶抗 kàng ～ / 反抗する. ②拒む. 断る. ¶～之于 yú 千里之外 / 頭から拒否する. ¶～不接受 jiēshòu / 全然受けつけない. 取り合わない.

【拒捕】jùbǔ 動 逮捕を拒み抵抗する.

【拒敌】jùdí 動 敵に抵抗する.
*【拒绝】jùjué ① 動 **断る．拒絶する**．¶～别人善意的批评 pīpíng / 人の善意からの批判を受け入れない．¶～贿赂 huìlù / 賄賂(ワイロ)を退ける．② 名 拒否．拒絶．
【拒收】jùshōu 動 受け取ることを拒絶する．受け入れを拒む．¶～小费 xiǎofèi / チップを断る．
【拒载】jùzài 動 乗車拒否する．

具 jù ❶量〈書〉器具・道具や死体などを数える．¶一～碗橱 wǎnchú / 食器戸棚一つ．¶解剖 jiěpōu 两～尸首 shīshou / 死体2体を解剖する．
❷動〈書〉① 備える．持つ．¶初～规模 guīmó / 一応の目鼻がつく．② 準備する．ととのえる．¶谨 jǐn ～薄礼 bólǐ / 謹んで粗品を用意する．
◇◆ 器具．道具．¶文～ / 文房具．¶家～ / 家具．
注意 日本語の「具」とは字形が異なるので注意．
【具保】jùbǎo 動 保証人を立てる．
*【具备】jùbèi 動 ①(条件・能力などが)**備わる**．¶～报考条件 / 受験申し込みの条件を備えている．② そろう．整う．¶万事～,只欠 qiàn 东风 / 用意万端整って,あとは東風が吹くのを待つだけだ．►大物の出現を待つたとえ．
【具禀】jùbǐng 動 具申する．
【具呈】jùchéng 動 文書で報告する．
*【具体】jùtǐ ❶形 ① **具体的である**．¶～计划 jìhuà / 具体的な計画．¶他说得很～ / 彼の話はたいへん具体的だ．② **実際の．特定の**．¶你想干 gàn 什么～工作？/ 君は実際にどういう仕事がやりたいのか．¶～的人 / 特定の人間．❷動(“～到”として)(理論や原則を)具体化する．
*【具有】jùyǒu 動 **備える**．持つ．►抽象事物に用いることが多い．¶～很强 qiáng 的好奇心 hàoqíxīn / 強い好奇心を持つ．

炬 jù ◇◆ たいまつ．¶火～ / たいまつ．¶目光 mùguāng 如～ / 眼光が鋭い．見識が高い．

俱 jù 副〈書〉ともに．全部．すっかり．►“在、到、全”などの単音節語の前に用いることが多い．¶一应 yīng ～全 / 何もかもそろっている．¶父母～存 cún / 父母ともに健在である．
【俱备】jùbèi 動 すべて備わる．全部そろっている．
*【俱乐部】jùlèbù 名 **クラブ**．量 个,家．¶海员 hǎiyuán ～ / 海員クラブ．参考 英語の “club” が日本で「倶楽部」と音訳され,それが中国に伝わったもの．ちなみに,日本の大学などの「クラブ(サークル活動)」は“课外集体活动 kèwài jítǐ huódòng”という．

倨 jù ◇◆ 傲慢(ゴウマン)である．高ぶる．威張る．¶前～后恭 gōng / 傲慢な態度がへりくだった態度に変わる．
【倨傲】jù'ào 形〈書〉傲慢である．横柄である．
【倨色】jùsè 名 傲慢な表情．
【倨视】jùshì 動〈書〉横柄な態度で見る．軽蔑して見る．

剧(劇) jù ◇◆ ①劇．芝居．¶演 yǎn ～ / 劇を上演する．¶独幕 dúmù ～ / 1幕ものの劇．¶京～ / 京劇．北京オペラ．②できごと．状況．¶惨 cǎn ～ / 悲惨なできごと．③激しい．ひどい．¶～饮 yǐn / 大量に飲む．‖姓
【剧本】jùběn 名 **脚本**．シナリオ．量 个,部．
【剧变】jùbiàn 動 激しく変化する．
*【剧场】jùchǎng 名 **劇場**．量 个,座．
【剧毒】jùdú 名 毒性が強い．猛毒．
【剧烈】jùliè 名 **激烈である**．激しい．►運動・戦い・震動・起伏・爆発や痛み・せきなどに用いる．¶饭后不要做～运动 yùndòng / 食事の後は激しい運動をしないように．
【剧目】jùmù 名 芝居の外題．
【剧评】jùpíng 名 劇評．
【剧情】jùqíng 名 劇の筋．¶～起伏 qǐfú 较大 / ストーリーは波らんに富む．¶～简介 jiǎnjiè / 劇の粗筋．
【剧团】jùtuán 名 **劇団**．一座．
【剧务】jùwù 名 ① 舞台げいこや公演に関する事務．② ステージマネージャー．
【剧院】jùyuàn 名 **劇場**．量 家,座；劇団．
【剧终】jùzhōng 名(劇や映画の)終わり．ジ・エンド．►映画・戯曲などの最後に書かれる常套語．
【剧中人】jùzhōngrén 名(劇の)登場人物．
【剧种】jùzhǒng 名 演劇の種類．

*__据(據) jù__ 前 **…に基づいて．…によって**．…に準じて．¶～统计 tǒngjì … / 統計によると…．
◇◆ ①(不法に)占有する．占拠する．¶～为 wéi 己有 / 他人のものを不法に占有する．②よりどころ．証拠．¶凭 píng ～ / 証拠．③よる．頼る．¶～险 xiǎn / 要害に頼る．
‖姓
【据称】jùchēng 動 申し立てによれば．言うところによれば．…だそうだ．
【据传】jùchuán 動 …と伝えられている．
【据此】jùcǐ 接続〈書〉それで．そのために．
【据点】jùdiǎn 名 拠点．根拠地；要所．
【据守】jùshǒu 動 占拠し防備する．►通常,後ろに場所を表す語を目的語にとる．
*【据说】jù//shuō 動(人の)**言うところによれば**．聞くところによれば．…だそうだ．►出どころが分かっているが明言したくない場合にも用いる．¶～明天考试 / 聞くところによれば,明日試験が行われるそうだ．¶北京秋天的气候怎么样？——～很凉爽 liángshuǎng / 北京の秋はどうですか——涼しいそうです．¶这个人～很有学问 / この人はなかなかの学者だそうだ．
【据悉】jùxī 動〈書〉聞くところでは…だそうだ．
【据有】jùyǒu 動 占拠する．占拠している．

*__距 jù__ ❶動〈書〉隔たる．¶两家相～不远 / 両家はそう離れていない．
❷前〈書〉…から．…まで．¶饭店～车站约有一公里 / ホテルは駅から約1キロだ．
❸名 ① 間隔．②(ニワトリなどの)けづめ．
*【距离】jùlí ① 動(空間的・時間的に)**離れる**．隔たる．¶学校～我家只 zhǐ 有一百米 / 学校は私の家から100メートルしか離れていない．② 名 **距離**．隔たり．¶保持 bǎochí 一定～ / 一定の距離を保つ．

惧(懼) jù ◇◆ 恐れる．怖がる．おじける．¶畏 wèi ～ / 怖がる．¶毫 háo 无 wú 所～ / 怖いものは何もない．少しも恐れる様子がない．
【惧内】jùnèi 名〈書〉恐妻．妻に頭が上がらないこ

と.

【惧怕】jùpà 動 恐れる. 怖がる.

【惧色】jùsè 名 おびえた様子. おじけた顔つき.

飓 jù "飓风 jùfēng"⇩という語に用いる.

【飓风】jùfēng 名〈気〉①ハリケーン. ②〈旧〉台風.

锯 jù ①名 のこぎり. 量 把. ¶电～/電動のこぎり. ¶手～/のこぎり.
②動(のこぎりで)ひく. ►中国ではのこぎりは日本とは逆に押して切る. ¶～树 shù/(のこぎりで)木を切り倒す. ¶～木头 mùtou/(のこぎりで)丸太をひく.

【锯齿】jùchǐ 名(～儿)のこぎりの歯.

【锯末】jùmò 名 おがくず.

【锯子】jùzi 名〈方〉のこぎり. 量 把 bǎ.

聚 jù 動 集まる;集める. ¶大家～在一起商量 shāngliang 商量/みんなで集まって相談しよう. ‖姓

【聚宝盆】jùbǎopén 名(伝説中の)いくら取っても尽きない宝物を盛った鉢;〈喩〉資源の豊富なところ;打ち出の小づち.

【聚变】jùbiàn 名〈物〉核融合. ¶～反应 fǎnyìng/核融合反応.

【聚餐】jù//cān 動 会食する.

【聚赌】jùdǔ 動 賭博(とばく)を開帳する.

【聚光】jùguāng 動(映画の撮影で)絞る,ライトの光を強くする.

【聚光灯】jùguāngdēng 名 スポットライト.

【聚合】jùhé ①動 集まる. 寄り集まる. ②名〈化〉重合.

【聚合物】jùhéwù 名〈化〉重合体.

【聚会】jùhuì 動 会合する. 集会をもつ. ¶大家约定 yuēdìng 到公园～/みんなは公園に集まることを約束した. ¶时隔 gé 廿 niàn 年,～一堂/20年ぶりに一堂に会する.

【聚伙】jùhuǒ 動 徒党を組む. 仲間をつくる. ¶～抢劫 qiǎngjié/集団強盗をはたらく.

【聚积】jùjī 動 積み立てる. 寄せ集める.

*【聚集】jùjí 動 1か所に集める. 集中する. ¶～资金 zījīn/資金を集める. ¶～力量 lìliang/力を集中する.

【聚歼】jùjiān 動(敵を包囲して)殲滅(せんめつ)する.

【聚焦】jùjiāo 動 焦点をあてる. スポットをあてる.

*【聚精会神】jù jīng huì shén〈成〉精神を集中する. 一心に…する. ¶～地打字/一心不乱にタイプを打つ.

【聚居】jùjū 動 1か所に集まって住む.

【聚敛】jùliǎn 動〈書〉重税を課して人民を搾取する.

【聚拢】jùlǒng 動 集まる. 集める.

【聚落】jùluò 名 集落. 村落.

【聚齐】jù//qí 動+結補(約束の場所に)集合する,集まる.

【聚散】jùsàn 名 離合. 出会うことと別れること.

【聚沙成塔】jù shā chéng tǎ〈成〉砂を集めて塔と成す. ちりも積もれば山となる.

【聚首】jùshǒu 動〈書〉会合する. 集まる. ¶～一堂 táng/一堂に集まる.

【聚讼】jùsòng 動〈書〉意見がまちまちでしきりに言い争う.

【聚乙烯】jùyǐxī 名〈化〉ポリエチレン.

【聚酯】jùzhǐ 名〈化〉ポリエステル.

【聚众】jùzhòng 動 大ぜいの人が集まる;大ぜいの人を集める. ¶～闹事 nàoshì/大ぜいの人が集まって騒ぎを起こす.

踞 jù ◇◆ ①うずくまる. 腰掛ける. ¶龙 lóng 盘虎～/〈喩〉険しい地勢. ②占拠する. ¶盘 pán～/不法に占拠する. 巣くう.

遽 jù ◇◆ ①〈書〉あわただしく. 急いで. 急に. ②あわてる. ¶惶 huáng～/〈書〉驚きあわてる. ‖姓

【遽然】jùrán 副〈書〉急に. 突然.

醵 jù 動〈書〉金を出し合う. ¶～金/醵金(きょきん)する. ¶～资 zī/資本を出し合う.

juan (ㄐㄩㄢ)

1声 **捐** juān ❶動 ①(金や財物を出して)援助する,寄付する. ¶画家～了一幅 fú 作品/画家は作品を1点寄付した. ②(命や体を)捨てる,なげうつ.
❷名 旧時の税の一種. ¶上～/税金を納める. ¶房～/家屋税.

【捐款】juān//kuǎn ①動 金を寄付する. 献金する. ¶海外华侨 huáqiáo～建学校/海外の華僑が献金して学校を建てる. ②名 寄付金. 献金.

【捐弃】juānqì 動〈書〉投げ捨てる. なげうつ.

【捐钱】juān//qián ❶動 ①寄付金を募る. ②寄付金を出す. ¶大家捐了许多钱/みんなでたくさんの金を寄付した. ❷名 ①寄付金. 義援金. ②〈旧〉税金.

【捐躯】juānqū 動〈書〉(崇高な事業のために)生命をなげうつ.

【捐税】juānshuì 名〈旧〉各種の税金の総称.

【捐献】juānxiàn 動(国や団体に財物を)献納する,寄付する,寄贈する.

【捐赠】juānzèng ①動(物品を国や団体に)寄贈する. ¶～藏书 cángshū/蔵書を寄贈する. ②名〈経〉贈与.

【捐助】juānzhù 動(財物を)寄付して(公益事業を)援助する. ¶～医疗器械 yīliáo qìxiè/医療機械を寄付する.

【捐资】juān//zī 動 物品・金銭を寄付する.

涓 juān ◇◆ 細い流れ. ¶～流/細い水の流れ.

【涓滴】juāndī 名〈書〉ごく少量の水;〈喩〉ごくわずかな金や物.

【涓涓】juānjuān 形〈書〉水が細くゆっくりと流れているさま.

娟 juān ◇◆ 美しい. ¶婵 chán～/容姿が美しいさま.

【娟秀】juānxiù 形〈書〉秀麗である.

圈 juān 動 ①(柵で家畜などを)囲う.(家畜などを)囲いの中に入れる. ¶把牛～起来/ウシを囲いの中に追い込む. ②〈口〉(犯人を)拘禁する. ⏩juàn,quān

鹃 juān "杜鹃 dùjuān"(ホトトギス)という語に用いる.

镌(鎸) **juān** ◇◆ 刻む．彫る．¶～碑 bēi / 石碑を刻む．

【镌刻】**juānkè** 動 彫り込む．

卷(捲) **juǎn** ❶動 ①(物を円筒形に)巻く．¶～竹帘 zhúlián / すだれを畳む．¶～袖子 xiùzi / 袖をまくる．¶～头发 tóufa / 髪をカールさせる．②**大きな力で巻き上げる．巻き込む．**¶狂风 kuángfēng ～起大浪 dàlàng / 荒れ狂う風が大波を巻き上げる．¶我们公司也被～进了那个事件 / わが社もあの事件に巻き込まれた．
❷名(～儿)**巻いたもの．**¶铺盖 pūgai ～儿 / くるくる巻いた布団．¶花～儿 / 渦巻き状のマントー．
❸量 **巻いたものを数える．**¶一～地毯 dìtǎn / ひと巻きのじゅうたん．
▶▶ juàn

【卷巴】**juǎnba** 動〈俗〉(長い物を)そそくさと巻く．

【卷笔刀】**juǎnbǐdāo** 名 鉛筆削り器．

【卷尺】**juǎnchǐ** 名 巻き尺．

【卷发】**juǎnfà** 名 巻き毛．縮れ毛．¶～器 qì / ホットカーラー．カールドライヤー．

【卷帘门】**juǎnliánmén** 名 シャッター．

【卷铺盖】**juǎn pūgai** 〈慣〉(布団を巻いてかたづける意から転じて)家を出る；(辞職や解雇によって)職場を離れる．

【卷刃】**juǎnrèn** 動(刃物の)刃が曲がる．

【卷入】**juǎnrù** 動 巻き込む；巻き込まれる．¶～派别 pàibié 斗争 / 派閥争いに巻き込まれる．

【卷舌辅音】**juǎnshé fǔyīn** 名〈語〉巻舌(ｾﾞｯ)子音．

【卷舌音】**juǎnshéyīn** 名〈語〉巻舌音．そり舌音．►"卷舌辅音"と"卷舌元音"の併称．

【卷舌元音】**juǎnshé yuányīn** 名〈語〉巻舌母音．►たとえば共通語の er.

【卷逃】**juǎntáo** 動(家人や内部の人間または係の者が)金目のものを全部持ち逃げする．

【卷筒】**juǎntǒng** 名 リール．巻き枠．¶～纸 zhǐ / (印刷用)巻き取り紙．

【卷土重来】**juǎn tǔ chóng lái** 〈成〉捲土重来(けんどちょうらい)．勢いを盛り返してもう一度やってくる．

【卷心菜】**juǎnxīncài** 名〈方〉〈植〉キャベツ．

【卷烟】**juǎnyān** 名 ①巻きたばこ．②葉巻．

【卷扬机】**juǎnyángjī** 名〈機〉巻き上げ機．ウインチ．

【卷子】**juǎnzi** 名 小麦粉で作った渦巻き状の蒸しマントー．⇨【卷子】juànzi

卷 **juàn** ①名(～儿)**答案．**¶交～ / 答案を出す．¶阅 yuè ～ / 採点する．②量 **書籍の冊数または編章数．**¶这本书有几～? / この本は何巻ありますか．
◇◆ ①書物；(書画の)巻物．¶→～帙 zhì．¶画～ / 絵画の巻物．②官庁などで保存する公文書．¶→～宗 zōng．▶▶ juǎn

【卷帙】**juànzhì** 名〈書〉巻帙(ｶﾝﾁﾂ)．(数量的にみた)書籍．

【卷轴】**juànzhóu** 名〈書〉巻物．軸物．¶～浩繁 hàofán / はなはだしい数の書籍．

【卷子】**juànzi** 名 ①**答案用紙．答案．**(量) 份,张．❖发 *fā* ～ / 答案(用紙)を配る．❖判 *pàn* ～ / (学生の)答案を採点する．②巻物形式の本．巻子本(かんすぼん)．⇨【卷子】juǎnzi

【卷宗】**juànzōng** 名 ①(官庁で)分類して保存する公文書．②公文書を保管するファイル．

隽(雋) **juàn** ◇◆ ①鳥の肉づきがよくておいしい．②(言葉や文章が)意味深長である．‖姓

【隽永】**juànyǒng** 形〈書〉(言葉や文章が)意味深長で味わいがある．

【隽语】**juànyǔ** 名 意味深長な言葉．含蓄のある言葉．

倦 **juàn** ◇◆ ①疲れる．¶困 kùn ～ / くたびれて眠い．②うむ．飽きる．¶诲 huì 人不～ / 〈成〉人を教えるのに熱心である．

【倦容】**juànróng** 名 ひどく疲れた面持ち．やつれ顔．

【倦色】**juànsè** 名 疲れた様子．うんざりした顔．

【倦意】**juànyì** 名 倦怠感．疲れ(の色)．¶丝毫 sīháo 也没有～ / 少しの疲れも感じない．

【倦游】**juànyóu** 動〈書〉遊び飽きる．

绢 **juàn** 名 絹．絹織物．

【绢本】**juànběn** 名 絹本(ｹﾝﾎﾟﾝ)．絹地にかかれた書画．

【绢花】**juànhuā** 名〈工美〉絹製の造花．

【绢画】**juànhuà** 名 絹絵．

【绢丝】**juànsī** 名 絹糸．¶～织物 zhīwù / 絹織物．

【绢子】**juànzi** 名〈方〉ハンカチ．

圈 **juàn** 名(屋根と柵のある)家畜小屋．¶猪 zhū ～ / ブタ小屋．¶羊 yáng ～ / ヒツジ小屋．‖姓
▶▶ juān,quān

【圈肥】**juànféi** 名〈農〉厩肥(きゅうひ)．

【圈养】**juànyǎng** 動(家畜を柵に)囲って飼う．

眷 **juàn** ◇◆ ①身内．家族．親類．¶亲 qīn ～ / 親類．¶女～ / 女家族．②関心を寄せる．ひいきする．心に掛ける．

【眷顾】**juàngù** 動〈書〉心にかけ面倒をみる．気にかけて配慮する．

【眷怀】**juànhuái** 動〈書〉懐かしく思う．¶不胜shèng ～ / たいへん懐かしく思っております．

【眷眷】**juànjuàn** 形〈書〉深く思いやっている．

【眷恋】**juànliàn** 動〈書〉懐かしく思う．未練が残る．

【眷念】**juànniàn** 動〈書〉気に掛ける．懐かしがる．恋しがる．

【眷属】**juànshǔ** 名 家族；(特に)夫婦．¶～宿舍 sùshè / 家族寮．社宅．

【眷注】**juànzhù** 動〈書〉関心を寄せる．心に掛ける．¶深承 chéng ～ / いろいろご厚情にあずかりまして….

jue (ㄐㄩㄝ)

1声 **撅** **juē** 動 ①ぴんと立てる．¶小猫～着尾巴 wěiba 跑来 / 子ネコがしっぽを立てて走って来る．
②〈口〉折る．¶～根树枝 shùzhī 当手杖 shǒuzhàng / 木の枝を折って杖(つえ)にする．
③やりこめる．たてつく．¶～人 / 人をやりこめる．

④〈口〉(手足を折り曲げたりマッサージをしたりして)蘇生させる．活を入れる．

【-撅撅】-juējuē 接尾《形容詞の後について「ぴんと張った」「ちょこんと反り返った」様子を表す状態形容詞をつくる》¶短 duǎn～/ちょこんと短い．¶直 zhí～/ぴんと張った．¶硬 yìng～/硬くぴんとした．

2声 **决**(決) jué ①副 **決して．絶対に．**►"不"や"无"の前に用い,否定を強調する．¶～不后悔 hòuhuǐ/決して後悔しない．¶～无问题/まったく問題なし．
②動 堤防が切れる．決壊する．¶～堤 dī/堤防が切れる．¶→～口 kǒu．
◇◆ ①決める．決定する．¶踌躇 chóuchú 不～/ためらって決めかねる．②(勝敗を)決する．¶→～赛 sài．③死刑を執行する．¶枪 qiāng～/銃殺する．

【决策】juécè ①動 **戦略や方策を決める．**¶政府 zhèngfǔ～机构 jīgòu/政府の政策決定機関．②名(決定済みの)**策略,方策．**

【决定】juédìng ❶動 ①(どう行動するかを)決定する,**決める．¶～基本方针 fāngzhēn/基本方針を決定する．¶他～接受 jiēshòu 那份工作/彼はその仕事を引き受けることにした．¶他～坐飞机去上海/彼は飛行機で上海へ行くことに決めた．②《ある事物が別の事物の先決条件になる》**決定づける．**左右する．¶战术直接 zhíjiē～输赢 shūyíng/戦術がじかに勝敗を左右する．❷名 決定(した事項)．取り決め．量 项 xiàng．¶尚未 shàngwèi 做出～/まだ決定できていない．❸形 決定的な．¶～因素 yīnsù/決定的な要因．

【决定性】juédìngxìng 形 決定的な．¶～的比赛/(勝負の)決着をつける試合．

【决斗】juédòu 名 決闘．果たし合い；(広く)食うか食われるかの戦い．

【决断】juéduàn ①動 決断する．②名 決断力．¶将军 jiāngjūn 很有～/将軍は決断力にすぐれている．

【决绝】juéjué ①動 決裂する．②形 決然としている．

【决口】jué//kǒu 動(堤防が)切れる．決壊する．

【决裂】juéliè 動(交渉・関係・友情などが)**決裂する．**物別れになる．¶两国谈判终于 zhōngyú～/両国の交渉はついに決裂した．

【决然】juérán〈書〉①形 決然としている．きっぱりしている．¶～离去/決然として立ち去る．②副 きっと．必ず．

【决赛】juésài 名〈体〉**決勝戦．**ファイナル．¶进行 jìnxíng～/決勝戦を行う．¶半 bàn～/準決勝．

【决胜】juéshèng 名 決勝．¶～点/ゴール．決勝点．¶～局 jú/(競技の)決戦．

【决死】juésǐ 形 決死の．必死の．

【决算】juésuàn 名 決算．

*【决心】juéxīn ①名 **決心．**◆下定 *xiàdìng*～/決心を固める．②動 **決心する．**¶小明～改掉说谎 shuōhuǎng 的坏习惯 huài xíguàn/小明はうそをつく悪い習慣を改めようと決心した．注意"决心"は人が「決心する」時に用いるほか,集団や組織がある事柄を決意するときにも用いられる．

【决一雌雄】jué yī cí xióng〈成〉雌雄を決する．(二大勢力が)戦って勝敗を決める．

【决议】juéyì 名 決議．¶～案 àn/決議案．

【决意】juéyì 動 決意する．決心する．¶我已 yǐ～辞职 cízhí/私はすでに辞職をする決意をした．

【决战】juézhàn 動 決戦する．

诀 jué ◇◆ ①口調よくまとめた語句．掛け算の九九のようなもの．¶珠算 zhūsuàn 口～/珠算の九九．②奥の手．秘訣．¶秘 mì～/秘訣．③別れる．¶永 yǒng～/永遠の別れ．

【诀别】juébié 動 永別する．決別する．

【诀窍】juéqiào 名(～儿)秘訣．奥の手．

抉 jué ◇◆ ほじくり出す．えぐり出す．

【抉择】juézé 動〈書〉選ぶ．選択する．

【抉摘】juézhāi 動〈書〉①より分ける．②摘発する．¶～弊端 bìduān/不正行為を摘発する．

角 jué 名 ①(～儿)(役者の演じる)**役；**役柄．¶配 pèi～/わき役．¶丑 chǒu～/道化役．三枚目．②(～儿)**役者．俳優．**¶名～/名優．③古代の酒器．④古代音楽の五音の一つ．
◇◆ 試合をする．勝負をする．たたかう．¶口～/口論する．¶→～斗 dòu．
注意 jiǎo は口語音で,主に「つの」「かど」などの語に,jué は主に「配役」「勝負」などの意味に用いる．‖姓 ➡jiǎo

【角斗】juédòu ①名 格闘技．②動 格闘する．

【角力】juélì 動 力を比べる．

【角儿】juér 名 役柄．

【角色】juésè 名 ①(劇や映画の)**役,**役柄．¶她在这部电影里演 yǎn 慈禧太后 Cíxǐ Tàihòu 的～/彼女はこの映画で西太后の役を演ずる．②**役目．**任務．►けなす意味に用いることが多い．¶扮演 bànyǎn 了可耻 kěchǐ 的～/恥ずかしい役回りを演じた．

【角逐】juézhú 動 武力で争う；力を競い合う．¶老对手～冠军 guànjūn/ライバルが優勝を競り合う．

* **觉**(覺) jué 動 **感じる．覚える．**¶秋风 qiūfēng 令 lìng 人有点儿～出冷来了/秋風は寒さを感じさせた．
◇◆ ①覚める．¶大梦 mèng 初～/長い夢〔悪夢〕からやっと覚める．②自覚する．悟る．¶视 shì～/視覚．
注意「眠り」の意を表す"觉"は jiào と発音する．‖姓 ➡jiào

【觉察】juéchá 動 **発見する．察知する．**¶他～到自己说漏 lòu 了嘴/彼は自分が口を滑らせてしまったことに気づいた．

【觉得】juéde 動 ①感じる．**¶一点儿也不～累 lèi/少しも疲れを感じない．¶～酱汤 jiàngtāng 太咸 xián/みそ汁がひどく塩辛い(と感じる)．②**…と思う．**¶我～最好什么也不干 gàn/何もしないのがいちばんいいと思う．¶我不～你说得对/君の言うことが正しいとは思わない．

【觉悟】juéwù ①動 **自覚する．**目覚める．¶他～到自己错了/彼は自分の誤りを自覚した．②名 自覚．意識．

【觉醒】juéxǐng 動 **目覚める．**覚醒する．目を覚ます．¶～了的民族要求 yāoqiú 独立/目覚めた民族は独立を要求する.

*绝 jué ① 動 **絶える. 尽きる.** すっかりなくなる. ¶他认为 rènwéi 自已的路已经～了 / 彼はこの先もう活路はないと思った. [補語として用いる] ¶方法用～了 / 打つ手は尽くした.
② 形《唯一無二で追随を許さない》**すごい.** ¶她扣 kòu 的那球 qiú 真～ / 彼女のあのスパイクは実にすごかった.
③ 副 **決して.** 絶対に. ►否定詞の前に用いる. ¶～无此意 cǐyì / 決してそんなつもりはない.
◇◆ ①きわめて. はなはだしく. ¶～大多数 / 圧倒的多数. ¶～早 / きわめて早く. ②断つ. 断絶する. ¶→～交 jiāo. ¶拒 jù ～ / はねつける. ③行き詰まる. ¶→～壁 bì. ¶→～境 jìng. ④(詩の一形式)絶句. ¶五～ / 五言絶句.

【绝版】**jué//bǎn** 動 絶版になる.
【绝笔】**juébǐ** 名 ① 絶筆. ②〈書〉最高の書と絵.
【绝壁】**juébì** 名〈書〉絶壁. 切り立ったがけ.
【绝唱】**juéchàng** 名 ① すぐれた詩文. ② 生前最後の歌.
【绝处逢生】**jué chù féng shēng** 〈成〉死地に活路が開ける. 九死に一生を得る.
【绝代】**juédài** 形〈書〉絶世の. 絶代の. その時代に並ぶものがない. ¶～佳人 jiārén / 絶世の美人.
【绝地】**juédì** 名 ① 極めて険しい所. ② 窮地. 死地.
【绝顶】**juédǐng** ① 名〈書〉(山の)頂上,最高峰. ② 副 極めて. たいへん. ¶～聪明 cōngming / すばらしく頭がよい.
*【绝对】**juéduì** ① 形 **絶対的である.** 無条件である. ¶王夫人在家里的权威 quánwēi 是～的 / 王夫人の家庭での権力は絶対的なものだ. ¶地方要～服从 fúcóng 中央 zhōngyāng / 地方(政府)は中央(政府)に無条件に服従すべきだ. ② 副 **必ず.** きっと. まちがいなく;決して(…ない). ¶你托 tuō 我的事,我～替 tì 你办到 / ご依頼の件は必ずやりとげます. ¶有人说我要调动 diàodòng 工作,～没有这回事 / 私が職場を変わるという人がいるが,決してそういうことはない.
【绝对零度】**juéduì língdù** 名〈物〉絶対零度.
【绝根儿】**jué//gēnr** 動 ① 死滅する. 絶滅する. ② 病根を断ち切る.
【绝后】**jué//hòu** ① 動 跡取りが絶える. ② 形 絶後である. 今後これ以上のものは出現しない.
【绝户】**juéhu** ① 動 跡取りが絶える. ② 名 跡取りのない家や人.
【绝活】**juéhuó** 名 得意技(わざ).
【绝技】**juéjì** 名 絶技. 他人にはできない技. 他人にはまねのできない技. ¶身怀 huái ～ / 特技を身につけている.
【绝迹】**jué//jì** 動 跡を絶つ. まったくなくなる. ¶东北虎 Dōngběihǔ 濒于 bīnyú ～ / 東北トラは絶滅に瀕している.
【绝佳】**juéjiā** 形 ずば抜けて優れている. ¶风味 fēngwèi ～ / 風味がとてもすばらしい.
【绝交】**jué//jiāo** 動 絶交する;断交する.
【绝经】**juéjīng** 動〈生理〉閉経する.
【绝景】**juéjǐng** 名 絶景. きわめてよい景色.
【绝境】**juéjìng** 名 ①〈書〉外界と隔絶した状況. ② 窮地. 絶体絶命. ¶濒于 bīnyú ～ / 瀬戸際に臨む. ¶陷于 xiànyú ～ / 窮地に追い込まれる.
【绝句】**juéjù** 名〈文〉絶句. 量 首 shǒu. ¶七言～ / 七言絶句.
【绝口】**juékǒu** 動〈書〉① 話をやめる. ►"不"の後にのみ用いられる. ¶赞 zàn 不～ / しきりにほめる. ② 口をつぐむ. ¶她～不提 tí 文革 Wéngé 中的事 / 彼女は文革中のことは口を閉ざして触れない.
【绝粮】**jué//liáng** 動 食糧が尽きる.
【绝路】**jué//lù** ① 動 活路がない. 方法がない. ¶真是绝了路了 / もうお手上げだ. ② 名 袋小路. ¶自走～ / 自ら破滅への道を歩む.
【绝伦】**juélún** 形〈書〉並み外れている.
【绝门】**juémén** 名 ① 跡取りのいない家. ②(～儿)〈喩〉後継者のいない仕事. ③(～儿)絶技. ④(～儿)決してまねのできないこと.
【绝密】**juémì** 形 極秘である. ¶～文件 wénjiàn / 極秘文書.
【绝妙】**juémiào** 形 絶妙である. すばらしい.
【绝灭】**juémiè** 動(生物が)絶滅する.
【绝命书】**juémìngshū** 名 ①〈旧〉自害するときに書いた遺書. ② 死刑に処せられるときに書く遺書.
【绝热】**juérè** 名〈物〉熱絶縁. 断熱.
【绝色】**juésè** 名〈書〉(女性の)優れた容色.
【绝食】**jué//shí** 動(抗議や自殺のために)絶食する. ¶～罢工 bàgōng / ハンガーストライキ.
【绝世】**juéshì** 形〈書〉世に並ぶものがない. 最高である. ¶～无双 wúshuāng / 天下無双.
【绝嗣】**jué//sì** 動〈書〉跡取りが絶える.
【绝望】**jué//wàng** ① 動 **絶望する.** ¶～的神色 shénsè / 絶望的な表情. ¶对现政权 zhèngquán ～了 / 現政権に絶望した. ② 名 絶望.
【绝无】**juéwú** 動〈書〉絶えてない. まったく存在しない. ¶～此事 cǐ shì / そんなことは絶対にない.
【绝无仅有】**jué wú jǐn yǒu** 〈成〉ごくまれである.
【绝响】**juéxiǎng** 名〈書〉跡の絶えた事物.
【绝育】**juéyù** 動〈医〉避妊手術をする. ¶～手术 shǒushù / 不妊手術;断種手術.
【绝缘】**jué//yuán** 動 ①〈電〉絶縁する. ¶～体 / 絶縁体. ②(外部と)接触がない.
【绝缘子】**juéyuánzǐ** 名〈電〉碍子(がいし).
【绝招·绝着】**juézhāo** 名(～儿) ① 奥の手. ② 人の考え及ばない策略.
【绝症】**juézhèng** 名 不治の病.
【绝种】**jué//zhǒng** 動(ある種の生物が)死滅する. 亡びる. 絶滅する.

倔 jué "倔强 juéjiàng"⬇という語に用いる. ⏩ juè

【倔强·倔犟】**juéjiàng** 形 強情である. 意地っ張りである. ¶他有股～劲儿 jìnr / 彼は負けず嫌いのところがある.

掘 jué 動 掘る. ¶井 jǐng 已经～好了 / 井戸はもう掘りあがった. ¶～土 tǔ / 土を掘る.

【掘土机】**juétǔjī** 名〈機〉パワーショベル.

崛 jué "崛起 juéqǐ""崛兴 juéxīng"⬇という語に用いる.

【崛起】**juéqǐ** 動〈書〉①(峰などが)そびえ立つ. ② 決起する. ③ 勃興する.
【崛兴】**juéxīng** 動〈書〉勃興する.

J

厥 jué 代〈古〉彼の．その．¶～父 / 彼の父．¶～后 / その後．
◇◆ 気絶する．卒倒する．息が詰まる．¶昏 hūn～ / 気絶する．‖姓

谲 jué ◇◆ かたる．だます．¶～诡 guǐ / でたらめである．奇っ怪だ．

【谲诈】juézhà 形 狡猾(こうかつ)である．

蕨 jué 名〈植〉ワラビ．¶～菜 / ワラビ．

【蕨类植物】juélèi zhíwù 名〈植〉シダ植物．

爵 jué 名 爵．3本の脚がある古代の酒器．
◇◆ 爵位．¶伯 bó～ / 伯爵．¶封 fēng～ / 爵位を授ける．‖姓

【爵士】juéshì 名 ①(称号の)ナイト．②(尊称の)サー．

【爵士乐】juéshìyuè 名〈音〉ジャズ．¶～队 duì / ジャズバンド．

【爵位】juéwèi 名 爵位．世襲的身分．

蹶 jué ◇◆ 転ぶ；〈転〉失敗する．挫折する．¶一～不振 bùzhèn / 一度失敗したきり二度と立ち直ることができない．

矍 jué ◇◆ 驚いて見るさま．

【矍铄】juéshuò 形〈書〉年取っても元気がよい．かくしゃくとしている．

嚼 jué ◇◆ かむ．かみ砕く．¶咀 jǔ～ / 咀嚼(そしゃく)．⇒ jiáo,jiào

攫 jué ◇◆(爪で)つかみ取る；奪い取る．さらう．¶一～千金 / 一攫千金(いっかくせんきん)．

【攫取】juéqǔ 動〈書〉強奪する．

4声 **倔** juè 形 無愛想である．片意地で頑固である．¶他太～ / 彼は頑固な人だ．
⇒ jué

【倔头倔脑】juè tóu juè nǎo 〈成〉無愛想である；頑固一徹である．

jun (ㄐㄩㄣ)

1声 * **军** jūn 名(軍隊の編成単位)軍団．►中国の軍団は3個師団からなる．¶第一～ / 第1軍団．
◇◆ 軍隊．¶海～ / 海軍．¶参～ / 従軍する．¶敌 dí～ / 敵軍．‖姓

【军备】jūnbèi 名 軍備．

【军部】jūnbù 名 軍部．軍の指揮(指導)部．

【军操】jūncāo 名 軍事訓練．

*【军队】jūnduì 名 ①**軍隊**．②部隊．量 支,个．

【军阀】jūnfá 名 ①**軍閥**．②政治を牛耳る反動的な軍人．

【军法】jūnfǎ 名〈法〉軍法．

【军方】jūnfāng 名(民間に対して)軍側．¶～人士 / 軍事関係者．

【军费】jūnfèi 名 軍事費．

【军服】jūnfú 名 軍服．¶穿～ / 軍服を着る．

【军工】jūngōng 名 ①軍需産業．②軍事関係の工事．

【军功】jūngōng 名 軍功．戦功．¶立～ / 戦功を立てる．

【军官】jūnguān 名 士官．将校．

【军管】jūnguǎn 名〈略〉軍事管制．

【军国主义】jūnguó zhǔyì 名 軍国主義．

【军徽】jūnhuī 名 軍隊の記章．

【军火】jūnhuǒ 名 兵器弾薬の総称．

【军火工业】jūnhuǒ gōngyè 名 兵器産業．

【军机】jūnjī 名 ①軍事行動を起こす機会．②軍機．軍事機密．¶泄漏 xièlòu～ / 軍の機密を漏洩(ろうえい)する．

【军籍】jūnjí 名 軍籍．¶开除～ / 軍籍を剥奪する．

【军纪】jūnjì 名 軍紀．軍隊の規律．軍律．

【军妓】jūnjì 名〈旧〉従軍慰安婦．

【军舰】jūnjiàn 名 軍艦．

【军阶】jūnjiē 名 軍人の階級．

【军警】jūnjǐng 名 軍隊と警察．

【军垦】jūnkěn 動 軍隊が開墾し農業をする．屯田する．

【军礼】jūnlǐ 名 ①軍人としての礼儀．②敬礼．¶行 xíng～ / 敬礼をする．

【军力】jūnlì 名 兵力．

【军粮】jūnliáng 名 軍隊に供給する食糧．

【军龄】jūnlíng 名 兵役に服した年数．

【军令】jūnlìng 名 軍令．(司令官の)指令．

【军令状】jūnlìngzhuàng 名〈旧〉(旧小説などで)軍令を受けたときに書く誓紙．►任務を果たせなかったら処罰を受けてもよいと表明する．

【军绿】jūnlǜ 名(軍服の)緑色．

【军帽】jūnmào 名 軍帽．

【军民】jūnmín 名 軍と人民．¶～鱼水情 yúshuǐqíng / 軍民の関係が非常に親密でしっくりしている．

【军棋】jūnqí 名 軍人将棋．

【军情】jūnqíng 名 戦況．軍事情報．

【军区】jūnqū 名 軍管区．軍区．

【军权】jūnquán 名 軍の指揮権．

【军人】jūnrén 名 **軍人**．

【军师】jūnshī 名〈旧〉(旧劇や旧小説で)軍師．参謀．

【军士】jūnshì 名 下士官．

*【军事】jūnshì 名 **軍事**．¶～政变 zhèngbiàn / 軍事クーデター．

【军事法庭】jūnshì fǎtíng 名 軍事法廷．

【军属】jūnshǔ 名 現役軍人の家族．

【军委】jūnwěi 名〈略〉軍事委員会．

【军务】jūnwù 名 軍務．¶～繁忙 fánmáng / 軍務が忙しい．

【军衔】jūnxián 名 軍人の階級を表す称号．►たとえば"大将 dàjiàng""中校 zhōngxiào"など．

【军饷】jūnxiǎng 名〈旧〉軍人の俸給．

【军校】jūnxiào 名〈略〉軍事学校．

【军械】jūnxiè 名 兵器弾薬類．¶～库 kù / 兵器庫．

【军心】jūnxīn 名(軍隊の)士気．¶～涣散 huànsàn / (軍の)士気がたるんでいる．

【军需】jūnxū 名 ①軍需品．►"军需品 jūnxūpǐn"とも．②(旧軍隊で)軍需用員．

【军训】jūnxùn 名〈略〉(学校・職場などにおける民間人の)軍事教練．

【军衣】jūnyī 名 軍服．¶脱下 tuōxià ～ / 軍服を脱ぐ；〈転〉退役する．
【军营】jūnyíng 名 兵営．
【军用】jūnyòng 形(↔民用 mínyòng)軍用の．¶～地图 / 軍用地図．¶～飞机 / 軍用機．
【军邮】jūnyóu 名 軍事郵便．
【军援】jūnyuán 名〈略〉軍事援助．
【军乐】jūnyuè 名 軍楽．吹奏楽．¶～队 / 軍楽隊．
【军长】jūnzhǎng 名 軍団の司令官．
【军政】jūnzhèng 名 ①軍事と政治．②軍事行政．③軍と政府．¶～关系 guānxi / 軍と政府の関係．
【军政府】jūnzhèngfǔ 名 軍人政府．
【军职】jūnzhí 名 軍職．軍における官職．
【军制】jūnzhì 名 軍隊の制度．
【军种】jūnzhǒng 名 軍隊の種類．参考 通常は陸軍・海軍・空軍の3軍種をさし，それぞれ歩兵・砲兵などの数個の兵種からなる．
【军装】jūnzhuāng 名 軍服．軍装．量 件 jiàn;［セットで］套 tào．

均 jūn 副〈書〉すべて．みな．¶老幼 yòu ～安 / 老人も子供もみな無事である．
◇◆ 平均している．平均する．¶～分 / 均分する．‖姓
【均等】jūnděng 形 均等である．平等である．
【均分】jūnfēn 動 均等に分ける．
【均衡】jūnhéng 形 つり合いがとれている．
【均可】jūnkě 形 いずれでもよろしい．
【均摊】jūntān 動 平等に負担する．
【均悉】jūnxī 動(手紙文で用い)ことごとく承知しました．
【均一】jūnyī 形 均一である．同質である．
*【均匀】jūnyún 形 平均している．むらがない．¶字体 zìtǐ ～ / 字が整っている．
【均沾】jūnzhān 動 等しく利益を受ける．均霑(きんてん)する．¶利益 lìyì ～ / 利益を同じくする．

龟(龜) jūn "龟裂 jūnliè"⬇という語に用いる．⏩guī
【龟裂】jūnliè ①→【皲裂】jūnliè ②動 亀裂ができる．

君 jūn 名 ①君主．国王．¶大国之～ / 大国の君主．②〈旧〉〈書〉男子に対する尊称．¶李～ / 李君．‖姓
【君臣】jūnchén 名 君臣．君主と臣下．
【君临】jūnlín 動〈書〉①君臨する；(広く)統治する．支配する．¶～一切 yīqiè / すべてを支配する．牛耳る．②近づく．やって来る．
【君权】jūnquán 名 君権．君主の権力．
【君上】jūnshàng 名 君主．
【君王】jūnwáng 名 君主．帝王．
【君主】jūnzhǔ 名(封建時代の)君主；(現代の一部の国家の国王・皇帝などの)元首．
【君主立宪】jūnzhǔ lìxiàn 名〈政〉立憲君主制．
【君主专制】jūnzhǔ zhuānzhì 名〈政〉専制君主制．
【君子】jūnzǐ 名(↔小人 xiǎorén)君子．紳士．¶正人～ / 品行方正な君子．人格者．¶～协定 xiédìng / 紳士協定．¶～一言 yīyán / 君子に二言はない．¶～成人之美 / 君子は人の善行を助けて成就させる．¶～报仇 bàochóu, 十年不晚 / 〈諺〉君子の敵討ちはチャンスを待つ；あせる必要がないたとえ．¶～动口，小人动手 / 〈諺〉君子は言葉で，小人は腕力で物ごとを解決しようとする．

钧 jūn 量（昔の重量単位）1"钧"は30"斤 jīn"に相当し，重いことにたとえる．¶千～一发 / 〈成〉一触即発．
◇◆〈書〉相手に関する事柄や行動を敬っていう言葉．►目上の人に用いる．¶～座 / 閣下．¶～鉴 jiàn /（手紙の脇付け）ご高覧願います．‖姓

菌 jūn 名 菌類．バクテリア．¶～肥 féi / 細菌肥料．
⏩jùn
【菌苗】jūnmiáo 名〈医〉ワクチン．

皲 jūn "皲裂 jūnliè"⬇という語に用いる．
【皲裂】jūnliè 名 あかぎれ．

4声

俊 jùn 形(↔丑 chǒu)(若者の容貌が)美しい．さわやかである．¶那个小伙子 xiǎohuǒzi 长 zhǎng 得多～呀！/ あの男の子はなんてハンサムなんでしょう．
◇◆ 才知の優れた人．‖姓
【俊杰】jùnjié 名 俊傑．豪傑．英才．
【俊美】jùnměi 形(容貌が)美しい．
【俊男】jùnnán 名 美男子．
【俊俏】jùnqiào 形〈口〉器量がよい．みめよい．
【俊秀】jùnxiù 形 ①(容貌が)美しい．みめうるわしい．②(才能が)優れている．
【俊逸】jùnyì 形 人にぬきんでている．¶神态 shéntài ～ / 表情・態度がぬきんでている．¶才思 cáisī ～ / 文才が人並み優れている．

郡 jùn 名 郡．►古代の行政区域の一つ．秦・漢代以降の"郡"は"县 xiàn"(県)よりも大きい．¶～县 / 郡県．‖姓
【郡主】jùnzhǔ 名〈旧〉王族の娘．

峻 jùn ◇◆ ①(山が)高くて険しい．¶高山～岭 lǐng / 高い山や険しい峰．②厳しい．¶严 yán ～ / 峻厳(しゅんげん)である．
【峻刻】jùnkè 形 過酷である．
【峻峭】jùnqiào 形 山が高くて切り立っている．
【峻刑】jùnxíng 名 厳しい刑罰．

浚(濬) jùn 動 川底をさらう．¶～河 hé / 川をさらう．
【浚泥船】jùnníchuán 名 浚渫(しゅんせつ)船．

骏 jùn ◇◆ 良馬．¶～马 / 駿馬(しゅんめ)．良馬．量 匹 pǐ．

菌 jùn 名 キノコ．►"蕈 xùn"に同じ．¶～子 zi / 〈方〉キノコ．⏩jūn

竣 jùn ◇◆ 終わる．完了する．¶完～ / 完了する．¶～事 / 仕事を完了する．仕事が終わる．
【竣工】jùngōng 動 竣工する．落成する．

J

ka（ㄎㄚ）

1声 **咔 kā** 擬《金属質のものが打ち当たる軽く短い音》かしゃっ．かちっ．かちゃっ．
▸▸ kǎ

【咔吧】kābā 擬《堅くて細く，乾いている物が折れる軽い音》ぽきっ．

【咔嚓】kāchā 擬《物が折れたり壊れたり，打ち当たったりする音》ぽきん．がちゃん．

【咔哒】kādā 擬《堅い物同士が軽く打ち当たる音》かたっ．かたん．

咖 kā "咖啡 kāfēi"⇩という語に用いる．
▸▸ gā

＊＊【咖啡】kāfēi 名 ①コーヒー（飲料）．量 杯．¶～馆 guǎn／コーヒーショップ．喫茶店．¶～厅 tīng／コーヒーラウンジ．¶冰镇 bīngzhèn ～／アイスコーヒー．¶牛奶 niúnǎi ～／カフェオレ．¶速溶 sùróng ～／インスタントコーヒー．❖冲 *chōng* ～／コーヒーを入れる．❖煮 *zhǔ* ～／コーヒーを沸かす．
②〈植〉コーヒーノキ．

【咖啡碱】kāfēijiǎn 名〈薬〉カフェイン．

【咖啡色】kāfēisè 名 コーヒー色．茶褐色．

【咖啡因】kāfēiyīn 名〈薬〉カフェイン．

喀 kā 擬《咳（せき）をする音》ごほん．¶～～地咳嗽 késou 不止／ごほんごほんと咳ばかりする．

【喀吧】kābā ⇀【咔吧】kābā

【喀嚓】kāchā ⇀【咔嚓】kāchā

【喀哒】kādā ⇀【咔哒】kādā

【喀麦隆】Kāmàilóng 名〈地名〉カメルーン．

【喀斯特】kāsītè 名〈地〉カルスト（地形）．

3声 **卡 kǎ** 名〈略〉カロリー．►"卡路里 kǎlùlǐ"の略．
◇◆ ①カード．¶信用 xìnyòng ～／クレジットカード．¶病历 bìnglì ～／カルテ．②トラック．③カセット．▸▸ qiǎ

【卡巴迪】kǎbādí 名〈体〉カバディ．

＊【卡车】kǎchē 名 トラック．貨物自動車．量 辆，台．

【卡尺】kǎchǐ 名〈機〉ノギス．►"游标卡尺"の略．

【卡带】kǎdài 名 カセットテープ．

【卡规】kǎguī 名〈機〉（工作物の外側を測る）カリパス．

【卡介苗】kǎjièmiáo 名〈医〉BCG．

【卡拉OK】kǎlā OK 名 カラオケ．►日本語「カラオケ」の音訳．もとは広東語．¶～包厢 bāoxiāng／カラオケボックス．

【卡路里】kǎlùlǐ 量〈物〉カロリー．

【卡那霉素】kǎnàméisù 名〈薬〉カナマイシン．

【卡片】kǎpiàn 名 カード．量 张．¶资料 zīliào ～／資料カード．¶～柜 guì／カードキャビネット．¶～目录 mùlù／カードカタログ．¶～索引 suǒyǐn／カード索引．

【卡其】kǎqí ⇀【咔叽】kǎjī

【卡曲】kǎqū 名 サファリジャケット．

【卡死】kǎ//sǐ 動〈喩〉抑圧する．

【卡塔尔】Kǎtǎ'ěr 名〈地名〉カタール．

【卡特尔】kǎtè'ěr 名〈経〉カルテル．

【卡通】kǎtōng 名 動画．アニメーション；漫画．►英語 cartoon の音訳．¶～人物／アニメキャラクター．

咔 kǎ "咔叽 kǎjī"⇩という語に用いる．
▸▸ kā

【咔叽】kǎjī 名〈紡〉ドリル．¶～色／カーキ色．

咯 kǎ 動（咳（せき）をしてのどや気管から）吐き出す．¶把气管里的饭粒 fànlì ～出来／気管に入ったご飯粒を吐き出す．
▸▸ gē,lo

【咯痰】kǎ//tán 動 痰を切る．

【咯血】kǎ//xiě 動〈医〉喀血（かっけつ）する．

kai（ㄎㄞ）

1声 ＊＊ **开（開）kāi** ❶動 ①（閉まっているものを）**開ける，開く**．¶～箱子 xiāngzi／トランクを開ける．¶～着窗户 chuānghu／窓を開けておく．
②（会議・展覧会などを）**開く，開催する**．¶～座谈会 zuòtánhuì／座談会を開く．¶会几点～？／会議は何時から始まりますか．
③（乗物・銃火器・機械を）**始動させる，運転する**．❖～汽车 *qìchē*／車を運転する．¶火车～了／列車は発車した．
④（スイッチを）**入れる**，つける；作動させる．❖～电视 *diànshì*／テレビをつける．
⑤（液体が）**沸騰する**，沸く．¶水～了／お湯が沸いた．¶→～水 shuǐ．
⑥（物またはかたまりが）**分離する**，解ける，ほころびる；（花が）**咲く**；（氷が）解ける．¶樱花 yīnghuā ～了／桜の花が咲いた．¶鞋带 xiédài ～了／靴ひもがほどけた．
⑦ 創設する．開設する．経営する．¶～医院／病院を設立する．¶他是～照相馆 zhàoxiàngguǎn 的／彼は写真館を経営している人です．
⑧（領収書・紹介状・処方箋などを）書く，書いて渡す，作成する．❖～药方 *yàofāng*／処方箋を出す．❖～收据 *shōujù*／領収書を書く．
⑨ 支払いをする．¶～工钱 gōngqian／手間賃を払う．
⑩ 始める．¶～先例／先例を開く．
⑪〈方〉除名する．やめさせる．
⑫…の割合になる．►数字の合計は10になる．¶他的功过 gōngguò 是三七～／彼の功績と過失は3と7の割合だ．
❷量 ① カラット．②〈印〉（紙の大きさで）全紙の何分の1に当たるかを表す．¶八～纸／八つ折りの紙．
‖姓

語法ノート

動詞＋"开"

❶動詞の後に用いて,**事物が開いたり,分かれたり,離れたりする**．具体的な状態のほか,心理的・観念的な状態にも(比喩的に)用いられる．(→④)
①人や事物が**動作の結果分かれる**．¶推 tuī ～门 / ドアを押し開ける．¶睁 zhēng 不～眼睛 / 目が開けられない．②人や事物が**動作の結果離れる**．¶站～一点儿！/ よけなさい．¶躲 duǒ 也躲不～ / 避けようとしても避けきれない．③事物が**動作の結果広がる**．¶消息很快传播 chuánbō ～来/ ニュースはたちまち広がった．④(**こだわりが解きほぐされる**ことによって)問題や話がはっきりする．考えが広くなる．¶把话说～ / 誤解を解く．釈明する．打ち明ける．¶劝 quàn ～ / 間に立ってけんかをやめさせる．¶想不～ / あきらめがつかない．⑤動作の開始と同時に,束縛が解かれその抑制がきかなくなる．¶她忍 rěn 不住,哭 kū ～了 / 彼女は耐えられずに泣きだした．
❷動作の結果,一定の長さ(距離)に広がっていく．¶拉 lā ～距离 / 距離を置く．
❸ 〚〈動詞〉＋得 / 不＋开＋〈数量〉(＋〈名詞〉)〛一定数量の人やものが収容可能かどうかを表す．動詞は"坐,站,睡 shuì,放,住,铺 pū"などが用いられる．¶这个广场 guǎngchǎng 站得～一万人 / この広場には１万人が入れる．
⇨【－得开】-dekāi　-bukāi【－不开】

【开拔】kāibá 動(軍隊が駐屯地から)出動する,移動する．
【开办】kāibàn 動(工場や学校・商店・病院などを)**創立する**,開設する．¶～夜大 / 夜間大学を創設する．
【开本】kāiběn 名〈印〉判．►書籍などの大きさ,判型を示す．
【开标】kāi//biāo 動(入札を)開札する．
【开播】kāibō 動 ①(ラジオ局やテレビ局が)放送を開始する．②(番組を)放送し始める．③ 種まきを始める．
【开采】kāicǎi 動(地下資源を)採掘する．¶～石油 shíyóu / 石油を採掘する．
【开衩】kāi//chà ① 動(服に)スリットを入れる．② 名(服の)スリット．
【开场】kāi//chǎng 動 幕が開く；〈喩〉(物事が)始まる．¶～后禁止 jìnzhǐ 入内 / 開場後の入場禁止．
【开场白】kāichǎngbái 名 前口上；〈喩〉前置き．¶他讲话～太长 / 彼の話は前置きが長すぎる．
【开车】kāi//chē 動 ①(車を)**運転する**；発車する．¶～后不久,就发生了事故 / 発車直後,事故が起こった．¶快～了 / もうすぐ発車だよ．¶开飞车 / 車を飛ばす．②(機械を)動かす．
【开诚布公】kāi chéng bù gōng〈成〉私心をはさまないで誠意を表す．
【开秤】kāi//chèng 動(主として季節物の)買い付けを始める．
【开除】kāichú 動 **免職にする．除名する**．►懲戒処分の中でもっとも厳しいもの．¶～公职 gōngzhí / 公職を解かれる．¶～学籍 xuéjí / 除籍する．
【开锄】kāi//chú 動(春,畑に)初めてくわを入れる．
【开船】kāi//chuán 動 ① 出帆する．出航する．② 船を操縦する．
【开创】kāichuàng 動 創始する．切り開く．►新事業を始めたり新しい局面を開いたりすることをさす．
【开春】kāi//chūn ① 動 春になる．② 名(～儿)初春．春先．►一般に旧暦の正月または立春の前後をさす．
【开打】kāidǎ 動 ①(芝居で)立ち回りをする．②〈口〉殴り合いを始める．
【开裆裤】kāidāngkù 名(↔ 连裆裤 liándāngkù)股の開いた幼児のズボン．しり割れズボン．
*【开刀】kāi//dāo 動 ①〈口〉**手術を行う**〔受ける〕．② 真っ先にやり玉にあげる．¶拿他～ / 彼をやり玉にあげる．
【开导】kāidǎo 動 諭し導く．啓発する．
【开道】kāi//dào 動 露払いをする．先導する．
【开倒车】kāi dàochē〈慣〉逆の方向に進む．逆行する．後退する．
【开吊】kāidiào 動 葬式や告別式を挙行する．
【开顶风船】kāi dǐngfēng chuán〈慣〉流れに逆らって物事を行う．
*【开动】kāidòng 動 ①(自動車や機械を)**運転する**,働かせる；〈転〉頭を働かせる．¶～机器 jīqì / 機械を動かす；頭を使う．¶～脑筋 nǎojīn / 頭を働かす．② 駐屯地から出発する．
【开冻】kāi//dòng 動(川や地面の)氷が解ける．
【开端】kāiduān 名(事業や運動などの)始まり,発端．¶这只是彼此 bǐcǐ 双方经济交流 jīngjì jiāoliú 的～ / これは双方の経済交流のほんの始まりにすぎません．
【开恩】kāi//ēn 動〈旧〉寛恕する．容赦する．
*【开发】kāifā 動 ① **開発する**．開拓する．¶～新产品 / 新製品を開発する．¶～荒田 huāngtián / 荒地を開拓する．②(人材や技術を)発掘する．¶～人材 réncái / 人材を発掘する．⇨【开发】kāifa
【开发】kāifa 動 支払う．
*【开饭】kāi//fàn 動 ① 食事にする．¶～了！/ ごはんですよ．¶开早饭 / 朝食にする．②(給食施設としての)食堂が開く,始まる．
【开方】kāi//fāng 動 ①(～儿)処方箋を書く．►"开方子 fāngzi"とも．¶医生给开了一个方 / 医者が処方を書いてくれた．②〈数〉乗根を求める．
*【开放】kāifàng ❶動 ①(花が)**咲く**,開く．¶百花～ / いろいろな花が咲きそろう．②(封鎖・禁令などを)**解除する**．③(空港や港・地域などを)**対外的に開放する**．¶～商港 shānggǎng / 貿易港を開放する．¶对外～地区 dìqū / 対外開放地区．④(公園・展覧会・図書館など公共の場を)**一般に自由に入場させる**,公開する．¶展览馆 zhǎnlǎnguǎn 每天上午九点起～ / 展覧館は毎日午前９時に開館する．⑤ **放出する**．¶～冷气 lěngqì / 冷房中．❷形(性格が)朗らかである．
【开封】kāi//fēng 動 封を切る．
【开赴】kāifù 動〈書〉(兵隊や団体が)目的地に向かって出発する．
【开工】kāi//gōng 動 ①(工場が)操業する．¶～不足 / 操短．操業短縮．② 工事を始める．¶大桥 dàqiáo 已经～了 / 橋はすでに工事が始まった．
*【开关】kāiguān 名 ①〈電〉**スイッチ**．¶打开～ / スイッチを入れる．¶关上～ / スイッチを切る．❖按 àn ～ / スイッチを押す．②(パイプなどの)バルブ．
【开光】kāi//guāng 動 ①(仏像が出来上がったとき)開眼(かいげん)供養をする．② 散髪する．顔を剃る．

K

【开锅】kāi//guō 動〈口〉(鍋が)煮え立つ.
【开国】kāiguó 動 国を立てる．建国する．¶～大典 dàdiǎn / 建国式典．¶～元勋 yuánxūn / 開国の元勲.
【开航】kāi//háng 動 ①(船舶や航空機が)就航する．②(船舶や航空機が)出航する,出発する.
【开河】kāi//hé 動 ① 河道を切り開く．② 川が解氷する．►"开江"とも.
【开合桥】kāihéqiáo 名〈建〉跳ね橋.
【开后门】kāi hòumén〈慣〉(～儿)裏取引する.
【开户】kāi//hù 動(～儿)(銀行などに)口座を開く．►"开户头"とも.
【开花】kāi//huā 動(～儿) ① **花が咲く**．¶海棠 hǎitáng ～了 / カイドウの花が咲いた．②〈喩〉物がはじけ割れること．¶棉袄 mián'ǎo 开了花 / 綿入れがほころびた〔綿がはみ出した〕．③〈喩〉顔をほころばせる．④〈喩〉事業が発展する.
【开花结果】kāi huā jiē guǒ〈成〉(仕事の上で)よい結果が出る.
【开化】kāihuà 動 ① 文化が開ける．②〈方〉(河川や大地の)氷や雪が解ける.
【开怀】kāihuái 動 心から楽しむ．¶～畅饮 chàngyǐn / 心ゆくまで酒を飲む.
【开荒】kāi//huāng 動 開墾する.
*【开会】kāi//huì 動 **会を開く；会に出る；会議をする**．¶正在～ / 会議中である．¶开了两天会 / 2日間会議を開いた．2日間会議に出た.
【开荤】kāi//hūn 動 精進落としをする．►"开斋 zhāi"とも.
【开火】kāi//huǒ 動(～儿) ①発砲する；火ぶたを切る．② 非難を浴びせる.
【开伙】kāi//huǒ 動 共同炊事をする；(食堂・炊事場などが)食事を提供する.
【开豁】kāihuò 形 ① 広々としている．② 度量が大きい．¶他这人很～ / 彼はたいへん闊達(かったつ)な人だ.
【开机】kāi//jī 動 ① 機械を動かす．②(映画やテレビドラマなどの)撮影を始める.
【开价】kāi//jià 動(～儿)値段をつける.
【开架】kāijià 形(図書館などで)開架式の；(商店などで)客が手に取って選ぶ形式の.
【开架式】kāijiàshì 名 開架式.
【开间】kāijiān 名 ①(旧式家屋の)間取り．¶单～ / ひと間だけの部屋．¶双～ / ふた間続きの部屋．②間口.
【开讲】kāijiǎng 動 講義〔講談〕を始める.
【开奖】kāijiǎng 動 当たりくじを発表する.
【开交】kāijiāo 動 片をつける．解決する．►否定文にのみ用いる．¶忙得不可～ / てんてこまいの忙しさである.
【开脚】kāi//jiǎo 動 踏み出す．開始する.
【开解】kāijiě 動(心配したり悲しんだりしている人を)慰める.
【开戒】kāi//jiè 動(禁酒・禁煙などの)誓いを破る.
【开金】kāijīn 名 金を含む合金．¶二十四～的项链 xiàngliàn / 24金のネックレス.
【开禁】kāijìn 動 解禁する.
【开具】kāijù 動(項目別の証票や書信などの)書類を作成する．¶～证明 / 証明書を作成する.
【开卷】kāijuàn ① 動〈書〉読書する．② 名 "开卷考试"の略.
【开卷考试】kāijuàn kǎoshì 名(本やノート)持ち込み可の試験.
【开掘】kāijué 動 ① 開削する．掘る．¶～运河 yùnhé / 運河を開削する．②(作品の内容を)深く掘り下げる.
【开课】kāi//kè 動 ① **授業が始まる**．②(大学などで)講義する.
【开垦】kāikěn 動 開墾する.
【开空头支票】kāi kōngtóu zhīpiào〈慣〉空手形を出す．実行できそうにない約束をする.
【开口】kāi//kǒu 動 ① **話を始める．口を開く**．¶他沉默 chénmò 了半天,终于 zhōngyú 开了口 / 彼はしばらく黙っていたが,ついに口を開いた．¶～见喉咙 hóulong /〈喩〉ストレートにものを言う．②(新しい刃物の)刃を立てる.
【开口闭口】kāi kǒu bì kǒu〈成〉口を開くたびに.
【开口票】kāikǒupiào 名 オープンチケット.
【开口子】kāi kǒuzi ① 動(堤防が)決壊する．②〈慣〉特例を設ける．抜け道を設ける.
【开快车】kāi kuàichē ① 動(車の)速度を上げる．②〈慣〉(仕事・勉強の)ピッチを上げる.
【开矿】kāi//kuàng 動 採鉱する.
【开扩】kāikuò →【开阔】kāikuò
【开阔】kāikuò ❶形 ①(原野・広場・通りなどが)**広々としている**．¶～的广场 guǎngchǎng / 広々とした広場．② **心がゆったりして明朗である**．¶心胸 xīnxiōng ～,不抱成见 / 気持ちがおおらかで偏見を抱かない．❷動 **広める**．¶～眼界 / 視野を広める．¶～路面 lùmiàn / 道路の幅を広くする．►❶②,❷は"开扩"とも書く.
*【开朗】kāilǎng 形 ① **朗らかである**．晴れやかである．こだわりがない．¶他性格 xìnggé 很～ / 彼は性格が明るく朗らかである．②(空間が)明るく広々としている．¶豁然 huòrán ～ / 急に開けて明るく広々とする.
【开例】kāi//lì 動 先例をつくる．►"开先例 xiānlì"とも.
【开镰】kāi//lián 動 鎌を入れる．(作物の)取り入れを始める.
【开脸】kāiliǎn 動 ①〈旧〉初めて化粧をする．②(彫刻で)人物の顔を彫る.
【开列】kāiliè 動 書き並べる．書き連ねる．¶～清单 qīngdān / 明細書を書く.
【开溜】kāiliū 動〈俗〉とんずらする.
【开路】kāi//lù ❶動 ① 道路を切り開く．② 道案内をする．¶他为大家～ / 彼がみんなの道案内をする．❷名〈電〉開回路.
【开绿灯】kāi lùdēng〈慣〉許可する．ゴーサインを出す.
【开罗】Kāiluó 名〈地名〉カイロ.
【开锣】kāi//luó 動 開演する.
【开买卖】kāi mǎimai 店を経営する．商売をする.
【开门】kāi//mén 動 ① **戸やドアを開ける**．②(1日の)**営業を開始する**．店を開ける．③ 門戸を開く．¶～办学 bànxué / 学校を社会に開放する.
【开门红】kāiménhóng〈慣〉(年の初め・仕事の初めに)幸先よいスタートを切る.
【开门见山】kāi mén jiàn shān〈成〉(前書きや前口上なしに)ずばりと本題に入る．単刀直入にものを言う.
【开门揖盗】kāi mén yī dào〈成〉悪者を引き入れ自ら災いを招く.

K

【开明】kāimíng 形 進歩的で物わかりがよい．見識がある．

*【开幕】kāi//mù 動(↔闭 bì 幕) ①(芝居などの)**幕が上がる**．②(会議・展覧会・スポーツ大会などが)**開会する**．

【开幕词】kāimùcí 名 開会の辞．

【开幕典礼】kāimù diǎnlǐ 名 開幕式．

【开拍】kāipāi 動(映画やテレビドラマなどの)撮影を始める．

【开盘】kāi//pán 動〈経〉(↔收 shōu 盘)寄り付く．¶～价(格)/始値．寄り付き価格．

【开炮】kāi//pào 動 ①(大砲などを)発砲する．②〈喩〉(攻撃や非難の)火ぶたを切る．

*【开辟】kāipì 動 ①(通路を)**切り開く**．②**開設する．始める**．¶～航线 hángxiàn/航(空)路を開設する．¶～工作/(新しい)仕事を始める．③**開拓する**．¶～边疆 biānjiāng/辺境を開拓する．④→【开天辟地】kāi tiān pì dì

【开篇】kāipiān 名 ①(“弹词 táncí”の)まくら，前置きのうた．②(著作の)冒頭の部分，プロローグ．

【开瓢儿】kāi//piáor 動〈方〉頭をぶち割る．

【开票】kāi//piào 動 ①開票する．②領収書や注文書などを書いて出す．

【开屏】kāipíng 動 クジャクが尾羽を広げる．

【开启】kāiqǐ 動 ①開く．②創始する．

【开气儿】kāiqìr 名 スリット．“旗袍 qípáo”(チャイナドレス)などのすその割れ目．

【开枪】kāi//qiāng 動(小銃・拳銃などを)発砲する，発射する．

【开腔】kāi//qiāng 動 口を開く．しゃべる．

【开窍】kāi//qiào 動(～儿)①悟る．納得がいく．②(子供が)物心がつき始める．

【开球】kāi//qiú 動〈体〉(サッカーで)キックオフする．

【开刃】kāi//rèn 動(～儿)(新しい刃物の)刃を立てる．

【开赛】kāisài 動(試合・コンテストなどが)始まる．

【开山】kāi//shān 動 ①山を切り開く．②山開きをする．③〈仏〉名山に初めて寺を建立する．

【开衫】kāishān 名(～儿)カーディガン．

【开山祖师】kāishān zǔshī 名〈仏〉寺院の創建者；〈喩〉学問・芸術の流派や事業の創始者．

【开哨】kāishào 動〈体〉試合開始のホイッスルが鳴る．試合が始まる．

【开设】kāishè 動 ①**設置する**．設ける．¶～学校/学校を設置する．¶～晚间讲座 wǎnjiān jiǎngzuò/夜間講座を設ける．②(店や工場などを)**開く**．開業する．

【开审】kāishěn 動 裁判や尋問を始める．

【开始】kāishǐ ①動 **始める．始まる**．着手する．¶～上课/授業を始めます．¶大会现在～/会議をただ今より始めます．②名 **初め(は)**．最初．初めのうち．¶这才是一个～/これはほんの手始めにすぎない．¶～她还不太习惯 xíguàn/初め彼女はまだあまり慣れていなかった．

【开市】kāi//shì 動 ①(商店などで休日が明けて)営業を開始する．②(商店で)その日の第１回の取り引きをする．

【开涮】kāishuàn 動〈方〉(人を)からかう，ばかにする．

【开水】kāishuǐ 名 **湯**．さゆ．¶凉 liáng～/湯ざまし．❖烧 *shāo*～/湯を沸かす．

【开司米】kāisīmǐ 名〈紡〉カシミヤ．

【开锁】kāi//suǒ 動 ①錠をあける．②〈喩〉問題を解決する．道を切り開く．

【开台】kāitái 動(演劇が)開幕する．

【开膛】kāi//táng 動(家畜の)腹を切り割く．

【开天辟地】kāi tiān pì dì 〈成〉天地開闢(かいびゃく)．有史以来．生まれて初めて．

【开庭】kāi//tíng 動 開廷する．法廷を開く．

【开通】kāitōng 動 ①(保守的な風習などを)新しいものに改める．¶～风气/気風を新たにする．②(交通路・通信回路や河川を)開通する〔させる〕．¶～河道 hédào/河川をさらって(船が通れるように)開通させる．⇒【开通】kāitong

【开通】kāitong ①形(風習や保守的な思想に)こだわらない，物わかりがよい．②動(人に)わかるようにさせる．⇒【开通】kāitōng

【开头】kāi//tóu (～儿)❶動 ①**始める．始まる**．¶这个工作刚 gāng 开了个头/この仕事は始まったばかりだ．②**率先する**．口火を切る．¶请你先开个头儿/まず君から始めてください．❷名 **最初**．始め；(手紙の)冒頭のあいさつ．¶万事～难 nán/〈諺〉すべての事は最初が難しい．

【开脱】kāituō 動 ①(罪や責任を)言い逃れる．¶～自己的罪行 zuìxíng/自分の罪の言い逃れをする．②(他人のために)弁護する．¶替 tì 人～/人のために弁護する．

【开拓】kāituò 動 開拓する．¶～新领域 lǐngyù/新分野を切り開く．

【开挖】kāiwā 動 掘る．開削する．¶～河道 hédào/川を掘る．

【开外】kāiwài 名《数量詞の後に用い，その数を越していることを表す》…**以上**．…あまり．ⓐ年齢についていうとき，20以上の，端数のない10単位の数の後に用いる．¶五十～/50歳より上．ⓑ距離や重量・個数などについていうとき，まとまったきりのいい数の後に用いる．¶一公里 gōnglǐ～/１キロメートル余り．

【开玩笑】kāi wánxiào 〈慣〉冗談を言う．からかう**．茶化す．¶我跟你～呢，别当真 dàngzhēn/私は君をからかっただけだから，真(ま)に受けないでほしい．¶别～/冗談はよせ．

【开往】kāiwǎng 動 …**に向けて発車〔出航〕する**．…行き．¶～北京的长途 chángtú 汽车/北京行きの長距離バス．

【开胃】kāi//wèi 動 食欲が出る．食欲が出る．¶吃点酸 suān 的，开开胃/酸っぱいものを食べて食欲を刺激する．¶～品/食欲を増進させるもの．

【开悟】kāiwù 動〈口〉悟る．

【开线】kāi//xiàn 動 縫い目がほころびる．

【开销】kāixiāo ①動(費用を)支払う．¶这点儿钱不够 gòu～/これっぽっちの金では支払えない．②名 支出．費用．¶日常～/日常の生活費．

【开小差】kāi xiǎochāi (～儿)〈慣〉(脱走するという軍隊用語から転じ)本題とは別のことに集中する；気が散る；サボる．¶思想 sīxiǎng～/(授業や会議中に)別のことを考える，内職する．

【开小灶】kāi xiǎozào 〈慣〉(人の好みに合わせて料理を作る意から)特別に世話をする．優遇する．

*【开心】kāixīn ①形 **愉快である**．楽しい．¶说说笑笑，十分～/笑ったりしゃべったりしてとても愉快だ．②動 **憂さ晴らしをする．からかう**．¶别拿我

〜了 / からかうのはやめてくれ.

【开心果】kāixīnguǒ 名 ①〈植〉ピスタチオ. ②〈喩〉楽しませてくれる人やもの.

*【开学】kāi//xué 動 学校が始まる. ¶九月一号〜 / 9月1日から新学期が始まる. ¶〜典礼 diǎnlǐ / 始業式.

【开眼】kāi//yǎn 動 珍しいものや美しいものを見て,見聞を広める. ¶让 ràng 我开开眼 / ちょっと拝ませてください.

*【开演】kāiyǎn 動(芝居などが)**開演する**. ¶京剧 Jīngjù 快要〜了 / 京劇はもうすぐ開演します.

【开业】kāi//yè 動 開業する. ¶商店 shāngdiàn 〜 / 商店は営業を始める.

【开夜车】kāi yèchē〈慣〉徹夜する. ¶昨晚 zuówǎn,我开了一个夜车 / 昨夜,私は徹夜した.

【开源节流】kāi yuán jié liú〈成〉収入を増やし支出を抑えること;新エネルギーを開発し,既存のエネルギーの節約を図ること.

【开凿】kāizáo 動(トンネルや水路などを)開削する. ¶〜渠道 qúdào / 用水路を開削する.

【开斋】kāi//zhāi 動 ①精進落としをする. ②イスラム教徒が精進潔斎を終える. ラマダンが明ける.

*【开展】kāizhǎn ❶動 ①**繰り広げる**. **展開する**. ¶〜体育运动 / スポーツを盛んにする. ②展覧会の出展が始まる. ❷名 **発展**. 展開. ¶推动 tuīdòng 改革工作的〜 / 改革のテンポを速める. ❸形 朗らかである. 闊達(かったつ)である.

【开战】kāi//zhàn 動 開戦する;〈喩〉闘いを挑む.

【开绽】kāi//zhàn 動(縫い目が)ほころびる,ほどける.

【开张】kāi//zhāng ❶動 ①営業を始める. 店開きする. 開業する. ②その日1番めの取り引きを行う. ③〈喩〉目的を果たす. ❷形〈書〉①開放的である. ②雄大である.

【开仗】kāi//zhàng 動 戦争を始める.

【开账】kāi//zhàng 動 ①勘定書を作る. ②勘定を支払う. ►飲食店などの勘定についていう.

【开支】kāizhī ①動(金銭を)**支払う**,**支出する**. ¶公共建设费由 yóu 政府〜 / 公共の建設費用は政府が支出する. ②名 **費用**. **支出**. 量 笔. ❖节省 *jiéshěng* 〜 / 出費を節約する.

【开宗明义】kāi zōng míng yì〈成〉冒頭に全編の大要を示す;最初から話の主旨を明らかにする.

【开足马力】kāizú mǎlì〈慣〉全速力を出す.

【开钻】kāizuān 動 掘削を開始する.

【开罪】kāizuì 動(相手の)機嫌を損ねる. 憎まれる. ¶〜于人 / 人に恨まれる.

揩 kāi 動 ふく. ぬぐう. ¶〜汗 hàn / 汗をぬぐう. ¶〜桌子 / 机をふく.

【揩油】kāi//yóu 動 上前をはねる.

3声 **凯**(凱) kǎi ◇◆ 勝ちどき. ¶奏 zòu 〜而归 guī / 凱歌(がいか)をあげて帰る. ‖姓

【凯歌】kǎigē 名 凱歌. 勝ちどき.

【凯旋】kǎixuán 動 凱旋(がいせん)する. ¶〜门 / 凱旋門.

铠(鎧) kǎi ◇◆ よろい. ¶首 shǒu 〜 / かぶと. ¶〜装zhuāng / 〈電〉外装する.

【铠甲】kǎijiǎ 名 よろい.

慨 kǎi ◇◆ ①激しく怒る. ②深く心に感ずる. ③気前よく. 快く. ¶〜允 yǔn / 快諾する.

【慨然】kǎirán 形 ①感慨深い. ¶〜长叹 tàn / 感慨深く大きなため息をつく. ②気前がよい. ¶〜答应 dāying / 快諾する.

【慨叹】kǎitàn 動 慨嘆する.

【慨允】kǎiyǔn 動 快諾する.

楷 kǎi ◇◆ ①手本. ¶→〜模 mó. ②楷書. ¶小〜 / 細字の楷書. ¶正〜 / 楷書.

【楷模】kǎimó 名 手本. 模範.

【楷书】kǎishū 名 楷書.

【楷体】kǎitǐ 名 楷書;(活字の)楷書体.

4声 **忾**(愾) kài ◇◆ 憤り恨む. ¶敌 dí 〜 / 敵愾心(てきがいしん).

kan (ㄎㄢ)

1声 **刊**(栞) kān ◇◆ ①印刷・出版する. ¶创 chuàng 〜 / 創刊(する). ②定期の刊行物;(新聞の)特集欄(またはページ). ¶副 fù 〜 / 特集欄. ③改める. ¶〜误 wù 表 / 正誤表.

【刊布】kānbù 動〈書〉刊行頒布する.

【刊出】kānchū 動(新聞・雑誌で)発表される.

【刊登】kāndēng 動 **掲載する**. ¶〜广告 / 広告を掲載する.

【刊发】kānfā 動 記事にして発表する. 発刊する.

【刊号】kānhào 名(中国の)定期刊行の雑誌につけられるコードナンバー.

【刊刻】kānkè 動 木板を彫る.

【刊头】kāntóu 名(新聞や雑誌などの)題名・出版期日・号数などを載せるところ.

【刊物】kānwù 名 **刊行物**. ¶定期 dìngqī 〜 / 定期刊行物.

【刊行】kānxíng 動 刊行する.

【刊印】kānyìn 動〈印〉組版をして印刷する.

【刊载】kānzǎi 動 **掲載する**. ¶〜新闻 / ニュースを載せる. ¶〜广告 / 広告を掲載する.

* **看** kān 動 ①**見守る**;**番をする**;(病人・子供などの)**世話をする**. ¶〜孩子 / 子供のお守りをする. ¶他一个人〜着两台机器 jīqì / 彼は一人で2台の機械を受け持っている. ②留置する. ¶把小偷儿 xiǎotōur 〜起来 / どろぼうを拘禁する. ►► kàn

【看财奴】kāncáinú 名 守銭奴.

【看场】kān//cháng 動(収穫期に)脱穀場の番をする.

【看堆儿】kānduīr 動〈俗〉留守番をする.

【看瓜】kān//guā 動〈俗〉(男性の下半身を)裸にする. ►罰ゲームの一つ.

【看管】kānguǎn 動 ①監視する. ¶〜犯人 fànrén / 犯人を監視する. ②(子供の)世話をする;(物品を)管理する.

【看护】kānhù 動 看護する. 世話をする. ¶〜病人 / 病人の看護をする.

【看家】kān//jiā ①動 **留守番をする**. ②形 得意の;その人特有の. ►技術・技芸などについていう. ¶〜本领 běnlǐng / 奥の手.

【看家狗】kānjiāgǒu 名 ① 番犬. ②(官僚や地主などの)手下,手先.
【看家戏】kānjiāxì 名 得意の出し物. 十八番.
【看门】kān//mén 動 門番をする.
【看守】kānshǒu ❶動 ① **責任を持って見守る**. ¶~门户 ménhù / 留守を預かる. 留守番をする. ②(犯罪者を)**監視する**. ¶~犯人 fànrén / 犯人を監視する. ¶~所 suǒ / 留置場. ❷名(刑務所の)看守.
【看守内阁】kānshǒu nèigé 名〈政〉暫定内閣. 暫定政権. ►"看守政府"とも.
【看守所】kānshǒusuǒ 名〈法〉留置場.
【看押】kānyā 動 留置する. 拘置する.
【看养】kānyǎng 動 ① 飼育する. ¶~牲口 shēngkou / 家畜を飼育する. ② 扶養する. ¶~孤儿 gū'ér / 孤児を扶養する.

勘 kān ◇◆ ①突き合わせて調べる. ¶校 jiào ~ / 校合する. ②実地調査する. ¶→~验 yàn.
【勘测】kāncè 動 調査測量する.
【勘察・勘查】kānchá 動(採鉱や工事施工の前に)実地調査する.
【勘探】kāntàn 動(地下資源を)探査する. ►"探勘"とも. ¶地质 dìzhì ~ / 地質調査.
【勘误】kānwù 動 訂正する. ¶~表 / 正誤表.
【勘验】kānyàn 動 ① 実地調査をして真相を究明する. ②〈法〉現場検証をする.
【勘正】kānzhèng 動(文字を)校正する,校訂する.

龛(龕) kān ◇◆ 龕(がん). 仏像を納める厨子(ずし). ¶佛 fó ~ / 仏壇.
【龛影】kānyǐng 名(レントゲンによる胃検査で)バリウムによって現れる陰影.

堪 kān ◇◆ ①…できる. ¶~当重任 zhòngrèn / 重任に堪える. ②堪え得る. こらえる. ¶难 nán ~ / 堪え難い. ‖ 姓
【堪称】kānchēng 動 …と称するに足りる.

戡 kān ◇◆ 鎮める. ¶~平叛乱 pànluàn / 反乱を平定する.
【戡乱】kānluàn 動 反乱を鎮める.

坎 kǎn 名 ①(~儿)(野外で)一段高くなった所. ¶门~儿 / 敷居. ②(易の八卦(はっけ)の一つ)坎(かん). ☵.
◇◆ 穴. ¶→~坷 kě. ‖ 姓
【坎肩】kǎnjiān 名(~儿)袖なしの上着. チョッキ. 量 件 jiàn.
【坎坷】kǎnkě 形 ①(道が)でこぼこである. ¶道路~不平 / 道がでこぼこである. ②〈書〉〈喩〉不遇である. ¶~(的)一生 / 不遇な一生.
【坎儿】kǎnr 名 ①→【侃儿】kǎnr ②〈口〉不運・苦境;厄年. ¶他今年是个~ / 彼は今年厄年だ.
【坎儿井】kǎnrjǐng 名 カレーズ. ►新疆地区などで見られる一種の灌漑用の地下水路.
【坎儿上】kǎnrshang 名 ① ターニングポイント. 瀬戸際. ¶现正处在高考的~ / 今が大学入試の肝心な時だ. ②〈口〉要点. 図星. ③〈口〉(抽象的な)障害物,邪魔物.
【坎子】kǎnzi 名 地面の高くなっている所. ►"土坎子"とも.

侃 kǎn ① 動 雑談する. ② 形 剛直である. ¶→~~.
注意 "砍 kǎn"の当て字として用いることもある.
【侃大山】kǎn dàshān 〈慣〉〈方〉とりとめのないおしゃべりをする.
【侃价】kǎn//jià 動 値切る. ¶这家商店不能~ / この店は値切れない.
【侃侃】kǎnkǎn 形〈書〉正々堂々としたさま. ¶~而谈 tán / 臆せず談ずる.
【侃儿】kǎnr 名〈方〉隠語. ►"坎儿"とも. ¶调 diào ~ / 隠語を使う.

*__砍 kǎn__ 動 ①(刀や斧で)**切る,割る,たたき切る**. ¶把树枝 shùzhī ~下来 / 枝を切り落とす. ¶~掉 diào 一半 / 半分切り捨てる. ②〈方〉投げつける. ¶别拿石头 shítou ~人 / 人に石をぶつけてはいけない.
【砍大山】kǎn dàshān →【侃大山】kǎn dàshān
【砍刀】kǎndāo 名 なた. 量 把.
【砍伐】kǎnfá 動(木を)伐採する.
【砍价】kǎn//jià →【侃价】kǎn//jià
【砍头】kǎn//tóu 動 首をはねる.
【砍头疮】kǎntóuchuāng 名 首筋にできるできもの. ►"坎头痈 kǎntóuyōng"とも.

槛(檻) kǎn ◇◆ 敷居. ¶门~ / 同前. ►► jiàn

4声 **
看 kàn ❶動 ① **見る**;(文字などを目で)**読む**. ¶~电视 diànshì / テレビを見る. ¶~棒球赛 bàngqiúsài / 野球の試合を見る. ¶~书 / 本を読む.
②(人を)**訪問する;見舞う**. ¶我下次再来~你 / この次また来ます. ¶到医院去~朋友 / 病院に友達の病気見舞いに行く.
③(医者が患者を)**診察する**;(患者が医者に)**診察してもらう**. ¶那位大夫 dàifu ~病~得很好 / あの医者は腕が立つ. ¶你还是去医院~~吧 / やはり病院で見てもらったほうがいいよ.
④ **観察**(して判断)する. ¶~脉 mài / 脈をみる. ¶~~情况 qíngkuàng 再说吧 / もう少し情況を観察してからのことにしよう.
⑤ **…と考える,思う**. ¶我~他不会来了 / 彼はもう来ないと思う. ¶你~应该 yīnggāi 怎么办? / あなたはどうすべきだと思いますか.
⑥(事柄が)…のいかんによって決まる. …にかかっている. ¶明天去不去要~天气 / あす行くかどうかは天気次第だ. ¶这件事儿就~你了 / この件の解決は君にかかっている.
⑦《聞き手の注意を促す》気を付けて! 注意して! ¶别跑 pǎo,~车! / 走るな,車に気をつけて. ¶~摔 shuāi 着! / 転ばないように.
⑧《"看你"の形で,相手が自分では気づいていないことについてとがめる》ほら;なんだい. なんだって. ►親密な気持ちを込めて用いる. ¶~你,又忘了吃饭 / あら,だめじゃない,また食事するのを忘れてる.
❷助 …してみる. ¶你先想想~ / まず考えてみなさい. ¶这鞋 xié 你穿穿~ / この靴を履いてみてください.
►► kān
【看扁】kànbiǎn 動+結補(人を)見くびる. ►"~了"の形で用いることが多い. ¶把人~了 / 人を見く

K

びる.

*【看病】**kàn∥bìng** 動 ① **診察する**. ¶医生给病人～／医者が患者を診察する. ② **診察を受ける**. ¶我下午到医院～去／私は午後から病院へ診察を受けに行く.

【看不出】**kànbuchū** 動+可補 ① 見分けがつかない. 弁別できない. ¶～真假 zhēnjiǎ／真偽の見分けがつかない. ②…だとは思えない. …とは信じられない. ¶实在 shízài～她是个大明星／彼女が大スターだとはとても思えない.

【看不出来】**kànbuchū∥lái** 動+可補 見分けがつかない；見抜けない. ¶～他还会弹钢琴 gāngqín／彼がピアノも弾けるなんて知らなかった.

【看不得】**kànbude** 動+可補 見てはならない. ¶那些书,孩子～／そんな本は子供が読んではいけない.

【看不惯】**kànbuguàn** 動+可補 目障りである. 気に食わない.

【看不过】**kànbuguò** 動+可補 見かねる. 見ていられない. ¶实在叫人～／まったく見ていられない.

【看不过去】**kànbuguò∥qù** 動+可補 容認できない. 気に入らない. ►目的語がないときは"去"は軽声.

K

*【看不起】**kànbuqǐ** 動+可補 **見下げる**. 軽視する. ¶～人／人をばかにする.

【看不下去】**kànbuxià∥qù** 動+可補 見続けることができない. ¶这部电影太无聊 wúliáo 了,简直 jiǎnzhí～／この映画はあまりにくだらなくて,まるで見ていられなかった.

【看菜吃饭,量体裁衣】**kàn cài chīfàn, liáng tǐ cáiyī** 〈諺〉実際の状況に基づいて対応すべきである.

【看成】**kànchéng** 動 …**と見なす**. …と考える. ¶你把我～什么人了？／ぼくをどんな人間だと思っているのか.

【看出】**kàn∥chū** 動+方補 **見分ける**. 見抜く. 見いだす. ¶～破绽 pòzhàn／落ち度を見つける.

【看出来】**kàn∥chūlai** 動+方補 発見する. 見つける. ►目的語がないときは"出来"は軽声.

【看穿】**kàn∥chuān** 動 見抜く. 看破する.

【看待】**kàndài** 動(人を)**待遇する**,取り扱う. ¶你要好好儿 hǎohāor～他／彼を丁重に扱いなさい.

【看到】**kàn∥dào** 動+結補 **見える**. **見かける**. 目に入る. ¶从飞机上可以～富士山 Fùshìshān／飛行機から富士山が見える.

【看得过来】**kàndeguòlai** 動+可補(一定時間内に)すべて目を通すことができる,全部読み切れる. ►否定は"看不过来"という.

【看得过去】**kàndeguò∥qu** 動+可補 我慢できる. まずまずというところだ.

【看得起】**kàndeqǐ** 動+可補〈口〉重視する. (人を)認め,信頼する. ¶大家～我的话,我就干 gàn／みんなが信頼してくれるなら,私は引き受けます.

【看跌】**kàndiē** 動〈経〉(相場の)先安を見越す. ►"看落 kànluò"とも.

【看懂】**kàn∥dǒng** 動+結補(見て)わかる. ¶这本书小学生也能～／この本は小学生でも見てわかる.

*【看法】**kànfǎ** 名 **見方**. **見解**. ►kànfa と発音することもある. ¶她有一些不同的～／彼女はいくらか違った見方をしている.

【看风使舵】**kàn fēng shǐ duò** 〈成〉〈貶〉情勢を見て上手に立ち回る. ►"见 jiàn 风转 zhuǎn 舵"とも.

【看顾】**kàngù** 動 世話をする. 看護〔介護〕する.

【看惯】**kàn∥guàn** 動+結補 見慣れる.

【看好】**kànhǎo** 動 ①(情勢や相場などが)先行きが明るい. ¶经济形势 jīngjì xíngshì 连年～／経済情勢が年ごとによくなる. ②(競技や試合において)優勢であるとみなす.

【看见】kàn∥jiàn** 動+結補 **目に入る**. 見える. ►kànjian と発音することもある. ¶看得见／見える. ¶看不见／見えない. ¶你～老张了吗？／張さんに会いましたか.

【看进去】**kàn∥jìnqu** 動+方補 ① 中をのぞく. ②(本などを)読みふける,一心に読む. ►目的語がないときは"进去"は軽声.

【看开】**kàn∥kāi** 動+結補(好ましくないことに対して)心を広く持つ,達観する.

*【看来】**kànlái** 〈挿〉《推量を表す》**見たところ…のようだ**〔しそうだ〕. …かもしれない. ►kànlai と発音することもある. ¶在我～这事不难解决 jiějué／私の見たところ,この問題の解決は難しくない. ¶～她还没有听懂我的话／どうやら彼女は私の言うことがまだ分かっていないようだね.

【看落】**kànluò** →【看跌】kàndiē

【看破】**kàn∥pò** 動+結補 ① 見破る. 見抜く. ¶诡计 guǐjì 被 bèi～了／ペテンは見破られた. ② 幻滅する. ¶～红尘 hóngchén／俗世間を見限る.

【看齐】**kànqí** 動 ① まっすぐ並ぶ. ►号令のときは kān-qi のように発音される. ¶向前～！／(号令)前へならえ. ② 見習う. 手本とする.

【看起来】**kànqilai** 〈挿〉《推量を表す》**私の見るところでは**. ¶～,他有心事 xīnshi／私の見たところ,彼にはどうも心配事があるようだ.

【看轻】**kànqīng** 動 軽視する.

【看清】**kàn∥qīng** 動+結補 はっきり見る. ¶看得清／はっきり見える. ¶看不清／はっきり見えない.

【看热闹】**kàn rènao** 〈慣〉高みの見物をする. ¶～的／野次馬.

【看人下菜】**kàn rén xià cài** 〈成〉人を見て応対ぶりを変える.

【看上】**kàn∥shàng** 動+方補(見て)気に入る,好きになる. ►"看上眼 yǎn"とも. ¶他～了一位姑娘 gūniang／彼はある娘が気に入った. ¶看不上／気に入らない.

【看上去】**kàn∥shàngqu** ① 動+方補 見上げる. ②〈挿〉見たところ. ¶～很好吃／見たところとてもうまそうだ. ►目的語がないときは"上去"は軽声.

【看死】**kàn∥sǐ** 動+結補(悪く)決めつける,思い込む.

【看台】**kàntái** 名 観覧席. スタンド.

【看透】**kàn∥tòu** 動+結補(相手の意図などを)見透かす,見破る,つまらないと見てとる.

【看头】**kàntou** 名(～儿)見どころ. 見るだけの値打ち. ¶没～／見る値打ちがない.

【看图识字】**kàn tú shí zì** 絵を見て字を覚える. ►子供用の本のタイトルに用いる.

【看望】**kànwàng** 動 訪問する. 見舞う. ご機嫌を伺う. ¶去医院～朋友／病院へ友達を見舞いに行く.

【看下去】**kàn∥xiàqu** 動+方補 ① 見下ろす. 上から見る. ②(しまいまで)見〔読み〕続ける. ►目的語がないときは"下去"は軽声.

【看相】kàn//xiàng 動 人相や骨相・手相を見る.
【看笑话】kàn xiàohua 〈慣〉人の困難や失敗を助けようとはせずただ傍観する．笑いぐさにする．¶给人家～/もの笑いのたねにされる．
*【看样子】kàn yàngzi 〈挿〉…の様子では．どうやら．¶～他有点儿不高兴/どうも彼は少し機嫌が悪そうだ．
【看涨】kànzhǎng 動〈経〉(相場の)先高を見越す．
【看着吧】kànzhe ba 〈套〉①(物事の行方を)見守ってみよう．②見てろよ．
【看着办吧】kànzhe bàn ba 〈套〉①見計らってやりなさい．②勝手にやりなさい．どうなっても知らないよ．
【看中】kàn//zhòng 動+結補 気に入る．¶这件毛衣 máoyī 我～了/私はこのセーターが気に入った．¶看得中/気に入る．¶看不中/気に入らない．
【看重】kànzhòng 動 重くみる．大切にする．
【看做・看作】kànzuò 動 …と見なす．…と考える．¶他们都把她～家里人/彼らは彼女を家族の一員と見なした．

瞰 kàn ◇ 見下ろす；のぞく．¶鸟 niǎo～/鳥瞰．

kang (ㄎㄤ)

康 kāng ◇ 健やかである．‖姓

【康拜因】kāngbàiyīn 名〈農〉コンバイン．
【康复】kāngfù 動 健康を取り戻す．¶病体～/病気が快復する．
【康复中心】kāngfù zhōngxīn 名 リハビリセンター．
【康健】kāngjiàn 形〈書〉健康である．
【康乐】kānglè 形 安らかで楽しい．¶祝 zhù 你～平安/(あなたが)楽しく平穏でありますように．
【康乃馨】kāngnǎixīn 名〈植〉カーネーション．
【康宁】kāngníng 形〈書〉健康で安らかである．
【康庄大道】kāng zhuāng dà dào 〈成〉明るい前途．輝かしい未来．

慷(忼) kāng "慷慨 kāngkǎi"↓という語に用いる．

【慷慨】kāngkǎi 形 ①〈書〉(不義や不正などに)憤り嘆く．義憤に燃えて激高する．¶～陈词 chéncí/激高して自分の意見を述べる．②(kāng//kǎi)物惜しみしない．気前がよい．¶慷他人之慨/他人の金や物で人に恩を売ったり，その金や物をむだ遣いしたりする．
【慷慨激昂】kāng kǎi jī áng 〈成〉精神が高揚し正義感に満ちる．

糠 kāng ①名 ぬか．¶～油 yóu/ぬか油．②形(ダイコンなどに)すが入る．¶萝卜 luóbo～了/ダイコンにすが入った．

【糠菜半年粮】kāngcài bànnián liáng 〈慣〉非常に困窮した生活．

扛 káng 動(肩で)担ぐ；(任務を)担う．¶～枪 qiāng/銃を担ぐ．¶这项重任 zhòngrèn 谁 shéi 来～？/この重要任務はだれが引き受けてくれるか．

【扛大梁】káng dàliáng 〈慣〉重大な責任を負う．
【扛竿】kánggān 名(雑技の一種)人の肩に立てた竹竿の先で演ずる曲芸．
【扛活】káng//huó 動(～儿)〈旧〉地主や富農の常雇いになる．作男になる．►"扛大活 dàhuó""扛长活 chánghuó"とも．

4声

亢 kàng 名(二十八宿の一つ)あみぼし．◇ ①高い．¶高～/(声などが)高らかである．¶不～不卑 bēi/高ぶらずへりくだらず．②非常に．‖姓

【亢奋】kàngfèn 形 非常に興奮する．
【亢旱】kànghàn 形 大旱ばつである．

伉 kàng ◇ ①対等である；つり合う．②高大である．‖姓

【伉俪】kànglì 名〈書〉夫婦．

抗 kàng 動 抵抗して戦う；…に耐える．¶棉衣 miányī 旧一点儿也不要紧，能～寒就行了/綿入れは少々古くたってかまわない，暖かければ十分だ．◇ ①拒む．¶～租 zū/小作料の納入を拒む．②張り合う．対抗する．¶→～衡 héng．‖姓

【抗暴】kàngbào 動 暴力・圧迫に抵抗する．
【抗辩】kàngbiàn 動 抗弁する．反論する．
【抗旱】kàng//hàn 動 旱ばつと闘う；日照りに強い．
【抗衡】kànghéng 動 対抗する．匹敵する．
【抗洪】kàng//hóng 動 洪水と闘う．
【抗击】kàngjī 動 抵抗して反撃を加える．¶～敌人 dírén/敵を迎え撃つ．
【抗拒】kàngjù 動 反抗する；拒否する．¶～命令/命令を拒む．
【抗菌素】kàngjūnsù 名〈旧〉〈薬〉抗生物質．
【抗菌血清】kàngjūn xuèqīng 名〈医〉抗生ワクチン．
【抗命】kàng//mìng 動 命令を拒絶する．
【抗日战争】Kàngrì zhànzhēng 名〈史〉(1937年から45年までの)日中戦争．抗日戦争．
【抗生素】kàngshēngsù 名〈薬〉抗生物質．
【抗税】kàng//shuì 動 納税を拒否する．
【抗诉】kàngsù 動〈法〉(検察庁が)控訴する．
【抗体】kàngtǐ 名〈医〉抗体．
*【抗议】kàngyì 動 抗議する．¶～侵犯 qīnfàn 人权/人権侵害に抗議する．
【抗灾】kàng//zāi 動 災害防止に取り組む．
【抗战】kàngzhàn 名 外国の侵略に抵抗する戦争；(特に)抗日戦争．
【抗震】kàngzhèn 動 ①震動に耐える．¶～结构 jiégòu/耐震構造．②震災害を防ぐ．
【抗争】kàngzhēng 動 抗争する．

炕 kàng ①名 オンドル．►土やレンガで造った寝台に煙道を設けて暖を取る，北方の暖房法．量 铺 pū，个．¶铺 pū～/布団をオンドルの上に敷く．②動〈方〉(オンドルなどで)乾かす，焼く．

【炕梢】kàngshāo 名(～儿)オンドルの端．►焚き口からいちばん遠い所．
【炕头】kàngtóu 名(～儿)オンドルの焚き口にいちばん近い所．
【炕席】kàngxí 名 オンドルに敷くアンペラ．

K

【炕沿】kàngyán 名(～儿)オンドルのへり.
【炕桌儿】kàngzhuōr 名 オンドルの上に置く低い机.

kao (ㄎㄠ)

1声 **尻** kāo 名〈古〉しり. ¶～子 zi / 〈方〉しり.

3声 *** 考**(攷) kǎo 動 **試験をする. 試験を受ける.** ¶我～～你 / ちょっとテストしてあげる. ¶他～上了医学院 / 彼は医科大学にパスした. ¶你的数学 shùxué ～得怎么样? / 君,数学のテストはどうだった.
◇◆ ①検査する. ¶→～察 chá. ②研究する. ¶思 sī ～ / 思考(する). ③老いている. ¶寿 shòu ～ / 長寿. ‖ 姓
【考博】kǎobó 動〈略〉博士課程の試験を受ける.
【考查】kǎochá 動(人の能力や行いなどを)検査する,査察する.
【考察】kǎochá 動 ① **実地調査する. 視察する.** ¶～长江 Chángjiāng 水利工程 gōngchéng / 長江の水利工事の実地調査をする. ② **つぶさに観察する.** 考察する. ¶～事物的本质 běnzhì / 事の本質を考える.
【考场】kǎochǎng 名 試験会場.
【考点】kǎodiǎn 名 試験場. 試験を行う施設の場所.
【考订】kǎodìng 動 考訂する.
【考分】kǎofēn 名(～儿)試験の点数.
【考古】kǎogǔ ①動 考古学に従事する. ②名 考古学.
【考古学】kǎogǔxué 名 考古学.
【考官】kǎoguān 名〈旧〉試験官.
【考核】kǎohé 動 審査する. ¶～制度 zhìdù / 評定制度.
【考绩】kǎojì 動(スタッフの)成績を考査する.
【考究】kǎojiu ❶動 ①研究する. ②凝る. ❷形 華美である. ¶这本书的装潢 zhuānghuáng 很～ / この本は装飾がたいへん豪華である.
【考据】kǎojù 動 考証する.
【考据学】kǎojùxué 名 考証学.
【考卷】kǎojuàn 名 試験の答案. 量 张 zhāng, 份 fèn.
*【考虑】kǎolǜ 動 **考慮する. 考える.** ¶值得 zhíde ～ / 一考の余地がある. ¶等我～～再回答你 / ちょっと考えてから返事をさせてね.
【考聘】kǎopìn 動 採用試験をして採用する.
【考期】kǎoqī 名 試験日.
【考勤】kǎoqín 動 出勤・出席の情況を考査する. ¶～簿 bù / 出勤簿.
【考勤卡】kǎoqínkǎ 名 タイムカード. 出勤カード.
【考区】kǎoqū 名(統一試験の)試験区.
【考取】kǎo//qǔ 動 試験に合格し,採用される. ►多く学校や専門職に用いる. ¶他～了师范大学 / 彼は師範大学に合格した.
【考上】kǎo//shàng 動+方補 **試験に合格する.** ►間に成分が何も入らない場合は kǎoshang と発音する. ¶他～了北京大学 / 彼は北京大学に受かった. ¶考不上大学,只好工作 / 大学試験に落ちたので,働くほかなかった.
【考生】kǎoshēng 名 受験生.
【考试】kǎoshì ①動 **試験する. ►目的語はとらない. ¶明天我们班～ / あすうちのクラスは試験だ. ②名 **試験.** ¶期中 qīzhōng ～ / 中間テスト.
【考释】kǎoshì 動(古代の文字の)考証と解釈を行う.
【考题】kǎotí 名 試験問題. ¶出～ / 試験問題を出す.
【考研】kǎoyán 動 大学院を受験する.
*【考验】kǎoyàn 動 **試練を与える. ためす.** ¶困难 kùnnan ～人的意志 / 困難は人の意志をためす. ¶经受严峻 yánjùn 的～ / 厳しい試練に耐える.
【考证】kǎozhèng 動 考証する.
【考中】kǎo//zhòng 動+結補 試験に合格する.

拷 kǎo 動 コピーする.
◇◆ 責め打つ. ¶→～问 wèn.
【拷贝】kǎobèi ❶名 ①(映画フィルムの)プリント. ②コピー. ❷動 コピーする.
【拷打】kǎodǎ 動 体刑を加える.
【拷问】kǎowèn 動 拷問する.

** **烤** kǎo 動 ①〈料理〉(火に)あぶる. (火に当てて)焼く. ¶～肉 ròu / 肉を焼く;焼き肉. ¶～白薯 báishǔ / サツマイモを焼く;焼きイモ. ¶→～面包 miànbāo.
注意 「焼く」という調理法は"烤"に当たる. "烧 shāo"(まず揚げてから煮含める,炒りつける)は,"烧鸡"(ローストチキン)などの少数の例を除いて,「焼く」という調理法は表さない. ②(火に当たって)暖まる. ¶围 wéi 着炉子 lúzi ～手 / ストーブで手を暖める. ③(火にかざして)乾かす. ¶把湿衣裳 shī yīshang ～干 gān / ぬれた服を火で乾かす.
【烤火】kǎo//huǒ 動 火に当たって暖まる.
【烤炉】kǎolú 名 オーブン.
【烤面包】kǎo miànbāo ①パンを焼く. ②(kǎomiànbāo)名 トースト. ¶～器 qì / トースター.
【烤人】kǎorén 形 焼けつくほど熱い. 非常に暑い.
【烤箱】kǎoxiāng 名 オーブン. 天火.
【烤鸭】kǎoyā 名〈料理〉アヒルの丸焼き. ¶北京～ / 北京ダック.

4声 **铐** kào 動 手錠をかける. ¶把犯人 fànrén ～起来 / 犯人に手錠をかける.
◇◆ 手錠.

犒 kào ◇◆(酒食・財物で)ねぎらう.
【犒劳】kàoláo ①動(ごちそうをして)ねぎらう,慰労する. ②名 酒食による慰労. ¶吃～ / (慰労の)ごちそうを食べる.
【犒赏】kàoshǎng 動 賞与を与えてねぎらう.

** **靠** kào

くっつく→沿う;寄りかかる→頼りにする

動 ① **頼りにする;信頼する.** ¶他家里～他维持 wéichí 生活 / 彼の家族は生計を彼に頼っている. ¶学习全～个人 gèrén 努力 / 学習は各自の努力しだいである. ¶这种 zhǒng 人～不住 / その手の人間は信頼できない. ② **寄りかかる. もたれる;** もたせかけ

る．¶～着椅子打盹儿 dǎdǔnr / 椅子にもたれて居眠りをする．¶把雨伞 yǔsǎn ～在墙角 qiángjiǎo / 傘を壁の隈に立て掛ける．③ **近寄る．接近する**；…に沿った〔沿って〕．¶～街的窗子 chuāngzi / 通りに面した窓．¶→～岸 àn．¶→～边 biān．

【靠岸】kào//àn 動(船などが)岸につく；岸につける．¶船 chuán 靠上了岸 / 船が岸に横付けになった．

【靠背】kàobèi 名 椅子の背もたれ．

【靠背轮】kàobèilún 名〈口〉〈機〉クラッチ．

【靠边】kào//biān 動(～儿) ①(道路などの)端に寄る．¶危险,～儿！/ 危ない,脇へ寄れ．②〈方〉〈喩〉(言うことが)おおむね情理にかなう．

【靠边儿站】kàobiānrzhàn 〈慣〉解任される．窓際族にされる．

【靠不住】kàobuzhù 動＋可補 当てにならない．信用できない．¶他这话～ / 彼のこの話は当てにならない．

【靠得住】kàodezhù 動＋可補 頼りになる．信頼できる．¶他办事～ / 彼のやる事は信頼できる．

【靠垫】kàodiàn 名(ソファーなどの)クッション．

【靠近】kàojìn ①形 **すぐ近くにある．間近だ**．¶我家～车站 chēzhàn / 私の家は駅の近くだ．¶～墙角处 qiángjiǎochù 有一个火炉 huǒlú / 隅に近いところにストーブがある．②動 **近寄る．近づく**．¶船～码头 mǎtou / 船が波止場に横付けになる．

【靠拢】kào//lǒng 動 近寄る．接近する．密集する．¶向先进人物～ / 模範人物にならう．

【靠山】kàoshān 名 頼り．後ろ盾．パトロン．

【靠山吃山,靠水吃水】kào shān chī shān, kào shuǐ chī shuǐ 〈成〉その場にある有利な条件を生かした生活をする．

【靠手】kàoshǒu 名 椅子のひじ掛け．

【靠头儿】kàotour 名 頼り．よりどころ．¶没个～ / 当てがない．

【靠椅】kàoyǐ 名 "椅子"(いす)の俗称．⇒【椅子】yǐzi

【靠右行驶】kào yòu xíngshǐ (車両が)右側通行する．

【靠枕】kàozhěn 名(寄りかかるために腰に当てる)クッション．

ke (ㄎㄜ)

坷 kē "坷垃·坷拉 kēlā"(〈方〉土くれ．土の塊)という語に用いる．

苛 kē 形 苛酷である．¶他待 dài 人很～ / 彼は人に対する扱いがむごい．◇◆ 煩わしい．¶～细 xì / 煩瑣(はんさ)で細かい．

【苛捐杂税】kē juān zá shuì 〈成〉不当にとられる過酷で雑多な税金．

【苛刻】kēkè 形(条件や要求などが)過酷である,厳しい．¶要求 yāoqiú 过于 guòyú ～ / 要求が厳しすぎる．

【苛求】kēqiú 動 厳しすぎる要求をする．

珂 kē 名〈古〉硬玉；馬のおもがいにつける装飾．

【珂罗版·珂珞版】kēluóbǎn 名〈印〉コロタイプ．

柯 kē 名〈植〉シリブカガシ．‖姓

【柯尔克孜族】Kē'ěrkèzīzú 名(中国の少数民族)キルギス族．►トルコ系民族の一つ．

轲 kē 人名に用いる．"孟轲"は孟子の本名．‖姓

*__科__ kē ❶名 ①**(学術などの)科；(行政機関や団体などの)課；(生物学上の)科**．¶你挂 guà 哪一～的号？/ 何科の診察を申し込むのですか．¶秘书 mìshū ～ / 秘書課．②(旧劇の)しぐさ．¶笑 xiào ～ / 笑わせるしぐさ．❷動〈書〉科する．(法に照らして)処罰する．¶本罪 běn zuì ～徒刑 túxíng 三年 / 本件は懲役3年に処する．‖姓

【科白】kēbái 名(役者の)しぐさとせりふ．

【科班】kēbān 名(～儿) ①〈旧〉俳優養成所．►児童を集めて厳しい訓練を行い,古典劇俳優を養成した．②〈喩〉正式の教育や訓練．¶～出身 / 正式の訓練を受けた人．

【科幻】kēhuàn 名〈略〉SF．空想科学．►"科学幻想"の略．

【科幻小说】kēhuàn xiǎoshuō 名 SF 小説．空想科学小説．量 部,本．

*【科技】kējì 名〈略〉**科学技術**．¶～人员 rényuán / 科学技術者．¶高～ / ハイテク．

【科教】kējiào 名〈略〉科学教育．

【科教片】kējiàopiàn 名〈略〉科学教育映画．

【科举】kējǔ 名〈史〉科挙．昔の官吏登用試験．

【科盲】kēmáng 名 科学の知識に暗い大人．

【科摩罗】Kēmóluó 名〈地名〉コモロ．

【科目】kēmù 名(学術や帳簿などの)科目,条目．¶必修 bìxiū ～ / 必修科目．

【科普】kēpǔ 名〈略〉科学の普及．¶～杂志 / 科学普及雑誌．

【科室】kēshì 名 工場·企業·機関などの管理部門の各課·各室の総称．

【科特迪瓦】Kētèdíwǎ 名〈地名〉コートジボワール．

【科威特】Kēwēitè 名〈地名〉クウェート．

【科委】kēwěi 名〈略〉科学技術委員会．

【科学】kēxué ①名 **科学．¶自然～ / 自然科学．②形 **科学的である**．¶不～的解释 jiěshì / 非科学的な説明．⇒語法「…は科学的である」のように述語として用いる時は,"很"などの程度副詞を伴うか,"不～"のように否定の形で用いる．¶他的方法很～ / 彼のやり方は科学的だ．

*【科学家】kēxuéjiā 名 **科学者**．

*【科学院】kēxuéyuàn 名 **アカデミー**．

*【科研】kēyán 名〈略〉**科学研究**．¶～机构 jīgòu / 科学研究機関．

【科员】kēyuán 名 課員．

*【科长】kēzhǎng 名 **課長**．

砢 kē "砢碜 kēchen"⇩という語に用いる．

【砢碜】kēchen 形〈方〉みっともない．人前をはばかる．

__棵__ kē 量 **木·草を数える：株．本．¶一～树 / 1本の木．¶种 zhòng 了几～芍药 sháoyao / シャクヤクを何本か植え

K

た.

【棵儿】kēr 名 植物や株の大きさ. ¶这棵白菜～真不小 / このハクサイの株はとても大きい.

颏 kē ◇◆ あご. ¶～勒嗦 lesù / 〈方〉のどぼとけ.

稞 kē "稞麦 kēmài"↓という語に用いる.

【稞麦】kēmài 名〈植〉ハダカムギ.

***颗** kē 量 **粒状のもの**を数える. ¶一～花生米 / ひと粒のピーナッツ. ¶一～痦子 wùzi / ほくろが一つ. ¶一～心 / 一つの心. ¶一～人造地球卫星 rénzào dìqiú wèixīng / 軌道上の人工衛星1基.

【颗粒】kēlì 名 ①粒. ¶今年的大豆～很小 / 今年のダイズは粒が小さい. ②(穀物の)ひと粒. ¶～未 wèi 收 / (災害で)ひと粒もとれなかった. ¶～还 huán 家 / ひと粒残さず取り入れる.

磕 kē 動(硬いものに)ぶつかる, ぶつける. ¶小心, 别～坏了杯子 bēizi / 気をつけて, コップをぶつけて壊さないように. ¶脸上～破 pò 了一块皮 / 顔をすりむいた.

【磕巴】kēba 〈方〉①形 吃音(きつおん)の. ¶磕磕巴巴 kēkebābā / どもるさま. どもりどもり話す. ②名 どもる人.

【磕打】kēda 動(入れ物などに付着したものを)たたき落とす.

【磕磕绊绊】kēkebànbàn 形〈方〉①(道が悪くて)歩きにくい;(手足が不自由で)歩くのに骨が折れる. ②物事が順調に行かず, 思い通りにならない.

【磕磕撞撞】kēkezhuàngzhuàng 形(慌てていたり酔っていたりして)足もとのふらふらした.

【磕碰】kēpèng ❶動 ①ぶつかる. 打ち当たる. ②〈方〉(物に)突き当たる. ❷名〈喩〉衝突. いざこざ.

【磕碰儿】kēpengr 名〈方〉①器物類のきず. ②〈喩〉挫折. つまずき.

【磕头】kē//tóu 動〈旧〉額を地につけて拝礼する.

【磕头虫】kētóuchóng 名〈虫〉コメツキムシ.

【磕头碰脑】kē tóu pèng nǎo 〈成〉①(人が多くて)人と人, 人と物が互いにぶつかり合うさま. ②しょっちゅう顔を合わす. ③〈喩〉もめごとが起こる.

瞌 kē "瞌睡 kēshuì"↓という語に用いる.

【瞌睡】kēshuì ①動 居眠りする. ②形(疲れて)眠い. ③名 居眠り. 眠気. ❖打 dǎ～ / 居眠りをする. ¶～虫 chóng / (旧小説中の)人を居眠りさせる虫;(皮肉をこめて)よく居眠りをする人.

蝌 kē "蝌蚪 kēdǒu"↓という語に用いる.

【蝌蚪】kēdǒu 名〈動〉オタマジャクシ.

2声 ***壳**(殼) ké 名(～儿)殻. 硬い外皮. ¶鸡蛋 jīdàn ～儿 / 卵の殻. ¶子弹 zǐdàn ～儿 / 銃弾の薬莢(やっきょう). 注意 ké は話し言葉に用いる. 書き言葉での発音は qiào. ▶▶ qiào

咳 ké 動 咳(せき)(をする). ¶～了一声 / ごほんと咳をする. ¶～个不停 / 咳が止まらない. ▶▶ hāi

【咳嗽】késou 動 **咳をする. ¶～得很厉害 lìhai / ひどくせき込む.

3声 ****可** kě ❶副 ①《程度の高いことを強調するムードを表す》**ほんとうに. とても.** ¶～饿坏 èhuài 我了! / おなかがぺこぺこだ. ¶那姑娘长 zhǎng 得～真漂亮! / あの娘(こ)はすごくきれいなんだ.

②《望んでいたことが実現し, ほっとしたという気持ちを表す》**やっと. とうとう.** ついに. ¶你～回来了 / とうとう帰ってきたね.

③《強調・断定・意外な気持ちを表す》¶我～不是开玩笑 wánxiào / 私はけっして冗談を言っているのではないぞ. ¶这一下儿～把他难住 nánzhù 了 / こんどばかりは彼も困り果てたよ.

④《願望の気持ちを強める》**ぜひとも.** くれぐれも. 必ず. ¶快要下雨了, ～别忘了带把伞 sǎn / 雨が降りそうなので, 必ず傘を持ってゆきなさいよ. ¶你～不能粗心 cūxīn 大意啊! / 決して粗相のないようにね.

⑤《多く書き言葉に用い, 疑問を表す》…かどうか. ¶美国 Měiguó 你～曾 céng 去过? / アメリカに行ったことがありますか.

❷助動 ①(＝可以 kěyǐ)《許容と可能を表す》**…してよろしい.** …することができる. ¶今年的农业 nóngyè ～望 wàng 丰收 fēngshōu / 今年の農業はとりわけ豊作が期待できる. ¶碗～大～小 / お碗は大きくても小さくてもかまわない.

②**…する価値がある.** …すべきである. ¶关于 guānyú 这个问题, 我没什么～说的了 / この問題については, 私からもうなにも申し上げることはありません.

❸接続(＝可是 kěshì)しかし. …だけれども. ¶文章虽短, ～内容充实 chōngshí / 文章は長くないが, 内容は充実している.

❹接頭 ①《単音節の動詞の前に付けて形容詞をつくる.「…してよろしい」「…すべきだ」の意味を表す》¶→～爱 ài. ¶→～靠 kào. ¶→～取 qǔ.

②《単音節の名詞の前につけて形容詞をつくる.「適する」「かなう」「ぴったりする」意味を添える》¶→～口 kǒu. ¶→～身 shēn.

❺動 適合する. かなう. ¶～人意 / 人の気に入る.

❻副〈書〉…ばかり. …ほど. ¶年～二十 / 年のころは二十ばかり.

◇◆《同意を示す》¶认 rèn ～ / 認可(する). ‖姓 ▶▶ kè

【可爱】kě'ài 形 **かわいい;愛すべき. ¶这孩子真～ / この子は本当に愛らしい. ¶～的祖国 zǔguó / 愛すべき祖国. 愛する祖国.

【可悲】kěbēi 形 悲しい;かわいそうである. ¶境遇 jìngyù ～ / 境遇が哀れむべきである.

【可鄙】kěbǐ 形 卑しい. 恥ずべき.

【可比价格】kěbǐ jiàgé 名〈経〉不変価格.

*【可不是(吗)】kěbushì(ma) 〈套〉〈口〉《あいづちを打つ言葉》**そうですとも.** もちろんです. なるほどね. ►"可不"とも. "可不是这样吗?"が縮まったもの. ¶～, 我也这么想 / そうですとも, 私もそう思っています. ¶咱们 zánmen 该去看看老李了——～, 好久没去了 / 李さんを見舞いに行きましょうか——そうだとも, しばらく行かなかったからね.

【可操左券】kě cāo zuǒ quàn 〈成〉成功することまちがいなし.

【可乘之机】kě chéng zhī jī 〈成〉乗ずべき機会.

すき．►"可乘之隙"とも．
【可持续发展】kěchíxù fāzhǎn 名 持続可能な発展．
【可耻】kěchǐ 形 恥ずべきである．¶～行为 / 恥ずべき行為．
【可丁可卯】kě dīng kě mǎo 〈成〉 1 (ある数量や範囲が)過不足ない．2 厳格に決まりを守り,融通がきかない．
【可否】kěfǒu 名 賛否．可否．¶不置 zhì ～ / 賛否の意思表示をしない．
【可歌可泣】kě gē kě qì 〈成〉称賛･感動に値する．
【可耕地】kěgēngdì 名 耕作に適した土地．
【可更新资源】kěgēngxīn zīyuán 名〈環境〉リサイクル可能資源．
【可怪】kěguài 形 おかしい．怪しい．¶这没有什么～的 / これは何もおかしいことはない．
【可观】kěguān 形 1 見る価値がある．2 たいしたものである．►比較的高い程度に達していることをいう．¶数目 shùmù 相当～ / かなりな数になる．
【可贵】kěguì 形 貴重である．貴い．¶他的工作热情 rèqíng 十分～ / 彼の仕事ぶりは高く評価されるべきだ．
【可好】kěhǎo 副 ちょうどよいときに．¶我正要出去找 zhǎo 他,～他来了 / 彼の所へ行こうとしているところに,折よく彼がやってきた．
【可恨】kěhèn 形 憎い．憎たらしい．¶这家伙 jiāhuo 坏事做绝 zuòjué,真是～ / こいつは悪い事のし放題で,実に憎たらしい．
*【可见】kějiàn 接続 …から…であることがわかる．►前の内容を受けて,以下のような判断や結論が下せるということを表す．¶连 lián 他都看不懂,～这篇文章有多难 nán / 彼でさえわからないのだから,この文章が難しいのは明らかである．¶由此 yóucǐ ～ / このことからわかるように．
【可见光】kějiànguāng 名〈物〉可視光線．
【可脚】kějiǎo 形(靴が)足にぴったり合う．
【可劲】kě//jìn 動(～儿)〈方〉全力を尽くす．
【可敬】kějìng 形 敬うべきである．尊敬するに足る．
【可卡因】kěkǎyīn 名〈薬〉コカイン．
【可靠】kěkào 形 1 信頼できる．頼りになる．¶他为人 wéirén 很～ / あの人はとても信頼のおける人だ．2 (ニュース･記憶などが)確かである．¶据 jù ～消息 xiāoxi / 信頼できる筋によると．
【可可】kěkě 名 1〈植〉カカオ．2 ココア．
【可口】kěkǒu 形(～儿)口に合う．おいしい．¶这菜吃着很～ / この料理はたいへん口に合う．
【可口可乐】Kěkǒu kělè 名〈商標〉コカコーラ．
【可乐】kělè ❶形 1 おもしろい．¶这个人真～ / この人はほんとうにおもしろい．2 楽しい．❷名 コーラ．
【可怜】kělián ❶形 1 哀れである．かわいそうである．¶真是个～的孩子 / 本当にかわいそうな子だ．2 (補語として用い)話にならないくらい数量が少ない,小さい,質が悪い．►"少、穷 qióng、矮 ǎi、瘦 shòu"などにつく．¶这一带雨水少得～ / このあたりは降雨が気の毒なほど少ない．❷動 哀れむ．¶那是个坏蛋 huàidàn,没有人～他 / あいつはろくでなしだ,かわいそうに思うものなんかいない．
【可怜巴巴】kěliánbābā 形(～的)とてもかわいそうなさま．
【可怜虫】kěliánchóng 名〈貶〉哀れなやつ．かわいそうなやつ．
【可怜见】kěliánjiàn 形(～儿･～的)哀れである．かわいそうである．
【可恼】kěnǎo 形 しゃくに障る．むしゃくしゃする．
**【可能】kěnéng 1 形 可能である．あり得る．見込みがある．►"范围 fànwéi、条件 tiáojiàn、机会、情况 qíngkuàng"などの少数の名詞にのみ用いる．¶在～范围内 / 可能な範囲で．¶只有一个～的办法 / 取り得る方法は一つしかない．¶他还不知道？这很～ / 彼はまだ知らないって？ありそうなことだ．
2 副 …かもしれない．…らしい．¶他～知道这件事儿 / 彼はこの事を知っているかもしれない．¶～大家都去 / おそらくみんな行くと思います．¶看样子～要下雨 / どうも雨が降りそうだ．
[推量を強調する"很～"は主語の前に,否定の推量を表す"不～"は主語の後に置く]¶很～他已经走了 / あの人はどうやら行ってしまったらしいね．¶他不～知道这件事儿 / 彼はこの事を知っているはずがない．
3 名 可能性．見込み．►この場合,"有 / 没有"＋～の形をとる．¶病人没有康复 kāngfù 的～ / 病人は快復の見込みがない．
【可能性】kěnéngxìng 名 可能性．¶～不大 / 可能性は大きくない．
*【可怕】kěpà 形 恐ろしい．¶昨天晚上,我做了一个～的梦 mèng / ゆうべ私は恐ろしい夢を見た．
【可欺】kěqī 形 1 だましてもよい；だましやすい．2 ばかにしてもかまわない．なめてもよい．
【可气】kěqì 形〈口〉腹立たしい．
【可巧】kěqiǎo 副 折よく；折悪しく．¶刚 gāng 出门,～碰到 pèngdào 了她 / 家を出るとき,ちょうど運よく彼女に出会った．
【可亲】kěqīn 形 親しみやすい．近しい．¶和蔼 hé'ǎi ～ / 穏やかで親しみやすい．
【可取】kěqǔ 形 1 採用に値する．2 望ましい．好ましい．
【可身】kěshēn 形(～儿)〈方〉体にぴったり合う．
**【可是】kěshì 1 接続 しかし．だが．語法 逆接を表す．主語の前後どちらにも用いられる．"虽然 suīrán"など譲歩を表す語と呼応することも多い．また"但是"と比べていくらか逆接の語気が軽い．¶我想给她写信,～总 zǒng 没时间 / 彼女に手紙を書きたいが,どうしても時間がない．¶价钱 jiàqian 虽然贵一些,东西～挺 tǐng 不错 / 値段は少し高いが,物はなかなかよい．2 副 ほんとうに．実に．
【可视电话】kěshì diànhuà 名 テレビ電話．
【可说呢】kě shuō ne 〈套〉〈口〉そうだそうだ．そうなんだよね．
【可塑性】kěsùxìng 名 1〈物〉〈生〉可塑性．2 適応性．
【可叹】kětàn 形 嘆かわしい．
【可体】kětǐ 形 体にぴったり合う．
【可望不可即】kě wàng bù kě jí 〈成〉望んでも到達できない．高嶺(たかね)の花．►"可望不可亲 qīn""可望不可及 jí"とも．
【可谓】kěwèi 動〈書〉…というべきである．
【可恶】kěwù 形 憎らしい．しゃくに障る．
*【可惜】kěxī 形 惜しい．残念である．¶错过 cuòguò 了这个难得的机会,太～了 / このめったにない機会を逃してしまって,ほんとうに惜しいことをした．¶～他没得 dé 第一名 / 残念ながら彼は1位になれなかっ

K

た.

【可惜了的】kěxīliǎode 〈方〉《惜しがるときに発する言葉》惜しいことだなあ．もったいない．

【可喜】kěxǐ 形 喜ばしい．

【可想而知】kě xiǎng ér zhī 〈成〉推して知るべし．

*【可笑】kěxiào 形 おかしい．お笑いだ．¶这个笑话 xiàohua 一点儿也不～ / この笑い話は一つもおかしくない．

【可心】kě//xīn ①形 思いどおりの．②動 気に入る．

【可行】kěxíng 形 実行可能である；やっても差し支えない．

【可行性】kěxíngxìng 名 実行可能性．¶～研究 yánjiū / 採算可能性調査．フィージビリティースタディ．

【可也是】kě yě shì 〈套〉《あいづちに用いる》それはそうだ．そうだとも．

【可疑】kěyí 形 疑わしい．怪しい．うさん臭い．¶形迹 xíngjì ～的人 / 挙動不審の人．¶～分子 fènzǐ / 容疑者．

K

**【可以】kěyǐ ❶助動 ①《可能を表す》…できる．¶那种 zhǒng 鱼～生吃，这种鱼不能生吃 / あの魚は生で食べられるが，この魚は生で食べられない．¶你明天～再来一趟吗？——～〔不行，明天我要上班〕/ 明日もう一度来ることができますか——はい，できます〔いいえ，明日は出勤しなければなりません〕．［主述句の前にも用いることができる］¶～你去，也～他去 / 君が行ってもいいし，彼が行ってもいい．注意 質問に対する答えが否定の場合には"不能"や"不行"と言い，"不可以"とは言わない．
②《許可を表す》…してもよい．…してよろしい．¶我～进去吗？——～〔不行〕/ 入ってもいいですか——どうぞ〔だめです〕．¶你如果忙，不去也～ / 忙しかったら行かなくてもよい．注意 否定文中では"不可以"でも"不能"でもよいが，単独で否定の答えをするときは"不行"や"不成"を用いる．
③《示唆・助言を表す》…する値打ちがある．…すればよい．¶这本小说你～看看 / この小説を君はちょっと読んでみるといい．¶你～用这台电脑嘛 ma / 君，このパソコンを使ったら(どうだ)．
❷形 ①まあまあいい．許容範囲にある．¶她的中文还～ / 彼女の中国語はそう悪くない．
②(好ましくない事物について)ひどい，すごい，たいへんだ．¶天气热得真～ / ひどい暑さだ．

【可意】kěyì 形 意にかなっている．¶这件衣服你～吗？/ この服はお気に召しましたか．

【可有可无】kě yǒu kě wú 〈成〉あってもなくてもよい．

【可再生能源】kězàishēng néngyuán 名〈環境〉再生可能エネルギー．

【可再生资源】kězàishēng zīyuán 名〈環境〉再生可能な資源．

【可憎】kězēng 形 憎らしい．¶面目～ / 面構えが憎らしい．

【可着】kězhe 前〈口〉…の許す範囲で．ある範囲・限度いっぱいで．¶～劲儿 jìnr 干 / あらん限りの力を尽くしてやる．¶～钱花 huā / あるだけのお金を遣う．

【可知】kězhī 動(…であるところをみると)…を知ることができる，…だとわかる．

**渴 kě 形 のどが渇いている．¶一天没喝水，～坏 huài 了 / 1日なにも飲んでいないので，のどが渇いてたまらない．［動詞用法もある］¶要把水预备 yùbèi 好，别～着他 / 彼がのどが渇いたりしないように，ちゃんと飲み物を用意しておかないといけない．
◇◆ 切に．‖姓

【渴念】kěniàn 動 切に思う．

【渴求】kěqiú 動 切に求める．

【渴望】kěwàng 動 渇望する．切に望む．¶～和平 / 平和を切に願う．

【渴想】kěxiǎng 動 切に思う．

4声 可 kè "可汗 kèhán"(可汗(かん)：古代の鮮卑・蒙古などの民族の最高統治者の称号)という語に用いる．▸▸ kě

*克(剋・尅) kè 量 グラム．¶～当量 dāngliàng / 〈化〉グラム当量．
◇◆ ①…できる．よく…し得る．¶不～分身 / 手が離せない．②(困難に)打ち勝つ．¶→～己 jǐ．③(戦争に)勝つ．攻め落とす．¶攻 gōng 必～ / 攻めれば必ず勝つ．④消化する．¶→～食 shí．⑤(期限を)厳しく決める．¶→～期 qī．¶→～日 rì．‖姓

【克敌制胜】kè dí zhì shèng 〈成〉敵を打ち負かし，勝利を手に入れる．

*【克服】kèfú 動 ①克服する．打ち勝つ．¶没有～不了 buliǎo 的困难 / 克服できない困難はない．②〈口〉我慢する．辛抱する．

【克复】kèfù 動(失地を)取り戻す．

【克己】kèjǐ 動〈書〉①克己．自分の欲望に打ち勝つ．¶～奉公 fèng gōng/ 〈成〉滅私奉公．②〈旧〉(商品の値段を)負ける，勉強する．③倹約して質素である．

【克扣】kèkòu 動 ピンはねする．

【克拉】kèlā 量 カラット．►宝石の重さの単位．

【克里姆林宫】Kèlǐmǔlíngōng 名 クレムリン宮殿；ロシア政府の代名詞．

【克隆】kèlóng 名〈生〉クローン．¶～牛 / クローン牛．

【克罗地亚】Kèluódìyà 名〈地名〉クロアチア．

【克罗米】kèluómǐ 名〈化〉クロム．

【克期】kèqī 動 期日を限定する．期日を約束する．

【克勤克俭】kè qín kè jiǎn 〈成〉よく働きよく倹約する．

【克日】kèrì 動 期日を限定する．期日を約束する．

【克食】kèshí 動 消化を助ける．

【克丝钳子】kèsī qiánzi 名 ペンチ．

【克星】kèxīng 名〈喩〉相性の悪い相手．苦手．かたき．

【克制】kèzhì 動(感情などを理性で)抑える．自制する．¶～自己的感情 / 自分の感情を抑える．

**刻 kè ①動 刻む．彫りつける．❖～图章 *túzhāng* / 印鑑を彫る．
②量 15分間．►英語の quarter の音訳で，"一刻""三刻"(45分)のみに用いる．¶中午十二点三～开场 / 昼の12時45分に開場する．
③形 苛酷である．無慈悲である．¶他待 dài 人太～ / 彼は人に対して苛酷である．
◇◆ ①程度が甚だしい．¶深 shēn ～ / 深刻である．②時間．¶即 jí ～ / ただちに．¶顷 qǐng ～ / たちまち．

【刻板】kè//bǎn ①動 版木に字を彫る．►"刻版"とも書く．②名 版木．③形〈喩〉紋切り型である．型どおりの．¶～的生活 shēnghuó／単調な生活．
【刻薄】kèbó 形(人となりが)冷酷である；(話し方が)辛辣(しんらつ)である．¶他的嘴 zuǐ 太～／彼は毒舌家だ．
【刻不容缓】kè bù róng huǎn〈成〉一刻も猶予できない．
【刻刀】kèdāo 名 彫刻刀．量 把．
【刻毒】kèdú 形(ものの言い方が)辛辣(しんらつ)である．¶～的话语／毒々しい言葉．
【刻度】kèdù 名 目盛り．¶～盘／ダイヤル．
【刻骨】kègǔ 動〈喩〉骨身にしみる．しっかり覚えて忘れない．►恨みや感動についていう．
【刻骨铭心】kè gǔ míng xīn〈成〉心にしっかり刻みつけ一生忘れない．肝に銘じる．
【刻画】kèhuà 動 ①彫る．描く．②描写する．浮き彫りにする．►"刻划"とも書く．¶《水浒传 Shuǐhǔzhuàn》出色 chūsè 地～了一百零八个人物的形象 xíngxiàng／『水滸伝』は108人の人間像をみごとに描き上げている．
*【刻苦】kèkǔ 形 ①**苦労をいとわない**．¶他学习很～／彼は骨身を惜しまずに勉強している．②**質素である**．¶生活～／暮らしがつつましい．
【刻意】kèyì 動 工夫を凝らす．
【刻舟求剑】kè zhōu qiú jiàn〈成〉(川に落とした剣を探すのに船べりに目印を付けるように)情況の変化を考えず,融通のきかないやり方をすること．
【刻字】kè//zì 動 字を彫る．(印材に)刻字する．¶～店 diàn／印判屋．

恪 kè

動 謹む．うやうやしくする．¶～遵 zūn／謹んで従う．
【恪守】kèshǒu 動〈書〉遵守する．厳守する．

客 kè

①名(↔主 zhǔ)**客**．**客人**．►話し言葉では単用せず,"客人 kèren"を用いることが多い．¶家里来～了／家に客が来た．②量〈方〉(飲食物の)一人前．¶一～客饭／定食1人前．
◇◆ ①顧客．旅客．宿泊客．¶乘 chéng～／乗客．¶顾 gù～／顧客．お得意．②人．人士．¶政 zhèng～／政治ごろ．政治屋．¶刺 cì～／刺客．暗殺者．③よその土地にいる．¶→～居 jū．¶→～队 duì．¶→～商 shāng．④自己の意識外のもの．¶→～体．¶→～观 guān．
【客舱】kècāng 名(船や飛行機の)客室．キャビン．
【客场】kèchǎng 名〈体〉(↔主场)相手チームのホームグラウンド；アウェーゲーム．
【客车】kèchē 名 ①(貨車に対する)客車．②バス．マイクロバス．
【客船】kèchuán 名 客船．
【客串】kèchuàn 動 特別出演する；臨時に本職以外のことを行う．
【客店】kèdiàn 名 宿屋．量 家．
【客队】kèduì 名〈体〉(↔主队)アウェーチーム．ビジター．アウェー；招待参加チーム．
【客饭】kèfàn 名 ①(中国の機関・団体などの食堂で)来客用に臨時に出す食事．②(ホテル・列車などで売る)定食．
【客房】kèfáng 名(旅館などの)客室．¶～服务 fúwù／ルームサービス．
【客观】kèguān (↔主观) ①名 客観．¶～存在 cúnzài／客観的実在．②形 客観的である．¶他看问题比较 bǐjiào～／彼はわりと客観的に物事を見る．
【客户】kèhù 名 ①取引先．得意先．②よそ者．③〈旧〉小作農．
【客货船】kèhuòchuán 名 貨客船．
【客机】kèjī 名 旅客機．
【客籍】kèjí 名 ①寄寓先の戸籍．②(よそから来た)寄寓者．
【客家】Kèjiā 名 客家(はっか)．参考 紀元4世紀の初め(西晋末年)から12世紀の初め(北宋末年)にかけて黄河流域からしだいに南方に移住した漢民族で,現在では広東・福建・広西・江西・湖南・四川・台湾・海南などの省または自治区に広く分布する．方言は客家方言を話す．
【客居】kèjū 動 異郷で暮らす．
【客流】kèliú 名 乗客の流れ．¶～高峰 gāofēng／ラッシュアワー．
【客轮】kèlún 名 客船．
【客满】kèmǎn 形 客で満員である．
【客票】kèpiào 名 ①(乗り物の)切符．②〈旧〉(芝居などの)招待券．
【客气】kèqi ①動 **遠慮する．謙遜する．¶不要～／ご遠慮なく．おかまいなく．¶他～了一番 fān,还是把礼物收下了／彼はひとしきり遠慮したが,贈り物を受け取った．¶他请你吃饭,你也该～～,不能一口就答应 dāying 了／彼が君にごちそうするといっても,二つ返事でオーケーしたりしないでちょっと遠慮してみせないといけない．②形 **礼儀正しい**．遠慮深い．¶主人很～地把他让到客厅里／あるじはたいへん丁重に彼を客間へ案内した．¶您太～了！／たいへんごていねいでおそれいります．
*【客人】kèren 名量 位,个．①(↔主人)**客**．お客さん．②**旅客**．**乗客**．
【客商】kèshāng 名 他の土地から来た商人・ビジネスマン．
【客死】kèsǐ 動〈書〉旅先で死ぬ．
【客套】kètào ①動 型どおりのあいさつをする．¶他们互相 hùxiāng～了一番 fān／彼らは互いにしばしお定まりのあいさつを交わした．②名 他人行儀なあいさつ．¶我们是老朋友了,不用讲 jiǎng～／われわれは長いつきあいなのだから,いちいちあいさつなんかいらないよ．
【客套话】kètàohuà 名 ①交際上の丁寧な決まり文句．②外交辞令．
【客体】kètǐ 名(↔主体) ①〈哲〉客体．②〈法〉対象．
【客厅】kètīng 名 **応接間**．客間．量 个,间．
【客土】kètǔ 名 ①客土．土壌を改良するためによそから持ち込んだ土．②〈書〉寄寓の地．異郷．¶侨居 qiáojū～／異国に居留する．
【客姓】kèxìng 名(同姓の一族が多く住んでいる村で)よそから来た少数の異姓の世帯．
【客源】kèyuán 名(観光・交通などの)顧客層,顧客市場．
【客运】kèyùn 名 旅客運輸．¶～量／旅客輸送量．
【客栈】kèzhàn 名 旧式の旅館．
【客座】kèzuò 名 ①来賓席．貴賓席．②客員．ゲスト．
【客座教授】kèzuò jiàoshòu 名 客員教授．

课 kè ❶名 ① **授業；(授業の)時間単位． 量 堂 táng, 节 jié．¶今天没～／きょうは授業がない．¶一节～／1こまの授業．❖上 *shàng* ～／(教師が)授業をする；(学生が)授業に出る．❖下 *xià* ～／授業が終わる．
② **教科．科目．** 量 门．¶中学一共有七门～／中学では全部で7つの教科がある．
❷量 **(教科書の)課．** ¶第一～／第1課．
❸動〈書〉(税を)徴収する．¶～以重税 zhòngshuì／重税を課する．
◇◆ ①税．②占いの一種．¶起～／占う．

【课本】kèběn 名 **教科書． 量 本,册．
【课表】kèbiǎo 名 時間割．
*【课程】kèchéng 名 **課程．** 量 门 mén．¶～表／時間割．カリキュラム表．
【课间】kèjiān 名 授業と授業のあいま．¶～休息／休み時間．
【课间操】kèjiāncāo 名 授業と授業の間に行う体操．
【课件】kèjiàn 名〈電算〉コースウェア．教育用ソフト．
【课卷】kèjuàn 名 学生が書いて出す宿題．►作文・レポートなど．
【课目】kèmù 名 授業科目；訓練科目．
【课时】kèshí 名 授業時間．
【课堂】kètáng 名 **教室．** ¶～作业 zuòyè／教室での練習問題．
【课堂讨论】kètáng tǎolùn 名 ゼミナール．
【课题】kètí 名 量 道,个．① テーマ．問題．¶研究～／研究テーマ．② 課題．解決すべき問題．¶如何解决 jiějué 失业问题是个重要～／失業をいかに解決すべきかは重要な課題である．
【课外】kèwài 名 課外；授業以外．¶～活动／課外活動．¶～作业 zuòyè／宿題．
*【课文】kèwén 名 教科書中の**本文．** 量 篇 piān,课．❖背 *bèi* ～／本文を暗唱する．
【课业】kèyè 名 学業．
【课余】kèyú 名 授業の余暇．課外．
【课桌】kèzhuō 名(教室にある学生用の)机,勉強机．

嗑(齣) kè 動(前歯で)かじる．¶～瓜子儿／(スイカなどの)種を食べる．

kei (ㄎㄟ)

1声 **剋(尅) kēi** 動 叱る；殴る．¶这孩子挨 ái ～了／この子は叱られた〔殴られた〕．⇒〖克 kè〗
【剋架】kēi//jià 動〈方〉けんかをする．

ken (ㄎㄣ)

3声 **肯 kěn ① 助動 **すすんで…(する)．喜んで…(する)．** 承知の上で…(する)．
語法 単独で質問に答えることができる．ただし,否定の答えをするときは"不行"または"不能"といい,"不肯"は用いないが,否定文には"不肯"を用いる．¶我请 qǐng 他来,他怎么也不～来／彼に来てくれと頼んだが,彼はどうしても来ようとしない．¶～不～帮忙？──～／手伝ってくれますか──手伝います．［ある種の動詞句を伴うときのみ"很"で強調することができる］¶很～动脑筋 nǎojīn／よく頭を働かす．
② 動 **承知する．** ¶我劝说 quànshuō 了半天,他才～了／長いこと説得してやっと彼は承知した．
◇◆ 骨についている肉．¶→～綮 qìng．

【肯德基】Kěndéjī 名〈地名〉ケンタッキー．
*【肯定】kěndìng ① 副 **必ず．** まちがいなく．疑いなく．¶情况～是有利的／状況は疑いなく有利だ．¶～无误 wúwù／必ずまちがいない．② 形〈口〉**はっきりしている．** 確かだ．¶他的答复 dáfù 很～／彼の返答ははっきりしている．③ 動 **肯定する．** 是認する．¶～成绩 chéngjì／業績を認める．
【肯尼亚】Kěnníyà 名〈地名〉ケニア．
【肯綮】kěnqìng 名〈書〉筋骨の結合箇所；〈喩〉要点．ポイント．

垦(墾) kěn ◇◆ 開墾する．¶开～／開墾する．
【垦荒】kěnhuāng 動 荒れ地を切り開く．開墾する．
【垦区】kěnqū 名(比較的大きな規模の)開墾地区．
【垦殖】kěnzhí 動 開拓する．

恳(懇) kěn ◇◆ ①誠意ある．¶诚 chéng ～／誠実である．②願う．¶转 zhuǎn ～／人を介して頼む．
【恳切】kěnqiè 形 **誠意があってていねいである．** ¶态度 tàidu ～／態度が懇切ていねいである．¶～希望 xīwàng／切に願う．
【恳请】kěnqǐng 動〈書〉懇請する．
【恳求】kěnqiú 動 懇願する．
【恳谈】kěntán 動 懇談する．¶～会／懇談会．
【恳托】kěntuō 動 ねんごろに依頼する．
【恳挚】kěnzhì 形〈書〉(態度や言葉が)懇切である．

啃(齦) kěn 動 ① **かじる．** かじり取って食べる．¶～玉米 yùmǐ／トウモロコシをかじる．②〈転〉かじりつく．…ばかりしている．¶～书本／書物にかじりつく．猛勉強をする．
【啃骨头】kěn gǔtou〈慣〉困難な問題の解決に取り組む．

keng (ㄎㄥ)

1声 *__坑 kēng__ ❶名(～儿)**地面にできた穴．** くぼみ．¶刨 páo 个～儿／地面に穴を掘る．
❷動 ①(詭計(きけい)や悪辣(あくらつ)な手段で人を)陥れる．裏切ってだます．¶她被朋友～了／彼女は友だちにはめられた．②〈旧〉人を生き埋めにする．¶～杀 shā／生き埋めにする．
◇◆ 坑道．竪穴(たてあな)．¶矿 kuàng ～／鉱坑．坑道．

【坑道】kēngdào 名 ① 坑道．②〈軍〉地下道．
【坑害】kēnghài 動(詭計(きけい)や悪辣(あくらつ)な手段で人を)陥れる．¶这家伙 jiāhuo 卖假药 jiǎyào ～人／こいつはにせ薬を売って人にひどい損害を与えた．
【坑井】kēngjǐng 名 坑道と竪坑(たてこう)．
【坑坑坎坎】kēngkengkǎnkǎn 形(～的)(地面が)でこぼこである．¶路面 lùmiàn ～的,很不好

走 / 道がでこぼこでとても歩きにくい.

【坑坑洼洼】kēngkengwāwā 形(〜的) でこぼこしているさま. ¶道路 dàolù 〜 / 道がでこぼこである.

【坑蒙】kēngmēng 動(人を)陥れる,だます.

【坑蒙拐骗】kēng mēng guǎi piàn 〈略〉 脅し・ごまかし・かどわかし・かたりなどあらゆる悪事を行う. ►"坑害、蒙骗、拐带、欺骗"の略.

【坑骗】kēngpiàn 動 だまして損をさせる. ¶她被 bèi 人〜了 / 彼女はまんまと一杯食わされた.

【坑人】kēng//rén 動 ①人を陥れる. ②〈口〉ひどい目にあう. くやしく思う.

【坑子】kēngzi 名〈口〉くぼみ. 量 个. ¶水 shuǐ 〜 / 水たまり.

吭 kēng 動 声を出す. ►多く否定形で"一声 yīshēng"と共に用いる. ¶一声不〜 / うんともすんとも言わない. ⏩háng

【吭哧】kēngchi ①擬《力むとき出るうなり声》よいしょ. うんうん. ②形 しどろもどろである. ③動 口ごもって言う.

【吭气儿】kēng//qìr 動〈口〉ものを言う. ►否定に用いることが多い. ¶不〜 / じっと黙っている.

【吭声儿】kēng//shēngr 動〈口〉声を出す;(多く否定の形で)ものを言う.

铿(鏗) kēng 擬《金属性の物体が硬い物にぶつかって出るよく響く音》からん. かちゃり.

【铿锵】kēngqiāng 形(楽音や声の響きが) リズミカルである. ¶他读 dú 得〜有力 / 彼は力強く高らかに読み上げた.

【铿然】kēngrán 形〈書〉音や声が強く響きわたるさま.

kong (ㄎㄨㄥ)

空 kōng ❶形 ①**空っぽである**. ¶〜箱子 xiāngzi / 空き箱. [補語として用いる]¶这棵 kē 树被虫子 chóngzi 蛀 zhù 〜了 / この木は虫に食われて空洞になった. [動詞に近い用法もある]¶他〜着手,回去了 / 彼は手ぶらで帰っていった.
②(話や文章などに) **内容がない**. ¶这部电视剧 diànshìjù 内容很〜 / このテレビドラマは内容がない.
❷副 むなしく. むだに. ¶〜跑一趟 tàng / むだ足を踏む. ¶〜喜欢 xǐhuan / ぬか喜びする.
◇◆ ①空. ¶天 tiān 〜 / 大空. ¶低 dī 〜 / 低空. ②現実離れしている. ¶→〜谈 tán. ¶→〜想 xiǎng. ‖姓 ⏩kòng

【空巢家庭】kōngcháo jiātíng 名 高齢者世帯.

【空城计】kōngchéngjì 〈慣〉自分の弱みを隠して相手をだますこと. ¶唱 chàng 〜 / 空城の計でだます.

【空挡】kōngdǎng 名〈機〉ニュートラルギア.

【空荡荡】kōngdàngdàng 形(〜的)(部屋や心の中などが) がらんとしているさま.

【空洞】kōngdòng ①形 **中身がない**. 非現実的な. ¶这篇 piān 文章空空洞洞 / この文章は中身がない. ②名(物体や人体内の) 空洞. がらんどう. ¶肺部 fèibù 有〜 / 肺に空洞がある.

【空洞洞】kōngdòngdòng 形(〜的)(部屋や頭の中などが) 空っぽなさま. がら空き.

【空对地导弹】kōngduìdì dǎodàn 名〈軍〉空対地ミサイル.

【空对空导弹】kōngduìkōng dǎodàn 名〈軍〉空対空ミサイル.

【空乏】kōngfá 形 ①困窮している. ②空虚で味気ない.

【空翻】kōngfān 名〈体〉宙返り. ¶后〜 / 後転宙返り.

【空泛】kōngfàn 形(内容が) 漠然とした,とりとめのない.

【空防】kōngfáng 名〈軍〉防空. 対空防御.

【空房】kōngfáng 名 空き家.

【空腹】kōngfù 動 腹をすかす. ¶此药 cǐ yào 需 xū 〜服用 / この薬は空腹時に飲むこと.

【空港】kōnggǎng 名 飛行場.

【空谷足音】kōng gǔ zú yīn 〈成〉困った時に,思いがけなく人から得た卓見や音信などのたとえ. 思いがけない助け船.

【空喊】kōnghǎn 動 いたずらに騒ぐだけで行動が伴わない. ►"空唤 kōnghuàn""空嚷 kōngrǎng"とも.

【空耗】kōnghào 動 虚しく費やす.

【空话】kōnghuà 名 **空論**. 空談. ¶〜连篇 liánpiān / むだ話を際限なく続ける.

【空欢喜】kōnghuānxǐ ①動 ぬか喜びする. ②名 ぬか喜び. ¶落 luò 了个〜 / ぬか喜びに終わる.

【空架子】kōngjiàzi 名(文章や組織・機構について) 見かけ倒し.

*【空间】kōngjiān 名 ①〈数〉**空間**. ¶三维 wéi 〜 / 3次元の空間. ②**空間**. 宇宙.

【空间站】kōngjiānzhàn 名 宇宙ステーション.

【空降】kōngjiàng 動〈軍〉(落下傘により) 落下する,降下する. ¶〜部队 / パラシュート部隊.

【空姐】kōngjiě 名〈略〉(女性の) 客室乗務員.

【空军】kōngjūn 名〈軍〉**空軍**.

【空空如也】kōng kōng rú yě 〈成〉空っぽで何もない. すっからかんである.

【空口】kōngkǒu ①動 さかなやおかずなしに(酒を飲んだり飯を食べたりする);飯を食べずに,酒を飲まずに(料理を食べる). ②名 裏づけのないいい加減な話をする口.

【空口说白话】kōngkǒu shuō báihuà 〈慣〉口先だけで実行が伴わない.

【空口无凭】kōng kǒu wú píng 〈成〉口で言っただけで証拠がない.

【空旷】kōngkuàng 形(遮るものがなく) 広々としている. ¶〜的原野 / 広々とした原野.

【空阔・空廓】kōngkuò 形 広々としている.

【空论】kōnglùn 名 空論.

【空落落】kōngluòluò 形(〜的) がらんとしてもの寂しい.

【空门】kōngmén 名 ①〈宗〉仏門. ¶遁 dùn 入〜 / 仏門に入る. 出家する. ②(〜儿)〈体〉(サッカーなどの球技で) 無人のゴール.

【空难】kōngnàn 名 航空災害. 飛行機事故.

*【空气】kōngqì 名 ①**空気**. 大気. ¶呼吸 hūxī 新鮮〜 / 新鮮な空気を吸う. ②**雰囲気**. 空気. ¶制造 zhìzào 紧张 jǐnzhāng 〜 / 緊張した雰囲気を作る.

【空气锤】kōngqìchuí 名〈機〉エアハンマー.

【空气净化器】kōngqì jìnghuàqì 名 空気清浄機.

K

【空气污染指数】kōngqì wūrán zhǐshù 名〈環境〉大気汚染指数.

*【空前】kōngqián 形 空前の．前例のない．¶盛况 shèngkuàng ～ / 空前の盛況である．¶～的灾难 zāinàn / 空前の災害．¶～地发展 fāzhǎn / 先例なく発展する．

【空前绝后】kōng qián jué hòu〈成〉空前絶後である．

【空勤】kōngqín 名(↔地勤 dìqín)機上勤務．

【空嫂】kōngsǎo 名〈略〉(既婚女性の)客室乗務員．

【空身】kōng//shēn 動(～儿)身一つにする．¶～前往 qiánwǎng / 身一つで行く．

【空手】kōng//shǒu 動 手に何も持たない．¶他空着手回去了 / 彼は手ぶらで帰っていった．

【空疏】kōngshū 形〈書〉(学問·文章·言論などが)内容がない．¶内容～ / 内容が貧弱である．

【空谈】kōngtán ①動 空談する．非現実的な話をする．②名 空談．空論．

*【空调】kōngtiáo 名 エアコン．空調．

【空头】kōngtóu ①形 実質が伴わない．¶～人情 rénqíng / 口先だけで実行の伴わない好意．¶～艺术家 yìshùjiā / 名ばかりの芸術家．②名(↔多头 duōtóu)(投機市場での)空売り(をする人)．

【空头支票】kōngtóu zhīpiào 名 ①〈経〉空手形．不渡り手形．②〈喩〉空手形．実行の伴わない約束．

【空文】kōngwén 名 ①現実の役に立たない文章．②実効のない法律や規定．

【空袭】kōngxí 動 空襲する．

【空想】kōngxiǎng ①動 根も葉もないことを考える．空想する．¶他～出许多奇特 qítè 的方案 / 彼は思いつきでたくさんの奇抜な案を考え出した．②名 空想．いたずらな考え．

【空心】kōng//xīn ①動 樹木の髄ががらんどうになる．野菜の中心にすがはいる．②形 中空の．¶～坝 bà / 中空ダム．⇒【空心】kòngxīn

【空心菜】kōngxīncài 名〈植〉アサガオナ．ヨウサイ(蕹菜)．►"蕹菜 wèngcài"とも．

【空心面】kōngxīnmiàn 名 中空の麵類；マカロニ．

【空虚】kōngxū 形(生活·気持ちが)空虚である．空っぽである．中身がない．¶敌后 díhòu ～ / 敵後方は手薄だ．¶弥补 míbǔ 心灵 xīnlíng 的～ / 心の空白を埋める．

【空穴来风】kōng xué lái fēng〈成〉すきまがあってこそ風が入る．火のないところに煙は立たぬ．

【空域】kōngyù 名 空域．

【空运】kōngyùn 動 空輸する．

【空战】kōngzhàn 名 空中戦．

*【空中】kōngzhōng 名 空．空中．¶在～飞翔 fēixiáng / 空中を飛び回る．

【空中客车】kōngzhōng kèchē 名 エアバス．

【空中楼阁】kōng zhōng lóu gé〈成〉空中の楼閣；架空の事物や現実離れした理論·計画．

【空中小姐】kōngzhōng xiǎojiě 名(女性の)客室乗務員．

【空钟】kōngzhong 名〈口〉空中ごま．

【空竹】kōngzhú 名 空中ごま．唐ごま．¶抖 dǒu ～ / こまを回す．こま回し．

【空转】kōngzhuàn 動〈機〉①(機械などを)空運転する．アイドリングする．②(車輪などが)空回りする．

孔 kǒng
3声 *

①名 孔(ⓚ)．穴．¶挖 wā 一个～ / 穴を一つ掘る．②量 洞窟式横穴住居を数える．

◇◆ ①通じる．¶→～道 dào．②(Kǒng)孔子の略称．¶～夫子 fūzǐ / 孔子様．¶～教 jiào / 孔子の教え．儒教．‖姓

【孔道】kǒngdào 名 要路．¶交通 jiāotōng ～ / 交通の要路．

【孔洞】kǒngdòng 名(人工的にあけた器物の)穴．

【孔径】kǒngjìng 名〈機〉口径．

【孔孟之道】Kǒng-Mèng zhī dào 孔子と孟子の道．儒学の思想．

【孔庙】Kǒngmiào 名 孔子廟．

【孔明灯】kǒngmíngdēng 名(諸葛孔明が考案したといわれる)紙製の熱気球．孔明灯．

【孔雀】kǒngquè 名〈鳥〉クジャク．圖 只．

【孔隙】kǒngxì 名 穴．すきま．

【孔穴】kǒngxué 名 穴．

恐 kǒng

副〈書〉おそらく．

◇◆ ①恐れる．¶惊 jīng ～ / 恐怖にかられる．②脅す．脅かす．¶→～吓 hè．

*【恐怖】kǒngbù ①形 恐ろしい．¶感到～ / 恐怖を感じる．②名(生命をおびやかす)**恐怖．テロ．**¶～分子 fènzǐ / テロリスト．¶白色～ / 白色テロ．

【恐怖片】kǒngbùpiàn 名(～儿)ホラー映画．

【恐怖事件】kǒngbù shìjiàn 名 テロ事件．

【恐怖主义】kǒngbù zhǔyì 名 テロリズム．

【恐怖组织】kǒngbù zǔzhī 名 テロ組織．

【恐吓】kǒnghè 動 脅迫する．¶～信 / 脅迫状．

【恐慌】kǒnghuāng ①形 恐れあわてる．¶感到～ / 恐怖を感じてあわてる．②名 恐慌．パニック．¶粮食 liángshi ～ / 食糧危機．

【恐惧】kǒngjù 動 **恐れる．**¶～不安 / 怖くてしようがない．

【恐龙】kǒnglóng 名〈古生〉恐竜．

【恐怕】kǒngpà ❶副 ①(よくない結果を予測して)おそらく．**¶看这样子，～要下雨 / この様子では，おそらく雨が降るだろう．¶～他今天不会来了 / おそらく彼はきょう，来ないだろう．②(聞き手に同調を期待しながら予測して)**たぶん．**¶这块 kuài 表～是她的吧 / この時計はたぶん彼女のだろう．参考 ①の場合，後に助動詞を伴うことが多く，②の場合，文末に"吧"を伴うことが多い．❷動 心配する．恐れる．

【恐水病】kǒngshuǐbìng 名〈医〉狂犬病．

空 kòng
4声 *

❶形 **空いている．**¶这间屋子里什么东西都没有，～得很 / この部屋の中には何もなくてがらんとしている．¶有～房间 fángjiān 吗？/ 空き部屋はありますか．

❷名 ①(～儿)**すきま．空いている場所．**¶行间 hángjiān 多留出点～儿 / 行間はもうすこし空けなさい．❖填 *tián* ～ / 空欄を埋める．②(～儿)**手がすいている時．暇．**❖抽 *chōu* ～ / 時間を作る．¶我想抽～儿去书店看看 / 私は時間を作って本屋に行ってみたい．

❸動 **空ける．**空にする．¶～出几个坐位 zuòwèi / いくつかの座席を空ける．

◇◆ 欠損．¶亏 kuī ～ / 欠損する．⏩ kōng

【空白】kòngbái 名(紙などの)**空白，余白**；〈喩〉(研究や産業などで)未開拓の分野．

【空白点】kòngbáidiǎn 名 未開拓の分野．手つかずの部分．
【空当子】kòngdāngzi 名〈口〉すきま．暇．合間．►"空当儿"とも．
【空地】kòngdì 動 ①空き地．②(～儿)空いている所．余地．¶屋角 wūjiǎo 还有点～ / 部屋の隅にはまだスペースがある．
【空额】kòng'é 名 欠員．
【空格】kònggé 名 空欄．¶～键 jiàn / (パソコンなどの)スペースキー．
【空缺】kòngquē 名 ①欠員．空きポスト．②空き；欠け．
【空隙】kòngxì 名 ①**すきま**；(時間の)合間．¶借 jiè 工作～学习中文 / 仕事の合間に中国語を勉強する．②すき．乗ずる機会．
【空闲】kòngxián ❶形 ①暇になる．手がすく．¶等 děng 他～下来，再跟他谈 tán / 彼の手がすいてからまた話すことにしよう．②(機械などを)使っていない，遊ばせておく．❷名 暇．手のすいている時間．¶他一有～就学外语 wàiyǔ / 彼は暇があれば外国語を勉強する．
【空心】kòngxīn 名(～儿)〈口〉空腹．空きっ腹．¶这药 yào 要～吃 / この薬は空腹時に飲まないといけない．⇒【空心】kōng//xīn
【空余】kòngyú 形(時間や空間が)使われずに余っている；空きの．¶～病床 / 病院の空きベッド．
【空子】kòngzi 名 ①すきま；暇．②〈貶〉すき．乗ずる機会．¶钻 zuān ～ / 相手のすきにつけ込む．

控 kòng

動 ①(体の一部を宙ぶらりんにし)ぶらりと垂らす．¶腿 tuǐ ～肿 zhǒng 了 / 長いこと足をぶらりと垂らしていたのでむくんでしまった．②(容器を逆さにし液体を)垂らし出す．¶把衣服上的水～干 gān / 洗濯物を水切りする．
◇◆ ①訴える．¶被～ / 訴えられる．¶指 zhǐ ～ / 起訴する；問責する．②コントロールする．¶遥 yáo ～ / リモートコントロール．遠隔操作．
【控告】kònggào 動〈法〉告訴する．¶向法院 fǎyuàn ～ / 裁判所に告訴する．
【控股】kòng//gǔ 動〈経〉(ある企業の)一定量の株を所有し，経営に参画する．
【控股公司】kònggǔ gōngsī 名〈経〉持ち株会社．
【控诉】kòngsù 動 ①(被害者が大衆に犯罪者の犯罪行為を)告発する．②〈法〉告訴する．
*【控制】kòngzhì 動 **抑える．コントロールする．**¶～市场 / 市場をコントロールする．¶～不住自己的感情 / 自分の感情をコントロールできない．¶～键 jiàn / (コンピュータの)コントロールキー．
【控制面板】kòngzhì miànbǎn 名 〈電算〉コントロールパネル．

kou (ㄎㄡ)

抠(摳) kōu

❶動 ①**ほじくる．**(指や細い棒で)掘る．¶～耳朵 ěrduo / 耳をほじくる．¶把掉在地板 dìbǎn 缝 fèng 里的针 zhēn ～出来 / 床板のすきまに落ちた針をほじくり出す．②(模様などを)彫る．彫刻する．¶在笔杆 bǐgǎn 上～个花儿 / 万年筆に彫りものをする．③〈貶〉(細かなことを)せんさくする．¶→～字眼 zìyǎn．
❷形 けちである．しみったれている．¶他这个人太～了 / あの人はとてもけちだ．
【抠门儿】kōuménr 形〈方〉けちけちしている．
【抠破】kōu//pò 動+結補 ほじくって破る．つつき破る．¶把鼻子 bízi ～了 / 鼻をほじくって傷ができた．
【抠搜】kōusou ❶動 ほじくる．❷形〈方〉①けちけちしている．②ぐずぐずしている．►①②とも"抠唆〔挲〕kōusuo"とも．
【抠字眼】kōu zìyǎn (～儿)字句や言葉遣いのせんさくをする．言葉尻をとらえる．

眍(瞘) kōu

動 目がくぼむ．¶他瘦 shòu 得眼睛 yǎnjing 都～进去了 / 彼はひどくやせて目がすっかり落ちくぼんだ．

口 kǒu

3声 **

❶量 ①(家庭・村などの)**人数・人口**；家畜(特に豚)；(口や刃のある)器物を数える．¶全家三～人 / 三人家族．¶一～猪 zhū / ブタ1頭．¶两～井 jǐng / 井戸2基．②**口の動作の回数や言語の能力**についていう．►数詞はふつう"一"．¶喝 hē 了一～水 / 水をひと口飲んだ．¶他能说一～流利的汉语 / 彼はきれいな中国語を話す．
❷名 ①口．►話し言葉では単用しない．⇒〖嘴 zuǐ〗②(～儿)容器の口〔縁〕；出入り口．¶瓶子 píngzi ～儿 / 瓶の口．¶胡同 hútòng ～ / 路地の入り口．③(～儿)傷口．裂け目．¶裤子 kùzi 给刮 guā 了个～儿 / ズボンがかぎ裂きになった．④(刃物の)刃．¶刀～很快 / 刀の切れ味がよい．⑤ウマ・ロバなどの年齢．¶这匹 pǐ 马是六岁～ / このウマは6歳だ．‖姓
【口岸】kǒu'àn 名 ①**港．**¶通商～ / 貿易港．②(空港や港などに)税関が設置した検問所．
【口白】kǒubái 名 口上．せりふ．
【口碑】kǒubēi 名〈喩〉みなが口にする賛辞；言い伝え．
【口碑载道】kǒu bēi zài dào 〈成〉至るところでほめたたえられる．
【口布】kǒubù 名 ナプキン．
【口才】kǒucái 名 弁舌の才．¶他～好 / 彼はなかなか弁が立つ．¶他没有～ / 彼は口べたな人だ．
【口吃】kǒuchī 動 どもる．
【口齿】kǒuchǐ 名 ①発音．話し方．¶～伶俐 línglì / 口が達者である．②馬・ロバなどの年齢．
【口臭】kǒuchòu 名 口臭．
【口传】kǒuchuán 動 口授する．口伝えする．¶～心授 shòu / 口伝えや以心伝心で教える．
【口疮】kǒuchuāng 名 口内炎．
*【口袋】kǒudai 名(～儿)**袋；ポケット．**(量) 个．¶纸～儿 / 紙袋．
【口风】kǒufeng 名 口ぶり．話ぶり．
【口服】kǒufú 動 ①口先だけ承服する．¶～心不服 / 口先だけ承服して心の中は承服しない．②薬を口から飲む．¶～避孕药 bìyùnyào / 経口避妊薬．ピル．
【口福】kǒufú 名〈諧〉ごちそうにありつく運．口の幸い．
【口干舌燥】kǒu gān shé zào 〈成〉口がからからに乾く形容．しゃべりまくったり，歌い続けたりして疲れるたとえ．
【口感】kǒugǎn 名(飲食物の)食感．
【口供】kǒugòng 名(犯人の)供述．自供．

K

*【口号】kǒuhào 名 スローガン. 量 个,句. ❖喊 *hǎn*～/スローガンを大声で唱える;シュプレヒコールをする.

【口红】kǒuhóng 名 口紅. 量 管 guǎn,支 zhī. ❖抹 *mǒ*～/口紅を塗る.

【口积肚攒】kǒu jī dù zǎn 〈成〉食費をきりつめて金を貯める.

【口技】kǒujì 名(雑技の一種)声帯模写. ものまね(声).

【口角】kǒujiǎo 名 口もと. ¶～流涎 xián/口もとからよだれを垂らす;のどから手が出る. ¶～春风 chūnfēng/他人のためによろしく吹聴すること. ⇨【口角】kǒujué

【口紧】kǒujǐn 形 口が堅い. ¶～的人办事牢 láo/口の固い人は仕事ぶりが確実である.

【口径】kǒujìng 名 ①口径. ②〈喩〉要求される規格や性能. ¶对〔不对〕～/予想と現実(あるいは需要と供給)がぴったり一致する〔しない〕. ③口ぶり. 話し方. 意見. ¶～不一致 yīzhì/話が食い違う.

【口诀】kǒujué 名 内容や要点などを暗記しやすいようにまとめた語句. ¶珠算～/(珠算の)九九.

【口角】kǒujué 動 口論する. ⇨【口角】kǒujiǎo

【口渴】kǒukě 形 のどが渇く.

【口口声声】kǒu kǒu shēng shēng 〈成〉何度も言い張る.

【口粮】kǒuliáng 名 一人分の食糧. 各人が必要とする食糧.

【口令】kǒulìng 名 ①号令. ②〈軍〉暗号. 合い言葉.

【口蜜腹剑】kǒu mì fù jiàn 〈成〉口先では甘いことを言い,腹の中では陰険なたくらみを抱く.

*【口气】kǒuqì 名 ①語気. 鼻息. ¶他的～真不小/あいつは大きな口をきく. ②言外の意味;口ぶり. ¶探 tàn～/口ぶりから言外の意味を探る. ③(感情・ニュアンスを表す)口調.

【口腔】kǒuqiāng 名〈生理〉口腔. 参考 病院で"口腔科"は一般に歯科のこと.

【口琴】kǒuqín 名 ハーモニカ. 量 个. ❖吹 *chuī*～/ハーモニカを吹く.

【口轻】kǒuqīng 形 ①(料理で)塩気が足りない;薄味を好む. ¶那人～,喜欢吃淡 dàn 的/彼は薄味でさっぱりしたものが好きだ. ②(馬などの)年が若い. ►"口小 kǒuxiǎo"とも.

【口若悬河】kǒu ruò xuán hé 〈成〉弁舌がよどみない形容. 立て板に水.

【口哨儿】kǒushàor 名 口笛. ❖吹 *chuī*～/口笛を吹く.

【口舌】kǒushé 名 ①(言葉の行き違いから起こる)いざこざ. いさかい. ►"有～、发生～、闹～"などで用いることが多い. ¶～是非 shìfēi/おしゃべりから起こるいざこざ. ②(説得・口論・交渉などの際の)言葉,口数. ►多く"费 fèi～"とする.

*【口试】kǒushì 名(↔笔试 bǐshì)口頭試問. 口述試験.

【口是心非】kǒu shì xīn fēi 〈成〉口で言うことと腹の中で思っていることが違う.

【口授】kǒushòu 動 ①口授する. ②口述筆記する.

【口述】kǒushù 動 口述する.

【口水】kǒushuǐ 名〈口〉よだれ;つば. ❖流 *liú*～/よだれを垂らす.

【口算】kǒusuàn 動 暗算しながら口で唱える.

【口蹄疫】kǒutíyì 名〈畜〉口蹄疫(こうていえき).

【口条】kǒutiáo 名〈食材〉豚や牛などの舌.

【口头】kǒutóu 名(～儿) ①口先. ►多く"～上"として用いる. ¶他只是～上答应你/彼はただ口先で承諾しただけだ. ②(↔书面 shūmiàn,笔头 bǐtóu)口頭. ¶～翻译 fānyì/通訳する. ¶～汇报 huìbào/口頭で報告する. ¶～报道 bàodào/アナウンサーによる現場からの生放送. ¶～文学/伝承文学.

【口头禅】kǒutóuchán 名 口癖.

【口头语】kǒutóuyǔ 名(～儿)口癖.

*【口味・口胃】kǒuwèi 名(～儿) ①(食べ物の)味. ¶这个菜～真好!/この料理はほんとうにおいしい. ②(食べ物などに対する)嗜好,好み. ¶京剧 Jīngjù 最合我的～/京劇がいちばん私の好みに合う.

【口吻】kǒuwěn 名 ①〈動〉口先. くちばし. ¶用教训 jiàoxun 人的～来讲话/人に説教するような口ぶりで話す. ②口ぶり. 話しぶり.

【口误】kǒuwù ①動(うっかり)言いまちがえる,読みちがえる. ②名 言いあやまった言葉;読みちがえた字.

【口香糖】kǒuxiāngtáng 名 チューインガム. ►子供の間では"泡泡糖 pàopàotáng"ともいう. 量[枚数]块. ❖嚼 *jiáo*～/ガムをかむ.

【口信】kǒuxìn 名(～儿)伝言. ことづて. ¶请你给他带 dài 一个～,说我病了/私が病気だと彼にことづけてください.

【口形】kǒuxíng 名〈語〉発音する時の口の形.

【口炎】kǒuyán 名〈医〉口内炎.

【口译】kǒuyì 動(↔笔译 bǐyì)通訳する.

【口音】kǒuyin 名 ①話し声. 発音. ¶听～,他可能是河北省 Héběishěng 人/発音を聞くと,彼は確かに河北省の出身のようだ. ②なまり. ¶他讲话四川 Sìchuān～较重 zhòng/彼の言葉は四川なまりがわりに強い.

*【口语】kǒuyǔ 名 ①(↔书面语 shūmiànyǔ)口語. 話し言葉. ②〈書〉誹謗(ひぼう)する言葉.

【口罩】kǒuzhào 名(～儿)(鼻や口を覆う)マスク. 量 副 fù,个. ❖戴 *dài*～/マスクをかける.

【口重】kǒuzhòng 形(↔口轻 kǒuqīng)塩辛い;塩気の多いものを好む.

【口诛笔伐】kǒu zhū bǐ fá 〈成〉言論や文章で他人の罪状を暴露し攻撃する.

【口子】kǒuzi ❶量〈口〉人数をさす. ¶你们家有几～人/家族は何人ですか. ❷名 ①〈口〉夫〔妻〕. ¶我那～整天很忙/うちのは一日中ばたばたしている. ②(山の)切断面;(河川の)決壊口. ③(人の体の)傷口;(物の表面の)裂け目.

叩 kòu

4声 動〈書〉たたく. ¶～门/門をたたく.

◇◆ おじぎする. ¶→～首.

【叩拜】kòubài 動(昔の礼儀作法)ひざまずいて拝む.

【叩首】kòushǒu 動 頭を地につけて拝礼する. 叩頭する. ►最も敬意のこめられたおじぎ.

【叩头】kòu//tóu →【磕头】kē//tóu

【叩谢】kòuxiè 動 深く感謝の意を表す. ¶登门～/訪ねていき深謝する.

【叩诊】kòuzhěn 動〈医〉打診する. ¶～锤 chuí/打診に使うハンマー.

*扣(釦) kòu ❶動 ①(留め金・ボタンなどを)かける. ¶～上扣子 / ボタンをはめる. ¶把门～上 / ドアに留め金をかける. ②(コップ・碗などを)伏せて置く. ¶把茶杯 chábēi ～在桌子上 / ティーカップをテーブルに伏せて置く. ¶用碗 wǎn 把菜～上,免得 miǎnde 凉 liáng 了 / 冷めてしまわないように,おかずにどんぶりをかぶせておきなさい. ③拘留する;差し押さえる. ¶把小偷儿 xiǎotōur ～起来 / どろぼうを留置する. ¶走私 zǒusī 物品全部被 bèi ～了 / 密輸品は全部差し押さえられた. ④差し引く. 天引きする. ¶～工资 gōngzī / 給料から差し引く. ¶～分数 / 減点する.
❷名 ①(～儿)ボタン. ¶衣～ / 衣服のボタン. ②(～儿)結び目. ¶绳 shéng ～儿 / ひもの結び目. ¶系 jì 一个活 huó ～儿 / 花結びに結ぶ. ③割引. ¶打九～ / 1割引にする.
❸量 ねじ山の一回り分. ‖姓

【扣除】kòuchú 動 差し引く.
【扣发】kòufā 動 ①(給料・賞与などを)差し押さえて支払わない. ②(文書・原稿などを)差し止めて発表しない.
【扣留】kòuliú 動(人・財物を)差し押さえる.
【扣帽子】kòu màozi 〈慣〉(人に)レッテルを貼る.
【扣球】kòuqiú 動〈体〉(バレーボールで)スパイクを打つ;(テニスなどで)スマッシュを打つ.
【扣人心弦】kòu rén xīn xián 〈成〉人を興奮させる. 感動させる. ¶一场 chǎng ～的比赛 bǐsài / エキサイティングな試合.
【扣杀】kòushā 動〈体〉(卓球・テニスなどで)スマッシュする.
【扣题】kòu//tí 動 主題にぴったりと合う.
【扣头】kòutou 名 割引(額).
【扣压】kòuyā 動(文書や意見を)手元に押さえてうやむやにする,にぎりつぶす.
【扣押】kòuyā 動〈法〉①留置する. 拘禁する. ②(事件処理のために物品・文書などを)押収する,差し押さえる.
【扣眼】kòuyǎn 名(～儿)ボタン穴.
【扣子】kòuzi 名 ①結び目. ②ボタン. ❖扣上 *kòushang* ～ / ボタンをかける. ❖解开 *jiěkāi* ～ / ボタンをはずす. ③(小説や講談などの)やま,クライマックス.

寇 kòu ◇◆ ①強盗;侵略者. 敵. ¶海 hǎi ～ / 海賊. ¶外～ / 外敵. ②敵が侵略する. ¶入 rù ～ / (敵が)侵入する. ‖姓

【寇仇】kòuchóu 名 仇敵.

蔻 kòu 名〈植〉ビャクズク. ニクズク.

【蔻丹】kòudān 名 マニキュア.

ku (ㄎㄨ)

枯 kū 形(草木が)枯れた;(井戸や川などの水が)涸(か)れた. ¶这棵 kē 树～了 / この木は枯れた. ¶泉水不会～ / 泉は涸れっこない.
◇◆ 無味乾燥である. おもしろみがない. ¶～坐 / つくねんと座る. ‖姓

【枯肠】kūcháng 名〈書〉(詩や文章を書くのに)貧弱な文才.
【枯干】kūgān 形 枯れてからからになる.
【枯槁】kūgǎo 形〈書〉(草木が)枯れる;やせ衰える. やつれる. ¶形容～ / げっそりしている.
【枯骨】kūgǔ 名 白骨.
【枯黄】kūhuáng 形(草木が)枯れて黄ばんでいる.
【枯竭】kūjié 動 ①枯渇する. ②(体力・資財などが)尽きる. ¶精力 jīnglì ～ / 精力が尽き果てる.
【枯井】kūjǐng 名 涸(か)れ井戸.
【枯窘】kūjiǒng 形(力や文才などが)枯渇する,乏しくなる.
【枯木逢春】kū mù féng chūn 〈成〉枯れ木に花が咲く;〈喩〉衰えかかった事物が再び活気づく.
【枯涩】kūsè 形 ①無味乾燥で生気がない. ②乾燥して潤いがない.
【枯瘦】kūshòu 形 やせこけている. ¶～如柴 chái / やせこけて骨と皮になる.
【枯水期】kūshuǐqī 名 渇水期.
【枯萎】kūwěi 動 枯れてしぼむ. ¶荷叶 héyè ～了 / ハスの葉が枯れた.
【枯朽】kūxiǔ 形 枯れて朽ちている.
*【枯燥】kūzào 形 無味乾燥である. 味気ない. ¶文章～无味 wúwèi / 文章が無味乾燥である. ¶生活～ / 生活が味気ない.

**哭 kū 動(声を出して)泣く. ¶她～了一夜 / 彼女は一晩,泣き明かした. [亡くなったあるいはいなくなった人を目的語にとって]¶孩子伤心 shāngxīn 地～着父亲 / 子供は(死んだ)父親をしのび悲しんで泣いている.

【哭鼻子】kū bízi 〈慣〉めそめそする. べそをかく.
【哭喊】kūhǎn 動 泣き叫ぶ.
【哭哭啼啼】kūkutítí 形(～的)ひっきりなしに泣く.
【哭泣】kūqì 動 しくしく泣く. むせび泣く. ¶她捂 wǔ 着脸～起来 / 彼女は顔を覆ってしくしく泣き出した.
【哭腔】kūqiāng 名(～儿) ①(京劇の)泣き声を表現した節回し. ②涙声.
【哭穷】kū//qióng 動 自分の貧しさを言いふらす;貧しいと泣き言をいう.
【哭丧棒】kūsāngbàng 名〈旧〉葬式で死者の息子たちが持つ白い紙を巻きつけた儀式用の杖.
【哭丧着脸】kūsangzhe liǎn 〈慣〉しかめっ面をする. 泣きべそ顔になる.
【哭诉】kūsù 動 泣きながら訴える.
【哭天抹泪】kū tiān mǒ lèi 〈成〉〈蔑〉めそめそする.
【哭笑不得】kū xiào bù dé 〈成〉泣くに泣けず笑うに笑えず.

堀 kū ◇◆ ①〖窟 kū〗に同じ. ②穴をあける. 参考 日本語の「堀」は"城豪 chénghǎo""沟 gōu""渠 qú"などという.

窟 kū ◇◆ ①洞穴. ¶～穴 xué / 洞穴;巣窟. ②巣窟. ¶匪 fěi ～ / 匪賊の巣窟.

*【窟窿】kūlong 名 ①穴;洞穴. ¶衣服破 pò 了个大～ / 服に大きな穴をあけた. ¶老鼠 lǎoshǔ ～ / ネズミの穴. ②〈喩〉借金の穴. ¶掏 tāo ～ / 借金する. ¶补 bǔ ～ / 借金の穴を埋める. ③〈喩〉

K

手ぬかり.
【窟窿眼儿】kūlongyǎnr 名 小さな穴.
【窟宅】kūzhái 名 巣窟;(盗賊や匪賊などの)アジト.

骷 kū "骷髅 kūlóu"↓という語に用いる.
【骷髅】kūlóu 名 どくろ. されこうべ.

3声 **苦** kǔ ＊＊ ❶形 ①(↔甜 tián)苦い. ¶这药 yào～极了/この薬はとても苦い. ②苦しい. つらい. ¶他在西藏 Xīzàng 的几年太～了/彼のチベットにあった数年間はほんとうにつらかった. ③度を越している. ¶指甲 zhǐjia 剪 jiǎn 得太～了/深づめをしてしまった.
❷動 苦しめる. 苦労させる. ¶这事可～了他了/この件で彼はずいぶん苦労した.
❸名 苦しみ. 苦痛. ►"吃 chī、有 yǒu、怕 pà"などの動詞の目的語になることが多い. ¶她很能吃～/彼女は苦しみをなめることをいとわない.
◇◆ ①根気よく. 一生懸命に. ¶～劝 quàn/辛抱強く忠告する. ②…に苦しめられる. 困る. ¶→～夏. ‖姓

【苦差】kǔchāi 名 つらい役目. 苦労ばかりで得るところの少ない仕事.
【苦楚】kǔchǔ 名 生活上の苦痛.
【苦处】kǔchu 名 ①苦しみ. ②苦しいところ. ¶他有他的～/彼には彼なりのつらいところがある.
【苦大仇深】kǔ dà chóu shēn 〈成〉(人民の)苦しみは大きく恨みは深い.
【苦胆】kǔdǎn 名 胆嚢の通称.
【苦丁茶】kǔdīngchá 名 唐茶. にが茶.
【苦干】kǔgàn 動 一生懸命に働く. ¶埋头 máitóu～/〈成〉わき目もふらず一生けんめいに働く.
【苦根子】kǔgēnzi 名 苦労の種. 苦しみの原因.
【苦工】kǔgōng 名(旧社会で)苦しい労働(を強いられた人).
【苦功】kǔgōng 名 こつこつ勉強すること;修業に刻苦すること.
【苦瓜】kǔguā 名〈植〉ニガウリ.
【苦果】kǔguǒ 名〈喩〉悪い結果. ¶自食～/自業自得.
【苦海】kǔhǎi 名〈喩〉苦しい境遇. 苦界.
【苦寒】kǔhán 形 ①(天気が)ひどく寒い. ②(生活が)貧しい.
【苦活儿】kǔhuór 名 つらくて実入りの少ない仕事.
【苦尽甘来】kǔ jìn gān lái 〈成〉苦労をし尽くして楽な生活が始まる.
【苦境】kǔjìng 名 苦境. 苦しい境遇.
【苦口】kǔkǒu 形 ①(多く四字句に用い)口を酸っぱくして説くさま. ¶～相劝 xiāngquàn/口を酸っぱくして戒める. ¶～婆心 póxīn/老婆心から繰り返し忠告する. ②〈書〉口に苦い. ¶良药 liángyào～利于病/〈諺〉良薬は口に苦し. 苦言は身のためになるたとえ.
【苦口婆心】kǔ kǒu pó xīn 〈成〉老婆心から繰り返し忠告する.
【苦劳】kǔláo 名(仕事に傾けた)労苦,骨折り,辛労.
【苦力】kǔlì 名〈旧〉クーリー. 肉体労働者.
【苦闷】kǔmèn 形 苦悶している. 思い悩んでいる.
【苦命】kǔmìng 名 哀れな運命.
【苦难】kǔnàn 名 苦難. 苦しみや難儀.
【苦恼】kǔnǎo ①形 悩ましい. ②動 苦悩させる.
【苦求】kǔqiú 動 一生懸命に頼む.
【苦人】kǔrén 名 苦境にいる人;不運な人.
【苦日子】kǔ rìzi 名 苦しい生活.
【苦肉计】kǔròujì 〈慣〉苦肉の策.
【苦涩】kǔsè 形 ①苦くて渋い. ②心の中が苦しいさま.
【苦水】kǔshuǐ 名 ①鉱物質を含んだ苦味のある水. ②(病気などで吐く)苦い液体. ③〈喩〉苦しみ. ¶把～都倒 dào 出来/今までの苦しみを洗いざらいぶちまける.
【苦思】kǔsī 動 苦慮する. 脳みそを絞る.
【苦痛】kǔtòng 形 苦痛である. ►"苦痛"は文学的な表現で,話し言葉では"痛苦"を用いることが多い.
【苦头】kǔtóu 名(～儿)苦み.
【苦头】kǔtou 名(～儿)苦い経験. つらい目;苦しみ. ¶吃～/苦い経験をする. つらい目にあう.
【苦夏】kǔxià 動 夏まけする. 夏やせする.
【苦笑】kǔxiào 動 苦笑する.
【苦心】kǔxīn ①名 苦心;心配り. ¶不能辜负 gūfù 她的一片～/彼女の心遣いを無にするわけにはいかない. ¶煞费 shàfèi～/さんざん心を尽くす. ②形 苦心する;工夫する. ►単独で述語としないで連用修飾語として用いることが多い. ¶～经营 jīngyíng/苦心さんたんする. ¶～钻研 zuānyán/苦心して研究する.
【苦于】kǔyú ①動 …に苦しむ;困ったことに…. ¶～时间紧 jǐn/困ったことに時間がない. ②形 …より苦しい.
【苦雨】kǔyǔ 名 長雨.
【苦战】kǔzhàn 動 苦戦する. 苦闘する.
【苦衷】kǔzhōng 名 苦衷. 苦しい心のうち. ¶希望 xīwàng 你能理解我的～/君には私の苦しい胸のうちをわかってほしい.
【苦主】kǔzhǔ 名(殺人事件の)被害者の遺族.

4声 **库** kù 名 物を収納·保存する建築物. 倉庫. ¶水～/ダム. 貯水池. ¶书～/書庫. ¶国～/国庫. ‖姓
【库藏】kùcáng 動 貯蔵する. 所蔵する. ⇒【库藏】kùzàng
【库存】kùcún 名 手元金. 在庫品. ストック.
【库房】kùfáng 名 倉庫. 物置き.
【库锦】kùjǐn 名〈紡〉金糸·銀糸·刺繡糸で模様を織り出した錦.
【库克群岛】Kùkè qúndǎo 名〈地名〉クック諸島.
【库仑】kùlún 量〈電〉クーロン. ►略して"库".
【库券】kùquàn 名〈略〉国債.
【库藏】kùzàng 名〈書〉倉庫. ⇒【库藏】kùcáng

绔 kù 〖裤 kù〗に同じ. ¶纨 wán～/絹のズボン;上流階級の若者.

裤(袴) kù ◇◆ ズボン. ¶→～子 zi. ¶～长 cháng/ズボンの丈(ㄊ). ¶短 duǎn～/半ズボン. ¶棉 mián～/綿入れのズボン.
【裤衩】kùchǎ 名(～儿)パンツ. ショートパンツ. ショーツ. 〔量〕条 tiáo. ¶三角～/ブリーフ.
【裤裆】kùdāng 名 ズボンのまち.
【裤兜】kùdōu 名(～儿)ズボンのポケット.
【裤脚】kùjiǎo 名 ①(～儿)ズボンのすそ. ②〈方〉ズ

ボンの筒.
【裤腿】kùtuǐ 名(～儿)ズボンの筒. ズボンの足の部分.
【裤袜】kùwà 名〈略〉パンティーストッキング.
【裤线】kùxiàn 名 ズボンの折り目.
【裤腰】kùyāo 名(ズボンの)胴回り, ウエスト.
【裤腰带】kùyāodài 名 ベルト. バンド.
【裤子】kùzi 名 **ズボン. 量 条. ❖ 穿 *chuān*〔脱 *tuō*〕～ / ズボンをはく〔脱ぐ〕. ¶脱了～放屁 pì / ズボンを脱いでからおならをする;〈転〉よけいな手間をかける.

酷 kù 形〈口〉個性的でかっこいい. すてきだ. ►英語 cool の音訳から. ¶扮 bàn～ / クールを気取る.
◇◆ むごい. ひどい;ひどく. ¶～待 dài / むごい扱いをする. ¶～好 hào / 非常に好む.
【酷爱】kù'ài 動 非常に好む. ¶～读书 dúshū / 本の虫である.
【酷毙】kùbì 形〈口〉超イケてる.
【酷吏】kùlì 名〈書〉残酷な官吏;妥協しない厳しい官吏.
【酷烈】kùliè 形〈書〉①厳しい. むごい. ¶寒风～ / 寒風が吹きすさぶ. ②(香りが)強い.
【酷虐】kùnüè 形 残虐である.
【酷热】kùrè 形(天気が)ひどく暑い. ¶天气 tiānqì～ / 暑さが厳しい.
【酷暑】kùshǔ 名 酷暑.
【酷似】kùsì 動 酷似する. ¶～母亲 / 母親にそっくりだ.
【酷刑】kùxíng 名 残虐きわまる体刑.

kua (ㄎㄨㄚ)

夸(誇) kuā 動 ①**誇張する**. 大げさに言う. ¶把芝麻 zhīma 点小事儿～得老大 / ゴマ粒みたいなちっぽけなことを針小棒大に言いふらす. ②**ほめる**. 称賛する. ¶大家都～她聪明 cōngming / みんなは彼女を頭がよいとほめた.
【夸大】kuādà 動 **誇張する**. 大げさに言う.
【夸大其词】kuā dà qí cí〈成〉針小棒大に言う. ►"夸大其辞"とも.
【夸海口】kuā hǎikǒu〈慣〉大言壮語する. ほらを吹く. ►"夸下海口"とも.
*【夸奖】kuājiǎng 動(他人を)**ほめる**. ¶老师～她懂礼貌 lǐmào / 先生は彼女が礼儀正しいといってほめた.
【夸口】kuā//kǒu 動 ほらを吹く;自慢する. ¶别～了 / ほらを吹くな.
【夸夸其谈】kuā kuā qí tán〈成〉大げさにまくし立てる. 大言壮語する.
【夸示】kuāshì 動(自分の物や長所などを)誇示する. ¶他喜欢～自己 / 彼は自己顕示欲が強い.
【夸饰】kuāshì 動 大げさに形容する.
【夸耀】kuāyào 動(自分を)ひけらかす. ¶～自己的出身 / 自分の出身を自慢する.
【夸赞】kuāzàn 動 ほめたたえる.
【夸张】kuāzhāng ❶動 **誇張する**. ¶你说的也太～了 / 君の話は大げさすぎる. ❷名 ①〈語〉(修辞上の)誇張. ②〈文〉誇張法.
【夸嘴】kuā//zuǐ 動〈口〉自慢する;ほらを吹く.

3声 **垮** kuǎ 動 崩れる. 倒れる. 台なしにする. ►"打、拖 tuō、冲 chōng、累 lèi"などの補語となることが多い. ¶洪水 hóngshuǐ 冲～了堤坝 dībà / 洪水で堤防が崩れた. ¶别把身体累～了 / 疲れて体をこわしたりしないように.
【垮台】kuǎ//tái 動 崩壊する;台無しになる.

4声 **挎** kuà 動 ①(物を腕あるいは肩・腰にかけて)提げる. ¶～篮子 lánzi / 腕にかごを提げる. ¶他肩 jiān 上～着个文件包 / 彼は肩に書類かばんを掛けている. ②腕を組む. ¶两个人～着胳膊 gēbo 走 / 二人腕を組んで歩く.
【挎包】kuàbāo 名(～儿)ショルダーバッグ.

胯 kuà ◇◆ 股. 股ぐら.
【胯骨】kuàgǔ 名〈口〉寛骨.
【胯下】kuàxià 名 股の下. 股ぐら.

跨 kuà 動 ①**またぐ**. (大きく)踏み出す. ¶向前～一大步 / 前に大きく一歩踏み出す. ②またがる. ¶～上马背 / 馬の背にまたがる. ③(時間・地区に)またがる. ¶→～年度.
【跨步】kuà//bù 動 大またで歩む.
【跨斗】kuàdǒu 名(オートバイなどの)サイドカー式. ¶～摩托车 mótuōchē / サイドカー.
【跨国公司】kuàguó gōngsī 名 多国籍企業. 量 家.
【跨进】kuà//jìn 動+方補 またいで入る. 踏み入る. ►"跨入 kuàrù"とも. ¶～大门 / 正門を入る.
【跨栏】kuàlán 名〈体〉ハードル(競走). ¶～赛跑 sàipǎo / ハードルレース.
【跨年度】kuà niándù (任務・計画・予算などが)次の年度にまたがる. ¶～任务 rènwu / 足かけ2年にわたる仕事. ¶～预算 yùsuàn / 越年度予算.
【跨线桥】kuàxiànqiáo 名(鉄道の)跨線橋,陸橋. 量 座.
【跨院儿】kuàyuànr 名 母屋の両側にある庭.
【跨越】kuàyuè 動(場所や時間の制限を)越える,またがる. ¶这一伟大 wěidà 事业～国界、～时代,受到全世界人民的赞扬 zànyáng / この偉業は国境を越えて,時代を越えて全世界の人々に賞賛されるものだ.

kuai (ㄎㄨㄞ)

4声 **会**(會) kuài ◇◆ 総計する. ¶财 cái～ / 経理. 財務や会計の総称. ¶→～计 jì.
►► huì
【会计】kuàijì 名 ①**会計**;経理. ②**会計係**.
【会计师】kuàijìshī 名 ①(企業や政府機関の)上級会計係. ②〈旧〉会計士.

** **块**(塊) kuài ❶量 ①〈口〉**貨幣の単位**に用いる:元. ¶四～钱 / 4元. ②**塊状や片状のもの**を数える. ¶两～香皂 xiāngzào / 化粧石鹼2個. ¶三～手表 / 腕時計3個. ¶一～砖 zhuān / れんが1枚. ¶一～水田 / 1枚の田.
❷名(～儿)**かたまり**. ¶糖 táng～儿 / あめ玉. ¶

把肉切 qiē 成～儿 / 肉をぶつ切りに切る.
【块煤】kuàiméi 名 塊炭.
【块儿】kuàir 名〈方〉ところ. あたり. ¶这～ / このあたり. ¶你哪～痛？/ どこが痛いのですか.
【块儿八毛】kuàir bāmáo 名〈方〉1元そこら；わずかな金.
【块头】kuàitóu 名〈方〉図体(ずうたい). 体つき. ¶他～不大 / 彼は体つきは大きくない.

＊＊快 kuài ❶形 ①(↔慢 màn)(**速度が**)**速い**. ¶他进步很～ / 彼は進歩が速い. ¶你走得太～,慢一点儿 / 君は足が速すぎる,もっとゆっくりしてくれ. ¶你～点儿 / ぐずぐずするな.［連用修飾語として「**早く…**」「**急いで…**」の意で］¶～上车吧 / 早く車に乗りなさい. ②すばしこい. 鋭い. ¶他脑子 nǎozi ～,理解力很强 qiáng / 彼は頭がよく切れ,物分かりがよい. ③(↔钝 dùn)(刃物が)よく切れる. 鋭利である. ¶这把小刀儿 xiǎodāor 真～ / このナイフはとてもよく切れる.
❷副 **もうすぐ. 間もなく.** じきに. 語法 近いうちにある動作が行われたり,ある現象が現れることを述べる. 通常,文末には"了"を伴う. ¶火车～到站了 / 汽車はもうすぐ駅に着く. ¶～立春了 / もうすぐ立春だ. ¶来日本～两年了 / 日本に来てもうじき2年になる. ⇒【快要】kuàiyào
◇◆ ①気持ちがよい. ¶→～活 huo. ②さっぱりしている. ¶→～人 rén. ‖姓
【快板】kuàibǎn 名 ①(～儿)"拍板 pāibǎn"(拍子木)や"竹板 zhúbǎn"(竹製のカスタネットのようなもの)を打ち合わせて調子をとりながら早口で歌を歌う大衆芸能の一種. ②〈音〉アレグロ.
【快报】kuàibào 名(ニュースの)速報.
【快步】kuàibù 名〈軍〉はや足. ¶～走！/(号令)はや足.
【快步流星】kuài bù liú xīng〈成〉大またに速く歩くさま.
＊【快餐】kuàicān 名 **ファーストフード.** インスタントの料理. ¶～店 / ファーストフード店.
＊【快车】kuàichē 名 **急行**(列車,バス). 量［列車］列;［バス］辆;［運行回数］次.
【快当】kuàidang 形〈口〉早い. てきぱきしている.
【快刀斩乱麻】kuàidāo zhǎn luànmá〈成〉複雑な事柄を手際よく明快に処理する.
【快递】kuàidì ①形 速達の. ¶～邮件 / 速達郵便. ②名〈略〉エクスプレスメール. EMS. ⇒【特快专递】tèkuài zhuāndì
【快动作】kuàidòngzuò 名(映画での)コマ落とし.
【快干】kuàigān 形 速乾性の. ¶～漆 qī / 速乾性エナメル. ラッカー.
【快感】kuàigǎn 名 快感. 快い感じ.
【快攻】kuàigōng 名 速攻. 迅速な攻撃.
【快货】kuàihuò 名 売れ行きのよい商品.
＊【快活】kuàihuo 形 **楽しい.** うれしい. 快活である. ¶生活过 guò 得很～ / 楽しく暮らしている. ¶快快活活 huóhuó 地过个新年 / 楽しく正月を祝う.
【快件】kuàijiàn 名(鉄道貨物・郵便小包の)速達便.
【快捷】kuàijié 形(スピードが)速い；(動作が)敏捷である.
【快捷键】kuàijiéjiàn 名〈電算〉ショートカットキー.
＊【快乐】kuàilè 形 **愉快である.** 楽しい；(お祝いのあいさつで)おめでとう. ¶祝你生日～ / 誕生日おめでとう. ¶新婚～ / 新婚おめでとう. ¶祝您新年～ / どうぞよいお正月を.
【快慢】kuàimàn 名 速さ. 速度.
【快门】kuàimén 名(～儿)(カメラの)シャッター. ❖按 àn ～ / シャッターを押す.
【快人】kuàirén 名 痛快な人. はきはきした人.
【快人快语】kuài rén kuài yǔ〈成〉言動がさわやかで小気味よいさま.
【快事】kuàishì 名 痛快な出来事. 愉快な事柄.
【快手】kuàishǒu 名 仕事の速い人. ¶他是个～ / あの人は仕事の速い人だ.
【快书】kuàishū 名(大衆芸能の一つ)竹製や銅製の拍手木をならしながら,軽快なテンポで韻文の物語を聞かせる語り物.
【快速】kuàisù 形 **快速の.** 高速の.
【快艇】kuàitǐng 名 モーターボート.
【快慰】kuàiwèi 形 ほっとする；心が安らぐ.
【快相・快像】kuàixiàng 名 スピード写真.
【快信】kuàixìn 名 速達便.
【快讯】kuàixùn 名(ニュースなどの)速報.
＊【快要】kuàiyào 副 もうすぐ. じきに. ¶天～下雨了 / もうすぐ雨が降りそうだ. ¶～到期考了 / もう

すぐ期末試験だ. 注意“快”❷の用法と同じだが, 数量詞の前には通常“快”を用い,“快要”は用いない. 文末には“了”を置く. ¶快四月了,天气还很冷 / もうすぐ4月なのに天気はまだ寒い.

【快意】kuàiyì 形 心地がよい. さわやかである. ▶“觉得 juéde ～”“感到 gǎndào ～”となることが多い.

【快照】kuàizhào 名 即日仕上げの写真. スピード仕上げの写真.

【快嘴】kuàizuǐ 名(～子)口の軽い人；おしゃべり.

侩(儈) kuài ◇◆ 仲買人. ブローカー. ¶市～ / 仲買人；がりがり亡者. ¶牙 yá ～ / 仲買人.

脍(膾) kuài 名〈古〉なます. 細く刻んだ肉.

【脍炙人口】kuài zhì rén kǒu 〈成〉人口に膾炙(かいしゃ)する.(刻み肉が人の口によく合うように,文章や事柄が)人に知られ親しまれていること.

筷 kuài ◇◆ 箸(はし). ¶牙 yá ～ / 象牙の箸. ¶碗 wǎn ～ / 碗と箸. 食器類.

*【筷子】kuàizi 名 箸. 量 双 shuāng ；根,枝,支. ¶一双～ / 箸1膳. ¶公～ / とり箸. ¶卫生 wèishēng ～ / 割り箸. ❖动 *dòng*〔下 *xià*〕～ / 箸をつける. ¶请先下～ / 先に召しあがってください.

kuan (ㄎㄨㄢ)

*__宽__(寬) kuān ❶形 ①(幅・面積が)広い. ¶这条路～得很 / この道路はずいぶんと幅が広い. ¶～肩膀 jiānbǎng / 広い肩幅. ¶认识 rènshi 的朋友可～了 / 知っている友人となると広範囲にわたる. ❖(有)多(*yǒu*) *duō* ～ / 広さはどれくらいか. ② 寛大である. ¶现行 xiànxíng 政策 zhèngcè 比以前～ / 現行の政策は前ほど厳しくない. ③ ゆとりがある. ¶手头 shǒutóu ～多了 / 懐具合がよくなった.

❷動 広げる. 緩める. 楽にする. ¶→～心 xīn.

❸名 幅. ¶这条河有一百米～ / この川は幅が100メートルある. ¶肩 jiān ～ / 肩幅. ¶长乘 chéng ～ / 縦掛ける横. ‖姓

【宽畅】kuānchàng 形(気持ちが)伸びやかである,鷹揚である.

【宽敞】kuānchang 形(建物の内部などの空間が)広々としている. ¶这间屋子很～ / この部屋は広々としている.

【宽绰】kuānchuo 形 ① 広くてゆとりがある. ゆったりしている. ②(心が)ゆったりして明るい. ③(経済的に)ゆとりがある.

【宽打窄用】kuān dǎ zhǎi yòng 〈成〉十分に見積もってむだなく使う.

【宽大】kuāndà 形 ① 広くて大きい. ゆったりしている. ¶身穿一件～的衣服 / だぶだぶの服を着ている. ¶场地 chǎngdì 很～ / グラウンドは広い. ②(処置が)寛大である. ¶对他的处分 chǔfèn 太～了 / 彼に対する処分は寛大すぎる.

【宽带】kuāndài 名〈電算〉ブロードバンド. ¶～网 wǎng / ブロードバンドネットワーク.

【宽待】kuāndài 動 寛大に取り扱う.

【宽度】kuāndù 名 広さ. 幅.

【宽广】kuānguǎng 形(田野・草原などの面積または範囲が)広い. ¶～的大厅 dàtīng / 広くて大きなホール.

【宽轨】kuānguǐ 名(鉄道の)広軌. ¶～铁路 / 広軌鉄道.

【宽宏大量】kuān hóng dà liàng 〈成〉度量が大きいさま.

【宽厚】kuānhòu 形 ① 広くて厚い. ②(もてなしなどが)手厚い. 親切である. 思いやりがある. ¶待人～ / 人に親切で思いやりがある. ③(声に)張りがありよく響く.

【宽旷】kuānkuàng 形 広々として視線を遮るものがない. ¶～的草原 / 広々とした草原.

【宽阔】kuānkuò 形 ①(面積や幅が)広い,広々としている. ②(考えが)開けている.

【宽容】kuānróng 動 寛容になる；大目に見る. ¶我已～她几回了,这次绝不再～ / 私はもう何度も彼女を大目に見てきた. 今度は絶対に許さない.

【宽舒】kuānshū 形 ①(気持ちが)ゆったりしている. 伸びやかである. ¶心境 xīnjìng ～ / 気分がゆったりしている. ②(場所が)広くて気持ちがよい.

【宽恕】kuānshù 動 寛大に許す.

【宽松】kuānsōng ❶形〈口〉①(場所が)ゆったりしている. ②(気持ちが)のびやかになる. ③(金銭的に)ゆとりがある. ④ 広々としてくつろげる. ¶高铁车厢 chēxiāng 里～舒适 shūshì / 高速鉄道の車内はゆったりして快適だ. ⑤(服が)ゆったりして大きめである. ❷動 リラックスさせる. ¶～一下紧张的情绪 qíngxù / はりつめた気持ちをリラックスさせる.

【宽慰】kuānwèi 動 なごむ. 安心する. ¶你去～她一下 / 君は彼女をなぐさめてあげなさい.

【宽限】kuān//xiàn 動 期限を延ばす.

【宽心】kuān//xīn 動 気を楽にする. 心を広く持つ. ¶请宽宽心,不要老为这件事想不开了 / いつまでもそんなことをくよくよ気にかけないで,気持ちを楽に持ったほうがいいですよ.

【宽心丸】kuānxīnwán 〈慣〉(～儿)慰めの言葉. 気休めの文句.

【宽衣】kuān//yī 動〈敬〉(衣服を)緩める；上着などを脱ぐ.

【宽银幕电影】kuānyínmù diànyǐng 名〈映〉ワイドスクリーン映画.

【宽余】kuānyú 形 ① 広々として気持ちがよい. ②(経済的に)豊かである.

【宽裕】kuānyù 形 豊かである. ゆとりがある. ¶时间 shíjiān 很～ / 時間がたっぷりある.

【宽窄】kuānzhǎi 名(面積の)広さ；(範囲などの)幅.

【宽纵】kuānzòng 動 好き勝手にさせる. 放任する.

3声 *__款__(欵) kuǎn 名 ①(何かの用途のために蓄えたり支出したりする)金. 経費. 量 笔 bǐ. ¶公～ / 公金. ¶存 cún ～ / 預金. ¶交～ / 金を渡す〔納める〕.

②(法律などで“条 tiáo”の下,“项 xiàng”の上に位する区分の名称)項. 款. ¶第四条第二～ / 第4条第2項. ¶专～规定 guīdìng / 特別条項の規定.

◇◆ ①(～儿)落款. 書画に書く揮毫者と揮毫依頼者の名. ¶上～ / 揮毫依頼者の名. ¶下～ / 揮毫者の名. ¶落 luò ～ / 落款(を入れる). ②ねんごろ

に．いんぎんに．¶→～待 dài．¶→～留 liú．③ゆっくりと．おもむろに．¶～～而行／ゆっくり歩く．

【款待】kuǎndài 動 歓待する．ねんごろにもてなす．¶～客人／客をねんごろにもてなす．¶谢谢您的盛情 shèngqíng ～／心のこもったおもてなし，ありがとうございました．

【款留】kuǎnliú 動(客を)ねんごろに引き留める．¶好不容易 hǎobù róngyì ～她住了两天／やっとのことで彼女を２日間引き留めた．

【款儿】kuǎnr 名 ①(書画などの)落款．②金持ち．

【款式】kuǎnshì 名 様式；デザイン．¶这件衣服～新颖 xīnyǐng／この服はデザインが斬新だ．

【款项】kuǎnxiàng 名 ①金．金額．②(法令・規約・条約などの)項目．

【款子】kuǎnzi 名〈口〉金銭．量 笔．

kuang（ㄎㄨㄤ）

1声 **匡 kuāng** 動〈方〉大ざっぱに見積る．¶～一下／ちょっと見積る．¶→～算 suàn．

◇◆ ①ただす．正しく直す．¶→～谬 miù．②助ける．¶→～助 zhù．¶～我不逮 bùdài／〈旧〉私の至らぬところはご助力をお願いします．‖姓

【匡谬】kuāngmiù 動〈書〉誤りを正す．

【匡算】kuāngsuàn 動〈書〉概算する．

【匡正】kuāngzhèng 動〈書〉匡正(きょうせい)する．

【匡助】kuāngzhù 動〈書〉補助する．

诓 kuāng 動 だます．欺く．

【诓骗】kuāngpiàn 動 だます．欺く．

哐 kuāng 擬《金属物などがぶつかって出る大きな音》があん．ばあん．¶～～的铁板撞击声 zhuàngjīshēng／があん，があんという鉄板のぶつかり合う音．

【哐当】kuāngdāng 擬《重いものが回転や振動によって打ち当たって出る音》ごっとん．

【哐啷】kuānglāng 擬《金属製の物がぶつかって出る大きな音》がたん．ばたん．

***筐 kuāng** 名(～儿)かご．量 个，只 zhī．¶抬 tái ～／(てんびん棒を通して二人で担ぐほどの)大きなかご．¶三～土／かごに３杯の土．

【筐子】kuāngzi 名 小さなかご．量 个，只 zhī．¶菜 cài ～／買い物かご．

2声 **狂 kuáng** 形 思い上がっている．傲慢である．横柄である．¶这个人太～／この人は思い上がりもはなはだしい．

◇◆ ①気が狂う；狂った．¶发 fā ～／発狂する．②猛烈だ．激しい．¶→～澜 lán．③もの狂おしいまでに．思いきり．¶→～笑 xiào．

【狂傲】kuáng'ào 形 甚だしく傲慢である．

【狂暴】kuángbào 形 荒れ狂う．狂暴である．

【狂奔】kuángbēn 動 狂奔する．暴走する．

【狂飙】kuángbiāo 名〈喩〉すさまじい暴風．疾風怒濤．

【狂放】kuángfàng 形〈書〉勝手気ままである．

【狂风】kuángfēng 名 狂風．¶～暴雨 bàoyǔ／荒れ狂う風雨．

【狂呼】kuánghū 動 狂ったように叫ぶ．

【狂欢】kuánghuān 動 狂喜する．お祭り騒ぎをする．¶～节 jié／カーニバル．謝肉祭．

【狂澜】kuánglán 名 荒れ狂う波；〈喩〉激動する局面．

【狂气】kuángqi 形 尊大ぶったさま．傲慢きわまるさま．

【狂热】kuángrè 形 熱狂的である．¶～的信徒 xìntú／狂信者．

【狂人】kuángrén 名 ①狂人．②ひどく傲慢な人．

【狂妄】kuángwàng 形 ひどく傲慢である．¶～的态度 tàidu／思い上がった態度．

【狂喜】kuángxǐ 動 狂喜する．ひどく喜ぶ．

【狂笑】kuángxiào 動 思いきり笑う．

【狂言】kuángyán 名 横柄な言い草．

诳 kuáng 動 だます．うそを言う．¶你别～我／おれをかつぐな．

【诳骗】kuángpiàn 動 だます．

【诳语】kuángyǔ 名 うそ．虚言．

4声 **邝(鄺) kuàng** ‖姓

旷(曠) kuàng ❶動 怠る．怠ける．¶→～工 gōng．¶→～课 kè．

❷形 ①だだっ広い．¶这屋子挺 tǐng ～／この部屋はだだっ広い．②(服・靴などが)大きすぎて合わない；(機械部品の)すき間〔がた，遊び〕が大きい．¶这身衣服她穿着太～了／この服は彼女にはだぶだぶだ．¶车轴 chēzhóu ～了／車軸が緩んでがたがたになった．

◇◆ 心がゆったりしている．¶→～达 dá．‖姓

【旷达】kuàngdá 形〈書〉物事にこだわらない．

【旷废】kuàngfèi 動 おろそかにする．¶～学业／学業をおろそかにする．

【旷费】kuàngfèi 動(時間・金などを)浪費する．¶～时间／時間を浪費する．

【旷工】kuàng//gōng 動 無断欠勤する．ずる休みする．¶他曾 céng 旷过一次工／彼は仕事を１度サボったことがある．

【旷古】kuànggǔ 形〈書〉①いまだかつてない．¶～未闻 wèi wén／前代未聞．②大昔からの．

【旷课】kuàng//kè 動 課業をサボる．授業を無断で欠席する．¶旷了一次课／授業を１回サボった．

【旷日持久】kuàng rì chí jiǔ〈成〉時間をむだに費やして事を長引かせる．

【旷职】kuàng//zhí 動 無断欠勤する．

况(況) kuàng 接続〈書〉いわんや．まして．►現代語では"况且 kuàngqiě""何况 hékuàng"という．

◇◆ ①状況．¶景 jǐng ～／様子．②たとえる．¶比～／比べたとえる．‖姓

*【况且】kuàngqiě 接続〈書〉その上．まして．かつまた．►"又 yòu""也""还"などを呼応させて用いることが多い．¶今天太冷，～又下着雨，明天去吧／今日はとても寒く，それに雨も降っているから，明日行こうよ．

*矿（礦·鑛）kuàng 名 ①鉱床；鉱石．鉱物．②鉱山．
‖姓
【矿藏】kuàngcáng 名 鉱物資源．
【矿层】kuàngcéng 名 鉱層．
【矿产】kuàngchǎn 名 鉱産物．
【矿车】kuàngchē 名〈鉱〉トロッコ．
【矿尘】kuàngchén 名〈医〉(塵肺の原因となる)炭粉，灰塵，粉塵．
【矿床】kuàngchuáng 名〈鉱〉鉱床．
【矿灯】kuàngdēng 名〈鉱〉鉱山用ランプ．
【矿工】kuànggōng 名 鉱山労働者．
【矿井】kuàngjǐng 名〈鉱〉立て坑．
【矿坑】kuàngkēng 名〈鉱〉鉱坑．
【矿脉】kuàngmài 名〈鉱〉鉱脈．
【矿区】kuàngqū 名 鉱区．鉱山区．
【矿泉】kuàngquán 名 鉱泉．
*【矿泉水】kuàngquánshuǐ 名 鉱泉水．ミネラルウォーター．
【矿山】kuàngshān 名 鉱山．
【矿石】kuàngshí 名 ①鉱石．②(ラジオ用の)鉱石．
【矿物】kuàngwù 名 鉱物．¶～棉 mián／鉱物綿．¶～纤维 xiānwéi／鉱物繊維．
【矿盐】kuàngyán 名〈鉱〉岩塩．
【矿业】kuàngyè 名 鉱業．
【矿源】kuàngyuán 名 地下資源．
【矿渣】kuàngzhā 名 鉱滓(こう)．スラッグ．
【矿脂】kuàngzhī 名 ワセリン．

框 kuàng ❶名(窓などの)枠．かまち；(～儿)縁．枠．額縁．¶镜～儿／額縁．¶眼镜 yǎnjìng～儿／眼鏡のフレーム．
❷動 ①(文字・図などの)周りを線で囲む．¶把这几个字～起来／このいくつかの字を線で囲みなさい．②枠にはめる．制限を加える．縛る．¶不能～得太死／あまり厳しい制限を加えてはいけない．
【框架】kuàngjià 名 ①〈建〉骨組み．枠組み．②〈喩〉物事の体系・構成・構造．
【框框】kuàngkuang 名 ①四方を囲んだ線；囲み．枠．アウトライン．②(物事の)しきたり，前もって決められた範囲．
【框子】kuàngzi 名 縁．¶眼镜～／眼鏡のフレーム．¶玻璃 bōli～／額縁；ガラスをはめる枠．

眶 kuàng ◇ 目の縁．¶热泪盈 yíng～／熱い涙が目にあふれる．¶眼泪夺 duó～而出／涙が目からあふれ出る．

kui（ㄎㄨㄟ）

亏（虧）kuī ❶動 ①損をする．¶你～了多少？／いくら損をしたのか．②不足する．¶～了两斤／(重さが)1キロ足りない．¶～血 xuè／貧血(を起こす)．③損をさせる．義理を欠く．►否定の意味で用いることが多い．¶我什么时候～过你？／いつ君に損をさせたことがあるか〔義理を欠いたことがあるか〕．
❷副 ①幸いにも….おかげで….►後に名詞をとるときは，通常"亏了"として用いる．¶我能有今天，～了老师的培养 péiyǎng／私に今日(の成功)があるのは，先生の教育のおかげだ．¶～他机灵 jīling，我们才躲 duǒ 过去／彼の機転のおかげで，私たちは逃げることができた．②よくもまあ….►皮肉に用い，多くは「"亏"＋"你／他"＋動詞＋"得"」または「"亏"＋"你／他"＋"还"…」の形を用いる．¶～你还是做母亲的，连孩子的心都不能理解 lǐjiě／よくも母親だなんていえたものだ，子供の気持ちも理解できないくせに．¶这种话～你说得出来／よくもまあそんなことが言えたもんだ．
❸名 損失．¶吃～／損をする．
【亏本】kuī//běn 動 元手をする．¶做买卖亏了本／商売で元手をすった．
【亏待】kuīdài 動 義理を欠いたもてなしをする．¶别～了他们／もてなしに失礼がないようにしなさい．
【亏得】kuīde 副 ①幸い(にも)．おかげで．¶这孩子～医生抢救 qiǎngjiù 及时，否则 fǒuzé 早就没命了／この子は医者の救急処置が早くて幸いだった，さもなければとっくに死んでいたよ．②よくもまあ….►反語として皮肉を言うときに用いる．¶～你长 zhǎng 这么大，那么点儿事儿都办不了／いい年をして，それしきの事ができないなんて．
【亏短】kuīduǎn 動(数量が)不足する，足りない．
【亏负】kuīfù 動 ①(恩義などに)背く；(好意などに)報いない．②義理を欠く．
【亏耗】kuīhào 動 ①損耗する．②物が傷んで減る．
【亏空】kuīkong ①動 欠損する．赤字を出す．¶上月～了一千元／先月は1000元の赤字．②名 欠損．赤字．¶账 zhàng 上出现 chūxiàn 了～／帳簿に赤字が出た．
【亏欠】kuīqiàn 動 ①元手をなくした上に借財ができる．②不足する．欠ける．
【亏折】kuīshé 動(資本に)食い込む；損をする．¶～血本 xuèběn／元手をする．
【亏蚀】kuīshí ❶名(太陽や月の)食．日食．月食．❷動 ①(資本が)欠損する．②損耗する．
【亏损】kuīsǔn 動 ①欠損する．►通常，資金と物資の両方についていう．②身体が衰弱する．
【亏心】kuī//xīn 動 やましく思う．¶不要做～事／やましいことはするな．

岿（巋）kuī ◇ "岿然 kuīrán"⇩という語に用いる．
【岿然】kuīrán 形〈書〉高くそびえるさま．

盔 kuī 名 ①かぶと．②鉢．◇(～儿)かぶと形または半球形の帽子．¶钢 gāng～／ヘルメット．¶帽 mào～／お碗帽．半球形の帽子．
【盔甲】kuījiǎ 名〈古〉甲冑(かっちゅう)．よろいかぶと．

窥（闚）kuī ◇ のぞきうかがう．
【窥测】kuīcè 動〈書〉うかがう．ひそかに探る．¶～时机 shíjī／時機をうかがう．
【窥见】kuījiàn 動〈書〉垣間見る．¶～秘密 mìmì／秘密を盗み見て知る．
【窥看】kuīkàn 動 盗み見る．
【窥视】kuīshì 動 盗み見る．うかがう．¶～对方的神色 shénsè／相手の顔色をうかがう．¶～敌情

díqíng / 敵情をさぐる.
【窥伺】kuīsì 動〈貶〉ひそかに動静をさぐり機会をうかがう.
【窥探】kuītàn 動 ひそかに探る. そっとのぞき見る.

2声 **奎** kuí 名(二十八宿の一つ)とかきぼし. ‖姓
【奎宁】kuíníng 名〈薬〉キニーネ.

揆 kuí 〈書〉①動 推し量る. ¶～其 qí 本意 / 本意を推し量る. ②名 標準.
【揆度】kuíduó 動〈書〉推理する. 推測する.

葵 kuí ◇◆ 花の大きな草本植物の名称に用いる. ¶向日～ / ヒマワリ. ¶锦 jǐn ～ / ゼニアオイ. ‖姓
【葵花】kuíhuā 名〈植〉ヒマワリ.
【葵花子】kuíhuāzǐ 名(～儿)ヒマワリの種.
【葵扇】kuíshàn 名 ビロウの葉で作ったうちわ.

魁 kuí ◇◆ ①かしら. 首領. ¶罪 zuì ～ / 元凶. 首犯. ②先駆け. ¶夺 duó ～ / 1番を争う. ③(体格が)大きいこと. ¶→～伟 wěi. ‖姓
【魁首】kuíshǒu 名 ①第一人者. 同輩中で最も才能のある人. ¶文章～ / 文章の第一人者. ②首領.
【魁伟】kuíwěi 形(体格が)りっぱである.
【魁梧】kuíwú 形(体格が)りっぱである. たくましい.

睽 kuí ◇◆ ①背く. ¶～异 yì / (意見が)食い違うこと. ②隔たる.
【睽睽】kuíkuí 形 注視するさま. ¶众目 zhòngmù ～ / 衆目の集まるところ.

3声 **傀** kuǐ "傀儡 kuǐlěi"⬇という語に用いる.
【傀儡】kuǐlěi 名 ①(人形芝居の)木偶(でく),操り人形. 傀儡(くぐつ). ②〈喩〉(主として政治上の)傀儡(かいらい). ¶～政权 zhèngquán / 傀儡政権.

4声 **匮** kuì ◇◆ 欠乏する.
【匮乏】kuìfá 動〈書〉(物資が)欠乏する.

喟 kuì ◇◆ ため息をつく.
【喟叹】kuìtàn 動〈書〉感極まってため息をつく.

馈(餽) kuì ◇◆ 物を贈る.
【馈赠】kuìzèng 動(物を)贈る.

溃 kuì ◇◆ ①決壊する. ¶～堤 dī / 堤防が決壊する. ②突き破る. ¶～围 wéi / 包囲を突破する. ③敗走する. 総崩れになる. ¶～兵 / 敗走兵. ④ただれて穴があく. ¶→～烂 làn. ¶→～疡 yáng.
【溃败】kuìbài 動(軍隊が)負ける,崩れる.
【溃不成军】kuì bù chéng jūn 〈成〉軍隊が総崩れになる.
【溃决】kuìjué 動(堤防などが)決壊する. ¶～成灾 chéngzāi / (堤防などが)決壊して災害になる.
【溃口】kuì//kǒu 動(堤防などが)決壊する.
【溃烂】kuìlàn 動〈医〉潰爛(かいらん)する.
【溃乱】kuìluàn 動 崩壊して乱れる.
【溃灭】kuìmiè 動 壊滅する.
【溃散】kuìsàn 動 敗走する.
【溃逃】kuìtáo 動 敗走する.
【溃退】kuìtuì 動(軍隊が)態勢を崩して敗退する.
【溃疡】kuìyáng 名〈医〉潰瘍(かいよう). ¶胃 wèi ～ / 胃潰瘍.

愧(媿) kuì ◇◆ 恥じる. 恥ずかしく思う. ¶惭 cán ～ / 恥じ入る.
【愧不敢当】kuì bù gǎndāng 〈套〉どうも恐れ入ります. ►与えられた栄誉や贈り物に対する謙譲語.
【愧对】kuìduì 動 合わせる顔がない. 面目がない. ¶～父母 / 両親にすまないと思う.
【愧恨】kuìhèn 動 悔やみ恥じる.
【愧疚】kuìjiù 動 後悔し気がとがめる.
【愧色】kuìsè 名 恥じ入った顔つき.

kun (ㄎㄨㄣ)

1声 **坤** kūn 名(↔乾 qián)(易の八卦(はっか)の一つ)坤(こん). ☷ ;〈転〉女性·陰を象徴する. ►地を表す.
【坤包】kūnbāo 名 女性用の袋物.
【坤表】kūnbiǎo 名 女性用腕時計.
【坤车】kūnchē 名 女性用自転車.
【坤角】kūnjué 名(～儿)〈旧〉女優. ►"坤伶 líng"ともいい,現在は"女演员 nǚyǎnyuán".
【坤宅】kūnzhái 名〈旧〉花嫁の実家.

昆 kūn ◇◆ ①多い. ¶→～虫 chóng. ②兄. ¶～季 jì / 兄弟. ¶～仲 zhòng / ご兄弟. ③子孫. ¶后 hòu ～ / 跡継ぎ. ‖姓
【昆布】kūnbù 名(漢方薬の)コンブ. ►食品のコンブは"海带 hǎidài"という.
*【昆虫】kūnchóng 名 **昆虫**. ¶采集 cǎijí ～ / 昆虫を採集する.
【昆仑】Kūnlún 名〈地名〉崑崙(こんろん).
*【昆明】Kūnmíng 名〈地名〉昆明(こんめい).
【昆腔】kūnqiāng 名"昆山"一帯(江蘇省南部)で発生した歌劇,またその調子·節回し.
【昆曲】kūnqǔ 名 ①"昆腔"によって歌う歌劇. ②→【昆腔】kūnqiāng

崑 kūn "崑岺 Kūnlún"⬇という地名に用いる.
【崑岺】Kūnlún →【昆仑】Kūnlún

鲲 kūn 名 古代の伝説中の大魚. 鯤(こん).
【鲲鹏】kūnpéng 名 伝説中の大魚と大鳥.

3声 * **捆**(綑) kǔn ①動 縛る. くくる. 束ねる. ¶把这几本书～上 / これらの本を束ねておきなさい. ¶把这个坏人 huàirén ～起来 / この悪党を縛り上げる.
②量(～儿)把(わ). 束. しめ. ¶一～葱 cōng / 1把のねぎ. ¶一～毛线 / ひと束の毛糸.
【捆绑】kǔnbǎng 動(人を)縄で縛る. ¶～犯人 fàn-

rén / 縄で犯人をしばる.
【捆儿】kǔnr ⇀〖捆 kǔn〗②
【捆扎】kǔnzā 動(縄などを掛けて)荷造りする,梱包する.
【捆子】kǔnzi 名 束.

4声 *困(睏) kùn ❶動 ①包囲する.閉じ込める.¶把敌人 dírén ~在山沟 shāngōu 里 / 敵を谷間に包囲する.②苦しめる.¶这下可把我给~住了 / 今度はまったくにっちもさっちもいかなくなった.③〈方〉眠る.¶天不早了,该~了 / もう遅いから寝なくっちゃ.
❷形 眠い.¶我~了,我先睡 shuì 了 / 眠くなった,私はもう休む.
◇◆ 貧窮する.行き詰まる.¶穷 qióng ~ / 貧困である.¶→~境 jìng.
【困惫】kùnbèi 形〈書〉困憊(こんぱい)する.疲れ果てる.¶~不堪 bùkān / 疲労困憊する.
【困处】kùnchǔ ①動 困難な立場にある;困難な場に身を置く.②名 困難な立場.
【困乏】kùnfá 形 ①疲れている.②〈書〉(経済や生活が)窮乏する,困窮する.
【困惑】kùnhuò ①形 困惑している.とまどっている.¶~不解的问题 / 解けなくて途方に暮れてしまう問題.②動 当惑させる.
【困境】kùnjìng 名 苦境.苦しい立場.¶处于 chǔyú ~ / 苦境に立つ.¶陷入 xiànrù ~ / 苦しい立場に追い込まれる.¶摆脱 bǎituō ~ / 苦境から抜け出す.
【困窘】kùnjiǒng 形 ①困惑している.当惑している.②困窮している.¶家境 jiājìng ~ / 家の暮らし向きが苦しい.
【困倦】kùnjuàn 形 だるくて眠い.
【困苦】kùnkǔ ①形 困窮している;困り苦しむ.②名 苦しみ.
【困难】kùnnan ❶形 ①(仕事・学習や行動・状況などが)難しい,困難である.¶他的腿骨折 gǔzhé 了,走路很~ / 彼は足を骨折したので歩くのが困難だ.②(経済的に)苦しい.困窮している.¶生活~ / 生活が苦しい.❷名 困難.難題.支障.¶克服 kèfú ~ / 困難を乗りこえる.
比較 困难:艰难 jiānnán ❶"困难"は条件がよくないことに重点があり,"艰难"は生活や行動に苦しみが伴うことをさす.❷"困难"は仕事や学習などの面で問題が多くあることを形容することも多いが,"艰难"にはそのような用法はない.❸"艰难"はしばしば連用修飾語にもなるが,"困难"のそのような用法はまれである.
【困难户】kùnnanhù 名 ①貧困家庭.貧しい家.②〈俗〉(結婚相手がなかなか見つからない)縁遠い人.
【困扰】kùnrǎo 動 困らせる.当惑させる.¶为 wéi 一个难题 nántí 所~ / 一つの難しい問題に困惑している.
【困人】kùnrén 形(体が)だるい;眠い.
【困守】kùnshǒu 動 苦しみながら守りぬく.死守する.

kuo (ㄎㄨㄛ)

4声 扩(擴) kuò ◇◆ 広げる.
【扩充】kuòchōng 動(人員・設備・資金・内容などを)拡充する,増強する.
*【扩大】kuòdà 動(規模・範囲・生産・見聞・影響などを)拡大する,広げる.¶~市场 / マーケットを拡大する.
【扩建】kuòjiàn 動 拡張する.増築する.
【扩军】kuòjūn 動(↔裁军 cáijūn)軍備拡張をする.
【扩散】kuòsàn 動 拡散する.蔓延(まんえん)する.広がる.
【扩胸器】kuòxiōngqì 名〈体〉エキスパンダー.
【扩音机】kuòyīnjī 名 拡声器.ラウドスピーカー.
【扩印】kuòyìn 動(写真を)引き伸ばしプリントする.
【扩展】kuòzhǎn 動 広げる.拡大する.¶全省造林面积将~到1500万亩 mǔ / 全省の造林面積は1500万ムーにまで拡大しようとしている.
【扩展名】kuòzhǎnmíng 名〈電算〉拡張子.
【扩张】kuòzhāng 動(勢力・領土・野心などを)拡張する,拡大する.

括 kuò ◇◆ ①くくる.束ねる.¶~约肌 yuējī / 括約筋.②一つにまとめる.¶总 zǒng ~ / 総括する.とりまとめる.‖姓
【括号】kuòhào 名 かっこ.►"小括号"は( ),"中括号"は〔 〕,"大括号"は{ }.
【括弧】kuòhú 名〈数〉(丸)かっこ.►"小括号 xiǎokuòhào"とも.

*阔(闊) kuò 形 金持ちである.¶他最近~起来了 / 彼は最近,金持ちになった.¶摆 bǎi~ / 羽振りをきかす.
◇◆ ①広い.¶辽 liáo ~ / 広々としている.②長い.¶→~别 bié.¶→~步 bù.‖姓
【阔别】kuòbié 動 長い間離別する.
【阔步】kuòbù 動 闊歩する.大股に歩く.¶~前进 qiánjìn / 大股に前へ進む.
【阔绰】kuòchuò 形 生活が豊かでぜいたくである.
【阔佬】kuòlǎo 名(年配の)金持ち.金満家.►"阔老"とも書く.
【阔气】kuòqi 形 豪奢(ごうしゃ)で派手好きである.¶要 shuǎ ~ / 豪勢にふるまう.
【阔人】kuòrén 名 金持ち.お大尽.
【阔少】kuòshào 名 金持ちのお坊ちゃん.若だんな.
【阔叶树】kuòyèshù 名〈植〉広葉樹.

廓 kuò ◇◆ ①広く大きい.¶寥 liáo ~ / がらんとして広い.②周囲.¶轮 lún ~ / 輪郭.アウトライン.

K………

【KTV】KTV 名〈略〉個室カラオケ.

L

la (ㄌㄚ)

1声 ** **垃** lā "垃圾 lājī"⬇という語に用いる.

* **【垃圾】lājī** 名 ごみ. ちり. ❖倒 *dào* ～ / ごみを捨てる.
【垃圾堆】lājīduī 名 ごみの山. ¶清除 qīngchú～ / ごみの山を取り除く.
【垃圾箱】lājīxiāng 名 ごみ箱.
【垃圾邮件】lājī yóujiàn 名〈電算〉ジャンクメール. スパムメール.

** **拉** lā 動 ①引く. 引っ張る. ¶～板车 bǎnchē / 大八車を引く. ¶～抽屉 chōuti / 引き出しを(引いて)開ける. ¶推tuī～ /(ドア表示の)押す・引く, push・pull. ¶手～着手 / 手に手をとって. ¶把遮帘 zhēlián～上 / ブラインドを上げなさい. ¶～灯绳儿 dēng shéngr / 電灯のひもスイッチを引っ張る.
②(主に弦楽器を)弾く,奏でる. ❖～小提琴 *xiǎotíqín* / バイオリンを弾く.
③〈口〉排便する. ¶→～屎 shǐ.
④取り入る. コネをつける. ¶～生意 shēngyi / 取引関係をつける. ¶～顾客 gùkè / 客をとる.
⑤〈方〉おしゃべりする. ¶→～家常 jiācháng.
⑥(声・距離などを)引き伸ばす. ¶～长 cháng 声音说话 / 言葉じりを伸ばしてしゃべる.
⑦〈方〉育てる. ¶她把两个孩子～大了 / 彼女は二人の子供を育て上げた.
⑧(車に載せて)運ぶ,引く;(集団を)移動させる. ¶～雪橇 xuěqiāo / そりを引く. ¶把部队 bùduì～到平原地带去 / 部隊を平原へ移動させる.
⑨巻き添えにする. ¶这是你自己做的事,为什么要～上别人? / これは君が自分でしたことじゃないか,どうして人を巻き添えにするのか.
⑩援助の手を差し伸べる. ¶他生活上有困难,咱们 zánmen 应该～他一把 / 彼は手元不如意だから,彼を援助すべきだ.
⏩ lá,lǎ

【拉帮结伙】lā bāng jié huǒ 〈成〉徒党を組む. ぐるになる. ►"拉帮结派 pài"とも.
【拉不下脸来】lābuxià liǎn lai 〈慣〉(↔拉得下 lādexià 脸来)むげに…することができない. ¶我～拒绝 jùjué 他的请求 qǐngqiú / 彼の頼みをすげなく断ることはできない.
【拉长脸】lācháng liǎn 〈慣〉仏頂面をする.
【拉扯】lāche 動〈方〉①引っ張る;引き留める. ¶别拉拉扯扯 chěchě 的,让他走吧 / 彼を引き留めたりしないで,行かせてやりなさい. ②(子供を)苦労して育てる. ¶大妈好不容易才把你～大 / おばさんは苦労しておまえを育て上げた. ③引き立てる. ④(人を)抱き込む. ⑤巻き込む. ¶不要把别人～进去 / 他人を巻き添えにしてはいけない. ⑥よもやま話をする.
【拉倒】lādǎo 動+結補〈俗〉やめる. 放っておく. ¶你不要,～ / いらないなら,それで結構だ.
【拉得下脸来】lādexià liǎn lai 〈慣〉(↔拉不下脸来)容赦なく…することができる.
【拉丁文】Lādīngwén 名 ラテン語.
【拉丁字母】Lādīng zìmǔ 名 ラテン文字.
【拉动】lādòng 動 増大させる. 発展させる.
【拉肚子】lā dùzi 〈口〉腹を下す. 下痢をする.
【拉钩】lā//gōu 動(～儿)指切りする.
【拉关系】lā guānxi 〈慣〉渡りをつける;コネを利用する. ¶拉亲戚 qīnqī 关系 / 親戚関係を利用して取り入る.
【拉管儿】lāguǎnr 名〈俗〉〈音〉トロンボーン. ►"长号"とも.
【拉后腿】lā hòutuǐ 〈慣〉足を引っ張る. 人や事業の進歩・進展を妨げる. ►"扯 chě 后腿"とも. ¶你不要拉他的后腿 / 彼の邪魔をするな.
【拉祜族】Lāhùzú 名(中国の少数民族)ラフ(Lahu)族. ►チベット系の山岳民族で雲南省に住む.
【拉花】lāhuā 名 花飾り.
【拉话】lā huà 動〈口〉話しかける. 雑談する.
【拉簧】lāhuáng 名〈体〉エキスパンダー.
【拉家常】lā jiācháng 〈口〉世間話をする. 雑談する.
【拉家带口】lā jiā dài kǒu 〈成〉(面倒を見なければならない)家族の者を引き連れる.
【拉架】lā//jià 動 殴り合いのけんかの仲裁をする.
【拉近乎】lā jìnhu 〈慣〉取り入る;(人に近づこうとして)親しげに振る舞う. ►"套近乎"とも.
【拉锯】lā//jù 動 ①のこぎりをひく. ②一進一退する. ¶～战 zhàn / シーソーゲーム.
【拉开】lā//kāi 動+結補 ①引いて開ける. ¶～抽屉 chōuti / 引き出しを開ける. ②引き離す. ¶不要～距离 jùlí! / 離れるな.
【拉客】lā//kè 動(食堂・旅館・娼婦などが)客引きをする;(輪タク・タクシーなどが)客を乗せて走る.
【拉拉队】lālāduì 名 応援団. ►"啦啦队"とも書く.
【拉拉扯扯】lālachěchě 形 ①引っ張り回す. ②(男女が)いちゃつく. ⇒【拉扯】lāche
【拉郎配】lālángpèi 名〈慣〉抱き合わせ販売. 品質の悪い物をよい物とセットして売る.
【拉力】lālì 名〈機〉引っ張り強度;〈物〉張力.
【拉力器】lālìqì 名〈体〉エキスパンダー.
【拉力赛】lālìsài 名 カーラリー.
【拉链】lāliàn 名(～儿)チャック. ファスナー. 量 根,条. ►"拉锁 lāsuǒ"とも. ❖拉上 *lāshang*〔拉开 *lākāi*〕～ / ファスナーを上げる〔下ろす〕.
【拉拢】lālǒng 動 他人をうまく言いくるめて自分の味方にする.
【拉买卖】lā mǎimai 〈慣〉お得意をつくる.
【拉门】lāmén 名 引き戸. 滑り戸.
【拉面】lāmiàn 名〈方〉ラーメン.
【拉尼娜现象】lānínà xiànxiàng 名〈気〉ラニーニャ現象.

L

【拉皮条】lā pítiáo 〈慣〉ポン引きをする；(男女の間を)取り持つ.
【拉票】lā//piào 動(選挙などで)票集めをする. ►"拉选票 xuǎnpiào"とも.
【拉平】lā//píng 動＋結補 等しくする. 等しくなる. ¶双方得分 défēn～/両者の得点が同点になった.
【拉纤】lā//qiàn 動 ① 岸で船を引く. ② 渡りをつけて取り持つ. ¶拉地 dì 纤/土地の仲介をする. ¶说媒 shuōméi～/仲人をする.
【拉清单】lā qīngdān 明細書を作る.
【拉山头】lā shāntóu 〈慣〉党派を作る. セクト活動をする.
【拉屎】lā//shǐ 動〈俗〉うんこをする.
【拉手】lā//shǒu 動 握手する. 手をつなぐ.
【拉手】lāshou 名(ドアや引き出しなどの)取っ手,引き手.
【拉锁】lāsuǒ 名(～儿)〈口〉ファスナー.
【拉脱维亚】Lātuōwéiyà 名〈地名〉ラトビア.
【拉稀】lā//xī 動〈俗〉① 下痢をする. ② へまをする. いざとなると逃げる.
【拉下脸】lāxià liǎn 〈慣〉① 遠慮会釈しない. 情け容赦しない. ② むっとする.
【拉下马】lāxià mǎ 〈慣〉(人を地位などから)引きずり下ろす.
【拉下水】lāxià shuǐ 〈慣〉人を不正行為に誘い込み堕落させる.
【拉线】lā//xiàn 動 仲立ちをする.
【拉硬屎】lā yìngshǐ 〈慣〉無理をする. やせ我慢をする.
【拉杂】lāzá 形〈方〉とりとめがない. 筋が通らない.
【拉赞助】lā zànzhù 援助を求める. スポンサーをさがす.
【拉账】lā//zhàng 動〈口〉借金する.

啦 lā "哩哩啦啦 līlilālā"(たらたら. だらだら)という語に用いる. ⏩ la

邋 lā "邋遢 lāta"⬇という語に用いる.

【邋遢】lāta 形〈方〉うす汚い. だらしがない. ►"邋里邋遢 lālilātā"の形で強調することもある.

旯 lá "旮旯儿 gālár"(隅；狭苦しいへんぴな所)という語に用いる.

拉 lá 動(刃物で)切る. 傷をつける. 切開する. ¶手上～了个口子 kǒuzi/(小刀などで)手に切り傷をつけた. ⏩ lā,lǎ

拉 lǎ "半拉 bànlǎ"(半分),"虎不拉 hùbulǎ"(モズ)などの語に用いる. ⏩ lā,lá

【拉忽】lǎhu 形〈方〉そそっかしい. いい加減だ.

喇 lǎ ① "喇叭 lǎba"⬇という語に用いる. ② "喇嘛 lǎma"⬇という語に用いる. ‖姓

【喇叭】lǎba 名 ① ラッパ. 量 个,支. ❖吹 chuī～/ラッパを吹く. ② ラウドスピーカー. ¶汽车～/自動車のクラクション.
【喇叭花】lǎbahuā 名〈植〉アサガオ.
【喇叭裤】lǎbakù 名(～儿)ラッパズボン；(すそ幅の広い)パンタロン.
【喇叭裙】lǎbaqún 名 フレアースカート. すそがラッパ状に広がったスカート.
【喇嘛】lǎma 名〈宗〉ラマ僧.
【喇嘛教】Lǎmajiào 名〈宗〉チベット仏教. ラマ教.

4声 **落** là 動 ① もれる. 書き落とす. 抜ける. 脱落する. ¶这儿～了两个字/ここは2字抜けている. ② 置き忘れる. ¶把雨伞～在汽车上了/傘をバスの中に置き忘れた. ③ おくれる. ひけを取る. ¶他被～了一大截儿 jiér/彼はだいぶ引き離された. ⏩ lào,luò

腊(臘・臈) là ◇◆ ①旧暦12月. ¶→～月 yuè. ②魚肉類の薫製. ¶→～肉 ròu. ‖姓

【腊八】Làbā 名(～儿)臘八会(ろうはちえ)(旧暦の12月8日). ►"腊八节 jié"とも. 釈迦が悟りを開いた日とされる.
【腊八粥】làbāzhōu 名 旧暦の12月8日に食べるかゆ. ►もち米でかゆを作り,中にクリ・ナツメ・クルミ・落花生などを入れて甘く煮たもの.
【腊肠】làcháng 名(～儿)腸詰め. ソーセージ. 量 根,条.
【腊梅】làméi 名〈植〉ロウバイ. カラウメ.
【腊肉】làròu 名 肉の薫製；ベーコン.
【腊味】làwèi 名 薫製にした魚・肉の総称.
【腊月】làyuè 名 旧暦の12月.

蜡(蠟) là 名 ろう；ろうそく. ¶点上一支 zhī～/ろうそくをつける.

【蜡版】làbǎn 名 謄写原版.
【蜡笔】làbǐ 名 クレヨン. 量 支 zhī.
【蜡光纸】làguāngzhǐ 名 つや出し紙.
【蜡花】làhuā 名(～儿)ろうそくの丁子頭(ちょうじがしら).
【蜡黄】làhuáng 形(ろうのように)黄色い. ¶面色 miànsè～/顔色が(昔の)ろうのように黄色い.
【蜡泪】làlèi 名 ろうそくが溶けて流れ落ちたもの.
【蜡疗】làliáo 名 パラフィン療法.
【蜡梅】làméi 名〈植〉ロウバイ. ナンキンウメ. ►"腊梅 làméi"とも書く.
【蜡扦】làqiān 名(～儿)ろうそく立て.
【蜡染】làrǎn 名 ろうけつ染め.
【蜡台】làtái 名 燭台.
【蜡头儿】làtóur 名 ろうそくの燃えさし.
【蜡像】làxiàng 名 ろう細工.
【蜡纸】làzhǐ 名 パラフィン紙. 謄写原紙.
【蜡烛】làzhú 名 ろうそく. 量 枝,支,根. ❖点 diǎn～/ろうそくに火をつける.

** **辣** là ❶形 ①(ひりひりして)辛い. ►塩辛さは"咸 xián"という. ¶这菜太～了/この料理は辛すぎる. ② 悪辣(あくらつ)である. ¶嘴甜 zuǐ tián 心～/口先は甘いが腹の中は黒い. ❷動(辛さが口・鼻・目などを)刺激する. ひりひりさせる. ¶葱头 cōngtóu～眼睛/玉ねぎは目を刺激する.

【辣乎乎】làhūhū 形(～的)(辛くて)ひりひりする.
【辣酱】làjiàng 名〈料理〉唐辛子みそ.
【辣椒】làjiāo 名 唐辛子. ¶～酱jiàng/チリソース.
【辣手】làshǒu ❶名 悪辣(あくらつ)な手段. ❷形 ① 手段が悪辣である. ② 手に負えない. やりにくい. ¶此事 cǐ shì 有点儿～/この件は扱いにくい.
【辣丝丝】làsīsī → 【辣酥酥】làsūsū

【辣酥酥】làsūsū 形（～的）ちょっぴり辛い．
【辣油】làyóu 名〈料理〉ラー油．
【辣子】làzi 名 唐辛子；〈喩〉大胆で気性が激しい女性．

軽声 * **啦** la 助《断定的な口調を表す．感嘆や阻止，緊張と興奮の意を含む》►"了 le"と"啊 a"の合音．¶他要走～！/ あの人が帰るぞ．¶报纸又涨 zhǎng 价～！/ 新聞がまた値上がりした．⇨〖了 le〗 ⏩ lā

lai（ㄌㄞ）

2声 ** **来**（來）lái ❶動 ①（↔去 qù)(話し手の方へ向かって)**来る．やって来る．**►場所を表す語をそのまま目的語として後に置くことができる．¶快～呀！/ 早く来いよ．¶你～过这儿吗？/ ここに来たことがありますか．注意 必ずしも"来"＝「来る」，"去"＝「行く」ではない．"来"は話し手である自分の方へ近づく場合だけでなく，聞き手である相手を中心としてそこに近づく場合にも用いられる．たとえば，近い距離で「すぐ行きます」という場合には"就来，就来"となり，また家に誘われたりしたときも，場合により"我一定来"と言うことができる．
②**来させる．よこす．**¶小陈 Chén 走后～过三封信 / 陳くんは行ってから手紙を３通よこした．¶～人！/ だれか来てくれ．［店で注文するとき(あるいは人に頼むとき)には，"来…"と言う］¶～两碗 wǎn 米饭 / ライスを二つください．
③(問題や事件などが)**発生する．**起こる．¶这事儿是怎么～的？/ どうしてこんなことになったんだ．¶突然～了一阵风 / 急に風が吹いてきた．
④(なにかを)**する．**►具体的な動作を表す動詞の代わりに用いる．¶我自己～ / 自分でやります．¶你拿 ná 那个，这个我～ / それを持ってくれ，これは私が持つ．
⑤《他の動詞の前に用い，**動作に取り組む積極的な姿勢**を表す》¶我～介绍 jièshào 一下儿 / 私からご紹介しましょう．¶我～看看 / どれ，私が見てみよう．
⑥《「動詞(句)＋"来"」の形で，動詞(句)が「来る」ことの目的を表す》¶他到北京找工作～了 / 彼は北京へ仕事を探しにやって来た．
⑦《「動詞句〔前置詞句〕＋"来"＋動詞(句)」の形で，動作の方法・方式とその目的を示す》¶咱们一齐 yīqí 努力～完成这个任务 rènwu / みんなで努力してこの任務を達成しよう．¶万一弄 nòng 坏了，得 děi 由你～赔 péi / もし壊したらあなたが弁償しなくてはなりません．
❷助 ①《"十、百、千"などの数詞もしくは数量詞の後に置き，概数を表す》¶二十～岁的小伙子 / 二十歳前後の男．¶四个～月 / ４か月ぐらい．
②《時間や期間を表す語の後に置き，それから発話時までの期間を示す》¶十年～ / 10年来．¶这三年～ / この３年の間．
③《"一、二、三"などの数詞の後に置き，順に理由を挙げるのに用いる》¶一～工作忙，二～天气冷，所以一直没来看你 / 一つには仕事が忙しく，二つには寒いので，ずっとお訪ねしないでいたんです．
④《動詞の後に置き，動作を回想する》►"～着"の形で用いられることが多い．¶这话我多会儿说～ / そんな話を私はいつ話したかなあ．
❸感 ①(人を促して)さあ．¶～～～，喝吧！/ さあさあ，飲みなさい．
②《詩歌や呼び売りなどで，言葉の調子をととのえるために用いる》¶不愁 chóu 吃～不愁穿 / 食うことにも心配がなけりゃ，着ることにも心配がない．‖姓

語法ノート　方向補語"－来"の用法

❶ a 動詞の後に用いて，人や事物が動作に伴って空間的・時間的・心理的に視点の置かれる場(話し手の立脚点)へ向かうことを表す．「動詞＋"来"」のように単独でも動詞に接続するが，「動詞＋他の方向補語("进、出、上、下、回、过、起")＋"来"」で複合方向補語も形成する．¶快把水拿 ná ～ / はやく水を持って来い．¶哥哥捎 shāo ～了一封信 / 兄が手紙をことづけて来た．¶他醒 xǐng 过～了 / 彼は正気に戻った．
b 「"看〔说、想、听、算〕"＋"来"」の形で挿入句として用い，話し手がある(推量的)結論を出す過程を表す．この場合，"来"は"起来"とすることができる．…してみると．…したところ．¶看～，… / みたところ…．¶听～，… / 聞いてみると…．¶想～，… / 思えば…．¶算～已经有三十年了 / 数えてみればもう30年になる．
c 「動詞$_1$＋"来"＋動詞$_2$＋"去"」の形で動作が繰り返し行われることを表す．⇨〖…来…去〗…*lái…qù*
❷「動詞＋"得 / 不"＋"来"」の形．
a 融和できる〔できない〕意を表す．動詞は"谈 tán、合 hé、处 chǔ、说 shuō"など若干のものに限る．¶你跟他一定合得～ / 君はあの人ときっとうまくいく(馬が合う)．
b 習慣からまた経験・習練が十分で慣れており〔足りないため慣れておらず〕できる〔できない〕という意を表す．¶中国菜，你吃得～吃不～？/ 中国料理は君食べられますか．

【来宾】láibīn 名 来賓．来客．量 位．¶招待 zhāodài ～ / 来賓をもてなす．
【来不得】láibude 動＋可補 …であってはならない；…してはならない．¶这可～ / そういうことをしてはいけない．
【来不及】láibují 動＋可補 **間に合わない．追いつかない．¶现在～了 / もう間に合わない．¶已经七点，～做晚饭了 / もう７時なので夕飯の支度をする時間がない．
【来不来】láibulái 副 ともすれば．►"就"と呼応する．¶～就哭 kū 起来 / なにかというとすぐに泣きだす．
【来潮】lái//cháo 動 ①潮が満ちてくる；〈転〉急に浮かんでくる．¶心血 xīnxuè ～ / 急に思いつく．②月経が始まる．生理がくる．
【来到】láidào 動 **到着する．**来る．¶我终于 zhōngyú ～了万里长城 / 私はやっと万里の長城にやって来た．
【来的】láide →【来着】láizhe
【来得】láide 動 ①〈方〉できる．よくする．¶粗细活儿 cū xì huór 她都～ / 力仕事であろうと手先の仕事であろうと彼女はなんでもよくできる．②(他と比べて)際立って…である．¶还是打电话～快 / やはり電話のほうがはるかに早い．
*【来得及】láidejí 動＋可補 **まだ間に合う．**¶现在

出发还～ / 今から出かけてもまだ間に合う．〔語法〕前には“还,都,也”などを用いる．単独で用いることができるほか,後に動詞(句)を置くこともできる．¶现在赶得上 gǎndeshàng 吗？——还～ / 今からで間に合いますか——まだ間に合います．¶问题不多,～处理 chǔlǐ / 問題は多くないので,まだ処理が間に合う．〔注意〕否定には“来不及”と“没来得及”がある．“来不及”は「現在間に合わない」情況を述べ,“没来得及”は「いまする暇がなくてもあとですればよい」意味を含む．過去の情況を表すときは主として“没来得及”を用いるが,文がなお続くときは,“来不及”でよい．¶这件事儿,没～通知 tōngzhī 你 / この事は君に知らせるのが間に合わなかった．⇒【来不及】láibují

【来电】lái//diàn ❶名 来電．❷動 ①電報を打ってくる．②(停電した後)再び電気が来る．

【来访】láifǎng 動 来訪する．

【来复枪】láifùqiāng 名 ライフル銃．

【来稿】lái//gǎo ①動(編集部に)原稿が届く,投稿がある．②名 投稿原稿．

【来函】láihán 名〈書〉来書．貴簡．¶～俱 jù 悉 xī / ご来書の主旨,ことごとく承知いたしました．

【来亨鸡】láihēngjī 名〈鳥〉レグホン．

*【来回】láihuí ❶動 ①往復する．¶从公司到我家～有两公里 / 会社から自宅まで往復で2キロある．②行ったり来たりする．¶他一边～走着,一边思索 sīsuǒ 着什么 / 彼は行ったり来たりしながら何か考えこんでいる．❷名(～儿)往復．¶一天可以打两个～儿 / 日に2往復できる．

【来回来去】lái huí lái qù (同じ所を)行ったり来たりする；(同じことを)何度も繰り返す．

【来回票】láihuípiào 名 往復切符．

【来火】lái//huǒ 動(～儿)かっとなる．頭にくる．¶他一听这话就来了火 / その話を聞いたとたん彼はいきり立った．

【来件】láijiàn 名(郵送などの方法で)届いた文書・品物．

【来劲】lái//jìn 動(～儿) ①張り切る．勢いがつく．¶越干越～ / やればやるほど張り切ってくる．②心が奮い立つ．¶这样伟大的工程,可真～！/ なんてすばらしいプロジェクトなんだ,(やりがいで)ぞくぞくする．

【来客】láikè 名 来客．¶会见 huìjiàn ～ / 来客に面会する．

【来历】láilì 名 いわれ．由来．¶这张油画 yóuhuà 大有～ / この油絵には深いいわれがある．¶～不明 / 素姓がはっきりしない．

【来料加工】láiliào jiāgōng 名〈経〉委託加工貿易．

【来临】láilín 動〈書〉①到来する．②臨席する．

【来龙去脉】lái lóng qù mài〈成〉人の来歴や物事の経過．いきさつ．原因と結果．¶弄清 nòngqīng ～ / いきさつをはっきりつかむ．

【来路】láilù 名 ①こちらへ来る道筋．②出所．

【来路】láilu 名 来歴．由来．

【来年】láinián 名〈方〉来年．

【来钱】lái//qián〈口〉臨時収入；金が手に入る．

【来去】láiqù ❶動〈方〉行き来する．付き合う．❷名 ①往復．行き帰り．②行き来．

〖…来…去〗…*lái*…*qù* 動作の繰り返し,または不断に行われることを表す．¶想～想～ / あれこれ考える．¶看～看～ / 繰り返し見る．¶翻 fān ～覆 fù ～ / 何度も寝返りをうつ；〈転〉何べんも何べんも繰り返して．¶挑 tiāo ～挑～ / 何度も繰り返し選び直す．

【来去分明】lái qù fēn míng〈成〉①金銭の収支がはっきりしている(ごまかしがない)．②(人が)公明正大である,やましいところがない．

【来人】láirén 名 使いの者．

【来日】láirì 名〈書〉明日．将来．¶～无多 wúduō / 余命いくばくもない．〔注意〕“来日”は日本語同様,「日本に来る」の意味で用いられることもある．その場合の“日”は Rì．¶今年有很多音乐家 yīnyuèjiā ～ / 今年は多くの音楽家が来日する．

【来日方长】lái rì fāng cháng〈成〉これからまだ先が長い．あせらなくとも事を成し遂げる時間は十分にある．

【来生】láishēng 名 来世．

【来势】láishì 名(動作や物事の現れる)勢い．¶～凶猛 xiōngměng / すごい勢いで向かってくる〔発生する〕．

【来事】láishì ①動(～儿)〈方〉(“会,不会”を伴って)人との付き合いが上手〔下手〕である．¶这个孩子 háizi 很会～ / この子はよく気がつく．②形(～儿)〈方〉よい．よろしい．③名〈書〉将来のこと．先々のこと．

【来头】láitou 名 ①(～儿)来歴．身分．②わけ．いわれ．③兆し．勢い．④(～儿)やりがい．おもしろみ．

*【来往】láiwǎng 動(多くの人・物が)行き来する．¶禁止 jìnzhǐ 车辆 chēliàng ～ / 車両の通行を禁ずる．¶来来往往的旅客 lǚkè / 行き来する旅客．¶～于 yú 津沪 Jīn-Hù 之间 / 天津・上海間を往復する．

【来往】láiwang 動 交際する．¶跟他素 sù 无～ / 彼とは全然交際がない．

*【来信】lái//xìn ①動 手紙をよこす．¶请尽快 jǐnkuài～ / なるべく早くお手紙をください．②名 来信．投書．量 封．¶～收悉 xī / お手紙拝見しました．

【来意】láiyì 名 来意．来訪のわけ．

【来由】láiyóu 名 経歴．由来；わけ．原因．¶没 méi ～ / いわれがない．わけもなく．

【来源】láiyuán ①名(物事の)源,本源,出所．¶经济 jīngjì ～ / お金の出所．②動(後に“于 yú”を伴って)…は…から出てくる．¶理论 lǐlùn ～于实践 shíjiàn / 理論は実践から生まれる．

【来者不拒】lái zhě bù jù〈成〉来る者は拒まず．

【来者不善,善者不来】lái zhě bù shàn, shàn zhě bù lái〈成〉来る者はみな悪意を抱いているやつばかりだ．

*【来着】láizhe 助(過去の出来事を回想して)…していた．…であった．〔語法〕文末に用い,過去のでき事を回想する気持ちを表す．話し言葉に用い,文中の動詞は“了,过”を伴うことができない．¶你说你喜欢什么～？/ 何が好きだと言ってたっけ．

【来之不易】lái zhī bù yì〈成〉物事を達成したり手に入れるのは容易ではない．

*【来自】láizì 動 …から来る．¶～五湖 hú 四海 hǎi / 全国の津々浦々から集まる．

莱(萊) lái

名 ①〈書〉〈植〉アカザ．②〈古〉休耕地；荒地．

【莱塞】láisè 名 ①レーザー．②→【激光器】jīguāng-

qì
【莱索托】Láisuǒtuō 名〈地名〉レソト.

4声 **睐**(睞) lài ◇ 横目で見る. ¶青 qīng ~ / 好意のあるまなざし. ¶承蒙 chéngméng 青~ / 御高配にあずかる. ►手紙用語.

赖 lài ❶動 ①(責任や過失などを)言い逃れをする,人になすりつける. ¶自己错了~别人 / 自分の過失を人になすりつける. ②責める. ¶这事全 quán ~我 / これはすべて私が悪かったのだ. ③だだをこねて動かない. 居すわる. ¶~着不肯 kěn 走 / だだをこねて離れようとしない.
❷形〈口〉悪い. 劣っている. ¶好的~的我都要 / いいのも悪いのもみんなください.
◇ 頼る. 頼りにする. ¶仰 yǎng ~ / 頼る. ‖姓
【赖床】lài//chuáng 動〈方〉(子供が)朝,寝床でぐずぐずする.
【赖皮】làipí ①名 ごろつき行為. ¶耍 shuǎ ~ / ごねる. ¶~赖脸 liǎn / ずうずうしい. ②動 ごねる. 因縁をつける.
【赖账】lài//zhàng 動 借金を踏み倒す.
【赖子】làizi 名 ごろつき.

癞 lài 名〈医〉①(=麻风 máfēng)ハンセン病. ②〈方〉(=黄癣 huángxuǎn)しらくも.
【癞蛤蟆】làiháma 名〈動〉ヒキガエル. ガマ;〈喩〉醜い人. ¶~想吃天鹅 tiān'é 肉 /〈諺〉(ヒキガエルがハクチョウの肉を食べようとする意から転じて)身の程知らずの高望みをする.
【癞皮狗】làipígǒu〈慣〉恥知らず. 卑怯なやつ. ►"癞狗"とも.
【癞子】làizi 名〈方〉しらくも頭の人.

lan (ㄌㄢ)

2声 **兰**(蘭) lán ◇ ①ラン. シュンラン. ②フジバカマ. 蘭草. ‖姓
【兰草】láncǎo 名〈植〉①フジバカマ;〈中薬〉佩蘭(はいらん). ②〈俗〉ランの総称.
【兰花】lánhuā 名〈植〉①シュンラン. ②スルガラン.
【兰姆酒】lánmǔjiǔ 名 ラム酒. ►"朗 lǎng 姆酒""老姆""劳姆"とも.

岚 lán ◇ もや. 霞(かすみ). ¶晓 xiǎo ~ / 明け方のもや.

***拦**(攔) lán 動 遮る. ¶~住去路 / 行く手を遮る.
【拦挡】lándǎng 動 遮る. 邪魔する.
【拦道木】lándàomù 名(歩行者や車両などの)通行を遮断する横木.
【拦柜】lánguì 名(商店などの)カウンター. ►"栏柜"とも書く.
【拦河坝】lánhébà 名〈水〉ダム(の堤防).
【拦洪坝】lánhóngbà 名 洪水防止用の堤防. 土手. 堤.
【拦击】lánjī 動 ①要撃する. ②〈体〉(卓球・テニスで)ボレーする.
【拦截】lánjié 動 遮る. 阻む. ¶~卫星 wèixīng / 迎撃衛星.
【拦路】lán//lù 動 道を遮る. ¶~打劫 dǎjié / 追いはぎをする.
【拦路虎】lánlùhǔ 名 ①〈旧〉追いはぎ. 辻強盗. ②(前進途中の)障害物,困難.
【拦网】lánwǎng 動〈体〉(バレーボールで)ブロックする. ¶~得分 défēn / ブロックポイント.
【拦蓄】lánxù 動(水を)遮りためる.
【拦腰】lányāo 動(物の半ばのところから)遮る,切断する. ¶~抱住 bàozhù / 腰に抱きつく. ¶~截断 jiéduàn / 真ん中で切断する.
【拦鱼栅】lányúzhà 名(川などに仕掛ける)魚捕りの囲い.
【拦阻】lánzǔ 動 阻む. 遮る.

栏(欄) lán 名 新聞などの欄;組版などの段;便箋(びんせん)などの罫(けい). ¶请在第一~里填写 tiánxiě 姓名 xìngmíng / はじめの欄に氏名を記入してください.
◇ ①欄干. 手すり. ¶石~ / 石の欄干. ②(家畜を入れる)囲い. ¶牛~ / 牛を入れる柵.
【栏杆】lángān 名 欄干. 手すり. ►"阑干"とも書く. ¶安上 ānshang ~ / 手すりを取りつける.
【栏目】lánmù 名(新聞・雑誌などの)記事,コラム.

婪 lán "贪婪 tānlán"(貪欲な)という語に用いる.

阑 lán ◇ ①欄干. ②遮る. ►"拦"とも書く. ③終わりに近づく. ¶岁 suì ~ / 年の暮れ.
【阑干】lángān ①形〈書〉入り交じっている;散り散りばらばらである. ¶星斗 xīngdǒu ~ / 星が散らばってきらめいている. ②→【栏杆】lángān
【阑尾】lánwěi 名〈生理〉虫垂.
【阑尾炎】lánwěiyán 名〈医〉虫垂炎.

****蓝**(藍) lán ①形 青い. ►空色・水色・紺色などの色彩を含む. ¶天多~啊! / 空がほんとうに真っ青だ. 注意 連体修飾は必ずしも自由ではなく,成立しない場合もある. たとえば「青い空」は"~~的天空""~天"とはいえるが,"×~天空"とはいえない. ②名〈植〉アイ. 参考 この"蓝"が日本語の「青い」に相当する. "青 qīng"は熟語の形で「青い」意を表すものもあるが,同時に「黒」「緑」や血の気のひいた顔色なども表す. ‖姓
【蓝宝石】lánbǎoshí 名 サファイア.
【蓝本】lánběn 名 原本. 種本.
【蓝点鲅】lándiǎnbà 名〈魚〉サワラ.
【蓝靛】lándiàn 名(染料の)藍(あい). インディゴ.
【蓝鲸】lánjīng 名〈動〉シロナガスクジラ.
【蓝晶晶】lánjīngjīng 形(~的)(水・宝石などが)青く光っている. ¶~的宝石 / 青く輝く宝石.
【蓝领】lánlǐng 名(↔白领)ブルーカラー. 肉体労働者.
【蓝墨水】lánmòshuǐ 名(~儿)青インク.
【蓝色】lánsè 名 青色.
【蓝天】lántiān 名 青空. ¶~计划 jìhuà / 青空を取り戻す環境保全計画.
【蓝图】lántú 名 青写真;〈喩〉未来の建設計画.
【蓝牙】lányá 名〈無〉ブルートゥース. 携帯情報機器向けの無線通信技術.

【蓝盈盈·蓝莹莹】lányīngyīng 形 (～的)〈方〉青々と輝いている.

澜 lán ◇◆ 大波. 波濤. ¶波 bō ～ / 大小の波. ¶狂 kuáng ～ / 怒濤.

褴(襤) lán "褴褛 lánlǚ"⇩という語に用いる.

【褴褛】lánlǚ 形〈書〉(衣服が)ぼろぼろである.

篮(籃) lán ◇◆ ①かご. ¶竹 zhú ～ / 竹かご. ②バスケットボールのゴールネット. ‖姓

【篮板球】lánbǎnqiú 名〈体〉(バスケットボールで)リバウンドボール.

*【篮球】lánqiú 名〈体〉**バスケットボール**(のボール). ❖打 *dǎ* ～ / バスケットをする.

【篮圈】lánquān 名〈体〉バスケットリング.

*【篮子】lánzi 名 **手提げかご**. (量) 只 zhī,个. ¶手里 shǒuli 提 tí ～ / 手にかごを提げる.

览(覽) lǎn ◇◆ 見る. ¶游 yóu ～ / 見物する. ¶～古 gǔ / 古跡を見る.

【览胜】lǎnshèng 動 名勝の地を観光する. すばらしい景色を眺める. ¶登高 dēnggāo ～ / 高所に登ってよい景色を眺める.

揽(攬) lǎn 動《いろいろな事を引き寄せる》 1 **抱き寄せる**. ¶母亲 mǔqin 把孩子～在怀 huái 里 / 母親は子供を胸に抱き寄せた. 2 (ばらばらの物を縄で一つに)**くくる**. ¶把柴火 cháihuo ～起来 / たき木をひとまとめにくくる. 3 引き受ける. 請け負う. ¶→～生意 shēngyi. ¶他把责任 zérèn 都～到自己身上 shēnshang / 彼は責任をすべて一身に引き受けた. 4 独占する. ¶独 dú ～大权 dàquán / 権力を一手に握る.

【揽工】lǎngōng 1 名 仕事を請け負う人. 2 動〈方〉常雇いをやる.

【揽活】lǎn//huó 動(～儿)仕事を引き受ける.

【揽货】lǎn//huò 動 貨物の輸送・販売を引き受ける.

【揽权】lǎn//quán 動 越権行為をする.

【揽生意】lǎn shēngyi 仕事を請け負う.

缆(纜) lǎn 1 名 ロープ ; ともづな. (量) 根 gēn,条 tiáo. 2 動 (船を)係留する.

【缆车】lǎnchē 名 **ケーブルカー**.

【缆道】lǎndào 名 ケーブルウエー.

【缆索】lǎnsuǒ 名 ケーブル.

榄(欖) lǎn "橄榄 gǎnlǎn"(カンラン. オリーブ)という語に用いる.

懒(嬾) lǎn 形 1 **不精だ. 怠惰である**. ¶这家伙 jiāhuo 很～ / こいつはとてもものぐさだ. 2 だるい. ¶身上发 fā ～ / 体がだるい.

【懒虫】lǎnchóng 名 怠け者. ぐうたら.

【懒怠】lǎndai 形 1 怠惰である. 2 …するのがおっくうだ.

【懒得】lǎnde 動 **…するのがおっくうである**. …する気がしない. ►必ず動詞を目的語にとる. ¶这些闲事 xiánshì,我～管 guǎn / こういうつまらないことにかかわる気はない.

【懒惰】lǎnduò 形 **不精である**. 怠け者である.

【懒骨头】lǎngǔtou 名〈罵〉怠け者. ぐうたら.

【懒汉】lǎnhàn 名 怠け者. 不精者.

【懒汉鞋】lǎnhànxié 名〈俗〉カンフーシューズ. 甲の両脇にゴムの入っている布靴.

【懒散】lǎnsǎn 形 だらけている.

【懒洋洋】lǎnyāngyāng 形(～的)物憂げである. 元気がない.

4声 *__烂__(爛) làn 形 1 (煮炊きしすぎで,あるいは水分が多くて)**やわらかい**. ¶这个肉炖 dùn 得太～ / この肉は煮込み過ぎだ(やわらかすぎる). 2 **腐っている. 腐敗している**. ¶白菜～了 / ハクサイが腐った. 3 **ぼろぼろである**. ¶衣服穿 chuān ～了 / 服がぼろぼろになった. 4 **でたらめである**. ぐちゃぐちゃである.

【烂糊】lànhu 形〈口〉(煮て)非常にやわらかくなる.

【烂货】lànhuò 名 1 悪い商品. 傷物. 2〈罵〉あばずれ.

【烂漫】lànmàn 形 1 色が鮮やかで美しい. 2 率直で飾り気がない. ¶天真 tiānzhēn ～ / 天真爛漫. ►"烂缦、烂熳"とも書く.

【烂泥】lànní 名 べとべとの泥. ¶～坑 kēng / ぬかるみ.

【烂舌头】làn shétou 〈慣〉おしゃべり好きでよくもめごとを起こす(人). ►"烂舌根 gēn"とも.

【烂熟】lànshú 形 1 (肉・野菜などが)よく煮えている,ぐたぐたである. 2 精通している. 熟練している.

【烂摊子】làntānzi 〈慣〉(がらくたを並べた露店の意味から)手をつけようのないほど混乱した会社や工場.

【烂账】lànzhàng 名 1 でたらめな帳簿. 2 回収不能ローン. 貸し倒れ.

【烂纸】lànzhǐ 名 紙くず. ほご.

【烂醉】lànzuì 動 酩酊する. ¶～如泥 ní / 泥酔する.

滥(濫) làn 形 **度を越している**. むやみやたらである. ¶这本词典收词太～ / この辞典はやたらに単語を拾ってある.

◇◆ ①川水があふれる. ¶泛 fàn ～ / 氾濫(はんらん)する. ②浮ついていて実際にそぐわない. ¶→～调 diào.

【滥调】làndiào 名 くだらない議論. たわごと.

【滥发】lànfā 動 乱発する. ¶～纸币 zhǐbì / 紙幣をむやみに発行する.

【滥伐】lànfá 動〈林〉乱伐する.

【滥用】lànyòng 動 濫用する. むやみやたらに使う. ¶～职权 zhíquán / 職権を濫用する.

【滥竽充数】làn yú chōng shù 〈成〉員数をそろえるために不良品を混ぜてごまかす.

lang (ㄌㄤ)

2声 **郎** láng 名〈近〉女性が夫または恋人を呼ぶ言葉.

◇◆ ①男子をさす. ¶放牛～ / 牛飼い. ②封建時代の官名. ‖姓

【郎才女貌】láng cái nǚ mào 〈成〉男は才人,女は美人で似合いのカップル.

【郎当】lángdāng 形 1 (身なりが)だらしない. 2 元気がない. 3 落ちぶれている.

【郎中】lángzhōng 名 ①旧時の官名．②〈方〉漢方医．

*狼 láng 名〈動〉オオカミ；〈喩〉悪人．(量) 只 zhī．

【狼狈】lángbèi 形 困りはてている．落ちぶれてみじめである．¶～不堪 kān / さんざんのていたらくである．

【狼狈为奸】láng bèi wéi jiān 〈成〉ぐるになって悪事を働く．

【狼狗】lánggǒu 名〈動〉シェパード．(量) 条,只 zhī．

【狼毫】lángháo 名 イタチの毛で作った筆．

【狼藉】lángjí 形〈書〉物が乱雑に散らかっている．►"狼籍"とも書く．

【狼吞虎咽】láng tūn hǔ yàn 〈成〉(食事を)大急ぎでがつがつかきこむ．

【狼心狗肺】láng xīn gǒu fèi 〈成〉残忍非道である；恩知らずである．

【狼烟四起】láng yān sì qǐ 〈成〉方々から狼煙(のろし)があがる；敵に侵入され辺境が不穏である．

【狼子野心】láng zǐ yě xīn 〈成〉人面獣心；凶暴な人の野心．

琅(瑯) láng "琅玕 lánggān""琅琅" ↓などの語に用いる．

【琅玕】lánggān 名〈書〉真珠のような美しい石．

【琅琅】lángláng 擬 ①金属や玉石のかち合う音．②明るく澄んだ朗読の声．

廊 láng ◇◆ 廊下．¶走～ / 廊下．

【廊檐】lángyán 名 ひさし(の下)；軒下にある廊下．

【廊子】lángzi 名 廊下．

榔 láng "榔槺 lángkāng""榔头 lángtou" ↓などの語に用いる．

【榔槺】lángkāng 形 かさばり,重くて扱いにくい．

【榔头】lángtou 名 木づち．

螂(蜋) láng 虫の名前に用いる．¶螳 táng～ / カマキリ．¶蟑 zhāng～ / ゴキブリ．

3声 朗 lǎng ◇◆ ①明るい．朗らか．晴れやか．¶晴 qíng～ / 晴れ渡っている．②(声が)透き通っている．¶→～诵 sòng．‖ 姓

*【朗读】lǎngdú 動 朗読する．¶～诗歌 shīgē / 詩を朗読する．

【朗朗】lǎnglǎng 形 ①《明るく澄んだ読書の声》朗々たる．¶书声～ / 朗々たる読書の声．②明るく輝いている．

【朗声】lǎngshēng 名 大きくてよく通る声．¶～大笑 / 朗らかな高笑い．

【朗诵】lǎngsòng 動 感情をこめて読む．朗唱する．¶～诗 shī 词 / 詩を朗読する．

4声 *浪 làng ① 名 波．¶风平 píng～静 jìng / 風が止み波が静かである．② 動〈方〉〈貶〉ぶらぶら遊び歩く．

◇◆ ①波のようなもの．¶麦 mài～ / 麦の穂が波打つこと．②好きかってをする．¶→～费 fèi．‖ 姓

【浪潮】làngcháo 名〈喩〉波．うねり；怒濤．¶罢工 bàgōng～ / ストライキの波．

【浪荡】làngdàng ① 動 まともな職につかずぶらぶらする．② 形 振る舞いが勝手気ままである．¶～公子 gōngzǐ / 放蕩息子．

*【浪费】làngfèi 動 むだ遣いをする．浪費する．¶～时间 shíjiān / 時間をむだにする．

【浪花】lànghuā 名(～儿)波のしぶき．白波；〈喩〉波瀾．¶～飞溅 fēijiàn / しぶきがとび散る．

【浪迹】làngjì 動〈書〉さすらう．放浪する．

*【浪漫】làngmàn 形 ①ロマンチックである．②(男女関係が)ふしだらである．

【浪漫主义】làngmàn zhǔyì 名 ロマンチシズム．

【浪涛】làngtāo 名 波濤(はとう)．大波．¶～滚滚 gǔngǔn / 大波が逆巻く．

【浪头】làngtou 名〈口〉波；〈喩〉潮流．¶赶 gǎn～ / 時代の潮流を追う．

【浪游】làngyóu 動 漫遊する．¶～四方 sìfāng / 各地を漫遊する．

【浪语】làngyǔ ❶名 ①みだらな話．¶淫词 yíncí～ / いかがわしい話．②とりとめのない話．❷動 みだりにしゃべる．

【浪子】làngzǐ 名 どら息子．道楽者．

【浪子回头金不换】làngzǐ huítóu jīn bù huàn 〈諺〉放蕩(ほうとう)息子の改心は金(きん)にも換えがたい．

lao (ㄌㄠ)

1声 *捞(撈) lāo 動 ①(液体の中から)すくう．¶从锅 guō 里把肉～出来 / なべから肉をすくい出す．②(不正に)得る．せしめる．¶～到好处 hǎochu / うまい汁を吸う．③〈方〉(ひょいと)手に取る,引っ張る．¶他～起一根 gēn 棒子 bàngzi 就打 / 彼はひょいと棒をつかんでたたいた．

【捞本儿】lāo//běnr 動(ばくちで負けた金を)取り返す．

【捞稻草】lāo dàocǎo 〈慣〉土壇場になって悪あがきをする．

【捞摸】lāomo 動(水中のものを)手探りで探す；〈転〉不当に利益を得る．

【捞取】lāoqǔ 動(水中から)すくい取る；(不正な手段で)手に入れる．¶～暴利 bàolì / 暴利をむさぼる．

【捞外快】lāo wàikuài 〈慣〉副収入・臨時収入を得る．

【捞一把】lāo yī bǎ 〈慣〉うまい汁を吸う．ひともうけする．

【捞油水】lāo yóushuǐ 〈慣〉甘い汁を吸う．

【捞着】lāo//zháo 動+結補〈方〉(あることをする)機会を得る．

2声 劳(勞) láo 動 わずらわす．►人に頼み事をするときに用いる．¶～您费心 / ごめんどうおかけします．

◇◆ ①働く．¶不～而获 huò / 労せずして得る．②苦労する．疲れる．¶任 rèn～任怨 yuàn / 苦労をいとわず,恨まれても気にしない．③手柄．功労．¶勋 xūn～ / 功績．功労．④ねぎらう．慰労する．¶犒 kào～ / (人の)労をねぎらう．‖ 姓

【劳保】láobǎo 名〈略〉①労働者保護．②労働(者)保険．

【劳步】láobù 動〈敬〉ご足労をかける．
*【劳动】láodòng 動 **労働する**；(特に)**肉体労働をする**．¶体力～/肉体労働．¶脑力 nǎolì ～/頭脳労働．►"劳働"とも書く．⇒【劳动】láodong
【劳动】láodong 動〈敬〉わずらわす．¶～您明天来一次/明日もう一度お越しください．⇒【劳动】láodòng
【劳动节】Láodòngjié 名(5月1日の)メーデー．►"国际劳动节""五一劳动节"とも．
【劳动力】láodònglì 名 労働力；労働者．¶半个～/半人前の労働者．
【劳动模范】láodòng mófàn 名 労働模範．模範労働者．
【劳动者】láodòngzhě 名 労働者．
【劳而无功】láo ér wú gōng〈成〉苦労が報われない．むだ骨を折る．
【劳方】láofāng 名(↔资方 zīfāng)労働者側．
【劳改】láogǎi 動〈略〉労働改造に処する．犯罪者に強制肉体労働を課し，それを通じて改心させること．►"劳动改造"の略称．
【劳改犯】láogǎifàn 名〈略〉労働改造犯．
*【劳驾】láo//jià〈套〉《人に頼みごとをしたり，道をあけてもらったりするときの言葉》**すみませんが．恐れ入りますが．**¶～，请让 ràng 一下/すみません，ちょっとよけてください．
【劳教】láojiào 名〈略〉"劳动教养 láodòng jiàoyǎng"(労働による再教育)の略．
【劳军】láo//jūn 動 軍隊をねぎらう．
【劳苦】láokǔ 形 苦労が多い．つらい．¶不辞 cí ～/苦労をいとわない．
*【劳累】láolèi ① 形 働きすぎてへとへとである．② 動〈敬〉手を煩わせる．面倒をかける．
【劳力】láolì 名 ① 労力．② 労働力(のある人)．
【劳碌】láolù 形 あくせく苦労する．¶终日 zhōngrì ～/一日中忙しくする．
【劳民伤财】láo mín shāng cái〈成〉人力と財力をむだにする．
【劳模】láomó →【劳动模范】láodòng mófàn
【劳神】láo//shén ① 動 精力をすり減らす．神経が疲れる．気を遣う．②〈套〉《ものを頼むときの言葉》お手数をかけますが．
【劳务】láowù 名 労働によるサービス．
【劳务费】láowùfèi 名 労務報酬．
【劳务人员】láowù rényuán 名 出稼ぎ労働者．
【劳心】láoxīn 動 ① 気を遣う．心配する．②〈書〉頭脳労働に従事する．
【劳燕分飞】láo yàn fēn fēi〈成〉夫婦・恋人や親友が離れ離れになる．
【劳役】láoyì ① 名 労役．¶判处 pànchǔ ～七天/7日間の労役を言い渡す．② 動(牛や馬を)使役する．
【劳逸】láoyì 名 労働と休息(のバランス)．¶～结合 jiéhé /労働と休息をうまく結びつける．¶～失当 shīdàng /労働と休息のバランスがとれていない．
【劳资】láozī 労働側と資本側．

牢 láo

① 名 **牢獄**．¶关进 guānjìn ～里/牢屋に閉じ込める．② 形 **堅固である**．¶记得 jìde 很～/しっかり覚える．
◇ ①家畜を飼う檻(おり)．¶→～笼 lóng．②(古代の)いけにえ．¶太～/いけにえのウシ．‖姓

【牢不可破】láo bù kě pò〈成〉堅牢で壊すことができない．
【牢房】láofáng 名 牢獄．
*【牢固】láogù 形 **堅固である．しっかりしている．**
【牢记】láojì 動 しっかりと心に刻む．¶把妈妈的话～在心/母の言葉をしっかり胸に刻む．
【牢靠】láokao 形 ① 丈夫である．堅固である．② 信頼できる．
【牢牢】láoláo 副 **しっかりと**．¶把钱 qián ～握 wò 在手里/お金をしっかりと握っている．
【牢笼】láolóng ❶名 ①(鳥獣を入れる)おり，かご．② わな．計略．¶陷入 xiànrù ～/わなにはまる．❷動 ①〈喩〉束縛する．②〈書〉言いくるめる．¶～诱骗 yòupiàn /巧みに言いくるめてだます．
【牢骚】láosāo ① 名 不平不満．繰り言．¶满腹 mǎnfù ～/不満たらたら．❖发 *fā* ～/愚痴をこぼす．② 動 **不満を言う**．愚痴をこぼす．
【牢实】láoshí 形 がっしりしている．頑丈である．¶基础 jīchǔ ～/土台がしっかりしている．
【牢稳】láowěn 形 安全である．確かである．
【牢稳】láowen 形(物が)安定していて揺れない．
【牢狱】láoyù 名 監獄．牢屋．

唠(嘮) láo

"唠叨 láodao"(ぶつぶつ言う．くどくど言う)という語に用いる．¶～～叨叨 dāodāo /くどくど言う．⏩ lào

崂(嶗) láo

地名に用いる．"崂山"は山東省にある山の名．

痨(癆) láo

◇ 結核．¶肺 fèi ～/肺結核．¶肠 cháng ～/腸結核．

【痨病】láobìng 名〈中医〉結核．¶～腔子 qiāngzi /〈貶〉肺病やみ；病気がちの人．

醪 láo

名〈書〉① にごり酒．② うま酒．

【醪糟】láozāo 名(～儿)(日本の甘酒に似た)もち米で造った酒．

老 lǎo

3声 **

❶形 ① **年をとっている**．¶三年不见，他～多了/3年会わないでいるうちに彼はだいぶ老け込んだ．② **歴史・経験が長い**．昔からの．古い．¶～工厂 gōngchǎng /古い工場．¶～朋友/古くからの友人．¶～牌子 páizi /歴史のあるブランド．③ **古ぼけている**．使い古された．¶这座大楼 dàlóu 太～了，需要 xūyào 修理 xiūlǐ 一下/このビルはがたがたになったから，修繕しなければならない．④ **いつもの**．もとからの．¶还是用～办法 bànfǎ 吧/いつもの手でいこう．¶他还住在～房子里/彼は依然としてもとの家に住んでいる．¶～脾气 píqi /いつもの癖．⑤(野菜などが)ひねた，とうが立った；(食物に)火を通しすぎた，煮すぎた．¶昨天买的芹菜 qíncài 太～，没法儿 fǎr 吃/きのう買ってきたセロリはとうが立ってしまって食べられない．⑥〈口〉末の，いちばん下の(子供・兄弟)．¶～儿子 érzi /末の息子．末っ子．⑦(一部の原色について)濃い．¶这颜色 yánsè 太～了点儿/この色は少し濃すぎる．
❷副 ① **いつも．ずっと**．¶他最近～来闲聊 xiánliáo /彼は近ごろしょっちゅう雑談をしに来る．►"～是"の形で用いることもある．¶他早晨 zǎochen

～是迟到 chídào / 彼は朝はきまって遅刻だ．[「"老"＋"不 / 没"＋動詞」の形で,期間の長いことを強調する]¶你有病～不去看,可不是事儿 / 君の病気はいつまでも医者に診てもらわないと,それこそ大変だよ．②とても．たいへん．非常に．►"大、长、高、重 zhòng、远、多、宽 kuān、深"など一部の形容詞の前に用いる．¶你～大的个子 gèzi,怎么跟小孩儿打架 dǎjià ？/ そんな大きななりをして,なんで子供とけんかをしたのだ．¶他今天～早就出门了 / 彼はきょうずいぶん早くから出かけた．

❸動〈口〉〈婉〉《"～了"の形で,老人の「死亡」を婉曲に言う》死ぬ．¶对门儿昨晚～了一个人 / お向かいでゆうべ不幸があった．

❹名《一定の地位にあり,周囲の人々の尊敬を集めている**老人に対する尊称**として姓の後につける》¶王～ / 王老(先生)．

❺接頭 ①動植物名に付く．►この場合の"老"には「年老いた」の意味はない．¶～虎 hǔ / トラ．¶～鼠 shǔ / ネズミ．¶～玉米 yùmi / トウモロコシ．②《1字の姓の前につけて,敬意を表す》¶～李 Lǐ / 李さん．③《兄弟姉妹の順序を表す》¶～大 / いちばん上の子．長男,長女．¶～二 / 2番目の子．

【老把势】lǎobǎshi 名 経験を積んだ職人．その道のプロ．

*【老百姓】lǎobǎixìng 名 **庶民．住民．民間人．**

*【老板】lǎobǎn 名 **経営者．店主．**

【老板娘】lǎobǎnniáng 名(店の主人の)おかみさん．►"娘"は「おばさん」「母」の意．

【老伴】lǎobàn 名(～儿)連れ合い．►老夫婦の一方をさす．

【老半天】lǎobàntiān 名〈口〉長いこと．長時間．

【老帮子】lǎobāngzi 名〈方〉〈貶〉老いぼれ．

【老鸨】lǎobǎo 名 やり手ばば．

【老辈】lǎobèi 名(～儿)年長者；先輩．

【老辈子】lǎobèizi 名 世代が上の人；年輩者．

【老本儿】lǎoběnr 名 元手．¶蚀 shí 了～ / 元手をすってしまった．

【老表】lǎobiǎo 名 ①(母方の)従弟(いとこ)．②〈方〉同じ年配の初対面の男性に対する敬称．

【老病】lǎobìng 名 ①持病．¶～复发 fùfā / 持病が再発する．②〈喩〉癖．¶你又犯 fàn ～了是不是？/ お前またいつもの癖が出たんじゃないか．

【老伯】lǎobó 名〈敬〉おじさん．►友人の父,または父の友人に対する称．

【老伯伯】lǎobóbo 名〈敬〉(多くは面識のない)おじいさん．

【老不死】lǎobusǐ 名〈罵〉死にぞこない．

【老财】lǎocái 名〈方〉金持ち；(特に)地主．

【老巢】lǎocháo 名 鳥の巣；〈転〉匪賊などの巣窟．

【老成】lǎochéng 形 老練である．老成している．¶少年 shàonián ～ / まだ若いのにしっかりしている．

【老处女】lǎochǔnǚ 名 オールドミス．

【老粗】lǎocū 名〈謙〉(～儿)無学な人；無骨な人．

【老搭档】lǎodādàng 名 長年の相棒．古い仲間同士．

【老大】lǎodà ❶名 ①長男〔長女〕；総領．¶我是～ / 私は長男〔長女〕です．②〈方〉船頭．❷形〈書〉年をとる．

【老大不小】lǎo dà bù xiǎo〈口〉大人になる．いい年になる．もう子供ではない．

【老大哥】lǎodàgē 名〈敬〉兄貴．►自分より年長者に対して．

*【老大妈】lǎodàmā 名〈敬〉おばあさん．

【老大难】lǎodànán 名 かねてから懸案になっている大問題．

*【老大娘】lǎodàniáng 名〈敬〉(多くは面識のない)おばあさん．

*【老大爷】lǎodàye 名〈敬〉(多くは面識のない)おじいさん．

【老旦】lǎodàn 名(中国伝統劇で)女形(おやま)の老け役．

【老当益壮】lǎo dāng yì zhuàng〈成〉老いてますます盛んである．

【老底】lǎodǐ 名(～儿) ①内情．内幕．¶揭 jiē ～儿 / 内幕をあばく．②先祖が残した財産．

【老弟】lǎodì 名 自分よりも年下の若い男性に対する呼称．

【老店】lǎodiàn 名 しにせ．

【老雕】lǎodiāo 名〈口〉〈鳥〉ワシ．

【老调】lǎodiào 名 ①〈喩〉決まり文句．いつもの論調．②河北省の地方劇．

【老掉牙】lǎodiàoyá〈慣〉古くさい．時代遅れだ．

【老封建】lǎofēngjiàn 名 封建的で頭のかたい人．

【老夫老妻】lǎofū lǎoqī 名 年老いた夫婦．

【老夫子】lǎofūzǐ 名〈旧〉家庭教師または私塾の教師に対する尊称；〈貶〉時代遅れの知識人．

【老干部】lǎogànbù 名 古参幹部．老幹部．

【老哥】lǎogē 名 貴兄．友達(の敬称)．

【老疙瘩】lǎogēda 名〈方〉①末っ子．②同世代で自分より年下の者に対する呼称．

【老公】lǎogōng 名〈方〉亭主．夫．

【老公公】lǎogōnggong 名 ①おじいさん．②しゅうと．

【老公】lǎogong 名〈口〉宦官(かんがん)．

【老姑】lǎogū 名 おば．父の末の妹．

【老姑娘】lǎogūniang 名 ①末の娘．②オールドミス．

【老古董】lǎogǔdǒng 名 ①骨董品．ぽんこつ．②頭の古い人；古くさい考えや習慣．

【老骨头】lǎogǔtou 名〈謙〉(自分の体をさして)老いぼれ．老骨．► lǎogútou とも発音する．

【老鸹】lǎoguā 名〈方〉カラス．

【老规矩】lǎoguīju 名 古いしきたり．いつものしきたり．

【老汉】lǎohàn 名 ①年をとった男性．②〈方〉〈謙〉わし．►年輩の男性の自称．

【老行当】lǎohángdang 名 古くからやっている仕事．

【老行家】lǎohángjia 名(経験を積んだ)玄人．ベテラン．

【老好人】lǎohǎorén 名(～儿)お人よし．

【老号】lǎohào 名 しにせ．

【老狐狸】lǎohúli 名 非常にずる賢い人．

【老糊涂】lǎohútu 名 老人ぼけ；ぼけ老人．

**【老虎】lǎohǔ 名 ①〈動〉トラ．► láohu とも発音する．(量) 只 zhī．¶～屁股 pìgu 摸不得 mōbude /〈諺〉ひとりよがりで批判を一切受け付けないこと．¶～帽 mào / トラの形をした帽子．►男の子の誕生祝いに魔よけとして贈られる．¶～鞋 xié / トラの形をした靴．►魔よけとして子供に履かせる．②エネルギーや原材料を大量に必要とする設備．¶电～ / 電気をくう設備．③〈喩〉恐ろしい人間．

【老虎钳】lǎohǔqián 名 万力(まんりき)；やっとこ．ペンチ．
【老花镜】lǎohuājìng 名 老眼鏡．量 副．
【老花眼】lǎohuāyǎn 名 老眼．
【老化】lǎohuà 動 ①(ゴムなどが)老化する，劣化する．②(知識・技術などが)時代遅れになる．③老齢化する．
【老话】lǎohuà 名 ①言い習わし．古い言葉．②古い話．¶～重提 chóngtí / 昔の話を持ち出す．
【老皇历】lǎohuángli〈慣〉時代遅れで役立たないやり方．
【老黄牛】lǎohuángniú〈慣〉まじめにこつこつと働く人．
【老伙计】lǎohuǒji 名 ①古い仲間．②古くからの店員・雇い人．
【老几】lǎojǐ 代 ①(兄弟中の)何番目．¶你是～？/ 君は兄弟のうちで何番目ですか．②反語に用い，ものの数に入らないことを表す．¶你算～？/ 何様のつもりだ．
【老骥伏枥】lǎo jì fú lì〈成〉年はとっても意気は盛んである．
【老家】lǎojiā 名 ①**生家．故郷．**¶回 huí～ / 故郷へ帰る；〈転〉あの世へ行く．②**原籍地．**¶我～是四川 / 私の原籍は四川省です．
【老家伙】lǎojiāhuo 名〈貶〉老いぼれ．
【老奸巨猾】lǎo jiān jù huá〈成〉狡猾きわまる．
【老趼・老茧】lǎojiǎn 名(手や足にできる)たこ．¶手上生了个～ / 手にたこができた．
【老姜】lǎojiāng 名(薬味などに用いる)ヒネショウガ．
【老江湖】lǎojiānghu 名 世慣れた人．
【老将】lǎojiàng 名 ①老将軍；〈喩〉ベテラン．¶文坛 wéntán～ / ベテラン作家．②(～儿)(中国将棋の)王将．
【老街】lǎojiē 名 旧市街．¶～旧邻 jiùlín / 古くからの隣近所の人．
【老经验】lǎojīngyàn 名 ①世渡りの経験に富んだ人．②以前の経験．
【老九】lǎojiǔ 名〈貶〉インテリども．
【老酒】lǎojiǔ 名〈方〉ラオチュウ．中国産の醸造酒の総称．
【老舅】lǎojiù 名 おじ．母の末の弟．
【老辣】lǎolà 形 ①(手段が)ずるくて悪辣(あくらつ)である．②熟練かつ大胆である．
【老老少少】lǎolǎoshàoshào 名 老人たちや子供たち．
【老老】lǎolao 名(母方の)おばあさん；産婆．
【老练】lǎoliàn 形 老練である．円熟している．
【老两口子】lǎoliǎngkǒuzi 名 老夫婦．►"老两口儿"とも．
【老林】lǎolín 名 原始林．¶深山 shēnshān～ / 山奥の原始林．
【老龄化社会】lǎolínghuà shèhuì 名 高齢化社会．
【老路】lǎolù 名 以前通ったことのある道；〈喩〉古いやり方．古い手段．¶走～ / 古いやり方を用いる．
【老马识途】lǎo mǎ shí tú〈成〉経験を積んだ人はその道に詳しい．
【老迈】lǎomài 形〈書〉老いぼれた．
【老毛病】lǎomáobing 名 ①いつもの癖．¶克服 kèfú～ / いつもの癖を改める．②持病．
【老帽儿】lǎomàor 名〈方〉〈罵〉老いぼれ．あほう．►多く年配者に対していう．
【老妹妹】lǎomèimei 名〈方〉末の妹．いちばん下の妹．►呼びかけにも用いる．
【老米】lǎomǐ 名 古米．
【老命】lǎomìng 名(老人が言う)自分の余命．
【老谋深算】lǎo móu shēn suàn〈成〉深思熟慮する；用意周到である．
【老奶奶】lǎonǎinai 名 ①曾祖母．②《子供が老婦人を呼ぶときの尊称》おばあさん．
【老脑筋】lǎonǎojīn〈慣〉頭が古い人．頑固者；時代遅れの考え方．
【老年】lǎonián 名 高齢．年寄り．►中国では普通，60歳以上をさす．¶～人 / お年寄り．
【老年性痴呆】lǎoniánxìng chīdāi 名〈医〉老人性認知症．
【老娘们儿】lǎoniángmenr 名〈方〉①《既婚の女性》おかみさん．②〈貶〉大人の女性．女ども．③妻．女房．
【老牛破车】lǎo niú pò chē〈成〉仕事が遅い．
【老牛舐犊】lǎo niú shì dú〈成〉親が子供を溺愛する．
【老农】lǎonóng 名 ①(経験豊かな)年をとった農民．②(広く)農民．
【老牌】lǎopái 形(～儿)①よく知られている商標の．老舗(しにせ)の．¶～产品 / ブランド品．②正真正銘の．
【老派】lǎopài (～儿)①形 昔風である．②名 古風な人．
*【老朋友】lǎopéngyou 名 **昔なじみ．古くからの友人．**
【老婆儿】lǎopór 名 老婦人．おばあさん．►親しみの意味を含む．
【老婆子】lǎopózi 名 ①〈貶〉ばばあ．②(老夫が)うちの老妻．
【老婆】lǎopo 名〈口〉**女房．妻．**かみさん．¶他的～ / 彼の細君．¶我的～ / 家内．参考 自分の妻は普通，"我爱人"と言うが，年配の人や親しい間柄では，"我爱人"と言うのは気恥ずかしくて，"我老婆""我内人"などと言うことが多い．
【老气】lǎoqì 形 ①年寄りじみている．¶年纪轻轻 qīngqīng 的，说话这么～ / 若いのに，年寄りじみた口をきく．②(服などの)色が地味でデザインが古い．
【老气横秋】lǎo qì héng qiū〈成〉①年寄りを鼻にかけて無遠慮である．②気力がなえてさえないさま．活気のないさま．
【老前辈】lǎoqiánbèi 名 大先輩．►かなり昔の人までさすことができ，また直接の関係がない間柄でもいえる．¶他是我的～ / 彼は私の大先輩だ．
【老亲】lǎoqīn 名 ①年老いた父母．②古くからの親戚．¶～旧邻 jiùlín / 古くからの親戚や長い付き合いの隣人たち．
*【老人】lǎorén 名 ①**老人．**年寄り．②(年をとった)親，祖父母．
【老人斑】lǎorénbān 名 老人の皮膚のしみ．
【老人儿】lǎorénr 名 古参．古顔．
*【老人家】lǎorenjia 名 ①〈敬〉**ご老人．**お年寄り．¶您～ / あなたさま．¶他～ / あの方．②(自分または相手の)父，母．¶你们～身体还好吧 / お父上〔母上〕は相変わらずお達者でしょうね．
【老日】lǎoRì 名〈俗〉日本円；日本人．

【老弱病残】lǎo ruò bìng cán 名 老人・虚弱者・病人・身障者の総称．¶～孕 yùn 专座／(バスなどの)優先席．シルバーシート．

【老三届】lǎosānjiè 名 1966–68年の間に中学・高校を卒業する予定であった生徒．►文化大革命のため卒業が延期され進学できなかった，いわゆる「紅衛兵世代」．

【老三色】lǎosānsè 名 グレー・紺・黒(の変わりばえのしない服の色)．

【老少】lǎoshào 名 老人と若者；(広く)年寄りから子供までみな．

【老生】lǎoshēng 名〈劇〉(中国伝統劇で)老生(ラオション)．►中年以上の宰相・忠臣・学者などに扮する役で，必ず付けひげをする．

【老生常谈】lǎo shēng cháng tán 〈成〉新鮮味のない話．

【老师】lǎoshī 名〈敬〉先生**．教師．㊜ 位，个．¶～，您好！／先生，こんにちは．

【老师傅】lǎoshīfu 名〈敬〉師匠．親方．►ベテランの技能者に対する尊称．

【老式】lǎoshì 形 旧式の．

*【老是】lǎoshì 副 **いつも…だ**．¶这几天～下雨／ここ数日雨ばかり降っている．

*【老实】lǎoshi 形 ① **誠実である**．まじめである．¶忠厚 zhōnghòu ～／温厚で誠実である．② **おとなしい**．従順である．¶～点儿！／ちょっとおとなしくしろ．③ **ばか正直である**．¶你这个人可真～／君はよっぽどお人よしだ．

【老实说】lǎoshi shuō 〈挿〉(腹蔵なく)率直に言えば．¶～，我不喜欢 xǐhuan 他／率直に言ってぼくは彼が嫌いだ．

【老手】lǎoshǒu 名(～儿)熟練者．ベテラン．

【老鼠】lǎoshǔ 名〈動〉ネズミ**．►láoshu と発音することが多く，普通は"家鼠 jiāshǔ"(イエネズミ)をさす．㊜ 只 zhī，个．

【老鼠过街】lǎoshǔ guò jiē 〈歇〉("人人喊打"と続き)人に害を与えるものは憎まれ，攻撃される．

【老态龙钟】lǎo tài lóng zhōng 〈成〉年を取って動きが不自由なさま．

【老太婆】lǎotàipó 名 老婦人．おばあさん．

*【老太太】lǎotàitai 名〈敬〉① おばあさま．老婦人に対する敬称．② お母さま．うちの母．相手〔自分〕の母に対する敬称．

【老太爷】lǎotàiyé 名〈敬〉① おじいさま．ご老人．老人(男性)に対する敬称．② お父さま．うちの父．相手〔自分〕の父に対する敬称．

【老套子】lǎotàozi 名 古い習わし；決まりきったやり方．

【老天爷】lǎotiānyé 名 天の神さま．►"老天"とも．¶～，这是怎么回事儿／おやまあ，これはどうしたことか．

【老头乐】lǎotóulè 名 孫の手．

*【老头儿】lǎotóur 名 **老人**．年寄り．►親しみを込めた言葉．「ロートル」として日本語にもなっている．

【老头儿鱼】lǎotóuryú 名〈魚〉アンコウ．►"鮟鱇 ānkāng"とも．

【老头子】lǎotóuzi 名 ①〈貶〉じじい．②《老夫婦の妻が夫をさしていう》じいさん．►呼びかけにも用いる．③ 親分．上司．

【老外】lǎowài 名〈俗〉① お上りさん．田舎者．② 外人さん．③ 素人．

【老顽固】lǎowángu 名 頑固者．

【老王卖瓜】lǎowáng mài guā 〈歇〉("自卖自夸 kuā"と続き)自画自賛する．手前みそをならべる．

【老翁】lǎowēng 名〈書〉老人．翁．

【老挝】Lǎowō 名〈地名〉ラオス．

*【老乡】lǎoxiāng 名 ① **同郷人**．②《見知らぬ農民に呼びかける言葉》お百姓さん．

【老相识】lǎoxiāngshí 名 古なじみ．

【老小】lǎoxiǎo 名 老人と子供；(広く)家族．¶一家～／家族全員．

【老小子】lǎoxiǎozi 名 ① 末っ子．②〈罵〉老いぼれめ．

【老兄】lǎoxiōng 名〈敬〉兄さん．►友達や顔なじみに対して用いる．

【老兄弟】lǎoxiōngdi 名〈方〉末の弟．末弟；自分よりも年下の人に対する敬称．

【老朽】lǎoxiǔ 形 老いぼれている．もうろくしている．¶～无能 wúnéng／老いぼれて役に立たない．

【老眼光】lǎoyǎnguāng 名 古い見方．昔の観点．

【老爷们儿】lǎoyémenr 名〈方〉① 男．男たち．② 夫．亭主．►"们"がついているが，普通は一人．

【老爷爷】lǎoyéye 名 ① 曾祖父．②〈敬〉おじいさん．おじいちゃん．

【老爷】lǎoye 名 ①〈旧〉**旦那さま**．②〈口〉(母方の)おじいさん．③ 古くさいもの；(船や車などの)型が古いもの．¶～车／古い型の車．

【老一辈】lǎoyībèi 名 一世代上の人．

【老一套】lǎoyītào 名 紋切り型．常套手段．¶改变 gǎibiàn ～的做法／古くさいやり方を改める．

【老鹰】lǎoyīng 名〈鳥〉トビ．►"鸢 yuān"とも．

【老油条】lǎoyóutiáo →【老油子】lǎoyóuzi

【老油子】lǎoyóuzi 名 海千山千のしたたか者．世故にたけて悪賢い人．

【老友】lǎoyǒu 名 古い友人．旧友．

【老早】lǎozǎo 副 ずっと以前に．

【老账】lǎozhàng 名 ① 古い借金．②〈喩〉古い問題．古傷．¶翻 fān ～／古い問題を蒸し返す．

【老丈人】lǎozhàngrén 名 岳父．義父．

【老资格】lǎozīgé 名 ① 相当な経歴．¶摆 bǎi ～／先輩風を吹かす．② 相当な経歴を持っている人．③ ベテラン．古参．

【老字号】lǎozìhao 名 古い店名．老舗(しにせ)．

【老子】lǎozi 名 ①〈口〉父．おやじ．② おれさま．►怒ったり冗談を言う場合に用いる．

【老总】lǎozǒng 名 ①〈旧〉(庶民の)兵隊さん．おまわりさん．②〈敬〉中国人民解放軍の一部司令官や編集長("总编辑")，社長("总经理")などに対する呼称．¶陈～／陳司令〔編集長，社長〕．

【老祖宗】lǎozǔzōng 名 祖先．ご先祖さま．

佬 lǎo

◆〈蔑〉人．¶阔 kuò ～／金持ち．お大尽．¶美国 Měiguó ～／ヤンキー．

姥 lǎo

"姥姥 lǎolao"⬇という語などに用いる．

*【姥姥】lǎolao 名 ①(母方の)祖母．②〈方〉産婆．

络 lào

4声

〈口〉〖络 luò〗に同じ．⏩ luò

【络子】làozi 名〈口〉① 糸で編んだ袋．② 糸巻き

L

唠(嘮) **lào** 動〈方〉話す．しゃべる．¶俩人 liǎrén ～得火热 huǒrè / 二人は話に花を咲かせる． ⏩ láo

【唠扯】 **làochě** 動〈方〉おしゃべりをする．むだ話をする．

【唠嗑】 **lào//kē** 動(～儿)〈方〉世間話をする．よもやま話をする．

烙 **lào** 動 ①(粉類をこねてフライパンで)**焼く**．¶～烧饼 shāobing / シャオピンを焼く．②**(こてを)当てる；(熱した金属を当てて)印を付ける；(火のしを)かける**．

【烙饼】 **lào//bǐng** ① 動 "饼"(ピン)を焼く．② 名 こねた小麦粉を丸く伸ばして鍋で焼いたもの．(量) 张；[切ったもの]块．

【烙花】 **làohuā** 名 焼絵．

【烙铁】 **làotie** 名 ①焼きごて．アイロン．②はんだごて．

【烙印】 **làoyìn** 名 焼き印．烙印；〈喩〉消しがたい痕跡や印象．

涝(澇) **lào** 形(↔旱 hàn)冠水する．水びたしになる．¶庄稼zhuāngjia 全～了 / 作物がみな水びたしになった．

【涝害】 **làohài** 名〈農〉冠水による被害．

【涝灾】 **làozāi** 名 冠水による災害．

落 **lào** 動 "落 luò" ①②④⑥⑦ に同じ．► 多く lào は話し言葉で，luò は書き言葉で用いる． ⏩ **là,luò**

【落不是】 **lào bùshi** 責められる．とがを受ける．

【落价】 **lào//jià** 動(～儿)値を下げる；値が下がる．

【落儿】 **làor** 名〈方〉生活の当て．生活の費用．► "有""没有"または"找 zhǎo"とのみ併用する．"落子 làozi"とも．❖有 *yǒu*〔没 *méi*〕～ / 暮らしのめどがつく〔つかない〕．❖找 *zhǎo* ～ / 暮らしの道をさがす．

【落色】 **lào//shǎi** 動〈方〉色があせる．⇒【落色】**luò//shǎi**

【落枕】 **lào//zhěn** ① 動(首を)寝違える．¶睡 shuì ～了 / 首を寝違えた．② 名〈中医〉落枕(らくちん)．手の甲の第２指と第３指の骨の間のつぼ．

酪 **lào** ◇◆ 家畜の乳を凝固させた食品；果物で作ったゼリー．¶杏仁 xìngrén ～ / 杏仁(きょうにん)で作ったゼリー．

le (ㄌㄜ)

乐(樂) **lè** ① 形 **うれしい**．**愉快である**．¶大家心里真是～开了花 / みんなは有頂天になるほど喜んだ．② 動〈口〉笑う．¶你～什么呀？/ 何がおかしいのか． ‖ 姓 ⏩ **yuè**

[筆順] 乚 乍 乐 乐 乐

【乐不可支】 **lè bù kě zhī** 〈成〉うれしくてたまらない．

【乐不思蜀】 **lè bù sī shǔ** 〈成〉楽しさのあまり帰るのを忘れる．

【乐得】 **lèdé** 動(これ幸いと)…しようとする；喜んで…する．¶不让我插手 chāshǒu,我～清闲 qīngxián / 手を出させてもらえないけど，おかげでのんびりできる．

*【乐观】 **lèguān** 形 **楽観的である**．¶他对自己的病 bìng 很～ / 彼は自分の病気について非常に楽観的である．

【乐呵呵】 **lèhēhē** 形(～的)(顔が)うれしそうだ．¶他总是zǒngshì～的 / あの人はいつもにこにこしている．

【乐极生悲】 **lè jí shēng bēi** 〈成〉楽しみが極まるとかえって悲しみが生じる．

【乐趣】 **lèqù** 名 **おもしろみ．喜び．楽しみ**．

【乐儿】 **lèr** ➡【乐子】**lèzi**

【乐善好施】 **lè shàn hào shī** 〈成〉慈善事業や施しを喜んでする．

【乐天】 **lètiān** 形 楽天的である．¶～派 pài / 楽天家．

【乐天知命】 **lè tiān zhī mìng** 〈成〉自分の境遇に安んじ悩みを持たない．

【乐纹儿】 **lèwénr** 名 笑いじわ．

【乐意】 **lèyì** ① 動 **喜んで…する**．¶～帮助 bāngzhù 别人 biérén / 喜んで人助けをする．② 形 **気持ちがよい**．うれしい．¶他听了这话有点儿 yǒudiǎnr 不～ / 彼はその発言にいささか気を悪くした．

【乐悠悠】 **lèyōuyōu** 形(～的)ゆったりして楽しい．¶～地安度 āndù 晚年 wǎnnián / 悠々自適の晩年を過ごす．

【乐于】 **lèyú** 動 …するのが楽しい．好きである．¶～助人 / 人を援助するのが好きである．

【乐园】 **lèyuán** 名 楽園．パラダイス．¶迪斯尼 Dísīní ～ / ディズニーランド．

【乐滋滋】 **lèzīzī** 形(～的)うれしくてわくわくする．

【乐子】 **lèzi** 名 ①〈方〉楽しみ．なぐさみ．② 物笑い．笑いぐさ．¶闹 nào 了个大～ / とんだ笑いぐさをおこした．

勒 **lè** 動(手綱を)引き締める．◇◆ ①彫刻する．¶～石 shí / 石に字を刻む．②強制する．無理に…させる．¶→～令 lìng． ‖ 姓 ⏩ **lēi**

【勒逼】 **lèbī** 動 強制する．強いる．

【勒令】 **lèlìng** 動 強制執行させる．¶～退学 tuìxué / 強制的に退学させる．

【勒索】 **lèsuǒ** 動 ゆする．巻き上げる．

軽声 ** **了** **le** 助 注意 "了"には動態助詞(時態助詞ともいう)の"了₁"(❶)と語気助詞"了₂"(❷)がある．

❶〔動態助詞〕《**動詞・形容詞の後ろに置き動作・行為の実現や完了を表す**》►ローマ字表記では一般に前の動詞・形容詞といっしょにつづる．

① 出来事としての動作・行為の完了を表す．¶我买～一台电视机 diànshìjī / 私はテレビを１台買った．¶她连着唱～五首 shǒu 歌 / 彼女は立て続けに５曲歌った．《動作の完成を打ち消すには，"了"を取り去り，打ち消しの副詞"没(有)"を前に置く》¶他去～，我没去 / 彼は行ったが，私は行かなかった．

《反復疑問文は，「動詞＋"了"(＋目的語)＋"没有"」の形で作る》¶去～没有？/ 行きましたか．

《条件句として，予期される動作，あるいは仮定の動作に用いる．"就 jiù、才 cái、再 zài"などと呼応することが多い》¶咱们吃～饭再走吧——好！/ 食事をしてから出かけましょう——いいよ．

《"了"が結果補語の"掉 diào"に似た意味を表すものがある．このときは，"没(有)"で打ち消しても"了"が残る》¶你应该 yīnggāi 忘 wàng ～这件事 / その事

L

を忘れてしまうんだな.

注意 ❶時制(過去形)を表すものではない. たとえば,恒常的に行われることがらを述べるには,たとえ過去のことでも"了"がつけられない. ¶小时候我常常去(×了)那个公园 gōngyuán / 小さいころ私はよくその公園に行っていました. ❷動詞句・主述句などを目的語にとる動詞には一般に"了"がつけられない. ¶他决定(×了)明天动身 dòngshēn / 彼はあす出発することに決めた. ¶她已经同意(×了)你去 / 彼女はすでに君が行くのに同意した. ❸連動文・兼語文では通常,後の動詞につく. ¶我去图书馆 túshūguǎn 借～两本书 / 私は図書館に行って本を2冊借りた.

2 形容詞について,①状態の実現,②ある性質について,その程度が一定の基準からはずれていることを表す. ►後に数量詞あるいは「たくさん」の意味を表す語句("很多、好多、不少"など)を伴う. ¶头发 tóufa 白～许多 xǔduō / 髪の毛がすっかり白くなった. ¶这个茄克 jiākè 短～一点儿 / このジャケットは(丈が)少し短い.

❷〔語気助詞〕《文末や文中のポーズを置くところに用い,眼前の情況に関連する事態の発生・進展・情況の変化に関する情報を提示し確認する働きをもつ》►ローマ字表記では独立したつづりとする.

1《情況の変化や新しい事態が発生したことを確認する》¶这道题 tí 我会作～ / この問題が解けるようになった. ¶他父亲 fùqin 七十～ / 彼のお父さんはもう70歳だ. ¶春天～ / (もう)春だ. ¶儿子 érzi 进了厂 chǎng ～,不上学～ / 息子は工場に就職した. 進学はやめた.

2《事態に変化が起ころうとすることを表す》►動詞の前には副詞の"快"や助動詞の"该"などを置くことも多い. ¶吃饭～ / ご飯ですよ. ¶来～!来～! / すぐ参ります. ¶水快开～ / お湯がもうすぐ沸く. ¶你该 gāi 回家～ / 君はもう家に帰らなければならない.

3《すでに発生したある事柄を確認する》¶昨天你去哪儿～?──我去看朋友～ / きのうあなたはどこへ行ってたんですか──友達に会いに行ってたんです.

4《命令文の中に用い,催促(ある動作を促す)や制止(すでに発生している動作をやめさせる)を表す》¶喝～,喝～ / さあ,飲んだ,飲んだ. ¶走～,走～ / さあ,行った,行った. ¶不要哭 kū ～ / もう泣くな. ¶好～,不要再说～ / もういい,もう言うな.

5《性質や状態の程度がきわめて高いことを表す文の文末に用いる》¶这药 yào 可贵～ / この薬はとても高いんだ. ¶今天累死 lèisǐ ～ / きょうはひどく疲れたよ.

6《話し言葉で事柄を列挙するときに用いる》►"啦 la"を用いることもある. ¶滑雪 huáxuě ～,溜冰 liūbīng ～,击剑 jījiàn ～…他什么都喜欢 xǐhuan / スキーとか,スケートとか,フェンシングとか…彼はなんでも好きだ.

注意 「動詞+"了₁"+動作の期間(動作量)+"了₂"」の形式では,発話の時点まである動作が持続しているという,いま現在の情況を「報告」して注意を喚起している. 引き続きその動作を行う,あるいはもうやめておく気持ちを含む. ¶这本书我看了三天～ / この本を私は3日間読んだ(読み終わるにはなお何日かかかる,もう読みたくない).

▶▶ liǎo

lei (ㄌㄟ)

1声 **勒 lēi** 動(縄などで)きつく縛る,くくってぎゅっと締める. ¶行李没有捆紧 kǔnjǐn, 再～一～ / 荷物のくくり方が緩い,もっときつく縛りなさい. ▶▶ lè

2声 **累(纍) léi** "累累 léiléi""累赘 léizhui"という語に用いる. ▶▶ lěi,lèi

【累累】léiléi 形〈書〉1 やつれて気落ちしている. 2 物が連なっている. ¶果实 guǒshí ～ / 果実が枝もたわわに実る. ⇒【累累】lěilěi

【累赘】léizhui 1 形 面倒である;(文章などが)冗漫である;(物が)足手まといである. ¶行李 xíngli 太多,非常～ / 荷物が多くてほんとうに面倒だ. ¶这些话太～,应该删掉 shāndiào / このへんの言葉がくどいので,削るべきだ. 2 動 厄介をかける. ¶被 bèi 孩子～住 / 子供が足手まといになる. 3 名 厄介者. ►"累坠"とも書く. ¶孩子多,给她添 tiān 了很多～ / 子供が多いので彼女の足かせになっている.

* **雷 léi** 名 雷. 量 个,声. ¶打～ / 雷が鳴る. ¶～很响 xiǎng / 雷鳴がものすごい.
◇◆(地雷・水雷などの軍事用)爆破兵器. ¶地～ / 地雷. ‖姓

【雷达】léidá 名〈電〉レーダー.

【雷打不动】léi dǎ bù dòng 〈成〉いったん決めたことは決して変更しない;決心が固い.

【雷电】léidiàn 名 雷電. ¶～交作 jiāozuò / 雷と稲光が入り交じる.

【雷动】léidòng 動〈書〉(音が)雷鳴のように響く. ¶掌声 zhǎngshēng ～ / 万雷の拍手.

【雷击】léijī 動 落雷する. ►多く"遭到 zāodào ～""受到～"で用いる.

【雷厉风行】léi lì fēng xíng 〈成〉(政策の実行などが)厳格かつ迅速である.

【雷鸣】léimíng 名 雷鳴;雷のように大きな音. ¶～般 bān 的掌声 zhǎngshēng / 盛んな拍手.

【雷姆】léimǔ 量〈物〉(放射線量の単位)レム.

【雷劈】léipī 動 落雷する.

【雷声大,雨点小】léishēng dà, yǔdiǎn xiǎo 〈諺〉掛け声ばかりで実行が伴わない. 大山鳴動してねずみ1匹.

【雷霆】léitíng 名 大きな雷;〈喩〉威力. 怒り. ¶大发 fā ～ / かんかんに怒る.

【雷霆万钧】léi tíng wàn jūn 〈成〉威力がきわめて大きい.

【雷同】léitóng 1 動 付和雷同する. 定見を持たないで他人の言動に同調してしまう. 2 形〈喩〉(文章などの内容や形式が)同様である.

【雷雨】léiyǔ 名〈気〉雷雨. ►"雷暴 léibào""雷暴雨"とも. 量 阵 zhèn;[比較的長いもの]场 cháng.

【雷阵雨】léizhènyǔ 名〈気〉雷を伴うにわか雨.

擂 léi 動 1(こぶしや金づちで)たたく,打つ. ¶～鼓 gǔ / 太鼓をたたく. ¶～了他一拳 quán / 彼にげんこつを一発食らわした. 2(薬などを)する,すりつぶす. ¶这擂钵 léibō 不能～太硬 yìng 的东西 / このすり鉢はあまり硬いものには使えない. ▶▶ lèi

镭 **léi** 名〈化〉ラジウム．Ra.

【镭射】**léishè** 名 レーザー．注意 台湾などで用いることが多い．一般には"激光 jīguāng"という．

3声 **垒**（壘）**lěi** 動（れんがや石などを）積み上げて塀などを築く．¶～猪圏 zhūjuàn / ブタ小屋を築く．¶把河堤 hédī ～高些 / 川の堤を少し高くする．

◇◆ 砦（とりで）．堡塁．¶营 yíng ～ / 堡塁．¶对 duì ～ /（軍事面で）対峙（たいじ）する．

【垒砌】**lěiqì** 動（れんがなどで）築く．

【垒球】**lěiqiú** 名〈体〉ソフトボール（のボール）．❖打 *dǎ* ～ / ソフトボールをする．

累（纍）**lěi** 動 **迷惑をかける**．巻き添えにする．¶我这一病,～你挂心 guàxīn 了 / 病気でご心配をおかけしました．

◇◆ ①積み重ねる．¶积 jī ～ / 蓄積する．②何度も．たびたび．¶→～次 cì．▸▸ **léi,lèi**

【累次】**lěicì** 副 しばしば．

【累犯】**lěifàn** 名 常習犯（人）．

【累积】**lěijī** 動 累積する．積み重なる．

【累及】**lěijí** 動 巻き添えにする．¶～无辜 wúgū / 罪のない人を巻き添えにする．

【累计】**lěijì** 動 累計する．

【累进】**lěijìn** 動 累進する．

【累进税】**lěijìnshuì** 名〈経〉累進税．

【累累】**lěilěi** ①副 しばしば．②形 度重なっているさま．¶罪行 zuìxíng ～ / 犯罪が度重なる．⇨【累累】**léiléi**

【累日】**lěirì** 名 連日．

【累世】**lěishì** 名 累世．代々．

磊 **lěi** "磊磊 lěilěi""磊落 lěiluò"⬇などの語に用いる．

【磊磊】**lěilěi** 形〈書〉多くの石が積み重なっている．

【磊落】**lěiluò** 形 ①おおらかで小事にこだわらない．¶光明 guāngmíng ～ / 公明正大である．②〈書〉多くて入り組んでいる．

蕾 **lěi** ◇◆ つぼみ．¶花 huā ～ / 花のつぼみ．

【蕾铃】**lěilíng** 名〈農〉（綿の）つぼみと実．

儡 **lěi** "傀儡 kuǐlěi"（操り人形．傀儡（かいらい））という語に用いる．

肋 **lèi** ◇◆ 胸の両わき．あばら．¶两～ / 両方のあばら．¶～木 mù /（体育用具の）肋木（ろくぼく）．

【肋骨】**lèigǔ** 名〈生理〉あばら骨．

【肋膜】**lèimó** 名〈生理〉肋膜．

【肋条】**lèitiao** 名〈方〉肋骨．あばら骨．

【肋窝】**lèiwō** 名〈口〉脇の下．

泪（淚）**lèi** 名 **涙**．¶流 liú ～ / 涙を流す．¶擦 cā ～ / 涙をぬぐう．

【泪痕】**lèihén** 名 涙のあと．量 道,条．¶满脸 mǎnliǎn ～ / 顔中涙にぬれている．

【泪花】**lèihuā** 名（～儿）目に浮かぶ涙．¶喜悦 xǐyuè 的～ / うれし涙．

【泪人儿】**lèirénr** 名 ひどく泣いている人．¶哭 kū 成了个～ / 顔じゅう涙にして泣きぬれた．

【泪如泉涌】**lèi rú quán yǒng** 〈成〉涙がとめどなく流れる；たいへん悲しんでいるさま．

【泪水】**lèishuǐ** 名 **涙**．

【泪汪汪】**lèiwāngwāng** 形（～的）目に涙をいっぱいためている．¶～的眼睛 yǎnjing / 涙をいっぱい浮かべた目．

【泪眼】**lèiyǎn** 名 涙にぬれた目．¶～模糊 móhu / 目が涙でくもる．

【泪珠】**lèizhū** 名（～儿）涙のつぶ．

***类**（類）**lèi** 名 **種類**．**たぐい**．

◇◆ 似る．類似する．¶→～乎 hu．‖姓

【类比】**lèibǐ** ①動〈論〉類比する．②名 アナロジー．

【类别】**lèibié** 名 類別．分類．

【类固醇】**lèigùchún** 名〈化〉ステロイド．

【类乎】**lèihu** 動 …に似ている．…のようである．¶他的意见～梦话 / 彼の意見は夢みたいな話だ．

【类人猿】**lèirényuán** 名 類人猿．

*【类似】**lèisì** 動 **類似する**．似通う．¶～的问题 wèntí / 似通った問題．

【类同】**lèitóng** 形 だいたい同じである．

【类推】**lèituī** 動〈書〉類推する．¶由此 yóucǐ ～ / これによって類推する．

【类型】**lèixíng** 名 類型．種類．¶～学 / 類型学．

****累** **lèi** ❶形 **疲れる**．¶今天忙了一天,太～了 / きょうは一日忙しかったので,とても疲れた．¶～死了！/ くたくたに疲れた．

❷動 ①疲れさせる．煩わす．¶字太小,真～眼睛 yǎnjing / 字が小さくて目が疲れる．②きつい仕事をする．けんめいに働く．¶他已～了几个月,该休息 xiūxi 了 / 彼はもう何か月も働きづめだから,休まなくては．▸▸ **léi,lěi**

【累活】**lèihuó** 名（～儿）骨の折れる仕事．つらい仕事．

【累死累活】**lèi sǐ lèi huó** 〈成〉死ぬ思いで働く．

擂 **lèi** "擂台 lèitái"⬇という語に用いる．▸▸ **léi**

【擂台】**lèitái** 名 競技や競争の場．¶摆 bǎi ～ / 競技などへの参加を呼びかける．

軽声 **嘞** **lei** 助〈口〉《断定の語気を表す》►"了 le"に置き替えられるが,それよりもやや軽く,口語的．男女の別なく使う．¶师傅 shīfu,麻烦您去王府井一好～！/ 運転手さん,すみませんが王府井まで行ってください．一わかりました．

leng（ㄌㄥ）

2声 **棱**（稜）**léng** ❶名（～儿）①（器物の）角,ふち,すみ．¶手碰 pèng 在柜子 guìzi 的～儿上 / たんすの角に手をぶつける．②物体の上に盛り上がったすじ．❷動〈方〉棒でたたく．

【棱缝】**léngfeng** 名（～儿）〈方〉手抜かり．すき．

【棱角】**léngjiǎo** 名 ①**角**．¶石头 shítou ～ / 石ころの角．②〈喩〉**才能**．頭の切れ．¶不露 lù ～ / 才走ったところを見せない．③角々（かどかど）しさ．¶说

L

话带 dài ～ / 言葉に角がある.
【棱镜】léngjìng 名〈物〉プリズム.
【棱柱(体)】léngzhù(tǐ) 名〈数〉角柱.
【棱锥】léngzhuī 名〈数〉角錐. ¶～台 tái / 角錐台. ¶～体 tǐ / 角錐. ピラミッド型.

3声 ** 冷 lěng ❶形 ① 寒い. 冷たい. ¶天气很～ / 気候がとても寒い. ¶东京 Dōngjīng 的冬天并 bìng 不太～ / 東京の冬はそう寒くない. 注意 話し言葉では, 触って冷たいことを"凉 liáng"といい,寒さを感じることを"冷"という. 体全体が冷えるときは"冷"を用いるが,手足など体の一部が冷たくなるときは"凉"を用いる. ② 冷ややかである. 無愛想である. ¶他这个人对人很～ / 彼という人は人に冷たい.
❷動〈方〉(食べ物などを)冷ます. 冷たくする. ¶这汤 tāng ～一～再喝 / このスープ,もう少し冷ましてから飲みます.
◇◆ ①人気がない. ¶→～货 huò. ②人気がなく寂しい. ¶→～僻 pì. ③(矢・弾丸などが)出し抜けに. 不意打ちの. ¶→～箭 jiàn. ‖ 姓

【冷板凳】lěngbǎndèng 名 冷たい腰掛け;〈転〉閑職. 窓際. ¶坐 zuò ～ / 閑職にある. 冷遇される.
【冷冰冰】lěngbīngbīng 形(～的) ① 冷ややかである. 冷酷である. ¶一副 fù ～的脸色 liǎnsè / 氷のように冷たい表情. ②(物体が)ひんやりと冷たい.
【冷布】lěngbù 名 寒冷紗(かんれいしゃ). 夏に窓に張る風通し・虫よけのための目の粗い布.
【冷不丁】lěngbudīng 副〈方〉突然.
【冷不防】lěngbufáng ① 副 不意に. 突然. ¶～摔 shuāi 了一交 / 不意にもんどり打って転んだ. ② 名 不意打ち. ¶给他个～ / やつに不意打ちをかける.
【冷餐】lěngcān 名(冷たい料理がメインになる)立食. ビュッフェ. ¶～招待会 zhāodàihuì / 立食パーティー.
【冷藏】lěngcáng 動 冷蔵する. ¶～(汽)车 / 冷凍車. ¶～库 kù / 冷凍倉庫.
【冷场】lěng//chǎng 動(芝居などで)せりふやしぐさをまちがえてしらけた場面;(討論会などで)発言者がいなくてしらけた場.
【冷嘲热讽】lěng cháo rè fěng 〈成〉冷ややかな嘲笑と辛辣(しんらつ)な風刺.
【冷处理】lěngchǔlǐ 動 冷却処理する;〈喩〉冷静に穏当な手段で解決する.
*【冷淡】lěngdàn ❶形 ① さびれている. にぎやかでない. ¶生意 shēngyi ～ / 商売がはやらない. ② 冷淡である. 関心がない. ¶待 dài 人～ / 人に無愛想である. ❷動 冷淡にあしらう. ¶不得 bùdé ～顾客 gùkè / 客を冷ややかにあしらってはならない.
【冷碟儿】lěngdiér 名〈方〉小皿に盛った冷菜. つきだし.
【冷冻】lěngdòng 動 冷凍する. ¶～机 jī / フリーザー. ¶～干燥 gānzào / フリーズドライ.
【冷风】lěngfēng 名 冷たい風;〈喩〉陰口. ¶吹 chuī ～ / 陰で皮肉ったりけちをつけたりする.
【冷锋】lěngfēng 名〈気〉寒冷前線.
【冷宫】lěnggōng 名(皇帝の寵愛を失った后妃の住む)宮殿;〈転〉だれにも顧みられない所. ¶打入 dǎrù ～ / お蔵入りになる.
【冷光】lěngguāng 名 冷ややかなまなざし.
【冷害】lěnghài 名〈農〉冷害.
【冷汗】lěnghàn 名 冷や汗. ¶出了一身 shēn ～ / 全身冷や汗をかいた.
【冷话】lěnghuà 名 冷ややかな言葉;いやみ.
【冷荤】lěnghūn 名 肉類の前菜. オードブル.
【冷货】lěnghuò 名 売れ行きの悪い品物. 人気のない商品. ►"冷门货 lěngménhuò"とも.
【冷寂】lěngjì 形 ひっそりとして寂しい.
【冷箭】lěngjiàn 名 不意に放たれる矢;〈喩〉陰口. 中傷. ¶放 fàng ～ / やみ討ちをかける. 陰で中傷する.
*【冷静】lěngjìng 形 ① 冷静である. 落ち着いている. ¶事情 shìqing 越紧迫 jǐnpò 越要～ / 事が差し迫れば迫るほど冷静さが必要だ. ②(人が少なくて)静かだ. 寂しい.
【冷库】lěngkù 名 冷凍倉庫.
【冷酷】lěngkù 形(仕打ちが)冷酷である,むごい. ¶～无情 wúqíng / 冷酷で思いやりがない.
【冷落】lěngluò ① 形 さびれている. 不景気である. ¶门庭 méntíng ～ / 門前に閑古鳥が鳴く. ② 動 冷遇する. 粗末に扱う. ¶受 shòu ～ / 冷遇される.
【冷门】lěngmén 名(～儿) ①(賭博・競馬などで)あな. ¶爆 bào ～ / 番狂わせが出る. ② 人の注意を引かない分野. 人気のない仕事. ¶～货 huò / なかなかさばけない商品.
【冷漠】lěngmò 形 冷淡である. 冷ややかだ.
【冷暖】lěngnuǎn 名 気候の移り変わり;人の日常生活.
【冷盘】lěngpán 名(～儿)前菜. オードブル. 量 盘;碟 dié. ►"凉盘儿"とも.
【冷僻】lěngpì 形 ① 辺鄙(へんぴ)である. ②(文字などが)あまり見かけない. ¶～字 zì / めったに使わない漢字.
【冷气】lěngqì 名(↔暖气 nuǎnqì)冷房装置やクーラー(から出る冷気). ¶开～ / 冷房をつける. ¶这个剧院 jùyuàn 有～设备 shèbèi / この劇場はクーラーが入っている.
【冷气团】lěngqìtuán 名〈気〉寒気団.
【冷枪】lěngqiāng 名 不意の射撃. 狙撃. ¶打〔放〕～ / 〈慣〉不意打ちを食らわす;狙撃する.
【冷清清】lěngqīngqīng 形(～的)冷ややかである;ひっそりとして寂しい. ¶～的冬夜 dōngyè / 冷え冷えとした冬の夜.
【冷清】lěngqing 形 ひっそりしている. 寂しい. ¶孩子们都独立 dúlì 了,家中十分 shífēn ～ / 子供たちがみな独り立ちしたので,家の中が閑散としてしまった.
【冷却】lěngquè 動 冷却する.
【冷热病】lěngrèbìng 名 ①〈方〉マラリア. ②〈喩〉熱しやすく冷めやすい性格.
【冷若冰霜】lěng ruò bīng shuāng 〈成〉(人の)態度が冷淡である.(人の)態度が厳格で近寄りがたい.
【冷色】lěngsè 名〈美〉寒色.
【冷森森】lěngsēnsēn 形(～的)(冷たさや恐ろしさが)ひやりと身にしみる. ¶～的眼光 yǎnguāng / ぞっとするような冷たい目つき.
【冷食】lěngshí 名 氷菓子;(特に)アイスクリーム. 清涼飲料. ¶～部 / 軽飲食売り場.
【冷霜】lěngshuāng 名(化粧品の)コールドクリーム. ►"香脂 xiāngzhī"とも.
【冷水】lěngshuǐ 名 生水;冷たい水. ►飲み水に

ついては"凉水 liángshuǐ"という. ¶别喝 hē ～ / 生水を飲むな. ¶泼 pō ～ / 〈慣〉冷や水を浴びせる；落胆させる.

【冷丝丝】lěngsīsī 形(～的)ひんやりとしている.

【冷飕飕】lěngsōusōu 形(～的)(風が)冷え冷えとしている.

【冷烫】lěngtàng 動 コールドパーマをかける. ¶～精 jīng / コールドパーマ液. ¶～头发 tóufa / コールドパーマをかける.

【冷天】lěngtiān 名(～儿)寒い日；寒い天気. 寒空.

【冷笑】lěngxiào 動 冷笑する. せせら笑う.

【冷血动物】lěngxuè dòngwù 名 冷血動物；〈喩〉情のない冷酷な人.

【冷言冷语】lěng yán lěng yǔ 〈成〉皮肉たっぷりで冷ややかな言葉.

【冷眼】lěngyǎn 名 冷静な目；冷ややかな目. ¶～看待 kàndài / (人を)冷淡に取り扱う.

【冷眼旁观】lěng yǎn páng guān 〈成〉冷静な目で傍観する. 冷淡な態度をとる.

【冷饮】lěngyǐn 名(サイダー・ジュースなどの)**清涼飲料**. ¶～部 / 清涼飲料や軽食を売る店.

【冷语】lěngyǔ 名 冷ややかな言葉. とげとげしい言葉. ¶～冰 bīng 人 / 冷ややかに人に対する.

【冷遇】lěngyù 動 冷遇する.

【冷战】lěngzhàn 名 冷戦.

【冷战・冷颤】lěngzhan 名(寒さや恐れからくる)身震い. ¶打了一个～ / 少し身震いした.

【冷字】lěngzì 名 めったに使われない字.

愣 lèng ❶動 **ぼんやりする. ぼかんとする.** ¶他～了一会儿才回答 / 彼はしばらくぼんやりしていたが,やっと返事をした.
❷形 ①〈口〉強引である. 向こう見ずである. ¶他～要那么干 / 彼はがむしゃらにやろうとしている. ¶这家伙 jiāhuo ～极了 / こいつは向こう見ずだ. ②〈方〉(食べ物が)熟していない,生煮えだ.

【愣干】lènggàn 動〈口〉がむしゃらにやる；我流でやる.

【愣劲儿】lèngjìnr 名 向こうみずな点.

【愣磕磕】lèngkēkē 形(～的) ①ぼんやりしている. ②後先かまわない.

【愣头愣脑】lèng tóu lèng nǎo 〈成〉軽率である.

【愣小子】lèngxiǎozi 名 無鉄砲な若者.

【愣怔】lèngzheng 動 きょとんとする.

li (ㄌㄧ)

哩 lī "哩哩啦啦 līlilālā""哩哩罗罗 līliluōluō"⬇という擬声語などに用いる. ▶▶ lǐ,li

【哩哩啦啦】līlilālā 擬 ①たらたら. だらだら. ②しとしと. ③ぽつぽつ. ちらほら.

【哩哩啰啰】līliluōluō 擬 くだくだ.

丽(麗) lí 地名に用いる. "丽水"は浙江省の県名. ▶▶ lì

厘(釐) lí 量 ①《**長さ・重さ・面積の単位**》(長さは) 1 尺の千分の 1 ；(重さは) 1 斤の 1 万分の 1 ；(面積は) 1 ムーの100分の 1 .
②《利率の単位. 年利 1 厘は元金の 1 %を意味し,月利 1 厘は元金の0.1%を意味する》
◇◆ 整理する. 治める. ¶→～定.

【厘定】lídìng 動〈書〉(規則・制度・用語などを)整理し規定する.

*【厘米】límǐ 量(長さの単位) **センチメートル.**

【厘正】lízhèng 動〈書〉訂正する.

狸 lí ◇◆ ①ヤマネコ. ②タヌキ.

【狸猫】límāo 名〈動〉ヤマネコ. ベンガルヤマネコ. ►"狸子"とも.

****离**(離) lí ❶前 …から. …まで. ►空間的・時間的あるいは目標(基準・理想)までのへだたりを表す. ¶我家～车站 chēzhàn 有一公里 / 私の家は駅から 1 キロです. ¶～春节 Chūnjié 只有三天了 / 旧正月まであと 3 日しかない. ¶～完成 wánchéng 定额 dìng'é 还差不少 / ノルマ達成までまだまだだ.
比較 离：从 cóng "从"が動作・行為の起点(出発点)や経由コースを表すのに対して,"离"は 2 点間のへだたりをいう場合にその一方の基点を示す.
❷動 ①**離れる.** 別れる. ¶她从来没～过家 / 彼女は一度も家を離れたことがない.
②遠く隔たる. ¶这里和北京 Běijīng ～着二百多公里 / ここは北京から200キロ余りもある.
③欠く. 欠ける. ►多く"了"を伴う. ¶～了眼镜 yǎnjìng,我就不能看报了 / 眼鏡がないと私は新聞が読めない. ¶这个工作～不了你 / この仕事は君を欠かせない. ⇨【离不了】líbuliǎo
❸名(易の八卦(はっ)の一つ)離(り). ☲. ‖姓

【离岸价格】lí'àn jiàgé 名〈経〉本船渡し価格. FOB.

【离别】líbié 動 **離別する. (長らく)別れる.** ►"离别"は人と「離別」する以外に,長期にわたり親しんだ場所を離れる場合にも用いる. ¶～故乡 gùxiāng 已经十年了 / 故郷を離れてもう10年になる. ¶～之情 zhī qíng / 別れのなごり惜しい気持ち.

【离不开】líbukāi 動+可補 ①離れられない. ¶小孩儿～母亲 mǔqin / 子供は母から離れることができない. ②**欠かせない.** ¶他每天都～药 yào / 彼は毎日,薬を欠かせない.

【离不了】líbuliǎo 動+可補 欠かせない. なくてはならない. ¶学习 xuéxí ～词典 cídiǎn / 勉強のときは辞書を手離すことができない. ⇨〖离 lí〗❷③

【离愁】líchóu 名 別れの悲しみ. 別離の嘆き.

【离得开】lídekāi 動+可補 ①離れられる. ¶你～这里吗？/ 君はよそへ行けるかい. ②⇀【离得了】lídeliǎo

【离得了】lídeliǎo 動+可補 なくてすむ. ¶孩子太小,哪儿～妈妈？/ 子供はとても小さいので,お母さんから離れられない.

【离店】lídiàn 名(ホテルの)チェックアウト.

【离宫】lígōng 名 離宮.

【离合】líhé 動 離合する. 別れたり出会ったりする. ¶悲欢～ / 常ならない人生の移り変わり.

【离合器】líhéqì 名〈機〉クラッチ. ¶～踏板 tàbǎn / クラッチペダル.

*【离婚】lí//hūn 動 **離婚する.** ¶他们俩 liǎ ～了 / 彼ら二人は離婚した. ¶她离过一次婚 / 彼女は一度離婚したことがある.

L

【离间】líjiàn 動 仲たがいさせる.
【离经叛道】lí jīng pàn dào 〈成〉主導的思想や正統的学派・学説にそむいたり異を唱えたりする.
【离境】líjìng 動 国境〔ある地域の境界〕を出る. 出国する. ¶～手续 shǒuxù / 出国手続き.
【离开】lí//kāi 動+結補 **離れる. 分かれる. ¶出生后就～了母亲 mǔqin / 生まれてすぐ母親と離別した. ¶～上海到乡下 xiāngxia 去 / 上海を離れて田舎へ行く.
【离奶】lí//nǎi 動 離乳する.
【离谱】lí//pǔ 動(～儿)(物事の)法則や筋道からはずれる.
【离奇】líqí 形 奇怪である. 不思議である. ¶～古怪 gǔguài / 奇妙きてれつである.
【离弃】líqì 動(仕事・場所・人などを)離れる,見捨てる.
【离去】líqù 動 立ち去る. ¶不忍 bùrěn ～ / 立ち去るに忍びない.
【离群索居】lí qún suǒ jū 〈成〉人と離れて独居する.
【离任】lírèn 動 離任する.
【离散】lísàn 動(肉親が)離散する.
【离题】lí//tí 動 本題から離れる. 話が脱線する. ¶～万里 wànlǐ / 本題からかけ離れている.
【离弦走板儿】lí xián zǒu bǎnr (物事の)筋道からそれる.
【离乡背井】lí xiāng bèi jǐng 〈成〉ふるさとを離れる.
【离心】líxīn 1 動 離反する. ¶～离德 dé / 心が一致せず団結しないこと. 不和反目する. 2 形〈物〉遠心の.
【离心机】líxīnjī 名 遠心分離機.
【离心力】líxīnlì 名〈物〉遠心力.
【离休】líxiū 動 1949年以前に革命に参加した幹部が離職休養する. ►"离职休养"の略. 一般人の"退休 tuìxiū"とは退職後の待遇が異なる.
【离异】líyì 動 離婚する.
【离辙】lí//zhé 動〈口〉(話が)脱線する.
【离职】lí//zhí 動 1(一時)職を離れる. ¶～反省 fǎnxǐng / (処分の一つ)職を離れて反省させる. 2 退職する. ¶～休养 xiūyǎng / 引退する. 定年退職する.
【离子】lízǐ 名〈物〉イオン. ¶负 fù ～ / マイナスイオン.
【离座】lí//zuò 動 座をはずす.

*# 梨(棃) lí
名 1〈植〉ナシ. 2 ナシの実. ‖姓

【梨膏】lígāo 名 ナシで作ったシロップ. ►咳止めにきく.
【梨树】líshù 名 ナシの木.
【梨园】Líyuán 名 梨園(りえん);〈転〉劇場. 演劇界. ¶～世家 / 代々俳優である家柄.
【梨子】lízi 名〈方〉ナシの実.

犁(犂) lí
1 名 すき. 量 张.
2 動(すきで土を)すく. ‖姓

【犁铧】líhuá 名 すきの刃.

喱 lí
"咖喱 gālí"(カレー)という語に用いる. ⇒【咖喱】gālí

蜊 lí
"蛤蜊 gélí"(シオフキガイ;ハマグリ)という語に用いる.

漓 lí
"淋漓 línlí"(ぬれるさま,したたり落ちるさま,すっきりするさま)という語に用いる.

璃(瓈) lí
"玻璃 bōli"(ガラス),"琉璃 liúli"(るり)という語に用いる.

黎 lí
◇ ①多い. ¶～民 / 民衆. 庶民. ②黒い. 暗い. ¶→～明. ‖姓

【黎巴嫩】Líbānèn 名〈地名〉レバノン.
【黎明】límíng 名 黎明. 夜明け.
【黎族】Lízú 名(中国の少数民族)リー(Li)族. ►海南省などに住む.

鲡(鱺) lí
"鳗鲡 mánlí"(ウナギ)という語に用いる.

罹 lí
◇ ①(災いや病気に)かかる,遭う. ¶～祸 huò / 災いに遭う. ¶～病 / 病気にかかる. ②憂い. 苦難.

【罹难】línàn 動〈書〉罹災する;殺害される.

篱(籬) lí
◇ 籬(まがき). ¶竹 zhú ～ / 竹垣.

【篱笆】líba 名(竹または木の枝で編んだ)籬. 量 道. ¶～圈(儿) quān(r) / 垣根(をめぐらした所).

藜 lí
名〈植〉アカザ.

蠡 lí
◇ 貝殻で作ったひさご.

【蠡测】lícè 動〈書〉ひさごで海水を量る;〈喩〉浅はかな考えで物事を推しはかる.

3声 *# 礼(禮) lǐ
名 1 **おじぎ. 敬礼.** ¶行 xíng 了一个～ / おじぎをした. 2 **贈り物.** ¶情 qíng 我领 lǐng 了,～不能收 shōu / ご厚意はありがたく存じますが,贈り物はいただけません.
◇ 儀式. ¶婚 hūn ～ / 結婚式. ‖姓

【礼拜】lǐbài ❶ 名〈口〉1 **週.** ¶下～ / 来週. ¶爸爸出差 chūchāi 已经两个～了 / お父さんが出張して2週間になった. 2 曜日. ¶～三 / 水曜日. 3 日曜日. ❷ 動 礼拝する. ¶做～ / 礼拝する. 教会へ行く.
【礼拜寺】lǐbàisì 名〈宗〉(イスラム教の)寺院. モスク.
【礼拜堂】lǐbàitáng 名〈宗〉(キリスト教の)教会.
*【礼拜天】lǐbàitiān 名〈口〉**日曜日.** ►キリスト教徒がこの日に教会へ行く習慣から. "礼拜日"とも.
【礼宾员】lǐbīnyuán 名 コンシェルジュ.
【礼单】lǐdān 名 贈り物の目録.
【礼多人不怪】lǐ duō rén bù guài 〈諺〉礼はすぎてもとがめられない. 礼儀はていねいに尽くすべきであること.
【礼服】lǐfú 名 礼服. 式服. 量 套 tào.
【礼盒】lǐhé 名 贈答用の箱;〈転〉進物セット.
【礼花】lǐhuā 名 祭典・祝賀に打ち上げる花火.
【礼教】lǐjiào 名〈旧〉(封建社会でいう)礼儀と道徳.
【礼节】lǐjié 名 礼儀作法.

【礼金】lǐjīn 名 祝儀；謝礼金.
【礼帽】lǐmào 名 礼帽. 量 顶.
*【礼貌】lǐmào ①名 礼儀. マナー. ❖有 yǒu ～ / 礼儀正しい. ❖讲 jiǎng ～ / マナーを重んずる. ②形 礼儀正しい. ¶这么晚来打扰 dǎrǎo 别人 biéren,是很不～的 / こんなに遅く人の所へやって来るなんて,礼儀がなっていない.
【礼炮】lǐpào 名 礼砲. ¶鸣 míng ～二十一响 xiǎng / 礼砲を21発撃ち鳴らす.
【礼品】lǐpǐn ⇀【礼物】lǐwù
【礼聘】lǐpìn 動 礼を尽くして招聘(しょうへい)する.
【礼轻人意重】lǐ qīng rén yì zhòng 〈成〉贈り物はわずかでも,その気持ちはくみ取るべきである. ►よく"千里送鹅毛 émáo"(千里はるばるガチョウの羽を贈る)の後に用いる.
【礼让】lǐràng 動 礼儀を尽くして譲る.
【礼尚往来】lǐ shàng wǎng lái 〈成〉贈り物をもらったら返礼すべきである；〈転〉相手の出方によって対応する.
【礼数】lǐshù 名〈口〉礼儀作法. ¶亏 kuī ～ / 礼儀を欠く. ¶不懂～ / 礼儀をわきまえない.
【礼俗】lǐsú 名(冠婚葬祭など)交際の儀礼.
*【礼堂】lǐtáng 名 講堂. 式場. 量 个,座.
**【礼物】lǐwù 名(改まった)贈り物. プレゼント. ►自分から贈り物をする時は謙遜して"小意思 xiǎoyìsi""我的一点儿心意"などという. 量 件；[何個口というとき]份儿. ¶赠送圣诞节 Shèngdànjié ～ / クリスマスのプレゼントをする.
【礼仪】lǐyí 名 儀礼. エチケット.
【礼仪小姐】lǐyí xiǎojiě 名 案内嬢. コンパニオンガール.
【礼遇】lǐyù 名 礼遇. 厚遇.

李 lǐ ◇◆ スモモ. ‖姓 ►説明するときは"木子 mù zǐ 李"という.

【李子】lǐzi 名〈植〉スモモ.

****里(裏・裡)** lǐ ❶ 方位 ①(「名詞＋"里"」で)…の中. ►これらの"里"は特に「内側」の意味をもたないことも多く,軽く発音される. ⓐ場所をさす. ¶房间～没有一个人 / 部屋の中にはだれもいない. ⓑ時間をさす. ¶这几天～,给你回信儿 / この数日中に,返事をします. ⓒ範囲をさす. ¶这个报告～没有提到他 / この報告書は,彼のことに触れていない. ⓓ機構を表す単音節名詞と組み合わせて,機構のある場所だけでなく,機構自体をさすこともできる. また,"家"と組み合わせて家のある場所だけでなく家の人をさすこともできる. ¶向市～汇报 huìbào / 市に報告する. ¶家～来信了,叫我回去 / 家(の人)から手紙が来て,私に帰れと言うんだ. ⓔ"手里"や"嘴里"のように,人体の一部分を表す名詞と組み合わせて,具体的な部位もしくは抽象的な意味を表す. ¶嘴～含 hán 着一块糖 / 口にあめを含んでいる.
②(固定形式に単独で,あるいは「前置詞＋"里"」で)中. 内部. ¶～生 shēng 外熟 shú / 外側は煮えたが中はまだ生であること. ¶请往 wǎng ～走 / どうぞ中に入ってください.
③(「形容詞＋"里"」で)…の方向,方面. ►単音節形容詞の一部に限る. ¶往好～想 / (物事の)よい面に考えを向ける. 楽観的に考える.
❷名(～儿)裏. ¶被～儿 / 布団の裏. ¶这面是面儿,那面是～儿 / こちらが表で,そちらが裏だ.
❸量(長さの単位)華里. 注意"市里 shìlǐ"の通称. 1"里"は500メートルで,日本の1里(約3900メートル)より短い.
◇◆ ①隣近所. ¶邻 lín ～ / 隣近所. ②郷里. ③奥の. 内側の. ¶→～屋. ‖姓

**【里边】lǐbian 方位(～儿)中(の方). 奥(の方). 内部. ►単独で用いられるが,普通は単音節語の前には用いない. ¶～屋子 wūzi / 奥の部屋. ¶柜子 guìzi ～ / 戸棚の中. ¶～请 / どうぞお入りください. ¶～没有人 / 中には人がいない.
[前に"最 zuì""更 gèng""稍微 shāowēi"などの程度副詞を用い,位置の遠近を比較する]¶最～是老王家 / いちばん奥が王さんの家です.
【里程】lǐchéng 名 ①道のり. ¶～计价器 jìjiàqì / (タクシーの)メーター. ②(発展の)過程.
【里程碑】lǐchéngbēi 名 里程標；〈喩〉歴史の節目とされる大事件.
【里程表】lǐchéngbiǎo 名(自動車などの)速度・距離メーター.
【里出外进】lǐ chū wài jìn 〈成〉でこぼこである.
【里带】lǐdài 名(タイヤの)チューブ.
【里脊】lǐji 名 ヒレ肉.
【里间】lǐjiān 名(～儿)奥の間. 奥の部屋. ►"里间屋 lǐjiānwū"とも.
【里里外外】lǐliwàiwài 方位 内側も外側も. 全部ひっくるめて. ¶～一把手 / 外の仕事も家の仕事もてきぱきやれる有能な人.
【里弄】lǐlòng 名〈方〉路地；〈転〉隣近所.
*【里面】lǐmiàn 方位 中. 内側. ¶教室～人很多 / 教室は人でいっぱいだ.
【里手】lǐshǒu 名 ①(～儿)(操縦者から見た車や機械の)左側,内側. ②玄人(くろうと).
【里胎】lǐtāi 名(タイヤの)チューブ. 量 条.
【里通外国】lǐ tōng wài guó 〈成〉外国のスパイになる.
*【里头】lǐtou 方位 中. 内部.
【里外】lǐwài 方位 ①内と外. ¶院子 yuànzi ～ / 中庭の内と外. ②(概数を表し)…くらい. ¶三十岁～ / 30歳くらい.
【里外不是人】lǐ wài bù shì rén 〈慣〉①板挟みになって双方から不満を買う. ②人間らしさのかけらすらない.
参考"猪八戒 Zhūbājiè 照镜子 zhào jìngzi"に続いてしゃれ言葉となる. 鏡に映った姿は「人間の顔ではない→人に合わす顔がない」というおち.
【里屋】lǐwū 名 奥の部屋.
【里巷】lǐxiàng 名 小路；裏町.
【里应外合】lǐ yìng wài hé 〈成〉内外呼応する. 外側からの攻撃に対して内側から協力する.
【里子】lǐzi 名(衣服などの)裏；〈転〉裏方.

俚 lǐ ◇◆ 粗野で低俗である. ¶～歌 gē / 低俗な歌.

【俚俗】lǐsú 形 粗野である. 俗っぽい.
【俚语】lǐyǔ 名 俗語. スラング.

哩 lǐ 量〈旧〉(長さの単位)マイル. ►古くは"哩"1字で yīnglǐ と読ませたが,現在では"英里"と書く. ⇨【英里】yīnglǐ
▸▸ lī,li

浬 lǐ 量〈旧〉海里．ノット．►古くは“浬”1字で hǎilǐ と読ませたが，現在では“海里”と書く．⇒【海里】hǎilǐ

*** 理** lǐ ❶ 動 ① 整理する．整える．¶～一下书籍 shūjí／本を整理する．¶用手～了～头发 tóufa／手で髪をちょっと整えた．② 相手にする．取り合う．かまう．►否定形で用いることが多い．¶不要～那种 zhǒng 人／あんなやつなんか相手にするな．
❷ 名 ①(～儿)道理．筋道．¶这次争吵 zhēngchǎo，是你没有～，～在他那边／今回の言い争いは，君は筋が通っていない，道理は彼の方にある．② 自然科学；物理学．¶我喜欢 xǐhuan 学文，不喜欢学～／私は文科系科目が好きで，理科系は嫌いだ．
◇◆ ①管理する．¶→～财 cái．②(木・皮膚などの)きめ．¶木～／木目．‖姓

【理财】lǐ//cái 動 財産・財務を管理する．
【理睬】lǐcǎi 動 相手にする．かまう．¶没人～他／だれも彼を相手にしない．
【理当】lǐdāng 助動 当然…すべきである．¶～如此 rúcǐ／当然こうすべきである．
【理短】lǐduǎn 形 理屈が立たない．筋が通らない．
*【理发】lǐ//fà 動 理髪する．散髪する．¶在这儿理个发吧／ここでちょっと散髪をしよう．¶～师／理容師．理髪師．
【理该】lǐgāi 助動 道理から言って当然である．
【理化】lǐhuà 名 物理と化学の総称．
【理会】lǐhuì 動 ① 理解する．わかる．¶他的话令人难以 nányǐ～／彼が言ったことはとても理解しがたい．② 気にとめる．►否定文に用いることが多い．¶叫了他好几声，他都没～／彼に何度も声を掛けたが，彼は気づかなかった．③ 相手にする．かまう．►否定文に用いることが多い．¶他在旁边 pángbiān 站了半天，谁也没～他／彼は長いことそばに立っていたが，だれも相手にしなかった．
*【理解】lǐjiě 動 理解する．わかる．¶你的意思 yìsi 我完全 wánquán～／あなたのおっしゃることはよくわかります．
【理据】lǐjù 名 理由．根拠．
【理科】lǐkē 名(学科の)理科．
【理亏】lǐkuī 形 道理に合わない．¶自知～／自分ながら道理に背いていると悟る．
【理亏心虚】lǐ kuī xīn xū〈成〉道理に背けば気がとがめて心安らかでない．
【理疗】lǐliáo 名〈略〉〈医〉物理療法．
【理路】lǐlù 名 ①(思想や文章の)筋道．¶这篇 piān 文章～不清 qīng／この文章は筋立てがはっきりしない．②〈方〉道理．
*【理论】lǐlùn ① 名 理論．② 動 議論する．
【理念】lǐniàn 名 信念．理念．
【理屈】lǐqū 形 理に欠ける．
【理屈词穷】lǐ qū cí qióng〈成〉筋が通らず弁明する言葉がなくなる．
【理事】lǐshì ① 動 切り盛りする．¶因 yīn 病不能～／病気で事務が執れない．② 名 理事．
【理所当然】lǐ suǒ dāng rán〈成〉理の当然である．
*【理想】lǐxiǎng ① 名 理想．¶实现 shíxiàn～／理想を実現する．② 形 理想的である．満足だ．¶这儿的环境 huánjìng 很～／ここの環境はとても理想的だ．¶这次考得不太～，下次加把劲 jìn 吧！／今回の試験はあまりよくないね，次は頑張りなさい．
【理性】lǐxìng ① 形(↔感性 gǎnxìng)理性的な．知的な．¶～认识 rènshi／〈哲〉理性的認識．② 名 理性．¶失去 shīqù～／理性を失う．
【理学】lǐxué 名〈哲〉理学．
【理应】lǐyīng 助動 当然…すべきである．¶这件事～由 yóu 他做／これは彼が当然やるべきことだ．
*【理由】lǐyóu 名 理由．わけ．口実．量 个，条．¶～充足 chōngzú／理由が十分である．¶找 zhǎo～／理由をでっち上げる．¶毫无 háo wú～／全然理由が立たない．
【理直气壮】lǐ zhí qì zhuàng〈成〉筋が通っているので意気盛んである．
【理智】lǐzhì ① 名 理知．理性．¶丧失 sàngshī～／理性を失う．② 形 理知的である．

锂 lǐ 名〈化〉リチウム．Li.

鲤 lǐ ◇◆ コイ．

【鲤鱼】lǐyú 名〈魚〉コイ．¶～跳 tiào 龙门 lóngmén／〈喩〉難関を突破して出世する．

4声
*** 力** lì 名 ①〈物〉力．② 力．体力．¶用～推 tuī 开／力で押し開ける．
◇◆ ①働き．¶药 yào～／薬の効能．②力を入れる．¶→～戒．‖姓

【力不从心】lì bù cóng xīn〈成〉意余って力足らず．
【力不胜任】lì bù shèng rèn〈成〉任務が重すぎる．
【力持】lìchí 動 堅持する．¶～异议 yìyì／かたくなに異議を唱える．¶～正义 zhèngyì／正義を堅持する．
【力挫】lìcuò 動 頑張って打ち負かす．
【力敌】lìdí 動 力が伯仲する．¶势均 shì jūn～／〈成〉勢いも力も相等しい．五分五分である．
【力度】lìdù 名 ① 力の程度．②〈音〉強弱．音力．③(内容の)深さ，深み．
【力戒】lìjiè 動 厳しく戒める．¶～骄傲 jiāo'ào／おごり高ぶることを厳しく戒める．
【力拒】lìjù 動 極力拒む．
**【力量】lìliang 名 ① 力．量 股 gǔ．¶他～真大／あの人はたいした力持ちだ．② 能力；力量．量 股．¶尽 jìn 一切～办／最大限の力を使って行う．③ 作用．効き目．¶这药 yào 没～／この薬は効き目がない．
【力排众议】lì pái zhòng yì〈成〉多数意見を力ずくで排除する．
*【力气】lìqi 名 力．¶卖 mài～／骨身を惜しまない．¶他的～可不小／あの人はなかなか力が強い．
【力气活】lìqihuó 名(～儿)力仕事．
【力求】lìqiú 動 できるだけ…するようにする．努めて…を求める．¶～取得 qǔdé 好的成绩 chéngjì／よい成績を取るよう努力する．
【力士】lìshì 名 力持ち；力士．
【力所能及】lì suǒ néng jí〈成〉能力に相応する．
【力透纸背】lì tòu zhǐ bèi〈成〉文章の理解が深く，言葉に力がこもっている．
【力图】lìtú 動 極力…を図る．¶～摆脱 bǎituō 困境 kùnjìng／窮地から脱出しようと努める．

【力挽狂澜】lì wǎn kuáng lán 〈成〉必死になって劣勢を挽回しようとする.
【力行】lìxíng 動〈書〉努力して行う.
【力学】lìxué ① 名〈物〉力学. ② 動〈書〉努力して学ぶ. ¶～不倦 juàn / たゆみなく努力して勉強すること.
【力战】lìzhàn 動〈書〉奮戦する.
【力争】lìzhēng 動 ① できるだけ…するように努める. ¶～上游 shàngyóu / 努めて高いところをめざす. ② 大いに論争する. ¶据理 jù lǐ～ / 理詰めで大いに論争する.
【力证】lìzhèng 名 有力な証拠.
【力主】lìzhǔ 動〈書〉極力主張する.
【力阻】lìzǔ 動 極力阻止する.
【力作】lìzuò ① 動〈書〉一生懸命働く〔執筆する〕. ② 名 力作. 労作.

历（歷·曆）lì ◇◆ ①経る. たつ. ¶→～时 shí. ②一つ一つ. つぶさに. ¶→～访 fǎng. ③これまで経てきたところの. ¶→～代 dài. ¶→～年. ④暦法. ¶农 nóng～ / 旧暦. ⑤こよみ. ¶日 rì～ / 日めくりカレンダー. ‖姓
【历朝】lìcháo 名 歴代.
【历程】lìchéng 名 経てきた過程.
【历次】lìcì 名 これまで各回. ¶～会议 huìyì / これまですべての会議.
【历代】lìdài ❶名 ① 歴代. 代々. ② 過去の何世代. ❷動 いろいろな時期や時代を経過する.
【历访】lìfǎng 動 歴訪する.
【历届】lìjiè 名 これまでの各回.
【历尽】lìjìn 動 経験し尽くす. ¶～人间苦 rénjiānkǔ / 世の中の苦労をなめ尽くす.
【历经】lìjīng 動 幾度も経験する.
【历久】lìjiǔ 動 長い年月がたつ. ¶～不衰 shuāi / 長い間たっても衰えない.
【历来】lìlái 副 **これまでずっと**. 一貫して.
【历历】lìlì 副〈書〉ありありと.
【历历在目】lì lì zài mù 〈成〉ありありと目に浮かぶ.
【历年】lìnián 名 **長年. 数年来**. ¶～的战争 zhànzhēng / 長年にわたる戦争.
【历任】lìrèn ① 動 歴任する. ② 名 歴代.
【历时】lìshí 動 時を経る. 時間がたつ. ¶～五年 / 5年を経る.
*【历史】lìshǐ 名 ① **歴史**；過ぎ去った出来事. 量 个,段 duàn. ¶～潮流 cháoliú / 歴史の流れ. ¶～地看问题 / 歴史的に問題を見る. ② **経歴**. 履歴. ¶隐瞒 yǐnmán 自己的～ / 自分の経歴を偽る. ¶～问题wèntí /（個人の）経歴上のきず. ③歴史学.
【历书】lìshū 名 暦.
【历数】lìshǔ 動 列挙する.
【历险】lìxiǎn 動 危険な目に遭う.

厉（厲）lì ◇◆ ①厳格である. ¶～禁 jìn / 厳禁する. ②厳粛である. ¶→～色 sè. ③激しい. ¶→～害 hai. ‖姓
【厉害】lìhai ❶形 ① **きつい. ひどい**. すごい. ¶这个女人真～ / この女性はほんとうにきつい. ¶这步棋 qí 真～ / この一手は実にすごい. ②（**程度が**）**激しい**. ひどい. ¶头痛 tòng 得～ / 頭が痛くてたまらない. ❷名 むごさ. 手ごわさ. ¶让你尝尝 chángchang 我的～ / おまえをひどい目に遭わせてやる. ►❶❷とも"利害"とも書く.
【厉色】lìsè 名 厳しい顔色. 怒りの表情.
【厉声】lìshēng 名 激しい口調. ¶～厉色 / 激しい口調とひどい剣幕.
【厉行】lìxíng 動 励行する.

*__立__ lì 動 ① **立つ**. [注意]"站 zhàn"より硬く, 造語成分に近いともいえるが,南方では常用される. ¶～在门口 / 戸口に立つ. ② **立てる**. ¶把梯子 tīzi～起来 / はしごを立てかける. ③（規則・契約・制度などを）定める. ¶～规矩 guīju / 決まりを定める. ④〈書〉即位する. ◇◆ ①存在する. ¶自 zì～ / 独り立ちする. ②直立した. 縦の. ¶→～柜 guì. ③直ちに. ¶→～即 jí. ‖姓
【立案】lì//àn 動 ① 登記する. 登録する. ②〈法〉要訴追事件として立件する.
【立碑】lì//bēi 動 碑を立てる.
【立逼】lìbī 動 せきたてる. しきりに催促する.
*【立场】lìchǎng 名 **立場**. 態度. ►特に階級的立場をさすこともある. ¶～坚定 jiāndìng / 立場がしっかりしている. ¶站在反对 fǎnduì 的～ / 反対の立場に立つ.
【立春】lì//chūn ① 動 立春になる. ② 名（二十四節気の一つ）立春.
【立待】lìdài 動 すぐさま…するのを待つ.
【立刀】lìdāo 名（漢字の偏旁）りっとう"刂". ►"则刀 zédāo"とも.
【立等】lìděng 動 ① 立ったまま待つ. ちょっと待つ. ② 早急に…するのを待っている. ¶～可取 qǔ / 即時でき上がり. ►修理店や仕立て屋などの看板の句.
【立定】lìdìng 動 ①（号令）止まれ. ② しっかりと立つ. ③（考えなどを）しっかりと決める.
【立冬】lì//dōng ① 動 立冬になる. ② 名（二十四節気の一つ）立冬.
【立法】lì//fǎ 動 法律を制定する.
*【立方】lìfāng ❶名〈数〉① 立方. 三乗. ② "立方体"（立方体）の略. ❷量 "立方米"（立方メートル）の略.
【立方根】lìfānggēn 名〈数〉立方根.
【立方米】lìfāngmǐ 量 立方メートル.
【立方体】lìfāngtǐ 名〈数〉立方体.
【立竿见影】lì gān jiàn yǐng 〈成〉効果が直ちに現れる.
【立功】lì//gōng 動 手柄を立てる. ¶～受奖 shòujiǎng / 手柄を立てて賞をもらう.
【立功赎罪】lì gōng shú zuì 〈成〉手柄を立てて自分が以前に犯した罪の埋め合わせをする.
【立柜】lìguì 名 洋服だんす. 量 个.
【立户】lì//hù 動 ① 家庭をつくる. ②（銀行に）口座を開く.
*【立即】lìjí 副〈書〉**直ちに**. 即座に. ¶～照办 zhàobàn / 直ちに言いつけどおりにする.
【立交】lìjiāo 名 立体交差.
【立交桥】lìjiāoqiáo 名 立体交差橋.
【立脚】lì//jiǎo 動 立脚する.
【立脚点】lìjiǎodiǎn 名 立脚点；〈喩〉足場.
**【立刻】lìkè 副 直ちに. すぐさま. ¶这件事很重要 zhòngyào,你～去办 / この件は重要だ,君が直ちに処理しに行きなさい.

【立领】lìlǐng 名(～儿)(↔翻领 fānlǐng)スタンドカラー．¶～衬衫 chènshān／スタンドカラーシャツ．
【立论】lìlùn 動 論を立てる．
【立马】lìmǎ 副(～儿)〈方〉すぐに．直ちに．
【立米】lìmǐ 量〈略〉立方メートル．
【立秋】lì//qiū ①動 立秋になる．②名(二十四節気の一つ)立秋．
【立身处世】lì shēn chǔ shì 〈成〉世渡りすること．社会人としての暮らし方．
【立时】lìshí 副 たちどころに．即刻．
【立誓】lì//shì 動 誓いを立てる．
【立嗣】lìsì 動〈書〉跡継ぎを立てる．
【立索】lìsuǒ 動 すぐに…するよう求める．
【立陶宛】Lìtáowǎn 名〈地名〉リトアニア．
【立体】lìtǐ ❶名〈数〉立体．❷形 ①立体感のある．②上下何段階にもなった．
【立体电影】lìtǐ diànyǐng 名 立体映画．
【立体声】lìtǐshēng 名 ステレオ(音響)．
【立夏】lì//xià ①動 立夏になる．②名(二十四節気の一つ)立夏．
【立宪】lìxiàn 動 憲法を制定する．¶君主～制／立憲君主制．
【立像】lì//xiàng ①名 立像．②動 像を立てる．
【立业】lì//yè 動 ①事業を起こす．②財産をつくる．¶成家 chéngjiā ～／結婚して独立する．
【立异】lì//yì 動 異を唱える．¶标 biāo 新～／他の追随を許さない新機軸を出す．
【立意】lìyì ①動 決意する．決心する．②名(文章などを書くときの)意図,着想．
【立账】lì//zhàng 動 口座を設ける．►"立户头 hùtóu"とも．
【立正】lìzhèng 動(号令)気をつけ．注意 軍隊や体操での号令．実際には"lī——zhèng"のようにiの音を伸ばして号令する．
【立志】lì//zhì 動 志を立てる．¶～当 dāng 老师／教師になろうと志を立てる．
【立轴】lìzhóu 名 ①掛け軸．②〈機〉バーチカルシャフト．
【立锥之地】lì zhuī zhī dì 〈成〉錐(きり)が立てられるほどのごくわずかな土地．►"无"の後につけて用いることが多い．¶贫 pín 无～／貧しくて猫の額ほどの土地もない．
【立足】lìzú 動 ①立脚する．②…に基礎を置く．
【立足点】lìzúdiǎn 名 立脚点；〈喩〉足場．立場．¶找不到～／足掛かりがない．

吏 lì
◇◆ 小役人．(広く)官吏．¶酷 kù ～／残酷な官吏．‖姓

丽(麗) lì
◇◆ ①美しい．¶→～辞 cí．②付着する．¶附 fù ～／くっつく．‖姓 ►► lí
【丽辞】lìcí 名〈書〉美辞麗句．
【丽人】lìrén 名 麗人．
【丽藻】lìzǎo 名〈書〉(詩や文章などの)美しい詞藻．
【丽质】lìzhì 名(女性の)美しい容貌,美貌．¶她天生～／彼女は生まれながらの美人だ．

励(勵) lì
◇◆ 励ます．¶勉 miǎn ～／励ます．¶鼓 gǔ ～／激励する．‖姓
【励精图治】lì jīng tú zhì 〈成〉精励して土地をよく治めようとする．

呖(嚦) lì
"呖呖 lìlì"(鳥のよく響く澄んだ鳴き声)という語に用いる．

利 lì
◇◆ ①利益．¶有～有弊 bì／益もあれば害もある．②利潤．利息．¶本～两清 qīng／元利皆済．③有利にする．④鋭い．¶→～刃 rèn．⑤順調である．¶顺 shùn ～／順調である．‖姓
【利比里亚】Lìbǐlǐyà 名〈地名〉リベリア．
【利比亚】Lìbǐyà 名〈地名〉リビア．
【利弊】lìbì 名 利害．¶～得失 déshī／利害得失．
【利病】lìbìng 名 利害．¶～参半 cānbàn／利害損得が相半ばする．
【利滚利】lì gǔn lì (高利貸の一種で)利息に利息がつく．
【利害】lìhài 名 利害．損得．¶不计～／損得にこだわらない．
【利害】lìhai →【厉害】lìhai
【利己】lìjǐ 動(↔利人 lìrén)自分の利益をはかる．
【利令智昏】lì lìng zhì hūn 〈成〉欲得は頭をぼんくらにさせる．欲に目がくらむこと．
【利率】lìlǜ 名〈経〉利率．
【利落】lìluo 形 ①(言葉や動作が)はきはきしている．¶说话～／言葉がはきはきしている．②きちんとしている．③すっかり片付いている．¶事情办得很～／用事はすっかりかたづいた．
【利尿】lìniào 動 排尿を促進する．
【利器】lìqì 名 ①鋭利な武器．②すぐれた道具．
【利钱】lìqian 名 利息．
【利权】lìquán 名(国家の)権益．
【利人】lìrén 動(↔利己 lìjǐ)他人の利益をはかる．►"利他 lìtā"とも．
【利刃】lìrèn 名 ①鋭利な刃．②よく切れる刀．
【利润】lìrùn 名 利潤．¶～不大／利潤があがらない．
【利市】lìshì ❶名 ①〈書〉利潤．¶～三倍 bèi／大儲けをする．②〈方〉金もうけの前兆．¶发 fā 个～／縁起をかつぐ．③〈方〉賞金．❷形〈方〉縁起がよい．めでたい．
【利索】lìsuo 形 ①(言葉や動作が)はきはきしている．¶手脚 shǒujiǎo ～／動作がすばしこい．②きちんとしている．
【利息】lìxī 名 利息．利子．
*【利益】lìyì 名 利益．❖谋 *móu* ～／利益をはかる．
*【利用】lìyòng 動 利用する．¶她很会～时间 shíjiān／彼女は時間の使い方がうまい．¶受 shòu 人～／人のさしがねで行動する．操られる．
【利诱】lìyòu 動 利で人を誘う．¶威逼 wēibī ～／脅したり利益で釣ったりする．
【利于】lìyú 動 …にとって有利である．
【利欲熏心】lì yù xūn xīn 〈成〉利益や欲望に目がくらむ．
【利嘴】lìzuǐ 名 達者な口．¶他有一张 zhāng ～／あの人は口が達者だ．

沥(瀝) lì
動 ①滴る．¶～血 xuè／血が滴る．②濾(こ)す．濾過する．¶把水～掉 diào／水分を除く．
◇◆ しずく．滴り．¶余 yú ～／余滴．
【沥涝】lìlào 動(作物が)水浸しになる,冠水する．¶～成灾 zāi／(作物が)水害をこうむる．

【沥沥】lìlì 擬〈書〉《風の音や水の音》ぴゅうぴゅう．ざあざあ．
【沥青】lìqīng 名 アスファルト．¶～路／アスファルト道路．
【沥水】lìshuǐ 名（降雨による）水たまり．

*例 lì ①名 例．実例．前例．注意“例”は熟語・成語以外で単独で用いることは少なく，普通は“例子”を用いる．¶举 jǔ ～说明／例を挙げて説明する．¶破 pò ～／前例を破る．②量《事例を数える》¶一百多～手术 shǒushù／100例あまりの手術．
◇ ①規則．格式．¶条 tiáo ～／条例．法令．②定例の．¶→～假 jià．③前例．
【例会】lìhuì 名 例会．定例の集まり．
【例假】lìjià 名 ①定例休暇；祝日休暇．②〈婉〉月経．生理休暇．
【例句】lìjù 名 例文．¶词典 cídiǎn ～／辞典の用例．
*【例如】lìrú 接続（例を挙げて）たとえば．►“比如 bǐrú､譬如 pìrú”のように比喩を述べる用法はない．¶北京的古迹 gǔjì 很多，～颐和园 Yíhéyuán､长城 Chángchéng 等／北京の旧跡は数多く，たとえば頤和園とか，長城などだ．［挿入句として例を挙げる］¶对基本建设 jīběn jiànshè，～能源 néngyuán､交通建设等，外企 wàiqǐ 的投资 tóuzī 逐渐 zhújiàn 增多 zēngduō／インフラ建設，例えばエネルギー・交通建設などへの外国企業の投資が次第に増えている．
【例题】lìtí 名 例題．¶算数～／算数の例題．
【例外】lìwài ①動 例外にする．¶任何 rènhé 人都不能～／いかなる人も例外とはされない．¶你就～一次吧／一度だけは例外にしてくれよ．②名 例外．¶毫无 háo wú ～／いかなる例外もない．例外なく….
【例行】lìxíng 形 定例の．¶～记者 jìzhě 招待会 zhāodàihuì／定例記者会見．
【例行公事】lìxíng gōngshì 型どおりに行う公務．お決まりの勤め．
【例言】lìyán 名 凡例．例言．
【例证】lìzhèng 名 例証．
【例子】lìzi 名 例．量 个．❖举 jǔ ～／例を挙げる．

戾 lì ◇ ①罪．とが．¶罪 zuì ～／罪．②偏屈である；凶悪である．¶乖 guāi ～／偏屈である．

隶（隸・隷）lì ◇ ①従属する．付き従う．¶→～属 shǔ．②身分の低い者．¶仆 pú ～／奴僕．③（漢字の書体の）隷書．
【隶书】lìshū 名 隷書．►“隶字”とも．
【隶属】lìshǔ 動（区域・機構などが）隷属する，管轄を受ける．

荔 lì “荔枝 lìzhī”⬇という語に用いる．‖姓
【荔枝】lìzhī 名〈植〉レイシ．ライチ．

栎（櫟）lì 名〈植〉クヌギ．

俪（儷）lì ◇ ①対になった．¶骈 pián ～／対句法．②夫婦．¶～影 yǐng／夫婦の写真．

俐 lì “伶俐 língli”（利発である．利口である．はきはきしている）という語に用いる．

莉 lì “茉莉 mòlì”（マツリカ．ジャスミン）という語に用いる．

莅 lì ◇ 来る．臨む．出席する．
【莅会】lìhuì 動〈書〉会議に出る．
【莅临】lìlín 動〈書〉〈敬〉臨席する．
【莅任】lìrèn 動〈書〉着任する．

栗（慄）lì 名〈植〉クリ．
◇ おののく．¶→～然 rán．‖姓
【栗然】lìrán 形〈書〉恐れて震えている．
【栗色】lìsè 名 栗色．
【栗子】lìzi 名 ①〈植〉クリ．②クリの実．量 个，颗 kē．¶糖炒 táng chǎo ～／甘栗．

砺（礪）lì 名〈古〉砥石（といし）．¶→～石 shí．
◇ 研ぐ．¶砥 dǐ ～／鍛え磨く；互いに励まし合う．
【砺石】lìshí 名〈書〉砥石．

砾（礫）lì ◇ 石ころ．小石．¶沙 shā ～／砂礫（されき）．
【砾石】lìshí 名 小石．

蛎（蠣）lì “牡蛎 mǔlì”（カキ）という語に用いる．

唳 lì 動〈書〉（ツルが）鳴く；（広く）鳥が鳴く．¶风声鹤 hè ～／風声鶴唳（かくれい）．

笠 lì ◇ 笠．かぶり笠．¶斗 dǒu ～／笠．¶草 cǎo ～／草で編んだ笠．編み笠．

*粒 lì ①名（～儿）粒．②量 粒状のものを数える：粒．¶两～子弹 zǐdàn／2発の銃弾．
【粒选】lìxuǎn 動〈農〉種子を粒よりする．
【粒状】lìzhuàng 形 粒状の．
【粒子】lìzǐ 名〈物〉粒子．素粒子．¶带电 dàidiàn ～／荷電素粒子．
【粒子】lìzi 名 粒．

雳（靂）lì “霹雳 pīlì”（霹靂（へきれき）．かみなり）という語に用いる．

傈 lì “傈僳族 Lìsùzú”（リス（Lisu）族：チベット系の山岳少数民族の一つ）という語に用いる．

痢 lì “痢疾 lìji”⬇という語に用いる．
【痢疾】lìji 名〈医〉赤痢．

軽声 *哩 li 助〈方〉①《共通語の“呢 ne”にほぼ同じ》►ただし疑問文には用いられない．¶你有点儿像 xiàng 我弟弟～／きみはぼくの弟にどこか似ているな．②《共通語の“啦 la”に同じ．物事を列挙する場合に用いる》¶书～，杂志～，都摊 tān 在桌子上／本やら雑誌やらみな机の上に広げてある．►► lī,lǐ

L

lia (ㄌㄧㄚ)

3声 **俩**(倆) liǎ 数〈口〉《北京語で"两个"がつまってできたもの》 ①二人．二つ．¶咱 zán～/私たち二人．¶你们～/君たち二人．②いくらか．少し．¶给他～钱 qián/彼に金をいくらかやる．▸▸ liǎng
【俩心眼儿】liǎ xīnyǎnr 思惑が別々である．

lian (ㄌㄧㄢ)

2声 **连** lián ❶前 ①《包含するもののうち,極端な例をあげて強調する》…さえも．…すら．…までも．►"连…"は後の"都 dōu､还 hái､也 yě"などと呼応する．前に"甚至 shènzhì"をつけることもできる．¶街上～一个人也没有/通りには人っ子一人いない．¶他～象棋xiàngqí都不会下/彼は将棋さえできない．¶甚至～妈妈都笑了起来/果てはお母さんまで笑いだした．¶～他住在哪儿我都忘了问/彼がどこに住んでいるのかさえ聞くのを忘れた．
[「"连"＋動詞」の形で,前後同じ動詞を用いることもある]¶那个地方,我～去也不想去/そんな所へは行ってみようとも思わない．
②《包括・包含を表す》…も入れて．…も加えて．…もいっしょに．¶～皮 pí 吃苹果 píngguǒ/リンゴを皮ごと食べる．¶～桌子一起搬 bān 走/テーブルもいっしょに運んでいく．¶～新来的小张 Zhāng,我们才 cái 五个人/新米の張君を入れても,われわれは5人しかいない．
❷副 続けて(…する)．続けざまに．語法 単音節の動詞を修飾することが多く,動詞の後には数量表現を伴うことが多い．なお,2音節の動詞の場合は,"接连､连着､一连"などを用いる．¶～打了两个电话/続けて電話を2本かけた．¶～打了几枪 qiāng/続けざまに銃を数発撃った．
❸動 つながる．連なる．つなぐ．¶心～心/心と心が通い合う．¶天～水,水～天/空と水面が連なっている；果てしなく広がる水面の形容．¶上下文～不起来/文の前後関係がつながらない．
❹名〈軍〉中隊．‖姓
【连鬓胡子】liánbìn húzi 名〈口〉(鬢まで続く)もじゃもじゃのひげ．
【连播】liánbō 動(ラジオ・テレビで)連続放送する．
【连词】liáncí 名〈語〉接続詞．
【连带】liándài ❶動 ①互いに関連する．②累を及ぼす．巻き添えにする．❷副 ついでに．
〚连…带…〛lián…dài… ①合わせて．ひっくるめて．►二つの事柄を包括することを表す．名詞または動詞と組み合わせる．¶～本～利/元金と利息を合わせて．¶～吃～喝,一共才花了一百块钱/飲んで食べて全部でたったの100元だった．②…しながら…する．►二つの動作が同時に発生することを表す．動詞の多くは単音節で性質の似たものを用いる．¶～说～唱/かつ語りかつ歌う．¶～蹦 bèng～跳 tiào/跳んだりはねたり．
【连裆裤】liándāngkù 名(↔开裆裤)(子供用で股あきでない)ズボン．¶穿 chuān～/〈慣〉二人がぐるになる．
【连动句】liándòngjù 名〈語〉連動文．
【连队】liánduì 名〈軍〉中隊．
【连根拔】liángēnbá〈慣〉根こそぎにする．
【连拱桥】liángǒngqiáo 名 アーチを連ねた形の橋．
【连贯】liánguàn 動 続く．連なる．¶上下文不～/前後の文脈が合わない．
【连锅端】lián guō duān〈慣〉そっくり取り除く．
【连环】liánhuán 動 つながる．互いに関連する．¶～保 bǎo/連帯保証〔責任〕．
【连环画】liánhuánhuà 名(子供向けの)小型の漫画本．
【连击】liánjī 名〈体〉①(バレーボールの)ドリブル．②(ボクシングの)ダブルパンチ．
【连脚裤】liánjiǎokù 名 幼児用の靴下付きのズボン．
【连接】liánjiē 動 ①つながる．②つなぐ．►"联接"とも書く．¶把断了的绳子 shéngzi～起来/切れた縄をつなぎ合わせる．
【连接号】liánjiēhào 名 接続記号．ダッシュ(—)．
【连结】liánjié →【联结】liánjié
【连襟】liánjīn 名(～儿)相婿．
【连裤袜】liánkùwà 名 パンティーストッキング．►"裤袜"とも．
【连累】liánlěi 動 巻き添えにする．
【连理】liánlǐ〈書〉①動 別々の根から生えた2本の木の枝がくっついて一体化する．②名〈喩〉仲むつまじい夫婦．¶结为 jiéwéi～/仲むつまじい夫婦になる．
【连连】liánlián 副 続けざまに．¶～点头/何度も何度もうなずく．¶观众 guānzhòng～叫好 jiàohǎo/観衆はしきりに喝采をおくった．
*【连忙】liánmáng 副 急いで．慌てて．¶他一看见我,～打招呼 zhāohu/彼は私を見るとすぐあいさつをした．
【连袂】liánmèi →【联袂】liánmèi
【连绵】liánmián 動(山脈・河流・雨・雪などが)連綿と続く．►"联绵"とも書く．¶阴雨 yīnyǔ～/長雨が続く．
【连年】liánnián 名 連年．¶～丰收 fēngshōu/毎年豊作が続く．
【连篇】liánpiān 動 ①(文章が)一編一編と続く．②全編にわたる．
【连翩】liánpiān →【联翩】liánpiān
【连篇累牍】lián piān lěi dú〈成〉おびただしい紙幅を使って長々と述べ立てる．
【连翘】liánqiáo 名〈植〉レンギョウ；〈中薬〉連翹(れんぎょう)．
【连任】liánrèn 動 再任する．¶连选 liánxuǎn～/再選再任．
【连日】liánrì 名 連日．毎日．¶～来/この数日．数日来．
【连声】liánshēng 副 続けざまに(同じ言葉を言う)．¶～称赞 chēngzàn/称賛の声が次々とあがる．
【连锁】liánsuǒ 名 連鎖．
【连锁店】liánsuǒdiàn 名 チェーン店．
【连锁反应】liánsuǒ fǎnyìng 名〈物〉連鎖反応．
【连天】liántiān ❶名 連日．¶～连夜/連日連夜．❷動 ①続く．¶叫苦 jiàokǔ～/続けざまに悲鳴を上げる．②(遠方から見て)天に連なる．
【连通】liántōng 動 つながっている．¶两条道路～了/二本の道がつながった．
【连同】liántóng 接続 …と合わせて．…と一緒に．

L

【连写】liánxiě 動(↔分写 fēnxiě)続け書きする．ピンインで発音を表記するとき，いくつかの音節を続けて書くこと．►たとえば，“人民”を rén mín とせずに rénmín と書く．

*【连续】liánxù 動 **連続する**．¶～三年 / 3年連続する．¶一年来，他～发表了十篇论文 lùnwén / 1年の間に彼は続けて10篇の論文を発表した．

*【连续剧】liánxùjù 名 連続ドラマ．

【连选】liánxuǎn 動 続けて選挙〔当選〕する．

【连夜】liányè 副 ①その夜のうちに．②連夜．いく晩も続けて．

【连衣裙】liányīqún 名 **ワンピース**．(量) 条 tiáo，件 jiàn．¶长袖 chángxiù～ / 長袖のワンピース．

【连阴天】liányīntiān 名 曇り〔雨〕続きの天気．

【连阴雨】liányīnyǔ 名 長雨．

【连用】liányòng 動 連用する．

【连载】liánzǎi 動 連載する．

【连长】liánzhǎng 名〈軍〉中隊長．

【连轴转】liánzhóuzhuàn〈慣〉昼夜ぶっ通しで休まずに働く．

【连珠】liánzhū 名 ①連珠．②〈喩〉絶え間なく続く音．¶～炮 pào / 続けざまに撃つ大砲．

【连属】liánzhǔ〈書〉①動 続く．連ねる．¶～成篇 chéngpiān / つなぎ合わせて一つの文章にする．②名(親戚・交際などの)関係．

【连字号】liánzìhào 名 ハイフン(-)．

【连坐】liánzuò 動 連座する．

怜(憐) lián

◇◆ ①あわれむ．¶→～悯 mǐn．¶→～惜 xī．②かわいがる．¶→～爱 ài．

【怜爱】lián'ài 動 いとおしむ．かわいがる．

【怜悯】liánmǐn 動 あわれみ同情する．¶～之心 / 同情心．

【怜惜】liánxī 動 あわれみいつくしむ．

【怜香惜玉】lián xiāng xī yù〈成〉男が思う女性をあわれみいつくしむ．

【怜恤】liánxù →【怜悯】liánmǐn

帘(簾) lián

名(～儿)看板用ののぼり．すだれ．カーテン．¶酒～ / 酒屋の旗(看板)．¶门上挂个～儿 / 入口にのれんを掛ける．

【帘幕】liánmù 名 カーテン．カーテンと幕．

【帘子】liánzi 名〈口〉すだれ；カーテン．

莲 lián

名〈植〉ハス．►“荷 hé”“芙蓉 fúróng”“芙蕖 fúqú”とも．‖姓

【莲花】liánhuā 名〈植〉ハス(の花)．

【莲藕】lián'ǒu 名〈植〉ハスの地上茎と地下茎；レンコン．¶～同根 gēn / 分かちがたく結びついている．

【莲蓬】liánpeng 名 蜂の巣状のハスの花托．►中に実がある．¶～子儿 zǐr / ハスの実．

【莲蓬头】liánpengtóu 名〈方〉(シャワーの)ノズル．じょうろの筒先．

【莲子】liánzǐ 名 ハスの実；〈中薬〉蓮子(れんし)．

涟 lián

◇◆ ①さざ波．②涙を流すさま．¶泣涕 qìtì～～ / とめどなく涙を流す．

【涟洏】lián'ér 形〈書〉涙を流し鼻水を垂らして泣いている．

【涟漪】liányī 名〈書〉さざ波．

联(聯) lián

名(～儿)対聯(ついれん)．(量) 副 fù．¶这～写得比那～好 / こっちの対聯のほうがあっちのよりよい．

◇◆ 連ねる；連なる．¶→～合 hé．¶三～单 dān / 3枚続きの伝票．‖姓

【联邦】liánbāng 名 連邦．

【联邦调查局】Liánbāng diàochájú 名(アメリカ)連邦捜査局．FBI．

【联播】liánbō 動(いくつかの放送局が同じプログラムを)同時放送する．¶～节目 jiémù / 同時放送番組．ネット番組．

【联大】Liándà 名〈略〉①国連総会．②連合大学．

【联单】liándān 名 2枚続きの伝票．

【联队】liánduì 名 ①〈軍〉(主力に対する)左右の翼．②〈体〉連合チーム．

【联防】liánfáng 動 ①共同防衛する．¶军民～ / 軍隊と民兵が共同防衛する．②〈体〉(球技で)連係して守備する．

【联贯】liánguàn →【连贯】liánguàn

*【联合】liánhé ①動 **連合する．団結する**．¶～举办 jǔbàn 画展 / 共同で絵画展を主催する．②名〈生理〉結合．

【联合国】Liánhéguó 名 **国際連合**．国連．

【联合国安全理事会】Liánhéguó ānquán lǐshìhuì 名 国連安全保障理事会．

【联合国秘书长】Liánhéguó mìshūzhǎng 名 国連事務総長．

【联合国维和部队】Liánhéguó wéihé bùduì 名 国連平和維持軍．

【联合声明】liánhé shēngmíng 名 共同コミュニケ．共同声明．

【联合收割机】liánhé shōugējī 名〈農〉コンバイン．

【联合政府】liánhé zhèngfǔ 名〈政〉連合政府．連立内閣．

*【联欢】liánhuān 動(祝いごとや団結を強めるために)**交歓する**．¶～会 / 親睦会．合同コンパ．

【联机】lián//jī 動〈電算〉オンライン接続する．

【联接】liánjiē →【连接】liánjiē

【联结】liánjié 動 連結する．¶把两个点～起来 / 2点を結ぶ．

【联军】liánjūn 名 連合軍．¶八国～ /(義和団鎮圧のために北京を攻略した)八か国連合軍．

【联络】liánluò ①動 **連絡する**．¶一直 yīzhí 和她～不上 / ずっと彼女と連絡が取れない．¶～感情 gǎnqíng / 友情を深める．②名 連絡．つながり．¶失掉 shīdiào～ / つながりが切れる．¶～站 zhàn / 連絡ステーション．

【联袂】liánmèi 動〈書〉手を携える．¶～而往 wǎng / いっしょに行く．¶～演出 yǎnchū / 共演する．

【联盟】liánméng 名(国同士や階級・組織の)**同盟**，連盟．¶结成 jiéchéng～ / 同盟を結ぶ．

【联绵】liánmián →【连绵】liánmián

【联名】liánmíng 名 連名．連署．¶～发起 fāqǐ / 連名で提案する．

【联翩】liánpiān 形〈喩〉物事が次から次へと長く続いている．¶浮想 fúxiǎng～ / 想像が次から次に浮かぶ．

【联赛】liánsài 名 リーグ戦.
【联手】liánshǒu 動 提携する. 協力する. ¶～摄制 shèzhì / (映画の)共同制作.
【联网】liánwǎng 動(電力・通信・コンピュータなどを)ネットワーク化する.
**【联系】liánxì ❶動 ①連絡する. ¶要尽快 jǐnkuài 跟我～ / なるべく早く私に連絡してくれ. ②結びつける;結びつく. ¶把两件事～起来看就清楚了 / 二つの事柄を関係づけて考えてみればはっきりと分かる. ❷名 つながり. 関係. ¶加强 jiāqiáng ～ / 連係を強める.
【联想】liánxiǎng 動 連想する. ¶～起往事 wǎngshì / 昔のことを連想する.
【联销】liánxiāo 動 共同で販売する.
【联谊】liányì 動 友誼を結ぶ;友好を深める.
【联谊会】liányìhuì 名 懇親会.
【联姻】liányīn 動 両家が婚姻によって親戚となる;〈喩〉二つの企業・団体などが提携する.
【联营】liányíng 動 共同経営する.
【联运】liányùn 動 連絡輸送をする.
【联属】liánzhǔ →【连属】liánzhǔ

廉 lián ◇ ①潔い. ¶清 qīng ～ / 清廉である. ②(値段が)安い. ¶→～价 jià. ‖姓
【廉耻】liánchǐ 名 廉恥. ¶不知 zhī ～ / 破廉恥である.
【廉价】liánjià 名 廉価. 安値. ¶～出售 chūshòu / 安値で売り出す.
【廉洁】liánjié 形 高潔である. 公益を損なって私腹を肥やすことをしない. ¶～奉公 fènggōng / 不正をせずに公のために働く.
【廉明】liánmíng 形 清廉潔白である.
【廉正】liánzhèng 形 廉潔で公正である. ¶～无私 wúsī / 廉潔公正で私心がない.
【廉政】liánzhèng 動 政治を清廉潔白化する.

鲢 lián 名〈魚〉レンギョ. シタメ. ハクレン.

濂 lián 地名に用いる. "濂江"は江西省にある川の名. ‖姓

镰(鎌) lián ◇ かま. ‖姓
【镰刀】liándāo 名 かま. (量)把.

3声 **敛**(斂) liǎn ◇ ①おさまる;おさめる. ②拘束する. 制限する. ③集める. 徴収する. ¶～金 jīn / 金を徴収する.
【敛财】liǎn//cái 動 金を収奪して私腹を肥やす.
【敛足】liǎnzú 動〈書〉踏みとどまる.

** **脸**(臉) liǎn 名 ①顔. (量)张. ❖洗 xǐ ～ / 顔を洗う. ❖刮 guā ～ / ひげをそる. ¶背 bèi 过～去 / 顔をそむける. ②(～儿)顔つき. 表情. ¶笑～儿 / にこにこ顔. 笑顔. ¶刷 shuā 地变了～ / 表情をさっと変えた. ③面目. 体面. ❖丢 diū ～ / 面目を失う. ❖露 lòu ～ / 面目を施す. ¶不要～ / 恥知らず.
◇ 物の前の部分. ¶门～儿 / 店構え. ¶鞋 xié ～儿 / 靴の甲から指先までの部分.

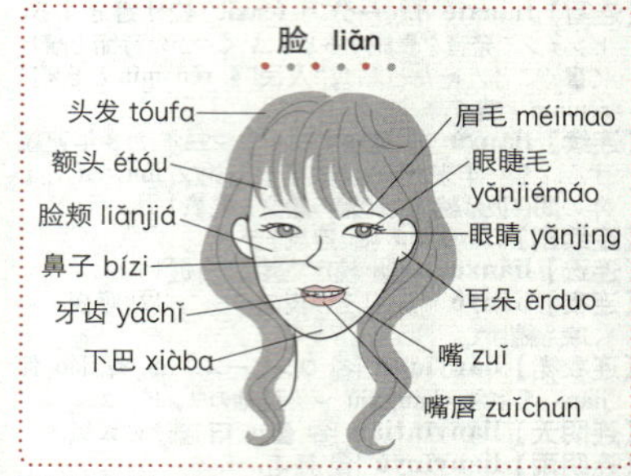

【脸大】liǎn//dà 形〈方〉(多く少女について)臆するところがない.
【脸蛋】liǎndàn 名(～儿・～子)(多く子供の)ほっぺた;顔.
【脸红】liǎn//hóng 動 ①(恥ずかしくて)顔を赤らめる. ②(怒って)顔を赤くする.
【脸红脖子粗】liǎn hóng bózi cū〈慣〉(怒ったり興奮して)顔を赤らめ,額に青筋を立てる.
【脸颊】liǎnjiá 名 ほお.
【脸孔】liǎnkǒng 名 顔. 顔つき.
【脸面】liǎnmiàn 名 顔. 面目.
【脸嫩】liǎn//nèn 形 恥ずかしがる. 気が弱い.
【脸盘儿】liǎnpánr 名 顔立ち. 顔の輪郭. ¶圆～ / 丸顔. ►"脸盘子"とも.
【脸庞】liǎnpáng 名(～儿)顔立ち. 顔の輪郭.
【脸盆】liǎnpén 名 洗面器.
【脸皮】liǎnpí 名 ①顔の皮膚. ②メンツ. ¶拉不下 lābuxià ～ / (相手の顔をつぶしてまでも)思い切って出られない. ③面の皮. ¶～厚 hòu / 面の皮が厚い.
【脸谱】liǎnpǔ 名〈劇〉(伝統劇俳優の)顔のくま取り. ¶～化 huà / 没個性化.
【脸软】liǎn//ruǎn 形(↔脸硬)気が弱い. 情にほだされやすい.
*【脸色】liǎnsè 名 ①血色. ¶～苍白 cāngbái / 顔面蒼白だ. ②表情. 顔色. ¶一看他的～,我就知道有了好消息 xiāoxi / 彼の顔色をちらっと見ただけで,よい知らせがあったのだと分かった.
【脸上抹黑】liǎn shàng mǒ hēi〈成〉顔に泥を塗る.
【脸上贴金】liǎn shàng tiē jīn〈成〉(自分や他人を)よく見せようとする.
【脸上有光】liǎn shàng yǒu guāng〈成〉面目をほどこす. 顔が立つ.
【脸膛儿】liǎntángr 名〈方〉顔形. 顔.
【脸硬】liǎn//yìng 形(↔脸软)情にほだされない.
【脸子】liǎnzi 名〈方〉①顔形. ②不快な顔つき. ¶给人～看 / 膨れっ面になる. ③(相手の)メンツ.
【脸生】liǎnshēng 形 見知らない. 面識がない.

4声 * **练**(練) liàn ❶動 ①練習する. トレーニングする. ¶～乒乓球 pīngpāngqiú / 卓球の練習をする. ¶他正～着字呢 / 彼はいま習字の手習いをしている. ②生糸を練る.
❷名〈書〉白い練り絹. ¶江 jiāng 平如～ / 川面は白絹のように穏やかだ.

◇◆ 熟練している．¶干 gàn～/有能で経験もある．‖姓

【练笔】liàn//bǐ 動 作文や字を書く練習をする．

【练队】liàn//duì 動 整列行進の練習をする．

【练功】liàn//gōng 動(武術など技能を)訓練する，けいこをする．¶～房 fáng/けいこ場．

【练球】liàn//qiú 動〈体〉球技の練習をする．¶赛 sài 前～/(球技で試合前の)ウォーミングアップ．

【练手】liàn//shǒu 動(～儿)〈口〉手慣らしをする．上手になるように練習する．

【练摊儿】liàn//tānr 動〈口〉露店を出して商売する．

【练武】liàn//wǔ 動 ①武術をけいこする．②軍事訓練する．③(広く)各種の技術を磨く．

【练习】liànxí ①動 **練習する．¶～写文章/文章を書く練習をする．②名 **練習問題**．¶做～/練習問題をする．

炼(煉・鍊) liàn

動 ①(加熱して)**精製する；精錬する**．¶猪油 zhūyóu～好了/ラードが精製された．②焼く．¶真金 zhēnjīn 不怕 pà 火～/〈慣〉純金は火を恐れない．意志が強ければどんな試練にも耐えられる．

◇◆(文章を)練る．¶→～句 jù．‖姓

【炼丹】liàn//dān 動〈宗〉(道教の)道士が不老長生の丹薬を作る．

【炼钢】liàn//gāng 動〈冶〉製鋼する．

【炼焦】liàn//jiāo 動〈冶〉コークスにする．

【炼句】liànjù 動(詩や文章の)文句を練る．推敲する．

【炼乳】liànrǔ 名 練乳．

【炼山】liàn//shān 動 山焼きをする．

【炼铁】liàn//tiě 動〈冶〉製鉄する．

【炼油】liàn//yóu 動 ①石油を分留する．②製油する．③(食用にするために)油を加熱する．

【炼狱】liànyù 名 ①〈宗〉(カトリックで)煉獄．浄罪界．②〈喩〉人が試練を受ける場所．

【炼制】liànzhì 動〈化〉精錬する．精製する．

【炼字】liànzì 動 字句を推敲する．

恋(戀) liàn

◇◆ ①恋愛．¶失 shī～/失恋する．②恋しがる．¶留 liú～/未練が残る．‖姓

【恋爱】liàn'ài ①動 **恋愛する**．恋する．¶他俩 liǎ～了两年才结婚 jiéhūn/彼ら二人は2年ほど交際してから結婚した．②名 恋愛．❖谈 *tán*～/恋愛する．

【恋旧】liànjiù 動 旧友や故郷を懐かしむ；昔を懐かしむ．

【恋恋不舍】liàn liàn bù shě〈成〉名残惜しくて別れたくない．

【恋慕】liànmù 動 恋しく思う．

【恋情】liànqíng 名 ①懐かしさ．②恋い慕う気持ち．

【恋群】liànqún 動(動物が)群れになりたがる；(人が)人恋しがる．

【恋人】liànrén 名 恋人．

殓(殮) liàn

◇◆ 納棺する．¶入 rù～/納棺してふたに釘を打つ．¶装 zhuāng～/納棺する．

链(鍊) liàn

①名(～儿)鎖．チェーン．¶表 biǎo 的～儿断了/時計の鎖が切れた．②量(海の距離を計る単位)10分の1海里．

【链轨】liànguǐ 名 キャタピラー．

【链接】liànjiē 名〈電算〉リンク．

【链锯】liànjù 名 チェーンソー．鎖のこ．

【链霉素】liànméisù 名〈薬〉ストレプトマイシン．

【链球】liànqiú 名〈体〉ハンマー(投げ)．

【链球菌】liànqiújūn 名〈医〉連鎖球菌．

【链式反应】liànshì fǎnyìng 名〈物〉〈化〉連鎖反応．

【链条】liàntiáo 名 鎖．チェーン．

【链子】liànzi 名 ①鎖．チェーン．㊀条,根 gēn．¶铁 tiě～/鉄の鎖．②(自転車やバイクの)チェーン．

liang (ㄌㄧㄤ)

2声

良 liáng

名(学校の5段階成績評価の)良．►上から2番目．

◇◆ ①よい．¶～医 yī/すぐれた医者．②善人．¶诬 wū～为盗 dào/善人を盗人呼ばわりする．③たいへん．非常に．¶获益 huò yì～多/収穫が非常に大きい．‖姓

【良策】liángcè 名 良策．良案．

【良辰】liángchén 名 吉日；よい時期．¶吉日 jírì～/吉日の吉時．

【良导体】liángdǎotǐ 名〈物〉(↔非导体 fēidǎotǐ)良導体．導体．

【良方】liángfāng 名 効き目のある処方；よい方法．

【良工】liánggōng 名 熟練工．

*【良好】liánghǎo 形 **良好である**．¶手术 shǒushù 情况 qíngkuàng～/手術の経過が良好である．¶打下～的基础 jīchǔ/しっかりした基礎を打ち立てる．

【良机】liángjī 名 好機．

【良久】liángjiǔ 形〈書〉ややしばらく．長い間．

【良师益友】liáng shī yì yǒu〈成〉よき師よき友．

【良田】liángtián 名 肥沃な田畑．

【良宵】liángxiāo 名〈書〉すばらしい夜．

【良心】liángxīn 名 **良心**．¶有～的人/良心的な人間．¶没～/良心がない．恩知らずである．¶～发现 fāxiàn/良心が目覚める．¶说句～话/偽りのない話をする．

【良性】liángxìng 形 良性の．¶～肿瘤 zhǒngliú/良性腫瘍(しゅよう)．

【良药苦口】liáng yào kǔ kǒu〈成〉良薬は口に苦し．¶～利于 lìyú 病 bìng,忠言 zhōngyán 逆耳 nì'ěr 利于行 xíng/良薬は口に苦いが病気に効き，忠言は耳に痛いが行いのためになる．

【良友】liángyǒu 名 すばらしい友人．

【良莠不齐】liáng yǒu bù qí〈成〉玉石混淆(こう)．

【良缘】liángyuán 名 良縁．よい縁組．

【良知】liángzhī 名〈哲〉良知．生まれながらにして持っている良識．¶～良能 liángnéng/(中国古代哲学でいう)人間が生まれながらにして持っている是非善悪を知る本能．

【良种】liángzhǒng 名 優良品種．

**凉(涼) liáng

形 ①**涼しい．冷たい**．¶天～了/天気が涼しくなった．¶汤 tāng～

L

了 / スープが冷めた. ②〈喩〉がっかりする. ¶听说他不去,大家顿时 dùnshí 就～了 / 彼が行かないと聞いたら,みんながっかりしてしまった. ‖姓 ▶▶ liàng
【凉白开】liángbáikāi 名〈方〉(冷たい)湯冷まし. ►"凉开水"とも.
【凉拌】liángbàn 動 生のまま〔冷たいまま〕調味料を加え,かき混ぜて調理する. ¶～面 / (具をのせた)冷やしうどん. ¶～黄瓜 huánggua / キュウリあえ.
【凉菜】liángcài 名〈料理〉前菜;冷たい料理. 量[大皿]盘 pán;[小皿]碟 dié.
【凉碟】liángdié 名(～儿)〈料理〉前菜.
【凉粉】liángfěn 名(～儿)緑豆の粉で作ったところてんのような食品. 涼粉(リャンフェン).
【凉糕】liánggāo 名(中にアズキあんなどが入っている)もち米の粉で作る団子のような食品.
【凉开水】liángkāishuǐ 名 冷たい湯冷まし.
**【凉快】liángkuai ①形 涼しい. ¶今天 jīntiān 比昨天 zuótiān ～多了 / きょうはきのうよりずっと涼しい. ②動 涼む. ¶大晌午 shǎngwu 的,进屋来～～吧 / お昼だから家に入ってちょっと涼みなさいよ.
【凉面】liángmiàn 名〈料理〉冷やしあえそば.
【凉棚】liángpéng 名 ひさしにアンペラをかけて作った日除け.
【凉气】liángqì 名 冷気. 寒気. 量股 gǔ.
【凉伞】liángsǎn 名 日傘. パラソル. 量把.
【凉爽】liángshuǎng 形 涼しい. ¶～的风 fēng / 涼しい風.
*【凉水】liángshuǐ 名 冷たい水;生水.
【凉丝丝】liángsīsī 形(～的)ひんやりする.
【凉飕飕】liángsōusōu 形(～的)(風が)冷たい.
【凉台】liángtái 名〈方〉テラス. ベランダ.
【凉亭】liángtíng 名 あずまや.
【凉席】liángxí 名(竹や草で編んだ)寝ござ.
【凉鞋】liángxié 名 サンダル.

梁(樑) liáng 名 ①梁(はり). ②〈史〉戦国時代の魏. ③〈史〉梁(南朝の一つ).
◇◆ ①橋. ¶桥 qiáo ～ / 橋梁. ②物の中央が高くなっている部分. ¶鼻 bí ～ / 鼻筋. ‖姓
【梁桥】liángqiáo 名 けた橋.
【梁上君子】liáng shàng jūn zǐ〈成〉梁上の君子. どろぼう(の別名).

***量 liáng** 動 計測する. はかる. ¶～血压 xuèyā / 血圧をはかる.
◇◆ 推し量る. ¶衡 héng ～ / よしあしを評定する. ▶▶ liàng
【量杯】liángbēi 名 メートルグラス.
【量度】liángdù 動(物の長さ・重さ・容積・エネルギーなどの量を)測定する.
【量规】liángguī 名 ゲージ. 計測器.
【量角器】liángjiǎoqì 名 分度器.
【量具】liángjù 名 計器.
【量热器】liángrèqì 名 カロリーメーター.
【量筒】liángtǒng 名 メスシリンダー.
【量雨筒】liángyǔtǒng 名〈気〉雨量計.

粮(糧) liáng 名 食糧. 穀物.
◇◆ 農業税としての穀物. ¶公 gōng ～ / 政府に農業税として納める穀物. ‖姓
【粮仓】liángcāng 名 穀物倉庫;〈喩〉穀倉地帯.
【粮草】liángcǎo 名〈軍〉糧秣(りょうまつ).
【粮店】liángdiàn 名 米穀食料販売店.
【粮荒】liánghuāng 名 食糧の不足. 飢饉.
【粮库】liángkù 名 穀物倉庫.
【粮秣】liángmò 名 糧秣.
【粮票】liángpiào 名 食糧配給切符.
【粮商】liángshāng 名 米穀商.
*【粮食】liángshi 名 食糧. 穀物. ¶～产量 chǎnliàng / 穀物の生産高. ¶～定量 / 穀物配給量. ¶～储备 chǔbèi / 穀物のストック.
【粮税】liángshuì 名 食糧で納める農業税.
【粮饷】liángxiǎng 名〈旧〉軍人・兵士に対する給与. ►食糧と金銭の意味.
【粮站】liángzhàn 名 食糧供給センター.

粱 liáng 名 アワの優良品種の総称.
◇◆ 上等な穀物. ¶膏 gāo ～ / 脂ののった肉と上等な主食. 美食. ‖姓

3声 **两(兩) liǎng** ❶数 ①2. 語法 "二 èr"が「順序」を数えるときに用いる(たとえば,¶第二课 / 第2課. ¶二月二号 / 2月2日)のに対して,"两"は「数量」を数えるときに用いる. つまり,一般に量詞(あるいは量詞を必要としない名詞)の前の1けたの数としての2には"两"を用いる. ¶～个 / 二つ. 二人. ¶～本书 / 2冊の本. ¶～天 / 2日間. ¶～点钟 / 2時.
比較 两:二 èr ❶2けた以上の数の「一」の位の2については"二"を用いる. ¶三十二个人 / 32人(の人). ¶一百零二次 yī bǎi líng èr cì / 102回. ❷昔からの度量衡には"二"も広く用いられるのに対し,外来の度量衡には概して"两"が用いられる. ただし,重さの単位"两"は"二"としか結びつかず,たとえば"二两酒"(100グラムの酒)は"×两两酒"のようには言えない. ¶～公里 gōnglǐ / 2キロ. ¶～米 mǐ〔二米〕/ 2メートル. ❸序数・小数・分数には"二"を用い,千・万単位以上には"两"を用いることが多い. ただし,その前にさらに位の大きい単位があって首位にないときには,"二"を用いる. ¶～千元〔二千元〕/ 2,000元. ¶三万二千人 / 3万2千人. ¶二哥 / 2番目の兄. ¶零点二 / 0.2. ❹"半"の前には"两"を用いる. ¶分成 fēnchéng ～半儿 / 二つに分ける. 半分ずつに分ける.
注意 教科書は別として,実際の中国人の書く行為では,"两"を用いるべき場合にも"二"と書かれることが少なくない. たとえば,"两个"を"二个"と書いて liǎng ge と読んだりすることもある.
②2,3;不定数を表す. ►通常は2や3を表すが,漠然とした不定数量ということもあり,この場合には"几"に置きかえても意味に変わりがない. ¶过～天再说 / 2,3日してからにしよう.
❷量(重さの単位)両. ►1"斤 jīn"の10分の1で,50グラム. ‖姓
【两岸】liǎng'àn 名 河川や海峡をはさんだ両側の地域;(特に)中国大陸と台湾.
【两败俱伤】liǎng bài jù shāng〈成〉(争いの結果)共倒れになる.
【两半儿】liǎngbànr 名 二つ. 半分. ¶把西瓜 xīguā 切成 qiēchéng ～ / スイカを二つに割る.
【两饱一倒】liǎng bǎo yī dǎo〈成〉食事をすることと寝ること以外は何もせず,1日をぶらぶらして過ごす.

【两边】liǎngbiān 名 両端．両側；両方向；両方．¶桌子 zhuōzi 的～／机の両端．¶～都同意 tóngyì／双方とも同意した．
【两边倒】liǎngbiāndǎo〈慣〉態度がふらふらして一定しない．
【两便】liǎngbiàn ①形 双方どちらにも都合がよい．②〈套〉どうぞおかまいなく，それぞれ自由に．¶您不用等我了，咱们～吧／どうぞお先へ，私におかまいなく．
【两重】liǎngchóng 形 二重の．¶～人格 réngé／二重人格．
【两党制】liǎngdǎngzhì 名〈政〉二政党制．
【两抵】liǎngdǐ 動 相殺する．¶收支 shōuzhī～／収支が差し引きゼロになる．
【两点水】liǎngdiǎnshuǐ 名(～儿)(漢字の偏旁)にすい"冫"．
【两端】liǎngduān 名 両端．両方の端．
【两耳不闻窗外事】liǎng'ěr bù wén chuāngwài shì 外界のことには無関心でいる．
【两广】Liǎngguǎng 名 広東省と広西チワン族自治区の併称．
【两汉】Liǎnghàn 名〈史〉前漢と後漢の併称．
【两湖】Liǎnghú 名 湖北省と湖南省の併称．
【两回事】liǎng huí shì〈慣〉(～儿)異なった別個のこと．全然関係のない二つの事柄．¶这是～，怎么能扯到 chědào 一块儿说？／それはまったく別問題なのに，どうしていっしょくたに話すのだ．
【两会】liǎnghuì 名〈政〉人民代表大会と政治協商会議．
【两极管】liǎngjíguǎn 名 二極管．ダイオード．
【两脚规】liǎngjiǎoguī 名(製図用具の)コンパス．
【两截儿】liǎngjiér 名(細長いものの)二つに切断されたもの．
【两可】liǎngkě 形 ①どちらでもよい．②どちらの可能性もある．
【两口子】liǎngkǒuzi 名〈口〉**夫婦**．►"两口儿 liǎngkǒur"とも．¶小〔老〕～／若〔老〕夫婦．
【两肋插刀】liǎng lèi chā dāo〈成〉大きな犠牲を払う．
【两码事】liǎng mǎ shì →【两回事】liǎng huí shì
【两面】liǎngmiàn 名 ①**両面．表と裏．**¶这块桌布 zhuōbù～都有印花 yìnhuā／このテーブルクロスの裏表には色模様がプリントされている．②**二つの方面．**両側；物事の相対する二面．¶这里左右～都是高山／ここは左右両側とも高い山に囲まれている．¶受到～夹攻 jiāgōng／挟み打ちにあう．
【两面派】liǎngmiànpài 名(言動に)裏表のある人；(対立する双方を)二股かけている連中．
【两面三刀】liǎng miàn sān dāo〈成〉二股かけたやりくち．
【两面性】liǎngmiànxìng 名 二面性；二重人格．
【两难】liǎngnán 形 板挟みである．¶陷入 xiànrù 了～的境地 jìngdì／抜き差しならないはめに陥った．¶进退 jìntuì～／ジレンマに陥る．
【两旁】liǎngpáng 名 両側．¶街道～看热闹的人山人海／通りの両側は見物人の山だ．
【两栖】liǎngqī 形 水陸両生の；水陸両用の．¶～作战 zuòzhàn／上陸作戦．
【两栖动物】liǎngqī dòngwù 名〈動〉両生類．
【两讫】liǎngqì 動〈経〉商品の引き渡しと代金の支払いが済む．
【两全】liǎngquán 動 両方とも完全に行う．両方とも損なわれないようにする．
【两全其美】liǎng quán qí měi〈成〉双方を満足させる．双方とも都合のいいようにする．
【两氏旁人】liǎng shì páng rén〈成〉赤の他人．►"两姓 xìng 旁人"とも．
【两世为人】liǎng shì wéi rén〈成〉九死に一生を得る．命拾いをする．
【两手】liǎngshǒu 名〈喩〉①(～儿)才能．能力．②相反する二つの手段・方法．¶做～准备 zhǔnbèi／起こり得る二つの可能性に備える．
【两条腿走路】liǎng tiáo tuǐ zǒu lù〈慣〉同時に二つの異なるやり方を採用してことにあたる．
【两条心】liǎng tiáo xīn〈慣〉心が一つになっていない．
【两头】liǎngtóu 名(～儿)①両端．¶～儿跑 pǎo／2か所をかけずりまわる．②両方面．双方．¶～为难 wéinán／板挟みになる．¶～说情／中に立って取り持つ．¶～受气 shòuqì／両方からいじめられる．③2か所．
【两下(里)】liǎngxià(li) 名 両方面．双方．¶～都没意见／両方とも異議はない．
【两下子】liǎngxiàzi 名 ①**技術．腕前．**¶你真有～！／君はなかなかやるね．②(動作について)2，3回．
【两相情愿】liǎng xiāng qíng yuàn〈成〉双方とも望んでいる．►"两厢情愿"とも書く．
【两小无猜】liǎng xiǎo wú cāi〈成〉幼い男女の無邪気な付き合い．
【两性】liǎngxìng 名 ①両性．¶～关系／性的関係．②〈化〉両性．
【两袖清风】liǎng xiù qīng fēng〈成〉官吏・役人が清廉潔白である．
【两样】liǎngyàng 形(～儿)**違う．**異なる．¶想法～／考えが異なる．¶这有什么～？／これは同じことじゃないか．
【两姨】liǎngyí 名 両家の母が姉妹である関係．¶～兄弟〔姐妹〕／従兄弟〔従姉妹〕関係．
【两姨亲】liǎngyíqīn 名 姉妹の子同士の親戚関係．
【两翼】liǎngyì 名 ①両翼．¶鸟的～／鳥の両翼．②〈軍〉両翼の部隊．¶～包围 bāowéi／(軍隊で)両翼から包囲する．
【两用】liǎngyòng 形 二通りに用いる．¶～雨衣 yǔyī／晴雨両用のレーンコート．¶～衫 shān／春秋両用の上着．合い服．
【两院制】liǎngyuànzhì 名〈政〉二院制．

俩(倆) liǎng "伎俩 jìliǎng"(芸当．腕まえ．やりくち)という語に用いる．▶▶ liǎ

魉(魎) liǎng "魍魉 wǎngliǎng"(伝説中の化け物)という語に用いる．

4声 ** **亮** liàng ❶形 ①**明るい．**¶电灯 diàndēng 很～／電気が明るい．②(心が)明るくなる；はっきりする．¶听了他的话，我的心里～起来了／彼の話を聞いて，私の気持ちがすっきりした．③(声が)大きい，よく通る．¶嗓子 sǎngzi 很～／声がよく通る．④輝くほどきれいである．
❷動 ①光る．明るくなる．¶灯～了／明かりがつ

L

いた. ¶天还没～ / 空はまだ暗い. ②(声を)大きくする. ¶～起嗓子 sǎngzi / 声を張り上げる. ③はっきり見せる. ¶～证件 zhèngjiàn / 証明書を見せる. ‖姓

【亮丑】liàngchǒu 動 自分の欠点や過ちを公にする.

【亮出】liàng//chū 動 外に出す. 人に見せる. ¶～自己的身份 / 自分の身分を明らかにする.

【亮灯】liàng//dēng 動 火をともす. 電灯をつける.

【亮底】liàng//dǐ 動 ①(～儿)本当のところを打ち明ける. ②結末が出る.

【亮底牌】liàng dǐpái 〈慣〉切り札を出す.

【亮度】liàngdù 名〈物〉輝度. 光度.

【亮光】liàngguāng 名(～儿) ①光線. 明かり. 圓 道. ②物の表面で反射した光.

【亮光光】liàngguāngguāng 形(～的)ぴかぴか光っている. ¶玻璃 bōli 擦 cā 得～的 / ガラスがふかれてぴかぴか光っている.

【亮晶晶】liàngjīngjīng 形(～的)ぴかぴか光っている. ¶～的星星 xīngxing / きらきら光る星.

【-亮亮】-liàngliàng 接尾《形容詞や名詞につき,「明るい,光る,透す」などのニュアンスを加える》¶黑 hēi～ / 黒々とした. ¶雪 xuě～ / まばゆい.

【亮牌】liàng//pái 動(ポーカーなどで)持ち札をさらけ出して見せる,手の内を見せる.

【亮牌子】liàng páizi 身分を明かす.

【亮儿】liàngr 名〈口〉明かり. ともし火.

【亮闪闪】liàngshǎnshǎn 形 きらきら光っている. ¶～的红宝石 hóngbǎoshí / きらきら光るルビー.

【亮堂堂】liàngtāngtāng 形(～的)煌々(こうこう)と明るく輝いている. ¶这个客厅 kètīng 三面都是玻璃 bōli,显得 xiǎnde～的 / この応接間は三方がガラス張りなのでとても明るい.

【亮堂】liàngtang 形 ①広々として明るい. ¶这个房间真～ / この部屋は実に明るく広々としている. ②(心や頭が)はっきりしている. ¶听他一说心里～了 / 彼の話を聞いて心が晴れ晴れとした.

【亮相】liàng//xiàng 動 ①(役者が)見栄を切る. ②〈喩〉(大勢の前で)自分の立場・観点など公表する. ③〈喩〉登場する. 姿を現す.

【亮眼人】liàngyǎnrén 名(盲人の側からいう)晴眼者;〈喩〉目利き.

【亮铮铮】liàngzhēngzhēng 形(～的)(刀などが)きらきら光っている. ¶一把～的利剑 lìjiàn / きらきら光る剣(つるぎ).

凉(凉) liàng 動 冷ます. ¶把药 yào～一～再 zài 喝 / (煎じ)薬を少し冷ましてから飲みなさい. ⏩ liáng

谅 liàng 動 察する. …であろうと思う. ►ふつう動詞句・主述句を目的語にとる. ¶～他不会这样做 / 彼はそんなことはしないだろうと思う. ¶前信～已收到 / 前書お受け取りいただいたかと存じます. ◇◆ 許す. 思いやる. ¶体～ / 思いやる.

【谅必】liàngbì 副〈書〉思うにきっと…だろう.

【谅察】liàngchá 動(手紙文で)諒察する. ¶尚希 shàngxī～ / ご諒察を請う.

【谅解】liàngjiě 動 了承する. 了解する. ¶他很～你的苦衷 kǔzhōng / 彼は君の苦衷をよく了解している. ¶达成 dáchéng～ / 了解がつく. ¶得到对方的～ / 先方の理解を得る.

【谅情】liàngqíng 動〈書〉事情を考慮する.

辆(輛) liàng ＊＊ 量 車を数える:台. 両. ¶两～汽车 / 2台の自動車.

靓 liàng 形〈方〉美しい. みめよい.

【靓丽】liànglì 形〈方〉美しい.

【靓女】liàngnǚ 名〈方〉(年若い)美女.

量 liàng 名 ①数量. 分量. 目方. ¶去年生产的灯泡 dēngpào～不少,但质 zhì 较差 chà / 去年生産した電球は,量は多かったがやや質が悪かった. ②(升などの)容量をはかる道具の総称. ◇◆ ①(体に収納できる)分量,限度. ¶酒～ / 酒量. ¶气～ / 度量. ②推し量る. ¶→～力 lì.

注意 容量・目盛などをはかる時は liáng と第二声に発音する. ⏩ liáng

【量才录用】liàng cái lù yòng 〈成〉才能に応じて〔適材適所に〕任用する.

【量词】liàngcí 名〈語〉量詞. 助数詞.

【量贩店】liàngfàndiàn 名〈方〉量販店.

【量力】liànglì 動 分相応なことをする. ¶～而 ér 行 / 〈成〉力相応に事を行う.

【量入为出】liàng rù wéi chū 〈成〉収入に合わせて支出を決める.

【量体裁衣】liàng tǐ cái yī 〈成〉実情に合わせて事を行う.

【量子】liàngzǐ 名〈物〉量子.

晾 liàng 動 ①陰干しにする. ¶萝卜干 luóbogān～好了 / 切り干しダイコンが干し上がった. ②天日で乾かす. ¶～衣服 yīfu / 服を干す. ③→〖凉 liàng〗‖姓

【晾干】liànggān 動 乾かす. 干す.

【晾晒】liàngshài 動 日にあてる. 日に干す.

【晾台】liàng//tái 動〈口〉(事を)ほったらかしにする(して台なしにする).

踉 liàng "踉跄 liàngqiàng"⇩という語に用いる.

【踉跄】liàngqiàng 形(歩き方が)よろめいている. ►"踉蹡"とも書く. ¶他走路踉踉跄跄 / 彼はふらふら歩く.

liao (ㄌㄧㄠ)

1声 **撩** liāo 動 ①(着物のすそや袖,カーテン,髪の毛などを)からげる,まくり上げる. ¶～长袍 chángpáo / 中国服のすそをまくり上げる. ¶把头发 tóufa～上去 / 髪の毛をかき上げる. ②(水を手ですくって)まく,打つ. ¶往地上～点儿水 / 土間に水を少しまく. ⇒〖撂 liào〗 ⏩ liáo

2声 **辽**(遼) liáo 名(Liáo)〈史〉遼(りょう). ◇◆ ①遠い. はるかである. ②(Liáo)遼寧省. ‖姓

【辽阔】liáokuò 形 果てしなく広い. 広々としている. ¶～的土地 tǔdì / 果てしなく広い土地.

*【辽宁】Liáoníng 名〈地名〉遼寧(りょうねい)省.
【辽远】liáoyuǎn 形 はるかに遠い. ¶～的边疆 biānjiāng / はるかに遠い辺境地帯.

疗(療) liáo

◇◆ 治療する. 治す. ¶电～ / 電気療法. ¶～饥 jī / 〈書〉空腹を満たす.

【疗程】liáochéng 名〈医〉治療のコース. クール. ¶三个～ / 3クール.
【疗法】liáofǎ 名 療法. 治療法. ¶化学～ / 化学療法. ¶新针 zhēn～ / 新しい針療法.
【疗效】liáoxiào 名〈医〉治療効果.
【疗养】liáoyǎng 動 **療養する.** ¶在温泉 wēnquán～了两个月 / 温泉で2か月療養した.

*聊 liáo

動〈口〉**雑談する. よもやま話をする.** ¶她们～起来,就没完没了 liǎo / 彼女たちは話し出すとなかなか終わらない.
◇◆ ①しばらく. ¶→～且 qiě. ②ほぼ. ¶→～胜 shèng 于无. ③頼る. ¶→～生 shēng. ④おもしろみ. ¶无 wú～ / 退屈である. ‖姓

【聊备一格】liáo bèi yī gé 〈成〉形がやっと整ったばかりである.
【聊赖】liáolài 名〈書〉よりどころ. (多く"没～""无～""百无～"で用い)頼りとするところがない. 身を寄せるところがない.
【聊且】liáoqiě 副 ひとまず. とりあえず.
【聊生】liáoshēng 動〈書〉生活のよりどころとする. 生計を立てる. ►否定に用いることが多い. ¶民不～ / 人々が安心して生活できない. ¶无所～ / 安心して暮らせるところがない.
【聊胜于无】liáo shèng yú wú 〈成〉ないよりはまし.
【聊天儿】liáo//tiānr 動 ①〈口〉**世間話をする.** 雑談する. ¶工作时间不得 bùdé～ / 仕事をするとき雑談をしてはいけない. ②〈電算〉チャットする. ¶～室 / チャットルーム.
【聊以自慰】liáo yǐ zì wèi 〈成〉しばらく自分で自分を慰める.
【聊以卒岁】liáo yǐ zú suì 〈成〉どうにかこうにか1年を過ごす.

僚 liáo

◇◆ 官吏;(同じ官庁に勤める)仲間. ¶同～ / 同僚. ¶～属 shǔ / 〈旧〉下役.

【僚机】liáojī 名〈軍〉僚機.

寥 liáo

◇◆ ①まばらである. ¶→～落 luò. ②ひっそりとしている. ¶寂 jì～ / 寂しい. ‖姓

【寥廓】liáokuò 形〈書〉広々として果てしない.
【寥寥】liáoliáo 形〈書〉きわめて少ない. ¶～无几 wújǐ / ごくわずかでいくらもない.
【寥落】liáoluò 形〈書〉①(数が)少ない,まばらである. ②さびれている.
【寥若晨星】liáo ruò chén xīng 〈成〉数がきわめて少ない.

撩 liáo

動 挑発する. ¶别去～他 / 彼をからかうんじゃない. ¶～人生火 / 人を怒らせる. ⇨〖撂 liào〗 ▸▸ liāo

【撩拨】liáobō 動 挑発する.

嘹 liáo

"嘹亮〔喨〕liáoliàng"⬇という語に用いる.

【嘹亮】liáoliàng 形(声や音が)大きくてはっきりしている. ►"嘹喨"とも書く. ¶歌声～ / 歌声が高らかに響き渡る.

獠 liáo

"獠牙 liáoyá"⬇という語に用いる.

【獠牙】liáoyá 名 むき出したきば. ¶青面～ / 〈成〉形相がひどく凶悪である.

潦 liáo

"潦草 liáocǎo""潦倒 liáodǎo"⬇という語に用いる.

*【潦草】liáocǎo 形 ①(字が)**ぞんざいである.** ¶字写得潦潦草草的 / 字が乱れている. ②(やることが)**いい加減である.** ¶工作敷衍 fūyan～ / 仕事がいいかげんだ.
【潦倒】liáodǎo 形 落ちぶれている.

寮 liáo

名〈書〉小さな部屋. ¶僧 sēng～ / 僧房. ¶茶 chá～酒肆 jiǔsì / 茶店と酒屋. ¶～棚 péng / 小屋. 組立小屋.

缭 liáo

動 ①(針で斜めに)まつる,かがる. ¶～贴边 tiēbiān / ふち縫いをする. ②まつわる.

【缭乱】liáoluàn 形〈書〉まつわり乱れている. ►"撩乱"とも書く. ¶心绪 xīnxù～ / 心が千々に乱れる. ¶眼花～ / 〈成〉(さまざまなものを見せつけられて)目がくらむ,目がちらちらする.
【缭绕】liáorào 動 まつわる;めぐる. ¶歌声～ / 歌声があたりに響き渡る.

燎 liáo

◇◆(野を)焼く. ¶→～原 yuán. ▸▸ liǎo

【燎泡】liáopào 名 やけどによる水ぶくれ. ►"燎浆泡 liáojiāngpào"とも.
【燎原】liáoyuán 動 火が野原に燃え広がる. ¶星星 xīngxīng 之火,可以～ / 小さな火花でも広野を焼き尽くすことができる.

3声 *了(瞭) liǎo

❶動 ① **済む. 終わる.** ►"事儿 shìr、事情、心事、活儿、工作、差事 chāishì、案子 ànzi、案件、公案"など,少数の名詞だけと組み合わせて用いる. ¶这件事儿已经～了 le ! / その件はすでにけりがついた. ¶她妈妈的心事还没～呢 / 彼女のお母さんの願いはまだかなえられていない.
②《可能補語を作る》⇨【－不了】-buliǎo【－得了】-deliǎo
❷副〈書〉全然,いささかも…(ない). ¶～无 wú 惧色 jùsè / いささかも恐れる様子がない.
◇◆ わかる. はっきりする. ¶明～ / 明白である. ¶→～如 rú 指掌. ▸▸ le

*【了不得】liǎobude 形 ① **すばらしい.** 立派だ. ¶真～ / ほんとにすばらしい. ¶这有什么～的! / 大したことないじゃないか. ② **たいへんだ.** すごい. ¶可～啦 la,他俩打起来了! / いやたいへんだ,二人が殴り合いを始めた. ¶累 lèi 得～ / 疲れてくたくただ.
*【了不起】liǎobuqǐ 形 **すばらしい.** すごい. ¶真～ / たいしたもんだ. ¶～的人物 rénwù / すばらしい人物. ¶这没有什么～的! / これは大したことではない.
*【了得】liǎode 形 **たいへんだ.** とんでもない. ►

"还"を伴うことが多い. ¶你这么干 gàn 还～！/ おまえはとんでもないことをやったもんだ.
【了结】liǎojié 動 解決する. ¶～了一场 cháng 纠纷 jiūfēn / いざこざを解決した.
**【了解】liǎojiě 動 ①了解する. 理解する. ¶加强 jiāqiáng ～ / 理解を深める. ¶你还不～我 / 君はぼくのことをまだよくわかっていない. 注意"了解"は「深く」「本質的に」知ることであり,単に知識が増えた「知る」は"知道 zhīdao"という. また,"知道"には次の②の意味はない. ②調べる. 尋ねる. ¶～情况 qíngkuàng / 事情を調査する.
【了局】liǎojú ❶動 けりがつく. ¶那件事弄 nòng 得难以～ / その件にけりをつけるのは難しい. ❷名 ①結末. けり. ¶那件事还没有～ / その事はまだ結着がついていない. ②解決策. ¶拖 tuō 下去不是个～ / ほったらかしにしておくのはまずい.
【了了】liǎoliǎo 形〈書〉はっきりわかる. ¶心中～ / 心の中ではっきりわかっている. ¶不甚 shèn ～ / あまりはっきりわからない.
【了清】liǎoqīng 動 決済する；けりをつける.
【了却】liǎoquè 動〈近〉けりをつける.
【了儿】liǎor 名 最後；結果. 結末.
【了然】liǎorán 形 はっきりしている. ¶一目～ / 〈成〉一目瞭然.
【了如指掌】liǎo rú zhǐ zhǎng〈成〉掌(てのひら)をさして人に説明できるぐらい事情に明るい.
【了事】liǎo//shì 動(いい加減に)ことをすます. けりをつける. ¶草草 cǎocǎo ～ / いいかげんにけりをつける.
【了债】liǎozhài 動 負債を完済する.
【了账】liǎo//zhàng 動 借金をすっかり返す；事を終わらせる.
【了之】liǎozhī 動 終わりにする. ¶不了 liǎo ～ / 問題をうやむやにしてしまう.

蓼 liǎo 名〈植〉タデ.

【蓼蓝】liǎolán 名〈植〉アイ.

燎 liǎo 動(毛を)焦がす. ¶不小心把眉毛 méimao ～了 / うっかりして眉毛を焦がしてしまった. ▸▸ liáo

4声 *料 liào ❶動 推測する. 予測する. ¶～他不会不来 / 彼が来ないはずはないと思う.
❷名 ①(～儿)材料. 原料. ¶这是什么～儿做的？/ この素材はなんですか. ②飼料用の穀物. ¶喂 wèi ～ / 飼料用穀物を与える. ③素質. 器量. ▸けなすときに用いる. ¶我本来就不是运动员 yùndòngyuán 的～ / 私はもともとスポーツ選手の素質がない. ④ガラス細工.
❸量 中国医学で1回分の丸薬を調合するのに必要な薬の分量.
【料到】liào//dào 動+結補 予測する. 見通しがつく. ¶没～他会来 / あの人が来ようとは思いもよらなかった.
【料定】liàodìng 動 必ず…すると予測する.
【料豆儿】liàodòur 名 飼料に使う豆.
【料酒】liàojiǔ 名 料理酒.
【料理】liàolǐ ❶動 ①処理する. 切り盛りする. ¶～家务 jiāwù / 家事を切り盛りする. ¶～后事 hòushì / 死後の始末をする. ②〈方〉料理する. ❷名〈方〉料理. ¶日本 Rìběn ～ / 日本料理.
【料器】liàoqì 名 ガラス細工〔工芸品〕.
【料事如神】liào shì rú shén〈成〉予想が的確である.
【料想】liàoxiǎng 動 推測する. ¶这件事我早就～到了 / この事はずっと前から予想していた.
【料子】liàozi 名 ①服地. 生地. 量 块. ②〈方〉(特に)毛織物. ¶～裤 kù / ウールのズボン. ③木材. ④〈口〉ある仕事に向く人. ¶他不是做买卖的～ / 彼は商売をする柄ではない.

撂(撩) liào 動〈口〉①(乱暴に)置く；ほったらかす. ¶～着工作不干 / 仕事をほったらかしにしてある. ②倒す. ¶一枪 qiāng ～了一个 / 1発で一人を倒した. ③捨てる. ¶她把一些馊 sōu 饭都～了 / すえたご飯を彼女は全部捨てた. ⇒〖撩 liāo,liáo〗
【撂手】liào//shǒu 動 ほったらかしにする. 手を引く. ¶～不管 / 手を引いて成り行きに任せる.
【撂挑子】liào tiāozi〈慣〉(責任ある仕事を)放り出す,途中でやめる.

廖 liào ‖ 姓

瞭 liào ◆ 高所から見渡す.
【瞭望】liàowàng 動 展望する；(特に)敵の動きを高所から監視する.
【瞭望台】liàowàngtái 名 展望台. 見張り台.

镣 liào ◆ 足かせ.
【镣铐】liàokào 名 足かせと手かせ.

lie (ㄌㄧㄝ)

1声 咧 liē "－咧咧 liēliē"↓などの語に用いる. ▸▸ liě,lie
【－咧咧】-liēliē 接尾(～的)「甚だしい」「いい加減な」様子を表す描写的形容詞をつくる. ¶大大～ / 大ざっぱである. ¶醉 zuì ～ / ろれつが回らない.
【咧咧】liēlie 動〈方〉①やたらにしゃべる. ②(子供が)泣く.

3声 咧 liě 動 口を横に広げる. ゆがめる. ▸▸ liē,lie
【咧嘴】liě//zuǐ 動 口をゆがめる. ¶咧着嘴大哭 dàkū / 口をゆがめて大声で泣く.

裂 liě 動〈方〉真ん中があく. ¶～着怀 huái / 胸をはだける. ▸▸ liè

4声 *列 liè ❶動 ①(1列に)並べる；列記する. ¶～一张清单 qīngdān / 明細書を書き出す. ②…の中に入れる. 帰属させる. ¶～为 wéi 首要任务 / 最も重要な任務の一つとする.
❷量 1列になっている人・物を数える. ¶一～火车 huǒchē / 1列車.

L

◇◆ ①列．¶前～／前列．②部類．¶不在此 cǐ ～／この部類ではない．③おのおの．¶→～位 wèi． ‖ 姓

【列车】lièchē 名 列車．量 辆．¶特快～／特急列車．

【列车员】lièchēyuán 名 列車の乗務員．乗客係．

【列岛】lièdǎo 名〈地〉列島．

【列队】lièduì 動 列に並ぶ．¶～欢送 huānsòng／1列に並んで歓送する．

【列国】lièguó 名 列国．諸国．

【列举】lièjǔ 動 列挙する．¶～大量事实 shìshí／おびただしい事実を並べ上げる．

【列强】lièqiáng 名〈旧〉列強．資本主義の強国．

【列入】lièrù 動 …の中に並べる．…の中に入れる．¶～日程 rìchéng／日程に組み入れる．

【列位】lièwèi 名 みなさん．各位．¶～观众 guānzhòng／観客のみなさん．

【列席】liè//xí 動(会議に)列席する．¶～代表 dàibiǎo／オブザーバー．

【列支敦士登】Lièzhīdūnshìdēng 名〈地名〉リヒテンシュタイン．

【列传】lièzhuàn 名〈史〉列伝．歴史書の中の個人の伝記．量 部．

劣 liè 名(学校の5段階成績評価"优、良、中、差、劣"の)最低ランク．►"劣"は"不及格"に置き替えて使われることが多い．

◇◆ ①悪い．劣る．¶难分优 yōu～／優劣をつけにくい．②標準より小さい．¶～弧 hú／〈数〉劣弧．

【劣等】lièděng 形 劣等な．下等の．

【劣根性】liègēnxìng 名 悪い根性．

【劣迹】lièjì 名(かつて働いた)悪事．¶～昭彰 zhāozhāng／〈成〉悪行が目に余る．

【劣绅】lièshēn 名 地方の悪徳名士．

【劣势】lièshì 名 劣勢．¶处于 chǔyú～／劣勢にある．

【劣质】lièzhì 形 粗悪である．

冽 liè ◇◆ 寒い．冷たい．¶北风凛 lǐn～／北風が身を切るように冷たい．

烈 liè 形 激しい．強烈である．¶这匹 pǐ 马性子很～／このウマは強情だ．

◇◆ ①剛直である．¶刚 gāng～／剛直で気骨がある．②正義のために命を捧げた．¶→～士 shì．¶先～／烈士．③勢い盛んである．¶轰轰 hōnghōng～～／規模が雄大で勢いがすさまじい．④事業．功績．¶功 gōng～／功績．

【烈度】lièdù 名〈略〉震度．

【烈火】lièhuǒ 名 烈火．¶熊熊 xióngxióng 的～／赤々と燃え盛る火．¶斗争的～／闘争の激しい炎．

【烈酒】lièjiǔ 名 きつい酒．

【烈女】lièn̈ǚ 名〈旧〉貞操を守るために命をかけた女性；夫の死に殉じた貞女．

【烈士】lièshì 名 革命のために命をささげた人．

【烈属】lièshǔ 名 烈士の遺族．

【烈性】lièxìng 形 ①気性が激しい．¶～汉子 hànzi／熱血漢．②急性の．激烈な．¶～传染病 chuánrǎnbìng／急性伝染病．¶～酒 jiǔ／強い酒．

【烈焰】lièyàn 名〈書〉激しい炎．¶～腾空 téngkōng／激しい炎が立ち昇る．

猎(獵) liè ◇◆ ①狩猟する．¶打～／狩りをする．②あさる．¶→～取 qǔ．

【猎豹】lièbào 名〈動〉チーター．

【猎场】lièchǎng 名 猟場．狩り場．

【猎狗】liègǒu 名 猟犬．量 条，只．►"猎犬 lièquǎn"とも．

【猎户】lièhù 名 猟師．►"猎人"とも．

【猎户座】lièhùzuò 名〈天〉オリオン座．

【猎获】lièhuò 動(猟で)しとめる．

【猎猎】lièliè 擬〈書〉風の音または旗のはためく音を形容する．¶北风～／北風がびゅうびゅう吹く．

【猎奇】lièqí 動〈貶〉珍しいものを好んであさる．

【猎枪】lièqiāng 名 猟銃．

【猎取】lièqǔ 動 ①捕獲する．②(名利を)あさる．¶～功名 gōngmíng／功名をあさる．

【猎犬】lièquǎn →【猎狗】liègǒu

【猎人】lièrén 名 猟師．

【猎手】lièshǒu 名 腕利きの猟師．

【猎头】liètóu 名〈経〉①ヘッドハンティング．②ヘッドハンター．

【猎物】lièwù 名(猟の)獲物．

【猎装】lièzhuāng 名 サファリジャケット．

裂 liè 動 裂ける．割れる．¶～成两半儿／二つに裂けた．
▸▸ liě

【裂变】lièbiàn ①名〈物〉核分裂．②動 分裂・変化する．

【裂缝】liè//fèng (～儿) ①動 裂け目ができる．ひびが入る．②名 裂け目．ひび．量 道，条．

【裂痕】lièhén 名 ひび．裂け目．量 道，条，个．

【裂化】lièhuà 名〈石油〉クラッキング．

【裂口】liè//kǒu ❶動(～儿)口があく．割れる．ひびが入る．¶冻 dòng 得手都～了／寒さで手にあかぎれができた．❷名 ①ひび．ひび割れ．②〈地〉(火山の)火口．

【裂纹】lièwén 名 ①ひび割れ．②(陶磁器の装飾用の)貫乳．

【裂璺】liè//wèn ①動(器物に)ひびが入る．②名 器物のひび．¶铸件 zhùjiàn 出了～／鋳物にひび割れを生じた．

【裂隙】lièxì 名 裂け目．割れ目．量 道，条．

趔 liè "趔趄 lièqie"↓という語に用いる．

【趔趄】lièqie 〈口〉①動 よろめく．よろける．②名 よろめき．¶打了个～，摔倒了／よろけて転んだ．

軽声 **咧 lie** 助〈方〉"了 le、啦 la、哩 li"に同じ．¶好～／よろしい．¶来～／来た．
▸▸ liē, liě

lin（ㄌㄧㄣ）

1声 **拎 līn** 動〈方〉手で提げる．引っ提げる．¶我～了个水桶 shuǐtǒng 到河边去打水／私は桶を提げて川辺へ水をくみに行った．

2声 **邻(鄰・隣) lín** ◇◆ ①隣近所．¶四～／隣近所．②隣接している．¶～家／隣の家．

【邻邦】línbāng 名 隣邦．隣国．
【邻国】línguó 名 隣国．
【邻接】línjiē 動 隣接する．¶中国云南省 Yúnnánshěng 和缅甸 Miǎndiàn 相～ / 中国の雲南省はミャンマーに隣接している．
【邻近】línjìn ①動 近接する．②名 付近．近所．¶～没有医院 yīyuàn / 近くに病院がない．
【邻近色】línjìnsè 名(色彩環において)隣接する色．同系色．
*【邻居】línjū 名 隣近所(の人)．¶隔壁 gébì ～ / 壁一つ隔てた隣．すぐ隣．
【邻里】línlǐ 名 ①隣近所．町内．②同じ町内に住む人．
【邻舍】línshè 名〈書〉隣近所(の人)．

林 lín ◇◆ ①林．¶树 shù ～ / 林．②同類の集合．¶艺 yì ～ / 文芸界．¶碑 bēi ～ / 石碑が数多く並んでいる所．‖姓 ►説明するときは"双木 shuāng mù 林"という．
【林产】línchǎn 名 林産(物)．
【林场】línchǎng 名 現場の営林機関；営林場．
【林海】línhǎi 名 樹海．量 片．
【林垦】línkěn 動 土地を開墾して植林する．
【林立】línlì 動 林立する．
【林木】línmù 名 ①林．②〈林〉林木．
【林农】línnóng 名 林業に従事する農民．
【林檎】línqín 名〈植〉ワリンゴ．
【林区】línqū 名 森林区．
【林业】línyè 名 林業．¶～工人 / 林業労働者．
【林阴道】línyīndào 名 並木道．►"林阴路 línyīnlù"とも．量 条．
【林子】línzi 名〈口〉林．¶树 shù ～ / 林．

***临(臨) lín** ❶前 …をしようとする際に．
語法 「"临"+動詞(句)」の形で用いる．動詞の後に，さらに"(的)时(候)"や"(之)前""以前"が来ることもある．¶我～走亲 qīn 了她一下 / 帰る際に彼女にキスをした．¶这是我们～分手 fēnshǒu 时照的相片 xiàngpiàn / これは私たちが別れるとき撮った写真です．¶～睡 shuì 前喝 hē 了一杯酒 / 寝る前にお酒を1杯飲んだ．
❷動 ①臨む．面する．¶背 bèi 山～水 / 後ろは山で,前は川に面している．¶面～现实 xiànshí / 現実に直面する．¶这亭子 tíngzi 三面～河 / あずまやは三方川に面している．②(手本を見て)模写する．¶～画 huà / 絵を模写する．
◇◆ 来る．訪れる．¶亲～指导 zhǐdǎo / 直接その場に来て指導する．‖姓
【临本】línběn 名 臨本．
【临别】línbié 動 別れに臨む．¶～赠言 zèngyán / 別れるときの励ましや忠告．
【临产】línchǎn 動 お産を間近に控える．
【临场】línchǎng 動 ①試験〔競技〕会場に赴く．②自ら現場に赴く．
【临池】línchí 動〈書〉書道の練習をする．
【临床】línchuáng 動 臨床に携わる．¶他～多年,积累 jīlěi 了丰富 fēngfù 的经验 jīngyàn / 彼は長年臨床に携わり,豊富な経験を積んでいる．¶～医生 yīshēng / 臨床医．
【临到】líndào 動 ①…に臨んで．…の時になって．¶～考试 kǎoshì 才复习 fùxí / テストの間際になってやっと勉強する．②(身に)及ぶ．
【临机】línjī 動 その場に臨む．¶～应变 yìngbiàn / 臨機応変．
【临街】línjiē 動 通りに面する．通りに近い．¶～有三棵 kē 柳树 liǔshù / 通りに近いところに3本のヤナギがある．
【临界】línjiè 形〈物〉臨界の．¶～事故 shìgù / 臨界事故．¶～温度 wēndù / 臨界温度．
【临近】línjìn 動 …に近づく．…に接近する．¶～灭亡 mièwáng / 滅亡に瀕する．
【临渴掘井】lín kě jué jǐng〈成〉手遅れである．
【临了】línliǎo 副(～儿)〈口〉最後になって．結局のところ．¶想来想去,～还是决定到桂林 Guìlín 去旅行 / いろいろと考えていたが,最後はやはり桂林へ旅行に行くことにした．
【临门】línmén 動 ①家の門前に来る．¶双喜 shuāngxǐ ～ / 二重の喜びが訪れる．②〈体〉(球技で)ゴールに迫る．
【临摹】línmó 動 書画を模写する．
【临盆】línpén 動 出産を間近に控える．
【临期】línqī 動 その期日〔時〕になる．
【临蓐】línrù 動 分娩する．お産をする．
*【临时】línshí ①副 その時になって．¶事先作好准备 zhǔnbèi,免得 miǎnde ～忙乱 mángluàn / その時になってじたばたしないようにあらかじめちゃんと準備しておきなさい．②形 臨時の．¶～措施 cuòshī / 臨時措置．¶～代办 dàibàn / 臨時代理大使．
【临时抱佛脚】línshí bào fójiǎo〈諺〉苦しいときの神頼み．
【临时工】línshígōng 名 臨時雇い．短期採用のパート．
【临死】línsǐ 動 死を迎える．
【临帖】lín//tiè 動(書道で)手本を模写する．
【临头】líntóu 動(災いや不幸などが身に)ふりかかる．¶大祸 huò ～ / 大きな災難がふりかかる．
【临完】línwán 副 最後になって．
【临危】línwēi 動 ①危篤に陥る．¶～不惧 jù / 死に直面してもたじろがない．②瀬戸際になる．
【临危授命】lín wēi shòu mìng〈成〉危急存亡の際に進んで命を投げ出す．
【临刑】línxíng 動 死刑に臨む．
【临行】línxíng 動 出発間際に…する．
【临渊羡鱼】lín yuān xiàn yú〈成〉希望だけをふくらませて現実のために努力をしない．
【临月】línyuè 名(～儿)臨月．
【临阵】línzhèn 動 出陣する．¶～指挥 zhǐhuī / 陣頭に立って指揮をとる．
【临阵磨枪】lín zhèn mó qiāng〈成〉いざというときになってやっと準備をする．
【临阵脱逃】lín zhèn tuō táo〈成〉いざというときになって逃げを打つ．
【临终】línzhōng 動 臨終を迎える．
【临终关怀】línzhōng guānhuái 名〈医〉ターミナルケア．終末医療．

淋 lín 動 注ぐ．(水を)かける；ぬらす．¶被雨～出了病 / 雨にぬれて病気になった．▸▸ lìn
【淋巴】línbā 名〈生理〉リンパ．►"淋巴液"とも．
【淋巴结】línbājié 名〈生理〉リンパ腺．
【淋巴球】línbāqiú 名〈生理〉リンパ球．
【淋漓】línlí 形 ①したたり落ちている．¶鲜血 xiānxuè ～ / 鮮血がしたたり落ちる．②さっぱりしてい

る.
【淋漓尽致】lín lí jìn zhì 〈成〉(文章や話が)詳しく徹底している.
【-淋淋】-línlín 接尾(～的)「したたる」さまを表す. ►"-粼粼 línlín"とも書く. ¶湿 shī～/びしょぬれである. ¶碧 bì～/青緑色に輝いている.
【淋湿】lín//shī 動+結補 水にぬれる. ¶衣服都给雨～了/服がすっかり雨にぬれた.
【淋浴】línyù 名 シャワー. ❖洗 xǐ～/シャワーを浴びる.

琳 lín ◇◆ 美しい玉(ぎょく).
【琳琅】línláng 名〈書〉美しい玉;〈喩〉珍しくて貴重なもの.
【琳琅满目】lín láng mǎn mù 〈成〉すばらしいものが数多くある.

霖 lín ◇◆ 長雨. ¶秋 qiū～/秋の長雨. しぐれ. ¶甘 gān～/慈雨.
【霖雨】línyǔ 名 長雨.

磷(燐) lín 名〈化〉燐(りん). P. ¶白～/黄燐(おうりん).
【磷肥】línféi 名〈農〉燐酸肥料.
【磷火】línhuǒ 名 燐火. 鬼火.
【磷酸】línsuān 名〈化〉燐酸.

鳞 lín 名 うろこ.
◇◆ うろこのような. ¶～茎 jīng/鱗茎. ‖姓
【鳞波】línbō 名(うろこのような)さざ波.
【鳞次栉比】lín cì zhì bǐ 〈成〉(家が)ずらりと建ち並んでいる.
【鳞集】línjí 動〈書〉密集する.
【鳞甲】línjiǎ 名〈書〉魚介類.
【鳞介】línjiè 名〈書〉魚と貝類.
【鳞片】línpiàn 名 1(魚の)うろこ. 2〈虫〉鱗粉(りんぷん). 3〈植〉鱗片(りんぺん).
【鳞伤】línshāng 形 傷だらけである. ¶遍体 biàntǐ～/体中傷だらけである.
【鳞爪】línzhǎo 名〈書〉物事の断片.

麟 lín ◇◆(古代中国の想像上の動物)麒麟(きりん)の雌. ►現存の動物「ジラフ」("长颈鹿 chángjǐnglù")とは異なる.
【麟儿】lín'ér 名 すばらしく聡明な男の子.
【麟凤龟龙】lín fèng guī lóng 〈成〉麒麟・鳳凰・亀・竜;〈転〉徳の高い人物;珍しく貴重なもの.

凛(凜) lǐn ◇◆ ①寒い. ¶→～冽 liè. ②厳しい. ¶→～然 rán. ③恐れる. 怖がる. ¶～于夜行/夜道が怖い.
【凛冽】lǐnliè 形 身を切られるように寒い.
【凛凛】lǐnlǐn 形 1 寒い. 寒冷である. 2 勇ましい. りりしい. ¶威风 wēifēng～/威風堂々.
【凛然】lǐnrán 形〈書〉凛然(りんぜん)としている.

廪(廩) lǐn ◇◆ 穀物倉. 米倉. ¶仓 cāng～/穀物倉庫.

檩(檁) lǐn 名〈建〉桁(けた). ►"桁 héng"とも.
【檩条】lǐntiáo 名〈建〉桁.
【檩子】lǐnzi 名〈方〉桁.

4声 **吝** lìn ◇◆ けちる. 出し惜しみする. ¶悭 qiān～/けちん坊である. ‖姓
【吝啬】lìnsè 形 けちである.
【吝啬鬼】lìnsèguǐ 名 けちん坊.
【吝惜】lìnxī 動 出すのを惜しむ. ¶～力量 lìliang/力を出し惜しみする.

赁 lìn 動 賃借する;賃貸しする. ¶～了一间屋子 wūzi/部屋を賃借する;賃貸する. ⇨〖借 jiè〗‖姓

淋 lìn 動 濾(こ)す. ¶～盐 yán/塩をとかして濾過する. ¶把煮 zhǔ好的面用凉水～了几过/ゆで上げためんを(ざるに入れて)何回か水に通した. ▸▸lín
【淋病】lìnbìng 名〈医〉淋病.

躏 lìn "蹂躏 róulìn"(蹂躙(じゅうりん)する. 踏みにじる)という語に用いる.

líng (ㄌㄧㄥ)

2声 ** **〇** líng 数 ゼロ. 零(れい). 注意 番号や年号などを漢字で表すのに用いる. 字の形から俗に"洞 dòng"あるいは"圈儿 quānr"ともいう. ¶五～五号/505号. ¶二～～～年/2000年. ⇨〖零 líng〗

伶 líng ◇◆ ①賢い. ②(芝居の)役者,俳優. ¶名～/名優. ¶坤 kūn～/女優. ¶～人/俳優.
【伶仃】língdīng 形 1 独りぼっちである. ¶孤苦～/身寄りがなく独りぼっちである. 2 やせて弱々しい.
【伶俐】língli 形 利発である. はきはきしている.
【伶牙俐齿】líng yá lì chǐ 〈成〉弁舌さわやかである.

* **灵(靈)** líng

よく効く(効果がある),よく利く(作動する);すばやく働く(頭がよい)

形 1 **賢い. すばしこい.** 気が利く;働きがよい. ¶这孩子脑子 nǎozi 很～/この子はとても頭の回転が速い. ¶资金周转 zhōuzhuǎn 不～/資金繰りがうまくいかない. 2 **効き目がある.** ►薬・神・やり方など. ¶这个法子 fǎzi 很～/その方法は効き目がある.
◇◆ ①魂. 精神. ¶心～/精神. 魂. ②神仙. ¶神～/神さま. ③死者に関するもの. ¶守 shǒu～/位牌・棺・遺体などのそばに付き添う. ‖姓
【灵便】língbian 形 1(手足や感覚などが)敏捷(びんしょう)である. 2(器具が)使いよい.
【灵车】língchē 名 霊柩(れいきゅう)車. 量 辆 liàng.
【灵床】língchuáng 名(納棺する前に)遺体を安置する台.
【灵丹妙药】líng dān miào yào 〈成〉万能薬.
【灵感】línggǎn 名 霊感. インスピレーション.
【灵怪】língguài 名 1(言い伝えの中の)神や妖怪変化. 2〈書〉不思議(なもの).

L

【灵光】língguāng ❶名 ①〈旧〉不思議な光．②(仏の)後光．❷形〈方〉すばらしい．よく効く．

【灵魂】línghún 名 ①霊魂．②心．精神．¶～深处 shēnchù／心の奥底．③良心．人格．¶他出卖 chūmài 了自己的～／彼は自らの良心を売り渡した．④〈喩〉物事のかなめ．

*【灵活】línghuó 形 ①敏捷である．すばしこい．¶脑筋 nǎojīn ～／頭の回転が速い．②融通がきく．¶是不是可以～一点儿？／そこをどうにかしてもらえませんか．

【灵活性】línghuóxìng 名 融通性．弾力性．

【灵机】língjī 名 霊感．機転．妙案．¶～一动／霊感がひらめく．

【灵柩】língjiù 名 遺体を入れた柩(ひつぎ)．

【灵猫】língmāo 名〈動〉ジャコウネコ．

【灵敏】língmǐn 形 敏感である．鋭い．¶嗅觉 xiùjué ～／嗅覚が鋭い．

【灵敏度】língmǐndù 名〈電〉感度．レスポンス．

【灵牌】língpái 名 位牌．

【灵棚】língpéng 名(葬式の際に)柩(ひつぎ)を安置する臨時の掛け小屋．

【灵巧】língqiǎo 形 すばしこい；器用である．¶心眼儿～／気が利く．¶一双～的手／器用な両手．

【灵寝】língqǐn 名 柩(ひつぎ)を安置してある場所．

【灵堂】língtáng 名 葬儀で柩(ひつぎ)が安置してある部屋．

*【灵通】língtōng 形 ①(消息に)よく通じている．¶消息 xiāoxi ～／消息通である．②〈方〉役に立つ．③〈方〉すばしこい．

【灵位】língwèi 名 位牌．

【灵性】língxìng 名 ①(動物が人に飼われ会得した)知恵，利口さ．②(人間の)すぐれた素質，能力．

【灵验】língyàn 形 ①(薬ややり方の)効き目がある．②(予言・予測が)当たっている．

【灵药】língyào 名 不思議によく効く薬．

【灵芝】língzhī 名〈植〉マンネンタケ．レイシ．►漢方薬として強壮剤に用いる．

苓 líng “茯苓 fúlíng”(〈植〉ブクリョウ)という語に用いる．

玲 líng 擬 玉(ぎょく)のぶつかる美しい音．‖姓

【玲玲】línglíng 擬〈書〉玉が触れ合う音．

【玲珑】línglóng 形 ①(細工が)精巧である．¶小巧 xiǎoqiǎo ～／小さくて精巧である．②(人が)利口である．

【玲珑剔透】líng lóng tī tòu〈成〉(透かし彫りなどの)細工が巧みで，みごとに彫られている；〈喩〉(人が)利発である．

*__铃__ líng 名(～儿)鈴．ベル．量 个．¶摇 yáo ～上课／ベルを合図に授業を始める．
◇◆ ①鈴状のもの．¶哑 yǎ ～／ダンベル．②綿の実．¶蕾 lěi ～／綿のさや状のつぼみ．‖姓

【铃铛】língdang 名 鈴．

【铃兰】línglán 名〈植〉スズラン．

凌(淩) líng 名〈方〉氷．
◇◆ ①踏みつけにする．¶→～辱 rǔ．②近づく．¶→～晨 chén．③高く昇る．¶→～空．‖姓

【凌晨】língchén 名 明け方．早朝．

【凌驾】língjià 動(他を)しのぐ．君臨する．

【凌空】língkōng 動 空高くそびえる．

【凌厉】línglì 形(勢いが)すさまじい．

【凌乱】língluàn 形 乱れている．雑然としている．¶～不堪 bùkān／ひどく乱れている．

【凌虐】língnüè 動〈書〉虐待する．¶受尽 shòujìn ～／さんざん虐待される．

【凌辱】língrǔ 動 凌辱する．侮辱する．¶饱受 bǎoshòu ～／ひどく侮辱された．

【凌云】língyún 動〈書〉雲をしのぐ．¶壮志 zhuàngzhì ～／意気天を衝(つ)く．

陵 líng ◇◆ ①丘．丘陵．¶～谷变迁 biànqiān／世の中の移り変わりが激しい．②陵墓．¶谒 yè ～／陵墓に参拝する．‖姓

【陵庙】língmiào 名 陵墓と宗廟．量 座．

【陵墓】língmù 名 陵墓．►国家の指導者や革命烈士の墓．

【陵寝】língqǐn 名〈書〉帝王の墓．

【陵园】língyuán 名 陵墓を中心とした園林．

聆 líng ◇◆ 聞く．¶～取 qǔ／傾聴する．

【聆教】língjiào 動〈書〉(人の)教えを拝聴する．

【聆听】língtīng 動〈書〉拝聴する．

菱 líng 名〈植〉ヒシ；ヒシの実．►生で，あるいはゆでて食べる．

【菱角】língjiao 名 ヒシの実．

【菱形】língxíng 名 菱形(ひしがた)．

蛉 líng “白蛉 báilíng”(ブヨ)，“螟蛉 mínglíng”(チョウなどの幼虫；養子の別称)という語に用いる．

翎 líng 名(～儿)鳥の尾や翼の長い羽毛．¶雁 yàn ～／ガンの羽．

【翎毛】língmáo 名 ①羽毛．②(中国画でいう)鳥獣画．

羚 líng 名〈動〉カモシカ．

【羚羊】língyáng 名〈動〉カモシカ．

绫 líng ◇◆ あや絹．綸子(りんず)．

【绫罗绸缎】língluó chóuduàn 名 絹織物の総称．

【绫子】língzi 名 あや絹．薄い絹．

**__零__ líng ❶数 ①ゼロ；(温度・時間などの起点を表す)零(れい)；〈喩〉意味がない．¶打国际电话，请拨 bō ～～一yāo／国際電話をするときは，001を回してください．¶六减 jiǎn 六等于 děngyú ～／6引く6はゼロ．¶～点四十分／零時40分．¶～下四摄氏 shèshì 度／摂氏マイナス4度．¶这种药的效力 xiàolì 等于～／こういう薬は全然効き目がない．
②けた数上のゼロ．数の空位．►空位がいくつ続いても話し言葉では“零”を一つしか言わない．ただし年号や電話番号のような場合は省略しない．ⓐ証書など金額を漢数字(“大写”)で書くときに“零”を用い

る. ¶壹百 yībǎi ～柒 qī 圆 yuán ～五分 / 107.05元. ⓑけた数の上でのゼロは,文字で書くときは"零"を用いず, 0 または"〇"と書くのが一般的である. ¶二〇〇〇年 èr líng líng líng nián / (紀元)2000年. ¶209 èr bǎi líng jiǔ(二百零九). ¶20090 liǎng wàn líng jiǔshí(两万零九十). ⇒〖〇 líng〗
❷名(～儿)**端数**. はした;追加端数を表す.
注意 重さ•長さ•時間•年齢などを表す数字は端数を強調するために,表記になくても"零"を加えて読むことがある. ¶年纪八十有 yòu ～ / 年は80を越えている. ¶二十斤～一两 / 10キロと50グラム. ¶她的女儿已经一岁～两个月了 / 彼女の娘はもう1歳と2か月だ. ["半"の前には"零"を用いない]¶ 十斤半〔×零半〕/ 5キロ250グラム.
◇◆ ①こまごまとしている. ばらばらである. ¶→～售 shòu. ②(花や葉が)枯れて落ちる;(涙が)こぼれる. ¶→～落 luò. ¶涕 tì ～ / 涙を流す. ‖姓

【零蛋】língdàn 名 零点. 0点.
【零点】língdiǎn 名(真夜中の)零時.
【零丁】língdīng →【伶仃】língdīng
【零分】língfēn 名 零点.
【零工】línggōng 名 ①日雇い(労働). ②アルバイト. ❖打 *dǎ* ～ / アルバイトをする.
【零花】línghuā ①動 お金を少しずつ使う. ②名 小遣い.
【零活儿】línghuór 名 雑用. こまごました仕事.
【零件】língjiàn 名〈機〉(自動車などの)**部品,**パーツ. ⑱ 个,种 zhǒng.
【零零散散】línglingsǎnsǎn 形(～的)散り散りばらばらである.
【零落】língluò ❶動(花や葉が)枯れ落ちる. ¶草木 cǎomù ～ / 草木が枯れ落葉する. ❷形 ①さびれる. ¶一片凄凉 qīliáng ～的景象 jǐngxiàng / 一面の荒れ果てても寂しいありさま. ②まばらである. ¶～的枪声 qiāngshēng / とぎれとぎれの銃声.
【零买】língmǎi 動 ばらで買う.
【零卖】língmài 動 小売りする;ばらで売る.
【零票儿】língpiàor 名 額面が1元より小さな紙幣.
【零七八碎】líng qī bā suì ①〈成〉こまごまとしている. ②(～儿)雑事. こまごました物.
【零钱】língqián 名 **小銭**;小遣い銭;チップ. ¶花～ / 小遣いを遣う.
【零敲碎打】líng qiāo suì dǎ 〈成〉(物事を)少しずつとぎれとぎれにする. ►"零打碎敲"とも.
【零散】língsan 形 ばらばらである. ¶～货物 huòwù / こまごました貨物.
【零食】língshí 名 間食. おやつ. ¶买～吃 / 買い食いをする.
【零售】língshòu 動 **小売りする.** ばら売りする. ¶～店 / 小売店.
【零售价格】língshòu jiàgé 名〈経〉小売り価格.
【零数】língshù 名(～儿)端数.
【零碎】língsuì ①形 **こまごましている.** ¶～的感想 / まとまりのない感想. ②名(～儿)**こまごました物.** ¶他正在拾掇 shíduo ～儿 / あの人はこまごました物をかたづけているところだ.
【零头】língtóu 名(～儿)半端なもの;材料の余り.
【零星】língxīng 形 ①**こまごましている.** ¶～材料 cáiliào / 断片的な材料. ¶～的报道 bàodào / とぎれとぎれの報道. ②**まばらの.** ¶～小雨 / ぱらぱら降る小雨.
【零讯】língxùn 名 短いニュース.
【零用】língyòng ①動 小遣い銭を使う. ②名 雑用に使う金. 小遣い. ¶～钱 / 小遣い銭.
【零杂】língzá 名(～儿)こまごました品物;こまごました仕事. ¶打～ / 雑用係をする.
【零嘴】língzuǐ 名(～儿)〈方〉間食. おやつ.

龄 líng ◇◆ ①年齢. ¶高～ / 高齢. ②年数. ¶工～ / 在職年数.

3声 **令 lǐng** 量 印刷用紙の数量単位:連. ►500枚を1"令"という.
►► lìng

岭(嶺) lǐng 名 ①峰. 山の頂. ②山脈. ③(Lǐng)大庾嶺などの五嶺をいう. ‖姓
【岭南】Lǐngnán 名 嶺南. "五岭"以南の地区(広東•広西一帯).

***领 lǐng** ❶動 ①(支給•発給されるものを)**受け取る.** ¶～工资 gōngzī / 給料を受け取る. ②**引率する;リードする.** ¶～孩子 / 子供を連れる. ¶把客人～到接待室 jiēdàishì / お客を応接室に案内する.
❷名(～儿)**襟. カラー.** ¶高圆 gāoyuán ～ / タートルネック. ¶衬衫 chènshān ～儿 / シャツの襟.
❸量〈書〉男物の長い中国服やござなどを数える. ¶一～长衫 chángshān / 長衫(ﾁｬﾝｻﾝ) 1着. ¶一～席 xí / むしろ1枚.
◇◆ ①受ける. ¶→～教 jiào. ②理解する. 悟る. ¶→～略 lüè. ③領有する. ¶→～土 tǔ. ④首. うなじ. ¶→～巾 jīn. ⑤要点. ポイント. ¶要 yào ～ / 要領. ‖姓

【领班】lǐng//bān ①動(ホテルや工場などで)各部門のリーダーとなる. ②名(ホテルや工場などの)各部門の管理者. リーダー.
【领唱】lǐng//chàng 動(合唱を)リードする;音頭をとる(人).
*【领带】lǐngdài 名 **ネクタイ.** ⑱ 条,根 gēn. ¶～夹 jiā /(挟む形の)ネクタイピン. ❖系 *jì*〔解 *jiě*〕～ / ネクタイを結ぶ〔はずす〕.
*【领导】lǐngdǎo ①動 **指導する.** ¶你去～～这个班 bān 吧 / 君がこの班を指導してくれ. ②名 **指導者.** ¶他是我们工厂 gōngchǎng 的～ / 彼は私たちの工場の指導幹部です.
【领道】lǐng//dào 動(～儿)〈口〉道案内をする.
【领地】lǐngdì 名(領主の)領地;領土.
【领队】lǐngduì ①動 隊を率いる. ②名 引率者;(スポーツの)監督.
【领港】lǐnggǎng ①動 水先案内をする. ②名 水先案内人.
【领工】lǐnggōng ①動 労働者を監督する. ②名 現場監督.
【领钩】lǐnggōu 名(～儿)(詰め襟服の)襟ホック. ¶挂上 guàshàng ～ / 襟のホックをかける.
【领海】lǐnghǎi 名 領海.
【领航】lǐngháng ①動 船や飛行機の航行を担当する. ②名 水先案内人;パイロット;(飛行機の)管制員.
【领花】lǐnghuā 名(～儿)蝶ネクタイ.
【领会】lǐnghuì 動 **理解する.** 把握する. ¶正确 zhèngquè 地～上级的意图 yìtú / 上役の考えをよく

理解する.
【领教】lǐngjiào 動 ①〈套〉ご教示いただく. ►人の教えを受けたり,人の演技を見せてもらう時に言う丁寧な言葉. ¶你说得很对,～～!/おっしゃるとおりです. ご教示ありがとうございました. ② 教えを請う. ¶你有什么新的看法 kànfǎ ? 我想～～/なにか新しい考えがおありなら,ぜひお聞かせいただきたい. ③〈貶〉(皮肉を込めて)存じ上げる. ¶他们的伎俩 jìliǎng,我们早就 zǎojiù ～过了/彼らの手並みはとっくに拝見している.
【领结】lǐngjié 名 蝶ネクタイ.
【领巾】lǐngjīn 名 ネッカチーフ.
【领空】lǐngkōng 名 領空.
【领口】lǐngkǒu 名 襟もと. 襟ぐり;首まわり.
【领扣】lǐngkòu 名 カラーボタン. 襟ボタン.
【领路】lǐng//lù 動 道案内をする.
【领略】lǐnglüè 動 初めて知る. 味わう.
【领情】lǐng//qíng 〈套〉(相手の贈り物や厚意に対して)ありがたく思う.
【领取】lǐngqǔ 動 受け取る. ¶～工资 gōngzī/給料を受け取る.
【领事】lǐngshì 名 領事. ¶总 zǒng～/総領事.
【领事馆】lǐngshìguǎn 名 領事館.
【领受】lǐngshòu 動(厚意などを)ちょうだいする.
【领属】lǐngshǔ 動 隷属する. 従属する. 所属する. ¶～关系 guānxi/従属関係.
【领头儿】lǐng//tóur 動〈口〉先頭を切る. 率先する.
【领土】lǐngtǔ 名 領土.
【领悟】lǐngwù 動 悟る. わかる. ¶他终于 zhōngyú～了话中之意/彼はついにその言葉の深い意味を悟った.
【领洗】lǐng//xǐ 動〈宗〉(キリスト教で)洗礼を受ける.
【领先】lǐng//xiān 動 ① 先頭を切る. 率先する. ②(レベル・成績などが)トップクラスである,リードする. ¶遥遥 yáoyáo～/遠く相手を引き離している.
【领衔】lǐngxián 動 ① 書類の筆頭に署名する. ② 中心となってリードする. ¶～主演 zhǔyǎn/(映画などで)筆頭の主役.
*【领袖】lǐngxiù 名 指導者. リーダー. ¶国家～/国の最高指導者.
【领养】lǐngyǎng 動 他人の子供を養子として育てる.
【领有】lǐngyǒu 動(土地や人口を)領有する.
【领域】lǐngyù 名 領域. 分野. ¶思想 sīxiǎng～/思想の分野.
【领章】lǐngzhāng 名 襟章.
【领子】lǐngzi 名 襟. カラー.
【领罪】lǐngzuì 動 罪を認める.

4声 *另 lìng ① 副 別に. ほかに. ►多くの場合,"另"は後に単音節語しか伴わない. ¶～想办法 bànfǎ/方法を別に考える. ¶～买一个/ほかに1個買う. ② 代 別の. ほかの. ¶这是～一回事/それは別の問題です. ‖ 姓
【另函】lìnghán 名 別便. 次便.
【另行】lìngháng 動 改行する. 行を改める.
【另寄】lìngjì 動 別便で送る. ¶样本 yàngběn～/サンプル別送.
【另码事】lìng mǎ shì 〈慣〉別問題. 別のこと. ►"另一码事"とも.
【另起炉灶】lìng qǐ lú zào 〈成〉もう一度やり直す.
【另请高明】lìng qǐng gāo míng 〈成〉他の有能な人にお頼みください.
*【另外】lìngwài ① 代 別の. ほかの. ¶你们先骑 qí 车走,～的坐电车去/君たちは先に自転車で行け,あとの人は電車で行くから. ¶咱们 zánmen 到～几个店看看/ほかの店にも行ってみよう. ② 副 別に. ほかに. ►よく"再、又、还"などの副詞とともに用いられ,語気を強める. ¶这个办法如果不行,还可以～再想个办法/この方法でうまくいかない場合は,別に方法を考えてもよい. ③ 接続 そのほか. ¶我本来 běnlái 就不想去,～也没时间/もともと行きたくなかったし,それにその暇もない.
【另行】lìngxíng 動 別途…する. 改めて…する. ►後に2音節の行為動詞を伴う. ¶关于运费,～规定 guīdìng/運賃については別に規定する.
【另眼相看】lìng yǎn xiāng kàn 〈成〉① 別の目でみる. 特別視する. ②(今まで重視しなかった人や物を)重視するようになる,見直す.
【另议】lìngyì 動〈書〉別に相談する.
【另邮】lìngyóu 動〈書〉別便で送る.

令 lìng 動 ①(…に)…させる;(ある原因で,気持ちが)…する. ¶他的表现～我失望 shīwàng/彼の態度にはがっかりさせられた. ②〈書〉命ずる. ¶学校～他退学 tuìxué/学校は彼に退学を命じた.
◇◆ ①命令. ②時節. 季節. ¶夏～/夏季. ¶当 dāng～/季節に合う;時節にかなう. ③相手の父母兄弟などに対する敬称. ¶→～尊 zūn. ④よい. ¶～德 dé/〈書〉美徳. ¶～闻 wén/よい評判. ⑤酒席で行われる遊び. ⑥昔の官名. ¶县 xiàn～/県知事. ⑦"词 cí"や"曲 qǔ"の曲名. ►► lǐng
【令爱・令嫒】lìng'ài 名〈敬〉ご令嬢.
【令箭】lìngjiàn 名〈古〉(軍隊で)命令を発するときに用いた小旗.
【令郎】lìngláng 名〈敬〉ご子息.
【令亲】lìngqīn 名〈敬〉ご親戚.
【令人】lìng rén 〈型〉人に…させる. ¶～佩服 pèifu/思わず頭が下がる. ¶～发 fà 指/(髪の毛が逆立つほど)人を激怒させる.
【令堂】lìngtáng 名〈敬〉ご母堂.
【令行禁止】lìng xíng jìn zhǐ 〈成〉法令が厳しく執行される.
【令尊】lìngzūn 名〈敬〉ご尊父.

liu (ㄌㄧㄡ)

1声 溜 liū 動 ① こっそり逃げる. そっと忍び込む. ¶悄悄 qiāoqiāo～出教室 jiàoshì/教室からこっそりとずらかる. ② 滑る. ¶～下山坡 shānpō/山の斜面を滑り下りる. ③〖熘 liū〗に同じ.
◇◆ すべすべしている. 滑らかである. ¶滑 huá～/すべすべする. ►► liù
【溜边】liūbiān 動(～儿) ①〈口〉(川・道の)わきに沿って進む. ② ことを避ける.
【溜冰】liū//bīng 動〈口〉スケートをする. ►"滑冰"とも. ¶～场 chǎng/スケートリンク. ¶～服/アノラック.

【溜达】liūda 動〈口〉散歩する．ぶらつく．¶咱们 zánmen 出去～～ / ちょっと散歩に出かけよう．

【溜光】liūguāng 形〈方〉①すべすべしている．つるつるしている．¶地板 dìbǎn 擦 cā 得～ / 床は磨いてつるつるになっている．②少しも残っていない．¶山上的树 shù 砍 kǎn 得～ / 山の木はみな切られて何も残っていない．

【溜号】liū//hào 動(～儿)〈方〉ずらかる．

【溜肩膀】liūjiānbǎng (～儿) ①名 なで肩．②〈慣〉責任を負わない．

【－溜溜】-liūliū 接尾 つるつるした．くるくるした；するっと．滑るような．►r化して"－溜儿溜儿"となることも多い．¶黑 hēi ～的眼睛 yǎnjing / くるくるした黒い目．¶光 guāng～的大理石地板 dìbǎn / すべすべした大理石の床．

【溜溜转】liūliūzhuàn 動(丸いものが)くるくる回る．

【溜门】liūmén 動(～儿)空き巣に入る．

【溜平】liūpíng 形〈方〉平らである．

【溜须拍马】liū xū pāi mǎ 〈成〉(人の)機嫌を取り,おべっかを使う．►"溜溜拍拍"とも．

【溜圆】liūyuán 形〈方〉まん丸い．

【溜之大吉】liū zhī dà jí 〈成〉逃げるが勝ち．

熘(溜) liū 動〈料理〉あんかけにする．¶～肝尖 gānjiān / レバーのあんかけ．

蹓 liū 動 こっそりと立ち去る．

【蹓跶】liūda →【溜达】liūda

刘(劉) liú ‖姓 ►説明するときは"文刀 wén dāo 刘"という．

【刘海儿】liúhǎir 名(子供や女性の)切り下げ髪．

浏(瀏) liú 形〈書〉①水流のすき透っているさま．②風がかすめ通るさま．

【浏览】liúlǎn 動 大まかに見る．ざっと目を通す．

【浏览器】liúlǎnqì 名〈電算〉ブラウザ．►"浏览程序 chéngxù"とも．

留 liú 動 ①とどまる．残る．滞在する．¶下课后你～一下 / 放課後,残ってください．
②引き留める．¶～客人吃了饭再走 / お客を引き留め食事してもらってから帰す．
③取っておく．残しておく．¶六号的票给我～着吧 / 6日のチケットを取っておいてください．
④留学する．注意 "留日""留英"など必ず単音節の国名をともなう．"瑞士 Ruìshì"(スイス)など多音節の国名の場合は,"留学"+"瑞士"とする．¶～美 Měi / アメリカに留学する．
⑤(ひげを)のばす,生やす．❖～胡子 *húzi* / ひげを生やす．‖姓

【留步】liúbù 〈套〉お見送りには及びません．¶请 Qǐng ～ / どうぞそのままで．

【留成】liú//chéng 動(～儿)総額から一定の歩合で残す．►"成"は"成数"(割合)．¶利润 lìrùn ～ / 利益留保．

【留传】liúchuán 動 後世にまで代々伝わる．

【留存】liúcún 動 ①保存する．¶此稿 cǐ gǎo ～ / この原稿は保存しておく．②存在する．存続する．

【留待】liúdài 動 後回しにする．後で取りかかる．

【留得青山在,不怕没柴烧】liú dé qīngshān zài, bù pà méi chái shāo 〈諺〉命の綱が切れないかぎり,将来の望みは持てる．

【留底】liú//dǐ 動(～儿)控えを取っておく．¶请把那份文件留个底儿 dǐr / その資料は控えを取っておいてください．

【留饭】liú//fàn 動 ①(用意した)食事を残しておく．②(客を引きとめて)食事を供する．

【留后路】liú hòulù 〈慣〉(～儿)(万一失敗したときのために)逃げ道を残す．

【留后手】liú hòushǒu 〈慣〉(～儿)(最後の手が打てるように)ゆとりを残しておく．

【留话】liú//huà 動 伝言する．

【留级】liú//jí 動 留年する．¶他留了两次级 / 彼は2度留年した．

【留连】liúlián →【流连】liúlián

【留恋】liúliàn 動 離れがたく思う．名残を惜しむ．¶毫 háo 不～ / なんら未練を残すものはない．¶～过去 / 過去に未練を持つ．

【留门】liú//mén 動 夜帰る人のために戸締まりをしないで待つ．

【留面子】liú miànzi 〈慣〉(相手の)顔をつぶさないようにする．

【留难】liúnàn 動 難癖をつける；無理難題を吹っかけて通さない．

*【留念】liú//niàn 動 記念として残す．►別れるときに贈り物をする場合に用いることが多い．¶照相～ / 記念写真をとる．¶铃木先生～ / (人に贈るとき写真の台紙または本の扉に書く言葉)鈴木先生に記念として贈呈します．

【留鸟】liúniǎo 名(↔候鸟)留鳥．

【留情】liú//qíng 動(相手の顔を立てて)大目に見る,寛大に扱う．¶手下～ / お手やわらかに．

【留任】liúrèn 動 留任する．

*【留神】liú//shén 動 注意する．気をつける．用心する．¶过马路要～车辆 chēliàng / 道を横断するときは車に注意しなさい．¶～！汽车来了！/ 気をつけなさい,自動車が来たよ．¶～一看,原来是他 / よく見ると彼だった．

【留声机】liúshēngjī 名 レコードプレーヤー．

【留守】liúshǒu 動(部隊・機関・団体が任地を離れるとき)少数の人員が残って留守番をする．

【留宿】liúsù 動 ①来客を引きとめて宿泊させる．②(よそに)泊まる．

【留题】liú//tí 動(見学や遊覧先で)意見や感想などを書き残す．

【留条儿】liú//tiáor 動 書き置きを残す．►"留条子 tiáozi"とも．¶她留了一个条儿 tiáor 就走了 / 彼女はメモを残して帰った．

【留尾巴】liú wěiba 〈慣〉物事をきちんとやり終えず,問題を残したままにする．

【留下】liúxià 動+方補 ①残しておく．残る．¶给人们～了很好的印象 yìnxiàng / 人々にたいへんよい印象を与えた．②受け取る．¶些小 xiēxiǎo 东西不成敬意 jìngyì,请您～吧 / つまらない物ではありますが,どうぞお納めください．

【留心】liú//xīn 動 留意する．注意する．心にとめる．気をつける．►主述句も目的語にとることができる．命令文に用いることも多い．¶～看报 / 新聞を注意深く読む．¶玩儿 wánr 电子游戏 yóuxì 时,要

L

～孩子的眼睛 yǎnjing / テレビゲームをするときは,子どもの目に注意しなくてはいけない. ¶留点儿心,别丢 diū 了 / 無くさないように気をつけなさい.

*【留学】liú//xué 動 **留学する**. ¶我妹妹 mèimei 在美国～ / 私の妹はアメリカに留学している. ¶我去中国留过一次学 / 私は中国に1度留学したことがある. ⇒〖留 liú〗④

**【留学生】liúxuéshēng 名 留学生.

【留言】liú//yán 動 書き置きを残す. ¶来宾 láibīn 请～ / 来賓の方はどうか一言お書きください. ¶～薄 bù / 伝言帳. ¶～牌 pái / 伝言板.

【留一手】liú yī shǒu 〈慣〉(～儿)奥の手を全部出さないで残しておく. ¶他说话总好 hào ～ / 彼はなかなか腹のうちを明かさない.

【留意】liú//yì 動 **注意する**. 気をつける. ¶每天～股市 gǔshì 行情 hángqíng / 毎日,株式相場を注意して見る.

【留影】liú//yǐng 動(その場の風景をバックに)記念撮影をする. ►主に写真の題字に用いる.

【留用】liúyòng 動 ① 人員を引き続き雇用する. ¶～观察 guānchá / 職分を一定期間はずし,反省の情況を観察する監察処分. ② 物を引き続き使用する.

【留余地】liú yúdì (話や事をする場合に)余地を残す.

【留置】liúzhì 動〈書〉(人や物をある場所に)残しておく.

【留驻】liúzhù 動 駐留する.

【留作业】liú zuòyè (学生に)宿題を出す.

流 liú ❶動 ①(液体が)流れる;(人や物品が)流動する**. ¶汗水 hànshuǐ 从脸上～下来 / 汗が額から流れ落ちる. ¶农村 nóngcūn 人口～入城市 / 農村の人口が都市に流れ込む. ② 悪い方に移っていく. ¶～于 yú 形式 xíngshì / 形式に流れる.
❷量 等級. ¶第一～产品 chǎnpǐn / 一流の製品.
◇◆ ①伝わる. ¶→～言 yán. ②川や水の流れ. ③水流に似たもの. ¶寒 hán ～ / 寒波. ④流罪. ¶→～放 fàng. ⑤たぐい. ¶汉奸之～ / 売国奴のたぐい. ‖姓

【流布】liúbù 動〈書〉流布する.

【流产】liú//chǎn 動〈医〉流産する;〈喩〉お流れになる. おじゃんになる. ¶计划 jìhuà ～了 / 計画はお流れになった.

【流畅】liúchàng 形 流暢(ﾘｭｳﾁｮｳ)である. すらすらしている. ¶文字～ / 文章によどみがない.

【流程】liúchéng 名 ① 水流の距離・速さ. ②(工業品製造の)工程,プロセス.

*【流传】liúchuán 動(事績や作品などが)**広く伝わる**,伝播する. ¶～至今 zhìjīn 的神话故事 / 今日まで広く伝わっている神話.

【流窜】liúcuàn 動 逃げまわる.

【流弹】liúdàn 名 流れ弾.

【流荡】*liúdàng* 動 ① 流動する. ② 流浪する.

*【流动】liúdòng 動 ①(液体や気体が)**流動する**. ¶滚滚 gǔngǔn ～的黄河 / とうとうと流れる黄河. ②(↔固定 gùdìng)**移動する**. ¶～人口 rénkǒu / 流動人口. ¶～资产 zīchǎn / 流動資産. ¶～资金 zījīn / 流動資金.

【流毒】liúdú 動 弊害を残す. 悪影響を及ぼす. ¶～无穷 wúqióng / 限りない害毒を残す.

【流芳】liúfāng 動〈書〉(後世に)名声を残す. ¶～百世 / 名誉は不滅である.

【流放】liúfàng 動 ① 流刑に処する. ②(材木を)流す.

【流感】liúgǎn 名〈略〉インフルエンザ. ¶～病毒 bìngdú / インフルエンザウイルス.

【流光】liúguāng 名〈書〉光陰. 歳月. ¶～易逝 yì shì / 光陰矢のごとし.

【流会】liúhuì 動 流会する.

【流浪】liúlàng 動 **流浪する**. ¶～街头 jiētóu / 街頭をさまよう. ¶～汉 hàn / 放浪者.

【流离】liúlí 動〈書〉(天災や戦乱のために)離散する. ¶～失所 / 路頭に迷う.

【流丽】liúlì 形(詩文や書が)流麗である.

*【流利】liúlì 形 ①(話や文章が)**流暢である**. ¶他汉语说 shuō 得很～ / 彼は中国語をとても流暢に話す. ②(ペンや筆のすべりが)**滑らかである**. ¶他的字写 xiě 得很～ / 彼の字はとてもなめらかだ.

【流里流气】liúliliúqì 形 不良じみている. チンピラのような格好をしている. ¶穿 chuān 得～的 / 不良じみた格好をしている.

【流连】liúlián 動 名残り惜しくて離れられない. ►"留连"とも書く. ¶～忘返 wàng fǎn / 〈成〉遊びにふけって帰るのを忘れる.

【流量】liúliàng 名 ①〈水〉流量. ② 交通量.

【流露】liúlù 動 流露する. おのずから現れる. ¶他的话里～出不满 bùmǎn 的情绪 qíngxù / 彼の話には不満の気持ちがにじみ出ていた.

【流落】liúluò 動 落ちぶれて放浪する. ¶～街头 jiētóu / 落ちぶれて路頭に迷う.

【流氓】liúmáng 名 ① **ごろつき**. チンピラ. ② 乱暴. 迷惑行為. ►女性に対するわいせつ行為や騒乱行為をさすことが多い. ❖耍*shuǎ*～ / 不良行為を行う.

【流民】liúmín 名 流浪の民.

【流脑】liúnǎo 名〈略〉流行性脳脊髄膜炎.

【流年】liúnián 名 ①〈書〉光陰. 歳月. ② その年の運勢.

【流派】liúpài 名(学術・文芸などの)流派.

【流气】liúqì 形 不まじめだ. チンピラ臭い.

【流散】liúsàn 動 あちこち転々としているうちに散逸する;(住民が)他の所へ逃れて離れ離れになる.

【流沙】liúshā 名 流砂.

【流失】liúshī 動(有用なものや人が)流失する,失われる. ¶水土 shuǐtǔ ～ / 土壌の流失.

【流食】liúshí 名(ミルク・重湯などの)流動食. ►医学上は"流质 liúzhì"という.

【流矢】liúshǐ 名 流れ矢.

【流逝】liúshì 動(月日が)流れ去る.

【流水】liúshuǐ 名 ① **流れる水**. ②〈喩〉絶え間なく続くこと. ③ 商店の売上高.

【流水不腐,户枢不蠹】liú shuǐ bù fǔ, hù shū bù dù 〈成〉常に動いている物は浸食を受けない.

【流水席】liúshuǐxí 名 客が待ち合わせることなく,到着順に接待を受けて帰るパーティー.

【流水线】liúshuǐxiàn 名 流れ作業のライン・配置.

【流水账】liúshuǐzhàng 名 金銭出納帳;〈喩〉分析せずに現象だけを羅列した記述.

【流俗】liúsú 名〈貶〉流俗. 世間一般の習わし.

【流淌】liútǎng 動(液体が)流れる.

【流通】liútōng 動(空気などが)流れる;(商品・貨幣などが)流通する. ¶使空气～ / 空気の流れをよ

くする．¶～领域 lǐngyù / (商品の)流通分野．
【流亡】liúwáng 動(災害または政治上の理由に迫られて)故郷を逃れる．亡命する．¶～政府 / 亡命政府．¶～海外 / 海外に亡命する．
【流徙】liúxǐ 動 流浪生活をする．
【流线型】liúxiànxíng 名 流線型．
【流泻】liúxiè 動(液体や光線が)迅速に流れ込む，流れ出る．
【流星】liúxīng 名 ①〈天〉流星．¶～赶 gǎn 月 / (月に突進する流れ星のように)非常に速いさま．②〈旧〉(武器の一種)鎖の両端に鉄槌をつけたもの．③雑技の曲芸の一種．
【流行】liúxíng 動 **流行する**．はやる．¶这种 zhǒng 病～了很久 / この病気は長いこと流行した．¶～歌曲 gēqǔ / ポップス．¶～语 / 流行語．
【流血】liúxuè 動 血を流す．注意 熟語でない場合は liú∥xiě と発音する．
【流言】liúyán 名 **流言**．デマ．¶散布 sànbù ～ / デマを飛ばす．¶～飞语 fēiyǔ / 流言飛語．
【流域】liúyù 名〈地〉流域．¶长江～ / 長江流域．
【流质】liúzhì 名〈医〉流動食．¶～膳食 shànshí / 流動食．
【流转】liúzhuǎn ① 動(各地を)転々とする．¶～四方 / 各地を転々と移動する．② 名(商品や資金の)回転．③ 形〈書〉文章などが滑らかで力強い．

琉(瑠) liú "琉璃 liúli"⇩という語に用いる．
【琉璃】liúli 名 瑠璃(るり)．焼き物用の美しい青色と黄金色の2種の塗料．
【琉璃瓦】liúliwǎ 名 瑠璃瓦．

硫 liú 名〈化〉硫黄(いおう)．S．
【硫胺素】liú'ànsù 名 サイアミン．
【硫化】liúhuà 名〈化〉硫化．¶～汞 gǒng / 硫化水銀．
【硫黄・硫磺】liúhuáng 名〈化〉硫黄．
【硫酸】liúsuān 名〈化〉硫酸．

馏 liú ◇ 蒸留する．¶蒸 zhēng ～ / 蒸留．蒸留する．▸▸ liù

榴 liú ◇ ザクロ．¶石 shí ～ / ザクロ．
【榴弹炮】liúdànpào 名〈軍〉榴弾(りゅうだん)砲．
【榴莲】liúlián 名〈植〉ドリアン．

瘤 liú 名 こぶ．肉腫．腫瘤(しゅりゅう)．¶头上长 zhǎng 了一个～ / 頭にこぶがひとつできた．
【瘤子】liúzi 名〈口〉① こぶ．② 腫瘍．

柳 liǔ 名(二十八宿の一つ)ぬりこぼし．◇ 柳．‖姓
【柳暗花明】liǔ àn huā míng〈成〉苦境を経て希望が見えてくる．
【柳丁】liǔdīng 名〈植〉ネーブル．
【柳眉】liǔméi 名 柳眉(りゅうび)；〈喩〉美人．▶"柳叶眉 liǔyèméi"とも．
【柳树】liǔshù 名〈植〉柳．(量) 棵 kē．
【柳条】liǔtiáo 名(～儿)柳の枝．
【柳絮】liǔxù 名 柳絮(りゅうじょ)．▶春の到来を象徴する．
【柳腰】liǔyāo 名(女性の)柳腰．細い腰．

绺 liǔ 量(～儿)糸・麻・髪など細い線状のものの束を数える．¶一～儿头发 tóufa / ひと筋の髪の毛．

4声 ＊＊ **六** liù ① 数 ⓐ 6．¶～天 / 6日間．ⓑ 第6(の)．6番目(の)．¶～月 / 6月．¶星期～ / 土曜日．② 代〈俗〉《相手に対する強い否定や反発を表す》…するものか．¶我们走吧——走个～！/ 私たちは行こうか—行くもんか．③ 名(中国民族音楽の10音階の一つ)略譜の5に相当．
【六边形】liùbiānxíng 名〈数〉六角形．
【六部】liùbù 名〈史〉六部(りくぶ)．▶吏部・戸部・礼部・兵部・刑部・工部．
【六朝】Liùcháo 名〈史〉① 六朝(りくちょう)．②(広く)南北朝時代．
【六畜】liùchù 名(馬・牛・羊・鶏・犬・豚の)6種の家畜．¶～兴旺 xīngwàng / 家畜の成長が盛んである．家業(主として農業)が繁栄している．
【六腑】liùfǔ 名〈中医〉六腑(ろっぷ)．▶胆・胃・三焦・膀胱・大腸・小腸．
【六害】liùhài 名(取り締まりの対象となる)六つの違法行為．▶売買春・ポルノ・人身売買・麻薬・賭博・迷信流布．
【六合】liùhé 名〈書〉上(天)・下(地)・東・西・南・北の六つの空間；〈転〉全宇宙．全世界．
【六亲】liùqīn 名 6種の親族．(一説には)(古くは)父・母・兄・弟・妻・子；(広く)親戚一般．¶～不认 rèn / 親戚とも親戚づき合いをしないほど義理人情を解さないこと；(逆に)親戚に対しても私情をはさまないほど公平無私であること．
【六神无主】liù shén wú zhǔ〈成〉驚きあわてて気が動転している．
【六书】liùshū 名〈語〉六書(りくしょ)．▶漢字の成り立ちと用法についての理論．象形・指事・会意・形声・転注・仮借(かしゃ)．
【六仙桌】liùxiānzhuō 名 6人掛けの長方形テーブル．
【六弦琴】liùxiánqín 名〈音〉ギター．▶"吉他・吉它 jítā"とも．
【六一儿童节】Liù-Yī értóngjié 名 国際児童デー．子供の日．

陆(陸) liù 数 "六"の大字(読み違いや書き直しを防ぐための字)．▸▸ lù

遛 liù 動 ① **ゆっくり歩く**．**散歩する**．¶～大街 dàjiē / 大通りを散歩する．②(ウマなどを引いて)ゆっくり歩かせる．
【遛狗】liù∥gǒu 動 イヌを散歩させる．
【遛马】liù∥mǎ 動 ウマを引いてゆっくり歩かせる
【遛鸟】liù∥niǎo 動 鳥かごを提げて静かな所をぶらつく．
【遛弯儿】liù∥wānr 動〈方〉散歩する．¶您到哪儿～去啦？/ どちらへご散歩でしたか．
【遛早儿】liù∥zǎor 動〈方〉朝の散歩をする．

馏 liù 動〈料理〉(冷めた食品を)蒸し直す．¶～馒头 / マントーを蒸し直す．¶把剩菜～一～再吃 / 残ったおかずを温めて食べる．▸▸ liú

L

溜 liù ❶量(～儿)並び．列．¶一～房子／ひと並びの家．❷名 ①(～儿)付近．あたり．¶这～儿／このあたり．②速い水の流れ．¶河里～很大／川の流れがとても速い．❸動〈方〉(しっくい・セメントなどで壁のすきまを)ふさぐ．¶～缝儿 fèngr／すきまをふさぐ．
◇◆ ①雨垂れ．¶檐 yán～／雨垂れ．②軒樋(のきどい)．¶水～／樋．⏩liū

lo (ㄌㄛ)

軽声 **咯 lo** 助《肯定と感嘆を兼ねた語気を表す》 注意"咯 lo"は"了 le"と"喔 o"が1音節に融合したものと考えられ，"了"だけを用いた場合よりも俗っぽい表現になる．¶那倒 dào 好～！／それなら結構なことだ．
⇒〖了 le〗 ⏩gē,kǎ

long (ㄌㄨㄥ)

2声 ＊**龙(龍) lóng** ❶名 ①(古代の伝説中の神聖な動物)竜．量 条．②古生物学上の巨大な爬虫類．►恐竜など．
❷動 ①〈方〉(車輪のリムが)ゆがむ．¶自行车前轱辘 gūlu～了／自転車の前輪がゆがんだ．②(調理法の)蛇腹(じゃばら)切りにする．
◇◆ 皇帝の象徴．¶→～袍 páo．‖姓

一 ナ 九 龙 龙

【龙船】lóngchuán 名 竜船．ドラゴンボート．►旧暦5月5日の端午の節句のレースに用いる．
【龙胆】lóngdǎn 名〈植〉リンドウ；〈中薬〉竜胆(りゅうたん)．
【龙灯】lóngdēng 名 竜の形をした布製〔紙製〕の灯籠．►正月や祭日に大ぜいで棒で上にあげて踊り回る．¶～舞 wǔ／旧暦1月15日(元宵節)に"龙灯"を棒で上にあげながら舞う踊り．
【龙洞】lóngdòng 名 鍾乳洞．
【龙飞凤舞】lóng fēi fèng wǔ〈成〉山並みがどこまでも続き雄大である；書道で筆に勢いがあり生き生きしている．
【龙凤胎】lóngfèngtāi 名〈喩〉男女一人ずつの双子．
【龙骨】lónggǔ 名 ①〈生〉竜骨突起．②古代の動物の化石．►漢方薬に用いる．③(船や飛行機などの)竜骨．キール．
【龙睛鱼】lóngjīngyú 名〈魚〉デメキン．
【龙井】lóngjǐng 名(緑茶の一種)ロンジン茶．►浙江省杭州竜井産の茶．
【龙卷风】lóngjuǎnfēng 名〈気〉竜巻．
【龙门吊】lóngméndiào 名〈機〉大型の移動クレーン．
【龙蟠虎踞】lóng pán hǔ jù〈成〉地勢が要害堅固である．険要の地．
【龙袍】lóngpáo 名〈旧〉皇帝が着用した竜の模様を刺繍した長着．
【龙山文化】Lóngshān wénhuà 名〈史〉竜山(ロンシャン)文化．中国新石器時代後期の文化．
【龙虱】lóngshī 名〈虫〉ゲンゴロウ．
【龙潭虎穴】lóng tán hǔ xué〈成〉極めて危険な場所．
【龙套】lóngtào 名 芝居で護衛や兵卒に扮する役者(のつける服装)．¶跑 pǎo～／端役を務める；〈転〉使い走りをする．
【龙腾虎跃】lóng téng hǔ yuè〈成〉沸きたつような活気に満ちている．
【龙头】lóngtóu 名 ①(水道の)蛇口．②〈方〉自転車のハンドル．③竜の頭．¶～蛇尾 shéwěi／竜頭蛇尾．④リーダー．
【龙王】Lóngwáng 名〈宗〉竜王；水神．¶～庙 miào／水神である竜王をまつった廟．
【龙虾】lóngxiā 名〈動〉イセエビ．ロブスター．
【龙须菜】lóngxūcài 名〈口〉〈植〉①オゴノリ．②アスパラガス．
【龙须面】lóngxūmiàn 名〈料理〉小麦粉をこねて，手でのばして作った非常に細いめん．
【龙眼】lóngyǎn 名〈植〉リュウガン(の実)；〈中薬〉竜眼肉(りゅうがんにく)．►果実は生食する．俗に"桂圆 guìyuán"とも．
【龙争虎斗】lóng zhēng hǔ dòu〈成〉竜と虎が戦う；力の強い者同士が争う．
【龙钟】lóngzhōng 形〈書〉老衰して動作が不自由である．
【龙舟】lóngzhōu 名 ①皇帝専用の船．②竜船．

咙(嚨) lóng "喉咙 hóulong"(咽喉．のど)という語に用いる．

胧(朧) lóng "朦胧 ménglóng"(おぼろである，はっきりしない)という語に用いる．

昽(曨) lóng "蒙昽 ménglóng"(朦朧(もうろう)．ぼんやりする)という語に用いる．

聋(聾) lóng 形 耳が不自由である．耳が遠い．¶耳朵 ěrduo～了／耳が聞こえなくなった．
【聋哑】lóngyǎ 形 聾唖(ろうあ)の．¶～人／聾唖者．
【聋子】lóngzi 名 耳の不自由な人．

笼(籠) lóng ❶名 ①かご．¶竹 zhú～／竹かご．¶筷 kuài～／箸を入れるかご．②蒸籠(せいろう)．¶蒸 zhēng～／蒸籠．¶馒头 mántou 刚上～／マントーは蒸籠に入れたばかりだ．❷動〈方〉両手をそれぞれ他方の袖の中に差し入れる．⏩lǒng
【笼火】lóng//huǒ 動 火をおこす．¶～做饭／火をたいてご飯を作る．
【笼屉】lóngtì 名 蒸籠(せいろう)．¶用～蒸 zhēng 馒头 mántou／蒸籠でマントーを蒸す．
【笼子】lóngzi 名 かご．量 只 zhī,个．¶鸟 niǎo～／鳥かご．

隆 lóng ◇◆ ①盛大である．¶→～重 zhòng．②栄える．¶兴 xīng～／隆盛である．③程度が甚だしい．¶～情 qíng／厚情．④高い．¶→～起 qǐ．‖姓
【隆冬】lóngdōng 名 真冬．
【隆隆】lónglóng 擬 ①《雷や爆発音，または太鼓が連続して響く音》ごろごろ．どどんどどん．¶雷声 léishēng～／雷がごろごろ鳴る．②《モーターなどの振動を伴うような回転音》ごうごう．

【隆起】lóngqǐ 動 隆起する.
【隆盛】lóngshèng 形 隆盛である；盛大である.
【隆头鱼】lóngtóuyú 名〈魚〉ベラ.
【隆重】lóngzhòng 形 **盛大で厳かである.** ¶～的典礼 diǎnlǐ / 厳かな式典. ¶受到～的接待 / 丁重なもてなしを受けた.

陇(隴) **lǒng** ◇◆ 隴(ろう). 甘粛省の別称. ¶～剧 jù / 甘粛省の地方劇.

拢(攏) **lǒng** 動 ① **合わせる**；合計する. ¶他笑得嘴都合不～了 / 彼は口がしまらないほど笑いこけた. ②**(ばらばらにならないように)束ねる,縛る.** ¶把孩子～在怀里 / 子供を懐に抱き寄せる. ¶～住他的心 / 彼の心を引きとめておく. ③ 接近する. ¶水太浅 qiǎn,船～不到码头 mǎtou / 浅すぎて船が埠頭に着けない. ④ くしで髪をなでつける〔すく〕. ‖姓

【拢岸】lǒng//àn 動(船を)岸につける.
【拢共】lǒnggòng 副 全部で.
【拢音】lǒng//yīn 動 音声が拡散しない. 音響効果がよい.
【拢子】lǒngzi 名〈口〉目の細かなくし. ¶用～梳头 shūtóu / くしで髪をすく.
【拢总】lǒngzǒng 副 全部で.

垄(壟·壠) **lǒng** 名 ①〈農〉うね. ② 畦(あぜ). 畔(くろ). ‖姓

【垄断】lǒngduàn 動 **独占する.** ¶～价格 jiàgé / 独占価格. ¶～资本 zīběn / 独占資本.

笼(籠) **lǒng** ① 動 覆う. 立ちこめる. ¶暮色 mùsè ～住了大地 / 暮色が大地を包んだ. ② 名 大きな箱. つづら. ⏩ lóng

【笼络】lǒngluò 動 丸め込む. 抱き込む. ¶～人心 / 人心を籠絡(ろうらく)する.
【笼统】lǒngtǒng 形 あいまいである. 大まかである. ¶厂长 chǎngzhǎng 笼笼统统地一说,便算完了 / 工場長は大ざっぱに話をしただけで話を切り上げてしまった.
【笼罩】lǒngzhào 動(すっぽり)**覆う. 立ちこめる.** ¶浓雾 nóngwù～着城市 chéngshì / 濃霧が町をすっぽり包んだ. ¶天空～着乌云 wūyún / 空が真っ黒な雲に覆われている.

弄 **lòng** 名〈方〉路地. 横町. ►表通りの名と地番をつけて"……弄"(○○番地小路)として用いることが多い. ¶里～ / 横町. 参考 同じ横町・小路でも,北京では"胡同",上海では"弄"ということが多い. "小巷 xiǎoxiàng"は"大街 dàjiē"(大通り)に対し用いられ,広く一般に使われる. ⏩ nòng

【弄堂】lòngtáng 名〈方〉(上海などでいう)小路,横町. ►入り口に門があり,中に数棟から数十棟以上の住宅がある. ¶～门 / 横町の門.

lou（ㄌㄡ）

搂(摟) **lōu** 動 ①**(手や熊手などで)かき集める.** ¶～柴火 cháihuo / たきぎをかき集める. ② **たくし上げる.** からげる. ¶～起袖子 xiùzi / 袖をたくし上げる. ③ むさぼり取る. 懐に入れる. ¶这家伙 jiāhuo ～了不少外快 wàikuài / こいつは賄賂(わいろ)をたんまり懐に入れた. ④〈方〉(引き金などを)手前に引く. ¶～枪机 qiāngjī / 引き金を引く. ⏩ lǒu

【搂钱】lōu//qián 動 不法に金を取得する. 金を着服する.

2声 **娄**(婁) **lóu** ① 形〈方〉(体が)虚弱である；(ウリ類が)熟れすぎて中が腐っている. ¶他的身体可～啦 la / 彼はとても衰弱している. ② 名(二十八宿の一つ)たたらぼし. ‖姓

【娄子】lóuzi 名〈方〉面倒. もめごと. 大失態. ¶惹 rě～ / 大騒ぎを起こす.

喽(嘍) **lóu** "喽罗〔啰〕lóuluo"⬇という語に用いる. ⏩ lou

【喽啰】lóuluo 名 手先. 手下. ►"喽罗"とも書く.

* **楼**(樓) **lóu** 名 ①**(2階建て以上の)建物.** ビル. (量)[建物の数]座 zuò,栋 dòng,幢 zhuàng ；[何階建てという時]层 céng. ¶这座～有几层 céng ? / このビルは何階建てですか. ② **建物の階層.** フロア. ¶一～ / 1階. ③(～儿)やぐら. ¶城 chéng ～ / 城門の上のやぐら. ‖姓

【楼层】lóucéng 名 2階以上の建物の各フロア.
【楼道】lóudào 名(ビルの)**廊下. 通路.**
【楼顶】lóudǐng 名(ビルの)最上階；屋上.
*【楼房】lóufáng 名 **2階以上の建物.** ビル. (量)座,栋 dòng,幢 zhuàng.
【楼花】lóuhuā 名 予約販売される建設中のマンション.
【楼面】lóumiàn 名〈建〉床面積.
【楼盘】lóupán 名(建設中あるいは販売中の)物件,マンション.
【楼上】lóushàng 名 **階上；(2階建ての)2階.
【楼市】lóushì 名 住宅市場；(広く)不動産市場.
【楼台】lóutái 名 ①〈方〉バルコニー. ② 高楼. ¶～殿阁 diàngé / 伝統的な高層建物の総称.
*【楼梯】lóutī 名 **階段.** ¶～平台 / 階段の踊り場. ¶～口 / 階段の上がり口.
【楼下】lóuxià 名 **階下；(2階建ての)1階.

蝼(螻) **lóu** "蝼蛄 lóugū""蝼蚁 lóuyǐ"⬇という語に用いる.

【蝼蛄】lóugū 名〈虫〉ケラ. オケラ.
【蝼蚁】lóuyǐ 名 虫けら；〈喩〉役に立たない人間.

髅(髏) **lóu** "髑髅 dúlóu""骷髅 kūlóu"(どくろ. されこうべ)という語に用いる.

3声 **搂**(摟) **lǒu** ① 動 **抱く.** 抱きしめる. ¶孩子～着妈妈的脖子 bózi / 子供が母親の首にかじりついている. ② 量 両腕で抱えられる分量を表す：ひと抱え. ¶一～粗 cū 的大树 / ひと抱えもある大木. ⏩ lōu

【搂抱】lǒubào 動 抱きつく. 抱き合う. ¶～在怀 huái 里 / 懐に抱きしめる.

篓(簍) **lǒu** 名(～儿) ① かご. ¶字纸～儿 / 紙くずかご. ¶鱼～ / びく. ② 木の枝で編ん

L

だ,口が小さくて裏に紙を張り桐油を塗った入れ物.
【篓子】lǒuzi 名(底のやや深い)竹や柳の枝などで編んだかご.

4声 **陋** lòu ◇◆ ①醜い. ¶丑 chǒu ～ / 醜い. ②狭い. ¶浅 qiǎn ～ / 見識が浅い. ③卑俗な. ¶→～习 xí.
【陋规】lòuguī 名 古臭いしきたり.
【陋见】lòujiàn 名 浅はかな見解.
【陋俗】lòusú 名 卑しい風俗.
【陋习】lòuxí 名 悪い習わし. 陋習(ろうしゅう).
【陋巷】lòuxiàng 名〈書〉むさ苦しい狭い路地. ►自分の居所などを謙遜していう.

镂(鏤) lòu ◇◆ 彫刻する. ¶～刻 kè / 彫刻する. ¶～花 / 模様を彫る.
【镂骨铭心】lòu gǔ míng xīn 〈成〉深く心に刻みこむ. 肝に銘じる.

* **漏** lòu ❶動 ①(入れ物に穴があいて液体や光などが)**漏る, 漏れる**. ¶那间屋子～雨 / その部屋は雨漏りがする. ②(秘密などを)**漏らす**. ¶谁把考试 kǎoshì 题目～了出去? / だれが試験問題を漏らしたのか. ③**抜け落ちる. 抜かす**. ¶这一行 háng ～了两个字 / その行は2字抜けている.
❷名〈略〉(昔の)水時計;砂時計.
【漏报】lòubào 動 申告漏れをする.
【漏底】lòu//dǐ 動 内情を漏らす. 本心がばれる.
【漏电】lòu//diàn 動 漏電する.
【漏洞】lòudòng 名 すきま. 手抜かり. ¶堵塞 dǔsè ～ / 抜け穴をふさぐ.
【漏斗】lòudǒu 名 じょうご. ろうと.
【漏风】lòu//fēng 動(風や息,秘密などが)漏れる. ¶不要告诉他,免得 miǎnde ～ / 秘密が漏れるといけないから,彼に言うな.
【漏光】lòu//guāng 動(フィルムなどが)感光してだめになる.
【漏壶】lòuhú 名(昔の)水時計.
【漏气】lòu//qì 動 空気が漏れる.
【漏儿】lòur 名 ①手抜かり. 手落ち. ►"漏子"とも. ¶捡 jiǎn ～ / あら捜しをする. ②至らないところ.
【漏勺】lòusháo 名 穴じゃくし. 網じゃくし.
【漏税】lòu//shuì 動 脱税する.
【漏网】lòu//wǎng 動(↔落网)(犯人や悪者・敵が)逮捕を免れる. ¶～之鱼 / 法の網を逃れた悪者.
【漏子】lòuzi 名 ①じょうご. ②手抜かり. 手落ち.
【漏嘴】lòu//zuǐ 動 口を滑らす.

* **露** lòu 動〈口〉語義は"露 lù" ①に同じ. ►一般には以下の各見出し語のような口語語彙にのみ用いる. ⇒lù
【露白】lòu//bái 動 所持している財物を人前で不用意にさらけ出す.
【露丑】lòu//chǒu 動(人前で)恥をかく,醜態をさらす.
【露底】lòu//dǐ 動 内実をばらす;真相がばれる.
【露脸】lòu//liǎn 動 ①〈喩〉面目を施す. ②→【露面】lòu//miàn
【露马脚】lòu mǎjiǎo 〈慣〉馬脚を現す.
【露面】lòu//miàn 動(～儿)顔を出す.
【露苗】lòu//miáo 動〈農〉芽が出る.
【露怯】lòu//qiè 動〈方〉(言葉遣いや挙動で)教養のないことが知れる.
【露头】lòu//tóu 動(～儿)頭を出す;〈喩〉顔をのぞかせる.
【露馅儿】lòu//xiànr 動 ぼろが出る. 秘密がばれる. ►"漏馅儿"とも書く.
【露相】lòu//xiàng 動(～儿)〈口〉顔に現れる. 表情にでる. 人に見破られる.
【露一鼻子】lòu yī bízi 〈慣〉〈方〉(自分の長所を)鼻にかける,自慢する.
【露一手】lòu yī shǒu 〈慣〉腕前を見せる.

軽声 **喽**(嘍) lou 助 ①《予期または仮定の動作に用いる》¶吃～饭就走 / 食事を済ませたら出かける. ②《相手の注意を促す語気を持つ》¶下雨～ / 雨が降ったぞ. ¶吃饭～ / 食事だよ.
参考 "喽 lou"は"了 le"と"呕 ou"が1音節に融合したものと考えられる. ⇒〖了 le〗 ⇒lóu

lu (ㄌㄨ)

1声 **撸** lū 動〈方〉①こく. かく. しごく. ②免職する. ③しかりつける.

2声 **卢**(盧) lú "卢比"(ルピー),"卢布"(ルーブル)などの音訳字に用いる. ‖姓
【卢比】lúbǐ 量(インド・パキスタン・インドネシアなどの通貨)ルピー. ルピア.
【卢布】lúbù 量(ロシアなどの通貨)ルーブル. ルーブリ.
【卢森堡】Lúsēnbǎo 名〈地名〉ルクセンブルク.
【卢旺达】Lúwàngdá 名〈地名〉ルワンダ.

芦(蘆) lú ◇◆ アシ. ヨシ. ‖姓
【芦花】lúhuā 名 アシの花.
【芦荟】lúhuì 名〈植〉アロエ. ロカイ.
【芦笙】lúshēng 名〈音〉中国西南の少数民族の竹製管楽器. ►笙(しょう)の一種で全長約1メートルから2メートルある.
【芦笋】lúsǔn 名〈植〉アスパラガス.
【芦苇】lúwěi 名〈植〉アシ. ヨシ.
【芦席】lúxí 名(アシで編んだ)むしろ,アンペラ.

庐(廬) lú ◇◆ 粗末な家. いおり. ¶茅 máo ～ / 茅ぶきの家. ‖姓
【庐山真面(目)】lú shān zhēn miàn(mù) 〈成〉複雑な事物の真相.
【庐舍】lúshè 名〈書〉田舎家. ►自分の住居などを謙遜していう.

炉(爐・鑪) lú ◇◆ こんろ・ストーブなどの総称. ¶火～ / ストーブ. ¶电～ / 電気ストーブ. ¶微波 wēibō ～ / 電子レンジ. ‖姓
【炉灰】lúhuī 名 石炭の燃え殻.
【炉台】lútái 名(～儿)かまど・ストーブなどの上部の平らな部分.
【炉膛】lútáng 名(～儿)(炉・かまど・ストーブなどの内部の)火をたく所.
【炉灶】lúzào 名 かまど. ¶修理 xiūlǐ ～ / かまどを

直す. ¶另 lìng 起～ / 新しくやり直す.
【炉渣】lúzhā 名 ①〈冶〉スラグ. ② 石炭の燃え殻.
【炉子】lúzi 名 こんろ. ストーブ. ㊣ 个.

鸬(鸕) lú 名〈鳥〉ウ.

【鸬鹚】lúcí 名〈鳥〉ウ. カワウ. ►俗に"鱼鹰yúyīng", 地方によっては"墨鸦 mòyā"という.

颅(顱) lú ◇◆ 頭蓋.

【颅骨】lúgǔ 名〈生理〉頭蓋骨.

鲈(鱸) lú ◇◆ スズキ.

【鲈鱼】lúyú 名〈魚〉スズキ.

卤(鹵・滷) lǔ ❶名 ① にがり. ②(肉やきのこで作ったスープにくず粉を加えた)濃厚なかけ汁. ¶打～面 / あんかけそば. ③ 濃くした飲み物. ¶茶～ / 濃く出した茶. ④〈化〉ハロゲン.
❷動〈料理〉塩水に調味料を加えて煮たり, しょう油で煮しめる.

【卤面】lǔmiàn 名 あんかけそば. ►"打卤面"とも.
【卤水】lǔshuǐ 名 にがり ; 塩井から取り出した製塩用の液体.
【卤素】lǔsù 名〈化〉ハロゲン族元素. ►"卤""卤族 lǔzú"とも.
【卤味】lǔwèi 名〈料理〉塩水に調味料を加えて煮, または醤油で煮しめて冷ました料理.
【卤虾】lǔxiā 名〈料理〉小エビをすりつぶして塩で味付けしたもの. ¶～油 yóu / (調味料の一種)"卤虾"からとった油状のうわずみ.

虏(虜) lǔ 名 古代の北方異民族に対する蔑称.
◇◆ 捕虜. ¶俘 fú ～ / 同上.

【虏获】lǔhuò 〈書〉敵を捕虜にし武器を鹵獲(ろかく)する.

掳(擄) lǔ ◇◆(人を) さらう.

【掳掠】lǔlüè 動 人をさらい金品を略奪する.

鲁 lǔ 名(Lǔ)〈史〉魯. ►古代の国名.
◇◆ ①鈍い. ¶愚 yú ～ / 愚かである. ②そそっかしい. ¶粗 cū ～ / がさつである. ③山東省. ¶→～菜. ‖姓

【鲁班尺】lǔbānchǐ 名 大工の使うかね尺.
【鲁菜】lǔcài 名 山東料理.
【鲁钝】lǔdùn 形 愚鈍である.
【鲁莽】lǔmǎng 形 そそっかしい. ►"卤莽"とも書く. ¶说话～ / ものの言い方が軽率である. ¶凡事 fánshì 不可～ / 何事も無鉄砲にしてはいけない.
【鲁米那】lǔmǐnà 名〈薬〉ルミナール.
【鲁男子】lǔnánzǐ 名 女嫌い. 野暮天.

橹(櫓・艪・艣) lǔ 名 ①(船の) 櫓(ろ). ㊣ 支 zhī. ②〈古〉大きな盾.

镥 lǔ 名〈化〉ルテチウム. Lu.

4声 **陆**(陸) lù ◇◆ 陸地. ¶大～ / 大陸. ¶登 dēng ～ / 上陸する. ‖姓 ►► liù

【陆稻】lùdào 名〈植〉陸稲. おかぼ.
【陆地】lùdì 名 陸地. 陸.
【陆架】lùjià 名〈地〉大陸棚. 陸棚.
【陆军】lùjūn 名 陸軍.
【陆离】lùlí 形 色とりどりである.
【陆连岛】lùliándǎo 名〈地〉陸続きの島.
【陆路】lùlù 名(↔水路) 陸路. ¶走～ / 陸路を行く.
【陆棚】lùpéng 名〈地〉大陸棚.
*【陆续】lùxù 副 陸続と. 続々と. ひっきりなしに. ¶与会者 yùhuìzhě ～走进会场 / 出席者は続々と会場に入った.
【陆运】lùyùn 名 陸運.
【陆战队】lùzhànduì 名〈軍〉海兵隊.

***录**(録) lù 動 ① 記録する. 書き写す. ¶照 zhào 原文～下来 / 原文どおりに書き写す. ② 録音する ; 録画する.
◇◆ ①書き記したもの. ¶回忆 huíyì ～ / 回想録. ②採用する. ¶→～取 qǔ. ‖姓

【录取】lùqǔ 動(試験合格者を) 採用する, 採る. ¶～新生 xīnshēng / 新入生を採る. ¶～通知书 tōngzhīshū / 採用〔合格〕通知書. ¶～线 xiàn / (入試などの) 合格ライン.
*【录像】lù//xiàng ① 名 録画. ビデオ. ►台湾では"录影 lùyǐng"という. ¶看～ / ビデオを見る. ② 動 録画する ; ビデオを撮る. ►"录象、录相"とも書く.
*【录像带】lùxiàngdài 名 ビデオテープ. ㊣ 盒.
*【录像机】lùxiàngjī 名 ビデオレコーダー. ㊣ 台.
*【录音】lù//yīn ① 名 録音. ¶听 tīng ～ / 録音を聞く. ② 動 録音する.
*【录音带】lùyīndài 名 録音テープ. ㊣ 盘 pán〔ケース入り〕盒 hé. ¶盒式 héshì ～ / カセットテープ.
*【录音机】lùyīnjī 名 テープレコーダー. ㊣ 台, 架, 个.
【录影】lù//yǐng ⇀【录像】lù//xiàng
【录用】lùyòng 動 任用する. 採用する.
【录制】lùzhì 動 録音〔録画〕して制作する.

赂 lù ◇◆ ①財物を贈る. ¶贿 huì ～ / 賄賂を贈る. ②財物 ;(特に) 贈られた金品.

鹿 lù 名〈動〉シカ. ㊣ 只 zhī, 头. ‖姓

【鹿角】lùjiǎo 名 ① 雄ジカの角. 鹿角(ろっかく). ►薬用にする. ② 鹿砦(ろくさい). 逆茂木(さかもぎ).
【鹿皮】lùpí 名 シカの皮. シカ革.
【鹿茸】lùróng 名〈中薬〉鹿茸(ろくじょう). (シカの) 袋角. ►滋養強壮剤に用いる.
【鹿死谁手】lù sǐ shéi shǒu 〈成〉天下をとるのはだれか ;(スポーツ競技で) いずれの方に軍配が上がるか.

绿 lù 字義は"绿 lǜ"に同じ. "绿林 lùlín""绿营 lùyíng"↓などの語に用いる. ►► lǜ

【绿林】lùlín 名 緑林(りょくりん). 山間などをねじろにした野盗やゲリラ.

L

【绿营】lùyíng 名〈史〉緑営(りょくえい)．清代に漢族で組織した軍隊．

禄 lù 名〈旧〉官吏の俸給．¶高官厚～／官位が高くて俸給が多い．
◇ 幸い．¶福 fú～／幸福．‖姓

碌 lù ◇ ①(人が)平凡である．¶庸 yōng～／凡庸．②仕事が繁雑である．¶忙 máng～／多忙．

【碌碌】lùlù 形 ①平凡である．¶庸庸 yōngyōng～／平々凡々．②あくせく働いている．

****路** lù ❶名 ①道．道路．量 条 tiáo．②道のり．¶～不远／道のりは遠くない．¶三里～／3里(の道のり)．③(～儿)手だて．方法．¶你找 zhǎo 他帮帮忙，他有～儿／彼に手伝ってもらいなさい，彼には手だてがあるから．
❷量 ①路線．ルート．¶七～公共汽车 gōnggòng qìchē／7番(系統)のバス．②種類．等級．¶二三～角色 juésè／二流，三流の役者．¶一～人／同じタイプの人．
◇ ①筋道．¶思～／考える筋道；文の構想．②地区．方面．¶外～人／よそ者．‖姓

【路霸】lùbà 名 道路に私的に検問所や関所を設け，金を徴収する地方のボス．

【路标】lùbiāo 名 道路標識．道しるべ．

【路不拾遗】lù bù shí yí〈成〉落とし物を自分のものにしない；社会秩序がよい．

【路程】lùchéng 名 道のり．行程．¶整整 zhěngzhěng 两天的～／まる2日の道のり．

【路倒】lùdǎo 名(～儿)行き倒れ．

【路道】lùdào 名〈方〉①(人間として踏み行うべき)道，行い．品行．行状．②手づる．コネ．

【路灯】lùdēng 名 街灯．

【路段】lùduàn 名 鉄道・ハイウエーのひと区切り．線区．

【路费】lùfèi 名 旅費．

【路轨】lùguǐ 名 レール．軌道．

*【路过】lùguò 動 通過する．経由する．通りかかる．¶每天上班都～这家商店／会社に行く途中，毎日必ずこの店を通りかかる．

【路徽】lùhuī 名(中国の)鉄道マーク．►機関車とレールの断面を図案化したもの．

【路劫】lùjié 動 追いはぎをする．

【路警】lùjǐng 名〈略〉鉄道警察．

【路径】lùjìng 名 ①(目的地に到達する)道，道路．¶～不熟 shú／道をよく知らない．②方法．手段．

【路局】lùjú 名〈略〉鉄道管理局；道路管理局．

【路考】lùkǎo 動 自動車免許で実技試験をする〔受ける〕．

*【路口】lùkǒu 名(～儿)道の交差する所．¶十字 shízì～／四つ辻．

【路矿】lùkuàng 名 鉄道と鉱山の併称．

【路面】lùmiàn 名 路面．¶～光滑 guānghuá／路面がつるつるである．

【路牌】lùpái 名 道しるべ．道標．

【路卡】lùqiǎ 名(検査・徴税の)関所．検問所．

【路签】lùqiān 名(鉄道の)通票．タブレット．

【路人】lùrén 名 道行く人．赤の他人．¶把她当作～看待／彼女を赤の他人として扱う．

*【路上】lùshang 名 路上；道中．途中．¶～堆 duī 着一大堆白菜／道に白菜が山積みされている．¶～多多保重 bǎozhòng／道中，ご自愛のほどを．

【路数】lùshù 名 ①→【路子】lùzi ②(武術の)手．③内情．

【路途】lùtú 名 道；道程．¶～遥远 yáoyuǎn／道のりが非常に遠い．

*【路线】lùxiàn 名量 条 tiáo．①道筋．道順．¶旅游 lǚyóu～／旅行のコース．②(思想・政治・政治活動上の)路線．

【路遥知马力，日久见人心】lù yáo zhī mǎlì, rì jiǔ jiàn rénxīn〈諺〉道が遠ければ馬の力が分かり，月日が経てば人の心を知る．馬には乗ってみよ，人には添うてみよ．

【路障】lùzhàng 名 路上障害物．バリケード．

【路子】lùzi 名 ①(目的を達するための)方法，手段．②(利用できる)手づる，コネ．¶没有～／手づるがない．

漉 lù 動 ①こす．¶～油 yóu／油をこす．②徐々にしみ込む．したたる．

【漉网】lùwǎng 名(製紙用の)こし網．

辘 lù "辘轳 lùlú""辘辘 lùlù"⬇という語に用いる．

【辘轳】lùlú 名 ①井戸水を汲み上げるろくろ．②ウインチ．

【辘辘】lùlù 擬〈書〉①《車輪のきしむ音》ごろごろ．②《腹がすいたときに鳴る音》ぐうぐう．

戮 lù ◇ ①殺す．¶杀 shā～／殺戮(さつりく)(する)．②(力を)合わす．

【戮力同心】lù lì tóng xīn〈成〉一致協力する．

璐 lù 名〈書〉美しい玉(ぎょく)．

鹭 lù ◇ サギ．

【鹭鸶】lùsī 名〈鳥〉サギ．

***露** lù ①動 現れる．現す．さらけ出す．¶脸上～出为难 wéinán 的样子／困ったような顔つきをする．②名 露．►俗に"露水 lùshui"という．
◇ シロップ．¶果子 guǒzi～／シロップ．⏩ lòu

【露骨】lùgǔ 形 露骨である．むきだしである．

【露酒】lùjiǔ 名 果実酒．花酒．

【露水】lùshui ①名 露(つゆ)．量 滴 dī．¶下～／露が降りる．②形 かりそめの．¶～夫妻 fūqī／かりそめの夫婦．

【露宿】lùsù 動 野宿する．ビバークする．

【露天】lùtiān ①名 屋外．野外．②形 露天の．屋根のない．¶～电影院／野外映画館．

【露头角】lù tóujiǎo〈慣〉頭角を現す．

【露营】lù//yíng 動 ①〈軍〉露営する．②野営する．

【露珠】lùzhū 名 露の玉．

lü (ㄌㄩ)

2声 **驴**(驢) lú 名〈動〉ロバ．量 头，条．

【驴唇不对马嘴】lú chún bù duì mǎ zuǐ〈諺〉(言うことが)ちぐはぐである；(物事が)つじつまが合

わない.
【驴打滚】lúdǎgǔn 名(～儿) 1〈方〉(高利貸の一種)利息に利息がついてふくらむ暴利. 2〈料理〉キビの粉で作った菓子.
【驴肝肺】lúgānfèi 名〈罵〉役立たず；無用なもののたとえ. ¶好心当作～ / 好意を無にする.
【驴脸】lúliǎn 名 1(ロバの顔の意から)馬づら. 2すぐに怒る人.
【驴骡】lúluó 名〈動〉駃騠(けってい). 雄馬と雌ロバとの交配でできたラバの一種.
【驴年马月】lú nián mǎ yuè 〈成〉〈諧〉いつのことやら. いつになるかわからない.
【驴子】lúzi 名〈方〉ロバ.

闾 lǘ ◇◆ ①村里. ②村里の門. ③横町. 隣近所. ‖姓

【闾里】lǘlǐ 名〈書〉郷里. 村里.
【闾巷】lǘxiàng 名〈書〉路地. 横町.

吕(呂) lǚ 名 1 中国古代の音階. ⇒【律吕】lǜlǚ 2(Lǚ)〈史〉呂(ろ). ►昔の国名. 今の山東省にあった. ¶～剧 jù / 山東省の地方劇の一つ. 呂劇. ‖姓

侣 lǚ ◇◆ 連れ. 仲間. ¶伴 bàn ～ / 伴侶. ¶旧 jiù ～ / 古い仲間. ¶情 qíng ～ / アベック. ‖姓

捋 lǚ 動 しごく. ¶～胡子 húzi / ひげをしごく. ¶～麻绳 máshéng / 麻ひもをしごく. ⯈ luō

旅 lǚ 名 旅団.
◇◆ ①旅をする. ¶行 xíng ～ / 旅人. 旅行する. ②軍隊. ¶强兵劲 jìng ～ / 精鋭部隊. ③共に. ¶→～进～退 tuì.

【旅伴】lǚbàn 名(～儿)旅の道連れ.
【旅程】lǚchéng 名 旅程.
【旅店】lǚdiàn 名 旅館. 宿屋.
【旅费】lǚfèi 名 **旅費**.
【旅馆】lǚguǎn 名 **旅館**. 量 个,家. 参考 ホテル形式の設備の優れたものには"饭店 fàndiàn""宾馆 bīnguǎn""酒店 jiǔdiàn"などを用いる.
【旅进旅退】lǚ jìn lǚ tuì 〈成〉自分の主張がなく,他人に追随する.
【旅居】lǚjū 動 外国に居住する. 他郷に寄寓する.
【旅客】lǚkè 名 **旅客**. ¶～登记簿 dēngjìbù / 宿帳(やどちょう)；旅客者名簿.
【旅社】lǚshè 名 **旅館**. 量 个,家. 参考 旅館の屋号に用いることが多く,"饭店"に比べると規模は小さく,庶民的な宿屋.
【旅途】lǚtú 名 **旅行の途中. 道中**. ¶祝 zhù 你～愉快！/ どうぞ楽しい旅を.
【旅行】lǚxíng 動 **旅行する**. ¶去美国 Měiguó ～ / アメリカを旅行する.
【旅行社】lǚxíngshè 名 旅行代理店.
【旅行支票】lǚxíng zhīpiào 名 トラベラーズチェック.
【旅行指南】lǚxíng zhǐnán 名 旅行ガイドブック.
【旅游】lǚyóu 動 **観光する. 旅行する**. ¶去年他们到苏州 Sūzhōu ～了一次 / 去年彼らは1度蘇州に観光に行った.
【旅游车】lǚyóuchē 名 観光バス.
【旅游点】lǚyóudiǎn 名 観光名所. 観光スポット.
【旅游胜地】lǚyóu shèngdì 名 観光地.
【旅游鞋】lǚyóuxié 名 スニーカー.

铝 lǚ 名〈化〉アルミニウム. Al. ¶～合金 héjīn / アルミ合金.

【铝窗框】lǚchuāngkuàng 名 アルミサッシ.
【铝箔】lǚbó 名 アルミ箔.
【铝土矿】lǚtǔkuàng 名〈鉱〉ボーキサイト.

屡(屢) lǚ ◇◆ しばしば. 何度も. ¶～战 zhàn ～胜 shèng / 連戦連勝.

【屡次】lǚcì 副 何度も. しばしば. ¶～失败 shībài / たびたび失敗した.
【屡次三番】lǚ cì sān fān 〈成〉何度も何度も.
【屡见不鲜】lǚ jiàn bù xiān 〈成〉しょっちゅう見かけて珍しくもない.
【屡教不改】lǚ jiào bù gǎi 〈成〉何度注意しても改めない.
【屡屡】lǚlǚ 副 しばしば. たびたび.
【屡试不爽】lǚ shì bù shuǎng 〈成〉何度試験を繰り返しても確実だ.

缕(縷) lǚ 量 **細い糸状のもの**を数える. ¶一～头发 tóufa / 髪の毛ひと筋. ¶一～情丝 qíngsī / (切っても切れない長い)愛のつながり.
◇◆ ①糸. ¶身无寸 cùn ～ / 身に一糸もまとっていない. ②筋道を立てて詳しく. ¶→～析 xī.

【缕缕】lǚlǚ 形 ひと筋ひと筋と続いて絶えない.
【缕述】lǚshù 動〈書〉詳しく述べる.
【缕析】lǚxī 動 詳しく分析する. ¶条分 tiáo fēn ～ / こと細かに分析する.

褛(褸) lǚ "褴褛 lánlǚ"(〈書〉衣服がぼろぼろであること)という語に用いる.

履 lǚ ◇◆ ①靴. ¶衣 yī ～ / 服と靴. 身なり. ②歩く；歩み. ¶步 bù ～ / 歩行する. ③履行する. 実践する. ¶→～约 yuē.

【履带】lǚdài 名〈機〉(戦車・トラクターなどの)キャタピラー. ►"链轨 liànguǐ"とも.
【履历】lǚlì 名 **履歴(書)**. ¶填写 tiánxiě 一份 fèn ～ / 履歴書を書く. ¶～表 / 履歴書. ¶～书 / 履歴書.
【履险如夷】lǚ xiǎn rú yí 〈成〉危機を無事に切り抜ける.
【履行】lǚxíng 動(約束・義務などを)**履行する**,実行する. ¶～诺言 nuòyán / 約束を果たす. ¶～合同 hétong / 契約を履行する. ¶～手续 shǒuxù / 手続きを踏む.
【履约】lǚyuē 動〈書〉約束を果たす.

4声 **律** lù ◇◆ ①規則. ¶规 guī ～ / 法則. ②中国古代の音階. ¶→～吕 lǚ. ③(伝統的な詩の形式の一種)律詩. ¶五～ / 五言律詩. ④律する. ¶→～己 jǐ. ‖姓

【律己】lùjǐ 動 おのれを律する.
【律吕】lùlǚ 名〈音〉音階. 楽律. ►"六律"と"六吕"に分け,併せて"十二律"と称した.
*【律师】lùshī 名〈法〉**弁護士**.
【律诗】lùshī 名〈文〉律詩. ►伝統的な詩の形式の一種. 平仄(ひょうそく)をととのえ,8句から成る.
【律条】lùtiáo 名 法律(の条項).

L

虑（慮）**lǜ** ◇◆ ①深く考える．¶考 kǎo ～ / 考慮する．②心配する．¶过～ / 思い過ごす．

率 **lǜ** ◇◆ 比率．割合．歩合．¶效 xiào ～ / 能率．¶速 sù ～ / 速度．¶出勤 chūqín ～ / 出勤率．⏩ shuài

****绿** **lǜ** 形 緑である．¶树叶 shùyè 都～了 / 木の葉がすっかり青くなった．⏩ lù

【绿宝石】**lǜbǎoshí** 名〈鉱〉エメラルド．

【绿茶】**lǜchá** 名 緑茶．►"龙井 lóngjǐng"が特に有名．

【绿葱葱】**lǜcōngcōng** 形（～的）青々としている．

【绿灯】**lǜdēng** 名（交通の）青信号；〈転〉ゴーサイン．¶开～ / ゴーサインを出す．

【绿豆】**lǜdòu** 名〈植〉リョクトウ．

【绿豆汤】**lǜdòutāng** 名 リョクトウを煮て作ったスープ．►暑気払いの飲料で，日本の汁粉のようなもの．

【绿豆蝇】**lǜdòuyíng** 名〈虫〉キン〔ギン〕バエ．

【绿化】**lǜhuà** 動 緑化する．¶～山区 shānqū / 山地を緑化する．¶城市 chéngshì ～ / 都市の緑化．¶～带 dài / グリーンベルト．

【绿卡】**lǜkǎ** 名（アメリカなどの）グリーンカード，永住許可証．

【绿蓝色】**lǜlánsè** 名 青緑色．

【绿篱】**lǜlí** 名 生け垣．

【绿帽子】**lǜmàozi** 名〈俗〉妻を寝取られた男．►"绿头巾 tóujīn"とも．

【绿茸茸】**lǜrōngrōng** 形（～的）やわらかで青々としている．¶～的草地 / 青々とした芝生．

【绿色】**lǜsè** ① 名 緑色．¶～植物 zhíwù / 緑色植物．② 形 エコロジーの．¶～家电 jiādiàn / エコ家電．

【绿色包装】**lǜsè bāozhuāng** 名 環境にやさしい包装．

【绿色标志】**lǜsè biāozhì** 名 グリーンラベル．エコマーク．

【绿色食品】**lǜsè shípǐn** 名 エコ食品．自然食品．

【绿色通道】**lǜsè tōngdào** 名（老人などの）優先通路；〈転〉簡素化した手続き．優先措置．

【绿松石】**lǜsōngshí** 名〈鉱〉トルコ石．ターコイズ．

【绿叶】**lǜyè** 名 青葉．若葉．

【绿衣使者】**lǜyī shǐzhě** 名 郵便配達員．

【绿阴】**lǜyīn** 名 木陰．

【绿茵】**lǜyīn** 名 緑の草地；芝生．¶～场 chǎng / 芝生のグラウンド；（特に）サッカー場．

【绿莹莹】**lǜyīngyīng** 形（～的）青々と光っている．

【绿油油】**lǜyōuyōu** 形（～的）青くてつやつやしている．¶～的韭菜 jiǔcài / 青くつやつやしたニラ．

【绿洲】**lǜzhōu** 名 オアシス．

氯 **lǜ** 名〈化〉塩素．Cl.

【氯仿】**lǜfǎng** 名〈化〉クロロフォルム．

【氯化钠】**lǜhuànà** 名〈化〉塩化ナトリウム．食塩．

【氯化氢】**lǜhuàqīng** 名〈化〉塩化水素．

【氯纶】**lǜlún** 名〈紡〉塩化ビニール．

【氯霉素】**lǜméisù** 名〈薬〉クロロマイセチン．

【氯气】**lǜqì** 名〈化〉塩素．►"氯"の通称．

滤（濾）**lǜ** 動 こす．濾過(ろか)する．¶～去杂质 zázhì / 不純物をこし取る．

【滤光镜】**lǜguāngjìng** 名（カメラの）フィルター．

【滤过性病毒】**lǜguòxìng bìngdú** 名〈医〉濾過(ろか)病原体．ウイルス．

【滤器】**lǜqì** 名 濾過器．フィルター．

【滤色镜】**lǜsèjìng** 名〈物〉（カメラの）フィルター．

【滤纸】**lǜzhǐ** 名 濾紙(ろし)．

luan（ㄌㄨㄢ）

2声

峦（巒）**luán** ◇◆ 山並み．山々．¶岗 gǎng ～ / ゆるやかな山々．

孪（孿）**luán** ◇◆ 双子．¶～子 / 双子．

【孪生】**luánshēng** 形 双子の．双生児の．¶～子 / 双子．

挛（攣）**luán** ◇◆（手足が）ひきつる．¶拘 jū ～ / （手足が）かじかむ．¶痉 jìng ～ / 痙攣(けいれん)（する）．

【挛缩】**luánsuō** 動 痙攣する．

鸾（鸞）**luán** 名 伝説中の鳳凰(ほうおう)に類した霊鳥．

【鸾凤】**luánfèng** 名〈喩〉夫婦．

3声

卵 **luǎn** ◇◆ 卵；卵子．注意 食用の鶏卵は"鸡蛋 jīdàn"という．

【卵巢】**luǎncháo** 名〈生理〉卵巣．

【卵磷脂】**luǎnlínzhī** 名〈生理〉レシチン．

【卵石】**luǎnshí** 名〈建〉玉石．

【卵翼】**luǎnyì** 動〈貶〉庇護(ひご)する．

【卵子】**luǎnzǐ** 名〈生理〉卵子．

【卵子】**luǎnzi** 名〈方〉（人間の）睾丸．

4声

****乱**（亂）**luàn** ❶ 形 ① 乱れている．秩序がない．¶屋里很～ / 部屋が散らかっている．②（気持ちが）不安定で落ち着かない．¶心里～得很 / 落ち着かなくていらいらする．

❷ 副 むやみに．やたらに．¶～吃 chī / やたらに食べる．¶～提 tí 意见 yìjian / むやみやたらに意見を言う．

◇◆ ①混乱させる．¶→～真 zhēn．¶捣 dǎo ～ / 騒動を起こす．②武装騒乱．¶变 biàn ～ / 戦乱．¶叛 pàn ～ / 武装反乱を起こす．③みだらな男女関係．¶淫 yín ～ / 男女関係がみだらである．

【乱兵】**luànbīng** 名 反乱兵；敗走兵．

【乱成一团】**luàn chéng yī tuán** 〈成〉物事が極度に混乱するさま．►"乱作 luàn zuò 一团"とも．

【乱纷纷】**luànfēnfēn** 形（～的）入り乱れる．ごった返している．

【乱搞】**luàngǎo** 動 ① でたらめをする．② 婚外の性交渉をもつ．

【乱哄哄】**luànhōnghōng** 形（～的）がやがや騒がしい．

【乱伦】**luànlún** 動 近親相姦(かん)をする．

【乱码】**luànmǎ** 名〈電算〉文字化け．

【乱蓬蓬】luànpēngpēng 形(～的)髪・ひげ・草などが乱れて生えている.
【乱七八糟】luàn qī bā zāo (～的)〈成〉ひどく混乱している. めちゃくちゃである.
【乱世】luànshì 名 乱世.
【乱说】luànshuō 動 無責任なことを言う.
【乱弹琴】luàn tánqín 〈慣〉むちゃくちゃをする. でたらめを言う.
【乱套】luàn//tào 動〈口〉めちゃめちゃになる.
【乱腾腾】luànténgténg 形(～的)乱れている;騒々しい.
【乱用】luànyòng 動 濫用する. ¶不要～药物 yàowù / 薬を濫用するな.
【乱杂】luànzá 形 ごちゃごちゃしている.
【乱葬岗子】luànzàng gǎngzi 名 無縁墓地.
【乱糟糟】luànzāozāo 形(～的)物事が混乱して秩序がない;気がむしゃくしゃしている.
【乱真】luànzhēn 動(書画や骨董品の模倣が上手で)本物と見分けがつかない.
【乱子】luànzi 名 騒ぎ. 悶着. 事故. ¶闹 nào～ / 騒ぎを起こす. ¶出～ / 事故が起こる.

lüe (ㄌㄩㄝ)

掠 lüè 動 かすめる. かすっていく. ¶燕子 yànzi ～过水面 / ツバメが水面をかすめていく. ¶脸上～过一丝 sī 微笑 wēixiào / 顔にかすかに笑みを浮かべた.
◇◆ ①略奪する. ¶劫 jié～ / 強奪する. ②(棒やむちで)打つ. ¶拷 kǎo～ / 拷問にかける.
【掠地飞行】lüèdì fēixíng 名 地面すれすれの飛行. 超低空飛行.
【掠夺】lüèduó 動 略奪する.
【掠美】lüè//měi 動〈書〉他人の功績をかすめ取る. ►"掠人之 zhī 美"とも.
【掠取】lüèqǔ 動 かっぱらう. 略奪する.
【掠影】lüèyǐng 名 ざっと見た印象. スナップ. ►題名に多く用いられる. ¶访日 fǎng Rì～ / 日本訪問記.

略(畧) lüè ①形(↔详 xiáng)簡単である. 簡略である. ¶这篇 piān 报道 bàodào 写得太～了 / この報道はあまりにも簡単だ. ②動 省略する. 簡略化する. ¶～掉 diào 文章 wénzhāng 的说明部分 / 文章の説明部を省略する.
◇◆ ①あらましの記述. ¶要 yào～ / 概略. ②はかりごと. ¶策 cè～ / 策略. ¶谋 móu～ / 計略. ③奪う. ¶侵 qīn～ / 侵略する.
【略而不谈】lüè ér bù tán 〈成〉省略して言わない.
【略见一斑】lüè jiàn yī bān 〈成〉(物事の)一部分が見える. かいま見える.
【略略】lüèlüè 副 わずかに. 少しばかり. ¶这个计划 jìhuà 只要～修改 xiūgǎi 一下就行 / この計画はほんのちょっとだけ手直しすれば結構だ.
【略去】lüèqù 動 省略する.
【略胜一筹】lüè shèng yī chóu 〈成〉やや優れている. 多少勝っている.
【略微】lüèwēi 副 わずかに. 少しばかり.
【略为】lüèwéi 副〈書〉やや. いくらか.
【略语】lüèyǔ 名 略語.
【略知一二】lüè zhī yī èr 〈成〉多少は知っている.

lun (ㄌㄨㄣ)

1声

抡(掄) lūn 動 振り回す. ¶～拳 quán / こぶしを振り回す.

2声

仑(侖) lún 名〈古〉条理. 筋道.

伦(倫) lún ◇◆ ①人と人との間柄. ¶天～ / 親子兄弟などの関係,秩序. ②条理. 順序. ¶→～次 cì. ③同類. たぐい. ¶不～不类 lèi / (どっちつかずで)さまにならない. ‖姓
【伦巴】lúnbā 名〈音〉ルンバ.
【伦比】lúnbǐ 動〈書〉同等である. 匹敵する.
【伦常】lúncháng 名 倫常. 人倫の道.
【伦次】lúncì 名(言葉の)論理. 順序. ¶语无～ / 話がしどろもどろである.
【伦敦】Lúndūn 名〈地名〉ロンドン.
【伦理】lúnlǐ 名 倫理. ¶～学 / 倫理学.
【伦琴】lúnqín 量(X線の強さの単位)レントゲン. ¶～射线 shèxiàn / レントゲン線. X線.

论(論) lún "论语 Lúnyǔ"⊕という語に用いる. ►► lùn
【论语】Lúnyǔ 名 論語.

沦(淪) lún ◇◆ ①沈む. ¶沉 chén～ / 沈没する. ②没落する. 陥る. ¶→～落 luò.
【沦落】lúnluò 動 ①没落する. 流浪する. ②〈書〉すたれる.
【沦丧】lúnsàng 動 消えてなくなる.
【沦亡】lúnwáng 動 ①(国家が)滅亡する,滅びる. ②すたれる.
【沦为】lúnwéi 動 落ちぶれて…となる. ¶～乞丐 qǐgài / 乞食に成り果てる.
【沦陷】lúnxiàn 動 陥落する. 占領される. ¶～区 qū / 被占領地区.

纶(綸) lún 名 ①〈古〉青い絹のひも. ②〈古〉釣り糸.
◇◆ 合成繊維. ¶涤 dí～ / テリレン. ポリエステル系合成繊維.

***轮**(輪) lún ❶動 順番にやる. (…の)順番にあたる. ¶三个人～着干活儿 gànhuór / 3人が交代で仕事をする. ¶该 gāi～到谁了? / だれの番だい.
❷量 ①循環する事物や動作についていう. ¶头～电影 / 封切り映画. ¶我比他大一～ / 私は彼よりひとまわり年上だ. ②太陽と月を数えるのに用いる. ¶一～红日 / 赤い太陽. ¶一～明月 / 名月.
❸名(～儿)車輪. ¶齿 chǐ～儿 / 歯車.
◇◆ ①車輪に似たもの. ¶日～ / 太陽. ¶年～ / 年輪. ②汽船. ¶→～渡 dù.
【轮班】lún//bān 動(～儿)交替勤務をする. ¶～值勤 zhíqín / 交替で勤務する.
【轮拨儿】lún//bōr 動〈口〉組に分かれて交替する. ¶～休息 / 交替で休憩する.
【轮唱】lúnchàng 動〈音〉輪唱する.

【轮齿】lúnchǐ 名〈機〉歯車の歯.
*【轮船】lúnchuán 名 **汽船**. ¶～交货 jiāohuò / 汽船渡し. F.O.S.
【轮次】lúncì ①副 順番. 順繰りに. ¶～入内 rùnèi / 順繰りに中に入る. ②名 一回りする回数. 番が回ってくる回数. ¶一个～ / 一回り.
【轮带】lúndài 名 タイヤ. (量) 条 tiáo.
【轮到】lún//dào 動+結補 **…の番になる**. ¶这回～你了 / こんどは君の番だ.
【轮渡】lúndù 名 連絡船. フェリーボート.
【轮番】lúnfān 副 代わる代わる. ¶～值班 zhíbān / 順番に当直する.
【轮辐】lúnfú 名 車輪の輻(や). スポーク.
【轮换】lúnhuàn 動 順番に交替する.
【轮回】lúnhuí ①名〈仏〉輪廻(りんね). ►"轮迴"とも書く. ②動 循環する. ¶四季～ / 四季はめぐる.
【轮机】lúnjī 名〈機〉①タービン. ►"涡轮机 wōlúnjī"の略称. ②汽船のエンジン. ¶～员 yuán / 機関士.
【轮奸】lúnjiān 動 輪姦(りんかん)する.
【轮空】lúnkōng 動〈体〉(トーナメントで)不戦勝になる.
【轮廓】lúnkuò 名 輪郭;物事のあらまし. アウトライン. ¶拟订 nǐdìng 一个计划 jìhuà ～ / 計画のあらましを作る.
【轮流】lúnliú 動 **順番にする**. 代わる代わるする. ¶～值日 zhírì / 順番に日直をする.
【轮盘】lúnpán 名(船などの)ハンドル.
【轮胎】lúntāi 名 タイヤ. ¶～爆 bào 了 / タイヤがパンクした.
【轮辋】lúnwǎng 名 リム. 車輪の外縁.
【轮休】lúnxiū 動 ①〈農〉休耕する. ②順番に休む.
【轮训】lúnxùn 動(幹部などを)順繰りに訓練する.
【轮椅】lúnyǐ 名 車椅子.
【轮值】lúnzhí 動 順番に当番をする. ¶～扫除 sǎochú / 掃除を順番に受け持つ.
【轮转】lúnzhuàn 動(車のように)くるくる回る. ¶～印刷机 yìnshuājī / 輪転印刷機.
【轮子】lúnzi 名 車輪. 歯車. (量) 个.
【轮作】lúnzuò 名〈農〉輪作.

4声 *论(論) lùn 前 ①《量詞と組み合わせて,ある単位を計算の基準とすることを表す》…で. …によって. ¶～斤 jīn 卖 / 目方で売る. はかり売りをする. ②《見積もりや評価の基準を表す》**…についていえば**. ¶～成绩 chéngjì,他数 shǔ 第一 / 成績についていえば,彼が1番だ.
◇◆ ①論じる. 述べる. ¶就事～事 / 事実そのものについて論ずる. ②理論. 学説. ③評定する. ¶→～罪 zuì. ‖姓
注意 《论语 Lúnyǔ》の場合のみ lún と発音.
▸▸ lún
【论处】lùnchǔ 動 処罰を定める.
【论敌】lùndí 名 論敵. 論争相手.
【论点】lùndiǎn 名 論点.
【论调】lùndiào 名〈貶〉言いぐさ.
【论断】lùnduàn 動 **論断する**.
【论功行赏】lùn gōng xíng shǎng 〈成〉論功行賞. 功績に応じて褒賞を与える.
【论据】lùnjù 名〈論〉論拠. ¶充分 chōngfèn 的～ / しっかりした論拠.
【论理】lùn//lǐ ①動 理非曲直を論じる. ¶跟 gēn 他论论理 / 彼と話をつける. ②副 **理屈からいうと**. 本来ならば. ¶～今天该 gāi 他值班 zhíbān / 本来ならば今日は彼が当直するはずだ. ③名 理屈. 道理. ⇒【逻辑】luójì
【论述】lùnshù 動 **論述する**.
【论说】lùnshuō ①動 論説する. ②副 **理屈からいうと**.
【论坛】lùntán 名 論壇;フォーラム.
*【论文】lùnwén 名 **論文**. (量) 篇 piān. ¶毕业 bìyè ～ / 卒業論文.
【论战】lùnzhàn 動 論戦する. ¶展开 zhǎnkāi ～ / 論戦を展開する.
【论争】lùnzhēng 動 論争する. ¶～的焦点 jiāodiǎn / 論争の焦点.
【论证】lùnzhèng 名 論拠.
【论资排辈】lùn zī pái bèi 〈成〉資格・経歴によって序列を決める. 年功序列による.
【论罪】lùn//zuì 動 罪を問う. ¶依法 yīfǎ ～ / 法に従って罪を問う.

luo (ㄌㄨㄛ)

1声 捋 luō 動(棒状のものを手で)しごく,こする. ¶～起袖子 xiùzi / そでをたくし上げる. ¶～下手镯 shǒuzhuó / 腕輪をはずす. ▸▸ lǚ
【捋胳膊】luō gēbo そでをたくし上げて腕を出す. ¶～挽 wǎn 袖子 xiùzi / そでをまくり,腕をあらわにする;積極的に身を乗り出すしぐさ.
【捋虎须】luō hǔxū 〈慣〉非常に危険である.

啰(囉) luō "啰唆〔嗦〕luōsuo"⬇という語に用いる. ▸▸ luo
【啰唆・啰嗦】luōsuo 形 ①(言葉が)**くだくだしい**,くどい. ¶她说话太～ / 彼女は話がくどすぎる. ②(事が)**こまごましている. 煩わしい**. ¶调动 diàodòng 工作的手续 shǒuxù 真～ / 配置転換の手続きは実に面倒でわずらわしい.

2声 罗(羅) luó ❶名 ①**薄絹**. きめの細かい絹織物. ¶～扇 shàn / 薄絹のうちわ. ②**目の細かいふるい**.
❷動 ふるいにかける. ¶把面粉 miànfěn ～一过儿 / 小麦粉を1回ふるいにかける.
❸量 グロス(12ダース).
◇◆ ①並べる. ¶→～列 liè. ②集める. ¶网 wǎng ～ / (各方面より)人材を招き寄せる. ③鳥網(を張って鳥を捕る). ¶→～网 wǎng. ‖姓
【罗锅】luóguō ❶形 ①〈俗〉(～儿)背骨が曲がっている. ②アーチ型の. ¶～桥 / 太鼓橋. ❷名(～儿)猫背の人.
【罗汉】luóhàn 名〈仏〉羅漢.
【罗汉菜】luóhàncài 名(精進料理の一種)野菜のうま煮.
【罗汉豆】luóhàndòu 名〈方〉〈植〉空豆.
【罗汉果】luóhànguǒ 名〈植〉ラカンカ;〈中薬〉羅漢果.
【罗经】luójīng 名 羅針盤. コンパス.
【罗口】luókǒu 名(肌着・運動着や靴下の)ゴム編み

の伸縮部分.
【罗列】luóliè 動 ①分布する. 陳列する. ②羅列する. 列挙する.
【罗马】Luómǎ 名〈地名〉ローマ.
【罗马公教】Luómǎ gōngjiào 名〈宗〉ローマカトリック教.
【罗马尼亚】Luómǎníyà 名〈地名〉ルーマニア.
【罗马数字】Luómǎ shùzì 名 ローマ数字.
【罗马字】Luómǎzì 名 ローマ字.
【罗曼蒂克】luómàndìkè 形 ロマンチックな. ►"浪漫"とも書く.
【罗曼司】luómànsī 名 ロマンス.
【罗盘】luópán 名 羅針盤.
【罗圈腿】luóquāntuǐ 名 がに股.
【罗网】luówǎng 名 鳥や魚を捕る網. ¶自投 tóu ～ / 墓穴を掘る.
【罗纹】luówén 名 指紋. ►"螺纹"とも書く.
【罗织】luózhī 動〈書〉無実の罪をでっち上げる. ¶～罪名 zuìmíng / 無実の罪に陥れる.
【罗致】luózhì 動 招聘(しょうへい)する. (人材を)招致する.

萝(蘿) **luó** ◇◆ 蔓性植物. ¶藤 téng ～ / フジ.

*【萝卜】luóbo 名〈植〉**ダイコン**. ¶～糕 gāo / ダイコンもち. ¶～苗 miáo / カイワレダイコン. ¶～缨儿 yīngr / ダイコンの葉.

逻(邏) **luó** ◇◆ パトロールする. ¶～骑 qí / 巡察の騎馬隊. ¶～卒 zú / 巡邏(じゅんら)兵.

【逻辑】luóji 名 ①**論理**. ロジック. ¶符合 fúhé ～ / 論理的だ. ②客観的法則. ③→【逻辑学】luójíxué
【逻辑学】luójíxué 名 論理学.

锣(鑼) **luó** 名 **銅鑼**(どら). 量 面. ¶敲 qiāo ～ / 銅鑼を鳴らす.

【锣鼓】luógǔ 名 銅鑼(どら)と太鼓. ►通常,銅鑼·太鼓その他の打楽器を含めていう.

箩(籮) **luó** ◇◆(竹で編んだ)底が四角で口の丸いかご·ざる.

【箩筐】luókuāng 名(竹や柳の枝で編んだ)**かご**. 量 只 zhī,个.

骡(驘) **luó** 名〈動〉ラバ.

【骡子】luózi 名 ラバ.

螺 **luó** ◇◆ ①巻き貝. ニシ. ¶田 tián ～ / タニシ. ②渦状の指紋.

【螺钉】luódīng 名〈機〉ねじ. ねじ釘. ボルト. ¶拧 nǐng ～ / ねじをしめる.
【螺号】luóhào 名 法螺(ほら)貝.
【螺距】luójù 名〈機〉(ねじの)ピッチ. ねじの刻み.
【螺母】luómǔ 名〈機〉ナット.
【螺栓】luóshuān 名〈機〉ボルト.
【螺丝】luósī 名 **ねじ**. **ボルト**. 量 个,颗 kē. ¶～垫 diàn / 座金. ワッシャー. ¶～扣 kòu / ねじ山. ¶～帽 / ナット. ¶～母 / ナット.
【螺蛳】luósī 名〈貝〉ニシ. マキガイ.
【螺丝刀】luósīdāo 名 ねじ回し. ドライバー. ►"改锥"とも.
【螺丝钉】luósīdīng →【螺钉】luódīng
【螺丝起子】luósī qǐzi 名 ねじ回し. ドライバー. ►"改锥"とも.
【螺纹】luówén 名 ①〈機〉ねじ山. ②指紋.
【螺旋】luóxuán 名 螺旋(らせん).
【螺旋桨】luóxuánjiǎng 名〈機〉スクリュー;プロペラ.
【螺旋体】luóxuántǐ 名〈生〉スピロヘータ. 螺旋状菌.
【螺旋推进器】luóxuán tuījìnqì 名〈機〉スクリュー;プロペラ.

3声 **裸** **luǒ** 動 裸になる. むき出しになる. ¶那个女孩子～着双脚 shuāngjiǎo / あの女の子は両足はだしだ.

【裸机】luǒjī 名 ①未加入状態の携帯電話の本体. ②〈電算〉ベアボーン.
【裸露】luǒlù 動 むき出しである. 覆うものがない. ¶～的电线 diànxiàn / 裸の電線.
【裸麦】luǒmài 名〈植〉ハダカムギ.
【裸体】luǒtǐ 名 裸体. 裸. ¶～照片 zhàopiàn / ヌード写真.
【裸线】luǒxiàn 名〈電〉裸線.

4声 **洛** **luò** 地名に用いる. "洛河"は陕西省にある川の名. ‖姓

【洛阳纸贵】luò yáng zhǐ guì〈成〉洛陽の紙価を高める;書物が非常によく売れること.

骆 **luò** 名〈旧〉黒い尾とたてがみの白馬. ‖姓

【骆驼】luòtuo 名〈動〉**ラクダ**. 量 匹 pǐ.
【骆驼绒】luòtuoróng 名 ラシャの一種.

络 **luò** ❶動 ①(網状のものを)かぶせる. ¶头上～着一个发网 fàwǎng / 頭にヘアネットをかぶっている. ②からむ. 巻きつける. ¶线 xiàn ～在一起了 / 糸がからんだ. ❷名〈中医〉経絡. ¶经 jīng ～ / 経絡. ◇◆ 網状のもの. ¶橘 jú ～ / ミカンの筋. ¶丝瓜 sīguā ～ / ヘチマの繊維. ►► lào

【络腮胡子】luòsāi húzi 名(鬢(びん)まで続く)もじゃもじゃのひげ.
【络绎不绝】luò yì bù jué〈成〉往来が頻繁である.

珞 **luò** "珞巴族 Luòbāzú"⬇という語に用いる. ‖姓

【珞巴族】Luòbāzú 名(中国の少数民族)ロッパ(Lhoba)族. ►チベット系山岳少数民族.

***落** **luò** 動 ①**落ちる**. ¶院子里～了好多银杏 yínxìng 叶子 yèzi / 中庭にたくさんのイチョウの葉が落ちた. ②**下がる**. ¶水位 shuǐwèi 已经～下来了 / 水位はすでに下がった. ③**下ろす**. ¶把帘子 liánzi ～下来 / カーテンを下ろす. ④とどまる;残す. ¶脸 liǎn 上～了个疤 bā / 顔に傷あとが残った. ⑤落伍する. ¶～在后面了 / 立ち後れた. ⑥手に落ちる. 帰する. ¶冠军 guànjūn ～到了他的手里 / チャンピオンの座は彼のものになった. ⑦得る. 受ける. ¶～埋怨 mányuàn / 恨まれる.

L

〈◆ ①とどまる所. ¶下～ / ありか. 行方. ¶着 zhuó ～ / 決着. ②集まる所. ¶村 cūn ～ / 村落. ③落ちぶれる. ¶衰 shuāi ～ / 衰微する.
‖姓 ▸▸ là,lào
【落案】luò'àn 動 事件の決着をつける. 判決を下す.
【落榜】luò//bǎng 動(試験に)落第する. 不合格になる.
【落笔】luò//bǐ 動 筆を下ろす. 書き始める.
【落膘】luò//biāo 動(～儿)(家畜が)やせる.
【落差】luòchā 名 落差；隔たり.
【落潮】luò//cháo 動 潮が引く.
【落成】luòchéng 動 落成する. (建築物が)完成する. ¶～典礼 diǎnlǐ / 落成式.
【落槌】luò//chuí 動 ①(オークションで落札時に進行役が)槌で机をたたく；落札する. ②オークションが終わる.
【落得】luòde 動 …という結果になる. あげくの果てに…となる. ¶～一事无成 yī shì wú chéng / 結局なにもできなかった.
【落地】luò//dì 動 ①生まれ落ちる. ¶婴儿 yīng'ér 呱呱 guāguā ～ / 嬰児(ｴｲｼﾞ)がおぎゃあおぎゃあといって生まれ落ちる. ②地面に落ちる. ¶心里一块石头 shítou 落了地 / ほっと胸をなでおろした. ③床にとどく. 床に接する. ¶→～灯 dēng.
【落第】luò//dì 動(科挙試験で"乡试"以上の試験に)落第する；〈転〉(試験に)落ちる. 注意 "落第"は試験に落ちる意味で用いられることもあるが,通常は"不及格 jígé"を用いる. また,進級できない場合の「落第」は"留级"を用いる.
【落地灯】luòdìdēng 名(床に置く)電気スタンド. 床スタンド.
【落地生根】luò dì shēng gēn 〈成〉華僑などが旅先の土地に住みつく.
【落点】luòdiǎn 名 ①(物体の)落ちた位置. ②〈軍〉落下点.
【落发】luò//fà 動 頭を丸めて出家する.
【落好儿】luò//hǎor 動(多く否定形で)ほめられる結果になる.
*【落后】luò//hòu ①動 **後れる**. 落伍する. ¶这个月的工作比原定 yuándìng 计划 jìhuà ～了一天 / 今月の仕事は所定の計画より1日後れた. ②形(↔先进 xiānjìn)**後れをとっている**. 立ち後れている. ¶自然科学方面,我们比较～ / 自然科学の分野で,われわれはやや立ち後れている.
【落户】luò//hù 動 ①(戸籍を移して)定住する. ¶安家 ānjiā ～ / 本籍地以外の場所に住みつく. ②戸籍登録する. 入籍する.
【落花流水】luò huā liú shuǐ 〈成〉こてんこてんに打ちのめされる.
【落花生】luòhuāshēng 名〈植〉ラッカセイ. ►"花生"とも.
【落花有意,流水无情】luòhuā yǒu yì, liúshuǐ wú qíng 〈諺〉落花が思いを寄せても,流れはつれない. 片思いの状態をいう.
【落价】luò//jià 動(～儿)値が下がる.
【落脚】luò//jiǎo 動(～儿)しばらく逗留する.
【落井下石】luò jǐng xià shí 〈成〉人の危急につけこんで打撃を加える.
【落空】luò//kōng 動 当てがはずれる. 目的を達成できない. ¶希望 xīwàng ～ / 望みの綱が切れた.

¶两头～ / 両方ともだめになる.
【落款】luò//kuǎn 動(～儿)落款を押す.
【落雷】luòléi 名〈気〉落雷.
【落泪】luò//lèi 動 涙を流す.
【落落】luòluò 形〈書〉(四字句に用い) ①立ち居振る舞いが鷹揚(ｵｳﾖｳ)である. ¶～大方 / 鷹揚でさっぱりしている. ②人と折り合いが悪い. ¶～寡合 guǎhé / 人との付き合いが嫌いである.
【落寞】luòmò 形 もの寂しい. ►"落漠､落莫"とも書く.
【落墨】luòmò 動〈書〉筆を下ろす. 書き始める. ¶大处 dà chù ～ / 〈成〉大所より着手する.
【落难】luò//nàn 動 災難にあう.
【落魄】luòpò ⇀【落拓】luòtuò
【落圈套】luò quāntào 〈慣〉人の策謀に陥る.
【落日】luòrì 名 落日. 夕日.
【落腮胡子】luòsāi húzi ⇀【络腮胡子】luòsāi húzi
【落色】luò//shǎi 動 色があせる. ⇒【落色】lào//shǎi
【落实】luòshí ❶動 ①**着実になる. 着実にする.** はっきりさせる. ¶到底 dàodǐ 几个人出差 chūchāi 现在还没有～ / 最終的に何人出張するかはまだはっきり決まっていない. ②(政策･法令･計画などを)**実行する**. ¶～政策 zhèngcè / 政策を実行に移す. ❷形〈方〉落ち着いている. ¶任务 rènwu 完成了,我心里才～了 / 任務を達成したので,気持ちがやっと落ち着いた.
【落水】luò//shuǐ 動 水に落ちる；〈喩〉堕落する.
【落水狗】luòshuǐgǒu 名 失脚した悪人.
【落汤鸡】luòtāngjī 名 ぬれねずみ.
【落托】luòtuō ⇀【落拓】luòtuò
【落拓】luòtuò 〈書〉(四字句に用い) ①形 おおらかで細事にこだわらない. ¶～不羁 bùjī / おおらかでこせこせしない. ②動 落ちぶれる. ¶～半生 / 日の目を見ずに半生を送った.
【落网】luò//wǎng 動(犯人が)逮捕される.
【落伍】luò//wǔ 動 落伍する；〈転〉時代遅れになる. ¶这种 zhǒng 电器 diànqì 已经～了 / この種の電気製品はもうすたれた.
【落选】luò//xuǎn 動 落選する.
【落叶归根】luò yè guī gēn 〈成〉舞い散った枯れ葉はその根元に落ちる. 異郷に住む者は終わりにはきっと生まれ故郷に帰る；ものには落ち着くべき所がある.
【落叶松】luòyèsōng 名〈植〉カラマツ. グイマツ.
【落音】luò//yīn 動(～儿)(話や歌声が)終わる.
【落英】luòyīng 名〈書〉①落花. 散った花. ¶～缤纷 bīnfēn / 花が乱れ散る. ②咲いたばかりの花.
【落账】luò//zhàng 動 帳簿に記入する. ¶这笔 bǐ 钱怎么～？/ この金をどういう費目で記帳しますか.
【落座】luò//zuò 動 席につく.

摞 luò

①動 積み上げる. ¶把砖 zhuān ～起来 / れんがを積み上げる. ②量(～儿)積み重ねたものを数える. ¶一～作业本 zuòyèběn / 積み重ねたノート.

軽声 啰(囉) luo

助《用法は"啦 la"にほぼ同じ》►ただし語気はやや軽佻(ｹｲﾁｮｳ). ¶你去就成 chéng ～！/ 君が行ってくれればいいんだよ. ▸▸ luō

m（ㄇ）

呒（嘸）**ḿ** 動〈方〉ない．¶～办法 / 方法がない；しかたない．

【呒啥】ḿshá 動〈方〉なんでもない．何もない．

呣 ḿ 感《疑問を表し》うん？え？ ▸▸ m̀

呣 m̀ 感《承諾を表し》うん． ▸▸ ḿ

ma（ㄇㄚ）

妈 mā 名 ①〈口〉**母親．お母さん．** 注意 親族名称は"哥哥""姐姐"のように重ねた形が普通だが，呼びかけるときは"妈""爸 bà""哥 gē""姐 jiě"の方が普通である．¶～！/（呼びかけて）お母さん．⇨〖娘 niáng〗 比較 ②〈旧〉年配の女性使用人に対する呼称．►姓の後に用いる．¶张～ / 張ばあや．
◇◆ 年齢や世代が上の既婚女性に対する呼称．¶姑 gū ～ /（父方の）おば．

【妈妈】māma 名 ①**お母さん．母親．** ¶这是我～ / こちらが私の母です．¶她～是老师 / 彼女のお母さんは学校の先生です．②〈方〉《年配の女性に対する尊称》

【妈妈儿】māmar 名〈方〉乳房．おっぱい．

【妈咪】māmi 名〈方〉マミー．ママ．

【妈祖】māzǔ 名〈宗〉媽祖(まそ)．航海の平安をつかさどる女神．

抹 mā 動 ①ぬぐう．拭く．¶～玻璃 bōli / ガラスを拭く．②（手でおさえて下方に）ずらす．¶从手腕 shǒuwàn 上～下一副镯子 zhuózi / 腕からブレスレットをはずす．▸▸ mǒ,mò

【抹布】mābù 名 雑巾；ふきん．量 块 kuài．¶用～擦 cā / 雑巾でふく．

【抹脸】mā//liǎn 動〈口〉態度を変える．仏頂面になる．

摩 mā "摩挲 māsa"⬇という語に用いる．▸▸ mó

【摩挲】māsa 動（手で軽く）さする．⇨【摩挲】mósuō

吗 má 代〈方〉何．どんな．►"什么 shénme"に同じ．¶下午干 gàn ～？/ 午後は何をするんですか．¶～都没有 / 何もない．▸▸ mǎ,ma

麻 má ❶形 ①**しびれる．** 感覚が軽く麻痺(まひ)する．¶跪 guì 得太久，腿 tuǐ 都～了 / 長く正座していたので足がしびれた．¶又酸 suān 又～ / すっぱくてかつ（サンショウやコショウなどで）ひりひりする．②（表面が）**ざらざらしている，滑らかでない．** ¶这料子 liàozi 摸 mō 着有点儿～ / この生地はざらざらしている．
❷名 アサ・タイマ・マニラ麻などの総称，またその繊維．
◇◆ ①あばたの．小さな斑点のある．¶→～脸 liǎn．¶→～子 zi．②ゴマ．¶→～油 yóu．¶→～酱 jiàng．‖姓

【麻包】mábāo →【麻袋】mádài

【麻痹】mábì ①名〈医〉麻痺(まひ)．¶小儿 xiǎo'ér ～ / ポリオ．小児麻痺．②形 うっかりする．③動 麻痺させる；油断させる．

【麻布】mábù 名 麻布．量 块．

【麻袋】mádài 名 麻袋．量 条，个．

【麻刀】mádao 名 壁土やしっくいのつなぎとするアサやワラのくず．苆(すさ)．¶～灰 huī / しっくい．

【麻豆腐】mádòufu 名（料理の材料にする）緑豆のおから．

【麻烦】máfan ①形 **煩わしい．面倒である． ¶这批 pī 活儿很～ / これらの仕事はひどく面倒くさい．¶不怕 pà ～ / 面倒がらない．②動 **面倒をかける．** 手数をかける．煩わす．¶这封 fēng 信～你送一送 / ご面倒ですがこの手紙を届けてください．¶对不起，～你了 / お手数をかけてすみません．③名 面倒．❖添 *tiān* ～ / 厄介をかける．¶给你添～了 / どうもお手数をかけました．

【麻纺】máfǎng 名 麻織物．

【麻风】máfēng 名〈医〉ハンセン病．►"痳风"とも書き，"大麻风 dàmáfēng"ともいう．

【麻花】máhuā（～儿）①名 小麦粉をこねて短冊状に切り，2,3本ねじり合わせて油で揚げた菓子．②形〈方〉（生地が弱って）すれて透き通るほど薄い．

【麻黄】máhuáng 名〈植〉マオウ；〈中薬〉麻黄(まおう)．¶～硷 jiǎn /〈薬〉エフェドリン．

【麻将】májiàng 名 **マージャン．** ¶打一圈儿 quānr ～ / マージャンを1チャンする．¶～牌 pái / マージャンのパイ．

【麻酱】májiàng 名〈料理〉ゴマをすりつぶしたペースト状の調味料．►"芝麻酱 zhīmajiàng"とも．

【麻秸】májie 名 麻幹(おがら)．皮をむいた麻の茎．

【麻辣】málà 形 舌がひりひりしびれるように辛い．

【麻雷子】máléizi 名 大音響を出す大型の爆竹．

【麻利・麻力】máli ①形 すばしこい．てきぱきしている．¶手脚 shǒujiǎo ～ / 動作が機敏である．②副〈方〉素早く．はやく．さっさと．

【麻脸】máliǎn 名 あばた面．

【麻木】mámù 形 ①**感覚が麻痺(まひ)する．** しびれている．¶太冷了，脚都冻 dòng 得～了 / ひどく寒くて，足がしびれてしまった．②（行動や反応が）鈍い；無感動である．無頓着である．¶神情 shénqíng ～ / 表情がない．

【麻木不仁】má mù bù rén〈成〉物事に対する反応が鈍く，無感覚・無関心である．

【麻婆豆腐】mápó dòufu 名〈料理〉（四川の大衆料理の一つ）マーボドウフ．

【麻雀】máquè 名 ①〈鳥〉スズメ. ►俗に"家雀儿 jiāqiǎor""老家贼 lǎojiāzéi"という. 量 只 zhī. ② マージャン.
【麻雀虽小, 五脏俱全】máquè suī xiǎo, wǔzàng jù quán 〈諺〉規模は小さくても,必要な機能は完全にそろっている.
【麻绳】máshéng 名(～儿)麻ひも. 麻縄.
【麻酥酥】másūsū 形(～的)軽くしびれる. ぴりぴりする. ¶手冻 dòng 得～的 / 寒さで手がしびれる. ¶舌头 shétou ～的 / 舌がひりひりする.
【麻线】máxiàn 名(～儿)麻糸.
【麻药】máyào 名〈口〉麻酔薬.
【麻油】máyóu 名 ゴマ油.
【麻渣】mázhā 名 亜麻仁油やゴマ油を搾り取ったあとのかす.
【麻疹】mázhěn 名〈医〉麻疹. はしか. ❖出 chū ～ / はしかにかかる.
【麻织品】mázhīpǐn 名 麻織物. リンネル.
【麻子】mázi 名 ① あばた. ② あばたのある人.
【麻醉】mázuì 動 ①〈医〉麻酔をかける. ¶施行 shīxíng 局部〔全身〕～ / 局部〔全身〕麻酔をする. ②〈喩〉麻痺させる.

3声 ＊＊ **马**(馬) **mǎ** 名 ①〈動〉ウマ. 量 匹 pǐ. ¶骑～ / 馬に乗る. ② 中国将棋の駒の一つ. ►日本の将棋の桂馬のように動く.
◇◆ ①(Mǎ) マレーシア. ¶～华文学 / マレーシアの中国語文学作品. ②大きい. ¶～蝇 yíng / ウマバエ. ¶→～蜂 fēng. ‖姓

ㄱ 马 马

【马鞍】mǎ'ān 名 ウマの鞍；鞍の形をしたもの.
【马鞭】mǎbiān 名(～子)ウマを御すむち. ¶挥 huī ～ / (ウマに)むちをふるう.
【马表】mǎbiǎo 名 ストップウォッチ. 量 块,只.
【马鳖】mǎbiē 名〈動〉ヒル. チスイビル. ►"水蛭"の通称. 量 只 zhī.
【马不停蹄】mǎ bù tíng tí 〈成〉少しも止まらず前進する；忙しく立ち回る.
【马车】mǎchē 名 馬車；(ウマやロバで引く)荷車. 量 辆 liàng.
【马刺】mǎcì 名(乗馬靴の)拍車.
【马褡子】mǎdāzi 名 ウマの背に振り分けて掛ける布製の袋. サドルバッグ.
【马达】mǎdá 名〈機〉モーター. 量 台,个.
【马达加斯加】Mǎdájiāsījiā 名〈地名〉マダガスカル.
【马大哈】mǎdàhā 〈慣〉間が抜けている. ぼんくらだ；間抜け. いいかげんな奴. ►"马马虎虎 mǎmǎhūhū"(いいかげん),"大大咧咧 dàdaliēliē"(なげやり),"嘻嘻哈哈 xīxīhāhā"(へらへら)の合成語.
【马刀】mǎdāo 名 騎兵の軍刀.
【马到成功】mǎ dào chéng gōng 〈成〉着手すればたちどころに成功する.
【马灯】mǎdēng 名 防風防水の手提げ用の石油ランプ. ►夜間, ウマに掛けることから. 量 盏 zhǎn.
【马镫】mǎdèng 名 あぶみ.
【马店】mǎdiàn 名 荷駄隊を泊める宿.
【马兜铃】mǎdōulíng 名〈植〉ウマノスズクサ；〈中薬〉馬兜鈴(ばとうれい).
【马队】mǎduì 名 ①(荷物を運ぶ)荷駄隊. ② 騎兵隊.
【马尔代夫】Mǎ'ěrdàifū 名〈地名〉モルジブ.
【马耳他】Mǎ'ěrtā 名〈地名〉マルタ.
【马粪纸】mǎfènzhǐ 名 ボール紙. 板紙. 馬糞紙.
【马蜂】mǎfēng 名〈虫〉スズメバチ.
【马革裹尸】mǎ gé guǒ shī 〈成〉馬の皮で死体を包む；戦死する.
【马褂】mǎguà 名(～儿)〈旧〉男性用の中国服の短い上着. ►長衣の上に着て礼服とする.
【马号】mǎhào 名 ① 騎兵隊用のやや細長いラッパ. ②〈旧〉(役所の)馬屋.
【马赫】mǎhè 名〈物〉マッハ.
【马后炮】mǎhòupào 〈慣〉後の祭り. 手後れ.
＊【马虎】mǎhu 形 そそっかしい. いい加減だ〔にする〕. ¶不能～了事 liǎoshì / いい加減に事をすませてはいけない. ►"马糊"とも書く.
【马脚】mǎjiǎo 名〈喩〉〈貶〉馬脚. ぼろ. ¶露 lòu ～ / しっぽを出す.
【马驹子】mǎjūzi 名 子馬.
【马克思】Mǎkèsī 名〈人名〉マルクス. ¶～主义 / マルクス主義.
【马口铁】mǎkǒutiě 名 ブリキ.
【马裤】mǎkù 名 乗馬ズボン.
【马拉松】mǎlāsōng 名 ① マラソン. ¶跑 pǎo ～ / マラソンをする. ¶～赛跑 sàipǎo / マラソン競走. ¶～接力赛 jiēlìsài / 駅伝. ②〈貶〉長時間続くこと. ¶～会议 / マラソン会議.
【马拉维】Mǎlāwéi 名〈地名〉マラウイ.
【马来西亚】Mǎláixīyà 名〈地名〉マレーシア.
【马里】Mǎlǐ 名〈地名〉マリ.
【马力】mǎlì 量〈物〉馬力. ¶加大～ / スピードアップをする.
【马列主义】Mǎ-Liè zhǔyì 名〈略〉マルクス・レーニン主義.
【马铃薯】mǎlíngshǔ 名〈植〉ジャガイモ. バレイショ.
＊【马路】mǎlù 名 大通り；(広く)自動車道路. 量 条 tiáo. ¶～上车很多 / 大通りは車が多い. ¶过～ / 通りを渡る.
【马路消息】mǎlù xiāoxi ⇀【马路新闻】mǎlù xīnwén
【马路新闻】mǎlù xīnwén 名 口コミのニュース. ►"马路消息"とも.
【马路牙子】mǎlù yázi 名〈方〉歩道.
【马骡】mǎluó 名〈動〉ラバ.
【马马虎虎】mǎmǎhūhū 形 ① いい加減である. ぞんざいである. ¶这篇 piān 文章我只是～地看了一下 / この文章はざっと見ただけです. ② なんとか間に合っている. まあまあだ. ¶这个菜味道 wèidao 怎么样？──～ / この料理の味はどうですか──まあまあです. ► mámahūhū と発音することもある.
【马尼拉】Mǎnílā 名〈地名〉マニラ.
【马匹】mǎpǐ 名 ウマ(の総称).
【马屁】mǎpì 名 おべっか. ご機嫌とり. お追従. ⇨【拍马屁】pāi mǎpì
【马屁精】mǎpìjīng 〈慣〉おべっかの上手な人. ごますり.
【马其顿】Mǎqídùn 名〈地名〉マケドニア.
【马前卒】mǎqiánzú 名 馬先に立って先導する兵士；〈喩〉〈貶〉お先棒かつぎ. 手先.

【马枪】mǎqiāng 名 騎兵銃.
【马球】mǎqiú 名〈体〉ポロ；ポロに用いるボール.
【马赛克】mǎsàikè 名 1〈建〉モザイクタイル. ¶～铺面 / モザイクタイルで舗装する. 2 モザイク模様.
【马杀鸡】mǎshājī 名〈方〉ヘルスマッサージ. ►英語 massage の音訳. 台湾では主に風俗営業のマッサージ.
＊＊【马上】mǎshàng 副 **すぐ. ただちに.** 語法 動詞・形容詞の前に用い,しばしば副詞"就 jiù"を伴う. ¶我～就回来 / すぐ戻ります. ¶来得及 láidejí,我～就去 / 間に合うよ,私はすぐ行くから.
【马勺】mǎsháo 名（ご飯やかゆをすくう）杓子(しゃくし)；（料理用の）やや大型のひしゃく.
【马绍尔群岛】Mǎshào'ěr qúndǎo 名〈地名〉マーシャル諸島.
【马术】mǎshù 名（競技やサーカスの）馬術.
【马蹄】mǎtí 名 1 ウマのひづめ. 2〈方〉〈植〉シナクログワイ.
【马蹄表】mǎtíbiǎo 名 円形または馬蹄形の小さな置き時計.
【马蹄铁】mǎtítiě 名 1 蹄鉄(ていてつ). 2 U字形の磁石.
【马蹄形】mǎtíxíng 名 馬蹄形. U字形.
【马桶】mǎtǒng 名（ふたの付いた）便器,おまる.
【马头琴】mǎtóuqín 名 馬頭琴(ばとうきん). ►モンゴル族の弦楽器.
【马尾辫】mǎwěibiàn 名 ポニーテール.
【马戏】mǎxì 名 **サーカス. 曲馬. 曲芸.** ¶～团 tuán / サーカス団.
【马熊】mǎxióng 名〈動〉ヒグマ.
【马靴】mǎxuē 名 乗馬靴. 長靴.
【马仰人翻】mǎ yǎng rén fān ⇀【人仰马翻】rén yǎng mǎ fān
【马贼】mǎzéi 名〈旧〉馬賊.
【马扎】mǎzhá 名（～儿）小型の折りたたみ椅子. ►"马劄"とも書く.
【马掌】mǎzhǎng 名 1 馬蹄. ウマのひづめ. 2 蹄鉄(ていてつ).
【马桩】mǎzhuāng 名 ウマをつなぐ杭.
【马鬃】mǎzōng 名 ウマのたてがみ.

吗 mǎ
"吗啡 mǎfēi"⬇という語に用いる.
⏩ má,ma

【吗啡】mǎfēi 名〈薬〉モルヒネ. ¶打～ / モルヒネを注射する.

玛 mǎ
"玛瑙 mǎnǎo"⬇という語に用いる.
‖姓

【玛瑙】mǎnǎo 名〈鉱〉瑪瑙(めのう).

码 mǎ
❶量 1 **事柄を数える.** ►"一"または"两"の後につけて事柄の異同を表す. ¶一～事(儿) / 同じこと. ¶两～事(儿) / 別のこと. 2（長さの単位）ヤード.
❷動〈口〉積み重ねる.
◇◆ 数を表す記号；数を計算する道具. ¶数 shù～ / 数字. ¶页 yè～ / ページ番号.

【码放】mǎfàng 動 順序よく並べる. 一定の位置に積み重ねる.
【码头】mǎtou 名 1 埠頭(ふとう). 量 个,座. ¶～工人 / 港湾労働者. 2〈方〉交通の便のよい商業都市. ¶水陆 shuǐlù～ / 水陸交通の便利な都市.
【码子】mǎzi 名 1 数を表す符号. ¶洋～ /（旧時の）アラビア数字. ¶苏州～ /（中国独特の）商用数字. 2 円形の算木. 3〈旧〉〈金融〉（自分で）調達できる現金.

蚂 mǎ
下位に立項した語などに用いる.
⏩ mà

【蚂蜂】mǎfēng ⇀【马蜂】mǎfēng
【蚂蟥】mǎhuáng 名〈動〉ヒル；ウマビル.
【蚂蟥钉】mǎhuángdīng 名（かすがいのような）2本足の釘.
＊【蚂蚁】mǎyǐ 名〈虫〉**アリ.** 量 只 zhī.
【蚂蚁上树】mǎyǐ shàng shù 名〈料理〉はるさめとひき肉のいため物.

4声 蚂 mà
"蚂蚱 màzha"⬇という語に用いる.
⏩ mǎ

【蚂蚱】màzha 名〈方〉イナゴ.

＊＊骂（罵）mà
動 1 **ののしる. 悪口を言う.** ¶他～了我一顿 dùn / 彼はさんざん私に悪態をついた. 2〈口〉**しかる. 非難する.** ¶他爸爸～他不好好儿 hǎohāor 学习 / 彼の父は彼がまじめに勉強しないのを責めた.

【骂大街】mà dàjiē ⇀【骂街】mà//jiē
【骂架】mà//jià 動 ののしり合いをする. 口げんかをする.
【骂街】mà//jiē 動 人前でわめき散らす. 大ぜいの人の前で相手を名指しせずに悪口を言う.
【骂骂咧咧】màmaliēliē 形 口汚くものを言うさま. 悪口混じりにものを言うさま.
【骂名】màmíng 名 悪名. 汚名.
【骂人话】màrénhuà 名 悪口.

軽声 ＊＊吗（么）ma
助 1《**平叙文の後ろに用い,疑問文をつくる**》…か？ a《相手に YES か NO かの答えを求める問いかけに用いる》¶后天 hòutiān 她来～？/ あさって彼女は来ますか. ¶他不喝 hē 酒～？/ 彼は酒を飲まないのですか. b《反語に用い,詰問・非難を表す》►"不是""还""难道 nándào"などと呼応させると,語気がいっそう強くなる. ¶你还有什么话说～？/ 君はまだ何か言う事があるのか. ¶这难道不是真的～？/ これは本当じゃないとでも言うのか. 2⇀〖嘛 ma〗3　⏩ má,mǎ

＊嘛（么）ma
助 1《**道理から言って当然だ**(わからないのか),という感情・気分を表す》►発音は下降気味で低い調子になる. ¶不要过分 guòfèn 责怪 zéguài 他,他还是孩子～ / そんなにきつく責めるな,彼はまだ子供なんだ. ¶我早就说过我不去～ / 私は行かないと言ったでしょう. ¶你去买～,肯定 kěndìng 有 / 買いに行けばいいよ,必ずあるから.
2《働きかけ(勧誘や阻止)を表す》¶要去就快点儿～ / 行くのなら早く行けよ. ¶有话就说～,别吞吞吐吐 tūntūntǔtǔ 的 / 話があるなら言えばいいじゃないか,奥歯に物が挟まったような言い方をするな.
3《文中の切れ目に用い,聞き手の注意を促す》¶有意见～,大家就提出来 / 意見があれば,みんなで言ってよろしい. ¶其实 qíshí～,这很简单 / 実を言えば,これはとても簡単だよ.
比較 嘛：吗 ma　"嘛"は疑問を表さない. ¶有话

M

可以说嘛！/ 話があれば言えばいいんだ. ¶有话可以说吗？/ 話があるのですが言っていいですか. ►ただし,文字の上では区別せず,前者も"吗"と書くことがある.

mai（ㄇㄞ）

2声 *埋 mái 動(土・砂・雪・落ち葉などで)埋める. ¶雪 xuě 把这口井 jǐng ～起来了 / 井戸が雪に埋まった. ¶～地雷 dìléi / 地雷を仕掛ける.

◇◆ 隠す. 隠れる. ¶→～伏 fu. ►► mán

【埋藏】máicáng 動 ① 埋蔵する. ¶地下～着大量 dàliàng 的石油 / 地中には大量の石油が埋蔵されている. ② 隠す. ¶把感情 gǎnqíng ～在心里 / 感情を表に出さない. ③(薬を人間や動物の皮下組織の中に)入れる,埋める.

*【埋单】máidān 動 勘定を払う. ►もとは広東方言. "买单 mǎidān"とも.

【埋伏】máifu 動 ①(敵を)待ち伏せする. 張り込む. ¶打～ / 待ち伏せをする；〈転〉物資・人力・資金などを隠匿する. ② 潜伏する. ¶～在国外 / 海外に潜伏する.

【埋名】máimíng 動 本名を隠す. ¶隐姓 yǐnxìng ～ / 自分の姓名を人に隠す.

【埋没】máimò 動 ① うずめる. ②(素質・功績などを)埋もれさせる. ¶～人才 réncái / 人材を埋もれさせる.

【埋入】máirù 動 埋める. うずめる. ¶把铁管 tiěguǎn ～地下 / 地下に鉄管を埋める.

【埋设】máishè 動 埋設する. ¶～管道 guǎndào / パイプを埋設する.

【埋汰】máitai ① 動 辛辣な言葉で人を皮肉る. ② 形〈方〉汚い.

【埋头】mái//tóu 動 没頭する. 専念する. ¶～于 yú 小说的创作 chuàngzuò / 小説の創作に没頭する. ¶～苦干 / 一心不乱にやる.

【埋葬】máizàng 動 埋葬する. 葬る. ►比喩的にも用いられる. ¶～尸体 shītǐ / 死体を埋葬する. ¶我的前途 qiántú 被 bèi ～了 / 私の将来は消し去られてしまった.

3声 **买(買) mǎi 動(↔卖 mài)買う. ❖～东西 *dōngxi* / 買い物をする.

◇◆ 買収する. ¶→～通 tōng. ‖ 姓

【买办】mǎibàn 名 買弁(ばいべん). 外国商人が貿易の仲介人として雇った中国人.

【买不到】mǎibudào 動+可補 (品切れで)買えない.

【买不了】mǎibuliǎo 動+可補(全部は)買いきれない；買えるはずがない.

【买不起】mǎibuqǐ 動+可補(値段が高くて)買えない.

【买不着】mǎibuzháo 動+可補(品物が見つからなくて)買えない.

*【买单】mǎidān ① →【埋单】máidān ② 名〈経〉買い注文の伝票.

【买方】mǎifāng 名〈経〉買い手.

【买方市场】mǎifāng shìchǎng 名 〈経〉買い手市場.

【买关节】mǎi guānjié 〈慣〉役人を金銭で買収する. 賄賂を使う.

【买好】mǎi//hǎo 動(～儿)歓心を買う. 取り入る. ¶买他的好儿 / 彼の機嫌を取る.

【买价】mǎijià 名〈経〉買い値.

【买空卖空】mǎi kōng mài kōng 〈成〉① 空取引をする；(投機を目的とした)空売買をする. ②〈喩〉詐欺を働く.

*【买卖】mǎimai 名 ① 商売. 商い. 取り引き. 量 笔 bǐ. ¶做了一笔～ / 商売を一口やった. ¶今天～怎么样？/ きょうは商売はどうですか. ¶～兴隆 / 商売が繁盛する. ¶～婚姻 hūnyīn / 売買結婚. ¶～人口 / 人身売買. ② 商店. 店舗. ¶开～ / 店を開く.

【买卖人】mǎimairén 名〈口〉商人. 商売人.

【买面子】mǎi miànzi 〈慣〉相手の顔を立てる. 相手の顔に免じる.

【买通】mǎitōng 動 賄賂を使って目的を達する. 買収する.

【买账】mǎi//zhàng 動 相手の好意や才能を認める(認めて心服する；服従する). ►否定文に用いることが多い. ¶不～ /(他人の)権威を認めない；気に食わない. ¶人家都不买你的账 / 人は君についていかない.

【买主】mǎizhǔ 名 買い手. 買い主.

4声 *迈(邁) mài ① 動 足を踏み出す；(大きく歩をとって)歩く. ¶～过门坎儿 ménkǎnr / 敷居をまたぐ. ② 名(長さの単位)マイル. ¶一百～ / 100マイル.

◇◆ 年を取る. ¶老～ / 老いぼれる. ‖ 姓

【迈步】mài//bù 動 足を踏み出す. ¶向成功迈出一大步 / 成功に向けて大きく一歩踏み出す.

【迈出】mài//chū 動+方補 歩き出す. 歩み始める.

【迈方步】mài fāngbù (～儿)ゆっくりと外またに歩く. ►旧時の官吏や読書人の歩き方を形容する.

【迈进】màijìn 動(抽象的な意味で)邁進(まいしん)する. 突き進む.

麦(麥) mài 名〈植〉ムギ；(特に)コムギ. ►俗に"麦子 màizi"という. ‖ 姓

【麦茬】màichá 名〈農〉ムギの刈り株；ムギの収穫のあと.

【麦当劳】Màidāngláo 名〈商標〉マクドナルド.

【麦麸】màifū 名(コムギの)ふすま,ブラン.

【麦秸】màijiē 名 麦わら.

【麦克风】màikèfēng 名 マイクロホン. マイク.

【麦粒肿】màilìzhǒng 名〈医〉麦粒腫. ものもらい.

【麦芒】màimáng 名(～儿)ムギの芒(のぎ).

【麦苗】màimiáo 名 ムギの苗.

【麦皮粥】màipízhōu 名 オートミール.

【麦片】màipiàn 名 エンバクやオオムギのひき割り. オート. ¶～粥 zhōu / オートミール.

【麦琪淋】màiqílín 名 マーガリン.

【麦秋】màiqiū 名 麦秋. ムギの刈り入れ時. ►初夏をさす.

【麦乳精】màirǔjīng 名 麦芽エキス.

【麦收】màishōu 名 ムギの刈り入れ.

【麦穗】màisuì 名 ムギの穂.

【麦芒】màiwáng →【麦芒】màimáng

【麦子】màizi 名〈植〉ムギ；(特に)コムギ. 量 棵 kē,株 zhū；[粒] 粒 lì.

卖（賣）**mài** 動 ①（↔ 买 mǎi）売る．¶～药 / 薬を売る．¶把工业产品～给农民 nóngmín / 工業製品を農民に売る．¶～不出去 / 売れない．¶～得快 / よく売れる．¶～光 / 売り切る〔切れる〕．¶～不完 / 売れ残る．②ありったけ出す．惜しまない．¶→～力气 lìqi．¶→～劲 jìn．◇◆ ①裏切る．¶→～国 guó．②ひけらかす．誇示する．¶→～功 gōng．‖姓

【卖唱】mài//chàng 動〈旧〉（街頭などで）歌を歌って金をかせぐ．¶～的 / 歌うたい．演歌師．

【卖大号】mài dàhào 〈慣〉国営小売り商店が売れ行きのよい商品を規則に反し，自分と関係のある人にまとめて売る．►"卖大户"とも．

【卖方】màifāng 名 売る側．売り手．

【卖方市场】màifāng shìchǎng 名〈経〉売り手市場．

【卖功】mài//gōng 動 自分の手柄をひけらかす．

【卖狗皮膏药】mài gǒupí gāoyao 〈慣〉うまい話で人をペテンにかける．

【卖乖】mài//guāi 動（自分の）利口さをひけらかす．利口ぶる．

【卖关子】mài guānzi 〈慣〉（自分の要求を承知させるため）もったいぶって人をじらす．►講釈師が話の山場でやめ次回につなぐ手法から．¶你别～了，直说吧！/ もったいぶらないで，はっきり言いなさい．

【卖国】mài//guó 動 国を売る．¶～求荣 róng / 栄達のために国を売る．

【卖国贼】màiguózéi 名 売国奴．

【卖好】mài//hǎo 動（～儿）親切を押し売りする．恩を売る．

【卖交情】mài jiāoqing 〈慣〉恩を売る．わざと厚意を見せつける．

【卖劲】mài//jìn 動（～儿）精を出す．ありったけの力を出す．¶～儿工作 / 仕事をするのに骨惜しみをしない．

【卖老】mài//lǎo 動 年長または経験のあることを鼻にかける．¶倚 yǐ 老～ / 〈成〉年寄り風を吹かす．

【卖力气】mài lìqi 〈慣〉精を出す．骨身を惜しまない．

【卖命】mài//mìng 動（ある人または集団に踊らされたり，生活のために）命がけで働く．

【卖弄】màinong 動〈貶〉（自分の腕まえや能力を）ひけらかす．¶～小聪明 cōngming / こざかしくふるまう．¶～风情 / 思わせぶりをする．

【卖钱】mài//qián 動 売って金に換える．

【卖俏】mài//qiào 動（女性が）思わせぶりをする，しなを作る．

【卖人情】mài rénqíng ⇀【卖交情】mài jiāoqing

【卖身】mài//shēn 動 身を売る；売春をする．

【卖身投靠】mài shēn tóu kào 〈成〉権勢のある側に身を売る．相手側の手先となる．

【卖艺】mài//yì 動（街頭や娯楽場で）芸能を演じて生活を立てる．¶街头～ / 大道芸で金をかせぐ．

【卖淫】mài//yín 動 売春をする．

【卖友】mài//yǒu 動 友を売る．友人を裏切る．

【卖主】màizhǔ 名 売り主．売り手．

【卖嘴】mài//zuǐ 動 口先だけうまいことを言う．¶他就会～ / 彼は口先ばかりだ．

【卖座】mài//zuò（～儿）①形（劇場や飲食店の）客の入りがよい．¶这个电影 diànyǐng 不～ / この映画は客の入りがあまりよくない．②動 客が入る．

脉（脈）**mài** 名 ①〈生理〉脈．動脈と静脈の総称．②〈略〉脈拍．¶按 àn ～ / 脈を取る．⇨【脉搏】màibó
◇◆ 血管のように連なっているもの．¶矿 kuàng ～ / 鉱脈．¶叶 yè ～ / 葉脈．⏩ mò

【脉搏】màibó 名 ①〈生理〉脈拍．¶～微弱 wēiruò / 脈拍が弱い．②〈喩〉脈動．動き．¶时代 shídài 的～ / 時代の息吹き．

【脉冲】màichōng 名〈電〉パルス．¶～信号 / パルス信号．

【脉动】màidòng 動 脈動する．

【脉络】màiluò 名 ①〈中医〉脈絡．②〈喩〉（話・文章などの）筋道．条理．

【脉息】màixī ⇀【脉搏】màibó

【脉诊】màizhěn 名〈中医〉脈診．

man（ㄇㄢ）

2声 **埋** **mán** "埋怨 mányuàn"⬇という語に用いる．
⏩ mái

【埋怨】mányuàn 動 恨み言を言う．愚痴をこぼす．►自分に対しても，他人に対しても用いる．¶～对方 / 相手を恨む．¶他老爱～ / 彼は愚痴ばかりこぼす．

蛮（蠻）**mán** ①形 粗野である．思慮分別がない．②副〈方〉非常に．¶～好 / なかなかよい．③名 南方の異民族に対する蔑称．

【蛮缠】mánchán 動 理不尽なことを言って人にからむ．¶胡搅 hújiǎo ～ / むちゃばかり言う．

【蛮干】mángàn 動 無鉄砲なことをする．無分別にやる．¶这件事千万 qiānwàn 不能～ / このことは絶対にむちゃをしてはいけないよ．

【蛮横】mánhèng 形 横暴で筋を通さない．¶态度 tàidu ～ / 態度が横暴である．

谩 **mán** ◇◆（真実を）隠す．だます．
⏩ màn

蔓 **mán** "蔓菁 mánjing"⬇という語に用いる．
⏩ màn,wàn

【蔓菁】mánjing 名〈植〉カブ．カブラ．

馒 **mán** "馒头mántou"⬇，"馒首mánshǒu"（"馒头"の書面語）という語に用いる．

*【馒头】mántou 名 ①中国式蒸しパン．マントー．量 个．注意 日本の「まんじゅう(饅頭)」とは異なり，小麦粉だけで中にあん・具などは入っていない．あんこや肉・野菜などが入っているものは"包子 bāozi"という．②〈方〉中華まん．パオツ．¶肉 ròu ～ / 肉まんじゅう．

瞒（瞞）**mán** 動（真実を）隠す．隠しごまかす．¶不～你说 / 実を言うと．¶～着人干 gàn 坏事 huàishì / こっそりと悪事を働く．

【瞒哄】mánhǒng 動 だます．ごまかす．

【瞒上欺下】mán shàng qī xià 〈成〉上の者を欺き，下の者を虐げる．

【瞒税】mán//shuì 動 脱税をする．

【瞒天过海】mán tiān guò hǎi 〈成〉人目をくら

M

ましてひそかに悪事を働く.

鳗 mán “鳗鲡 mánlí”⇩という語に用いる.

【鳗鲡】mánlí 名〈魚〉ウナギ. ►“白鳝 báishàn”“白鳗 báimán”とも.

【鳗鱼】mányú 名〈魚〉ウナギ.

3声 ** **满(滿) mǎn** 1形 ①いっぱいである. 満ちている. ¶水都～了 / 水があふれそうだ. ¶礼堂 lǐtáng 里坐～了人 / 講堂は人でいっぱいだった. ②一定の期限に達する. ¶限期已～ / 期限が来た. ¶还不～一年 / まだ1年にならない. ③全体の. …じゅう. ¶～身是汗 hàn / 全身汗まみれ.
2動 満たす. ¶再～上一杯 bēi 吧 / もう1杯おつぎしましょう.
3副 すっかり. まったく. ¶～有信心 xìnxīn / 十分自信を持っている. ¶她听了这话～高兴 gāoxìng / この話を聞いて彼女は非常にうれしそうだ.
◇◆ ①満足する. ¶不～ / 満足しない. ②おごりたかぶる. ¶自 zì ～ / うぬぼれる. ③満州族. ‖姓

【满不在乎】mǎn bu zài hu〈成〉全然気にかけない. なんとも思わない. カエルの面(つら)に水. ¶别人都替 tì 他着急 zháojí, 他却 què ～ / ほかのみんなが彼のことで気をもんでいるのに,彼は平気の平左だ.

【满城风雨】mǎn chéng fēng yǔ〈成〉広く世間に知れ渡り,うわさの種になる. ►よくないことについていうことが多い.

【满打满算】mǎn dǎ mǎn suàn〈成〉あらゆる要素を勘定に入れる.

【满登登】mǎndēngdēng 形(～的)はちきれそうなほどぎっしりと詰まっているさま. ►“满满登登”とも. ¶屋子里挤 jǐ 得～的 / 部屋の中は人でいっぱいだ.

【满额】mǎn//é 動 満員になる. 定員に達する.

【满分】mǎnfēn 名 満点. ¶打～ / 満点をつける. ¶他数学 shùxué 考试得 dé 了～ / 彼は数学の試験で満点を取った.

【满腹】mǎnfù 形 腹にあふれんばかりである. 胸いっぱいである. ¶～心事 / 心配事でいっぱいである.

【满腹经纶】mǎn fù jīng lún〈成〉政治的才能が豊かである;学識・才能が豊富である.

【满怀】mǎnhuái 1動 ①胸が…でいっぱいである. ¶～雄心壮志 / 大望雄志が胸にあふれている. ②飼育している雌の家畜がすべて妊娠する. 2名 胸全体. ¶撞 zhuàng 了个～ / 胸全体でぶつかる. はち合わせする.

【满口】mǎnkǒu 名(四字句に用い)①口腔全体. ¶～假牙 jiǎyá / 総入れ歯. ②(発音や話の内容が)純粋で混じりけがないこと. ¶～谎言 huǎngyán / 言うことがうそばかり. うそ八百. ③自信あふれる口調. 条件なしで. ¶～答应 dāying / 二つ返事で同意する.

【满脸】mǎnliǎn 名 顔じゅう. ¶～通红 tōnghóng / 顔が真っ赤になる.

【满满当当】mǎnmǎndāngdāng 形 (～的)〈口〉あふれるほどいっぱいであるさま. ►“满当当”とも.

【满门】mǎnmén 名 一家全体.

【满面】mǎnmiàn 名 満面.

【满面春风】mǎn miàn chūn fēng〈成〉満面に笑みをたたえる. 喜びが顔にあふれる. ►“春风满面”とも.

【满目】mǎnmù 名〈書〉目に見える限り. ¶～凄凉 qīliáng / 見渡す限り荒涼としている.

【满脑子】mǎnnǎozi 名 頭の中じゅう(…でいっぱいである). ¶～都是明天的考试 kǎoshì / あすの試験のことで頭がいっぱいである. ¶～坏主意 zhǔyi / 悪知恵が頭につまっている.

【满七】mǎn//qī 動 四十九日になる.

【满期】mǎn//qī 動 満期になる.

【满腔】mǎnqiāng 名 胸いっぱい. 満腔. ¶～热情 rèqíng / あふれるばかりの熱意.

【满勤】mǎnqín 動 皆勤する.

【满山遍野】mǎn shān biàn yě〈成〉野にも山にも満ちている. 至る所. ►“漫山遍野”とも.

【满身】mǎnshēn 名 体じゅう. 全身. 満身. ¶～油泥 yóuní / 全身油まみれ.

【满师】mǎn//shī 動(職人などの)修業や見習いの期間が終わる,年季が明ける. ►“出师”とも.

【满世界】mǎnshìjiè 名〈方〉至る所. 町じゅう.

【满堂彩】mǎntángcǎi 名 満場の喝采.

【满堂灌】mǎntángguàn〈慣〉詰め込み教育.

【满堂红】mǎntánghóng 1〈慣〉①全面的に勝利を博する. 至る所で盛況を呈する. ②満場赤一色;すべての株が上げ相場にあること. 2名〈植〉サルスベリ.

【满天】mǎntiān 名 空いっぱい(の). ¶～星斗 xīngdǒu / 空いっぱいの星. ¶乌云 wūyún ～ / 黒雲が空を覆う.

【满文】Mǎnwén 名 満州文字(で書かれた文).

【满眼】mǎnyǎn 名 ①目の全体. ¶～是血丝 xiěsī / 目が充血している. ②見渡す限り.

** 【满意】mǎnyì 動(意にかなって)うれしく思う. 満足である. ¶他对现在的生活感到～ / 彼は現在の生活に満足している. ¶我很～这间房子 fángzi / 私はこの家がとても気に入っている. ¶他现出 xiànchū 很不～的神色 shénsè / 彼は不満そうな顔つきをした. ⇒【满足】mǎnzú

【满员】mǎn//yuán 動 満員になる.

【满月】mǎn//yuè 1動(子供が生後)満1か月になる. 1か月になる. 2名 ①満1か月の祝い. ②満月.

【满载】mǎnzài ①動 満載する. ¶～货物 huòwù / 荷物を満載する. ¶～友谊 yǒuyì 回国 / 友情を携えて帰国する. ②名(機器や設備などが稼働中に達している)規定の負荷.

【满载而归】mǎn zài ér guī〈成〉収穫が極めて多い.

【满洲】Mǎnzhōu 名 ①満州族. ►“满族”の旧称. ②満州. ►中国の東北地方の旧称.

* 【满足】mǎnzú 動 ①(要求を)満たす,満足させる. ¶我们将 jiāng 尽可能 jǐnkěnéng 地～你们的要求 yāoqiú / できるだけみなさんのご要望にかなうようにしましょう. ¶加快生产空调 kōngtiáo,～市场的需要 xūyào / スピードを上げてエアコンを生産し,市場の需要を満たす. ②(十分であると)満足する. ►“满足于 yú …”とすることもある. ¶不要～(于)已往 yǐwǎng 的成绩 chéngjì / いままでの成績に満足してはいけない. ¶如果屋里能放一张书桌 shūzhuō,我就～了 / もし部屋に机が一つ置けるようなら,私はそれでもう十分だ.

【满族】Mǎnzú 名(中国の少数民族)満州(Man)族. ►ツングース系民族の一つ. 清朝を建国した.

【满嘴】mǎnzuǐ ⇀【满口】mǎnkǒu
【满座】mǎn//zuò 動(～儿)満員になる．満席になる．¶电影院场 chǎng 场～ / 映画館は毎回満員だ．

曼 màn ◇◆ ①しなやかである．¶轻歌～舞 / 軽やかに歌い，しなやかに踊る．②長い．¶→～延 yán．‖姓
【曼德琳】màndélín 名〈音〉マンドリン．
【曼声】mànshēng 動 声を長くする．¶～曼语 yǔ / ゆっくりと話す．
【曼陀铃】màntuólíng ⇀【曼德琳】màndélín
【曼延】mànyán 動 長々と続く．

谩 màn "谩骂 mànmà"⊕という語に用いる．⏩mán
【谩骂】mànmà 動 侮りののしる．

蔓 màn 字義は"蔓 wàn"に同じ．複合語にのみ用いる．⏩mán,wàn
【蔓草】màncǎo 名〈植〉つる草．
【蔓生植物】mànshēng zhíwù 名〈植〉蔓性(まんせい)植物．蔓(つる)植物．
【蔓延】mànyán 動 蔓延する．広がる．¶大火一下子～开来 / 見る見るうちに火の手が広がった．

幔 màn ◇◆ 幕．カーテン．¶窗 chuāng～ / 窓のカーテン．
【幔帐】mànzhàng 名 幕．カーテン．圖 条．

漫 màn 動 ①(水などが)あふれ出る．¶池塘 chítáng 的水～出来了 / 池の水があふれ出た．②ひたす．冠水する．¶大水～过了房子 / 洪水で家がひたった．
◇◆ ①とりとめがない．¶→～游 yóu．②至る所に広がる．¶→～天．③(時間や道路が)長い．¶→～长 cháng．
【漫笔】mànbǐ 名 漫筆．►文章の題に用いることが多い．
【漫步】mànbù 動 そぞろ歩きをする．
【漫不经心】màn bù jīng xīn〈成〉少しも気にかけない．無頓着である．►"漫不经意"とも．
【漫长】màncháng 形(時間や道路が先が見えないほど)とても長い．¶～的旅途 lǚtú / 長い旅．¶～的黑夜 hēiyè / 長い闇夜．
【漫画】mànhuà 名 **漫画**．圖 张,幅 fú．¶画 huà～ / 漫画をかく．注意"漫画"は時事や生活を風刺した似顔絵や短い漫画をさすことが多い．テレビなどの漫画(アニメ)は"动画片 dònghuàpiàn""卡通 kǎtōng"という．
【漫话】mànhuà 動 自由気ままに話す．¶～家常 / 気ままに世間話をする．
【慢火】mànhuǒ 名(～儿)〈料理〉とろ火．►"文火 wénhuǒ"とも．
【漫卷】mànjuǎn 動(旗が)風に翻る．
【漫骂】mànmà 動 悪罵を浴びせる．ののしり散らす．
【漫漫】mànmàn 形(時間が)長いさま；(場所が)果てしないさま．¶～无边 wúbiān 的原野 yuányě / 果てしない野原．
【漫然】mànrán 形 いい加減なさま．漫然としている．¶他～应 yìng 了一句 jù / 彼はいいかげんにひと言返事した．
【漫山遍野】màn shān biàn yě〈成〉野にも山にも．至る所．
【漫说】mànshuō 接続 …は言うに及ばず．…はおろか．…はもちろん．►"慢说"とも書く．
【漫谈】màntán 動 **雑談する．自由討論をする．**¶～形势 xíngshì / 情勢について放談する．
【漫天】màntiān 形 ①空一面の．空いっぱいである．¶～大雪 / 空を覆う大雪．②とてつもない．法外な．¶～大谎 huǎng / 真っ赤なうそ．
【漫无边际】màn wú biān jì〈成〉①果てしがない．広々としている．②(話などが)とりとめがない，まとまりがなく本題から離れている．
【漫溢】mànyì 動 あふれる．
【漫游】mànyóu 動 ①漫遊する．気の向くままにぶらつく．②(携帯電話で)ローミングする．

慢 màn 形 ①(↔快 kuài)(速度が)遅い，ゆっくりである．**¶你写得太～了 / 君は書くのが遅すぎる．¶～声～语 / ゆっくりと話す．¶这表 biǎo 一天～五秒 miǎo / この時計は1日に5秒遅れる．
②急がない．まだ…しない．¶你先～点儿吃，等大家来了再吃 / 食べるのをもう少し待って，みんながそろってから食べましょう．
◇◆ 態度が冷たく失礼である．¶傲 ào～ / 傲慢(ごうまん)である．¶怠 dài～ / 素っ気なくする．‖姓
*【慢车】mànchē 名(↔快车 kuàichē)普通列車．鈍行．普通バス．圖 列；辆．
【慢待】màndài ①動 粗末に扱う．②〈套〉何のおもてなしもできませんでした．お粗末さまでした．¶～了 / お粗末でした．
【慢工出细活】màngōng chū xìhuó〈諺〉手間暇をかけた仕事から出来栄えのよいものが生まれる．
【慢件】mànjiàn 名(↔快件)(鉄道貨物・郵便の)普通便．
【慢镜头】mànjìngtóu 名〈映〉高速度撮影．スローモーション．►"慢动作 màndòngzuò"とも．
【慢慢儿】mànmānr 形 **ゆっくりと．急がずに．**徐々に．注意 書き言葉では r 化せずに"慢慢"と書き，mànmàn と発音する．¶火车～地进了站 / 汽車はゆっくりと駅に入った．¶～吃 / ゆっくり食べる．¶～就习惯 xíguàn 了 / そのうち慣れます．
【慢慢腾腾】mànmantēngtēng 形(～的)ゆっくりしている．のろのろしている．►"慢慢吞吞 mànmantūntūn"とも．¶他～地说道 shuōdào / 彼はゆっくりと話し出した．
【慢坡】mànpō 名(↔陡坡 dǒupō)だらだら坂．
【慢声慢语】màn shēng màn yǔ〈成〉(話すのが)ゆっくりである．
【慢说】mànshuō 接続 …はおろか．…は言うに及ばず．
【慢腾腾】mànténgtēng 形(～的)ゆっくりしている．のろのろしている．►"慢吞吞 màntūntūn"とも．¶他说话～的 / 彼の話はのろのろしている．
【慢条斯理】màn tiáo sī lǐ〈成〉ゆったりとして落ち着いている．
【慢性】mànxìng 形 慢性の．¶～酒精中毒 jiǔjīng zhòngdú / 慢性アルコール中毒．
【慢性子】mànxìngzi 名 ぐず．のんき者．
【慢悠悠】mànyōuyōu 形(～的)ゆっくりしている．悠々としている．
【慢着】mànzhe〈套〉ちょっと待って．¶～，让我想想再说 / ちょっとストップ，ぼくに少し考えさせてく

M

れ.

【慢走】mànzǒu ❶〈套〉①どうぞお気をつけて. ►別れたり客を送ったりするときにいう. ②ちょっと待て. 止まれ. ►相手を立ち止まらせるときにいう. ❷動 ゆっくり歩く.

mang（ㄇㄤ）

2声 **芒** máng 名〈植〉①ススキ. 尾花. ②芒(のぎ). イネなどの実の外側の先にある硬い毛.

◇◆ 先のとがった芒状のもの. ¶锋 fēng ～ / 切っ先. ‖姓

【芒刺在背】máng cì zài bèi〈成〉(背に芒(のぎ)が刺さったように)いらいらして落ち着かないさま.

【芒果】mángguǒ →【杧果】mángguǒ

【芒种】mángzhòng 名(二十四節気の一つ)芒種(ぼうしゅ). ►芒(のぎ)のある穀類を植えるころ.

** **忙** máng ①形(↔闲 xián)忙しい. ¶他每天学习很～ / 彼は毎日勉強が忙しい. ¶～得不可开交 kāijiāo / 忙しくててんてこ舞いをする. ②動 せわしく…する. 忙しく働く. ¶你～什么呢？/ 何をばたばたしているのですか. ¶～着了解 liǎojiě 情况 qíngkuàng / 急いで情況を把握する.

M

【忙不过来】mángbuguòlái 動+可補 忙しくて手が回らない.

【忙合・忙和】mánghe →【忙活】mánghuo

【忙乎】mánghu 形(ばたばたと)忙しい.

【忙活】máng//huó（～儿）①動(早く仕上げようとして)忙しく仕事をする. ②名 急ぎの仕事. 早く仕上げなければならない仕事.

【忙活】mánghuo 動〈方〉忙しく立ち働く.

【忙里偷闲】máng lǐ tōu xián〈成〉忙中閑を盗む. 忙しい中から時間を見つけ出す.

【忙碌】mánglù 形 忙しい. せわしい. ¶一天到晚～ / 朝から晩までせわしない. ¶整年 zhěngnián 忙忙碌碌 / 年中あくせくしている.

【忙乱】mángluàn 形 仕事が多くてごたごたしている.

【忙人】mángrén 名(仕事が)多忙な人.

【忙于】mángyú 動 …に忙しい. …に没頭する. …に奔走する. ¶～家务 jiāwù / 家事に忙しい.

杧 máng "杧果 mángguǒ"⬇という語に用いる.

【杧果】mángguǒ 名〈植〉マンゴー(の実). ►"芒果"とも.

盲 máng ◇◆ ①目が見えない. ¶→～人. ②事物の見分けがつかない. ¶文～ / 非識字者. ③無分別に行う. ¶→～从 cóng.

【盲肠】mángcháng 名〈生理〉盲腸.

【盲从】mángcóng 動 盲従する. 言われるままに付き従う.

【盲道】mángdào 名(点字ブロックなどを設置した)視覚障害者用の歩道.

【盲动】mángdòng 動 盲動する. 無分別に行動する.

【盲干】mánggàn 動 手順を踏まず手当たりしだいにやる.

【盲公镜】mánggōngjìng 名 ①盲人・弱視者用の眼鏡. ②〈俗〉だて眼鏡.（だてにかける）サングラス.

【盲流】mángliú 名 農村から大都市へ流入してきた人々.

【盲聋哑学校】mánglóngyǎ xuéxiào 名 盲学校と聾唖(ろうあ)学校の総称.

【盲目】mángmù 形 ①目が見えない. ②〈喩〉(分別がなく)しゃにむにである. がむしゃらである. ¶～用功 yònggōng / しゃにむに勉強する.

【盲人】mángrén 名 目の不自由な人.

【盲鼠】mángshǔ 名〈動〉モグラ.

【盲文】mángwén 名 ①→【盲字】mángzì ②点字の文章. ¶读 dú ～ / 点字を読む.

【盲字】mángzì 名 点字.

氓 máng "流氓 liúmáng"(ごろつき. チンピラ)という語に用いる.

茫 máng ◇◆ ①広々として果てしがないさま. ¶→～昧 mèi. ②何も知らない. ¶→～然 rán.

【茫茫】mángmáng 形〈書〉(海や水面が)広々として果てしがないさま. ¶前途 qiántú ～ / 将来の見通しがつかない.

【茫昧】mángmèi 形〈書〉はっきりしない. ぼんやりしている.

【茫然】mángrán 形〈書〉①何が何だかさっぱりわからない. 見当がつかない. ②気が抜けてぼんやりしている. ¶～不知所措 cuò / 茫然(ぼうぜん)として何をしたらよいか分からない. ¶～若失 ruò shī / 茫然自失する.

【茫无头绪】máng wú tóu xù〈成〉漠然として手がかりがない；何から手をつけてよいのかわからない.

3声 **莽** mǎng ◇◆ ①密生した草. ¶草～ / 草深い所. ②そそっかしい. ¶→～撞 zhuàng. ‖姓

【莽苍】mǎngcāng ①形(野原・景色などが)茫漠(ぼうばく)としている. ¶烟雨 yānyǔ ～ / 霧雨でぼうっとかすむ. ②名 原野.

【莽汉】mǎnghàn 名 粗忽(そこつ)者. がさつな人.

【莽莽】mǎngmǎng 形〈書〉①草木が茂るさま. ②広々として果てしがないさま.

【莽原】mǎngyuán 名 草がよく生い茂っている野原.

【莽撞】mǎngzhuàng 形 粗忽(そこつ)である. 無鉄砲である.

蟒 mǎng "蟒蛇 mǎngshé""蟒袍 mǎngpáo"⬇という語に用いる.

【蟒袍】mǎngpáo 名(ウワバミの刺繍がある)明清代に大臣が着た礼服.

【蟒蛇】mǎngshé 名〈動〉①ウワバミ. 大蛇. ②ニシキヘビ. インドニシキヘビ. ►"蚺蛇 ránshé"とも.

mao（ㄇㄠ）

1声 ** **猫** māo ❶名 ①〈動〉ネコ. 量 只 zhī. ❖养 yǎng ～ / ネコを飼う. ②〈俗〉〈電算〉モデム.
❷動〈方〉隠れる. ¶这孩子又～到哪儿去了？/ この子ったらどこに隠れたんだ.

【猫耳朵】māo'ěrduo 名〈料理〉ソバ粉〔小麦粉〕を猫の耳の形にちぎって煮る食べ物．
【猫哭耗子】māo kū hàozi →【猫哭老鼠】māo kū lǎoshǔ
【猫哭老鼠】māo kū lǎoshǔ 〈歇〉（"假 jiǎ 慈悲 cíbēi"と続き）ネコがネズミの死を悲しんで泣く．見せかけの同情をする．そら涙．
【猫尿】māoniào 名 ①ネコの小便．②〈方〉〈貶〉酒．
【猫儿溺】māornì 〈方〉①名 個人の内緒事．プライバシー．②動 こっそり人目をはばかる事をする．►"溺"は"腻"や"匿"の字を当てることもある．
【猫儿食】māorshí 名 ネコのえさ；〈喩〉食事の量が非常に少ないこと．
【猫儿眼】māoryǎn 名〈鉱〉猫目石．
【猫头鹰】māotóuyīng 名〈鳥〉フクロウ．►特にミミズクをさすこともある．
【猫熊】māoxióng 名〈動〉パンダ．ジャイアントパンダ．
【猫眼】māoyǎn 名（～儿）〈俗〉（玄関の）ドアアイ，のぞき穴．

毛 máo **
❶量〈口〉（貨幣単位．正式には"角 jiǎo"という）**1元の十分の1**．10銭；取るに足らない小銭．¶包子五～钱一个／まんじゅうはひとつ5角です．¶为 wèi 一～两～的，有什么吵 chǎo 的／たかがこれっぽっちのことで騒ぎなさんな．⇨〖角 **jiǎo**〗
❷名 ①（鳥類の）**羽毛，ダウン**；（動植物の）**毛，ウール**，うぶ毛，ヘアー．量［本数］根；［束］绺 liǔ；［群らがっているもの］撮 zuǒ．②かび．¶长 zhǎng ～／かびが生える．
❸形 おじけづいている．驚きあわてている．¶发 fā ～／怖がってびくびくする．¶你们吵架 chǎojià，把孩子都吓 xià ～了／君たちが言い争うから子どもがすっかりおびえてしまった．
❹動〈方〉腹を立てる．
◇◆ ①生まれたての．小さい；もわもわした．¶→～～雨．¶→～孩子 háizi．②そそっかしい．粗忽な．¶→～手～脚．③荒削りの．加工していない．ざらざらした．¶→～玻璃 bōli．④純粋でない．正味でない．¶→～利 lì．¶→～重 zhòng．‖姓
【毛笔】máobǐ 名 **筆．毛筆**．量 管 guǎn，支 zhī，枝 zhī，杆 gǎn．
*【毛病】máobing 名 ①**悪いくせ；欠点**．¶你又犯 fàn ～了，是不是？／おまえまた悪いくせが出たのか．¶这东西有～／この品物には傷がある．②**故障**．❖出 *chū* ～／故障・まちがいが起こる．¶汽车出了～／自動車が故障した．③仕事上の過ち．¶他做事容易 róngyì 出～／彼は仕事でよくしくじる．④やましさ．¶我想这里头 lǐtou 一定有～／この裏にはきっとやましいところがあると思う．⑤〈方〉病気．
【毛玻璃】máobōli 名 すりガラス．
【毛布】máobù 名 太い綿糸で織った布．
【毛糙・毛草】máocao 形 ①目が粗い．ざらざらしている．②粗雑である．大ざっぱである．いいかげんである．¶他是个毛毛糙糙 cāocāo 的人／彼はそそっかしい男だ．
【毛虫】máochóng 名 毛虫．量 条．
【毛豆】máodòu 名〈植〉〈食材〉枝豆．量［豆の数］颗 kē；［さやの数］根 gēn．
【毛发】máofà 名（人体の）毛と髪．
【毛纺】máofǎng 名〈紡〉羊毛紡績．
【毛骨悚然】máo gǔ sǒng rán 〈成〉（恐ろしくて）ぞっとする，身の毛がよだつ．
【毛孩子】máoháizi 名〈貶〉くちばしの黄色いやつ．青二才．
【毛烘烘】máohōnghōng 形（～的）毛むくじゃらである．►"毛乎乎"とも．
【毛活】máohuó 名（～儿）〈口〉編み物．
*【毛巾】máojīn 名 **タオル．手ぬぐい**．量 条，块．
【毛巾被】máojīnbèi 名 タオルケット．►"毛巾毯 tǎn"とも．
【毛孔】máokǒng 名 毛穴．
【毛裤】máokù 名（防寒用の）毛糸のズボン下．ももひき．量 条．
【毛蓝】máolán 形 あい色の．
【毛里求斯】Máolǐqiúsī 名〈地名〉モーリシャス．
【毛里塔尼亚】Máolǐtǎníyà 名〈地名〉モーリタニア．
【毛利】máolì 名 粗（あら）利益．総収益．
【毛料】máoliào 名 毛織物（の服地）．
【毛驴】máolǘ 名（～儿）背の低いロバ．
【毛毛】máomao 名〈方〉赤ん坊．
【毛毛虫】máomaochóng 名 毛虫．
【毛毛雨】máomaoyǔ 名 ①こぬか雨．►"毛毛细雨 xìyǔ"とも．②事前に故意に流す情報やうわさ．¶下～／〈慣〉（心の準備ができるよう）前もってそれとなくほのめかしておく．
【毛南族】Máonánzú 名（中国の少数民族）マオナン（Maonan）族．►タイ系の少数民族．
【毛坯】máopī 名 ①〈機〉未加工品．②半加工品．半完成品．¶～房／内装していない建売住宅・マンション．③未研磨の鋳物．
【毛皮】máopí 名 毛皮．¶～兽／毛皮のとれる動物．
【毛片】máopiàn 名（～儿）①未編集の映画フィルム．②ポルノ映画．
【毛票】máopiào →【角票】jiǎopiào
【毛儿】máor 名 欠点．あら．►"择 zé ～"の形で用いる．
【毛茸茸】máoróngróng 形（～的）細い毛がふかふかしている．
【毛纱】máoshā 名〈紡〉紡毛糸．ウールヤーン．
【毛手毛脚】máo shǒu máo jiǎo 〈成〉（動作が）そそっかしいさま．
【毛遂自荐】máo suì zì jiàn 〈成〉自薦する．自分から名乗り出て一役買って出る．
【毛毯】máotǎn 名 **毛布**．量 块 kuài，条．
【毛细管】máoxìguǎn 名 ①〈生理〉毛細血管．②〈物〉毛細管．
【毛虾】máoxiā 名〈動〉小エビ．アミ．
【毛线】máoxiàn 名 毛糸．量 根；团；股．¶～针／編み棒．¶～运动服 yùndòngfú／ジャージ．
【毛象】máoxiàng 名〈動〉マンモス．
【毛丫头】máoyātou 名〈方〉①幼い女の子．おちびちゃん．②〈貶〉小娘．
【毛样】máoyàng 名〈印〉棒組みのゲラ（校正刷り）．
【毛衣】máoyī 名（毛糸の）セーター**．量 件．❖织 *zhī*〔打 *dǎ*〕～／セーターを編む．
【毛躁】máozao 形 ①短気である．②せっかちである．落ち着かない．
【毛扎扎・毛楂楂】máozhāzhā 形（～的）毛や髪がごわごわしている．
【毛毡】máozhān 名〈紡〉フェルト．
【毛织品】máozhīpǐn 名 ①毛織物．②ニット（製

品）．毛糸で編んだ物．

【毛重】máozhòng 名（↔净重 jìngzhòng）総重量．風袋込みの重量．グロスウエイト．

【毛猪】máozhū 名（商品としての）生きている豚．

【毛竹】máozhú 名〈植〉モウソウチク．

矛 máo 名 矛(ほこ)．‖姓

*【矛盾】máodùn ❶形 ①矛盾している．¶这两种意见并 bìng 不～／この二つの意見は矛盾しない．¶～百出／矛盾だらけである．②（いずれにするか）気持ちが定まらない．¶他不作肯定 kěndìng 的表示，看样子 yàngzi 内心很～／彼ははっきりした意見を言わない．見たところずいぶん迷っているみたいだ．❷名（意見や考え方の）へだたり，衝突．¶他俩闹 nào ～了／彼らは仲たがいした．¶我们之间没有～／私たちの間に不一致はない．

【矛头】máotóu 名 矛先．►比喩的に用いることが多い．¶～所向 xiàng／矛先の向かうところ．攻撃の対象．

茅 máo ◇◆ チガヤ．¶～草／〈植〉チガヤ．¶白 bái ～／同上．‖姓

【茅厕】máocè 名〈口〉便所．トイレ．►方言では máosi とも発音する．

【茅房】máofáng 名〈口〉便所．

【茅坑】máokēng 名 便つぼ；〈方〉（粗末な）便所．

【茅庐】máolú 名 かやぶきの家．いおり．

【茅塞顿开】máo sè dùn kāi 〈成〉一気に疑問が解ける．目からうろこが落ちる．

【茅舍】máoshè 名〈書〉茅屋(ぼうおく)．あばら家；〈転〉拙宅．

【茅厕】máosi 名〈方〉便所．トイレ．

【茅台酒】máotáijiǔ 名 マオタイ酒．►コウリャンを主原料とする貴州省仁懐市茅台鎮産の名酒．

【茅屋】máowū 名 草ぶきの家．あばら家．(量)间 jiān．

牦（犛）máo "牦牛 máoniú"⬇という語に用いる．

【牦牛】máoniú 名〈動〉ヤク．

锚 máo 名 錨(いかり)．¶抛 pāo ～／錨をおろす；〈喩〉仕事が停頓する．¶起～／錨を揚げる．船が出帆する．

【锚地】máodì 名 投錨地．停泊地．

蝥 máo "斑蝥 bānmáo"（〈虫〉ハンミョウ）という語に用いる．

蟊 máo ◇◆ 稲の根を食う害虫．

【蟊贼】máozéi 名 人民や国家に害をなす人間．

3声 **卯 mǎo** 名 十二支の第4：卯(う)．◇◆ ほぞ穴．¶→～眼 yǎn．‖姓

【卯劲儿】mǎo//jìnr →【铆劲儿】mǎo//jìnr

【卯时】mǎoshí 名〈旧〉卯の刻．►午前5時から7時．

【卯眼】mǎoyǎn 名（～儿）ほぞ穴．

昴 mǎo 名（二十八宿の一つ）すばる．

铆 mǎo 動〈機〉リベットを打つ．

【铆钉】mǎodīng 名 リベット．

【铆工】mǎogōng 名 ①リベット締めの作業．②リベット工．

【铆劲儿】mǎo//jìnr 動 力む．力を入れる．

名〈化〉シクロペンタジエン．►農薬やプラスチックの製造に用いる．

4声 **茂 mào** ◇◆ ①茂る．¶根 gēn 深叶 yè ～／根が深くて葉が茂っている．②豊富で立派である．¶图文并 bìng ～／挿し絵・文章ともに内容が豊富ですばらしい．‖姓

【茂密】màomì 形（草木が）こんもり茂っている，密生している．

【茂盛】màoshèng 形 ①（植物が）よく茂る，繁茂している．¶花草～／草花が咲きほこる．②〈喩〉繁盛している．繁栄する．¶财源 cáiyuán ～／金がどんどん入る．

* **冒 mào** 動 ①（汗・湯気などが）**噴き出す，立ち上る**．¶～烟 yān／煙が立ち上る．¶～泡 pào／泡が立つ．¶～汗 hàn／汗が出る．②（危険・困難などに）**あえて向かっていく**．向こう見ずに進む．¶～着风浪 fēnglàng 前进／荒波を冒して進む．
◇◆ ①軽率である．¶→～失 shi．②偽る．¶→～认 rèn．¶→～称 chēng．‖姓 ▶▶mò

【冒称】màochēng 動 詐称する．

【冒充】màochōng 動 偽称する．偽る．成りすます．¶～内行 nèiháng／玄人(くろうと)のふりをする．

【冒渎】màodú 動〈書〉冒瀆(ぼうとく)する．

【冒犯】màofàn 動 礼を欠いて相手を怒らせる．機嫌を損ねる．

【冒功】mào//gōng 動 他人の功績を自分の功績にしてしまう．

【冒号】màohào 名〈語〉コロン（：）．►以下に詳しい内容を提示するときに用いる．

【冒火】mào//huǒ 動（～儿）怒りでかっとなる．腹を立てる．

【冒尖】mào//jiān 動（～儿）①（容器に）**山盛りになる**．¶饭不要盛 chéng 得太～／ご飯を山盛りにしないように．②一定の数量をほんの少し超過する．¶他二十岁刚～／彼は20歳を少し出たところだ．③ずば抜けている．頭角を現す．¶他的学习成绩 chéngjì 在班上冒了尖儿／彼の学業成績はクラスでずば抜けている．¶她就爱～／彼女は人の注目の的になりたがる〔でしゃばりたがる〕．④兆しが現れる．¶问题一～，就及时 jíshí 采取了措施 cuòshī／兆候が現れると，時を移さず措置が講じられた．

【冒进】màojìn 動 ①向こう見ずに進む．早まったことをする．②〈書〉ひたすら仕官を求める．

【冒领】màolǐng 動（人の名をかたるなどの不正手段で）金品を手に入れる．

【冒昧】màomèi 形〈謙〉（言行が）地位・能力・場合にそぐわしいかどうかを顧みない．失礼を顧みない．►社交上謙遜語として用いることが多い．¶～给您写信，请原谅 yuánliàng／失礼をかえりみず，お手紙をさしあげることをお許しください．

【冒名】mào//míng 動 他人の名前をかたる．¶～顶替 dǐngtì／身代わりになる．

【冒牌】mào//pái 動（～儿）商標を盗用する．¶～

货 / 偽ブランド品.
【冒认】màorèn 動 他人のものを偽って自分のものと言い張る.
【冒傻气】mào shǎqì 間抜けなことをする.
【冒失】màoshi 形 **そそっかしい. 軽率である.** 粗野である. ¶～鬼 guǐ / おっちょこちょい. ¶不要冒冒失失 shīshī 地做结论 jiélùn / 軽々しく結論を下すな.
【冒头】mào//tóu 動(～儿) ① 表面に出る. ②(数字を)ちょっと上回る. …あまり. ¶四十～ / 40歳あまり.
【冒险】mào//xiǎn 動 **危険を冒す.** 危険を顧みず…する. ¶～抢救 qiǎngjiù 落水儿童 értóng / 危険を顧みずおぼれている子供を緊急救助する.
【冒烟】mào//yān 動(～儿) ① 煙が立つ. ¶渴得嗓子～了 / のどがからからに渇いている. ②〈方〉腹を立てる.

贸 mào ◇◆ ①商取引をする. ¶财 cái～ / 財政・金融と商取引. ②そそっかしい. ¶→～然 rán.
【贸然】màorán 副 軽率に. 軽々しく. ¶这样～下结论,不好 / このように軽々しく結論を下すのはよくない.
*【贸易】màoyì 名 **貿易. 交易. 商取引.** 量 项 xiàng, 个. ¶和外国做～ / 外国と貿易をする. ¶～差额 chā'é / 貿易バランス. 輸出入の差額. ¶～顺差 shùnchā〔逆差 nìchā〕/ 貿易黒字〔赤字〕.
参考 "贸易"は商業一般をさし,"对外 duìwài 贸易"("国外贸易""国际贸易"とも)と"国内 guónèi 贸易"に分かれる. 日本語の「貿易」は"对外贸易"にのみ対応する. "对外贸易""国内贸易"はそれぞれ略して"外贸""内贸"という.
【贸易壁垒】màoyì bìlěi 名〈経〉貿易障壁.
【贸易风】màoyìfēng 名〈気〉貿易風.

耄 mào ◇◆ 80-90歳の高齢;(広く)老人. ¶老～ / 老人.
【耄耋之年】mào dié zhī nián〈成〉(70-90歳の)老齢. ►"耋"は70-80歳.

帽 mào 名(～儿)器物にかぶせる帽子のような形をしたもの. キャップ. ふた. ¶笔 bǐ～儿 / 筆のさや. ペンのキャップ. ¶笼屉 lóngtì～儿 / せいろうのふた.
◇◆ 帽子. ¶草～ / 麦わら帽子. ⇒【帽子】màozi
【帽耳】mào'ěr 名 防寒帽の耳を隠す部分.
【帽花】màohuā 名 →【帽徽】màohuī
【帽徽】màohuī 名(制帽の正面につける)帽章. ►俗称は"帽花".
【帽舌】màoshé 名 帽子のひさし.
【帽檐】màoyán 名(～儿)帽子のつば.
【帽子】màozi 名 ① **帽子.** 量 顶 dǐng. ❖**戴** *dài*〔摘 *zhāi*〕～ / 帽子をかぶる〔とる〕. ②〈喩〉**レッテル.** 罪名. ¶不要给人乱扣 kòu～ / 人にやたらとレッテルを張ってはいけない.

貌 mào ◇◆ ①容貌. ¶相 xiàng～ / 顔立ち. ¶以～取人 / 姿だけで人を判断する. ②うわべ. ¶外～ / 外観. ‖ 姓
【貌合神离】mào hé shén lí〈成〉表面は仲よくしているが,内心はしっくりいかない.
【貌似】màosì 動〈書〉…らしく見える. うわべは…のようだ. ¶～忠厚 / うわべは正直者に見える.
【貌相】màoxiàng ① 名 容貌. ② 動 容貌を見る. 外見で人を判断する.

me（ㄇㄜ）

軽声 **么(麽・末) me** ① 接尾 ¶这～ / こんな(に). ¶什～? / なに. ¶多～ / なんて. ② 助《歌詞の口調をそろえるのに用いる》
►軽く発音されるので,語尾が弱化して mo または m のように聞こえることがある.

mei（ㄇㄟ）

2声 ** **没 méi** ❶動 ①《存在・所有の否定》**ない.** 存在しない. 持っていない. ②《比較に用い,程度が及ばないことを表す》…ほど…でない. ③〖没有+〈数量〉〗(その数量に)達しない. ⇒【没有】méiyǒu❶
❷副《動作・行為の発生や完成あるいは性質・状態の変化を否定し,それがまだ事実として存在しないことを表す》**まだ…していない.** …しなかった. ⇒【没有】méiyǒu❷
▸▸ mò
【没边儿】méibiānr 動〈方〉① 根拠がない. ② 果てしがない.
【没曾想】méicéngxiǎng →【没承想・没成想】méichéngxiǎng
【没承想・没成想】méichéngxiǎng 動 思いもよらず. …とは思わなかった.
【没出息】méi chūxi〈慣〉見込みがない. だらしがない. 意気地がない.
【没词儿】méi//cír 動 言うべき言葉がない;言葉に窮する. 返答に詰まる.
【没存想】méicúnxiǎng →【没承想・没成想】méichéngxiǎng
*【没错儿】méi//cuòr ① 動 **疑いない. まちがいない.** ¶照 zhào 我的话做～ / 私の言うとおりやればまちがいない. ②〈套〉(相づちで)**そうです.** ¶～,就是他干 gàn 的 / そのとおり,それをやったのは彼だよ.
【没大没小】méi dà méi xiǎo〈成〉長幼の序(目上に対する礼)をわきまえない. 年長者を尊敬しない.
【没的说】méideshuō〈慣〉言うべきことは何もない. まったく問題はない.
【没底】méi//dǐ 動 自信がない.
【没法子】méi fǎzi **しかたがない.** しようがない. ►普通は fázi と第二声で読む. また"没法儿 fǎr"とも.
【没骨头】méi gǔtou〈慣〉気骨がない. 意気地がない.
【没关系】méi guānxi〈套〉かまわない. 差し支えない;大丈夫だ. 心配ない.** ¶让 ràng 您久等了——～ / お待たせしました——どういたしまして. ¶～,这件事儿你就交给我吧 / 大丈夫,その事は私にまかせてよ.
【没黑带白】méi hēi dài bái〈成〉夜となく昼となく. 一日中. ¶他整天 zhěngtiān～地工作 / 彼はいつも昼夜を分かたずに働いている.
【没劲】méijìn ① 動(～儿)力がない. ② 形 おもしろみがない. くだらない.
【没精打采】méi jīng dǎ cǎi〈成〉打ちしおれて元

M

気がない．意気消沈する．しょんぼりしている．►“无 wú 精打采”とも．

〖没…就…〗 *méi…jiù…* まだ…しないうちにもう…．¶他体质 tǐzhì 不好，～跑 pǎo 几步～气喘喘 qìchuǎnchuǎn 的 / あの人は丈夫じゃない，いくらも走らないうちにもうぜいぜいいっている．

【没脸】**méi//liǎn** 動 顔が立たない．面目がない．►“没脸面”とも．¶～见人 / 人に会わせる顔がない．

〖没…没…〗 *méi…méi…* ①《名詞・動詞・形容詞の意味の似た語二つと組み合わせて，“没有”(…がない．…しない)を強調する》¶～着 zhuó ～落 luò / 宙ぶらりんである．¶～完～了 liǎo / 果てしがない．きりがない．②《“没”の後に形容詞の反対語を二つ置いて，物事の区別をわきまえないことを表す》¶～深～浅 qiǎn / 物事の程合いを知らない．

【没门儿】**méi//ménr** 〈方〉①動 つてやコネがない．②〈套〉《不可能や不承知を表す》だめだ．できない．

【没命】**méi//mìng** 動 ①命がなくなる．死ぬ．②懸命にやる．夢中でする．③運に恵まれない．

【没跑儿】**méipǎor** 動〈方〉手抜かりはない．請け合う．¶～，我赢 yíng 定了 / おれは絶対に勝つ．

【没皮没脸】**méi pí méi liǎn** 〈成〉厚顔無恥である．厚かましい．恥知らずである．►“没脸没皮”とも．

【没谱儿】**méi//pǔr** 動〈方〉成算がない．計画がない．

【没趣】**méi//qù** 形(～儿) ①おもしろくない．つまらない．②恥をかく．¶自讨 tǎo ～ / わざわざ恥をかく．¶给他一个～ / やつに恥をかかせてやる．

*【没什么】**méi shénme** 〈套〉**なんでもない．差し支えない；どういたしまして．**¶你怎么了？——～ / どうしました——いやなんでもありません．¶～，你接着 jiēzhe 干 gàn 吧 / かまいません，続けてやってください．

*【没事】**méi//shì** 動(～儿) ①**用事がない．ひまである．**¶今晚～，我想去看电影 / 今晩暇だから，映画に行きたいと思っている．②**なんでもない．たいしたことではない．**¶啊，太对不起了——～ / どうもすみません——いや，なんでもないよ．③かかわりがない．責任がない．④仕事がない．職がない．

【没事找事】**méi shì zhǎo shì** 〈成〉①余計なことをして面倒を引き起こす．②ことさらにあら捜しをする．

【没说的】**méishuōde** 〈慣〉①言うべき欠点がない．②相談・言いわけ・弁解の余地がない．③問題にならない．問題ない．

【没头没脑】**méi tóu méi nǎo** 〈成〉(～儿) ①(話や物事に)前後のつながりがない．②いわれがない；やぶから棒に．③見境がない．¶举起皮鞭 píbiān ～地打 / むちを取って見境なく打つ．

【没完】**méi//wán** 動 きりがない；とことんまでやる．¶说个～ / いつまでもしゃべり続ける．¶我跟他～ / 私は彼ととことんやる．¶～没了 liǎo / 果てしがない．きりがない．

【没味儿】**méiwèir** 動 ①味がない．¶嘴 zuǐ 里～ / 味がわからない．②おもしろみがない．

【没戏】**méi//xì** 動〈方〉①見込みがない．当てがない．②おもしろみがない．ぱっとしない．

【没心没肺】**méi xīn méi fèi** 〈成〉①思慮分別がない．深く考えない；あっけらかんとした性格．②良心がない．

【没心眼儿】**méi xīnyǎnr** 〈慣〉考え方が単純で，人を疑わない．¶这孩子～ / この子は無邪気だ．

【没羞】**méixiū** 形 恥を知らない．厚かましい．¶真～！/ なんて恥知らずな．

【没羞没臊】**méi xiū méi sào** 〈成〉恥を知らない．面の皮が厚い．

*【没意思】**méi yìsi** ①**退屈である．**②**おもしろくない．**つまらない．¶这个电影太～了 / この映画は全然おもしろくない．

【没影儿】**méi//yǐngr** 動 ①跡形がない．姿がない．¶忘得～了 / すっかり忘れてしまった．②根拠がない．

*【没用】**méi//yòng** 動 **むだである．**役に立たない．¶现在后悔 hòuhuǐ 也没什么用了 / 今ごろ後悔してもだめだ．

【没有】méiyǒu** ❶動《動詞“有”に対する否定を表す》►“没”を用いることも多い．

①**持っていない．存在しない．**ない．¶我～钱 qián / 私はお金を持っていない．¶今天～风 fēng / きょうは風がない．

語法 ❶〖没有＋〈名詞〉＋〈動詞(句)〉〗名詞は後の動詞(句)によって補足される．¶我～时间去 / 私には行く暇はない．❷兼語を伴うことがある．¶～人对我说过你的事 / だれも私に君のことを話した人はいない．❸〖没有＋〈名詞〉〗時に“很 hěn、最 zuì、太 tài”などの程度副詞の修飾を受けることがある．¶他这个人太～教养 jiàoyǎng 了 / あいつはどうも教養が足りないんだ．

②《比較に用い，程度が及ばないことを表す》**…ほど…でない．**…のように…でない．¶我～他高 / 私は彼ほど身長が高くない(私は彼より低い)．[形容詞の前に“那么”や“这么”を用いることも少なくない]¶北京 Běijīng 可～这么热 / 北京はこんなに暑くない．¶西瓜 xīguā ～哈蜜瓜 hāmìguā 那么甜 tián / スイカはハミウリほど甘くない．

③〖没有＋〈数量〉〗**(その数量に)達しない．**¶这家公司～几个人 / この会社は何人もいない．¶他干 gàn 了～两天就辞职 cízhí 了 / 彼は二日もやらないうちにやめた．

❷副《動作・行為の発生や完成あるいは性質・状態の変化を否定し，それがまだ事実として存在しないことを表す》注意 動作・行為の完成(“了 le”)，経験(“过 guo”)，持続(“着 zhe”)の否定や結果補語の表す結果に達しなかったことを示すときなどには，“没有”を用いる．méiyou と you を軽声に発音することも多い．¶他吃了，我～吃 / 彼は食べたが，私は食べなかった．¶我～去过中国 / 私は中国へ行ったことがない．¶窗户 chuānghu ～开着 / 窓は開けられていない．¶他的病还～好 / 彼の病気はまだよくなっていない．¶饭还～熟 shú / ご飯はまだ炊きあがっていない．

語法 ❶〖〈動詞 / 形容詞〉＋没有〗疑問文を作り，単純に YES か NO かを問う質問に用いる．¶听见 tīngjiàn ～？/ 聞こえたか．¶瓜 guā 熟 shú 了～？/ ウリはもう熟したか．❷単独で質問に答えることができる．¶你去过中国吗？——～ / あなたは中国へ行ったことがありますか——いいえ．❸“没有”に代えて“没”を用いることが多いが，文末に置いて疑問文を作るときと単独で質問に答えるときには，必ず“没有”を用いる．

比較 没(有)：不 bù ❶“没(有)”が「事態の発生・完成・変化などといった事実がまだない」という客

観的叙述に用いられ未来をさすことができないのに対して,"不"は「…でない」という否認や「…しない」という主観的意志を表すのに用い,過去・現在・未来のいずれをさすのにも制限はない. ¶今天他没有来 / きょう彼は来ていない. ¶昨天他说不来,今天他又说不来 / 昨日彼は来ないと言ったが,今日もまた来ないと言った. ❷"不"がすべての助動詞の前に用いることができるのに対して,"没(有)"は"能""能够 nénggòu""要""肯 kěn""敢 gǎn"など,少数の助動詞の前にしか用いられない.

〖没有…不…〗 *méiyǒu…bù…* …でないものはない. ¶这里的人,他～一个～认识 rènshi 的 / ここの人で,彼が知らない人は一人もいない.

〖没有…就没有…〗 *méiyǒu…jiù méiyǒu…* …がなければ…がない. …のおかげで…がある. ¶～共产党 gòngchǎndǎng,～新中国 / 共産党あっての新中国.

【没有说的】méiyou shuōde ⇀**【没说的】méishuōde**

【没辙】méi//zhé 動〈方〉手も足も出ない. 万事休す.

【没治】méizhì 〈方〉①動 治すことができない;(物事がきわめて悪化して)どうにもならない. ¶这病bìng～了 / この病気は治らない. ②形〈口〉すばらしいものだ. この上なくよい. ►物事が非常にうまくいっている時にいう. ¶他画的画儿 huàr,～了! / 彼の絵はすばらしい.

【没咒念】méi zhòu niàn 〈慣〉〈方〉しかたがない;お手あげである.

【没准儿】méi//zhǔnr 動 はっきり決まっていない. 確実ではない.

【没嘴的葫芦】méi zuǐ de húlu 〈慣〉口の重い人. 口数の少ない人.

玫 méi

"玫瑰 méigui"⬇という語に用いる.

【玫瑰】méigui 名〈植〉マイカイ;(広く)バラ. ¶～酒 / 蒸留酒にマイカイの花を浸した配合酒.

【玫瑰紫】méiguizǐ 名 バラ色;赤みがかった. ►"玫瑰红"とも.

枚 méi

量 多くは形が小さいものを数える. ¶一～金牌 jīnpái / 金メダル1枚. ¶三～导弹 dǎodàn / 3発のミサイル. [「一つ一つ」の意から] ¶～举 jǔ / 列挙する. ‖姓

眉 méi

◇◆ ①眉(まゆ). 眉毛. ②本のページの上部の余白. ¶书～ / 同前. ‖姓

【眉笔】méibǐ 名(ペンシル型の)まゆ墨. アイブローペンシル.

【眉殆】méidài 名 メーデー. 船舶や飛行機が無線で送る国際救難信号.

【眉端】méiduān 名 ①眉間(みけん). ②〈印〉本のページの上端の部分.

【眉飞色舞】méi fēi sè wǔ 〈成〉(顔が)喜びに輝く. 喜色満面.

【眉睫】méijié 名〈書〉眉毛とまつ毛;〈喩〉目の前. ¶迫 pò 在～ / 目前に差し迫っている.

【眉开眼笑】méi kāi yǎn xiào 〈成〉相好を崩す. にこにことうれしそうな顔をする.

【眉来眼去】méi lái yǎn qù 〈成〉互いに秋波を送る. 互いに色目を使う.

【眉棱】méiléng 名 眉弓(びきゅう). 眼窩(がんか)の上線をなす骨の隆起. ¶～骨 gǔ / 眉骨.

*__【眉毛】méimao__ 名 **眉. 眉毛.** 量[太いもの]道;[細いもの]条;[両方]对. ¶描～ / 眉を書く.

【眉毛胡子一把抓】méimao húzi yī bǎ zhuā 〈慣〉みそくそ一緒くたにする.

【眉目】méimù 名 ①眉目. 顔かたち. ②(文章などの)文脈,筋道. ¶这篇 piān 文章～清楚 qīngchu,内容充实 chōngshí / この文章は文脈がしっかりしていて,内容も豊かだ.

【眉目清秀】méi mù qīng xiù ⇀**【眉清目秀】méi qīng mù xiù**

【眉目】méimu 名 見通し. 目鼻. 糸口. ¶事情 shìqing 已经有～了 / 事はもう目鼻がついた.

【眉清目秀】méi qīng mù xiù 〈成〉眉目秀麗.

【眉梢】méishāo 名(～儿)眉じり. ¶喜上～ / 喜びに目を輝かす.

【眉头】méitóu 名 眉間(みけん). ¶皱 zhòu ～ / 眉間にしわを寄せる.

【眉心】méixīn 名 眉間(みけん).

【眉眼】méiyǎn 名 眉目. 顔かたち.

【眉眼高低】méi yǎn gāo dī 〈成〉目に現れた感情. 目の色. 顔色.

【眉宇】méiyǔ 名〈書〉眉宇(びう). 眉のあたり;(広く)容貌.

莓(苺) méi

◇◆ イチゴ. ¶草 cǎo～ / イチゴ. ¶蛇 shé / ～ / ヘビイチゴ.

梅(楳) méi

名〈植〉ウメ. ►"梅"は話し言葉では単独では用いず,通常は"梅花""梅子""梅树 méishù"などを用いる. ‖姓

【梅红色】méihóngsè 名 うす赤色. さくら色.

【梅花】méihuā 名 ① **梅花.** ウメの花. 量 朵 duǒ,支 zhī. ②(トランプの)クラブ. ③〈方〉〈植〉ロウバイ.

【梅花鹿】méihuālù 名〈動〉白色の斑点のある鹿. ニホンジカ.

【梅树】méishù 名 ウメの木.

【梅雨】méiyǔ 名 **梅雨.** つゆ. ►"霉雨"とも書く. ¶～季节 jìjié / 梅雨. つゆ.

【梅子】méizi 名〈植〉①ウメの木. ②ウメの実.

嵋 méi

地名に用いる. "峨嵋 Éméi"は四川省にある山の名. 峨嵋(がび)山. ►"峨眉"とも書く.

媒 méi

◇◆ ①仲人. 媒酌人. ¶当 dāng～ / 仲人を務める. ②媒介する. ¶→～质 zhì.

【媒介】méijiè 名 媒介者;メディア. ¶新闻 xīnwén～ / ニュースメディア. ¶～产业 chǎnyè / メディア産業.

【媒婆】méipó 名(～儿)仲人を職業とする女性.

【媒人】méiren 名 仲人. 媒酌人. ¶做～ / 仲人になる.

【媒妁】méishuò 名〈書〉媒酌人. 仲人. ¶～之言 / 仲人口. 仲人の調子のいい言葉.

【媒体】méitǐ 名 **メディア.** ►テレビや新聞などの媒体. ¶多～ / マルチメディア. ¶公众 gōngzhòng～ / マスメディア.

【媒质】méizhì 名〈物〉媒質. ►"介质"の旧称.

煤 méi 名 石炭．►"煤炭 méitàn"とも．また，俗字で"烸"とも書く．量 块．

【煤仓】méicāng 名 石炭を貯蔵する倉庫．石炭庫．
【煤尘】méichén 名 石炭の粉末．炭塵(たんじん)．
【煤毒】méidú →【煤气】méiqì ②
【煤黑油】méihēiyóu 名 コールタール．►"煤焦油"の通称．
【煤化】méihuà 名 石炭化．炭化．
【煤灰】méihuī 名 石炭灰．
【煤焦油】méijiāoyóu 名〈化〉コールタール．►"煤溚"とも．
【煤矿】méikuàng 名 炭鉱．¶～工人 / 炭鉱労働者．
【煤坯】méipī 名(長方形の)練炭．量 块．
【煤气】méiqì 名 ①石炭ガス．ガス．¶管道 guǎndào～ / 都市ガス．②石炭が不完全燃焼して発生する一酸化炭素．¶～中毒 zhòngdú / 一酸化炭素中毒．③〈俗〉プロパンガス．LPG．
【煤气罐】méiqìguàn 名 プロパンガスのボンベ．
【煤气炉】méiqìlú 名 ガスこんろ．
【煤气灶】méiqìzào 名 ガスこんろ．ガステーブル．
【煤球】méiqiú 名(～儿)豆炭．たどん．
【煤炭】méitàn 名 **石炭**．►"煤"とも．量 块．
【煤田】méitián 名 炭田．
【煤卫齐全】méi wèi qíquán (住居が)ガス・トイレ完備．
【煤窑】méiyáo 名 炭坑．採炭場．
【煤油】méiyóu 名 軽油；灯油．
【煤油灯】méiyóudēng 名 石油ランプ．
【煤油炉】méiyóulú 名 石油こんろ．
【煤渣】méizhā 名 石炭の燃え殻．
【煤砟子】méizhǎzi 名 石炭の小さな塊．
【煤砖】méizhuān 名 ①石炭の粉に粘土を混ぜてれんがの形に作ったもの．►燃料用．②練炭．

酶 méi 名〈生理〉酵素．►"酵素 jiàosù"とも．

【酶原】méiyuán 名〈化〉酵素原．

霉(黴) méi ①名 かび．¶发 fā～ / かびが生える．②動 かびる．¶→～烂 làn．

【霉病】méibìng 名〈農〉うどん粉病．
【霉菌】méijūn 名 かび．
【霉烂】méilàn 動 かびが生えて腐る．
【霉天】méitiān 名 梅雨期(の天気)．
【霉头】méitóu →【触霉头】chù méitóu
【霉雨】méiyǔ →【梅雨】méiyǔ

糜(穈・鏖) méi "糜子 méizi"↓という語に用いる．▸▸ mí

【糜子】méizi 名〈植〉(粘りけの少ない)キビ．

3声 ** **每** měi ①代《全体中の任意の一つあるいは1組をさし，それら個々の共通点を強調する》**一つ一つ．それぞれ．**…ごとに．すべて．【語法】通常，後に数量詞を伴う．ただし，数詞は"一"のときはよく省略する．¶～(一)件 / 1件1件．どれも．¶～(个)人一个 / ひとりに一つずつ．¶～四小时吃一次药 yào / 4時間ごとに薬をのむ．

②副《同じ動作の規則的反復を表す》…**するたびごとに**．ａ〖每＋〈動詞〉＋〈数量詞〉〗後に必ず別の数量が呼応する．¶～工作五天，休息两天 / 5日仕事するごとに2日休む．ｂ〖每…就〔便〕…〗*měi…jiù*〔*biàn*〕¶入秋 rùqiū 以后，～下一场 cháng 雨，天气就冷一些 / 秋になると，一雨ごとに寒くなる．

【每当】měi dāng〈型〉…するたび(ごと)に．…するときはいつも．
【每到】měi dào〈型〉…ごとに．…のたびに．¶～到四月樱花 yīnghuā 开放 / 4月になるといつもサクラが咲く．
【每逢】měi féng …の時節になるたびに．¶～佳节 jiājié 倍 bèi 思亲 /(清明節などの)祝日や節句になればふだんよりいっそう親しい人をなつかしく思う．
【每况愈下】měi kuàng yù xià〈成〉情況がますます悪くなること．
【每每】měiměi 副 しばしば．往々にして．►主に過去のことや恒常的なことについていう．
【每年】měinián 名 ①**毎年**．②〈方〉(過去をさして)いつもの年．例年．
【每日】měirì 名〈書〉毎日．¶～每时 / 毎日毎日．いつもいつも．
【每天】měitiān 名 **毎日．¶～早上八点上学 / 毎日，朝8時に学校へ行く．

* **美** měi 形【注意】北京の話し言葉で好んで用いられる傾向がある．

①**美しい．きれいである**．¶她长 zhǎng 得很～ / 彼女は器量がよい．¶黄山风景 fēngjǐng 真～ / 黄山の景色は実にきれいだ．
②(味などが)**よい．気に入る**．¶这道菜挺 tǐng～ / この料理はおいしいね．
③(満ち足りて)**すばらしい．素敵である**．¶日子 rìzi 越过越～ / 生活がますますよくなってきた．
④(満足で)愉快である．得意げである．いい気になっている．¶听说考上了大学，心里～得不得了 bùdéliǎo / 大学に受かったと聞いて，すっかり有頂天になっている．¶夸 kuā 他几句 jù，他就～起来了 / ちょっとほめたら，彼は得意になった．
◇ ①美しくする．¶→～容．②(Měi)アメリカ合衆国．¶→～元．③(Měi)アメリカ州．アメリカ大陸．¶北～ / 北米．‖姓

【美不胜收】měi bù shèng shōu〈成〉すばらしいものがあまりにも多くて見きれない．
【美不滋】měibuzī 形(～的)〈方〉ご機嫌である．悦に入る．
【美餐】měicān ①名 おいしい料理．¶～佳肴 jiāyáo / 珍しくておいしい料理．②動 思う存分食べる．
【美差】měichāi 名 実入りのよい職務．役得のある仕事．
【美钞】měichāo 名(アメリカの)ドル紙幣．
【美称】měichēng 名 美称．美名．
【美德】měidé 名 ①美徳．②(Měi Dé)アメリカとドイツ．
【美发】měifà 動 髪をきれいにする．¶～师 / 美容師．
【美发厅】měifàtīng 名 美容室．
【美分】měifēn 名(アメリカの通貨単位)セント．
【美观】měiguān ①形(服装や道具などの様式が)美しい，りっぱである，きれいである．¶～大方 / 美しくて上品である．②名 美観．¶有损 sǔn 街道 jiē-

M

dào 的～ / 町の美観をそこなう.

【美国】Měiguó 名〈地名〉**アメリカ合衆国**. 米国. ►首都は"华盛顿 Huáshèngdùn"(ワシントン).

【美好】měihǎo 形 **すばらしい**. よい. ►生活・前途・願望・時間など抽象的なことについていうことが多い. ¶我们的未来 wèilái 是～的 / われわれの未来はすばらしいものだ.

【美化】měihuà 動 美しくする. ¶～市容 shìróng / 街の景観を美しくする.

【美金】měijīn 名 米ドル. ドル.

【美劲儿】měijìnr 名〈口〉①得意げなさま. ¶瞧 qiáo 你的～! / 君の得意そうな様子といったら. ②気持ちよさ. 心地よさ.

【美景】měijǐng 名 ①美しい景色. ②幸せな境遇.

【美酒】měijiǔ 名 うまい酒.

【美丽】měilì 形 **きれいである. 美しい**. ►あらたまったニュアンスがある. ¶这幅 fú 画多～啊! / この絵はなんとも美しい. ¶青春是～的 / 青春とは気高くすばらしいものだ.

【美满】měimǎn 形(生活などが)幸せで円満である. 申し分がない.

【美貌】měimào ①名 美貌. 美しい顔. ¶天生～ / 天生の美貌. ②形(容貌が)美しい.

【美眉】měiméi 名〈俗〉若くてきれいな女性.

【美美】měiměi 副(～的)思う存分. 心ゆくまで.

【美梦】měimèng 名 ①すばらしい夢. ②〈貶〉(ひとりよがりの)**甘い夢**. ¶做～ / 夢をふくらませる.

【美妙】měimiào 形 すばらしい. うるわしい.

【美名】měimíng 名 美名. 名声. よい評判.

【美男子】měinánzǐ 名 ハンサム.

【美女】měinǚ 名 美しい若い女性. 美女.

【美其名曰】měi qí míng yuē 〈成〉聞こえのよい名称で…という. 聞こえがいいように…という.

【美人】měirén 名 ①(～儿)美人. 美しい女性. ②〈旧〉女官の称号の一種.

【美人计】měirénjì 名 美人局(つつもたせ).

【美人蕉】měirénjiāo 名〈植〉カンナ.

【美容】měiróng 動 顔をきれいにする. ¶～店 / エステサロン. ¶～院 / 美容院. ¶～手术 shǒushù / 美容整形.

【美食】měishí 名 おいしい食べ物.

【美食家】měishíjiā 名 美食家. グルメ.

【美食街】měishíjiē 名 グルメ街.

【美事】měishì 名 すばらしい事柄. 立派な事柄.

【美式足球】měishì zúqiú 名〈体〉アメリカンフットボール.

【美术】měishù 名 造形美術;(特に)絵画.

【美术片】měishùpiàn 名 アニメーション.

【美术设计】měishù shèjì 名 美術設計. デザイン. ¶舞台 wǔtái ～ / 舞台美術の設計.

【美术字】měishùzì 名 装飾用文字. デザイン文字.

【美味】měiwèi 名 おいしい食べ物. ¶～佳肴 jiāyáo / おいしい料理.

【美学】měixué 名 美学.

【美言】měiyán ①動 うまく取り持つ. いいように言う. ¶请你代为～几句 jù / どうぞよろしくとりなしてください. ②名〈書〉とりなしの言葉. 引き立ての言葉.

【美意】měiyì 名〈書〉厚意.

【美育】měiyù 名 情操教育. 美育.

【美元・美圆】Měiyuán 名 **米ドル**.

【美中不足】měi zhōng bù zú 〈成〉すぐれてはいるが, なお少し欠点がある. 玉にきず.

【美洲】Měizhōu 名 アメリカ州. ¶拉丁 Lādīng ～ / ラテンアメリカ.

【美滋滋】měizīzī 形(～的)(うれしいこと・楽しいこと・期待などで)浮き浮きしているさま.

镁 měi

名〈化〉マグネシウム. Mg. ¶氧化 yǎnghuà ～ / 酸化マグネシウム.

【镁光】měiguāng 名 ①(フラッシュなど)マグネシウムの光. ②写真のフラッシュ.

妹 mèi

4声 ◇◆ ①妹. ¶二～ / 2番目の妹. ②親戚の中の同じ世代で自分より年少の女子. ¶表 biǎo ～ / (自分と姓の異なる)従妹. ③〈方〉若い女性. ¶外来～ / よその土地から来た若い女性. ‖姓

【妹夫】mèifu 名 妹の夫. 妹婿.

【妹妹】mèimei 名 ①**妹**. ►呼びかけにも用いる.

M

¶小～ / お嬢ちゃん. ②(一族内における同世代で)自分より年少の女子. ¶叔伯 shūbai ～ / (父方の)従妹. ¶远房 yuǎnfáng ～ / (遠い親戚の)従妹.

【妹婿】mèixù 名〈書〉妹婿. 妹の夫.

【妹子】mèizi 名〈方〉①妹. ②女の子.

昧 mèi 動 隠す. 隠しごまかす. ¶→～良心.
◇◆ 愚かだ. 無知である. ¶蒙 méng ～ / 愚かである.

【昧良心】mèi liángxīn 良心に背く.

【昧心】mèixīn 動 良心に背く. やましいことをする.

袂 mèi ◇◆ たもと. そで. ¶分 fēn ～ / たもとを分かつ. ¶联 lián ～而往 / 連れ立って行く.

谜 mèi "谜儿 mèir"(〈俗〉なぞ)という語に用いる. 注意 mèir と発音するのは話し言葉で単独で用いるときのみで, 普通は"谜语 míyǔ"のように, mí と読む. ▸▸ mí

寐 mèi ◇◆ 眠る. ¶喜而不～ / うれしくて眠れない. ¶梦 mèng ～以求 qiú / 寝ても覚めても追い求める.

媚 mèi ◇◆ ①こびる. へつらう. ¶谄 chǎn ～ / こびへつらう. ②美しい. うるわしい. ¶春光 chūnguāng 明～ / うららかな春の光.

【媚骨】mèigǔ 名 こびへつらういやな根性.

【媚俗】mèisú 動 世俗にこびる.

【媚态】mèitài 名 ①人にこびるさま. 媚態(びたい). 作り笑い. ②あでやかな姿態.

【媚外】mèiwài 動 外国に追従する.

魅 mèi ◇◆ 化け物. ¶魑 chī ～ / 魑魅(ちみ).

【魅力】mèilì 名 魅力. ¶有～ / 魅力がある.

【魅人】mèirén 形 人をうっとりさせる. 人を引きつける. ¶～的容貌 róngmào / チャーミングな容貌.

men (ㄇㄣ)

1声 **闷 mēn** ①形 空気がよどんでいる. **蒸す. むっとする**. ¶屋子 wūzi 太小,～得慌 huāng / 部屋がせまくてとても蒸す. ②動(ふたをして)空気を出さない; 閉じこもる. ¶这种 zhǒng 茶要先～一下再喝 / このお茶はちょっとふたをしておいてから飲んだほうがよい. ¶别老～在家里 / 家に閉じこもってばかりいてはいけない. ▸▸ mèn

【闷沉沉】mēnchénchén 形(～的) ①(空気などがよどんで)気持ちが悪いさま. ②音が低く沈んでいるさま. ⇒【闷沉沉】mènchénchén

【闷得密·闷得蜜】mēndemì 動〈方〉(物を独り占めし, または猫ばばして)独り悦に入る.

【闷气】mēnqì 形 閉めきっていて空気〔通気〕が悪い. ⇒【闷气】mènqì

【闷热】mēnrè 形 蒸し暑い.

【闷声】mēnshēng 動 声を出さない.

【闷声闷气】mēn shēng mēn qì 〈成〉(～的)声がくぐもっている.

【闷头】mēn//tóu 動(～儿)ものも言わずにする. わき目もふらずにやる. ¶～儿干 gàn / 黙ってせっせと働く.

2声 ** **门(門) mén** ❶名 ①(～儿)建物や乗り物などの**出入り口. 玄関**. ゲート. (量) 道. ¶走进～来 / 入り口を入ってくる. ②(～儿)**扉. 戸. ドア**. (量) 扇 shàn, 个. ¶这扇～关不上 / このドアは閉まらない. ③(～儿)形状や機能が出入り口・扉に似ているもの. ¶球进了～ / ボールがゴールした. ④(～儿)こつ. 秘訣. 要領. ¶摸 mō ～儿 / 要領をつかむ. ⑤〈生〉門. ▶生物分類学で最も大きな分類単位.
❷量 ①大砲を数える. ¶一～大炮 dàpào / 大砲1門. ②**学科・技術を数える**. ¶两～功课 gōngkè / 2科目. ¶两～技术 jìshù / 二つの技術. ③縁組・縁談を数える. ¶这～亲事 qīnshi 成 chéng 了 / この縁談はまとまった.
◇◆ ①〈旧〉一族. ¶→～第 dì. ¶一～老少 lǎoshào / 一族全員. ②(宗教や学問の)党派. ¶拜 bài ～ / 入門する. ¶同～ / 同じ門下. ③部類. ¶五花八～ / 多種多様. ¶→～类 lèi. ‖姓

丶 丨 门

【门巴族】Ménbāzú 名(中国の少数民族)メンパ(Monba)族. ▶チベット系民族の一つ.

【门把】ménbǎ 名(～儿)ドアの取っ手. ▶"门把手 shou"とも.

【门板】ménbǎn 名 ①戸板. ②(店舗の)板戸.

【门插关儿】ménchāguānr 名 門や戸に取り付ける短いかんぬき.

【门齿】ménchǐ 名〈生理〉門歯.

【门当户对】mén dāng hù duì 〈成〉(縁組みをする男女双方の)家柄・財産が釣り合っている.

【门道】méndao 名〈口〉①こつ. やり方. ②つて. 手づる. 人脈.

【门第】méndì 名 家柄.

【门洞儿】méndòngr 名 表門の出入り口の通路; (広く)家の表門.

【门对】ménduì →【门联】ménlián

【门风】ménfēng 名〈旧〉家風. ¶败坏 bàihuài ～ / 家風を汚す.

【门岗】méngǎng 名 門に立っている歩哨. 役所の門衛.

【门户】ménhù 名 ①出入り口. ¶小心～ / 戸締まりに注意する. ②〈喩〉必ず通らなければならない要地. ③派別. 派. 流派. ④〈旧〉家柄. ¶～相当 xiāngdāng / 家柄がつり合う. ⑤家庭.

【门户之见】mén hù zhī jiàn 〈成〉(学問や芸術で)派閥にとらわれた偏見.

【门环】ménhuán 名(～子)ドアノッカー. 門環.

【门禁】ménjìn 名(機関や団体などの)入り口の取り締まり. ¶～森严 sēnyán / 入り口の警備が厳重である.

【门警】ménjǐng 名 門衛の警官.

【门径】ménjìng 名 こつ. やり方. 要領.

【门镜】ménjìng 名(玄関の)ドアアイ, のぞき窓. ▶俗称は"猫眼".

【门槛·门坎】ménkǎn 名(～儿) ①(門や入り口の)**敷居**. ¶迈 mài ～ / 敷居をまたぐ. ②〈方〉こつ, 要領. ¶～精 jīng / 〈慣〉要領がいい.

【门可罗雀】mén kě luó què 〈成〉来客が非常に少なくてさびれている.

*【门口】ménkǒu 名(～儿)**出入り口**(の前). **玄関口**. 戸口. ¶～站着一个人 / 戸口に人が立っている. ¶医院～ / 病院の前.
【门框】ménkuàng 名 戸のかまち. 戸の枠.
【门类】ménlèi 名 部門. 分類.
【门帘】ménlián 名(～儿)入り口に掛ける(防寒用の)カーテンやすだれ.
【门联】ménlián 名(～儿)入り口に張る対聯(ついれん). 量 对,副.
【门铃】ménlíng 名(～儿)門·玄関·入り口などに取り付けられた呼び鈴〔ブザー〕. ❖ 摁 èn〔按 àn〕～ / 呼び鈴を押す.
【门楼】ménlóu 名(～儿) 1 伝統家屋の門の上の装飾的屋根. 2 城門の上に建てたやぐら.
【门路】ménlu 名 1 **こつ. 要領. 秘訣.** ¶稍许 shāoxǔ 摸到 mōdào 一些～ / 少しこつが分かった. 2 **つて**. 手づる. ¶找 zhǎo ～ / 〈慣〉つてを求める.
【门面】ménmian 名 1 商店の表. 店口. 店の間口. 2〈喩〉外観. 見かけ. ¶壮 zhuàng ～ / 外観をりっぱにする. ¶装(饰)～ / 表面を飾り立てる.
【门面话】ménmianhuà 名 体裁のよい話. 口先だけの話. ¶说～ / 口先だけの好意を示す.
【门牌】ménpái 名 町の名称と家の番号を表示した札. ¶～号码 hàomǎ / 番地. 住居表示.
【门票】ménpiào 名(公園·博物館·展覧会などの)**入場券**. 量 张. ¶六岁以下儿童不要～ / 6歳以下の子供は入場無料.
【门球】ménqiú 名〈体〉ゲートボール.
【门儿清】ménrqīng 形〈方〉よく知っている.
【门人】ménrén 名〈書〉 1 門人. 門下生. 弟子. 2 居そうろう. 取り巻き. 食客.
【门扇】ménshàn 名 門の扉.
【门神】ménshén 名〈宗〉("春节 Chūnjié"に魔除けとして門の扉の上に張る)門を守る神の画像.
【门生】ménshēng 名〈書〉 1 門人. 弟子. 門下生. 2(試験主任官に対する)科挙の合格者の自称.
【门市】ménshì 名 店先;(店先での)小売り. ¶～部 / 店頭販売部.
【门闩·门栓】ménshuān 名 門のかんぬき.
【门厅】méntīng 名 入り口の広間. 玄関ホール. ロビー.
【门庭若市】mén tíng ruò shì 〈成〉門前市を成す.
【门童】méntóng 名(ホテルの)ドアボーイ.
【门徒】méntú 名 門弟. 弟子.
【门外汉】ménwàihàn 名 門外漢. 素人.
【门卫】ménwèi 名 門衛. 守衛.
【门牙】ményá 名 門歯. 前歯.
【门诊】ménzhěn 動 **外来患者の診察をする**. ¶李医生每天上午～ / 李先生は毎日午前中は外来診察をする. ¶～部 / 外来診療部門. 診療所. ¶～病人 / 外来患者.

扪 mén

◇◆ 押さえる. なでる.
【扪心自问】mén xīn zì wèn 〈成〉胸に手を当てて自問してみる.

闷 mèn

形 **気がめいる;退屈である**. ¶一个人在这里～得慌 huang / 一人でここにいて退屈だ.
◇◆ 密閉する. ▸▸ mēn
【闷沉沉】mènchénchén 形(～的)気がふさぐさま. ⇨【闷沉沉】mēnchénchén
【闷罐车】mènguànchē 名〈方〉(鉄道の)有蓋貨車.
【闷棍】mèngùn 名 出し抜けの一撃;〈喩〉不意打ち. ¶打～ / 不意打ちを食わす.
【闷葫芦】mènhúlu 名〈喩〉 1 なぞ;不可解なこと. 2 口かずの少ない人.
【闷葫芦罐儿】mènhúluguànr 名 貯金つぼ.
【闷酒】mènjiǔ 名 憂さ晴らしに飲む酒. やけ酒. ¶他又在喝～呢 / 彼はまたやけ酒を飲んでいるよ.
【闷倦】mènjuàn 形 あきあきしている. うんざりしている.
【闷雷】mènléi 名 1(遠くで)ごろごろ鳴る雷;低くて小さな雷の音. 2〈喩〉不意に受けたショック.
【闷闷不乐】mèn mèn bù lè 〈成〉心がふさいで晴れ晴れしない. 憂鬱である.
【闷气】mènqì 名 **鬱憤**. 晴らしようのない憤り. ❖ 生 *shēng* ～ / むかむかする. ⇨【闷气】mēnqì
【闷儿】mènr 名 気がふさぐこと. ¶看书解 jiě ～ / 読書で退屈をまぎらわす.

焖 mèn

動〈料理〉ぴったりとふたをしてとろ火で煮込む. ¶～饭 / 飯を炊く. ¶～肉 ròu / 肉をとろ火で煮る.

们 men

軽声 **
接尾《人称代詞や人をさす名詞の後につけて**複数を表す**》¶我～ / われわれ. 私たち. ¶人～ / 人々. ¶孩子～ / 子供たち. [擬人的に用いる]¶满天的星星 xīngxing ～ / 空いっぱいの星たち. [並列した成分の最後につける]¶老爷爷 lǎoyéye、老奶奶 lǎonǎinai ～ / おじいさんやおばあさんたち. 注意 ❶名詞に"们"がつくと,具体的な数量による修飾は受けない. つまりたとえば"×三个学生们""×很多朋友们"などとはいえない. ただし,数量を表す"许多 xǔduō、好些 hǎoxiē"などの語の修飾は受けることができる. ¶好些孩子～在踢球 tīqiú / 大勢の子供たちがサッカーをしている. ❷前後の文脈から複数であることが明らかな場合は,"们"を加えなくてもよい.

meng (ㄇㄥ)

蒙(朦) mēng

1声
動 1 **だます**. **ごまかす**. 欺く. ¶我没被别人～过 / ぼくは人にだまされたことがない. ¶这～不住我 / これでは私をごまかしきれない. 2 **当てずっぽうに推測する**. ¶这回总算 zǒngsuàn 给你～对了 / こんどはどうやら君のあてずっぽうが当たったみたいだ. 3 もうろうとする. くらくらする. ¶他被球打～了 / 彼はボールに当たってぼうっとなった.
▸▸ méng,měng
【蒙蒙亮】mēngmēngliàng 形(朝早く)空がぼんやりと明るい. ¶天～,他就起来读书 dúshū 了 / まだ薄暗いうちに彼は起きて勉強を始めた.
【蒙骗】mēngpiàn 動 だます. ペテンにかける.
【蒙事】mēng//shì 動(～儿)〈方〉ごまかす. いんちきをする. 知ったかぶりをする. ¶这傢伙 jiāhuo 净 jìng ～ / こいつはいんちきばかりする.

萌 méng

2声
◇◆ 芽生える. ¶故态 gùtài 复～ / いつもの癖がまた出る.
‖ 姓

M

【萌动】méngdòng 動 1（植物が）芽を吹く．2（物事が）始まる，動き出す．¶春意～／春めいてくる．
【萌发】méngfā 動 1〈植〉芽が出る．芽生える．2〈喩〉（物事が）起こる，発生する．
【萌生】méngshēng 動〈書〉発生し始める．芽生える．►多く抽象的な物事について．
【萌芽】méngyá 1 動 芽生える．芽を吹く．2 名 萌芽（ほう）．芽生え．

蒙（濛）méng 動 1 覆い隠す．かぶせる．¶用手～住眼 yǎn／手で目を覆う．¶～上一块布 bù／布を1枚かぶせる．2 受ける．こうむる．頂戴する．¶承 chéng～邀请 yāoqǐng／ご招待にあずかりまして….
◇◆ 無学である．無知である．¶→～昧 mèi．¶启 qǐ～／啓蒙する．
⏩ mēng,měng
【蒙蔽】méngbì 動（人の耳目を）ごまかす，欺く．
【蒙汗药】ménghànyào 名（近代小説や戯曲で）人を人事不省に陥れる薬．しびれ薬．
【蒙哄】ménghǒng 動 だます．
【蒙混】ménghùn 動 ごまかし欺く．¶～过关 guòguān／ごまかしてその場をやり過ごす．
【蒙胧】ménglóng 形（目が）朦朧（もう）としている．ぼんやりしている．¶睡眼 shuìyǎn～／寝ぼけ眼で朦朧としている．
【蒙昧】méngmèi 形 1 文化がない．未開である．2 愚かである．¶～无知 wúzhī／無知蒙昧（もう）．
【蒙蒙】méngméng 形 かすむさま．うす暗いさま．►"濛濛"とも書く．¶～细雨 xìyǔ／しとしとと降る霧雨．
【-蒙蒙】-méngméng 接尾（～的）《形容詞・名詞の後について「かすむ」さま，「うす暗い」様子を表す描写的形容詞をつくる》¶黑 hēi～／煙が立ち込めて暗い．¶泪 lèi～／涙で目がかすんでいる．
【蒙难】méng//nàn 動〈書〉遭難する；（著名人や地位のある人が）災難にあって死ぬ．
【蒙受】méngshòu 動 受ける．こうむる．¶～重大损失 sǔnshī／大きな損害を受ける．
【蒙太奇】méngtàiqí 名〈映〉モンタージュ．
【蒙药】méngyào 名 麻酔剤．
【蒙冤】méng//yuān 動 ぬれぎぬを着せられる．
【蒙在鼓里】méngzài gǔli〈慣〉真相を知らされない．蚊帳（かや）の外に置かれる．

盟 méng 名 内モンゴル自治区の行政単位．►"盟"はいくつかの"旗 qí、县、市"を統轄する．
◇◆ ①同盟．連合．¶同～／同盟．②誓う．¶相 xiāng～／互いに誓い合う．③義兄弟の契りを結んだ仲．¶～兄 xiōng／兄貴分．‖ 姓
【盟邦】méngbāng 名 同盟国．盟邦．
【盟国】méngguó →【盟邦】méngbāng
【盟军】méngjūn 名 同盟軍．
【盟誓】méng//shì 1 動〈口〉誓う．誓いを立てる．¶～永结相好 xiānghǎo／永遠の友好を誓い合う．2 名〈書〉盟約．誓い．
【盟兄弟】méngxiōngdì 名（契りを結んだ）義兄弟．
【盟友】méngyǒu 名 盟友．誓い合った友．同盟者；同盟国．
【盟员】méngyuán 名 同盟員．
【盟约】méngyuē 名 盟約．同盟を結ぶときに立てた誓約や条約．
【盟主】méngzhǔ 名 盟主．古代における諸侯の同盟の主宰者；〈転〉集団活動の提唱者．

檬 méng "柠檬 níngméng"（レモン）という語に用いる．

朦 méng "朦胧 ménglóng"⬇という語に用いる．
【朦胧】ménglóng 形 1（月が）おぼろである．2（意識や景色が）ぼんやりしている，はっきりしない．

矇 méng ◇◆ 目が見えなくなる．¶～眬 lóng／（目が）朦朧（もう）とする．

3声 **猛** měng 形 1 激しい．すさまじい．¶水 shuǐ 流 liú 得很～／水の流れがとても激しい．2 突然．急に．不意に．¶～地站起／すくっと立ちあがる．
‖ 姓
【猛不防】měngbufáng 副 不意に．出し抜けに．突然．¶他被人～推 tuī 到水里／彼は不意に水の中に突き落とされた．
【猛将】měngjiàng 名 猛将；〈喩〉猛者（さ）．(量) 员 yuán．
【猛进】měngjìn 動 猛進する．困難にめげず勇敢に前進する．
【猛劲儿】měngjìnr〈口〉❶動（一時に集中的に）ぐいと力を出す．❷名 1 猛烈な力．2 強い体力；旺盛な精神力．
【猛力】měnglì 副 力いっぱいに．全身の力をこめて．
【猛烈】měngliè 形 1 猛烈である．激しい．¶风势～／風が激しい．¶台风 táifēng 来得非常～／台風はすさまじい勢いでやって来た．2 急激である．
【猛然】měngrán 副（勢い激しく）突然．急に．►"猛然间 jiān"とも．¶～扑 pū 过来／ぱっと飛びかかってきた．¶她～吃了一惊 jīng／彼女ははっと驚いた．
【猛士】měngshì 名 勇猛な武士．勇士．
【猛兽】měngshòu 名 猛獣．
【猛醒・猛省】měngxǐng 動 突然悟る．はたと合点がいく．
【猛子】měngzi →【扎猛子】zhā měngzi

蒙 měng ◇◆ モンゴル族．
⏩ mēng,méng
【蒙古】Měnggǔ 名〈地名〉モンゴル．モンゴル国．
【蒙古包】měnggǔbāo 名（モンゴル族の住む）フェルト製の丸いテント．パオ．ゲル．⇨【毡房】zhānfáng
【蒙古人种】Měnggǔ rénzhǒng 名 蒙古人種．モンゴロイド．
【蒙古摔交】měnggǔ shuāijiāo 名 モンゴル相撲．
【蒙古族】Měnggǔzú 名 1 モンゴル民族．►モンゴル人民共和国・シベリア・中国に分布．2（中国の少数民族）モンゴル（Mongol）族．
【蒙文】Měngwén 名 モンゴル文字．蒙古文字．
【蒙语】Měngyǔ 名 モンゴル語．

【蒙族】**Měngzú** 名〈略〉モンゴル族.

锰 měng 名〈化〉マンガン．Mn.

【锰钢】**měnggāng** 名〈冶〉マンガン鋼.
【锰核】**měnghé** 名 マンガン団塊.

獴 měng 名〈動〉マングース.

懵(懞) **měng** ◇◆ ぼんやりしている．¶→～懂 dǒng.

【懵懂】**měngdǒng** 形 愚かである．無知である．ぼんやりしている.

孟 mèng ◇◆ ①四季の最初の月．►"孟、仲 zhòng、季 jì"の順で各季節の月を呼び分ける．②兄弟姉妹の順序("孟、仲、叔 shū、季")でいちばん上．‖姓
【孟春】**mèngchūn** 名 旧暦1月.
【孟冬】**mèngdōng** 名 旧暦10月.
【孟加拉国】**Mèngjiālāguó** 名〈地名〉バングラデシュ.
【孟秋】**mèngqiū** 名 旧暦7月.
【孟夏】**mèngxià** 名 旧暦4月.

梦(夢) **mèng**

睡眠中の「夢」；実現困難な空想や幻想（将来実現させたい願い⇨【愿望】yuànwàng）

名 夢．量 场 cháng, 个．❖做 *zuò* ～ / 夢を見る．¶做了一个甜美的～ / 心地よい夢を見た．¶～中见到了她 / 夢の中で彼女と会った．¶往事 wǎngshì 好像一场～ / 昔のことはまるで夢のようだ.
◇◆ ①夢を見る．¶→～见．②幻．空想．¶→～想 xiǎng．‖姓
【梦话】**mènghuà** 名 ①**寝言**．¶说～ / 寝言を言う．②〈喩〉実現しそうもない夢のような話．¶别说～了！/ 空言(ｿﾗｺﾞﾄ)を吐くな.
【梦幻】**mènghuàn** 名 夢幻．夢と幻．¶～般 bān 的境界 jìngjiè / 夢まぼろしの世界.
【梦幻泡影】**mèng huàn pào yǐng** 〈成〉夢まぼろし．はかない幻想.
【梦见】**mèngjiàn** 動 夢に見る．¶他～自己见到了久别的妈妈 / 彼はずっと別れていた母親に会った夢を見た.
【梦境】**mèngjìng** 名 夢の世界．幻の境地．►美しい景色についていうことが多い.
【梦寐】**mèngmèi** 名〈書〉眠っている間．¶～难忘 wàng /〈成〉夢にも忘れられない.
【梦寐以求】**mèng mèi yǐ qiú** 〈成〉どうしても手に入れたいと思う.
【梦乡】**mèngxiāng** 名(ぐっすり)寝ついた状態．¶进入～ / 夢路に入る．寝つく.
【梦想】**mèngxiǎng** ❶動 ①**妄想する**．②**渇望する**．切望する．¶他～着将来 jiānglái 当 dāng 一名医生 / 彼は将来，医者になりたいと心から望んでいる．❷名 夢.
【梦行症】**mèngxíngzhèng** 名〈医〉夢遊病.
【梦魇】**mèngyǎn** 動 夢にうなされる.
【梦游症】**mèngyóuzhèng** 名〈医〉夢遊病.

mi（ㄇㄧ）

1声
咪 mī "咪咪 mīmī"⬇という語などに用いる.

【咪表】**mībiǎo** 名 パーキングメーター.
【咪咪】**mīmī** 擬《猫の鳴き声》にゃあにゃあ．►猫の愛称にも用いる.

眯(瞇) **mī** 動 ①目を細める．¶～着眼睛笑 xiào / 目を細めて笑う．②〈方〉まどろむ．¶他在车上～了一觉儿 jiàor / 彼は車の中で少しうとうとした．⏩mí
【眯盹儿】**mī//dǔnr** 動〈方〉居眠りをする．うつらうつらする．まどろむ.
【眯缝】**mīfeng** 動〈口〉目を細くする．¶～着眼睛看人 / 目を細めて人を見る.
【眯糊】**mīhu** 動〈方〉①目を細める．目を軽く閉じる．②まどろむ．うとうとする.

2声
弥(彌) **mí** ◇◆ ①満ちる．広がる．¶→～月．②満たす．補う．覆い隠す．¶→～补 bǔ．③いよいよ．さらに．¶欲 yù 盖～彰 zhāng /〈成〉隠そうとすればますます現れる．‖姓
【弥补】**míbǔ** 動(不足を)**補う，繕う，**埋め合わせる．¶～缺陷 quēxiàn / 欠陥を補う．¶～赤字 chìzì / 赤字を埋める.
【弥封】**mífēng** 動(不正を防止するために)入学試験の答案を袋とじにして，受験者の氏名が採点者にわからないようにする.
【弥缝】**míféng** 動(欠点や過失を)取り繕う.
【弥缝儿】**mí//fèngr** 動 すきまを埋める.
【弥合】**míhé** 動(裂け目を)ふさぐ．(すきまを)埋める．¶伤口 shāngkǒu ～了 / 傷口がふさがった.
【弥漫】**mímàn** 動〈書〉(煙・霧・水が)充満する，一面に広がる．►"瀰漫"とも書く.
【弥撒】**mísa** 名〈宗〉ミサ．¶～曲 qǔ / ミサ曲.
【弥散】**mísàn** 動(光線や気体が)四方に拡散する.
【弥天大谎】**mí tiān dà huǎng** 〈成〉真っ赤なうそ．とんでもないでたらめ.
【弥天盖地】**mí tiān gài dì** 天に満ち地を覆う．勢いがすさまじいさま．¶雨～地 de 下起来 / 雨がすさまじい勢いで降りだした.
【弥望】**míwàng** 動〈書〉見渡すかぎり…である.
【弥月】**míyuè** 〈書〉①動(子供が生まれて)満1か月になる．②名 満1か月.

迷 mí 動 ①**迷う**．¶～了方向 / 方角を見失う．②**迷わす**．**惑わす**．¶金钱～住了他的心 / 金が彼の心を惑わせた．③(あることに)**ふける，夢中になる**．¶他～上了麻将 májiàng / 彼はマージャンに夢中になった.
◇◆ ①マニア．ファン．¶集邮 jíyóu ～ / 切手マニア．②意識がぼんやりする．¶昏 hūn ～ / 人事不省になる.
【迷瞪】**mídeng** 〈方〉①形(意識が)はっきりしない．¶他整天迷迷瞪瞪 dèngdèng 的 / 彼は一日中，ぼんやりしている．②動 迷う．戸惑う.
【迷宫】**mígōng** 名 迷宮．¶如入 rù ～ / 迷宮に入ったようだ(何が何だかさっぱり分からない).
【迷航】**míháng** 動(船や航空機が)針路を見失う.

【迷糊】míhu 形(意識や目が)はっきりしない,ぼんやりしている. ¶睡得迷迷糊糊 hūhū 的/寝ぼけてしまった.
【迷魂汤】míhúntāng 名〈慣〉甘い言葉. 人を迷わす言行. ►"迷魂药 yào"とも. ¶灌 guàn～/殺し文句を並べる. ¶喝了～/甘言に惑わされた.
【迷魂阵】míhúnzhèn 名〈慣〉(人をたぶらかす)わな. ペテン. ¶布下～/わなを仕掛ける.
【迷惑】míhuo ①形 わけのわからない. 見当のつかない. ¶感到～不解 bùjiě/何が何だかわからずに当惑してしまう. ②動 惑わす. ¶不要被他的甜言蜜语 mìyǔ 所～/彼の甘い言葉に惑わされないよう.
注意 「迷惑する. 迷惑をかける」という意味では用いない. ¶添麻烦 tiān máfan/迷惑をかける. ¶觉得厌烦 yànfán/迷惑する.
【迷离】mílí 形 ぼんやりしている. もうろうとしている. あいまいではっきりしない. ¶～恍惚 huǎnghū/〈成〉ぼんやりしてはっきり見えない.
【迷恋】míliàn 動 熱中する. 夢中になる. ¶～音乐/音楽に夢中になる.
*【迷路】mí//lù 動 ①道に迷う. ¶走到半道上迷了路/途中で道に迷った. ②〈喩〉正しい方向を見失う. ¶～忘本 wàngběn/正しい方向を見失い,本分を忘れる.
【迷茫】mímáng 形〈書〉①茫漠としている. 広大ではっきり見えないさま. ②(気持ちが)ぼうっとしている. うつろである.
【迷梦】mímèng 名 迷夢. 妄想.
【迷你】mínǐ 形 小型の. ミニ…. ¶～车 chē/ミニカー.
【迷你裙】mínǐqún 名 ミニスカート.
*【迷人】mí//rén ①形 魅力的である. ¶～的秋色 qiūsè/うっとりするような秋の景色. ¶她的眼睛 yǎnjing 很～/彼女の目はとても魅力的だ. ②動 人を迷わせる. 惑わせる. ¶～眼目/人の目を惑わす.
【迷失】míshī 動 見失う. 分からなくなる. ¶～道路/道に迷う. ¶～目标 mùbiāo/目標を見失う.
【迷途】mítú〈書〉①名 まちがった道. ②動 道に迷う. 道を踏み違える.
【迷惘】míwǎng 動 困惑する. 途方に暮れる.
【迷雾】míwù 名 ①深い霧. 濃霧. 量 片 piàn,层 céng,团. ②〈喩〉人を惑わす事物.
【迷信】míxìn ①動 盲信する. ¶不要～书本/書物を絶対だと思うな. ②形 迷信深い. ¶这个人很～/この人は迷信深い. ③名 迷信.

眯(瞇) mí 動〈口〉(ほこりや砂が)目に入る. ►"迷"とも書く. ¶沙子 shāzi～了眼睛/砂が目に入った. ▸▸ mī

猕(獼) mí "猕猴 míhóu""猕猴桃 táo" ↓の語に用いる.
【猕猴】míhóu 名〈動〉アカゲザル.
【猕猴桃】míhóutáo 名〈植〉キウイフルーツ.

谜 mí 名 ①なぞなぞ. クイズ. ¶猜 cāi～/なぞなぞをする. ②〈喩〉真相が不明な〔理解し難い〕事柄. なぞ. ¶那个事件一直 yīzhí 是个～/その事件はずっとなぞのままである. ▸▸ mèi
【谜底】mídǐ 名 ①なぞなぞの答え. ②〈喩〉物事の真相. ¶～终于揭开 jiēkāi 了/真相がついに明らかになった.
【谜面】mímiàn 名 なぞなぞの題. 判じ物.
【谜语】míyǔ 名 なぞ. なぞなぞ. 量 个,则 zé. ❖猜 cāi～/なぞなぞを当てる.

縻 mí ◇◆ ①かゆ. ¶肉 ròu～/肉の入ったかゆ. ②ただれる. ぐちゃぐちゃになる. ¶→～烂 làn. ③浪費する. 消耗する. ¶～费 fèi/浪費. ‖姓 ▸▸ méi
【縻费】mífèi →【靡费】mífèi
【縻烂】mílàn ①動 糜爛(びらん)する. ただれる. ②形 堕落している.

麋 mí ①名〈動〉ヘラジカ. ②→【麋鹿】mílù
【麋鹿】mílù →【四不像】sìbùxiàng①

靡 mí ◇◆ 浪費する. ¶奢 shē～/ぜいたくでむだ遣いをする. ▸▸ mǐ
【靡费】mífèi 動 浪費する.

3声
米 mǐ ①名 米. 量 粒 lì. ¶捣 dǎo～/米をつく. ②量(長さの単位)メートル. ◇◆ 穀物や実の皮を取り去り中身だけにしたもの. ¶大～/米. ¶小～/(脱穀した)アワ. ¶花生 huāshēng～/ピーナッツ. ¶虾 xiā～/むき身の干しエビ. ‖姓
【米饼】mǐbǐng 名 あられ. せんべい.
**【米饭】mǐfàn 名 ご飯. ライス. 量 碗 wǎn.
【米粉】mǐfěn 名〈料理〉①ビーフン. ¶炒 chǎo～/炒めビーフン. ②米の粉. しん粉.
【米泔水】mǐgānshuǐ 名 米のとぎ汁.
【米花糖】mǐhuātáng 名 おこし. 米に圧力をかけふくらませ,四角に固めて砂糖をまぶした菓子.
【米黄】mǐhuáng 形 卵色の. クリーム色の.
【米酒】mǐjiǔ 名 もち米やもちアワで作った蒸留酒.
【米糠】mǐkāng 名 米ぬか. ¶～油/米ぬか油.
【米粒】mǐlì 名(～儿)米粒.
【米粮川】mǐliángchuān 名 米所. 米の多くとれる土地.
【米面】mǐmiàn 名 ①米と小麦粉. ②(～儿)米の粉. しん粉. ③〈方〉〈料理〉ビーフン.
【米色】mǐsè 名 生成(きなり)色. ベージュ.
【米汤】mǐtang 名 ①米を炊いたときに取り出した汁; 重湯. ②〈方〉甘言. 殺し文句.
【米线】mǐxiàn 名〈方〉やや太めに作られたビーフン.
【米制】mǐzhì 名 メートル法.
【米珠薪桂】mǐ zhū xīn guì〈成〉物価が高くて生活が苦しい.

靡 mǐ 動〈古〉ない. ¶～日不思/一日として思わない日はない. ◇◆ 風になびく. 倒れる. ¶风～/風靡(ふうび)する. ▸▸ mí
【靡丽】mǐlì 形〈書〉華麗である. 豪奢(ごうしゃ)である.
【靡靡】mǐmǐ 形〈書〉(楽曲が)退廃的である,みだらである. ¶～之音/退廃的なメロディー.

4声
汨 mì 地名に用いる. "汨罗江"は屈原(くつげん)が身を投じたと伝えられる湖南省の川.

觅(覓) mì 動〈書〉尋ねる. 探す. 求める. ¶寻 xún 亲～友/親戚や友人を訪ねる.

【觅死觅活】mì sǐ mì huó〈成〉死ぬの生きるのと騒ぐ.

泌 mì ◇◆ 分泌する. ¶～乳量 rǔliàng / 乳量.

【泌尿】mìniào 動 尿を出す. ¶～科 / 泌尿器科. ¶～器 / 泌尿器官.

秘 mì ◇◆ 秘密の；秘密を守る. ¶～事 / 秘密の事柄. ▸▸ bì

【秘本】mìběn 名 珍蔵の書. 秘本.
【秘而不宣】mì ér bù xuān〈成〉秘密にして発表しない.
【秘方】mìfāng 名 秘方. 門外不出の薬剤の処方.
【秘籍】mìjí 名 珍しい本. 貴重な書物.
【秘诀】mìjué 名 秘訣. こつ. 奥の手. ¶成功的～ / 成功の秘訣.
*【秘密】mìmì ① 形 **秘密である**. ¶～文件 / 秘密文書. ② 名 **秘密**. ¶保守 bǎoshǒu ～ / 秘密を守る. ¶泄露 xièlù ～ / 秘密を漏らす.
【秘史】mìshǐ 名 秘史. 隠された歴史.
【秘书】mìshū 名 **秘書**；秘書の仕事〔職務〕. ¶局长 júzhǎng ～ / 局長の秘書. ¶～处 chù / 秘書課. ¶～长 zhǎng / 秘書長；事務長；幹事長.

*__密__ mì 形 ①(↔稀 xī, 疏 shū) **すきまが小さい. 間隔が狭い**. ¶庄稼 zhuāngjia 种植 zhòngzhí 过～ / 作物は密植しすぎている. ② **親しい. 仲がよい**. ¶关系 guānxi 很～ / 関係が親密である.
◇◆ ①精密である. きめ細かい. ¶→～致 zhì. ②秘密である. ¶保 bǎo ～ / 秘密を守る. ‖ 姓

【密报】mìbào ① 動 密告する. ② 名 秘密の報告.
【密闭】mìbì 動 密閉する.
【密布】mìbù 動 すきまなく広がる. ¶阴云 yīnyún ～ / 黒雲が広く垂れこめている.
【密电】mìdiàn ① 名 暗号電報. ② 動 ひそかに打電する.
【密度】mìdù 名 密度.
【密封】mìfēng 動 密封する.
【密告】mìgào 動 密告する.
【密会】mìhuì ① 動 秘密の会見をする. ひそかに会う. ② 名 密会.
【密集】mìjí 動 密集する. ¶人口～ / 人口が密集する.
【密件】mìjiàn 名 秘密の手紙；秘密文書.
【密接】mìjiē 動 深い関係にある；接近する.
【密克罗尼西亚】Mìkèluóníxīyà 名〈地名〉ミクロネシア.
【密令】mìlìng ① 動 ひそかに命令する. ② 名 秘密の指令. ¶发 fā ～ / 密令を出す.
【密码】mìmǎ 名(↔明码 míngmǎ)暗号；暗証番号. ❖输入 *shūrù* ～ / パスワードを入力する. ¶破译 pòyì ～ / 暗号を解読する.
【密密层层】mìmicéngcéng 形(～的)幾重にも重なっている.
【密密丛丛】mìmicóngcóng 形(～的)草木が生い茂っている.
【密密麻麻】mìmimámá 形(～的)すきまなくびっしりと並んでいる. ►多く細かいものについていう.
【密谋】mìmóu ① 動 画策する. 陰謀をたくらむ. ② 名 画策. 陰謀.
*【密切】mìqiè ❶形 ①(関係が)**密接である. 親しい**. ¶他们俩 liǎ 关系 guānxi 很～ / 彼ら二人の仲はたいへん密接だ. ② 細心である. きめ細かである. ❷動 密接にする. ¶～联系 liánxì / 関係を密接にする.
【密商】mìshāng 動 ひそかに相談する.
【密实】mìshi 形 細かい. ぎっしり詰まっている.
【密谈】mìtán 動 密談する.
【密探】mìtàn 名 密偵. スパイ.
【密友】mìyǒu 名 親友.
【密语】mìyǔ ① 名 暗号；合い言葉. ② 動 ひそかに話し合う.
【密约】mìyuē ① 動 ひそかに約束する. ② 名 秘密条約.
【密云不雨】mì yún bù yǔ〈成〉危機をはらんでいるが, まだ現れるに至っていない.
【密致】mìzhì 形 緻密な. きめ細かい.

谧 mì ◇◆ 静かで穏やかである. ¶安 ān ～ / 落ち着いていて穏やかである. ¶静 jìng ～ / 静謐(せいひつ)である.

蜜 mì 名(＝蜂蜜 fēngmì)ハチ蜜. ◇◆ ①甘いもの. ②甘い. ¶甜 tián 言～语 / 甘言.

*【蜜蜂】mìfēng 名〈虫〉**ミツバチ**. (量) 只 zhī. ¶～窝 wō / ミツバチの巣.
【蜜柑】mìgān 名〈植〉ミカンの一種. ►一般のミカンは"橘子 júzi"という. ¶～黄 / みかん色.
【蜜饯】mìjiàn ① 名 蜜漬け, 砂糖漬け(の果物). ② 動(果物を)シロップ漬けにする.
【蜜橘】mìjú ⇀【蜜柑】mìgān
【蜜蜡】mìlà 名 蜜ろう.
【蜜糖】mìtáng 名 糖蜜.
【蜜源】mìyuán 名 蜜の原料となるもの. ►花蜜の多い植物をさす.
【蜜月】mìyuè 名 ハネムーン. ¶度 dù ～ / 蜜月を過ごす. ¶～旅行 lǚxíng / 新婚旅行.
【蜜枣】mìzǎo 名(～儿)ナツメの砂糖漬け. ¶～凉糕 liánggāo / ナツメのようかん.
【蜜渍】mìzì 名 ハチ蜜漬け；砂糖漬け.

mian (ㄇㄧㄢ)

眠 mián 2声 ◇◆ ①眠る. ¶失 shī ～ / 不眠. ¶安～ / 安眠する. ②(動物の)休眠. ¶冬～ / 冬眠する. ¶蚕 cán ～ / カイコの休眠.

绵(緜) mián ◇◆ ①真綿. ¶丝 sī ～ / 同上. ②長く続く. ¶连～ / 連綿としている. ③柔らかい. ¶→～软 ruǎn.

【绵白糖】miánbáitáng 名 白砂糖. 粉砂糖.
【绵长】miáncháng 形〈書〉非常に長く続いている.
【绵绸】miánchóu 名〈紡〉紬(つむぎ).
【绵亘】miángèn 動〈書〉長く続く. 連続して絶えない.
【绵里藏针】mián lǐ cáng zhēn〈成〉真綿に針を包む. 表面は柔和だが内心は悪辣(あくらつ)であるたとえ.
【绵密】miánmì 形(言行や考えが)綿密である, 周到で細かい.
【绵绵】miánmián 形 綿々たる. 長く続いて絶えないさま. ¶情意～ / 愛情がいつまでも続く.

M

【绵软】miánruǎn 形 ①(髪・服・布団・紙などが)柔らかい. ②(体が)だるい,ぐったりする. ¶～无力 wúlì /(体が)ぐったりして力がない.
【绵糖】miántáng 名 白砂糖. 粉砂糖.
【绵延】miányán 動 延々と続く.
【绵羊】miányáng 名〈動〉メンヨウ. (量) 只 zhī.
【绵纸】miánzhǐ 名(ティッシュペーパーのような)薄くて柔らかい紙.

棉 mián

名 綿. "草棉"(ワタ)と"木棉"(パンヤ)の総称. ¶～纺织品 fǎngzhīpǐn / 綿織物. ‖姓

【棉袄】mián'ǎo 名(～儿)綿入れの上着. (量) 件.
【棉被】miánbèi 名 綿入れの掛け布団. (量) 条,床 chuáng.
【棉布】miánbù 名 綿布. 木綿.
【棉大衣】miándàyī 名 綿入れのコート.
【棉纺】miánfǎng 名〈紡〉綿紡績. ¶～厂 / 綿織物工場.
【棉猴儿】miánhóur 名(防寒用の)アノラック.
*【棉花】miánhua 名 ①綿花. 綿. (量)[株] 棵 kē. ¶～签 qiān / 綿棒. ②ワタの実の繊維. (量)[かたまり] 团 tuán.
【棉花绒】miánhuaróng 名〈紡〉 ①(紡績中の)くず綿. ②(木綿の)フランネル. 綿ネル.
【棉裤】miánkù 名 綿入れのズボン.
【棉铃】miánlíng 名(枝についている)綿の実. 綿花の果実.
【棉毛】miánmáo 名〈紡〉メリヤス. ¶～裤 kù〔衫 shān〕/ 厚手のメリヤスのズボン下〔シャツ〕.
【棉帽】miánmào 名 綿入れの帽子.
【棉农】miánnóng 名 綿作農民.
【棉袍子】miánpáozi 名 綿入れの長い中国服.
【棉绒】miánróng 名〈紡〉別珍. 綿ビロード.
【棉纱】miánshā 名 綿糸. ¶～头 / 綿糸くず.
【棉毯】miántǎn 名 綿毛布.
【棉桃】miántáo →【棉铃】miánlíng
【棉套】miántào 名(ティーポットや飯びつなどを包む保温用の)綿入れのカバー.
【棉田】miántián 名 ワタ畑.
【棉线】miánxiàn 名 木綿糸.
【棉鞋】miánxié 名 綿入れの防寒靴.
【棉絮】miánxù 名 ①→【棉花】miánhua ② ②布団綿.
*【棉衣】miányī 名 綿入れ(の服).
【棉织品】miánzhīpǐn 名 綿織物.
【棉籽・棉子】miánzǐ 名 ワタの種子. ¶～油 / コットンオイル. 綿実油. ¶～饼 bǐng / コットンオイルの絞りかす. 綿実かす.

免 miǎn

3声

動 ①除く. 取り除く. 省略する. ¶俗礼 súlǐ 一概 yīgài 都～了 / 世俗的な儀礼はすべてやめにした. ②免れる. …しないですむ. ¶酒后请勿 wù 开车,以～发生 fāshēng 交通事故 / 交通事故防止のため,飲酒運転はおやめください. ③…してはいけない. 無用. ¶闲人 xiánrén ～进 / 無用の者入るべからず. ¶～开尊 zūn 口 / 口出し無用.

【免不得】miǎnbude 動+可補 (…するのは)免れない. どうしても…となる.
【免不了】miǎnbuliǎo 動+可補 避けられない. どうしても…となる. ¶要改革 gǎigé ～会遇到困难 / 改革には困難はつきものだ. ¶人～要犯错误 fàn cuòwù / 人はだれでも過ちを犯すものだ.
【免除】miǎnchú 動 免除する. なくす. ¶～债务 zhàiwù / 債務を帳消しにする.
【免得】miǎnde 接続 …しないですむように. …するといけないから. ¶出门带上地图 dìtú,～走错路 / 道をまちがえないように,地図をもって出かけなさい. ¶最后再提醒 tíxǐng 他一下,～他忘了 / 忘れないようにもう一度彼に声をかける.
*【免费】miǎn//fèi 動 無料にする. ただにする.
【免冠】miǎnguān 動 ①脱帽する. ►昔は謝罪,現在は敬意の意味を表す. ②帽子をかぶらない. ¶～相片 xiàngpiàn / 無帽の写真.
【免贵】miǎnguì 〈套〉〈謙〉名乗るほどの者ではない. ¶您贵姓？——～姓孙 Sūn / お名前は何とおっしゃいますか——名乗るほどの者ではありませんが,孫と申します.
【免检】miǎnjiǎn 動 検査を免除する. ¶～物品 / 検査免除品.
【免考】miǎnkǎo →【免试】miǎnshì ①
【免票】miǎn//piào ①名 無料券;無料パス. ②動 券・切符がいらない;無料にする.
【免试】miǎnshì 動 ①試験を免除する. ②(機械などの)テスト・検査を免除する.
【免税】miǎn//shuì 動 免税する. ¶～商品 / 免税品.
【免谈】miǎntán 動 商談を打ち切る. 話をやめる. ¶这东西低于 dīyú 一万块～ / この品物は,1万元以下だったら相談の余地がない.
【免刑】miǎn//xíng 動〈法〉刑を免除する.
【免修】miǎnxiū 動(ある定められたカリキュラムの)修得免除をする.
【免验】miǎnyàn 動 検査を免除する.
【免役】miǎnyì 動 兵役・労役などを免除する.
【免疫】miǎnyì 動〈医〉免疫になる.
【免疫力】miǎnyìlì 名〈医〉免疫力.
【免于】miǎnyú 動〈書〉…を免れる. ¶他～一死 / 彼は命拾いをした.
【免战牌】miǎnzhànpái 名〈旧〉戦争で,敵の挑戦に応じないことを表す札;〈喩〉抗争や論争の停止を表す行動や声明. ¶挂 guà ～ / 〈慣〉停戦・休戦の意志表示をする.
【免职】miǎn//zhí 動 免職する.
【免罪】miǎn//zuì 動 免罪する. ¶～证 zhèng / 免罪符.

勉 miǎn

◇ ①努める. ¶奋 fèn ～ / 奮起する. ②励ます. ¶自～ / 自らを励ます. ③強いて…する. ¶→～强 qiǎng. ‖姓

【勉励】miǎnlì 動 励ます. 激励する. ⇒【鼓励】gǔlì
*【勉强】miǎnqiǎng ❶形 ①(力が足りなくても)なんとかがんばっている. やっと. ¶他胃 wèi 不好,吃一小碗 xiǎo wǎn 米饭都很～ / 彼は胃が悪いので,軽く1ぜんのご飯を食べるのでさえやっとのことだ. ¶～坚持 jiānchí 了三个月 / なんとか3か月続けた. ②(心からは望んでなく)いやいやだ,しぶしぶだ. ¶他接受了我们的建议 jiànyì,但是很～ / 彼はわれわれの提案を受け入れたが,不承不承だ. ¶他总算 zǒngsuàn 勉勉强强地答应 dāying 了 / 彼はいやいやながら承知した. ③十分でない. 強引で無理である. ¶这个理由很～,恐怕说不服 shuōbufú 他 / この理由

M

では不十分だ,おそらく彼を説得できない. ¶这种说法太～ / このような言い方はこじつけがましい. ④ **かろうじて間に合う. なんとか. どうにかこうにか.** ¶这个会议室 huìyìshì ～能坐二十个人 / この会議室は20人でぎりぎりだ. ¶这点钱可以勉勉强强花到月底 yuèdǐ / この少しの金でも月末まではかろうじて間に合う. ❷動 無理強いする. 強制する. ►否定文に用いることが多い. ¶他不去算了,不要～他了 / 彼が行かないのならそれまでだ. 無理強いはやめろ.

【勉为其难】miǎn wéi qí nán 〈成〉力の及ばぬことを無理に引き受ける.

娩(挽) miǎn ◇◆ 分娩(ぶんべん)する.

【娩出】miǎnchū 動〈医〉娩出(べんしゅつ)する.

冕 miǎn 名(古代の帝王や諸侯・卿・大夫がかぶった)冠. ¶加～礼 / 戴冠式.

缅 miǎn ◇◆ はるかに遠い. ¶→～怀 huái.

【缅甸】Miǎndiàn 名〈地名〉ミャンマー.

【缅怀】miǎnhuái 動〈書〉追懐する. 追想する. ►"缅想 xiǎng"とも.

腼 miǎn "腼腆 miǎntian"↓という語に用いる.

【腼腆】miǎntian 形 はにかんでいる. 内気である. ¶她～地笑着对我说 / 彼女は恥ずかしそうに笑ってぼくに言った.

面(麵) miàn ❶名 ① **めん類.** ¶午饭吃～吧 / 昼はめん類にしよう. ② **小麦粉;** 穀物の粉. ¶用～做饺子皮 / 小麦粉でギョーザの皮を作る. ③(～儿)粉末. ¶粉笔 fěnbǐ 的～儿 / チョークの粉.

❷量 ① 平たいものを数える. ¶一～玻璃 bōli / 1枚のガラス. ¶两～旗子 qízi / 2枚の旗. ② 面会の回数を表す. ►動詞は"见"のみ. ¶见过一～ / 1度会ったことがある. ③ 紙面の枚数を数える. ►後ろに名詞を伴わない. ¶这本手册 shǒucè 只有十二～ / このパンフレットは12ページしかない. ¶纸 zhǐ 的两～都写着字 / 紙の両面とも字が書いてある.

◇◆ ①側. 面. ¶正～ / 正面. ¶反～ / 裏面. ②…の方. …の側. ¶东～ / 東側. ③表面. ¶桌 zhuō ～ / テーブルの上. ¶被～儿 / 布団のおもて. ④顔. メンツ. ¶露 lòu ～ / 顔を出す. ¶→～子. ⑤面する. ¶坐北～南 / 建物が北側にあり南向きである. ⑥面と向かって. ¶～议 yì / 面談の上協議する. ‖姓

【面案】miàn'àn 名 めん台. ►めんを打つとき台としたり,また板として用いたりする.

【面包】miànbāo 名 **パン(類).** 量 个,块;[平たいもの]片. ◆烤 *kǎo* ～ / パンを焼く;トースト. ¶～渣儿 zhār / パンくず.

【面包车】miànbāochē 名 マイクロバス.

【面包果】miànbāoguǒ 名〈植〉パンノキ.

【面包圈】miànbāoquān 名(～儿)ドーナツ.

【面不改色】miàn bù gǎi sè 〈成〉顔色ひとつ変えない. 物事に動じないさま.

【面茶】miànchá 名 キビの粉などをのり状に煮た食品. ►ゴマペースト・塩などをかけて食べる.

【面陈】miànchén 動 面と向かって述べる. じかに話す.

【面呈】miànchéng 動〈書〉(手紙などを)じかに手渡す.

【面的】miàndī 名 ミニバンタイプのタクシー. ►車体が黄色いものは"黄虫 huángchóng"とも.

【面点】miàndiǎn 名 小麦粉や米の粉で作ったおやつ.

*__【面对】miànduì__ 動 **…に面している;…に直面する.** ¶我家～大街 / わが家は大通りに面している.

【面对面】miàn duì miàn (～的)面と向かう. 差し向かいで. ¶～地坐着 / 向かい合って座る.

【面额】miàn'é 名〈経〉(貨幣・証券などの)額面.

【面坊】miànfáng 名 製粉屋.

【面肥】miànféi 名 パン種. パン用イースト.

【面粉】miànfěn 名 小麦粉.

【面馆】miànguǎn 名(～儿)めん類専門の店.

【面红耳赤】miàn hóng ěr chì 〈成〉(怒ったりせきこんだり,または恥ずかしさのために)耳まで赤くなる,顔を真っ赤にする.

【面糊】miànhù 名 ① 小麦粉で作ったのり;麦こがし. ②〈方〉のり.

【面黄肌瘦】miàn huáng jī shòu 〈成〉(栄養不良や病気で)ひどくやつれている.

*__【面积】miànjī__ 名 **面積.**

【面颊】miànjiá 名 ほお.

【面交】miànjiāo 動 手渡す.

【面巾纸】miànjīnzhǐ 名 紙ナプキン. 紙タオル.

【面筋】miànjin 名 生麩(なまふ). グルテン.

【面具】miànjù 名 ① 覆面. マスク. ② 仮面.

【面孔】miànkǒng 名 顔. 顔つき. 面構え. ¶慈善 císhàn 的～ / やさしい顔. ¶板 bǎn ～ / 仏頂面をする.

【面料】miànliào 名 ① 衣服の表用の生地. ②(器具の)表面に用いる素材.

*__【面临】miànlín__ 動 **…に直面する;…の真っただ中にいる.** ¶～危机 wēijī / ピンチに直面する. ¶～高考 gāokǎo / 大学入試に臨む.

【面麻】miànmá ⇀**【面码儿】miànmǎr**

【面码儿】miànmǎr 名(ゆでためんにまぜ合わせる)野菜の具. ►炒めずさっと下ゆでしシャキシャキ感を残す.

*__【面貌】miànmào__ 名 ① **顔つき. 容貌.** ¶他的～我还记得清清楚楚 / 私は彼の顔をまだはっきり覚えている. ②〈喩〉様相. 状態. ¶社会～ / 社会の様相.

【面面观】miànmiànguān 名 多面的観察. 諸相.

【面面俱到】miàn miàn jù dào 〈成〉あらゆる面で周到である. そつがない.

【面面相觑】miàn miàn xiāng qù 〈成〉互いに顔を見合わせる. どうしたらよいかわからない.

【面膜】miànmó 名(美容のための)フェイシャルパック.

【面目】miànmù 名 ① **顔つき.** ►多く好ましくない意味で用いる. ¶凶恶 xiōngè 的～ / 不気味な顔つき. ② **面目. ものの様子・状態.** ►多く政治面についていう. ③ 顔. メンツ. ¶事到如今,我已无 wú ～回家 / 今となっては家へ帰って家族に合わす顔がない.

【面目全非】miàn mù quán fēi 〈成〉〈貶〉様子が

すっかり変わってしまう．見る影もなく変わり果てる．
【面目一新】miàn mù yī xīn 〈成〉面目を一新する．
【面庞】miànpáng 名 顔形．顔だち．
【面盆】miànpén 名 1〈方〉洗面器．2 小麦粉をこねるボウル．
【面皮】miànpí 名〈方〉1 面の皮．¶～厚 hòu／厚かましい．2(～儿)(ギョーザやパオツの)皮．
【面洽】miànqià 動〈書〉面談する．
*【面前】miànqián 方位《向かい合った近くをさす》前．目の前．¶他把车开到我～停下 tíngxià／彼は私の目の前に車を止めた．¶在法律 fǎlǜ～人人平等 píngděng／法律の前ではみな平等である．¶～是一条小河／目の前には小さな川が流れている．¶～的工作急待处理 chǔlǐ／当面の仕事をすみやかに処理すべきだ．
【面人儿】miànrénr 名 しん粉細工の人形．
【面容】miànróng 名 容貌．顔つき．¶～消瘦 xiāoshòu／頬がやせこける．
【面如土色】miàn rú tǔ sè 〈成〉(驚いて)顔が青ざめる；(病気で)顔が土色である．
【面色】miànsè 名 顔色．¶～红润 hóngrùn／血色がよく顔がつやつやしている．
【面纱】miànshā 名 1(女性がかぶる)ベール，ネッカチーフ．2〈喩〉ベール．おおいかくすもの．
【面善】miànshàn 形 1 顔に見覚えがある．2 顔つきがやさしそうである．
【面商】miànshāng 動 面談する．直接会って相談する．
【面神经】miànshénjīng 名〈生理〉顔面神経．¶～痛 tòng／顔面神経痛．
【面生】miànshēng 形 顔に見覚えがない；面識がない．
【面食】miànshí 名 小麦粉で作った食品の総称．めん類・マントー・ギョーザなど．
【面世】miànshì 動(作品を)世に問う，発表する；(商品を)市場に売り出す．
【面市】miànshì 動(商品が)市場・店頭に出る．
【面试】miànshì 動 面接試験をする．
【面授】miànshòu 1 動 直接に伝授する．2 名(通信教育ではなく)教室での授業．スクーリング．
【面授机宜】miàn shòu jī yí 〈成〉直接に指示を与える．じきじきに指南する．
【面熟】miànshú 形 顔に見覚えがある(がだれだか思い出せない)．
【面塑】miànsù 名(民間工芸の一)しん粉細工．
【面谈】miàntán 動 面談する．
【面汤】miàntāng 名 1〈方〉洗面用のお湯．2 めんを煮た湯．そば湯．
【面汤】miàntang 名〈方〉めんの入った汁物．
**【面条】miàntiáo 名(～儿)めん類．うどん．そば．量[束]子儿 zǐr；[碗に入ったもの]碗 wǎn．
【面团】miàntuán 名(～儿)こねた小麦粉の塊．
【面无人色】miàn wú rén sè 〈成〉(恐怖のために)顔に血の気がない．
【面向】miànxiàng 動 1(…に)顔を向けて，向かって．2…に配慮する．¶～消费者 xiāofèizhě／消費者のために配慮する〔必要に合わせる〕．
【面相】miànxiàng 名〈方〉面相．顔つき．人相．
【面谢】miànxiè 動 会ってお礼を言う．
【面叙】miànxù 動 面談する．
【面影】miànyǐng 名 面影(おもかげ)．記憶に残っている顔かたち．
【面誉背毁】miàn yù bèi huǐ 〈成〉面と向かってはほめるが，陰では悪口を言う．
【面杖】miànzhàng 名 めん棒．
【面罩】miànzhào 名 マスク．
【面值】miànzhí 名〈経〉(証券の)額面価格；(紙幣の)額面金額．
【面砖】miànzhuān 名〈建〉化粧れんが．
*【面子】miànzi 名 1 メンツ．体面；義理．❖爱 ài～／体面にこだわる．❖给 gěi～／義理を立てる．❖丢 diū～／面目を失う．❖留 liú～／相手の顔をつぶさないようにする．¶你不应该不给他留 liú～／君は彼の顔をつぶすようなことをすべきではない．2(物の)表．¶被～／布団の表．3〈口〉粉末．¶药 yào～／粉薬．

miao (ㄇㄧㄠ)

1声 **喵 miāo** 擬《ネコの鳴き声》にゃあ．にゃん．¶小猫～～叫着要东西吃／子ネコがにゃあにゃあ鳴いてえさをねだる．

2声 **苗 miáo** 名(～儿) 1 苗．新芽．¶蒜 suàn～／ニンニクの若い茎．¶长 zhǎng～儿／新芽が出る．2 跡継ぎ(となる子供)．¶他们家就这么一根～／あの人のところは子供はこの子一人だけだ．3〈俗〉(事柄の)糸口．端緒．兆し．¶→～头．◇◆ ①生まれたばかりの飼育動物．¶鱼 yú～／稚魚．¶猪 zhū～／ブタの子．②ワクチン．¶卡介 kǎjiè～／BCG．③苗の形に似たもの．¶火～儿／炎．‖姓
【苗而不秀】miáo ér bù xiù 〈成〉よい資質をもっているが，まだ未熟である．
【苗条】miáotiao 形(女性の体つきが)しなやかである，すらりとして美しい，プロポーションがよい．
【苗头】miáotou 名 兆し．兆候．糸口．¶经济 jīngjì 形势 xíngshì 出现了好转 hǎozhuǎn 的～／経済情勢に回復の兆しが現れた．
【苗子】miáozi 名 1〈方〉→【苗 miáo】1 2 若い後継者．3〈方〉→【苗头】miáotou
【苗族】Miáozú 名(中国の少数民族)ミャオ(Miao)族．►ミャオ・ヤオ系民族の一つ．

描 miáo 動 1 模写する．¶～图样 túyàng／図案を模写する．2 なぞる．なぞって書く．¶～眉毛 méimao／眉を引く．¶照字帖 zìtiè～／字の手本になぞって書く．
【描红】miáohóng 1 動(赤い色で印刷した)習字の手本を上からなぞって書く．2 名 習字練習帳．
【描画】miáohuà 動(言葉や絵で)描く，描写する．
【描绘】miáohuì 動(言葉や絵で)描く，描写する．
【描金】miáojīn 1 動 金泥で装飾を施す．2 名 まき絵．
【描摹】miáomó 動 1 模写する．2 人の特性などを言葉で描く．
【描述】miáoshù 動(言葉で)描写する；叙述する．
【描图】miáo//tú 動(図面などを)トレースする．¶～纸 zhǐ／トレーシングペーパー．
*【描写】miáoxiě 動(言葉などで)描写する，説明する．

瞄 miáo 動 ねらう．¶这孩子～着北大 / この子はずっと北京大学をねらっている．

【瞄准】miáo//zhǔn 動+結補〈～儿〉①(銃などの)ねらいを定める．②(広く)ねらいをつける．

3声 ＊**秒** miǎo 量(時間・角度・経度・緯度などの単位)**秒**．

【秒表】miǎobiǎo 名 ストップウォッチ．

【秒针】miǎozhēn 名(時計の)秒針．

淼 miǎo ◇ 水面が広く果てしないさま．¶浩 hào～ / 同上．‖姓

渺 miǎo ◇ ①微小である．微細である．¶～不足道 / 微小で取るに足りない．②広くて果てしがないさま．遠くかすかである．¶～若烟云 yān yún /〈成〉渺茫(ぼう)としてまるで雲か煙のようである．¶〈成〉～无人迹 rénjì / 見渡すかぎり人気がない．

【渺茫】miǎománg 形 ①広く果てしない．ぼんやりとしてはっきりしない．②見通しが立たない．

【渺无人烟】miǎo wú rén yān〈成〉見渡す限り人家が一軒もない．

【渺小】miǎoxiǎo 形(↔伟大 wěidà)小さい．ちっぽけである．

藐 miǎo ◇ ①小さい．¶→～小．②軽く見る．¶→～视 shì．

【藐视】miǎoshì 動 蔑視する．

【藐小】miǎoxiǎo ⇀【渺小】miǎoxiǎo

＊**妙** miào 形 ①**すぐれている**．すばらしい．立派である．¶这主意 zhǔyi 真～ / それはすばらしい考えだ．②**巧みである**．¶这机器人 jīqirén～极了 / このロボットはすごくよくできている．¶他回答得很～ / 彼はとてもうまい答えかたをした．‖姓

【妙不可言】miào bù kě yán〈成〉そのすばらしさは言葉では言い表せないほどである．

【妙处】miàochù 名 ①よい場所．もってこいの場所．②すぐれたところ．妙味．

【妙计】miàojì 名 妙計．妙策．

【妙诀】miàojué 名 こつ．秘訣．うまいやり方．

【妙龄】miàolíng 名 妙齢．(女子の)年ごろ．

【妙品】miàopǐn 名 ①良質,最上の品．②(美術品などの)傑作．絶品．

【妙趣横生】miào qù héng shēng〈成〉(文章や美術品が)妙趣に満ちている．

【妙手回春】miào shǒu huí chūn〈成〉(医者を賞賛し)すぐれた医術で病気がたちまち治る．

【妙药】miàoyào 名 妙薬．

【妙用】miàoyòng 名 不思議な効用．

【妙语】miàoyǔ 名 味わいのある機知に富んだ言葉．

【妙招・妙着】miàozhāo 名〈～儿〉妙手．妙策．

庙(廟) miào 名 ①**祖先の霊を祭るところ**．御霊屋．(量)座．¶家～ / 一家の霊を祭る廟．②**祠**(ほこら)．**廟**(びょう)(道教の寺院)．高貴な人を祭った社(やしろ)．¶龙王～ / 竜神を祭る社．¶岳 Yuè～ / 岳飛を祭る社．
◇ 廟の縁日．¶赶 gǎn～ / 縁日に参詣する；縁日で商いをする．

【庙会】miàohuì 名 **廟・寺の縁日**．縁日の市．

【庙堂】miàotáng 名〈書〉①廟堂．②朝廷．

【庙宇】miàoyǔ 名 廟．廟の建物．

【庙祝】miàozhù 名 道教の寺院の灯明や線香を管理する人．

mie (ㄇㄧㄝ)

1声 **咩** miē 擬《ヒツジの鳴き声》めえめえ．¶羊 yáng～～地叫 / ヒツジがめえめえと鳴く．

4声 ＊**灭**(滅) miè 動 ①**(火や明かりが)消える**．¶火～了 / 火が消えた．②**(火や明かりを)消す**．¶～灯 dēng / 明かりを消す．③**消滅させる．滅ぼす**．¶～蝇 yíng / ハエを撲滅する．
◇ ①消滅する．②水中に埋没させる．

【灭此朝食】miè cǐ zhāo shí〈成〉たやすく敵を倒す；一刻も早く敵を倒したいと思うこと．

【灭顶之灾】miè dǐng zhī zāi〈成〉溺死する災害；〈喩〉壊滅的な災害．滅亡最後の日．

【灭火】miè//huǒ 動 ①火を消す．②エンジンが止まる；エンジンを止める．

【灭火器】mièhuǒqì 名 消火器．

【灭迹】miè//jì 動 ①痕跡をなくす．②跡を絶つ．

【灭绝】mièjué 動 ①全滅する．②喪失する．

【灭绝人性】miè jué rén xìng〈成〉人間性をまったく喪失する．

【灭口】miè//kǒu 動 秘密を知っている人を殺して口封じをする．►“杀 shā 人灭口”とも．

【灭门】miè//mén 動 一族全員を皆殺しにする．

【灭蚊器】mièwénqì 名 蚊取り器．

【灭亡】mièwáng 動(国や民族が)**滅亡する**〔させる〕．

【灭种】miè//zhǒng 動 ①種族を滅亡させる．②(動物などが)絶滅する．

蔑 miè ◇ ①ない．¶～以复加 / これ以上つけ加えるものがない．最上である．②(血や汚物で)汚す．辱める．¶污 wū～ /(中傷して)他人の名誉を傷つける．③小さい．¶→～视．

【蔑称】mièchēng ①動 軽蔑して呼ぶ．②名 蔑称(べっしょう)．

【蔑视】mièshì 動 蔑視する．

篾 miè 名(～儿)竹・アシなどの皮を細く割ったもの．►“篾条 miètiáo”とも．¶席 xí～儿 / むしろを編む材料．

【篾匠】mièjiàng 名 竹細工師．

【篾片】mièpiàn 名 ①竹を割って薄くはいだ細片．②〈旧〉幇間(ほうかん)．取り巻き．

【篾席】mièxí 名(竹で編んだ)むしろ．

min (ㄇㄧㄣ)

2声 **民** mín ◇ ①民．人民．大衆．¶→～愤 fèn．¶→～力．②(軍・官に対して)民間の．¶→～兵 bīng．¶→～用．③大衆のもの．¶→～谣 yáo．¶→～歌 gē．④ある民族の人．¶藏 Zàng～ / チベット人．⑤ある職業に従事する人．¶农 nóng～ / 農民．
‖姓

【民办】mínbàn 動 村や町が出資して経営する．民間が運営する．¶～小学 xiǎoxué / 村が経営する小学校．
【民变】mínbiàn 名〈旧〉人民蜂起．
【民兵】mínbīng 名 民兵．
【民不聊生】mín bù liáo shēng〈成〉人民が安心して生活することができない．
【民船】mínchuán 名 民間人や民間の貨物を運ぶ船．
【民房】mínfáng 名 民家．
【民愤】mínfèn 名 人民大衆の怒り．
【民风】mínfēng 名 社会的気風．民の風俗．
【民负】mínfù 名 人民の負担．
【民歌】míngē 名 **民間歌謡**．フォークソング．⇨【民谣】mínyáo
*【民工】míngōng 名 ① **出稼ぎ農民**．② 政府の動員または呼びかけにこたえて道路・堤防などの修築や運送の仕事に参加する人．
【民工潮】míngōngcháo 名 出稼ぎブーム．
【民国】Mínguó →【中华民国】Zhōnghuá mínguó
【民航】mínháng 名〈略〉**民用航空**．►"民用航空 mínyòng hángkōng"の略称．軍用航空と区別する．
【民间】mínjiān ① 名 世間．庶民の間．¶这个故事长久地在～流传 liúchuán / この物語は長い間民間に伝わってきた．② 形 民間の．非政府間の．
【民间文学】mínjiān wénxué 名 民間文学．
【民间艺术】mínjiān yìshù 名 民間芸術．
【民警】mínjǐng 名〈略〉人民警察．人民警官．►"人民警察 rénmín jǐngchá"の略．
【民刊】mínkān 名〈略〉民間非公式刊行物．►"民间刊物 mínjiān kānwù"の略．
【民力】mínlì 名 人民の財力．
【民命】mínmìng 名 人民の生命．
【民企】mínqǐ 名〈略〉民営企業．
【民气】mínqì 名（国家・民族の危急存亡など重大な時局に対して示される）人民の気概．
【民情】mínqíng 名 ① 民間の事情．民情．② 人民の願望や気持ち．
【民权】mínquán 名 民権．（政治上の）民主的な権利．
【民生】mínshēng 名 人民の生活．¶国计～ / 国家経済と人民の生活．
【民食】mínshí 名 人々の食生活や食料事情．
【民事】mínshì 名〈法〉民事．
【民事法庭】mínshì fǎtíng 名〈法〉民事法廷．
【民事权利】mínshì quánlì 名〈法〉民法上の権利．
【民事诉讼】mínshì sùsòng 名〈法〉民事訴訟．
【民俗】mínsú 名 民俗．
【民庭】míntíng 名〈略〉民事法廷．
【民校】mínxiào 名 ① 成人のための識字学校．② 民間経営の学校．
【民心】mínxīn 名 民心．人心．¶～所向 xiàng / 人心の向かうところ．
【民选】mínxuǎn 動 民衆が選出する．
【民谣】mínyáo 名 民謡．注意"民谣"は時事や政治に関するものが多く，日本の「民謡」のように民衆の間で生まれ，地方色豊かなものは"民歌 míngē"と呼ばれることが多い．
【民以食为天】mín yǐ shí wéi tiān〈成〉庶民にとって食糧問題は最も重要である．
【民意】mínyì 名 民意．世論．¶～测验 cèyàn / 世論調査．
【民营】mínyíng 形 民営の．
【民用】mínyòng 形 民間用の．非軍事用の．¶～飞机 fēijī / 民間機．
【民怨】mínyuàn 名 人民大衆が抱いている恨み．¶～沸腾 fèiténg / 人民の恨みがたぎる．
【民乐】mínyuè 名〈略〉① 民間音楽．② 民族器楽．
【民运】mínyùn 名 ① 人民の生活必需品の運輸．②〈旧〉個人経営の運輸業．③〈略〉民衆運動．④〈略〉民主化運動．
【民贼】mínzéi 名 国賊．
【民政】mínzhèng 名 人民の生活に関する行政事務．
【民政部】Mínzhèngbù 名〈政〉民政部．►日本の総務省に相当．
【民脂民膏】mín zhī mín gāo〈成〉人々の血と汗の結晶．
【民众】mínzhòng 名 民衆．大衆．
*【民主】mínzhǔ ① 形 **民主的である**．¶这个办法很～ / このやり方はたいへん民主的である．¶他作风 zuòfēng ～ / 彼は民主的な人である．② 名 民主的な権利．
【民主党派】mínzhǔ dǎngpài 名 民主諸党派（新中国建国に参加した中国共産党以外の諸党派の総称）．
【民主主义】mínzhǔ zhǔyì 名 民主主義．デモクラシー．
*【民族】mínzú 名 **民族**．
【民族乡】mínzúxiāng 名 少数民族が集まって居住する郷．►"乡"は県の下に位する行政区画．
【民族主义】mínzú zhǔyì 名 ① 民族主義．ナショナリズム．②（孫文の三民主義の一つ）民族主義．

岷 mín 地名に用いる．"岷山"は四川省と甘粛省の境にある山の名．"岷江 Mínjiāng"は四川省にある川の名．

3声

皿 mǐn ◇◆ 器．¶器 qì ～ / 日常の容器の総称．

【皿墩儿】mǐndūnr 名（漢字の偏旁）さら"皿"．

闵 mǐn 〖悯 mǐn〗に同じ．‖姓

抿 mǐn 動 ①（口・翼・耳などを）すぼめる，合わせる．¶她总 zǒng 爱～着嘴笑 / 口をすぼめて笑うのが彼女の癖だ．②（杯や碗に唇を軽く触れて）ほんの少し飲む．¶～一口酒 / 酒をちょっと飲んでみる．③（刷毛(はけ)に油などをつけて）髪の毛をなでつける．

【抿子】mǐnzi 名 髪をなでつける小さな刷毛．►"笢子"とも書く．

泯 mǐn ◇◆ 消滅する．なくなる．¶良心未～ / 良心がまだ残っている．¶永存不～ / 永久に不滅である．

【泯灭】mǐnmiè 動（痕跡・印象などが）消え失せる．¶难以 nányǐ ～的印象 / 消え難い印象．
【泯没】mǐnmò 動（痕跡や功績が）消えてなくなる，忘れられる．

闽 mǐn ◇◆ 福建省．‖姓

【闽菜】mǐncài 名 福建料理.
【闽南语】mǐnnányǔ 名 閩南語(びんなんご). 台湾と海南島及び福建省と広東省の一部沿海部で用いられる方言.

悯 mǐn 動〈古〉憂える.
◇◆ 哀れに思う. ¶怜 lián ～ / 不憫(びん)に思う.

敏 mǐn ◇◆ 素早い. さとい. ¶神经 shénjīng 过～ / 神経過敏. ‖姓

【敏感】mǐngǎn 形 **敏感である. デリケートである.** ¶～的问题 wèntí / デリケートな問題. ¶～装置 zhuāngzhì / 感知装置.
*【敏捷】mǐnjié 形 **敏捷(びんしょう)である.** 機敏である. ¶思维 sīwéi ～ / 頭の回転がはやい.
【敏锐】mǐnruì 形(感覚や目が)鋭い. 鋭敏である. ¶嗅觉 xiùjué ～ / 嗅覚が鋭い.

ming (ㄇㄧㄥ)

*__名__ míng ❶名 ①(～儿)**名前**. 名称. ❖ 起 qǐ～儿 / 名前を付ける. ¶给小孩儿起个～儿 / 子供に名を付ける. ②名目. 口実. ¶以援助 yuánzhù 为～ / 援助を口実とする. ③名声. 名誉.
❷量 ①(身分・職業をもつ人の)**人数や定員**を数える. ¶七百多～职员 zhíyuán / 700余名の従業員. ② **席次**を表す. ¶围棋 wéiqí 比赛 bǐsài 第二～ / 囲碁の試合での第2位.
❸動 名を…という. ¶鲁迅 Lǔ Xùn 本姓周 Zhōu, ～树人 Shùrén / 魯迅の本姓は周, 名は樹人という.
◇◆ ①言い表す. ¶不可～状 zhuàng / 名状しがたい. ②有名である. ¶→～城 chéng. ‖姓

【名不副实】míng bù fù shí 〈成〉(↔ 名副其 qí 实)名実相伴わない. 有名無実である. ►"名不符 fú 实"とも.
【名不虚传】míng bù xū chuán 〈成〉名に恥じない. 評判にたがわない.
【名不正, 言不顺】míng bù zhèng, yán bù shùn →【名正言顺】míng zhèng yán shùn
【名册】míngcè 名 **名簿**. 量 个, 本.
【名产】míngchǎn 名 名産.
【名称】míngchēng 名 名称.
【名城】míngchéng 名 有名な都市.
【名垂青史】míng chuí qīng shǐ 〈成〉名を歴史に残す. 名が後世まで伝えられる.
【名词】míngcí 名 ①〈語〉**名詞**. ②術語. (特殊な)用語. ¶医学 yīxué ～ / 医学用語. ③〈論〉名辞.
【名次】míngcì 名 席次. 順位. ¶争 zhēng ～ / 順位を争う.
【名存实亡】míng cún shí wáng 〈成〉名ばかりで実質がない. 有名無実である.
【名单】míngdān 名(～儿)名簿. 人名表. 量 张.
【名额】míng'é 名 定員. 定数.
【名分】míngfèn 名〈書〉名分. ►名義・身分・地位などをさす.
【名副其实】míng fù qí shí 〈成〉(↔ 名不 bù 副实)名実相伴う. 評判と実際とが一致している. ►"名符 fú 其实"とも.
【名贵】míngguì 形 有名で高価である. 珍しくて貴重である.
【名号】mínghào 名 ①人の名と号. ②名称.
【名家】míngjiā 名 著名人. 名人.
【名缰利锁】míng jiāng lì suǒ 〈成〉名利のきずな; 名利のために束縛されること.
【名将】míngjiàng 名高い将軍; 〈転〉有名な選手. 花形選手.
【名节】míngjié 名 名誉と節操.
【名句】míngjù 名 名句. 有名な詩句.
【名角】míngjué 名(～儿)花形役者. 名優.
【名利】mínglì 名 名利. 名誉と利益.
【名利双收】míng lì shuāng shōu 〈成〉名誉・財力ともに手に入れる.
【名列前茅】míng liè qián máo 〈成〉試験でよい成績を収めること; 候補者のうちで上位にいること.
【名流】míngliú 名 名士. 著名人.
【名落孙山】míng luò sūn shān 〈成〉〈婉〉試験に落第する.
【名目】míngmù 名 ①事物の名称. ②〈転〉名目. 口実.
【名牌】míngpái 名 ①(～儿)有名ブランド. ¶～货 huò / ブランド品. ¶～大学 / 有名大学. ②名札. 標札.
【名片】míngpiàn 名(～儿)名刺. 量 张 zhāng.
【名气】míngqi 名〈口〉評判. 名声.
【名人】míngrén 名 著名人. 有名人.
【名声】míngshēng 名 名声. 評判.
*【名胜】míngshèng 名 **名勝**. 名所. 量 处 chù. ¶～古迹 gǔjì / 名所旧跡.
【名师出高徒】míngshī chū gāotú 〈諺〉すぐれた師匠からは立派な弟子が出る.
【名士】míngshì 名〈旧〉①(詩や文章で)名高い人. ②(在野の)名士.
【名手】míngshǒu 名(文章・技芸などの)名手, 名人.
【名堂】míngtang 名 ①あの手この手. 趣向. 策. 計画. ¶为了 wèile 提高产品质量 zhìliàng 她想了很多～ / 製品の品質向上のために, 彼女はいろいろと工夫を凝らした. ②成果. 手柄. ¶搞 gǎo 不出什么～来 / 成果なんか出るはずないさ. ③わけ. いわく. 内容. ¶她这么快就走红 zǒuhóng, 里面 lǐmiàn 一定有～的 / 彼女がこんなに早く人気が出たのは, 裏にきっとわけがあるのだ.
【名望】míngwàng 名 声望. 名声と人望.
【名位】míngwèi 名 名誉と地位.
【名下】míngxià 名(…の)名義; (…の)勘定. ¶父亲～的房屋 / 父親名義の家屋.
【名衔】míngxián 名 肩書き.
【名学】míngxué 名〈旧〉論理学.
【名言】míngyán 名 名言.
【名义】míngyì 名 ①**名義**. **名目**. ¶以 yǐ 国家代表 dàibiǎo 的～ / 国の代表として. ② **名義上(の)**. **形式上(の)**.
【名义工资】míngyì gōngzī 名〈経〉(↔实际 shíjì 工资)名目賃金.
【名优】míngyōu ①名 名優. ②形(商品が)有名で質が高い. ¶～商品 / 一流品.
【名誉】míngyù ①名 **名誉**. **評判**. ¶爱惜 àixī ～ / 名誉を重んずる. ¶～不好 / 評判がよくない. ②形 **名誉としての**. ¶～会员 / 名誉会員.
【名噪一时】míng zào yī shí 〈成〉一時大いに名

M

を上げる．一時期大評判となる．
【名正言顺】míng zhèng yán shùn 〈成〉名分が正しければ道理も通る．筋が通っている．
【名著】míngzhù 名 名著．
【名状】míngzhuàng 動 物事の状態を言葉で言い表す．名状する．►否定的に用いることが多い．¶难以 nányǐ ～/言葉では表現しにくい．
**【名字】míngzi 名 ①(人の)名．名前．(物の)名．名称．(量)个．¶你叫什么～?──我叫张力 Zhāng Lì/名前は何といいますか──張力と申します．
参考 "名字"は姓を含まない場合もあるが,普通はフルネームをいう．特に姓を聞く時は"姓 xìng"を用いる．¶你姓什么?──我姓张/あなたの名字は──私(の名字)は張です．②(事物の)名．名称．

明 míng

形 ①(↔暗 àn)明るい．輝いている．¶天～了/夜が明けた．②明らかである．はっきりしている．¶真相 zhēnxiàng 不～/真相が明らかでない．

語法ノート

動詞＋"明"

はっきりさせる．明らかにする．

¶讲 jiǎng ～道理/理屈をはっきりさせる．¶问～事由 shìyóu/事のいきさつを問いただす．¶查 chá ～原因 yuányīn/原因を解明する．

③(↔暗 àn)あからさまである．公開している．¶有话～说/話があればはっきり言ってください．
◇◆ ①分かる．¶→～了 liǎo．②目が利く．目ざとい．¶聪 cōng ～/聡明である．③視覚．¶失～/失明する．④心にやましいところがない．¶光～正大/公明正大である．⑤翌．次の．¶→～天 tiān．‖姓
【明暗】míng'àn 名 明暗．
【明摆着】míngbǎizhe 形(目の前に並べてあるように)明らかである．分かりきっている．¶这是～的事实 shìshí/これは明らかな事実だ．
**【明白】míngbai ❶動 分かる,分かっている．¶我的话你～了吗?──～了/私の話が分かりましたか──分かりました．¶好好儿开导 kāidǎo 开导他,让他～～怎么做才是对的/よく諭して,彼にどうするのが正しいのか分からせてやれ．
❷形 ①(内容や意味などが)分かりやすい,はっきりしている,明白である．¶这个道理很～/理屈ははっきりしている．¶他把事情的经过交待 jiāodài 得明明白白 báibái/彼は事件の経過を分かりやすく説明した．②(行為が)公然としている,あいまいでない．¶他～表示不赞成 zànchéng 这个提议 tíyì/彼はその提案に賛成しない旨をはっきりと述べた．③(人が)物分かりがよい,賢い．¶他是个～人/彼は話が分かる人だ．
【明辨是非】míng biàn shì fēi 〈成〉白黒を明らかにする．是非をはっきりさせる．
【明灿灿】míngcàncàn 形(～的)明るく鮮やかなさま．
【明察暗访】míng chá àn fǎng 〈成〉徹底的に調査する．
【明察秋毫】míng chá qiū háo 〈成〉眼力があり,どんな小さなことも見逃さない．
【明畅】míngchàng 形(言葉や文章が)分かりやすくて流暢(りゅうちょう)である．
【明澈】míngchè 形 澄みきっている．透き通っている．
【明处】míngchù 名(↔暗处 ànchù)①明るい場所．②公開の席上．みんなのいる前．¶有话说在～/話があればみんなの前で話しなさい．
【明灯】míngdēng 名 明るいともし火;〈喩〉民衆を正しい方向に導く人や事物．
【明断】míngduàn 動 明断を下す．明快で公正な判断を下す．
【明矾】míngfán 名〈化〉明礬(みょうばん)．
【明沟】mínggōu 名 明渠(めいきょ)．無蓋溝．
【明后天】mínghòutiān 名 あすかあさって．一両日中．そのうち．
【明晃晃】mínghuǎnghuǎng 形(～的)ぴかぴかする．きらきらと光る．煌々(こうこう)たる．
【明火执仗】míng huǒ zhí zhàng 〈成〉たいまつをかざし,武器を手にする;公然と略奪をするさま．
【明间儿】míngjiānr 名(↔暗间儿 ànjiānr)直接外に出られる部屋．
【明胶】míngjiāo 名 ゼラチン．
【明教】míngjiào 名〈敬〉ご高話．ご教示．¶愿聆 líng ～/ご高話を拝聴したい．
【明净】míngjìng 形 明るくてきれいである．
【明镜】míngjìng 名 曇りのない鏡．
【明镜高悬】míng jìng gāo xuán 〈成〉裁判官の判決が公正である．
【明快】míngkuài 形 ①(性格などが)朗らかでさっぱりしている．②(文章・音楽などが)明らかですっきりしている．③〈方〉明るい．
【明来暗往】míng lái àn wǎng 〈成〉〈貶〉あるいは公然と,あるいはひそかに行き来する〔接触をもつ〕．
【明朗】mínglǎng 形 ①(室外での光線が)明るい．¶天空特别～/空が非常に晴れ渡っている．②はっきりしている．明らかである．¶态度很～/態度がはっきりしている．③明朗である．朗らかである．¶她的性格 xìnggé ～/彼女は性格が朗らかだ．
【明丽】mínglì 形(景色が)明るく美しい．
【明里】míngli 名 表向き．表面上．¶～同意,暗里反对/表向きは賛成だが,陰では反対だ．
*【明亮】míngliàng 形 ①(光線が)明るい．¶这间屋子很～/この部屋はとても明るい．②きらきら光る．¶～的大眼睛 yǎnjing/きらきら光る大きな目．③はっきりする．④澄んでよく響く．
【明了】míngliǎo ①動 はっきり分かっている．②形 明瞭である．はっきりしている．
【明令】mínglìng 名 条文で公布された命令．¶～禁止 jìnzhǐ/明文をもって禁止する．
【明码】míngmǎ 名 ①暗号に対して普通の電報符号．②正札．表示価格．¶～标价 biāojià/正札で値段を示す．
【明媒正娶】míng méi zhèng qǔ 〈成〉仲人を立てて正式にめとる;旧時の正式な手続きを踏んで行われた婚姻．
【明媚】míngmèi 形 ①(風景などが)美しい．②(目が)きらきらとして魅力的である．
【明明】míngmíng 副(多く逆接や反語の表現とともに)はっきりと,たしかに,明らかに,まぎれもなく．►míngming とも発音する．¶这～是欺诈 qīzhà/これは明らかに詐欺だ．¶上次～说是可以,这会儿怎么又变卦 biànguà 了/前回はっきりイエスと言ったのに,なぜ急に変わったのか．

【明眸皓齿】míng móu hào chǐ 〈成〉輝くひとみと白く美しい歯.
【明目张胆】míng mù zhāng dǎn 〈成〉何はばかるところなくやる〔悪事をはたらく〕.
【明年】míngnián 名 **来年.
【明盘】míngpán 名(～儿)(↔暗盘)〈経〉市場価格.正常価格.
【明聘】míngpìn 動 人材を公募し採用する.
【明铺暗盖】míng pū àn gài 〈成〉まともでない男女関係.不倫の関係.
【明器】míngqì 名〈古〉(古代の)墓に副葬する器物.
【明枪暗箭】míng qiāng àn jiàn 〈成〉〈貶〉公然とした攻撃と陰からの攻撃.
*【明确】míngquè ❶ 形 **明確である.** はっきりしている.¶～的立场 lìchǎng / はっきりとした立場.¶他的想法很～ / 彼の考え方は明確である.❷ 動 **明確にする.** はっきりさせる.¶～学习目的 mùdì / 勉強の目標をはっきりさせる.
【明儿】míngr 名〈方〉❶ あす.あした.❷〈喩〉将来.そのうち.
【明人】míngrén 名 ❶ 目の見える人.❷ 光明正大な人.
【明日】míngrì 名〈書〉あす.明日.¶～停业 tíngyè / 明日休業する.
【明日黄花】míng rì huáng huā 〈成〉時期が過ぎて価値を失った事物.十日の菊.
【明誓】míng//shì →【盟誓】méng//shì
【明说】míngshuō 動 はっきりと言う.明言する.
【明太鱼】míngtàiyú 名〈魚〉スケトウダラ.
【明天】míngtiān 名 ❶ **あす.あした.明日. ❷〈喩〉(近い)将来.¶幸福的～ / 幸せな未来.
【明文】míngwén 名 明文.文面.法律・規定について言う.¶～规定 guīdìng / 明文で規定する.
【明晰】míngxī 形 明晰である.明らかではっきりしている.
【明虾】míngxiā 名〈動〉タイショウエビ.クルマエビ.
*【明显】míngxiǎn 形 **明らかである.はっきりしている.** あからさまである.¶事情的真相 zhēnxiàng 已经很～ / 事件の真相はすでに明らかにされている.
【明效大验】míng xiào dà yàn 〈成〉顕著な効果.
【明信片】míngxìnpiàn 名 **郵便はがき.** 量 张;[セット] 套 tào.❖**寄** jì～ / はがきを出す.¶美术 měishù～ / 絵はがき.
【明星】míngxīng 名 ❶(芸能界やスポーツ界の)**スター,花形.** ¶电影 diànyǐng～ / 映画スター.¶交际 jiāojì～ / 社交界の花形.❷〈旧〉金星.
【明修栈道,暗渡陈仓】míng xiū zhàn dào, àn dù chén cāng 〈成〉表向きの行動で人々の目を欺き,他の目的を狙う.
【明眼人】míngyǎnrén 名 見識のある人.目利き.
【明油】míngyóu 名〈料理〉(つや出しのために)料理の仕上げにつける油.
【明喻】míngyù 名〈語〉(↔隐喻 yǐnyù)直喩.
【明早】míngzǎo 名(～儿) ❶ 明朝.❷〈方〉あす.
【明哲保身】míng zhé bǎo shēn 〈成〉こざかしく保身の術にたけている.
【明争暗斗】míng zhēng àn dòu 〈成〉公然とまたひそかに闘争を繰り広げる.
【明证】míngzhèng 名 明らかな証拠.
【明正典刑】míng zhèng diǎn xíng 〈成〉法律に照らし極刑に処する.
【明知】míngzhī 動 **はっきり知っている.** 百も承知である.¶～他不对,为什么还护 hù 着他?/ 彼がまちがっているのを承知の上でなぜかばうのかね.¶～故犯 gùfàn / 〈成〉悪いと知りつつわざとする.¶～故问 / 〈成〉知っているのにわざと尋ねる.
【明智】míngzhì 形 賢明である.聡明である.
【明珠】míngzhū 名〈喩〉愛する人・物.
【明珠暗投】míng zhū àn tóu 〈成〉❶ 善良な人が悪党の一味になる.❷ 才能のある人が認められずに民間に埋もれてしまう.

鸣 míng 動 ❶(**鳥獣や昆虫が)鳴く.** ❷ **鳴る.鳴らす.** ¶汽笛 qìdí～了三声 / サイレンが3回鳴り響いた.
◇◆(意見・主張・気持ちなどを)外に表す,述べる.¶→～谢 xiè.‖姓
【鸣笛】míng//dí 動 ❶ 汽笛やクラクションを鳴らす.❷ ホイッスルを鳴らす.
【鸣笛标】míngdíbiāo 名(鉄道の)「警笛鳴らせ」の標識.
【鸣放】míngfàng 動 ❶(礼砲・爆竹などを)鳴らす.¶～鞭炮 biānpào / 爆竹を鳴らす.❷ 大いに意見を出し大いに議論する.
【鸣鼓攻之】míng gǔ gōng zhī 〈成〉相手の罪をはっきり指摘して攻撃を加える.
【鸣叫】míngjiào 動(鳥や昆虫などが)鳴く.
【鸣金】míngjīn 動〈古〉どらを鳴らす;休戦する.
【鸣锣开道】míng luó kāi dào ❶〈成〉銅鑼(どら)を鳴らして先導する.❷〈転〉〈貶〉世論作りをして道を開く.
【鸣禽】míngqín 名(ツグミ・ウグイスなど)声のよい小鳥.
【鸣响】míngxiǎng 動(鐘・銃砲などが)鳴り響く.
【鸣谢】míngxiè 動〈書〉(公に)謝意を表する.
【鸣冤叫屈】míng yuān jiào qū 〈成〉無実を訴える.

茗 míng ◇◆ 茶の木の若芽;茶.¶品 pǐn～ / 茶を味わう.

冥 míng ◇◆ ①暗い.¶幽 yōu～ / (物事の事情に)暗い.②愚かである.¶→～顽 wán.③深い.¶→～想.④あの世.¶～府 fǔ / 冥土.
【冥钞】míngchāo 名 紙銭.葬式などのときに焼く,紙幣のデザインを印刷した紙.
【冥府】míngfǔ 名 冥界.冥土.
【冥思苦索】míng sī kǔ suǒ 〈成〉思索にふける.知恵をしぼる.►"冥思苦想"とも.
【冥顽】míngwán 形〈書〉頑迷である.
【冥王星】míngwángxīng 名〈天〉冥王星.
【冥想】míngxiǎng 動 瞑想する.
【冥衣】míngyī 名 葬式のときに焼く紙製の衣類.

铭 míng ◇◆ ①銘.物に刻んだ文字;(心に刻み)自らを戒める言葉.¶墓志 mùzhì～ / 墓誌銘.②銘ずる.銘記する.¶→～心 xīn.‖姓
【铭感】mínggǎn 動〈書〉感銘する.
【铭记】míngjì ❶ 動〈書〉銘記する.深く心に刻む.❷ 名(器物に刻んだ)銘文,銘.►"铭文"とも.
【铭刻】míngkè 動 ❶(器物に)銘文を鋳る,銘文を刻む.❷→【铭记】míngjì ❶

M

【铭牌】míngpái 名(機械などに取り付ける)名称・製造者・性能などを記したプレート.
【铭心】míngxīn 動 心に銘記する.
【铭心刻骨】míng xīn kè gǔ 〈成〉心に銘記して永遠に忘れない.

暝 míng 動〈古〉日が暮れる. ¶日将 jiāng ～ / 日が暮れようとしている. ¶天色已～ / 日はすでに落ちた.
◇◆ たそがれ. ¶薄 bó ～ / 夕暮れ.

瞑 míng ◇◆ ①目を閉じる. ②目がくらむ.
【瞑目】míngmù 動 目を閉じる;心残りなく死ぬ.
【瞑眩】míngxuàn 動〈中医〉薬の副作用で目まいがする.

螟 míng ◇◆ メイチュウ. ズイムシ.
【螟虫】míngchóng 名〈虫〉メイチュウ. ズイムシ.
【螟害】mínghài 名(農作物の)メイチュウによる被害.
【螟蛉】mínglíng 名〈喩〉養子.

3声 **酩 mǐng** "酩酊 mǐngdǐng"⬇という語に用いる.
【酩酊】mǐngdǐng 形〈書〉したたか酒に酔うさま. 酩酊(ていい)している. ¶～大醉 zuì / 酔いつぶれる.

M

4声 **命 mìng** ❶名 ①命. 生命. 量 条 tiáo. ②運命. 運. ¶～苦 / 運が悪い.
❷動 命ずる. ¶参谋长 cānmóuzhǎng ～你去侦察 zhēnchá 敌情 díqíng / 参謀長が君に敵情を偵察するよう命じた.
◇◆ ①命令. ¶奉 fèng ～ / 命によって. ②(名称などを)与える. ¶→～名 míng.
【命案】mìng'àn 名 殺人事件.
【命笔】mìngbǐ 動〈書〉筆を執る. ¶欣然 xīnrán ～ / (詩文・書画を書くために)喜んで筆を執る.
【命大】mìngdà 形 運がよい. 幸運である.
【命定】mìngdìng 動(…するように)運命づけられている.
【命根子】mìnggēnzi 名 ①命の綱;最も大切なもの. ②〈喩〉男の跡継ぎ. ►"命根儿"とも.
*【命令】mìnglìng ❶動 命じる. ¶他老～我做事 / 彼はいつも私に命令をする. ❷名 ①命令. 量 道,个,条 tiáo. ❖下 *xià* ～ / 命令を下す. ②〈電算〉コマンド.
【命脉】mìngmài 名 命脈;〈喩〉最も重要なもの.
【命名】mìng//míng 動 命名する.
【命数】mìngshù 名 命数. 運命. めぐり合わせ.
【命题】mìng//tí ①動 題目を出す. ¶～作文 / 題目を与えて作文させる. ②名〈論〉〈数〉命題.
【命途多舛】mìng tú duō chuǎn 〈成〉挫折や失敗を繰り返した人生.
【命意】mìngyì ①動(文章・絵画などの)主題を決める. ②名 趣旨. 寓意. 意味.
*【命运】mìngyùn 名 ①運命. 巡り合わせ. ②命運. 将来.
【命中注定】mìng zhōng zhù dìng 〈成〉(そうなるように)運命づけられている. ►"命里注定"とも.
【命中】mìngzhòng 動 命中する.

miu (ㄇㄧㄡ)

4声 **谬 miù** ◇◆ 誤り. ¶大～不然 rán / 大変な誤りである. ‖姓
【谬传】miùchuán 〈書〉①動 誤って伝えられる. ②名 まちがった言い伝え.
【谬论】miùlùn 名 まちがった議論;でたらめな理屈.
【谬误】miùwù 名 誤謬. 誤り. 過ち.
【谬种】miùzhǒng 名 ①まちがった言論や学術流派. ¶～流传 liúchuán / まちがった論が流布する. ②〈罵〉できそこない.

mo (ㄇㄛ)

1声 *__摸 mō__ 動 ①(手で)触る,なでる;(手を)触れる. ¶他～着孩子的肩膀 jiānbǎng 说 / 彼は子供の肩をなでながら言った. ②手探りする. 手探りで取る〔つかむ〕. ¶那家伙 jiāhuo 从口袋 kǒudài 里～出一把刀来 / やつはポケットからナイフを探り出した. ③(事情などを)探る,探ってつかむ. ¶那个厂 chǎng 的情况 qíngkuàng,我去～了两次 / あの工場の様子は,2度調べに行った. ④暗やみを行く. ¶～了半夜 bànyè 才～到你这儿 / 夜中に暗やみの中を長いこと歩いてやっと君の所に着いた.
【摸不着】mōbuzháo 動+可補 つかめない. 探り当てられない. ¶～头脑 tóunǎo / さっぱりわけがわからない.
【摸彩】mō//cǎi 動 福引を引く.
【摸底】mō//dǐ 動 ①(内情を)探る. 探りを入れる. ②詳しく知る.
【摸底考试】mōdǐ kǎoshì 名 模擬試験.
【摸底细】mō dǐxì 内情を探る.
【摸黑儿】mō//hēir 動〈口〉暗やみの中で手探りをする. ►"摸瞎 xiā"とも. ¶～赶路 gǎnlù / やみを突いて道を急ぐ.
【摸门儿】mō//ménr 動〈口〉(やり方が)少しわかる. こつをつかむ.
【摸索】mōsuo 動 ①手探りで進む. ②(方向・方法・経験などを)模索する,探し求める.
【摸头】mō//tóu 動(～儿)〈口〉(状況を)少し知っている. 多少分かる. 手がかりをつかむ. ►否定の形で用いることが多い.
【摸瞎】mōxiā →【摸黑儿】mō//hēir

2声 **无(無) mó** "南无 nāmó"(〈仏〉南無(なむ))という語に用いる. ⏩ wú

馍(饃) mó 名〈方〉蒸しパン. マントー;ちぎってスープに入れて食べる小麦粉で作った食品. ¶蒸 zhēng ～ / 蒸しパン(を作る).
【馍馍】mómó 名〈方〉マントー.

摹 mó 動 手本どおりに書いたり,描いたりする. ¶把这幅 fú 画～下来 / この絵をまねて描きなさい.
【摹本】móběn 名 模写本. 覆刻本.
【摹仿】mófǎng →【模仿】mófǎng
【摹绘】móhuì →【描画】miáohuà

【摹刻】mókè ① 動 書画を模写して版木を彫り直す．② 名 模刻品．模刻本．
【摹拟】mónǐ ⇀【模拟】mónǐ
【摹写】móxiě 動 ①(手本を)模写する．②(広く)描写する．
【摹印】móyìn ① 動 書画を模写し印刷する．② 名〈古〉印鑑に用いられた字体の一種．
【摹状】mózhuàng 動 敷き写しする．模写する．

模 mó

◇◆ ①型．規範．標準．¶ 楷 kǎi ～ / 模範．②ならう．まねる．¶→～仿 fǎng．③模範となる人物・事柄．④あいまいである．¶→～糊 hu． ⏩ mú ‖ 姓

【模本】móběn 名 手本．臨本．
【模范】mófàn 名 **模範．手本．** ¶ 劳动 láodòng ～ / 模範的労働者．
*【模仿】mófǎng 動 **まねる．模倣する．**
【模糊・模胡】móhu ① 形 **ぼんやりしている．はっきりしない．あいまいである．** ¶ 记忆 jìyì ～ / 記憶がはっきりしていない．¶ 天色模模糊糊 mómohūhū / 空模様がはっきりしない．② 動 **混同する．ぼかす．あいまいにする．** ¶ 不要～了是非 shìfēi 界限 jièxiàn / 是と非を混同してはならない．
【模糊数学】móhu shùxué 名 ファジー理論．
【模块】mókuài 名〈電算〉モジュール．
【模棱】móléng 形(態度や意見などが)どっちつかずである，はっきりしない，明確でない．
【模棱两可】mó léng liǎng kě〈成〉あいまいでどちらにもとれる．どっちつかずである．
【模拟】mónǐ ① 動 まねる．にせる．② 名 模擬．シミュレーション．アナログ．¶ ～试验 shìyàn / シミュレーション．
【模式】móshì 名 モデル．パターン．
【模式化】móshìhuà 動 パターン化する．類型化する．
【模特儿】mótèr 名(絵画・彫刻・ファッションなどの)モデル．¶ 时装 shízhuāng ～ / ファッションモデル．
【模写】móxiě ⇀【摹写】móxiě
【模型】móxíng 名 ① 模型．② 型；鋳型．►俗称は"模子 múzi"．

膜 mó

名(～儿)(人や動物の体内の)膜；(膜のように)薄い皮．¶ 耳～ / 鼓膜．¶ 牛奶 niúnǎi 上结 jié 了一层薄 báo ～ / ミルクの表面に薄い膜が張った．

【膜拜】móbài 動 ひれ伏す．¶ 顶礼 dǐnglǐ ～ / 権力などにひれ伏す．

摩 mó

◇◆ ①こする．触れる．¶ ～天大楼 / 摩天楼．②探求する．¶ 揣 chuǎi ～ / じっくり考える． ‖ 姓 ⏩ mā

【摩擦】mócā ① 動〈物〉**摩擦する．** ② 名(個人または党派の間での)摩擦，あつれき．¶ 两个人经常发生～ / 二人の間にはいつもごたごたが起こる．
【摩擦力】mócālì 名〈物〉摩擦力．
【摩登】módēng 形 モダンである．¶ ～女郎 nǚláng / モダンな女性．
【摩尔多瓦】Mó'ěrduōwǎ 名〈地名〉モルドバ．
【摩肩接踵】mó jiān jiē zhǒng〈成〉人が多く押し合いへし合いするさま．►"肩摩踵接"とも．
【摩羯座】mójiézuò 名〈天〉① 山羊座．②(黄道十二宮の一つ)摩羯宮．
【摩洛哥】Móluògē 名〈地名〉モロッコ．
【摩纳哥】Mónàgē 名〈地名〉モナコ．
【摩拳擦掌】mó quán cā zhǎng〈成〉腕を鳴らし手ぐすね引く；闘志満々．
【摩挲】mósuō 動(手で)なでる，さする．⇒【摩挲】māsa
【摩托】mótuō 名 モーター．発動機．
*【摩托车】mótuōchē 名 **オートバイ．** 量 辆 liàng．❖骑 *qí* ～ / バイクに乗る．
【摩托艇】mótuōtǐng 名 モーターボート．量 条，只，艘，个．►"摩托船"とも．
【摩崖】móyá 動 懸崖などに文字や仏像を彫刻する．

*磨 mó

動 ① **こする．こすれる．** ¶ ～墨 mò / 墨をする．¶ 抹 mǒ 上口红，再～一～嘴唇 zuǐchún / 口紅を塗った後，唇をすり合わす．¶ ～破 pò 了几个泡 pào / すれていくつかのまめが破れた．② **研ぐ．磨く．** ¶ ～把菜刀 càidāo ～一下 / 包丁を研ぐ．③ **苦しめる．** ¶ 这件事一直～着他的心 / この事件はずっと彼の心をさいなんでいる．④ **だだをこねる．** ¶ 孩子老～着妈妈要买玩具 / 子供はいつもお母さんにおもちゃをねだる．⑤ **磨滅する．** ¶ 不～的真理 zhēnlǐ / 不滅の真理．⑥ **ぐずぐずして時間をつぶす．** ¶ 别～了，快点儿干 gàn 吧 / ぐずぐずしないで，早くやろう． ⏩ mò

【磨擦】mócā ⇀【摩擦】mócā
【磨蹭】móceng ❶ 動 ①(軽く)こする．② のろのろと進む．③ しつこくねだる．❷ 形 ぐずぐずしている．¶ 不要那么磨磨蹭蹭 mómócèngcèng，赶快去吧 / そんなにぐずぐずしないで早く行きなさい．
【磨穿铁砚】mó chuān tiě yàn〈成〉根気よく怠らずに勉強する．
【磨床】móchuáng 名〈機〉研磨機．砂削盤．
【磨工】mógōng 名〈機〉① 研磨作業．② 研磨工．
【磨光】mó//guāng 動＋結補 磨いてぴかぴかにする．
【磨合】móhé 動 ①(エンジンなどの)慣らし運転をする．② 徐々になじませる．③ 協議し調整する．
【磨练・磨炼】móliàn 動(困難の中で)鍛える．
【磨料】móliào 名 研磨剤．
【磨面革】mómiàngé 名 もみ革．バフ．
【磨灭】mómiè 動 磨滅する．
【磨难】mónàn 名 苦しみ．難儀．
【磨砂玻璃】móshā bōli 名 すりガラス．►"毛玻璃"とも．
【磨舌头】mó shétou〈慣〉くだらないことを言う．むだ口をたたく；つまらないことで言い争う．
【磨蚀】móshí 動 ①〈地質〉浸食する．②〈喩〉徐々に消し去る．
【磨损】mósǔn 動 磨損する．擦り減る．
【磨削】móxiāo 動〈機〉研削する．
【磨牙】mó//yá ❶ 動 ①〈方〉減らず口をたたく；無意味な言い争いをする．②(睡眠中)歯ぎしりをする．❷ 名 臼歯．
【磨洋工】mó yánggōng〈慣〉① 働いていると見せかけて，実際は仕事をサボる．② だらだらと仕事をする．
【磨嘴】mó//zuǐ〈方〉① ⇀【磨牙】mó//yá ② ⇀【磨嘴皮子】mó zuǐpízi
【磨嘴皮子】mó zuǐpízi〈慣〉ぺちゃくちゃしゃべる；口を酸っぱくして言う．

蘑 mó

◇◆ キノコ．¶→～菇 gu．¶ 口～ / モウコシメジ．¶ 鲜 xiān ～ /(日干ししていない)キノコ．

M

【蘑菇】mógu ①名〈植〉キノコ．マッシュルーム．②動〈方〉(わざと)からむ．ごねる．¶你别再跟我～了／もう私にからむのはよしてくれ．③形 ぐずぐずしている．だらだらしている．

【蘑菇云】móguyún 名(原水爆や火山噴火の)きのこ雲．

魔 mó

◇ ①魔物．悪魔．悪霊．¶妖 yāo～／妖怪．②神秘的である．不思議である．¶→～术 shù．

【魔方】mófāng 名 ルービックキューブ．

【魔怪】móguài 名 妖怪．変化(へんげ)；〈喩〉邪悪な人間〔勢力〕．

【魔鬼】móguǐ 名 魔物．怪物．悪魔；〈喩〉邪悪な勢力．悪人．

【魔棍】mógùn 名 魔法の杖．

【魔窟】mókū 名 魔窟．悪人が集まる所．

【魔力】mólì 名 ①魔力．魔法の力．②魅力．

【魔难】mónàn →【磨难】mónàn

【魔术】móshù 名 マジック；手品．►"幻术 huànshù""戏法儿 xìfǎr"とも．❖演 *yǎn*～／手品をやる．¶变～／手品をする．¶～师 shī／手品師．

【魔王】mówáng 名 ①〈仏〉魔王．悪鬼．②〈喩〉暴君；極悪人．¶杀人～／殺人鬼．

【魔芋】móyù 名〈植〉コンニャク．コンニャクイモ．

【魔掌】mózhǎng 名〈喩〉魔手．

【魔杖】mózhàng 名 魔法の杖．手品用のステッキ．

【魔障】mózhàng 名〈仏〉(仏道の修行を妨げる)魔障，邪念，誘惑．

【魔爪】mózhǎo 名〈喩〉魔の手．

【魔怔】mózheng 形〈方〉狂気じみている．

抹 mǒ

3声

❶動 ①塗りつける．つける．¶往 wǎng 面包上～点儿黄油 huángyóu／パンにバターを塗る．②ぬぐいとる．ふく．¶用餐巾 cānjīn～～嘴／ナプキンで口をふく．③抹消する．消す．切り捨てる．¶～掉一小节／段落を一つ削除する．¶把A公司的名字从名单上～掉／名簿からA社の名前を抹消する．
❷量(筆で絵の具をなすりつけるような)動作の回数を表す．¶一～曙光 shǔguāng／一筋の曙光(しょこう)．¶几～薄云 báoyún／いく筋かの薄い雲．
▶▶ mā,mò

【抹鼻子】mǒ bízi〈慣〉泣く．泣きべそをかく．

【抹脖子】mǒ bózi〈慣〉首をかき切って自殺する．

【抹刀】mǒdāo 名(左官が使う)こて．

【抹粉】mǒ//fěn 動 おしろいをつける．

【抹黑】mǒ//hēi 動〈喩〉顔をつぶす．恥をかかせる．¶别往父母脸上～／親の顔に泥を塗るようなことはするな．

【抹灰】mǒhuī 動(顔に)すすを塗る；〈喩〉体面を汚(けが)す．

【抹泪】mǒ//lèi 動〈口〉涙をぬぐう．泣く．

【抹零】mǒ//líng 動(～儿)(金を払うとき)端数を切り捨てる．

【抹杀・抹煞】mǒshā 動 抹殺する．否定する．¶一笔 bǐ～／簡単に抹殺してしまう．

【抹稀泥】mǒ xīní〈慣〉(紛争の仲裁にあたって)いい加減にまるく収めようとする．

【抹消】mǒxiāo 動 抹消する．取り除く．¶一笔 bǐ～／帳消しにする．

【抹一鼻子灰】mǒ yī bízi huī〈慣〉人の歓心を買おうと思ってしたことが，かえって不興を買う結果になる．►"碰 pèng 一鼻子灰"とも．

【抹子】mǒzi 名 左官ごて．

末 mò

4声

名 ①(～儿)粉末．¶茶叶 cháyè～儿／(粉状の)茶のくず．¶粉笔 fěnbǐ～儿／チョークの粉．¶肉 ròu～／ミンチ肉．②伝統劇の脇役の一つ．③最後．終わり．¶本世纪 shìjì～／本世紀末．
◇ ①(物の)端，先．¶～端 duān／末端．末尾．②末梢(まっしょう)的なもの．¶本～倒 dào 置 zhì／〈成〉本末転倒．‖姓

【末班车】mòbānchē 名 ①終列車；終電車；終バス．②〈喩〉最後のチャンス．

【末车】mòchē →【末班车】mòbānchē①

【末代】mòdài 名(王朝の)最後の君主．¶～皇帝 huángdì／最後の皇帝．ラストエンペラー．

【末伏】mòfú 名 末伏(まっぷく)．⇒【三伏】sānfú

【末后】mòhòu 名 最後．終わり．

【末节】mòjié 名 末節．些細なこと．¶细枝 xìzhī～／枝葉末節．

【末了】mòliǎo 名(～儿)〈方〉最後．しまい．終わり．►"末末了儿"とも．

【末流】mòliú ①名 末流．没落した流派．②形 下っ端の．低級の．ランクが下の．¶～演员 yǎnyuán／大根役者．

【末路】mòlù 名 末路．¶穷途 qióngtú～／成れの果て．¶英雄 yīngxióng～／英雄の末路．

【末年】mònián 名 末年．晩期．

【末期】mòqī 名 末期．最後の段階．

【末日】mòrì 名 末日．最後の日．

【末梢】mòshāo 名 末端．終わり．¶三月～／3月の末．

【末梢神经】mòshāo shénjīng 名〈生理〉末梢神経．

【末世】mòshì 名〈書〉末世．ある時代の終わり．

【末尾】mòwěi 名 末尾．終わり．¶文章 wénzhāng～／文の終わり．

【末叶】mòyè 名 末葉．¶三世纪～／3世紀末．

【末子】mòzi 名 粉．粉末．¶锯 jù～／おがくず．

【末座】mòzuò 名 末座．末席．

没 mò

動 ①沈む．(水に)もぐる．¶潜水艇 qiánshuǐtǐng 很快就～入水中／潜水艦はすぐに水中にもぐった．②(水・雪などが)…を越える，浸す．¶水已～过脖子 bózi／水が首の高さを越した．③〈書〉(＝殁 mò)死ぬ．
◇ ①隠れる．¶出～／出没する．②没収する．¶抄 chāo～／(財産を)没収する．③尽きる．最後になる．¶→～世 shì．▶▶ méi

【没齿不忘】mò chǐ bù wàng〈成〉終生忘れることができない．►"没世不忘"とも．

【没落】mòluò 動 没落する．落ちぶれる．

【没奈何】mònàihé 形 どうにもならない．いかんともしがたい．

【没世】mòshì 名 一生．生涯．終生．¶～不忘 wàng／一生忘れない．

【没收】mòshōu 動 没収する．¶～违禁品 wéijìnpǐn／禁制品を押収する．

抹 mò

動 ①(道具を使って泥・セメント・石灰などを)塗る(塗って平らにならす)．¶～墙 qiáng／壁を塗る．②(街角などを)曲がる．¶～过街角，进了胡同 hútòng／街

かどを曲がって,路地に入った. ⏩ mā,mǒ
【抹不开】mòbukāi ⇀【磨不开】mòbukāi
【抹得开】mòdekāi ⇀【磨得开】mòdekāi
【抹灰】mò//huī 動 しっくいを塗る. ¶～工 / 左官.
【抹面】mò//miàn 動 建物の表面にしっくいなどを塗る.

茉 mò "茉莉 mòlì"⬇という語に用いる.

*【茉莉】mòlì 名〈植〉ジャスミン(の花). ¶～花茶 / ジャスミン茶.

殁 mò ◇◆ 死ぬ. ►"没"とも. ¶病～ / 病死.

沫 mò ◇◆ 泡. しぶき. ¶肥皂 féizào ～儿 / 石鹸の泡. ¶啤酒 píjiǔ ～ / ビールの泡. ‖姓

【沫子】mòzi 名 しぶき. 泡沫.

陌 mò ◇◆ あぜ道. ¶阡 qiān ～ / あぜ道. ►もとは東西のあぜ道を"陌",南北のあぜ道を"阡"といった.

【陌路】mòlù 名〈書〉見知らぬ人. ¶视 shì 同～ / 〈成〉赤の他人と見なす.
*【陌生】mòshēng 形 **よく知らない. 不案内である.** ¶觉得这个人有点儿～ / この人は誰だか知らない. ¶～人 / 見知らぬ人.

冒 mò 人名に用いる. "冒顿 Mòdú"(冒頓(ぼくとつ))は漢代初期の匈奴族の単于(ぜんう)の名. ⏩ mào

脉(脈) mò "脉脉 mòmò"⬇という語に用いる. ⏩ mài

【脉脉】mòmò 形〈書〉ものを言わずに目またはそぶりで意思を伝えるさま. ¶～含情 hánqíng / 黙ったまま思いを寄せる;思わせぶりな様子をする.

莫 mò 副〈書〉〈方〉…するな. …してはいけない. ¶闲人 xiánrén ～进 / 無用の者入るべからず.
◇◆ ①一つもない. だれもいない. ¶～不担忧 dānyōu / 心配せぬ者はなし. ②…でない. ¶～知所措 cuò / 途方に暮れる. ③推測や反語を表す. ¶→～非 fēi. ¶→～不是 bushì. ‖姓

【莫不】mòbù 副 …しないものはない. ¶～欢喜huānxǐ / 喜ばない者はいない. みんな大喜びする.
【莫不是】mòbushì 副 ①**…ではないだろうか.** …に違いない. ►推測・懐疑を表す. ¶你～当年的老县长 xiànzhǎng 吧 / あなたはあの頃の県知事だったでしょう. ②**まさか…ではなかろう.** ►反語に用いる. ¶你怎么还不睡 shuì,～明天不上班? / きみはどうしてまだ起きているんだ,まさかあす会社を休むのではなかろうな.
【莫测高深】mò cè gāo shēn 〈成〉はかり知れないほど深遠である.
【莫大】mòdà 形 これ以上はない. なによりの.
注意 もとは「…より大なるは莫(な)し」の意味. 日本語の「莫大(ばくだい)」はそこから意味が転じたもの. ¶～的幸福 xìngfú / 無上の幸せ. ¶～的悲哀 bēi'āi / 最大の悲しみ.
【莫非】mòfēi 副 ①**…ではないだろうか.** …に違いない. ►推測・懐疑を表す. ¶～他已经回去了? / 彼はもう帰ったのではないだろうか. ②**まさか…ではなかろう.** よもや…ではあるまい. ►反語に用いる. "不成 bùchéng"と呼応させることも多い. ¶～我看错了不成? / よもや私が見まちがえたのではあるまい.
【莫过于】mòguòyú 〈型〉…に越したことはない. …よりもっと…のものはない. …がいちばんだ.
【莫名其妙】mò míng qí miào 〈成〉**何が何だかさっぱりわけがわからない.** 不思議である. ►"莫明其妙"とも書く.
【莫逆之交】mò nì zhī jiāo 〈成〉極めて親密な間柄.
【莫如】mòrú 動(むしろ)…したほうがよい. …のほうがましだ. …に及ばない.
【莫若】mòruò ⇀【莫如】mòrú
【莫桑比克】Mòsāngbǐkè 名〈地名〉モザンビーク.
【莫斯科】Mòsīkē 名〈地名〉モスクワ.
【莫须有】mòxūyǒu 〈成〉根拠が弱い. でっち上げの. ¶～的罪名 zuìmíng / でっち上げの罪名.
【莫衷一是】mò zhōng yī shì 〈成〉一致した結論に達することができない. 意見がまとまらない.

秣 mò ◇◆ ①まぐさ. ¶粮 liáng ～ / 兵糧とまぐさ. ②まぐさをやる.

【秣马厉兵】mò mǎ lì bīng 〈成〉戦闘の準備をする. ►"厉兵秣马"とも.

蓦 mò 副〈近〉突然. いきなり. 不意に.

【蓦地】mòdì 副 不意に. 出し抜けに.
【蓦然】mòrán 副 ふと. なにげなしに.

漠 mò ◇◆ ①砂漠. ¶大～ / 大砂漠;ゴビの砂漠. ②冷淡に. 無関心に. 気にせずに. ¶→～视 shì.

【漠不关心】mò bù guān xīn 〈成〉少しも関心をもたない.
【漠漠】mòmò 形 ①雲や霧に覆われてぼうっとしているさま. ②広漠として寂しいさま.
【漠然】mòrán 形 関心をもたないさま. 冷淡なさま. ¶～的态度 / 無関心な態度. ¶～置 zhì 之 / 知らぬ顔をしてほったらかしておく.
【漠视】mòshì 動(わざと冷たく対応して)無視する. 軽視する.

寞 mò ◇◆ 静かである. 寂しい. ¶寂 jì ～ / 寂しい. ¶落 luò ～ / 物寂しい.

墨 mò 名 **墨.** ►墨汁やインクなどをさすこともある. 量 块 kuài,锭 dìng. ¶一块～ / 墨1丁. ¶研 yán ～ / 墨を擦る. ¶→～水 shuǐ.
◇◆ ①顔料. インク. ¶油～ / 印刷用インク. ②黒い. ¶～菊 jú / 黒紫色のキク. ③書. 筆跡. ¶→～宝 bǎo. ¶遗 yí ～ / 故人の残した墨跡. ④学問. 知識. ¶胸 xiōng 无点～ / 無学である. ⑤汚職. ¶～吏 lì / 汚職官吏. ‖姓

【墨宝】mòbǎo 名 ①貴重な書画. ②〈敬〉他人の書画.
【墨斗】mòdǒu 名(大工・石工などが用いる)墨つぼ.
【墨斗鱼】mòdǒuyú 名〈動〉イカ.
【墨海】mòhǎi 名 大型の硯(すずり).
【墨盒】mòhé 名(～儿) ①(毛筆用の)墨入れ. ►"墨盒子"とも. ②インクトナー. インクカセット.
【墨黑】mòhēi 形 真っ黒である;真っ暗である.

M

【墨迹】mòjì 名 ① 墨跡. ② 筆跡. 直筆の書画.
【墨家】Mòjiā 名(諸子百家の)墨家(ぼっ).
【墨晶】mòjīng 名 黒水晶.
【墨镜】mòjìng 名 **サングラス.** 量 副 fù.
【墨绿】mòlǜ 形 深緑の. ダークグリーンの.
【墨守成规】mò shǒu chéng guī 〈成〉古いしきたりに固執する.
*【墨水】mòshuǐ 名(～儿) ① **墨汁.** ② **インク.** ¶蘸 zhàn ～ / インクをつける. ③〈喩〉教養. 学問. ¶肚子 dùzi 里有～ / 学問がある.
【墨西哥】Mòxīgē 名〈地名〉メキシコ.
【墨线】mòxiàn 名〈建〉①(大工や石工の用いる)墨縄,墨糸. ② 墨縄で引いた線.
【墨鱼】mòyú 名〈動〉イカ. 量 只,条.
【墨汁】mòzhī 名(～儿)墨汁.

默 mò 動(記憶に頼り)**空で書く.** ¶～生字 / 新しく習った字を空で書く. ¶课文 kèwén 我会～了 / 教科書の本文を私は見ないで書き取りできるようになった.
◇◆ 黙る. 声を出さない. ¶～坐 zuò / 黙って座る. ¶～不作声 shēng / 口をきかない. うんともすんとも言わない. ‖姓
【默哀】mò'āi 動 黙禱する.
【默祷】mòdǎo 動 心の中で祈る. 黙禱(もく)する.
【默读】mòdú 動 黙読する.
【默默】mòmò 形 黙々としている. ¶～地工作 / 黙々と仕事をする.
【默默无闻】mò mò wú wén 〈成〉無名である.
【默默无言】mò mò wú yán 〈成〉口をつぐんで何も言わない.
【默念】mòniàn 動 ① 心の中で思う. 黙考する. ② 黙読する.
【默片】mòpiàn 名(～儿)無声映画. サイレント.
【默契】mòqì ① 名 黙契. 黙約. ¶他们两个人好像已经有了～ / 二人の間にはすでに暗黙の了解ができているらしい. ② 形 無言のうちに気持ちが相手に通じる. ¶他们俩配合 pèihé 很～ / 彼ら二人は呼吸がぴったり合っている.
【默然】mòrán 形〈書〉押し黙っている.
【默认】mòrèn 動 黙認する.
【默许】mòxǔ 動 黙認する.

磨 mò ❶名 **臼**(うす). **石臼.** 量 盘 pán,个. ¶一盘～ / 1台の臼. ¶推 tuī ～ / 手押しで臼を回す.
❷動 ①(臼で)**ひく.** ¶～麦子 màizi / 小麦粉をひく. ②〈口〉方向を転換させる. 翻す. ¶把汽车～过来 / 車をターンさせる. ▶▶ mó
【磨不开】mòbukāi 動+可補 ① 恥ずかしい思いをする. ② 気がひける. きまりが悪い. ③〈方〉どうしたらよいかわからなくなる. 行き詰まる.
【磨叨·磨捣】mòdao 動〈方〉① くどくど言う. 愚痴をこぼす. ¶你别～了 / 愚痴はやめなさい. ② おしゃべりする.
【磨得开】mòdekāi 動+可補 ① 気まずい思いをしないですむ. ② 平気だ. 恥ずかしくない. ③〈方〉納得する. ⇒【磨不开】mòbukāi
【磨烦】mòfan 動〈方〉① 執拗にねだる. せがむ. ② ぐずる. ぐずぐずする.
【磨坊·磨房】mòfáng 名(旧式の)製粉所.
【磨盘】mòpán 名 ① ひき臼の下半分の回転しない部分. ②〈方〉石臼.
【磨棚】mòpéng 名(農家の)粉ひき小屋.

貘(獏) mò 名〈動〉バク.

mou (ㄇㄡ)

1声 **哞** mōu 擬《ウシの鳴き声》もう. ▶声を引き伸ばしたり,重ねて用いることが多い.

2声 **牟** móu ◇◆ むさぼる. もうける.
【牟利】móu//lì 動 金もうけをしようとする.
【牟取】móuqǔ 動(名利を)むさぼる.

眸 móu ◇◆ ひとみ. ¶凝 níng ～ / ひとみを凝らす.
【眸子】móuzǐ 名 ひとみ;(広く)目.

谋 móu 動 **方法を講じて求める.** ▶利益・職などに用いる. ¶为人民～幸福 xìngfú / 人々のために幸福を図る. ¶自～职业 zhíyè / 自ら仕事を求める.
◇◆ ①計画. はかりごと. ¶阴 yīn ～ / 陰謀(を企てる). ¶计 jì ～ / 策略. ②相談する. ¶不～而合 / はからずして意見が一致する. ‖姓
【谋财害命】móu cái hài mìng 〈成〉財物を奪うために人を殺害する.
【谋反】móufǎn 動 反乱をたくらむ.
【谋害】móuhài 動 人を殺そうとたくらむ. 人を陥れようとたくらむ.
【谋和】móuhé 動 平和を求める. 和平をはかる.
【谋划】móuhuà 動 画策する. 手だてを考える. ▶"谋画"とも書く.
【谋略】móulüè 名 計略. 策略.
【谋面】móumiàn 動〈書〉会う. 面会する. ¶素未 sù wèi ～ / 一面識もない.
【谋求】móuqiú 動(方策を講じて利益や幸福などを)求める,図る. ¶～双方的相互谅解 liàngjiě / 双方の相互理解をはかる.
【谋取】móuqǔ 動(方策を講じて利益などを)手に入れる. ¶～企业 qǐyè 的利益 lìyì / 企業の利益を追求する.
【谋杀】móushā 動 謀殺する. 殺害をたくらむ.
【谋生】móushēng 動 生計の道をはかる.
【谋士】móushì 名 策士. 計略家.
【谋事】móushì 動 ① 事を計画する. ¶～在人,成事在天 / 事をはかるは人にあるも,事の成否は天にあり. ②〈旧〉職を求める.
【谋私】móusī 動 私利をはかる.
【谋职】móuzhí 動 仕事を探す. 職を求める.

3声 *****某** mǒu 代《単独では用いず,修飾語として用いるか,姓の後に置く》① 某. なにがし. ¶陈～ / 陳なにがし. ② ある…. ¶河北省 shěng ～市 / 河北省某市. ¶～月～日 / ×月×日. ③〈謙〉〈旧〉(姓の後に用い)自分をさす. ¶我李～不是干 gàn 这种事的人 / わたくし李はそのようなことをする人間ではありません.
語法 ❶人や団体・機構などをさすときは,重ね型で用いることができる. 複数の意味にはならない. ¶～～公司 / ある会社. ❷「"某"+"甲 jiǎ〔乙 yǐ,丙

bǐng …〕"」の形で,姓名を明らかにしない人物をさしたり,併用して不特定の人物をさしたりすることがある. ❸"某"と名詞の間に数詞("一""几")や量詞が入ることがある. ¶～(一)个时期 / ある時期.
【某某】mǒumǒu →〖某 mǒu〗 語法
【某人】mǒurén 代 ① ある人. ②(姓の後に用い)自分をさす.
【某些】mǒuxiē 代 ある一部の. 若干の. ¶～特点 / いくつかの特徴.

mu (ㄇㄨ)

模 mú ◇◆ 型. 鋳型. ¶铜 tóng～儿 / 活字鋳造用の鋳型. ▶▶ mó
【模板】múbǎn 名〈建〉(コンクリートを固めるときに用いる)枠,枠板.
【模具】mújù 名 鋳型. 金型;(製造用の)模型類.
【模压】múyā 名(プラスチック製品などの)鋳型製造. モールドプレッシング.
*【模样】múyàng 名(～儿) ① **容貌**. 身なり. ¶女儿的～像她妈妈 / 娘の容貌は母親そっくりだ. ② **形状**. スタイル. ¶这家具的～挺 tǐng 好看 / この家具は格好がよい. ③(時間・年齢に用い)…**くらい**. …**ほど**. ¶看上去有四十岁～ / 40歳ぐらいに見える. ④ 形勢. 様子. ¶看～,不会马上下雨的 / この様子ではすぐには雨は降るまい.
【模子】múzi 名〈口〉型;鋳型;枠.

*__母__ mǔ ❶名 ①〈書〉**母**. 母親. ▶単独で呼びかけなどに用いることはない. ¶～与 yǔ 子 / 母と子. ②(～儿)(ボルトにはめる)ナット. ¶这套螺丝 luósī 缺 quē 一个～儿 / このボルト・ナットはナットが一つ欠けている.
❷形(↔公 gōng) **動物の雌の**. ¶～鸡 jī / めんどり. ¶这只鸭子 yāzi 是～的 / このアヒルは雌だ.
◇◆ ①(家族や親戚の中で)目上の女性に対する呼称. ¶祖 zǔ～ / おばあさん. ②事物を生み出す〔出した〕もの. ¶→～本 běn. ¶→～校 xiào. ‖姓
【母爱】mǔ'ài 名 母の愛情. 母性愛.
【母板】mǔbǎn 名〈電算〉母板. マザーボード. ▶"主(机)板"とも.
【母本】mǔběn 名〈植〉母樹(ぼじゅ). 親木.
【母带】mǔdài 名 マスターテープ.
【母蜂】mǔfēng 名〈虫〉女王バチ. ▶"蜂王"とも.
【母公司】mǔgōngsī 名〈経〉親会社.
【母机】mǔjī 名〈略〉工作機械.
【母老虎】mǔlǎohǔ 名 ① 雌のトラ. ②〈喩〉気性の荒い女. 口やかましい女.
【母亲】mǔqin 名 **母親**. 母. ⇒〖娘 niáng〗 比較
注意 呼びかけには用いない. 他人に対して自分の母をさして言う時は,"我母亲""我妈妈"と言う.
【母亲节】Mǔqinjié 名 母の日.
【母权制】mǔquánzhì 名 母権(家族)制度.
【母树】mǔshù 名〈植〉母樹.
【母体】mǔtǐ 名〈生〉母体.
【母系】mǔxì 名 母系. ¶～亲属 qīnshǔ / 母方の親戚. ¶～社会 / 母系社会.
【母校】mǔxiào 名 母校.
【母夜叉】mǔyèchā〈慣〉容貌が醜くて凶悪な女. 恐ろしい女.
【母音】mǔyīn 名〈語〉(＝元音 yuányīn)母音.
【母语】mǔyǔ 名〈語〉① **母語**. ② 祖語.
【母株】mǔzhū 名〈植〉母樹.
【母子饭】mǔzǐfàn 名(日本料理の)親子どんぶり.

牡 mǔ ◇◆ ①(↔牝 pìn)雄. ¶～牛 niú / 雄ウシ. ②(植物の)雄株. ¶～麻 má / アサの雄株.
【牡丹】mǔdan 名〈植〉ボタン.
【牡蛎】mǔlì 名〈貝〉カキ.

*__亩__(畝) mǔ 量 **ムー**. 畝(ほ). ▶地積単位. 1ムーは6.667アール,15分の1ヘクタール. "市亩 shìmǔ"の通称.

拇 mǔ ◇◆ 親指.
【拇战】mǔzhàn 名〈書〉(酒宴で)拳を打ち負けた者が罰酒を飲む一種のじゃんけん.
【拇指】mǔzhǐ 名 親指.

姆 mǔ "保姆 bǎomǔ"(①お手伝い. 家政婦. ②保母)という語に用いる.

呣 mǔ 量 (面積単位の)エーカー. "英亩 yīngmǔ"の旧称. ⇒【英亩】yīngmǔ

4声 **木** mù 形 **感覚がなくなるまでにしびれる**. 麻痺する. ¶舌头 shétou～了,什么味儿也尝 cháng 不出来 / 舌がしびれて味が全然分からない. ¶手都冻 dòng～了 / 手が凍えた.
◇◆ ①木材;木製の. ¶檀香 tánxiāng～ / ビャクダン材. ②木. 樹木. ¶果～ / 果樹. ¶伐 fá～ / 伐採する. ③素朴である. ¶→～讷 nè. ④棺. ¶寿 shòu～ / 棺. ‖姓
【木板】mùbǎn 名 **木の板**. ¶～房 / バラック.
【木版】mùbǎn 名 木版.
【木版画】mùbǎnhuà 名 木版画.
【木本水源】mù běn shuǐ yuán〈成〉物事の大本. 本源.
【木材】mùcái 名 木材. 材木.
【木柴】mùchái 名 柴. そだ. 薪.
【木船】mùchuán 名 木造船.
【木醇】mùchún 名〈化〉メチルアルコール.
【木呆呆】mùdāidāi 形(～的)ぼんやりとしている. 呆然としている.
【木雕】mùdiāo 名 木彫り.
【木雕泥塑】mù diāo ní sù〈成〉木偶(でく)の坊.
【木耳】mù'ěr 名〈植〉〈食材〉**キクラゲ**. ¶发 fā～ / キクラゲを水でもどす. ¶白～ / 白キクラゲ.
【木筏】mùfá 名(～子)(木で組んだ)いかだ.
【木芙蓉】mùfúróng 名〈植〉フヨウ(芙蓉). キハチス(木蓮). ▶"芙蓉""木莲"とも.
【木杆】mùgān 名(ゴルフのクラブの)ウッド. ▶"木棒 bàng"とも. ¶一号～ / ドライバー.
【木工】mùgōng 名 大工. 大工仕事.
【木瓜】mùguā 名 ①〈植〉カリン. ②〈植〉ボケ;〈中薬〉木瓜(もっか). ③〈口〉パパイヤ. ▶"番 fān 木瓜"とも.
【木屐】mùjī 名 木製サンダル. げた.
【木简】mùjiǎn 名〈考古〉木簡.
【木浆】mùjiāng 名〈製紙〉パルプ.
【木匠】mùjiang 名 **大工**.
【木焦油】mùjiāoyóu 名 木タール.

M

【木结构】mùjiégòu 名〈建〉木造. ¶～建筑 jiànzhù / 木造建築.
【木槿】mùjǐn 名〈植〉ムクゲ.
【木精】mùjīng ⇀【木醇】mùchún
【木刻】mùkè ⇀【木版画】mùbǎnhuà
【木兰】mùlán 名〈植〉モクレン.
【木立】mùlì 動 ぼんやりと立つ. ぽかんと立つ.
【木莲】mùlián 名〈植〉①モクレン. ②フヨウ. ③オオイタビ.
【木料】mùliào 名 木材. 材木.
【木马】mùmǎ 名 ①(体操用)鞍馬·跳馬. ②(児童遊戯用の)木馬. ③木製の馬.
【木马计】mùmǎjì 名 ①〈史〉トロイの木馬. ②〈喩〉敵中に味方を潜り込ませて転覆活動をする策略.
【木棉】mùmián 名 ①〈植〉キワタノキ. インドワタノキ. ②パンヤ(の繊維).
【木乃伊】mùnǎiyī 名 ミイラ;〈喩〉硬直した保守的な事物.
【木讷】mùnè 形〈書〉朴訥(ぼく)である. ¶～寡言 guǎyán /〈成〉朴訥で口数が少ない.
【木偶】mù'ǒu 名 木偶(ぐ). 木彫りの人形.
【木偶片】mù'ǒupiàn 名(～儿)人形劇映画.
【木偶戏】mù'ǒuxì 名 人形芝居.
【木排】mùpái 名 いかだ.
【木片】mùpiàn 名 木片. 木切れ. チップ.
【木器】mùqì 名(木製の)家具.
【木琴】mùqín 名〈音〉木琴. シロホン.
【木然】mùrán 形(反応できず一時的に)呆然とするさま. あっけにとられるさま.
【木梳】mùshū 名(木製の)くし. 量 把.
【木薯】mùshǔ 名〈植〉キャッサバ. タピオカ.
【木栓】mùshuān 名〈植〉コルク.
【木丝】mùsī 名 木毛. 木材を糸状に削ったもの.
【木炭】mùtàn 名 **木炭**. 炭.
【木炭画】mùtànhuà 名 木炭画.
【木通】mùtōng 名〈植〉アケビ;〈中薬〉木通(もく).
【木头木脑】mù tóu mù nǎo〈成〉動作がのろくて無表情なさま. のろまでぼんやりしたさま.
*【木头】mùtou 名 ①丸太. 木. 量 块;[細長いもの]根 gēn,条,截 jié. ¶一根～ / 1本の丸太. ¶一块～ / 木の切れ端一つ. ②**材木**. **木製品**. ¶～桌子 / 木製のテーブル.
【木头人儿】mùtourénr 名〈喩〉のろま. 朴念仁(ぼくねん). 木偶(ぐ)の坊.
【木屋】mùwū 名 木造家屋.
【木犀·木樨】mùxi 名 ①〈植〉モクセイ. ギンモクセイ. ►通称は"桂花 guìhuā"という. ②**かき卵**(を主な材料とした料理). ¶～汤 tāng / といた卵を入れたスープ. 注意 後に"汤"や"饭"などの語がつくと,発音は mùxī と原声に戻る. また"木须 mùxū"とも.
【木锨】mùxiān 名 穀物の風選に用いる木製シャベル.
【木香】mùxiāng 名〈植〉モッコウ;〈中薬〉木香(もっこう).
【木星】mùxīng 名〈天〉木星.
【木须】mùxū ⇀【木犀·木樨】mùxi ②
【木已成舟】mù yǐ chéng zhōu〈成〉物事がすでに既成事実となったたとえ. 後の祭り.
【木鱼】mùyú 名(～儿)木魚(もくぎょ).
【木字旁】mùzìpáng 名(～儿)(漢字の偏旁)きへん"木".

目 mù

①名(生物の分類の)目(もく). ②動〈書〉見る. 見なす. ¶～为奇迹 qíjì / 奇跡と見なす.
◇ ①目. まなこ. ¶双 shuāng～失明 / 両目が失明する. ②カタログ. リスト. 目録. ¶书～ / 図書目録. ¶药～ / 薬剤目録. ③項目. ¶项 xiàng～ / 項目. ‖姓

*【目标】mùbiāo 名 ①(射撃·攻撃·捜査の)**目標**. ¶瞄准 miáozhǔn～ / 目標にねらいをつける. ②(到達しようとする)**目標**. ¶达到 dádào～ / 目標を達成する.
【目不见睫】mù bù jiàn jié〈成〉自分のことや身近なことはかえってわからない.
【目不交睫】mù bù jiāo jié〈成〉一睡もしない.
【目不窥园】mù bù kuī yuán〈成〉わき目もふらず一心不乱に勉強する.
【目不忍睹】mù bù rěn dǔ〈成〉(あまりにも悲惨で)見るに忍びない,見ていることができない. ►"目不忍视 shì"とも.
【目不识丁】mù bù shí dīng〈成〉一つも字を知らない. まったくの無学である.
【目不暇接】mù bù xiá jiē〈成〉見るべきものが多くて,いちいち目を通すことができない. ►"目不暇给"とも.
【目不转睛】mù bù zhuǎn jīng〈成〉目を凝らす. まばたきもせずに見つめる.
【目测】mùcè 動〈軍〉目測する.
【目次】mùcì 名 目次. 目録.
【目瞪口呆】mù dèng kǒu dāi〈成〉呆然とする. あっけにとられるさま.
*【目的】mùdì 名 **目的**. ¶达到 dádào～ / 目的を達成する. ¶～地 / 目的地.
【目睹】mùdǔ 動 目の当たりにする. ¶有幸～了他的风采 fēngcǎi / 幸運なことに彼の風貌を目の当たりにできた.
【目光】mùguāng 名 ①視線. ¶我把～投向 tóuxiàng 他 / 私は視線を彼に向けた. ②眼光. ¶～炯炯 jiǒngjiǒng / 眼光が炯々(けいけい)としている. ③眼力;見識. ¶～远大 yuǎndà〔短浅 duǎnqiǎn〕/ 先見の明がある〔ない〕.
【目光如豆】mù guāng rú dòu〈成〉見識が浅い;目先がきかない.
【目光如炬】mù guāng rú jù〈成〉見識が高い;目先がきく.
【目击】mùjī 動〈書〉目撃する. ¶他当场 dāngchǎng～此事 cǐshì / 彼は現場でそれを目撃した.
【目见】mùjiàn 動〈書〉目で見る. ¶耳闻 ěrwén 不如～ /〈諺〉百聞は一見にしかず.
【目镜】mùjìng 名〈物〉(光学機械の)接眼レンズ. ►"接目镜 jiēmùjìng"とも.
【目空一切】mù kōng yī qiè〈成〉なにものも眼中にない. きわめて傲慢(ごうまん)であること.
【目力】mùlì 名 視力.
【目力表】mùlìbiǎo 名(視力検査に用いる)視力表.
【目录】mùlù 名 ①目録. カタログ. ②目次. ③〈電算〉ディレクトリ.
【目录学】mùlùxué 名 ①書誌学. ②目録学.
【目迷五色】mù mí wǔ sè〈成〉事物が錯綜(さくそう)していてはっきり区別がつかない.
*【目前】mùqián 名 **目下**. **現在**. 当面. いまのとこ

ろ．¶我～还不能给你肯定 kěndìng 的答复 dáfù / いまのところまだあなたに確かな回答はできない．¶到～为止 wéizhǐ / 現在までのところ．

【目送】mùsòng 動 目送する．目で見送る．

【目无法纪】mù wú fǎ jì〈成〉法律を無視する．

【目无全牛】mù wú quán niú〈成〉技術が熟練の域に達している．

【目无余子】mù wú yú zǐ〈成〉他人を眼中に置かない．尊大かつ傲慢である．

【目下】mùxià 名 目下．さしあたり．

【目眩】mùxuàn 動 目がくらむ．まぶしい．

【目中无人】mù zhōng wú rén〈成〉眼中人なきがごとし．尊大で傲慢(ごう)なさま．

仫 mù "仫佬族 Mùlǎozú"⬇という語に用いる．

【仫佬族】Mùlǎozú 名(中国の少数民族)ムーラオ(Mulam)族．►タイ系民族の一つ．

沐 mù ◇◆ ①髪を洗う．¶→～浴 yù．②被る．受ける．¶→～恩 ēn．‖姓

【沐恩】mù'ēn 動〈書〉恩恵を被る．

【沐猴而冠】mù hóu ér guàn〈成〉冠をかぶったサル．見かけ倒しの人．

【沐浴】mùyù 動 1〈書〉入浴する．沐浴(もく)する．2(恩恵を)受ける．3(ある環境に)ひたる．

【沐浴露】mùyùlù 名 ボディーソープ．

苜 mù "苜蓿 mùxu"⬇という語に用いる．

【苜蓿】mùxu 名〈植〉1 ムラサキウマゴヤシ．2 ウマゴヤシ．

牧 mù ◇◆ 放牧する．¶～羊 yáng / 羊を放牧する．‖姓

【牧草】mùcǎo 名 牧草．

【牧场】mùchǎng 名 1 **牧場**．2 牧畜業を行う企業･機関．

【牧地】mùdì 名 牧場．

【牧放】mùfàng 動 放牧する．

【牧歌】mùgē 名 1 牧歌．2〈音〉マドリガル．

【牧工】mùgōng 名 牧場に雇われる労働者．

【牧民】mùmín 名 牧畜民．

【牧区】mùqū 名 1 放牧する場所．2 畜産地区．

【牧人】mùrén 名 牧人．牧畜をする人．

【牧师】mùshi 名〈宗〉牧師．

【牧童】mùtóng 名 牧童．

【牧畜】mùxù 名 牧畜．

【牧业】mùyè 名〈略〉牧畜業．畜産業．►"畜牧业 xùmùyè"の略．

【牧主】mùzhǔ 名 牧場主．

钼 mù 名〈化〉モリブデン．Mo．

【钼钢】mùgāng 名〈冶〉モリブデン鋼．

募 mù ◇◆(財物や兵士などを)募る．¶～款 kuǎn / 募金．

【募兵制】mùbīngzhì 名 募兵制度；傭兵制．

【募化】mùhuà 動(僧侶･道士などが)布施を募る．勧進する．

【募集】mùjí 動 募集する．募る．¶～捐款 juānkuǎn / 寄付金を募る．

【募捐】mù//juān 動 義援金を募る．カンパ〔寄付〕を募る．¶～赈灾 zhènzāi / 義援金を募り罹災者を救済する．

***墓** mù 名 **墓**．㊖ 座．¶那是一座烈士 lièshì～ / あれは烈士の墓です．‖姓

【墓碑】mùbēi 名 墓碑．墓石．

【墓道】mùdào 名 墓に通じる道；墓室に通じる道．

【墓地】mùdì 名 墓地．墓場．

【墓室】mùshì 名 墓室．墓の中の棺を安置する所．

【墓葬】mùzàng 名〈考古〉墓．古墳．

幕 mù 1 名(芝居や映画の)**幕**，**緞帳**(どんちょう)，**スクリーン**．¶～已拉开 / 幕はもう開いている．¶～上出现了大草原的风景 fēngjǐng / スクリーンに大草原の景色が映った．2 量(芝居の)**一段落**，**一幕**．¶第二～第一景 jǐng / 第2幕第1場．¶一～戏 xì / 一幕の劇．
◇◆ ①上からかぶさる布など．¶帐 zhàng～ / テント．天幕．②昔，将軍が政務を執った所．¶→～僚 liáo．‖姓

【幕布】mùbù 名 舞台の幕．緞帳(どんちょう)．

【幕后】mùhòu 名〈貶〉幕の後ろ．楽屋裏．¶～策动 cèdòng / 裏で画策する．¶～交易 jiāoyì / 裏取引．

【幕僚】mùliáo 名〈古〉将軍の参謀；(広く)指令官を補佐する役人．

睦 mù ◇◆ 仲むつまじい．¶敦 dūn～ / 親密にする．¶婆媳 póxí 不～ / 姑(しゅうとめ)と嫁の仲がしっくりいかない．‖姓

【睦邻】mùlín 動〈書〉隣人や隣国と仲よくする．¶～政策 zhèngcè / 善隣政策．

慕 mù ◇◆ ①うらやむ．¶羡 xiàn～ / うらやましく思う．②慕う．¶景 jǐng～ / 敬慕．‖姓

【慕名】mù//míng 動 名を慕う．¶～而 ér 来 / 名を慕って会いに来る．

【慕容】Mùróng ‖姓

暮 mù ◇◆ ①(日が)暮れる．¶日～ / 日が暮れる．②夕方．¶→～色 sè．③暮れ．¶→～秋 qiū．‖姓

【暮霭】mù'ǎi 名〈書〉夕もや．

【暮春】mùchūn 名 晩春．旧暦の3月．

【暮鼓晨钟】mù gǔ chén zhōng〈成〉1 人を迷いから目覚めさせる警鐘の言葉．2 僧尼の寂しい生活のさま．

【暮年】mùnián 名〈書〉晩年．

【暮气】mùqì 名(↔朝气 zhāoqì)無気力な様子．活気がなく進取の精神に欠ける傾向．¶～沉沉 chénchén / 活力がなく積極性に欠けている．

【暮秋】mùqiū 名 晩秋．旧暦9月．

【暮色】mùsè 名 夕やみ．夕景色．

【暮岁】mùsuì 名 1 年末．2 晩年．

穆 mù ◇◆ 恭しい．温和である．¶静 jìng～ / 静かで穏やかである．¶肃 sù～ / 慎み深く恭しい．‖姓

【穆罕默德】Mùhǎnmòdé 名〈宗〉ムハンマド．マホメット．

【穆民】mùmín 名〈宗〉イスラム教徒．

【穆斯林】mùsīlín 名〈宗〉ムスリム．イスラム教徒．

N

n (ㄋ)

2声 **嗯**(唔) **ń** 〖嗯 ńg〗に同じ.

3声 **嗯**(呒) **ň** 〖嗯 ňg〗に同じ.

4声 **嗯**(叽) **ǹ** 〖嗯 ǹg〗に同じ.

na (ㄋㄚ)

2声 ** **拿**(拏) **ná** ❶ 動 ①(手を伸ばし)つかむ,取る. ¶自己~,别客气 kèqi / 自分で取ってください,遠慮なく.
②(手に)**持つ**. ¶她手里~着一朵 duǒ 花 / 彼女は手に1本の花を持っている.
③(手などに持ち)運ぶ. ¶他把那些书都~走了 / 彼はあれらの本を全部持っていってしまった.
④ 受け取る. 得る. ¶~奖金 jiǎngjīn / ボーナスをもらう. ¶~一等奖 / 1等賞を得る.
⑤ **捕まえる**;攻め落とす. ¶~下敌人 dírén 的据点 jùdiǎn / 敵の拠点を攻め落とす.
⑥(人の弱みに)付け込む. 困らせる. ¶他总 zǒng 爱~人 / 彼はとかく人の弱みに付け込む.
⑦ 掌握する;(考え・方法などを)しっかり持つ,はっきり決める. ¶这个部门 bùmén 你~得住 dezhù 吗? / この部門を君は管理していけるか.
⑧(病気が人を)弱らせる;(化学作用や虫食いで物を)損ねる. ¶他叫病~得浑身 húnshēn 没劲儿 jìnr / 彼は病気で力がすっかり抜けてしまった. ¶叶子被虫子~黄了 / 葉が虫に食われて枯れた.
❷ 前 ①(道具・材料・方法などを目的語にとって)…**を用いて**. …で. ¶~毛笔写字 / 筆で字を書く.
②(動作の対象を目的語にとって)…を. ►後にくる動作を表す語(句)は"当(作)、没办法、怎么样、开心、开玩笑"など少数のものに限る. ¶不要~人开心 / 人をからかってはいけない.
③(「"拿"+名詞+"来 / 去"+動詞」で)…について. …の点から. ►動詞は"说、讲、看、比(较)、衡量 héngliang、观察 guānchá、检验 jiǎnyàn"などに限る. ¶~物价 wùjià 来说,今年有所下降 xiàjiàng / 物価からいえば,今年はいくらか下がった.

【拿办】nábàn 動 犯罪者を捕まえて処罰する.
【拿不出去】nábuchū//qù 動+可補 ①(外へ)持ち出せない. ②(恥ずかしくて)人前に出せない.
【拿不出手】nábuchū shǒu〈慣〉(体裁が悪くて)人前に出せない.
【拿不动】nábudòng 動+可補 (重くて)持てない.
【拿不惯】nábuguàn 動+可補 持ち慣れない. 取り慣れない.
【拿不了】nábuliǎo 動+可補 取り尽くせない. (重くて,または多くて)持てない,持ち上げられない.
【拿不起】nábuqǐ 動+可補 (金額が多すぎて)負担できない,払えない.
【拿不起来】nábuqǐ//lái 動+可補 ① 重くて持ち上げられない. ② 任に耐えない. 手におえない.
【拿不完】nábuwán 動+可補 (多くて)持ちきれない,取りきれない.
【拿不住】nábuzhù 動+可補 ① **しっかりと持っていられない**. ¶太重 zhòng,我可要~了 / 重いよ,もう手から落ちそうだ. ② 金をためることができない. ¶他这个人大手大脚,~钱 / 彼は金遣いが荒くて,なかなかお金をためることができない. ③ 押さえがきかない. にらみがきかない. ¶他~老婆 lǎopo / 彼は自分の女房ににらみがきかない. ④ つかみどころがない. 理解に苦しむ. ¶他的性格有点儿怪 guài,谁也~他 / 彼は一風変わったところがあって,なかなかつかみどころのない人だ.
【拿不准】nábuzhǔn 動+可補 ① 正確に予想できない. 正確な見通しがつかない. ② 決定することができない. 決心がつかない.
【拿大顶】ná dàdǐng →【拿顶】ná//dǐng
【拿大轿子抬】ná dàjiàozi tái〈慣〉おだてる. 持ち上げる.
【拿大头】ná dàtóu〈慣〉いい鴨にする.
【拿到】ná//dào 動+結補 **手に入る. 手に入れる.**
【拿得出去】nádechū//qù 動+可補 ①(外へ)持ち出すことができる. ② どこへでも出せる.
【拿得了】nádeliǎo 動+可補 持てる.
【拿得起】nádeqǐ 動+可補 (金などを)負担できる,支払うことができる.
【拿得起来】nádeqǐ//lái 動+可補 ① 持ち上げることができる. ②(仕事などを)担当することができる.
【拿得住】nádezhù 動+可補 ① しっかりとつかんでおける. ② にらみがきく. 押さえがきく.
【拿得准】nádezhǔn 動+可補 ① 正確に見通すことができる. 正確に予見できる. ② 決定することができる. 決心がつく.
【拿顶】ná//dǐng 動〈口〉逆立ちする.
【拿东补西】ná dōng bǔ xī〈成〉〈貶〉一方のものを持ってきて他方の用に当てる. やりくりする.
【拿东忘西】ná dōng wàng xī〈成〉一方に気を取られて他方を忘れる. 忘れっぽい.
【拿获】náhuò 動(犯罪者を)逮捕する.
【拿架子】ná jiàzi〈慣〉もったいぶる. いばる.
【拿劲儿】ná//jìnr 動〈口〉もったいぶる;虚勢を張る. ¶说话~ / もったいをつけて言う.
【拿开】ná//kāi 動+結補 取りのける. わきへ寄せる.
【拿来】ná//lái 動+方補 **持って来る.** ► nálai とも発音する. ¶把那本书~,好吗? / あの本を持って来てくれませんか. ¶拿开水来 / お湯を持って来い.
【拿跑】ná//pǎo 動+結補 無断で持っていく. さらっていく.
【拿破仑】Nápòlún 名〈人名〉ナポレオン.

【拿腔拿调】ná qiāng ná diào 〈成〉気取った話しぶり．もったいぶった言い方．

【拿腔作势】ná qiāng zuò shì 〈成〉もったいつける．ものものしく見せる．►“装 zhuāng 腔作势”“拿班 bān 作势”“拿板 bǎn 弄 nòng 势”とも．

【拿权】ná//quán 動 権力を(一手に)握る．

【拿人】ná//rén 動〈方〉①人を困らせる；人の弱みに付け込む．②(人を)引きつける．

【拿上】ná//shàng 動+方補 手に入れる．

【拿事】ná//shì 動(～儿)責任をもって事に当たる；仕事をさばく．

【拿手】náshǒu ①形 得意である．おはこである．¶这活儿他很～/この仕事は彼がとても得意だ．¶～菜/得意料理．¶～(好)戏/(芝居の)得意な演目；おはこ．②名(成功に対する)確信，自信．

【拿问】náwèn 動 逮捕して取り調べる．

【拿下】ná//xià 動+方補 ①取り下ろす．②奪う．占領する．

【拿下马来】ná xià mǎ lái 〈成〉①降服させる．②屈服させる．かぶとを脱がせる．

【拿印把儿】ná yìnbàr 〈慣〉公印を握る；決定権をもつ．►“拿印把子 yìnbàzi”とも．

【拿着鸡毛当令箭】názhe jīmáo dàng lìngjiàn 〈諺〉些細な事を大げさにする；偉がって大げさにふるまう．

【拿着劲】názhe jìn 〈慣〉(～儿)①力が入りすぎる．②→【拿劲儿】ná//jìnr

【拿主意】ná zhǔyi 心を決める；方法や対策を決める．¶拿不定主意/心を決めかねている．

【拿住】ná//zhù 動+結補 ①**捕らえる**．捕まえる．②**しっかりと持つ**．¶～！别丢 diū 了/なくさないように，ちゃんと持ってろ．

【拿准】ná//zhǔn 動+結補(ころあいや程度などを)正確に見計らう．

****哪(那) nǎ** ❶疑《量詞・数量詞あるいは量詞のいらない名詞の前に用い，聞き手に同類の事物のいずれであるかを問う》**どの；どちら(の)；どれか(の)；どんな**．注意 数詞が“一”の場合はよく省略される．また，話し言葉ではよく“哪一 nǎyī”が縮まって něi, nǎi と発音する．¶您要找 zhǎo ～(一)本书啊？/どの本をお探しですか．¶陈 Chén 先生～(一)天走？—明天走/陳さんはいつご出発ですか—明日です．[単独で用いることもできる．この場合は něi, nǎi とは発音しない]¶～是你家？/どれが君の家ですか．

語法 ❶不特定のものをさす．¶～天有空儿请过来吧/いつか暇があれば来てくださいね．❷任意の一つを指示する．多く後の“都，也”などと呼応したり，あるいは前後二つの“哪”を用いて呼応させる．¶～种颜色都合适 héshì/どの色もみな合う．¶你喜欢吃～个就吃～个吧/どれでもいいから好きなのを食べなさい．

❷副《反語になり，反駁を表す》**どうして…だろうか**．注意“哪里 nǎli”“哪儿 nǎr”に同じ．něi, nǎi とは発音しない．¶这样的要求 yāoqiú，他～会答应 dāying？/このような要求を彼は承諾するものか．

参考 もともと“那”と“哪”は書き分けられていなかったものなので，古い文献のみならず，今でもすべて“那”で書き表す書き手もいる．そのような場合，個々について文脈からいずれかを判断して読み分けなければならない．

►► na

【哪边】nǎbiān 疑(～儿)どこ．どのあたり．►něibiān とも発音する．¶请问，～是车站 chēzhàn？/すみません，駅はどちらですか．

【哪个】nǎge 疑 ①どれ．どの**．¶你们是～公司的？/君たちはどこの会社の者ですか．②だれ．どなた．¶～是小王？/どの人が王さんですか．►①②とも něige とも発音する．

【哪会】nǎhuì 〈型〉どうしてあり得よう．¶这事儿 shìr 他～不知道 bùzhīdào 呢？/この事を彼が知らないはずがない．

【哪会儿】nǎhuìr 疑〈口〉①《過去あるいは将来の時間を尋ねる》いつ．②《広く，任意の時間をさす》いつでも．►“哪会子”とも．

**【哪里】nǎli ❶疑 ►声調変化し，実際には náli と発音する．

①**どこ(の)．どちら(の)**．¶医院在～？/病院はどこ．¶小张，你刚才到～去了？/張くん，どこへ行ってたの．¶你是从～来的？/あなたはどこから来たのですか．

②《不特定の場所をさす》**どこか**．¶我好像在～见过您/どこかでお目にかかったような気がします．

③《任意の場所をさす》**どこでも**．どこにも．►多く後の“都 dōu，也 yě”などと呼応し，さらに前に“无论 wúlùn，不论，不管 bùguǎn”などを置くこともできる．また，前後二つの“哪里”を呼応させ，条件関係を表すこともある．¶今天我～也不想去/今日はどこへも行きたくない．¶一到星期天，～都是人/日曜日になると，どこも人でいっぱいだ．¶～有工作，我就到～去/どこであれ仕事があれば，わたしは必ずそこへ行く．

④《反語に用い，反駁を表す》…であるものか．どうして…であり得ようか．¶他～是英国人，明明是美国人/彼はどうしてイギリス人なものか，明らかにアメリカ人だよ．¶我～知道他会生气呢？/ぼくがどうして彼が怒っているのを知ってるものか．

❷〈套〉どういたしまして．いやいや，とんでもない．►多く重ねて用いる．¶你的字写得真帅 shuài —～～！/あなたの字はとても上手ですね—とんでもない．¶让您受累 shòulèi 了—～～！/ご苦労さまでした—いやいや(どういたしまして)．

【哪里的话】nǎli de huà ①そんなことがあるものか．¶你这是～！/何をおっしゃいますか．②〈套〉**いやいや．どういたしまして**．¶～！还差 chà 得远 yuǎn 呢/いえいえ，足元にも及びませんよ．

【哪么】nǎme 疑〈方〉①どんなふうに．②どれほど．

【哪门子】nǎ ménzi 疑〈口〉《反語の口調で理由がないことを表す》どうして．…するやつがあるか．►“哪家子 jiāzi”とも．また něiménzi とも発音する．¶怎么回事？你哭 kū ～？/どうしたというんだ，わけもないのに泣くやつがあるか．

【哪能】nǎnéng 〈型〉**どうして…できよう**．とてもできない．¶这件事～告诉 gàosu 他呢？/このことをどうして彼に告げられようか．

*【哪怕】nǎpà 接続 **たとえ…としても〔…であっても〕**．

語法 〖哪怕…，也〔都，还〕〗*nǎpà*…，*yě*〔*dōu*，*hái*〕… 先行または後続する文の冒頭に用いる．仮定と譲歩を表す．“即使 jíshǐ”と用法はほぼ同じだが，“哪怕”は話し言葉に用いる．¶～熬夜 áoyè，也要把作业 zuòyè 做完/たとえ徹夜してでも，宿題をや

N

り終えなければならない. ¶～是很小的问题,他都不轻易 qīngyì 放过 / たとえ小さな問題でも,彼はほったらかしにはしておかない.

【哪儿】nǎr 疑〈口〉①**どこ;どこでも.どこにも.** ►疑問と任意指示の二つの用法がある. ¶他在～住〔住在～〕? / 彼はどこに住んでいるのですか. ¶你上～去? / どちらへいらっしゃいますか. ¶～都找不到他 / どこにも彼の姿は見つからない. ¶～有水,～就有生命 shēngmìng / 水があるところには必ず生命が存在する. ②《反語に用いる》**どうして.なんで.** ¶～有这种 zhǒng 道理呢? / どうしてそんな理屈があるのか.

【哪儿的话】nǎr de huà 〈套〉どういたしまして.

【哪是】nǎ shì 〈型〉…ではない. ¶这话～他说的,是我说的 / それは彼が言ったことではなく,私が言ったことだ.

【哪天】nǎtiān 疑 いつ(の日);いつ(の日)か. ►疑問と任意指示の二つの用法がある. něitiān とも発音する. ¶～开运动会 yùndònghuì? / いつ運動会が行われますか. ¶～有工夫想和你谈 tán 谈 / いつか時間があったら君と話したい.

【哪些】nǎxiē 疑 **どれら.どの.** 注意"哪一些 nǎyīxiē"と同じで"哪"の複数を表す. 量詞はいらない. něixiē とも発音する. ¶～是你的? / どれとどれがあなたのですか. ¶你到过～地方? / あなたはどんなところに行ったことがありますか. ¶你喜欢 xǐhuan 吃～东西? / どんな食べ物が好きですか. ¶～同学tóngxué 没交本子 běnzi? / ノートを提出してないのはだれとだれですか.

N

【哪样】nǎyàng 疑(～儿)(性質・状態などを尋ね)どんな,どのような;(任意の性質・状態をさし)どんな…でも. どんなのでも. ► něiyàng とも発音する. ¶您想买～儿的? / どのようなものをお求めですか. ¶这儿的货 huò 很齐全 qíquán,你要～有～ / ここでは品物がそろっており,お求めのものはどんなものでもあります.

【哪有】nǎ yǒu 〈型〉**どこに…があろうか.** …などあり得ない. ►"哪儿有 nǎr yǒu"ともいう. ¶有病～不吃药 yào 的! / 病気だというのに,薬を飲まないやつがあるか.

【哪知道】nǎ zhīdào 〈型〉①なんとまあ. どうしたわけか. ¶～,新的公司 gōngsī 比以前的公司还忙 / なんとまあ,新しい会社の方が前の会社よりもっと忙しい. ②知るはずもない. ►"哪儿 nǎr 知道"ともいう. ¶我～她来不来 / 彼女が来るかどうか知るもんか.

4声 **那 nà** ❶代 ①《比較的遠くの人や事物をさす》**あれ.それ.あの.その;**あの人.その人. 注意 単用する場合と,量詞あるいは数量詞などを後に伴う場合がある. ふつう単独では目的語になれない. 目的語としては"那个""那些"などが用いられる. ¶～是故宫博物院 / あれは故宫博物館だ. ¶～是谁? / あの人はだれですか. ¶～孩子 / あの子. ¶～棵 kē 树 / あの木. ¶～两个人 / あの二人. ¶对不起,～是我不对 / すみません,あれは私のミスです.
②《"这"と対にして用い人や事物が多いことをいう》►特定の人や事物をささない. ¶看看这,看看～,好像 hǎoxiàng 对什么都很感兴趣 xìngqù / これを見たり,あれを見たりして,何に対しても関心を持っているようだ.
③あれら. ►複数を表す. "那些"に同じ. ¶～是我的几个学生 / あの人たちは私の学生たちです. 注意 話し言葉ではしばしば nèi と発音する.
❷接続(=那么 nàme)**それでは.** じゃあ. …なら. ¶～你就好好儿干 gàn 吧! / それじゃしっかりやりなさい. ¶你想要,～就给你吧 / 欲しいなら君にあげよう.
注意"那"の使用頻度は"这"よりもずっと低く,日本語の「あれ〔あの〕」「それ〔その〕」や英語の that, it に対応すると短絡してはならない.
⇒〖哪 nǎ〗

【那边】nàbiān 代(～儿)**そこ.そちら;あそこ.あちら.** ¶河～有一个小村子 / 川の向こう側には小さな村がある. 注意"这边"(ここ)に対するいい方. 中・遠距離どちらもさせる. nèibiān, nàbian とも発音する.

【那程子】nàchéngzi 代〈方〉あの時分;そのころ.

【那达慕】Nàdámù 名 ナダム. 内モンゴルの牧畜地区における年1回の宗教的・経済的な祭り.

【那当儿】nàdāngr 代〈方〉そのとき. その際.

【那点儿】nàdiǎnr 代 ①**それっぽっちの.** それしきの. ¶～事没什么了不起 liǎobuqǐ 的 / それっぽっちのことはたいしたことない. ¶～太少 shǎo 了 / たったそれだけでは少なすぎる. ②〈口〉あそこ. そこ.

【那个】nàge 代 ①《やや遠い人や事物をさす》**あれ.あの.それ.その.** あのもの. ¶我要～ / 私はあれが欲しい. ¶～人是从日本来的 / あの人は日本から来ました. ¶～大钟 dàzhōng 已经停了 / あの大時計は止まってしまった. [「"那个"+名詞」の形を他の語句のあとに置き同格に立てる]¶烟 yān～东西可不是好东西 / たばこという物はいい物じゃない. [情況や原因などをさす]¶就因为～,我才反对 fǎnduì / まさにその事のために,私は反対しているのだ.
②(話し言葉で動詞・形容詞の前に用い)**あんなに.** ►誇張を表す. ¶雪 xuě～白啊! / 雪のまっ白いことといったら.
③《"这个"と併用し,**人や事物が多いこと**を表す》¶她这个～说个没完 / 彼女はあれやこれやしゃべりまくる.
④《あからさまに言いたくないときに,形容詞の代わりに述語として用いる》**(ちょっと)あれだ,**なんだ,どうかと思う. ¶你说话太～了 / 君の話し方はちょっとどうかと思うよ.
注意 nèige とも発音する.

【那会儿】nàhuìr 代〈口〉あの時. その際. ►特定の時をさす. "那会子 nàhuìzi"とも. また, nèihuìr, nàhuǐr とも発音する. ¶～我还小,不懂事 / あのころ私は子供で,まだ物もわからなかった. ¶明年找得到工作,～我一定设宴 shèyàn 招待 zhāodài 你们 / 来年就職先が見つかったら,きっと君たちのために一席設けるよ. ¶晚饭～ / 夕飯の時〔ころ〕.

【那就】nà jiù 〈型〉…なら. それなら. ¶既然你不想去,～别去了 / 行きたくないのなら,やめておきなさい.

【那里】nàli 代 ①《比較的遠いところをさす》**あそこ.そこ.あちら.そちら.** ¶学校在～ / 学校はあそこにある. ¶这里是工厂 gōngchǎng,～是公园 gōngyuán / ここは工場で,そこは公園だ. ¶我曾 céng 去过～ / そこへ行ったことがある.
②《人称代詞や名詞の直後に用い,それらを話し手から離れた特定の場所を表す語に変える》**…のところ.**

¶你们～下雪吗？/ あなたの所は雪が降りますか．¶角落 jiǎoluò ～有一台电视 diànshì / すみの所にテレビがある．⇨【那儿】nàr

【那么】nàme ❶ 代 ①《方法・方式をさす》**あんなふうに．**そんなふうに．¶你别～说，都是我不好 / そんなふうに言うなよ，みんなおれが悪いんだ．¶我只吃过～一、两次 / 私はせいぜい１，２回食べただけだ．[「"那么"＋"一"＋動詞」で]¶只不过～一说而已 éryǐ / ただそんなふうに話しただけです．
②《程度を表す》**…のように．**…ほど(に)；**あんなに．**そんなに．¶这花并 bìng 不～好看 / この花はそれほどきれいじゃない．¶她～喜欢画画儿 / 彼女はあんなに絵が好きだ．語法 ❶語調を強めたり，感嘆を表したりするだけで，「…のように」の意味を表さない場合がある．¶这雨下得～大！/ この雨はなんと激しいんだろう．[否定形は"不"を用いる]¶不～酸 suān / そんなに酸っぱくない．❷"有""像""没(有)"で作る比較の表現に用いることがある．¶这种苹果 píngguǒ 有糖 táng ～甜 tián / このリンゴは砂糖のように甘い．¶新加坡 Xīnjiāpō 没有上海～闷热 mēnrè / シンガポールは上海ほど蒸し暑くない．
③《概数の前に用い見積もりを表す》¶公司只有～两个人 / 会社にはほとんど数人しかいない．
④《動作または方法をさす》そうする．ああする．►"那么着"の形で用いることが多い．¶好，就～着 zhāo 吧！/ よろしい，そうしよう．⇨【那么着】nàmezhe
❷ 接続《結果や判断を表す文の冒頭に用いる》**…ならば．それでは．**¶既然 jìrán 接受了这个任务，～就得 děi 努力 nǔlì 完成 / この任務を引き受けたからには，努力してやり遂げねばならない．

【那么点儿】nàmediǎnr 代(少ないことや小さいことをさして)**それっぽっちの**，あんなちっぽけな；(わずかに)それだけ．►名詞を修飾するときは"的"を伴わなくてもよい．¶～钱，你别太抠 kōu 了 / それっぽっちのお金，けちけちするな．¶只剩 shèng ～饭了 / ご飯がほんのちょっとになってしまった．¶～(的)汽车能坐下几个人？/ そんな小さな車に何人乗れるのか．

【那么些】nàme xiē 代(普通，多いことを強調して)**あれほどたくさんの**，あれだけのもの．¶～人排队 páiduì，算了吧！/ あんなにたくさんの人が並んでいる，あきらめよう．¶冰箱 bīngxiāng 里还有～呢，不用去买 / 冷蔵庫にまだあれだけあるんだ，買いに行くことはない．[少ないことを強調することもある]¶我只有～了，都送 sòng 你吧 / もうそれだけしかない，全部差し上げましょう．

【那么样】nàmeyàng 代 あのような〔に〕．そういうふうに〔な〕．¶别～！/ そんなふうにしないで．

【那么着】nàmezhe 代 **そう〔ああ〕いうふうにする；**それならば．¶～好不好？/ あんなふうではどう．¶别哭 kū．～，我可生气了 / 泣くな．泣くと怒るよ．

【那儿】nàr 代 ①**あそこ．そこ．**¶我没去过～/ あそこに行ったことはない．②(“打 dǎ、从、由 yóu”の後に用い)**あの時．その時．**¶从～起，他就每天坚持 jiānchí 学习中文 / あの時から，彼は毎日中国語の勉強を続けている．
比較 那儿：那里 nàli ❶"那儿"は話し言葉で連用修飾語として動詞の前に単独で用いられる．¶我们那儿坐吧 / 私たちそこに座りましょう．❷"打、从、由"の後，"起、开始"の前に置き，起点を表すには一般に"那儿"を用いる．¶从那儿起，往 wǎng 东走十分钟就是火车站 huǒchēzhàn / そこから東へ10分ばかり行くと駅です．

【那是】nàshi 〈套〉それは．それはそうだ．¶～！你不干 gàn 谁干 / それはそうだよ，君がやらなきゃ誰がやる．¶～他命 mìng 大，要不早完了 wánle / それは彼の運がよかったからだ．そうでなけりゃ，とっくにおじゃんになっていたよ．

【那天】nà tiān 代 **その日．あの日．**►nèitiān とも発音する．

【那些】nàxiē 代(やや遠い複数の人や事物をさして)**あれら(の)**，それら(の)．►"那些个"とも．¶～人在干 gàn 什么？/ あの人たちは何をしていますか．¶事情早过去了，别再提 tí ～了 / とっくに過ぎ去ったことなんだから，もうあれこれ言うなよ．

【那样】nàyàng 代(～儿)(性状・程度・方式などをさして)**あのような〔に〕**，そのような〔に〕，そう〔ああ〕いうふうにする．►nèiyàng とも発音する．また名詞の前に数量詞があるときは"的"を省くことができる．¶～的机会可不多 / あんな機会はそう多くない．¶有～一套 tào 房子 fángzi 就好了 / あんな家がひと棟あればいいのに．¶像他～做 / 彼のようにやる．¶当然应该 yīnggāi ～/ 当然ああいうふうにすべきだ．

【那阵儿】nàzhènr 代 あの〔その〕とき．あの〔その〕ころ．►"那阵子"とも．¶明年毕业 bìyè ～，我可能还在北京 / 来年の卒業のころ，私はまだ北京にいるだろう．

呐 nà

"呐喊 nàhǎn"⇩という語などに用いる．⇨〖哪 na〗〖呢 ne〗

【呐喊】nàhǎn 動(助勢・応援のために)喚声をあげる，声をあげて叫ぶ，ときの声をあげる．¶摇旗 yáo qí ～/(攻撃の時に)旗を振ってときの声をあげる；〈喩〉人のちょうちん持ちをする．そばから応援する．

纳 nà

動(縫い方の一種)刺子(さし)に縫う．¶～鞋底子 /(布靴の)靴底を刺子縫いにする．
◇◆ ①(税金などを)納める．¶→～税 shuì．②中に入れる．¶容～/ 収容する．③受け入れる．¶采 cǎi ～/ 採用する．④享受する．¶～福 / 裕福に暮らす．⑤取り込む．¶→～入 rù．‖姓

【纳彩】nà//cǎi 動〈旧〉(男性側から女性側に)結納の品を贈る．

【纳粹】Nàcuì 名 ナチス．¶～主义 / ナチズム．

【纳罕】nàhǎn 動 怪しむ．いぶかる．

【纳贿】nàhuì 動 ①賄賂を受ける．②賄賂を贈る．

【纳捐】nà//juān 動 納税する．税金を納める．

【纳凉】nà//liáng 動 涼む．涼をとる．

【纳闷儿】nà//mènr 動〈口〉合点がいかない．腑に落ちない．

【纳米】nàmǐ 量(長さの単位)ナノメートル．

【纳米比亚】Nàmǐbǐyà 名〈地名〉ナミビア．

【纳米技术】nàmǐ jìshù 名 ナノテクノロジー．

【纳米科学】nàmǐ kēxué 名 ナノサイエンス．

【纳妾】nà//qiè 動〈旧〉妾(めかけ)を持つ．

【纳入】nàrù 動(多く抽象的な事柄について)中に入れる．¶～计划 jìhuà / 計画に取り入れる．

【纳税】nà//shuì 動 納税する．

【纳西族】Nàxīzú 名(中国の少数民族)ナシ(Naxi)族．►チベット系民族の一つ．雲南省などに住む．

【纳降】nàxiáng 動 投降を受け入れる．

N

钠 **nà** 名〈化〉ナトリウム．Na．¶～碱 jiǎn / ソーダ．¶～盐 yán / ナトリウム塩．

【钠玻璃】nàbōli 名 ソーダガラス．

衲 **nà** ◇①(衣服の破れに)つぎを当てる．¶百～衣 / つぎはぎだらけの服．僧衣．¶百～本 / 種々の版本をつぎはぎして刊行した全集本．②僧衣；僧の自称．¶老～ / 拙僧．

娜 **nà** 人名に用いる．‖姓 ▶▶ nuó

捺 **nà** ❶動 ① 手で強く押さえる．¶～手印 shǒuyìn / 指紋を押す．② こらえる．我慢する．¶～着性子 xìngzi / 怒りを抑えて．❷名(～儿)(漢字の筆画の一つ)右払い．"永"の最後の1画のようなはね．

軽声 * **哪**(呐) **na** 助 "啊 a"に同じ．►"啊"が前の字の韻母の尾音nと融合して起こる音便naの表記に用いる．¶谢谢您～ / ありがとうございました．¶加油 jiāyóu 干 gàn ～ / がんばりましょう．⇒〖啊 a〗〖呐 nà〗〖呢 ne〗 ▶▶ nǎ

nai (ㄋㄞ)

3声 **乃**(迺) **nǎi** ❶副〈書〉①…は…である．② そこで．③…してはじめて．❷代〈古〉なんじ(の)．

【乃是】nǎishì 副〈書〉(ほかでもなく)…は…である．

【乃至(于)】nǎizhì(yú) 接続 ひいては．さらに．

奶(嬭) **nǎi** ❶名 ① 乳．ミルク．¶羊 yáng ～ / ヒツジの乳．¶给孩子喂 wèi ～ / 子供に乳を飲ませる．② 乳房．❷動 乳房を含ませる．◆～孩子 *hǎizi* / 子供に乳を飲ませる．

【奶茶】nǎichá 名 ①(モンゴル族の)ミルク茶．②〈略〉ミルクティー．

【奶疮】nǎichuāng 名 乳腺炎．

【奶豆腐】nǎidòufu 名 ①(モンゴル族の食べ物の一つ)ミルク豆腐．② 寒天にミルクを流し込んで作る，プリンに似たデザートの一種．

【奶粉】nǎifěn 名 粉ミルク．¶用开水冲 chōng ～ / お湯で粉ミルクをとく．

【奶糕】nǎigāo 名 母乳の代用品．►しん粉や砂糖から作った粉の塊で,湯にといて乳児に飲ませる．

【奶酒】nǎijiǔ 名 クミス．馬乳酒．ミルク酒．►"奶子酒 nǎizijiǔ"とも．

【奶酪】nǎilào 名 ① ヨーグルトの一種．② チーズ．►台湾では"乳酪 rǔlào"という．

【奶妈】nǎimā 名(～子)乳母．►"奶母 nǎimǔ"とも．¶雇 gù ～ / 乳母を雇う．

【奶毛】nǎimáo 名(～儿)産毛．

【奶名】nǎimíng 名 幼名．

**【奶奶】nǎinai 名 ①〈口〉父方の祖母．おばあさん．►呼びかけにも用いる．②〈口〉おばあさん．年取った女性．►呼びかけにも用いる．③〈方〉若奥様．

【奶娘】nǎiniáng 名〈方〉乳母．

【奶牛】nǎiniú 名 乳牛．量 头．

【奶皮】nǎipí 名(～儿)ミルクを沸かしたときに表面にできる薄い膜．

【奶品】nǎipǐn 名 乳製品．

【奶瓶】nǎipíng 名 哺乳瓶；ミルク瓶．¶烫 tàng ～ / ミルク瓶を温める．

【奶声奶气】nǎi shēng nǎi qì〈成〉しゃべり方が甘え声で子供っぽいさま．

【奶水】nǎishuǐ 名〈口〉乳．乳汁．

【奶糖】nǎitáng 名 キャラメル．タフィー．

【奶头】nǎitóu 名(～儿) ①〈口〉乳首．②(哺乳瓶の)ゴム製の乳首．

【奶头】nǎitou 名〈方〉乳房．

【奶牙】nǎiyá 名 乳歯．¶～未 wèi 退 tuì / くちばしの黄色い(若者)．

【奶羊】nǎiyáng 名 乳用種の羊．

【奶油】nǎiyóu 名 ① バター．②(食用の)クリーム．¶～蛋糕 dàngāo / 生クリームのショートケーキ．

【奶油色】nǎiyóusè 名 クリーム色．

【奶油小生】nǎiyóu xiǎoshēng 名〈俗〉二枚目．やさ男．

【奶罩】nǎizhào 名(＝乳罩 rǔzhào)ブラジャー．

【奶汁】nǎizhī 名(～儿)母乳．

【奶猪】nǎizhū 名 生後間もない豚．

【奶子】nǎizi 名 ①〈口〉(食用にする動物の)乳の総称．②〈方〉乳房．③〈方〉乳母．

【奶子酒】nǎizijiǔ →【奶酒】nǎijiǔ

【奶嘴】nǎizuǐ 名(～儿)(哺乳瓶の)ゴム製の乳首．

氖 **nǎi** 名〈化〉ネオン．Ne．►"氖气 nǎiqì"とも．

【氖气】nǎiqì 名 ネオン．ネオンガス．

4声 **奈** **nài** ◇いかんせん．¶无 wú ～ / どうにもしようがない．¶怎 zěn ～ / なにせ．どうしようにも．‖姓

【奈何】nài//hé ❶動 ①《反語文に用い》どうしたものか．いかんせん．¶无可～ / なんともしようがない．②《間に名詞や代詞を挟んで反語の形で》…をどうするのか．…をどうすることもできない．¶其奈我何 / おれをどうすることもできないのだ．❷代〈書〉《反語文に用い》なぜ．どうして．

耐 **nài** 動 耐える．持ちこたえる．¶～高温 / 高温に強い．¶这种布～洗 xǐ / この布地は洗濯に強い．

【耐不住】nàibuzhù 動+可補 我慢できない．

【耐穿】nàichuān 形(靴や服が)丈夫で長持ちする．

【耐烦】nàifán 形 根気強い．面倒がらない．►否定形で用いることが多い．¶他等 děng 得不～了 / 彼は待ちくたびれてしまった．

【耐寒】nàihán 形 寒さに強い．寒さに耐えられる．

【耐旱植物】nàihàn zhíwù 名 日照りに強い植物．

【耐火】nàihuǒ 形 火に強い．耐火性のある．¶～材料 / 耐火材．

【耐火砖】nàihuǒzhuān 名 耐火れんが．►"火砖"とも．

【耐久】nàijiǔ 形 長持ちする．

【耐看】nàikàn 形(景色や芸術作品などが)観賞に堪える．

【耐劳】nàiláo 形 労苦に耐えられる．¶吃苦～ / 辛酸をなめ苦労に耐える．

【耐力】nàilì 名 忍耐力．スタミナ．

【耐磨】nàimó 形 摩擦に強い．摩滅に耐える．

【耐热】nàirè 形 耐熱性の．熱に強い．¶～合金 hé-

jīn / 耐熱合金.
【耐人寻味】nài rén xún wèi 〈成〉意味深長である．味わい深い．
【耐水】nàishuǐ 形 水に強い．耐水性の．
【耐酸】nàisuān 形 耐酸性の．酸に強い．
*【耐心】nàixīn ① 形 **辛抱強い．根気強い．** ¶～说服 shuōfú / 辛抱強く説得する．② 名 辛抱強さ．根気．
【耐心烦】nàixīnfán 名(～儿)〈口〉根気．辛抱．► "有""没有"の後に用いる．
【耐性】nàixìng 名 忍耐力．我慢強い性格．
*【耐用】nài//yòng 形(物が) **丈夫である．持ちがよい．** ¶这伞 sǎn 很～ / この傘は長持ちする．
【耐油】nàiyóu 形 油に強い．耐油性の．
【耐脏】nàizāng 形(服などが)汚れが目立たない，汚れにくい．

萘 nài 名〈化〉ナフタリン．¶～酚 fēn / ナフトール．¶～球 qiú / ナフタリン球．

nan (ㄋㄢ)

囡(囝) nān 名〈方〉① 子供．¶男小～ / 男の子．¶女小～ / 女の子．② 娘．
【囡囡】nānnān 名〈方〉子供に対する愛称．

男 nán 形 ①(↔女 nǚ) **男の．男性の．** 注意 "男"は他の語を後ろにとり，男女の区別をする働きをし，話し言葉では単独で用いることはできない．¶～的 / 男の人．¶～孩子 / 男の子．¶～学生 / 男子学生．[固定した形式の中では単独でも用いられる] ¶一～一女 / 一人の男と一人の女．
◇◆ ①息子．¶长 zhǎng ～ / 長男．②男爵．‖姓
【男扮女装】nán bàn nǚ zhuāng 〈成〉女装する．
【男傧相】nánbīnxiàng 名 花婿の介添え人．
【男厕】náncè 名〈略〉男性用トイレ．
【男盗女娼】nán dào nǚ chāng 〈成〉集団〔一家〕にまともな人間が一人もいないたとえ．
【男低音】nándīyīn 名〈音〉バス(歌手)．
【男丁】nándīng 名 成年男子．
【男儿】nán'ér 名 一人前の男．¶好～ / りっぱな男．
【男方】nánfāng 名(婚礼の)男性側，新郎側．
【男风】nánfēng 名 男色．ホモ．
【男高音】nángāoyīn 名〈音〉テノール(歌手)．
【男工】nángōng 名 男性労働者．
【男孩儿】nánháir 名 **男の子．**
【男婚女嫁】nán hūn nǚ jià 〈成〉息子や娘がそれぞれ縁組みをすること．
【男家】nánjiā 名 夫側の実家．
【男界】nánjiè 名〈方〉男性用トイレ．►香港でよく用いる．
【男角】nánjué 名(～儿)男優．
【男爵】nánjué 名 男爵．
【男科】nánkē 名 男性の生殖器官疾病専門の科．
【男男女女】nánnánnǚnǚ 〈慣〉男女入り混じった大勢の人．
【男女】nánnǚ 名 ① **男女．** ¶～同学 / 男女の級友．¶～老少 shào / 老若男女．②〈方〉子女．子供．③〈近〉〈罵〉ろくでなし．¶狗～ / 人でなし．
語法 "男女"は他の語を挿入したり，重ねることにより，新しい語を作ることができる．¶有男有女 / 男も女もいる．¶不男不女 / (服装や髪型などが)男か女かわからない．¶半男半女 / 中性的．
【男朋友】nánpéngyou 名(多くの場合恋人としての) **男友達．ボーイフレンド．**
*【男人】nánrén 名(成人の) **男，男の人．** ¶大～ / 一人前の男．
【男人】nánren 名〈口〉夫．亭主．
【男色】nánsè 名 男色．ホモセクシュアル．
【男生】nánshēng 名 男子学生．
【男士】nánshì 名 男性に対する敬称．殿方．¶～服装 / 紳士服．
【男星】nánxīng 名 男性のスター．
【男性】nánxìng 名 男性．男．►"男性"は性別を強調し，書類などに用いることが多い．
【男友】nányǒu ⇀【男朋友】nánpéngyou
【男中音】nánzhōngyīn 名〈音〉バリトン(歌手)．
【男装】nánzhuāng 名 ① メンズファッション．紳士服．② 男装．
【男子】nánzǐ 名 **男子．** 注意 他の名詞の前に置き，性別を強調する．話し言葉では単独で用いることは少ない．¶～单打 dāndǎ〔双打 shuāngdǎ〕/ (テニス・卓球などで)男子シングルス〔ダブルス〕．
【男子汉】nánzǐhàn 名 一人前の男．いっぱしの男．►特に男性の壮健さを強調するのに用いる．
【男子气】nánzǐqì 名 男らしさ．
【男左女右】nán zuǒ nǚ yòu 〈成〉男性は左，女性は右．►写真を撮るとき，座席の位置などの習慣．

南 nán 方位 **南．南の〔へ〕．南方の．** 注意 話し言葉では，前置詞と結んだときなどの比較的固定した形式を除いて，単独で用いることができず，"南边，南面，南方"を用いる．¶往 wǎng ～去 / 南の方へ行く．¶坐北朝 cháo ～ / (家が)北側にあって南向きである．¶大军～下 / 大軍が南下する．
【南北】nánběi 方位 南と北；南の端から北の端まで．
【南北朝】Nánběicháo 名〈史〉南北朝；宋・斉・梁・陳の4王朝(420–589年)と北魏・北斉・北周の3王朝(386–581年)の南北両政権．
【南边】nánbiān ① 方位(～儿) **南；南の方．南側． ► nánbian(r)と発音してもよい．¶天坛在天安门～ / 天壇は天安門の南のほうにある．② 名〈口〉(中国の)南部地方．
*【南部】nánbù 方位 南部．南の部分．
【南朝】Náncháo 名〈史〉南朝．
【南豆腐】nándòufu 名(↔北豆腐)柔らかくて目の細かい豆腐．絹ごし豆腐．
*【南方】nánfāng ① 方位 **南．** ¶往～走 / 南のほうに歩く．② 名 長江流域およびそれ以南の地区．¶～人 / (中国の)南方の人．
【南非】Nánfēi 名〈地名〉南アフリカ．
【南风】nánfēng 名 南風．¶刮 guā ～ / 南の風が吹く；〈喩〉南の風習が北へと広がる．
【南瓜】nánguā 名〈植〉**カボチャ．** ►俗に"倭瓜 wōguā""北瓜 běiguā"という．
【南瓜子儿】nánguāzǐr 名 カボチャの種．►煎ったものをお茶うけとして食べる．
【南胡】nánhú 名(～儿)〈音〉胡弓の一種．"二胡"の別称．

N

【南回归线】nánhuíguīxiàn 名〈地〉南回帰線．冬至線．

【南货】nánhuò 名 中国南方特産の食品や品物．►ハム・タケノコの乾物など．

【南极】nánjí 名 ①〈地〉南極．¶～洲 / 南極大陸．②(磁石の)Ｓ極．

【南柯一梦】nán kē yī mèng〈成〉南柯(なんか)の夢．はかない夢．

*【南面】nánmiàn ① 方位 (～儿)南側．② 動〈書〉君主となる．¶～为王 wáng / 南面して王となる．

【南腔北调】nán qiāng běi diào〈成〉なまりが強い；各地の方言が飛び交う．

【南式】nánshì 名(北京あたりでいう)南方式(の手工芸品・食品など)．¶～糕点 gāodiǎn / 南方風の菓子．

【南水北调】nán shuǐ běi diào〈成〉南方の川の水(特に長江の水)を北方へ引いて,北方の水不足に役立てる．

【南苏丹】Nánsūdān 名〈地名〉南スーダン．

【南甜北咸】nán tián běi xián〈成〉南方の人は甘口,北方の人は辛口．料理に対する好みの違いをいう．►“东辣西酸 dōng là xī suān”(山東の人はショウガ・ニンニクなどが好きで,山西の人は酢が好き)と続けることもある．

【南头儿】nántóur 方位〈口〉南の端．南寄り．¶路 lù ～有家小铺 xiǎopù / 道の南の端に売店がある．

【南味】nánwèi 名 南方風味．

【南亚】Nányà 名 南アジア．アジア南部．

【南洋】Nányáng 名 ①(清末に)江蘇・浙江・福建・広東各省の沿海地区．② シンガポールやマレーシアなどの東南アジア諸地域をさす．

【南辕北辙】nán yuán běi zhé〈成〉行動と目的が一致しない．

【南征北战】nán zhēng běi zhàn〈成〉南へ北へと戦場を駆けめぐる．幾多の戦いを経る．

【南竹】nánzhú 名〈植〉モウソウチク．

【南宗】nánzōng 名 中国山水画二大流派の一．南宗．

**难(難) nán

❶ 形 ① 難しい．¶上山容易 róngyì,下山～ / 山を登るのはやさしいが,山を下るのは難しい．

②(「“难”＋動詞」の形で)…しにくい．…し難い．¶这条 tiáo 道儿 dàor 很～走 / この道は歩きにくい．注意 書き言葉の２音節動詞の前では,“难以”を用いることが多い．また反対の意味は“容易…”や“好…”で表される．⇨【难以】nányǐ

③《形・音声・におい・感じなどの結果・印象がよくないことを表す》…してみて感じがよくない．語法“看、听、闻 wén、吃 chī、受 shòu”などの動詞の前に用い,ほとんど一語のように固く結びつく．反対語は“好…”で表される．¶这瓜 guā 很～吃 / このウリはおいしくない．

❷ 動 …を困らせる．¶你别～我了 / 頼むから私を困らせないでくれ．⇒ nàn

【难熬】nán'áo 形(苦しい生活などに)耐えられない．¶饥饿 jī'è ～ / おなかがすいてたまらない．

【难办】nánbàn 形 やりにくい．処理・処置しにくい．手を焼く．持て余す．

【难保】nánbǎo 動 請け合えない．保証できない．…しないとも限らない．¶今天～能坐上火车 / きょう汽車に間に合うかどうかわからない．

【难比】nánbǐ 形 …とは比べものにならない；…とは違う．

【难缠】nánchán 形 手ごわい．扱いにくい．

【难产】nánchǎn 動 ①〈医〉難産する．②〈喩〉(計画や作品が)容易に実現できない．

【难处】nánchǔ 形 付き合いにくい．

【难处】nánchu 名 困難．問題点．

【难打交道】nán dǎ jiāodao 付き合いにくい．

【难当】nándāng ① 動 任に堪えない．② 形 堪えがたい．たまらない．¶疼痛～ / 痛くてたまらない．

【难倒】nán//dǎo 動 困らせる．

*【难道】nándào 副 まさか…ではあるまい．…とでもいうのか．注意 反語文に用い,その語気を強める．多くの場合,“吗”や“不成 bùchéng”を文末に置く．¶～这是偶然 ǒurán 的吗？/ まさかこれは偶然というわけではないでしょうね．¶～他病了不成？/ まさか彼は病気になったんじゃあるまいね．⇒【莫非】mòfēi

【难道说】nándào shuō〈挿〉(＝难道)…とでもいうのか．まさか…ではあるまい．►多くは主語の前に用いる．¶～你一直不知道吗？/ まさか君はずっと知らなかったというのではあるまいね．

*【难得】nándé 形 ① 得がたい．¶这是一份非常～的历史资料 / これは非常に貴重な歴史資料である．②(…する機会が)めったにない．¶这种现象 xiànxiàng ～发生 fāshēng / このような現象はめったに起こらない．

【难点】nándiǎn 名 容易に解決できない点．難点．

【难度】nándù 名(技術や技芸の)難しさ,難度．¶～大 / 難度が高い．

【难分难解】nán fēn nán jiě〈成〉①(競争や口論などで)互いに譲らず決着がつかない状態である．②(双方の関係が密接で)離れられない状態になる．

【难割难舍】nán gē nán shě〈成〉愛着があって別れがたい．

*【难怪】nánguài ① 副《原因が分かって納得がいったことを表す》道理で…だ．なるほど．¶～他会日语 Rìyǔ,他去日本留过学 / 道理で日本語が話せるわけだ,彼は日本へ留学したことがあるんだもの．¶没开暖气 nuǎnqì,～屋里这么冷 lěng / 暖房が入っていなかった．道理で部屋の中が寒いわけだ．
② 動 とがめることができない．無理もない．►述語に用いる．前後には普通,事情を説明する文がある．¶这也～,他是孩子嘛 ma / まあ無理もないさ,子供だもの．¶这也～你哥哥,因为他不太了解 liǎojiě 情况 qíngkuàng / 君の兄さんのせいにするわけにいかないよ,だって事情をよく知らないんだもの．

【难关】nánguān 名 難関．問題点．ハードル．❖渡过 dùguò ～ / 難関を乗り越える．

*【难过】nánguò ① 形 苦しい．つらい．悲しい．¶心里～ / とてもつらい．② 動(生活が)困難である．暮らしにくい．¶日子 rìzi ～ / 生活が苦しい．

【难乎其难】nán hū qí nán〈成〉非常に難しい．

【难堪】nánkān 形 ① 堪えがたい．¶～的话 / 聞くに堪えない話．② 恥ずかしい．きまりが悪い．¶予 yǔ 人～ / 人の顔をつぶす；いたたまれなくさせる．

*【难看】nánkàn 形 ① 醜い．¶他打扮 dǎban 得真～ / 彼の身なりはほんとうにみっともない．② 体裁が悪い．¶这么简单的问题要是答不上来,那就太～

了 / こんなに簡単な問題ができなかったら,それこそ体裁が悪いよ. ③(表情などが)険しい. ¶脸色 liǎnsè 很～ / 表情がきびしい.

*【难免】nánmiǎn 動 **避けがたい. …しがちだ.**
語法 多く,前に述べる事情によって望ましくない結果が起こることを表す. また,後には"会､要"などを伴うことが多い. ¶工作上出错 chūcuò 是～的 / 仕事にミスは避けられない. ¶跟 gēn 外国人一起生活,开始～会发生种种 zhǒngzhǒng 误会 wùhuì / 外国人といっしょに暮らせば,最初はさまざまな誤解が生じがちだ. ¶这也是～的现象 xiànxiàng / これもありがちな現象だ.

【难能可贵】nán néng kě guì 〈成〉得がたく貴い;殊勝である. たいしたものである.

【难念的经】nánniàn de jīng 〈慣〉困難なこと. ¶家家都有一本～ / 〈諺〉どの家にも(外見は幸福そうな家でも)それぞれみなお家の事情がある.

【难人】nánrén ① 形(人を)困らせる,閉口させる. 扱いにくい. ② 名 困難な任務を背負い込んだ人.

【难容】nánróng 動 許しがたい. 勘弁できない.

【难色】nánsè 名 難色. 難しい顔つき. ¶面有～ / 難色を示す.

【难上(加)难】nán shàng (jiā) nán ますます難しくなる. 難しい上にさらに難しい.

【难舍】nánshě 動 捨てがたい. 離れがたい.

【难舍难分】nán shě nán fēn 〈成〉①(取っ組み合いをして)引き分けることができない状態にある;試合などでなかなか勝負がつかないさま. ② 別れがたい.

【难事】nánshì 名 困難なこと. 始末に負えないこと. ¶天下无～,只怕 pà 有心人 / なせばなる.

【难受】nánshòu 形 ① **体の具合が悪い.** ¶身上有点儿～ / 体の具合が少し悪い. ②(精神的に)**つらい.** ¶她心里非常～ / 彼女はたいへんつらい思いをしている.

【难说】nánshuō 動 ①(事柄がどうなるか)はっきり言えない. よくわからない. ¶他能否 néngfǒu 考上 kǎoshang 大学,目前还很～ / 彼が大学に受かるかどうかは,今はまだなんとも言えない. ② 言いにくい. 説明しづらい. ¶在这场 cháng 纠纷 jiūfēn 中,很～谁是谁非 / このもめごとでは,どちらがいい悪いのとは言いかねる.

【难说话儿】nánshuōhuàr 形〈口〉話がしにくい. 偏屈である.

【难逃】nántáo 動 逃げられない. 免れない.

【难题】nántí 名 難題. 量 道,个. ❖出 *chū* ～ / 難問を出す;できない相談を持ちかける.

【难听】nántīng 形 ①(音声が)聞きづらい. ¶这个曲子 qǔzi 真～ / この歌はひどく耳障りだ. ②(言葉遣いが粗野で)耳障りである. ③(事柄が人に聞かれると)人聞きが悪い. 体裁が悪い.

【难忘】nánwàng 動 忘れがたい.

【难为情】nánwéiqíng 形 ① 恥ずかしい. きまりが悪い. ② すまなく思う.

【难为】nánwei ❶動 ①(人を)**困らせる.** ¶他不会唱歌,别～他 / 彼は歌はだめなんだから,そんなにいじめるなよ. ② 苦労させる;苦労させられる. ¶这事真够 gòu ～他的 / このことで彼はとても苦労させられた. ❷〈套〉ご迷惑をかけました. ¶～你了 / ご苦労さまでした.

【难闻】nánwén 形 いやなにおいがする. 臭い.

【难言之隐】nán yán zhī yǐn 〈成〉人に言えない苦衷.

【难以】nányǐ 副〈書〉**…しにくい.** …しがたい. ►書き言葉の2音節の動詞の前で用いることが多い. ¶其后果 hòuguǒ ～想像 xiǎngxiàng / その結果は想像し難い. ¶～预料 yùliào / 見通しを立てにくい. ⇒〖难 nán〗❶①

【难易】nányì 名 難易. 難しさ.

【难于】nányú 動 …しにくい. …に窮する.

【难找】nánzhǎo 形 探しにくい.

【难治】nánzhì 形 治療が難しい.

【难住】nán//zhù 動+結補 困り果てる. ¶这道题把他～了 / この問題で彼は困り果てた.

【难走】nánzǒu 形 ① 歩きにくい. 道が悪い. ② 去りにくい. ③(碁･将棋などで)打ちにくい. 指しにくい.

【难做】nánzuò 形 ① 作りにくい. ② やりにくい.

喃 nán
"喃喃 nánnán"⬇という語に用いる.

【喃喃】nánnán 擬《小声でつぶやくさま》ぶつぶつ. むにゃむにゃ. ¶～自语 / ぶつぶつ独り言をいう.

楠 nán
"楠木 nánmù"⬇という語に用いる.

【楠木】nánmù 名〈植〉クスノキ(の木材). タイワンイヌグス(の木材). ¶红～ / タブノキ.

3声 赧(赧) nǎn
◇◆ 顔を赤らめるさま.

【赧然】nǎnrán 形〈書〉恥ずかしそうなさま.

【赧颜】nǎnyán 動〈書〉赤面する.

腩 nǎn
"牛腩 niúnǎn"(ウシの腰肉の上部. サーロイン)という語に用いる.

4声 难(難) nàn
◇◆ ①災い. ¶逃 táo ～ / 避難する. ②なじる. ¶责 zé ～ / 責める.
⏩ nán

【难胞】nànbāo 名(多く国外で迫害を受けている華僑をさして)迫害を受けている同胞.

【难处】nànchù 名 災禍. 災難.

【难民】nànmín 名 難民. 罹災(りさい)者. ¶～营 yíng / 難民キャンプ.

【难友】nànyǒu 名 一緒に被災した人. いっしょに迫害を受けた人.

nang (ㄋㄤ)

1声 囊 nāng
"-囊囊 nāngnāng"⬇という形で用いる. ⏩ náng

【-囊囊】-nāngnāng 接尾(～的)《形容詞･動詞などの後について,「いっぱい詰まっている」「ぶよぶよしている」さまを表す状態形容詞をつくる》¶肥 féi ～ / ぶくぶく太った.

2声 囊 náng
◇◆ ①袋. ¶皮 pí ～ / 皮袋. ¶药 yào ～ / 薬を入れる袋. ②袋状のもの. ¶胆 dǎn ～ / 胆嚢(たんのう). ¶胶 jiāo ～ / カプセル. ⏩ nāng

【囊空如洗】náng kōng rú xǐ 〈成〉無一文である.

N

【囊括】nángkuò 動〈書〉包括する．くるみ包む．¶～四海／天下を統一すること．
【囊中物】nángzhōngwù 名〈書〉たやすく手に入れ得るもの．
【囊中之锥】náng zhōng zhī zhuī〈成〉有能な人はいつかは頭角を現す．嚢中(のうちゅう)の錐(きり)．
【囊肿】nángzhǒng 名〈医〉嚢腫(のうしゅ)．

馕 náng 名(ウイグル族やカザック族が主食とするパンの一種)ナン．

3声 **攮** nǎng 動(どすなどで)刺す．¶他被人从背后 bèihòu ～了一刀／彼は何者かに背後から刺された．
【攮子】nǎngzi 名 どす．あいくち．

nao (ㄋㄠ)

1声 **孬** nāo 形〈方〉①悪い．よくない．②臆病である．気が弱い．
【孬种】nāozhǒng 名〈方〉〈罵〉意気地なし．臆病者．

2声 **挠**(撓) náo 動(爪で軽く)かく．¶～痒痒 yǎngyang／かゆいところをかく．
◇◆ ①妨げる．食い止める．¶阻 zǔ ～／阻む．妨げる．阻止する．②たわむ；〈転〉屈服する．¶百折 zhé 不～／〈成〉不撓不屈(ふとうふくつ)．幾度挫折(ざせつ)してもへこたれないこと．
【挠钩】náogōu 名(長い柄の付いた)かぎ．とびぐちの類．
【挠头】náo//tóu 動 頭を抱える．苦慮する．
【挠心】náo//xīn 動〈方〉心をかき乱す．心を悩ます．
【挠秧】náo//yāng 動〈農〉稲田の除草をする．
【挠痒】náo//yǎng 動 かゆいところをかく．

铙(鐃) náo 名 鐃鈸(にょうはち)．法会(ほうえ)に用いる銅の楽器．‖姓
【铙钹】náobó 名〈音〉鐃鈸．シンバル．

蛲(蟯) náo "蛲虫 náochóng"⇩という語に用いる．
【蛲虫】náochóng 名〈動〉蟯虫(ぎょうちゅう)．

3声 **恼**(惱) nǎo 動 **怒る．腹を立てる．**¶把他惹 rě ～了／彼を怒らせた．¶你别～我！／私に腹を立てないでくれ．
◇◆ 悩む．¶懊 ào ～／悩みもだえる．¶烦 fán ～／煩悶する．
【恼恨】nǎohèn 動(人を)恨む．根に持つ．
【恼火】nǎohuǒ 動 腹を立てる．腹が立つ．
【恼怒】nǎonù 動 怒る．怒らせる．
【恼人】nǎorén 形 いらだたしい．悩ましい．
【恼丧】nǎosàng 動 悩む．ふさぎ込む．
【恼羞成怒】nǎo xiū chéng nù〈成〉恨めしさと恥ずかしさで怒り出す．

脑(腦) nǎo ① **脳．**脳髄．② **知力．**頭脳．¶用～过度／頭を使いすぎる．
◇◆ ①(～儿)脳みそのようなもの．¶豆腐 dòufu ～儿／豆汁を少し固めた柔らかい豆腐．②エキス．¶薄荷 bòhe ～／メントール．
【脑袋】nǎodai 名〈口〉① **頭．(量)个,颗 kē．②頭の働き．¶～好使／頭の回転が早い．
【脑袋瓜】nǎodaiguā 名(～子)①頭．②頭の働き．
【脑电波】nǎodiànbō 名〈生理〉脳電流．脳波．
【脑电图】nǎodiàntú 名〈医〉脳波図．
【脑瓜儿】nǎoguār →【脑瓜子】nǎoguāzi
【脑瓜子】nǎoguāzi 名〈方〉頭．
【脑海】nǎohǎi 名〈書〉頭の中．脳裏．
【脑积水】nǎojīshuǐ 名〈医〉脳水腫．
【脑际】nǎojì 名 頭の中．脳裏．
【脑浆】nǎojiāng 名(～子) ①〈生理〉脳漿(のうしょう)．②脳みそ．③〈口〉脳の内部．頭の芯．
【脑筋】nǎojīn 名 ① **頭脳．頭．**❖动 *dòng* ～／頭を働かす．❖伤 *shāng* ～／頭を悩ます．②考え．意識．¶老～／古い考え．
【脑力】nǎolì 名 知力．知能．❖费 *fèi* ～／知恵をしぼる．
【脑力劳动】nǎolì láodòng 名 頭脳労働．
【脑瘤】nǎoliú 名〈医〉脳腫瘍．
【脑颅】nǎolú 名〈生理〉頭蓋．
【脑满肠肥】nǎo mǎn cháng féi〈成〉働かないで食べてばかりいる人がぶくぶく太っているさま．
【脑门子】nǎoménzi 名〈方〉額．おでこ．►"脑门儿"とも．¶一～丧气 sàngqì／仏頂面をして機嫌が悪いさま．
【脑膜炎】nǎomóyán 名〈医〉脳膜炎．
【脑瓢儿】nǎopiáor 名〈口〉頭；(特に)後頭部；頭のてっぺん．
【脑贫血】nǎopínxuè 名〈医〉脳貧血．
【脑仁儿】nǎorénr 名〈口〉頭の芯．
【脑上体】nǎoshàngtǐ 名〈生理〉松果体．松果腺．
【脑勺儿】nǎosháor 名〈方〉後頭部．►"脑勺子"とも．
【脑死亡】nǎosǐwáng 名〈医〉脳死．
【脑髓】nǎosuǐ 名〈生理〉脳髄．脳．
【脑炎】nǎoyán 名〈医〉脳炎．大脳炎．
【脑溢血】nǎoyìxuè 名〈医〉脳溢血．
【脑震荡】nǎozhèndàng 名〈医〉脳震盪(のうしんとう)．
【脑汁】nǎozhī 名 脳みそ．❖绞尽 *jiǎojìn* ～／知恵を絞る．
*【脑子】nǎozi 名 ① **脳．**② **頭の働き．**¶你怎么这么没～／おまえはなんて頭が悪いんだ．

瑙 nǎo "玛瑙 mǎnǎo"(瑪瑙(めのう))という語に用いる．
【瑙鲁】Nǎolǔ 名〈地名〉ナウル．

4声 ***闹**(鬧) nào ❶形 **騒々しい．**やかましい．¶这里太～／ここはひどく騒がしい．
❷動 ① **騒ぐ．**うるさくする；(手に入れようとして)躍起になる．¶又哭 kū 又～／泣いたりわめいたり．¶别～了／静かにしなさい．② **(ある感情を)はらす．**ぶちまける．¶→～脾气 píqi．¶→～情绪 qíngxù．③ **(災害などが)起こる；(病気などに)なる．**¶～水灾 shuǐzāi／水害が起こる．¶→～肚子 dùzi．④(＝搞 gǎo,弄 nòng)やる．する．¶～生产／生産に励む．¶把事情 shìqing 先～清楚 qīngchu 再作处理 chǔlǐ／事情をはっきりさせてから処理する．
【闹别扭】nào bièniu〈慣〉① 悶着を起こす．互い

N

に不満を抱く．仲たがいする．②(相手を困らせるために)意地になる．すねる．
【闹病】nào//bìng 動 病気にかかる．
【闹不清】nàobuqīng 動+可補(↔闹得清 nàodeqīng)はっきりわからない．よく知らない．
【闹吵吵】nàochāochao 形〈方〉やかましく騒ぐ．騒々しい．
【闹出事来】nào//chū shì lai 騒ぎを起こす．
【闹大】nào//dà 動+結補 大騒ぎになる．►俗に"闹大发了"とも．
【闹得清】nàodeqīng 動+可補(↔闹不清 nàobuqīng)はっきりさせることができる．はっきり分かる．
【闹洞房】nào dòngfáng ⇀【闹房】nào//fáng
【闹肚子】nào dùzi〈口〉**腹を下す．下痢をする．**
【闹翻】nàofān 動 けんかをする．
【闹翻身】nào fānshēn (さまざまな抑圧から)自らの解放を主張し,そのために闘う．
【闹翻天】nào fāntiān 上を下への大騒ぎになる．
【闹房】nào//fáng 動 婚礼の晩,親戚や友人が新婚夫婦の部屋に押しかけて,からかったり騒いだりする．►"闹新房""闹洞房"とも．
【闹革命】nào gémìng 革命をやる．革命を起こす．
【闹鬼】nào//guǐ 動 ①お化けが出る．②〈喩〉陰で悪いことをする．
【闹哄哄】nàohōnghōng 形(～的)騒々しい．にぎやかである．
【闹哄】nàohong 動〈方〉①がやがや議論する．騒ぐ．②大勢の人が忙しく立ち働く．
【闹荒】nào//huāng 動〈旧〉凶年で農民が騒ぐ．
【闹饥荒】nào jīhuang ①飢饉(きん)に見舞われる．②〈慣〉金に困る．食うに困る．
【闹家务】nào jiāwù 家庭でもめ事が起こる．
【闹架】nào//jià 動〈方〉けんかをする．
【闹僵】nàojiāng 動 こう着状態になる；気まずくなる．¶两个人的关系 guānxi ～了／二人の関係がまずくなった．
【闹将】nàojiàng 名 乱暴者．暴れん坊．
【闹剧】nàojù 名 ①どたばた劇．②〈喩〉ばかばかしいまね．茶番．
【闹了半天】nàole bàntiān〈慣〉(長いことといろいろやってみたが)結局のところ．やっと．
【闹了归齐】nàoleguīqí 副〈方〉つまり．結局のところ；なんと(…であったのか)．
【闹乱子】nào luànzi 事故を起こす．面倒を起こす．
【闹脾气】nào píqi ①(気に入らないで)かんしゃくを起こす．腹を立てる．怒る．②ひねくれる．つむじを曲げる．へそを曲げる．
【闹起来】nàoqǐ//lái 動+方補 ①騒ぎ出す．②よくないことが発生する．
【闹气】nào//qì 動(～儿)〈方〉腹を立てて人にあたる．
【闹清】nào//qīng 動+結補 はっきりさせる．はっきりわかる．
【闹情绪】nào qíngxù 気持ちが腐る．不満を抱く．
【闹嚷嚷】nàorāngrāng 形(～的)騒々しい．
【闹嗓子】nào sǎngzi のどをいためる．
【闹时令】nào shíling〈慣〉〈方〉伝染病や風邪が流行する．
【闹市】nàoshì 名 繁華な街．にぎやかな通り．
【闹事】nào//shì 動(～儿)(大勢で)**騒動を起こす；問題を引き起こす．**
【闹水】nào shuǐ ①大水が出る．②水不足で困る．
【闹腾】nàoteng 動〈方〉①騒ぐ．騒がす．②ふざける．ばか騒ぎをする．③(仕事などを)やる,する．
【闹笑话】nào xiàohua (～儿)(不注意や知識・経験不足のために)**しくじる,笑いの種になる．**
【闹新房】nào xīnfáng ⇀ nào//fáng【闹房】
【闹性子】nào xìngzi〈慣〉へそを曲げる．すねる．
【闹意见】nào yìjian 意見が合わず仲たがいする．悶着を起こす．
【闹意气】nào yìqì 意地になる．すねる．
【闹灾】nào//zāi 動 災害が起こる．災害に見舞われる．
【闹贼】nào//zéi 動 どろぼうに入られる．盗難にあう．
【闹着玩儿】nàozhe wánr〈慣〉①遊ぶ．②ふざける．¶这可不是～的／冗談事ではないぞ．
【闹钟】nàozhōng 名 **目覚まし時計．**(量) 个,座 zuò．¶～响 xiǎng 了／目覚ましが鳴った．

ne (ㄋㄜ)

4声 **讷** nè ◇◆ 口べたである．¶木 mù ～／朴訥(ぼく)である．

【讷讷】nènè 形〈書〉訥々(とつ)と．口ごもるさま．

軽声 ** **呢**(呐) ne 助 ①《疑問文の文末に用い,**答えを催促する気分を表す**》►諾否疑問文(YES か NO かを尋ねる問い)以外の質問に用いる．なお,諾否疑問文では"吗 ma"を用いる．
語法 ❶名詞(句)の後に用い,疑問を示す．"在哪儿"(存在する場所を尋ねる)あるいは"怎么样"(情況を尋ねる)などの代わりをしていると考えられる場合が多い．¶你的大衣～？──在那儿／君のコートは──そこです．¶大家都交学费 xuéfèi 了,你～／みんな学費を納めたけど君は(どうした)．¶后来～？／その後は(どうなったか)．❷疑問詞疑問文・選択疑問文・反復疑問文などに用いる．¶你在学校都学了些什么～？／学校で何を習ったのですか．¶是先洗澡 xǐzǎo ～,还是先吃饭～？／お風呂を先にしますか,それともご飯を先にしますか．¶你想不想去～？／あなたは行きたいのですか．❸反語に用い,"哪里、怎么、何必 hébì"などと呼応する．¶你何必说他～？／彼に小言を言わなくてもいいさ．
②《**事実を相手に確認させる**．やや誇張の語調を含む》►"可 kě、才 cái、还 hái"などの副詞と併用することが多い．¶雨可大～／雨はとても激しいよ．
③《平叙文の文末に用い,**状態の継続を表す**》►"正 zhèng、正在、在(那里)、着 zhe"などと併用することが多い．¶他正在睡觉 shuìjiào ～／彼は眠っています．¶灯 dēng 还亮 liàng 着～／明かりがまだついている．
④《**文中でポーズを置く**ときに用いる》¶我喜欢 xǐhuan 看书,我爱人～,只喜欢织 zhī 毛衣／私は本を読むのが好きで,妻はただセーターを編むのが好きなだけだ．¶你要是困 kùn 了～,就去休息 xiūxi／眠いなら,お休みなさい．
注意 "呢"と似た助詞に"哩 li"があるが"哩"は方言で,"呢" ②③ の用法と同じ．►► ní

N

nei (ㄋㄟ)

3声 **哪** **něi** 疑 “哪 nǎ”の話し言葉での発音. ⇒〖哪 nǎ〗❶

馁 **něi** ◇◆ ①臆病になる. ¶气～/気落ちする. ②飢える. ¶冻 dòng～/寒さと飢え. ③(魚が)腐る. ¶鱼 yú～肉 ròu 败 bài/魚も肉も腐る.

4声 * **内** **nèi** 方位 内. 中. ¶厂～/工場内. ¶本月～/今月のうちに. ¶请勿 wù 入 rù～/立ち入り禁止.
◇◆ ①妻または妻の親類をさす. ¶→～人. ¶～侄 zhí/妻のめい. ②国内や人体内部をさす. ¶→～地 dì. ¶→～出血 chūxuè.

*【内部】nèibù 方位 ① 内部. 内側. ¶～器官 qìguān/内臓. ¶组织 zǔzhī～的矛盾 máodùn/組織内部の矛盾. ¶这个问题～解决 jiějué/この問題は内部で解決する. ② 外国人または一般の人に対して公開しない. ¶～刊物 kānwù/内部刊行物. ►外部に公開しない. ¶～书店 shūdiàn/内部書店. ►外国人は入れない.
【内查外调】nèichá wàidiào 内外の調査を行う.
【内场】nèichǎng 名〈体〉(野球で)内野. ¶～手 shǒu/内野手.
【内城】nèichéng 名 内側の城壁(で囲まれた市街).
【内出血】nèichūxuè 名〈医〉内出血.
【内存】nèicún 名〈略〉〈電算〉内部メモリ. DRAM. ¶～端口 duānkǒu/メモリ専用スロット.
【内带】nèidài →【内胎】nèitāi
【内胆】nèidǎn 名(冷蔵庫やジャーなどの)内部.
【内地】nèidì 名 奥地. 内陸.
【内定】nèidìng 動(人事などを)内定する.
【内封】nèifēng 名〈印〉(本の)扉.
【内锋】nèifēng 名〈体〉(サッカーで)インサイドフォワード.
【内服】nèifú 動〈医〉内服する.
【内附】nèifù 動 ① 同封する. ②〈旧〉帰順する. 降伏する.
【内功】nèigōng 名 ①人間の体内の諸器官を鍛錬する武術;気功. ② 内在的な能力や修養.
【内顾之忧】nèi gù zhī yōu〈成〉内部の困難. 家庭内や国内の心配事やいざこざ.
【内海】nèihǎi 名〈地〉内海.
【内行】nèiháng (↔外行 wàiháng) ① 形 精通している. 専門である. ¶她对经济 jīngjì 和外交都很～/彼女は経済にも外交にもよく通じている. ② 名 玄人(くろうと). 専門家.
【内耗】nèihào 名〈略〉① 機械装置自体が消耗するエネルギー. 内部消耗. ②〈喩〉(内輪もめの)消耗.
【内河】nèihé 名〈地〉内陸河川.
【内汇】nèihuì 名〈経〉国内為替.
【内急】nèijí 動 急に便意を催す.
【内奸】nèijiān 名(敵に)内通する人. 裏切り者. 内部に潜り込んだ敵の回し者.
【内监】nèijiān 名 重罪犯人を収容する刑務所.
【内景】nèijǐng 名 ①(映画撮影の)セット. ② 室内を表現した舞台装置.
【内镜】nèijìng 名〈医〉内視鏡.
【内疚】nèijiù 形 やましい. 後ろめたい. 気がとがめる. 心がとがめる.
【内眷】nèijuàn 名 家族の中の女性.
【内科】nèikē 名〈医〉内科. ¶看～/内科の診察を受ける.
【内裤】nèikù 名 下ばき. パンツ.
【内窥镜】nèikuījìng 名〈医〉内視鏡.
【内涝】nèilào 名(降雨がはけないために起こる)水びたし. 冠水.
【内陆】nèilù 名〈地〉内陸.
【内乱】nèiluàn 名 内乱.
*【内蒙古】Nèiměnggǔ 名〈地名〉内蒙古. 内モンゴル自治区.
【内幕】nèimù 名〈貶〉内幕. 裏(の事情). ¶揭发 jiēfā～/内幕を暴露する.
【内幕交易】nèimù jiāoyì 名〈経〉インサイダー取引.
【内囊】nèináng 名 懐(具合).
【内气功】nèiqìgōng 名(呼吸法などで)内部器官を鍛錬する気功.
【内迁】nèiqiān 動 内陸部へ移転する.
【内勤】nèiqín 名 内勤(の人).
【内倾】nèiqīng 形(非社交的で)内向的である.
【内情】nèiqíng 名 内情. 内部事情.
【内燃机】nèiránjī 名〈機〉ディーゼルエンジン. ¶～车 chē/ディーゼル機関車.
【内瓤】nèiráng 名 ①(～儿)中身. 内容. ¶打开外皮儿 wàipír 看～儿/包んでいるものを開けて中身を見る. ② 内部. 内幕.
【内人】nèirén 名 家内. ►人に対して自分の妻をさす. 書き言葉では“内子 nèizǐ”ともいう.
*【内容】nèiróng 名 内容. 中身. ¶这本书～丰富 fēngfù/この本は内容が多彩である. ¶～提要 tíyào/概要.
【内水】nèishuǐ 名 内水.
【内胎】nèitāi 名(自転車などの)チューブ.
【内厅】nèitīng 名 奥の広間.
【内外】nèiwài ① 方位 内部と外部. ¶～有别/内外の区別を設ける. 内部の者と外部の者を区別して取り扱う. ② 名《概数を表す》くらい. ほど. ¶一个月～/1か月ほど.
【内务】nèiwù 名 ① 国内の政務(多く民政をさす). ②(軍隊などの集団生活で)室内の日常の仕事.
【内线】nèixiàn 名 ① 相手の内部に潜り込んだスパイ;またその活動. ②〈軍〉内線. 敵包囲下の戦線. ③(電話の)内線. ¶请转 zhuǎn～一〇一 yāo líng yāo/内線101番に回してください. ④ 手づる. 内部のコネ. ❖走 zǒu～/つてを頼む.
【内详】nèixiáng 動 詳しいことは中に書いてある. ►封筒に差出人の姓名・住所を記す代わりに書く.
【内向】nèixiàng 形 ①(性格などが)内向的である. ►消極的なニュアンスはない. ② 内部〔味方〕に向ける.
【内销】nèixiāo 名〈経〉国内販売.
【内心】nèixīn 名 ① 内心. 心の中. ¶从～里感到高兴/心からうれしく思う. ②〈数〉内心.
【内兄】nèixiōng 名 妻の兄. 義兄.
【内兄弟】nèixiōngdì 名 妻の兄弟. 義理の兄弟.
【内衣】nèiyī 名 下着. 肌着.
【内应】nèiyìng ① 動 敵に内通する. ② 名 内通者.

【内忧外患】nèi yōu wài huàn 〈成〉内憂外患．内部の不穏な情勢と外からの侵略．
【内蕴】nèiyùn ①動 蓄える．②名 含んでいる内容．
【内在】nèizài ①形〈哲〉内在している．¶～因素／内在的な要因．②動 心に隠す．表情に出さない．
【内在美】nèizàiměi 名 内的な(心の)美しさ．
【内脏】nèizàng 名〈生理〉内臓．
【内债】nèizhài 名〈経〉内債．内国債．
【内战】nèizhàn 名 ①内戦．②内紛．内輪もめ．
【内政】nèizhèng 名 内政．
【内中】nèizhōng 方位 中．内側；裏面．¶～原因 yuányīn 很多／内部にはいろいろな原因がある．
【内助】nèizhù 名〈書〉妻．¶贤 xián～／賢妻．
【内资】nèizī 名〈経〉〈略〉(↔外资)国内資本．

那 nèi 代"那 nà"の話し言葉での発音．⇨〖那 nà〗❶

nen (ㄋㄣ)

恁 nèn 代〈方〉①あの．その．¶～时／そのとき．②あんなに．そんなに．③こんなに．

嫩 nèn 形 ①**若い．柔らかい．**ひ弱い．►植物や人(顔•体•声や能力)について用いる．水分が多くみずみずしいニュアンスを含む．¶这孩子的小脸蛋 xiǎoliǎndàn 真～！／この子のほっぺたはほんとうに柔らかい．¶她脸皮 liǎnpí～,一说话脸就红／彼女は恥ずかしがり屋で,話をするとすぐに顔を赤らめる．②**(食物が)柔らかい,**かみ砕きやすい．¶这只 zhī 鸡 jī 炖 dùn 得很～／このトリはたいへん柔らかく煮込んである．
◇(色が)淡い,浅い,薄い．¶→～绿 lǜ．
【嫩豆腐】nèndòufu 名 柔らかめに作った豆腐．
【嫩红】nènhóng 形 淡いピンク〔淡い桃色〕の．
【嫩黄】nènhuáng 形 淡い黄色の．
【嫩鸡】nènjī 名 若鶏．
【嫩绿】nènlǜ 形 浅緑色の．もえぎ色の．
【嫩手】nènshǒu 名 未熟者．新米．
【嫩芽】nènyá 名(木々の)新芽,若芽．
【嫩叶】nènyè 名 柔らかい葉．若葉．

neng (ㄋㄥ)

能 néng ❶ 助動 ①《能力や条件から,何かをすることが問題なくできることを表す》…**できる．**►"能"の前には"没"を用いることもできる．¶你明天～早点儿来吗？──～／明日早く来れますか──行けます．¶弟弟～自己 zìjǐ 刷牙 shuā yá 了／弟はもう自分で歯をみがける．¶他今天没～按时 ànshí 来／彼はきょう時間どおりに来られなかった．[物についていう場合,それにある使い道があることを示す]¶这支 zhī 毛笔 máobǐ ～画画儿 huàr 吗？／この筆は絵筆に使えますか．
②(道理から言って,あるいは周囲の事情から言って)**許される．…できる．**…でもよい．注意 否定や疑問に用いることが多い．"不能"の形で強い禁止,"能不能…？"の形で婉曲的でていねいな依頼を表すことができる．なお,肯定では"可以"を用いる．¶～不～让我们进去？──可以进去〔不能进去〕／中に入ってもいいですか──入っていいです〔入ってはいけない〕．¶你～不～把音量 yīnliàng 开小一点儿？／音量を少し落としてもらえませんか．
③《可能性があることを表す》…のはずだ．¶我看他今天不～来了／今日彼はきっと来ないと思う．¶满天星星 xīngxing,哪～下雨？／満天の星空で,雨が降るはずがない．
④《上手にできることを表す》…するのが上手である．►"很"などの程度副詞で修飾できる．¶她很～喝 hē 酒／彼女はお酒がなかなか強い．¶我们三个人里,数 shǔ 他最～写 xiě／われわれ３人のうち,彼がいちばん筆がたつ．
注意 "能"も"会 huì"もすることができる,という意味を表す助動詞だが,"会"がもっぱらある動作や技術がはじめてできるようになったこと(会得(えとく))を表すのに対して,"能"はさらに,持ち前の能力によって何かができることのほか,いったん中断した能力が回復してできるようになったときや,能力がある段階に達していることなどを表すときにも用いられる．¶她会〔能〕说英语／彼女は英語が話せる．¶她会〔×能〕游泳 yóuyǒng,能〔×会〕游一千米 mǐ／彼女は水泳ができ,1000メートル泳ぐことができる．¶我腿 tuǐ 上的伤 shāng 好了,能〔×会〕走路了／私は足のけがが治って歩けるようになった．
❷ 名〈物〉**エネルギー．**¶原子～／原子力．¶太阳～／太陽エネルギー．⇨【能量】néngliàng
◇能力．才能．¶→～手 shǒu．¶无 wú～之辈 bèi／無能のやから．
〖能不…吗〗*néng bù…ma* …せずにすむだろうか．¶我又要工作,又要看 kān 孩子,～忙～？／仕事もあり,子供の世話もしなければならないから,忙しくないわけがない．
【能吃能喝】néng chī néng hē 〈成〉よく食べよく飲む．体が健康であること．
【能大能小】néng dà néng xiǎo 〈成〉伸縮自在である．
【能动】néngdòng 形 主体的な．積極的な．
【能否】néngfǒu 副〈書〉…できるかどうか．
*【能干】nénggàn 形 **有能だ．やり手だ．**¶他很～／彼はたいへん有能である．
【能个儿】nénggèr 〈方〉①名 腕前．才能．②形 多芸多才である．頭脳明晰(めいせき)で手先も器用である．
【能攻能守】néng gōng néng shǒu 〈成〉攻めても守っても巧みである．
【能歌善舞】néng gē shàn wǔ 〈成〉歌にも踊りにもすぐれている．
【能工巧匠】néng gōng qiǎo jiàng 〈成〉腕利きの工匠．名匠．名工．
*【能够】nénggòu 助動 ①…**できる．**►ある種の能力があること,またはどの程度に能率•効果を上げ得るかを表し,"能 néng"に当たる．¶这家工厂一天～生产一千辆汽车／この工場は１日に千台の自動車を生産することができる．¶她现在已经～担任 dānrèn 口译 kǒuyì 工作了／彼女はもう通訳の仕事ができるようになった．②…**できる．可能である．許される．**►条件や理屈の上で許されることを表し,"可以 kěyǐ"に当たる．¶这个港口 gǎngkǒu～停泊 tíngbó 万吨 dūn 油轮 yóulún／この港は万トン級のタン

カーが停泊できる．¶一米以下儿童 értóng, 没票也～乘 chéng 车 / 1メートル以下の子供は切符なしでも乗車できる．
【能耗】nénghào 名〈物〉エネルギー消費．¶降低～ / エネルギー消費を減らす．
【能见度】néngjiàndù 名 視界．可視性．視程．
*【能力】nénglì 名 能力．技量．力量．腕まえ．¶工作～ / 仕事の能力．
〚有〔没有〕＋能力＋〈動詞〉〛…できる〔できない〕．¶我没有～担当 dāndāng 这个工作 / 私にはこの仕事を請け負うことができない．
【能量】néngliàng 名 ①〈物〉エネルギー．¶～守恒 shǒuhéng 定律 dìnglǜ / エネルギー保存の法則．②能力．¶他很有～ / 彼はとても力をもっている．
【能耐】néngnai〈口〉①名 技能．技量．腕前．¶～很大 / 腕がいい；やり手である．②形 能力が高い．腕前がすぐれている．
【能屈能伸】néng qū néng shēn〈成〉失意のときは自重し，得意のときは大いに腕をふるう．
【能人】néngrén 名 達人．名人．
【能人所不能】néng rén suǒ bù néng〈諺〉普通の人のできないことを成し得る．
【能上能下】néng shàng néng xià〈成〉地位の高低に関係なく能力を発揮する．
【能手】néngshǒu 名 達人．熟練者．名手．
【能说会道】néng shuō huì dào〈成〉口が達者だ．弁が立つ．
【能文会武】néng wén huì wǔ〈成〉文武両道にすぐれている．►"能文能武"とも．
【能以】néngyǐ 助動 できる．…することができる．
*【能源】néngyuán 名〈物〉(火力・水力・風力などの)エネルギー源．¶～危机 wēijī / エネルギー危機．¶～消耗量 xiāohàoliàng / エネルギー消費量．¶节约 jiéyuē ～ / 省エネルギー．¶燃料 ránliào ～ / 火力エネルギー．
【能者多劳】néng zhě duō láo〈成〉有能な人ほど多く働く．能力のある者に仕事は回ってくる．

ng (兀)

2声 *嗯(唔) ńg 感《疑ったり怪しんだりするときに発する言葉》え．►ń とも発音する．⏩ňg,ǹg

3声 嗯(呒) ňg 感《意外・驚き・反対を表す》おや．►ň とも発音する．⏩ńg,ǹg

4声 嗯(叽) ǹg 感《肯定・承諾などを表す》うん．►ǹ とも発音する．⏩ńg,ňg

ni (ㄋㄧ)

1声 妮 nī "妮子 nīzi"⬇という語に用いる．

【妮子】nīzi 名〈方〉女の子．►"妮儿 nīr"とも．

2声 尼 ní ◇尼．尼僧．‖姓

【尼泊尔】Níbó'ěr 名〈地名〉ネパール．
【尼姑】nígū 名 尼．尼僧．
【尼古丁】nígǔdīng 名 ニコチン．
【尼加拉瓜】Níjiālāguā 名〈地名〉ニカラグア．
【尼龙】nílóng 名 ナイロン．
【尼日尔】Nírì'ěr 名〈地名〉ニジェール．
【尼日利亚】Nírìlìyà 名〈地名〉ナイジェリア．
【尼僧】nísēng 名 尼僧．尼．

呢 ní ◇ラシャ．¶毛～ / ラシャ．⏩ne

【呢料】níliào 名 ラシャ類．毛織物の服地．
【呢喃】nínán 擬〈書〉①《ツバメの鳴き声》ぴいぴい．②《小声で話すさま》ひそひそ．
【呢绒】níróng 名 毛織物(の総称)．
【呢子】nízi 名 ラシャ．

*泥 ní 名 泥．量［かたまり］块 kuài, 坨 tuó；［たまった状態のもの］摊 tān．¶沾 zhān ～ / 泥がつく．¶浑身 húnshēn 软成 ruǎnchéng 一堆 duī ～ / 体の力が抜けてへなへなとなる．
◇泥状のもの．果物や野菜をすりつぶしたもの．¶印～ / 印肉．¶萝卜 luóbo ～ / ダイコンおろし．¶土豆 tǔdòu ～ / ポテトサラダ．⏩nì

【泥巴】níbā 名〈方〉泥．¶滚 gǔn 一身～ / 泥まみれになる．►肉体労働の形容にも用いる．
【泥点儿】nídiǎnr 名 点々とはねた泥．►"泥点子 nídiǎnzi"とも．
【泥点子】nídiǎnzi →【泥点儿】nídiǎnr
【泥封】nífēng 動 紹興酒などを入れるかめの口を粘土で封印する．
【泥工】nígōng 名〈方〉左官．壁を塗る職人．
【泥垢】nígòu 名 泥とあか．
【泥浆】níjiāng 名 ①〈機〉(掘削作業に使う)泥水．②〈建〉粘土のモルタル．③泥水．
【泥坑】níkēng 名 泥沼．泥の海．►比喩に用いることが多い．¶陷入 xiànrù ～ / 泥沼に陥る．
【泥泞】nínìng ①形 ぬかるんでいる．②名 ぬかるみ．
【泥牛入海】ní niú rù hǎi〈成〉行ったきり帰ってこない．梨のつぶて．
【泥盆纪】Nípénjì 名〈地質〉デボン紀．
【泥菩萨过江】ní púsà guò jiāng〈歇〉泥で作った菩薩(ぼさつ)が川を渡る．►("自身难保 zì shēn nán bǎo"と続き)自分の身が危ないのに，人を救うどころではない．
【泥鳅】níqiū 名〈魚〉ドジョウ．量 条 tiáo．
【泥人】nírén 名(～儿)泥人形．土人形．
【泥沙】níshā 名 ①土砂．泥と砂．②〈地質〉沈泥．
【泥沙俱下】ní shā jù xià〈成〉よい人間も悪い人間も，よいことも悪いこともすべてが混ざり合って見分けがつかない．玉石混淆(こう)．
【泥石流】níshíliú 名 泥砂の流れ．土石流．
【泥塑】nísù 名(民間工芸の一)泥人形．
【泥潭】nítán 名 泥沼．►比喩に用いる．
【泥炭】nítàn 名 泥炭．
【泥汤儿】nítāngr 名 泥汁．泥．
【泥塘】nítáng 名 泥沼．泥水のたまる窪地．
【泥土】nítǔ 名 ①土．土壌．¶满身～ / 全身土まみれ．②粘土．
【泥腿】nítuǐ 名〈旧〉(農民に対する蔑称)田舎者．►"泥腿子"とも．

【泥娃娃】níwáwa 名 泥人形．
【泥像】níxiàng 名 泥で作った像．►多くは仏像．
【泥足巨人】nízú jùrén 〈慣〉見かけ倒し．

铌 ní 名〈化〉ニオブ．ニオビウム．Nb．旧称は"钶 kē"．

霓 ní 名〈気〉虹(にじ)．副虹．

【霓虹灯】níhóngdēng 名 ネオンサイン．ネオン灯．

鲵 ní 名〈魚〉サンショウウオ．►"鲵鱼 yú"とも．

拟（擬）nǐ 動 1（計画などを）立案する，起草する．¶～了一个计划 jìhuà 草案 cǎoàn／計画案を一つ立案した．2…するつもりである．¶～于 yú 下月前往日本／来月，日本へ行く予定だ．
◇ なぞらえる．擬する．¶模 mó～／まねる．
【拟订】nǐdìng 動 立案する．¶～方案 fāng'àn／プランを立てる．¶～计划／計画を立てる．
【拟定】nǐdìng 動 1 制定する．計画を決める．2 推定する．
【拟稿】nǐ∥gǎo 動(～儿)(多く公文書を)起草する．下書きを作る．
【拟人】nǐrén 名〈語〉擬人．¶～法／擬人法．
【拟声词】nǐshēngcí 名〈語〉擬声語．擬音語．
【拟态词】nǐtàicí 名〈語〉擬態語．
【拟议】nǐyì 1 名〈書〉もくろみ．企画．立案．2 動 立案する．企画する．
【拟音】nǐyīn 名〈劇〉擬音．効果音．
【拟作】nǐzuò 名 模作．模倣．

你 nǐ 代 1《単数の第二人称に用いる》君．あなた．おまえ．►敬意を込めるときは"您"を用いる．¶～是大学生吗？——是／あなたは大学生ですか——はい．⇨〖您 nín〗
注意 ❶所有を表すときは，"～的作品"(君の作品)，"～的要求 yāoqiú"(あなたの要求)などのように後に"的"をつけるが，次のような場合には普通"的"をつけない．①聞き手の親族や親密な関係にある人を表す名称の前に用いるとき．¶～爸爸／あなたのお父さん．¶～同事 tóngshì／君の同僚．②"家、家里、这里、那里"および方向や場所を表す語の前に用いるとき．¶～那里〔这里〕／君のところ．¶～旁边 pángbiān 是谁？／君の横にいるのはだれですか．③「"这／那"＋(数詞＋)量詞」の前に用いるとき．¶～这件衣服／君のその服．¶～那三本书／君のあの３冊の本．
❷聞き手の名前やその身分を表す名詞と連用するとき，"你"はその前にも後にも用いられる．それぞれある種の感情的ニュアンスを帯びる．¶还是～老张有办法！／やはり張さん，あなたはたいへんな腕だねえ．¶这件事能否 néngfǒu 办成 bànchéng，全在于 zàiyú 主任～了／この仕事ができるかどうかは，すべて主任のあなたにかかってますよ．
2〈書〉貴…．おたくの…．あなたのところの…．
注意 組織・機関などで相互間の呼びかけに用いるとき，単音節の名詞の前につける．話し言葉では"你们"を用いる．¶～校 xiào／貴校．¶你们学校／おたくの学校．
3《広く任意の人をさす》¶～要想学好中文，～就要多听 tīng 多说 shuō／中国語をしっかり勉強しようと思うなら，多く聞き多く話さなければならない．¶他这个人，～怎么说都没用 yòng／あいつにはどんなに言っても何にもならない．
4《"你"を"我"や"他"と並列して用い，人数が多いことや多くの人が代わる代わるある動作をすることを表す》¶～去他不去的，意见不统一 tǒngyī／行くと言う人もいるし行かないと言う人もいて意見がまとまらない．¶大家～推 tuī 我让 ràng，都不肯 bùkěn 收下／互いに譲り合って，だれも受け取ろうとはしない．
【你东我西】nǐ dōng wǒ xī 〈成〉めいめい勝手なことをする．
**【你好】nǐ hǎo 〈套〉こんにちは．参考「おはよう」「こんばんは」にも使う．ただし常套句ではないので，中国人同士はたとえば"吃饭了吗？""上班去呀？"などと具体的なあいさつをすることが多い．「あなたはすばらしい(よい人です)」というときは"你很好"という．¶～吗？／お元気ですか．
【你看】nǐ kàn 〈套〉1 君の意見では…．¶～怎么样 zěnmeyàng？／君はどう思いますか．2 ほら．¶～，雨不是晴 qíng 了吗？／ほら，雨が上がったじゃない．
【你老人家】nǐ lǎorénjiā 名《老人に対する敬称》あなたさま．ご老体．
**【你们】nǐmen 代《複数の第二人称に用いる》君たち．あなたたち．あなたがた．おまえら．¶～都是日本人吗？——不都是／あなた方はみな日本人ですか——全員ではありません．¶～俩 liǎ／あなたたち二人．君ら二人．注意 所有を表すときは，"～的作品"(君たちの作品)，"～的要求 yāoqiú"(あなた方の要求)などのように後に"的"をつけるが，次のような場合には話し言葉では普通"的"をつけない．①聞き手の親族，関係者や聞き手と関係のある団体・場所などの名称の前に用いるとき．¶～爸爸／あなたたちのお父さん．¶～老吴 Wú／おたくの呉さん．¶～车间 chējiān／君たちの作業場．②"家、家里、这里、那里"および方向や場所を表す語の前に用いるとき．③「"这／那"＋(数詞＋)量詞」の前に用いるとき．④"你们"の身分を示す名詞や数量を表す語句を後に置くとき．¶～售货员 shòuhuòyuán／君たち店員．¶～五个人／君たち５人．⇨〖你 nǐ〗
【你说(呢)】nǐshuō(ne) 〈套〉《相手の意見を求めたり，問いかけたりするときに用いる》ほら，そうでしょう．►複数の人に話しかける場合は"你们说"という．¶～，他这样做有什么不对的？／そうだろ，彼のやり方のどこが間違ってるんだ．
【你说你】nǐ shuō nǐ 《相手を非難したり責めたりするときに用いる》おまえったら．あんたときたら．¶～，对外宾 wàibīn 怎么能说这种 zhǒng 话呢！／おまえ，外国のお客さんになんでそんなことを言ったんだ．
【你死我活】nǐ sǐ wǒ huó 〈成〉生きるか死ぬか．食うか食われるか．両者が共存できないことや闘争が激しいことの形容．¶拼 pīn 个～／命がけでやる．
【你我】nǐwǒ 名 君とぼく．あなたと私．¶他们俩儿 liǎr 不分～／あの二人はたいへん仲がよい．
【你一言我一语】nǐ yī yán wǒ yī yǔ 〈慣〉1 双方が言い合う．2 多くの人があれこれ口を出す．
【你争我夺】nǐ zhēng wǒ duó 〈成〉(多くの人が)互いに奪い合う，しのぎをけずる．
【你追我赶】nǐ zhuī wǒ gǎn 〈成〉追いつ追われつ．抜きつ抜かれつ．

4声 **泥** **nì** 動(土やしっくいで壁などを)塗る. ¶～墙 qiáng / 壁を塗る.
◇◆ 固執する. ¶拘 jū～ / 拘泥(こうでい)する. ▸▸ ní

【泥古】**nìgǔ** 動〈書〉昔のしきたりにこだわる.
【泥子】**nìzi** 名 パテ. 下塗り. ►"腻子"とも書く.

昵(暱) **nì** ◇◆ 親しい. ¶亲 qīn～ / むつまじい.

【昵称】**nìchēng** 名 親しい呼び方. 愛称.

逆 **nì** 動 逆らう. ¶～时代潮流 cháoliú 而行 / 時代の流れに逆らって行動する.
◇◆ ①対立する. 盾突く. ¶→～子 zǐ. ②裏切り者. ¶叛 pàn～ / 反逆者. ③迎える. ¶→～旅 lǚ. ④前もって. ¶→～料 liào.

【逆差】**nìchā** 名(↔顺差 shùnchā)〈商〉輸入超過. 入超. 逆ざや.
【逆产】**nìchǎn** 名 ①反逆者の財産. ②逆子(さかご).
【逆党】**nìdǎng** 名 反逆的なグループ. 反動的党派.
【逆耳】**nì'ěr** 形 耳に逆らう. 聞くのがつらい.
【逆反】**nìfǎn** 動 反抗する. 逆らう. ¶～心理 / 反抗心.
【逆风】**nì//fēng** ①動 風に逆らう. ¶逆着风走 / 風に逆らって歩く. ②名 逆風. 向かい風.
【逆光】**nìguāng** 名 逆光.
【逆境】**nìjìng** 名 逆境.
【逆来顺受】**nì lái shùn shòu** 〈成〉劣悪な境遇や理不尽な待遇を堪え忍ぶ. 逆境に甘んじる.
【逆料】**nìliào** 動〈書〉予想する.
【逆流】**nìliú** ①動 流れに逆らう. ¶～而上 / 川をさかのぼって行く. ②名 逆流;〈喩〉反動的潮流.
【逆旅】**nìlǚ** 名〈書〉宿屋. 旅館.
【逆时针】**nìshízhēn** 名 時計の針と反対回り. 左回り.
【逆水】**nì//shuǐ** 動(↔顺水 shùnshuǐ)流れに逆らう.
【逆水行舟】**nì shuǐ xíng zhōu** 〈成〉(よく"不进则退 zé tuì"が後に続き)何事も努力し続けなければならない.
【逆向】**nìxiàng** 名 逆方向.
【逆行】**nìxíng** 動(車などが)逆行する. ¶单行线, 车辆不得 bùdé～ / 一方通行につき,車両の逆行を禁ず.
【逆贼】**nìzéi** 名 逆賊.
【逆转】**nìzhuǎn** 動(形勢が)逆転する;(情勢が)悪化する.
【逆子】**nìzǐ** 名 親不孝の息子.

匿 **nì** ◇◆ 隠す. ¶隐 yǐn～ / 隠匿(いんとく)する.

【匿伏】**nìfú** 動〈書〉潜伏する.
【匿迹】**nìjì** 動〈書〉姿をくらます.
【匿名】**nìmíng** 名 匿名. ¶～电话 diànhuà / 匿名電話.
【匿名信】**nìmíngxìn** 名 匿名の手紙.
【匿笑】**nìxiào** 動〈書〉ひそかに笑う.

睨 **nì** ◇◆ 斜めに見る. ¶睥 bì～ / 睥睨(へいげい)する. 横目でじろりと見る. ¶～视 shì / 横目で見る.

腻 **nì** 形 ①(食品が)脂っこい,しつこい. ¶这个菜真～ / この料理は実に脂っこい. ②(度重なり)飽き飽きである. うんざりである. ¶～得慌 huāng / もううんざりだ. ¶这话我都听～了 / その話はもう耳にたこができた. ③ねばねばする. ¶这块抹布 mābù 油得～手 / この雑巾は油汚れがひどくてねばねばする.
◇◆ ①(油)汚れ. (油)垢(あか). ¶尘 chén～ / ほこりや垢. ②(細工などが)細かい. ¶细 xì～ / 細かくて精緻(せいち)である.

【腻虫】**nìchóng** 名〈虫〉アブラムシ. アリマキ. ►"蚜虫"の通称.
【腻烦】**nìfan** 動〈方〉①飽き飽きである. いやになる. うんざりである. ¶每天在外边 wàibian 吃饭, 都～了 / 毎日外食でもう飽き飽きした. ②うんざりする. いやになる. ¶我最～说大话的人 / 私はほら吹きが大嫌いだ.
【腻人】**nì//rén** 動 ①(食物が脂っこくて)食べる気がしない. ②(話が冗長で)人を飽き飽きさせる. ③まつわりつく. 悩ます.
【腻味】**nìwei** 動〈方〉飽きる. うんざりする.
【腻友】**nìyǒu** 名〈書〉親友.
【腻子】**nìzi** パテ. 下塗り. ►"泥子"とも書く.

溺 **nì** ◇◆ ①溺(おぼ)れる. ¶→～水. ②やみくもに. ¶→～爱 ài.

【溺爱】**nì'ài** 動(自分の子供を)溺愛する. ¶她太～孩子了 / 彼女は子供を甘やかせすぎる.
【溺水】**nì//shuǐ** 動(水に)溺れる.
【溺死】**nìsǐ** 動 溺死する. 水死する.
【溺职】**nìzhí** 動〈書〉職務を怠る.

nian (ㄋㄧㄢ)

1声 **拈** **niān** 動 指先で挟む. つまむ. ¶他不停 tíng 地～着胡子 húzi / 彼はしきりにひげをひねっている. ¶～块糖 táng 吃 / あめを一つつまんで食べる.

【拈笔】**niān//bǐ** 動 筆を執る.
【拈花惹草】**niān huā rě cǎo** 〈成〉女性を誘惑したり女色をあさったりする.
【拈阄儿】**niān//jiūr** 動 くじを引く.
【拈轻怕重】**niān qīng pà zhòng** 〈成〉楽な仕事を選び,骨の折れる仕事を避ける.
【拈香】**niān//xiāng** 動 線香をあげる.
【拈指间】**niānzhǐjiān** 副 またたく間に.

蔫 **niān** 形 ①(草や花が)しおれている;(果物が)しなびている. ②(子供が)しょげている,元気がなくなる.

【蔫巴】**niānba** 形(草花や作物が)しおれている.
【蔫不出溜】**niānbuchūliū** 形(～的)〈口〉音を立てずに. こっそりと.
【蔫不唧儿】**niānbujīr** 形(～的)〈方〉①しょげている. 元気がないさま. ②こっそり. 人知れず.
【蔫呼呼】**niānhūhū** 形(～的)生気がないさま. ぐずぐずしているさま.
【蔫溜儿】**niānliūr** 動 こっそり抜け出る. 黙ってずらかる. エスケープする.
【蔫蔫儿】**niānniānr** 形(～的)(人が)無口でおとなしい. ひっそりしたさま;てきぱきとしないさま.
【蔫儿坏】**niānrhuài** 形 腹黒い.

【蔫性子】niānxìngzi 名 ぐずぐずする気性；ぐず.

年 nián 名 年．…年間．¶一九九八 yī jiǔ jiǔ bā ～ /（西暦）1998年．¶她当 dāng 过三十～老师 / 彼女は30年間教師を務めた．注意"年"の前には直接数詞をつけ，量詞は用いない．
◇◆ ①正月．¶过～ / 正月を迎える，祝う．¶→～糕 gāo．②年齢．¶→～纪 jì．③一生における一時期．¶中～ / 中年．④1年の．毎年(1回)の．¶～产量 chǎnliàng / 年産．⑤時代．時期．¶→～代 dài．⑥1年の収穫．¶丰 fēng ～ / 豊作の年．¶歉 qiàn ～ / 不作の年．‖姓

【年报】niánbào 名 ①(多く書名に用い)年刊．年報．②(財務・会計などの)年度報告書．
【年辈】niánbèi 名 年齢と世代；(世代からみた)長幼の順序．
【年菜】niáncài 名 正月料理．
【年成】niáncheng 名(農作物の)作柄．
【年初】niánchū 名 年初．年の初め．
【年代】niándài 名 ①**年代；時代**．②(10年を区切りとする)**年代**．
【年底】niándǐ 名 年末．歳末．年の暮れ．
【年底下】niándǐxia 名〈方〉年末．年の暮れ．
【年度】niándù 名 **年度**．
【年饭】niánfàn 名 家族全員が集まる大みそかの晩餐．年越しの晩餐．
【年份】niánfèn 名 ①年度．②経過した年代の長さ．
【年富力强】nián fù lì qiáng〈成〉年が若くて精力が旺盛である．働き盛りである．
【年高】niángāo 名 高年齢．年寄り．
【年糕】niángāo 名(もち米のしん粉を蒸して練った)**もち**．もち菓子．►旧正月に食べる．量 块．¶小枣 xiǎozǎo ～ / ナツメの入ったもち．¶豆沙 dòushā ～ / あんころもち．
【年高德劭】nián gāo dé shào〈成〉高齢で徳が高い(人)．
【年根】niángēn 名(～儿)〈方〉歳末．年の暮れ．
【年根儿底下】niángēnr dǐxia 名〈方〉年が押し詰まった時．年の暮れ．
【年庚】niángēng 名 生まれた年・月・日・時．¶～八字 / 生年月日と時間を干支で表した8文字．占いに用いる．
【年关】niánguān 名 年末．年の瀬．¶难过～ / 年が越せそうもない．
【年号】niánhào 名 年号．元号．
【年华】niánhuá 名 ①年月．歳月．②年齢．
【年画】niánhuà 名 旧正月に張る吉祥やめでたい気分を表す絵．年画．量 张，副 fù．
【年会】niánhuì 名 年1度の例会．
【年货】niánhuò 名(年画や爆竹などの)旧正月用品，年越し用品．
【年级】niánjí 名 **学年**．¶你弟弟大学几～？/ 君の弟は大学の何年生ですか．¶低～ / 低学年．
【年集】niánjí 名 年末・年始に立つ市．¶赶 gǎn ～ / 年の市に行く．
【年纪】niánjì 名(人の)**年齢**．¶您多大～了？/ お年はおいくつですか．¶上了～ / 年を取っている．
【年假】niánjià 名 ①正月休み．②冬休み．❖放 *fàng* ～ / 冬休みになる．
【年检】niánjiǎn 名 ①年度検査．②自動車などの年1度の定期検査．
【年鉴】niánjiàn 名 年鑑．
【年节】niánjié 名 ①春節．旧正月．②正月と節句．
【年景】niánjǐng 名 ①(農作物の)作柄．②正月風景．
【年久】niánjiǔ 名 長年．長い間．
【年酒】niánjiǔ 名 新年の祝い酒；酒盛り．
【年均】niánjūn 名 年平均．
【年来】niánlái 名 ①今年に入ってから．②ここ数年来．
【年历】niánlì 名(12か月分が1枚になった)カレンダー．
【年利】niánlì 名 年利．年利率．
【年例】niánlì 名 毎年の習わし．毎年のしきたり．
*【年龄】niánlíng 名(人または動植物の)**年齢，年**．¶退休～ / 退職年齢．注意"年龄"は人・動物・植物などすべてに用いることができる．このほか，年齢をさす言葉には"年纪 niánjì""年岁 niánsuì""岁数 suìshu"などがあるが，これらは人に用いる．
【年轮】niánlún 名〈植〉年輪．
【年迈】niánmài 形 年を取っている．高齢である．¶～多病 / 年を取って病気がちである．
【年满】niánmǎn 動 年期が満了する．満期になる．
【年末】niánmò 名 年末．
【年内】niánnèi 名 年内．
【年年】niánnián 名 毎年．年ごとに．
【年谱】niánpǔ 名 年譜．
【年前】niánqián 名 ①年末(までに)．②昨年．
*【年青】niánqīng 形(青少年期にあり)**年が若い**．¶～一代 / 若い世代．
【年轻】niánqīng 形(相対的に)年が若い**．¶他比你～ / 彼は君より若い．¶一门 mén ～的学科 xuékē / 若い学問分野．
【年轻人】niánqīngrén 名 若者．
【年少】niánshào ①形 年が若い．②名(多く男子をさし)青少年．
【年深日久】nián shēn rì jiǔ〈成〉長い年月を経る．
【年市】niánshì ⇀【年集】niánjí
【年事】niánshì 名〈書〉年齢．¶～已高 / すでに高齢である．
【年首】niánshǒu 名 年頭．年の初め．
【年寿】niánshòu 名 寿命．
【年岁】niánsuì 名 ①(人の)年齢，年．②年月．③〈方〉作柄．
【年头儿】niántóur 名 ①(足かけ何年というときの)**年**．¶我参加 cānjiā 工作已经八个～了 / 私は就職してからもう8年になった．②(多く"有～"として)多くの年，長い年月．¶我在这儿教书 jiāoshū，有～了 / 私はここで長年教師をしている．③時代．時世．¶这～呀 ya，没知识 zhīshi 可不行 / このご時世，学がないとだめだ．④その年の作柄．¶今年～真好 / 今年は作柄がとてもよい．⑤年の初め．
【年尾】niánwěi 名 年末．年の暮れ．
【年息】niánxī 名 年利．
【年下】niánxia 名〈口〉年末から正月にかけて．
【年限】niánxiàn 名 年限．¶租用 zūyòng ～ / 借用年限．¶机器的使用～ / 機械の寿命．
【年薪】niánxīn 名 年俸．年収．
【年夜】niányè 名(旧暦の)大みそかの夜，除夜．¶

～饭 / 年越しの食事.
【年幼】niányòu 形 幼い. 幼少である.
【年月】niányue 名 ①年月. ②〈口〉時代. 時世.
【年长】niánzhǎng 形 年上である. ¶他～我一岁 / 彼は私より一つ年上です.
【年终】niánzhōng 名 年末. ¶～奖 jiǎng / 年末のボーナス.
【年终津贴】niánzhōng jīntiē 名 年末手当.
【年资】niánzī 名 年齢と資格・キャリア.

粘 nián 〖黏 nián〗に同じ. ‖姓 ▸▸ zhān

鲇(鯰) nián 名〈魚〉ナマズ. ▶鲇(あ)は"香鱼 xiāngyú"という.
【鲇鱼】niányú 名〈魚〉ナマズ.

黏 nián 形 **粘っこい. ねばねばしている.** ¶这胶布 jiāobù 不～ / このばんそうこうはくっつかない. ⇒〖粘 nián〗
【黏虫】niánchóng 名〈虫〉ヨトウムシ. アワヨトウ.
【黏度】niándù 名 粘度. ¶～计 / 粘度計.
【黏糕】niángāo 名 中国の旧正月用のもち. 量 块. ▶"年糕"とも. ¶豆沙 dòushā ～ / あんころもち.
【黏合】niánhé 動 接着する. くっつく.
【黏合剂】niánhéjì 名 粘着剤 ; 接着剤.
【黏糊】niánhu 形 ①粘り気がある. ねばねばする. ¶这胶水 jiāoshuǐ 不～ / こののりはねばらない. ②(行動や気質が)てきぱきしない, ねちねちする, ぐずぐずする. ¶他这个人黏黏糊糊 niánnianhūhū 的 / あの人はぐずだ.
【黏结】niánjié 動 粘着する. 粘ってくっつく. ¶～剂 jì / 粘着剤. ¶～力 / 粘着力.
【黏米】niánmǐ 名〈方〉もち米. もち粟. もちきび.
【黏膜】niánmó 名〈生理〉粘膜.
【黏土】niántǔ 名 粘土.
【黏性】niánxìng 名 ①粘り気. 粘着性. ¶这种米～大 / この米は粘り気が強い. ②〈機〉粘性.
【黏液】niányè 名〈生理〉(人や動物の)粘液 ; (植物の)やに.
【黏着】niánzhe 動 うるさくつきまとう. まとわりついて離れない.
【黏着】niánzhuó 動 粘着する. 粘りつく.
【黏子】niánzi 名 鳥もち.

3声 **捻**(撚) niǎn 動 ①**(指先で)ひねる,よる.** ¶～线 xiàn / 糸をよる. ②〈方〉(川の泥を)すくう.
◇◆(～儿)よったもの ; こより. ¶纸 zhǐ ～儿 / こより.
【捻捻转儿】niǎnnianzhuànr 名(指先でひねって回す)こま. ▶"捻转儿"とも.
【捻子】niǎnzi 名 こより ; こより状のもの. ▶"捻儿"とも.

撵 niǎn 動〈方〉①**追い払う.** つまみ出す. ¶～人 / (人を)追い出す. ¶把他～走 / 彼を追い払え. ②追いかける. ¶～上他 / 彼を追いかける.
【撵出去】niǎnchū//qù 動+方補 追い出す.
【撵跑】niǎn//pǎo 動+結補 追い払う. 追い出す.

碾(辗) niǎn 動(ローラーや石臼で)ひく. ¶～米 / 臼でひいてもみ殻を除く. 精米する.
◇◆ ひき臼.
【碾坊・碾房】niǎnfáng 名 精米所 ; 製粉所.
【碾米机】niǎnmǐjī 名 精米機.
【碾碎】niǎnsuì 動(石臼で)ひき砕く.
【碾子】niǎnzi 名 ①家畜を使ってローラーを転がす大型の石臼 ; ひき臼. ¶石～ / 石臼. ¶药 yào ～ / (薬草・薬種を粉にする)小さなひき臼. ②ローラー. ¶汽～ / (地ならし用の)蒸気ローラー.

4声 **廿** niàn 数 二十. 20. 参考 固有名詞以外で,"二十"の略字として用いるときは èrshí と発音する. なお,三十は"卅 sà", 四十は"卌 xì"という.

** **念** niàn ❶動 ①(本などを)**声を出して読む.** ¶～故事 gùshi 给孩子听 / お話を子供に読んで聞かせる. ❖～课文 kèwén / 教科書の文を読む.
②〈口〉(学校で)**勉強する.** ¶他在美国～过大学 / 彼はアメリカの大学で勉強したことがある.
③(懐かしく)思う. **心にかける.** ¶父母总是～着 zhe 孩子 / 親は何時も子供のことを気遣う.
❷数 "廿 niàn"(20)の大字.
◇◆ 思い. 考え. ¶→～头 tou. ‖姓
【念白】niànbái 動 せりふを言う.
【念叨・念道】niàndao 動 ①(気にかけて)いつも話題にする. ¶他整天 zhěngtiān ～她 / 彼はいつも彼女のことを口にする. ②〈方〉話す. つぶやく.
【念法】niànfa 名 読み方.
【念佛】niàn//fó 動 念仏を唱える.
【念经】niàn//jīng 動 お経を唱える.
【念旧】niànjiù 動 旧交を忘れない.
【念念不忘】niàn niàn bù wàng 〈成〉片時も忘れられない. 始終心にかけている.
【念念有词】niàn niàn yǒu cí 〈成〉①ぶつぶついう. ②呪文を唱える.
*【念书】niàn//shū 動〈口〉①(学校で)**勉強する.** ¶我妹妹还在高中～ / 妹はまだ高等学校で勉強している. ②(声を出して)**本を読む.**
【念熟】niàn//shú 動+結補 熟読する. よく読んで覚える. ¶把课文 kèwén ～ / 本文を熟読する.
【念头】niàntou 名 **考え.** 思い. 心づもり. ¶转 zhuǎn ～ / 思案をめぐらす. ¶产生一个～ / ある考えが浮かぶ.
【念物】niànwù 名 記念品.
【念咒】niànzhòu 動 呪文を唱える.
【念珠】niànzhū 名(～儿)数珠(じゅ). 量 串 chuàn.

niang (ㄋㄧㄤ)

2声 * **娘** niáng 名 **母. お母さん.** ¶爹 diē ～ / 父母. 比較 娘 : 妈 mā : 母亲 mǔqin "母亲"は書き言葉で, 文章の中や改まった話し言葉で用いる. 呼びかけには用いない. "娘"と"妈"は話し言葉で, 呼びかけにも用いる. "妈"は都会的ない方. "娘"は農村などで広く用いられ, 親しみがこもる.
◇◆ ①目上や年長の既婚の婦人. ¶老大～ / おばあさん. ②若い女性. ¶姑～ gūniang / 娘さん. ¶新 xīn ～ / 花嫁.

N

【娘家】niángjia 名(↔婆家 pójia)(既婚の女性の)実家,里. ❖回 huí ～ / 里帰りをする.
【娘娘】niángniang 名〈旧〉①皇后. 王妃. ②女神. ¶～庙 miào /(子授けの)女神を祭る社.
【娘娘腔】niángniangqiāng 名 めめしい声や話しぶり.
【娘儿】niángr 名〈口〉(母と子,おばとおいなど)目上の女性と目下の男女を併せていう. ►後には必ず数量表现を伴う. ¶～俩 liǎ / 母子二人.
【娘儿们】niángrmen 名 ①→【娘儿】niángr ②〈方〉〈蔑〉女. 女ども. ③〈方〉妻. 女房.
【娘胎】niángtāi 名 母胎. ¶从～里带来的 / 生まれつきの.
【娘子】niángzi 名 ①〈方〉妻. 女房. ②〈近〉《中年または若い女性に対する敬称》ご婦人.
【娘子军】niángzijūn 名 女性だけで組織した部隊. 女性部隊;女性の集団.

酿(釀) **niàng** 動 ①かもす. 醸造(じょうぞう)する. ¶～醋 cù / 酢を造る. ②(ミツバチが)蜜を作る.
◇◆ 酒. ¶佳 jiā ～ / よい酒. うまい酒.
【酿成】niàngchéng 動+結補(悪い結果を)引き起こす,もたらす. ¶小错不改 gǎi,就会～大错 / 小さな失敗を改めないでいると,大失敗を引き起こすことになる.
【酿酒】niàng jiǔ 酒を醸造する. ¶～厂 chǎng / 酒蔵. 酒を造る工場.
【酿蜜】niàng//mì 動(ミツバチが)蜜を作る.
【酿造】niàngzào 動(酒や酢・醤油などを)醸造する.

niao (ㄋㄧㄠ)

鸟(鳥) **niǎo** 名 鳥. 量 只 zhī. ¶养 yǎng ～ / 鳥を飼う. ¶～叫〔鸣 míng,啼 tí〕/ 鳥が鳴く.

丿 勹 勺 乌 鸟

【鸟蛋】niǎodàn 名 鳥の卵.
【鸟瞰】niǎokàn ①動 鳥瞰(ちょうかん)する. 高い所から全体を見る. ②名 概説. ¶世界大势 dàshì ～ / 世界大勢概説.
【鸟类】niǎolèi 名 鳥類.
【鸟笼】niǎolóng 名(～子)鳥かご.
【鸟枪】niǎoqiāng 名 ①鳥撃ち銃. 猟銃. ②空気銃.
【鸟枪换炮】niǎo qiāng huàn pào〈成〉状況が好転する. 条件が大いに改善される.
【鸟雀】niǎoquè 名 鳥. 鳥類.
【鸟儿】niǎor 名 小鳥. 量 只 zhī,个.
【鸟兽】niǎoshòu 名 鳥獣. 鳥や獣.
【鸟兽散】niǎoshòu sàn〈慣〉クモの子を散らす. ¶作～ / クモの子を散らすように逃げる.
【鸟窝】niǎowō 名 鳥の巣.
【鸟语花香】niǎo yǔ huā xiāng〈成〉鳥がさえずり花が香る. 春景色の形容.
【鸟葬】niǎozàng 名 鳥葬.
【鸟嘴】niǎozuǐ 名(鳥の)くちばし.

袅(嫋) **niǎo** ◇◆ か細く弱々しいさま.
【袅袅】niǎoniǎo 形〈書〉①(煙などが)ゆらゆらと立ち上るさま. ②(枝などの)揺れるさま,しなやかなさま. ③音声が長く響いて絶えないさま.
【袅袅婷婷】niǎoniǎotíngtíng 形〈書〉(女性の歩く姿態が)しなやかなさま,たおやかなさま.
【袅娜】niǎonuó 形〈書〉①しなやかである. たおやかである. ②女性の姿がしなやかなさま.

4声 **尿**(溺) **niào** ①名 尿. 小便. 量 泡 pāo. ¶孩子撒 sā 了一泡～ / 子供がしゃーとおしっこをする. ②動 小便をする. ¶小孩儿的裤子 kùzi ～湿 shī 了 / 子供のズボンがおしっこでぬれた. ¶～尿 suī / 小便をする. ⏩suī
【尿鳖子】niàobiēzi 名〈方〉しびん.
【尿布】niàobù 名 おむつ. おしめ. ►“尿片 niàopiàn”とも. 量 块. ¶给婴儿 yīng'ér 垫 diàn ～ / 赤ん坊におしめを当てる. ¶～罩 zhào / おむつカバー. ¶纸 zhǐ ～ / 紙おむつ.
【尿床】niào//chuáng 動 寝小便をする.
【尿盆】niàopén 名(～儿)便器. おまる. 量 个.
【尿频】niàopín 名〈医〉頻尿(ひんにょう).
【尿素】niàosù 名〈化〉尿素. ►“脲 niào”とも.
【尿血】niào//xiě 動 血液の混じった尿を出す.

nie (ㄋㄧㄝ)

1声 **捏**(揑) **niē** 動 ①(親指と人差し指で)挟む,つまむ. ¶→～鼻子. ¶从钱包里～出一个钢镚儿 gāngbèngr 来 / 財布から小銭を1枚つまみ出した. ②指でやわらかいものを一定の形に作る. ¶～泥人儿 nírénr / 泥人形を作る.
◇◆ でっち上げる. ¶～报 bào / 偽って報告する.
【捏把汗】niē bǎ hàn →【捏一把汗】niē yī bǎ hàn
【捏鼻子】niē//bízi〈慣〉(多く“捏着鼻子”で)いやいやながら. しかたなく(する). ►鼻をつまむ意から.
【捏告】niēgào 動 でたらめな作り話を報告する.
【捏咕】niēgu 動〈方〉①(男女の仲を)まとめる. ②

N

〈貶〉ひそかにたくらむ.
【捏合】niēhé 動 ① 二つのものをむりやり一つに合わせる. ②〈近〉捏造(ねつ)する. でっち上げる.
【捏弄】niēnong 動 ① 指先でつまんでいじる. ② 思いのままにする. ③ ひそかにたくらむ. ④ 捏造する.
【捏一把汗】niē yī bǎ hàn〈慣〉(心配や緊張から)手に汗を握る. はらはらする. ►“捏把汗”とも.
【捏造】niēzào 動 でっち上げる. 捏造する. ¶～罪名 / 罪名をでっち上げる.
【捏闸】niē//zhá 動(自転車の)ブレーキをかける.

4声 **聂**(聶) niè ‖姓

涅 niè ◇◆ ①(黒色染料を作る)明礬(みょう)石. ②黒く染める.
【涅白】nièbái 名 不透明な白色. 乳白色.
【涅槃】nièpán 名〈仏〉涅槃(ねはん).

啮(齧・囓) niè ◇◆(ネズミ・ウサギなどが)歯でかじる.
【啮合】nièhé 動(歯などが)かみ合う. ¶这两个齿轮 chǐlún～不好 / この二つの歯車はぴったりかみ合っていない.

镊(鑷) niè 動(ピンセットで)挟む, つまむ. ¶把试料 shìliào 从试管 shìguǎn 里～出来 / 試験管から試料をピンセットで取り出す.
◇◆ 毛抜き. ピンセット.
【镊子】nièzi 名 毛抜き. ピンセット.

镍 niè 名〈化〉ニッケル. Ni.
【镍币】nièbì 名 ニッケル貨(幣).
【镍钢】niègāng 名〈冶〉ニッケル鋼.

蹑(躡) niè 動 そっと歩く. 忍び足で歩く. ◇◆ ①跡をつける. ②(足を)踏みつける.
【蹑手蹑脚】niè shǒu niè jiǎo〈成〉(～的)抜き足差し足. 足音を忍ばせて歩くさま.
【蹑踪】nièzōng 動〈書〉追跡する. 尾行する.
【蹑足】niè//zú 動〈書〉① 忍び足で歩く. ¶～潜踪 qiánzōng / ひそかに姿を消す. ② 踏み込む. かかわりをもつ. ¶～其间 qíjiān / 足をつっ込む. かかわりあいになる.

孽 niè ◇◆ ①邪悪. ¶余 yú～ / 残党. ②罪悪. ¶造 zào～ / 罰当たりなことをする.
【孽根】nièɡēn 名 罪や災いのもと.
【孽障】nièzhàng 名 罪業. たたり.
【孽种】nièzhǒng 名 ① 災いのもと. ②〈旧〉〈罵〉できそこない. ►年輩者が出来の悪い子や孫たちをののしる言い方.

nin (ㄋㄧㄣ)

2声 ** **您** nín 代 あなた. ⇐語法 “你”の敬称. 初対面の人や目上の人に対し用いる. 複数の対象に対しては後に数量表現を加える. まれに“您们”を用いることもある. ¶～身体好吗? / お元気ですか. ¶～二位 / あなたがたお二人. ¶～几位上哪儿去? / みなさま方はどちらへお出かけですか. ⇒〖你 nǐ〗
** 【您好】nín hǎo〈套〉こんにちは. ►“你好”の丁寧な表現.
【您老】nínlǎo 代(年長者に対する敬称)あなた. ¶～高寿 gāoshòu ? / (老人に対して)おいくつになられましたか.

ning (ㄋㄧㄥ)

2声 **宁**(寧) níng ◇◆ ①安らかである. 安定している. ②(Níng)南京. ③(Níng)寧夏(ねい)回族自治区. ‖姓 ▸▸ nìng
【宁静】níngjìng 形(環境が)静かである;(心が)安らかである.
【宁日】níngrì 名 安らかな日. 落ち着いて暮らせる日々. 寧日(ねいじつ).
【宁帖】níngtiē 形(心が)安らかである.
【宁息】níngxī 動(騒ぎが)平静になる, 静まる.
* 【宁夏】Níngxià 名〈地名〉**寧夏(ねい)回族自治区**.

拧(擰) níng 動 ①(両手で物体の両端を握って相反する方向へ)ひねる, ねじる. しぼる. ¶～毛巾 / タオルを絞る. ¶把手巾 shǒujīn～起来缠 chán 在头上 / 手ぬぐいをねじってはち巻きをする. ②(指先で皮膚を)つねる. ¶狠狠 hěnhěn 地～了他一把 / 彼を容赦なくつねってやった.
▸▸ nǐng, nìng
【拧成一股绳】níngchéng yī gǔ shéng〈慣〉固く団結する. ►“拧成一股劲儿 jìnr”とも.
【拧眉瞪眼】níng méi dèng yǎn〈成〉まゆをつり上げ目を見張ってにらむ.

狞(獰) níng ◇◆ 荒々しくて乱暴である.
【狞恶】níng'è 形(容貌が)凶悪である.
【狞视】níngshì 動 凶暴な目つきで見つめる.
【狞笑】níngxiào 動 うす気味悪く笑う. ぞっとするような笑い方をする.

柠(檸) níng “柠檬 níngméng”⇩という語に用いる.
【柠檬】níngméng 名〈植〉レモン. (量) 个;片;块. ¶～茶 / レモンティー. ¶～汁 / レモンジュース.
【柠檬黄】níngménghuáng 名 レモンイエロー.
【柠檬酸】níngméngsuān 名 クエン酸.

凝 níng 動 固まる. 凝結する. ¶油还没～住 / 油はまだ固まっていない. ¶这本书～着编辑 biānjí 的心血 xīnxuè / この本は編集者の心血を注いだものだ.
◇◆(精神を)集中する.
【凝冻】níngdòng 動 凍結する. 凝り固まる.
【凝固】nínggù 動 ① 凝固する. ② 固まったように変化がない. ¶思想～ / 頭がこちこちだ.
【凝集】níngjí 動 ①〈化〉(液体・気体が)凝集する. ②(気持ちや疑いなどが)凝集する.
【凝结】níngjié 動 ① 凝結する. ②〈喩〉結集する. 一つになる.
【凝聚】níngjù 動 ①(気体が)濃化する, 液化する

②凝集する.
【凝聚力】níngjùlì 名 凝集力.
【凝练】níngliàn 形(文章などが)簡潔でよく練れている. 洗練されている. ►"凝炼"とも書く.
【凝神】níngshén 動 **精神を集中する**. 一心不乱に物事に集中する.
【凝视】níngshì 動 凝視する. じっと見つめる.
【凝思】níngsī 動 思いを凝らす. 物思いにふける.
【凝听】níngtīng 動 じっと聞き入る. 精神を集中して聞く.
【凝望】níngwàng 動 目を凝らして眺める. じっと眺める.
【凝血药】níngxuèyào 名〈医〉血液凝固剤.
【凝脂】níngzhī 名〈書〉凝脂;〈喩〉白くてつやのある肌.
【凝滞】níngzhì 動 ①滞って通じないこと. ②じっとして動かない.
【凝重】níngzhòng 形 ①荘重である. ②(声や音が)重厚である. ③(色が)濃い.
【凝注】níngzhù 動 じっと見つめる.

拧(擰) nǐng 動 ①(ねじ・ふたなどを)**ねじる,ひねる**. ¶～螺丝 luósī / ねじを回す〔しめる,ゆるめる〕. ②(動詞の補語として用い)あべこべである;まちがいである. ¶孩子把两只鞋穿 chuān～了 / 子供は靴を左右逆に履いてしまった. ¶话说～了 / 言いまちがえた. ③〈方〉(意見などが)食い違っている. ¶夫妻 fūqī 俩越说越～ / 夫婦は話せば話すほど意見が食い違ってきた. ►► níng,nìng

宁(寧) nìng 接続 **いっそ…したい**. むしろ…のほうがましである. ►"宁可 nìngkě"と同じ意味だが,熟語や格言など決まった言い方に用いられることが多い. ¶→～死不屈 qū. ►► níng
【宁可】nìngkě 接続《利害損得をはかり比べた上で,二つからその一方(の行動)を選びとることを表す》(…**するよりは)むしろ…する**. たとえ…しても. いっそ. 〖宁可…,也要…〗 *nìngkě…yěyào* たとえ…しても…. ¶～加班,也要把工作完成 wánchéng / たとえ残業してでも,仕事を仕上げなければならない. ¶～自己做,也不求 qiú 人 / むしろ自分がしてでも他人に頼まない. 〖与其…,宁可…〗 *yǔqí…nìngkě…* …よりもむしろ…. ¶与其等车,～走着去 / 車を待つよりも,歩いて行った方がよい.
［比較の対象(選択しない方)がはっきりしないときは,"宁可"を単用する］¶我看～小心点儿的好 / 私は気をつけたほうがいいと思うけど.
【宁肯】nìngkěn →【宁愿】nìngyuàn
【宁缺毋滥】nìng quē wú làn〈成〉いいかげんなもので間に合わせるくらいなら,むしろないほうがよい. 数をそろえるよりは粒をそろえよ. 量より質.
【宁死不屈】nìng sǐ bù qū〈成〉死んでも屈服しない.
【宁为鸡口,无为牛后】nìng wéi jī kǒu, wú wéi niú hòu〈成〉鶏口となるも牛後となるなかれ. 大きな集団で手下になっているより,小さな集団でもリーダーでいる方がよい.
【宁愿】nìngyuàn 接続 **…するよりもむしろ…したい**. ¶～再花点儿时间,也要把这件事办好 / むしろもっと時間をかけてでも,この事をうまくやり遂げなくてはならない.

佞 nìng ◇◆ ①こびへつらうのが上手である. ¶～臣 / 佞臣(ねい). ②才知にたけている. ¶不～ / 拙者.
【佞人】nìngrén 名 口先上手にへつらう人. ごますり.

拧(擰) nìng 形〈方〉つむじ曲がりである. 強情である. ¶他的脾气 píqi 可真～ / 彼はほんとうに強情だ. ►► níng,nǐng
【拧脾气】nìngpíqi 名 ひねくれた性格;強情な性格.
【拧性】nìngxìng 名 偏屈な性格;あまのじゃく.

泞(濘) nìng ◇◆ 泥. ¶泥 ní～ / (地面が)ぬかる;ぬかるみ.

niu (ㄋㄧㄡ)

1声 **妞 niū** ◇◆ 女の子. ¶大～儿 / 長女. 年ごろの女性. ¶小～儿 / 小さい女の子. お嬢ちゃん.

2声 ** **牛 niú** 名 ①〈動〉ウシ. 量 头,条. ②(二十八宿の一つ)いなみぼし. ◇◆ 強情である. ¶→～脾气 píqi. ‖姓
【牛蒡】niúbàng 名〈植〉ゴボウ.
【牛鼻子】niúbízi 名(物事の)急所,かぎ. ¶抓～ / ポイントを押さえる.
【牛脖子】niúbózi 名〈方〉頑固で強情な性格.
【牛不喝水强按头】niú bù hē shuǐ qiáng àn tóu〈諺〉やりたくないことを人に無理強いする.
【牛车】niúchē 名 牛車. ウシの引く車.
【牛鼎烹鸡】niú dǐng pēng jī〈成〉すぐれた才能をつまらないことに使う.
【牛痘】niúdòu 名 ①牛痘. ②〈医〉痘苗. 天然痘ワクチン. ❖种 *zhòng* ～ / 種痘をする.
【牛犊】niúdú 名(～子)子ウシ. 量 头,条.
【牛顿】niúdùn 量〈物〉(力の基本単位)ニュートン. N. ►略して"牛".
【牛耳】niú'ěr 名〈書〉ウシの耳. ❖执 *zhí* ～ / 牛耳る. 同盟の盟主となること.
【牛鬼蛇神】niú guǐ shé shén ①〈成〉〈罵〉社会の醜悪な事物や悪人. ②〈喩〉(文化大革命期の)打倒すべき旧地主や旧資本家,学界の権威など.
【牛角尖】niújiǎojiān 名(～儿)解決できない問題;研究するだけの値打ちのない問題. ❖钻 *zuān* ～ / いらぬことに頭を悩ます.
【牛津】Niújīn 名〈地名〉オックスフォード.
【牛劲】niújìn 名(～儿) ①大きな苦労. ¶费尽了～儿 / ひどく苦労した. ②強情. きかん気.
【牛郎织女】niú láng zhī nǚ〈成〉(七夕伝説の)彦星と織姫;〈喩〉仕事上の都合で離れ離れに暮らす夫婦.
【牛马】niúmǎ 名(生活に窮し,人に使われて)ウシやウマのように働く人.
【牛毛】niúmáo 名 ウシの毛;〈喩〉非常に多いこと;非常に細かいこと. ¶多如 rú～ / 無数である.
【牛毛雨】niúmáoyǔ 名 こぬか雨.
【牛虻】niúméng 名〈虫〉アブ. ウシアブ.
** 【牛奶】niúnǎi 名 **牛乳. ミルク**.
【牛扒】niúpá 名〈料理〉ビーフステーキ. 量 块.
【牛排】niúpái 名〈料理〉厚切り牛肉;ビーフステー

N

キ. ㊊ 块.
【牛棚】niúpéng 名 ①ウシ小屋. 牛舎. ②(文化大革命期に批判対象の人物を軟禁した)小屋.
【牛皮】niúpí 名 ①ウシの皮. ►なめし革をさす. ②〈喩〉強靱なもの. ③ほら. でたらめ. ❖吹 chuī ～ / ほらを吹く.
【牛脾气】niúpíqi 名 頑固で強情な性格. 意固地.
【牛皮市】niúpíshì 名〈経〉(株が)乱高下する相場;(株式などの)不安定な市場.
【牛皮纸】niúpízhǐ 名 クラフト紙.
【牛气】niúqi 形〈口〉生意気である. 傲慢である.
【牛肉】niúròu 名〈食材〉牛肉. ¶～干 gān / ビーフジャーキー.
【牛乳】niúrǔ 名 牛乳.
【牛市】niúshì 名〈経〉(↔熊市 xióngshì)ブルマーケット. 強気な相場.
【牛溲马勃】niú sōu mǎ bó 〈成〉つまらない物だがたいへん役に立つ物.
【牛头马面】niú tóu mǎ miàn 〈成〉醜悪な人物や邪悪な人物.
【牛尾】niúwěi 名〈食材〉ウシの尾. テール.
【牛性】niúxìng 名(～子)頑固で強情な性質. ❖发 fā ～ / へそを曲げる.
【牛油】niúyóu 名〈料理〉牛脂. ヘット.
【牛仔・牛崽】niúzǎi 名 ウシ飼い. カウボーイ. ¶～片 piàn / 西部劇映画.
【牛仔裤・牛崽裤】niúzǎikù 名 ジーンズ. ㊊ 条. 参考 "牛仔装 zhuāng"とも. またジーンズ生地の服,スカートはそれぞれ"牛仔衣""牛仔裙 qún".

N

3声 * **扭 niǔ** 動 ①(顔・首・体などを)ぐるりと回す. ¶～过脸来 / 振り向く. ②ねじる. ひねる. ¶把树枝子～断 duàn / 木の枝をねじ折る. ③くじく. 筋を違える. ¶～了脚脖子 jiǎobózi / 足首をくじいた. ④(歩くときに)体をくねらせる. ¶～着屁股 pìgu 走路 / しゃなりしゃなりと歩く. ⑤つかみ合う. ¶两人～住不放 / 二人はつかみ合って離れない.
【扭摆】niǔbǎi 動(体を)揺らす,くねらせる. ¶她～着腰肢 yāozhī 走来 / 彼女は腰を振り振りやってきた.
【扭打】niǔdǎ 動 取っ組み合う.
【扭搭】niǔda 動 体を左右に揺すって歩く. くねくね歩く.
【扭动】niǔ//dòng 動+結補(体を)左右に振る,揺らす.
【扭断】niǔ//duàn 動+結補 ねじ切る. ちぎる.
【扭股儿糖】niǔgǔrtáng 名 ねじりあめ.
【扭获】niǔhuò 動(腕をつかまえて)捕らえる.
【扭交】niǔjiāo 動 捕らえて引き渡す.
【扭脚】niǔ//jiǎo 動 足をくじく.
【扭结】niǔjié 動 もつれる. からまる.
【扭筋】niǔ//jīn 動 筋を違える. 捻挫(ねんざ)する.
【扭开】niǔ//kāi 動+結補 ひねって開ける.
【扭亏】niǔkuī 動 赤字状態を変える;黒字転換. ¶～为 wéi 盈 / 赤字を黒字に転換する.
【扭力】niǔlì 名〈物〉ねじり力.
【扭脸】niǔ//liǎn 動 顔を向ける. 顔をそむける.
【扭捏】niǔnie 動 ①体をくねくねする. ②もじもじする. ¶她～了好一会儿才答应 dāying 下来 / 彼女は長いこともじもじして,やっと承知した.
【扭曲】niǔqū 動 ①ねじれる. ゆがむ. ②(事実などを)歪曲する,ゆがめる.
【扭伤】niǔshāng 動 捻挫する. 関節をくじく.
【扭折】niǔshé 動 ねじ切る. ねじ折る.
【扭送】niǔsòng 動 捕まえて(警察に)突き出す.
【扭头】niǔ//tóu 動(～儿) ①顔を背ける. ¶他扭过头去 / 彼はそっぽを向いた. ②体の向きを変える. 背を向ける.
【扭秧歌】niǔ yāngge ヤンコ踊り(田植え踊り)を踊る. ►北方の農村で旧正月に行われる踊り.
【扭腰】niǔ//yāo 動 ①腰の筋を違える. ②腰を振る.
【扭转】niǔzhuǎn 動 ①ぐるりと回す;向きを変える. ¶～车头 chētóu / 車をUターンさせる. ②(情勢や物事の発展の方向を)変える,改める. ¶～局面 júmiàn / 局面を転換させる.

忸 niǔ "忸怩 niǔní"⬇という語に用いる.
【忸怩】niǔní 形 はにかんでいる. 恥ずかしそうである. ¶～作态 zuòtài / 恥ずかしそうにしなを作る.

纽(鈕) niǔ ◇◆ ①ボタン. ¶衣～ / 衣服のボタン. ②(器物の)つまみ,取っ手. ¶印 yìn ～ / 印鑑のつまみ. ③中枢. キーポイント. ¶→～带 dài. ‖姓
【纽埃】Niǔ'āi 名〈地名〉ニウエ.
【纽带】niǔdài 名(ボタンやひものように)二つのものを結びつける作用をするもの. 紐帯(ちゅうたい). かすがい. ㊊ 条. ¶友谊 yǒuyì 的～ / 友情のきずな.
【纽扣】niǔkòu 名(～儿)ボタン. ㊊ 颗 kē,个. 注意 布以外の素材のボタンは"钮扣"と書くことが多い. ❖扣 kòu〔系 jì〕上～ / ボタンをはめる. ❖解开 jiěkāi ～ / ボタンをはずす.
【纽襻】niǔpàn 名(～儿)(中国服などの)ボタンのかけひも.
【纽约】Niǔyuē 名〈地名〉ニューヨーク.
【纽珠】niǔzhū 名 中国式掛けボタンの玉.
【纽子】niǔzi 名〈方〉ボタン.

钮 niǔ ◇◆ ボタン;(機械などの)押しボタン. ¶～儿 / ボタン. ¶电～ / スイッチ. ‖姓
【钮扣】niǔkòu ⇀【纽扣】niǔkòu

4声 **拗(抝) niù** 形 ひねくれている. 片意地を張る. 素直でない. ¶他的脾气 píqi 太～ / 彼はひねくれすぎている. ⏩ ào
【拗不过】niùbuguò 動+可補(相手の意見や意志を)変えさせることができない.
【拗劲】niùjìn 名(～儿)意地っ張り.

nong (ㄋㄨㄥ)

2声 **农(農) nóng** ◇◆ ①農業. ②農民. ¶菜 cài ～ / 菜園農家. ‖姓
【农产品】nóngchǎnpǐn 名 農産物.
【农场】nóngchǎng 名 農場. ㊊ 个,座.
** 【农村】nóngcūn 名 農村. ¶～户口 hùkǒu / 農村居住者戸籍.
【农二哥】nóng'èrgē 名〈口〉農民.
【农妇】nóngfù 名 農婦.

【农工】nónggōng 名 ①農民と労働者. ②農業労働者. 雇農. ③農村から都市に流入した臨時肉体労働者. 出稼ぎ農民. ►町では"农民"と見なされ,村では"工人"と見られることから.
【农户】nónghù 名 農家.
【农活】nónghuó 名(～儿)農作業. 野良仕事. ►"农家活儿"とも.
【农机】nóngjī 名 農業機械. ¶～站／農業機械·トラクターステーション.
【农家】nóngjiā 名 ①農家. ②(諸子百家の)農家.
【农家肥料】nóngjiā féiliào 名 農家自給肥料. 人糞尿·堆肥·草木灰などの有機肥料.
【农具】nóngjù 名 農具. 農機具.
【农历】nónglì 名 ①旧暦. 陰暦. ②農事暦.
【农林】nónglín 名〈略〉農業と林業.
【农林牧副渔】nóng lín mù fù yú 名〈略〉農業·林業·畜産業·副業·水産業(の総称). 第一次産業.
【农忙】nóngmáng 名(↔农闲 nóngxián)農繁(期). ¶～时节 shíjié／農繁期.
【农贸市场】nóngmào shìchǎng 名 自由市場の正式名称.
【农民】nóngmín 名 **農民**. 百姓. 量 位,个.
【农膜】nóngmó 名〈略〉(ハウス栽培などに使用する)農業用プラスチックフィルム.
【农奴】nóngnú 名 農奴.
【农渠】nóngqú 名 農業用水路.
【农人】nóngrén 名〈書〉農民. 百姓.
【农时】nóngshí 名 農作業に適した時期. ¶不误 wù～／農期を逃さない.
【农事】nóngshì 名 農業生産上の仕事. 農事. ¶～繁忙 fánmáng／農作業が忙しい.
【农田】nóngtián 名 農地. 耕地.
【农田水利】nóngtián shuǐlì 名 農地の水利事業. 耕地の灌漑と排水(事業)
【农闲】nóngxián 名(↔农忙 nóngmáng)農閑(期).
【农械】nóngxiè 名〈略〉①農業機械. ②(噴霧器などの)農薬をまく機械·器具.
【农谚】nóngyàn 名 農事に関することわざ.
【农药】nóngyào 名 農薬. ¶洒 sǎ～／農薬をまく.
【农业】nóngyè 名 **農業**;第一次産業. 注意 広義には林業·牧畜業·農家の副業·漁業および狭義の農業までを含めて"农业"という. ¶～部 bù／農業部. ►日本の農林水産省に相当.
【农月】nóngyuè 名 農繁期.
【农运】nóngyùn 名〈略〉農民運動.
【农转非】nóng zhuǎn fēi 農業戸籍から非農業戸籍に変わること.
【农作物】nóngzuòwù 名 **農作物**.

侬(儂) **nóng** 代 ①〈方〉おまえ. あなた. ②(古代の詩文で)私. ‖姓

浓(濃) **nóng** 形 ①**濃い**. ►お茶などの飲料·味·毛·煙·霧など. ¶这杯 bēi 茶太～／このお茶は濃すぎる. ¶很～的眉毛 méimao／とても濃いまゆ毛.
②**深い**. ►色彩·自然の景色など. ¶河上的夜色 yèsè 更 gèng～了／川では夜の気配がさらに深まった. ¶很～的色彩 sècǎi／深い色あい.
③(程度が)深い,強烈である. ►におい·香り·雰囲気·息吹·趣·風情·気持ち·興味など. ¶香味很～／香りが強い. ¶政治 zhèngzhì 空气很～／政治的雰囲気が強い. ¶对电脑的兴趣 xìngqù 很～／コンピュータにはとても興味をもっている.
【浓淡】nóngdàn 名(色の)濃淡,濃さ.
【浓厚】nónghòu 形 ①(雲·霧·煙が)**非常に濃い**. ¶～的烟雾 yānwù 笼罩 lǒngzhào 着山顶／山頂が濃霧に包まれている. ②(色彩や意識が)**濃厚である**,非常に豊かである. ¶～的民族特色 tèsè／濃厚な民族の特色. ③(興味が)**深い**,強い. ¶他对书法 shūfǎ 有～的兴趣 xìngqù／彼は書に対し強い興味がある.
【浓糊】nónghu 形〈方〉(のりのように)どろどろしている.
【浓烈】nóngliè 形 濃密で強烈である. ¶香气 xiāngqì～／香りがぷんぷんにおう.
【浓眉】nóngméi 名 濃い眉毛. ¶～大眼／〈喩〉荒武者のようなたくましい顔つき.
【浓密】nóngmì 形(↔稀疏 xīshū)濃密である. 濃くてぎっしりつまっている. ►枝葉·煙·髪·ひげなどについていうことが多い.
【浓缩】nóngsuō 動 ①〈化〉濃縮する. ¶～铀 yóu／濃縮ウラン. ②(広く)凝集する. 凝縮する.
【浓艳】nóngyàn 形(↔素淡 sùdàn)(色が)濃くて華やかである. ¶色彩 sècǎi～／色彩が派手だ.
【浓郁】nóngyù 形 ①(花などの香りが)強い. ②(植物などが)生い茂っている. ③(色彩や情感·雰囲気が)濃厚である. ¶春意～／春の気配が濃い. ④(興味が)深い,強い. ¶兴致 xìngzhì～／興味津々.
【浓云】nóngyún 名 黒い雲. 濃密雲. ¶～密雾 mìwù／厚い雲と立ちこめる霧.
【浓重】nóngzhòng 形(におい·色彩·煙などが)濃い,深い,濃厚である,強烈である.
【浓妆艳抹】nóng zhuāng yàn mǒ〈成〉厚化粧をする. 派手に着飾る.
【浓浊】nóngzhuó 形 ①(煙や霧などが)よどんでいる. ¶～的雾气 wùqì／立ちこめた霧. ②(声が)低くて太い. ¶嗓音 sǎngyīn～／声が低くて太い.

脓(膿) **nóng** 名 膿. うみ. ¶化 huà～／うみをもつ.
【脓包】nóngbāo 名 ①〈医〉おでき. はれ物. ②〈喩〉役立たず. 能なし.
【脓疮】nóngchuāng 名 化膿したできもの. 膿腫.
【脓疖子】nóngjiēzi 名 吹出物.
【脓水】nóngshuǐ 名 膿汁.
【脓血】nóngxuè 名 膿血(のうけつ). 血膿.
【脓肿】nóngzhǒng 名〈医〉膿腫.

4声 * **弄** **nòng** 動 ①**いじくる**. (**手で**)**動かす**. ¶不小心～破 pò 了手指 shǒuzhǐ／うっかりして指を傷つけてしまった. ¶他闲 xián 时好 hào～～花草 huācǎo／彼は暇な時に花や草をいじくるのがすきだ. ¶他整天 zhěngtiān 就知道～电脑 diànnǎo／彼は一日中,コンピュータをいじくることしかしない.
②**やる**. **する**. つくる. a 他の動詞の代わりをする. ¶～鱼 yú(＝剖 pōu､洗 xǐ､去鳞 lín)／魚を処理(さばいたり洗ったりうろこを落としたり)する. ¶～饭

(＝做 zuò 饭) / 食事の支度をする．ご飯を作る．¶～明真相 zhēnxiàng / 事実をはっきりさせる．¶～胡涂 hútu 了 / 頭がぼけた〔こんがらかった〕．¶～颠倒 diāndǎo 了 / あべこべになった；あべこべにした．¶直到把问题～懂为止 wéizhǐ / 問題が分かるまでやる．b(“～得”の形で用い) 多くは動作がよくない結果を招くことを表す．¶房间被～得乱七八糟 luàn qī bā zāo / 部屋はめちゃくちゃにされてしまった．¶被工作～得头昏脑胀 tóuhūn nǎozhàng / 仕事で頭がくらくらしている．
3(なんとかして) 手に入れる，もらう．►後によく数量表現を伴う．¶～不到手 / なかなか手に入らない．¶给我～点儿饭来 / ご飯を少し持ってきてくれ．¶～架 jià 照相机 zhàoxiàngjī 玩儿玩儿 / カメラを1台手に入れてあそぼう．
4(策略や手管を) 弄する．もてあそぶ．¶～手段 shǒuduàn / 手管を弄する．¶→～鬼 guǐ．▸▸ lòng
【弄笔】nòng∥bǐ →【舞文弄墨】wǔ wén nòng mò
【弄不动】nòngbudòng 動＋可補 〈口〉1 動かせない．2 手にあまる．やれない．
【弄不好】nòngbuhǎo 動＋可補 1 上手にできない．2〈口〉悪くすると．どうかすると．
【弄潮儿】nòngcháo'ér 名(川で) 波乗りする人；〈喩〉ベンチャー精神に富む人．
【弄错】nòng∥cuò 動＋結補 間違う．思い違いをする；まちがいをしでかす．¶你～了 / 君の思い違いだ．
【弄到手】nòng∥dào shǒu 手に入れる．
【弄得成】nòngdechéng 動＋可補 成し遂げられる．成功させることができる．
【弄得惯】nòngdeguàn 動＋可補 やり慣れている；いつでもできる．¶这活儿 huór, 你～吗？/ この仕事を，し慣れていますか．
【弄丢】nòng∥diū 動＋結補 なくす．¶不要把车票～了 / 乗車券をなくさないように．
【弄断】nòng∥duàn 動＋結補 断ち切る．折る．
【弄翻】nòng∥fān 動＋結補 ひっくり返す．
【弄鬼】nòng∥guǐ 動〈方〉いんちきをする．
【弄好】nòng∥hǎo 動＋結補 よくする；(乱雑なものを) きちんとする；(壊れたものを) 直す；(細工物を) 上手に仕上げる．¶计划 jìhuà ～了没有？/ 計画はちゃんとできたかね．¶弄不好就会出问题 wèntí / うまくやらなければ問題が起きる．
【弄坏】nòng∥huài 動＋結補 いじって壊す．だめにしてしまう．¶他把事情给～了 / 彼は事をぶち壊しにしてしまった．¶这孩子把电脑给～了 / この子はパソコンを壊してしまった．
【弄假成真】nòng jiǎ chéng zhēn 〈成〉うそから出たまこと．
【弄僵】nòng∥jiāng 動＋結補 行き詰まらせる．こじらせる．
【弄钱】nòng∥qián 動 金を工面する．金を作る．金をせしめる．
【弄巧成拙】nòng qiǎo chéng zhuō 〈成〉上手にやろうとしてかえってしくじる．
【弄清】nòng∥qīng 動＋結補 はっきりさせる．明らかにする．¶～真相 zhēnxiàng / 真相を究明する．
【弄权】nòng∥quán 動 1 権力をほしいままにする．2 権謀術数を弄する．
【弄手脚】nòng shǒujiǎo 〈慣〉こっそり手を回す．
【弄熟】nòng∥shú 動＋結補 熟練する．やり慣れる．
【弄死】nòng∥sǐ 動＋結補 1 殺す．死なす．2〈喩〉行き詰まらせる．抜き差しならないようにする．
【弄通】nòng∥tōng 動＋結補 よく理解する．
【弄瓦】nòngwǎ 動〈書〉(↔弄璋 nòngzhāng) 女の子が生まれる．
【弄醒】nòng∥xǐng 動＋結補 (うっかり) 目を覚まさせる．¶把孩子～了 / 子供を起こしてしまった．
【弄虚作假】nòng xū zuò jiǎ 〈成〉いんちきをして人をだます．
【弄玄虚】nòng xuánxū (人を) まやかしの手を使って迷わせる．煙に巻く．いんちきをする．
【弄脏】nòng∥zāng 動＋結補 よごす．よごしてしまう．
【弄糟】nòng∥zāo 動＋結補 台なしにする．おじゃんになる．しくじる．ぶち壊す．
【弄璋】nòngzhāng 動〈書〉(↔弄瓦 nòngwǎ) 男の子が生まれる．
【弄着】nòng∥zháo 動＋結補 手に入れる．

nu (ㄋㄨ)

2声 **奴 nú** 代〈近〉若い女性の自称．¶→～家．◇◆ ①奴隷．¶农～ / 農奴．②奴隷のようにこき使うこと．¶→～役 yì．
【奴婢】núbì 名 1〈旧〉下男や下女．2(帝王・后妃に対する宦官の自称) 僕(やつがれ)．3〈古〉奴隷．
【奴才】núcai 名 1(皇帝に対する明・清代の宦官や清代の満人・武官の自称) 僕．それがし．2 奴隷根性の人．悪の手先．
【奴化】núhuà 動 奴隷化する．
【奴家】nújiā 代〈近〉(若い女性の自称) 私(わたし)．
【奴隶】núlì 名 奴隷．
【奴仆】núpú 名 奴僕．召使い．しもべ．
【奴相】núxiàng 名 卑しい面相．卑屈な態度．
【奴性】núxìng 名 奴隷根性．
【奴颜婢膝】nú yán bì xī 〈成〉卑屈にこびへつらうさま．
【奴役】núyì 動 奴隷のようにこき使う．

驽 nú ◇◆ ①駑馬(どば)．足の遅い馬．¶→～马．②愚鈍である．¶～才 / 鈍才．
【驽钝】núdùn 形〈書〉愚鈍である．
【驽马】númǎ 名〈書〉駑馬．駄馬．
【驽庸】núyōng 形 愚鈍で凡庸である．

3声 **努 nǔ** 動 1(口・目を) 突き出す．¶～着眼睛 / 目をむく．2 力を入れすぎて体の内部を傷める．¶箱子 xiāngzi 太沉 chén, 你别扛 káng, 看～着 / トランクは重いから持たなくていい，無理すると体を傷めるよ．
◇◆ 力を出す．¶→～力 lì．
【努劲儿】nǔ∥jìnr 動〈口〉努力する．がんばる．
**【努力】nǔ∥lì 1 動 努力する．励む．語法 重ね型は“努力努力”“努努力”の二つの形がある．程度を表す副詞の修飾を受けることができる．¶共同 gòngtóng ～ / みんなでいっしょに努力する．¶～得还不够 gòu / 努力がまだ足りない．¶这回没考好，下次再努努力 / 今回は合格できなかったが，次回にもう一度頑張ろう．2 (nǔlì) 形 一生懸命である．¶她学习很～ / 彼女はとても勉強家だ．¶～(地) 工作 / 仕事に精を出す．3 名 努力．¶尽 jìn 最大的～ / 最大の努力を尽くす．

N

【努嘴】nǔ//zuǐ 動(～儿) ①口をとがらせる．②口を突き出して合図する．

弩 nǔ

◇◆(弓の一種)弩(ど)．大弓．¶万～齐发 qí fā / たくさんの大弓が一斉に矢を放つ．

【弩弓】nǔgōng 名〈古〉弩弓(どきゅう)．
【弩箭】nǔjiàn 名 弩弓の矢．

怒 nù

◇◆ ①怒る．¶发 fā ～ / 腹を立てる．②勢いの激しい．¶→～潮 cháo．

【怒不可遏】nù bù kě è 〈成〉怒りを抑えることができない．
【怒潮】nùcháo 名 ①〈喩〉(革命や抵抗運動などの)激しい潮流．②怒濤．
【怒斥】nùchì 動 怒ってしかりつける．叱責する．
【怒冲冲】nùchōngchōng 形(～的) かんかんになって怒るさま．
【怒发冲冠】nù fà chōng guān 〈成〉怒髪冠を衝(つ)く．
【怒放】nùfàng 動(花が)一斉に咲く．¶樱花 yīnghuā ～ / 桜が満開になる．¶心花～ / 喜びに心が躍る．
【怒号】nùháo 動〈書〉大声で叫ぶ；風がうなる．
【怒狠狠】nùhěnhěn 形(～的) 激しく怒るさま．
【怒吼】nùhǒu 動(猛獣が) ほえる；〈喩〉怒号する．物音がすさまじい．
【怒火】nùhuǒ 名 怒りの炎．激しい怒り．¶充满 chōngmǎn ～ / 怒りに燃える．
【怒目】nùmù ①動 目を怒らす．¶～而视 shì / 目を怒らせてにらむ．②名 いきり立った目．
【怒恼】nùnǎo 動 怒る．立腹する．
【怒气】nùqì 名 怒気．¶～冲冲 chōngchōng / かんかんに怒る．¶～冲天 / 激怒する．
【怒容】nùróng 名 怒りに満ちた顔．
【怒色】nùsè 名 怒った表情．
【怒视】nùshì 動 怒ってにらみつける．
【怒涛】nùtāo 名 怒濤．
【怒形于色】nù xíng yú sè 〈成〉怒りが顔に現れる．
【怒族】Nùzú 名(中国の少数民族) ヌー(Nu)族．►チベット系少数民族の一つ．主に雲南省に住む．

nü (ㄋㄩ)

女 nǚ

① 形(↔男 nán)**女の．女性の．** ►"女"は他の語を後ろにとり,男女の区別をする働きをし,話し言葉では単独で用いることができない．¶～的 / 女の人．¶～孩子 háizi / 女の子．¶～老师 / 女性教師．② 名(二十八宿の一つ) うるきぼし．
◇◆ 女の子．娘．¶儿～ / 息子と娘．¶生儿育 yù ～ / 子供を生み育てる；子供を生む．

【女厕】nǚcè 名 女性用トイレ．►"女厕所"とも．
【女车】nǚchē 名 女性用自転車．
【女乘务员】nǚchéngwùyuán 名(列車・飛行機の) 女性乗務員．
【女大十八变】nǚ dà shíbā biàn 〈諺〉若い女性が成長につれて,姿形・性格などがさまざまに変化するたとえ．
【女低音】nǚdīyīn 名〈音〉アルト．
【女儿】nǚ'ér 名 **娘．** ¶大～ / 上の娘．¶小～ / 下の娘．¶嫁 jià～ / 娘を嫁がせる．
【女儿酒】nǚ'érjiǔ 名(長く寝かせた) 紹興酒．
【女犯】nǚfàn 名 女性の犯罪者．
【女方】nǚfāng 名 女の側；(婚礼の) 花嫁側．
【女服务员】nǚfúwùyuán 名(サービス業の) 女性従業員．
【女高音】nǚgāoyīn 名〈音〉ソプラノ．
【女工】nǚgōng 名 ①女性労働者．②〈旧〉(女性の) 使用人．③〈旧〉(針仕事・機織りなど) 女性の仕事．
【女光棍儿】nǚguānggùnr 名〈口〉①あばずれ女．②〈蔑〉独身の女性．
*【女孩儿】nǚháir 名 ① **女の子．** ② 娘．►"女孩子"とも．③(広く) 未婚の女性．
【女护士】nǚhùshi 名 女性看護師．
【女皇】nǚhuáng 名 女帝．女の皇帝．
【女家】nǚjiā 名 妻側の実家．里方．
【女节】nǚjié 名 旧暦7月7日の七夕の別称．
【女界】nǚjiè 名 ①女性界．②女性用トイレ．►香港でよく用いる．
【女警】nǚjǐng 名 女性警官．
【女角】nǚjué 名(～儿) 女優．
【女篮】nǚlán 名〈略〉〈体〉女子バスケットボール．
【女郎】nǚláng 名 若い女性．年ごろの娘．
【女牢】nǚláo 名 女子刑務所．
【女流】nǚliú 名〈蔑〉女．女ども．
【女排】nǚpái 名〈略〉〈体〉女子バレーボール．
【女朋友】nǚpéngyou 名 **ガールフレンド．**(多くの場合恋人としての) 女友達．
【女仆】nǚpú 名〈旧〉下女．女中．
【女气】nǚqi 形(男性が) 女っぽい．¶女里～ / めめしい．
【女墙】nǚqiáng 名 城壁の上にある凹凸形の小さな壁．ひめがき．►"女儿墙 nǚ'érqiáng"とも．
【女强人】nǚqiángrén 名 才能の秀でた女性；(仕事のできる) キャリアウーマン．
【女青年】nǚqīngnián 名 若い女性．
*【女人】nǚrén 名(成人の) **女性．**
【女人】nǚren 名〈口〉妻．女房．
【女生】nǚshēng 名 **女子学生．女生徒．**
*【女士】nǚshì 《**女性に対する一般的な敬称**》女史．女の方．参考 英語の Miss や Mrs. などに相当し,手紙のあて名の敬称によく使う．特に外国人に対して用いることが多い．台湾などでは"男士 nánshì"という男性に対する敬称もある．¶～们,先生们 / 淑女,紳士のみなさん．
【女睡袍】nǚshuìpáo 名 ネグリジェ．
【女巫】nǚwū 名 巫女(み)．
【女性】nǚxìng 名 女性．婦人．►"女性"は性別を強調し,書類などに用いることが多い．¶～主义 zhǔyì / フェミニズム．
【女婿】nǚxu 名 ①むすめむこ．¶上门～ / 婿養子．②〈方〉夫．
【女佣】nǚyōng ⇀【女用人】nǚyòngren
【女用人】nǚyòngrén 名 女性の使用人．お手伝い．►"女佣 nǚyōng"とも．
【女友】nǚyǒu ⇀【女朋友】nǚpéngyou
【女丈夫】nǚzhàngfū 名 女丈夫．女傑．
【女招待】nǚzhāodai 名 ウエートレス；ホステス．
【女中音】nǚzhōngyīn 名〈音〉メゾソプラノ．
【女主角】nǚzhǔjué 名(小説・劇などの) 女主人公．

ヒロイン.
【女主人】nǚzhǔren 名(主婦に対して客が用いる敬称)奥さま;(パーティーなどを主催する)ホステス.
【女装】nǚzhuāng 名 ①婦人服.レディーズファッション. ②女装.
【女子】nǚzǐ 名(↔男子)女子. ►他の名詞の前に置き,性別を強調する.話し言葉では単独で用いることは少ない. ¶~单打 dāndǎ〔双打 shuāngdǎ〕/ 女子シングルス〔ダブルス〕.
【女足】nǚzú 名〈略〉〈体〉女子サッカー.

nuan (ㄋㄨㄢ)

3声 *暖(煖) nuǎn ①形 暖かい. ¶天~起来了 / 暖かくなってきた. ¶屋里很~ / 部屋の中は暖かい. ②動 暖める.温める. ¶~酒 / 酒のかんをする. ¶快进屋~一下身子 shēnzi / 早く部屋に入って体を暖めなさい.
【暖耳】nuǎn'ěr 名 防寒用の耳当て.
【暖锋】nuǎnfēng 名〈気〉温暖前線.
【暖烘烘】nuǎnhōnghōng 形(~的)ぽかぽかと暖かい.
【暖呼呼】nuǎnhūhū 形(~的)ぽかぽかと暖かい.
【暖壶】nuǎnhú 名 ①魔法瓶. ②(保温用に)綿入れのカバーを掛けたやかん. ③〈方〉湯たんぽ.
**【暖和】nuǎnhuo ①形 暖かい. ¶今天天气很~ / 今日はとても暖かい. ②動 暖める;暖まる. ¶外边很冷 lěng,快进屋~~吧 / 外は寒いから,早く部屋の中に入って暖まってください.
【暖帘】nuǎnlián 名 冬に入り口にかける綿入れや厚手のビニール製の防寒用カーテン. ►暖気を逃がさずに出入りするためのもの.
【暖流】nuǎnliú 名 ①〈地〉暖流. ②〈喩〉(心に感じる)温かみ.
【暖瓶】nuǎnpíng →【暖水瓶】nuǎnshuǐpíng
*【暖气】nuǎnqì 名 ①(温水または蒸気による)暖房.スチーム. ②スチームの蒸気. ③(~儿)暖かい空気・気体. ④(~儿)温かい思い.善意.
【暖融融】nuǎnróngróng 形(~的)ぽかぽかと暖かい.
【暖色】nuǎnsè 名〈美〉暖色.
【暖手】nuǎn//shǒu 動 手を暖める.
【暖水袋】nuǎnshuǐdài 名 ゴム製の湯たんぽ.
【暖水瓶】nuǎnshuǐpíng 名 ①魔法瓶. 量 只,个. ②〈喩〉感情を外に現さない人.
【暖袖】nuǎnxiù 名 防寒のために継ぎ足した綿入れのそで.
【暖洋洋】nuǎnyángyáng 形(~的)ぽかぽかと暖かいさま.(人に)温かみを感じさせる. ¶~的春风 / ぽかぽかと暖かな春風.

nüe (ㄋㄩㄝ)

4声 疟(瘧) nüè ◇◆ マラリア. ▶▶ yào
【疟疾】nüèji 名〈医〉マラリア.おこり. ►俗称は"疟子 yàozi".
【疟蚊】nüèwén 名〈虫〉ハマダラカ.
【疟原虫】nüèyuánchóng 名〈動〉マラリア原虫.

虐 nüè ◇◆ 残虐である. ¶暴 bào ~ / 暴虐.
【虐待】nüèdài 動 虐待する. ¶~狂 kuáng / サディスト.
【虐俘】nüèfú 動 捕虜を虐待する.
【虐囚】nüèqiú 動 囚人を虐待する.
【虐政】nüèzhèng 名 暴虐な政治.

nuo (ㄋㄨㄛ)

2声 挪 nuó 動(物を)動かす,移す;(所・時を)変える. ¶把这叠 dié 文件 wénjiàn ~到别的地方 dìfang 去 / この書類をほかへ移しなさい.
【挪不动】nuóbudòng 動+可補(重くて)動かすことができない.
【挪不开】nuóbukāi 動+可補(場所がなくて)取りのけられない.
【挪动】nuó//dòng 動 位置を移す. ¶把书架 shūjià ~到那边去 / 本棚をあちらへ動かしなさい. ¶他往前~了几步 / 彼は前に何歩か進んだ.
【挪借】nuójiè 動(金を)一時的に借りる.
【挪开】nuó//kāi 動+結補(ほかの場所に)移す,のける.
【挪款】nuó//kuǎn 動 金銭を融通してもらう.
【挪威】Nuówēi 名〈地名〉ノルウェー.
【挪窝儿】nuó//wōr 動〈方〉場所を変える;引っ越す.
【挪屋子】nuó wūzi 部屋を変える.
【挪用】nuóyòng 動 ①(金を)流用する. ②(公金を)私用につかう. ¶~公款 gōngkuǎn / 公金を使いこむ.

娜 nuó "婀娜 ēnuó"(しなやかで美しい),"袅娜 niǎonuó"(しなやかである;女性のしなやかな姿の形容)という語に用いる. ▶▶ nà

4声 诺 nuò ◇◆ ①承諾する. ¶许 xǔ ~ / 承知する. ②承諾の言葉. ¶唯唯 wéiwéi ~~ / 唯々諾々(いいだくだく). ‖姓
【诺贝尔】Nuòbèi'ěr 名〈人名〉ノーベル. ¶~奖 jiǎng / ノーベル賞.
【诺诺连声】nuò nuò lián shēng〈成〉はいはいと承諾する.二つ返事で承諾する.
【诺言】nuòyán 名 約束(の言葉). ¶信守 xìnshǒu ~ / 約束を守る.

懦 nuò ◇◆ 臆病である. ¶怯 qiè ~ / 臆病.
【懦夫】nuòfū 名 臆病で意気地のない男.
【懦懦】nuònuò 形 弱々しい.意気地がない.
【懦弱】nuòruò 形 意気地がない.性格が軟弱だ. ¶这个人太~了 / こいつ意気地がなさすぎる.

糯(穤) nuò ◇◆ もち米. ¶~谷 gǔ / もち粟.
【糯稻】nuòdào 名 もち稲.
【糯米】nuòmǐ 名 もち米. ►"江米 jiāngmǐ"とも. ¶~年糕 niángāo / もち米で作った正月用のもち.
【糯米酒】nuòmǐjiǔ 名 甘酒.
【糯米纸】nuòmǐzhǐ 名 オブラート.

o (ㄛ)

噢 ō 感《分かった,気が付いたという気持ちを表す》ああ,そうか. ¶～,是你啊!/ああ,君だったのか.

【噢唷】ōyō 感《意外なことに驚いたときに発する》おやおや. まあ. ¶～,好烫 tàng!/うわあ,熱い.

哦 ó 感《半信半疑の気持ちを表す》おやおや. ええまあ. ⏩é,ò

嚄 ǒ 感《驚きや半信半疑の気持ちを表す》おや. へえ. ¶～,你怎么来了?/おや,君なぜ来たの. ⏩huō

哦 ò 感《思い当たることがあることを示す》ははん. ¶～,知道了/ははん,分かった. ⏩é,ó

ou (ㄡ)

讴(謳) ōu ◇◆ ①歌を歌う. ¶～吟 yín/〈書〉歌を歌う. ②民謡. ¶吴 Wú～/蘇州の民謡.

【讴歌】ōugē 動〈書〉謳歌(おうか)する.

【讴吟】ōuyín 動〈書〉歌を歌う;詩を吟じる.

欧(歐) ōu 名〈略〉ヨーロッパ. ‖姓

【欧巴桑】ōubāsāng 名〈方〉おばさん.

【欧化】ōuhuà 動 西洋化する.

【欧美】Ōu-Měi 名 欧米.

【欧盟】Ōuméng 名 欧州連合. EU. ►"欧洲联盟" Ōuzhōu liánméng の略.

【欧姆】ōumǔ 量〈物〉オーム. ►"欧"とも. ¶～表/オーム計. ¶～定律 dìnglǜ/オームの法則.

【欧佩克】Ōupèikè 名 石油輸出国機構. OPEC.

【欧亚】Ōu-Yà 名 欧亜. ¶～大陆 dàlù/ユーラシア大陸.

【欧阳】Ōuyáng ‖姓

【欧元】Ōuyuán 名 ユーロ. EUの単一通貨.

【欧洲】Ōuzhōu 名 欧州. ヨーロッパ. ►"欧罗巴洲 Ōuluóbāzhōu"の略.

殴(毆) ōu ◇◆ 殴る. ¶～斗 dòu/殴り合いをする.

【殴打】ōudǎ 動 殴打する. ►必ず人に用い,"打"より意味が重い響きを持つ.

【殴杀】ōushā 動 殴り殺す.

【殴伤】ōushāng 動 殴って負傷させる.

鸥(鷗) ōu ◇◆ カモメ. ¶海 hǎi～/カモメ.

嗽(嘔) ōu ① 感《悟ったり,驚いたり,ほめたたえたりする気持ちを表す》おお. あっ. ¶～,我猜着 cāizháo 了/ああ,なぞなぞが解けた. ② 擬《人の泣き声・叫び声》おんおん. ¶～～地哭泣 kūqì/おうおうとむせび泣く.

3声

呕(嘔) ǒu ◇◆ 吐く. もどす.

【呕尽心血】ǒu jìn xīn xuè 苦心さんたんする.

【呕吐】ǒutù 動 吐く;嘔吐(おうと)する.

【呕心】ǒu//xīn 動 苦心する. ¶～沥血 lì xuè/心血を注ぐ. ►多く文芸創作の形容に用いる.

【呕血】ǒu//xuè 動 吐血する.

偶 ǒu ◇◆ ①人形. ¶木～/木彫りの人形. ②ペア;配偶者. ¶佳 jiā〔怨 yuàn〕～/仲のよい〔悪い〕夫婦. ③偶然. たまたま. ‖姓

*【偶尔】ǒu'ěr 副 たまに. ときどき. ¶二人～下下围棋 wéiqí/二人で時たま碁を打つ. ¶～才回一次老家/たまにしか田舎に帰らない.

【偶发】ǒufā 動 偶発する.

【偶合】ǒuhé 動 偶然に一致する. 暗合する.

*【偶然】ǒurán 形 偶然である;たまたま. ¶～事故/偶発事件. 語法 述語として用いるときは,その前に程度を表す副詞を加えるか,"是～的"の形をとる. ¶～的巧合 qiǎohé/偶然の一致. ¶弟弟考上北大,决 jué 不是～的/弟の北京大学合格は決して偶然ではない. ¶竟然 jìngrán 会发生这种事,太～了/こんなことが起ころうとは,ほんとうに偶然だ. ¶昨天我～遇见 yùjiàn 一个老朋友/きのうひょっこり古い友人に出会った.

【偶然间】ǒuránjiān 副 たまたま. 偶然に.

【偶人】ǒurén 名 人形.

【偶数】ǒushù 名 偶数.

【偶像】ǒuxiàng 名 偶像;〈喩〉アイドル. ¶～歌星 gēxīng/アイドル歌手.

藕 ǒu 名〈植〉レンコン. ¶莲 lián～/レンコン. ‖姓

【藕断丝连】ǒu duàn sī lián 〈成〉(多くは男女間で)関係を断ったように見えるが,まだつながりが残っている.

【藕粉】ǒufěn 名 レンコンの澱粉. ►熱湯でとき,くず湯のようにして食べる.

【藕色】ǒusè 名 赤みがかった灰色.

4声

沤(漚) òu 動(ある種の変化をさせるために)水に長時間浸す. ¶～麻 má/(繊維をとるために)麻を水につける.

怄(慪) òu 動〈方〉 ① わざと人を怒らせる;人をからかう,笑わせる. ¶你别～人了/人をからかうもんじゃない. ¶～得他直冒火 màohuǒ/彼のかんにさわるようなことを言って,かんかんに怒らせた. ② 腹が立ってむしゃくしゃする. しゃくにさわる.

【怄气】òu//qì 動 腹が立つ. むしゃくしゃする. ¶怄闲 xián 气/つまらないことで怒る.

O

pa（ㄆㄚ）

1声 *趴 pā 動 ① 腹ばいになる. ¶～在床上看书 / ベッドに腹ばいになって本を読む. ② うつむいてもたれる. ¶～在桌子 zhuōzi 上睡着 zháo 了 / 机にうつぶせになって寝てしまった.

啪 pā 擬 ①《銃弾を発射する音》ぱん. ②《手をたたく音》ぱちぱち. ③《小さくて固い物がぶつかる音》ぱちっ.

【啪嚓・啪喳】pāchā 擬《物が落ちたりぶつかったり割れたりする音》がちゃん.

【啪嗒】pādā 擬 ①《固い物がぶつかる音》ぱたっ. かたっ. ②《涙・汗・水が落ちる音》ぽたっ. ぽたり. ぽたぽた.

【啪啦】pālā 擬 ①《紙などをめくる音》ぱらぱら. ぺらぺら. ②《ひびの入った陶器などをたたく音》ぽこぽこ. ぽこぽこ.

葩 pā ◇◆ 花；〈喩〉美しいもの. ¶奇 qí ～异 yì 草 / 〈成〉珍しい花や草. ¶艺坛 yìtán 奇～ / 芸術上まれにみる傑作.

2声 扒 pá 動 ①(手や熊手で)かく. ¶～碎纸 suìzhǐ / 紙くずをかき集める. ②〈方〉(手で)引っかく. ¶～痒 yǎng / かゆいところをかく. ③(財布などを)掏(す)る. ④〈料理〉とろ火で長時間煮込む. ¶～鸡 jī / ニワトリのとろみ煮. ▸▸ bā

【扒拉】pála 動〈方〉箸でかき込む. ⇒【扒拉】bāla

【扒窃】páqiè 動(ポケットや手さげから)財布などを掏(す)る.

【扒手】páshǒu 名 すり. ¶谨防 jǐnfáng ～ / すりにご用心.

**爬 pá

手足を地につけて(あるいはそういう感じで)進む

動 ①(爬虫類・昆虫・ネズミなどの動物や人間の赤ちゃんなどが)はう. ¶一条蛇 shé 从草丛 cǎocóng 里～了出来 / 1匹のヘビが草むらからはい出してきた. ¶～到我这儿来 / ここまではいはいしておいで. 注意 必ずしも具体的に「はう」動作を表さない場合もある. ¶我实在 shízài ～不起来了 / 私はほんとうに起き上がれなくなった.

②(何かをつかんで)よじ登る. ¶～树 shù / 木に登る. ¶你们家小孩儿又～上墙头 qiángtóu 了 / おたくの子供がまた塀によじ登った. 注意 たとえば,"爬山"(山に登る),"爬上楼梯 lóutī"(階段を登る)などでは,必ずしも具体的にはって登るというわけではない.

③ 蔓性植物が伸びる. ¶南瓜藤 nánguā téng ～到篱笆 líba 外面去了 / カボチャのつるがまがきの外まで伸び出た.

【爬高】págāo 動(～儿)高い所へはい上がる.

【爬坡】pá//pō 動 ① 坂を登る. ②〈喩〉努力し向上する.

*【爬山】pá//shān 動 山登りをする. ¶老师带我们去～ / 先生はわれわれを連れて山登りに行く. ¶～涉 shè 水 / 旅の苦労の様子.

【爬山虎】páshānhǔ 名 ①〈植〉ツタ. ②〈方〉登山用のかご.

【爬山越岭】pá shān yuè lǐng 〈成〉険しい山道を行く.

【爬升】páshēng 動(飛行機やロケットが)上昇する；〈喩〉しだいに高くなる.

【爬行】páxíng 動 ① はって進む. ② 古いしきたりにしがみつき,他人のまねをしてのろのろとやる. ¶～主义 zhǔyì / 追随主義.

【爬行动物】páxíng dòngwù 名〈動〉爬虫類.

【爬泳】páyǒng 名〈体〉クロール. 自由形.

耙 pá ① 名 熊手. ② 動(熊手で)かき集める,かきならす. ¶把落叶 luòyè ～在一起 / 落ち葉をひと所にかき集める. ▸▸ bà

【耙子】pázi 名 熊手. さらい.

琶 pá "琵琶 pípa"(琵琶(びわ))という語に用いる.

筢 pá "筢子 pázi"⬇という語に用いる.

【筢子】pázi 名 竹製の熊手. 量 把. ¶用～搂 lōu 草 / 熊手で枯れ草をかき集める.

4声 帕 pà ◇◆ ハンカチ. ネッカチーフの類. ¶手～ / ハンカチ.

【帕金森病】pàjīnsēnbìng 名〈医〉パーキンソン病.

**怕 pà ❶動 ① 耐えられない. 弱い. 嫌う. ►動詞(句)を目的語にとることもある. ¶～酸 suān / すっぱいものに弱い. ¶她最～过夏天 / 彼女は夏が一番きらい. ¶这个表不～水 / この時計は防水である.

② 恐れる. 怖がる. びくびくする. ¶你～什么？/ なにをびくびくしているんだ. ¶你一个人去旅游,～不～？/ 一人旅は恐くないか. ¶他很～狗 / 彼はイヌが大嫌いだ.

③ 気にする. 心配する. ►必ず動詞・形容詞・主述句を目的語にとる. ¶～胖 pàng / 太るのを気にする. ¶他～我砸锅 záguō / 彼は私がしくじるのではないかと心配している.

❷副(そうあってほしくないが)恐らく. たぶん. …かも知れない. ►単に推量を表すこともある. 述語の前に(挿入句のように)用いる. ¶晚上～要下雨 / 夜は雨が降るかも知れない. ¶这个行李～超过 chāoguò 二十公斤了 / この荷物はたぶん20キロを超えている.

【怕丑】pà//chǒu 動 恥をかきたくない. 恥さらしになるのを恐れる.

【怕老婆】pà lǎopo 恐妻家である.

【怕冷】pàlěng 形 寒さに弱い；寒がりである. ¶我不～ / 私は寒さに強い.

P

【怕前怕后】pà qián pà hòu 〈成〉何かにつけてびくびくする.
【怕热】pàrè 形 暑さに弱い；暑がりである.
【怕人】pàrén ①動 人おじする. ②形 人を怖がらせる. 恐ろしい. 怖い. ¶老师一生气,样子很～ / 先生が怒ると,顔つきがとても怖い.
【怕三怕四】pà sān pà sì →【怕前怕后】pà qián pà hòu
【怕生】pàshēng 動 人見知りをする.
【怕事】pà//shì 動 面倒を起こしたくない；事なかれ主義である.
【怕是】pàshi 副 恐らく…だろう. ¶她～有隐情yǐnqíng / 彼女はたぶん隠し事をしている.
【怕死】pàsi 動(～了)恐ろしくてたまらない.
【怕死鬼】pàsǐguǐ 名 臆病者. 意気地なし.
【怕羞】pà//xiū 動 恥ずかしがる.

pai（ㄆㄞ）

*拍 pāi ❶動 ①(手のひらで軽く)たたく,はたく. ¶～肩膀 jiānbǎng /(励ましたり慰めたりして)肩を軽くたたく. ②(映画・写真を)撮る. ❖～电影 *diànying* / 映画を撮る. ③電報を打つ. ¶～电报 diànbào / 電報を打つ. ④〈口〉おべっかをつかう. ¶我不会～领导lǐngdǎo / 私は上におべっかをつかえない. ¶→～马屁 mǎpì.
❷名 ①(～儿)たたく道具. ラケット. ¶苍蝇 cāngying ～儿 / ハエたたき. ②(音楽の)拍子,ビート. ¶四分之二～ / 4分の2拍子. ¶合～ / 調子が合っている. ‖姓
【拍案】pāi'àn 動(怒り・驚き・称賛などで)机をたたく. ►4字句に用いる. ¶～叫绝 jiàojué / 机をたたいて絶賛する.
【拍巴掌】pāi bāzhang 手をたたく；拍手する.
【拍板】pāi//bǎn ❶名〈音〉短冊型の3枚の板からなり,2枚を束ね,他の1枚とひもで結びつけ,これを親指にかけて,1枚の板で束ねた2枚のほうを打ち鳴らして拍子をとる打楽器. ❷動 ①拍子をとる. ②〈経〉競売で取引成立の合図として拍子木を鳴らす；〈喩〉責任者が決定を下す. ¶～成交 / 手を打って取引が成立する.
【拍打】pāida 動 はたく. たたく.
【拍电】pāi//diàn 動 電報を打つ. 打電する.
【拍发】pāifā 動(電報を)打つ.
【拍花】pāihuā 動〈俗〉薬物で意識を朦朧(もうろう)とさせ子供を誘拐する.
【拍马屁】pāi mǎpì 〈慣〉おべっかをつかう. ごまをする. ¶拍上司 shàngsi 的马屁 / 上司にごまをする. ►"拍马"とも.
【拍卖】pāimài 動 ①競売する. オークションを行う. ¶～会 / オークション. ②たたき売りをする. ¶大～ / 大売出し.
【拍摄】pāishè 動 撮影する. ¶～电影 / 映画を撮る.
【拍手】pāi//shǒu 動 拍手する.
【拍戏】pāi//xì 動 映画を撮影する.
【拍胸脯】pāi xiōngpú 〈慣〉保証する. 請け合う.
【拍照】pāi//zhào 動 写真を撮る.
【拍桌子】pāi zhuōzi 〈慣〉かんしゃくを起こす.
【拍子】pāizi 名 ①ラケット. ②(音楽の)拍子. ❖打 *dǎ* ～ / 拍子をとる. ③たたくもの. ¶苍蝇 cāngying ～ / ハエたたき.

2声 俳 pái ◇◆ ①おどけ. 諧謔(かいぎゃく). ②昔の滑稽(こっけい)芝居.
【俳谐】páixié 名〈書〉滑稽. しゃれ.
【俳优】páiyōu 名〈古〉道化役者.

*排 pái ❶動 ①並ぶ. 並べる. ¶让旅客～成两行 háng / 旅客を2列に並ばせる. ②リハーサルをする. ¶→～演 yǎn. ③排除する. ¶把水～出去 / 水を排出する.
❷名 ①列. ¶前～右三 / 前列右から3人目. ②〈軍〉小隊. ③いかだ. ¶放 fàng ～ / いかだを流す. ④〈料理〉ステーキ. ソテー. ¶牛 niú ～ / ビーフステーキ.
❸量 並び. 列. ¶三十～坐位 / 30列の座席.
◇◆ バレーボール. ¶女～ / 女子バレー(チーム).
【排版】pái//bǎn 動〈印〉組み版をする.
【排比】páibǐ 名〈語〉構造が似た句・文を並列する修辞法.
【排场】páichang ①名 見栄；体裁；格式. ¶讲～ / 見栄を張る. ②形 派手で豪勢である. ¶花那么多钱办喜事 xǐshì,未免 wèimiǎn 太～了吧！/ そんなにお金を遣って結婚式をやるなんて,ちょっとぜいたくすぎないか.
【排斥】páichì 動 排斥する. 排除する. ¶～异己 yìjǐ / 異分子を排斥する.
【排除】páichú 動 ①排除する. 取り除く. ¶～障碍 zhàng'ài / 障害を排除する. ②排泄する.
【排挡】páidǎng 名 変速機. ギア.
【排档】páidàng 名〈方〉屋台. 露店.
【排队】pái//duì 動 列を作る. ¶～上车 / 整列乗車する.
【排筏】páifá 名 いかだ.
【排放】páifàng 動(廃棄物を)排出する.
【排风扇】páifēngshàn 名 換気扇.
【排骨】páigǔ 名(料理用のウシ・ブタ・ヒツジの)肉付き肋骨. スペアリブ. (量) 块.
【排行】páiháng 名(同族中の同世代間における)長幼の順序. ¶他～第三,上面有两个哥哥 gēge / 彼は三男坊で,兄が二人いる.
【排行榜】páihángbǎng 名 ランキング.
【排号】páihào 動 ①整理番号をもらって順に並ぶ. ②〈口〉列に並ぶ.
【排洪】páihóng 動(洪水の後で)排水をする.
【排击】páijī 動 排撃する.
【排挤】páijǐ 動(力や手段を行使して,目障りな人や組織を)排除する,締め出す.
【排解】páijiě 動 ①(紛争を)仲裁する,調停する. ¶～争端 zhēngduān / 紛争を調停する. ②→【排遣】páiqiǎn
【排涝】pái//lào 動 田畑の排水をする.
【排练】páiliàn 動 舞台げいこをする. リハーサルをする.
*【排列】páiliè ①動 順序よく並べる. 配列する. ¶按 àn 年龄 niánlíng 大小～ / 年齢の順に並べる. ②名〈数〉順列.
【排卵】pái//luǎn 動〈生〉排卵する.
【排名】pái//míng 動(順位に)名を連ねる.
【排难解纷】pái nàn jiě fēn 〈成〉問題を解決し,紛争を調停する.

P

【排尿】pái∥niào 動 排尿する．
【排偶】pái'ǒu 名〈語〉(修辞の)対句法．
【排气】pái∥qì 動 排気する．
【排遣】páiqiǎn 動 気晴らしをする．
*【排球】páiqiú 名〈体〉バレーボール．❖打 dǎ ～ / バレーボールをする．¶玩儿 wánr ～ / バレーボールをして遊ぶ．
【排山倒海】pái shān dǎo hǎi〈成〉勢いがすさまじい．
【排水】pái∥shuǐ 動 排水する．
【排他性】páitāxìng 名 排他性．
【排头】páitóu 名(↔排尾 páiwěi)列の先頭．¶～兵 bīng / 最前列に立つ兵士；〈喩〉手本となる人．
【排外】páiwài 動 外国や外部の者を排斥する．¶～主义 zhǔyì / 排外主義．
【排尾】páiwěi 名(↔排头 páitóu)列の最後の人．しんがり．
【排戏】pái∥xì 動 芝居の下げいこをする．
【排泄】páixiè 動 ①(雨水や汚水を)排出する．¶～污水 wūshuǐ / 汚水をはかす．② 排泄する．
【排演】páiyǎn 動 舞台げいこをする．
【排印】páiyìn 動〈印〉組版と印刷をする．
【排长】páizhǎng 名〈軍〉小隊長．
【排字】pái∥zì 動〈印〉植字する．

徘 pái "徘徊 páihuái"⬇という語に用いる．

【徘徊】páihuái 動 ①(同じ場所を)**行ったり来たりする**．②〈喩〉躊躇(ちゅうちょ)する．¶对改革不能持 chí ～观望 guānwàng 态度 tàidu / 改革に対し優柔不断に傍観を決めこむ態度をとってはならない．③〈喩〉(数値が)揺れる，上下する．

P

* **牌** pái 名 ①**カルタ．カード．**勝負事に使う札．(量) 张．¶纸～ / 紙製のカルタ．¶麻将 májiàng ～ / マージャン牌．❖打 dǎ ～ / トランプをする；マージャンをする．❖洗 xǐ ～ / トランプを切る；マージャンをかき混ぜる．❖发 fā ～ / トランプを配る．②(～儿)**商標．ブランド．**¶这台电视机是什么～的？/ このテレビはどこのですか．¶冒 mào ～儿 / 商標を盗用する；にせブランド．③(～儿)**札．掛け札．**¶布告 bùgào ～ / 掲示板．‖姓
【牌匾】páibiǎn 名 扁額(へんがく)．横額．
【牌号】páihào 名(～儿) ① 商店の店名．屋号．② 商標；銘柄．
【牌价】páijià 名〈経〉公定価格．公示相場．¶外汇 wàihuì ～ / 公定為替レート．
【牌楼】páilou 名 装飾用または祝賀・記念用の屋根付きのアーチ形の建造物．
【牌位】páiwèi 名 ① 位牌．②(～儿)〈喩〉実権がなく，他人の言うままに動く人．置物．
【牌照】páizhào 名 ①(自動車の)ナンバープレート．② 営業許可証．
【牌子】páizi 名 ①(木・竹・紙などで作った)札(ふだ)．看板．(量) 块，个．¶存车 cúnchē ～ / 自転車一時預かりの合い札．② 商標．ブランド．¶老～ / 伝統あるブランド．

3声 **迫**(廹) pǎi "迫击炮 pǎijīpào"⬇という語に用いる．⏩pò

【迫击炮】pǎijīpào 名〈軍〉迫撃砲．

4声 ** **派** pài ❶動 ① **差し向ける．派遣する；**任命する．割り当てる．►二重目的語を伴うことができる．¶班长 bānzhǎng ～每人一个任务 / 班長から各人に任務が割り振られる．［兼語を伴うことができる］¶～小林去买啤酒 píjiǔ / 林くんにビールを買いにいってもらう．
〚派＋给〔往〕…〛 pài gěi〔wǎng〕… …に割り当てる．…に派遣する．¶把她～给总经理室当秘书 mìshū / 彼女に社長室の秘書になってもらう．¶救援队 jiùyuánduì 已～往现场 xiànchǎng / 救援隊はすでに現場に派遣された．
②(人の過ちを)指摘し責める．¶→～不是 bùshi．
❷名 ① 派．流派；(同じ立場の)グループ．集団．¶你是哪一～的 / 君はどのグループの人ですか．②〈料理〉パイ．¶苹果 píngguǒ ～ / アップルパイ．
❸形〈俗〉(身なりが)立派である．貫禄がある；モダンである．¶这个人很有～ / この人はなかなかスマートだ．
❹量 ① 流派を数える．¶两～学者 / 二つの流派の学者．②"一派"の形で景色・言葉・事柄・音などに用いる．¶好一～樱花 yīnghuā 盛开 shèngkāi 的景色 / 見渡す限り満開の桜の景色だ．¶一～胡言 húyán / まったくのでたらめ．
◇◆ ①やり方．気風．¶气～ / 気前．気概．¶老～的人 / 古いタイプの人．②川の支流．
【派别】pàibié 名 流派．派閥．¶～斗争 / 派閥闘争．¶闹 nào ～ / 派閥抗争を行う．
【派兵】pài∥bīng 動 軍隊を派遣する．派兵する．
【派不是】pài bùshi (他人の)落ち度を責める．¶派部下的不是 / 部下の過失を責める．
【派出所】pàichūsuǒ 名 派出所．参考 パトロール・防犯活動・戸籍管理など，日本の大きな巡査派出所と役所の住民課窓口を併せたような仕事をする．
【派对】pàiduì 名〈方〉パーティー．►英語 party の音訳語．
【派活】pài∥huó 動(～儿)仕事を割り振る．
【派遣】pàiqiǎn 動(↔召回 zhàohuí)**派遣する．**¶～他出国 / 彼を国外へ派遣する．
【派儿】pàir 名〈口〉気質．かたぎ．タイプ．
【派生】pàishēng 動 派生する．¶～词 cí /〈語〉派生語．
【派头】pàitóu 名(～儿)(きざな)態度．気勢．►多く軽蔑の意味を含む．¶要 shuǎ ～ /〈慣〉もったいぶる．
【派系】pàixì 名 派閥．¶～之争 / 派閥争い．
【派性】pàixìng 名 党派性．派閥性．
【派驻】pàizhù 動 派遣され駐在する．

湃 pài "湃湃 pāngpài"(大水が激しい勢いで流れるさま)，"澎湃 péngpài"(波が激しくぶつかり合うさま．勢いの盛んなさま)という語に用いる．

pan（ㄆㄢ）

1声 **潘** pān ‖姓 ►"三点水旁 páng 右加三番 fān 五次的番"などと説明する．

攀 pān 動 ①(物につかまって)**よじ登る．**¶～着梯子 tīzi 上树 / はしごにつかまって木によじ登る．②(有力者に〔と〕)**取り入る，婚姻関係を結ぶ．**¶～高门 gāo-

mén / 名門に取り入る.
◇◆ 巻き添えにする. ¶→~扯 chě. ‖姓
【攀比】pānbǐ 動 互いに比べ合い張り合う.
【攀扯】pānchě 動 ①巻き込む. ②渡りをつける.
【攀登】pāndēng 動 **よじ登る.(高い目標に)到達する.** ¶~险峰 xiǎnfēng / 険しい山によじ登る. ¶~医学 yīxué 的新高峰 / 医学の新しい頂点をめざす. ¶~架 jià / ジャングルジム.
【攀附】pānfù 動(植物などが)はい登る. 権勢のある人に取り入る.
【攀高枝儿】pān gāozhīr 〈慣〉地位の高い人と交際したり結婚したりする.
【攀龙附凤】pān lóng fù fèng 〈成〉権力者に取り入る.
【攀亲】pān//qīn 動 有力者と血縁関係を結ぶ.
【攀升】pānshēng 動〈経〉(価格・数量などが)上昇する.
【攀谈】pāntán 動 話しかける;雑談する.
【攀缘・攀援】pānyuán 動 よじ登る;〈喩〉権勢のある人にすがりつく.
【攀折】pānzhé 動(花・木を)引っ張って折る.

爿 pán 〈方〉①名 切れ端. ¶柴 chái ~ / 薪. ②量 田畑・商店・工場などを数える.

胖 pán ◇◆ 安らかである. ¶心宽 kuān 体~ / 心がゆったりすれば体も丈夫になる. ⏩pàng

盘(盤) pán ❶名(~儿)(多く円形の)**大皿. お盆.** ►小皿は"碟 dié"という. ¶汤 tāng ~ / スープ用の深い皿. ¶托 tuō ~ / トレー.
❷動 ①**ぐるぐる回る, 巻く.** ¶把软线 ruǎnxiàn ~起来 / コードをぐるぐる巻く. ¶~上山去 / ぐるぐる回って山に登る. ②(オンドルやかまどを)築く. ¶~炕 kàng〔灶 zào〕/ オンドル〔かまど〕を作る. ③(商品や帳簿などを)詳しく調べる. ¶→~货 huò. ¶→~账 zhàng. ④工場や商店を人に譲渡する. ⑤運び出す. 移す.
❸量 ①**うず巻き状のもの・皿に盛ったもの・うすや機械などを数える.** ¶四~菜 cài / 4皿の料理. ¶一~胶带 jiāodài / ガムテープ1本. ¶一~磨 mò / ひきうす一つ. ②スポーツ・ゲームの試合の回数を数える. ¶下一~棋 qí / 将棋〔囲碁〕を1局さす〔打つ〕.
◇◆ ①形や用途が皿に似たもの. ¶棋 qí ~ / 碁盤. 将棋盤. ②相場. ¶开~ / 寄りつき相場. ③問いただす. ¶→~问 wèn. ‖姓
【盘剥】pánbō 動(高利で貸し)搾取する.
【盘查・盘察】pánchá 動 尋問し取り調べる.
【盘缠】pánchán 動 ぐるぐる巻きつく.
【盘缠】pánchan 名 旅費.
【盘秤】pánchèng 名 皿ばかり.
【盘道】pándào 名 曲がりくねった(山)道.
【盘点】pándiǎn 動 棚卸しをする. ¶~存货 cúnhuò / 在庫品の棚卸しをする.
【盘费】pánfei 名〈口〉旅費.
【盘根错节】pán gēn cuò jié 〈成〉事件や事柄が複雑で入り組んでいる.
【盘根问底】pán gēn wèn dǐ 〈成〉とことんまで追究する. ►"盘根究底"とも.
【盘古】Pángǔ 名 盤古(ばんこ). (神話で)天地開闢(かいびゃく)の祖. ¶自从~开天地 / 開闢以来.
【盘桓】pánhuán 動 ①〈書〉逗留する;滞在する. ②徘徊する.
【盘货】pán//huò 動 棚卸しをする.
【盘诘】pánjié 動 厳しく尋問する.
【盘结】pánjié 動 ぐるぐる巻きつく.
【盘踞】pánjù 動 巣くう. 不法に占拠する. ►"盘据"とも書く.
【盘炕】pán//kàng 動 オンドルをつくる.
【盘库】pán//kù 動 在庫品を点検する. 棚卸しをする.
【盘儿菜】pánrcài 名(そのまま煮炊きできるよう)皿盛りにして売っている料理の材料. 総菜セット.
【盘绕】pánrào 動 からまる. 巻きつく.
【盘石】pánshí ⇀【磐石】pánshí
【盘算】pánsuan 動 思案する. ¶我们正在~着怎样跟他说 / われわれは彼にどのように話すか思案しているところだ.
【盘头】pán//tóu 動 髪をぐるぐる巻きにする. まげを結う.
【盘腿】pán//tuǐ ①動 あぐらをかく. ►"盘膝"とも. ②名 けんけん遊び. ►3, 4人がいっしょに片足を掛け合い, リズムをとりながら跳ぶ.
【盘问】pánwèn 動 尋問する. 問い詰める.
【盘香】pánxiāng 名 渦巻き線香.
【盘旋】pánxuán 動 ①**旋回する.** ②ぶらぶらする;とどまる.
【盘灶】pán//zào 動 かまどを築く.
【盘账】pán//zhàng 動 帳簿を点検する.
【盘子】pánzi 名 ①大きな皿.** ②〈経〉**相場.** 市場価格. ¶~看涨 kànzhǎng / 相場が強気である.

磐 pán "磐石 pánshí"⬇という語に用いる.
【磐石】pánshí 名 大きな石. 磐石(ばんじゃく). ¶安如 rú ~ / 〈成〉盤石のごとくびくともしない.

蹒(蹣) pán "蹒跚 pánshān"⬇という語に用いる.
【蹒跚】pánshān 動 よろよろと歩く. ふらつく.

蟠 pán ◇◆ とぐろを巻く. ¶~曲 qū / 〈書〉わだかまる. くねくね曲がる.
【蟠桃】pántáo 名 ①〈植〉平たい形をした桃. ②(神話のなかで)仙人が食べる桃.

4声 **判 pàn** 動 ①判決を出す. 裁く. ¶~贩毒犯 fàndúfàn 死刑 sǐxíng / 麻薬の売人に死刑の判決を下す.
②(試験・提出物などを)**評定する.** ❖~卷子 *juànzi* / 答案を見る. 採点する.
◇◆ ①明らかに異なる. ¶→~若 ruò 两人. ②分ける. 見分ける. ¶→~别 bié. ¶→~明 míng.
【判案】pàn//àn 動 裁判をする;判決を下す.
【判别】pànbié 動 見分ける. 区別する.
【判处】pànchǔ 動 刑を言い渡す. ¶~死刑 / 死刑を言い渡す.
【判定】pàndìng 動 判定する. 判断して決める.
*【判断】pànduàn ①動 **判定する. 判断する.** ¶~风向 / 風向きを判断する. ②名〈論〉判断. ¶~词 cí / 判断詞. 繋辞(けいじ). ►"是""姓""叫"など.
【判罚】pànfá 動 違反を処罰する;反則にペナルテ

P

ィーを科す.

【判决】pànjué 動〈法〉判決を下す. ¶～有罪 zuì / 有罪を言い渡す.

【判例】pànlì 名〈法〉判例.

【判明】pànmíng 動 明らかにする. はっきりさせる.

【判然】pànrán 形(差が)はっきりとしているさま. ¶左右～不同 / 左右が著しく違う.

【判若鸿沟】pàn ruò hóng gōu 〈成〉区別や境界がはっきりしている. ⇒【鸿沟】hónggōu

【判若两人】pàn ruò liǎng rén 〈成〉まるで別人のようである.

【判若云泥】pàn ruò yún ní 〈成〉雲泥の差. ►"判若天渊"とも.

【判刑】pàn//xíng 動 刑罰を下す.

【判罪】pàn//zuì 動 刑を定める. 刑を言い渡す.

盼 pàn 動 **待ち望む.** ¶大家～你早日恢复 huīfù 健康 / 早くお元気になられるようみな切に願っています.
◇◆ 見る. ¶左顾 gù 右～ / 周りをうかがう. ‖姓

*【盼望】pànwàng 動 **待ち望む. 切に希望する.** ¶～早日相会 xiānghuì / 早くお会いできることを切に望みます. ¶学生们～着放寒假 hánjià 去滑雪 huáxuě / 学生たちは冬休みになってスキーをするのを待ち望んでいる.

比較 盼望：希望 xīwàng ❶"盼望"は語気がかなり強いのに対して,"希望"はやや軽い. ❷"盼望"は他人に対してしか用いないが,"希望"は他人に対しても自分に対しても用いる. ❸"希望"には動詞のほかに名詞もある.

【盼星星,盼月亮】pàn xīngxing, pàn yuèliang 〈慣〉首を長くして待ち望む.

P

叛 pàn ◇◆ 背く. 寝返る. ¶众 zhòng～亲 qīn 离 lí / 大衆も側近も背き離れてしまう.

【叛变】pànbiàn 動 裏切る. 寝返る.

【叛匪】pànfěi 名 反逆の悪人たち.

【叛国】pàn//guó 動 祖国を裏切る. ¶～分子 fènzǐ / 売国奴.

【叛离】pànlí 動 裏切る. 離反する.

【叛乱】pànluàn 名 武装反乱.

【叛卖】pànmài 動(国や革命を)裏切って売り渡す.

【叛逆】pànnì ①動 反逆する. ②名 反逆者.

【叛首】pànshǒu 名 反逆者の首領.

【叛逃】pàntáo 動 裏切って逃げる；国に背いて亡命する.

【叛徒】pàntú 名 **反逆者. 裏切り者.**

畔 pàn ◇◆ ①岸. ほとり. そば. ¶路 lù～ / 道端. 路傍. ¶湖 hú～ / 湖のほとり. ②あぜ.

襻 pàn ①名(～儿)ボタンをかける輪. ②動(ひも・糸で)結わえつける. かがる.

pang (ㄆㄤ)

1声 **乓 pāng** 擬 ①《銃声》ぱん. ②《ドアや器物など》がたん. ►重ねて用いることが多い.

滂 pāng ◇◆ 水が湧き出るさま. ¶～湃 pài / 大水が激しい勢いで流れるさま.

【滂沱】pāngtuó 形 雨が激しく降るさま；(涙が)とめどなく流れるさま. ¶大雨～ / どしゃ降りになる.

膀 pāng 動 はれる. むくむ. ¶他的脸 liǎn 都～了,恐怕 kǒngpà 有病 / 彼の顔はむくんでしまっている,おそらく病気だろう. ►► bǎng,páng

【膀肿】pāngzhǒng 動 はれる. むくむ.

2声 **彷(徬) páng** "彷徨 pánghuáng"▼という語に用いる. ►► fǎng

【彷徨】pánghuáng 動 ためらう；迷う；さまよう. ¶～不定 / 迷って決まらない.

庞(龐・厖) páng ◇◆ ①膨大である. ¶→～然 rán 大物. ②乱雑である. ¶→～杂 zá. ③顔かたち. ¶脸～儿 / 顔立ち. ‖姓

【庞大】pángdà 形 **膨大である.** 注意 大きすぎるとか,不適当なまでに大きいとかの意味を含み,形・規模・組織・数量などについて用いる. ¶军费开支 kāizhī ～ / 軍事費が膨大である.

【庞然大物】páng rán dà wù 〈成〉途方もなく大きなもの.

【庞杂】pángzá 形 雑然としている. ¶内容 nèiróng ～ / 内容が雑然として冗長である.

*旁 páng ① 方位 **かたわら. 横.** ¶桌～ / テーブルのわき. ② 形 ほかの. 別の. ¶～的证据 zhèngjù / ほかの証拠. ③ 名(～儿)漢字の偏. ¶立人～ / にんべん. ‖姓

【旁白】pángbái 名〈劇〉わきぜりふ.

【旁边】pángbiān 方位(～儿)かたわら. そば. わき.** ¶从～过去 / そばを通り過ぎる. 注意 意味は"旁"とほぼ同じだが,用法に以下のような違いがある. a単独で用いることができる. ¶我的～坐着老王 / 私のそばに王さんがすわっている. b"旁边"は名詞の後に用いるとき,間に"的"を挟むことができるが"旁"はできない. ¶学校(的)～〔×学校的旁〕/ 学校の隣. c"旁边"は後に"的"や数量を表す句をつけて名詞を修飾することができるが"旁"はできない. ¶～的教室 / 隣の教室. ►"旁的教室"といえば「別の教室」の意味になる. ¶～那两个人〔×旁那两个人〕/ そばのあの二人. d"旁边"は"旁"のように他の造語成分と結んで単語を構成しない. ¶枕 zhěn 旁〔×枕旁边〕/ 枕元.

【旁观】pángguān 動 **傍観する.** ¶采取 cǎiqǔ 冷眼～的态度 / 冷ややかな傍観の態度をとる.

【旁观者清】páng guān zhě qīng 〈成〉傍観者にはよく見える. 岡目八目(おかめはちもく).

【旁及】pángjí 動 別のものに及ぶ.

【旁门】pángmén 名(～儿)通用門. 勝手口. 〈量〉扇 shàn.

【旁敲侧击】páng qiāo cè jī 〈成〉それとなくほのめかす. 遠回しに言う.

【旁人】pángrén 名 **他人. 局外者.**

【旁若无人】páng ruò wú rén 〈成〉①傍若無人. ②だれも見ていないかのように落ち着き払っている.

【旁听】pángtīng 動 ①**傍聴する.** ¶～席 xí / 傍聴席. ②**聴講する.** ¶～生 / 聴講生.

【旁征博引】páng zhēng bó yǐn 〈成〉論拠とな

るものを豊富な資料から広く引用すること.

【旁证】pángzhèng 名 旁証.

【旁支】pángzhī 名 傍系.

膀 páng "膀胱 pángguāng"⬇という語に用いる. ⏩ bǎng,pāng

【膀胱】pángguāng 名〈生理〉膀胱(ぼうこう).

磅 páng "磅礴 pángbó"⬇という語に用いる. ⏩ bàng

【磅礴】pángbó ①形(勢いが)盛んなさま. ¶气势 qìshì ～ / 意気盛んである. ②動 満ち広がる. 充満する.

螃 páng "螃蟹 pángxiè"⬇という語に用いる.

【螃蟹】pángxiè 名〈動〉カニ. 量 只 zhī.

胖 pàng 形(↔瘦 shòu)(人が)太っている**. 注意 "肥 féi"は動植物の脂ののりがよいことをさし,人間には使えない. ¶这孩子长 zhǎng 得很～ / この子は太っている. ¶他最近～了一点儿 / 彼は最近少し太った. ¶～人 / 太っている人. ⏩ pán

【胖墩墩】pàngdūndūn 形(～的) 背が低く,太って頑丈なさま.

【胖墩儿】pàngdūnr 名〈口〉ずんぐりした子.

【胖乎乎】pànghūhū 形(～的) まるまる太っているさま.

【胖瘦】pàngshòu 名 太り具合.

【胖子】pàngzi 名 太っている人. でぶ.

pao (ㄆㄠ)

抛 pāo 動 ①**投げる**. ¶～球 / ボールを投げる. ②捨て去る. ¶把对手远远～在后面 / 相手を後ろに遠く引き離した. ③投げ売りをする. ¶把压仓货 yācānghuò ～出去 / 在庫品の投げ売りをする.

【抛出】pāo//chū 動+方補 ①投げ出す. ②〈貶〉(考え・政策などを)臆面もなく持ち出す.

【抛光】pāoguāng 動〈機〉(製品に)磨きをかける,つや出しをする.

【抛价】pāojià 名 捨て値. ¶～出售 chūshòu / 捨て値で売る.

【抛锚】pāo//máo 動 ①いかりを下ろす. ②(車が)えんこする. ③(仕事が)突然中止になる.

【抛弃】pāoqì 動 **捨てて顧みない**. 投げ捨てる. ¶～信仰 xìnyǎng / 信仰を捨て去る.

【抛却】pāoquè 動 捨てる. 捨て去る.

【抛洒・抛撒】pāosǎ 動 投げる. 撒き散らす.

【抛售】pāoshòu 動 投げ売りをする. ¶亏本 kuīběn ～ / 出血サービスをする.

【抛头露面】pāo tóu lù miàn 〈成〉〈貶〉①(旧時,女性が)人前に顔をさらす. ②人前にでしゃばる.

【抛物线】pāowùxiàn 名〈数〉放物線.

【抛掷】pāozhì 動 ①なげうつ. ②〈書〉放擲(ほうてき)する.

【抛砖引玉】pāo zhuān yǐn yù 〈成〉れんがを投げて玉(ぎょく)を引き寄せる. ►何か発言するとき謙遜(けんそん)して,自分の未熟な見解を述べて大方の卓説を引き出すという意味に用いる.

泡 pāo ①名(～儿)やわらかくふくれたもの. ¶豆腐～儿 / 揚げ豆腐. ②量 糞尿を数える. ¶一～屎 shǐ / ひとかたまりの糞. ⏩ pào

2声 **刨 páo** 動 ①(くわ・つるはしなどで)掘る. ►シャベルを使うときは"挖 wā"という. ¶～地 / 地面を掘る. ②〈口〉差し引く. ¶十～去三还剩 shèng 七 / 10から3を引くと7になる. ⏩ bào

【刨除】páochú 動 取り除く. 差し引く.

【刨根儿】páo//gēnr 動 徹底的に追求する. ¶～问底儿 dǐr / 根掘り葉掘り問いただす.

咆 páo ◇◆ ①(猛獣や人が)ほえる. 叫ぶ. ¶→～哮 xiào. ②水が激しい音を立てて流れる.

【咆哮】páoxiào 動(猛獣が)ほえたける;(人が)怒号する.

庖 páo ◇◆ ①調理場. ¶→～厨 chú. 台所. ②料理人. コック. ¶～丁 dīng / 料理人.

【庖厨】páochú 名〈書〉①厨房(ちゅうぼう). 台所. ②料理人.

【庖代】páodài 動〈書〉人に代わって何かをする. ⇨【越俎代庖】yuè zǔ dài páo

炮 páo 動(生薬を)焙(ほう)じる. ¶～姜 jiāng / 焙じたショウガ. ⏩ bāo,pào

【炮制】páozhì 動 ①〈中薬〉薬材を加工し精製する. ②〈貶〉でっち上げる.

袍 páo ◇◆(～儿)(中国式の)長衣. ¶旗 qí ～ / チャイナドレス.

【袍罩儿】páozhàor 名(長衣の)上っ張り.

【袍子】páozi 名 中国式の長い上着.

3声 **跑 pǎo 動 ①(人や動物・自動車が)**走る,駆ける**. ¶哥哥～得比我快 / 兄さんは私より速く走る. ¶你看谁～得最快 / だれがいちばん走るのが速いと思いますか. ►目的語には①動作の結果 ②方法や範囲 ③動作の主体をとることができる. ①¶我绕 rào 跑道～了十圈 quān / 私はトラックを10周走った. ¶上次长跑比赛时,他～了第一 / 前回のマラソンでは彼が1番だった. ¶小王～在最前头,我～在最后边儿 / 王くんがトップを走り,ぼくがしんがりを走った. ②¶接力长跑,她～最后一棒 / 駅伝で彼女はアンカーを務める. ③¶高速公路上～过去几辆卡车 / 高速道路を数台のトラックが通った.

②(ある用件で)**走り回る**,奔走する. ¶～来～去 / 東奔西走する. [用件や場所を表す目的語をとることもできる] ¶～资金 zījīn / 金策に走りまわる. ¶我～广东,你～厦门 Xiàmén / 私はカントンを担当し,君はアモイを回る.

③**逃げる**. 逃走する. いなくなる. ¶小偷 xiǎotōu ～了 / すりが逃げた. ¶你想～也～不了 buliǎo / 逃げようと思ったって,逃げられっこないよ.

④漏れる;(液体が)揮発する. ¶这茶叶～味儿 wèir 了 / このお茶はかおりが抜けてしまった. ¶啤酒 píjiǔ ～了气儿了 / ビールの気が抜けた.

⑤〈方〉(＝走 zǒu)歩く.

【跑表】pǎobiǎo 名 ストップウォッチ.

*【跑步】pǎo//bù 動 **駆け足をする**. ジョギングをす

る．¶～走！/（号令で）駆け足進め．
【跑车】pǎo//chē ① 動（列車に）乗務する．② 名 競輪用自転車．
【跑单帮】pǎo dānbāng 〈慣〉担ぎ屋をする．
【跑道】pǎodào 名 ① 滑走路．②〈体〉トラック．
【跑得了和尚，跑不了寺】pǎodeliǎo héshang, pǎobuliǎo sì 〈諺〉人は逃走できるが，事件はうやむやにはできない．
【跑电】pǎo//diàn 動 漏電する．
【跑调儿】pǎo//diàor 動 音程が狂う．
【跑肚】pǎo//dù 動〈口〉下痢をする．腹を下す．
【跑光】pǎo//guāng 動（フィルム・感光紙などが）密封不良のため感光する．
【跑江湖】pǎo jiānghú 〈慣〉大道芸人・占い・薬売りなどをして各地を回る．
【跑垒】pǎo//lěi 動（野球で）走塁をする．
【跑马】pǎo//mǎ 動 馬を走らせる．¶～场 chǎng / 競馬場．
【跑买卖】pǎo mǎimai 各地を行き来して商売する．►"跑生意 shēngyi"とも．
【跑跑颠颠】pǎopǎodiāndiān 形（～的）忙しく駆け回るさま．
【跑跑跳跳】pǎopǎotiàotiào 形（～的）跳んだり跳ねたりするさま．
【跑气】pǎo//qì 動 空気や蒸気が漏れる．
【跑前跑后】pǎo qián pǎo hòu 〈成〉四方八方奔走する．
【跑堂儿的】pǎotángrde 名 給仕．ボーイ．
【跑题】pǎo//tí 動 話がずれる．話題から外れる．►"走 zǒu 题"とも．
【跑腿儿】pǎo//tuǐr 動〈口〉使い走りをする．¶～打杂 dǎzá / 使い走りや雑用をする．
【跑外】pǎowài 動 営業などで外回りをする．¶～的 / 外回りの店員．
【跑鞋】pǎoxié 名〈体〉スパイク．

4声 **泡** pào ❶名（～儿）① 泡．¶冒 mào ～儿 / 泡が立つ．② 泡に似たもの．¶起～ /（手や足に）まめができる．
❷動 ① 漬ける．浸す．¶把脏 zāng 袜子 wàzi ～在水桶 shuǐtǒng 里 / 汚れた靴下をバケツに漬けておく．② 時間をつぶす．¶整天～在茶馆里 / 一日中喫茶店で時間をつぶす．⏩ pāo
【泡病号】pào bìnghào 〈慣〉（～儿）仮病で仕事を休む；ちょっとした病気なのに大げさに養生する．
【泡菜】pàocài 名（中国式）ピクルス．
【泡茶】pào//chá 動 お茶を入れる．►湯の中に茶の葉を浸し，茶の葉をじわじわと開かせること．
【泡饭】pào//fàn ① 動 ご飯に湯や汁をかける；茶漬けにする．② 名 湯をかけたご飯；水を入れて煮たご飯．
【泡芙】pàofú 名 シュークリーム．
【泡蘑菇】pào mógu 〈慣〉ごねる；だらだらと時間を引き延ばす．
【泡沫】pàomò 名 ① あぶく．泡沫．¶起～ / 泡が立つ．②〈喩〉バブル．
【泡沫经济】pàomò jīngjì 名 バブル経済．
【泡沫塑料】pàomò sùliào 名 発泡スチロール．
【泡泡糖】pàopàotáng 名〈口〉風船チューインガム．
【泡汤】pào//tāng 動〈方〉ふいになる．おじゃんになる．
【泡温泉】pào wēnquán 温泉につかる．
【泡影】pàoyǐng 名〈喩〉水の泡．
【泡子】pàozi 名〈方〉電球；真空管．
【泡澡】pào//zǎo 動 風呂に入る〔つかる〕．

* **炮**（砲）pào 名 ①〈軍〉砲．大砲．㊧ 门．②（鉱山などで用いる）発破．③ 爆竹．¶～竹 zhú / 爆竹．④"象棋 xiàngqí"（中国将棋）の駒の一つ．⏩ bāo,páo
【炮弹】pàodàn 名〈軍〉砲弾．㊧ 颗 kē,个．¶～壳儿 kér / 砲弾の薬莢(やっきょう)．
【炮灰】pàohuī 名 大砲の餌食．強制的に戦場に送られ落命した兵士．
【炮火】pàohuǒ 名 砲火．
【炮击】pàojī 動 砲撃する．
【炮舰】pàojiàn 名〈軍〉砲艦．
【炮舰外交】pàojiàn wàijiāo 名 砲艦外交．武力外交．
【炮筒子】pàotǒngzi 名〈喩〉思ったことをずけずけと言ってのける人．¶～脾气 píqi / 無鉄砲な性格．怒りっぽい性質．
【炮仗】pàozhang 名 爆竹．❖放 *fàng* ～ / 爆竹を鳴らす．

疱 pào 名（皮膚にできる）水ぶくれ．水疱．
【疱疹】pàozhěn 名 ① 水疱．水ぶくれ．②（天然痘や水痘などの）疱疹(ほうしん)．ヘルペス．

pei（ㄆㄟ）

1声 **呸** pēi 感《唾棄または叱責を表す》ちぇっ．ばかいえ．¶～！我怎么能说那种 zhǒng 话 / ばかいえ，おれがそんなこと言えるか．注意 実際には必ずしも第一声に発音されるとは限らず，また，語尾がはっきり発音されずに pē のような音になることもある．

胚 pēi 名 胚(はい)．胚子．胚芽．
【胚层】pēicéng 名〈生理〉胚葉．►"胚叶 yè"とも．
【胚胎】pēitāi 名 ①〈生理〉胚胎．②〈喩〉（物事の）初め，兆し，萌芽．¶市场经济 shìchǎng jīngjì 的～ / 市場経済の萌芽．
【胚芽】pēiyá 名 ①〈植〉胚芽．②〈喩〉物事の兆し．芽生え．
【胚子】pēizi 名 ①〈俗〉カイコの卵の胚胎．②〈喩〉たまご．

2声 * **陪** péi 動 付き添う．お供をする．¶我～奶奶 nǎinai 去医院 yīyuàn / おばあさんに付き添って病院に行く．¶～客人参观 cānguān / 客の見学のお供をする．
◇◆ 側面から協力する．¶→～审 shěn．
【陪伴】péibàn 動 お供する．付き添う．
【陪衬】péichèn ① 動 対照的に引き立てる．② 名 引き立て役．添えもの．¶作～ / 引き立て役になる．
【陪床】péichuáng 動 病人に付き添う．看護する．
【陪读】péidú 動 留学生の配偶者が留学に付き添う．
【陪护】péihù 動 病人に付き添って看護する．
【陪酒】péi//jiǔ 動 酒の相手をする．¶～女郎 nǚláng / ホステス．¶～卖笑 màixiào / 水商売をす

る.
【陪客】péi//kè 動 客の相手をする.
【陪客】péike 名 お相伴の客.
【陪审】péishěn 動〈法〉陪審をする. ¶～员 yuán / 陪審員. ¶～制 zhì / 陪審制度.
【陪送】péisong〈口〉①名 嫁入り道具. ②動 親が娘に嫁入り道具を持たせる.
【陪同】péitóng ①動 **お供をする. 同伴する.** ¶～代表团前往各地参观 cānguān / 代表団のお供をして各地へ視察に行く. ②名 随行員;添乗員.
【陪席】péixí 動 相伴として宴席に列する.
【陪葬】péizàng 動〈古〉①陪葬する. ②殉葬する.
【陪住】péizhù 動 入院した病人に泊まり込みで付き添って世話をする.

培 péi

動(植物や塀・堤などを保護するために根元に)**土をかける.** ¶→～土 tǔ.
◇◆ 育てる. 育成する. ‖姓

【培土】péi//tǔ 動 土寄せをする. ¶给小树培点儿土 / 小さな木に土寄せする.
【培修】péixiū 動 土を盛って補強する.
【培训】péixùn 動(幹部や技術員を)**訓練し育成する.**
*【培养】péiyǎng 動 ①(一定の目的で時間を掛け)**養成する. 育成する.** ¶～接班人 jiēbānrén / 後継者を養成する. ¶把她～成护士 hùshi / 彼女を看護師に育て上げる. ②(細菌を)**培養する.** ¶～细菌 xìjūn / 細菌を培養する.
【培育】péiyù 動 ①(幼い生物を)**育てる.** ¶～树苗 shùmiáo / 苗木を育てる. ②(子供・青年を善導し)育てる. 育成する. ¶～新一代科学家 kēxuéjiā / 新しい世代の科学者を育成する.
【培植】péizhí 動 ①(植物を)栽培する. ¶～中草药 zhōngcǎoyào / 薬草を栽培する. ②(人材を)育成する;(勢力を)盛り立てる. ¶～自己的党羽 dǎngyǔ / 仲間を増やす.

*赔 péi

動 ①**償う. 弁償する.** ¶谁损坏 sǔnhuài 了谁～ / 壊した者が弁償しろ. ②(↔赚 zhuàn)(商売で)損をする. ¶今年小豆的买卖 mǎimai 又～了 / 今年アズキの商売でまた損をした.
◇◆ 謝る. ¶→～罪 zuì.

【赔本】péi//běn 動(～儿)元手を割る. 欠損を出す.
【赔补】péibǔ 動 弁償する. 補償する. ¶～亏 kuī 短 / 不足を償う.
【赔不是】péi bùshi〈慣〉おわびをする. 謝る. ►実際は búshi と発音する. ¶向 xiàng 父亲～ / 父に謝る.
【赔不起】péibuqǐ 動+可補 弁償する能力がない.
*【赔偿】péicháng 動 **賠償する. 弁償する.** ¶～损失 sǔnshī / 損失を賠償する.
【赔付】péifù 動 賠償金を支払う. 弁償する.
【赔话】péi//huà 動 わびを入れる.
【赔款】péi//kuǎn ①動 賠償金を支払う. ②名 賠償金.
【赔了夫人又折兵】péile fūren yòu zhé bīng〈諺〉計略が失敗し,逆に損失を招く. ►"折"を shé と発音することもある.
【赔礼】péi//lǐ 動 謝罪する. ►もとは動作を伴って謝ること. ¶～道歉 dàoqiàn / 謝る.
【赔钱】péi//qián 動 ①**損をする.** 元手をする. ②壊したりなくしたりした他人の物を金で償う.
【赔情】péi//qíng →【赔礼】péi//lǐ
【赔小心】péi xiǎoxīn〈慣〉(人の歓心を買ったり怒りをしずめたりするために)へりくだって取り入る. ¶向广告主 guǎnggàozhǔ～ / スポンサーの機嫌をうかがう.
【赔笑】péi//xiào 動 作り笑いをする. ►"赔笑脸"とも.
【赔账】péi//zhàng 動(金銭や品物の取り扱いで)自分の過失による損失を弁償する.
【赔赚】péizhuàn 名 損益.
【赔罪】péi//zuì 動 謝る.

裴 péi

‖姓

沛 pèi

4声

◇◆ 盛大・旺盛なさま. ¶～然 rán / 雨の激しく降るさま. ¶充 chōng～ / 満ちあふれる. ‖姓

佩(珮) pèi

動(**装身具などを**)**つける,ぶら下げる.** ¶腰间 yāojiān～着一把手枪 shǒuqiāng / 腰にピストルを1丁ぶら下げている.
◇◆ 感服する. ¶钦 qīn～ / 敬服する.

【佩带】pèidài 動(バッジやピストルなどを)つける,帯びる.
【佩刀】pèidāo 名 佩刀(はいとう).
*【佩服】pèifu 動 **感心する.** 敬服する. ¶我很～他的毅力 yìlì / 私は彼の気迫には感心する.
【佩挂】pèiguà 動 帯に掛ける. 身につける.

*配 pèi

原義は「くっつけてペアにする」こと.「適当な基準で」取り合わせたり,「欠けているものを補って」添える意からの派生義が多い

❶動 ①**組み合わせる.** 添える. あしらう;(程よく)**取り合わせる.** 配合する. 調合する. ¶这身衣服是姐姐帮我～的 / この上下の服は姉さんがコーディネートしてくれた. ¶～颜色 yánsè / 色を配合する. [めがね・かぎ・薬・ガラスなど,きちんと合わせて作らなければならないものにも"配"を用いる] ❖～眼镜 *yǎnjìng* / めがねを(合わせて)新調する. ❖～药 *yào* / 薬を調合する. 調剤する. 処方する.
②(不足分を)**補充する.** ¶～零件 língjiàn / 部品を補充する. ¶～钥匙 yàoshi / スペアキーをつくる.
③ふさわしい. マッチする. つりあう. ¶红的颜色不太～她 / 赤い色は彼女にはあまり似合わない. ¶这双 shuāng 鞋 xié～那件衣服很好看 / この靴はその服によく合っていて,とてもきれいだ.
④男女が結ばれる;(動物を)交配させる. ¶才子 cáizǐ～佳人 jiārén / 秀才と美人の縁組み. ¶～牛 niú / ウシを交配させる.
❷助動 …**に値する.** …するだけの資格がある.
注意 反語または否定の文に用いることが多い. 多く"不配…"や"配"の前に副詞"只 zhǐ、才、最"などを用いる. 主語は人に限り,物の場合には"能"を用い"配"は用いない. ¶她不～当班长 / 彼女はクラス委員になる資格がない. ¶他～说这样的话吗?——他不～! / 彼がそんなことを言えたものか——言えたもんじゃない. ¶只有这样的人才～当科长 / こういう人

P

こそ課長にふさわしい.

◇◆ ①(計画に基づいて)割り当てる．配給する．¶分 fēn～ / 配属する．割り当てる．②流刑にする．¶～军 jūn / 流刑にして労役〔兵役〕につかせる．

【配备】pèibèi ❶動 1(必要に応じて人や物を)配備する,割り当てる．¶～助手 / 助手を当てがう．2(兵力を)配置する,配備する．❷名 装備．設備．¶陈旧 chénjiù 的～ / 時代遅れの装備．

【配比】pèibǐ 名 成分の混合比率．

【配不上】pèibushàng 動+可補 1(部品の)補充ができない．2 釣り合わない．3 資格がない；ふさわしくない．

【配菜】pèicài 名 料理にあしらう野菜類．つま．

【配餐】pèicān 1 動 食料品を組み合わせる．2 名(パンやハムなど食料品の)組み合わせ．

【配称】pèichèn 形 釣り合う．ふさわしい．

【配搭】pèidā 動(主なものに引き立て役を)配する,添える．

【配搭儿】pèidar 名 添えもの．引き立て役．

【配对】pèi//duì 動(～儿) 1 対にする〔なる〕．2〈口〉(動物を)交尾させる．

【配额】pèi'é 名 割り当て額．

【配方】pèi//fāng 1 動〈薬〉薬剤を調合する．2 名(化学製品や冶金製品などの)調合指図書．►一般に"方子 fāngzi"という．

【配股】pèigǔ 動〈経〉新株を発行し,株主に割り当てて売却する．

*【配合】pèihé 動 **力を合わせる．協力する；チームワークを取る．** ¶他俩 liǎ～在一起,工作得很好 / 彼ら二人はともに力を合わせ,よく働いている．

【配合】pèihe 形 ふさわしい．釣り合っている．

【配货】pèi//huò 動 商品の取り合わせをする．

【配给】pèijǐ 動 配給する．

【配件】pèijiàn 名 1 部品．付属品．2(～儿)取り替え部品．

【配角】pèi//jué (～儿) 1 動 共演する．2 名〈喩〉わき役；補助的な仕事．

【配料】pèi//liào 動 原料を配合する．

【配偶】pèi'ǒu 名 配偶者．►主に法律用語．

【配齐】pèi//qí 動+結補 全部ととのえる．

【配色】pèisè 動 配色する．

【配售】pèishòu 動 1 配給する．2 抱き合わせて売る．

【配套】pèi//tào 動 組み合わせて1セットにする．¶～工程 gōngchéng / 付帯工事．

【配戏】pèi//xì 動 劇や映画の助演をする．

【配药】pèi//yào 動 調剤する．薬を調合する．

【配音】pèi//yīn 動 1 アフレコをする．2(外国映画の)吹き替えをつける．あてレコする．¶～演员 / 声優．

【配乐】pèi//yuè 動(詩の朗読や演劇などに)伴奏や音響効果を加える．

【配制】pèizhì 動(顔料・薬品などを)調合する．¶～酒 / 果汁・香料・漢方薬などを混入した酒．

【配置】pèizhì 動 配置する．

【配种】pèi//zhǒng 動〈牧〉種付けをする．¶人工 réngōng～ / 人工授精．

辔 pèi ◇◆ くつわと手綱．¶鞍 ān～ / 鞍(くら)とくつわ．

【辔头】pèitóu 名 くつわと手綱．

pen (ㄆㄣ)

1声 * **喷** pēn 動(液体・気体・粉末を)**噴き出す．** ¶～水 / 水が噴き出す．¶往 wǎng 水田里～农药 nóngyào / 田んぼに農薬をまく．⏩ pèn

【喷薄】pēnbó 形 1 太陽が勢いよく昇るさま．2 水が勢いよく湧き上がるさま．

【喷灯】pēndēng 名 バーナー．トーチランプ．

【喷发】pēnfā 動(火山が溶岩を)噴出する．

【喷饭】pēnfàn 動 吹き出す；失笑する．

【喷粪】pēnfèn 動 罵詈雑言(ばりぞうごん)を吐く．¶满嘴 mǎnzuǐ～ / 下品な言葉やでたらめばかり言う．

【喷壶】pēnhú 名 じょうろ．量 个,只 zhī,把．

【喷火器】pēnhuǒqì 名 火炎放射器．

【喷溅】pēnjiàn 動(液体やマグマなどが)噴き出して方々にはねる．

【喷墨】pēnmò 名(プリンターの)バブルジェット．¶～打印机 dǎyìnjī / インクジェットプリンター．

【喷漆】pēn//qī 1 動 ラッカーを吹きつける．2 名 ラッカー．

【喷气发动机】pēnqì fādòngjī 名 ジェットエンジン．

【喷气式飞机】pēnqìshì fēijī 名 **ジェット機．**

【喷泉】pēnquán 名 噴水．

【喷洒】pēnsǎ 動 吹きかける．散布する．¶～农药 nóngyào / 農薬をかける．

【喷射】pēnshè 動 噴射する．

【喷水池】pēnshuǐchí 名 噴水(のある池)．

【喷嚏】pēntì 名 **くしゃみ．** ►"嚏喷 tìpen"とも．量 个．❖打 dǎ～ / くしゃみをする．

【喷吐】pēntǔ 動(光・火・気体などを)噴き出す．

【喷头】pēntóu 名 シャワーの噴水口．ノズル．

【喷雾器】pēnwùqì 名 噴霧器．スプレー．

【喷涌】pēnyǒng 動(液体・ガスが)勢いよく湧き出る．

【喷云吐雾】pēn yún tǔ wù〈成〉もうもうと煙を立ててたばこを吸う形容．

【喷子】pēnzi 名 噴霧器．霧吹き．

【喷嘴】pēnzuǐ 名(～儿)(噴霧器などの)ノズル．

2声 * **盆** pén (～儿) 1 名(容器の)**ボウル．鉢．たらい．** 注意 日本の「盆」のように平たいものではなく,かなり深さがあり,口がまるい．¶花～儿 / 植木鉢．¶洗脸 xǐliǎn～ / 洗面器．¶澡 zǎo～ / 浴槽．風呂桶．2 量 **洗面器・鉢**などを数える．¶一～水 / 洗面器1杯の水．‖姓

【盆地】péndì 名〈地〉**盆地．**

【盆花】pénhuā 名 鉢に植えた草花；盆栽．

【盆景】pénjǐng 名(～儿)盆景．箱庭．

【盆盆罐罐】pénpén guànguàn 名 がらくた．►"坛 tán 坛罐罐"とも．

【盆汤】péntāng 名(公衆浴場で)一人用の浴槽のある個室の浴室．►"盆塘 péntáng"とも．

【盆栽】pénzāi 1 動 鉢植えをする．2 名 鉢植え．

【盆子】pénzi 名〈口〉鉢．たらい．量 个．

4声 **喷** pèn (～儿)〈口〉1 名(果物・魚などの)出盛り．旬(しゅん)．¶春笋 chūnsǔn 正在～儿上 / タケノコが出盛りだ．2 量 花が咲いたり実がなったりする回数．¶头～

茶叶 cháyè / 一番摘みの茶葉. ▸▸ pēn
【喷红】pènhóng 形 非常に赤い. ¶他羞 xiū 得满脸 mǎnliǎn ～ / 彼は恥ずかしくて顔が真っ赤になった.
【喷香】pènxiāng 形 非常に芳しい.

peng (ㄆㄥ)

抨 pēng ◇◆ 責める. 弾劾する.
【抨击】pēngjī 動(他人の行動や言論などを)攻撃する,非難する. ►"抨弹 tán"とも.

怦 pēng 擬((心臓が激しく鳴る音))どきどき. ►重ねて用いることが多い. ¶心里～～地跳 tiào 个不停 tíng / 胸がどきどきしている.

砰 pēng 擬 ①((銃を撃つ音))ばん. ぱん. ②((重い物が倒れたりぶつかったりする音))ばたん. どすん.

烹 pēng 動〈料理〉材料を油でさっと炒めてから調味料を加え,手早くかき混ぜて皿に盛る. ¶～对虾 duìxiā / クルマエビの炒め物.
◇◆(おかずを)煮る;(お茶を)沸かす. ¶→～饪 rèn.
【烹茶】pēng//chá 動 お茶を沸かす;お茶を入れる.
【烹饪】pēngrèn 動 料理を作る. ¶～法 fǎ / 調理法.
【烹调】pēngtiáo 動 料理する. ¶～鲜 xiān 鲤鱼 lǐyú / コイの料理を作る.

嘭 pēng 擬 ①((銃を撃つ音))ばん. ぱん. ②((平たい物を強くぶつけたりするとき出るややこもった音))ぽん. ぱん. ►"蓬"とも書く. 重ねて用いることが多い.

朋 péng ◇◆ ①友達. ¶良～好友 / よい友達. ②徒党を組む. ‖姓
【朋辈】péngbèi 名〈書〉友人たち.
【朋比为奸】péng bǐ wéi jiān〈成〉ぐるになって悪事を働く.
【朋党】péngdǎng 名 党派. 徒党.
【朋友】péngyou 名 ①友人. 友達. ❖交 jiāo ～ / 友達になる. ¶你有几个中国～? / 君には中国人の友達が何人いますか. ¶老～ / 古くからの友達. ②恋人. ¶他有～了,两人正在热恋 rèliàn 中 / 彼に恋人ができて,二人は熱愛中だ. ¶女～ / ガールフレンド. ¶男～ / ボーイフレンド.

彭 péng ‖姓 ►"鼓 gǔ 的左边加三撇儿 piěr 的彭"と字形を説明する.

棚 péng 名 ①小屋. あばら家. ¶牛～ / ウシ小屋. ¶自行车～ / 自転車置き場. ②(むしろなどで作った覆いのある)掛け小屋. ¶凉 liáng ～ / (アンペラ掛けの)日覆い. ¶在院子里搭 dā 了个小～ / 庭に小さな日除けを作った.
【棚车】péngchē →【篷车】péngchē
【棚户】pénghù 名 あばら家. バラック.
【棚圈】péngjuàn 名 家畜小屋.
【棚子】péngzi 名〈口〉小屋. バラック. ¶草～ / わら掛けの小屋.

蓬 péng ①名〈植〉ヨモギ. ムカシヨモギ. ②動 散り乱れる. ¶～着头 tóu / 髪を乱れたままにしている. ③量 枝葉のよく茂った草花などを数える. ¶一～玫瑰 méigui 花 / ひとむらのバラ. ‖姓
【蓬勃】péngbó 形 盛んである. ¶～发展 fāzhǎn / 盛んに発展する.
【蓬发】péngfà 名 ぼさぼさに伸びた髪の毛.
【蓬蒿】pénghāo 名 ①〈方〉〈植〉シュンギク. ②草ぼうぼうの野原.
【蓬户】pénghù 名 草ぶきの家;〈喩〉貧しい住居.
【蓬莱】Pénglái 名 蓬萊(ほうらい). 神話で渤海(ぼっかい)にあるという仙人の住む山.
【蓬乱】péngluàn 形(草や髪の毛が)ぼうぼうとしている.
【蓬松】péngsōng 形(草・葉や髪・毛などが)ふわふわしている,ぼさぼさしている. ►"膨松"とも書く.
【蓬头垢面】péng tóu gòu miàn〈成〉髪はぼうぼうと乱れ,顔はあかだらけである. ►"蓬首 shǒu 垢面"とも.

硼 péng 名〈化〉硼素(ほうそ). B.
【硼砂】péngshā 名〈化〉硼砂(ほうしゃ).
【硼酸】péngsuān 名〈化〉硼酸(ほうさん).

鹏 péng 名(古代の伝説中の)おおとり.
【鹏程万里】péng chéng wàn lǐ〈成〉前途洋々.

澎 péng ①動(水などが)はねる. ¶被汽车～了一身泥 / 車に泥をはねられた. ②(Péng)地名に用いる. ►"澎湖列岛 Pénghú lièdǎo"は台湾海峡にある群島.
【澎湃】péngpài 形 ①波が激しく相打つさま. ②〈喩〉気勢が盛んなさま.

篷 péng 名 ①(～儿)(竹・木・アシ・アンペラなどで作った,車や船に用いる)日覆い,風よけ,雨よけ. ¶船～ / 船の苫(とま). ¶凉 liáng ～ / 日覆い. ②船の帆. ¶起风了,赶快把～扯 chě 起来 / 風が出た,急いで帆をあげろ.
【篷布】péngbù 名 カンバス地. テント地. 帆布.
【篷车】péngchē 名 有蓋貨車;幌付きトラック;幌馬車. ►"棚车"とも書く.
【篷子】péngzi 名(竹・むしろ・テント地などで作った)簡易小屋. アンペラ小屋.

膨 péng ◇◆ ふくれる.
【膨大】péngdà 動(体積が)ふくれ上がる.
【膨满】péngmǎn 動(ガスなどがたまって)腹がふくれる.
【膨胀】péngzhàng 動 膨張する. 拡大・増加する. ¶失业的队伍 duìwu 已经～到一千万 / 失業者がすでに1千万人にふくれ上がった. ¶通货 tōnghuò ～ / インフレーション. ¶人口～ / 人口増加.

3声 * **捧** pěng ❶動 ①両手でささげ持つ. ¶双手～着奖杯 jiǎngbēi / 両手でトロフィーを持っている. ②おだてる. 持ち上げる. ¶你把他～得太高了 / 君は彼をおだてすぎだよ. ❷量 両手ですくう量を数える. ¶一

P

～枣儿 zǎr / 両手いっぱいのナツメ.
【捧场】pěng//chǎng 動 他人を持ち上げる. ¶捧他的场 / 彼を持ち上げる.
【捧臭脚】pěng chòujiǎo〈慣〉お世辞を言ってへつらう.
【捧读】pěngdú 動〈書〉拝読する. ¶～贵函 guìhán / お手紙を拝読しました.
【捧腹】pěngfù 動 腹を抱えて大笑いする. ¶～大笑 dàxiào / 抱腹絶倒する.
【捧哏】pěng//gén 動(～儿)漫才でぼけが相づちを打って客を笑わせる.
【捧托】pěngtuō 動 両手の手のひらで物を持つ.

4声 ** **碰 pèng** 動 ①ぶつかる. 打ちつける. ¶腿 tuǐ 在门上～了一下 / 足をドアにぶつけた. ②**出会う. 出くわす.** ¶在街 jiē 上偶然 ǒurán ～到她 / 街で偶然,彼女に出会った. ③試みる. 試しに当たってみる. ¶～一～机会 / チャンスにかけてみる.
【碰杯】pèng//bēi 動(乾杯のとき)杯を合わせる.
【碰鼻子】pèng bízi〈慣〉拒否される.
【碰壁】pèng//bì 動〈喩〉壁に突き当たる. 行き詰まる. ¶四处 sìchù ～ / 八方ふさがりになる.
【碰钉子】pèng dīngzi〈慣〉**断られる.** 拒絶される. ひじ鉄を食う. ¶碰了个软 ruǎn〔硬 yìng〕钉子 / やんわりと〔きっぱりと〕断られた. ¶碰了她的钉子 / 彼女にひじ鉄を食わされた.
*【碰见】pèng//jiàn 動+結補 (偶然)**出会う,出くわす.** ► pèngjian とも発音する. ¶在路上,偶然～了老朋友 / 道で偶然旧友と出会った.
【碰面】pèng//miàn 動(～儿)顔を合わせる. 会う.
【碰碰车】pèngpengchē 名 ぶつけ合って遊ぶ遊戯用のゴーカート.
【碰巧】pèngqiǎo 副(～儿)折よく. いいあんばいに. ¶我刚 gāng 要去,～他来了 / 私が行こうと思ったら,ちょうど折よく彼がやってきた.
【碰伤】pèngshāng 動(軽い)打撲傷を負う.
【碰上】pèngshang 動+方補 ①ぶつかる. ¶那天偏巧 piānqiǎo ～下雨 / その日はあいにく雨だった. ②まぐれに当たる.
【碰头】pèng//tóu 動(～儿)会う. 顔を合わせる. 面会する. ¶俩 liǎ 人约 yuē 好在车站 chēzhàn ～ / 二人は駅で待ち合わせの約束をした.
【碰头会】pèngtóuhuì 名 短い会合. 打ち合わせ会.
【碰一鼻子灰】pèng yī bízi huī〈慣〉ひじ鉄を食う. 冷たく断られる.
【碰硬】pèngyìng 動 手ごわい相手と直接たたかう.
【碰运气】pèng yùnqì 運試しをする.
【碰撞】pèngzhuàng 動 ぶつかる;〈喩〉衝突する.

pi (ㄆㄧ)

1声 * **批 pī** ❶量 **まとまった数の人や物**を数える. ¶一～新同学 / 一団の新入生. ¶一～～新产品出厂 chūchǎng 了 / 新製品がつぎつぎと出荷された.
❷動 ①(文書を)決裁する;(作文に)評を加える. ¶签证 qiānzhèng ～下来了 / ビザが下りた. ❖～作文 *zuòwén* / 作文を直す. 作文を採点する. ②批判する. ¶对这些 xiē 不良 bùliáng 言行 yánxíng,不能不～ / これらの好ましくない言行に対しては,批判せざるを得ない.
❸名(～儿)(綿や麻の)篠,スライバー.
◇◆ ①大量にまとめて(売買する). ¶→～价 jià. ②平手で打つ. ¶～颊 jiá / びんたを食らわす.
【批八字】pī bāzì〈慣〉運命や相性を占う.
【批驳】pībó 動(人の意見や要求に)反駁する.
【批点】pīdiǎn 動(書籍や文章に)批評を書き加えたり,ほめるべきところに傍点や丸をつける.
【批斗】pīdòu 動 批判闘争する.
【批发】pīfā 動 **卸売りする.** ¶～日用品 / 日用品の卸売りをする. ¶～价格 jiàgé / 卸値.
【批复】pīfù 動(下級機関からの文書に)意見を書き加えて返答する.
【批改】pīgǎi 動(文書や宿題を)添削して評を加える. ¶～论文 / 論文を添削する.
【批购】pīgòu 動 ①大口購入をする. ②商品を注文する.
【批货】pī//huò 動(商品を)まとめて仕入れる.
【批价】pī//jià ①名 卸値. ②動 値段を決める.
【批件】pījiàn 名(上級機関からの)許可を与える文書.
【批量】pīliàng ①名 まとまった量. 大量. ②副 大量に.
*【批判】pīpàn 動 ①(誤った思想・言論・行為を)**批判する. 論駁する.** ¶～地学习西洋文化 / 西洋文化を批判的に学ぶ. ②批評する. ¶有不当 bùdàng 之处,欢迎大家～ / 妥当でないところがありましたら,みなさんご指摘ください.
【批评】pīpíng 動 ①批判する.** ¶～干部腐化 fǔhuà / 幹部の腐敗を批判する. ¶文艺 wényì ～ / 文芸批評. ②(相手の欠点や誤りを指摘して)**意見をする,しかる.** ¶大家～他不爱劳动 láodòng / みんなは彼が仕事をしたがらないのを意見する.［"受到shòudào、进行 jìnxíng、给予 jǐyǔ、开展 kāizhǎn"などの目的語になることができる］¶他经常迟到,受到科长的～ / 彼はいつも遅刻するので課長に叱責された.
【批示】pīshì ①動(下級機関からの文書に対して書面で)指示を与える. ②名 指示書.
【批条】pītiáo ①動 責任者が用紙に命令・指示を書く. ►"批条子"とも. ②名 責任者が指示を書いたメモ.
【批文】pīwén 名(上級機関が下級機関からの申請・報告に)返答した文書.
【批语】pīyǔ 名 ①(文章に対する)評語,コメント. ②(公文書に対する)指示の言葉.
【批阅】pīyuè 動 文書を読んで直したり指示を与えたりする. ¶～文件 wénjiàn / 文書に目を通し指示を与える.
*【批准】pī//zhǔn 動 **承認する. 許可する. 批准する.** ¶学生科已经～我休学了 / 学生課はすでに私の休学を許可している. ¶～条约 tiáoyuē / 条約を批准する.
【批租】pīzū 動(土地の)貸借を許可する.

纰 pī 動(布が)ぼろぼろになる. (糸が)ほつれる.
【纰漏】pīlòu 名(不注意による)誤り. 小さな事故.
【纰缪】pīmiù 名〈書〉誤り. 過失.

坯(坏) pī 名 ①白地(しら). ►まだ焼いていない瓦・れんが・陶磁器・七宝焼など. ¶砖 zhuān ～ / まだ焼いていないれんが. ②**日干しれんが.** ¶打～ /

日干しれんがを作る．¶脱 tuō ～ /（木型で）日干しれんがを作る．
◇◆（～儿）半製品．¶面 miàn ～儿 / うどん玉．¶钢 gāng ～ / 鋼片．ビレット．⇒〖坏 huài〗
【坯料】pīliào 名 半完成品．未加工品．
【坯子】pīzi 名 ① 白地．② 半製品．¶酱 jiàng ～ / 生みそ．③ 将来ひとかどの人物になる人．

*披 pī 動 ①（肩に）掛ける，はおる．¶～着风衣 / ウインドブレーカーをはおっている．②（竹・木・つめなどが）裂ける．¶指甲 zhǐjia ～了 / つめが割れた．
◇◆ 開く．¶→～露 lù．
【披风】pīfēng 名 中国式のマント．
【披挂】pīguà ① 動 よろいかぶとを身につける．② 名 よろいかぶと．
【披红】pīhóng 動（祝意や光栄の象徴として）赤い絹を肩から掛ける．
【披甲】pījiǎ 動 よろいをつける．
【披肩】pījiān 名 肩掛け．ストール．㊐ 条，张．
【披肩发】pījiānfà 名 ロングヘア．
【披荆斩棘】pī jīng zhǎn jí〈成〉障害を除去する；事業を開始する．
【披露】pīlù 動 ① 披露する．発表する．¶这一消息 xiāoxi 已在报上～ / そのニュースは新聞紙上に公表済みだ．②（顔や口ぶりに）表す．¶～肝胆 gāndǎn / 真心を見せる．
【披麻戴孝・披麻带孝】pī má dài xiào〈成〉白い麻の服を着て（親の）喪に服する．
【披靡】pīmǐ 動 ①（草木が風に）乱れなびく．②（軍隊が）敗走する，壊走する．¶所向 suǒxiàng ～ / 向かうところ敵なし．
【披散】pīsan 動（髪の毛が）乱れて垂れる．
【披头散发】pī tóu sàn fà〈成〉髪を振り乱す．
【披星戴月】pī xīng dài yuè〈成〉精を出して働く；昼夜兼行で旅路を急ぐ．►"披星带月"とも書く．
【披阅】pīyuè 動〈書〉閲読する．

砒 pī 名〈化〉①〈旧〉砒素（ひそ）．② →【砒霜】pīshuāng
【砒霜】pīshuāng 名〈化〉亜砒酸．

辟（闢）pī "辟头 pītóu"⬇という語に用いる．
⏩ bì,pì
【辟头】pītóu ① 名 始め．始まり．② 副 真っ向から．出会い頭に．

劈 pī 動 ①（刀や斧で縦に）割る，切る．¶～木柴 mùchái / 薪を割る．② 雷が落ちる．¶雷 léi 把一棵 kē 榉树 jǔshù ～成了两截 jié / ケヤキが雷で二つに裂けた．
◇◆ 真正面から．¶～面 / 顔に向かって．⏩ pǐ
【劈刀】pīdāo 名 ① なた．②〈軍〉軍刀術．
【劈口】pīkǒu 副 口を開くなり．いきなり．
【劈里啪啦】pīlipālā 擬 ①《小さな粒状の物が打ち当たりながら散らばる音》ぱちぱち．¶～地打算盘 suànpan / ぱちぱちとそろばんをはじく．②《拍手の音》ぱちぱち．③《木や豆などが熱せられて弾ける音；火花などが散る音》ぱちぱち．
【劈脸】pīliǎn 副 真っ向から．顔めがけて．►"劈面"とも．
【劈啪】pīpā 擬《拍手の音や銃声などの爆発音》ぱちぱち．ぱんぱん．
【劈山】pīshān 動 山を切り開く．¶～开路 kāilù / 山を切り開いて道を作る．
【劈手】pīshǒu 副 すばやく．やにわに．
【劈天盖地】pī tiān gài dì〈成〉名声や勢力が非常に大きいさま．
【劈头】pītóu ① 副 出合い頭に；真っ向から．② 名 最初．►"辟头"とも書く．
【劈头盖脸】pī tóu gài liǎn〈成〉真正面から勢いよく．
【劈胸】pīxiōng 副 胸ぐらめがけて．

霹 pī "霹雳 pīlì"⬇という語に用いる．
【霹雷】pīléi →【霹雳】pīlì
【霹雳】pīlì 名〈気〉落雷．霹靂（へきれき）．¶晴〔青〕天～ / 青天の霹靂．
【霹雳舞】pīlìwǔ 名 ブレークダンス．

2声 *皮 pí ❶ 名 ①（動植物の）皮膚，表皮．㊐ 张 zhāng，块 kuài，层 céng．¶额头 étóu 碰破 pèngpò 了一块～ / おでこを少しすりむいた．¶香蕉 xiāngjiāo ～ / バナナの皮．
②（なめした）革，皮革．毛皮．レザー．㊐ 张，块．¶这衣服是～的 / この服は革製です．
③（～儿）物の外側を包む薄いもの．¶削 xiāo 苹果 píngguǒ ～ / リンゴの皮をむく．¶花生 huāshēng ～ / ピーナッツの殻．¶书～儿 / 本の表紙．
❷ 形 ①（↔脆 cuì）食物が湿って歯触りがわるくなった．¶爆米花 bàomǐhuā 一～了就不香 xiāng 了 / ポップコーンは湿るとまずくなる．
② やんちゃだ．いたずらで手に負えない．¶这孩子真～！/ この子はほんとうにやんちゃだ．
③（何度もしかられたり批判されたりして）こたえなくなった．►補語として用いることが多い．¶那孩子给骂 mà ～了 / あの子はしかられなれている．
◇◆ ①（～儿）表面．¶地～ / 地面．敷地．¶水～ / 水面．②（～儿）薄い〔薄くて平たい〕もの．¶豆腐 dòufu ～儿 / ゆば．③弾力性をもったもの．¶橡 xiàng ～ / 消しゴム．‖ 姓
【皮袄】pí'ǎo 名 毛皮の裏地をつけた服．
【皮包】píbāo 名（革製の）かばん．㊐ 个．
【皮包公司】píbāo gōngsī 名 ペーパーカンパニー．
【皮包骨】pí bāo gǔ〈慣〉やせて骨と皮だけである．►"皮包骨头"とも．
【皮鞭】píbiān 名 革のむち．㊐ 条 tiáo，根 gēn．
【皮层】pícéng 名 ① 表皮．②〈略〉大脳皮質．
【皮尺】píchǐ 名 巻き尺．
【皮大衣】pídàyī 名 毛皮のコート．
【皮带】pídài 名〈機〉ベルト；革製のベルト．㊐ 条 tiáo，根 gēn．
【皮蛋】pídàn 名 ピータン．►"松花蛋"とも．
【皮筏】pífá 名（～子）皮袋の上に丸太や板をのせたいかだ．
*【皮肤】pífū 名〈生理〉皮膚．肌．
【皮革】pígé 名 革．皮革．
【皮猴儿】píhóur 名 フード付きの毛皮のコート．
【皮货】píhuò 名 毛皮類．¶～商 / 毛皮商．
【皮夹克】píjiākè 名 革ジャンパー．
【皮夹子】píjiāzi 名（革製の）紙入れ，名刺入れ，札入れ．►"皮夹儿 píjiār"とも．
【皮匠】píjiang 名 靴直しや皮なめしの職人．

P

【皮胶】píjiāo 名(動物の皮からとった)にかわ.
【皮筋儿】píjīnr 名 輪ゴム. ゴムひも. ❖跳 tiào ～ / ゴム跳びをする.
【皮开肉绽】pí kāi ròu zhàn 〈成〉皮が裂け,傷口がぱっくりとあく.
【皮脸】píliǎn 形 ①〈方〉やんちゃである. ②厚かましい.
【皮毛】pímáo 名 ①毛皮の総称. ②〈喩〉上っ面の知識.
【皮棉】pímián 名〈紡〉原綿.
【皮囊】pínáng 名 皮袋;〈喩〉〈貶〉人の体. ¶臭 chòu ～ / いやなやつ.
【皮球】píqiú 名 ゴムまり. ❖踢 tī ～ / ボールを蹴って遊ぶ;〈慣〉責任をなすり合う.
【皮肉】píròu 名 肉体. ¶～受苦 shòukǔ / 肉体を苦しめられる.
【皮实】píshi 形 ①(体が)頑丈である. ②(物が)丈夫である,長持ちする.
【皮条客】pítiáokè 名 ポン引き.
【皮艇】pítǐng 名〈体〉カヤック(競技).
【皮箱】píxiāng 名 トランク. スーツケース. ㊐ 只 zhī,个.
【皮鞋】píxié 名 革靴. 短靴. ㊐ 双 shuāng ;[片方]只 zhī. ❖擦 cā ～ / 靴を磨く. ¶高跟 gāogēn ～ / ハイヒールの革靴.
【皮靴】píxuē 名 革靴;(革の)長靴,編み上げ靴.
【皮炎】píyán 名〈医〉皮膚炎.
【皮衣】píyī 名 毛皮や革製の服.
【皮影戏】píyǐngxì 名 ロバや牛の皮を使った影絵芝居.
【皮张】pízhāng 名(皮革の原料となる)獣皮. 原皮.
【皮纸】pízhǐ 名(クワやコウゾの皮を原料とする)丈夫な紙.
【皮重】pízhòng 名 風袋(ふうたい).
【皮子】pízi 名 皮革. 革. 毛皮.

枇 pí "枇杷 pípa"⬇という語に用いる.

【枇杷】pípa 名〈植〉ビワ.

毗(毘) pí ◇◆ 続く. 連なる.

【毗连】pílián 動(地域が)連なっている,隣接している.
【毗邻】pílín 動 隣接している.

蚍 pí "蚍蜉 pífú"⬇という語に用いる.

【蚍蜉】pífú 名〈虫〉オオアリ.
【蚍蜉撼大树】pífú hàn dà shù 〈成〉アリが木を揺り動かす;〈喩〉身の程知らず.

郫 pí 地名に用いる. "郫县"は四川省にある県の名.

疲 pí ◇◆ 疲れる. くたびれる. ¶精 jīng ～力尽 jìn / 力が尽きてくたくたになる.

【疲惫】píbèi ①形 疲れきっている. ¶～不堪 / くたくたに疲れている. ②動 疲れさせる.
【疲敝】píbì 動〈書〉疲弊する.
【疲乏】pífá 形 疲れ果てている.
*【疲倦】píjuàn 形 疲れてけだるい.
【疲困】píkùn 形 ①疲れている. ②(経済状況などが)ふるわない.
*【疲劳】píláo ①形 疲れている. 疲労している. ¶书看久了,眼睛 yǎnjing 有点儿 yǒudiǎnr ～ / 本を長いこと読んだので,目が少し疲れた. ②名〈機〉疲労. ¶金属 jīnshǔ ～ / 金属疲労.
【疲累】pílèi 形 疲労している.
【疲软】píruǎn 形 ①疲れてだるい. ¶浑身 húnshēn ～ / 体中がだるくて力がない. へなへなである. ②相場が弱含みである. ¶股票 gǔpiào 行市 hángshi ～ / 株価が弱気である.
【疲弱】píruò 形 ①虚弱である. ②相場が弱含みである.
【疲沓】píta 形 だれている. たるんでいる. ►"疲塌"とも書く. ¶工作～ / 仕事がだらけている.
【疲于奔命】pí yú bēn mìng 〈成〉奔命に疲れる.

啤 pí "啤酒 píjiǔ"⬇という語に用いる.

**【啤酒】píjiǔ 名 ビール. ㊐ 瓶;[グラスで]杯. ¶鲜 xiān〔生〕～ / 生ビール. ¶黑～ / 黒ビール.
【啤酒肚】píjiǔdù 名 ビール腹.
【啤酒花】píjiǔhuā 名(～儿)ホップ.

琵 pí "琵琶 pípa"⬇という語に用いる.

【琵琶】pípa 名〈音〉琵琶(びわ). ㊐ 面,个. ►民族楽器の一つで,4弦の弦楽器.

脾 pí 名〈生理〉脾臓. 注意 中国医学(漢方)用語では pǐ と発音する.

*【脾气】píqi 名 ①(人の)性質,たち. ㊐ 个,种. ¶～好 / 気立てがよい. ¶～怪 guài / へそ曲がり. ②かんしゃく. 短気. ❖发 fā ～ / かんしゃくを起こす. ¶～大 / 短気である. 怒りっぽい.
【脾胃・脾味】píwèi 名(物事に対する)好み.
【脾脏】pízàng 名〈生理〉脾臓.

3声 ** **匹(疋)** pǐ 量 ①ウマやロバを数える:匹. 頭. ¶三～骡子 luózi / 3匹のラバ. ②反物を数える:匹. ¶一～棉布料 miánbùliào / 木綿生地1匹. ◇◆ ①匹敵する. ¶→～敌 dí. ②単独の. ¶→～夫 fū. ‖姓

【匹敌】pǐdí 動 匹敵する. 釣り合う.
【匹夫】pǐfū 名 ①〈書〉一個人. 普通の人. ②〈近〉学識や知恵のない人. ¶老～ / 老いぼれ.
【匹夫之勇】pǐ fū zhī yǒng 〈成〉血気にはやるだけの向こうみずな勇気.
【匹配】pǐpèi 動〈書〉(婚姻によって)結ばれる. 夫婦になる. ¶～良缘 liángyuán / 良縁を得る.

否 pǐ ◇◆ ①悪い. ②けなす. 悪く言う. ¶臧 zāng ～ / 品定めをする. ►► fǒu

【否极泰来】pǐ jí tài lái 〈成〉悪運がその極に達すれば幸運がくる.

痞 pǐ 名〈中医〉腹中にできる硬い塊;脾臓の肥大. ◇◆ ごろつき. ¶～棍 gùn / 無頼漢.

【痞子】pǐzi 名 ごろつき.

劈 pǐ 動 ①(裂くようにいくつかに)分ける,割る. ¶～竹竿 zhúgān / 竹ざおを割る. ②〈方〉(上から下に向かって)はぎ取る,もぎ取る. ¶～白菜叶 yè / ハクサイの外葉をむく. ③ 両足を横に大きく開く. ¶～开腿 tuǐ 站 zhàn 着 / 股を広げて立っている. ⏩ pī

【劈柴】pǐchái 名 たきぎ,まき. ㊖ 块,根. ¶劈 pī ～ / まきを割る.

擗 pǐ 動 ちぎり取る. もぎ取る. ¶～老玉米 lǎoyùmi / トウモロコシをもぎとる.

癖 pǐ 名 癖. 好み. たしなみ. ¶吸烟 xī yān 成～ / たばこが癖になる.

【癖爱】pǐ'ài 動 偏愛する. 溺愛する.
【癖好】pǐhào 名 好み. 嗜好. ¶养 yǎng 花的～ / 花を栽培する好み.
【癖性】pǐxìng 名 癖. 習性.

屁 pì 名 ① **屁**(へ). **おなら**. ❖放 *fàng* ～ / 屁をひる;〈罵〉ばかを言え. ばかばかしい. ②〈喩〉つまらない. くだらない. ¶我不管那些～事 / 私はあんなくだらないことにはタッチしない. ③〈俗〉強い否定を表す. ►軽蔑するニュアンスを含む. ¶你一个小毛孩子,懂 dǒng 个～ / おまえのような青二才に分かるもんか.

【屁大】pìdà 形〈口〉取るに足りない. ►小さな事を強調するときに用いる.
*【屁股】pìgu 名〈口〉① **尻**. ヒップ. けつ. ¶拍拍 pāipai ～扬长而去 yáng cháng ér qù / 尻をはたいて(なんのあいさつもなく)立ち去った. ¶～蛋(儿) dàn(r) / 〈俗〉尻. ヒップ. ►"屁股蛋子 dànzi"とも. ② 物の残片,はしくれ. ¶香烟 xiāngyān ～ / たばこの吸い殻.
【屁股沉】pìgu chén 〈慣〉尻が重い. なかなか腰を上げない.
【屁股蹲儿】pìgudūnr 名〈方〉尻もち. ¶摔 shuāi 了个～ / 尻もちをついた.
【屁股帘儿】pìguliánr 名〈方〉幼児にはかせる尻割れズボン"开裆裤 kāidāngkù"の上に,防寒用として腰から尻まで垂れ下がった綿入れの前掛けのようなもの. ►"屁股帘子""屁帘儿"とも.
【屁滚尿流】pì gǔn niào liú 〈成〉驚きのあまり,あわてふためく. 腰を抜かす.
【屁话】pìhuà 名 ばかな話. でたらめ.
【屁事】pìshì 名(～儿)取るに足りないこと.
【屁眼儿】pìyǎnr 名〈口〉肛門. ►"屁眼子"とも.
【屁用】pìyòng 形 屁にもならない. なんの役にも立たない. ¶这玩意儿 wányìr 有～啊! / こんなものなんの役に立つのかね.

睥 pì "睥睨 pìnì"⬇という語に用いる.

【睥睨】pìnì 動〈書〉横目でじろりと見る. 見下す.

辟(闢) pì 動 ① 切り開く. ¶新～了一块菜地 càidì / 新たに野菜畑を造った. ②(まちがった説やデマを)退ける. ¶～邪说 xiéshuō / 邪説を退ける. ◇ 透徹している. ¶透 tòu ～ / 透徹していて鋭い. ⏩ bì,pī

【辟谣】pì//yáo 動(真相を明らかにして)デマを打ち消す.

媲 pì ◇ 並べ競う.

【媲美】pìměi 動〈書〉(美しさやよさが)匹敵する.

僻 pì ◇ ① 辺鄙(ぴ)である. ¶→～壤 rǎng. ②珍しい. めったに見ない. ►特に文字についていう. ¶生～ / 見慣れない. ¶→～字. ③(性質が)素直でない,ねじけている. ¶乖 guāi ～ / 根性がひねくれている.

【僻处】pìchù 名 辺鄙な所. 寂しい所.
【僻地】pìdì 名 僻地. 辺鄙な所.
【僻静】pìjìng 形 辺鄙で静かである.
【僻陋】pìlòu 形 辺鄙で寂しい.
【僻壤】pìrǎng 名 辺鄙な地方.
【僻远】pìyuǎn 形 人里離れはるかである.
【僻字】pìzì 名 めったに使わない字.

譬 pì ◇ たとえる. ¶～若 ruò / たとえば. 例をあげれば. ¶设 shè ～ / たとえをひく. たとえる.

【譬如】pìrú 接続 **たとえば. 例を挙げれば.** ¶～说… / たとえて言えば….
【譬喻】pìyù 名〈書〉たとえ. 比喩. ¶打个～ / たとえてみる.

pian (ㄆㄧㄢ)

1声
片 piān "片儿 piānr""片子 piānzi"⬇の形で用いる. ⏩ piàn

【片儿】piānr ◇ 平たくて薄く,あまり大きくないものをさす. ¶相 xiàng ～ / 写真. ¶画 huà ～ / 絵はがき. 注意 r 化しない場合は piàn と第四声に発音するが, r 化すると, piānr と第一声に変化する.
【片子】piānzi 名 ① **映画のフィルム. 映画.** ㊖ 部,个. ¶老～ / 古い映画. ② X線写真のネガ. ❖拍 *pāi* ～ / レントゲン写真を撮る. ③ レコード. ㊖ 张. ⇨【片子】piànzi

扁 piān "扁舟 piānzhōu"⬇という語に用いる. ⏩ biǎn

【扁舟】piānzhōu 名〈書〉小舟.

***偏** piān ❶ 副 ① **わざと. どうしても.** あくまでも. 語法 わざと相手の要求や客観的状況に逆らって何かをする,またはしないことを表す. "倒 dào、反 fǎn、却 què"などよりも語調が強い. よく"要、不"と併用される. ¶不让我唱 chàng,我～要唱 / 歌うなと言われたって,意地でも歌う. ¶叫 jiào 他去,他～不去 / 彼を行かせようとしたのに,彼はどうしても行かない.
② **あいにく. 都合悪く.** 注意 事実が願望と一致しないことを表す. 通常は"偏偏"が用いられる. 動詞の前にあるときのみ"偏"を用いることができる. ¶庄稼 zhuāngjia 正需要 xūyào 水,老天 lǎotiān ～(～)不下雨〔～～老天不下雨〕〔×～老天不下雨〕/ 作物が水を必要としているときに,よりによってどうしても雨が降ってくれない. ⇨【偏偏】piānpiān ②
❷ 形 **かたよっている. 傾いている;不公平である.** ¶墙上的画儿挂 guà ～了 / 壁の絵が斜めに掛かっている.
❸ 動 ① 傾く;えこひいきする. ¶妈妈老～着妹妹 / お母さんはいつも妹をえこひいきする. ②〈方〉

P

〈套〉(多く"了"または"过了"をつけて)食事などを先にしたことをいう．¶我～过了,您请吧 / 私はもう済ませたので,どうぞ召し上がってください．‖姓

【偏爱】piān'ài 動 偏愛する．えこひいきする．

【偏财】piāncái 名 正業以外の収入．あぶく銭(ぜに)．

【偏差】piānchā 名 ①誤差．ずれ．②(仕事上の)いきすぎ．偏向．

【偏废】piānfèi 動 片方をおろそかにする．

【偏高】piāngāo 形(値段などが)高すぎる．

【偏航】piānháng 動 針路をそれる．

【偏好】piānhào 動 特に愛好する．¶他～打麻将 májiàng / 彼はマージャンに凝っている．

【偏护】piānhù 動 一方の肩を持つ．

【偏激】piānjī 形(意見や主張が)過激である．

【偏见】piānjiàn 名 偏見．

【偏口鱼】piānkǒuyú 名〈魚〉ヒラメ．

【偏劳】piānláo 〈套〉《他人の骨折りに対する言葉》ご苦労さま．¶谢谢你,多～了 / どうも,ご苦労おかけしました．

【偏离】piānlí 動(正しいコースから)逸脱する．

【偏旁】piānpáng 名(～儿)漢字の偏とつくり．

【偏僻】piānpì 形 辺鄙(へんぴ)である．

*【偏偏】piānpiān 副 ①**どうしても．あくまでも．**わざと．¶我劝 quàn 他不要那样做,可他～不听 tīng / そんなことをするなと忠告したが,彼はどうしても聞き入れない．②**あいにく．都合悪く．**¶刚 gāng 要出门,～下起雨 yǔ 来 / でかけたところへ,雨が降りだした．⇒〚偏 piān〛❶② ③…だけ．…ばかり．►一定の範囲に限られることを表す．不満の語気を含む．¶别人都说没问题,为什么～你说不行 bùxíng ? / ほかの人はみな問題がないと言うのに,なぜ君だけがだめだと言うのか．

【偏颇】piānpō 形〈書〉一方に偏っている．不公平である．

【偏巧】piānqiǎo 副 ①**運よく．**折よく．¶正说到他,～他来了 / 彼のことを話しているところへ,ちょうど具合よく彼がやってきた．②**あいにく．**折あしく．¶昨天他来我家,～我不在 / 昨日,彼が家を訪ねてきたが,あいにく留守だった．

【偏食】piānshí ①名〈天〉太陽や月の部分食．②動 偏食する．

【偏私】piānsī 動 私情に偏る．

【偏袒】piāntǎn 動(片方の)肩を持つ．えこひいきする．

【偏疼】piānténg 動〈口〉偏愛する．えこひいきする．

【偏题】piāntí 名 ひねくれた試験問題．

【偏听偏信】piān tīng piān xìn 〈成〉一方の言い分だけを聞いて信じる．

【偏西】piānxī 動(太陽が)西に傾く．

【偏狭】piānxiá 形 偏狭である．心が狭い．

【偏向】piānxiàng ①名(政策や方針の)偏り,偏向．②動(一方を)えこひいきする．

【偏心】piānxīn ①形 えこひいきである．¶她对 duì 小儿子有点儿 yǒudiǎnr ～ / 彼女は下の息子に少し甘い．►"偏心眼儿"とも．②名〈口〉えこひいき．

【偏要】piānyào 副 ことさらに．

【偏远】piānyuǎn 形 辺鄙で遠い．

【偏执】piānzhí 形 偏った見方に固執する．かたくなである．

【偏重】piānzhòng 動(一方を過度に)重視する．偏重する．

*篇 piān

❶名 ①**一つのまとまった詩や文章．編．**¶全 quán ～由 yóu 四段构成 gòuchéng / 全編は4段から成り立っている．②(～儿)1枚1枚になっている書きもの・印刷物．¶歌 gē ～儿 / 唱歌用の楽譜ピース．❷量(～儿) ①紙および印刷物や原稿の表裏2ページをさす：枚．¶三～儿纸 zhǐ / 紙3枚．②**文章を数える：編．**¶两～论文 lùnwén / 2編の論文．

【篇幅】piānfu 名 文章の長さ；(書籍などの)枚数,紙面．

【篇目】piānmù 名(書籍や章節の)目次．標題．

【篇章】piānzhāng 名 編と章．文章．

翩 piān

◇◆ 速く飛ぶ．

【翩翩】piānpiān 形 ①軽快に飛び舞うさま．②〈書〉(特に青年男子が)あかぬけている．¶风度 fēngdù ～ / 身のこなしが上品だ．

【翩然】piānrán 形〈書〉(動作が)軽やかなさま．

2声 便 pián

"便宜 piányi"⬇などの語に用いる．⏩ biàn

【便宜】piányi ①形(値段が)安い．**¶这双袜子 wàzi 真～ / この靴下はほんとうに安い．②名 **目先の利益．うまい汁．**¶占 zhàn ～ / 〈慣〉甘い汁を吸う．¶贪 tān 小～ / 小さな利益をむさぼる．¶～事 / 甘い汁．儲け．③動 **大目に見る．得をさせる．**¶这次～了他 / 今回はあいつに得をさせてやった．⇒【便宜】biànyí

骈 pián

◇◆ 二つ並ぶ．対をなす．►"骈"はもとは2頭のウマを並べて馬車につけること．‖姓

【骈肩】piánjiān 動(人が多くて)肩を並べる．

【骈句】piánjù 名 対句．

【骈俪】piánlì 名〈文〉(4字や6字の対句を多く用いる美文の一種)駢儷(べんれい)．文章の対偶法．

【骈体】piántǐ 名〈文〉駢体(べんたい)．字句が整然とつり合う対句で構成される文体．

【骈文】piánwén 名〈文〉対句を多く用い,音律の調和とみやびやかな詞藻を極度に重視する文体．

胼 pián

"胼胝 piánzhī"⬇などの語に用いる．

【胼手胝足】pián shǒu zhī zú 〈成〉(長期にわたる労働で)手にはたこ足にはまめ．

【胼胝】piánzhī 名〈書〉(手足にできる)たこ．

3声 谝 piǎn

動〈方〉自慢する．見せびらかす．¶～能 / 腕自慢をする．

4声 **片 piàn

❶量(～儿) ①**平らで薄いもの,またはかけらになっているものに用いる．**¶一～面包 miànbāo / 食パン1枚．¶一～云 / ひとひらの雲．②(地面や水面など)**面積・範囲の広いものに用いる．**►数詞は"一"が多い．¶一～田野 tiányě / 一面の田畑．¶一～灯火 dēnghuǒ / 一面の明かり．¶一～大海 dàhǎi / 見渡す限りの大海原．③**状況・音声・気持ち**などに用い,ある範囲や程度を表す．►数詞は"一"に限る．¶一～心意 xīnyì / まったくの親切心．¶一～繁荣 fánróng 景象 jǐngxiàng / どこもかしこも景気が

よい状況を呈している.

❷名(～儿) ①(紙・布・ガラスなどの**かけらや切れ**など)平たくて薄く,あまり大きくないもの. ¶玻璃 bōli ～ / ガラスのかけら. ② 地区内の一角. 区画. ¶分～分摊 fēntān 捐款 juānkuǎn / 区画に分けて寄付金を割り当てる.

❸動(肉などを)薄く切る. ¶～火腿 huǒtuǐ / ハムを薄く切る.

◇◆ 少しの. わずかな. ¶→～刻 kè. ‖ 姓 ▸▸ piān

【片酬】**piànchóu** 名 映画やドラマの出演料. ギャラ.

【片段】**piànduàn** 名(特に文章・小説・戯曲・生活・経歴などの)一段,ひと区切り,一部分. ►"片断"とも.

【片断】**piànduàn** ①⇀【片段】piànduàn ② 形 まとまりがない. 切れ切れである.

【片剂】**piànjì** 名〈薬〉錠剤.

【片甲不存】**piàn jiǎ bù cún** 〈成〉(軍隊が)全滅する.

【片警】**piànjǐng** 名(交番などの)地区を担当する警察官.

【片刻】**piànkè** 名 片時. しばらく. ¶请略 lüè 等～ / しばらくお待ちください.

*【片面】**piànmiàn** 形 ① **偏っている. 不公平である**. ¶你的看法太～了 / 君の見方は一面的にすぎる. ¶～报导 / 偏った報道. ② 一方的な〔に〕. ¶～之词 / 一方的な言い分.

【片时】**piànshí** 名 片時. しばらく.

【片头】**piàntóu** 名(映画などの)クレジットタイトル.

【片瓦无存】**piàn wǎ wú cún** 〈成〉家屋がすっかり壊されているさま.

【片言】**piànyán** 名〈書〉片言. 断片的な言葉.

【片纸只字】**piàn zhǐ zhī zì** 〈成〉一言半句. 片言隻句. ►"片言只字"とも.

【片子】**piànzi** 名 ① かけら. 平たくて薄いもの. ¶碎木 suìmù ～ / 木切れ. ② 名刺. ⇨【片子】piānzi

*# 骗 piàn

動 ① **だます**. ¶这种花招 huāzhāo ～不了 buliǎo 人 / そんな手口にはだれもだまされはしない. ["受 shòu"の目的語になって]¶他终于 zhōngyú 受了～ / 彼はとうとうだまされた. ② **だまし取る**. ¶～钱 qián / 金銭をごまかす. ③(片足から)飛び乗る. ¶～马 / ウマにひらりと乗る.

【骗案】**piàn'àn** 名 詐欺事件.

【骗婚】**piàn//hūn** ① 動 結婚詐欺をする. ② 名 結婚詐欺.

【骗局】**piànjú** 名 ペテン. わな.

【骗取】**piànqǔ** 動 だまし取る.

【骗术】**piànshù** 名 人をだます手段. ペテン. ¶施 shī ～ / ペテンに掛ける. トリックを使う.

【骗子】**piànzi** 名 **ペテン師. 詐欺師.**

【骗子手】**piànzishǒu** 名 詐欺師. ペテン師.

piao (ㄆㄧㄠ)

剽 piāo

◇◆ ①略奪する. ¶→～掠 lüè. ②(動作が)すばしこい. ¶→～悍 hàn.

【剽悍】**piāohàn** 形 すばしこくて強い. ¶～的大汉 dàhàn / 荒々しい大男.

【剽掠】**piāolüè** 動 略奪する.

【剽窃】**piāoqiè** 動(他人の文章や作品を)盗用する. 剽窃(ひょうせつ)する. ►"剽取"とも.

【剽袭】**piāoxí** 動 剽窃する. 盗作する.

漂 piāo

動 **漂う. 浮かび流れる**. ¶湖面上～着一叶 yè 轻舟 qīngzhōu / 湖面には小舟が1艘(そう)漂っている.

▸▸ piǎo,piào

【漂泊】**piāobó** 動 **漂泊する**. 放浪する. ►"飘泊"とも書く.

【漂浮】**piāofú** ① 動 **漂う. 浮かぶ**. ② 形〈喩〉浮ついている.

【漂流】**piāoliú** 動 **漂流する;放浪する**.

【漂萍无定】**piāopíng wúdìng** 〈成〉(生活が)浮き草のように不安定なさま.

【漂儿】**piāor** 名〈方〉浮き. 量 个. ►"鱼漂儿yúpiāor"とも.

【漂散】**piāosàn** 動(水面に)漂い広がる. 方々に漂う.

【漂洋过海】**piāo yáng guò hǎi** 〈成〉はるばると海を渡る.

【漂移】**piāoyí** ① 動 あちこち漂う. ② 名〈電子〉ドリフト.

【漂游】**piāoyóu** 動 ① 漂う. ② さすらう.

*# 飘(飃) piāo

動 **翻る. ひらひらと〔ちらちらと〕漂う**. ¶北风吹,雪花儿 xuěhuār ～ / 北風が吹き,雪が舞う. ¶蓝蓝 lánlán 的天上白云～ / 青い空に白い雲が浮かぶ. ‖ 姓

【飘泊】**piāobó** ⇀【漂泊】piāobó

【飘带】**piāodài** 名 風になびかせる飾りひも.

【飘荡】**piāodàng** 動 ①(空中や水中に)翻る,漂う. ② さすらう. ►"漂荡"とも書く.

【飘动】**piāodòng** 動(風や波に)揺れ動く.

【飘拂】**piāofú** 動 ふわりと漂う.

【飘浮】**piāofú** ⇀【漂浮】piāofú

【飘忽】**piāohū** 動 ①(雲や風が)軽やかに流れる. ② 揺れ動く.

【飘流】**piāoliú** ⇀【漂流】piāoliú

【飘落】**piāoluò** 動 舞い落ちる.

【飘渺】**piāomiǎo** かすかではっきりしないさま. ►"缥缈"とも書く.

【飘飘然】**piāopiāorán** 形〈貶〉有頂天になるさま.

【飘然】**piāorán** 形 ① 飄然(ひょうぜん)としている. ひらひらしている. ② 軽くてすばやいさま. ③ 気楽で愉快なさま.

【飘洒】**piāosǎ** 動 漂い散る.

【飘洒】**piāosa** 形(身だしなみや筆跡などが)スマートである,あかぬけている.

【飘散】**piāosàn** 動(煙や香りなどが)方々に漂う.

【飘舞】**piāowǔ** 動 風になびく.

【飘扬】**piāoyáng** 動 風に翻る. ►"飘飏"とも書く.

【飘摇】**piāoyáo** 動 風に揺れ動く. ►"飘飖"とも.

【飘曳】**piāoyè** 動 風に漂う. ゆらゆらと揺れ動く.

【飘逸】**piāoyì** ① 形〈書〉洒脱(しゃだつ)である. 俗離れしている. ¶神采 shéncǎi ～ / 飄々(ひょうひょう)とした風貌. ② 動 漂う. 漂い広がる.

【飘溢】**piāoyì** 動 漂いあふれる. ¶公园 gōngyuán 里～着花香 xiāng / 公園には花の香りが漂っている.

【飘悠】**piāoyou** 動(風や水に)漂う.

P

2声 **朴** piáo ‖姓 ▸▸ pǔ

嫖 piáo 動 女郎買いをする. ¶～妓女 jìnǚ / 女郎を買う.

【嫖娼】piáochāng 動 女郎買いをする. 買春する.
【嫖赌】piáodǔ 動 女郎買いや賭博をする. ¶吃喝～ / 〈成〉食う,飲む,買う,打つをする;4種の悪い遊び.
【嫖客】piáokè 名(妓楼の)遊び客.

瓢 piáo 名(～儿)(ヒョウタンを縦に二つに割って作った)ひしゃく,ひさご;木をくり抜いてひしゃく状にしたもの. ¶开～儿 / (ひしゃくを作るために)ヒョウタンを割る;〈転〉頭の鉢を割る. 頭をぶち割る.

【瓢虫】piáochóng 名〈虫〉テントウムシ.
【瓢泼】piáopō 動(ひしゃくで水をまくように)どしゃぶりの雨が降る. ¶～大雨 / どしゃぶりの大雨.

3声 **漂** piǎo 動 ①漂白する. 脱色する. ¶～过的布 bù 很白 / 漂白した布は白い. ②すすぐ. ¶把衣服好好儿 hǎohāor 用水～一～ / 洗濯物を水でよくすすぎなさい. ▸▸ piāo,piào

【漂白】piǎo//bái 動+結補 漂白する. さらす. ¶～棉布 miánbù / さらし木綿.
【漂白粉】piǎobáifěn 名 漂白剤. さらし粉.
【漂染】piǎorǎn 動 漂白し染色する.
【漂晒】piǎoshài 動 漂白して日光にさらす.
【漂洗】piǎoxǐ 動 すすぎ洗いする.

缥 piǎo 名〈書〉薄いあい色. 縹(はなだ)色;薄いあい色の絹織物.

瞟 piǎo 動 横目で見る. ちらっと見る. ¶他总 zǒng 好 hào 用眼～人 / あいつはいつも横目で人を見る.

【瞟眼】piǎo//yǎn 動(～儿)横目で見る. 流し目で見る.

4声 ** **票** piào ❶名 ①(～儿)チケット. 切符. 入場券. 投票用紙. (量)张. ¶买～ / 切符を買う. ¶点～ / 得票数を計算する. ②(～儿)札(さつ). 紙幣. (量)张. ¶毛～儿 / "角"単位の紙幣. ¶零 líng ～儿 / 細かい札. ¶百元 yuán 大～儿 / 100元の高額紙幣.
❷量〈方〉伝票で一口に数えるものに用いる. ¶一～货 huò / 一口の貨物. ¶一～生意 shēngyi / 一口の取引.
◇◆ ①(～儿)人質. ¶绑 bǎng ～儿 / 誘拐する. ②素人芝居. ¶→～友 yǒu. ‖姓

【票额】piào'é 名 額面.
【票贩子】piàofànzi 名 だふ屋.
【票房】piàofáng 名 ①切符売り場. ②興業成績. ③(～儿)〈旧〉素人芝居のけいこ場.
【票根】piàogēn 名(手形や小切手などの)控え,半券.
【票夹(子)】piàojiā(zi) 名 定期券入れ. 札入れ.
【票价】piàojià 名 切符や入場券の金額.
【票据】piàojù 名 ①〈経〉手形. 小切手. ②受取. 領収書.
【票面】piàomiàn 名(紙幣や手形の)額面. ¶～价值 jiàzhí / 額面価格;〈転〉表面上の価値.
【票面额】piàomiàn'é 名 額面.
【票箱】piàoxiāng 名 投票箱.
【票友】piàoyǒu 名(～儿)素人役者.
【票证】piàozhèng 名 配給切符.
【票子】piàozi 名 札(さつ). 紙幣.

漂 piào 動〈方〉(事柄や賭けなどが)ふいになる. ►必ず"了"をつける. ¶这笔账 zhàng ～了 / その金は貸し倒れになった. ▸▸ piāo,piǎo

**【漂亮】piàoliang 形 ①きれいである. 美しい. 器量がよい. ¶～的姑娘 gūniang / きれいな娘さん. ¶这个孩子长 zhǎng 得很～ / この子はとてもかわいい. ¶她们都穿得漂漂亮亮 piàopiàoliàngliàng 的 / あの娘たちはみなきれいに着飾っている. ②みごとである. 立派である. すぐれている. ¶她能说一口～的英语 Yīngyǔ / 彼女はみごとな英語を操る. ¶事情办得～ / 事をうまく処理した.
【漂亮话】piàolianghuà 名 口先だけの話. きれい事.

骠 piào ◇◆ 勇猛である. ¶～勇 yǒng / 勇猛である.

pie (ㄆㄧㄝ)

1声 **撇** piē 動 ①捨て去る. ほうっておく. ¶他～下妻子 qīzi 儿女 érnǚ 出走了 / 彼は妻子を残して家出してしまった. ②(液体の表面から)すくい取る. ¶把沫儿 mòr ～出来 / あくをすくい取る. ▸▸ piě

【撇开】piē//kāi 動+結補 ほうっておく. 捨て去る. ¶咱们先把次要 cìyào 问题～不谈 / 二次的な問題はひとまずおいておきましょう.
【撇弃】piēqì 動 捨てる. ほうり出す.
【撇脱】piētuō 形〈方〉①簡単である. 手軽である. ②さっぱりしている. こだわらない.
【撇油】piē//yóu 動 ①(料理などで)表面に浮いている油やあくをすくい捨てる. ②〈喩〉うまい汁を吸う.

瞥 piē 動 ちらっと見る. 一瞥する. ¶他刚 gāng 要插嘴 chāzuǐ, 妈妈～了他一眼 yǎn / 彼が口を挟もうとしたのを,彼の母親がじろりとにらんだ.

【瞥见】piējiàn 動 ちらっと見かける.
【瞥视】piēshì 動 ちらっと見る. ¶他～了我一眼 / 彼は私を一瞥した.

3声 **撇** piě ①動(水平に)投げる. ¶～石子儿 / 石ころを投げる. ②名 漢字の筆画,左払い"丿". ③量(～儿)ひげやまゆ毛などを数える. ¶两～儿黑胡子 húzi / 八の字型の黒いひげ. ▸▸ piē

【撇嘴】piě//zuǐ 動(軽蔑・不信・不快を示す)下唇を突き出す,口をへの字に曲げる.

pin (ㄆㄧㄣ)

1声 * **拼**(拚) pīn 動 ①寄せ集める. つなぎ合わせる. ¶把两块木板～起来 / 2枚の板をつなぎ合わせる. ②命がけでやる. ¶我跟你～了 / おまえと刺し違えてやる.

【拼搏】pīnbó 動 力いっぱいたたかって勝利・栄誉を

勝ち取る.
【拼刺】pīncì 動(銃剣で)白兵戦をする.
【拼凑】pīncòu 動 **かき集める. 寄せ集める.** ¶～人头 / 人数をかき集める.
【拼合】pīnhé 動 寄せ集める. 組み合わせる.
*【拼命】pīn//mìng ① 動 **命がけでやる. 命を投げ出す.** ¶拼老命 / 余命を投げ打つ. ② 副 **懸命に. 必死に.** ¶～学习 / 必死に勉強する.
【拼盘】pīnpán 名(～儿)前菜. オードブル.
【拼抢】pīnqiǎng 動 全力で奪い取る.
【拼死】pīnsǐ 動 命がけでやる. ¶～也要完成 wánchéng 这项 xiàng 任务 rènwu / 命にかえてもこの仕事をやり遂げる.
【拼图】pīntú 名 ジグソーパズル.
【拼写】pīnxiě 動 表音文字でつづる. ¶用拼音～单词 dāncí / ピンインで単語をつづる.
*【拼音】pīnyīn 動 中国語の表音のローマ字表記で発音をつづる.
【拼音文字】pīnyīn wénzì 名〈語〉表音文字. ピンイン.
【拼音字母】pīnyīn zìmǔ 名〈語〉中国式表音ローマ字. 表音文字.
【拼缀】pīnzhuì 動 つづり合わせる;組み合わせる.

姘 pīn

◇◆ 正式に結婚せずに男女関係を結ぶ.
【姘夫】pīnfū 名 内縁の夫. 情夫.
【姘妇】pīnfù 名 内縁の妻. 情婦.
【姘居】pīnjū 動 同棲する.
【姘头】pīntou 名 内縁の夫〔妻〕.

贫 pín

形〈方〉言うことがくどくて煩わしい. ¶他的嘴 zuǐ 真～ / 彼は口うるさいったらありゃしない.
◇◆ ①貧しい. ¶→～贱 jiàn. ②欠乏する. 足りない. ¶→～血 xuè.
【贫病交加】pín bìng jiāo jiā〈成〉貧困と病苦の両方に悩まされる.
【贫乏】pínfá 形 ① **貧しい.** ② **乏しい.** 貧弱である. ¶经验 jīngyàn ～ / 経験に乏しい.
【贫骨头】píngǔtou 名〈方〉① けちくさい人. ② くどくどしい人.
【贫寒】pínhán 形(生活が)貧しい.
【贫瘠】pínjí 形(土地が)やせている.
【贫贱】pínjiàn 形〈書〉貧しく地位が低い. ¶～不移 yí /〈成〉貧賤でも志を失わない.
【贫贱之交】pín jiàn zhī jiāo〈成〉下積み時代の交遊.
【贫苦】pínkǔ 形 **貧しく苦しい.**
【贫困】pínkùn 形 **生活が貧窮している.** ¶生活在～线 xiàn 上 / ぎりぎりの生活をする. ¶～户 hù / 貧困家庭.
【贫民】pínmín 名 貧民. ¶城市 chéngshì ～ / 都市に住む貧民.
【贫气】pínqi 形 ① 貧乏性である. けちくさい. ② くどくどしい.
【贫穷】pínqióng 形(↔富足 fùzú) **貧しい.** 貧窮している.
【贫弱】pínruò 形(国家や民族が)貧窮し衰微している.
【贫下中农】pínxiàzhōngnóng 名 貧農・下層中農.
【贫血】pínxuè〈医〉① 動 貧血をおこす. ② 名 貧血.
【贫油】pínyóu 動 石油資源が欠乏する.
【贫嘴】pínzuǐ 形 むだ話が多い. おしゃべりである. 冗談好きである. ❖耍 shuǎ ～ / くだらないことをぺらぺらしゃべる.
【贫嘴薄舌】pín zuǐ bó shé〈成〉口がうるさい. へらず口をたたく.

频 pín

◇◆ ①しきりに. しばしば. ¶→～繁 fán. ②周波数. ¶视 shì ～ / 映像周波数.
【频带】píndài 名〈物〉周波帯.
【频道】píndào 名(テレビの)チャンネル.
【频繁】pínfán 形 **頻繁である.**
【频率】pínlǜ 名 ①〈物〉周波数. ►"周率 zhōulǜ"とも. ② 頻度.
【频频】pínpín 副 しきりに. 絶えず. ¶～招手 zhāoshǒu / しきりに手を振る.

嫔(嬪) pín

名 皇帝の側室. 宮中の女官. ¶妃 fēi ～ /(宮中の)女官たち.

颦 pín

◇◆ 眉(まゆ)をひそめる. ¶～眉 méi / まゆをしかめる.
【颦蹙】píncù 動〈書〉眉をひそめる. 顔をしかめる.

品 pǐn

3声
動 **品定めをする.** 良否優劣を吟味する. ¶请～一～日本名牌酒 míngpáijiǔ 的味道 wèidao / 日本の銘酒の味をひとつお試しください. ¶这个人究竟 jiūjìng 怎么样,你慢慢儿 mànmānr 就～出来了 / 彼の人柄がどうであるか,おいおい分かるでしょう.
◇◆ ①品物. 物品. 製品. ¶产 chǎn ～ / 製品. ¶次 cì ～ / 不良品. ②種類;等級. ¶→～种 zhǒng. ¶→～级 jí. ③人品. 品行;風格. ¶→～德 dé. ¶棋 qí ～ / 棋風. ‖ 姓
【品茶】pǐn chá 茶を賞味する.
【品尝】pǐncháng 動 味をみる. 試食する.
【品德】pǐndé 名 人徳. 品性. ¶～高尚 gāoshàng / 人徳が高い.
【品格】pǐngé 名 ① 品性. 人徳. ¶～高洁 gāojié / 人柄が高潔だ. ②(文学・芸術作品の)質,風格. ¶齐白石 Qí Báishí 的画,～很高 / 斉白石(きはくせき)の絵はたいへん風格がある.
【品级】pǐnjí 名 ①(古代の)官等,官階. ②(製品や商品の)等級.
【品酒】pǐn jiǔ ① きき酒をする. ② 酒をちびちび飲む.
【品类】pǐnlèi 名 種類. ¶～繁多 fánduō / 種類が豊富である.
【品貌】pǐnmào 名 ① 容貌. ② 人品と容貌.
【品名】pǐnmíng 名 品名.
【品茗】pǐnmíng 動〈書〉茶を味わう.
【品目】pǐnmù 名 品目.
【品牌】pǐnpái 名 ブランド(品).
【品评】pǐnpíng 動 品評をする. 品定めする.
【品头论足】pǐn tóu lùn zú〈成〉女性の器量をあげつらう;〈転〉些細なことで人の揚げ足を取る. ►"评 píng 头论足"とも.
【品位】pǐnwèi 名 ①〈書〉官等. 官階. ②(人の)品位;(品物や作品の)質. ③〈鉱〉品位.
【品味】pǐnwèi 1動 ① 味わう. ② かみしめる. 玩

P

味する．❷名(品物の)品質と風味．
【品行】pǐnxíng 名 品行．身持ち．¶～不端 duān / 素行が正しくない．¶小林～端正,功课 gōngkè 也好 / 林さんは品行方正で,成績もよい．
【品性】pǐnxìng 名 品性．人柄．¶～敦厚 dūnhòu / 人柄が篤実だ．
【品学兼优】pǐn xué jiān yōu 〈成〉品行学力ともにすぐれている．
【品质】pǐnzhì 名 ①(人の)資質．品性．¶～恶劣 èliè 的人 / たちの悪い人．②(品物の)質．品質．¶上好～ / 上等な品質．
*【品种】pǐnzhǒng 名 ①〈生〉品種．②(製品の)種類．銘柄．¶花色 huāsè ～齐全 qíquán / 色柄がそろっている．

4声 **牝** pìn ◇◆(↔牡 mǔ,公 gōng)雌の．¶～牛 / 雌ウシ．¶～鸡 / めんどり．¶～螺旋 luóxuán / ナット．めねじ．

聘 pìn 動 ①招聘(しょうへい)する．¶～他当顾问 gùwèn / 彼を顧問として招く．②〈口〉嫁入りをする．¶～姑娘 gūniang / 娘を嫁がせる．
◇◆ ①国家の使節として外国を訪問する．¶～问 wèn / 同上．②結納．¶受 shòu ～ / 結納を受け取る．¶下～ / 結納を納める．
【聘金】pìnjīn 名 ①結納金．②支払い金．
【聘礼】pìnlǐ 名 ①(人を招聘する際の)贈り物．②結納．
【聘请】pìnqǐng 動 招聘する．
【聘娶】pìnqǔ 名 縁組み．
【聘任】pìnrèn 動 招聘して任命する．
【聘书】pìnshū 名 招聘状．
【聘用】pìnyòng 動 招いて任用する．

ping (ㄆㄧㄥ)

1声 **乒** pīng 擬 ①《銃声》ぱん．⇒〖乓 pāng〗 ②《物が軽くぶつかる音》ぱん．ぱん．►重ねて用いることが多い．
◇◆ 卓球．
【乒里乓啷】pīnglipānglāng 擬《金属や磁器などがぶつかり合う音》がちゃがちゃ．
【乒乓】pīngpāng ①擬《銃声や爆竹の連続する音》ぱんぱん．ばんばん．②名 ピンポン．
*【乒乓球】pīngpāngqiú 名 ①卓球．❖打 *dǎ* ～ / 卓球をする．②卓球の球．
【乒坛】pīngtán 名 卓球界．

娉 pīng "娉婷 pīngtíng"⇩という語に用いる．
【娉婷】pīngtíng 形〈書〉(女性の姿が)すらりとして美しいさま．

2声 * **平** píng ❶形 ①平らである．なだらかである．¶这条路不～ / この道はでこぼこだ．②同じ高さである〔になる〕．互いに優劣がない．¶水涨 zhǎng 得～了河岸 hé'àn / 水位が川岸ぎりぎりになった．¶北京队跟 gēn 上海队打～了 / 北京チームは上海チームと引き分けた．
❷動 ①平らにする．ならす．¶～了三亩 mǔ 地 dì / 畑を3ムーならした．②(憤りを)抑える,落ち着かせる．¶你先～～气 qì,然后 ránhòu 咱们再说吧 / まず気を鎮めて,それから話をしましょう．
◇◆ ①平等に分ける．ひいきしない．¶→～分 fēn．¶公～ / 公平である．②平穏である．¶→～安．③武力で鎮圧する．¶→～定 dìng．④普通の．一般的な．¶→～常．¶→～庸 yōng．⑤漢字字音の声調の一つ．¶→～声 shēng．‖姓
*【平安】píng'ān 形 平穏無事である．平安である．¶～无 wú 事 / 平安無事．無事息災．¶祝你一路～ / 道中ご無事で．
【平白】píngbái 副 なんのいわれもなく．やぶから棒に．►"凭白"とも書く．¶～无故 wúgù / なんの理由もなく．
【平板】píngbǎn 形 ①平板である．単調である．②平面である．¶～液晶彩电 / 薄型液晶テレビ．
【平板车】píngbǎnchē 名 ①貨物運送用の三輪人力車．►"平板三轮 sānlún"とも．量 辆 liàng．②囲いのないトラック．
【平辈】píngbèi 名 同世代の人．世代の同じいとこなど．
【平步青云】píng bù qīng yún 〈成〉一躍高い地位につく．
【平槽】píng//cáo 動 川の水面が岸の高さまで達する．
【平产】píngchǎn 動 生産量に増減がない．
*【平常】píngcháng ①形 普通である．ありふれている．¶这种事很～,不必担心 dānxīn / こういう事はどこにでもある,心配しなくていい．②名 ふだん．平時．¶我～很少跑步 pǎobù / 私はふだんあまりジョギングをしない．
【平车】píngchē 名 ①無蓋無側の貨車．②囲いのない馬車や荷車など．
【平川】píngchuān 名 平坦な土地．
【平淡】píngdàn 形(事物や文章が)変化に乏しい,平板である．¶～无味 / 平板で味わいがない．
*【平等】píngděng 形 平等である．対等である．¶～待 dài 人 / 平等に人を遇する．¶我认为 rènwéi 这样太不～了 / 私はこの扱いに分け隔てがあると思う．
【平底锅】píngdǐguō 名 フライパン．
【平底鞋】píngdǐxié 名 平底の靴．►布靴についていうことが多い．
【平地】píng//dì ①動 土地をならす．整地する．②名 平地．平らな土地．
【平定】píngdìng 動 ①穏やかである；落ち着く．②(乱を)鎮める,平定する．¶～暴乱 bàoluàn / 暴乱を鎮める．
【平凡】píngfán 形 平凡である．ありきたりである．¶在～的岗位 gǎngwèi 上做出不～的成绩 / ごく普通のポストにあって,並みはずれた成績を上げる．
【平反】píngfǎn 動 誤った判決や政治上の結論を改める；名誉回復をする．
*【平方】píngfāng ①名〈数〉平方．¶七的～是四十九 / 7の二乗は49である．②量〈略〉平方メートル．
【平房】píngfáng 名 ①平屋．量 座；[部屋の数]间．②〈方〉屋根が平らな家．
【平分】píngfēn 動 平等に分配する．等分する．
【平分秋色】píng fēn qiū sè 〈成〉双方が半分ずつ取る；(力や成績などが)対等である．
【平服】píngfú 動 気持ちが落ち着く．納得する．
【平复】píngfu 動 ①平静を取り戻す．穏やかになる．②(病気が)治る．快復する．

【平光】píngguāng 形(眼鏡などの)度なしの.
【平和】pínghé 形 1(言葉や態度などが)穏やかである,おとなしい. ¶他对人很～/彼は人当たりが穏やかだ. 2(薬の性質が)緩やかである. ¶这种 zhǒng 药的药性 yàoxìng 比较 bǐjiào ～/この薬は薬効がきつくない. 3(環境などが)落ち着いている. 4〈方〉(紛争が)やむ,収まっている.
注意 日本語の「平和」は普通,"和平"という.
【平衡】pínghéng 1形 釣り合いがとれている. 均衡がとれている. ¶产销 xiāo ～/製造と売れ行きがつり合っている. 2動 均衡をとる. ¶把双方的人数～一下/双方の人数をそろえる.
【平衡木】pínghéngmù 名〈体〉平均台(競技).
【平滑】pínghuá 形 平らで滑らかである. つるつるしている.
【平话】pínghuà 名〈文〉平話(へいわ). 民間伝承文学の一形式で,語りと朗唱を交える.
【平缓】pínghuǎn 形 1(地勢が)平坦である. 2(気持ちや語気が)穏やかである. 3(動きや変化が)緩やかである.
【平价】píngjià ❶動 物価を抑える. ❷名 1公定価格;通常の価格. ¶～米 mǐ/公定価格の米. 2〈経〉平価.
【平肩】píngjiān 動(～儿)肩を並べる;同格である.
*【平静】píngjìng 形(気分や環境などが)落ち着いている,平静である. ¶～的大海/静かな海.
【平局】píngjú 名(競技・将棋・囲碁などの)引き分け. ¶棒球 bàngqiú 比赛 bǐsài 最后打成了～/野球の試合は引き分けた.
*【平均】píngjūn 1動 平均する. ¶按 àn 人口～计算 jìsuàn 收入 shōurù/人口一人当たりの平均収入を算出する. 2形 均等である. ¶收入不～/収入が均等でない. ¶～寿命 shòumìng/平均寿命.
【平阔】píngkuò 形(地形が)平らで広々としている.
【平列】píngliè 動 並列する. 同列に扱う.
【平米】píngmǐ 量〈略〉平方メートル.
【平面】píngmiàn 名〈数〉平面.
【平面图】píngmiàntú 名〈測〉平面図.
【平年】píngnián 名 1〈天〉平年. 2 農作物が平年並みの年.
【平叛】píngpàn 動 反乱を平定する.
【平平】píngpíng 形 並である. ¶记录 jìlù～/記録はよくも悪くもない.
【平平安安】píngpíng'ān'ān 形 平穏無事である. ¶～地度过 dùguò 晚年/老後を平穏に送る. ⇒【平安】píng'ān
【平平当当】píngpíngdāngdāng 形 物事が順調で支障がないさま.
【平平正正】píngpíngzhèngzhèng 形 折り目正しくぴんとしているさま.
【平铺直叙】píng pū zhí xù〈成〉(話や文章で)修辞に凝らずありのまま簡明直截に述べる.
【平起平坐】píng qǐ píng zuò〈成〉(相手にへりくだることなく)対等に振る舞う.
【平权】píngquán 名 同権.
【平日】píngrì 名 1(祝日や祭日以外の)平日. ウィークデー. 2 平素. ふだん. ¶老师～不常笑/先生はふだんあまり笑わない.
【平上去入】píng shǎng qù rù 名 四声(しせい). 中国語の声調の4種の区別. 平声(ひょうしょう)・上声(じょうしょう)・去声(きょしょう)・入声(にっしょう)をいう.
【平生】píngshēng 名 1一生. 終身. ¶～的愿望 yuànwàng/一生のお願い. 2平素. 従来.
【平声】píngshēng 名〈語〉平声(ひょうしょう).
*【平时】píngshí 名 1ふだん. 通常. ¶爸爸～很少去看电影/父はふだんめったに映画を見に行かない. 2(↔战时 zhànshí)平時.
【平手】píngshǒu 名(～儿)引き分け. ¶两队 duì 战成了～/両チームは戦いの結果引き分けた.
【平顺】píngshùn 形 平穏で順調である.
【平素】píngsù 名 普段. 常日ごろ. ¶他～很少写信/彼はふだんあまり手紙を書かない.
【平台】píngtái 名 1物干し台. ベランダ. 2平屋根の家. 3(移動・上下できる作業用の)仕事台,作業台.
【平摊】píngtān 動(お金などを)みんなで出し合う. 割り勘にする;平等に負担する.
【平坦】píngtǎn 形(地勢が)平坦である. ¶～的草原/平坦な草原.
【平头】píngtóu 名 1(髪の)角刈り. 2(～儿)普通の人. 一般人. ¶～百姓 bǎixìng/普通の庶民. 3〈方〉(数字の前について)整数を示す.
【平头数】píngtóushù 名〈方〉(十・百・千・万などの)端数のない数.
【平头正脸】píng tóu zhèng liǎn〈成〉顔かたちが整っている.
【平妥】píngtuǒ 形 穏やかで当を得ている.
【平稳】píngwěn 形 穏やかである. 静かである;落ち着いている. 平穏である.
【平西】píngxī 動 太陽が西に傾く. ¶太阳 tàiyáng 已经～了/もう日が暮れようとしている.
【平息】píngxī 動 1(騒乱や大風などが)静まる,治まる. 2(武力で)鎮める,平定する.
【平心而论】píng xīn ér lùn〈成〉冷静かつ公平に論じる.
【平心静气】píng xīn jìng qì〈成〉気持ちを落ち着ける.
【平信】píngxìn 名 普通郵便.
【平行】píngxíng ❶形 1対等である. 同格である. 2〈数〉平行である. ❷動 1〈数〉平行する. 2同時に進める.
【平抑】píngyì 動 抑制して安定させる.
【平易】píngyì 形 1(性格や態度が)穏やかである,親しみやすい. ¶～近人/人なつっこくて親しみやすい. 2(文章が)やさしくわかりやすい.
【平庸】píngyōng 形 凡庸である.
【平邮】píngyóu 名 普通郵便.
【平鱼】píngyú 名〈魚〉マナガツオ.
*【平原】píngyuán 名〈地〉平原. 量 块,片.
【平月】píngyuè 名 太陽暦で閏(うる)日のない2月.
【平仄】píngzè 名〈語〉平仄(ひょうそく);(広く)平仄によって構成された韻律.
【平展】píngzhǎn 形 1(地勢が)平坦で広い. 2しわがなくぴんとしている.
【平整】píngzhěng 1動 土地をならす. ¶～地基 dìjī/敷地をならす. 2形(土地が)平らである.
【平正】píngzheng 形 ゆがみがなく整然としている.
【平直】píngzhí 形 1平らでまっすぐである. 2ありきたりで変化がない. ¶写法 xiěfǎ～/文章が平板である.
【平装】píngzhuāng 名(↔精装)並製本. ¶～本/並製本. ペーパーバック.

P

【平足】píngzú 名 偏平足.

评 píng

動 ① 批評する. ►作品や事件についていうことが多い. ¶这篇 piān 文章～得好 / この文章は好評だ. ② 判定する. ¶你来～一～谁说得对 / だれの言い分が正しいか判定してください. ‖ 姓

【评比】píngbǐ 動 比較して優劣を評定する.
【评点】píngdiǎn 動(詩文に)批評や圏点をつける.
【评定】píngdìng 動 評議または審査を経て優劣を評定する.
【评断】píngduàn 動 評議して判断する.
【评分】píng//fēn 動(～儿)(仕事・生産・教育などに)点をつける,採点する.
【评功】píng//gōng 動 功績を評定する.
【评估】pínggū 動 評価し見積もる. ¶进行 jìnxíng 资产 zīchǎn ～ / 資産評価を行う.
【评话】pínghuà 名(民間芸能の一種)講談. 人情話や武勇伝などを地方の方言で語り,歌を交えない. ►たとえば"苏州 Sūzhōu 评话"など.
【评级】píng//jí 動 ①(幹部や職員の)等級や給料などを決める. ② 商品などの等級を決める.
*【评价】píngjià ① 動 評価する. ② 名 評価.
【评奖】píng//jiǎng 動 成績を比較・評定して表彰する.
【评介】píngjiè 動 評論を書いて紹介する. ¶新书～ / ブックレビュー. 新刊紹介.
【评理】píng//lǐ 動 是非を判別する.
*【评论】pínglùn ① 動 評論する；取りざたする. ¶～质量 zhìliàng 优劣 yōuliè / 品質の良し悪しを評価する. ¶不要背后 bèihòu ～别人 / かげで人のことをあれこれ言うな. ② 名 評論.
【评判】píngpàn 動(勝敗・優劣を)判定する,審査する. ¶～员 yuán / 審査員；(スポーツの)審判員.
【评审】píngshěn 動 評議して審査する.
【评书】píngshū 名(大衆演芸の一種)講談.
【评说】píngshuō 動 評論する. 議論する.
【评弹】píngtán 名(大衆演芸の一種)語り物.
【评头论足】píng tóu lùn zú →【品头论足】pǐn tóu lùn zú
【评委】píngwěi 名〈略〉審査委員(会).
【评选】píngxuǎn 動 評議して選出する. ¶～劳模 láomó / 模範労働者を選出する.
【评议】píngyì 動 評議する. ¶～候选人 hòuxuǎnrén / 候補者を評議して決める.
【评语】píngyǔ 名 評語. コメント.
【评阅】píngyuè 動(答案・作品を)見て採点・評価する.
【评注】píngzhù 動 批評と注釈を加える.
【评传】píngzhuàn 名 評伝.

坪 píng

◇◆(山間の)平地. ►地名として用いることが多い.

【坪坝】píngbà 名〈方〉平坦な空き地.

苹(蘋) píng

"苹果 píngguǒ"⬇という語に用いる.

**【苹果】píngguǒ 名〈植〉リンゴ(の木). 量 个;[塊状のもの]块;[薄片状のもの]片. ¶～脯 fǔ / リンゴの砂糖漬け. ¶～酱 jiàng / リンゴジャム. ¶～派 pài / アップルパイ.

*凭(憑) píng

❶前 …に基づいて. …を頼りに. ¶～本事吃饭 / 能力によって生計を立てる. [後に続く名詞句が長いときは,"凭着"の形を用いることがある] ¶他～着两条腿 tuǐ, 终于 zhōngyú 走回到家里 / 彼は自分の(二本の)足で,ついに自宅に帰ってきた.
❷接続 たとえ…でも. どんなに…でも. ►「いくら」「どんなに」などの意味を表す語句を伴い,"都,也"などと呼応する. ¶～你怎么说,我也不去 / 君がいくら説得しても,ぼくは行かない.
❸動 ① 頼る. 頼みとする. ¶克服 kèfú 困难 kùnnan 要～大家齐心 qíxīn / 困難に打ち勝つにはみんなの一致団結に頼らねばならない. ②…するに任せる. 思うままに…される. ¶不能～人家 rénjia 摆布 bǎibu / 人の言いなりになってはならない.
◇◆ ①もたれ(かか)る. ¶→～栏 lán. ②証拠. ¶文～ / (卒業)証書. ¶→～据 jù. ‖ 姓

【凭单】píngdān 名 証書. 証拠書類.
【凭吊】píngdiào 動 遺跡や墳墓の前で古人や往時をしのぶ. 弔う.
【凭借】píngjiè 動 頼る. 基づく.
【凭据】píngjù 名 証拠. 証拠物件.
【凭靠】píngkào 動 頼る. 基づく.
【凭空】píngkōng 副 なんのよりどころもなく. いわれもなく. ►"平空"とも書く. ¶～捏造 niēzào / ありもしないことをでっち上げる.
【凭栏】píng//lán 動〈書〉手すり・欄干にもたれる. ¶～望月 / 欄干にもたれて月を眺める.
【凭票】píng//piào 動 証券と引き替えに…する. ¶～入场 rùchǎng / 入場は入場券所持者に限る.
【凭什么】píng shénme なんで. なんの権利・理由があって. ►詰問するときに用いる. ¶你～不让我去？/ なんで私を行かせないのか.
【凭条】píngtiáo 名 証拠となる書きつけ.
【凭险】píngxiǎn 動 険しい地勢に拠(よ)る.
【凭心】píngxīn 動 良心によって…する. ►"凭良心"とも.
【凭信】píngxìn 動 信じる. 信頼する. ¶无 wú 以～ / 信用するだけの根拠がない.
【凭倚】píngyǐ 動 もたれる. よりかかる.
【凭仗】píngzhàng 動 頼みとする.
【凭照】píngzhào 名 証明書. 免許証. 量 张.
【凭证】píngzhèng 名 証拠. 証書.

屏 píng

名(～儿)縦に細長く書かれた書画. ¶墙上挂着四扇 shàn ～儿 / 壁に4幅対になった掛け物が掛かっている. ¶→～条.
◇◆ 遮る. 隠す. ¶→～蔽 bì. ▸▸ bǐng

【屏蔽】píngbì ❶動〈書〉びょうぶのように遮る. ❷名 ①〈喩〉障壁. ②〈電〉(電気や磁気などの)シールド.
【屏风】píngfēng 名 びょうぶ. ついたて. 量 扇 shàn.
【屏门】píngmén 名 外庭と内庭を仕切る門.
【屏幕】píngmù 名 テレビのスクリーン.
【屏条】píngtiáo 名(～儿)縦長の書画. ►普通は4幅か8幅を一組とする.
【屏障】píngzhàng ① 名 障壁. ② 動〈書〉遮る.

**瓶(缾) píng

① 量 瓶に入っているものを数える. ¶一～啤酒 píjiǔ / ビール1本.

②名(～儿)**瓶**．¶暖 nuǎn ～ / 魔法瓶．
【瓶胆】**píngdǎn** 名(魔法瓶の)内側の中瓶．
【瓶颈】**píngjǐng** 名 ①瓶の首の部分．②〈喩〉ボトルネック．
【瓶塞】**píngsāi** 名(～儿)瓶の栓．
【瓶装】**píngzhuāng** 名 瓶詰め．
*【瓶子】**píngzi** 名 **瓶**．量 个．¶空 kòng ～ / 空き瓶．
【瓶嘴】**píngzuǐ** 名(～儿)〈口〉瓶の口．

萍 píng ◇◆ 浮き草．¶浮 fú ～ / 浮き草．‖姓
【萍水相逢】**píng shuǐ xiāng féng** 〈成〉赤の他人が偶然に知り合う．
【萍踪】**píngzōng** 名〈書〉浮き草のように行方が定まらないこと．¶～无定 / 行方が定まらない．¶～浪迹 làngjì / 落ち着く先が定まらないこと．

鲆 píng 名〈魚〉ヒラメ．

po（ㄆㄛ）

***坡 pō** ①名(～儿)**坂道．傾斜面．**¶上～ / 上り坂．②形 傾斜している．¶把板子～着放 / 板を斜めに置く．
【坡道】**pōdào** 名 坂道．
【坡地】**pōdì** 名 傾斜地の畑．
【坡度】**pōdù** 名 勾配．傾斜度．
【坡路】**pōlù** 名 坂道．
【坡面】**pōmiàn** 名 斜面．
【坡田】**pōtián** 名 傾斜地の田畑．
【坡子】**pōzi** 名 坂．傾斜面．

泊 pō ◇◆ 湖．湖水．►湖の名に用いることが多い．¶～地 dì / 湖のほとり．¶湖 hú ～ / 湖．⏩ bó

泼(潑) pō ①動(**液体を**)**まく，ぶっかける**．¶先～点儿水再扫 sǎo / 少し水をまいてから掃く．②形〈方〉押しが強い．気迫がこもっている．
◇◆ 無理を通す．¶撒 sǎ ～ / だだをこねる．
【泼妇】**pōfù** 名 あばずれ．じゃじゃ馬．
【泼剌】**pōlà** 擬《魚が水面に跳ねる音》ぽちゃ．
【泼辣】**pōla** 形 ①乱暴である．がむしゃらである．②大胆である．気迫がある．押しが強い．¶工作～ / 仕事に気迫がある．
【泼冷水】**pō lěngshuǐ** 〈慣〉水を差す．興をさます．
【泼墨】**pōmò** 名〈美〉(山水画法の)潑墨(はつ)．
【泼皮】**pōpí** 名 ごろつき．ちんぴら．
【泼水节】**Pōshuǐjié** 名 水かけ祭り．►タイ暦6，7月(陽暦4月中旬)ごろに行われる，タイ族の伝統的な祭り．

颇 pō 副〈書〉すこぶる．甚だ．¶成绩 chéngjì ～佳 jiā / 成績がなかなかよい．¶～有好感 / たいへん好感をもっている．
◇◆ 偏っている．¶偏 piān ～ / 不公平である．
【颇为】**pōwéi** 副〈書〉すこぶる(…である)．たいへん．甚だ．注意"颇"は単音節語を修飾することが多く，"颇为"は2音節語のみを修飾する．¶～不悦 yuè / たいへん不快だ．¶～遗憾 yíhàn / 甚だ遺憾である．

2声
婆 pó ◇◆ ①中高年の女性．¶老太～ / おばあさん．②しゅうとめ．¶→～媳 xí．③妻．¶老～ lǎopo / 女房．④(～儿)〈旧〉ある種の職業に従事する女性をさす．¶媒 méi ～儿 / 仲人をする女性．¶产 chǎn ～ / 産婆．
【婆家】**pójia** 名(↔娘家 niángjia)夫の家．嫁ぎ先．¶说～ / 嫁ぎ先を世話する．
【婆母】**pómǔ** 名〈方〉しゅうとめ．
【婆娘】**póniáng** 名〈方〉①既婚の若い女性．②妻．
【婆婆】**pópo** 名 ①**しゅうとめ**．夫の母；〈転〉上役．上級機関．②〈方〉祖母．
【婆婆家】**pópojiā** ➡【婆家】**pójia**
【婆婆妈妈】**pópomāmā** 形(行動が)ぐずぐずしている；(性格が)めめしい；(言葉が)くどい．
【婆媳】**póxí** 名 嫁としゅうとめ．
【婆姨】**póyí** 名〈方〉①既婚の若い女性．②妻．
【婆子】**pózi** 名 ばばあ．►女性を軽蔑していう．

鄱 pó 地名に用いる．"鄱阳 Póyáng"は江西省にある湖の名．‖姓

3声
叵 pǒ ◇◆ 不可能である．できない．►"不可 bùkě"の縮音．
【叵测】**pǒcè** 動〈書〉〈貶〉計り知れない．¶居心 jūxīn ～ / 〈成〉魂胆が測り難い．

笸 pǒ "笸篮 pǒlán""笸箩 pǒluo"⬇という語に用いる．
【笸篮】**pǒlán** 名 柳の枝や竹の皮で編んだかご．
【笸箩】**pǒluo** 名 柳の枝や竹の皮で編んだざる．

4声
迫 pò ◇◆ ①迫る．無理強いする．¶被～出走 / 追いつめられて夜逃げする〔家出する〕．②差し迫っている．¶→～切 qiè．③接近する．¶→～近 jìn．⏩ pǎi
【迫不得已】**pò bù dé yǐ** 〈成〉やむを得ない．
【迫不及待】**pò bù jí dài** 〈成〉待っていられないほど急ぐ．矢も盾もたまらない．
【迫促】**pòcù** ①形 急迫している．②動 催促する．
*【迫害】**pòhài** 動(多く政治的に)**迫害する**．¶遭受 zāoshòu ～ / 迫害にあう．
【迫降】**pòjiàng** 動〈航空〉不時着する．緊急着陸する．
【迫近】**pòjìn** 動 間近に迫る．¶～年关 niánguān / 年の瀬が押し詰まる．
【迫令】**pòlìng** 動〈書〉無理にさせる．
【迫迁】**pòqiān** 動 強制移転させる．
*【迫切】**pòqiè** 形(願いや要求が)**差し迫っている，切実である**．¶～的需要 xūyào / 差し迫った必要．
【迫使】**pòshǐ** 動 否応なしに…させる．…せざるを得ないようにする．¶用高压 gāoyā 手段～对方屈服 qūfú / 高圧的手段で相手を屈服させる．
【迫于】**pòyú** 動〈書〉…を迫られる．…を余儀なくされる．¶～形势 xíngshì，不得不 bùdébù 这样做 / 情勢に迫られて，こうせざるを得なかった．
【迫在眉睫】**pò zài méi jié** 〈成〉(事態が)目前に迫っている．

破 pò ❶動 ①**壊れる．割れる．穴があく．**¶球网～了 / ネットに穴があいた．¶裤子 kùzi ～了 / ズボンが破れた．［現象を表す文では，動作の主体は目的語の位置に置く］

¶手上～了一个口子 / 手に傷ができた．［動作の結果を表す目的語をとることもある］¶袜子～了一个洞 dòng / ストッキングに穴があいた．

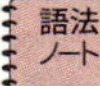

動詞＋"破"

動作の結果,損なわれることを表す．¶划 huá ～了衣服 / ひっかけてかぎ裂きをつくった．¶手指 shǒuzhǐ 被咬 yǎo ～了 / 指をかまれて傷ついた．¶唱 chàng ～了嗓子 sǎngzi / 歌ってのどがかれた．¶吓 xià ～了胆 dǎn / 肝を潰した．►誇張として用いることもある．

②**壊す．裂く．割る；細かくくずす．** ¶～木头 mùtou / 丸太を割る．¶把鳗鱼 mányú ～开 / うなぎを裂く．¶把一百元的票子 piàozi ～开 / 百元札をくずす．¶把整钱 zhěngqián ～成零钱 língqián / 大きいお金をこまかくくずす．
③(規則・記録などを)破棄する,破る．¶～校规 xiàoguī / 校則に反する．¶～了世界 shìjiè 记录 jìlù / 世界記録を破った．
④(敵を)**打ち破る**；(拠点を)攻め落とす．¶～了城门 chéngmén / 城門を打ち破った．
⑤(時間や金を)費やす．¶～点儿时间 shíjiān 重 chóng 写 / 時間を費やして書き直す．
⑥(命・メンツなどを)投げ捨てる,投げ出す,顧みない．語法 必ず"着"を伴い,名詞を目的語にとる．名詞は"性命 xìngmìng、脸皮 liǎnpí"などに限られ,連動文の前部に用いる．¶～着性命去干 gàn / 命を投げ出してやる．¶～着脸皮借钱 / メンツを捨てて金を借りる．
⑦(真相を)暴露する,解明する．¶～密码 mìmǎ / 暗号を解く．
❷形 ①破れた．壊れた．おんぼろの．¶～房子 fángzi / ぼろ家．②(罵声として用い)くだらない．つまらない．¶谁爱看那个～戏 xì / あんなくだらない芝居なんかだれが見たいもんか．

【破案】pò//àn 動 刑事事件を解決する．犯人を検挙する．¶争取 zhēngqǔ 早日～ / 一日も早い犯人検挙に努める．
【破败】pòbài 動 ①壊れ果てる．崩れ落ちる．②衰える．落ちぶれる．
【破冰船】pòbīngchuán 名 砕氷船．
【破布】pòbù 名 ぼろ切れ．
【破不开】pòbukāi 動+可補(額面の大きな札を)くずすことができない．
【破财】pò//cái 動 散財する；(思いがけないことで)損をする．
【破产】pò//chǎn 動 ①**破産する．** 倒産する．②〈喩〉**失敗する．** ¶政变～了 / クーデターは失敗した．
【破出】pò//chū 動+方補(…を)投げ出す,犠牲にする．¶～一百块钱全够 gòu 了 / 100元も奮発すれば十分足りる．
【破除】pòchú 動(これまで尊重・信仰されてきた情実や迷信を)打ち破る,捨てる．¶彻底chèdǐ～迷信míxìn / 迷信を根絶する．
【破船偏遇顶头风】pòchuán piān yù dǐngtóufēng 〈諺〉都合の悪いことが重なる．泣きっ面に蜂．
【破读】pòdú 名 意味によって字音が異なるとき,習慣的に最も広く行われている読音以外のもの．
【破费】pòfèi 動(金や時間を)使う,費やす．¶真对不起,又让您～了 / 恐れ入ります,またご散財させまして．
【破釜沉舟】pò fǔ chén zhōu 〈成〉徹底的にやる覚悟を示すたとえ．背水の陣を敷く．
【破格】pògé 動 破格の扱いをする．決まりや前例を破る．
【破瓜】pòguā ①動〈俗〉処女でなくなる．②名〈書〉("瓜"の字は二つの"八"からなることから)女性の16歳；男性の64歳．
【破关】pò//guān 動(相場が)…の大台を割る；(スポーツなどで)…の記録を破る,…の壁を破る．
【破罐破摔】pò guàn pò shuāi 〈成〉やけくそになる．破れかぶれになる．
*【破坏】pòhuài 動(事物や制度などを)**ぶち壊す,破壊する**；(栄養や成分を)**損なう**；(法律や決まりなどに)**違反する．** ¶～公物 gōngwù / 公共物を壊す．¶～信誉 xìnyù / 信用を傷つける．
【破获】pòhuò 動(事件を解明し)犯人を検挙する．
【破家】pòjiā 名 ぼろ家．
【破解】pòjiě 動 ①わかりやすく説明する．②(問題を)解決する．¶～密码 mìmǎ / 暗号を解読する．
【破戒】pò//jiè 動 ①〈宗〉(仏教で)おきてを破る．②(禁煙や禁酒などの)禁を破る．
【破镜重圆】pò jìng chóng yuán 〈成〉離散や離縁した夫婦が再び一緒になる．
【破旧】pòjiù 形 古くてぼろぼろである．
【破旧立新】pò jiù lì xīn 〈成〉古い思想・文化・習慣などを捨て新しいものを打ち立てる．
【破开】pò//kāi 動+結補(額面の大きな札を)くずす．
【破口大骂】pò kǒu dà mà 〈成〉口汚くののしる．
【破口儿】pòkǒur 名 破れたところ．裂け目．
*【破烂】pòlàn ①形 **壊れている．ぼろぼろである．** ②名(～儿)**ぼろ．くず．** ¶捡 jiǎn～ / くず拾い．
【破烂货】pòlànhuò 名 ①→【破烂】pòlàn② ②〈罵〉あばずれ．淫乱な女．
【破浪】pòlàng 動 波をけたてる．
【破例】pò//lì 動 慣例〔前例〕を破る．
【破脸】pò//liǎn 動(相手との情実やメンツを顧みず)言い争う．
【破裂】pòliè 動 ①裂ける．割れる．¶玻璃 bōli～了 / ガラスがひび割れた．②(関係・感情・交渉などが)決裂する．¶感情～ / 仲たがいをする．
【破落】pòluò ①動 落ちぶれる．没落する．②形 壊れ果てている．
【破谜儿】pò//mèir 動〈方〉①なぞなぞを言い当てる．なぞを解く．②なぞなぞを出す．
【破门】pòmén 動 ①門を壊す．¶～而入 / 戸を打ち破って押し入る．②(サッカーなどで)ゴールを決める．③〈宗〉破門する．
【破灭】pòmiè 動(幻想や希望が)消えうせる,水泡に帰する．
【破伤风】pòshāngfēng 名〈医〉破傷風．
【破身】pò//shēn 動〈俗〉処女を失う．
【破碎】pòsuì 動 ①**砕く．粉砕する．** ②こなごなになる．¶梦 mèng 都～了 / 夢がこなごなになってしまった．
【破损】pòsǔn 動 破損する．壊れる．
【破涕】pòtì 動〈書〉泣くのをやめる．
【破涕为笑】pò tì wéi xiào 〈成〉泣き顔が笑顔に変わる．

【破天荒】pòtiānhuāng〈慣〉破天荒．前代未聞である．
【破土】pò//tǔ 動 ①(建設工事や埋葬のために)くわ入れをする．②春,耕作を始める．③(土から)芽を出す．
【破五】pòwǔ 名(～儿)旧暦1月5日．
【破相】pò//xiàng 動(～儿)(傷などを受けて)顔立ちが変わる．
【破晓】pòxiǎo 動 夜が明ける．¶天色～／空がほのぼのと明ける．
【破鞋】pòxié 名〈罵〉ふしだらな女．
【破颜】pòyán 動〈書〉顔をほころばせる．¶～一笑 xiào／顔をほころばせて笑う．
【破译】pòyì 動 解読する．
【破约】pò//yuē 動 約束を破る．
【破绽】pòzhàn 名(衣服の)ほころび；〈喩〉(話や物事の)つじつまの合わない点．手抜かり．ぼろ．すき．¶他今天的讲话 jiǎnghuà ～很多／彼のきょうの話にはつじつまの合わないところが多かった．¶～百出 bǎichū／〈成〉すきだらけ．ぼろ百出．
【破折号】pòzhéhào 名〈語〉(文章記号の一つ)ダッシュ"—"．¶打上～／ダッシュを書く．

粕 pò ◇◆ 米のかす．酒かす．¶糟 zāo ～／酒のおり．かす．

魄 pò ◇◆ ①人の肉体に宿る霊魂．魂．¶魂 hún ～／魂．②迫力．精力．¶气 qì ～／気迫．¶体 tǐ ～／体と精神．
【魄力】pòlì 名 迫力．気迫．精神力．

pou（ㄆㄡ）

剖 pōu 動 切り開く．¶把西瓜 xīguā ～开／スイカを切る．
◇◆ 分析する．¶→～析 xī
【剖白】pōubái 動 弁明する．釈明する．
【剖腹】pōufù 動〈書〉腹を切開する；〈喩〉腹を割る．¶～明心／〈成〉腹を割って本心を打ち明ける．
【剖腹藏珠】pōu fù cáng zhū〈成〉財物ほしさに命を顧みない．本末転倒．
【剖腹产】pōufùchǎn 名〈医〉帝王切開．►"剖宫 gōng 产"とも．
【剖解】pōujiě 動(道理などを)分析して解明する．
【剖开】pōu//kāi 動+結補 切り開く．割る．
【剖面】pōumiàn 名〈測〉切断面．断面．
【剖尸】pōushī 動 死体を解剖する．¶～验证 yànzhèng／解剖して検死する．
【剖视】pōushì 動 ①解剖して観察する．②〈転〉細かく分解して観察する．
【剖析】pōuxī 動 解剖分析する．¶自我 zìwǒ ～／自分(の心理)を分析する．
【剖胸】pōuxiōng 動 胸部手術をする．

抔 póu 量 両手ですくう量を表す．¶一～土／ひとすくいの土；〈喩〉墓．
◇◆(両手をそろえて)すくう．

pu（ㄆㄨ）

仆 pū ◇◆(前に向かって)倒れる,転ぶ．¶前～后继 jì／前の人が倒れたら,後の人が引き継ぐ．⏩ pú

＊**扑(撲)** pū 動 ①飛びかかる．突き進む．►突進して体を預ける感じ．¶孩子一下子～到他妈的怀 huái 里／子供はさっと母親の胸に飛び込んだ．②["～在工作〔事业 shìyè〕上"の形で](仕事などに)全力を注ぐ．¶一心～在工作上／仕事に心を集中する．③(風や香気が)ぶつかってくる．当たる．¶热气～面而 ér 来／熱気が真正面からわっと来た．④はたく．たたくようにしてつかまえる．¶～蝇 yíng／ハエをたたく．¶～蝴蝶 húdié／チョウを捕まえる．⑤軽く打つ．羽ばたく．¶脖子 bózi 上～一点儿爽身粉 shuǎngshēnfěn／首にベビーパウダーをつける．⑥〈方〉伏せる．うつむく．¶～在书桌上打盹儿 dǎdǔnr／机に向かって居眠りする．‖姓
【扑奔】pūbèn 動 ①目的地に駆けつける．②全力を傾ける．
【扑鼻】pū//bí 動(においが)鼻をつく．¶香气 xiāngqì ～／香りが鼻をつく．
【扑哧】pūchī 擬 ①《吹き出すような笑い声》ぷっ．¶～一声笑 xiào 了／ぷっと吹き出してしまった．②《気体や液体が噴き出す音》しゅっ．►①②とも"噗嗤"とも書く．
【扑打】pūdǎ 動(平たいものでさっと)打ちおろす．
【扑打】pūda 動 軽くはたく．¶～肩 jiān 上的尘土 chéntǔ／肩のちりを払う．
【扑蹬】pūdeng 動(手足や羽を)ばたばたさせる,じたばたする；どたばたと騒ぐ．
【扑跌】pūdiē ①名 中国式の相撲．②動 前に倒れる,転ぶ．
【扑粉】pūfěn 名 ①おしろい．②ベビーパウダー．
【扑救】pūjiù 動 消火する．
【扑克】pūkè 名 ①トランプ．量副 fù；[枚数]张．❖打 dǎ ～／トランプをする．¶～牌 pái／トランプカード．②ポーカー．

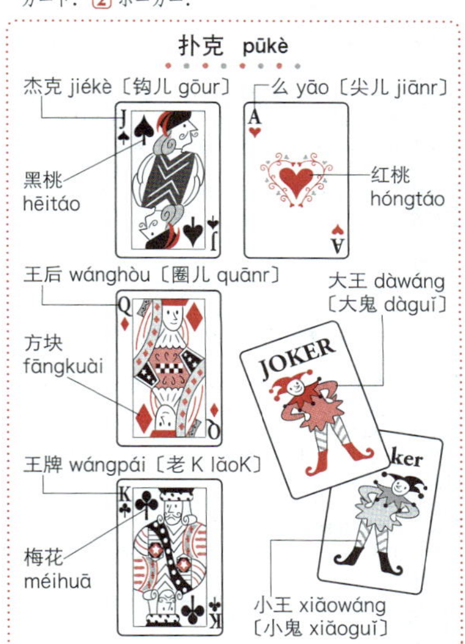

【扑空】pū∥kōng 動 むだ足を踏む.
【扑棱】pūlēng 擬《鳥類が羽ばたく音》ばたばた. ►"不楞 būlēng"とも.
【扑棱】pūleng 動(羽を)ばたばたさせて広げる.
【扑脸】pūliǎn 動(～儿)真正面から顔に当たる.
【扑满】pūmǎn 名(素焼きのつぼの)子供の貯金箱. ►いっぱいになると割って中身を取り出す.
【扑面】pūmiàn 動 真正面から顔に当たる,吹きつける. ¶凉风 liángfēng ～ / 涼しい風が顔に当たる.
【扑灭】pū∥miè 動 ①撲滅する. ¶～艾滋病 àizībìng / エイズを撲滅する. ②(火を)消し止める.
【扑闪】pūshan 動 ひらめかす. まばたく.
【扑食】pūshí 動 餌食を捕らえる.
【扑朔迷离】pū shuò mí lí 〈成〉雌雄の区別がはっきりしない;まぎらわしくて見分けがつかない. 真相がはっきりしない.
【扑腾】pūtēng 擬 ①《重いものが落ちたりぶつかったりする音》どしん. ②《水などをかき回したり,たたいたりする時に出る音》ばしゃ.
【扑腾】pūteng 動 ①(泳ぐときに)足や手で水を打つ. ②鼓動する. 跳ねる. ¶心里直 zhí ～ / 心臓がどきどきする. ③〈方〉活動する. ④浪費する.
【扑通】pūtōng 擬《重いものが地面や水中に落ちる音》どすん. どぶん.

*铺 pū ❶動 ①敷く. 敷き広げる. ¶～席子 xízi / ござを敷く. ②敷設する. ❷量〈方〉オンドルやベッドを数える. ▸▸ pù

【铺陈】pūchén ❶動 ①〈方〉並べる. しつらえる. ②〈書〉詳しく説明する. ❷名〈方〉寝具類.
【铺衬】pūchen 名(つぎ当てなどに用いる)小切れ,古布.
【铺床】pū∥chuáng 動 床を敷く.
【铺垫】pūdiàn ❶名 ①(～儿)寝具類. ②(物語などの)下地. ❷動 ①(広げて)敷く;下に当てる. ②(物語などの)下地を作る.
【铺盖】pūgài 動 一面を覆うようにかぶせる. 敷きつめる.
【铺盖】pūgai 名 布団. 夜具. 量 卷,套 tào,床,副. ¶卷 juǎn ～ / 〈慣〉解雇される. 夜逃げする.
【铺盖卷儿】pūgaijuǎnr 名(持ち運ぶために)巻いた布団.
【铺轨】pū∥guǐ 動 鉄道を敷く. レールを敷く.
【铺开】pū∥kāi 動+結補 ①敷き広げる. ②押し広める. 展開する.
【铺炕】pū∥kàng 動 オンドルの上に布団を敷く.
【铺路】pū∥lù 動 ①道を舗装する. ②〈喩〉…の道をつける.
【铺排】pūpái 動 ①案配する. 段取りをつける. ②派手にやる.
【铺平】pūpíng 動+結補 ①平らに敷く. ②〈転〉…の道を開く.
【铺设】pūshè 動 敷設する. 敷く.
【铺天盖地】pū tiān gài dì 〈成〉天地を覆い隠す.
【铺叙】pūxù 動(文章で)述べる.
【铺展】pūzhǎn 動 繰り広げる. 四方に広がる.
【铺张】pūzhāng 動 ①派手にやる. 見栄を張る. ¶～浪费 làngfèi / ぜいたくしてむだ遣いをする. ②誇張する.

噗 pū 擬 ①《強く息を吹く音》ふっ. ②《ほこりや煙・水蒸気などが吹き出るさま》ぼっぽっ.

【噗嗤】pūchī →【扑哧】pūchī
【噗唧】pūjī 擬 ①《液体やのり状のものが押し出される音》しゅっ. じゅっ. ②《水や泥など柔らかいものに突っ込む音》ずぶり. ずぶ.
【噗噜噜】pūlūlū 擬(～的)《涙や軽い粒状のものが続けてこぼれ落ちるさま》ぽろぽろ.

潽 pū 動〈口〉煮こぼれる. 噴きこぼれる. ¶粥 zhōu ～出来了 / おかゆが鍋から噴きこぼれた.

2声

仆(僕) pú ◇◆ しもべ. 召使い. ¶男～ / 男の召使い. 下男. ‖姓 ▸▸ pū

【仆人】púrén 名〈旧〉召使い. 下男.
【仆役】púyì →【仆人】púrén

匍 pú "匍匐〔伏〕 púfú"⬇という語に用いる.

【匍匐・匍伏】púfú 動 ①匍匐(ほふく)する. はって進む. ②伏せる.

莆 pú 地名に用いる. "莆田县 Pútiánxiàn"は福建省にある県の名. ‖姓

菩 pú "菩萨 púsà""菩提 pútí"⬇という語に用いる.

【菩萨】púsà 名〈略〉①〈仏〉菩薩(ぼさつ). ②〈喩〉慈悲深い人.
【菩提】pútí 名〈仏〉菩提(ぼだい).

脯 pú ◇◆ 胸. ▸▸ fǔ

【脯子】púzi 名(鶏やアヒルの)胸肉.

葡 pú "葡萄 pútao"(ブドウ)という語を造る.

【葡萄牙】Pútáoyá 名〈地名〉ポルトガル.
*【葡萄】pútao 名〈植〉ブドウ. 量 粒 lì,颗 kē;[房の数]串 chuàn;[株の数]棵 kē. ¶一串～ / ブドウひと房.
【葡萄干】pútaogān 名(～儿)干しブドウ. レーズン.
【葡萄酒】pútaojiǔ 名 ワイン.
【葡萄糖】pútaotáng 名 ブドウ糖.
【葡萄柚】pútaoyòu 名〈植〉グレープフルーツ.

蒲 pú ◇◆ ガマ. ‖姓

【蒲包】púbāo 名(～儿) ①ガマの葉で編んだかます. ②〈旧〉"蒲包"に入れた果物や菓子類の贈答品.
【蒲草】púcǎo 名〈植〉ガマ.
【蒲垫】púdiàn 名(～儿)ガマで編んだ敷物.
【蒲公英】púgōngyīng 名〈植〉タンポポ;〈中薬〉蒲公英(ほこうえい).
【蒲葵】púkuí 名〈植〉ビロウ;〈中薬〉蒲葵(ほき).
【蒲柳】púliǔ 名 ①〈植〉カワヤナギ. ②〈旧〉〈謙〉体が弱い人.
【蒲绒・蒲茸】púróng 名 ガマの穂.
【蒲扇】púshàn 名(～儿)ガマやシュロの葉で編んだうちわ.
【蒲团】pútuán 名 ガマの葉や麦わらで編んだ座布団. 円座.
【蒲席】púxí 名 ガマで編んだむしろ.

璞 pú ◇◆ 粗玉(あらたま). まだ磨いていない玉(ぎょく). ‖姓

【璞玉浑金】pú yù hún jīn 〈成〉純朴で飾り気のない人柄. ►“浑金璞玉”とも.

3声 **朴(樸) pǔ** ◇◆ 質素である. 質朴である. ¶俭 jiǎn ～ / 勤倹質朴である. ¶诚 chéng ～ / 質朴である. ⏩ piáo

【朴厚】pǔhòu 形〈書〉質朴で人情に厚い.

【朴实】pǔshí 形 ①質素である. ②質朴である. 誠実である. ¶～无华 wúhuá / 質朴簡素. ③(仕事が)着実である.

*【朴素】pǔsù 形 ①(色彩や格好が)**地味である**. 素朴である. ¶穿着 chuānzhuó ～大方 / 身なりがさっぱりしていて上品だ. ②(暮らし向きが)**質素である**. ¶生活～ / 生活が質素である. ③着実である. 大げさでない. ¶～的语言 yǔyán / 飾り気のない率直な言葉.

【朴直】pǔzhí 形〈書〉素朴で実直である. ¶语言～ / 言葉に飾り気がなく率直である.

【朴质】pǔzhì 形〈書〉純真で飾り気がない.

埔 pǔ 地名に用いる. “黄埔 Huángpǔ”は広東省にある地名. 黄埔(ほ).

圃 pǔ ◇◆(野菜・花または果樹を植える)畑. ¶菜～ / 菜園. ¶花～ / 花畑.

浦 pǔ ◇◆ 水辺. 河口. ►地名に用いることが多い. ¶乍 Zhà ～ / 浙江省にある地名. ‖姓

普 pǔ ◇◆ 広範に. ¶～天下 / 天下あまねく. 世界中に. ‖姓

*【普遍】pǔbiàn 形 **普遍的である**. あまねく; 普及している. ¶这种不良现象 xiànxiàng 很～ / このようなよくない現象はあちこちで見られる. ¶在全国进行～的调查 diàochá / 全国くまなく調査する.

【普查】pǔchá 動 全面調査する. 一斉調査する. ►“普遍调查 pǔbiàn diàochá”の略. ¶人口～ / 国勢調査.

【普洱茶】pǔ'ěrchá 名 プーアル茶. 雲南省の普洱で産する茶.

【普法】pǔfǎ 動〈略〉法律の知識を普及させる.

【普及】pǔjí 動 **普及する**. 広く行き渡る; **普及させる**. 押し広める. ¶在这里,普通话已经很～了 / ここでは共通語はすでに普及している.

【普及本】pǔjíběn 名 普及版. 並製本.

【普米族】Pǔmǐzú 名(中国の少数民族)プミ(Primi)族. ►チベット系民族の一つ.

【普天同庆】pǔ tiān tóng qìng 〈成〉天下の人がこぞって喜び祝う.

【普通】pǔtōng 形 **普通である**. ありふれた. ¶这种事情 shìqing 很～ / こんなことは珍しくない. ¶～的款式 kuǎnshì / ありふれたデザイン.

【普通话】pǔtōnghuà 名 **共通語**. **現代中国語の標準語**. 参考 北京語音を標準音とし,北方語を基礎方言とし,現代白話文の模範的な著作を文法規範とする.

溥 pǔ ◇◆ 広大である; 普遍的である. ‖姓

谱 pǔ ❶名 ①**楽譜**. スコア. ②(～儿)だいたいの見当. 目安. ¶他说话没～ / 彼の話は見当がつかない.
❷動 作曲する. 曲をつける. ¶～曲 qǔ / 詞に曲をつける.
◇◆ 類別または系統に従って箇条書きで編纂されたもの. ¶食～ / 料理法の本. ¶画～ / 画譜. 画集.

【谱表】pǔbiǎo 名 譜表. 五線譜.

【谱牒】pǔdié 名〈書〉家系図. 系図.

【谱儿】pǔr 名〈口〉いばった態度. もったいぶった様子. ¶摆 bǎi ～ / もったいぶる.

【谱系】pǔxì 名 家系.

【谱写】pǔxiě 動 作曲する.

【谱子】pǔzi 名〈音〉楽譜. 曲譜.

蹼 pǔ 名〈動〉(水鳥やカエルなどの)水かき. ¶～泳 / (泳具の)足ひれをつけた水泳.

4声 **铺(舖) pù** ◇◆ ①(～儿)商店. 店舗. ►現在では“店 diàn”を用いることが多い. ¶店～ / 商店. ¶当 dàng ～ / 質屋. ¶饭～ / 飯屋. ②板がけの寝台. ¶床～ / 寝台. ⏩ pū

【铺板】pùbǎn 名 寝台用の板.

【铺面】pùmiàn 名 店構え. 店先. ¶～房 fáng / 通りに面した商店向きの家屋.

【铺位】pùwèi 名(船・寝台車・旅館などの)寝台,寝台を据え付ける場所. ¶没有～ / 満員である.

【铺子】pùzi 名 **店**. **小売店**. 量 家,个. ¶～不大,货色 huòsè 齐全 qíquán / 店は小さいが,品物はそろっている.

堡 pù “十里堡”のように地名に用いることが多い. ⏩ bǎo,bǔ

瀑 pù ◇◆ 滝. 瀑布. ¶飞 fēi ～ / 飛瀑. 高い所から落ちる滝.

【瀑布】pùbù 名 滝. 瀑布. 量 条.

曝(暴) pù ◇◆ 太陽が照る. 日にさらす. ⏩ bào

【曝光】pù//guāng 動(フィルムなどを)感光させる; 〈喩〉正体を見せる.

【曝露】pùlù 動〈書〉野ざらしにする.

【曝晒】pùshài 動 日光にさらす. ¶皮肤 pífū ～易 yì 患癌 huàn ái / 皮膚は日にさらすと,癌(がん)になりやすい.

P ………

【PC机】PC jī 名〈電算〉パソコン. パーソナルコンピュータ.

【pH值】pH zhí 名〈化〉ペーハー. 水素イオン指数.

qi (くｌ)

1声 ** **七** qī ①数 a 7．しち．なな．¶～个 / 七つ．7人．¶～天 / 7日間．b 第七(の)．7番目(の)．¶～月 / 7月．¶～点钟 zhōng / 7時．②名(古くは)人の死後法事が行われる初七日・ふた七日などの7日ごとの日をさす．

注意 第四声の前では"七岁 qísuì"のように,第二声に発音されることもある．‖姓

〖七…八…〗 *qī…bā…*《名詞・動詞・造語成分を当てはめて,回数・数量が多いこと,物事が秩序立っていないさまを表す》¶～言～语 / いろいろな人がとやかく言う．

【七大江河】qīdà jiānghé 名 七大河川．►黄河・長江(揚子江)・淮河(わいが)・海河・珠江・遼河・松花江をさす．

【七颠八倒】qī diān bā dǎo〈成〉(話などが)乱雑で整っていないさま．

【七绝】qījué 名〈略〉七言絶句．

【七老八十】qī lǎo bā shí〈成〉年をとっている．

【七零八落】qī líng bā luò〈成〉散り散りばらばらである．

【七律】qīlǜ 名〈略〉七言律詩．

【七拼八凑】qī pīn bā còu〈成〉方々から寄せ集める．

【七七】qīqī 名 四十九日．七七日(しちしちにち)．

【七七事变】Qī-Qī shìbiàn 名〈史〉盧溝橋事件．►1937年7月7日,日中全面戦争の発端となった事件．

【七窍】qīqiào 名 目・耳・鼻・口の総称．

【七窍生烟】qī qiào shēng yān〈成〉(目・耳・鼻・口から煙が出る)憤慨・立腹するさま．

【七擒七纵】qī qín qī zòng〈成〉策略を用いて相手を心服させる．

【七情六欲】qī qíng liù yù〈成〉もろもろの情欲．

【七上八下】qī shàng bā xià〈成〉心が乱れるさま．

【七十二变】qīshí'èr biàn 名(孫悟空の)七十二相の変身術．変幻自在．

【七十二行】qīshí'èr háng 名 あらゆる業種．¶～,行行出状元 / どんな職業からも優秀な人物が出るものである．

【七手八脚】qī shǒu bā jiǎo〈成〉寄ってたかって何かをする．

【七夕】qīxī 名 七夕(祭り)．

【七言诗】qīyánshī 名〈文〉七言詩．

【七一】Qī-Yī 名〈略〉7月1日の中国共産党創立記念日．►1921年,上海で結成された．

【七嘴八舌】qī zuǐ bā shé〈成〉多くの人が方々から口を出す．

沏 qī 動(熱湯を)かける．¶用开水 kāishuǐ 把糖 táng～开 / 湯をついで砂糖をとかす．

【沏茶】qī//chá 動 茶をいれる．

妻 qī ◇妻．¶夫 fū～ / 夫妻．¶未婚 wèihūn～ / 婚約者．フィアンセ．

【妻弟】qīdì 名 妻の弟．義弟．►"小舅子 xiǎojiùzi"とも．

【妻儿老小】qī ér lǎo xiǎo〈成〉(世帯主を除く)一家のすべての人．

【妻管严】qīguǎnyán〈慣〉恐妻家．⇒【气管儿炎 qìguǎnryán ②】

【妻舅】qījiù 名〈書〉(妻方の)義理の兄弟．

【妻兄】qīxiōng 名 妻の兄．義兄．►"大舅子 dàjiùzi"とも．

【妻子】qīzǐ 名〈書〉妻子．注意 話し言葉では"妻子儿女 qīzi érnǚ"という．"qīzi"と発音すると「妻」の意味になる．

*【妻子】qīzi 名 妻．女房．

柒 qī 数 "七"の大字(読み違いや書き直しを防ぐための字)．⇒〖七 qī〗‖姓

栖(棲) qī ◇鳥が木に止まる；住む．¶两～类 lèi / 両生類．▶▶ xī

【栖集】qījí 動 集まる．►多く動物について用いる．

【栖身】qīshēn 動〈書〉身を寄せる；(仮に)住む．泊まる．¶无处 chù～ / 身を寄せるところがない．

【栖息】qīxī 動〈書〉(鳥が)木に止まる．生息する．

凄 qī ◇①寒い．寒けがする．¶→～～．②寂しい．ひっそりしている．¶→～凉 liáng．③悲しい．¶→～惨 cǎn．

【凄惨】qīcǎn 形 悲惨である．痛ましい．¶凄凄惨惨的哭声 kūshēng / 痛ましい泣き声．

【凄恻】qīcè 形〈書〉悲しく痛ましい．

【凄楚】qīchǔ 形〈書〉痛ましい．非痛である．

【凄风苦雨】qī fēng kǔ yǔ〈成〉①気候が非常に悪い．②悲惨な境遇．

【凄苦】qīkǔ 形〈書〉惨めである．痛ましい．

【凄厉】qīlì 形〈書〉(声や音が)甲高くすさまじい．

【凄凉】qīliáng 形 ①(情景が)もの寂しい．ぞっとするほど寂しい．荒れ果てている．¶晚景 wǎnjǐng～ / 夕暮れの情景がもの寂しい．②悲惨である．¶身世 shēnshì～ / 境遇が悲惨である．

【凄凄】qīqī 形〈書〉①ひんやりしている．¶风雨～ / 風まじりの雨が冷たい．②うら悲しい．¶琴声 qínshēng～ / 琴の音(ね)がうら悲しい．

【凄切】qīqiè 形〈書〉(音声などが)悲しくもの寂しい．

【凄清】qīqīng 形 ①うすら寒い．②うら寂しい．¶～的月光 / 寒々とした月の光．

【凄然】qīrán 形〈書〉悲しく痛ましい．¶～泪 lèi 下 / 悲しんで涙をこぼす．

【凄婉】qīwǎn 形〈書〉(音が)やわらかで悲しい．

萋 qī "萋萋 qīqī"↓という語に用いる．

【萋萋】qīqī 形〈書〉草木が盛んに茂っているさま．

Q

戚(慼) **qī** ◇◆ ①親戚．¶→～谊 yì．¶→～友．②憂える．悲しむ．¶哀āi～ / 憂え悲しむ．‖姓

【戚然】qīrán 形〈書〉憂え悲しむ．¶～不语 / 思い悩み黙り込む．

【戚谊】qīyì 名〈書〉親戚関係．親戚のよしみ．

【戚友】qīyǒu 名 親戚と友人．

＊**期** **qī** 量 一定期間ごとに行われる事物を数える：**号．期．回．**¶这本杂志 zázhì 已经出版 chūbǎn 了一百～ / この雑誌はすでに100号まで出版されている．¶第三～培训 péixùn 班 / 第3期養成訓練班．

◇◆ ①期限．期日．¶按 àn ～ / 期日どおりに．②日時を約束する．¶不～而遇 yù / 〈成〉偶然にひょっこり行き合う．③一定の期間．¶假 jià ～ / 休暇期間．④望む．待つ．¶→～望 wàng．▶▶ jī

【期待】qīdài 動 **期待する．待ち望む．**¶～着早日完成 / 1日も早い完成を待ち望む．¶抱着很大的～ / 大きな期待をかけている．

【期货】qīhuò 名〈経〉先物(さきもの)．¶～合同 hétong / 先物契約．

【期货交易】qīhuò jiāoyì 名〈経〉先物取引．

＊【期间】qījiān 名 **期間．間．**¶会议 huìyì ～ / 会議の間．¶就在这～ / ちょうどその間に．¶在北京～,参观了不少名胜 míngshèng / 北京滞在中,多くの名所を見学した．

【期刊】qīkān 名 定期刊行物．

【期考】qīkǎo 名〈略〉学期末試験．

【期满】qīmǎn 動 満期になる．期限が来る．

【期末】qīmò 名 期末(の)．¶～考试 kǎoshì / 期末テスト．

【期内】qīnèi 名 期間内．期限内．

【期票】qīpiào 名〈経〉約束手形．¶发 fā ～ / 約束手形を振り出す．

【期求】qīqiú 動 希求する．手に入れたいと願う．¶无 wú 所～ / 何も欲しいものはない．

【期权】qīquán 名〈経〉オプション．先物取引の権限．¶～交易 jiāoyì / オプション取引．

【期望】qīwàng 動 **期待する．**望みをかける．¶老师～学生能够 nénggòu 成材 chéngcái / 先生は学生が有用な人材になることを期待している．¶我们～尽快 jǐnkuài 解决 jiějué / できるだけ早く解決せんことを期待します．

【期限】qīxiàn 名 **期限**；期日．¶～是半年 / 期限は半年間だ．¶合同 hétong 的～就要到了 / 契約期限がまもなく切れる．

【期于】qīyú 動 …に期待する．

【期中考试】qīzhōng kǎoshì 名 中間テスト．

欺 **qī** ◇◆ ①欺く．だます．¶→～骗 piàn．②いじめる．侮辱する．¶→～负 fu．

【欺负】qīfu 動 **いじめる．ばかにする．**¶不要～小孩儿 / 子供をいじめてはいけない．¶～我们穷 qióng / われわれが貧しいのをばかにする．

【欺哄】qīhǒng 動 だます．すかす．

【欺凌】qīlíng 動〈書〉いじめる．侮辱する．►“遭受 zāoshòu、受到”などの目的語になることが多い．

【欺瞒】qīmán 動(真相を隠して)だます．欺く．

【欺蒙】qīméng 動 ごまかす．人の目をくらます．

【欺骗】qīpiàn 動 **だます．**ペテンにかける．¶你不要受他的～ / 彼にだまされてはいけないよ．

【欺人太甚】qī rén tài shèn 〈成〉人をばかにするにも程がある．

【欺人之谈】qī rén zhī tán 〈成〉人をだます言いぐさ．人をばかにした話．

【欺辱】qīrǔ 動 侮る．いじめる．

【欺软怕硬】qī ruǎn pà yìng 〈成〉弱い者をいじめて強い者にぺこぺこする．

【欺上瞒下】qī shàng mán xià 〈成〉上の者の目をあざむき,下の者をだます．

【欺生】qīshēng 動 1 新参者やよそ者をいじめる．2(馬やロバなどが)不慣れな人の言うことを聞かない．

【欺侮】qīwǔ 動〈書〉**侮る．**いじめる．

【欺心】qīxīn 動 良心に背く．

【欺压】qīyā 動 威圧する．(権勢をかさに着て)いじめる．►“受、遭受 zāoshòu”などの目的語になることができる．

【欺诈】qīzhà 動 詐欺を働く．だます．

缉 **qī** 動 返し針で細かく縫う．¶～边儿biānr / (返し針で)縁を縫う．¶～鞋口 xiékǒu / 布靴の表の縁を縫う．▶▶ jī

嘁 **qī** “嘁哩喀喳”“嘁嘁喳喳”⇩などの語に用いる．

【嘁哩喀喳】qīlikāchā 形 てきぱきしている．きびきびしている．¶做事 zuòshì ～ / 仕事をてきぱきとする．

【嘁嘁喳喳】qīqīchāchā 擬《話し声》ひそひそ．ぼそぼそ．

【嘁嘁喳喳】qīqīzhāzhā 擬《話し声》ひそひそ．ぼそぼそ．

漆 **qī** 1 名 **うるし．**ニス．ペンキ．¶上～ / うるしなどを塗る．¶他在墙上涂 tú 了一层 céng ～ / 彼は壁を1回塗装した．2 動(うるし・ペンキ・塗料などを)**塗る．**¶～家具jiāju / 家具に塗料を塗る．‖姓

【漆布】qībù 名 レザー．クロス．リノリウム．

【漆工】qīgōng 名 ペンキ塗装；ペンキ職人．

【漆黑】qīhēi 形(～的)(↔雪白 xuěbái)**真っ黒である．真っ暗である．**¶～的头发 tóufa / 黒々とした髪．みどりの黒髪．¶夜色 yèsè ～ / 真っ暗な夜．

【漆黑一团】qī hēi yī tuán 〈成〉1 真っ暗やみで一筋の希望もない．2 何もわからない．

【漆画】qīhuà 名〈美〉うるし絵．

【漆匠】qījiang 名 漆器工．

【漆皮】qīpí 名 1 エナメル．2(～儿)漆器の表層．

【漆片】qīpiàn 名 ラッカー．¶上一层 céng ～ / ラッカーを1回塗る．

【漆器】qīqì 名 漆器．塗り物．

【漆树】qīshù 名〈植〉ウルシ．

蹊 **qī** “蹊跷 qīqiāo”⇩という語に用いる．▶▶ xī

【蹊跷】qīqiāo 形 うさんくさい．

暚 **qī** 1 形 生乾きである．2 動 土砂で水分を吸い取る．

2声 **齐**(齊) **qí** 1 形《きちんとそろっている》**整然とそろっている**；(欠けることなく)**全部がそろっている．**¶演员们 yǎnyuánmen 的动作很～ / 俳優たちの動

Q

きがきちんとそろっている. ¶人都～了,咱们走吧 / 全員そろったから,出発しましょう. [補語として用いられることも多い]¶把桌子摆 bǎi ～ / テーブルをきちんと並べる. ¶队伍 duìwu 排 pái 得很～ / 隊列がきちんとそろっている. ¶需要 xūyào 的东西都预备 yùbèi ～了 / 必要なものはみなそろえた. ¶向右 yòu 看～! / (号令)右へならえ. [動作がそろう意味で連用修飾語ともなる:**一斉に**]¶男女老幼 yòu ～动手 dòngshǒu / 老若男女が一斉に仕事に取りかかる.
②動《…にそろえる》**…と同じくらいまでにそろう**;(ある点または線に)そろえる. ¶向日葵 xiàngrìkuí 都～了房檐 fángyán 了 / ヒマワリが家の軒の高さまでになった. ¶～着边儿 biānr 裁开 cáikāi / ふちをそろえて切る.
③名(Qí)〈史〉斉(せい). ¶～鲁 lǔ / 山東省の別称.
◇◆ ①同じである. 一致する. ¶→～心 xīn. ②そろえていっしょに. ¶→～唱 chàng. ¶一～ / そろって一斉に. ⇒〖斋 zhāi〗‖姓

【齐备】qíbèi 形(品物が)**そろっている. 取りそろえてある. 完備している.** ¶功能 gōngnéng ～ / 機能がすべてそろっている. ¶货色 huòsè ～ / 品物がそろっている.
【齐步走】qíbù zǒu《号令》前へ進め.
【齐唱】qíchàng 動 斉唱する.
【齐楚】qíchǔ 形(服装が)整っている.
【齐集】qíjí 動 一堂に集まる.
【齐名】qímíng 動 同様に有名である.
【齐全】qíquán 形 **そろっている. 完備している.** ¶设备 shèbèi ～ / 設備が完備している.
【齐声】qíshēng 副 声をそろえて. 口をそろえて. ¶～高唱 gāochàng / 声をそろえて高らかに歌う.
【齐头并进】qí tóu bìng jìn〈成〉①(いくつかの物事を)同時に進行する〔進める〕. ②互角である.
【齐心】qí//xīn 動 心を一つにする. 気持ちが合う. ¶～协力 xiélì / 心を合わせて協力する.
【齐整】qízhěng 形 ①そろっている. 整然としている. ②顔立ちが整っている.
【齐奏】qízòu 動〈音〉斉奏する.

祁 qí

地名に用いる. "祁门县 Qíménxiàn"は安徽省にある県の名. "祁阳县 Qíyángxiàn"は湖南省にある県の名. ‖姓

【祁红】qíhóng 名 キーマンティー. 安徽省の祁門県産の紅茶.

岐 qí

①地名に用いる. "岐山 Qíshān"は陝西省にある県の名. ②〖歧 qí〗に同じ. ‖姓

其 qí

❶代 ①**その. 彼(ら)の. 彼女(ら)の.** それ(ら)の. ►"他的,她的,它的"に同じ. ¶各得 dé ～所 / 〈成〉各々その所を得る. 適材適所. ②彼(ら). 彼女(ら). それ(ら). ►"他(们)、她(们)、它(们)"に同じ. 兼語の形を作る. ¶促 cù ～尽快 jǐnkuài 答复 / それを早く返事するよう催促する. ③そんな. あんな. そのような. あのような. ►"那,那样,这,这样"に同じ. ¶不堪 bùkān ～苦 / あんな苦しみには耐えられない. ④《リズムを整えたり語調を強めたりするのに用いる》►動詞の後に用いる. ¶大请～客 / 大勢の人を招き宴会を開く;〈転〉大盤ぶるまいする.
❷助 ①どうして…であろうか. ►推量や反語に用いる. ¶岂 qǐ ～然 rán 乎 hū ? / どうしてそんなことがあろうか. ②《勧告や命令を表す》…せよ. ¶子～勉 miǎn 之 zhī / 大いに努力したまえ. ‖姓

*【其次】qícì 代(その)**次.** それから. 語法 順序が後の人や事物,または副次的な人や事物をさす. 単独で用いるほか,"的"を伴って名詞を修飾することもできる. ¶首要 shǒuyào 问题和～问题 / 主要な問題と副次的な問題. ¶她先唱 chàng,～就该 gāi 你了 / 彼女が先に歌って,その次は君の番だ.
【其间】qíjiān 名〈書〉①(ある場所をさして)**その間.** ②(ある期間をさして)**その間.**
【其貌不扬】qí mào bù yáng〈成〉風采(ふうさい)が上がらない. 容貌が悪い.
*【其实】qíshí 副 ①《前述の内容を否定する》**実は. 本当のところ.** ¶说是冬天,～并 bìng 不冷 / 冬といっても実際には寒くない. ②《前述の内容を補う》**実は. 実のところ.** ¶大家都认 rèn 上海货,～北京货也不错 / 上海の製品はみんな認めるが,実は北京の製品も悪くない.
*【其它】qítā →【其他】qítā
*【其他】qítā 代 **ほかの(もの). その他の(もの).** 別の(もの). 注意 一定範囲以外の人や事物をさす. 特に事物のみをさす場合は"其它"と書くこともある. 一般に単音節名詞を修飾するときは"的"を伴い,2音節名詞を修飾するときは"的"を伴わない. ¶除了 chúle 这本以外,～的书都看完了 / これ以外の本は全部読み終えた. ¶就要这些,～不要 / これだけください,あとは要りません. ¶今天就到这里,～问题以后再说 / 今日はここまで. ほかの問題はまたにしよう.
*【其余】qíyú 代 **残り(のもの). あと(のもの).** ほか(のもの). 注意 残りの人や事物をさす. 名詞を修飾するときは一般に"的"を必要とするが,名詞の前に数量詞があれば"的"は普通,省くことができる. ¶老师,～的东西怎么办 zěnme bàn ? / 先生,他のものはどうしますか. ¶我要一个,～两个给你 / 私は一つもらい,残りの二つは君にあげる.
*【其中】qízhōng 方位 **その中. そのうち. その間.** ¶全班五十人,～女生占 zhàn 了一半 / クラス50人のうち,女生徒が半分を占めている. ¶我也在～ / 私もその一人です.

奇 qí

◇◆ ①珍しい. まれである. ¶→～功 gōng. ②思いがけない. 意外である. ¶→～兵. ③驚く. 珍しがる. ¶惊 jīng ～ / 驚く. ④非常に. ¶～痒 yǎng / たいへんかゆい. ‖姓 ▸▸ jī

【奇兵】qíbīng 名 奇兵. 奇襲部隊.
【奇才】qícái 名 珍しい人材. まれに見る人材.
【奇耻大辱】qí chǐ dà rǔ〈成〉この上もない恥辱.
【奇功】qígōng 名 殊勲. 貴重で優れた功績. ¶屡 lǚ 建～ / たびたび優れた手柄を立てる.
【奇怪】qíguài ①形 **おかしい. 奇妙である. 変わっている. ¶～的事情 / 不思議な事. ¶他的话说得有点儿～ / 彼の話はちょっとおかしい. ②動 **不思議に感ずる. おかしいと思う. 納得できない.** ¶我～他怎么不来 / 彼がどうして来ないのか不思議だ. [挿入句として用い]¶真～,为什么今天这么多人迟到 chídào ? / 変だな,なぜきょうはこんなに遅刻が多いのかな.
【奇观】qíguān 名 奇観. 奇異な現象;まれに見る事件.
【奇诡】qíguǐ 形〈書〉奇怪である.
【奇祸】qíhuò 名 思いがけない災難.

【奇货可居】qí huò kě jū 〈成〉珍しい品物を仕入れておいて値上がりを待つこと;自分の技能や学歴などを頼みにして,地位や金銭などを手に入れようとする.

【奇计】qíjì [名] 奇計.奇策.

【奇迹】qíjì [名] **奇跡**.

【奇景】qíjǐng [名] 奇観.珍しい景色.

【奇绝】qíjué [形]〈書〉すぐれて珍しい.

【奇妙】qímiào [形] **見事である**.絶妙である.¶构思 gòusī～/構想が奇抜である.

【奇谋】qímóu [名] 奇計.奇策.

【奇男子】qínánzǐ [名] たいへんすぐれた男性.傑物.

【奇葩】qípā [名] 珍しい花.

【奇巧】qíqiǎo [形](美術品などが)巧妙である,精巧である.

【奇缺】qíquē [形] ひどく不足している.

【奇人】qírén [名] 奇人.風変わりな人.

【奇事】qíshì [名] 珍しい事.不思議な事柄.

【奇谈】qítán [名] 奇談.珍しい話.¶～怪论 guàilùn/つじつまの合わない奇怪な論議.

【奇特】qítè [形] 珍しい.奇異である.

【奇闻】qíwén [名] 奇聞.珍談.

【奇袭】qíxí [動] 奇襲する.

【奇效】qíxiào [名] 予期しない効果〔効力〕.

【奇形怪状】qí xíng guài zhuàng 〈成〉奇妙な格好.奇怪な形.

【奇勋】qíxūn [名]〈書〉殊勲.大手柄.

【奇异】qíyì [形] [1] 奇異である.不思議だ.[2] びっくりしたような.驚いたような.

【奇遇】qíyù [名] 奇遇.思いがけない出会い.

【奇缘】qíyuán [名] 不思議な縁.

【奇珍】qízhēn [名] 世にもまれな宝物.¶～异宝 yìbǎo/珍しい宝物.

【奇志】qízhì [名] 殊勝な志.雄志.

【奇装异服】qí zhuāng yì fú 〈成〉〈貶〉異様な身なり.奇抜な服装.

岐 qí

◇◆ ①分かれ道.¶→～途 tú.②違っている.一致しない.¶～见/異なった意見.¶→～视.

【岐路】qílù [名] 岐路;(正道に対して)まちがった道.

【岐路亡羊】qí lù wáng yáng 〈成〉事柄が複雑多岐であるため取るべき方向を誤る.多岐亡羊.

【岐视】qíshì [動] **差別視する.差別する**.¶种族 zhǒngzú～/人種差別.

【岐途】qítú [名] 岐路;分かれ道.小道;〈転〉誤った道.¶被 bèi 引入 yǐnrù～/誤った道へ誘い込まれる.

【岐义】qíyì [名](言葉や文字の)多義.複数の解釈.¶有～/異なった意味がある.

【岐异】qíyì [形] 異なっている.

祈 qí

◇◆ ①祈る.祈禱する.¶～年/豊作を祈る.②願う.希望する.¶→～求 qiú.‖[姓]

【祈祷】qídǎo [動]〈宗〉祈禱する.祈る.願い事をする.¶～上帝/神に願い事をする.

【祈福】qífú [動] 幸福を祈る.

【祈求】qíqiú [動]〈書〉切に願う.こい願う.

【祈使句】qíshǐjù [名]〈語〉命令文.

【祈望】qíwàng [動]〈書〉切望する.待ち望む.

【祈雨】qíyǔ [動] 雨ごいをする.

祇 qí

◇◆ 地の神.¶神 shén～/天の神と地の神.神々たち.⇨〖只 zhǐ〗

【祇示旁】qíshìpáng [名](～儿)(漢字の偏旁)しめすへん"ネ".

荠(薺) qí

"荸荠 bíqí"(〈植〉クログワイ.オオクログワイ)という語に用いる.⏩ jì

耆 qí

◇◆ 60歳以上の人.¶～年/老年.¶～绅 shēn/老紳士.

【耆旧】qíjiù ⇀【耆老】qílǎo

【耆老】qílǎo [名]〈書〉年寄り.老人;(特に)尊敬されている老人.

脐(臍) qí

◇◆ ①へそ.ほぞ.¶肚 dù～/へそ.②カニの腹部を覆う甲羅.えらぶた.¶尖 jiān～/雄ガニの腹部のとがった殻.

【脐带】qídài [名]〈生理〉臍帯(さいたい).

畦 qí

[量] あぜで囲まれた1区画を数える.¶种 zhòng 了一～菜/野菜を1区画植えた.

◇◆ あぜで囲まれた田畑.►多くは長方形.¶打～/あぜをつくる.¶菜 cài～/野菜畑.

崎 qí

"崎岖 qíqū"⬇という語に用いる.

【崎岖】qíqū [形] 山道がでこぼこである.

＊＊骑 qí

[動](またいで)**乗る**.またがる.¶～马/ウマに乗る.❖～**自行车** *zìxíngchē*〔**摩托车** *mótuōchē*〕/自転車〔オートバイ〕に乗る.

◇◆ ①(乗るための)ウマ(そのほかの動物).¶坐～/乗馬.②ウマに乗る人.¶轻 qīng～/軽騎兵.③二股をかける.両方にまたがる.¶→～墙 qiáng.

【骑兵】qíbīng [名] 騎兵.¶～连/騎兵中隊.

【骑车带人】qíchē dàirén 自転車の二人乗りをする.

【骑缝】qífèng [名] [1]〈印〉(書物または新聞を開いたときの)ページとページの間のとじ目,折り目.[2](契約書・伝票などの)控えと切り離す部分.

【骑虎难下】qí hǔ nán xià 〈成〉やめるにやめられない.乗りかかった船.

【骑楼】qílóu [名]〈方〉2階が歩道の上に突き出た建物.その突き出た部分.

【骑马找马】qí mǎ zhǎo mǎ 〈成〉[1] すぐ近くにあるのに気づかず遠くを探す.[2] 現在の職から離れずにほかのよい仕事を探す.

【骑墙】qí//qiáng [動] 二股をかける.両天秤にかける.¶～观望 guānwàng/日和見を決め込む.¶～派 pài/〈慣〉二股膏薬.

【骑士】qíshì [名] 騎士.ナイト.

【骑手】qíshǒu [名] 騎手.

【骑术】qíshù [名] 馬術.¶～比赛/馬術競技.

琪 qí

◇◆ 美しい玉(ぎょく).‖[姓]

棋(碁) qí

[名] **囲碁.将棋**.(量) 副 fù;[対局の場合]盘 pán.¶下了一盘～/碁を1局打った.将

棋を１番指した.

【棋布】qíbù 動 碁石のように一面に分布している.

【棋逢对手】qí féng duì shǒu 〈成〉好敵手に出会う. 技量が伯仲しているたとえ.

【棋局】qíjú 名(囲碁・将棋の)局面.

【棋迷】qímí 名 囲碁〔将棋〕マニア.

【棋盘】qípán 名 碁盤. 将棋盤. ¶～格子 gézi / 碁盤の目(のような模様).

【棋谱】qípǔ 名 ①棋譜. 碁・将棋の対局の記録. ②(碁の)定石(じょうせき). (将棋の)定跡(じょうせき).

【棋手】qíshǒu 名 碁・将棋が上手な人；棋手.

【棋艺】qíyì 名(碁・将棋の)指し方,技術.

【棋友】qíyǒu 名 囲碁〔将棋〕仲間.

【棋子】qízǐ 名(～儿)碁石. 将棋の駒.

祺 qí ◇◆ 吉祥. ¶敬颂 jìng sòng 近～ / ご多幸をお祈りいたします. ►手紙文の末尾に用いる.

旗 qí 名 ①旗. 幟(のぼり). 量 面. ¶锦 jǐn ～ / ペナント. 錦の旗. ¶挂 guà ～ / 旗を掲げる. ②内蒙古自治区の行政区画で,“县 xiàn”にあたる.
◇◆“满洲八旗”の. 満州族の.
‖姓

【旗杆】qígān 名 旗竿(はたざお).

【旗鼓相当】qí gǔ xiāng dāng 〈成〉双方の力量が互角である.

【旗号】qíhào 名〈旧〉軍隊の名称〔将軍の名前〕を記した旗；〈転〉〈貶〉(悪事を働く時の)名目. 名義. 看板. ►“打着 dǎzhe”“打出”などの語と結ぶことが多い. ¶打着支援 zhīyuán 的～干涉 gānshè 内政 nèizhèng / 援助の旗を掲げながら,内政干渉をする.

【旗舰】qíjiàn 名 ①〈軍〉旗艦. ②〈喩〉リーダー. 牽引役.

【旗舰店】qíjiàndiàn 名 旗艦店. フラッグシップショップ.

【旗开得胜】qí kāi dé shèng 〈成〉着手するとすぐ成功する.

*【旗袍】qípáo 名(～儿)(満州族から伝わった)女性用の中国式長衣. チーパオ. チャイナドレス. ►えりが高く,裾にスリットが入っている. 量 件 jiàn. ¶～裙 qún / 横にスリットの入ったタイトスカート.

【旗人】Qírén 名〈旧〉旗人(きじん). 清代の“八旗”に属する人.

【旗手】qíshǒu 名 旗手；〈喩〉指導者. 手本となる人物. ¶经济 jīngjì 改革 gǎigé 运动 yùndòng 的～ / 経済改革運動の旗手.

【旗鱼】qíyú 名〈魚〉カジキ.

【旗语】qíyǔ 名 手旗信号. ¶打～ / 手旗信号を送る.

【旗帜】qízhì 名 ①旗. 量 面. ②〈喩〉手本. 模範. ¶树立 shùlì ～ / 模範を作る. ③〈喩〉旗印.

【旗帜鲜明】qí zhì xiān míng 〈成〉旗幟(きし)鮮明である.

*【旗子】qízi 名 旗. 幟(のぼり). 量 面.

鳍 qí 名〈魚〉(魚類の)ひれ. ¶～脚 jiǎo 动物 dòngwù / (アザラシ・セイウチなどの)ひれ足類.

麒 qí “麒麟 qílín”⇩という語に用いる. ‖姓

【麒麟】qílín 名(伝説中の動物)麒麟(きりん). ►略して“麒”という. 量 匹 pǐ.

3声 **乞** qǐ ◇◆ 請う. 求める. ¶～食 shí / 〈書〉乞食をする. ¶～援 yuán / 援助を懇請する. ‖姓

【乞哀告怜】qǐ āi gào lián 〈成〉人の哀れみや助けを請う.

【乞儿】qǐ'ér 名 乞食. 物もらい.

【乞丐】qǐgài 名 乞食. 物もらい.

【乞怜】qǐlián 動 哀れみを請う.

【乞命】qǐmìng 動〈書〉命ごいをする.

【乞巧】qǐqiǎo 名〈旧〉旧暦７月７日の“七夕 Qīxī”に,女性が織女星を祭って手芸・裁縫が上手になるように願う風習. ¶～节 jié / 七夕祭.

【乞求】qǐqiú 動 頼み込む. すがる.

【乞讨】qǐtǎo 動 物ごいをする. ¶沿街 yán jiē ～ / 道ばたで乞食をする.

岂(豈) qǐ 副〈書〉どうして…か. あに…や. ►肯定形や否定形の反語に用い,語調を強める. ¶～能容忍 róngrěn 暴力 bàolì / 暴力をどうして許せようか. ¶这样做 zuò ～不更 gèng 实际 shíjì 些？/ このようにしたほうがより実際的ではなかろうか. ‖姓

【岂不是】qǐbùshì 副 …ではないだろうか. ►反語として用いる. ¶那样做～画蛇添足 huà shé tiān zú ？/ そのようなことをしたら蛇足を加えることになってしまうのではなかろうか.

【岂非】qǐfēi 副 …ではないだろうか. ►反語として用いる. ¶此 cǐ 事～荒唐 huāngtáng / これはなんとでたらめなことではないか.

【岂敢】qǐgǎn ①副 どうして…することができよう. ►反語として用いる. ¶这么重要的事,我～独断 dúduàn 专行 zhuānxíng ？/ これほど重要な事を,どうして私の独断で行うことができよう. ②〈套〉(相手の言葉を打ち消し)どういたしまして. 恐れ入ります. ¶～～ / とんでもない.

【岂能】qǐnéng 副 どうして…できようか. ►反語として用いる. ¶～坐视 zuòshì 不管？/ どうして黙って見ていることができようか.

【岂有此理】qǐ yǒu cǐ lǐ 〈成〉そんな道理があるものか. もってのほかだ.

企 qǐ ◇◆ ①待ち望む. ¶～盼 pàn / 待ち望む. ¶～慕 mù / 〈書〉敬慕する. ②つま先立つ.

【企鹅】qǐ'é 名〈鳥〉ペンギン. 量 只 zhī.

【企及】qǐjí 動〈書〉企及する. 追いつきたいと思う.

【企求】qǐqiú 動〈書〉(何かを得ようと)希望する. ¶～名利 mínglì / 名利を追い求める.

*【企图】qǐtú 動 たくらむ. 企てる. ¶～逃跑 táopǎo / 逃亡を企てる. ¶他们～篡改 cuàngǎi 历史 lìshǐ / 彼らは歴史を改竄(かいざん)しようとする.

【企望】qǐwàng 動 希望する. 期待する.

*【企业】qǐyè 名 企業. 企業体. 量 个,家. ¶～管理 guǎnlǐ / 企業管理. ¶三资 sānzī ～ / (外資・合弁などの)三資企業. ¶～联合 liánhé / カルテル.

【企业化】qǐyèhuà 動(商工業・運輸・文化事業などを)企業化する.

【企足而待】qǐ zú ér dài 〈成〉近い将来に実現できること.

杞 qǐ 名 杞(き). ►今の河南省にあった周代の国名. ‖姓

Q

【杞人忧天】qǐ rén yōu tiān 〈成〉取り越し苦労をする．杞憂(きゆう)．►略して“杞忧”とも．

启(啓) qǐ ◇◆ ①開く．開ける．¶→～封 fēng．②諭し導く．¶→～发 fā．③始める．¶→～用．④述べる．¶→～事 shì．⑤簡単な手紙や通知．¶书～／書簡．¶谢～／礼状．‖姓

【启程】qǐchéng 動〈書〉(旅行に)出発する．旅に出る．►“起程”とも書く．

【启齿】qǐchǐ 動〈書〉(頼み事を)口に出す．話す．

【启迪】qǐdí 動〈書〉啓発する．

【启碇】qǐ//dìng 動 いかりを上げる．出航する．

【启动】qǐdòng 動 ①(機械などが)始動する〔させる〕．¶～器 qì／スターター．¶～盘 pán／(コンピュータの)起動ディスク．②(法令・計画などが)実施される,実行される．③開拓する．掘り起こす．

*【启发】qǐfā 動 **啓発する**．ヒントを与えて悟らせる．¶～人们的积极性 jījíxìng／人々の積極性を導き出す．¶这本书使我深受～／その本に大いに啓発された．

【启封】qǐ//fēng 動 ①(手紙などを)開封する．②差し押さえを解除する．

【启航】qǐháng 動 出帆する．出航する．

【启蒙】qǐméng 動 ①初心者に入門の知識を与える．¶哲学 zhéxué～／哲学入門．¶～老师／手ほどきをしてくれる先生．②啓蒙する．¶～运动 yùndòng／啓蒙運動．

【启示】qǐshì ①動 **啓発する．啓示する．諭し示す**．¶他还～人们应该重视 zhòngshì 客观 kèguān 事实 shìshí／彼はさらに客観的な事実を重視すべきことを人々に教えた．②名 啓示．教え．¶这话给了我一个很大的～／この話を聞いて,大いに啓発されるところがあった．

【启事】qǐshì 名 お知らせ．公示．告示．掲示．

【启行】qǐxíng 動 出発する．

【启用】qǐyòng 動 初めて使用する．

【启奏】qǐzòu 動〈旧〉上奏する．

起 qǐ ❶動 ①**起きる．立ち上がる**．とび上がる．¶比平常早～一个小时／平日より1時間早く起きる．¶这个皮球不～了／このボールは弾まなくなった．

②(できものやあせもなどが)**できる,吹き出る**．¶～痱子 fèizi／あせもができる．

③(中にしまっているものやはめ込んだものを)**取り出す,取り去る**．¶～钉子 dīngzi／釘を抜く．¶这瓶葡萄酒～不开／このワインは栓が抜けない．¶～菜窖 càijiào／穴蔵から野菜を取り出す．

④**起こる．発生する**；発揮する．►発生する物・現象などは目的語の位置にくる．¶～风了／風が吹き出した．¶～疑心 yíxīn／疑いが起こる．¶形势 xíngshì～了变化 biànhuà／形勢に変化が起こった．¶→～作用 zuòyòng．

⑤(原稿や草案を)書く；(名前などを)つける．¶文章刚 gāng～了个头／文書は書き始めたばかりだ．◆～名字 míngzi／名前をつける．

⑥建てる．¶这座房子 fángzi～了两年了／この家は建てて2年になる．

⑦(窓口などで)受け取る．申請する．¶～火车票 piào／汽車の切符を買う．¶～证明 zhèngmíng／証明書を申請する．

⑧〖从〔由〕…起〗cóng〔yóu〕…qǐ (時間・空間の起点を表す)…から始まる．¶从今天 jīntiān～…／本日から….

❷量 ①**事件などの件数**を数える：件．回．¶几～车祸 chēhuò／数件の交通事故．

②集団・グループを数える；組,団．¶来了一～游客 yóukè／一団の観光客が来た．

❸前〈方〉…から．…を．►起点・経過点を表す．

◇◆(もとの位置から)離れる．どく．¶→～飞．‖姓

語法ノート　方向補語“－起”の用法

❶人または物が動作によって**下から上に向かって移動する**ことを表す．¶搬 bān～石头／石を持ち上げる．¶那只鸟 niǎo 才飞 fēi～又落下了／その鳥は飛び立ったかと思うとまた地面に下りた．

❷**動作が何かに及ぶ**ことを表す．►動詞は“说 shuō、谈 tán、讲 jiǎng、问 wèn、提 tí、回忆 huíyì”などいくつかの他動詞に限られる．¶他来信问～你／彼から手紙が来て,君について尋ねている．¶他没有提～这件事／彼はこの事に触れなかった．

❸ある**事態が動作とともに出現し**,それが**そのまま持続する**ことを表す．¶乐队 yuèduì 奏 zòu～了国歌 guógē／楽隊が国歌を演奏しだした．¶会场 huìchǎng 响 xiǎng～了一片掌声 zhǎngshēng／会場いっぱいに拍手の音が響き渡った．

❹“从 cóng …”“由 yóu …”と呼応して動作の開始を表す．¶从哪儿说～好呢？／何から話し始めたらいいものやら．¶学写字要从正楷 zhèngkǎi 学～／習字は楷書から習い始めなければならない．

❺〖〈動詞〉＋得／不＋起〗財的・肉体的・精神的などの負担能力や資格があって〔なくて〕できる〔できない〕こと,堪えられる〔堪えられない〕ことを表す．¶买不～／(金銭的余裕がなくて)買えない．¶称 chēng 得～英雄 yīngxióng／英雄の名に恥じない．

⇒【起来】qǐ//lái【－得起】-deqǐ【－不起】-buqǐ

【起岸】qǐ'àn 動(貨物の)陸揚げをする．

【起爆】qǐbào 動 起爆する．爆発する．¶～帽 mào／雷管．¶～药 yào／起爆薬．

【起笔】qǐ//bǐ ❶動(書法で)起筆する．❷名 ①字の最初の一画．②文章の書き出し．

【起兵】qǐ//bīng 動 兵を挙げる．軍隊を出す．

【起搏器】qǐbóqì 名〈医〉ペースメーカー．

【起步】qǐ//bù 動 ①歩きだす；(車が)動きだす．②着手する．始まる．

【起步价】qǐbùjià 名(タクシーの)基本料金．最低価格．

【起不到】qǐbudào 動＋可補(役割を)果たせない．

【起草】qǐ//cǎo 動 **起草する．草稿をつくる**．¶～法律 fǎlǜ 条文／法律の条文を起草する．¶这篇 piān 文章 wénzhāng,你先起个草,好吗？／この文章は,君がまず草稿をつくってくれないか．

【起程】qǐchéng →【启程】qǐchéng

【起承转合】qǐ chéng zhuǎn hé 〈成〉(詩文の)起承転結．

*【起初】qǐchū 名 **最初．はじめ**．¶～我就不同意 tóngyì／最初私は反対だった．

【起床】qǐ//chuáng 動 **起きる．起床する．¶我每天六点～／私は毎朝6時に起きる．¶他起了床就去散步／彼は起きるとすぐ散歩に出かける．

Q

【起到】qǐ∥dào 動+結補 (役割を)果たせる．(…の)働きをする．¶～良好 liánghǎo 作用 zuòyòng / 有効な働きをする．

【起点】qǐdiǎn 名(↔终点 zhōngdiǎn) 1 起点．始まり．¶～站 zhàn / 始発駅．2〈体〉スタート地点．¶～线 xiàn / スタートライン．

【起吊】qǐdiào 動(リフトなどで)つり上げる．

【起碇】qǐ∥dìng 動(船が)いかりを上げる．

【起动】qǐ∥dòng 動+結補 起動する．始動する．¶～机 / 始動機．スターター．

*【起飞】qǐfēi 動 1(飛行機が)飛び立つ，離陸する．¶旅客们请注意，去东京的班机 bānjī 上午十点～ / お知らせいたします．東京行きの定期便は午前10時に出発します．¶～跑道 pǎodào / 滑走路．2〈喩〉(事業・経済などが)飛躍的に発展し始める．テークオフ．¶经济 jīngjì ～ / 経済のテークオフ．

【起风】qǐ∥fēng 動 風が吹きだす．風が起こる．

【起伏】qǐ∥fú 動 起伏する．¶学潮 xuécháo 时起时伏 / 学生運動が激しくなったり下火になったりする．

【起稿】qǐ∥gǎo 動 原稿をつくる．起草する．

【起疙瘩】qǐ gēda (皮膚に)できものができる，ぶつぶつが出る．¶起了一身 yīshēn 鸡皮 jīpí 疙瘩 / 体中に鳥肌が立った．

【起航】qǐháng 動 出航する．出帆する．

【起哄】qǐ∥hòng 動 1 大勢で騒ぐ．野次を飛ばす．2(大勢で少数の人を)冷やかす，からかう．

【起火・起伙】qǐ∥huǒ 動 1 炊事をする．食事を作る．¶我从没起过火 / 自炊をしたことがない．¶自己 zìjǐ ～ / 自炊する．2 火事になる．失火する．¶～了！/ 火事だ．3 いらいらする．いら立つ．

【起货】qǐ∥huò 動(駅や倉庫から)荷を受け取る．

【起获】qǐhuò 動(不正な財物・禁制品などを)捜査し押収する．

【起家】qǐ∥jiā 動 事業を興す．身を起こす．事業を成し遂げる．¶白手 bái shǒu ～ / 裸一貫からたたき上げる．

【起价】qǐjià 名(競売などの)最低価格，スタート時の価格．

【起见】qǐjiàn 〈型〉(“为 wèi …起见”の形で用い)…の点からみて．…の見地から．¶为安全 ānquán ～ / 安全の見地から．

【起降】qǐjiàng 動(飛行機が)離着陸する．

【起劲】qǐ∥jìn 形(～儿)熱心である．張り切る．意気込む．¶玩得～儿 / 楽しそうに遊んでいる．

【起敬】qǐjìng 動 尊敬の念が起こる．

【起居】qǐjū 名〈書〉日常生活．¶～有恒 yǒuhéng / 日常生活が規律正しい．

【起居室】qǐjūshì 名 リビングルーム．

【起句】qǐjù 名(詩の)第1句．起承転結の起．

【起开】qǐ∥kai 動+結補〈方〉離れる．どく．よける．►命令文に用いる．¶～～！/ どいてどいて．

**【起来】qǐ∥lái 動+方補 1(寝ている［座っている］状態から)起き上がる，立ち上がる．¶他早上一～就出去了 / 彼は朝起きると，すぐ出かけた．¶累 lèi 得一坐 zuò 下就不想～了 / 疲れたので座ったらもう立ち上がりたくなくなった．2《静止状態から積極的に動き出すことを表す》立ち上がる．奮い立つ．¶人们纷纷 fēnfēn ～反对 fǎnduì 官僚 guānliáo 作风 zuòfēng / 人々は次々と立ち上がり，官僚的なやり方に反対した．

語法ノート　複合方向補語“－起来”の用法

❶動詞の後に用い，動作が下からまっすぐ上へ向かうことを表す．►動作が実際に作動し，実効を上げることに重点がある．¶站 zhàn ～ / 立ち上がる．¶捡 jiǎn ～ / 拾い上げる．¶扶 fú ～ / (手を貸して)助け起こす．¶抬 tái 起头来 / 顔を上げる．頭をもたげる．

❷つなぎ合わさったり寄り集まって，その結果が固定する(「放任・放置→収束・収蔵・制御」という方向へ向かう)ことを表す．¶围 wéi ～ / まわりを囲む．¶捆 kǔn ～ / しばる．しばり上げる．¶收 shōu ～ / しまっておく．¶团结 tuánjié ～ / 団結する．¶把精神 jīngshén 集中～ / 精神を集中する．¶培养 péiyǎng ～ / 育て上げる．［実際に試してみることを表す］¶看～，… / 見たところ，…．¶吃～，… / 食べてみると，…．［動作の完成や(抽象的な事物の)出現を表す］¶房子早就盖 gài ～了 / 家はとっくに建て上がった．¶他想起生他养 yǎng 他的家乡来 / 彼は自分を生み育ててくれた故郷を思い出した．

❸動詞の後に用いて，動作が開始し持続していくこと，また形容詞の後に用いて，ある状態が現れ始め程度が強まりつつあることを表す．¶大伙儿 dàhuǒr 唱 chàng 起歌来 / みんなが歌いだした．¶天气暖和 nuǎnhuo ～了 / 暖かくなってきた．

注意 “－起来”の接続する形容詞は，たとえば“好”(よい)，“胖”(太る)，“硬”(硬い)，“富裕”(豊かな)など一定の傾向がある．⇒【下去】xià∥qù

【起立】qǐlì 動 起立する．立ち上がる．►多く号令に用いる．¶～！敬礼 jìnglǐ！/ 起立，礼．¶全场～鼓掌 gǔzhǎng / 会場の人々は全員立ち上がって拍手した．

【起落】qǐluò 動 昇降する．離着陸する．¶飞机 fēijī ～ / 飛行機が離着陸する．¶潮水 cháoshuǐ ～ / 潮が満ちたり引いたりする．

*【起码】qǐmǎ 形 最低限度の；少なくとも．注意 単独で述語となることはできない．¶最～的条件 tiáojiàn / ごく最低限の条件．¶这部录像 lùxiàng 我～看过三遍 biàn / このビデオは少なくとも3回は見た．¶走着去顶 dǐng ～也要两个小时 xiǎoshí / 歩いて行くなら最低2時間はかかる．

比較 起码：至少 zhìshǎo “至少”は副詞で，連用修飾語になるだけで連体修飾語にはなれない．また，前に“最、顶”を加えることもできない．

【起毛】qǐ∥máo 動(～儿)起毛する．(織物の表面を)けば立たせる．けば立つ．

【起锚】qǐ∥máo 動 いかりを上げる．出帆する．

【起名儿】qǐ∥míngr 動 名前をつける．命名する．►“起名子”とも．¶给孩子～叫莉莎 Lìshā / 子供にリサと名前をつける．

【起拍】qǐpāi 動(ある価格から)競売を始める．

【起跑】qǐpǎo 動〈体〉(競走で)スタートする．¶～线 xiàn / スタートライン．

【起泡】qǐ∥pào 動 1 まめができる，水ぶくれができる．¶手烫 tàng ～了 / 手にやけどをして水ぶくれができた．2 泡が立つ．

【起皮儿】qǐ∥pír 動(液体の表面に)薄い膜ができる．

【起色】qǐsè 名(仕事や病気の)好転．進歩．¶病

bìng 已有～ / 病気は快方に向かっている. ¶ 工作大有～ / 仕事ぶりに大いに進歩が見られる.

【起身】qǐ//shēn 動 ① **出発する. 旅立つ.** ② 起床する;立ち上がる.

【起誓】qǐ//shì 動 誓う. 誓いを立てる.

【起手】qǐshǒu 動〈口〉手をつける. 始める.

【起首】qǐshǒu 名(＝起先 qǐxiān)初め. 最初.

【起死回生】qǐ sǐ huí shēng 〈成〉医療技術がすぐれている. 起死回生.

【起诉】qǐsù 動〈法〉(検事が)起訴する;(当事者が)提訴する. ¶～书 / 起訴状. ¶～人 / 原告.

【起跳】qǐtiào 動〈体〉(走り高跳び・走り幅跳びなどで)踏み切る. ¶～线 xiàn / 踏み切り線. ¶～板 bǎn / 踏み切り板.

【起头】qǐ//tóu (～儿) ① 動 始める. 口火を切る. ¶ 这事情 shìqing 是谁起的头儿? / これはいったいだれがやり始めた事だ. ¶ 万事～难 / 〈諺〉何事も最初が難しい. ② 名 初め. 最初. ¶ 从～儿再说一遍 biàn / 始めからもう一度話す.

【起网】qǐwǎng 動 網を引き上げる.

【起卧】qǐwò 名〈書〉起床と就寝.

【起先】qǐxiān 名(＝起首 qǐshǒu)初め. 最初. ►主に話し言葉に用い,"后来 hòulái"と組み合わせることが多い. ¶～我也有些想不通,后来才想通了 / 初めは私もちょっと飲み込めなかったが,後になってから納得できるようになった.

【起行】qǐxíng 動 たつ. 出発する.

【起眼儿】qǐyǎnr 形 見かけがよい. 見てくれがよい. 目立つ. ►多く否定文に用いる. ¶ 这个东西不大～ / これは見栄えがしない.

【起义】qǐyì 動 ① **武装蜂起する. 一揆を起こす.** ② 造反して正義の側につく.

【起意】qǐ//yì 動(多くよくないことに)心を動かす. 悪心を起こす. ¶ 见财 cái ～ / 金を見て欲を起こす.

【起因】qǐyīn 名 事件発生の原因.

【起用】qǐyòng 動 ①〈旧〉(退職または免職された官吏を)再登用する. ② 起用する. 抜擢する.

【起源】qǐyuán ① 動(…より)**発生する.** (…に)**始まる. 源を発する.** ¶ 爵士乐 juéshìyuè ～于 yú 美国 Měiguó / ジャズはアメリカから起こった. ② 名 **起源. 源.**

【起运】qǐyùn 動(貨物の)積み出しをする;発送する. ¶～地点 dìdiǎn / 発送地.

【起赃】qǐ//zāng 動 盗品を捜し出す.

【起早贪黑】qǐ zǎo tān hēi 〈成〉朝早く起きて夜遅く寝る. 骨身を惜しまずに働くたとえ. ►"起早搭 dā 黑""起早摸 mō 黑"とも.

【起止】qǐzhǐ 名〈書〉初めと終わり.

【起重船】qǐzhòngchuán 名 クレーン船.

【起重机】qǐzhòngjī 名〈機〉起重機. クレーン. リフト. ►"吊车 diàochē"とも. 量 台 tái,架. ¶ 塔式 tǎshì ～ / タワークレーン. ¶ 龙门 lóngmén ～ / 橋形クレーン.

【起皱】qǐ//zhòu 動 しわが寄る. しわになる.

【起子】qǐzi ❶名 ① 栓抜き. 量 把. ②〈方〉ねじ回し. ドライバー. ③〈方〉ベーキングパウダー. ❷量 組. 群. ¶ 一～客人 / ひと組の客.

【起作用】qǐ zuòyòng **…の役割〔機能〕を果たす.** …の作用がある;効果が現れる. ¶ 起带头 dàitóu 作用 / 先駆的役割を果たす.

绮 qǐ

◇◆ ①柄物の絹織物. ¶ →～罗 luó. ②美しい. きれいである. ¶ →～丽 lì.

【绮丽】qǐlì 形〈書〉(主に風景が)美しい.

【绮罗】qǐluó 名 ① 綾絹と薄絹;美しい着物. ②(美しい)女性.

稽 qǐ

"稽首 qǐshǒu"↓という語に用いる. ⏩ jī

【稽首】qǐshǒu 動〈古〉ひざまずいて頭を地につける.

Q

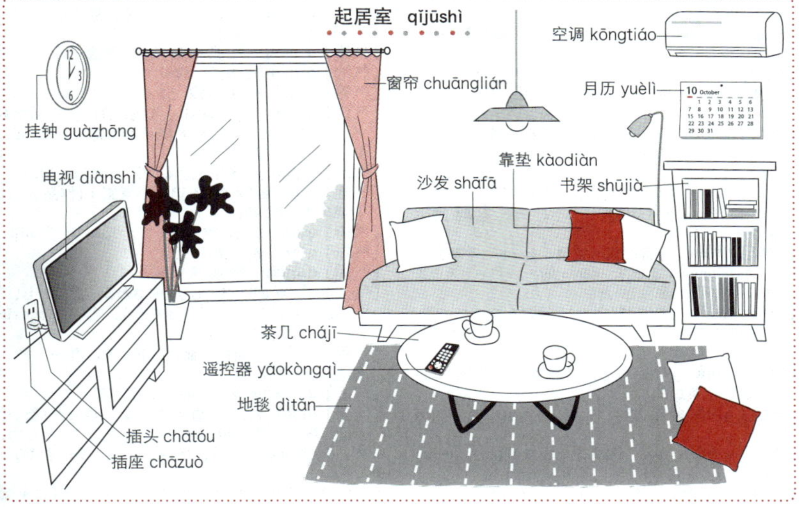

4声 *气(氣) qì ❶動 ①怒る. ¶听了这话, 他很～ / 彼はその話を聞いて, ひどく怒った. [“～得…”の形で後に補語をとって]¶～得睡不着 buzháo 觉 jiào / 頭にきて眠れない. [兼語文の形で用い]¶我～他太不负责 fùzé / 彼があまりに無責任で腹が立つ. ②怒らせる. ¶我故意 gùyì ～了他一下 / わざと彼を怒らせてみた. ¶别再 zài ～我了 / もうへんなまねはよしておけ.
❷名 ①気体. ガス; 空気. ¶给自行车 zìxíngchē 打打～ / 自転車に空気を入れる. ②(～儿)息. 呼吸. ¶这头猪 zhū 没～了 / このブタは死んだ.
◇◆ ①気候. ¶天～ / 天気. ¶→～象 xiàng. ②におい. 香り. ¶香 xiāng ～ / よい香り. ③精神状態. ¶志 zhì ～ / 気概. ¶勇 yǒng ～ / 勇気. ④人の態度・習癖. ¶孩子～ / 子供っぽさ. 幼稚さ. ⑤いじめ. あなどり. 迫害. ¶受～ / いじめられる. ⑥〈中医〉人の生命力; 人体の各器官を働かせる原動力; ある種の病気. ¶→～虚 xū. ¶湿 shī ～ / 湿疹. ⑦運命. ¶→～数 shu. ¶福 fú ～ / 幸運. 幸せ. 果報. ‖姓

【气昂昂】qì'áng'áng 形(～的)気持ちが奮い立って気勢が上がっている. 意気軒昂(けんこう).

【气包子】qìbāozi 名〈口〉怒りっぽい人.

【气泵】qìbèng → 【风泵】fēngbèng

【气不打一处来】qì bù dǎ yī chù lái 〈諺〉無性に腹が立つ.

【气不过】qìbuguò 形 腹が立ってしかたがない.

【气冲冲】qìchōngchōng 形(～的)かんかんに怒っている.

【气冲霄汉】qì chōng xiāo hàn 〈成〉意気天を衝く. 何ものをも恐れない気概の形容.

【气喘】qì//chuǎn ①動 息切れがする. 息が苦しい. あえぐ. ¶～吁吁 xūxū 地说 / はあはあとあえぎながら話す. ②名〈医〉喘息(ぜんそく).

【气喘喘】qìchuǎnchuǎn 形(～的)はあはあ息をはずませる.

【气窗】qìchuāng 名(屋根に設けた)換気用の窓. 換気口.

【气粗】qìcū 形 ①怒りっぽい. ②鼻息が荒い.

【气垫】qìdiàn 名 エアクッション. ¶～船 chuán / ホバークラフト.

【气度】qìdù 名 人柄. 風格. 気概. 度量. ¶～大方 dàfang / 鷹揚(おうよう)でこせこせしない.

【气短】qìduǎn ①形 呼吸がせわしい. 息切れがしている. ¶才跑了几步就感到 gǎndào 有点～ / ちょっと走ったらもう息が切れそうになった. ②動 意気消沈する. しょげる. へこたれる.

*【气氛】qìfēn 名 雰囲気. 空気. ムード. ¶晚会上充满 chōngmǎn 了欢乐 huānlè 的～ / パーティーは楽しい雰囲気に満ちていた.

【气愤】qìfèn 形 憤慨している. 腹を立てている. ¶这事儿真令人～ / このことにはほんとうに腹が立つ.

【气概】qìgài 名〈書〉気概. 心意気. ¶英雄 yīngxióng ～ / 英雄的な気概.

【气缸】qìgāng 名〈機〉(エンジンの)シリンダー. 気筒.

*【气功】qìgōng 名(中国古来の心身鍛練法の一つ)気功(きこう). ❖练 liàn ～ / 気功を練習する.

【气鼓鼓】qìgǔgǔ 形(～的)ぷりぷりと怒っている.

【气管】qìguǎn 名(～儿)〈生理〉気管.

【气管儿炎】qìguǎnryán 名 ①〈医〉気管支炎. ②〈諧〉恐妻家. かかあ天下. ►“妻管严 qī guǎn yán”(妻の管理が厳しい)の音にひっかけたしゃれ.

【气锅鸡】qìguōjī 名〈料理〉“气锅”という鍋を用い, 蒸気を利用して調理する鶏肉のスープ. ►雲南省の名菜.

【气焊】qìhàn 名〈工〉ガス溶接.

【气恨】qìhèn 動 ①憤る. ②ねたむ.

【气哼哼】qìhēnghēng 形(～的)ぷんぷん怒っている.

*【气候】qìhòu 名 ①気候. ②〈喩〉情勢. 動向. ¶政治～ / 政治情勢. ③〈喩〉好ましい結果. 成功. ❖成不了 chéngbuliǎo ～ / ものにならない.

【气呼呼】qìhūhū 形(～的)ぷんぷん怒っている. 怒って息が荒くなるさま.

【气话】qìhuà 名 怒りに任せて吐いた言葉.

【气化器】qìhuàqì 名 キャブレター.

【气节】qìjié 名 節操. 気骨.

【气井】qìjǐng 名〈石油〉ガス井. 天然ガス井戸.

【气绝】qìjué 動 息を引き取る. 死ぬ.

【气孔】qìkǒng 名 ①〈植〉気孔. ②〈動〉気門. ③〈機〉(鋳造物内の)気泡. ④〈建〉(建築物の)通風孔. ►③④は“气眼儿 qìyǎnr”とも.

【气力】qìlì 名 力. 体力. 気力; 精力. 精根. ¶要写好一篇文章, 必须 bìxū 用很大的～ / 文章を書き上げるには, 精根を傾けなくてはならない.

【气量】qìliàng 名 度量. 気前. 包容力. ¶他～大 / 彼は太っ腹だ.

【气流】qìliú 名 ①〈気〉気流. ②〈語〉(発音するときの)息.

【气门】qìmén 名 ①〈虫〉昆虫の体の側面にある呼吸口. 気門. ②〈機〉(タイヤに空気を入れる)バルブ, 空気弁. ③〈機〉通気孔. 排気孔.

【气门心】qìménxīn 名〈機〉①空気弁の中芯. ②空気弁にかぶせるゴム管. ►“气门芯”とも書く.

【气闷】qìmèn 形 むしゃくしゃする. 息苦しい.

【气密】qìmì 名 気密.

【气囊】qìnáng 名(鳥や飛行船の)気嚢(きのう).

【气恼】qìnǎo 動 怒る. 腹が立つ.

【气馁】qìněi 形〈書〉弱気である. しょげている.

*【气派】qìpài ①名 風格. 気概. ②形 立派である. 貫禄がある. ¶这座大楼 dàlóu 真～ / このビルはほんとうに立派だ.

【气泡】qìpào 名(液体・固体の中の)気泡. 泡.

【气魄】qìpò 名(人の)気迫. 心意気; (作品または建築物などの)勢い, 迫力.

【气枪】qìqiāng 名 空気銃. エアガン. 量 支 zhī.

【气球】qìqiú 名 風船. 気球.

【气圈】qìquān 名〈気〉大気圏.

【气人】qì//rén ①形 しゃくにさわる. 腹立たしい. ②動 人を怒らせる. 人をからかう. ¶存心 cúnxīn ～ / わざと人を怒らせる.

【气色】qìsè 名 顔色. 血色. 色つや. ¶～不好 / 顔色がよくない.

【气盛】qìshèng 形 気が短い. 気が荒い.

【气势】qìshì 名(人や事物の表面に現れた)勢い, 力, 気勢. ¶逼人 bīrén 的～ / 人に迫るような力. ¶～磅礴 pángbó / 気力がみなぎっている. すばらしい勢い.

【气势汹汹】qì shì xiōng xiōng 〈成〉盛んに意気

込んでいる.

【气数】**qìshu** [名] 運命. 機運. 天運. ¶～已尽 jìn / 天運が尽きた.

【气体】**qìtǐ** [名]〈物〉**気体. ガス.** ¶放射性～ / 放射性ガス. ¶～燃料 ránliào / 気体燃料.

【气田】**qìtián** [名]〈石油〉ガス田.

【气筒】**qìtǒng** [名](ゴムまりやタイヤに空気を入れるための)ポンプ,空気入れ.

【气头上】**qìtóushang** [名] 怒りの真っ最中. ¶他正在～ / 彼はいまちょうど頭にきている.

【气团】**qìtuán** [名]〈気〉気団. ¶冷～ / 寒気団.

【气吞山河】**qì tūn shān hé** 〈成〉気宇壮大. 気概が大きい形容.

【气味】**qìwèi** [名](～儿) ① **におい. 香り. 臭気.** ¶～芬芳 fēnfāng / ぷんぷんするいいにおい. ¶～难闻 nánwén / いやなにおいがする. ② 性格. 趣味. ►けなす意味を含むことが多い. ¶～相投 xiāngtóu / 馬が合う.

*【气温】**qìwēn** [名] **気温.**

【气息】**qìxī** [名] ①(呼吸するときの)息. ¶～奄 yǎn 奄 / 息も絶え絶えである. ② 息吹. ¶时代 shídài～ / 時代の息吹.

*【气象】**qìxiàng** [名] ①〈気〉**気象.** ¶～预报 yùbào / 気象予報. ② **景観. ありさま.** 状況. 情景. 様相. [量] 片,派. ¶到处 dàochù 是一片欣欣向荣 xīn xīn xiàng róng 的～ / 至る所活気に満ちた繁栄ぶりだ. ③ 気勢.

【气象台】**qìxiàngtái** [名] 気象台.

【气象万千】**qì xiàng wàn qiān** 〈成〉景色や事物が変化に富む.

【气象站】**qìxiàngzhàn** [名] 気象観測所.

【气性】**qìxing** [名] ① 性分. 性格. ② かんしゃく. ¶这孩子～大 / この子は癇(かん)が強い.

【气胸】**qìxiōng** [名]〈医〉① 気胸. 胸腔内に空気がたまった状態. ②〈略〉人工気胸.

【气咻咻】**qìxiūxiū** ⇀【气吁吁】**qìxūxū**

【气虚】**qìxū** [名]〈中医〉気が虚している(弱まっている)症状.

【气吁吁】**qìxūxū** [形](～的)(あえいで)はあはあ言う. (息を切らして)ぜいぜい言う.

【气压】**qìyā** [名]〈気〉気圧. ¶～下降 xiàjiàng / 気圧が下がる.

【气压表】**qìyābiǎo** [名]〈気〉気圧計. 晴雨計.

【气焰】**qìyàn** [名] 気勢. 気炎. 高慢不遜な態度や言葉遣い. ¶～嚣张 xiāozhāng /〈貶〉けんまくがすさまじい.

【气宇】**qìyǔ** [名]〈書〉気宇. 気位. 気性. ¶～轩昂 xuān'áng / 気位が高い.

【气运】**qìyùn** [名] 運. 運命.

【气枕】**qìzhěn** [名] 空気枕.

【气质】**qìzhì** [名] ① 気質. 気性. ② 風格. ¶他有艺术家的～ / 彼は芸術家の風格を持っている.

【气壮山河】**qì zhuàng shān hé** 〈成〉(高山・大河のように)気概に満ちているさま.

讫 qì

◇◆ ①終わる. 完了する. ¶付 fù〔收 shōu〕～ / 支払い〔受け取り〕済み. ¶验 yàn～ / 検査済み. ②終わり. ¶起～ / 始めと終わり.

迄 qì

[副] いままでずっと. いっこうに. ►"未 wèi"あるいは"无 wú"の前に用いる. ¶～未见效 jiànxiào / いまだに効き目がない. ¶～无音信 / いっこうに音さたがない.

◇◆ …まで.

【迄今】**qìjīn** [副] いままで. ¶自古～ / 昔からいままで. ¶～为止 wéizhǐ / いままでのところ.

【迄至】**qìzhì** [前] …まで. …に至るまで. ¶～今年九月 / 今年の9月までに.

弃(棄) qì

◇◆ 捨てる. 見捨てる. ほうっておく. ¶抛 pāo～ / ほうり出す. 投げ捨てる. ¶遗 yí～ / 遺棄する. ‖[姓]

【弃儿】**qì'ér** [名] 捨て子.

【弃甲曳兵】**qì jiǎ yè bīng** 〈成〉戦いに敗れ,あわてふためいて逃走する.

【弃旧图新】**qì jiù tú xīn** 〈成〉誤った道を抜け出して正しい道を歩む.

【弃权】**qì//quán** [動](採決・選挙・競技などを)棄権する.

【弃世】**qìshì** [動]〈書〉死ぬ. 世を去る.

【弃置】**qìzhì** [動] ほったらかしておく. 捨てておく. ¶～不顾 bùgù / 捨てておいて顧みない.

汽 qì

[名] 蒸気;水蒸気. ¶→～船 chuán.

【汽表】**qìbiǎo** [名](ボイラーの)圧力計.

【汽车】qìchē** [名] **自動車. 車.** [量] 辆 liàng. ►日本語の「汽車」は"火车 huǒchē"という. ❖开 *kāi*～ / 自動車を運転する. ¶公共 gōnggòng～ / 乗り合いバス. ¶长途 chángtú～ / 長距離バス. ¶私人 sīrén～ / 自家用車. ¶～号牌 hàopái / ナンバープレート. ¶～轮渡 lúndù / カーフェリー.

【汽车站】**qìchēzhàn** [名] **バス停.**

*【汽船】**qìchuán** [名] ① 蒸気船. ② モーターボート. [量] 条 tiáo,只 zhī.

【汽锤】**qìchuí** [名] 蒸気ハンマー.

【汽灯】**qìdēng** [名] 白熱ガス灯.

【汽笛】**qìdí** [名] 汽笛. サイレン.

【汽缸】**qìgāng** [名]〈機〉気筒. シリンダー.

【汽锅】**qìguō** [名] ボイラー.

【汽化】**qìhuà** [動]〈物〉気化する. ¶～器 qì /〈機〉気化器. キャブレター. ¶～热 rè / 気化熱.

【汽酒】**qìjiǔ** [名](シャンパンのような)果実発泡酒.

【汽轮机】**qìlúnjī** [名] 蒸気タービン.

【汽碾】**qìniǎn** [名](～子)(道路舗装用の)蒸気ローラー.

【汽暖】**qìnuǎn** [名] スチーム暖房.

*【汽水】**qìshuǐ** [名](～儿)(サイダー・シトロン・ラムネ・ソーダ水などの)**炭酸水・発泡ジュース.** [量] 瓶 píng;[グラスの]杯 bēi.

【汽艇】**qìtǐng** [名] モーターボート.

*【汽油】**qìyóu** [名] **揮発油. ガソリン.**

泣 qì

◇◆ ①すすり泣く. むせび泣く. ¶哭 kū～ / かすかに声を出して泣く. ②涙. ¶饮 yǐn～ / 涙をのむ. ⇨〖哭 kū〗

【泣不成声】**qì bù chéng shēng** 〈成〉悲しみのあまり泣き声も出ない.

【泣诉】**qìsù** [動] 涙ながらに訴える.

契 qì

[動]〈古〉刻む. 彫る.

◇◆ ①刻んだ文字. ¶书～ /〈書〉文字. ②契約. ►多くは不動産の売買契約,不動産所有権の証書などをさす. ¶地 dì～ / 土地所有証書. ③意気投合する. 気が合う. ¶投 tóu

～/(意気が)投合する．¶→～友 yǒu.
【契丹】Qìdān 名〈史〉契丹(きったん)．古代中国の北方民族の一つ．
【契合】qìhé 動 ①〈書〉一致する．符合する．②意気投合する．
【契机】qìjī 名 契機．きっかけ．
【契据】qìjù 名 契約書や借用・領収書などの総称．
【契友】qìyǒu 名〈書〉親しい友．意気投合した友人．
【契约】qìyuē 名(不動産の売買・抵当・賃貸などの)契約書．¶订立 dìnglì～/契約を結ぶ．¶～劳工/短期契約労働者．⇒【合同】hétong
【契纸】qìzhǐ 名〈口〉契約書．

砌 qì 動(れんがや石などを)**積み上げる，築く**．¶～墙 qiáng/壁を築く．¶～灶 zào/かまどを造る．
◇ 階段．きざはし．¶雕栏 diāolán 玉～/彫刻を施した欄干と大理石の階段；〈喩〉豪華な建物．
【砌砖】qì//zhuān 動 れんがを積む．

葺 qì ◇ カヤで屋根をふく；〈転〉家を修理する．¶修 xiū～/家を修理する．

器 qì ◇ ①器．道具．¶瓷 cí～/磁器．②器官．¶生殖 shēngzhí～/生殖器．③器量．才能．¶→～量 liàng．¶大～晚成 wǎn chéng/〈成〉大器晩成．④重視する．¶→～重 zhòng．
【器材】qìcái 名 器材．器具と材料．¶照相 zhàoxiàng～/写真器材．
【器官】qìguān 名〈生理〉器官．
【器件】qìjiàn 名 器具の部品；(電子器具の)トランジスターや真空管．
【器具】qìjù 名 **器具．用具**．調度．
【器量】qìliàng 名 度量．器量．¶他～很大/彼はとても度量が大きい．¶没～/度量がない．
【器皿】qìmǐn 名 日常容器．入れ物．食器類．
【器物】qìwù 名 用具類．道具類．調度品．
【器械】qìxiè 名 ①(専門用途または精密構造をもつ)**道具，器具**．¶体育～/体操器具．¶理疗 lǐliáo～/物理療法の設備．¶～体操 tǐcāo/(鉄棒などの)器械体操．②武器．凶器．
【器重】qìzhòng 動(先輩が後輩を，上司が部下を)重視する，値打ちを認める，高く買う．

憩(憇) qì ◇ 休憩する．¶小～/しばらく休憩する．憩い．
【憩息】qìxī 動 休憩する．

qia (ㄑㄧㄚ)

1声

掐 qiā ❶ 動 ①(指先で)**摘む．摘み取る**．つねる．¶～花瓣 huābàn/花びらを摘み取る．②(両手を広げて)押さえつける．¶～脖子 bózi/首根っこを絞めつける．¶～死/絞め殺す．
❷ 量(～儿)２本の指でつまめる量．¶买两～儿蒜苗 suànmiáo/ニンニクの芽をふたつまみ買う．
【掐断】qiā//duàn 動+結補(電気・水流などを)遮断する，切る．
【掐算】qiāsuàn 動(指折り)数える；計算する．
【掐头去尾】qiā tóu qù wěi〈成〉前後の重要でない部分を省く．

3声

卡 qiǎ 動 ①〈口〉**挟まる．突き刺さる**．¶东西～在了抽屉缝 chōutifèng 里/物が引き出しに挟まった．¶嗓子 sǎngzi 里～了一根 gēn 鱼刺儿 yúcìr/魚の骨がのどに刺さった．②押さえる．遮断する．③(両手で)しめつける．
◇ ①→【卡子】qiǎzi ① ②→【卡子】qiǎzi ②
‖姓　▶▶kǎ
【卡脖子】qiǎ bózi〈慣〉首を絞めつける．人の急所を押さえて動けなくする．►比喩的に用いることが多い．
【卡具】qiǎjù 名〈機〉取り付け具．
【卡子】qiǎzi 名 ①物を挟むもの．クリップ．¶领带 lǐngdài～/ネクタイピン．②関所．検問所．

4声

洽 qià ◇ ①(同意・一致を得るために)相談する．¶→～谈．②むつまじい．¶融 róng～/打ち解けている．
【洽办】qiàbàn 動 相談して物事を処理する．
【洽购】qiàgòu 動(価格や量などを)交渉の上，購入する．
【洽商】qiàshāng 動 商談する．交渉する．折衝する．
【洽谈】qiàtán 動(多く商売に関して)折衝する．交渉する．

恰 qià ◇ ①適当である．妥当である．¶→～当 dàng．②ちょうど．ほどよく．きっかり．¶→～～．
*【恰当】qiàdàng 形 **適当である．妥当である**．¶采取 cǎiqǔ～的措施 cuòshī/適切な措置をとる．¶这个词 cí 用得很～/言葉の使い方が適切だ．
【恰到好处】qià dào hǎo chù〈成〉ちょうどころあいである．ちょうどよい程度である．
*【恰好】qiàhǎo 副(時間・空間・数量などが)**ちょうど都合よく**，かっきり，うまい具合に．注意 同じ「都合がよい」でも，"恰巧 qiàqiǎo"が「たまたま運よく」というところに重点があるのに対して，"恰好"は「おあつらえ向きで適当だ」というところに重点がある．¶这双皮鞋 píxié 你穿～合适 héshì/この革靴は君にぴったりだ．¶行李不多不少，～二十公斤/荷物はちょうどいい，きっかり20キロだ．[補語になることもある]¶你来得～，车就要开了/君はちょうどよいところに来た，もうすぐ発車するところなんだ．
*【恰恰】qiàqià 副 ①**ちょうど．折しも**．まさしく．¶～在这个时候停电 tíngdiàn 了/ちょうどこの時停電した．②**まぎれもなく**．確かに．まさしく．►"相反 xiāngfǎn"の前，あるいは"(就)是"の前におかれる．¶～相反/まさしく逆である．¶这～是问题的所在 suǒzài/それはまさしく問題のあるところだ．
【恰巧】qiàqiǎo 副(時間・機会・条件などについて)**ちょうどよい〔悪い〕具合に．運よく〔悪く〕**．都合よく．あいにく．¶我刚到车站，～来了公共汽车/停留所に着くと，うまい具合にすぐバスが来た．¶负责人 fùzérén～不在，请稍 shāo 等 děng 一下/責任者があいにくおりませんので，ちょっとお待ちください．⇒【恰好】qiàhǎo 注意
【恰切】qiàqiè 形 正確で適切である．¶文中列举 lièjǔ 的几个例子 lìzi 都很～/文中に挙げたいくつかの例はみな適切である．
【恰如】qiàrú 動 まるで…のようだ．¶～一幅 fú 图画 túhuà/あたかも一幅の絵のようだ．
【恰如其分】qià rú qí fèn〈成〉過不足なくちょう

どよい．適切である．分相応である．
【恰似】qiàsì 動 あたかも…のようだ．

qian（ㄑㄧㄢ）

千 qiān ①数 1000．千；第千(の)．千番目(の)．¶ 一～个 /（1）千個．（1）千人．¶ 一～天 / 千日．►中国語で1000を示す場合,“一千”と必ず“一”をつける．②接頭（単位の千倍を示し）キロ．¶～安培 ānpéi / キロアンペア．
◇◆《多いことをたとえる》►“万”“百”と呼応して用いられることが多い．¶ 成～上万 / 千にも万にものぼる．多数の．¶→～方百计 fāng bǎi jì．‖姓
【千百万】qiānbǎiwàn 数 無数の．幾千万の．
【千变万化】qiān biàn wàn huà〈成〉千変万化．めまぐるしく変化する．
【千层底】qiāncéngdǐ 名（～儿）布を何枚も重ねた厚手の靴底．またその靴．
【千差万别】qiān chā wàn bié〈成〉千差万別．違い・種類がきわめて多いさま．
【千锤百炼】qiān chuí bǎi liàn〈成〉①鍛えに鍛える．闘争の中で鍛錬を重ねる．百戦錬磨．②詩文などで推敲に推敲を重ねる．
*【千方百计】qiān fāng bǎi jì〈成〉**あらゆる方法を講じる．**百方手を尽くす．
【千分表】qiānfēnbiǎo 名 ダイヤルゲージ．
【千夫】qiānfū 名〈書〉多くの人．衆人．¶～所指 zhǐ / 多くの人に後ろ指を指される(人)．
【千古】qiāngǔ 名 ①千古．長い年月．¶～不易 yì / 永遠に変わらない．②〈婉〉永遠の別れ．►葬儀の弔問品に書く言葉．¶ 某某先生 mǒumǒu xiānsheng ～ / 某先生の霊前に．
【千赫】qiānhè 量〈電〉キロヘルツ．
【千回百转】qiān huí bǎi zhuǎn〈成〉①（山道などが）つづら折りになっている．②〈転〉紆余曲折が多い．
【千斤】qiānjīn 名 責任の重いこと．¶ 肩负 jiānfù ～重任 zhòngrèn / 重大な任務を担っている．
【千金】qiānjīn 名 ①大金．¶～难买 / どんなに金を積んでも買えない．②〈喩〉貴重なもの．③〈近〉〈敬〉ご令嬢．お嬢さん．¶～闺秀 guīxiù / 大家(たいか)の令嬢．¶ 您的～ / お宅のお嬢さん．
【千斤顶】qiānjīndǐng 名〈機〉ジャッキ．►略して“千斤 qiānjin”という．
【千斤】qiānjin 名〈機〉①〈略〉ジャッキ．②歯止め．歯車の逆転を防止する装置．
【千克】qiānkè 量 **キログラム．**
【千里】qiānlǐ 名〈喩〉距離・面積が大きいこと．¶ 从～之外赶 gǎn 来 / はるかかなたからやってきた．
【千里鹅毛】qiān lǐ é máo〈成〉ささやかでも心のこもった贈り物．¶ 千里送鹅毛,礼轻情意重 / 千里の遠くから送るガチョウの羽根,贈り物はささやかでも志は厚い．
【千里之堤,溃于蚁穴】qiān lǐ zhī dī, kuì yú yǐ xué〈成〉千里の堤もアリの穴から崩れる；ちょっとした不注意から大問題を引き起こす；油断大敵．
【千里之行,始于足下】qiān lǐ zhī xíng, shǐ yú zú xià〈成〉千里の道も一歩から．
【千虑一得】qiān lǜ yī dé〈成〉愚者の考えにもたまには取り柄があること．千慮の一得．
【千虑一失】qiān lǜ yī shī〈成〉賢者の考えにも時には落ち度があること．千慮の一失．
*【千米】qiānmǐ 量 キロメートル．
【千篇一律】qiān piān yī lǜ〈成〉紋切り型の詩・文．事物の定形化・公式化．
【千奇百怪】qiān qí bǎi guài〈成〉奇々怪々である．非常に奇怪である．
【千千万万】qiān qiān wàn wàn〈成〉幾千幾万．無数の．
【千秋】qiānqiū 名 ①非常に長い時間．②〈旧〉〈敬〉（年配の人の）誕生日．¶～大庆 dàqìng / お誕生日おめでとうございます．
【千人一面】qiān rén yī miàn〈成〉代わり映えがしない．
【千丝万缕】qiān sī wàn lǚ〈成〉物事がからまり合ってさまざまにつながっているさま．さまざまな要素がからみ合う．
【千头万绪】qiān tóu wàn xù〈成〉考えや物事が雑然と入り乱れているさま．
【千瓦】qiānwǎ 量〈電〉キロワット．
*【千万】qiānwàn ①副 **ぜひとも．くれぐれも．**¶ 到达 dàodá 后～来信 / 到着したら必ず便りをください．¶～别忘 wàng 了 / 絶対忘れないでね．②数 数多くの．¶～个人在关心 guānxīn 这件事 / 数多くの人がこのことに関心を寄せている．
〖千…万…〗*qiān…wàn…* ①数えきれないほど多いさま．¶～军 jūn ～马 / 軍勢が多いこと．また,軍勢が盛んなさま．¶～山～水 / 道が遠くてしかも険しいさま．¶～呼 hū ～唤 huàn / 繰り返し呼ぶ．②（強調するとき用いる）きわめて．¶～真～确 què / きわめて確実である．¶～难 nán ～难 / きわめて難しい．
【千辛万苦】qiān xīn wàn kǔ〈成〉ありとあらゆる辛苦．
【千言万语】qiān yán wàn yǔ〈成〉非常に多くの言葉の形容．口を酸っぱくして．
【千依百顺】qiān yī bǎi shùn〈成〉何でも聞きすべてに従う．
【千载难逢】qiān zǎi nán féng〈成〉めったにない機会．千載一遇．
【千载一时】qiān zǎi yī shí〈成〉千載一遇．めったにない機会．
【千张・千章】qiānzhang 名〈方〉豆腐を薄く圧縮した食品．►ゆばに似たもの．
【千真万确】qiān zhēn wàn què〈成〉まちがいなく確実である．
【千周】qiānzhōu 量〈電〉キロサイクル．
【千姿百态】qiān zī bǎi tài〈成〉いろいろな形．さまざまな様態．

仟 qiān 数 “千”の大字(読み違いや書き直しを防ぐための字)．

阡 qiān ◇◆ ①（田の南北に走る）あぜ．あぜ道．¶→～陌 mò．②墓に通じる道．
【阡陌】qiānmò 名〈書〉（田の中を縦横に交差した）あぜ道．¶～交通 / あぜ道が縦横に交差する．

扦 qiān ①名（～儿）串；米刺し．②動〈方〉挿す．刺す．
【扦插】qiānchā 動〈農〉挿し木する．

Q

【扦子】qiānzi 名 ① 金属や竹の串．¶铁～／鉄の串．¶竹 zhú～／竹を細く割ったもの．竹串．② (穀物の検査に用いる)刺し．米刺し．

芊 qiān “芊绵 qiānmián”⊕という語に用いる．

【芊绵·芊眠】qiānmián 形〈書〉草木が生い茂るさま．

迁(遷) qiān 動 **引越しする．移る．移す．** 越す．¶～户口 hùkǒu／戸籍を移す．

◇◆ 移り変わる．¶变 biàn～／変遷する．

【迁都】qiān//dū 動 遷都する．

【迁坟】qiānfén 動 墓を移す．

【迁就】qiānjiù 動《がまんして相手に合わせる》**折れ合う．** 譲歩する．妥協する．迎合する．大目に見る．¶互相 hùxiāng～／互いに歩み寄る．¶对他的错误 cuòwù 不能～／彼の誤りを大目に見てはならない．

【迁居】qiānjū 動 引っ越す．転居する．¶～外地 wàidì／よその土地へ引っ越す．

【迁徙】qiānxǐ 動〈書〉移動する．移転する．

【迁延】qiānyán 動(時間を)引き延ばす，延び延びにさせる．¶～时日／日時を引き延ばす．

【迁移】qiānyí 動 移る．移す．引っ越す．移転する．¶～户口 hùkǒu／戸籍を移す．¶～通知 tōngzhī／転居通知．

钎 qiān ◇◆ たがね．

【钎子】qiānzi 名(発破を仕掛ける穴をうがつ鑿岩(さくがん)機の)たがね．►“炮钎 pàoqiān”とも．

***牵(牽) qiān** 動(人または家畜を)**引く，引っ張る．** ¶～着一头牛／ウシを1頭引いている．

◇◆ 関係する．かかわり合う．影響を及ぼす．►不利益をもたらすことについていう．¶→～连．‖姓

【牵鼻子】qiān bízi〈慣〉人を思うままに動かす．

【牵缠】qiānchán 動 まといつく．つきまとう．

【牵肠挂肚】qiān cháng guà dù〈成〉気がかりで心が落ち着かない．

【牵扯】qiānchě 動 巻き込む；関係する．影響を及ぼす．¶这件事～到很多人／この事件は多くの人とかかわりがある．

【牵掣】qiānchè 動 ① 影響を及ぼす；足を引っ張る．② 牽制する．¶～敌军／敵軍を牽制する．

【牵动】qiāndòng 動 ①(一部分の変動によって他の部分の)変動を引き起こす．波及する．響く．¶～全局 quánjú／大局に影響を及ぼす．②(記憶を)呼び起こす．

【牵挂】qiānguà 動 心配する．気にかける．

【牵就】qiānjiù →【迁就】qiānjiù

【牵累】qiānlěi 動 ① 足手まといになり面倒をかける．煩わす．¶受到孩子的～不能上班／子供が足手まといになって勤めに出られない．② 巻き添えにする．とばっちりを食う．¶受～／巻き添えを食う．

【牵连】qiānlián 動 ① 累を及ぼす．巻き添えにする．¶～众人 zhòngrén／多くの人を渦中に巻き込む．② 関連する．結びつく．►“牵联”とも書く．¶受～／かかわり合いになる．

【牵念】qiānniàn 動 気にかかる．心配する．

【牵牛花】qiānniúhuā 名〈植〉アサガオ．

【牵牛星】qiānniúxīng 名〈天〉牽牛星．彦星．

【牵强附会】qiān qiǎng fù huì〈成〉牽強付会(けんきょうふかい)．無理にこじつける．

【牵涉】qiānshè 動 関連する．関係する．影響する．波及する．¶此 cǐ 事～到很多部门 bùmén／このことは多くの部門に関連する．

【牵手】qiān//shǒu ❶ 動 ① 手をつなぐ．② 協力し合う．提携する．❷ 名〈方〉つれあい．家内．►主に台湾で用いる．

【牵头】qiān//tóu 動〈口〉① 間に立って取り持つ．② 表に立って臨時に責任を持つ．先頭に立つ．

【牵线】qiān//xiàn 動 ① 糸を引く．陰で操る．¶～人／陰で糸を引く者；仲介者．② 仲を取り持つ．

【牵引】qiānyǐn 動 引っ張る．牽引する．

【牵制】qiānzhì 動 牽制する．引きつけておく．►主に軍事面についていう．

***铅 qiān** 名 ①〈化〉鉛．Pb．¶～玻璃 bōli／鉛ガラス．② 黒鉛．►鉛筆の芯に用いる．“墨铅 mòqiān”とも．¶～灰 huī／鉛色．

【铅版】qiānbǎn 名〈印〉鉛版．ステロ版．

【铅笔】qiānbǐ 名 **鉛筆． (量) 枝 zhī，支．¶自动 zìdòng～／シャープペンシル．¶彩色～／色鉛筆．◆削 *xiāo*～／鉛筆を削る．

【铅球】qiānqiú 名 ①〈体〉砲丸．(量) 个．② 砲丸投げ．¶推 tuī～／砲丸投げをする．

【铅丝】qiānsī 名〈電〉ヒューズ；(亜鉛めっきをした)針金．¶～断 duàn 了／ヒューズが切れた．

【铅条】qiāntiáo 名 ①〈印〉インテル．② シャープペンシルの芯．(量) 根．

【铅线】qiānxiàn 名(活版印刷用の)けい線．

【铅印】qiānyìn 動〈印〉活版印刷する．

【铅直】qiānzhí 形 垂直である．

【铅字】qiānzì 名 活字．¶～字号／活字の号数．¶～字体／活字の書体．

悭(慳) qiān ◇◆ ① けち．¶→～吝 lìn．② 欠ける．¶缘 yuán～一面／お目にかかるご縁がない．►手紙文に用いる．

【悭吝】qiānlìn 形〈書〉吝嗇(りんしょく)である．けちである．

谦 qiān ◇◆ 謙虚である．遠慮深い．¶～让 ràng／遠慮する．¶太～／謙遜(けんそん)にすぎる．

【谦卑】qiānbēi 形(目下が目上に対し)謙虚にへりくだっている．謙虚で慎み深い．

【谦诚】qiānchéng 形〈書〉謙虚で誠意がこもっている．

【谦辞】qiāncí ① 名 謙遜(けんそん)語．② 動 遠慮して辞退する．

【谦恭】qiāngōng 形 謙虚で礼儀正しい．

【谦和】qiānhé 形 腰が低く態度が穏やかである．

【谦让】qiānràng 動 遠慮して辞退する．

*【谦虚】qiānxū ① 形 **謙虚である．** うぬぼれないで人の意見をよく聞き入れる．¶～谨慎 jǐnshèn／謙虚で慎み深い．¶～地向他人求教／謙虚に他人に教えを請う．② 動 **謙遜する．** 遠慮する．(謙遜して)辞退する．¶他开始～了一番 fān，最后还是同意了／彼は最初しばらく遠慮していたが，最後はやはり

引き受けてくれた.

【谦逊】qiānxùn 形〈書〉**謙虚である**. へりくだっている.

* **签**（簽・籤）**qiān** ❶ 動 ①(書類や証書などに)**署名する,サインする**；符号を書く. ¶请你在发票上～个字 / レシートにサインをお願いします. ② 簡潔に意見を書く. ③ あらく縫い合わせる. 仮縫いをする. ¶～花边 huābiān / 縁飾りをつける.

❷ 名(～儿) ①(印をつけた棒の)くじ. ¶抽 chōu～ / くじを引く. ¶分数～儿 / マージャンの点棒. ② 目印にする小さな紙や布. ¶行李 xíngli 上要贴 tiē～儿 / 荷物に目印をつけておかないといけない. ③(木や竹でつくった)ほじくるのに用いるもの. ¶牙 yá～儿 / つまようじ. ¶竹 zhú～子 / 竹べら.

【签到】qiān//dào 動 出勤簿や出席簿に"到"の字または名前を書く. ¶～簿 bù / 出勤簿；出席簿. ¶～处 chù / 受付.

*【签订】qiāndìng 動(条約や契約を)**締結する. 調印する**. ¶～和平 hépíng 友好 yǒuhǎo 条约 tiáoyuē / 平和友好条約に調印する. ¶～合同 hétong / 契約を結ぶ.

【签发】qiānfā 動(署名捺印した公文書や伝票などを正式に)発行する. ¶～护照 hùzhào / パスポートを発行する.

【签名】qiān//míng 動 **署名する. サインする**. ¶在申请书 shēnqǐngshū 上～ / 申し込み書にサインする.

【签票】qiān//piào 動(手形などに)署名する；(列車の乗り換えや途中下車などで)切符にしるしをつける；(拘引状などに)印判を押す.

【签收】qiānshōu 動 受け取りの署名・サインをする.

【签署】qiānshǔ 動(重要書類に)署名する. ¶～联合 liánhé 公报 / 共同コミュニケに署名する.

【签约】qiānyuē 動(契約書または条約に)調印する,サインする.

*【签证】qiānzhèng ① 名 **ビザ. 査証**. ¶入境 rùjìng～ / 入国ビザ. ¶过境 guòjìng～ / 通過ビザ. トランジットビザ. ¶旅行 lǚxíng～ / 観光ビザ. ② 動 査証する.

【签注】qiānzhù 動 ① 書籍または文書に付箋を付け,意見などを書き込む. ② 証明書に書き添える.

【签字】qiān//zì 動(書類に)**署名する. 調印する. サインする**. ¶～仪式 yíshì / 調印式. ¶～后立即 lìjí 生效 shēngxiào / 署名後ただちに効力を発する.

【签子】qiānzi ⇀〖签 qiān〗❷①③

荨（蕁）**qián** "荨麻 qiánmá"⇩という語に用いる. ⏩ xún

【荨麻】qiánmá 名 ①〈植〉イラクサ. ② イラクサの茎皮からとれる繊維. 刺草(いらくさ)織にする.

* **前** **qián** 方位 ①(↔后 hòu)前. ⓐ **空間的に前(の)**. 正面(の). ¶书桌 shūzhuō～ / 机の前. ¶向～走 / 前に進む. ¶我坐在最～,他在最后 / 私はいちばん前に座り,彼はいちばん後ろだった. ⓑ **時間的に前(の)**. 以前(の). ¶几个月～ / 数か月前. ¶～几天 / ついこの間. ⓒ **順序が前(の)**. 先(の). ¶～几排 pái / 何列か前. ¶～三名 / 上位 3 名.

② 将来. 未来. ¶往 wǎng～看 / 将来のことを考える.

③(機構や肩書きなどに用い)**以前の**. さきの. 昔の. ¶～总统 zǒngtǒng / 前〔元〕大統領.

◇◆ ①進む. 前進する. ②未来の. ¶→～程 chéng. ¶→～景 jǐng. ‖ 姓

【前半辈】qiánbànbèi 名 前半生.

【前半年】qiánbànnián 名(～儿) 1 年の前半. 前半期.

【前半晌】qiánbànshǎng 名(～儿)〈方〉午前.

【前半天】qiánbàntiān 名(～儿)午前.

【前半夜】qiánbànyè 名 夕方から夜半までの間.

【前半月】qiánbànyuè 名 1 日から15日までの間. 1 か月の前半.

【前辈】qiánbèi 名(経験を積み業績のある)年長者. ¶科学界 kēxuéjiè 老～ / 科学界の大先輩.

【前臂】qiánbì 名〈生理〉下膊(かはく). 手首からひじの間の腕. ►"小臂 xiǎobì"とも.

【前边】qiánbian 方位(～儿) ①(空間的に**)**前,先,前方**. ¶～有一家店铺 diànpù / この先には店がある. ②(談話または文章における)前,先,これまで. ¶～讲过 jiǎngguo 的问题 wèntí / 前に述べた問題. 注意 qiánbiān と発音してもよい.

【前部】qiánbù 方位 前の部分.

【前不着村,后不着店】qián bù zhāo cūn, hòu bù zhāo diàn 〈諺〉旅に行き暮れる；頼るところがなく進退に窮する. ►"着"は zháo とも発音する.

【前朝】qiáncháo 名 前の王朝.

【前车之鉴】qián chē zhī jiàn 〈成〉前の人の失敗は後世の人の戒め. ►"前车之覆 fù,后车之鉴"とも.

【前尘】qiánchén 名〈書〉往事. 過ぎ去った昔の事柄. ¶回首 huíshǒu～ / 往事を振り返る.

【前程】qiánchéng 名 前途. 将来. ¶～万里 / 前途洋々.

【前导】qiándǎo ① 動 導く. 案内する. ② 名 先駆け. 案内者.

【前敌】qiándí 名 最前線. 第一線.

【前额】qián'é 名 額(ひたい). ¶～宽大 kuāndà / 額が広くて大きい.

【前方】qiánfāng ① 方位 **前方. 前**. ¶左～ / 左前方. ② 名(↔后方 hòufāng)**敵前地区. 前線**.

【前房】qiánfáng 名(現在の妻に対して)亡くなった先妻.

【前锋】qiánfēng 名 ①(軍隊の)前衛. 先頭部隊. ②〈体〉前衛. フォワード.

【前夫】qiánfū 名 先夫. 前の夫.

【前赴后继】qián fù hòu jì 〈成〉前の者が進めば後の者もこれに続く.

【前功尽弃】qián gōng jìn qì 〈成〉これまでの努力がむだになる.

【前滚翻】qiángǔnfān 名〈体〉前転.

【前汉】Qiánhàn ⇀【西汉】Xīhàn

*【前后】qiánhòu 方位 ①(**ある時間の,あるいは空間的な**)**前後**. ¶春节 Chūnjié～ / 旧正月のころ. ¶房子 fángzi 的～都有树 shù / 家の前にも後ろにも木がある. ¶～一致 yīzhì / 前後一致している. ② **始めから終わりまで. 全期間**. ¶他～去过三次上海 Shànghǎi / 彼は全部で 3 回上海に行ったことがある. ¶前前后后一共 yīgòng 一个月 / 全部で 1 か月.

〖前…后…〗*qián…hòu…* ① 事物や行為が空間ま

Q

たは時間的に相前後していることを表す．¶～街～巷／表通りや裏通り．¶～松 sōng ～紧 jǐn／初めはゆるやかだが,後になるほど厳しくなる．②前後交互の動作を表す．¶～俯 fǔ～仰 yǎng／前にのめったり,後ろにのけぞったり．
【前后脚儿】qiánhòujiǎor 副〈口〉相前後して(ある所に到着〔出発〕する)．
【前脚】qiánjiǎo 名(～儿) ①(歩くときの)前の足．②〈転〉一足先．("后脚"と連用して)相前後して．¶你～走,他后脚就来了／君が出ていくのと入れ違いに,彼がやって来た．
【前襟】qiánjīn 名(上着や長衣の)前身頃．
*【前进】qiánjìn 動(↔后退 hòutuì)前進する．発展する．¶向着 xiàngzhe 目标 mùbiāo ～／目標に向かって進む．¶大踏步 dàtàbù ～／大股に前進する．
【前进帽】qiánjìnmào 名 ハンチング．鳥打ち帽．㊜ 顶 dǐng．
【前景】qiánjǐng 名 見通し．未来図．将来性．¶这家公司 gōngsī ～很好／この会社はなかなか将来性がある．
【前科】qiánkē 名〈法〉前科．
【前空翻】qiánkōngfān 名〈体〉(鉄棒や飛び込み競技などの)前宙返り．
【前例】qiánlì 名 前例．先例．¶史无 shǐ wú ～／歴史上かつてない．
【前列】qiánliè 名 前列．先頭；〈喩〉仕事や事業で率先的役割を果たすもの．先駆け．¶走在时代 shídài 的～／時代の先端を行く．
【前列腺】qiánlièxiàn 名〈生理〉前立腺．¶～肥大 féidà／前立腺肥大．
【前门】qiánmén 名 表門．正門．
*【前面】qiánmian 方位(～儿) ①(空間的に)前,先,前方,前面．¶我在门口 ménkǒu ～等你／出入り口の前で待っています．②(順列的に)前,先；(談話または文章の)前,先,これまで．¶这个问题,～已经 yǐjing 讲 jiǎng 得很详细 xiángxì 了／その問題は先に詳しく述べたとおりである．
注意 qiánmiàn とも発音する．
**【前年】qiánnián 名 一昨年．おととし．
【前怕狼,后怕虎】qián pà láng, hòu pà hǔ〈成〉あれこれ心配して一歩も前進できない．
【前排】qiánpái 名 前列(の座席)；(劇場などの)舞台近くの数列の座席．
【前仆后继】qián pū hòu jì〈成〉先人の屍(しかばね)を乗り越えて後から続く．
【前妻】qiánqī 名 前妻．先妻．
【前期】qiánqī 名 前期．初期．¶癌症 áizhèng ～／癌(がん)の初期．
【前驱】qiánqū 名 先駆．先駆け．先駆者．
【前人】qiánrén 名 先人．古人．昔の人．¶～种 zhòng 树,后人乘凉 chéngliáng／〈諺〉前人のおかげで後の人が幸福になるたとえ．
【前任】qiánrèn 名 前任(者)．
【前日】qiánrì 名 一昨日．おととい．
【前晌】qiánshǎng 名〈方〉午前．
【前身】qiánshēn 名 ①前身．►もとは仏教用語．②(～儿)上着の前身頃．
【前生】qiánshēng →【前世】qiánshì
【前世】qiánshì 名(仏教で)前世．先の世．
【前事不忘,后事之师】qián shì bù wàng, hòu shì zhī shī〈成〉過去の事を忘れないで,後々の戒めとする．
【前思后想】qián sī hòu xiǎng〈成〉あれこれと熟考する．
【前所未见】qián suǒ wèi jiàn〈成〉かつて見たことがない．
【前所未闻】qián suǒ wèi wén〈成〉いまだかつて聞いたことがない．前代未聞．
【前所未有】qián suǒ wèi yǒu〈成〉かつてない．未曾有である．
【前台】qiántái 名 ①舞台(の前部)．②〈喩〉表舞台．公開の場．③(ホテルの)フロント．
【前提】qiántí 名 前提．前提条件．
**【前天】qiántiān 名 一昨日．おととい．
【前厅】qiántīng 名〈建〉(ホテルなどの)ロビー,玄関．
*【前头】qiántou 方位 前．前方；先．¶图书馆～有一个小操场／図書館の前に小さな運動場がある．¶这个问题,～已经讲过了／この問題については,先にすでに述べた．
*【前途】qiántú 名 前途．将来性．¶～远大／前途洋々．¶～不可限量 xiànliàng／前途は計り知れないほど明るい．¶很有～／大いに将来性がある．
【前往】qiánwǎng 動〈書〉行く,向かう,赴く．¶动身～上海／上海へ向けて出発する．
【前卫】qiánwèi 名 ①〈軍〉前衛．②(芸術などの)前衛．③〈体〉ハーフバック．
【前无古人】qián wú gǔ rén〈成〉いまだかつてだれも実現したことがない．¶～,后无来者／空前絶後である．
【前夕】qiánxī 名 ①前の晩．前夜．②〈喩〉事柄の起きる直前．
【前线】qiánxiàn 名 ①〈軍〉前線．②(仕事の)第一線．現場．
【前些日子】qiánxiē rìzi 名 この間．先日．
【前言】qiányán 名 ①(著作の)前書き．前文．序文．前置き．②前言．前に述べた言葉．
【前沿】qiányán 名 ①〈軍〉陣地の最前方．②(科学の)最先端分野．
【前言不搭后语】qián yán bù dā hòu yǔ〈成〉話のつじつまが合わない．
【前仰后合】qián yǎng hòu hé〈成〉(体が)前後に大きく揺れる．►多くは大笑いするさまに用い,"前俯 fǔ 后仰"とも．¶笑得～／笑い転げる．
【前夜】qiányè →【前夕】qiánxī
【前因后果】qián yīn hòu guǒ〈成〉原因と結果．事の一部始終．
【前兆】qiánzhào 名 前兆．兆し．前触れ．
【前者】qiánzhě 名 ①前者．前に挙げた事柄．②この前．先日．
【前缀】qiánzhuì 名〈語〉接頭語．接頭辞．
【前奏】qiánzòu 名 ①〈音〉前奏(曲)．序曲．②〈喩〉前触れ．先駆け．

虔 qián

◆ 慎み深い．恭しい．
【虔诚】qiánchéng 形 敬虔(けいけん)で誠実である．
【虔敬】qiánjìng 形 恭しい．敬虔である．
【虔心】qiánxīn 名〈書〉敬虔な心．

**钱(錢) qián

❶名 ①お金．¶一笔 bǐ ～／一口の(まとまった)お金．¶花～／金を

使う．②**費用．金額．代金．** ¶每个月伙食 huǒshi 方面支出的～不少 / 毎月食費で支出する金額は大きい．③財産．¶他家很有～ / 彼の家はお金持ちだ．④ぜに．銅銭．¶一串 chuàn ～ / ひとさしの穴あき銭．

❷[量]（重さの単位）1"斤 jīn"の100分の1．5グラム．◇◆ 銭のような形をしたもの．¶纸 zhǐ ～ / 紙銭．葬式のときに焼く紙製の銭．¶榆 yú ～儿 / ニレの実．‖[姓]

*【钱包】**qiánbāo** [名]（～儿）**財布．**（量）个．¶～里一个钱也没有 / 財布の中には一銭もない．

【钱币】**qiánbì** [名] 貨幣；（多くは）硬貨．

【钱财】**qiáncái** [名] 金銭財物．¶浪费 làngfèi ～ / 金を費やす．浪費する．

【钱钞】**qiánchāo** [名]〈旧〉金．金銭．

【钱串子】**qiánchuànzi** [名] ①（昔の）穴あき銭に通すひも．ひもを通した穴あき銭；〈転〉お金．金儲け．¶～脑袋 nǎodai / 金儲けに夢中になっている人．¶～折 shé 了 / 金儲けがふいになった．②〈虫〉ゲジゲジ．

【钱柜】**qiánguì** [名]（商店などの）銭箱．

【钱龙】**qiánlóng** [名]〈虫〉ゲジゲジ．

【钱票】**qiánpiào** [名]（～儿）〈方〉紙幣．札（さつ）．

【钱眼】**qiányǎn** [名]（～儿）穴あき銭の真ん中の穴．¶钻 zuān ～ / けちけちして利益をむさぼる．

【钱庄】**qiánzhuāng** [名]〈旧〉私営の金融機関．銭荘（せんそう）．

钳（箝・拑）qián

[動] 挟む．¶用钳子 qiánzi 把它 tā ～住 / やっとこでそれをしっかり挟んでくれ．

◇◆ ①ペンチ・プライヤーの類．¶老虎 lǎohǔ ～ / やっとこ．ペンチ．②制限する．¶→～制．

【钳工】**qiángōng** [名]〈機〉①やすり・ドリル・はさみ・ペンチなどの道具を使う組み立てや仕上げの仕事．②組立工．仕上げ工．

【钳口结舌】**qián kǒu jié shé**〈成〉口をつぐんでものを言おうとしない．

【钳形】**qiánxíng** [名] 挟み形．

【钳制】**qiánzhì** [動] 抑えつける．締めつける．束縛する．¶～舆论 yúlùn / 世論を抑えつける．

【钳子】**qiánzi** [名] ①ペンチ．やっとこ．鉗子（かんし）．②〈方〉イヤリング．

掮 qián

[動]〈方〉（肩に）担ぐ，担う．¶～着铺盖卷儿 pūgaijuǎnr 进京谋生 móushēng / 布団包みを担いで北京へ出稼ぎに行く．

【掮客】**qiánkè** [名] ブローカー．仲買人．¶政治 zhèngzhì ～ / 政治ブローカー．

乾 qián

[名]（↔坤 kūn）（易の八卦（はっけ）の一つ）乾（けん）．☰．►天を表す．

◇◆ 男性を表す．¶～宅 zhái /（婚姻の際の）男性側の家．¶～造 zào /（結婚する）男性の側．[注意]"乾"は gān と qián の二つの読み方があるが，gān と読む時は簡体字"干"を用い，qián と読むときには"干"を用いない．⇒〖干 gān〗‖[姓]

【乾坤】**qiánkūn** [名]（易（えき）の"乾"（☰）と"坤"（☷）の卦から）乾坤（けんこん）．**天地・陰陽・男女などの象徴．** ¶扭转 niǔzhuǎn ～ / 天下の大勢を一変させる．¶～一掷 yīzhì / 乾坤一擲（けんこんいってき）．一か八か．

潜 qián

[動]（水中に）潜る．¶他一口气～到河底 / 彼は一気に川底に潜った．

◇◆ ①隠れる．¶→～伏 fú．¶→～力 lì．②こっそりと．ひそかに．¶→～逃 táo．‖[姓]

【潜藏】**qiáncáng** [動] 隠れる．潜む．人目を逃れる．

【潜伏】**qiánfú** [動] **潜伏する．隠れる．** 潜在する．¶～在体内的病毒 bìngdú / 体内に潜伏しているウイルス．

【潜伏期】**qiánfúqī** [名]〈医〉潜伏期間．

【潜规则】**qiánguīzé** [名] 暗黙の了解；明文化していないルール．

【潜航】**qiánháng** [動]（潜水艦が）潜航する．

【潜力】**qiánlì** [名] **潜在力．底力．** ¶挖掘 wājué ～ / 潜在力を引き出す．

【潜能】**qiánnéng** [名]〈略〉潜在能力．

【潜入】**qiánrù** [動] ①潜入する．潜り込む．¶～地下 / 地下に潜る．②（水中に）潜る．¶～河中 / 川に潜る．

【潜水】**qiánshuǐ** [動] **潜水する．** 水に潜る．¶～运动 yùndòng / スキンダイビング．

【潜水艇】**qiánshuǐtǐng** →【潜艇】qiántǐng

【潜水衣】**qiánshuǐyī** [名] 潜水服．ウエットスーツ．

【潜水员】**qiánshuǐyuán** [名] ダイバー．潜水夫．

【潜逃】**qiántáo** [動]（罪人が）逃亡する，逐電する，失踪する，蒸発する．

【潜艇】**qiántǐng** [名]〈軍〉潜水艦．潜水艇．►"潜水艇 qiánshuǐtǐng"とも．（量）只，艘 sōu．

【潜行】**qiánxíng** [動] ①潜行する．潜航する．②ひそかに行く．

【潜意识】**qiányìshí** [名]〈心〉潜在意識．無意識．

【潜泳】**qiányǒng** [動] 潜水して泳ぐ．

【潜在】**qiánzài** [形] 潜在的な．隠れている．潜伏している．¶～力量 lìliang / 潜在力．底力．

【潜踪】**qiánzōng** [動] 行方をくらます．

黔 qián

◇◆ ①黒い．¶～首 /〈書〉民．人民．②（Qián）貴州省．¶～剧 jù / 貴州省の地方劇．

【黔驴之技】**qián lú zhī jì**〈成〉見かけ倒し．

3声 **浅（淺）qiǎn

[形]（↔深）①（深さ・奥行きが）**浅い．** ¶这条河很～ / この川は浅い．¶这个院子太～ / この庭は奥行きが浅い．

②（始めてからの時間が）**短い**；（日や歴史が）浅い．¶相处 xiāngchǔ 的日子还～ / 付き合い始めてまだ日が浅い．¶历史 lìshǐ 很～ / 歴史が浅い．

③（色が）**浅い，薄い．** ¶这种 zhǒng 绿色 lǜsè 太～ / このグリーンは薄すぎる〔明るすぎる〕．

④（程度が）**低い．浅薄である．** ¶他的学问 xuéwen 很～ / 彼の知識は浅い．¶功夫 gōngfu ～ / 年期が入っていない．修業が足りない．

⑤（程度が低くおさえてあり）**簡明で分かりやすい．** ¶这些读物 dúwù 内容～，容易懂 dǒng / これらの読み物は内容がやさしくて分かりやすい．

▶▶ **jiān**

【浅薄】**qiǎnbó** [形]（知識・思想・学問・人格が）浅薄である，軽薄である．¶他的看法太～ / 彼の見解は薄っぺらだ．

【浅耕】**qiǎngēng** [動]〈農〉（土地を）浅く耕す．

【浅海】**qiǎnhǎi** [名]〈地〉浅海．浅い海．

【浅见】**qiǎnjiàn** [名]〈書〉〈謙〉浅見．浅はかな考え．

Q

¶依 yī 我之～ / 卑見によれば.
【浅近】qiǎnjìn 形 わかりやすい. 卑近である.
【浅口鞋】qiǎnkǒuxié 名 浅い靴. 足の甲を覆う部分が少ない中国式布靴.
【浅陋】qiǎnlòu 形(見識が)狭い,浅い,浅はかである.
【浅露】qiǎnlù 形(言葉遣いが)浅薄で深みがない.
【浅明】qiǎnmíng 形 分かりやすい. 明白である.
【浅儿】qiǎnr →【浅子】qiǎnzi
【浅色】qiǎnsè 名 明るい色.
【浅释】qiǎnshì 名 分かりやすい説明. 簡単な説明. ¶宋词 sòngcí ～ / 宋詞初歩.
【浅说】qiǎnshuō 名〈書〉分かりやすい解説. 平易な説明. ¶唐诗 tángshī ～ / 唐詩入門.
【浅滩】qiǎntān 名 浅瀬.
【浅显】qiǎnxiǎn 形(字句や内容が簡明で)分かりやすい.
【浅笑】qiǎnxiào 動 ほほえむ. ¶嘴角 zuǐjiǎo 挂 guà 着～ / 口元にほほえみを浮かべる.
【浅学】qiǎnxué 名〈書〉浅学. 学識が浅い人.
【浅易】qiǎnyì 形〈書〉簡明で分かりやすい. ¶～读物 dúwù / やさしい読み物.
【浅子】qiǎnzi 名 円形の浅い容器. 参考 素焼きのものを"沙浅儿 shāqiǎnr"といい,ヤナギの枝で編んだ浅いざるを"笸箩浅儿 pǒluoqiǎnr"という.

遣 qiǎn ◇◆ ①遣わす. ¶派 pài ～ / 派遣する. ②発散する. ¶排 pái ～ / 気晴らしをする.
【遣词造句】qiǎn cí zào jù〈成〉言葉遣いに気を配って文をつづる.
【遣返】qiǎnfǎn 動(本国または原籍地へ)送り帰す,送還する. ¶强制 qiángzhì ～ / 強制送還. ¶～出境 chūjìng / 国外に退去させる.
【遣散】qiǎnsàn 動(機関・団体の解散時に)人員を解雇する.
【遣送】qiǎnsòng 動 退去させる. 送還する. ¶～出境 chūjìng / 国外に退去させる.

谴 qiǎn ◇◆ 責める.
【谴责】qiǎnzé 動 **厳しく非難する. 譴責(けんせき)する.** ¶严厉 yánlì ～他们的侵犯 qīnfàn 行为 xíngwéi / 彼らの侵犯行為を厳しく非難する. ¶受到舆论 yúlùn ～ / 世論の非難を受ける.

4声 * **欠 qiàn** 動 ① **人に金品を借りてまだ返していない;人に与えるべきものをまだ与えていない.** ¶他还 hái ～着我的钱呢 / 彼にはまだ私からの借りがある. ¶他～我一千块 / 彼は私に1000元借りがある.
② **…が足りない. …を欠く.** ►後ろに直接名詞・動詞・形容詞の目的語をとる. 熟した言い方が多い. ¶说话～考虑 kǎolǜ / 話をするのに配慮を欠いている. ¶～说服力 shuōfúlì / 説得力を欠く. ¶计划 jìhuà ～周密 zhōumì / 計画に綿密さが足りない. ⇨〖缺 quē〗注意
③(かかとを上げて背伸びしたり,前かがみに上体を伸ばしたりして)体をやや上に伸ばす. ¶→～脚 jiǎo. ¶→～身 shēn.
◇◆ あくびをする. ¶打哈～ hāqian / あくびをする. ¶→～伸 shēn.
【欠户】qiànhù 名 債務者.
【欠火】qiàn//huǒ 動(料理で)焼き加減・蒸し加減などが足りない. 十分に火が通っていない.
【欠佳】qiànjiā 形〈書〉いまひとつよくない. ¶质量 zhìliàng ～ / 品質があまりよくない.
【欠脚】qiàn//jiǎo 動(～儿)〈方〉つま先立つ. 背伸びする.
【欠款】qiàn//kuǎn ① 動 借金する. ② 名 借金.
【欠情】qiàn//qíng 動(～儿)義理を欠く. 不義理をする.
【欠缺】qiànquē 形 ① 欠けている. 不十分である. ¶论证 lùnzhèng 稍 shāo 有～ / 論拠がいささか足りない. ② 名 欠点. きず.
【欠伸】qiànshēn 動(伸びをしながら)あくびをする. ❖打 *dǎ* ～ / 伸びとあくびをする.
【欠身】qiàn//shēn 動(座っているときに)ちょっと腰を上げて敬意を表する.
【欠条】qiàntiáo 名(～儿)借用証(書).
【欠妥】qiàntuǒ 形 適切でない. 妥当を欠く. ¶措词 cuòcí ～ / 言葉遣い〔字句の使い方〕が適切でない.
【欠债】qiàn//zhài 動 負債がある.
【欠账】qiàn//zhàng 動 借りがある. 借金をする. ¶我不欠他的账 / 彼からは金を借りていない;〈転〉彼には義理を欠いていない.
【欠资】qiànzī 形 郵便料金が不足している. ¶～信件 xìnjiàn / 切手代不足の手紙.
【欠租】qiànzū 名(家賃・小作料などの)賃料未払い.

纤(縴) qiàn 名 船を引く綱,ロープ. ¶拉 lā ～ / ロープを引く;船を引く. ►► xiān
【纤夫】qiànfū 名〈旧〉船引き人夫.
【纤绳】qiànshéng 名 引き綱. ロープ.
【纤手】qiànshǒu 名〈旧〉(多くは不動産売買の)仲介者,ブローカー. ►"拉纤的 lāqiànde"とも.

芡 qiàn 名 ①〈植〉オニバス. ►"鸡头 jītóu""老鸡头 lǎojītóu"とも. ②(料理の)くずあん. ¶勾 gōu ～ / くずあんを作る. あんかけにする.
【芡粉】qiànfěn 名 オニバスの実から取った澱粉(でんぷん).
【芡实】qiànshí 名 オニバスの実.

茜(蒨) qiàn ◇◆ ①アカネ. ¶→～草 cǎo. ②アカネ色. ►► xī
【茜草】qiàncǎo 名〈植〉アカネ;〈中薬〉茜草根(せんそうこん).

倩 qiàn 動〈書〉(人に)代わりにやってもらう. ¶～人执笔 / 代筆を頼む.
◇◆ うるわしい. 美しい. ¶～影 / 美しい姿.

堑 qiàn ◇◆ ①(交通を遮断するための)堀,溝. ¶→～壕 háo. ②(溝に)落ちること;失敗した経験のたとえ. ¶吃一～,长 zhǎng 一智 zhì /〈諺〉一度しくじったら,それだけ賢くなる.
【堑壕】qiànháo 名 塹壕(ざんごう).

嵌 qiàn 動 はめ込む. 散りばめる. 象眼する. ►美術品の装飾についていうことが多い. ¶匣子 xiázi 上～着金色的花 / 箱に金色の模様がはめ込んである.

歉 qiàn ◇◆ ①人にすまない気持ち．¶抱 bào～/申し訳なく思う．②凶作である．¶→～年 nián.

【歉疚】qiànjiù 形 申し訳ない．後ろめたい．
【歉年】qiànnián 名 不作・凶作の年．
【歉收】qiànshōu 動(↔丰收)凶作になる．不作になる．¶因遭 zāo 天灾 tiānzāi 而 ér～/天災のために減収となる．
【歉岁】qiànsuì 名 凶年．凶作の年．
*【歉意】qiànyì 名 すまない気持ち．遺憾の意．¶深致 zhì～/深くおわび申し上げます．¶表示～/わびを入れる．おわびをする．

qiang（ㄑㄧㄤ）

抢(搶) qiāng 〖戗 qiāng〗①に同じ．
◇◆ 触れる．撞(つ)く．¶呼天～地/(悲しさのあまり)天に呼びかけ,地に頭をすりつける．⏩qiǎng

呛(嗆) qiāng 動(水や食物で)むせる．むせぶ．¶慢点儿喝 hē, 别～着/むせないようにゆっくり飲みなさい．⏩qiàng

羌 qiāng 名 羌(きょう)．古代の民族の一つ．◇◆ チャン族．¶～语/チャン族の言語．‖姓

【羌族】Qiāngzú 名(中国の少数民族)チャン(Qiang)族．►チベット系民族の一つ．四川省に居住．

*__枪(槍・鎗) qiāng__ ❶名①鉄砲．銃．►ピストルから機関銃くらいまでの軽火器．重火器は"炮 pào"．量 支,杆 gǎn,条．¶开～/発砲する．¶手～/拳銃．ピストル．¶机关 jīguān～/機関銃．¶持 chí～致敬 zhìjìng!/(号令)ささげ銃．②槍(やり)．
❷量 銃の発射回数：発．
◇◆ ①形状や性能が銃に似たもの．¶焊 hàn～/溶接機．②(試験のとき)替え玉になる．¶→～手 shou．¶→～替 tì．‖姓

【枪把】qiāngbà 名 銃把．銃床．
【枪把子】qiāngbàzi 名 ①〈口〉銃把．銃床．②〈転〉生殺与奪の権．権力．
【枪毙】qiāngbì 動 ①銃殺刑にする．¶～杀人犯 shārénfàn/殺人犯を銃殺する．②〈俗〉(映画・出版物などを)審査で通さない；(原稿などを)没にする．¶那本书被主审 zhǔshěn 机关～了/その本は審査機関によって出版禁止になった．
【枪刺】qiāngcì 名 銃剣．量 把．
【枪打出头鸟】qiāng dǎ chū tóu niǎo〈諺〉頭を出した鳥は撃たれる；出る杭は打たれる．
【枪弹】qiāngdàn 名〈軍〉銃弾．弾丸．量 粒,颗,发．►通称は"子弹 zǐdàn"．
【枪法】qiāngfǎ 名 ①槍術．②射撃・槍の腕前．
【枪杆】qiānggǎn 名(～儿)銃身；(広く)武器．►"枪杆子"とも．
【枪管】qiāngguǎn 名 銃身．
【枪击】qiāngjī 動 銃撃する．
【枪机】qiāngjī 名 銃の引き金．
【枪架】qiāngjià 名 銃架．
【枪决】qiāngjué 動 銃殺する．
【枪口】qiāngkǒu 名 銃口．銃の筒先．¶把～对准靶子 bǎzi/銃口を正確に的に向ける．
【枪林弹雨】qiāng lín dàn yǔ〈成〉戦闘が激しい．砲煙弾雨．
【枪炮】qiāngpào 名 銃砲．火器．
【枪杀】qiāngshā 動 銃殺する．
【枪声】qiāngshēng 名 銃声．
【枪手】qiāngshǒu 名 ①〈旧〉槍を使う兵士．②射撃手．¶神 shén～/射撃の名手．③(受験生の)替え玉．
【枪栓】qiāngshuān 名(銃の)遊底．
【枪膛】qiāngtáng 名 銃の内腔．弾込めの部分から銃口までをいう．
【枪替】qiāngtì 動 替え玉受験をする．►"打 dǎ 枪"とも．
【枪托】qiāngtuō 名 銃床．銃の台尻．
【枪乌贼】qiāngwūzéi 名〈動〉スルメイカ．ジンドウイカ．
【枪械】qiāngxiè 名 銃器．兵器．
【枪眼】qiāngyǎn 名 ①銃眼．②(～儿)弾痕(だんこん)．
【枪鱼】qiāngyú 名〈魚〉マカジキ．カジキ．
【枪战】qiāngzhàn 名 銃撃戦．
【枪支】qiāngzhī 名 銃器．銃の総称．
【枪子儿】qiāngzǐr 名〈口〉鉄砲玉．銃弾．量 粒 lì,颗 kē．

戗(戧) qiāng 動 ①逆らう．¶～辙儿 zhér 走/(車が交通規則に違反して)逆の方向へ走る．②(話が)決裂する．(意見が)衝突する．►普通"说"の補語として用いる．¶两人说～了/二人は意見が衝突した．⏩qiàng

【戗戗】qiāngqiang 動〈口〉言い争いをする．騒ぐ．¶乱 luàn～/がやがや騒ぐ．

戕 qiāng ◇◆ 損なう．殺害する．¶自 zì～/自害する．自殺する．

【戕贼】qiāngzéi 動〈書〉傷つける．損なう．

腔 qiāng 名(～儿)①アクセント．調子．なまり；〈方〉言葉．話．¶开～/口を開く．話し出す．¶答 dā～/話しかける．言葉を返す．¶他一口山东～/彼は山東なまりまる出しだ．¶学生～/学生口調．¶洋～/西洋かぶれのアクセント．②楽曲の調子．節．¶低～/低い調子．¶唱～儿/歌の節回し．¶我唱歌常唱走了～/私は歌を歌う時よく調子がはずれる．
◇◆ 動物の体内の空洞部；〈転〉器物の空洞部．¶胸 xiōng～/胸腔．¶腹 fù～/腹腔．¶满～热情/体にあふれんばかりの情熱．¶炉 lú～/筒形の炉の火をたくところ．

【腔调】qiāngdiào 名 ①(京劇など伝統劇の)節回し．►たとえば"西皮 xīpí""二黄 èrhuáng"など．②話しぶり．口調．③言葉のアクセント．なまり．¶听他的～,像 xiàng 是广东人 Guǎngdōngrén/彼のアクセントからすると広東の人らしい．
【腔子】qiāngzi 名 ①胸腔．②動物の頭部を切り取った残りの胴体．

蜣 qiāng "蜣螂 qiāngláng"⬇という語に用いる．

Q

【蜣螂】qiāngláng 名 ①〈虫〉タイワンダイコクコガネ．►糞を食べるため,地方によっては"屎壳郎 shǐkelàng"(糞虫)とも．②〈中薬〉蜣螂(きょうろう)．

锵(鏘) **qiāng** 擬《金属製の器物が発する音》じゃん．ちゃりん．¶锣声 luóshēng ～～／どらがじゃんじゃんと鳴る．

2声 * **强**(強・彊) **qiáng** 形 ①(比較して)まさっている,すぐれている．¶论 lùn 能力 nénglì,他比我～／能力についていえば,彼は私より上です．¶有总 zǒng 比没有～／ないよりあった方がましだ．
②(感情・意志・信念が)高い,固い,強い．¶自尊心 zìzūnxīn 很～／プライドが高い．¶责任心 zérènxīn 很～／責任感が強い．
③程度が高い．¶工作能力～／有能である．¶记忆力 jìyìlì 特～／記憶力抜群である．
④(↔弱 ruò)(力が)強い；(体が)丈夫である．
⑤(↔弱 ruò)(分数・少数の後に用い)やや上回っている．…強．¶百分之八十～／80%強．
◇強制的に．力ずくで．¶～取／力ずくで取る．
‖姓 ▸▸jiàng,qiǎng

【强暴】qiángbào ①形 強暴である．②名 強暴な勢力．¶不畏 wèi ～／強暴な勢力を恐れない．③動 強姦(ごうかん)する．乱暴する．
*【强大】qiángdà 形 強大である．¶～的精神力量／強い精神力．¶日益 rìyì ～／日増しに力が大きくなっている．
【强盗】qiángdào 名 強盗；〈転〉侵略者．
*【强调】qiángdiào 動 強調する．強く主張する．¶必须 bìxū ～产品质量 zhìliàng／製品の質を前面に押し出さなければならない．¶学校非常～纪律 jìlǜ／学校は非常に規律に重きを置いている．
【强度】qiángdù 名 ①強度．強さ．¶音响 yīnxiǎng ～／音の強さ．②(物体の外力に対する)耐久力,強さ．
【强固】qiánggù 強固である．堅固である．¶打下～的基础 jīchǔ／揺るぎない基礎を築く．
【强国】qiángguó 名 強国．
【强悍】qiánghàn 形 強くて勇敢である．屈強である．
【强横】qiánghèng 形 横暴である．
【强化】qiánghuà 動 強化する．¶～食品／栄養食品．
【强加】qiángjiā 動 無理に押しつける．¶把自己的意见 yìjian ～于 yú 人／自分の意見を人に押しつける．
【强奸】qiángjiān 動 ①強姦(ごうかん)する．②踏みにじる．¶～民意 mínyì／民意を踏みにじる．
【强健】qiángjiàn 形(↔瘦弱 shòuruò)(体が)強健である,頑健である,丈夫である．
【强劲】qiángjìng 形 強力である．力強い．
【强力】qiánglì ①形 強力な．¶～纤维 xiānwéi／強度のすぐれた繊維．②名 強制力．
*【强烈】qiángliè 形 ①強烈である．猛烈である．¶阳光 yángguāng ～／日差しが強烈である．¶～反对／猛烈に反対する．②鮮明である．¶～的对比／鮮明な対比．③強硬である．激しい．¶～抗议 kàngyì／強く抗議する．
【强弩之末】qiáng nǔ zhī mò 〈成〉強大な力が衰えて無力なものになる．
【强强滚】qiángqiánggǔn 形〈方〉たいへんにぎやかである．►台湾語の「煮えたぎる」意から転じたもの．
【强权】qiángquán 名 強権．¶～政治／強権政治．¶行使 xíngshǐ ～／強権を発動する．
【强人】qiángrén 名 ①〈近〉強盗．追いはぎ．②強者．実力者．¶女～／キャリアウーマン．¶经济界 jīngjìjiè 的～／財界の実力者．
【强韧】qiángrèn 形 強靭(きょうじん)である．¶～的意志 yìzhì／強靭な意志．
【强身】qiángshēn 動(体を鍛えたり薬を飲んだりして)健康づくりをする．
【强盛】qiángshèng 形(国や集団が)強くて富んでいる．栄える．¶～的国家／強大な国家．¶～时期 shíqī／最盛期．
【强势】qiángshì 名 ①力強さ．勢い．②優勢．
【强手】qiángshǒu 名 有能な人物．
【强似】qiángsì 動 …にまさる．…よりましである．►"强如 qiángrú""强于 qiángyú"ともいう．¶今年企业盈利 qǐyè yínglì ～去年／今年の企業利益は去年よりまさっている．
【强项】qiángxiàng ①名(スポーツ競技で)強い項目．②形〈書〉剛直で人に屈しない．
【强心剂】qiángxīnjì 名〈薬〉強心剤．量 支 zhī．¶注射 zhùshè ～／カンフル注射をする．
【强行】qiángxíng 動 強行する．強引に行う．
【强硬】qiángyìng 形(↔软弱 ruǎnruò)強硬である．手ごわい．¶～的对手／手ごわい相手．¶态度～／態度が強硬である．強腰である．
【强有力】qiángyǒulì 形 強力な．力強い．¶～的后盾 hòudùn／強力な後ろだて．
【强占】qiángzhàn 動 ①暴力で占拠する．②強大な兵力で攻め取る．¶～土地 tǔdì／土地を強奪する．
【强直】qiángzhí ①動〈医〉強直する．②形〈書〉(性格が)剛健で正直である．
【强制】qiángzhì 動 強制する．強要する．無理強いする．¶～执行 zhíxíng／強制執行．¶～保险／強制保険．¶～处分／強制処分．
【强壮】qiángzhuàng 形(↔虚弱 xūruò)(人や動物の体が)強健である,丈夫である．

** **墙**(墻・牆) **qiáng** 名 壁．塀；壁面．仕切り．量 堵 dǔ,垛 duǒ,道．¶修筑 xiūzhù 了一道高～／高い塀を築いた．
【墙报】qiángbào 名 壁新聞．
*【墙壁】qiángbì 名 壁．塀．
【墙倒众人推】qiáng dǎo zhòngrén tuī 〈諺〉落ち目の人は世間からばかにされる．弱り目にたたり目．
【墙缝】qiángfèng 名(～儿)壁や塀の割れ目．
【墙根】qiánggēn 名(～儿)壁や塀の根もと．
【墙基】qiángjī 名 壁や塀の土台,基礎,地面に近い部分．
【墙角】qiángjiǎo 名 塀や壁の角〔隅〕．
【墙脚】qiángjiǎo 名 ①→【墙根】qiánggēn ②〈喩〉土台．基礎．¶挖 wā ～／屋台骨を崩す．
【墙皮】qiángpí 名(～儿)壁や塀の表面に塗ったしっくい．¶～剥落 bōluò 了／壁のしっくいがはげ落ちた．

【墙头】qiángtóu 名(～儿) ① 塀のてっぺん付近. ② 低く短い塀.
【墙头草】qiángtóucǎo 名〈喩〉信念のないこと〔人〕; 二股膏薬(の人).
【墙有缝, 壁有耳】qiáng yǒu fèng, bì yǒu ěr 〈諺〉壁に耳あり, 障子に目あり.
【墙纸】qiángzhǐ 名 ①(部屋の)壁紙. ②〈電算〉(画面の)壁紙.

蔷(薔) qiáng "蔷薇 qiángwēi"⬇という語に用いる.

【蔷薇】qiángwēi 名〈植〉ノイバラ.

樯(檣·艢) qiáng ◇◆ 帆柱. マスト. ¶ 帆 fān ～如林 / 帆柱が林のようだ. 船が多いさま.

*__抢__(搶) qiǎng 動 ① **奪い取る. ひったくる.** 横取りする; かっぱらう. ¶ ～球 qiú / (バスケットボールやバレーボールの)カット. ¶ ～坐位 zuòwèi / 席を横取りする. ¶ ～钱包 qiánbāo / 財布をひったくる.
② 〖抢着+〈動詞〉〗 **われ先に…する.** 先を争う. ¶ ～着买 / われ先に買い求める.
③ 〖抢+〈動詞 / 名詞〉〗 **急いで…する.** …を急ぐ. ¶ ～步上前 / 急いで前に出る. ¶ ～运 / 突貫輸送. ¶ →～时间 shíjiān.
④ こそげる. ►ものの表面がとれること. ¶ 把锅底 guōdǐ ～一～ / なべ底をこそげる. ¶ 我的脚～掉 diào 一层 céng 皮 pí / 足をすりむいた. ⏩ qiāng
【抢案】qiǎng'àn 名 強盗事件. 強奪事件.
【抢答】qiǎngdá 動 先を争って答える.
【抢道】qiǎng//dào 動(他人を)追い越そうとする. 先に通ろうとする; (車が)割り込む.
【抢夺】qiǎngduó 動 **奪う. 奪い取る.** ひったくる. ¶ ～别人的成果 chéngguǒ / 他人の成果を横取りする.
【抢工】qiǎng//gōng 動 工事を急ぐ.
【抢购】qiǎnggòu 動 われ先に買う. 争って買う. ¶ ～股票 gǔpiào 热 / 株式投資ブーム. ¶ ～风潮 fēngcháo / 買いだめ騒ぎ.
【抢劫】qiǎngjié 動 **強奪する.** 略奪する. ¶ 拦路 lánlù ～ / つじ強盗を働く.
【抢救】qiǎngjiù 動 **応急手当をする.** 速やかに救助・保守の手を打つ. ¶ ～重伤 zhòngshāng 者 / 重傷者に応急手当をする.
【抢掠】qiǎnglüè 動(財物を)略奪する.
【抢前】qiǎngqián 動 急いで前に出る. 先を争う.
【抢时间】qiǎng shíjiān 時間を急ぐ.
【抢收】qiǎngshōu 動 農作物を大急ぎで取り入れる. 作物を大至急, 刈り取る.
【抢手】qiǎngshǒu 形(品物などの)売れ行きがよい. (商品が)飛ぶように売れる. ¶ ～货 huò / 売れ行きのよい品物. ¶ 音乐会票很快售完 shòuwán, 十分～ / コンサートの入場券がたちまちに売り切れ, 非常に売れ行きがよい.
【抢先】qiǎng//xiān 動(～儿)**先を争う.** 機先を制する. ¶ ～购买 gòumǎi / 先を争って買う.
【抢险】qiǎngxiǎn 動(河川・道路などが危険な状態になったとき)迅速に補修する, 応急修理をする.
【抢修】qiǎngxiū 動(道路・機械などが破損したとき)応急修理をする.
【抢种】qiǎngzhòng 動(ちょうどよい時期に急いで)作付けする, 種をまく. ¶ ～庄稼 zhuāngjia / 急いで作付けをする.

强(強·彊) qiǎng ◇◆ 無理に. 強引に. ¶ ～笑 xiào / 作り笑いをする. ¶ ～作镇静 zhènjìng / 無理に落ち着き払ってみせる. ⏩ jiàng, qiáng
【强逼】qiǎngbī 動 無理強いする. 強制する.
【强辩】qiǎngbiàn 動 強弁する. 理にかなわぬことを強情に言い張る.
【强词夺理】qiǎng cí duó lǐ 〈成〉道理に合わないことを言い張る. へ理屈をこねる.
【强留】qiǎngliú 動(人を)無理に引き止める.
*【强迫】qiǎngpò 動 **強いる. 無理強いする.** 強迫する. 強制する. ¶ ～我接受 jiēshòu 他们的意见 / 彼らの意見を受け入れるよう強要される. ¶ ～命令 mìnglìng / 頭ごなしに命令する.
【强求】qiǎngqiú 動 強いて求める. 強要する.

䥊(繈) qiǎng ◇◆ おぶいひも.

【䥊褓】qiǎngbǎo 名 おくるみ; 〈喩〉幼児期.

4声 **呛**(嗆) qiàng 動 **(刺激性のある気体で)むせる, むせぶ.** ¶ 炒辣椒 làjiāo 味儿～鼻子 / トウガラシを炒めるにおいが鼻につんとくる. ¶ 烟把我～着 zháo 了 / たばこの煙で息が詰まりそうだ. ⏩ qiāng

戗(戧) qiàng 動 支える. つっかいをする. ¶ 用柱子 zhùzi ～住墙 qiáng / 柱で壁を支えておく.
◇◆ つっかい棒. 支柱. ¶ ～柱 / つっかい棒.
⏩ qiāng

炝(熗) qiàng 動(調理法の一つ)材料をさっとゆでて調味料であえる; 材料を油でさっと炒めて調味料と水を加えて煮る.

qiao (ㄑㄧㄠ)

1声 **悄** qiāo "悄悄 qiāoqiāo"⬇という形で用いる.
⏩ qiǎo

*【悄悄】qiāoqiāo 副(～儿·～的) **声をひそめて.** ひそひそと; 秘密裏に. ¶ ～地小声 xiǎoshēng 说道 / そっと声をひそめて言う. ¶ ～地离开 líkāi 了那儿 / こっそりとその場から抜け出した.
【悄悄话】qiāoqiāohuà 名 内緒話.

雀 qiāo 名〈鳥〉スズメ.
⏩ qiǎo, què

【雀子】qiāozi 名 そばかす.

跷(蹺) qiāo 動 ① **(足を)上げる; (指を)立てる.** ¶ ～起大拇指 dàmuzhǐ / 親指を立てる. ►ほめるしぐさ. ¶ 把腿～起来 / 片方の足を上げる. ¶ ～着二郎腿 èrlángtuǐ 坐着 / 足を組んで腰掛けている. ② **つま先で立つ.** ¶ ～着脚尖

jiǎojiān 看 / つま先立ちになって見る.

【跷蹊】qiāoqi 形 奇怪である. いわく因縁がある. ►"蹊跷 qīqiāo"とも. ¶这事有点儿 yǒudiǎnr ～ / このことはちょっとうさんくさい.

【跷跷板】qiāoqiāobǎn 名 シーソー. ❖玩儿 *wánr* ～ / シーソー遊びをする.

锹(鍫) qiāo 名 スコップ. シャベル. (量) 把 bǎ. ¶用～挖 wā 不动 / スコップでは掘れない.

***敲** qiāo 動 ①(手や棒状の道具で硬いものを小刻みに軽く)**たたく, たたいて音を出す**. ❖～门 *mén* / 門をたたく. ノックする. ②〈口〉金品をまきあげる. ゆすり取る.

【敲边鼓】qiāo biāngǔ 〈慣〉はたから口を出して加勢する. そばから口添えをする.

【敲打】qiāoda 動 ①(どら・太鼓などの楽器を)たたく. ¶～锣鼓 luógǔ / どらや太鼓をたたく. ②〈方〉当てつけを言う. 皮肉を言う. ¶～别人 / 当てこすりを言う.

【敲定】qiāodìng 動(案件を)煮詰める;最終決定をする.

【敲骨吸髓】qiāo gǔ xī suǐ 〈成〉骨の髄まで吸う. 骨までしゃぶるほど搾取する.

【敲击】qiāojī 動 たたく. 打つ.

【敲锣打鼓】qiāo luó dǎ gǔ 〈成〉どらや太鼓を鳴らす;鳴り物入りで.

【敲门砖】qiāoménzhuān 名 出世や金もうけのための手づる, 手段, コネ.

【敲诈】qiāozhà 動(恐喝・詐欺などで金を)巻き上げる, ゆすり取る.

【敲竹杠】qiāo zhúgàng 〈慣〉(人の弱みにつけ込んで)金を出させる, ゆする.

橇 qiāo 名 ①(＝雪橇 xuěqiāo) そり. ②〈旧〉泥道を行くときに用いた道具.

2声

乔(喬) qiáo ◇◆ ①高い. ¶→～木 mù. ②変装する. ¶→～装 zhuāng. ‖姓

【乔木】qiáomù 名〈植〉高木.

【乔迁】qiáoqiān 動〈書〉(よい場所へ)転居する;栄転する. ►祝辞として用いる. ¶～之喜 xǐ / 栄転〔転居〕のお祝い.

【乔装】qiáozhuāng 動 変装する. 仮装する. ¶～打扮 dǎban / 変装する.

侨(僑) qiáo ◇◆ 国外に居留する. ¶华 huá ～ / 華僑. ¶外～ / 居留外国人. ‖姓

【侨办】qiáobàn 名〈略〉華僑事務弁公室. ►"侨务办公室"の略.

【侨胞】qiáobāo 名 外国に居留する同胞, 特に華僑をさす. ¶港澳 Gǎng'Ào ～ / 香港・マカオの中国人.

【侨汇】qiáohuì 名 華僑からの為替による送金.

【侨居】qiáojū 動 外国に居留する. ¶～国外 / 外国に住む.

【侨眷】qiáojuàn 名(中国にいる)在外華僑の家族.

【侨民】qiáomín 名 外国に居留するが自国の国籍をもつ人.

【侨商】qiáoshāng 名 ①華僑が経営する企業. ②華僑商人.

【侨属】qiáoshǔ 名 華僑の家族.

【侨务】qiáowù 名 "侨民"に関する事務. 華僑関係の事務. ¶～委员会 / 僑務委員会.

【侨乡】qiáoxiāng 名 帰国華僑やその家族が多い地区. ►"侨区 qiáoqū"とも.

【侨资】qiáozī 名 華僑資本. 華僑が投じた資本.

荞(蕎) qiáo "荞麦 qiáomài"⇩という語に用いる.

【荞麦】qiáomài 名 ①〈植〉ソバ. ②ソバの実.

【荞麦皮】qiáomàipí 名 ソバがら.

****桥**(橋) qiáo 名 **橋. 橋梁**. (量) 座. ¶一座～ / 橋一つ. ¶架 jià ～ / 橋を架ける. ‖姓

【桥洞】qiáodòng 名(～儿)橋脚間の空洞.

【桥墩】qiáodūn 名〈建〉橋脚. 橋台. ►川の中に造られたものをいう.

【桥基】qiáojī 名〈建〉橋脚.

【桥孔】qiáokǒng 名〈建〉橋脚間の空洞.

【桥口】qiáokǒu 名〈建〉橋のたもと.

【桥栏】qiáolán 名〈建〉橋の欄干.

*【桥梁】qiáoliáng 名 ①**橋梁. 橋**. (量) 座. ②〈喩〉**橋渡しをする人や事物. 懸け橋**. (量) 道. ¶为促进 cùjìn 日中友好起～作用 / 日中友好を促進するために懸け橋の役割をする.

【桥面】qiáomiàn 名 橋の上. 橋面.

【桥牌】qiáopái 名(トランプ遊びの)ブリッジ. ❖打 *dǎ* ～ / ブリッジをする.

【桥头】qiáotóu 名 橋のたもと.

【桥头堡】qiáotóubǎo 名 ①〈軍〉橋頭堡(きょうとうほ). ②〈建〉橋塔. ③〈喩〉軍事上の拠点.

翘(翹) qiáo 動〈方〉(板などが)反る, 反り返る. ¶这块木板晒 shài ～了 / この板は乾いたら反ってしまった.

◇◆ 顔を上げる. 頭をもたげる. ¶～首以待 dài / 首を長くして待つ. ►手紙文で用いる. ▸▸ qiào

【翘盼】qiáopàn 動〈書〉首を長くして待つ.

【翘企】qiáoqǐ 動〈書〉待ちわびる. ¶不胜～ / 首を長くしてお待ち申しております. ►書簡用語.

【翘首】qiáoshǒu 動〈書〉頭を上げる.

【翘望】qiáowàng 動 ①頭をもたげて遠くを望む. ②切に願う. 切望する.

【翘足】qiáozú 動 かかとを上げる. つま先立つ;〈転〉待ち遠しい. ¶～而待 dài / 今か今かと待ち望む.

憔 qiáo "憔悴 qiáocuì"⇩という語に用いる.

【憔悴】qiáocuì 形 ①憔悴(しょうすい)している. やつれている. ②(植物が)しおれている.

樵 qiáo 動〈書〉木を切る. 柴を刈る. ¶～夫 fū / きこり.

***瞧** qiáo 動〈口〉**見る**. 見計らう;病気を診る;訪問する. 会う. ¶～热闹 rènao / (けんか・火事・事故などを)見物する. やじうまになる. ¶你等着～! / 覚えておけ. いまに見ろ. ¶你～着办吧 / いいように見計らってやりなさい. ¶你～,这是怎么搞 gǎo 的 / ほら見ろ, これはどうしたんだ.

【瞧病】qiáo//bìng 動〈口〉①(患者が)診察してもらう. ②(医者が)診察する.
【瞧不起】qiáobuqǐ 動+可補〈口〉軽蔑する. 眼中にない. 見下げる. ¶～人 / 人を軽蔑する.
【瞧不上】qiáobushàng 動+可補〈口〉(物を)見て気に入らない；(人を)見くびる, さげすむ. ¶～眼(儿) /(みすぼらしくて)気に入らない.
【瞧得上】qiáodeshàng 動+可補〈口〉気に入る. ¶她还能～你？/ 彼女は君なんか気に入るものか.
【瞧见】qiáo//jiàn 動+結補〈口〉**見る. 見える. 目に入る.** ¶瞧不见 / 見えない. ¶你～他了吗？/ 君は彼を見かけましたか.

3画 *巧 qiǎo 形 ①(手や口が)**器用である.** ¶这个人手～嘴 zuǐ 也～ / この人は手先が器用だし, 弁も立つ. ¶～媳妇 xífù / 賢い嫁.
②(細工などの)**技術が優れている.** ¶她的手艺 shǒuyì 很～ / 彼女の腕前はたいしたものだ. ¶这衣服 yīfu 设计 shèjì 得很～ / この服はデザインがみごとだ.
③**ちょうど都合がよい.** うまい具合である；折よく. あいにく. ¶～得很, 在路上遇见 yùjiàn 他了 / うまい具合に, 途中で彼に出会った. ¶真不～, 他刚出去, 你改天 gǎitiān 再来吧 / あいにくいま出かけたところです. またいらしてください.
◇◆(言葉が)うわべだけで実がない. ¶花言～语 / 口先だけのうまい話. ‖姓
【巧夺天工】qiǎo duó tiān gōng〈成〉(細工が)天然の美をしのぐほど巧みである.
【巧妇难为无米之炊】qiǎofù nánwéi wúmǐ zhī chuī〈諺〉(器用な嫁でも米なしではご飯は炊けないように)ない袖は振れない.
【巧妇鸟】qiǎofùniǎo 名〈鳥〉ミソサザイ.
【巧合】qiǎohé 動 偶然に一致する.
【巧计】qiǎojì 名 妙策. 名案.
【巧匠】qiǎojiàng 名 腕の立つ人. ¶能工～ / 何でもこなし腕が立つ人.
【巧劲儿】qiǎojìnr 名〈方〉①こつ. 要領. ¶掌握 zhǎngwò～ / 要領をつかむ. ②よい具合. いいあんばい.
*【巧克力】qiǎokèlì 名 **チョコレート.** 量 块;[箱入り]盒 hé.
*【巧妙】qiǎomiào 形(方法や技術が)**巧妙である. 巧みである.** ¶～的计策 jìcè / 巧妙な策略. ¶这篇文章结构非常～ / この文章はプロットが巧妙である.
【巧舌如簧】qiǎo shé rú huáng〈成〉口がうまく舌がよく回る.
【巧事】qiǎoshì 名 偶然の出来事.
【巧手】qiǎoshǒu 名 ①器用な手先. ②名人. 達人.
【巧遇】qiǎoyù 動 偶然に出会う.
【巧嘴】qiǎozuǐ 形 口がうまい. 口達者である.

悄 qiǎo ◇◆ ①声をひそめる. 音を立てないようにする. ¶→～声. ②憂えるさま. ¶→～然. ⏩ qiāo
【悄没声儿】qiǎomoshēngr 形(～的)〈方〉黙って. そっと. こっそりと.
【悄然】qiǎorán 形 ①〈書〉悄然(しょうぜん)としている. ②ひっそりしている.
【悄声】qiǎoshēng 形 声をひそめている.

雀 qiǎo ◇◆ スズメ. ►"雀 què"の口語音. 一部の語彙に用いる. ¶家～儿 / スズメ. ⏩ qiāo, què
【雀盲眼】qiǎomangyǎn ⇀【雀盲眼】quèmangyǎn

4声 壳(殼) qiào ◇◆ 堅い外皮. 甲羅. (貝や卵などの)殼. ¶甲 jiǎ～ / 甲羅. ⏩ ké
【壳菜】qiàocài 名〈貝〉イガイ. セトガイ.
【壳质】qiàozhì 名〈動〉角質. ケラチン.

俏 qiào ❶形 ①(容貌や動作が)**あかぬけている,** スマートである, いきである. ¶她穿 chuān 得真～ / 彼女はなかなかいきな身なりをしている. ②売れ行きがよい. ¶这种 zhǒng 商品 shāngpǐn～得很, 一出来就卖光了 / この品はすごい売れ行きで, 出したら全部売れてしまった.
❷動 料理に色どりや味付けに用いる食材を入れる.
【俏货】qiàohuò 名 売れ行きのよい商品. 人気商品；格安品. 掘り出し物.
【俏丽】qiàolì 形 きれいである. スマートである.
【俏皮】qiàopi 形 ①(容貌や身なりが)あかぬけている, きれいである. ¶这姑娘 gūniang 长 zhǎng 得真～！/ そのお嬢さんはほんとうに器量がいいね. ②(しぐさや言葉が)しゃれている, おもしろおかしい.
【俏皮话】qiàopihuà 名(～儿)①皮肉. しゃれ. 冗談. ❖说 *shuō*～ / しゃれを飛ばす. ②⇀【歇后语】xiēhòuyǔ

峭 qiào ◇◆ ①(山が)高くて険しい. ¶陡 dǒu～ /(坂が)急で険しい. ②厳しい. 激しい. ¶→～直 zhí.
【峭壁】qiàobì 名 絶壁. ¶悬崖 xuányá～ / 断崖絶壁.
【峭立】qiàolì 形〈書〉(山が)切り立っている；険しくそびえている. ¶悬崖～ / 崖が切り立っている.
【峭直】qiàozhí 形〈書〉剛直で厳しい.

窍(竅) qiào ◇◆ ①穴. ¶七～ / 七つの穴. 目・耳・鼻・口をさす. ②物事の肝心なところ. 要点. こつ. ¶诀 jué～ / 秘訣.
【窍门】qiàomén 名(～儿)**巧妙で有効な方法や技術.** こつ. 勘所. ¶找 zhǎo～ / 妙案をさぐる.

翘(翹) qiào 動(**物の一方が)跳ね上がる.** そり返る；ぴんと立つ. ¶板凳 bǎndèng～起来了 / ベンチの片方が跳ね上がった. ¶这条狗老把尾巴 wěiba～着 / このイヌはいつもしっぽを立てている. ⏩ qiáo
【翘辫子】qiào biànzi〈慣〉死ぬ. おだぶつになる.
【翘尾巴】qiào wěiba〈慣〉思い上がる. 天狗になる. 得意になる.

撬 qiào 動(棒などを使って)こじ開ける. (てこを使って)持ち上げる. ¶～开保险柜 bǎoxiǎnguì / 金庫をこじ開ける.
【撬杠】qiàogàng 名 金てこ. てこ.
【撬棍】qiàogùn 名 金てこ. てこ.

鞘 qiào 名(刀剣の)さや. ¶剑 jiàn～ / 剣のさや.
【鞘翅】qiàochì 名〈虫〉鞘翅(しょうし). 鞘翅類の前翅.

qie（く丨せ）

1声 ** **切 qiē** 動 ①(ナイフ・包丁・カッターなどで)切る,裁つ,断つ. ¶把南瓜 nánguā～成两半儿 liǎngbànr / カボチャを二つに切る. ¶刀～不动 / 包丁が切れない. ②〈数〉(円が)接する,切する. ¶两圆 yuán 相～ / 二つの円が接する. ⏩ qiè

【切菜板】qiēcàibǎn 名(肉・野菜などを切る)まないた. 量 块. ⇨【案板】ànbǎn

【切除】qiē//chú 動〈医〉(外科手術によって)切除する. ¶～胃 wèi 部 / 胃を切除する.

【切磋】qiēcuō 動〈書〉互いに磨き合って励む. ¶这个问题,请大家在一起～一下 / この問題は,みなさんにご検討いただきたい.

【切磋琢磨】qiē cuō zhuó mó 〈成〉切磋琢磨(せっさたくま)する.

【切断】qiē//duàn 動 **切断する.** カットする. ¶～电源 diànyuán / 電源を切る.

【切糕】qiēgāo 名 もち米[もちアワの粉]にナツメやアズキを加え蒸して作ったもち. ►切って売ることから.

【切割】qiēgē 動〈機〉切断する.

【切换】qiēhuàn 動(映画,テレビなどで)カメラや場面が切り替わる.

【切汇】qiēhuì 動 両替詐欺をする.

【切开】qiē//kāi 動+結補 ①〈医〉切開する. ②切り離す. 切って割る. ¶把哈密瓜 hāmìguā～ / ハミウリを切る.

【切块】qiē//kuài 動〈料理〉角切りにする.

【切面】qiēmiàn 名 ①切断面. ②〈数〉接平面. ③切りそろえて作ったうどん. ►"抻面 chēnmiàn"(練った小麦粉のかたまりを両手で引き伸ばしながら何回も折り畳んで作った手打ちうどん)と区別する.

【切片】qiē//piàn ①動 薄く切る. スライスする. ¶把肉 ròu 切成片 / 肉を薄切りにする. ②名(顕微鏡で観察するための)切片,薄片.

【切球】qiēqiú 動〈体〉(球技で)カットする.

【切入】qiērù 動(テーマ・問題点などに)切り込む.

【切削】qiēxiāo 動〈機〉(金属材料を)切削する.

【切榨机】qiēzhàjī 名〈料理〉クッキングカッター.

【切纸机】qiēzhǐjī 名 断裁機.

2声 **伽 qié** "伽蓝 qiélán"⬇という語に用いる. ⏩ gā

【伽蓝】qiélán 名〈仏〉〈略〉伽藍(がらん). 寺院.

茄 qié ◇◆ ナス. ⏩ jiā

*【茄子】qiézi 名〈植〉**ナス.**

3声 * **且 qiě** ❶副 ①**ひとまず.** しばらく. ►多く書き言葉に用いる. ¶这事～放一放 / この事はひとまずそのままにする. ②(文末に"呢"を伴い)〈方〉長時間(…)する. 長期の使用に耐える. ¶这枝 zhī 笔～使 shǐ 呢 / このペンは長いこと使えるんだ.
❷接続〈書〉①(多く後に"况"を伴い)…さえ(…だから). ¶他～不会,何况 hékuàng 你呢? / 彼でさえできないのだから,君なら言うまでもない. ②(多く前に"既"を伴い)しかも. …の上に. ¶既 jì 平 píng～宽 kuān / 平らでしかも広い. ③➡〖且…且…〗qiě…qiě… ‖姓

【且慢】qiěmàn 〈套〉(相手の行動を制止して)ちょっと待て. 早まるな.

〖且…且…〗*qiě…qiě…* 〈書〉…しながら…する. ¶～走～说 / 歩きつつ話す. ¶～哭 kū ～诉 sù / 涙ながらに訴える.

【且说】qiěshuō 接続〈近〉さて. 何はさておき.

4声 **切 qiè** ①動 **ぴったり合う. 適合する.** ¶～题 tí / テーマにぴったり合う. ¶说话不～实际 shíjì / 話が現実とかけ離れている. ②名〈語〉反切(はんせつ). 二つの漢字を組み合わせて別の漢字の発音を示す方法. ⇨【反切】fǎnqiè
◇◆ ①親しい. 身近である. ¶→～身 shēn. ¶亲 qīn～ / ねんごろである. ②差し迫っている. ¶热 rè～ / 切実である. ¶迫 pò～ / 差し迫っている. ③決して. どうか. ¶→～莫 mò. ‖姓 ⏩ qiē

【切齿】qièchǐ 動 歯ぎしりをして憤慨する. ¶咬牙 yǎo yá～ / 歯ぎしりをする.

【切当】qièdàng 形 ぴったり当てはまる. ちょうどよい. 適切である.

【切肤之痛】qiè fū zhī tòng 〈成〉身を切られる痛さ. 身にしみる苦痛.

【切骨之仇】qiè gǔ zhī chóu 〈成〉骨髄に徹する恨み.

【切合】qièhé 動 ぴったり合う. 適合する.

【切记】qièjì 動 心に刻む. しっかり記憶する.

【切忌】qièjì 動 決して…してはならない. ¶～熬夜 áoyè / 夜更かしは絶対禁物.

【切近】qièjìn ①形 手近である. 身近である. ②動 接近する.

【切口】qièkǒu 名〈旧〉隠語. 符丁.

【切脉】qiè//mài 動〈中医〉脈を取る〔診る〕.

【切莫】qièmò 副 万一にも…するなかれ. くれぐれも…してはいけない.

【切盼】qièpàn 動〈書〉切望する. 切に待ち望む.

【切切】qièqiè 副 ①**ぜひ. くれぐれも.** ¶～不可忘记 wàngjì / くれぐれもお忘れにならぬように. [旧時,布告・公文などの末尾に常套語として用いた] ¶～此 cǐ 布 / くれぐれも承知されたし,右告示する. ②切に. ¶～而哀 āi / 切々として哀しむ. ③➡【窃窃】qièqiè

【切身】qièshēn 形 ①切実である. 密接に関係する. ¶～利益 lìyì / 切実な利害. ②身をもって. 身近に. ¶～体会 tǐhuì / 身をもって知る.

*【切实】qièshí 形 **適切である. 的確である. 実際に適合する.** ►qièshi と発音してもよい. ¶～可行的计划 jìhuà / 適切で実行に移し得るプラン.

【切题】qiètí 動(内容が)題目にぴったり合う.

【切勿】qièwù ➡【切莫】qièmò

妾 qiè 名 ①妾(めかけ). ②《旧時,女性が自分をへりくだって用いた》. わたくし. わらわ. ‖姓

怯 qiè 形〈方〉地方なまりがある;やぼったい. ¶他说话有点儿 yǒudiǎnr～ / (北京人にとって)彼には少しなまりがある.
◇◆ 気が弱い. 肝っ玉が小さい. ¶胆 dǎn～ / 臆病である.

【怯场】qiè//chǎng 動(大勢の前へ出て)気後れする,上がる.

【怯懦】qiènuò 形〈書〉臆病である.

【怯弱】qièruò 形 気が弱い．意気地がない．
【怯生】qièshēng 動〈方〉(子供が)人見知りする,知らない人を怖がる．
【怯声怯气】qiè shēng qiè qì〈成〉話しぶりや声が不自然で上がり気味であるさま．おどおどと．
【怯生生】qièshēngshēng 形(～的)(人前で)おどおどする．
【怯头怯脑】qiè tóu qiè nǎo〈成〉(洗練されていなかったり場慣れしていないために)おどおどするさま．

窃(竊) qiè 名〈書〉自己(の意見)の謙辞として用いる．¶～谓 wèi / 私見によれば．
◇◆ ①盗む．¶→～案 àn．②不正な手段で取得する．¶→～据 jù．③ひそかに．こっそり．¶→～听．
【窃案】qiè'àn 名 窃盗事件．
【窃据】qièjù 動 1(土地を)不法に占拠する．2(ある所に)巣くう,居坐る；地位をかすめ取る．
【窃密】qiè//mì 動 機密を盗む．
【窃窃】qièqiè 1 形 ひそやかな．►"切切"とも書く．¶～私语 / ひそひそ話をする．2 副 ひそかに．
【窃取】qièqǔ 動(違法に)盗み取る．かすめ取る．►抽象的なものに用いることが多い．
【窃听】qiètīng 動 盗み聞きする．盗聴する．立ち聞きする．¶～器 qì / 盗聴器．
【窃笑】qièxiào 動 こっそり笑う．かげで笑う．くすくす笑う．¶招 zhāo 人～ / かげで笑われる．

惬(愜·㥦) qiè ◇◆ 心が満ち足りる．満足する．
【惬意】qièyì 形 快い．満足している．

锲 qiè ◇◆ 刻む．彫刻する．¶～刻 kè / (小刀で)刻む．
【锲而不舍】qiè ér bù shě〈成〉粘り強く物事を行う．

箧(篋) qiè ◇◆ 小さな箱．¶藤 téng～ / トウで編んだ箱．つづら．¶行 xíng～ / 行李．

qin (ㄑㄧㄣ)

钦 qīn ◇◆ ①敬う．¶→～佩 pèi．②皇帝自ら(行う)．¶～赐 cì / 御下賜．御賜(ぎょし)．‖姓
【钦差】qīnchāi 動〈旧〉勅命で(使者を)派遣する．
【钦定】qīndìng 形 皇帝自らの裁定による．欽定(きんてい)の．
【钦服】qīnfú 動〈書〉敬服する．尊敬する．
【钦敬】qīnjìng 動 尊敬する．敬服する．
【钦命】qīnmìng 名 勅命．詔(みことのり)．
【钦慕】qīnmù 動 敬い慕う．¶无限 wúxiàn ～ / 限りなく敬う．
【钦佩】qīnpèi 動 **敬服する**．敬意を払う．感心する．¶十分令 lìng 人～ / 深く感服させられる．¶表示 biǎoshì ～ / 敬意を表す．
【钦羡】qīnxiàn 動 敬慕する．

侵 qīn ◇◆ ①侵す．侵入する．侵犯する．¶入 rù ～ / 侵入する．②(夜明けに)近づく．¶～晓 xiǎo / 夜明け前．¶～晨 chén / 明け方．‖姓
【侵夺】qīnduó 動 略奪する．
【侵犯】qīnfàn 動 1(人の権利を)**侵す,侵害する**．¶～人权 rénquán / 人権を犯す．2(他国の領土などを)侵す,侵犯する．¶～别国领海 lǐnghǎi / 他国の領海を侵犯する．
【侵害】qīnhài 動 侵害する．侵す．犯す．
*【侵略】qīnlüè 動 **侵略する**．
【侵权】qīnquán 動 他人の合法的な権益を侵害する．
【侵扰】qīnrǎo 動 侵略して騒擾(そうじょう)を引き起こす．
【侵入】qīnrù 動 **侵入する**．侵犯する．¶病菌 bìngjūn ～人体 / 病原菌が人体に入り込む．¶～领海 lǐnghǎi / 領海を侵犯する．
【侵蚀】qīnshí 動 1 侵食する；浸食する．2(財物を)ひそかに少しずつ横領する．¶～公款 gōngkuǎn / 公金を少しずつ横領する．
【侵吞】qīntūn 動 1 横領する．使い込む．¶～公款 / 公金を使い込む．2 侵略し併合する．
【侵袭】qīnxí 動 侵す．襲う．
【侵越】qīnyuè 動(他人の権限を)侵す．
【侵占】qīnzhàn 動 1 横領する．2 侵略し占拠する．

***亲**(親) qīn **1**形 1 **血のつながりの濃い．肉親の**．¶～姐妹 / 実の姉妹．¶～叔叔 shūshu / 父の実弟．2 親しい．仲がよい．¶他对我比兄弟还～ / 彼は私に兄弟よりも親しくしてくれている．¶～如一家 / 家族のように親しい．
2動 **口づけをする．頰ずりをする**．¶→～嘴 zuǐ．¶姑娘羞答答 xiūdādā 地～了他一下 / 少女は恥ずかしそうに彼に頰ずりをした．
3副 自ら．自分で．►単音節語の前に用いる．¶～赴 fù 现场 xiànchǎng / 自ら現場に赴く．
◇◆ 父母；姻戚；婚姻；花嫁．¶双～ / 両親．¶结～ / (婚姻によって)親戚となる．¶娶 qǔ ～ / 嫁をもらう．⏩ qìng
*【亲爱】qīn'ài 形 **親愛なる**．¶～的张老师 / 親愛なる張先生．
【亲笔】qīnbǐ 1 形 自ら書いた．¶这是她～画的画儿 huàr / これは彼女が自分でかいた絵です．2 名 直筆．
【亲耳】qīn'ěr 副 自分の耳で．¶这是我～听见的,没错儿 méi cuòr / これは私がこの耳で聞いたのだから確かだ．
【亲骨肉】qīngǔròu 名 親子・兄弟・姉妹など血を分けた間柄．
【亲故】qīngù 名 親戚や旧友．
【亲近】qīnjìn 1 動 親しむ．近づきになる．¶谁 shéi 都愿意 yuànyi ～他 / だれもが彼と近づきになりたがっている．2 形 親しい．仲がよい．¶他们小哥俩 liǎ 非常～ / 彼ら幼い二人はたいへん仲よしだ．
【亲眷】qīnjuàn 名 親戚；家族．
【亲口】qīnkǒu 副 自分の口で．¶这是他～说的 / これは彼が自分の口で言ったことだ．
【亲临】qīnlín 動 自らその場に臨む．¶领导 lǐngdǎo ～现场指导 zhǐdǎo 救灾 jiùzāi 工作 / リーダーが自ら現場に赴いて被災者救援活動を指導する．
【亲密】qīnmì 形(↔疏远 shūyuǎn)**親密である**．¶～地交谈 jiāotán / 親密に語り合う．¶～的关系 guānxi / 親密な間柄．¶～无间 / 昵懇(じっこん)の間柄

である．¶小两口 xiǎoliǎngkǒu 亲亲密密从不吵架 chǎojià / 若夫婦は仲むつまじく言い争いをしたことがない．

【亲昵】qīnnì 形 人なつっこい．むつまじい．

【亲朋】qīnpéng →【亲友】qīnyǒu

*【亲戚】qīnqī 名 **親戚．自分の家と婚姻関係にある家〔人〕．** ►qīnqi と発音してもよい．量 个,门 mén,家,处 chù．¶他是我的～ / 彼は私の親戚です．¶我和他有～关系 guānxi / 私と彼は親戚〔縁続き〕です．❖走 zǒu～ / 親戚づきあいをする．

【亲启】qīnqǐ 名(手紙文で)親展．

*【亲切】qīnqiè 形(感覚的・感情的にぴったりしていて)**身近に感じる,親しみがある**；(心遣いが)温かい．懇切である．►"照顾 zhàogù、招待 zhāodài、关怀 guānhuái、教导 jiàodǎo、话语 huàyǔ、声音 shēngyīn"などと組み合わせて用いることが多い．¶他态度和蔼,使人感到～ / 彼はやさしく,親しみを覚える．¶倍感～的乡音 xiāngyīn / とても親しみを覚えるお国なまり．¶～的关怀 / 心からの配慮．¶～地照顾 / 懇切に世話する．¶他说话十分～ / 彼の話は非常に心温かい．

*【亲热】qīnrè 形 ①(↔冷淡 lěngdàn)(人の態度について)**打ち解けて親しい**；(人間関係について)**非常に仲がよい．** 注意 表情・視線・声・口ぶりや動作を形容することができ,また直接人を形容することもできる．重ね型("亲亲热热")にして強調することもできる．¶他俩儿 liǎr 关系非常～ / 二人は非常に仲がよい．¶～地握手 wòshǒu / 親しみを込めて握手する．¶我们成了亲亲热热的一家人 / われわれは親しく打ち解けた一つの家族のようになった．②動 親しくする．注意 一般に重ね型("亲热亲热")やあるいは"亲热一下"という形で用いる．¶我也和这孩子～～ / 私もこの子と仲よくしよう．

【亲人】qīnrén 名 ①**身内．肉親．** ¶他除 chú 母亲以外,没有别的～ / 彼には母親のほか肉親がいない．②**身内のように親しい人．** 身内の者．味方．¶祖国 zǔguó 处处 chùchù 有～ / 祖国の至る所に身内の者がいる．

【亲身】qīnshēn 副 **自ら．身をもって．自分自身で．** 親しく．¶我～经历 jīnglì 了这个事件 / 私はこの事件を身をもって経験した．

【亲生】qīnshēng 形 ①自分が〔で〕産んだ．¶小明是她～的 / 小明は彼女の実の子だ．¶～的儿子 érzi / 腹を痛めて産んだ息子．②自分を産んだ．►連体修飾語のみに用いる．¶～父母 fùmǔ / 生みの親．

【亲事】qīnshi 名 **縁談．縁組み．** 量 桩 zhuāng,门．

【亲手】qīnshǒu 副 **自分の手で．手ずから．** 親しく．¶这些是他～种 zhòng 的树 shù / これらは彼が自分の手で植えた木だ．

【亲疏】qīnshū 名(間柄の)親疎．親しさ．

【亲属】qīnshǔ 名 親族．親類．

【亲随】qīnsuí 名 お付きの人．お供．

【亲王】qīnwáng 名 親王．

【亲吻】qīnwěn 動(人または物に)口づけをする．

【亲信】qīnxìn ①動 親しく信用する．②名〈貶〉腹心．懐刀(ふところ)．

*【亲眼】qīnyǎn 副 **自分の目で．目の当たりに．** ¶～目睹 mùdǔ / 目の当たりに見る．

【亲友】qīnyǒu 名 **親類と友達．** ¶他～很多 / 彼には親戚や友人が多い．注意「親しい友」の意味はない．日本語の「親友」は"好友""好朋友""至交 zhìjiāo""至好 zhìhǎo"などを用いる．

【亲缘】qīnyuán 名 血縁関係．

【亲政】qīnzhèng 動 親政する．

【亲子】qīnzǐ 名 親と子．

*【亲自】qīnzì 副 **自分で．** 自ら．¶你～去看看 / 自分で行って見て来てごらん．¶他～带领 dàilǐng 我们参观博物馆 / 彼自らわれわれを案内して博物館を見学させてくれた．

【亲族】qīnzú 名 親族．同族．家族．

【亲嘴】qīn//zuǐ 動(～儿)〈口〉**口づけをする．キスをする．** ¶亲了一个嘴 / ちゅっと口づけをした．

衾 qīn 名〈古〉①掛け布団．¶～枕 zhěn / 布団と枕．②経かたびら．¶衣～棺椁 guānguǒ / 経かたびらと棺おけ．

2声

芹 qín 植物の名に用いる．¶水～ / セリ．‖姓

【芹菜】qíncài 名〈植〉キンサイ．セロリに似たセリ科の植物．¶洋 yáng～ / セロリ．

秦 qín 名〈史〉秦(しん)．►紀元前221-206年．中央集権で初めて中国を統一した王朝．咸陽(かんよう)に建都．¶～始皇 Shǐhuáng / 秦の始皇帝．

◇◆ 陕西(せんせい)省．‖姓

【秦腔】qínqiāng 名 ①陝西省で行われる伝統劇の一種．②北方で演じられる"梆子腔 bāngziqiāng"の総称．

琴 qín 名(中国の楽器の)七弦琴；"…琴"**と名のつく楽器の総称．** ¶钢 gāng～ / ピアノ．¶口～ / ハーモニカ．‖姓

【琴拨】qínbō 名〈音〉(竪琴などの)ばち,つめ,ピック．

【琴键】qínjiàn 名〈音〉(ピアノ・オルガンなどの)鍵盤,キー．

【琴谱】qínpǔ 名〈音〉(ピアノ・オルガン・バイオリンなどの)楽譜．

【琴瑟】qínsè 名〈書〉琴と瑟(しつ)(大型の琴)；〈喩〉夫婦仲．¶～相和 xiānghé / 夫婦の仲がよいこと．

【琴书】qínshū 名(寄席演芸の一種)"扬琴 yángqín"の伴奏で歌う語り物．

【琴弦】qínxián 名〈音〉琴線．(弦楽器の)弦．

禽 qín ◇◆ 鳥類；鳥獣の総称．¶飞 fēi～ / 鳥類．¶鸣 míng～ / よくさえずる小鳥．¶家～ / 家禽．

【禽流感】qínliúgǎn 名〈医〉鳥インフルエンザ．

【禽兽】qínshòu 名 禽獣(きんじゅう)；〈転〉人でなし．¶～行为 xíngwéi / けだものにも劣る行い．

勤 qín 形 ①(↔懒 lǎn)**小まめである．勤勉である．** ¶他手很～,老不闲着 xiánzhe / 彼は手まめで,何もせずにいるときがない．②**頻繁である．** しきりに〔まめに〕…する．¶～查 chá 字典 zìdiǎn / まめに字引を引く．¶她回娘家 niángjia 回得特别 tèbié～ / 彼女はしょっちゅう実家に帰る．

◇◆ 勤務．‖姓

【勤奋】qínfèn 形 **勤勉である．** ¶学生们都很～ / 学生たちはみなとても勤勉である．

【勤工俭学】qín gōng jiǎn xué〈成〉苦学する．

Q

働きながら勉強する.

【勤俭】qínjiǎn 形 **勤勉で質素である.** ¶他本人非常～, 不喝酒, 不吸烟 xī yān, 连 lián 电视也不看 / 彼自身たいへんな勤勉倹約の人で, 酒・たばこはやらず, テレビさえ見ない.

【勤恳】qínkěn 形 **勤勉で誠実である.** ¶勤勤恳恳地工作 / こつこつと仕事をする.

【勤苦】qínkǔ 形 勤勉である. 刻苦勉励する.

【勤快】qínkuai 形〈口〉精を出す. まめである.

【勤劳】qínláo 形(↔懒惰 lǎnduò) **勤勉である.** まめまめしい. ¶～的人们 / 勤勉な人々.

【勤勉】qínmiǎn 形 勤勉である. ¶～地学习 / 懸命に勉強する. ¶工作～ / 仕事が勤勉だ.

【勤务】qínwù 名 1 雑役. 雑務. 2 勤務. 職務. ►軍隊中の勤務についていうことが多い.

【勤务兵】qínwùbīng 名〈軍〉当番兵. 従卒.

【勤务员】qínwùyuán 名 雑役係.

【勤学苦练】qín xué kǔ liàn〈成〉絶えず勉強し修練を積む. 刻苦勉励する.

【勤于】qínyú 動〈書〉…にいそしむ. よく…する. …に努力する. ¶～学习 / 学習にいそしむ. ¶～思考 sīkǎo / 絶えずよく考える.

【勤杂工】qínzágōng 名 雑役係. 用務員.

【勤杂人员】qínzá rényuán 名 単純な雑務に従事する人の総称. 用務員. 雑役係.

擒 qín ◇◆ 捕まえる. とりこにする.

【擒获】qínhuò 動 捕まえる. 捕らえる.

【擒拿】qínná 動 捕まえる. 逮捕する.

噙 qín 動(口や目に)含んでいる. ¶嘴 zuǐ 里～着烟袋 yāndài / 口にパイプをくわえている. ¶她眼 yǎn 里～满了泪水 lèishuǐ / 彼女は目に涙をいっぱいためている.

寝(寑) qǐn 動〈古〉やむ. 穏やかになる. やめる. ¶事～ / 事件が沙汰やみになる.

◇◆ ①眠る. ¶废 fèi ～忘 wàng 食 shí /〈成〉寝食を忘れる. ②寝室. ¶就～ / 就寝する. ③帝王の墓室. ¶～宫 gōng / 帝王の寝室 ; 陵(りょう).

【寝具】qǐnjù 名 夜具. 寝具.

【寝食】qǐnshí 名 寝食. 日常生活. ¶～不安 / 寝ても覚めても気持ちが落ち着かない. ¶～如常 rúcháng / 無事に暮らしている.

【寝室】qǐnshì 名(宿舎などの)寝室.

沁 qìn 動(気体や液体が)しみとおる, しみ込む, またはにじみ出る. ¶头上～出了汗珠 hànzhū / 額に汗がにじみ出た.

【沁人心脾】qìn rén xīn pí〈成〉新鮮な空気や飲み物などが体にしみわたること ; すぐれた文学作品や音楽などが人を清新で爽快な気持ちにさせること.

qing (ㄑㄧㄥ)

青 qīng 形 1 **青い. 緑色である.**
参考 現代の話し言葉では, 普通, 青い色は"蓝 lán"を用いる. "青"は多く熟語をつくり, 書き言葉に用いられる. 伸び育ってゆく盛りであることを示し, 作物や若人が未熟であることも象徴する. 黒に近い色調であるため, "青衣"のように古代では地位の低さも表した. ¶麦苗 màimiáo ～了 / ムギの苗が青々としてきた. 2 黒い. ¶眼圈儿 yǎnquānr 发 fā ～ / 目の縁がくまになっている.

◇◆ ①(好意を示す)黒い目. ¶→～眼 yǎn. ¶垂 chuí ～ / 目を掛けられる. ②年が若い. ¶→～年 nián. ③若草や未熟の作物. ¶踏 tà ～ / 春のピクニック. ¶→～黄 huáng 不接. ‖姓

【青帮】Qīngbāng 名 チンパン. 青幇(せいほう). 清代・民国期の"帮会"(秘密結社)の一つ.

【青菜】qīngcài 名 1〈食材〉チンゲンサイ・パクチョイ・シャクシナなどの**葉物系の中国野菜.** ¶炒 chǎo ～ / 青菜(あおな)いため. 2 野菜. ¶～色拉 sèlā / 野菜サラダ. ¶～铺儿 pùr / 八百屋.

【青草】qīngcǎo 名 青草. ►"干草 gāncǎo"(干し草)と区別する.

【青出于蓝, 而胜于蓝】qīng chūyú lán, ér shèngyú lán〈成〉青は藍より出でて藍より青し. 弟子がその師よりも秀でること.

【青春】qīngchūn 名 **青春. 青年時代** ;〈喩〉若さ. 若々しさ.

【青春痘】qīngchūndòu 名〈俗〉にきび.

【青瓷】qīngcí 名〈美〉青磁. ¶～碗 wǎn / 青磁の茶碗.

【青葱】qīngcōng 1 形(草木が)青々としている. ¶～的草地 cǎodì / 青々とした芝生. 2 名 ネギ.

【青翠】qīngcuì 形 鮮やかな緑色の.

【青豆】qīngdòu 名〈植〉青豆. ダイズの一種.

【青梗菜】qīnggěngcài 名〈植〉チンゲンサイ. ►"油菜 yóucài"とも.

【青工】qīnggōng 名 青年労働者.

【青光眼】qīngguāngyǎn 名〈医〉緑内障.

【青海】Qīnghǎi 名〈地名〉**青海(せいかい)省.**

【青红皂白】qīng hóng zào bái〈成〉物事の白黒のたとえ. ¶不分 fēn ～ / 有無を言わさず. 理非曲直を問わず.

【青黄不接】qīng huáng bù jiē〈成〉端境(はざかい)(期) ; 一時的な欠乏状態.

【青椒】qīngjiāo 名〈植〉**ピーマン.** ¶～肉丝 ròusī / ピーマンと肉のせん切りいため.

【青衿】qīngjīn 名〈書〉黒い襟の服 ;〈転〉書生.

【青筋】qīngjīn 名 青筋. ¶额角 éjiǎo 上暴 bào 起了～ / こめかみに青筋を立てている.

【青稞】qīngkē 名〈植〉裸麦.

【青睐】qīnglài 名〈書〉歓迎・好意(を示す目つき). 青眼(せいがん). ¶深受女性～ / 女性の強い支持を得る.

【青龙】qīnglóng 名 1→【苍龙】cānglóng 2(Qīnglóng)(道教で)東方の神.

【青绿】qīnglǜ 名 深緑. 濃い緑.

【青盲】qīngmáng 名〈中医〉緑内障. 青そこひ.

【青霉素】qīngméisù 名〈薬〉ペニシリン.

【青梅竹马】qīng méi zhú mǎ〈成〉幼なじみ ; 男女の子供が無邪気に仲よく遊ぶこと.

【青面獠牙】qīng miàn liáo yá〈成〉凶悪で恐ろしい形相.

【青苗】qīngmiáo 名 未成熟の作物.

【青年】qīngnián 名 1 10代後半から30歳くらいまでの年代. ¶～时代 shídài / 青年時代. ¶～学生 / 若い学生. 2 **青年. 若い人. ¶知识 zhīshi ～ / インテリ青年. ¶好～ / 善良な若者. ¶女～ / 若い女性.

【青纱帐・青纱障】qīngshāzhàng 名 夏の作物の

Q

茂み. ►夏から秋にかけてコウリャン・トウモロコシなどの農作物が高く伸びて,格好の隠れ場所になることを青い紗(しゃ)のとばりになぞらえていう.

【青山】qīngshān 名 1 樹木が茂っている山. ¶～绿 lǜ 水 / 青い山に緑の川;美しい自然の風景. 2〈転〉墳墓の地.

*【青少年】qīngshàonián 名 **青少年**.

【青史】qīngshǐ 名 青史.史書. ¶永垂yǒng chuí～ / 長く歴史に残る.

【青丝】qīngsī 名 1〈書〉(女性の)黒髪. 2(菓子のあんに加える)青ウメを糸のように細く刻んだもの.

【青松】qīngsōng 名〈植〉松. 青松(せいしょう).

【青蒜】qīngsuàn 名〈食材〉ニンニクの茎と葉.

【青苔】qīngtái 名〈植〉コケ.

【青天】qīngtiān 名 1 青空. 2〈旧〉清廉な官吏.

【青天白日】qīng tiān bái rì〈成〉光明に輝く世の中;白昼(こともあろうに).

【青天霹雳】qīng tiān pī lì〈成〉青天の霹靂(へきれき). ►"晴天霹雳"とも.

【青铜】qīngtóng 名〈冶〉青銅. ブロンズ.

【青头儿愣】qīngtóurlèng 名 無鉄砲な男. 向こう見ずな人. ►"愣头儿青"とも.

【青蛙】qīngwā 名〈動〉**カエル**;(特に)**トノサマガエル**. (量) 只 zhī.

【青眼】qīngyǎn 名(↔白眼 báiyǎn)青眼(せいがん). 好意(を示す目つき). ¶得到 dédào 上司 shàngsi 的～ / 上司から好意をもって遇される.

【青杨】qīngyáng 名〈植〉ポプラ. (量) 棵 kē.

【青衣】qīngyī 名 1(昔,庶民の着た)黒い服. 2〈古〉下女. 3(京劇などの平民である)女形.

【青蝇】qīngyíng 名〈虫〉アオバエ. キンバエ.

【青鱼】qīngyú 名〈魚〉アオウオ. コイに似た魚.

【青云】qīngyún 名 高位高官. ¶～直 zhí 上 / とんとん拍子に出世する.

【青肿】qīngzhǒng 形(皮下出血で)青黒くはれている.

【青紫】qīngzǐ 名 1〈書〉紫;〈喩〉高官. 高い爵位. 2〈医〉チアノーゼ.

**轻(輕) qīng

形 1(**目方が**)**軽い**,**少ない**;**ソフトな**. ¶行李 xíngli 虽 suī 大,但很～ / 手荷物は大きいですが,そんなに重くありません. ¶烟碱 yānjiǎn 含量 hánliàng ～ / ニコチン含有量が少ない. ¶这酒度数 dùshu 不～ / このお酒はアルコール度がきつい.

2(年齢が)**若い**. ¶年纪 niánjì ～ / 年が若い.

3(**程度が**)**軽い**,**大したことがない**;**重要でない**. ¶这个活儿很～ / この仕事はとても楽だ. ¶这点儿伤 shāng 算～的 / こんなけがは大したことない. ¶较 jiào ～的处分 chǔfèn / わりに軽い処分. ¶责任 zérèn 不～ / 責任が重い.

4(動作が)静かである,軽い. そっと. ¶～拿 ná～放 fàng / そっと持ち上げ,そっとおろす. ¶～～把门关上 / ドアをそっと閉める. ¶脚步 jiǎobù ～ / 足音をしのばせる.

◇◆ ①(感覚が)軽やかな. 軽快である. ¶→～音乐 yīnyuè. ②軽々しい;軽率である. ¶→～信. ¶→～率 shuài. ¶→～浮 fú. ③軽んずる. ¶→～敌 dí. ④(装備などが)軽便である. ¶→～装 zhuāng. ¶→～骑 qí.

【轻便】qīngbiàn 形 1(装備や設備が)**軽便である**,**手軽である**. ¶～车 / (貨物を積む自転車に対し)普通の〔ライト型〕自転車. 2(仕事が)軽い,やさしい. ¶从事～活儿 / 軽い仕事をする.

【轻薄】qīngbó 形 軽薄である. はすっぱである. ►女性の言動についていうことが多い.

【轻淡】qīngdàn 形 1 淡い. かすかな. 2 意に介さない. ¶～的记忆 jìyì / かすかな記憶.

【轻敌】qīngdí 動 敵を侮る. 敵を軽視する.

【轻而易举】qīng ér yì jǔ〈成〉たやすくできる. 造作なくできる. 手軽にできる.

【轻放】qīngfàng 動 そっと取り扱う. ¶易碎品 yìsuìpǐn,小心 xiǎoxīn ～! / 割れ物注意.

【轻浮】qīngfú 形 **軽はずみである**. **軽率である**. ¶举止 jǔzhǐ ～的人 / おっちょこちょいな人.

【轻歌曼舞】qīng gē màn wǔ〈成〉軽やかな音楽としなやかな舞い.

【轻工业】qīnggōngyè 名 軽工業.

【轻忽】qīnghū 動 軽視する. 気にかけない.

【轻活儿】qīnghuór 名 軽い仕事.

【轻捷】qīngjié 形(動作が)軽くてすばやい,軽快である.

【轻金属】qīngjīnshǔ 名 軽金属.

【轻举妄动】qīng jǔ wàng dòng〈成〉軽挙妄動する. よく考えないで軽々しく行動する.

【轻口薄舌】qīng kǒu bó shé〈成〉(軽薄で)やたらに人の悪口を言う,言うことがとげとげしい. ►"轻嘴薄舌"とも.

【轻快】qīngkuài 形 1(動作が)**軽快である**. ¶脚步 jiǎobù ～ / 足どりが軽やかである. 2(気持ちが)**軽やかである**,愉快である. ¶～的曲调 qǔdiào / 軽やかなメロディ.

【轻量级】qīngliàngjí 名〈体〉(ボクシング・重量挙げなどで)ライト級.

【轻慢】qīngmàn 動 そっけなくする. 見下げる. 侮る. ¶言语 yányǔ ～ / 言い方が傲慢(ごうまん)だ.

【轻描淡写】qīng miáo dàn xiě〈成〉(文章や小説などで)描写が上すべりである,力がこもっていない;(事件や問題について述べるのに)当たり障りのないことを言う.

【轻蔑】qīngmiè 動 見下げる. 軽蔑する. 見くびる.

【轻诺寡信】qīng nuò guǎ xìn〈成〉安請け合いをして約束を守らない.

【轻飘飘】qīngpiāopiāo 形(～的) 1 ふわりと浮き漂っている. 2(動作が)軽快である. (心が)浮き浮きする.

【轻骑】qīngqí 名 1 軽騎兵. 2 ミニバイク.

【轻悄悄】qīngqiāoqiāo 形(～的)動作が軽やかで音も低く小さい. ¶他～地走了出去 / 彼はそっと出て行った.

【轻巧】qīngqiǎo 形 1(物が)小さくて精巧である. 小型で機能がすぐれている. 2(動作が)軽快である. 手際がよい. ¶动作 dòngzuò ～ / 動作がすばしこい. 3(考え方が)甘い,単純である.

【轻轻】qīngqīng 形(～的)**軽く**. **音のたたないように**. ¶～地放下 fàngxià / そっと(下に)置く.

【轻取】qīngqǔ 動(…に)楽勝する,楽々と勝つ. ¶中国女队以六比零 líng ～法国队 / 中国女子チームは6対0でフランスチームに楽勝した.

【轻柔】qīngróu 形 軽やかでなめらかである.

【轻伤】qīngshāng 名 **軽傷**. ¶～员 / 軽傷者.

【轻生】qīngshēng 動 生命を軽んずる. ►多く自

Q

殺をさす.

【轻声】qīngshēng 名〈語〉軽声. 参考 単語あるいは文の中のある音節が固有の声調を失い,軽く短く発音される現象をいう.

*【轻视】qīngshì 動 軽視する. まともに対処しない.

【轻手轻脚】qīng shǒu qīng jiǎo〈成〉手足の動作に気を配って音を立てないようにするさま.

【轻率】qīngshuài 形 軽率である. 軽はずみである. ¶凡事 fánshì 不可～决定 / すべての物事は軽率に決めてはいけない. ¶他说话太～了 / 彼は軽率にものを言いすぎる.

【轻爽】qīngshuǎng 形 さわやかで気持ちのよい.

【轻水】qīngshuǐ 名〈化〉軽水.

*【轻松】qīngsōng 形(精神的に)気楽である,骨が折れない. ¶～的工作 / 楽な仕事. ¶轻轻松松地打败 dǎbài 了对手 / 楽々と相手を打ち負かした. ¶～地舒 shū 了一口气 / ほっとして一息つく. ¶紧张 jǐnzhāng 了好多天,今天去看场电影,～一下 / 何日もずっと忙しかったから,きょうは映画を見に行ってリラックスする.

【轻佻】qīngtiāo 形 軽佻(けいちょう)である. 浮わついている. ¶～的举止 jǔzhǐ / 軽はずみな振る舞い.

【轻微】qīngwēi 形 軽微である.軽くてわずかである. ¶损失 sǔnshī ～ / 損害が軽い.

【轻侮】qīngwǔ 動 軽侮する. ばかにする.

【轻闲】qīngxián 形(仕事が)軽くて楽である.

【轻信】qīngxìn 動 軽々しく信じる. 簡単に信用する. ¶～流言 liúyán / デマを軽々しく信じる.

【轻型】qīngxíng 形 軽量型の.

【轻言细语】qīng yán xì yǔ〈成〉やさしい声で穏やかに話すさま.

*【轻易】qīngyì ① 形 簡単である. たやすい. ¶要想拿 ná 金牌 jīnpái 可不是～的事 / 金メダルをとるのはたやすいことではない. ② 副 軽々しく. むやみに. ¶不要～下结论 jiélùn / 簡単に結論を下すものではない. ¶她～不在众人 zhòngrén 面前讲话 / 彼女はめったにみんなの前で話をしない.

【轻音乐】qīngyīnyuè 名 軽音楽. ポピュラー音楽.

【轻盈】qīngyíng 形〈書〉① しなやかだ. なよやかだ. ►女性についていうことが多い. ¶体态 tǐtài ～ / 姿態がしなやかである. ② 陽気で楽しい.

【轻油】qīngyóu 名 軽油.

【轻于鸿毛】qīng yú hóng máo〈成〉価値のない死に方をするたとえ.

【轻元素】qīngyuánsù 名〈化〉(水素・ヘリウムなどの)原子量が小さい元素.

【轻重】qīngzhòng 名 ① 重さ.目方. ¶请称chēng一称这封信的～ / この手紙の重さを量ってみてください. ②(事柄の)重要度,軽重. ③(言葉や行いの)度合い,分別.

【轻重倒置】qīng zhòng dào zhì〈成〉本末転倒である.

【轻装】qīngzhuāng 名 ① 軽装. ②〈軍〉軽装備.

【轻装上阵】qīng zhuāng shàng zhèn〈成〉身軽になって出陣する. 心の重荷を下ろして仕事に打ち込む.

【轻罪】qīngzuì 名〈法〉軽犯罪.

氢(氫) qīng

名〈化〉水素. H. 俗に"氢气 qīngqì"という.

【氢弹】qīngdàn 名〈軍〉水素爆弾. 水爆. ►"热核武器 rèhé wǔqì"とも. 量 颗 kē,个.

【氢化】qīnghuà 名〈化〉水素添加.

【氢能】qīngnéng 名〈化〉水素エネルギー.

【氢气】qīngqì 名〈化〉水素.

【氢氧化铵】qīngyǎnghuà'ǎn 名〈化〉水酸化アンモニウム.

【氢氧化钾】qīngyǎnghuàjiǎ 名〈化〉水酸化カリウム. 苛性カリ.

【氢氧化钠】qīngyǎnghuànà 名〈化〉水酸化ナトリウム. 苛性ソーダ.

【氢氧化物】qīngyǎnghuàwù 名〈化〉水酸化物.

倾 qīng

動 ① 斜めになる. 傾斜する. ¶身体稍微 shāowēi 向前～ / 体がやや前に傾く. ¶地震 dìzhèn 后,山墙 shānqiáng 向外～了 / 地震の後,両横側の壁が外側に傾いた. ②〈書〉倒れる. 傾き崩れる. ¶大厦 dàshà 将 jiāng ～ / ビルがまもなく倒壊する. ③〈書〉(力を)傾ける. 尽くす. ¶～全力 quánlì 做好工作 / 全力を尽くして仕事を成し遂げる.

◇◆ ①容器を逆さにしたり斜めにしたりして中のものを出す. ¶→～倒 dào. ¶→～盆 pén. ②一方に傾く. 近寄る. ¶左 zuǒ ～ / 左傾する. 左翼.

【倾侧】qīngcè 動 傾く. 斜めになる.

【倾城】qīngchéng 名〈書〉① 町ぐるみ. ② 美女.

【倾城倾国】qīng chéng qīng guó〈成〉絶世の美人.

【倾倒】qīngdǎo 動 ① 傾き倒れる. ② 傾倒する. 感服する. ¶令 lìng 人～ / 感服させられる.

【倾倒】qīngdào 動 ① 容器などを傾けて中身を全部出す. ぶちまける. ¶把土 tǔ ～在地上 / 土を床にぶちまける. ② 話し尽くす. ¶把一肚子 dùzi 的话都～了出来 / 洗いざらいぶちまけた.

【倾覆】qīngfù 動〈書〉①(物が)倒れる. ② 失敗させる. 転覆させる.

【倾家荡产】qīng jiā dàng chǎn〈成〉家の財産を使い尽くす. 破産する.

【倾慕】qīngmù 動 傾慕する.

【倾盆】qīngpén 形 どしゃ降りである. ¶～大雨 / どしゃ降りの雨.

【倾诉】qīngsù 動〈書〉腹を割って話す. ¶促膝 cùxī ～ / ひざを交えて心ゆくまで話す.

【倾塌】qīngtā 動 倒壊する.

【倾谈】qīngtán 動 打ち解けて話し合う.

【倾听】qīngtīng 動 耳を傾ける.

【倾吐】qīngtǔ 動 心中を吐露する.

【倾箱倒箧】qīng xiāng dào qiè〈成〉ありったけのものを持ち出す.

*【倾向】qīngxiàng ① 動(一方に)味方する. 傾く. ¶他们都～于 yú 我的观点 guāndiǎn / 彼らはみな私の考え方に賛成だ. ② 名 趨勢(すうせい). 傾向.

【倾销】qīngxiāo 動 ダンピングする. 投げ売りをする. ¶对外～ / 外国に対してダンピングする. ¶～产品 chǎnpǐn / 製品の投げ売りをする.

【倾斜】qīngxié 動 ① 傾斜する. 傾く. ② 一方に偏る;〈転〉えこひいきする.

【倾泻】qīngxiè 動(水が)高い所から勢いよく流れ注ぐ. ¶山洪 shānhóng ～ / 鉄砲水がどっと流れ落ちる.

【倾心】qīngxīn 動 ① 心を引かれる. ¶一见～ / ひと目でほれこむ. ② 真心をもって. 腹蔵なく. ¶

～交谈 jiāotán / 腹蔵なく話し合う.
【倾轧】qīngyà 動 軋轢(あつれき)が生じる.
【倾注】qīngzhù 動 ①(水が)上から注ぐ. ¶这条河从这儿～到大海 / この川はここから海に注いでいる. ②(心や力を)打ち込む,傾ける. ¶～心血 xīnxuè / 心血を注ぐ.

卿 qīng 名 ①〈古〉卿(けい). 高官の官名に用いる；君主が臣下に対して用いる呼称. ②〈古〉夫婦・友人間で互いに用いる呼称. ‖姓

【卿卿我我】qīng qīng wǒ wǒ 〈成〉男女が非常に仲むつまじいさま.
【卿相】qīngxiàng 名 卿相(けいしょう). 大臣.

*__清__ qīng ❶形 ①(液体や気体が)澄んでいる；まじりけがない. ¶湖水 húshuǐ 很～ / 湖水はとても澄んでいる. ②明白である. はっきりしている. ►普通,補語として用いる.

> **語法ノート** 動詞(＋"不 / 得")＋"清"
> ⓐ明白である. はっきりしている. ¶说不～ / はっきり言えない. ¶问 wèn ～事由 shìyóu / 事の経緯をはっきり問いただす. ¶数 shǔ 不～ / 数えきれない.
> ⓑきれいさっぱり. 残らず. ¶还 huán ～ / 残らず返す.

❷動 清算する；(債務を)完済する；点検する. ¶我欠 qiàn 的账 zhàng 都～了 / 私の借金は全部返した. ¶～一下行李 xíngli 的件数 jiànshù / 荷物の個数を点検してみる.
❸名(Qīng)〈史〉清(しん). 参考 中国最後の王朝. 1616年,満州人ヌルハチが建てた国を,子のホンタイジが清と国号を改めた. 1911年の辛亥革命により翌12年滅亡.
◇◆ ①ひっそりしている. ¶→～静 jìng. ¶冷～ / ひっそりと静かである. ②潔白である. 公正廉潔である. ¶→～廉 lián. ¶→～官 guān. ③単純である. ¶→～茶 chá. ④少しも残さない. ¶→～除 chú. ⑤不純部分を取り除く. ¶→～洗 xǐ. ‖姓

【清白】qīngbái 形 ①純潔無垢である. 潔白である. ¶～无辜 wúgū / 潔白で罪がない. ¶在这件事上,我是清清白白的 / この事に関しては私は清廉潔白だ. ②〈方〉はっきりしている.
【清仓】qīngcāng 動 ①(在庫品の)点検・整理をする. ②在庫品や手元にある株などをすべて売り払う.
【清册】qīngcè 名(明細を記入した)台帳. ¶固定财产 gùdìng cáichǎn ～ / 固定資産台帳.
【清茶】qīngchá 名 緑茶；(菓子を添えない)お茶だけ. 空茶(からちゃ). ¶～待客 dàikè / お茶で簡単に接待する.
【清查】qīngchá 動 徹底的に調べる.
【清偿】qīngcháng 動(債務を)全部弁済する,すっかり返す. ¶～积欠 jīqiàn / たまっている借金を全部返済する.
【清场】qīng//chǎng 動(公共の場所を)きれいに片付ける.
【清唱】qīngchàng 動(伝統劇で扮装やしぐさなしに)歌だけを歌う.
【清澈】qīngchè 形 透き通っている. ►"清彻"とも書く.
【清晨】qīngchén 名 早朝. 明け方.
【清澄】qīngchéng 形 澄んでいる.
【清除】qīngchú 動 ①すっかり取り除く. 一掃する. ¶～恶劣 èliè 影响 yǐngxiǎng / 悪影響を取り除く. ②粛清する. 除名する. ¶～异己 yìjǐ / 異分子を粛清する.
**【清楚】qīngchu ❶形 ①明らかである. はっきりしている；鮮明である. ¶事故原因不～ / 事故の原因は明らかでない. ¶这个录像 lùxiàng 画面不～ / このビデオは画像が不鮮明だ. ¶这一点在合同 hétong 上写得清清楚楚 chǔchǔ / この点は契約書にはっきりと記載されている.

> **語法ノート** 動詞(＋"不 / 得")＋"清楚"
> 明白である. はっきりしている.
> ¶说不～ / はっきり言えない. ¶问～ / はっきり問いただす. ¶弄 nòng ～真伪 zhēnwěi / 白黒をはっきりさせる.

②頭がきれる. 明晰(めいせき)である. ¶她脑子 nǎozi 很～ / 彼女は頭がきれる.
❷動 よく知っている. 承知している. ¶我最～这件事 / この件を私は一番よく知っている. ¶这件事我不太～ / この件について私はあまり知らない.
【清醇】qīngchún 形(酒に)こくがある.
【清脆】qīngcuì 形 ①(声や音が)澄んでいて快い. ¶～的歌声 gēshēng / 響き渡る歌声. ¶嗓音 sǎngyīn ～ / 声がはっきりとよく通る. ②(食品の)歯ざわりと香りがよい.
【清单】qīngdān 名 明細書. 決算書. 目録. ¶开～ / 明細書を作成する. ¶工资 gōngzī ～ / 給料明細書. ¶货物 huòwù ～ / 商品目録.
*【清淡】qīngdàn 形 ①(色や香りが)淡い,薄い,ほのかである. ②(食べ物が)あっさりしている,脂っこくない. ¶我想吃点儿～的菜 / 私はあっさりした料理を食べたい. ③(取引が)少ない；(商売が)不景気である. ¶生意 shēngyi ～ / 商売が暇である.
【清点】qīngdiǎn 動 細かく点検する. 数を調べる.
【清炖】qīngdùn 動〈料理〉(肉類を)塩だけで長時間煮込む.
【清福】qīngfú 名 心配も苦労もない幸せな暮らし. ¶享 xiǎng ～ / 悠々自適の生活を送る.
【清高】qīnggāo 形 潔癖である. 孤高である.
【清稿】qīnggǎo 名 清書した原稿.
【清官】qīngguān 名(↔贪官 tānguān)清廉で公正な官吏.
【清规戒律】qīng guī jiè lǜ 〈成〉仏教徒が守るべき規則や戒律；〈転〉杓子(しゃくし)定規な規則や制度.
【清还】qīnghuán 動(借金を)完済する.
【清寂】qīngjì 形 ひっそりとしてもの寂しい.
【清剿】qīngjiǎo 動 匪族(ひぞく)を掃討する.
*【清洁】qīngjié 形 清潔である. きれいである. ¶教室 jiàoshì 打扫 dǎsǎo 得很～ / 教室はとてもきれいに掃除されている.
【清净】qīngjìng 形 ①心が煩わされない. ¶孩子们春游 chūnyóu 去了,我可以～一天了 / 子供たちがピクニックに行ったので,1日静かにのんびりできる. ②澄みきっている.
【清静】qīngjìng 形 ①(環境が)静かである,閑静

Q

である．¶这一带真～啊／このあたりはずいぶん静かですね．②心が静かである．
【清苦】qīngkǔ 形 清貧である．
【清朗】qīnglǎng 形 ①すがすがしい．②(声が)はっきりしていてよく響く．¶～的声音 shēngyīn／よく通る声．
【清冷】qīnglěng 形 ①薄ら寒い．②ひっそりとした．うら寂しい．
【清理】qīnglǐ 動 **徹底的に整理する．きれいにかたづける．**¶～积压 jīyā 的文件 wénjiàn／たまっている書類をかたづける．¶～债务 zhàiwù／債務を清算する．
【清廉】qīnglián 形 清廉である．
【清凉】qīngliáng 形 **清涼．さわやかである．すがすがしい．**¶～饮料 yǐnliào／清涼飲料．
【清凉油】qīngliángyóu 名(きずや虫さされなどに効く)清涼軟膏．
【清明】qīngmíng ❶形〈書〉①(政治が)公明正大である．②(意識が)はっきりしている．¶神志 shénzhì～／意識がはっきりしている．③清らかで明るい．¶～的眼光 yǎnguāng／清らかに澄んでいる目．❷名(＝清明节 Qīngmíngjié)(二十四節気の一つ)**清明節．**参考 冬至から数えて105日目から3日間,新暦の4月4日から6日ごろにあたり,墓参りをする習慣がある．
【清明节】Qīngmíngjié →【清明】qīngmíng❷
【清贫】qīngpín 形(知識人の暮らしが)清貧である．¶家道～／暮らしが清貧である．
【清漆】qīngqī 名 ワニス．
【清热】qīng//rè 動〈中医〉薬を使って体内の熱を下げる．¶～化痰 huàtán／熱を下げ,たんを切る．
【清润】qīngrùn 形 ①(声が)軽快で潤いがある．②(空気が)清らかで湿り気がある．③明るくてつやがある．
【清扫】qīngsǎo 動 清掃する．
【清瘦】qīngshòu 形〈婉〉ほっそりしている．►やせている,やつれていることを婉曲に言う表現．
【清爽】qīngshuǎng 形 ①**すがすがしい．**さわやかである．②(心が)**晴れやかである．**③〈方〉きちんとしている．きれいである．④〈方〉はっきりしている．⑤〈方〉あっさりして口あたりがよい．
【清水衙门】qīng shuǐ yá men〈成〉経費が少なく福利厚生の悪い事業体．
【清算】qīngsuàn 動 ①清算する．決算する．¶～账目 zhàngmù／勘定を清算する．②(他人の罪を暴いて)償いをさせる．
【清谈】qīngtán 名 空理空論．►もとは,魏・晋・南北朝時代の知識人の間で流行した議論．
【清汤】qīngtāng 名 具のないスープ．コンソメスープ．すまし汁．¶～燕窝 yànwō 菜／海ツバメの巣のスープ．
【清晰】qīngxī 形(音や形が)**はっきりしている,**明瞭である．¶发音 fāyīn～／発音がはっきりしている．¶～可见／くっきりと見える．
【清洗】qīngxǐ 動 ①きれいに洗う．¶给病人～伤口 shāngkǒu／患者の傷口をきれいに消毒する．¶～干净 gānjìng／きれいに洗う．②粛清する．除名する．
【清闲】qīngxián 形 のんびりとして静かである．
【清香】qīngxiāng 形 すがすがしい香りがする．
【清新】qīngxīn 形 清新である．¶～活泼 huópo 的版面 bǎnmiàn／清新で生き生きしている誌面．
【清馨】qīngxīn 名〈書〉すがすがしい香り．
【清心寡欲】qīng xīn guǎ yù〈成〉雑念を払い欲望をなくす．
*【清醒】qīngxǐng ①形(頭脳が)**冷静である,はっきりしている．**②動(意識が)**回復する．**¶病人已经～了／病人はすでに意識を取り戻している．
【清秀】qīngxiù 形(容貌や風景が)うるわしい,美しい．
【清样】qīngyàng 名〈印〉校了ゲラ．清刷り．
【清一色】qīngyīsè ①名(マージャンで)チンイーソー．②形 すべて一様である．
【清音】qīngyīn 名 ①四川省で行われる演芸の一種．②〈語〉(↔浊音 zhuóyīn)清音．無声音．
【清幽】qīngyōu 形(景色が)清らかで静かである．
【清早】qīngzǎo 名〈口〉**早朝．**¶他一～就出去了／彼は朝早くから出かけた．
【清账】qīng//zhàng ①動 決算する；借金を完済する．②名 勘定書き．明細書．¶开一份 fèn～／明細書を1通作る．
【清真】qīngzhēn 形 ①**イスラム教の．**¶～菜／イスラム料理．►ブタ肉やラードを使わない．¶～食堂 shítáng／イスラム料理の店．►"回民 Huímín 食堂"とも．②素朴かつ純心である．
【清真教】Qīngzhēnjiào 名 イスラム教．
【清真寺】qīngzhēnsì 名 イスラム教の寺院．モスク．
【清蒸】qīngzhēng 動〈料理〉(肉や魚を)調味料を使わずに蒸す．
【清正】qīngzhèng 形 清廉で公正である．
【清浊】qīngzhuó 名(水が)澄んでいるか濁っているか；〈喩〉(人間が)高尚か下劣か．

蜻 qīng
"蜻蜓 qīngtíng"↓という語に用いる．
【蜻蜓】qīngtíng 名〈虫〉トンボ．(量)只,个．
【蜻蜓点水】qīng tíng diǎn shuǐ〈成〉浅く表面的なやり方をする．物事に深入りしない．

鲭 qīng
◇ サバ．サバ科の魚．¶～鱼／サバ．

情 qíng
2声
◇ ①感情．¶心～／気持ち．②(私的な)よしみ．義理．¶留～／(相手の顔を立てて)大目にみる．③(男女の)愛情．¶有～／好意をもつ．④状況．¶病～／病状．¶案 àn～／事件のいきさつ．
【情爱】qíng'ài 名 愛．情愛．
*【情报】qíngbào 名 ①(**機密性を帯びた)情報．**¶绝密 juémì～／絶対機密情報．¶搜集 sōují～／情報を集める．¶～人员／諜報部員．②(＝信息 xìnxī)(**広義の)情報．知識．資料．**¶科技 kējì～／科学技術情報．¶商业 shāngyè～／ビジネス情報．
【情不可却】qíng bù kě què〈成〉断っては具合が悪い．人情として断れない．
【情不自禁】qíng bù zì jīn〈成〉感情を抑えられない．思わず．知らないうちに．
【情场】qíngchǎng 名 恋愛．異性との付き合い．¶～失意 shīyì／失恋する．
【情敌】qíngdí 名 恋敵(こいがたき)．
【情调】qíngdiào 名 ムード．気分．情緒．

Q

【情窦初开】qíng dòu chū kāi 〈成〉(多く少女が)恋に目覚める,思春期に入る.
【情分】qíngfen 名 情愛. 好意. ¶看在老朋友的～上/古い友達のよしみに免じて.
【情夫】qíngfū 名 情夫. 間夫.
【情妇】qíngfù 名 情婦.
【情感】qínggǎn 名 感情.
【情歌】qínggē 名 恋歌. ラブソング.
【情海】qínghǎi 名〈書〉海のように深い愛情.
【情话】qínghuà 名 愛のささやき. 睦言(むつごと).
【情怀】qínghuái 名〈書〉心情. 気持ち.
【情急】qíngjí 形(事態が切迫していて)慌てる,気がせく. ¶～智 zhì 生/とっさの間によい知恵が出ること.
【情节】qíngjié 名 ① いきさつ. 経緯;〈法〉情状. ②(小説・戯曲などの)筋,プロット. ¶～生动 shēngdòng/筋がおもしろい.
【情结】qíngjié 名〈心〉コンプレックス;心理的なこだわり. ¶恋 liàn 父～/エレクトラコンプレックス. ¶恋母～/マザーコンプレックス.
*【情景】qíngjǐng 名 **情景. ありさま. 様子. 光景. 状況.** ¶～交融 jiāoróng/(文学作品で)叙景と叙情がうまく組み合わされていること.
【情境】qíngjìng 名 情景. 境地.
【情况】qíngkuàng 名 ① **状況. 様子. 状態. ¶把我们学校的～做一个介绍 jièshào/本校の大体の状況についてご説明します. ¶经济 jīngjì ～不佳 jiā/経済的に苦しい. ¶你不了解～,不要乱 luàn 发言/君は実情がわかってないんだから,黙ってなさい. ②〈口〉(軍事・保安上の)動き. 異状.
比較 情况:情形 qíngxing "情形"は具体的状況,目に見えるありさまについてのみ用い,"情况"は抽象的・概括的事柄についても用いられる.
【情郎】qíngláng 名(男の)恋人. ►歌詞などに使われる.
【情理】qínglǐ 名 **情理.** ¶通～/義理人情を心得ている. ¶讲 jiǎng ～/人情と道理を重んずる. ¶违背 wéibèi ～/情理に反する. ¶合乎 héhū ～/情理にかなう.
【情侣】qínglǚ 名 恋人どうし. カップル. 恋仲.
【情面】qíngmian 名(私的な)よしみ. 情実. (相手の)顔. ¶顾 gù ～/情実にほだされる. ¶留～/相手の顔をつぶさないようにする. ¶不讲～/情に左右されない. 冷酷である.
【情趣】qíngqù 名 ① 趣味. 興味. ② 趣. 風情.
【情人】qíngrén 名 恋人;愛人. ¶她有了～/彼女は恋人ができた.
【情人节】Qíngrénjié 名 バレンタインデー.
【情人眼里出西施】qíngrén yǎnlǐ chū Xīshī 〈諺〉ほれた目にはあばたもえくぼ.
【情杀】qíngshā 動 痴情のもつれから殺害する.
【情势】qíngshì 名 情勢. 形勢. 事態. ¶～使然/情勢がそうさせる.
【情事】qíngshì 名 事情. 事実. 事例.
【情书】qíngshū 名 恋文. ラブレター. 量 封 fēng.
【情丝】qíngsī 名(切っても切れない)愛の糸. ¶～万缕 wàn lǚ/いろいろな思いが入りまじる.
【情思】qíngsī 名 心情. 気持ち. 思い.
【情死】qíngsǐ 動 情死する. 心中する.
【情愫】qíngsù 名〈書〉① よしみ. 友情. ② 本心. 本意. ►"情素"とも書く.
【情随事迁】qíng suí shì qiān 〈成〉人の感情は事態の変化とともに変わる.
【情态】qíngtài 名 顔色. 表情と態度.
【情同手足】qíng tóng shǒu zú 〈成〉兄弟のように親密である.
【情投意合】qíng tóu yì hé 〈成〉意気投合する.
【情网】qíngwǎng 名 恋の闇路. ¶坠入 zhuìrù～/恋の闇路に踏み迷う.
【情味】qíngwèi 名 情緒. 興趣.
*【情形】qíngxing 名 **状態. 事実. 事情. 様子. 模様.** ¶他的～怎么样?/彼の様子はどうですか. ¶看～再说/様子を見てからにしよう. ⇒【情况】qíngkuàng 比較
*【情绪】qíngxù 名 ①(ある種の活動をしている時の)**意欲,気分,気持ち.** ¶～高涨 gāozhǎng/意欲が高まる. ¶急躁 jízào ～/焦躁感. ② **不愉快な気持ち. 嫌気.** ►普通,"闹 nào、有"の目的語となる. ❖闹 *nào* ～/くさる. 嫌気がさす.
【情义】qíngyì 名 義理と人情. よしみ.
【情谊】qíngyì 名 **情誼**(じょうぎ). **よしみ.**
【情意】qíngyì 名(人に対する)気持ち,愛情.
【情由】qíngyóu 名 事の内容と原因. いきさつ.
【情有可原】qíng yǒu kě yuán 〈成〉情状酌量の余地がある.
【情欲】qíngyù 名 情欲. 色情.
*【情愿】qíngyuàn ① 動 **心から願う. 自分から進んで…する.** ¶甘心 gānxīn ～/心から願う. ¶难道 nándào 我～他去冒 mào 这个险 xiǎn 吗?/彼がこんな冒険をするのを私が本気で望んでいるとでも言うのか. ② 副〖情愿…,也要〔也不〕…〗*qíngyuàn*…, *yěyào*〔*yěbù*〕…. たとえ…であろうとも…したい〔しない〕. ¶他～生活艰苦 jiānkǔ 一点儿,也不向国家伸手 shēn shǒu/たとえ生活が困難に満ちようとも,国の厄介にはなりたくない.
【情知】qíngzhī 動 承知の上である.
【情致】qíngzhì 名 情趣. 興趣. ¶颇 pō 有～/なかなか趣がある.
【情种】qíngzhǒng 名 愛情豊かな人.
【情状】qíngzhuàng 名 状況. 様相.

晴 qíng 形(↔阴 yīn)晴れている. 晴れる.** ¶雨过天～/雨がやんで空が晴れる. ¶～转 zhuǎn 小雨/晴れのち小雨.
【晴和】qínghé 形 晴れて暖かい.
【晴空】qíngkōng 名 晴れた空. ¶～万里/見渡す限り晴れた空.
【晴朗】qínglǎng 形(空・人の心が)**晴れ渡っている.**
【晴爽】qíngshuǎng 形 晴れ渡ってさわやかである. ¶天气～/天気がさわやかである.
*【晴天】qíngtiān 名 **晴れた日.** 晴れた空. ¶～下雨/キツネの嫁入り. ¶～霹雳 pīlì/青天の霹靂(へきれき).
【晴雨表】qíngyǔbiǎo 名 晴雨計;〈転〉バロメーター.

氰 qíng 名〈化〉シアン.
【氰酸】qíngsuān 名〈化〉青酸.

擎 qíng 動 持ち上げる. 差し上げる. ¶～起酒杯 jiǔbēi 互 hù 祝 zhù 健康 jiànkāng/グラスを持ち上げて健

康を祈り合う.
【擎天柱】qíngtiānzhù 名 大黒柱；〈喩〉重要人物.

3声 **顷 qǐng** 量(土地面積の単位)"市顷"(＝6.6667ヘクタール)の通称. ¶一公～／1ヘクタール.
◇◆ ①きわめて短い時間. ¶少～／しばらくの間. ②先刻. ¶～闻 wén／先刻承るところ. ③…ころ. ¶康熙 Kāngxī 十年～／康熙(こうき)10年のころ.
【顷刻】qǐngkè 副 たちまち. ほどなく. ¶～瓦解 wǎjiě／たちどころに瓦解する.

** **请 qǐng** 動 ①〈敬〉**どうぞ(…してください)**. ¶～进／どうぞお入りください. ¶～安静 ānjìng／どうぞお静かに. ¶～喝 hē 茶──谢谢／お茶をどうぞ──どうも. ¶～！别客气／どうぞ,ご遠慮なく.
②**お願いする**. 頼む. …してください. ►通常,「人に…するように頼む」のように兼語文を作る. ¶～大家多提意见／みなさんにどしどし意見を出してもらいたい. ¶～你来一下／ちょっとこちらにいらしてください.
③(宴会や観劇・映画などに)**招待する**；ごちそうする. おごる. ¶我～你吃饭／ごちそうしたい. ¶今天我～,明天你～／今日は僕がおごる,明日は君がごちそうしてくれ. ¶我～她看过两次电影／ぼくは彼女を2度映画に誘ったことがある.
④招聘(しょうへい)する. 招待する. ►兼語文の形で用いることもできる. ¶～律师 lǜshī／弁護士を招聘する. ¶～他做学术报告 xuéshù bàogào／彼を招いて学術講演をしてもらう.
⑤呼ぶ. 来てもらう. ¶～医生／医者を呼ぶ.
‖姓
【请安】qǐng//ān 動〈旧〉ご機嫌をうかがう. 安否を問う. ►以前,手紙の書き出しで,目上の人には"恭 gōng 请福安",対等の人には"谨 jǐn 请时安"などと書いた.
【请便】qǐngbiàn 〈套〉どうぞご随意に.
【请调】qǐngdiào 動 転勤や異動を願い出る.
【请功】qǐng//gōng 動 功労のあった人の業績を認め,記録に載せるよう上級機関に申請する.
【请假】qǐng//jià 動 **休暇・休みをもらう**. ¶请一天假／1日休みを取る.
【请假条】qǐngjiàtiáo 名 休暇願い.
【请柬】qǐngjiǎn 名〈書〉招待状. 量 份 fèn,张.
【请将不如激将】qǐng jiàng bùrú jī jiàng 〈諺〉丁寧に頼むよりは,反対のことを言ってやる気を起こさせるほうが効果的である.
【请教】qǐngjiào 動 **教えを請う. 教えてもらう**. ¶我想～您一件事／ひとつ教えていただきたいことがありますが.
【请君入瓮】qǐng jūn rù wèng 〈成〉自分の案出した方法で自分自身が懲らしめられる.
【请客】qǐng//kè 動 ①**客を招待する**. 客を(宴会や観劇などに)招く. ¶请大家的客／みんなを招待する. ¶～吃饭／客を招いてごちそうする. ¶～送礼／ごちそうをしたり,つけ届けをしたりする. ②〈口〉おごる. ¶今天我～／今日は私がおごろう.
【请领】qǐnglǐng 動 支給・下付を申請する.
【请命】qǐng//mìng 動〈書〉①人のために助命や援助を頼む. ¶为民～／苦しんでいる民衆のために立ち上がる. ②伺いを立てる. 指図を仰ぐ.
*【请求】qǐngqiú ①動 **頼む. 願う. 申請する**. ►"请"よりも硬い表現. ¶～宽恕 kuānshù／許しを願う. ②名 **願い. 申請**. ¶他接受了我的～／彼は私の願いを聞き入れた. 注意 日本語の「請求」にあたる言葉としては,"要求""索取suǒqǔ""索要suǒyào"などを用いる.
【请赏】qǐng//shǎng 動 恩賞を願い出る.
【请神容易送神难】qǐng shén róngyì sòng shén nán 〈諺〉招くのはやさしいが,満足して帰ってもらうのは難しい.
【请示】qǐngshì 動(上役に)**伺いを立てる,指示を仰ぐ**. ¶这件事要向厂长 chǎngzhǎng ～／この件は工場長に伺いを立てる必要がある.
【请帖】qǐngtiě 名 **招待状. 案内状**. 量 份 fèn,张. 注意 実際の招待状の上には書き言葉の"请柬 qǐngjiǎn"と書く. ¶下～／招待状を出す. ¶分发 fēnfā ～／招待状を配る.
【请托】qǐngtuō 動(人に何かを)頼み込む.
【请问】qǐngwèn 〈套〉お尋ねします**. ¶～,您是李先生吗？／お尋ねしますが,あなたは李さんですか.
【请降】qǐng//xiáng 動 投降を申し出る.
【请愿】qǐng//yuàn 動 請願する. ¶～书／請願書.
【请罪】qǐng//zuì 動 処罰を求める；罪をわびる. ¶负荆 fùjīng ～／心から過ちを認めて謝罪すること.

4声 **庆(慶) qìng** ◇◆ ①祝う. ¶→～贺 hè. ②記念日. ¶校 xiào ～／開校記念日.
‖姓
【庆典】qìngdiǎn 名 祝典.
【庆功】qìnggōng 動 功労を表彰する.
*【庆贺】qìnghè 動 **慶賀する. 祝う**. ¶人们向他表示 biǎoshì ～／みんながお祝いの言葉を述べた. ¶～新年／新年を祝う.
【庆寿】qìng//shòu 動(高齢者の)誕生日を祝う. ¶庆七十大寿／古希の祝いをする.
【庆幸】qìngxìng 動(意外なよい結果を)喜ぶ,幸いだったと喜び祝う.
*【庆祝】qìngzhù 動(普遍的な喜びを)**祝う**；みんなで祝い合う. ¶～国庆 Guóqìng／国慶節を祝う.

亲(親) qìng "亲家 qìngjia"⇩という語に用いる. ⏩qīn
【亲家】qìngjia 名 ①子女の結婚によってできた親戚関係. ②夫と妻の親が互いを呼ぶ時の呼称.
【亲家公】qìngjiagōng 名 息子または娘の舅(しゅうと).
【亲家母】qìngjiamǔ 名 息子または娘の姑(しゅうとめ).

磬 qìng 名 ①(古代の打楽器の一種)磬(けい). ②(仏具の一種)銅製の鉢形の楽器. 打鳴(うちならし).

罄 qìng ◇◆ 尽きる. 尽くす. ¶售 shòu ～／売り尽くす. 売り切れ. ¶告 gào ～／(財産や品物が)なくなる.
【罄尽】qìngjìn 動 すっかりなくなる.
【罄竹难书】qìng zhú nán shū 〈成〉罪悪が多くて書き尽くせない.

qiong (ㄑㄩㄥ)

2声 **邛 qióng** 地名に用いる. "邛崃"は四川省にある山の名.

Q

穷(窮) qióng ①形 貧しい．貧乏である．¶从前,我家很～／昔,私の家はとても貧乏だった．

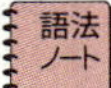

動詞＋“穷”

…する結果貧しくなる．
¶他整天 zhěngtiān 好 hào 吃懒 lǎn 做,最后把家吃～了／彼は一日中,食い気ばかりで仕事に身を入れなかったので身上をつぶした．¶赌 dǔ ～了／賭け事で身上をつぶした．

②副(いやになるほど)ひっきりなしに．►冷やかしたりなじったりする感じがある．¶你别～折腾 zhēteng 了／少しはじっとしていなさい．
◇◆ ①尽きる．終わる．なくなる．¶→～途 tú．②徹底的に．あくまで．¶→～究 jiū．

【穷棒子】qióngbàngzi 名 貧しいが気骨がある人．
【穷兵黩武】qióng bīng dú wǔ 〈成〉みだりに武力を用いること．好戦的である形容．
【穷乏】qióngfá 形 貧困である．困窮した．
【穷根】qiónggēn 名 ①貧困の原因．¶挖掉 wādiào ～／貧しさの原因を取り除く．②(～儿)〈方〉貧乏人．
【穷光蛋】qióngguāngdàn 名〈口〉貧乏人．すかんぴん．
【穷极】qióngjí ①形 極めて貧乏である．②副 極端に．
【穷极无聊】qióng jí wú liáo 〈成〉①退屈しきる．②貧困極まって頼る人がだれもいない．
【穷家富路】qióng jiā fù lù 〈成〉家では貧乏をしていても,旅に出るときは旅費を十分持っていくべきである．
【穷竭】qióngjié 動〈書〉使い果たす．
【穷尽】qióngjìn 名 果て．尽きるところ．¶欲望 yùwàng 是没有～的／欲望は尽きるところがない．
【穷究】qióngjiū 動 探究する．根源を突きとめる．
【穷苦】qióngkǔ 形 貧乏で苦しい．
【穷困】qióngkùn 形 貧困である．困窮している．¶生活～／暮らしに困る．
【穷忙】qióngmáng 形 ①貧乏ひまなしである．②やたらと忙しい．
【穷年累月】qióng nián lěi yuè 〈成〉年月を重ねる．長年．
*【穷人】qióngrén 名 貧乏人．
【穷日子】qióngrìzi 名〈口〉貧乏暮らし．
【穷山恶水】qióng shān è shuǐ 〈成〉自然条件が悪い不毛の地．
【穷奢极侈】qióng shē jí chǐ 〈成〉ぜいたくの限りを尽くす．►“穷奢极欲 yù”とも．
【穷酸】qióngsuān 形(学者や文人が)貧乏のくせにきざっぽくいやらしい．
【穷途】qióngtú 名 行き詰まった道；〈喩〉窮地．
【穷途潦倒】qióng tú liáo dǎo 〈成〉失意のどん底で意気消沈する．
【穷途末路】qióng tú mò lù 〈成〉絶体絶命の状態に陥る．
【穷乡僻壤】qióng xiāng pì rǎng 〈成〉辺鄙(へん)な片田舎．
【穷相】qióngxiàng 名 貧乏たらしい顔；貧相な格好．
【穷小子】qióngxiǎozi 名 貧乏な男．
【穷形尽相】qióng xíng jìn xiàng 〈成〉①醜態丸出しである．②事態がきわめて深刻だ．③人や物事のまねがよく似ている．
【穷凶极恶】qióng xiōng jí è 〈成〉きわめて凶暴で残酷である．極悪非道．
【穷原竟委】qióng yuán jìng wěi 〈成〉物事の委細を深く突きとめる．
【穷则思变】qióng zé sī biàn 〈成〉切羽詰まると現状を打破しようとする．

茕(煢·惸) qióng ◇◆ ①孤独である．②憂い悲しむ．

穹 qióng ◇◆ アーチ形をした；大空．¶苍 cāng ～／大空．青空．

【穹苍】qióngcāng 名〈書〉大空．青空．
【穹形】qióngxíng 名 アーチ形．半円形．

琼(瓊) qióng 名〈古〉美しい玉(ぎょく)．◇◆ ①(広く)美しいもの．¶～楼玉宇 yùyǔ／絢爛豪華な建物．②(Qióng)海南省の別称．

【琼浆】qióngjiāng 名 美酒．¶～玉液 yùyè／美酒のたとえ．
【琼瑶】qióngyáo 名 美しい玉(ぎょく)；〈転〉他人からもらった贈り物·詩文·書簡などのたとえ．
【琼脂】qióngzhī 名(食用または培養基に用いる)寒天．►“石花胶 shíhuājiāo”とも．

qiu (ㄑㄧㄡ)

1声

丘 qiū ①動 仮埋葬する．►墓地に臨時の棺を置いて,れんがなどで覆っておくこと．②量〈方〉田を数える．¶一～田 tián／1枚の田．
◇◆ ①丘．②墓．¶→～墓 mù．‖姓

【丘八】qiūbā 名〈旧〉〈貶〉兵隊をあざけって言う言葉．►“兵”という字は“丘”と“八”に分かれるから．
【丘陵】qiūlíng 名 丘．小山；丘陵地．
【丘墓】qiūmù 名〈書〉墳墓．墓．
【丘脑】qiūnǎo 名〈生理〉視床．

邱 qiū 〖丘 qiū〗に同じ．‖姓

*__秋 qiū__ ◇◆ ①秋．¶深～／晩秋．②実りの時期．¶麦 mài ～／麦秋．③1年．¶一日三～／一日千秋．④(多く好ましくない)時期．¶多事之～／多難な時．‖姓

【秋波】qiūbō 名 美人の流し目．秋波．❖暗送 *ànsòng* ～／流し目を送る．気を引いてみる．
【秋播】qiūbō 動〈農〉秋に種まきする．
【秋虫】qiūchóng 名 秋の虫．
【秋分】qiūfēn 名(二十四節気の一つ)秋分．
【秋风】qiūfēng ①名 秋風．②〈慣〉→【打秋风】dǎ qiūfēng
【秋风扫落叶】qiūfēng sǎo luòyè 〈諺〉強大な力が衰えた勢力を一掃する．
【秋高气爽】qiū gāo qì shuǎng 〈成〉秋空が高く空気がすがすがしい．
【秋海棠】qiūhǎitáng 名〈植〉シュウカイドウ．ベゴ

ニヤ.
【秋毫】qiūháo 名〈書〉〈喩〉微小なもの.
【秋毫无犯】qiū háo wú fàn〈成〉(軍規が厳しく守られて)民衆に迷惑をかけない.
【秋后算账】qiū hòu suàn zhàng〈成〉(秋の取り入れ後,決算するように)あることが一段落してから決着をつける;時機をはかって報復する.
【秋季】qiūjì 名 **秋季.秋の季節.**
【秋景】qiūjǐng 名 ①秋の景色. ②秋の取り入れ(の見通し).
【秋老虎】qiūlǎohǔ 名 立秋過ぎの残暑.
【秋凉】qiūliáng 名 秋の涼しい天気〔時期〕.
【秋令】qiūlìng 名 ①秋季. ②秋の気候.
【秋千】qiūqiān 名 ぶらんこ. ►"鞦韆"とも書く. ❖打 *dǎ* ～ / ぶらんこに乗る. ❖荡 *dàng* ～ / ぶらんこをこぐ.
【秋色】qiūsè 名 秋色.秋の景色. ¶平分 píngfēn ～ / (双方が)五分五分であるたとえ.
【秋收】qiūshōu 動 **秋の収穫をする.**
【秋水】qiūshuǐ 名〈喩〉〈書〉(多くは女性の)目.秋波. ¶望穿 wàng chuān ～ / 非常に待ちこがれること.
【秋天】qiūtiān 名 **秋. 秋季. ► qiūtian とも発音される.
【秋汛】qiūxùn 名〈地〉(河川の)秋の増水. ►立秋から霜降りまでの増水をさす.
【秋游】qiūyóu 動 秋の遠足に出かける.
【秋雨】qiūyǔ 名 秋雨.秋の雨. ¶一场 cháng ～一场寒 hán /〈諺〉秋は一雨ごとに寒くなる.
【秋庄稼】qiūzhuāngjia 名 秋の作物.

蚯 qiū "蚯蚓 qiūyǐn"🅑という語に用いる. ⇨【曲蟮】qūshan
【蚯蚓】qiūyǐn 名〈動〉ミミズ. 量 条.

萩 qiū 名〈古〉①〈植〉カワラヨモギ. ②〈植〉ヤハズハハコ. 注意「ハギ」は"胡枝子 húzhīzǐ"という.

鳅(鰌) qiū ◇◆ ①ドジョウ. ¶泥 ní ～ / 同上. ②シイラ. ¶鲯 qí ～ / 同上.

仇 qiú ‖姓
▸▸ chóu

囚 qiú ◇◆ ①拘禁する. ¶被～ / 牢に入れられる. ②囚人. ¶罪 zuì ～ / 拘禁中の犯人.
【囚车】qiúchē 名 囚人護送車.
【囚犯】qiúfàn 名 **囚人.**
【囚房】qiúfáng 名 監房.
【囚禁】qiújìn 動(監獄などに)拘禁する.
【囚牢】qiúláo 名〈旧〉牢獄.牢屋.
【囚笼】qiúlóng 名〈旧〉護送用の檻(おり).
【囚首垢面】qiú shǒu gòu miàn〈成〉囚人のように乱れた髪とあかだらけの顔.
【囚徒】qiútú 名 囚人.
【囚衣】qiúyī 名 囚人服.

求 qiú 動 ①(人に)**頼む,懇願する,**求める. 注意 二重目的語か人をさす目的語のみをとり,兼語文「…に…するよう頼む」の形をとることができる. ¶～你一件事 / 一つお願いがあるんですけど. ¶～～你别这样说 / 後生だからそんなこと言わないでください. ¶～您给写个字画 zìhuà / 書画を書いていただけませんか.
②(…の実現を)**要求する,**願う,求める. 注意 必ず2音節の動詞(句)を目的語にとる.一部の目的語を除き"求"は前後に付加成分を必要とする. ¶～幸福 xìngfú / 幸福を追求する. ¶～团结 tuánjié / 団結を求める. ¶力～进步 / 向上に努める. ¶初学阶段 jiēduàn,只～质量 zhìliàng 不～速度 sùdù / 初歩の段階では質のみを追求し,速さは要求しない.
③(…を)**求める,**追究する,探求する. ¶～方程 fāngchéng / 方程式を解く. ¶怎么～ X 的值 zhí ? / Xの値はどのように求めるか.
◇◆ 需要. ¶供 gōng ～ / 需給.需要と供給.
‖姓
【求爱】qiú'ài 動 求愛する.言い寄る. ¶向她～ / 彼女に求愛する.彼女に言い寄る.
【求告】qiúgào 動(人に同情や助けを)頼み込む.
【求和】qiú//hé 動 ①(負けている方が)講和を申し出る. ②(勝てないとみて)ゲームを引き分けに持ち込む. ③〈数〉和を求める.
【求婚】qiú//hūn 動 求婚する.プロポーズする.
【求见】qiújiàn 動 面会を求める.
【求教】qiújiào 動 教えを請う.教えてもらう.
【求借】qiújiè 動 借金を頼む.借用を求める.
【求救】qiújiù 動(災難時や危険時に)救助を求める. ¶发出～信号 xìnhào / SOS を発する.
【求靠】qiúkào 動 生活上の面倒を見てもらう.
【求偶】qiú'ǒu 動〈書〉結婚相手を探す.
【求签】qiú//qiān 動 おみくじを引く.
【求亲】qiú//qīn 動(男女の一方の家が他方の家に)縁談を持ち込む,縁結びを申し込む.
【求亲告友】qiú qīn gào yǒu〈成〉親類や友人に頼み込む;八方手を尽くして借金を頼む.
【求情】qiú//qíng 動 自分の顔に免じて承諾〔容赦〕するように頼む. ¶我去替 tì 你求求情 / ぼくが君のために頼んでみてあげよう.
【求全】qiúquán 動 ①完全を求める. ►けなす意味を含むことが多い. ②どうにかして事をまるく収めようとする.
【求全责备】qiú quán zé bèi〈成〉完全無欠を厳しく要求する.
【求饶】qiú//ráo 動 許しを求める.
【求人】qiú//rén 動 人にすがる. ¶不要什么事都～ / 何もかも人に頼んではいけない.
【求仁得仁】qiú rén dé rén〈成〉願ったりかなったり.
【求荣】qiúróng 動 個人の栄華をはかる.
【求神问卜】qiú shén wèn bǔ〈成〉神に願をかけたり占ったりする.目的を達したいと思っていろいろなものにすがる形容.
【求生】qiúshēng 動 生きる道を求める.なんとかして生き延びようとする. ¶～不得 dé,欲 yù 死不能 / 生きることも死ぬこともできない.にっちもさっちも行かない.
【求胜】qiúshèng 動 勝利を求める. ¶～心切 xīnqiè / 必死に勝とうとする.勝利を焦る.
【求实】qiúshí 動 実際を重んじる. ¶～精神 jīngshén / 現実主義的精神.
【求索】qiúsuǒ 動 探求する.
【求同存异】qiú tóng cún yì〈成〉共通点を見つ

Q

け出し,異なる点は残しておく.
【求降】qiúxiáng 動 投降を申し出る.
【求学】qiúxué 動 学校で勉強する;学問を探求する.
【求爷爷告奶奶】qiú yéye gào nǎinai 〈慣〉八方手を尽くして頼み込む.
【求医】qiúyī 動 医者に治療を頼む.
【求雨】qiú//yǔ 動 雨ごいをする.
【求援】qiúyuán 動 援助を頼む.
【求战】qiúzhàn 動 1 戦闘を求める. 2 戦列に加わることを要求する.
【求证】qiúzhèng 動 証拠を探す. 証明を求める.
【求知】qiúzhī 動 知識を求める. ¶～欲 yù / 知識欲.
【求之不得】qiú zhī bù dé 〈成〉願ってもない;思いがけない幸運に恵まれること.
【求职】qiúzhí 動 職を探す.
【求助】qiúzhù 動 援助を求める.

虬 qiú "虬龙 qiúlóng"↓などの語に用いる.
【虬龙】qiúlóng 名〈古〉虬竜(きゅうりゅう). 伝説上の角のある小さな竜. みずち.
【虬髯】qiúrán 名〈書〉(縮れ毛の)ほおひげ.
【虬须】qiúxū 名〈書〉(縮れ毛の)あごひげ.

酋 qiú ◇ ①酋長(しゅうちょう). ②(盗賊・侵略者などの)頭,頭目,首領. ¶匪 fěi ～ / 匪賊(ひぞく)の頭. ‖姓
【酋首】qiúshǒu 名〈貶〉頭. 首領.
【酋长】qiúzhǎng 名 酋長. 首長.

逑 qiú ◇ 連れ合い. 配偶者. ¶好～ / 夫婦としてふさわしい相手.

****球**(毬) qiú 名 1〈数〉球(きゅう). 2(～儿)球形;球形に近いもの. ¶毛～ / (セーターなどにできる)毛玉. 3(スポーツ用の)ボール. まり. (量) 个. ¶传 chuán ～ / パス(する). 4 球技. ¶看～去 / 球技を見に行く.
◇ 地球;星. 天体. ¶全～ / 全世界.
【球棒】qiúbàng 名〈体〉(野球で)バット.
【球操】qiúcāo 名〈体〉(新体操で)ボール演技.
*【球场】qiúchǎng 名 **球技場**. **コート**. (量) 个.
【球胆】qiúdǎn 名(ボールの)ゴム芯(しん). チューブ.
【球队】qiúduì 名 球技のチーム.
【球风】qiúfēng 名 球技の試合中のマナー.
【球果】qiúguǒ 名〈植〉球果. ¶松树 sōngshù ～ / マツかさ.
【球技】qiújì 名 球技のテクニック. ¶～高超 gāochāo / 球技のわざが優れている.
【球尖笔】qiújiānbǐ 名 ボールペン. ►主に台湾で用いる.
【球茎甘蓝】qiújīng gānlán 名〈植〉コールラビ.
【球类运动】qiúlèi yùndòng 名 球技.
【球路】qiúlù 名 球技の技・戦術・策略.
【球门】qiúmén 名〈体〉(サッカーやアイスホッケーで)ゴール. ¶～区 / ゴールエリア. ¶～线 xiàn / ゴールライン.
【球迷】qiúmí 名 球技ファン.
【球拍】qiúpāi 名(～儿)ラケット.
【球儿】qiúr 名 小さなボール〔まり〕;ビー玉.
【球赛】qiúsài 名 球技の試合. (量) 场 chǎng, 次.
【球台】qiútái 名 ビリヤード・卓球などの球技の台.
【球坛】qiútán 名 球技界.
【球童】qiútóng 名〈体〉キャディー.
【球网】qiúwǎng 名(テニス・卓球などで)ネット.
【球鞋】qiúxié 名 球技用シューズ.
【球艺】qiúyì 名 球技の技術.

遒 qiú ◇ 力強い.
【遒劲】qiújìng 形〈書〉たくましく力強い.

裘 qiú ◇ 毛皮の衣服. 裏に毛皮のついた衣服または毛皮の裏. ¶狐 hú ～ / キツネの毛皮で作った服. ‖姓
【裘皮】qiúpí 名 毛皮.

qu (ㄑㄩ)

1声 ***区**(區) qū 名(行政上の区分の単位)区. ¶自治 zìzhì ～ / 自治区.
◇ ①区分する. ¶→～分 fēn. ¶→～别 bié. ②区域. 地区. ¶山～ / 山間地帯.
*【区别】qūbié 1 動 **区別する**. 見分ける. ¶～好坏 hǎohuài / 善し悪しを区別する. ¶～对待 duìdài / 取り扱いを区別する. ¶把两者～开来 / 両者を区別する. 2 名 **違い**. **差**. 区別. ¶有什么～? / どんな違いがあるのですか.
【区分】qūfēn 動 区分する. 区別する.
【区划】qūhuà 1 動 区画する. 区分する. 2 名 区画. 区分. ¶行政 xíngzhèng ～ / 行政区画.
【区间】qūjiān 名 交通・通信の一区間.
【区区】qūqū 1 形(数量が)少ない;(人や事物が)取るに足りない,つまらない. ¶～小事,何足 hé zú 挂齿 guàchǐ / これしきのことお礼などとんでもない. 2 代〈旧〉〈謙〉私め. ►やや不まじめな言い方. ¶～之见 / 卑見.
*【区域】qūyù 名 **地域**. **区域**.

曲(麯) qū 名 こうじ. ►"酒母 jiǔmǔ"とも.
◇ ①曲がっている. ¶弯 wān ～ / くねくねした. ¶→～线 xiàn. ②曲がった場所. ¶河～ / 川の曲がった所. ③へんぴな所. ¶乡 xiāng ～ / 片田舎. ④公正でない. 不合理である. ¶→～直 zhí. ‖姓 注意「楽曲」の意味のときは qǔ と第三声に発音する. ⇒ qǔ
【曲别针】qūbiézhēn 名 ゼムクリップ. ►"回形针 huíxíngzhēn"とも.
【曲尺】qūchǐ 名 かね尺.
【曲拱】qūgǒng 名〈建〉アーチ. せり持ち.
【曲棍球】qūgùnqiú 名〈体〉1 ホッケー. 2 ホッケーのボール.
【曲解】qūjiě 動 曲解する.
【曲里拐弯】qūliguǎiwān 形(～儿・～的)〈口〉曲がりくねっている.
【曲流】qūliú 名〈地〉蛇行する河流.
【曲霉】qūméi 名 コウジカビ.
【曲曲弯弯】qūqūwānwān 形(～的)曲がりくねっている.
【曲蟮】qūshan 名〈動〉ミミズ.
【曲线】qūxiàn 名 **曲線**;カーブ. (量) 条. ¶～球

qiú /（野球で）カーブ.
【曲意逢迎】qū yì féng yíng 〈成〉本意を曲げて他人に迎合する.
*【曲折】qūzhé ❶形 ①（形が）曲がりくねっている. 湾曲している. ②（事柄・内容などが）込み入っている. ¶剧情 jùqíng ～ / 劇の筋が込み入っている. ❷名 曲折. 込み入った事情.
【曲直】qūzhí 名 善悪. 是非.

岖（嶇）qū "崎岖 qíqū"（山道がでこぼこであるさま）という語に用いる.

驱（驅）qū ◇◆ ①（動物を）駆る, 追う. ¶～马前进 / ウマを駆って前進する. ¶～策 cè /（ウマのようにむち打って）こき使う. ②車を走らせる. ¶→～车. ③追い払う. ¶→～逐 zhú. ④速く走る. 駆ける. ¶前～ / 先駆け. 先駆者.
【驱车】qū∥chē 動 車を走らせる.
【驱虫剂】qūchóngjì 名 虫下し.
【驱除】qūchú 動 駆除する. 追い出す.
【驱动】qūdòng ①動〈機〉駆動する. ¶～齿轮 chǐlún / 駆動ギア. ②名〈電算〉ドライブ. ¶～器 qì / ドライブ.
【驱赶】qūgǎn 動 追いやる. 追い払う.
【驱寒】qūhán 動 寒気を取り除く.
【驱迫】qūpò 動 強制する.
【驱散】qūsàn 動（群衆を）追い散らす；（霧・煙などを）消散させる. ¶～疑虑 yílǜ / 疑いを晴らす.
【驱使】qūshǐ 動 ①こき使う. ②駆り立てる. つき動かす. ►抽象的な意味に用いる. ¶被好奇心所～ / 好奇心に駆り立てられる.
【驱邪】qūxié 動 邪気を追い払う. 魔除けをする.
【驱逐】qūzhú 動 追い払う. 追放する. 駆逐する. ¶～外国间谍 jiàndié / 外国のスパイを追放する.
【驱逐舰】qūzhújiàn 名〈軍〉駆逐艦. ㊖ 只, 艘 sōu. ¶导弹 dǎodàn ～ / ミサイル駆逐艦.
【驱走】qūzǒu 動 追い払う. 追い出す.

屈 qū 動 ①（体を）**折る, 曲げる**. ¶～臂 bì / 腕を曲げる. ②悔しい思いをさせる. ¶受 shòu ～ / 悔しい思いをする. ◇◆ ①屈服する. ¶宁 nìng 死不～ / 死んでも屈しない. ②理に欠ける. 筋が通らない. ‖姓
【屈才】qū∥cái 動 腕が十分にふるえない. 役不足である. ¶他干这个工作有点～了 / 彼がこの仕事をするのは少々役不足だ.
【屈从】qūcóng 動〈書〉やむなく服従する. 屈服する.
【屈打成招】qū dǎ chéng zhāo 〈成〉拷問にかけられて無実の罪を認めさせられる.
【屈服・屈伏】qūfú 動 **屈服する**. ¶我们决不在敌人 dírén 面前～ / われわれは決して敵の前で頭を下げない. ¶他～于上司 shàngsi 的压力 yālì, 不得不 bùdébù 同意 / 彼は上司の圧力に屈し, 同意せざるを得なかった.
【屈己从人】qū jǐ cóng rén 〈成〉我（が）を折って人に従う.
【屈驾】qūjià 動〈書〉〈敬〉ご来駕（らいが）くださる. ►人を招くのを敬って言う語.
【屈节】qūjié 動〈書〉節を曲げる. 節操を失う.
【屈就】qūjiù 〈套〉〈旧〉曲げて就任してくださる. 引き受けていただく.
【屈居】qūjū 動 低い地位や順位に甘んじる.
【屈挠】qūnáo 動〈書〉屈服する.
【屈曲】qūqū 動（腕などが）曲がる；（腕を）曲げる.
【屈辱】qūrǔ 名 **屈辱**. ¶受～ / 辱められる.
【屈死】qūsǐ 動 無念の死を遂げる.
【屈枉】qūwang 動〈方〉無実の罪をなすりつける. ぬれぎぬを着せる.
【屈膝】qūxī 動 ひざを屈する；〈喩〉屈服する. ¶～乞饶 qǐ ráo / ひざまずいて許しを請う.
【屈心】qūxīn 動〈口〉良心がとがめる. 後ろめたい.
【屈折语】qūzhéyǔ 名〈語〉屈折語.
【屈指】qūzhǐ 動 指折り数える.
【屈指可数】qū zhǐ kě shǔ 〈成〉指を折って数えることができる. 数が少ない.
【屈尊】qūzūn 〈套〉〈旧〉（身分を落として）我慢していただく. まげて…していただく.

祛 qū ◇◆ 取り除く. 払いのける. ¶～寒 / 悪寒を除く. ¶～病延 yán 年 / 病気を取り除き寿命を延ばす.
【祛除】qūchú 動〈書〉（疾病・疑念・邪気などを）除去する, 払いのける. ¶～邪魔 xiémó / 悪魔を追い払う.
【祛痰】qūtán 動 たんを取る. ¶～剂 jì / 去痰（きょたん）薬.
【祛疑】qūyí 動〈書〉疑惑を晴らす.

蛆 qū 名〈虫〉ウジ. ウジムシ. ㊖条. ¶生了～ / ウジがわいた.
【蛆虫】qūchóng 名 ウジムシ；〈喩〉悪い事ばかりする卑劣な人間.

躯（軀）qū ◇◆ 身体. ¶身 shēn ～ / 体. ¶血肉 xuèròu 之～ / 肉体. 生きている人間.
【躯干】qūgàn 名 胴体. ►"胴体 dòngtǐ"とも. ¶～像 / トルソ. 胴体だけの彫像.
【躯壳】qūqiào 名（精神に対し）肉体.
【躯体】qūtǐ 名 体. 身体. 体躯（たいく）.

趋（趨）qū 動 ガチョウやヘビが首を伸ばして人をかむ. ◇◆ ①（ある方向・傾向に）赴く, 向かう. ¶大势 dàshì 所～ / 大勢の赴くところ. ②急いで行く. ¶疾 jí ～而过 / 急いで走り過ぎる.
【趋奉】qūfèng 動 迎合する. へつらう.
【趋附】qūfù 動〈書〉取り入って付き従う.
【趋时】qūshí 動〈書〉流行を追う.
【趋势】qūshì 名 **形勢. 動向**.
【趋向】qūxiàng ①動（**ある方向に）向かう**, 傾く. ¶经济改革 jīngjì gǎigé 逐步 zhúbù ～完善 wánshàn / 経済改革は一歩一歩完全なものになりつつある. ②名 **動向. 傾向**.
【趋向补语】qūxiàng bǔyǔ 名〈語〉方向補語.
【趋炎附势】qū yán fù shì 〈成〉権力のある人に取り入る.
【趋之若鹜】qū zhī ruò wù 〈成〉（アヒルが群れをなして集まってくるように）わんさと押しかける, 殺到する. ►多くはよくないことについていう.

蛐 qū "蛐蛐儿 qūqur""蛐蟮 qūshan"⬇という語に用いる.
【蛐蛐儿】qūqur 名〈方〉〈虫〉コオロギ.
【蛐蟮】qūshan ⇀【曲蟮】qūshan

Q

麹 qū ◇ こうじ. ¶～子 zi / こうじ. ‖姓

觑(覻・覷) qū 動〈口〉目を細めて注意深く見る. ¶～着眼睛仔细 zǐxì 地看 / 目を凝らして見る. ▸▸ qù

黢 qū ◇ 黒い. ¶黑～～ / 黒々としたさま.

2声 **渠** qú 名 **人工水路. 溝.** 量 条. ◇ 大きい. ¶～帅 shuài / 首領. ‖姓

*【渠道】qúdào 名 量 条. ① **用水路. 水路.** ② **ルート. チャンネル. 手段.** ¶外交～ / 外交ルート.

【渠灌】qúguàn 名〈農〉用水路による灌漑(かんがい).

瞿 qú ‖姓

3声 **曲** qǔ 名 ① **曲. メロディー. 節.** ¶这首 shǒu 歌是他作的词 cí, 我作的～ / この歌は彼が作詞し私が作曲したものです. ②(～儿)歌. 歌物語. ¶高歌一～ / 高らかに1曲歌う. ③ 曲. ►南宋・金の時代に始まり元代に最も流行した詩文の一形式. これをつないで戯曲を作った. ⇒【元曲】yuánqǔ ▸▸ qū

【曲调】qǔdiào 名 メロディー. 旋律.

【曲高和寡】qǔ gāo hè guǎ〈成〉芸術作品が高尚すぎて大衆が理解できない.

【曲剧】qǔjù 名 新中国成立後, "曲艺"から発展してできた新しいスタイルの伝統劇;(特に)北京で行われる伝統劇の一種.

【曲目】qǔmù 名 曲目. 演目.

【曲牌】qǔpái 名 元曲などの節の名称.

【曲谱】qǔpǔ 名 ① 元曲などのひな型や歌い方を集めた本. ②(戯曲の)楽譜.

【曲儿】qǔr ⇀【曲子】qǔzi

【曲艺】qǔyì 名 地方色豊かな大衆演芸.

【曲子】qǔzi 名 **歌. 曲.** 量 支 zhī, 首 shǒu, 个. ¶这支～很好听 / この歌はたいへんよい.

** **取** qǔ 動 ①(所有者として)**受け取る. 取りに行ってくる.** 引き出す. ¶到表店～修理好的表 / 時計店に修理してもらった時計を受け取りに行く. ¶到银行～款 kuǎn / 銀行へ行って預金を引き出す. ¶行李 xíngli 已经～回来了 / 旅行荷物はもう受け取ってきました. ② **手を伸ばして手に取る.** ¶把月历 yuèlì 从墙 qiáng 上～下来 / 壁からカレンダーを取りはずす. ③ **選び取る.** ¶二者～一 / 二つの中から一つを選び出す. ¶给人～外号 / 人にあだ名をつける. ◇ 得る. 招く. ¶从中～利 lì / 中に立って甘い汁を吸う. ¶咎 jiù 由自～ / 自業自得. ‖姓

【取保】qǔ//bǎo 動(多く保釈のとき)保証人を立てる. ¶～释放 shìfàng / 保証人を立てて保釈される.

【取不上】qǔbushàng 動+可補 採用にならない. 合格できない.

【取材】qǔ//cái 動 材料をとる. 取材する. ¶这部小说～于陕西 Shǎnxī 农民 nóngmín 的生活 / この小説は陝西の農民の生活を題材にしている.

【取长补短】qǔ cháng bǔ duǎn〈成〉長所を見習って短所を補う.

【取代】qǔdài 動 取って代わる. ¶袖珍 xiùzhēn 计算器～算盘 / 電卓がそろばんに取って代わる.

【取道】qǔdào 動 経由する. ¶～香港进入广州 / 香港を経由して広州に入る.

*【取得】qǔdé 動 **取得する. 手に入れる. 獲得する.** ¶～冠军 guànjūn / チャンピオンになる. ¶跟他～联系 liánxì / 彼と連絡をとる. ¶～圆满 yuánmǎn 成功 / 見事な成功を収めた.

【取缔】qǔdì 動 取り締まる. 禁止する. ¶～贩毒 fàndú 集团 / 麻薬組織を取り締まる.

【取而代之】qǔ ér dài zhī〈成〉(何かまたはだれかに)取って代わる. 後釜に座る.

【取法】qǔfǎ 動 手本とする. 見習う.

【取给】qǔjǐ 動 供給してもらう.

【取经】qǔ//jīng 動(他人の)すぐれた経験を吸収する.

【取景】qǔ//jǐng 動(撮影や写生で)構図を決める. ¶～器 qì /(カメラの)ファインダー.

【取决】qǔjué 動("～于 yú"の形で用い)…**によって**(…であるかが)**決まる.** …で決定される. ¶谈判 tánpàn 成功是否 shìfǒu, ～于双方 / 交渉の成否は双方の出方による. ¶公司经营 jīngyíng 好坏, ～于领导 lǐngdǎo 与否 yǔfǒu 有方 yǒufāng / 会社の経営の良し悪しは, 指導が当を得ているかどうかで決まる.

【取乐】qǔ//lè 動(～儿)楽しむ. 遊ぶ. なぐさみとする. ¶打麻将 májiàng ～ / マージャンをして遊ぶ. ¶拿 ná 人～ / 人をからかう.

【取名儿】qǔ//míngr 動 名づける.

【取闹】qǔnào 動 ①(言いがかりをつけて)騒ぎ立てる. ¶无理 wúlǐ ～ / 理由なく人にけんかを吹っかける. ② からかう.

【取暖】qǔ//nuǎn 動 **暖を取る.**(…によって)暖まる. ¶～设备 shèbèi / 暖房装置. ¶用电炉 diànlú ～ / 電気ストーブで体を暖める.

【取齐】qǔqí 動 ①(数量・長さ・大きさなどを)そろえる. ② 集合する.

【取巧】qǔ//qiǎo 動 うまく立ち回る. ずるをする. ¶～图 tú 便 / ずるいことをして手をぬく.

【取舍】qǔshě 動 取捨する. 選択する.

【取胜】qǔshèng 動 勝ちを制する〔収める〕. ¶侥幸 jiǎoxìng ～ / まぐれ当たりの勝ち.

【取向】qǔxiàng 名 傾向. 志向. 基準.

*【取消・取销】qǔxiāo 動 **取り消す. 廃止する.** キャンセルする. ¶～这次会议 / 今回の会議を中止する. ¶～合同 hétong / 契約を取り消す.

【取笑】qǔxiào 動 冗談を言う. からかう.

【取信】qǔxìn 動 信用を得る.

【取样】qǔ//yàng 動 見本を抜き取る. サンプリングする. ¶～检查 jiǎnchá / 抜き取り検査.

【取悦】qǔyuè 動 機嫌をとる. ¶阿谀 ēyú ～ / おべっかを使って歓心を買う.

【取证】qǔzhèng 動 証拠を取る.

【取之不尽, 用之不竭】qǔ zhī bù jìn, yòng zhī bù jié〈成〉取っても使っても尽きることがない.

* **娶** qǔ 動(↔嫁 jià)(**嫁を**)**もらう.**(男性が)結婚する. ¶我要～她 / 彼女を嫁にもらうつもりだ. ¶～媳妇儿 xífur / 嫁をもらう.

【娶亲】qǔ//qīn 動(男性が)結婚する. 妻をめとる. ¶择 zé 日～ / 吉日を選んで嫁を迎える.

【娶小】qǔ//xiǎo 動〈旧〉妾(めかけ)をもつ.

龋 qǔ "龋齿 qǔchǐ"⬇という語に用いる.

【龋齿】qǔchǐ 名 虫歯. ►俗に"虫牙 chóngyá""虫吃牙 chóngchīyá"という.

4声 ** **去** qù 動 ①行く. ¶明天～天津 Tiānjīn / あす天津に行く. ¶我想～中国旅行 / 私は中国へ旅行に行きたい.
②(手紙や人を)出す;(電話を)する;(電報を)打つ. ¶我给他～了一封信 / 私は彼に手紙を1通出した. ¶你们～一个人开会 / 人を一人送って会議に出させなさい.
③取り除く. ¶苹果 píngguǒ ～了皮 pí 再吃 / リンゴは皮をむいて食べなさい. ¶这句话很关键 guānjiàn,～不得 bude / ここの言葉はポイントだから,削ってはならない.
④〖去+〈動詞(句)〉〗すすんで…する. ►自らすすんである事をしようとすることを表す. ¶你们～研究研究! / あなたたちで検討してください.
⑤〖〈動詞句/前置詞句〉+去+〈動詞(句)〉〗動作の方式・方法とその目的を示す. ¶下定决心～争取 zhēngqǔ 胜利 / 決心を固めて勝利を獲得する.
⑥〖〈動詞(句)〉+去〗《何をするために行くのかその目的を明らかにする》…しに行く. ¶我们买东西～ / 私たちは買い物に行きます.
⑦〈婉〉亡くなる.
◇◆ 過ぎ去った. 以前の. ¶→～年.

語法ノート

方向補語"－去"の用法

❶動詞の後に用い,人や事物が動作に伴って空間的・時間的・心理的に**視点の置かれる場**(話し手の立脚点)**から離れ遠ざかる**ことを表す. ►「動詞+"去"」のように単独でも動詞に接続するし,また「動詞+他の方向補語("进、出、上、下、回、过")+"去"」のように複合方向補語を形成して動詞に接続することもある. ¶你给他带～吧 / 彼に持って行ってやりなさい. ¶一气儿咽 yàn 下～ / 一気に飲み込む.

❷〖〈動詞〉+去+〈名詞(動作の対象や数量など)〉〗動作・行為が対象の広範囲に及び,その結果,**何かが失われてしまうこと**を表す. ►動詞は"用、占 zhàn、吃、花"などに限られる. ¶这些琐碎 suǒsuì 的事情占～了他不少时间 / こうしたこまごまとしたことが彼のかなりの時間をつぶした. ¶这个工程 gōngchéng 已经用～了一亿 yì 美元 / この工事ではすでに1億ドルをつぎ込んだ.

❸"让 ràng""随 suí"などと組み合わせて用い,**放任**(勝手にさせておく)の意味を表す. ¶随他说～ / 勝手に言わせておけ. ¶别理 lǐ 她,让她哭 kū ～ / 彼女にはかまわないで泣かせておけ.

❹"看""听"などの動詞の後に用い,見積もりやある方面に着眼する意味を表し,挿入句として多く書き言葉に用いる. ¶看～… / 見たところ…のようだ. ¶一眼望 wàng ～,水天相连,无边无际 jì / 見渡せば,水と空が連なっていて果てしない.

❺〖〈動詞₁〉+来+〈動詞₂〉+去〗**動作が繰り返し行われる**ことを表す. 動詞₁と動詞₂は同一もしくは類似の語で,多くは熟語を作る. ¶走来走～ / 行ったり来たりする. ¶翻 fān 来复 fù ～ / 何度も寝返りを打つ. 何回となく繰り返す.

【去不了】qùbuliǎo 動+可補 **行くことができない.** ¶今天有事,～他家 / きょうは用事があって彼の家に行けない.
【去成】qù//chéng 動+結補 行くことができる. ¶明天去得成吗?——去不成 / 明日行けますか——行けません.
【去处】qùchù 名 ①行き先. ②(…するのにもってこいの)ところ,場所.
【去粗取精】qù cū qǔ jīng〈成〉かすを除いて精髄を取る.
【去电】qù//diàn 動 電報を打つ. 打電する.
【去掉】qù//diào 動+結補 **取り去る. 取り除く.** ¶油迹 yóujì 很难～ / 油のしみは取りにくい.
【去垢剂】qùgòujì 名 洗浄剤.
【去寒】qù//hán 動〈中医〉冷えによる病気を治す.
【去火】qù//huǒ 動〈中医〉熱やのぼせを下げる.
【去就】qùjiù 名〈書〉去就. 進退.
【去留】qùliú 名 進退. 身の振り方.
【去路】qùlù 名 行く手. 進む道.
【去你的】qù nǐde〈慣〉(うるさい)**もうよせ.** もうたくさんだ.
【去年】qùnián 名 **去年. 昨年.
【去任】qù//rèn 動 離任する.
【去声】qùshēng 名〈語〉①去声(きょしょう). 古代漢語の四声(しせい)の一つ. ②現代漢語共通語("普通话 pǔtōnghuà")の声調の第四声.
*【去世】qùshì 動(成人が)**死ぬ**,逝去する. ¶父亲 fùqin 去年～了 / 父は去年亡くなった. ⇨〖死 sǐ〗参考
【去势】qùshì 動 去勢する.
【去暑】qù//shǔ 動 暑気あたりを治す.
【去他的】qù tāde〈慣〉(他人の要求や意見を無視するときの言葉)かってにやらせておけ.
【去污粉】qùwūfěn 名 磨き粉. クレンザー.
【去芜存菁】qù wú cún jīng〈成〉かすを除いて粋を残す.
【去向】qùxiàng 名 行方.
【去信】qù//xìn 動 **手紙を出す.** ¶～打听 dǎting 一下 / 手紙を出して聞いてみる.
【去杂去劣】qù zá qù liè〈成〉雑種や劣種を取り除く.
【去职】qù//zhí 動 職を離れる.

趣 qù ◇◆ ①(～儿)おもしろみ. 興味;おもしろい. ¶有～儿 / おもしろい. ¶→～事 shì. ¶→～闻 wén. ②意向. 趣向. ¶志 zhì ～ / 志向. ¶旨 zhǐ ～ / 趣旨. ねらい. ‖姓

【趣话】qùhuà 名 おもしろい話;洒落(しゃれ).
【趣剧】qùjù 名 どたばた喜劇.
【趣事】qùshì 名 おもしろいこと. ¶逸闻 yìwén ～ / おもしろいエピソード.
*【趣味】qùwèi 名 **おもしろみ. 興趣. 興味.** ¶～无穷 wúqióng / 興味が尽きない. ¶他说话很有～ / 彼は話がたいへんおもしろい. 注意 日本語の「趣味」は普通は"爱好 àihào"という.
【趣闻】qùwén 名 おもしろい話.
【趣语】qùyǔ 名 おもしろい言葉. ユーモア.

觑(覷・覰) qù ◇◆ 見る. ¶小～ / 見くびる. 見下げる. ¶面面相～ / あっけにとられて互いに顔を見合わせる. ⏩qū

quan（ㄑㄩㄢ）

1声 *圈 quān ❶名 ①(～儿)(図形または物の形としての)**輪,丸,円**. ¶铁～儿 / 鉄の輪. ¶画个～儿 / 丸を一つかく. ② **集団・グループ・仲間；(活動・行為の)範囲；なわばり**. ¶～里人 / 内輪の人. ¶他这种 zhǒng 做法,太出～儿了 / 彼のこういうやり方は,常軌を逸している.
❷量(～儿)**輪状になったもの；一回り**；マージャンの１勝負に用いる. ¶跑了两～儿 / ２周走った. ¶围 wéi 了一～人 / ぐるっと人垣ができた.
❸動 ① **囲む**. ¶用石头把院子 yuànzi ～起来 / 石で庭を囲む. ②(印として)**丸をかく,丸をつける**. ¶把标题 biāotí 用红线～起来 / 標題を赤い線で囲む.
▸▸ juān,juàn

【圈操】quāncāo 名〈体〉(新体操で)輪の演技.
【圈点】quān//diǎn 動(文章の注意すべき部分に)丸や点をつける.
【圈定】quāndìng 動(人選などを)○×式で決める.
【圈拢】quānlong 動〈方〉① 団結する. ②(仲間に)引き入れる.
【圈圈儿】quān//quānr 動 丸をかく.
【圈圈】quānquan 名 ① 範囲. 枠. ② 丸. 円.
【圈儿】quānr →【圈子】quānzi
【圈儿癣】quānrxuǎn 名〈医〉たむし. 白癬(はくせん).
【圈套】quāntào 名 わな. 人を陥れる計略. ¶落入 luòrù ～ / わなに掛かる. ¶布 bù 下～ / わなを仕掛ける.
【圈椅】quānyǐ 名 半円形のひじ掛け椅子.
【圈阅】quānyuè 動(公文書・回覧書類の閲覧者の名前に)丸をつけてすでに見たしるしとする.
*【圈子】quānzi 名 ① **輪. 輪になっているもの. 丸. 円**. ¶大家围 wéi 成一个～做游戏 yóuxì / みんなで輪になってゲームをする. ¶到街上兜 dōu 个～去 / 街まで一回り散歩に行ってくる. ¶说话别兜～ / 遠回しにものを言うな. ②(**集団や活動の)範囲,枠**. ¶生活～ / 生活範囲. ¶跳出行业 hángyè ～ / 職種の枠を超える.

2声 权(權) quán ❶名 ① **権力. 権限**. ¶这位局长 júzhǎng ～很大 / この局長はとても大きな権限を持っている. ¶有～就有一切 / 権力を持てば,すべてを握ることになる. ② **権利**. ¶她有～这样做 / 彼女にはこのようにする権利がある. ③〈古〉はかりのおもり.
❷動〈書〉計る. 見積もる. ¶～其 qí 轻重 qīngzhòng / 軽重を比べ判断する.
❸副 ひとまず. 仮に. ¶→～当 dàng.
◇◆ ①有利な情勢. ¶制空 zhìkōng ～ / 制空権. ②臨機応変〔便宜上〕の措置. ¶→～谋 móu. ‖姓

【权变】quánbiàn 動 臨機応変にする.
【权柄】quánbǐng 名 権力.
【权臣】quánchén 名〈書〉(封建社会で)権力を握る臣. ¶～用事 / 権臣が横行する.
【权充】quánchōng 動 臨時に代役を務める.
【权当】quándàng 動 仮に…に当てる. ¶死马～活马医 / 〈諺〉望みのないものでもさしあたって望みのあるものとして努力を続けること.
【权贵】quánguì 名〈旧〉権勢のある高官.
【权衡】quánhéng 動 はかる. 比較判断する. ¶～利弊 lìbì / 利害得失を比較して考える.
*【权力】quánlì 名 ① **権力**. ¶掌握 zhǎngwò ～ / 権力を握る. ②(職務上の)**権限**. 職権.
*【权利】quánlì 名 **権利**.
【权略】quánlüè 名 臨機応変の策略.
【权谋】quánmóu 名〈書〉策略. 権謀.
【权能】quánnéng 名 権力と機能.
【权且】quánqiě 副 ひとまず. とりあえず. ¶～如此 rúcǐ 办理 bànlǐ / とりあえずこのように処理する.
【权时】quánshí 名 暫時. しばらく.
【权势】quánshì 名 権勢.
【权术】quánshù 名 権謀. 策術.
【权威】quánwēi 名 ① **権威**. ② **権威のあるもの〔人〕**. オーソリティー. ¶他是这方面的～ / 彼はこの方面の権威だ.
【权位】quánwèi 名 権力と地位.
【权限】quánxiàn 名 職権の範囲. 権限.
【权宜】quányí 形〈書〉便宜的な. その場限りの.
【权益】quányì 名 権益.
【权责】quánzé 名 権力・権限と責任.
【权诈】quánzhà 形〈書〉悪賢い.

*全 quán ❶副(例外なく)**すべて. まったく**. 全部. ►"都 dōu"と共に用い,"全都"とすることが多い. ¶一下班,大家就～走了 / 退社時間になると,みんな例外なく帰ってしまった. ¶我们出口的～都是新产品 chǎnpǐn / 輸出しているのは全部新製品です. ¶～不考虑 kǎolǜ 别人 / まったく他人のことを考えない. ¶我把钱～都还 huán 清了 / 私は金を全部返済した.
❷形 ① **そろっている**. 完備している；完備させる. ►述語や補語になる. ¶东西很～ / 品ぞろえが豊富である. ¶资料 zīliào 不～ / 資料が不備だ.

語法ノート **動詞(＋"不")＋"全"**
全部…する. …しそろえる.
¶买 mǎi ～ / 買いそろえる. ¶记 jì ～ / 全部覚える. ¶说不～ / 全部言い尽くせない.

② **全部の**. すべての. 全体の. ►"的"を介さず修飾する. ¶～校师生 shīshēng / 全学の生徒・教職員. ¶故宫～貌 mào / 故宮の全容.
◇◆ 損なわないようにする. 完全なものにする. ¶两～其 qí 美 / 両方とも何もかもうまくいく. ‖姓

【全般】quánbān 形 全般の. すべての.
【全豹】quánbào 名(事物の)全体,全貌.
*【全部】quánbù ① 形 **全部の**. あらゆる. ¶～力量 / ありったけの力. ¶～产品 chǎnpǐn / 全製品. ② 名 **すべて. 全部**. ¶～做完 / 全部し終える.
【全才】quáncái 名 なんでもできる人. 万能な人.
【全称】quánchēng 名 正式名称. フルネーム.
【全程】quánchéng 名 全行程. 全コース. ¶～票 piào / 全コース通し切符.
【全等形】quánděngxíng 名〈数〉合同.
【全都】quándōu 副 すべて. すっかり. ¶这批 pī 书～卖完了 / これらの本は完売した.
【全方位】quánfāngwèi 名 全方位. ¶～外交 wàijiāo / 全方位外交.
【全份】quánfèn (～儿) ① 形 そろいの. 全部の. ¶～茶点 / 一人前の茶菓子. ② 名(割り前の)全

額．¶我出～,你就不用出了 / 私が全額出すから，あなたは出さなくてよい．

【全副】quánfù 形 全部そろった．ひとそろいの；一式．¶～精力 jīnglì / ありったけの精力．全精力．¶～扑克牌 pūkèpái / ひとそろいのトランプ．¶～武装 wǔzhuāng / 完全武装．

【全国】quánguó 名 **全国．** ¶～上下 / 国を挙げて．

【全乎】quánhu 形(～儿)〈方〉全部そろっている．なんでもある．

【全活】quánhuó 名(～儿)(いくつかの部分に分けられている)仕事の全体．

【全集】quánjí 名 **全集．**

【全家福】quánjiāfú 名 ① 一家そろって写した写真．② いろいろな材料で作る鍋料理．

【全景摄影】quánjǐng shèyǐng 名 パノラマ写真．

【全局】quánjú 名 **全体の局面．** ¶统筹 tǒngchóu ～ / 全局に対する統一的な計画を進める．

【全开】quánkāi 名〈印〉全紙．全判．

【全力】quánlì 名 **全力．** ¶竭尽 jiéjìn ～ / 全力を尽くす．

【全力以赴】quán lì yǐ fù〈成〉全力で事にあたる．

【全麻】quánmá 名(↔局麻 júmá)全身麻酔．

【全貌】quánmào 名 全貌．全容．

*【全面】quánmiàn ① 名 全体．¶照顾 zhàogù ～ / 全体を考慮に入れる．② 形(↔片面 piànmiàn) **全面的である．全般的である．** ►必要な事項をすべて尽くしていることをいう．¶考虑 kǎolǜ 问题很～ / 問題に対する考え方がきわめて行き届いている．¶这部作品～反映 fǎnyìng 了留学生 liúxuéshēng 的生活状况 zhuàngkuàng / この作品は留学生の生活ぶりを余すところなく描き上げている．¶你分析 fēnxī 得不～ / 君の分析には欠けているところがある．¶很不～的意见 / 一方的な意見．

【全民】quánmín 名 **全国人民．**

【全能】quánnéng 形 万能である．多才である．¶～冠军 guànjūn / 総合優勝．

【全能运动】quánnéng yùndòng 名〈体〉五種競技・十種競技などの総称．

【全年】quánnián 形 1年間の．¶～收入 / 年収．¶～雨量 / 1年間の降雨量．

【全盘】quánpán 形 全面的に．全般的な．¶～否定 fǒudìng / 全面的に否定する．

【全票】quánpiào 名 ①(↔半票)(交通機関の)大人用切符．►中国では汽車・バス・船の場合は,年齢によらず,身長130センチを基準として大人と子供を区別する．量 张．②(選挙で)満票．

【全勤】quánqín 名 皆勤．¶她上个月出了～ / 彼女は先月,一日も休まなかった．

【全球】quánqiú 名 地球全体．全世界．¶名震 zhèn ～ / 名声が全世界にとどろく．

【全球变暖】quánqiú biànnuǎn 名〈環境〉地球温暖化．

【全球定位系统】quánqiú dìngwèi xìtǒng 名 全地球測位システム．GPS．

【全球化】quánqiúhuà 名 グローバリゼーション．

【全权】quánquán 名 全権．¶～代表 dàibiǎo / 全権委員．

【全然】quánrán 副 全然,まったく(…ない)．¶～不计后果 hòuguǒ / 後の結果にはまったく無頓着である．¶他竟 jìng ～没有一点怜悯 liánmǐn 之心 / 彼はほんのわずかの同情心も持ち合わせていない．

【全身】quánshēn 名 全身．¶～发抖 fādǒu / 体中が震える．¶～照相 zhàoxiàng / 全身写真．

【全神贯注】quán shén guàn zhù〈成〉一心不乱になる．注意力を集中する．

【全盛】quánshèng 形 全盛である．

【全食】quánshí 名〈天〉〈略〉皆既(日,月)食．

【全始全终】quán shǐ quán zhōng〈成〉終始一貫する．

【全数】quánshù 名(数えられるものについて)全部．

【全速】quánsù 名 全速力．フルスピード．¶汽车～前进 qiánjìn / 自動車がフルスピードで進む．

【全套】quántào 形 ひとそろいの．全部そろっている．¶～家具 jiāju / 家具一式．¶～设备 shèbèi / プラント．

*【全体】quántǐ 名 **全体．全員．** ¶～参加 / 全員参加する．

【全天候】quántiānhòu 形 ① 全天候型の．② 年中無休の．24時間営業の．

【全托】quántuō 名(保育所の)全託制度．

【全息】quánxī 名〈光学〉ホログラフィー．

【全息照相】quánxī zhàoxiàng 名〈光学〉ホログラム．

【全线】quánxiàn 名 ① 全戦線．② 全コース．全線．¶这条铁路 tiělù 已～通车 tōngchē / この鉄道はもう全線開通した．

【全心全意】quán xīn quán yì〈成〉誠心誠意．一意専心．

【全休】quánxiū 動 全休する．

【全音】quányīn 名〈音〉全音．¶～符 fú / 全音符．

【全员】quányuán 名 すべての労働者・職員．

【全运会】Quányùnhuì 名〈略〉全国体育大会．

【全真】quánzhēn 名 道士．

【全脂奶粉】quánzhī nǎifěn 名 全脂粉乳．

【全职】quánzhí 形 常勤の．専任の．¶～妈妈〔太太 tàitai〕/ 専業主婦．

诠 quán

◇ ①説明する．¶～释 shì / 説明する．解釈する．②事物の道理．¶真～ / 正解．►注釈書の書名に用いる．

【诠释】quánshì 動〈書〉説明する．解釈する．

【诠注】quánzhù 動〈書〉注釈し説明する．

泉 quán

◇ ①泉．¶矿 kuàng ～ / 鉱泉．②古代の貨幣の名称．¶～币 bì / 貨幣．‖姓

【泉华】quánhuá 名 泉華．湯の花．

【泉水】quánshuǐ 名 **泉．泉水．**

【泉下】quánxià 名〈書〉あの世．黄泉．

【泉源】quányuán 名 水源；〈喩〉物事の源．¶智慧 zhìhuì 的～ / 知恵の泉．

拳 quán

① 量 げんこつで殴る回数を数える．¶打了他三～ / 彼に3発食らわしてやった．② 名 拳法．空手．¶练 liàn ～ / 拳法をけいこする．

◇ 握りこぶし．げんこつ．¶挥 huī ～ / こぶしを振り上げる．¶猜 cāi ～ / (酒席で)こぶしの中身を当てる遊び(をする)．

【拳棒】quánbàng 名 拳法や棒術；武術．

【拳打脚踢】quán dǎ jiǎo tī〈成〉殴ったり蹴ったりする．

Q

【拳击】quánjī 名〈体〉ボクシング. ¶～台 / ボクシングのリング. ¶～手套 shǒutào / ボクシングのグローブ. ¶～运动员 yùndòngyuán / ボクサー.
【拳脚】quánjiǎo 名 ① こぶしと足. ② 拳法.
【拳曲】quánqū 動 曲がる.
【拳拳】quánquán 形〈書〉懇切なさま. ►"惓惓"とも書く. ¶～之忱 chén / 懇切なる真心.
【拳手】quánshǒu 名 ボクサー.
【拳术】quánshù 名 拳法. 空手.
*【拳头】quántou 名 **握りこぶし. げんこつ.** (量) 个. ¶紧攥 zuàn 着～ / こぶしをしっかり握りしめている. ¶举起～宣誓 xuānshì / 握りこぶしを上げて宣誓する.
【拳头产品】quántou chǎnpǐn 名 優良商品.

铨 quán ◇◆ ①はかりではかる. ②(人材を)選考する.
【铨叙】quánxù 動〈書〉旧時,政府が官吏の資格・経歴を審査して等級・職位を決める.

痊 quán ◇◆(病気が)治る.
【痊愈】quányù 動 全快する. 治る.

筌 quán ◇◆(魚を捕る竹製の道具)筌(うけ). ¶得 dé 鱼 yú 忘～ / 〈成〉目的を達すると,それをもたらした手段や条件を忘れてしまう.

蜷 quán ◇◆ 縮こませる. 体を丸める.
【蜷伏】quánfú 動 縮こまって寝る.
【蜷曲】quánqū 動(人や動物の肢体が)曲がる,縮こまる. ►"拳曲"とも書く.
【蜷缩】quánsuō 動 縮こまる.

醛 quán 名〈化〉アルデヒド. ¶甲 jiǎ ～ / フォルムアルデヒド. ¶乙 yǐ ～ / アセトアルデヒド.

颧 quán "颧骨 quángǔ"⬇という語に用いる.
【颧骨】quángǔ 名〈生理〉顴骨(けんこつ). ほお骨. ¶～高起 / ほお骨が突き出ている.

3声 **犬 quǎn** ◇◆ イヌ. ►話し言葉では"狗 gǒu". ¶警 jǐng ～ / 警察犬. ¶猎 liè ～ / 猟犬. ¶牧 mù ～ / 牧羊犬.
【犬齿】quǎnchǐ 名〈生理〉犬歯. 糸切り歯.
【犬马】quǎnmǎ 名 犬馬(けんば). ►臣下が君主に対して自らを犬馬にたとえ,謙遜と忠誠を表したもの. ¶效 xiào ～之劳 láo / 犬馬の労をとる.
【犬牙】quǎnyá 名 ① ⇀【犬齿】quǎnchǐ ② イヌの牙.
【犬牙交错】quǎn yá jiāo cuò 〈成〉境界線がイヌの牙のようにジグザグになっている;状況が入り組んでいる.
【犬犹儿】quǎnyóur 名(漢字の偏旁)けものへん. "犭".
【犬子】quǎnzǐ 名〈旧〉豚児(とんじ). 愚息.

4声 * **劝(勸) quàn** 動《説いて聞かせて従わせる》**すすめる. なだめる.** いさめる. ¶小王不肯 kěn 参加演出 yǎnchū, 你去～他一下 / 小王が公演に参加しないって言うんだ. 君からちょっと彼を説得してくれ. [兼語文を作って] ¶医生 yīshēng ～他要多休息 xiūxi / 医者は彼によく休むように忠告した. ◇◆ 励ます. ¶→～勉 miǎn. ‖ 姓
【劝导】quàndǎo 動 忠告する. 戒め導く.
*【劝告】quàngào ① 動 **勧告する. 忠告する.** ¶大家～她不要去那种地方 / みんなは彼女にそんな所へ行くなと忠告した. ② 名 勧告. 忠告. ¶把别人的～当 dàng 耳旁风 ěrpángfēng / 他人の忠告に耳を貸さない.
【劝架】quàn//jià 動 けんかを仲裁する.
【劝驾】quàn//jià 動 ある職務につくようにすすめる;あるところへ出かけるようにすすめる.
【劝解】quànjiě 動 ① 慰める. なだめる. ② けんかを仲裁する.
【劝诫】quànjiè 動 勧告する. 忠告する. ►"劝戒"とも書く.
【劝酒】quàn//jiǔ 動 酒をすすめる.
【劝开】quàn//kāi 動+結補 なだめる. なだめて落ち着かせる.
【劝勉】quànmiǎn 動 励ます. 激励する.
【劝募】quànmù 動 寄付を募る.
【劝善】quànshàn 動 善をすすめる.
【劝世】quànshì 動 善事を行うよう人々に呼びかける.
【劝说】quànshuō 動 説得する. 説き〔言い〕聞かせる.
【劝慰】quànwèi 動 慰める. なだめる.
【劝降】quànxiáng 動 投降を勧告する.
【劝诱】quànyòu 動 勧誘する.
【劝止】quànzhǐ ⇀【劝阻】quànzǔ
【劝住】quàn//zhù 動+結補 なだめて思いとどまらせる.
【劝阻】quànzǔ 動 忠告してやめさせる. 制止する. ¶～无效 wúxiào / 制止を聞かない.

券 quàn ◇◆ ①券. 札. 切符. ¶公债 gōngzhài ～ / 公債証書. ②アーチ. ►"券 xuàn"とも読む.

que（ㄑㄩㄝ）

1声 **炔 quē** 名〈化〉アセチレン系炭化水素. ¶乙 yǐ ～ / アセチレン.

* **缺 quē** ❶動 ①(…を)**欠く.** (…が)**足りない.** ¶～人～钱 / 人も金も足りない. ②(器物の一部分が)**欠けている,そろわない.** ¶这本书～了四页 yè / この本は4ページ落丁がある. ③ 欠席する. 休む. ¶我～过几次课 kè / 私は何度か授業を欠席した.
❷名〈旧〉官吏の欠員. ¶补 bǔ ～ / (欠員を)補う.
注意 日本では「缺」と「欠」が混同されているが,元来は別の字. 中国語の"欠"は qiàn と発音する. ⇨〖欠 qiàn〗
【缺笔】quē//bǐ 動 筆画が欠けている.
【缺档】quē//dàng 動 品切れになる.
【缺德】quē//dé 形〈罵〉《悪事を働いたり,いたずらをしたり,人をからかったり,困らせたりする人をののしるときに用いる》人徳にもとる. 意地が悪い. いやらしい. ろくでもない. ¶～话 / けしからん話. ¶做～

事 / ろくでもないことをする. ¶你这个～鬼 guǐ! / このろくでなし.

*【缺点】quēdiǎn 名(↔优点 yōudiǎn) **欠点. 弱点.** 量 个,条. ¶改正 gǎizhèng ～ / 欠点を直す.

【缺额】quē'é 名 **欠員.**

*【缺乏】quēfá ① 動 **欠く. 不足する.** ►目的語は多く抽象的なもの. ¶～经验 jīngyàn / 経験に乏しい. ¶～勇气 yǒngqì / 勇気を欠く. ¶他们有一度～过能源 néngyuán / 彼らはかつてエネルギーが不足したことがある. ② 形 **欠けている. 少ない.** 乏しい. ►述語として用いる. ¶人力～ / 人員が乏しい. ¶燃料 ránliào 非常～ / 燃料がひどく乏しい.

【缺憾】quēhàn 名 欠陥. 欠点. 遺憾な点. ¶弥补 míbǔ ～ / 欠陥を補う.

【缺货】quē//huò ① 動 品切れになる. ② 名 品切れの商品.

【缺课】quē//kè 動 授業を休む. 欠席する；講義を聞き落とす. ⇒〖缺 quē〗❶③

【缺口】quē//kǒu 名(～儿) ① **欠けたところ. 割れ目；突破口.** ¶城墙 chéngqiáng ～儿 / 城壁の欠けたところ. ②(経費や物資などの)不足.

【缺漏】quēlòu 名 手抜かり. 遺漏.

【缺门儿】quēménr 名 空白部門. 未開拓分野.

【缺欠】quēqiàn ① 名 欠点. ② 動 欠ける. 足りない.

【缺勤】quē//qín 動 欠勤する. ¶缺了两天勤 / 2日ばかり欠勤した.

*【缺少】quēshǎo 動 **欠く. 足りない. 不十分である.** ►人や物の数量が足りないことをさすことが多い. ¶～备件 bèijiàn / 予備の部品が足りない. ¶既 jì ～技术人员,又 yòu ～经费 jīngfèi / 技術者も足りず,予算も足りない.

【缺损】quēsǔn 動 破損する. 欠損する.

【缺位】quēwèi ① 名(職務上の)空席,欠員. ② 動 ポストがあく.

【缺席】quē//xí 動 **欠席する.**

【缺陷】quēxiàn 名 **欠陥. 不備.**

【缺心眼儿】quē xīnyǎnr 〈慣〉間抜けである. 頭が悪い.

【缺氧】quē//yǎng 動 酸欠になる.

【缺一不可】quē yī bù kě 〈成〉いずれも欠くことができない.

【缺嘴】quēzuǐ 動〈方〉食べ足りない. 飢えている.

阙 quē

〈書〉〖缺 quē〗に同じ.
◇◆ 過失. 過ち. ‖姓
⏩ què

【阙如】quērú 形〈書〉欠如している.

瘸 qué

動〈口〉足を引きずる. ¶那次事故 shìgù 后他就～了 / その事故の後,彼は足が不自由になった. ¶他～着腿 tuǐ 走过来 / 彼は足を引きずって歩いてきた.

【瘸子】quézi 名 足が不自由な人.

却(卻) què

副《話し手の予想や通常の道理に反することを述べる場合,なかば義務的に用い》**…のに. …にもかかわらず.** かえって. ところが.

注意 もともと日本語に訳出することが難しく,逐語的に「かえって」などと訳さないほうがよい場合もある. ¶他有许多 xǔduō 话要说,一时～什么也说不出来 / 彼は話したいことがたくさんあったのに,とっさには何も言い出せなかった. ¶他个儿 gèr 很高,力气 lìqi ～不大 / 彼は背は高いが,力はあまりない.

◇◆ ①…してしまう. …し去る. ¶忘 wàng ～ / 忘れてしまう. ②退却する〔させる〕. ¶～敌 dí / 敵を退却させる. ③断る. 辞退する. ¶推 tuī ～ / 断る. ‖姓

【却步】quèbù 動〈書〉後ずさりする；ひるむ. ¶望 wàng 而 ér ～ /(危険やいやなものを)見ただけで後ずさりする・ひるむ.

【却是】quèshì 副 ①…にもかかわらず…だ. ところが. ¶他虽 suī 很严厉 yánlì,～一位好人 / 彼は厳しいけれど,なかなかいい人だ. ② どちらかといえば…だ. ¶他说了很多,只有最后这几句话～真话 / 彼はいろいろしゃべったが,最後に言ったことだけがどちらかといえば本音だ.

【却说】quèshuō 動〈近〉さて. 何はさておき.

【却又】què yòu 〈型〉…であるが,それなのに.

【却之不恭】què zhī bù gōng 〈成〉(人の厚意を)辞退するのは失礼である.

雀 què

◇◆ スズメ科の小鳥. ¶麻 má ～ / スズメ. ¶云 yún ～ / ヒバリ. ‖姓
⏩ qiāo, qiǎo

【雀斑】quèbān 名 そばかす.

【雀盲眼】quèmangyǎn 名〈医〉夜盲症. 鳥目(とりめ). ► qiǎomangyǎn と発音することもある.

【雀跃】quèyuè 動〈書〉小躍りする. ¶欢欣 huānxīn ～ / 喜びに小躍りする.

【雀噪】quèzào 動(悪)名が広まる. ¶声名～一时 yīshí / 一時名が広く知れ渡った.

【雀子】quèzi 名〈方〉そばかす.

确(確) què

① 形〈書〉確かである. 真実である. ② 副〈書〉確かに. ►多く"是、有、无 wú"を修飾する. ¶～有其 qí 事 / 確かにその事実がある.

◇◆ 堅固である. 動揺しない. ¶→～信 xìn.

【确保】quèbǎo 動 確保する；確実に保証する. ¶你一定要～她的安全 ānquán / 必ず彼女の安全を確保しなさい.

【确当】quèdàng 形 適切である. 妥当である.

*【确定】quèdìng ① 形 **確かである. 明確である.** ¶～的数字 shùzì / 確かな数字. ¶方针 fāngzhēn 已经很～ / 方針はすでに決まっている. ② 動 **確定する. はっきり決める.** ¶会议日程 rìchéng 还～不下来 / 会議の日程はまだ確定できない. ¶～不移的结论 jiélùn / 確固不動の結論.

【确乎】quèhū 副 確かに. まことに. 実に. ¶这个办法～有效 yǒuxiào / この方法は確かに有効である.

【确据】quèjù 名 確証.

【确立】quèlì 動 **確立する.** 打ち立てる.

【确论】quèlùn 名 正確な論断.

【确切】quèqiè 形 ① **適切である.** 正確でぴったりする. ¶更～地说 / もっと正確に言えば. ¶～的解释 jiěshì / ぴったりした解釈. ② **確実である.** 確かである. ¶～的计划 jìhuà / 確実な計画.

【确认】quèrèn 動 **確認する.** ¶～身份 shēnfen / 身分を確かめる. ¶法医 fǎyī ～他是窒息 zhìxī 而死 / 監察医は彼が窒息死であるとはっきり認めた.

*【确实】quèshí ① 形 **確かである.** (確かに)**信頼できる.** ¶这个消息 xiāoxi ～吗？/ この情報は確かですか. ¶确确实实的证据 zhèngjù / 確かな証拠.

②副 確かに. まちがいなく. ¶我～想不起来了 / 私はほんとうに思い出せない. ¶～,他们取得 qǔdé 了惊人 jīngrén 的进步 / 確かに彼らは目覚ましい進歩を遂げた.
【确守】quèshǒu 動 確実に守る.
【确信】quèxìn ①動 確信する. ②名(～儿)確かな情報.
【确凿】quèzáo 形 極めて確かである. ¶～的证据 zhèngjù / 確実な証拠.
【确诊】quèzhěn 動 正確な診断を下す;最終的な診断をする.
【确证】quèzhèng ①名 確証. ②動 確実に証明する.

阕 què 量 ①歌曲を数える. ②宋詞の段落·区切り. ◇◆ 終わる. ¶乐 yuè ～ / 音楽が終わる. ‖姓

鹊 què 名〈鳥〉カササギ. ►"喜鹊 xǐque"とも. ¶～语 yǔ / (吉事の前ぶれといわれる)カササギの鳴き声.
【鹊巢鸠占】què cháo jiū zhàn〈成〉他人の家や土地などを力ずくで占拠する.
【鹊桥】quèqiáo 名(伝説上で,牽牛織女が渡る)カササギの橋. ¶～相会 xiānghuì / (夫婦や恋人同士が)久しぶりに会うたとえ.

阙 què 名 宮門前の両側にある望楼;〈転〉帝王の住まい. ¶宫～ / 宮城. ‖姓 ⏩ quē

榷 què 動〈古〉専売する. ¶～茶 / 茶の専売をする. ¶～税 shuì / 専売税. ◇◆ 相談する. ¶商 shāng ～ / 討議する.

qun (ㄑㄩㄣ)

1声
逡 qūn ◇◆ 退く.
【逡巡】qūnxún 動〈書〉逡巡(しゅんじゅん)する. ためらう. ¶～不前 / 〈成〉逡巡して進まない.

2声
裙 qún ◇◆ ①スカート. ¶连衣 liányī ～ / ワンピース. ¶长 cháng ～ / ロングスカート. ¶～褶 zhě / スカートのプリーツ. ②スカートのようなもの. ¶围 wéi ～ / エプロン. ¶墙 qiáng ～ / 壁の腰板.
【裙带】qúndài 名〈諷〉(男性にとって妻方の)姻戚関係. ¶～官 / 妻の親類筋から得た官職. ¶～风 / 妻の親類筋から権力や利益を得ようとする風潮. ¶～关系 / 妻の親類関係. 閨閥(けいばつ).
【裙带菜】qúndàicài 名〈植〉ワカメ.
【裙裤】qúnkù 名 キュロットスカート.
**【裙子】qúnzi 名 スカート. 量 条 tiáo. ❖穿 *chuān* ～ / スカートをはく.

***群**(羣) qún 量 群れ. 群. ¶一～学生 / 一群の学生. ¶两～羊 yáng / 羊の群れ二つ. ¶一～小岛 / 小さな島々. ◇◆ ①群れ. ¶人～ / 人の群れ. ②群れをなしている. ¶～鱼 yú / 群れをなしている魚. ‖姓
【群策群力】qún cè qún lì〈成〉みんなで知恵を出し力を合わせる.
【群岛】qúndǎo 名〈地〉群島.
【群雕】qúndiāo 名(彫刻の)群像.
【群芳】qúnfāng 名 ①多くの美しい花々. ¶～竞 jìng 艳 yàn / 百花咲き競う. ②多くの若くて美しい女性.
【群集】qúnjí 動 群がり集まる.
【群居】qúnjū 動〈生〉群居する. 群棲(ぐんせい)する.
【群口词】qúnkǒucí 名 3人以上の掛け合いで演じる語り物·謡い物.
【群龙无首】qún lóng wú shǒu〈成〉リーダーのいない集団. 烏合(うごう)の衆.
【群氓】qúnméng 名〈書〉〈蔑〉平民. 庶民.
【群魔乱舞】qún mó luàn wǔ〈成〉多くの悪人がのさばる. 百鬼夜行.
【群殴】qún'ōu 動〈書〉大勢でけんかをする.
【群起】qúnqǐ 動 大勢の人が一斉に立ち上がる. ¶～响应 xiǎngyìng / 一斉に立ち上がって呼びかけにこたえる.
【群青】qúnqīng 名 ①〈化〉群青(ぐんじょう). ②群青色.
【群情】qúnqíng 名 大衆の気持ち. ¶～鼎沸 dǐngfèi / 大衆の気持ちが沸き立つ.
【群体】qúntǐ 名 ①〈生〉群体. コロニー. ②共通するものの集まり.
【群威群胆】qún wēi qún dǎn〈成〉大衆が一致団結して表す威力と勇気.
【群雄】qúnxióng 名 群雄.
【群言堂】qúnyántáng〈慣〉(↔一言堂 yīyántáng)民の声(を聞く). 大衆の意見に耳を傾け,正しい意見を集中して決定を下すやり方.
【群英】qúnyīng 名 多くの優秀な人物. ¶～会 / すぐれた人物を一堂に集めた会議や集会.
*【群众】qúnzhòng 名 ①大衆. 民衆. ¶向人民～呼吁 hūyù / 国民大衆に呼びかける. ¶从～中来,到～中去 / 大衆の中から大衆の中へ. ②非(共産)党員. ③指導的地位についていない人. 一般大衆.
【群众关系】qúnzhòng guānxi 名 対人関係. 人付き合い.
【群众路线】qúnzhòng lùxiàn 名 大衆路線.
【群众性】qúnzhòngxìng 名 大衆性.
【群众运动】qúnzhòng yùndòng 名 大衆運動.
【群众组织】qúnzhòng zǔzhī 名 大衆組織. 民間団体.

R

ran (ㄖㄢ)

2声 **然** rán 〈書〉①代 そのとおりである．しかり．¶不以为 yǐwéi ～ / 正しいとは思わない．②接続 けれども．¶对手虽 suī 是女的，～亦 yì 不可小看 / 相手は女だが軽く見てはいけない．③接尾（副詞・形容詞を作る）…のような．¶飘飘 piāopiāo ～ / 有頂天になっているさま．‖姓

*【然而】rán'ér 接続（多く書き言葉に用い）しかし．しかるに．¶虽然试验 shìyàn 屡次失败 shībài，～他并不灰心 huīxīn / 実験は何度もうまくいかなかったが，彼は落胆しなかった．

【然否】ránfǒu 代〈書〉そうであるか否か．

*【然后】ránhòu 接続 **その後．それから．…してから．**
語法 前段に"先、首先 shǒuxiān"など，後段の"然后"の後にさらに"再 zài、又 yòu、还 hái"などを用いることが多い．"然后"は時間的な前後関係を表すのが普通であるが，条件・結果の関係を表すこともある．¶我们先到车站 chēzhàn 去，～再回饭店 fàndiàn 吧！/ 我々はまず駅へ行って，その後ホテルへ戻ろう．¶先尝 cháng 一口，～再决定 juédìng 买不买 / まず味をみて，それから買うかどうかを決める．

【然则】ránzé 接続〈書〉（文頭に用い）しからば．それならば．それでは．

髯 rán ◇◆ ほおひげ；（広く）ひげ．¶美～ / 見事なひげ．⇒【胡子】húzi

【髯口】ránkou 名〈劇〉（伝統劇の）つけひげ．

【髯须】ránxū 名 ほおひげと口ひげ．ひげの総称．

燃 rán 動 ①**火をつける．**¶～着 zháo 了一支烟 yān / たばこに火をつけた．②燃える．¶火 huǒ 还在～着 zhe / 火はまだ燃えている．

【燃点】rándiǎn ①動 火をともす．点火する．¶～煤气灶 méiqìzào / ガスこんろに点火する．②名〈化〉発火点．着火点．

【燃放】ránfàng 動（花火や爆竹に）火をつけて放つ．¶～鞭炮 biānpào / 爆竹を鳴らす．

【燃料】ránliào 名 **燃料．**¶节约 jiéyuē ～ / 燃料を節約する．¶缺乏 quēfá ～ / 燃料が乏しい．

【燃料电池】ránliào diànchí 名 燃料電池．

【燃眉之急】rán méi zhī jí 〈成〉焦眉（しょうび）の急．事態が差し迫っているたとえ．

*【燃烧】ránshāo 動 ①**燃える．燃やす．**¶干柴 gānchái 容易～ / 乾いたたきぎは燃えやすい．②（感情が）燃える．¶怒火 nùhuǒ ～ / 怒りの炎が燃え上がる．

冉 rǎn "冉冉 rǎnrǎn"（①髪の毛や木の枝がしなやかに垂れるさま．②ゆっくりと．）という語に用いる．‖姓

***染** rǎn 動 ①**染める；（色が移って）染まる．**❖～发 *fà* / 髪の毛を染める．❖～指甲 *zhǐjia* / マニキュアをつける．¶～红了 / 赤く染まった．②病気に伝染する；**悪習に染まる．**¶～上了痢疾 lìji / 赤痢にかかった．¶不要～上坏习惯 huàixíguàn / 悪習に染まってはいけない．‖姓

【染笔】rǎn//bǐ 動〈書〉筆に墨をつける．書画をかく．

【染病】rǎn//bìng 動〈書〉病にかかる．

【染厂】rǎnchǎng 名 染め物工場．

【染坊】rǎnfang 名 染め物屋．紺屋．

【染缸】rǎngāng 名 染め物用のかめ；〈喩〉悪に染まる場所・環境．

【染工】rǎngōng 名 染色工．

【染料】rǎnliào 名 **染料．**

【染色】rǎnsè 動 **染色する．**¶～棉布 miánbù / プリントした綿布．

【染色体】rǎnsètǐ 名〈生〉染色体．

【染指】rǎnzhǐ 動〈書〉（してはならないことに）手を出す；不当な利益を得る．

rang (ㄖㄤ)

1声 ***嚷** rāng 〖嚷 rǎng〗に同じ．口語の"嚷嚷 rāngrang"↓のときのみ rāng と発音する．⏩rǎng

【嚷嚷】rāngrang 動〈口〉①大声で騒ぐ．騒ぎ立てる．②言いふらす．

2声 **瓤** ráng 名（～儿）（ウリ類の）なかご，種を含んだやわらかな部分；（柑橘（かんきつ）類の）袋；〈転〉包みの中身．¶橘子 júzi ～儿 / ミカンの袋．¶只有信封儿 xìnfēngr，没有信～儿 / 封筒だけで中身がない．

3声 **壤** rǎng ◇◆ ①土壌；〈転〉地．¶沃 wò ～ / 肥沃な土．②地区．¶接 jiē ～ / 境を接する．

【壤土】rǎngtǔ 名 ①〈農〉壌土．ローム．②〈書〉土地；国土．

攘 rǎng ◇◆ ①排斥する．退ける．¶～外 / 外敵を退ける．②奪う．¶→～夺 duó．③（そでを）まくり上げる．¶→～臂 bì．④乱れる．

【攘臂】rǎngbì 動〈書〉腕まくりする．

【攘除】rǎngchú 動〈書〉排除する．

【攘夺】rǎngduó 動〈書〉奪い取る．かすめ取る．

【攘攘】rǎngrǎng 形〈書〉混乱しているさま．

嚷 rǎng 動 ①**（大声で）叫ぶ；（大声で）言い争う．**¶你瞎 xiā ～什么？/ おまえは何をわめき散らしてるんだ．②〈方〉どなりつける．しかる．⏩rāng

【嚷叫】rǎngjiào 動 叫ぶ．どなる．

【嚷骂】rǎngmà 動 大声でののしる．

4声 ****让（讓）** ràng ❶動 ①（…に…）**させる，させておく，するように言う；許す；（情況・傾向に）まかせる．**►必ず兼語文を構成する．¶～我想一想 / ちょっと考えさせてください．¶对不起，～你久等了——没关系 / すみません，お待たせしました——

R

かまいません. ¶大夫 dàifu 不～她起来 / お医者さんは彼女に寝ているように言った. ¶他要去,就～他去吧 / 彼が行きたいというのなら,行かせてやりなさい. ¶要是～事情发展 fāzhǎn 下去,会出大问题的 / このままほうっておいたら,大問題になるだろう. ¶～我们一起努力 nǔlì 吧! / 共に努力しましょう. ►願望を表す.
②(有利な条件を人に)譲る. ¶→～价 jià. ¶～你一个"炮" / (中国将棋で)「炮」を一つ駒落ちで勝負してあげよう. ¶他把位子～给老婆婆坐 / 彼はおばあさんに席を譲りました.
③(所有権や使用権を一定の代価をもって)譲る,譲渡する. ¶他把自己的词典 cídiǎn ～给了我 / 彼は私に辞書を譲ってくれた.
④(ものを)すすめる;(客を)案内する. ¶→～茶. ¶把客人～进屋里 / 客を部屋に案内する.
⑤(場所を)あける;(わきへ)よける. ¶对不起,～我过去一下 / ごめんなさい,道をあけてください.
❷前 …される. ►受け身文に用い,動作の主体を導く. 主に話し言葉に用いる. ¶小船～大水冲跑 chōngpǎo 了 / 小舟が洪水で流された. ¶衣服～雨淋湿 línshī 了 / 服が雨に打たれてぬれてしまった. ¶杯子～孩子打碎 dǎsuì 了 / コップが子供に割られた. ‖姓

【让步】ràng//bù 動 譲歩する. 歩み寄る. ¶你再 zài 让一步吧 / どうかあと一歩譲ってください.
【让不及】ràngbují 動+可補 よけるひまがない.
【让菜】ràng//cài 動 主人が客に料理を取り分けすすめる.
【让茶】ràng//chá 動(客に)茶をすすめる.
【让出去】ràng//chū//qù 動+方補 譲り渡す.
【让道】ràng//dào 動(～儿)道を譲る,よける.
【让渡】ràngdù 動(財産·権利などを)譲渡する.
〖让…给…〗ràng…gěi… 《受け身を示す》…に…された〔されてしまった〕. ¶我刚 gāng 洗干净 gānjìng 的衣服～他～弄脏 nòngzāng 了 / 私がきれいに洗ったばかりの服を彼に汚されてしまった.
【让价】ràng//jià 動(～儿)値引きする.
【让酒】ràng//jiǔ 動 酒をすすめる.
【让开】ràng//kāi 動+結補(横へ)よける;(場所を)あける. ¶快 kuài ～,车来了 / 車が来たから早くよけなさい.
【让利】ràng//lì 動 利益を譲る;還元する. ¶～销售 xiāoshòu / 割り引いて販売する.
【让路】ràng//lù 動 道を譲る;〈転〉優先させる. ¶一般车辆给救护车 jiùhùchē ～ / 一般車両は救急車に道を譲った.
【让权】ràng//quán 動 権利を譲渡する.
【让位】ràng//wèi 動 ①(支配的な)地位を譲る. ►"让位于 yú〔给 gěi〕…"の形をとることが多い. ②座席を譲る.
【让贤】ràng//xián 動(ポストを)有能な人に譲る.
【让烟】ràng//yān 動(客に)たばこをすすめる.
【让座】ràng//zuò 動(～儿) ①席を譲る. ②座席をすすめる.

rao (ㄖㄠ)

2声 *饶(饒) ráo ❶動 ①許す. 大目に見る. ¶这次～了你吧! / 今回は勘弁してやる. ②おまけにつける. ¶再 zài ～你一个吧 / おまけに一つあげるよ.
❷接続〈口〉…にもかかわらず. ¶～这么让 ràng 着她,她还不满意 mǎnyì / こんなに彼女に譲歩したにもかかわらず,彼女はまだ満足していない.
◇◆ 豊かな. ¶→～舌 shé. ‖姓

【饶命】ráo//mìng 動 助命する. ¶请您～ / どうぞ命をお助けください.
【饶人】ráo//rén 動 人を許す. ¶得 dé ～处 chù 且 qiě ～ / 〈諺〉人の過ちはできるだけ大目に見よ.
【饶舌】ráoshé 動 くどくど言う.
【饶恕】ráoshù 動 許す. 大目に見る. ¶～你这一次吧 / 今回だけは許してやろう.
【饶头】ráotou 名〈口〉おまけ. 景品.
【饶着】ráozhe 接続〈口〉…のくせに. …の上に. ¶你～没理,还动手打人 / 君は話の筋が通っていないし,そのうえ人を殴るなんて.

娆(嬈) ráo "娇娆 jiāoráo"(なまめかしくあでやかである),"妖娆 yāoráo"(なまめかしく美しい)という語に用いる.

3声 扰(擾) rǎo 動(人に)ごちそうになる. 接待を受ける. ¶～了您这么久,真过意不去 guòyìbuqù / 長々とお邪魔しまして,申し訳ありません. ¶我～了他一顿 dùn 饭 / 彼にごちそうになった.
◇◆ 乱す. ¶搅 jiǎo ～ / かき乱す. ¶→～～.

【扰动】rǎodòng 動 騒がす. かき乱す;迷惑をかける. 邪魔をする.
【扰害】rǎohài 動 妨害する. かき乱す.
【扰乱】rǎoluàn 動 妨害する. 攪乱(かくらん)する. ¶～治安 zhì'ān / 治安を乱す.
【扰攘】rǎorǎng 動〈書〉騒がしい. 混乱する.
【扰扰】rǎorǎo 形〈書〉混乱するさま.

4声 *绕(繞) rào 動 ①回り道をする;〈喩〉避けて通る. ¶～着走 / 迂回していく. ¶～过暗礁 ànjiāo / 暗礁を避けて通る. ②(ぐるぐる)回る. ¶地球～着太阳转 zhuàn / 地球は太陽の周りを回る. ③巻く;巻き付ける. ¶～绳儿 shéngr / ひもを巻く. ④〈口〉(頭が)混乱する;混乱させる. ¶→～住 zhù. ‖姓

【绕脖子】rào bózi 〈慣〉〈方〉①遠回しに言う. ②(話が)込み入っている.
【绕不开】ràobukāi 動+可補 迂回(うかい)しても避けられない. ⇒【-不开】-bukāi
【绕道】rào//dào 動(～儿)回り道をする. 迂回する. ►"绕路"とも.
【绕口令】ràokǒulìng 名(～儿)早口言葉.
【绕路】rào//lù ⇀【绕道】rào//dào
【绕圈子】rào quānzi 〈慣〉①回り道をする. ¶他绕了个圈子,才进入正题 zhèngtí / 彼は回り道をしてからやっと本題に入った. ②回りくどく言う. ¶说话请别～ / もって回った言い方をしないで.
【绕弯儿】rào//wānr ①動〈方〉散歩する. ぶらぶらする. ¶晚上我去王府井 Wángfǔjǐng 绕个弯儿 / 晩に私は王府井へちょっと散歩に行く. ②⇀【绕弯子】rào wānzi
【绕弯子】rào wānzi 〈慣〉遠回しに言う.
【绕行】ràoxíng 動 ①迂回する. ②回る.
【绕远儿】rào//yuǎnr 動 回り道をする.

R

【绕住】ràozhù 動(頭が)こんがらかって分からなくなる．困惑する．¶你的话把我～了／君の話は私を混乱させた．
【绕组】ràozǔ 名〈電〉巻き線．コイル．
【绕嘴】ràozuǐ 形 言いにくい．舌がもつれる．

re（ㄖㄜ）

3画 *惹 rě 動 ①(よくないことを)引き起こす．❖～麻烦 *máfan*／面倒を引き起こす．¶→～是非 shìfēi．②(人や事物の特徴が)好き嫌いなどの反応を起こさせる．¶～人讨厌 tǎoyàn／人に嫌われる．¶她的打扮 dǎban～人注意 zhùyì／彼女の装いは人の注意をひく．③(気にさわるようなことを言ったりよけいな手出しをして)怒らせる,気分を害する．¶我可没～他呀！／ぼくは彼を怒らせるようなことはなにも言っていないよ．¶别去～他／彼にかまうんじゃない．
【惹不得】rěbude 動＋可補 相手にしてはいけない．
【惹不起】rěbuqǐ 動＋可補 相手にできない．逆らえない．
【惹得起】rědeqǐ 動＋可補 相手にすることができる．逆らえる．
【惹翻】rěfān 動 怒らせる．
【惹火烧身】rě huǒ shāo shēn〈成〉自ら災いを招いて身を滅ぼす．
【惹祸】rě//huò 動 災いを招く．トラブルを引き起こす．¶这下可惹了大祸了／これは大変なことになってしまった．
【惹娄子】rě lóuzi〈慣〉面倒を引き起こす．
【惹乱子】rě luànzi〈慣〉わざわい〔大きな事故〕を引き起こす．¶惹了一个乱子／ひと騒動を引き起こした．
【惹气】rě//qì 動 腹を立てる．
【惹事】rě//shì 動 面倒を引き起こす．
【惹是非】rě shìfēi 面倒を引き起こす．
【惹眼】rěyǎn 形〈方〉目立つ．人の目を引く．

**热(熱) rè ①形(↔冷 lěng)(物が)熱い；(気温が高くて)暑い．¶今天格外 géwài～／きょうはことのほか暑い．注意 述語として用いる場合,もしその熱さに皮膚が苦痛を覚える程度以上であれば,"热"ではなくて"烫 tàng"を用いる．②動(ご飯・おかず・酒・牛乳・スープなどを)加熱する,温める．¶把汤 tāng～一～／スープをちょっと温める．③接尾 …ブーム．…フィーバー．¶足球～／サッカーブーム．¶出国～／出国フィーバー．④名(物理的な意味での)熱；(病気などの)熱(っぽさ)．¶发 fā 了三天～／3日間熱が出た．
◇◆ ①人に対する気持ちが深い．¶亲 qīn～／親密である．¶→～切 qiè．②うらやましく思い,欲しがる．¶眼 yǎn～／うらやむ．欲しがる．¶→～衷 zhōng．③人気がある．¶→～货 huò．‖姓
【热爱】rè'ài 動 心から愛する．¶～家乡 jiāxiāng／故郷を熱愛する．¶～工作／仕事を愛する．
【热币】rèbì 名〈経〉ホットマネー．
【热病】rèbìng 名〈中医〉熱病．
【热不过三伏,冷不过三九】rèbuguò sānfú lěngbuguò sānjiǔ〈諺〉1年のうちの最も暑い時期と寒い時期．►"三伏"とは夏至からの30日間．"三九"とは冬至から数えて3番目の9日間．
【热潮】rècháo 名 急激な高まり．ブーム．
【热忱】rèchén ①名 真心．熱意．¶满腔 mǎnqiāng～／胸いっぱいの熱情．②形 熱意に満ちている．►"热情"より改まった感じになる．¶～待 dài 人／真心をもって人に接する．
【热诚】rèchéng 形 誠意に満ちている．¶～欢迎 huānyíng／心から歓迎する．
【热带】rèdài 名〈地〉熱帯．
【热带鱼】rèdàiyú 名 熱帯魚．
【热带植物】rèdài zhíwù 名 熱帯植物．
【热岛效应】rèdǎo xiàoyìng 名〈環境〉ヒートアイランド効果．
【热点】rèdiǎn 名 ①注目を集める場所や問題．ホットスポット．¶～话题 huàtí／ホットな話題．②〈物〉周囲より温度が高い区域．ホットスポット．
【热电厂】rèdiànchǎng 名 火力発電所．
【热电效应】rèdiàn xiàoyìng 名〈物〉熱電効果．
【热电站】rèdiànzhàn 名 火力発電所．
【热度】rèdù 名 ①熱度．熱の度合い．②(病気などの)高い熱．③(仕事・学習に対する)熱意,意気込み．¶五分钟 wǔfēnzhōng～／〈慣〉三日坊主．
【热敷】rèfū 名〈医〉温湿布．熱罨法(ねつあんぽう)．
【热狗】règǒu 名 ホットドッグ．
【热滚滚】règǔngǔn 形(～的)ぐつぐつ煮え立った．¶～的开水／煮えたぎっている湯．
【热锅上的蚂蚁】règuōshang de mǎyǐ〈慣〉居ても立ってもいられない．
【热核武器】rèhé wǔqì 名〈軍〉水素爆弾．
【热烘烘】rèhōnghōng 形(～的)ぽかぽかと暖かい．¶屋里～的／部屋はぽかぽかと暖かい．
【热乎乎】rèhūhū 形(～的)(物や気持ちが)温かい．►"热呼呼"とも書く．
【热乎】rèhu →【热和】rèhuo
【热火朝天】rè huǒ cháo tiān〈成〉熱気が天を突く；(大勢の人による運動や仕事が)意気盛んなさま．
【热货】rèhuò 名 人気商品．
【热和】rèhuo 形 ①(程よく)温かい．¶这馒头 mántou 还挺 tǐng～呢／このマントーはまだほかほかしている．②親密である．仲がよい．
【热加工】rèjiāgōng 名〈冶〉高温加工．
【热辣辣】rèlālā 形(～的)焼けつくほど熱い．ほてるように熱い．¶脸 liǎn 被太阳晒 shài 得～的／日に焼けて顔がひりひりする．
【热浪】rèlàng 名 ①〈気〉暑気．熱波．②〈喩〉熱気を帯びた雰囲気．③〈物〉熱放射．
【热力】rèlì 名 熱エネルギー．
【热恋】rèliàn 動 熱愛する．
【热量】rèliàng 名 熱量．カロリー．
*【热烈】rèliè 形 熱がこもっている．熱烈な．¶～欢迎 huānyíng／熱烈に歓迎する．¶～的掌声 zhǎngshēng／あらしのような拍手．
【热流】rèliú 名 ①熱い感情の流れ．②急激な高まり．ブーム．
【热门】rèmén 名(～儿) ①人気のあるもの．②はやりの領域〔部門〕．¶～学科／人気のある学科．
【热门话题】rèmén huàtí 名 ホットな話題．
【热门货】rèménhuò 名 人気商品．
**【热闹】rènao ①形 にぎやかである．¶热热闹闹 nàonào 的市场 shìchǎng／活気にあふれた市場．¶大家有说有笑的十分～／みんなはしゃべったり笑っ

R

たりしてとてもにぎやかだった．②名(～儿)にぎやかなできごと．にぎわい．¶看 kàn ～ / 見物する．野次馬になる．③動 にぎやかに過ごす．愉快に騒ぐ．¶难得大家聚在一起,咱们今天～～ / みんなが一堂に会することなどめったにないのだから,きょうはひとつ楽しくやろう．

【热能】rènéng 名〈物〉熱エネルギー．

【热气】rèqì 名 ①熱気．生気．②湯気．

【热切】rèqiè 形 熱烈である；切実である．

【热情】rèqíng ①名 **熱意．情熱．意欲．¶饱满 bǎomǎn 的～ / あふれる熱意．¶工作～ / 仕事に対する熱意．②形 **心がこもっている；親切な．**¶感谢你的～款待 kuǎndài / 心のこもったもてなしに感謝します．¶他对人十分～ / 彼は人にとても親切である．比較 热情：热烈 rèliè “热情”は主に人に対する態度を,“热烈”は行為や場面,雰囲気を形容するのに用いる．

【热身赛】rèshēnsài 名 エキジビションゲーム；練習試合．

【热水】rèshuǐ 名 **お湯．**►“开水 kāishuǐ”とも．

【热水袋】rèshuǐdài 名 ゴム製湯たんぽ．

【热水瓶】rèshuǐpíng 名 **魔法瓶．**量 只,个．

【热水器】rèshuǐqì 名 湯沸かし器．

【热腾腾】rètēngtēng 形(～的)(湯気が立つほど)熱い．¶～的面条 miàntiáo / 熱々のうどん．

【热天】rètiān 名(～儿)暑い日．

【热土】rètǔ 名 住み慣れた土地．

【热望】rèwàng 動 熱望する．

【热线】rèxiàn 名 ①〈物〉赤外線．②ホットライン．直通電話回線．¶市长 shìzhǎng ～电话 / 市長宛(ぁ)直通電話．③人気の観光コース．¶旅游 lǚyóu ～ / 人気の観光コース．

【热销】rèxiāo 動(商品が)よく売れる．¶～品 / 売れ行きがよい品物．

【热孝】rèxiào 名(親や夫の)喪中．¶～在身 / 親〔夫〕が死んで間もない喪中である．

R

*【热心】rèxīn ①動 **熱を入れて取り組む．**¶对工作～ / 仕事に熱心である．¶他～于新产品的开发 / 彼は新製品の開発に熱を入れている．②形 **心が温かい．親切である．**思いやりがある．¶他是个～人 / 彼は親切な人だ．¶～地帮助 bāngzhù / 親切に手助けする．

【热心肠】rèxīncháng〈慣〉(～儿)心の温かい人；親切で温かい心．

【热血】rèxuè 名 熱血．情熱．¶满腔 mǎnqiāng ～ / 胸いっぱいの熱情．¶～动物 / 定温動物．

【热药】rèyào 名〈中医〉(↔凉药 liángyào)体を温め寒気を取る薬．

【热饮】rèyǐn 名(↔冷饮 lěngyǐn)(茶・コーヒーなどの)**熱い飲み物．**¶～部 / ホットドリンク・コーナー．

【热战】rèzhàn 名(武力による)戦争．

【热证】rèzhèng 名〈中医〉体のほてり．口の乾き．

【热衷】rèzhōng 動 ①〈貶〉(地位・利益のために)熱を上げる,夢中になる,憂き身をやつす．②熱中する．►“热中”とも書く．

ren (ㄖㄣ)

2声 **人 rén 名 ①人．人間；人類．**ヒト．量 个,位 wèi；[家族の構成員として]口．¶男～ / 男．男の人．¶非洲 Fēizhōu ～ / アフリカ人．¶有声望 shēngwàng 的～ / 評判のよい人．

いろいろな“人”の用い方

❶**ある個人**について言及するときに用いる．

①**人柄・性格**(が…だ)．¶老李～很忠厚 zhōnghòu / 李さんはまじめで誠実な人だ．

②人の(健康面の)**身体や意識**(が…だ)．¶热得～受不了 buliǎo / 暑くてたまらない．

❷**具体的にある人たち**を表す場合に用いる．

①**世間一般の人．**¶待～热情 rèqíng / 人に親切である．¶～都叫他大个子 gèzi / 人はみな彼のことをのっぽと呼んでいる．

②**不特定の人**；ある人．だれか．¶这个座位有～吗？/ この席は空いてますか．¶昨天有～来找你 / きのうだれか君を訪ねてきたよ．

③(文脈・場面によって決定される)**特定の人**；彼．彼女．¶这是小王的信,快给～送 sòng 去 / これは王君への手紙だ,早く届けてやりなさい．

④(話し手自身をさして)私．¶别小看～ / 人を見くびるな．¶～来了,你倒 dào 要走了 / せっかく来たのに,君は帰るのか．

⑤だれでも．みんな．►必ず重ねて用いるか,固定した組み合わせの中で用いる．¶～～兴高 xìng gāo 采烈 cǎi liè / みんな大喜びだ．¶～所 suǒ 共知 / だれでも知っている．

⑥ほかの人．(自分に対して)他人．►多く四字句に用いる．¶舍 shě 己为 wèi ～ / 〈成〉おのれを捨てて,人のためにつくす．

②働き手．人手．人材．¶～还没配齐 pèiqí / 人手がまだ全部そろっていない．

◇◆ ①一人前の人間．¶成 chéng ～ / 成人；おとな〔一人前〕になる．②(職業・役割・立場を担う)人．¶工～ / (肉体)労働者．‖姓

【人保】rénbǎo 名 個人名義の保証(人)．

【人比人,气死人】rén bǐ rén, qì sǐ rén〈諺〉人と比べたりしたら腹が立ってしょうがない；上を見て暮らさず,下を見て暮らせ．

【人不可貌相】rén bùkě màoxiàng〈諺〉(“海水不可斗 dǒu 量 liáng”と続き)人は見かけによらぬもの．

【人不亲土亲,河不亲水亲】rén bù qīn tǔ qīn, hé bù qīn shuǐ qīn〈諺〉同郷がゆえに親しくなる；故郷が同じ人同士は互いに助け合うべきだ．

【人不人,鬼不鬼】rén bù rén, guǐ bù guǐ〈慣〉(人ともつかず化け物ともつかず)得体が知れない．

【人不知,鬼不觉】rén bù zhī, guǐ bù jué〈慣〉だれにも知られない；こっそりと．

*【人才】réncái 名 ①**人材．**◆培养 *péiyǎng* ～ / 人材を育成する．¶科技 kējì ～ / 科学技術分野の人材．②器量；顔立ち．¶他长 zhǎng 得一表～ / 彼はかっこいい．►“人材”とも書く．

【人财两空】rén cái liǎng kōng〈成〉人も財産もなくす．

【人潮】réncháo 名 人の波．

【人称】rénchēng 名 人称．¶～代词 / 人称代名詞．

*【人次】réncì 量 **延べ人数．**►後に名詞を伴うこと

はできない．¶来参观 cānguān 的人达到三万～ / 見学に来た人は延べ3万人に及んだ．
【人丛】réncóng 名 人の群れ．
【人大】réndà 名 **人民代表大会**．►"全国人民代表大会"または地方の"人民代表大会"の略．各レベルの議会に相当する．
【人道】réndào 名 ①人道．¶～主义 zhǔyì / ヒューマニズム．②〈書〉(人として踏み行うべき)道．
【人地两生】rén dì liǎng shēng 〈成〉知り合いもいなければ,土地もよく知らない．►"人地生疏 shū" とも．
【人地生疏】rén dì shēng shū 〈成〉知り合いもなければ,土地もよく知らない．
【人丁】réndīng 名 ①〈旧〉成人．②人口．
【人定胜天】rén dìng shèng tiān 〈成〉人間は必ず大自然に打ち勝てる．
【人堆】rénduī 名(～儿)人だかり．人垣．
【人多好办事】rén duō hǎo bànshì 〈諺〉人が多ければ仕事もやりやすい．
【人多势众】rén duō shì zhòng 〈成〉人が多ければ勢いも大きい．
【人多智谋高】rén duō zhìmóu gāo 〈諺〉三人寄れば文殊(もんじゅ)の知恵．
【人多嘴杂】rén duō zuǐ zá 〈成〉(人が多ければ)意見もまちまちである,秘密が守れない．
【人犯】rénfàn 名 犯人．犯罪者；(広く)犯罪事件の被告．►有罪確定者は"罪犯 zuìfàn"．¶一干 yīgān ～ / 犯人一味．
【人贩子】rénfànzi 名 人身売買業者．人買い．
【人份】rénfèn 量(何)人分．
【人浮于事】rén fú yú shì 〈成〉人手が仕事より多い．人員過剰である．
【人格】réngé 名 人格；品性．¶以我的～担保 dānbǎo / 自分の名誉にかけて保証する．
*【人工】réngōng ①形 **人工の．人為的な**．¶～孵化 fūhuà / 人工孵化．②名 **人力**．¶用～车水 / 人力で水を汲み上げる．③量(仕事量の計算単位)一人1日分の仕事．1人日．
【人工湖】réngōnghú 名 貯水池．
【人公里】réngōnglǐ 量(鉄道の旅客輸送量を計算する単位)人(にん)キロ．
【人工流产】réngōng liúchǎn 名 堕胎．►略して"人流"とも．
【人工授精】réngōng shòujīng 名〈医〉人工授精．
【人工智能】réngōng zhìnéng 名 人工知能．AI.
【人过留名,雁过留声】rén guò liú míng, yàn guò liú shēng 〈諺〉人はよいことをして名を残すべきである．
【人海】rénhǎi 名 ①人込み．人の海．¶人山～ / 黒山の人だかり．②人の世．人間社会．
【人和】rénhé 名 人の和．
【人话】rénhuà 名 人が口に出して言える言葉．¶你说的像 xiàng ～吗？/ よくもそんなひどいことが言えるもんだ．
【人寰】rénhuán 名〈書〉人の世．世間．
【人祸】rénhuò 名 人災．人為的な災害．
【人急智生】rén jí zhì shēng 〈成〉人は窮すれば知恵が湧いてくる．
【人际】rénjì 名 人と人との間．¶～关系 guānxi / 人間関係．
【人迹】rénjì 名 人跡．人の通った跡．¶～未 wèi 到的高山 / 人跡未踏の高山．
*【人家】rénjiā 名(～儿)①**人家**．量 个,户,家．¶山沟 shāngōu 里住着几户 hù ～ / 山奥に何軒かの家がある．②家庭；家柄．¶勤俭 qínjiǎn ～ / 質素な家庭．③嫁ぎ先．⇒【人家】rénjia
*【人家】rénjia 代 ①(話し手と聞き手を除いたほかの人を総括的に)**人さま,他人**．¶～能做到的,我们也能做到 / ほかの人がやれるんだったら,私たちだってやれるよ．¶不要乱动～的东西 / 人さまの物を勝手に触ってはいけない．②**あの人**．あの人たち．注意 "他"や"他们"と同じように用いることができるが,尊敬する気持ちあるいは逆にうとんじる気持ちを帯びる．¶你还是给～道个歉 qiàn 的好 / 君はやはりあの人に謝った方がよい．[後に人をさす名詞を置くことができる]¶～姑娘 gūniang 说话办事,总是站在理儿上 / あの娘さんときたら,言うことなすことすいつも筋が通っている．③(親しい間柄で用い話し手自身をさす)私．注意 多く若い女性が用い,甘えてふくれる感じを帯びる．¶～等你半天了 / もうっ,私あなたのことずうっと待ってるんだから．⇒【人家】rénjiā
*【人间】rénjiān 名 **この世．現実の社会．世間**．注意 日本語の「人間」の意味はない．「人間」は"人""人类 rénlèi"という．¶～的苦难 kǔnàn / この世の苦しみ．¶～到处 dàochù 有青山 / 世の中,どこへ行っても生活できる道がある．
【人尖子】rénjiānzi 名 ずば抜けた人．►"人尖儿"とも．
【人杰】rénjié 名〈書〉傑物．すぐれた人物．
【人精】rénjīng 名 ①〈方〉海千山千．ずる賢い人．②ませた子．こざかしい子．
【人均】rénjūn 動 一人当たりで平均して計算する．
*【人口】rénkǒu 名 ①**人口**．¶～结构 jiégòu / 人口構成．②**家族の人数**．¶我家～少 / 私の家は家族が少ない．③(人の)口．
【人口普查】rénkǒu pǔchá 名 国勢調査．
【人困马乏】rén kùn mǎ fá 〈成〉疲労困憊(こんぱい)する．
【人来疯】rénláifēng 〈慣〉(子供が)来客で急にはしゃいだり,言うことを聞かなくなったりする．
【人老心不老】rén lǎo xīn bù lǎo 〈成〉年は取っても気は若い．
【人老珠黄】rén lǎo zhū huáng 〈成〉(真珠が古くなると値打ちが下がるように)女性が年を取って容色が衰え軽んじられる；人は年をとると重視されなくなる．
*【人类】rénlèi 名 **人類**．人．►一般に量詞は用いることができない．
【人类基因组】rénlèi jīyīnzǔ 名〈生〉ヒトゲノム．¶～计划 / ヒトゲノム計画．
【人力】rénlì 名 **人力．労働力**．¶非 fēi ～所及 / 人の力ではどうにもならない．¶调配 diàopèi ～ / 労働力を割り振る．
【人力车】rénlìchē 名 ①人が引き,または押す車．②〈旧〉人力車．
【人流】rénliú 名 ①人の流れ．人の波．②〈略〉人工流産．堕胎．►"人工流产 réngōng liúchǎn"の略．¶做～ / (子を)おろす．堕胎する．
【人伦】rénlún 名 人倫．
【人马】rénmǎ 名 ①軍隊．②顔ぶれ；(全体の)

R

要員．スタッフ．
【人马座】Rénmǎzuò 名〈天〉いて座．
**【人们】rénmen 名(多くの人を総括して)人々．人たち．注意 たとえば,「3人の人たち」は"三个人"で"三个人们"とはいわない．¶草原 cǎoyuán 上的～/草原の人たち．
【人面兽心】rén miàn shòu xīn 〈成〉人でなし．人間の顔をしたけだもの．
**【人民】rénmín 名 ①人民．労働者・農民を中心とした社会の基本構成員．②国民．人々．¶各国～/各国の人々．¶全国 quánguó ～/全国民．
*【人民币】rénmínbì 名 人民元．人民幣．►中国の法定貨幣．単位は"圆 yuán"("元"とも書く)．
*【人民代表大会】rénmín dàibiǎo dàhuì 名 人民代表大会．►中国の立法機関・議会．略称は"人大"．
【人民公社】rénmín gōngshè 名 人民公社．►"大跃进"(大躍進．1958年)の時期につくられた政治的共同体．1980年代前半に解体された．
【人民解放军】rénmín jiěfàngjūn 名 人民解放軍．►略称は"解放军"．
【人民政府】rénmín zhèngfǔ 名 人民政府．►中国の中央政府から地方政府まで各級の行政機関の通称．
【人命】rénmìng 名 人命．命．量 条．¶一条～/人間一人の命．¶～案子/殺人事件．¶逼 bī 出～/殺人事件を引き起こす．
【人模狗样】rén mó gǒu yàng 〈成〉①(多く子供が)一人前のなりをしている．②(態度と地位が合わず)わざとらしい．格好をつける．
【人莫予毒】rén mò yú dú 〈成〉(自分を害する者はいないと)何ものも眼中に置かず,思い上がっていること．
【人怕出名,猪怕壮】rén pà chū míng, zhū pà zhuàng 〈諺〉出る杭は打たれる．
【人品】rénpǐn 名 ①人柄．人品．②器量．風采．
【人气】rénqì 名 ①人気．②〈方〉人柄．
【人情】rénqíng 名 ①人情．情理．¶不通 tōng ～/情理をわきまえない．②私情．情実．¶托 tuō ～/口利きを頼む．③好意．親切．¶做个～/好意を示す．¶卖 mài ～/恩を着せる．④(慶弔・義理の)付き合い．⑤贈り物．¶送 sòng ～/贈り物をする．¶还 huán ～/お返しをする．
【人情世故】rén qíng shì gù 〈成〉人情と世故．世渡りの知恵・経験．
【人穷志不穷】rén qióng zhì bù qióng 〈成〉貧しくても志は高い．
【人穷志短】rén qióng zhì duǎn 〈成〉貧すれば鈍する．►"人贫 pín 志短"とも．
【人权】rénquán 名 人権．¶侵犯 qīnfàn ～/人権を侵害する．
【人群】rénqún 名 人の群れ．人込み．
【人儿】rénr 名 ①人形．②〈方〉人柄．風采．
【人人】rénrén 名(～儿)一人一人．誰も彼も．¶～都同意 tóngyì /誰もが賛成した．
【人日】rénrì 名 旧暦の1月7日．人日(じん)．
【人山人海】rén shān rén hǎi 〈成〉黒山の人だかり．
【人蛇】rénshé 名〈方〉スネークヘッド．中国人を密出国・密入国させる手配師．
【人身】rénshēn 名 人身．人格．¶～攻击 gōngjī /人身攻撃．
【人参】rénshēn 名〈植〉チョウセンニンジン．►日本でいうニンジンは"胡萝卜 húluóbo""红萝卜 hóngluóbo"という．
【人身保险】rénshēn bǎoxiǎn 名 生命保険．►略して"人保"という．
【人生】rénshēng 名 人生．人として生きること．►生まれてから死ぬまでの人生は"一生"を使う．¶～一世/人の一生涯．
【人声】rénshēng 名 人の声．話し声．¶～嘈杂 cáozá /がやがやと騒ぐ声がする．
【人生地不熟】rén shēng dì bù shú 〈成〉知人もなく土地にも不案内である．►"人生地疏"とも．
*【人士】rénshì 名 人士．社会的地位を有する人．¶各界 gèjiè ～/各界の名士．¶消息灵通 língtōng ～/情報筋．消息筋．
【人世】rénshì 名 人の世．この世．►"人世间 rénshìjiān"とも．¶～沧桑 cāngsāng /人の世の移り変わり．
【人事】rénshì 名 ①人事．¶～安排 ānpái /人員の配置．②義理人情．ことの道理．¶一点儿～也不懂/少しも常識をわきまえない．③人がなし得ること．¶尽 jìn ～/人事を尽くす．④人間関係．人との付き合い．⑤意識．¶～不知/人事不省．►"人事不省 xǐng""不省人事"とも．
【人是铁,饭是钢】rén shì tiě, fàn shì gāng 〈諺〉腹が減っては戦ができぬ．
【人是衣裳,马是鞍】rén shì yīshang, mǎ shì ān 〈諺〉馬子にも衣装．
【人手】rénshǒu 名 人手．働く人．
【人寿保险】rénshòu bǎoxiǎn 名 生命保険．
【人寿年丰】rén shòu nián fēng 〈成〉人は長寿,作物は豊作(であるように)．
【人死留名,豹死留皮】rén sǐ liú míng, bào sǐ liú pí 〈諺〉(ヒョウが死んで皮を残すように)人は死んだ後もよい名声を残さなければならない．
【人梯】réntī 名 ①(肩に人を乗せて作る)人ばしご．¶搭 dā ～/人ばしごを組む．②〈喩〉他人の成功のために自分を犠牲にする人．人柱．
【人体】réntǐ 名 人体．¶～模型 móxíng /マネキン．¶～艺术 yìshù /ヌード．
【人同此心,心同此理】rén tóng cǐ xīn, xīn tóng cǐ lǐ 〈成〉大多数の人はものの感じ方や考え方にそう隔たりはないこと．
【人头】réntóu 名 ①人数．¶按 àn ～分/人数によって分ける．②(～儿)人間関係．③〈方〉人柄．
【人头份儿】réntóufènr 名 頭割りによる分け前．
【人外有人,天外有天】rén wài yǒu rén, tiān wài yǒu tiān 〈成〉上には上がある．
【人往高处走,水往低处流】rén wǎng gāochù zǒu, shuǐ wǎng dīchù liú 〈諺〉水が自然に低い方へ流れるように,人は高い所を目ざす．
【人望】rénwàng 名 人望．
【人旺财旺】rén wàng cái wàng 〈成〉家族も多くなり収入も増加する．一家が繁栄するたとえ．
【人微言轻】rén wēi yán qīng 〈成〉身分が低いとその人の言うことが重んじられない．
【人为】rénwéi ①形 人為の．人為的な．►普通はよくない意味で用いる．¶～的障碍 zhàngài /人為的な障害．②動〈書〉人が行う．

R

【人为财死,鸟为食亡】rén wèi cái sǐ, niǎo wèi shí wáng 〈諺〉人は金銭のために身を滅ぼし,鳥はえさのために身を滅ぼす．欲は身を滅ぼす．
【人味儿】rénwèir 名 人間味．¶那小子没～/あいつには人間味がない．
【人文】rénwén 名 人文．¶～主义 zhǔyì / ヒューマニズム．¶～科学 / 人文科学．
【人无千日好,花无百日红】rén wú qiānrì hǎo, huā wú bǎirì hóng 〈諺〉よい情況は長く続かない；交友は長く続かないもの．
【人无完人,金无足赤】rén wú wánrén, jīn wú zúchì 〈諺〉(まったく混ざりもののない金はないように)完全無欠な人はいない．
【人无远虑,必有近忧】rén wú yuǎnlǜ, bì yǒu jìnyōu 〈諺〉人は長期展望を持っていないと,そのうちきっと失敗することになる．
*【人物】rénwù 名 ① 人物．¶大～ / 大人物．② 人物画．
【人物】rénwu 名〈口〉(才能や権勢のある)人物．すぐれた人．¶他可是个～ / あれはなかなかの人物だ．
【人像】rénxiàng 名 肖像(画)．
*【人心】rénxīn 名 ① 人心．人々の心．¶振奋 zhènfèn ～ / 人心を奮い立たせる．¶得 dé ～ / 人々に支持される．¶不得～ / 人々に憎まれる．¶～叵测 pǒcè / 人の心ははかり難い．② 人間らしい心；良心．¶他并不是没有～的人 / 彼は決して良心のない人間ではない．
【人行道】rénxíngdào 名 歩道．人道．量 条 tiáo．
【人行横道】rénxíng héngdào 名 横断歩道．量 条 tiáo．¶走～ / 横断歩道を渡る．
【人行天桥】rénxíng tiānqiáo 名 横断歩道橋．►"过街 guòjiē 天桥""天桥"とも．
【人性】rénxìng 名 人間性．ヒューマニティー．
【人性】rénxing 名 人間らしさ．人間味．
【人选】rénxuǎn 名 人選．候補者．
【人烟】rényān 名 人煙；〈喩〉人家．¶～稠密chóumì / 人家が密集している．
【人言可畏】rén yán kě wèi 〈成〉人のうわさは恐ろしい．世間の口はうるさいものだ．
【人仰马翻】rén yǎng mǎ fān 〈成〉てんやわんやの大騒ぎ．
【人样儿】rényàngr 名 ① 姿；人間らしさ．② 立派な人間．
【人妖】rényāo 名 ① 化け物；〈転〉常軌を逸した人．② 人と化け物．③(ショーに出演する)ゲイボーイ．
【人以类聚,物以群分】rén yǐ lèi jù, wù yǐ qún fēn 〈諺〉類は友を呼ぶ．
【人影儿】rényǐngr 名 ① 人の形．人の姿．② 人の影．影法師．
【人有旦夕祸福】rén yǒu dànxī huòfú 〈諺〉人の不幸(病気や災害)はいつやってくるか分からない．
【人鱼】rényú 名〈口〉〈動〉ジュゴン．►"儒艮 rúgèn"の俗称．「人魚」は"美人鱼"という．
【人欲】rényù 名 人間の欲望．
【人员】rényuán 名 人員．要員．職務担当者．¶机关 jīguān 工作～ / 公的機関の職員．¶值班 zhíbān ～ / 当番．当直要員．
【人猿】rényuán 名 類人猿．
【人缘儿】rényuánr 名 人付き合い；人受け．¶有～ / 人受けがよい．
【人云亦云】rén yún yì yún 〈成〉他人の受け売りをする．定見がない．
【人在人情在】rén zài rénqíng zài 〈諺〉(義理はその人が生きている間だけで)人情は変わりやすいものである．
【人赃俱获】rén zāng jù huò 犯人も盗品も押さえてある．
*【人造】rénzào 形(後ろに名詞をとって)人造の．人工の．¶～宝石 bǎoshí / イミテーションの宝石．¶～橡胶 xiàngjiāo / 人造ゴム．
【人造革】rénzàogé 名 レザークロス．
【人造卫星】rénzào wèixīng 名 人工衛星．量 个,颗 kē．
【人质】rénzhì 名 人質．¶做～ / 人質になる．
【人治】rénzhì 名(↔法治 fǎzhì)儒教の思想で,為政者が徳や権威で国を治めること；〈転〉少数の為政者の決定によって国を治める政治．
【人种】rénzhǒng 名 人種．
【人字拖鞋】rénzì tuōxié 名 ゴムぞうり．►鼻緒が"人"の字に見えることから．

壬 rén

名 十干の第9：壬(みずのえ)．‖姓

仁 rén

名 ①(～儿)さね；むき身．►食べられるものをさすことが多い．¶核桃 hétao ～儿 / クルミのさね〔実〕．¶虾 xiā ～儿 / エビのむき身．② 仁(じん)．►儒家の思想体系の核心．
◇◆ ①同情・友愛・助け合いの気持ち．¶残暴 cánbào 不～ / 残酷横暴で情けがない．②感覚がある．¶麻木 mámù 不～ / しびれて感覚がない．‖姓
【仁爱】rén'ài 名 仁愛．思いやり．
【仁慈】réncí 形 慈悲深い．
【仁德】réndé 名 仁徳．
【仁弟】réndì 名〈書〉年下の友人に対し,また,師が弟子に対し用いる尊称．
【仁果】rénguǒ 名 ① リンゴやナシのように花托が肥大してできた果実．②〈方〉落花生．ピーナッツ．
【仁厚】rénhòu 形 情け深く寛大である．
【仁人志士】rén rén zhì shì 〈成〉仁愛のある正義の人．
【仁兄】rénxiōng 名(書簡文で)友人に対する尊称．
【仁义】rényì 名 仁愛と正義．⇒【仁义】rényi
【仁义】rényi 形〈方〉親切である．やさしい．⇒【仁义】rényì
【仁政】rénzhèng 名 仁政．思いやりのある政治．
【仁至义尽】rén zhì yì jìn 〈成〉援助と善意の限りを尽くす．
【仁者见仁,智者见智】rén zhě jiàn rén, zhì zhě jiàn zhì 〈成〉物事に対する見方は人によって異なること．

3声 *忍 rěn

動 耐える．我慢する．¶～着痛苦 tòngkǔ / 苦痛をこらえる．
◇◆ むごい．¶残 cán ～ / 残忍である．‖姓
【忍不下去】rěnbuxiàqù 動+可補(これ以上)耐えきれない．¶这种 zhǒng 日子再也～了 / こんな生活にはもう耐えられない．
*【忍不住】rěnbuzhù 動+可補 辛抱できない．耐えられない．¶他～大笑起来 / 彼はこらえきれずに大笑いしてしまった．

R

【忍得住】rěndezhù 動+可補 我慢できる．耐えられる．¶有点儿疼 téng,你～吗？/ちょっと痛いけど,我慢できるかな．
【忍饥挨饿】rěn jī ái è 〈成〉じっと飢えを耐え忍ぶ．
【忍俊不禁】rěn jùn bù jīn 〈成〉笑いをこらえきれない．
*【忍耐】rěnnài 動 **耐え忍ぶ．我慢する．**¶～住心头的怒火 nùhuǒ / 心中の怒りをこらえる．
【忍气吞声】rěn qì tūn shēng 〈成〉黙って怒りをこらえる．
【忍让】rěnràng 動 我慢して譲る．
*【忍受】rěnshòu 動 **堪え忍ぶ．我慢する．辛抱する．**¶～困苦 kùnkǔ / 困苦を堪え忍ぶ．¶难以 nányǐ～的痛苦 / 我慢できないほどの苦痛．¶肚子 dùzi 疼得～不了 buliǎo 了 / おなかが痛くてもう我慢できない．
【忍痛】rěntòng 動 ①痛さをこらえる．②つらい思いをする．
【忍无可忍】rěn wú kě rěn 〈成〉忍ぶに忍べない；これ以上我慢できない．
【忍心】rěn//xīn 動(多く否定文や反語文に用い)心を鬼にする．無情になる．¶他怎么会～离开 líkāi 你呢？/ あの人がどうして君と別れるようなひどいことができようか．

荏 rěn 名〈植〉エゴマ．
◇◆ 柔らかい．弱い．
【荏苒】rěnrǎn 動〈書〉(月日が)しだいに過ぎていく．¶光阴 guāngyīn～ / 月日がたつのは早い．

稔 rěn ◇◆ ①実る；〈転〉年．¶丰 fēng～ / 豊作．②熟知する．¶素 sù～ / なじみである．

4声 **刃(刄) rèn** ①名(～儿)(刃物の)刃；刀．¶这把剪子 jiǎnzi 的～不快了 / このはさみは刃の切れ味が悪くなった．
②動〈書〉刀で殺す．切り殺す．¶手～奸贼 jiānzéi / 悪人を手ずから切り殺す．
【刃具】rènjù 名 刃物類．

R

***认(認) rèn** 動 ①**見分ける．識別する．**¶这个孩子能～一百多个字了 / この子は100余りの字を覚えた．¶人多,一下子～不出来 / 人が多くて,すぐには見分けがつかない．②**人と新しくある関係を結ぶ．**¶～了一门亲 qīn / 義理の親戚関係を結ぶ．¶～他作老师 / 彼を師と仰ぐ．③**認める．**承服する．¶有错儿就该～ / 過ちがあれば認めるべきだ．¶～个理儿 / おわびをする．④(あきらめて)我慢する,文句を言わない．►単独で述語になるときには必ず"了"を伴う．¶即使 jíshǐ 输 shū 给你,我也～了 / たとえ君に負けたとしても,文句は言わないから．¶价钱贵 guì 一点儿,我也～了 / 値段が少々高くても我慢する．
【认不是】rèn bùshi 間違いを認める．過ちを謝罪する．►「過ち」の意味の"不是"は実際には búshi と発音する．¶他认了不是就算了 / 彼が謝ったらもう許していいよ．
【认不出来】rènbuchū//lái 動+可補(人や物・道などを)**見分けられない．**
【认不得】rènbude 動+可補 見分けがつかない．¶这个孩子长 zhǎng 得～了 / この子は見違えるほど大きくなった．
【认不清】rènbuqīng 動+可補 はっきりと見分けられない．
【认不全】rènbuquán 動+可補 完全には見分けられない；全部は知らない．
【认错】rèn//cuò 動(～儿)過ちを認める．謝る．
*【认得】rèn//de 動 **知っている．見分けがつく．**►否定型は"不认得",不可能を強調するときは"认不得"を使う．¶他不～字儿 zìr / 彼は字が読めない．¶这位先生你～吗？—不～ / この方をご存じですか—知りません．¶你～这是什么吗？/ これは何か知っていますか．
【认敌为友】rèn dí wéi yǒu 〈成〉敵を味方と取り違える．
【认定】rèndìng 動 はっきりと認める．認定する．
【认罚】rèn//fá 動 処罰されることを承知する．
【认购】rèngòu 動(公債の購入などを)引き受ける．
【认可】rènkě 動 許可する．同意する．¶点头～ / うなずいて同意する．
【认领】rènlǐng 動(物などを確認のうえ)受け取る．¶～遗失 yíshī 物品 / 遺失物を引き取る．
【认明】rèn//míng 動+結補 はっきり見分ける．
【认命】rèn//mìng 動 運命だとあきらめる．
【认亲】rèn//qīn 動 親戚関係になる．親戚として付き合う．
【认清】rèn//qīng 動+結補 はっきりと認める．見極める．
【认人儿】rèn//rénr 動(赤ん坊が)人の容貌や声を見分ける．
【认生】rènshēng 動 人見知りする．
【认识】rènshi ❶動 ①知っている；(見て)覚えている．**¶这个人我不～ / この人を私は知らない〔会ったことがない〕．¶你～她吗？—我不～ / 彼女を知ってますか〔会ったことがありますか〕—私は知りません〔会ったことがありません〕．¶你在哪儿～她的？/ どこで彼女と知り合ったのですか．¶我不～这个字 / 私はこの字は読めません．②**認識する．**¶～不够 gòu / 認識不足である．❷名 認識．
比較 认识：知道 zhīdao "认识"は見たことがあって知っている,あるいは識別できるときに使われることが多く,"知道"は情報や知識として知っているときに使われることが多い．
【认输】rèn//shū 動 敗北を認める．
【认死理】rèn sǐlǐ 〈慣〉(～儿)理屈一点張りで融通がきかない．►"认死扣儿 sǐkòur"とも．
【认同】rèntóng 動 ①(自分との)共通点があると認める；アイデンティティをもつ．②同意する；認める．
【认为】rènwéi 動 **…と考える．…と思う．…と認める．►人や事物に対してある見方をしたり判断を下したりする．¶我～老赵 Zhào 的意见是对的 / 私は趙さんの意見は正しいと思う．¶你～怎么样？/ あなたはどう思いますか．¶医生～他很健康 jiànkāng / 医者は彼は健康だと認めている．
⇨【以为】yǐwéi 比較
【认贼作父】rèn zéi zuò fù 〈成〉敵を味方と取り違える；敵に仕える．
【认账】rèn//zhàng 動(多く否定文に用い)借りを認める；〈喩〉自分の言動を認める．¶翻脸 fānliǎn 不～ / 態度を変えてしらを切る．

[认真] rèn//zhēn ①動 真に受ける．¶他是开玩笑，你可别～／彼は冗談を言っているのだから，本気にしないでくれ．②(rènzhēn)形 **まじめである．真剣である．**¶～地学习／真剣に勉強する．¶工作～负责 fùzé／仕事をまじめに責任をもってやる．

[认证] rènzhèng 動〈法〉認証する．

[认知] rènzhī 動〈心〉認知する．¶～科学／認知科学．

[认准] rèn//zhǔn 動+結補 見定める．思い込む．

[认罪] rèn//zuì 動 罪を認める．¶低头 dītóu～／頭を下げて自分の罪を認める．

仞 rèn 量(昔の長さの単位)仞(じん)．¶万～高山／万仞の山．

任 rèn ❶動 ①**任用する．任命する．**¶～他为教育部长 jiàoyùbùzhǎng／彼を文部大臣に任命する．②担当する．¶王老师～写作课 xiězuòkè／王先生は作文の授業を担当する．③自由にさせる．一任する．¶～你挑选 tiāoxuǎn／自由にお選びください．
❷接続(主語の前に用い)①…にかかわらず．…であれ．…にせよ．¶～你怎么说我也不信／君がどう言おうとぼくは信じないさ．②たとえ…でも．¶～他跑 pǎo 到哪儿，我们也要找 zhǎo 到他／あいつがたとえどこへ逃げようと，われわれは見つけ出さずにはおかない．
❸量 官職に任ぜられた回数を数える．¶做过三～部长／大臣を3期務めた．
◇ ①任．役目．務め．¶到～／着任する．②信頼する．¶信～／信任する．

[任便] rèn//biàn 動 好きなように任せる．

[任从] rèncóng 動〈書〉(…するに)任せる．

***[任何]** rènhé 代 **いかなる(…であれ)．どんな(…でも)．** 注意 名詞を修飾するときは通常"的"を伴わない．"人""事"以外の単音節語を修飾しない．¶我对此很满意，没有～意见／私はこのことにとても満足しています．何も意見はありません．[よく後に"都、也"などが呼応する]¶～人都不让 ràng 进去／だれであろうと中に入らせない．

[任教] rèn//jiào 動 教職に就く．

[任课] rèn//kè 動 授業を担当する．

[任劳任怨] rèn láo rèn yuàn〈成〉苦労をいとわず，恨み言を言われても気にかけない．

[任满] rènmǎn 動 任期が満了する．

[任免] rènmiǎn 動 任免する．

[任命] rènmìng 動 任命する．¶～他为 wéi 校长／彼を校長に任命する．

[任凭] rènpíng ❶接続(主語の前に用いる)①**…にかかわらず．…であれ．**…にせよ．►多く後に疑問代詞を伴い，さらに後続句で"也、都、还是"などが呼応する．¶～什么样的场面 chǎngmiàn，我也不憷 chù／どんな場合であれ，私はおじけない．②たとえ…とも．►後続句で"也、还、仍然 réngrán"などが呼応する．¶～雨再大，我也要去／たとえ雨がどんなにひどくても，私は行くつもりです．❷動 **…の判断に任せる．**…に一任する．¶商品～顾客 gùkè 挑选 tiāoxuǎn／商品はお客に自由に選んでもらう．¶这事干不干，～他自己／この仕事をやるかやらないかは，彼しだいだ．

[任期] rènqī 名 任期．¶～将 jiāng 满／任期がまもなく満了する．

[任情] rènqíng〈書〉①副 心ゆくまで．思う存分．②動 思いのままにする．

[任人唯亲] rèn rén wéi qīn〈成〉(才能のいかんを問わず)縁故関係で人を任用する．

[任人唯贤] rèn rén wéi xián〈成〉(縁故ではなく)才能のみで人を任用する．

[任事] rèn//shì 動 仕事を担当する．就任する．

***[任务]** rènwu 名 ①(与えられた)**任務．仕事．**(量)项 xiàng，个．¶执行 zhíxíng～／任務を遂行する．¶历史 lìshǐ～／歴史的な課題．¶学生的主要～是学习／学生の主な仕事とは勉強することだ．¶这个～就交给我吧／この仕事は私に任せてください．②**課せられた仕事の量．**¶超额 chāo'é 完成～／ノルマを超過達成する．

***[任性]** rènxìng 形 **気ままである．わがままである．**¶你太～了／君はわがまますぎる．

***[任意]** rènyì ①副 **気ままに．**ほしいままに．¶～行动 xíngdòng／気ままに行動する．¶今天开座谈会 zuòtánhuì，大家～谈谈／きょうの座談会では，みんな心おきなく話してくれ．②形 任意の．無条件の．

[任意球] rènyìqiú 名〈体〉(サッカー・ラグビーで)フリーキック；(バスケットボールなどで)フリースロー．

[任用] rènyòng 動 任用する．

[任职] rèn//zhí 動 職に就く．勤める．

[任重道远] rèn zhòng dào yuǎn〈成〉任重くして道遠し．責任は重大で前途は遠い．

纫 rèn 動 ①針に糸を通す．¶～针 zhēn／針に糸を通す．②〈書〉深く感謝する．¶至 zhì～高谊 gāoyì／ご厚情にあずかり感謝の至りです．
◇ 針で縫う．¶缝 féng～／裁縫．

韧(韌) rèn ◇ 強くてしなやかである．¶柔 róu～／しなやかである．

[韧带] rèndài 名 靭帯(じんたい)．

[韧劲] rènjìn 名(～儿)粘り強さ．

[韧性] rènxìng 名 ①〈物〉靭(じん)性．粘り．②強靭さ．粘り強さ．

饪(飪) rèn ◇ 調理する．¶烹 pēng～／調理する．

妊(姙) rèn ◇ 妊娠する．身ごもる．

[妊妇] rènfù 名 妊婦．►話し言葉では"孕妇 yùnfù"という．

[妊娠] rènshēn 動 妊娠する．►話し言葉では"怀孕 huáiyùn"という．

衽(衹) rèn 名〈古〉①衽(おくみ)．②褥(しとね)．

reng (ㄖㄥ)

1声 ****扔** rēng 動 ①**ほうる．投げる．**¶～球 qiú／ボールを投げる．②**捨てる；**〈喩〉(物事を)**ほったらかす．**¶～烟头儿 yāntóur／たばこの吸い殻を投げ捨てる．¶～下工作去钓鱼 diàoyú／仕事をほっぽり出し釣りに行く．

R

【扔出去】rēng//chūqù 動+方補 投げ出す．ほうり出す．
【扔掉】rēng//diào 動+結補（投げ）捨てる．
【扔弃】rēngqì 動 捨て去る．投げ捨てる．
【扔在脖子后头】rēngzài bózi hòutou〈慣〉すっかり忘れてしまう．

2声 **仍** réng 副〈書〉①依然として．いまなお．¶下课以后,他～在教室里学习／放課後,彼は依然として教室で勉強していた．②もとどおりに．
◇◆ 頻繁である．¶频 pín～／しきりである．
【仍旧】réngjiù 副 **依然として．相変わらず．**¶东西是有点儿旧,但～可以用／ものはちょっと古くなっただけで,相変わらず使える．¶他用的～是老办法／彼が使うのは,依然として従来通りの方法だ．
*【仍然】réngrán 副 ①**依然として．相変わらず．** 注意 多く書き言葉に用いる．話し言葉では普通"还是 háishi"を用いる．¶雨～下个不停 tíng／雨は依然としてひっきりなしに降っている．［逆接を表す文で,"可是、但是、却 què"などに続く］¶他虽然年过半百,精力 jīnglì 却～很充沛 chōngpèi／彼は50を越しているのに,相変わらず元気いっぱいだ．②**もとどおりに．**¶她把信看完,～装回 zhuānghuí 信封里／彼女は手紙を読み終えると,もとどおりに封筒に収めた．¶病愈 bìngyù 后,他～担任 dānrèn 校长／全快の後,彼は元どおり校長を務めた．
【仍是】réngshì 副 依然として．従来どおり．

ri（ㄖ）

4声 * **日** rì 名〈書〉①太陽．¶～出东方,～落西方／東から日が出て,西に沈む．②1日．一昼夜；〈転〉特定の日．¶六月四～／6月4日．¶哪 nǎ 一年哪一～？／どの年のなん日．
◇◆ ①(↔夜 yè)昼．昼間．¶～～夜夜／昼も夜も．②毎日；日に日に．¶～复 fù 一日／一日また一日と．来る日も来る日も．③(広く)ある期間．¶往 wǎng～／昔．④(Rì)日本．‖姓．
【日班】rìbān 名(↔夜班 yèbān)日勤．昼間の勤務．
【日斑】rìbān 名〈天〉太陽の黒点．
*【日报】rìbào 名(↔晚报 wǎnbào)**日刊新聞；朝刊．**
【日本】Rìběn 名 **日本．
【日薄西山】rì bó xī shān〈成〉瀕死の状態；事物が衰えていく状態．
【日不暇给】rì bù xiá jǐ〈成〉仕事に追われて寸暇もない．
*【日常】rìcháng 形 **日常の．ふだんの．**平生の．¶～琐事 suǒshì／日常のこまごまとした用事．¶～现象／ありふれた現象．¶～用品／日用品．
【日场】rìchǎng 名(演劇・映画などの)昼の部．マチネー．
*【日程】rìchéng 名 **日程．スケジュール．**¶～安排 ānpái 得很紧张 jǐnzhāng／スケジュールがハードである．¶～表／日程表．
【日出】rìchū 名 日の出．
【日戳】rìchuō 名 日付印．
【日工】rìgōng 名 ①昼間の仕事．②日雇い労働者(の仕事)．

【日光】rìguāng 名 ①日光．②時間．時期．
【日光灯】rìguāngdēng 名 蛍光灯．
【日光浴】rìguāngyù 名 日光浴．
【日晷】rìguǐ 名〈天〉日時計．
【日后】rìhòu 名 後日．将来．
【日积月累】rì jī yuè lěi〈成〉長い期間にわたって少しずつ積み重ねること．
*【日记】rìjì 名 **日記；**(仕事用の)**日誌．**量 篇 piān；［段落の数］段 duàn；［帳面の数］本．¶～本／日記帳．¶工作～／作業日誌．❖记 jì〔写 xiě〕～／日記〔日誌〕をつける．
【日记账】rìjìzhàng 名〈簿記〉日記帳．取引の概要を時間順に記録する帳簿．►"序时账 xùshízhàng"とも．
【日间】rìjiān 名〈書〉昼間．日中．
【日见】rìjiàn 副 日増しに．日一日と．¶他的病～好转 hǎozhuǎn／彼の病気は日一日とよくなっている．
【日渐】rìjiàn 副 日一日と．しだいに．
【日界线】rìjièxiàn 名〈天〉日付変更線．
【日久见人心】rì jiǔ jiàn rén xīn〈諺〉日がたてば人の心が分かる．
【日久天长】rì jiǔ tiān cháng〈成〉月日がたつにつれ．
【日就月将】rì jiù yuè jiāng〈成〉月日を重ねるにつれて進歩する．
【日刊】rìkān 名 日刊(の新聞)．
【日来】rìlái 名〈書〉ここ数日来．
【日理万机】rì lǐ wàn jī〈成〉政務が多忙を極める．
【日历】rìlì 名 **日めくり．カレンダー．**量 本；［1日分］页 yè．►月ごとのカレンダーは"月历 yuèlì"，1枚に12か月あるカレンダーは"年历 niánlì"という．
【日落】rìluò 動 ①日が沈む．②〈書〉日に日に落ちる．¶声誉 shēngyù～／評判がますます悪くなる．
【日暮途穷】rì mù tú qióng〈成〉日暮れて道きわまる；窮地に陥る．
【日内】rìnèi 名〈書〉数日内．近々．
【日偏食】rìpiānshí 名〈天〉部分食．
【日期】rìqī 名 **期日；日付．**¶开会的～／会議の期日．¶发信～／発信の日付．
【日前】rìqián 名 先日．数日前．
【日趋】rìqū 副〈書〉日に日に(…になる)．¶市场～繁荣 fánróng／市場が日一日と繁栄に向かう．
【日全食】rìquánshí 名〈天〉皆既食．
【日色】rìsè 名 日の光；〈転〉時刻．
【日上三竿】rì shàng sān gān〈成〉日が高く昇っている；朝寝坊すること．
【日射病】rìshèbìng 名 熱射病．
【日食】rìshí 名〈天〉日食．►"日蚀"とも書く．
【日头】rìtou 名〈方〉太陽．日．
【日托】rìtuō 名(↔全托 quántuō)(保育所などで)昼間だけ子供を預かる方式．
*【日文】Rìwén 名 **日本語．** 注意 "你能写 xiě 日文信吗？"(あなたは日本語の手紙が書けますか)のように,"日文"は文章としての日本語をさして使う場合が多い．一方,"日语 Rìyǔ""日本话"は"你会说日语〔日本话〕吗？"(あなたは日本語を話せますか)の例のように,普通,話し言葉としての日本語をいう．
【日薪】rìxīn 名 日給．日当．
【日新月异】rì xīn yuè yì〈成〉日進月歩．

【日夜】rìyè 名 日夜．昼夜．►"日日夜夜"という と「毎日毎晩」の意味．¶～不停 tíng 地工作 / 昼夜兼行で働く．
【日以继夜】rì yǐ jì yè 〈成〉昼夜兼行をする．夜を日に継ぐ．
*【日益】rìyì 副 日に日に．日増しに．
【日用】rìyòng ① 形 日用の．② 名 生活費．¶ 这笔钱做 zuò ～ / この金は生活費に残す．
【日用品】rìyòngpǐn 名 日用品．¶～商店 shāngdiàn / 日用雑貨店．
*【日语】Rìyǔ 名 日本語．¶说 shuō ～ / 日本語を話す．⇒【日文】Rìwén 注意
*【日圆·日元】rìyuán 名 日本円．
【日月】rìyuè 名(～儿)暮らし．生活．
【日月如梭】rì yuè rú suō 〈成〉歳月の流れるのが速いたとえ．►"梭"は織機の杼(ひ)．
【日月星辰】rìyuè xīngchén 名(太陽や月·星などの)あらゆる天体．
【日晕】rìyùn 名〈気〉日暈(ひがさ)．ハロ．
【日臻完善】rì zhēn wán shàn 〈成〉日ごとに完全になる．
【日志】rìzhì 名 日誌．¶工作～ / 業務日誌．
【日中】rìzhōng 名 ① 正午；日中．② (Rì-Zhōng) 日本と中国．►中国側からは"中日"という．
*【日子】rìzi 名 ① 期日；日取り．¶动身 dòngshēn ～还没定下来 / 出発日はまだ決まっていない．② 日数．日にち．¶～短，来不及准备 zhǔnbèi / 日が少なくて準備が間に合わない．¶他去上海有些～了 / 彼が上海へ行ってからだいぶ日が経っている．③ 暮らし．暮らし向き．❖过 *guò* ～ / 生活する．暮らす．¶小两口的～过得真甜 tián / 若夫婦の暮らしはほんとうに楽しそうだ．

rong（ㄖㄨㄥ）

戎 róng 名(Róng)戎(じゅう)．古代，西方にいた部族の称．
◇◆ 軍事．軍隊．‖姓
【戎马】róngmǎ 名〈書〉軍馬；軍事．
【戎衣】róngyī 名〈書〉軍服．
【戎装】róngzhuāng 名〈書〉軍装．

茸 róng ◇◆ ①(草·毛などが生え始め，短く柔らかく)密生するさま．②〈中薬〉鹿の袋角．シカのまだ骨質化していない幼角．¶鹿 lù ～ / 鹿茸(ろくじょう)．
【茸毛】róngmáo 名(動植物の)細く柔らかい毛．
【茸茸】róngróng 形(草や毛が)密で柔らかく短いさま．¶～的绿草 lǜcǎo / 密生した緑の草．

荣(榮) róng ◇◆ ①(草木が)茂る．¶欣欣 xīnxīn 向～ / 勢いよく茂る．②繁栄する．¶繁 fán ～ / 栄える．③光栄．¶→～辱 rǔ．‖姓
【荣归】róngguī 動 光栄ある帰還をする．
【荣华富贵】róng huá fù guì 〈成〉栄耀栄華を極める．
【荣获】rónghuò 動 光栄にも獲得する．¶～冠军 guànjūn / 優勝を勝ちとる．
【荣枯】róngkū 名 栄枯盛衰．
【荣迁】róngqiān 動 栄転する．
【荣任】róngrèn 動〈敬〉光栄にも…の職に就く〔務める〕．
【荣辱】róngrǔ 名 栄辱(えいじょく)．栄誉と恥辱．
【荣升】róngshēng 動〈書〉栄進する．
*【荣幸】róngxìng 形 光栄である；幸運である．¶我感到 gǎndào 十分～ / とても光栄に存じます．
【荣耀】róngyào 形 光栄である．栄誉である．
*【荣誉】róngyù 名 栄誉．誉れ．¶得到 dédào ～ / 栄誉を受ける．¶～感 gǎn / 名誉心．¶～军人 jūnrén / 傷痍(しょうい)軍人(に対する敬称)．

绒(羢) róng 名(鳥獣の)綿毛，短くて柔らかい毛．¶这种地毯 dìtǎn 的～比较长 cháng / この手のじゅうたんは毛足がわりに長い．
◇◆ ①表面を毛羽立てた織物の総称．¶丝 sī ～ / ビロード．②(～儿)刺繍用の細い糸．¶红绿 hóng-lǜ ～儿 / 刺繍用の色絹．
【绒布】róngbù 名〈紡〉綿フランネル．
【绒花】rónghuā 名(～儿)ビロードで作った造花など．
【绒裤】róngkù 名 厚手のメリヤスズボン下．
【绒毛】róngmáo 名 ①(鳥獣の)綿毛．② 織物の毛羽．
【绒面革】róngmiàngé 名 スエード革．
【绒毯】róngtǎn 名 じゅうたん．カーペット．(量) 块，张，条．
【绒头绳】róngtóushéng 名(～儿) ① 髪を束ねる紐．② 毛糸．
【绒袜】róngwà 名 厚手の靴下．(量) 双 shuāng．
【绒线】róngxiàn 名 刺繍用の絹糸．(量) 团 tuán，根 gēn．
【绒绣】róngxiù 名 毛糸刺繍．
【绒衣】róngyī 名 メリヤスの厚手のシャツ．(量) 件 jiàn．

容 róng 動 ① いれる．収容する．¶这个会场 huìchǎng 能～一千人 / この会場は千人収容できる．¶这里～不下这么多人 / ここにこんなに大勢は入らない．②(気持ちの上で)許す，容赦する．¶这种态度，情理 qínglǐ 难 nán ～ / このような態度は情理からいって許しがたい．③ 許可する；…させる．►多く否定や反語の形で用いる．¶不～分说 / 有無を言わさない．
◇◆ 顔(の表情)；容貌；様子．¶笑 xiào ～ / 笑顔．¶市～ / 街の様子．‖姓
【容不得】róngbude 動+可補 相容れない；許せない．⇒【-不得】-bude
【容不下】róngbuxià 動+可補 ①(場所が狭くて)収容できない．入りきれない．②(度量が狭くて)許すことができない．
【容得下】róngdexià 動+可補 ①(場所が十分あって)収容できる．②(度量が広くて)許すことができる．
【容光】róngguāng 名 顔色．顔つき．¶～焕发 huànfā / 顔色がつやつやしている．
【容积】róngjī 名 容積．
【容量】róngliàng 名 容量．
【容留】róngliú 動 収容する．置いておく．
【容貌】róngmào 名 容貌．顔かたち．¶～一般 yībān / 十人並みの顔かたち．
【容纳】róngnà 動(ある空間·範囲に)収容する；(意見などを)受け入れる．¶这个剧院 jùyuàn 可以

R

～三千人 / この劇場は３千人収容できる．
【容器】róngqì 名 容器．入れ物．
【容情】róngqíng 動(多く否定形に用い)容赦する．¶决 jué 不～ / 決して容赦しない．
【容人】róng//rén 動(人に対し)寛容である．
【容忍】róngrěn 動 容赦する．我慢する．
【容身】róng//shēn 動 身を落ち着ける．¶无～之地 / 落ち着く場所がない．
【容受】róngshòu 動 受け入れる．
【容许】róngxǔ ① 動 許す．許容する．¶～他提前 tíqián 退休 tuìxiū / 彼が停年前に退職することを許す．② 副 あるいは…かもしれない．
【容颜】róngyán 名〈書〉容貌．顔かたち．
【容易】róngyì 形(↔难 nán) ① **たやすい．容易だ．¶这道数学题 shùxuétí 很～ / この数学の問題は実にやさしい．¶这工作可不～做 / この仕事は簡単にはできない．② **…しやすい**．…する可能性が大きい．¶喝 hē 生水～生病 shēngbìng / 生水を飲むと病気になりやすい．► róngyi とも発音する．

蓉 róng "芙蓉 fúróng"(①フヨウ．②ハスの花)，"苁蓉 cōngróng"(ハマウツボ．ニクショウヨウ)という語に用いる．
◇◆(Róng)成都(四川省の省都)．‖姓

溶 róng 動 **溶ける**．溶解する．¶这种物质 wùzhì 不～于水 / この物質は水に溶けない．
【溶洞】róngdòng 名 鐘乳洞．
【溶化】rónghuà 動(固体が)**溶解する，溶ける**．¶白糖 báitáng 很快～在牛奶 niúnǎi 里了 / 砂糖はすぐに牛乳の中に溶け込んだ．
【溶剂】róngjì 名〈化〉溶剤．溶媒．
【溶胶】róngjiāo 名〈化〉コロイド溶液．ゾル．
【溶解】róngjiě 動 溶解する．
【溶溶】róngróng 形〈書〉(水や月光が)たゆたうさま．
【溶蚀】róngshí 動〈地〉溶食する．
【溶液】róngyè 名〈化〉溶液．

榕 róng ◇◆ ①〈植〉榕樹(ようじゅ)．ガジュマル．②(Róng)福州(福建省の省都)．
【榕树】róngshù 名〈植〉ガジュマル．

熔(鎔) róng ◇◆(固体に熱を加えて)溶かす，溶解する．¶→～化 huà．
【熔点】róngdiǎn 名〈物〉融点．
【熔断】róngduàn 動 溶解切断する．
【熔化】rónghuà 動(固体が熱で)溶解する．
【熔炼】róngliàn 動(鉱石などを)溶解し精錬する；〈喩〉(人間を)鍛える．
【熔炉】rónglú 名 溶鉱炉；〈喩〉(思想・人格を)鍛える場所．
【熔岩】róngyán 名 溶岩．
【熔铸】róngzhù 動 鋳造する．

蝾(蠑) róng "蝾螈 róngyuán"↓という語に用いる．
【蝾螈】róngyuán 名〈動〉イモリ．

融 róng ◇◆ ①解ける．溶ける．¶→～化 huà．②融合する．¶→～会 huì．③(貨幣などが)流通する．¶金～ / 金融．‖姓
【融合】rónghé 動 融合する．
【融和】rónghé ❶形 ① 暖かい．②(互いに)打ち解ける．❷動 →【融合】rónghé
【融化】rónghuà 動(氷・雪などが)解ける．溶解する．►"溶化"とも．
【融会】rónghuì 動 融合する．解け合う．¶～贯通 guàntōng / 完全に理解する．
【融解】róngjiě 動 融解する．
【融洽】róngqià 形(気持ちや雰囲気が)打ち解けている．¶两个人相处 xiāngchǔ 得很～ / 二人は仲むつまじくうまくいっている．
【融融】róngróng 形〈書〉① 打ち解けて楽しい．② 暖かい．
【融资】róng//zī 動〈経〉融資する．

3声 **冗 rǒng** ◇◆ ①余計な．¶～词赘 zhuì 句 /(詩文などの)むだな言葉．②煩瑣(はんさ)な．¶→～杂 zá．③多忙．¶拨 bō ～ / 万障繰り合わせて．
【冗笔】rǒngbǐ 名 不必要な語句．
【冗长】rǒngcháng 形(話や文章が)冗長である，長々とくどい．
【冗繁】rǒngfán →【冗杂】rǒngzá
【冗员】rǒngyuán 名 余剰人員．¶裁减 cáijiǎn ～ / 余剰人員を削減する．
【冗杂】rǒngzá 形〈書〉(仕事が)煩雑である．►"冗繁 rǒngfán"とも．

rou (ㄖㄡ)

2声 **柔 róu** ◇◆ ①柔らかい．¶→～软 ruǎn．②柔和である．¶温 wēn ～ / おとなしい．やさしい．③柔らかくする．¶～麻 má / 麻を水につけて柔らかくする．‖姓
【柔肠】róucháng 名〈書〉思いやりに富んだ心．
【柔道】róudào 名〈体〉柔道．
*【柔和】róuhé 形 **柔らかい．優しい**．¶～的颜色 yánsè / 落ち着いた色．¶手感 shǒugǎn ～ / 手ざわりが柔らかい．
【柔滑】róuhuá 形 柔らかくてすべすべしている．
【柔美】róuměi 形 柔らかで美しい．¶舞姿 wǔzī ～ / 舞い姿がしなやかで美しい．
【柔媚】róumèi 形 ① 穏やかで美しい．② 優しくしとやかである．
【柔嫩】róunèn 形 柔らかくみずみずしい．しなやかである．¶～的绿叶 lǜyè / 柔らかな若葉．
【柔情】róuqíng 名 やさしい心．
【柔韧】róurèn 形 しなやかで丈夫である．
*【柔软】róuruǎn 形(↔坚硬 jiānyìng)**柔軟である**．柔らかい．¶～的沙发 shāfā / 柔らかなソファ．
【柔润】róurùn 形 柔らかくてつやつやしている．
【柔弱】róuruò 形 軟弱である．弱々しい．
【柔顺】róushùn 形 柔順である．素直でおとなしい．¶性情 xìngqíng ～ / 気性がやさしい．
【柔性】róuxìng 形(↔刚性 gāngxìng) ①(材質が)柔らかな．② 柔軟な．融通のきく．

***揉 róu** 動 ①(手で往復するように)**もむ，こする**．¶～胸口 xiōngkǒu / みぞおちのところをなでる．¶～了～眼睛 yǎnjing / 目をこすった．②(丸く)**こねる**．¶～面 / 小麦粉をこねる．

【揉搓】róucuo 動 ①もむ．こする．②〈方〉いじめる．
【揉合】róuhé 動 こね合わせる．
【揉碎】róusuì 動 もみ砕く．もみつぶす．

糅 róu ◇◆ まじる．まぜる．¶杂 zá～ / いろいろまじり合っている．

蹂 róu "蹂躏 róulìn"⬇という語に用いる．

【蹂躏】róulìn 動 蹂躙(じゅうりん)する．踏みにじる．¶～人权 rénquán / 人権を蹂躙する．

鞣 róu 動(皮を)なめす．¶～皮子 pízi / 皮をなめす．

肉 ròu ＊＊ ❶ 名 ①肉．(量) 块,片．注意 単独で用いる場合は普通,ブタ肉をさす．ただし,イスラム教の少数民族はブタを食べないので,ヒツジの肉が中心．(量)[かたまり]块 kuài；[切り身]片 piàn．②果肉．身．¶冬瓜 dōngguā～ / トウガンの果肉．
❷ 形〈方〉果実の歯ざわりが悪い；はきはきしない．ぐずである．
【肉案子】ròu'ànzi 名 ①肉屋．②肉切り台．
【肉包子】ròubāozi 名 肉まんじゅう．
【肉饼】ròubǐng 名 豚のひき肉を包んだ"饼"．ミートパイ．
【肉搏】ròubó 動 取っ組み合う．格闘する．
【肉苁蓉】ròucōngróng 名〈植〉ニクジョウヨウ；〈中薬〉肉蓯蓉(にくじょうよう)．
【肉丁】ròudīng 名(～儿)〈料理〉さいの目に切った肉．
【肉豆蔻】ròudòukòu 名〈植〉ニクズク(肉豆蔻)．►香辛料や漢方薬として用いる．
【肉干】ròugān 名(味付けした)干し肉．
【肉感】ròugǎn 形 セクシーである．
【肉冠】ròuguān 名(鳥類の)とさか．
【肉乎乎・肉呼呼】ròuhūhū 形(～的)まるまると太っている．¶～的小手 / ぽってりした子供の手．
【肉鸡】ròujī 名 食肉用の鶏．ブロイラー．
【肉瘤】ròuliú 名〈医〉肉腫．
【肉麻】ròumá 形 歯が浮くようである．虫酸が走る．
【肉末】ròumò 名(～儿)ひき肉．
【肉排】ròupái 名〈料理〉ステーキ．
【肉皮】ròupí 名(豚肉の)皮．
【肉片】ròupiàn 名(～儿)薄切りの肉．
【肉色】ròusè 名 肉色．肌色．
【肉食】ròushí 名 肉食．¶～动物 dòngwù / 肉食動物．
【肉食】ròushi 名 肉類食品．
【肉丝】ròusī 名(～儿)細切りの肉．
【肉松】ròusōng 名 肉のでんぶ．乾燥した肉を粉末状にした食品．
【肉体】ròutǐ 名 肉体．身体．
【肉丸子】ròuwánzi 名 肉団子．
【肉馅】ròuxiàn 名(～儿)(豚まんなどの)肉のあん．
【肉刑】ròuxíng 名 体刑．
【肉眼】ròuyǎn 名 ①肉眼．②〈喩〉物事を見抜く目のない人．凡人の目．
【肉月】ròuyuè 名(～儿)(漢字の偏旁)にくづき"月"．
【肉中刺】ròuzhōngcì 〈慣〉("眼中钉 yǎnzhōngdīng"に続き)目の敵(かたき)．目の上のこぶ．
【肉赘】ròuzhuì 名 いぼ．

ru (ㄖㄨ)

如 rú 2声 ＊ ❶ 動 ①(例をあげて)たとえば．¶北京有许多名胜古迹 míngshèng gǔjì,～长城 Chángchéng,故宫 Gùgōng 等 / 北京には,たとえば万里の長城・故宮などの名所旧跡がたくさんある．②…に及ぶ．…に匹敵する．►否定文にのみ用いる．¶我不～她 / 私は彼女にはかなわない．¶走路不～骑 qí 车 / 歩くより自転車の方がよい．③…のようである．…のごとくである．►慣用的表現にのみ用いる．¶亲～一家 / まるで家族のように親しい．¶心乱～麻 má / 心が千々に乱れる．¶水面～镜子 jìngzi 一般 / 水面は鏡のようだ．④("如意 yì""如愿 yuàn"の形で)かなう．¶这一次能去敦煌 Dūnhuáng,可～了愿了 / こんど敦煌に行けるとは,願いがかなったというものだ．
❷ 前 …のとおりに．¶工程 gōngchéng～期完成 / 工事は期限どおりに完成する．
❸ 接続 もし…ならば．¶～有问题,可随时找 zhǎo 我 / もし何か問題があったら,いつでも私のところへ言ってきてください．⇒【如果】rúguǒ ‖ 姓
【如常】rúcháng 動 いつもと変わらない．►述語にのみ用いる．¶一切 yīqiè～ / いつも通りである．
【如出一辙】rú chū yī zhé 〈成〉二つの事柄が非常によく似ている．
＊【如此】rúcǐ 代〈書〉このようである．このように．¶～勇敢 yǒnggǎn / このように勇敢である．¶～下去 / このように続ける．¶事已～,后悔 hòuhuǐ 也没用 / 事がこうなったからには,悔やんでもむだだ．¶～这般 / かくかくしかじか．
【如此等等】rúcǐ děngděng …の類．以上のようなことなど．►前にいろいろなことを列挙し,その後に置く．¶球类 qiúlèi 啦,跑步啦,～,都有助于 yǒuzhùyú 健康 / 球技やジョギングなどといったものは,みな健康によい．
【如此而已】rú cǐ ér yǐ 〈成〉それだけのことである．
【如次】rúcì 動 次のとおりである．¶其 qí 理由～ / その理由は次のとおりである．
【如堕烟海】rú duò yān hǎi 〈成〉霧の海に陥ったかのようだ．五里霧中だ．
【如法炮制】rú fǎ páo zhì 〈成〉処方どおりに調剤する；型通りに事を運ぶ．
【如故】rúgù 動 ①元のままである．¶依然 yīrán～ / 依然として変わらない．②旧友のようである．¶一见～ / 初対面でたちまち旧友のように打ち解ける．
＊＊【如果】rúguǒ 接続 もしも…(ならば)．語法 仮定を表し,多く後続句で"就、那、那么"などを呼応させる．また,"的话"と組み合わせて"如果…的话"とすることもある．¶～你不用功,就会留级 liújí / もし君がしっかり勉強しないなら,進級はおぼつかないよ．[書き言葉などでは,"如果…(的话)"を複文の後半に置くこともある]¶他现在应该到了,～飞机不晚点的话 / もうそろそろ着くはずだ．もし,飛行機が遅れてなかったなら．

R

*【如何】rúhé 疑 どうですか；どのように．¶～判断 pànduàn 好坏 / 善し悪しをどう判断するか．¶你的意见～？/ 君の意見はどうか．
【如虎添翼】rú hǔ tiān yì 〈成〉強い〔凶暴な〕ものがいっそう強く〔凶暴に〕なる．鬼に金棒．
【如花似锦】rú huā sì jǐn 〈成〉風景や前途がすばらしい．
【如火如荼】rú huǒ rú tú 〈成〉勢いが激しいさま．盛んで熱烈なさま．
【如获至宝】rú huò zhì bǎo 〈成〉(たいして貴重でないのに)世にも珍しい宝を手に入れたかのように大喜びする．
【如饥似渴】rú jī sì kě 〈成〉(多く知的欲求を)渇望するさま．
【如箭在弦】rú jiàn zài xián 〈成〉(矢をすでにつがえてしまったように)いまさらやめるわけにはいかない．後戻りできない．
【如胶似漆】rú jiāo sì qī 〈成〉きわめて親密である形容．
*【如今】rújīn 名(過去に対して)今．現今．当今．時間的にかなり幅をもつ．¶～的年轻人 / 近ごろの若者．
【如旧】rújiù 動〈書〉元のままである．旧のままである．
【如来佛】rúláifó 名〈宗〉如来；〈転〉決定権を持つ人．
【如雷贯耳】rú léi guàn ěr 〈成〉(雷が耳を衝くように)名声が轟く．
【如临深渊，如履薄冰】rú lín shēn yuān, rú lǚ bó bīng 〈成〉おっかなびっくりであるさま．
【如芒在背】rú máng zài bèi 〈成〉背中にとげが刺さっているように居ても立ってもいられないさま．
【如梦方醒】rú mèng fāng xǐng 〈成〉これまでの愚かさや誤りから覚める．はっと悟る．►"如梦初 chū 醒"とも．
【如鸟兽散】rú niǎo shòu sàn 〈成〉〈貶〉(鳥獣のように)ばらばらになって逃げまどう；クモの子を散らすよう．
【如期】rúqī 副 期日どおりに．¶～交货 jiāohuò / 期限どおりに品を引き渡す．
【如其】rúqí 接続〈書〉もしも．
【如泣如诉】rú qì rú sù 〈成〉声がもの悲しいさま．
【如日中天】rú rì zhōng tiān 〈成〉(事物が)真っ盛りである．
【如入无人之境】rú rù wúrén zhī jìng 〈成〉無人の境を行くがごとし．抵抗する者がなく，破竹の勢いである．
【如若】rúruò 接続〈書〉もしも．
【如上】rúshàng 動 以上のとおりである．¶～所述 shù / 前に述べたように．¶按 àn ～计划 jìhuà 进行 / 以上の計画に従って行う．
【如实】rúshí 形 あるがままである．ありのままに．
【如是】rúshì 代 このとおりである．
【如释重负】*rú shì zhòng fù* 〈成〉重責を果たしてほっとする．
【如数家珍】rú shǔ jiā zhēn 〈成〉物事を述べるのに何のとどこおりもなく手慣れている．
【如数】rúshù 副 数をそろえて．額面どおり．¶～还清 huánqīng / 数をそろえて返す．
【如所周知】rú suǒ zhōu zhī 〈成〉周知のごとく．広く知られているとおり．

*【如同】rútóng 動 …と同じである；…のようだ．►多く比喩で用いる．¶她们俩～两朵 duǒ 花儿一样美丽 / 彼女たち二人は2輪の花のように美しい．
*【如下】rúxià 動 次のとおりである．¶发表 fābiǎo ～声明 shēngmíng / 次のような声明を発表する．
【如心】rúxīn 名 思いどおりになる．¶事事都不～ / ことごとく思うようにいかない．
【如一】rúyī 動 変わりがない；同じである．¶表里 biǎolǐ ～ / 裏表がない．
【如意】rú//yì 動 意のままになる．思いどおりになる．¶万事 wànshì ～ / 何もかも思いどおりである．¶～算盘 suànpan / 手前勝手な思惑．
【如影随形】rú yǐng suí xíng 〈成〉(二人が)いつも一緒にいる．親密な関係にある．
【如有所失】rú yǒu suǒ shī 〈成〉何かを失ったかのようである．
【如鱼得水】rú yú dé shuǐ 〈成〉魚が水を得たよう．自分に適した環境が得られる；意気投合できる人物に出会う．
【如愿】rú//yuàn 動 願いどおりになる．¶～以偿 cháng / 願いがかなえられる．
【如约】rúyuē 副〈書〉約束どおりに．¶他～到达 dàodá / 彼は時間どおり着いた．
【如坐针毡】rú zuò zhēn zhān 〈成〉針のむしろに座っている思いである．いたたまれない．

茹 rú ◇◆ ①食べる．¶～素 sù / 菜食をする．②(つらい目に)あう．堪え忍ぶ．¶～苦含辛 hánxīn / 辛酸をなめる．‖姓

儒 rú ◇◆ ①(Rú)孔子を始祖とする学派．儒家．儒学．②(昔の)読書人．学者．¶大～ / 大学者．‖姓
【儒艮】rúgèn 名〈動〉ジュゴン．
【儒家】Rújiā 名 儒家．
【儒教】Rújiào 名 儒教．
【儒学】rúxué 名 儒学．

濡 rú ◇◆ ①ぬれる．ぬらす．¶～笔 bǐ / 筆をぬらす．②滞る．とまる．¶～滞 zhì / 延び延びになる．滞る．
【濡染】rúrǎn 動〈書〉(悪習に)染まる．
【濡湿】rúshī 動〈書〉ぬれる．ぬらす．

孺 rú ◇◆ 子供．幼子．¶妇 fù ～ / 婦人と子供．
【孺子】rúzǐ 名〈書〉孺子(じゅし)．子供．

蠕 rú ◇◆ くねって動く．うごめく．もぞもぞ動く．¶～～ / ゆっくり動いているさま．
【蠕动】rúdòng 動 蠕動(ぜんどう)する．うごめく．

3声
汝 rǔ 代〈古〉なんじ．おまえ．¶～曹 cáo / なんじら．¶～辈 bèi / おまえたち．‖姓

乳 rǔ ◇◆ ①乳房．②乳．¶炼 liàn ～ / コンデンスミルク．③乳汁(のようなもの)．¶豆 dòu ～ / 豆乳．④生まれて間もない(動物)．¶→～猪 zhū．
【乳白】rǔbái 名 乳白色．
【乳齿】rǔchǐ 名〈生理〉乳歯．►通称は"奶牙 nǎiyá"．
【乳儿】rǔ'ér 名 乳飲み子．乳児．
【乳房】rǔfáng 名 乳房．

R

【乳酪】rǔlào 名 チーズ.
【乳名】rǔmíng 名 幼名. 小さい時の名前.
【乳母】rǔmǔ 名 乳母. ►"奶妈 nǎimā"とも.
【乳牛】rǔniú 名 乳牛.
【乳糖】rǔtáng 名 乳糖. ラクトーズ.
【乳头】rǔtóu 名 乳首. ►"奶头 nǎitóu"とも.
【乳臭】rǔxiù 名〈書〉乳臭いにおい. ►俗に rǔchòu と発音することもある. ¶～小儿 xiǎo'ér / 乳臭い小僧.
【乳臭未干】rǔ xiù wèi gān〈成〉青二才.
【乳液】rǔyè 名 乳液.
【乳罩】rǔzhào 名 ブラジャー. ►"奶罩 nǎizhào""胸罩 xiōngzhào"とも.
【乳汁】rǔzhī 名 乳(汁). 母乳. ►俗に"奶 nǎi"という.
【乳猪】rǔzhū 名 子豚.

辱 rǔ 動 ①〈書〉侮辱する〔される〕. ¶丧权 sàngquán ～国 / 主権を失い国が辱めを受ける. ②〈謙〉〈書〉かたじけなくも…する. ¶～蒙 méng 指教 zhǐjiào / ご教示いただく.
◇◆ 恥辱. ¶羞 xiū ～ / 辱める.
【辱骂】rǔmà 動 口汚くののしる.
【辱没】rǔmò 動(名声・人格などを)汚す,辱める.

入 rù ❶動 ①入る. ¶跳墙 tiào qiáng 而～ / 塀を飛び越えて入る. 語法 現代語においては,自由に使うことができず,実際には造語成分に近いものであると考えておくほうがよい. ②(組織・団体に)加入する. ¶～工会 / 労働組合に入る. ¶～大学 / 大学に入る.
❷名(漢字の声調の一つ)入声(にっしょう).
◇◆ ①収入. ¶量 liàng ～为出 / 収入を考えて支出する. ②合致する. ¶→～情 qíng ～理.
【入不敷出】rù bù fū chū〈成〉収支が合わない. 赤字である.
【入场】rù//chǎng 動 入場する.
【入超】rùchāo 名(↔出超 chūchāo)輸入超過.
【入耳】rù'ěr 形(話が)耳に心地よい. ¶不堪 bùkān ～ / 聞いていられない.
【入伏】rù//fú 動 三伏(さんぷく)に入る. 1年で最も暑い時期となる.
【入港】rù//gǎng 動 ①入港する. ②〈近〉意気投合する.
【入股】rù//gǔ 動 株を買う. 資本金の一部を出資する;株主になる.
【入骨】rùgǔ 動 骨身にしみる. ¶恨 hèn 之～ / 恨み骨髄に徹する.
【入画】rùhuà 動(景色が美しくて)絵になる.
【入伙】rù//huǒ 動 ①(～儿)仲間に入る. ②集団給食・共同炊事に加わる.
【入籍】rù//jí 動 ①入籍する. ②他国籍に入る.
【入境】rù//jìng 動(↔出境)**入国する**. ¶～签证 qiānzhèng / 入国ビザ. ¶～手续 shǒuxù / 入国手続き.
【入口】rù//kǒu ❶動 ①口の中に入れる. ②輸入する;移入する. ❷名(↔出口 chūkǒu)**入り口**. ¶车站 chēzhàn ～ / 駅の入り口.
【入库】rùkù 動 倉庫に入れる.
【入款】rùkuǎn 名 入金.
【入殓】rù//liàn 動 納棺する.
【入梅】rù//méi 動 梅雨に入る.
【入门】rù//mén ①名 **入門. 手引き.** ABC. ►書物の名に用いる. ②動(～儿)弟子入りする;初歩を学ぶ.
【入梦】rù//mèng 動〈書〉眠りに入る. 寝つく.
【入迷】rù//mí 動 夢中になる. 魅せられる. ¶他看电视 diànshì 入了迷 / 彼はテレビに夢中だ.
【入魔】rù//mó 動 病みつきになる. 夢中になる.
【入木三分】rù mù sān fēn〈成〉筆力が雄勁である;〈喩〉議論や分析が深い.
【入侵】rùqīn 動(敵が)国境を侵す.
【入情入理】rù qíng rù lǐ〈成〉人情にかなない道理に合う. 情理にかなう.
【入神】rù//shén ①動 **夢中になる**;一心不乱になる. ¶大家听老师讲故事听得入了神 / みんなは先生の話を夢中になって聞いている. ②形 **神わざの域に達している.**
【入声】rùshēng 名〈語〉(古代中国語の四声の一つ)入声(にっしょう). 音節末尾が-p・-t・-kで終わるもの. 参考 "普通话"(共通語)には"入声"はないが,広東語などの一部の方言には残っている.
【入胜】rùshèng 動 佳境に入る. ¶引 yǐn 人～ / (景色・文章などが)人をうっとりさせる.
【入时】rùshí 形(服装などが)流行に合っている. モダンである. ¶打扮 dǎbàn ～ / はやりの服装をしている.
【入世】rùshì 動 ①実社会に出る. ¶～不深 / まだ世慣れていない. ②〈略〉WTO(世界貿易機関)に加盟する.
【入手】rù//shǒu 動 ①手をつける. 着手する. ②手に入れる. 入手する.
【入睡】rùshuì 動 寝つく. 寝入る.
【入土】rù//tǔ 動 埋葬する.
【入托】rùtuō 動 託児所に入れる〔入る〕.
【入网】rù//wǎng 動 ①〈電算〉インターネットのプロバイダに加入する. ②ネットにつなぐ. ③網にかかる. ¶～之鱼 yú / 網にかかった魚.
【入微】rùwēi 形 非常に細かい. ¶体贴 tǐtiē ～ / 心遣いがすみずみまで行き届く.
【入围】rù//wéi 動 入選〔入賞〕する.
【入味】rùwèi 動(～儿)①味が出る. ¶肉炖 dùn 得很～ / 肉に味がしみ込んでいる. ②おもしろ味を感じる. 興に乗る. ¶孩子们听故事 gùshi 听得很～ / 子供たちは夢中になって話を聞いている.
【入伍】rù//wǔ 動(軍に)入隊する.
【入席】rù//xí 動(宴会や儀式などで)座席に着く.
【入乡随俗】rù xiāng suí sú〈成〉郷に入(い)っては郷に従え. ►"入乡问 wèn 俗""入乡随乡""随乡入乡"とも.
【入选】rù//xuǎn 動 入選する.
【入学】rù//xué 動 ①**入学する**. ¶～考试 kǎoshì / 入学試験. ②**小学校に上がる.**
【入眼】rù//yǎn 動 気に入る. ¶看得～ / 気に入る. ¶看不～ / 気に入らない.
【入药】rùyào 動 薬用になる. 薬になる.
【入夜】rùyè 動〈書〉夜になる.
【入狱】rù//yù 動 入獄する.
【入院】rù//yuàn 動 入院する. ¶办理～手续 shǒuxù / 入院の手続きをする. 注意 "住院 zhùyuàn"と言うことが多い. ¶住了两个月医院 / 2か月入院した.
【入账】rù//zhàng 動 帳面につける. 記帳する.
【入住】rùzhù 動 入居する;宿泊する.

R

【入赘】rùzhuì 動 婿入りする．入り婿になる．
【入座】rù//zuò 動 席につく．着席する．¶对号 duì hào～/指定席に座る．►"入坐"とも書く．

褥 rù 名 敷き布団．¶被 bèi～/掛け布団と敷き布団；夜具．
【褥疮】rùchuāng 名 床擦れ．
【褥单】rùdān 名(～儿)敷布．シーツ．►"褥单子""床单 chuángdān"とも．
【褥子】rùzi 名 敷き布団．量 条 tiáo,床 chuáng．❖铺 *pū*～/敷き布団を敷く．

ruan (ㄖㄨㄢ)

3声 **阮** ruǎn 名"阮咸"↓の略称．‖姓
【阮咸】ruǎnxián 名(民族楽器の一種)"月琴"に似た弦楽器．►"月琴"よりもさおが長い．

** **软(輭)** ruǎn 形 1(↔硬 yìng)**柔らかい**．¶沙发床 shāfāchuáng 太～,她睡着不舒坦 shūtan/ソファーベッドが柔らかすぎて,彼女は寝心地が悪かった．2 **柔和である**．¶话说得很～/言葉遣いがもの柔らかである．3 **意気地がない**．軟弱である．¶他在外国人面前 miànqián 太～/彼は外国人の前ではまったく弱腰だ．4 **力が入らない**．¶两腿发 fā～/(疲れたり驚いたりして)両足の力が抜ける．5(意志·感情が)もろい．¶心肠 xīncháng 太～/情にもろい．¶耳朵 ěrduo～/人の話を信じやすい．6 能力や質が劣る．¶工夫～/修業が足りない．¶货色 huòsè～/品質が劣る．‖姓
【软包装】ruǎnbāozhuāng 名(食料品などの)ソフトパッキング．
【软币】ruǎnbì 名(↔硬币 yìngbì) 1 紙幣．2〈経〉外貨や金に兌換できない通貨．3〈経〉弱い通貨．
【软磁盘】ruǎncípán 名〈電算〉フロッピーディスク．量 张,个．►"软盘"とも．
【软刀子】ruǎndāozi〈慣〉(真綿で首を絞めるように)じわじわと人を痛めつける手段．
【软钉子】ruǎndīngzi〈慣〉婉曲な拒絶．¶碰 pèng 了个～/遠回しに断られた．
【软缎】ruǎnduàn 名 繻子(しゅす)．
【软风】ruǎnfēng 名 そよ風．弱い風．
【软膏】ruǎngāo 名 軟膏．
【软骨】ruǎngǔ 名 軟骨．
【软骨头】ruǎngǔtou 名(↔硬骨头 yìnggǔtou)意気地なし．骨なし．
【软管】ruǎnguǎn 名 ホース；(タイヤの)チューブ．
【软罐头】ruǎnguàntou 名(レトルト食品などの)真空パック．
【软化】ruǎnhuà 動 1(物や人の態度が)柔らかくなる,軟化する．¶她的态度逐渐 zhújiàn～了/彼女の態度がしだいに軟化してきた．2 軟化させる．
【软话】ruǎnhuà 名 1 穏やかな言葉．2 へりくだった言葉．¶～说了千千万/あれこれ拝み倒す．
【软环境】ruǎnhuánjìng 名 ソフト面の環境．►政策·法規·管理·サービス·人材などの条件．
【软和】ruǎnhuo 形〈口〉柔らかい．¶～话儿/下手(したて)に出て頼む言葉．
*【软件】ruǎnjiàn 名 1〈電算〉(↔硬件 yìngjiàn)ソフトウエア．¶应用 yìngyòng～/アプリケーションソフトウエア．2(生産·研究·経営などの)システム,ソフトマネージメント．¶～工程 gōngchéng/システムエンジニアリング．
【软禁】ruǎnjìn 動 軟禁する．
【软科学】ruǎnkēxué 名(情報科学·組織工学などの)ソフトサイエンス．
【软绵绵】ruǎnmiānmiān 形(～的) 1 ふわふわした．¶毛毯 máotǎn～的/毛布はふんわりと柔らかい．2 ぐんにゃりした．¶这支歌～的/この歌はどうも退廃的だ．
【软磨】ruǎnmó 動 やんわりかつじわじわと頼み込む．►"软缠 ruǎnchán"とも．¶～硬抗 yìng kàng/硬軟両様の戦術で抵抗する．
【软木】ruǎnmù 名 コルク．►"软硬木"とも．¶～塞 sāi/コルク栓．
【软囊囊】ruǎnnāngnāng 形(～的)非常に柔らかい．ぐにゃぐにゃした．
【软盘】ruǎnpán 名〈電算〉〈略〉フロッピーディスク．
【软片】ruǎnpiàn 名 フィルム．
*【软弱】ruǎnruò 形 1(**性格·態度が)軟弱である,弱々しい**．¶意志 yìzhì～/意志が弱い．2(**体が)弱い**．¶这孩子生来体质 tǐzhì～/この子は生まれつき体が弱い．
【软食】ruǎnshí 名 柔らかくて消化のよい食べ物．
【软水】ruǎnshuǐ 名〈化〉軟水．
【软塌塌】ruǎntātā 形(～的)ぐんにゃりと柔らかい．ぐにゃぐにゃした．
【软瘫】ruǎntān 動(体が)ぐにゃぐにゃになる,へなへなになる．
【软糖】ruǎntáng 名 ソフトキャンデー．グミキャンデー．
【软梯】ruǎntī 名 縄ばしご．
【软体】ruǎntǐ 名〈電算〉(台湾などで)ソフトウエア．
【软卧】ruǎnwò 名(↔硬卧 yìngwò)グリーン寝台．一等寝台．¶～车/グリーン寝台車．
【软席】ruǎnxí 名(↔硬席 yìngxí)(列車や客船などの)グリーン席,一等席．
【软心肠】ruǎnxīncháng〈慣〉温かい心の持ち主；やさしい人；柔弱で動揺しやすい人．
【软饮料】ruǎnyǐnliào 名 ソフトドリンク．
【软硬不吃】ruǎn yìng bù chī〈成〉箸にも棒にもかからない．どうにも対処しにくい人．
【软硬兼施】ruǎn yìng jiān shī〈成〉〈貶〉硬軟両様の戦術をとる．脅したりすかしたりする．
【软炸】ruǎnzhá 名〈料理〉衣揚げ．►下味をつけた材料に卵の衣をつけて揚げる調理法．
【软着陆】ruǎnzhuólù 名 1 軟着陸．2〈経〉ソフトランディング．
【软座】ruǎnzuò 名(↔硬座 yìngzuò)(列車などの)一等席,グリーン席．クッションのきいた柔らかい席．

朊 ruǎn 名〈化〉蛋白質．⇒【蛋白质】dànbáizhì

rui (ㄖㄨㄟ)

3声  **蕊(蘂)** ruǐ ◇花のしべ．花蕊(かずい)．¶雄 xióng～/雄しべ．¶雌 cí～/雌しべ．

芮 ruì ‖姓

锐 ruì ◇◆ ①(↔钝 dùn)鋭い. ¶尖 jiān～/鋭利である. ②鋭敏である. ¶敏 mǐn～/鋭敏である. ③英気；鋭気. ¶养 yǎng 精蓄 xù～/英気を養い力を蓄える. ④急激に. 鋭く. ¶～进/急速に進歩する.

【锐不可当】ruì bù kě dāng 〈成〉(勢いが激しく)正面から立ち向かうことができない.

【锐减】ruìjiǎn 動 急激に減少する.

【锐利】ruìlì 形 ①(刃先が)**鋭い**. ②(眼光・論調などが)鋭い. ¶目光 mùguāng～/目が鋭い.

【锐敏】ruìmǐn 形(感覚・眼光などが)鋭い.

【锐气】ruìqì 名 鋭気. ¶挫伤 cuòshāng～/鋭気をくじく.

【锐眼】ruìyǎn 名 鋭い眼光.

【锐意】ruìyì 副〈書〉鋭意. 一生けんめい.

瑞 ruì ◇◆ めでたい；めでたいしるし. ¶祥 xiáng～/瑞祥(ずいしょう). ‖姓

【瑞典】Ruìdiǎn 名〈地名〉スウェーデン.

【瑞士】Ruìshì 名〈地名〉スイス.

【瑞雪】ruìxuě 名〈書〉(豊年の前兆となる)めでたい雪；恵みの雪.

睿(叡) ruì ◇◆ さとい；見通しがきく. ¶～智 zhì/〈書〉英知がある.

run (ㄖㄨㄣ)

闰 rùn ◇◆(暦の)閏(うる). ‖姓

【闰年】rùnnián 名 閏(うる)年. ►閏日がある年.

【闰日】rùnrì 名 閏(うる)日. ►2月29日.

【闰月】rùnyuè 名 閏(うる)月. ►農暦(旧暦)では,年によって月が一つ増え13か月になるが,その付け加えた月.

润 rùn ①動 **潤す. 湿りを与える.** ¶～～嗓子 sǎngzi/のどを潤す. ②形 つややかである. ¶墨色 mòsè 很～/墨の色がつやつやと美しい.
◇◆ ①飾る. ¶→～色 sè. ②しっとりしている. ¶湿 shī～/湿っている. ③利益. ¶利 lì～/利潤.

【润唇膏】rùnchúngāo 名 リップクリーム.

【润肤】rùnfū 動 皮膚を潤す.

【润肤霜】rùnfūshuāng 名(化粧品の)保湿クリーム.

【润肤水】rùnfūshuǐ 名 スキンローション. ►“润肤液 yè”とも.

【润滑】rùnhuá 動 **潤滑にする.**

【润滑油】rùnhuáyóu 名 潤滑油.

【润面霜】rùnmiànshuāng 名 モイスチャークリーム.

【润色】rùnsè 動(文章などを)潤色する. ¶此 cǐ 文稍 shāo 加～,便可发表/この文章は少し手を加えれば発表できる.

【润饰】rùnshì →【润色】rùnsè

【润手霜】rùnshǒushuāng 名 ハンドクリーム.

【润丝】rùnsī 名(洗髪用の)リンス. ►“护发素 hùfàsù”とも.

【润泽】rùnzé ①形 潤いがある. しっとりしている. ②動 潤す. 湿らす.

ruo (ㄖㄨㄛ)

4声 **若** ruò 〈書〉①接続 **もしも…ならば.** ¶你～有事就先走吧/もし用があるなら,お先にどうぞ. ②動 **…のようである.** ¶→～隐 yǐn～现. ‖姓

【若不然】ruòburán 接続〈書〉(そう)でなければ.

【若不是】ruòbushì 接続〈書〉もし…でなければ.

【若非】ruòfēi 接続〈書〉もし…でなければ.

【若干】ruògān 代〈書〉若干(の). いくらか(の). ¶～人/若干の人.

【若何】ruòhé 疑〈書〉いかが. どのよう.

【若即若离】ruò jí ruò lí 〈成〉つかず離れず.

【若明若暗】ruò míng ruò àn 〈成〉(はっきりしているようなぼやけているような状態の意味から)事情がよくつかめない. 見通しが立たない.

【若使】ruòshǐ 接続〈書〉もしも. かりに…なら.

【若是】ruòshì 接続〈書〉もし…ならば. ¶我～他,更不敢去了/もし私が彼だったら,いっそう行く気にはなれない.

【若无其事】ruò wú qí shì 〈成〉何事もないかのようである. ►“若无事然 rán”とも.

【若要人不知,除非己莫为】ruò yào rén bù zhī, chúfēi jǐ mò wéi 〈諺〉人に知られたくないなら,やらないでおくことだ；悪事はいずれ必ず人に知られてしまう.

【若隐若现】ruò yǐn ruò xiàn 〈成〉(見えるような見えないような)はっきりしない状態.

【若有所失】ruò yǒu suǒ shī 〈成〉何かを失ってしまったような感じである. ぼうっとしているさま.

【若有所思】ruò yǒu suǒ sī 〈成〉何か考えごとがあるようである.

弱 ruò ❶形 ①**弱い. 力がない.** ¶他大病过后,身体 shēntǐ 很～/彼は大病してから,体が弱っている. ②(他と比較して)劣る. 弱い. ¶山东队 Shāndōng duì～于 yú 广东队/山東チームは広東チームに劣る. ③《数詞の後につけて若干少ない数量を表す》…弱. ¶百分之八十～/80パーセント弱.
❷動〈書〉(人が)死ぬ.
◇◆(年が)若い. ¶年～/若い.

【弱不禁风】ruò bù jīn fēng 〈成〉風にも耐えられないほどひ弱である.

【弱不胜衣】ruò bù shèng yī 〈成〉服の重さにも耐えられないほどか弱い.

【弱点】ruòdiǎn 名 **弱点. 弱み.** ¶抓住 zhuāzhù 对方的～/相手の弱みをつかむ.

【弱冠】ruòguàn 名〈書〉弱冠. 20歳前後の若者.

【弱肉强食】ruò ròu qiáng shí 〈成〉弱肉強食.

【弱势】ruòshì 名 ①〈経〉弱含み. ②弱小勢力. 弱者. ¶～群体 qúntǐ/弱者層.

【弱视】ruòshì 名 弱視.

【弱小】ruòxiǎo 形(↔强大 qiángdà)弱い. 弱小である.

【弱者】ruòzhě 名〈書〉弱者. 弱い者. ¶向着 xiàngzhe～/弱い人に味方する.

【弱智】ruòzhì 形 知的障害のある.

R

S

sa（ㄙㄚ）

1声 **仨 sā** 数〈口〉(＝三个 sānge)三つ．►後に“个”その他の量詞をつけることはできない．¶～人／3人．¶哥儿～／男兄弟3人．

【仨瓜俩枣】sā guā liǎ zǎo〈成〉二束三文．

***撒 sā** 動 ①放す．ばらまく．¶把小鸡儿 xiǎojīr～在院子里／ひよこを中庭に放した．¶～传单 chuándān／ビラをまく．¶→～网 wǎng．②〈貶〉思う存分に振るまう．¶→～酒疯 jiǔfēng．¶→～泼 pō．▸▸sǎ

【撒把】sā//bǎ 動(自転車や車の)ハンドルを放す．¶不要～骑车／手放しで自転車に乗ってはいけない．

【撒刁】sā//diāo 動 すねる．だだをこねる．

【撒疯·撒风】sā//fēng 動 常軌を逸したことをする．¶你撒什么疯呀？／なんでそんなばかなまねをするんだね．

【撒欢儿】sā//huānr 動〈方〉(子供や小動物が)興奮してはしゃぎ回る．

*【撒谎】sā//huǎng 動 **うそをつく．偽りを言う．**¶撒了一大堆 duī 谎／うそ八百を並べた．

【撒娇】sā//jiāo 動(～儿)**甘える．だだをこねる．**¶～使性 shǐxìng／だだをこねる．

【撒酒疯】sā jiǔfēng（～儿)酔って暴れる．

【撒拉族】Sālāzú 名(中国の少数民族)サラール(Salar)族．►トルコ系民族の一つ．青海省や甘粛省に居住．

【撒赖】sā//lài 動 ごねる；言いがかりをつける．

【撒尿】sā//niào 動〈口〉小便をする．

【撒泼】sāpō 動(女性や子供が)泣きわめく，だだをこねる．

【撒气】sā//qì 動(～儿)①(ボールやタイヤなどの)空気が抜ける．②当たり散らす．

【撒手】sā//shǒu 動(～儿)①**手を放す．**¶～不管 bùguǎn／放りっぱなしにする．②**手を引く．**

【撒手锏】sāshǒujiǎn 名 最後の切り札．奥の手．

【撒腿】sā//tuǐ 動〈方〉ぱっと駆け出す．¶他一见老师～就跑 pǎo／先生を見るなりぱっと駆け出して逃げた．

【撒网】sā//wǎng 動 ①網を打つ．¶～捕鱼 bǔyú／網を打って魚をとる．②網を張る．

【撒丫子·撒鸭子】sā yāzi〈慣〉一目散に(走り出す)．

【撒野】sā//yě 動 粗暴な振る舞いをする．

3声 ***洒(灑) sǎ** 動 ①(**液体を)まく；振りかける．**¶～消毒水 xiāodúshuǐ／消毒液をまく．②こぼす．こぼれる．¶不小心把酒～在了桌布 zhuōbù上／うっかり酒をテーブルクロスにこぼしてしまった．‖姓

【洒泪】sǎlèi 動 涙をこぼす．

【洒落】sǎluò ①動 こぼれる．こぼれ落ちる．②形→【洒脱】sǎtuo

【洒洒】sǎsǎ 形(文章の字数などが)多いさま．¶～万言／立板に水で万言に及ぶ．

【洒扫】sǎsǎo 動〈書〉水をまいて掃除する．

【洒水车】sǎshuǐchē 名 散水車．

【洒脱】sǎtuo 形(立ち居振る舞いが)あかぬけている．

撒 sǎ 動 ①(多く粒状のものを)まき散らす，まく．¶～胡椒 hújiāo 面／コショウを振りかける．②こぼす．こぼれる．¶菜汤～了满地／スープをあたり一面にこぼした．‖姓 ▸▸sā

【撒播】sǎbō 動 種まきをする．

【撒施】sǎshī 動 肥料をまく．

4声 **卅 sà** 数 三十．30．¶五～惨案 cǎn'àn／(1925年の)五・三〇事件．⇒〖廿 niàn〗

飒 sà “飒飒 sàsà”“飒爽 sàshuǎng”⬇などの語に用いる．

【飒飒】sàsà 擬 ①《雨や風の音》さあさあ．さわさわ．¶秋风～／秋風がさわさわと吹く．②《木の葉などが軽く触れ合う音》かさかさ．

【飒爽】sàshuǎng 形〈書〉さっそうとしている．

萨(薩) sà ◇◆《多く音訳字に用いる》‖姓

【萨尔瓦多】Sà'ěrwǎduō 名〈地名〉エルサルバドル．

【萨克斯管】sàkèsīguǎn 名〈音〉サキソホン．量 支 zhī．►“萨克管”とも．¶中音～／アルトサックス．

【萨满教】Sàmǎnjiào 名 シャーマニズム．

【萨摩亚】Sàmóyà 名〈地名〉サモア．

【萨其马】sàqímǎ 名 サチマ．おこし風揚げ菓子．

sai（ㄙㄞ）

1声 **腮 sāi** 名 **頬(ほお)．**¶两手托 tuō～／(両手で)頬づえをつく．¶～红耳赤 chì／(恥ずかしくて，または興奮して)耳まで赤くなる．

【腮帮子】sāibāngzi 名 頬．

【腮红】sāihóng 名 頬紅(ほおべに)．

【腮颊】sāijiá 名 頬．

***塞 sāi** 動 ①(すきまに)**詰める，押し込む．**¶从门下边把信～了进去／ドアの下から手紙を差し込んだ．②ふさぐ．¶把窗缝 chuāngfèng～住／窓のすきまをふさいでしまう．◇◆栓．¶软木 ruǎnmù～儿／コルク栓．▸▸sài,sè

【塞车】sāi//chē 動 車が渋滞する．

【塞牙】sāi//yá 動(物が)歯に挟まる．

【塞子】sāizi 名(瓶などの)**栓．**量 个．¶瓶 píng～／瓶の栓．¶塞上～／栓をする．

鳃 sāi 名(魚の)えら．¶～盖骨 gàigǔ／えらぶた．¶～囊 náng／えらぶくろ．

S

塞 sài ◇◆ 辺境の険要な地. ¶边 biān ～ / 辺境の要塞. ¶出～ / 国境外に出る. ▸▸ sāi,sè

【塞尔维亚】**Sài'ěrwéiyà** 名〈地名〉セルビア.
【塞拉利昂】**Sàilālì'áng** 名〈地名〉シエラレオネ.
【塞内加尔】**Sàinèijiā'ěr** 名〈地名〉セネガル.
【塞浦路斯】**Sàipǔlùsī** 名〈地名〉キプロス.
【塞舌尔】**Sàishé'ěr** 名〈地名〉セイシェル.
【塞外】**Sàiwài** 名 塞外. 万里の長城以北の地区.
【塞翁失马】**sài wēng shī mǎ** 〈成〉人間万事塞翁(おう)が馬. 幸か不幸かは簡単には決めがたい.

***赛 sài** 動 ①(…を)**競う. 試合をする.** ¶～棒球 bàngqiú / 野球の試合をする. ②(…に)勝る. (…に)匹敵する. ¶一个～一个 / いずれ劣らぬ.
◇◆ 試合. ¶足球 zúqiú ～ / サッカーの試合. ‖姓

【赛场】**sàichǎng** 名 競技場.
【赛车】**sài//chē** ❶動(自動車などの)レースをする. ❷名 ① 競技用自転車. ② レース用自動車.
【赛程】**sàichéng** 名 ① 競技のコース・距離. ② 試合・競技の日程.
【赛过】**sàiguò** 動+方補(…よりも)勝る,優れている. ¶他一个人干活儿 gànhuór ～俩 liǎ 人 / 彼一人で二人分以上働ける.
【赛璐玢】**sàilùfēn** 名 セロファン.
【赛璐珞】**sàilùluò** 名 セルロイド.
【赛马】**sài//mǎ** ① 動 競馬をする. ¶～跑道 pǎodào / 馬場競走コース. (競馬の)トラック. ② 名 競走馬.
【赛马场】**sàimǎchǎng** 名 競馬場.
【赛跑】**sàipǎo** 動 **競走する.** ¶长距离 chángjùlí ～ / 長距離レース. ¶越野 yuèyě ～ / クロスカントリーレース.
【赛球】**sài//qiú** 動(～儿)球技の試合をする.
【赛艇】**sài//tǐng** ① 動 ボートレースをする. ② 名 競技用ボート.

san（ㄙㄢ）

三 sān 数 ①ⓐ 3. 三(つ). ¶～个 / 三つ. 3人. ¶～天 / 3日間. ⓑ第三(の). 3番目(の). ¶星期～ / 水曜日. ¶～哥 / 3番目の兄. ¶～路 lù 汽车 / 3番路線のバス. ② 再三. 何度も. ¶～番 fān 五次 / 何回も何回も.

【三八】**sān bā** 形〈方〉だらしがない. おかしい. 間抜けである. ►主に台湾で用いる.
【三八妇女节】**Sān-Bā fùnǚjié** 名 3月8日の国際婦人デー. ►"三八节""妇女节"とも.
【三百六十行】**sānbǎi liùshí háng** 名 種々の職業・業種.
【三班倒】**sānbāndǎo** 名(勤務の)三交替制.
【三不管】**sānbùguǎn** 名(～儿)どこの管轄にも属さない土地や事柄.
【三餐】**sāncān** 名 三度の食事. ¶一日～ / 1日三度の食事. ¶～茶饭 / 毎日の飲食物.
【三岔路口】**sānchà lùkǒu** 名 三叉(さ)路.
【三产】**sānchǎn** 名〈略〉第三次産業.
【三长两短】**sān cháng liǎng duǎn** 〈成〉もしものこと. ►特に人の死をさす.
【三从四德】**sān cóng sì dé** 〈成〉昔,女性が従うべきとされた三つの道と,守るべき四つの徳目.
【三寸不烂之舌】**sāncùn bù làn zhī shé** よく回る舌. 口達者.
【三大火炉】**sān dà huǒlú** 名 三大ストーブ. ►夏に40度近くなる南京・武漢・重慶のこと.
【三大件】**sāndàjiàn** 名〈俗〉三種の神器. ►新旧でいろいろな物をさす.
【三大球】**sāndàqiú** 名 "足球"(サッカー),"篮球"(バスケットボール),"排球"(バレーボール)の3球技.
【三点式】**sāndiǎnshì** 名〈略〉ビキニ(型の水着).
【三点水】**sāndiǎnshuǐ** 名(～儿)(漢字の偏旁)さんずい. "氵".
【三番两次】**sān fān liǎng cì** 〈成〉何度も何度も. ►"三番五次""三番四复"とも.
【三废】**sānfèi** 名〈略〉(工業生産で出る)"废水"(廃液),"废气"(廃ガス),"废渣 fèizhā"(廃棄物)の三つの"废".
【三伏】**sānfú** 名 ① 夏の酷暑の期間. ¶～天 / 盛暑. 1年中で最も暑い時期. ② 三伏中の"末伏 mòfú".
【三个臭皮匠,赛过诸葛亮】**sān ge chòu píjiàng, sàiguò Zhūgě Liàng** 〈諺〉三人寄れば文殊(もんじゅ)の知恵.
【三更半夜】**sān gēng bàn yè** 〈成〉真夜中. 深夜.
【三顾茅庐】**sān gù máo lú** 〈成〉三顧の礼をとる. 礼を尽くして人を迎えるたとえ.
【三好学生】**sānhǎo xuésheng** 名 思想・学習・健康ともに優れている学生.
【三合板】**sānhébǎn** 名 3層のベニヤ板.
【三级跳远】**sānjí tiàoyuǎn** 名〈体〉三段跳び.
【三季稻】**sānjìdào** 名 稲の三期作.
【三角板】**sānjiǎobǎn** 名 三角定規.
【三角尺】**sānjiǎochǐ** 名 三角定規.
【三脚架】**sānjiǎojià** 名(カメラなどの)三脚. ¶支 zhī 上～ / 三脚を立てる.
【三角裤】**sānjiǎokù** 名 パンティー；ブリーフ. ㊫条.
【三角恋爱】**sānjiǎo liàn'ài** 名 三角関係.
【三角铁】**sānjiǎotiě** 名〈音〉トライアングル.
【三角形】**sānjiǎoxíng** 名 三角形. ¶等边 děngbiān ～ / 正三角形.
【三角债】**sānjiǎozhài** 名(三つ以上の企業による)連鎖性不良債務.
【三角洲】**sānjiǎozhōu** 名 三角州. デルタ. ¶～平原 píngyuán / デルタ平原.
【三教九流】**sān jiào jiǔ liú** 〈成〉儒・仏・道の三教と儒家・道家・陰陽家・法家・名家・墨家・縦横家・雑家・農家の九家；いろいろな職業(の人).
【三九天】**sānjiǔtiān** 名 真冬の最も寒い時. ►冬至から数えて最初の9日間を"一九",次の9日間を"二九",その次の9日間を"三九"といい,この27日間をまとめて"三九"ということもある.
【三句话不离本行】**sān jù huà bù lí běnháng** 〈諺〉二言目には自分の仕事の話になる.
【三匡栏】**sānkuānglán** 名(～儿)(漢字の偏旁)はこがまえ. "匚".
【三棱镜】**sānléngjìng** 名(＝棱镜)プリズム.
【三六九等】**sān liù jiǔ děng** 〈成〉いろいろな等級. 千差万別.
【三轮车】**sānlúnchē** 名 三輪自転車.
【三明治】**sānmíngzhì** 名 **サンドイッチ.** ㊫块.

¶火腿 huǒtuǐ ～ / ハムサンド.

【三陪(小姐)】 sānpéi (xiǎojiě) 名(風俗産業で)客の相手をする女性. ►"三陪"は"陪酒 péijiǔ、陪舞 péiwǔ、陪歌 péigē"(酒・ダンス・カラオケの相手)をさす.

【三七开】 sānqīkāi ①〈慣〉功績 7 分,過ち 3 分. 過ちもあるが功績の方が大きい人に対する評価. ② 3分と7分の割合.

【三亲六故】 sān qīn liù gù〈成〉親戚・縁者の総称.

【三三两两】 sān sān liǎng liǎng〈成〉三三五々. ►"三三五五"とも.

【三色堇】 sānsèjǐn 名 パンジー.

【三十六计,走为上计】 sānshiliù jì, zǒu wéi shàngjì〈諺〉三十六計逃げるにしかず. どうしようもなくなれば逃げるのが最上の方法だ.

【三思而行】 sān sī ér xíng〈成〉熟考の上実行する.

〖…三…四〗 …*sān*…*sì* ①《混乱や乱雑さを表す》¶颠 diān ～倒 dǎo ～ / 順序がめちゃくちゃである. 頭が混乱する. ¶丢 diū ～落 là ～ / しょっちゅう物忘れをする. ②《重複を表す》¶推 tuī ～阻 zǔ ～ / いろいろと言い逃れをする. ¶低 dī ～下～ / 卑屈にぺこぺこする.

【三天打鱼,两天晒网】 sān tiān dǎ yú, liǎng tiān shài wǎng〈諺〉すぐ飽きて長続きしないたとえ. 三日坊主.

【三天两头儿】 sān tiān liǎng tóur〈成〉三日にあげず;しょっちゅう.

【三头六臂】 sān tóu liù bì〈成〉非凡な才能. 卓越した力量.

【三围】 sānwéi 名(バスト・ヒップ・ウェストの)スリーサイズ.

【三维】 sānwéi 名 三次元. ¶～空间 kōngjiān / 三次元空間.

【三维动画】 sānwéi dònghuà 名 3Dアニメーション.

〖三…五…〗 *sān*…*wǔ*… ① 回数または数量の多いことを表す. ¶～番 fān ～次 / 再三再四. ¶～令 lìng ～申 shēn /〈成〉再三再四戒告する. ② あまり大きくない概数を表す. ¶～天～日 / 3, 4日. 4, 5日.

【三五成群】 sān wǔ chéng qún〈成〉三三五五群れをなす.

【三下五除二】 sān xià wǔ chú èr〈慣〉てきぱきやる. さっと.

【三弦】 sānxián 名(～儿)蛇皮線.

【三线】 sānxiàn 名 四川省・陕西省などの内陸部をさす. ¶～建设 jiànshè / 内陸部の工業を発展させること.

【三心二意】 sān xīn èr yì〈成〉決心がつかない. 優柔不断.

【三言两语】 sān yán liǎng yǔ〈成〉二言三言. わずかな言葉.

【三叶草】 sānyècǎo 名〈植〉クローバー.

【三一三十一】 sānyī sānshí yī (そろばんの割り算の覚え方から転じて)三等分する.

【三灾八难】 sān zāi bā nàn〈成〉(仏教の)三災八難;さまざまな災難.

【三只手】 sānzhīshǒu 名〈方〉すり.

【三资企业】 sānzī qǐyè 名 外資系企業. ►"独资 dúzī"(外国資本だけ)・"合资 hézī"(合弁)・"合作 hézuò"(提携)の三つの経営方式からきた言葉.

【三足鼎立】 sān zú dǐng lì〈成〉三つの勢力が並び立つ.

弎 sān

数〖三 sān〗に同じ. ►"三"の古字. 証書類に用いる.

叁 sān

数 "三"の大字(読み違いや書き直しを防ぐための字).

伞(傘) sǎn

3声 ＊＊

名 傘. 〈量〉把. ¶旱 hàn ～ / 日傘. ❖打 dǎ〔撑 chēng〕～ / 傘をさす. ❖收 shōu ～ / 傘をすぼめる.

◇◆ 傘のようなもの. ¶降落 jiàngluò ～ / パラシュート. ¶～降 / パラシュートで降下する. ‖姓

【伞兵】 sǎnbīng 名 落下傘兵.

散 sǎn

＊

①動 **ばらばらになる. ほどける.** ¶把书捆 kǔn 紧,别～了 / 本がほどけないようかたく縛りなさい. ¶她的头发 tóufa ～在肩 jiān 上 / 彼女は髪をラフに肩に流している. ②形 ばらばらである. ¶你们坐得太～了,集中 jízhōng 一点儿吧 / 君たちは席が散らばりすぎだから,もう少しつめなさい.

◇◆ ①半端である. まとまっていない. ¶→～装 zhuāng. ¶→～居 jū. ②粉薬. ¶健胃 jiànwèi ～ / 健胃散(薬の名称). ‖姓 ▸▸sàn

【散光】 sǎnguāng 名 乱視.

【散剂】 sǎnjì 名〈薬〉散剤. 粉薬.

【散架】 sǎn//jià 動 ①(物の)骨組みがばらばらになる. がたがくる. ②(組織・家庭などが)解体する. 店を畳む.

【散居】 sǎnjū 動 分散して居住する.

【散客】 sǎnkè 名(ツアーでない)個人の観光客・宿泊客.

【散乱】 sǎnluàn 形 ばらばらである. 雑然としている. ¶～的头发 tóufa / 乱れた髪.

【散漫】 sǎnmàn 形 ①(生活・習慣・仕事などが)締まりがない,だらしがない. ¶生活 shēnghuó 作风～ / 暮らしぶりがだらしない. ②(文章などが)まとまりがない,ばらばらである.

【散碎】 sǎnsuì 形 ばらばらである.

【散文】 sǎnwén 名 ①(↔韵文 yùnwén)散文. ②(随筆・ルポなどの)詩歌・戯曲・小説以外の文芸作品. 随筆. ルポルタージュ.

【散装】 sǎnzhuāng 動 ばら売りする;ばら積みする. ¶～糖块 tángkuài / ばら売りのキャンデー.

【散座】 sǎnzuò 名(～儿) ①(劇場の)自由席. ►"包厢 bāoxiāng"(ボックス席)に対していう. ②(レストランなどの)広間の席. "单间 dānjiān"(個室)に対していう. ③(タクシーなどの)フリーの客.

散 sàn

4声 ＊

動 ①(集まっていたものが)**ちらばる, 分散する.** ¶会场上的人全～光了 / 会場にいた人はみな引きあげた. ¶电影刚 gāng ～ / 映画はいまはねたところだ. ② **ばらまく. まき散らす.** ¶路上～满了汽油 qìyóu 味 / 道路いっぱいにガソリンのにおいが漂っている. ③ 払いのける;(憂さを)晴らす. ¶请打开门窗 ménchuāng ～～烟 yān / ドアと窓を開けて煙を外へ出してください. ¶→～心 xīn. ▸▸sǎn

【散播】 sànbō 動 まき散らす. ばらまく.

S

【散布】sànbù 動 散らばる；まき散らす．¶～小道儿消息 xiǎoxi / うわさをばらまく．¶奶牛 nǎiniú ～在牧场 mùchǎng 上吃草 / 乳牛が牧場に散らばって草を食べている．

**【散步】sàn//bù 動 散歩する．¶我去公园散散步 / ちょっと公園を散歩してくる．¶散一会儿步 / しばらく散歩する．

【散场】sàn//chǎng 動(芝居や映画が)はねる；(試合などが)終わる．

【散队】sàn//duì 動 隊を解散する；隊形を解く．

【散发】sànfā 動 ①ばらまく；(広く)配る．¶～样品 yàngpǐn / サンプルを配る．②(香りなどを)放つ．¶茉莉花 mòlihuā ～着清香 qīngxiāng / ジャスミンのよい香りが広がっている．

【散会】sàn//huì 動 散会する．

【散伙】sàn//huǒ 動(～儿)〈口〉(団体や組織が)解散する，仲間割れする．

【散落】sànluò 動 ①ばらばらに落ちる．②散らばる．散在する．③(ばらばらになって)紛失する，流浪する．

【散闷】sàn//mèn 動(～儿)気晴らしをする．¶咱们到公园散散闷去吧！/ 公園へ気晴らしに行こう．

【散热器】sànrèqì 名 ラジエーター．放熱器．

【散失】sànshī 動 ①散逸する．②(水分などが)蒸発する，散失する．

【散台】sàn//tái 動 芝居がはねる．打ち出しになる；〈喩〉お流れだ．

【散摊子】sàn tānzi 〈慣〉(組織・団体などが)崩壊する，仲間割れする．►"散摊儿"とも．

【散戏】sàn//xì 動 芝居がはねる．

【散心】sàn//xīn 動 憂さを晴らす．気をまぎらす．¶看场电影散散心 / 映画を見て気をまぎらす．

sang（ㄙㄤ）

丧（喪）sāng ◇◆ 喪．死者に関する事柄．¶吊 diào ～ / お悔やみに行く．⏩ sàng

【丧服】sāngfú 名 喪服．►中国の喪服は白色．

【丧家】sāngjiā 名 忌中の家．

【丧礼】sānglǐ 名 葬儀(の礼法)．

【丧门神】sāngménshén 名 ①死亡を司る神．疫病神．②無愛想な人．

【丧事】sāngshì 名 葬式．葬儀．¶办 bàn ～ / 葬儀を営む．

【丧帖】sāngtiě 名 死亡通知書．

【丧葬】sāngzàng 名 葬儀と埋葬．

【丧钟】sāngzhōng 名 ①弔いの鐘．弔鐘．¶敲 qiāo ～ / 弔いの鐘を鳴らす；〈慣〉死亡〔滅亡〕を知らせる．②〈喩〉物事の消滅や終焉．

【丧主】sāngzhǔ 名 喪主．

桑 sāng ◇◆ クワ．¶～树 / クワの木．‖姓

【桑蚕】sāngcán 名〈虫〉カイコ．

【桑拿浴】sāngnáyù 名 サウナ．❖洗 *xǐ* ～ / サウナに入る．

【桑葚儿】sāngrènr 名 クワの実．

【桑葚】sāngshèn 名(～子)クワの実．

【桑榆暮景】sāng yú mù jǐng 〈成〉晩年の寂しい日々の形容．

3声 **搡 sǎng** 動〈方〉力をこめて押す．ぐっと押す．¶推推～～ / 押したり突いたりする．¶～了他一把 / 彼をぐいと押した．

嗓 sǎng 名(～儿)声．¶尖 jiān ～儿喊 hǎn / 金切り声で叫ぶ．◇◆ のど．

【嗓门儿】sǎngménr 名 声．¶她的～大 / 彼女は声が大きい．❖拉开 *lākāi* ～ / 声を張り上げる．

【嗓音】sǎngyīn 名 声．¶～洪亮 hóngliàng / 声が大きくてよく通る．

*【嗓子】sǎngzi 名 ①のど．¶～疼 téng / のどが痛い．②声．(量) 副 fù．¶～哑 yǎ 了 / 声がかれた．

【嗓子眼儿】sǎngzi yǎnr 名 のど．のど笛．のど元．¶～发痒 yǎng / のどがかゆい；〈転〉歌を歌いたくてたまらない．

4声 **丧（喪）sàng** 動 毒づく．無愛想にする．¶他整天 zhěngtiān ～着个脸 / 彼はいつも無愛想な顔をしている．◇◆ 失う．なくす．¶→～命 mìng．⏩ sāng

【丧胆】sàng//dǎn 動 肝をつぶす．たまげる．

【丧魂落魄】sàng hún luò pò 〈成〉度肝を抜かれる．肝をつぶす．

【丧家狗】sàngjiāgǒu ⇀【丧家之犬】sàng jiā zhī quǎn

【丧家之犬】sàng jiā zhī quǎn 〈成〉飼い主をなくしたイヌ；〈転〉見るかげもなく落ちぶれた人．

【丧尽天良】sàng jìn tiān liáng 〈成〉良心のかけらもない．

【丧命】sàng//mìng 動(多く急病や事故によって)命を落とす．

【丧偶】sàng'ǒu 動〈書〉配偶者に死なれる．

【丧气】sàng//qì 動 気が抜ける．がっかりする．¶灰心 huīxīn ～ / 意気消沈する．

【丧气】sàngqi 形〈口〉縁起が悪い．¶别说～话 / 縁起でもないことを言うな．

【丧权辱国】sàng quán rǔ guó 〈成〉主権を失い国を辱める．

【丧生】sàng//shēng 動 命を落とす．

*【丧失】sàngshī 動(意志・理性・能力などを)喪失する，失う．¶～信心 / 自信を失う．¶～理智 lǐzhì / 理性をなくす．

【丧亡】sàngwáng 動 死亡する；滅亡する．

【丧心病狂】sàng xīn bìng kuáng 〈成〉理性を失い狂気じみる．

sao（ㄙㄠ）

1声 **搔 sāo** 動(爪で)かく，ひっかく．

【搔到痒处】sāo dào yǎng chù 〈成〉問題の核心をつく．

【搔首】sāo//shǒu 動(困って)頭をかく．¶～弄姿 / 髪の毛をいじってしなを作る．

【搔头摸耳】sāo tóu mō ěr 〈成〉じれったくていらいらする．

【搔痒】sāo//yǎng 動 かゆいところをかく；〈喩〉話の要点に触れる．

骚 sāo 形 ①みだらである．好色である．►多く女性をののしっていう．¶那女人～得很,你少理她 / あの女はひどくみだらだから,かまうんじゃない．②〈方〉(家畜について)雄の．¶～马 / 雄のウマ．③〖臊 sāo〗に同じ．
◇◆ ①騒ぎ乱れる．¶→～乱 luàn．¶→～扰 rǎo．②楚の屈原の《离骚 Lísāo》をさす；(総称的に)詩歌．¶→～人．¶→～客 kè．
【骚动】sāodòng 動 ①騒ぎ立てる．②(人心が)動揺する．
【骚客】sāokè 名〈書〉詩人．
【骚乱】sāoluàn 動 騒ぐ．大騒ぎする．
【骚扰】sāorǎo ①動 かき乱す．②名 ハラスメント．¶性 xìng ～ / セクハラ．
【骚人】sāorén 名〈書〉詩人．¶～墨客 mòkè / 文人墨客．

臊 sāo 形 小便臭い．動物臭い．¶尿布 niàobù 没有洗好,有点儿～ / おむつをよく洗っていないので,少しおしっこ臭い．⏩ sào
【臊臭】sāochòu 形 小便臭い；においでむっとする．
【臊烘烘】sāohōnghōng 形(～的)ぷんぷんにおいのする．
【臊气】sāoqì 名 小便臭いにおい；つんとするにおい．

3声 *
扫(掃) sǎo 動 ①(ほうきで)掃く．¶把屋子里～一～ / 部屋の中をさっと掃きなさい．②取り除く．なくす．¶～地雷 dìléi / 地雷を取り除く．③(なぎ払うように)動作が非常に速く広範囲に及ぶ．¶眼睛向人群一～ / さっと群衆を見回す．¶探照灯 tànzhàodēng 光～过夜空 / サーチライトの光が夜空をさっと渡った．
◇◆ 全部．¶→～数 shù．⏩ sào
【扫除】sǎo//chú 動 ①掃除する．¶搞 gǎo 大～ / 大掃除をする．②取り除く．¶～文盲 wénmáng / 非識字者をなくす．►略して"扫盲"とも．
【扫荡】sǎodàng 動 ①(武力で)掃討する,敵を平らげる．②(古い観念や悪弊などを)一掃する．
【扫地】sǎo//dì 動 ①床・地面を掃く．②〈喩〉すっかりなくなる．¶威信～ / 威信がすっかりなくなる．
【扫地出门】sǎo dì chū mén〈成〉全財産を剝奪して,着のみ着のままで家から追い出す．
【扫黄】sǎo//huáng 動 ポルノを一掃する．¶～运动 yùndòng / ポルノ一掃キャンペーン．
【扫盲】sǎo//máng 動 非識字者をなくす．
【扫面子】sǎo miànzi 面目を失う〔失わせる〕．¶别扫他的面子 / 彼のメンツをつぶすな．
【扫描】sǎomiáo 動 スキャニングする．走査する．¶～线 / 走査線．¶电子计算机X线断层 duàncéng ～ / CTスキャナー．
【扫描仪】sǎomiáoyí 名〈電算〉スキャナー．►"扫描器"とも．
【扫灭】sǎomiè 動 掃討消滅する．
【扫墓】sǎo//mù 動 墓参りする．►"扫坟 fén"とも．
【扫平】sǎopíng 動 平定する．
【扫射】sǎoshè 動 掃射する．
【扫视】sǎoshì 動 さっと見渡す．
【扫数】sǎoshù 名 全額．全部．¶～还清 huánqīng / 全額返済する．
【扫堂腿】sǎotángtuǐ 名 足払い(をかける)．
【扫尾】sǎowěi 動(仕事の)最後の部分を仕上げる．¶～工程 gōngchéng / 工事の最終段階．
*【扫兴】sǎo//xìng 動 興ざめする．がっかりする．

* **嫂** sǎo ◇◆ ①兄嫁．¶兄～ / 兄と兄嫁．②(広く既婚の若い女性に対する呼称)ねえさん．¶李大～ / 李ねえさん．¶桂英 Guìyīng ～ / 桂英ねえさん．
【嫂夫人】sǎofūrén 名《友人の妻に対する敬称》奥さま．
【嫂嫂】sǎosao ⇀【嫂子】sǎozi
*【嫂子】sǎozi 名 ①〈口〉兄嫁．¶二～ / 2番目の兄の妻．¶堂房 tángfáng ～ / 父方のいとこの妻．②(既婚の女性に対する呼称)ねえさん．

4声
扫(掃) sào ◇◆ ほうき．⏩ sǎo
*【扫帚】sàozhou 名 竹ぼうき．(量) 把．
【扫帚眉】sàozhouméi 名 竹ぼうきのように太くて長い眉．
【扫帚星】sàozhouxīng 名〈口〉①彗星．ほうき星．②不幸を招く人．

臊 sào 動 恥じる．恥じらう．¶～得满脸通红 tōnghóng / 恥ずかしくて顔が真っ赤になる．⏩ sāo
【臊不搭・臊不答】sàobudā 形 恥ずかしそうである．
【臊眉搭眼】sào méi dā yǎn〈成〉恥ずかしそうな様子．恥じらうさま．

se (ムさ)

4声 *
色 sè ◇◆ ①色．カラー．色彩．¶颜 yán ～ / 色．¶五颜六～ / 色とりどり．②ありさま．情景．¶夜 yè ～ / 夜景．③顔色．表情．¶神～ / 顔つき．④美貌．¶姿 zī ～ / 容色．容姿．⑤情欲．¶好 hào ～ / 好色；色におぼれる．⑥種類．品．¶货 huò ～ / 商品の種類．⑦品質；純度．¶成 chéng ～ / 品質；(金銀などの)含有率．⏩ shǎi
*【色彩】sècǎi 名 ①色．彩り．¶～艳丽 yànlì / 色が鮮やかで美しい．②(考え方や事物の)傾向,ニュアンス．►"色采"とも書く．¶有右倾 yòuqīng ～ / 右寄りである．¶富有地方～ / 地方色が豊かだ．
【色调】sèdiào 名 ①色調．色合い．②(文芸作品の)思想傾向,雰囲気．
【色鬼】sèguǐ 名 色情狂．助平．
【色觉】sèjué 名 色感．色彩感覚．
【色拉】sèlā 名 サラダ．►"沙拉 shālā"とも．¶～油 / サラダオイル．¶土豆 tǔdòu ～ / ポテトサラダ．
【色狼】sèláng 名 色情魔．助平．
【色厉内荏】sè lì nèi rěn〈成〉外見は強そうだが内心は臆病である．見かけ倒し．
【色盲】sèmáng 名〈医〉色覚異常．
【色迷】sèmí 名 好色家．
【色情】sèqíng 名 エロ．色欲．¶～服务 fúwù / お色気サービス．
【色弱】sèruò 名〈医〉色弱．
【色素】sèsù 名 色素．
【色欲】sèyù 名(男性の)情欲．
【色泽】sèzé 名 色つや．色合い．¶～鲜明 xiānmíng / 色合いが鮮やかである．

渋（澀）**sè** 形 ①渋い．¶这些柿子 shìzi 有点儿～／これらの柿はちょっと渋い．②滑りが悪い．¶眼睛又～又疼／目がごろごろして痛い．
◇◆(言葉が)明瞭さを欠く，分かりにくい．¶艰 jiān～／(文章が)ごつごつして分かりにくい．

啬（嗇）**sè** ◇◆けちである．しみったれである．¶吝 lìn～／けちなことをする．¶～刻 ke／けちである．

瑟 **sè** 名 瑟(しつ)．参考 琴に似た弦楽器の一種．琴より小さく25弦のものと16弦のものがある．

【瑟瑟】**sèsè**〈書〉①擬《風が吹く音》さらさら．さっと．¶寒风 hánfēng～／冷たい風が吹きわたる．②形《震えるさま》ぶるぶる．
【瑟缩】**sèsuō** 動(寒さや驚きで体が)縮こまる．

塞 **sè** ◇◆意味は〖塞 sāi〗に同じ．►若干の複合語に用いる．⏩ sāi,sài

【塞擦音】**sècāyīn** 名〈語〉破擦音．
【塞音】**sèyīn** 名〈語〉破裂音．
【塞责】**sèzé** 動〈書〉責任逃れをする．

sen（ㄙㄣ）

森 **sēn** ◇◆①樹木が多いさま．¶→～林 lín．②たくさんのものが密接して立ち並ぶさま．③薄暗い．陰気くさい．¶阴 yīn～／陰惨である．不気味である．‖姓

*【森林】**sēnlín** 名 森林．森．
【森罗万象】**sēn luó wàn xiàng**〈成〉一切の現象．
【森然】**sēnrán** 形〈書〉①樹木がこんもり茂り立つさま．②不気味なさま．③いかめしいさま．
【森森】**sēnsēn** 形 ①樹木が生い茂っているさま．②薄暗くて気味が悪いさま．¶阴 yīn～的地下室／うす気味悪い地下室．
【森严】**sēnyán** 形 ものものしい．厳しい．¶戒备 jièbèi～／警備が厳重である．

seng（ㄙㄥ）

僧 **sēng** 名 僧．僧侶．和尚．¶～衣／僧衣．衣．‖姓

【僧侣】**sēnglǚ** 名 僧侶．
【僧尼】**sēngní** 名 僧と尼僧．
【僧人】**sēngrén** 名 僧侶．お坊さん．
【僧俗】**sēngsú** 名 僧侶・尼と俗人．
【僧徒】**sēngtú** 名 僧徒．僧侶．
【僧众】**sēngzhòng** 名 僧たち．

sha（ㄕㄚ）

杀（殺）**shā** 動 ①殺す．¶～猪 zhū／ブタを殺す．¶～敌人 dírén／敵を殺す．②戦う．¶～入敌阵 dízhèn／敵陣に攻め込む．¶～一盘围棋 wéiqí／碁を１局打つ．③(勢い・怒りなどを)そぐ，減らす．¶喝杯啤酒 píjiǔ～～暑气 shǔqì／ビールを飲んで暑気払いする．¶～锐气 ruìqì／気勢をそぐ．④(帳簿・仕事などを)締めくくる．¶～账 zhàng／決算する．⑤〈方〉薬などがしみて痛む．¶药水太浓 nóng,～眼睛 yǎnjing／薬が強くて目にしみる．

語法ノート **動詞＋“杀”**
程度が甚だしいことを表す：ひどく．甚だしく．¶气 qì～／頭にくる(ほど腹が立つ)．¶笑 xiào～人／腹をかかえるほど笑う．

【杀虫药】**shāchóngyào** 名 殺虫剤．
【杀毒】**shā//dú** 動〈電算〉ウイルスを駆除する．¶～软件／アンチウイルスソフト．
【杀风景】**shā fēngjǐng**〈慣〉雰囲気を壊す．興がさめる．
【杀害】**shāhài** 動(不正な目的で)**殺害する**．¶～无辜 wúgū／罪のない人を殺害する．
【杀机】**shājī** 名 殺意．¶动～／殺意を抱く．
【杀鸡取卵】**shā jī qǔ luǎn**〈成〉目先の利益に目がくらんで将来を忘れる．►“杀鸡求蛋 qiú dàn”とも．
【杀鸡吓猴】**shā jī xià hóu**〈成〉見せしめにする．►“杀鸡警 jǐng 猴”“杀鸡给 gěi 猴看 kàn”とも．
【杀价】**shā//jià** 動 値をたたく．値切る．
【杀菌】**shā//jūn** 動 殺菌する．
【杀戮】**shālù** 動〈書〉殺戮(さつりく)する．
【杀气】**shāqì** ①名 殺気．¶～腾腾 tēngtēng／ものすごく殺気立っている．②動(“拿 ná…杀气”の形で)…にうっぷんを晴らす．当たり散らす．¶拿别人～／人に八つ当たりする．
【杀人不见血】**shā rén bù jiàn xiě**〈成〉陰険な手段で人を殺す．
【杀人不眨眼】**shā rén bù zhǎ yǎn**〈成〉冷酷残忍であるさま．
【杀人如麻】**shā rén rú má**〈成〉大量殺人を行う．
【杀伤】**shāshāng** 動 殺傷する．
【杀身成仁】**shā shēn chéng rén**〈成〉正義のために死ぬ．
【杀身之祸】**shā shēn zhī huò**(自らの)死を招く災い，重大な過失．
【杀手】**shāshǒu** 名 殺し屋．
【杀手锏】**shāshǒujiǎn** 名〈慣〉奥の手．
【杀头】**shā//tóu** 動 首を切る．殺す．
【杀一儆百】**shā yī jǐng bǎi**〈成〉一人を殺し大勢の見せしめにする．►“杀一警百”とも書く．

杉 **shā** “杉”の口語読み．文語読みは shān．►造語成分として用い，以下のような語に用いる．⏩ shān

【杉篙】**shāgāo** 名 スギの細長い丸太．
【杉木】**shāmù** 名 スギ(材)．

沙 **shā** ①名 砂．注意 “砂 shā”は“沙”よりも粒のやや大きなものをさし，書き言葉や科学用語など比較的硬い語彙に用いる．一般には“沙”が多用される．¶风～／風と砂ぼこり．砂塵．⇨〖砂 shā〗②形(声が)しわがれている，かすれる．¶～嗓子 sǎngzi／しゃがれ声．¶声音有点儿～／声がすこしかすれている．
◇◆①砂状のもの．¶～糖／ざらめ．②より分ける．¶～汰 tài／淘汰(とうた)する．‖姓

S

【沙包】shābāo 名 ①砂山. ②→【沙袋】shādài
【沙暴】shābào 名〈気〉砂嵐. 黄塵.
【沙场】shāchǎng 名(広い)砂原. ►戦場の意味に用いられることが多い.
【沙尘】shāchén 名 砂ぼこり.
【沙尘暴】shāchénbào 名 砂あらし.
【沙船】shāchuán 名 ジャンク. 参考 海や長江の下流で運輸または漁労に使う大型で木造平底の中国の帆船.
【沙袋】shādài 名 砂袋. 土嚢(どのう).
【沙丁鱼】shādīngyú 名〈魚〉イワシ.
【沙俄】Shā'é 名 帝政ロシア.
*【沙发】shāfā 名 ソファー. 量 个,张.
【沙锅】shāguō 名 土鍋. 土がま. ►陶土に砂を混ぜて作る. ¶什锦 shíjǐn ～ / 寄せ鍋.
【沙果】shāguǒ 名〈植〉ワリンゴ.
【沙金】shājīn 名 砂金.
【沙坑】shākēng 名〈体〉 ①(ゴルフの)バンカー. ②(陸上競技の)ピット. 砂場.
【沙拉】shālā 名〈料理〉サラダ. ►"色拉 sèlā"とも.
【沙里淘金】shā lǐ táo jīn〈成〉(砂を洗って砂金を採取する意から)労多くして功少ないたとえ. 骨折り損のくたびれ儲け.
【沙砾】shālì 名 砂礫(されき). 砂と小石.
【沙龙】shālóng 名 サロン.
*【沙漠】shāmò 名 砂漠. ¶把～变成绿洲 lǜzhōu / 砂漠をオアシスに変える.
【沙漠化】shāmòhuà 動 砂漠化する.
【沙盘】shāpán 名 砂盤. 地形模型.
【沙丘】shāqiū 名 砂丘.
【沙沙】shāshā 擬 ①《軽い足音》さっさっ. さくさく. ②《落ち葉などが軽く触れ合う音》かさかさ.
【沙滩】shātān 名 砂浜. 砂州.
【沙特阿拉伯】Shātè Ālābó 名〈地名〉サウジアラビア.
【沙土】shātǔ 名 砂土. 砂地.
【沙文主义】shāwén zhǔyì 名 ショービニズム. 排外主義. ¶～者 zhě / ショービニスト.
【沙哑】shāyǎ 形(声が)かれる,かすれる. ¶嗓子 sǎngzi ～ / 声がかれる.
【沙眼】shāyǎn 名 ①〈医〉トラホーム. ②(鋳物の)砂きず,小さな穴.
【沙灾】shāzāi 名(強風・大風による)砂の災害.
【沙洲】shāzhōu 名 砂州.
*【沙子】shāzi 名 ①砂. 量 粒 lì,颗. ¶眼睛眯 mí 了～ / 目にゴミが入った. ¶我的眼睛里不揉 róu ～ / 私の目をごまかすことはできない. ②砂状のもの. ¶铁 tiě ～ / 砂鉄.

纱 shā

名 ①(紡績用の綿や麻の)糸. ¶棉～ / 綿糸. ¶纺 fǎng ～ / 糸を紡ぐ. ②薄物. 目の粗い織物. 紗(しゃ). ¶窗 chuāng ～ / カーテン用レース.
◇◆ ①レースに似たもの. ¶铁～门 / 網戸. ②織物名. ¶泡泡 pàopào〔乔其 qiáoqí〕～ / クレープ〔ジョーゼット〕.
【纱布】shābù 名 ガーゼ.
【纱厂】shāchǎng 名 紡績工場.
【纱橱】shāchú 名 網戸付きの戸棚.
【纱窗】shāchuāng 名 網戸. 金網を張った窓.
【纱巾】shājīn 名 薄手のスカーフ. 量 条,块.
【纱帽】shāmào 名 昔の文官がかぶった紗の帽子;〈転〉官職. ¶丢 diū 了～ / 免官となる. 失脚する.
【纱罩】shāzhào 名 ①(食べ物の)ハエよけ. 蝿帳(はいちょう). ②(ガス灯などの)マントル. ¶煤气灯 méiqìdēng ～ / ガスマントル.

刹 shā

動(車・機械に)ブレーキをかける. ¶把车～住 / 車を止める. 停車する. ¶～住歪风 wāifēng / よくない風潮に歯止めをかける. ►► chà
【刹车】shā//chē ①動 ブレーキをかける;機械を止める. ¶紧急 jǐnjí ～ / 急停車. ►比喩的にも用いる. ②名 ブレーキ. 制動機.

砂 shā

名 砂. ⇒〖沙 shā〗①
【砂浆】shājiāng 名 モルタル.
【砂糖】shātáng 名 ざらめ. 砂糖.
【砂岩】shāyán 名 砂岩. サンドストーン.
【砂纸】shāzhǐ 名 紙やすり. サンドペーパー.
【砂子灰】shāzihuī 名(砂と石灰を混ぜて作った)モルタル.

莎 shā

地名・人名に用いる. ‖姓

痧 shā

名〈中医〉コレラ・暑気あたりなどの急性病.

煞 shā

動 ①終える. ¶～账 zhàng / 帳簿を締める. ¶～风 / 風がやむ. ②しっかり締める. くくる. ¶～一～腰带 yāodài / ベルトをぐっと締める. ③→〖杀 shā〗③,「語法ノート」 ►► shà
【煞笔】shā//bǐ ①動(文章・書簡などを)書き終わる. 筆をおく. ②名 文章の最後の結び.
【煞车】shā//chē 動 ①積み荷をしっかりと車にくくりつける. ②→【刹车】shā//chē
【煞尾】shā//wěi ①動 けりをつける. 結末をつける. ②名 結末. 締めくくり. ¶工程 gōngchéng ～阶段 jiēduàn / 工事の仕上げ段階.

裟 shā

"袈裟 jiāshā"(袈裟(けさ))という語に用いる.

鲨 shā

"鲨鱼 shāyú"⇩という語に用いる.
【鲨鱼】shāyú 名〈魚〉サメ. フカ. ►"沙鱼"とも書く.

2声

啥 shá

疑〈方〉なに. ► shà と発音することもある. ¶你姓～?/ あなたのお名前は. ¶到～地方去?/ どこへ行くの.

3声

*傻 shǎ

形 ①頭が悪い. 愚かである. ¶你真够 gòu ～的 / 君はほんとうにばかだね. ¶吓 xià ～了 / びっくりして呆然となる. ②融通がきかない. ばか正直である. ¶他真～,捡 jiǎn 了五十块钱还交到派出所 pàichūsuǒ 去了 / 50元拾って派出所へ届けに行くなんて,彼はほんとうにばか正直なんだから.
【傻蛋】shǎdàn 名 ばか. とんま.
【傻瓜】shǎguā 名 ばか. 間抜け.
【傻瓜相机】shǎguā xiàngjī 名 全自動カメラの俗称.
【傻呵呵】shǎhēhē 形(～的)間が抜けたさま;ばか

んとしているさま．►“傻乎乎”とも．
【傻乎乎】shǎhūhū ⇀【傻呵呵】shǎhēhē
【傻话】shǎhuà 名 ばかげた話．
【傻劲】shǎjìn 名(～儿) 1 ばかさ加減．間抜け加減．►“傻样儿 shǎyàngr”とも．2 ばか力．
【傻里傻气】shǎlishǎqì 形(～的)間抜けなさま．
【傻帽儿】shǎmàor 名 ばか．あほ；ばか正直．¶他真是个～ / 彼はほんとうに間抜けだ．
【傻气】shǎqi 形 薄のろである．間抜けなさま．
【傻头傻脑】shǎ tóu shǎ nǎo 〈成〉間抜けな顔つき．
【傻小子】shǎxiǎozi 名 おばかさん．►若者や男の子をふざけて，または親しみをこめて呼ぶ語．女の子の場合は“傻丫头 yātou”．
【傻笑】shǎxiào 動 ばか笑いをする．
【傻眼】shǎ//yǎn 動 うろたえて狼狽(ろうばい)する．
【傻子】shǎzi 名 ばか．愚か者．

厦 shà ◇◆ ①大きな建物．¶高楼 gāolóu 大～ / 高層ビル．②〈方〉ひさし．¶后～ / 北側のひさし． ▸▸xià

煞 shà ◇◆ ①疫病神．祟(たた)りの神．¶凶 xiōng 神恶 è ～ / 凶神悪霊．②たいへん．非常に． ▸▸shā
【煞白】shàbái 形(驚き・怒り・病気などのために顔色が)真っ青である．¶脸～ / 顔が真っ青だ．
【煞费苦心】shà fèi kǔ xīn 〈成〉大いに苦心する．
【煞气】shà//qì 動(タイヤなどの)空気が漏れる．
【煞气】shàqì 名 1 殺気；すさまじい形相．¶满脸 mǎnliǎn ～ / 表情が殺気立っている．2 悪気．邪気．
【煞神】shàshén 名 不吉な神；〈喩〉凶悪な人．
【煞有介事】shà yǒu jiè shì 〈成〉もっともらしい．まことしやかだ．

霎 shà ◇◆ ①わずかな時間．¶一～ / 一瞬の間．¶～时 / またたく間に．にわかに．②通り雨．
【霎时间】shàshíjiān 名 瞬間．あっという間に．

shai（ㄕㄞ）

筛(篩) shāi 動 1 篩(ふるい)にかける．¶～米 / 米を篩にかける．2(酒を)つぐ．3〈方〉(酒を)温める．4〈方〉(どらを)たたく．
◇◆ 篩．
【筛糠】shāi//kāng 動(恐怖や寒さで)がたがた震える．
【筛选】shāixuǎn 動 篩にかけて選別する；(広く)選び出す．
【筛子】shāizi 名 篩．簁(とおし)．

色 shǎi 名(～儿)〈口〉色．色彩．¶掉 diào ～ / 色が落ちる．色があせる．¶这个电视是带～儿的 / このテレビはカラーだ．注意 sè と発音する場合と意味は同じだが，shǎi は話し言葉として単独で用い，多くは r 化する． ▸▸sè
【色酒】shǎijiǔ 〈方〉果実酒．
【色子】shǎizi 名 さいころ．

晒(曬) shài 動 1(太陽に)さらす，干す．日に当てる．¶在阳台 yángtái 上～被褥 bèirù / ベランダでふとんを干す．2(太陽が)照りつける．¶～得头直晕 yūn / 日に当たって頭がくらくらする．3(写真などを)焼き付ける．¶～相 xiàng / 写真の焼き付けをする．4〈俗〉(“～了”の形で)(ほうっておいて)相手にしない．すっぽかす．
【晒台】shàitái 名 物干し台．
【晒太阳】shài tàiyáng 日光浴をする．ひなたぼっこをする．
【晒图】shài//tú 動 青写真の焼き付けをする．
【晒相纸】shàixiàngzhǐ 名(写真の)印画紙．
【晒衣夹】shàiyījiā 名 洗濯ばさみ．

shan（ㄕㄢ）

1声 ** **山** shān 名 山．(量) 座．❖爬 pá ～ / 山に登る．
◇◆ ①山の形をしたもの．¶冰 bīng ～ / 氷山．②家屋側面の山形の壁．¶房 fáng ～ / 家の両側にある山形の壁．‖姓
【山坳】shān'ào 名 山間の窪地．
【山崩】shānbēng 動 山崩れする．
【山崩地裂】shān bēng dì liè 〈成〉山が崩れ大地が裂ける．巨大な音．
【山茶】shānchá 名〈植〉ツバキ．
【山川】shānchuān 名 山河．
【山地】shāndì 名 1 山地．2 山の上の耕地．
【山地车】shāndìchē 名 マウンテンバイク．
【山巅・山颠】shāndiān 名 山頂．
【山顶】shāndǐng 名 山頂．山の頂．
*【山东】Shāndōng 名〈地名〉山東(さんとう)省．
【山洞】shāndòng 名 1 山の洞窟．2 トンネル．
【山峰】shānfēng 名 山の峰．山頂．
【山腹】shānfù 名 山腹．山の中腹．
【山冈】shāngāng 名 小山．丘．(量) 座．
【山岗子】shāngǎngzi 名 丘．低い山．
【山高水长】shān gāo shuǐ cháng 〈成〉人柄が立派で後世まで影響力が大きい．
【山高水低】shān gāo shuǐ dī 〈成〉万一のこと．►主として人の死．
【山歌】shāngē 名 山歌(やまうた)．►南方の農村や山村で野外労働〔山仕事〕をするときに歌う．
【山根】shāngēn 名(～儿)〈口〉山のふもと．
【山沟】shāngōu 名 1 谷川．谷．2 谷間．3 山間の僻地(へきち)．
【山谷】shāngǔ 名 谷．谷間．
【山河】shānhé 名 山河；〈転〉国．国土．
【山洪】shānhóng 名 山津波．鉄砲水．
【山货】shānhuò 名 1 山地の産物．2 荒物．竹・木・麻などで作った日用品．¶～店 / 荒物屋．
【山鸡】shānjī 名〈口〉〈鳥〉キジ．
【山脊】shānjǐ 名 山の尾根．
【山尖】shānjiān 名(～儿)山頂．
【山涧】shānjiàn 名 谷川．渓流．
【山脚】shānjiǎo 名 ふもと．山麓．
【山径】shānjìng 名 山道．
【山口】shānkǒu 名 尾根と尾根の間の道が通じているところ．
【山岚】shānlán 名〈書〉山の上の雲霧．
【山里红】shānlihóng 名〈植〉サンザシ．ミサンザシ．
【山梁】shānliáng 名 山の背．尾根．

S

【山林】shānlín 名 山林．
【山岭】shānlǐng 名 連峰．尾根．
*【山路】shānlù 名 **山道**．山あいの道．
【山麓】shānlù 名〈書〉山麓．山すそ．
【山峦】shānluán 名〈書〉山並み．¶～起伏 qǐfú / 起伏の多い山々．
*【山脉】shānmài 名 **山脈．山並み**．
【山民】shānmín 名 山地の住民．
【山明水秀】shān míng shuǐ xiù〈成〉山紫水明．風景が美しい形容．
【山南海北】shān nán hǎi běi〈成〉① 遠隔の地．遠い所．②(話が)とりとめのないさま．
*【山坡】shānpō 名 **山の斜面**．山腹．
【山清水秀】shān qīng shuǐ xiù〈成〉山や川の景色が清らかで美しい．山紫水明．
【山穷水尽】shān qióng shuǐ jìn〈成〉窮地に陥る．
【山丘】shānqiū 名 ① 丘．②〈書〉墳墓．
*【山区】shānqū 名 **山地．山岳地帯**．¶～铁路 / 登山鉄道．
【山人】shānrén 名 隠者(の自称)．
【山水】shānshuǐ 名 ① 山水．② 山あり水ありの風景．③ 山水画．
【山水画】shānshuǐhuà 名 山水画．
【山头】shāntóu 名 ① 山の上．山頂．②〈喩〉党派．派閥．¶拉 lā～ / 派閥を作る．
【山窝】shānwō 名 辺鄙(へんぴ)な山地．
【山坞】shānwù 名 山間の窪地．山あいの平地．
*【山西】Shānxī 名〈地名〉**山西(さんせい)省**．
【山峡】shānxiá 名 山峡．山あい．
【山险】shānxiǎn 名 山勢険要の地．
【山乡】shānxiāng 名 山村．
【山响】shānxiǎng 動 非常に大きな音を立てる．¶把门敲 qiāo 得～ / がんがん門をたたいている．
【山崖】shānyá 名 切り立った山のがけ．
【山羊】shānyáng 名〈動〉ヤギ．¶～胡子 húzi / ヤギひげ．
【山羊绒】shānyángróng 名 カシミヤ．
【山腰】shānyāo 名 山の中腹．
【山药】shānyao 名〈植〉ヤマイモ．►"薯蓣 shǔyù"とも．
【山药蛋】shānyaodàn 名〈方〉〈植〉ジャガイモ．
【山野】shānyě 名 ① 山野．野山．② 民間．在野．
【山樱桃】shānyīngtao 名〈植〉ユスラウメ．
【山雨欲来风满楼】shān yǔ yù lái fēng mǎn lóu〈成〉衝突・戦争前の緊張した空気．
【山芋】shānyù 名〈方〉〈植〉サツマイモ．► 普通は"甘薯 gānshǔ""白薯"という．
【山岳】shānyuè 名 山岳．
【山楂】shānzhā 名〈植〉サンザシ．►"山查"とも書く．¶～糕 gāo / サンザシゼリー．
【山寨】shānzhài ① 名 山中の砦(とりで)；土塀や柵で囲まれた山村．② 形 非正規版の．模造の．
【山珍海味】shān zhēn hǎi wèi〈成〉山海の珍味．
【山中无老虎，猴子称大王】shānzhōng wú lǎohǔ, hóuzi chēng dàwáng〈諺〉優れた人物がいないところでは，少々の能力でもいばることができる．鳥なき里のこうもり．
【山庄】shānzhuāng 名 山荘．

【山嘴】shānzuǐ 名(～儿)山麓の突き出た先端．

芟 shān ◇◆(草を)刈る；取り除く．

杉 shān 名〈植〉スギ．コウヨウザン(広葉杉)．► shān は文語読みで，口語読みは shā．‖ 姓 ►► shā

删(刪) shān 動(文字・文章を)削る，削除する．¶～掉一行 háng / 1行削る．
【删除】shānchú 動 ① 削る．省く．②〈電算〉削除する．デリートする．
【删订】shāndìng 動 削除し訂正する．
【删改】shāngǎi 動(詩文を)添削する．¶请老师～一下作文 / 先生に作文を添削してもらう．
【删减】shānjiǎn 動 削減する．
【删节】shānjié 動(詩文を)削り簡潔にする，要約する．
【删节本】shānjiéběn 名 ダイジェスト版．
【删节号】shānjiéhào 名〈語〉省略記号(……)．
【删略】shānlüè 動(文章などを)削り省略する．

衫 shān ◇◆ ひとえの上着．¶汗 hàn～ / 肌着．¶衬 chèn～ / シャツ．

姗(姍) shān "姗姗 shānshān"⇩という語に用いる．
【姗姗】shānshān 形〈書〉ゆっくりと歩くさま．¶～来迟 chí / のんびりと遅れてやって来る．

珊(珊) shān "珊瑚 shānhú"⇩という語に用いる．
【珊瑚】shānhú 名 サンゴ．サンゴ樹．
【珊瑚礁】shānhújiāo 名〈地〉サンゴ礁．

舢 shān "舢板 shānbǎn"⇩という語に用いる．
【舢板】shānbǎn 名 サンパン．河川や近海で用いられる中国式の小船．►"舢舨"とも書く．

扇(搧) shān 動(扇子やうちわで)あおぐ．¶～风 / あおいで風を送る．¶～火 / 火をあおいでおこす．¶～扇子 shànzi / 扇子やうちわを使う．
◇◆ 扇動する．►► shàn
【扇动】shān//dòng 動 ①(扇子状のものを)ばたばたさせる，ばたつかせる．¶～翅膀 chìbǎng / 羽をばたばたさせる．② ⇀【煽动】shāndòng
【扇忽・扇乎】shānhu 動 ① 揺れる．② 扇動する．そそのかす．

跚 shān "蹒跚 pánshān"(よろよろと歩くさま)という語に用いる．

煽 shān 動(扇子などで)あおぐ．
◇◆ 扇動する．
【煽动】shāndòng 動〈貶〉扇動する．あおりたてる．¶～群众 qúnzhòng 闹事 nàoshì / 大衆をあおって騒動を起こす．
【煽风点火】shān fēng diǎn huǒ〈成〉あおり立てる．事件を起こさせる．

【煽情】shānqíng 動 感動させる．共鳴させる．

潸 shān ◇ 涙を流すさま．

【潸然】shānrán 形〈書〉涙を流すさま．¶～泪下 lèixià / さめざめと涙を流す．

【潸潸】shānshān 形〈書〉涙が止まらないさま．はらはら．

膻（羶）shān 形（羊肉が〔のように〕）生臭い．

【膻气】shānqì 名（羊肉の）生臭いにおい．

【膻味】shānwèi 名（羊肉の）臭み．

3声 *__闪__ shǎn ❶ 名 **稲光**(いなびかり)．稲妻．¶打～ / 稲妻が光る．
❷ 動 ① **きらめく**．¶阳光 yángguāng～得人睁 zhēng 不开眼 / 太陽の光がぎらついて目があけられない．② **突然現れる**．¶在森林 sēnlín 尽头～出一条小径 xiǎojìng 来 / 森のはずれに細い道が突然現れた．¶忽然 hūrán～出一个念头 / ちらっと心に考えが浮かんできた．③（**身を**）**かわす．避ける**．よける．¶→～开 kāi．¶～到门后 / ドアのうしろに隠れる．¶往 wǎng 旁边一～ / わきへよける．④（急に力を入れたために筋を）ちがえる．¶打球不小心，把胳膊 gēbo～了 / ボールを打ったはずみに，腕の筋をちがえた．¶～了脚脖子 bózi / 足首をくじいた．⑤（体が突然）ふらつく．¶滑冰 huábīng 时，差点儿～了一跤 jiāo / スケートをした時，体がふらつき危うく転ぶところだった．‖姓

【闪避】shǎnbì 動（身を）かわす，よける．

【闪存】shǎncún 名〈電算〉フラッシュメモリ．

【闪道】shǎn//dào 動 道をあける．¶～～！/ どいたどいた．

【闪电】shǎndiàn 名〈気〉**稲妻**．

【闪动】shǎndòng 動 ①（光が）きらめく．② 揺れ動く．

【闪躲】shǎnduǒ 動（身を）かわす，よける．

【闪光】shǎn//guāng ① 名 閃光．点滅する光．② 動 きらめく．ぱっと光る．

【闪光灯】shǎnguāngdēng 名〈写〉フラッシュ．ストロボ．

【闪击】shǎnjī 動 急襲する．

【闪击战】shǎnjīzhàn 名 電撃戦．

【闪开】shǎn//kāi 動+結補（身を）かわす．よける．¶闲人 xiánrén～！/ 用のない者はどいたどいた．

【闪亮】shǎn//liàng 動（～儿）① 光がきらめく．② ほんのりと明るい．¶天～了 / もう明け方だ．

【闪露】shǎnlù 動 ちらっと現れる．

【闪念】shǎnniàn ① 動 ふと考えが浮かぶ．ひらめく．② 名 ひらめき．

【闪闪】shǎnshǎn 形 きらきら．ぴかぴかしている．¶灯光 dēngguāng～ / 灯火がきらきら光っている．

【闪身】shǎn//shēn 動（～儿）さっと体をかわす．

【闪失】shǎnshī 名（意外な）事故，まちがい．

【闪烁】shǎnshuò 動 ①（**光が**）**ちらつく，**明滅する．¶眼里～着希望 xīwàng 的火光 / 目には希望の光がきらめいている．② 言葉を濁す．言を左右にする．¶～其 qí 词 / 言を左右にする．

【闪现】shǎnxiàn 動 突然現れる．

【闪耀】shǎnyào 動 **きらめく．きらきら光る**．¶鲁迅 Lǔ Xùn 的作品～着不朽 bùxiǔ 的光辉 guānghuī / 鲁迅の作品は不滅の光に輝いている．

陕（陝）shǎn ◇ 陝西(せんせい)省．‖姓

*【陕西】Shǎnxī 名〈地名〉**陝西省**．

【陕西梆子】Shǎnxī bāngzi 名 陝西省の主要な地方劇．

4声 **讪** shàn ◇ ①皮肉る．皮肉を言う．¶～笑 /〈書〉せせら笑う．②きまりが悪いさま．ばつが悪いさま．

【讪讪】shànshàn 形（～的）きまりが悪い．ばつが悪い．

汕 shàn 地名に用いる．"汕头 Shàntóu"（スワトウ）は広東省にある市の名．

苫 shàn 動（むしろや布で）覆う，かぶせる．¶把货物 huòwù～好了 / 荷物に覆いをした．

【苫布】shànbù 名（貨物にかぶせる大型の）防水布．

疝 shàn 名 臓器が周囲の組織の弱いところを圧迫して隆起する病気．

【疝气】shànqì 名〈医〉ヘルニア．脱腸．

扇 shàn ① 名（～儿）**うちわ．扇子．扇**．量 把．¶团～ / うちわ．¶电～ / 扇風機．¶折 zhé～ / 扇子．扇．② 量 扉・窓・びょうぶなどを数える．¶一～门 mén / 扉1枚．
◇ 板状のもの．¶门～ / 扉．▶▶ shān

【扇贝】shànbèi 名〈貝〉ホタテガイ．

【扇骨】shàngǔ 名（～儿）扇子の骨．►"扇骨子"とも．

【扇面】shànmiàn 名（～儿）扇子に張る紙〔絹〕．

【扇坠】shànzhuì 名（～儿）扇子の柄に下げる飾り物．扇子のふさ．

【扇子】shànzi 名 **扇子．扇**．量 把．¶扇 shān～ / 扇子を使う．扇子であおぐ．

善 shàn ❶ 形 ①（↔恶 è）**善良である**．¶存心 cúnxīn 不～ / 下心をもっている．¶这个人心很～，富有同情心 tóngqíngxīn / この人はとても善良で，同情心に富んでいる．② たやすく．容易に．►消極的事柄に用いることが多い．¶～变 /（態度などが）変わりやすい．¶～忘 wàng / 忘れっぽい．③ 上手に．十分に．¶～自保重 bǎozhòng / くれぐれもご自愛を．
❷ 動 …**にたけている**．¶不～诗画 shī huà / 詩歌や絵画が得意でない．¶她～交际 jiāojì / 彼女は交際がうまい．
◇ ①（質・内容が）よい．¶～策 cè / 良策．②仲がよい．¶亲 qīn～ / 親善関係にある．③よく知っている．¶面～ / 顔なじみである．④うまくやる．¶→～始 shǐ～终．⑤善行．¶行～ / よい行いをする．‖姓

【善罢甘休】shàn bà gān xiū〈成〉穏便に済ませる．ただで済ませる．►否定文に用いることが多い．¶不能～ / このままでは済ませない．

【善本】shànběn 名 学術的価値のある古典の版本・写本．善本(ぜんぽん)．

【善处】shànchǔ 動〈書〉善処する．うまく処理する．慎重に対処する．

【善感】shàngǎn 形 感じやすい．¶多愁 chóu～ /

センチメンタルである.
【善后】shànhòu 動 後始末をする. 善後策を講じる. ¶处理 chǔlǐ ～问题 / 善後策を講じる.
*【善良】shànliáng 形 **善良である**. 純真で正直である. ¶心地～ / 心が善良である.
【善邻】shànlín 名〈書〉善隣. 隣の国や家と仲よくすること. ¶～政策 zhèngcè / 善隣政策.
【善男信女】shàn nán xìn nǚ〈成〉〈仏〉善男善女. 仏教を信仰する人々.
【善能】shànnéng 動 …をよくする. …が上手である. ¶他～书法 / 彼は書道に長じている.
【善人】shànrén 名 慈善家.
【善始善终】shàn shǐ shàn zhōng〈成〉首尾一貫して立派にやる.
【善士】shànshì 名 ①〈書〉立派な人. ② 慈善家.
【善事】shànshì 名 慈善事業.
【善心】shànxīn 名 親切心. 情け.
【善行】shànxíng 名 善行. よい行い.
【善意】shànyì 名 善意. 好意. 善意からの. ¶～批评 pīpíng / 善意からの批評をする.
【善有善报, 恶有恶报】shàn yǒu shàn bào, è yǒu è bào〈成〉善には善の報いがあり, 悪には悪の報いがある.
*【善于】shànyú 動 **…にたけている, 堪能である**. ¶～写作 / 物を書くのがうまい. ¶～辞令 cílìng / 口先がうまい.
【善战】shànzhàn 動 うまく戦う.
【善终】shànzhōng 動〈書〉① 天寿を全うする. ② 有終の美を飾る.
【善举】shànjǔ 名〈書〉慈善の行い.

禅(禪) **shàn** ◇◆(帝王が位を)譲る. ¶受 shòu ～ / 譲られた位を受け継いで皇帝になる. ▸▸ chán
【禅让】shànràng 動 禅譲する.
【禅位】shànwèi 動 位を譲る.

骟 **shàn** 動 家畜を去勢する.

缮 **shàn** 動(公文書を)書き写す, 浄書する. ¶协议书 xiéyìshū 已～好 / 合意書はすでに浄書してある.
◇◆ 繕う. 修理する. ¶修 xiū ～ / 修繕する.
【缮发】shànfā 動 浄書し発送する.
【缮写】shànxiě 動〈書〉浄書する.

擅 **shàn** ◇◆ ①かってに. ほしいままに. ¶～作主张 / かってに決断する. ②…に長じている. …が得意である. たけている. ¶不～辞令 cílìng / 応対の言葉を上手に言えない.
【擅长】shàncháng 動 …に長じている. すぐれている. ¶我不～绘 huì 画 / 私は絵が得意ではない.
【擅场】shànchǎng 動〈書〉独り舞台である. 独擅場(どくせんじょう)である.
【擅自】shànzì 副 **かってに. 断りなしに**. ¶～决定 juédìng / かってに決める.

膳 **shàn** ◇◆ 食事. ¶午 wǔ ～ / 昼食. ¶用～ / ご飯を食べる. ¶～宿 sù / 食事と宿泊.
【膳费】shànfèi 名 食費.
【膳食】shànshí 名 食事.

赡 **shàn** 形〈書〉豊かである. 十分である. ¶力已不～ / 力が足りない.
◇◆ 扶養する. 養う. ¶～家养口 / 家族を養う.
【赡养】shànyǎng 動(子供が親を)扶養する, 養う.

鳝(鱓) **shàn** ◇◆ タウナギ. ¶黄 huáng ～ / タウナギ. ¶白～ / ウナギ.
【鳝鱼】shànyú 名 タウナギ.

shang (ㄕㄤ)

1声 *
伤(傷) **shāng** ① 名 **けが. 傷**. ¶受 shòu ～ / 負傷する. けがをする. ¶满身 mǎnshēn 是～ / 全身傷だらけ.
② 動 **傷つける**. 損ねる ¶～了筋骨 jīngǔ / 筋肉や骨を痛めた. ¶他的话～了我的心 / 彼の話を聞いて私は(傷ついて)悲しくなった.

> **語法ノート** 動詞＋"伤"
> a **結果として傷ついた**ことを表す. ¶被自行车碰 pèng ～了 / 自転車にぶつけられてけがをした. ¶不小心把脚烫 tàng ～了 / 不注意で足にやけどをした.
> b **度が過ぎていやになる**. ¶我吃面包吃～了 / パンはもう食べあきたよ.

◇◆ ①差し支える. 妨げる. ¶有～风化 fēnghuà / 風俗や教化に害がある. ②悲しむ. ¶悲 bēi ～ / 悲しむ.
【伤疤】shāngbā ① 名 傷跡. ②〈喩〉(過去の)傷, 汚点. ¶好了～忘了痛 tòng/〈諺〉のど元過ぎれば熱さを忘れる.
【伤兵】shāngbīng 名〈軍〉負傷兵.
【伤病】shāngbìng 名 傷と病気. ¶～员 yuán / 傷病者; 傷病兵.
【伤财】shāngcái 動 損をする. 金をする. ¶～惹气 rěqì / 損をした上に悶着を引き起こす.
【伤残】shāngcán 動 負傷で体が不自由になる.
【伤残人】shāngcánrén 名 身障者. 体の不自由な人.
【伤悼】shāngdào 動〈書〉(故人を)悼む.
【伤风】shāng//fēng ① 動 風邪を引く. ② 名 風邪.
【伤风败俗】shāng fēng bài sú〈成〉良風美俗を損なう.
【伤感】shānggǎn 形 悲しむ. 感傷的になる.
【伤感情】shāng gǎnqíng〈慣〉二人の間が気まずくなる. 仲たがいする.
*【伤害】shānghài 動 **傷つける. 損なう. 壊す**. ¶～身体 shēntǐ / 体を壊す. ¶～感情 gǎnqíng / 感情を害する.
【伤寒】shānghán 名 ①〈医〉腸チフス. ¶斑疹 bānzhěn ～ / 発疹チフス. ¶～杆菌 gǎnjūn / チフス菌. ②〈中医〉寒さで発熱する病気.
【伤号】shānghào 名(～儿)負傷者.
【伤耗】shānghao ① 名 損耗. ロス. ② 動 損する. 消耗する.
【伤和气】shāng héqi〈慣〉仲が悪くなる. 気まずくなる.

【伤痕】shānghén 名 傷痕．傷跡．量 处 chù，道．¶～遍体 biàntǐ / 全身傷だらけ．
【伤怀】shānghuái 動 悲しむ．悲しくなる．
【伤口】shāngkǒu 名 傷口．量 处 chù，块；［細長いもの］条，道．¶包扎 bāozā ～ / 傷口に包帯を巻く．
【伤面子】shāng miànzi メンツをつぶす．
*【伤脑筋】shāng nǎojīn〈慣〉頭を悩ます．てこずる．¶老下雨，真 zhēn ～ / ずっと雨で困ったもんだ．
【伤情】shāngqíng ①動 心を痛める．悲しくなる．②名 負傷の程度．
【伤热】shāngrè 動（野菜などが）暑さのために傷む．
【伤人】shāng//rén 動 人（の肉体や感情·名誉など）を傷つける．
【伤神】shāng//shén 動 ①気を遣う．気疲れする．②悲しむ．
【伤生】shāng//shēng 動 命を損なう．殺生（せっしょう）をする．¶～害命 hàimìng / 殺生をする．
【伤势】shāngshì 名 負傷の程度．¶～不轻 qīng / 傷の程度は軽くない．重傷である．
【伤逝】shāngshì 動〈書〉死者を哀悼する．
【伤天害理】shāng tiān hài lǐ〈成〉天に背き道理にもとる．
【伤痛】shāngtòng ①動 悲しむ．¶她～得哭 kū 起来 / 彼女は悲しみのあまり泣き出してしまった．②名 けがによる苦痛．
【伤亡】shāngwáng ①動 死傷する．②名 死傷者．¶～报告 bàogào / 〈軍〉死傷報告．
*【伤心】shāng//xīn 動 悲しむ．¶别太～了 / あまり悲しまないで．
【伤心惨目】shāng xīn cǎn mù〈成〉悲惨で見るに忍びない．
【伤员】shāngyuán 名 負傷者．

殇（殤）shāng

◇ 夭折（ようせつ）する．¶国～ / 殉国者．

商 shāng

❶名 ①〈数〉商．¶十被五除 chú，～是二 / 10を5で割ると商は2である．②（Shāng）〈史〉商．►"殷 Yīn"とも．⇨〖殷 yīn〗
❷動〈数〉商とする．
◇ ①商売；商人．¶经 jīng ～ / 商売をやる．¶外～ / 外国商人．②相談する．¶协 xié ～ / 協議する．‖姓

【商办】shāngbàn 動 相談の上実行する．
【商标】shāngbiāo 名 商標．ブランド．¶注册 zhùcè ～ / 登録商標．
【商场】shāngchǎng 名 ①マーケット；デパート．量 个，家．¶自选 zìxuǎn ～ / スーパーマーケット．¶百货～ / デパート．②商業界．
【商城】shāngchéng 名 ショッピングモール．
【商船】shāngchuán 名 商船．
【商店】shāngdiàn 名 商店．店．►デパートやマーケットなどかなり大きいものも含む．量 个，家．¶～街 jiē / 商店街．¶～橱窗 chúchuāng / 商店のショーウインドー．
【商调】shāngdiào 動 協議によって人員移動させる．¶发～函 hán / 人事異動の問い合わせの手紙を出す．
【商定】shāngdìng 動 相談して決める．合意に達する．¶双方～建立 jiànlì 外交关系 / 双方は外交関係を樹立することで合意に達した．
【商队】shāngduì 名 隊商．キャラバン．
【商法】shāngfǎ 名〈法〉商法．
【商港】shānggǎng 名 貿易港．
【商行】shāngháng 名 大きな商店．
【商会】shānghuì 名 商業会議所．
【商机】shāngjī 名 ビジネスチャンス．
【商计】shāngjì 動 相談する．
【商检】shāngjiǎn 名〈略〉商品検査．¶～局 jú / 商品検査局．
【商界】shāngjiè 名 商業界．
【商科】shāngkē 名 商科．
**【商量】shāngliang 動 相談する．協議する．¶我有事想和你～ / あなたに相談したいことがあります．
*【商品】shāngpǐn 名〈経〉商品．量 件，个，种；［ひとまとまりになったもの］批 pī．
【商品房】shāngpǐnfáng 名 分譲住宅．
【商品经济】shāngpǐn jīngjì 名〈経〉商品経済．
【商洽】shāngqià 動 話し合いをする．相談する．¶～生意 shēngyi / 取引を相談する．
【商榷】shāngquè 動〈書〉協議する．¶这一点值得 zhíde ～ / この点は議論の余地がある．
【商人】shāngrén 名 商人．商売人．
【商厦】shāngshà 名 商業ビル．
【商社】shāngshè 名 商社．貿易業務を行う商事会社．
【商数】shāngshù 名〈数〉商．
【商谈】shāngtán 動 相談する．打ち合わせる．
*【商讨】shāngtǎo 動（比較的大きくて複雑な問題を解決するために）討議する，協議する．¶～明年的出书计划 jìhuà / 来年の出版計画を協議する．
【商亭】shāngtíng 名 小売りスタンド．
【商同】shāngtóng 動〈書〉…と相談〔協議〕する．¶此事由 yóu 双方～解决 jiějué / 本件は双方協議の上，解決される．
*【商务】shāngwù 名 商業事務．商用．通商．¶～中心 zhōngxīn / ビジネスセンター．¶～参赞 cānzàn /（大使館の）商務参事官．¶～机构 jīgòu / 通商代表部．
*【商业】shāngyè 名 商業．¶～广告 guǎnggào / 商業広告．
【商议】shāngyì 動 相談する．協議する．
【商用】shāngyòng 動 商売に用いる．¶～物资 wùzī / 商用の品．
【商约】shāngyuē 名（国際間の）通商条約．
【商战】shāngzhàn 名 商売合戦．商戦．¶春节 Chūnjié ～ / 旧正月の大売り出し．
【商酌】shāngzhuó 動〈書〉協議し検討する．

上 shǎng

3声

◇ 上声（じょうせい）．¶阴 yīn ～ / 陰上声．¶阳～ / 陽上声．¶平～去入 / 四声．平声（ひょうせい）·上声·去声（きょせい）·入声（にっしょう）．⏩ shàng

【上声】shǎngshēng 名〈語〉①上声（じょうせい）．②現代中国語共通語の第3声．►①②とも shàngshēng とも．

晌 shǎng

量（～儿）1日のうちのあるひと区切りの時間．¶休息了一～儿 / しばらくの間休んだ．
◇ 昼．¶歇 xiē ～ / 昼休み（をとる）．

【晌饭】shǎngfàn 名〈方〉①昼食．②農繁期に普段の食事以外にとる食事．

S

【晌觉】shǎngjiào 名〈方〉昼寝．►"晌午觉 shǎngwujiào"とも．¶睡 shuì ～ / 昼寝をする．

【晌午】shǎngwu 名〈方〉正午．昼．►実際は shángwu のように発音される．¶～饭 / 昼飯．

赏 shǎng 動 ① 賞を与える．ほうびを与える．¶～他一笔 bǐ 钱 / 彼にほうびとして金を与える．② 観賞する．見て楽しむ．めでる．¶→～月．
◇◆ ①賞．賞金．¶悬 xuán ～ / 懸賞．②評価する．たたえる．¶赞 zàn ～ / ほめる．‖ 姓

【赏赐】shǎngcì〈旧〉① 動 下賜する．恩賞を与える．② 名 下賜品．褒美．恩賞．

【赏罚】shǎngfá 名 賞罰．

【赏封】shǎngfēng 名〈旧〉祝儀．

【赏光】shǎng//guāng〈套〉ご光臨いただく．

【赏花】shǎng//huā 動 花見をする．¶上个月,我们去赏了一次花 / 先月,私たちは花見に出かけた．

【赏鉴】shǎngjiàn 動（骨董や書画を）鑑賞する,鑑別する．¶～字画 / 書画を鑑賞する．

【赏菊】shǎng//jú 動 菊をめでる；観菊をする．

【赏脸】shǎng//liǎn 動 顔をたてる；〈転〉ご光臨ください．ご笑納ください．

【赏钱】shǎngqian 名 チップ．心付け．

【赏识】shǎngshí 動（人の才能を）買う,認める．¶受到上司的～ / 上司にほめられた．

【赏玩】shǎngwán 動（景色や美術品などを）賞玩する,鑑賞する．

【赏心悦目】shǎng xīn yuè mù〈成〉（きれいな景色を眺めて）心や目を楽しませる．

【赏月】shǎng//yuè 動 月見をする．

【赏阅】shǎngyuè 動（詩文などを）鑑賞する．

4声 **上 shàng** ＊＊ ❶ 方位 ①（↔下 xià）上．上の方．上部．►単独でも,前置詞の後でも用いる．¶～有天堂 tiāntáng,下有苏杭 Sū Háng / 蘇州・杭州は天国に劣らずすばらしい．¶往 wǎng ～看 / 見上げる．
②《「名詞＋"上"」の形で用い》ⓐ**物体の上**または**表面**を表す．¶桌子～ / テーブルの上．¶墙 qiáng ～挂 guà 着一幅 fú 画儿 / 壁に1枚の絵が掛けてある．ⓑある種の事物の**範囲内にある**ことを表す．¶世界～ / 世界(に)．¶报～ / 新聞(に)．ⓒ**分野・方面**をさす．►前によく前置詞"在,从"を用いる．¶从思想～ / 思想の面から．¶在这个问题～ / この問題では．ⓓ年齢を表す語句の後に用いる．►"…的时候"に同じ．¶他三岁～得 dé 了场 cháng 大病 / 彼は3歳のときにひどい病気にかかった．
③《「"上"＋名詞」の形で用い》ⓐ上方の**場所**をさす．¶→～半截 bànjié．ⓑある**時間の前半**，または**過ぎたばかりの時間**をさす．¶→～星期．ⓒ**順序が前**であることを表す．►量詞は"回,次,遍,趟 tàng,批 pī"などに限られる．¶～一次 / 前回．
❷ 動 ①（↔下 xià）**上がる．登る**；（乗り物に）**乗る**．¶→～山．¶～公共汽车 / バスに乗る．
②…へ行く．注意 場所を表す目的語には制限がある．また,その後に"去"を加えることもある．¶你～哪儿(去)？/ どちらへ行きますか．¶～北京(去) / 北京に行く．¶～厕所 cèsuǒ / トイレに行く．
③ 前へ進む．向かって行く．¶快～,投篮 tóulán! / 早く前へ,それ,シュートだ．
④（↔下 xià）出場する．登場する．¶中国队五号～,二号下 / 中国チームは5番が出て2番が引っ込む．
⑤ 加える．補う．¶给机器 jīqì ～油 / 機械に油を補給する．¶～一批 pī 货 huò /（店に）商品を仕入れる．
⑥ 塗る．つける．¶～颜色 yánsè / 色を塗る．¶～药膏 yàogāo / 軟膏をつける．
⑦ 取り付ける．¶～玻璃 bōli /（窓などに）ガラスをはめる．
⑧（ぜんまい・ねじを）締める,巻く．¶这个螺丝 luósī ～不紧 jǐn / このねじはきっちり締められない．
⑨（規定の時間・場所で日常の仕事や授業などを）行う．¶～汉语课 kè / 中国語の授業をする．¶～夜班 bān / 夜勤をする．
⑩ 掲載する．¶～学报 / 紀要に載せる．掲載される．¶～电视 / テレビに出る．
⑪（ある数量や程度に）達する,届く．¶→～年纪．¶图书品种 pǐnzhǒng 已～到千种 / 書籍の種類は1千点にのぼった．
❸ 名 ①《中国民族音楽の階名の一つで,音符として用いられ,略譜の「1」に相当する》
②（四声の一つ）上声．⇨〖上 shǎng〗
◇◆ ①（等級・品質が）高い．¶→～级 jí．¶→～将 jiàng．②《皇帝・国王をさす》¶～谕 yù / 詔勅．勅命．③上部へ．上の方へ．¶→～诉 sù．‖ 姓

語法ノート

方向補語"－上"の用法

❶[**上下方向の移動**]動作によって人や事物が低いところから高いところへ移動し,そこに到達することを表す．¶一口气爬 pá ～山顶 shāndǐng / 一気に山頂まで登りつめた．

❷[**水平方向の移動**]目の前の目標物に近づいていくことを表す．¶迎 yíng ～他 / 彼を迎えに出る．¶赶 gǎn ～他 / 彼に追いつく．

❸副次的なものが主要なものにくっついてそれが固定することを表す．ⓐ[**添加**]つけ加えることを表す．¶穿～衣服 / 服を着る．¶写～姓名 / 氏名を書く．ⓑ[**接合**]分かれている面をくっつけることを表す．¶关～窗户 chuānghu / 窓を閉める．¶合～本子 / ノートを閉じる．

❹ある**一定のレベル**(レベルの高いもの)**への到達**を表す．¶他们都过～了幸福 xìngfú 美满的生活 / 彼らはみな幸せで満ち足りた生活を送るようになった．¶现在我们家连汽车也买～了 / いま,わが家では車さえ買うことができるようになった．

❺ある一定の数量に達することを表す．►少数の形容詞の後にも用いられる．¶吃～几回就习惯 xíguàn 了 / 何回か食べるうちに慣れてしまった．¶比现在的规模 guīmó 应该再大～两倍 / 現在の規模より2倍大きくなければならない．

❻動作・行為の開始点に到達し,その動作や状態が開始され持続されることを表す．►少数の形容詞の後にも用いられる．¶会还没有开,大家就议论 yìlùn ～了 / 会議が始まらないうちから,みんなはもうあれこれ言い始めた．¶他爱～了一位女演员 nǚyǎnyuán / 彼はある女優が好きになった．¶最近又忙～了 / 最近また忙しくなってきた．

⇨【上来】shàng//lái 【上去】shàng//qù 【-不上】-bushàng

►► shǎng

【上岸】shàng//àn 動 上陸する．陸揚げする．
*【上班】shàng//bān 動(～儿)(↔下班)**出勤する．仕事〔勤務〕中である．** ¶我每天上午八点～ / 私は毎日,午前8時に出勤する． ¶～时间 / 勤務時間．勤務中．
【上班族】shàngbānzú 名 サラリーマン．勤め人．通勤族．
【上半辈儿】shàngbànbèir 名(↔下半辈儿)人生の前半．
【上半场】shàngbànchǎng 名〈体〉(↔下半场)(試合などの)前半． ¶～比赛 bǐsài / 試合の前半． ►"上半时"とも．
【上半截】shàngbànjié 名(～儿)(↔下半截)上の半分．
【上半年】shàngbànnián 名(↔下半年) 1年の前半．上半期．
【上半晌】shàngbànshǎng 名(～儿)(↔下半晌)〈方〉午前．
【上半身】shàngbànshēn 名(↔下半身)上半身．
【上半天】shàngbàntiān 名(～儿)(↔下半天)午前(中)．
【上半夜】shàngbànyè 名(↔下半夜)日没から夜中の12時まで．夜の前半分．
【上半月】shàngbànyuè 名(↔下半月)月の前半．
【上绑】shàng//bǎng 動(犯人などが)縛り上げられる．
【上报】shàng//bào 動 ①(上級に)報告する． ②新聞に出る．
【上辈】shàngbèi 名(～儿)(↔下辈) ①祖先． ②先代．
【上辈子】shàngbèizi 名 ①祖先． ②前世．
【上臂】shàngbì 名〈生理〉二の腕．上膊部．
【上边】shàngbian (～儿) ❶ 方位 ①(位置の高い所)上．上の方．** ¶山～空气稀薄 xībó / 山の上の方は空気が希薄だ． ②(物の)**表面,表,上．** ¶桌子～ / 机の上． ¶衬衣 chènyī ～穿一件毛衣 / シャツの上にセーターを着る． ③(順番が前)**上．前．** ¶～列举 lièjǔ 的事实 / 上にあげた事実． ❷ 名 上級．上役．
【上膘】shàng//biāo 動(家畜が)太る,肉がつく．
【上表】shàng//biǎo 動 ①時計のぜんまいを巻く． ②〈旧〉上奏する．
【上宾】shàngbīn 名 上客．大切な客．
【上部】shàngbù ① 方位 上部． ② 名(前後2部からなる小説などの)前の部分．
【上不来】shàngbulái 動+可補 上がってこられない．
【上不上,下不下】shàng bu shàng, xià bu xià〈成〉どっちつかず．中途半端．
【上菜】shàng//cài 動(テーブルに)料理を出す．
【上操】shàng//cāo 動 教練を行う．
【上策】shàngcè 名 上策．最上の方策． ¶三十六着 zhāo,走为～ / 〈諺〉三十六計逃げるにしかず．
【上层】shàngcéng 名(↔下层)上の階層．上部機構．
【上层建筑】shàngcéng jiànzhù 名〈経〉上部構造．
【上层领导】shàngcéng lǐngdǎo 名 上層部の指導者．
【上场】shàng//chǎng 動(役者や選手が)出場する,登場する． ¶～门 mén / 舞台の向かって左の登場口．
【上车】shàng//chē 動(↔下车)**乗車する．** ¶车要开了,请您～吧 / もう発車いたしますから,どうぞ車にお乗りください．
【上乘】shàngchéng ① 名〈仏〉大乗． ② 形(文学や美術作品などが)優れている．
【上乘之作】shàng chéng zhī zuò〈成〉すぐれた作品．
【上秤】shàng//chèng 動 はかりで量る．
【上传】shàngchuán 動〈電算〉(↔下传)アップロードする． ►"上载 shàngzài"とも．
【上床】shàng//chuáng ① 動 床に入る． ② 名 寝台車の上段．
【上次】shàngcì 名(↔下次)**前回．** ¶～讲 jiǎng 到哪儿了？/ 前回はどこまで授業が進みましたか．
【上蹿下跳】shàng cuān xià tiào〈成〉〈貶〉あちこち走り回り画策する．
【上达】shàngdá 動 上の方に伝える． ¶下情不能～ / 下部の意見が上層部に伝わらない．
【上代】shàngdài 名 先代．祖先．
*【上当】shàng//dàng 動 **だまされる．** ¶上了他的当 / 彼にだまされた．
【上刀山,闯火海】shàng dāo shān, chuǎng huǒ hǎi〈成〉いかなる犠牲も惜しまない．
【上灯】shàng//dēng 動 灯をともす．
【上等】shàngděng (↔下等) 形 上等な．上等〔高級〕である． ¶～货 huò / 上等な品物．高級品．
【上地】shàng//dì 動(田畑に)施肥をする．
【上帝】Shàngdì 名 ①(古代の)天帝． ②〈宗〉(キリスト教で)神．エホバ．
【上吊】shàng//diào 動 首をつる．
【上调】shàngdiào 動 ①昇進させる．抜擢(ばってき)する． ②(文革中下放された青年が)都市に戻って就職する． ③(物資などを)徴用する．
⇒【上调】shàngtiáo
【上冻】shàng//dòng 動 凍りつく．氷が張る． ¶河面 hémiàn ～了 / 川面が凍った．
【上端】shàngduān 名 上端．
【上房】shàngfáng 名 母屋(おもや)．
【上访】shàngfǎng 動(上級機関に)陳情する． ¶赴 fù 京～ / 北京へ陳情に行く．
【上肥】shàng//féi 動 施肥する．
【上坟】shàng//fén 動 墓参りをする．
【上粪】shàng//fèn 動 肥料をやる．
【上风】shàngfēng 名 風上；〈喩〉優勢．有利． ¶占 zhàn ～ / 優勢になる．
【上赶着】shànggǎnzhe 副〈口〉(頼まれないのに)積極的に,一方的に,進んで．
【上纲】shàng//gāng 動 ささいなことを教条的に大きく取り上げる．
【上岗】shàng//gǎng 動(↔下岗) ①仕事の持ち場につく；職場に復帰する． ②歩哨に立つ；パトロールに出る．
【上告】shànggào 動 ①上告〔上訴〕する． ②上級機関に報告する．
【上个星期】shànggexīngqī 名(↔下个星期)**先週．**
【上个月】shànggeyuè 名(↔下个月)**先月．**
【上工】shàng//gōng 動(労働者が)仕事を始める．出勤する．
【上供】shàng//gòng 動 供え物をする；〈喩〉賄賂(わいろ)を贈る．

S

【上钩】shàng//gōu 動(魚が)かかる；〈喩〉(人が)ひっかかる. ¶鱼 yú 不～ / 魚がかからない. ¶我不会上他的钩 / 私が彼のわなにひっかかるはずがない.
【上古】shànggǔ 名(殷·周·秦·漢の)上古. 古代.
【上官】shàngguān 名 上級官吏.
【上官】Shàngguān ‖姓
【上轨道】shàng guǐdào 〈慣〉軌道に乗る.
【上海】Shànghǎi 名〈地名〉シャンハイ.**
【上好】shànghǎo 形 上等の. ¶～的茶叶 cháyè / 極上のお茶.
【上皇】shànghuáng 名 ①天帝. ②皇帝の父. ③上皇.
【上回】shànghuí 名 前回.
【上火】shàng//huǒ 動(～儿) ①〈中医〉のぼせる. ②〈方〉かっとなる.
*【上级】shàngjí 名 **上司. 上級機関.**
【上计】shàngjì 名 上計. すぐれたはかりごと.
【上家】shàngjiā 名(～儿)(↔下家)(トランプやマージャンなどで)上手〔前の番〕(の人).
【上江】Shàngjiāng 名 ①長江の上流地域. ②旧時の安徽(あんき)省.
【上将】shàngjiàng 名〈軍〉大将と中将の間の高級将官. 上将.
【上交】shàngjiāo 動 ①自分よりも身分の高い人と交際する. ②上級機関に引き渡す.
【上缴】shàngjiǎo 動 上納する. 国家に納入する. ¶～利润 lìrùn / 利潤を上納する.
【上接】shàng//jiē 動〈書〉第…面より続く.
【上街】shàng//jiē 動 外出する. 買い物に行く.
【上届】shàngjiè 形(↔下届)前回(の). ¶～奥运会 Àoyùnhuì / 前回のオリンピック. ¶～毕业生 bìyèshēng / 前年度の卒業生.
【上进】shàngjìn 動 向上する. 上達する. ¶～心 / 向上心.
【上劲】shàng//jìn 動(～儿)気が乗る. 力が入る.
*【上课】shàng//kè 動(↔下课) ①**授業に出る；授業をする.** ¶现在开始～ / 今から授業を始めます. ¶今天下午我们不～ / 私たちはきょうの午後は授業がない. ②〈体〉監督やコーチが就任する.
【上空】shàngkōng 名 上空. 空.
【上控】shàngkòng 動〈法〉上訴〔上告〕する.
【上口】shàngkǒu 形(～儿)(朗読が)流暢(りゅうちょう)である. すらすらと読める. ¶琅琅 lángláng ～ / (詩文などが)すらすらと口から出てくる.
【上款】shàngkuǎn 名(～儿)(贈り物や手紙の)あて名.
【上来】shàng//lái 動+方補 ①(低い所から高い所へ)上がってくる,**登ってくる. ¶请～一下 / ちょっと上がってきてください. ¶从山下～一位老人 / 山のふもとからおじいさんが登ってきた. ¶你上不来就在下面等着吧 / 上がって来られなければ,下で待っていなさい. ②(人や事物が下の部門·階層から上の部門·階層に)上がってくる. ¶他俩是从分公司～的 / 二人は支社から上がってきた人だ. ¶群众 qúnzhòng 提 tí 的意见上得来吗？/ 大衆の出した意見は上に届きますか. ③始まる. 最初(は). ¶这项 xiàng 工作一～就很顺利 shùnlì / この仕事は始まったら順調にいっている. ¶～少说话,先听听再说 / まずは黙っていて,人の話を聞いてからにしなさい.
注意 ①②では,間に目的語が入らず"上来"と続けて言うとき,"来"は軽声で発音することが多い.

語法ノート　複合方向補語"－上来"の用法

❶**動作が話し手に向かって下(低い所)から上(高い所)へ**なされることを表す. ¶凉风 liángfēng 刮 guā ～ / 涼しい風が吹き上げてくる. ¶他从井 jǐng 里提上一桶 tǒng 水来 / 彼は井戸から水をバケツ1杯くんだ.
❷目の前の**目標物に近づいていく**ことを表す. ¶迎 yíng ～ / 迎えにやって来る. ¶快跟～ / 早くおいで.
❸**人や事物が下の部門·階層から,上の部門·階層に来る**ことを表す. ¶你是什么时候调 diào ～的？/ 君はいつこちら(この部署)に上げられてきたんだい.
❹**要求に応じて動作がなされる**ことを表す. ¶你把客人的菜端 duān ～ / お客さんの料理を(運んで)出しておいで. ¶这些题目 tímù 你答得～答不～？/ これらの問題を君は解答できるかい. ¶说不～ / (うまく口に出して)言えない.
❺**状態の程度が進む**ことを表す. ¶暖气片 nuǎnqìpiàn 慢慢热～了 / スチームがだんだん熱くなってきた.

【上礼拜】shànglǐbài 名 **先週.**
【上脸】shàng//liǎn 動 ①酒のために顔が赤くなる. ¶他一喝酒就～ / 彼は酒を飲むとすぐ顔に出る. ②〈方〉図に乗る. いい気になる.
【上梁不正下梁歪】shàngliáng bù zhèng xiàliáng wāi 〈諺〉上の者が正しくなければ下の者も悪に染まる.
【上列】shàngliè 形 上に述べた. 右に挙げた.
【上流】shàngliú 名 ①上流. ②〈旧〉上流の人.
【上陆】shànglù 動 上陸する.
【上路】shàng//lù 動 ①旅に出る. 出発する. ¶准备～ / 出発の用意をする. 旅支度をする. ②事が軌道に乗る. ③〈方〉人情にかなう.
【上马】shàng//mǎ 動(↔下马) ①馬に乗る. ②(大きな工事や仕事に)着手する. 開始する.
【上门】shàng//mén 動(～儿) ①(家まで)訪ねる. 来る. ¶送货 sònghuò ～ / 商品を家まで届ける. ②戸締まりをする. ③店じまいをする.
【上面】shàngmian (～儿) ❶ 方位 ①(位置の高い所)上. 上の方.** 上部. ►普通,事物を表す名詞の後に用いる. ¶场地 chǎngdì ～挂 guà 着两排 pái 灯 / グラウンドの上に2列の照明灯がかかっている. ②(物の)**表面,表,**上. ►名詞の後に用いる. ¶玻璃 bōli ～有一道裂纹 lièwén / ガラスの表面にひびが入った. ③(順序から見て前の部分)**前(に,の). 先(に,の).** ¶～谈过的问题,不再赘述 zhuìshù / 先に述べた問題は,再度言及しないことにする. ④方面. 分野. 領域. ¶在篆刻 zhuànkè ～他是内行 nèiháng / 篆刻(てんこく)では彼は玄人だ. ❷ 名 ①上司. 上役. ¶据 jù ～说… / 上層部の話によると…. ②(親族の中で)父の世代の人.
【上年】shàngnián 名 去年. 昨年.
【上年纪】shàng niánji **年を取る.** ¶这工作～的人也能干 / この仕事は年輩の人でもできる.
【上品】shàngpǐn 名 高級品.
【上坡路】shàngpōlù 名 上り坂；〈喩〉上り調子. 上り坂. ¶走～ / 向上する.
【上气不接下气】shàngqì bù jiē xiàqì 〈慣〉息

S

が切れる.

【上千上万】shàng qiān shàng wàn 〈成〉千にも万にものぼる. 何千何万という.

【上前】shàng//qián 動(～儿)前に出る. 前の方に進み寄る. ¶他突然 tūrán ～说道 / 彼は突然前に進み出て言った.

【上去】shàng//qù 動+方補 1(低い所から高い所へ)上がっていく**,登っていく. ¶我们～看看 / 上に上がってみましょう. ¶大家都～跟他握手 wòshǒu / みんなは前に行って彼に握手してもらった. 2(人や事物が下の部門・階層から上の部門・階層へ)上がっていく. ¶他想升官 shēngguān,但上不去 / 彼は昇進したがっているが,昇進できない. 注意 間に目的語が入らず"上去"と続けて言うときは"去"は軽声で発音することが多い.

語法ノート

複合方向補語"－上去"の用法

❶動作が**下(低い所)から上(高い所)へ,かつ話し手から離れた方へ**向かうことを表す. ¶飞机轻盈 qīngyíng 地飞上天空去了 / 飛行機が軽々と空へ飛び上がっていった. ¶把行李搬～ / 荷物を運び上げる. ¶跳上马去 / ウマに飛び乗る.

❷動作が話し手から見て**離れた目標物に近づいていく**ことを表す. ¶大家连忙迎 yíng ～ / みんなが大急ぎで出迎えた. ¶狗摇 yáo 着尾巴 wěiba 跑 pǎo 了～ / 犬はしっぽを振りながら駆け寄っていった.

❸人や事物が**下の部門・階層から,上の部門・階層へ行く**ことを表す. ¶提交 tíjiāo ～的方案尚 shàng 无下文 / 上層部に提出した試案はまだ結果が伴わない. ¶把下面的想法反映 fǎnyìng ～ / 下部の考え方が上部へ届く.

❹**副次的なものから,主要なあるもの**またはある方面に,つけ加えたり合わせたりすることを表す. ¶把所有的力量 lìliang 都使～了 / ありったけの力を注ぎ込んだ.

【上任】shàng//rèn 1 動 就任〔赴任〕する. 2 名 前任者.

【上色】shàngsè 形(品物が)よい,上等である,高級である. ¶～绿茶 lǜchá / 上等の緑茶.

【上色】shàng//shǎi 動(～儿)色を塗る. 着色する.

【上山】shàng//shān 動 **山に登る**.

【上山下乡】shàng shān xià xiāng 〈成〉学生などを農山村に下放させる(運動).

【上上】shàngshàng 1 形 最上の. いちばんよい. 最上である. ¶～策 cè / 最善の策. 2 方位 前の前. 先々. ¶～星期〔礼拜〕/ 先々週. ¶～月 / 先々月.

【上上下下】shàngshàngxiàxià 方位 上の人も下の人もひっくるめて.

【上身】shàng//shēn ❶ 名(～儿) 1 **上半身**. ¶光着～ / 肌脱ぎになっている. 2 **上着**. ¶这～是昨天买的 / この上着はきのう買ったのだ. ❷ 動 新しい衣類を初めて着る. ¶这件西服是今天刚～的 / この洋服はきょう仕立ておろしだ.

【上升】shàngshēng 動 1 **登る. 上がる. 上昇する**. ¶热气～ / 熱い空気は上昇する. 2(等級・程度などが)**上がる**;(数量が)**増える**. ¶温度 wēndù ～ / 温度が上がる.

【上士】shàngshì 名〈軍〉曹長.

【上市】shàng//shì 動 1(季節物や新製品が)店頭に出る. ¶菠菜 bōcài 已经～了 / ほうれん草はもう出始めた. 2 街や市場へ行く. ¶～买菜 / 市場へ料理の材料を買いに行く. 3〈経〉上場する.

【上手】shàngshǒu ❶動 1 始める. 取りかかる. 2〈方〉(仕事などに)手を出す. ❷名 上座.

【上书】shàng//shū 動 1〈書〉(地位の高い人に)上書する. 2〈旧〉私塾の教師が子供に授業する.

【上述】shàngshù 形 **上述の**. ¶～问题暂且 zànqiě 放一放 / 先に述べた問題については,ひとまず保留とする.

【上闩】shàng//shuān 動(戸に)かんぬきを掛ける.

【上水】shàng//shuǐ ❶名 上流. ❷動 1 上流に遡る. ¶～船 chuán / 上り船. 2(蒸気機関などに)給水する,水を補給する.

【上水】shàngshui 名〈方〉食用にする家畜の心臓・肝臓・肺臓の総称.

【上水道】shàngshuǐdào 名 上水道.

【上税】shàng//shuì 動 1 納税する. 2 課税する.

【上司】shàngsi 名 上司.

【上诉】shàngsù 動〈法〉上訴する. 控訴する

【上溯】shàngsù 動 1(流れを)遡る. 2(時間を)遡る.

【上算】shàngsuàn 動 採算が取れる. ¶在食堂吃比在外面吃～ /(会社の)食堂で食べるほうが外で食べるより得だ.

【上岁数】shàng suìshu (～儿)〈口〉年を取る. 老人になる.

【上锁】shàng//suǒ 動 錠を下ろす.

【上台】shàng//tái 動(↔下台) 1 **演壇に上がる. 舞台に出る**. ¶～表演 / 舞台に上がって演技する. 2 **官僚となる**;〈転〉**政権を取る**.

【上膛】shàng//táng 1 動 弾を込める. 弾薬を装塡する. 2 名 口蓋.

【上套】shàng//tào 動(～儿)わなにかかる. だまされる. ¶你可别上他的套儿 / あいつのペテンにかかるな.

【上天】shàng//tiān ❶動 1 天に昇る. 2〈喩〉昇天する. 他界する. ❷名 天(の神様).

【上调】shàngtiáo 動(税率・物価などを)引き上げる. ⇒【上调】shàngdiào

*【上头】shàngtou ❶ 方位 1 上. ¶广场～都是风筝 fēngzheng / 広場の上空はたこでいっぱいだ. 2(物の)表面. **表. 上**. ¶墙 qiáng ～爬 pá 着一只壁虎 bìhǔ / 壁の上にヤモリが1匹はっている. 3 方面. 分野. ¶毛病 máobing 就出在这儿～ / 過ちはここから出たのだ. ❷名 上役. 上司.

【上吐下泻】shàng tù xià xiè 〈成〉嘔吐(おうと)と下痢. もどしたり下したりする.

*【上网】shàng//wǎng 動 1 インターネットに接続する. 2(魚などが)網にかかる;(敵や犯罪者が)捕まる. 3〈体〉(テニス・バトミントンで)ネット際に出る.

【上位】shàngwèi 名 上座.

【上尉】shàngwèi 名〈軍〉大尉. 上尉.

【上文】shàngwén 名 前文. 上文. ¶参照 cānzhào ～ / 前の文を参照する. ¶如～所述 shù / 上文で述べるように.

【上屋】shàngwū 名 母屋.

【上午】shàngwǔ 名(↔下午)午前(中)**. ¶明天

～出发 chūfā / あすの午前に出発する. ¶～八点 / 午前8時.

*【上下】shàngxià ❶方位 ①(空間的に)**事物の上部と下部.上から下まで.** ¶～各空 kòng 一行 háng / 上下をそれぞれ1行あける. ②(地位・等級・長幼などの)**上下.** ►「上下を問わず全員」という意味で用いる. ¶举国～ / 全国民. ¶全家上上下下 / 家族全員. ③(**程度の**)**高低,優劣.** ►固定した句に用いることが多い. ¶不相～ / 互いに優劣がない. ¶难分～ / 似たりよったりである. ❷助《数量詞の後に置いて**概数を表す**》¶三十岁～ / 30歳くらい. ¶二十斤 jīn ～ / ほぼ10キログラム. ❸動 **上がったり下がったりする.** 乗り降りする. ¶有了电梯 diàntī,就省 shěng 去了～楼的麻烦 / エレベーターがあったので,階段の昇り降りの必要がなかった. ¶～火车,要注意安全 / 汽車の乗り降りに際しては,安全に注意しなければならない.

【上下文】shàngxiàwén 名 文脈.

【上弦】shàngxián 名〈天〉(↔下弦)上弦.

【上弦月】shàngxiányuè 名〈天〉上弦の月.

【上限】shàngxiàn 名 上限. 最大限.

【上香】shàng//xiāng 動 線香を立てる.

【上相】shàngxiàng 形 写真うつりがよい. ►"上照 shàngzhào"とも. ¶不～ / 写真うつりが悪い.

【上校】shàngxiào 名〈軍〉上佐.

【上星期】shàng xīngqī 名(↔下星期)**先週.** ¶我是～回来的 / 私は先週戻ってきた. ¶～五 / 先週の金曜日.

【上刑】shàng//xíng ①動 拷問する. ②名〈書〉重刑.

【上行】shàngxíng ❶動 船が川を上る. ❷形 ①上りの(列車). ¶～列车 lièchē / 上りの列車. ②上級機関に上げる(公文書).

【上行下效】shàng xíng xià xiào〈成〉上がやれば下もまねをする.

*【上学】shàng//xué 動 ①**登校する. 学校に通う.** ¶每周 zhōu 上六天学 / 週に6日学校に通う. ②**小学校に入る.** ¶这孩子今年该 gāi ～了 / この子は今年小学校に上がる年になりました.

【上学期】shàngxuéqī 名(↔下学期)前学期.

*【上旬】shàngxún 名 **上旬.** ¶五月～ / 5月上旬.

【上牙】shàngyá 名 上の歯. 量 颗 kē. ¶～床 chuáng / 上の歯茎.

【上演】shàngyǎn 動 上演する. 上映する. ¶最近将 jiāng ～一部新影片 yǐngpiàn / もうすぐ新しい映画が上映される.

【上眼皮】shàngyǎnpí 名 ①(～儿)上まぶた. ②〈転〉あら捜しをする人〔上役〕.

【上眼药】shàng yǎnyào ①目薬をさす. ②〈慣〉(人を)中傷する. 陰で悪口を言う.

【上药】shàng//yào 動 薬をつける.

*【上衣】shàngyī 名(ズボンに対しての)**上着.** 量 件 jiàn.

【上一号】shàng yīhào〈慣〉トイレに行く. 参考 "一号"は"厕所 cèsuǒ"(便所)の代名詞として女性によく使われる. "上大号"は大便に行くことをさす.

【上瘾】shàng//yǐn 動 **凝る. 病みつきになる.** ¶喝酒喝～了 / 酒の飲み癖がついた.

【上映】shàngyìng 動 上映する. ¶这部片子今天头轮 tóulún ～ / その映画はきょう封切りだ.

*【上游】shàngyóu 名(↔下游) ①(河川の)**上流.** ②〈喩〉先頭. 先進的な地位.

【上元节】Shàngyuánjié 名(旧暦の1月15日の)上元. 元宵節.

【上月】shàngyuè 名(↔下月)**先月. 前月.** ¶～盈余 yíngyú / 先月の利潤.

【上载】shàngzài 動〈電算〉(↔下载)アップロードする. ►"上传 shàngchuán"とも.

【上贼船】shàng zéichuán〈慣〉悪人の仲間に入る. ¶上了贼船 / 悪党に担がれた.

【上涨】shàngzhǎng 動(**水位が**)**上昇する;**(**値段が**)**高くなる.** ¶股票 gǔpiào ～ / 株が値上がりする. ¶～幅度 fúdù / 値上がりの幅.

【上账】shàng//zhàng 動 記帳する. 帳簿につける.

【上阵】shàng//zhèn 動 出陣する. 戦場に赴く;〈喩〉(試合などに)出場する;(仕事などに)参加する. ¶男女老少 shào 齐 qí ～ / 老若男女みな働きに出る.

【上肢】shàngzhī 名〈生理〉上肢.

【上周】shàngzhōu 名 先週. ►"上星期"よりやや固い表現.

【上装】shàng//zhuāng 動(俳優が)メーキャップする,衣装をつける.

【上嘴唇】shàngzuǐchún 名(↔下嘴唇)上唇.

【上座】shàngzuò 名 上座. 注意 "上"のほうを強く発音する.

【上座儿】shàng//zuòr 動(劇場や料理屋に)客が入る. ¶这部电影 diànyǐng 很～ / この映画はいつも入りがよい.

尚 shàng

副〈書〉なお. まだ. ¶为时～早 / 時期尚早である. ¶～待研究 / なお研究が必要だ.

◇ 尊ぶ. 重視する. ¶崇 chóng ～ / あがめ尊ぶ. ‖ 姓

【尚且】shàngqiě 接続 **…でさえなお.** 語法 複文の前段に用いて,いっそうはっきりしている事例を比較に持ち出して,後段で"更 gèng,当然"などの副詞を呼応させて,推して当然そうなるということを表す. ¶这本书～能看得懂,一般文章当然不成问题 / この本でさえ分かるんだから,一般の文章ならもちろん問題ない. [後段がもし反語文ならば,ふつう"何况hékuàng,况且 kuàngqiě"と呼応する] ¶三个人～搬不动 bānbudòng,何况你一个人? / 3人でも運べないのだから,君一人ではなおさらのことじゃないか.

【尚未】shàngwèi 副〈書〉いまだ…にあらず. ¶～结果 / まだ結果が出ない.

shao (ㄕㄠ)

1声 捎 shāo

動 **ついでに持って行く〔来る〕.** ことづける. ¶～封 fēng 信 xìn / ついでに手紙を届ける. ¶你去成都 Chéngdū 时,给我～一点榨菜 zhàcài 来 / 成都へ行ったらついでにザーサイを少し買ってきてください. ▸▸ shào

【捎带】shāodài ①副 ついでに. ②動 ついでに持って行く.

【捎话】shāo//huà 動 ことづける.

【捎脚】shāo//jiǎo 動(～儿)(車両が人や荷を)ついでにのせる.

【捎信儿】shāo//xìnr 動(ついでに)ことづける. 伝

S

言する．ついでに知らせる．

*烧(燒) shāo ❶動 ①熱が出る．ほてる．¶他今天不～了／彼はきょうは熱が下がっている．②(料理法の1種)①材料を油でいためてから，調味料やスープを加えていためたり煮込んだりする．または肉を煮てから油で揚げる．¶红～鲤鱼 lǐyú／コイの唐揚げしょう油煮込み．②あぶり焼きにする．③(加熱し)作りあげる；(湯を)わかす；(飯を)炊く．¶水～开了／湯が沸いた．¶～饭 fàn／飯を炊く．④燃やす．焼く；燃える．焼ける．¶～煤 méi／石炭をくべる．石炭をたく．¶～煤气／ガスを燃やす．⑤(炭・レンガなどを)焼く，(火を)おこす，たく．¶～火／火をたく．¶～砖 zhuān／レンガを焼く．⑥(ストーブなどを)たく．火を入れる．¶～炉子 lúzi／ストーブをたく．¶～锅炉 guōlú 的／ボイラーマン．

❷名(体温の)熱．❖发 *fā* ～／熱が出る．❖退 *tuì* ～／熱が下がる．

【烧杯】shāobēi 名〈化〉ビーカー．

【烧饼】shāobing 名〈料理〉シャオピン．量 个，块．参考 小麦粉を発酵させて薄く伸ばし，油またはゴマ油のかすや塩などを塗り，ぐるぐる巻いてから適当な大きさにちぎり，円形に整えて，天火で焼き上げた食品．

【烧菜】shāo//cài 動 おかずを作る；料理する．

【烧高香】shāo gāoxiāng〈慣〉①(大きな願をかけるために)長い線香を立てる；〈転〉頼み事をする際，金銭などを贈る．②(願い事がかなって)感謝感激だ．願ってもないことだ．

【烧锅】shāoguō 名 煮たりゆでたりする時に使う鍋．

【烧化】shāohuà 動(死体などを)焼く．

【烧荒】shāo//huāng 動 野焼きする．

【烧毁】shāohuǐ 動 焼却する．¶～秘密 mìmì 文件／秘密文書を焼却する．

【烧火】shāo//huǒ 動 火をおこす．¶～做饭／台所仕事をする．

【烧鸡】shāojī 名〈料理〉ニワトリの丸蒸し焼き．

【烧碱】shāojiǎn 名〈化〉苛性ソーダ．

【烧酒】shāojiǔ 名 コウリャンなどを蒸留した酒．焼酎(しょうちゅう)．

【烧炕】shāo//kàng 動 オンドルをたく．

【烧烤】shāokǎo 名 ①あぶったり焼いたりして作った肉食品の総称．②バーベキュー．

【烧卖】shāomai 名〈料理〉シューマイ．

【烧瓶】shāopíng 名〈化〉フラスコ．

【烧伤】shāoshāng〈医〉①動 やけどをする．②名 やけど．

【烧香】shāo//xiāng 動 ①香をたく．②線香をあげる．③(下心で人に)贈り物をする．

【烧心】shāoxīn 動 胸焼けがする．

【烧窑】shāoyáo 動(かまに火を入れることから)陶磁器・木炭などを焼く．

【烧纸】shāo//zhǐ ①名(死者があの世で使えるように)焼く紙銭．②動 紙銭を焼く．⇒【纸钱】zhǐqián

【烧灼】shāozhuó 動 やけどする．焼き焦がす．

梢 shāo 名(～儿)梢．枝の先；(一般に細長いものの)先，末，終わり，端．¶树 shù ～／梢．¶头发 tóufa ～儿／髪の毛の先．

【梢头】shāotóu 名 木の枝の先．梢．

*稍 shāo 副 少し．やや．ちょっと．¶你～等一下／ちょっとお待ちください．‖姓 ▸▸ shào

*【稍稍】shāoshāo 副 少し．ちょっと．

*【稍微】shāowēi 副《数量が少ないことや程度が軽いことを表す》やや．ちょっと．こころもち．注意 動詞や形容詞を修飾する場合，動詞を重ねたり，後ろに"一点儿""一些 yīxiē"などを加えたりする．また，書き言葉では"稍为 shāowéi"ともいう．¶心情～平静 píngjìng 了一些／気持ちがやや落ち着いてきた．¶～休息一下／ひと休みする．¶广东菜 Guǎngdōngcài ～有点儿甜 tián／カントン料理は少し甘い．

【稍为】shāowéi ⇀【稍微】shāowēi

【稍许】shāoxǔ 副 少しばかり．ちょっぴり．¶～加些糖就好了／ちょっぴり砂糖を足したらいい．

【稍纵即逝】shāo zòng jí shì〈成〉時間や機会はちょっと油断すると容易に過ぎ去ってしまう．

艄 shāo ◇◆ ①船のとも．船尾．¶船 chuán ～／船尾．②かじ．¶掌 zhǎng ～／かじ取り．船頭．

【艄公】shāogōng 名 かじ取り；(広く)船頭．

2声 勺(杓) sháo ①名(～儿)さじ．スプーン．杓子(しゃくし)．ちりれんげ．しゃもじ．►北方では片手(中華)なべもさす．量 把．¶用～儿吃饭／スプーンでごはんを食べる．②量(容量の単位)勺(しゃく)．1升の100分の1．

*【勺子】sháozi 名 さじ，ひしゃく．量 把．

芍 sháo "芍药 sháoyao"⇩という語に用いる．

【芍药】sháoyao 名〈植〉シャクヤク．

韶 sháo ◇◆ 麗しい．‖姓

【韶光】sháoguāng 名〈書〉①うららかな春の景色．②麗しい青春時代．

【韶华】sháohuá ⇀【韶光】sháoguāng

【韶秀】sháoxiù 形〈書〉麗しい．

3声 **少 shǎo ❶形(↔多 duō)(数量が)少ない．¶商品～，供 gōng 不应求 yìngqiú／商品が少ないので供給が需要に応じきれない．[名詞を修飾する時は，"很少(的)…"の形をとり，"少…"や"少的…"とはできない]¶很～人／少ない人．¶很～的人／たいへん少ない人．

語法 連用修飾語として動詞の前に用いる以下の用法がある．a(比較して)少なめに…する．¶往～说／少なめにいえば．b("很少…"で)めったに…しない．¶这一带很～下暴雨 bàoyǔ／このあたりはめったに豪雨が降らない．c(多く禁止を表し)…するな．控えろ．少しだけ．¶～说废话 fèihuà／あまりくだらないことを言うな．つべこべ言うな．¶你～卖关子／人をじらすな．

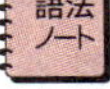

動詞＋"少"

少なめに…したことを表す．¶早饭吃～了，上午十点钟就饿 è 了／朝ご飯を軽くすませたので，10時にもうおなかがへった．¶钱带～了，买不起／お金が足りないので買えません．

S

❷ 動 ① 不足する. 欠ける. ¶还～一本书 / まだあと本が1冊足りない. ¶一分钱 qián 不～ / 1銭も欠けていない. ②(人に金を)借りている. ¶我还～她五百块钱 / 私はまだ彼女に500元の借りがある. ③ なくなる. 紛失する. ¶书架 shūjià 上～了一本书 / 本棚の本が1冊なくなった.
❸ 副〈書〉しばらく. ちょっと. ¶～候片刻 piànkè / しばらく待つ. ⏩ shào
【少不得】shǎobudé 動+可補 欠かせない.
【少不了】shǎobuliǎo 動+可補 ① 欠かせない. ¶打篮球 lánqiú 可～他 / バスケットボールをするには彼を欠くことができない. ②(あるべき数量に)不足しない. ⇨【-不了】-buliǎo
【少得了】shǎodeliǎo 動+可補 なくてもよい. 欠くことができる. ►反語や疑問文に用いることが多い.
*【少见】shǎojiàn ① 形 あまり見かけない. 珍しい. ¶这种 zhǒng 树北方很～ / この木は北方では珍しい. ②〈套〉しばらく会わない. ►あいさつに用いる. ¶～～! / お久しぶりです. ③→【少有】shǎoyǒu
【少见多怪】shǎo jiàn duō guài〈成〉見聞の少ない人は何を見ても不思議に思う.
【少刻】shǎokè 名〈書〉しばらく. しばし.
【少礼】shǎolǐ〈套〉①(相手に)どうぞお楽に. ②(自分が)失礼しました. おかまいできませんで.
【少量】shǎoliàng 名 少量. 少しばかり.
【少陪】shǎopéi〈套〉お相手できないで失礼いたします. ►ゆっくり相手ができないことをわびる語. 中座するときにも用いる.
【少气无力】shǎo qì wú lì〈成〉元気がなく弱々しい.
【少顷】shǎoqǐng 名〈書〉しばらく. 片時.
【少时】shǎoshí 名〈書〉しばらく(して).
*【少数】shǎoshù 名 少数. ►"的"を介さず名詞を修飾する. ¶尊重 zūnzhòng ～意见 / 少数意見を尊重する.
【少数民族】shǎoshù mínzú 名 少数民族.
【少算】shǎosuàn 動 ① 値引きする. 負ける. ② 勘定計算が漏れる.
【少许】shǎoxǔ 名〈書〉少しばかり. わずか.
【少有】shǎoyǒu 形 めったにない. まれである.

4声 **少 shào** ◇◆ ①若い. ¶～奶奶 nǎinai / 若い奥さん. ②若旦那. ¶阔 kuò ～ / 金持ちの坊ちゃん. ¶恶 è ～ / 道楽息子. ‖姓 ⏩ shǎo
【少白头】shàobáitóu 名 若白髪(の人).
【少不更事】shào bù gēng shì〈成〉若くて経験が足りない.
【少儿】shào'ér 名〈略〉少年少女.
【少妇】shàofù 名 既婚の若い女性.
【少管】shàoguǎn 名〈略〉少年犯罪者の矯正教育.
【少林拳】shàolínquán 名 少林寺拳法.
*【少年】shàonián 名 少年. 少年少女. ¶～老成 lǎochéng / 年のわりに円熟している;(皮肉で)若いのに老成している,若年寄. ¶～无名 wúmíng / 若くて無名である.
【少年管教所】shàonián guǎnjiàosuǒ 名 少年院. ►略して"少管所".
【少年宫】shàoniángōng 名 少年の文化活動施設.
【少女】shàonǚ 名 少女.
【少先队】shàoxiānduì 名〈略〉少年先鋒隊. ピオニール. ¶～员 yuán / 少年先鋒隊員.
【少相】shàoxiang 形〈方〉若く見える. ¶他长 zhǎng 得很～ / 彼は若く見える.
【少校】shàoxiào 名〈軍〉少佐.
【少爷】shàoye 名 若旦那. 坊ちゃん. ¶～作风 zuòfēng / 若旦那風(ふう).
【少壮】shàozhuàng 形 若くて元気である.

邵 shào ‖姓

劭 shào ◇◆ ①勧める. 励ます. ②美しい. 立派である. ¶年高德 dé ～ / 老齢で人徳が高い.

绍 shào ◇◆ ①受け継ぐ. ¶介 jiè ～ / 紹介する. ②浙江省紹興. ‖姓
【绍兴酒】shàoxīngjiǔ 名 紹興酒. 浙江省紹興で作られた老酒(ラオチュウ). ►"绍酒"とも.

捎 shào 動 ①(馬などが)後ろへ下がる,退かせる. ¶～,～! / ウマをさがらせる時の掛け声. ②(色が)あせる. ⏩ shāo
【捎色】shào//shǎi 動 色があせる〔落ちる〕.

哨 shào ① 名 見張り. ¶放 fàng ～ / 歩哨に立つ. ② 動(鳥が)鳴く. さえずる.
◇◆ 呼び子. ホイッスル. ¶吹 chuī ～ / 呼び子を吹く.
【哨兵】shàobīng 名 哨兵. 番兵.
【哨岗】shàogǎng →【哨所】shàosuǒ
【哨卡】shàoqiǎ 名 国境や要所の歩哨所.
【哨所】shàosuǒ 名 歩哨所.
【哨子】shàozi 名 呼び子(の笛).

稍 shào "稍息 shàoxī"⬇という語に用いる. ⏩ shāo
【稍息】shàoxī 動〈軍〉(号令)休め.

she（ㄕㄜ）

1声 **奢 shē** ◇◆ ①奢侈(しゃ)である. ぜいたくである. ¶→～靡 mí. ②分を過ぎた. 身分不相応である. ¶～求 qiú / 過分な要求. 過分に要求する.
【奢侈】shēchǐ 形 奢侈(しゃ)である. ¶生活 shēnghuó ～ / 暮らしがぜいたくだ.
【奢华】shēhuá 形 ぜいたくで派手である. ¶陈设 chénshè ～ / 部屋の造作・家具が豪華である.
【奢靡】shēmí 形 浪費的である. ►"奢糜"とも書く.
【奢望】shēwàng 名 過分の望み.

赊 shē 動 掛けで売り買いする. ¶～了两瓶 píng 酒 / 酒を2本つけで買った.
【赊贷】shēdài 動 掛けで貸す.
【赊购】shēgòu 動 掛け買いをする.
【赊欠】shēqiàn 動 掛けで売買する.
【赊销】shēxiāo 動 ① 掛け売りをする. ►製造元と商店の間で行われることが多い. ② クレジット販売する.
【赊账】shē//zhàng 動 掛けで売買する.

S

畲 shē "畲族 Shēzú"⇩という語に用いる.

【畲族】Shēzú 名(中国の少数民族)ショオ(She)族. ミャオ・ヤオ系民族で,福建省・浙江省などに住む.

舌 shé ◇◆ ①舌. ¶→～头. ②舌の形をしたもの. ¶火～/炎. ③(鐘・風鈴などの)舌,おもり.

【舌敝唇焦】shé bì chún jiāo 〈成〉口を酸っぱくして言う.

【舌尖】shéjiān 名 舌の先.

【舌剑唇枪】shé jiàn chún qiāng 〈成〉言葉鋭く言い争う. ►"唇枪舌剑"とも.

【舌面】shémiàn 名 舌面.

*【舌头】shétou 名 ①舌. 量 条,个. ¶～尖儿 jiānr/舌の先. ¶～根子/舌の根. ❖咬 *yǎo* ～/舌をかむ. ②〈喩〉敵情を聞き出すための捕虜.

【舌叶】shéyè 名〈音〉リード.

【舌战】shézhàn 動 舌戦を戦わす.

折 shé 動 ①(細長いものが)**折れる,切れる.** ¶筷子 kuàizi ～了/はしが折れた. ¶绳子 shéngzi ～了/ロープがぶっつり切れた. ②損をする. ¶他做生意～了不少钱/彼は商売で損がかさんだ. ‖姓 ▸▸zhē,zhé

【折本】shé∥běn 動(～儿)損をする. 元手を割る. ¶～生意 shēngyi/赤字商売.

【折秤】shé∥chèng 動 目減りする.

【折耗】shéhào 名(製造や輸送中の)損耗,目減り. ¶减少 jiǎnshǎo 生产 shēngchǎn ～/生産の損失を減らす.

佘 shé ‖姓

蛇 shé 名〈動〉ヘビ. 量 条. ¶这种～有毒 dú/このヘビは毒を持っている.

【蛇头】shétóu 名 スネークヘッド. 不法出入国手配師.

【蛇蝎】shéxiē 名 蛇とサソリ;〈喩〉凶暴で悪辣(あくらつ)な人間.

【蛇行】shéxíng 動 腹ばいで進む. 匍匐(ほふく)前進する;蛇行(だこう)する.

【蛇足】shézú 名 蛇足. ⇨【画蛇添足】huà shé tiān zú

舍(捨) shě 動 **捨てる.** ¶～去零数 língshù/端数を切り捨てる. ¶～不下孩子/子供を手放しがたい.

◇◆ 施す. ¶施 shī ～/施しをする. ▸▸shè

【舍本逐末】shě běn zhú mò 〈成〉本末転倒である.

【舍不得】shěbude 動+可補 ①**離れがたい. 別れるのがつらい.** ¶我～他走/彼が行ってしまうのがつらい. ②**使うこと・捨てることを惜しむ.** 手離したくない. ¶～穿/着るのが惜しい.

【舍得】shěde 動 **惜しまない.** 惜しいと思わない. ¶她很～花钱/彼女はお金を惜しみなく使いまくる.

【舍己为公】shě jǐ wèi gōng 〈成〉公のために自分を犠牲にする.

【舍己为人】shě jǐ wèi rén 〈成〉人のために自分を犠牲にする.

【舍近求远】shě jìn qiú yuǎn 〈成〉わざわざ回り道をする.

【舍车马,保将帅】shě jū mǎ, bǎo jiàng shuài 〈諺〉大きな損失を免れるため多少の損はあきらめる. ►"舍车保帅"とも.

【舍命】shě∥mìng 動 命を捨てる. 命を懸ける. ¶～相救/命がけで助ける. ¶～陪 péi 君子/大事な友人のために心から協力する;(酒席で)ほんとうに酒杯を空けてつきあう.

【舍弃】shěqì 動 捨てる. 放棄する. ¶～个人得失 déshī/個人の損得を投げ出す.

【舍身】shě∥shēn 動 命を捨てる. 自分を犠牲にする. ¶～为国/国のために身を捨てる.

【舍生取义】shě shēng qǔ yì 〈成〉正義のために命を捨てる.

【舍死忘生】shě sǐ wàng shēng 〈成〉命を顧みない. 命を投げ打つ.

【舍芝麻抱西瓜】shě zhīma bào xīguā 〈諺〉大きな利益のために,小さな損失を余儀なくされるたとえ.

设 shè 4声 ❶動 ①**設ける.** 配置する. ¶代表处 dàibiǎochù ～在大阪/代表事務所を大阪に置く. ②仮定する. ¶～x等于 děngyú 1/xを1と仮定する.

❷接続〈書〉かりに. もしも. ¶～有可能,请全力为之 wéizhī/もしも可能ならば,これに全力を注いでください.

◇◆ 計画する. ¶→～计 jì. ¶→～宴 yàn.

*【设备】shèbèi ①動 **備え付ける.** ¶这所学校～得很不错/この学校には優れた設備が備え付けられている. ②名 **設備.** 備品. ¶医疗 yīliáo ～齐全 qíquán/医療設備が整っている.

【设法】shèfǎ 動 **方法を考える. 対策を講じる.** ¶～解决 jiějué/解決策を講ずる.

【设防】shèfáng 動 防衛措置をとる. ¶步步～/すきまなく防備を固める.

【设伏】shèfú 動 伏兵を置く.

*【设计】shèjì ①動 **設計する. デザインする.** ¶～家具/家具をデザインする. ②名 設計. デザイン. ¶～新颖 xīnyǐng/デザインが斬新である.

【设计师】shèjìshī 名 デザイナー.

【设计图】shèjìtú 名 設計図. 青写真.

【设立】shèlì 動(組織・機構などを)**設立する,設ける,** 置く. ¶学校里～了计算机 jìsuànjī 中心/学校にコンピュータセンターができた.

【设色】shèsè 動(絵画で)色付けをする,着色をする.

【设身处地】shè shēn chǔ dì 〈成〉他人の身になって考える.

*【设施】shèshī 名(特定の目的のための)**組織,施設.** ¶福利 fúlì ～/福祉施設.

*【设想】shèxiǎng 動 ①**想像する. 想定する.** ¶不堪 bùkān ～/先が思いやられる. ¶提出切实可行的～/実現可能な構想を打ち出す. ②**…の立場で考えてみる.** ¶多为群众 qúnzhòng ～/より多く人々のためを考える.

【设宴】shè∥yàn 動 宴席を設ける.

【设置】shèzhì 動 ①**設立する.** ②**設置する.** 装備する. ¶～中文课/中国語の授業課目を設ける. ¶会场上～了扩音器 kuòyīnqì/会場にはスピーカーが設置された.

社 shè ◇◆ ①土地神および土地神を祭る場所・期日・祭り．¶春～／春の祭り．¶～日／お祭り．②社．共同して仕事や生活をする集団組織．¶报 bào ～／新聞社．‖姓

【社保】shèbǎo 名〈略〉社会保険．
*【社会】shèhuì 名 **社会**．¶踏入 tàrù ～／社会に入る．社会人となる．
【社会工作】shèhuì gōngzuò 名 社会奉仕．ボランティア活動．
【社会关系】shèhuì guānxi 名(一般的)社会関係；個人の親戚・交友関係．
【社会活动】shèhuì huódòng 名 社会活動．
【社会青年】shèhuì qīngnián 名 失業青年．浪人．
【社会主义】shèhuì zhǔyì 名 社会主義(制度)．
【社稷】shèjì 名〈書〉国家．社稷(しゃしょく)．
【社交】shèjiāo 名 社交．
【社论】shèlùn 名 社説．
【社区】shèqū 名 地域社会．コミュニティ．¶～服务 fúwù／コミュニティケア．
【社团】shètuán 名(労働組合・学生会などの)社会団体．¶～法人／社団法人．
【社长】shèzhǎng 名(出版社や通信社などの)**社長**．注意 "社长"は"出版社"などの長をさし，日本語の「社長」は普通，"总经理 zǒngjīnglǐ"または"经理"という．

舍 shè ◇◆ ①家．建物．¶宿 sù ～／宿舎．②自宅の謙称．¶敝 bì ～／拙宅．③自分よりも目下の親族の謙称．¶～弟 dì／愚弟．④(家畜)小屋．¶牛 niú ～／牛舎．⑤古代，1日の行軍の道程(30里)．‖姓 ▶▶ shě

【舍亲】shèqīn 名〈謙〉自分の親戚．
【舍下】shèxià 名〈謙〉拙宅．

*__射 shè__ 動 ①**(矢を)射る；(銃弾を)撃つ；(ボールを)シュートする**．¶对着靶子 bǎzi ～了两发子弹 zǐdàn／標的に銃弾を2発撃った．¶被对方～中 zhòng 一球／相手にボールをシュートされた．②**(液体が)噴射する**．¶用水枪 shuǐqiāng ～着玩儿／水鉄砲で遊ぶ．③**(光や熱などを)放射する**．¶月光～进昏暗 hūn'àn 的小屋／月の光が暗い部屋に差し込んできた．◇◆ 暗にさし示す．¶暗 àn ～／ほのめかす．¶影 yǐng ～／当てこする．

【射击】shèjī 動 ①**射撃する**．¶遭到 zāodào ～／射撃される．¶对准 duìzhǔn 目标～／ねらいを定めて射撃する．②名〈体〉(競技の種目)射撃．¶～滑雪赛 huáxuěsài／バイアスロン．
【射箭】shè//jiàn ①動 矢を射る．②名〈体〉アーチェリー．弓術．
【射界】shèjiè 名 射撃の範囲．
【射精】shèjīng 動 射精する．
【射猎】shèliè 動〈書〉狩猟する．
【射流】shèliú 名(気体や液体の)噴出(流体)．¶～技术 jìshù／流体工学．
【射门】shè//mén 動〈体〉シュートする．¶～得分 dé fēn／シュートで点を取る．
【射手】shèshǒu 名 射手．
【射线】shèxiàn 名〈物〉放射線．¶～杀伤 shāshāng／放射線障害．

S

涉 shè ◇◆ ①(川を)徒歩で渡る，川・海を越えていく．¶跋 bá 山～水／山を越え川を渡る．②経る．経験する．¶→～世 shì．③かかわる．関連する．¶→～及 jí．

【涉笔】shèbǐ 動〈書〉筆を執る．
【涉及】shèjí 動 **及ぶ．関連する**．¶～人命／人命にかかわる．
【涉猎】shèliè 動 読みあさる．¶～很广泛 guǎngfàn／(本を)幅広く読みあさっている．
【涉世】shèshì 名〈書〉世渡りの経験．¶～不深／世渡りの経験が浅い．
【涉外】shèwài 形 外交にかかわる．¶～问题／外交関係の問題．¶～婚姻 hūnyīn／国際結婚．
【涉嫌】shèxián 動〈書〉嫌疑がかかる．¶～人犯／被疑者．
【涉险】shèxiǎn 動〈書〉危険を冒す．
【涉足】shèzú 動〈書〉(ある生活・環境に)足を入れる．¶～文坛 wéntán／文壇に足を踏み入れる．

赦 shè 動(罪を)許す．赦免する．¶～他无罪 wúzuì／彼を無罪放免する．

【赦免】shèmiǎn 動 赦免する．
【赦罪】shè//zuì 動 罪を許す．

摄(攝) shè ◇◆ ①摂取する．吸収する．¶→～取 qǔ．②(写真を)撮る．撮影する．¶拍 pāi ～／撮影する．③保つ．保持する．¶～护 hù／保護する．④(政治の)代理をする．¶→～政 zhèng．

【摄理】shèlǐ 動〈書〉代理をする．
【摄录机】shèlùjī 名 ビデオカメラ．量 架，台．
【摄取】shèqǔ 動 ①(栄養などを)摂取する，吸収する．¶～维生素 wéishēngsù／ビタミンを摂取する．②(写真や映画を)撮る．撮影する．
【摄食】shèshí 動(動物が)物を食べる．
【摄氏】Shèshì 名(↔华氏 Huáshì)摂氏(せっし)．¶～温标 wēnbiāo／摂氏温度．¶～温度计 wēndùjì／摂氏温度計．
【摄像】shèxiàng 動 **ビデオカメラで撮影する**．
【摄像机】shèxiàngjī 名(テレビの)ピックアップカメラ．ビデオカメラ．¶电视～／テレビカメラ．
【摄影】shèyǐng 動 ①**写真を撮る．撮影する**．▶通常は"拍照 pāizhào""照相 zhàoxiàng"という．¶禁止 jìnzhǐ ～／撮影を禁止する．¶～室／スタジオ．¶～留念 liúniàn／記念写真を撮る．¶～师 shī／カメラマン．②映画撮影をする．¶～棚 péng／スタジオ；撮影所．
【摄影机】shèyǐngjī 名(映画撮影用)カメラ．
【摄政】shèzhèng 動 摂政をする．
【摄制】shèzhì 動(映画を)撮影制作する．

麝 shè 名 ①〈動〉ジャコウジカ．②〈略〉麝香(じゃこう)．

【麝香】shèxiāng 名〈中薬〉麝香(じゃこう)．

shei (ㄕㄟ)

2声 **
谁 shéi 疑 ①**だれ**．¶～呀？—是我／だれなの—私よ．¶请问，～是科长 kēzhǎng？／すみません，どなたが課長さんですか．¶这是～的？／これはだれのものですか．

反語で用いる"谁"

❶反語文では,それに**該当する人が一人もいない**ことを表す. ¶～不说他好 / だれもが彼はすばらしいと言う.

❷反語文に用いる"谁知道"は"不料"(思いがけなく,予想外に)の意味を表す. ¶我本是跟他开玩笑,～知道他真急 jí 了 / 私は彼に冗談を言ったつもりなのに,思いがけないことに彼は本当におこってしまった.

②《不定の人をさす》**だれか. だれも.** ¶外边好像有～在说话 / 外でだれかが話をしているようだ. ¶今天没有～来过 / きょうはだれも来なかった.
③《任意の人をさす》**だれでも.** ⓐ"也、都"の前または"不论 bùlùn、无论 wúlùn"の後に用い,その範囲内で例外がないことを表す. ¶这件事～也不知道 / この事はだれも知らない. ¶不论～都得 děi 遵纪守法 zūnjì shǒufǎ / だれでも規則や法律を守らねばならない. ⓑ前後に二つの"谁"を用い,二つの"谁"が同じ人をさす. ¶～想说～就说 / 話したい人から言ってください. ⓒ前後二つの"谁"を用い,別々の人をさす. ¶他们俩 liǎ ～也不服 fú ～ / あの二人はどちらも相手に負けない. ⇨〖谁 shuí〗
【谁料】**shéi liào** 〈型〉意外にも. ►"谁料到""谁料想"とも.
【谁谁】**shéishéi** 代 だれそれ.
【谁说不是(呢)】**shéi shuō bù shì (ne)** 〈套〉《あいづちを打って他人に賛同するときに用いる》そうとも. そのとおりだ.
【谁想(到)】**shéi xiǎng(dào)** 〈型〉だれが予測し得たか. 考えてもみなかった. ¶～他一去就不回来了 / 彼が行ったきりで帰ってこないとは,だれが予想しただろう.
【谁知道】**shéi zhīdao** 〈型〉①…とはだれにも分からない. **思いがけないことに.** ►"谁知 shéizhī"とも. ②〈口〉(shéizhīdào) なんだってまた. こりゃどうしたことか.

shen (ㄕㄣ)

申 shēn 名 十二支の第9：申(さる). ¶～时 shí / 申の刻. 午後3時から5時まで.
◇◆ ①述べる. ¶重 chóng ～ / 重ねて表明する. ②(Shēn) 上海市の別称. ‖姓
【申办】**shēnbàn** 動(経営の許可・スポーツの開催などを) 申請する.
【申报】**shēnbào** 動 上申する. 申告する. ¶～人 / 申告者. ►法令についていうことが多い.
【申辩】**shēnbiàn** 動 弁明〔釈明〕する.
【申斥】**shēnchì** 動(下の者を) しかりつける,叱責(しっせき)する. ¶把他～了一顿 dùn / 彼をどなりつけた. ¶他受到严厉 yánlì 的～ / 彼は厳しくしかられた.
【申明】**shēnmíng** 動 言明する. 表明する. ¶～理由 / 理由を表明する.
【申请】**shēnqǐng** 動 **申請する.** ¶～旅游签证 qiānzhèng / 観光ビザを申請する.
【申述】**shēnshù** 動 詳しく説明する. ¶～己见 jǐjiàn / 私見を申し述べる.
【申说】**shēnshuō** 動(理由を) 説明する.
【申诉】**shēnsù** 動 訴える；上告する.
【申谢】**shēnxiè** 動〈書〉謝意を述べる.
【申雪】**shēn//xuě** 動(冤罪を) すすぐ. ►"伸雪"とも書く.
【申冤】**shēn//yuān** 動 ① 冤罪を晴らす. ►"伸冤"とも書く. ¶平反 píngfǎn ～ / 名誉を回復し,ぬれぎぬを晴らす. ② 冤罪を申し立てる.

*__伸 shēn__ 動(体や物体の一部を) **伸ばす,突き出す.** ¶小鸟～～翅膀 chìbǎng / 小鳥が羽を広げる. ‖姓
【伸长】**shēncháng** 動 長く伸ばす〔伸びる〕.
【伸出】**shēn//chū** 動+方補 **伸ばす. (伸ばして) 出す.** ¶别把手～车窗 chēchuāng 外面 / 車の窓の外に手を出してはいけない. ¶向灾民 zāimín ～援助 yuánzhù 之手 / 被災者に援助の手を差し伸べる.
【伸大拇指】**shēn dàmuzhǐ** 〈慣〉親指を立てる〔立ててほめる〕. ►ほめるしぐさ. "伸大拇哥 dàmugē" "竖起 shùqǐ 大拇指"とも.
【伸懒腰】**shēn lǎnyāo** 伸びをする.
【伸舌头】**shēn shétou** ① 舌を出す. ②〈慣〉**驚い**たりして出した舌が引っ込まない. 唖然(あぜん)とするさま. ►身体表現の一つ.
*【伸手】**shēn//shǒu** 動 ① **手を伸ばす.** ② 物ごいをする. ③〈貶〉手を出す. おせっかいを焼く.
【伸缩】**shēnsuō** ① 動 伸縮する. ② 名 伸縮性. 弾力性. ¶这块布～性好 / この布は伸縮性に富む.
【伸腿】**shēn//tuǐ** 動(割り込もうとして) 足を突っ込む. 手出しをする. 一枚加わる.
【伸腰】**shēn//yāo** 動 腰を伸ばす；〈喩〉(背筋を伸ばし) もう人からばかにされない.
【伸展】**shēnzhǎn** 動 **伸び広がる.**
【伸张】**shēnzhāng** 動 **伸ばす. 広げる.** ►抽象的なことについていうことが多い. ¶～正气,打击歪风 / 正しい気風を伸ばし,悪しき気風を打つ.
【伸直】**shēnzhí** 動 **まっすぐに伸ばす. ぴんと伸ばす.**

*__身 shēn__ 量(～儿) ① 衣服を数える：着(ちゃく). そろい. ¶他一年到头穿着一～工作服 / 彼は年中,例の作業服を着ている. ¶换 huàn ～衣裳 yīshang / 服を着替える. ② 体全体を数える：全身. ¶出了一～儿汗 / 全身汗をかいた. ►数詞は"一"のみ.
◇◆ ①体. 身体. ¶下半～ / 下半身. ¶全 quán ～ / 全身. ②物の胴体または主要な部分. ボディー. ¶车～. 車体. ¶河～ / 川床. ③自分；命. ¶本 běn ～ / 自身. ¶舍 shě ～ / 命を捨てる. ④人格. ¶修 xiū ～ / 身を修める.
【身败名裂】**shēn bài míng liè** 〈成〉地位も名誉も失う.
【身板】**shēnbǎn** 名(～儿)〈方〉体. 体格.
*【身边】**shēnbiān** 名 ① **身の回り.** ¶～没人照料 zhàoliào / 身の回りの世話をする人がいない. ② **身. 手元.** ¶～没带钱 / 金を持ち合わせていない.
【身不由己】**shēn bù yóu jǐ** 〈成〉体が思いどおりにならない；〈転〉思わず. 無意識に.
【身材】**shēncái** 名 **体格. 体つき.** プロポーション. ¶～高大 / 大柄である. ¶～矮小 ǎixiǎo / 小柄である. ¶她～很好 / 彼女はスタイルがよい.
【身残】**shēncán** 形 身体に障害がある.
【身长】**shēncháng** 名 ① **身長.** ② 服の身丈.
【身段】**shēnduàn** 名 ①(女性の) 姿,身ぶり,身の

S

こなし．¶～优美 yōuměi / 身のこなしが上品である．②体つき．体格．プロポーション．¶～匀称 yúnchèn / プロポーションがよい．③(俳優の舞台での)所作，しぐさ．

*【身份·身分】shēnfen 名 ①(社会上·法律上の)**地位，身分**．ステイタス．¶有～的人 / 身分の高い人．¶以律师 lǜshī 的～要求 yāoqiú 发言 / 弁護士として発言を求める．②貫禄．沽券(こけん)．体面．¶有失～ / 沽券にかかわる．

【身份证】shēnfenzhèng 名 身分証明書．IDカード．

【身高】shēngāo 名 **身長**．背丈．¶～不到一米二 / 身長120センチに満たない．

【身故】shēngù 動 死亡する．¶因公～ / 公傷で死ぬ．

【身后】shēnhòu 名 死後．¶～萧条 xiāotiáo / 死後これという財産も残さなかった．

【身家】shēnjiā 名 ①本人とその家庭．¶～性命 xìngmìng / 一家の財産と生命．②〈旧〉家柄．出身．

【身价】shēnjià 名(人の)社会的地位．¶他现在～高了 / 彼は今では社会的地位が高くなっている．¶～百倍 bǎibèi / 一躍有名になる．

【身教】shēnjiào 動 身をもって教える．¶～重于 zhòngyú 言教 / 説教より手本で示すほうがまさっている．

【身经百战】shēn jīng bǎi zhàn〈成〉百戦錬磨を経る．

【身量】shēnliang 名(～儿)〈口〉背丈．

【身临其境】shēn lín qí jìng〈成〉その場に身を置く．¶～之感 / 臨場感．

【身强力壮】shēn qiáng lì zhuàng〈成〉身体が頑丈で力強い．¶～的大汉 dàhàn / 屈強な大男．

【身躯】shēnqū 名 **体格**．**体軀**(たいく)．¶健壮 jiànzhuàng 的～ / 頑丈な体．¶～魁梧 kuíwú / 恰幅(かっぷく)がいい．⇒【身体】shēntǐ

【身上】shēnshang 名 ①**体**．**身**．¶你放心，此 cǐ 事包在我～了 / 心配するな，この事は私に任せろ．②身の回り．手もと．

【身世】shēnshì 名 身の上．わが身の境遇．►不幸な場合をいうことが多い．

【身手】shēnshǒu 名 腕前．手並み．技量．¶～不凡 bùfán / なかなかな腕前だ．

【身受】shēnshòu 動 身をもって受ける．¶感同～ / わがことのようにありがたく思う．

【身体】shēntǐ 名 **身体．**体**．¶你～好了吗？/ 体の具合はよくなりましたか．¶请保重 bǎozhòng ～ / どうかお体を大切に．

比較 **身体：身躯** shēnqū "身躯"は胴と両手足の体をさす．"身体"は胴と両手足をさすこともあるが，主に生理的組織としての体全体をさす．"身躯"は書き言葉に用いることが多い．

【身体力行】shēn tǐ lì xíng〈成〉身をもって体験し努力して実行する．

【身条儿】shēntiáor 名 体つき．背丈．

【身外之物】shēn wài zhī wù〈成〉体以外のもの．►財産·功名などをさすことが多く，これらのものは問題にならないという意味で用いる．

【身亡】shēnwáng 動 死亡する．

【身先士卒】shēn xiān shì zú〈成〉指導者が大衆の先頭に立ちリードする．

【身心】shēnxīn 名 心身．体と精神．

【身影】shēnyǐng 名 人影．姿；物の影．

【身孕】shēnyùn 名 妊娠．¶有三个月的～了 / 妊娠3か月である．

【身在曹营心在汉】shēn zài Cáoyíng xīn zài Hàn〈諺〉心ここにあらず．

【身在福中不知福】shēn zài fú zhōng bù zhī fú〈諺〉幸福な人がなお不平不満をこぼす．

【身正不怕影子斜】shēn zhèng bù pà yǐngzi xié〈諺〉自分の行いが正しければ他人がとやかく言っても恐れるに足りない．

【身姿】shēnzī 名 姿．

【身子】shēnzi 名〈口〉①**体**．¶～不舒服 shūfu / 身体の具合が悪い．②妊娠．¶有了～了 / 妊娠した．¶～不便 bùbiàn / 妊娠している．

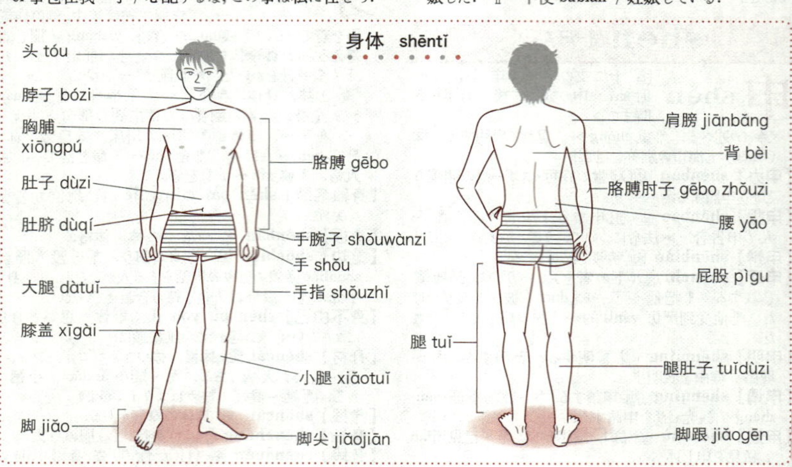

呻 shēn ◇◆ うめく.

【呻吟】shēnyín 動 呻吟(しんぎん)する. 苦しみうめく.

参(參) shēn 名(二十八宿の一つ)からすきぼし. ◇◆ 人参(にんじん). ¶人～／朝鮮人参. ▶▶ cān,cēn

绅 shēn ◇◆ 地方の勢力家・名士. ¶乡～／地方の有力者. ¶～耆 qí／地方の名士と高齢の名望家.

【绅士】shēnshì 名〈旧〉地方の有力地主や退職官吏.

莘 shēn ①"莘莘 shēnshēn"⇩という語に用いる. ②地名に用いる. "莘县"は山東省にある県名. ‖姓

【莘莘】shēnshēn 形〈書〉数が多いさま. ¶～学子／多くの教え子〔弟子〕.

砷 shēn 名〈化〉砒素(ひそ). As. ►旧名は"砒 pī". ¶～黄铁矿 huángtiěkuàng／硫砒鉄鉱. ‖姓

娠 shēn "妊娠 rènshēn"(妊娠する. 身ごもる. 懐妊する)という語に用いる.

****深** shēn ❶形 ①(↔浅 qiǎn)**深い**. ¶这条巷子 xiàngzi ～得很／この路地はずっと先まで奥まっている. ❖(有)多(yǒu)duō～／深さはどのくらいか. ②**時がたっている**. ¶夜～了／夜が更けた. ③深くきわめる;(影響が)大きい. ¶印象 yìnxiàng 很～／とても印象深い. ④(↔浅)(交わりが)深い. ¶关系 guānxi 很～／親密である. ⑤(↔浅)(内容が)深い. 難しい. ¶这本书不～／この本はさほど難しくない. ⑥(↔浅)(色が)濃い. ¶颜色 yánsè 太～／色が濃すぎる.
❷名 深さ. ¶有五米～／5メートルの深さがある.
❸副 **深く. たいへん**. ¶～表谢意 xièyì／深く感謝の意を表する. ‖姓

【深奥】shēn'ào 形 奥深い. 難しい. ¶～的哲理 zhélǐ／奥深い哲理.

【深长】shēncháng 形 深みがある. 含蓄がある. ¶用意 yòngyì ～／思慮が深い.

【深沉】shēnchén 形 ①(程度が)**深い**. ¶～的夜晚 yèwǎn／更けゆく夜. ②(音が)**低くて重々しい**. ③(**考えや感情が**)**顔に出ない**. ¶性格 xìnggé ～／内向的な性格だ.

【深仇大恨】shēn chóu dà hèn〈成〉深い憎しみ.

【深冬】shēndōng 名 真冬.

【深度】shēndù 名 ①**深さ. 深み**. ¶这篇 piān 文章很有～／この文章は大変深みがある. ②《より高い段階に程度を進める度合を表す》物事が発展する度合い. ¶向科研 kēyán 的～和广度 guǎngdù 进军／科学研究をいっそう深くいっそう広く進める.

【深更半夜】shēn gēng bàn yè〈成〉深夜.

【深广】shēnguǎng 形 深くて広い. ¶见识 jiànshi ～／見識が深くかつ広い.

【深闺】shēnguī 名〈書〉深窓. 女性の居室.

【深厚】shēnhòu 形 ①(**感情が**)**厚い,深い**. ¶～的感情 gǎnqíng／深い思い. ②(**基盤・基礎が**)**しっかりしている**. ¶～的基础 jīchǔ／しっかりした基礎.

【深呼吸】shēnhūxī 名〈生理〉深呼吸. ¶作～／深呼吸をする.

【深化】shēnhuà 動(矛盾や認識・物事の程度などが)掘り下げられる,深くなる. ¶～矛盾 máodùn／矛盾が深まる.

【深加工】shēnjiāgōng 動 付加価値の高い加工をする.

【深交】shēnjiāo ①名 深い交わり. ②動 交わりを深める. ¶他从不和人～／彼は決して人と深く付き合わない.

【深究】shēnjiū 動 深く追究する.

*【深刻】shēnkè 形 ①**深い. 物事や問題の本質に触れている**. ¶内容 nèiróng ～／内容が深い. ②(心に)**深く刻み込まれている**. ¶印象 yìnxiàng ～／印象深い.

【深谋远虑】shēn móu yuǎn lǜ〈成〉先々のことを深く考えること.

【深浅】shēnqiǎn 名 ①**深さ**. ¶测量 cèliáng 河水～／川の深さをはかる. ②**程合い**. ¶这孩子说话真没～／この子は言っていいことと悪いことをわきまえない. ③(色の)**濃さ**.
注意 shēnqian とも発音する.

【深切】shēnqiè 形 ①**心がこもっている**. ¶～的问候 wènhòu／心よりのあいさつ. ②(本質に触れていて)深く正しい. ¶～的体会 tǐhuì／身にしみる体験.

【深情】shēnqíng ①名 **深い情**. ¶无限 wúxiàn ～／限りない愛情. ②形 情がこもっている. ¶～厚意／深い厚意.

*【深入】shēnrù ①動(**物事の内部・中心まで**)**入り込む**. ¶～实际 shíjì／生活の実際に深く入り込む. ¶～农业 nóngyè 生产第一线／農業生産の第一線に深く入り込む. ②形 **深く掘り下げてある**. ¶分析 fēnxī 得很～／深く突っ込んで分析してある. ¶～调查 diàochá 民情 mínqíng／民情を掘り下げて調査する.

【深入浅出】shēn rù qiǎn chū〈成〉内容は深いが表現はやさしい.

【深山】shēnshān 名 深山. 奥山. ¶～老林／深い山と原始林;人間が足を踏み入れない所.

【深深】shēnshēn 副 ①深々と. ¶～地敬 jìng 了一个礼 lǐ／深々とおじぎをした. ②深く. 心ゆくまで. ¶～感到家乡人的温暖 wēnnuǎn／ふるさとの人の温かさを心ゆくまで感じた.

【深思】shēnsī 動〈書〉**深く考える**.

【深思熟虑】shēn sī shú lǜ〈成〉深く十分に考えをめぐらす.

【深谈】shēntán 動 突っ込んで話し合う.

【深通】shēntōng 動 精通する. ¶～藏语 Zàngyǔ／チベット語に精通する.

【深透】shēntòu 形 透徹している. ¶理解 lǐjiě ～／十分に理解する.

【深为】shēnwéi 副〈書〉きわめて. すこぶる. ¶～不满／たいへん不満である.

【深恶痛绝】shēn wù tòng jué〈成〉深く憎み徹底的に嫌う.

【深信】shēnxìn 動 深く信じる.

【深省・深醒】shēnxǐng 動〈書〉深く悟る.

*【深夜】shēnyè 名 **深夜**.

【深一脚浅一脚】shēn yī jiǎo qiǎn yī jiǎo〈慣〉でこぼこで歩きにくいさま.

【深意】shēnyì 名 深い意味．深い含み．¶富有 fùyǒu ～的话语 / 意味深い言葉．
【深渊】shēnyuān 名〈書〉深い淵(ふち)．►危険な〔苦しい〕境遇をいう．
【深远】shēnyuǎn 形(意義や影響などが)**深遠である，奥深い**．¶具有 jùyǒu ～的意义 yìyì / はかり知れないほどの意義がある．
【深造】shēnzào 動 進学してさらに研鑽・研究する．¶去国外留学 liúxué ～ / 海外留学してさらに勉強する．
【深宅大院】shēn zhái dà yuàn〈成〉広大な邸宅．
【深知】shēnzhī 動 よく知っている．十分に知っている．
【深挚】shēnzhì 形〈書〉誠意がある．真心のこもった．¶～的情谊 qíngyì / 真心のこもった友情．
【深重】shēnzhòng 形(災害・苦痛などが)ひどい，深刻である，重大である．¶带来～的灾难 zāinàn / ひどい災難をもたらす．

鲹(鰺) shēn 名〈魚〉アジ．

什(甚) shén

2声 "什么 shénme"↓という語に用いる．⇒〖甚 shèn〗 ▸▸ shí

**【什么】shénme 注意 実際には「第二声＋軽声」ではなく，全体で第二声のように発音される．
疑 **なに．どんなもの**．¶那是～？/ それはなんですか．¶你喝 hē ～？—我喝啤酒 píjiǔ / なにを飲みますか—ビールを飲みます．¶～叫散文 sǎnwén？/ 散文とはどんなものをいうのですか．
語法 ❶(連体修飾語として用い)**どんな…．なんの…**．¶～时候啦？/ いま何時ですか．¶他是你的～人？/ 彼はあなたのなににあたる人ですか．
❷**不定の事物**をさす．a **なにか(の)**．¶你有～事儿吗？/ なにかご用ですか．¶我想吃点儿～ / なにか食べたい．b〖什么…都〔也〕〗**なんでも**．いかなるものも．¶～都行 xíng / なんでもけっこうです．¶我工作的时候，～人都不见 / 私は仕事中はだれにも会わない．
❸反語表現に用いて，**不満・反発・反論・軽視**などを表す．a(名詞の前に用いて)なんという…だ．¶这是做的～活儿 huór？/ なんという仕事をしてくれるんだ．¶～"你"呀"我"的 / なにもそうおまえのおれのって．b(相手の動作・行為を不必要なものだと不満げに)(なんでそんなことをする→)なにを…してるんだ．…することはない．¶哭～！/ 泣くことはないだろ．¶谢～呢！/ お礼なんて．¶你忙～，还有事儿跟你说呢 / なにを急いでるんだ，まだ君に話すことがあるんだ．c(相手の言葉を受け，言い返して)なにが…だ．…だなんて．…のものか．¶看～电视，还不赶快做功课 / なにがテレビを見るだ，早く勉強しなさい．¶你知道～！/ なにも知らないくせに．〖有＋什么＋〈形容詞〉(＋的)〗¶这事有～难办的？/ それがどうして難しいのか(なんでもないじゃないか)．
❹〖…什么…什么〗前後二つの"什么"を呼応させ，後者の内容は前者に決定されることを表す．¶你喜欢买～就买～吧 / 買いたいものを買いなさい．
❺列挙に用いる．¶～棒球 bàngqiú 啊、足球啊、排球 páiqiú 啊，凡是 fánshì 体育运动他都喜欢 / 野球とかサッカーとかバレーボールとか，彼はスポーツなら何でも好きだ．
❻単独で用い，驚きを表す．¶～！都十一点了 / えっ，もう11時だって．
*【什么的】shénmede 代(列挙した後で)…など．…といった(たぐいの)もの．¶每天看看电影，听听音乐～ / 毎日映画を見たり音楽を聴いたりする．
【什么玩意儿】shénme wányìr〈慣〉〈罵〉なんだあれは．参考 よくない人や行いあるいは物についていう．"什么玩艺儿"とも書き，"什么东西 dōngxi"ともいう．¶你是～！还管 guǎn 我 / おまえは何様だというんだ，おれに指図するなんて．

*神 shén

❶名 ① **神．神様**．② **精神．精力．注意力**．¶两目炯炯 jiǒngjiǒng 有～ / 両目に生気があふれている．¶看得出了～ / 見とれてうっとりする．③(～儿)**顔つき．表情**．¶瞧 qiáo 他那～儿，准是 zhǔnshì 有什么心事 / 彼のあの顔つきを見てごらん，きっとなにか考えごとがあるんだ．¶今天怎么没～儿啦？/ きょうはどうして元気がないの．
❷形〈方〉利口である．賢い．並でない．¶这孩子真～！/ この子はなんてお利口なんだ．¶这家伙 jiāhuo ～了！/ こいつったら本当にすごい．
◇ ①不思議である．非凡である．¶→～奇 qí．¶→～效 xiào．②(神話・伝説中の)超人．¶用兵如 rú ～ / 兵を用いること神のごとし．‖姓
【神不知，鬼不觉】shén bù zhī, guǐ bù jué〈慣〉だれにも気づかれずに．いつのまにか．
【神采】shéncǎi 名 表情．¶～奕奕 yìyì / 顔色がつやつやとして元気いっぱいである．►"神彩"とも書く．
【神驰】shénchí 動〈書〉思いを馳せる．
【神出鬼没】shén chū guǐ mò〈成〉神出鬼没．
【神道】shéndao 形〈口〉①(多く子供が)元気がよい．②(言動が)変わっている．突飛である．¶他总是那么神神道道 dàodào 的 / 彼はいつも突飛なことをする．
【神甫】shénfu 名 カトリックの神父．
【神怪】shénguài 名 神仙と妖怪．
【神乎其神】shén hū qí shén〈成〉甚だ奇妙で神秘的である．まか不思議である．
【神话】shénhuà 名 ① 神話．② 荒唐無稽な話．
【神魂】shénhún 名 精神．意識．►正気でない場合に用いることが多い．¶～颠倒 diāndǎo / 気が転倒する．うつつを抜かす．
【神机妙算】shén jī miào suàn〈成〉超人的な機知と巧妙な推算．不思議によく当たる予見．
*【神经】shénjīng 名〈生理〉**神経**．(量) 根 gēn，条 tiáo．¶～紧张 jǐnzhāng / 気が張り詰める．心が引き締まる．
【神经病】shénjīngbìng 名 ① 精神病．ノイローゼ．②〈罵〉おかしいんじゃないの．
【神经过敏】shénjīng guòmǐn ① 名〈医〉神経過敏．② 形 疑い深い．
【神经痛】shénjīngtòng 名 神経痛．
【神经质】shénjīngzhì 名 神経質．
【神龛】shénkān 名 神棚．仏壇．
【神力】shénlì 名 超人的な力．
【神聊】shénliáo 動〈口〉とりとめもなくおしゃべりをする．
【神灵】shénlíng 名 神の総称．
*【神秘】shénmì 形 **神秘的である**．

S

【神妙】shénmiào 形 ずば抜けて優れている．¶～的医术 yīshù / 極めてすばらしい医術．
【神品】shénpǐn 名(書画など)絶品．
【神婆】shénpó 名(～子)巫女(みこ)．
【神奇】shénqí 形 **非常に不思議である**．¶～的故事 gùshi / 不思議な話．
【神气】shénqi ❶名 **表情．顔つき**．¶～很严肃 yánsù / 顔つきがたいへん厳しい．❷形 ① **元気いっぱいである**．¶～十足 / 鼻高々である．② 生意気である．¶你～什么？/ おまえ,何をそういいばっているんだ．
【神枪手】shénqiāngshǒu 名 射撃の名人．
【神情】shénqíng 名 **表情．顔つき**．¶脸上露出欢喜的～ / 喜びの表情を見せる．
【神权】shénquán 名 ① 神の権威．② 神から授けられた権力．神権．
【神色】shénsè 名 **表情**．様子．►顔に表れた心の様子．¶～匆忙 cōngmáng / そぶりが落ち着きを欠く．¶～自若 zìruò / (いつもと変わらず)落ち着き払っている．
*【神圣】shénshèng 形 **神聖である**．
【神术】shénshù 名 神業．
【神思】shénsī 名 精神状態．気分．
【神似】shénsì 形 ①(外面に対し)内面が似ている．②(表情などが)きわめてよく似ている．
【神速】shénsù 形 驚くほど速い．¶进展 jìnzhǎn～ / 物事の進展が驚くほど速い．
【神算】shénsuàn 名 ① 確かな見通し．② 巧妙な計画．
【神态】shéntài 名 **顔色．表情と態度**．¶～如 rú 生 / 表情が生き生きしている．
【神通】shéntōng 名 神通力；すぐれた腕前．¶～广大 guǎngdà / 腕前が見事だ；できないことはない．
【神童】shéntóng 名 神童．
【神往】shénwǎng 動〈書〉あこがれる．心を引かれる．
【神威】shénwēi 名 偉大な威力．
【神悟】shénwù 名〈書〉鋭い理解力．
【神仙】shénxian 名(神話中の) **神仙,仙人**；〈喩〉仙人のように洞察力のある人．浮き世離れした人．
【神像】shénxiàng 名 ① 神仏の像．㊀ 座,尊 zūn．②〈旧〉遺影．
【神效】shénxiào 名 不思議な効き目．
【神医】shényī 名 名医．
【神异】shényì 〈書〉① 名 神仙と妖怪．② 形 たいへん珍しい．
【神勇】shényǒng 形 非常に勇ましい．
【神韵】shényùn 名〈書〉(芸術上の) 趣,気品．
【神志】shénzhì 名 知覚と意識．¶～不清 qīng / 意識がもうろうとしている．
【神智】shénzhì 名 精神と知恵．
【神州】Shénzhōu 名(中国の美称)神州．
【神主】shénzhǔ 名 位牌．►“牌位 páiwèi”とも．

沈(瀋) shěn

“沈阳Shěnyáng”(瀋陽)という地名に用いる．⇨〖沉 chén〗 ‖ 姓

审(審) shěn

❶動 ①(原稿を) **審査する**．¶这篇 piān 文章请您～一下 / この文章をご審査願えますか．②(事件・犯人を) **取り調べる**．¶今天～了一起盗窃案 dàoqiè'àn / きょうは1件の窃盗事件を取り調べた．¶～犯人 fànrén / 犯人を尋問する．③〈書〉知っている．¶不～近况 jìnkuàng 如何 rúhé / 最近の様子がどうであるかは分からない．❷副〈書〉確かに．果たして．¶～如其言 / やはりそのとおりだった．

◇◆ 詳しい．¶→～慎 shèn．¶→～视 shì．‖ 姓
【审案】shěn'àn 動 事件を審理する．裁判する．
*【审查】shěnchá 動(計画・提案・著作・個人の履歴などを) **審査する**．¶把问题提交委员会 wěiyuánhuì～ / 問題を委員会に提出し,審査を仰ぐ．
【审察】shěnchá 動 ①(人物・環境・現場などを) **細かく観察する**．② 審査する．
【审处】shěnchǔ 動 裁判や審査の上,処理する．¶严加 yánjiā～罪犯 zuìfàn / 犯罪人を厳しく審査の上,処理する．
【审订】shěndìng 動 審査し修訂する．
【审定】shěndìng 動 査定する．
【审读】shěndú 動(文章を)閲読審査する．
【审度】shěnduó 動 よく調べる．
【审稿】shěn//gǎo 動 原稿を審査する．
【审核】shěnhé 動(書類や数字を)審査する,突き合わせる．¶～预算 yùsuàn / 予算を審査決定する．
【审计】shěnjì 動 会計監査をする．
【审校】shěnjiào 動 校正する．
【审理】shěnlǐ 動〈法〉審理する．
【审量】shěnliàng 動 観察しながら推測する．
【审美】shěnměi 動 美を理解する．¶～观 guān / 美意識．¶～能力 / 審美眼．
【审判】shěnpàn 動〈法〉**裁判する**．¶～员 yuán / 裁判官；レフェリー．アンパイヤー．¶～长 zhǎng / 裁判長；主審．
【审批】shěnpī 動 審査許可する．¶～手续 shǒuxù / 審査手続き．
【审慎】shěnshèn 形 周到かつ慎重である．
【审时度势】shěn shí duó shì 〈成〉時機を判断し情勢を推し量る．
【审视】shěnshì 動〈書〉詳しく見る．
【审问】shěnwèn 動 尋問する．
【审讯】shěnxùn 動〈法〉尋問する．
【审阅】shěnyuè 動(書類・文章などを)詳しく調べる．

婶(嬸) shěn

◇◆ ①“叔叔 shūshu”(父の弟)の妻．おば．¶二～儿 / 2番目のおばさん．②《自分の母親と同世代で母親よりも若い婦人を呼ぶのに用いる》おばさん．¶张大～儿 / 張(さん)のおばさん．
【婶母】shěnmǔ 名(叔父の妻)おば．
【婶娘】shěnniáng 名〈方〉(叔父の妻)おば．
【婶婶】shěnshen 名〈方〉(叔父の妻)おば．
【婶子】shěnzi 名〈口〉(叔父の妻)おば．

4声

肾(腎) shèn

名〈生理〉**腎臓**．
【肾亏】shènkuī 名〈中医〉腎虚．
【肾囊】shènnáng 名〈中医〉陰嚢(いんのう)．
【肾上腺】shènshàngxiàn 名〈生理〉副腎．►“肾上体 shènshàngtǐ”“副肾 fùshèn”とも．
【肾上腺素】shènshàngxiànsù 名 アドレナリン．
【肾炎】shènyán 名〈医〉腎臓炎．

【肾盂】shènyú 名〈生理〉腎盂(じんう).
【肾脏】shènzàng 名〈生理〉腎臓.

甚 shèn ①副〈書〉たいへん．非常に．甚だしく．注意 2音節語を修飾するときは必ず"甚是、甚为、不甚"などの形で用いる．¶～佳 jiā / たいへんよろしい．¶～为感谢 / 深く感謝いたします．⇒【甚为】shènwéi
②動 勝る．上回る．¶日～一日 / 日ましにひどくなる．¶郊区 jiāoqū 的鼠害 shǔhài ～于 yú 市区 / 郊外地域のネズミの被害は市街地を上回っている．
③疑〈方〉なに．¶你有～事？/ 何の用か．⇒〖什 shén〗
◇◆ 甚だしい．ひどい．¶过～ / ひどすぎる．‖姓
【甚而】shèn'ér 副〈書〉…さえ(も)．
【甚为】shènwéi 副 きわめて．すこぶる．⇒〖甚 shèn〗①
【甚嚣尘上】shèn xiāo chén shàng〈成〉〈貶〉(反動的な)論議が猛威を振るう．
*【甚至】shènzhì ①副 …さえ．…すら．語法 際立った事例を強調する．後に"都、也"が呼応することが多い．¶这样浅近 qiǎnjìn 的道理～连三岁的孩子也知道 / こんなやさしい理屈は3歳の子供でも分かる．②接続 さらには…さえも．…ばかりでなく…さえ．語法 並列された二つあるいはそれ以上の成分の最後の1項の前に置き，それを際立たせる．文の前半に"不但"を呼応させることもある．¶他一天忙到晚，～连星期日也不休息 / 彼は一日中忙しくて日曜日さえも休まない．¶他不但获得 huòdé 了冠军 guànjūn，～打破了世界记录 / 彼は優勝したばかりでなく，世界記録まで打ち破った．
【甚至于】shènzhìyú →【甚至】shènzhì

渗 shèn 動 しみる．にじむ．漏る．¶～水 / 水が漏る．¶伤口～出了血 xiě / 傷口から血がにじみ出た．
【渗漏】shènlòu 動 しみ出る．漏る．¶～损失 sǔnshī / 浸出による損失．
【渗入】shènrù 動 しみ込む；〈喩〉〈貶〉すきをねらって入り込む．
【渗透】shèntòu 動 ①〈物〉浸透する．②しみ込む；〈喩〉潜入する．浸透する．¶～心血 xīnxuè / 心血を注ぐ．

蜃 shèn 名〈貝〉ハマグリ．
【蜃景】shènjǐng 名 蜃気楼(しんきろう)．►ハマグリの出す妖気より生じるといわれている．"海市蜃楼 lóu"とも．

瘆(瘮) shèn 動 気味が悪い．恐ろしい．¶～人 / ぞっとする．¶～得慌 / 不気味でたまらない．

慎 shèn ◇◆ 慎む．用心する．¶不～ / 不用心．不注意．‖姓
【慎始慎终】shèn shǐ shèn zhōng〈成〉最初から最後まで慎重にやる．
【慎行】shènxíng 動 慎重に行動する．
【慎言】shènyán 動 慎重に発言する．
*【慎重】shènzhòng 形 慎重である．¶～对待 duìdài / 慎重に取り扱う．¶言行～ / 言動が慎重である．¶为～起见 qǐjiàn / 念のため(に)．

sheng (ㄕㄥ)

1声 *
升(昇・陞) shēng ❶動 ①(↔降 jiàng)昇る．上がる．¶风筝 fēngzheng ～上了天 / たこが空高く揚がった．¶太阳 tàiyáng ～起来了 / 太陽が昇ってきた．
②(↔降)(等級が)上がる．進級する．¶～了一级工资 gōngzī / 給与が1等級上がった．
❷量(容量の単位)リットル．⇒【市制】shìzhì
❸名(穀物を計る器具)一升ます．‖姓
【升班】shēng//bān 動 進級する．
【升调】shēngdiào 名〈語〉文末の上がり調子．
【升高】shēnggāo 動 高く昇る〔上がる〕．¶地位～ / 地位が高くなる．¶～室内温度 wēndù / 室内の温度を上げる．
【升格】shēng//gé 動 昇格する．
【升官】shēng//guān 動 官位が高くなる．¶～进爵 jué / 昇進する．出世する．
【升号】shēnghào 名〈音〉シャープ(♯)．
【升华】shēnghuá 動〈物〉昇華する；〈喩〉(物事が)昇華する．
【升级】shēng//jí 動 ①進級する．等級が上がる．②エスカレートする．③〈電算〉バージョンアップする．
【升降】shēngjiàng 動 昇降する．
【升降机】shēngjiàngjī 名 エレベーター．リフト．
【升降梯】shēngjiàngtī 名 エスカレーター．
【升平】shēngpíng 形〈書〉太平である．¶～世界 / 太平の世の中．
【升旗】shēng//qí 動(国旗・軍旗などを)掲揚する．
【升迁】shēngqiān 動〈書〉昇進する．栄転する．
【升任】shēngrèn 動 …に昇進する．…に栄転する．¶他～总经理了 / 彼は社長になった．
【升堂入室】shēng táng rù shì〈成〉学問や技術が奥深い境地に達する．►"登堂入室"とも．
【升腾】shēngténg 動(火炎・気体・気勢などが)上がる，昇る．
【升学】shēng//xué 動 進学する．
【升涨】shēngzhǎng 動(物価が)高騰(こうとう)する；(水位が)上昇する．
【升值】shēng//zhí 動 ①(↔贬值 biǎnzhí)〈経〉通貨価値を切り上げる．¶日元～ / 円高．②(事物の)価値・評価を高める．¶如今 rújīn 知识～了 / 今は知識が高く評価されるようになった．

**
生 shēng ❶形 ①加熱していない．なまである．¶～鸡蛋 jīdàn / なま卵．¶这饺子 jiǎozi 是～的 / このギョーザはまだゆだっていない．¶萝卜 luóbo 可以～吃 / 大根はなまで食べられる．②(果実が)熟れていない．¶这西瓜 xīguā 太～了 / このスイカは全然熟れていない．③初めて接する．慣れていない．¶我对这个地方很～ / 私はこの土地にまったく不案内だ．
❷動 ①生む；生まれる．¶～孩子 / 子供を産む；子供が生まれる．¶刚 gāng ～的蛋 dàn / 産みたて卵．②起こる．生ずる．発生する．¶→～病 bìng．¶→～效 xiào．③(生物が)育つ，伸びる．¶种子 zhǒngzi ～芽 yá / 芽が出る．④(火を)おこす．¶～火 / 火をおこす．¶～炉子 lúzi / ストーブに火を入れる．

◇◆ ①無理やり．¶→～造 zào．②たいへん．ひどく．¶→～怕 pà．¶→～恐 kǒng．③…生．…者．¶医～／医者．¶研究 yánjiū～／大学院生．④(京劇の役柄の一つ)男役．¶武 wǔ～／(立ち回りを主とする)勇武な男役．⑤生存する．¶～死不明／生死が不明である．⑥生命．¶→～物 wù．¶丧 sàng～／命を落とす．⑦生涯．¶一～／一生．⑧生活．¶谋 móu～／暮らしを立てる．⑨加工していない．¶→～铁 tiě．‖姓

【生搬硬套】shēng bān yìng tào 〈成〉(他人の方法や経験を)無理に当てはめる．

*【生病】shēng//bìng 動 **病気になる．病気にかかる．** ¶他生了很久的病／彼は長い間病気をしていた．¶容易 róngyì～／病気にかかりやすい．

【生不逢时】shēng bù féng shí 〈成〉巡り合わせが悪い．運が悪い．►“生不逢辰 chén”とも．

【生财】shēngcái 動 金儲けをする．

【生财有道】shēng cái yǒu dào 〈成〉〈貶〉金もうけがうまい．

【生菜】shēngcài 名 1〈植〉レタス．サラダ菜．2 生野菜．

*【生产】shēngchǎn 動 1 **生産する．** 産出する．¶～粮食 liángshi／食糧を生産する．¶～过剩 shèng／生産過剰．2 **子供を産む．** ¶他妻子 qīzi 快～了／彼の奥さんはまもなく出産だ．

【生产力】shēngchǎnlì 名 生産力．

【生产率】shēngchǎnlǜ 名 生産性．

【生产线】shēngchǎnxiàn 名 生産ライン．

【生辰】shēngchén 名 1 生年月日と時刻．¶～八字／生まれた年・月・日・時を表す干支(えと)を組み合わせた８字．►運命を判断する根拠と信じられた．¶他忘了～八字／あいつ自分の素性を忘れてやがる．2 誕生日．¶祝贺 zhùhè 六十～／還暦をお祝い申し上げます．

【生成】shēngchéng 動 1 形成する．なる．2 生まれつきもつ．

【生疮】shēng//chuāng 動 できものができる．

*【生词】shēngcí 名 **新出単語．** 量 个．

【生存】shēngcún 動 **生存する．**

【生存竞争】shēngcún jìngzhēng 名 生存競争．

【生得】shēngde 動 生まれ持つ．¶～一副 fù 好嗓子 sǎngzi／生まれつきいいのどをしている．

【生动】shēngdòng 形 **生き生きとしている．** ¶～的语言 yǔyán／生き生きとした言葉．¶这部电影描写 miáoxiě 得很～／この映画は描写がとても生き生きとしている．

【生分】shēngfen 形(間柄が)疎遠である．

【生俘】shēngfú 動(敵を)生け捕る．

【生根】shēng//gēn 動 1 根が生える．¶～开花／根を生やし花を咲かせる；物事の基礎ができて成果が実る．2〈喩〉**根をおろす．** ¶他在农村 nóngcūn 生了根／彼は農村に根をおろした．

【生花之笔】shēng huā zhī bǐ 〈成〉文才．►“生花妙 miào 笔”とも．

【生化】shēnghuà 名〈略〉生化学．

【生还】shēnghuán 動〈書〉生還する．

【生活】shēnghuó 1 名 **生活．** 暮らし向き．¶～困难／暮らし向きがよくない．¶～水平／生活水準．¶～噪音 zàoyīn／日常生活の中の騒音．2 動 **生活する．生存する．** ¶这个人离了老婆 lǎopo 就没法～／この人は奥さんがいないと生きていけない．

【生活方式】shēnghuó fāngshì 名 生活スタイル．

【生活费】shēnghuófèi 名 生活費．

【生活资料】shēnghuó zīliào 名 生活手段．

【生火】shēng//huǒ 動 **火をおこす．** 火をたきつける．¶～取暖 qǔnuǎn／火をおこして暖をとる．

【生机】shēngjī 名 1 生きる機会．生きる望み．¶还有一线 xiàn～／まだ一縷(いち)の助かる望みがある．2 生気．活力．

【生计】shēngjì 名 生計．

【生姜】shēngjiāng 名〈植〉ショウガ．

【生就】shēngjiù 動 生まれつきもつ．¶他～的这股鲁莽 lǔmǎng 劲儿／彼は生まれつき無鉄砲だ．

【生客】shēngkè 名 見知らぬ客．

【生恐】shēngkǒng 動 非常に恐れる．

【生拉硬拽】shēng lā yìng zhuài 〈成〉1 無理やり人を引っ張り自分の思うようにさせる．¶～地把他请上车／彼を無理やり引っ張って車に乗せた．2 無理にこじつける．

【生来】shēnglái 副 生まれつき．¶她～身体就很软弱 ruǎnruò／彼女は生まれつき体が弱い．

【生老病死】shēng lǎo bìng sǐ 〈成〉生まれること・老いること・病むこと・死ぬことの四苦；〈転〉出産・養老・医療・葬儀．

【生冷】shēnglěng 名 生ものや冷たい食べ物．

【生离死别】shēng lí sǐ bié 〈成〉生き別れと死に別れ．再び会えない永遠の別れ．永別．

【生理】shēnglǐ 名 生理．¶～传感器／バイオセンサー．¶～卫生 wèishēng／(科目の)保健．¶女性～特点／女性の生理上の特徴．

【生理盐水】shēnglǐ yánshuǐ 名 生理食塩水．

【生力军】shēnglìjūn 名 新戦力．

【生脸】shēngliǎn 名 初顔の人．

【生料】shēngliào 名 原材料．

【生灵】shēnglíng 名〈書〉1 人民(の生命)．2 命あるもの．

【生灵涂炭】shēng líng tú tàn 〈成〉人民が塗炭の苦しみをなめる．

【生龙活虎】shēng lóng huó hǔ 〈成〉生気に満ち活力にあふれる．

【生路】shēnglù 名 生存の道．活路．¶另谋 móu～／別に仕事を探す．

【生米做成熟饭】shēngmǐ zuòchéng shúfàn 〈諺〉既成事実は変えようがない．後の祭り．►“生米煮成 zhǔchéng 熟饭”とも．

*【生命】shēngmìng 名 **生命．命．** 量 条．¶～宝贵 bǎoguì／命は貴い．¶～工艺学 gōngyìxué／バイオテクノロジー．

【生命力】shēngmìnglì 名 生命力．

【生命线】shēngmìngxiàn 名 生命線．

【生母】shēngmǔ 名 実母．

【生怕】shēngpà 動(…してはいけないと)**ひやひやする．** とても心配する．¶～赶不上 gǎnbushàng 火车／列車に間に合わないのではないか．¶她轻轻 qīngqīng 地走进卧室 wòshì，～惊醒 jīngxǐng 了孩子／彼女は子供が目を覚まさないようそっと寝室に入った．

【生啤(酒)】shēngpí(jiǔ) 名 生ビール．

【生僻】shēngpì 形(文字や単語が)めったに見ない，よく知らない．¶～字／めったに見ない字．

【生平】shēngpíng 名 **一生．生涯．** 一代．¶～事迹 shìjì／一生の事績．

【生漆】shēngqī 名 生ウルシ.

【生气】shēng//qì ① 動 **腹を立てる. 怒る. ¶孩子不听话,她很～ / 子供が言うことを聞かないので彼女は大変怒った. ¶你还生他的气？/ まだ彼のことを怒っているのか. ¶他好 hào ～ / 彼はかんしゃく持ちだ. ② 名 **生気. 活気.** ¶青年人最富 fù 有～ / 青年が最も活力に満ちている.

【生气勃勃】shēng qì bó bó 〈成〉活気がみなぎる.

【生前】shēngqián 名 生前.

【生擒】shēngqín 動 生け捕りにする. ►"活捉 huózhuō"とも.

【生趣】shēngqù 名 生活の楽しみ.

【生人】shēngrén ① 名(↔熟人 shúrén)見知らぬ人. 赤の他人. ¶这孩子怕 pà 见～ / この子は人見知りする. ② 動 出生する. ¶他是一九四九年～ / 彼は1949年生まれです.

【生日】shēngri 名 **誕生日. ► shēngrì と発音することもある. ¶祝您～快乐 kuàilè！/ お誕生日おめでとう. ❖过 *guò* ～ / 誕生日のお祝いをする.

【生色】shēngsè 動 精彩を増す.

【生涩】shēngsè 形(言葉や文章が)かたい,滑らかでない.

【生杀予夺】shēng shā yǔ duó 〈成〉生殺与奪. ¶握 wò 有～之权 quán / 生殺与奪の権をもつ.

【生身父母】shēngshēn fùmǔ 名 生みの親.

【生生】shēngshēng 副 むざむざ. みすみす. ¶把孩子～给折磨 zhémo 死了 / 子供をむざむざ死なせてしまった.

【-生生】-shēngshēng 接尾《形容詞の後について,動きや様子が生々しいさまを表す状態形容詞をつくる》¶怯 qiè～ / おどおどしている. ¶脆 cuì～ / 歯ごたえがよい.

【生事】shēng//shì 動 事を起こす. ¶她好 hào ～ / 彼女はよくごたごたを起こす.

【生手】shēngshǒu 名(～儿)(↔熟手 shúshǒu)未経験者. 新米.

【生疏】shēngshū 形 ① **よく知らない.** 不案内である. ¶人地～ / 知り合いもなく土地にも不案内である. ¶工作～/ 仕事に慣れない. ¶面孔 miànkǒng ～的人 / 見知らぬ人. ②(長い間やらないために)**なまっている.** ¶他的汉语 Hànyǔ 有点儿～了 / 彼の中国語はぎこちなくなっている. ¶技艺 jìyì ～了 / 腕がにぶくなっている. ③ **疎遠である. 親しみがない.** ¶感情 gǎnqíng ～ / 感情が解け合わない. ¶彼此 bǐcǐ 感到～ / 互いにぎこちない.

【生水】shēngshuǐ 名(↔开水 kāishuǐ)生水.

【生死】shēngsǐ 名 **生と死. 死活.** ¶～关头 guāntóu / 生きるか死ぬかの瀬戸際.

【生死攸关】shēng sǐ yōu guān 〈成〉生死にかかわる.

【生死之交】shēng sǐ zhī jiāo 〈成〉生死を共にする(ほどの)友人〔友情〕.

【生态】shēngtài 名 生態. ¶～节律 jiélǜ / バイオリズム.

【生态学】shēngtàixué 名 生態学. エコロジー.

【生铁】shēngtiě 名 銑鉄. ずく鉄.

【生吞活剥】shēng tūn huó bō 〈成〉生半可な理解で他人の経験・方法・言論などをそのまま応用する. うのみにする.

*【生物】shēngwù 名 **生物.**

【生物工程】shēngwù gōngchéng 名 バイオテクノロジー.

【生物工艺学】shēngwù gōngyìxué 名 バイオテクノロジー.

【生物技术】shēngwù jìshù 名〈生〉バイオテクノロジー.

【生物武器】shēngwù wǔqì 名〈軍〉生物兵器. バイオ兵器.

【生物钟】shēngwùzhōng 名〈生〉生物時計.

【生息】shēng//xī 動 ① 利息を生む. ¶存款 cúnkuǎn 生了不少息 / 預金にちょっとした利息がついた. ② 生存する. ③〈書〉(人口を)増やす. ④〈書〉成長させる.

【生橡胶】shēngxiàngjiāo 名 生ゴム.

【生肖】shēngxiào 名 生まれ年の干支. ►"属相 shǔxiang"とも.

【生效】shēng//xiào 動 **発効する.** ¶合同 hétong 签订 qiāndìng 后,立即 lìjí ～ / 契約は締結後ただちに発効する.

【生性】shēngxìng 名 生まれつきの性格. 天性. ¶～懦弱 nuòruò / 生まれつきのいくじなし.

【生锈】shēng//xiù 動 さびる.

【生涯】shēngyá 名 生涯；長期にわたる活動・職業生活. ¶笔墨 bǐmò ～ / 文筆生活.

【生养】shēngyǎng 動〈口〉お産をする.

【生药】shēngyào 名〈薬〉生薬. 薬材.

【生业】shēngyè 名 生業.

【生疑】shēngyí 動 疑いをもつ. ¶心中不免 bùmiǎn ～ / 内心怪しいと思う.

【生意】shēngyì 名 生気.

*【生意】shēngyi 名 ① **商売. 取引.** ビジネス. 量 宗 zōng,笔. ¶～兴隆 xīnglóng / 商売が繁盛する. ❖做 *zuò* ～ / 商売をする. ¶最近～做得怎么样？/ 近ごろ商売の具合はどうかね. ②〈方〉職業. 仕事.

【生意经】shēngyijīng 名(商売上の)こつ,要領,才覚. ¶这人满有一套 tào ～ / この人は商売がうまい.

【生硬】shēngyìng 形 ①(不自然で)**ぎこちない.** ¶他操 cāo 一口～的普通话 / 彼はぎこちない共通語でしゃべる. ② **ぶっきらぼうである.** ¶态度～ / 態度がぶっきらぼうだ. ¶～的办法 / 無理なやり方.

【生鱼片】shēngyúpiàn 名〈料理〉刺身.

*【生育】shēngyù 動 **お産をする. 子供を産む.** ¶计划 jìhuà ～ / 受胎調整. 計画出産. ¶她结婚 jiéhūn 三年了,还没～ / 彼女は結婚して3年になるが,まだ子供はいない. ¶～过一男一女 / 一男一女をもうけた.

【生源】shēngyuán 名 新入生の獲得先. 新入生の供給源.

【生造】shēngzào 動(表現を)無理に作る.

*【生长】shēngzhǎng 動 ① **生長する.** ¶今年稻米 dàomǐ ～得很好 / 今年は稲の育ちがよい. ② **生まれ育つ.** ¶我～在北京 / 私は北京に生まれ育った.

【生长激素】shēngzhǎng jīsù 名〈生理〉成長ホルモン.

【生殖】shēngzhí 動〈生〉生殖する.

【生字】shēngzì 名(↔熟字)**知らない字. 新出の字.**

*# 声(聲) shēng

① 名(～儿)**音. 声.** ¶没有～儿 / 物音がしない. ¶你大点～

儿 / もう少し大きい声で言ってくれ. 2 量 **音声を出す回数.** ¶铃响 xiǎng 了十几～才有人接电话 / ベルが十数回鳴ってやっとだれかが電話に出た.
◇◆ ①名声. ¶→～誉 yù. ②〈語〉声調. ¶四～ / 四声. ③〈語〉声母. ¶→～母 mǔ. ④声を出す. ¶不～不响 / うんともすんとも言わない. ‖姓
【声辩】shēngbiàn 動 弁解する.
【声波】shēngbō 名〈物〉音波. ¶超 chāo ～ / 超音波.
【声称】shēngchēng 動 公言する. 言明する.
【声带】shēngdài 名 1〈生理〉声帯. 2〈映〉(フィルムの)サウンドトラック.
*【声调】shēngdiào 名 1 話や朗読の調子. 2〈語〉**声調.**
【声东击西】shēng dōng jī xī〈成〉東を討つと見せかけて西を討つ. 敵は本能寺にあり.
【声价】shēngjià 名 評判. 名声.
【声控】shēngkòng 形 音声制御の. ¶～玩具 wánjù / 音声制御のおもちゃ.
【声浪】shēnglàng 名 1 どよめき. 2 世評.
【声泪俱下】shēng lèi jù xià〈成〉涙ながらに訴える.
【声律】shēnglǜ 名(文字の)平仄(ひょうそく)と音律.
【声名】shēngmíng 名 名声. 評判.
*【声明】shēngmíng 1 動 **声明する.** 言明する. 2 名 声明. コミュニケ. ¶发表～ / 声明を出す. ¶联合 liánhé ～ / 共同コミュニケ.
【声母】shēngmǔ 名〈語〉声母. 伝統的な中国音韻学でいう漢字の字音(音節)の初めの子音.
【声纳】shēngnà 名 ソナー. 水中音波探知器.
【声气】shēngqì 名 1 情報. 連絡. ¶互通～ / 互いに連絡をとる. 2〈方〉(話すときの)口調.
【声腔】shēngqiāng 名(旧劇で)節回し.
【声情】shēngqíng 名 声と感情. ¶她的演唱 yǎnchàng ～并茂 mào / 彼女の歌は声もよく情調もたっぷりだ.
【声请】shēngqǐng 動 申請する.
【声色】shēngsè 名 1(話をするときの)声と顔色. ¶不动～ / 表情も声も変わらない. 2(詩文などの芸術の持つ)格調や味わい. ¶他的表演别具～ / 彼の演技には独特の風格がある. 3 活気. 活力. 4 退廃的な音楽と女色.
【声色俱厉】shēng sè jù lì〈成〉(怒って)声を震わし顔つきがけわしくなる.
【声色犬马】shēng sè quǎn mǎ〈成〉道楽の限りを尽くす.
【声势】shēngshì 名 勢い. 気勢. ¶～空前 / 空前の勢い. ¶～浩大 hàodà / 勢いがすさまじい.
【声嘶力竭】shēng sī lì jié〈成〉声をからし力を出し尽くす.
【声速】shēngsù 名〈物〉音速.
【声讨】shēngtǎo 動 糾弾する.
【声望】shēngwàng 名 よい評判.
【声威】shēngwēi 名 1 名声と威厳. 威信. ¶～大震 zhèn / 威信が大いにとどろく. 2 勢い. 気勢.
【声息】shēngxī 名 1 物音. 音. ►否定で用いることが多い. ¶没有一点儿～ / 物音ひとつ聞こえない. 2 消息.
【声响】shēngxiǎng 名 **音. 物音. 響き.**
【声像】shēngxiàng 名 録音と録画.
【声言】shēngyán 動 公言する.
【声扬】shēngyáng 動 言いふらす.
【声音】shēngyīn 名(人・動物の)声. 音.** 物音. 響き. ¶倾听 qīngtīng 人民的～ / 人々の声に耳を傾ける. ¶电视机 diànshìjī ～太小,再放大点儿 / テレビの音が小さすぎるから,ボリュームをあげてくれ.
【声誉】shēngyù 名 名声. 評判. ¶这种产品在海外～很高 / この製品は海外で好評だ.
【声援】shēngyuán 動 声援する.
【声乐】shēngyuè 名 声楽.
【声张】shēngzhāng 動 言いふらす.

牲 shēng

◇◆ ①家畜. ②いけにえ. ¶献 xiàn ～ / いけにえを供える.
【牲畜】shēngchù 名 **家畜.**
【牲口】shēngkou 1 名 **役畜.** 量 头,只 zhī. 2〈罵〉畜生. 人非人.

笙 shēng

名(楽器の一種)笙(しょう).
【笙歌】shēnggē 動〈書〉(広く)楽器を奏し歌う.

甥 shēng

◇◆ おい. ►姉または妹の息子. 注意 手紙などでおじ・おばに対する自称として用いることが多く,話し言葉では"外甥 wàisheng"という.
【甥女】shēngnǚ 名 めい. ►姉または妹の娘. 注意 手紙などでおじ・おばに対する自称として用いることが多く,話し言葉では"外甥女 wàishengnǚ"という.

2声 绳(繩) shéng

1 名(～儿)**縄. ひも.** 量 根,条. ¶钢 gāng ～ / ワイヤーロープ. ¶～梯 tī / 縄ばしご.
2 動〈書〉取り締まる. 制裁を加える. ¶～之以法 /〈成〉法に照らして制裁を加える. ‖姓
【绳操】shéngcāo 名〈体〉(新体操の)リボン競技.
【绳锯木断】shéng jù mù duàn〈成〉何事もたゆまずに努力すれば成功する.
【绳墨】shéngmò 名 1(大工などが使う)墨縄. 2〈喩〉定規. 法度(はっと). ¶拘守 jūshǒu ～ / 杓子(しゃくし)定規である.
【绳索】shéngsuǒ 名 **太い縄. 荒縄.**
*【绳子】shéngzi 名 **縄. ひも.** 綱. 量 条 tiáo,根 gēn. ¶绑 bǎng ～ / ひもを掛ける.

3声 *省 shěng

❶動 1(↔费 fèi)**節約する.** 切り詰める. ¶～钱 / お金を節約する. ¶能～就～ / できるだけ節約する. 2 **省略する.** ¶这样可以～一个人 / こうすれば人手が一人省ける. ¶～一道工序 gōngxù / 手順が一つ省ける.
❷名 1 **省.** ►中国の行政区画の最上級の単位(一級行政区)で,中央に直属する. ¶山东～ / 山東省. 2 省都. ¶进～ / 省都に行く. 3 略語. 略. ¶"佛"字是"佛陀 Fótuó"之～ / 「仏」というのは「仏陀」の略である. ‖姓 ►► xǐng
【省便】shěngbiàn 形 手軽である.
【省城】shěngchéng 名 省都.
【省吃俭用】shěng chī jiǎn yòng〈成〉食費を切り詰め物を節約する.
*【省得】shěngde 接続(好ましくないことを)**しないですむように.** ►前を受けて後の句の冒頭に用いる. 話し言葉に用いることが多い. ¶多穿点儿衣服,～感

冒 gǎnmào / かぜを引かないようにもう少し厚着をしなさい. ¶我帮你去取吧,～你再跑一趟 tàng 了 / 君の代わりにぼくが取りに行くよ,君がまた足を運ばなくてすむ.
【省份】shěngfèn 名 省. ►固有名詞の後には用いない. ¶五个～ / 五つの省. ⇒〖省 shěng〗❷①
【省府】shěngfǔ 名〈略〉省政府.
【省会】shěnghuì 名 **省都.** "省"の行政府の所在地. ►"省城 shěngchéng"とも.
【省界】shěngjiè 名 省境.
【省略】shěnglüè 動 **省略する.** 削除する. ¶这个手续 shǒuxù 不能～ / この手続きは省くわけにはいかない.
【省略号】shěnglüèhào 名〈語〉省略記号. リーダー. "……".
【省免】shěngmiǎn 動 省く. 節約する.
【省却】shěngquè 動 ①(時間·労力を)節約する. ② なくす. ¶～烦恼 fánnǎo / 悩みをなくす.
【省事】shěng//shì ① 動 **手間を省く.** ¶托 tuō 他办可以省点儿事 / 彼に任せればいくらか手間が省ける. ② 形 **便利である.** 面倒くさくない. ¶在食堂吃饭,既 jì ～又经济 / (職場·学校などの)食堂で食事をとれば面倒がないし,しかも安上がりだ.
【省委】shěngwěi 名〈略〉中国共産党の省委員会.
【省下】shěng//xià 動+方補(金などを)節約して残す.
【省心】shěng//xīn 動 心配がいらない.
【省油(的)灯】shěngyóu(de) dēng〈慣〉世話のかからない人. ►否定の形で用いることが多い. ¶你别惹 rě 他,他可不是个～ / 彼はとてもやっかいな人だから,相手にしない方がいいよ.
【省长】shěngzhǎng 名 省長. 省の長官.

4声 **圣(聖) shèng** ◇ ①最も崇高な. ¶～灵 líng / 聖霊. ②達人. 名人. ¶→～手 shǒu. ③聖人. ¶～贤 xián / 聖人と賢人. ④皇帝に対する尊称. ¶→～旨 zhǐ. ⑤崇拝する事物に対する尊称. ¶→～经 jīng. ‖ 姓

【圣诞】shèngdàn 名 ①キリストの誕生日. ¶～卡 kǎ / クリスマスカード. ¶～夜 yè / クリスマスイブ. ②〈旧〉孔子の誕生日.
【圣诞节】Shèngdànjié 名 **クリスマス.** ❖过 guò ～ / クリスマスを祝う. ¶～快乐 kuàilè ! / メリークリスマス.
【圣诞老人】Shèngdàn lǎorén 名 サンタクロース.
【圣诞树】shèngdànshù 名 クリスマスツリー.
【圣地】shèngdì 名 聖地.
【圣多美和普林西比】Shèngduōměi hé Pǔlínxībǐ 名〈地名〉サントメ·プリンシペ.
【圣基茨和尼维斯】Shèngjīcí hé Níwéisī 名〈地名〉セントクリストファー·ネービス.
【圣洁】shèngjié 形 神聖かつ純潔な.
【圣经】Shèngjīng 名〈宗〉聖書.
【圣卢西亚】Shènglúxīyà 名〈地名〉セントルシア.
【圣马力诺】Shèngmǎlìnuò 名〈地名〉サンマリノ.
【圣庙】shèngmiào 名 孔子廟.
【圣明】shèngmíng 形 ①賢い. 如才ない. ②〈旧〉神聖で英明である. ►皇帝に対する賛辞.
【圣母】shèngmǔ 名〈宗〉聖母マリア;女神.
【圣人】shèngrén 名〈旧〉聖人.
【圣上】shèngshàng 名 お上. ►皇帝に対する尊称.
【圣手】shèngshǒu 名 その道の名手. ¶小提琴 xiǎotíqín ～ / バイオリンの名手.
【圣水】shèngshuǐ 名 聖水.
【圣文森特和格林纳丁斯】Shèngwénsēntè hé Gélínnàdīngsī 名〈地名〉セントビンセントおよびグレナディーン諸島.
【圣贤】shèngxián 名 聖人と賢人.
【圣旨】shèngzhǐ 名 皇帝の命令. 聖旨;〈転〉拒否できない命令.

＊**胜(勝) shèng** 動 ①(…に)**勝る.** ►後ろに"于 yú、过 guò、似 sì"などを伴うことが多い. ¶事实～于诡辩 guǐbiàn / 事実はへ理屈に勝る. ¶～似父母 / 両親も及ばない. ② **勝つ.** ¶国家队～了北京队 / ナショナルチームが北京チームに勝った. ⇒〖赢 yíng〗
◇ ①(景色や境地が)優れている. ¶～景 jǐng / 景勝の地. ②耐えられる. ¶→～任 rèn. ‖ 姓

【胜败】shèngbài 名 勝敗. 勝ち負け.
【胜地】shèngdì 名 景勝地.
【胜负】shèngfù 名 勝ち負け.
【胜过】shèngguò 動 …に勝る.
【胜迹】shèngjì 名〈書〉有名な古跡.
【胜境】shèngjìng 名 景勝地.
＊【胜利】shènglì 動 ① **勝利を収める.** 打ち勝つ. 負かす. ¶我们～了 / われわれは勝った. ¶取得〔获得 huòdé〕～ / 勝利を収める. ②(仕事や事業が)**成功する,** 目的を達する. ¶中国代表团～归来 guīlái / 中国代表団が目的を達し帰国した. ¶登山队～攀 pān 上顶峰 dǐngfēng / 登山隊は登頂に成功した.
【胜券】shèngquàn 名 勝つ確信. 勝算. ¶稳操 cāo ～ / 勝算がある. ¶～在握 zàiwò / 成功は確実である.
【胜任】shèngrèn 動 **任に堪える.** ¶不能～ / 不適任である.
【胜如】shèngrú ➡【胜似】shèngsì
【胜似】shèngsì 動 …よりもすぐれている.
【胜诉】shèngsù 動 勝訴する.
【胜算】shèngsuàn 名〈書〉勝算. ¶～可操 cāo / 成功まちがいなし.
【胜于】shèngyú 動 **…に勝る.** ¶事实～雄辩 xióngbiàn / 事実は雄弁に勝る.
【胜仗】shèngzhàng 名 勝ち戦. ¶打了一个大～ / 大勝利を勝ち取った.

乘 shèng 〈古〉① 名 歴史書. ¶野 yě ～ / 民間人が書いた歴史書. ② 量 乗(じょう). 古代,4頭立ての兵車1台を"一乘"といった. ⏩ chéng

盛 shèng ① 形 **盛んである. 繁盛している.** ¶这家商店买卖 mǎimai 很～ / この店はたいへんはやっている. ② **旺盛である.** ¶火势 huǒshì 很～ / 火の勢いが猛烈である. ¶年轻气～ / 年が若くて元気旺盛(おうせい)である. ③ 盛んに行われる. ¶不良风气很～ / よくない気風がはびこっている.
◇ ①盛大である. ¶～宴 yàn / 盛大な宴会. ②心のこもった. ¶→～情 qíng. ③大いに. 盛んに. ¶→～赞 zàn. ‖ 姓 ⏩ chéng

【盛产】shèngchǎn 動(産物や資源を)豊富に産出

する.
【盛大】shèngdà 形 盛大である. ¶～的宴会 / 盛大な宴会.
【盛典】shèngdiǎn 名 盛典.
【盛服】shèngfú 名〈書〉盛装.
【盛会】shènghuì 名 盛大な集会.
【盛极一时】shèng jí yī shí〈成〉一時期きわめて盛んである. 一時得意の絶頂にある.
【盛季】shèngjì 名 盛期. 盛りの時期. ¶旅游 lǚyóu～ / 旅行シーズン.
【盛举】shèngjǔ 名 盛大な活動・行事.
【盛开】shèngkāi 動 満開になる. ¶樱花 yīnghuā～ / サクラが咲き乱れている.
【盛况】shèngkuàng 名〈書〉盛況.
【盛名】shèngmíng 名〈書〉立派な評判. ¶享有 xiǎngyǒu～ / 高名を博す.
【盛年】shèngnián 名〈書〉壮年. 働き盛り.
【盛怒】shèngnù 動〈書〉激怒する.
【盛气凌人】shèng qì líng rén〈成〉居丈高である.
【盛情】shèngqíng 名 厚意. 厚情. ¶～难却 nánquè / ご厚意に甘えまして.
【盛世】shèngshì 名〈書〉栄えている時代. ¶太平～ / 平和で栄えている時代.
【盛暑】shèngshǔ 名 酷暑.
【盛衰】shèngshuāi 名 盛衰. ¶～荣辱 róngrǔ / 世の浮き沈み.
【盛夏】shèngxià 名 盛夏. 真夏.
【盛行】shèngxíng 動 流行する.
【盛筵】shèngyán 名〈書〉盛大な宴会.
【盛意】shèngyì 名 厚意. ¶对您的～表示 biǎoshì 谢意 / あなたのご厚意に感謝します.
【盛誉】shèngyù 名〈書〉高い名声.
【盛赞】shèngzàn 動 口を極めてほめたたえる.
【盛装】shèngzhuāng 名 盛装. 礼装. ¶身着 zhuó～ / 晴着を身につける.

剩 shèng

動 ①残る. 余る；残す. 余す. ¶今天把钱花得一分钱没～ / きょうありったけの金を残らず遣ってしまった. [兼語文を作り]¶教室里只 zhǐ～两个学生在学习 / 教室には二人の学生が残って勉強しているだけだ. ②《動詞(句)を目的語にとり, そのこと以外になにもないことを表す》…するばかりである. ¶她一句话也说不出来, 就～了哭 kū / 彼女はひと言も言えず, 泣くばかりだった. ‖ 姓

【剩饭】shèngfàn 名 残りご飯.
【剩货】shènghuò 名 売れ残りの品.
【剩下】shèng//xià 動+方補 残る. 余る；残す. 余す. ► shèngxia と発音することもある. ¶只～一个苹果 píngguǒ 了 / リンゴがたった一つしか残っていない. ¶这种畅销品 chàngxiāopǐn, 一个也剩不下 / このような人気商品は, 一つも残るわけがないよ.
【剩余】shèngyú ①動 残る. 余る. ¶钱包里还～几块钱 / さいふには何元か残った. ②名 残り. 余り. ¶略有～ / 残りが少々ある.

shi（ㄕ）

尸(屍) shī

◇◆ 死体. しかばね. ¶浮 fú～ / 水死体.

【尸骨】shīgǔ 名 ①死体が腐乱して残った白骨. ②死体.
【尸骸】shīhái 名〈書〉死骸. 白骨.
【尸身】shīshēn ⇀【尸体】shītǐ
【尸首】shīshou 名 人の死体.
【尸体】shītǐ 名 死体. 量 个, 具.
【尸位素餐】shī wèi sù cān〈成〉職責を尽くさずいたずらに俸給を得る.

失 shī

動(↔得 dé)失う. なくす. ¶别～了信心 / 自信をなくすな.
◇◆ ①うっかりする. しくじる. ¶→～手 shǒu. ¶→～笑 xiào. ¶冒 mào～ / そそっかしい. ②目的を達していない. ¶→～望 wàng. ③常態を失う. ¶→～态 tài. ¶→～神 shén. ④背く. ¶→～信 xìn. ⑤過ち. ¶过～ / 過失. ¶→～误 wù.

*【失败】shībài 動 ①(↔胜利 shènglì)負ける. 敗北する. ¶～主义 zhǔyì / 敗北主義. ②(↔成功 chénggōng)失敗する.
【失败是成功之母】shībài shì chénggōng zhī mǔ〈諺〉失敗は成功の母.
【失策】shīcè ①動 見込み違いをする. 策を誤る. ②名 誤った策.
【失察】shīchá 動 監督不行き届きである.
【失常】shīcháng 形 異常である. ¶举动 jǔdòng～ / 挙動がおかしい.
【失宠】shī//chǒng 動 寵愛(ちょうあい)を失う. 愛想をつかされる.
【失传】shīchuán 動 伝承がとだえる.
【失措】shīcuò 動(驚き慌てて)狼狽する. ¶惊慌 jīnghuāng～ / 驚きあわててどうしてよいかわからない.
【失单】shīdān 名 盗難・紛失届.
【失当】shīdàng 形 当を得ない. 不適当である. ¶措施 cuòshī～ / やり方が当を得ない.
【失盗】shī//dào 動〈書〉物を盗まれる.
【失道寡助】shī dào guǎ zhù〈成〉道義に背けば助けは少ない.
【失地】shīdì ①動 国土を失う. ②名 失われた国土.
【失掉】shīdiào 動 ①失う. なくす. ¶～信心 / 自信をなくす. ②取り逃がす. 失する. ¶～了一次机会 / 機会を逃した.
【失和】shīhé 動 仲が悪くなる.
【失衡】shīhéng 動 バランスが崩れる.
【失魂落魄】shī hún luò pò〈成〉驚いて腰を抜かす.
【失火】shī//huǒ 動 火事を出す. ¶～了！/ 火事だ. ⇨【起火】qǐ//huǒ
【失机】shījī 動(特に球技で失策により)チャンスを失う.
【失计】shījì 動 策を誤る.
【失记】shījì 動〈書〉失念する.
【失检】shījiǎn 動 慎重さを欠く. 軽率である. ¶言行～ / 言動に慎重さを欠く. 軽率である.
【失脚】shī//jiǎo 動 足を滑らす. 足を踏み外す. ¶～跌倒 diēdǎo / 足を滑らせてころぶ.
【失节】shī//jié 動 節操を失う；貞操を失う.
【失禁】shījìn 動 失禁する.
【失惊打怪】shī jīng dǎ guài〈成〉驚き慌てる.
【失敬】shījìng〈套〉(あいさつで)失礼しました. ►

重ねても用いる.
【失控】shīkòng 動 制御できなくなる. 思うようにならなくなる.
【失口】shī∥kǒu 動 口を滑らす.
【失礼】shīlǐ ① 動 礼を失する. ②〈套〉失礼しました.
【失利】shī∥lì 動 (戦や試合に)負ける.
【失恋】shī∥liàn 動 失恋する.
【失灵】shī∥líng 動(機械の部品や人体の器官が)利かなくなる. ¶听觉 tīngjué ～ / 聴覚障害を起こす. ¶刹车 shāchē ～ / ブレーキがきかない.
【失落】shīluò 動 なくす. 紛失する.
【失落感】shīluògǎn 名 喪失感.
【失迷】shīmí 動 見失う. ¶～路途 / 道に迷う.
【失密】shī∥mì 動(不注意で)機密が漏れる.
【失眠】shī∥mián 動 眠れない. 不眠症(状)になる. ¶我最近老～ / 最近なかなか眠れない.
【失明】shī∥míng 動 失明する. ¶双目 shuāngmù ～ / 両眼失明する.
【失陪】shīpéi〈套〉《相手をできなかったこと, またはできないことを謝るときに用いる》失礼いたします. ¶诸位, ～了 / みなさん, お先に失礼します.
【失窃】shī∥qiè 動〈書〉物を盗まれる.
*【失去】shīqù 動 **失う. なくす.** ¶～方向 / 方向を見失う. ¶～机会 jīhuì / チャンスを逃す.
【失群】shīqún 動 群れから離れる.
【失群之雁】shī qún zhī yàn〈成〉仲間にはぐれた人.
【失散】shīsàn 動(災難などで一家が)離散する.
【失色】shīsè 動〈書〉① 色があせる. ¶黯然 ànrán ～ / ひどく見劣りがする. ②(びっくりして)顔が真っ青になる. ¶大惊 jīng ～ / びっくりして色を失う.
【失闪】shīshan 名 万一のこと.
【失神】shī∥shén ① 動 うっかりする. ② 形 ぼんやりする.
【失慎】shīshèn 動〈書〉① 慎重さを欠く. ¶行动～ / 行動が慎重でない. ② 失火する.
【失声】shīshēng ❶動 ① 思わず声を出す. ¶～喊 hǎn 出来 / 思わず叫び声をあげた. ②(悲しさのあまり)のどが詰まって声が出ない. ¶痛哭 tòngkū ～ / 号泣のあまり声が出なくなる. ❷名(のどの病気で起きる)発音障害.
【失时】shī∥shí 動 時機を失する.
【失实】shīshí 動 事実と合わない.
【失势】shī∥shì 動 権勢や勢力を失う.
【失事】shī∥shì 動(船・飛行機が)事故を起こす.
【失手】shī∥shǒu 動 ① 手を滑らす. 手もとが狂う. ②〈喩〉(試合などに)負ける.
【失守】shīshǒu 動(陣地などを)失う. ¶阵地 zhèndì ～ / 陣地を失う.
【失速】shīsù 動〈航空〉失速する.
【失算】shīsuàn 動 誤算する. 計算違いをする.
【失所】shīsuǒ 動〈書〉身を落ち着けるところがなくなる. ¶流离 liúlí ～ / 流浪して寄る辺がない.
【失态】shītài 動〈書〉態度・動作が礼儀にもとる. ¶酒后～ / 酒の上で失態を演ずる.
【失调】shītiáo 動 ① バランスが崩れる. ② 養生が足りない. ¶产后 chǎnhòu ～ / 産後の肥立ちが悪い.
*【失望】shīwàng 動 **失望する.** ¶感到～ / 失望する.
【失物】shīwù 名 遺失物. ¶～招领 zhāolǐng / 遺失物ありの知らせをする.
【失误】shīwù 動 うっかりミスをする. 失策する.
【失陷】shīxiàn 動(領土や都市が)陥落する, 攻め落とされる, 占領される.
【失笑】shīxiào 動 思わず笑う.
【失效】shī∥xiào 動 ①〈法〉**失効する.** ② **効かなくなる.**
【失信】shī∥xìn 動 信用を失う.
【失修】shīxiū 動(建築物などの)修理を怠る.
【失学】shī∥xué 動 ① 学校に入る機会を失う. ② 学業を中断する.
【失血】shīxuè 動〈医〉大量の出血で貧血する.
【失言】shī∥yán 動 失言する. 口を滑らす.
*【失业】shī∥yè 動 **失業する.**
【失宜】shīyí 形〈書〉適当でない. 当を得ない.
【失意】shī∥yì 動 志を得ない. 不遇をかこつ. ¶终生 zhōngshēng ～ / 生涯不遇をかこつ.
【失忆症】shīyìzhèng 名 記憶喪失症.
【失迎】shīyíng〈套〉①《留守中の来訪に対し》不在で失礼いたしました. ②《親しく迎えに出なかったことに対し》お出迎えもしないで失礼しました. ¶～～! / お迎えもしませんで.
【失于】shīyú 動〈書〉…をおろそかにする. ¶～轻敌 qīngdí / 相手を軽んじて失敗する.
【失约】shī∥yuē 動 約束を破る.
【失着】shī∥zhāo 動 ミスをする. 手を誤る.
【失真】shī∥zhēn 動(声・姿・言葉の内容などが)もとのものと異なる.
【失之毫厘, 谬以千里】shī zhī háo lí, miù yǐ qiān lǐ〈成〉はじめのごく小さな差が最後には大きな違いとなる.
【失职】shī∥zhí 動 職責を果たさない.
【失重】shī∥zhòng 動〈物〉無重力状態になる.
【失主】shīzhǔ 名 **落とし主.** 盗難にあった人.
【失踪】shī∥zōng 動 失踪する. 行方不明になる.
【失足】shī∥zú 動 ① 足を滑らす. 足を踏みはずす. ②〈喩〉重大な過ちを犯す. ¶～青年 / 非行少年.

师(師) shī

名〈軍〉(軍隊編制単位の一つ)師団;(広く)軍隊. 軍. ◇ ①教師;手本. ¶→～生 shēng. ②専門家. 技術者. ¶律 lǜ ～ / 弁護士. ¶工程～ / 技師. エンジニア. ③師弟関係から生じた間柄(の呼び方). ¶→～兄〔姐〕. ‖ 姓
【师表】shībiǎo 名〈書〉師表. 手本となる人.
【师承】shīchéng 動〈書〉師伝する. 伝承する.
【师道尊严】shī dào zūn yán〈成〉人の師となる道は厳かで尊ぶべきものである.
【师弟】shīdì 名 ① 弟弟子. 相弟子のうち自分よりも後輩に当たる者. ② 師匠の息子;父親の弟子のうち自分よりも若い男性. ③ 師弟.
【师范】shīfàn 名 ①〈略〉**師範学校.** ¶～大学 / 師範大学. ②〈書〉模範. 手本.
【师父】shīfu 名 ①→【师傅】shīfu ② 僧・尼僧・道士に対する尊称.
*【师傅】shīfu 名 ①(職人・商人・芸人の世界で技芸を伝授する人)**師匠. 先生.** ② **特殊技能をもつ人に対して広く用いる尊称.** ¶厨 chú ～ / 板前さん. コックさん. ¶老～ / 師匠. 親方. ►知らない人への呼びかけにも用いる. ③〈俗〉(一般人に対する呼びかけ)先生.

S

【师哥】shīgē ⇀【师兄】shīxiōng
【师姐】shījiě 名 ① 姉弟子. ② 師匠の娘；相弟子のうち自分よりも年上の女性. 父親の女弟子のうち自分よりも年上の女性.
【师妹】shīmèi 名 ① 妹弟子. ② 師匠の娘；相弟子のうち自分よりも年下の女性. 父親の女弟子のうち自分よりも年下の女性.
【师母】shīmǔ 名〈敬〉先生・親方・師匠の夫人.
【师娘】shīniáng ⇀【师母】shīmǔ
【师生】shīshēng 名 教師と学生；師弟.
【师生员工】shīshēng yuángōng 名(学校の構成員である)教職員と学生.
【师事】shīshì 動〈書〉師事する.
【师徒】shītú 名 ① 先生と弟子. 師弟. ②〈書〉兵士.
【师心自用】shī xīn zì yòng〈成〉自説に固執し,独りよがりである.
【师兄】shīxiōng 名 ① 兄弟子. 相弟子のうち自分よりも先輩に当たる者. ② 師匠の息子；父親の男弟子のうち自分よりも年上の男性. ►①②とも"师哥 shīgē"とも.
【师兄弟】shīxiōngdì 名(～儿)相弟子. 兄弟弟子.
【师长】shīzhǎng 名 ① 先生. 教師に対する尊称. ②〈軍〉師団長.
【师资】shīzī 名 教師の資格を備えた人. 教員.

诗 shī 名 ① 詩. 量 首 shǒu. ¶做一首～ / 詩を1首作る. ②(Shī)『詩経』の略称. ‖姓

【诗歌】shīgē 名 詩歌. 詩. 量 首.
【诗话】shīhuà 名 ① 詩や詩人についての評論・随筆. ②〈近〉詩を交えた読み物.
【诗集】shījí 名 詩集.
【诗句】shījù 名 詩句. 詩の句.
【诗律】shīlǜ 名 詩の韻律.
【诗篇】shīpiān 名 ① 詩編. ②〈喩〉詩に比すべき文章または事績. ¶光辉 guānghuī 的～ / 輝かしい事績.
【诗情】shīqíng 名 詩情.
【诗情画意】shī qíng huà yì〈成〉詩情と画境にあふれる美しさ.
【诗人】shīrén 名 詩人.
【诗社】shīshè 名 詩人が組織する団体.
【诗书】shīshū 名 ① 詩書. 詩経と書経. ②(広く)書籍.
【诗坛】shītán 名 詩壇. 詩人の仲間.
【诗兴】shīxìng 名 詩興. 詩を作りたくなる気持ち. ¶～大发 / 詩興が大いにわく.
【诗意】shīyì 名 詩の境地. 詩の味わい.
【诗韵】shīyùn 名 ① 詩の韻. ② 韻書.
【诗章】shīzhāng 名 詩編.

虱 shī ◇◆ シラミ. ¶阴 yīn～ / 毛ジラミ.

【虱子】shīzi 名〈虫〉シラミ.

狮(獅) shī ◇◆ 獅子. ライオン.

【狮身人面像】shīshēn rénmiànxiàng 名 スフィンクス.
【狮子】shīzi 名〈動〉獅子. ライオン. 量 头,只.
【狮子搏兔】shī zi bó tù〈成〉小さなことにも全力を注ぐ.
【狮子狗】shīzigǒu 名〈動〉チャウチャウ.
【狮子猫】shīzimāo 名〈動〉ペルシアネコ.
【狮子头】shīzitóu 名〈料理〉肉団子.
【狮子舞】shīziwǔ 名 獅子舞. 民間で広く行われている舞踊の一種. ►通常,二人で1頭に扮装した獅子が,壮士に扮装した一人が持つ"绣球 xiùqiú"(サッカーボール大の刺繍の球)を奪い合う.

施 shī ◇◆ ①実施する. 施行する. ¶→～工 gōng. ¶→～政 zhèng. ②与える. ¶→～礼 lǐ. ¶→～恩 ēn. ③施しをする. ¶布～ / お布施する. 喜捨する. ④加える. 用いる. ¶→～肥 féi. ‖姓

【施暴】shībào 動 ① 暴力を振るう. ② 強姦する.
【施恩】shī'ēn 動 恩恵を施す.
【施放】shīfàng 動 ① 放つ. 発射する. ¶～烟幕 yānmù / 煙幕を張る. ② 無料で配る. ¶～救济品 jiùjìpǐn / 救援物資を無料で配る.
*【施肥】shī//féi 動〈農〉肥料を与える.
*【施工】shī//gōng 動 施工する. 工事をする. ¶施了几天工,又停 tíng 下来了 / 何日か工事をして,またやめてしまった. ¶正在～ / 工事中.
【施加】shījiā 動(圧力・影響などを)加える. ¶～影响 yǐngxiǎng / 影響を与える.
【施教】shījiào 動 教育を施す.
【施礼】shī//lǐ 動 敬礼する.
【施事】shīshì 名〈語〉(↔受事 shòushì)動作の主体. 動作主.
【施威】shīwēi 動 威力を示す.
【施行】shīxíng 動 ①(法令などを)施行する. ② 実施する. 行う. ¶～手术 shǒushù / 手術をする.
【施用】shīyòng 動 使用する. ¶～药物 yàowù / 投薬する. ¶～肥料 féiliào / 肥料を施す.
【施与】shīyǔ 動〈書〉施す.
【施展】shīzhǎn 動(能力や威力を)発揮する,振るう. ¶～本事 / 本領を発揮する. 腕を振るう. ¶～威风 wēifēng / 威力を発揮する.
【施诊】shī//zhěn 動 無料で診療する.
【施政】shīzhèng 動 政治を行う.

***湿(濕) shī** ① 形(↔干gān)湿っている. ぬれている. ¶别穿那双袜子 wàzi,还～着呢 / そのソックスはまだ湿ってるからはいてはだめ. ¶室内很～ / 室内がとても湿っぽい. ② 動 湿らせる. ¶稻草 dàocǎo 要～一下才能搓 cuō 绳 shéng / 稲わらは少し湿らせないと縄をなえない.

【湿度】shīdù 名 湿度. 湿り気.
【湿乎乎・湿呼呼】shīhūhū 形(～的)じとじとに湿っているさま.
【湿淋淋】shīlīnlīn 形(～的)(しずくが落ちるほど)びしょびしょにぬれている. ¶浑身 húnshēn ～的 / 全身びしょぬれだ.
【湿漉漉】shīlūlū 形(～的)じっとり湿っている. ►"湿渌渌"とも書く.
【湿气】shīqì 名 湿気. 湿り気.
【湿热】shīrè 形 蒸し暑い.
*【湿润】shīrùn 形(土壌や空気が)湿っていて潤いがある,湿り気がある. ¶～的空气 / 湿っぽい空気. ¶双眼～ / 目が潤んでいる.
【湿透】shī//tòu 動+結補 ずぶぬれになる. ¶衣服

S

～了 / 服がずぶぬれになった.

【湿疹】shīzhěn 名〈医〉湿疹(しっしん).

嘘 shī 擬 ①《反対または制止を示す声》しいっ. ¶～,小点儿声 / しいっ,静かに. ②《舞台の役者をやじる声》ぶうぶう. ¶观众 guānzhòng 不时发出～～的声音 / 観客はしきりにブーイングを送る. ⏩ xū

2声 ** **十 shí** 数 ⓐ10. じゅう. とお. ¶～个 / 10個. 10人. ¶～天 / 10日間. ⓑ第十(の). 10番目(の). ¶～点钟 / 10時. ¶～月 / 10月.
◇◆ 完全である. ¶→～全 quán. ‖姓

【十冬腊月】shí dōng là yuè 名 陰暦10月・11月・12月. 冬の寒い季節.

【十恶不赦】shí è bù shè 〈成〉許すべからざる極悪非道.

【十二分】shí'èrfēn 形 十二分である. この上ない. ¶感到～的满意 / この上もなく満足に思う.

【十二生肖】shí'èr shēngxiào 名 十二支による生まれ年. えと.

【十二万分】shí'èrwànfēn 形 十二分である. ►"十二分"をさらに強調した表現.

【十二指肠】shí'èrzhǐcháng 名〈生理〉十二指腸.

*【十分】shífēn 副 十分に. 非常に. ¶～悲伤 bēishāng / 非常に悲しい. ¶不算～贵 / 値段はさほど高いほうではない. ¶他工作～认真 rènzhēn / 彼は非常に仕事熱心だ. 語法 ❶"十分"は形容詞または動詞の前に置き,程度が高いことを,"不十分"は形容詞または動詞の前に置き,程度が低いことを表す. ¶～复杂 fùzá 的问题 / 非常に複雑な問題. ¶不～喜欢 xǐhuan / あまり好きではない. ❷名詞を修飾する場合は"充分 chōngfèn"を用いる. ¶有充分的理由 / 十分な理由がある.

【十佳】shíjiā 名 ベストテン.

【十进制】shíjìnzhì 名〈数〉十進法.

【十拿九稳】shí ná jiǔ wěn 〈成〉十中八九確実である. ►"十拿九准 zhǔn"とも.

【十年寒窗】shí nián hán chuāng 〈成〉長年苦労して勉学に励むこと. 蛍雪の功. ►"十载 zǎi 寒窗"とも.

【十年九不遇】shí nián jiǔ bù yù 〈慣〉めったにない.

【十年树木,百年树人】shí nián shù mù, bǎi nián shù rén 〈成〉人材の育成には長い年月がかかる.

【十全】shíquán 形 十全である.

【十全十美】shí quán shí měi 〈成〉完全無欠.

【十三点】shísāndiǎn 名〈方〉間抜け. ばか.

【十天半月】shí tiān bàn yuè 〈成〉10日や半月.

【十万八千里】shíwàn bāqiān lǐ 〈慣〉非常に遠く離れていること.

【十万火急】shí wàn huǒ jí 〈成〉(公文書や電報で)大至急.

【十项全能运动】shí xiàng quánnéng yùndòng 名〈体〉十種競技.

【十一】Shí-Yī 名 10月1日(国慶節). ►中国の建国記念日.

【十有八九】shí yǒu bā jiǔ 〈成〉十中八九. ►"十之 zhī 八九"とも.

【十字架】shízìjià 名〈宗〉十字架;〈喩〉受難.

【十字街头】shízì jiētóu 名 十字路.

【十字路口】shízì lùkǒu 名 十字路. 分かれ道.

【十字儿】shízìr 名 十の字(の形). ¶画～ / (キリスト教徒が)十字を切る.

【十足】shízú 形 ① 十分である. 満ち満ちている. ¶～的捣蛋鬼 dǎodànguǐ / まったくのいたずらっ子. ¶信心～ / 自信満々. ② 含有率100パーセントである. 完璧である. ¶～的黄金 huángjīn / 純金.

什 shí 数〈書〉【十 shí】に同じ. ►分数または倍数に用いることが多い. ¶～九 / 10分の9. ¶～百 / 10倍または100倍.
◇◆ 多種多様である. いろいろ取りまぜた. ¶～件 jiàn / 雑品. ⏩ shén ‖姓

【什锦】shíjǐn 形〈料理〉いろいろな材料を使った. 五目. ¶～糖 táng / ミックスキャンディー. ¶～炒饭 chǎofàn / 五目チャーハン. ¶～火锅 huǒguō / 寄せ鍋.

【什物】shíwù 名 日用の衣服や道具.

石 shí ◇◆ ①石. ¶→～头 tou. ¶大理～ / 大理石. ②石刻. ‖姓 ⏩ dàn

【石斑鱼】shíbānyú 名〈魚〉ハタ.

【石碑】shíbēi 名 石碑.

【石沉大海】shí chén dà hǎi 〈成〉全く消息がない.

【石雕】shídiāo 名 石の彫刻. ¶～佛像 fóxiàng / 石の仏像.

【石刁柏】shídiāobǎi 名〈植〉アスパラガス.

【石碓】shíduì 名 石うす.

【石墩】shídūn 名(庭園などに据える)石の腰掛け. ►彫刻が施してあるものが多い.

【石膏】shígāo 名 石膏. ギプス. ¶上～ / ギプスをはめる.

【石膏像】shígāoxiàng 名 石膏像.

【石工】shígōng 名 ① 石細工. ② 石工.

【石花菜】shíhuācài 名〈植〉テングサ.

【石灰】shíhuī 名 石灰.

【石级】shíjí 名 石段.

【石匠】shíjiang 名 石細工職人.

【石决明】shíjuémíng 名〈貝〉アワビ;〈中薬〉石決明(せっけつめい).

【石坎】shíkǎn 名 石造りの堤. 石段.

【石刻】shíkè 名 石刻.

【石窟】shíkū 名 石窟(せっくつ). 量 座,个. ¶龙门 Lóngmén～ / (河南省にある)竜門石窟.

【石蜡】shílà 名 パラフィン.

【石料】shíliào 名〈建〉石材.

【石榴】shíliu 名〈植〉ザクロ(の実).

【石榴石】shíliúshí 名〈鉱〉ざくろ石. ガーネット.

【石棉】shímián 名〈鉱〉石綿. アスベスト.

【石墨】shímò 名〈鉱〉石墨. 黒鉛.

【石女】shínǚ 名 子が産めない女性.

【石破天惊】shí pò tiān jīng 〈成〉(文章や議論が)奇想天外であること.

【石蕊试纸】shíruǐ shìzhǐ 名〈化〉リトマス試験紙.

【石蒜】shísuàn 名〈植〉ヒガンバナ.

*【石头】shítou 名 ① 石. 岩. 量 个,块. ¶从山上滚 gǔn 下来一块大～ / 山の上から岩が転がり落ちてきた. ¶～子儿 zǐr / 〈口〉小石. 砂利. ¶～人 / 石頭の人. ②(ジャンケンの)グー.

【石印】shíyìn 名〈美〉石版刷り. リトグラフ.

【石英】shíyīng 名〈鉱〉石英．¶～钟表 zhōngbiǎo／水晶時計．クオーツ．
*【石油】shíyóu 名 石油．¶液化 yèhuà ～气／液化石油ガス．ＬＰガス．¶～管道 guǎndào／石油パイプライン．

时（時）shí ①名〈書〉…のとき．►話し言葉では"…的时候"．¶他是我上高中～的好友／彼は高校のときの親しい友人です．¶汉 Hàn ～／漢代．②量(時刻を表す単位)時(じ)；(昔の)刻(こく)．►話し言葉では"点 diǎn"を用いる．¶早上八～动身／明朝の８時に出発する．¶寅 yín ～／とらの刻．
③副〈書〉時には．時々．¶这种现象 xiànxiàng ～有出现／このような現象が時に起こることがある．〖时…时…〗¶雨～断～下／雨がやんだり降ったりする．¶这个挂钟～走～停／この掛け時計は動いたり止まったりする．
◇◆ ①(決まった)時刻,時間．¶准 zhǔn ～／定刻どおりに．¶按 àn ～／時間どおりに．②機会．チャンス．¶待～而动／機会を待って行動する．③季節．¶～菜／季節の料理．④現在．いま．¶→～下 xià．¶现～／現今．‖姓
【时弊】shíbì 名 その時代の弊害．
【时不我待】shí bù wǒ dài〈成〉時間や機会は自分を待ってくれない．歳月人を待たず．
【时不常儿】shíbuchángr 副〈方〉しょっちゅう．しばしば．¶她～地回娘家 niángjia／彼女はしょっちゅう実家に帰る．
【时不时】shíbushí 副〈方〉時々．
【时差】shíchā 名 時差．
【时常】shícháng 副 常に．いつも．¶他～帮助 bāngzhù 我／彼はいつも手伝ってくれる．
【时辰】shíchen 名 時．時機．¶～不到／時刻がまだ早い．時機尚早である．
【时代】shídài 名 ①(政治・経済・文化などの状況によって区分した歴史上の一)時代．¶原始 yuánshǐ ～／原始時代．¶划 huà ～的大事／画期的な大事件．¶开创 kāichuàng 一个新～／新時代を開く．②人生の一時期．¶人生的黄金 huángjīn ～／人生の黄金時代．
【时段】shíduàn 名 時間帯．¶黄金 huángjīn ～／ゴールデンタイム．
【时而】shí'ér 副〈書〉①ときどき．►短い時間内に一定せずに繰り返し起こることを表す．¶外面～有脚步声 jiǎobùshēng／外から時折,足音が聞こえてくる．②("时而…,时而…"のように繰り返して用い)ときに…ときに….…たり…たりする．►異なった事柄が比較的短い時間内に交互に現れることを表す．¶～说,～笑／しゃべったり笑ったりする．
【时分】shífèn 名 時．ころ．¶三更 gēng ～／うしみつどき．¶黄昏 huánghūn ～／たそがれどき．¶掌灯 zhǎngdēng ～／灯ともしごろ．
【时光】shíguāng 名 ①時間．年月．¶虚度 xūdù ～／むだに時を過ごす．②時期．¶灿烂 cànlàn 的～／輝かしい時期．③暮らし．¶现在的～不大好过／当節の暮らしも楽ではない．
【时光机器】shíguāng jīqì 名 タイムマシン．
【时过境迁】shí guò jìng qiān〈成〉時が移り事情が変わる．
【时候】shíhou 名 ①(時間の中のある１点をさして)(…の)時,ころ．►"时刻 shíkè"ほど特定的ではない．¶正是～／ちょうどころあいだ．¶现在是什么～了？──快要到晌午 shǎngwu 了／いま何時ごろ──もうすぐ昼時だ．②(あるひとまとまりの時間を表して)…時間,…くらい；(…の)時,間．¶理发 lǐfà 需要 xūyào 多少～？／散髪はどのくらいかかりますか．¶学习的～注意力要集中 jízhōng／勉強しているときは注意力を集中しないといけない．
【时机】shíjī 名 ころあい．タイミング．時機．¶抓住 zhuāzhù ～／適当な時機をつかむ．¶不要错过 cuòguò ～／タイミングを逃すな．¶～不成熟 chéngshú／機が熟さない．
【时价】shíjià 名 時価．
**【时间】shíjiān 名 ①(概念としておおまかに)時間．¶浪费 làngfèi ～／時間を浪費する．¶由于～的关系 guānxi,…／時間の都合で….②(一定量の)時間．¶办手续 shǒuxù 需要 xūyào 多少～？／手続きはどのくらいかかりますか．¶我每天的睡眠 shuìmián ～只有六个小时／私の毎日の睡眠時間は６時間だけです．[「ひま,自由になる時間」の意味で用いられることがある]¶下午有～吗？／午後はおひまがありますか．❖抽 *chōu* ～／時間を都合する．¶抽不出～来／時間のやりくりがつかない．③(ある一定の)時間,時刻．¶现在的～是十二点整 zhěng／今の時間は12時ちょうどだ．¶～到了／時間になりました．
【时间词】shíjiāncí 名〈語〉時を表す名詞．►"过去,今天,早辰"など．
【时节】shíjié 名 ①季節．時候．時期．¶春分 chūnfēn ～／春分のころ．¶农忙 nóngmáng ～／農繁期．②時．節．折．¶那～,我才五岁／その時,私はわずか５歳だった．
【时局】shíjú 名 政局．時局．
*【时刻】shíkè ①名 時刻．時間．¶他向来严守 yánshǒu ～／彼はいつも時間を厳守する．¶～表／時刻表．②副 時々刻々．常に．絶えず．¶～不忘为 wèi 顾客 gùkè 服务／お客へのサービスを常に忘れない．⇒【时候】shíhou
【时空】shíkōng 名 時間と空間．
【时来运转】shí lái yùn zhuǎn〈成〉幸運が巡ってくる．
【时令】shílìng 名 季節．¶～商品 shāngpǐn／季節向きの商品．¶～不正／天気が季節はずれである．
【时令病】shílìngbìng 名〈中医〉季節性の流行病．
*【时髦】shímáo 形 モダンである．流行している．❖赶 *gǎn* ～／流行を追う．¶～的服装 fúzhuāng／流行の服装．
【时派】shípài →【时髦】shímáo
*【时期】shíqī 名 時期．¶非常 fēicháng ～／非常時．
【时日】shírì 名 ①時間と期日．¶约定 yuēdìng ～／期日と時間を約束する．②時日．月日．
【时尚】shíshàng ①名 時代の気風．流行．¶不合～／流行遅れである．②形 流行している．
*【时时】shíshí 副 いつも．常に．¶～想起往事 wǎngshì／いつも昔のことを思い出す．
【时世】shíshì 名 時代．
【时式】shíshì 形(多くは服装が)最新流行の,新型の．¶～服装 fúzhuāng／最新流行の服装．
【时势】shíshì 名 時勢．¶～造英雄 yīngxióng／

時代が英雄を生む. ¶～使然 / 時勢のしからしめるところ.
【时事】shíshì 名 **時事**. ¶～新闻 / 時事ニュース. ¶～述评 shùpíng / 時評.
【时速】shísù 名 時速.
【时务】shíwù 名 時代の情勢. ¶不识 shí ～ / 情勢を知らない; 目先がきかない.
【时下】shíxià 名 目下. 今.
【时鲜】shíxiān 名 旬(しゅん)の食べ物. ¶～果品 guǒpǐn / 四季の果物.
【时限】shíxiàn 名 期限.
【时效】shíxiào 名 ①〈法〉時効. ¶已失～ / すでに時効にかかっている. ② ある期間内にのみ有効であること. ¶有～的商品 / 有効期間のある商品.
【时新】shíxīn 形 **最新式. 流行の.** ►服装についていうことが多い. ¶～的式样 shìyàng / 流行のスタイル.
【时兴】shíxīng 動 一時流行する.
【时行】shíxíng 動 流行する.
【时样】shíyàng 名 流行のデザイン.
【时宜】shíyí 名〈書〉時宜. ¶合～ / 時宜に適う.
【时运】shíyùn 名 運. 時の運. ¶～不济 bùjì / 運が向かない〔悪い〕.
【时针】shízhēn 名 時計の(短)針.
【时值】shízhí ① 動〈書〉時まさに…に当たる. ¶～严寒 yánhán / 厳寒に当たり. ② 名〈書〉時価.
【时至今日】shí zhì jīn rì 〈成〉今に至って.
【时钟】shízhōng 名 時を告げる(大型の)時計.
【时装】shízhuāng 名 ① **最新流行の服装**. ¶～店 diàn / ブティック. ②(↔古装)現代の服装. ¶～戏 xì / 現代劇.
【时装表演】shízhuāng biǎoyǎn 名 ファッションショー.

识(識) shí

動 **知っている. 見分ける.** 覚える. ¶一个字不～ / 字は一つたりとも知らない.
◇◆ ①見識. ¶有～之士 / 見識が高い人. ②知識. ¶常～ / 常識. ¶学～ / 学識. ⏩ zhì
【识别】shíbié 動 **識別する**. 見分ける. ¶难以 nányǐ ～ / 見分けがつかない.
【识货】shíhuò 動 物を見る目がある. 目が利く.
【识见】shíjiàn 名〈書〉識見. 見識.
【识破】shípò 動 見破る, 見抜く. ¶～诡计 guǐjì / ペテンを見破る.
【识趣】shíqù 形 気が利く. 状況をわきまえている. ►否定文に用いることが多い.
【识透】shí//tòu 動+結補 熟知する. 見抜く.
【识途老马】shí tú lǎo mǎ 〈成〉経験豊富.
【识文断字】shí wén duàn zì 〈成〉読み書きができる.
【识相】shíxiàng 形〈方〉察しがいい.
【识字】shí//zì 動 字が読める. 字を覚える.

实(實) shí

形 ①(↔虚 xū)**本当である. 真実である**. ¶事情调查 diàochá 得不～ / 事情の調査が確かでない. ②(中が)いっぱいである, 満ちている, 詰まっている. ¶包裹 bāoguǒ ～得很, 不能再塞 sāi 东西了 / 小包は中までいっぱいだから, もう詰め込めない.
◇◆ ①事実. 真実. ¶→～质 zhì. ②実. 種. 果実. ¶结 jiē ～ / 実を結ぶ. ‖姓

【实报实销】shí bào shí xiāo 〈成〉実費どおり支給する.
【实诚】shícheng 形〈方〉誠実である.
【实词】shící 名〈語〉(↔虚词 xūcí)単独で文の主要成分になることができる, 比較的具体的な概念を表す単語. ►中国語の"实词"は一般に"名词、动词、形容词、数词、量词、代词"の6品詞.
【实打实】shí dǎ shí 〈慣〉うそ偽りがない. ¶他干什么都～的 / 彼は何をしてもまじめだ.
【实地】shídì 副 実地に. 現場で; 実際に. ¶～考试 / 実地試験. ¶～去做 / 実際にやってみる.
【实干】shígàn 動 着実に仕事をする. ¶～家 / 着実に仕事をこなす人.
*【实话】shíhuà 名 **本当の話**. ¶～实说 / 本当のことをありのままに言う.
【实惠】shíhuì ① 名 実益. 実際の利益. ② 形 実用的である. 実がある. ¶这个菜又便宜 piányi 又～ / この料理は安くて食べでがある.
*【实际】shíjì ① 名 **実際**. ¶切合～ / 実際にかなっている. ¶脱离 tuōlí ～的空话 kōnghuà / 実際からかけ離れた空論. ② 形 **実際の〔に〕**. 具体的な〔に〕; **実際的である**. ¶～行动 / 実際の行動. ¶你的设想不～ / 君の構想は実際的ではない.
*【实际上】shíjìshang 副 **実際上**; 実質的に. ¶这次比赛～可以说是决赛 juésài / この試合は事実上の決勝戦といえる.
【实价】shíjià 名 掛け値のない価格. 正価.
*【实践】shíjiàn ① 動 **実践する, 実行する**. ¶～诺言 nuòyán / 約束を果たす. ② 名 **実践**.
【实景】shíjǐng 名(↔布景 bùjǐng)ロケーションで撮った場面. ¶拍 pāi ～ / ロケ場面を撮る.
【实据】shíjù 名 確実な証拠.
【实况】shíkuàng 名 実況. ¶～转播 zhuǎnbō / 実況中継放送.
【实力】shílì 名 実力. 力量. ¶发挥 fāhuī ～ / 実力を発揮する.
【实例】shílì 名 実例.
【实录】shílù 名 ① 実況録音〔録画〕. ② 事実の記録. ドキュメント. ③ 実録. ►書名に用いる.
【实情】shíqíng 名 実情. 真相. ¶暗查 ànchá ～ / 真相をひそかに調べる.
【实权】shíquán 名 実権. ¶掌握 zhǎngwò ～ / 実権を握る.
【实施】shíshī 動(政策や政令などを)実施する. ¶～戒严令 jièyánlìng / 戒厳令をしく.
【实事】shíshì 名 事実.
*【实事求是】shí shì qiú shì 〈成〉事実に基づいて真実を求める. 実際に基づいて正しく行動する.
【实数】shíshù 名 ①〈数〉(↔虚数)実数. ② 実際の数.
【实说】shíshuō 動 **ありのままに話す**. ありのままに言う. ¶我就～吧 / 実を言えば.
【实岁】shísuì 名(↔虚岁 xūsuì)満年齢.
【实物】shíwù 名 **実物**. 現物.
【实习】shíxí 動 **実習する**.
*【实现】shíxiàn 動 **実現する**. 達成する. ¶我一定要～自己的理想 / 自分の理想を必ず実現させる.
【实效】shíxiào 名 実効. 実際の効果.
【实心】shíxīn ❶名 真心. 誠意. ¶～实意 / 誠心誠意. ❷形 ① 誠実な. ¶～话 / 誠意のある話 ②(～儿)(中が)詰まっている. ¶这个球 qiú 是～

的 / このボールは中に空洞がない.
【实心眼儿】shíxīnyǎnr 〈慣〉実直である.
*【实行】shíxíng 動 **実行する**. 行う. ¶～计划 / 計画を実行する.
【实学】shíxué 名 着実で基礎のしっかりした学識. ¶真才～ / 本当の才能と着実な学問.
*【实验】shíyàn ①動 **実験する**. ②名 実験. ¶～室 / 実験室. ¶～动物 / 実験用の動物.
【实益】shíyì 名 実益.
*【实用】shíyòng ①形 **実用的である**. ¶这种书柜 shūguì 很～ / この手の本箱は実用向きだ. ②動 実際に使用する. 応用する. ¶学了就能～ / 習えばすぐ実用できる.
【实用主义】shíyòng zhǔyì 名〈哲〉プラグマチズム.
【实在】shízài ❶形 うそいつわりがない. **本物の**. ¶他这个人很～ / 彼は人柄がまじめだ. ❷① **確かに**. **本当に**. 実に. ¶～太好了 / 本当にすばらしい. ② **実は**. **実際には**. ¶～我也不知道 / 実は私もわからない.
*【实在】shízai 形(仕事が)確かである. 着実である. ¶这幢 zhuàng 房子盖 gài 得很～ / この家の作りは実にしっかりしている.
【实则】shízé 副〈書〉実際は.
【实战】shízhàn 名 実戦.
【实证】shízhèng 名 ①〈中医〉実症. ►"实症"とも書く. ②実証. 実際の証明.
【实职】shízhí 形(名目だけでなく)実際に職務に携わっている. ¶～人员 rényuán / 実務担当者.
【实质】shízhì 名 **実質**. ¶精神 jīngshén ～ / (物事の)本質,精髄. ¶～性 xìng 问题 / 実質的な問題. ¶这～上是政治 zhèngzhì 问题 / これは実質上は政治問題である.
【实足】shízú 形 確かに十分な. 100%の. ¶～年龄 niánlíng / 満で数える年齢. 満年齢. ¶～一千人 / まるまる1千名.

拾 shí ①動 **拾う**. **拾い上げる**. ¶～麦穗儿 màisuìr / ムギの落ち穂を拾う. ②数"十"の大字(読み違いや書き直しを防ぐための字).
◇◆ かたづける. 整理する. ¶→～掇 duo.
【拾掇】shíduo 動 ①かたづける. ¶～东西 / 物をかたづける. ②修理する. 修繕する. ¶～钟表 zhōngbiǎo / 時計を修理する. ③〈口〉こらしめる.
【拾金不昧】shí jīn bù mèi 〈成〉拾った金を猫ばばしない.
【拾零】shílíng 名(多く標題に用い)こまごました資料の寄せ集め.
【拾取】shíqǔ 動 拾う.
【拾趣】shíqù 動(多く標題に用い)おもしろい題材を集める.
【拾人牙慧】shí rén yá huì 〈成〉他人の受け売りをする.
【拾物招领处】shíwù zhāolǐngchù 名 遺失物取扱所.
【拾遗】shíyí 動〈書〉①拾った遺失物を自分のものにする. ②他人の著作の遺漏を補充する. ③思いついたままに書きつける;雑記.

食(蚀) shí ①動〈書〉**食べる**. ►話し言葉では"吃 chī"を用いる. ¶服此 cǐ 药忌 jì ～寒 hán / この薬を服用中は冷たい食べ物を食べないこと. ②名(～儿)〈書〉(動物の)**えさ**,**飼料**. ¶给小鸟喂 wèi ～ / 小鳥にえさをやる.
◇◆ ①食べ物. …食. ¶面～ / 小麦粉製品の主食の総称. ¶零 líng ～ / おやつ. ②食事する. ¶挑 tiāo ～ / 偏食する. ③食用の. ¶→～盐 yán. ④日食. 月食. ¶全 quán ～ / 皆既食.
【食补】shíbǔ 動(食べ物から)滋養分を補う.
【食不甘味】shí bù gān wèi 〈成〉(病気や心配事で)食べ物がおいしくない.
【食道】shídào 名〈生理〉食道.
【食管】shíguǎn 名〈生理〉食道.
【食盒】shíhé 名 弁当箱の一種;重箱の類;(料理屋が使う)岡(おか)持ち.
【食具】shíjù 名 食器.
【食粮】shíliáng 名 食糧;〈喩〉糧(かて). 必要不可欠のもの. ¶精神 jīngshén ～ / 心の糧. ¶石油 shíyóu 是工业的～ / 石油は工業の土台である.
【食量】shíliàng 名 1回の食事で食べる量. ►普通"饭量 fànliàng"という.
【食疗】shíliáo 名 食事療法.
*【食品】shípǐn 名 **食料品**. **食品**.
【食谱】shípǔ 名 料理の本;メニュー. 献立.
【食宿】shísù 名 食事と宿泊.
【食堂】shítáng 名 **食堂. ¶职工 zhígōng ～ / 社員食堂. 注意 "食堂"は一般的に機関や団体内の構成員を対象とするものをさす.
【食糖】shítáng 名〈書〉砂糖.
*【食物】shíwù 名 **食物**.
【食物链】shíwùliàn 名〈生〉食物連鎖.
【食物中毒】shíwù zhòngdú 名 食中毒.
【食言】shíyán 動 約束をたがえる. ¶我既 jì 答应 dāying 下来,决不～ / 承諾したからには,絶対に実行します.
【食盐】shíyán 名 食塩. 塩.
【食蚁兽】shíyǐshòu 名〈動〉アリクイ.
【食用】shíyòng ①動 食用にする. ②形 食用の.
【食油】shíyóu 名 食用油.
【食欲】shíyù 名 食欲. ¶～旺盛 wàngshèng / 食欲が旺盛である.
【食指】shízhǐ 名 食指. 人差し指.

蚀 shí 動 ①欠損する. ¶这一次～得太多 / 今回は大変な損をした. ¶偷 tōu 鸡不着 bù zháo ～把米 / 〈諺〉(ニワトリを逃した上にコメまで失う)元も子もない. アブハチとらず. ②(虫が)むしばむ;(薬品などが)侵す. ¶毡帽 zhānmào 让虫子 chóngzi ～了 / 毛の帽子が虫に食われてしまった.
【蚀本】shí//běn 動(～儿)元手を割る. 赤字を出す.
【蚀刻】shíkè 名〈美〉エッチング.

3声 **史** shǐ ◇◆ ①歴史. ¶近代～ / 近代史. ②史官. 昔,歴史の記載をつかさどった役人. ‖姓
【史册·史策】shǐcè 名〈書〉歴史の記録. ¶名垂 chuí ～ / 歴史の記録に名を残す.
【史馆】shǐguǎn 名〈旧〉歴史編纂所.
【史籍】shǐjí 名 歴史書. 史籍.
【史迹】shǐjì 名 史跡.
【史料】shǐliào 名 史料. 歴史の資料.
【史前】shǐqián 名 有史以前. 先史. ¶～时代 / 先史時代. ¶～考古学 / 先史考古学.
【史实】shǐshí 名 史実. ¶有～根据 gēnjù / 歴史

S

上の事実に基づく根拠がある.
【史书】shǐshū 名 歴史書.
【史无前例】shǐ wú qián lì 〈成〉歴史に前例がない. 古今未曾有である.
【史传】shǐzhuàn 名 歴史と伝記.

矢 shǐ 名 ①〈古〉矢. ¶流～ / 流れ矢. ¶飞～ / 飛んでいる矢. ②〈古〉大便. ¶遗 yí～ / 大便をする.
◇◆ 誓いを立てる. ¶～忠 zhōng / 忠誠を誓う.
【矢口】shǐkǒu 副〈書〉あくまで(言い張る). ¶～抵赖 dǐlài / 頑として罪を否認する. ¶～否认 fǒurèn / どうしても口を割らない. どうしても認めようとしない.
【矢量】shǐliàng 名〈物〉〈数〉ベクトル.
【矢志】shǐzhì 動〈書〉心に誓う. 志を立てる. ¶～不渝 bùyú / 志を変えないことを誓う.

** **使 shǐ** 動 ① **使う. 使用する.** ¶剪刀 jiǎndāo 我正～着呢 / はさみはいま使っている. ¶把力气～在关键 guānjiàn 的地方 / 力を肝心なところに使う.
② **…に…させる. …をして…せしめる.** 語法 通常, 兼語文を作る. 多くの場合, "使"の前で述べられていること(省略されることもある)が原因となって, "使"の後に述べることが生じることを説明する. ¶～大家高兴 / みんなを喜ばせる. ¶他的技术 jìshù～我佩服 pèifu / 彼の技術に私は感心した.
◇◆ ①使者. 使いの者. ¶大～ / 大使. ②もし…なら. …たら. ¶假 jiǎ～… / もし…なら. ¶纵 zòng～… / よしんば…としても.
【使绊儿】shǐ//bànr 動 足をかけて(人を)倒す；〈喩〉ひそかに危害を加える. ►"使绊子"とも.
【使不得】shǐbude 動+可補 ① **使えない；使いものにならない.** ② **いけない. だめである.**
【使不惯】shǐbuguàn 動+可補 使い慣れない.
【使不上】shǐbushàng 動+可補 実際に使えない. ¶这事儿我可～劲儿 jìnr / このことに対しては無力である.
【使臣】shǐchén 名 使臣. 使節.
*【使得】shǐde ① 動(後に述べる結果を) **引き起こす.** ¶紧张的工作～他更加消瘦 xiāoshòu 了 / 激しい仕事により彼はいっそうやつれてしまった. 〚"由于…, 使得…"〛 *yóuyú…, shǐde…* ¶由于经济不景气, ～中小企业接连破产 pòchǎn / 不景気で中小企業が相次いで倒産した. ② 動+可補 **使える；かまわない. よろしい.** ►否定は"使不得 shǐbude". ¶这台机器 jīqi 虽然旧 jiù, 但还～ / この機械は古いけれどもまだ使える. ¶这样做怎么～? / このようにしてはだめじゃないか.
【使馆】shǐguǎn 名 **大使館.**
【使坏】shǐ//huài 動〈口〉そそのかす. ずるいことをする.
【使唤】shǐhuan 動〈口〉 ①(人を)使う, 働かせる. ②(道具や役畜を)使う.
【使节】shǐjié 名 使節.
*【使劲】shǐ//jìn (～儿)動 ① **力を入れる. 力む.** ¶～儿划 huá 船 / 力を入れてボートをこぐ. ¶有使不完的劲 / 使いきれないほどの力がある. ② 力を貸す. 努力する. ¶替 tì 他～儿 / 彼のために力を貸す. ¶使一把劲儿 / ひと肌脱ぐ.
【使令】shǐlìng 〈書〉 ① 動(人に)指図する. ② 名 指図される人.
【使命】shǐmìng 名 **使命.** ¶完成 wánchéng～ / 使命を果たす.
【使然】shǐrán 動〈書〉しからしめる.
【使性】shǐxìng 動(～子)腹を立てる. 当たり散らす.
【使眼色】shǐ yǎnsè 〈慣〉目くばせをする. 目で合図をする. ¶他给我～, 叫我别说 / 話をするな, と彼は私に目くばせした.
【使役】shǐyì 動(役畜を)使用する.
*【使用】shǐyòng 動 **使用する.**
【使招儿】shǐ//zhāor 動 計略を使う.
【使者】shǐzhě 名 使者.

始 shǐ 副〈書〉初めて. やっと. ¶不断努力 nǔlì, ～能成功 / たえず努力して, 初めて成功できる.
◇◆ ①最初. 始め. ¶从～至 zhì 终 / 始めから終わりまで. ②〈書〉始まる. 開始する. ¶不自今日～ / 今日に始まったことではない. ‖姓
【始而】shǐ'ér 副〈書〉始め(のうち)は…. ►"继而 jì'ér"と呼応させて用いることが多い.
【始发站】shǐfāzhàn 名 始発駅.
【始料不及】shǐ liào bù jí 〈成〉予測できなかった.
【始末】shǐmò 名 事の経緯.
*【始终】shǐzhōng ① 副 **一貫して.** 始めから終わりまで. ►否定文に用いることも少なくない. ¶他～坚持 jiānchí 自己的主张 zhǔzhāng / 彼は自分の主張をあくまで押し通した. ¶～不发言 / 始めから終わりまで沈黙する. 黙りこんでいる. [“始终”は時間を示す語句は伴えない. “一直 yīzhí”などの副詞に変えればよい] ¶他们一直等到深夜〔×他们～等到深夜〕/ みんなは夜中までずっと待った. ② 名 **終始. 始終.** ¶事件的～ / 事の一部始終. ¶贯彻 guànchè～ / 始めから終わりまで貫徹する.
【始祖】shǐzǔ 名 ①始祖. 元祖. ②(学派や技芸の)創始者. ③(動物の)最古の祖先.
【始祖鸟】shǐzǔniǎo 名〈古生物〉始祖鳥.
【始作俑者】shǐ zuò yǒng zhě 〈成〉悪例を作り出した人.

驶 shǐ 動(車・船などの乗り物が) **速く走る,** 疾駆する. ¶火车急速 jísù 地～向前方 / 汽車はどんどん前へ進んだ.
◇◆ 乗り物を運転する. 操縦する. ¶驾 jià～ / 運転する. 操縦する.

* **屎 shǐ** 名 **大便.** 糞. ►口語的な表現. ¶拉 lā～ / 大便をする.
◇◆(耳や目などの)あか, やに. ¶眼 yǎn～ / 目やに.
【屎蛋】shǐdàn 名〈罵〉能なし. 糞ったれ.
【屎盆子】shǐpénzi 名〈口〉便器. おまる；〈喩〉汚名.

4声 **士 shì** 名 ①(封建時代の階層)士. ②〈軍〉下士官. ¶上～ / 曹長. ③ 中国将棋の駒の一つ.
◇◆ ①(昔の)知識人. ¶→～人. ¶学～ / 学問を研究している人. ②人に対する美称. ¶女～ / 女史. ¶勇 yǒng～ / 勇士. ③軍人. ¶战 zhàn～ / 戦士. 闘士. ¶→～气 qì. ④ある種の技能者. ¶医 yī～ / 医者. ¶护 hù～ / 看護師. ‖姓
*【士兵】shìbīng 名〈軍〉**下士官と兵卒. 兵士.**
【士大夫】shìdàfū 名〈書〉士大夫. 封建時代の官僚層あるいは官職についていない読書人.
【士气】shìqì 名 士気.

S

【士人】shìrén 名〈旧〉(封建時代の)知識人.
【士卒】shìzú 名〈書〉士卒. 士兵.

氏 shì ◇◆ ①(同じ血族の集団)…氏. …家. ②〈旧〉《既婚女性の実家の姓の後につけて,その女性の呼び名とする》► さらにその前に夫の姓を付け加えることも多い. ¶王～ / 里(さと)の姓が王である夫人. ¶李张～ / 里の姓が張である李家の夫人. ③《名士・専門家などに対する敬称.》¶摄 shè ～温度表 / 摂氏温度計. ④《親族の呼び名の後に用いて,自分の親族であることを示す》¶舅 jiù ～ / (私の)母方のおじ. ‖姓
【氏族】shìzú 名 氏族.

示 shì ◇◆ 示す. 表示する. ¶显 xiǎn～ / はっきり示す. ¶暗 àn ～ / 暗示する. ¶出 chū ～ / 呈示する.
【示波器】shìbōqì 名〈電〉オシログラフ.
【示补】shìbǔ 名(～儿)(漢字の偏旁)しめすへん "ネ".
【示范】shìfàn 動 **模範を示す**. ¶～操作 cāozuò / 模範作業.
【示复】shìfù 動〈書〉返事をくださる.
【示警】shìjǐng 動(信号などで)危険を知らせる.
【示例】shìlì 動 例を示す.
【示弱】shìruò 動 弱みを見せる. 弱音を吐く. ¶不甘 bùgān ～ / 弱みを見せたくない.
【示威】shì//wēi 動 デモをする. 示威する;相手に自分の力を見せる. ¶～游行 yóuxíng / デモ行進.
【示以】shìyǐ 動〈書〉…で知らせる. …で示す.
【示意】shìyì 動(合図や図形などで)意図を示す.
【示意图】shìyìtú 名 見取り図. ¶火箭 huǒjiàn 飞行～ / ロケットの軌道図.
【示众】shìzhòng 動 見せしめにする.

世 shì ◇◆ ①人の一生. ¶一生一～ / 一生涯(を通じて). ②代. 世代. ¶第三～孙 / 3代目の孫. ③代々(の). ¶～医 / 代々伝わる医者の家. ④(二世代以上にわたる)交際. ¶→～兄 xiōng. ⑤時代. ¶当～ / 当世. 今どき. ⑥世の中. ¶→～上 shàng. ‖姓
【世博会】shìbóhuì 名〈略〉万国博覧会.
【世仇】shìchóu 名 代々の敵.
【世传】shìchuán 動 代々伝わる〔伝える〕.
【世代】shìdài 名 1 世代. 年代. 2 代々. ¶～相传 xiāngchuán / 代々伝わる.
【世道】shìdào 名 世の中のありさま.
【世风】shìfēng 名〈書〉社会の気風. 世相.
【世故】shìgù 名 世故. 処世の経験.
【世故】shìgu 形 如才ない.
【世纪】shìjì 名 **世紀**. ¶二十一～ / 21世紀.
【世纪末】shìjìmò 名 世紀末;〈転〉末期.
【世家】shìjiā 名(封建時代の)代々の名門.
【世间】shìjiān 名 世の中.
【世交】shìjiāo 名 先代からの付き合い.
【世界】shìjiè 名 1(全地球上としての)**世界**. ¶～冠军 guànjūn / 世界チャンピオン. ¶～市场 / 国際市場. 2(自然界・人間社会全体としての)世界. ¶～上没这么美的事 / 世の中にそんなに甘い事はない. 3《社会の気風・情勢をさす》**世の中**. ¶现在是什么～,还会允许 yǔnxǔ 你不讲理 / 今がどんな世の中だと思っているんだ,そんな理不尽が通ると思うのか. 4 領域. 分野. 活動範囲. ¶科学～ / 科学の世界〔領域〕. ¶主观 zhǔguān ～ / 主観の世界.
【世界杯】shìjièbēi 名〈体〉ワールドカップ.
【世界贸易组织】Shìjiè màoyì zǔzhī 名 世界貿易機関. WTO.
【世界卫生组织】Shìjiè wèishēng zǔzhī 名 世界保健機関. WHO.
【世界银行】Shìjiè yínháng 名 世界銀行. ► "世行"とも.
【世界语】Shìjièyǔ 名〈語〉エスペラント(語).
【世局】shìjú 名 世界情勢.
【世贸】Shìmào 名〈略〉世界貿易機関. WTO.
【世面】shìmiàn 名 世の中. 世相.
【世情】shìqíng 名 世情. 人情.
【世人】shìrén 名 世間の人.
【世上】shìshàng 名 世間. 世の中.
【世事】shìshì 名〈書〉世間のこと. 俗事.
【世世代代】shìshìdàidài 名 世々代々.
【世俗】shìsú 1 名〈書〉世の習わし. ¶～眼光 yǎnguāng / 世俗の見解. 2 形 非宗教的な.
【世态】shìtài 名 世の中のありさま.
【世态炎凉】shì tài yán liáng 〈成〉人間関係が金銭や権勢に左右され,人情が薄いこと.
【世外桃源】shì wài táo yuán 〈成〉桃源郷. ユートピア.
【世袭】shìxí 動 世襲する.
【世系】shìxì 名 家系. 系譜.
【世兄】shìxiōng 名 同じ世代の人に対する称;友人の息子に対する敬称.

仕 shì 名 中国将棋の駒の一つ. ◇◆ 官吏になる. ¶出～ / 出仕する. ‖姓
【仕宦】shìhuàn 動〈書〉官職につく.
【仕进】shìjìn 動〈書〉(官吏が)昇進する.
【仕女】shìnǚ 名 1 宮女. 2 美人画.
【仕途】shìtú 名〈書〉官吏になる道.

***市 shì** 名(行政の一単位)市(し). ¶～政府 zhèngfǔ / 市役所. ◇◆ ①市(いち). 市場. ¶菜 cài ～ / 青物市場. ②都市. 街. ¶都 dū ～ / 都市. ③(↔公 gōng)《伝統的な度量衡》¶→～尺 chǐ. ¶→～斤 jīn.
*【市场】shìchǎng 名 1 **市場**(いちば). **マーケット**. ¶逛 guàng ～ / 市場へひやかしに行く. ¶～繁荣 fánróng / 市場がにぎわって繁盛している. 2 **販路**. 市場(しじょう). マーケット. ¶扩大 kuòdà ～ / 販路を広める. 3〈喩〉思想・行為や事物を受け入れる場所. ¶全盘 quánpán 西化的论调 lùndiào 已经没有～了 / 全面的西欧化の意見はもはや相手にされなくなった.
【市尺】shìchǐ 量(長さの単位)尺(しゃく). ► 1 "市尺"は1メートルの3分の1.
【市寸】shìcùn 量(長さの単位)寸(すん). ► 1 "市尺 shìchǐ"の10分の1.
【市石】shìdàn 量(容量の単位)石(こく). ► 1 "市石"は100リットル.
【市担】shìdàn 量(重さの単位)担(たん). ► 1 "市担"は50キログラム.
【市斗】shìdǒu 量(容量の単位)斗(と). ► 1 "市斗"は10リットル.
【市府】shìfǔ 名 市政府.
【市话】shìhuà 名〈略〉市内電話.
【市集】shìjí 名 1 農村などで定期的に立つ市. 2

S

街．小都会．
【市价】shìjià 名〈略〉市場価格．
【市郊】shìjiāo 名 市の行政区画内の郊外地区．
【市斤】shìjīn 量(重さの単位)斤(きん)．►1“市斤”は２分の１キロ,500グラム．
【市井】shìjǐng 名〈書〉市井．
【市侩】shìkuài 名 ブローカー；〈転〉奸商；がりがり亡者．¶～习气 xíqì / 俗物根性．
【市厘】shìlí 量 ①(長さの単位) ►1“市厘”は１“市尺 shìchǐ”の千分の１．②(重さの単位) ►1“市斤 shìjīn”の１万分の１．
【市里】shìlǐ 量(長さの単位)里．►1“市里”は500メートル．
【市两】shìliǎng 量(重さの単位)両(りょう)．►1“市两”は50グラム．
【市面】shìmiàn 名 市況．景気．¶～繁荣 fánróng / 景気がよい．
【市民】shìmín 名 **市民．都市の住民．**
【市亩】shìmǔ 量(面積の単位)畝(ム)．►1“市亩”は15分の１ヘクタール．
【市钱】shìqián 量(重さの単位)銭．►1“市斤 shìjīn”の100分の１．
【市顷】shìqǐng 量(面積の単位)頃．►1“市顷”は100“市亩 shìmǔ”,6.6667ヘクタール．
【市区】shìqū 名(↔郊区 jiāoqū)市街地区．
【市容】shìróng 名 街のありさま．
【市升】shìshēng 量(容量の単位)升(しょう)．►1“市升”は１リットル．
【市用制】shìyòngzhì →【市制】shìzhì
【市长】shìzhǎng 名 市長．
【市镇】shìzhèn 名 やや大きな町．小都市．
【市政】shìzhèng 名 市政．
【市制】shìzhì 名 **中国通用の度量衡制度．**►“市用制 shìyòngzhì”とも．

式 shì

◇◆ ①様式．スタイル．¶老～ / 旧式．¶美 Měi～ / アメリカンスタイル(の)．②格式．形式．¶款 kuǎn～ / 様式．デザイン．③式典．¶毕业 bìyè～ / 卒業式．④(自然科学における)式．¶方程～ / 方程式．⑤〈語〉法．ムード．¶命令～ / 命令法．
【式样】shìyàng 名 様式．デザイン．
【式子】shìzi 名 ①姿勢．身ごなし．②数式．

似 shì

“…似的 shìde”⇩という言葉に用いる．▸▸sì
*【…似的】…shìde 助《ある事物や状況と類似していることを表す》(まるで)…**のようだ．…らしい．**
注意 先行する“像 xiàng、好像、仿佛 fǎngfú”などと呼応することが多い．“是的”とも表記する．¶风景 fēngjǐng 像画儿～那么美丽 měilì / 景色はまるで絵のように美しい．¶他仿佛喝醉 zuì 了～ / 彼はどうやら酔ってしまったらしい．

势(勢) shì

◇◆ ①情勢．¶趋 qū～ / 形勢．②勢力．気勢．¶权 quán～ / 権威(者)．③勢い．¶火～ / 火の勢い．④自然現象のさま．¶山～ / 山の姿．⑤姿．形．¶手～ / 手まね．ゼスチャー．¶姿 zī～ / 姿勢．⑥雄の生殖器．¶去～ / 去勢(する)．
【势必】shìbì 副 いきおい．必ず…に違いない．
【势不可当】shì bù kě dāng〈成〉勢いが激しくて阻むことができない．►“势不可挡 dǎng”とも．
【势不两立】shì bù liǎng lì〈成〉(敵対するものが)両立できない．
【势成骑虎】shì chéng qí hǔ〈成〉騎虎(きこ)の勢いとなる．引くに引けない情勢となる．
【势均力敌】shì jūn lì dí〈成〉勢力が互角である．
【势力】shìli 名 **勢力．力．**¶进步～ / 進歩的な勢力．¶～范围 fànwéi / 勢力圏．
【势利】shìli 形 権威が利益になびく．¶那像伙 jiāhuo 真～ / あいつは人によって態度を変える．
【势利眼】shìliyǎn〈慣〉相手の権威や財力で態度を変える人．
【势如破竹】shì rú pò zhú〈成〉破竹の勢い．猛烈な勢いで進むさま．
【势态】shìtài 名 情勢．
【势头】shìtóu 名〈口〉①形勢．情勢．②勢い．¶他见～不对,转身 zhuǎnshēn 就走 / 風向きがおかしいと見てとるや,彼はすぐに行ってしまった．
【势焰】shìyàn 名〈書〉気炎．¶～熏天 xūntiān / 勢いが天をも覆うようである．
【势在必行】shì zài bì xíng〈成〉どうしてもやらなければならない．

** 事 shì

名(～儿) ①**用事．事．**事柄．事務．¶我有～儿 / 私は用事があります．¶这～儿不好办 / この件の処理は簡単ではない．②**事故．事件．**¶出～儿 / 事件だ；事故が起きた．③仕事．職業．¶你现在做什么～儿？/ いまは何をなさっているのですか．
◇◆ ①従事する．携わる．¶不～农务 nóngwù / 農業に従事しない．②仕える．¶不～二主 / 異なる主人に仕えない．
【事半功倍】shì bàn gōng bèi〈成〉半分の労力で倍の成果をあげる．
【事倍功半】shì bèi gōng bàn〈成〉倍の労力をかけて半分の成果しかあがらない．
【事必躬亲】shì bì gōng qīn〈成〉何事も必ず自分で行う．
【事变】shìbiàn 名 ①**事変．**②(広く)事物・事情の変化．
【事不过三】shì bù guò sān〈成〉①同じ事を３回繰り返してはならない．②三度目の正直．
【事不宜迟】shì bù yí chí〈成〉事は遅らせるべきではない．
【事出有因】shì chū yǒu yīn〈成〉事の起こりには原因がある．
【事到临头】shì dào lín tóu〈成〉差し迫った状況になる．
【事端】shìduān 名〈書〉事故．紛糾．¶挑起 tiǎoqǐ～ / いざこざを引き起こす．
【事故】shìgù 名 **事故．**トラブル．量 个,次．
【事过境迁】shì guò jìng qiān〈成〉客観情勢がすでに変わっている．
【事后】shìhòu 名 事後．
【事后诸葛亮】shìhòu Zhūgě Liàng〈慣〉事が終わってから偉そうなことを言う(人)．下種(げす)の後知恵．
【事机】shìjī 名 ①機密事項．②情勢．
【事迹】shìjì 名 事績．¶生平～ / 一生の事績．
【事假】shìjià 名 私用による休暇．¶请～ / 私用休暇をとる．
*【事件】shìjiàn 名 **事件．できごと．**¶历史～ / 歴

史上のできごと. ¶不幸〜 / 不幸な事件.
【事理】shìlǐ 名 事の道理. ¶明白〜 / 物事の道理をよくわきまえる.
【事例】shìlì 名 事例. ¶典型 diǎnxíng 〜 / 典型的なケース.
【事略】shìlüè 名 略伝.
【事前】shìqián 名 事前. ¶〜做好准备 zhǔnbèi / 事前にしっかりと準備する.
**【事情】shìqing 名 ①事. 事柄. 量 件, 桩 zhuāng. ¶〜是这样的 / いきさつはこうだ. ②仕事. 職務. ¶你的〜怎么样啦? / 君の仕事はどうなったかね. ③用. 用事. 量 件, 桩. ¶你有什么〜, 尽管 jǐnguǎn 告诉我 / 用があれば遠慮せずに私に言ってください. ④事故. 事件. ¶出了〜就麻烦 máfan 了 / 事故を起こしたら面倒なことになる.
【事权】shìquán 名 職権.
【事儿妈】shìrmā 名〈方〉トラブルをおこしやすい人; おせっかい焼き.
*【事实】shìshí 名 事実. ¶不顾 bùgù 〜 / 事実を無視する. ¶摆 bǎi 〜, 讲道理 / 事実を並べ, 筋道を通す. ¶〜上 shang / 事実上.
【事事】shìshì 名 すべての事.
【事态】shìtài 名 事態. ¶〜严重 yánzhòng / 事態が深刻である.
【事务】shìwù 名 ①(なすべき)仕事. ¶〜繁忙 fánmáng / 仕事が忙しい. ②一般事務. 総務. 庶務. ¶〜科 kē / 総務課. ¶〜工作 / 庶務の仕事.
*【事物】shìwù 名 事物. 物事. ¶对〜的看法 / 物事に対する見方.
*【事先】shìxiān 名 事前. ¶〜跟他们打个招呼 zhāohu / 前もって彼らに声を掛けて〔知らせて〕おく.
【事项】shìxiàng 名 事項.
*【事业】shìyè 名 ①事業. ¶文化〜 / 文化事業. ¶开拓 kāituò 新〜 / 新しい事業を切り開く. ②(↔企业 qǐyè)(国家の経費で運営される非営利の)事業. ¶〜部门 bùmén / (非営利)事業部門. ¶〜单位 dānwèi / 事業体.
【事业心】shìyèxīn 名 仕事への情熱や使命感.
【事宜】shìyí 名(公文書や法令で)事柄.
【事由】shìyóu 名 ①事の経緯. 事の次第. ②(公文書用語)件名. ③(〜儿)口実. ④(〜儿)〈方〉働き口.
【事与愿违】shì yǔ yuàn wéi〈成〉意図したとおりに事が運ばない.
【事在人为】shì zài rén wéi〈成〉事の成否は人のやり方いかんで決まる.
【事主】shìzhǔ 名 ①刑事事件の被害者. ②〈旧〉結婚・葬式をする家.

侍 shì

◇◆ そばに仕える. ‖姓

【侍婢】shìbì 名〈旧〉侍女.
【侍从】shìcóng 名 侍従.
【侍儿】shì'ér →【侍女】shìnǚ
【侍奉】shìfèng 動〈書〉(目上の人に)かしずく.
【侍候】shìhòu 動 仕える.
【侍立】shìlì 動(目上の人の)そばに立ってはべる.
【侍女】shìnǚ 名〈旧〉侍女.
【侍卫】shìwèi〈書〉①動 護衛する. ②名(皇帝または宮廷の)衛兵.
【侍者】shìzhě 名〈書〉侍者. お付きの者.

饰 shì

動 扮する. (芝居・映画などで)…の役を務める. ¶〜剧 jù 中主角 zhǔjué / 劇で主役に扮する.
◇◆ ①飾る. 装飾する. ¶雕 diāo 〜 / 彫刻して飾る. ②覆い隠す. ¶掩 yǎn 〜 / つくろい隠す. ③装飾品. ¶窗 chuāng 〜 / 窓の飾り.
【饰词】shìcí 名 言い逃れ. 口実.
【饰件儿】shìjianr 名(家具の)飾り金具.
【饰品】shìpǐn 名 アクセサリー.

【饰物】shìwù 名 装身具; 飾り物. 装飾品.
【饰演】shìyǎn 動(劇中の人物に)扮する.

**试 shì

動 ①試みる. 試しに行う. ¶你〜〜合适 héshì 不合适 / ぴったりかどうかちょっと試して〔着けて〕ごらん. ②(体温を)測る. ¶〜体温 tǐwēn / 体温を測る.
◇◆ 試験する. ¶笔 bǐ 〜 / 筆記試験. ¶→〜卷 juàn.
【试办】shìbàn 動 試行する; 試験的に経営する.
【试表】shì//biǎo 動〈口〉体温を計る.
【试场】shìchǎng 名 試験場.
【试车】shì//chē 動 試運転する.
【试点】shìdiǎn 動 試験的にやってみる. ¶〜学校 / 実験校. モデル校.
【试飞】shìfēi 動 試験飛行する.
【试工】shì//gōng 動(労働者などを)試用する.
【试管】shìguǎn 名〈化〉試験管. 量 支 zhī.
【试管婴儿】shìguǎn yīng'ér 名〈医〉試験管ベビー.
【试航】shìháng 動 試験飛行〔航海〕する.
【试金石】shìjīnshí 名 試金石.
【试卷】shìjuàn 名 答案用紙.
【试看】shìkàn 名(試みに)見る. 見てみる. ¶〜录像带 lùxiàngdài / ビデオを試しに見る.
【试期】shìqī 名〈略〉試験期日.
【试手】shì//shǒu 動(〜儿)腕試しをする. 試験的にやってみる.
【试探】shìtàn 動(問題などを)探索する.
【试探】shìtan 動 探る. 探りを入れる. ¶你去〜

S

一下 / ひとつ探りを入れてみなさい.
【试题】shìtí 名 試験問題. 量 道.
【试图】shìtú 動 …しようと試みる. 企てる.
【试问】shìwèn 動〈婉〉(詰問に用い)試しに聞く(が). ¶～没有船 chuán, 怎么过江 jiāng 呢？/ いったい船がなくてどうして川を渡れるっていうのかね.
【试想】shìxiǎng 動〈婉〉(詰問に用い)考えてみなさい. ¶～这样下去对你有好处吗？/ 考えてもごらん, こんなことをしていて君にプラスになりますか.
【试销】shìxiāo 動 試販する.
【试行】shìxíng 動 試行する. 試験的に実施する. ¶～采用 cǎiyòng / 試験的に採用してみる.
*【试验】shìyàn ① 動 **試験する, 実験する.** ¶～一种新方法 / 新しい方法をテストしてみる. ¶行不行, 要再～～ / 大丈夫かどうか, もう少し試験してみないといけない. ② 名 実験. 試験. ¶～阶段 jiēduàn / テスト段階. ►現在は学校などの試験は含まない.
【试样】shì//yàng ❶名 見本. サンプル. ❷動 ① 仮縫いをする. ② 服や靴を試着する.
【试用】shìyòng 動 **試用する.** ¶～本 / 試用本. ¶～期 qī / 試用期間. ¶～人员 / 見習い.
【试纸】shìzhǐ 名〈化〉試験紙.
【试制】shìzhì 動 試作する.

视 shì

◇◆ ①見る. ¶近～ / 近視；近視眼的である. ②見なす. 判断する. ¶轻 qīng ～ / 軽視する. ③観察する. ¶监 jiān ～ / 監視する. ‖姓
【视察】shìchá 動 ①(上級の者が下部の)**視察をする.** ¶中央 zhōngyāng 领导 lǐngdǎo 到农村～ / 中央の指導者が農村を視察する. ② 観察する. ¶～地形 dìxíng / 地形を観察する.
【视窗】Shìchuāng 名〈電算〉〈商標〉ウインドウズ.
【视而不见】shì ér bù jiàn〈成〉重視しない. 注意を払わない.
【视角】shìjiǎo 名 ① 視角. 物体の両端から目に至る2直線のなす角. ②〈物〉画角. 写角. ③ 視点.
【视觉】shìjué 名〈生理〉視覚.
【视力】shìlì 名 **視力.** ¶～表 biǎo / 視力検査表.
【视盘】shìpán 名〈略〉ビデオディスク. ►"视频光盘 shìpín guāngpán"の略.
【视若无睹】shì ruò wú dǔ〈成〉見て見ぬふりをする. 看過する.
【视死如归】shì sǐ rú guī〈成〉少しも死を恐れない.
【视听】shìtīng 名〈書〉見ること聞くこと. 見聞. ¶混淆 hùnxiáo ～ / 人の耳目を惑わす.
【视同儿戏】shì tóng ér xì〈成〉全く問題にしない.
【视同路人】shì tóng lù rén〈成〉赤の他人のように扱う.
【视网膜】shìwǎngmó 名〈生理〉網膜.
【视为】shìwéi 動〈書〉…と見なす. …と考える. ¶～危途 wēitú / 危険なことと考える.
【视线】shìxiàn 名 **視線.** ¶避开 bìkāi ～ / 視線を避ける. ¶转移 zhuǎnyí ～ / 注意をそらす.
【视野】shìyě 名 視野. ¶扩大 kuòdà ～ / 視野を広げる. ¶进入～ / 視野に入る. ¶遮住 zhēzhù ～ / 視野を遮る.

拭 shì

◇◆ ふく. ぬぐう. ¶～泪 lèi / 涙をぬぐう.
【拭目以待】shì mù yǐ dài〈成〉刮目(かつもく)して待つ.

柿 shì

◇◆ カキの木；カキの実. ¶～(子)树 / カキの木.
【柿饼】shìbǐng 名 干し柿.
【柿子】shìzi 名〈植〉柿の木；柿の実.
【柿子椒】shìzijiāo 名〈植〉ピーマン.

** 是 shì

❶動 …だ. …である. ►話し手の肯定判断を表す動詞. 否定は"不"しか用いない.
① …は…である. ¶我～日本人 / 私は日本人です. ¶他不～老师 / あの人は先生ではない. ¶这～你的 / これは君のものだ. ¶我的理想 lǐxiǎng ～将来 jiānglái 当一名医生 / 私の夢は将来医者になることだ.

語法ノート

"是"を省略できる場合

目的語が数量や暦・出身などを示す場合, "是"は省略されることも多い. ただし, 否定文の場合には"是"は省略できない. ¶明天(～)星期二 / あすは火曜日だ. ¶她(～)上海人 / 彼女は上海の人だ. ¶今天不～十月一号 / きょうは10月1日ではない.

"是"が存在を表す場合

主語が場所などを示す語で, その場所が"是"の後に来るものによって占められていることを説明する. ¶村子 cūnzi 前面～一片 piàn 水田 / 村の前には水田が一面に広がっている. ¶热得浑身 húnshēn ～汗 hàn / 暑くて全身汗びっしょりだ.

② 《形容詞や動詞からなる, 本来"是"を必要としない述部に用い, **話し手が自身の考えをはっきりさせたり, ある部分に焦点を当ててそこを強調する**》
a (“是”は強く発音して)肯定を強く押し出す. ¶这本书～好, 你可以看看 / この本は本当にすばらしいよ, 君も読んだらいい. ¶我打听清楚 qīngchu 了, 他那天～没去 / いろいろ聞いて分かったんだが, 彼はその日確かに行っていなかった. b 文末に"的"を伴う. ¶身上虽 suī 冷, 心里～暖 nuǎn 的 / 体は寒いが心は温かい. ¶钱～靠 kào 自己劳动挣 zhèng 来的 / お金は自分の働きで手に入れたものだ. 注意 過去の動作について述べる"是…的"構文は"的 de"の③を参照. ⇒〖的 de〗 c "不是"と並べて. ►多く弁明に用いる. ¶我～来学习的, 不～来玩儿 wánr 的 / 私は勉強に来たのであって, 遊びに来たのではない. d 文の内容全体を強く肯定したり, 文の主語を強調して. ¶～不下雨了, 不骗 piàn 你 / 雨は確かにやんだんだ, うそじゃない.
③ 《選択疑問文や反語文を作る》¶你～吃米饭～吃馒头？/ ご飯にしますか, それともマントウにしますか. ¶他不～走了吗？/ 彼は行っちゃったんじゃないの. ⇒【还是】háishi
④ 《名詞の前に置き》すべて. いかなる. ►"凡是 fánshì"の意味を表す. ¶～中国电影 diànyǐng 他都看 / 彼は中国の映画ならすべて見る.
⑤ 《ある特定の名詞の前に置き, 条件・要求などに合うことを表す》¶你来得很～时候 / 君はちょうどいいところに来た.
⑥ 《譲歩を表す》¶好～好, 就是价钱 jiàqian 太贵 guì / いいにはいいが, ただ値段が高すぎる.
⑦ 《肯定の返事》はい. ¶～, 我明白了 / はい, わかり

S

ました.

❷形 正しい. 理にかなっている. ¶你说得很～ / 君の言うことは全く正しい.

❸代 これ. ここ. ¶～日 / この日. 当日. ‖姓

*【是的】shìde ①感 そうなんです. ②➡【…似的】… shìde

【是非】shìfēi 名 ①**善し悪し. 是非.** ¶明辨 biàn ～ / 是非を明らかにする. ¶～曲直 qūzhí / 理非曲直. ②口論. いさかい. ¶少多嘴 duōzuǐ,别惹 rě ～ / 余計な話はやめて,いざこざを引き起こすな. ¶搬弄 bānnòng ～ / あることないこと言いふらす. 双方をそそのかして悶着を起こさせる.

*【是否】shìfǒu 副〈書〉**…であるかどうか.** ►相談・推測する語気あるいは不確かな語気を表す. ¶你明天～去一下 / 明日行ってもらってはどうでしょうか. ¶我不知道这样做～可以 / こうすればいいかどうか分からない. 注意 "是否"は副詞なので,"是不是"の疑問形のように後に名詞的な要素を置くことはできない.

【是个儿】shì//gèr 動〈口〉相手になれる. ¶他不是你的个儿 / 彼は君の相手になれない.

【是古非今】shì gǔ fēi jīn 〈成〉昔はすべてよく,現在はすべて悪いとする態度.

【是故】shìgù 接続〈書〉これがゆえに.

【是荷】shìhè 動〈書〉感謝するところである.

【是可忍,孰不可忍】shì kě rěn, shú bù kě rěn 〈成〉これが我慢できるなら,いったい何が我慢できぬというのか(絶対に我慢できない).

【是盼】shìpàn 動〈書〉(…してくださるよう)お願いいたします.

【是味儿】shì//wèir 動 ①味が好みに合う. ②満足する.

【是幸】shìxìng 動〈書〉…であれば幸甚です.

【是样儿】shì//yàngr 動 さまになる. ¶这顶 dǐng 帽子不太～ / この帽子はちょっと不格好だ.

【是以】shìyǐ 接続〈書〉ここをもって.

适(適) shì

◇◆ ①適合する. 適当である. 当てはまる. ¶→～用. ②気持ちがよい. ¶舒 shū ～ / 心地がよい. ¶不～ / (体の)具合が悪い. ③ちょうど. ちょうどよく. ¶→～中 zhōng. ④行く. 赴く. ¶无所～从 / よりどころがない. どうしてよいか分からない. ⑤嫁ぐ.

*【适当】shìdàng 形 **適切である. ふさわしい. 適当である.** ¶种子 zhǒngzi 在～的温度和湿度下发芽 yá / 適切な温度と湿度で種は発芽する. ¶话说得不～ / 不適当な発言をした.

【适得其反】shì dé qí fǎn 〈成〉ちょうど反対の結果になる.

【适度】shìdù 形 適度である.

【适逢其会】shì féng qí huì 〈成〉ちょうどその時機に巡り会う.

【适合】shìhé 動(状況や要求に)**ちょうど合う,** ふさわしい. ¶这种 zhǒng 菜很～我的口味儿 kǒuwèir / この料理は私好みの味だ. ¶这种书包～于 yú 小学生使用 / このかばんは小学生向きだ.

【适可而止】shì kě ér zhǐ 〈成〉適当なところでやめる.

【适口】shìkǒu 形 口に合う.

【适量】shìliàng 形 適当な分量である. 適量である.

【适龄】shìlíng 形(入学や兵役などに)適齢の. ¶～儿童 értóng / 入学適齢児童.

【适路】shìlù 動 需要に合う.

【适时】shìshí 形 時機を得ている.

【适销】shìxiāo 形(商品が)消費者のニーズに合う,売れ行きがよい. ¶～商品 shāngpǐn / 人気商品.

【适宜】shìyí 形 **程よい. (…に)適する.** ¶温度～ / 温度が程よい. ¶游泳 yóuyǒng 对老年人也是～的 / 水泳は老人にも適している. ¶他不～做这种工作 / 彼はこの仕事にふさわしくない.

【适意】shìyì 形 気持ちがよい.

*【适应】shìyìng 動 **適応する. 順応する.** ¶～环境 huánjìng / 環境に順応する.

*【适用】shìyòng ①形 **使用に適する.** 向いている. ¶这种 zhǒng 方法对他们不～ / この方法は彼らに向いていない. ②動 適用する. ¶条约 tiáoyuē 的～范围 fànwéi / 条約の適用範囲.

【适于】shìyú 動〈書〉…に適する. ¶这种服装～青年人穿 chuān / この服は若い人に似合う.

【适值】shìzhí 動〈書〉時あたかも. ちょうど…の時に当たる.

【适中】shìzhōng 形 ちょうどよい. 中ぐらいである. ¶身材 shēncái ～ / 中背である.

恃 shì

◇◆ 頼みとする. 頼る. 力とする. ¶有～无恐 kǒng / 〈成〉後ろ盾があるので恐れるものはない.

【恃才傲物】shì cái ào wù 〈成〉自分の才を頼んで衆人を眼中に置かない.

【恃强凌弱】shì qiáng líng ruò 〈成〉強いのをよいことにして弱い者をいじめる.

室 shì

名(二十八宿の一つ)はついぼし.

◇◆ ①部屋. ¶教～ / 教室. ②機関・団体・学校の中での業務単位. ¶秘书 mìshū ～ / 秘書室.

【室内】shìnèi 名 室内.

【室女座】shìnǚzuò 名〈天〉①おとめ座. ②(黄道十二宮の一つ)処女宮.

逝 shì

◇◆ ①死ぬ. ¶永 yǒng ～ / 永眠する. ②(時間・流れが)過ぎる. ¶时光易 yì ～ / 時は過ぎ去りやすい.

【逝世】shìshì 動〈書〉**逝去する.** 亡くなる. ►多く書き言葉に用いられる,"死"の婉曲表現. 人間にのみ用いる. ¶不幸 bùxìng ～ / 逝去する. ¶～于友谊 Yǒuyì 医院 / 友誼病院で亡くなった. ⇨〖死 sǐ〗参考

莳(蒔) shì

動 ①〈方〉(イネの苗を)移植する. ②〈書〉植える. 栽培する. ¶～花 / 花を植える. ‖姓

【莳秧】shìyāng 動〈方〉田植えをする.

舐 shì

◇◆ なめる. ¶老牛～犊 dú / 親が子供を溺愛する.

【舐犊情深】shì dú qíng shēn 〈成〉子供に対する愛情が深い.

【舐痔】shìzhì 動〈書〉人にこびへつらう.

弑 shì

動〈書〉臣下が君主を殺す；子が親を殺す.

【弑父】shìfù 動 父を殺す.

【弑君】shìjūn 動 君主を殺す.

S

释（釋）**shì** 〈◆ ①説明する．解説する．¶注 zhù ～ / 注釈(する)．②消えてなくなる．¶冰 bīng ～ / (疑問などが)氷解する．③放す．置く．¶→～手 shǒu．④釈放する．¶开 kāi ～ / 無罪放免になる．⑤(Shì)"释迦牟尼Shìjiāmóuní"(釈迦牟尼(しゃかむに))の略；(広く)仏教．¶～门 / 仏門．僧侶．‖姓

【释典】**shìdiǎn** 名〈書〉釈典．仏典．
【释读】**shìdú** 名〈書〉考証と解釈．
【释放】**shìfàng** 動 1 釈放する．¶刑满 xíngmǎn ～ / 刑期満了で釈放となる．2(含有する物質またはエネルギーを)放出する，放射する．¶养分 yǎngfèn ～缓慢 huǎnmàn / 栄養分が徐々に出る．
【释怀】**shìhuái** 動〈書〉放念する．
【释例】**shìlì** 名 解釈の例．
【释然】**shìrán** 形〈書〉釈然としたさま．疑いや恨みが消えるさま．
【释手】**shìshǒu** 動〈書〉手を放す．¶爱不～ / 好きで手放せない．
【释文】**shìwén** 〈書〉動 1 文字の発音と意味を解釈する．2(甲骨・金石文字など)古文字を考証・解釈する．
【释疑】**shìyí** 動〈書〉疑いを解く．
【释义】**shìyì** 動〈書〉(単語や文章の)意義を解釈する．
【释藏】**Shìzàng** 名〈仏〉仏典の集大成．

谥（諡）**shì** 〈書〉1 名 おくり名．2 動 …と称する．

嗜 **shì** 〈◆ 特に好む．たしなむ．¶～酒 / 酒をたしなむ．¶～烟 yān 成癖 pǐ / 喫煙がくせになる．

【嗜好】**shìhào** 名 好み．道楽．嗜好(しこう)．¶他打麻将 májiàng 几乎 jīhū 成了～了 / 彼はマージャンをするのが病みつきになってしまった．¶他终于 zhōngyú 改掉了吸烟 xī yān 的～ / 彼はついにたばこをやめた．
【嗜欲】**shìyù** 名(耳・目・口・鼻などの)肉体的欲求．

誓 **shì** 1 動〈書〉誓う．►連用修飾語として非主述文に用いる．¶～与阵地 zhèndì 共存亡 cúnwáng / 誓って陣地と生死を共にする．2 名 誓い．誓いの言葉．¶发个～ / 誓いを立てる．

【誓不甘休】**shì bù gān xiū** 〈成〉このまま引き下がってはならないと決心する．
【誓不两立】**shì bù liǎng lì** 〈成〉敵を滅ぼすか味方が滅ぼされるかどちらかになるまで戦うことを誓う．
【誓词】**shìcí** 名 誓いの言葉．
【誓师】**shìshī** 動 出陣に当たり必勝の誓いを立てる．
【誓死】**shìsǐ** 動〈書〉命をかけることを誓う．
【誓言】**shìyán** 名 誓いの言葉．宣誓．
【誓愿】**shìyuàn** 名〈書〉誓い．決心．
【誓约】**shìyuē** 名 誓約．

噬 **shì** 〈◆ かむ．¶吞 tūn ～ / 丸のみにする．¶反～ / 逆にかみつく．逆ねじを食わせる．

【噬菌体】**shìjūntǐ** 名〈生〉バクテリオファージ．

軽声 **匙** **shi** "钥匙 yàoshi"(かぎ．キー)という語に用いる．▶▶ **chí**

shou（ㄕㄡ）

1声 ＊＊ **收** **shōu** 動 **1 受け入れる．取り入れる．** ①(手紙などを)受け取る．¶您的信～到了 / お手紙を受け取りました．②(人を)受け入れる，採る．¶～进修生 jìnxiūshēng / 研修生を受け入れる．[兼語文を作る] ¶～他做徒工 túgōng / 彼を見習工に採る．③(本などに)収める．¶这本词典共 gòng ～词 cí 八万余 yú 条 / 本辞典には8万余語が収められている．④(作物などを)取り入れる．収穫する．¶～庄稼 zhuāngjia / 農作物を取り入れる．⑤(利益を)得る，手に入れる．¶你～了多少礼 lǐ？/ 贈り物をどれだけもらったの．¶～到良好 liánghǎo 的效果 xiàoguǒ / よい結果を収めた．

2 ばらばらのものを1か所にまとめる；取り集めて中に入れる．①しまう．かたづける．¶下雨了，快～衣服 / 雨が降ってきたから，早く洗濯物を取り入れなさい．¶把桌子上的碗筷 wǎnkuài ～起来 / テーブルの上の食器をかたづけなさい．②引き取る．買い入れる．¶～废品 fèipǐn / 廃品回収をする．③費用・料金などを徴収する．受け取る．¶～会费 huìfèi / 会費を集める．¶进门～票 piào / 入場のさいチケットをいただきます．④取り戻す．¶连成本 chéngběn 都～不回来 / 元手すら回収できない．⑤そろえる．¶资料 zīliào 已经～齐 qí 了 / 資料を取りそろえた．

3 しめくくる．やめる． ①(仕事・商売などを)しまう，やめてしまう．¶时间不早了，今天就～了吧 / 遅くなったから，きょうはおしまいにしよう．¶把买卖 mǎimai ～了 / 商売をやめてしまう．②(考えを)やめる．¶把这种想法 xiǎngfa ～起来 / そういう考え方はやめたほうがよい．

4(感情や行動を)抑える，制御する．►"～不住"(抑えられない)の形で用いることが多い．¶他的心已～不住了 / 彼の心はもう抑えがきかなくなった．

5 拘禁する．閉じ込める．¶那个小流氓 xiǎoliúmáng 被～进来了 / そのチンピラは捕らえられた．

6(↔放 fàng)引き締める．規制・指導を強化する．►主として政策についていう．

⇨〖受 shòu〗比較

【收报】**shōu//bào** 動 受信する．
【收编】**shōubiān** 名(敵軍や崩壊した軍隊を)収容して新たな部隊に改編する．
【收兵】**shōubīng** 動 1〈近〉兵を収め戦いをやめる．2〈喩〉仕事を終える．
【收藏】**shōucáng** 動(主として文化財を)収集する，収蔵する．¶～文物 wénwù / 文化財を収蔵する．
【收藏家】**shōucángjiā** 名 収集家．
【收操】**shōu//cāo** 動 教練や体操を終える．
【收场】**shōu//chǎng** 1 動 終わる．¶草草 cǎocǎo ～ / そそくさと矛を収める．¶这件事不好～ / これはちょっと簡単にはすまない．2 名 結末．末路．
【收成】**shōucheng** 名(農作物の)でき具合，作柄；(魚介類の)取れ高．
【收存】**shōucún** 動(受け取って)保存する．しまっておく．
＊【收到】**shōu//dào** 動+結補 1 **受け取る．**¶来信已经～ / 手紙を受け取りました．2 **収める．**¶～预想 yùxiǎng 的效果 xiàoguǒ / 予期した通りの成果を収めた．

【收发】shōufā 名 ①(公文書類の)受領と発送. ¶～室 shì / 文書受付室. ►(機関・企業・学校などで)郵便物などをまとめて受け取り,配付するところ. ② 公文書の受付発送の仕事をする人.
【收方】shōufāng 名〈簿記〉借方.
【收费】shōu//fèi 動(↔免 miǎn 费)料金を取る. 有料である. ¶～站 zhàn〔所〕/"收费公路"(有料道路)の料金所. ¶～厕所 cèsuǒ / 有料トイレ.
【收服】shōufú 動 相手を降参させる. ►"收伏"とも書く.
【收付】shōufù 名 収入と支出. 収支.
【收复】shōufù 動(失った領土を)奪い返す.
【收割】shōugē 動(農作物を)**刈り取る,刈り入れる**. ¶～庄稼 zhuāngjia / 農作物を刈り入れる.
【收割机】shōugējī 名 刈り取り機. 収穫機. ¶联合 liánhé ～ / コンバイン.
【收工】shōu//gōng 動 仕事を終える. ¶提前tíqián一小时～ / 1時間早く仕事を終える.
【收购】shōugòu 動 買い集める. 買い上げる. ¶～菜子 càizǐ / アブラナの種を買い付ける. ¶～站 zhàn /(農産物などの)買い付けセンター.
【收回】shōu//huí 動+方補 ① **取り戻す. 回収する**. ¶～贷款 dàikuǎn / 貸し付け金を回収する. ②(意見・命令などを)**撤回する**. ¶～成命 chéngmìng / いったん出した命令を取り消す.
【收活】shōu//huó 動(～儿) ①(加工や修理を要する品を)受け取る. ② 仕事を終える.
*【收获】shōuhuò ① 動 **収穫する**. ② 名 **収穫;成果**. 得るところ. ¶～不小 / 得るところが多い.
【收货人】shōuhuòrén 名 荷受人.
*【收集】shōují 動 **集める. 収集する**. ¶～邮票 yóupiào / 切手を収集する. ¶～情报 qíngbào / 情報を集める.
【收监】shōu//jiān 動(犯罪人を)監獄に入れる. 収監する.
【收件】shōujiàn 動 郵便物を受け取る.
【收件人】shōujiànrén 名(郵便物の)受取人.
【收缴】shōujiǎo 動 ①(武器などを)押収する. ②(税金などを)徴収する.
【收据】shōujù 名 **領収書**. 受取書. 量 张. ❖开 *kāi* ～ / 領収書を出す〔書く〕.
【收看】shōukàn 動(テレビを)視聴する.
【收口】shōu//kǒu 動(～儿) ①(編み物などの開いているところを)とじる. ② 傷口がふさがる.
【收款】shōu//kuǎn 動 現金を受け取る. 代金を受け取る. ¶～员 yuán / 集金係. 収納係.
【收款台】shōukuǎntái 名 レジ. 支払い所.
【收揽】shōulǎn 動 ① 抱き込む. ②〈書〉集めて自分のものにする.
【收礼】shōu//lǐ 動(冠婚葬祭の)祝儀や香典を受け取る.
【收敛】shōuliǎn 動 ①(笑顔や光線が)消える. ②(言行を)慎む,控える.
【收殓】shōuliàn 動 納棺する.
【收留】shōuliú 動(孤児などを)引き取り世話をする.
【收拢】shōu//lǒng 動 ①(分散したものを1か所に)集める.(広がっているものを)縮める. ¶～渔网 yúwǎng / 魚網を引く. ② 籠絡(ろうらく)する.
【收录】shōulù 動 ① 採用する. ② 収める. 収録する. ③ 受信録音する.
【收罗】shōuluó 動 網羅する. かき集める.
【收买】shōumǎi 動 ① 買い集める. ¶～古董 gǔdǒng / 骨董(こっとう)品を買い入れる. ② 買収する. ¶～人心 / 人の心を買い取る.
【收纳】shōunà 動 受け取る. 受け入れる. ¶如数 rúshù ～ / 全部受け入れる.
【收盘】shōu//pán 動(～儿)〈経〉(↔开盘 kāipán)(証券などの)一日の取引が終了する. 引ける.
【收篷】shōu//péng 動 帆を下ろす;〈喩〉結末をつける. やめる.
【收齐】shōu//qí 動+結補 全部集める.
【收起】shōu//qǐ 動+方補 ①(物を)しまっておく. ¶～手头活儿,准备 zhǔnbèi 吃饭 / 手元の仕事をかたづけて,食事にする. ②(言行を)控える.
【收讫】shōuqì 動〈書〉受取済みである. 領収済みである.
【收清】shōu//qīng 動+結補 全部受取済みである.
【收秋】shōu//qiū 動 秋の取り入れをする.
【收取】shōuqǔ 動 受け取る. もらう. ¶～回扣 huíkòu / リベートをもらう.
【收容】shōuróng 動 収容する. 引き取る. ¶～伤员 shāngyuán / 負傷者を収容する.
*【收入】shōurù ① 動 **受け取る. 受け入れる**. ¶修订版 xiūdìngbǎn ～许多新词语 / 改訂版は多くの新しい語彙を収めている. ② 名(↔支出 zhīchū)**収入**. 所得.
【收审】shōushěn 動 勾留して取り調べる.
【收市】shōu//shì 動〈旧〉①(市場や商店などが)引ける,閉店する. ②〈経〉⇀【收盘】shōu//pán
【收视率】shōushìlǜ 名 視聴率.
【收拾】shōushi 動 ① **かたづける. 整理する. ¶～架子 jiàzi 上的书 / 本棚の本をかたづける. ② 修理する. ¶～皮鞋 píxié / 皮靴を修理する. ③〈口〉痛い目にあわせる. とっちめる. ¶好好儿～他 / 彼をこっぴどくこらしめる. ④〈口〉消滅する. 殺す.
【收受】shōushòu 動 受け取る. 受領する.
【收束】shōushù 動 ① 集中する. ¶～心神 / 気持ちを落ち着ける. ② 締めくくる. 結末をつける. ③(荷物を)かたづける. 荷造りをする.
【收缩】shōusuō 動 ①(物体が)**収縮する**. ② 縮小する. 引き締める.
【收摊儿】shōu//tānr 動 露店をしまう;店じまいする;〈転〉仕事を片付ける.
【收条】shōutiáo 名(～儿)受取書;領収書. 量 张. ►"收据 shōujù"とも.
【收听】shōutīng 動(ラジオを)**聞く**. ¶谢谢朋友们～ / ご聴取ありがとうございました.
【收尾】shōu//wěi ① 動 結末をつける. 終わりを告げる. ② 名(文章などの)結末.
【收文】shōuwén 名 受け付けた公文書. ¶～簿 bù / 公文書の受取登記簿.
【收下】shōu//xia 動+方補(贈り物などを)**受け取る**. ¶请 qǐng ～,别客气 kèqi / ご遠慮なくお収めください.
【收线】shōu//xiàn 動(電話が)切れる.
【收效】shōu//xiào 動 効き目が現れる. ¶～显著 xiǎnzhù / 著しく効果が上がる.
【收心】shōu//xīn 動(よくない考えを抑えて)気持ちを引き締める.
【收信】shōu//xìn 動 手紙を受け取る.
【收信人】shōuxìnrén 名 手紙の受取人.

S

【收押】shōuyā 動 拘留する.
【收养】shōuyǎng 動 他人の子供を引き取って育てる.
【收益】shōuyì 名 **収益. 利益.**
【收音】shōuyīn 動 ①(ラジオを)**受信する.** 聴取する. ¶～网 wǎng / ラジオ受信網. ② 音を集めて音響効果をよくする.
*【收音机】shōuyīnjī 名 **ラジオ受信機. ラジオ.** ㊧ 架 jià, 台 tái.
【收银机】shōuyínjī 名 レジスター.
【收银台】shōuyíntái 名 レジ. 支払いカウンター.
【收银员】shōuyínyuán 名 レジ係.
【收摘】shōuzhāi 動 摘み取る.
【收债】shōu//zhài 動 借金を取り立てる.
【收账】shōu//zhàng 動 ① 集金する. ¶～员 / 集金人. 出納係. ②(金や物品を)記帳する.
【收支】shōuzhī 名 **収支. 収入と支出.** ¶～平衡 pínghéng / 収支のバランスがとれている.
【收执】shōuzhí 〈書〉① 動(公文書用語)受け取って保管せよ. ►免許状や証明書などに用いることが多い. ② 名(税金などの)受取証.
【收租】shōuzū 動 地代・家賃を取り立てる.

2声 **熟 shóu** 形〈口〉〖熟 shú〗に同じ. 注意 shóu は話し言葉で用いることが多い. たとえば,"饭熟 shóu 了"(ご飯が炊けた)のように用いる. ⏩ shú

3声 ** **手 shǒu** ① 名 **手.** ►手首から先の部分. ㊧ 只 zhī ; [两手]双. ¶伸 shēn～ / 手を伸ばす. ¶两只～ / 両手. ② 量(～儿)腕前・技能などを数える. ►数詞は"一、两、几"などに限られる. ¶他真有两～ / 彼はすごい腕前だ.
◇◆ ①特殊な技術をもっている人. ¶选 xuǎn～ / 選手. ¶好～ / やり手. ②手に持つ. ¶人～一册 cè / だれでもその本を持っている. ③ハンディーな. ¶→～册 cè. ¶→～机. ④手ずから. 自ら. ¶→～抄 chāo. ⑤手段. やり方. ¶→～软 ruǎn.

手 shǒu
手掌 shǒuzhǎng
〔手心 shǒuxīn〕
中指 zhōngzhǐ
手指甲 shǒuzhījia
无名指 wúmíngzhǐ
食指 shízhǐ
小指 xiǎozhǐ
大拇指 dàmǔzhǐ
手背 shǒubèi

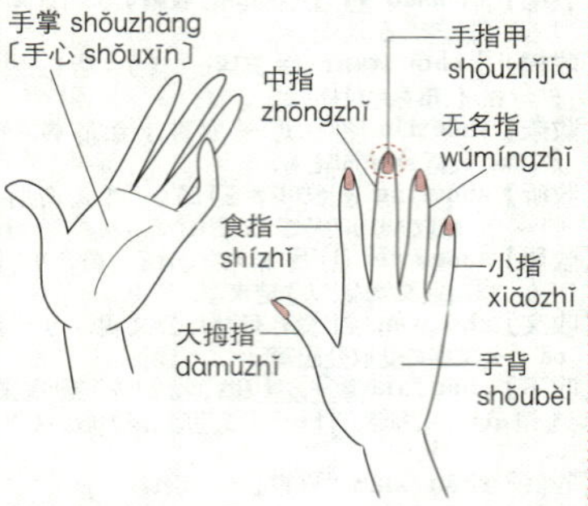

【手把手】shǒu bǎ shǒu 〈慣〉(～儿)手を取って(教える).
【手把】shǒubà 名(～儿)取っ手.
【手板】shǒubǎn 名〈方〉手のひら.
【手包】shǒubāo 名(～儿)ハンドバッグ.
【手背】shǒubèi ① 名 **手の甲.** ② 形(マージャンなどで)手が悪い, ついていない.
【手笔】shǒubǐ 名 ①(有名人の)自筆の文字・文章・絵画. ② 筆の立つ人. 名文家. ¶大～ / 文章の大家. ③(金を使う)気前 ; (仕事をする)度胸.
【手臂】shǒubì 名 ① 腕. ② 助手. 片うで. ¶得力 délì～ / 強力な助っ人.
【手边】shǒubiān 名(～儿)手元.
【手表】shǒubiǎo 名 **腕時計. ㊧ 只 zhī, 块. ❖戴 *dài*～ / 腕時計をする. ❖摘 *zhāi*～ / 腕時計をはずす.
【手柄】shǒubǐng 名 取っ手.
【手不释卷】shǒu bù shì juàn 〈成〉たいへんな勉強家.
【手不稳】shǒu bù wěn 〈慣〉〈方〉手癖が悪い.
【手册】shǒucè 名 ハンドブック. 便覧. ►多く書名に用いる ; (記録用の)手帳・ノート. ㊧ 本.
【手长】shǒu//cháng 形 手癖が悪い ; (利益を得るため)どこへでも手を伸ばす.
【手抄】shǒuchāo 動 手で書き写す.
【手抄本】shǒuchāoběn 名 写本. 手書きの本.
【手车】shǒuchē 名 手押し車.
【手戳】shǒuchuō 名(～儿)〈口〉(個人の)印鑑.
【手大】shǒu//dà 形 金遣いが荒い.
【手袋】shǒudài 名〈方〉ハンドバッグ.
【手到病除】shǒu dào bìng chú 〈成〉医術がすぐれている形容.
【手到擒来】shǒu dào qín lái 〈成〉容易に目的を達する.
【手底下】shǒudǐxia 名 ① 指導の下. ② 手元. ¶～没钱 / 手元に金がない.
【手电(筒)】shǒudiàn(tǒng) 名 懐中電灯.
*【手段】shǒuduàn 名 ① **手段.** ㊧ 个, 种. ¶不择 zé～ / 手段を選ばない. ②〈貶〉**手管. 計略.** ¶要 shuǎ～ / 手練手管で人をだます. ③ 力量. 能力. ¶这个人经商 jīngshāng 很有～ / この人には商才がある.
【手法】shǒufǎ 名 ①(芸術・文学作品の)**技巧, 手法.** ②〈貶〉手管. ¶两面～ / 裏表のあるやり方.
【手风琴】shǒufēngqín 名〈音〉アコーデオン. ㊧ 架 jià. ❖拉 *lā*～ / アコーデオンを弾く.
【手感】shǒugǎn 名 手触り. 風合い.
【手稿】shǒugǎo 名(有名人の)自筆の原稿.
*【手工】shǒugōng 名 ① **手仕事.** 細工. ❖做 *zuò*～ / 手仕事をする. ② 手で操る仕事. ¶～操作 cāozuò / 手で操作する. 手動する. ¶～织 zhī 的布 / 手織りの布. ③〈俗〉手間賃. ¶这件衣服多少～? / この着物の手間賃はいくらですか.
【手工业】shǒugōngyè 名 **手工業.**
【手工艺】shǒugōngyì 名 **手工芸.** ►刺繍・象牙彫刻・七宝焼など.
【手鼓】shǒugǔ 名〈音〉(ウイグル族などの)手鼓. タンバリン.
【手黑】shǒu//hēi 形〈方〉手口が悪どい. ¶心狠 hěn～ / 心が冷酷で手口が悪どい.
【手狠】shǒu//hěn 形 ①(人を打つとき)手ひどい, 手荒い. ②(手口が)ひどい, むごい.
**【手机】shǒujī 名〈略〉携帯電話. ❖打 *dǎ*～ / 携帯電話をかける.
【手疾眼快】shǒu jí yǎn kuài 〈成〉機敏である.
【手记】shǒujì ① 動 自分で書き記す. ② 名 手

S

記.
【手迹】shǒujì 名 筆跡.
【手脚】shǒujiǎo 名 ①(手足の)動作. ¶～灵敏língmǐn / 動作がすばしこい. ¶～不干净 gānjìng / (金銭の)取り扱いが不明朗である. 手癖が悪い. ②〈方〉〈貶〉小細工. 策略. ¶暗中 ànzhōng 做～ / 隠れて小細工をする.
【手巾】shǒujīn 名 タオル. 手ぬぐい. ハンカチ. 量 块,条.
【手紧】shǒu//jǐn 形 ①締まり屋である. ②手もと不如意である.
【手锯】shǒujù 名(片手用の)のこぎり. 量 把.
【手卷】shǒujuàn 名 書画の巻物.
*【手绢】shǒujuàn 名(～儿)ハンカチ. 量 块,条. ¶没带～ / ハンカチを持っていない.
【手铐】shǒukào 名 手錠. 手かせ. 量 副 fù.
【手快】shǒu//kuài 形 手早い. 素早い. ¶眼明～ / 抜け目がなく動作がすばしこい.
【手辣】shǒu//là 形(やり口が)無情である,手厳しい.
【手链】shǒuliàn 名(～儿)ブレスレット.
【手榴弹】shǒuliúdàn 名〈軍〉手榴弾. 量 颗,个.
【手炉】shǒulú 名 手あぶり用火鉢.
【手慢】shǒu//màn 形 仕事や動作がのろい.
【手忙脚乱】shǒu máng jiǎo luàn〈成〉てんてこ舞いをする.
【手模】shǒumó 名 拇印.
【手帕】shǒupà 名 ハンカチ. 量 块,条. ►話し言葉では"手绢(儿)"を用いる.
【手旗】shǒuqí 名(信号の)手旗. 量 面.
【手气】shǒuqì 名〈口〉賭博やくじ引きをする時の運.
【手枪】shǒuqiāng 名〈軍〉拳銃. ピストル. 量 支,枝,把. ¶左轮 zuǒlún ～ / リボルバー. 連発式拳銃.
【手巧】shǒu//qiǎo 形 手先が器用である. ¶心灵 líng ～ / 利口で手先が器用である.
【手勤】shǒu//qín 形 手まめである. ¶～不受贫 pín / 稼ぎに追いつく貧乏なし.
【手轻】shǒu//qīng 形(扱い方が)そっとしている.
【手球】shǒuqiú 名〈体〉①ハンドボール(のボール). ②(サッカーの反則で)ハンド.
【手刃】shǒurèn 動〈書〉手打ちにする.
【手软】shǒu//ruǎn 形(気力がくじけて)手が下せなくなる,手が鈍る.
【手刹车】shǒushāchē 名〈機〉ハンドブレーキ. ¶～杆 gǎn / ハンドブレーキのハンドル.
【手生】shǒu//shēng 形 ①手慣れていない. ②腕がなまっている.
【手势】shǒushì 名 手まね. ジェスチャー. ❖打 *dǎ* ～ / 手まねで合図する.
【手书】shǒushū〈書〉①動 自分で書く. ②名 手紙. ¶拜读 bàidú ～ / 手紙を拝読する.
【手熟】shǒu//shú 形 手慣れている.
*【手术】shǒushù ①名 手術. ►"动 dòng、做 zuò、进行 jìnxíng"などの動詞の目的語となる. 量 个,次. ❖动 *dòng* ～ / 手術をする. ¶大～ / 大手術. ¶～刀 / メス. ②動 手術する.
【手松】shǒu//sōng 形 金離れがいい;気前がいい.
【手套】shǒutào 名(～儿)手袋. 量 副 fù,双;[片方]只 zhī. ❖戴 *dài* ～ / 手袋をはめる. ¶皮 pí ～ / 皮の手袋.
【手提包】shǒutíbāo 名 手提げ袋;ハンドバッグ. 量 个,只.
【手提式】shǒutíshì 形 ポータブルの. 携帯用の.
【手提箱】shǒutíxiāng 名 トランク. スーツケース.
【手头】shǒutóu 名(～儿) ①手元. 手近なところ. ¶～工作挺 tǐng 多 / 手元に仕事をいっぱい抱えている. ②懐具合. ¶～宽裕 kuānyù / 懐具合がよい. ¶～儿紧 jǐn / 懐具合がよくない.
【手推车】shǒutuīchē 名 手押し車. カート.
【手腕】shǒuwàn 名(～儿) ①〈貶〉手管. 計略. ❖耍 *shuǎ* ～ / かけひきをする. 手管を弄する. ②手腕. 力量. ¶他挺 tǐng 有～ / あいつはとても能力がある. ③手首.
【手腕子】shǒuwànzi 名 手首. ¶打排球把～挫 cuò 了 / バレーボールをやって手首を痛めた.
【手纹】shǒuwén 名 手のひらの紋様.
【手无寸铁】shǒu wú cùn tiě〈成〉身に寸鉄も帯びない. まったく武器を持っていない.
【手无缚鸡之力】shǒu wú fù jī zhī lì〈成〉非力である.
【手舞足蹈】shǒu wǔ zú dǎo〈成〉小躍りして喜ぶ.
【手下】shǒuxià 名 ①指揮下. 支配下. ¶他～有十五个科员 kēyuán / 彼の下には15名の課員がいる. ②部下. ③手元. ④懐具合. ¶～很紧 jǐn / 懐具合がよくない. ⑤手を下すとき. ¶请～留情 liúqíng / お手柔らかに.
【手携手】shǒu xié shǒu 手に手を取る. 手を携える. 手をつなぐ.
【手写】shǒuxiě 動 手書きする. 自分で書く.
【手写体】shǒuxiětǐ 名 筆記体.
*【手心】shǒuxīn 名 ①たなごころ. 手のひらの中央. ②勢力の及ぶ範囲. ¶敌人 dírén 在我们的～里 / 敵はわれわれの手中にある.
*【手续】shǒuxù 名 手続き. 量 次,道,种,个. ►日本語からの借用語. ¶报名～ / 申し込み手続き. ❖办 *bàn* ～ / 手続きをする.
【手癣】shǒuxuǎn 名 手のひらに生じる皮膚病.
【手眼】shǒuyǎn 名(悪い意味での)手腕. 要領. ¶～通天 tōngtiān / すごく要領がいい.
【手痒】shǒu//yǎng 形(腕をふるいたくて)むずむずする.
【手摇车】shǒuyáochē 名 車椅子.
【手艺】shǒuyì 名(手工業職人の)技術,腕まえ. ¶那个人的～特别 tèbié 好 / あの人の腕まえはすごいもんだ. ¶～人 / 職人.
【手淫】shǒuyín 名 マスターベーション.
【手印】shǒuyìn 名(～儿) ①拇印. 指紋. ❖按 *àn* ～ / 拇印を押す. ②〈旧〉手形.
【手语】shǒuyǔ 名 手話.
*【手掌】shǒuzhǎng 名 手のひら.
【手杖】shǒuzhàng 名 ステッキ. つえ. 量 根.
【手纸】shǒuzhǐ 名 ちり紙. トイレットペーパー. ►"卫生纸 wèishēngzhǐ"とも. 注意 日本語の「手紙」は"信 xìn""书信 shūxìn"などを用いる.
*【手指】shǒuzhǐ 名 手の指.
【手指甲】shǒuzhǐjia 名(手の)爪. ►北京などでは"shǒuzhījia"と発音する.
【手指头】shǒuzhǐtou 名〈口〉手の指. ►北京などでは"shǒuzhítou"と発音する.
【手指头肚儿】shǒuzhǐtoudùr 名〈口〉指の腹.

【手重】shǒu//zhòng 形 力が入っている. 手荒い.
【手镯】shǒuzhuó 名 **腕輪. ブレスレット.** 〔量〕〔一对〕对,副 fù.
【手足】shǒuzú 名 ①(手足の)動き. ② 兄弟. ¶～之情 / 兄弟の情.
【手足无措】shǒu zú wú cuò 〈成〉どうしてよいかわからない.

*守 shǒu 動 ①(↔攻 gōng)**守る.** ¶～球门 qiúmén / ゴールを守る. ②**見守る.** ¶她在病房 bìngfáng ～了一夜 / 彼女は病室で一晩中看護した. ③(**規則・法律を**)**遵守**(じゅんしゅ)**する.** ¶～约 yuē / 約束を守る. ¶～着老一套 tào / 古いやり方に固執する. ④(多く"守着"の形で)…の近くにある. ¶住家～着车站 chēzhàn,出门很方便 / 家は駅の近くにあるので,出かけるのに便利だ. ‖姓

【守备】shǒubèi 動 防御する. 守る.
【守财奴】shǒucáinú 名〈譏〉守銭奴.
【守场员】shǒuchǎngyuán 名〈体〉(野球・ソフトボールで)野手,外野手.
【守车】shǒuchē 名(貨物列車後部の)車掌車.
【守成】shǒuchéng 動〈書〉創業の後を受けて成果を守る.
【守敌】shǒudí 名〈軍〉敵の守備兵.
【守法】shǒu//fǎ 動 法律を守る.
【守宫】shǒugōng 名〈動〉ヤモリ.
【守寡】shǒu//guǎ 動 後家を通す.
【守恒】shǒuhéng 動(数量を)変えずに守る. ¶～定律 dìnglǜ / 〈物〉エネルギー保存の法則.
【守候】shǒuhòu 動 ① 待つ. ② 看護する.
【守护】shǒuhù 動 ① 番をする. 見守る. ②(病人などを)見守る. 介抱する.
【守活寡】shǒuhuóguǎ 〈慣〉(単身赴任などで)夫と離れて暮らす妻.
【守节】shǒu//jié 動 操を守る. 後家を通す.
【守旧】shǒujiù ① 形 旧習にとらわれている. ② 名(京劇などで)舞台の正面に掛ける刺繍を施した幕.
【守口如瓶】shǒu kǒu rú píng 〈成〉(瓶の口を封じたように)口がきわめて固い. 秘密を厳守する.
【守垒员】shǒulěiyuán 名〈体〉(野球・ソフトボールで)内野手.
【守灵】shǒu//líng 動 通夜をする. ¶～伴 bàn 孝 xiào / ひつぎのそばに付き添う.
【守门员】shǒuményuán 名〈体〉ゴールキーパー.
【守丧】shǒu//sāng →【守灵】shǒu//líng
【守势】shǒushì 名 守勢.
【守岁】shǒu//suì 動〈旧〉大みそかの夜,寝ずに年越しをする. ¶～酒 / 年越しに飲む酒.
【守望】shǒuwàng 動 見張りをする.
【守卫】shǒuwèi 動 守備する. 防衛する.
【守孝】shǒu//xiào 動〈旧〉喪に服する.
【守信】shǒu//xìn 動 約束を守る.
【守夜】shǒu//yè 動 ① 徹夜する. ② 夜警・夜回りをする. ③ 通夜をする.
【守则】shǒuzé 名 規則. 心得.
【守株待兔】shǒu zhū dài tù 〈成〉努力せずに収穫にありつこうとする.

*首 shǒu 量 **詩・歌を数える:首.** ¶一～诗 shī / 詩1首.
◇◆ ①頭. ¶昂 áng ～ / 頭をもたげる. ②第一の. 最高の. ¶→～席 xí. ③指導・率先する人. ¶元 yuán ～ / 元首. ④最初の. ¶→～创 chuàng. ¶→～先 xiān. ⑤自ら出向いて告発する. ¶自～ / 自首する. ‖姓
注意 「首」は"脖子 bózi". なお,造語成分としては"颈 jǐng".

【首倡】shǒuchàng 動 先頭に立って主張する.
【首车】shǒuchē 名(↔末车 mòchē)始発(の列車・バスなど).
【首创】shǒuchuàng 動 創造する. 創始する.
【首次】shǒucì 名 **第1回目. 初めて.** ¶～航行 hángxíng / 処女航海. ¶～登台 dēngtái 表演 / デビューする.
【首当其冲】shǒu dāng qí chōng 〈成〉真っ先に矢面に立つ.
【首都】shǒudū 名 **首都. ¶中国的～是北京 / 中国の首都は北京です.
【首恶】shǒu'è 名〈書〉悪人の首領. 首謀者.
【首发】shǒufā 動 ① 始発バス〔電車〕が発車する. ② 初めて発表〔発行〕する. ③〈体〉スターティングメンバーとして出場する.
【首发式】shǒufāshì 名(書籍や映画などの)刊行〔公開〕記念式典.
【首犯】shǒufàn 名 主犯(者).
【首府】shǒufǔ 名 ① 自治区や自治州の政府所在地. ② 従属国や植民地の最高政治機関の所在地.
【首付】shǒufù 名 手付金;頭金.
【首富】shǒufù 名 一番の金持ち.
【首功】shǒugōng 名〈書〉第一等の功績.
【首航】shǒuháng 動(船や飛行機が)就航する. ¶～典礼 diǎnlǐ / 就航式.
【首级】shǒují 名〈書〉討ち取った首.
【首届】shǒujiè 名 第1期. 第1回.
【首肯】shǒukěn 動〈書〉うなずく. 承知する.
【首领】shǒulǐng 名 ① 頭(かしら). 頭目. ②〈書〉頭と首.
【首脑】shǒunǎo 名 首脳. ¶～会议 / 首脳会談. ¶～人物 / 首脳.
【首屈一指】shǒu qū yī zhǐ 〈成〉(指を折って数えるときまず親指を曲げて第1を表すことから)最初に数え上げる;第一番. ナンバーワン.
【首任】shǒurèn 名 初代(の就任者). ¶～驻 zhù 中国大使 / 初代の中国駐在大使.
【首日封】shǒurìfēng 名 初日カバー. 記念切手などを貼った上に発行日のスタンプが押してある特製の封筒.
【首饰】shǒushi 名 **装身具. アクセサリー.** ❖戴 dài ～ / アクセサリーをつける. 注意 「首飾り」の意味ではない.
【首鼠两端】shǒu shǔ liǎng duān 〈成〉どっちつかずの態度をとる.
【首尾】shǒuwěi 名 ① ものの始めと終わり. ¶～呼应 hūyìng / 首尾相応ずる. 文章が前後照応する. ② 始めから終わりまで.
【首位】shǒuwèi 名 首位. 第1位.
【首席】shǒuxí 名 ① 主賓の席. ¶坐～ / 主賓の席に座る. ② 最上位の身分・職位.
*【首先】shǒuxiān ① 副 **真っ先に.** ¶～报名 bàomíng / 真っ先に申し込む. ② 接続 **まず最初に**(…次に…). ¶今天开大会,～是厂长 chǎngzhǎng 讲话,其次 qícì 是工人代表发言 fāyán / きょうの大会では,まず最初に工場長があいさつをして,次に従業員

S

代表の発言になります.
【首相】shǒuxiàng 名〈政〉首相. 内閣総理大臣.
【首选】shǒuxuǎn 動 最初に選ぶ.
【首演】shǒuyǎn 動 初演する.
【首要】shǒuyào ①形 最も重要な. ¶当前的～任务 rènwu / 当面の主要な任務. ②名 首脳. ¶政府～ / 政府の首脳.
【首映】shǒuyìng 動(映画が)初めて上映される. 封切上映をする.
【首长】shǒuzhǎng 名 行政の**上級指導者**. トップ. 高級幹部. 量 位,名. ¶部级～ / (省クラスの)大臣,次官.
【首座】shǒuzuò 名 最上位の席(に座る人). ►"首坐"とも書く.

寿(壽) shòu ◇ ①年齢. ¶您高～?/(お年寄りに)おいくつですか. ②長命. 長寿. ¶福 fú～ / 幸福と長寿. ¶人～年丰 fēng / 人は長寿,作物は豊作. ③(老人の)誕生日. ¶做～ / 誕生祝いをする. ¶→～礼. ④(生前に用意する)死者の使用に供するもの. ¶→～衣 yī. ¶→～材 cái. ‖姓

【寿斑】shòubān 名 しみ.
【寿材】shòucái 名(老人が生前に準備しておく)柩(ひつぎ);(広く)棺桶.
【寿辰】shòuchén 名(老人の)誕生日.
【寿诞】shòudàn →【寿辰】shòuchén
【寿礼】shòulǐ 名(老人の)誕生祝いの贈り物.
【寿联】shòulián 名(老人の)誕生祝いの対聯(ついれん). ►"寿对儿"とも.
【寿面】shòumiàn 名 誕生祝いに食べるうどん. ►"长寿面 chángshòumiàn"とも.
【寿命】shòumìng 名 **寿命**;〈喩〉**耐用期間**.
【寿木】shòumù →【寿材】shòucái
【寿司】shòusī 名〈料理〉(和食の)すし.
【寿数】shòushu 名(定められた)寿命.
【寿堂】shòutáng 名(老人の)誕生祝いの式場.
【寿桃】shòutáo 名(老人の)誕生祝いの桃[桃の形のマントー].
【寿文】shòuwén 名(老人の)誕生祝いに贈る文章.
【寿席】shòuxí 名 誕生祝いの宴席. ¶摆 bǎi～ / 誕生祝いの宴席を設ける.
【寿险】shòuxiǎn 名〈略〉生命保険. ►"人寿保险"の略.
【寿限】shòuxiàn →【寿数】shòushu
【寿星】shòuxing 名 寿老人(じゅろうじん).
【寿穴】shòuxué 名 生前に造った墓.
【寿筵】shòuyán 名 誕生祝いの宴会.
【寿夭】shòuyāo 名 長寿と短命.
【寿衣】shòuyī 名 死者に着せる着物. 経帷子(きょうかたびら).
【寿幛】shòuzhàng 名 誕生祝いに贈る絹の掛け物.
【寿终】shòuzhōng 動 寿命が尽きる.
【寿终正寝】shòu zhōng zhèng qǐn〈成〉天寿を全うする;(計画などが)おじゃんになる.

受 shòu 動 ①(好意・好感や育みを)**受ける**. ►主述句を目的語にとることができる. ¶他～过表扬 biǎoyáng / 彼は表彰された. ¶～训练 xùnliàn / 訓練を受ける. ¶～大自然的恩惠 ēnhuì / 大自然に恵まれている. ¶我们～老张指挥 zhǐhuī / われわれは張さんに指図してもらう. ["欢迎 huānyíng、鼓舞 gǔwǔ、感动 gǎndòng、称赞 chēngzàn、教育 jiàoyù、启发 qǐfā"などを目的語にとるときは,"受"の前に"很、深、大"などを加えて修飾することができる]¶大家很～鼓舞 / みんなは大いに励まされた. ¶深～启发 / 大いに教えられた. ②(損害・苦痛・不運などに)**あう**. ►主述句を目的語にとることができる. ¶～损失 sǔnshī / 損失を被る. ¶～水灾 shuǐzāi / 水害にあう. ¶～人埋怨 mányuàn / 人から恨まれる. ¶他～了老师批评 pīpíng / 彼は先生にしかられた. ③堪え忍ぶ. 我慢する. ¶这人～不得 bude 一点儿苦 kǔ / あいつは少しも辛抱できない. ④〈方〉…するのによい. …しやすい. ►"吃、看、听、摆 bǎi"など少数の動詞のみを目的語とする. ¶～看 / 見ていて気持ちがいい. ¶～吃 / おいしい. 口に合う.

比較 受:收 shōu:接 jiē ❶ともに「受ける,受け取る」意味があるが,受け取る理由や物が異なる. ❷"收"はしかるべき所有者や母体が受け入れることで,目的語は宛先や受取人・所属の明白なものが多く,受け取ったものは受け取り側の所有に帰す. ¶收电报 / 電報を受け取る. ¶收礼物 lǐwù / プレゼントをもらう. ¶收会费 huìfèi / 会費を集める. ¶本词典收词八万条 / この辞典には8万語が収められている. ❸"受"の目的語は動詞(句)が主で,恒常的・抽象的・心理的なものが多い. ❹"接"は受け取りの過程をさし,受け取って他へ回してもよく,目的語が受け取り側の所有に帰すとは限らない. ¶接球 / 球を受ける;レシーブ. ¶接电话 / 電話を受ける. ¶接通知 tōngzhī / 通知を受ける. ¶接孩子 / 子供を受け取る. ¶去车站 chēzhàn 接客人 / 駅にお客を迎えにゆく.

【受病】shòu//bìng 動 病気になる. 体をこわす.
*【受不了】shòubuliǎo 動+可補 **たまらない**. **耐えられない**. ¶今天真热 rè,我～了 / きょうはほんとうに暑いね,うんざりするよ.
【受不起】shòubuqǐ 動+可補(資格がなくて)受けることができない,受けるわけにはいかない.
【受不住】shòubuzhù 動+可補 耐えきれない.
【受潮】shòu//cháo 動(物が)湿る,湿り気をもつ. ¶饼干 bǐnggān～了 / ビスケットがしけった.
【受宠若惊】shòu chǒng ruò jīng〈成〉身に余るもてなしや待遇を受けて驚き喜ぶ.
【受挫】shòucuò 動 挫折する.
*【受到】shòu//dào 動+結補 **受ける**. ¶～欢迎 huānyíng / 歓迎される. ¶～巨大 jùdà 的鼓舞 gǔwǔ / 大きな励ましを受けた. ¶熊猫 xióngmāo～日本儿童的喜爱 xǐ'ài / パンダは日本の子供にかわいがられている.
【受等】shòuděng〈套〉お待たせしました.
【受冻】shòu//dòng 動 ①寒い目にあう. ②(農作物が)冷害を受ける.
【受罚】shòu//fá 動 処罰を受ける. 処罰される.
【受粉】shòu//fěn 動〈植〉受粉する.
【受风】shòu//fēng 動 寒い風に当たって風邪を引いたり病気を悪化させたりする.
【受害】shòu//hài 動 **害を受ける**;**殺害される**. ¶～者 zhě / 被害者.
【受寒】shòu//hán 動(寒さで)体が冷え込んで病気になる.
【受话器】shòuhuàqì 名〈電〉受話器. レシーバー.
【受话人付费电话】shòuhuàrén fùfèi diànhuà

S

名 コレクトコール.
【受贿】shòu//huì 動 収賄する.
【受奖】shòu//jiǎng 動 受賞する. 賞を受ける.
【受教】shòu//jiào 動 教えを受ける.
【受戒】shòu//jiè 動〈宗〉受戒する;僧になる.
【受尽】shòu//jìn 動+結補 受け尽くす. さんざん…を受ける. ¶～折磨 zhémó / 苦難をなめ尽くす.
【受惊】shòu//jīng 動 びっくりさせられる. 驚かされる.
【受精】shòu//jīng 動〈生〉受精する.
【受窘】shòu//jiǒng 動 つらい立場に立たされる. さんざんな目にあう.
【受苦】shòu//kǔ 動 **苦しい目にあう. つらい目にあわされる.** ¶～受难 shòunàn 的人们 / 苦難にあえぐ人たち.
【受累】shòu//lěi 動 ① 巻き添えを食う. かかわり合いになる. ② 迷惑する.
*【受累】shòu//lèi 動 **苦労する. 骨を折る.** 気を遣う. ¶这么远来看我,让 ràng 您～了 / わざわざ遠いところをおいでくださいまして,どうもご苦労さまでした.
【受礼】shòu//lǐ 動 贈り物をもらう.
【受理】shòulǐ 動 ①〈法〉(裁判所が事件を)受理する. ② 受け付けて取り扱う.
【受凉】shòu//liáng 動(体が)冷える. 体が急に冷え込んで風邪を引く.
【受命】shòumìng 動 命令を受ける.
【受难】shòu//nàn 動 **災難にあう.** ¶～者 zhě / 罹災(りさい)者. ¶战争 zhànzhēng ～者 / 戦災者.
【受骗】shòu//piàn 動 **だまされる.** ¶别上当 shàngdàng ～ / だまされるな.
【受聘】shòu//pìn 動 招聘(しょうへい)を引き受ける.
【受气】shòu//qì 動 **いじめられる.** 虐げられる. ¶～包 bāo (儿) / いつも当たり散らされている人. いじめられてばかりいる人.
【受穷】shòu//qióng 動 貧乏する. 困窮する.
【受屈】shòu//qū 動 ① ぬれぎぬを着せられる. 悔しい思いをさせられる. ② 苦しめられる. 苦労をさせられる. ¶让您～了 / 〈套〉(ご苦労をなさって)たいへんでしたね. ③ 不当な待遇を受ける.
【受权】shòu//quán 動(政府または上級官庁から)権限を与えられる.
【受让】shòuràng 動(品物や権利などを)譲り受ける.
【受热】shòu//rè 動 ① 高温の影響を受ける. ② 暑気にあたる. 暑気あたりする.
【受辱】shòu//rǔ 動 辱められる. 侮辱される. ¶无故 wúgù ～ / わけもなく辱められる.
【受伤】shòu//shāng 動 ① **傷を受ける. 負傷する.** ¶因 yīn 公～ / 労働災害. ¶他头部受了点儿伤 / 彼は頭部に少し傷を負った. ②(物品が)傷つく,損傷する.
【受赏】shòu//shǎng 動 受賞する. ¶立功 lìgōng ～ / 手柄を立てて賞を受ける.
【受审】shòu//shěn 動 裁判を受ける. 審問を受ける.
【受事】shòushì 名〈語〉(↔施事 shīshì)動作の受け手. 受動者.
【受胎】shòu//tāi 動 受胎する. 妊娠する.
【受听】shòutīng 形 聞いて気持ちがよい. ¶你这话可不～ / 君の言うことは耳障りだ.
【受托】shòu//tuō 動 委託を受ける.
【受洗】shòuxǐ 動〈宗〉洗礼を受ける.
【受降】shòu//xiáng 動 投降を受け入れる.
【受刑】shòu//xíng 動 ① 刑罰を受ける. ② 拷問を受ける.
【受训】shòu//xùn 動 訓練〔訓戒〕を受ける.
【受业】shòu//yè 〈書〉① 動(先生から)授業を受ける. ② 名 生徒の先生に対する自称.
【受益】shòuyì 動 利益を受ける. ¶～良多 / 大いに利益を受ける.
【受用】shòuyòng 動 利益を受ける. 役に立つ.
【受用】shòuyong 形 心地よい. 快適である. ►否定文に用いることが多い. ¶这话听了让人很不～ / この話を聞いて耳がとても痛かった.
【受冤】shòuyuān 動 ① 冤罪を被る. ②〈方〉だまされる. ペテンにかかる.
【受援】shòu//yuán 動 援助を受ける.
【受孕】shòuyùn 動 妊娠する. 受胎する.
【受灾】shòu//zāi 動 被災する. 災害にあう.
【受制】shòu//zhì 動〈書〉①(行動が)制限を受ける. ② 苦しめられる. 難儀する.
【受阻】shòuzǔ 動 妨げられる. 足止めされる. ¶交通 jiāotōng ～ / 交通が妨げられる.
【受罪】shòu//zuì 動 **ひどい目にあう. 難儀する. 苦しめられる.** ¶电车里又热 rè 又挤 jǐ,真是～ / 電車の中は込み合って蒸し暑くて,ほんとうにえらい目にあった.

狩 shòu

◇◆ 猟をする. ►特に冬の猟をさす.
【狩猎】shòuliè 動 猟をする.

授 shòu

動(正式な場で)**授ける.** ¶～旗 qí / 旗を授ける. ¶～勋章 xūnzhāng / 勲章を授ける.
◇◆ 教える. 伝授する. ¶函 hán ～ / 通信教育.
【授粉】shòufěn 動〈植〉受粉する.
【授奖】shòu//jiǎng 動 **賞を与える.** ¶～大会 / 表彰式. ¶～典礼 diǎnlǐ / 授賞式典.
【授精】shòujīng 動 授精する.
【授课】shòu//kè 動〈書〉授業をする.
【授命】shòumìng 動 ①(多く国家元首が)命令を下す. ②〈書〉生命を投げ出す.
【授权】shòuquán 動 権限を授ける.
【授人以柄】shòu rén yǐ bǐng 〈成〉人に口実を与える.
【授受】shòushòu 動〈書〉やりとりする.
【授衔】shòu//xián 動 官等・称号を授ける.
【授勋】shòuxūn 動〈書〉勲章を与える.
【授意】shòuyì 動 示唆を与える. 助言する. …するようにほのめかす.
【授予】shòuyǔ 動〈書〉(勲章・賞状・肩書き・称号などを)授与する.

售 shòu

◇◆ ①売る. ¶销 xiāo ～ / 販売する. ②(悪計を)用いる,推し進める. ¶以～其奸 qí jiān / その陰謀を遂行しようとする.
【售后服务】shòuhòu fúwù 名 アフターサービス.
【售货】shòuhuò 動 販売する.
【售货机】shòuhuòjī 名 販売機. 量 台 tái. ¶自动～ / 自動販売機.
*【售货员】shòuhuòyuán 名(商店の)**店員.** 販売

S

員.
【售价】shòujià 名 売価. 販売価格.
【售卖】shòumài 動〈書〉売る. 発売する.
【售票】shòupiào 動 切符を売る.
【售票处】shòupiàochù 名 切符売り場. 出札所.
*【售票员】shòupiàoyuán 名 ① 切符を売る人. 出札係. ② バスの車掌.
【售缺】shòuquē 動 売り切れる.

兽(獸) **shòu** ◇◆ ①けもの. けだもの. ¶禽 qín ～ / 鳥やけもの. ②野蛮な. 下品な. 下劣な. ¶～心 / 人の道をわきまえない心.
【兽环】shòuhuán 名 けだものが口に輪をくわえた形をしたドアノッカー.
【兽力车】shòulìchē 名 家畜に引かせる車.
【兽王】shòuwáng 名 百獣の王；ライオン. トラ.
【兽行】shòuxíng 名 ① 鬼畜のような残酷な行い. ② 人の道にはずれた行為.
【兽医】shòuyī 名 獣医.
【兽欲】shòuyù 名 獣欲. 肉欲.

绶 shòu ◇◆ 勲章・褒章・記章などを佩用(はいよう)するひも. ¶印 yìn ～ / 官印を身につける組みひも.
【绶带】shòudài 名 勲章などを身に付けるための組ひも.

瘦 shòu 形 ①(↔胖 pàng, 肥 féi) **やせている**. ¶他长 zhǎng 得又～又高 / 彼はやせて背が高い. ¶他最近～多了 / 彼は最近ずいぶんやせた. ②(↔肥)(肉類の)**脂肪が少ない. 赤身の**. ③(↔肥)(服・靴・靴下などが)小さくて窮屈である. ¶这条裤子 kùzi 太～了 / このズボンは窮屈すぎる. ④(地味が)肥沃(ひよく)でない, やせている. ¶这块地太～ / この土地はひどくやせている.
【瘦长】shòucháng 形 ひょろ長い. やせて背が高い. ¶～条子 tiáozi / のっぽ. ¶～脸 liǎn / 細長い顔.
【瘦高】shòugāo 形 やせて背が高い.
【瘦瘠】shòují 形 ① やせている. ひ弱である. ②(土地が)肥沃でない, やせている.
【瘦溜】shòuliu 形〈方〉(体が)すらっとしている, ほっそりしている.
【瘦肉】shòuròu 名(↔肥肉 féiròu)**赤身の肉**.
【瘦弱】shòuruò 形 **やせて弱々しい**. ¶他的身体非常～ / 彼は非常にやせていて弱々しい.
【瘦身】shòushēn 動 ① ダイエットする. スリムアップする. ② 簡素化する.
【瘦小】shòuxiǎo 形 ① **やせて小柄である**. ¶～枯干 kūgān / やせて背が低く生気がない様子. ¶～的身子 / やせこけた体. ②(服が)窮屈で小さい.
【瘦削】shòuxuē 形〈書〉やせこけている.
【瘦子】shòuzi 名 やせた人. やせぎす.

shu (ㄕㄨ)

书(書) **shū** 名 **書物. 本**. (量) 本, 册 cè；[冊数に関係なくひとまとまりの内容をもつもの]部；[セット]套 tào.
◇◆ ①〈書〉(字を)書く. 書き記す. ¶大～特～ / 特筆大書する. ②手紙. 書簡. ¶上～ / 書状を差し上げる. ¶家～ / 家族から(へ)の手紙. ③文書. 書類. ¶悔过 huǐguò ～ / 始末書. ④書体. ¶楷 kǎi～ / 楷書. ‖ 姓

ㄱ ㄋ 书 书

【书案】shū'àn 名〈書〉(長方形の)文机(ふづくえ).
【书包】shūbāo 名(多くは学生の)かばん**. (量) 个. ¶～带 dài / ブックバンド.
【书报】shūbào 名 書籍と新聞. 出版物. ¶～亭 tíng / 新聞雑誌スタンド.
【书背】shūbèi 名 本の背. 書籍の背.
【书本】shūběn 名(～儿)**書物**(の総称). **本**. ►具体的数量を示す量詞は伴えない.
【书册】shūcè 名 書物.
【书虫】shūchóng 名〈口〉①〈虫〉シミ(紙魚). ② 本の虫. 読書家.
【书橱】shūchú 名 書棚. (量) 个, 座.
【书呆子】shūdāizi 名〈貶〉本の虫. 本にかじりつくだけで世情にうとい人.
【书挡】shūdǎng 名 ブックエンド.
【书店】shūdiàn 名 **書店. ブックストア. 本屋. (量) 家, 个. ¶逛 guàng ～ / 本屋をぶらつく. ¶新华～ / 新華書店.
【书牍】shūdú 名〈書〉手紙. 書簡.
【书蠹】shūdù 名 ①〈虫〉シミ(紙魚). ② 本の虫. 読書狂.
【书法】shūfǎ 名 **書道**. ¶～家 / 書家. 書道家.
【书房】shūfáng 名 書斎. (量) 间.
【书馆】shūguǎn 名 ①〈旧〉私塾. ②(～儿)〈方〉(お茶を飲みながら楽しめる)寄席. ③ 書店.
【书归正传】shū guī zhèng zhuàn〈成〉話を本題に戻す. それはさておき. ►もとは講釈師の用語.
【书柜】shūguì 名 **本箱**. 書籍を入れる戸棚. (量) 个.
【书函】shūhán 名 ① 書簡. ② 帙(ちつ). 本のカバー.
【书后】shūhòu 名 後書き. 跋(ばつ).
【书画】shūhuà 名 書画. 書と絵.
【书籍】shūjí 名 **書籍**. 本(の総称). ►具体的数量を示す量詞は伴えない.
【书脊】shūjǐ 名 本の背. 書籍の背.
*【书记】shūji 名 ① **書記**. 共産党・青年団などの各級組織の主な責任者. ¶党委 dǎngwěi ～ / 党委員会書記. ②〈旧〉文書係. ►①② とも shūjì とも発音される.
【书家】shūjiā 名 書家. 書道家.
【书夹子】shūjiāzi 名 紙挟み.
*【书架】shūjià 名(～子)**本棚**. (量) 个.
【书简】shūjiǎn 名〈書〉手紙. 書簡. ►"书柬"とも書く.
【书局】shūjú 名〈旧〉官庁の書庫または書籍刊行所. ►後, 書店の名称に用いられる.
【书刊】shūkān 名〈書〉書籍と雑誌. 書籍刊行物.
【书口】shūkǒu 名 書籍の前小口.
【书库】shūkù 名 書庫.
【书录】shūlù 名 1冊の書物または一連の著作に関する版本・挿し絵・評論など各種資料の目録.
【书眉】shūméi 名 書籍のページ上部の余白.
【书迷】shūmí 名 ① 本の虫. ② 講談のファン.
【书面】shūmiàn 名(↔口头 kǒutóu)**書面**. 文書. ¶～通知 / 書面で通知する. ¶～答复 dáfù / 書面

で回答する.

*【书面语】shūmiànyǔ 名〈語〉書き言葉.

【书名】shūmíng 名 書名.

【书名号】shūmínghào 名〈語〉書名を示す記号.《 》.

【书目】shūmù 名〈略〉図書目録.

【书皮】shūpí 名(～儿) 1 本の表紙. 2 ブックカバー.

【书评】shūpíng 名 書評. 図書評論.

【书铺】shūpù 名 書店.

【书签】shūqiān 名(～儿) 1 しおり. ㊐ 张. ¶书里夹 jiā 着一张～ / 本の中にしおりが1枚挟んである. 2(線装本・巻子本で)書名を書いて表紙に貼り付ける紙〔絹の札〕.

【书生】shūshēng 名〈書〉読書人. 学究. ¶～气 qì / (世事にうとい)学究肌,読書人かたぎ.

【书市】shūshì 名 書籍市.

【书肆】shūsì 名〈書〉書肆(しし). 書店.

【书摊】shūtān 名 露店の本屋.

【书套】shūtào 名 ブックケース. (本の)帙(ちつ).

【书体】shūtǐ 名 書体. 字の書きぶり.

【书亭】shūtíng 名 ブックキヨスク. 新聞書籍スタンド.

【书屋】shūwū 名〈書〉書斎.

【书物】shūwù 名 書籍と書籍に関係のある品物.

【书香门第】shū xiāng mén dì〈成〉読書人の家柄.

【书写】shūxiě 動(字を)書く. ►"写"より書き言葉的. ¶～标语 biāoyǔ / スローガンを書く.

【书信】shūxìn 名〈書〉手紙. 書簡.

【书页】shūyè 名 書物のページ.

【书影】shūyǐng 名 書籍の写真. 内容見本.

【书院】shūyuàn 名〈旧〉(地方に設けられた)読書・講学の場所.

【书斋】shūzhāi 名〈書〉書斎.

【书展】shūzhǎn 名 図書展. ブックフェア. ¶国际～ / 国際ブックフェア.

【书桌】shūzhuō 名(～儿)文机(ふづくえ). 机.

抒 shū

◇◆(心情・意見などを)表現する. 発表する. ¶各～己见 / 各自が自分の意見を述べる.

【抒发】shūfā 動〈書〉(思いを)述べ表す.

【抒怀】shū//huái 動〈書〉所感を述べる.

【抒情】shūqíng 動〈書〉情感を表現する.

【抒写】shūxiě 動〈書〉(感情などを)書き表す.

枢(樞) shū

◇◆ ①戸の回転軸. 枢(とぼそ). ②重要な部分. 活動の中心. 中枢.

【枢机】shūjī 名〈書〉1 大事な事柄. 2〈旧〉朝廷の重要職位〔機構〕.

【枢纽】shūniǔ 名 枢軸. 中枢. 主要点. ¶～车站 chēzhàn / ターミナル駅.

【枢务】shūwù 名 国家の重要な政務.

【枢要】shūyào 名〈書〉以前の中央行政機関.

叔 shū

◇◆ ①おじ(父の弟). ¶二～ / 2番目のおじ. ②父と同世代で父よりも若い男性に対する呼称. ¶王～ / 王おじさん. ③夫の弟. ¶→～嫂 sǎo. ④〈書〉古来,兄弟の順序の3番目を表す字. ‖姓

【叔伯】shūbai 名 同祖父の兄弟姉妹から派生する親戚関係. ¶～哥哥 gēge / 従兄. ¶～姐姐 jiějie / 従姉.

【叔父】shūfù 名 おじ(父の弟).

【叔公】shūgōng 名 1(夫の)おじ(しゅうとの弟). 2〈方〉→【叔祖】shūzǔ

【叔母】shūmǔ 名 おば("叔父"の妻).

【叔婆】shūpó 名 1(夫の)おば(しゅうとの弟嫁). 2〈方〉父のおば("叔母"). 大おば.

【叔嫂】shūsǎo 名 夫の弟と兄嫁(の間柄).

**【叔叔】shūshu 名〈口〉1 おじ(父の弟). ¶亲 qīn～ / 実のおじ. ¶堂房 tángfáng～ / 父の父方のいとこ. 2 おじさん. 注意 父の友人で父より年下の男性に対する呼び方. また,子供が「よそのおじさん」「よそのお兄さん」という意味で,自分よりも年上の男性や10代後半の若い男性への呼びかけやあいさつにも用いる. ¶刘 Liú～ / 劉おじさん. ¶叫 jiào～! / おじさんにごあいさつをしなさい.

【叔侄】shūzhí 名 おじ("叔叔")とおい〔めい〕の間柄.

【叔祖】shūzǔ 名 父のおじ("叔叔"). 大おじ.

【叔祖母】shūzǔmǔ 名 父のおば("叔母"). 大おば.

殊 shū

副〈書〉非常に. きわめて. ¶～觉歉然 qiànrán / 非常にすまないと思う. ¶～可钦敬 qīnjìng / 敬服の至りである.

◇◆ ①異なる. 差異がある. ¶悬 xuán～ / 差が大きい. ②特別の. ずば抜けた. ¶特 tè～ / 特別な. ③断つ. 息が絶える. ¶→～死 sǐ. ‖姓

【殊不知】shūbùzhī 副 1 なんと…(であること)をご存じない. 2 思いのほか. 意外にも.

【殊功】shūgōng 名〈書〉殊勲. 抜群の手柄.

【殊荣】shūróng 名 特別の光栄.

【殊死】shūsǐ 1 形 命がけの. 2 名〈古〉斬首の刑.

【殊途同归】shū tú tóng guī〈成〉手段は異なっても結果は同じであるたとえ.

【殊勋】shūxūn 名〈書〉ぬきんでた手柄. 殊勲.

倏 shū

◇◆ たちまち. またたく間. ¶～而 ér 半载 zǎi / またたく間に半年たった.

【倏地】shūdì 副 たちまちのうちに. 迅速に.

【倏忽】shūhū 副〈書〉非常に速く. たちまち.

【倏然】shūrán 副〈書〉忽然として. 突然.

*梳 shū

動(ひげや髪の毛を)とく,すく. 結う. ¶她喜欢 xǐhuan～短发 duǎn fà / 彼女は髪を短く結うのが好きだ.

◇◆ くし. ¶木～ / 木製のくし.

【梳篦】shūbì 名 くしとすきぐし(の総称).

【梳辫子】shū biànzi〈慣〉(問題を)分類整理して,事の筋道をつける. ►「おさげを結う」が原義.

【梳理】shūlǐ 動 1〈紡〉(繊維を)すく. 2(くしで)髪やひげを調える. 3(問題を)整理する.

【梳头】shū//tóu 動 髪をとく. ¶～洗脸 xǐ liǎn / 髪をとかし,顔を洗う. 身繕いをする.

【梳洗】shūxǐ 動 髪をすき顔を洗う.

【梳妆】shūzhuāng 動 化粧する. 身仕度をする. ¶～台 tái / ドレッサー. 化粧台.

【梳子】shūzi 名 くし. ㊐ 把.

淑 shū

◇◆ 温和で善良な. しとやかな. ►もとは女性の美徳をさした.

【淑女】shūnǚ 名〈書〉淑女.

S

舒 shū ◇◆ ①伸びる．伸ばす．くつろぐ．¶→～气 qì．②ゆったりとしている．伸びやかである．¶～徐 xú / ゆったりと落ち着いている．‖姓

【舒畅】shūchàng 形(気持ち·気分が)晴れやかで愉快である．¶和他一起工作,心情 xīnqíng 很～ / 彼と一緒に仕事をすると気持ちがいい．

【舒服】shūfu 形 ①(体·あるいは気持ち·気分が)軽やかで快い,調子がよい．**►“不～”では,「体の具合が悪い；不愉快である」という意味になる．¶洗完澡 zǎo,觉得浑身 húnshēn ～ / ふろ上がりで,体中さっぱりして気持ちがよい．¶你哪儿不～？──头疼 tóuténg / どこが具合悪いのですか──頭痛がします．¶这件衬衫 chènshān 穿着很～ / このシャツは着心地がいい．¶他一张嘴 zuǐ 就是钱,听了很不～ / 彼は金のことばかり言うので不愉快だ．②(場所·設備·食事や生活などが)**快適である．心地よい．**¶房间 fángjiān 太小,住着不～ / 部屋が狭くて住み心地がよくない．¶舒舒服服 fúfú 地过日子 / 快適な日々を過ごす．

【舒缓】shūhuǎn 形 ①ゆっくりしている．②穏やかである．

【舒气】shū//qì 動 ①ほっとひと息つく．②うっぷんを晴らす．

【舒散】shūsàn 動 ①(体を)ほぐす．②疲れを取り気持ちをよくする．不愉快な気分をなくす．

*【舒适】shūshì 形(環境·生活が)**心地よい,快適である．**¶～的生活 / 快適な生活．

【舒泰】shūtài 形 ゆったりして気持ちがよい．

【舒坦】shūtan 形〈口〉気分がよい．心地よい．

【舒心】shūxīn 形〈方〉気持ちがよい．気楽である．心が伸び伸びする．

【舒展】shūzhǎn ❶動 **広げる．伸ばす．**緩める．¶～身子 / 体を伸ばす．❷形 ①平らである．ぴんと伸びている．②伸び伸びとして心持ちがよい．気持ちが伸びやかである．

【舒张】shūzhāng 動〈生理〉(血管などが)弛緩(しかん)する,拡張する．

疏(疎) shū ◇◆ ①まばらである．¶稀～ / まばらである．②(関係が)疎遠である,親しくない,なじみがない．¶生～ / よく知らない．不慣れである．¶亲～ / (親族や交際関係の)親しさの度合い．③(内容に)疎い,中身がない．¶才～学浅 qiǎn / 浅学非才．④(つまっているものを除いて)通りをよくする．流通をよくする．¶→～浚 jùn．⑤おろそかにする．怠る．¶→～忽 hu．¶→～于 yú．‖姓

【疏淡】shūdàn 形 まばらである．

【疏导】shūdǎo 動 滞っている水や車などの流れをよくする．¶～运河 yùnhé / 運河の流れをよくする．¶～堵塞 dǔsè 的车辆 chēliàng / 渋滞した車の流れをスムーズにする．

【疏放】shūfàng 形〈書〉①放縦である．②(文章が)型にとらわれない．表現が自由奔放である．

【疏忽】shūhu 動 **おろそかにする．**うっかりする．¶～职守 zhíshǒu / 職責をおろそかにする．

【疏浚】shūjùn 動 さらう．浚渫(しゅんせつ)する．

【疏懒】shūlǎn 形(生活などが)しまりがない,だらしがない．

【疏漏】shūlòu 名 手抜かり．手落ち．

【疏落】shūluò 形 まばらである．ちらほらしている．¶～的晨星 chénxīng / まばらな夜明けの星．

【疏密】shūmì 名 疎密．密度．¶～不匀 yún / 密度にむらがある．

【疏浅】shūqiǎn 形 ①浅薄である．¶思虑 sīlǜ ～ / 考えが浅薄である．②疎遠である．¶关系 guānxi ～ / 間柄は親しくない．

【疏散】shūsàn ①形 散らばっている．ばらばらである．②動 疎開する〔させる〕．分散する〔させる〕．

【疏失】shūshī 名 粗相．粗忽．手落ち．

【疏松】shūsōng ①形(土壌などが)ぼくぼくして柔らかい．②動(土などを)起こして柔らかくする．

【疏通】shūtōng 動 ①溝などをさらって流れをよくする．②〈転〉(意思などの)疎通をはかる；(争いを)取りなす．取り持つ．斡旋する．¶请你去帮 bāng 我～一下 / どうか私のために取りなしに行ってください．

【疏于】shūyú 動〈書〉…をおろそかにする．¶～管理 guǎnlǐ / 管理をおろそかにする．

【疏远】shūyuǎn ①形(間柄が)疎遠である．親しくない．②動 疎外する．遠ざける．

输 shū 動 ①(↔赢 yíng)(試合やかけ事に)**負ける,敗れる．**¶～了一局 / 1セット負けた．¶A队～给B队了 / AチームはBチームに負けた．②(液体·気体や電流などを)輸送する,運ぶ．¶把水～到田地里去 / 田畑に水を引く．

◇◆(財物を)献納する．¶捐 juān ～ / 寄付する．

【输出】shūchū 動 ①**送り出す．**¶吸 xī 进氧气 yǎngqì,～二氧化碳 èryǎnghuàtàn / 酸素を吸って,炭酸ガスを吐き出す．②〈商〉**輸出する．** 注意 具体的な商品の輸出にはふつう“出口 chūkǒu”を使う．¶资本 zīběn ～ / 資本輸出．③〈電〉〈電算〉〈機〉**出力する．アウトプットする．**¶～格式 géshì / 出力フォーマット．¶～设备 shèbèi / 出力装置．アウトプットデバイス．¶～数据 shùjù / データ出力；出力データ．

【输电】shū//diàn 動 送電する．

【输家】shūjiā 名(↔赢家 yíngjiā)(ばくちなどで)負けた人．

【输理】shū//lǐ 動 理屈が通らない．

【输入】shūrù 動 ①(外部から)**送り込む．**②〈商〉**輸入する．**►資金·商品·技術などを国外から導入すること．¶～新技术 jìshù / 新しい技術を導入する．注意 具体的な商品の輸入にはふつう“进口 jìnkǒu”を使う．③〈電〉〈電算〉〈機〉**入力する．インプットする．**¶～设备 shèbèi / 入力装置．インプットデバイス．¶～数据 shùjù / データ入力；入力データ．¶～输出设备 / 出入力装置．入出力デバイス．

【输送】shūsòng 動 ①輸送する．運送する．¶～带 / ベルトコンベア．②〈喩〉**送り出す．**提供する．¶～人材 / 人材を送り出す．

【输血】shū//xuè 動〈医〉輸血する．

【输氧】shū//yǎng 動〈医〉酸素吸入する．酸素補給する．

【输液】shū//yè 動〈医〉(ブドウ糖やリンゲル液などを)注射〔点滴〕する．

【输赢】shūyíng 名 ①勝ち負け．②勝ち負けの額．

【输油管】shūyóuguǎn 名 石油輸送管．送油パイプ．量 条 tiáo．

S

蔬 shū ◇◆ 野菜．青物．¶布衣～食 / 〈成〉暮らしが質素であるたとえ．

【蔬菜】shūcài 名 **野菜**．►「野菜」は俗に“青菜 qīngcài”ともいう．¶～店 diàn / 八百屋．

【蔬食】shūshí 名〈書〉①菜食．②粗食．

2声 **秫 shú** ◇◆ コウリャン．

【秫秸】shújie 名 コウリャン殻．

【秫米】shúmǐ 名(脱穀した)コウリャン米．

【秫秫】shúshú 名〈方〉コウリャン．

孰 shú 疑〈古〉①だれ．だれか．¶～谓 wèi 不可？/ いけないと言う者があろうか．②《選択を表す》いずれ．どちら．¶～胜～负 / どちらが勝ち，どちらが負けるか．③なに．¶是可忍 rěn，～不可忍？/ これが我慢できるのなら，一体何が我慢できないというのか．‖姓

【孰若】shúruò 接続〈書〉…よりは…の方がましではないか．どうして及びがつこうか(及びもつかない)．

【孰知】shú zhī 〈型〉〈書〉だれ知ろう．あにはからんや．

赎(贖) shú 動(質草などを)**請け出す，買い戻す**．¶从当铺 dàngpu ～回来 / 質屋から請け出す．¶把房子～回来 / 家を買い戻す．
◇◆ 罪をあがなう．¶→～罪 zuì．

【赎出】shú//chū 動+方補(質草を)請け出す．

【赎当】shúdàng 動 質草を請け出す．

【赎买】shúmǎi 動 **買い戻す**；(社会主義のもとで)国が生産手段を買い取り，国有化すること．

【赎命】shú//mìng 動 財物で生命をあがなう．

【赎取】shúqǔ 動(質草を)請け出す．

【赎身】shú//shēn 動 身請けする．

【赎罪】shú//zuì 動 贖罪(しょくざい)する．罪滅ぼしをする．

塾 shú ◇◆ 塾．私立の学舎．¶私 sī ～ / 私塾．¶家～ / 家塾．

** **熟 shú** 形 ①(↔生 shēng)(植物の実が)**熟している，熟れている**．¶香瓜 xiānggua 已经～了 / メロンはもう熟した．②(↔生)(食物などが)**煮えている，煮上がる**．¶菜烧 shāo ～了 / おかずができあがった．¶半生不～ / 半煮えである；生半可である．③(↔生)**よく知っている**．¶这个人我很～ / その人のことをよく知っている．④熟練している．⑤十分である．¶睡 shuì 得很～ / ぐっすり寝入っている．注意 shú は主に成語や書き言葉などでの発音．たとえば，“一年两熟”“轻车熟路”などは shú としか発音しないが，“饭熟了”の場合は shú とも shóu とも発音できる．▸▸ **shóu**

【熟菜】shúcài 名 加工済みの副食品．

【熟道】shúdào →【熟路】shúlù

【熟地】shúdì 名 ①〈農〉耕地．②〈中薬〉熟地黄(じゅくじおう)．

【熟读】shúdú 動 熟読する．詳しく読む．

【熟惯】shúguàn 形 慣れている．手慣れている．

【熟化】shúhuà 動〈農〉土壌が成熟する．

【熟荒】shúhuāng 名〈農〉荒廃した開墾地．

【熟记】shújì 動 よく覚える．しっかり暗記する．

【熟见】shújiàn 動 見慣れる．

【熟客】shúkè 名 よく来る客．なじみの客．

【熟烂】shúlàn 動 ①(果実などが)熟しきる．②すっかり煮える．

【熟脸】shúliǎn 名(～儿)なじみの顔．

*【熟练】shúliàn 形 **熟練している**．手慣れている．¶～工人 / (訓練を受けた)熟練工．¶他的汉语 Hànyǔ 说得还不够 gòu ～ / 彼の中国語はまだあまり上手ではない．

【熟路】shúlù 名(通い)慣れた道．

【熟能生巧】shú néng shēng qiǎo 〈成〉何事も慣れればこつが分かる．

【熟年】shúnián 名 豊年．実りの年．

【熟人】shúrén 名(～儿)(↔生人 shēngrén)知人．顔なじみ．

【熟食】shúshí 名 調理済みの食品．できあいのおかず．

【熟石膏】shúshígāo 名 焼き石膏．

【熟石灰】shúshíhuī 名〈化〉消石灰．

【熟视无睹】shú shì wú dǔ 〈成〉ふだん見ていても目に入っていない．物事に無関心であること．よく見ていながら見ないふりをする．

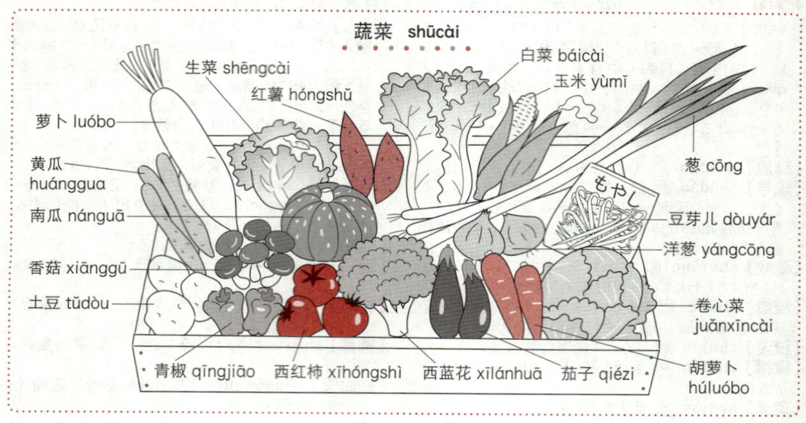

S

【熟识】shúshi 動(人を)よく見知っている;(具体的なことについて)熟知している. ¶我跟他很～/私は彼と非常に親しい. 私は彼のことをよく知っている.
【熟手】shúshǒu 名(↔生手 shēngshǒu)熟練者.
【熟睡】shúshuì 動 熟睡する. ぐっすり眠る.
【熟思】shúsī 動〈書〉よくよく考える. 熟慮する.
【熟铁】shútiě 名 錬鉄. 鍛鉄.
【熟土】shútǔ 名〈農〉熟化した土壌. 成熟土.
*【熟悉】shúxī 動(対象を詳細にわたり)よく知っている,理解している. ¶这个学生的情况 qíngkuàng 我～/この学生の事情について私は熟知している. ¶对唐代 Tángdài 的历史,他比我～得多/唐代の歴史については,彼は私よりもずっと詳しい. ¶我跟这个人不太～/私はその人とはそれほどの知り合いではない. ¶你先～～这里的环境 huánjìng/まずこちらの状況について精通してください.
【熟习】shúxí 動(技術や学問などに)熟練している. 習熟する. ¶～业务 yèwù/業務に習熟する. ¶他对这篇 piān 课文～得能背诵 bèisòng 了/彼はこの課文は,空で言えるほどしっかり学んでいる.
【熟知】shúzhī 動 熟知する.
【熟字】shúzì 名(↔生字 shēngzì)知っている字.

暑 shǔ ◇◆ 暑い. ¶中 zhòng～/暑気にあたる. ¶解 jiě～/暑さを払う.
【暑伏】shǔfú 名〈書〉三伏(さんぷく). 夏の最も暑い時期.
**【暑假】shǔjià 名 夏休み. 夏期休暇. ❖放 fàng～/夏休みに入る.
【暑期】shǔqī 名 夏休みの期間. ¶～学校 xuéxiào/サマースクール.
【暑气】shǔqì 名 暑気. 暑さ.
【暑热】shǔrè 名〈書〉真夏の暑さ.
【暑天】shǔtiān 名 夏の暑い日. 炎天.

黍 shǔ 名〈植〉キビ. モチキビ. ►話し言葉では"黍子 shǔzi"という.
【黍子】shǔzi 名〈植〉キビ.

属(屬) shǔ 動 ①(…に)所属する. 従属する. ¶大连 Dàlián 市～辽宁 Liáoníng 省/大連市は遼寧省に属している. ¶这些厂 chǎng～地方领导 lǐngdǎo/これらの工場は地方の管理下にある. ②(…に)帰属する. …のものである. ¶曙光 shǔguāng 在前,胜利 shènglì 终～我们/光明は目の前にある,勝利はついにわれわれのものだ. ③(えとで)…年生まれである. ¶你～什么?——～羊 yáng/なに年生まれですか——ひつじ年です.
◇◆ ①属. 同類のもの. ¶金～/金属. ②同族の者. ¶遗 yí～/遺族. ¶军 jūn～/軍人の家族. ③…である. ¶→～实 shí. ▸▸ zhǔ
【属地】shǔdì 名 属領. 保護領. 領地.
【属国】shǔguó 名 属国. 従属国.
【属实】shǔshí 動 事実と合っている. 事実である. ¶他说的话完全 wánquán～/彼の話は事実とぴったり合っている.
【属下】shǔxià 名 管轄下;配下.
【属相】shǔxiang 名〈口〉生まれた年のえと. ¶他是什么～?/彼はなに年ですか.
*【属于】shǔyú 動 …に属する. …のものである. ►"没"では否定できない. ¶这事不～我管 guǎn/これは私の仕事じゃない.
【属员】shǔyuán 名〈旧〉部下. 配下.

署 shǔ 動 署名する. ¶请～上你的名字/署名を願います.
◇◆ ①公の仕事をする場所. 役所. ¶专员公～/省人民政府の派出機関. ②配置する. ¶部～/手配り. 配置(する). ③臨時に職務を代行する. ¶～任 rèn/〈旧〉臨時代理に任命する〔を務める〕.
【署理】shǔlǐ 動〈旧〉臨時に職務を代行する.
【署名】shǔ//míng 動 署名する. ►普通は"签 qiān 名"という.

蜀 shǔ 名〈史〉蜀漢(しょっかん). ►三国時代の王朝の一つ.
◇◆ 四川省. ¶～绣 xiù/四川省特産の刺繍.
【蜀锦】shǔjǐn 名 四川省の絹織物. 蜀錦(しょくきん).
【蜀葵】shǔkuí 名〈植〉タチアオイ.
【蜀犬吠日】shǔ quǎn fèi rì〈成〉見識の狭い人は何でも不思議がるたとえ.
【蜀黍】shǔshǔ 名〈植〉コウリャン.
【蜀绣】shǔxiù 名 四川省特産の刺繍.

鼠 shǔ 名 ①〈動〉ネズミ. ►一般に"老鼠 lǎoshǔ",俗に"耗子 hàozi"という. ¶～灰色 huīsè/ネズミ色. ②〈電算〉マウス.
【鼠辈】shǔbèi 名〈書〉〈貶〉小人(しょうじん)ども. 取るに足りない者ども.
【鼠标】shǔbiāo 名〈電算〉マウス.
【鼠窜】shǔcuàn 動 ネズミのようにこそこそ逃げ隠れる. ¶抱头～/頭を抱えてこそこそと逃げる.
【鼠胆】shǔdǎn 形 臆病である.
【鼠肚鸡肠】shǔ dù jī cháng〈成〉度胸がなく度量も小さいこと. ►"小 xiǎo 肚鸡肠"とも.
【鼠目寸光】shǔ mù cùn guāng〈成〉見識が狭いこと.
【鼠窃狗盗】shǔ qiè gǒu dào〈成〉こそどろ. ►"鼠窃狗偷 tōu"とも.
【鼠曲草】shǔqūcǎo 名〈植〉ハハコグサ.
【鼠蹊】shǔxī 名〈生理〉鼠蹊(そけい).
【鼠疫】shǔyì 名〈医〉ペスト. 黒死病.

数(數) shǔ 動 ①(数または順序を一つ一つ)数える,調べる. ¶～零钱 língqián/小銭を数える. ¶～也～不清/数えても数えきれない. ¶从右往 wǎng 左～,第四个人就是他/右から(左へ)数えて4人目が彼だ. ②《並はずれた部類に属することを表す》…の中で最も顕著な部類に入る. 一番だ. ¶全班 bān～他最高/クラス中で彼が一番背が高い. ¶最漂亮 piàoliang 的要～牡丹 mǔdan 了/いちばんきれいなのはボタンだ. [兼語文を作る]¶论工龄 gōnglíng,要～老李最长 cháng/勤務年数では李さんがいちばん長い.
◇◆(罪や過失などを)列挙する,数え上げる. ¶→～说 shuō. ¶→～落 luo. ▸▸ shù,shuò
【数不胜数】shǔ bù shèng shǔ〈成〉数えきれない. 枚挙にいとまがない.
【数不过来】shǔbuguò//lái 動+可補(多すぎて)数えきれない.
【数不清】shǔbuqīng 動+可補 はっきり数えることができない. 数えきれない(ほど多い).

【数不上】shǔbushàng →【数不着】shǔbuzháo
【数不着】shǔbuzháo 動+可補 ものの数に入らない．…のうちに入らない．►"数不上 shǔbushàng"とも．¶要说围棋 wéiqí,～他 / 囲碁なら,彼なんかものの数じゃないよ．
【数得上】shǔdeshàng →【数得着】shǔdezháo
【数得着】shǔdezháo 動+可補 指折りである．ずば抜けている．►"数得上 shǔdeshàng"とも．
【数典忘祖】shǔ diǎn wàng zǔ〈成〉物事の根本を忘れている；自国の歴史を知らない．
【数伏】shǔfú 動 一年で最も暑い時期になる．
【数九】shǔ//jiǔ ①動 冬至以後の９日間を９回まで数える．②名(冬至の次の日から始まる)一年で最も寒い時期．
【数落】shǔluo 動 ①〈口〉苦情や落ち度を並べ立てる．②いちいち並べ立てる．
【数米而炊】shǔ mǐ ér chuī〈成〉米粒を数えて飯を炊く．細かいことを詮索(せんさく)する〔けちである〕たとえ；生活が困窮しているたとえ．
【数数儿】shǔ//shùr 動 数を数える．
【数说】shǔshuō 動 ①(落ち度を一つ一つ指摘して)非難する．②一つ一つ並べて述べる．列挙する．
【数一数二】shǔ yī shǔ èr〈成〉一,二を争う．指折りである．¶他的汉语 Hànyǔ 水平在我们班是～的 / 彼の中国語はわがクラスのトップレベルにある．

薯(藷) shǔ ◇◆ イモ類の総称．¶甘 gān ～ / サツマイモ．¶马铃 mǎlíng ～ / ジャガイモ．
【薯片】shǔpiàn 名 ポテトチップ．
【薯条】shǔtiáo 名 フライドポテト．
【薯蓣】shǔyù 名〈植〉ヤマイモ．ナガイモ．

曙 shǔ ◇◆ 夜が明ける．¶东方欲 yù ～ / 夜が明けようとする．
【曙光】shǔguāng 名 ①あけぼのの光．②〈喩〉希望の兆し．光明．
【曙色】shǔsè 名〈書〉夜明けの空の色．

4声 **术**(術) shù ◇◆ ①技．芸．技術．¶武 wǔ ～ / 武術．②方法．策略．¶权 quán ～ / 臨機応変の謀略．‖姓
【术科】shùkē 名(軍事訓練・体育訓練の中の)技術科目．►"学科"に対していう．
【术语】shùyǔ 名 術語．専門用語．¶科技 kējì ～ / 科学技術用語．

戍 shù ◇◆ 軍隊が守備する．注意 字形が"戌 xū""戊 wù"と混同しやすい．¶卫 wèi ～ / 軍が警備する．‖姓
【戍边】shùbiān 動 国境を守る．
【戍守】shùshǒu 動〈書〉防衛する．
【戍卫】shùwèi 動〈書〉守備する．武力で守る．

束 shù ①動 **縛る．くくる．束ねる．**¶腰 yāo ～皮带 pídài / 腰に革のベルトを締める．②量 束ねたものを数える：束．¶一～玫瑰花 méiguihuā / 一束のバラの花．
◇◆ ①束になっているもの．¶电子～ / 電子ビーム．②束縛する．拘束する．制限する．¶拘 jū ～ / 束縛する．‖姓
【束缚】shùfù 動 **束縛する．縛る．**►"受、有、摆脱 bǎituō、冲破 chōngpò"などの目的語になることができる．¶～手脚 shǒujiǎo / 手足を縛る．¶摆脱封建思想 fēngjiàn sīxiǎng 的～ / 封建思想の束縛から抜け出る．
【束身】shùshēn 動〈書〉①自重する．自分の言動を慎む．¶～自爱 / 身を慎んで自重する．②自縛する；帰順する．
【束手】shùshǒu 動 手をつかねる．なすすべを知らない．¶～就擒 qín / なすところなくとらわれの身となる．¶～待毙 dàibì / みすみす事の失敗を知りながら手をこまねいて見ている．
【束手束脚】shù shǒu shù jiǎo〈成〉いろいろな制限を受けて思いきった行動がとれない；びくびくして思いきった行動がとれない．
【束手无策】shù shǒu wú cè〈成〉手をつかねてなすすべを知らない．
【束腰】shùyāo 名 ガードル．
【束之高阁】shù zhī gāo gé〈成〉棚上げにする．捨てておいて顧みない．
【束装】shùzhuāng 動〈書〉旅支度をする．

述 shù ◇◆ 述べる．叙述する．¶口～ / 口で述べる．¶陈 chén ～ / 述べる．
【述评】shùpíng 名 解説と評論．
【述说】shùshuō 動 話す．述べる．
【述职】shù//zhí 動〈書〉(在外使節が本国に帰って)報告をする．

****树**(樹) shù ①名 **木．樹木．** 量 棵 kē，株 zhū；[並木]行 háng．¶一棵 kē ～ / １本の木．
❖种 *zhòng* ～ / 木を植える．
②動 たてる．樹立する．¶～了一块碑 bēi / 碑を建てた．¶～大功 / 殊勲を立てる．
◇◆ 植える．育て上げる．¶→～木 mù．‖姓
【树碑立传】shù bēi lì zhuàn〈成〉〈貶〉なんらかの方法で個人的威信や声望を高めようとするたとえ．
【树杈】shùchà 名(～儿・～子)木のまた．
【树丛】shùcóng 名 木の茂み．木立ち．
【树大根深】shù dà gēn shēn〈成〉勢力が大きくて基盤がしっかりしているたとえ．
【树大阴凉大】shù dà yīnliáng dà〈諺〉寄らば大樹の陰．
【树大招风】shù dà zhāo fēng〈成〉地位が高くなれば攻撃の目標になりやすいたとえ．
【树倒猢狲散】shù dǎo húsūn sàn〈諺〉勢力のある人物が没落すると,その人に付き従っていた者も散り散りばらばらになるたとえ．
【树敌】shùdí 動〈書〉敵をつくる．¶～过多 / 敵をつくりすぎる．
【树墩】shùdūn 名(～子)木の切り株．
【树干】shùgàn 名 木の幹．樹幹．
【树高千丈,叶落归根】shù gāo qiān zhàng, yè luò guī gēn〈諺〉いくら遠くさすらっても,落ち着くところは生まれ故郷である．
【树挂】shùguà 名〈気〉霧氷．樹氷．
【树行子】shùhàngzi 名〈方〉並木．１列に植えてある木．►"行"は hàng と読む．
【树胶】shùjiāo 名 ①ゴム．②(モモやアンズなどの)植物から分泌する樹脂．
【树懒】shùlǎn 名〈動〉ナマケモノ．量 只 zhī．
【树立】shùlì 動 **樹立する．打ち立てる．**►主として抽象的かつ好ましい物事についていう．¶～榜样

bǎngyàng / 手本となる.
【树凉儿】shùliángr 名 木の陰．木陰.
*【树林】shùlín 名(～子)林．(量) 片 piàn.
【树莓】shùméi 名〈植〉キイチゴ(の実).
【树苗】shùmiáo 名 苗木.
*【树木】shùmù ①名 **樹木．木(の総称)**．►具体的な数量を数える量詞はつけられない．¶植物园 zhíwùyuán 里长 zhǎng 着各种～ / 植物園にはいろいろな樹木が植わっている．¶一片～ / 一面の樹木．②動〈書〉木を育てる.
【树皮】shùpí 名 樹皮．木の皮.
【树人】shùrén 動〈書〉人材を育てる.
【树梢】shùshāo 名(～儿)梢.
【树身】shùshēn 名 木の幹．樹幹.
【树条】shùtiáo 名(柳などの)しなやかな枝.
【树叶】shùyè 名 **木の葉**．樹木の葉．(量) 片,张．¶～凋落 diāoluò / 木の葉が枯れ落ちる.
【树阴】shùyīn 名(～儿)木陰.
【树阴凉儿】shùyīnliángr 名 木陰.
【树欲静而风不止】shù yù jìng ér fēng bù zhǐ〈諺〉客観的な実在物は人間の意志では変えられない.
【树枝】shùzhī 名 **木の枝**．(量) 根,枝.
【树脂】shùzhī 名 樹脂．レジン.
【树种】shùzhǒng 名 ①木の種類．¶阔叶 kuòyè～ / 広葉樹類．②木の種．¶采集 cǎijí ～ / 木の種を採集する.
【树桩】shùzhuāng 名(～子)木の切り株.

竖(豎) shù

①形(↔横 héng)**縦の**．►地面と垂直方向あるいは自分の前後を貫く方向．¶～着写 / 縦に書く．¶画一条～线 xiàn / 縦に線を1本引く．②動 **縦にする．立てる**．¶～旗杆 qígān / 旗竿を立てる．③名(～儿)漢字の筆画で縦に棒を引く形.
【竖立】shùlì 動 立つ．立てる．►下は地面に触れているか地中に埋まっている.
【竖领】shùlǐng 名 詰め襟.
【竖起】shù//qǐ 動+方補 立てる．¶～大拇指 dàmuzhǐ / 親指を立てる．感心したり賞賛するときのしぐさ．¶～耳朵 ěrduo 听 / 耳をそばだてる.
【竖琴】shùqín 名 竪琴(たてごと)．ハープ．(量) 把,架 jià,个.
【竖心旁】shùxīnpáng 名(～儿)(漢字の偏旁)立心偏．りっしんべん"忄".

恕 shù

〈套〉許しを請う．…をお許しください．¶～难 nán 从命 / 仰せのとおりには致しかねますから,どうぞ悪しからず.
◇◆(人の過ちを)大目にみる,許す．¶饶 ráo ～ / 勘弁する．許す.
【恕罪】shù//zuì ①動(他人の)**罪や過失を許す**．②〈套〉おわびをする．¶～～! / 失礼をお許しください.

庶 shù

◇◆ ①おおむね．ほとんど．¶～不致 zhì 误 / 誤るようなことにはなるまい．②あまたの．もろもろの．¶富～ / 人口が多く裕福である．¶→～务 wù．③一般庶民．¶→～民．¶→～人．④妾腹(しょうふく)の．¶～出 / 庶子．妾腹の子．‖姓
【庶民】shùmín 名〈書〉庶民．人民.
【庶人】shùrén 名〈書〉庶人．庶民.
【庶务】shùwù 名〈旧〉①(機関や団体内の)庶務．②庶務を担当する人.
【庶子】shùzǐ 名〈書〉庶子．非嫡出子.

*数(數) shù

❶名 ①〈数〉**数**；〈語〉(文法上の)数．②(～儿)**数．かず**．¶数 shǔ ～儿 / かずを数える．¶他伸出 shēnchū 五个手指说："我需要 xūyào 这个～儿" / 彼は指を5本立てて,「これだけ必要だ」と言った．③(～儿)心づもり．自信．¶心中有～ / 心づもりがある.
❷数 若干の．いくつかの．►書き言葉的．¶～十种 / 数十種．¶～小时 / 数時間.
◇◆ 運命．天命．¶气～ / 運命．▶▶ shǔ,shuò
【数词】shùcí 名〈語〉数詞.
【数额】shù'é 名 定額．一定の数．¶超出 chāochū ～ / 一定の数を超える.
【数据】shùjù 名 **データ．根拠となる数値**．¶～通信 / データ通信.
【数据库】shùjùkù 名〈電算〉データベース.
【数控】shùkòng 名〈略〉デジタル制御．数値制御．NC.
*【数量】shùliàng 名 **数量**.
【数量词】shùliàngcí 名〈語〉数量詞．►数詞と量詞を合わせたもの．たとえば"一本书"の"一本"や"念一遍"の"一遍"など.
【数码】shùmǎ 名(～儿) ①数字．¶阿拉伯 Ālābó ～ / アラビア数字．②数．額．¶这笔交易 jiāoyì ～不大 / こんどの取引の額は小さい.
*【数码相机】shùmǎ xiàngjī 名 デジタルカメラ．►"数字相机"とも.
【数目】shùmù 名 **数．額**.
【数目字】shùmùzì 名 数字.
【数位】shùwèi 名〈数〉数の位(くらい)．桁(けた).
*【数学】shùxué 名 **数学**.
【数值】shùzhí 名〈数〉**数値**.
【数珠】shùzhū 名(～儿)数珠(じゅず).
*【数字】shùzì 名 **数字；数量**.
【数字电视】shùzì diànshì 名 デジタルテレビ.
【数字化】shùzìhuà 動 デジタル化する.
【数字声频】shùzì shēngpín 名 デジタル音声.
【数字图像】shùzì túxiàng 名 デジタル画像.

墅 shù

◇◆ 別荘．¶别 bié ～ / 別荘.

漱 shù

動(口を)すすぐ．►"口､嘴 zuǐ"を目的語にとる．¶用药水～几次嘴 / 水薬で数回うがいをする.
【漱口】shù//kǒu 動 口をすすぐ；うがいをする．¶一天漱几次口 / 1日に何回もうがいをする．¶～杯 / うがい用のコップ.
【漱口液】shùkǒuyè 名 うがい薬.

shua (ㄕㄨㄚ)

1声 *刷 shuā

❶動 ①(ブラシで)**磨く,洗う,ほこりを取る；(はけで)塗る．貼る**．¶～牙 yá / 歯を磨く．¶～锅 guō / (たわしで)鍋やフライパンを洗う．¶～墙qiáng / 壁を塗る．¶～标语 biāoyǔ / (塀などに)ポスターを貼り出す．②〈口〉(人を)取り除く,落とす,解雇

S

する．¶他不好好儿 hǎohāor 工作，被～下来了／彼はまじめに働かないので首になった．

❷擬 ①《細かいもの・薄いものが触れ合う音》さらさら．かさかさ．¶钢笔在纸上～～地响 xiǎng／紙にペンを走らせる音がさらさらと聞こえる．②《物が強くこすれ合う音》ごしごし．¶～～地磨 mó 刀／ごしごしと刀を研ぐ．③《動作がすばやく行われるさま》さっさ．すらすら．¶他～～几下子就把活儿 huór 干完了／彼はさっさとこの仕事をかたづけてしまった．

◇◆ブラシ．はけ．たわし．¶牙 yá ～／歯ブラシ．¶鞋 xié ～子／靴ブラシ．

*【刷卡】shuā//kǎ 動 カード(のデータ)を読みとる；(代金を)カードで支払う．

【刷拉】shuālā 擬《物が急にすれ合う短い音》さっ．がさっ．ばさっ．

【刷洗】shuāxǐ 動(刷毛やたわしなどで)洗う．

【刷新】shuā//xīn 動 刷新する．更新する．¶～世界纪录 jìlù／世界記録を更新する．

*【刷牙】shuā//yá 動 歯を磨く．¶～缸儿 gāngr／歯磨き用のコップ．

*【刷子】shuāzi 名 ブラシ．刷毛．量 把．¶鞋 xié ～／靴ブラシ．¶用～刷衣服／服にブラシをかける．

3声 **耍 shuǎ** 動 ①〈方〉遊ぶ．たわむれる．¶孩子们正在院子里～着呢／子供たちはいま中庭で遊んでいる．¶这可不是～的！／遊びごと〔冗談〕なんかじゃないぞ．②もてあそぶ．操る．¶～刀 dāo／刀を振り回す；剣術の妙技を演じる．¶别再～他了／もう彼をからかうのはよせ．¶→～猴儿 hóur．③〈貶〉ほしいままにふるまう．(悪い癖や態度を)あらわにする．¶～威风 wēifēng／いばり散らす．¶～鬼把戏 guǐbǎxì／いんちきを働く．悪だくみをする．

注意 字形が"要 yào"と混同しやすい．‖姓

【耍把戏】shuǎ bǎxi ①曲芸をする．¶看～／曲芸を見る．②〈慣〉いんちきをする．

【耍笔杆】shuǎ bǐgǎn 〈慣〉(～儿)〈貶〉売文を稼業とする．

【耍骨头】shuǎ gǔtou 〈慣〉〈方〉軽口をたたく．へ理屈をこねる．

【耍横】shuǎ//hèng 動〈方〉すごむ．横暴にふるまう．乱暴を働く．

【耍猴儿】shuǎ//hóur 動 ①サルに芸をやらせる．¶～的／猿回し．②〈慣〉ふざける．物笑いになる．¶你别～了！／ふざけるな．

【耍花腔】shuǎ huāqiāng 〈慣〉調子のいいことを言って人をだます．

【耍花招】shuǎ huāzhāo 〈慣〉(～儿)小細工をする．小手先でごまかす；(人を)ペテンにかける．詭計(きけい)を弄する．►"耍花枪 huāqiāng"とも．¶他耍过好几次花招／彼は幾度も人をペテンにかけた．

【耍货儿】shuǎhuòr 名〈方〉おもちゃ．遊具．

【耍赖】shuǎ//lài 動 ①理不尽なことをする．むちゃなまねをする．すごむ．►"耍无赖 wúlài"とも．②しらを切る．とぼける．

【耍赖皮】shuǎ làipí 〈慣〉厚かましいことをする．ずるをする．¶座着～／座り込んでごねる．

【耍流氓】shuǎ liúmáng 〈慣〉女性にわいせつな行為をする．ごろつきのような行動をとる．

【耍闹】shuǎnào 動 ふざけ騒ぐ．はしゃぐ．

【耍弄】shuǎnòng 動(人を)ばかにする；(よくないことを)やらかす．

【耍脾气】shuǎ píqi 〈慣〉怒って人に当たり散らす．わがままを言ってごねる．

【耍贫嘴】shuǎ pínzuǐ 〈慣〉〈方〉(自分勝手に)よくしゃべる．減らず口をたたく．

【耍钱】shuǎ//qián 動〈方〉ばくちを打つ．

【耍人】shuǎ//rén 動 人をからかう．

【耍手腕】shuǎ shǒuwàn 〈慣〉(～儿)手練手管を弄する．

【耍手艺】shuǎ shǒuyi 〈慣〉手仕事をする；職人になる．¶～的／職人．

【耍无赖】shuǎ wúlài →【耍赖】shuǎ//lài

【耍笑】shuǎxiào 動 ふざけ騒ぐ；からかう．

【耍心眼儿】shuǎ xīnyǎnr 〈慣〉(自分が得をするために)こざかしいことをする．

【耍嘴皮子】shuǎ zuǐpízi 〈慣〉弁舌を振るう．減らず口をたたく；口先だけで実行しない．

shuai（ㄕㄨㄞ）

1声 **衰 shuāi** ◇◆衰える．¶年老体～／年を取って体力が衰える．¶雨住风～／雨がやみ，風が穏やかになる．

【衰败】shuāibài 動 衰微する．衰える．

【衰变】shuāibiàn 名〈物〉(放射性物質の)自然崩壊．►"蜕变 tuìbiàn"とも．

【衰减】shuāijiǎn 動(しだいに)衰える．

【衰竭】shuāijié 動〈医〉(重い病気により)生理機能が衰弱すること．¶心力 xīnlì ～／心不全．

【衰老】shuāilǎo 形 老齢で心身が衰えている．老いさらばえている．

【衰落】shuāiluò 動 衰微する．落ちぶれる．

【衰迈】shuāimài 形〈書〉年を取って衰えている，力がない．

【衰弱】shuāiruò ①形 衰弱している．¶神经 shénjīng ～／ノイローゼ．②動(物事の勢いが)弱まる．

【衰颓】shuāituí 形〈書〉(身体・元気などが)衰えている，衰退している．

【衰退】shuāituì 動 衰退する．衰える．¶视力 shìlì ～／視力が衰える．¶经济 jīngjì ～／景気が後退する．

【衰亡】shuāiwáng 動 衰亡する．

【衰微】shuāiwēi 形〈書〉(国家・民族などが)衰微している，衰えて勢力がなくなっている．

【衰歇】shuāixiē 動〈書〉衰えて終わりになる．

【衰朽】shuāixiǔ 動〈書〉衰微する．老衰する．

* **摔 shuāi** 動 ①倒れる．転ぶ．¶他把腿 tuǐ ～断 duàn 了／彼は転んで足の骨を折った．②落下する．墜落する．¶小心点儿，别～下来／気をつけなさい，落ちないように．③落ちて壊れる．¶把瓶子 píngzi ～了／瓶を落として割った．④投げ捨てる．投げつける．¶他一进门，～下书包 shūbāo 就出去了／彼は帰ってくると，かばんを投げ出し飛び出していった．⑤振り落とす．はたいて落とす．¶～掉 diào 鞋子上的泥 ní／靴についた泥をはたき落とす．

【摔打】shuāida 動 ①たたきつける．ばたばたたたく．②〈喩〉苦労する．鍛える．もまれる．

【摔倒】shuāi//dǎo 動＋結補 転んで倒れる．¶他不小心～了／彼は不注意で転んでしまった．

【摔跟头】shuāi gēntou 転ぶ．つんのめる；〈転〉つまずく．失敗する．¶摔了一个跟头／もんどりうっ

て転んだ.

【摔交】shuāi//jiāo ❶動 ①転ぶ. ¶摔了一交 / すてんと転んだ. ②〈転〉(政治上・仕事上)失敗する, 失脚する. ❷名〈体〉レスリング. 中国・蒙古式の相撲. ¶～运动员 / レスリング選手.

【摔炮儿】shuāipàor 名(おもちゃの)かんしゃく玉. ¶扔 rēng ～ / かんしゃく玉を投げる.

3声 *甩 shuǎi 動 ①(手・腕・髪などを)振る,振り回す. ❖～胳膊 gēbo / 腕を振る. ¶～一～体温表 tǐwēnbiǎo / 体温計を振る.
②投げる. ほうる. ¶～手榴弹 shǒuliúdàn / 手榴弾を投げる.
③振り捨てる. 置き去りにする. ¶她把男朋友 nánpéngyou ～了 / 彼女はボーイフレンドを振った.

【甩包袱】shuǎi bāofu 〈慣〉重荷(になる人・物事)を捨てる.

【甩车】shuǎi//chē 動 機関車から車両を切り離す.

【甩开膀子】shuǎikāi bǎngzi 〈慣〉大いに腕を振るう. 全力を注ぐ. ¶～大干 dàgàn / 全力を尽くして大々的にやる.

【甩脸子】shuǎi liǎnzi 〈慣〉〈方〉不機嫌な様子を見せる. いい顔をしない.

【甩卖】shuǎimài 動 投げ売りをする. ¶年末 niánmò 大～ / 年末大安売り.

【甩手】shuǎi//shǒu 動 ①(歩くときに)手を前後に振る. ②(仕事や用事などを)ほうっておく. ほうり出す;(事から)手を引く. ¶～掌柜 zhǎngguì / (実際のことは何もしない)責任者,主人.

【甩袖子】shuǎi xiùzi 〈慣〉(仕事などを)ほうり出す. ¶一～走了 / (挨拶もせずに)ぱっと席を立った. ¶～不干了 / ほったらかしにしてしまった.

【甩站】shuǎi//zhàn 動(バスや電車などがとまるべき)バス停〔駅〕を素通りする.

*帅(帥・率) shuài ①名 中国将棋の駒の一つ. ►日本の将棋の王将に相当する. ②形〈方〉格好よい. センスがある. 粋(いき)である. ►人間に用いる場合は若い男に限る. ¶这个小伙子 xiǎohuǒzi 真～ / この若者はなかなか格好いい.
◇◆ 軍隊の最高指揮官. ¶将 jiàng ～ / 司令官. ¶挂 guà ～ / 最高指導者となる. ‖姓

【帅哥】shuàigē 名 ハンサムでスマートな若い男性. イケメン.

【帅气】shuàiqi 形 格好がよい. あかぬけている. きれいである. ¶他这身打扮 dǎban 真～ / 彼の身なりはほんとうにあかぬけている. ¶这字写得真～! / この字は実にきれいだ.

率 shuài ①動〈書〉率いる. ¶～队 / 隊を率いる. ¶局长 júzhǎng ～团出访西欧 Xī'ōu / 局長が代表団を率いて西ヨーロッパを訪問する. ②〈方〉〖帅shuài〗②に同じ. ③副〈書〉おおよそ. だいたい. ほぼ. ¶～皆 jiē 如此 / おおむねこのとおりである.
◇◆ ①従う. 従い守る. ¶→～由 yóu 旧章. ②軽はずみである. 不用意である. ¶轻 qīng ～ / 軽率である. ¶草～ / そそっかしい. ③率直である. ¶坦 tǎn ～ / 率直でさっぱりしている. ▸▸ lù

【率部】shuàibù 動 部下を率いる.

【率领】shuàilǐng 動(軍隊や集団を)率いる,統率する,帯同する. ¶～队员入场 rùchǎng / メンバーを率いて入場する.

【率同】shuàitóng 動 …を引き連れて(いっしょに). ¶～组员 zǔyuán 参观工厂 gōngchǎng / 部下を連れて工場見学する.

【率先】shuàixiān 副 率先して. 真っ先に.

【率由旧章】shuài yóu jiù zhāng 〈成〉すべて古い規則・しきたりを踏襲する.

【率真】shuàizhēn 形〈書〉(性格が)誠実で率直である.

【率直】shuàizhí 形(性質が)率直である.

蟀 shuài "蟋蟀 xīshuài"(コオロギ)という語に用いる.

shuan (ㄕㄨㄢ)

1声 闩 shuān ①名(木や金属の)かんぬき. ¶门上了～ / 門にかんぬきがかけられている. ②動 かんぬきをかける. ¶把门～上 / 門にかんぬきをかける. ‖姓

拴 shuān 動 つなぐ. 縛りつける. ¶把马～在树 shù 上 / ウマを木につなぐ. ¶用绳子 shéngzi 把行李～上 / 縄で荷物を縛る.

【拴车】shuān//chē 動〈方〉荷車を買い入れる.

栓 shuān ◇◆ ①栓. 器物の開閉できる部分. ¶消火 xiāohuǒ ～ / 消火栓. ¶枪 qiāng ～ / 弾倉の引き金. ②(瓶などの)栓. ¶木～ / 木の栓. ③形が栓状のもの. ¶→～剂 jì.

【栓剂】shuānjì 名〈薬〉座薬.

【栓塞】shuānsè ①名〈医〉塞栓症(そくせんしょう). ②動 血管やリンパ管がふさがれる. 塞栓する.

【栓子】shuānzǐ 名〈医〉血栓.

4声 涮 shuàn 動 ①ゆすぐ. すすぎ洗いをする. ¶洗洗～～ / 洗濯仕事. ¶～～手 / 手を洗う. ¶把衣服～干净 gānjìng / 服をゆすいできれいにする. ②(器の中に水を入れて揺り動かして)ゆすぐ. ¶～一下杯子 / コップをゆすぐ. ③(調理法の一種で)薄く切った肉を熱湯にくぐらせて,たれをつけて食べる. ¶→～羊肉. ④〈方〉だます. 担ぐ. からかう. ¶得了 déle,别～我了 / もうよせ,おれをからかうな.

【涮羊肉】shuànyángròu 名〈料理〉羊肉のしゃぶしゃぶ.

shuang (ㄕㄨㄤ)

1声 **双(雙) shuāng ❶量 対になっているものを数える. ►左右対称をなす身体の部分・器官,または本来二つでそろいになるものに用いる. ¶一～鞋 xié / 1足の靴. ¶一～大手 / 大きな(両)手. ⇒〖对 duì〗❷
❷形(↔单 dān) ①対になっている. 二つの. ¶举起 jǔqǐ ～手 / 両手を挙げる. ¶工作,学习～丰收 fēngshōu / 仕事と勉強の両面において大きな収穫を得る. ②偶数の. ¶～号 / 偶数の番号. ¶本月逢 féng ～日上早班 / 今月は偶数日が早番だ. ③2倍の. ¶→～份 fèn.

S

比較 双：对 duì　どちらも二つで組をなすものに用いる．❶原則として,元来ペアをなしていて,人間の身体に関係するものには“双”を用い,ある時点でペアをなすものには“对”を用いる．¶一对夫妇 fūfù / ひと組の夫婦．❷“眼睛”“翅膀 chìbǎng”にはどちらも用いる．‖姓

【双百】shuāngbǎi 名　“百花齐放”“百家争鸣”(芸術などの自由化政策)の二つの方針の略称．

【双胞胎】shuāngbāotāi 名 双生児．双子．

【双边】shuāngbiān 形 二国間の．双務の．¶～条约 tiáoyuē / 双務条約．¶～贸易 màoyì / 相互貿易．

【双宾语】shuāngbīnyǔ 名〈語〉二重目的語．

【双层】shuāngcéng 名 二層．二重．¶这个包是～料做的 / このかばんは2枚布でできている．¶～桥 qiáo / 上下2段式の橋．¶～床 chuáng / 2段式ベッド．¶～巴士 bāshì / 2階建てバス．►“双层公共汽车”とも．

【双重】shuāngchóng 形(後ろに名詞をとって)二重の．►抽象的な物事に用いることが多い．¶起～作用 / 二重の働きをする．¶～牙 yá / 八重歯．¶～任务 rènwu / 二重の任務．

【双重国籍】shuāngchóng guójí 名 二重国籍．

【双重人格】shuāngchóng réngé 名〈貶〉二重人格．

【双打】shuāngdǎ 名〈体〉(卓球・バドミントンなどで)ダブルス．¶男女混合 hùnhé ～ / 混合ダブルス．

【双耳刀】shuāng'ěrdāo 名(～儿)(漢字の偏旁の一つ)“阝”．右にあるものは“右耳”(おおざと)といい,左にあるものは“左耳”(こざと)という．

*【双方】shuāngfāng 名 双方．¶男女～ / 男女双方．¶缔约国 dìyuēguó ～ / 締約国双方．

【双份】shuāngfèn 名(～儿)二人分．二人前．ふた口．¶吃了～还不够 gòu / 二人前食べてもまだ足りない．

【双杠】shuānggàng 名〈体〉平行棒(競技)．

【双挂号】shuāngguàhào 名 配達証明付き書留．

【双关】shuāngguān 名〈語〉1語で2語の意味を兼ねさせること．►例えば“气管炎 qìguǎnyán”(気管支炎)と“妻管严 qīguǎnyán”(恐妻家)など．¶一语～ / 1語で表裏二様の意味を表している．¶～语 yǔ / 掛け言葉．

【双管】shuāngguǎn 名 二つの管状・円筒形のもの．¶～猎枪 lièqiāng / 2連猟銃．¶～齐下 qíxià / (絵を描くとき)2本の絵筆を同時に使う；ある目的に達するために二つの面から同時に活動を進めていくこと．

【双轨】shuāngguǐ 名〈鉄〉複線(軌道)；二重の．¶～铁路 tiělù / 複線鉄道．

【双轨制】shuāngguǐzhì 名 異なる体系や制度を併用する制度．

【双簧】shuānghuáng 名(演芸の一種)二人羽織(ににんばおり)；〈転〉なれあいでする．¶唱 chàng ～ / 二人がぐるになって事に当たる．►“双镄”とも書く．

【双簧管】shuānghuángguǎn 名〈音〉オーボエ．量 支,把,根．❖吹 *chuī* ～ / オーボエを吹く．

【双击】shuāngjī 動〈電算〉ダブルクリックする．

【双立人】shuānglìrén 名(～儿)(漢字の偏旁)ぎょうにんべん“彳”．

【双料】shuāngliào 形(～儿)2倍の材料を使った；〈喩〉特製の．ひと回り大きい．二重の．

【双排扣】shuāngpáikòu 名 ダブルボタン．¶～西装 xīzhuāng / ダブルの背広．

【双抢】shuāngqiǎng 動〈略〉収穫と作付けを時を移さず進める．

【双亲】shuāngqīn 名 両親．父母．二親．¶～俱 jù 在 / 両親ともに健在である．

【双全】shuāngquán 形 両方とも完全である．兼ね備えている．¶文武～ / 文武両道に優れる．

【双人】shuāngrén 形(後ろに名詞をとって)二人の．二人用の．ダブル…．ツイン…．¶～床 chuáng / ダブルベッド．¶～房 fáng / ツインルーム．¶～舞 wǔ / ペアダンス．対舞．

【双日】shuāngrì 名 偶数日．

【双身子】shuāngshēnzi 名〈口〉妊婦．

【双生】shuāngshēng 形〈口〉双子の．

【双声】shuāngshēng 名〈語〉同じ“声母”をもつ2字以上の語．►たとえば“方法 fāngfǎ”など．

【双声道】shuāngshēngdào 名 音声多重．¶～立体声 / 音声多重ステレオ．

【双手】shuāngshǒu 名 両手．¶我举～赞成 zànchéng / 私は全面的に賛成だ．

【双数】shuāngshù 名〈数〉偶数．

【双双】shuāngshuāng 副 両方そろって．二人いっしょに．

【双体船】shuāngtǐchuán 名〈交〉双胴船．

【双筒望远镜】shuāngtǒng wàngyuǎnjìng 名 双眼鏡．

【双喜】shuāngxǐ 名 ①二重の慶事．二重のおめでた．②→【双喜字】shuāngxǐzì

【双喜字】shuāngxǐzì 名 “喜”という字を二つ横に並べて1字としたもの．“囍”．装飾に用いる．

【双下巴】shuāngxiàba 名 二重あご．

【双响】shuāngxiǎng 名(～儿)地上と空中とで2回爆発する爆竹．

【双星】shuāngxīng 名 ①〈天〉双星．②牽牛(けんぎゅう)と織女の2星．

【双休日】shuāngxiūrì 名 二連休(制)．週休二日制(労働)．

【双眼皮】shuāngyǎnpí 名(～儿)(↔单 dān 眼皮(儿))二重まぶた．

【双氧水】shuāngyǎngshuǐ 名〈薬〉過酸化水素水．オキシドール．

【双引号】shuāngyǐnhào 名 引用符．ダブルクォーテーションマーク(“　”)および二重かぎかっこ(『　』)．

【双赢】shuāngyíng 動 双方が利益を受ける．ウィンウィンになる．

【双鱼座】shuāngyúzuò 名〈天〉うお座．

【双语】shuāngyǔ 形 2か国語の．バイリンガルの．¶～教学 jiàoxué / 2か国語教育．

【双月刊】shuāngyuèkān 名 隔月刊誌．

【双职工】shuāngzhígōng 名 共働きの夫婦．¶～家庭 jiātíng / 共働きの家庭．

【双周刊】shuāngzhōukān 名 隔週刊誌．

【双座】shuāngzuò 形 二人乗りの．

霜 shuāng

名 霜．量 场cháng,层céng．¶下〔降 jiàng〕～ / 霜が降りる．

◇◆ ①霜のようなもの．¶柿 shì ～ / 干しガキの表面に吹いた白い粉．②白い．¶→～鬓 bìn．

【霜鬓】shuāngbìn 名〈書〉しらがの鬢(びん)．

S

【霜冻】shuāngdòng 名〈気〉霜害.
【霜降】shuāngjiàng 名(二十四節気の一つ)霜降(そうこう).
【霜霉病】shuāngméibìng 名〈農〉うどん粉病.
【霜期】shuāngqī 名〈農〉霜の降りる期間.
【霜天】shuāngtiān 名〈書〉寒空.
【霜雪】shuāngxuě 名 霜と雪;〈転〉真っ白いもの(の形容);清らかで冷たいもの(の形容).
【霜叶】shuāngyè 名〈書〉紅葉. 霜葉.

孀 shuāng ◇◆ やもめ. 寡婦. ¶遗 yí ～ / 未亡人. ¶～居 jū / 後家(を立てる).

【孀妇】shuāngfù 名〈書〉未亡人. やもめ.

3声 **爽** shuǎng ◇◆ ①さわやかである. すがすがしい. ¶秋高气～ / 秋空が高く空気がすがすがしい. ¶→～朗 lǎng. ②(性格が)率直である,さっぱりしている. ¶豪 háo ～ / 豪快でさっぱりしている. ③気分がよい. 気持ちがよい. ¶身体不～ / 体の調子がすっきりしない. ④背く. 違える. ¶→～约 yuē.

【爽脆】shuǎngcuì 形 ①(性格が)明るい;(動作が)素早い. ②(声が)澄んでいて快い. ③歯ごたえがよく,さっぱりしている.
【爽肤水】shuǎngfūshuǐ 名 アストリンゼント. ►化粧水の一種.
【爽口】shuǎngkǒu 形(さくさくして)口当たりがよい.
【爽快】shuǎngkuai 形 ①**爽快である. 気持ちがよい.** ¶心里很～ / 気分がとてもさっぱりする. ②(気性などが)**率直である,あっさりしている**;ためらうところがない. 敏速である. ¶他是个～人 / 彼は裏表がない人です. ¶他答应 dāying 得很～ / 彼はあっさりと承諾した.
【爽朗】shuǎnglǎng 形 ①(天気などが)**晴れやかですがすがしい,さわやかである.** ¶～的气候 / さわやかな気候. ②**朗らかである.** 率直である.
【爽利】shuǎnglì 形 てきぱきしている. きびきびしている.
【爽气】shuǎngqì 形〈方〉率直である. あっさりしている.
【爽然】shuǎngrán 形〈書〉茫然たるさま. ¶～若 ruò 失 / 茫然自失.
【爽身粉】shuǎngshēnfěn 名 ベビーパウダー.
【爽神】shuǎngshén 形 ①てきぱきしている. すばやい. ②気分がさっぱりする. さわやかになる.
【爽性】shuǎngxìng 副 いっそのこと. 思いきって. ¶电话里说不清楚 qīngchu,～你自己去一趟 tàng 吧 / 電話でははっきり説明できないので,いっそのこと君が自分で出かけなさい.
【爽约】shuǎng//yuē 動 約束に背く. 違約する. ¶他从不～ / 彼は約束をたがえたことがない.
【爽直】shuǎngzhí 形 率直である. さっぱりしている. ¶性格 xìnggé ～ / 性格がさっぱりしている.

shui (ㄕㄨㄟ)

谁 shuí 代 ►"谁 shéi"の本来の発音だが,現在,話し言葉では shéi と発音することが多い. ‖姓 ►► shéi

【谁个】shuíge 代〈方〉だれ. どの人.
【谁人】shuírén 代〈書〉だれ. ¶～不知,哪个不晓 xiǎo / だれ一人知らない者はない.

3声 ** **水** shuǐ ❶名 ①**水**;(場合により)湯(="开水"). 湯茶(="茶水"). 注意 "水"は日本語の「水」と異なり,温度の概念を含まない. また,"滴 dī,汪 wāng,摊 tān"などの様態で示す量詞のほか,容器や計量を表す語を広く量詞にとる. ¶打～去 / 水〔湯〕をくみに行く. ¶你先喝杯 bēi ～吧 / まあお茶〔白湯〕を1杯どうぞ. ¶～开了 / 湯が沸いた. ②《川・海・湖をさす》¶这里有山有～ / ここは山もあるし川もある〔あって美しい〕. ¶～上人家 / 水上居住者. ③(～儿)汁. 液. ¶梨 lí ～儿很多 / ナシは果汁が多い. ¶甘蔗 gānzhe 的～儿很甜 tián / サトウキビの汁はとても甘い.
❷量 洗濯の回数を表す. ¶这种布料 bùliào 洗几～也不褪色 tuì shǎi / この生地はなんど洗っても色あせしない.
◇◆ ①川・湖・海(の通称). ¶淮 Huái ～ / 淮河(わいが). ②割り増し・割引の金額. 差額. 規定外の収入. ¶汇 huì ～ / (為替の)手数料. ¶油 yóu ～ / うまい汁. ③(分泌物の)液体. ¶汗 hàn ～ / 汗. ¶口～ / よだれ. ¶小～ / 小水. ④液状のもの. ¶药 yào ～ / 水薬. ¶墨 mò ～ / インク.
‖姓

【水坝】shuǐbà 名 ダム. 堰(せき).
【水杯】shuǐbēi 名 湯飲み. コップ.
【水泵】shuǐbèng 名〈機〉吸い上げポンプ. ►"抽水机"とも.
【水笔】shuǐbǐ 名 ①毛筆. 絵筆. ②〈方〉万年筆.
【水表】shuǐbiǎo 名 水量計. 水道のメーター.
【水兵】shuǐbīng 名 水兵. 海軍の兵士.
【水波】shuǐbō 名 波. ¶～不兴 xīng / 波ひとつ立たない.
【水彩】shuǐcǎi 名 水彩絵の具. ¶～画 huà / 水彩画. ¶～颜色 yánsè / 水彩の色.
【水槽】shuǐcáo 名 水槽. 水タンク.
【水草】shuǐcǎo 名 ①水と草がある所. ②水草. 藻草.
【水虿】shuǐchài 名〈虫〉ヤゴ. トンボ類の幼虫.
【水产】shuǐchǎn 名 水産. 水産物. ¶～品 / 水産物.
【水车】shuǐchē 名 ①〈農〉(灌漑用の水をくみ上げる)水車. 量 台,架. ②水を運ぶ車.
【水程】shuǐchéng 名 船による行程. 航行.
【水池】shuǐchí 名 ①(～子)プール. 貯水池. ため池. ②(台所の)流し.
【水池子】shuǐchízi 名 ①水たまり. ②→【水池】shuǐchí ①
【水床】shuǐchuáng 名 ウォーターベッド.
【水道】shuǐdào 名 ①水道. 川筋. ②水路. ¶从～去武汉 Wǔhàn / 船で武漢へ行く. ③〈体〉プールをロープで区切った競泳用のコース. 注意 日本語の「水道」は"自来水 zìláishuǐ".
*【水稻】shuǐdào 名 **水稲.**
【水到渠成】shuǐ dào qú chéng 〈成〉条件が備われば物事は自然に順調に運ぶ.
【水滴石穿】shuǐ dī shí chuān 〈成〉根気よく努力すれば必ず事を成し遂げることができるたとえ. 雨垂れ石を穿(うが)つ.
【水底】shuǐdǐ 名 水底. ¶～泵 bèng / 水中ポンプ. ¶～电缆 diànlǎn / 海底ケーブル.

【水地】shuǐdì 名 ① 水田. ②(用水路の水を利用した)灌漑地. ►"水浇地 shuǐjiāodì"とも.
【水电】shuǐdiàn 名 ① 水道と電気. ¶～费 fèi / 水道・電気料金. ② 水力発電. ¶～站 zhàn /〈略〉水力発電所.
【水貂】shuǐdiāo 名〈動〉ミンク.
【水痘】shuǐdòu 名〈医〉水疱瘡(みずぼうそう). 水痘.
【水发】shuǐfā 名〈料理〉水煮もどし.
【水费】shuǐfèi 名 水道料金.
【水粉】shuǐfěn 名 ① 水おしろい. ②(はるさめに似た)豆そうめんの一種.
【水分】shuǐfèn 名 ① 水分. ¶吸收 xīshōu ～ / 水分を吸収する. ②〈喩〉水増し. ¶这份 fèn 材料 cáiliào 有～ / このデータは水増しされている.
【水缸】shuǐgāng 名 水がめ.
【水工】shuǐgōng 名 水利施設. 水利工事. ►"水利工程 gōngchéng"の略.
【水沟】shuǐgōu 名 溝. 堀. ¶下～ / 排水溝. どぶ.
【水垢】shuǐgòu 名 水あか.
【水管子】shuǐguǎnzi 名 水道管. ¶接 jiē ～ / 水道管を引く.
**【水果】shuǐguǒ 名 果物. ►"水菓"とも書く. ¶热带 rèdài ～ / トロピカルフルーツ. ¶～糖 táng / ドロップ. ¶～罐头 guàntou / 果物の缶詰.
【水红】shuǐhóng 名 桃色. ピンク. 淡紅色.
【水壶】shuǐhú 名 ① 湯沸かし. やかん. ② 水筒. ¶军用 jūnyòng ～ / 軍用水筒.
【水葫芦】shuǐhúlu 名〈植〉ホテイアオイ.
【水花】shuǐhuā 名(～儿) ① 水しぶき. ②〈方〉水疱瘡(みずぼうそう).
【水患】shuǐhuàn 名 水害.
【水荒】shuǐhuāng 名〈環境〉深刻な水不足.
【水火】shuǐhuǒ 名 ① 水と火. ¶～不相容 / 水と火のように相容れない. ②〈喩〉災難. ►"水深火热"の略. ¶拯救 zhěngjiù 人民于 yú ～之中 / 人々を塗炭の苦しみから救い出す.
【水火无情】shuǐ huǒ wú qíng〈成〉水害や火災は情け容赦がない.
【水货】shuǐhuò 名 ①(水増しの意から)質の悪い商品;模造品. ②(水路で運ばれた海外からの)密輸品.
【水叽叽・水唧唧】shuǐjījī 形(～的) じくじく〔じゅくじゅく〕している. ►"水渍渍 shuǐzīzī"とも.
【水碱】shuǐjiǎn 名 水あか. 湯あか.
【水饺】shuǐjiǎo 名(～儿)〈料理〉水ギョーザ. ゆでギョーザ. ⇒【饺子】jiǎozi 注意
【水晶】shuǐjīng 名〈鉱〉水晶.
【水晶包】shuǐjīngbāo 名〈料理〉ブタ肉の脂身を刻み砂糖を混ぜて作った煮こごりをあんにしたまんじゅう.
【水井】shuǐjǐng 名 井戸.
【水酒】shuǐjiǔ 名〈謙〉粗酒. ¶请吃杯～ / 粗酒ですがどうぞ1杯お召し上がりください.
【水坑】shuǐkēng 名 水たまり.
*【水库】shuǐkù 名 ダム. 貯水池. 量 个,座.
【水涝】shuǐlào 動(作物が)水浸しになる.
【水力】shuǐlì 名 水力.
【水利】shuǐlì 名 水利(施設,工事). ¶～工程 gōngchéng / 水利施設. 水利工事. ►略して"水利""水工"という.
【水力发电站】shuǐlì fādiànzhàn 名 水力発電所.
【水疗】shuǐliáo 名〈医〉水治療法.
【水淋淋】shuǐlīnlīn 形(～的)(水がしたたるほど)びしょぬれである.
【水灵】shuǐling 形〈方〉①(果物・野菜などが)水分が多くて口当たりがよい. ② 水がしたたるように美しい. みずみずしい. ¶一双水灵灵 shuǐlínglíng 的大眼睛 / ぱっちりした涼しげな目.
【水流】shuǐliú 名 ① 河川. ② 水の流れ.
【水溜・水霤】shuǐliù 名 雨樋(あまどい).
【水龙】shuǐlóng 名 ①〈植〉ミズキンバイ. ② 消火用ポンプ. ¶～带 dài / 消防用ホース. ¶～头 tóu / 給水栓. 蛇口.
【水龙卷】shuǐlóngjuǎn 名〈気〉海上竜巻.
【水陆】shuǐlù 名 ① 水上と陸上. ¶～并 bìng 进 / 水陸両方から前進する. ② 海の幸と山の幸.
【水路】shuǐlù 名 水路.
【水漉漉・水渌渌】shuǐlùlù 形(～的) びしょぬれのさま.
【水绿】shuǐlǜ 名 薄緑(色).
【水轮机】shuǐlúnjī 名〈機〉水力タービン.
【水萝卜】shuǐluóbo 名〈植〉ハツカダイコン.
【水落石出】shuǐ luò shí chū〈成〉物事の真相が明らかになる.
【水脉】shuǐmài 名 水脈. 地下水の道.
【水门】shuǐmén 名 水門. バルブ. コック.
【水米不沾牙】shuǐ mǐ bù zhān yá〈成〉何も食べていない. 食べられるものが何もない.
【水米无交】shuǐ mǐ wú jiāo〈成〉(互いに)全然交際がない,何のかかわりもない. 没交渉である.
【水蜜桃】shuǐmìtáo 名〈植〉スイミツトウ.
【水绵】shuǐmián 名〈植〉アオミドロ.
【水面】shuǐmiàn 名 ① 水面. 水の表面. ② 水域面積.
【水磨】shuǐmó 動 水を加えて丁寧に磨く. ⇒【水磨】shuǐmò
【水磨工夫】shuǐ mó gōng fu〈成〉時間をかけて丹念にした仕事. 地道な努力.
【水沫】shuǐmò 名 水泡. あぶく. ¶～四溅 jiàn / あぶくが四方に飛び散る.
【水磨】shuǐmò 名 水車を利用したうす. ⇒【水磨】shuǐmó
【水墨画】shuǐmòhuà 名〈美〉水墨画. 墨絵.
【水母】shuǐmǔ 名〈動〉クラゲ.
*【水泥】shuǐní 名 セメント.
【水碾】shuǐniǎn 名 水力を利用したうす.
【水鸟】shuǐniǎo 名 水鳥. 水禽(すいきん).
【水牛】shuǐniú 名〈動〉スイギュウ.
【水牛儿】shuǐniúr 名〈方〉〈動〉カタツムリ.
【水暖】shuǐnuǎn 名 ① スチーム暖房. 温水暖房. ② 水道と暖房の総称. ¶～工 / 水道・暖房設備工. ¶～设备 shèbèi / 水道・暖房設備.
【水疱】shuǐpào 名(～儿)水疱(すいほう). まめ. ¶脚上打了～ / 足にまめができた.
【水盆】shuǐpén 名(水の入っている)たらい.
【水皮儿】shuǐpír 名〈方〉水の表面.
【水漂儿】shuǐpiāor 名(石投げの)水切り.
【水瓢】shuǐpiáo 名 ひょうたんで作ったひしゃく.
**【水平】shuǐpíng 名 ①(到達した)水準,レベル. ¶提高 tígāo 生活～ / 生活水準を高める. ¶我中

S

文 Zhōngwén ～不高 / 私の中国語のレベルは低い．②水平．¶～移动 yídòng / 水平移動(をする)．③水準器．►"水平仪 yí"とも．

【水萍】shuǐpíng 名〈植〉ウキクサ．

【水汽】shuǐqì 名 水蒸気．湿気．

【水枪】shuǐqiāng 名 ①消火用の放水銃；水鉄砲．②水力採掘機．

【水橇】shuǐqiāo 名 水上スキー板．

【水禽】shuǐqín 名 水禽(すいきん)．水鳥．

【水情】shuǐqíng 名(はんらんした川の)水位·水量などの情況．

【水球】shuǐqiú 名〈体〉水球(の球)．

【水渠】shuǐqú 名 用水路．(量) 道 dào, 条 tiáo．

【水乳交融】shuǐ rǔ jiāo róng 〈成〉親密な関係にあることや意気投合するたとえ．

【水杉】shuǐshān 名〈植〉メタセコイア．

【水上芭蕾】shuǐshàng bālěi 名〈体〉シンクロナイズドスイミング．

【水上飞机】shuǐshàng fēijī 名 水上飛行機．

【水蛇】shuǐshé 名〈動〉水ヘビ；水辺に生息するヘビ類の総称．

【水蛇腰】shuǐshéyāo 名 ①猫背．②女性のくねくねした病的な姿態．

【水深火热】shuǐ shēn huǒ rè 〈成〉人民の苦難に満ちた生活のたとえ．►略して"水火"という．¶处于 chǔyú ～之中 / 塗炭の苦しみにある．

【水师】shuǐshī 名 水軍．

【水蚀】shuǐshí 名〈鉱〉水食．水による浸食．

【水势】shuǐshì 名 水勢．水の流れの勢い．

【水手】shuǐshǒu 名 水夫．船乗り．船員．甲板員．¶～长 zhǎng / 甲板長．

【水塔】shuǐtǎ 名 給水塔．

【水獭】shuǐtǎ 名〈動〉カワウソ．

【水潭】shuǐtán 名 水たまり．

【水塘】shuǐtáng 名 貯水池．池．

【水田】shuǐtián 名 水田．

【水桶】shuǐtǒng 名 水桶．バケツ．

【水头】shuǐtóu 名〈口〉①河川が増水して最高水位に達する勢い．②水が湧き出る勢い．

【水土】shuǐtǔ 名 ①水と土．¶～保持 bǎochí / 水土の保持．土壌の保持．¶～流失 liúshī / 土壌の流失．②気候風土．¶～不服 / 気候風土になじまない．

【水洼子】shuǐwāzi 名 水たまり．沼．

【水碗】shuǐwǎn 名(～儿)(ふた付きの)湯飲み．

【水汪汪】shuǐwāngwāng 形 ①(～的)みずみずしい．ぱっちりと生き生きした(目)．②水がいっぱいたまっているさま．

【水网】shuǐwǎng 名 河川網．水路網．

【水位】shuǐwèi 名 水位；(地下水の)水位．

【水污染】shuǐwūrǎn 名 水質汚染．

【水螅】shuǐxī 名〈動〉ヒドラ．

【水下】shuǐxià 名 水の中．水底．¶～作业 zuòyè / 水中作業．

【水仙】shuǐxiān 名〈植〉スイセン．

【水险】shuǐxiǎn 名 海上保険．

【水线】shuǐxiàn 名 ①(船の)喫水線，水線．②波線．波けい．ブルけい．"～～～"．

【水乡】shuǐxiāng 名 水郷．河川や湖の多い所．

【水箱】shuǐxiāng 名 水槽．水タンク．

【水泻】shuǐxiè 名 下痢．

【水榭】shuǐxiè 名(公園などの)水に臨んだあずまや．

【水泄不通】shuǐ xiè bù tōng 〈成〉(水も漏らさぬほど)厳重に取り囲んでいる，あるいはびっしりと立て込んでいる形容．

【水星】Shuǐxīng 名〈天〉水星．(量) 颗 kē．

【水性】shuǐxìng 名 ①泳ぎの心得〔腕前〕．¶不识～ / 泳げない．¶～很好 / 泳ぎが上手である．②〈貶〉(女性の)浮気性．

【水性杨花】shuǐ xìng yáng huā 〈成〉女性が移り気である．

【水袖】shuǐxiù 名(伝統劇衣装で)袖口についている長い白絹．

【水锈】shuǐxiù 名 ①水あか．湯あか．②水につかってできた跡，しみ．

【水选】shuǐxuǎn 名 水による選鉱または種子の選別．

【水压】shuǐyā 名〈機〉水圧．¶～机 jī / 水圧プレス．¶～式 shì / 水圧式(の)．

【水烟】shuǐyān 名 水ギセル用の刻みたばこ．水たばこ．¶抽 chōu ～ / 水たばこを吸う．

【水杨】shuǐyáng 名〈植〉カワヤナギ．

【水杨酸】shuǐyángsuān 名〈化〉サリチル酸．

【水舀子】shuǐyǎozi 名 ひしゃく．水しゃくし．

【水翼船】shuǐyìchuán 名〈交〉水中翼船．

【水银】shuǐyín 名 水銀．

【水印】shuǐyìn 名 ①〈美〉顔料を水でとき，油性のものを用いない中国の伝統的な木版画印刷の方法．②(～儿)(紙幣などの)すかし模様．

【水有源，树有根】shuǐ yǒu yuán, shù yǒu gēn 〈諺〉何事にもその根源があること．

【水盂】shuǐyú 名(～儿)硯(すずり)の水入れ．

【水域】shuǐyù 名 水域．¶国际～ / 公海．

【水运】shuǐyùn 名 水運．海運．

【水灾】shuǐzāi 名 水害．

【水葬】shuǐzàng 名 水葬．

【水蚤】shuǐzǎo 名〈動〉ミジンコ．

【水藻】shuǐzǎo 名〈植〉水藻．水草．藻．

【水泽】shuǐzé 名 川や沼が多い所．沼沢地．

【水闸】shuǐzhá 名 水門．

【水战】shuǐzhàn 名 水上の戦い．

【水涨船高】shuǐ zhǎng chuán gāo 〈成〉(水位があがれば船も高くなるように)周囲が向上すれば自分も向上する；物価が上がればそれにつれて労賃なども高くなる．

【水蒸气】shuǐzhēngqì 名 水蒸気．

【水蛭】shuǐzhì 名〈動〉ヒル．チスイビル．

【水至清则无鱼】shuǐ zhì qīng zé wú yú 〈成〉水清ければ魚住まず．あまりに潔癖すぎると，かえって人に親しまれない．►略して"水清无鱼"とも．

【水中捞月】shuǐ zhōng lāo yuè 〈成〉むだ骨を折るだけでまったく見込みのないたとえ．

【水肿】shuǐzhǒng 名〈医〉水ぶくれ．むくみ．

【水珠】shuǐzhū 名(～儿)水のしずく．水滴．►"水珠子"とも．

【水准】shuǐzhǔn 名 ①水準．レベル．►"水平"を使うことが多い．②〈地〉水平面．¶～仪 yí / 〈測〉水準儀．レベル．

【水族】shuǐzú 名 水生動物．¶～馆 guǎn / 水族館．

【水族】Shuǐzú 名 (中国の少数民族)スイ(Shui)

族．►タイ系民族の一つ．主に貴州省に住む．

4声 **说 shuì** ◇◆ 弁舌で説き伏せる．¶游 yóu ～／遊説する．
⏩ shuō

4声 **税 shuì** 名 税．税金．租税．¶上〔纳 nà，交 jiāo〕～／納税する．税金を納める．‖姓

【税单】shuìdān 名 納税証明書．
【税额】shuì'é 名 税額．税金の額．
【税捐】shuìjuān 名 税金．税と賦課金．
【税款】shuìkuǎn 名 税金．
【税利】shuìlì 名(企業が上納する)税金と利潤．
【税率】shuìlǜ 名 税率．
【税目】shuìmù 名 税目．租税の種目．
【税票】shuìpiào 名 納税証書．
【税契】shuìqì 名 不動産の所有権移転(の納税)．
【税收】shuìshōu 名 税収．租税収入．
【税务】shuìwù 名 税務．¶～局 jú／税務署．
【税则】shuìzé 名 徴税に関する規則と条例．
【税制】shuìzhì 名 税制．徴税に関する制度．
【税种】shuìzhǒng 名 租税の種類．税種．

睡 shuì 動 ① 眠る．寝る．横になる．¶～午觉 wǔjiào／昼寝をする．¶他总～得很晚／彼はいつもおそくまで起きている．¶早～早起／早寝早起き．② 同衾(どうきん)する．¶跟 gēn 她～了一夜／一晩,彼女と寝た．

【睡不着】shuìbuzháo 動+可補 寝つけない．眠れない．¶我怎么也～／どうしても寝つかれない．
【睡袋】shuìdài 名 寝袋．
【睡过头】shuì//guò//tóu 動 寝過ごす．
**【睡觉】shuì//jiào 動 眠る．¶该 gāi ～了／もう寝る時間だ．¶睡了一觉／ひと眠りした．¶我每天坚持 jiānchí 晚上十点～／私は毎日,夜10時には寝ることにしている．
【睡裤】shuìkù 名 パジャマのズボン．
【睡懒觉】shuì lǎnjiào 朝寝坊をする．
【睡帽】shuìmào 名 ナイトキャップ．
【睡梦】shuìmèng 名〈書〉(深い)眠り．
【睡眠】shuìmián ① 名 睡眠．② 動 眠る．
【睡魔】shuìmó 名 ひどい眠気．睡魔．
【睡袍】shuìpáo 名 寝巻き．パジャマ．
【睡乡】shuìxiāng 名 睡眠状態．眠りの世界．¶进入 jìnrù ～／眠りに落ちる．
【睡相】shuìxiàng 名 寝相．寝姿．
【睡醒】shuì//xǐng 動+結補 目覚める．
【睡眼】shuìyǎn 名 寝ぼけまなこ．眠そうな目．¶～惺忪 xīngsōng／寝ぼけて目がぼんやりしている．
【睡衣】shuìyī 名 パジャマ．寝巻き．量 件,套．
【睡意】shuìyì 名 眠気．
【睡着】shuì//zháo 動+結補 寝つく．眠りに入る．¶昨晚 zuówǎn 十一点半才 cái ～／昨夜は11時半になってやっと寝入った．

shun (ㄕㄨㄣ)

3声 **吮 shǔn** 動 吸う．吸い取る．¶～乳 rǔ／乳を吸う．¶～手指头 shǒuzhǐtou／指しゃぶりをする．

【吮吸】shǔnxī 動 口で吸い取る．すする．►比喩に用いることが多い．¶～人民血汗 xuèhàn／人民の血と汗をすする．

4声 **顺 shùn** ❶前(多く"顺着"の形で)…に沿って．…に従って；同じ方向に．¶～着大道一直 yīzhí 走／大通りに沿ってまっすぐ行く．¶～着人流 rénliú 走／人の流れに沿って歩く．¶～流而 ér 下／流れに沿って下っていく．
❷動 ①(方向を)合わせる,順序をそろえる．¶把筷子 kuàizi ～过来,一双 shuāng 一双摆齐 bǎiqí／箸をそろえて一組ずつきちんと並べる．
②(人の考えに)従う．従順である．服従する．¶归 guī ～／帰順(する)．¶别什么都～着她／なんでも彼女の言うとおりにするな．
❸形 順調である．ひっかかりがない．¶这句 jù 话不太～／この文は少々ぎこちない．
◇◆ ①…のついでに．…に任せて．そのはずみに．¶→～手 shǒu．¶→～嘴 zuǐ．¶→～路 lù．②順次に．順繰りに．¶→～延 yán．③(感覚に)合う,沿う．¶→～眼 yǎn．‖姓

*【顺便】shùnbiàn 副(～儿)ついでに．¶出去时,请～把门关上／出かける時,ついでにドアを閉めてってください．
【顺差】shùnchā 名〈経〉(↔逆差 nìchā)(対外貿易の)黒字．輸出超過．出超．¶贸易 màoyì ～／輸出超過．
【顺产】shùnchǎn 動〈医〉安産する．
【顺畅】shùnchàng 形(事が)すらすらと運ぶ．(流れが)順調である．
【顺次】shùncì 副 順次(に)．順繰りに．
【顺从】shùncóng ① 動 素直に従う．② 形 従順である．
【顺带】shùndài 副 ついでに．
【顺当】shùndang 形〈口〉①(事が)うまく運ぶ,順調に運ぶ．好都合である．¶那件事儿办 bàn 得～吗？／例の件は順調にいっていますか．② 素直である．言うことをよく聞く．
【顺道】shùndào →【顺路】shùnlù
【顺耳】shùn'ěr 形(話が)気に入る．耳障りでない．聞いて気持ちがよい．►否定に用いることが多い．¶听起来很不～／聞いていてたいへん耳障りである．
【顺风】shùnfēng 名 順風．追い風．¶～吹 chuī 火／勢いに乗って事がすらすら運ぶたとえ．¶～转舵 zhuǎnduò／〈貶〉情勢に応じて立場や考えを変える．
【顺风耳】shùnfēng'ěr〈慣〉消息通．地獄耳．
【顺服】shùnfú 動 おとなしく従う．従順である．
【顺竿儿爬】shùn gānr pá〈慣〉① 相手の意向を察してそれに迎合する．②(子供などが)調子に乗って物をせがむ．
【顺光】shùnguāng 名(写真撮影で)順光．
【顺和】shùnhe ① 形(言葉や態度が)穏やかである．② 動 迎合する．
【顺脚】shùnjiǎo 副(～儿) ①(人や荷物などを)ついでに(運ぶ)．②→【顺路】shùnlù ①
【顺劲】shùnjìn (～儿) ① 形 ちょうど具合がよい．② 副 そのはずみに．
【顺境】shùnjìng 名 順境．順調な境遇．
【顺口】shùnkǒu (↔拗口 àokǒu) ❶形 ①(文章などが)流暢(りゅうちょう)である,語呂(ごろ)がよい．¶～溜 liū／民間ではやっている話し言葉による語呂のよい韻文の言葉遊び．語呂あわせの詩．②(食べ物が)口に合う．¶这个菜 cài 他吃着～／この料理は彼の

口に合っている．**2**副 口から出任せに(言う,歌う)．¶～答 dá 音儿 yīnr / 口から出任せに相づちを打つ．

【顺理成章】shùn lǐ chéng zhāng 〈成〉物事が道理にかなっていること．

*【顺利】shùnlì 形 **順調である**．物事が順調に運ぶ．すらすらとはかどる．¶工作很～ / 仕事が順調である．

【顺流】shùnliú 動 流れに従う．流れに沿う．

【顺溜】shùnliu 形(～儿)〈方〉①順序立っている．そろっている．②順調である．気持ちがよい．③(性格が)おとなしい,素直である．

【顺路】shùnlù (～儿) ①副 道すがら．通りすがりに．¶下班 xiàbān 后,～去买点儿东西 / 仕事がひけてから通りがけに買い物に行く．②形(曲折や障害がなく)道順がよい．よい道筋．

►①②とも"顺道(儿)"ともいう．

【顺气】shùnqì 形(～儿)(意に逆らうものがなく)気持ちよい．

【顺势】shùnshì 副 ①勢いに乗って．②ついでに．…するはずみに．

【顺手】shùnshǒu (～儿)**1**副 ①**手のおもむくまま．無造作に**．¶～拿 ná 起一个苹果 píngguǒ / 無造作にリンゴを一つとりあげる．②**ついでに**．手当たりしだいに．►手を使った動作についていうことが多い．¶扫 sǎo 完屋子 wūzi,～也把院子 yuànzi 扫扫 / 部屋のついでに庭も掃く．**2**形 ①**順調である**．¶近来生意 shēngyi 不大～ / 最近,商売は不振だ．②(道具などが)使いやすい,手ごろである．¶使 shǐ 着～ / 使いやすい．¶用起来很不～ / 使い勝手が悪い．

【顺手牵羊】shùn shǒu qiān yáng 〈成〉事のついでに他人の物を持ち去る．

【顺水】shùn//shuǐ 動 流れや情勢に沿う．¶～人情 rénqíng / 事のついでに義理や人情を尽くす．お安い御用．¶～推舟 tuīzhōu / 成り行きに従って事を進める．

【顺遂】shùnsuì 動〈書〉順調にうまく運ぶ．

【顺藤摸瓜】shùn téng mō guā 〈成〉手がかりに沿って物事の根源を追究する．

【顺心】shùn//xīn 動 **心にかなう**．思いどおりにいく．¶一不～就发脾气 píqi / 気に食わないことがあるとすぐかんしゃくを起こす．

*【顺序】shùnxù ①名 **順序**．¶按 àn 先后～排队 páiduì / 先着順に列をつくる．¶按名单 míngdān 上的～排列 páiliè / 名簿順に配列する．¶工作～ / 仕事の手順．②副 **順を追って．順次**．¶～前进 / 順次前進する．

【顺序】shùnxu 形〈方〉(物事が)順調である．

【顺延】shùnyán 動 順延する．

【顺眼】shùnyǎn 形 見て感じがよい．見た目によい．¶看着不～ / 見た目がよくない．

【顺应】shùnyìng 動 順応する．

【顺着】shùnzhe 前 **…に沿って**．…に従って．¶～手指 shǒuzhǐ 方向走 / 指さした方向に沿って行く．

【顺嘴】shùnzuǐ (～儿) ①形(文章が)語呂(ごろ)がよい．②副 口から出まかせに(言う,歌う)．

舜 shùn 名 舜(しゅん)．参考 伝説上の古代の英明な帝王の名．五帝の一人．尧の摂政となったのち,帝位についた．

瞬 shùn ◇◆ またたく．まばたく．¶转 zhuǎn～ / またたく間に．¶一～即 jí 逝 shì / 一瞬にして消え去る．

【瞬间】shùnjiān 名〈書〉瞬間．またたく間．

【瞬息】shùnxī 名〈書〉またたく間．あっという間．¶～万变 biàn / きわめて短い時間に目まぐるしく変化する．¶～之间 / 一瞬の間．

shuo (ㄕㄨㄛ)

1声 ** **说 shuō** 動 ①**言う．話す**．語る．¶～话 / 話をする．ものを言う．¶请你再 zài ～一遍 biàn / もう一度言ってください．¶跟 gēn 你～件事 / 君に用談がある．¶你～怎么样？/ あなたはどう思う．

語法ノート "说"のいろいろな用法

❶「…について話す」意味の場合,目的語に動詞句・主述句や人をとることができる．¶我～去,他～不去 / 私は行くと言うのに,彼は行かないと言う．¶天气预报 tiānqì yùbào ～明天要下雨 / 天気予報では明日は雨だとのことだ．¶正～着你,你就来了 / ちょうどうわさをしているところへ君が来た．

❷…語〔…弁〕を〔で〕話す,使う．¶～上海话 / 上海語を話す．¶～外语 wàiyǔ / 外国語で話す．

❸"说…话"の形で,発言内容の評価・種類・形式を表す．¶～真心话 / 腹を割って話す．本心を打ち明ける．¶～漂亮 piàoliang 话 / 体裁のいいことを言う．

❹"说在 / 说给"の形で．¶你～给我听听 / 話して聞かせてくれ．¶这话简直 jiǎnzhí ～在我的心坎儿 xīnkǎnr 上了 / この話はずばり私の思っていることを言ってくれた．

②**しかる．説教する**．小言を言う．►兼語文をつくることができる．¶爸爸～了他一顿 dùn / お父さんが彼に言って聞かせた．¶～得她哭 kū 了 / しかられて彼女は泣き出した．¶老师～他不听话 / 先生は彼が聞き分けがないのをしかった．

③**説明する**．わけを話す．¶一～就明白 / わけを話せばすぐ分かる．¶～不开 / 釈明できない．

④(多く"是说"の形で)…をさす．…を意味する．…のことだ．¶你这番 fān 话是～谁呢？/ きみが言っているのはだれのことなんだ．¶他的意思 yìsi 是～以后不再派 pài 代表队参加比赛 bǐsài 了 / 彼の考えは今後は試合に代表チームを送らないということだ．

⑤〈口〉紹介する．(縁談を)取り持つ．¶～婆家 pójia / 嫁入先を世話する．¶给儿子 érzi ～了个媳妇 xífù / 息子に嫁をもらってやった．

◇◆ 説．学説．論．¶学～ / 学説．¶著 zhù 书立～ / 本を書いて自分の考えを公に表す．

▸▸ shuì

【说白】shuōbái 名〈劇〉せりふ．

【说白了】shuōbáile 〈挿〉はっきりと言う．分かりやすく言う．包み隠さず,ストレートに言う．

【说不得】shuōbude 動+可補 ①口に出してはいけない．言ってはならない．②お話にならない．③〈方〉なにも言えない．しかたがない．

*【说不定】shuōbudìng 動+可補 ①**分からない．はっきり言えない**．¶我也～哪一天能回来 / いつ帰ってこられるのか私にも分からない．②**ひょっとしたら…かも知れない**．►可能性が高いことを意味する．

¶他～早已 zǎoyǐ 回家了 / 彼はとっくに帰ったかも知れない.

【说不过去】shuōbuguò//qù 動+可補 筋道が立たない. 申し開きが立たない.

【说不来】shuōbulái 動+可補 ① 気が合わない. ¶我跟 gēn 他～ / 私は彼と気が合わない. ②〈方〉うまく言えない. うまく話せない.

【说不上】shuōbushàng 動+可補 ① はっきり分からない. (よく知らないので)言えない. ¶我～她来不来 / 彼女が来るかどうか私は知らない. ②(理由にならなかったり当てにならなかったりして)言ってもなんにもならない;(レベルや価値が低くて)…のうちに入らない. ¶他那些话根本 gēnběn ～ / 彼のその話はまったく的外れだ. ③(順番や時間の関係で)話せない. ¶～两句话,时间就到了 / いくらも話さないうちに時間がきた.

【说不上来】shuōbushàng//lái 動+可補 うまく言えない. 言葉が出てこない.

【说不着】shuōbuzháo 動+可補 言うべき筋合いではない.

【说曹操,曹操就到】shuō Cáo Cāo, Cáo Cāo jiù dào 〈諺〉(曹操の話をすれば曹操が来る)噂(うわさ)をすれば影.

【说唱】shuōchàng 名(“大鼓”“相声”“弹词”など)語りの部分と歌の部分をもつ演芸の総称.

【说成】shuōchéng 動+結補 …と言いなす. …だと言いくるめる.

【说出去】shuō//chū//qù 動+方補 言いふらす.

【说穿】shuōchuān 動 あけすけに言う. すっぱ抜く. ¶～了,他就是不想去 / はっきり言えば,彼はどうしても行きたくないだけのことだ.

【说辞】shuōcí 名 言い訳. 口実. 弁解.

【说大话】shuō dàhuà 〈慣〉ほらを吹く.

【说倒】shuō//dǎo 動+結補 やりこめる. 言いこめる.

【说到】shuō//dào 動+結補 ①…について言えば. …のことになると. ② 言及する. ¶刚才 gāngcái ～哪儿来着? / どこまでお話ししましたっけ?

【说道】shuōdào 動 言う. …が言うには. ►多く小説で人物の言葉を直接引用するのに用いられる. ¶李四～:“张三慢走,小弟来了” / 「張三待ってよ,私も行くから」と李四が言った.

〚说…道…〛 *shuō…dào…* (あれと)言ったり,(これと)言う. ►反対または類似の形容詞や数詞を当てはめて四字句を構成する. ¶～长～短 / とやかく言う. ¶～三～四 / いろいろと取りざたする. ¶～黑～白 / みだりに批評する. ¶～东～西 / よもやま話をする. かれこれ言う.

【说道】shuōdao 〈方〉❶動 ①(言葉で)述べる. 話す. ② 相談する. ❷名(～儿)わけ. 理由.

【说到底】shuō dàodǐ 〈挿〉せんじ詰めれば. つまるところ. 極言すれば.

【说到做到】shuō dào zuò dào 〈成〉言ったことは必ず実行する. 言行一致.

【说得出(口)】shuōdechū(kǒu) 動+可補 (よくも)口に出すことができる.

【说得过去】shuōdeguò//qù 動+可補 ① 理屈が通る. 申し開きができる. ② よくもなければ悪くもない. まあまあというところ.

【说得来】shuōdelái 動+可補 ① 気が合う. いっしょに話ができる. ② 上手に話せる.

【说得上话】shuōdeshàng huà (間柄によって何でもその人に)話すことができる,言える.

【说得上来】shuōdeshàng//lái 動+可補 話すことができる. うまく言える.

【说的是】shuōdeshì 〈套〉ごもっともです. ►相手の言うことに賛成することを表す. ¶她可是个好姑娘 gūniang ——～呀! / 彼女はいい娘だよ——そうですとも.

【说得着】shuōdezháo 動+可補 ①…に言うのが筋合いである. ¶这事你对我～吗? / それは私に言う筋合いのことかね. ②(小言を)言う資格がある,言うのが当然である.

【说定】shuō//dìng 動+結補 ① 言い切る. 断言する. ② 約束する. 確約する. ¶～了 / 〈口〉決めたぞ. いいね.

【说法】shuōfǎ 動〈宗〉説法する. 説教する.

【说法】shuōfa 名 ① 言い方. 量 种,个. ¶意思一样,只不过～不同 / 言い方が異なるだけで,意味は同じだ. ② 意見. 見解. ¶我不同意这种～ / 私はその意見に同意しない. ③ 理由. 根拠.

*【说服】shuō//fú 動 説得する. 説き伏せる. ¶怎么也说不服他 / どうしても彼を説き伏せられなかった.

【说好】shuō//hǎo 動+結補 話を決める. 約束する.

【说好话】shuō hǎohuà ① ていねいに謝る;取り持つ. 取りなす. ¶你替 tì 他说点儿好话 / 彼のために取りなしてやりなさい. ② うまい話をする;縁起のよい話をする. 縁起を担ぐ.

【说好说歹】shuō hǎo shuō dǎi 〈成〉(説得しようと)あれこれ言う.

【说合】shuōhe 動 ① 取り持つ. 斡旋(あっせん)する. ② 相談する. ③ 仲裁する.

【说和】shuōhe 動 仲裁する. 仲直りさせる.

*【说话】shuō//huà ❶動 ① 話をする. 話す. ¶这人不爱～ / この人は無口だ. ¶这孩子刚 gāng 学会～ / この子はものが言えるようになったばかりだ. ¶他感动 gǎndòng 得说不出话来 / 彼は感動のあまり言葉も出なかった. ②(～儿)世間話をする. 雑談する. ¶咱们 zánmen 找 zhǎo 他～去 / 彼のところへ行って世間話でもしましょう. ③ 非難する. 取りざたする. ¶你这样干 gàn,别人当然要～ / 君がそんなことをするんだったら,人があれこれ言うのも当然だ. ❷名 ①〈方〉(話をするほどの)短い時間. (“～就”で)すぐ. ¶～就得 dé / すぐできますから. ②〈方〉話. 言葉. ¶他这句 jù ～很有道理 dàoli / 彼のこの言葉には大いに道理がある. ③〈旧〉(宋代の講談の一種)説話.

【说谎】shuō//huǎng 動 うそをつく.

【说回来】shuō//huí//lái 動+方補 話を戻す. 言わなくてもいいことを言う. ¶话又 yòu ～了 / 〈口〉(人の話に同意できず自分の意見を押し出すとき)話は戻るけどさ. いらぬことを言うようだが.

【说教】shuōjiào 動 ①〈宗〉説教する. ② 理屈っぽい話をする.

【说开】shuō//kāi 動+結補 ① 誤解を解く. 打ち明ける. ②(言葉が)言い広められる,広く言うようになる.

【说客】shuōkè 名 説得が上手な人;説得役.

【说来】shuōlái 〈挿〉言ってみれば. 言うなれば.

【说来话长】shuō lái huà cháng 〈成〉話せば長くなるが. ►何かの事情を述べるときの前置き.

S

【说来说去】shuō lái shuō qù 〈慣〉(くどいほど)繰り返し話す．長々と話す．
【说了归齐】shuōle guīqí 〈慣〉〈方〉(長々としゃべっても)結局のところ．要するに(…なんだ)．
【说理】shuō//lǐ 動 ①理屈を説き明かす．道理を説く．②道理をわきまえる．►否定文に用いることが多い．¶你怎么这么不～？/ 君はどうしてこんなに物分かりが悪いんだ．
【说溜嘴】shuōliū zuǐ 口を滑らす．失言する．►"说漏 lòu 嘴""说走 zǒu 嘴"とも．
【说漏】shuōlòu 動 ①言い漏らす．言い落とす．②(言うべきでないことを)うっかり言ってしまう．
【说媒】shuō//méi 動〈旧〉仲人をする．
*【说明】shuōmíng ❶動 ①**(相手がはっきり分かるように)話す**．説明する．¶～电脑 diànnǎo 的用法 / コンピュータの使い方を説明する．¶你把理由 lǐyóu ～一下 / わけを話して聞かせてくれ．¶他的话很～问题 wèntí / 彼の話はとても問題点を突いている．②**(事実や事柄が)証明する,**物語る．¶事实充分 chōngfèn ～这种做法是正确 zhèngquè 的 / 事実はこのやり方が正しいことを十分に証明している．
❷名 説明．解説．¶图片 túpiàn 下面附 fù 有～ / 写真の下には説明がついている．
【说明书】shuōmíngshū 名 説明書；(演芸などの)プログラム,筋書き．
【说破】shuōpò 動 すっぱ抜く．図星をさす．
【说起来】shuō//qǐ//lái 動+方補 ①**言ってみれば．言うなれば**．¶～容易 róngyì,做起来难 nán / 〈諺〉言うのは簡単だが,やるのは難しい．②話し出す．
【说亲】shuō//qīn 動〈旧〉結婚相手を紹介する；仲人をする．
【说情】shuō//qíng 動(～儿)人のために許しを請う．人のために頼む．¶谁 shéi ～也不行 / だれが取りなしても勘弁できない．
【说什么】shuō shénme 〈型〉①…とかなんとか言う．¶有人甚至 shènzhì ～这是违法 wéifǎ 行为 xíngwéi / これは法律違反だとかなんとか言っている人もいる．②言う必要があるだろうか．¶～好呀坏的,有你的就不错了 / 良し悪しなんか言うな．自分の分があっただけましだと思いなさい．③どんなに言っても．¶他～也不去 / 彼はどうしても行こうとしない．
【说时迟,那时快】shuō shí chí, nà shí kuài 〈慣〉言うが早いか．
【说是】shuōshì 〈型〉**…だそうです．…と言われている**．¶～明天要下雪 / あしたは雪が降るそうだ．
【说书】shuō//shū ①動 講談を語る．►"说评书 píngshū"とも．¶～的 / 講釈師．②名(中国式の)講談,弾き語り．
【说死】shuōsǐ 動 ①きちんと話を決める．確約する．¶咱们 zánmen ～了,六点钟见面 / きちんと決めとこう,6時に会いましょう．②どんなことがあっても．¶～我也得 děi 去 / どんなことがあっても私は行く．
【说死说活】shuō sǐ shuō huó 〈成〉何を言っても．何を言われても．
【说透】shuō//tòu 動+結補 すっかり納得するまで話す．十分に意を尽くすまで話す．
【说头儿】shuōtour 名("有～""没(有)～"の形で用い)①話すだけの価値．¶问题已经解决 jiějué 了,没什么～了 / 問題はすでに解決したのだから,もう言うだけの値打ちはない．②言い訳．弁解．¶你批评 pīpíng 他,他总 zǒng 有～ / いつどう批判されようが,あいつときたら必ず自分の言い分があるんだ．
【说妥】shuō//tuǒ 動+結補 話がまとまる．約束する．
【说戏】shuō//xì 動(劇や映画で)脚本を説明したり,歌や演技の指導をする．
【说下】shuōxia 動 言っておく．¶我先～,… / あらかじめ言っておくが,….
【说闲话】shuō xiánhuà 〈慣〉①不満を漏らす．皮肉を言う．②(～儿)雑談する．世間話をする．
【说项】shuōxiàng 動〈書〉(人のために)取りなす,よろしく言う．
【说笑】shuōxiào 動 しゃべったり笑ったりして打ち興じる．談笑する．►重ね型は"说说笑笑"．
【说笑话】shuō xiàohua (～儿)①笑い話をする〔して人を笑わせる〕．②冗談を言う．
【说一不二】shuō yī bù èr 〈成〉①言ったとおりのことをする．一度口にした言葉をほごにしない．②なんでも言うとおりにしてやる．
【说一是一】shuō yī shì yī 〈成〉("说二是二"と続き)言うことが確かである；言ったことは必ずそのとおりにやる．確言する．
【说中】shuō//zhòng 動+結補 言い当てる．
【说准】shuō//zhǔn 動+結補(話を)はっきり決めておく．確かに約束する．
【说走嘴】shuōzǒu zuǐ 〈慣〉口を滑らす．余計なことをうっかり言ってしまう．
【说嘴】shuō//zuǐ 動 ①口はばったいことを言う．大きなことを言う．②〈方〉口げんかをする．

4声 **烁**(爍) **shuò** ◇◆ 光り輝くさま．¶闪 shǎn ～ / ぴかぴか光る．きらきらする．
【烁烁】shuòshuò 形 きらきら輝いている．

铄(鑠) **shuò** ◇◆ ①(金属を)溶かす．②弱める．すり減らす．③光り輝くさま．

朔 **shuò** ◇◆ ①(陰暦の)ついたち．¶→～日．②北．¶→～方．¶→～风 fēng．
【朔方】shuòfāng 名〈書〉北の方．
【朔风】shuòfēng 名〈書〉北風．
【朔日】shuòrì 名 陰暦の1日．
【朔望】shuòwàng 名〈書〉陰暦の1日と15日．¶～月 / 〈天〉朔望月(さくぼうげつ)．陰暦での1か月．
【朔月】shuòyuè 名〈天〉陰暦の1日の月相．新月．

硕 **shuò** ◇◆ 大きい．¶～大 / 大きい．巨大．¶～学通 tōng 儒 rú / 碩学(せきがく)．大学者．‖姓
【硕大无朋】shuò dà wú péng 〈成〉大きくて比べるものがない．
【硕果】shuòguǒ 名 大きな果実．大きな成果．¶～累累 lěilěi / 収穫や成果が豊かである．
【硕果仅存】shuò guǒ jǐn cún 〈成〉わずかに残った貴重な人〔事物〕．
*【硕士】shuòshì 名 **修士．マスター**．¶～研究生 yánjiūshēng / (修士課程の)大学院生．

数(數) **shuò** ◇◆ たびたび．しばしば．¶频 pín ～ / 頻繁に．
▸▸ shǔ,shù

【数见不鲜】shuò jiàn bù xiān 〈成〉たびたび見ているので珍しくない.

sī (ㄙ)

1声 **司** sī ◇◆ ①つかさどる. 操作する. ¶→～法 fǎ. ¶→～机 jī. ②国務院各部(日本の省クラス)の行政単位. 局. ¶林业部资源 zīyuán ～ / 林業省資源局. ‖姓
【司铎】sīduó 名〈宗〉カトリックの神父.
【司法】sīfǎ 名 司法. ¶～鉴定 jiàndìng / 専門家の鑑定(証言).
【司号员】sīhàoyuán 名(解放軍の)ラッパ手.
**【司机】sījī 名 運転手. 機関士. 操縦士.
【司空】Sīkōng ‖姓
【司空见惯】sī kōng jiàn guàn 〈成〉見慣れてしまうと少しも珍しくない.
【司令(员)】sīlìng(yuán) 名 司令官.
【司炉】sīlú 名 ボイラー係;(機関車の)機関助手.
【司马】Sīmǎ ‖姓
【司线员】sīxiànyuán 名〈体〉(テニス・サッカーなどで)線審,ラインズマン.
【司仪】sīyí 名 司会者. 儀式の進行係.
【司长】sīzhǎng 名 局長. 局の長官.

* **丝**(絲) sī ❶名 絹糸. 生糸. 量 根 gēn.
❷量 ①(度量衡の単位)"毫 háo"の10分の1. ②(常に"一丝"の形で)極めて少ない量. ►数詞は"一"とのみ結ぶ. ¶一～不差 chà / 寸分も違わない. ¶一～风也没有 / 少しも風がない.
◇◆ 細い糸状のもの. ¶蜘蛛 zhīzhū ～ / クモの糸. ¶萝卜 luóbo ～儿 / 大根の千切り.
【丝绸】sīchóu 名 絹織物.
【丝绸之路】sīchóu zhī lù 名 シルクロード.
【丝带】sīdài 名(絹の)リボン,テープ. 量 条.
【丝糕】sīgāo 名(アワ・トウモロコシなどの粉で作った)蒸しパンの一種.
【丝瓜】sīguā 名〈植〉ヘチマ(の実). ¶～络 luò / ヘチマの繊維.
【丝光】sīguāng 名(木綿の)絹仕上げ.
【丝毫】sīháo 名 ごくわずか. 少しばかり. いささか. ►抽象的な事物のみを修飾し,多く否定文に用いられる. ¶～不差 chà / 寸分も違わない. ¶对这种 zhǒng 人,没有～办法 / その手の人に対しては,どうしようもない.
【丝巾】sījīn 名 シルクスカーフ.
【丝米】sīmǐ 量(長さの単位)1メートルの1万分の1. デシミリメートル.
【丝绵】sīmián 名 真綿.
【丝绒】sīróng 名 絹ビロード. ベルベット.
【丝丝】sīsī 擬《微細なさま》¶春雨～ / 春雨がしとしとと降る. ¶～作痛 tòng / ちくちくと痛む.
【-丝丝】-sīsī 接尾《形容詞・名詞の後について「しみわたる」さまを表す状態形容詞をつくる》
注意 似た用法の語に"-兹兹 -zīzī""-苏苏 -sūsū"があるが,"-丝丝""-兹兹""-苏苏"の順に強調の度合いが大きくなる. ¶甜 tián ～ / かすかに甘い;じわじわ湧き上がるような幸福感. ¶冷 lěng ～ / うすら寒い. 冷え冷えとする.
【丝丝入扣】sī sī rù kòu 〈成〉(文章などが)一言一句急所を突いていること;(踊り・演技など)調子がぴったり決まっていること.
【丝丝拉拉】sīsilālā 形(～的) ①《物事が尾を引くさま》ぐずぐず. ②《痛むさま》しくしく. ちくちく.
【丝线】sīxiàn 名 絹糸. ¶～袜子 wàzi / 絹の靴下.
【丝织品】sīzhīpǐn 名 絹織物.
【丝竹】sīzhú 名〈書〉管楽と弦楽. 楽器の総称.

* **私** sī ◇◆ ①(公に対する)私. 個人の. 利己的. ¶→～事. ¶→～信 xìn. ②こっそりと. 秘密に. ¶→～访 fǎng. ¶→～语 yǔ. ③非合法の. 不正な. ¶→～货 huò.
【私奔】sībēn 動〈旧〉駆け落ちをする;女性が恋人のもとに走る.
【私弊】sībì 名(多く役人の)私利をはかる不正行為.
【私藏】sīcáng 動 隠匿する. かくまう;私蔵する.
【私产】sīchǎn 名〈略〉私有財産. 量 份儿 fènr,笔 bǐ.
【私车】sīchē 名 マイカー. 自家用車.
【私仇】sīchóu 名 個人的な恨み. 私怨(しえん).
【私处】sīchù 名 ①秘密の場所. ②陰部.
【私带】sīdài 動 ひそかに持つ. 秘密に持ち運ぶ.
【私党】sīdǎng 名 徒党. 私党. 取り巻き連中.
【私德】sīdé 名〈書〉私生活上の品行.
【私邸】sīdǐ 名(↔官邸)〈書〉(高級官僚の)個人の住宅.
【私法】sīfǎ 名(↔公法)私法. 個人の利益を保護する法律の総称. ►たとえば,民法・商法など.
【私贩】sīfàn ①動 密売する. ②名 密売者.
【私方】sīfāng 名 個人側. 民間側. ►"公私合营"(公私共営)の企業で"公方"(政府側)に対していう.
【私访】sīfǎng 動 役人がお忍びで民間の事情を調査する.
【私房】sīfang ①形 秘密の. 内緒の. 内輪の. ¶～话 / 〈口〉内緒話. ②名 へそくり. ►"私房钱 qián""私房体己 tījǐ"とも.
【私愤】sīfèn 名 個人的な憤り. 私憤. ¶泄 xiè ～ / 私憤をはらす.
【私话】sīhuà 名 内緒話.
【私货】sīhuò 名 密輸品. 密売品. 禁制品.
【私家车】sījiāchē 名 自家用車. マイカー.
【私见】sījiàn 名 ①私見. 個人の見解. ②偏見. 先入観.
【私交】sījiāo 名〈書〉個人間の交際.
【私立】sīlì 形(↔公立)私立の. 個人が設立した…. ¶～学校 xuéxiào / 私立の学校.
【私利】sīlì 名 個人の利益. ¶不谋 móu ～ / 私利をはからない.
【私了】sīliǎo 動(↔公了 gōngliǎo)示談にする. 示談で済ます.
【私囊】sīnáng 名 私腹. 自分の財布. 個人の懐. ¶中饱 zhōngbǎo ～ / 私腹を肥やす.
【私念】sīniàn 名 利己的な考え.
【私企】sīqǐ 名〈略〉私営企業.
【私情】sīqíng 名 ①私情. 情実. ¶不徇 xùn ～ / 私情にとらわれない. ②男女の秘め事. 不倫関係.
*【私人】sīrén ❶名 ①("公家 gōngjia"に対して)個人. ¶～可以办学 / 個人が学校を創立してもかまわない. ②縁故者. ¶不该 gāi 任用～ / 縁故者を任用すべきではない. ❷形(後ろに名詞をとって)個人

S

の．民間の；個人間の．私的な．¶～企业 qǐyè／私営企業．¶～感情 gǎnqíng／私的感情．
【私商】sīshāng 名 個人経営の商店〔商人〕．
【私生活】sīshēnghuó 名 私生活．プライベート．¶干涉 gānshè～／私生活に干渉する．
【私生子】sīshēngzǐ 名 私生児．
【私事】sīshì 名(↔公事)私事．私用．
【私受】sīshòu 動 こっそり受け取る．
【私售】sīshòu 動 密売する．
【私逃】sītáo 動 こっそり逃げる．姿をくらます．
【私通】sītōng 動 ①(敵と)密通する，ひそかに気脈を通じる．②不倫する．
【私图】sītú 動〈書〉〈貶〉ひそかにたくらむ．
【私吞】sītūn 動 着服する．横領する．
【私下(里)】sīxià(li) 副 ①ひそかに．内輪で．¶～商议 shāngyì／ひそかに相談する．②(公的機関などをわずらわさずに)個人の間で，個人的に．¶～了结 liǎojié／示談で解決する．
【私心】sīxīn 名 ①**私心**．¶～太重 zhòng／利己心が強い．②〈書〉心中．内心．¶～话 huà／腹を割った話．
【私信】sīxìn 名 私信．個人的な用件の手紙．
【私刑】sīxíng 名 私刑．リンチ．
【私蓄】sīxù 名 個人の蓄え．へそくり．
【私营】sīyíng 形 **私営の．民間経営の**．►"私人经营 sīrén jīngyíng"の略．
【私有】sīyǒu 形(後ろに名詞をとって)**私有の**．¶～制 zhì／(生産手段の)私的所有制度．私有財産制．¶～财产 cáichǎn／私有財産．
【私语】sīyǔ ①動 内緒話をする．¶窃窃 qièqiè～／ひそひそとささやく．②名 内緒話．
【私欲】sīyù 名〈貶〉私欲．個人的欲望．
【私怨】sīyuàn 名 個人的な恨み．私怨(しえん)．
【私造】sīzào 動 密造する．偽造する．
【私宅】sīzhái 名 私邸．個人の住宅．
【私章】sīzhāng 名 個人の印鑑．
【私自】sīzì 副 ひそかに．無断で．¶～决定 juédìng／一存で決める．

咝(噝) sī 擬 ①《風を切る音》ひゅうひゅう．②《空気が細いところを抜ける音や様子》すうすう．しゅうしゅう．

思 sī ◇◆ ①思う．考える．¶寻 xún～／思いめぐらす．②思い慕う．懐かしく思う．¶→～念 niàn．③考えの筋道．¶文～／文章の構想．‖姓
【思潮】sīcháo 名 ①**思潮**．思想傾向．②**次々と浮かんでくる思い**．めぐってくる考え．¶～起伏 qǐfú／いろいろな思いが頭に浮かぶ．
【思春】sīchūn 動〈書〉(女性が)異性を慕う．¶～病 bìng／恋患い．
【思忖】sīcǔn 動〈書〉考える．思案する．
【思过】sīguò 動(過ちを)反省する．後悔する．
【思考】sīkǎo 動 **深く考える**．思考する．¶独立 dúlì～／自分の頭で考える．¶～问题／問題を考える．¶他不加 jiā～地说／彼は考えもせずに言った．
【思恋】sīliàn 動〈書〉慕う．懐かしく思う．¶～家乡 jiāxiāng／ふるさとを懐かしむ．
【思量】sīliang 動 ①考える．思案する．②〈方〉思う．慕う．心にかける．
【思路】sīlù 名(文の)構想．考えの筋道．量 条．¶～顿 dùn 开／考えが急に開けてくる．
【思虑】sīlù 動 思慮する．おもんぱかる．¶～周到／考えが行き届いている．¶苦心～／苦慮する．
【思谋】sīmóu 動〈方〉考える．思いめぐらす．
【思慕】sīmù 動〈書〉(人を)敬慕する．思い慕う．
【思念】sīniàn 動(人や故郷などを)**懐かしむ**，恋しく思う．¶～亲人 qīnrén／肉親を思う．
【思前想后】sī qián xiǎng hòu〈成〉後先のことを考える．あれこれと考えをめぐらす．
【思索】sīsuǒ 動 思索する．あれこれよく考える．
【思惟・思维】sīwéi ①名 思惟(しい)．思考．②動 考える．熟考する．¶～再三／繰り返し思考する．
【思乡】sīxiāng 動 郷愁にかられる．ノスタルジアを感じる．
*【思想】sīxiǎng **1**名 ①**思想．イデオロギー**．観念．¶改造 gǎizào～／思想を改める．¶～斗争 dòuzhēng／イデオロギー上の闘争．¶～意识 yìshí／イデオロギー．②**考え**．態度．¶他的～很好／彼は考え方がしっかりしている．¶打通 dǎtōng～／意思を疎通させる．納得させる．¶作好～准备 zhǔnbèi／覚悟をする．¶～见面／腹を割って意見を交換する．¶～包袱 bāofu／心の重荷．
2動 考える．思いを巡らす．
【思想库】sīxiǎngkù 名 シンクタンク．
【思绪】sīxù 名 ①考えの筋道．考え．¶～纷乱 fēnluàn／考えが乱れる．②気分．¶～不宁 níng／気分が落ち着かない．

斯 sī 〈古〉①代 この．これ．ここ．¶～时 shí／この時．¶～人／この人．②接続 そこで．ここにおいて．‖姓
【斯里兰卡】Sīlǐlánkǎ 名〈地名〉スリランカ．
【斯洛伐克】Sīluòfákè 名〈地名〉スロバキア．
【斯洛文尼亚】Sīluòwénníyà 名〈地名〉スロベニア．
【斯威士兰】Sīwēishìlán 名〈地名〉スワジランド．
【斯文】sīwén 名〈書〉学問．文化．►もと，儒学・儒者をいった．¶～败类 bàilèi／〈旧〉悪徳読書人．¶～扫 sǎo 地／文化が廃れ，文化人が尊重されない；文化人が堕落する．
【斯文】sīwen 形 優雅である．上品である．

厮 sī ◇◆ ①〈近〉男性の召使い．下男．¶小～／召使い．小者．②〈近〉やつ．野郎．►人を軽蔑する呼び方．¶这～／こいつ．この野郎．③互いに…し合う．¶～打／殴り合う．¶～杀 shā／殺し合う．
【厮守】sīshǒu 動(互いに)ささえ合う．頼り合う．

***撕 sī** 動(手で)**引き裂く**，はがす，ちぎる．¶把信～开／手紙の封を破って開ける．¶把纸 zhǐ～成两张／紙を2枚に引き裂く．¶～下假面具 jiǎmiànjù／仮面をはぐ．
【撕扯】sīchě 動 引き裂く．引きちぎる．
【撕毁】sīhuǐ 動 ①**引き裂く．破る**．②(一方的に)**破棄する**．¶～协定 xiédìng／協定を破棄する．
【撕票】sī//piào 動(～儿)(誘拐などで目的が達せられないとき)人質を殺害する．►"票"は人質のこと．
【撕破脸】sīpò liǎn〈慣〉仲たがいをする．

嘶 sī 擬〖咝 sī〗に同じ．
◇◆ ①(馬が)いななく．¶人喊 hǎn 马～／雑踏するさま．②声がかすれる．
【嘶哑】sīyǎ 形(**声が)しわがれている．かすれる**．

S

3声 **死 sǐ** ** **❶**動 ①(↔生 shēng, 活 huó)(動物が)**死ぬ**;(植物が)**枯れる**. ¶这棵 kē 树～了 / この木は枯れた. ¶路边～了一只狗 / 道ばたでイヌが一匹死んでいる.

動詞＋"死"

動作の結果, 死ぬ・枯れることを表す.
¶打～ / 打ち殺す. ¶病 bìng ～ / 病死する. ¶旱 hàn ～ / (作物が) 日照りで枯れる.

参考 生物の死は"死 sǐ、死去 sǐqù"であるが, 人の死の表現にはタブーや婉曲表現が多い. "死亡 sǐwáng"は書き言葉で, 比較的厳粛な場では婉曲表現の"逝世 shìshì、过世 guòshì、去世 qùshì"(世を去る) や"长眠 chángmián"(とわの眠りにつく) などを使う. さらに"不在了、百年之后、见上帝去、与世长辞 yǔ shì cháng cí"などのような言い方もされる. また"没气 méi qì、断气儿 duàn qìr、咽气 yànqì"(息絶える, あの世行き) を始め, スラングも少なくない. 事故死の場合は死因を付け"病死 bìngsǐ"(病気で死ぬ), "烧死 shāosǐ"(火事などで焼け死ぬ), "溺死 nìsǐ"(溺れて死ぬ), "拽死 zhuàisǐ"(車などにひかれて死ぬ) などと具体的に表現する.

②〈喩〉消失・消滅する〔させる〕. ¶你就～了这条 tiáo 心吧 / その考えはあきらめたほうがよい. ¶白子 báizǐ 被黑子围 wéi ～了 / 黒石に包囲されて, 白石が死んでしまった.

❷形 ①**融通がきかない. 固定した.** ¶课堂气氛 qìfēn 太～ / 教室には活気がない. ¶→～记 jì. ¶→～心眼 xīnyǎn. ②行き止まりである. 機能を停止した. ¶这条路给堵 dǔ ～了 / この道はふさがって通れなくなった. ¶→～胡同 hútòng.

動詞 / 形容詞＋"死"

ⓐ**動かすことができない**, 作用がなくなったことを表す. ¶窗户钉 dìng ～了 / 窓は釘づけにした. ¶别把话说～了 / 融通のきかないような言い方をするな.
ⓑ**極点に達した**ことを表す. ¶忙～了 / 忙しくてたまらない. ¶高兴～了 / うれしくてたまらない. ¶气～我了 / まったく腹が立つ.

◇◆ ①決死の. ¶→～战 zhàn. ¶→～守 shǒu. ②妥協のできない. ¶→～敌 dí. ¶→～对头 duìtou.

【死板】sǐbǎn 形 ①**融通がきかない.** ¶这人办事太～ / この人は仕事のやり方に融通がきかない. ¶～的公式 gōngshì / 杓子(しゃくし)定規. ②活気がない. 生気がない. ¶表情 biǎoqíng ～ / 無表情だ.

【死不…】sǐ bù… 〈型〉①**どうしても…しようとしない.** ¶～认错 rèncuò / どうしても自分のまちがいを認めない. ¶～要脸 yàoliǎn / 厚顔無恥である. ②**死んでも…しない.** ¶～瞑目 míngmù / 死んでも死にきれない.

【死不了】sǐbuliǎo 動＋可補 ①死にきれない. ②死ぬはずがない.

【死产】sǐchǎn 名〈医〉死産. ¶～儿 ér / 死産児.

【死沉】sǐchén 形 ①ずっしりと重いさま. ②静まりかえったさま. ③表情が暗いさま.

【死党】sǐdǎng 名〈貶〉(悪い) 親玉や集団のために死力を尽くす仲間; 頑迷な反動集団.

【死得其所】sǐ dé qí suǒ 〈成〉死に場所を得る. 意義のある死に方をする.

【死敌】sǐdí 名 不倶戴天の敵. 和解できない敵.

【死地】sǐdì 名 死地. 窮地.

【死掉】sǐdiào 動 死んでしまう.

【死对头】sǐduìtou 名 目の敵(かたき). 犬猿の仲.

【死而后已】sǐ ér hòu yǐ 〈成〉死ぬまで一生懸命に努力する. 死して後やむ.

【死工夫】sǐgōngfu 名 ①懸命の研鑽(けんさん). ②応用がきかない技術. ►"死功夫"とも書く.

【死规矩】sǐguīju 名(～儿) 融通がきかない決まり. 杓子(しゃくし)定規.

【死鬼】sǐguǐ 名 ①〈罵〉〈諧〉死にぞこないめ. ¶你这个～, 怎么现在才回来? / このばか, なんで今ごろやっと帰ってくるのだ. ②〈旧〉死者. 仏.

【死过去】sǐ//guò//qù 動＋方補〈方〉気絶する.

【死胡同】sǐhútòng 名(～儿) 袋小路. 〈喩〉行き詰まり. ¶走进～ / 袋小路に入る; 〈喩〉行き詰まる.

【死话】sǐhuà 名 のっぴきならない話. ゆとりのない話. 相談の余地がない話.

【死缓】sǐhuǎn 名〈法〉〈略〉死刑執行猶予.

【死灰】sǐhuī 名 火がすっかり消え冷たくなった灰. ¶心如～ / 失望落胆する. ¶～复燃 fù rán / 〈成〉いったん消滅したよくない事物が復活するたとえ.

【死活】sǐhuó ①名 **生死. 死ぬか生きるか.** ►否定文に用いる. ¶不顾 bùgù 工人的～ / 労働者の生死をかまわない. ②副〈方〉なんといっても. どうしても. ¶～不同意 / どうしても賛成しない.

【死寂】sǐjì 形〈書〉非常に静かである.

【死记】sǐjì 動 丸暗記する. 棒暗記する. ¶～硬背 yìng bèi / むやみに丸暗記をする.

【死角】sǐjiǎo 名 死角; 〈喩〉盲点.

【死结】sǐjié 名 ①(↔活结 huójié) こま結び. 真結び. 解けにくい結び. ②〈喩〉割りきれない問題; 解決しにくい問題. 難題.

【死劲】sǐjìn (～儿)〈口〉①名 ありったけの力. ②副 思い切り. 必死に.

【死扣儿】sǐkòur 名〈口〉なかなか解けない結び. こま結び. ¶系 jì 了一个～ / こま結びを結ぶ.

【死了这条心吧】sǐle zhè tiáo xīn ba 〈口〉あきらめるんだな. 変な考えはやめろ. ►"死了那条心吧"とも.

【死理】sǐlǐ 名(～儿) 自分では正しいと思い込んでいること. へ理屈. ¶认 rèn ～ / ばかの一つ覚え.

【死里逃生】sǐ lǐ táo shēng 〈成〉九死に一生を得る. 命拾いをする.

【死力】sǐlì ①名 死力. ②副 必死に.

【死路】sǐlù 名 通り抜けられない道. 袋小路; 〈喩〉破滅への道.

【死马当做活马医】sǐmǎ dàngzuò huómǎ yī 〈諺〉最後まで絶望せず努力する.

【死面】sǐmiàn 名(～儿)(↔发面 fāmiàn) 水でこねただけの発酵させない小麦粉.

【死命】sǐmìng ①名 死すべき運命. ②副 命がけで. 懸命に. ¶～抵抗 dǐkàng / 必死に抵抗する.

【死难】sǐnàn 動 遭難して死ぬ. 殉難する.

【死脑筋】sǐnǎojīn 〈慣〉融通がきかない人. 機転がきかない人.

【死皮赖脸】sǐ pí lài liǎn 〈成〉鉄面皮である. ずうずうしい. 厚かましい.

【死棋】sǐqí 名 詰みになった将棋; 〈喩〉行き詰まっ

た局面.
【死气沉沉】sǐ qì chén chén 〈成〉(環境や人に)活気がないさま.沈滞しきったさま.
【死气白赖】sǐqìbáilài 形(～的)〈方〉執拗にまとわりつくさま.
【死钱】sǐqián 名(～儿) 1 利息を受け取ることができない金. 2 固定した収入.
【死囚】sǐqiú 名 死刑囚.
【死去】sǐqù 動 死亡する.死んでしまう.
【死去活来】sǐ qù huó lái 〈成〉気絶したり生き返ったりする;極度に悲しんだり苦しんだりするさま. ¶哭 kū 得～ / 身も世もなく泣く. ¶打得～ / 気絶するほど殴る.半殺しにする.
【死人】sǐrén 名 1 死人. 2(多くは妻が夫をののしり)憎らしい人.ぐうたら亭主.
【死伤】sǐshāng 動 死傷する.
【死尸】sǐshī 名(人の)死体. ㊊ 个,具 jù.
【死守】sǐshǒu 動 1 死守する. 2 頑固に守る.
【死水】sǐshuǐ 名 たまり水.はけ口のない水.(池・湖の)流れない水;〈喩〉よどみきった場所.
【死说活说】sǐ shuō huó shuō 〈成〉再三説得する.繰り返し説き聞かせる.
【死胎】sǐtāi 名 死産児;(体内で)死んだ胎児.
【死亡】sǐwáng 動(↔生存 shēngcún)死亡する.死滅する. ►多く書き言葉に用いる.
【死亡线】sǐwángxiàn 名 生死の境.
【死无对证】sǐ wú duì zhèng 〈成〉死人に口なし.
【死心】sǐ//xīn 動 あきらめる.断念する. ¶你就死了这条 tiáo 心吧 / もうあきらめなさいよ. ¶不到黄河 Huánghé 不～ / どん詰まりにならないとあきらめない. ¶～塌地 tādì / すっかりあきらめ心が落ちつく;〈転〉〈貶〉頑として考えを変えない.
【死心眼】sǐxīnyǎn 〈慣〉(～儿)頑固な(人).
【死信】sǐxìn 名 1(あて先不明で)配達不能の手紙. 2(～儿)死亡の知らせ.
【死刑】sǐxíng 名〈法〉死刑. ¶判处 pànchǔ ～ / 死刑を言い渡す.
【死性】sǐxìng 形 一本調子である.融通がきかない.
【死讯】sǐxùn 名 死んだという知らせ.訃報.
【死硬】sǐyìng 形 1 融通がきかない.機転がきかない.一本調子である. 2 頑固である.かたくなである. ¶～派 pài / 頑固派.頑迷派.
【死有余辜】sǐ yǒu yú gū 〈成〉死んでもなお罪を償うことができない.罪悪がきわめて大きいこと.
【死于非命】sǐ yú fēi mìng 〈成〉非業の死を遂げる.まともでない死に方をする.
【死战】sǐzhàn 1 名 生死にかかわる一戦. 2 動 死闘する.必死に戦う.
【死者】sǐzhě 名 死者.死んだ人.
【死症】sǐzhèng 名 不治の病;〈転〉どうにもならぬこと.
【死罪】sǐzuì 1 名 死罪.死刑に相当する罪. 2〈套〉〈旧〉まことに申し訳ない. ¶～～! / 大変失礼いたしました.

巳(巳) sì

名 十二支の第6:巳(み). ¶～时 shí / 巳の刻.午前9時から11時まで.

四 sì

数 a 4.し.よん.よっ(つ). ¶～个 / 四つ.4人. ¶～天 / 4日間. b 第四(の).4番目(の). ¶星期～ / 木曜日. ¶～楼 lóu / 4階. ‖ 姓
〖四…八…〗sì…bā… 《意義の似通った二つの語,または造語成分を当てはめて,各方面という意味を表す》 ¶～面～方 / 四方八方. ¶→～通 tōng ～达 dá.
【四壁】sìbì 名(室内の)四方の壁. ¶～萧然 xiāorán / (貧しいため)家の中が殺風景で寂しい.
【四边】sìbiān 名(～儿)周囲.
【四不像】sìbùxiàng 名(～子) 1〈動〉シフゾウ(四不像). ►"麋鹿 mílù"とも. 2〈喩〉得体の知れないもの.なんともつかないもの.
【四重奏】sìchóngzòu 名〈音〉カルテット.
【四处】sìchù 名 方々.あちこち.四方;あたり一面. ¶～奔走 bēnzǒu / あちこち駆け回る.
*【四川】Sìchuān 名〈地名〉四川(しせん)省.
【四大皆空】sì dà jiē kōng 〈成〉世界のすべてのものは空虚である.
【四大金刚】sì dà jīngāng 名 四天王;(ある集団における弟子や部下などの中で)特に有力ですぐれた4人のたとえ.
【四二一综合症】sì èr yī zōnghézhèng 名(「一人っ子政策」で生じた)父方・母方の祖父母4人・親2人・子供1人の逆ピラミッド型家族構成によって引き起こされる,一人っ子に対する溺愛(できあい)の風潮. ►"四二幺病 sì èr yāo bìng"とも.
【四方】sìfāng 1 名(東西南北の)四方. ¶～打听 / あちこち尋ねる. 2 形(～儿)四角な.四角い;立方体の. ¶～块儿 kuàir / 四角;立方体. ¶～脸儿 liǎnr / 四角張った顔.
【四方步】sìfāngbù 名(～儿)落ち着いてゆったりとした足どり.
【四分五裂】sì fēn wǔ liè 〈成〉四分五裂.散り散りばらばらになること.
【四伏】sìfú 動 四方に隠れている. ¶危机 wēijī ～ / 至る所に危機をはらんでいる.
【四个现代化】sì ge xiàndàihuà 名(中国の国家目標である農業・工業・国防・科学技術の)四つの近代化. ►"四化"とも.
【四海】sìhǎi 名 全国各地.世界各地.四海.
【四合房】sìhéfáng ⇀【四合院】sìhéyuàn
【四合院】sìhéyuàn 名(～儿)四合院.中央に庭を囲んで,"正房 zhèngfáng",東西の"厢房 xiāngfáng","倒座(儿) dàozuò(r)"(母屋と向かい合いの棟)の4棟からなる旧式の家. ►"四合房 sìhéfáng"とも.
【四胡】sìhú 名 胡弓の一種で4弦の弦楽器.
【四化】sìhuà 名〈略〉1"四个现代化 sì ge xiàndàihuà"(農業・工業・国防・科学技術の近代化)の略. 2 "干部 gànbù 四化"(幹部の革命化・若年化・知識化・専門化)の略.
【四季】sìjì 名 四季.
【四季豆】sìjìdòu 名〈植〉インゲンマメ.
【四季海棠】sìjì hǎitáng 名〈植〉シキザキベコニア.
【四郊】sìjiāo 名 四方の郊外.都市近郊.
【四角号码】sìjiǎo hàomǎ 名 四角号碼(しかくごうま). ►漢字の四つの角(左上・右上・左下・右下の順)の筆形に4けたの数字を当てはめた漢字検索法.
【四脚蛇】sìjiǎoshé 名〈俗〉〈動〉トカゲ. ㊊ 只,条,个.
【四近】sìjìn 名 付近.周り.
【四旧】sìjiù 名(文化大革命期に言われた)"旧文化"

S

“旧习惯”などの四つの古いもの.

【四邻】sìlín 名 四隣. 隣近所(の人).

【四六体】sìliùtǐ 名(漢文の文体の一種)駢儷(べんれい)文. 四六文. 四六駢儷体.

【四面】sìmiàn 名 周り. 四方. 四面. ¶～环山 huánshān / 周りは山に囲まれている. ¶～楚歌 Chǔgē /〈成〉敵に囲まれて孤立しているたとえ. 四面楚歌.

【四拇指】sìmuzhǐ 名〈方〉薬指.

【四旁】sìpáng 名 あたり. 近所. 前後左右.

【四平八稳】sì píng bā wěn〈成〉① きわめて穏当である. 少しも危なげなところがない. ② 少しも独創性がない. 用心深すぎる.

【四起】sìqǐ 動 四方に起こる. 至る所に起こる.

【四气】sìqì 名 ①〈中医〉薬物のもつ寒・熱・温・涼の4種の薬性. ② 四季の気候. ③ 喜怒哀楽の気分の四気.

【四人帮】sìrénbāng 名 四人組;(特に)文化大革命で極左路線をとった江青・張春橋・王洪文・姚文元の4人のグループ.

【四散】sìsàn 動 四散する. 四方に散らばる.

【四扇屏】sìshànpíng 名(～儿)4枚一組の掛け軸.

【四舍五入】sìshě wǔrù 名〈数〉四捨五入.

【四声】sìshēng 名〈語〉(現代中国語共通語の)四声;(古漢語の)四声;(広く)字の声調.

【四时】sìshí 名〈書〉①(朝昼夕夜の)四時(しじ). ② 四季.

【四书】Sìshū 名 四書. 大学・中庸・論語・孟子の総称.

【四体】sìtǐ 名〈書〉四肢. 両手と両足.

【四通八达】sì tōng bā dá〈成〉四通八達. 道が四方八方に通じている.

【四外】sìwài 名 四方. あたり. 周囲.

【四围】sìwéi 名 周囲. ぐるり. 周り.

【四维】sìwéi 名〈数〉四次元.

【四下】sìxià →【四下里】sìxiàli

【四下里】sìxiàli 名 四方. 周り.

【四仙桌】sìxiānzhuō 名 小さな四角のテーブル. 4人用のテーブル.

【四小龙】Sìxiǎolóng 名〈喩〉アジア NIES. アジアで飛躍的な経済発展を遂げた四つの国や地域. ►シンガポール・香港・台湾・韓国をさす.

【四言诗】sìyánshī 名 四言詩. ►古詩の一体で, 1句が4字よりなるもの.

【四眼儿】sìyǎnr 名〈罵〉(あだ名で)めがねざる.

【四野】sìyě 名 広い原野.

【四隅】sìyú 名〈書〉四方の隅. 四隅.

【四则】sìzé 名〈数〉加・減・乗・除. 四則.

【四诊】sìzhěn 名〈中医〉四つの診察法. →【望闻问切】wàng wén wèn qiè

【四肢】sìzhī 名 両手と両足. 四肢.

*【四周】sìzhōu 名 **周囲. 周り.** ►口語では“四周围 sìzhōuwéi”ともいう. ¶房子～都是树 shù / 家の四方には木が植わっている. ¶～没人 / 周りにはだれもいない.

【四座・四坐】sìzuò 名〈書〉同席の人. 一同.

寺 sì ◇◆ ①寺. ¶清真 qīngzhēn ～ / 回教寺院. モスク. ②昔の官署名. ‖姓

【寺庙】sìmiào 名 寺院. 寺や廟. 量 座,所,个.

【寺院】sìyuàn 名 寺院. 量 座,所,个.

似 sì 副〈書〉…のようである. …のように思う. ¶～曾 céng 见过 / かつて会ったことがあるようだ.

◇◆ ①似ている. 似通う. ¶相 xiāng ～ / 似通っている. ②《形容詞の後に用い》…に勝る. …よりましだ. …を超えている. ¶一天强 qiáng ～一天 / 日一日とよくなる. ▸▸ shì

〖似…非…〗*sì…fēi…* ①(同一の単音節動詞を当てはめ)…のようでもあり,…のようでもある. ¶～懂～懂 / わかったようなわからないような. ¶～哭 kū ～哭 / 泣いているような泣いていないような. ②(同一の単音節名詞または形容詞を当てはめた形を二つ重ね)…ようだが…ではない. ¶～马～马,～驴 lǘ ～驴 / 馬ともつかずロバともつかないもの;ろくでもないもの.

*【似乎】sìhū 副 **…らしい. …のようだ.** ¶他～想说什么 / 彼は何か言いたそうだ. ¶～要下雨 / ひと雨きそうだ.

【似是而非】sì shì ér fēi〈成〉似て非である. 正しいようだが実は間違っている.

伺 sì ◇◆(様子を)うかがう. (機会を)待つ. ¶～探 tàn / 偵察する. ¶～候 hòu /〈書〉機会をうかがう. ►“伺候 cìhou”と読むと,「仕える. 世話をする」の意味. ▸▸ cì

【伺机】sìjī 動 機会を待って…する.

【伺隙】sìxì 動〈書〉すきをうかがう.

祀 sì 動 祭る. ¶～祖 zǔ / 祖先を祭る.

饲 sì ◇◆ ①飼育する. ②飼料. ¶打草储 chǔ ～ / 草を刈り飼料を蓄える.

【饲槽】sìcáo 名 飼料桶. 飼い葉桶.

【饲草】sìcǎo 名 まぐさ. 飼料にする草. 飼い葉.

【饲料】sìliào 名 飼料. ¶青 qīng ～ / 飼い葉.

【饲养】sìyǎng 動 **飼育する. (家畜を)飼う.** ¶～员 yuán / 飼育係.

【饲育】sìyù 動 飼育する. 飼う.

泗 sì ◇◆ ①鼻汁. ②(Sì)安徽省の泗(し)県.

驷 sì “驷马 sìmǎ”⬇という語に用いる.

【驷马】sìmǎ 名〈書〉4頭立ての馬車. ¶一言既 jì 出,～难追 / 一度口に出したことは(4頭立ての馬車でも追いつかないように)取り返しがつかない.

俟(竢) sì ◇◆ 待つ. ¶～机 jī / 機会を待つ. ‖姓

肆 sì 数 “四”の大字(読みちがいや書き直しを防ぐための字).

◇◆ ①ほしいままにする. ¶放～ / わがままである. ②店. 商店. ¶书～ / 書店.

【肆虐】sìnüè 動〈書〉ほしいままに残虐なことをする;〈喩〉(台風などが)猛威を振るう.

【肆扰】sìrǎo 動 かって気ままにかき乱す.

【肆无忌惮】sì wú jì dàn〈成〉したい放題をする.

【肆行】sìxíng 動〈書〉かってにふるまう. ¶～劫掠 jiélüè / 略奪をほしいままにする.

【肆意】sìyì 副〈書〉**ほしいままに. 思う存分.** ¶～

挥霍 huīhuò 钱财 / めちゃくちゃに金を浪費する.

嗣 sì ◇ ①継ぐ. 受け継ぐ. ¶ ～位 wèi / 位を継ぐ. ¶ ～子 / 世継ぎ. 跡取りの子. ②子孫. ¶后～ / 世継ぎ. 子孫.

【嗣后】sìhòu 名〈書〉その後. 以後.

song (ㄙㄨㄥ)

1声 * **松（鬆）sōng** ❶ 名〈植〉**マツ**. ¶ ～树 shù / マツの木. ¶ ～花 / 松かさ.
❷ 形(↔紧 jǐn) ① **緩い. 固くない. もろい**. ¶鞋带 xiédài ～了 / 靴ひもが緩んだ. ¶土质 tǔzhì 比较～ / 土質がわりとやわらかい. ② 厳しくない. きつくない. ¶评分标准 píngfēn biāozhǔn 比较～ / 評価の規準がわりに甘い. ③ 金に余裕がある. ¶我手头儿 shǒutóur 比较～ / 私は金に比較的余裕がある.
❸ 動 **緩める. 解く**；(手を)**放す**；(力・息などを)抜く. ¶～一～腰带 yāodài / ベルトを少し緩める. ¶～口气 / ほっと一息つく. ¶你把他～开 / 彼を放しなさい.
◇ 魚・エビ・肉などを細かくほぐして作ったでんぶ状の食品. ¶肉 ròu ～ / 肉のでんぶ. ‖ 姓

【松绑】sōng//bǎng 動 ①(犯人などの)縄を解く. ② 規制を緩和する. ¶给企业 qǐyè ～ / 企業に対する制限を緩める.

【松弛】sōngchí ① 形(制度や規律が)緩んでいる；(気持ちなどが)緩んでいる. ② 動 緩める.

【松脆】sōngcuì → **【酥脆】sūcuì**

【松动】sōngdong 形 ①(人が)込んでいない. ②(経済的に)余裕がある. ③(ねじなどが)緩んでいる. ④(措置・態度などで)融通がきく.

【松花(蛋)】sōnghuā(dàn) 名(＝皮蛋 pídàn) **ピータン**. (中国料理の)アヒルの卵.

【松缓】sōnghuǎn ① 形 ゆったりしている. なごんでいる. ② 動 和らげる. 緩和させる.

【松鸡】sōngjī 名〈鳥〉ライチョウ.

【松焦油】sōngjiāoyóu 名〈化〉松のタール.

【松节油】sōngjiéyóu 名〈化〉テレビン油.

【松紧】sōngjǐn 名 ① 緩さ. きつさ. ② 伸縮性. ¶～带 dài / ゴムひも. ゴムバンド.

【松劲】sōng//jìn 動(～儿)力を緩める. 気を抜く.

【松口】sōng//kǒu 動 ①(口にくわえているものを放し)口を緩める. ②(意見を言う)口調を和らげる.

【松扣】sōng//kòu ① 動 結び目やねじを緩める〔が緩む〕. ② 名(～儿)緩い結び目.

【松垮】sōngkuǎ 形(構造が)緩んでがたついている；(仕事ぶりなどが)だらけている. だらしがない.

【松快】sōngkuai ❶ 形 ①(**気分が**)**軽やかである**. ¶出了汗 hàn, 身上感到～多了 / 汗をかいてずいぶんさっぱりした. ②(広々として)窮屈でない. ¶女儿一家搬 bān 走后, 家里住得～些了 / 娘一家が越していって, 少し広々とした. ❷ 動 くつろぐ. リラックスする. ¶干了一天活, ～～吧 / 1日働いたのだから, ちょっと骨休めといくか.

【松明】sōngmíng 名 たいまつ.

【松气】sōng//qì 動 気を緩める. 息をつく. ほっとする.

【松球】sōngqiú 名 松かさ. 松ぼっくり.

【松仁】sōngrén 名(～儿)松の実.

【松软】sōngruǎn 形 ① ふわふわして柔らかい. ②(体が)だるい. (体の)力がぬけている.

【松散】sōngsǎn 形 ①(物が)**固まっていない；緩い, 締まりがない**. ►頭髪・隊列・作品やその他の事物構造について. ¶这篇 piān 文章的结构 jiégòu 太～ / この文章の構成は全くしまりがない. ②(**気持ちが**)**散漫である**.

【松散】sōngsan 動 気持ちがすっきりする. (胸が)すっとする.

【松手】sōng//shǒu 動(～儿)手を放す. 手を緩める.

【松鼠】sōngshǔ 名(～儿)〈動〉**リス**.

【松树】sōngshù 名 **マツ**(の木).

【松松垮垮】sōngsongkuǎkuǎ 形 ①(構造が)散漫である. ゆるんでいる. ②(仕事ぶりなどが)だらけている.

【松闲】sōngxián 形 暇である. のんびりしている. 気楽である.

【松香】sōngxiāng 名 松やに.

【松懈】sōngxiè ❶ 形 ①(規律や気が)**だらけている**. ¶工作～ / 仕事がだらけている. ②(関係が)しっくりしない；(動作の)呼吸が合わない. ❷ 動 緩める. 力を抜く. ¶他一刻 yīkè 也没有～自己的斗志 dòuzhì / 彼は片時もやる気を失うようなことはなかった.

【松心】sōng//xīn 動 ほっとする. 気を抜く.

【松蕈】sōngxùn 名〈植〉マツタケ.

【松针】sōngzhēn 名 松葉.

【松脂】sōngzhī 名 松やに.

【松子】sōngzǐ 名(殻を除いた)松の実.

【松嘴】sōng//zuǐ 〈口〉 → **【松口】sōng//kǒu**

嵩（崧）sōng ◇〈古〉(山が大きくて)高い. ¶ ～山 / 嵩山(すうざん). ‖ 姓

2声 **㞞（㞞）sóng** ① 名〈俗〉精液. ② 形 無能である. ¶这家伙 jiāhuo 真～ / あいつはほんとうに意気地なしだ.

【㞞包】sóngbāo 名〈俗〉〈貶〉弱虫. 意気地なし.

3声 **怂（慫）sǒng** 動〈古〉驚き恐れる. ¶～恿 yǒng / (ある事をするよう)そそのかす, たきつける.

耸（聳）sǒng 動 ① **そびえる**. ¶高塔～上九重霄 jiǔchóngxiāo / タワーは天上にそびえ立っている. ②(耳や肩を)そばだてる. そびやかす. ¶～着耳朵听 / 耳をそばだてて聞く. ¶～一～肩膀 jiānbǎng / 肩をいからす.
◇ 驚かす. ¶→～人听闻 rén tīng wén.

【耸动】sǒngdòng 動 ①(肩などを)いからす. ¶～肩膀 jiānbǎng / 肩をいからす. ② 驚かす. ¶～视听 shìtīng / 人騒がせなことを言う.

【耸肩】sǒng//jiān 動 肩をすぼめる. ►軽蔑・困惑・驚きを表すことが多い.

【耸立】sǒnglì 動 **そびえ立つ**. ¶群山～ / 山々がそびえ立っている.

【耸人听闻】sǒng rén tīng wén 〈成〉(わざと大げさなことを言って)人を驚かす.

【耸入云霄】sǒng rù yún xiāo 〈成〉雲の上にそびえ立つ.

【耸身】sǒng//shēn 動 身を躍らせる.

【耸峙】sǒngzhì 動〈書〉そびえ立つ.

S

悚 sǒng ◇◆ 怖がる．ぞっとする．

【悚惧】sǒngjù 動〈書〉恐れる．怖がりすくみ上がる．

【悚栗】sǒnglì 動〈書〉ぞっとしておののく．

【悚然】sǒngrán 形〈書〉恐れ怖がるさま．¶毛骨 máo gǔ ～ / (恐ろしくて)身の毛がよだつ．

4声 **讼 sòng** ◇◆ ①訴訟・裁判を起こす．¶诉 sù ～ / 訴訟(を起こす)．②是非を争う．¶聚 jù ～纷纭 fēn yún / 意見がまちまちでしきりに言い争う．

【讼案】sòng'àn 名 訴訟事件．

【讼词】sòngcí 名 告訴の内容．

宋 sòng 名〈史〉(王朝名) 宋(そう)．①周代の諸侯の国．②南北朝時代の王朝．③五代十国の混乱を統一した王朝．"北宋"と"南宋"の時代に分かれる．‖姓

【宋词】sòngcí 名(宋代に盛んになった詩体の一つ)宋詞．►韻文で書かれ，もとは音楽の伴奏で歌った．略して"词"ともいう．

【宋磁・宋瓷】sòngcí 名 宋代の磁器．

【宋体字】sòngtǐzì 名 明朝体(の活字)．最も普通に用いられる活字．

** **送 sòng**

(物あるいは人を)直接送り届ける < 見送る / プレゼントする,贈る

動 ①(人や物・文書などを)**届ける，運送する，渡す**．¶进城～菜 / 市内に野菜を運ぶ．¶～孩子上幼儿园 / 子供を幼稚園へ送り届ける．["～给"の形で用いる]¶把稿子 gǎozi ～给总编 zǒngbiān 审阅 shěnyuè 一下 / 原稿を編集長に渡してチェックしてもらう．["～往"の形で用いる]¶报名单 bàomíngdān 已经～往有关部门 / 申し込み書はすでに関係部門へ送った．②**贈る．プレゼントする**．語法 目的語を二つとることができる．また，その中の一方だけを目的語にとることもできる．"～给"あるいは"送…给…"の形で用いることもある．¶临别 línbié 时大家互～照片留念 liúniàn / 別れに際してみんなは記念として写真を贈り合った．¶他～我一本书 / 彼は私に本を1冊くれた．⇒【送给】sònggěi ③(人を)**送る，見送る．(送って)いっしょに行く**．¶别～,别～！/ 見送りはけっこうですから．¶天黑 hēi 了,我～你一段儿 duànr / もう暗くなったので，途中までお送りします．[兼語を伴うことができる]¶～孩子上学 / 子供を学校まで見送る．④(命をむだに)なくす，失う．¶→～命 mìng．‖姓

【送报】sòng//bào 動 新聞を配達する．

【送别】sòngbié 動 送別する．見送る．¶我们开了一个会给他们～ / 私たちは彼らのために送別会を開いた．

【送殡】sòng//bìn 動 会葬する．

【送餐服务】sòngcān fúwù 名 ルームサービス．

【送达】sòngdá 動 送り届ける．

【送给】sònggěi 動 …に**贈る**．¶老师～我一支笔留作纪念 jìniàn / 先生はペンを記念に贈ってくれた．

【送话器】sònghuàqì 名 マイクロホン．送話器．

【送还】sòng//huán 動(物を)返す．

【送回】sòng//huí 動+方補 送り返す；返す．¶把她～家去 / 彼女を家まで送っていく．

【送货】sòng//huò 動 商品を届ける．¶～上门 / 商品を戸口まで届ける．¶～单 dān / 送り状．仕切り伝票．

【送交】sòngjiāo 動 送付する；引き渡す．¶将嫌疑犯 xiányífàn ～检察院 jiǎncháyuàn / 容疑者の身柄を送検する．

【送旧迎新】sòng jiù yíng xīn〈成〉①古きを送り新しきを迎える．►正月を迎える時の言葉．②転出者を送り転入者を迎える．

【送客】sòng kè ①客を送り出す．②お客さんのお帰りですよ．►客を帰るように仕向ける．

*【送礼】sòng//lǐ 動 **贈り物をする**．

【送命】sòng//mìng 動 命を捨てる．むだ死にをする．

【送气】sòngqì 名〈語〉有気(音)．►漢語共通語の p・t・k・q・c・ch は有気音．

【送钱】sòng//qián 動 ①人にお金を贈る．②むだな金を使う．

【送亲】sòng//qīn 動 花嫁を花婿の家まで送り届ける．

【送情】sòng//qíng 動〈方〉①贈り物をする．②賄賂を贈る．

【送秋波】sòng qiūbō〈慣〉ウインクする．色目を使う．

【送人情】sòng rénqíng〈慣〉①〈貶〉人に便利をはかったり付け届けをして歓心を買う．②〈方〉贈り物をする．

【送丧】sòng//sāng 動 葬式をする．

【送审】sòngshěn 動 許可や審査などを求めるため，上部機関や関係部門に提出する．

【送死】sòngsǐ 動 自ら死を求める．むだ死にする．

【送往迎来】sòng wǎng yíng lái〈成〉(広く)来客の応接に努める．

【送信】sòng//xìn 動 ①手紙を配達する．②手紙を出しに行く．

【送信儿】sòng//xìnr 動〈口〉知らせる．伝える．

*【送行】sòng//xíng 動 ①**見送りする**．¶到机场 jīchǎng 为他～ / 空港まで彼を見送りに行く．②(酒席を設け)**送別する**．¶朋友们备 bèi 酒为我～ / 友人たちが一席設けて送別をしてくれた．

【送灶】sòng//zào 動〈旧〉"灶王爷 Zàowángyé"(かまどの神)を天上に送る．►旧暦の年末に行われる年中行事．

【送终】sòng//zhōng 動(親などの)最期を看取る．

诵 sòng ◇◆ ①朗読する．¶朗 lǎng ～ / 朗読する．②暗唱する．¶背 bèi ～ / 暗唱する．③述べる．称賛する．¶传 chuán ～ / 語り伝える．

【诵读】sòngdú 動(詩・文章などを)朗読する．

颂 sòng 名 頌(しょう)．周代に祭祀に用いられた舞曲．

◇◆ ①ほめる．たたえる．¶歌～ / 称揚する．②〈書〉祈る．►書簡文に用いることが多い．¶敬 jìng ～大安 / 謹んで御無事をお祈りいたします．‖姓

【颂词】sòngcí 名 称賛や祝いの言葉．賛辞．

【颂歌】sònggē 名 頌歌(しょうか)．賛歌；〈喩〉甘い言葉．

【颂扬】sòngyáng 動〈書〉称揚する．ほめたたえる．

【颂赞】sòngzàn 動 称賛する．

S

sou（ムヌ）

搜（蒐）sōu 動 **捜査する**．捜索する．検査する．¶～腰(包) yāo (bāo)／所持品を取り調べる．

◇◆ 捜す．探す．たずね求める．¶→～求 qiú．

【搜捕】sōubǔ 動 捜査して逮捕する．手配する．

【搜查】sōuchá 動(密輸品や盗品などを) **捜査する**，検査する；(犯人を) 捜索する．

【搜肠刮肚】sōu cháng guā dù 〈成〉①くまなく捜す．②あれこれと知恵を絞る．

【搜购】sōugòu 動 買いあさる．探して買い集める．¶～古董 gǔdǒng／骨董品を買いあさる．

【搜刮】sōuguā 動(人々の財産をあの手この手で) 搾り取る，収奪する．

*【搜集】sōují 動(手を尽くして) **集める．探し集める．収集する**．¶～材料 cáiliào／資料を集める．¶～意见／広く意見を収集する．

【搜检】sōujiǎn 動 所持品検査をする．

【搜剿】sōujiǎo 動〈書〉捜し出し討伐する．

【搜缴】sōujiǎo 動 捜索して没収する．

【搜罗】sōuluó 動 くまなく探し集める．収集する．

【搜求】sōuqiú 動〈書〉捜し求める．

【搜身】sōu//shēn 動(所持品を取り調べるために) 身体検査をする．

【搜索】sōusuǒ 動 ①(隠れた人・隠された物を) **捜索する，捜査する**．¶～逃犯 táofàn／逃亡犯を捜索する．②〈電算〉検索する．

【搜索枯肠】sōu suǒ kū cháng 〈成〉苦心惨憺(さんたん)する．考えの限りを尽くす．

【搜索引擎】sōusuǒ yǐnqíng 名〈電算〉検索エンジン．

【搜寻】sōuxún 動(人・物を) **捜し求める**．

嗖（飕）sōu 擬《気体が狭いところを通り抜けたりかすめたりする鋭い摩擦音》ぴゅう．しゅう．

馊 sōu 形(食物が) すえている．¶饭～了／ご飯がすえた．

【馊点子】sōu diǎnzi 名〈方〉下手な思いつき．愚かな考え．

【馊主意】sōu zhǔyi 名〈方〉〈慣〉くだらぬ考え．つまらない思いつき．

飕 sōu ①動〈方〉風が吹きつける．¶别让风～干 gān 了／干からびるから風に当てないようにしなさい．
②擬〖嗖 sōu〗に同じ．

艘 sōu 量 大型船を数える：**隻．艘**．¶两～油船 yóuchuán／タンカー２隻．

叟（叜）sǒu ◇◆ 老人．翁(おきな)．年取った男．¶老 lǎo ～／老人．

擞（擻）sǒu "抖擞 dǒusǒu"(元気などを奮い起こす) という語に用いる．⏩ sòu

嗽 sòu ◇◆ せきをする．¶干 gān ～／からせき．¶咳～ késou／せき(をする)．

擞（擻）sòu 動〈方〉(火箸を石炭こんろの中に差し込んで) 灰を振り落とす．¶～火／灰を振り落として火を盛んにする．⏩ sǒu

su（ムメ）

1声 **苏**（蘇・甦）sū ◇◆ ①よみがえる．蘇生する．¶复 fù ～／生き返る．②植物の名．¶紫 zǐ ～／シソ．③(Sū) 江蘇省．蘇州．¶～菜／江蘇料理．¶～杭 Háng／蘇州と杭州．④(Sū) 旧ソ連・ソビエト．‖姓

【苏打】sūdá 名 ソーダ．►英語 soda の音訳語．

【苏丹】sūdān 名(イスラム国家の) サルタン．

【苏丹】Sūdān 名〈地名〉スーダン．

【苏里南】Sūlǐnán 名〈地名〉スリナム．

【苏联】Sūlián 名〈略〉(旧) ソ連．ソビエト連邦．

【苏木】sūmù 名〈植〉スオウ．

【苏生】sūshēng 動〈書〉よみがえる．

【－苏苏】-sūsū 接尾《形容詞のあとについて「すっとする，すきっとする」感覚を表す状態形容詞をつくる》¶凉 liáng ～／ひやっと涼しい．

【苏铁】sūtiě 名〈植〉ソテツ．►通称は"铁树 tiěshù"．

【苏维埃】Sūwéi'āi 名(旧) ソビエト；(中国では) 共産党の革命根拠地政権．

【苏醒】sūxǐng 動〈書〉よみがえる．(意識のない状態から) 息を吹き返す．蘇生する．

【苏绣】sūxiù 名 蘇州の刺繡(品)．

酥 sū ❶形 ①(食べ物などが) **ぼろぼろに砕けやすい，さくさくとして柔らかい**．口に入れるとすぐとける．②(体の力が抜けて) ぐったりする．¶吓 xià 得浑身 húnshēn 发～／腰が抜けるほどびっくりした．
❷名〈古〉バター．
◇◆ 小麦粉を油でこねて砂糖を加えて焼いた菓子．¶桃 táo ～／クルミの実を使った同上の菓子．

【酥饼】sūbǐng 名 パイ皮に似た歯ごたえのある菓子類．

【酥脆】sūcuì 形(食べ物が) 歯ざわりがよい．もろくてさくさくする．

【酥麻】sūmá 形(肢体が) しびれて力が抜ける．

【酥软】sūruǎn 形(肢体が) ぐんなりする，力が抜けてぐったりする．

【酥糖】sūtáng 名 きな粉などで作った砂糖菓子．

【酥油】sūyóu 名 ウシやヒツジの乳で作ったバター．

【酥鱼】sūyú 名 骨まで柔らかに調理した小魚．

2声 **俗** sú 形 **俗っぽい**．品がない．¶这房间布置 bùzhì 得太～／この部屋はしつらえに品がない．¶谈吐 tántǔ 不～／言うことが俗っぽくない．
◇◆ ①風俗．¶土～／その土地の風俗習慣．②通俗である．大衆的な．¶通 tōng ～／分かりやすい．大衆向きである．¶→～语 yǔ．③出家していない人．俗人．¶僧 sēng ～／僧侶と俗人．

【俗尘】súchén 名〈書〉俗世間のわずらわしいあれこれ．俗塵(ぞくじん)．

【俗称】súchēng 動 俗称する．通称は…という．

【俗话】súhuà 名(～儿)〈口〉**ことわざ．俚諺**(りげん)．

【俗名】súmíng 名 通称．俗称．

【俗气】súqi 形 俗っぽい. 下品である. やぼったい.
【俗人】súrén 名 俗人. 趣味の低級な人.
【俗套】sútào 名(～儿) 1 紋切り型のあいさつ;(つまらない,または意味のない)しきたり,礼儀,習わし. 2 新味のないもの. マンネリ.
【俗体字】sútǐzì 名 通俗的な字体. 俗字.
【俗语】súyǔ 名 ことわざ. 俚諺(りげん).

4声
夙 sù ◇◆ ①早く. 朝早く. ②前々からの. ¶～志 zhì / 素志.
【夙仇】sùchóu 名 前々からの恨み. 宿敵.
【夙敌】sùdí 名 宿敵. 年来の敵.
【夙诺】sùnuò 名 前々からの約束.
【夙日】sùrì 名〈書〉平素.
【夙嫌】sùxián 名〈書〉前々からの恨み.
【夙兴夜寐】sù xīng yè mèi〈成〉朝早く起きて夜遅く寝る. 勤勉に働くさま.
【夙愿】sùyuàn 名〈書〉宿願. 前々からの願い. ►"宿愿 sùyuàn"とも書く. ¶～得偿 dé cháng / 本懐がかなう.

诉 sù 動(腹を割って)話す,訴える. ¶～衷情 zhōngqíng / 心の中を打ち明ける. ¶～委屈 wěiqu / 不平を訴える.
◇◆ ①告げる. 述べる. ¶告～ / 告げる. ②告訴する. ¶起～ /(裁判所に)訴え出る. ③(力に)訴える. ¶～诸 zhū 武力 wǔlì / 武力に訴える.
【诉苦】sù//kǔ 動(自分がなめた)苦難を訴える.
【诉屈】sù//qū 動 無実を訴える;不平を並べる.
【诉说】sùshuō 動 せつせつと訴える.(感情をこめて)述べる. ¶～苦衷 kǔzhōng / 苦しみを訴える.
【诉讼】sùsòng 動〈法〉訴訟を起こす. ¶撤消 chèxiāo ～ / 訴訟を取り下げる.
【诉冤】sù//yuān 動 無実や不公平を訴える.

肃(肅) sù ◇◆ ①うやうやしい. 慎み深い. ②厳しい. ¶严 yán～ / 厳格である. ③粛清する. ¶～毒 dú / 犯罪・悪事などを取り締まる. ‖姓
【肃静】sùjìng 形 1 静粛である. 厳粛で静かである. 2 静かにせよ. ►注意するときや掲示に用いる.
【肃立】sùlì 動 うやうやしく起立する.
【肃穆】sùmù 形〈書〉厳かで静かである.
【肃清】sùqīng 動(悪人・物事・思想などを)粛清する,根こそぎにする,一掃する. ¶～流毒 liúdú / 悪影響を一掃する.
【肃然】sùrán 形〈書〉粛然としている. うやうやしい. ¶～起敬 qǐjìng / 粛然として尊敬の念が起こる.

素 sù 1 名(↔荤 hūn) 精進料理. ¶吃～ / 菜食. ¶每天只 zhǐ 吃一荤一～ / 毎日肉料理と精進料理を一つずつしか食べない. 2 形 色が単純で(模様が)はでない. 地味である. ¶这块布的颜色 yánsè 太～了 / この布の色は地味すぎる. 3 副〈書〉平素から. 日ごろから. ¶～不相识 xiāngshí / 一面識もない.
◇◆ ①地色. 白色. ¶→～服 fú. ¶～色 / 無地;白色. ②本来の. 元来の. ¶→～性 xìng. ¶→～质 zhì. ③素. 素となる物質. ¶元～ / 元素. ¶维生 wéishēng ～ / ビタミン. ‖姓
【素材】sùcái 名〈芸〉(文学や芸術の)素材.
【素菜】sùcài 名(↔荤菜 hūncài) 精進料理.
【素餐】sùcān ❶名 精進料理. ❷動 1 精進をする. 肉類を断つ. 2〈書〉仕事をせずに飯だけは食べる.
【素常】sùcháng 名〈書〉平素. 日ごろ.
【素淡】sùdàn 形 1(色彩や模様が)地味である,けばけばしくない. 2(料理が)あっさりしている,脂っこくない.
【素服】sùfú 名 白い服;喪服.
【素净】sùjing 形 地味である. けばけばしくない.
【素来】sùlái 副〈書〉平素から. かねがね.
【素昧平生】sù mèi píng shēng〈成〉一面識もない. 平素知り合いではない.
【素描】sùmiáo 名 1〈美〉素描. デッサン. 2(文学上の)簡潔な描写,スケッチ.
【素朴】sùpǔ 形 素朴である. 飾り気がない.
【素日】sùrì 名〈書〉平素. ふだん. 日ごろ.
【素食】sùshí 1 動 菜食する. 肉類を断つ. 2 名 精進物(しょうじんもの).
【素食者】sùshízhě 名 ベジタリアン.
【素手】sùshǒu 名〈書〉素手. 手ぶら.
【素席】sùxí 名 精進料理だけの宴席.
【素性】sùxìng 名 本来の性質. 生まれつき. ¶～潇洒 xiāosǎ / 根っからさっぱりしている.
【素雅】sùyǎ 形〈書〉(身なり・飾りが)さっぱりしていて気品がある.
【素养】sùyǎng 名 素養. 日ごろから身につけている教養. ¶提高 tígāo ～ / 教養を高める.
【素油】sùyóu 名 植物性食用油.
【素志】sùzhì 名〈書〉もとからの志.
【素质】sùzhì 名〈書〉資質;素質.
【素质教育】sùzhì jiàoyù 名(↔应试教育)人間教育. 資質教育.
【素装】sùzhuāng 名 白い衣装. 地味な服装.

速 sù ◇◆ ①速い. 速やかである. ¶迅 xùn～ / 迅速である. ②速さ. 速度. ¶风～ / 風速. ¶声～ / 音速. ③客を招く. ¶不～之客 / 招かれざる客. ‖姓
【速成】sùchéng 動 速成で修得する.
【速成班】sùchéngbān 名 速修〔短期養成〕クラス.
【速冻】sùdòng 動 急速冷凍する. ¶～蔬菜 shūcài / 冷凍野菜.
【速冻食品】sùdòng shípǐn 名 冷凍食品.
*【速度】sùdù 名 速度. 速さ. スピード. ピッチ. テンポ. ¶加快～ / スピードアップする. ¶～滑冰 huábīng / スピードスケート.
【速记】sùjì 1 動 速記する. ¶～员 yuán / 速記者. 2 名 速記法.
【速决】sùjué 動〈書〉速決する. 迅速に解決する.
【速溶】sùróng 形 すぐ溶ける. 溶けやすい…. ¶～咖啡 kāfēi / インスタントコーヒー.
【速食】sùshí 形 すぐに食べられる…. 即席の. ¶～面 miàn / インスタントラーメン. ¶～业 yè / ファーストフード産業.
【速效】sùxiào 名 速効. 即効. すぐ現れる効き目.
【速写】sùxiě 名 スケッチ画. スケッチ風の文.

涑 sù 地名に用いる. "涑水"は山西省にある川の名.

宿 sù ◇◆ ①泊まる. 宿泊する. ¶住～ / 宿泊する. ②以前より持ち続けている. 日ごろの. ¶～志 zhì / 宿望. 素志. ③老練の. 年老いた. ¶～将 jiàng / 経験豊かな老将. ‖姓 ►► xiǔ,xiù

S

【宿费】sùfèi 名 宿泊料．部屋代．
【宿舍】sùshè 名 **寄宿舎．**寮**．公宅．**社宅**．量 个,间．¶住进～／寮に入る．
【宿营】sùyíng 動 宿営する．露営する．
【宿怨】sùyuàn 名〈書〉積年の恨み．
【宿愿】sùyuàn 名〈書〉宿願．¶～得偿 dé cháng／宿願がかなえられる．
【宿醉】sùzuì 名 宿酔．二日酔い．

粟 sù 名〈植〉アワ．‖姓

【粟米】sùmǐ 名〈方〉〈植〉トウモロコシ．
【粟子】sùzi 名〈方〉〈植〉アワ．

塑 sù 動(石膏や粘土などで)塑像を作る．¶～了一尊 zūn 佛像 fóxiàng／粘土で仏像を一つ作った．
◇◆ プラスチック．

*【塑料】sùliào 名 **プラスチック**；セルロイド・塩化ビニルなどの総称．¶～袋 dài／ビニール袋．¶～棚 péng／(農業用の)ビニールハウス．¶～薄膜 bómó／ラップフィルム．¶泡沫 pàomò ～／ウレタンフォーム．¶～瓶 píng／ペットボトル．
*【塑像】sù//xiàng ① 動 像を作る．② 名 塑像．石膏や粘土で作った像．量 个,座,尊．
【塑性】sùxìng 名〈物〉可塑性．塑性．
【塑造】sùzào 動 形作る．塑像を作る；(文字で人物のイメージを)描き出す．

溯(泝・遡) sù ◇◆ ①さかのぼる．¶～流 liú 而上／川をさかのぼって行く．②思い起こす．振り返る．¶追 zhuī ～／過去を振り返ってみる．

【溯源】sùyuán 動〈書〉根源を追究する．もとをただす．

傈 sù “傈傈族 Lìsùzú”(中国少数民族のリス族)という語に用いる．‖姓

簌 sù “簌簌 sùsù”⬇という語に用いる．

【簌簌】sùsù 擬〈書〉①《木の葉などが揺れ動き触れ合う音》ざわざわ．さらさら．②《涙などが落ちるさま》ぽろぽろ．はらはら．③《体が震えるさま》ぶるぶる．

suan (ㄙㄨㄢ)

酸(痠) suān ❶形 ① **酸っぱい**．¶我爱吃～的东西／私は酸っぱいものが好きだ．¶牛奶 niúnǎi ～了／牛乳が酸っぱくなった(腐った)．②(手足や腰などの筋肉が)**だるい,けだるい,痛い**．¶腿 tuǐ 站～了／立ち続けて足がだるくなった．¶病刚好,身体发～／病み上がりでけだるい．③ 悲しい．切ない．胸が痛む．¶心 xīn ～／悲しい．④(多く文人が)世事にうとく融通がきかない．貧乏くさい．
❷名〈化〉酸．酸性．

【酸不唧・酸不叽】suānbujī 形(～儿的) ①〈口〉少し酸っぱい〔酸っぱくて口に合わない〕．② 体がだるい〔だるくて痛む〕．
【酸不溜丢】suānbuliūdiū 形〈方〉(～的)いやに酸っぱい．ちょっときざな．
【酸菜】suāncài 名 発酵させて酸っぱくしたハクサイの漬け物．
【酸橙】suānchéng 名〈植〉ダイダイ．
【酸楚】suānchǔ 名 辛酸．辛苦．
【酸腐】suānfǔ 形(考え方や言動が)陳腐で古くさい,世情にうとい．
【酸辣汤】suānlàtāng 名〈料理〉胡椒や酢などで味つけした酸味と辛みのあるスープ．
【酸懒】suānlǎn 形〈方〉(体が)だるい,けだるい．
【酸溜溜】suānliūliū 形(～的) ① 酸っぱい．② だるい．凝っている．③ ねたましい．④〈罵〉貧乏書生くさい．
【酸马奶】suānmǎnǎi 名 クミス．馬乳酒．►モンゴル族などの飲料．
【酸梅】suānméi ⇀【乌梅】wūméi
【酸梅汤】suānméitāng 名 “乌梅 wūméi”(ウメの薫製)を砂糖水に入れて作った清涼飲料の一種．酸梅湯．スアンメイタン．
【酸奶】suānnǎi 名 ヨーグルト．
【酸牛奶】suānniúnǎi 名 ヨーグルト．
【酸气】suānqì 名(えせインテリ風の)陳腐さ,(読書人の)貧乏くささ．
【酸软】suānruǎn 形(疲れて)ぐったりしている．(体が)だるくて力がない．
【酸甜苦辣】suān tián kǔ là〈成〉幸せ・苦しみなどいろいろな経験．浮世の辛酸．
【酸痛】suāntòng 形(体が)だるくて痛い．
【酸味】suānwèi 名 ①(～儿)**酸っぱい味**．**酸味**．② やっかみ．いやみ．
【酸文假醋】suān wén jiǎ cù〈成〉学者ぶっているさま．
【酸心】suān//xīn 動 ① 悲しみが胸を打つ〔こみ上げる〕．② 胸焼けがする．
【酸辛】suānxīn 名 辛酸．辛苦．憂き目．
【酸性】suānxìng 名〈化〉**酸性**．
【酸雨】suānyǔ 名 酸性雨．
【酸枣】suānzǎo 名(～儿)〈植〉サネブトナツメ．実が小さくて酸っぱいナツメ(の木)．

4声 *
蒜 suàn 名〈植〉**ニンニク**．¶炒菜时加点儿～／いため料理を作るときニンニクを少し入れる．

【蒜瓣儿】suànbànr 名 ニンニクの球のひとかけ．ニンニクの鱗茎(りんけい)の内部にある小球．
【蒜辫子】suànbiànzi 名 ニンニクを茎のところで帯状に長くつないだもの．量 挂 guà．
【蒜苗】suànmiáo 名〈方〉① ニンニクの芽．►柔らかいうちのものを料理の材料にする．②(＝青蒜 qīngsuàn)若いうちのニンニク．
【蒜泥】suànní 名〈料理〉ニンニクをすりつぶしたもの．¶～白肉 báiròu／水炊きした薄切りブタ肉のニンニク醬油づけ．
【蒜薹】suàntái 名(大きくなった)ニンニクの芽．
【蒜黄】suànhuáng 名(～儿)(日陰で育てた)ニンニクの若芽．
【蒜头】suàntóu 名(～儿)ニンニク(の鱗茎)．ニンニクの球．

**
算(祘) suàn ❶動 ①…**と見なす**．…とする．…といえる．►後ろに名詞・動詞・形容

S

詞・主述句などを取る．¶汽车～奢侈 shēchǐ 品 / 車はぜいたく品とする．¶这点儿钱不～回事 / これくらいの金は大したことない．¶他可以～是认真 rènzhēn 的学生 / 彼はまあまじめな学生だといえる．¶这里不～太冷 lěng / ここはそんなに寒くはない．¶今天～我请客,你们都别客气 / きょうは私のおごりとしますから,どうか気兼ねなく．¶最后～把这个问题弄 nòng 懂了 / 最後にやっとこの問題が理解できた．

②(…が)**いちばん…だ．** ►「"算"＋主述句」で最も際立つことを表す．¶我们班 bān 就～他学习成绩最好 / うちのクラスでは彼がいちばんできる．

③ 予想する．当てる．見当をつける．¶我～着你今天该来了 / 私は君がきょう来るとふんでいた．

④(加減乗除などの)**計算をする,勘定する,数える．** ¶～乘法 chéngfǎ / かけ算をする．¶～错 cuò 了人数 / 人数をまちがえた．

⑤(代金を)…とする,受け取る．¶这个～十块钱吧 / これは10元にしておきましょう．¶只 zhǐ ～第一杯的钱,再喝免费 miǎnfèi / 最初のいっぱいの代金だけいただき,お代わりはただです．

⑥ 数・勘定に入れる．¶～上他,才五个人 / 彼を入れても5人しかいない．¶晚上喝酒～我一个 / 夜の飲み会に私を入れてください．

⑦("～了"の形で用い)やめにする．¶→～了 le.

❷副 どうにかようやく．なんとか．

◇◆ もくろむ．…する．計画(する)．¶→～计 ji. ¶打～ / もくろむ．…しようとする．¶盘 pán ～ / 思案をめぐらす．¶暗 àn ～ / ひそかにたくらむ．

‖姓

【算不得】**suànbude** 動＋可補 …の数に入らない．…とは言えない．…とは認められない．

【算不了】**suànbuliǎo** 動＋可補 ① 計算しきれない．計算できない．¶这么大的数字 shùzì,我～ / こんなに大きな数字は私には計算できません．②…とはみなせない．…とは言えない．¶～什么 / なんでもない．大したことはない．

【算不上】**suànbushàng** →【算不得】suànbude

【算草】**suàncǎo** 名(～儿)算数の演算．

【算尺】**suànchǐ** 名 計算尺．量 把,根 gēn.

【算法】**suànfǎ** 名 ①〈旧〉算術．② 計算方法．

【算卦】**suàn//guà** 動 八卦(はっけ)を見る．占う．

【算话】**suàn//huà** 動〈口〉言ったことに責任をもつ．¶说话～ / 言ったことは必ず実行する．

【算计】**suànji** 動 ①**勘定する．** やりくりする．¶他很会～ / 彼はやりくりがうまい．②**もくろむ．思案する．** …しようとする．¶这件事你再好好儿 hǎohāor ～～吧 / このことについてはもっとよく考えてください．③**推測する．見積もる．** ¶我～他今天要回来 / きょう彼は帰ってくると思う．④ 陥れる．だます．¶～别人 / 他人を陥れる．⑤ とやかくとがめる．¶我没～过这种 zhǒng 小事 / 私はそんなささいな事でとやかく言ったことはない．

【算来算去】**suàn lái suàn qù** 〈成〉① いろいろ計算する．繰り返し計算する．② いろいろ考えをめぐらす．繰り返し予想してみる．

*【算了】**suànle** 〈套〉**やめにする．もういい．** …ならそれまでだ．¶～吧,吵 chǎo 也没用 / もうよそう,騒いだってはじまらないよ．¶～,别哭 kū 了 / よしよし,もう泣くのはよしなさい．¶他不去就～ / 彼が行かないならそれまでさ．

【算命】**suàn//mìng** 動 運命判断をする．¶～先生 xiānsheng / 人の運命を占う易者．

【算盘】**suànpan** 名 そろばん；〈転〉(個人の)**計画やもくろみ．** ¶打错 cuò ～ / 計算違いをする．予想が違っている．

【算起来】**suàn//qǐ//lái** 動＋方補 数えてみれば．

【算是】**suànshì** ① 動(…と)言える．② 副 どうにか．どうやら．¶这下～对得起你了 / これでどうにか君に申し訳が立つ．¶这次～你说对了 / こんどはどうやら君は言い当てたようだ．

【算术】**suànshù** 名 算数．算術．量 门 mén.

【算数】**suàn//shù** 動 ①(～儿)確認する．有効と認める．ほごにしない．数のうちに入れる．¶你说话算不算数？——当然 dāngrán ～ / 君は言ったことをちゃんと守れるか——もちろん守れるとも．②…したことになる．¶学会了才 cái ～ / できるようになって初めて習ったことになる．注意 日本語の「算数」は話し言葉では"算术",教科書では"数学"を用いる．

【算题】**suàntí** 名 算数の練習問題．

【算学】**suànxué** 名 ① 数学．②〈旧〉算術．

【算账】**suàn//zhàng** 動 ①(帳簿の)**勘定をする,決算する．** ¶算总账 / 総決算をする．¶算老账 / 古い貸借を清算する；〈転〉古い恨みを晴らす．② かたをつける．埋め合わせをする．¶等着吧,早晚跟你～ / 覚えていろ,そのうちかたをつけてやる．

sui (ムメㄟ)

1声 **尿 suī** 名 小便．量 泡 pāo. ¶尿 niào ～ / おしっこをする．▸▸ niào

【尿脬・尿泡】**suīpāo** 名〈方〉〈生理〉膀胱(ぼうこう)．

* **虽(雖) suī** 接続〈書〉①《事実を認めた上で,逆接を導く》**…とはいうものの．…ではあるが．** けれども．が．►文頭には用いられず,主語の後に用いる．¶人～小,劲儿 jìnr 却 què 很大 / 小柄だが力はある．¶价钱 jiàqian ～贵,但质量 zhìliàng 很好 / 値段は高いが,品質はよい．② たとえ(…でも)．¶～死犹 yóu 生 / 死んではいても,さながら生きているようである．

【虽然】suīrán** 接続 **…ではあるけれども(…である)．** ►後続句にはよく"但是、可是、还是、仍然 réngrán、可、却 què"などが呼応する．¶弟弟～胖 pàng,可是跑得很快 / 弟は太っているけれども走るのがとても速い．¶这篇文章～字数不多,内容却很丰富 fēngfù / この論文は字数は多くないけれど,内容は豊富だ．注意 書き言葉では"虽然"で始まる句を後ろにもってくることがあるが,その場合"虽然"は必ず主語の前に置く．¶主人十分热情 rèqíng,～我们是初次见面 / 主人は非常に心温かかった,私たちは初対面ではあったが．

*【虽说】**suīshuō** 接続〈口〉**…とはいっても．…とはいえ．…ではあるが．** ¶房间 fángjiān ～小了一点,可是十分干净 gānjìng / 部屋は小さめとはいえ,とても清潔だ．

【虽则】**suīzé** 接続〈書〉…とはいうものの．…ではあるが．

荽 suī "芫荽 yánsuī"(〈植〉コエンドロ．コウサイ)という語に用いる．

S

2声

绥 suí ◇◆ ①平安．¶谨 jǐn 颂 sòng 时～ / 謹んでご無事をお祈りいたします．②鎮撫(ちんぶ)する．なだめしずめる．

【绥靖】suíjìng [動] 地方の安寧を保つ．¶～主义 zhǔyì / 宥和(ゆうわ)主義．

隋 suí [名]〈史〉隋(ずい)．►中国歴代王朝の一つ．南北に分裂していた中国を統一したが，唐によって滅ぼされた．‖[姓]

***随(隨) suí** [動] ①まかせる．…の好きなように．¶干不干～他 / やるやらないは彼の好きなようにさせておけ．¶此 cǐ 事～你处理 chǔlǐ 吧 / この事は君にまかせる．
②従う．ついていく．服従する．¶我～你 / あなたの言う通りにする．¶你～我来 / 私についてきなさい．¶你怎样做，我都～着 / なんでも君の言う通りにする．
③〈方〉(親などに)似ている．¶她长 zhǎng 得～她母亲 / 彼女は母親によく似ている．
◇◆ ついでに；従う．¶→～手 shǒu．¶→～便 biàn．¶→～意 yì．‖[姓]

【随笔】suíbǐ [名] ①随筆．随想．エッセー．②筆記．ノート．

**【随便】suíbiàn ❶[形] ①気ままである．気軽である．¶请～ / くつろいでください．¶我们～谈 tán 谈 / 気軽に話しましょう．¶他平时生活很～ / 彼はふだん気ままに暮らしている．②軽率である．いい加減である．¶她做事很～ / 彼女は仕事がいい加減だ．¶他穿得太～ / 彼の着こなしはラフすぎる．❷(suí//biàn)[動] 都合のよいようにする．¶去不去随你的便吧 / 行く行かないは君の都合次第だ．¶请～挑选 tiāoxuǎn / 随意にお選びください．❸[接続] …を問わず．►後に疑問代詞がきて，多くの場合"都 dōu"が呼応する．¶～坐在哪里都可以 / どこにすわってもかまわない．

【随波逐流】suí bō zhú liú〈成〉定見をもたず人の尻馬に乗ること．

【随处】suíchù [副]〈書〉随所．至る所．

【随从】suícóng ①[動](目上の人の)お供をする，随行する．¶～人员 rényuán / お供．随行員．②[名] 随員．随行員．お供．

【随大流】suí dàliú (～儿)〈慣〉自分の意見を持たず大勢(たいせい)に従う．►"随大溜(儿) dàliù(r)"とも．

【随带】suídài [動] ①一緒に添える．②携帯する．

【随地】suídì [副] 所かまわずに．どこでも．¶～吐痰 tǔtán / 所かまわずたんを吐く．¶随时～ / いつでもどこでも．

【随访】suífǎng [動] ①(訪問に)随行する．②〈医〉患者の訪問指導をする．

【随份子・随分子】suí fènzi〈慣〉(慶弔金などの)割り前を出し合う．►結婚式の祝儀を出すことに使う場合が多い．

【随风倒】suí fēng dǎo〈慣〉風向きしだいでどちらにもなびく．勢力の強い方に味方する．

【随感】suígǎn [名] 随想．

【随行就市】suí háng jiù shì〈成〉(価格は)その時の相場による．

【随和】suíhe ①[形] 人とよく折り合う．人に逆らわない．人付き合いがよい．②[動] 言いなりになる．

【随后】suíhòu [副](その)あとで．(それに)続いて．おっつけ．すぐ．►多くの場合"就 jiù"を伴う．¶你先去吧，我～就到 / 先に行ってください，私はすぐあとから着きますから．

【随机】suíjī [形]〈統計〉ランダムな．無作為の．¶～取样 qǔyàng / ランダムサンプリング．

【随机应变】suí jī yìng biàn〈成〉臨機応変にする．

【随即】suíjí [副]〈書〉すぐさま．ただちに．即刻．

【随口】suíkǒu [副] 口から出任せに．

【随群】suíqún [動](～儿)〈口〉みんなに合わせる．

【随身】suíshēn ①[形] 身の回りの．②[副] 身につけて．

【随身听】suíshēntīng [名] ポータブルプレーヤー．

【随声附和】suí shēng fù hè〈成〉人の尻馬に乗る．付和雷同する．

*【随时】suíshí [副] ①常に．いつでも．¶～随地 / いつでもどこでも．¶应～备好防灾 fángzāi 用品 / 常に防災用品を備えておくべきだ．②(必要・可能性に応じて)随時，いつでも．¶有什么问题请～来电话 / 問題があったらいつでも電話をください．¶有什么情况 qíngkuàng ～报告 / 事があり次第随時報告する．

【随手】suíshǒu (～儿) ①[副] ついでに．無造作に．¶请～把书递 dì 给我 / ついでに本をとってください．¶～关门 / 開放厳禁．②[形] 使いよい．使い慣れる．

【随顺】suíshùn [動] おとなしく従う．

【随俗】suí//sú [動] 風俗習慣に従う．

〖随…随…〗*suí…suí…*《それぞれの後に動詞または動詞句を当てはめ，後の動作が前の動作に引き続いて発生することを表す》¶～叫 jiào ～到 dào / いつでも呼べばすぐ来る．¶～到～办手续 shǒuxù / 来た順に手続きを済ませる．

【随同】suítóng [動]〈書〉随行する．連れ立つ．

【随喜】suíxǐ [動] ①〈仏〉人が功徳を施すのに参加する；〈転〉(寄付・贈り物などに)喜んで参加する．加わって一口出す．►多く重ねて用いる．②(寺院に)参詣する．③調子を合わせる．同調する．

【随乡入乡】suí xiāng rù xiāng〈成〉郷に入(い)っては郷に従え．

【随心】suí//xīn ①[形] 意にかなっている．満足している．②[動] 思うままになる．¶事不～ / 事が思うようにいかない．

【随心所欲】suí xīn suǒ yù〈成〉ほしいままに振る舞う．

【随行】suíxíng [動] 付き添う．随行する．

【随意】suí//yì [動] 随意にする．気の向くままにする．心のままにする．¶大人一来，孩子玩起来就觉得 juéde 不太～了 / 大人が出ると，子供はあまり思うままに遊べない．¶这回可随了你的意了 / これで君は願ったりかなったりですね．

【随遇而安】suí yù ér ān〈成〉どんな境遇にも安んじる．

【随员】suíyuán [名] 随員；随行する人．お供．

【随葬】suízàng [動] 副葬する．¶～品 / 副葬品．

*【随着】suízhe ①[前] …に従って．…につれて．¶～大家走入会场 huìchǎng / みんなの後について会場へ入った．¶～改革 gǎigé 开放，经济 jīngjì 有了很大的发展 / 改革・開放とともに経済が大きく発展した．②[副] 続いて．それとともに．

遂 suí "半身不遂 bànshēn bù suí"(半身不随)という語に用いる．⏩ suì

S

3声 **髓** suǐ 名〈植〉植物の髄.
◇◆ ①骨髄. ¶骨～ / 同前. ②高等動物の中枢神経. ¶脊 jǐ ～ / 脊髄.

4声 ** **岁**(歳) suì 量 **年齢を数える：歳.** 参考 年齢を尋ねるとき,10歳くらいまでの子供には"几岁(了)？",若い人や自分の年齢に近い人には"多大？",年配の人や目上の人には"多大年纪？""您高寿 gāoshòu 了？"などと聞く. ¶这孩子四～了 / この子は4つになった. ¶小朋友,你几～了？—我八～ / としはいくつ—8歳です.
◇◆ ①とし. 年. ¶～末 mò / 歳末. 年末. ②取り入れ. 作柄. ¶歉 qiàn ～ / 凶作の年. ‖姓
【岁出】suìchū 名〈経〉(↔岁入) 歳出.
【岁除】suìchú 名〈書〉大みそか. 除夜.
【岁寒三友】suì hán sān yǒu 〈成〉①(寒い冬にも枯れない) 松・竹・梅. ②〈喩〉逆境時代の友人.
【岁口】suìkǒu 名(～儿) 役畜の年齢. ►歯で判断する. ¶四～的驴 lǘ / 4歳のロバ.
【岁暮】suìmù 名〈書〉年末. 年の暮れ.
【岁入】suìrù 名〈経〉(↔岁出) 歳入.
【岁首】suìshǒu 名〈書〉年始. 年頭. 正月.
*【岁数】suìshu 名(～儿)〈口〉**年齢.** 年配. 年. ►目上の人の年齢をいうことが多い. ¶您今年多大～了？/ 今年でおいくつですか.
【岁星】suìxīng 名〈古〉木星.
【岁修】suìxiū 名(建築物の) 年次補修.
【岁月】suìyuè 名〈書〉**歳月.** 年月. ¶苦难 kǔnàn 的～ / 苦難の歳月. ¶～不居 jū / 歳月は人を待たない.

祟 suì ◇◆ たたり；〈転〉よこしまな行為. ¶鬼 guǐ ～ / こそこそと悪事をするさま. ¶作～ / たたる. 邪魔だてをする. ‖姓

遂 suì 副〈書〉すぐ. そこで. とうとう. ¶用药后,头痛 tóutòng ～消 xiāo / 薬を飲んだら頭痛がすぐに止まった.
◇◆ ①思うようになる. ¶→～心 xīn. ②成し遂げる. 成功する. ¶未～ / 成し遂げていない. ‖姓
►► suí
【遂心】suì//xīn 動 意にかなう. 思いどおりになる. ¶～如意 rúyì / 何事も思いどおりになって満足する.
【遂意】suì//yì 動 意のままになる. ¶这下可遂了你的意了 / これで願ったりかなったりですね.
【遂愿】suì//yuàn 動 願いがかなう.

* **碎** suì ❶動 **砕ける.** 粉々に壊れる. ¶玻璃杯 bōlibēi 打～了 / グラスが割れた. ¶急 jí 得心都～了 / いらだって心も砕けんばかりだ.
❷形 ①**ばらばらである. 不完全である.** ¶～纸 zhǐ / 紙くず. ¶～布 bù / 布の切れ端. ¶～屑 xiè / ばらばらになっているくず. かけら. ②くどくどしい. ¶嘴 zuǐ ～ / 口やかましい.
【碎步儿】suìbùr 名 小走り. ►"碎步子"とも.
【碎纸机】suìzhǐjī 名 シュレッダー. 量 台.
【碎嘴子】suìzuǐzi 〈方〉①形 くどくどしい. ②名 おしゃべりな人. 話のくどい人.

隧 suì "隧道 suìdào"↓という語に用いる.
【隧道】suìdào 名 トンネル. ►"隧洞 suìdòng"とも. 量 段 duàn, 条 tiáo. ¶修筑 xiūzhù ～ / トンネルを掘る.

燧 suì ◇◆ ①昔の火打ち道具. ¶→～石. ②昔の合図のたき火. のろし. ¶烽 fēng ～ / のろし.
【燧石】suìshí 名 火打ち石. 量 块.

穗 suì ◇◆ ①穂. ¶麦 mài ～儿 / ムギの穂. ¶谷 gǔ ～儿 / アワの穂. ②房. ¶→～子 zi. ③(Suì) 広東省の省都・広州市. ‖姓
【穗儿】suìr →【穗子】suìzi
【穗轴】suìzhóu 名(トウモロコシなどの) 芯.
【穗子】suìzi 名 房. 飾り房. ¶锦旗 jǐnqí 上缀 zhuì 着两个～ / 優勝旗の縁に2本の房が縫いつけてある.

sun (ㄙㄨㄣ)

1声 **孙**(孫) sūn ◇◆ ①孫. 注意 息子の男児を"孙子",息子の女児を"孙女",娘の男児を"外孙(子)",娘の女児を"外孙女"と呼び分ける. ②孫以降の世代. ¶十四世～ / 14代の子孫. ③孫と同輩・同世代の者. ¶侄 zhí ～ / 兄弟の孫. ④(植物の) ひこばえ,またばえ. ¶～竹 zhú / 竹の根もとから別に出た竹. ‖姓
【孙女】sūnnǚ 名(～儿) **孫娘.** ¶外～ / 娘の娘. 外孫.
【孙女婿】sūnnǚxu 名 孫娘の婿.
【孙媳妇】sūnxífu 名(～儿) 孫の嫁.
*【孙子】sūnzi 名 ①**孫.** ►息子の息子. ②〈罵〉**ばか野郎.** ろくでなし.

狲(猻) sūn "猢狲 húsūn"(アカゲザル) という語に用いる.

3声 **损** sǔn ①動〈方〉辛辣(しんらつ)なことを言ってけなす. こきおろす. ¶你别～我了 / 私をけなすのはやめなさい.
②形〈方〉悪辣である. あくどい. ¶这个主意 zhǔyi 真～ / その考え方はほんとうにあくどい.
◇◆ ①損害を与える. ¶→～害 hài. ②破損する. いためる. ¶破 pò ～ / 破損する. ③減らす. ¶增 zēng ～ / 増減.
【损兵折将】sǔn bīng zhé jiàng 〈成〉兵を失い将軍に戦死される. 戦いに破れる.
【损公肥私】sǔn gōng féi sī 〈成〉国や集団に損をさせ,自分だけの利益をはかる.
【损害】sǔnhài 動(事業・権利・利益・健康・名誉などに) **損害を与える. 損なう.** ¶～他人的利益 lìyì / 他人の利益を損ねる. ¶吸烟 xī yān ～健康 / 喫煙は健康を害する.
【损耗】sǔnhào ①動 損耗する. ¶摩擦 mócā ～ / すり減る. 摩耗する. ②名〈商〉目減り. ロス.
【损坏】sǔnhuài ①動 **損なう.** いためる. 損傷する. ¶～公物 gōngwù 要赔 péi / 公共物を壊したら弁償しなければならない. ②名 損傷. ダメージ.
【损人】sǔn//rén 動 ①人に損をさせる. ②人をぼろくそにけなす.
【损人利己】sǔn rén lì jǐ 〈成〉他人に損をさせて自分の利益をはかる.
【损伤】sǔnshāng ①動 **損なう. 傷つける.** ②名

損失；破損.

*【损失】sǔnshī ①動 **損失を出す**. 損をする. 損害を受ける. ②名 **損失**. **損害**. ¶赔偿 péicháng ～ / 損失を賠償する. ¶造成严重 yánzhòng 的～ / 大きな損失を出す. ¶这次水灾 shuǐzāi 造成的～是巨大的 / 今回の水害による損失は莫大である.

【损事】sǔnshì 名(～儿)悪どい事. あくどい手口.

【损益】sǔnyì 名〈書〉①損益. ②増減.

笋(筍) sǔn 名 タケノコ. ►"竹笋 zhúsǔn"とも.

【笋干】sǔngān 名〈食材〉干したタケノコ.

【笋尖】sǔnjiān 名 タケノコの先の柔らかい部分.

suo (ㄙㄨㄛ)

1声 **唆** suō ◇◆ そそのかす. ¶教 jiào ～ / 教唆. そそのかす. ¶调 tiáo ～ / そそのかす.

【唆使】suōshǐ 動〈書〉(悪事を働くように相手を)おだててそそのかす. ¶～儿童偷窃 tōuqiè / 子供をそそのかして盗みをさせる. ¶～者 zhě / 教唆者.

梭 suō 名(織機の)梭(ひ). ¶往来 wǎnglái 如～ / 往来が頻繁である.

【梭镖】suōbiāo 名〈方〉槍に似た昔の武器の一種；手裏剣.

【梭巡】suōxún 動〈書〉巡邏(じゅんら)する.

【梭鱼】suōyú 名〈魚〉ボラ.

【梭子】suōzi ❶名 ①〈方〉梭(ひ). ②(機関銃などの火器に挿入される)弾丸の留め金具〔容器〕. カートリッジクリップ. ❷量(弾丸を数える)クリップ.

【梭子蟹】suōzixiè 名〈動〉ワタリガニ. ガザミ.

蓑(簑) suō ◇◆ 蓑(みの). ¶～笠 lì / 蓑と笠.

【蓑衣】suōyī 名 蓑. ¶披 pī ～ / 蓑を着ける.

嗦 suō ①"哆嗦 duōsuo"(わなわな震える)という語に用いる. ②"啰嗦 luōsuo"(くどくど言う)という語に用いる.

嗍 suō 動 口をすぼめて吸う. しゃぶる.

羧 suō 名〈化〉カルボキシル(基). ¶～基 / カルボキシル基. ¶～酸 / カルボキシル酸. カルボン酸.

*__缩__ suō 動 ①**小さくなる**. **短くなる**. **縮まる**. ¶这种布下水也不会～ / この手の布は水につけても縮まない. ¶热胀 zhàng 冷～ / 熱すれば膨張し,冷やせば縮む. ②**縮める**. **短くする**. ¶→～脖子 bózi. ③後退する. しり込みする. ¶刚 gāng 说了一句就～回去了 / ひと言言っただけですぐ引っ込めてしまった.

【缩编】suōbiān 動 ①(部隊・団体などの)定員を縮小する. ②(作品や番組を)編集縮小する. ダイジェスト版を作る.

【缩脖子】suō bózi 首を縮める；〈慣〉二の足を踏む.

【缩短】suōduǎn 動 **短縮する**. **縮める**. ¶～期限 qīxiàn / 期限を短くする. ¶～距离 jùlí / 距離を縮める.

【缩减】suōjiǎn 動 縮減する. 切り詰める. 減らす. ¶～经费 jīngfèi / 経費を削減する.

【缩聚】suōjù 動〈化〉重合する.

【缩略语】suōlüèyǔ 名 略語.

【缩手】suō//shǒu 動 ①手を引く. ②〈喩〉しり込みする.

【缩手缩脚】suō shǒu suō jiǎo〈成〉①(寒さで)手足が縮こまる. ②引っ込み思案である.

【缩水】suō//shuǐ 動 ①(繊維が)水にぬれて縮む. ¶这布不～ / この布は水に縮まない. ②(織物・繊維を)水に浸して縮ませる. ③〈喩〉(数量や規模が)減少する. (価格が)下がる.

【缩头缩脑】suō tóu suō nǎo〈成〉首をすくめる. おっかなびっくりである；〈転〉引っ込み思案である.

【缩微】suōwēi 動 縮写する. ¶～(胶)卷 (jiāo) juǎn / マイクロフィルム.

*【缩小】suōxiǎo 動 **縮小する**. 小さくなる〔する〕. ¶～范围 fànwéi / 範囲を縮小する. ¶～差别 chābié / (両者の)差を小さくする.

【缩写】suōxiě 動 ①(ローマ字などで)略記する；略称. ②(小説や文章などを)短く書き直す,要約する.

【缩印】suōyìn 動 縮刷する.

【缩影】suōyǐng 名 縮図. 生き写し.

3声 *__所__ suǒ ❶量 **家屋・学校・病院**などを数える. ¶一～住宅 zhùzhái / 1軒の住宅. ¶两～医院 / 二つの病院.

❷助 ①《他動詞の前に用いて,**名詞成分を作る**》►書き言葉に用いることが多く,話し言葉では省略することができる. ¶这家出版社 chūbǎnshè ～出版的书都是工具书 / この出版社が出した本は辞書ばかりです. ¶事实与 yǔ 我～估计 gūjì 的一样 / 事実は私の推測と一致している.

②《動詞の前に置かれ,前の"为 wéi、被 bèi"と呼応して,受け身を表す》¶我被她的魅力 mèilì ～迷住 mízhù / 私は彼女の魅力に夢中になった.

③《単音節動詞の前に置いて名詞に代える》¶据 jù 我～知 / 私の知るところによれば. ¶果然 guǒrán 不出我们～料 liào / 果たしてわれわれの予想どおりとなった.

④「"所"＋動詞」が"有、无 wú"の目的語になる. ¶无～不为 wéi / 何でもする. ¶产量月月都有～增加 zēngjiā / 生産高は月ごとに増加している.

◇◆ ①所. 場所. ¶住～ / 居所. ¶各得 dé 其 qí ～ / 適材適所. ②役所や公の機関などを表す語を作る. ¶派出 pàichū ～ / 派出所. ¶医务 yīwù ～ / クリニック. ‖姓

【所长】suǒcháng 名〈書〉得意なもの〔技〕. 長所. ⇨【所长】suǒzhǎng

【所答非所问】suǒ dá fēi suǒ wèn〈慣〉答えが質問に対してとんちんかんだ. ►"答非所问"とも.

【所得】suǒdé 名 ①〈書〉得るところ. ¶一无～ / 何一つ得るところがない. ②所得. 収入. ¶人均 jūn ～ / 一人当たりの平均収入.

【所得税】suǒdéshuì 名〈経〉所得税. ¶缴纳 jiǎonà ～ / 所得税を納める.

【所见】suǒjiàn 名〈書〉見るところ. 目にするもの. ¶～所闻 / 見聞.

【所剩】suǒshèng 名〈書〉余すところ. 残り. ¶～无几 wújǐ / 余すところいくばくもない.

【所属】suǒshǔ 形 ①(自分の)指揮下の. 配下の.

S

②所属する．所属の．

*【所谓】suǒwèi 形 ①《説明・解釈すべき語句の前に用い，次にその説明・解釈をする》(よくいわれている)…というのは，…とは．いわゆる．►名詞・動詞・主述句を修飾する．述語にはならない．¶～白领 báilǐng，就是指从事 cóngshì 脑力劳动的职员／いわゆるホワイトカラーとは頭脳労働に従事する者をいう．②いわゆる．注意 他人の言葉を引用するのに用い，不信・軽蔑の意味を含む．引用の語句には一般に引用符をつけることが多い．¶他们的～"懂 dǒng"外语，只不过是会几个单词罢了 bàle／彼らのいわゆる外国語が「わかる」とは，いくつか単語を知っていることを言うんだ．

【所向披靡】suǒ xiàng pī mǐ 〈成〉向かうところすべてなびく．力の及ぶところすべての障害が除かれる．

【所向无敌】suǒ xiàng wú dí 〈成〉向かうところ敵なし．►"所向无前"とも．

【所幸】suǒxìng 副〈書〉幸いなことに．

**【所以】suǒyǐ ① 接続《因果関係を述べる文で結果・結論を表す》

ⓐしたがって．だから．語法 結果・結論を述べる部分の冒頭に用いる．原因・理由を述べる部分に"因为 yīnwèi、由于 yóuyú"などが呼応して用いられることが多い．¶我昨天因为不舒服 shūfu，～没去上班／昨日体の具合が悪かったので，会社に行かなかった．

ⓑ("…(之)所以…，是因为〔由于〕…"の形で)…のわけは…だからである．なぜ…かといえば…だからである；("…是…所以…的原因 yuányīn〔缘故 yuángù〕"の形で)…こそ…の原因である．►原因・理由を際立たせる．書き言葉に用いる．¶这部电影之～受到欢迎 huānyíng，是由于内容真实／この映画が人気があるのは，内容がリアルであるからだ．¶我和他在一起工作过，这就是我～对他比较熟悉 shúxī 的原因／私は彼といっしょに働いていたことがあり，それが彼のことにけっこう詳しい理由である．

ⓒ独立成分として，話し言葉にのみ用いる．¶～呀，要不然我是不会来的／だからさ，でなければ私が来るはずがないじゃないか．

②名 本当の理由．適切なふるまい．►一般に固定した表現の中でのみ，目的語として用いられる．¶不知～／わけがわからない．¶忘其 wàng qí ～／(うれしさのあまり)節度を失う．

【所以然】suǒyǐrán 名 理由．原因．

**【所有】suǒyǒu ①形 すべての．あらゆる．►被修飾語は名詞に限られる．¶～的人都来了／すべての人が来た．②動 所有する．¶劳动成果 chéngguǒ 应该归 guī 劳动者～／労働の成果は労働者のものとなるべきだ．③名 持っているもの．¶尽 jìn 其～／持っているものを残らず出す．

【所在】suǒzài ①動 所属する．¶他～的单位 dānwèi／彼が勤めている職場．②名 ありか．…のあるところ；場所．ところ．►抽象的なことに多く用いる．¶骄傲 jiāo'ào 是失败 shībài 的原因～／傲慢さが失敗の原因だ．

【所长】suǒzhǎng 名 所長．⇨【所长】suǒcháng

【所致】suǒzhì 名〈書〉…の致すところ．

【所作所为】suǒ zuò suǒ wéi 〈成〉することなすこと．あらゆる行い．

索 suǒ

◇ ①太い縄〔鎖〕．綱．ロープ．¶绳 shéng～／縄．¶绞 jiǎo ～／絞首刑に使う縄．②さがす．捜し求める．¶搜 sōu ～／捜索(する)．③請求する．もらう．¶～稿 gǎo／原稿をもらう．¶～回／取り戻す．④独りぼっち．¶离群 qún ～居／〈成〉グループと離れて独居する．⑤寂しい．味気ない．¶→～然 rán．‖姓

【索道】suǒdào 名 ケーブル；ロープウエー．¶高架 gāojià ～／空中ケーブル．ロープウエー．

【索贿】suǒ//huì 動〈書〉賄賂(ﾜｲﾛ)を要求する．

【索价】suǒjià 動(売り手が)値をつける．代金を要求する．

【索马里】Suǒmǎlǐ 名〈地名〉ソマリア．

【索赔】suǒpéi 動 クレームを出す．賠償請求する．¶贸易 màoyì ～／貿易の損害賠償を請求する．

【索求】suǒqiú 動 要求する．ゆする．

【索取】suǒqǔ 動 請求する．取り立てる．¶向有关部门～资料／関係部門に資料を請求する．

【索然】suǒrán 形〈書〉興ざめするさま．¶～寡味 guǎwèi／索漠として味気ない．

【索性】suǒxìng 副 いっそのこと；思い切って．¶打了几次电话都没打通，～不打了／何回電話しても通じなかったので，いっそもう電話しないことにした．¶既然 jìrán 来了，～玩儿个痛快 tòngkuai／来たからには思いきり遊ぼう．

【索要】suǒyào 動 要求する；強要する．

【索引】suǒyǐn 名 索引．インデックス．

【索子】suǒzi 名〈方〉ロープ．綱．鎖．

唢 suǒ

"唢呐 suǒnà"⇩という語に用いる．

【唢呐】suǒnà 名 チャルメラ．

琐 suǒ

◇ ささいな．つまらない．¶繁 fán～／煩瑣(ﾊﾝｻ)．¶～闻 wén／こまごましたニュース．

【琐事】suǒshì 名 ささいな事．こまごました事．

【琐碎】suǒsuì 形 こまごまと煩わしい．

【琐细】suǒxì 形 こまごまと煩わしい．

【琐屑】suǒxiè 名〈書〉ささいな事．

【琐杂】suǒzá 形 細かくて繁雑である．

*锁 suǒ

❶名 錠．錠前．►「かぎ・キー」は"钥匙 yàoshi"という．量 把．¶上～／錠を下ろす．

❷動 ①錠をかける；鎖につなぐ．¶～门／ドアに錠をかける．¶把孩子～在家里／子供を家にとじ込める．②(裁縫で)糸でかがる．¶～边／縁をかがる．¶～眼 yǎn／ボタン穴をかがる．

◇ 南京錠のような形をしたもの．¶石～／(身体鍛練用の)力石．‖姓

【锁定】suǒdìng 動 ①固定する．ロックする．②最終的に確定する．③しっかり捕捉する．

【锁匠】suǒjiàng 名 錠前を作る職人．

【锁链】suǒliàn 名(～儿・～子)鎖．

【锁头】suǒtou 名〈口〉錠．錠前．

【锁钥】suǒyuè 名〈書〉〈喩〉①かぎ．キーポイント．②(国境地帯の)重要な地，要地．

S………

【SIM卡】SIM kǎ 名(移動体通信システムの)SIMカード．

T

ta（ㄊㄚ）

他 tā 代 ① 彼．あの男性〔人〕．その男性〔人〕．¶～是我的朋友 / あの人は私の友だちです．¶今天是弟弟 dìdi 的生日，我送了～一本书 / きょうは弟の誕生日なので，彼に本をあげた．参考 本来，音声ではただ一つである第三人称を表す tā であるが，人称代名詞に性別のある外国語の翻訳における必要などから，1920年代ごろから，文字の上で"他"（男性），"她"（女性），"它"（人間以外の事物）のように書き分けられるようになった．ただし，性別が分からなかったり区別する必要のない場合には，"他"を用い，男女混ざった複数は"他们"を用いる．

語法 ❶夫婦間・家族間などで呼びかけに用いる場合，よく子供を引き合いに出して「"孩子"（または，その子の名前）＋"他"＋その子が呼びかけに使っている言葉」の形で，婉曲的な呼びかけ語とする．¶孩子～妈 mā！/（子供の）お母さん．おまえ．（夫→妻）¶永生～爹 diē！/（永生の）お父さん．あなた．（妻→夫）❷"你"と"他"を呼応させ，多くの人がいっしょに，または交互に何かをすることを表す．¶你说去，～说不去，到底 dàodǐ 怎么办？/ 行くという人もいる，行かないという人もいる，いったいどうするの．❸単音節動詞と数量詞の間に用い，口調を整える．なげやりで捨てばちな感じで「ひとつ…をしてやろうじゃないか」という表現．"他"は軽声で発音する．¶睡 shuì～一觉 jiào / ひと眠りするか．¶打～个冷不防 lěngbufáng / 不意打ちを食わせてやる．

②〈書〉ほかのもの．別の場所．別の面．¶毫 háo 无～求 / ほかの要求は少しもない．¶别无～法 / これ以外の方法はない．

◇◆ ほかの．よその．►文語から．¶→～日 rì．¶→～山攻错 gōng cuò．‖姓

【他加禄语】Tājiālùyǔ 名 タガログ語．

【他妈的】tāmāde 感〈罵〉くそ．こん畜生め．►実際には，mā を強く tā はそれに軽く添える感じに発音される．

＊＊【他们】tāmen 代 彼ら．あの人たち．►女性を含む複数にも用いる．¶～都是学生 / 彼らはみな学生です．［"…他们"で「…たち」の意味を表す］¶小王～ / 王君たち．¶陈 Chén 老师、吴 Wú 老师～ / 陳先生や呉先生たち．［その他，数量表現などとも連用して同格語を作る］¶～俩 liǎ / あの二人．¶～四个数学家 shùxuéjiā / あの4人の数学者．¶～四川人 Sìchuānrén / 彼ら四川人．

【他人】tārén 名〈書〉他人．ほかの人．

【他日】tārì 名〈書〉他日．いつか．

【他杀】tāshā 名 他殺．

【他山攻错】tā shān gōng cuò〈成〉他山の石．►"他山之石 zhī shí"とも．

【他乡】tāxiāng 名〈書〉異郷．他国．よその地．¶远在～ / 遠い異郷にいる．

【他用】tāyòng 名〈書〉別の用途．

＊＊**它**（牠）tā 代 それ．あれ．語法 話の場や文脈にすでに表れている人間以外の事物をさす．話し言葉では発音上"他""她"と区別がない．通常は単数に用いるが，複数に用いることもある．¶这杯牛奶 niúnǎi 你把～喝了 / この牛乳は君が飲んでしまいなさい．¶词典 cídiǎn 是学习必需品 bìxūpǐn，谁也离不开～ / 辞書は学習の必需品で，誰でも欠かすことができない．¶你想要的话，就把～拿 ná 去用吧 / 欲しければこれを持って行って使いなさい．

►単音節動詞の後に置き，具体的な事物をささない用法は"他"に同じ．⇒〖他 tā〗① 語法 ❸

注意 ある事物に初めて言及するときは"这、那"しか使えず，"它"は使えない．また，物をさすときも同様に"这、那"を用い，"它"は使えない．‖姓

＊【它们】tāmen 代 それら．あれら．►"它"の複数で，書き言葉に用いる．

＊＊**她** tā 代 ① 彼女．あの女性〔人〕．その女性〔人〕．¶～是我的姑妈 gūmā / 彼女は私のおば（父の姉妹）です．②《祖国・大地などをさすことがあり，敬愛を表す》

参考 欧米語が第三人称の男女を区別することに影響されて，"他"の人偏を女偏にして新しく作られた字．書き言葉では男女の区別ができるが，話し言葉では"他 tā"と同音のため区別できない．⇒〖他 tā〗

＊＊【她们】tāmen 代 彼女たち．注意 "她"の複数．一群の人すべてが女性のときは"她们"を用いるが，男性がまじれば"他们"を使う．⇒【他们】tāmen

趿（靸）tā "趿拉 tāla"↓などの語に用いる．

【趿拉】tāla 動〈方〉（布靴を）かかとを踏みつぶしてはく，つっかける．

塌 tā 動 ①（建物などが）崩れる，倒れる．¶墙 qiáng～了 / 壁が倒れた．②へこむ．ぺしゃんこになる．¶眼眶 yǎnkuàng～下去了 / 目が落ちくぼんでしまった．③〈方〉気を静める．¶～下心去 / 心を落ち着ける．

【塌鼻梁】tābíliáng 名（～儿）ぺちゃんこの鼻．

【塌方】tā//fāng〈建〉① 動（道路・堤防などが）崩れる，落盤する．② 名 地滑り．土砂崩れ．►①②とも"坍 tān 方"ともいう．

【塌架】tā//jià 動 ①（家の骨組みが）崩れる，壊れる；（組織・体制などが）崩れる．②〈喩〉（人家が）落ちぶれる．家運が傾く．失脚する．

【塌棵菜】tākēcài 名〈植〉（中国野菜の）タアサイ．

＊【塌实】tāshi →【踏实】tāshi

【塌陷】tāxiàn 動（地盤が）陥没する，沈下する．落盤する．

【塌心】tā//xīn 動〈方〉安心する．心が落ち着く．

【塌秧】tā//yāng 動（～儿）（植物の苗が）しおれる；〈転〉元気がなくなる．しょんぼりする．

溻 tā 動〈方〉（服などが）汗にぬれる．¶汗衫 hànshān 都～了 / 汗でシャツがびしょぬれだ．

踏 tā "踏实 tāshi"↓という言葉に用いる. ▸▸ tà

*【踏实】tāshi 形 ①(仕事や学習が)着実である. 浮ついていない. まじめである. ¶踏踏实实 shíshí 地学习 / じっくりと勉強する. ②(気持ちが)落ち着いている. ¶你昨天晚上睡 shuì ～了吗？/ ゆうべはぐっすり眠りましたか.

3声 ***塔** tǎ 名(仏教建築の)塔. 量 座,个. ◇◆ 塔の形をした建物. ¶金字 jīnzì ～ / ピラミッド. ‖姓

【塔吊】tǎdiào 名〈機〉タワークレーン.
【塔吉克斯坦】Tǎjíkèsītǎn 名〈地名〉タジキスタン.
【塔吉克族】Tǎjíkèzú 名(中国の少数民族)タジク(Tajik)族. ►イラン系民族. 主に新疆に住む.
【塔楼】tǎlóu 名 タワー状の高層住宅. タワービル.
【塔塔尔族】Tǎtǎ'ěrzú 名(中国の少数民族)タタール(Tatar)族. ►トルコ系民族. 主に新疆に住む.
【塔台】tǎtái 名(空港の)コントロールタワー. 航空管制塔.

獭 tǎ 名〈動〉カワウソ・タルバガン・ラッコの総称. ►通常はカワウソをさす.

4声 **拓**(搨) tà 動 拓本をとる. ¶～碑文 / 碑文を拓本にとる. ▸▸ tuò

【拓本】tàběn 名(綴じて冊子にした)拓本.
【拓片】tàpiàn 名(1枚の)拓本.
【拓印】tàyìn 動 拓本をとる.

沓 tà ◇◆ 多くて重なり合っている. ¶杂 zá ～ / 混雑している. ¶纷 fēn 至～来 / 次から次と引きもきらずにやってくる. ▸▸ dá

【沓杂】tàzá 形 ごたごたしている.

挞(撻) tà ◇◆ 鞭で打つ. ¶鞭 biān ～ / 折檻(せっかん)する. ¶～伐 fá / 〈書〉征伐する.

榻 tà ◇◆(細長くて低い)寝台. ¶下～ / 宿泊する. ¶竹 zhú ～ / 竹製の寝台.

【榻榻米】tàtàmǐ 名 畳(たたみ). ►「たたみ」の音訳. "榻榻咪"とも書き, "榻榻密 mì"ともいう.

踏 tà 動 踏む. 踏みつける. ¶把火～灭 miè / 火を踏み消す. ¶～上社会 / 社会に足を踏み入れる. ◇◆(調査のために)現場に行く. ▸▸ tā

【踏板】tàbǎn 名 タラップ. 踏み板. ペダル.
【踏步】tà//bù ①動 足踏みをする. ¶～不前 / 足踏みをして進まない. ¶大～前进 / 大股で進む；勇んで前進する. ②名〈方〉石段. ステップ.
【踏勘】tàkān 動 ①(鉄道・道路・ダムなどを設計する前に)実地調査をする. ②〈旧〉(殺人事件などの)現場検証をする.
【踏看】tàkàn 動 現場を視察する. 実地調査をする.
【踏破铁鞋无觅处】tàpò tiěxié wú mìchù 〈諺〉鉄のわらじを履きつぶすほど捜しても見つからない；捜索が非常に困難である.
【踏青】tà//qīng 動(清明節のころに若草を踏んで)郊外を散策する；春のピクニックに出かける.
【踏月】tà//yuè 動〈書〉月夜に散歩する.

tai (ㄊㄞ)

1声 **苔** tāi "舌苔 shétāi"(〈医〉舌苔(ぜったい))という語に用いる. ▸▸ tái

胎 tāi ❶名 ①胎児. ¶双胞 shuāngbāo ～ / ふたご. ②(～儿)(綿入れ・布団・帽子などの)芯. ¶软 ruǎn ～儿帽 / 芯が入っていない帽子. ③(～儿)器物の型. 地金. ¶塑像 sùxiàng 的泥 ní ～ / 塑像の泥の型. ④(車輪の)タイヤ. ¶自行车的～破 pò 了 / 自転車のタイヤが破けた.
❷量 妊娠・出産の回数を表す. ¶她生了第二～ / 彼女は二人目の子供を産んだ.

【胎儿】tāi'ér 名 胎児.
【胎发】tāifà 名 産毛. 生まれたときから生えている頭髪.
【胎教】tāijiào 名 胎教.
【胎具】tāijù 名 鋳型を作るときの模型；製品の規格・形状どおりに作った模型. ►"胎模"とも.
【胎毛】tāimáo 名(人間や哺乳類の)産毛.
【胎盘】tāipán 名〈生理〉胎盤.
【胎气】tāiqi 名〈口〉つわり・足のむくみなど妊娠の兆候. ¶有了～ / 妊娠した兆候がある.
【胎衣】tāiyī 名〈生理〉(＝衣胞 yībao)胞衣(え).

2声 ***台**(臺・枱) tái ❶名 ①壇. 舞台. ステージ. ¶～下坐满了观众 guānzhòng / 観客席は観衆でいっぱいだ. ②(遠くを眺められる)高台. ③(物を載せる)台,台座.
❷量 ①舞台で演じられる出し物を数える. ¶一～歌剧 gējù / オペラ1公演. ¶看了她演的两～戏 xì / 彼女の舞台を2回見た. ②大型の機械・設備を数える. ¶三～发电机 fādiànjī / 発電機3台. ¶一～电视机 / テレビ1台.
◇◆ ①(～儿)(物を載せる)台. 机. ¶阳 yáng ～ / ベランダ. ¶柜 guì ～ / カウンター. ¶写字～ / 机. ②(テレビ・ラジオの)放送局. ¶卫星 wèixīng 转播 zhuǎnbō ～ / 衛星中継局. ¶北京电视～ / 北京テレビ局. ③《手紙や書信の敬語として用いる》¶高阳先生～启 qǐ / 高陽様へ. ④(Tái)台湾. ¶→～胞 bāo.
►③の場合のみ"臺・枱"は用いられない. ‖姓

【台胞】táibāo 名 台湾の同胞.
【台标】táibiāo 名 テレビ局("电视台")・ラジオ局("广播 guǎngbō 电台")のマーク.
【台布】táibù 名 テーブルクロス.
【台步】táibù 名(～儿)(役者の舞台での)歩き方.
【台秤】táichèng 名 台ばかり.
【台词】táicí 名 せりふ. ¶背 bèi ～ / せりふを覚える. ¶说错 cuò ～ / せりふをとちる.
【台灯】táidēng 名 電気スタンド. 量 个,盏 zhǎn,座.
【台地】táidì 名〈地〉台地.
【台端】táiduān 名〈書〉〈敬〉貴下. 貴殿.
【台风】táifēng 名 ①台風. ¶明天有～ / あした台風が来る. ¶～眼 yǎn / 台風の目. ②(～儿)(舞台に立ったときに)俳優が観衆に与える感じや風格. 舞台マナー.
【台鉴】táijiàn 名〈書〉〈敬〉ご高覧；(あて名の後に

用いて)…殿．…御中．
【台阶】táijiē 名(～儿) 1 (家の玄関前などの)ステップ,石段；〈喩〉段階．ステップ．量 个;[段の数]级．¶中国经济 jīngjì 跨 kuà 上了一个新的～／中国経済は新しい段階に入った．2〈喩〉助け船．逃げ道．¶给他个～下吧／彼に引っ込みがつくような逃げ道を与えよう．
【台历】táilì 名 卓上カレンダー．
【台面】táimiàn 名(～儿) 1 テーブルの上；〈転〉(会議など)公の場所．2〈方〉(賭博の際)卓上に出す賭け金の額．
【台盘】táipán 名(～儿)〈方〉宴席；〈転〉晴れの場所；公の場所．
【台球】táiqiú 名 1 ビリヤード．2 ビリヤードの球．3〈方〉卓球．
【台扇】táishàn 名 卓上扇風機．
【台商】táishāng 名 台湾のビジネスマン・企業家．
【台式机】táishì jī 名〈電算〉デスクトップパソコン．►"台式电脑"とも．
**【台湾】Táiwān 名〈地名〉台湾(たいわん)．
【台钟】táizhōng 名〈方〉置き時計．
【台柱子】táizhùzi 名 立て役者．花形役者；〈転〉(組織の)大黒柱,中心人物．
【台子】táizi 名 1 (ビリヤード・卓球などの)台．2〈方〉テーブル．3 壇．舞台．

邰 tái ‖姓

*抬(擡) tái

1動 1 (手・足などを上へ)上げる；(値段や人の評価などを)上げる,持ち上げる．¶～不动腿 tuǐ／足が上がらない．¶～得高,摔 shuāi 得重／(評価が)持ち上げられた分だけ,落ちた後のショックが大きい．¶请 qǐng 您高～贵手 guì shǒu／どうぞお手やわらかに．2 (大きくて重い物を二人以上が力を添えて手や肩で)持ち上げる,運ぶ．¶～担架 dānjià／担架を担ぐ．¶两个人就把衣橱 yīchú～走了／二人だけでたんすを運んでいってしまった．3 水かけ論をする．口論する．¶～这些事没意思／これらの事で水かけ論をしたってつまらない．¶→～杠 gàng．
2量 二人で運ぶ荷物を数える．
【抬秤】táichèng 名 旧式の大きなさおばかり．
【抬杠】tái//gàng 1動 1 言い争う．水かけ論をやる．►"抬杠子"とも．2〈旧〉柩(ひつぎ)を担ぐ．
2名 物を担ぐ棒．
【抬高】tái//gāo 動+結補 高める．高く引き上げる．¶～物价 wùjià／物価をつり上げる．
【抬价】tái//jià 動(～儿)(不法に)値上げする．
【抬肩】táijian 名(わき下から肩までの)袖つけの寸法．►"抬裉 táikèn"とも．
【抬轿子】tái jiàozi 1 輿(こし)を担ぐ．2〈慣〉へつらう．おもねる．お世辞を言う．
【抬举】táiju 動(人を)取り立てる,引き立てる．¶不识 shí～／こちらの好意を無にする．
【抬手动脚】tái shǒu dòng jiǎo〈成〉立ち居ふるまい．
【抬头】tái//tóu 1動 頭をもたげる；台頭(する)；(抑圧されていた人や事物が)勢いを得る．¶抬起头来／頭をもたげる．¶抬不起头来／うだつが上がらない．¶～不见低头 dītóu 见／〈諺〉人間は互いにうまくつきあっていくべきだ．2名 受取書などで受取人の名前を記す所；(証券類の)振宛人,指図人．►"台头"とも書く．
【抬头纹】táitóuwén 名 額のしわ．

苔 tái

名〈植〉コケ．
⏩ tāi
【苔绿】táilǜ 名 モスグリーン．
【苔藓】táixiǎn 名〈植〉コケ．

跆 tái

"跆拳道 táiquándào"⬇という語に用いる．
【跆拳道】táiquándào 名〈体〉テコンドー．

薹 tái

名 1〈植〉カサスゲ．2 (野菜の)薹(とう)．►アブラナ・ホウレンソウなどの葉菜,フキ・ケシなどの花茎．

4声 **太 tài

副 1 (多く不本意なことに用いて)あまりにも…しすぎる．ひどく…．►文末に"了"を伴うことが多い．¶～贵了／(値段が)高すぎる．¶吃吧,吃吧！—这西瓜 xīguā～大了,吃不了／食べなさいよ—このスイカは大きすぎて食べきれないわ．2 (多く賛嘆を表すのに用いて)すごく．たいへん．とても．►通常,望ましい意味の語句を修飾する．¶～美了／とてもきれいだ．¶他的成绩 chéngjì～好了／彼の成績はすごくよい．
3《異議・不服・不賛成を申し立てるのに用いる》
a 〚太＋不＋〈形容詞／動詞〉〛あまりにも．なんとも．¶～不公平 gōng píng 了／あまりにも不公平だ．¶～不像话了／まったく話にならない．
b 〚不＋太＋〈形容詞／動詞〉〛(婉曲表現を表し)あまり…でない．¶不～高兴 gāoxìng／あまりうれしくない．¶这花不～好看／この花はそんなにきれいじゃない．
◇◆ ①《身分・世代がさらに上の人に用いる》¶～师母 shīmǔ／父の師の妻；師の母親；師の先生の妻．②大きい．高い．¶→～庙 miào．¶→～空 kōng．③きわめて．最も．¶→～古 gǔ．‖姓
【太白星】tàibáixīng 名〈天〉金星．
【太仓一粟】tài cāng yī sù〈成〉極めて微小なもの．
【太公】tàigōng 名〈方〉曾祖父．
【太古】tàigǔ 名 太古．
【太古菜】tàigǔcài 名〈方〉〈植〉タアサイ．黒菜(くろ)．
【太后】tàihòu 名 皇帝の母．皇太后．
【太湖石】tàihúshí 名 太湖石(たいこせき)．江蘇省太湖に産する岩．►穴やくぼみの多い奇岩で,中国式庭園の装飾に用いる．
【太极拳】tàijíquán 名(中国の伝統的な拳法)太極拳．❖打 dǎ～／太極拳をする．
【太监】tàijiàn 名 宦官(かんがん)．
【太空】tàikōng 名 太空．宇宙．大気圏外．¶航天飞机在～飞行／スペースシャトルが宇宙を飛行する．¶～车／スペースマウンテン．¶～船／宇宙船．¶～服／宇宙服；〈喩〉ダウンジャケット．¶～行走／宇宙遊泳．¶～(穿)梭 suō(机)／スペースシャトル．►香港や台湾でよく用いる．
【太空人】tàikōngrén 名 宇宙飛行士．
【太庙】tàimiào 名 太廟(たいびょう)．皇帝の祖先を祭る御霊屋(みたまや)．
【太平】tàipíng 形 太平である．平和である．¶过

～日子 / 平和な日々を送る. ¶祝 zhù 你太太平平地返回 fǎnhuí 家园 / 無事のご帰還をお祈りいたします. ¶～盛世 shèngshì / 太平の世. ¶～无事 / 平穏無事である.
【太平斧】tàipíngfǔ 名 消防用の柄の長い斧(おの)；大風のときに船上で帆柱やロープを切るための斧.
【太平鼓】tàipínggǔ 名 うちわ太鼓(をたたきながら踊る民間舞踊).
【太平间】tàipíngjiān 名(病院の)死体安置所. 霊安室.
【太平龙头】tàipíng lóngtóu 名 消火栓.
【太平门】tàipíngmén 名 非常口. 非常ドア.
【太平梯】tàipíngtī 名 非常ばしご. 非常用階段.
【太婆】tàipó 名〈方〉曾祖母.
【太上皇】tàishànghuáng 名 皇帝の父；〈喩〉傀儡(かいらい)政権を操る者. 陰(かげ)の支配者.
【太上老君】tàishàng lǎojūn 名 太上老君(たいじょうろうくん). ►老子に対する尊称.
【太甚】tàishèn 形 ひどい. ひどすぎる. ¶欺 qī 人～ / 人をばかにするにも程がある.
【太师椅】tàishīyǐ 名(旧式の)木製の大きなひじ掛け椅子.
【太岁】tàisuì 名 ① 木星の別称. ②(Tàisuì)伝説上の神の名. 凶神. ③《"土豪 tǔháo"に対する憎悪を込めた言い方》悪辣な地方ボス. ¶镇 zhèn 山～ / 一地方を支配する悪人.
【太岁头上动土】tàisuì tóushang dòng tǔ 〈諺〉強い者にたてつき,大胆不敵に振る舞う.
*【太太】tàitai 名 ①《人称代詞の後に用い,他人または自分の妻をさす》妻. 奥さん. ¶我～和你～同岁 / 家内と奥さんは年が同じだ. ②(一般に)奥さん. ►その夫の姓を冠して用いる. ¶刘 Liú ～ / 劉さんの奥さん. ③ 奥さま. ►昔は使用人が女主人を呼ぶのに用いた. ④〈方〉曾祖母. ひいおばあさん.
**【太阳】tàiyáng 名 太陽；日光. 日の光. ►tàiyang と発音されることも多い. ¶～好 / 日差しが明るい. 日当たりがよい. ¶～毒 dú / 日光が強烈である. 太陽がぎらぎら照りつける. ¶～历 lì / 太陽暦. ¶～帽 mào / 日除けの帽子. ¶～系 xì / 太陽系. ¶～电池 diànchí / 太陽電池. ¶～黑子 hēizǐ / 太陽の黒点. ¶～打 dǎ 西边出来 / 太陽が西から出る. ►ありえないことのたとえ.
【太阳地儿】tàiyángdìr 名〈方〉日が当たる所. ひなた.
【太阳镜】tàiyángjìng 名 サングラス. 量 副 fù.
【太阳能】tàiyángnéng 名 太陽エネルギー.
【太阳旗】Tàiyángqí 名 日の丸. 日章旗.
【太阳穴】tàiyángxué 名〈中医〉こめかみ(のつぼ).
【太爷】tàiyé 名 ① 祖父. おじいさん. ②〈方〉曾祖父. ひいおじいさん.
【太医】tàiyī 名 皇帝に仕える医者. 侍医.
【太阴】tàiyīn 名〈書〉月. 太陰.
【太阴历】tàiyīnlì 名 太陰暦. 陰暦.
【太子】tàizǐ 名 皇太子.

汰 tài

◇◆ 淘汰する. ¶裁 cái ～ / 淘汰する. 人員を整理する. ¶淘 táo ～ / 淘汰(する).

态(態) tài

名〈語〉態. ボイス；アスペクト. ◇◆ ①姿. 形. ¶姿 zī ～ / 姿態. 態度. ②ありさま. 様子. ¶事～ / 事態. ‖姓

*【态度】tàidu 名 ① 表情や立ち居ふるまい. ¶～大方 dàfang / 態度がおうようである. ② 物事に対する見方；取り組み方. ¶服务 fúwù ～不好 / 接客態度が悪い. ¶表明自己的～ / 自分の立場をはっきりさせる. ¶～坚决 jiānjué / 断固とした姿勢を取る. ¶工作～ / 勤務態度. ⇒【作风】zuòfēng
注意 ①② とも tàidù と発音することもある.
【态势】tàishì 名 状態と形勢. 態勢.

肽 tài

名〈化〉ペプチド. ►"胜 shēng"とも.

钛 tài

名〈化〉チタニウム. チタン. Ti. ¶～钢 gāng / チタン鋼. ¶～合金 héjīn / チタン合金.

泰 tài

◇◆ ①安らかである. 平穏である. ¶国～民安 / 国は安定し民も安らか. ②最も. ¶～西 / 西洋諸国. ‖姓

【泰斗】tàidǒu 名 泰斗(たいと). その道の権威.
【泰国】Tàiguó 名〈地名〉タイ.
【泰然】tàirán 形〈書〉泰然としている. 落ち着き払っている. ¶～自若 zìruò / 泰然自若.
【泰山】Tàishān 名 ① 泰山；〈喩〉非常に大きいものや重いもの；重大なものや価値あるもの. ►山東省にある名山で,"东岳 Dōngyuè"とも呼ばれる. ¶重于 zhòngyú ～ / 泰山よりも重い. ¶有眼不识 shí ～ / 〈諺〉目があっても泰山を知らない. ►尊敬すべき人をそれと知らず,「お見それしました」という意味で用いる. ②〈旧〉岳父の別称. ¶老～ / 岳父.
【泰山北斗】tài shān běi dǒu 〈成〉その道で世に仰ぎ尊ばれる人.
【泰山鸿毛】tài shān hóng máo 〈成〉非常に重いものと非常に軽いもの；(物事の)軽重の差が甚だしい.

tan (ㄊㄢ)

1声

坍 tān

動 崩れる. 倒壊する. ¶水坝 shuǐbà ～了 / 堤防が決壊した. ¶～了一堵 dǔ 墙 qiáng / 塀が崩れ落ちた.

【坍倒】tāndǎo 動 崩れる. 倒壊する.
【坍方】tān//fāng 動〈建〉(道路や堤防などが)崩れる,地滑りを起こす.
【坍毁】tānhuǐ 動 倒壊する. 崩れる. 倒れる.
【坍缩星】tānsuōxīng 名〈天〉ブラックホール.
【坍塌】tāntā 動(崖・建物などが)崩れる,崩れ落ちる.
【坍台】tān//tái 動〈方〉①(事業や局面が)崩壊する,存続不可能になる. ② 恥をさらす.

贪 tān

動 ①(不法に)財をむさぼる. 汚職をする. ¶那个人很～财 cái / あの人はとても金に汚い. ② 飽くことなくむさぼる(ように…する). ¶～看热闹 rènao, 舍不得 shěbude 走 / 見物にうつつを抜かして,心残りで去れない. ③ むやみに欲しがる. ねらう. 追求する. ¶～快 / スピードを追い求める. ¶→～便宜 piányi. ¶她～他有财产 cáichǎn / 彼女は彼に財産があるのをねらっている.

【贪馋】tānchán 形 ① 食いしん坊である. 食べたがる. ② 貪欲である.
【贪吃】tānchī 形〈口〉食い意地が張っている.
【贪多嚼不烂】tān duō jiáobulàn 〈諺〉(仕事や勉

強など)欲張ってもこなしきれない.

【贪官】**tānguān** 名 汚職役人.

【贪贿】**tānhuì** 動 賄賂をむさぼる.

【贪婪】**tānlán** 形 ①〈貶〉貪欲である. ¶她～地盯dīng着橱窗 chúchuāng / 彼女はむさぼるようにショーウィンドウをのぞいている. ② 満足することを知らない. ¶他～地学习着各种知识 zhīshi / 彼はむさぼるようにさまざまな知識を学んでいる.

【贪恋】**tānliàn** 動 思い切れない. 未練をもつ.

【贪便宜】**tān piányi** 〈慣〉得をしようとする. 虫のよいことを考える. ¶贪小便宜吃大亏 dàkuī / 目先の利益を得ようとして大きな損をする.

【贪求】**tānqiú** 動 むさぼる. むさぼり求める.

【贪色】**tānsè** 動 女色をむさぼる.

【贪生怕死】**tān shēng pà sǐ** 〈成〉(死に臨んで)命を惜しむ,死を恐れる;卑怯である.

【贪睡】**tānshuì** 動 眠ってばかりいる.

【贪天之功】**tān tiān zhī gōng** 〈成〉他人の手柄を横取りする.

【贪图】**tāntú** 動 **むさぼる**. (利益を)求める. ¶～钱财 / 金銭をむさぼる. ¶～方便 / 便利さを求める.

【贪玩儿】**tānwánr** 動 遊びに夢中になる. 遊んでばかりいる. ►青少年についていうことが多い.

【贪污】**tānwū** 動 **汚職をする. 賄賂を取る.** 公共の財産を着服する. ¶～公款 gōngkuǎn / 公金を着服する. ¶～腐化 fǔhuà / 汚職し堕落する.

【贪心】**tānxīn** ① 形 **欲が深い.** ② 名 **貪欲.** 強欲. ¶～不足 zú / 貪欲できりがない. 欲のかたまり.

【贪赃】**tānzāng** 動 賄賂(ﾜｲﾛ)を取る. 収賄する. ¶～枉法 wǎngfǎ / 賄賂を取り法をまげる.

【贪嘴】**tānzuǐ** 形 食いしん坊である. 口が卑しい.

*摊(攤) **tān** ❶ 動 ①(平らに)**広げる,並べる**;〈喩〉提示する. ¶把床单 chuángdān ～在床上 / シーツをベッドに広げる. ¶把问题～到桌面上来 / 問題を討議の席上に持ち出す. ②〈料理〉糊状の材料を鍋で薄く延ばして焼く. ¶～鸡蛋 jīdàn / 卵焼きを作る. ③(負担を)分担する,割り当てる. ¶这次聚餐 jùcān 人均 rénjūn ～五十元 / 今回の会食は一人当たり50元の負担だ. ④(好ましくないことに)出合う,ぶつかる. ¶昨天我～到一件倒霉 dǎoméi 事 / きのう私はひどい目にあった.
❷ 名(～儿)**屋台. 露店.** ¶摆 bǎi ～儿 / 屋台を出す. ¶收 shōu ～儿 / 店じまいをする.
❸ 量 1か所にたまっている糊状のものを数える. ¶一～血 xiě / べっとりついた血.

【摊场】**tān//cháng** 動(収穫した作物を)干し場に広げて日に当てる.

【摊点】**tāndiǎn** 名 露店. 屋台(の設置場所).

【摊贩】**tānfàn** 名 露天商. 露店商人.

【摊开】**tān//kāi** 動+結補 ならして広げる. 広げる;〈転〉列挙する. 並べ立てる. 公にする.

【摊牌】**tān//pái** 動(トランプ遊びのポーカーで)持ち札を出して見せ相手と勝負を決する;〈喩〉手の内を見せる.

【摊派】**tānpài** 動(寄付金や仕事・任務を)割り当てる,割り振る.

【摊铺】**tānpù** 名 露天商売. ¶～售货 shòuhuò / 露店で物を売る.

【摊儿】**tānr** ⇀【摊子】tānzi

【摊商】**tānshāng** 名 露天商. 露店商人.

【摊手】**tān//shǒu** 動 手を広げる;手を放す.

【摊售】**tānshòu** 動 露店で売る.

【摊位】**tānwèi** 名 露店,屋台(の場所).

【摊子】**tānzi** 名 **屋台. 露店**;〈転〉(商売取引の)規模,範囲. ¶小吃～ / 屋台. 露天の軽食屋. ¶烂 làn ～ / 〈慣〉収拾のつかない局面のたとえ. ¶～铺 pū 得太大 / (企業などが)手を広げすぎている.

滩(灘) **tān** 名 ① 砂浜. ¶盐 yán ～ / 塩浜. ② 浅瀬. 早瀬. ¶～上长 zhǎng 满了野草 / 浅瀬に野草がぎっしり生えている.

【滩地】**tāndì** 名(川の中または岸の)砂州,砂地.

瘫(癱) **tān** 動 半身不随になる. ¶他已～在床上多年了 / 彼は半身不随で寝たきりになってもう長い.

【瘫痪】**tānhuàn** 動 ①(体の一部の機能に障害をきたし)**麻痺(ﾏﾋ)する.** ¶他下肢 xiàzhī ～了 / 彼は足が麻痺してしまった. ②〈転〉(機構がだらけて)麻痺する. ¶厂 chǎng 里发生了火灾 huǒzāi,一切 yīqiè 工作都～了 / 工場が火事にあって,すべての仕事が麻痺した.

【瘫软】**tānruǎn** 形(体に力がなく)ぐったりする.

【瘫子】**tānzi** 名 足が不自由な人. 半身不随の人.

2声

坛(壇・罈) **tán** ❶ 名 ① 古代,祭祀などを行うのに用いた**台,壇.** ►多く土を小高く盛り上げて築いた. ②(～儿)**つぼ. かめ.**
❷ 量 つぼやかめに入れた物を数える.
◇◆ ①文芸界・スポーツ界・論壇など. ¶影 yǐng ～ / 映画界. ¶乒 pīng ～ / 卓球界. ②花などを植える盛り土した所. ¶花～ / 花壇.

【坛坛罐罐】**tántánguànguàn** 名 がらくた. 雑多な家庭用の道具.

【坛子】**tánzi** 名(陶製の)つぼ,かめ. 量 个. ¶醋 cù ～ / 酢を入れるつぼ;〈喩〉嫉妬深い人.

昙(曇) **tán** ◇◆ 曇っている. ‖姓

【昙花一现】**tán huā yī xiàn** 〈成〉(ウドンゲの花("昙花")は咲くとすぐにしぼむことから)一時的ですぐに消えてしまう.

谈 **tán 名 **話す. 話し合う.** ¶～思想 sīxiǎng / 考えを話す. ¶我跟 gēn 他整整 zhěngzhěng ～了一个晚上 / 私は彼と一晩中語り合った.
◇◆ 話. ¶奇 qí ～ / 珍しい話. ‖姓

【谈不到】**tánbudào** 動+可補 ①**…とは言えない.** …を言及するまでには至らない. ② **問題外である. 問題にならない.** ¶没有政治 zhèngzhì 上的独立 dúlì,就～经济 jīngjì 上的独立 / 政治的独立がなければ,経済上の独立など問題外だ.

【谈不来】**tánbulái** 動+可補 意見が合わない. 気が合わない.

【谈不拢】**tánbulǒng** 動+可補 話が合わない;話がまとまらない.

【谈不上】**tánbushàng** 動+可補 …とは言えない;問題外である.

【谈到】**tán//dào** 動+結補 話が…に触れる. …に言

及する．
【谈得来】tándelái 動+可補 話が合う．気が合う．
【谈得拢】tándelǒng 動+可補 話が合う；話がまとまる．
【谈锋】tánfēng 名 話しぶり．弁舌．¶～甚 shèn 健 / 弁舌さわやか．
【谈何容易】tán hé róng yì 〈成〉口で言うほど容易ではない．
【谈虎色变】tán hǔ sè biàn 〈成〉日ごろ恐れているもののうわさを聞いただけで顔色が変わる．ひどく臆病である．
*【谈话】tán//huà ①動 **話をする**．話し合う．¶老师正在和他～ / 先生は彼と話をしている．¶他们谈完话就走了 / 彼らは話し終わるとすぐ行ってしまった．②名(政治上の)**談話**，ステートメント．
【谈家常】tán jiācháng 世間話をする．
【谈恋爱】tán liàn'ài 〈口〉**恋愛をする**．¶他俩儿 liǎr 正在～ / 二人は恋愛中だ．
【谈论】tánlùn 動(人や事物について)論じ合う；あれこれ取りざたする．¶不要私下 sīxià ～人 / 陰で人の悪口を言ってはならない．
*【谈判】tánpàn 動(重要な問題について)**折衝する**．**話し合いをする**．¶当面 dāngmiàn ～ / 直に談判する．¶和平 hépíng ～ / 和平交渉．¶～中断 zhōngduàn / 協議が中止となる．¶把问题摆 bǎi 到～桌上 / 問題を交渉のテーブルにのせる．
【谈情说爱】tán qíng shuō ài 〈成〉愛を語る．恋愛をする．
*【谈天】tán//tiān 動(～儿)世間話をする．むだ話をする．►"谈闲天儿 xiántiānr"とも．
【谈吐】tántǔ 名〈書〉(話をするときの)言葉遣いや態度．話しぶり．
【谈笑】tánxiào 動 愉快に語り合う．¶～风生 fēngshēng / 話が笑いを交えながらますます興に乗る．¶～自若 zìruò / 何事もなかったように，いつものとおり談笑する．
【谈心】tán//xīn 動 腹を割って話す．心の底を打ち明ける．

*# 弹(彈) tán

動 ①(指や弾性を利用して)**はじく**，**はじき出す**．¶～石子 / (ぱちんこなどで)小石を飛ばす．¶用手指～了～身上的雪片 xuěpiàn / 指で身体についた雪を払っていた．¶～烟灰 yānhuī / たばこの灰を指でたたいて落とす．
②(楽器の弦または鍵を)**弾く**，**演奏する**．❖～吉他 *jítā*〔钢琴 *gāngqín*〕/ ギター〔ピアノ〕を弾く．
③(繊維を)けば立たせる，ふわふわさせる．
◇◆ ①摘発する．攻撃する．¶→～劾 hé．②弾力性がある．¶→～簧 huáng．▶▶dàn
【弹拨】tánbō 動(弦を指やばちで)弾く．
【弹词】táncí 名 江蘇・浙江で広く行われている語り物(の台本)．
【弹劾】tánhé 動 弾劾する．
【弹花机】tánhuājī 名〈紡〉綿打ち機．
【弹簧】tánhuáng 名 **ばね**．**スプリング**．ぜんまい．¶～秤 chèng / ぜんまい〔ばね〕ばかり．
【弹力】tánlì 名 弾力；伸縮性．¶～尼龙 nílóng / 伸縮性のあるナイロン．
【弹射】tánshè ❶動 ①(カタパルトで)打ち上げる，発射する．¶～座舱 zuòcāng / (航空機や宇宙船の)脱出カプセル，射出カプセル．②〈書〉(欠点や過ちを)指摘する．❷名 カタパルト．
【弹跳】tántiào ①動(何かの弾みを利用して)跳びはねる．ジャンプする．¶～板 bǎn / スプリングボード．②名 ジャンプ力．
【弹性】tánxìng 名 **弾性**；〈喩〉**弾力性**．伸縮性．融通性．¶～工作时间 gōngzuò shíjiān / フレックスタイム制．►"弹性工作制"とも．
【弹压】tányā 動 武力で弾圧する．
【弹指】tánzhǐ 名〈書〉(指をはじくほどの)ごく短い時間．
【弹奏】tánzòu 動〈音〉弾奏する．弾く．

*# 痰 tán

名 **痰**(たん)．(量) 口．¶不许 bùxǔ 随地吐 tǔ～ / みだりに痰を吐いてはならない．
【痰盒】tánhé 名(～儿)(老人や病人が用いる)痰壺．►多くふた付き．
【痰桶】tántǒng 名(やや大きめの)痰壺．
【痰盂】tányú 名(～儿)痰壺．

谭 tán

〖谈 tán〗に同じ．‖姓

潭 tán

〖坑 kēng〗に同じ．
◇◆ 深い水たまり．淵．¶泥 ní ～ / 泥沼．‖姓

檀 tán

◇◆ シタン．¶～板 bǎn / シタンで作った拍子木．‖姓
【檀香】tánxiāng 名〈植〉ビャクダン．

3声

忐 tǎn

◇◆ "忐忑 tǎntè"⊕という語に用いる．
【忐忑】tǎntè 形 気が気でない．気がもめる．¶～不安 bù'ān / びくびくして心が休まらない．

坦 tǎn

◇◆ ①(道路などが)平らである．¶平～ / 平坦である．②(性格が)さっぱりしている．¶→～率 shuài．¶→～白 bái．③(心が)安らかである．¶→～然 rán．
*【坦白】tǎnbái ①形 **率直である**．**正直である**．¶胸怀 xiōnghuái ～ / 心が素直である．率直である．②動 **告白する**．**白状する**．**自白する**．¶～从宽 cóngkuān，抗拒 kàngjù 从严 cóngyán / 自白した者は寛大に，抵抗する者は厳重に処分する．
【坦陈】tǎnchén 動 率直に述べる．
【坦诚】tǎnchéng 形〈書〉率直で誠意がこもっている．¶～相见 / 互いに心を打ち明ける．
【坦荡】tǎndàng 形 ①広々として平坦である．②心にこだわりがなく伸び伸びしている．
【坦缓】tǎnhuǎn 形(勾配が)ゆるやかである．
*【坦克】tǎnkè 名 **戦車**．**タンク**．(量) 辆 liàng．¶～兵 / 装甲部隊．
【坦然】tǎnrán 形 平然としている．平気である．¶～自若 zìruò / 泰然自若としている．
【坦桑尼亚】Tǎnsāngníyà 名〈地名〉タンザニア．
*【坦率】tǎnshuài 形 **率直である**．¶～地说 / 率直に言う．
【坦途】tǎntú 名(多く比喩的に)平坦な道．

袒 tǎn

◇◆ ①肌脱ぎになる．¶→～露 lù．②えこひいきする．肩を持つ．¶偏 piān ～ / えこひいきする．
【袒护】tǎnhù 動(私情から誤ちや欠点を無原則に)かばう，肩を持つ，弁護する．

【袒露】tǎnlù 動（胸を）はだける．肌脱ぎになる．

毯 tǎn ◇◆ 毛布．じゅうたんの類．¶壁 bì～／壁掛け．

*【毯子】tǎnzi 名 毛布；じゅうたん．量 条 tiáo．¶给孩子盖 gài 上～／子供に毛布をかける．

叹（嘆・歎）tàn 動 **嘆く．ため息をつく．** ¶长 cháng～一声 shēng／長く嘆息する．
◇◆ ①口ずさむ．吟じる．¶咏 yǒng～／節をつけて歌う．②ほめたたえる．¶→～赏 shǎng．

【叹词】tàncí 名〈語〉感嘆詞．感動詞．
【叹服】tànfú 動 感服する．感心する．
【叹观止矣】tàn guān zhǐ yǐ〈成〉（芸術など）最高のものを見たと感嘆する．
【叹气】tàn//qì 動 **ため息をつく．** ¶叹了一口气／ふっとため息をついた．
【叹赏】tànshǎng 動 ほめたたえる．
【叹息】tànxī 動〈書〉嘆息する．ため息をつく．

炭 tàn 名 ①**炭．** 木炭；炭のようなもの．¶烧 shāo～／炭を焼く；炭を燃やす．¶面包 miànbāo 被烤 kǎo 成了～／パンは黒焦げになった．②〈方〉石炭．

【炭笔】tànbǐ 名〈美〉（素描用の）木炭．
【炭画】tànhuà 名〈美〉木炭画．
【炭火】tànhuǒ 名 炭火．¶～盆 pén／火鉢．
【炭精】tànjīng 名 炭素．カーボン．
【炭盆】tànpén 名 火鉢．
【炭窑】tànyáo 名 炭焼き窯(がま)．

*__探__ tàn 動 ①**探る；**探し求める．¶～消息／様子を探る．¶用竿子 gānzi～～深浅 shēnqiǎn／竿で深さを探る．②**訪問する．見舞う．** ¶→～病 bìng．③頭を突き出す．上半身を乗り出す．¶把头～出窗 chuāng 外／顔を窓の外に突き出す．④〈方〉関与する．¶～闲事 xiánshì／余計なお節介をする．
◇◆ 捜査する人．¶侦 zhēn～／探偵．スパイ．

【探病】tàn//bìng 動 病気を見舞う．¶～时间／（病院の）面会時間．
【探测】tàncè 動 探測する．測定する．
【探访】tànfǎng 動 ①取材する．探し求める．②訪問する．¶～亲友 qīnyǒu／親戚や友人を訪ねる．
【探风】tàn//fēng 動 消息を探る．様子を伺う．►"探风声"とも．
【探戈】tàngē 名〈音〉タンゴ．¶跳 tiào～舞 wǔ／タンゴを踊る．
【探家】tàn//jiā 動 親元へ帰る．帰省する．
【探监】tàn//jiān 動 監獄へ行き面会する．
【探井】tàn//jǐng ①動 試掘（ボーリング）する．②名 探鉱用の坑；試掘用の油井．
【探究】tànjiū 動 探究する．
【探空】tànkōng 名〈気〉（気球などによる）探測．
【探口气】tàn kǒuqi〈慣〉探りを入れる．
【探矿】tàn//kuàng 動 鉱脈を探す；（鉱山を）試掘する．
【探雷】tàn//léi 動 地雷を探知する．¶～器 qì／地雷探知機．
【探路】tàn//lù 動 道を探す．道路の状況を探る．
【探明】tànmíng 動 探査する．調査し確かめる．
【探囊取物】tàn náng qǔ wù〈成〉極めて容易にできる．
【探亲】tàn//qīn 動 ①両親や配偶者に会いに行く．¶～假 jià／（単身赴任の労働者に与えられる）帰省有給休暇．②親戚を訪ねる．¶～访友／親戚や友人を訪ねる．
【探求】tànqiú 動 探求する．探し求める．
【探身(子)】tàn//shēn(zi) 動 体を前へ突き出す．身を乗り出す．
【探视】tànshì 動 ①見舞いに行く．¶～病人／病気見舞いをする．②注意深く見る．観察する．
【探索】tànsuǒ 動〈書〉**探索する．探求する．** ¶～宇宙 yǔzhòu 的奥秘 àomì／宇宙の秘密を探求する．
【探讨】tàntǎo 動 **詳細に研究する．**
【探听】tàntīng 動 探りを入れる．聞き込む．¶～虚实 xūshí／本当かどうか探りを入れる．¶～口气 kǒuqì／口ぶりを探る．
【探头】tàn//tóu ①動（様子をうかがうため）頭を前へ突き出す．②名 監視カメラ．
【探头探脑】tàn tóu tàn nǎo〈成〉きょろきょろ見回し様子をうかがう．
【探望】tànwàng 動 首を伸ばしてじっと見る；（遠方から）見舞いに訪れる．
【探问】tànwèn 動 ①（消息・情況・意図などを）探る，聞き出す．②見舞う．訪ねる．
【探悉】tànxī 動 聞き込む．
【探险】tàn//xiǎn 動 探険する．
【探信儿】tàn//xìnr 動 消息を尋ねる．探りを入れる．¶他是来～的／彼は様子を見に来たのだ．
【探询】tànxún 動〈書〉尋ねる．聞く．打診する．
【探寻】tànxún 動 尋ねる．訪れる．探し求める．
【探源】tànyuán 動 源を探す．ルーツを尋ねる．
【探照灯】tànzhàodēng 名 サーチライト．探照灯．量 个，盏 zhǎn．
【探针】tànzhēn 名〈医〉ゾンデ．
【探子】tànzi 名 ①〈近〉斥候．スパイ．②物に突き刺して中味を探る棒状または管状の用具．¶粮食 liángshi～／米刺し．

碳 tàn 名〈化〉炭素．カーボン．C．¶～黑 hēi／カーボンブラック．

【碳酐】tàngān 名〈化〉二酸化炭素．
【碳水化合物】tànshuǐ huàhéwù 名〈化〉炭水化物．
【碳酸】tànsuān 名〈化〉炭酸．
【碳酸钠】tànsuānnà 名〈化〉炭酸ナトリウム．
【碳酸气】tànsuānqì 名〈化〉炭酸ガス．
【碳纤维】tànxiānwéi 名 炭素繊維．カーボン繊維．

tang（ㄊㄤ）

1声 **汤**（湯）tāng ** 名 ①**スープ．吸い物．** 量 锅 guō，碗 wǎn．¶豆腐 dòufu～／豆腐入りのスープ．¶两菜一～／一汁二菜．❖喝 hē～／スープを飲む．②ものを煮出した汁．¶米～／重湯．¶面～／うどんを煮た汁．③煎じ薬．►漢方薬の処方名にも用いる．④温泉．►地名に用いることが多い．
◇◆ 湯．¶扬～止沸 fèi／〈成〉湯をくんではもどし沸騰を止める；一時しのぎをする．‖姓

T

参考 日本語の「湯」は以下のように使い分ける．"开水"(一度沸騰させた湯),"热水"(風呂などの温度の高い湯),"凉开水"(湯ざまし),"白开水"(さゆ),"温水"(ぬるま湯)．

【汤包】tāngbāo 名(～儿)〈料理〉スープ入りの肉まんじゅう．

【汤菜】tāngcài 名 汁．吸い物．スープ．

【汤匙】tāngchí 名 ちりれんげ．スープスプーン．量把,个．

【汤罐】tāngguàn 名(石炭を燃料とするかまどの)作り付けの湯沸かし釜．

【汤壶】tānghú 名 湯たんぽ．

【汤剂】tāngjì 名〈中医〉煎じ薬．

【汤加】Tāngjiā 名〈地名〉トンガ．

【汤面】tāngmiàn 名 汁そば．スープめん．量碗 wǎn．

【汤泡饭】tāngpàofàn 名〈料理〉スープをかけた飯．

【汤婆子】tāngpózi 名〈方〉湯たんぽ．

【汤泉】tāngquán 名〈旧〉温泉．

【汤头】tāngtóu 名〈中医〉薬の処方．

【汤团】tāngtuán →【汤圆】tāngyuán

【汤药】tāngyào 名〈中医〉煎じ薬．薬湯．

【汤圆】tāngyuán 名 もち米の粉で作るだんご．►多くあん入り．

嘡 tāng 擬 ①《鐘やどらの音》からん．があん．②《金属物が1度強く打ち当たる音》がちゃん．③《銃声》ばん．

【嘡啷】tānglāng 擬《金属物が固い物に強くぶつかる音》からん．がらん．

趟 tāng 〖蹚 tāng〗に同じ．⇒ tàng

蹚(蹚) tāng 動 ①泥や浅い水の中を歩く．②(すきを使って)土を起こす,耕す．

【蹚道】tāng//dào 動(～儿)〈方〉道を探る；〈喩〉状況を探る．

【蹚路】tāng//lù →【蹚道】tāng//dào

2声

唐 táng 名〈史〉(王朝の一つ)唐(とう)．◇ ①でたらめ．¶荒 huāng～/でたらめだ．②無駄である．‖姓

【唐菖蒲】tángchāngpú 名〈植〉グラジオラス．量棵 kē,株 zhū．

【唐花】tánghuā 名 温室栽培用の草花．

【唐人街】tángrénjiē 名 中華街．¶纽约 Niǔyuē～/ニューヨークのチャイナタウン．

【唐僧】tángsēng 名 唐僧；(特に)三蔵法師．

【唐突】tángtū〈書〉①動 礼を失する．②形 粗暴である．無礼である．

【唐装】tángzhuāng 名 チャイナ服．►中国風の模様がついた上着．

堂 táng 量 ①組になった家具を数える．¶一～家具/家具1セット．②授業時間を数える．¶今天有两～汉语Hànyǔ课/きょうは中国語の授業が2時限ある．◇ ①母屋．¶→～屋 wū．②(特定の目的に使う)広い部屋．¶礼 lǐ～/講堂．③(旧時の)法廷．¶过～/法廷を開いて裁判を行う．④《商店,特に薬屋などの屋号に用いる》…堂．⑤(↔表 biǎo)《父方の祖父〔曾祖父〕を同じくする同姓の親族関係を示す》¶→～妹 mèi．⑥他人の母をいう．¶令 lìng～/ご母堂．お母上．‖姓

【堂弟】tángdì 名(↔表弟)(父方の同姓の)年下の男のいとこ．

【堂而皇之】táng ér huáng zhī〈成〉①公然と．②堂々としている．

【堂房】tángfáng 形 同じ祖父の；同じ曾祖父の．►父方のいとこ関係の親族．

【堂哥】tánggē 名(↔表哥)(父方の同姓の)年上の男のいとこ．►"堂兄"とも．

【堂鼓】tánggǔ 名 ①(京劇などの)伴奏に用いる太鼓．②〈旧〉(人を集める合図に用いた)役所の太鼓．

【堂皇】tánghuáng 形 ①堂々として立派なさま．②見かけは立派である．

【堂会】tánghuì 名〈旧〉(慶事のとき,自宅に芸人を招いて催す)演芸会,パーティー．

【堂姐】tángjiě 名(↔表姐)(父方の同姓の)年上の女のいとこ．

【堂妹】tángmèi 名(↔表妹)(父方の同姓の)年下の女のいとこ．

【堂堂】tángtáng 形〈書〉(容貌が)堂々としている．意気軒昂(けんこう)である；(陣容・力などが)壮大である．

【堂堂正正】tángtángzhèngzhèng 形 ①公明正大である．②体つき・風采(ふうさい)が立派である．

【堂屋】tángwū 名 ①家屋の中央の部屋．②〈方〉母屋．

棠 táng ◇ 植物名に用いる．‖姓

【棠棣】tángdì 名〈植〉〈古〉ニワウメ．アマナシ．►"唐棣"とも．

【棠梨】tánglí 名〈植〉ズミ．ヒメカイドウ．

塘 táng 名 ①池．¶～里栽 zāi 了很多荷 hé 花/池にハスをたくさん植えた．②〈方〉いろり．◇ ①堤防．¶海～/防波堤．②湯船．¶洗澡 xǐzǎo～/浴場．‖姓

【塘肥】tángféi 名 池の泥を使った肥料．

【塘堰】tángyàn 名〈水〉小型ダム．小型貯水池．

搪 táng 動 ①防ぐ．しのぐ．遮る．¶用木板 mùbǎn～住风/板で風を防ぐ．②言い逃れをする．その場を取り繕う．¶先～过这一阵子 yīzhènzi 再说/まず今のところをごまかして切り抜けてからの話だ．③泥〔塗料〕を(ストーブ・かまど・陶磁器などに)くまなく塗りつける．¶～炉子 lúzi/(保温をよくするために)ストーブ〔こんろ〕の内側に泥を塗りつける．

【搪瓷】tángcí 名 ほうろうびき．¶～花瓶 huāpíng/ほうろうの花瓶．

【搪塞】tángsè 動〈書〉言い逃れをする．お茶を濁す．¶～其责 zé/自分の責任を言い逃れる．

【搪账】tángzhàng 動 借金返済の言い逃れをする．

溏 táng ◇ ①半流動の．②沼．

【溏便】tángbiàn 名〈中医〉軟便．

【溏心】tángxīn 形(～儿)半熟の．¶～鸡蛋 jīdàn/半熟の卵．

樘 táng 量 扉や窓とその枠を併せて"一樘"という．◇(戸や窓の)枠．¶门～/戸の枠．¶窗 chuāng～/窓枠．

T

膛 táng 名(～儿)器などの中空になっているところ．胴．¶把子弹推上了～／弾を弾倉に込めた．
◇◆ 胸腔(きょう)．胸．¶开～／胸部を切開する．

【膛线】tángxiàn 名(銃身・砲身の)旋条．

糖 ** táng 名 ① 砂糖．¶加～／砂糖を入れる．¶这种病不能多吃～／この病気は糖類をとり過ぎてはいけない．② あめ．キャンデー．(量) 块,颗 kē．¶牛奶 niúnǎi～／ミルクキャラメル．③〈化〉炭水化物．糖類．

【糖醋】tángcù 名〈料理〉甘酢あんかけ．¶～鲤鱼 lǐyú／コイの甘酢あんかけ．

【糖瓜】tángguā 名(～儿)麦芽糖で作ったウリ型のあめ．►"祭灶"の際,"灶神"に供える供物．

【糖果】tángguǒ 名 あめ・キャンデーなどの砂糖菓子の総称．

【糖葫芦】tánghúlu 名 サンザシやカイドウの実を串に刺し,あめをまぶした甘酸っぱい菓子．►中国北部の冬の庶民的な食品．(量) 串 chuàn．

【糖浆】tángjiāng 名 シロップ．

【糖精】tángjīng 名〈化〉サッカリン．

【糖料作物】tángliào zuòwù 名〈農〉(サトウキビ・ビートなどの)製糖用作物．

【糖萝卜】tángluóbo 名〈口〉〈植〉ビート．サトウダイコン．テンサイ．

【糖尿病】tángniàobìng 名〈医〉糖尿病．

【糖皮儿】tángpír 名〈口〉(錠剤表面の)糖衣．

【糖人儿】tángrénr 名 あめ細工の人形や動物．

【糖衣】tángyī 名(錠剤の表面の)糖衣．¶～片 piàn／糖衣錠．

【糖衣炮弹】táng yī pào dàn〈成〉相手を抱き込むための賄賂などの誘惑手段．►略して"糖弹"とも．

【糖原・糖元】tángyuán 名〈化〉グリコーゲン．

螳 táng ◇◆ "螳螂 tángláng"⇩などの言葉に用いる．

【螳臂当车】táng bì dāng chē〈成〉身の程知らず；蟷螂(とうろう)の斧(おの)．

【螳螂】tángláng 名〈虫〉カマキリ．

【螳螂捕蝉,黄雀在后】tángláng bǔ chán, huángquè zài hòu〈諺〉目前の利益に目がくらんで,災いが近づきつつあるのに気がつかない．

帑 tǎng ◇◆ 国庫．国庫金．¶国～／国家の財産．国帑(こくど)．

倘(儻) tǎng 接続〈書〉もしも…ならば．かりに．
⏩ cháng

【倘或】tǎnghuò ⇀【倘若】tǎngruò

【倘来之物】tǎng lái zhī wù〈成〉思いがけない収入；あぶく銭．

【倘然】tǎngrán ⇀【倘若】tǎngruò

【倘如】tǎngrú ⇀【倘若】tǎngruò

【倘若】tǎngruò 接続〈書〉もしも…ならば．かりに…であったら．¶～来京,务请 wùqǐng 电话联系 liánxì／北京にいらしたら,ぜひお電話ください．

【倘使】tǎngshǐ 接続〈書〉もしも．万が一．

淌 tǎng 動(肌・地面などを伝って)流れる,流れ出す,ぽたぽたしたたり落ちる．¶木桶 mùtǒng 漏 lòu 水,～了一地／たるから水が漏れて,床一面にこぼれた．¶天热得身上直zhí～汗／暑くて,体中とめどなく汗が流れる．

傥(儻) tǎng 〖倘 tǎng〗に同じ．
◇◆ ⇀【倜傥】tìtǎng

躺 ** tǎng 動 ① 横たわる．寝る．¶～在床上／ベッドに横になる．¶他喜欢～着看书／彼は寝ながら本を読むのが好きだ．②(車や器物が)倒れる,横になる．

【躺柜】tǎngguì 名 低い長方形の衣類箱．長びつ．

【躺椅】tǎngyǐ 名 寝椅子．

4声 **烫**(燙) * tàng ❶形 ①(やけどしそうに)熱い．¶刚熬 áo 好的玉米面粥 zhōu 太～／できあがったばかりのトウモロコシのお粥はとても熱い．②(人の肌で感じるくらい)熱い．¶这水太～,最好对点儿凉的／このお湯は熱すぎるから少しうすめたほうがいい．¶他的脑门儿 nǎoménr 很～,肯定发烧了／彼は額が熱いから,きっと熱がある．
❷動 ①(熱湯や油などで)やけどをする．¶开水 kāishuǐ 把手～了／熱湯で手にやけどした．¶别动！～手／熱いから触っちゃいけない．¶～嘴 zuǐ／口がやけどするほど熱い．
②(熱湯で)あたためる；アイロンをあてる．パーマをかける．¶把这壶 hú 酒～一～／この酒をおかんしなさい．❖～裤子 *kùzi*／ズボンにアイロンをあてる．❖～头发 *tóufa*／パーマをかける．

【烫发】tàng//fà 動 パーマをかける．

【烫金】tàngjīn 動〈印〉(製本で)金文字や,金箔をほどこす．¶布面～／金文字クロス装丁．

【烫蜡】tàng//là 動 蠟(ろう)をひく．

【烫面】tàngmiàn 名 熱湯でこねた小麦粉．¶～蒸饺儿 zhēngjiǎor／"烫面"で作った蒸しギョーザ．

【烫伤】tàngshāng 動(熱湯などで)やけどをする．►直接火に触れてするやけどは"烧伤 shāoshāng"という．

【烫手】tàng//shǒu 動 手をやけどする；〈喩〉手を焼く．扱いにくい．

【烫手货】tàngshǒuhuò 名 売れ筋商品．

【烫头】tàng//tóu 動 パーマをかける．

趟 ** tàng ❶量 ① 行き来する回数を数える．¶去一～上海／上海に(1回)行く．② 駅の発着列車数を数える．¶北京站一天要发几十～火车／北京駅では日に数十本もの列車が出る．③ 武術の型をひと通りやる回数を表す．¶每天练 liàn 一～太极拳 tàijíquán／毎日1回太極拳を練習する．④(～儿)〈方〉列をなすものに用いる．¶这～街很热闹 rènao／この通りはとてもにぎやかだ．
❷名(～儿)列．¶大家排 pái 成～儿,一起割 gē 麦子 màizi／みんなで列になって麦を刈る．⏩ tāng

tao (ㄊㄠ)

1声 **叨** tāo ◇◆(恩恵を)受ける,こうむる．►敬語に用いることが多い．
⏩ dāo,dáo

【叨光】tāo//guāng〈套〉おかげをこうむる．おかげさまで．

【叨教】tāojiào〈套〉教えていただく．

【叨扰】tāorǎo〈套〉(歓待を受けて)ごちそうさまでした．お邪魔しました．

T

涛(濤) **tāo** ◇◆ 大波．¶波 bō～／波濤．

绦(縧) **tāo** ◇◆ 打ちひも．組み糸．縁レース．¶丝 sī～／絹の打ちひも．

【绦虫】**tāochóng** 名〈動〉サナダムシ．
【绦带】**tāodài** 名 打ちひも．

焘(燾) **tāo** 人名に用いる．

*****掏**(搯) **tāo** 動 ①(手または道具で)ほじくり出す．手を突っ込んで探り出す．¶～口袋 kǒudài／手をポケットに突っ込み物を取り出す．¶～钱／(ポケットなどから)金を探り出す．¶～耳朵 ěrduo／耳をほじくる．②(穴を)掘る．¶把门～个洞 dòng／扉に穴を(一つ)あける．

【掏包的】**tāobāode** 名〈方〉すり．
【掏心】**tāoxīn** 動 内心を吐露する．内心をさらけ出す．
【掏心窝子】**tāo xīnwōzi** 〈慣〉心の底をさらけ出す．¶～的话／腹を割った話．打ち明け話．
【掏腰包】**tāo yāobāo** 〈慣〉(～儿) ①自腹を切る．勘定を持つ．②人の懐中物をする．¶～的／すり．

滔 **tāo** ◇◆ 大水が盛んに流れる．

【滔滔】**tāotāo** 形〈書〉水の流れが盛んである；〈転〉(弁舌が)よどみない．¶～不绝／滔々(とうとう)と述べる．
【滔天】**tāotiān** 形 ①(罪悪や災いが)極めて大きい．►望ましくない事に用いる．¶～大祸 dàhuò／身を滅ぼすほどの大きな災い．②波が大きい．

韬(韜) **tāo** 名〈古〉弓または剣の袋．◇◆ ①包み隠す．¶～光／才能を隠して人に見せない．②兵法の秘訣．¶→～略 lüè．

【韬光养晦】**tāo guāng yǎng huì** 〈成〉才能を隠して外に現さない．
【韬晦】**tāohuì** 動〈書〉才能を隠して外に現さない．
【韬略】**tāolüè** 名 兵法の極意．

饕 **tāo** ◇◆ 貪欲である．口がいやしい．¶老～／貪欲な人．口がいやしい人．

【饕餮】**tāotiè** 名 ①饕餮(とうてつ)．►古代の伝説中の凶悪な獣．②〈喩〉口がいやしい人．食いしん坊．

2声 *****逃** **táo** 動 ①逃げる．逃走する．¶这座监狱 jiānyù～出去三个犯人 fànrén／この刑務所から３人の犯罪者が逃走した．¶～进庙 miào 里／寺に逃げ込む．②逃れる．避ける．¶～不出法网 fǎwǎng／法の網から逃れられない．

【逃奔】**táobèn** 動(…に向かって)逃げて行く，逃亡する．¶～海外／海外へ逃亡する．
【逃避】**táobì** 動(いやなことなどから)逃避する，逃れる．¶～责任 zérèn／責任逃れをする．¶～困难 kùnnan／困難を避けて通る．
【逃兵】**táobīng** 名 脱走兵；〈転〉脱落者．
【逃窜】**táocuàn** 動 散り散りに逃げる．
【逃遁】**táodùn** 動 逃げ隠れる．
【逃犯】**táofàn** 名 逃走犯．脱走犯．
【逃荒】**táo//huāng** 動 飢饉のためによその土地へ逃げて行く．
【逃汇】**táo//huì** 動 国内の外貨を不法に国外へ持ち出す．
【逃课】**táo//kè** 動(学生が)授業をサボる．
【逃命】**táo//mìng** 動 命からがら逃げる．
【逃难】**táo//nàn** 動 災害や戦乱を避けて逃げる．
【逃跑】**táopǎo** 動 逃走する．逃亡する．逃避する．¶拼命 pīnmìng～／命からがら逃走する．
【逃票】**táo//piào** 動 ただ乗りする．無賃乗車をする．
【逃散】**táosàn** 動 逃げて散り散りになる．
【逃生】**táoshēng** 動 命拾いをする．死から逃れる．¶死里～／命からがら逃げ出す．
【逃税】**táo//shuì** 動 脱税する．
【逃脱】**táotuō** 動 ①脱走する．脱出する．②逃れる．¶～责任 zérèn／責任を逃れる．
【逃亡】**táowáng** 動 逃亡する．行方をくらます．
【逃学】**táo//xué** 動 学校をサボる．勉強を怠ける．
【逃债】**táo//zhài** 動 借金の取り立てから逃れる．
【逃之夭夭】**táo zhī yāo yāo** 〈成〉〈諧〉どろんをきめこむ．とんずらする．
【逃走】**táozǒu** 動 逃走する．逃げる．

桃 **táo** 名〈植〉モモ．¶～儿／モモの実．◇◆ ①形がモモに似たもの．¶红 hóng～／(トランプの)ハート．②クルミ．¶～酥 sū／クルミの実をつけた菓子．‖姓

【桃符】**táofú** 名 ①昔，新年に表門の二つの扉の真ん中に掲げた"神荼 Shēnshū"と"郁垒 Yùlěi"(ともに神の名)を記した桃の木の板．►魔よけ用．②"春联 chūnlián"の別称．►現在では縁起担ぎ，厄よけ用の書をもさす．
【桃脯】**táofǔ** 名 桃の果肉の砂糖漬け．
【桃红】**táohóng** 名 桃色．ピンク．
*【桃花】**táohuā** 名〈植〉モモの花．¶～开了／モモの花が咲いた．
【桃花心木】**táohuāxīnmù** 名〈植〉マホガニー．
【桃花源】**táohuāyuán** 名 桃源境．ユートピア．
【桃花运】**táohuāyùn** 名 ①(男性の)女運，愛情運．②(広く)好運．
【桃李】**táolǐ** 名 モモとスモモ；〈喩〉教え子．弟子．¶～满天下／教え子が至る所にいる．
【桃李之年】**táo lǐ zhī nián** 〈成〉人生の華やかな年齢．青少年時代．
【桃仁】**táorén** 名(～儿) ①〈中薬〉桃仁(とうにん)．桃の種子．②クルミの実．
【桃色】**táosè** 名 ①桃色．ピンク．②情事．色事．¶～新闻 xīnwén／艶聞(えんぶん)．男女関係のうわさ．
【桃汛】**táoxùn** 名 春先の増水．►"桃花汛"とも．
【桃源】**táoyuán** 名 桃源境．ユートピア．
【桃子】**táozi** 名 モモ．モモの実．量 个．

陶 **táo** ◇◆ ①陶器．¶→～瓷 cí．②陶器を作る．¶→～铸 zhù．③(人を)育成する．¶熏 xūn～／薫陶(くんとう)する．④うっとりする．¶→～醉 zuì．‖姓

【陶瓷】**táocí** 名 陶器と磁器．陶磁器．セラミック．¶～工／陶磁器職人．¶～纤维 xiānwéi／セラミックファイバー．
【陶管】**táoguǎn** 名 土管．

T

【陶器】táoqì 名 陶器．焼き物．
【陶然】táorán 形〈書〉うっとりする．陶然とする．►酒を飲んだあとの気持ちをいうことが多い．
【陶陶】táotáo 形〈書〉くつろいで楽しむさま．
【陶土】táotǔ 名 陶土．カオリン．
【陶冶】táoyě 動〈書〉①陶器を焼く．②金属をきたえる．③〈喩〉陶冶(とうや)する．
【陶铸】táozhù 動〈書〉①陶器を作り金属を鋳る．②〈喩〉人材を育成する．
【陶醉】táozuì 動 陶酔する．うっとりする．

萄 táo “葡萄 pútao”(ブドウ)という語に用いる．

啕 táo 〈◆(声を出して)泣く．¶号 háo ～ / 慟哭(どうこく)する．

淘 táo ❶動 ①器に入れて夾雑物を洗い流す．❖～米 mǐ / 米をとぐ．②くみ出す．浚(さら)う．¶～茅厕 máocè / 屎尿(しにょう)をくみ取る．③〈方〉(中古市で)あさる．④すり減らす．
❷形〈方〉いたずらである．¶这孩子真～！/ この子はほんとうに腕白だ．
【淘换】táohuan 動 探し求める．なんとかして手に入れる．
【淘金】táo//jīn 動 砂金を採る；〈喩〉金もうけを考える．¶～热 rè / ゴールドラッシュ．
*【淘气】táoqì ①形(子供が)**いたずらである．腕白である．やんちゃである．**¶～鬼 guǐ / 腕白坊主．いたずらっ子．►“淘气包儿 táoqìbāor”とも．②動〈方〉つまらない事で腹をたてる．
【淘神】táoshén 動〈口〉①神経を使う．心遣いをする．②(子供が腕白で)気が疲れる．
【淘汰】táotài 動(**よくないものや劣るものを)捨てる，ふるい落とす**．失格させる．¶～赛 sài / 勝ち抜き戦．トーナメント．¶～制 zhì 锦标赛 jǐnbiāosài / チャンピオンシップトーナメント．
【淘洗】táoxǐ 動 すすいで洗う．とぐ．

讨 tǎo 動 ①**求める．要求する．取り立てる．**¶我向 xiàng 他～了三次钱，他就是不还 huán / 私は彼に3度も催促したが，彼はどうしても金を返さない．
②娶(めと)る．¶～媳妇 xífù / 嫁をもらう．¶～她做老婆 lǎopo / 彼女を女房にする．
③**他人に…される；招く．**¶这孩子很～人喜爱 xǐ'ài / この子は人にかわいがられる．¶这是她自己～来的麻烦 máfan / これは彼女が自ら招いた面倒だ．
〈◆ ①討伐する．¶征 zhēng ～ / 征伐する．②探究する．討論する．¶商 shāng ～ / 協議する．¶探 tàn ～ / 探究する．
【讨保】tǎobǎo 動 保証人を立てる．
【讨底】tǎo//dǐ 動 人に内情を尋ねる．
【讨伐】tǎofá 動 討伐する．退治する．
【讨饭】tǎo//fàn 動 乞食をする．¶～的 / 乞食．
【讨好】tǎo//hǎo 動 ①(人の)**機嫌を取る．**¶你用不着 yòngbuzháo 讨他的好 / 彼の機嫌を取る必要はない．②(多く否定の形で)よい結果を得る．¶工作方法不对，结果弄得费力 fèilì 不～ / 仕事の方法がまちがっていたので骨を折ったわりに結果がよくなかった．
【讨还】tǎohuán 動 返還を求める．¶～欠款 qiànkuǎn / 借金の返済を求める．
【讨价】tǎo//jià 動 売り手が値段をつける．¶～还 huán 价 / 値段を掛け合う．駆け引きをする．
【讨教】tǎojiào 動 教えを請う．
【讨论】tǎolùn 動 **討論する．検討する．討議する．¶他们在～怎样庆祝 qìngzhù 儿童节 / あの子たちは子供の日をどうお祝いするか話し合っている．¶参加～ / 討議に加わる．¶展开 zhǎnkāi ～ / 討論をくり広げる．
【讨没趣】tǎo méiqù 〈慣〉(～儿)自分からわざわざ不愉快な目にあうようなことをする．
【讨便宜】tǎo piányi 〈慣〉うまい汁を吸おうとずる賢く立ち回る．
【讨巧】tǎo//qiǎo 動 うまいことをする．労せずして得をする．
【讨饶】tǎo//ráo 動 許しを請う．
【讨人嫌】tǎo rén xián 〈慣〉①人に嫌われる．人に嫌がられる．②〈罵〉いやらしい．¶那个人真～！/ あいつはほんとにいやらしいやつだ．
【讨生活】tǎo shēnghuó 〈慣〉生活の糧を求める；その日暮らしをする．
*【讨厌】tǎo//yàn ❶形 ①**わずらわしい．**厄介である．¶令人～的梅雨季节 jìjié / うっとうしい梅雨の季節．¶这件事很～ / これはやっかいな仕事だ．②(**相手の態度が)いやだ．**¶那个男人老跟着 gēnzhe 我，真～ / あの男はいつもつきまとって，ほんとにいやらしい．❷動(**事柄・状態を)嫌う，**いやがる．¶我～懦弱 nuòruò / 私は意気地がないのは嫌いだ．¶我～他说空话 kōnghuà / あいつが空論を言うのは好かん．
【讨要】tǎoyào 動 ①せがむ．要求する．②乞食をする．¶沿 yán 街～ / 軒並みに物もらいをする．
【讨债】tǎo//zhài 動 借金を取り立てる．¶～鬼 guǐ / 借金取り；〈転〉うるさくつきまとうやつ；若死にした子供．
【讨账】tǎo//zhàng ⇀【讨债】tǎo//zhài

4声 **套** tào ❶量 **組・セット・一式になっている事物を数える．**［衣服・家具・道具・書籍・切手・機構・制度など］¶一～衣服 / スーツ上下〔三つぞろい〕．¶两～沙发 shāfā / ソファーセット二つ．¶一～房间 fángjiān /（マンション・団地の）一つの間取り；スイートルーム．［方法・話しぶり・技量・武芸など］¶他的这～教学方法 jiàoxué fāngfǎ 很受欢迎 / 彼の教育方法はたいへん評判がよい．¶他说话一～一～的 / 彼は話が上手だ．［やり口・手口・流儀など］¶我可不吃你这一～ / その手は食わないよ．¶你还有这么一～ / 君にこんな芸当ができるとは．►「“这 / 那”＋“一套”」の形で用い，文脈によってほめる意味またはけなす意味を含む．
❷名(～儿) ①**カバー．ケース．**覆い．¶照相机 zhàoxiàngjī ～儿 / カメラのケース．②(ウマなどの役畜の)口綱，引き綱．③綱などで作った輪．
❸動 ①(外側に覆うように)**かぶせる．**重ねる．はめ込む．¶天冷了，再～上一件毛衣吧 / 寒くなってきたのでセーターを1枚重ね着しなさい．¶～钢笔帽儿 gāngbǐmàor / 万年筆のキャップをはめる．②引き綱をつける；(馬に)馬具をつける．¶～马 / 綱で馬をつなぐ．③(そのまま)まねる．あてはめる．¶～公式 gōngshì / 公式を当てはめる．¶这段 duàn 话是从那篇 piān 讲话中～来的 / ここの話はあの講演か

ら借用してきたものだ. ④ かまをかけて話を引き出す. ¶～内情 nèiqíng / 内部事情をたずねる. ⑤ 取り入る. まるめこむ. ¶→～交情 jiāoqing. ⑥ ねじ切りでねじを作る. ⑦ やみ取引きをする.
◇◆ 型にはまったお決まりの言葉. ¶客～ / 紋切り型のあいさつ. ¶→～话 huà.

【套版】tào//bǎn 動〈印〉(活版の)組み付けをする.
【套杯】tàobēi 名(大きさが少しずつ違い,入れ子式になっている)ひと組のコップ.
【套菜】tàocài 名 ①(料理の)コース. ②ランチ料理. 定食.
【套餐】tàocān 名 定食. セットメニュー.
【套车】tào//chē 動 車に牛馬をつなぐ. 馬車を仕立てる.
【套房】tàofáng 名 ①(ホテルの)スイートルーム. ②→【套间】tàojiān
【套服】tàofú 名 スーツ. 量 身 shēn.
【套购】tàogòu 動(国家の統制物資を)不正に購入する.
【套话】tàohuà 名(あいさつなどの)決まり文句;形式的な言辞.
【套换】tàohuàn 動 不正な手段で交換・売買する.
【套汇】tàohuì 動 ①不法に外国為替投機行為をする. ②為替市場で利ざやを稼ぐ.
【套间】tàojiān 名(～儿)続き部屋のうち,もう一方の部屋を通らないと外へ出られない奥の部屋.
【套交情】tào jiāoqing 〈慣〉(知らない人に)なれなれしく話しかけてうまく取り入る.
【套近乎】tào jìnhu 〈慣〉(知らない人に)旧知のようになれなれしくして取り入る. ►"拉 lā 近乎"とも.
【套裤】tàokù 名(保温や防水用の)ズボンカバー.
【套曲】tàoqǔ 名〈音〉組曲.
【套裙】tàoqún 名 女性用ツーピース.
【套儿】tàor →【套子】tàozi
【套色】tào//shǎi 動〈印〉(色を)重ね刷りする. ¶～版 / 色刷り版.
【套衫】tàoshān 名 頭からかぶるシャツ. プルオーバー. ►"套头衫 tàotóushān"とも.
【套数】tàoshù 名 ①("戏曲""散曲"で)組になっている一連の歌. ②(武術などの)一連の技法,技巧.
【套索】tàosuǒ 名(馬などをつかまえる)輪縄,投げ輪.
【套问】tàowèn 動 遠まわしに尋ねる. かまをかける.
【套鞋】tàoxié 名 オーバーシューズ;(広く)ゴム長靴. 量 双 shuāng;[片方は]只 zhī.
【套袖】tàoxiù 名 そでカバー. 量 副 fù;[片方は]只 zhī.
【套印】tàoyìn 名(木版の)重ね刷り.
【套用】tàoyòng 動(古いやり方を)当てはめる.
【套语】tàoyǔ 名 ①(あいさつなどの)決まり文句. ②形式的な言辞.
【套装】tàozhuāng 名 スーツ. 上着とズボンまたはスカートが組み合わせになっている洋服. 量 身.
【套子】tàozi 名 ①ケース・カバーのような物の外側にかぶせるもの. ¶摄像机 shèxiàngjī ～ / ビデオカメラのケース. ¶沙发 shāfā ～ / ソファーのカバー. ②決まりきったあいさつ言葉;しきたり. ¶俗 sú ～ / 紋切り型. ③わな. ¶下～ / わなを仕掛ける. ④〈方〉綿入れ・布団の綿. ¶棉花 miánhua ～ / 布団綿.

te (ㄊㄜ)

忑 tè 4声 "忐忑 tǎntè"(気が気でない)という語に用いる.

***特** tè 副 ①〈口〉**すごく. ひどく.** ¶他的学习～好 / 彼は成績がすごくいい. ②**もっぱら.** わざわざ. ¶工厂为女工～设 shè了一间更衣室 gēngyīshì / 工場は女子工員のために特別に更衣室を設けた. ③〈書〉ただ. …だけ. ¶不～如此 / これだけではない.
◇◆ ①スパイ. ¶防 fáng ～ / スパイ活動を防止する. ②特別である. ¶→～权 quán. ‖姓

【特别】tèbié ①形(↔普通 pǔtōng)(一般のものと異なって,ありふれたものでなく)特別である,特殊である.** ►"的"を伴わず名詞を修飾することが多い. ¶～关系 / 特別な関係. ¶～的本领 / 特殊な才能. ¶式样 shìyàng 很～ / デザインがなかなか変わっている. ②副 **とりわけ. ことのほか;**特に. わざわざ. ¶她长 zhǎng 得～可爱 / 彼女はとてもかわいい. ¶这次考试 kǎoshì ～简单 / 今度の試験問題はとてもやさしかった. ¶妈妈又～叮嘱 dīngzhǔ 了他几句 / 母親はさらに彼にくれぐれも言い聞かせた. ["特别是…"の形で用いる]¶教师 jiàoshī,～是小学校教师最辛苦 xīnkǔ / 教師,とりわけ小学校の教師は非常に骨が折れる.
【特产】tèchǎn 名 **特産物.**
【特长】tècháng 名 **特に優れた技能. 特有の仕事経験.** ¶你有什么～? / 君は何が得意ですか.
【特此】tècǐ 副《公文書・書簡用語》特にここに. ¶～公告 / 特にここに公告する.
【特大】tèdà 形 とりわけ大きい. 特大の. ¶～干旱 gānhàn / 大旱魃(かん). ¶～号衬衫 chènshān / キングサイズのワイシャツ.
【特等】tèděng 形 特等の. ¶～房间 / スペシャルルーム. ¶这舱位 cāngwèi 是～舱 / この座席〔船室〕はファーストクラスです.
*【特地】tèdì 副 **特に. わざわざ.** もっぱら. ►相手を尊重する気持ちを含む. ¶他～备饭招待客人 / 彼はわざわざ食事を用意して客をもてなした. ¶我们今天～来看您 / 私ども本日はぜひごあいさつしなくてはと思い参上いたしました.
*【特点】tèdiǎn 名 **特徴. 特色.**
【特定】tèdìng 形 **特に指定された. 特定の.** ¶～的候选人 hòuxuǎnrén / 特に指定された候補者.
【特级】tèjí 形 **特級の.** ¶～乌龙茶 / 極上のウーロン茶. ¶～厨师 chúshī / 特級の調理師.
【特急】tèjí 形 特に急ぎの. 特別に急いでいる.
【特辑】tèjí 名(新聞・テレビ番組などの)特集.
【特技】tèjì 名(映画撮影の)トリック;(曲芸・馬術・航空機操縦などの)妙技,特殊技能. ¶～摄影 shèyǐng / トリック撮影. ¶～镜头 jìngtóu / 特撮シーン. ¶～飞行 / アクロバット飛行.
【特价】tèjià 名 特価. 割り引き値段. ¶～出售 chūshòu / 特売する.
【特教班】tèjiàobān 名 養護学級.
【特刊】tèkān 名(新聞・雑誌の)特別号,特集号.
【特快】tèkuài ①形 特急の. ②名〈略〉特別急行列車.
【特快专递】tèkuài zhuāndì 名 エクスプレスメー

ル．EMS.
【特困户】tèkùnhù 名 極貧の家庭〔人〕.
【特例】tèlì 名 特例．特殊な事例.
【特立尼达和多巴哥】Tèlìnídá hé Duōbāgē 名〈地名〉トリニダード・トバゴ.
【特卖】tèmài 動 特売する．バーゲンをする.
【特命】tèmìng 形 特命の．¶～全权 quánquán 大使 / 特命全権大使.
【特派】tèpài 動 特派する．特に派遣する．¶～记者 jìzhě / 特派員．¶～员 / 特派員．►記者に限らず，ある目的のために特に派遣した人をさす.
【特区】tèqū 名〈略〉①経済特区．②特別行政区.
【特权】tèquán 名 **特権**．¶搞 gǎo ～ / 特権を行使する．¶～阶层 jiēcéng / 特権階層．¶外交～ / 外交官特権.
【特色】tèsè 名 **特色．特徴**.
【特设】tèshè 形 特設の.
【特赦】tèshè 動〈法〉特赦．¶～令 / 特赦令.
【特使】tèshǐ 名 特使.
*【特殊】tèshū 形（↔一般 yībān）**特殊である．特別である**．¶他的情况很～ / 彼の事情は特別だ．¶～情况 / 特別な事情．例外的な場合．¶～性 / 特性．特異性．¶不搞 gǎo ～化 / 役得を求めない．特権を乱用しない.
【特体】tètǐ 形 特殊なサイズ〔体型〕の.
【特为】tèwèi 副〈書〉特に．わざわざ．¶我是～来请您出席 chūxí 这次结婚 jiéhūn 典礼 diǎnlǐ 的 / 今回の結婚式にぜひご出席いただきたくお願いに参りました.
【特务】tèwù 名〈軍〉特殊任務．►警備・通信・運輸など.
【特务】tèwu 名 **スパイ**．¶～活动 huódòng / スパイ活動.
【特效】tèxiào 名 特効．¶～药 yào / 特効薬.
【特写】tèxiě 名 ①フィーチャー．（雑誌の）特集記事．（映画の）特別作品．②ルポルタージュ．スケッチ．③（映画で）クローズアップ.
【特性】tèxìng 名 特性．キャラクター.
【特许】tèxǔ 動 特に許可する．¶～经营 jīngyíng / フランチャイズ.
【特邀】tèyāo 動 特に招請する．¶～代表 / 特別招請の代表.
【特异】tèyì 形 ①特に優れている．ずば抜けて優れている．¶能力～ / 能力がずば抜けている．¶～功能 gōngnéng / 超能力．②独特である；〈医〉（個人の）特異な．¶风格 fēnggé ～ / 独特の風情．¶～（体）质（tǐ）zhì / 特異体質.
【特意】tèyì 副（相手のために）**わざわざ．特に**．¶我～到这儿看您 / ぜひあなたにお目に掛かりたいとお邪魔しに上がりました．¶这是～给你买的 / これはあなたのために買ったものです.
【特有】tèyǒu 形 **特有の**．固有の．¶广东人～的习俗 xísú / 広東人特有の習慣.
【特约】tèyuē 動 ①特約する．¶～演出 yǎnchū / ゲスト出演．¶～经售处 jīngshòuchù / 特約代理店．¶～维修店 wéixiūdiàn / アフターサービス特約店．②特別に招請する.
【特征】tèzhēng 名 **特徴**．¶声音 shēngyīn ～ / 声の特徴.
【特指】tèzhǐ 動 特に…をさしていう.
【特种】tèzhǒng 形 特殊な．特別の．¶～车 / 特装車．緊急車．¶～工艺 gōngyì / 特殊工芸．（象牙・玉石の彫刻，七宝焼などの）伝統的工芸．►略して“特艺 tèyì”という.

teng（ㄊㄥ）

1声 **腾 tēng** 擬《動作が一挙に行われるさま》がばっと．ぱっと；軽い足どり.
▸▸ téng

2声 ** **疼 téng** ①形 **痛い．痛む**．¶胃 wèi 很～ / 胃がひどく痛む．¶不小心把脚碰 pèng ～了 / 不注意で足をぶつけ痛くなった．②動 **かわいがる**．¶奶奶 nǎinai 最～小孙子 / おばあちゃんは下の孫がかわいくてしかたがない.
【疼爱】téng'ài 動（子供を）**かわいがる**．¶～小儿子 / 末っ子をかわいがる.
【疼怜】ténglián 動 かわいがる.
*【疼痛】téngtòng 形 **痛む．痛い**．¶伤口 shāngkǒu ～ / 傷口が痛い.
【疼惜】téngxī 動 かわいがり慈しむ.

腾 téng ①動（容器の中身・部屋・時間などを）**空にする**．¶～间房子 / 部屋を一つあける．
②接尾《多く軽声として動詞の後につき，繰り返し行うことを表す》¶闹 nào ～ / 騒ぎまわる．¶倒 dǎo ～ /（物を）出したり入れたりする；寝返りを打つ.
◇ ①躍り上がる．¶奔 bēn ～ / 勢いよく走る．②（空中に）昇る．¶升 shēng ～ / 昇る．‖姓
▸▸ tēng
【腾出】téng//chū 動（入れ物・場所・時間などを）**あけておく**．¶～时间 / 時間をあけておく．¶腾不出手来 / 手が離せない.
【腾达】téngdá 動〈書〉急上昇する；〈転〉出世する．栄達する.
【腾飞】téngfēi 動 ①飛び立つ．舞い上がる．②急速に発展する．¶经济 jīngjì ～ / 経済が急成長する.
【腾贵】téngguì 動（物価が）騰貴する.
【腾欢】ténghuān 動 喜びの声が沸き上がる.
【腾空】téng//kōng 動 空中に舞い上がる．跳びはねる．¶气球 qìqiú ～而起 / 風船は舞い上がっていった．¶～球 /〈体〉フライ．飛球.
【腾挪】téngnuó 動（金を）流用する；（物の置いてある）場所を変える．¶～专款 zhuānkuǎn / 特別金を流用する.
【腾迁】téngqiān 動（建設予定地をあけるために）立ち退く.
【-腾腾】-téngténg 接尾《形容詞・名詞の後について状態形容詞を作る》►tēngtēng と発音することもある．¶慢～ / のろのろと；しどろもどろの．¶杀气 shāqì ～ / 殺気だっているさま．¶蒸 zhēng 得暄 xuān ～的包子 / ふっくらと蒸し上がったパオズ．¶热～的茶 / 熱々のお茶.
【腾跃】téngyuè 動 ①はね上がる．跳び上がる．②〈書〉（物価が）急騰する.
【腾越】téngyuè ①動 飛び越す．②名〈体〉飛び越し.
【腾云驾雾】téng yún jià wù〈成〉（伝説で）魔術を使って空中を飛ぶ；〈転〉有頂天になる；（アヘンを吸って）いい気持ちになる.

T

誊(謄) **téng** 動 清書する．書き写す．¶照底稿 dǐgǎo ～一份 fèn / 原稿どおりに1部清書する．

【誊录】ténglù 動 書き写す．写しを取る．

【誊清】téngqīng 動 清書する．

【誊写】téngxiě 動 書き写す．¶～笔记 bǐjì / ノートを書き写す．

藤 **téng** 名〈植〉トウ；(広く)蔓性(まんせい)植物のつる．‖姓

【藤本植物】téngběn zhíwù 名〈植〉藤本(とうほん)植物．蔓性植物．

【藤黄】ténghuáng 名 ①〈植〉シオウ．草雌黄．ガンボージ．②黄色．黄橙色．

【藤萝】téngluó 名〈植〉フジ．

【藤球】téngqiú 名〈体〉セパタクロー．

【藤条】téngtiáo 名(細工用の)トウのつる．

【藤椅】téngyǐ 名 籐(とう)椅子．

【藤子】téngzi 名〈口〉(籐(とう)椅子などを作る)トウ．

tī (ㄊㄧ)

1声 **体**(體) **tī** ◇◆"体己 tīji"⇩という語に用いる．⏩ tǐ

【体己】tīji ⇀【梯己】tīji

***剔** **tī** ❶動 ①(骨から肉を)**そぎ取る**．¶把骨头上的肉～下来 / 骨についた肉をそぎ取る．②(すき間から)**ほじくり出す**．¶～牙缝儿 yáfèngr / つまようじを使う．歯をほじくる．¶～指甲 zhǐjia / 爪のあかをほじくり出す．③(悪いものを)**取り除く**；(悪いもの・欠点を)**選び出す，捜す**．¶把次品～出去 / 不良品を取り除く．

❷名(漢字の筆画)右上へ斜めにはねる"㇀"．

【剔除】tīchú 動(悪いものや不用なものを)取り除く．¶～糟粕 zāopò / かすを取り除く．

【剔红】tīhóng 名 堆朱(ついしゅ)．朱漆を厚く塗り重ねて模様を彫った工芸品．►"雕红漆 diāohóngqī"とも．

梯 **tī** ◇◆ ①はしご．¶爬 pá ～子 / はしごを登る．②はしごの働きをするもの．¶电～ / エレベーター．③はしごの形をしたもの．¶→～田 tián．

【梯度】tīdù 名 傾斜度．

【梯恩梯】tī'ēntī 名 TNT火薬．

【梯级】tījí 名 階段の1段．ステップ．

【梯己】tīji ①名 へそくり．②形 内輪の．¶～人 / ごく親しい人．►"体己"とも書く．

【梯田】tītián 名〈農〉**段々畑**．棚田．

【梯形】tīxíng 名〈数〉梯形．台形．

【梯子】tīzi 名 **はしご**．㊞ 个,架 jià．¶搭 dā ～ / はしごをかける．

锑 **tī** 名〈化〉アンチモン．Sb．¶～华 huá / 酸化アンチモン．

****踢** **tī** 動 **ける．けとばす**．❖～球 *qiú* / ボールをける．¶他～前锋 qiánfēng / 彼はサッカーのフォワードだ．

【踢蹬】tīdeng 動 ①足で踏んだりけったりする．足をばたばたさせる．②金を湯水のようにつかう．③片づける．

【踢毽子】tī jiànzi (子供の遊びの)羽根けりをする．►銅銭や金属片を布などで包み，ニワトリの羽毛を挿したものを足の内側で続けてけり上げる遊び．

【踢皮球】tī píqiú ①ゴムまりをけって遊ぶ．②〈慣〉(互いに)責任を押しつけ合ったり責任逃れをしたりする．たらい回しにする．

【踢踏】tītā 擬《人の足音》ぱたぱた．►重ねて用いることが多い．

【踢踏舞】tītàwǔ 名 タップダンス．

【踢腾】tīteng ⇀【踢蹬】tīdeng

2声 ****提** **tí** ❶動 ①(問題として)**出す，提起する，指摘する**．❖～问题 *wèntí* / 提案する．質問する．❖～意见 *yìjiàn* / 意見を出す．提言する．¶～方案 fāng'àn / 試案を提出する．

②(話題として)**取り上げる，触れる**．¶重 chóng ～旧事 jiùshì / 古い事を蒸し返す．¶一～起死去的母亲 mǔqin 我就想哭 kū / 亡くなった母の話をするたびに，私は泣きたくなる．

③(手に)**提げる，持つ**．¶手里～着个提包 / ハンドバッグを提げている．¶我来帮 bāng 你～吧 / お持ちしましょうか．

④**取り出す．引き出す**．¶从银行 yínháng ～走三千元 / 銀行から3000元引き出した．

⑤**引き上げる．引っ張り上げる**．¶～裤子 kùzi / ズボンを引き上げる．¶把水桶 shuǐtǒng 从井里～上来 / バケツを井戸から引っ張り上げる．

⑥(時間を)**繰り上げる**．¶运动会 yùndònghuì ～到本月进行 / 運動会を今月に繰り上げる．

❷名(漢字の筆画)右斜め上へのはね"㇀"．

◇◆(油・酒などを量る)ひしゃく状の道具．¶～子 / 同上．‖姓 ⏩ dī

【提案】tí'àn 名 提案．㊞ 条．

【提拔】tíba 動 **抜擢(ばってき)する**．¶～他当办公室主任 / 彼を事務長に登用する．

【提包】tíbāo 名 **手提げかばん**．ハンドバッグ．㊞ 只,个,种．

【提笔】tí//bǐ 動 **筆を執る．執筆する**．

*【提倡】tíchàng 動 **提唱する．奨励する．呼びかける**．¶～一对夫妇 fūfù 只生一个孩子 / 一人っ子を奨励する．

*【提出】tí//chū 動+方補(意見・問題・要求などを)**提出する．提起する**．¶～目标 mùbiāo / 目標を打ち出す．¶～要求 yāoqiú / 要求を掲げる．¶向大会～建议 / 会議に提案を行う．

【提单】tídān 名 貨物引替証．倉出し証．船荷証券．ビル．►"提货单 tíhuòdān"とも．

【提到】tí//dào 動+結補 **話が…に触れる．…に言及する**．¶他的讲话没有～财政 cáizhèng 问题 / 彼の話は財政問題に触れなかった．

【提兜】tídōu 名 手提げ袋．ハンドバッグ．

【提法】tífǎ 名(問題の)取り上げ方；表現方法．

【提纲】tígāng 名(文章・発言・討論などの)大綱，要点，要綱，レジュメ．¶汇报 huìbào ～ / 報告の要点．

【提高】tí//gāo 動(位置・程度・レベル・数量・品質などを)引き上げる，高める，向上させる**．¶～工作效率 xiàolǜ / 仕事の能率を上げる．¶水平提不高 / レベルが上がらない．¶生活水平有了很大的～ / 生活レベルは大きく向上した．

*【提供】tígōng 動(意見・資料・物資・条件などを)

提供する,供給する,提示する. ¶～建筑材料 jiànzhù cáiliào / 建築資材を提供する. ❖～方便 *fāngbiàn* / 便宜を与える.
【提花】tíhuā 名(～儿)織り出し模様. ジャカード. 綾織(あやおり).
【提货】tí//huò 動(倉庫の)品物を引き取る.
【提货单】tíhuòdān ⇀【提单】tídān
【提价】tí//jià 動 値上げをする. ¶借机 jiè jī ～ / 便乗値上げをする.
*【提交】tíjiāo 動(討論や処理が必要な案件を)**提出する**. ¶～大会讨论 tǎolùn / 大会の討議に回す. ¶～报告书 / 報告書を提出する.
【提款】tí//kuǎn 動(預金などを)引き出す. ¶从银行～ / 銀行から預金を引き出す.
【提篮】tílán 名(～儿)手提げのかご.
【提炼】tíliàn 動(化学的・物理的方法で化合物や混合物から成分を)取り出す,抽出する.
【提梁】tíliáng 名(～儿)(鍋・土瓶などの)つる,取っ手;(かばんなどの)提げ手.
【提名】tí//míng 動(候補者として)指名する. ノミネートする. ¶～他为 wéi 候选人 hòuxuǎnrén / 彼を候補者に指名する.
【提起】tí//qǐ 動+方補 ①言う. 言い出す. (話に)触れる. ②奮い起こす. ¶～精神 / 元気を出す. ③提起する. ¶～诉讼 sùsòng / 訴訟を起こす.
*【提前】tíqián 動(予定の期限を)**繰り上げる**,早める. ¶～交 jiāo 论文 / 期限前に論文を提出する. ¶～出发 / 出発を繰り上げる.
【提亲(事)】tí//qīn(shì) 動 仲人として縁談を持ち込む.
【提琴】tíqín 名〈音〉バイオリン・ビオラ・チェロ・コントラバスの総称;(特に)バイオリン. 量 把.
【提取】tíqǔ 動 ①(預金や預けておいた物などを)**引き出す,取り出す**,受け取る. ¶～存款 cúnkuǎn / 預金を引き出す. ②(化学的・物理的方法で)抽出する.
【提神】tí//shén 動 元気を回復させる. 眠気を覚ます. ¶～剂 jì / 刺激剤. 興奮剤.
【提审】tíshěn 動〈法〉①尋問する. ②(事件の重大性やその他の原因で)下級裁判所で審理中または審理済みの案件を上級裁判所が再審理する.
【提升】tíshēng 動 ①**昇格させる. 昇進させる**. ②(ウインチなどで)引き揚げる. ¶～设备 shèbèi / 昇降設備.
【提示】tíshì 動 ヒントを与える;注意を促す.
【提手】tíshǒu ⇀【提梁】tíliáng
【提土旁】títǔpáng 名(～儿)(漢字の偏旁)つちへん. "扌". ►"剔土旁 tītǔpáng"とも.
【提问】tíwèn 動(多くは教師が学生に)**問題を出す. 質問する**. ¶我～,大家回答 / 私が質問するから,みなさん答えてください.
【提线木偶】tíxiàn mù'ǒu 名 操り人形. マリオネット.
【提箱】tíxiāng 名 スーツケース. トランク.
【提携】tíxié 動 ①子供の手を取って歩く. ②(仕事・事業などで)後進を育てる,引き立てる.
【提心吊胆】tí xīn diào dǎn 〈成〉おっかなびっくりである. 心中びくびくする.
【提醒】tí//xǐng 動(忘れないように)**注意を与える,指摘してやる**. ¶～他别迟到 chídào / 彼に遅れないように注意する. ¶我要是忘了台词 táicí,请给我提个醒 / もしも私がせりふを忘れていたらヒントを与えてください.
【提选】tíxuǎn 動 選別する. 選出する.
【提要】tíyào ①名(本や文章の)要約. ¶内容～ / (本の)内容要約. ②動 要約を書く.
*【提议】tí//yì ①動 **提議する. 提案する**. ¶我～投票选举 xuǎnjǔ 班长 / 投票による級長の選出を提案します. ②名 提議. 提案. ¶大会一致 yīzhì 通过了他们的～ / 大会は満場一致で彼らの提案を採択した.
【提早】tízǎo 動(時期を)繰り上げる. ¶～动身 / 予定より早く出発する.

啼 tí 動(鳥やけものが)**鳴く**. ¶公鸡 gōngjī ～一遍他就醒 xǐng 了 / オンドリがひと声鳴くと彼は目が覚めた.
◇◆(人が声を出して)泣く. ‖ 姓
【啼饥号寒】tí jī háo hán 〈成〉飢えや寒さに泣く. 生活が非常に困窮している.
【啼哭】tíkū 動(声を上げて)泣く. ¶婴儿 yīng'ér 的～声 / 赤ん坊の泣き声.
【啼笑皆非】tí xiào jiē fēi 〈成〉泣くに泣けず笑うに笑えない;〈転〉進退きわまってどうしてよいか分からない.

鹈 tí "鹈鹕 tíhú"⬇という語に用いる. ►日本語の「鵜(う)」は"鸬鹚 lúcí""鱼鹰 yúyīng"などという.
【鹈鹕】tíhú 名〈鳥〉ペリカン.

***题** tí ①名 **題. 表題**;(試験や練習の)**問題**. 量 道,个. ¶出五道～ / 問題を5題出す. ¶离 lí ～太远 / 文章や話が本題から離れ横道にそれている.
②動 書き記す. ¶～诗 shī / 詩を作って書き記す. ¶某某 mǒumǒu ～ / 某某記す. ‖ 姓
【题跋】tíbá 名 題辞と跋(ばつ). 前書きと後書き.
【题材】tícái 名 **題材**. ¶以 yǐ 留学生为 wéi ～的小说 / 留学生を題材にした小説.
【题词】tí//cí ❶動 題辞(記念や励ましの言葉)を書く. ❷名 ①題辞. ②前書き. 序文.
【题记】tíjì 名 前書き. 巻頭の語.
【题解】tíjiě 名 ①解題. ②問題解説集.
【题名】tí//míng ❶動(記念や表彰のために)姓名を書き記す. ❷名 ①(記念のために)書いた名前. ②題目.
*【题目】tímù 名 ①**表題. タイトル. テーマ**. ¶讨论 tǎolùn ～ / 討論のテーマ. ②(試験や練習の)**問題**. ¶出～ / 問題を出す.
【题字】tí//zì ①動(記念に)字句を書き記す. ②名(記念に)書き記された字句.

醍 tí "醍醐 tíhú"⬇という語に用いる.
【醍醐】tíhú 名〈書〉①精製した乳酪. ②最高の仏法. ¶～灌顶 guàndǐng / 知恵を授けて悟りを開かせる.

蹄 tí 名 ひづめ.
【蹄筋】tíjīn 名(～儿)ウシ・ヒツジ・ブタのアキレスけん.
【蹄髈】típǎng 名〈方〉ブタのもも肉.
【蹄子】tízi 名〈口〉ひづめ.

3声 **体**(體) **tǐ** 名〈語〉相．アスペクト．
◇◆ ①身体．からだ(の一部)．¶→～重 zhòng．¶肢 zhī～／四肢．手足．②物体．全体．¶整 zhěng～／全体．総体．¶集～／集団．③(文章や文字などの)スタイル，形式．¶粗 cū～字／ゴシック活字．¶文～／文体．④自ら体験する．¶→～验 yàn．¶→～谅 liang．
注意 現代語で，日本語の「からだ」に当たる語は“身体 shēntǐ”や“身子”．‖姓 ▸▸ tī

【体裁】tǐcái 名(文学作品の)様式，ジャンル．

*【体操】tǐcāo 名 **体操**．¶～垫子 diànzi／(体操用の)マット．❖做 *zuò*～／体操をする．

【体察】tǐchá ①動 実地に調べる．察する．②名 体験と観察．

【体罚】tǐfá ①動 体罰を加える．②名 体罰．

【体格】tǐgé 名 体格．体つき．¶～很好／体つきがよい．¶检查 jiǎnchá～／身体検査をする．

*【体会】tǐhuì ①動 **体得する**．(体験や経験により)理解する．¶他终于 zhōngyú～到了当老师的艰辛 jiānxīn／彼はやっと教師の苦労が体得できた．②名 体得．理解．¶你有什么～？／何か得るところがありましたか．

*【体积】tǐjī 名 **体積**．¶～大／かさばる．

【体检】tǐjiǎn 名〈略〉身体測定．健康診断．

【体例】tǐlì 名 ①(著作や文章の)体裁，形式，格式．②事務処理の規則．

【体力】tǐlì 名 **体力**．¶消耗 xiāohào～／体力をすり減らす．¶增强 zēngqiáng～／体力をつける．¶～测验 cèyàn／スポーツテスト．¶～劳动 láodòng／肉体労働．力仕事．¶～培养 péiyǎng／体力作り．

【体谅】tǐliang 動 **思いやる**．他人の気持ちを理解する．同情する．¶～别人的困难 kùnnan／他人の難儀を思いやる．

【体貌】tǐmào 名〈書〉体つきと顔かたち．容姿．

*【体面】tǐmian ❶名 **体面**．**面目**．¶有失～／体面を失う．沽券(こけん)にかかわる．❖讲 *jiǎng*～／体面を重んじる．❷形 ①**体裁がいい**．顔が立つ．名誉である．¶不～的行为 xíngwéi／不名誉な行い．②(容貌や様子が)美しい．立派である．¶这姑娘不仅 bùjǐn 长 zhǎng 得～，而且 érqiě 很能干 nénggàn／その娘さんは顔がきれいなだけでなく，仕事もよくできる．

【体脑倒挂】tǐ nǎo dào guà〈成〉頭脳労働者の収入が肉体労働者より少ない(社会現象)．

【体念】tǐniàn 動 思いやる．人の身になる．

【体魄】tǐpò 名 体力と気力．心身．

【体虱】tǐshī 名〈虫〉(人体に寄生する)シラミ．

【体态】tǐtài 名 姿態．体つき．¶～语 yǔ／ボディーランゲージ．¶～轻盈 qīngyíng／体つきがしなやかで美しい．

【体坛】tǐtán 名 スポーツ界．

【体贴】tǐtiē 動(他人の身になって)**思いやる**，いたわる．¶你该 gāi～～人家 rénjia／君は人のことを思いやるべきだ．¶～入微／思いやりが行き届く．

【体统】tǐtǒng 名 体裁．格好．パターン．品位．¶不成～／格好がつかない．さまにならない．¶有失～／失態を演じる．

【体味】tǐwèi 動(言葉や事柄の意味を)じっくり味わう．

【体温】tǐwēn 名 **体温**．¶～表 biǎo／体温計．¶～计 jì／体温計．¶给病人量 liáng～／病人の体温を計る．

【体无完肤】tǐ wú wán fū〈成〉①全身傷だらけである．②〈転〉完膚なきまでにやられる；文章が原形をとどめないほど添削される．

*【体系】tǐxì 名 **体系**．**体制**．システム．¶思想～／思想体系．イデオロギー．¶工业～／工業システム．

【体现】tǐxiàn 動(ある事物がある性格を)**体現する**，**具体的に表す**．¶字能～一个人的文化素养 sùyǎng／(書いた)字は(書いた)人の教養を具体的に表している．字は人なり．

【体形】tǐxíng 名(人や動物の)体の格好．体形；〈転〉(機械などの)形状．

【体型】tǐxíng 名(人の)**体格**．**体型**．¶～肥胖 féipàng／太った体つき．

【体恤】tǐxù 動 人の身になっていたわる．

【体验】tǐyàn 動 **体験する**．¶～社会生活／社会生活を体験する．

*【体育】tǐyù 名 **体育**．**スポーツ**．¶～课 kè／体育の授業．¶～锻炼 duànliàn／スポーツによる鍛練．¶～道德／スポーツマンシップ．

*【体育场】tǐyùchǎng 名 **グラウンド**．**運動場**；スタジアム．

*【体育馆】tǐyùguǎn 名 **体育館**．

【体育运动】tǐyù yùndòng 名 スポーツ．

【体制】tǐzhì 名 ①(国家機関・企業・事業体などの)**体制**，**システム**．¶领导 lǐngdǎo～／指導体制．②(文章の)体裁，形式．

【体质】tǐzhì 名 体力．体位．体質．¶增强 zēngqiáng～／体力を向上させる．

【体重】tǐzhòng 名 **体重**．¶称 chēng～／体重をはかる．

4声 **屉**(屜) **tì** ①量 せいろうあるいは引き出しに入れたものを数える．¶一～馒头 mántou／せいろう一枠のマントー．¶两～书／引き出し二つの本．②名(ベッドや椅子の取り外しのできる)スプリングマットレス．クッション．
◇◆ 引き出し．¶抽～ chōuti／引き出し．

剃(鬀) **tì** 動(毛やひげを)**剃る**．❖～胡子 *húzi*／ひげを剃る．

【剃刀】tìdāo 名(刃の長い)かみそり，ひげ剃り．

【剃度】tìdù 動〈仏〉髪を剃って得度する．

【剃光头】tì guāngtóu ①坊主頭に剃る．②〈慣〉何一つ残らない；木を乱伐してはげ山になる；(試験・試合・ばくちなど)ゼロになる．

【剃胡膏】tìhúgāo 名 シェービングクリーム．

【剃头】tì//tóu 動 **髪を剃る**；散髪する．¶～棚 péng(儿)／〈旧〉(露天の)床屋．

【剃须刀】tìxūdāo 名 かみそり．ひげ剃り．¶安全～／安全かみそり．¶电动～／電気かみそり．

倜 **tì** “倜傥 tìtǎng”⬇という語に用いる．

【倜傥】tìtǎng 形〈書〉あかぬけている．

涕 **tì** ◇◆ ①涙．¶～泣 qì／〈書〉悲しくて涙をこぼす．②鼻水．¶鼻 bí～／鼻水．

【涕泪】tìlèi 名 涙；涙と鼻水.
【涕零】tìlíng 動 涙を流す.

悌 tì ◇◆ 兄を敬愛すること. 年長者に心から仕えること. ¶孝 xiào ～ / 親によく仕え兄弟仲よくする.

惕 tì ◇◆ 慎み深い. 慎重である. ¶警 jǐng ～ / 警戒(する). 警戒心. ¶～厉 lì 〔励〕/ 〈書〉警戒する.

*替 tì ① 動 …に代わる. …の代わりをする. ¶你～～他吧 / 彼の代わりにやってあげなさい. ¶我去把他～回来 / 私が交替しに行って,彼を帰らせてくる. ② 前 …のために. ► 名詞や人称代詞の前に置く. ¶～孩子换衣服 / 子供の着替えをする. ¶大家都在～你担心 dānxīn / みんなはきみのことで心配している. ¶～我向他问好 / 彼によろしくお伝えください.
◇◆ 衰える. ¶兴 xīng ～ / 盛衰.
【替班】tì//bān 動(～儿)臨時に勤務を代わる.
【替补】tìbǔ ① 動 …の代わりをする. 補欠をとる. ¶～队员 duìyuán / 補欠選手. ¶找 zhǎo 人～ / 代わりの人を見つける. ② 名〈体〉補欠(選手).
【替代】tìdài 動 代わりをする. 取って代わる.
【替工】tì//gōng ① 動(～儿)臨時に代わって働く. ¶他有事,我来给他～儿 / 彼は用事があるから,私が代わって仕事をしよう. ② 名 臨時に代わって働く人.
【替换】tìhuàn 動(人や衣服などを)取り替える,交替する. ¶你去～他一下 / ちょっと彼と代わってやりなさい.
【替角儿】tìjuér 名(芝居の)代役.
【替身】tìshēn 名 身代わり. 影武者. ¶当 dāng ～ / 身代わりになる. ¶～演员 yǎnyuán / スタントマン.
【替手】tì//shǒu ① 動(～儿)代わりにやる. ② 名 代わりの人. ¶派 pài ～ / 代わりの者をよこす.
【替死鬼】tìsǐguǐ 名 身代わり. (人のために)罪をかぶる者.
【替罪羊】tìzuìyáng 名 スケープゴート.

嚏 tì "嚏喷 tìpen" ⬇ "喷嚏 pēntì"(〈口〉くしゃみ)という語に用いる.

【嚏喷】tìpen 名〈口〉くしゃみ. ❖打 *dǎ* ～ / くしゃみをする.

tian(ㄊㄧㄢ)

1声 **天 tiān 名 ① 一日；一昼夜；(特に)昼間. ¶三～三夜 / 三日三晩. ¶请两～假 jià / 二日間の休みを取る. ¶～～打扫 dǎsǎo 卫生 wèishēng / 毎日掃除をする. ¶本月有三十一～ / 今月は31日ある.
②(～儿)(一日のうちのある)時刻,時間. ¶～还早,再坐一会儿吧 / 時間はまだ早いからもう少しごゆっくりなさってください. ¶三更 gēng ～ / 真夜中の午前12時から2時まで.
③(～儿)天気；気候；季節. ¶～暖和 nuǎnhuo 了 / (天気が)暖かくなった.
④ 空. 天. 天空. ¶飞机飞上了～ / 飛行機が空に昇っていった. ¶～上有云 yún / 空に雲がある. ¶～晴了 / 空が晴れた.
⑤ 神さま. ¶谢～谢地 / ありがたやありがたや. ¶～哪！/ ああ神よ.
◇◆ ①自然(の). ¶→～然 rán. ②生来の. 生まれつきの. ¶→～才 cái. ¶→～命 mìng. ③天. 天国. ¶→～意 yì. ¶→～堂 táng. ④てっぺんにある. ¶→～窗 chuāng. ¶→～线 xiàn. ‖ 姓
【天崩地裂】tiān bēng dì liè 〈成〉大音響や大変動のたとえ. ►"天崩地坼 chè"とも.
【天边】tiānbiān 名(～儿) ① 空の果て. きわめて遠いところ. ¶远在～,近在眼前 / 遠いようでも案

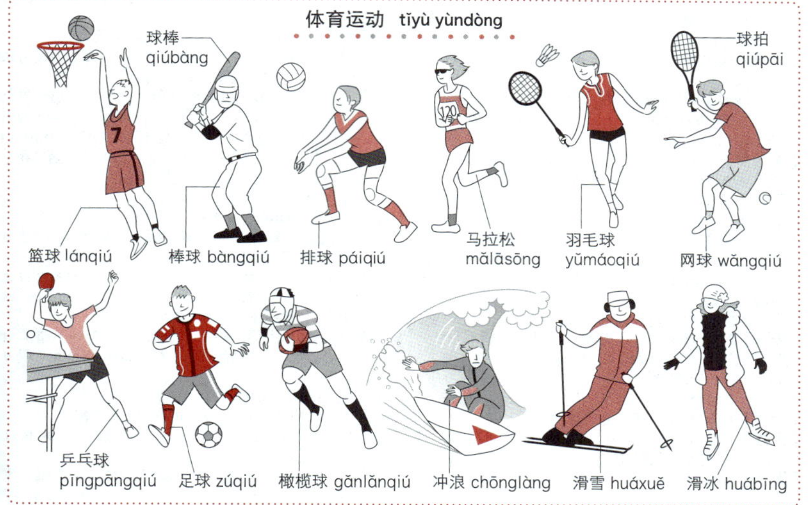

外身近である．②→【天际】tiānjì
【天禀】tiānbǐng 名〈書〉生まれつきの性質．
【天不怕,地不怕】tiān bù pà, dì bù pà〈慣〉天も地も恐れない．向こう見ずである．
【天才】tiāncái 名 **卓越した創造力**．天分．**天才（児）**．¶这孩子有音乐 yīnyuè ～ / この子には音楽の天分がある．
【天长地久】tiān cháng dì jiǔ〈成〉(愛情や友情が天地のように)とこしえに変わらない．
【天长日久】tiān cháng rì jiǔ〈成〉長い時間がたつ．
【天窗】tiānchuāng 名(～儿)天窓．明かり窓．¶打开～说亮话 liànghuà /〈諺〉腹を割って遠慮なく話す．
【天大】tiāndà 形 非常に大きい．¶～的笑话儿 / 途方もない笑い話．
【天道】tiāndào 名 ①天地自然の道理．天道．②〈方〉天気．
【天底下】tiāndǐxia 名〈口〉世の中．世界．
【天地】tiāndì 名 **天と地**．天地；〈喩〉**世界**．**境地**．►人の活動範囲のたとえ．¶别有～ / 特別の境地をつくり出している．
【天帝】tiāndì 名 天帝．上帝．
【天鹅】tiān'é 名〈鳥〉ハクチョウ．スワン．圖 只 zhī．
【天鹅绒】tiān'éróng 名〈紡〉ビロード．ベルベット．
【天鹅座】tiān'ézuò 名〈天〉白鳥座．
【天翻地覆】tiān fān dì fù〈成〉天地がひっくり返るような変化；上を下への大騒ぎ．
【天妃】tiānfēi 名(航海の安全をつかさどる)海の女神．
【天分】tiānfèn 名 天分．素質．
【天府之国】tiān fǔ zhī guó〈成〉資源に富み物産が豊かなところ．►一般に四川省をさす．
【天父】tiānfù 名〈宗〉(キリスト教で)神,天にいます父．
【天赋】tiānfù ①動 自然が与える．②名 素質．生まれつき．
【天干】tiāngān 名 十干．►十二支と組み合わせて年を表記した．
【天高地厚】tiān gāo dì hòu〈成〉①恩義が深い．②物事が複雑である．¶不知～ / 非常に思い上がっている．
【天高气爽】tiān gāo qì shuǎng〈成〉空が高く天気がさわやかである．►秋晴れの形容．
【天各一方】tiān gè yī fāng〈成〉(二人が)遠く離れ離れになっている．
【天公地道】tiān gōng dì dào〈成〉きわめて公平である．
【天光】tiānguāng 名 ①時間のころあい．¶～不早了,该 gāi 回家了 / もう遅いので,家に帰らないと．②(早朝の)空の色．③空の光．日光．④〈方〉朝．
【天国】tiānguó 名 ①**天国**．②理想の世界．
【天寒地冻】tiān hán dì dòng〈成〉天地も凍る．凍てつくような寒さ．
【天汉】tiānhàn 名〈書〉天の川．銀河．
【天河】tiānhé 名 天の川．銀河．
【天候】tiānhòu 名 天候．¶全～跑道 /(空港の)全天候滑走路；(競技場の)全天候トラック．
【天花】tiānhuā 名 ①〈医〉天然痘．②〈農〉トウモロコシの雄花．
【天花板】tiānhuābǎn 名 天井板．
【天花乱坠】tiān huā luàn zhuì〈成〉(人の気を引こうとして)ありそうもないことをべらべらしゃべる．
【天皇】tiānhuáng 名 天子；(日本の)天皇．
【天昏地暗】tiān hūn dì àn〈成〉天地が暗くなる；暗黒の状態．政治が腐敗し,社会が混乱するたとえ．►"天昏地黑"とも．
【天火】tiānhuǒ 名(自然に起こった)火災．
【天机】tiānjī 名 ①天機．深く隠さねばならぬ秘密．¶～不可泄漏 xièlòu / 天機漏らすべからず．②(自然界の)不思議な現象,秘密．
【天际】tiānjì 名(肉眼で見える)地平の果て．
【天价】tiānjià 名(↔地价)天井知らずの高値．
*【天津】Tiānjīn 名〈地名〉天津(てんしん)．►中国の一級行政区の一つで省と同レベル．
【天经地义】tiān jīng dì yì〈成〉絶対に正しい道理．至極当たり前のこと．
【天井】tiānjǐng ①(四方を家に囲まれた)中庭．②天窓．明かり取り．
*【天空】tiānkōng 名 **空**．**大空**．¶蔚蓝 wèilán 的～ / 青い大空．
【天狼星】tiānlángxīng 名〈天〉シリウス．
【天理】tiānlǐ 名 ①(宋代の理学者のいう)道徳規範．②道理．道義．¶～难容 nánróng / 道義上許されない．
【天良】tiānliáng 名(生まれつきの)良心．
【天亮】tiān//liàng 動 **夜が明ける**．¶天不亮,他就醒 xǐng 了 / 夜が明けないうちに彼は目が覚めた．
【天伦】tiānlún 名〈書〉(親子兄弟の別は自然の秩序であることから)親子兄弟の関係．¶～之乐 lè / 一家団欒(だんらん)の楽しみ．
【天罗地网】tiān luó dì wǎng〈成〉上下四方に張りめぐらされた包囲の網；厳重な警戒．
【天马行空】tiān mǎ xíng kōng〈成〉詩文や書の筆法が自由奔放で豪放であるなさま．
【天明】tiān//míng ①動 夜が明ける．②名 夜明け．
【天命】tiānmìng 名 天命．運命；天寿．
【天幕】tiānmù 名 ①〈書〉大空．②(舞台の後方に掛ける)ホリゾント幕,ドロップ幕．
【天南地北】tiān nán dì běi〈成〉①地域が異なる；遠く離れている．¶大家来自 láizì ～ / みんなが全国各地から集まってくる．②(話に)とりとめがないさま．¶～地闲扯 xiánchě 一通 / よもやま話に花を咲かせる．►"天南海 hǎi 北"とも．
【天年】tiānnián 名〈書〉天寿．
【天牛】tiānniú 名〈虫〉カミキリムシ．
【天怒人怨】tiān nù rén yuàn〈成〉悪行のあまりみんなから恨まれる．
【天棚】tiānpéng 名 ①〈建〉天井．②大きな日よけ用アンペラ屋根．
【天平】tiānpíng 名 てんびん．
【天气】tiānqì 名 **天気．**気候**．¶今天～不错 / 今日はとてもいい天気だ．¶～转 zhuǎn 阴 yīn / 曇りになる．
【天气图】tiānqìtú 名 天気図．
*【天气预报】tiānqì yùbào 名 **天気予報**．
【天堑】tiānqiàn 名〈書〉天険．天然の堀．►長江をさすことが多い．
【天桥】tiānqiáo 名 ①跨線(こせん)橋；歩道橋．¶过街 guòjiē ～ / 歩道橋．圖 座．②〈体〉天橋．平均台の一種.
【天琴座】tiānqínzuò 名〈天〉琴座.
【天穹】tiānqióng 名 蒼穹(そうきゅう). 大空.
【天趣】tiānqù 名(作品の)風趣,自然の趣.
【天然】tiānrán 形 **天然の. 自然の.** ¶这里的湖泊 húpō 是～的 / ここの湖は人造のものではない.
【天然气】tiānránqì 名〈化〉**天然ガス.** ►"天然煤气"とも.
【天壤】tiānrǎng 名〈書〉天と地. ¶～之间 / 天地の間. ¶～之别 / 天地の差. 雲泥の差.
【天日】tiānrì 名〈書〉空と太陽. 日の目.
【天色】tiānsè 名 ① **時間のころあい.** 時刻. ¶～还早,再坐一会儿吧 / まだ早いから,どうぞごゆっくり. ② **空模様.**
【天上】tiānshàng 名 空の上.天空.上空. ►tiānshang とも発音する. ¶～掉不下馅儿饼 xiànrbǐng 来 / 〈諺〉天からぼたもちは落ちてこない. ¶～人间 / 天上と下界;〈喩〉隔たりが大きい.
【天生】tiānshēng 形 **生まれつきの.** ¶本事 běnshi 是学来的,不是～的 / 能力は学んで身につけたもので生まれつきのものではない.
【天时】tiānshí 名 ① 天候. 気象条件. ② 時機. 機会. チャンス. ¶错过～ / チャンスを逃す.
【天使】tiānshǐ 名 天使. エンゼル. ¶～鱼 yú / エンゼルフィッシュ.
【天授】tiānshòu 形 天賦の. 生まれつきの.
【天书】tiānshū 名 ① 神様が書いた本や文字;〈喩〉難解な文字・文章. ②〈旧〉(君主の)詔勅.
【天数】tiānshù 名 〈書〉天の定め. 天命. 運命.
【天塌地陷】tiān tā dì xiàn 〈成〉天地が崩れるほどの大事件が起こる.
【天堂】tiāntáng 名 **天国**;〈転〉**楽園. パラダイス.** ¶～地狱 dìyù / 天国と地獄. ¶上有～,下有苏杭 Sū Háng / 〈諺〉天上には極楽があり,地上には蘇州・杭州がある.
【天梯】tiāntī 名 ①〈書〉天に昇るはしご. ②(高層建築に設置する)救命用のはしご.
【天体】tiāntǐ 名 天体.
【天天】tiāntiān 名(～儿)毎日. ¶～早起锻炼 duànliàn 身体 shēntǐ / 毎日,早く起きて体を鍛える.
【天王星】tiānwángxīng 名〈天〉天王星.
【天网恢恢】tiān wǎng huī huī 〈成〉天が張りめぐらした法網は広大で目は粗くても悪人や悪事を逃すことはない. ►よく"疏而不漏 shū ér bù lòu"と続く.
【天文】tiānwén 名 **天文(学).** ¶～望远镜 wàngyuǎnjìng / 天体望遠鏡.
【天文馆】tiānwénguǎn 名 プラネタリウム館.
【天文数字】tiānwén shùzì 名 天文学的数字.
【天文台】tiānwéntái 名 天文台.
【天无绝人之路】tiān wú juérén zhī lù 〈諺〉天は人を見捨てない. 道は必ず開ける.
【天下】tiānxià 名 ① **世界.** 全国. **この世.** ¶我们的朋友遍 biàn ～ / われわれは世界の至る所に友達をもっている. ¶～的乌鸦 wūyā 一般黑 hēi / 〈諺〉どこの悪人もみな腹黒い. ② 国家の支配権. 政権. ¶打～ / 天下を取る. 政権を握る. ¶坐～ / 政権の座につく.
【天下无难事,只怕有心人】tiānxià wú nánshì, zhǐ pà yǒuxīnrén 〈諺〉世の中に難しいことはない,心がけしだいである. なせばなる.
【天仙】tiānxiān 名 天女;〈喩〉絶世の美女.
【天险】tiānxiǎn 名 天険. 自然の要害.
【天线】tiānxiàn 名〈電〉**アンテナ.** (量) 个,根. ¶安装 ānzhuāng 电视～ / テレビのアンテナをとりつける.
【天香国色】tiān xiāng guó sè 〈成〉絶世の美人. ►もとはボタンの花をほめた言葉. "国色天香"とも.
【天晓得】tiān xiǎode 〈慣〉神のみぞ知る. だれが知るものか. ¶～他怎么在那儿! / 彼がどうしてあそこにいたかだれが知るものか.
【天蝎座】tiānxiēzuò 名〈天〉さそり座.
【天幸】tiānxìng 名 不幸中の幸い. 意外な幸運.
【天性】tiānxìng 名 天性. 生まれつきの性質.
【天旋地转】tiān xuán dì zhuǎn 〈成〉 ①(目まいがして)天地がぐるぐる回る. ② 大騒ぎする. ¶婆媳 póxí 俩儿吵 chǎo 了个～ / しゅうとめと嫁二人は上を下への大騒ぎをした. ③ 重大な変化のたとえ. ►①②③とも"转"は zhuàn とも発音される.
【天涯】tiānyá 名 空の果て. ¶～海角 hǎijiǎo / 天地の果て. 非常に遠い所.
【天衣无缝】tiān yī wú fèng 〈成〉(多く詩文について)いささかのすきもなく完全である.
【天意】tiānyì 名 天意. 神意.
【天鹰座】tiānyīngzuò 名〈天〉わし座.
【天有不测风云】tiān yǒu bù cè fēngyún 〈諺〉災いは意外なときにやってくるものだ. 一寸先は闇(やみ). ►後に"人有旦夕 dànxī 祸福 huòfú"と続くことがある.
【天宇】tiānyǔ 名〈書〉天空;天下.
【天渊】tiānyuān 名〈書〉大空と深淵. ¶～之别 / 天地の差. 雲泥の差. ¶相去 xiāngqù ～ / 違いが天地ほどもある.
【天灾】tiānzāi 名 天災. ¶遭受 zāoshòu ～ / 天災に見舞われる. ¶～病业 / 天災や病苦. ¶～人祸 rénhuò / 天災と人災.
【天葬】tiānzàng 名(死体を鳥類についばませる)鳥葬.
*【天真】tiānzhēn 形 ①(子供が)**無邪気である.** あどけない. ¶～烂漫 lànmàn / 天真爛漫(らんまん). ②(考え方が)**単純である. お人よしである.** ¶你的想法 xiǎngfa 太～了 / 君の考えはあまりにも甘すぎる.
【天知道】tiān zhīdao 〈慣〉神のみぞ知る. 分からない. ¶～那是怎么一回事 / それはどういうことなのかさっぱり分からない.
【天知地知,你知我知】tiān zhī dì zhī, nǐ zhī wǒ zhī (天と地と二人の当事者を除けば)他に知る人はいない;〈転〉極秘.
【天职】tiānzhí 名 天職. 果たすべき職責.
【天诛地灭】tiān zhū dì miè 〈成〉天地も許さない. 神様のばちがあたる. ►誓いや人をののしる言葉.
【天竹】tiānzhú 名〈植〉ナンテン. ナンテンダケ.
【天竺葵】tiānzhúkuí 名〈植〉テンジクアオイ.
【天竺鼠】tiānzhúshǔ 名〈動〉モルモット.
【天主】tiānzhǔ 名〈宗〉(キリスト教で)神,天帝.
【天主教】Tiānzhǔjiào 名(キリスト教の)カトリック,旧教.
【天主堂】tiānzhǔtáng 名〈宗〉カトリック教会(の建物). 天主堂.
【天资】tiānzī 名 素質. 資質. 生まれつき.
【天子】tiānzǐ 名 天子. 皇帝.

【天字第一号】tiānzì dìyī hào 〈惯〉第一の．最上の．ナンバーワン．

【天尊】tiānzūn 名（道教で）神仙に対する尊称；（仏教で）仏に対する尊称．

【天作之合】tiān zuò zhī hé 〈成〉天与の良縁．►婚礼の祝辞に多く用いる．

＊添 tiān 動 ①追加する．付け加える．¶～件新衣服／服を１着新調する．¶～饭／ご飯のお代わりをする〔つぐ〕．¶给你～麻烦 máfan 了／どうもお世話になりました．どうもお手数をかけました．
②〈方〉（子供が）生まれる．¶她家～了个小女孩儿／彼女の家では女の子が生まれた．‖姓

【添病】tiān//bìng 動 病気を増やす；〈転〉よくないことが加わる．

【添补】tiānbu 動 ①（衣服・用具などを）補充する，買い足す．②（金銭・物で）補助する．

【添购】tiāngòu 動（衣服や家財道具などを）買い足す，購入する．

【添火】tiān//huǒ 動（暖炉・かまどなどに）燃料を加える．

【添加剂】tiānjiājì 名 添加剤〔物〕．

【添乱】tiān//luàn 動 面倒をかける．面倒が増える．¶给你～了／ご面倒をかけました．

【添设】tiānshè 動 増設する．

【添油加醋】tiān yóu jiā cù 〈成〉（わざと）話に尾ひれをつけ，聞く人の不満をかき立てる．

【添枝加叶】tiān zhī jiā yè 〈成〉話に尾ひれをつける．誇張する．►"添枝添叶"とも．

【添置】tiānzhì 動（機械や道具などを）買い足す，増やす．¶～家具／家具を買い入れる．

【添砖加瓦】tiān zhuān jiā wǎ 〈成〉大事業のために微力をささげる．

2声

＊田 tián ①名 田畑；〈方〉水田．¶种 zhòng～／田畑を作る．②動〈古〉狩猟する．
◇ 地下資源の採れる場所．¶油～／油田．‖姓

【田鳖】tiánbiē 名〈虫〉タガメ．カッパムシ．

【田产】tiánchǎn 名 不動産としての田畑．

＊【田地】tiándì 名 ①田畑．量 块，亩．②（多く好ましくない）程度，状態．¶事情已到不可补救 bǔjiù 的～／事態は取り返しのつかない状態に至った．¶落 luò 到了这步～！／まあとんだことになったものだなあ．⇨【地步】dìbù

【田埂】tiángěng 名 あぜ．あぜ道．

【田鸡】tiánjī 名 ①（食用の）カエル．②〈鳥〉クイナ．バン．

【田间】tiánjiān 名 野良．畑；農村．¶～劳动 láodòng／農作業．

【田径】tiánjìng 名〈体〉フィールドとトラック．¶～赛 sài／陸上競技（会）．¶～运动 yùndòng／陸上競技．

【田螺】tiánluó 名〈貝〉タニシ．

【田亩】tiánmǔ 名 田畑．田地．

【田赛】tiánsài 名〈体〉フィールド競技．

【田鼠】tiánshǔ 名〈動〉ノネズミ；ハムスター．

【田头】tiántóu 名（田の）あぜ．

＊【田野】tiányě 名 田畑と野原．野外．¶～工作／（科学研究の）野外作業．フィールドワーク．

【田园】tiányuán 名 田園．田舎．¶～风光／田園風景．

佃 tián 動〈古〉①田畑を耕す．農作業をする．②狩猟する．➡ diàn

畑 tián 名（和製漢字）畑．►日本人の姓に用いることが多い．

恬 tián ◇ ①安らかである．静かである．②（全然）気にしない．平然としている．

【恬不知耻】tián bù zhī chǐ 〈成〉平然として恥を知らない．

【恬静】tiánjìng 形〈書〉心が落ち着いている．

【恬然】tiánrán 形〈書〉平然としている．図々しい．

【恬适】tiánshì 形〈書〉心が静かで心地よい．

钿 tián 名〈方〉①硬貨．コイン；お金．¶几～？／いくら．②料金．¶车～／車賃．➡ diàn

畠 tián 名（和製漢字）畑．►日本人の姓に用いることが多い．

＊＊甜 tián 形 ①（味が）甘い．¶这西瓜 xīguā 好～哪！／このスイカはほんとうに甘い．¶他不爱吃～的／彼は甘いものが好きでない．②《人に愉快で心地よい感じを与える》うまい．かわいい．甘い．¶话说得很～／うまいことを言う．¶长 zhǎng 得很～／愛嬌のある顔つきをしている．¶笑 xiào 得很～／笑いかたがかわいい．③（眠りが）深い．¶睡 shuì 得真～／（気持ちよく）ぐっすり眠る．

【甜菜】tiáncài 名〈植〉テンサイ．サトウダイコン．

【甜点】tiándiǎn 名 甘い菓子類．デザート．

【甜点心】tiándiǎnxin 名 甘い菓子類．デザート．⇨【点心】diǎnxin

【甜瓜】tiánguā 名〈植〉マクワウリ；マスクメロン．

【甜活儿】tiánhuór 名（↔苦活儿）うまみのある仕事．少しの労で多くの報酬（ほうしゅう）を受ける仕事．

【甜美】tiánměi 形 ①甘くておいしい．②心地よい．気持ちよい．¶睡了个～的午觉 wǔjiào／快適な昼寝をした．¶～的笑容／愛らしい笑顔．

＊【甜蜜】tiánmì 形 甘い．楽しい．愉快だ．¶甜甜蜜蜜的笑脸 xiàoliǎn／かわいらしい笑顔．

【甜面酱】tiánmiànjiàng 名〈料理〉甘みそ．テンメンジャン．

【甜面圈】tiánmiànquān 名 ドーナツ．

【甜食】tiánshí 名 甘い食品；デザート．

【甜水】tiánshuǐ 名（井戸水で）飲料に適した水；〈転〉恵まれた環境．

【甜丝丝】tiánsīsī 形（～儿・～的）①甘味がある．②幸せいっぱいである．¶心里～儿的／心が浮き浮きしている．

【甜头】tiántou 名（～儿）甘味．うまみ；（人を誘い込むための）うまい汁．利益．

【甜言蜜语】tián yán mì yǔ 〈成〉うまい話．甘い言葉．

【甜滋滋】tiánzīzī ⇀【甜丝丝】tiánsīsī

＊填 tián 動 ①（くぼみ・穴・すきまに）詰める，うずめる，ふさぐ．¶把坑 kēng～平／穴を平らに埋める．¶～枕心 zhěnxīn／枕に芯（しん）を詰める．②（空欄・表などの決められた箇所に）書き込む，埋める．¶～履历表 lǚlìbiǎo／履歴書に記入する．¶这份 fèn 表格 biǎo

gé 已经～好了 / この記入用紙にはもう書き込んだ.
【填饱】tián//bǎo 動+結補 腹いっぱいに詰め込む. ¶把肚子 dùzi～ / たらふく食べる.
【填报】tiánbào 動 表を作成して上級機関に届ける.
【填表】tián//biǎo 動(～儿)表に記入する.
【填补】tiánbǔ 動 補充する. (欠けている部分を)埋める. ¶～空白 kòngbái / 空白部分を埋める.
【填充】tiánchōng 動 充塡(じゅうてん)する;穴埋め問題を解く.
【填词】tián//cí 動 詞の格律に従って"词"を作る.
【填发】tiánfā 動 必要事項を記入して発給する.
*【填空】tián//kòng 動 ①(テスト問題で)空欄を埋める. ②(地位・職務などの)空きを埋める. ¶～补缺 bǔquē / 欠員を補充する.
【填窟窿】tián kūlong〈慣〉(欠損・使い込みの)穴を埋める, 補塡(ほてん)する.
【填料】tiánliào 名(コンクリート・ゴム・プラスチックなど)混入する材料. 充填材. パッキング.
【填写】tiánxiě 動 **書き込む. 記入する.** ¶～包裹 bāoguǒ 单儿 / 小包発送カードに記入する.
【填鸭】tiányā ①動(アヒルを太らせるために)飼料を口から押し込む. ②名 同上の方法で飼育したアヒル;(知識の)詰め込み. ¶～式教学法 jiàoxuéfǎ / 詰め込み式教育法.

3声 **殄** tiǎn ◇◆ 尽きる. 絶える. ¶暴 bào～天物 /〈成〉やたらに物をむだにする;(特に)穀物をむだにする.

觍 tiǎn 動〈方〉面の皮を厚くする. ¶～着脸 / 厚かましくも.

腆 tiǎn ◇◆ 恥ずかしいさま.

腆 tiǎn 動(胸部や腹部を)突き出す. ¶～着胸脯 xiōngpú / 胸を張っている. ◇◆ 豊かである.

舔 tiǎn 動 **なめる.** ¶猫 māo～爪子 zhuǎzi / ネコが足をなめる. ¶～笔 bǐ / 筆をなめる.

tiao (ㄊㄧㄠ)

佻 tiāo ◇◆ 軽薄である. ¶～薄 bó /〈書〉軽薄である. 軽佻(けいちょう)である. ¶轻～ / 軽はずみである.

挑 tiāo ❶動 ① **選ぶ.** 選びとる. よる. ¶～西瓜 xīguā / スイカをよる. ¶～了一件最称心 chènxīn 的上衣 / いちばん気に入った上着を選んだ. [動詞を目的語にとって] ¶～吃〔穿〕/ 食べ物〔着る物〕にうるさい. [兼語文で] ¶～几个人参加比赛 bǐsài / 何人か選んで試合に出させる. ②(欠点を)**捜す,** 指摘する. ❖～毛病 *máobing* / あら捜しをする. ¶～错儿 / 誤りを指摘する. ③(天びんを)**担ぐ.** ¶～两筐 kuāng 萝卜 luóbo / 天びんでふたかごの大根を運ぶ.
❷名(～儿・～子)天びん棒とそのかごや荷.
❸量(～儿・～子)天びんで担ぐ荷を数える:荷(か). 担ぎ. ¶两～儿土 / 天びんふた担ぎの土.
▸▸ tiǎo
【挑刺儿】tiāo//cìr 動〈方〉揚げ足を取る. あら捜しをする.
【挑担子】tiāo dànzi〈慣〉天びん棒を担ぐ;〈喩〉責任や仕事を負う.
【挑肥拣瘦】tiāo féi jiǎn shòu〈成〉あれこれと選り好みをする.
【挑夫】tiāofū 名〈旧〉荷担ぎ人夫.
【挑拣】tiāojiǎn 動 選び取る. 選び出す. [重ね型で, **選り好みをする**意を表す] ¶～安排 ānpái 工作, 他就挑挑拣拣的 / 仕事を割りふっても, 彼は選り好みが甚しい.
【挑礼】tiāo//lǐ 動(～儿)無礼をとがめる.
【挑毛拣刺】tiāo máo jiǎn cì〈成〉あらを捜す. 揚げ足を取る.
【挑取】tiāo//qǔ 動 選び取る.
【挑三拣四】tiāo sān jiǎn sì〈成〉あれこれと選り好みをする.
【挑食】tiāo//shí 動 偏食する. 食べ物に好き嫌いがある. ¶这孩子从来不～ / この子は偏食をしない.
【挑剔】tiāoti 動 **けちをつける.** あらを捜す.
*【挑选】tiāoxuǎn 動(適切な人または物を)**選ぶ. 選択する. 選抜する.** ¶从中～ / 中から選り抜く. ¶～中意 zhòngyì 的衣服 / 気に入った服を選ぶ.
【挑眼】tiāo//yǎn 動〈方〉文句や不平を言う.
【挑字眼儿】tiāo zìyǎnr〈慣〉人の言葉じりをとらえる. 揚げ足を取る.
【挑子】tiāozi ①名 天びん棒と両端の荷;責務. ②量 天びんで担ぐ荷を数える.
【挑嘴】tiāozuǐ 動 偏食する;(主人から)ごちそうのもてなしを受けなかったことに不平を言う.

2声 ** **条(條)** tiáo ❶量 ①(～儿)**細長い物**を数える:**本. 筋.** ¶一～街 / ひと筋の町並み. ¶一～河 / 1本の川. ¶两～裤子 kùzi / 2着のズボン. ¶一～香烟 xiāngyān / 1カートンのたばこ. ¶一～绳子 shéngzi / 1本の縄.
② ある種の動物を数える:匹. 頭. ¶一～鱼〔蛇 shé, 龙 lóng〕/ 1匹の魚〔ヘビ, 竜〕. ¶一～狗/ 1頭のイヌ. [派生的用法として**人に関する名詞**を修飾する]人. (ひと)り. (ひと)つ. ¶一～好汉 hǎohàn / 男一匹. (立派な)一人の男子. ¶捡 jiǎn 了一～命 mìng / 一命をとりとめた. ¶公司上下一～心 / 会社の上役と部下が心を一つにする.
③ 項目に分かれるような抽象的な事物を数える. ¶一～妙计 miàojì / 一つの妙案. ¶三～建议 jiànyì / 三つの提案. ¶只有一～出路 / 活路は一つしかない. ¶两～重要新闻〔消息 xiāoxi〕/ 二つの重大なニュース.
❷名(～儿)細長い枝;〈転〉細長いもの;書き付け. ¶这张～儿要保管 bǎoguǎn 好 / このメモはちゃんと取っておきなさい.
◇◆ ①箇条書きにしたもの. ¶→～例 lì. ¶→～目 mù. ②条理. 秩序. ¶～分缕析 lǚxī / 筋道を立てて細かく分析する. ‖姓
【条案】tiáo'àn 名(置き物を飾る)細長い机.
【条凳】tiáodèng 名 細長い腰掛け. ベンチ.
【条幅】tiáofú 名(縦に長い)書画の掛け軸.
【条钢】tiáogāng 名〈冶〉棒状鋼.
*【条件】tiáojiàn 名 ①(前提となる)**条件, 要素,** 要因. ¶完成这项任务 rènwu, 需要 xūyào 具备各种～ / この仕事をやり遂げるには, いろいろな要素を備えなければならない. ② **要求.** (かけひきの)**条件.** ¶讲～ / 条件をかけひきする. ¶提出 tíchū～ / 条件を出す. ¶她找 zhǎo 对象 duìxiàng 的～太高 / 彼女は結婚相手への要求が高すぎる. ③ **状況.** コンデ

T

ィション．環境．¶经济 jīngjì ～好 / 経済的に恵まれている．¶今天运动场 yùndòngchǎng 的～不好 / きょうはグラウンドのコンディションが悪い．

【条款】tiáokuǎn 名 条項．箇条．¶最惠国 zuìhuìguó ～ / 最恵国条款．

【条理】tiáolǐ 名 条理．筋道．秩序；論理構成．¶工作要有～ / 仕事には段取りというものが必要だ．

【条例】tiáolì 名 **条例．規定．**(箇条書きの) **法令．** ¶环保 huánbǎo ～ / 環境保護規定．

【条目】tiáomù 名 条目．条項．

【条绒】tiáoróng 名〈紡〉コーデュロイ．

【条条框框】tiáotiáo kuàngkuàng〈成〉いろいろな規定や制限．因習．しきたり．

【条文】tiáowén 名(法律・規則の)条文．

【条纹】tiáowén 名 しま．しま模様．

【条形码・条型码】tiáoxíngmǎ 名 バーコード．►“条码”とも．

【条约】tiáoyuē 名 **条約**；契約．¶签订 qiāndìng ～ / 条約に調印する．

*【条子】tiáozi 名 ① 細長いもの．¶纸 zhǐ ～ / 紙テープ．メモ用の紙切れ．② **書き付け．メモ．** ¶给他留个～ / 彼にメモを残す．

苕 tiáo 名〈古〉(植物の)ノウゼンカズラ．

迢 tiáo “迢迢 tiáotiáo”(〈書〉道が遠いさま)という語に用いる．¶千里 qiānlǐ ～～ / 千里はるばる．遠路はるばる．

调 tiáo 動 **ほどよく配合する．整える．** ¶～物价 wùjià / 物価を調整する．¶汤 tāng 里～点儿味精 wèijīng / スープにうま味調味料を入れる．¶～图像 túxiàng / 画像を調整する．

◇◆ ①適度で具合がよい．¶风～雨顺 shùn / 気候が順調である．②からかう；挑発する．¶→～唆 suō．③調停する．¶→～处 chǔ．►► diào

【调处】tiáochǔ 動 調停する．

【调幅】tiáofú 名 ①〈無〉振幅変調；AM 放送．②(物価・給料などの)上げ下げの幅．

*【调羹】tiáogēng 名 ちりれんげ．さじ．㊝ 个,把．

【调和】tiáohe ❶形 適度である．つり合いがとれている．(調和がとれて) **ちょうど具合がよい．** 程よい．¶色彩 sècǎi 很～ / 色彩がちょうどマッチしている．¶雨水 yǔshuǐ ～ / (作物にとって)降雨が適当だ．❷動 ① **とりなす．** 仲直りさせる．¶从中～ / 間に立って調停する．¶他俩 liǎ 闹 nào 意见,你去～～ / 彼ら二人が仲たがいをしているから,君がとりなしてくれないか．② **妥協する．** 譲歩する．►否定の形で用いることが多い．¶没有～的余地 yúdì / 妥協の余地がない．

【调级】tiáo//jí 動 給与ランクを調整する．►多くは昇級を表す．

*【调剂】tiáo//jì 動 ①〈薬〉調剤する．②(多と少・忙と閑・有と無などを)調整する,調節する．¶～一下精神 jīngshen / 気分転換をする．¶把多余 duōyú 的材料～给人家 / 余分の材料を人に回してあげる．¶搞 gǎo 点文体活动,～～生活 / レクリエーションをして生活を活気づける．

【调济】tiáojì →【调剂】tiáojì

【调价】tiáo//jià 動 価格を調整する．►多くは値上げについていう．

【调焦】tiáojiāo 動 焦点を合わせる．

【调教】tiáojiào 動(児童を)訓練し教育する；(ウマなどを)調教する．

【调节】tiáojié 動 **調節する．** ¶～水温 shuǐwēn / 水温を調節する．

【调解】tiáojiě 動 仲裁する．調停する．

【调经】tiáojīng 動〈中医〉月経不順を治す．

【调侃】tiáokǎn 動(言葉で)からかう．あざ笑う．¶你别～人 / 人をからかうな．

【调控】tiáokòng 動 **調整**しコントロールする．¶宏观 hóngguān ～ / 〈経〉マクロコントロール．

【调理】tiáolǐ 動 ① やりくりする．世話する．¶～伙食 huǒshi / 食事をまかなう．② 保養する．③ しつける．訓練する．

【调料】tiáoliào 名 調味料．

【调弄】tiáonòng 動 ① からかう．もてあそぶ．② 整理する．かたづける．③ そそのかす．¶～是非 shìfēi / けしかけて悶着(もんちゃく)を起こさせる．

【调配】tiáopèi 動(絵の具や薬を)調合する．⇒【调配】diàopèi

*【调皮】tiáopí 形 ① **腕白である．** やんちゃである．¶这孩子真～ / この子はほんとうに腕白だ．¶～蛋 dàn / いたずら坊主．② **言うことを聞かない．** ずるくて手に負えない．③ こざかしい．ずるがしこい．¶他再～也骗 piàn 不了我 / 彼がどんなにずるがしこくても私をだますことはできない．

【调频】tiáopín 動〈電〉周波数変調．FM(放送)．¶～广播 guǎngbō / FM 放送．

【调情】tiáoqíng 動(男女が)いちゃつく,ふざけあう．

【调三窝四】tiáo sān wō sì〈成〉あることないことを言って仲たがいさせる．

【调色】tiáo//sè 動〈美〉絵の具を調合する．

【调色板】tiáosèbǎn 名〈美〉パレット．㊝ 块．

【调试】tiáoshì 動〈電算〉デバッグする；(プログラムの)手直しをする．

【调唆】tiáosuō 動 そそのかす．けしかける．¶他经常～别人闹矛盾 nào máodùn / 彼はしょっちゅう人をそそのかして仲たがいさせる．

【调停】tiáotíng 動 **調停する．仲裁する．** ¶居中 jūzhōng ～ / 中に立って仲裁する．

【调味】tiáo//wèi 動 **味付けする．味をととのえる．** ¶～汁 zhī / ソース．ドレッシング．

【调戏】tiáoxì 動(女性を)からかう．¶～妇女 fùnǚ / 女性に悪ふざけをする．

【调笑】tiáoxiào 動 からかう．あざ笑う．

【调谐】tiáoxié ① 形 調和がとれている．② 動〈電〉(ラジオなどの周波数を)合わせる,同調する．¶～器 qì / チューナー．

【调谑】tiáoxuè 動 からかう．冗談を言う．

【调养】tiáoyǎng 動 保養する．養生する．

【调音】tiáo//yīn 動〈音〉(楽器の)音合わせをする；(ピアノを)調律する．¶～师 shī / 調律師．

【调匀】tiáoyún 動 むらなく調合する；つり合いがとれる．

*【调整】tiáozhěng 動 **調整する．** ¶～作息 zuòxī 时间 / 仕事や休憩の時間を調整する．¶～零售 língshòu 价格 / 小売り価格を(引き上げたり引き下げたりして)調整する．

【调制】tiáozhì 動 ① 調合・配合して作る．¶～鸡尾酒 / カクテルを調合する．②〈電〉変調させる．

【调治】tiáozhì 動 養生し治療する.
【调制解调器】tiáozhì jiětiáoqì 名〈電算〉モデム.
【调资】tiáo//zī 動 賃金調整をする；(多く)ベースアップする. 給料を上げる.

笤 tiáo "笤帚 tiáozhou"⇩という語に用いる.

【笤帚】tiáozhou 名 ほうき.

髫 tiáo ◇◆ 昔,子供が頭の上で結って下に垂らした髪. ¶垂 chuí ～ / 垂れ髪. ►子供をさす.

3 **挑** tiǎo ❶動 ①(長い棒で物を)高くあげる. ¶把旗子 qízi ～起来 / 旗を掲げる. ②(鋭い先で)**ほじくる,取り出す**.(突き刺して)**破る**. ¶～刺 cì /(手に刺さった)とげを針でほじくり出す. ¶～水泡 shuǐpào / 水泡をつぶす. ③ **挑発する. そそのかす**. 誘う. ¶→～起 qǐ. ¶他总～我们吵架 chǎojià / 彼はいつも私たちがけんかするようにけしかける.
❷名(漢字の筆画)右上へ斜めにはねる"㇀".
⇒ tiāo

【挑拨】tiǎobō 動(仲たがいさせるために)**双方をけしかける,そそのかす**. ¶～他俩闹矛盾 nào máodùn / 彼ら二人をけしかけて仲たがいさせる. ¶～离间 líjiàn / 不和の種をまく.
【挑大梁】tiǎo dàliáng〈慣〉大黒柱となる. 大役を担う.
【挑大拇指】tiǎo dàmuzhǐ〈慣〉親指を立ててほめる.
【挑灯】tiǎo//dēng 動(明るくなるよう)灯心をかき立てる；高い所にちょうちんを掲げる.
【挑动】tiǎodòng 動(悶着などを)引き起こす；そそのかす. ¶～是非 shìfēi / もめ事を引き起こす.
【挑逗】tiǎodòu 動 じらす. からかう. ►(異性に対して)誘惑したりすることや,(子供に対して)欲しがる物を見せてじらしたりすること.
【挑花】tiǎohuā 動(～儿)(刺繍の)クロスステッチをする.
【挑明】tiǎomíng 動 真相を明らかにする.
【挑弄】tiǎonòng 動 そそのかす；からかう.
【挑破】tiǎo//pò 動 ①(針などで)つついて破る. ② 真相を明らかにする. すっぱぬく.
【挑起】tiǎo//qǐ 動+方補 引き起こす. 挑発する. ¶～是非 shìfēi / 挑発して悶着を引き起こす.
【挑唆】tiǎosuō 動 そそのかす. けしかける.
【挑衅】tiǎoxìn 動 **挑発する**. 因縁をつける. ¶武装 wǔzhuāng ～ / 軍事挑発.
【挑战】tiǎo//zhàn 動(敵を)**挑発する；挑戦する**. ¶接受 jiēshòu ～ / 挑戦を受ける. ¶向困难 kùnnan ～ / 困難に立ち向かう.

窕 tiǎo "窈窕 yǎotiǎo"(①美しくしとやかなさま. ②静かで奥深いさま)という語に用いる.

眺 tiào ◇◆ 眺める. 見渡す. ¶远～ / はるかに見渡す. ¶登高 dēnggāo ～远 / 高みに登り遠くを眺める.

【眺望】tiàowàng 動 眺める. 見渡す.

跳 tiào 動 ①(縦・横に)**ジャンプする. 跳ねる；踊る；弾む**. ¶大跨步 kuàbù ～上主席台 zhǔxítái / 大股で議長席に上がった. ¶～下车 / 自転車〔車〕から飛び降りる. ¶这个球 qiú ～得很高 / このボールはよく弾む. ¶她高兴 gāoxìng 得直 zhí ～ / 彼女はうれしさのあまり小躍りし続けた.
②(順番などを)**飛ばす,飛び越える**. ¶～页 yè / ページを飛ばす. ¶他上小学时～了一班 / 彼は小学校のころ,1年飛び級した.
③(心臓が)どきどきする；(まぶたが)ピクピクする. ►目的語はとらない. ¶吓 xià 得心直 zhí ～ / 恐ろしくてどきどきしている. ¶眼皮 yǎnpí ～ / まぶたがピクピクする. ¶脉搏 màibó ～ / 脈を打つ.
④(自殺するために)飛び込む. ¶→～河 hé.

【跳班】tiào//bān 動 飛び級する.
【跳板】tiàobǎn 名 ①(船や車の乗り降りに使う)**渡り板,踏み板**. ②(水泳の)飛び板,スプリングボード. ③〈体〉板跳び. ►朝鮮族の伝統的遊戯. ④〈喩〉**踏み台**.(飛躍のための)ステップ. ¶当 dàng ～ /(飛躍・出世の)手段とみなす.
【跳槽】tiào//cáo 動 **くら替えをする**. のり換える. ►条件のよい所へ転職したり,別の異性に心変わりすること.
【跳车】tiào//chē 動(乗り物に)飛び乗る.(乗り物から)飛び降りる.
【跳跶】tiàoda 動 跳んだりはねたりする；(足を)じたばたさせる.
【跳动】tiàodòng 動 **ぴくぴく動く. 脈打つ**. ¶心脏 xīnzàng 停止 tíngzhǐ 了～ / 心臓の動きが止まった.
【跳房子】tiào fángzi 石けり遊びをする.
*【跳高】tiàogāo 動(～儿)〈体〉走り高跳びをする. ¶撑竿 chēnggān ～ / 棒高跳び. ¶急行～ / 走り高跳び. ¶～横竿 hénggān / 走り高跳び用のバー.
【跳行】tiào//háng 動 ①(読書や清書をするときに)行を飛ばす. ② 改行する. ③ 職業を変える.
【跳河】tiào//hé 動 川に身投げをする.
【跳猴皮筋儿】tiào hóupíjīnr →【跳皮筋儿】tiào píjīnr
【跳级】tiào//jí 動 飛び級する.
【跳间】tiào//jiān 動〈方〉石けり遊びをする.
【跳脚】tiào//jiǎo 動(～儿)じだんだを踏む.
【跳进黄河洗不清】tiàojìn Huánghé xǐbuqīng〈諺〉どんなことをしてもぬれぎぬを晴らすことができないたとえ.
【跳井】tiào//jǐng 動(井戸に)身投げをする.
【跳栏】tiàolán 名〈体〉ハードル競走.
【跳梁・跳踉】tiàoliáng 動 跳梁(ちょうりょう)する. のさばる. ¶～小丑 chǒu / のさばって悪事を働く小悪党.
【跳龙门】tiào lóngmén〈慣〉出世する. 成功する.
【跳楼】tiào//lóu 動(高層建築から)飛び降り自殺する. ¶～价 jià / 出血値下げ価格；大安売り.
【跳马】tiàomǎ 名〈体〉跳馬；跳び箱.
【跳皮筋儿】tiào píjīnr ゴム跳びをする.
【跳棋】tiàoqí 名 ダイヤモンドゲーム.
【跳伞】tiào//sǎn 動 パラシュートで飛び降りる. スカイダイビングをする.
【跳神】tiào//shén 動(～儿)巫女(みこ)が神がかりになって踊る. ►"跳大神儿 dàshénr"とも.
【跳绳】tiào//shéng 動(～儿)縄跳びをする.
【跳水】tiào//shuǐ 動 ①(川や海に)身投げする；〈喩〉株や国債が暴落する. ②〈体〉(水泳で)飛び込みをする.
【跳水池】tiàoshuǐchí 名〈体〉飛び込み専用プール.

【跳台】tiàotái 名 飛び込み台．ジャンプ台．
【跳台滑雪】tiàotái huáxuě 名〈体〉ジャンプスキー．
＊＊【跳舞】tiào//wǔ 動 ダンスをする．¶她很会～／彼女はダンスがとても上手だ．¶跟他跳了两场 chǎng 舞／彼と２曲踊った．¶跳交谊 jiāoyì 舞／社交ダンスを踊る．
【跳箱】tiàoxiāng 名〈体〉跳び箱．
＊【跳远】tiào//yuǎn 動(～儿)〈体〉走り幅跳びをする．¶急行～／走り幅跳び．¶立定 lìdìng ～／立ち幅跳び．¶三级～／三段跳び．
【跳跃】tiàoyuè 動 跳躍する．ジャンプする．¶～运动／跳躍運動．
【跳蚤】tiàozao 名〈虫〉ノミ．
【跳蚤市场】tiàozao shìchǎng 名 ノミの市．フリーマーケット．

tie（ㄊㄧㄝ）

1声 **帖**(贴) tiē ◇◆ ①従順である．おとなしい．¶服～／従順である．②適当である．ぴったりする．¶妥 tuǒ ～／妥当である．‖姓 ▸▸ tiě,tiè

＊＊ **贴** tiē ❶動 ①(紙などを)貼る．(…に)貼り付ける．¶～纸花 zhǐhuā／造花を飾る．¶～标签 biāoqiān／ラベルを貼る．¶邮票要～在信封右上角 yòushàngjiǎo／切手は封筒の右上隅に貼らなければならない．②補填する．不足を補う．¶～饭费 fànfèi／食費を補う．¶父母每月～我生活费 shēnghuófèi／親が毎月生活費を補助してくれる．③ぴったりくっつく．接近する．寄り添う．¶～着墙 qiáng 走／壁にぴったりくっついて歩く．¶天气热,你别～在妈妈身上／暑いんだから母さんにくっつかないでちょうだい．
❷量 膏薬を数える．¶三～虎骨膏药 hǔgǔ gāoyào／虎骨の膏薬３枚．
◇◆(補充の)手当．¶补 bǔ ～／補助手当．
【贴边】tiē//biān ①動 …と関係がある．②名〈裁〉バイアステープ；中国服の裏に付ける縁どり用の布．
【贴饼子】tiēbǐngzi 名 トウモロコシやアワの粉を練って焼いた食品．
【贴补】tiēbǔ 動 補助する．(不足分を)補う．
【贴兜】tiēdōu 名 張りつけポケット．パッチポケット．
【贴花】tiēhuā 名 ①〈裁〉アップリケ．②マッチ箱のラベル．
【贴换】tiēhuàn 動 古い物になにがしかの金をつけ新品と交換する．下取り交換する．
【贴己】tiējǐ ①形 気がおけない．親しい．¶～话／内輪の話．②名〈口〉個人の所有物や所持金．¶～钱／ポケットマネー．へそくり．
【贴金】tiē//jīn 動(仏像などに)金箔を置く；〈喩〉体裁のよいことを言って自分を飾る；自己顕示する．¶给自己脸 liǎn 上～／体裁のいいことを言う；自画自賛をする．
【贴近】tiējìn ①動 接近する．近づける．②形 親しい．
【贴切】tiēqiè 形(言葉遣いが)適切である,ぴったり当てはまる．¶比喻 bǐyù ～／たとえが適切だ．
【贴身】tiēshēn 形 ①(～儿)肌にじかにつける．¶～小褂儿 xiǎoguàr／肌着のシャツ．¶～衣／下着；(特に)ファンデーション．②(～儿)(服が)体に合っている．③身近の．側の．
【贴水】tiēshuǐ ❶動 手形割引料を払う．両替差額を払う．❷名 ①手形割引料．両替差額．②〈経〉(商品相場などの)先安．
【贴体】tiētǐ 形 体にぴったり合う．
【贴息】tiēxī ❶動 ①手形の割引をする．②利子を補給する．❷名 手形割引の利息．
【贴现】tiēxiàn 動(手形の)割引をする．¶～票据 piàojù／手形割引をする．¶～率 lǜ／割引レート．
【贴心】tiēxīn 形 最も親密な．¶～话／打ち明け話．¶～的朋友 péngyou／心を許した友．

3声 **帖** tiě ❶名 ①(～子)招待状；折り本形式の書状．¶请 qǐng ～／(パーティーなどの)招待状．②(～儿)書き付け．メモ．¶字～儿／書き付け．
❷量〈方〉漢方薬を配合したせんじ薬を数える：服．¶几～药 yào／2,3服の薬．
▸▸ tiē,tiè
【帖子】tiězi 名 ①招待状．②書き付け．メモ．¶下～请客／招待状を出して客を呼ぶ．③〈電算〉レス．書き込み．

＊ **铁**(鐵) tiě ❶名 鉄．¶趁 chèn 热打～／〈諺〉鉄は熱いうちに打て．
❷形 ①かたい．堅固である．¶他俩关系很～／あの２人はとても仲がいい．[“的”を介さず連体修飾語となる]¶～姑娘 gūniang／男勝りの娘．②確固たる．動かすことができない．[“的”を伴って連体修飾語となる]¶～的事实／確固たる事実．¶～的纪律 jìlǜ／鉄の規律．
❸動 表情を厳しくする．¶他～着脸 liǎn 不说话／彼は顔をこわばらせて黙っている．
◇◆ ①武器．¶手无寸～／身に寸鉄も帯びない．②強暴である．¶→～蹄 tí．‖姓
【铁案如山】tiě àn rú shān〈成〉(事件には)確実な証拠がある．
【铁板】tiěbǎn 名 鉄板．
【铁板钉钉】tiě bǎn dìng dīng〈成〉すでに決まっていて覆せない．
【铁板一块】tiě bǎn yī kuài〈成〉堅く団結している．
【铁笔】tiěbǐ 名 篆刻(てん)用の小刀；(がり版を切る)鉄筆．
【铁箅子】tiěbìzi 名(ストーブの)火格子；(肉・魚などを焼く)金網,焼き網．
【铁饼】tiěbǐng 名〈体〉円盤投げ(の円盤)．¶掷 zhì ～／円盤投げをする．
【铁杵磨成针】tiěchǔ móchéng zhēn〈諺〉根気強く努力すればどんなことでも成し遂げられるたとえ．石の上にも三年．►“铁杵成针”とも．
【铁窗】tiěchuāng 名 鉄格子の窓；〈喩〉牢獄．
【铁打】tiědǎ 形 鉄製の；〈喩〉堅固な．¶～的江山 jiāngshān／揺るぎない政権．
【铁道】tiědào 名(＝铁路 tiělù)鉄道．
【铁定】tiědìng 形 確固不動の．まちがいなく…に決まっている．¶～的事实／確かな事実．
【铁饭碗】tiěfànwǎn〈慣〉食いはぐれのない職業；安定した収入源．
【铁杆】tiěgān 名〈体〉(ゴルフで)アイアン．►“铁棒 tiěbàng”とも．¶长 cháng ～／ロングアイアン．
【铁杆】tiěgǎn 形(～儿) ①確実である．頼りにな

る．②頑強な．¶～球迷 qiúmí／熱狂的なサッカーファン．
【铁哥们儿】tiěgēmenr 名 気の置けない兄弟分．
【铁工】tiěgōng 名 鉄器の製造・修理の仕事；鉄器の製造・修理に従事する職工．かじ屋．
【铁公鸡】tiěgōngjī〈慣〉けちん坊．
【铁工资】tiěgōngzī〈慣〉下がることのない給料・待遇．
【铁管】tiěguǎn 名 鉄管．鉄パイプ．
【铁轨】tiěguǐ 名（鉄道の）レール．
【铁柜】tiěguì 名 ロッカー；金庫．
【铁锅】tiěguō 名 鉄製のかま．鉄鍋．
【铁汉】tiěhàn 名（～子）屈強な男；意志の強い男．
【铁黑】tiěhēi 名〈化〉酸化第一鉄．
【铁红】tiěhóng 名〈化〉酸化第二鉄．ベンガラ．
【铁壶】tiěhú 名 鉄瓶．
【铁甲】tiějiǎ 名（船体・車体に張る）鉄甲板；鉄のよろい．
【铁甲车】tiějiǎchē 名〈軍〉装甲車．
【铁将军】tiějiāngjūn 名 錠前．¶～把门／〈慣〉鍵がかかっていて入れない．留守である．
【铁匠】tiějiang 名 かじ屋．
【铁交椅】tiějiāoyǐ〈慣〉揺るぎない地位・ポスト．
【铁矿】tiěkuàng 名 鉄鉱．¶～石／鉄鉱石．
【铁链】tiěliàn 名 鉄製の鎖；手錠．足鎖．手かせ．足かせ．
【铁流】tiěliú 名（溶解した）鉄の流れ；〈喩〉精鋭部隊．
*【铁路】tiělù 名 **鉄道**．量 条,段 duàn．¶～道口〔叉道〕／鉄道の踏切．¶～桥梁 qiáoliáng／鉄橋．
【铁马】tiěmǎ 名 風鐸（ふうたく）；鉄騎．精鋭な騎兵．
【铁面无私】tiě miàn wú sī〈成〉公正無私である．情け容赦がない．
【铁牛】tiěniú 名〈旧〉トラクター．
【铁皮】tiěpí 名 ブリキ．トタン．
【铁锹】tiěqiāo 名 シャベル．剣先スコップ．量 把．
【铁青】tiěqīng 形 青黒い；青ざめた．►恐怖・激怒・病気などのときの青黒い顔色をいう．¶脸色 liǎnsè～／顔が真っ青だ．
【铁拳】tiěquán 名 鉄拳；〈喩〉強烈な打撃．
【铁人】tiěrén 名 体力・意志ともに強靱（きょうじん）な人．
【铁人三项】tiěrén sānxiàng 名〈体〉トライアスロン．
【铁纱】tiěshā 名 金網．¶～门／網戸．
【铁砂】tiěshā 名 ①〈鉱〉鉄鉱砂．②猟銃などの弾．
【铁勺】tiěsháo 名（鉄製の）玉じゃくし．
【铁石心肠】tiě shí xīncháng〈成〉①冷酷で無情である．②意志堅固である．
【铁树】tiěshù 名〈植〉①センネンソウ．②ソテツ．
【铁树开花】tiě shù kāi huā〈成〉実現不可能なことや極めて珍しいこと．
【铁丝】tiěsī 名 **針金**．量 根,段 duàn,截 jié．¶～网 wǎng／鉄条網．¶带刺 dàicì～／有刺鉄線．
【铁算盘】tiěsuànpan〈慣〉綿密な計算；確かな計算のできる人．
【铁索】tiěsuǒ 名 ケーブル．鉄の鎖．ワイヤー．¶～吊车 diàochē／ケーブルカー．
【铁索桥】tiěsuǒqiáo 名 ワイヤーロープで支える吊り橋．
【铁塔】tiětǎ 名 鉄塔；高圧線の電柱．量 座．
【铁蹄】tiětí 名 蹄鉄；〈喩〉民衆への残虐行為．
【铁桶】tiětǒng 名 バケツ．ドラム缶；〈喩〉（水を漏らさないほど）堅固なもの,周到なこと．
【铁腕】tiěwàn 名 鉄腕．すご腕．¶～人物／辣腕（らつわん）家．ワンマン．
【铁锨】tiěxiān 名 シャベル．鍬（すき）．►先が長方形になっているものをいう．
【铁屑】tiěxiè 名 鉄のくず．
【铁心】tiě//xīn ①動 固い決心をする．②名〈電〉鉄心．
【铁锈】tiěxiù 名 鉄さび．¶生～／さびる．
【铁则】tiězé 名 鉄則．変更できない厳重な規則．
【铁砧】tiězhēn 名〈機〉金床．金敷．
【铁证】tiězhèng 名 確証．¶～如 rú 山／動かぬ証拠．

4声 **帖** tiè 名 書道の手本．法帖（ほうじょう）．¶照着～写字／お手本どおりに字を書く．▸▸ tiē,tiě

餮 tiè ◇◆〈古〉（食を）むさぼる．¶饕 tāo～／（伝説の）凶悪な何でも食べてしまう化物；〈転〉食いしん坊．

tīng（ㄊㄧㄥ）

1声 **厅（廳）** tīng 名 ①広間．ホール．量 个,间．¶在～里等一会儿／広間でしばらく待つ．②政府機関の1部門；省政府の1機関．¶国务院 guówùyuàn 办公～／内閣官房．¶教育 jiàoyù～／教育庁．

汀 tīng ◇◆〈古〉水際．水辺の平地．¶砂 shā～／砂嘴（さし）．¶绿 lǜ～／草が茂った州（す）．
【汀线】tīngxiàn 名〈地〉海岸の浸食線．汀（おぎ）線．

听（聽） tīng ❶動 ①**聞く**．►耳を傾けて聞くこと．耳に入って聞こえる場合は"听到、听见"などという．¶～歌曲 gēqǔ／歌を鑑賞する．¶～录音 lùyīn／録音を聞く．¶～明白／聞いて分かる．¶～不清／はっきり聞こえない．②**ほら．ちょっと．**►喚起を促す時の呼びかけに使う．¶～,谁 shéi 在哭 kū／ねえ,だれか泣いているようだ．③（**言うことを）聞く．言うとおりにする．**聞き入れる．¶学生应该 yīnggāi～老师的话／生徒は先生の言うことを聞かなければならない．¶你不～话,就别去／言うことを聞かないと行かせないぞ．¶～指挥 zhǐhuī／指揮に従う．¶→～不进去．
❷量 缶入りのものを数える．¶一～啤酒 píjiǔ／缶ビール一本．
◇◆ ①…に任せる．…どおりに．¶→～便 biàn．②裁く．判断する．¶～讼 sòng／〈書〉訴訟を裁く．
【听便】tīng//biàn 動 自由に任せる．¶听你的便／あなたのご自由に．
【听不进去】tīngbujìn//qù 動+可補 ①聞き入れない．¶对批评 pīpíng～／人の批判に耳を貸さない．②聞いて不愉快である．¶这话简直 jiǎnzhí 令人～／この話は実に聞くに堪えない．
【听差】tīngchāi 名〈旧〉下男．小使い．
【听出】tīng//chū 動+方補 聞き分ける．聞き取る．¶我听不出他是哪儿的人／彼がどこの地方の人か聞き分けられない．
【听从】tīngcóng 動 **言うことを聞く．服従する．**

T

¶～忠告 zhōnggào / 忠告を聞き入れる．¶～指挥 zhǐhuī / 指揮に従う．

【听到】tīng//dào 動+結補 **耳にする．聞こえる．** 耳に入る．¶听不到 / 聞こえない．

【听懂】tīng//dǒng 動+結補 (聞いて)**分かる．** ¶我的话你～了吗？/ 私の話を聞いて分かりますか．¶她听不懂上海话 Shànghǎihuà / 彼女は上海語が分からない．

【听房】tīng//fáng 動 新婚夫婦の部屋の様子をうかがったりする〔して新婚夫婦を寝かせない〕．⇒【闹房】nào//fáng

【听风是雨】tīng fēng shì yǔ 〈成〉少しうわさを聞いただけですぐ真実だと思い込む．

*【听话】tīng//huà 動 (目上や上司の)**言うことを聞く．聞き分けがよい．** ¶听妈妈的话 / お母さんの言うことを聞く．［子供などに向かって目上の人に従うよう呼びかける］¶～,快吃饭 / いい子だから早く食べなさい．

【听见】tīng//jiàn 動+結補 **耳に入る．聞きつける． 聞こえる．¶～脚步声 jiǎobùshēng / 足音が聞こえる．¶后边的同学听得见吗？—听不见 /（クラスの）後ろのみなさん聞こえますか—聞こえません．

*【听讲】tīng//jiǎng 動 講義や講演を聞く．¶一边～,一边做笔记 bǐjì / 講義を聞きながらメモをとる．

【听觉】tīngjué 名〈生理〉聴覚．

【听课】tīng//kè 動 **授業を受ける．** 聴講する；授業を参観する．

【听力】tīnglì 名 ① **聴力．** ②(外国語の)**聞き取り能力．** ヒヤリング．

【听命】tīngmìng 動 命令に従う；天命に任せる．

【听凭】tīngpíng 動 任せる．好きなようにさせる．

【听起来】tīngqǐ//lai 動+方補 (…のように)聞こえる,思われる．¶他的话～很有道理 dàoli / 彼が言ったことはもっともだ．

【听取】tīngqǔ 動 **聴取する．耳を傾ける．** 気をつけて聞く．¶～意见 / 意見に耳を傾ける．

【听书】tīng//shū 動 講談を聞く．¶咱们到茶馆 cháguǎn 去～吧 / 茶店に講談を聞きに行こう．

【听说】tīng//shuō 動 ① **聞くところによると…．…だそうだ；(人が言うのを)耳にしている．(…と)聞いている．［文頭あるいは文中で挿入句として用い］¶～他已经去世 qùshì 了 / 彼はすでに亡くなったそうだ．¶～你考上大学了 / 君は大学に受かったそうだね．¶中国电影节 diànyǐngjié ～下月开始 / 中国映画祭は来月始まるそうだ．［述語に用い］¶昨天的事我已经～了 / 昨日の事はもう聞きました．¶你～过张红这个人没有？/ 君は張紅という人のことを聞いたことがありますか．②〈方〉(人の言うことを)よく聞く．聞き分けがよい．¶那家伙 jiāhuo 不大～ / 言うことを聞かないやつだ．

【听天由命】tīng tiān yóu mìng 〈成〉天命に任せる．事態の成り行きに任せる．

【听筒】tīngtǒng 名 受話器．レシーバー；聴診器．¶电话～ / 電話の受話器．

【听戏】tīng//xì 動 (京劇などの)伝統劇を見る．

*【听写】tīngxiě 動 **書き取りをする．** ディクテーションをする．¶～生词 / 新出単語を書き取る．

【听信】tīng//xìn 動 ①(～儿)返事を待つ．知らせを待つ．② 真に受ける．信用する．¶别～那些谣言 yáoyán / あんなデマを信用するな．

【听诊器】tīngzhěnqì 名〈医〉聴診器．

*【听众】tīngzhòng 名 **聴衆．** リスナー．¶各位 gèwèi ～！/（ラジオ放送などで）聴取者のみなさん．

【听装】tīngzhuāng 形 缶入りの．

【听子】tīngzi 名 ブリキ缶．

烃(烴) tīng

名〈化〉炭化水素．¶环 huán ～ / 環状炭化水素．

2声

廷 tíng

◇ 天子が政治を行う所．朝廷．¶宫～ / 宮廷．¶清 Qīng ～ / 清朝の中央政府．‖ 姓

亭 tíng

名(～子)あずまや．亭(ちん)．►庭園内や路傍に設けられ休憩所に使われる．

◇ ①道端に建てられた小屋．¶电话～ / 電話ボックス．②均整がとれている．‖ 姓

【亭亭】tíngtíng 形〈書〉(樹木などが)まっすぐに伸びている；(女性が)しとやかでしなやかである．

【亭亭玉立】tíng tíng yù lì 〈成〉女性がすらりとして美しい．

【亭子】tíngzi 名 **あずまや．亭．** 量 座,个．

【亭子间】tíngzijiān 名〈方〉上海の旧式住宅の中2階の部屋．►多く北向で薄暗く狭い部屋．

庭 tíng

◇ ①母屋の前の中庭．¶前～后院 / 家の前庭と裏庭．②法廷．¶开～ / 法廷を開く．③広間．¶大～广众 zhòng / 大勢の前．公開の場所．‖ 姓

【庭园】tíngyuán 名 住宅にある花園．庭園．

【庭院】tíngyuàn 名(母屋の前の)庭．

【庭长】tíngzhǎng 名〈法〉裁判長．

** 停 tíng

1 動 ① **止む．ストップする．止まる；(途中で)止める．休む．** 停止させる．¶雨 yǔ ～了 / 雨が止む．¶表 biǎo ～了 / 時計が止まった．¶自来水 zìláishuǐ ～了两小时 / 水道が2時間止まった．

a 「"停"+動詞」の形で．►動詞は"办,开"など少数に限られる．¶这个工厂 gōngchǎng 已经～办了两年了 / その工場は閉鎖して2年になる．¶新干线现在～开 / 新幹線はいま,運転を休止している．¶～发工资 / 給料の支払いを停止する．

b 「"不停地"+動詞」の形で．¶汽车不～地行驶 xíngshǐ 着 / 車は止まらずに走っている．¶日夜不～地工作 / 日夜休まずに仕事をする．

②(**短期**)**滞在する．** とどまる．¶在西安 Xī'ān ～了四天 / 西安に4日逗留した．¶出差 chūchāi 中途 zhōngtú 想在上海～一下 / 出張の途中,上海にちょっと寄るつもりだ．

③ **停車する．停泊する．** 駐機する．¶火车缓缓 huǎnhuǎn 地～了下来 / 列車はゆっくりと止まった．¶游览船 yóulǎnchuán ～在码头 mǎtou 上 / 遊覧船は波止場に泊まっている．

2 量 ⇀【停儿】tíngr

◇ 終わる．済む．¶→～当 dang．¶→～妥 tuǒ．

【停摆】tíng//bǎi 動 (時計の)振り子が止まる；〈喩〉物事が行き詰まる．

【停板】tíng//bǎn 動〈経〉(暴騰・暴落などにより取引所が)立ち会いを停止する．

【停办】tíngbàn 動 執務を停止・中止する；(事業の)経営を停止・中止する．

【停闭】tíngbì 動 (工場や商店を)閉鎖する．

【停表】tíngbiǎo 名 ストップウオッチ．

【停泊】tíngbó 動 (船が)**停泊する．**

T

【停产】tíng//chǎn 動 生産〔操業〕を停止する.

【停车】tíng chē 動 ①停車する；(自動車などを)駐車する；車両の通行を止める. ¶本站～三分钟 / この駅で3分間停車します. ¶此处不准 bùzhǔn ～ / ここに駐車するべからず. ¶因修路 xiūlù ～三天 / 道路工事中につき, 3日間車両通行止めとする. ②機械の運転を止める. 機械が止まる. ¶暂时 zànshí ～修理 xiūlǐ / 一時運転を停止して修理する.

*【停车场】tíngchēchǎng 名 駐車場.

【停当】tíngdang 形 ととのっている. 完成している. ►補語として用いることが多い. ¶一切准备 zhǔnbèi ～ / 一切の準備がととのう.

【停电】tíng//diàn 動 停電する. ¶昨天停了一天电 / きのう一日中停電した.

*【停顿】tíngdùn 動 ①中断する. 休止する. ¶实验 shíyàn 中途～了 / 実験は中断した. ②(話などの)間(ま)をとる. ポーズをとる.

【停放】tíngfàng 動(車を)止める. 駐車する；(ひつぎを)安置する.

【停飞】tíngfēi 動 ①(航空機の出発を)中止する. 欠航する. ②〈軍〉飛行任務を解く.

【停工】tíng//gōng 動 仕事を止める. 操業を停止する. ¶～待料 / 材料待ちで仕事を止める.

【停航】tíng//háng 動(船や飛行機が)欠航する. ¶因台风船 chuán ～ / 台風で船が欠航する.

【停火】tíng//huǒ 動(双方または一方が)攻撃をやめる；停戦する. ¶～协议 xiéyì / 停戦協定.

【停伙】tíng//huǒ 動(会社・学校などの)食堂が臨時休業する.

【停机坪】tíngjīpíng 名(空港の)エプロン, 駐機場.

【停刊】tíng//kān 動(新聞・雑誌の)発行を停止する. 休刊〔廃刊〕する.

【停靠】tíngkào 動(汽船・汽車が)横付けになる. …に停車する. …に停泊する. ¶～港 gǎng / (汽船の)立ち寄り港.

【停课】tíng//kè 動 授業を休みにする. 休講する.

【停留】tíngliú 動(その場に)とどまる. 逗留する. ¶在北京～一天 / 北京で1泊する. ¶不能～在原有 yuányǒu 的水平 shuǐpíng 上 / もとの水準で足踏みしてはならない.

【停儿】tíngr 量〈口〉①1割. 10分の1. ¶十～有九～是好的 / 全体の9割はよいものだ. ②全体をいくつかに分けたものの1単位. ¶三～去了两～, 还剩 shèng 一～ / 3分の2がなくなっても, まだ3分の1が残っている.

【停食】tíng//shí 動 胃にもたれる.

【停驶】tíngshǐ 動(バス・船などが)運休する.

【停市】tíngshì 動(市場が)取引を休止する.

【停手】tíng//shǒu 動 ①(仕事の)手を休める. ②手を引っ込める. ¶～! / 手を出すな.

【停售】tíngshòu 動 発売を停止する.

【停妥】tíngtuǒ 動(処理・処置が)うまくいく. 手落ちなくかたづく. ►ふつう補語に用いる. ¶料理 liàolǐ ～ / うまく処理する.

【停息】tíngxī 動(風雨や争いなどが)やむ, 停止する.

【停下来】tíng//xià//lái 動+方補(仕事を)やめてしまう；(車・船などを)止めてしまう.

【停闲】tíngxián 動(多く否定の形で)休む. 休みにする. ¶一刻也不～ / 少しも休まない.

【停歇】tíngxiē 動 ①廃業する. 店をたたむ. ②(やめて)休息する. ③やむ. やめる. ¶雨渐渐 jiànjiàn ～下来了 / 雨はしだいにやんできた.

【停薪】tíng//xīn 動 給料の支払いを停止する.

【停学】tíng//xué 動 ①休学する；中退する. ②停学処分にする.

【停业】tíng//yè 動 ①休業する. ②廃業する.

【停运】tíng//yùn 動 運休する.

【停战】tíng//zhàn 動 停戦する.

【停职】tíng//zhí 動 停職処分にする.

*【停止】tíngzhǐ 動 停止する. やめる. 止める. ►動詞性の目的語をとることが多い. ¶～营业 yíngyè / 営業を停止する. ¶他的心脏 xīnzàng ～了跳动 tiàodòng / 彼の心臓は動くのを停止した.

【停滞】tíngzhì 動 停滞する. 滞る. ¶生产 shēngchǎn ～ / 生産が滞る. ¶～膨胀 péngzhàng / 〈経〉スタグフレーション.

【停住】tíng//zhù 動+結補 停止する. 止める. 止まる. ¶～脚步 jiǎobù / 足を止める.

蜓 tíng “蜻蜓 qīngtíng”(トンボ. ヤンマ)という語に用いる.

婷 tíng ◇◆ 顔かたちが美しい. 見目うるわしい. ¶～～ / 〈書〉(樹木や女性の)姿が美しいさま. ‖姓

霆 tíng ◇◆ 激しい雷. ¶雷 léi ～ / 雷. 霹靂(へきれき).

3声 **町** tǐng ◇◆ ①あぜ. ②田畑. ►日本人の姓や地名, たとえば“町田”や“大手町”などは dīng と読みならわす. ⏩dīng

* **挺** tǐng ❶副〈口〉とても. かなり. なかなか. 注意 北方の話し言葉でよく使われる程度副詞. “挺”に修飾される形容詞や動詞の後にはよく“的”を伴う. また, 親しみや思いやりの語気を含み, 望ましくない意味をもった語句と結びつきにくく, もし結びついた場合でも必ずしも悪く言う語気は含まないことが多い. ¶这件事～新鲜 xīnxiān 的 / このことはとても目新しい. ¶这小伙子长得～帅气 shuàiqi / この若者は格好がいい. ¶他～不高兴〔很不高兴〕/ 彼はご機嫌ななめだ〔機嫌が悪い〕. ►“挺不…”とはなっても“不挺…”という形式はない.

❷動 ①(体または体の一部分を)ぴんと伸ばす, 突き出す. ¶～着脖子 bózi / 首をまっすぐに伸ばしている. ¶～胸 xiōng / 胸を張る. ②懸命にこらえる. 頑張る. ¶她病了, 还硬 yìng ～着干 gàn / 彼女は病気になっても, 無理して頑張っている.

❸量 機関銃を数える.

◇◆ ①まっすぐである. ¶→～立 lì. ②際立っている. ¶→～拔 bá.

【挺拔】tǐngbá 形〈書〉①まっすぐにそびえている. ②力強い. ③抜きんでている.

【挺举】tǐngjǔ 名〈体〉(重量挙げで)ジャーク.

【挺了】tǐngle 動〈俗〉①(人が)死んだ. くたばった. ②(トランプなどで)負ける予測がついた. ③頭角を現した.

【挺立】tǐnglì 動 直立する. まっすぐに立つ.

【挺身】tǐng//shēn 動 体をまっすぐに伸ばす；身を挺する.

T

【挺身而出】tǐng shēn ér chū 〈成〉(困難や危険に)勇敢に立ち向かう.

【挺尸】tǐng∥shī 動 死体が硬直する;〈転〉(怠けて)寝っころがる.

【挺实】tǐngshi 形 ぴんと張っている.へなへなしない.

【挺胸凸肚】tǐng xiōng tū dù 〈成〉胸を張り腹を突き出す.ふんぞりかえる;〈転〉(男子が)きわめて元気である.いばっている.

【挺秀】tǐngxiù 形(体や樹木などが)まっすぐに伸びていて美しい.

【挺直】tǐngzhí ① 動(体を)まっすぐに伸ばす.¶身子 shēnzi ～ / 背筋がぴんとしている.② 形 まっすぐである.ぴんとしている.

铤 tǐng

◇◆ 速く走るさま.

【铤而走险】tǐng ér zǒu xiǎn 〈成〉切羽詰まって向こう見ずな行為をする.

艇 tǐng

名 ボート.小舟.船.¶舰 jiàn ～ / 艦艇.¶游 yóu ～ / 遊覧船.¶汽 qì ～ / モーターボート.

【艇子】tǐngzi 名 ボート.小舟.

tong (ㄊㄨㄥ)

1声 *通 tōng

❶ 動 ①(両端が)通じている.ぶっ通しになっている.¶水管子 shuǐguǎnzi 不～了 / 水道管が詰まっている.¶这间房中间 zhōngjiān 是～的 / この二つの間が仕切られていない.②(詰まった穴を細長いもので)通す.¶用通条～炉子 lúzi / 火かき棒でストーブの灰を落とし,火をかき立てる.③(道が)通じる.(道があって)行ける.¶这条路～广州 Guǎngzhōu / この道路は広州に通じている.④ 知らせる.伝える.¶来之前请先给我～个电话 / 来る前にまず私に電話を入れてください.⑤(事情に)通じる.精通する.¶他～三门外语 / 彼は3か国語に通じている.¶不～人情 rénqíng / 人情にうとい.

❷ 形 筋が通っている.よく分かる.►言葉や文字についていい,多く否定の形で用いる.¶这句 jù 话不～ / その話は筋が通っていない.¶这篇 piān 文章 wénzhāng 写得不～ / この文章の書き方では意味が通じない.

❸ 量〈書〉文書・電報を数える.¶文书两～ / 書類2通.

◇◆ ①ある事情に明るい人.¶中国～ / 中国通.②行き来する.¶→～商.③普通である.¶→～例.④全体に(わたる).¶→～共.⑤非常に.¶→～红.¶→～亮 liàng.‖姓

語法ノート　動詞＋"通"

❶**通じる**.あく.¶电话打～了 / 電話が通じた.¶山洞 shāndòng 快挖 wā ～了 / トンネルはもうすぐ貫通する.

❷**分かる**.¶他终于 zhōngyú 想～了 / 彼はやっと悟った.¶弄 nòng ～电脑操作 cāozuò 方法 / パソコン操作をよく理解する.

▸▸ tòng

【通报】tōngbào ❶ 動 ①(上級機関から下級機関へ文書で)通達する.②(上級あるいは主人に多く口頭で)**通知し報告する**;取り次ぐ.③(名前を)言う.名乗る.❷ 名 ①(上級機関が下級機関に出す)通達,文書,回報.②(科学研究の状況や成果を載せた)刊行物.

【通便】tōng∥biàn 動 便通をよくする.¶～剂 jì / 下剤.

【通病】tōngbìng 名 共通の欠点.通弊.

【通才】tōngcái 名 多方面に精通している人.ゼネラリスト.

*【通常】tōngcháng 形 **通常の**.**普通の**.**いつもの**.¶我～晚上十点睡觉 shuìjiào / 私はふだん夜10時に寝ている.

【通畅】tōngchàng 形 ① 円滑である.滞りがない.②(構想や文章が)流暢(りゅうちょう)である.

【通车】tōng∥chē 動 ①(鉄道や道路が)開通する.② 汽車やバスが通じる.

【通彻】tōngchè 動 ① 通暁する.② 貫通する.

【通称】tōngchēng ① 動 通称は…という.② 名 通称.

【通达】tōngdá 動 ①(交通機関が)通じる.②(人情や道理を)よくわきまえる.

【通道】tōngdào 名 ① 街道.幹線道路.② 通路;(コンピュータの)通信回路.(量)条 tiáo.

【通道车】tōngdàochē 名 2両連結のバス.

【通敌】tōng∥dí 動 敵に内通する.

【通电】tōng∥diàn ❶ 動 ① 電流を通す.② 同文の電報を各地に発信し公表する.¶～全国 / 全国に同文の電報を発信する.❷ 名(政治的主張を訴える)同文電報.

【通牒】tōngdié 名(外交文書で)通牒(つうちょう).

【通读】tōngdú 動 ① 通読する.② わかるまで読む.

【通风】tōng∥fēng ❶ 動 ① **風を通す**.**外気を入れる**.¶把窗户 chuānghu 开开 kāikai, 通一下风吧 / 窓をあけてちょっと換気しよう.② **秘密を漏らす**.❷ 形 **風通しがよい**.¶这屋子不～ / この部屋は風通しが悪い.

【通风报信】tōng fēng bào xìn 〈成〉内部の秘密情報を漏らす.

【通告】tōnggào ① 動 みんなに知らせる.布告する.¶～周知 zhōuzhī / みんなに漏れなく知らせる.② 名 通告.布告.

【通共】tōnggòng 副 全部で.一切含めて.

【通古斯】Tōnggǔsī 名 ツングース(族).

【通关】tōngguān 動 通関する.

【通关节】tōng guānjié 〈慣〉賄賂を贈って融通をつけてもらう.

*【通过】tōngguò ❶ 前 …**を通じて**.…を通して.…によって.►媒介や手段を示す.¶～老张介绍,我认识 rènshi 了他 / 張さんの紹介で,私は彼と知り合いになった.¶我们～翻译 fānyì 交谈了半小时 / 我々は通訳を交えて30分ほど話し合った.¶～学习中文,了解 liǎojiě 中国 / 中国語の勉強を通じて中国を理解する.❷(tōng∥guò) 動 ① **通過する**.通る.¶火车～长江大桥 Cháng jiāng dàqiáo / 列車は長江大鉄橋を通過する.¶这里修路 xiūlù,汽车不能～ / ここは道路工事をしているので,車は通れない.¶电流 diànliú ～了他的全身 quánshēn / 電気が彼の全身に流れた.②(議案を)**採択する**,可決する.

¶大会～了宣言 xuānyán / 大会は宣言を採択した. ¶这个提案恐怕 kǒngpà 通不过 / この提案は採択されないかも知れない. ③ 関係する人や組織の同意または承認を得る. ¶人事调动 diàodòng 应该～组织 zǔzhī 部门 / 人事異動は組織の部門を通すべきだ.
【通航】tōngháng 動(船や飛行機の)航路が開けている. 通航する. ¶两国已经～ / 両国間にはすでに飛行機が飛んでいる.
【通好】tōnghǎo 動〈書〉(国同士の)友好関係を保つ. ¶永世～ / 永遠に仲よくしていく.
【通红】tōnghóng 形(全体に渡って)**真っ赤である**. ►"tònghóng"とも発音する. ¶晚霞 wǎnxiá 映 yìng 得满天～ / 夕焼けに照らされて空一面が真っ赤だ.
【通话】tōng//huà 動 ① 電話で話す. ② 互いにわかる言葉で話をする.
【通婚】tōng//hūn 動 婚姻を結ぶ.
【通货】tōnghuò 名〈経〉**通貨**. ¶～贬值 biǎnzhí〔升值 shēngzhí〕/ 通貨切り下げ〔切り上げ〕.
【通货紧缩】tōnghuò jǐnsuō 名〈経〉**デフレーション**. デフレ. ►略して"通缩"とも.
【通货膨胀】tōnghuò péngzhàng 名〈経〉**インフレーション**. インフレ. ►略して"通胀"とも.
【通缉】tōngjī 動〈法〉指名手配する.
【通奸】tōng//jiān 動 不倫する. 姦通(かんつう)する.
【通力】tōnglì 動〈書〉力を合わせる. 協力する.
【通例】tōnglì 名 ① 通例. 慣例. ②〈書〉普遍的な法則.
【通连】tōnglián 動 通じている. 続いている.
【通联】tōnglián 名〈略〉通信と連絡.
【通亮】tōngliàng 形 非常に明るい.
【通令】tōnglìng ① 動 同文の命令を各所に出す. ② 名 各所に出される同文の命令.
【通路】tōnglù 名 通路. 通り道;(広く)物体が通過する道筋.
【通路子】tōng lùzi〈慣〉裏から手をまわす. コネをつける.
【通论】tōnglùn 名 ① 筋道の立った論. ② 通論. 概説. ►書名に用いることが多い.
【通名】tōng//míng ① 動 名乗る. ►伝統劇や時代小説で多く用いる. ② 名 通称.
【通明】tōngmíng 形 たいへん明るい.
【通年】tōngnián 名 1年中. 年中.
【通盘】tōngpán 形 全面的な. 全般的な. ¶～考虑 kǎolǜ / 全般的に考える.
【通票】tōngpiào 名 通し切符. 連絡乗車券.
【通气】tōng//qì 動 ① 通風をよくする. 空気を通す. ¶鼻子 bízi 不～ / 鼻が詰まる. ② 意思・気脈を通じる. 連絡をとる. ¶事先跟他通个气 / 彼にちょっと知らせておく.
【通勤】tōngqín 動 通勤する. ¶～车 / 通勤バス.
【通情达理】tōng qíng dá lǐ〈成〉(言行が)道理をわきまえ情理にかなっている.
【通融】tōngróng 動 ① 融通をきかし(人の)便宜を図る. ②(短期間)金を融通してもらう.
【通商】tōng//shāng 動(国同士で)通商する. 貿易をする. ¶～口岸 kǒu'àn / 貿易港.
【通身】tōngshēn 名 全身. 体中.
【通史】tōngshǐ 名 通史. 通時代史.
【通顺】tōngshùn 形(文章の筋道が)**よく通っている**. すらすら読める.
【通俗】tōngsú 形 **通俗的で分かりやすい**. **大衆向きである**. ¶～读物 dúwù / 平易な読み物.
【通缩】tōngsuō 名〈略〉〈経〉デフレ.
【通体】tōngtǐ 名 全身. 全体. 総体.
【通天】tōngtiān ① 形(程度が)すごい, ひどい. ¶他有～的本事 / 彼はすごいやり手だ. ¶他的罪恶 zuì'è～ / 彼の罪悪はこの上なく大きい. ② 動 最上層部にコネがきく.
【通通】tōngtōng 副 **すべて**. **一切合切**. すっかり. ¶～拿 ná 去吧 / 全部持っていけ.
【通宵】tōngxiāo 名 **夜通し**. **一晩中**. ¶连干 gàn 了两个～ / 2日続けて徹夜仕事をする.
【通晓】tōngxiǎo 動 精通する. よく知っている.
【通心粉】tōngxīnfěn 名 マカロニ.
*【通信】tōng//xìn 動 ①(コンピュータなどで)**通信する**. ¶～网络 wǎngluò / 通信ネットワーク. ② **文通する**. ¶我一直在跟她～ / 私はずっと彼女と文通している.
【通信卫星】tōngxìn wèixīng 名 通信衛星.
【通行】tōngxíng 動 **通行する**;通用する. ¶禁止 jìnzhǐ～ / 通行を禁ずる.
【通行证】tōngxíngzhèng 名 通行許可証.
*【通讯】tōngxùn ① 動(電信・電話などで)**通信(する)**. ¶～方法 / 通信手段. ② 名 ニュース. レポート. ¶新华社～ / 新華社レポート.
【通讯社】tōngxùnshè 名 通信社.
【通讯员】tōngxùnyuán 名(新聞社・通信社・放送局などの)通信員, レポーター.
【通用】tōngyòng 動 ①(一定範囲内で)通用する. あまねく用いられる. ¶～月票 yuèpiào /(市内交通機関の)全区間通用定期券. ②("太"と"泰 tài"のように二つの漢字が)互いに通じる, 通用する.
【通邮】tōngyóu 動(国家間・地域間で)郵便が通じる.
【通胀】tōngzhàng 名〈略〉〈経〉インフレ. ¶～率 / インフレ率.
*【通知】tōngzhī ① 動 **知らせる**. **通知する**. 連絡する. [二重目的語をとって]¶我～大家一件事 / みなさんにお知らせすることがあります. [文形式の目的語をとって]¶学校～, 九月十五日举行 jǔxíng 校庆 xiàoqìng / 9月15日に創立記念日の行事を行うと学校から通知があった. [兼語文の形で]¶～饭店赶快 gǎnkuài 派 pài 车 / 早く車を出すようにホテルに通知する. ② 名(書面や口頭による)**知らせ, 通知**. ¶写～ / 通知を書く. ¶接到～ / 通知を受け取る. ¶布告牌 bùgàopái 上出了一个～ / 掲示板に通知が出ている.
【通知书】tōngzhīshū 名 通知書;(取引上の)通知状.

嗵 tōng

擬 ①《リズミカルなやや大きい音》とん. どん. ②《心臓が鼓動する音》どきっ.

*同 tóng　2声

❶ 前(対象を表し)…と, …に. ►用法は"跟 gēn, 和 hé"とほぼ同じ. 多く書き言葉に用いる. ¶什么事都～他商量 shāngliang / 何事も彼と相談する. ¶他的个子～爸爸一样高 / 彼は父親と同じ身長だ. ["给"に近い用法もある]¶这张照片 zhàopiàn 我～你留着 liúzhe 呢 / この写真は私が君のためにずっと保管してあげている.
❷ 接続(並列を表し)…と. ►用法は"和 hé"に同

T

じ．¶小张～小王都是南京人 Nánjīngrén / 張君と王君は二人とも南京の人だ．⇨〖和 hé〗
❸[動] ①…を同じくする；(…が)同じである．►肯定形は必ず名詞の目的語をとる．¶～一天 / 同じ日．¶两个人性格 xìnggé 不～ / 二人は性格が異なる．②(…と,…に)同じである．►必ず名詞の目的語をとる．¶～前 / 前に同じ．¶做法 zuòfǎ ～下 / やり方は次の通り．③〈書〉共に…する．(…を)共にする．¶和父母～吃～住 / 父母と同居する．¶→～甘 gān 共苦．‖[姓] ⏩ **tòng**

【同班】**tóng//bān** ①[動] **同じクラスである．**(軍隊で)同じ分隊である．¶同校不～ / 同じ学校だがクラスが違う．②[名] **クラスメート．**(軍隊で)同じ分隊の仲間．¶～同学 / クラスメート．

【同伴】**tóngbàn** [名](～儿)**仲間．相棒．連れ．**¶～而 ér 行 / 一緒に行く．

【同胞】**tóngbāo** [名] ①(父母を同じくする)兄弟．¶～兄弟 xiōngdì / 実の兄弟．② **同胞．**¶台湾 Táiwān ～ / 台湾に住む同胞．

【同辈】**tóngbèi** [名](系図的に見て)同じ世代の者．同世代．同輩．

【同病相怜】**tóng bìng xiāng lián** 〈成〉同病相哀れむ．

【同步】**tóngbù** [形] ①〈物〉同時性の．同期性の．¶～卫星 / 静止衛星．②歩調が合っている．

【同窗】**tóngchuāng** ①[動] 同じ学校で学ぶ．②[名] 同窓生．

【同床异梦】**tóng chuáng yì mèng** 〈成〉生活や仕事を共にしながらそれぞれ思惑が異なる．

【同党】**tóngdǎng** ①[動] 同じ党派に属する．②[名] 同じ党派に属する人．

【同道】**tóngdào** ❶[名] ①志を同じくする人．②同業者．❷[動] 同行する．

【同等】**tóngděng** [形](地位や等級が)同等である．¶～对待 duìdài / 平等に扱う．

【同房】**tóng//fáng** ①[動]〈婉〉(夫婦が)同衾(どうきん)する．②[形] 同族の．¶～兄弟 / 同族の兄弟．

【同甘共苦】**tóng gān gòng kǔ** 〈成〉苦楽を共にする．

【同感】**tónggǎn** [名] 同感．共鳴する．¶我也有～ / 私も同感です．

【同工同酬】**tóng gōng tóng chóu** 〈成〉(性別・年齢などの区別なく)同一の労働に同一の報酬を与える．

【同行】**tóngháng** ①[動] 同業である．専門が同じである．②[名] 同業者．⇨【同行】**tóngxíng**

【同化】**tónghuà** [動] ①同化する〔させる〕．②〈語〉(一つの音が隣接する音に)同化する．

【同伙】**tónghuǒ** (～儿)〈貶〉①[動] 仲間になる．ぐるになる．②[名] 仲間．ぐる．

【同届】**tóngjiè** [名]〈口〉同じ年度に入学した人．

【同居】**tóngjū** [動] ①同居する．②(夫婦が)共に暮らす；(未婚の男女が)同棲する．

【同类】**tónglèi** [名] 同類．同種．

【同龄】**tónglíng** [動] 同年齢である．¶～人 / 同世代の人．

【同路】**tónglù** [動] 同じところへ行く．同道する．¶咱们正好～ / ご一緒いたしましょう．

【同路人】**tónglùrén** [名] 同行者；同調者．

【同盟】**tóngméng** ①[動] **同盟を結ぶ．**¶～国 / 同盟国．②[名] 同盟．¶结成 jiéchéng ～ / 同盟を結ぶ．

【同名】**tóngmíng** [動] 同名である．

【同谋】**tóngmóu** ①[動] 共謀する．②[名] 共謀者．

【同年】**tóngnián** [名] ①同じ年．その年．②〈旧〉科挙での同じ年の合格者．③〈方〉同年齢．

【同期】**tóngqī** [名] ①同じ時期．②(学校などの)同期．

【同期录音】**tóngqī lùyīn** [名](映画の)同時録音．

*【同情】**tóngqíng** [動] ① **同情する．思いやる．**② (他人の行動に)**共鳴する．**¶～他的主张 / 彼の主張に共感する．

【同人・同仁】**tóngrén** [名] 同僚．

【同上】**tóngshàng** [動] 上に〔前に〕同じ．

【同声】**tóngshēng** [動] 同時に声を出す．¶～呼喊 hūhǎn / 一斉に叫ぶ．

【同声翻译】**tóngshēng fānyì** [名] 同時通訳．

*【同时】**tóngshí** ①[名] **同時(に)．同じ時(に)．**¶～发生 / 同時に発生する．¶他们俩 liǎ ～跑到终点 zhōngdiǎn / 彼ら二人は同時にゴールに走りこんだ．②[接続] **それと同時に．**しかも．¶今天是星期天,～又是端午节 Duānwǔjié / きょうは日曜で,しかも端午の節句だ．

*【同事】**tóng//shì** ①[動] 同じ職場で働く．¶我没有跟她同过事 / 私は彼女と同じ所で働いたことがない．②[名] **同僚．**¶老～ / 古くからの同僚．

【同室操戈】**tóng shì cāo gē** 〈成〉身内で争う．内輪もめをする．

【同岁】**tóngsuì** [動] 同い年である．¶我跟他～ / 私は彼と同い年だ．

【同位素】**tóngwèisù** [名]〈化〉同位元素．アイソトープ．

*【同屋】**tóngwū** [名] ① **ルームメート．**►台湾では"室友 shìyǒu"という．②同じ部屋．¶我们住 zhù ～ / 私たちは同じ部屋に住んで〔泊まって〕いる．

【同喜】**tóngxǐ** 〈套〉《祝いのあいさつに対する返事》同様におめでとう．¶恭喜恭喜――～～ / おめでとうございます――ありがとうございます．

【同乡】**tóngxiāng** [名] **同郷の者．同郷人．**

【同心同德】**tóng xīn tóng dé** 〈成〉一心同体である．心を一つにする．

【同心协力】**tóng xīn xié lì** 〈成〉心を合わせて協力する．

【同行】**tóngxíng** [動] 同行する．いっしょに行く．⇨【同行】**tóngháng**

【同性】**tóngxìng** [形](↔异性) ①同性である．②同じ性質である．

【同性恋】**tóngxìngliàn** [名] 同性愛．

【同学】tóng//xué** ❶[動] **同じ学校で学ぶ．**¶我们俩 liǎ 曾 céng 同过学 / 私たちはかつて同じ学校で勉強した．❷[名] ① **同窓生．学友．**►学年の上下にかかわらない．¶同班 tóngbān ～ / クラスメート．②(学校を媒介とする人間関係で)学生に対する呼称．►学生同士の場合にも教師が生徒のことをいう場合にも用いる．¶张平～,请你回答 huídá 这个问题 / 張平君,この問題に答えてください．

*【同样】**tóngyàng** ①[形] **同じ….同じく….同様の．** 注意 修飾語だけに用い,述語にならない．名詞を修飾するときは通常"的"をつけるが,名詞の前に数量詞があれば省くこともできる．動詞を修飾するときは通常"地"をつけない．¶～的题材 tícái / 同じ題材．¶看的是～一部电影 diànyǐng,观后感却 què

不一样 / 同じ映画を見たのに感想はそれぞれ違う. ¶不能～处理chǔlǐ / 同様に扱えない. ¶～对待duìdài / 平等に対応する. ②接続(前に述べたことと)同じように. 同様に. ¶去年欧洲 Ōuzhōu 出现冷夏气候 lěngxià qìhòu, ～, 亚洲 Yàzhōu 去年夏季也异常 yìcháng 冷 / 昨年ヨーロッパは冷夏であったが, アジアも同じように夏が異常に寒かった.

【同一】tóngyī 形 ①**同一である**. ¶朝 cháo ～方向行驶 xíngshǐ / (車が)同じ方向に向かって走る. ②一致している.

【同意】tóngyì 動 **同意する. 賛成する. 承知する. ¶总 zǒng 公司～了我们的方案 fāng'àn / 本社は私たちの計画に同意した. ¶举手 jǔshǒu 表示～ / 手をあげて賛意を表す. ¶我们都～让 ràng 立平 Lì Píng 来当球队的队长 / われわれはみな立平にチームのキャプテンになってもらうのに賛成だ.

【同义词】tóngyìcí 名〈語〉同義語. 同意語.

*【同志】tóngzhì 名 ①**同志**. ►特に同じ政党の人をさす；(一般の)**人**；公務員や役人. ¶这位～是谁 shéi ? / この方はどなたですか. ¶～们! / みなさん. 諸君. ¶男～ / 男の人. ¶县 xiàn 里派 pài 来了三位～ / 県から人を3名派遣してきた. ②《一般人相互間の呼びかけに用いる》►過去の一時期広範に用いられたが, 現在では"师傅、先生"などの呼称が使われることが多い. ¶～, 请走便道 biàndào / もしもし, 歩道を歩いてください. ¶李～ / 李さん. ③〈俗〉ゲイ. 同性愛者.

【同舟共济】tóng zhōu gòng jì 〈成〉同じ事に当たっている人々が互いに力を合わせて難関を切り抜ける.

【同桌】tóngzhuō 名 机・テーブルを同じくする間柄〔人〕.

【同宗】tóngzōng 動 同族. ¶同姓不～ / 名字は同じだが家系は違う.

彤 tóng ◇◆ 赤い. ¶红～～ / 真っ赤な. ¶～云 yún / ①夕焼け. 朝焼け. ②厚い雪雲. ‖姓

桐 tóng 名〈植〉①キリ. ②アブラギリ. ¶～油 yóu / 桐油(とうゆ). ¶～子 zǐ / アブラギリの実. ③アオギリ. ‖姓

* **铜** tóng 名 **銅**. Cu. ‖姓

【铜板】tóngbǎn 名 ①〈旧〉銅貨. ②〈音〉"快书kuàishū"などの演芸に用いる半円形の銅製打楽器.

【铜版】tóngbǎn 名〈印〉銅版. 銅凹版. ¶～纸 zhǐ / アート紙.

【铜管乐队】tóngguǎn yuèduì 名〈音〉ブラスバンド. 吹奏楽隊.

【铜管乐器】tóngguǎn yuèqì 名〈音〉金管楽器.

【铜匠】tóngjiàng 名 銅器職人.

【铜镜】tóngjìng 名〈考古〉青銅製の鏡.

【铜绿】tónglǜ 名 ①緑青(ろくしょう). ②酢酸銅.

【铜牌】tóngpái 名 銅メダル；〈転〉第3位.

【铜器】tóngqì 名(殷周時代の)青銅器.

【铜器时代】tóngqì shídài 名〈史〉青銅器時代.

【铜钱】tóngqián 名(四角い穴のあいた)銅銭. 穴あき銭.

【铜墙铁壁】tóng qiáng tiě bì 〈成〉非常に堅固な物事.

【铜像】tóngxiàng 名 **銅像**.

【铜臭】tóngxiù 名 銅銭の悪臭. 銅臭. ►財貨を誇る者や金銭をむさぼる者をあざけって言う言葉. ¶满身 mǎnshēn ～ / 拝金主義でいやらしい.

童 tóng ◇◆ ①子供. 児童. ¶顽 wán～ / いたずらっ子. ②未婚の. ¶～男 / 未婚の男. 童貞. ③はげている. ¶→～山 shān. ‖姓

【童工】tónggōng 名 少年労働者. 少年工.

【童话】tónghuà 名 童話. おとぎ話. 量 个, 篇 piān.

【童男】tóngnán 名 童貞. ►"童男子(儿) tóngnánzǐ(r)"とも.

【童男童女】tóngnán tóngnǚ 名 少年少女；〈旧〉神に仕える少年少女(の偶像・人形).

【童年】tóngnián 名 **幼年期〔時代〕**. 子供時代.

【童仆】tóngpú 名〈書〉召使いの少年. 童僕.

【童山】tóngshān 名 はげ山.

【童声】tóngshēng 名(まだ声変わりがしない)子供の声. ¶～合唱 héchàng / 児童合唱.

【童叟无欺】tóng sǒu wú qī 〈成〉(旧時, 商店が正直な商いをしていることを示す宣伝文句)老人子供といえども決してだますようなことはしない.

【童心】tóngxīn 名 子供の(ような)純真な心.

【童颜】tóngyán 名〈書〉童顔►元気な老人の顔の形容. ¶～鹤发 hèfà / 白髪童顔.

【童养媳】tóngyǎngxí 名〈旧〉将来息子の嫁にするために幼いときから引き取って育てる女の子. トンヤンシー.

【童谣】tóngyáo 名 童謡. わらべ歌.

【童贞】tóngzhēn 名(多く女性の)貞操. 処女. 童貞.

【童装】tóngzhuāng 名 子供服.

【童子军】tóngzǐjūn 名 ボーイスカウト. 少年団. ¶女～ / ガールスカウト.

酮 tóng 名〈化〉(有機化合物)ケトン.

瞳 tóng ◇◆ ひとみ. 瞳孔. ¶～孔 kǒng / 瞳孔. ひとみ. ¶～人(儿) / 〈口〉ひとみ. ►"瞳仁(儿)"とも書く.

3声 **统** tǒng ①副 **全部**. **すっかり**. ことごとく. ¶这些事～由你负责 fùzé / これらの事はすべて君にまかせるよ. ②動 統轄する. ◇◆ ①衣服類の筒状になっている部分. ¶长～皮靴 píxuē / ブーツ. ②連続性. ¶系 xì ～ / 系統(的である). ¶血 xuè ～ / 血統. ‖姓

【统办】tǒngbàn 動(全部引き受けて)主管する；一手に取り扱う.

【统兵】tǒng//bīng 動 軍隊を統率する.

【统舱】tǒngcāng 名 3等船室. (船の)大部屋.

【统称】tǒngchēng ①動 総称する. ひっくるめて…という. ②名 総称.

【统筹】tǒngchóu 動 統一して計画案配する.

【统筹兼顾】tǒng chóu jiān gù 〈成〉統一して計画し各方面に配慮する.

【统共】tǒnggòng 副 全部合わせて. 合計して.

【统购】tǒnggòu 動(国家が)統一買い付けをする. ¶～统销 tǒngxiāo / (国家による)統一買い付けと

T

統一販売.

*【统计】tǒngjì ①動 **統計をとる**．集計する．¶按àn 各个项目 xiàngmù 分别作一下～ / 項目別に統計してみる．②名 統計．¶据 jù 初步～ / 大まかな統計によれば．

【统考】tǒngkǎo 名〈略〉(ある範囲内で行う)統一試験．►“统一考试 tǒngyī kǎoshì”の略．¶全国～ / 全国統一試験．

【统括】tǒngkuò 動 統括する．一つにまとめる．

【统帅】tǒngshuài ①名 統帥者．総司令官．¶最高 zuìgāo ～ / 最高司令官．②動 統率する．

【统率】tǒngshuài 動 統率する．率いる．指揮する．¶～三军 / 三軍を統率する．

【统帅部】tǒngshuàibù 名 最高統帥機関．

*【统统】tǒngtǒng →【通通】tōngtōng

【统辖】tǒngxiá 動 統轄する．指揮する．

【统销】tǒngxiāo 動(国家が)統一販売をする．

*【统一】tǒngyī ①動 **統一する；一致する**．¶把意见 yìjian ～起来 / 意見を統一する．¶～认识 rènshi / 認識を統一する．②形 **一致している**．一つにまとまっている．¶大家的意见很～ / みんなの意見が一つによくまとまっている．¶～调配 diàopèi / (人員・原料などを)統一的に配置する．

【统一战线】tǒngyī zhànxiàn 名 統一戦線．

【统战】tǒngzhàn 名 統一戦線．参考 “统一战线”の略．民主党派・各民族・各宗教団体などを共産党のまわりに結集させること．

【统制】tǒngzhì 動 統制する．¶经济 jīngjì ～ / 経済統制．

【统治】tǒngzhì 動 **統治する．支配する**．¶～权 quán / 統治権．¶～阶级 jiējí / 支配階級．

*# 捅(捅) tǒng

動 ① **突く．突き破る**．¶把窗户纸 chuānghuzhǐ ～了个大窟窿 kūlong / 障子紙を突き破って,大穴をあけてしまった．②つつく．触る．¶他打瞌睡 kēshuì 呢,你～他一下 / 彼は居眠りをしているからちょっとつついてやりなさい．③すっぱ抜く．あばく．¶秘密 mìmì 被～了出来 / 秘密があばかれた．

【捅娄子】tǒng lóuzi →【捅漏子】tǒng lòuzi

【捅漏子】tǒng lòuzi 〈慣〉面倒事を起こす．►“捅娄子 lóuzi”とも．

【捅马蜂窝】tǒng mǎfēngwō 〈慣〉(蜂の巣をつついたように)いざこざを引き起こす．面倒を起こす．

*# 桶 tǒng

①名 **桶**．たる．量 只 zhī．¶用～装 zhuāng 水 / 桶に水を入れる．②量 たる・バケツなどの１杯分；バレル．¶打了一～水 / 水を桶に１杯汲んだ．¶十万～原油 / 原油10万バレル．

【桶装】tǒngzhuāng 形 たる詰めの．¶～啤酒 / たる詰めのビール．

*# 筒(筩) tǒng

◇◆ ①(太めの)筒,管状のもの．¶竹 zhú ～ / 竹筒．¶烟 yān ～ / 煙突．¶邮 yóu ～ / ポスト．②(～儿)衣服類の筒状になっている部分．¶袖 xiù ～儿 / そで．

【筒裤】tǒngkù 名 ストレートパンツ．量 条 tiáo．

【筒裙】tǒngqún 名 タイトスカート．

【筒子】tǒngzi 名 筒；管状のもの．

【筒子楼】tǒngzilóu 名(通路の両側に部屋が並ぶ)雑居ビル．

4声

同 tòng

“胡同 hútòng”(路地．小路．横町)という語に用いる．

⏩ tóng

恸(慟) tòng

◇◆ 悲嘆する．ひどく泣く．¶～哭 kū / 慟哭(どうこく)する．

*# 通 tòng

量(～儿) ① **ひとしきり**．語法 否定的な意味をこめた動作・行為について用いることが多い．数詞は多くは“一”を用いる．¶闹 nào 了一～ / ひとしきり騒ぎが続いた．¶发了一～牢骚 láosāo / ひとしきり不平をこぼした．②ある種の**楽器を演奏する動作**を数える：回．度．遍．¶敲 qiāo 了三～锣 luó / どらを３回打ち鳴らした．⏩ tōng

*# 痛 tòng

形 **痛い．痛む**．¶肚子 dùzi ～ / おなかが痛い．

◇◆ ①悲しむ．心を痛める．¶悲 bēi ～ / 痛み悲しむ．②ひどく．思いきり．徹底的に．¶～惜 xī / ひどく惜しむ．

【痛不欲生】tòng bù yù shēng 〈成〉悲しみのあまり死にたいと思う．

【痛斥】tòngchì 動 ひどくしかりつける．激しく非難する．

【痛楚】tòngchǔ 形〈書〉苦痛である．

【痛处】tòngchù 名 痛いところ．泣きどころ．

【痛打】tòngdǎ 動 ひどく殴る．¶把对方～了一顿 dùn / 相手をぶん殴ってやった．

【痛风】tòngfēng 名〈医〉痛風．リューマチ．

【痛改前非】tòng gǎi qián fēi 〈成〉以前に犯した過失を徹底的に改める．

【痛感】tònggǎn ①動 痛感する．身にしみて感じる．¶～知识 zhīshi 不足 / 知識不足を痛感する．②名 痛み(の感覚)．

【痛恨】tònghèn 動 心の底から憎む〔恨む〕．

【痛悔】tònghuǐ 動 心から悔いる．

【痛击】tòngjī 動 痛撃を与える．¶迎头 yíngtóu ～ / 出合い頭に痛撃を与える．

【痛经】tòngjīng 名〈医〉生理痛．月経痛．

【痛觉】tòngjué 名〈生理〉痛覚．

【痛哭】tòngkū 動 **激しく泣き叫ぶ**．¶失声 shīshēng ～ / (我慢できずに)大声を上げて泣く．

*【痛苦】tòngkǔ ①形 **ひどく苦しい**．¶他长期 chángqī 生病,感到很～ / 彼は長患いをし,とても苦痛に感じている．¶～的经验 jīngyàn / 苦い経験．②名 苦痛．苦しみ．

【痛快】tòngkuai ❶形 ① **痛快である；思いきり．心ゆくまで．¶今天玩儿 wánr 得真～ / きょうは思う存分遊んだ．¶喝个～ / 思いきり飲む．¶痛痛快快 kuàikuài 地游 yóu 个泳吧 / 思いきり泳ごうよ．② **率直である**．きっぱりしている．¶说话～ / はっきりとものを言う．¶他这个人办事特别 tèbié ～ / 彼はてきぱきと事をさばく人だ．❷動 **愉快にやる**．¶今天晚上咱们好好儿 hǎohāor 喝喝,～～吧 / 今夜は大いに飲んで愉快にやろう．

【痛骂】tòngmà 動 ひどくののしる．痛罵を浴びせる．¶～了他一顿 dùn / 彼をひどくののしった．

【痛切】tòngqiè 形 切々とした．身にしみる．

【痛入骨髓】tòng rù gǔ suǐ 〈成〉痛みが骨までしみる．耐えきれぬほど痛い．

【痛心】tòngxīn 動 心を痛める．ひどく悲しむ．

【痛心疾首】tòng xīn jí shǒu 〈成〉ひどく憎む．

T

【痛痒】tòngyǎng 名 ① 苦しみ．¶要关心群众 qúnzhòng 的～/民衆の苦しみに思いをやらねばならない．② 緊要なこと．►否定的な意味で用いることが多い．¶无关 wúguān ～的事/取るに足らない事柄．

【痛饮】tòngyǐn 動 心ゆくまで酒を飲む．

tou（ㄊㄡ）

1声 ＊＊ **偷 tōu** 動 ① **盗む**．¶～人家 rénjia 的钱/人の金を盗む．② **人目を盗んでこっそりやる**．►普通,動詞(句)と連用する．¶～着看了一下/ちらっと盗み見た．¶～跑 pǎo /こっそり逃げ出す．
◇◆ ①(暇を)見つける,つくる．¶→～闲 xián．② 一時逃れをする．¶～安 ān /一時逃れをする．③ 泥棒．¶小～/こそどろ．

【偷盗】tōudào 動 盗みを働く．泥棒する．

【偷渡】tōudù 動 密航する．

【偷工减料】tōu gōng jiǎn liào〈成〉仕事の手を抜き材料をごまかす．

【偷汉子】tōu hànzi〈慣〉(人妻が)男をこしらえる．間男をする．

【偷鸡不着蚀把米】tōu jī bù zháo shí bǎ mǐ〈諺〉こっそり得をしようと思ってかえって損をするたとえ．

【偷鸡摸狗】tōu jī mō gǒu〈成〉① こそどろを働く．②(男性が)浮気する．

【偷空】tōu//kòng 動(～儿)暇を見つける．

【偷懒】tōu//lǎn 動(～儿)**怠ける．サボる**．

【偷垒】tōu//lěi 動〈体〉(野球で)盗塁する．

【偷梁换柱】tōu liáng huàn zhù〈成〉物事の内容や本質をこっそりすり替える．

【偷漏】tōulòu 動 ① 脱税する．②(秘密を)こっそり漏らす．

【偷拍】tōupāi 動 盗撮する．

【偷窃】tōuqiè 動 盗む．窃盗する．

【偷情】tōu//qíng 動(男女が)私通する．

【偷人】tōu//rén 動(人妻が)男をこしらえる．

【偷生】tōushēng 動 無為に日々を過ごす．

【偷税】tōu//shuì 動 脱税する．

【偷天换日】tōu tiān huàn rì〈成〉重大事件の真相をゆがめて世人を欺く．

【偷听】tōutīng 動 **盗み聞きをする**．¶～器 qì /盗聴器．

＊【偷偷】tōutōu 副(～儿・～的)**こっそり(と)．人に知られないように**．¶～地告诉 gàosu 他/こっそり彼に知らせる．

【偷偷摸摸】tōutōumōmō 形 こそこそしている．

【偷袭】tōuxí 動 奇襲する．不意打ちする．

【偷暇】tōu//xiá 動〈書〉暇を盗む．

【偷闲】tōu//xián 動 ① **都合して時間を作る**．暇を見つけて…する．¶忙里～写了一篇 piān 文章/忙しい中から暇を作って文章を1編物した．②→【偷懒】tōulǎn

【偷眼】tōuyǎn 動 盗み見る．►"看、瞧 qiáo"などの動詞が続く．¶他～看了一下老师的神色 shénsè /彼はちらっと先生の顔色を盗み見た．

【偷着】tōuzhe 副 こっそり．そっと．

【偷嘴】tōu//zuǐ 動 盗み食いをする．¶这孩子净 jìng～/この子はいつもつまみ食いをする．

2声 ＊＊ **头（頭）tóu** ❶ 名 ① **頭．頭部**．¶抬 tái 起～来/頭をもたげる．② **髪の毛**．髪形．¶洗 xǐ～/シャンプーする．¶怎么理了个这种 zhǒng～,太难看了/どうしてこんな髪形にしたんだ,みっともないよ．③(～儿)**事の始め**〔終わり〕;(物体の)**先端**．¶从～儿说起/始めから話す．¶苦日子终于 zhōngyú 熬 áo 到了～儿/苦しい生活をついに最後まで耐えた．¶走到～儿往 wǎng 右拐 guǎi /つきあたりまで行って右に曲がる．④(～儿)(品物の)使い残し．¶香烟～儿/吸い殻．¶粉笔 fěnbǐ～儿/チョークのかけら．⑤(～儿)ボス．親分．かしら．⑥(～儿)方面．方．¶他俩 liǎ 是一～儿的/彼ら二人は仲間だ．¶两～儿落空 luòkōng /両方ともふいになる．あぶはち取らずになる．
❷ 形 ①(多く数量詞の前に用い)初めの．¶～一个/最初の一つ〔一人〕．¶～两节(课)/初めの2回(の授業)．¶～几天/初めの何日か．②〈方〉("年、月、天"などの前に用い,ある時期より)前の．¶→～年．
❸ 量 ① **家畜を数える**．¶三～骡子 luózi /ラバ3頭．② ニンニクの個数を数える．¶一～蒜 suàn /ニンニク1個．③ 縁談に用いる．¶那一～亲事 qīnshi 怎么样了？/その縁談はどうなりましたか．
❹ 接尾(軽声に発音し) ① 名詞を作る．¶木～/木．木材．¶舌 shé～/舌．¶苗 miáo～/兆し．② 方位詞を作る．¶上～/上(の方)．¶里～/中(の方)．③ 動詞または形容詞の後につけて抽象名詞を作る．¶念～/考え．¶苦 kǔ～/苦しみ．¶这个戏 xì 有看～/この劇は見ごたえがある．
❺ 接中《二つの数字の間に用い,概数を示す》そこそこ．¶十～八块/10元そこそこ．
❻ 前〈方〉(～に)先立って．¶～吃饭要洗手/ご飯の前に手を洗わなければならない．
‖ 姓

丶 丷 㐅 头 头

【头班】tóubān 形(↔末班 mòbān)(バス・電車で)始発の;第1班．(交替勤務の)第1交替．¶～车 chē 五点发车/始発のバスは5時に発車する．

【头版】tóubǎn 名(新聞の)第1面．¶～头条消息 xiāoxi /第1面のトップニュース．トップ記事．

【头半年】tóubànnián 名(1年の)上半期．

【头部】tóubù 名 **頭部**．頭の部分．

【头彩】tóucǎi 名 宝くじの1等賞;くじ引きの1番．¶抓 zhuā 了个～/1番くじが当たった．

【头灯】tóudēng 名(自動車の)ヘッドライト;〈鉱〉坑夫などがヘルメットにつける小型ランプ．

【头等】tóuděng 形 **1等の．いちばん上等の．最高の**．最も重要な．►"一等"ともいい,よく"二等、三等、次等 cìděng"などと併用する．¶～大事/最も重要な事柄．¶～舱 cāng /(飛行機などの)ファーストクラス．¶～奖 jiǎng /1等賞．

【头顶】tóudǐng 名 **頭のてっぺん**．¶从～到脚尖 jiǎojiān /頭のてっぺんから足の先まで．

＊＊【头发】tóufa 名 **頭髪**．髪の毛．髪．㊀ 根 gēn;〔束ねたもの〕绺 liǔ．❖**剪** *jiǎn*～/髪を切る．¶～稀 xī /髪の毛が薄い．¶～卡子 qiǎzi〔夹子 jiāzi〕/ヘアピン．

【头伏】tóufú 名"三伏"最初の10日間.

T

【头盖骨】tóugàigǔ 名〈生理〉頭蓋骨．

【头号】tóuhào 形 最大の；最も重要な；最上級の．¶～人物／最重要人物．

【头昏】tóuhūn 動 頭がぼうっとする．頭がくらくらする．¶～脑胀 zhàng／のぼせて頭がくらくらする．

【头昏眼花】tóu hūn yǎn huā〈成〉頭がぼうっとして目がかすむ．

【头奖】tóujiǎng 名 1等賞．¶得 dé～／1等賞をもらう．

【头巾】tóujīn 名 ①**頭巾**．フード．②(寒気や風砂をよける女性用の)**スカーフ**．量 块,条．❖**戴** *dài*～／スカーフをかぶる．

【头款】tóukuǎn 名 頭金．

【头盔】tóukuī 名 ヘルメット．

【头里】tóuli 方位(空間の)前,先；(時間で)前もって．¶～走／先に行く．¶说在～／先に言っておく．

【头路】tóulù ❶形 最高級の．¶～货 huò／いちばん上等の品物．❷名 ①仕事．②〈方〉手がかり．

【头轮】tóulún 名(～儿)(映画の)封切り．

【头面人物】tóumiàn rénwù 名〈貶〉顔役．お歴々．有名人．

【头目】tóumù 名〈貶〉(悪の)**頭目,かしら,親玉**．

*【头脑】tóunǎo 名 ①**頭脳．思考能力**．¶～清楚 qīngchu／頭脳明晰である．¶～简单 jiǎndān／頭が単純だ．勘が鈍い．¶他很有～／彼は頭がいい．②糸口．見当．¶摸不着 mōbuzháo～／さっぱり糸口が見いだせない．③〈口〉首領．かしら．

〚…头…脑〛…*tóu*…*nǎo* ①頭の働き．¶昏 hūn～昏～／頭がぼうっとしている．②首尾．¶没～没～／(話や物事に)つかみどころがない．③はした．切れ端．¶针 zhēn～线 xiàn～／針や糸などのこまごました物．

【头年】tóunián 名 ①第1年．最初の年．②〈方〉去年．前の年．

【头皮】tóupí 名 頭の皮膚．頭；ふけ．❖**硬着** *yìngzhe*～／(やむを得ず)思いきって．❖**生** *shēng*～／ふけが出る．¶～屑 xiè／ふけ．

【头破血流】tóu pò xuè liú〈成〉さんざんな目にあう．

【头七】tóuqī 名(喪の)初七日．

【头球】tóuqiú 名〈体〉(サッカーで)ヘディング．

【头儿】tóur 名 ①(品物の)**切れ端**．使い残し．②かしら．親分．¶李～／李親方．

【头生】tóushēng ①動 初めて子を産む．②形 初産(ういざん)の．③名(～儿)初産の子供．

【头绳】tóushéng 名(～儿) ①髪を結ぶひも．量 根 gēn．②〈方〉毛糸．

【头虱】tóushī 名〈虫〉シラミ．アタマジラミ．

【头水】tóushuǐ 名(～儿) ①上等品．②(衣服の)仕立て下ろし．③(器具を)初めて使うこと．④(衣服の)初めての洗濯．⑤1回目の灌漑水．

【头疼】tóuténg 形 **頭が痛い；困る．悩まされる**．¶～得厉害 lìhai／頭がひどく痛い．¶感到很～／実に困る．

【头疼脑热】tóu téng nǎo rè〈成〉ちょっとした病気．軽い風邪．

【头天】tóutiān 名 ①前日．前の日．②最初の日．

【头条】tóutiáo ①形(ニュースなどで)1番目の．¶头版～消息／トップ記事．②名 第1条．

【头痛】tóutòng →【头疼】tóuténg

【头头脑脑】tóutóunǎonǎo 名 ①お歴々．主だった人たち．②(肉屋でいう)肉のこま切れ．

【头头是道】tóu tóu shì dào〈成〉(言うことなすこと)いちいち筋道が通っている．

【头头儿】tóutour 名〈口〉かしら．ボス．

【头尾】tóuwěi 名 始めから終わりまで．首尾．

【头衔】tóuxián 名 肩書き．

【头像】tóuxiàng 名 胸像．量 尊 zūn,座．

【头绪】tóuxù 名 糸口．手がかり．見当．¶有了～／緒につく．事が始まる．¶～很清楚 qīngchu／手がかりがはっきりしている．

【头癣】tóuxuǎn 名〈医〉しらくも．

【头油】tóuyóu 名 髪油．ヘアオイル．

【头阵】tóuzhèn 名 第1回の交戦；(試合などの)第1回戦；(仕事などの)先頭．¶打～／先頭に立つ．

【头子】tóuzi 名〈貶〉(悪人の)ボス．親玉．

*# 投 tóu

動 ①(ある目標に向けて)**ほうる,投げつける,投げ入れる**．¶～手榴弹 shǒuliúdàn／手榴弾を投げる．¶原地投篮 tóulán 我总～不中 zhòng／セットシュートはいつもうまくいかない．②(手紙・原稿などを)**寄せる,送る**．¶到邮局 yóujú～了一封信／郵便局に手紙を出しに行った．¶书稿 shūgǎo 已经～出去了／原稿はもう送った．③(資金や投票用紙を)**投ずる**．¶把资金 zījīn～在新产品 chǎnpǐn 的开发 kāifā 上／資金を新しい製品の開発につぎ込む．¶～老张一票 piào／張さんに一票を投じる．④**参加する**．身を投じる．¶～到一位名演员 yǎnyuán 的名下／ある有名俳優の弟子になる．⑤飛び込み自殺をする．¶真没想到她～了河 hé／彼女が川に身を投げて死ぬとはまったく思いもよらなかった．⑥(光や影が)射す,投射する．¶树影 shùyǐng～在窗户 chuānghu 上／木の影が窓に映る．⑦気が合う；迎合する．¶两人不～脾气 píqi／二人は気性が合わない．¶～其 qí 所爱／相手の好みに迎合する．◇◆(時間的に)…近く．¶～明／明け方．‖姓

【投案】tóu//àn 動 自首する．

【投保】tóu//bǎo 動 保険をかける．

【投奔】tóubèn 動(…へ)身を寄せる．(…を)頼って行く．

【投币式电话】tóubìshì diànhuà 名 硬貨式公衆電話．

【投标】tóu//biāo 動 入札する．競争入札する．

【投标枪】tóubiāoqiāng 名〈体〉やり投げ．

【投产】tóu//chǎn 動 **生産を始める．操業を始める**．

【投弹】tóu//dàn 動(飛行機から)爆撃する；手榴弾を投げる．

【投敌】tóu//dí 動 敵の陣営に投じる．変節する．

【投递】tóudì 動(公文書や郵便物を)**配達する**,届ける．¶～信件 xìnjiàn／郵便物を配達する．¶无法 wúfǎ～／配達不能．

【投递员】tóudìyuán 名 郵便配達員．

【投放】tóufàng 動 ①投げ入れる；(労働力・設備・資金などを)投入する．¶～资金 zījīn／資金を投入する．②(企業が市場に商品を)供給する．

【投稿】tóu//gǎo 動(～儿)投稿する．

【投合】tóuhé ①形 投合する．気が合う．②動(人の好みに)合わせる．迎合する．

*【投机】tóujī 動 ①**気が合う**．馬が合う．¶话不

～ / 話が合わない. ②**投機をする.** チャンスをねらう. ¶～买卖 mǎimai / 投機的売買. ¶～倒把 dǎobǎ / 投機的取引をする.

【投考】tóu//kǎo 動(試験に)応募する. ¶～大学 / 大学入試を受ける.

【投靠】tóukào 動 人に頼る. 身を寄せる.

【投篮】tóu//lán 動〈体〉(バスケットボールで)シュートする.

【投脾气】tóu píqi 気が合う. 馬が合う.

*【投票】tóu//piào 動 **投票する.** ¶我投了他一票 / 私は彼に票を入れた. ¶投反对票 / 反対票を投じる.

【投枪】tóuqiāng ①動 槍を投げる. ②名 投げ槍.

【投亲】tóu//qīn 動 親戚を頼っていく. ¶～靠 kào 友 / 親戚や友人を頼りにする.

【投入】tóurù ❶動 ①(ある環境・状況に)積極的に加わる. ¶～生产建设的高潮 gāocháo / 生産・建設の高まりの中へ身を投じる. ¶～战斗 zhàndòu / 戦闘に加わる. ②(資金・人・物などを)投入する. ¶～资金 zījīn / 資金をつぎ込む. ❷形 集中している. 一心に…している. ¶工作～ / 一心不乱に仕事をする.

【投射】tóushè 動(目標に向かって)投げ込む;(光線や影などが)さし込む. ¶～出惊奇 jīngqí 的目光 / けげんなまなざしを向ける.

【投身】tóushēn 動 身を投じる. 献身する. ¶～于 yú 学生运动 / 学生運動に身を投じる.

【投生】tóu//shēng 動 生まれ変わる.

【投手】tóushǒu 名〈体〉(野球で)投手.

【投水】tóu//shuǐ 動(川や湖に)身投げをする.

【投送】tóusòng 動 郵送する. 発送する.

【投诉】tóusù 動(関係筋に)訴え出る.

【投宿】tóusù 動〈書〉宿泊する.

【投胎】tóu//tāi 動 転生する.

【投桃报李】tóu táo bào lǐ 〈成〉互いに贈答し合い,親しく交際する.

*【投降】tóuxiáng 動 **投降する.** 降服する. ¶无条件 wútiáojiàn ～ / 無条件降伏.

【投向】tóuxiàng ①動(資金を)投入する. ②名(資金などの)投入先.

【投药】tóu//yào 動 投薬する;(駆除薬などの)薬剤を置く.

【投影】tóuyǐng ①動 投影する. ②名 投影図.

【投缘】tóuyuán 動(多くは初対面で)気持ちが合う,馬が合う.

【投掷】tóuzhì 動 投擲(とうてき)する. 投げる.

*【投资】tóu//zī ①動 **投資する.** ¶个人～者 / 個人投資家. ②名 投資.

【投资基金】tóuzī jījīn 名〈経〉投資ファンド.

骰 tóu

"骰子 tóuzi"⇩という語に用いる.

【骰子】tóuzi 名〈方〉さいころ.

*透 tòu

❶動 ①**(気体・液体・光線などが)通る;突き抜ける.** ¶打开窗户 chuānghu ～～空气 kōngqì / 窓を開けて空気を通す. ¶穿着雨衣 yǔyī,里边的衣服～不了 buliǎo / レインコートを着ていれば,中の服に雨水がしみることはない. ¶月光～过玻璃窗照 zhào 在地板上 / 月の光が窓ガラスを通して床に射し込んだ. ¶钉 dīng ～了 / くぎが突き抜けた.

動詞(+"得 / 不")+"透"

¶钻 zuān 不～钢板 gāngbǎn / 鉄板に穴をあけられない.

②**(秘密や情報などを)漏らす,** ひそかに告げる. ¶～个信儿 / ちょっと耳に入れる. ¶关于 guānyú 那事,他一点儿风也没～ / 彼はあのことについておくびにも出さなかった.

③表面に現れる. ¶脸上～着欢喜 huānxǐ / いかにもうれしそうだ. ¶白里～红 / 白い色に赤みがさしている.

❷形 ①(多く補語に用い)**はっきりしている.** ¶道理 dàoli 讲得很～ / 道理が非常にはっきり説かれている.

語法ノート

動詞(+"得 / 不")+"透"

¶摸 mō ～了他的脾气 píqi / 彼の気性を百も承知している. ¶猜 cāi 不～他在想什么 / 彼が何を考えているのかはっきりつかめない.

②(補語として用い)徹底している. ¶天已经黑～了 / 日がとっぷりと暮れた. ¶西瓜还没熟 shú ～ / スイカはまだ完熟していない.

③(補語として用い,「形容詞 / (消極的な意味を表す)動詞(句)+"透"+"了"」の形で,否定的な気分で)程度が甚だしい. ¶饿 è ～了 / 腹ぺこだ. ¶恨 hèn ～了 / 骨の髄まで憎む. ¶这孩子不懂事～了 / この子は聞き分けが悪くてしょうがない.

【透彻】tòuchè 形(事情の把握や事理の分析が)**詳しくてはっきりしている.** ►"透澈"とも書く.

【透顶】tòudǐng 形(多く補語として用い)きわまる. …しきっている. ¶腐败 fǔbài ～ / 骨の髄まで腐敗している.

【透风】tòu//fēng 動 ①**風が通る. 風を通す.** ¶打开窗户 chuānghu 透透风 / 窓を開けてちょっと風を通す. ②風にあてる,さらす. ③秘密を漏らす〔が漏れる〕.

【透骨】tòugǔ 動(寒さなどが)骨身にこたえる.

【透光】tòu//guāng 動 光が漏れる. 光を通す.

【透过】tòu//guò 動+方補 透き通る. しみ通る;…を通して.

【透汗】tòuhàn 名 びっしょりかいた汗. ¶出了一身～ / びっしょり汗をかく.

【透话】tòu//huà 動(～儿)(相手の意向を打診するために)前もってこちらの意向を知らせる.

【透镜】tòujìng 名〈物〉レンズ.

【透亮】tòuliang 形 ①明るい. 透き通っている. ¶这间屋子 wūzi 真～ / この部屋はほんとうに明るい. ②はっきりしている. ¶经 jīng 你这么一说,我心里就～了 / 君にそう言われて,私は気持ちがすっきりした.

【透亮儿】tòu//liàngr 動 光が入り込む.

【透漏】tòulòu 動(情報や考えを)漏らす.

【透露】tòulù 動(消息・考えなどを)漏らす,明かす. (表情を)現す,みせる. ¶～风声 / 消息を漏らす. ¶事件的真相 zhēnxiàng ～出来了 / 事件の真相が明らかになった.

T

【透明】tòumíng 形 ①透明である. ②情報が公開されている,オープンである.
【透平(机)】tòupíng(jī) 名〈機〉タービン.
【透气】tòu//qì 動 ①換気する. 新鮮な空気を入れる;呼吸する. ¶憋 biē 得透不过气来 / 息が苦しい. ②空気や息が漏れる. ③(情報を前もって)流す,伝える. ④ほっとする. ¶透了一口气 / ほっとした.
【透视】tòushì ❶名〈測〉透視画法. ❷動 ①〈医〉(レントゲンで)透視する. ②(本質を)見抜く.
【透水】tòu//shuǐ 動 水がしみ通る. しみ込む.
【透心(儿)凉】tòuxīn(r) liáng 〈慣〉身にしみるほど冷たい;がっかりする.
【透支】tòuzhī 動 ①〈経〉当座貸越しをする. ¶～的账户 zhànghù / 借越しの口座. ②支出超過する. ③(職員が給料の)前借りをする. ④(肉体的・精神的な)限界を越える.

tu (ㄊㄨ)

1声 **凸** tū 形(↔凹 āo)突き出ている. ふくらんでいる. ¶这块木板 mùbǎn 不平,这里太～,要再刨 bào 掉一点儿 / この板は少しでこぼこで,ここがうんとふくらんでいるから,もう少しかんなをかけないといけない.
【凸版】tūbǎn 名〈印〉凸版. ¶～印刷 / 凸版印刷.
【凸窗】tūchuāng 名 張り出し窓.
【凸面镜】tūmiànjìng 名〈物〉凸面鏡.
【凸透镜】tūtòujìng 名〈物〉凸レンズ.
【凸显】tūxiǎn 動 はっきりと浮かび出る.
【凸字】tūzì 名 点字. ¶～书 / 点字本. ¶～课本 kèběn / 点字印刷の教科書.

秃 tū 形 ①(人の頭が)はげている;(鳥獣の頭やしっぽの毛が)抜けている. ¶头发 tóufa ～了一点儿 / 頭が少しはげている. ②(山に)木がない;(木に)葉がない. ¶山是～的 / 山がはげている. ③(物の)端がなくなっている,ちびている. ¶笔尖儿 bǐjiānr ～了 / ペン先がちびてしまった. ④(文章などが)しり切れとんぼで整っていない. ¶这篇文章煞尾 shāwěi 有点儿～ / この文章は結びのところが物足りない.
【秃笔】tūbǐ 名 ちびた筆;〈喩〉乏しい文才.
【秃顶】tū//dǐng ①動 頭がはげる. ②名 はげ頭.
【秃鹫】tūjiù 名〈鳥〉ハゲワシ. 量 只 zhī.
【秃驴】tūlú 名〈罵〉(僧侶に対して)生臭坊主.
【秃头】tū//tóu ①動 帽子をかぶらない. ②名 はげ頭. 坊主頭. はげた人.
【秃头病】tūtóubìng 名〈医〉脱毛症.
【秃子】tūzi 名 ①頭のはげた人. 坊主頭. ②〈方〉〈医〉黄癬(おうせん).

突 tū ❶動 ①(包囲を破って)突き進む. ②(周囲より高く)突き出る. ❷副〈書〉突然. 不意に. ¶气温 qìwēn ～降 jiàng / 気温が突然下がった.
◇◆ 煙突. ¶灶 zào ～ / かまどの煙突.
【突变】tūbiàn ①動 突如変化する. ②名〈略〉〈生〉突然変異.
*【突出】tūchū ❶動 ①突き破る. ¶～重围 chóngwéi / 重囲を突破する. ②突き出る. ¶颧骨 quángǔ ～ / ほお骨が突き出る. ③際立たせる. ¶～主题 / テーマを際立たせる. ❷形 際立っている. ¶成绩 chéngjì ～ / 成績がずば抜けている.
【突飞猛进】tū fēi měng jìn 〈成〉飛躍的に進歩発展する;すさまじい勢いで前進する.
*【突击】tūjī 動 ①突撃する. ¶～营地 yíngdì / (登山で)アタックキャンプ. ②(力を集中して)一気に仕上げる. ¶花了三天,把稿子～出来了 / 3日で原稿を一気に書き上げた.
【突进】tūjìn 動(兵力を集中して)突進する.
【突噜】tūlū 擬《うどんなど表面がなめらかなものをいきなりすする音》つるっ;《スリッパなどを引きずる音》ぺたぺた;《物が急にはずれる音,またはそのさま》つるり. するり.
【突尼斯】Tūnísī 名〈地名〉チュニジア.
【突破】tūpò 動 突破する. 突き破る;(困難や制限を)乗り越える,超過する. ¶～封锁 fēngsuǒ / 封鎖を突破する. ¶～定额 dìng'é / ノルマを超過する.
【突起】tūqǐ ①動 突然起こる;突き出る. ②名〈生理〉突起.
**【突然】tūrán 形《事の発生が急で意外であることを表す》突然である. 出し抜けである. ►よく連用修飾語となるが,後に"地"をつけないことが多い. ¶～(的)事故 / 思いがけない事故. ¶事情很～ / 事の起こりが出し抜けだった. ¶～闯 chuǎng 进一个人来 / 不意に人が飛び込んできた. [文頭に置き,突発性を強調する] ¶～,远处传 chuán 来一声尖锐 jiānruì 的呼叫 / 突然,遠くから甲高い叫び声が伝わってきた.
【突然间】tūránjiān 副 突然. 出し抜けに.
【突如其来】tū rú qí lái 〈成〉突然やってくる. 不意にやってくる.
【突突】tūtū 擬《モーターなどが動く音や蒸気・煙が噴き出す音》だっだっ. しゅっしゅっ;《心臓の激しい鼓動の音》だっだっ. どきんどきん;《煙などが大量に立ち昇るさま》もくもく.
【突围】tū//wéi 動 包囲を突破する.
【突兀】tūwù 形 ①〈書〉そびえ立っている. 際立っている. ②突然である. 出し抜けである. 唐突である. ¶事情来得太～,叫我不知所措 cuò / あまり突然の事でなすすべもない.

2声 ***图**(圖) tú ①名 図. 絵. イラスト. カット. 写真. 量 张,幅 fú. ¶画～ / 図案をかく. ¶看～识 shí 字 / 絵を見て字を覚える.
②動(手に入れようと)図る. ねらう. ¶～吉利 jílì / 縁起をかつぐ. ¶只 zhǐ ～省事 shěngshì / 手間を省くことばかり考える. ¶～个清静 qīngjìng / (心身が)安らかになるのがねらいだ.
◇◆ ①はかりごと. 計画. 意図. ¶良～ / よい計画. ¶宏 hóng ～ / 遠大な計画. ②描く. ¶绘 huì 影～形 / 人相書きを描く. ‖ 姓
*【图案】tú'àn 名 図案. デザイン. 模様.
【图板】túbǎn 名 製図板. 画板.
【图标】túbiāo 名〈電算〉アイコン.
【图表】túbiǎo 名 図表. グラフ. 表や略図の総称.
【图钉】túdīng 名(～儿)画びょう. 押しピン. 量 个,颗,枚.
*【图画】túhuà 名(～儿)図画. 絵. 量 张,幅 fú. ¶～纸 zhǐ / 画用紙.
【图鉴】tújiàn 名 図鑑. ►多く書名に用いられる.
【图解】tújiě 動 図解する.

T

【图景】túǐng 名 絵に描かれた景観；想像上の景観.
【图例】túlì 名(図表の記号の)凡例.
【图谋】túmóu ①動〈貶〉(悪いことを)たくらむ. ¶～私利 sīlì／私利を図る. ②名 たくらみ.
【图片】túpiàn 名(事物の説明に用いる)図画,図面,写真. ¶～说明 shuōmíng／キャプション.
【图谱】túpǔ 名 図鑑. 図録. ¶植物 zhíwù ～／植物図鑑.
*【图书】túshū 名 **図書. 書籍. 本.**
【图书馆】túshūguǎn 名 **図書館. ㊉ 个.
【图说】túshuō 名 図説. ¶天体～／天体図説.
【图腾】túténg 名 トーテム. ¶～柱 zhù／トーテムポール.
【图文并茂】tú wén bìng mào〈成〉挿し絵が多く文章もすぐれている.
【图文电视】túwén diànshì 名 文字放送.
【图像】túxiàng 名 画像. 映像；〈電算〉グラフィック. アイコン. ►"图象"とも書く.
【图形】túxíng 名 図形. 幾何図形；〈電算〉グラフィック. ¶～标志 biāozhì／シンボルマーク.
【图样】túyàng 名 **設計図. 見取図.** 図面.
*【图章】túzhāng 名 ① **判. 印鑑.** 印章. ㊉ 个,块. ❖盖 *gài* ～／判を押す. ②印影.
*【图纸】túzhǐ 名 **設計図.** 青写真. ㊉ 张 zhāng. ¶晒 shài ～／青写真を焼く.

荼 tú 名 ①(古書に見える苦い野菜の一種)ニガナ. ¶～毒／〈書〉迫害する；害毒. ②(古書でいう)カヤの白い花. ¶如火如～／勢いが盛んなさま.

徒 tú ◇◆ ①むなしく. いたずらに. ¶→～劳 láo. ②なにもない. 空の. ¶→～手. ③…するだけ. …しかない. ¶→～有其表. ④門人. 弟子. ¶师～关系／師弟の間柄. ⑤信徒. 信者. ¶回教～／イスラム教徒. ⑥〈貶〉やから. ¶歹 dǎi ～／悪党. ¶囚 qiú ～／囚人. ⑦徒刑. 懲役. ¶→～刑 xíng. ⑧徒歩(で行く). ¶→～涉 shè. ‖姓
【徒步】túbù 動〈書〉徒歩で行く.
【徒弟】túdi 名 **弟子. 見習い.**
【徒劳】túláo 形〈書〉徒労である. むだである. ¶～往返 wǎngfǎn／むだ足を踏む.
【徒劳无功】tú láo wú gōng〈成〉骨折り損のくたびれもうけ.
【徒然】túrán 形 むだである. いたずらに；ただ…だけである. ¶想否认 fǒurèn 也是～／否認しようとしてもむだだ. ¶～耗费 hàofèi 精力 jīnglì／ただ精力をすり減らすだけである.
【徒涉】túshè 動〈書〉川を歩いて渡る.
【徒手】túshǒu 形 徒手の. 手に何も持たない.
【徒刑】túxíng 名 徒刑. 懲役. ¶无期 wúqī ～／無期懲役.
【徒有其表】tú yǒu qí biǎo〈成〉見かけ倒しである. 名実相伴わない.
【徒子徒孙】tú zǐ tú sūn〈成〉〈貶〉一味徒党.

途 tú ◇◆ 道. 道路. ¶路～／道. 道筋. ¶长 cháng ～／長距離. ¶道听～说／〈成〉街のうわさ. ‖姓
【途程】túchéng 名 道程. 道のり. ¶人类 rénlèi 进化的～／人類進化の道のり.
【途经】tújīng 動(…を)経由する.
【途径】tújìng 名 道程. 道. ルート. ¶重要 zhòngyào ～／重要な手段. ¶通过 tōngguò 外交～交涉 jiāoshè／外交ルートを通じて交渉する.
【途中】túzhōng 名 **途中. 中途.** ¶会议 huìyì ～离席 lí xí／会議の途中で席をはずす.

* **涂(塗)** tú 動 ①(ペンキ・顔料・薬などを)**塗る,塗りつける.** ¶～上一层 céng 漆 qī／ペンキを1回塗る. ¶～点软膏 ruǎngāo／軟膏を少し塗る. ②でたらめに書く. 塗りたくる. ¶不要在墙 qiáng 上乱 luàn ～／壁に落書きをするな. ③(書いたものを)塗りつぶして消す. ¶～掉 diào 几个字／何文字か消す.
◇◆ ①泥. ¶→～炭 tàn. ②砂浜. ¶海～／干潟(ひがた). ③道. ‖姓
【涂层】túcéng 名 上塗り. 塗装. コーティング.
【涂改】túgǎi 動 **もとの字を消して書き直す.** ¶～液 yè／修正液.
【涂料】túliào 名 **塗料.** ペイント.
【涂抹】túmǒ 動 ①(ペンキ・色・石灰などを)塗りつける. ②いいかげんに塗りたくる.
【涂饰】túshì 動 ①(戸・窓や家具などに)色を塗る. ②(しっくいで壁を白く)塗る.
【涂炭】tútàn〈書〉①名 塗炭の苦しみ. ②動 苦しめる.
【涂写】túxiě 動 でたらめに塗ったり書いたりする.
【涂脂抹粉】tú zhī mǒ fěn〈成〉厚化粧をする；〈転〉表面を取り繕う. 粉飾する.

屠 tú ◇◆ ①家畜などを畜殺する. ②大量殺戮(さつりく)する. ¶～城 chéng／町中の人間を皆殺しにする. ‖姓
【屠刀】túdāo 名 畜殺用の包丁.
【屠杀】túshā 動〈書〉**殺戮(さつりく)する.** 大量に虐殺する.
【屠苏】túsū 名 屠蘇(とそ). おとそ.
【屠宰】túzǎi 動(家畜などを)畜殺する. ¶～场 chǎng／食肉処理場.

3声 * **土** tǔ ❶形 ① **やぼったい. 田舎くさい.** ださい. ¶你的衣服太～／君の服はひどください. ②("洋"と対にして用い) **昔ながらの. 在来の.** 旧式の. ¶我这～玩意儿 wányìr 赶不上 gǎnbushàng 你那洋的／私の古ぼけたものは君の舶来品に及ばない. ③ローカルな. その土地特有である. ¶这个字眼 zìyǎn 太～,外地人 wàidìrén 不好懂／この言葉はまったくの方言で,よその人にはわかりにくい.
❷名 **土. 泥.** ほこり. 土壌；**ごみ.** ダスト. ¶身上尽是 jìn shì ～／体が土ぼこりだらけだ. ¶倒 dào ～／ごみを捨てる.
◇◆ ①土地. ¶国～／国土. ¶乡 xiāng ～／郷土. ②未精製のアヘン. ¶烟 yān ～／アヘン. ‖姓
【土坝】tǔbà 名 土で築いた堤. 土手.
【土包子】tǔbāozi 名〈諷〉田舎者. 田舎っぺ.
【土崩瓦解】tǔ bēng wǎ jiě〈成〉完全に崩壊する. 瓦解する.
【土布】tǔbù 名(↔洋布 yángbù)手織り木綿.
【土产】tǔchǎn ①名(地方の)特産品. 土地の産物. ②形 地方特産の.
【土道】tǔdào 名 舗装されていない道.
*【土地】tǔdì 名 ① **土地. 耕地.** ㊉ 块,片. ¶～肥沃／土地が肥えている. ② **領土. 国土.** ¶我国

T

～辽阔 liáokuò / わが国の領土は広大である.
【土地】tǔdi 名 鎮守の神様. 土地の神様. ¶～庙 miào / 土地神を祭ったほこら.
*【土豆】tǔdòu 名〈口〉①(～儿)ジャガイモ. 量 个, 块. ¶～泥 ní / マッシュポテト. ②(～子)〈俗〉やぼったい田舎者.
【土耳其】Tǔ'ěrqí 名〈地名〉トルコ.
【土法】tǔfǎ 名 民間在来の方法. 昔ながらの方法. ¶～上马 / 在来の方法で仕事を始める.
【土方】tǔfāng ❶名 ①(～儿)民間療法. ②〈略〉土掘り・土盛りなどの工事. ❷量(土の体積の単位)立方メートル.
【土匪】tǔfěi 名 土匪. 土地の悪者.
【土改】tǔgǎi 動〈略〉土地改革を行う.
【土棍】tǔgùn 名 地方のごろつき.
【土豪】tǔháo 名 金持ちの地主. 地方のボス. ¶～劣绅 lièshēn / 土豪劣紳. 地方のボスども.
【土话】tǔhuà 名(狭い地域で用いられる)方言. 土語. 地方なまり. ►"土语 tǔyǔ"とも.
【土黄】tǔhuáng 形 黄土色の. カーキ色の.
【土皇帝】tǔhuángdì 名〈貶〉(中央に対して)特定の地方を支配する権力者・ボス. ►"土皇上"とも.
【土货】tǔhuò 名 その土地の産物.
【土家族】Tǔjiāzú 名(中国の少数民族)トゥチャ(Tujia)族. ►チベット系少数民族の一つ. 主に湖北省と湖南省に住む.
【土炕】tǔkàng 名 土で築いたオンドル.
【土坷垃】tǔkēla 名〈方〉土くれ. 土の塊.
【土库曼斯坦】Tǔkùmànsītǎn 名〈地名〉トルクメニスタン.
【土块】tǔkuài 名 土くれ. 土の塊.
【土筐】tǔkuāng 名 ①土を運ぶもっこやかご. ②〈口〉ごみ入れ.
【土牢】tǔláo 名 土牢. 地下牢.
【土老冒】tǔlǎomào 名(～儿)〈方〉田舎者. やぼな人.
【土里土气】tǔlitǔqì 形 やぼったい.
【土埋半截】tǔ mái bàn jié〈成〉死期が迫っている.
【土木】tǔmù 名 土木工事. ¶大兴 xīng ～ / 盛んに土木工事をやる. ¶～工程师 / 土木技師.
【土木工程】tǔmù gōngchéng 名 土木工事.
【土坯】tǔpī 名 土れんが. 日干しれんが.
【土气】tǔqì 形 田舎くさい. やぼったい.
【土壤】tǔrǎng 名 土壌. 温床. ¶～肥沃 féiwò / 土壌が肥えている.
【土生土长】tǔ shēng tǔ zhǎng〈成〉その地で生え抜きの. その地方で生まれ育った.
【土俗】tǔsú ①名〈書〉その土地の風俗. ②形 俗っぽくて下品である.
【土头土脑】tǔ tóu tǔ nǎo〈成〉やぼったい. (田舎者が見聞が狭く)おどおどする.
【土物】tǔwù 名 ①土地の産物. ②みやげ物. ③(謙遜して)つまらない物.
【土星】tǔxīng 名〈天〉土星. ¶～光环 guānghuán / 土星の環.
【土腥气】tǔxingqì 名(においの)土くささ, 泥くささ. ¶鲤鱼 lǐyú 有～ / コイは泥くさい. ►"土腥味儿 wèir"とも.
【土畜产】tǔxùchǎn 名 その土地の産物と畜産品. ¶～商店 shāngdiàn / 日用雑貨商店.
【土洋结合】tǔ yáng jié hé〈成〉中国の伝統的な方法と外来の方法を結びつける.
【土音】tǔyīn 名 地方なまり.
【土语】tǔyǔ →【土话】tǔhuà
【土葬】tǔzàng 動 土葬する.
【土政策】tǔzhèngcè 名 地方または一部の職場が勝手に行う政策・規定.
【土质】tǔzhì 名 土質. 土壌の性質. ¶～松软 sōngruǎn / 土質がふんわりと軟らかい.
【土冢】tǔzhǒng 名 塚;(土を盛り上げた)墓.
【土专家】tǔzhuānjiā 名(学歴はないが)長年の経験によってすぐれた技術を身につけている人.
【土族】Tǔzú 名(中国の少数民族)トゥー(Tu)族. ►モンゴル系民族の一つ. 主に青海省に住む.

*吐 tǔ 動 ①(口の中のものを)吐く. 吐き出す. ❖～痰 tán / たんを吐く. ¶～核儿 húr / (果物などの)種を口から吐き出す. ②(口またはすきまから)出る, 出す. ❖～舌头 shétou / 舌を出す. ③話す. ❖～实情 shíqíng / 白状する. 泥を吐く. 注意"吐"は,「口の中のものを吐き出す」意味で, 能動的でコントロール可能な動作をさすときは tǔ と発音する. また,「いったん胃の中に入ったものをもどす」意味で, 自制不可能な状態をさすときは tù と発音する. ⏩tù

【吐故纳新】tǔ gù nà xīn〈成〉古いものを捨てて新しいものを吸収する. 参考 もとは道家の養生法の一つで, 濁った空気を吐き出して新鮮な空気を吸い込むこと. ¶领导班子 lǐngdǎo bānzi ～ / 指導グループの新陳代謝をはかる.
【吐话】tǔ//huà 動(～儿)言い出す. ¶这件事一定要头头儿 tóutour ～才行 xíng / この事はリーダーが言い出さなければだめだ.
【吐口】tǔ//kǒu 動 話を切り出す.
【吐露】tǔlù 動(内心を)語る, 打ち明ける. ¶～真情 zhēnqíng / 真情を打ち明ける.
【吐气】tǔ//qì ①動 うっぷんが晴れる. ②名〈語〉有気. ¶～音 yīn / 有気音.
【吐弃】tǔqì 動 唾棄(だき)する.
【吐实】tǔshí 動 白状する.
【吐绶鸡】tǔshòujī 名〈鳥〉シチメンチョウ.
【吐司】tǔsī 名 トースト. ►英語 toast の音訳.
【吐穗】tǔ//suì 動(～儿)〈農〉穂が出る.
【吐芽】tǔ//yá 動 芽を吹く. 芽生える.

4声 *吐 tù 動 ①嘔吐する. もどす. ¶恶心 ěxin 要～ / 胸がむかむかして吐きそうだ. ②(不正に入手したものを)吐き出す, 返す. ¶～赃物 zāngwù / 盗品を返す. ⏩tǔ

【吐沫】tùmo 名 つば. つばき. ►"唾沫 tuòmo"とも. ¶吐 tǔ ～ / つばを吐く.
【吐血】tù//xiě 動 血を吐く.
【吐泻】tùxiè 動 吐瀉(としゃ)する. 嘔吐と下痢をする. ¶上吐下泻 / もどしたり下したりする.

兔(兎) tù 名(～儿)〈動〉ウサギ. 量 只 zhī, 个. ►話し言葉で単独で用いるときは"兔儿""兔子"という. ¶养 yǎng 一只～儿 / ウサギを1匹飼う.

【兔唇】tùchún 名〈医〉兎唇(としん).
【兔儿爷】tùryé 名 中秋節に供える兎頭人身の泥人形.
【兔死狗烹】tù sǐ gǒu pēng〈成〉用がなくなったかつての功労者が殺される〔免職される〕.
【兔死狐悲】tù sǐ hú bēi〈成〉同類相哀れむ. き

ょうは人の身,明日はわが身.

【兔崽子】tùzǎizi 名〈罵〉畜生め. ガキ.

*【兔子】tùzi 名〈動〉ウサギ. 量 只 zhī,个. ¶～尾巴 wěiba(长不了 chángbuliǎo)/(しゃれ言葉で)長くはない. 長続きしない.

tuan (ㄊㄨㄢ)

1声 **湍** tuān ◇◆ ①(流れが)急である. ¶→～急. ②急な流れ. ¶急～/急流.

【湍急】tuānjí 形〈書〉水の勢いが急である. ¶水流～/流れが急である.

【湍流】tuānliú 名 ①〈書〉急流. ②〈物〉乱流;乱気流.

2声 * **团**(團) tuán ❶動 集まる. 集合する;丸める. ¶把面粉 miànfěn ～成团儿/小麦粉をこねて丸める. ¶～药丸/丸薬を作る.
❷名 ①(～儿・～子)丸い形の物. 団子. ¶汤 tāng～/スープに入れた団子. ②団. 団体. 集団;(特に)中国共産主義青年団;(軍隊の)連隊;〈旧〉"乡"に相当する行政機関. ¶组成 zǔchéng 一个～/グループを作る. ¶主席 zhǔxí ～/議長団.
❸量 ①ひとかたまりになっているものを数える. ¶一～毛线/毛糸の玉一つ. ②《"一团"の形で形容詞と連用して,ある種の状況をさす》¶一～漆黑 qīhēi/真っ暗闇. ¶乱 luàn 成一～/上を下への大騒ぎ. ¶缩 suō 成一～/丸く縮まる.
◇◆ ①丸い. ¶→～脐 qí. ¶→～扇 shàn. ②いっしょに集まる. ¶→～结 jié. ¶→～聚 jù. ‖姓

【团拜】tuánbài 動(学校・職場などで)年始のあいさつを交わす.

【团队】tuánduì 名 ①(ツアーやスポーツなどの)団体. ¶～精神/チームワーク. ②共青団と少年先鋒隊の合称.

【团饭】tuánfàn 名 握り飯.

【团粉】tuánfěn 名(オニバスの実や緑豆で作った)でんぷん,片栗粉. ►あんかけ料理を作るのに用いる.

【团花】tuánhuā 名(～儿)花を描いた丸い図案.

【团伙】tuánhuǒ 名(犯罪・不良)集団,グループ. 量 个. ¶犯罪 fànzuì ～/犯罪グループ.

*【团结】tuánjié ①名 団結する. 結束する. 結集する. 連帯する. ¶～起来/団結せよ. ¶加强 jiāqiáng ～/連帯を強める. ¶～就是力量 lìliang/団結は力である. ②形 仲がよい. よく団結している. 友好的である. ¶我们班 bān 的学生都很～/私たちのクラスの学生は皆まとまっている.

【团聚】tuánjù 動 ①(別れ別れの肉親や親友などが)集まる,団欒(だん)する. ¶全家～/一家団欒する. ②団結する. 結集する.

【团脐】tuánqí 名(↔尖脐 jiānqí)雌ガニ;雌ガニの腹部の丸い殻.

【团扇】tuánshàn 名 うちわ. 量 把.

【团体】tuántǐ 名 団体. ¶～冠军 guànjūn/団体優勝.

【团体操】tuántǐcāo 名 マスゲーム.

【团团】tuántuán 形 丸い;まわりをとりまいている. ¶～围住/ぐるりととりまく.

【团团转】tuántuánzhuàn〈慣〉①ぐるぐる回る. ②目が回る. 非常に忙しい;居てもたってもいられない;(人の機嫌を取るために)まめまめしく振るまう. ¶每天为工作忙 máng 得～/毎日,仕事でてんてこ舞いだ.

【团鱼】tuányú 名〈動〉スッポン.

【团员】tuányuán 名 ①団員. ②中国共産主義青年団団員.

*【团圆】tuányuán ①動(離散した肉親が)再会する,いっしょになる. ¶全家～/一家の者が再びそろう. ¶大～/大団円. ②形 円形の. 丸形の.

【团圆饭】tuányuánfàn 名(春節や中秋節での)一家団欒(だん)の食事.

【团圆节】Tuányuánjié 名 中秋節.

*【团长】tuánzhǎng 名 ①団長. ②〈軍〉連隊長.

【团子】tuánzi 名 団子(状の食品). ¶饭～/おにぎり.

tui (ㄊㄨㄟ)

1声 **忒** tuī 副〈方〉たいへん. あまりに. とても. ¶～小/あまりにも小さい.

* **推** tuī

外または前方へ向けて,物を力を入れて動かすことを示す

動 ①押す. 押し動かす;(押すようにして)挙げる. 投げる. ¶用力～了他一下/彼をぐっと押した. ¶轻 qīng 轻一～,门就开了/軽く押しただけでドアが開いた. ¶你～我挤 jǐ/押しあいへしあいする. ¶前～后搡 sǎng/押したりこづいたりする. ②(道具を使って)平らにする,刈る,切る,削る;(臼で)ひく. ¶～头发 tóufa/髪を切る. ¶～刨子 bàozi/かんなで削る. ►日本のかんなは手前に引くのに対して,中国のかんなは通常,前へ押して使う. ¶～白面 báimiàn/小麦粉をひく. ③あとに延ばす. 繰り延べる. 延び延びにする. ¶这件事～两天再说吧/この件は2,3日あとに延ばすことにしよう. ¶会议日期 rìqī 一～再～/会議の期日は延び延びになっている. ④辞退する. 断る. 譲る. ¶别～了,你就收下 shōuxia 吧/遠慮せずお収めください. ⑤広める. 推進する. ¶把改革 gǎigé ～向 xiàng 高潮 gāocháo/改革を推し進め盛り上げる. ⑥推す. 推薦する. ¶～他当班长 bānzhǎng/彼を班長に推挙する. ⑦推論する. 推測する. ¶你～～看,他俩儿 liǎr 谁能赢 yíng/二人のどちらが勝つか,当ててみてください. ⑧(責任を)押しつける,言い逃れる. ¶不要把工作～给别人/仕事を他人に押しつけるな.
◇◆ ①推し広める. ¶→～广 guǎng. ¶→～销 xiāo. ②感心する. 敬服する. ¶～许 xǔ/称揚する. ¶～重 zhòng/推賞する.

【推本溯源】tuī běn sù yuán〈成〉もとをただし原因を究める.

【推病】tuī//bìng 動 病気にかこつける. ¶～不上班/仮病を使って出勤しない.

【推波助澜】tuī bō zhù lán〈成〉波瀾を巻き起こして望ましくないことの勢いを助長する.

*【推测】tuīcè 動 推測する. 推し量る. ¶不要随意 suíyì ～别人的事/勝手に他人のことをあれこれ推測するな.

T

【推陈出新】tuī chén chū xīn 〈成〉(文化遺産の継承などで)古いもののよさを新しいものに生かす.

【推诚相见】tuī chéng xiāng jiàn 〈成〉誠意をもって人にあたる.

*【推迟】tuīchí 動(期日を)遅らせる,延ばす. ¶～会期 huìqī / 会期を延ばす. ¶～一星期动身 dòngshēn / 出発を1週間延期する.

【推斥力】tuīchìlì 名〈物〉斥力(せきりょく). 反発力.

【推崇】tuīchóng 動 尊敬する. 推賞する.

【推出】tuī//chū 動+方補(新製品・新番組・新政策などを)世に出す. ¶～新产品 xīnchǎnpǐn / 新製品を発表する.

*【推辞】tuīcí 動 辞退する. 遠慮する. (遠回しに)お断りする. ¶再三 zàisān～ / 何度も辞退する.

【推倒】tuī//dǎo 動+結補 押し倒す;ひっくり返す. 覆す. ¶～在地 dì / 地面に押し倒す. ¶～重来 chónglái / ご破算にして立て直す.

【推定】tuīdìng 動 ①推定する. 断定する. ②推薦で決める. 選出する.

*【推动】tuī//dòng 動+結補 促進する. 推進する. 推し進める. ¶经济改革 jīngjì gǎigé～了工农业 gōngnóngyè 生产迅速 xùnsù 发展 / 経済改革が農工業生産の急速な発展を推進した.

【推断】tuīduàn 動 推断する. 推定する. ¶～结论 jiélùn / 結論を割り出す.

【推度】tuīduó 動〈書〉推測する. 推量する.

【推而广之】tuī ér guǎng zhī 〈成〉押し広める;(意味を)押し広げる. 敷衍(ふえん)する.

*【推翻】tuī//fān 動 ①(支配・政権を)覆す,打倒する,ひっくり返す. ②(これまでの見解・計画・決定などを)覆す,ひっくり返す. ¶～原定计划 jìhuà / もとの計画をご破産にする.

【推杆】tuīgān 名〈体〉(ゴルフで)パター;パッティング.

【推故】tuīgù 動 口実を設けて断る. ¶～缺席 quēxí / 口実をつくって欠席する.

*【推广】tuīguǎng 動 押し広める. 拡張する. 普及させる. ¶～先进经验 jīngyàn / 進んだ経験を押し広める.

【推及】tuījí 動〈書〉(…まで)押し広める. …にまで類推が及ぶ.

【推己及人】tuī jǐ jí rén 〈成〉他人の身になって考えてやる. わが身に置きかえて考える.

【推见】tuījiàn 動 推し量る.

*【推荐】tuījiàn 動 推薦する. 薦める. ¶～人才 réncái / 人材を推薦する. ¶他被～当会长 huìzhǎng / 彼は会長に推された.

【推进】tuījìn 動 ①推進する. 推し進める. 前進させる. ¶把工作更 gèng 向前～一步 / 仕事をさらに一歩推し進める. ②(戦闘中の軍隊が)前進する.

【推进器】tuījìnqì 名〈機〉プロペラ. スクリュー.

【推究】tuījiū 動(道理・原因・責任などを)究める,突き止める.

*【推举】tuījǔ ①動 推挙する. 推薦する. 選挙する. ¶大家一致 yīzhì～他当 dāng 班长 bānzhǎng / 全員一致で彼を級長に推薦した. ②名〈体〉(重量挙げの種目の一つ)プレス. 押し上げ.

【推理】tuīlǐ 動〈論〉推理する.

【推力】tuīlì 名〈機〉推力. スラスト.

【推论】tuīlùn 動〈論〉推論する.

【推磨】tuīmò 動 ひき臼を回す;〈喩〉堂々めぐりをする.

【推拿】tuīná 動〈中医〉按摩する.

【推铅球】tuīqiānqiú 名〈体〉砲丸投げ.

【推敲】tuīqiāo 動 ①推敲する. 字句を練る. ②熟考する. よく考える. ¶反复 fǎnfù～ / 繰り返しよく考える.

【推求】tuīqiú 動(既知の条件や要素に基づき道理・意図などを)探る,追求する.

【推却】tuīquè 動 断る. 拒絶する.

【推让】tuīràng 動 辞退する. 遠慮する. 譲る.

【推三阻四】tuī sān zǔ sì 〈成〉あれこれと口実を設けて断る. ►"推三委 wěi 四""推三推四"とも.

【推算】tuīsuàn 動(既存のデータから)算出する,見積もる.

【推头】tuī//tóu 動〈口〉バリカンで髪を刈る. 散髪する. ¶推平 píng 头 / 五分刈りにする.

【推土机】tuītǔjī 名 ブルドーザー.

【推推搡搡】tuītuisǎngsǎng 動 ぐいぐい押す. 押したりこづいたりする.

【推托】tuītuō 動(辞退するために)理由をこしらえる,かこつける. 口実を設けて断る.

【推脱】tuītuō 動 ①(責任を)逃れる. ②(任命・招待・贈り物などを)断る,辞退する.

【推诿】tuīwěi 動(責任を)転嫁する. ►"推委"とも書く.

【推问】tuīwèn 動 尋問する. 査問する.

【推想】tuīxiǎng 動 推量する. 推測する.

【推销】tuīxiāo 動〈商〉売りさばく. セールスをする.

【推销员】tuīxiāoyuán 名 セールスマン.

【推卸】tuīxiè 動(責任を)逃れる,回避する. ¶～责任 zérèn / 責任逃れをする.

【推谢】tuīxiè 動 何かにかこつけ断る.

【推心置腹】tuī xīn zhì fù 〈成〉誠意をもって人に当たる. 胸襟を開く.

【推行】tuīxíng 動(経験や方法を一般に)押し広める,普及させる. ¶～新的政策 zhèngcè / 新しい政策を推進する.

【推选】tuīxuǎn 動(口頭で)推薦して選出する. ¶～她当 dāng 代表 / 彼女を代表に推す.

【推延】tuīyán 動 延期する. 日延べする.

【推演】tuīyǎn 動〈論〉推断演繹(えんえき)する.

【推移】tuīyí 動 推移する. 移り変わる. ¶随着 suízhe 时间的～ / 時が経つにつれて.

【推子】tuīzi 名(散髪用の)バリカン.

2声

颓 tuí ◇ ①しおれる. 元気がなくなる;衰える. ¶→～唐 táng. ¶衰 shuāi～ / 衰退する. ②(がけや構築物が)倒れる,崩れる. ¶→～垣 yuán 断壁 duànbì.

【颓废】tuífèi 形 退廃的である. ¶～派 pài / デカダン. 退廃派.

【颓废主义】tuífèi zhǔyì 名 デカダンス.

【颓风】tuífēng 名〈書〉退廃的な風潮. ¶～败俗 bàisú / 腐敗退廃した風俗.

【颓靡】tuímǐ 形〈書〉元気がない. 振るわない.

【颓然】tuírán 形〈書〉興ざめしている;落胆している;ぐったりしている.

【颓丧】tuísàng 形 元気がない. しょげている.

【颓势】tuíshì 名〈書〉退勢.

【颓唐】tuítáng 形〈書〉元気がない. しょげている.

【颓垣断壁】tuí yuán duàn bì 〈成〉崩れ落ちた塀や壁;廃墟.

【颓运】tuíyùn 名〈書〉下り坂の運勢.

腿 tuǐ ❶名 ①(人や動物の)足. くるぶしから足のつけ根までの部分. すね・ひざ・ももの全体. ►"脚 jiǎo"と区別している. 量 只 zhī,条;[両方]双 shuāng. ¶大～/もも(ひざから上の部分). ¶小～/すね(ひざから足首までの部分). ¶前～/(動物の)前足.
②(～儿)(器物の)脚. ¶桌子～儿/机の脚.
❷動(～儿)〈方〉歩く. ¶～儿着去/歩いて行く.
◇◆〈略〉(＝火腿 huǒtuǐ)ハム. ¶云 yún ～/雲南産のハム.

【腿肚子】tuǐdùzi 名〈口〉ふくらはぎ.
【腿脚】tuǐjiǎo 名 足どり. 脚力. ►歩行能力としての足の運びをいう. ¶～不灵便 língbian/足もとがおぼつかない.
【腿快】tuǐ//kuài 形 足が速い. 行動が素早い.
【腿勤】tuǐ//qín 形 足まめである.
【腿腕子】tuǐwànzi 名 足首.
【腿子】tuǐzi 名 ①〈口〉悪の手先. ②〈方〉足.

退 tuì 動 ①(↔进 jìn)退(しりぞ)く. 後ろへ下がる. ¶向后～/バックオーライ. 後退する. ¶～到第三排/3列目まで退く. ¶～一步说/一歩譲っても. それはそうでも. ②引く. 退(ひ)く;引かせる. 取り除く. ¶子弹 zǐdàn ～膛 táng/銃に込めてある弾を抜く. ③(いったん受け取った金品を)返す,戻す,返却する. ¶把这份儿 fènr 礼～了吧/この贈り物は返しておきなさい. ④取り消す. キャンセルする. ¶～合同 hétong/契約を取り消す. ⑤(熱・水位が)下がる;(色が)落ちる. ¶烧 shāo ～了一些/熱が少し下がった. ⑥退出する. 脱退する. ¶～党 dǎng/党を抜ける.

【退避】tuìbì 動〈書〉退避する. 逃げる.
【退避三舍】tuì bì sān shè 〈成〉譲歩して人と争わない.
【退兵】tuì//bīng 動 ①撤兵する. ②撃退する.
【退步】tuì//bù ❶動 ①(↔进步)後退する. ¶退一步想/一歩退いて考える. ¶给自己留 liú 个～/自分のために逃げ道を残しておく. ②譲歩する. ❷名(後退の)余地,ゆとり.
【退场】tuì//chǎng 動 退場する.
【退潮】tuì//cháo 動 潮が引く.
【退出】tuìchū 動 ①(会場から)退出する. ②(組織・団体などから)脱退する.
【退房】tuì//fáng 動 チェックアウトする. ¶～时间 shíjiān 是几点?/チェックアウトは何時ですか.
【退汗】tuì//hàn 動 汗が引く.
【退化】tuìhuà 動 ①〈生〉退化する. ②悪くなる. 後退する.
【退还】tuìhuán 動(受け取ったものや買ったものを)戻す. 返却する. ¶原物 yuánwù ～/届けてきた〔借りてきた〕ものをそのまま返す.
【退换】tuìhuàn 動(買ったものを)取り替える.
【退回】tuìhuí 動 ①(手紙・原稿などを)返す,戻す. ②(道を)引き返す,戻る.
【退婚】tuì//hūn 動 婚約を解消する.
【退伙】tuì//huǒ 動 ①仲間から抜ける. ②共同炊事・食堂から抜ける.
【退货】tuì//huò ①動 商品を返却する. 商品を送り返す. ②名 返品. 返された商品.
【退居】tuìjū 動 第一線から退く;格下げになる. ¶～二线/直接指導に当たる地位から離れる;(党・政府の古参幹部が)引退する. ¶～第二位/ポストがナンバー2に下がる.
【退款】tuì//kuǎn ①動 金を払い戻す. ②名 払戻金.
【退路】tuìlù 名 逃げ道;ゆとり. 余裕. ¶被敌人 dírén 切断 qiēduàn 了～/敵に退路を断たれた. ¶为将来 jiānglái 留个～/将来のためにゆとりを見ておく.
【退落】tuìluò 動(大水が)引く;〈喩〉下がる. 減る. ¶经济成长率 jīngjì chéngzhǎnglǜ 不见～/経済成長率が下がる気配を見せない.
【退赔】tuìpéi 動 返却する. 賠償する. ►不正手段で手に入れた財物などに用いる.
【退票】tuì//piào 動 ①切符代金の払い戻しをする〔受ける〕. ②小切手が不渡りになる.
【退亲】tuì//qīn 動 婚約を解消する.
【退却】tuìquè 動 ①〈軍〉退却する. ②しりごみする.
【退让】tuìràng 動 ①譲歩する. ②よける. 避ける.
【退热】tuì//rè →【退烧】tuì//shāo
【退色】tuì//shǎi 動 色があせる. 色がさめる.
【退烧】tuì//shāo 動 体温が平熱に戻る. 熱が下がる. 熱を下げる. ►"退热 rè"とも. ¶～药 yào/解熱剤.
【退税】tuì//shuì 動 税金を払い戻す.
【退缩】tuìsuō 動 しりごみする. たじたじとなる.
【退位】tuì//wèi ①動 退位する. ②名〈電算〉バックスペース.
【退伍】tuì//wǔ 動 退役する. 除隊する. ¶～军人 jūnrén/退役軍人.
【退席】tuì//xí 動(会場や宴会を)退席する.
【退休】tuìxiū 動(定年または公傷による障害のために)退職する.
【退休金】tuìxiūjīn 名 退職年金.
【退学】tuì//xué 動 退学する. 退学させる. ¶勒令 lèlìng ～/退学を命ずる.
【退役】tuì//yì 動 ①〈軍〉退役する;旧式の武器が使用されなくなる. ②(スポーツ選手などが)現役を引退する.
【退职】tuì//zhí 動 退職する. 辞職する. ¶提前 tíqián ～/早期退職する.
【退租】tuìzū 動 ①(土地・家屋の)賃貸契約を解消する. ②(土地・家屋その他の)借り賃を返す.

蜕 tuì 動(ヘビやセミなどが)脱皮する;(鳥の)羽毛が生え変わる. ¶～了一层 céng 皮/ひと皮むける.
◇◆(ヘビやセミなどの)抜け殻,もぬけの殻. ¶蛇 shé ～/ヘビの抜け殻.

【蜕变】tuìbiàn 動 ①(人や事物が)変質する. ②〈物〉崩壊する.
【蜕化】tuìhuà 動(人や思想が)堕落する,変質する.
【蜕皮】tuì//pí 動〈動〉脱皮する.

煺(**焞・撴**) tuì 動(殺した豚や鶏などに熱湯をかけて)毛を抜く. ¶～猪 zhū/殺した豚の毛を抜く.

褪 tuì 動(服を)脱ぐ;(羽毛が)抜ける;(色が)さめる. ¶～掉冬装/冬着を脱ぐ. ¶～羽毛 yǔmáo/羽毛が抜け

T

替わる．▸▸ tùn
【褪色】tuì//shǎi 動 色落ちする．色があせる．

tun（ㄊㄨㄣ）

1声 **吞** tūn 動 ①丸飲みにする．飲み込む．¶～丸药 wányào / 丸薬を飲み込む．②横領する．着服する．¶他～了大家的钱 / 彼はみんなのお金を着服した．‖姓

【吞并】tūnbìng 動(土地・財産・領土を)横取りする．併呑(へいどん)する．
【吞吃】tūnchī 動 ①丸のみにする；がつがつ食べる．②〈口〉横領する．着服する．
【吞服】tūnfú 動(薬を)丸のみする．
【吞金】tūn//jīn 動(女性が装身具の)金(きん)を丸のみにして自殺する．
【吞没】tūnmò 動 ①横領する．着服する．¶～公款 gōngkuǎn / 公金を横領する．②(大波・洪水が)のみ込む．水浸しにする．
【吞声】tūnshēng 動〈書〉声をのむ．声をしのばせる．¶～饮泣 yǐnqì / 泣き寝入りをする．
【吞食】tūnshí 動 丸のみにする．¶大鱼～小鱼 / 大きな魚が小さな魚を丸飲みにする．弱肉強食．
【吞噬】tūnshì 動〈書〉丸のみする；〈喩〉併呑する．横取りする．
【吞吐】tūntǔ 動 ①のみ込み吐き出す．出入りする．►多く比喩的に用いる．¶火车站每天～着大批 pī 旅客 / 駅は毎日大勢の旅客が出入りしている．②口ごもる．ぼそぼそと要領を得ないことを言う．¶～其词 qí cí / 言葉を濁す．
【吞吞吐吐】tūntūntǔtǔ 形 しどろもどろである．口ごもるさま．
【吞咽】tūnyàn 動 飲み込む．飲み下す．¶难以 nányǐ～/ 飲み込めない．
【吞云吐雾】tūn yún tǔ wù 〈成〉アヘンやたばこを盛んに吸っているさま．
【吞占】tūnzhàn 動 横領する．乗っ取る．

2声 **屯** tún ①動〈書〉集める．蓄える；〈転〉(軍隊が)駐屯する．②名(～儿)村．部落．►多くは村の名に用いる．

【屯兵】túnbīng 動 軍隊を駐屯させる．
【屯积】túnjī 動〈書〉蓄えておく．買いだめする．
【屯聚】túnjù 動〈書〉(人・ウマなどを)集める，集合させる．
【屯垦】túnkěn 動 駐屯して開墾する．
【屯落】túnluò 名〈方〉村落．部落．
【屯田】túntián 動〈古〉駐屯兵〔募集された農民〕が農耕に従事する．
【屯扎】túnzhā 動 駐屯する．

囤 tún 動 蓄える．貯蔵する．¶～货 huò / 商品を蓄える．¶～米 mǐ / 米を貯蔵する．▸▸ dùn

【囤积】túnjī 動(値上がりを見込み)買いだめする．
【囤聚】túnjù 動(物資を)買いためる，貯蔵する．

饨 tún "馄饨 húntun"(ワンタン)という語に用いる．

豚 tún 名〈古〉子ブタ；(広く)ブタ．

【豚鼠】túnshǔ 名〈動〉モルモット．テンジクネズミ．

臀 tún 名〈生理〉臀部(でんぶ)．尻．

【臀部】túnbù 名 臀部．尻．
【臀鳍】túnqí 名〈動〉(魚類の)尻びれ．
【臀围】túnwéi 名 ヒップ(サイズ)．

4声 **褪** tùn 動 ①(着ているものを)ずり落とすように脱ぐ；(はめてあるものから)抜ける．¶～下一只袖子 xiùzi / 片肌を脱ぐ．②〈方〉そでの中に入れる〔隠す〕．¶～着手 / 手をそでの中に入れている．▸▸ tuì

【褪套儿】tùn//tàor 動 ①(縛ってある縄を)はずす，抜ける．②(約束を)ほごにする；責任を逃れる．

tuo（ㄊㄨㄛ）

1声 ＊**托**(託) tuō ❶動 ①頼む．託す．委託する．(おかげを)こうむる．¶这件事你可去～老张 / この件は張さんに頼んでみてください．［兼語文の形で］¶～她修改 xiūgǎi 文章 wénzhāng / 彼女に頼んで文章に手を入れてもらう．②(手のひらまたは物で支えるように)載せる，ささげ持つ．¶用棍子 gùnzi～住顶棚 dǐngpéng / 天井を棒で支える．¶单手～盘 pán / 片手で盆をささげ持つ．③(バックにあって他方を)引き立てる．引き立つ．¶这身衣服把她～得更加 gèngjiā 漂亮了 / この服が彼女を引き立て，いっそう美しく見せた．
❷名(～儿)トレー．台．下敷き．¶日历 rìlì～儿 / 卓上日めくりの台．
❸量(圧力の単位)トール．
◇ ①かこつける．口実にする．¶→～病 bìng．¶→～故 gù．②頼る．¶→～福 fú．③預ける．¶→～儿所 érsuǒ．

【托病】tuō//bìng 動 病気を口実にする．仮病を使う．¶～缺席 quēxí / 病気を口実に欠席する．
【托词・托辞】tuōcí ①動 口実をつくる．¶～溜 liū 出会场 huìchǎng / 口実をもうけて会場を出る．②名 口実．
【托儿费】tuō'érfèi 名 託児(補助)費．
【托儿所】tuō'érsuǒ 名 託児所．保育所．¶把孩子送入 sòngrù～/ 子供を託児所に預ける．
【托福】tuō//fú 〈套〉おかげさまで．¶托您的福，我今年考上了大学 / おかげさまで，今年大学に合格しました．
【托福】Tuōfú 名 トーフル．TOEFL．
【托付】tuōfù 動(世話や始末を)頼む．
【托故】tuōgù 動 口実を設ける．¶～不去 / 口実を設け行かない．
【托管】tuōguǎn 動 ①信託統治する．¶～国 / 信託統治国．②(国有企業を)委託を受け経営する．
【托管地】tuōguǎndì 名 信託統治地域．
【托拉斯】tuōlāsī 名〈経〉トラスト．
【托名】tuō//míng 動 名をかたる；他人の名義を用いる．
【托盘】tuōpán 名 料理などを載せて運ぶ盆．トレー．¶用～上菜 / トレーで料理を運ぶ．
【托儿】tuōr 名〈俗〉(引っかけ詐欺の)さくら．
【托人情】tuō rénqíng 情実で頼む．便宜を計ってもらうように頼む．►"托情"とも．
【托身】tuōshēn 動〈書〉身を寄せる．¶～之处

chù / 身を寄せる所.

【托业】**Tuōyè** 名 トーイック. TOEIC. ►正式には“国际交流英语测评Guójì jiāoliú Yīngyǔ cèpíng”という.

【托运】**tuōyùn** 動 **託送する. 運送を委託する.**

【托子】**tuōzi** 名 台. 下敷き. ¶茶～ / 茶托. ¶枪 qiāng ～ / 銃床.

*# 拖 tuō

動 ①**(時間・期限を)引き延ばす;(処理を)遅らせる.** ¶这个工作不能再～了 / この仕事はもうこれ以上引き延ばせない. ¶把问题～来～去 / のらりくらりと問題の解決をしない. ②(ずるずる引っぱる感じで)**ひきずる,引っぱる**;(モップで床を)ふく. ¶一只手拿着包 bāo,一只手～着箱子 xiāngzi / 一方の手に手荷物を持ち,もう一方の手でスーツケースを引いている. ¶～着两条沉重 chénzhòng 的腿 tuǐ 走回家去 / 疲れた足を引きずって家へ帰った. ③(後ろに)垂らす,垂れる. ¶～着一条 tiáo 粗辫子 cū biànzi / 太く1本に編んだおさげを垂らしている.

比較 拖:拉 lā “拖”は動けないか,動こうとしないものを「引っ張る」意味である.“拉”は機能的には動けるものを「引っ張る」ことである. ‖姓

【拖把】**tuōbǎ** 名(床をふく)棒ぞうきん,モップ.

【拖长】**tuō//cháng** 動+結補 長引く. 長引かす.

【拖迟】**tuōchí** ⇀【拖延】**tuōyán**

【拖船】**tuōchuán** 名 引き船. タグボート(に引かれる木船).

【拖带】**tuōdài** 動 牽引する;足手まといになる.

【拖动】**tuōdòng** 動〈電算〉ドラッグする.

【拖儿带女】**tuō ér dài nǚ** 〈成〉子供を連れていて生活や行動などが不自由である.

【拖后腿】**tuō hòutuǐ** 〈慣〉足を引っ張る.邪魔する.

【拖拉】**tuōlā** 動 ①**ずるずる引き延ばす.** ¶～作风 / だらだら引き延ばすやり方. ¶干活儿 gàn huór 拖拖拉拉的 / もたもた仕事をする. ②⇀【拖动】**tuōdòng**

【拖拉机】**tuōlājī** 名 トラクター. 量 台,辆.

【拖累】**tuōlěi** 動 足手まといになる. 迷惑をかける.

【拖轮】**tuōlún** 名 タグボート. 引き船.

【拖泥带水】**tuō ní dài shuǐ** 〈成〉(話や文章が)だらだらとして簡潔でない,すっきりしない;(仕事ぶりが)だらしない,てきぱきしていない.

【拖欠】**tuōqiàn** 動 返済・支払いを遅らせる.

【拖堂】**tuō//táng** 動(教師が)授業を引き延ばす.

【拖网】**tuōwǎng** ①動 網をひく. ②名 トロール網. ¶～渔船 yúchuán / トロール船.

【拖尾巴】**tuō wěiba** 〈慣〉足を引っ張る;(人の行動を)邪魔する.

【拖鞋】**tuōxié** 名 **スリッパ.** 量 双 shuāng;[片方]只 zhī.

【拖延】**tuōyán** 動 **引き延ばす. 遅らせる.** ¶～时日 shírì / 日にちを延ばす.

【拖曳】**tuōyè** 動 ①〈書〉牽引する. ②⇀【拖动】**tuōdòng**

脱 tuō

動 ①**(服などを)脱ぐ.** 除去する. ¶～鞋 xié / 靴を脱ぐ. ¶～衣服 / 服を脱ぐ. ②**(髪の毛などが)抜ける. (皮膚が)むける.** ¶～毛 / 毛が抜ける. ¶～皮 / 皮がむける. ¶头发 tóufa ～光了 / 髪の毛がすっかり抜け落ちてしまった. ③(文字を)抜かす,書き落とす. ¶～掉了一行 háng 字 / 1行分の字が抜け落ちている. ◇脱する. 離れる. 逃れる. ¶逃 táo ～ / 逃げ延びる. ¶摆 bǎi ～ / 抜け出す. ‖姓

【脱靶】**tuō//bǎ** 動(射撃で)的を外す.

【脱班】**tuō//bān** 動(出勤に)遅刻する;(バス・汽車・定期便などが)遅れて着く,延着する.

【脱产】**tuō//chǎn** 動〈略〉(ほかの仕事のためにある期間)生産現場を離れる,一時休職する. ►“脱离生产 tuōlí shēngchǎn”の略. ¶～学习 / 一時職場を離れて学習する. ⇨【下岗】**xià//gǎng**

【脱出】**tuō//chū** 動+方補 抜け出す. 逃れる.

【脱党】**tuō//dǎng** 動 脱党する. 離党する.

【脱发】**tuōfà** 動〈医〉脱毛症になる.

【脱肛】**tuō//gāng** 動〈医〉脱肛する.

【脱稿】**tuō//gǎo** 動 脱稿する. 原稿を仕上げる.

【脱钩】**tuō//gōu** 動 連結器をはずす;〈喩〉つながりを断つ.

【脱轨】**tuō//guǐ** 動(汽車や電車が)脱線する;〈喩〉(言葉や表現・感覚などが)ずれている.

【脱机】**tuōjī** 名〈電算〉(=脱线 tuōxiàn)オフライン.

【脱缰之马】**tuō jiāng zhī mǎ** 〈成〉制御のきかない事物. 束縛されない人.

【脱节】**tuō//jié** 動 連結部が外れる;〈喩〉関連を失う;ちぐはぐになる.

【脱口而出】**tuō kǒu ér chū** 〈成〉考えもせずにものを言う. 不用意に口をすべらす.

【脱懒】**tuōlǎn** 動(～儿)怠ける.

*【脱离】**tuōlí** 動 **離れる. 抜け出す. (関係を)断つ.** 遊離する. ¶～实际 shíjì / 実際とかけ離れる. ¶～群众 qúnzhòng / 大衆から浮き上がる.

【脱粒】**tuō//lì** 動〈農〉脱穀する. ¶～机 / 脱穀機.

【脱漏】**tuōlòu** 動(文字が)抜ける. 脱落する. ¶把～的字补上 bǔshang / 抜けている字を補う.

【脱落】**tuōluò** 動 **抜け落ちる.** はげる. ¶牙齿 yáchǐ ～ / 歯が抜ける. ¶油漆 yóuqī ～ / ペンキがはげ落ちる.

【脱盲】**tuō//máng** 動〈略〉非識字者でなくなる.

【脱毛】**tuō//máo** 動(鳥や獣の)羽や毛が抜ける. 羽や毛が抜け替わる.

【脱帽】**tuōmào** 動 脱帽する. 帽子を脱ぐ. ¶～默哀 mò'āi / 脱帽して黙禱をささげる.

【脱坯】**tuō//pī** 動 型で土れんがを作る.

【脱皮】**tuō//pí** 動(皮膚の)皮がむける;脱皮する;〈喩〉ひどい目にあう.

【脱贫】**tuōpín** 動 貧困状態から脱け出す. ¶～致富 zhìfù / 貧しさから解放され豊かになる.

【脱期】**tuō//qī** 動(雑誌・書籍などの出版が)予定の期日に遅れる.

【脱壳】**tuō//qiào** 動(昆虫が)脱皮する.

【脱色】**tuō//sè** 動 ①色があせる. 色が落ちる. ②脱色する. 色抜きをする.

【脱涩】**tuō//sè** 動(カキの)渋を抜く.

【脱身】**tuō//shēn** 動(～儿)**抜け出す.** ¶整天 zhěngtiān 忙得脱不开身 / 一日中忙しくて手が離せない. ¶趁机 chènjī ～走了 / チャンスを見つけ抜け出した.

【脱手】**tuō//shǒu** 動 ①手から離れる. ②(商品を)手離す,売ってしまう. ►転売についていうことが多い.

【脱水】**tuō//shuǐ** 動 ①〈医〉脱水症状になる. ②〈化〉脱水する. ③〈方〉(水田が)渇水する.

T

【脱俗】tuōsú 形 俗気がない．あかぬけしている．
【脱胎】tuō//tāi 動 ①(漆器製造法の一つ)泥や木で作った型に漆を何度も塗って乾かしたのち,型を抜きとる．②生まれ変わる．焼き直す．
【脱胎换骨】tuō tāi huàn gǔ 〈成〉心を入れ替えて真人間に生まれ変わる．
【脱逃】tuōtáo 動 脱走する．逃げ出す．
【脱兔】tuōtù 名 逃げるウサギ；〈喩〉素早く駆け出すこと．¶动如 rú ～ / 行動が素早い．
【脱误】tuōwù 名 脱字と誤字．
【脱险】tuō//xiǎn 動 **危険な状態から抜け出す**．¶虎口 hǔkǒu ～ / 危機を脱する．
【脱销】tuō//xiāo 動 **品切れになる**．
【脱卸】tuōxiè 動(責任を)逃れる．¶不可～的责任 zérèn / 逃れることのできない責任．
【脱氧核糖核酸】tuōyǎng hétáng hésuān 名〈生化〉デオキシリボ核酸．DNA．
【脱颖而出】tuō yǐng ér chū 〈成〉才能がある人は自然と頭角を現す．
【脱脂】tuō//zhī 動 脱脂する．¶～奶粉 nǎifěn / 脱脂粉乳．
【脱脂棉】tuōzhīmián 名 脱脂綿．

2声

驮 tuó

動(背中で)負う．背負う．►主に家畜についていう．¶这匹骡子 luózi 能～五百斤盐 yán / このラバは背に250キログラムの塩を積むことができる．⇒ duò
【驮马】tuómǎ 名 荷を背負わせるウマ．荷馬．

陀 tuó

"陀螺 tuóluó"⇩という語に用いる．‖姓
【陀螺】tuóluó 名 こま．❖转 *zhuàn* ～ / こまを回す．¶～仪 yí / ジャイロスコープ．

坨 tuó

①動(うどんなどが)のびる,くっついてひとかたまりになる．②量 かたまりになったものを数える．¶一～泥 / ひとかたまりの泥．
◇◆ ①かたまり・ひと山になったもの．¶粉～儿 / でんぷんのかたまり．②地名に用いる．"黄沙坨"は遼寧省にある地名．

沱 tuó

名〈方〉船をとめる入り江．►多く地名に用いる．
【沱茶】tuóchá 名(雲南省産の茶の一種)葉を押し固めて平たい碗のような形にした茶．

驼 tuó

①名〈動〉ラクダ．②動 背中が曲がる．¶他的背 bèi 有些～了 / 彼の背中は少し曲がっている．
【驼背】tuóbèi 名 猫背．
【驼峰】tuófēng 名 ①ラクダのこぶ．②〈交〉ハンプ．¶～调车场 diàochēchǎng / ハンプ操車場．
【驼鹿】tuólù 名〈動〉オオジカ．ヘラジカ．
【驼毛呢】tuómáoní 名 キャメル．ラクダの毛織物．
【驼绒】tuóróng 名 ラクダの毛(で織ったラシャ)．
【驼色】tuósè 名 ラクダ色．キャメル．
【驼子】tuózi 名〈口〉猫背の人．

砣 tuó

①名 竿ばかりのおもり．分銅；ひき臼のローラー．②動 "砣子"(回転砥石)で玉器を仕上げる．

鸵 tuó

名〈鳥〉ダチョウ．
【鸵鸟】tuóniǎo 名〈鳥〉ダチョウ．

3声

妥 tuǒ

形 ①適切である．妥当である．¶这样处理 chǔlǐ,恐怕不～ / こんな処理ではおそらく当を得ていない．②(補語に用い)(物事が)まとまる,かたづく．¶这件事已经谈 tán ～了 / この件については,もう話がまとまった．‖姓
*【妥当】tuǒdang 形 **妥当である．適切である**．¶这样做比较～ / このようにすれば比較的妥当である．
【妥靠】tuǒkào 形 確実で信頼できる．
【妥善】tuǒshàn 形 **適切である．妥当である**．穏当である．¶～处理 chǔlǐ / 適切に処理する．
【妥实】tuǒshí 形 確かである．信用できる．
【妥帖】tuǒtiē 形 適切である．
【妥协】tuǒxié 動 **妥協する**．歩み寄る．¶达成 dáchéng ～ / 妥協が成立する．

椭(橢) tuǒ

"椭圆 tuǒyuán"⇩という語に用いる．
【椭圆】tuǒyuán 名 楕円(形)．

4声

拓 tuò

◇◆(土地や道路を)開く．¶开～ / 開拓する．‖姓 ⇒ tà
【拓荒】tuòhuāng 動〈書〉開墾する．開拓する．
【拓宽】tuòkuān 動 幅を広げる．
【拓扑学】tuòpūxué 名〈数〉トポロジー．
【拓展】tuòzhǎn 動 開拓し広げる．

唾 tuò

◇◆ ①つばき．唾液．¶→～沫 mo．②つばきを吐く．¶→～手可得．③つばを吐いて卑しむ．¶→～弃 qì．
【唾面自干】tuò miàn zì gān 〈成〉侮辱を受けてもじっと我慢する．
*【唾沫】tuòmo 名〈口〉つば．つばき．(量) 口．❖吐 *tǔ* ～ / つばを吐く．❖咽 *yàn* ～ / つばを飲み込む．
【唾沫星子】tuòmo xīngzi 名 飛び散るつば．つばのしぶき．¶～四溅 jiàn / つばがそこらじゅうに飛ぶ．
【唾弃】tuòqì 動 唾棄(だき)する．軽蔑し嫌う．
【唾手可得】tuò shǒu kě dé 〈成〉非常にたやすく手に入れられる．
【唾液】tuòyè 名〈書〉〈生理〉唾液．
【唾液腺】tuòyèxiàn 名〈生理〉唾液腺．►"唾腺"とも．

T ………

【TEU运输】TEU yùnshū 名 標準コンテナ輸送．►"集装箱运输 jízhuāngxiāng yùnshū"とも．
【TT型人才】TT xíng réncái 名 TT型人材．►"T型人才"としての条件を備えると同時に,さらにもう一つの専門分野に通じる人材．
【T型人才】T xíng réncái 名 T型人材．►幅広い教養と,ある特定の分野について専門知識を持つ人材．
【T恤】T xù 名 Tシャツ．►英語 T-shirt の広東語音訳．"T恤衫 shān"とも．"衫"は共通語の"衣服 yīfu"に相当する．

U ………

【U盘】U pán 名〈電算〉USB メモリ．

wa (ㄨㄚ)

1声

凹 wā 〚洼 wā〛に同じ．地名に用いる．
▸▸ āo

***挖 wā** 動（手やシャベルなどで力を押し出すようにして）**掘る**；（中のものを）**ほじくり出す**．¶～个坑 kēng / 穴を掘る．¶～个槽儿 cáor / 溝を掘る,つける．¶～出几个萝卜 luóbo / ダイコンを数本引き抜く．¶～出隐藏 yǐncáng 的犯人 fànrén / 隠れている犯人を探し出す．

【挖补】wābǔ 動 悪いところをえぐり取って新しいものを補う．継ぎはぎ〔張り〕をする．

【挖根子】wā gēnzi 〈慣〉①根源を究める．根本原因を探り出す．②（災いや貧困の）根を取り除く．根絶する．

【挖掘】wājué 動 **掘り出す．掘り起こす．** ¶～出一批 pī 珍贵 zhēnguì 文物 / 貴重な文物を大量に掘り出す．¶作者对生活的认识 rènshi 只停留 tíngliú 在表面,～得不深 / 作者の生活への認識は皮相のみにとどまり,掘り下げが足りない．

【挖空心思】wā kōng xīn sī 〈成〉苦心惨憺（さんたん）する．ない知恵を絞り出す．

【挖苦】wāku 動 **辛辣（しんらつ）な皮肉を言う．いやがらせを言う．冷やかす．** ¶你别～人了 / そんな辛辣なことを言うなよ．

【挖泥船】wāníchuán 名 浚渫（しゅんせつ）船．

【挖潜】wāqián 動 潜在力を掘り起こす．▸“挖潜力”とも．

【挖墙脚】wā qiángjiǎo 〈慣〉土台を掘り崩す．屋台骨をぐらつかせる．

【挖穷根儿】wā qiónggēnr 〈慣〉貧乏の根を断つ．

【挖土机】wātǔjī 名〈俗〉掘削機．

哇 wā 擬《泣き声》わあ；《吐く音》げえ．
▸▸ wa

【哇啦・哇喇】wālā 擬《人の騒ぐ声》がやがや．わいわい．▸重ねて用いることが多い．

洼 wā ①名（～儿）くぼみ．低地．¶水～儿 / 水たまり．②形（地勢や目の縁などが）くぼんでいる．¶这块地太～了 / この土地はひどくくぼんでいる．

【洼地】wādì 名 くぼ地．低地．

【洼陷】wāxiàn 形（地面や目の縁などが）くぼんでいる．

娲（媧） wā “女娲 Nǚwā”（女媧（じょか））：神話中の女神）という語に用いる．▸五色の石で天を補った“女娲补天”の神話で有名．

蛙 wā 名〈動〉カエル．▸話し言葉では“青蛙 qīngwā”などという．¶树 shù～ / モリアオガエル．

【蛙人】wārén 名 潜水夫．

【蛙泳】wāyǒng 名〈体〉平泳ぎ．

2声

娃 wá 名 ①（～儿）子供．¶这～儿真可爱 kě'ài / この子はほんとうにかわいい．②〈方〉一部の動物の子．¶鸡 jī～ / ひよこ．¶狗 gǒu～ / イヌの子．

***【娃娃】wáwa** 名 ①**赤ん坊．赤ちゃん；小さな子供．** (量) 个．¶小～ / 赤ちゃん．¶胖 pàng～ / 丸々と太った子供．②**人形．** ¶她喜欢玩～ / あの子は人形遊びが好きだ．

【娃娃脸】wáwaliǎn 名（～儿）子供っぽい顔．童顔．

【娃娃生】wáwashēng 名（伝統劇の）子役．

【娃娃鱼】wáwayú 名〈動〉サンショウウオ．

3声

***瓦 wǎ** ①名 **瓦．** (量) 块 kuài,片 piàn．②量〈電〉**ワット．** ▸“瓦特 wǎtè”の略．◇ 素焼き（の）．¶～盆 / 素焼きの鉢．‖姓 ▸▸ wà

【瓦碴儿】wǎchár 名 瓦のかけら．土器のかけら．

【瓦房】wǎfáng 名 瓦ぶきの家．

【瓦工】wǎgōng 名 左官（の仕事）．

【瓦匠】wǎjiang 名 左官．

【瓦解】wǎjiě 動 **瓦解する**〔**させる**〕．崩壊〔分裂〕する〔させる〕．¶敌人 dírén 的阵营 zhènyíng～了 / 敵の陣営が総崩れになった．¶～斗志 dòuzhì / 闘志を打ち砕く．

【瓦楞】wǎléng 名 屋根瓦の波形の部分．

【瓦楞纸】wǎléngzhǐ 名 段ボール．

【瓦砾】wǎlì 名 瓦礫（がれき）．瓦や石ころ．

【瓦亮】wǎliàng 形 非常に光沢がある．ぴかぴか光る．

【瓦努阿图】Wǎnǔ'ātú 名〈地名〉バヌアツ．

【瓦圈】wǎquān 名（自転車などの）車輪のリム．

【瓦全】wǎquán 動〈書〉節操を守らずに生き長らえる．▸“玉碎 yùsuì”（玉砕する）と対になって用いる．

【瓦舍】wǎshè 名 瓦ぶきの家．

【瓦时】wǎshí 量〈電〉ワット時．

【瓦斯】wǎsī 名 **ガス．** ▸燃料のガスは“煤气 méiqì”ということが多い．

【瓦特】wǎtè 量〈電〉ワット．

佤 wǎ “佤族 Wǎzú”↓という語に用いる．

【佤族】Wǎzú 名（中国の少数民族）ワ（Wa）族．▸モン・クメール系民族の一つ．主に雲南省に住む．

4声

瓦 wà 動（屋根の）瓦をふく．¶～瓦 wǎ / 瓦をふく．▸▸ wǎ

袜（襪） wà ◇ 靴下．¶→～子 zi．¶裤 kù～ / パンティーストッキング．

【袜带】wàdài 名（靴下の）ガーター．靴下どめ．

【袜底】wàdǐ 名（～儿）靴下の底．

【袜口】wàkǒu 名 靴下の上端．

【袜套】wàtào 名（～儿）①（足首までの短い）ソックス．②（靴下の上からはく）布製の靴下カバー．

【袜筒】wàtǒng 名（～儿）靴下のくるぶしより上の部分．

＊＊【袜子】wàzi 名 靴下．量 双；[片 方]只．❖ 穿 chuān～ / 靴下を履く．

腽 wà “腽肭 wànà”⇩という語に用いる．

【腽肭】wànà 形〈書〉太っている．
【腽肭兽】wànàshòu 名〈動〉オットセイ．►“海狗 hǎigǒu”とも．

軽声 ＊ **哇** wa 助 “啊 a”が前の u,ao,ou の音に影響されてできた音を表記する字．¶你别哭 kū～ / 泣かないで．⏩ wā

wai（ㄨㄞ）

1声 ＊ **歪** wāi ❶形 ①ゆがんでいる．曲がっている．(傾いて)斜めになっている．►補語になることも多い．¶领带 lǐngdài～了 / ネクタイが曲がっている．¶这个字写 xiě～了 / この字がいびつになってしまった．¶他～戴 dài 着帽子 / 彼は帽子を斜めにかぶっている．
②(心や行動が)正しくない，ゆがんでいる，正当でない．¶那家伙 jiāhuo 心眼儿～ / あいつは心がゆがんでいる．¶～主意 zhǔyi / よこしまな考え．
❷動 ①(首や体を)傾ける，ゆがめる．►普通，“着”を伴う．¶她～着头，什么也不说 / 彼女は首をかしげて，なにも言わない．
②横になって休む．¶在床 chuáng 上～了一会儿 / ベッドでしばらく横になって休んだ．

【歪才】wāicái 名 悪知恵．悪だくみ．
【歪道】wāidào 名(～儿)不正な手段．邪道；悪だくみ．¶走～ / 不正な手段に訴える．
【歪点子】wāidiǎnzi 名 悪だくみ．
【歪风】wāifēng 名 よくない風潮．いかがわしい傾向．¶～邪气 xiéqì / よこしまな気風．
【歪理】wāilǐ 名 へ理屈．道理に合わない議論．
【歪门邪道】wāi mén xié dào〈成〉まともでない道．よこしまな考え．
【歪曲】wāiqū 動 歪曲する．(事実や内容を)ゆがめる．¶～事实 / 事実を歪曲する．
【歪歪倒倒】wāiwāidǎodǎo 形(～的)ふらふらして安定しない；きちんとしていない．¶字写得～的 / 字の書き方がてんでんばらばらだ．
【歪歪扭扭】wāiwāiniǔniǔ 形(～的)ゆがんでいる．曲がりくねっている．いびつである．
【歪斜】wāixié 形 ゆがんでいる．傾いている．いびつである．¶嘴眼～ / 目も口もゆがんでいる．
【歪嘴和尚】wāizuǐ héshang〈慣〉中央や上部の政策を歪曲して不正を働く幹部・役人．

3声 **崴**(踒) wǎi ①形(山道が)でこぼこである．②動(足首を)捻挫(ねんざ)する，くじく．¶把脚给～了 / 足をくじいてしまった．③地名に用いる．¶海参 Hǎishēn～ / ウラジオストック．⏩ wēi

4声 ＊＊ **外** wài ①方位(↔内 nèi，里 lǐ)外．外側．►話し言葉では普通，“外边 wàibian”“外面 wàimian”“外头 wàitou”を用い，単用しない．
a一部の名詞と結び，場所や範囲を表す．¶窗 chuāng～ / 窓の外．¶村 cūn～ / 村の外．¶校～活动 / 学校外の活動．b前置詞の目的語となる．¶往～走 / 外に向かって歩く．¶从里向～推 tuī / 内から外へ押す．c“除…外”“在…外”などの形で範囲外を表す．¶每天除工作～，还要学习外语 / 毎日，仕事をするほかに，外国語を勉強しなければならない．d「数量詞＋“外”」の形で距離を表す．¶离 lí 家三十米～有一个小商店 / 家から30メートル先に小さな店がある．
②名(古典劇の役柄の一つ)男性の老け役．
◇ ①よその；外国の．¶→～省 shěng．¶→～宾 bīn．②母方の．姉妹・娘の嫁ぎ先の．¶→～祖母 zǔmǔ．¶→～孙 sūn．③(間柄が)親しくない．よそよそしい．¶→～人．¶见～ / よそよそしくする．④そのうえ．さらに．¶→～加 jiā．⑤正式でない．¶→～号 hào．

【外办】wàibàn 名〈略〉(国内で)外国との連絡や交渉・接待にあたる部門．►“外事办公室”の略．各級政府・大学・機関などに設置されている．
【外币】wàibì 名 外貨．外国貨幣．
＊＊【外边】wàibian 方位 ①(～儿)外．表；外側．表面．¶～有人说话 / 外でだれか話をしている．¶～很冷 lěng / 外は寒い．¶往～走 / 外へ出る．¶门～ / ドアの外側．②よそ．よその土地．¶他儿子 érzi 在～上大学 / 彼の息子はよその土地の大学に行っている．►①②とも wàibiān と発音してもよい．
＊【外表】wàibiǎo 名(物事の)うわべ．外観；(人の)外見．風貌．¶从～看人 / 外見で人を判断する．
【外宾】wàibīn 名 外国からの客．
【外部】wàibù 方位 外部；外側．表面．►“外边”に比べ，より抽象的な事物に多く用いる．
【外埠】wàibù 名(居住地以外の)よその都市．
【外财】wàicái 名 正規外の収入．余分の収入．
【外层】wàicéng 名 外側の層．外側．¶～空间 kōngjiān /(大気圏外の)宇宙．宇宙空間．
【外差】wàichāi 名 外回りの仕事．
【外场】wàichǎng 名〈体〉(野球などで)外野．
【外钞】wàichāo 名 外国紙幣．
【外出】wàichū 動 公用で外出する．出張に出かける．¶因公～ / 公務で外出する．出張する．
【外传】wàichuán 動 ①外部に漏らす．②世間でうわさする．
【外存】wàicún 名〈電算〉〈略〉(↔内存 nèicún)外部メモリ．►“外存储器 chǔqì”の略．
【外带】wàidài ❶名 ①〈俗〉タイヤ．②テイクアウト．❷接続〈口〉そのうえ．►“～着”となることもある．
【外地】wàidì 名(↔本地 běndì)よその土地；(都市からいう)地方．¶到～去出差 chūchāi / 地方へ出張に行く．
【外电】wàidiàn 名 外電．外国通信社のニュース．¶据 jù～报道 / 外電の報じるところによれば．
【外调】wàidiào 動 ①(人事関係の審査などで)よそに行って調べる．②(物資や人員を)よそに移す．
【外耳】wài'ěr 名〈生理〉外耳．¶～道 / 外耳道．
【外耳门】wài'ěrmén 名〈生理〉耳の穴．
【外敷】wàifū 動(薬を)塗布する，外用する．
【外公】wàigōng 名 母方の祖父．
【外功】wàigōng 名(～儿)(↔内功)筋肉・骨・皮膚を鍛錬する武術・気功の一種．
【外观】wàiguān 名 外観．外見．見かけ．
＊＊【外国】wàiguó 名 外国．¶到～学习 / 外国へ行って勉強する．留学する．¶～朋友 péngyou / 外国の友人．

W

*【外行】wàiháng (↔内行 nèiháng) ① [形] **経験がない．素人である．** ¶～话／素人くさい話．¶这工作我是～／この仕事は経験がない．② [名] 素人．

*【外号】wàihào [名](～儿)**あだ名．** ¶给他起 qǐ～／彼にあだ名をつける．

【外踝】wàihuái [名]〈生理〉外側のくるぶし．

【外患】wàihuàn [名] 外国からの侵略．¶内忧 nèiyōu～／内憂外患．

【外汇】wàihuì [名]〈経〉**外国為替．外貨．** ¶～储备 chǔbèi／外貨準備高．¶～行情 hángqíng／外国為替相場．¶～兑换率 duìhuànlǜ／為替レート．

【外活】wàihuó [名](～儿)〈口〉(工場や手工業者が請う)本職以外の仕事；(家庭の主婦などの)手内職．

【外货】wàihuò [名] **外国製品．** 舶来品．

【外籍】wàijí [名] 外国の国籍．¶～华人 huárén／外国籍の中国人．¶～工作人员 rényuán／(機関・学校などに勤めている)外国籍の人．

【外加】wàijiā ① [動] ほかに加える．② [接続] そのうえ．¶他的工作很忙,～常常出差 chūchāi,所以没办法照顾 zhàogù 家庭／彼は仕事が忙しいのに加えて出張もしばしばなので,十分に家のことに気を配ることができない．

【外间】wàijiān [名] ①(～儿)(↔里间 lǐjiān)直接外と出入りできる部屋．②〈書〉外部．

*【外交】wàijiāo [名](国際間の)**外交．** ¶建立～关系／外交関係を樹立する．¶通过～途径 tújìng 解决 jiějué／外交ルートを通じて解決する．¶～礼节 lǐjié／外交儀礼．

【外交部】wàijiāobù [名] 外交部．►日本の外務省に相当する．

【外界】wàijiè [名] 外界．外部；局外．¶～人士 rénshì／外部の人．局外の人．

【外景】wàijǐng [名]〈映〉〈劇〉野外シーン．オープンセット．¶～地 dì／ロケ地．¶拍摄 pāishè～／ロケーションで撮影する．

【外舅】wàijiù [名]〈書〉妻の父．岳父．

【外科】wàikē [名]〈医〉外科．

【外壳】wàiké [名] 外側．外枠．外箱；殻．外殻；形骸(けいがい)．

【外客】wàikè [名] あまり親しくない客．

【外空】wàikōng [名](大気圏外の)宇宙．

【外寇】wàikòu [名] 侵略者．侵略軍．

【外快】wàikuài [名](定収以外の)臨時収入．アルバイト収入；〈転〉賄賂(わいろ)でもうけた金．❖捞 *lāo*～／臨時収入を得る．

【外来】wàilái [形] 外来の．よそから来た．¶～干涉 gānshè／外部からの干渉．

【外来户】wàiláihù [名] よその土地から移ってきた家．よそ者．

【外来妹】wàiláimèi [名] よその土地から来た若い女性；(特に)地方から大都市に働きに来た娘．

【外流】wàiliú [動](人口・資産などが)外国〔外部〕へ流出する．¶人才 réncái～／人材が流出する．

【外路】wàilù [形] よそから来た．よその．¶～货 huò／よそから来た品物．¶～人／よそ者．

【外露】wàilù [動] 外に現れる．表に出る．¶他性格 xìnggé 内向 nèixiàng,不～／彼は内向的で,気持ちを外に出さない．

【外卖】wàimài ① [動](レストランの料理などを)持ち帰り〔おみやげ〕用に売る．② [名] 出前．テイクアウトの食品．¶叫 jiào～／出前を頼む．

【外贸】wàimào [名]〈略〉〈経〉**外国貿易．貿易．** ►"对外贸易 duìwài màoyì"の略．⇨【贸易】màoyì

【外貌】wàimào [名] **外貌．見た目．** ¶新村 xīncūn～／ニュータウンの外観．

*【外面】wàimiàn [名](～儿)**外表；外側．** ¶这座楼房看～很漂亮／この建物は外観が美しい．

【外面】wàimian [方位](～儿) ① **外．外側．** ¶在～吃饭／外食する．② よその土地．

【外面儿光】wàimiànr guāng〈慣〉見てくれがよい．

【外皮】wàipí [名](～儿)外皮；カバー；〈転〉(物事の)表面．

【外聘】wàipìn [動] 外部から招聘(しょうへい)する．

【外婆】wàipó [名] 母方の祖母．

【外戚】wàiqī [名]〈史〉皇帝の母や妻の親戚．外戚(がいせき)．

【外企】wàiqǐ [名]〈略〉外国企業．外資系企業．

【外欠】wàiqiàn [名] ① 他人からの借り；他人に対する貸し．②(不足金額としての)残金．

【外侨】wàiqiáo [名](国内居住の)居留外国人．

【外勤】wàiqín [名](軍や機関・企業などの)外勤．外回り(をする人)．¶～记者／外勤記者．❖跑 *pǎo*～／外勤をする．

【外圈】wàiquān [名]〈体〉(トラックの)アウトコース．

【外人】wàirén [名] ① 縁もゆかりもない人．赤の他人．局外の人．グループ外の人．② 外国人．

【外伤】wàishāng [名]〈医〉外傷．

【外商】wàishāng [名] 外国商人．

【外省】wàishěng [名] ほかの省．

【外省人】wàishěngrén [名] ほかの省の人；(台湾で)1949年前後に中国大陸から渡ってきた人．

【外甥】wàisheng [名] ① 姉妹の息子．甥(おい)．②〈方〉娘の息子．外孫．

【外甥女】wàishengnǚ [名] ①(～儿)姉妹の娘．姪(めい)．②〈方〉娘の娘．孫娘．►"外孙女"とも．

【外事】wàishì [名] ① 外交事務．渉外事務．¶～往来 wǎnglái／外国人関係の交際．¶～办公室／(国内で)外国人との連絡や交渉・接待にあたる部門．② 外の事．家庭・個人以外の事柄．自分に関係のない事．

【外宿】wàisù [動] 外泊する．よそに泊まる．

【外孙】wàisūn [名] そと孫．娘の産んだ男の子．►口語では"外孙子 wàisūnzi"ともいう．

【外孙女】wàisūnnǚ [名](～儿)(女の)そと孫．娘の生んだ女の子．

【外逃】wàitáo [動](海外やよそへ)逃亡する．

【外套】wàitào [名](～儿) ① オーバーコート．② ジャケット．(量) 件．

*【外头】wàitou [方位] **外．表**；外側．¶～比屋里暖和／外は部屋の中より暖かい．¶～白,里头红／外側は白く,内側は赤い．

【外围】wàiwéi [名] **周り．周囲；外郭．**

*【外文】wàiwén [名] **外国語；外国語で書かれた文章〔文字〕．** ¶你会～吗？／外国語ができますか．¶～出版社 chūbǎnshè／外国語の出版物を専門に出す出版社．

【外侮】wàiwǔ [名] 外からの侵略と圧迫．

【外务】wàiwù [名] ① 本職以外の仕事．②(国際間の)外交事務．

【外线】wàixiàn [名] ① 電話の外線．¶请接 jiē～／外線につないでください．②〈軍〉敵を包囲する形の戦線.
【外乡】wàixiāng 名 よその土地. 他郷. ¶～人 / よその土地から来た人. よそ者.
【外向】wàixiàng 形 ①(性格が)外向的である. ②(経済が)対外的である.
【外销】wàixiāo 動〈経〉(↔内销)外販する. 輸出する. ¶～产品 chǎnpǐn / 輸出用の製品.
【外心】wàixīn 名 ①心変わり. 二心. 浮気心. ¶有～ / 心変わりする. ②〈数〉外心.
【外星人】wàixīngrén 名 異星人.
【外形】wàixíng 名 外形. 外観. アウトライン.
【外烟】wàiyān 名 外国製たばこ. 洋もく.
【外衣】wàiyī 名 ①**上着. コート.** ㊍ 件 jiào. ¶羊皮 yángpí～ / ヒツジ皮のコート. ②〈喩〉衣. ベール. 仮面. ¶披 pī 正人君子的～ / 正人君子の仮面をかぶる.
【外溢】wàiyì 動 ①外へあふれる. ②**外国へ流出する.** ¶资金 zījīn～ / 資金が国外へ流れ出る.
【外用】wàiyòng 動〈薬〉(↔内服 nèifú)外用する.
【外语】wàiyǔ 名 **外国語. ►"外国语 wàiguóyǔ"の略. ㊍ 门,种 zhǒng. ¶他精通 jīngtōng 两门～ / 彼は2か国語に精通している.
【外遇】wàiyù 名〈婉〉不倫相手. ¶他有了～ / 彼に愛人ができた.
【外援】wàiyuán 名 ①外国からの援助. ②〈体〉(チーム内の)外国人選手. 助っ人外国人.
【外院】wàiyuàn 名(↔里院 lǐyuàn)(表門を入ってすぐにある)外庭.
【外在】wàizài 形 外在する. 外界の. ¶～因素 yīnsù / 外部の要因.
【外债】wàizhài 名〈経〉外債.
【外长】wàizhǎng 名〈略〉外相. 外務大臣.
【外罩】wàizhào 名(～儿) ①上っ張り. (子供の)遊び着. ②覆い. カバー.
【外转内】wài zhuǎn nèi 〈経〉輸出用の品物を国内に転売する.
【外资】wàizī 名〈経〉**外国資本.** 外資.
*【外祖父】wàizǔfù 名 **母方の祖父.**
*【外祖母】wàizǔmǔ 名 **母方の祖母.**

wan (ㄨㄢ)

1声 *弯(彎) wān ❶形 ①**曲がっている.** 湾曲する. ¶鱼竿 yúgān～了 / 釣り竿がたわんだ.
❷動 ①**曲げる.** ¶～下身体 shēntǐ / 体をかがめる. ②〈書〉弓を引く.
❸名(～儿)曲がり角. 曲がったところ. ¶转 zhuǎn～抹 mò 角 / 道が曲がりくねっているさま;遠回しにものを言うさま.
【弯道】wāndào 名 曲がり角. カーブ.
【弯度】wāndù 名 曲がり具合. 反り.
【弯路】wānlù 名 まっすぐでない道;〈喩〉(仕事や勉強の方法での)**回り道.** ¶走～ / 回り道をする.
【弯曲】wānqū 形 **曲がっている. くねくねした.** ¶～的山间小路 / 曲がりくねった山道.
【弯弯】wānwan 名(～儿)〈方〉もくろみ. 考え. 知恵.
【弯腰】wān//yāo 動 腰をかがめる. 腰を曲げる;腰を低くして一礼する.
【弯子】wānzi 名 曲がったところ. 湾曲部.

W

剜 wān 動(小刀などで)掘る, えぐる. ¶用刀子～ / ナイフでえぐる.
【剜肉医疮】wān ròu yī chuāng〈成〉(肉をえぐって傷にかぶせる意から)その場を取り繕うために後先を顧みないたとえ.

湾(灣) wān 動(船を)停泊させる. ¶把小船 xiǎochuán～在河边儿 / 小舟を川辺に泊めておく.
◇◆ ①川の流れの湾曲した地. ►多く地名に用いる. ②入り江. 湾. ¶峡 xiá～ / フィヨルド. ‖姓
【湾泊】wānbó 動(船が)停泊する.

蜿 wān "蜿蜒 wānyán"⬇という語に用いる.
【蜿蜒】wānyán 形 ①(ヘビなどが)くねくねしている. ②(山や河が)延々と連なっている.

豌 wān "豌豆 wāndòu"⬇という語に用いる.
*【豌豆】wāndòu 名〈植〉**エンドウ.** ¶～黄儿 / エンドウマメで作ったこしあん状の菓子.

2声 丸 wán ❶名 ①(～儿)**小さい球形のもの.** たま. ¶泥 ní～儿 / 泥の玉. 土団子. ②(～子)**丸薬.** ¶吃了几颗 kē～子,病就好了 / 何粒か丸薬を飲んだらよくなった.
❷量 丸薬を数える. ¶一～药 yào / 丸薬ひと粒. ¶一次吃三～ / 一度に3粒飲む. ‖姓
【丸剂】wánjì 名〈中医〉丸薬. ►薬の製剤方法の一つ.
【丸药】wányào 名〈中医〉丸薬.
【丸子】wánzi 名〈料理〉肉や魚類の団子. ¶肉～ / 肉団子. ¶鱼 yú～ / 魚のすり身の団子. ¶素 sù～ / 豆腐や野菜で作った精進料理の団子.

完 wán 動 ①使いきる. 尽きてなくなる.** ¶炉子 lúzi 里的煤油 méiyóu～了 / ストーブの灯油がきれた.

語法ノート
動詞＋"完"
…**がきれる.** ¶信纸 xìnzhǐ 用～了 / 便せんがきれた. ¶煤气 méiqì 烧 shāo～了 / (プロパンの)ガス(ボンベ)がきれた.

②**完結する. 完成する.** ¶我们的活儿 huór 还没～ / 私たちの仕事はまだかたづいていない.

語法ノート
動詞＋"完"
…**してしまう.** ¶事情做～了 / 用事を済ませた. ¶把论文写～了 / 論文を書き終えた.

◇◆ ①完全である. ¶→～整 zhěng. ¶→～美 měi. ②(租税を)納める. ¶～税 shuì / 税を納める. ¶～粮 liáng / (現物での)税を完納する. ‖姓
【完备】wánbèi 形(必要なものが)**すっかり整っている. 完備している. 完全である.** ¶空调设备 shèbèi～ / エアコンが完備している.
【完毕】wánbì 動〈書〉**終了する. 完了する.** ►多く

補語に用いる. ¶梳洗 shūxǐ～ / 身じまいが済む. ¶一切 yīqiè 准备 zhǔnbèi～ / 準備万端整った.

【完璧归赵】wán bì guī zhào 〈成〉(物品を)少しも損なわずにそっくりそのまま(もとの持ち主に)返す.

**【完成】wán//chéng 動 完成する. やり遂げる. でき上がる. ¶～作业 / 宿題をし終える. ¶提前 tíqián～任务 rènwu / 任務を繰り上げ達成する. ¶工程 gōngchéng 月内完不成 / 工事は今月中に仕上げることができない.

【完蛋】wán//dàn 動〈口〉くたばる. だめになる.

【完工】wán//gōng 動 竣工(しゅんこう)する;〈転〉仕事が仕上がる.

【完好】wánhǎo 形(欠けた所がなく)完全である. ¶～如 rú 新 / 新品同様だ. ¶～无缺 wúquē / 完全無欠である.

【完结】wánjié 動 けりがつく. 完結する.

【完竣】wánjùn 動(多くは工事が)完成する,終わる,でき上がる.

【完了】wán le ①→【完了】wán//liǎo ②だめになる. もうそれまでだ;死んでしまった. ¶这下可～! 车胎 chētāi 爆 bào 了 / こいつは参った,パンクときた. ⇒【完了】wán//liǎo

【完了】wán//liǎo 動(物事が)完了する,終わる. ¶这个活儿 huór 一时半会儿完不了 / この仕事はちょっとの間では終わらない. ⇒【完了】wán le

【完满】wánmǎn 形 申し分がない. 円満である. ►連用修飾語や補語に用いられることが多い. ¶问题～地解决 jiějué 了 / 問題は円満に解決された.

【完美】wánměi 形 完璧で非の打ち所がない. りっぱである. ¶～无疵 cī / 全く申し分がない.

*【完全】wánquán ①形 **完全である. 全部そろっている.** ¶他搜集 sōují 的材料 cáiliào 不～ / 彼が収集した資料は十分そろっていない. ¶我的话还没说～ / 私の話はまだ十分意を尽くしていない. ②副 **完全に. すっかり.** ¶他～同意 tóngyì 我的意见 / 彼は私の意見に全面的に賛成だ. ¶她好像～习惯 xíguàn 了 / 彼女はすっかり慣れたようだ.

【完善】wánshàn ①形 整っていて申し分ない. ¶设备 shèbèi～ / 設備がよく整っている. ②動 完全なものにする.

【完事】wán//shì (～儿)動 用事が終わる. 用事を終える.

【完整】wánzhěng 形 **完全にそろっていて欠けたところがない.** ¶这套 tào 百科全书是～的 / この百科事典は全部そろっている. ¶～无缺 wúquē / 完全無欠.

玩(顽・翫) wán

動(～儿) ①**遊ぶ.** いたずらする. ►話し言葉では必ずr化する. ¶有时间请常来～儿 / お暇の時はいつでも遊びにいらしてください. ¶带 dài 孩子到公园～儿了一天 / 子供を連れて公園で一日遊んだ. ¶我想去香港 Xiānggǎng～儿～儿 / 香港へ遊びに行きたい. ¶～儿火柴 huǒchái / マッチで火遊びをする. ②**(ゲーム・スポーツ・楽器演奏などの娯楽活動を)する.** ►後ろに遊戯名を目的語にとる. ¶他们～儿了一会儿电子游戏 diànzǐ yóuxì / 彼らはしばらくテレビゲームをして遊んだ. ¶滑雪板 huáxuěbǎn 我没～儿过 / スノーボードは私はやったことがない. ③**(不正な手段を)弄する,使う.** ►目的語は特定のものに限られる. ¶～儿花招儿 huāzhāor / 小細工を弄する. ¶这种手腕儿 shǒuwànr～不得 / こんな手管を弄してはならない.

◇◆ ①めでる(もの). ¶～月 / 月をめでる. ¶古～ / 骨董(こっとう)品. 古美術品. ②軽くあしらう. 軽視する. ¶～法 / 法律をないがしろにする. ¶→～忽 hū.

【玩忽】wánhū 動〈書〉おろそかにする. ゆるがせにする. ¶～职守 zhíshǒu / 職務をおろそかにする.

【玩火】wán//huǒ 動(子供が)火遊びをする;〈転〉危険を冒す;人を害する.

【玩火自焚】wán huǒ zì fén 〈成〉危険な行為をして自分から危険に陥る. 自業自得.

*【玩具】wánjù 名 **玩具. おもちゃ.** ¶～汽车 qìchē / おもちゃの自動車. ¶玩儿～ / おもちゃで遊ぶ.

【玩弄】wánnòng 動 ①**もてあそぶ.** からかう. ¶～女性 / 女性をもてあそぶ. ②いじくり回す. ¶～词藻 cízǎo / 言葉を弄する. 修辞に凝る. ③(手段・手管を)**弄する.** ¶～两面手法 shǒufǎ / 二枚舌を使う.

【玩偶】wán'ǒu 名(おもちゃの)人形.

【玩儿不转】wánrbuzhuàn 動+可補〈口〉手に負えない. 手に余る.

【玩儿得转】wánrdezhuàn 動+可補〈口〉対処できる. やれる.

【玩儿命】wánr//mìng 動〈口〉無鉄砲なことをする. 命知らずなことをする.

【玩儿闹】wánrnào 名〈方〉ちんぴら. 不良.

【玩儿票】wánr//piào 動〈口〉素人芝居をやる;〈喩〉生かじりで難しい芸当をしようとする.

【玩儿去】wánr qù どけ. あっちへ行け. くだらないことを言うな.

【玩儿完】wánrwán 動〈口〉①だめになる. 失敗する. ②おだぶつになる.

【玩赏】wánshǎng 動 観賞する.

【玩世不恭】wán shì bù gōng 〈成〉(世の中をすねて)なげやりな態度をとる;生活態度が不まじめである.

【玩耍】wánshuǎ 動 (多く子供が)遊ぶ.

【玩味】wánwèi 動 意味を深く味わう. かみしめる. ¶他的话值得 zhíde～ / 彼の言葉はかみしめて味わうだけのことがある.

【玩物】wánwù 名(広い意味の)おもちゃ. 慰み物.

【玩物丧志】wán wù sàng zhì 〈成〉道楽に深入りして本職が留守になる.

*【玩笑】wánxiào ①名 **冗談.** ◆开 *kāi*～ / からかう. 冗談を言う. ②動 ふざける. からかう.

*【玩意儿】wányìr 名 ①**(軽くけなした意味で)もの. 事柄.** 人. やつ. 野郎. ¶他买的是什么～? / 彼が買ったのは何だろう. ¶你是什么～? / おまえは何者だ. ②おもちゃ. ③寄席演芸・曲芸・手品など. ►"玩艺儿"とも書く.

顽 wán

◇◆ ①愚かである. ¶冥 míng～不灵 líng / 〈成〉かたくなで無知である. ②頑固である. ¶→～固 gù. ¶→～强 qiáng. ③腕白である. ¶→～童 tóng. ‖姓

【顽敌】wándí 名 頑強な敵. 手ごわい敵.

*【顽固】wángù 形 **頑固である. かたくなである.** ►保守的あるいは反動的であること.

【顽疾】wánjí 名 頑固な病気.

【顽抗】wánkàng 動(敵が)頑強に抵抗する.

W

【顽劣】wánliè 形 頑迷で無知である.
【顽闹】wánnào 名〈俗〉不良. ちんぴら.
*【顽皮】wánpí 形 いたずらである. 腕白である. ¶这孩子很～ / この子はとても腕白だ.
*【顽强】wánqiáng 形(意志・態度が)頑強である. 粘り強い. 手ごわい. ¶他很～,从没向困难 kùnnan 低过头 / 彼は実に粘り強く,困難にくじけたことがない.
【顽童】wántóng 名 いたずらっ子. 腕白小僧.
【顽主】wánzhǔ 名〈俗〉不良. ちんぴら.

烷 wán 名〈化〉メタン系炭化水素. アルカン. ¶～基 jī / アルキル基. ¶甲 jiǎ ～ / メタン. ¶丙 bǐng ～ / プロパン.

3声 **宛 wǎn** 副〈書〉まるで. さながら…のようである.
◇◆ 曲がりくねる. ‖姓
【宛然】wǎnrán 副〈書〉まるで. さながら…のようである. そっくりである. ¶～在目 / さながら目に見えるようである.
【宛如】wǎnrú 動〈書〉あたかも…のようである. よく似ている.
【宛若】wǎnruò →【宛如】wǎnrú
【宛似】wǎnsì →【宛如】wǎnrú
【宛转】wǎnzhuǎn〈書〉1 動 転々とする. 2 →【婉转】wǎnzhuǎn

挽(輓) wǎn 動 1(手首を曲げるようにして)引く,引っ張る. ¶～弓 gōng / 弓を引く. ¶→～手 shǒu. 2(衣服を)まくる,たくし上げる. ¶～起裤腿 kùtuǐ / ズボンのすそをまくり上げる. 3〖绾 wǎn〗に同じ.
◇◆ ①挽回する. ¶→～救 jiù. ¶→～回 huí. ②(車両を)牽引(けんいん)する. ¶～车 / 車を引く. ③死者を哀悼する. ¶→～联 lián.
【挽词・挽辞】wǎncí 名 弔辞(ちょうじ).
【挽歌】wǎngē 名 挽歌(ばんか). エレジー.
【挽回】wǎnhuí 動 1(情勢を)挽回(ばんかい)する. (不利な局面を)打開する. ¶～面子 / メンツを取り戻す. 2(権利などを)取り戻す.
【挽救】wǎnjiù 動(危険状態から)救う. 助ける. ¶～病人的生命 shēngmìng / 病人の命を救う.
【挽联】wǎnlián 名 哀悼用の対聯(ついれん). ►通常,白い紙や絹に書いて霊前に飾る.
【挽留】wǎnliú 動 引き留める.
【挽诗】wǎnshī 名 死者を弔う詩. 弔詩.
【挽手】wǎn//shǒu 1 動 手を引く. 手をつなぐ. ¶手挽着手 / 手をつなぐ. 2 名(物の)取っ手,引き手;(刀剣の)柄.
【挽幛】wǎnzhàng 名(題詞などが書かれている)死者を弔うために贈る白絹の掛け物.

莞 wǎn "莞尔 wǎn'ěr"⇩という語に用いる. ⏩ guǎn
【莞尔】wǎn'ěr 形〈書〉にっこりするさま.

** **晚 wǎn** 形(決められた時間や適切な時間・時期よりも)遅い,遅れている. ¶后悔 hòuhuǐ 已经～了 / 後悔しても遅い〔間に合わない〕. ¶他今天来～了 / 彼はきょう遅れて来た. ¶火车～了两小时 / 汽車が2時間遅れた.
◇◆ ①日暮れ. 夜. ¶今～儿 / 今晩. ¶→～饭 fàn. ②(時間的に)あとのほうの,終わりに近い. ¶→～稻 dào. ¶～秋 qiū / 晩秋. ③世代の若い;あとからの. ¶→～辈 bèi. ‖姓
【晚安】wǎn'ān〈套〉おやすみなさい. ►翻訳作品などには見られるが,日常あいさつ語としてはあまり使われない.
【晚班】wǎnbān 名 夜勤. (三交替制の)遅番.
【晚报】wǎnbào 名 夕刊. 量 份儿 fènr. ¶北京～ / 北京晩報. ►北京の有名な夕刊紙.
【晚辈】wǎnbèi 名(親族関係で)目下の者. 次世代. ►目上の者は"长辈 zhǎngbèi".
【晚餐】wǎncān 名 晩餐(ばんさん);夕食. 量 顿 dùn.
【晚场】wǎnchǎng 名(興行の)夜の部.
【晚车】wǎnchē 名 夜行列車. 夜汽車.
【晚稻】wǎndào 名〈農〉晩稲. おくて.
【晚点】wǎn//diǎn 動(定期便が)定刻よりも遅れる,延着する. ¶班机 bānjī ～了 / 飛行機の定期便が遅れた. ¶～半小时 / 30分延着する.
**【晚饭】wǎnfàn 名 夕飯. 晩ご飯. 量 顿 dùn. ¶做 zuò ～ / 夕食を作る.
*【晚会】wǎnhuì 名 夕方から催す集い. 夜会. (夜の)パーティー. 量 个,次. ¶联欢 liánhuān ～ / 交歓の夕べ. ¶开 kāi ～ / パーティーを開く.
【晚婚】wǎnhūn 名(↔早婚)晩婚(ばんこん).
【晚间】wǎnjiān 名 夕方. 夜.
【晚景】wǎnjǐng 名 1 夕景色. 2 晩年の境遇.
【晚境】wǎnjìng 名 老境. 晩年.
【晚礼服】wǎnlǐfú 名 夜会服. タキシード. イブニングドレス.
【晚恋】wǎnliàn 名(↔早恋)適齢期を過ぎてからの恋愛.
【晚年】wǎnnián 名 晩年.
【晚期】wǎnqī 名(↔早期)末期. 後期.
**【晚上】wǎnshang 名(↔早上)夕方. 夜. 晩. ►ふつう日暮れから10時ごろまでをさすが,時には一晩全体についてもいう. ¶昨天～ / ゆうべ. ¶念叨 niàndao 了一～ / ひと晩中ぶつぶつ言っていた.
【晚上好】wǎnshang hǎo〈套〉こんばんは.
【晚生】wǎnshēng 1 動 高齢出産をする;なるべく遅く子供を産む. 2 名〈書〉《先輩または1世代上の人に対する自称》私.
【晚霞】wǎnxiá 名(↔早霞)夕焼け.
【晚宴】wǎnyàn 名 晩の宴会. 晩餐会.
【晚育】wǎnyù 動 比較的年を取ってから出産し子育てをする. ¶提倡 tíchàng 晚婚～ / 比較的年を取ってからの結婚と出産・子育てを提唱する.
【晚造】wǎnzào 名〈農〉おくての作物. 二毛作の後期の作物.

惋 wǎn ◇◆ 悲しみ惜しむ. ¶～惜 xī /(人の不幸や死を)嘆き惜しむ. ¶叹 tàn ～ / ため息をついて惜しむ.

婉 wǎn ◇◆ ①(話し方が)婉曲(えんきょく)である. ¶→～谢 xiè. ②しとやかである;美しい. ¶→～顺 shùn.
【婉辞・婉词】wǎncí 1 名 婉曲な言葉. 2 動 婉曲に断る.
【婉顺】wǎnshùn 形 柔順である.
【婉谢】wǎnxiè 動 婉曲に断る.
【婉言】wǎnyán 名 婉曲な言い回し. 遠回しに言う言葉. ¶～辞谢 cíxiè / 婉曲に辞退する.

【婉约】wǎnyuē 形〈書〉婉曲で含みがある.
【婉转】wǎnzhuǎn 形 ①(話の本意を失わない程度に)婉曲である,穏やかである. ②(歌や鳴き声の)節回しがきれいである,滑らかで抑揚がある.
►①②とも"宛转"とも書く.

绾 wǎn 動 ①(細長いものを)輪にして結ぶ. わがねる. ¶～个扣儿 kòur / 結び目をつくる. 結ぶ.
②(衣服を)まくり上げる,たくし上げる. ¶～起袖子 xiùzi / そでをまくり上げる.

皖 wǎn ◇ 安徽省.

碗(椀) wǎn ① 名 碗. 茶碗. 湯飲み. 量 个,只;[積み重ねた数]摞 luò. ¶这个～太小了 / このお碗は小さすぎる. ② 量 茶碗や湯飲みなどの容器を単位として数える:**杯**. ¶吃三～饭 / ご飯を3杯食べる.
◇ 碗形のもの. ¶轴 zhóu～儿 / 〈機〉軸碗. ‖ 姓
【碗橱】wǎnchú 名(～儿)食器戸棚. 量 个.
【碗柜】wǎnguì 名 食器棚.
【碗架】wǎnjià 名 食器を載せる棚.
【碗口】wǎnkǒu 名 ① 茶碗の口. ②(～儿)茶碗のふち. ►"碗边"とも.
【碗筷】wǎnkuài 名(～儿)碗と箸;〈転〉**食器**. ¶摆 bǎi～ / 食器を並べる.
【碗碗腔】wǎnwǎnqiāng 名"皮影戏"から発展した陕西地方の芝居の一種.
【碗盏】wǎnzhǎn 名 碗や皿;(総称で)食器類.

万(萬) wàn ① 数 **万**. **1万**. 注意 数字の1万を表す場合は単用せず"一万"という. ¶三～五千公里 / 3万5千キロ. ¶这个学校有两～名学生 / この学校には2万人の学生がいる.
② 副《否定語と呼応し,否定の語気を強調する》**まったく**. **絶対に**. 決して. ¶～没想到他会来 / 彼が来るとはまったく思わなかった. [禁止を表す文に用いる]¶损人利已 sǔn rén lì jǐ 的事～不可做 / 人に損を与えて己を利する行為は決して行ってはならない. ⇨【万万】wànwàn ②
◇ 数の多い. ¶→～物 wù.
‖ 姓
【万般】wànbān ① 名 あらゆる物事. ② 副 まったく. 極めて. ¶～无奈 wúnài / 万やむを得ない.
【万不得已】wàn bù dé yǐ 〈成〉万やむを得ない.
【万代】wàndài 名 万世. 万代.
【万端】wànduān 形 多種多様である. さまざまである. ¶变化 biànhuà～ / 変化きわまりなし. ¶感慨 gǎnkǎi～ / 感慨無量である.
【万恶】wàn'è ① 名 あらゆる悪. ② 形 極悪非道の.
【万儿八千】wàn ér bā qiān 〈成〉1万そこそこ.
【万分】wànfēn 副 非常に. 極めて. ►書き言葉に用いることが多い. ¶～高兴 gāoxìng / とても喜んでいる. ¶惶恐 huángkǒng～ / 恐縮の至りである.
【万福】wànfú 名〈旧〉女性のおじぎ. 両手を軽く握り合わせて胸のやや右下で上下に動かしながら頭を少し下げる. ¶道个～ / ("万福"の)おじぎをする.
【万古】wàngǔ 名〈書〉とこしえ. 永久. ►多く固定した熟語に用いる. ¶～长存 chángcún / 永遠に残る.
【万古长青】wàn gǔ cháng qīng 〈成〉永遠に変わらない. ►"万古长春"とも.
【万古流芳】wàn gǔ liú fāng 〈成〉永遠に名声を残す.
【万贯】wànguàn 名〈旧〉1万貫の銅銭;〈転〉巨万の富. ¶～富翁 fùwēng / 百万長者.
【万国】wànguó 名 万国. 世界の国々.
【万花筒】wànhuātǒng 名 万華鏡(まんげきょう).
【万家灯火】wàn jiā dēng huǒ 〈成〉(都会の夜景など)家々に明かりがともり華やかである.
【万箭穿心】wàn jiàn chuān xīn 〈成〉この上なく心を痛める.
【万金油】wànjīnyóu ① 名〈薬〉頭痛・歯痛・虫刺され・火傷などに効く万能薬の軟膏. ⇨【清凉油】qīngliángyóu ②〈慣〉なんでも一通りはこなすが,どれもたいして上手にはできない人.
【万里长城】Wànlǐ chángchéng 名 万里の長城;〈喩〉乗り越えることのできない障壁;人民の軍隊.
【万里长征】wànlǐ chángzhēng 名 長征;〈喩〉長期の難事業.
【万马奔腾】wàn mǎ bēn téng 〈成〉勢いがとても盛んで,猛烈に前進しようとするさま.
【万难】wànnán ① 形 極めて難しい. ¶～挽回 wǎnhuí / とうてい挽回(ばんかい)の見込みはない. ② 名 万難. ¶排除 páichú～ / 万難を排する. ►この場合 wànnàn と読むことがある.
【万能】wànnéng 形 ① **万能である**. なんでもできる. ¶谁都不是～的 / だれだって万能ではない. ② 多くの用途〔機能〕がある. ¶～机床 jīchuáng / 〈機〉万能工作機械.
【万年】wànnián 名 万年;〈転〉永久.
【万念俱灰】wàn niàn jù huī 〈成〉ひどい打撃を受け失意のどん底にある.
【万千】wànqiān 形〈書〉① 数が多い. ¶～的科学家 kēxuéjiā / 多くの科学者. ② 種々さまざまである. ¶变化 biànhuà～ / 変化きわまりない.
【万全】wànquán 形 万全である. 手抜かりがない. ¶～之策 cè / 万全の策.
【万人坑】wànrénkēng 名 集団で殺害された人たちを埋めた穴. 大虐殺による集団埋葬の穴. 万人坑. ►歴史教育のため保存してある.
【万世】wànshì 名 万世. 永遠.
【万事】wànshì 名 万事. 何もかも.
【万事大吉】wàn shì dà jí 〈成〉万事めでたし.
【万事俱备,只欠东风】wàn shì jù bèi, zhǐ qiàn dōng fēng 〈成〉用意は整ったが,最も重要なものが一つだけ欠けている.
【万事开头难】wànshì kāitóu nán 〈諺〉何事も最初が難しい.
【万事如意】wàn shì rú yì 〈成〉何事も思い通りに行く. ご多幸. ¶祝 zhù 您～ / 万事が思いどおりでありますように. ►手紙の結語に用いる常套句.
【万事通】wànshìtōng 〈慣〉(皮肉って)なんでも知っている人. よろず屋.
【万寿无疆】wàn shòu wú jiāng 〈成〉幾久しく長寿を保たれますように. ►君主の長寿を祝う言葉.
【万水千山】wàn shuǐ qiān shān 〈成〉山や川が多く遠くて険しい道のり.
【万死】wànsǐ 動 厳しい懲罰を受ける. 生命の危険

W

がある. ¶罪 zuì 该～ / 罪は万死に値する.

*【万岁】wànsuì ①動 永遠にあれ. **万歳**. ►祝福の言葉. 人にも事物にも用いられる. ②名〈旧〉(皇帝に対する称)陛下.

*【万万】wànwàn ①数 **億**. ►話し言葉に用いる. ¶一～ / 1億. ②副(否定語と呼応し,否定文または命令文に用い)**決して**. **絶対に**(…ない). ►話し言葉に用いることが多く,語気は"万"よりも強い. ¶～想不到 / 夢にも思わなかった. ¶那是～不行 bùxíng 的 / それは絶対にいけない.

【万维网】wànwéiwǎng 名〈電算〉ワールドワイドウェブ. WWW.

【万无一失】wàn wú yī shī 〈成〉万に一つの失敗もない. 絶対にまちがいない.

【万物】wànwù 名 万物. 万有.

【万向】wànxiàng 形〈機〉万能の.

【万象】wànxiàng 名 万象. あらゆるもの.

【万幸】wànxìng 形(災難を免れたりして)たいへん幸運である.

*【万一】wànyī ①副《多くは好ましくないことについて,可能性のきわめて小さい仮定を表す》**万が一**. **万一**. ¶把行李 xíngli 捆紧 kǔnjǐn 点儿,免得 miǎnde ～路上散失 sànshī / 途中でばらけてなくなったりしないように,荷物をきつめに縛りなさい. ②接続《可能性がきわめて小さい仮定を表す》**万が一**. **ひょっとしたら**. ¶～技术员 jìshùyuán 不在,你直接 zhíjiē 去找王工程师 / 万が一技術要員がいなかったら,直接王技師のところへ行きなさい. [対話のときは"万一…呢"のかたちで問いかけることができる]¶～她去不了 buliǎo 呢? / 万一彼女が行けなかったらどうするのか. ③名《可能性がきわめて小さい不利な状況をさす》万が一のこと. ¶以防 fáng ～ / 万一に備える.

【万亿】wànyì 数〈数〉兆.

【万应锭】wànyìngdìng 名〈薬〉万能薬.

【万元户】wànyuánhù 名 **万元戸**(まんげん). 1戸当たりの年間収入が1万元を超す農家・個人経営者. ►1980年代初期の経済改革で金持ちになった者をさす.

【万丈】wànzhàng 形〈書〉非常に高い〔深い〕. ¶光芒 guāngmáng ～ / 万丈の光芒を放つ.

【万众】wànzhòng 名〈書〉万民.

【万众一心】wàn zhòng yī xīn 〈成〉皆が心を一つにする.

【万状】wànzhuàng 形〈書〉(好ましくない事が)さまざまな様相を呈している,甚だしい. ¶狼狈 lángbèi ～ / さんざんのていたらくである.

【万紫千红】wàn zǐ qiān hóng 〈成〉色とりどりの花が咲き乱れる;事物が多種多様で盛んである.

腕 wàn

◇◆(～儿)手首. ¶→～子 zi. ¶手 shǒu ～儿 / 手首;〈喩〉手腕.

【腕力】wànlì 名 腕の力. 手首の力;〈喩〉手腕.

【腕儿】wànr 名〈口〉大物. 実力者.

【腕子】wànzi 名 手首. ¶掰 bāi ～ / 腕相撲をする. ¶手 shǒu ～ / 手首. ¶脚 jiǎo〔腿 tuǐ〕～ / くるぶし. 足首.

【腕足】wànzú 名〈動〉(イカ・タコなどの)足.

【腕足动物】wànzú dòngwù 名〈動〉腕足類.

蔓 wàn

名(～儿)(植物の)つる. ¶丝瓜 sīguā 爬 pá ～儿了 / ヘチマがつるを出した. ➡ mán,màn

W

wang (ㄨㄤ)

汪 wāng (1声)

①動(液体が1か所に)たまる. ¶眼里～着泪 lèi / 目に涙をいっぱいためている. ②量(～儿)(液体の)ひとたまり. ¶两～眼泪 yǎnlèi / 二つの目に涙がたまっている. ¶一～儿油 yóu /(スープなどに浮いた)ひとたまりの油. ③擬《イヌのほえる声》わん.

◇◆ 水が深く広い. ¶→～洋 yáng. ‖姓

【汪汪】wāngwāng ❶形 ①涙がいっぱいたまっている. ¶眼泪 yǎnlèi ～的 / 涙があふれる. ②〈書〉水面が広々としている. ❷擬《犬のほえる声》わんわん.

【汪洋】wāngyáng 形 ①(水が)広々と広がっている. 洋々たる. ¶～大海 / 果てしない海原. ②〈書〉鷹揚で度量が広い.

【汪子】wāngzi 量(液体の)ひとたまり.

亡 wáng (2声)

◇◆ ①死ぬ;死んだ. ¶阵 zhèn ～ / 戦死する. ¶～妻 qī / 死んだ妻. ②逃げる. ¶流 liú ～ / 亡命する. ③失う. ¶→～羊 yáng 补牢. ④滅びる. 滅ぼす. ¶灭 miè ～ / 滅亡する. ¶→～国.

【亡故】wánggù 動 死ぬ. 亡くなる. 逝去する.

【亡国】wáng//guó ①動 国が滅びる. ②名 滅びた国. 亡国.

【亡国奴】wángguónú 名 亡国の民.

【亡魂】wánghún ①動 魂を失う. ②名(多く死んで間もない人の)亡魂.

【亡魂丧胆】wáng hún sàng dǎn 〈成〉肝がつぶれるほど驚く.

【亡灵】wánglíng 名 亡霊. 幽霊.

【亡命】wángmìng 動 ①亡命する. 逃亡する. ②命知らずである. ¶～之徒 tú / 悪事を働く命知らずのやから.

【亡羊补牢】wáng yáng bǔ láo 〈成〉失敗を繰り返さないように事後に対策を立てる.

王 wáng

名 **王**;最高の爵位. ¶国 guó ～ / 国王.

◇◆ ①頭. 首領. ¶蜂 fēng ～ / 女王バチ. ②大きい. 年長の. ¶～父 / 〈書〉祖父. ‖姓

【王八】wángba 名 ①〈俗〉カメ. スッポン. ②〈罵〉妻を寝取られた男. ►"忘八"とも書く. ¶～蛋 dàn / ばか野郎. ③〈旧〉妓楼を経営する男.

【王朝】wángcháo 名 **王朝**. (量) 代 dài,个. ¶汉 Hàn ～ / 漢王朝.

【王道】wángdào 名(↔霸道 bàdào)君主が"仁义 rényì"(仁愛と正義)をもって天下を治める政策.

【王法】wángfǎ 名〈書〉国法. 法律.

【王府】wángfǔ 名 皇族の邸宅.

【王公】wánggōng 名 王公. 高位の貴族たち.

【王宫】wánggōng 名 王宮. パレス.

【王国】wángguó 名 ①王国. ②〈喩〉領域;(精神的な)世界.

【王侯】wánghóu 名 王侯. 国王と諸侯.

【王后】wánghòu 名 王妃. 国王の妻.

【王浆】wángjiāng 名 ロイヤルゼリー.

【王老五】wáng lǎowǔ 名〈俗〉独身の男.

【王母娘娘】Wángmǔ niángniang 名 西王母

((せいおうぼ)．伝説上の仙女)の通称．

【王牌】wángpái 名 切り札．奥の手．(自分が手に持っている)最後の有力な手段〔人〕．

【王室】wángshì 名 王室；王朝．朝廷．

【王熙凤】Wáng Xīfèng 名〈喩〉ずる賢く世事にたけている女性．►『紅楼夢』の登場人物．

【王爷】wángye 名(封建時代の王の爵位をもつ人に対する尊称)王様．親王様．

【王子】wángzǐ 名 王子．

3声 **网**(網) wǎng ❶名(魚や鳥を捕らえる)網．量 张 zhāng．¶撒 sā～/網を打つ．❷動 ①網で捕らえる．¶～着 zháo 了一条大鱼/網で大きな魚を1匹捕まえた．¶把鸟 niǎo～在网里/鳥を網で捕らえる．②網のようなものがかかっている．¶两天两夜没睡,眼里～着红丝 hóngsī/二日二晩寝ていないので,目が充血している．

◇◆ 網状のもの；…網(もう)．ネットワーク；インターネット．ネット．¶法～/法網．¶→～民．

*【网吧】wǎngbā 名 インターネットカフェ．

【网虫】wǎngchóng 名〈俗〉ネットフリーク．

【网点】wǎngdiǎn 名 ①商店やサービス業のネットワーク．②〈経〉ネットワークの拠点．③〈電算〉ウェブサイト．

【网兜】wǎngdōu 名(～儿)網袋．量 个．

【网纲】wǎnggāng 名 魚網の引き綱．

【网购】wǎnggòu 動 ネットショッピングをする．

【网巾】wǎngjīn 名 ヘアネット．網状の頭巾．

【网卡】wǎngkǎ 名〈電算〉LANカード．

【网开三面】wǎng kāi sān miàn〈成〉犯罪者などに寛大な態度で対処する．►"网开一面"とも．

【网篮】wǎnglán 名 網覆いのある外出用バスケット．

【网恋】wǎngliàn 名〈電算〉ネット恋愛．

【网罗】wǎngluó ①動 網羅する．かき集める．¶～人材 réncái/人材を網羅する．②名〈書〉(魚や鳥をとる)網；〈転〉計略．わな．

*【网络】wǎngluò 名 **ネットワーク**．回路網．組織網．¶互联 hùlián～/インターネット．¶有源～/アクティブネットワーク．¶经济 jīngjì～/経済ネットワーク．

【网络电话】wǎngluò diànhuà 名 インターネット電話．IP電話．

【网络计算机】wǎngluò jìsuànjī 名〈電算〉ネットワークコンピュータ．

【网络游戏】wǎngluò yóuxì 名 インターネットゲーム．

【网民】wǎngmín 名〈電算〉インターネットのユーザー．

【网屏】wǎngpíng 名〈印〉網目スクリーン．

*【网球】wǎngqiú 名〈体〉**テニス(のボール)**．◆打 dǎ～/テニスをする．¶～场 chǎng/テニスコート．

【网上购物】wǎngshàng gòuwù 名〈電算〉オンラインショッピング．

【网眼】wǎngyǎn 名(～儿)網の目．網目．►"网目"とも．

【网页】wǎngyè 名〈電算〉ウェブページ．

【网友】wǎngyǒu 名〈電算〉インターネット上の友人；メル友．

【网站】wǎngzhàn 名〈電算〉ウェブサイト．

【网址】wǎngzhǐ 名〈電算〉インターネット上のアドレス．URL．

【网子】wǎngzi 名 ①網状のもの．②ヘアネット．

枉 wǎng ◇◆ ①曲がっている．ゆがんでいる．¶矫 jiǎo～过正/矯正が度をすぎる．②曲げる．ゆがめる．¶→～法．③ぬれぎぬを着せる〔着せられる〕．¶冤～ yuānwang/無実の罪を着せる〔着せられる〕．④むだに．いたずらに．¶→～费 fèi．‖姓

【枉法】wǎngfǎ 動 法を曲げる．

【枉费】wǎngfèi 動 むだに…する．いたずらに…する．¶～心机 xīnjī/むだな思案をする．

【枉然】wǎngrán 形〈書〉むだである．骨折り損である．

【枉死】wǎngsǐ 動 恨みをのんで死ぬ．横死する．

【枉自】wǎngzì 副〈書〉むだに．むざむざ．

罔 wǎng ◇◆ ①隠す．ごまかす．¶欺 qī～/ごまかす．②ない．¶置 zhì 若 ruò～闻 wén/少しも耳を貸さない．

往 wǎng ①前《方位詞や場所を表す語と前置詞句を作り,動作の方向を表す》…に向かって**．…**の方へ**．¶到故宫 Gùgōng 怎么走？――～前走,然后 ránhòu～左拐 guǎi 就是/故宮へはどう行きますか――まっすぐ行ってそれから左へ曲がればすぐそこです．⇒〖望 wàng〗❷

ⓐ連用修飾語として用いる．►wàng と発音されることもある．¶～外走/外へ出る．¶水～低处流/水は低いところへ流れる．¶～我这儿瞧 qiáo〔×～我瞧〕/私の方を見る．[「"往"＋形容詞/動詞＋"里"」の形で,動作の方式や程度を表す]¶～多里说…/大目に言えば….注意"往"と方向補語を同時に用いることはできない．¶×往外走出去．

ⓑ場所を表す語句と組み合わせて,動詞の後に補語として用いる．►動詞は"开 kāi、通 tōng、迁 qiān、送 sòng、寄 jì、运 yùn、飞 fēi、逃 táo"など,少数のものに限る．►軽声に発音されることが多い．¶飞机开～西安/飛行機は西安へ飛ぶ．¶寄～北京的信/北京への手紙．

②動 **行く**．¶一个～东,一个～西/一人は東に行き,もう一人は西に行く．

◇◆ 過ぎ去った．昔の．¶→～年 nián．

【往常】wǎngcháng 名 **いままで．ふだん．いつも．平素**．¶他～不大喝酒/彼はふだんあまり酒を飲まない．

【往返】wǎngfǎn 動 **行ったり来たりする．往復する**．¶～需要多少时间？/往復で何時間かかりますか．¶～票 piào/往復切符．

【往复】wǎngfù 動 ①行き帰りする．繰り返す．②行き来する．交際する．

*【往后】wǎnghòu ①名 **今後．これから**．►現在より以後をさす．¶～有什么问题,就来找 zhǎo 我吧/これから何か問題があったら,私のところに来てください．②(wǎng hòu)**後ろの方に**．¶～靠 kào/後ろにもたれる．¶～退 tuì/後ろに下がる．バックオーライ．

【往还】wǎnghuán 動 往来する．行き来する．やりとりする．¶经常 jīngcháng 有书信～/定期的に手紙のやりとりをしている．

【往来】wǎnglái 動 ①**行ったり来たりする．通行する**．¶注意～车辆 chēliàng/通行車に注意．②

W

行き来する．交際する．¶两人平素 píngsù 没有什么～ / 二人はふだん付き合いがない．¶友好 yǒuhǎo ～ / 親善訪問(する)．

〖往…里…〗 *wǎng…lǐ…* …になるまで….…に向かって….►"里"の前には単音節の形容詞か動詞がくる．¶～少～说也有三百人以上 / 少なくとも300人以上はいる．¶～好～想 / よいほうに考える．¶～多～说 / (多く見積っても)せいぜい．

【往脸上贴金】wǎng liǎnshang tiē jīn 〈諺〉体裁をつくろう．

*【往年】wǎngnián 名 過ぎ去った年．以前．

【往日】wǎngrì 名 昔．いままで．以前．

【往时】wǎngshí 名 昔．往時．

【往事】wǎngshì 名 過ぎ去ったできごと．昔の事．¶回味 huíwèi ～ / 往時を追憶する．¶～难追 nán zhuī / 過ぎたことは取り返しがつかない．

*【往往】wǎngwǎng 副《いままでにしばしば起こっている情況に一定の規則性があることを表す》しばしば．ややもすれば．多くの場合．語法 "往往"を用いた文は動作に関係する情況・条件・結果を明らかにしなければならない．また，将来についての主観的な願望に用いることはできない．¶他～学习到深夜 shēnyè / 彼は夜更けまで勉強することがよくある．¶小李～一个人上街 shàngjiē / 李君はよく一人で街に出かける．注意 ただ動作が繰り返されることだけを表したり，将来における主観的な願望を表すときには，"往往"ではなく"常常"を用いる．¶我希望你常常〔×往往〕来看我 / ときどきいらしてください．

【往昔】wǎngxī 名〈書〉昔．以前．かつて．

【往下…】wǎng xià… 〈型〉《動作の方向》下の方へ．下へ；《動作の継続》先へ．続けて．¶～跳 tiào / 跳び降りる．¶～说 / 先を話す．

【往心里去】wǎng xīnli qù 〈慣〉気にとめる．気にかける．

惘 wǎng

◇ がっかりする．¶怅 chàng ～ / 失意のあまり呆然とする．¶→～然 rán．

【惘然】wǎngrán 形〈書〉がっかりしている．

魍 wǎng

"魍魉 wǎngliǎng"⬇という語に用いる．

【魍魉】wǎngliǎng 名〈書〉伝説中の化け物．¶魑魅 chīmèi ～ / 魑魅魍魎(ちみもうりょう)．

W 4声

妄 wàng

◇ ①道理に合わない．でたらめである．¶→～人．②みだりに．むやみに．¶～加猜疑 cāiyí / むやみにうたぐる．

【妄称】wàngchēng 動(思い上がって)でたらめに公言する．

【妄动】wàngdòng 動 無分別な行動をする．¶轻举 qīngjǔ ～ / 軽率に行動する．

【妄断】wàngduàn 動 軽率に結論を出す．

【妄举】wàngjǔ 名〈書〉でたらめな行動．

【妄念】wàngniàn 名 まともでない考え；邪念．

【妄人】wàngrén 名〈書〉無知ででたらめな人．

【妄说】wàngshuō 動 でたらめを言う．

【妄图】wàngtú 動(大それたことを)たくらむ，もくろむ．¶～推翻 tuīfān 现政权 zhèngquán / 愚かにも現政権の転覆を企てる．

【妄为】wàngwéi 動〈書〉でたらめなことをする．¶恣意 zìyì ～ / 悪事をほしいままにする．

【妄想】wàngxiǎng ①動 妄想する．¶不要～有谁来帮助你 / だれかが君を助けてくれるなどと妄想するな．②名 妄想．

【妄言】wàngyán →【妄语】wàngyǔ

【妄语】wàngyǔ ①動 でたらめを言う．②名 でたらめ．

【妄自菲薄】wàng zì fěi bó 〈成〉むやみに卑下する．極端に自分を過小評価する．

【妄自尊大】wàng zì zūn dà 〈成〉みだりに尊大ぶる．思い上がってうぬぼれる．

** 忘 wàng

動(…を，…するのを，…であることを)忘れる．注意 肯定文で名詞や主述句を目的語にとるとき，"忘"の後には必ず"了"をつける．動詞(句)を目的語にとるとき，話し言葉では"忘"の後に必ずしも"了"をつけないが，その場合文末に必ず"了"を用いる．ただし，成語などの固定した熟語の中に"了"を挿入して用いることはしない．¶一次也没～过 / 一度も忘れたことはない．¶你去了上海可别把我～了 / 上海に行っても，私のことを忘れないでね．¶糟糕 zāogāo，我今天～带钱了 / まいった，きょう，財布を持ってくるのを忘れた．¶我～了他叫什么名字 / 彼の名前を忘れた．［"～在"の形で］…に置き忘れた．¶把资料 zīliào ～在办公室 bàngōngshì 了 / 資料を事務所に置き忘れた．［"～没～"の形で］覚えているか．►叱責の語気があるときは"～不～"となる．¶他的住址 zhùzhǐ 你～没～？/ 彼の住所を覚えていますか．¶看你下次还～不～ / この次忘れたら承知しないよ．［"～了"の形で挿入句に用い］忘れたの，ほら….

【忘本】wàng//běn 動〈貶〉もと(の境遇)を忘れる．根本を忘れる．

【忘不了】wàngbuliǎo 動+可補 忘れられない．忘れることはない．¶一辈子 yībèizi 也～ / 一生忘れられない．

【忘掉】wàng//diào 動+結補 忘れてしまう．忘却する．¶咱们把这件不愉快 yúkuài 的事～吧 / この不愉快なできごとを忘れてしまおう．

【忘恩负义】wàng ēn fù yì 〈成〉恩義を忘れる．恩知らずである．

【忘光】wàng//guāng 動+結補 すっかり忘れる．残らず忘れる．

【忘乎所以】wàng hū suǒ yǐ 〈成〉有頂天になりわれを忘れる．►"忘其 qí 所以"とも．

【忘怀】wànghuái 動 忘れ去る．忘却する．¶难以 nányǐ ～ / 忘れられない．

*【忘记】wàngjì 動 ①忘れる．思い出せない．記憶にない．¶～了这个字的读音 dúyīn / この字の発音が思い出せない．②うっかりする．気がつかない．¶他老～关门 / 彼はしょっちゅううっかりしてドアを閉めるのを忘れてしまう．

【忘年(之)交】wàng nián (zhī) jiāo 〈成〉年齢や世代を超越した交友．忘年の交わり．

【忘却】wàngquè 動〈書〉忘却する．

【忘我】wàngwǒ 動 無私無欲になる．献身的になる．¶～地劳动 láodòng / 献身的に働く．

【忘形】wàngxíng 動(喜びのあまり)われを忘れる．有頂天になる．¶得意 déyì ～ / 得意のあまりわれを忘れる．

【忘性】wàngxing 名 忘れっぽさ．¶～很大 / 物忘れがひどい．

旺 wàng 形 **盛んである．旺盛である．** ¶ 花开得正～ / 花はちょうど真っ盛りだ． ¶ 购销 gòuxiāo 两～ / 仕入れと販売が盛んである．景気が活況を呈する． ‖ 姓

【旺火】wànghuǒ 名 盛んに燃える火．燃え盛る火；(料理などで)強火．
【旺季】wàngjì 名(↔淡季 dànjì)活況を呈する時期．最盛期． ¶ 旅游 lǚyóu ～ / 旅行シーズン．
【旺盛】wàngshèng 形 **旺盛である．盛んである．** ¶ 长 zhǎng 得～ / 勢いよく伸びている． ¶ 精力～ / 元気いっぱいである．
【旺销】wàngxiāo 動 よく売れる． ¶ ～商品 shāngpǐn / 売れ行き好調の商品．人気商品．
【旺月】wàngyuè 名(↔淡月 dànyuè)活況を呈する月．かき入れ月．

*__望 wàng__ ❶動 ① 遠くから眺める．見渡す． ¶ 从窗口 chuāngkǒu 向外～了一会儿 / 窓からしばらく外を眺めていた． ¶ 他～了我一眼 / 彼はちらっと私の方に目をやった． ②〈書〉**希望する．** 望む． ¶ ～你早回 / あなたの早いお帰りを望んでいます． ¶ ～早复为盼 wéipàn / 早目にご返答いただけるようお願いいたします． ¶ 此 cǐ 事～尽快 jǐnkuài 解决 / この事を早めに解決してほしい．
❷前 **…に向かって．** …の方へ． ¶ 他～我摆 bǎi 了摆手 / 彼は私に向かって手を振った． ¶ ～他鞠 jū 了个躬 gōng / 彼の方にお辞儀をした． ►通常は前置詞“往”が多く用いられる． ⇨〖往 wǎng〗①
❸名(～儿)望み． ¶ 没了～儿了 / 望みがなくなった． ◇◆ ①訪問する．訪ねる． ¶ 看～ / 訪ねる．見舞う． ②名望．人望． ¶ 名～ / 声望． ③不満に思う． ¶ 怨 yuàn ～ / 恨む． ‖ 姓

【望尘莫及】wàng chén mò jí〈成〉遠く及ばない．足もとにも寄れない．
【望穿秋水】wàng chuān qiū shuǐ〈成〉待ちこがれる．首を長くして待つ．
【望而生畏】wàng ér shēng wèi〈成〉見ただけで恐ろしくなる． ¶ 令 lìng 人～ / 見ただけでおじけづく．
【望风捕影】wàng fēng bǔ yǐng〈成〉とらえどころがない；雲をつかむようである．はっきりせず信用が置けない．
【望楼】wànglóu 名 望楼．物見やぐら．
【望梅止渴】wàng méi zhǐ kě〈成〉空想して一時自分を慰める．
【望山跑死马】wàng shān pǎosǐ mǎ〈諺〉(目的地は)近そうに見えてずいぶん遠い．
【望文生义】wàng wén shēng yì〈成〉字面だけを見て当て推量の解釈をする．
【望闻问切】wàng wén wèn qiè〈成〉漢方医が診察するときの四つの方法． ►視診・聴診(声や口臭)・問診・(脈と腹部の)触診．
【望眼欲穿】wàng yǎn yù chuān〈成〉ひたすら待ち望む．待ちこがれる．
【望洋兴叹】wàng yáng xīng tàn〈成〉偉大な事物を目の前にして自分の小ささを嘆く；何かをしようとして自分の能力不足を嘆く．
【望远镜】wàngyuǎnjìng 名 **望遠鏡．** (量) 台 tái, 架 jià． ¶ 射电 shèdiàn ～ / 電波望遠鏡． ¶ 双筒 shuāngtǒng ～ / 双眼鏡． ¶(剧场 jùchǎng 用)小～ / オペラグラス．
【望月】wàngyuè 名〈天〉十五夜の月．満月．
【望子成龙】wàng zǐ chéng lóng〈成〉子供の出世を願う．
【望子】wàngzi 名(商店の門前に竹竿でつり下げた)看板．
【望族】wàngzú 名〈書〉名望ある家柄．豪族．

wei (ㄨㄟ)

1声 **危 wēi** 名(二十八宿の一つ)うみやめぼし． ◇◆ ①危ない．危険(である)． ¶ →～险 xiǎn． ②臨終．危篤． ¶ 病 bìng ～ / 危篤に陥る． ③損害を加える．害する． ¶ →～害． ④高くて険しい． ¶ ～楼 lóu / 高い建物．倒れるおそれがあるビル． ⑤きちんとしている． ¶ ～坐 zuò / 姿勢を正して座る． ‖ 姓

【危殆】wēidài 形〈書〉(情勢・生命などが)危ない． ¶ 战局 zhànjú ～ / 戦局が危うくなる．
【危地马拉】Wēidìmǎlā 名〈地名〉グアテマラ．
【危房】wēifáng 名 倒壊寸前の家屋．
*【危害】wēihài 動 **危害を及ぼす．おびやかす．** ¶ ～健康 jiànkāng / 健康を損なう． ¶ ～国家的安全 ānquán / 国の安全をおびやかす．
*【危机】wēijī 名 **危機．ピンチ；恐慌．パニック．** ¶ 面临 miànlín ～ / 危機に直面する． ¶ 经济 jīngjì ～ / 経済恐慌．
【危及】wēijí 動〈書〉危害が及ぶ．脅かす．
【危急】wēijí 形(情勢が)**危険かつ切迫している．** ¶ 形势 xíngshì 非常～ / 情勢が非常に緊迫している．
【危局】wēijú 名〈書〉危険な情勢．重大な局面．
【危惧】wēijù 動〈書〉危惧する．危惧の念を抱く．
【危难】wēinàn 名 危難．危険と苦難．
【危如累卵】wēi rú lěi luǎn〈成〉(積み重ねた卵が不安定で崩れやすいように)情勢がきわめて危険な状態にあること．
【危亡】wēiwáng 動(国家や民族が)滅亡に瀕する．
【危险】wēixiǎn 形 **危険である．危ない． ¶ 这地方十分～ / この場所は非常に危険だ． ¶ 冒 mào 生命～ / 命がけで． ¶ 脱离 tuōlí ～ / 危険から逃れる． ¶ ～区 qū / 危険区域．
【危言耸听】wēi yán sǒng tīng〈成〉わざと大げさなことを言って人をびっくりさせる．
【危在旦夕】wēi zài dàn xī〈成〉危険が目の前に迫っている．
【危重】wēizhòng 動〈書〉危篤に陥る．

委 wēi “委蛇 wēiyí”↓という語に用いる． ►► wěi

【委蛇】wēiyí 形〈書〉(道・山・川などが)くねくねと続いている．

威 wēi ◇◆ ①人を抑えたり恐れさせたりするような力や態度．威厳．威力． ¶ 示 shì ～ / 示威(する)． ¶ 助 zhù ～ / 応援する． ②脅かす． ¶ →～胁 xié． ‖ 姓

【威逼】wēibī 動 脅迫する．脅しつける． ¶ ～利诱 lìyòu / 脅しつけたり利益で誘ったりする．
*【威风】wēifēng ①名 **威風．** 人に畏敬の念を抱かせる迫力． ¶ 摆 bǎi ～ / 偉そうにしていばる． ¶ ～凛凛 lǐnlǐn / 威風堂々． ②形 **姿がりりしくさっそうとしている．** 羽振りがいい．いばっている． ¶ 穿上

W

军装 jūnzhuāng 显得 xiǎnde 很～ / 軍服を身につけるととてもりりしい.

【威吓】wēihè 動 威嚇(いかく)する. 脅かす. 脅す.

【威力】wēilì 名 威力. ¶～无比 / 威力この上なし.

【威名】wēimíng 名 威名. 威勢のある名声.

【威权】wēiquán 名 権力. 権勢.

【威慑】wēishè 動〈書〉武力で威嚇(いかく)する;(戦争を)抑止する. ¶～力量 / (戦争)抑止力.

【威势】wēishì 名 威力と勢い;権勢.

【威士忌】wēishìjì 名 ウイスキー. ►英語 whisky の音訳語.

【威望】wēiwàng 名 威光と人望.

【威武】wēiwǔ ① 名 武力と権勢. ② 形 威厳があって勇ましい.

【威胁】wēixié 動(武力や威力で)脅す, おびやかす. ¶遭到 zāodào ～ / おびやかされる. ¶～世界和平 / 世界平和をおびやかす. ¶～的眼光 yǎnguāng / 脅すような目つき.

【威信】wēixìn 名 威信. 信望. 権威. ¶～高 / 人気が高い. ¶～扫地 sǎodì / 威信がすっかりなくなる. ¶树立 shùlì ～ / 威信を確立する.

【威严】wēiyán ① 形 いかめしい. 凛々(りり)しい. ② 名 威厳.

【威仪】wēiyí 名〈書〉威厳ある容貌と振る舞い.

逶 wēi "逶迤 wēiyí"⬇という語に用いる.

【逶迤】wēiyí 形〈書〉(道・山・川などが)くねくねと続いている. ►"委蛇 wēiyí"とも.

偎 wēi 動 寄り添う. しがみつく. ¶孩子～在母亲的怀里 huáili / 子供が母親の胸にしがみつく.

【偎依】wēiyī 動 寄り添う. ¶母女互相 hùxiāng ～着 / 母と娘が寄り添っている.

崴 wēi "崴嵬 wēiwéi"⬇という語に用いる. ⏩ wǎi

【崴嵬】wēiwéi 形〈書〉山が高いさま.

微 wēi ◇◆ ①小さい. かすかである. ¶→～小 xiǎo. ¶→～风 fēng. ②衰える. 下がる. ¶衰 shuāi ～ / 衰微する. ¶→～贱 jiàn. ③奥深い. ¶→～妙 miào. ④(基本単位の100万分の1)ミクロン. マイクロ.

【微安】wēi'ān 量〈電〉マイクロアンペア.

【微波】wēibō 名 ①〈電〉マイクロ波. ② さざ波.

【微波炉】wēibōlú 名 電子レンジ.

【微博】wēibó 名 マイクロブログ.

【微薄】wēibó 形 きわめて少ない. ささやかである. ¶～的礼物 lǐwù / ささやかな贈り物.

【微不足道】wēi bù zú dào〈成〉小さくて取るに足りない. ほんのわずかである.

【微电脑】wēidiànnǎo 名〈略〉マイクロコンピュータ. パソコン. ►"微型 wēixíng 电子计算机"の俗称.

【微分】wēifēn 名〈数〉微分. ¶～学 / 微分学.

【微风】wēifēng 名 そよ風;〈気〉軟風(なんぷう). ¶～轻拂 qīng fú / そよ風がかすめる.

【微服】wēifú 名〈書〉目立たない服装;(特に)身分のある人の忍び姿. ¶～私访 sīfǎng / お忍びで民情の調査に出る.

【微观】wēiguān 形(↔宏观 hóngguān)微視的な. 顕微鏡的な. ミクロコスミック.

【微观经济学】wēiguān jīngjìxué 名〈経〉ミクロ経済学.

【微观世界】wēiguān shìjiè 名 ミクロコスモス.

【微乎其微】wēi hū qí wēi〈成〉きわめてわずかである. 微々たる.

【微火】wēihuǒ 名〈料理〉とろ火. 弱火. ¶～炖 dùn 肉 / とろ火で肉をぐつぐつ煮る.

【微机】wēijī 名〈略〉パソコン. マイコン. 量 台 tái.

【微贱】wēijiàn 形〈書〉社会的地位が低い.

【微菌】wēijūn 名 細菌.

【微力】wēilì 名〈書〉微力. 自分の力. ¶愿尽 yuàn jìn ～ / 微力を尽くしたいと思う.

【微粒】wēilì 名 微粒子.

【微量】wēiliàng 名 微量;(検出できないほど)わずかの量. ¶～天平 tiānpíng / 微量てんびん.

【微米】wēimǐ 量(長さの単位)マイクロメートル. ミクロン.

【微妙】wēimiào 形 微妙である. ¶他俩儿 liǎr 关系 guānxi 很～ / 二人の関係が微妙である.

【微弱】wēiruò 形 かすかである. 弱々しい. ¶气息 qìxī ～ / 息がかすかである. ¶～的声音 shēngyīn / 弱々しい声.

【微生物】wēishēngwù 名 微生物.

【微调】wēitiáo 動 微調整をする.

【微微】wēiwēi ① 形 かすかである. わずかである. ② 副 かすかに. ちょっと. ¶～一笑 / かすかに笑う. ③ 接頭《基本単位の1兆分の1》ピコ. マイクロマイクロ. ¶～法拉 fǎlā / ピコファラッド.

【微细】wēixì 形 微細である. ¶～血管 xuèguǎn / 毛細血管.

【微小】wēixiǎo 形 微小である. ごくわずかである. きわめて小さい. ¶极其 jíqí ～ / きわめて小さい. ¶～的颗粒 kēlì / 微小な粒.

*【微笑】wēixiào ① 動 ほほえむ. ¶他向我～着 / 彼が私にほほえんでいる. ② 名 ほほえみ. ¶脸上露出 lùchū 了～ / 顔に微笑が浮かんでいる.

【微型】wēixíng 形(後ろに名詞をとって)小型の. ミニ…. ¶～电脑 diànnǎo / マイクロコンピュータ. ►"微型(计算)机"とも. ¶超 chāo ～ / 超小型の. ¶～汽车 / ミニカー. 軽自動車. ¶～复印机 fùyìnjī / ハンドコピー.

【微型小说】wēixíng xiǎoshuō 名 ショートショート.

【微言大义】wēi yán dà yì〈成〉微妙な言葉・表現の中に込められた重要な意義や道理.

【微音器】wēiyīnqì 名 マイクロホン.

煨 wēi 動〈料理〉① とろ火で長く煮込む. ¶～牛肉 / ビーフシチュー. ② 湿った紙や泥などでくるみ熱い灰の中に入れて蒸し焼きにする. ¶～白薯 báishǔ / 焼きイモ.

巍 wēi ◇◆ 高くて大きい. 高大である.

【巍峨】wēi'é 形〈書〉(山や建築物などが)高くそびえている. ¶～的天安门城楼 chénglóu / そびえ立っている天安門の城楼.

【巍然】wēirán 形〈書〉(山や建築物などが)高くて雄大である.

【巍巍】wēiwēi 形〈書〉(山などが)高くて大きい.

2声 **韦**(韋) **wéi** 名〈古〉皮革. ‖姓

【韦编三绝】**wéi biān sān jué** 〈成〉書物を熟読すること；〈転〉たいへんな勉強家の形容.

* **为**(為·爲) **wéi** ❶ 動 ① **なす. する. 行う.** (多く書き言葉で,四字句に用い) ¶有所 suǒ 不～ / ある事柄をやることを控える. ¶所作所～ / やることなすこと. あらゆる行為.
② (多く他の動詞の後に用いて) **…とする. …とみなす.** ¶他被提 tí ～科长 / 彼は課長に昇格した. ¶把书视～至宝 zhìbǎo / 書物を無上の宝とみなす. 〚以…为…〛 *yǐ…wéi…* ¶以他～榜样 bǎngyàng / 彼を手本とする.
③ (多く兼語文の第2番目の動詞として用い) **(変化して) …になる, …に変わる.** ¶变 biàn 被动～主动 / 守勢から攻勢に転じる. ¶化 huà 悲痛 bēitòng ～力量 lìliang / 悲しみを力にかえる.
④ …である. ►書き言葉で,話し言葉の"是"の意味に用いられる. ¶一千克 kè ～一公斤 gōngjīn / 千グラムは1キログラムである.
⑤ (比較して)(…よりも)…だ. ►後に単音節の形容詞が続くことが多い. ¶关心他人比关心自己～重 zhòng / 自分よりも他人のことを考える. ¶还是不去～好 / やはり行かないほうがよい.
❷ 前〈書〉…(ら)れる. …される. ►助詞の"所"と組み合わせて用い,受け身を表す. ¶～篇幅 piānfu 所限 xiàn / (紙などの)枚数に限りがある. ⇒〚为…所…〛 *wéi…suǒ…*
❸ 接尾 ① (一部の単音節形容詞の後につく) ¶大～高兴 / 大いに喜ぶ. ¶深～感动 gǎndòng / 深く感動する. ¶广～宣传 xuānchuán / 広く宣伝する.
② (一部の程度を強調する単音節副詞の後につく) ¶最～得意 déyì / きわめて満足する. ¶尤 yóu ～出色 / 特にすばらしい.
参考 wèi と発音する場合は,「…のために；…が原因で」を意味する前置詞である. ‖姓
▸▸ **wèi**

丶 ソ 为 为

【为非作歹】**wéi fēi zuò dǎi** 〈成〉悪事の限りを働く. あらゆる悪事を行う.
【为富不仁】**wéi fù bù rén** 〈成〉金持ちには血も涙もない. 財をなすには人情はいらぬ.
【为感】**wéigǎn** 動〈書〉感謝するところである.
【为贵】**wéiguì** 動〈書〉…を貴ぶ.
【为害】**wéihài** 動〈書〉損害をもたらす.
【为好】**wéihǎo** 動 …をよしとする. …のほうがよい. ►"还是 háishi"と呼応することが多い. ¶你还是不去～ / 君はやはり行かないほうがよい.
【为荷】**wéihè** 動〈書〉(手紙文で) 幸甚である.
【为患】**wéihuàn** 動 災いをもたらす.
【为恳】**wéikěn** 動〈書〉(手紙文で) 懇願いたします.
【为妙】**wéimiào** 動 …したほうがよい.
【为难】**wéinán** 動 ① (どうしてよいか) **困る, 困惑する.** ¶这件事叫我太～了 / この件にはとても困った. ¶感到～ / 困惑を覚える. ② **困らせる.** 意地悪をする. ¶这不是故意 gùyì 跟我～吗？/ わざと私に難くせをつけているんじゃないのか.
【为念】**wéiniàn** 動〈書〉(手紙文で) 気がかりである.
【为盼】**wéipàn** 動〈書〉(手紙文で) 希望いたします.
【为凭】**wéipíng** 動〈書〉証拠とする.
【为期】**wéiqī** 動 期間〔期限〕は…とする；期間〔期日〕から見る. ¶以两周 zhōu ～ / 2週間を期限とする. ¶～不远 / (期日が) 迫っている.
【为歉】**wéiqiàn** 動〈書〉(手紙文で) 遺憾とする.
【为人】**wéirén** 名 **人となり. 人柄.** ¶他～很好 / 彼は人柄がよい.
【为甚】**wéishèn** 動〈書〉…が甚だしい.
【为生】**wéishēng** 動〈書〉(…で) 暮らしを立てる. ¶以游牧 yóumù ～ / 遊牧で暮らしを立てる.
【为时过早】**wéi shí guò zǎo** 〈成〉時期尚早である. まだその時期にならない.
【为首】**wéishǒu** 動 **…をリーダーとする.** かしらとする. はじめとする. ¶以 yǐ 市长～的访华团 / 市長をはじめとする訪中団.
【为数】**wéishù** 動 **数から見る.** ¶～不少 / 相当な数に上っている.
〚为…所…〛 *wéi…suǒ…* …に…される. ¶～事实 shìshí ～证明 zhèngmíng / 事実によって証明される. ¶～人～不齿 chǐ / 人々に見捨てられている.
【为所欲为】**wéi suǒ yù wéi** 〈成〉〈貶〉かって気ままなことをする. したい放題をする.
【为限】**wéixiàn** 動〈書〉期限とする；限度とする. …に限る. ¶以月末～ / 月末を期限とする.
【为幸】**wéixìng** 動〈書〉(手紙文で) 幸甚です.
【为止】**wéizhǐ** 動 (時間·進度などについて) **…までを区切りとする. …までに. …までのところ.** ¶迄今 qìjīn ～ / いままでのところ. ¶今天的课到此 cǐ ～ / きょうの授業はこれでおしまいにします.
【为重】**wéizhòng** 動 より重く見る. 大事にする. ¶以友情 yǒuqíng ～ / 友情を大切にする.
【为主】**wéizhǔ** 動〈書〉**…を主とする.** ¶以市场经济 shìchǎng jīngjì ～ / 市場経済を主とする.

违(違) **wéi** ◇◆ ①背く. 違反する. 守らない. ¶→～令 lìng. ②別れる. 離別する. ¶久～ / 久しぶりである.

【违背】**wéibèi** 動 **背く. 守らない. 違反する.** ¶～诺言 nuòyán / 約束を守らない. ¶～事实 shìshí / 事実と食い違う.
*【违法】**wéi//fǎ** 動 **法律を犯す. 法にもとる.** ¶每个公民 gōngmín 都不能～ / 公民は何人(なんぴと)も法に反してはならない. ¶～行为 xíngwéi / 違法行為.
【违反】**wéifǎn** 動 (法則·規約などに) **違反する, 反する,** もとる, 背く. ¶～交通规则 guīzé / 交通規則に違反する. ¶～历史潮流 cháoliú / 歴史の流れに逆行する.
【违犯】**wéifàn** 動 (法律などに) 違反する, 抵触する. ¶～宪法 xiànfǎ / 憲法に違反する.
【违禁】**wéijìn** 動 禁令に違反する. ¶～品 pǐn / 禁制品.
【违抗】**wéikàng** 動 逆らう. 反抗する. 反対する. ¶～命令 mìnglìng / 命令に逆らう.
【违例】**wéilì** 動 ① 慣例に背く. ②〈体〉反則する.
【违令】**wéi//lìng** 動 命令に背く.
【违命】**wéimìng** 動〈書〉命令に背く.
【违心】**wéixīn** 動 本心に逆らう. 本心と違う. ¶～之言 / 不本意な言葉. ¶我这样做完全是～的 / 私がそうしたのは決して本心からではない.

【违约】wéi//yuē 動 条約・契約に違反する．¶～金／違約金．
【违章】wéi//zhāng 動〈書〉規定・規則に違反する．¶～行驶 xíngshǐ／交通違反の運転．

*围(圍) wéi ❶動 囲む．取り巻く．周りを遮る；周りに巻く．¶～着炉子 lúzi 坐／ストーブを囲んで座る．¶人们呼啦 hūlā 一下子把他～了起来／人々はどっとかけ寄り彼を取り巻いた．
❷量 ①両手の親指と人差し指で輪を作った太さ．¶腰 yāo 大十～／腰の回りが10"围"(囲)ある．②ひとかかえ．¶十～之木／10かかえもある木．
◇◆ 周り．周囲．¶外～／外回り．外郭．‖姓
【围脖儿】wéibór 名〈方〉襟巻き．マフラー．
【围城】wéi//chéng ①動 都市を包囲する．②名 敵軍に包囲された都市．
【围攻】wéigōng 動 包囲攻撃する．
【围观】wéiguān 動〈貶〉やじ馬見物をする．
【围护】wéihù 動 取り囲んで保護する．
【围击】wéijī 動 包囲攻撃する．
【围歼】wéijiān 動 包囲殲滅(せんめつ)する．
【围剿】wéijiǎo 動 包囲討伐する．
*【围巾】wéijīn 名 襟巻き．マフラー．スカーフ．㊏条．❖围 wéi～／スカーフを巻く．
【围聚】wéijù 動 一か所に集まり群がる．
【围垦】wéikěn 動 干拓する．
【围困】wéikùn 動〈軍〉包囲し封じ込める．
【围屏】wéipíng 名 びょうぶ．ついたて．
【围棋】wéiqí 名 碁．囲碁．㊏副 fù;〔対局の場合〕盘 pán．❖下 xià～／碁を打つ．
【围墙】wéiqiáng 名(建築物・庭園などの周りの)塀，囲い．㊏道，段．¶～球 qiú／〈体〉スカッシュ．►"回力球"とも．
【围裙】wéiqún 名 エプロン．㊏条．
【围绕】wéirào 動 ①取り囲む．取り巻く．めぐる．¶人造卫星 rénzào wèixīng～着地球运转 yùnzhuǎn／人工衛星は地球の周りをぐるぐる回る．②(ある問題を)中心とする．めぐる．¶请 qǐng～这个问题谈 tán 谈／この問題についてお話しください．
【围嘴儿】wéizuǐr 名 よだれ掛け．

桅 wéi ◇◆ 帆柱．マスト．¶→～杆 gān．¶船 chuán～／船の帆柱．
【桅杆】wéigān 名 帆柱．マスト．㊏根．

唯 wéi ①副〈書〉ひとり．ただ．ひたすら．だけ．のみ．¶→～恐 kǒng．②接続〈書〉ただし．しかし．¶他工作很好，～注意身体不够 gòu／彼は仕事ぶりがいいんだが，自分の健康に注意が足りない．
◇◆ 恭しく応答する声．¶～～否 fǒu 否／〈書〉態度があいまいで煮えきらない．
【唯成分论】wéichéngfènlùn 名 出身・階級区分が最重要だとする理論．
【唯独】wéidú 副〈書〉ただ．単に．
【唯读光盘】wéidú guāngpán 名〈電算〉CD-ROM．
【唯恐】wéikǒng 動〈書〉…のみ恐れる．…だけが気にかかる．►必ず動詞か主述句を目的語にとる．¶～落后 luòhòu／ひたすら落後することを心配する．
【唯利是图】wéi lì shì tú〈成〉がめつく儲けばかり考える．利益のみを追求する．
【唯命是听】wéi mìng shì tīng〈成〉言いなりになってなんでも従う．
【唯其】wéiqí 接続〈書〉それだからこそ．まさにそのために．語法 よく"所以 suǒyǐ"と呼応して用い，因果関係を強調する．
【唯唯诺诺】wéi wéi nuò nuò〈成〉唯々諾々(いいだくだく)；相手の言いなりになる．► wěi wěi nuò nuò とも読む．
【唯我独尊】wéi wǒ dú zūn〈成〉自分だけがいちばん偉いとうぬぼれる．
【唯物辩证法】wéiwù biànzhèngfǎ 名〈哲〉唯物弁証法．
【唯物论】wéiwùlùn 名〈哲〉唯物論．►"唯物主义"とも．
【唯心论】wéixīnlùn 名〈哲〉唯心論．
【唯心史观】wéixīn shǐguān 名〈哲〉唯心史観．
【唯一】wéiyī 形 唯一の．ただ一つの．►"惟一"とも書く．¶～的手段／ただ一つの手段だ．¶～出路 chūlù／唯一の活路．
【唯有】wéiyǒu ①接続 のみ．だけ．②副 ただ…だけ．

帷 wéi ◇◆ 幔幕(まんまく)．帷(とばり)．¶车～子／車のほろ．¶床～子／寝台の周りに掛けるカーテン．
【帷幔】wéimàn →【帷幕】wéimù
【帷幕】wéimù 名(室内・舞台の)幕．どんちょう．►"帷幔 wéimàn"とも．
【帷子】wéizi 名(周りを囲む)カーテン，幕．

惟 wéi ①〖唯 wéi〗①②に同じ．②助〈古〉(年・月・日の前に用い)これ．
◇◆ 思う．考える．¶思 sī～／思考(する)．
【惟独】wéidú →【唯独】wéidú
【惟恐】wéikǒng →【唯恐】wéikǒng
【惟利是图】wéi lì shì tú →【唯利是图】wéi lì shì tú
【惟妙惟肖】wéi miào wéi xiào〈成〉(描写や模倣が)真に迫っている．
【惟命是听】wéi mìng shì tīng →【唯命是听】wéi mìng shì tīng
【惟其】wéiqí →【唯其】wéiqí
【惟我独尊】wéi wǒ dú zūn →【唯我独尊】wéi wǒ dú zūn
【惟一】wéiyī →【唯一】wéiyī
【惟有】wéiyǒu →【唯有】wéiyǒu

维 wéi 量〈数〉次元．ディメンション．¶四～空间 kōngjiān／四次元の空間．
◇◆ ①結ぶ．つなぐ．¶→～系 xì．②保つ．維持する．¶→～持 chí．‖姓
【维持】wéichí 動 維持する．保つ．(力を尽くして)支える．¶～秩序 zhìxù／秩序が乱れないよう取り締まる．¶哥哥辛勤 xīnqín 劳动，终于 zhōngyú～我读完了大学／兄が苦労して働き支えてくれ，私はついに大学を終えた．
*【维护】wéihù 動 守る．保つ．擁護する．¶～和平 hépíng／平和を守る．¶～领土的完整 wánzhěng／領土の保全を守る．
【维纳斯】Wéinàsī 名 ビーナス．美と愛の女神．
【维生素】wéishēngsù 名 ビタミン．¶～D〔丁种 dīngzhǒng～〕／ビタミンD．
【维数】wéishù 名〈数〉次元．ディメンション．
【维他命】wéitāmìng 名〈旧〉ビタミン．

W

【维吾尔族】Wéiwú'ěrzú 名(中国の少数民族)ウイグル(Uygur)族. ►トルコ系少数民族の一つ. 主として新疆ウイグル自治区に住む. 略称は"维族".
【维系】wéixì 動〈書〉つなぎとめる.
【维新】wéixīn 動〈書〉(政治や社会の)古いものに反対し,新しいものを提唱する;政治を革新する.
【维修】wéixiū 動 **維持修理する. 補修する.** ¶这台机器 jīqi ～～还可用 / この機械はちょっと手入れすればまだ使える. ¶～站 zhàn / アフターサービスステーション. ¶～费 fèi / メンテナンスコスト.

嵬 wéi ◇ 高くそびえる. ¶～然 rán / 高くそびえるさま.

3声 **伟(偉)** wěi ◇ すぐれて大きい. ¶雄 xióng ～ / 雄大である. ¶魁 kuí ～ / (体格が)人並みはずれて堂々としている. ‖姓

*【伟大】wěidà 形 **偉大である.** 立派である. ¶～人物 / 偉大な人物. ¶～的业绩 yèjì / 偉大な業績.
【伟绩】wěijì 名〈書〉大きな功績. 偉功. 偉勲.
【伟力】wěilì 名 偉力. 巨大な力.
【伟人】wěirén 名 偉人. ¶当代 dāngdài ～ / 現代の偉人. ¶一代～ / 一代の英雄.
【伟业】wěiyè 名〈書〉偉業. 偉大な業績.

伪(僞) wěi ◇ ①いつわりの. にせの. ¶→～钞 chāo. ②非合法の. 正当性のない. ¶～政权 zhèngquán / 傀儡(かいらい)政権.

【伪币】wěibì 名 1 にせ札. 偽造貨幣. 2 傀儡政権が発行した紙幣.
【伪钞】wěichāo 名 にせ札. 偽造紙幣.
【伪军】wěijūn 名 傀儡(かいらい)軍.
【伪君子】wěijūnzǐ 名 偽(ぎ)君子. 偽善者.
【伪劣】wěiliè 形 にせ物で品質が悪い.
【伪善】wěishàn 形 善人ぶっている. 偽善的な.
【伪书】wěishū 名 にせの書物や手紙. 偽書.
【伪托】wěituō 動 著作や製造などで他人(特に有名な古人)の名義を用いる.
【伪造】wěizào 動 偽造する. ¶～证件 zhèngjiàn / 証拠書類を偽造する. ¶～纸币 zhǐbì / にせ札(をつくる). ¶～品 pǐn / にせ物.
【伪证】wěizhèng 名〈法〉偽証.
【伪装】wěizhuāng 1 動 ふりをする;〈軍〉偽装する. 2 名 変装. 仮面;〈軍〉偽装.

苇(葦) wěi 名〈植〉アシ. ヨシ. ►"苇子"とも.

【苇箔】wěibó 名 アシの茎で編んだもの. よしず. ►屋根をふくのに用い,その上に瓦をふく.
【苇帘子】wěiliánzi 名 アシで編んだすだれ. よしず.
【苇毛】wěimáo 名 アシの花.
【苇塘】wěitáng 名 アシが生えている池.
【苇席】wěixí 名 アシで編んだむしろ. アンペラ.
【苇子】wěizi 名〈植〉アシ.

尾 wěi 1 量 **魚を数える.** ¶一～鱼 yú / 魚1匹. 2 名(二十八宿の一つ)あしたれぼし. 3 動〈古〉(後ろに)従う. 後をつける.
◇ ①尾. しっぽ. ¶→～巴 ba. ②端. 末端. しんがり. ¶从头 tóu 到～ / 一部始終. ③(主要部分以外の)はした. 残り. 注意 北京方言では,しっぽのときは yǐ と発音する. ►► yǐ

*【尾巴】wěiba 名 1(動物の)**尾,しっぽ.** 量 条,根. ¶甩 shuǎi ～ / 尾を振る. ¶～翘到 qiàodào 天上 / しっぽが天を衝く;〈喩〉おごり高ぶる. すっかりうぬぼれる. 2(物体の)尾に似た部分. ¶飞机 fēijī ～ / 飛行機の後部. 3 物事の未解決の部分. ¶大部分都做完了,还剩 shèng 下一点儿～ / 大半はやり終えたがまだ少しやり残しがある. 4〈喩〉追随者. 5〈喩〉尾行する者.
【尾巴工程】wěiba gōngchéng 名 中断工事. やり残しの工事.
【尾大不掉】wěi dà bù diào〈成〉部下の勢力が強くて〔機構が膨大なために〕指揮がうまくとれない.
【尾灯】wěidēng 名 テールライト.
【尾骨】wěigǔ 名〈生理〉尾骨. 尾骶骨(びていこつ).
【尾牌】wěipái 名(自動車や電車などの)後部標識,プレート.
【尾鳍】wěiqí 名〈動〉尾びれ.
【尾气】wěiqì 名 装置や車の排気ガス.
【尾欠】wěiqiàn 1 名(借金の)未返済分. 2 動 同上を残す.
【尾声】wěishēng 名 南曲·北曲の最後の1曲;〈音〉コーダ. 終曲部;(詩·小説などの)エピローグ,結び;終わり. 最終段階.
【尾数】wěishù 名〈数〉小数点以下の数;(帳簿で)端数;末尾の数字. ¶抹 mǒ 去～ / はしたを切り捨てる.
【尾随】wěisuí 動 後をつける. 尾行する.
【尾追】wěizhuī 動 急追する. 追い詰める.

纬(緯) wěi ◇ ①(↔经 jīng)横糸. ¶→～线 xiàn. ②緯度. ¶南～ / 南緯.

【纬度】wěidù 名〈地〉**緯度.**
【纬纱】wěishā 名〈紡〉横糸.
【纬线】wěixiàn 名 1 横糸. 2〈地〉緯線.

委 wěi 動 **任せる. ゆだねる.** 委任·任命する. ¶～以特权 tèquán / 特権をゆだねる. ¶～他临时 línshí 负责 fùzé 人事工作 / 臨時に彼を人事の仕事につける.
◇ ①委員(会). ¶党 dǎng ～ / 党委員(会). ②放棄する. ¶→～弃 qì. ③(自分の罪や過ちを人に)なすりつける. ¶→～罪 zuì. ④曲がりくねっている. ¶→～曲 qū. ¶→～婉 wǎn. ⑤しなびる. 衰える. ¶→～顿 dùn. ¶→～靡 mǐ. ⑥集まりたまる. ¶～积 jī / 集積する. ⑦末. 終わり. ¶原～ / いきさつ. ⑧確かに. ¶→～实 shí. ‖姓 ►► wēi

【委顿】wěidùn 形 疲れて元気がない.
【委过】wěiguò 動 過失をなすりつける.
【委决不下】wěi jué bù xià〈成〉どうしたらよいか決心がつかない.
【委靡】wěimǐ 形 元気がない. ぐったりしている. ¶～不振 bùzhèn / 意気消沈して元気が出ない.
【委内瑞拉】Wěinèiruìlā 名〈地名〉ベネズエラ.
【委派】wěipài 動 任命する. 委任する. (仕事を)割り当てる. ►兼語文を作ることができる.
【委弃】wěiqì 動〈書〉捨てる. 投げ出す.
【委曲】wěiqū 1 形 曲がりくねっている;(曲調が)変化に富んでいる. 2 名〈書〉事のてんまつ.
【委曲求全】wěi qū qiú quán〈成〉大局を考えて,意を曲げても折り合っていく.

W

*【委屈】wěiqu ①形(不当に扱われ)不満である,残念である,くやしい,やりきれない. ¶感到～ / やりきれない思いをする. ②動 嫌な思いをさせる. つらい思いをさせる. ¶对不起,让 ràng 你受～了 / つらい〔いやな,窮屈な〕思いをさせて申し訳ありません.

【委任】wěirèn ①動 任命する. 職を命ずる. ②名〈旧〉(民国時代の)判任官.

【委身】wěishēn 動〈書〉(やむ得ず)自分の体や運命を人に任せる. 不本意ながらある仕事に従事する.

【委实】wěishí 副〈書〉確かに. 本当に. まったく. ¶我～不知道 / 私は本当に知らない.

*【委托】wěituō 動 委託する. 頼む. 依頼する. (仕事を)任せる. ¶～代办 dàibàn / 委託する. 代行してもらう. ¶这件事就～你了 / この件はあなたにお任せします.

【委婉・委宛】wěiwǎn 形(言葉が)婉曲(えんきょく)である. 言い回しがていねいである.

【委细】wěixì 名〈書〉委細. 詳しい事情.

【委员】wěiyuán 名 ①委員. ¶常务 chángwù～ / 常務委員. ¶编辑 biānjí～会 / 編集委員会. ②〈旧〉特定の任務を委任された要員.

【委员会】wěiyuánhuì 名 委員会.

【委罪】wěizuì 動 罪を人になすりつける.

娓 wěi "娓娓 wěiwěi"↓という語に用いる.

【娓娓】wěiwěi 形(話が)飽くことを知らない,人を引きつけるさま. ¶～动听 dòngtīng / 上手に話し続け人を飽きさせない.

萎 wěi 動 衰える. しぼむ. ¶牡丹 mǔdan 花～了 / ボタンの花がしおれた. ¶价钱 jiàqian～下来了 / 値段が下がってきた.

【萎黄】wěihuáng 形 枯れしおれて黄色くなる;やつれて血色が悪くなる.

【萎靡】wěimǐ 形 元気がない. ぐったりしている.

【萎蔫】wěiniān 動(植物が)しなびる,しおれる.

【萎缩】wěisuō 動 ①生気がなくなる;しなびる. 枯れる. ②(身体や器官が)萎縮する. ③(経済が)衰退する.

【萎谢】wěixiè 動(花が)しなびる,しぼむ.

猥 wěi ◇◆ 野卑である. 下品である;乱雑である. 多い. ¶→～词 cí. ¶→～琐 suǒ. ¶～杂 zá / 雑多である.

【猥词・猥辞】wěicí 名 卑わいな言葉.

【猥劣】wěiliè 形〈書〉卑劣である.

【猥陋】wěilòu 形〈書〉下劣である. 卑劣である.

【猥琐】wěisuǒ 形(容貌や挙動が)卑しい,下品である. ►"委琐"とも書く.

【猥亵】wěixiè ①形 わいせつである. みだらである. ②動 わいせつな行為をする. みだらなことをする.

痿 wěi ◇◆〈中医〉筋肉がなえて動かなくなる,機能を失う. ¶下～ / 腰から下が萎縮する. ¶阳 yáng～ / インポテンツ.

鲔 wěi 名〈魚〉①(古書で)チョウザメ. ②スマ. ヤイト. サバ科の熱帯魚類の一種.

4声

卫(衛) wèi 名〈史〉(周代の国名)衛. ◇◆ 守る. 防衛する. ¶→～兵 bīng. ‖姓

【卫兵】wèibīng 名 衛兵.

【卫道】wèidào 動 古い道徳を守る. 体制的イデオロギーを守る.

【卫队】wèiduì 名 護衛隊. 警護隊. 量 支 zhī.

【卫护】wèihù 動 かばい守る.

【卫冕】wèimiǎn 動〈体〉(競技で)前回に続いて首位の座を守る. タイトルを防衛する.

*【卫生】wèishēng ①形 衛生的である. 健康によい. ¶这个饭馆 fànguǎn 不太～ / この食堂はあまり衛生的でない. ②名 衛生. ¶讲 jiǎng～ / 衛生に注意する. ¶搞 gǎo～ / 清掃する. ❖打扫 dǎsǎo～ / 掃除してきれいにする.

*【卫生间】wèishēngjiān 名 バスルーム・トイレの総称.

【卫生巾】wèishēngjīn 名 生理用ナプキン. 量 条,块.

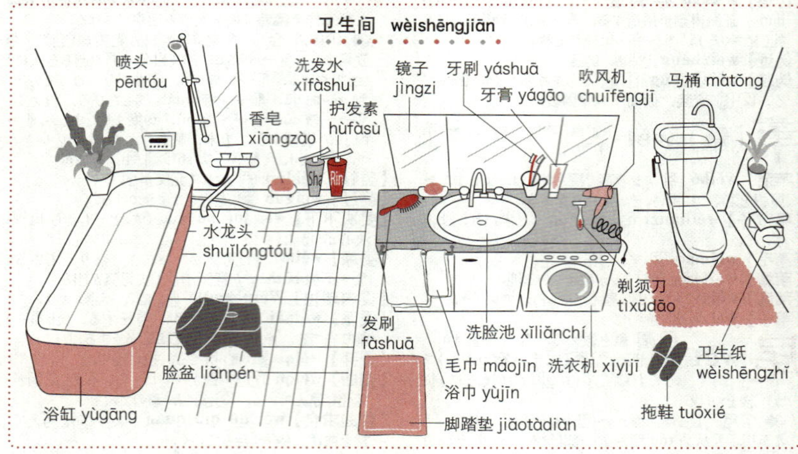

W

【卫生裤】wèishēngkù 名 ① 生理用ショーツ. ② 〈方〉メリヤスのズボン下.
【卫生筷子】wèishēng kuàizi 名 割りばし.
【卫生设备】wèishēng shèbèi 名 バスルーム・洗面所・トイレの設備の総称.
【卫生室】wèishēngshì 名(工場・会社などの)診察室,保健室.
【卫生香】wèishēngxiāng 名 におい消しのお香.
【卫生衣】wèishēngyī 名〈方〉メリヤスの厚手の肌着.
【卫生院】wèishēngyuàn 名(農村の)診療所.
【卫生站】wèishēngzhàn 名(都市の)診療所,保健所.
【卫生纸】wèishēngzhǐ 名 ① **トイレットペーパー.** (量) 卷. ② 生理用ナプキン. (量) 条,块.
【卫士】wèishì 名 ボディーガード. 護衛. 衛兵.
【卫视】wèishì 名〈略〉衛星テレビ放送.
【卫戍】wèishù 動〈書〉(軍隊が主として首都を)警備する.
*【卫星】wèixīng 名 ①〈天〉**衛星.** (量) 个,颗 kē. ②(衛星のように)ある中心となるものの周りにあって従属的関係にあるもの. ¶～城 chéng / 衛星都市. ③ 人工衛星. ¶～转播 zhuǎnbō / 衛星中継.
【卫星电视】wèixīng diànshì 名 衛星テレビ放送.

****为(為・爲) wèi** ❶ 前 ①《動詞の受益者を導く》…**のために.** ¶～顾客 gùkè 服务 fúwù / 客に奉仕する. ¶～孩子的学习操心 cāoxīn / 子供の学習に気を配る. ¶新图书馆 túshūguǎn ～大家读书提供 tígōng 了良好的条件 / 新しい図書館はみんなが読書するのに,よい環境を与えた.
②《動機・目的や原因を表す》…**のために.** …**するように.** …が原因で. ►“了,着”をつけることも多い. ¶他学习中文是～了了解 liǎojiě 中国 / 中国を理解するために彼は中国語を勉強している. ¶大家都～他的结婚 jiéhūn 高兴 / みんなは彼が結婚したと聞いて喜んだ. ¶～各位的健康 jiànkāng 干杯 gānbēi! / みなさんの健康のために乾杯. [“起见”や“而 ér”と組み合わせて] ¶～您的安全起见,开车时请系 jì 上安全带 ānquándài/ 安全のために,車を運転する時はシートベルトをしめてください. ¶→～…而 ér ….
③〈書〉…に対して. …に向かって. ¶不足～外人道 / 他人に対しては言うに足らず.
❷ 動〈古〉助ける. 守る. ⏩ wéi
【为此】wèicǐ 接続〈書〉このために. ここに.
【为的是】wèi de shì (目的・動機は)…**のためである.** ¶我拼命 pīnmìng 地挣钱 zhèng qián ～你 / 私が一生懸命に金を稼ぐのは君のためだ.
〚为…而…〛*wèi…ér…* …**のために…(する).** ¶～两国的友好 yǒuhǎo ～努力 nǔlì / 両国の友好のために努力する.
【为何】wèihé 副〈書〉なぜ. どういうわけで.
【为虎傅翼】wèi hǔ fù yì 〈成〉(トラに翼をつけるように)悪人に加勢する.
【为虎作伥】wèi hǔ zuò chāng 〈成〉悪人の手先になって悪事を働く.
【为了】wèile 前 …**のため(に).** ¶一切 yīqiè ～孩子 / すべては子供のため. ¶～你一个人,大家整整 zhěngzhěng 等了一个钟头 / 君一人のために,みんなはまる1時間待たされた. ¶我这样做都是～你 / 私がこうするのはすべて君のためなのだ.
注意 対象や目的をきわだたせる時“为了”を用い,原因を表す場合は普通,“因为 yīnwèi”を用いることが多い.
【为人作嫁】wèi rén zuò jià 〈成〉人のために苦労しながら報いられない.
【为什么】wèi shénme **なぜ. どうして. どういうわけで. ¶昨天,你～没来? ── 我感冒 gǎnmào 了 / 昨日,なぜ来なかったの ── 風邪だったから. ¶我不懂 dǒng 他～说这话 / 彼がなぜそんなことを言ったのか,私には分からない. ¶这本词典 cídiǎn 很有用,你～不买一本? / この辞書はたいへん役に立つのに,どうして買わないのですか(買ったほうがいいですよ).
注意 “为什么不”は多くの場合,人にあることを勧める意味を含み,“何不 hébù”に同じ.
【为着】wèizhe → 【为了】wèile

***未 wèi** ① 副〈書〉(↔已 yǐ)**まだ. いまだに…ない**;…でない. …しない. ¶尚 shàng ～实施 shíshī / まだ実施していない. ¶～敢 gǎn 苟同 gǒutóng / ご意見に賛成できない.
② 名 十二支の第8:未(ひつじ). ¶→～时 shí.
【未爆弹】wèibàodàn 名 不発弾.
*【未必】wèibì 副 **必ずしも…ない. …とは限らない.** おそらく…ないだろう. ►婉曲的な否定を表す. ¶这个报道～真实 zhēnshí/ この記事はおそらく真実そのものではないだろう.
【未便】wèibiàn 副〈書〉…するわけにはいかない. 具合が悪い. ¶～开口 / 口に出しにくい.
【未卜先知】wèi bǔ xiān zhī 〈成〉占いするまでもない. 先見の明があるたとえ.
【未曾】wèicéng 副〈書〉いまだかつて…ない. まだ…ことがない.
【未尝】wèicháng 副〈書〉①…(したことが)ない. ¶终夜 zhōngyè ～合眼 / 一晩じゅうまんじりともしなかった. ②…ないではない. …ないわけではない. ►否定詞の前に立って二重否定を表す. ¶～不可 / 別に悪くはない.
【未定】wèidìng 動〈書〉まだ決まっていない. ¶何时开会～ / いつ会を開くかまだ決まっていない.
【未婚】wèihūn 形 **未婚の.**
【未婚夫】wèihūnfū 名(男性の)婚約者.
【未婚妻】wèihūnqī 名(女性の)婚約者.
【未及】wèijí 動〈書〉まだ…するに至らない. する暇がない. ¶～通知 / 通知する暇がなかった.
【未尽】wèijìn 動〈書〉まだ終わらない. まだ尽きない. 完全には…していない.
【未经】wèijīng 副〈書〉まだ…を経ていない. まだ…していない. ¶～许可 xǔkě,不得 bùdé 入内 / 許可なくして入るべからず.
【未决】wèijué 動〈書〉まだ解決されていない. ¶迄今 qìjīn ～ / 今なお未解決である.
【未决犯】wèijuéfàn 名〈法〉未決囚.
【未可厚非】wèi kě hòu fēi 〈成〉過度にとがめるべきではない. ►“无可厚非”とも.
*【未来】wèilái ① 形(多く気象関係で用い)今から. 今後. ►近い将来をさす. ¶～二十四小时内将 jiāng 有暴雨 bàoyǔ / 今後24時間以内に大雨が降る見込みです. ② 名 **未来. 将来.** ¶光明的～ / 明るい未来.

W

【未老先衰】wèi lǎo xiān shuāi 〈成〉年のわりに老けている．老人でもないのに老け込んでいる．

【未了】wèiliǎo 動〈書〉未解決である．まだ終わっていない．未了．¶～之事 / 未解決の事柄．

*【未免】wèimiǎn 副 …と言わざるを得ない．まあ〔どうも〕…でしょう．語法 感心しない，同意しがたいといった気持ちから，遠回しに否定的見解を述べる．普通，"太、过分 guòfèn、过于、不大、不够 bùgòu、有点儿、有些 yǒuxiē"や"一点儿、一些"などと併用する．¶这样做，～太不礼貌 lǐmào 了吧？/ そういうやり方って，ずいぶんと無礼なんじゃないですか．

比較 未免：不免 bùmiǎn：难免 nánmiǎn "未免"は行きすぎた情況に対して不満であることを表し，評価を加えることに重点があるのに対し，"不免、难免"は客観的にある事柄が避けられないことを表す．

【未能免俗】wèi néng miǎn sú 〈成〉まだ俗習から抜けきれない．

【未然】wèirán 形〈書〉まだそうなっていない．¶防患 fáng huàn 于～ / 災いを未然に防ぐ．

【未时】wèishí 名〈旧〉未(ひつじ)の刻(午後1時から3時)．

【未遂】wèisuì 動〈書〉(目的を)まだ成し遂げていない．(願いが)かなわない．

【未妥】wèituǒ 形〈書〉 1 妥当でない．妥当さを欠く． 2 妥結していない．まだ妥結しない．

【未完】wèiwán 動〈書〉まだ終わらない．¶～待续 dàixù / (雑誌記事などで)次号に続く．

【未详】wèixiáng 形〈書〉まだはっきりしない．明らかでない．¶原因～ / 原因は不明である．

【未有】wèiyǒu 動〈書〉まだ…がない．¶前所～ / いまだかつてない．

【未雨绸缪】wèi yǔ chóu móu 〈成〉事前に準備する．転ばぬ先の杖．

【未知】wèizhī 動〈書〉まだわからない．

【未知数】wèizhīshù 名 1〈数〉未知数． 2〈喩〉見通しがたたないこと．

【未置可否】wèi zhì kě fǒu 〈成〉よいとも悪いとも言わない．

位 wèi 量 1 敬意をもって個々の人を数える．¶这～老师 / こちらの先生．¶三～来宾 láibīn / 3人の来賓．¶共有几～？/ 全部でなん名いらっしゃいますか． 2 (数字の)桁(けた)．¶百～ / 100の位．¶个 gè～ / 1の位． 3〈電算〉ビット．¶十六～ / 16ビット．

◇◆ ①占める位置，場所．¶座 zuò～ / 座席．¶部 bù～ / 部位．②君主の地位．¶即 jí～ / 即位する．¶篡 cuàn～ / 帝位を奪い取る．③(職務上の)地位，ポスト．¶名～ / 名誉と地位．¶学～ / 学位．‖姓

【位次】wèicì 名 席次．順位；等級．地位．¶～卡 kǎ / (宴会などの)座席札．¶争 zhēng～ / 順位を争う．

【位能】wèinéng 名〈物〉位置エネルギー．

*【位于】wèiyú 動〈書〉…に位置する．…にある．…に場所を占める．¶日本～亚洲 Yàzhōu 的东部 / 日本はアジアの東部に位置する．

*【位置】wèizhi 名 位置．場所；地位；座席．¶在指定 zhǐdìng 的～等候 děnghòu / 指定された場所で待つ．

【位子】wèizi 名 座席．場所．圖 个．

【位组】wèizǔ 名〈電算〉バイト．

味 wèi 1 名(～儿) 1 味．¶没有～儿 / 味がしない． 2 におい．¶这花的～儿很香 / この花の香りはとてもよい． 3 おもしろみ．味わい．趣向．¶这部电影 diànyǐng 真有～儿，棒 bàng 极了 / この映画は実におもしろい，すばらしいよ．

2 量 漢方薬の種類を数える単位：味(み)．¶这个方子 fāngzi 共开了十～药 yào / この処方には薬が10種類入っている．

◇◆ 味わう．¶体 tǐ～ / 体験して味わう．体得する．¶玩 wán～ / かみしめる．

*【味道】wèidao 名 1 味．¶这个汤 tāng～很不错 / このスープは味がなかなかよい． 2 趣．味わい．¶这篇 piān 文章很有～ / この文章は味わいがある． 3 心持ち．¶觉得 juéde 心里有一种说不出的～ / なんともいえない気持ちがする． 4〈方〉におい．

【味精】wèijīng 名 うまみ調味料．

【味觉】wèijué 名〈生理〉味覚．¶甜 tián、酸 suān、苦 kǔ、咸 xián 是基本的四种～ / 甘味・酸味・苦味・塩辛味は基本的な四つの味覚である．

【味素】wèisù 名 うまみ調味料．

【味同嚼蜡】wèi tóng jiáo là 〈成〉(文章や話が)味もそっけもない．無味乾燥である．

畏 wèi 動 恐れる．¶不～强敌 qiángdí / 強敵を恐れない．

◇◆ 感服する．¶敬 jìng～ / 畏敬する．‖姓

【畏避】wèibì 動 恐れをなして避ける．

【畏惧】wèijù 動 恐れる．¶无 wú 所～ / 恐れるものがない．何ものも恐れない．

【畏难】wèinán 動 困難におじけづく．

【畏怯】wèiqiè 動 恐れる．おじける．ひるむ．

【畏首畏尾】wèi shǒu wèi wěi 〈成〉あれこれ気兼ねする．あれこれ迷い思い切りが悪い．

【畏缩】wèisuō 動 ひるむ．しり込みする．

【畏途】wèitú 名〈書〉手を焼く仕事．だれも恐れをなして手を出そうとしない仕事．

【畏葸】wèixǐ 動〈書〉恐れる．¶～不前 / 恐れをなして前へ出ない，しり込みする．

【畏罪】wèizuì 動〈書〉法の裁きを恐れる．

胃 wèi 名 1〈生理〉胃．胃袋．¶～疼 téng / 胃が痛い． 2 (二十八宿の一つ)えきえぼし．

【胃癌】wèi'ái 名〈医〉胃癌．

【胃病】wèibìng 名〈医〉胃病．

【胃蛋白酶】wèidànbáiméi 名〈生理〉ペプシン．►胃液の中に含まれる酵素．

【胃镜】wèijìng 名〈医〉胃鏡．胃カメラ．

*【胃口】wèikǒu 名 1 食欲．胃の具合．¶～不好 / 食欲がない．¶～越 yuè 来越大 / 食欲がますます旺盛になる；〈転〉ますます欲が出る．¶开～ / 食欲が出る． 2 好み．嗜好．意欲．►"有、合 hé、对 duì"などの目的語になる．wèikou と発音することも多い．¶话剧 huàjù 不对他的～ / 現代劇は彼の好みに合わない．

【胃溃疡】wèikuìyáng 名〈医〉胃潰瘍(かいよう)．

【胃酸】wèisuān 名〈生理〉胃酸．

【胃痛】wèitòng 名〈医〉胃痛．

【胃下垂】wèixiàchuí 名〈医〉胃下垂．

【胃炎】wèiyán 名〈医〉胃炎．胃カタル．

【胃液】wèiyè 名〈生理〉胃液．

谓 wèi 〈書〉動 ①…という．言う．¶可～神速 shénsù / 非常に速いといってよい．②(名称を…と)呼ぶ．称する．¶何 hé～人造卫星？/ 人工衛星というのはどんなものか．
◇◆ 意味．¶无 wú～ / つまらない．

【谓语】wèiyǔ 名〈語〉述語．

尉 wèi ◇◆ ①尉官．¶→～官 guān．②旧時の官名．尉(じょう)．¶太～ /〈旧〉太尉．►武官の最高位．‖姓

【尉官】wèiguān 名 尉官．►"校官"に次ぐ軍官．

遗 wèi ◇◆ 贈る．¶～之千金 / 千金を与える．▸▸ yí

** **喂**(餵) wèi ❶感(呼びかけとして)おい．もしもし．注意 男女に関係なく用いるが，ていねいに呼びかける時には名前や職階名で呼んだほうがよい．¶～,你的手绢 shǒujuàn 掉 diào 了 / もしもし，ハンカチが落ちましたよ．¶～,请接三一 yāo 三分机 fēnjī /(電話で)もしもし，内線の313番につないでください．►電話での"喂"は wéi と発音することが多い．
❷動 ①(動物に)えさをやる．飼う．¶家里～着几只 zhī 鸡 / 家にニワトリを何羽か飼っている．
②(子供や病人に，口まで持っていって)食べさせる．¶给孩子～饭 fàn / 子供にご飯を食べさせる．
③〈方〉(しょう油や薬液に)つけておく．¶拿蜂蜜 fēngmì～上 / ハチ蜜につけておく．

【喂奶】wèi//nǎi 動 授乳する．

【喂养】wèiyǎng 動(幼児や動物に)物を食べさせる．養育〔飼育〕する．¶～家禽 jiāqín / 家禽(かきん)を飼う．

猬(蝟) wèi 名〈動〉ハリネズミ．

【猬集】wèijí 動〈書〉(物事が)寄り集まる．

渭 wèi 地名に用いる．"渭河 hé"は甘粛省に源を発し，陝西省を経て黄河に入る川の名．

蔚 wèi ◇◆ ①草木が盛んに茂る；盛大である．②模様がある．(自然が)模様を描く．¶云蒸 zhēng 霞 xiá～ / 雲が立ち霞がたなびく．まばゆいばかりの美しい景色の形容．‖姓

【蔚蓝】wèilán 形 濃い藍色の．青い色の；空色．

【蔚起】wèiqǐ 動〈書〉物事が急に盛んになる．

【蔚然】wèirán 形 ①盛んである．②こんもりと茂っている．

【蔚为大观】wèi wéi dà guān〈成〉(美術品などが)多種多様で盛観を呈している．

慰 wèi ◇◆ ①慰める．¶安～ / 慰める．②心が安らぐ．¶欣 xīn～ / 喜び安らぐ．

【慰解】wèijiě 動 なだめる．(怒りや悲しみを)しずめる．

【慰藉】wèijiè 動〈書〉慰謝する．慰める．

【慰劳】wèiláo 動 ねぎらう．慰労する．

【慰留】wèiliú 動 慰留する．

【慰勉】wèimiǎn 動 慰め励ます．

【慰问】wèiwèn 動(言葉や品物で)慰問する；(病気などを)見舞う．いたわる．¶～病人 / 病人を見舞う．

【慰唁】wèiyàn 動〈書〉(遺族を)弔問する．

魏 wèi 名〈史〉魏(ぎ)．►周代の国名や，三国時代の王朝，南北朝時代の王朝の名に用いられた．‖姓

wen (ㄨㄣ)

1声 **温** wēn ❶形 暖かい．ぬるい．¶～开水 kāishuǐ / 生ぬるい白湯(さゆ)．
❷動 ①温める．¶把汤 tāng～一下 / スープをちょっと温める．②復習する．¶我要好好儿～一下功课 / 授業をしっかり復習します．
◇◆ ①温度．¶体～ / 体温．②柔和である．おとなしい．¶→～柔 róu．‖姓

【温饱】wēnbǎo 名 衣食が満ち足りること．

【温标】wēnbiāo 名 温度計の目盛り．

【温差】wēnchā 名(昼夜の)温度差．

【温床】wēnchuáng 名 温床．

【温存】wēncún ①動(多くは異性を)優しくいたわる．¶细语 xìyǔ～ / 穏やかな言葉で優しくなぐさめる．②形 優しくて思いやりがある．穏やかでおとなしい．¶他对妻子 qīzi 很～ / 彼は奥さんにとても優しい．

【温带】wēndài 名 温帯．

*【温度】wēndù 名 温度．

【温度计】wēndùjì 名 温度計．►"温度表"とも．

【温故知新】wēn gù zhī xīn〈成〉古きをたずねて新しきを知る．習ったものを復習して新しいことを知る．

*【温和】wēnhé 形 ①(気候が)温暖である，温和である，暖かい．¶气候 qìhòu～，四季如春 / 気候が温和で，1年中春のようである．②(性格・態度・言葉などが)温和である，おとなしい，穏やかである．¶为人 wéirén～ / おとなしい人柄である．¶说话～ / 話しぶりは穏やかである．⇒【温和】wēnhuo

【温厚】wēnhòu 形 温厚である．やさしくて情け深い．¶性情 xìngqíng～ / 性格が温厚である．

【温和】wēnhuo 形(物体や液体が)いくらか温かみがある；冷めていない．⇒【温和】wēnhé

【温静】wēnjìng 形 しとやかでおっとりしている．

【温课】wēn//kè 動 学課を復習する．

【温良恭俭让】wēn liáng gōng jiǎn ràng〈成〉穏やか・素直・恭しい・質素・謙遜の五つの徳．

*【温暖】wēnnuǎn ①形(気候や集団の雰囲気が)温〔暖〕かい．¶天气～ / 天気が暖かい．¶他有一个～的家庭 / 彼には暖かい家庭がある．②動(心を)温める．温かみを感じさせる．¶～人心 / 人々の心を温める．

【温情】wēnqíng 名 やさしい気持ち．思いやり(のある態度)．¶～主义 zhǔyì / 無原則に甘やかすやり方．

【温情脉脉】wēn qíng mò mò〈成〉やさしい気持ちがあふれている．

【温泉】wēnquán 名 温泉．¶～疗法 liáofǎ / 温泉療法．湯治．❖洗 xǐ～ / 温泉に入る．

【温柔】wēnróu 形(多く女性が)やさしく穏やかである，温和である．¶性格～ / 性格が温和だ．

【温润】wēnrùn 形 ①やさしい．¶～的面容 miànróng / やさしい顔．②(気候が)暖かで湿り気があ

る. ③(手ざわりが)きめ細かくなめらかである.
【温湿】wēnshī 形(気候が)温暖で湿潤である.
【温室】wēnshì 名 温室.
【温室气体】wēnshì qìtǐ 名〈環境〉温室効果ガス.
【温室效应】wēnshì xiàoyìng 名〈環境〉温室効果.
【温书】wēn//shū 動 復習する.
【温水】wēnshuǐ 名 ぬるま湯.
【温顺】wēnshùn 形 おとなしい. 従順である.
【温汤】wēntāng 名 ①ぬるま湯. ②〈書〉温泉.
【温文尔雅】wēn wén ěr yǎ 〈成〉態度が穏やかで立ち居ふるまいが上品である.
【温习】wēnxí 動 **復習する. おさらいをする.**
【温馨】wēnxīn 形〈書〉暖かく気持ちがいい. ►気候や心遣いなどについていう.
【温煦】wēnxù 形〈書〉①(日差しが)暖かい. ②(心が)温かい.
【温驯】wēnxùn 形〈書〉(動物が)人によくなれている,おとなしい.

瘟 wēn ①名〈中医〉急性伝染病. 疫病. ¶→～病 bìng. ②形(芝居などが)だれている,おもしろくない. ¶这出戏 xì 的人物有点儿～ / この芝居の人物はちょっとさえない.
【瘟病】wēnbìng 名〈中医〉急性熱病の総称.
【瘟神】wēnshén 名 疫病(えきびょう)神. ¶送 sòng ～除 chú 百病 / 疫病神をはらい,万病をなくす.

2声 **文** wén ❶形 ①**文語的である.** ¶这句 jù 话太～了,不好懂 dǒng / この語句はあまりに文語的すぎて,分かりにくい. ②**ものやわらかである.** おとなしい. ¶这孩子～得很,不好 hào 动 / この子は非常におとなしくて,元気が足りない.
❷動 入れ墨をする. ¶手臂 shǒubì 上～了一条龙 lóng / 腕に竜の入れ墨をした.
❸名 文科. ¶他是学～的,我是学理 lǐ 的 / 彼は文系で,私は理系だ.
❹量 銅銭を数える:文(もん). ¶一～钱 / 銭1文. ¶一～不值 zhí / 1文の値打ちもない.
◇◆ ①文字. ¶中～ / 中国語. ¶甲骨 jiǎgǔ ～ / 甲骨文. ②文章. ¶散 sǎn ～ / 散文. ③文語. ¶半～半白 / 文語と口語が入り交じっている. ④非軍事的な. 文化的な. ¶～臣 chén 武官 / 文官と武官. ¶→～明. ⑤旧時の形式的な儀礼. ¶虚 xū ～ / 虚礼. ⑥覆い隠す. ¶→～过饰非 guò shì fēi. ⑦自然界の現象. ¶天～ / 天文. ‖姓
【文白】wénbái 名 文言と口語.
【文本】wénběn 名(同一内容を異なる言語で書き表したそれぞれの)文書;〈電算〉テキスト.
【文笔】wénbǐ 名 文章の語句の風格. 文章のスタイル.
【文不对题】wén bù duì tí 〈成〉文章の内容が題目と合っていない. 話のつじつまが合わない;答えが質問とちぐはぐである.
【文不加点】wén bù jiā diǎn 〈成〉筆を入れる必要がないほど完全な文章を書くこと. 筆が立つこと. ►"点"は「字を黒く塗って消す」の意味.
【文不文,武不武】wén bù wén, wǔ bù wǔ 〈諺〉何も身につかず,何もできない.
【文才】wéncái 名 文才. 文章・詩を作る才能.
【文采】wéncǎi 名 ①華やかな色彩. ②文学的才能. ¶他很有～ / 彼は文学的才能がある.
【文丑】wénchǒu 名(～儿)(伝統劇の)道化役.
【文辞・文词】wéncí 名(文章の)字句,言葉遣い;(広く)文章.
【文从字顺】wén cóng zì shùn 〈成〉文章が流暢(りゅうちょう)で字句も適切である.
【文档】wéndàng 名〈電算〉ドキュメント.
【文牍】wéndú 名 ①公文書. 文書. ¶～主义 zhǔyì / 文書ですべてを処理しようとするやり方. ②〈旧〉文書起草係.
【文法】wénfǎ 名 ①文法. ►"语法"とも. ②〈古〉成文法.
【文房四宝】wénfáng sìbǎo 名 書斎に備える四つの用具. 筆・墨・紙・硯(すずり);(広く)文房具.
【文风】wénfēng 名 ①文章の風格. 文章を書く態度・気風. ②そよ風.
【文风不动】wén fēng bù dòng 〈成〉びくともしない.
【文稿】wéngǎo 名(文章や公文書の)草稿.
【文告】wéngào 名 告示. 公告.
【文革】Wéngé 名〈略〉文革. 文化大革命.
【文蛤】wéngé 名〈貝〉ハマグリ.
【文过饰非】wén guò shì fēi 〈成〉過失やまちがいを繕い隠す. 過ちを覆い隠す.
【文豪】wénháo 名 文豪.
*【文化】wénhuà 名 ①**文化.** ¶饮食 yǐnshí ～ / 食文化. ¶保护传统 chuántǒng ～ / 伝統文化を守る. ②**学問. 教養. 一般的な知識.** ¶学习～ / 初等教育程度の知識を学ぶ. ¶没有～ / 教養がない. 知的レベルが低い. ¶她的～程度 chéngdù 比我高 / 彼女は私よりも教養がある. ¶～水平 / 学力. 教養の程度.
【文化大革命】Wénhuà dàgémìng 名(プロレタリア)**文化大革命.** ►60-70年代に行われた中国の大規模な政治運動.
【文化宫】wénhuàgōng 名(規模が大きな)文化・娯楽センター.
【文化衫】wénhuàshān 名(文字や図案がプリントされた)Tシャツ.
【文火】wénhuǒ 名〈料理〉(↔武火 wǔhuǒ)とろ火.
【文集】wénjí 名 文集. ►多く書名に用いる.
*【文件】wénjiàn 名 ①**書類**;〈電算〉ファイル. 量 个,份 fèn. ¶～柜 guì / キャビネット. ②(政治理論や時事・政策・学術研究などの)**文献.** ¶认真 rènzhēn 学习～ / (政治)文献を真剣に学習する.
【文件夹】wénjiànjiā 名 ①(文具の)ファイル. ②〈電算〉フォルダ.
【文教】wénjiào 名 文化と教育.
【文静】wénjìng 形(性格が)上品でおとなしい. (物腰が)静かである.
【文句】wénjù 名(文章の)語句.
【文具】wénjù 名 **文具.** 文房具. 量 种 zhǒng,套 tào,批 pī. ¶～店 / 文房具店.
【文科】wénkē 名 文学・経済など文科系の学科の総称.
【文莱】Wénlái 名〈地名〉ブルネイ.
【文理】wénlǐ 名 文章の筋. 文理. ¶～通顺 tōngshùn / 文章の筋がよく通っている.
*【文盲】wénmáng 名 非識字者.
【文眉】wén//méi 動 眉に入れ墨をする.
【文庙】wénmiào 名〈旧〉孔子を祭った廟. 孔子廟(こうしびょう).

W

*【文明】wénmíng ❶名 **文明. 文化.** ¶古代～ / 古代文明. ¶精神 jīngshén ～ / 精神文化. ❷形 ①(野蛮でなく)文明の開けている, 文化程度の高い; **(無教養・粗野ではなく)礼節を心得ている.** ¶说话要～ / 上品な言葉遣いをしましょう. ¶随地 suídì 吐痰 tǔ tán 不～ / ところかまわずつばを吐くのは無教養で低級だ. ②〈旧〉西洋流の. モダンな. ¶～结婚 jiéhūn / 新式の結婚式.

【文墨】wénmò 名 ①〈書〉文筆. 文章を書くこと. ②(広く)頭脳労働. ¶～事儿 / 机の上でする仕事.

【文墨人儿】wénmòrénr 名〈口〉文人. インテリ.

【文痞】wénpǐ 名 ごろつき文人. 悪徳文士.

【文凭】wénpíng 名〈口〉**証書.** ►現在では主として卒業証書をさす. (量) 张 zhāng. ¶毕业 bìyè ～ / 卒業証書. ¶～热 rè / 卒業証書(学歴)が重要視され, それを持っている人がもてはやされる状態.

【文气】wénqi 形 おとなしい. 上品である.

【文人】wénrén 名 文化人. 教養人.

【文弱】wénruò 形〈書〉文弱である. ひ弱である.

【文山会海】wén shān huì hǎi 〈成〉文書や会議が多すぎる.

【文身】wénshēn 動 体に入れ墨をする.

【文史】wénshǐ 名 ①文学と歴史. ¶～哲 zhé / 〈略〉文学・歴史・哲学. ②歴史文献.

【文饰】wénshì ①名 文飾. ②動(自分の過失を)粉飾する.

【文书】wénshū 名 ①(公文書・書簡・契約書などの総称)文書. ②文書係. 書記.

【文思】wénsī 名〈書〉文章を書くときの構想.

【文坛】wéntán 名 文壇.

【文体】wéntǐ 名 ①文体. 文章のスタイル. ②〈略〉文化娯楽と体育. ¶～活动 huódòng / レクリエーション活動.

【文玩】wénwán 名 美術品. 骨董品.

【文武】wénwǔ 名 文武. 学問と武道. ¶～双全 shuāngquán / 文武両道に秀でる.

*【文物】wénwù 名 **文物. 文化財. 文化遺産.** 芸術品. (量) 件 jiàn, 个, 套. ¶出土 chūtǔ ～ / (発掘された)文物. 出土品.

【文戏】wénxì 名(↔武戏 wǔxì)(立ち回りがなく)主に歌や演技を見せる芝居.

【文献】wénxiàn 名 **文献.** ¶～记录片 jìlùpiàn / ドキュメンタリー映画.

【文选】wénxuǎn 名 文章の選集. アンソロジー. ►多く書名に用いる.

*【文学】wénxué 名 **文学.** ¶～批评 pīpíng / 文学評論.

【文学革命】wénxué gémìng 名〈史〉文学革命. 五四運動期の文学上の革命運動.

【文学家】wénxuéjiā 名 **文学者. 作家.**

【文学语言】wénxué yǔyán 名 ①文学作品で用いる言葉. ②〈語〉(主に書き言葉としての)標準語.

【文雅】wényǎ 形(言葉遣いや態度が)上品である, 優雅である. ¶谈吐 tántǔ ～ / 話しぶりが上品である.

【文言】wényán 名(↔白话 báihuà)文語.

【文言文】wényánwén 名 文語文.

【文义】wényì 名 文章の意味; 〈語〉文〔センテンス〕の意味.

*【文艺】wényì 名 ①**文芸. 文学と芸術**; 文学. ¶～书籍 shūjí / 文芸書. ②**演芸.** 芸能. ¶～会演 huìyǎn / 演芸コンクール. ¶～晚会 / 演芸の夕べ.

【文艺工作者】wényì gōngzuòzhě 名(演劇・音楽などの)芸術活動にたずさわる人.

【文娱】wényú 名(文化的な)娯楽. ►観劇・映画鑑賞・唱歌・ダンスなどをさす. ¶～活动 huódòng / 娯楽活動.

【文责】wénzé 名 文責. ¶～自负 zìfù / 文責は筆者(にある).

【文摘】wénzhāi 名 ①(本や文章の)要約. ②(書籍・雑誌の題名)要録, ダイジェスト.

*【文章】wénzhāng 名 ①**文章**; (広く)**著作.** (量) 篇 piān; [段落の数]段 duàn. ¶写～ / 文章を書く. ¶他会写～ / 彼は筆が立つ. ②**含み. 隠れた意味.** ¶话里有～ / 話の中に含みがある. ③**方法.** 工夫. ¶在提高质量 zhìliàng 的问题上有很多～可做 / 質

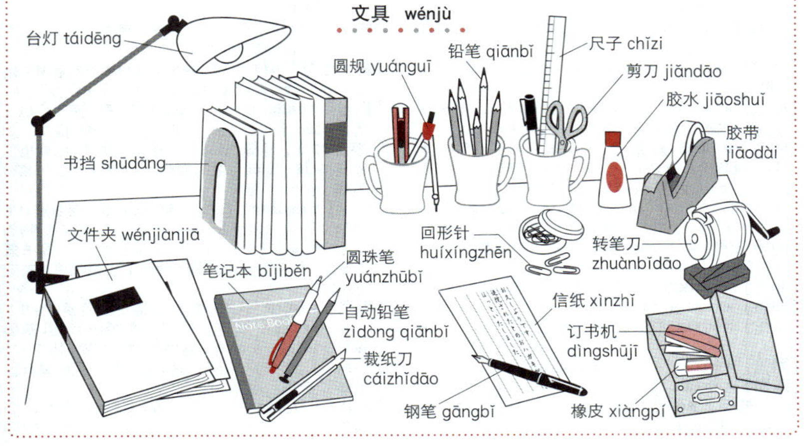

W

の向上において工夫を凝らす余地がある．
【文质彬彬】wén zhì bīn bīn 〈成〉外見の美と実質がよく調和している．上品で礼儀正しい形容．►男性についていうことが多い．
【文绉绉·文皱皱】wénzhōuzhōu 形（～的）（言葉遣いやふるまいが）文人を気取っているさま．お上品である．►普通，けなす意味で用いる．
*【文字】wénzì 名 ① 文字．字．►特に漢字をさすこともある．¶拼音 pīnyīn ～ / 表音文字．¶～广播 guǎngbō / 文字放送．②（書かれた）言葉，言語；文章．¶～游戏 yóuxì / 字句をひねり回す．►文章の本質に触れず，ただ文字面の論争をすること．¶～清通 qīngtōng / 文章がすっきりしている．
【文字改革】wénzì gǎigé 名 文字改革．►特に新中国成立後の漢字の整理·簡略化，中国語ローマ字表記法の制定などをさす．

纹 wén ◇ ①紋様(もんよう)．¶细～木 / 木目が細かい木．②しわ．筋．¶皱 zhòu ～ / しわ．⇒〖璺 wèn〗
【纹理】wénlǐ 名 木目．模様．筋．
【纹路】wénlu →【纹缕】wénlü
【纹缕】wénlu 名（～儿）しわ．筋．
【纹儿】wénr 名 紋様．柄．
【纹丝】wénsī 名（～儿）ごくわずかなこと．
【纹丝不动】wén sī bù dòng 〈成〉ちっとも動かない．

闻 wén ** 動（においを）かぐ．¶你～一～这是什么味儿 wèir ？/ これはどんなにおいか，かいでごらんなさい．
◇ ①聞く．聞こえる．¶久～大名 / お名前はかねて承っております．¶百～不如一见 /〈諺〉百聞は一見にしかず．②ニュース．うわさ話．¶奇 qí ～ / 珍しい話．③名声．評判．¶丑 chǒu ～ / スキャンダル．¶令～ / ご名声．④名高い．有名である．‖姓
【闻道】wéndào 動〈書〉① 道理を聞く．② 聞くところによれば．
【闻风】wénfēng 動 気配を感じる；うわさに聞く．
【闻风而动】wén fēng ér dòng 〈成〉気配を感じてただちに行動する．
【闻风丧胆】wén fēng sàng dǎn 〈成〉うわさを聞いただけで肝をつぶす．
【闻过则喜】wén guò zé xǐ 〈成〉他人の批判を謙虚に受け入れる．
【闻见】wén//jian 動+結補 においがする．¶～一股 gǔ 怪味儿 guàiwèir / いやなにおいが鼻につく．
*【闻名】wénmíng 動 ① 名が知られる．¶～世界 / 世界的に有名である．② 人の評判を聞く．¶～不如 bùrú 见面 / 評判よりも実際に会った印象のほうがもっとよい；（初対面のあいさつで）お名前はかねがね承っていますが，直接お会いできてなによりです．
【闻所未闻】wén suǒ wèi wén 〈成〉非常に珍しいことを聞く．
【闻听】wéntīng 動 耳に入る．聞こえる．
【闻悉】wénxī 動〈書〉聞き知る．
【闻信】wénxìn 動（～儿）知らせを聞く．うわさを聞く．
【闻讯】wénxùn →【闻信】wénxìn
【闻烟】wényān 名（～儿）かぎたばこ．
【闻一知十】wén yī zhī shí 〈成〉一を聞いて十を知る．理解が非常に早いこと．

蚊 wén 名〈虫〉カ(蚊)．►話し言葉では単独で用いず，普通は"蚊子 wénzi"という．
【蚊香】wénxiāng 名 蚊取り線香．¶点～熏 xūn 蚊子 wénzi / 蚊取り線香をたいてカを追い払う．
【蚊帐】wénzhàng 名 蚊帳(かや)．量 顶 dǐng，个，床 chuáng．¶挂 guà ～ / 蚊帳をつる．
*【蚊子】wénzi 名〈虫〉カ．量 只，个．¶腿 tuǐ 叫～叮 dīng 了 / 足をカに刺された．

雯 wén ◇ 模様のある雲．‖姓

3声

刎 wěn ◇ 首をはねる．
【刎颈之交】wěn jǐng zhī jiāo 〈成〉刎頸(ふんけい)の交わり．生死を共にするほどの友人．

吻 wěn ① 動 接吻する．口づけをする．¶轻轻 qīngqīng 地～了～孩子的小手 / 子供の手にそっと口づけをした．② 名 唇；動物の口．¶接 jiē 了个～ / 口づけを交わした．
【吻合】wěnhé 動 ① ぴったり合う．完全に一致する．¶意见～ / 意見が一致する．②〈医〉（手術で）吻合(ふんごう)する．

紊 wěn ◇ 乱れる．¶有条不～ /〈成〉整然と秩序立っている．¶→～乱 luàn．
【紊乱】wěnluàn 形（秩序·思考が）乱れている．

稳（穩）wěn * ❶形 ① 揺れない．安定している．¶站～ / しっかり立つ．¶书架 shūjià 放得有点儿不～ / 本棚が少しがたがたしている．② 落ち着いている．¶态度 tàidu 很～ / 態度が落ち着いている．③ 確かである．大丈夫である．¶他做事很～ / 彼がやることはまちがいない．
❷動 安定させる．落ち着かせる．¶你先～住他 / まず彼を落ち着かせなさい．
【稳便】wěnbiàn ① 形 確かで便利である．② 動〈近〉ご随意に．
【稳步】wěnbù 名 着実な歩調．確かな足どり．¶～前进 / 着実に前進する．
【稳操胜券】wěn cāo shèng quàn 〈成〉勝利の確信がある．►"稳操胜算 suàn""稳操左 zuǒ 券"とも．
【稳当】wěndang 形 ① 安定している．座りがよい．¶找 zhǎo 个～的工作 / 安定した仕事を探す．② 妥当である．穏健である．¶他精明能干，办事也稳稳当当 dāngdāng / 彼は頭が鋭くて手腕があり，事の処理も危なげがない．
*【稳定】wěndìng ① 形 安定している．落ち着いている．¶这一段物价 wùjià 比较～ / このごろ，物価は比較的安定している．② 動 安定させる．落ち着かせる．¶～市场 shìchǎng 物价 / 市場価格の安定をはかる．
【稳固】wěngù ① 形（基礎·政権などが）がっちりしてぐらつかない．安定している．¶经济 jīngjì 基础 jīchǔ 越来越～ / 経済的基礎がますます安定してきている．② 動 安定させる．固める．¶～政权 zhèngquán / 政権を強固にする．
【稳健】wěnjiàn 形 ① 落ち着いていて力強い．② 穏健である．行きすぎたことや軽率なことをしない．

W

¶办事 bànshì～/事を処理するのに行きすぎや軽率さがない. ¶～派 pài/穏健派.
【稳练】wěnliàn 形 老練である.
【稳拿】wěnná 動〈口〉確実に手に入れる. きっと成功する.
【稳如泰山】wěn rú tài shān〈成〉安定していて揺るぎがない;大船に乗ったように安心である.
【稳实】wěnshi 形 落ち着いてしっかりしている.
【稳妥】wěntuǒ 形 穏当である. 確かである.
【稳扎稳打】wěn zhā wěn dǎ〈成〉しっかり足場を固めながら着実に物事を進める.
【稳重】wěnzhòng 形(↔浮躁 fúzào)(言葉・動作が)安定し落ち着いている,軽率でない.
【稳住】wěn//zhù 動+結補(足元・立場を)しっかり固める;落ち着かせる. そっとしておく. ¶～阵脚 zhènjiǎo/態度を落ち着かせる.
【稳准狠】wěn zhǔn hěn〈慣〉着実に・正確に・徹底的に.

4声 ** **问** wèn ❶動 ①《分からないことがあって質問したり,尋ねたりするときに用いる》(…を〔かどうか〕)**尋ねる**. (…に)尋ねる. (…に…を〔かどうか〕)尋ねる. ►質問の内容を表す目的語は主述句でもよい. ¶小王～今天开不开会/王君がきょう会議があるかどうか聞いている. ¶不懂 dǒng 的地方可以去～老师/分からないところは先生に聞いたらよい. ¶我～你一件事儿/あなたにちょっと聞きたいことがある. ¶老刘～你老陈去不去大连 Dàlián/劉さんが君に陳さんは大連に行くのかどうか尋ねているよ. ¶李科长 kēzhǎng～你参加不参加会议 huìyì/君は会議に出るのかって李課長が聞いている.
②尋問する. 追及する. ¶发生差错 chācuò 是谁的责任必须 bìxū～清楚/間違いが起こったのはだれの責任なのかはっきりとたださなければならない.
③かまう. 関与する. 問題にする. ►多く否定形で用いる. ¶不～他人的事/他人のことにかかわらない.
④見舞う. ご機嫌をうかがう. ¶他信上还～你呢/彼は手紙であなたにもよろしくと言っていました. ¶→～安 ān. ¶→～好 hǎo.
❷前 …に(…もらう,…してもらう). ¶我～他借了一支 zhī 笔/彼にペンを借りた. ‖姓
【问安】wèn//ān 動〈書〉(目上の)ご機嫌をうかがう,安否を問う.
【问案】wèn//àn 動 事件を審理する;(関係者を)尋問する.
【问病】wènbìng 動 病状を聞く;病気を診察する.
【问卜】wènbǔ 動 占いをする. 占いで事を決める.
【问长问短】wèn cháng wèn duǎn〈成〉あれこれと尋ねる.
【问答】wèndá 動 **問答する**. ¶～题 tí/問答式の問題.
【问倒】wèn//dǎo →【问住】wèn//zhù
【问道于盲】wèn dào yú máng〈成〉何も知らない人に助言を求める.
【问寒问暖】wèn hán wèn nuǎn〈成〉(上の者が)人々の生活に心を配る.
【问好】wèn//hǎo 動〈套〉**ご機嫌をうかがう. 安否を尋ねる**. ¶请向 xiàng 全家人～/家族のみなさんによろしくお伝えください. ¶问大家好/みなさんによろしく.
【问号】wènhào 名〈語〉**疑問符. クエスチョンマーク**. "?". 注意 現代文では疑問文には"问号"の使用が義務づけられている. ¶打～/疑問符をつける.
*【问候】wènhòu 動 **あいさつする**. ¶致 zhì 以亲切 qīnqiè 的～/心からごあいさつを申し上げます. ¶～二老/両親を見舞う.
【问话】wèn//huà 動 問い尋ねる.
【问津】wènjīn 動〈書〉〈喩〉(学問・情況・価格などを)尋ねる. 打診する. ►否定文に用いることが多い. ¶无人～/だれも尋ねに来る人がいない.
【问卷】wènjuàn 名 問題用紙;アンケート(用紙).
【问难】wènnàn 動〈書〉(学術研究で)詰問する,論難する. ¶质疑 zhìyí～/質疑討論をする.
【问世】wèn//shì 動〈書〉(著書や新製品を)世に問う,出版する,発売する.
【问事处】wènshìchù 名 受付. 案内所.
【问题】wèntí 名 ①(回答・解釈を要求される)問題. 質問**. ►"提出 tíchū、有、回复 huífù、解释 jiěshì、回答"などの動詞と組み合わせて用いられる. 量 个,种. ¶我提个～/ひとつ質問させてください. ¶解答数学 shùxué～/数学の問題を解答する. ②解決を要する矛盾,難題. ¶当前 dāngqián 生产中最成～的是原料不足/目下,生産についていちばん問題になるのは原料が足りないことだ. ③重要な点. キーポイント. ¶重要的～是要努力学习/肝心な点はしっかり勉強することである. ④(否定的な意味での)問題. 事故;不始末;欠点. ¶在比赛 bǐsài 中出了～/試合中にトラブルが起こった.
【问心无愧】wèn xīn wú kuì〈成〉良心に恥じない. 心にやましいところがない.
【问询】wènxún 動 聞く. 尋ねる. 問う.
【问讯】wènxùn 動 ①聞く. 尋ねる. 問う. ¶～处 chù/案内所. 受付. ②ご機嫌をうかがう. あいさつする. ③〈書〉僧や尼が合掌してあいさつする.
【问住】wèn//zhù 動+結補 返事ができなくなる. 返答に窮する. ¶什么事儿也问不住他/彼は何でも知っている人だ.
【问罪】wèn//zuì 動 罪を問う. 相手の罪を天下に明らかにして弾劾(だんがい)する.

汶 wèn 地名に用いる. ‖姓

璺(纹) wèn 名(陶磁器やガラス製品の)ひび,ひび割れ. ¶碗上有一道～/茶碗にひびが入っている. ¶打破沙锅 shāguō～到底/壊れた土鍋は底までひびが入った;(しゃれで)とことん問い詰める. ⇒〖纹 wén〗

weng (ㄨㄥ)

1声 **翁** wēng ◇◆ ①(男の)老人. ¶渔 yú～/老漁夫. ②(夫や妻の父)しゅうと. ¶～姑 gū/しゅうととしゅうとめ. ¶～婿 xù/しゅうとと婿. ‖姓

嗡 wēng 擬《機械などの振動音やハチ・ハエなどの羽音. またはそれに類似した音》ぶん. ぶうん. ►重ねて用いることが多い. ¶飞机 fēijī～～地从天上飞过/飛行機がぶうんと音を立てて空を飛んでいた.

4声 **瓮**(甕·罋) **wèng** 名 かめ. ►中ほどがふくらんだ型のもの. ¶菜 cài ～ / 漬け物がめ. ‖姓

【瓮声瓮气】**wèng shēng wèng qì** 〈成〉話し声が太くて低い.

【瓮中之鳖】**wèng zhōng zhī biē** 〈成〉逃げ隠れできない人や動物のたとえ. 袋の中のネズミ.

wo (ㄨㄛ)

1声 **挝**(撾) **wō** "老挝 Lǎowō"(〈地名〉ラオス)という語に用いる.

莴(萵) **wō** "莴苣 wōjù"⬇という語に用いる.

【莴苣】**wōjù** 名〈植〉レタス.

倭 **wō** 名(日本の古称)倭(ゎ). ¶→～刀 dāo.

【倭刀】**wōdāo** 名 日本刀.

【倭瓜】**wōguā** 名〈方〉〈植〉カボチャ.

涡(渦) **wō** ◇◆ 渦. 渦巻き. ¶水～ / 渦巻き. ¶酒～ / えくぼ.

【涡流】**wōliú** 名 渦巻き ; 〈電〉渦電流.

【涡轮机】**wōlúnjī** 名〈機〉タービン. ►音訳で"透平 tòupíng"ともいう.

喔 **wō** 擬《おんどりの鳴き声》こけっこう. ►重ねて用いることが多い. ¶公鸡～～叫 jiào / おんどりがこけこっこうと鳴く.

窝(窩) **wō** ❶量 **家畜のお産の回数**またはひなをかえす回数を数える : ひと腹. ¶生下了一～小狗 xiǎogǒu / 数匹の子犬を産んだ. ¶一～生了两只小熊猫 xióngmāo / 1回のお産で2頭のパンダの赤ちゃんを産んだ.

❷名(～儿) ①(鳥・獣・虫などの) **巣, 小屋** ; 〈喩〉悪党の巣窟. ¶鸟在树上搭 dā 了一个～ / 鳥が木に巣を作った. ¶贼 zéi ～ / 盗賊の巣窟. ② **くぼみ**. ¶眼～儿 / 目のくぼみ. ③〈方〉(立ったり座ったり寝たりする)場所. ¶他躺 tǎng 着不动～儿 / 彼は横になったまま動かない.

❸動 曲げる. 折り曲げる. ¶把铁丝 tiěsī ～了一个圆圈 yuánquān / 針金を輪に曲げた.

◇◆ ①停滞する. たまる. ¶→～工 gōng. ②(盗品を)隠す ; (犯人を)かくまう. ¶→～家 jiā.

【窝憋】**wōbie** ❶動 ①〈方〉(発散できず)気がふさぐ. ②家に閉じこもる. ❷形 狭い.

【窝藏】**wōcáng** 動(盗品を)隠す ; (犯人を)かくまう. ¶～逃犯 táofàn / 逃亡犯をかくまう.

【窝风】**wō//fēng** 動 風が通らない.

【窝工】**wō//gōng** 動(悪天候や資材切れ, 人材不足などで)仕事が手待ちになる.

【窝火】**wō//huǒ** 動(～儿)むしゃくしゃする. ¶窝了一肚子 dùzi 火儿 / しゃくにさわってしかたがない. 腹の中が煮えくり返る.

【窝家】**wōjiā** 名(盗品を)隠している人 ; (犯人を)かくまった人や家.

【窝里反】**wōli fǎn** 〈慣〉内輪もめ. 内輪げんか. ►"窝(儿)里斗 dòu""窝里炮 pào"とも.

【窝囊】**wōnang** 形 ①(不当な扱いを受けて)くさくさする, 悔しい. ②意気地がない. ふがいない.

【窝囊废】**wōnangfèi** 〈慣〉意気地なし.

【窝囊气】**wōnangqì** 名(ばかにされて)やり場のない怒り. 鬱憤(うっぷん).

【窝棚】**wōpeng** 名 アンペラ掛けの仮小屋. 掘っ建て小屋. ¶瓜 guā ～ / ウリ畑の番小屋.

【窝气】**wō//qì** 動(恨みや悩みが)こもる, たまる. 悔しがる. ¶窝着一肚子 dùzi 的气 / 腹の虫が治まらない.

【窝人】**wō//rén** 動 つっけんどんにする.

【窝头】**wōtóu** 名〈料理〉雑穀の粉を水でこねて丸め, 蒸して食べる食品. ウオトウ. ►"窝窝头"とも. ¶栗子 lìzi ～ / クリ入りのウオトウ.

【窝心】**wōxīn** 形〈方〉(不当に扱われて)悔しい. 憤まんやる方ない.

【窝心脚】**wōxīnjiǎo** 名 みぞおちを蹴ること.

【窝赃】**wō//zāng** 動 盗品を隠匿する.

【窝贼】**wō//zéi** 動 どろぼうをかくまう.

【窝主】**wōzhǔ** ⇀【窝家】wōjiā

【窝子】**wōzi** 名 ①〈口〉巣窟. ②〈方〉(人や物の)居場所, 置き場所. ③〈方〉種をまくのに掘った小さな穴. ④〈方〉粗末な小屋.

蜗(蝸) **wō** ◇◆ カタツムリ.

【蜗居】**wōjū** 名〈書〉狭苦しい家. ►自分の家の謙称.

【蜗牛】**wōniú** 名〈動〉カタツムリ. 量 只 zhī.

踒 **wō** 動 ①(手や足を)くじく. ¶～了脚脖子 jiǎobózi / 足首をくじいた. ②(激しい言葉で相手を)へこませる, やりこめる.

3声 ** **我** **wǒ** 代 ①《老若男女を問わず, **話し手が自分のことをさして**いう》**私**. ぼく. おれ. ¶～是学生 / 私は学生です. ¶他给～一本书 / 彼はぼくに本を1冊くれた.

注意 ❶所有関係を表すときは, "～的自行车"(私の自転車), "这是～的"(これはぼくのです)のように後に"的 de"をつけるが, 次のような場合には通常"的"をつけない. ①話し手の親族や親密な関係にある人を表す名称の前に用いるとき. ¶～妈妈 / 私の母. ¶～朋友 / 私の友達. ②"家, 家里, 这儿〔这里〕, 那儿〔那里〕"および方向や場所を表す語の前に用いるとき. ¶～家 / うち. ¶～这儿〔那儿〕/ 私のところ. ¶～手头没有钱 / 私の手元には金がない. ③「"这 / 那"+(数詞+)量詞」の前に用いるとき. ¶～这两本书送给你吧 / 私のこの2冊の本を君にあげましょう. ¶～那(一)口子可贤惠 xiánhuì 了 / うちの家内はとてもやさしい.
❷話し手の名前やその身分を表す名詞と連用するとき, "我"はその前にも後にも用いられる. それぞれある種の感情的ニュアンスを帯びる. ¶～作为 zuòwéi 老师, 有责任 zérèn 教育好 jiàoyùhǎo 学生 / 教師の私には生徒を立派に教育する責任がある.

② **わが**…. うちの…. 当…. ►組織・機関などが対外的に自組織・機関をさしていう. 単音節の名詞の前に用いる. 話し言葉では"我们"を用いる. ¶～校 / わが校. ¶我们学校 / うちの学校.

③ わが方. 当方. ►敵・味方というときに, 自分の側

W

をさす．書き言葉に限られる．¶敌 dí 疲 pí ～打／敵が疲れたらわが方が攻撃する．
④《“你”と“我”または“你”と“我”と“他”を並列して句に用いるとき，多くの人がいっしょに，また交互に何かすることを表す》¶他们三个人，你看看～，～看看你，谁 shéi 也没回答／彼ら３人は，お互いに顔を見合わせ，だれも答えなかった．
【我辈】wǒbèi 代〈書〉われわれ．われら．
【我的天】wǒ de tiān 感 おやまあ．これはこれは．►びっくりしたときに言う言葉．
【我见】wǒjiàn 名 自分の見解．個人の見方．
【我看】wǒ kàn〈挿〉私の見るところでは．私は…と思う．► kàn は弱く発音する．¶～今天不会下雨／きょうは雨が降らないと思う．
**【我们】wǒmen 代《自分を含めた複数の人をいう》われわれ．私たち．ぼくら．¶～都是好朋友／われわれはみな仲のよい友だちです．¶～都读三年级／私たちはみな３年生です．注意 所有関係を表すときは，“我们”の後に“的 de”をつけるが，自分が所属する国家・機関・団体や，そこに含まれる人たちの名称の前に用いるときは，話し言葉では通常“的”をつけない．¶她是～的中文老师／彼女は私たちの中国語の先生だ．¶～公司／私たちの会社．⇨〖我 wǒ〗①
注意
語法 ❶後の名詞と同格をつくることができる．¶～两个人／私たち二人．❷実際には単数なのに“我们”を使う場合がある．［背後に家庭やその他の集団の複数を意識して］¶～那口子去旅游 lǚyóu 了／うちの人（夫あるいは妻）は旅行に行きました．¶～姑娘 gūniang ／うちの娘．¶你这样做，～可不答应 dāying ／君がそうするなら，こっちは許さないよ．［報告・講演・論文などで個人的な口調の使用を避けて］¶～认为 rènwéi …／われわれは…であると考える．¶这是～对你的看法／これが私どもの君に対する意見だ．❸“我们”を使っても，実際には“你们”または“你”をさす場合がある．“你们、你”を使うよりも親しみのこもった言い方になる．¶你要知道，～还很年轻，应该努力工作／よく覚えておきなさい，君たちはまだ若いんだから，一生懸命に仕事をしなければならない．
►語尾が速く発音され，wǒm となることがある．
【我说】wǒ shuō〈挿〉あのね．あのさ．ねえ．
注意 相手に自分の言葉を聞いてもらいたいときに呼びかける言葉．“我看”“我想”なども同様に用いる．shuō は弱く発音する．¶～，今天你有空 kòng 吗？／ねえ，きょう君は暇かい．
【我说（的）呢】wǒ shuō(de)ne〈慣〉道理で．なるほど．¶～，原来他出差 chūchāi 去了／道理で彼は出張したんだな．
【我行我素】wǒ xíng wǒ sù〈成〉他人がなんと言おうと，自分のいままでどおりのやり方で行う．

4声 **沃** wò ◇◆ ①（土地が）肥えている．¶肥 féi ～／肥沃（ひよく）である．②水をやる．灌漑（かんがい）する．¶～田／田に水をやる．‖姓

卧（臥）wò 動 ①〈方〉（動物が）腹ばいになる．¶小狗～在床边／子犬がベッドのそばに寝そべっている．②〈方〉（赤ん坊を）横たえる，寝かせる．¶让小孩儿～在炕 kàng 上／子供をオンドルに寝かせる．◇◆ ①横になる．寝る．¶仰 yǎng ～／あおむけに寝る．②寝るための．¶→～房 fáng．③列車の寝台．¶硬 yìng ～／２等寝台．
【卧病】wòbìng 動 病気で寝つく．
【卧车】wòchē 名 ①（列車の）寝台車．②乗用車．セダン．►“小卧车 xiǎowòchē”とも．
【卧床】wòchuáng 動（病や老齢で）床につく．¶～不起／病の床に臥（ふ）したままである．
【卧倒】wòdǎo 動（地面に）伏せる，腹ばいになる．
【卧房】wòfáng 名 寝室．
【卧轨】wò//guǐ 動（自殺や列車妨害の目的で）レールの上に寝る．
【卧果儿】wò//guǒr〈方〉①動 落とし卵を作る．②名 落とし卵．ポーチドエッグ．
【卧具】wòjù 名（列車などで旅客用の）寝具．
【卧铺】wòpù 名（列車の）寝台．¶～票 piào ／寝台券．量 张 zhāng，个．
【卧式】wòshì 形〈機〉横式の．水平動の．
【卧室】wòshì 名 寝室．►“卧房 wòfáng”とも．量 间 jiān.

【卧榻】wòtà 名〈書〉寝台．ベッド．
【卧薪尝胆】wò xīn cháng dǎn〈成〉臥薪嘗胆(がしんしょうたん)．仇を討つため苦心して闘志を奮い起こす；〈転〉目的を成し遂げるため刻苦して自らを励ますこと．

*握 wò 動 握る．握りしめる．¶紧 jǐn ～手中枪 qiāng / 銃をしっかり握る．
【握笔】wòbǐ 動 筆を執る．
【握别】wòbié 動〈書〉握手して別れを告げる．
【握管】wò//guǎn 動〈書〉筆を執る．字や絵をかく．
【握力】wòlì 名 握力．¶～计 jì / 握力計．
【握拳】wò//quán 動 握りこぶしをつくる．
*【握手】wò//shǒu 動 握手する．手を握る．¶我握了一下儿她那冰凉 bīngliáng 的小手 / 私は彼女の氷のように冷たい小さな手をそっと握った．

幄 wò ◇ 幕．カーテン．¶帷 wéi ～ / 陣中の張り幕；陣営．

渥 wò〈書〉①動 潤す．ぬらす．ひたす．②形 厚い．

斡 wò ◇ 回る．¶→～旋 xuán．
【斡旋】wòxuán 動〈書〉仲裁する．調停する．¶从中～ / 間に立って調停する．

龌 wò "龌龊 wòchuò"↓という語に用いる．
【龌龊】wòchuò 形 ①汚い；〈喩〉品行が悪い．②〈書〉度量が小さい．

wu（ㄨ）

1声 乌(烏) wū ①形 黒い．¶颜色太～/ 色が黒すぎる．②疑〈古〉いずくんぞ．どうして…であろうか．
◇ カラス．¶→～鸦 yā．‖姓
【乌发】wū//fà ①動 髪を黒く染める．②名 黒髪．
【乌飞兔走】wū fēi tù zǒu〈成〉月日のたつのが早いこと．光陰矢のごとし．
【乌干达】Wūgāndá 名〈地名〉ウガンダ．
【乌龟】wūguī 名 ①〈動〉カメ．クサガメ．►"金龟 jīnguī"とも．量 只 zhī．②〈罵〉妻を寝取られた男．
【乌合之众】wū hé zhī zhòng〈成〉烏合(うごう)の衆．
*【乌黑】wūhēi 形 真っ黒〔真っ暗〕である．¶～的头发 tóufa / 黒々とした髪．
【乌呼】wūhū →【呜呼】wūhū
【乌金】wūjīn 名 ①石炭．②〈中薬〉墨．
【乌克兰】Wūkèlán 名〈地名〉ウクライナ．
【乌拉圭】Wūlāguī 名〈地名〉ウルグアイ．
【乌亮】wūliàng 形 黒光りしている．
【乌溜溜】wūliūliū 形(～的)黒くてつややかである．¶一双～的眼睛 yǎnjing / 生き生きした黒い目．
【乌龙茶】wūlóngchá 名 ウーロン茶．
*【乌鲁木齐】Wūlǔmùqí 名〈地名〉ウルムチ．
【乌梅】wūméi 名〈中薬〉烏梅(うばい)．ウメの実の薫製．►俗に"酸梅 suānméi"という．
【乌七八糟】wū qī bā zāo〈成〉めちゃくちゃである．►"污七八糟"とも書く．
【乌青】wūqīng 形 青黒い．
【乌纱帽】wūshāmào 名(昔の文官がかぶった)表が紗(しゃ)でできた色の黒い帽子；〈転〉官職．¶丢 diū ～ / 官職を失う．罷免される．
【乌头】wūtóu 名〈植〉トリカブト．►根茎は有毒．鎮痛剤に用いる．
【乌涂】wūtu 形 ①〈貶〉(湯が)生ぬるい．►飲料水についていうことが多い．②(態度が)てきぱきしない，煮えきらない．
【乌托邦】wūtuōbāng 名 ユートピア．
【乌鸦】wūyā 名〈鳥〉カラス．量 只 zhī．►俗に"老鸹 lǎogua""老鸦 lǎoyā"とも．
【乌压压】wūyāyā 形(～的)黒く集まっている．¶浓云 nóngyún ～地笼罩 lǒngzhào 着天空 / 空が真っ黒な雲におおわれている．
【乌烟瘴气】wū yān zhàng qì〈成〉社会の甚だしい混乱または暗黒の状態の形容．
【乌油油】wūyōuyōu 形(～的)黒くてつやのある．黒光りしているさま．
【乌有】wūyǒu 動〈書〉まったくない．¶化为 huàwéi ～ / すっかりなくなる．
【乌鱼子】wūyúzǐ 名〈料理〉からすみ．
【乌云】wūyún 名 ①黒い雲；〈喩〉不穏な情勢．②〈喩〉女性の黒髪．
【乌贼·乌鲗】wūzéi 名〈動〉イカ．量 只 zhī．
【乌兹别克斯坦】Wūzībiékèsītǎn 名〈地名〉ウズベキスタン．
【乌紫】wūzǐ 形 黒みがかった紫色をしている．¶脸冻 dòng 得～ / 顔が寒さで紫色だ．

污(汙) wū ◇ ①汚水；(広く)汚物．汚れ．¶血 xuè ～ / 血のついた跡．②汚い．不潔である．¶→～泥 ní．③廉潔でない．¶→～吏 lì．④けがす．辱める．¶玷 diàn ～ / (名誉を)傷つける．
【污点】wūdiǎn 名(服などの)汚れ；〈喩〉汚点．
【污毒】wūdú 名 汚くて有毒なもの．汚毒．
【污垢】wūgòu 名 あか．
【污痕】wūhén 名 しみ．汚れた跡．
【污秽】wūhuì〈書〉①名 汚れ．けがれ．不潔なもの．②形 汚い．けがれた．不潔である．
【污迹】wūjì 名 しみ．汚れた跡．
【污吏】wūlì 名 汚吏．汚職官吏．
【污蔑】wūmiè 動 ①中傷する．②けがす．汚す．
【污名】wūmíng 名 汚名．悪名．
【污泥】wūní 名 汚泥．泥．
【污泥浊水】wū ní zhuó shuǐ〈成〉一切の汚物．腐敗したものや反動的なもののたとえ．
【污七八糟】wū qī bā zāo →【乌七八糟】wū qī bā zāo
*【污染】wūrǎn 動(↔净化 jìnghuà)汚染する．汚す．►抽象的な事柄についてもいう．¶水源 shuǐyuán 受到～ / 水源が汚染された．¶精神 jīngshén ～ / (ブルジョア的な思想・風俗による)精神面での汚染．
【污人清白】wū rén qīng bái〈成〉人の名誉を傷つける．
【污辱】wūrǔ 動 汚す．けがす；侮辱する．辱める．¶不要～了公司 gōngsī 的名誉 míngyù / 会社の名をけがしてはならない.
【污水】wūshuǐ 名 汚水. 汚れた水.
【污损】wūsǔn 動 汚し傷つける. 汚損する.
【污浊】wūzhuó ① 形(水や空気が)汚れている. ② 名 汚いもの. 汚物. あか.

巫 wū

◇◆ 巫女(ﾐｺ). 祈禱師. ¶→～婆 pó. ‖姓
【巫婆】wūpó 名(女の)祈禱師.
【巫师】wūshī 名(男の)祈禱師.
【巫术】wūshù 名 巫女が行う術. 巫術(ﾌﾞｼﾞｭﾂ).

呜(嗚) wū

擬 ①《汽笛やクラクションの音》ぶうっ. ぽうっ. ②《人間の泣き声》おんおん. うう. ►重ねて用いることが多い. ⇒〖哇 wā〗
【呜呼】wūhū ① 感〈書〉ああ. ② 動〈諧〉死ぬ. ¶一命～ / おだぶつになる.
【呜呼哀哉】wū hū āi zāi〈成〉① ああ悲しいかな. ►弔詞に用いる言葉. ②〈諧〉おだぶつになる. 死ぬ.
【呜噜】wūlū 擬 ①《人の泣き声》おんおん. ②《口の中にこもってよく聞き取れない声》むにゃむにゃ.
【呜咽】wūyè 動〈書〉① すすり泣く. むせび泣く. ¶她轻轻 qīngqīng 地～着 / 彼女はそっとむせび泣いている. ② 水の流れや笛・胡弓などが寂しい音をたてる. ¶琴声 qínshēng ～ / 胡弓がしのび泣くような音を出す.

钨(鎢) wū

名〈化〉タングステン. W.
【钨钢】wūgāng 名 タングステン鋼.

诬 wū

◇◆(事実無根のことを言って)無実の罪を着せる.
【诬告】wūgào 動 誣告(ﾌﾞｺｸ)する.
【诬害】wūhài 動 無実の罪を着せて陥れる.
【诬赖】wūlài 動 無実の罪を着せる.
【诬蔑】wūmiè 動 **中傷する**. 誹謗(ﾋﾎﾞｳ)する. ¶他遭到 zāodào 别人的～ / 彼は人から中傷を受けた.
【诬枉・诬罔】wūwǎng 動 無実の罪を着せる.
【诬陷】wūxiàn 動 無実の人を罪に落とす. ¶遭人～ / 人に陥れられる.

*屋 wū

名 ① **家屋**. 家. ¶山中小～ / 山の中の小さな家.
② **部屋**. (量) 间 jiān. ¶里～ / 奥の部屋. ¶～里有不少人 / 部屋に大勢人がいる.
参考 北方では「部屋」,南方では「家屋」をさしていうことが多い. ‖姓
【屋顶】wūdǐng 名 屋根. 屋上. ¶～花园 huāyuán / ルーフガーデン.
【屋脊】wūjǐ 名 屋根. 棟.
【屋架】wūjià 名〈建〉家の骨組み.
【屋门】wūmén 名(～儿)部屋のドア.
【屋面】wūmiàn 名〈建〉屋根. ¶瓦 wǎ ～ / 瓦ぶきの屋根. ¶～板 bǎn / 屋根板.
【屋上架屋】wū shàng jià wū〈成〉(行政機構で)むだなことを重ねて行うこと. 屋上屋を架す.
【屋檐】wūyán 名(家の)軒. ¶～下 / 軒下.
【屋宇】wūyǔ 名〈書〉家屋.
【屋子】wūzi 名 ① **部屋**. (量) 间 jiān. ¶他在～里看书 / 彼は部屋で本を読んでいる. ②〈方〉家屋.

2声 *无(無) wú

① 動(↔有 yǒu)**ない**. **存在しない**. **無**. ¶～米下锅 guō / 鍋に入れる米がない. ¶～希望 xīwàng / 望みがない.
② 接頭《存在しないことを表す》¶→～底洞 dǐdòng. ¶→～效 xiào.
◇◆ ①…にかかわらず. ¶事～巨细 jùxì / 事の大小にかかわらず. ②…するなかれ. …でない. ¶→～须 xū. ¶→～及 jí. ‖姓 ►► mó

一 二 チ 无

【无碍】wú'ài 形〈書〉差し支えがない. 障害がない;〈仏〉無碍(ﾑｹﾞ)である.
*【无比】wúbǐ 形 **無比である**. **比べるものがない**. この上ない. ►よい意味に用いることが多い. ¶强大～ / 強大で並ぶものがない. ¶～的快意 / とても心地よい.
【无边】wúbiān 形 **際限がない**. ¶～无际 wújì 的沙漠 shāmò / 果てしのない砂漠.
【无病呻吟】wú bìng shēn yín〈成〉病気でないのにうめく;(文学作品が)真の感情がこもらず,いたずらに感傷的であることを皮肉っていう言葉.
【无补】wúbǔ 動 何の足しにもならない. 無益である. ¶～于 yú 事 / 何の役にも立たない.
【无不】wúbù 副〈書〉…でないのはない. …しないものはない. ¶人们对他～表示钦佩 qīnpèi / 彼に感心しない者はなかった.
〖无…不…〗*wú…bù…* 《造語成分を当てはめて四字句を構成する》…しない…はない. ¶～话～谈 tán / 話題にしないものはない. 何でも話す.
【无猜】wúcāi 形〈書〉疑いをもたない. 無邪気である.
【无产阶级】wúchǎn jiējí 名 **プロレタリアート**. プロレタリア階級. ¶～专政 zhuānzhèng / プロレタリア独裁. ¶～文化大革命 dàgémìng / プロレタリア文化大革命. ►60-70年代に中国で繰り広げられた一大政治運動.
【无产者】wúchǎnzhě 名 プロレタリア.
【无常】wúcháng〈書〉① 形 絶えず変化している;〈仏〉無常. ¶变化 biànhuà ～ / 絶えず変化する. ② 名(迷信で)冥土の使者. ③ 動〈婉〉人が死ぬ.
【无偿】wúcháng 形〈書〉無償である. 報酬がない.
【无成】wúchéng 動〈書〉完成しない. 実績がない. ¶一事～ / 何事も成し遂げていない.
【无耻】wúchǐ 形〈書〉**恥を知らない**. **恥知らずである**. ¶卑鄙 bēibǐ ～ / 卑劣で恥知らずである.
【无酬劳动】wúchóu láodòng 名 無報酬の労働.
【无出其右】wú chū qí yòu〈成〉その右に出る者がない. 最もすぐれている.
【无从】wúcóng 副〈書〉…する方法がない. …しようがない. …する手がかりがない. ¶这件事太复杂 fùzá, 一时～下手 / この事件はたいへん複雑で,急には手のつけようがない.
【无存】wúcún 動〈書〉何も残らない. 持ち合わせない.
【无大无小】wú dà wú xiǎo〈成〉① 大小を区別しない. ② 目上に対する礼をわきまえない. ►"没大没小"とも.
【无道】wúdào 形 非道である;世が乱れている.
【无敌】wúdí 形 無敵である. 比類がない.

W

【无底洞】wúdǐdòng 名 底なしの穴；〈喩〉際限のない欲(をもつ人)．►“无底囊 náng”とも．

【无的放矢】wú dì fàng shǐ 〈成〉(↔有的放矢)目的のない行為や事実無根の批評のたとえ．

【无地自容】wú dì zì róng 〈成〉(恥ずかしくて)いたたまれない,穴があったら入りたい．

【无动于衷】wú dòng yú zhōng 〈成〉まったく無関心である．いささかも心を動かされない．►“无动于中”とも書く．

【无独有偶】wú dú yǒu ǒu 〈成〉同じものがもう一つある．►悪人·悪事についていうことが多い．

【无度】wúdù 形〈書〉節度がない．だらしがない．

【无端】wúduān 副〈書〉理由なく．いわれがなく．

【无恶不作】wú è bù zuò 〈成〉悪事の限りを尽くす．

*【无法】wúfǎ 副〈書〉…する方法がない．¶～应付 yìngfu / 対処する方法がない．¶～可想 / いくら考えても方法がない．

【无法无天】wú fǎ wú tiān 〈成〉法も神も眼中に置かない．大胆不敵に悪事を働く形容．

【无方】wúfāng 形〈書〉方法を知らない．やり方が悪い．¶教子～ / 子供の育て方が悪い．

【无妨】wúfáng ①副 …してみるがいい．②形 …しても差し支えない．►人にすすめるときの婉曲表現．¶你～亲自试 shì 一试 / 自分で試してみたらどうですか．

【无非】wúfēi 副 …にほかならない．どうせ(…にすぎない)．…だけしかない．¶她来我这儿,～是想聊聊天儿 liáoliáotiānr / あの人が私のところへ来るのは,どうせちょっとおしゃべりをしたいだけだ．

【无风不起浪】wú fēng bù qǐ làng 〈諺〉火のないところに煙は立たぬ．

【无缝钢管】wúfèng gāngguǎn 名〈冶〉シームレス鋼管．

【无干】wúgān 動 無関係である．かかわりがない．¶与 yǔ 别人～ / ほかの人にはなんのかかわりもない．

【无功受禄】wú gōng shòu lù 〈成〉功労がないのに禄を受ける．労せずして報酬をもらう．

【无辜】wúgū ①形 罪がない．無辜(こ)の．②名 罪のない人．

【无故】wúgù 副〈書〉ゆえなくして．わけもなく．

【无怪】wúguài 副〈書〉道理で．…のはずだ．…はもっともなことだ．¶他在日本留过学,～日语说得这么好 / 日本語がうまいはずだ,彼は日本に留学したことがあるんだもの．

【无关】wúguān 動〈書〉…にかかわりがない．…とは無関係である．¶这件事跟 gēn 他～ / このことは彼とは関係がない．¶～紧要 jǐnyào / 大したことはない．

【无关痛痒】wú guān tòng yǎng 〈成〉痛くもかゆくもない．直接自分に利害がない．

【无官一身轻】wú guān yī shēn qīng 〈諺〉責任のない立場は気楽だ．

【无光】wúguāng 形 光がない；威光がない．¶～纸 zhǐ / つや消しの紙．¶脸上～ / メンツが立たない．

*【无轨电车】wúguǐ diànchē 名 トロリーバス．¶坐 zuò ～ / トロリーバスに乗る．

【无害】wúhài 形 無害である．安全である．悪意のない．¶与 yǔ 人～ / 人に害がない．

【无核】wúhé 形 ①非核武装の．②種なしの．¶～葡萄 pútao / 種なしブドウ．

【无核区】wúhéqū 名 非核地帯．

【无后】wúhòu 動 跡継ぎがいない．子供がいない．

【无花果】wúhuāguǒ 名〈植〉イチジク．

【无华】wúhuá 形〈書〉飾り気がない．地味である．

【无机】wújī 形〈化〉無機(性)の．

【无稽】wújī 形〈書〉根拠がない．でたらめである．

【无机肥料】wújī féiliào 名〈農〉無機肥料．

【无及】wújí 動〈書〉間に合わない．¶后悔 hòuhuǐ ～ / 後悔しても取り返しがつかない．

【无几】wújǐ 動〈書〉いくらもない．少しである．¶所余 yú ～ / いくらも残っていない．¶两个人年纪相差 xiāngchà ～ / 二人の年はいくつも違わない．

【无际】wújì 形〈書〉果てしがない．¶一望 wàng ～ / 見渡す限り果てしがない．

【无计可施】wú jì kě shī 〈成〉なすすべを知らない．手の打ちようがない．

【无记名】wújìmíng 形 無記名の．

【无济于事】wú jì yú shì 〈成〉何の役にも立たない．むだなことである．¶任何 rènhé 劝告 quàngào 都～ / どんな忠告もむだだ．

【无家可归】wú jiā kě guī 〈成〉帰るべき家がない．

【无价之宝】wú jià zhī bǎo 〈成〉非常に貴重な品物．値段のつけようもない宝物．

【无坚不摧】wú jiān bù cuī 〈成〉どんな堅いものでも粉砕できる．力が強大である形容．

【无间】wújiàn 動〈書〉①すきまがない．隔たりがない；途切れがない．絶え間がない．¶亲密 qīnmì ～ / 非常に親密である．②区別しない．¶～是非 shìfēi / 善し悪しをわきまえない．

【无疆】wújiāng 形〈書〉極まりなし．限りがない．

【无尽无休】wú jìn wú xiū 〈成〉きりがない．とめどがない．

【无精打采】wú jīng dǎ cǎi →【没精打采】méi jīng dǎ cǎi

【无拘无束】wú jū wú shù 〈成〉何ものにもとらわれない．自由自在である．

【无可…】wúkě… 副〈書〉…しようがない．►後ろに2音節の造語成分をとって四字句(成語)を構成する．¶～奉告 fènggào / ノーコメント．

〖无…可…〗*wú…kě…* …すべき…がない．►“无”+名詞+“可”+動詞の形で四字句を構成する．¶～话～说 / 言うべきことがない．何も言えない．¶～计 jì ～施 shī / 用いるべき方策がない．どうしようもない．

【无可比拟】wú kě bǐ nǐ 〈成〉比類するものがない．

【无可非议】wú kě fēi yì 〈成〉非の打ち所がない．

【无可厚非】wú kě hòu fēi 〈成〉あまりとがめるべきではない．►“未 wèi 可厚非”とも．

【无可救药】wú kě jiù yào 〈成〉(事態が)救いようがない．

*【无可奈何】wú kě nài hé 〈成〉まったくどうしようもない．いかんともしがたい．¶他对这件事也～ / 彼もそのことに対しては,なすすべがない．

【无可无不可】wú kě wú bù kě 〈成〉①どちら〔どう〕でもよい．別にどうということはない．②〈方〉有頂天である．

【无可争辩】wú kě zhēng biàn 〈成〉議論の余地がない．

W

【无可置疑】wú kě zhì yí 〈成〉疑う余地がない.
【无孔不入】wú kǒng bù rù 〈成〉どんなすきをもねらって悪いことをする. 利用できるあらゆる機会を悪用する.
【无愧】wúkuì 動〈書〉やましいところがない. 恥じない. ¶～于艺术家 yìshùjiā 的称号 chēnghào / 芸術家の名に恥じない.
【无赖】wúlài ①形 無法である. 無頼である. ¶要 shuǎ ～ / ごねる. 因縁をつける. ②名 ごろつき. 無頼漢. 与太者. ►"无赖汉 hàn""无赖子 zi"とも.
【无礼】wúlǐ 形 無礼である. ぶしつけである.
【无理】wúlǐ 形 **道理がない. 理不尽である. 不当である.** ¶～要求 yāoqiú / 理不尽な要求.
【无理取闹】wú lǐ qǔ nào 〈成〉理由なく騒ぎを起こす.
【无力】wúlì 形〈書〉①無力である. (…する)力がない. ¶～支付 zhīfù 医疗费 yīliáofèi / 治療代を支払うゆとりがない. ②(体に)力が入らない. ¶四肢 sìzhī ～ / 手足の力が抜けだるい.
【无量】wúliàng 形 非常に大きい. 計り知れない. ¶前途 qiántú ～ / 前途洋々たるものがある.
*【无聊】wúliáo 形 ①**退屈である. つまらない.** ¶苦于～ / 退屈でしかたがない. ¶无事可做,～得很 / 手持ちぶさたでつまらない. ②(言葉や行為が)**くだらない. ナンセンスである.** ¶他的话太～了 / 彼の話は実にくだらない.
【无聊赖】wú liáolài 〈書〉やるせない. うつろである;手持ちぶさたである. 気を紛らすものがない. ¶百～ / 退屈を紛らすものが何もない.
*【无论】wúlùn 接続(=不论)…**を問わず. …にかかわらず.** …でも. …にしても. 語法 条件のいかんを問わず,結果や結論は同じだということを示す. 〖无论…都〔也〕…〗 *wúlùn…dōu*〔*yě*〕… ¶～做什么工作,他都非常认真 rènzhēn / どんな仕事をするにしても,彼は非常にまじめだ.
*【无论如何】wú lùn rú hé 〈成〉**どうしても. なにがなんでも.** 語法 強い願望を表すので,しばしば"要、得 děi、也、都"などと呼応する. ¶这本书今天～要读 dú 完 / この本はどうしても今日中に読み終えなくてはならない. ¶～你也不能去 / どんなことがあっても君は行ってはいけない.
【无米之炊】wú mǐ zhī chuī 〈成〉必要条件がそなわらなければいくら有能な人でも成功は望めないたとえ. ない袖は振れぬ. ►もとは,"巧 qiǎo 媳妇 xífù 难为无米之炊"(利口な嫁でも米なしではご飯は炊けない)から.
【无名】wúmíng 形 ①**名称がない;無名である.** 名が知られていない. ¶～的作家 / 無名の作家. ②理由がない. わけがない. ¶～的恐惧 kǒngjù / 理由のない恐怖.
【无名氏】wúmíngshì 名 無名氏. ►文学作品の著者が不明のときなどに用いる.
【无名小卒】wú míng xiǎo zú 〈成〉無名の人.
【无名英雄】wú míng yīng xióng 〈成〉無名の英雄.
【无名指】wúmíngzhǐ 名 薬指.
【无乃】wúnǎi 副〈書〉(反語文に用い)…ではなかろうか. ►文末には"吧 ba"を用いる. ¶～过多吧?/ どうも多すぎやしないか.
【无奈】wúnài 〈書〉①形 しようがない. しかたがない. ¶万般～ / 万やむを得ない. ¶出于～ / しかたなしに. ②接続 いかんせん. 惜しいことに.
【无奈何】wúnài//hé 動 ①どうすることもできない. ¶无奈他何 / 彼をどうすることもできない. ②しかたがない. どうしようもない.
【无能】wúnéng 形 **無能である. 能力がない.** ¶～之辈 bèi / 才能のないやから. ¶我深恨 hèn 自己～ / われながら実にふがいない.
【无能为力】wú néng wéi lì 〈成〉(お手伝いしてあげたいが力に余り)どうすることもできない.
【无期徒刑】wúqī túxíng 名〈法〉無期懲役.
【无奇不有】wú qí bù yǒu 〈成〉奇抜なものばかりである. 珍しいこともあればあるものだ.
【无铅汽油】wúqiānqìyóu 名 無鉛ガソリン.
【无前】wúqián 形 ①無敵である. ¶所向 suǒ xiàng ～ / 向かうところ敵なし. ②空前である. ¶成绩 chéngjì ～ / かつてない好成績である.
【无巧不成书】wú qiǎo bù chéng shū 〈諺〉不思議なことがなければ話の種にならない. 偶然もあればあるものだ. ►講談師の常套句から.
【无情】wúqíng 形 ①**非情だ.** ¶～无意 / 情がなくて冷たい. ②**情け容赦がない.** ¶历史 lìshǐ 是～的 / 歴史は冷酷なものだ.
【无穷】wúqióng 形 **限りがない. 尽きるところがない.** ¶后患 hòuhuàn ～ / 後顧の憂いが絶えない.
【无穷大】wúqióngdà 名〈数〉無限大.
【无穷无尽】wú qióng wú jìn 〈成〉尽きることがない.
【无穷小】wúqióngxiǎo 名〈数〉無限小.
【无权】wúquán 動 権利がない. 権限をもたない. ¶有职 zhí ～ / 地位はあるが実権はない.
【无缺】wúquē 形〈書〉欠けるところがない. ¶完好 wánhǎo ～ / 完全無欠である.
【无人】wúrén 形 無人の. ¶～驾驶 jiàshǐ 飞机 / 無人飛行機.
【无任】wúrèn 副〈書〉…に堪えない. 非常に. ¶～感激 gǎnjī / 感謝に堪えない. ¶～欢迎 huānyíng / 大いに歓迎する.
【无日】wúrì 〈書〉①動("～不…"の形で)…しない日はない. ¶～不想着亲人 qīnrén / 肉親のことを思わない日はない. ②副 日ならず. まもなく.
【无伤大雅】wú shāng dà yǎ 〈成〉重要な点では差し障りがない.
【无上】wúshàng 形〈書〉この上もない. 最上である. ¶～极品 jípǐn / とびきりの上等品.
【无声】wúshēng 動 音声がない. ¶悄然 qiǎorán ～ / しんとして物音ひとつしない.
【无声片】wúshēngpiàn 名(～儿)無声映画. サイレント映画. ►"默片 mòpiàn"とも.
【无声无臭】wú shēng wú xiù 〈成〉人に知られていない;鳴かず飛ばずのさま.
【无绳电话】wúshéng diànhuà 名 コードレス電話.
【无时无刻】wú shí wú kè 〈成〉四六時中. いつも. ►後に"不","都"を伴うことが多い.
【无视】wúshì 動〈書〉無視する. ないがしろにする.
【无事不登三宝殿】wúshì bù dēng sānbǎodiàn 〈諺〉(要件を切り出すときに用いるきまり文句)用事があればこそ訪ねるのだ.
【无事忙】wúshìmáng 〈慣〉つまらないことで忙しい.
【无事生非】wú shì shēng fēi 〈成〉わざわざ事を

構える．理由もないのに悶着を起こす．
【无数】wúshù 形 ①無数である．数限りない．¶死伤 sǐshāng～/死傷者が数え切れない．②(事情を)よく知らない．確かでない．¶心中～/胸に成算がない．
【无双】wúshuāng 形〈書〉並ぶものがない．無類である．¶盖世 gàishì～/世に並ぶものがない．
【无霜期】wúshuāngqī 名〈農〉霜が降りない期間．
【无私】wúsī 形 私心がない．無私である．¶大公～/公正無私である．
【无思无虑】wú sī wú lǜ〈成〉思慮に乏しい；何の心配事もない．
【无私有弊】wú sī yǒu bì〈成〉痛くもない腹を探られる．
【无损】wúsǔn〈書〉①動("～于 yú"で)損なわない．②形 破損がない．¶完好 wánhǎo～/完全で破損がない．
【无所不能】wú suǒ bù néng〈成〉万能である．
*【无所不为】wú suǒ bù wéi〈成〉(多く悪事を)なんでもやる．
【无所不有】wú suǒ bù yǒu〈成〉なんでもある．
【无所不在】wú suǒ bù zài〈成〉どこにでもある．
【无所不知】wú suǒ bù zhī〈成〉なんでも知っている．
【无所不至】wú suǒ bù zhì〈成〉①至る所に入り込む．②(悪事を)なんでもやる．
【无所措手足】wú suǒ cuò shǒu zú〈成〉どうしたらよいかわからない．
【无所适从】wú suǒ shì cóng〈成〉だれに従ったらよいかわからない．
【无所事事】wú suǒ shì shì〈成〉何もしない．
*【无所谓】wúsuǒwèi 動 ①…とはいえない．うんぬんすることはない．►必ず名詞・動詞・形容詞を目的語にとる．¶这东西,～好不好/この品物は良くも悪くもない．②どうでもよい．どちらでもかまわない．►目的語はとらない．¶采取 cǎiqǔ～的态度 tàidu/どうでもよいという態度をとる．¶他去不去～,但你一定要去/彼が行こうが行くまいがどちらでもかまわないが,君は必ず行かないといけない．
【无所畏惧】wú suǒ wèi jù〈成〉何も恐れない．
【无所用心】wú suǒ yòng xīn〈成〉何事にも関心がない．
【无所作为】wú suǒ zuò wéi〈成〉何もしようとしない．
【无题】wútí 名 無題．►詩などの題目にも用いる．
【无条件】wútiáojiàn 形 無条件の．¶～投降 tóuxiáng/無条件降伏．
【无头案】wútóu'àn 名 迷宮入り事件．手がかりがつかめない事件．►"无头公案"とも．
【无头告示】wútóu gàoshi 名 文意不明の告示．要領を得ない(役所風の)文章．
【无头无脑】wú tóu wú nǎo〈成〉①少しも手がかりがない．糸口がない．②やぶから棒に．理由なしに．わけなしに．
【无往不利】wú wǎng bù lì〈成〉どこでもうまくいく．順調にいかないところはない．
【无往不胜】wú wǎng bù shèng〈成〉どこでも勝利を占める．向かうところ敵なし．
【无往不在】wú wǎng bù zài〈成〉どこにでもある．
【无望】wúwàng 形〈書〉望みがない．絶望である．
【无妄之灾】wú wàng zhī zāi〈成〉降って湧いたような災い．不慮の災難．
【无微不至】wú wēi bù zhì〈成〉至れり尽くせりである．すべての点で行き届いている．
【无味】wúwèi 形〈書〉①味がない．うまくない．¶食之～,弃 qì 之可惜 kěxī/食べるにはまずいが,捨てるには惜しい．►比喩に用いることが多い．②味気ない．つまらない．¶枯燥 kūzào～/無味乾燥である．
【无畏】wúwèi 形〈書〉何も恐れない．
〖无…无…〗*wú…wú…*《ないことを強調する》►それぞれ造語成分を当てはめ,四字句(成語)を構成する．¶～牵 qiān～挂 guà/係累がない．心配事が何もない．¶～偏 piān～倚 yǐ/どちらにも偏らない．公平である．¶～头～尾 wěi/つかみどころがない．¶～拘 jū～束 shù/だれはばかるものがない．
【无物】wúwù 形〈書〉何もない．内容がない．¶空洞 kōngdòng～/(文章が)からっぽで中身がない．
【无误】wúwù 形〈書〉相違ない．間違いがない．
【无息贷款】wúxī dàikuǎn 名〈経〉無利子貸し付け．
【无隙可乘】wú xì kě chéng〈成〉乗ずるすきがない．►"无懈 xiè 可击 jī""无机 jī 可乘"とも．
【无瑕】wúxiá 形〈書〉欠点がない．¶完美 wánměi～/完全無欠である．
【无暇】wúxiá 動〈書〉暇がない．いとまがない．
*【无限】wúxiàn 形〈書〉限りがない．果てしがない．¶～广阔 guǎngkuò 的天空 tiānkōng/無限に広がる空．
【无限大】wúxiàndà 名〈数〉無限大．
*【无线电】wúxiàndiàn 名 ①ラジオ(受信機)．►"无线电收音机 shōuyīnjī"の通称．②無線．►"无线电报"(無線電信),"无线电话"(無線電話)の略．¶～干扰 gānrǎo/無線妨害．
【无限公司】wúxiàn gōngsī 名 合名会社．
【无限期】wúxiànqī 形 期限がない．無期限の．¶～休会/無期限休会(をする)．
*【无效】wúxiào 形(↔有效 yǒuxiào)無効である．効力がない；効き目がない．¶过期 guòqī～/期限内有効(期日を過ぎれば無効)．¶医治 yīzhì～/薬石効なく．
【无懈可击】wú xiè kě jī〈成〉一分のすきもない．非の打ちどころがない．
【无心】wúxīn(↔有心 yǒuxīn)①動 …する気はない．…する気になれない．¶这孩子～学习/この子は勉強する気がない．②副 何の考えもなく．何の気なしに．¶我是～说这些话的,你可别介意 jièyì/私は何の気なしに言ったのだから,気にしないでください．
【无行】wúxíng 形〈書〉品行がよくない．
【无形】wúxíng ①形 無形の．目に見えない．¶～贸易 màoyì/〈経〉貿易外収支．¶～的枷锁 jiāsuǒ/目に見えない束縛．¶～眼镜 yǎnjìng/コンタクトレンズ．量 副 fù．②副 知らず知らず．自然と．¶～停顿 tíngdùn/いつのまにか停頓する．
【无形损耗】wúxíng sǔnhào 名(技術の進歩によって生じた固定資産の)減価．
【无形中】wúxíngzhōng 副 知らず知らず．いつのまにか．►"无形之中"とも．¶这个计划 jìhuà～取消 qǔxiāo 了/この計画はいつのまにか立ち消えになった．
【无性系】wúxìngxì 名〈生〉クローン．

【无休止】wúxiūzhǐ 形 終わりがない．いつまでも続く．¶～地争论 zhēnglùn / いつまでも論争する．

*【无须・无需】wúxū 副 …する必要はない．…するに及ばない．►"必须 bìxū"の否定で,動詞の前あるいは主語の前に用いられ,"不必 bùbì"のように単独で用いることはない．¶结果已经很清楚,你～再解释 jiěshì 了 / 結果はもうはっきりしたから,これ以上説明する必要はない．¶～你多嘴 duōzuǐ / 君が口を出すことはない．

【无涯】wúyá 形〈書〉果てしがない．

【无烟工业】wúyān gōngyè 名 観光業；広告業；ハイテク産業．

【无烟煤】wúyānméi 名 無煙炭．

【无恙】wúyàng 形〈書〉つつがない．¶别来～？/（お別れして）その後お変わりありませんか．

【无业】wúyè 形〈書〉①職がない．無職である．②財産がない．¶全然～ / 財産がまったくない．

【无业游民】wúyè yóumín 名 仕事もせずにぶらぶらしている人．

【无一不…】wú yī bù… 〈型〉一つとして…ないものはない．すべて…である．¶～备 bèi / 何もかも備わっている．¶～能 / できないものは何一つない．

【无依无靠】wú yī wú kào 〈成〉まったく寄る辺がない．頼りになる人がいない．

【无遗】wúyí 形〈書〉余すところがない〔なく〕．何も残っていない．¶暴露 bàolù ～ / 残らず暴露する．

【无疑】wúyí 形〈書〉疑いない．…にちがいない．きっと．¶这种行为 xíngwéi ～是错的 / こういう行いは明らかにまちがいだ．

【无以】wúyǐ 形〈書〉…するものがない．¶～自辩 biàn / 弁解する口実がない．¶～为家 / 住む家がない．

【无以复加】wú yǐ fù jiā 〈成〉これ以上甚だしいものはない．すでに頂点に達している．

【无异】wúyì 動〈書〉…にほかならない．…に等しい．¶虽 suī 有～于无 / あってもないのと同じだ．

【无益】wúyì 形〈書〉無益である．ためにならない．¶徒劳 túláo ～ / 骨折り損のくたびれ儲け．

【无意】wúyì ①動 …する気がない．¶～参加 cānjiā / 参加する気はない．②形 無意識である．偶然である；うっかり．¶他打翻 dǎfān 了你的保暖杯 bǎonuǎnbēi 是～的 / 彼が君の保温カップをひっくり返したのはうっかりしてたんだ．

【无意识】wúyìshí ①名〈心〉無意識．②副 知らず知らずの．¶他～地抓 zhuā 了几下头 / 彼は無意識のうちに髪をかきむしった．

【无垠】wúyín 形〈書〉広々として果てしがない．

【无影无踪】wú yǐng wú zōng 〈成〉影も形もない．跡形もない；根も葉もない．

【无庸】wúyōng ⇀【毋庸】wúyōng

【无用】wúyòng 形(↔有用)無用である．役に立たない．¶～的东西 / 役に立たない物〔人間〕．

【无由】wúyóu 副〈書〉…するすべ〔…しよう〕がない．¶～说起 / 何から話してよいか分からない．

【无余】wúyú 形〈書〉余すところがない．残りがない．

【无与伦比】wú yǔ lún bǐ 〈成〉比べるものがない．比類がない．空前の．

【无缘】wúyuán ①形 縁がない．ゆかりがない．②副 …する方法がない．

【无缘无故】wú yuán wú gù 〈成〉なんのいわれも関係もない．なんの理由もなく．

【无源之水,无本之木】wú yuán zhī shuǐ, wú běn zhī mù 〈成〉基礎がない物事．

【无政府主义】wúzhèngfǔ zhǔyì ①名 無政府主義．アナーキズム．②形 アナーキーである．

【无知】wúzhī 形 無知である．¶～妄说 wàngshuō / 事をわきまえないくせにでまかせを言う．

【无止境】wú zhǐjìng とどまることを知らない．果てしない．

【无中生有】wú zhōng shēng yǒu 〈成〉根も葉もないことをでっち上げる．捏造(ねつ)する．

【无重力】wúzhònglì 名〈物〉無重力．

【无足轻重】wú zú qīng zhòng 〈成〉とるに足らない．どうということはない．

【无阻】wúzǔ 形 支障がない．滞りない．¶风雨 fēngyǔ ～ / 風雨にかかわらず実施する．¶畅通 chàngtōng ～ / 交通・通信になんら支障がない．

【无罪】wúzuì 形 無罪である．¶宣判 xuānpàn ～ / 無罪を言い渡す．

毋 wú

副〈書〉…するな．…なかれ．¶有过～惮 dàn 改 / 過ちあらば改むることはばかるなかれ．‖姓

【毋宁】wúnìng 接続〈書〉むしろ…したほうがよい．

語法 後続句の冒頭に用い,よく先行句の"与其 yǔqí"(…するよりは)と呼応する．"无宁"とも書く．

【毋庸】wúyōng 副〈書〉…するに及ばない．…する必要がない．►"无庸"とも書く．

【毋庸置疑】wú yōng zhì yí 〈成〉疑う余地がない．

芜(蕪) wú

◇ ①雑草が茂った(所)．¶→～秽 huì．②(文章や言葉が)秩序がなく乱れている．¶→～鄙 bǐ．

【芜鄙】wúbǐ 形〈書〉(文章が)乱雑で浅薄である．

【芜秽】wúhuì 形〈書〉雑草が生い茂って汚らしい．

【芜菁】wújīng 名〈植〉カブ．カブラ．

【芜杂】wúzá 形〈書〉(文章などが)乱雑で整っていない．

吾 wú

代〈古〉(多く主語・連体修飾語に用い)われ．われら．‖姓

【吾兄】wúxiōng 名〈書〉(手紙文で)貴兄．

吴(吳) wú

名 ①〈史〉呉(ご)．►周代の国名や,三国時代の王朝名に用いられた．②江蘇の南部と浙江の北部をさす．‖姓 ►説明するとき"口天吴 kǒu tiān wú"と言う．

【吴牛喘月】wú niú chuǎn yuè 〈成〉呉牛月にあえぐ；疑心暗鬼で過度に恐れること．

梧 wú

名〈植〉アオギリ．◇ たくましい．¶魁 kuí ～ /（体格が）立派である．‖姓

*【梧桐】wútóng 名〈植〉アオギリ．

蜈 wú

"蜈蚣 wúgong"⇩という語に用いる．

【蜈蚣】wúgong 名〈虫〉ムカデ．

五 wǔ

3声 **

数 ⓐ5．ご．¶～十 / 50．¶～倍 bèi / 5倍．¶～天 / 五日間．ⓑ第5(の)．5番目(の)．¶星期～ / 金曜日．¶～月 / 5月．¶～楼 / 5階．‖姓

【五爱】wǔ'ài 名 祖国・人民・労働・科学・公共物の

W

五つを愛すること．
【五笔字形】wǔbǐ zìxíng 名 中国語ワープロの入力法の一つで，字形で入れる方法．
【五彩】wǔcǎi ①名（青・黄・赤・白・黒の）5色．②形 色とりどりである．カラーの．¶学生们用～的纸条 zhǐtiáo 布置 bùzhì 教室／生徒たちは色とりどりの紙テープで教室を飾る．
【五彩缤纷】wǔ cǎi bīn fēn 〈成〉多くの色；色とりどり．►“五采缤纷”とも書く．
【五大三粗】wǔ dà sān cū 〈成〉体が大きくて頑丈なこと．
【五代】Wǔdài 名〈史〉五代．►907-960年．唐滅亡後，中原に興亡した後梁・後唐・後晋・後漢・後周の5朝．
【五帝】Wǔdì 名（伝説中の）5人の帝王．►通常は黄帝(こうてい)・顓頊(せんぎょく)・帝嚳(ていこく)・尭(ぎょう)・舜(しゅん)．
【五斗柜】wǔdǒuguì 名 引き出しが五つあるたんす．►“五斗橱 wǔdǒuchú”とも．
【五毒】wǔdú 名（サソリ・蛇・ムカデ・ヤモリ・ヒキガエルの）五つの毒；〈転〉五つの罪悪．
【五短身材】wǔduǎn shēncái 〈成〉（手足や胴が短く）小づくりの人．小柄な人．
【五方】wǔfāng 名（東西南北と中央の）五つの方角；〈転〉各地．
【五方杂处】wǔ fāng zá chǔ 〈成〉各地の人が1か所で雑居する．
【五分制】wǔfēnzhì 名（学業成績の）5段階評価．
【五分钟热度】wǔfēn zhōng rèdù 〈慣〉熱しやすく冷めやすい．三日坊主．►“三分钟热度”“五分钟热情 rèqíng”などともいう．
【五风十雨】wǔ fēng shí yǔ 〈成〉農業にとって気候が非常に順調である．
【五服】wǔfú 名 家族関係の遠近．¶没出～／五服の関係内だ（近親である）．
【五更】wǔgēng 名 ①五更．►昔，一夜を初更・二更・三更・四更・五更に分けた．②第5更．午前4時から6時まで．¶～寒 hán／夜明け前の寒さ．
【五谷】wǔgǔ 名（米・麦などの）五穀．穀類．
【五官】wǔguān 名（目・耳・鼻・口・身の）五官；目鼻立ち．¶～端正 duānzhèng／顔立ちが整っている．
【五光十色】wǔ guāng shí sè 〈成〉色があでやかで多様性に富んでいる．
【五行八作】wǔ háng bā zuō 〈成〉いろいろな職業．さまざまな商売．
【五合板】wǔhébǎn 名 5枚の薄い板を貼り合わせた合板．ベニヤ板．
【五湖四海】wǔ hú sì hǎi 〈成〉全国各地．¶来自 láizì～／全国各地から来る．
【五花八门】wǔ huā bā mén 〈成〉（物事が）多種多様で変化に富む．
【五花大绑】wǔ huā dà bǎng 〈成〉（人を縛る方法の一種）がんじがらめに縛りあげる．首に縄をかけ両手を後ろに回して縛る．
【五讲四美】wǔ jiǎng sì měi 〈成〉教養・礼儀・衛生・秩序・道徳を重んじ，言葉・行い・環境・心を美しくすること〔運動〕．
【五角大楼】Wǔjiǎo dàlóu 名 アメリカ国防総省．ペンタゴン．
【五金】wǔjīn 名 金・銀・銅・鉄・錫(すず)の五つの金属；（広く）金属一般．¶～行 háng／金物屋．
【五绝】wǔjué 名〈略〉五言絶句．
【五劳七伤】wǔ láo qī shāng 〈成〉虚弱多病である．►“五痨七伤”とも書く．
【五里雾】wǔlǐwù 名 広くて深い霧．迷って方向がわからない状態．¶如堕duò～中／五里霧中に迷いこんだようだ．
【五律】wǔlǜ 名〈略〉五言律詩．
【五马分尸】wǔ mǎ fēn shī 〈成〉まとまっている物をばらばらに分散する．
【五内】wǔnèi 名〈書〉五臓；〈転〉心の内．¶～如 rú 焚 fén／心配で居ても立ってもいられない形容．
【五禽戏】wǔqínxì 名〈体〉トラ・シカ・クマ・サル・トリの動作をまねて行う気功体操．五禽戯(ごきんぎ)．►“五禽操”とも．
【五卅运动】Wǔ-Sà yùndòng 名〈史〉五・三〇事件．1925年に起きた労働者弾圧事件とそれに反発した反帝国主義運動．
【五色】wǔsè 名 青・黄・赤・白・黒の5色；〈喩〉多彩な彩り．
【五十步笑百步】wǔ shí bù xiào bǎi bù 〈成〉五十歩百歩．目くそ鼻くそを笑う．
【五四青年节】Wǔ-Sì qīngniánjié 名 5月4日の中国青年デー．“五四运动”を記念する日．
【五四运动】Wǔ-Sì yùndòng 名〈史〉五・四運動．1919年に起きた反帝反封建の政治・文化運動．
【五体投地】wǔ tǐ tóu dì 〈成〉（チベット仏教などで最高の礼法）五体投地(ごたいとうち)；〈喩〉心から感服する．
【五味】wǔwèi 名 五味．甘い・酸っぱい・塩からい・苦い・辛いの五つの味；（広く）各種の味覚．¶～俱全 jùquán／いろいろな味がする．
【五线谱】wǔxiànpǔ 名〈音〉五線譜．
【五香】wǔxiāng 名 サンショウ・八角ウイキョウ・ニッケイ・チョウジのつぼみ・ウイキョウの**5種類の薬味**．¶～豆 dòu／薬味を入れたいり豆〔煮豆〕．¶～粉 fěn／5種の薬味入り香料．
【五项全能运动】wǔxiàng quánnéng yùndòng 名〈体〉五種競技．
【五星红旗】Wǔxīng hóngqí 名 **五星紅旗**．中華人民共和国の国旗．
【五行】wǔxíng 名 古代の思想で，万物の根源をなすと考えられた五つの元素，金・木・水・火・土．
【五颜六色】wǔ yán liù sè 〈成〉色とりどりである．
【五言诗】wǔyánshī 名〈文〉五言の詩．1句が5文字よりなる詩．
【五一劳动节】Wǔ-Yī láodòngjié 名（5月1日の）メーデー．►“国际 Guójì 劳动节”ともいい，略して“五一”という．
【五音】wǔyīn 名 ①〈音〉中国の伝統音楽の五つの音階．►古くは“宫、商、角 jué、徵 zhǐ、羽 yǔ”，その後は“合、四、乙 yǐ〔一〕、尺 chě、工”の漢字で表す．②〈語〉音韻学上の5音．
【五岳】Wǔyuè 名 東岳泰山（山東省）・西岳華山（陝西省）・南岳衡山（湖南省）・北岳恒山（山西省）・中岳嵩山（河南省）の五大名山．
【五月节】Wǔyuèjié 名 端午の節句．
【五脏】wǔzàng 名〈中医〉五臓．“心脏 xīnzàng”“肝脏 gānzàng”“脾脏 pízàng”“肺脏 fèizàng”“肾脏 shènzàng”の五器官．¶～六腑 liùfǔ／五臓六腑．
【五指】wǔzhǐ 名 五指．手の5本の指．
【五洲】wǔzhōu 名 五大州．世界各地．

W

【五子棋】wǔzǐqí 名 五目並べ．連珠．

午 wǔ 名 十二支の第7：午(うま)．◇◆ 昼．正午．¶正 zhèng ～ / 正午．¶过～ / 昼過ぎ．

【午餐】wǔcān 名 昼食．昼飯．

【午饭】wǔfàn 名 **昼食．昼飯． 量 顿 dùn．¶我们～吃什么？/ お昼は何を食べようか．

【午后】wǔhòu 名 午後．昼過ぎ．昼下がり．

【午间】wǔjiān 名 昼(ごろ)．¶～新闻 / 昼のニュース．

【午觉】wǔjiào 名 昼寝．❖睡 *shuì* ～ / 昼寝する．

【午前】wǔqián 名 午前．

【午时】wǔshí 名〈旧〉午(うま)の刻(午前11時から午後1時)．

【午睡】wǔshuì ①動 昼寝をする．②名 昼寝．

【午休】wǔxiū ①動 昼休みをとる．②名 昼休み．

【午夜】wǔyè 名〈書〉真夜中．夜の12時前後．

伍 wǔ 数 "五"の大字(読み違いや書き直しを防ぐための字)．◇◆ ①軍隊．¶队～ duìwu / 隊列．¶入 rù ～ / 入隊する．②仲間．¶羞 xiū 与为～ / 仲間になるのを潔しとしない．‖姓

【伍的】wǔde 助〈方〉など．…のようなもの．

怃(憮) wǔ 形〈古〉①がっかりするさま．②哀れむさま．

【怃然】wǔrán 形〈書〉憮然(ぶぜん)としている．

忤(牾) wǔ ◇◆ 逆らう．従順でない．¶→～逆 nì．¶与 yǔ 人无～ / 人と意見の衝突がない．

【忤逆】wǔnì 動 親不孝をする．

妩(嫵) wǔ "妩媚 wǔmèi"⬇という語に用いる．

【妩媚】wǔmèi 形〈書〉(女性・花などが)なまめかしい,あでやかである．

武 wǔ ◇◆ ①(↔文 wén)軍事．武力．¶动 dòng ～ / 武力に訴える．②武術．¶练 liàn ～ / 武術のけいこをする．③勇ましい．猛烈である．¶英～ / 勇ましい．¶→～火 huǒ．④半歩．¶步～ / わずかな距離．‖姓

【武把子】wǔbǎzi 名〈方〉①(芝居の)立ち回り．殺陣(たて)．②〈劇〉殺陣の道具・武器の総称．

【武丑】wǔchǒu 名(～儿)(京劇などで)立ち回りを主とする道化役．

【武打】wǔdǎ 名(芝居や映画などの)立ち回り．殺陣(たて)．

【武打片】wǔdǎpiàn 名(～儿)アクション映画．

【武旦】wǔdàn 名(京劇などで)立ち回りを主とする女形(おやま)；アクション女優．

【武斗】wǔdòu 動(↔文斗)武装闘争をする．

【武断】wǔduàn 形(主観に頼って〔権勢をかさに〕)独断的である．¶你这种 zhǒng 看法太～了 / 君の意見は一方的で横暴だ．

【武夫】wǔfū 名〈書〉武人．軍人；勇猛な人．

【武工】wǔgōng 名(伝統劇中の)立ち回り．

【武功】wǔgōng 名 ①〈書〉戦功．武勲．②武術(の修練)．③⇀【武工】wǔgōng

【武工队】wǔgōngduì 名〈略〉(抗日戦争期の)武装工作隊．

【武功片】wǔgōngpiàn 名 カンフー映画；(広く)アクション映画．

【武官】wǔguān 名(在外公館付き)武官．

【武火】wǔhuǒ 名〈料理〉(↔文火 wénhuǒ)強火．

【武警】wǔjǐng 名〈略〉(中国人民)武装警察．

【武剧】wǔjù ⇀【武戏】wǔxì

【武库】wǔkù 名 武器庫．兵器庫．

【武力】wǔlì 名 ①**武力．軍事力．**②**腕力．暴力．**

【武林】wǔlín 名 武術界．¶～新秀 xīnxiù〔高手〕/ 武術界の新鋭〔名手〕．

【武庙】wǔmiào 名〈旧〉関羽を祭った廟．関帝廟(かんていびょう)．

*【武器】wǔqì 名 **武器．兵器．** ►比喩にも用いる．量 件；[ひとまとまりになったもの] 批 pī．¶化学 huàxué ～ / 化学兵器．¶思想～ / 思想的武器．

【武生】wǔshēng 名(京劇などの)立ち回りを主とする男役．立役(たちやく)．

【武士】wǔshì 名 ①昔,宮廷を守衛する兵士．衛士(えじ)．②勇士．武人．

*【武术】wǔshù 名 武術．❖练 *liàn* ～ / 武術を習う．

【武戏】wǔxì 名(↔文戏 wénxì)武劇．立ち回りを主とする芝居．

【武侠】wǔxiá 名 侠客．男だて．

【武艺】wǔyì 名 武芸．武術の腕前．

【武职】wǔzhí 名〈書〉武官職．軍職．

*【武装】wǔzhuāng ①名 **武装．武装した軍隊．** ¶～力量 lìliang / 武装兵力．¶～起义 qǐyì / 武装蜂起．②動 **武装する〔させる〕．** ¶～到牙齿 yáchǐ / 完全に武装する．¶～头脑 tóunǎo / 思想を固める．

侮 wǔ ◇◆ ばかにする．いじめる．¶欺 qī ～ / ばかにしていじめる．¶外～ / 外国からの侮り．

【侮骂】wǔmà 動 辱めののしる．

【侮慢】wǔmàn 動 侮蔑する．

【侮蔑】wǔmiè 動 侮蔑する．軽蔑する．

【侮弄】wǔnòng 動 いじめからかう．¶受 shòu 人～ / 人にいじめからかわれる．

*【侮辱】wǔrǔ 動 **侮辱する．辱める．** ¶加以种种 zhǒngzhǒng ～ / 数々の侮辱を加える．¶受 shòu ～ / 侮辱される．

捂(摀) wǔ 動(**手のひらで**)**押さえる,覆う；**(かぶせるようにしてぴったりと)**覆う,封じ込める,分からないようにする．** ¶～着嘴 zuǐ 笑 / 手で口を隠して笑う．¶用被子～上 / 布団をかぶせる．

【捂盖子】wǔ gàizi〈慣〉ふたを押さえる；〈喩〉臭いものにふたをする．真相を隠す．

【捂汗】wǔ//hàn 動(風邪を治すために)汗が出るように厚着をしたり,布団をかぶったりする．

鹉 wǔ "鹦鹉 yīngwǔ"(〈鳥〉オウム)という語に用いる．

舞 wǔ ❶名 **踊り．ダンス．** ¶跳 tiào 了一个～ / ダンスを1回踊った．❷動 ①(ものを手にして)**舞う．** ¶～狮子 shīzi / 獅子舞をする．②(刀や棒を)振り回す．¶～剑 jiàn / 剣を振り回す．剣舞をする．◇◆ もてあそぶ．¶→～文 wén 弄墨．

【舞伴】wǔbàn 名(～儿)ダンスのパートナー．

W

【舞弊】wǔbì 動 不正行為をする. ¶徇私 xùnsī ～ / 情実にとらわれて不正行為をする.
【舞步】wǔbù 名 ダンスのステップ.
【舞场】wǔchǎng 名 ダンスホール.
【舞池】wǔchí 名 ダンスホールのフロア.
*【舞蹈】wǔdǎo ①名 **舞踏. 踊り**. ダンス. ¶～家 / ダンサー. 舞踊家. ¶～设计 shèjì / 踊りの振り付け. ②動 踊る. ダンスをする.
【舞动】wǔdòng 動 振り回す；ゆれ動く.
*【舞会】wǔhuì 名 **ダンスパーティー**. ¶参加～ / 舞踏会に出る.
【舞剧】wǔjù 名 舞踊劇. バレエ.
【舞客】wǔkè 名 ダンスホールの客.
【舞弄】wǔnòng 動 ①もてあそぶ. 振り回す. ②〈方〉やる. する.
【舞女】wǔnǚ 名 ダンサー. 踊り子.
【舞曲】wǔqǔ 名 舞曲. ダンス音楽.
*【舞台】wǔtái 名 ①**舞台. ステージ**. ②〈喩〉活躍の場としての舞台. ¶退出 tuìchū 历史 lìshǐ ～ / 歴史の舞台を退く.
【舞厅】wǔtīng 名 **ダンスホール**. ㊜ 个,间,座.
【舞文弄墨】wǔ wén nòng mò 〈成〉①(文筆を操り)法をねじ曲げ不正をする. ②(文章の技巧をもてあそび)字句をいじくり回す；文筆をもてあそぶ[もてあそび暮らす].
【舞艺】wǔyì 名 舞踊の芸. 舞踊芸術.
【舞姿】wǔzī 名 舞う姿. ¶翩翩 piānpiān ～ / ひらひらと舞う姿.

4声

兀 wù ◇◆ ①高く突き出ている. ¶→～立 lì. ¶突 tū ～ / (山が)高くそびえている. ②(山が)はげている；(広く)はげている. ¶→～鹫 jiù.
【兀鹫】wùjiù 名〈鳥〉ハゲワシ.
【兀立】wùlì 動 直立する.
【兀自】wùzì 副〈方〉やはり. 依然として.

勿 wù 副〈書〉…するなかれ. …**するな**. ¶请～吸烟 xī yān / 禁煙. ¶请～攀折 pānzhé 花木 / 花や木を折るべからず. ►どちらも掲示用語.

戊 wù 名 十干の第5：戊(つちのえ). ‖姓

【戊戌变法】Wùxū biànfǎ 名〈史〉戊戌(ぼじゅつ)の変法. 1898年,康有為らが起こした政治改革運動.

务(務) wù 副〈書〉**ぜひ. 必ず**(…すべきである). ►意味は"务必"に同じだが,後には単音節語しかこない. ¶～请准时 zhǔnshí 出席 / 必ず定刻にご出席ください.
◇◆ ①任務. 事務. ¶任～ rènwu / 任務. ¶不急之～ / 急がない仕事. ②従事する. 励む. ¶→～农 nóng. ‖姓
【务必】wùbì 副〈書〉**ぜひ. 必ず. きっと…しなければならない**. ¶明天的会,请你～出席 / あすの会にはぜひご出席ください.
【务农】wùnóng 動 農業に従事する.
【务期】wùqī 動〈書〉ぜひとも…を期する. ぜひ…するようにする. ¶～必克 kè / 必勝を期す.
【务祈】wùqí 動〈書〉ぜひ…するようお願いする.
【务乞】wùqǐ 動〈書〉ぜひ…していただきたい.
【务请】wùqǐng 動〈書〉ぜひ…していただきたい. ¶～在本周内给予 jǐyǔ 答复 dáfù / ぜひ今週中にご返事いただきたい.
【务求】wùqiú 動〈書〉ぜひとも…ように要求する.
【务实】wù//shí 動(↔务虚 xū)具体的な実行方法を検討する；実際的なものを重んじる. ¶～派 pài / 実務派.
【务须】wùxū 副〈書〉ぜひ…しなければならない. ¶此事你～给我办到 / この事はぜひやってもらわなければならない.
【务虚】wù//xū 動(↔务实 shí)イデオロギー・理論の面から検討する. ¶～派 pài / イデオロギー派.
【务要】wùyào 副〈書〉必ず…でなければならない.
【务正】wùzhèng 動 まともな職業につく. 正業につく. ►否定の形で用いることが多い. ¶不～ / まじめに働かない.

坞(塢) wù ◇◆ ①古代の小さな砦(とりで). ②周りが高く中がくぼんだ所. ¶山～ / 山のくぼみ.

物 wù ◇◆ ①物. ¶货～ / 商品. ②内容. 実質. ¶空洞 kōngdòng 无～ / 空っぽで中身がない. ③世間. 公衆. ¶待人接～ / 人や世間との付き合い. ‖姓
【物产】wùchǎn 名 物産；生産品.
【物故】wùgù 動〈書〉物故する. 死去する.
【物换星移】wù huàn xīng yí 〈成〉月日が移り変わる. 世の中の様相が変化する.
【物极必反】wù jí bì fǎn 〈成〉物事は極点に達すると必ず逆の方向へ転化する.
*【物价】wùjià 名 **物価**. ¶～稳定 wěndìng / 物価が安定している. ¶～飞涨 fēizhǎng / 物価が急騰する. ¶～波动 bōdòng / 物価が変動する. 物価の動き. ¶～下降 xiàjiàng / 物価が下がる.
【物件】wùjiàn 名(～儿)品物. 物品. ►ある程度耐久性のある物品・用具類. 個別に数える量詞は使えない. ¶稀罕 xīhan ～ / 珍しい品物.
【物尽其用】wù jìn qí yòng 〈成〉物を100パーセント利用する.
*【物理】wùlǐ 名 ①**物の道理**. 物に内在する法則. ¶这是人情～ / これは人としての道理だ. ②**物理**. 物理学.
【物理变化】wùlǐ biànhuà 名 物理的変化.
【物理疗法】wùlǐ liáofǎ 名〈医〉物理療法. ►略して"理疗"という.
【物力】wùlì 名 **物資**. 財力.
【物美价廉】wù měi jià lián 〈成〉品がよくて値段も安い.
【物品】wùpǐn 名〈書〉**物品. 品物**. ㊜ 件 jiàn,种 zhǒng. ¶随身 suíshēn ～ / 身の回り品. ¶～加值税 jiāzhíshuì / 物品付加価値税. 消費税.
比較 物品：物资 wùzī どちらも「物」であるが,"物品"は日常の生活で用いるものをさすことが多く,普通はこまごまとしたものをいう."物资"は生産・生活に必要な資材であって,普通は大口のものについていう.
【物情】wùqíng 名〈書〉物事の道理.
【物色】wùsè 動(人または物を)物色する. 適当なものを探す. ¶～接班人 jiēbānrén / 後任を物色する.
【物伤其类】wù shāng qí lèi 〈成〉同病相憐れむ.
【物事】wùshì 名 ①〈書〉物事. ②〈方〉品物.
【物体】wùtǐ 名 **物体**.

W

【物以类聚】wù yǐ lèi jù 〈成〉類は友を呼ぶ.
【物欲】wùyù 名 物欲.
【物证】wùzhèng 名〈法〉物証．物的証拠．¶人证～俱 jù 在 / 証人も物証もそろっている．
*【物质】wùzhì 名 ① **物質**．②(特に)金銭や消費物資．¶～刺激 cìjī / (ボーナスや賞品などの)物による激励．
【物种】wùzhǒng 名(生物分類の基礎単位)種(しゅ)．►略して"种"ともいう．¶～起源 qǐyuán / 種の起源．
【物主】wùzhǔ 名(多くなくしたり盗まれたりした物の)品物の所有者．
*【物资】wùzī 名 **物資**．¶～缺乏 quēfá / 物資が足りない．⇒【物品】wùpǐn

*误(悮) wù ① 動(ひまどって時間に)**遅れる．遅れてしくじる．**機会を逃す．おろそかにする．►動詞(句)を目的語にとることもできる．¶～了农时 nóngshí / 農作業の時期を遅らせてしまった．¶快走吧,别～了上课 / 授業に遅れないように早く行こう．¶她虽然 suīrán 家务繁忙 fánmáng,可从未 cóngwèi ～过学习 / 彼女は家の仕事がいそがしいけれども,勉強をおろそかにしたことなんかない．["～在"の形で]¶事情就～在他身上 / 事が手遅れになったのは彼のせいだ．
② 副(知らないために)**間違って**．誤って；うっかり．過失で．¶我～以为 yǐwéi 他是来找我的,其实不是 / 彼は私に用事があって来たとばかり思っていたが,実はそうではなかった．¶→～杀 shā．
◇◆ 損なう．人を間違った方へ導く．¶→～人 rén．
【误餐】wù//cān 動(仕事などで)定時に食事ができない．
【误差】wùchā 名 **誤差**．エラー．
【误场】wù//chǎng 動(役者が)登場に遅れる．
【误车】wù//chē 動 ①(多くは列車に)乗り遅れる．②(バス・列車などの)運行が遅れる．
【误传】wùchuán ① 動 誤って伝える．② 名 誤報．
【误导】wùdǎo 動 間違った方向へ導く．誤って指導する．
【误点】wù//diǎn 動(列車・船・飛行機などが)**遅れる,定刻に遅れる**．¶火车误了点 / 汽車が延着した．¶～十分钟 zhōng / 定刻より10分遅れる．
【误犯】wùfàn 動〈書〉誤って(規則・法律を)犯す．
【误工】wù//gōng 動 ①(仕事に)遅刻する．②(仕事を)遅らせる．
【误国】wù//guó 動 国を誤る．
【误会】wùhuì ① 動(相手の気持ちを)**誤解する,思い違いをする**．► wùhui と発音することもある．¶爸爸 bàba ～了我的意思 / 父は私の考えを誤解した．② 名 誤解．思い違い．¶闹 nào 了个大～ / とんでもない誤解を招いた．
【误机】wù//jī 動(飛行機に)乗り遅れる．
【误解】wùjiě ① 動 **誤解する．まちがった理解をする**．¶你～了我的话 / 君は私の言ったことを誤解している．② 名 誤解．¶产生 chǎnshēng ～ / 誤解を招く．
【误谬】wùmiù 名〈書〉まちがい．誤り．
【误期】wù//qī 動 約束の期限をたがえる；予定の期日に間に合わない．
【误区】wùqū 名(長期にわたり形成された)誤った考えややり方．悪習．
【误人】wù//rén 動 人に損害を与える；人を誤らせる．¶～不浅 qiǎn / 人を誤らせることはなはだしい．
【误人子弟】wù rén zǐ dì 〈成〉人の子弟を誤らせる．►教師を批判する言葉．
【误入歧途】wù rù qí tú 〈成〉誤って正道からはずれる．誤って邪道に陥る．
【误杀】wùshā 動〈法〉過失により死亡させる．
【误伤】wùshāng 動 過失傷害を起こす．
【误身】wù//shēn 動 身を誤る．一生を誤る．
【误时】wù//shí 動 時間に遅れる．タイミングを逃す．
【误事】wù//shì 動(～儿)事をしくじる．仕事に支障をきたす〔きたし遅らす〕．
【误信】wùxìn 動 誤って信じる．¶～谎言 huǎngyán / うそを真に受ける．
【误诊】wùzhěn 動 ① 誤診する．②(治療が)手遅れになる．

恶(惡) wù ◇◆ 憎む．¶可～ / 憎らしい．
⏩ ě,è

悟 wù 動 **悟る**．理解する．目覚める．¶从中～出了一点道理 / その中から少し道理を悟った．
【悟道】wùdào 動〈書〉道理を悟る．
【悟性】wùxìng 名 理解力．頭の働き．

晤 wù 動〈書〉会う．面会する．¶有空 kòng 请来寒舍 hánshè 一～ / お暇の折拙宅へお越しください．
【晤面】wùmiàn 動〈書〉面会する．顔を合わせる．
【晤商】wùshāng 動〈書〉会って相談する．
【晤谈】wùtán 動〈書〉面談する．会って話す．

焐 wù 動〈口〉(熱いものを当てて)暖める．¶用热毛巾 máojīn ～手 / 熱いタオルで手を暖める．

骛 wù ◇◆ ①(馬が)縦横に駆け回る．¶驰 chí ～ / 疾駆する．②従事する．励む．

*雾(霧) wù 名 **霧**．量 场 cháng,片．¶下大～ / 深い霧がかかる．
◇◆ 霧のようなもの．¶喷 pēn ～器 / 噴霧器．
【雾霭】wù'ǎi 名〈書〉霧．もや．
*【雾气】wùqì 名〈気〉**霧**．¶～很大 / 霧が深い．
【雾凇】wùsōng 名〈気〉樹氷．霧氷．►通称は"树挂 shùguà"．

寤 wù 動〈古〉① 目が覚める．¶～寐 mèi / 起きている時と眠っている時．② 悟る．理解する．

xi (ㄒㄧ)

1声 **夕 xī** ◇◆ ①夕方. ②夜. ¶除 chú ～ / 大みそか. ¶前～ / 前夜;大事の起こる直前. ‖姓

【夕烟】**xīyān** 名〈書〉夕もや. 夕煙. ¶～四起 / 夕煙が方々に立つ.

【夕阳】**xīyáng** ①名 **夕日**. ¶～西下 / 夕日が西に沈む. ¶～返照 fǎnzhào / 夕日が照り映える. ②形 衰退しつつある. 斜陽の. ¶～产业 chǎnyè / 斜陽産業.

【夕照】**xīzhào** 名〈書〉夕日の光. 夕映え.

兮 xī 助〈古〉《語調を整える助字. 現代中国語の"啊"の用法に似る》‖姓

****西 xī** 方位 **西**. 西側. ►普通は単用せず"西边 bian (儿)""西面 miàn (儿)"の形で用いるが, "往 wǎng、向 xiàng、朝 cháo" などとはそのまま結ぶ. ¶向～走 / 西へ行く. ¶大门朝～ / 正門は西向きだ.
◇◆ 西洋の. 欧米の. ¶→～餐 cān. ¶→～式 shì. ‖姓

*【西安】**Xī'ān** 名〈地名〉西安(せいあん).

【西班牙】**Xībānyá** 名〈地名〉スペイン.

*【西北】**xīběi** ①方位 **西北**. **北西**. ②名(Xīběi) 中国の西北地区. ►陕西·甘肃·青海·寧夏·新疆などを含む.

参考 「北西」「北東」「南東」「南西」は中国語では"西北""东北""东南""西南"を用いる.

【西北风】**xīběifēng** 名 ①北西の風. 冬に吹く冷たい風;〈喩〉厳しい現実. ❖喝 *hē* ～ / 〈慣〉すきっ腹をかかえる. ②(Xīběifēng) 中国の西北地区を舞台にした作品の雰囲気.

【西边】xībian** 方位(～儿)**西の方**. **西側**. ► xībiān とも発音する.

*【西部】**xībù** ①方位 西の部分. 西部. ②名(Xībù) アメリカの西部. ¶～片儿 piānr / 西部劇映画;中国の西北地区を舞台にした映画.

*【西餐】**xīcān** 名 **西洋料理**. **洋食**. ¶你要吃～还是吃中餐 zhōngcān ? / 西洋料理にしますか, それとも中国料理にしますか. ¶～厅 tīng / (ホテルなどの) 西洋料理レストラン.

【西点】**xīdiǎn** 名 ①西洋菓子. ケーキ. ②(Xīdiǎn) ウエストポイント. ►米国陸軍士官学校の通称.

【西法】**xīfǎ** 名 西洋の方法.

*【西方】**xīfāng** ❶方位 **西の方**. ❷名 ①(Xīfāng) 欧米諸国. ►特に西欧と北米. ②(Xīfāng)(仏教で) 西方(さいほう)浄土.

【西风】**xīfēng** 名 ①西から吹く風. 西風;秋風. ②〈転〉没落しつつある勢力. ③西洋の文化や風俗.

*【西服】**xīfú** 名 **洋服**. 洋装. **スーツ**. 量[枚数]件 jiàn;[上下のもの]套 tào. ►男性の背広をさすことが多い. ¶～料 liào / 服地.

*【西瓜】**xīguā** 名 ①〈植〉**スイカ**. 量 个;[切ったもの]块. ¶～子儿 zǐr / スイカの種. ¶～皮 pí / スイカの皮. ②("芝麻 zhīma"との対比で) 大きなものをさす. ¶～芝麻一把抓 zhuā / 大きな問題もつまらない問題もいっしょに取り上げる. みそもくそもいっしょにする.

【西汉】**Xīhàn** 名〈史〉前漢.

*【西红柿】**xīhóngshì** 名〈植〉**トマト**. ►"番茄 fānqié"とも. 量 个.

【西化】**xīhuà** 動 西洋化する.

【西画】**xīhuà** 名〈略〉(↔国画) 西洋画.

【西经】**xījīng** 名〈地〉西経.

【西蓝花】**xīlánhuā** 名〈植〉ブロッコリー.

【西门】**Xīmén** ‖姓

*【西面】**xīmiàn** 方位(～儿)西の方. 西側.

*【西南】**xīnán** ①方位 **西南**. **南西**. ②名(Xīnán) 中国の西南地区. ►四川·雲南·貴州·チベットなどを含む.

*【西宁】**Xīníng** 名〈地名〉西寧(せいねい).

【西欧】**Xī'ōu** 名〈地〉西欧. 西ヨーロッパ.

【西晒】**xīshài** 動 西日が照りつける.

【西式】**xīshì** 形(後ろに名詞をとって) 西洋風の. **洋式**…. ¶～服装 fúzhuāng / 洋装. ¶～糕点 gāodiǎn / 洋菓子.

【西天】**xītiān** 名〈仏〉①インド. ②極楽世界.

【西王母】**Xīwángmǔ** 名 西王母. 中国古代神話上の仙女.

【西西】**xīxī** 量(容量単位) 立方センチメートル. ► cc の音訳語.

【西夏】**Xīxià** 名〈史〉西夏.

【西斜】**xīxié** 動(日が) 西に傾く. ¶红日～ / 太陽が西に傾く.

【西洋】**Xīyáng** 名 西洋. 欧米諸国の総称.

【西洋菜】**xīyángcài** 名 ①洋食. ②〈植〉クレソン.

【西洋画】**xīyánghuà** 名 西洋画. 洋画.

X

【西洋景】xīyángjǐng 名 のぞきからくり；〈喩〉からくり．人をだます手段．►"西洋镜"とも．
【西药】xīyào 名 西洋医薬．
*【西医】xīyī 名(↔中医 zhōngyī) ①西洋医学．②西洋医学を修めた医者．西洋医．
【西语】xīyǔ 名 ①欧米諸国の言語．¶～系 xì 英语专业 zhuānyè / 西欧語学部英語学科．②(Xīyǔ) スペイン語．►"西班牙 Xībānyá 语"の略．
【西域】Xīyù 名 西域(せいいき)．漢代,玉門関以西の新疆および中央アジア各地の総称．
【西乐】xīyuè 名 西洋音楽．洋楽．
*【西藏】Xīzàng 名〈地名〉チベット．
【西装】xīzhuāng 名 **洋服．洋装**．(量)[枚数]件jiàn；[上下のもの]套 tào．

*# 吸 xī

動 ①(↔呼 hū)(口や鼻から気体または液体を体内に)**吸い込む**．¶～进新鲜 xīnxiān 空气 / 新鮮な空気を吸い込む．②(物を)吸い取る．吸収する．¶这种卫生纸 wèishēngzhǐ 不～水 / この手のちり紙は水を吸い取らない．③吸いつける；〈転〉(人の注意を)引きつける．¶把铁粉～到磁铁 cítiě 上来 / 鉄粉を磁石に引きつける．¶把孩子的注意力～到学习上来 / 子供の関心を学習に向けさせる．‖姓

【吸尘器】xīchénqì 名 **電気掃除機**．クリーナー．(量)个．
【吸毒】xī//dú 動 麻薬を吸う．¶～者 zhě / 麻薬常用者．
【吸附】xīfù 動〈化〉吸着する．
【吸管】xīguǎn 名 **ストロー**．(量)根 gēn．
【吸力】xīlì 名 引力．吸引力．サクション．
【吸溜】xīliu 動〈方〉すする．¶冻 dòng 得直 zhí ～ / 寒くてしきりに鼻水をすする．
【吸墨纸】xīmòzhǐ 名 吸い取り紙．(量)张．
【吸盘】xīpán 名〈動〉吸盤．
*【吸取】xīqǔ 動 **くみ取る**．摂取する．吸い取る．►抽象的な事物に用いることが多い．¶～经验教训jiàoxun / 経験と教訓をくみ取る．¶～养分 yǎngfèn / 養分を吸い取る．
【吸热】xīrè 動〈化〉熱を吸収する．
【吸声】xīshēng 動〈建〉音を吸収する．¶～材料 cáiliào / 防音材料．吸音材．
【吸湿】xīshī 動 湿気を吸収する．¶～性 xìng / 吸湿性．¶～剂 jì / 乾燥剤．
【吸食】xīshí 動(食物や毒物などを)口に吸い込む．
*【吸收】xīshōu 動《(物体が外界の物質を；生物が養分を；物体が震動などを；組織・团体がメンバーを)**吸収する**》①(物体が外界の物質を)吸収する．¶～湿气 shīqì / 湿気を吸収する．②(生物が養分を)吸収する,吸い取る．►比喩的に知識・経験・意見などにも用いる．¶～营养 yíngyǎng / 栄養を吸収する．¶～知识 zhīshi / 知識を吸収する．③(組織や団体が個人をメンバーとして)受け入れる,仲間に引き入れる．¶把优秀 yōuxiù 分子 fènzǐ ～进来 / 優秀な人間を仲間に引き入れる．¶破例 pòlì ～他入会 / 慣例を破り彼を入会させる．④(物体が衝撃作用などを)吸収する．¶用弹簧 tánhuáng ～震动 zhèndòng / スプリングで震動を吸収する．
【吸吮】xīshǔn 動〈書〉すする．吸い取る．►比喩的に用いることが多い．¶～工人膏血 gāoxuè 的寄生虫 jìshēngchóng / 労働者の膏血を吸い取る寄生虫．
【吸铁石】xītiěshí 名 磁石．
【吸血鬼】xīxuèguǐ 名 吸血鬼；〈喩〉人を搾取する人間．
*【吸烟】xī//yān 動 たばこを吸う．喫煙する．¶吸一支 zhī 烟休息一下 / ちょっと一服しよう．¶～室 shì / 喫煙室．
*【吸引】xīyǐn 動(関心・注意などを)**引きつける,集める**．¶足球赛 zúqiúsài ～了很多观众 guānzhòng / サッカーの試合はたくさんの観衆を引きつけた．¶她很有～力 / 彼女はとても魅力的だ．

汐 xī

◇◆ 夕方の満潮．¶潮 cháo ～ / 満潮と干潮；朝潮と夕潮．

希 xī

動〈書〉**望む．願う**．¶～准时 zhǔnshí 出席 / 定刻どおり出席願います．
◇◆ 少ない．⇨〖稀 xī〗‖姓

【希罕】xīhan ⇀【稀罕】xīhan
【希腊】Xīlà 名〈地名〉ギリシア．¶～正教 zhèngjiào / ギリシア正教．¶～字母 zìmǔ / ギリシア文字．
【希奇】xīqí ⇀【稀奇】xīqí
【希求】xīqiú ①動〈書〉願い求める．希求する．②名 希望と要求．¶～大家的帮助 bāngzhù / みなさんのご協力をお願いします．
【希少】xīshǎo ⇀【稀少】xīshǎo
【希图】xītú 動〈書〉もくろむ．ねらう．¶～蒙混ménghùn 过关 / 一時逃れにその場をごまかそうとする．
【希望】xīwàng ①動(そうできたら,そうなってくれたら,そうしてくれたらよいと)望む**．►動詞句や主述句を目的語にとることが多い．程度副詞を前にとることができる．¶他～将来 jiānglái 当 dāng 个外交家 / 彼は将来外交官になりたいと思っている．¶我不～他来 / 彼に来てほしくない．¶我很～哥哥早点儿跟她结婚 / 兄さんが早く彼女と結婚すればいいのに．②名 **希望**．願い；希望を託される人や事物；実現の可能性．¶你的～一定能实现 shíxiàn / あなたの願いはきっとかなうでしょう．¶人类 rénlèi 的～ / 人類の希望．¶没有～ / 見込みがない．
比較 **希望：愿望** yuànwàng **：盼望** pànwàng **：期望** qīwàng "希望"が普通に望む意味で動詞と名詞の両方に用いられるのに対して,"愿望"は名詞に用いるのみで,"盼望"は動詞のみに用い,心から切に望む,待ち望む意味である．また"期望"は他人に対して期待をかけて望む意味に,書き言葉でのみ用いる．
【希望工程】Xīwàng gōngchéng 名(募金による)貧困児童就学援助プロジェクト．
【希有】xīyǒu ⇀【稀有】xīyǒu

昔 xī

◇◆ 昔．¶～年 / 昔．以前．¶～人 / 〈書〉昔の人(々)．先人．¶今～对比 / 今と昔を対比する．‖姓

【昔日】xīrì 名〈書〉昔．以前．
【昔时】xīshí 名〈書〉昔．往時．

析 xī

◇◆ ①分ける．分かれる．¶→～出 chū．②解く．¶剖 pōu ～ / 分析する．¶→～疑 yí．‖姓

【析产】xīchǎn 動〈書〉(兄弟で)財産を分ける．
【析出】xīchū 動 ①分析して導き出す．②〈化〉(液体や気体から固体を)析出する．
【析疑】xīyí 動〈書〉疑惑・疑問を解く．

茜 xī

人名に用いる．►多く外国の女性の名の音訳に用いる．⇒ qiàn

X

郗 xī ‖姓

栖 xī "栖栖 xīxī"⇩という語に用いる. ⏩ qī

【栖栖】xīxī 形〈書〉気持ちが不安定なさま.

唏 xī ◇◆ため息をつく. ¶～嘘 xū /〈書〉嘆く;泣きじゃくる. ため息をつく.

【唏哩呼噜】xīlihūlū (～的) 擬《うどんやかゆをすする音,またはそのさま》つるつる. するする. ►"稀里呼噜""唏里呼噜"とも書く.

【唏哩哗啦】xīlihuālā (～的) 擬 ①《物がぶつかり合ったり崩れたりする雑然とした音》がちゃがちゃ. ががたがた. ②《大雨などが降る音,またはそのさま》ざあざあ.

牺(犧) xī 名〈書〉いけにえ. ¶～牛 / いけにえにするウシ.

*【牺牲】xīshēng ①動 犠牲にする;(国家や他人のために)命を捨てる. ¶为工作而～个人休息时间 / 仕事のために休み時間を犠牲にする. ¶为国～ / 国のために命をささげる. ②名 いけにえ. ¶～品 pǐn / 犠牲. いけにえ.

息 xī ◇◆①息. ¶喘 chuǎn ～ / あえぐ. 息を切らす. ¶一～尚存 shàng cún / 息〔命〕のある限り. ②便り. 消息. ¶信～ / 消息;情報. ③利息. ¶年～ / 年利. ¶还 huán 本付 fù ～ / 元金を返し利息を払う. ④子供. ¶子～ /〈書〉跡取り息子. ⑤やめる. やむ. ¶→～怒 nù. ⑥休む. 休息する. ¶安～ / 静かに休む;安らかに眠る. ⑦増える. 生まれる. ¶生～ / 繁殖する. ‖姓

【息肩】xījiān 動〈書〉(肩の荷を下ろし)一息入れる;〈転〉職務を離れ,肩の荷を下ろす.

【息怒】xīnù 動〈書〉怒りをしずめる.

【息券】xīquàn 名(国債・公債などの)利札.

【息肉】xīròu 名〈医〉ポリープ. ►"瘜肉"とも書く.

【息讼】xīsòng 動〈書〉訴訟を取り下げる.

【息息相关】xī xī xiāng guān〈成〉互いに密接な関係にある. ►"息息相通 tōng"とも.

奚 xī 〈古〉①疑 なぜ;どこ;何. ②名 古代の女奴隷. ‖姓

【奚落】xīluò 動(人の欠点に対して)辛辣(しんらつ)な皮肉を言う. 冷やかす.

硒 xī 名〈化〉セレン. Se.

悉 xī ◇◆①知る. ¶来函 hán 敬～ / お手紙拝見いたしました. ②すべて. 全部. ¶～力 / 全力を尽くす.

【悉数】xīshǔ 動〈書〉数え尽くす. ¶不可～ / 全部は数えきれない.

【悉数】xīshù 名〈書〉全部. 残らず.

【悉心】xīxīn 動〈書〉心を集中する. ¶～研究 / 鋭意研究に努める.

烯 xī 名〈化〉アルケン. ¶乙～ / エチレン.

淅 xī ◇◆米をとぐ. ‖姓

【淅沥】xīlì 擬《軽い風や雨の音》ぱらぱら. しとしと. ►"淅沥沥""淅淅沥沥"などの変化形がある.

【淅淅】xīxī 擬《そよ風や小雨などの音》そよそよ. しとしと.

惜 xī ◇◆①大切にする. 重んじる. ¶珍 zhēn ～ / (貴重なものを)大切にする. 愛惜する. ②物惜しみをする. 失いたくないと思う. ¶吝 lìn ～ / 物惜しみをする. ③残念がる;気の毒に思う. ¶痛 tòng ～ / 深く哀惜する.

【惜别】xībié 動 別れを惜しむ. 名残が尽きない.

【惜老怜贫】xī lǎo lián pín〈成〉老人をいたわり,貧しい人に同情を寄せる.

【惜力】xīlì 動 骨惜しみをする. 力を出し惜しむ.

【惜墨如金】xī mò rú jīn〈成〉(墨を金のように大事にし)一筆もおろそかに書かないたとえ.

【惜售】xīshòu 動 売り惜しみをする.

晰(晳) xī ◇◆はっきりしている. 明らかである. ¶清 qīng ～ / はっきりしている.

*__稀__ xī 形 ①(↔浓 nóng, 稠 chóu) **水分が多い. 濃度が薄い.** ►液体やのり状のものについていう. ¶晚饭喝点～的吧 / 夕飯はおかゆにでもしましょう. ②(↔密 mì) **まばらである. すきまや間隔が大きい.** ¶这块地稻子种 zhòng 得太～了 / この田はイネの株間が粗すぎた.
◇◆①まれである. 珍しい. ¶→～少 shǎo. ②ひどく. とても. ►"烂 làn""松 sōng"などの形容詞の前に用い,程度が甚だしいことを表す. ¶～软 ruǎn / ぐにゃぐにゃだ.

【稀薄】xībó 形(空気・煙・霧などが)薄い.

【稀饭】xīfàn 名〈方〉(↔干饭 gānfàn)(コメやアワの)かゆ.

【稀罕】xīhan ①形 珍しい. めったにない. ¶骆驼 luòtuo 在南方是～的东西 / ラクダは南方では珍しいものだ. ②動 ありがたがる. 欲しがる. ►否定あるいは反語で用い,嫌悪の意を含む. ¶我才不～那破 pò 东西呢 / あんなくだらないもの,欲しいもんか. ③名(～儿)珍しいもの. ¶看～ / (物事を)珍しがって見る. ►①②③とも"希罕"とも書く.

【稀客】xīkè 名 珍客. まれにしか来ない客.

【稀烂】xīlàn 形 ①(煮たりして)とろとろである. ¶把肉炖 dùn 得～ / 肉をとろとろに煮込んだ. ②めちゃめちゃである. ¶把信撕 sī 了个～ / 手紙をずたずたに引き裂いた.

【稀里糊涂】xīlihūtū 形 ①はっきりしない. 頭がぼんやりしている. ②いいかげんである.

【稀里哗啦】xīlihuālā 擬 ①《激しい雨音・物が崩れ落ちる音》ざあざあ. がらがら. ②《物が壊れるさま》ばらばら.

【稀料】xīliào 名 希釈液. シンナー.

【稀溜溜】xīliūliū 形(～的)(かゆや汁物が)とろとろである,薄くさらっとしている.

【稀落】xīluò 形 まばらである. ¶枪声 qiāngshēng 渐渐 jiànjiàn ～了 / 銃声がまばらになった.

【稀密】xīmì 名 疎密. まばらさ.

【稀奇】xīqí 形(普通と異なり)珍しい. 奇妙である. ►"希奇"とも書く. ¶～古怪 gǔguài / 奇妙きてれ

つである.

【稀少】xīshǎo 形 まれである. まばらである. めったにない. ►"希少"とも書く. ¶街上行人～ / 往来には人影が少ない. ¶人烟 rényān～ / 人家がまばらである.

【稀释】xīshì 動〈化〉希釈する. 薄める.

【稀疏】xīshū 形(↔稠密 chóumì)(物・音などが空間や時間的に)まばらである. 密度が低い. ¶～的头发 tóufa / 薄い髪の毛.

【稀松】xīsōng 形 ①だらけていいかげんである. 劣っていて大したことはない. ¶他们干起活儿来,哪个也不～ / 彼らは仕事となると,だれ一人ひけをとる者はいない. ②取るに足りない. つまらない. ¶别把这些～的事放在心上 / そんなつまらないことを気にするな.

【稀松平常】xī sōng píng cháng〈成〉ありふれている. 月並みである. つまらない.

【稀土元素】xītǔ yuánsù 名〈化〉希土類元素. レアアース.

【稀稀拉拉】xīxilālā 形(～的)(↔密密麻麻 mìmimámá)ひどくまばら〔とぎれとぎれ〕なさま. ►"稀(稀)落落 xī(xi)luòluò"とも.

【稀有】xīyǒu 形 まれである. 珍しい. ►"希有"とも書く. ¶这并 bìng 不是什么～的事 / これはそんなに珍しいことではない.

【稀有金属】xīyǒu jīnshǔ 名〈化〉希少金属. レアメタル.

【稀有气体】xīyǒu qìtǐ 名〈化〉不活性気体.

【稀有元素】xīyǒu yuánsù 名〈化〉希元素.

【稀糟】xīzāo 形〈方〉めちゃめちゃである.

翕 xī ◇ ①従う. 合わせる. ¶→～然 rán. ②収縮する. 収める. 閉じる. ¶→～动 dòng.

【翕动】xīdòng 動〈書〉(唇が)開いたり閉じたり動く.

【翕然】xīrán 形〈書〉①心を一つにするさま. ②安定している.

【翕张】xīzhāng 動〈書〉開いたり閉じたりする.

粞 xī 名〈方〉米ぬか. 玄米の外皮. ◇ 小米(こめ). 砕け米.

犀 xī 名〈動〉サイ. ¶→～牛 niú. ◇ 固い. ¶→～利 lì.

【犀利】xīlì 形(武器や言葉が)鋭い.

【犀牛】xīniú 名〈動〉サイ(の通称).

晳 xī ◇ 肌が白い. ¶白～ / 同前.

锡 xī 名〈化〉錫(すず). Sn. 俗に"锡镴 xīla"という. ¶～箔 bó / 葬儀用紙銭に用いる錫箔をひいた紙. ‖姓

【锡伯族】Xībózú 名(中国の少数民族)シボ(Xibe)族. ►ツングース系民族で,新疆などに住む.

【锡镴】xīla 名〈方〉はんだ;錫.

溪 xī ◇ 谷川;(広く)小川. ¶小～ / 小川. ¶～水 / 小川(の水). ¶→～谷 gǔ. ‖姓

【溪谷】xīgǔ 名 渓谷. 谷間.

【溪涧】xījiàn 名 谷川.

【溪流】xīliú 名 渓流. 谷川.

熙 xī ◇ 明るい;和やかで楽しい;盛んである. ‖姓

【熙熙攘攘】xī xī rǎng rǎng〈成〉人の往来が盛んでにぎやかである.

蜥 xī "蜥蜴 xīyì"⇩という語に用いる.

【蜥蜴】xīyì 名〈動〉トカゲ.

熄 xī 動(火を)消す. (火が)消える. ¶炉火 lúhuǒ 已～ / 炉の火はもう消えた.

【熄灯】xī//dēng 動 明かりを消す.

【熄灭】xīmiè 動(火を)消す. (火が)消える;〈喩〉消滅する〔させる〕. ¶～灯火 dēnghuǒ / 明かりを消す. ¶最后一点希望 xīwàng 也～了 / 最後のかすかな希望も消え去った.

嘻 xī ①擬 →【嘻嘻】xīxī ②感〈書〉《驚くさま,驚いて発する感嘆・軽蔑・怒りの声》あっ. ああ. ¶～,技至此 zhìcǐ 乎 hū ! / ああ,技のすばらしきかな.

【嘻嘻】xīxī 擬《快活に笑うさま》くすくす. にこにこ. ふっふっ. ¶笑 xiào～的 / にっこりとしている. ¶～地笑 / くすくす笑う.

【嘻嘻哈哈】xīxīhāhā 擬《複数の人が笑いさざめくさま》あはは. おほほ;〈喩〉不まじめなさま.

【嘻笑】xīxiào →【嬉笑】xīxiào

膝 xī 名〈生理〉ひざ. ひざ頭. ¶→～盖 gài. ‖姓

【膝盖】xīgài 名 ひざ. ひざ頭.

【膝下】xīxià 名〈書〉膝下(しっか). 親のひざもと. ¶～无 wú 子 / 子供がいない. 跡継ぎがいない.

【膝痒搔背】xī yǎng sāo bèi〈成〉ひざがかゆいのに背中をかく;要領が分からず見当違いなことをすること. 的はずれ.

嬉 xī 動〈方〉遊ぶ. 遊び戯れる. ¶请你到我家来～一会儿 / うちに遊びにいらしてください. ¶到街上 jiēshang 去～～ / 街へ遊びに行こうよ.

【嬉闹】xīnào 動 ふざける. うれしそうに遊ぶ.

【嬉皮士】xīpíshì 名 ヒッピー. ►"嬉皮派 xīpípài"とも.

【嬉皮笑脸】xī pí xiào liǎn〈成〉いたずらっぽくにやにやした顔つき. ►"嘻皮笑脸"とも書く.

【嬉笑】xīxiào 動 にぎやかに笑う. 笑いさざめく. ►"嘻笑とも書く.

熹 xī ◇ 夜が明ける. 明るい.

【熹微】xīwēi 形〈書〉ほのかに明るい. ¶晨光 chénguāng～ / 朝の光がほのぼのとうす明るい.

樨 xī "木樨 mùxi"(〈植〉モクセイ)という語に用いる.

螅 xī "水螅 shuǐxī"(〈動〉ヒドラ)という語に用いる.

羲 xī 人名に用いる. ¶伏 Fú～ / 古代中国の伝説の帝王. 伏羲(ふっき). ‖姓

窸 xī "窸窣 xīsū"⬇という語に用いる.

【窸窣】xīsū 擬〈書〉《物がかすかに擦れ合う音》さらさら. ぱらぱら.

蹊 xī ◇◆ 小道. ¶→～径 jìng. ▸▸ qī

【蹊径】xījìng 名〈書〉小道;〈転〉手順. 手法.

蟋 xī "蟋蟀 xīshuài"⬇という語に用いる.

【蟋蟀】xīshuài 名〈虫〉コオロギ. ¶斗 dòu ～ / コオロギを闘わす. ► 2 匹のコオロギをけんかさせ勝ち負けを賭ける遊び.

曦 xī ◇◆ 日の光. ¶晨 chén ～ / 朝の日光.

鼷 xī "鼷鼠 xīshǔ"⬇という語に用いる.

【鼷鼠】xīshǔ 名〈動〉ハツカネズミ.

2声 **习**(習) xí ◇◆ ①(繰り返し)練習して学ぶ. ¶复～ / 復習する. ②(繰り返し接し)慣れている,精通する. ¶→～见 jiàn. ③習慣. ならい. ¶积 jī ～ / 長年の習慣. 積習. ‖姓

【习非成是】xí fēi chéng shì 〈成〉まちがったことに慣れ,それを正しいと思うようになる.

【习惯】xíguàn ① 動 …に慣れる. …が習慣となる. ¶他已经～每天工作到深夜 shēnyè / 彼はもう夜遅くまで仕事をするのが習慣になっている. ¶这样潮湿 cháoshī 的天气我实在 shízài 不～ / こんなじめじめした天気には私はどうにもなじめない. ② 名 **習慣. 慣習. ¶改掉 gǎidiào 不好的～ / 悪い習慣をすっかり改める. ¶少数民族 shǎoshù mínzú 的风俗 fēngsú ～ / 少数民族の風俗習慣.

【习见】xíjiàn 動〈書〉(事物を)よく見かける,見慣れた. ¶～的现象 xiànxiàng / よくある現象.

【习明纳尔】xímíngnà'ěr 名 ゼミナール.

【习气】xíqì 名(よくない)習慣,癖,風習.

【习染】xírǎn 〈書〉① 動(悪習に)染まる,感染する. ② 名 悪い習慣.

【习尚】xíshàng 名〈書〉風習. 気風.

【习俗】xísú 名 風俗習慣. 習わし.

【习题】xítí 名 練習問題.

【习性】xíxìng 名(動物の)習性;(人の)癖.

【习以为常】xí yǐ wéi cháng 〈成〉繰り返しているうちにすっかり慣れっこになる.

【习用】xíyòng 動 使い慣れる. 慣用する. ¶～语句 yǔjù / 慣用語句.

【习语】xíyǔ 名 慣用語. 熟語. イディオム.

【习与性成】xí yǔ xìng chéng 〈成〉習い性となる.

【习字】xízì 動 習字をする. 文字を練習する.

【习作】xízuò ① 動(絵画で)習作する. (文章で)練習文を書く. ② 名(絵画や文章の)習作,エチュード.

席(蓆) xí ❶名 ①(～儿)**むしろ**. **カーペット**. ござ. アンペラ. ¶铺 pū ～歇凉 xiēliáng / むしろをしいて夕涼みをする. 量 条;领,张,卷. ② **宴席**(の料理). ¶摆 bǎi 了十桌～ / 料理を10テーブル出した(10卓設けたパーティー). ¶她在～上为大家唱 chàng 了一首歌 / 彼女は宴の席で皆に歌を 1 曲歌った.

❷量 宴席や議席を数える. ¶他在烤鸭店 kǎoyādiàn 摆了一～便餐 biàncān / 彼は北京ダック料理店で簡単な食事の席を設けた. ¶该党此次大选丢 diū 了二十～ / その党は今回の選挙で20議席失った. ¶一～话 / 一くさりの談話.

◇◆ 席. シート. 座席. ¶列～ / 列席する. ¶退 tuì ～ / 退席する. ¶软 ruǎn ～票 / (列車の)一等席のキップ. ‖姓

【席不暇暖】xí bù xiá nuǎn 〈成〉席の暖まる暇(いとま)がない. 非常に忙しいさま.

【席草】xícǎo 名〈植〉むしろを編む草.

【席次】xícì 名(集会や宴会などでの)席次,席順. ¶按照 ànzhào 指定～入座 rùzuò / 指定された席次に従って着席する.

【席地】xídì 動〈書〉地面に座る〔寝る〕.

【席间】xíjiān 名〈書〉席上. その席で.

【席卷】xíjuǎn 動〈書〉**席巻**(せっけん)**する**;ものをすべて巻き込む.

【席梦思】xímèngsī 名(米国の有名ベッド,シモンズの名から)スプリングベッド. 量 张.

【席面】xímiàn 名 宴席(の酒や料理).

【席棚】xípéng 名 アンペラ小屋.

【席位】xíwèi 名 議席. 地位;座席.

【席子】xízi 名 むしろ. ござ.

袭(襲) xí 量〈書〉そろいになった衣服を数える:そろい. ¶一～棉衣 miányī / 綿入れひとそろい.

◇◆ ①襲う. ¶→～击 jī. ②そのとおりにする. ¶沿 yán ～ / しきたりを踏襲する. ‖姓

【袭击】xíjī 動 **襲撃する**;〈喩〉**不意打ちする**. ¶暴风雨 bàofēngyǔ ～了我们的农场 nóngchǎng / 暴風雨がわれわれの農場を襲った.

【袭取】xíqǔ 動 ① 不意に襲って奪取する. ② そのまま受け継ぐ. 踏襲する.

【袭用】xíyòng 動 そのまま受け継いで用いる. 踏襲する. ¶～老规矩 guīju / 古いしきたりを踏襲する.

【袭占】xízhàn 動〈書〉急襲し占領する.

媳 xí ◇◆ 息子の妻. 嫁. ¶婆 pó ～ / しゅうとめと嫁.

*【媳妇】xífù 名 ① **息子の妻**. **嫁**. ►"儿媳妇儿 érxífur"とも. ② 自分よりも世代が下の親戚の妻. ► 前に親族呼称を添えて用いる. ¶侄 zhí～ / おいの嫁.

【媳妇儿】xífur 名〈方〉妻;(広く)既婚の若い女性.

檄 xí ◇◆ 檄(げき). 触れ文(ぶみ). ¶→～文. ¶传 chuán ～ / 〈書〉触れを出す. 檄を飛ばす.

【檄文】xíwén 名 檄文(げきぶん). 触れ文.

3声 **洗** xǐ 動 ①(汚れを落とすために)**洗う**. ❖～衣服 yīfu / 洗濯する. ¶把衣服～干净 gānjìng / 服をきれいに洗う. ② 写真を現像する. 焼き付ける. ❖～照片 zhàopiàn / 写真を現像する. ③(トランプなどを)切る;(マージャンのパイを)かき混ぜる. ¶→～牌 pái.

X

④(恥や汚名を)すすぐ.(冤罪を)晴らす;(徹底的に)除く. ¶～掉历史的污点 wūdiǎn / 不名誉な過去の汚点を晴らす.

◇◆ ①皆殺しにする. 奪い尽くす. ¶→～劫 jié. ¶～城 / 町中の人を殺す. ②〈宗〉洗礼. ¶受～人 / 洗礼を受けた人. ③(徹底的に)除く. ¶清～ / 粛清する. ▸▸ xiǎn

【洗尘】xǐchén 動〈書〉遠来の客を供応する.

【洗涤】xǐdí 動〈書〉洗浄する. ¶～剂 jì / 洗剤.

【洗耳恭听】xǐ ěr gōng tīng 〈成〉(耳を傾けて)拝聴する. 話をうかがう.

【洗发】xǐ//fà 動 髪を洗う. ¶～膏 gāo /(クリーム状の)シャンプー. ¶～水 /(液状の)シャンプー.

【洗发精】xǐfàjīng 名 シャンプー.

【洗海澡】xǐ hǎizǎo 海水浴をする.

【洗甲水】xǐjiǎshuǐ 名 マニキュアの除光液.

【洗劫】xǐjié 動 財物を残らず奪い去る.

【洗脸】xǐ//liǎn 動 顔を洗う.

【洗脸池】xǐliǎnchí 名 洗面台のシンク.

【洗脸盆】xǐliǎnpén 名(～儿)洗面器.

【洗练】xǐliàn 形(言葉・文章・技芸などが)洗練されている. ►"洗炼"とも書く.

【洗面奶】xǐmiànnǎi 名 洗顔乳液.

【洗牌】xǐ//pái 動(トランプの)カードを切る;(マージャンの)パイをかき混ぜる;〈喩〉構築し直す. 再編成する.

【洗钱】xǐ//qián 動 マネーロンダリングする. 資金洗浄する.

【洗手】xǐ//shǒu 動 ①手を洗う;トイレに行く. ②悪事から足を洗う. ③ある職業をやめる.

*【洗手间】xǐshǒujiān 名 トイレ. 手洗い. ㊀个.

【洗刷】xǐshuā 動 ①よく洗う. ブラシでこすりながら洗う. ②(恥を)すすぐ;(けがれを)清める;(欠点を)取り除く. ¶～耻辱 chǐrǔ / 恥辱をすすぐ.

【洗头】xǐ//tóu 動 洗髪する. シャンプーする. ¶～吹风 chuīfēng / 洗髪してドライヤーをかける. ¶～膏 gāo /(クリーム状の)シャンプー.

【洗碗池】xǐwǎnchí 名 流し台のシンク.

【洗碗机】xǐwǎnjī 名 食器洗い機.

【洗胃】xǐ//wèi 動〈医〉胃の洗浄をする.

【洗心革面】xǐ xīn gé miàn 〈成〉心を入れ替えて再出発する.

【洗雪】xǐxuě 動(恥辱を)すすぐ;(冤罪を)晴らす.

【洗衣】xǐyī 動(衣類を)洗濯する. ¶～板儿 bǎnr / 洗濯板. ¶～袋 dài /(ホテルの)クリーニングバッグ,ランドリーバッグ. ¶～店 diàn / クリーニング店. ¶～粉 fěn / 洗剤. ㊀盒,袋.

*【洗衣机】xǐyījī 名 洗濯機. ㊀台.

【洗印】xǐyìn 動〈写真〉現像と焼き付けをする.

**【洗澡】xǐ//zǎo 動 入浴する. ¶洗个澡解解乏 fá / 風呂に入って疲れをいやす. ¶洗热水澡 / 熱い湯に入る. ¶～间 jiān / 浴室. バスルーム. ¶～盆 pén / バスタブ. たらい.

【洗濯】xǐzhuó 動〈書〉洗う.

玺(璽) xǐ 名〈古〉璽(じ). 玉製の天子の印. ¶掌 zhǎng ～大臣 / 国の印章を保管する大臣. ¶玉 yù～ / 御璽(ぎょ). 天子の印章. ‖姓

铣 xǐ 動〈機〉フライス盤にかける. ¶～削 xiāo / フライス盤で削る. ▸▸ xiǎn

【铣床】xǐchuáng 名〈機〉フライス盤.

【铣刀】xǐdāo 名〈機〉フライス.

徙 xǐ ◇◆ ①移す. 引っ越す. ¶迁 qiān～ / 引っ越しをする. ¶～居 jū / 転居する. ②(官職が)異動になる.

喜 xǐ ❶動 ①(…するのが)好きである. ¶这孩子～动 dòng 不～静 jìng / この子はじっとしていないで動き回るのが好きだ. ¶他最～钓鱼 diào yú 捉蟹 zhuō xiè / 彼は釣りとかカニ捕りなんかが大好きだ.

②(食べ物などのとり合わせが)よく合う;(生物がある環境に)適応する. ¶圆白菜 yuánbáicài ～植物油 zhíwùyóu,不～猪油 zhūyóu / キャベツは植物油とよく合い,ラードにはなじまない.

❷形 うれしい. 楽しい. ¶～得几乎跳起来 / 躍り上がらんばかりに喜ぶ.

◇◆ ①めでたいこと. ¶贺 hè～ / お祝いを述べる. ②女性が懐妊すること. ¶有～了 / 〈口〉おめでたになる. ‖姓

*【喜爱】xǐ'ài 動(好感をもち)好きである. 好む. ¶他～跑步 pǎobù / 彼はジョギングが好きだ. ¶这孩子真惹 rě 人～! / この子は本当にかわいい.

【喜报】xǐbào 名 吉報. うれしい知らせ(を書いた紙).

【喜车】xǐchē 名 結婚の時に花嫁を乗せる車.

【喜冲冲】xǐchōngchōng 形(～的)うれしそうである.

【喜出望外】xǐ chū wàng wài 〈成〉思いがけないことで大喜びする. 望外の喜び.

【喜蛋】xǐdàn 名 赤く染めたゆで卵. ►出産の内祝いに使うことが多い.

【喜房】xǐfáng 名 ①→【洞房】dòngfáng ②(婚礼を行う際の)花嫁の化粧・休憩室.

【喜歌】xǐgē 名(～儿) ①祝いの歌. ②縁起のよい文句.

【喜好】xǐhào 動 好む. 愛好する. ¶她从小就～音乐 yīnyuè / 彼女は小さい時から音楽が好きだ.

**【喜欢】xǐhuan ❶動 ①好きである. 好む;…したがる. ►名詞(句)・動詞(句)・形容詞(句)・兼語の目的語をとることができる. また"很"などの程度副詞で修飾できる. ¶我很～历史 lìshǐ / 私は歴史が大好きだ. ¶我不大～打篮球 lánqiú / 私はバスケットボール(をするの)はあまり好きではない. [兼語の後にくる動詞(句)は原因を表す]¶大家都～她肯 kěn 努力工作 / 彼女は一生懸命仕事をするのでみんなに好かれる. ②喜ぶ. うれしがる. ►重ね型はABAB型. ¶～得不得了 bùdéliǎo / うれしくてたまらない. ¶快说啊,让 ràng 我也～～ / 早く言いなさい,私も喜ばせてよ. [「"把"＋人＋"喜欢"」の形で]¶把他～得一夜没睡 shuì / 彼はうれしくて一晩眠れなかった. ❷形 愉快である. 楽しい. ►重ね型はAABB型. ¶听说要去春游 chūnyóu,同学们个个都很～ / 春のピクニックに行くというのを聞いたので,だれもみなにこにこしている. ¶喜喜欢欢迎 yíng 新年 / 楽しく新年を迎える.

【喜欢上】xǐhuānshang 動＋方補 好きになる.

【喜轿】xǐjiào 名〈旧〉新婦が乗る花かご.

【喜酒】xǐjiǔ 名 結婚の祝い酒;結婚祝賀の宴.

【喜剧】xǐjù 名 喜劇. コメディー. ㊀个,场.

【喜礼】xǐlǐ 名 結婚祝いの贈り物.

【喜联】xǐlián 名 婚礼の時に掛ける対聯(ついれん).

【喜眉笑眼】xǐ méi xiào yǎn 〈成〉いかにもうれしそうな顔つき.
【喜怒哀乐】xǐ nù āi lè 〈成〉人間のさまざまな感情. 喜怒哀楽.
【喜怒无常】xǐ nù wú cháng 〈成〉感情の起伏が激しいこと.
【喜气】xǐqì 名 喜ばしい様子. めでたいさま. ¶满脸 mǎnliǎn ～ / 喜色満面である.
【喜钱】xǐqian 名(祝い事のある家が出す)祝儀. 心付け.
【喜庆】xǐqìng ① 名 お祝い. ② 形 めでたい.
【喜鹊】xǐque 名〈鳥〉カササギ.
【喜人】xǐrén 形 喜ばしい. ¶形势 xíngshì ～ / 情勢が非常に有利である.
【喜丧】xǐsāng 名 天寿を全うした人の葬儀.
【喜色】xǐsè 名 喜色. うれしそうな表情. ¶面有～ / 顔に喜色をたたえている.
*【喜事】xǐshì 名 ① 祝い事 ; おめでた. ②(特に)結婚. ¶办 bàn ～ / 結婚式をあげる.
【喜堂】xǐtáng 名 結婚式場.
【喜糖】xǐtáng 名 婚礼の時に配る祝いのあめ類.
【喜闻乐见】xǐ wén lè jiàn 〈成〉喜んで聞き,喜んで見る. 人々に歓迎されること.
【喜笑颜开】xǐ xiào yán kāi 〈成〉うれしさに顔が思わずほころぶ.
【喜新厌旧】xǐ xīn yàn jiù 〈成〉浮気っぽい. 移り気である.
【喜信】xǐxìn 名(～儿)吉報. よい知らせ.
【喜形于色】xǐ xíng yú sè 〈成〉うれしさが顔色に現れる.
【喜幸】xǐxìng 形〈書〉喜ばしい. うれしい.
【喜兴】xǐxing 形〈方〉うれしい. 機嫌がよい.
【喜讯】xǐxùn 名 **吉報. うれしいニュース.**
【喜烟】xǐyān 名 婚礼の接待に配るたばこ.
【喜筵】xǐyán 名 祝宴 ;(特に)結婚披露宴. 量 次. ¶摆 bǎi ～ / 祝宴を設ける.
【喜洋洋】xǐyángyáng 形(～的)喜びにあふれている.
【喜雨】xǐyǔ 名 干天の慈雨. 恵みの雨.
【喜悦】xǐyuè 形〈書〉うれしい.
【喜兆】xǐzhào 名 吉兆. めでたい兆し.
【喜滋滋】xǐzīzī 形(～的)うれしくてうきうきする.

禧(釐) xǐ ◇◆ ① 幸せ. 吉祥. ¶鸿 hóng ～ / 大いなる幸福. ② 喜び. ¶恭贺 gōnghè 新～ / 恭賀新年.

X 4声

卌 xì 数 四十. 40. ►"十"を四つ横に並べた形.

***戏**(戲·戯) xì 名 **劇. 芝居.** ►曲芸もいう. 量 台 tái,出,场 chǎng. ❖ 听 *tīng* ～ / 伝統劇を見る.
◇◆ ①戯れ. 遊び. ¶游～ / 遊び. ②戯れる. からかう. ¶→～弄 nòng. ‖姓
【戏班】xìbān 名〈旧〉(～儿·～子)芝居の一座. 劇団.
【戏词】xìcí 名(～儿)"戏曲"のせりふと歌の総称. ⇨【戏曲】xìqǔ
【戏单】xìdān 名(～儿·～子)(芝居の)プログラム, 解説パンフレット.
【戏法】xìfǎ 名(～儿)手品. マジック. ¶变 biàn ～儿 / 手品を使う.
*【戏剧】xìjù 名 ① **演劇. ドラマ. 芝居.** ② 脚本.
【戏路】xìlù 名 俳優の得意な役柄. 演技の幅. ¶～窄 zhǎi / 限られた役柄しか演じられない.
【戏迷】xìmí 名 熱狂的な演劇ファン.
【戏目】xìmù 名(演劇などの)プログラム, 演目.
【戏弄】xìnòng 動 からかう. なぶる. ばかにする.
【戏票】xìpiào 名(芝居の)切符, 入場券. 量 张.
【戏评】xìpíng 名 劇評. 演劇に関する評論.
【戏曲】xìqǔ 名 **中国の伝統的な演劇.** "昆曲 Kūnqǔ""京剧 Jīngjù"その他の地方劇を含み, 歌·舞踊·せりふ·立ち回りなどから成る.
【戏耍】xìshuǎ 動 ①→【戏弄】xìnòng ② 遊び戯れる.
【戏台】xìtái 名〈口〉**舞台.** 量 座.
【戏谑】xìxuè 動 冗談を言ってからかう.
【戏言】xìyán ① 名 戯れの言葉. 冗談. ¶酒后～ / 酒の上の戯言(ざれ). ② 動 冗談を言う. ふざけていう.
【戏衣】xìyī 名(演劇などの)衣装, コスチューム.
【戏院】xìyuàn 名 劇場.
【戏装】xìzhuāng 名 俳優の舞台用衣装.
【戏子】xìzi 名〈旧〉〈貶〉役者.

***系**(係·繫) xì ❶ 名 **(大学の)学科, 学部, 系.** ►日本の大学の学部よりは分かれかたが細かく, 学科よりは規模が大きいことが多い. ¶外语～英语专业 zhuānyè / 外国語学部英語学科.
❷ 動 ① 関係する. かかわる. ¶生死存亡 cúnwáng ～于此战 zhàn / 生きるか死ぬかはこの戦いにかかっている. ② 人や物をくくりつけて上に引き上げる〔吊り下ろす〕. ¶用绳 shéng 把水桶 shuǐtǒng ～上来 / 縄で水おけを吊り上げる. ③ つなぐ. ¶～牲口 shēngkou / 役畜をつなぐ. ¶～铃 líng / (首に)鈴を付ける. ④〈書〉(＝是)…である. ¶此文～虚构 xūgòu / この文はフィクションである.
◇◆ ①シリーズ. 系統. 派. ¶派 pài ～ / 派閥. 党派. ¶嫡 dí ～ / 直系. ¶→～列 liè. ②〈地質〉紀. ¶二叠 dié ～ / ペルム紀. ③感情を引きずる. つながりを断ち切れない. ¶→～念 niàn. ④拘禁する. ¶～狱 yù / 投獄する. ▸▸ jì
【系词】xìcí 名〈論〉〈語〉繫辞(けいじ). コプラ.
【系恋】xìliàn 動 離れがたく思う.
【系列】xìliè 名 **系列. 連続. シリーズ.** ¶一～ / 一連(の). ¶～商品〔产品〕/ 系列商品. ¶～片 piàn / シリーズ物の映画. ¶～电视剧 diànshìjù / 連続テレビドラマ.
【系念】xìniàn 動〈書〉心にかける. 心配する.
*【系统】xìtǒng ❶ 名 ① **系統. システム.** ¶～化 / システム化. ② **系列. 関連部門. 組織. 人脈.** ¶轻工业～ / 軽工業関連部門. ¶情报～ / 情報組織. ❷ 形 系統的である. 系統だっている. ¶学习材料 cáiliào 很～ / 学習教材がとても系統だっている. ¶～地说明 / 系統的に説明する.
【系统工程】xìtǒng gōngchéng 名 システム工学. ¶～师 shī / システムエンジニア.

細

***细** xì 形 ①(↔粗 cū)(細長い形をしたものが)細い. ¶这根绳子 shéngzi 太～ / この縄は細すぎる. ¶胳膊 gēbo ～得像竹

竿 zhúgān / 腕は竹ざおほどの細さだ．［"～着"の形で「細める」の意味で用いることもある］¶～着眼睛… / 目を細めて….
②(↔粗)(粒が)**小さい**．きめが細かい．¶玉米面 yùmǐmiàn 磨 mò 得很～ / トウモロコシ粉が細かくひいてある．¶～皮肤 pífū / きめが細かい肌．
③(↔粗)(声が)**細い，小さい**．¶她说话嗓音 sǎngyīn 很～ / 彼女の話し声はか細い．
④(↔粗)(細工などが)**細かい，**手が込んでいる；材料が上等だ．¶工艺品 gōngyìpǐn 做得真～ / 工芸品は実に手が込んでいて上等だ．
⑤(↔粗)注意深く細かい．綿密である．¶他胆子 dǎnzi 虽小，心却 què 很～ / 彼は臆病だが細心だ．¶～看 / 子細に見る．
⑥(質素・倹約で)つましい．¶他过日子很～ / 彼は暮らしがとてもつましい．
⑦小さい．重要でない．¶事无巨 jù ～ / 事の大小にかかわらない．¶→～节 jié．‖姓

【细胞】xìbāo 名〈生〉**細胞．**
【细别】xìbié ①名 細かな違い．②動 細かく分ける．細別する．
【细布】xìbù 名 目がつんだ木綿地．
【细菜】xìcài 名(↔大路菜 dàlùcài)地域や季節の関係で供給量が比較的少ない野菜．
【细长】xìcháng 形 **細長い**．¶～的身材 shēncái / ひょろ長い体つき．
【细瓷】xìcí 名 上質の磁器．
【细大不捐】xì dà bù juān〈成〉大小にかかわらず大事にすること．細大漏らさず．
【细高挑儿】xìgāotiǎor 名〈方〉背が高くてやせた体つき(の人)．ひょろ長い体つき(の人)．
【细工】xìgōng 名 手の込んだ仕事．精密で細かな手仕事．
【细故】xìgù 名〈書〉ささいなこと．
【细活儿】xìhuór 名 細かくて手のかかる仕事．手の込んだ仕事；技術性の高い仕事．
【细节】xìjié 名 細かい点．細部．
【细究】xìjiū 動〈書〉細かく追究する．
*【细菌】xìjūn 名 **細菌．**バクテリア．
【细浪】xìlàng 名 さざ波．
【细粮】xìliáng 名 米・小麦粉の類(の穀物)．
【细溜】xìliu 形〈方〉細い．ほっそりとしている．¶腰身 yāoshen ～ / ウエストがほっそりとしている．
【细毛】xìmáo 名(テンなどの)毛皮の上等品．
【细密】xìmì 形 ①(生地などが)**細かくてすきまがない．**¶～的纹理 wénlǐ / 細かい木目．②**綿密である．注意深い．**¶～的分析 fēnxī / 綿密な分析．
【细目】xìmù 名 細目．細かい項目．
【细嫩】xìnèn 形(皮膚や筋肉などが)きめ細かくて柔らかい．
【细腻】xìnì 形 ①(↔粗糙 cūcāo)きめが細かくてなめらかである．¶皮肤 pífū ～ / 肌のきめが細かい．②(描写・演技などが)きめ細かい，念入りである．¶人物描写～得很 / 人物描写が非常にきめ細やかである．
【细皮嫩肉】xì pí nèn ròu〈成〉(子供や女性の)肌がきめ細かく柔らかい．たおやかなさま．
【细巧】xìqiǎo 形 精巧である．手が込んでいる．
【细情】xìqíng 名 細かい事情．詳しい事情．
【细软】xìruǎn ①名(高価な装身具など携帯に便利な)金目の物，貴重品．②形 繊細でしなやかである．
【细润】xìrùn 形 きめ細かくてつやがある．
【细弱】xìruò 形〈書〉細くて弱々しい．か弱い．¶～的躯干 qūgàn / 貧弱な体格．¶声音 shēngyīn ～ / 声が弱々しい．
【细声细气】xì shēng xì qì〈成〉声がか細い．
【细瘦】xìshòu 形 ほっそりとしている．
【细水长流】xì shuǐ cháng liú〈成〉①金や物を節約して使い，長持ちさせる．②物事を少しずつ時間をかけてやる．
【细说】xìshuō〈書〉①動 詳しく述べる．②名 讒言(ざん)．中傷．
【细丝】xìsī 名 ①細い絹糸．釜糸(かま)．②(～儿)糸のように細いもの．¶把肉切成 qiēchéng ～儿 / 肉を千切りにする．
【细碎】xìsuì 形 細かい；小刻みである．
【细谈】xìtán 動 詳しく述べる；とくと語り合う．
【细挑・细条】xìtiao 形(体が)すらりとしている．►"细挑挑 xìtiāotiāo"ということもある．
【细微】xìwēi 形 きわめて細かい．かすかである．¶～的差异 chāyì / わずかな差．
【细细】xìxì 形(～儿)**事細かである．**
【细小】xìxiǎo 形 **きわめて小さい．些細な；かすかである．**¶～的声音 shēngyīn / かすかな声〔音〕．
*【细心】xìxīn 形 **細心である．注意深い．細かなところまで気がつく．**¶～人 / 注意深い人．¶～查找 cházhǎo / 丹念に調べる．
【细雨】xìyǔ 名 小雨．細かに降る雨．量 场．¶毛毛 máomáo ～ / 霧雨．こぬか雨．¶～如丝 rú sī / 細かい雨が糸のようだ．
【细则】xìzé 名 細則．細かい規則．量 条．
【细账】xìzhàng 名 細かい勘定．¶算 suàn ～ / 細かくそろばんをはじく．そろばん高い．
【细针密缕】xì zhēn mì lǚ〈成〉仕事が丹念であるたとえ．
【细枝末节】xì zhī mò jié〈成〉枝葉末節．どうでもよい瑣末(さまつ)なこと．
*【细致】xìzhì 形 **緻密である．注意深い．念の入った．**¶～地检验 jiǎnyàn / 精密に検査する．¶这人做事很～ / この人は仕事がきちんとしている．

隙(隙) xì ◇◆ ①すきま．割れ目．¶云 yún ～ / 雲の切れ間．②空いた土地；暇な時間．¶农 nóng ～ / 農閑期．③すき．手抜かり．付け込む機会．¶无～可乘 chéng / 乗ずるべきすきがない．④(感情の)ひび．仲たがい．¶有～ / 仲が悪い．
【隙地】xìdì 名〈書〉空き地．空いた場所．

xia（ㄒㄧㄚ）

X

1声
呷 xiā 動〈方〉すするように飲む．

虾(蝦) xiā 名〈動〉**エビ．**量 只 zhī，种 zhǒng．¶对～ / タイショウエビ．クルマエビ．¶龙 lóng ～ / 大エビ．イセエビ．
【虾兵蟹将】xiā bīng xiè jiàng〈成〉役に立たない将兵．烏合(うごう)の軍勢．
【虾干】xiāgān 名 干しエビ．
【虾米】xiāmi 名 ①むき身の干しエビ．②〈方〉小エビ．

【虾仁】xiārén 名(～儿)エビのむき身.

*瞎 xiā ❶動 ①失明する. 目が見えなくなる. ¶眼睛 yǎnjing ～了 / 目が見えなくなった. ②砲弾・発破などが不発に終わる. ③〈方〉穀粒の実入りが悪い;(種が)発芽しない.
❷副(内容について)でたらめに,むだに;(やり方について)むやみに,とりとめなく. ¶～吵 chǎo / むやみに騒ぐ. ¶～费劲儿 fèijìnr / むだ骨を折る. ¶～着急 zháojí / いたずらに気をもむ.

【瞎掰】xiābāi 動〈方〉でたらめなことをする;でたらめを言う. ¶别～了! / でたらめを言うな.
【瞎扯】xiāchě 動 でたらめを言う. 冗談を言う.
【瞎吹】xiāchuī 動 だぼらを吹く.
【瞎话】xiāhuà 名 でたらめ. うそ. ¶他从来不说～ / 彼はいいかげんなことを言ったことがない.
【瞎混】xiāhùn 動 行き当たりばったりな暮らし方をする.
【瞎聊】xiāliáo 動 むだ話をする. だべる.
【瞎忙】xiāmáng 動 やたらに忙しく立ち回る.
【瞎猫碰死耗子】xiāmāo pèng sǐhàozi 〈諺〉まぐれ当たりである.
【瞎闹】xiānào 動 ばか騒ぎをする. でたらめなことをする.
【瞎跑】xiāpǎo 動 むやみに走り回る;目的もなく駆け回る. いたずらに忙しく飛び回る.
【瞎说】xiāshuō 動 でたらめを言う. 出任せを言う. ¶小孩子家不要～ / 子供のくせにいいかげんなことを言うな.
【瞎信】xiāxìn 名〈口〉受け取り人の住所・氏名の不備による配達不能の手紙.
【瞎眼】xiā//yǎn ①動 目が見えなくなる. ②名 目の不自由な人.
【瞎扎忽・瞎咋呼】xiāzhāhu 動〈俗〉やたらに大げさにふるまう. 空いばりをする.
【瞎指挥】xiā zhǐhuī 〈慣〉誤った指図で混乱を招く.
【瞎诌】xiāzhōu 動〈方〉でたらめを言う.
【瞎抓】xiāzhuā 動 行き当たりばったりにやる. でたらめなことをする.
【瞎撞】xiāzhuàng 動 当てずっぽうなことをする. 行き当たりばったりな行動をする.
【瞎子】xiāzi 名 ①盲人. 目が不自由な人. ②〈方〉しいな. 実入りの悪い穀物.

2声 匣 xiá (～儿) ①名(ふた付きのやや小型で四角い)箱. ¶木～ / 木の箱. ②量 小さめの箱入りのものを数える. ¶两～点心 diǎnxin / 菓子ふた折り. ⇒〖箱 xiāng〗〖盒 hé〗

【匣子】xiázi 名 ①ふた付きのやや小型で四角い箱. ¶木头 mùtou ～ / 木の箱. ②〈方〉モーゼル拳銃.
【匣子枪】xiáziqiāng 名〈方〉モーゼル拳銃. 量 支 zhī.

侠(俠) xiá ◇◆ ①男だて. ¶→～客 kè. ②男気(ぎ). ¶→～骨 gǔ.

【侠骨】xiágǔ 名〈書〉気骨. 義侠心.
【侠客】xiákè 名〈書〉侠客. 男だて.
【侠气】xiáqì 名 侠気. 男気. 義侠心.
【侠义】xiáyì 形 義侠心に富んでいる. ¶～心肠 xīncháng / 義侠心. 男気.

X

狎 xiá ◇◆ なれなれしい.

【狎妓】xiájì 動〈書〉芸者と遊ぶ.
【狎昵】xiánì 形 なれなれしくて不作法である.

峡(峽) xiá ◇◆ 谷川. 峡谷. ¶长江三～ / 長江の中流にある"瞿塘 Qútáng 峡" "巫 Wū 峡" "西陵 Xīlíng 峡"の総称.

【峡谷】xiágǔ 名 峡谷.
【峡湾】xiáwān 名〈地〉フィヨルド.

狭(狹) xiá 形(↔ 广 guǎng, 宽 kuān) 狭い;狭量である. ►南方では単用することもあるが,普通は熟語で用いるか,"窄 zhǎi"を使う. ¶→～小 xiǎo.

【狭隘】xiá'ài 形 ①(幅が)狭い. ¶～的走廊 zǒuláng / 狭い廊下. ②(見識・見解・心・度量などが)狭い,狭隘(きょうあい)である,偏狭である. ¶心胸 xīnxiōng ～ / 心が狭い.
【狭长】xiácháng 形 細長い. 狭くて長い. ¶～的过道 / 狭くて長い通路.
【狭路相逢】xiá lù xiāng féng 〈成〉(かたき同士が)のっぴきならないところで出会う.
【狭小】xiáxiǎo 形(範囲・規模や度量などが)小さい,狭い. ¶～的房间 fángjiān / 狭くて小さい部屋. ¶眼光 yǎnguāng ～ / 見識が狭い. 物事を見通す力がない.
【狭义】xiáyì 名(↔广义)狭義. 狭い意味.
【狭窄】xiázhǎi 形(幅・範囲や度量・見識などが)狭い,小さい. ¶～的小胡同 hútòng / 狭苦しい路地. ¶心地～ / 度量が狭い. 狭量である. ¶见识 jiànshi ～ / 見識が狭い.

遐 xiá ◇◆ ①遠い. ¶→～迩 ěr. ②久しい. ¶→～龄 líng. ‖姓

【遐迩】xiá'ěr 名〈書〉遠近.
【遐龄】xiálíng 名〈書〉高齢.
【遐想】xiáxiǎng 動〈書〉①遠く思いをはせる. ②高遠な思索をする.

瑕 xiá ◇◆(玉(ぎょく)の表面の)傷. 欠点. ¶→～玷 diàn. ¶白璧 bì 微～ / 〈成〉玉にきず.

【瑕不掩瑜】xiá bù yǎn yú 〈成〉欠点もあるが,長所のほうがずっと多い.
【瑕疵】xiácī 名〈書〉傷. 欠点.
【瑕玷】xiádiàn 名〈書〉傷. 欠点.
【瑕瑜互见】xiá yú hù jiàn 〈成〉(文章などで)欠点も長所もあること.

暇 xiá ◇◆ 暇.

【暇日】xiárì 名〈書〉ひまな日々.

辖(鎋) xiá 名 車輪を軸にとめるくさび. ◇◆ 管轄・統轄する. ¶直 zhí ～ / 直轄する.

【辖区】xiáqū 名 管轄区(域).
【辖制】xiázhì 動 束縛する. 抑えつける. 拘束する.

霞 xiá ◇◆ 朝夕の赤みを帯びた雲. ¶晚 wǎn ～ / 夕焼け. ¶朝 zhāo ～ / 朝焼け. ‖姓

【霞光】xiáguāng 名 雲間から射す色とりどりの太陽光線.

黠 xiá ◇◆ 悪賢い．ずるい．¶狡 jiǎo ～ / 狡猾(こうかつ)である．

4声 ＊＊ **下 xià** ❶ 方位《位置の低いことを示す》 ①(単独または「前置詞＋"下"」の形で用いて)**下,下の方**．¶上有天堂 tiāntáng,～有苏杭 Sū Háng / 〈諺〉天上には極楽があり,地上には蘇州・杭州がある．¶往 wǎng ～看 / 下の方を見る．

②(「名詞＋"下"」の形で用いる)…の下(で)．►"下"を軽く発音してもよい．¶山～ / 山のふもと．¶在老师的指导 zhǐdǎo ～ / 先生の指導のもとに〔で〕．

③(「"下"＋名詞」の形で用いる)下の,次の．¶～册 cè / 下巻．¶～一趟 tàng 车 / 次の列車．［ある**期間の後半**またはその**次の時間**をさして］¶～半夜 / 夜の後半(夜の12時から夜明けまで)．¶～月三号 / 来月の3日．¶～星期天 / 来週の日曜日．

❷ 動 ①**(高いところから低いところへ)下りる;(乗り物から)降りる**．¶～台阶 táijiē / 階段を下りる．¶～飞机 fēijī / 飛行機を降りる．

②**(雨・雪などが)降る;(霜・霧などが)降りる**．¶昨晚～了一场 cháng 雨 / 昨夜ひと雨降った．¶雪 xuě ～得很大 / 雪はずいぶん降った．

③**(勤めや学校が)ひける**．¶～夜班 yèbān / 夜勤がひける．¶每天～了课 kè 去打工 / 毎日放課後アルバイトをしに行く．

④(結論や判断を)下す．¶～结论 jiélùn / 結論を出す．¶～定决心 / 覚悟を決める．決心する．

⑤(ある場所に)入る,行く,出かける．¶～工厂 gōngchǎng / 工場に入る．¶→～馆子 guǎnzi.

⑥ 退場する．¶国家队的1号～, 3号上 / ナショナルチームの1番が下がり, 3番が入る．

⑦(命令を)下す;(通達を)送る;(布告を)発布する．¶中央 zhōngyāng ～了一份 fèn 文件 / 中央(政府)から通達が出された．¶通知～得很及时 jíshí / 通知はタイミングよく出された．

⑧(中に)入れる;(資金・労力などを)投入する;(種を)まく．¶～饺子 jiǎozi /(沸騰した湯に入れて)ギョーザをゆでる．¶→～本儿 běnr. ¶～种 zhǒng / 種をまく．

⑨ 取りはずす．取り上げる．¶把窗户 chuānghu ～下来 / 窓を取りはずす．

⑩ 用いる．使う．¶→～毒手 dúshǒu.

⑪(動物が子や卵を)産む．¶→～蛋 dàn.

⑫(碁を)打つ;(将棋を)指す．¶～了一盘 pán 象棋 xiàngqí / 中国将棋を1局指した．

❸ 量 ①(～儿)**動作の回数**を表す．¶钟 zhōng 敲 qiāo 了八～ / 時計が8時を打った．¶摇 yáo 了几～小旗 / 小旗を何度か振った．⇨【一下】**yīxià**

②(～儿·～子)《腕前・能力を表す》►数詞は"两,几"に限られる．¶他真有两～子〔儿〕/ 彼はたいした腕利きだ〔なかなかすごい〕．

③〈方〉《器物の容量をさす》¶这么大的杯子 bēizi,他一气喝了五～ / これほど大きなグラスなのに,彼は一気に5杯も飲んだ．

◇◆ ①等級が低い．¶→～等 děng. ¶→～品 pǐn. ②下へ向かって．¶→～达 dá. ¶→～行 xíng. ③ある時間・時節に当たることを表す．¶节 jié ～ / お節句．節句の当日．¶时 shí ～ / 現今．目下．

方向補語"－下"の用法

❶(↔上)動詞の後に用いて,その動作が低い方へ下がっていく,離れていくことを表す．ⓐ…から下方へ向かって動作が行われることを表す．¶跳 tiào ～炕 kàng / オンドルから飛び下りる．ⓑ動作の結果,**離れて取れること(分離)を表す**．¶脱 tuō ～袜子 wàzi / くつしたを脱ぐ．¶卸 xiè ～自行车零件 língjiàn / 自転車の部品を取り外す．

❷動詞の後に用いて,人や事物が動作とともに高い所〔不安定な所〕を離れて低い所〔安定した所〕に着くことを表す．ⓐ(↔起)…に動作が下りることを表す．¶跳～地 / 土間に飛び下りる．¶你坐～ / お掛けなさい．¶把行李放 fàng ～ / 荷物を下に置きなさい．ⓑ動作・行為の結果何かが残ること(**残存・遺棄**)を表す．¶留 liú ～地址 dìzhǐ / 住所を書き残しておく．¶存 cún ～钱 / お金を預ける．¶他撇 piē ～妻子和四个孩子死了 / 彼は妻と4人の子供を残して死んだ．ⓒ(→"下来")**落着すること(決定)**を表す．¶定 dìng ～计策 jìcè / 計略を立てる．ⓓ(→"下来")**停止すること**を表す．¶停 tíng ～脚步 jiǎobù / 歩みを止める．

注意 "下 xia"と軽声に発音してもよい．ただし,"下"が具体的方向を示す場合を除く．

＊【下巴】**xiàba** 名〈口〉**あご**．¶托 tuō 着～沉思 chénsī / ほおづえをついて考え込む．

【下巴颏儿】**xiàbakēr** 名〈口〉あご．

【下摆】**xiàbǎi** 名 衣服のすそ．

＊【下班】**xià//bān** 動(～儿)**退勤する．仕事を終える**．¶每天下午五点～ / 毎日午後5時に退勤する．

【下半辈儿】**xiàbànbèir** 名〈口〉(↔上半辈儿)後半生．►"下半辈子"とも．

【下半场】**xiàbànchǎng** 名(↔上半场)(試合などの)後半．►"下半时"とも．¶～比赛 bǐsài / 試合の後半．

【下半截】**xiàbànjié** 名(～儿)(↔上半截)下の半分．¶～身子 / 下半身．

【下半年】**xiàbànnián** 名(↔上半年)**1年間の下半期**．

【下半旗】**xià bànqí** 半旗を掲げる．►"降半旗"とも．

【下半晌】**xiàbànshǎng** 名(～儿)午後．

【下半身】**xiàbànshēn** 名(↔上半身)下半身．

【下半时】**xiàbànshí** →【下半场】**xiàbànchǎng**

【下半天】**xiàbàntiān** 名(～儿)(↔上半天)午後．昼過ぎ．

【下半夜】**xiàbànyè** 名(↔上半夜)夜中過ぎ．夜12時以後明け方まで．

【下半月】**xiàbànyuè** 名(↔上半月)月の後半．16日から月末まで．

【下绊子】**xià bànzi** 足払いをかける．

【下辈】**xiàbèi** 名(～儿)(↔上辈) ① 子孫．②(一家一族の)後の世代．次世代．

【下辈子】**xiàbèizi** 名(↔上辈子) ① 来世．②→【下辈】**xiàbèi**

【下本儿】**xià//běnr** 動〈口〉資本を投下する．資本を出す．金をかける．

【下笔】**xià//bǐ** 動(文章や絵を)書き始める．

X

【下笔成章】xià bǐ chéng zhāng 〈成〉文章をまとめるのがはやい．

**【下边】xiàbian (～儿) ❶方位 ① 下．下の方．¶桌子～儿 / 机の下．¶山～有一条河 / 山のふもとに川がある．② 次．あと．後の方．以下．¶～儿我简单地说两句 / このあと簡単にお話しいたします．❷名 下部．下役．

【下部】xiàbù ❶名 ①(書物の)下巻．②(体の)陰部．❷方位(物の)下部．

【下不为例】xià bù wéi lì 〈成〉以後の例とせず．今回限りの特例．

【下不来】xiàbulái 動+可補 ① 降りられない；〈転〉引っ込みがつかない．きまりが悪い．気まずい．②(目的を)果たすことができない．¶这架 jià 电视机没有两千元～ / このテレビは2千元ないと買えない．

【下不来台】xiàbulái tái 〈慣〉引っ込みがつかない．

【下不去】xiàbuqù 動+可補 ① 筋が通らない．メンツが立たない．¶这样做,在情理 qínglǐ 上～ / こういうことをしては道理上許されない．② 落ちない．抜けない．¶油漆 yóuqī 粘 zhān 在手上～ / ペンキが手につくと取れない．③ 下りて行けない．下りられない．¶上不来～ / 宙ぶらりんである．

【下操】xià//cāo 動 ①(体操や教練のために)グラウンドに出る．② 体操や教練が終わる．

【下策】xiàcè 名(↔上策 shàngcè)まずいやり方．

【下层】xiàcéng 名(↔上层)下の階層．下部機構．¶深入 shēnrù ～ / 深く大衆の中に入る．

【下场】xià//chǎng 動 ①(舞台を)降りる,退場する．¶～门 mén / 舞台の向かって右の出入り口．上手(かみて)．►舞台俳優はここから退場することが多い．②(競技に参加するために)出場する．グラウンドに下りる．③(受験のために)試験場に入る．

【下场】xiàchang 名 末路．結末．

【下车】xià//chē 動(↔上车)車を降りる．降車する．

【下沉】xiàchén 動 沈下する．沈没する．

【下乘】xiàchéng 名 ①〈仏〉小乗．②〈書〉(文芸作品などが)平凡だ．つまらない．

【下船】xià//chuán 動 ① 船を降りる．②〈方〉上船する．

【下床】xià//chuáng ①動 寝台を下りる；〈転〉病気が治り床(とこ)を上げる．②名 →【下铺】xiàpù

【下垂】xiàchuí ①動 垂れ下がる．②名〈医〉下垂．

【下次】xiàcì 名(↔上次)この次．次回．¶～我一定考 kǎo 好 / この次のテストはがんばる．¶我～再来 / またおうかがいします．

【下存】xiàcún 動(残高として)残る．¶从银行 yínháng 提取 tíqǔ 了三百,～四百 / 銀行から300元下ろして,400元残っている．

【下达】xiàdá 動(命令や指示を下部へ)伝達する．下達(かたつ)する．

【下蛋】xià//dàn 動(鳥類や爬虫類が)卵を産む．

【下得去】xiàdeqù 動+可補 ① 筋が通る．顔が立つ．メンツを失わないですむ．¶这样做在情理 qínglǐ 上才～ / こうしてこそ道理上許される．② 落とせる．取れる．③ 下りて行ける．下りられる．¶上得来～ / 上り下りが自由である．

【下等】xiàděng 形(↔上等)下等〔下級〕である．¶～货 huò / 粗悪品．

【下地】xià//dì 動 ① 野良仕事に出る．②(多く病人が)ベッドから下りて歩けるようになる．

【下第】xiàdì 〈書〉①動(科挙試験に)落第する．②形 下等である．

【下调】xiàdiào 動 下の部門に人〔物〕を転勤させる〔回す〕．

【下跌】xiàdiē 動〈経〉(相場などが)下落する．

【下碇】xià//dìng 動 いかりを下ろす．停泊する．

【下毒手】xià dúshǒu 〈慣〉残酷な手段を用いる；殺害の手を下す．

【下肚】xià//dù 動 食べる．飲む．口に入れる．

【下颚】xià'è 名〈生理〉①(節足動物の)下顎(かがく)．②(脊椎動物の)あご．

【下饭】xià//fàn 〈方〉①形 ご飯のおかずに適している．ご飯が進む．¶这个菜最～ / この料理はご飯のおかずには最適だ．②名 野菜・卵・肉類などの副食物．おかず．総菜．

【下方】xiàfāng ①方位 下の方．②名(天上に対する)地上,俗世界．

【下放】xiàfàng 動 ① 幹部を下の機関に転勤させたり,農村・工場・鉱山などに下ろして,一定期間鍛練させる．下放(かほう)する．②(上の機関から下の機関へ一部の権限を)移譲する,移管する,下部へ回す．

【下风】xiàfēng 名 ① 風下．②(戦争や競技で)不利な地位．劣勢．¶甘拜 gān bài ～ / 甘んじて負けを認めます；恐れ入りました．

【下岗】xià//gǎng 動 ①(人員整理などのため)仕事場を離れる．レイオフされる．¶～职工 zhígōng / 自宅待機の従業員．② 歩哨勤務を終える．

【下个月】xiàgeyuè 名〈口〉(↔上个月)来月．

【下工】xià//gōng 動 ① 仕事がひける．②〈旧〉解雇される．

【下工夫】xià gōngfu (学習や研究に)身を入れる,精を出す,努力する．

【下馆子】xià guǎnzi 料理屋に行く．料理屋で食事をする．

【下跪】xiàguì 動 ひざまずく．

【下锅】xià//guō 動(煮る物を)鍋に入れる．

【下海】xià//hǎi 動 ① 役人が民間人になる．¶～经商 jīngshāng / 公務員をやめて商売をする．② 海に入る；(漁師が)海に出る．¶～捕鱼 bǔyú / 海に出て漁をする．③〈旧〉芝居のアマがプロになる．④〈旧〉娼妓や芸者などの職業に就く．

【下颌】xiàhé 名〈生理〉下あご．下顎(かがく)．

【下怀】xiàhuái 名〈書〉〈謙〉自分の考え〔気持ち〕．

【下回】xiàhuí 名 次回．この次．

*【下级】xiàjí 名 部下．下部機関．

【下集】xiàjí 名(映画などの)後編．

【下家】xiàjiā 名(～儿) ①(トランプやマージャン,酒席で拳を打つときに)自分の次の番の人．②〈方〉拙宅．

【下贱】xiàjiàn 形 ① 下賤(げせん)である．卑しい．②〈罵〉いやらしい．下劣だ．

【下江】Xiàjiāng 名 ① 長江の下流地域．②(特に)江蘇省．

【下降】xiàjiàng 動 ① 降下する．¶飞机开始～ / 飛行機が降下し始める．②(等級や程度が)下がる．(数量が)減る．¶气温～ / 気温が下がる．¶成本 chéngběn ～ / コスト削減．

【下脚】xià//jiǎo ①動(～儿)足を踏み入れる．足を置く．②名 材料の切れ端．半端もの．¶～料 liào / 使い残しの材料．

X

【下脚货】xiàjiǎohuò 名〈方〉売れ残った粗悪品.
【下届】xiàjiè 名 次期.
【下界】xià//jiè ①動 下界に下りる；人間世界. ②名 下界.
【下劲】xià//jìn 動(～儿)精を出す．身を入れる.
【下酒】xià//jiǔ 動 酒のさかなにする〔なる〕．¶～菜 cài / 酒のさかな．つまみ.
【下颏儿】xiàkēr 名〈口〉下あご.
*【下课】xià//kè 動 ①(↔上课)**授業が終わる**．¶下第二节课 / 2時限目が終わる．¶下了课以后再去吧 / 授業が終わってから出かけよう．②辞職する．更迭される.
【下筷子】xià kuàizi はしをつける．(料理を)取って食べる．►"下筷儿 kuàir"とも.
【下款】xiàkuǎn 名(～儿)(書画や手紙の)署名.
【下来】xià//lái 動+方補 ①(高い所から低い所へ)下りる,下りてくる**．¶他还在山上,没～ / 彼は山にいて下りてこなかった．¶你下得来下不来？/ 君は下りてこられますか．[「"下"+名詞(場所)+"来"」の形で]¶老王下山来了 / 王さんは山から下りてきた．¶怎么叫他都不下楼 lóu 来 / いくら呼んでも彼は階上から下りてこない.
②(人や指示が上の部門から下の部門に)下りてくる．¶任务 rènwu～了 / 任務が下った．¶上级～一道命令 / 上層部から命令が(一つ)下った.
③表舞台から下がってくる〔引っ込んでくる〕．¶演员 yǎnyuán 刚从前台～ / 俳優が舞台から下がってきたばかりだ．¶从工地上～一个伤员 shāngyuán / 工事現場から,けが人が一人送られてきた.
④農作物を取り入れる．出回る．¶西瓜 xīguā 已经～了 / スイカはすでに出回っている.
⑤(ある期間が)過ぎる．¶一年～,他的中文 Zhōngwén 有了很大进步 / 1年経つと彼の中国語は大いに進歩した.

語法ノート
複合方向補語"－下来"の用法

❶動作が**話し手の方へ向かって上から下になされる**ことを表す．¶他从上面走了～ / 彼は上から下りてきた．¶河水从上游 shàngyóu 流～ / 川の水が上流から流れてくる．¶走下飞机 fēijī 来 / 飛行機から降りてくる.
❷組織や部門において上(位・層)から下(位・層)に向けてなされることを表す．¶派 pài～ / 派遣されてくる．¶批 pī～ / 裁可される．許可が下りる．¶奖金 jiǎngjīn 发得～发不～？/ ボーナスを払ってくれるだろうか.
❸主たるものから従たるもの(多くは,有用もしくは手元に残しておくもの)を離して取ること(分離)を表す．¶把帽子摘 zhāi～ / 帽子をとる．¶把树枝 shùzhī 砍 kǎn～ / 枝を切り落とす.
❹「安定した」かたち(忘れたり,失ったり,なくなったりしない)で話し手に帰属してくることを表す．¶写 xiě～ / 書きとめておく．¶留 liú～ / 取っておく．¶抄 chāo～ / 書き写しておく．¶照 zhào～ / 写真に撮っておく．¶背 bèi～ / 暗誦する〔しておく〕.
❺過去(上)から現在(下)まで安定的に続いてきたことを表す．¶保存 bǎocún～ / 保存されてきた．¶坚持 jiānchí～了 / やり通してきた.
❻ある事柄が完了するまでの全過程を表す．¶算 suàn～,… / 計算してみれば,…．¶做～了 / 作り上げた．やりおおせた.
❼一定の経過をもって動作・行為の主体や対象が「動」から「静」へ安定的・確定的な状態・状況に落ち着くという動作・行為の態様を表す．¶车停 tíng 了～ / 車が止まった．¶我把他告 gào～了 / 私は彼に勝訴した．¶我对科长已经说～了 / 課長にはもう話しておいた.
❽形容詞の後に用い,状況の変化(ある種の状況が現れ続いていくこと)を表す．►普通,本来の空間的認知が反映した「高→低(音・声など)」,「動→静」,「強→弱(人の態度など)」,「明→暗」などの方向を示す．¶晚上,周围 zhōuwéi 安静 ānjìng～了 / 夜になると,まわりは静かになってきた．¶遇到 yùdào 问题就软 ruǎn～,怎么行？/ 問題にぶつかると,すぐ弱腰になるようではだめじゃないか.

【下里巴人】xià lǐ bā rén〈成〉通俗的な文学芸術.
【下礼拜】xiàlǐbài 名 **来週**．次の週.
【下力】xià//lì 動 力を出す.
【下里】xiàli 方位(数字の後につけ)方面と方位を表す.
【下料】xià//liào 動(機械などに)材料を入れる.
【下列】xiàliè 形 下記の．次に列挙する．下に記した．¶～几点务请 wùqǐng 答复 dáfù / 以下に挙げる点に回答してください.
【下令】xià//lìng 動 命令を下す.
【下流】xiàliú ❶形 下品である．げすである．卑しい．¶～的勾当 gòudàng / 卑劣なやり口．❷名 ①下流．②〈旧〉卑しい地位.
【下落】xiàluò ①名(捜している人や物の)行方．ありか．¶～不明 / 行方不明．ありかが分からない．②動 落下する．落ちる.
【下马】xià//mǎ 動 ①ウマから下りる．②〈転〉(**仕事・計画・企業などを)放棄〔中止〕する**.
【下马看花】xià mǎ kàn huā〈成〉(↔走 zǒu 马看花)じっくりと視察し,調査・研究する.
【下马威】xiàmǎwēi〈慣〉まず初めに威力を見せてにらみをきかす.
【下锚】xià//máo 動 いかりを下ろす.
【下毛毛雨】xià máomaoyǔ〈慣〉前もってそれとなく話をしておく.
【下面】xiàmian(～儿)❶方位 ①下．下の方**．¶把纸篓 zhǐlǒu 放在桌子～ / 紙くずかごをテーブルの下に置く．¶从山上往 wǎng～看 / 山の上から下の方を見下ろす．②**次(の,に)．以下(の,に)**．これから先．¶～谈谈物价 wùjià 问题 / 次に物価問題についてお話ししましょう．❷名 部下．下の者．下部.
【下奶】xià//nǎi 動(産婦に鶏卵や肉などの滋養物を与えたり贈ったりして)乳の出をよくする.
【下品】xiàpǐn 名 品質がいちばん悪いもの．等級(ランク)がいちばん低いもの.
【下坡路】xiàpōlù 名 下り坂；〈喩〉落ち目.
【下铺】xiàpù 名 寝台車の下段.
【下棋】xià//qí 動 **将棋や囲碁などをする**．¶下一盘 pán 棋 / 一局対戦する.
【下欠】xiàqiàn ①動(借金の一部を返済して)なおいくらか未払いが残る．②名 未払い．借金の残高.
【下情】xiàqíng 名 ①下々の事情．民情．②〈謙〉自分の言い分．こちらの事情.

＊＊【下去】xià//qù 動+方補 ①（高い所から低い所へ）**下りる,下りていく**．¶从山上～了几个人／山から数人下りていった．［目的語が間に入って］¶她下楼lóu去了／彼女は階段を下りていった．［間に"不、得"をはさむ可能形で用い］¶从这里下得去deqù下不去buqù？／ここから下りられますか．
②（人や指示が上の部門から下の部門に）**下りていく**．¶你亲自qīnzì～调查diàochá一下／自分で末端に下りていって調べてごらん．
③表舞台から下がっていく〔引っ込んでいく〕．¶他受伤～了／彼は負傷して後方へ退いた．¶她刚从台上～,就晕倒yūndǎo了／彼女は舞台から下がったとたんに倒れて人事不省になった．
④食べ物が消化される；腫れがひく；気持ちが落ち着く．¶刚才吃的还没～呢／さっき食べた物がまだ消化されていない〔おなかに残っている〕．¶腿上的肿块zhǒngkuài已经～了／足の腫れはもうひいた．¶气还没～／まだ腹の虫がおさまらない．

語法ノート

複合方向補語"－下去"の用法

❶動作が話し手(の立脚点)から離れて下方に向かってなされることを表す．¶小船沉chén～了／ボートは沈んでいった．¶把东西从车上搬bān～／品物を車から下ろす．¶他一气跑下山去／彼は一気に山を駆け下りていった．
❷組織や部門において上(位・層)から下(位・層)へ向けてなされる行為であることを示す．¶上边把他派pài～了／上部組織は彼を下の部門へ派遣した．¶文件已经传达chuándá～了／文書はすでに末端まで伝えられた．
❸**主たるものから従たるもの(多くは不用なもの)を離して取ること(分離)を表す**．¶把黑板上的字擦cā～吧／黒板の字を消しなさい．¶今天二十号了,把日历rìlì撕sī～一张吧／きょうは20日ですよ,日めくりを１枚破いて捨てなさい．
❹「**現在の動作を継続してやっていく**」という動作の態様を表す．¶大家接着讨论～吧／みんな続けて話し合ってみなさい．¶她再也忍受rěnshòu不～了／彼女はこれ以上我慢ができなくなった．
❺形容詞の後に用いて,ある種の状態が現れ,継続・発展していくことを表す．►「評価できない,より不都合な」状態へ落ち込んでいくことを表す．¶他得病以后一天一天瘦shòu～了／彼は病気にかかって以来,日に日にやせ細っていった．¶坏huài～／悪くなっていく．

【下三烂】xiàsānlàn〈方〉①形 卑しい．②名 卑しいやつ．げす野郎．ろくでなし．
【下梢】xiàshāo 名〈書〉末尾；結末．
【下身】xiàshēn 名 ①**下半身**；(特に)陰部．②(～儿)(↔上身(儿))ズボン．
【下生】xiàshēng 動 出生する．生まれ出る．
【下世】xià//shì ①名 来世．②動〈書〉この世を去る．死ぬ．
【下手】xià//shǒu ❶動 **手を下す．実行する**．¶再不～就晚了／早く手をつけないと遅れるよ．❷名(～儿)①下座(しもざ)．►室内では一般に外寄り,または表に向かって右寄りの側をさす．"下首"とも書く．②➡【下家】xiàjiā ③〈口〉助手．下働きをする人．❖打dǎ～／下働きをする．下回りをする．

【下水】xià//shuǐ ❶動 ①(船が)水上に降りる．進水する．¶～典礼／進水式．②(衣服を；人が体を)水につける．►洗濯したことがない,泳いだことがないというとき．¶这件衬衫chènshān还没下过水／このワイシャツはまだ水につけたこと〔洗濯したこと〕がない．③〈喩〉悪の道に入る．¶拖tuō人～／人を悪の道に引っ張り込む．④(織り物や繊維などを十分縮ませるため)水につける．❷形(船が)下りの．¶～船chuán／下りの船．
【下水】xiàshui 名〈方〉(食用動物の)臓物・内臓．►地方によっては胃や腸のみをさす．
【下水道】xiàshuǐdào 名 下水道．
【下榻】xiàtà 動〈書〉(多く身分の高い人が)泊まる．宿泊する．
【下台】xià//tái 動 ①〈貶〉**失脚する．官職・地位を失う．政権を離れる**．② **舞台から下りる．演壇から下りる**．③(紛争や口論で)その場を取りつくろう．►否定形で用いることが多い．¶下不了buliǎo台／引っ込みがつかない．
【下帖】xià//tiě 動 招待状〔案内状〕を出す．
【下同】xiàtóng 動(注記などで)以下同じ．
＊【下头】xiàtou ①方位 **下．下の方**．¶山～有个村庄cūnzhuāng／山のふもとに村がある．②名 部下．下の者．
【下网】xià//wǎng 動〈電算〉インターネットの接続を切る．
【下文】xiàwén 名 ①文章の後の部分．後文．②〈転〉事柄のその後の発展．結果．¶他做事总是雷声léishēng大雨点yǔdiǎn小,不见～／彼は何をやるにも掛け声ばかり大きくて,結果が伴わない．
【下问】xiàwèn 動〈書〉下問する．
＊＊【下午】xiàwǔ 名(↔上午)**午後**(の時間)．►正午から夜半12時まで．一般には正午から日没まで．¶整个zhěnggè～／昼からずっと．¶～两点／午後２時．
【下下】xiàxià (↔上上) ①方位 次の次．後のさらに後．¶～星期〔礼拜lǐbài〕／再来週．¶～个月／再来月．②形 いちばん悪い．最悪の．¶～计jì／下の下の策．
【下弦】xiàxián 名〈天〉(↔上弦)下弦．¶～月／下弦の月．
【下限】xiàxiàn 名(↔上限shàngxiàn)(時間・数量の)最低限度．最小限．
【下乡】xià//xiāng 動(都市から)**農村へ赴く**．
【下泻】xiàxiè 動 ①〈医〉下痢する．②急落する．
【下星期】xiàxīngqī 名(↔上星期)**来週**．¶～四／来週の木曜日．
【下行】xiàxíng 動(↔上行shàngxíng) ①(鉄道や船が)下る．②(下級官庁へ公文書を)回す．
【下旋球】xiàxuánqiú 名〈体〉カットボール．
【下学】xià//xué 動 **学校がひける**．
【下学期】xiàxuéqī 名(↔上学期)来学期．
＊【下旬】xiàxún 名 **下旬**．►毎月の21日から月末まで．¶四月～／４月下旬．
【下眼皮】xiàyǎnpí 名 下まぶた．
【下咽】xiàyàn 動 飲み下す．
【下腰】xiàyāo ❶名〈裁〉腰まわり．ヒップライン．❷動 ①腰をかがめる．②(武術で)上半身を後ろにそらせる．
【下药】xià//yào 動 ①投薬する．¶对症zhèng～／症状に応じて投薬する；〈転〉情勢に応じて適切

X

な手を打つ．②毒を盛る．
【下意识】xiàyìshí 名 潜在意識；（"～地"の形で）無意識のうちに．
【下议院】xiàyìyuàn 名〈政〉下院．衆議院．
*【下游】xiàyóu 名（↔上游）（河川の）下流．川下；〈転〉人後に落ちる状態．後れ．
【下狱】xià//yù 動 刑務所に入れる．投獄する．
【下月】xiàyuè 名（↔上月）来月．
【下崽儿】xià//zǎir 動（動物が）子を産む．
*【下载】xiàzài 動〈電算〉ダウンロードする．
【下葬】xià//zàng 動 埋葬する．
【下账】xià//zhàng 動 勘定を帳簿に記入する．
【下中农】xiàzhōngnóng 名 下層中農．
【下种】xià//zhǒng 動 種をまく．
*【下周】xiàzhōu 名 来週．
【下箸】xià//zhù 動 箸をつける．
【下转】xiàzhuǎn 動（新聞・雑誌などで）第…面に続く．►「第…面から続く」は"上接 shàngjiē"という．¶～第四版 bǎn / 第4面に続く．
【下装】xià//zhuāng ①動（役者が）メーキャップを落とし，衣装を脱ぐ．②名 洋服で下半身につけるもの．ボトム．
【下子】xià//zǐ 動（～儿）①種をまく．②（昆虫や魚類が）卵を産む．
【下嘴唇】xiàzuǐchún 名 下唇．
【下作】xiàzuo ❶形 ①卑しい．下品である．②〈方〉がつがつして卑しい．食い意地が張っている．❷名〈方〉助手．❖打 dǎ ～ / 助手になる．

*# 吓（嚇）xià

動 脅かす．びっくりさせる．¶～了我一跳 / びっくりさせられた．¶把孩子～哭 kū 了 / 子供がびっくりして泣きだした．¶～破 pò 了胆 dǎn / 肝をつぶした．⏩ hè
【吓唬】xiàhu 動〈口〉脅す．脅かす．びっくりさせる．¶你能～胆小鬼 dǎnxiǎoguǐ，你可～不了 buliǎo 我 / 臆病者ならば恐れもしようが，この私はそんな脅しには乗らないよ．
【吓人】xià//rén 動 人を脅かす；恐ろしい．

*# 夏 xià

名 ①（Xià）華夏．中国の古称．②（Xià）（中国最古の王朝とされる）夏(か)．
◇◆ 夏．¶→～天．‖姓
【夏布】xiàbù 名 麻の布．リンネル．
【夏季】xiàjì 名 夏（の季節）．
【夏历】xiàlì 名 陰暦．►"农历 nónglì"とも．
【夏令】xiàlìng 名 夏季；夏の気候．
【夏令时】xiàlìngshí 名 夏時間．サマータイム．
【夏令营】xiàlìngyíng 名（青少年の）サマーキャンプ．
【夏日】xiàrì 名〈書〉夏（の太陽）；夏（の季節）．
【夏收】xiàshōu ①動 夏の刈り入れをする．②名 夏の収穫．
*【夏天】xiàtiān 名 夏．夏季．► xiàtian とも発音する．
【夏娃】Xiàwá 名（聖書の）イブ．⇨【亚当】Yàdāng
【夏威夷】Xiàwēiyí 名〈地名〉ハワイ．
【夏衣】xiàyī 名 夏服．夏向きの服．
【夏至】xiàzhì 名（二十四節気の一つ）夏至．¶～点 / 夏至点．
【夏至线】xiàzhìxiàn 名〈地〉北回帰線．
【夏装】xiàzhuāng 名 夏服．夏の服装．

厦（廈）xià

《地名に用いる》"厦门 Xiàmén"は福建省にある都市の名．アモイ．⏩ shà

xian（ㄒㄧㄢ）

1声

仙（僊）xiān

◇◆ 仙人．¶神～ / 仙人．神仙．‖姓
【仙丹】xiāndān 名 飲むと仙人になるという霊薬；〈転〉起死回生の妙薬．
【仙风道骨】xiān fēng dào gǔ〈成〉非凡な風貌・風格．
【仙姑】xiāngū 名 ①仙女．②巫女(みこ)．
【仙鹤】xiānhè 名 ①〈鳥〉タンチョウヅル；（広く）ツル．②（伝説で）仙人が飼っている白いツル．
【仙后座】xiānhòuzuò 名〈天〉カシオペア座．
【仙境】xiānjìng 名 別天地．仙境．風景がよい所．
【仙客来】xiānkèlái 名〈植〉シクラメン．
【仙女】xiānnǚ 名 仙女．女の仙人；〈喩〉美女．
【仙人】xiānrén 名 仙人．
【仙人球】xiānrénqiú 名〈植〉タマサボテン．
【仙人掌】xiānrénzhǎng 名〈植〉ウチワサボテン．
【仙山琼阁】xiān shān qióng gé〈成〉幻のような境地．夢幻境．
【仙逝】xiānshì 動〈婉〉逝去する．
【仙子】xiānzǐ 名 ①仙女；〈喩〉美女．②仙人．

**# 先 xiān

①副 先に．まず．とりあえず．〖先 … 再〔然后〕〗*xiān … zài*〔*ránhòu*〕… ¶～洗澡 xǐzǎo 再吃饭吧——好！/ 先に風呂に入ってから食事をしたら——分かった．¶～把情况了解清楚 liǎojiě qīngchu 了再说 / まず事情をよく調べてからにする．¶你～回去，我随后 suíhòu 通知你 / ひとまず帰りなさい，あとで知らせるから．
②名〈口〉以前．あの時．昔．¶他比～爱干净 gānjìng 了 / 彼は以前よりもきれい好きになった．¶这件事你～怎么不说啊？/ そのことをどうしてはじめに言わないんだ．
◇◆ ①祖先．先代の人．¶→～人 rén．¶→～辈 bèi．②故人に対する尊称．¶～父 / 亡父．‖姓
【先辈】xiānbèi 名〈書〉①世代が上の人．②すでに逝去した模範として敬うべき人．
参考 日本語の「先輩」には"前辈"（年上でキャリアのある人），"高班同学"（上級生），"老校友"（同じ学校の卒業生），"师兄 shīxiōng"（兄弟子）などが相当する．なお，台湾では学生間で"学长""学弟""学姐""学妹"のようないい方もされる．
【先导】xiāndǎo ①動 先導する．案内する．②名 先達．
【先睹为快】xiān dǔ wéi kuài〈成〉（文学作品などを）一刻も早く手に入れ読みたい．
【先发制人】xiān fā zhì rén〈成〉先んずれば人を制す．機先を制する．
【先锋】xiānfēng 名 先鋒部隊；〈転〉先陣．パイオニア．❖打 dǎ ～ / 先頭をきる．
*【先后】xiānhòu ①副 相次いで．（相）前後して．¶去年我～到过北京、上海和广州 / 昨年，私は相前後して北京・上海・広州を訪れた．［数量詞を含んで用い］¶～两次打了电话〔打了两次电话〕/ 続けて2

X

度電話した. ¶去年他在报刊 bàokān 上～发表了三篇 piān 论文 / 去年,彼は雑誌に相次いで3編の論文を書いた. [異なった動作主の同一動作に用い]¶去年我和她～去香港 Xiānggǎng 开会 / 去年,私と彼女は相前後して会議で香港に行った. ②方位 **先と後. 前後.** 順序. ¶按 àn ～次序 cìxù 入场 rùchǎng / 順番に入場する. ¶办事总得 zǒngděi 有个～ / 仕事は順序を考えてさばかないといけない.

【先后脚儿】**xiānhòujiǎor** 形 相前後している. ►"前后脚儿 qiánhòujiǎor"とも.

【先见之明】**xiān jiàn zhī míng** 〈成〉先見の明.

*【先进】**xiānjìn** ①形(↔落后 luòhòu)(思想・技術・成績などが)**進んでいる.** ¶～工作者 / 模範的な労働者や幹部. ¶这个厂的设备 shèbèi 十分～ / この工場の設備はたいへん進んでいる. ②名 先進的な人物〔事柄〕. ¶学～ / 先進的な事柄に学ぶ.

【先决】**xiānjué** 形 先決の. ¶～条件 tiáojiàn / 先決条件.

【先觉】**xiānjué** 名 先覚者. ►普通は"先知～"として用いる.

【先君子,后小人】**xiān jūnzǐ, hòu xiǎorén** 〈慣〉(けんかなどの争いで)まずは筋を通して議論するが,それでもうまくいかない場合は力を使う.

【先来后到】**xiān lái hòu dào** 〈成〉(～儿) 先着順. ¶按 àn ～次序 cìxù 看病 / 診察は先着順による.

【先例】**xiānlì** 名 先例. 前例. ¶开了～ / 先例を作った.

【先烈】**xiānliè** 名 革命のために命を捧げた烈士.

【先令】**xiānlìng** 名(イギリスの旧貨幣単位)シリング.

【先期】**xiānqī** 名 ①期限前. ②前期.

【先前】**xiānqián** 名(↔后来 hòulái)**以前.** もと. 昔. ¶～他当过律师 lǜshī / 以前,彼は弁護士をしたことがある.

【先遣】**xiānqiǎn** 形 **先遣の.** 先に派遣する.

【先驱】**xiānqū** ①動 先導する. ②名 先駆者.

【先人】**xiānrén** 名 ①祖先. ②亡父.

【先人后己】**xiān rén hòu jǐ** 〈成〉自分のことよりも他人のことを先に考える.

【先入为主】**xiān rù wéi zhǔ** 〈成〉先入観にとらわれる.

【先入之见】**xiān rù zhī jiàn** 〈成〉先入観. 偏見.

【先声】**xiānshēng** 名 前触れ. 前兆.

【先声夺人】**xiān shēng duó rén** 〈成〉先手を打って相手を威圧する.

【先生】xiānsheng** 名 ①…さん. ►男性に対する敬称. 特に外国人に対して用いることが多いが,最近は不特定の男性への呼びかけにも用いるようになった. ¶铃木 Língmù ～ / 鈴木さん. 参考 英語の ladies and gentlemen に相当する中国語には"女士们,先生们"が, Mr. …, Mrs. …, Ms. …に対しては"…先生、…夫人、…小姐 xiǎojie"がある. ②**人の夫・自分の夫の称.** ►いずれの場合も人称代詞を冠する. ¶她～ / 彼女のご主人. ¶我～ / 主人. ③…先生. ►高名な学者や知識人などに対する敬称. ¶鲁迅 Lǔ Xùn ～ / 鲁迅先生. ④(職業としての)先生. ►学校の「先生」は一般には"老师 lǎoshī"を用いる.

【先世】**xiānshì** 名〈書〉祖先.

【先是】**xiānshi** 副 初めは. もとは. 以前は. ¶她～不想去,后来 hòulái 又说去了 / 彼女は初めは行きたがらなかったが,後になって行くと言った.

【先手】**xiānshǒu** 名(碁・将棋で)先手(せん).

【先天】**xiāntiān** ①形〈医〉生まれつきの. 先天的な. ②名〈哲〉先験的. アプリオリ.

【先头】**xiāntóu** ❶名 ①(～儿)以前. ¶我～没说过这话 / 私は以前そんなことを言ったことはない. ②(位置が)先頭の,いちばん先の. ¶～部队 bùduì / 先頭を切る部隊. ❷方位 前. 前方.

【先下手为强】**xiān xiàshǒu wéi qiáng** 〈諺〉早いもの勝ち;先手必勝.

【先小人,后君子】**xiān xiǎorén, hòu jūnzǐ** 〈諺〉あとでいざこざがないように前もって(金銭などの)話をはっきりつけておく. 先の閻魔(えんま)顔,後のえびす顔.

【先行】**xiānxíng** ❶動 ①先に行く. 先行する. ¶我～一步啦! / 私は一足先に出かけます. ¶～企业 qǐyè / 先行企業. ②まず(…する). あらかじめ. ¶～通知 / あらかじめ通知する. ¶～试办 / まず試みにやってみる. ❷名 先駆者. パイオニア.

【先斩后奏】**xiān zhǎn hòu zòu** 〈成〉処理がすんでから事後承諾を得る.

【先兆】**xiānzhào** 名 兆し. 前触れ. 前兆.

【先哲】**xiānzhé** 名〈敬〉昔の偉大な賢者.

【先知】**xiānzhī** 名 先覚者;(ユダヤ教・キリスト教の)予言者. ¶时代的～ / 時代の先覚者.

纤(纖) xiān

◇◆ 細かい. ¶～长 cháng / 細長い. ¶～微 wēi / 微細である. ⇒ qiàn

【纤尘】**xiānchén** 名〈書〉細かいちり. ほこり.

【纤毫】**xiānháo** 名〈書〉きわめて微細なもの. 微細な部分.

【纤巧】**xiānqiǎo** 形 繊細で精巧である.

【纤柔】**xiānróu** 形〈書〉繊細で柔らかい. たおやかである. ►女性について用いる.

【纤弱】**xiānruò** 形 細くて弱々しい. か弱い.

【纤瘦】**xiānshòu** 形 小さくやせている. か細い.

*【纤维】**xiānwéi** 名 **繊維.** ¶人造 rénzào ～ / 人造繊維. ファイバー. ¶光(导)～ / 光ファイバー.

【纤维素】**xiānwéisù** 名〈化〉セルロース.

【纤细】**xiānxì** 形〈書〉(形状が)繊細である. 非常に細い. ►「繊細な神経」のような抽象的な使い方はしない. ¶～的手指 shǒuzhǐ / 細い指.

【纤纤】**xiānxiān** 形〈書〉細くしなやかである. ¶十指～ / ほっそりとした(10本の)指.

【纤小】**xiānxiǎo** 形〈書〉きわめて小さい. 取るに足りない.

【纤秀】**xiānxiù** 形〈書〉細くて上品である.

氙 xiān

名〈化〉キセノン. Xe. ►旧称は"氙 xī".

籼(秈) xiān

◇◆ うるち米の一種.

【籼米】**xiānmǐ** 名 インディカ米.

*掀 xiān

動(ふた・覆いなどを上へ持ち上げるように)**開ける,取る;**(カーテン・すだれ・ページなどを)**めくり上げる.** ¶～锅盖 guōgài / 鍋ぶたを取る. ¶～窗帘 chuānglián / 窓のカーテンをめくり上げる. ¶请把书～到第五页 yè / 5ページを開けてください.

X

◇◆(波・音・運動・議論などが)巻き上がる,沸き起こる. ¶→～起 qǐ.
【掀动】xiāndòng 動 ①揺り動かす. 持ち上げる. ¶春风～了她的衣襟 yījīn / 彼女の服のえり元が春のそよ風に吹かれめくれている. ②(センセーションを)巻き起こす;(事件を)引き起こす.
【掀翻】xiānfān 動 ひっくり返す.
【掀风鼓浪】xiān fēng gǔ làng 〈成〉人心をあおって騒ぎを起こす.
【掀起】xiānqǐ 動 ①(めくるようにして)取る,開ける. ②沸き起こる. 大きくうねる. ¶大海～巨浪 jùlàng / 海に大きな波がうねる. ③(大規模な運動や気運が)巻き起こる,盛り上がる. ¶～学习中文的热潮 rècháo / 中国語学習のブームが巻き起こる.

酰 xiān 名〈化〉アシル基. ►"酰基"とも.

锨(杴) xiān 名(鉄製または木製の)シャベル,スコップ,くわ. ¶铁tiě～ / 鉄のシャベル.

*__鲜__ xiān 形 ①**新鮮である. フレッシュな**;生の. 加工していない. ¶～牛奶 niúnǎi / 新鮮な牛乳. ¶～肉 / 生肉. ②(魚・肉やその加工品などがもとの味を失わず,適度の塩味があって)おいしい. 味がよい. ¶这个螃蟹 pángxiè 很～ / このカニはおいしい. ③鮮やかである. ¶这块料子颜色太～ / この服地は色が鮮やかすぎる.
◇◆ ①初物. ¶尝 cháng ～ / 初物を食べる. ②生の魚貝類. ¶鱼 yú ～ / 鮮魚. ‖姓 ▸▸xiǎn
【鲜脆】xiāncuì 形(野菜や果物などが)新鮮で歯ざわりがよい.
【鲜果】xiānguǒ 名(新鮮な,または生の)果物.
【鲜红】xiānhóng 形 鮮紅色である. 真っ赤である.
【鲜花】xiānhuā 名(↔假 jiǎ 花)**生花**. ¶～插 chā 在牛粪 niúfèn 上 / 〈諺〉美女が醜男(ぶおとこ)に嫁ぐ;まったく釣り合いがとれていない.
【鲜活】xiānhuó 形 ①(家禽(かきん)・魚介類などが)生きがよい. ¶～商品 shāngpǐn / 生きたまま売られる商品. ②色鮮やかで生き生きしている. ③際立っている.
【鲜货】xiānhuò 名(新鮮な)果物・野菜・魚類. 生鮮食品.
【鲜亮】xiānliang 形〈方〉①鮮やかである. ¶她喜欢 xǐhuan 穿～的衣服 / 彼女は鮮やかな色の服が好きだ. ②きれいである.
【鲜灵】xiānling 形〈方〉色が鮮やかで生き生きしている.
【鲜眉亮眼】xiān méi liàng yǎn 〈成〉くっきりした眉とつぶらな目.
【鲜美】xiānměi 形 ①味がよい. おいしい. ②〈書〉花が鮮やかで美しい.
【鲜明】xiānmíng 形 ①(**内容が)鮮明である,はっきりとしている**,クリアな. ¶主题 zhǔtí ～ / テーマがはっきりしている. ②(**色が)鮮やかである,明るい**. ¶这幅 fú 油画色彩 sècǎi ～ / この油絵は色彩が鮮やかだ.
【鲜嫩】xiānnèn 形(野菜などが)新鮮で柔らかい. みずみずしい.
【鲜啤】xiānpí 名 生ビール. ►"鲜啤酒"とも.
【鲜甜】xiāntián 形(果物が)みずみずしく甘い.
【鲜味儿】xiānwèir 名 美味;新鮮な味.
【鲜血】xiānxuè 名 鮮血. 血潮.
*【鲜艳】xiānyàn 形 **あでやかで美しい**. ¶～夺目 duómù / 目を奪うばかりにあでやかである.

2声 *__闲__(閒) xián 形 ①(↔忙 máng)**暇である. 用事がない**. 休んでいる. ¶你让 ràng 她去吧,她～着呢 / 彼女に行かせてください,彼女は手がすいているから. ¶～得发慌 fāhuāng / 暇で困っている.
②(**ものが)空いている,遊んでいる**. ¶～房 / 空き家. ¶机器 jīqi 别～着 / 機械を遊ばせておくな.
◇◆ ①暇. 暇な時. ¶农 nóng ～ / 農閑期. ②(仕事・本題に)関係のない. ¶→～人 rén. ‖姓
【闲步】xiánbù 動 そぞろ歩きをする.
【闲差】xiánchāi 名 閑職.
【闲扯】xiánchě 動 雑談する. おしゃべりをする.
【闲荡】xiándàng 動 ぶらぶら歩く.
【闲工夫】xiángōngfu 名(～儿)暇.
【闲逛】xiánguàng 動 暇つぶしにぶらぶらする. ¶在街上 jiēshang ～ / 町をぶらつく.
*【闲话】xiánhuà ❶名 ①(～儿)**むだ話. 雑談**. ¶工作时不要说～ / 仕事中はむだ話をするな. ¶～休题 xiū tí / 〈成〉余談はさておき. ②人のうわさ話. **陰口**;ぐち. **不平**. ¶说人～ / 人の悪口を言う. ❷動〈書〉閑談する. 余談をする.
【闲居】xiánjū 動〈書〉①仕事がなく家にいてぶらぶらする. ②独り静かに暮らす.
【闲磕牙】xián kēyá 〈慣〉(～儿)〈方〉むだ話をする. むだ口をたたく.
【闲空】xiánkòng 名(～儿)暇.
【闲聊】xiánliáo 動 よもやま話をする. 雑談する. むだ話をする. ¶跟 gēn 人～ / 人とよもやま話をする.
【闲篇】xiánpiān 名(～儿)〈方〉よもやま話. 世間話.
【闲气】xiánqì 名 つまらない事による立腹. 余計な事での腹立ち.
【闲钱】xiánqián 名〈口〉遊んでいる金. (生活費以外の)余っている金.
【闲情逸致】xián qíng yì zhì 〈成〉余暇をゆったりと楽しむ心境.
【闲儿】xiánr 名 暇. ¶偷 tōu ～ / 暇をみつける.
【闲人】xiánrén 名 ①**関係のない者**. ¶～免 miǎn 进 / 関係者以外,立入禁止. ②(やることがなくて)暇な人.
【闲散】xiánsǎn 形 ①暇でのんびりしている. ②(使わずに)遊ばせてある. ►人員・物資・土地・資金など. ¶～地 dì / 遊閑地.
【闲时】xiánshí 名 暇な時;何事もない時.
【闲事】xiánshì 名 **自分に関係のない事**. 余計な事. ¶别管 guǎn ～! / 余計な世話を焼くな.
【闲适】xiánshì 形 ゆったりしている. 〈書〉悠々自適のさま.
【闲是闲非】xián shì xián fēi 〈成〉自分に関係のないいざこざ.
【闲书】xiánshū 名(暇つぶし用の)軽い読み物.
【闲谈】xiántán 動 むだ話をする. 雑談する.
【闲玩儿】xiánwánr 動 暇つぶしをする.
【闲暇】xiánxiá 名〈書〉暇.
【闲心】xiánxīn 名 ゆったりした気持ち. 心のゆとり.

【闲言碎语】xián yán suì yǔ 〈成〉くだらないうわさ話．ぐちや悪口．►"闲言闲话 huà"とも．
【闲员】xiányuán 名 余剰人員．
【闲杂】xiánzá ①形 一定の仕事がない．¶～人员 rényuán / 決まった職務がない者．②名(～儿)〈方〉くだらないこと〔話〕．
【闲在】xiánzài 動〈方〉暇にしている．
【闲章】xiánzhāng 名(文人の落款などに用いる)遊印．►自分の名や号は用いず,詩句を彫る．
【闲着】xiánzhe 形 ①暇である．②(物が)使われていない．
【闲职】xiánzhí 名 閑職．暇な職務．
【闲置】xiánzhì 動(物を)遊ばせておく,使わずにおく．¶～多年的机器 / 長年使わずにいた機械．
【闲住】xiánzhù 動 居そうろうする．
【闲走】xiánzǒu 動 暇つぶしに歩く．
【闲坐】xiánzuò 動 ①用もなく座っている．②友達の所で暇つぶしをする．

贤(賢) **xián** ◇◆ ①才能がある(人)．賢い(人)；徳のある(人)．¶→～良 liáng．②旧時,同輩や目下の者に対する敬称．¶～弟 dì / 年下の友人に対する称．‖姓

【贤才】xiáncái 名〈書〉賢才．才能ある人材．
【贤达】xiándá 名〈書〉才徳・声望のある人．
【贤德】xiándé 〈書〉①名 すぐれた行い．②→【贤惠】xiánhuì
【贤惠】xiánhuì 形(女性が)善良でやさしく賢い．►"贤慧"とも書く．
【贤郎】xiánláng 名〈書〉ご令息．
【贤良】xiánliáng 〈書〉①形 才徳兼備である．②名 才徳兼備の人．
【贤路】xiánlù 名〈書〉才能ある人を任用する道．
【贤明】xiánmíng ①形 賢明である．②名 賢明な人．
【贤内助】xiánnèizhù 名 賢夫人．賢妻．
【贤能】xiánnéng 〈書〉①形 すぐれた見識があり有能である．②名 有能な人物．
【贤妻】xiánqī 名〈書〉良妻．►相手の妻への尊称．
【贤妻良母】xiánqī liángmǔ 名 良妻賢母．
【贤哲】xiánzhé 名〈書〉見識高く才能ある人．

弦(絃) **xián** 名 ①(～儿)楽器の弦，糸．(量) 根．¶七～琴 qín / 七弦琴．古琴．②(弓の)つる．③〈方〉(時計の)ぜんまい．¶上～ / ぜんまいを巻く．④〈数〉弦．

【弦外之音】xián wài zhī yīn 〈成〉言外の意味．話の含み．
【弦月】xiányuè 名〈書〉弓張り月．弦月(げん)．
【弦乐】xiányuè 名〈音〉弦楽．¶～四重奏 sìchóngzòu / 弦楽四重奏．
【弦乐器】xiányuèqì 名 弦楽器．

****咸**(鹹) **xián** ①形(↔淡dàn)塩辛い．しょっぱい；味が濃い．¶～鱼 yú / 塩漬けにした魚．¶菜太～了 / 料理が塩辛すぎる．②副〈書〉全部．ことごとく．¶老少 shào ～宜 yí / どんな年齢の人にも適する．‖姓

【咸菜】xiáncài 名(野菜の)漬物,塩漬け．❖腌 *yān* ～ / 漬物を漬ける．
【咸淡】xiándàn 名 塩加減．味加減．¶尝 cháng ～ / 塩加減をみる．
【咸蛋】xiándàn 名〈料理〉(ニワトリ・アヒル・ガチョウなどの)卵の塩漬け．塩卵．
【咸津津】xiánjīnjīn 形(～儿・～的)塩加減がよい．
【咸肉】xiánròu 名 ベーコン．塩漬けのブタ肉．
【咸盐】xiányán 名 塩．食塩．

涎 **xián** 名 よだれ．つば．¶垂 chuí ～ / よだれを垂らす．¶口角流 liú ～ / 口元からよだれを流す．

【涎皮赖脸】xián pí lài liǎn 〈成〉厚かましいさま．ずうずうしいさま．
【涎水】xiánshuǐ 名〈方〉よだれ．
【涎着脸】xiánzhe liǎn (～儿)ずうずうしく(人にまつわりつく)．厚かましく．つけあがって．

娴(嫺) **xián** 形〈書〉熟練している．巧みである．¶～于 yú 辞令 cílìng / 応対が上手である．
◇◆ みやびやかである．しとやかである．¶→～静．

【娴静】xiánjìng 形〈書〉上品でしとやかである．
【娴熟】xiánshú 形〈書〉熟練している．
【娴雅】xiányǎ 形〈書〉(女性が)しとやかである．

衔(啣) **xián** 動(口に)くわえる．¶猫 māo 把鱼 yú ～走了 / ネコが魚をくわえていってしまった．
◇◆ ①心に抱く．¶→～恨 hèn．②肩書き．官職名．¶官 guān ～ / 官職名．¶头 tóu ～ / 肩書き．③つながる．関連する．¶→～接 jiē．

【衔恨】xiánhèn 動〈書〉①恨みを抱く．②悔恨の気持ちを抱く．
【衔接】xiánjiē 動 つながる．関連している．かみ合う．¶～航班 hángbān /(飛行機の)接続便．
【衔命】xiánmìng 動〈書〉命を奉ずる．命令を受ける．
【衔冤】xiányuān 動〈書〉(冤罪(えん)で)無念を抱く．

舷 **xián** 名 舷(げ)．船端．船べり．¶右～ / 右舷．¶左～ / 左舷．

【舷梯】xiántī 名(汽船や飛行機の)タラップ．

***嫌** **xián** 動(ある理由・原因から)…が気に入らない．不満に思う．いやがる．嫌う．語法 直接「人」のみを目的語にとることもあるが,多くは主述句を目的語にとる．主述句の主語に当たるものが明らかで示す必要がない場合は,省略することもできる．¶你～我,我就不来了 / 私がいやなら,もう来ないよ．¶～孩子吵 chǎo / 子供が騒ぐのが嫌いだ．¶小李～他矮 ǎi / 李さんは彼の背が低いのが気に食わない．¶吃了那么多,还～少 / こんなにたくさん食べたのに,まだ少ないと思っていやな顔をする．
注意 物それ自体について単に「好き嫌い」をいう場合は"喜欢 xǐhuan""不喜欢"を用いる．¶我不喜欢〔×嫌〕这个电影 / 私はこの映画が嫌いだ．
◇◆ ①嫌疑．疑い．¶避 bì ～ / 嫌疑を避ける．②恨み．¶→～怨 yuàn．

【嫌忌】xiánjì 動 忌み嫌う．嫌悪する．
【嫌弃】xiánqì 動 嫌う．いやがる．¶这支笔 bǐ,要是不～你就拿 ná 去用吧 / このペン,よければ使ってください．

X

【嫌恶】xiánwù 動 嫌う．毛嫌いする．
【嫌隙】xiánxì 名〈書〉不和．悪感情．
【嫌疑】xiányí 名 嫌疑．疑い．
【嫌疑犯】xiányífàn 名 容疑者．
【嫌怨】xiányuàn 名〈書〉恨み．怨恨(えん)．
【嫌憎】xiánzēng 動 憎み嫌う．憎む．嫌う．

3声 **冼 xiǎn** ‖姓

显(顯) **xiǎn** ❶動 ①…に見える．…の様子が明らかである．¶他不太～老／彼はあまりふけていない(若く見える)．②現す；示す．¶～本领 běnlǐng／腕前のほどを見せる．
❷形 明らかである．¶药的效果 xiàoguǒ 还不很～／薬の効き目がまだ十分に現れていない．
◇◆ 権勢のある(者)．¶→～官 guān．‖姓
【显摆·显白】xiǎnbai 動〈方〉ひけらかす．見せびらかす．
*【显得】xiǎnde 動 いかにも…に見える．…なのがよく目立つ．¶他～有点紧张 jǐnzhāng／彼はやや緊張しているようだ．¶屋子～很宽敞 kuānchang／部屋がゆったりと見える．
【显而易见】xiǎn ér yì jiàn〈成〉見えすいている．明らかにわかる．
【显官】xiǎnguān 名〈書〉地位の高い官(職)．
【显赫】xiǎnhè 形〈書〉(勢いが)盛大である,顕著である．¶～一时／〈成〉一時羽振りをきかす．
【显怀】xiǎnhuái 動(～儿)おなかが大きくなる．妊娠しているとはっきり分かる．
【显豁】xiǎnhuò 形〈書〉顕著である．はっきりしている．明らかである．
【显见】xiǎnjiàn 動(…なのは)言わなくても分かる．はっきりと見てとれる．
【显卡】xiǎnkǎ 名〈電算〉ビデオカード．►"显示卡"とも．
【显灵】xiǎn//líng 動(神·仏·幽霊が)霊験を現す．御利益(ごりやく)を示す．
【显露】xiǎnlù 動(知らないうちに)現れる．現す．¶～才能 cáinéng／才能を現す．
【显明】xiǎnmíng 形 はっきりしている．明らかである．
【显目】xiǎnmù 形 目立つ．際立つ．
【显能】xiǎn//néng 動 ①腕自慢をする．能力を見せびらかす．②才能を現す．
【显弄】xiǎnnòng 動 見せびらかす．ひけらかす．
【显派·显排】xiǎnpai 動〈方〉ひけらかす．►"显陪 xiǎnpei"とも．
【显陪】xiǎnpei →【显派·显排】xiǎnpai
*【显然】xiǎnrán 形 はっきりしている．¶道理 dàoli 是很～的／道理は明らかである．¶这～是谎言 huǎngyán／これは明らかにうそだ．¶～,这是他的错儿 cuòr／言うまでもなく,これは彼の間違いである．
【显身手】xiǎn shēnshǒu〈慣〉力量を見せる．腕をふるう．¶大～／大いに才能を現す．
*【显示】xiǎnshì ①動 はっきり示す．明らかに示す．誇示する．¶～力量／力を見せつける．②名〈電算〉ディスプレー．¶液晶 yèjīng ～器 qì／液晶画面．
【显示器】xiǎnshìqì 名〈電算〉ディスプレー．
【显微】xiǎnwēi 形(後ろに名詞をとって)微小の．マイクロ…．¶～胶片 jiāopiàn／マイクロフィルム．¶～组织 zǔzhī／ミクロ組織．
【显微镜】xiǎnwēijìng 名 顕微鏡．圖 架 jià, 台 tái, 个．
【显现】xiǎnxiàn 動 はっきりと現れる．¶眼前～出一片光明的前景 qiánjǐng／目の前に明るい未来が開けた．
【显像】xiǎnxiàng 動 ①〈テレビ〉画像を現す．¶～管 guǎn／ブラウン管．②(フィルムを)現像する．
【显效】xiǎnxiào ①動 効果が現れる．②名 顕著な効果．¶这种药 yào ～快／この薬は効き目が速い．
【显形】xiǎn//xíng 動(～儿)化けの皮がはがれる．正体を現す．真相がばれる．
【显性】xiǎnxìng 形〈生〉(↔隐性 yǐnxìng)優性の．¶～性状 xìngzhuàng／優性形質．
【显眼】xiǎnyǎn 形 目立つ．人目を引く．¶这个地方不～／ここは人目を引くところではない．¶穿 chuān 得太～／派手な服装をしている．
【显扬】xiǎnyáng 動〈書〉表彰する；名声を上げる．
【显耀】xiǎnyào ①動〈貶〉ひけらかす．誇示する,見せびらかす．②形(評判が)高い；(権勢が)大きい．¶～一时／一時的に名が売れる．
【显影】xiǎn//yǐng 動(フィルムを)現像する．¶～剂 jì／現像液．¶～纸 zhǐ／印画紙．
【显着】xiǎnzhe →【显得】xiǎnde
*【显著】xiǎnzhù 形(成績·効果などが)著しい．¶～的成就 chéngjiù／目覚ましい成績．

冼 xiǎn ‖姓 ►► xǐ

险(險) **xiǎn** ①形 危ない．¶好～哪！／ひゃあ,危なかった．②副 危うく．すんでのところで．¶～遭 zāo 毒手 dúshǒu／危うく殺されるところだった．
◇◆ ①危険．¶脱 tuō ～／難を逃れる．②地勢が険しい(所)．¶天～／自然の要害．¶～路 lù／険しい道．③邪悪である．¶→～恶 è．④保険．¶寿 shòu ～／生命保険．
【险隘】xiǎn'ài 名〈書〉険要な関所．要害(の関所)．
【险地】xiǎndì 名 要害(の地)；危険な場所．
【险恶】xiǎn'è 形 ①危うい．険しい．¶地形～／地形が険しい．¶病势 bìngshì ～／病状が危険な状態である．②陰険である．
【险峰】xiǎnfēng 名 険しい峰．
【险工】xiǎngōng 名 危険を伴う工事．
【险关】xiǎnguān 名 険しい関門；〈転〉難関．
【险乎】xiǎnhu 副 危なく．すんでのことに．
【险境】xiǎnjìng 名 危険な場所〔状態〕．危地．
【险峻】xiǎnjùn 形〈書〉①山が高くて険しい．②(形勢や情勢が)危険である,険悪である．
【险情】xiǎnqíng 名 危険な状況．
【险区】xiǎnqū 名 危険な地帯．
【险胜】xiǎnshèng 動 辛勝する．
【险滩】xiǎntān 名 危険な速瀬．
【险象】xiǎnxiàng 名 危険な現象〔兆し〕．
【险些】xiǎnxiē 副(～儿)危なく．すんでのところで．¶～中 zhòng 了他的计 jì／もう少しで彼のわなにかかるところだった．

【险要】xiǎnyào 形(天険に守られ)険しい.
【险诈】xiǎnzhà 形 悪賢い. 陰険でずるい.
【险症】xiǎnzhèng 名 危険な症状. 危険な病症.
【险状】xiǎnzhuàng 名 危険な状態.
【险阻】xiǎnzǔ 形 険阻である. 険しい.

铣 xiǎn "铣铁 xiǎntiě"(銑鉄)という語に用いる. ▸▸ xǐ

筅(箲) xiǎn "筅帚 xiǎnzhǒu"⬇という語に用いる.

【筅帚】xiǎnzhǒu 名〈方〉(鍋などをこすって洗うのに用いる)ささら.

鲜 xiǎn ◇◆ 少ない. ¶～见 / あまり見かけない. まれである. ¶～有 / めったにない. ▸▸ xiān

4声 *
县(縣) xiàn 名 **県**. 行政区画の単位の一つで,省・自治区の下に位置する. ►中国の"县"は日本の「県」よりも行政レベルが低く,規模が小さい. 中国全土に約2千ある. ¶～政府 zhèngfǔ / 県の行政機関. 県庁. 注意 "涿县 Zhuōxiàn"のように単音節の県名は,単に"涿"とはいえず,必ず"县"をつけ2音節にして用いる. ‖ 姓

【县城】xiànchéng 名 **県城**. 県人民政府が置かれている町. 量 座.
【县份】xiànfèn 名(～儿)県. 注意 県の大小・位置・事情などについていう場合に用い,県の固有名詞とは連用しない. ¶宜兴 Yíxīng 是江苏省 Jiāngsū shěng 南部的一个～ / 宜興は江蘇省南部にある県だ.
【县长】xiànzhǎng 名 県人民政府の長.
【县志】xiànzhì 名 県誌. 県の沿革や歴史・地理・物産などについて記した書物.

*
现(見) xiàn ① 副 **その場で. 目の前で**. ¶～做的面条好吃 / 打ちたてのめんはおいしい. ② 動 **現れる. 現す**. ¶～原形 / 化けの皮がはがれる. ③ 名 **現在(の)**. ¶这件事～正在追查 zhuīchá / この件については目下,調査中だ. ¶～阶段 jiēduàn / 現段階.
◇◆ ①即座に出せる. 現にある. ¶→～货 huò. ②現金. ¶付 fù ～ / 現金で支払う.

【现场】xiànchǎng 名(事故・事件や生産・作業などの)**現場,現地**. ¶～直播 zhíbō / 現場から生中継をする.
【现钞】xiànchāo 名 現金.
*【现成】xiànchéng 形(～儿) ① **できあいの. 既製の**. あり合わせの. ¶买～儿衣服穿省事 shěngshì / 既製の服を買うと簡単である. ¶老吃～儿的 / いつもできあいの物ばかり食べる;〈喩〉自分は何もしないでうまい汁ばかり吸う. ②〈口〉なんでもない. たやすいことである. ¶那还不～儿? / おやすいご用です.
【现成饭】xiànchéngfàn あり合わせのご飯;〈慣〉労せずして手に入れる利益.
【现成话】xiànchénghuà 〈慣〉(部外者の)無責任な発言.
【现丑】xiàn//chǒu 動 恥をさらす.
【现出】xiàn//chū 動+方補 **現れる. 現す**. ¶脸上～笑容 xiàoróng / 顔に笑みを浮かべる.
【现存】xiàncún 動 現存する. 現にある.
*【现代】xiàndài ① 形 **近代的な. 科学や技術が最新水準の**. ¶～工业 gōngyè / 近代的な工業. ¶→～化 huà. ② 名 現代. 近代. 注意 中国の時代区分では一般に1919年の五・四運動以後をさし,1949年の中華人民共和国成立以降は普通"当代 dāngdài"という. ¶～史 shǐ / 近代史. ¶～作家 / 近代の作家.
*【现代化】xiàndàihuà 動 **近代化する. 現代化する**. ¶四个～ / (工業・農業・国防・科学技術の)四つの近代化.
【现代主义】xiàndài zhǔyì 名 モダニズム.
【现趸现卖】xiàn dǔn xiàn mài 〈成〉(話などを)受け売りする.
【现房】xiànfáng 名 すでに完成し入居可能な建売住宅.
【现付】xiànfù 動 即金で支払う.
【现货】xiànhuò 名 現品. すぐ引き渡しできる商品. ¶～交易 jiāoyì / 現物取引. ¶～原油 / スポット原油. ¶有～吗? / ストックがありますか.
【现价】xiànjià 名〈商〉現在の価格. 時価.
【现今】xiànjīn 名 このごろ. 当今. 当節.
【现金】xiànjīn 名 ① **現金**. ►小切手などを含むこともある. ¶～支票 zhīpiào / 現金小切手. ¶～交易 / 現金取引. ¶～结算 jiésuàn / 現金決済. ②(銀行の)手持ち現金.
【现局】xiànjú 名 現在の局面.
【现款】xiànkuǎn 名 **現金**.
【现年】xiànnián 名 現在の年齢.
【现期】xiànqī 名 目下. 現在;即時(に).
【现钱】xiànqián 名〈俗〉**現金**. キャッシュ.
【现任】xiànrèn ① 動(ある職務に)現在任じられている. 担当している. ¶他～厂长 chǎngzhǎng / 彼は現在工場長をしている. ② 形 現任の. 現職の.
【现如今】xiànrújīn 名〈口〉近ごろ. 目下.
【现身说法】xiàn shēn shuō fǎ 〈成〉自分の経験を例に挙げて教えさとす.
【现时】xiànshí 名 現在. 当面.
*【现实】xiànshí ① 名 **現実**. ¶脱离 tuōlí ～ / 現実からかけ離れる. ¶面对～ / 現実を正視する. ② 形 **現実に即している. 現実的である**. リアルな. ¶采取 cǎiqǔ ～的态度 tàidu / 現実的な態度をとる. ¶这种想法 xiǎngfa 不～ / そういう考え方は現実的ではない.
【现实主义】xiànshí zhǔyì 名〈文〉リアリズム.
【现世】xiànshì ① 名 現世. この世. ¶～报 / 〈慣〉天罰てきめん;ばちの当たった人. ② 動 恥をさらす. 恥さらしになる.
【现势】xiànshì 名 現下の情勢.
【现下】xiànxià 名〈口〉目下. いまのところ.
〖现…现…〗 *xiàn…xiàn…* 《前後それぞれ動詞を当てはめ,ある目的のためにその場である行動をとることを表す》►多く成語などを作る. "旋 xuàn… 旋…"ともいう. ¶～编 biān ～唱 chàng / その場で歌をつくりその場で歌う. ¶～烧火 shāohuǒ,～砍柴 kǎn chái / 火をたくときになって柴刈りに行く;〈喩〉泥縄式のことをする. ¶～学～教 / 受け売りをする.
*【现象】xiànxiàng 名 **現象**. ¶物理 wùlǐ ～ / 物理的現象.
【现行】xiànxíng 形 ① 現に行われている. ¶～法令 fǎlìng / 現行の法令. ②(多く犯罪が)その場で行われる. ¶～犯 fàn / 現行犯.

X

【现形】xiàn//xíng ①動 化けの皮がはがれる．真相を暴露される．②名 現状．
【现眼】xiàn//yǎn 動〈方〉恥をさらす．恥さらしになる．¶丢人 diūren ～ / 恥をさらして人に顔向けができない．
【现役】xiànyì 名〈軍〉現役(の)．►一般社会での「現役」には"现任""现在的"などを用いる．
【现有】xiànyǒu 形 現有の．あり合わせの．
【现在】xiànzài 名 **現在．いま；今日(こんにち)；**これから．** ¶～几点了？──六点半 / いま何時ですか── 6 時半です．¶这事我～还记得 / このことはいまでも覚えている．¶你～在哪儿工作？/ あなたはいまどこに勤めていますか．¶～开始 kāishǐ 开会 / では会議を始めます．
比較 **现在：目前** mùqián ❶"目前"は発話時のみをさし，その時間的範囲は狭い．"现在"は発話時だけでなく，発話の前後のかなり長い時間をさすこともあり，使用範囲が広い．その場合は"过去"や"将来"と区別して用いられる．❷"目前"のほうが"现在"よりも口語的である．
【现职】xiànzhí 名 現職．現在の職業．
【现抓】xiànzhuā 動〈口〉その場しのぎをする．
【现状】xiànzhuàng 名 **現状．** ¶打破～ / 現状を打破する．¶不安于～ / 現状に安んじない．

限 xiàn

動(ある時間や範囲の中に)**限定する，制限する．** ¶～一个星期完成 / 1週間以内に仕上げること．¶形式不～ / 形式は自由．¶只 zhǐ ～本人 / 本人に限る．
◇◆ 期限．限度．►通常"以 yǐ …为 wéi"の後について，ある範囲を設定する．¶以月底 yuèdǐ 为～ / 月末を期限とする．
【限定】xiàndìng 動 数や範囲を限定する．¶～出席人数 rénshù / 出席者数を限定する．
【限度】xiàndù 名 **限度．限り．** ¶最低～ / 最小限度．¶忍耐 rěnnài 是有～的 / 忍耐にも限度がある．
【限额】xiàn'é 名 定額．規定の数量や額；(投資の)基準額．¶建设费用超过 chāoguò ～ / 建設費は投資基準額を上回った．
【限价】xiàn//jià ①動 価格を限定する．②名 限界価格．価格制限．
【限界】xiànjiè 名 限界．限度．
【限量】xiànliàng ①動 限度を設ける．¶～供应 gōngyìng / 量を限って物資を供給する．②名 限度．
【限令】xiànlìng ①動 期限を切って命令する．②名 期限つき命令．
【限期】xiànqī ①動 期限を切る．¶～完成任务 rènwu / 期限を切って任務を達成させる．②名 **指定期日．期限．** ¶离 lí ～还有五天 / 期限までまだ 5 日ある．
【限行】xiànxíng 動 交通規制をする．
【限于】xiànyú 動〈書〉**…に限る．…に制限される．…に制約される．** ¶～篇幅 piānfu / 枚数に限りがある．
【限止】xiànzhǐ ①動 制限する．②名 限界．
*【限制】xiànzhì ①動 **制限する．** 規制する．¶～在一定范围 fànwéi 内 / 一定の範囲内に制限する．¶～入场 rùchǎng 人数 / 入場者数を制限する．②名 **制限．** ¶有一定～ / 一定の制限がある．

*线(綫) xiàn

❶名 ①(～儿)**糸．針金．** 量 根 gēn，条．¶这根～已经断 duàn 了 / この糸はもう切れてしまっている．¶钢丝 gāngsī ～ / 鋼鉄線．ワイヤー．②〈数〉**線．** 量 条．¶画～ / 線を引く．¶这是不相交的两条～ / これは交わらない 2 本の線である．③ **手がかり．** ¶要循 xún 着这条～追下去 / この手がかりに沿って追究していく必要がある．¶→～索 suǒ．
❷量 抽象的な事物に用い，量がきわめて少ないことを表す．►数詞は"一"に限られる．¶一～光明 / ひと筋の光明．¶一～生机 / 一縷(いちる)の生きる望み．
◇◆ ①糸状のもの．細長いもの．¶光～ / 光線．¶→～香 xiāng．②(交通の)路線．コース．¶京沪 Hù ～ / 北京・上海線．¶旅游 lǚyóu ～ / 観光コース．③範囲．境目．¶停火 tínghuǒ ～ / 停戦ライン．¶前～ / 前線．④境目．限界．¶生命～ / 生命線．¶死亡 sǐwáng ～ / 死線．‖姓
【线板】xiànbǎn 名(～儿)糸巻き(板)．
【线粒体】xiànlìtǐ 名〈生〉ミトコンドリア．
【线路】xiànlù 名 ① **路線．** 量 条．¶公交 gōngjiāo ～ / バスやトロリーバスの路線．¶铁道～ / 鉄道の路線．¶运输 yùnshū ～ / 輸送ルート．②〈電〉回路．サーキット．¶～图 tú / 回路図．
【线描】xiànmiáo 名 線描．¶～画 / 線描画．
【线内】xiànnèi 名〈体〉(球技で)インサイド．
【线圈】xiànquān 名〈電〉コイル．
【线索】xiànsuǒ 名 **手がかり．糸口．** 量 条．¶发现了新的～ / 新しい手がかりが見つかった．¶破案 pò'àn ～ / 事件解明の糸口．
【线条】xiàntiáo 名(絵画・工芸品や人体の)線．¶她长得～匀称 yúnchèn / 彼女はプロポーションがよい．
【线头】xiàntóu 名(～儿) ① 糸の端．② 短い糸．糸の切れ端．③〈喩〉事の端緒．
【线外】xiànwài 名〈体〉(球技で)アウトサイド．
【线香】xiànxiāng 名 線香．量 根 gēn，支 zhī．¶点～ / 線香をつける．
【线轴】xiànzhóu 名(～儿)糸巻き．ボビン．
【线装】xiànzhuāng 形(製本方法の)線装の．糸綴じの．¶～本 / 糸綴じ本．和綴じ本．

宪(憲) xiàn

◇◆ ①法令．②憲法．¶～政 zhèng / 立憲政治．‖姓
【宪兵】xiànbīng 名 憲兵．¶～队 / 憲兵隊．
*【宪法】xiànfǎ 名 ①〈法〉**憲法．** ¶修改 xiūgǎi ～ / 憲法改正．② 指針．テーゼ．¶八字～ /(漢字)8字でまとめた基本方針．
【宪章】xiànzhāng ❶名 ① 憲章．重要なおきて．憲法に相当する規定．②〈書〉典章制度．❷動〈書〉見習う．

陷 xiàn

動 ① **落ち込む．はまる；**〈喩〉不利な情況に陥る．¶汽车～在泥 ní 里了 / 自動車が泥の中にはまった．¶～在敌人的包围 bāowéi 之中 / 敵の包囲の中に落ちた．② くぼむ．へこむ．¶开了两天夜车，他眼睛都～进去了 / 2 日も徹夜で頑張ったので，彼はすっかり目がくぼんでしまった．
◇◆ ①攻め落とされる．¶沦 lún ～ / 敵に占領される．②(人を)陥れる．¶诬 wū ～ / 人に無実の罪を着せる．③欠点．¶缺 quē ～ / 欠点．欠陥．

【陷害】xiànhài 動(人を)陥れる.
【陷阱】xiànjǐng 名 落とし穴;〈喩〉わな. ¶落入luòrù～/落とし穴にはまる.
【陷坑】xiànkēng ⇀【陷阱】xiànjǐng
【陷落】xiànluò 動 ① 陥没する. くぼむ. ¶地壳dìqiào～/地殻が陥没する. ② 陥る. 落ち込む. はまる. ¶～在深渊 shēnyuān 里/深淵に落ち込んだ. ③ 陥落する.
【陷没】xiànmò 動 ①(泥水・地中などに)没する, 落ち込む. 沈む. ② 陥没する. ③ 陥落する.
【陷入】xiànrù 動 ①(不利な情況に)落ち込む. 陥る. ¶～绝境 juéjìng/絶体絶命となる. ¶～重围 chóngwéi/何重にも包囲される. ¶经济～停滞 tíngzhì 状态/経済が停滞状態に陥る. ②〈喩〉(物思いに)ふける. 夢中になる. ¶～沉思 chénsī/物思いにふける.
【陷身】xiànshēn 動 身が…に陥る. ¶～囹圄 língyǔ/とらわれの身となる.
【陷于】xiànyú 動〈書〉(…の状態に)陥る. ¶经营～困境 kùnjìng/経営が困難に陥る.
【陷阵】xiànzhèn 動 敵陣を落とす.

馅 xiàn 名(～儿) ①(食品・菓子などの)あん. ¶饺子 jiǎozi～儿/ギョーザの中身. ②〈方〉中身. 内情. ¶他的诡计 guǐjì 露了～儿/彼の悪だくみが露呈した.
【馅儿饼】xiànrbǐng 名〈料理〉(ひき肉や野菜などの)あん入りの"饼".
【馅子】xiànzi 名〈口〉あん. 中身.

羡 xiàn ◇◆ ①うらやむ. 欲しがる. ¶→～慕 mù. ¶歆 xīn～/うらやましがる. ②あり余った. ¶～财 cái/〈書〉余っている財産. ‖姓
*【羡慕】xiànmù 動 うらやむ. うらやましがる. 羨望(せんぼう)する. ¶真～你有一个好女儿 nǚ'ér/いい娘さんをお持ちで実にうらやましい.

线 xiàn 〖线 xiàn〗に同じ. ‖姓

***献**(獻) xiàn 動 ①(尊敬する人や集団に)差し上げる, ささげる. ¶把青春～给祖国 zǔguó/青春を祖国にささげる. ¶～给老师的纪念品 jìniànpǐn/恩師に差し上げる記念品. ② 演じる. やって見せる. ¶把你的绝技 juéjì～出来给大家看看/あなたの絶技をみんなに披露してください. ¶→～殷勤 yīnqín. ‖姓
【献宝】xiàn//bǎo 動 ① 貴重なものをささげる. ②〈喩〉貴重な経験・意見を提供する. ③〈喩〉自分で貴重品と思うものを人に見せびらかす.
【献策】xiàn//cè 動 献策する. 策をささげる.
【献丑】xiàn//chǒu 動〈謙〉つたないものをお目にかける. ►人に自分の技芸・作品などを披露するときに用いる.
【献出】xiàn//chū 動+方補 ささげる.
【献词】xiàncí 名 祝いの言葉や文章. 祝辞.
【献给】xiàngěi 動 …にささげる. …に贈る. …に献ずる. ¶把藏书 cángshū～国家/蔵書を国に寄付する.
【献花】xiàn//huā 動 花束〔花輪〕をささげる.
【献计】xiàn//jì 動 献策する. 提案する.
【献技】xiàn//jì 動 演技を見せる〔披露する〕.
【献礼】xiàn//lǐ 動 祝いの贈り物をする.
【献媚】xiànmèi 動 こびを売る. こびへつらう.
【献旗】xiàn//qí 動(敬意や謝意を表するために)旗〔ペナント〕をささげる.
【献身】xiàn//shēn 動 献身する. 身をささげる. ¶～于体育事业/体育の事業に身をささげる.
【献血】xiàn//xiě 動 献血する.
【献殷勤】xiàn yīnqín〈慣〉人に取り入るためにサービスにこれつとめる. 歓心を買う.
【献拙】xiànzhuō ⇀【献丑】xiàn//chǒu

腺 xiàn 名〈生理〉腺. ¶汗 hàn～/汗腺. ¶淋巴 línbā～/リンパ腺. ¶唾液 tuòyè～/唾液腺.

锒 xiàn 名(金属の)線. 針金. ¶裸 luǒ～/はだか線. ¶漆包 qībāo～/エナメル線. ►"漆包线"とも書く.

霰 xiàn 名〈気〉あられ.

xiang (ㄒㄧㄤ)

1声 ***乡**(鄉) xiāng 名 ①(↔城 chéng)田舎. ¶城～物资 wùzī 交流/都市と農村の間の物資交流. ② 郷(きょう). 県または県の下の区の指導を受ける行政区域. ¶～政府/郷の行政機関. 村役場.
◇◆ ①故郷. ¶同～/同郷である(人). ②中心地. 土地. ¶鱼米之～/海産物も農産物も両方とれる豊かな土地. ‖姓
【乡巴佬儿】xiāngbalǎor 名〈貶〉田舎者.
【乡愁】xiāngchóu 名 郷愁. ノスタルジア.
【乡村】xiāngcūn 名(↔城市 chéngshì)田舎. 農村. ¶～医生 yīshēng/村の医者.
【乡间】xiāngjiān 名 田舎. 村.
【乡里】xiānglǐ 名 ①(農村や小さな町の)故郷, ふるさと. ② 同郷の人.
【乡邻】xiānglín 名 同郷の人.
【乡民】xiāngmín 名 ① 村の人. ②(行政区域の)"乡"の住民. ¶本乡～/当郷の住民.
【乡僻】xiāngpì 形 都市から離れて辺鄙である.
【乡亲】xiāngqīn 名 ① 同郷の人. ② 農村の人に対する呼びかけの言葉.
【乡绅】xiāngshēn 名〈旧〉地元に戻った退職官僚や大地主などの有力者. 郷紳(きょうしん).
【乡思】xiāngsī 名 望郷の念. 郷愁.
【乡谈】xiāngtán 名 お国言葉. お国なまり. ¶打～/お国言葉で会話をする.
【乡土】xiāngtǔ 名 郷土. ¶～风味/郷土色.
*【乡下】xiāngxia 名〈口〉田舎. 農村. ¶他刚从～来/彼は農村から出てきたばかりです. ¶～人/田舎の人. 田舎者.
【乡下佬儿】xiāngxialǎor 名 田舎者.
【乡音】xiāngyīn 名 故郷の言葉. お国なまり.
【乡长】xiāngzhǎng 名〈政〉行政区域としての"乡"の長. 郷長(きょうちょう).
【乡镇】xiāngzhèn 名 ①(行政区域としての)郷(きょう)と鎮(ちん). ② 田舎町. 町.
【乡镇企业】xiāngzhèn qǐyè 名〈経〉郷鎮(ごうちん)企業. 農村にある民営企業.

X

*相 xiāng ❶副 語法 書き言葉に多く用い,限られた熟語で2音節動詞を修飾するのを除けば,単音節動詞しか修飾しない. ⇒【互相】hùxiāng
①〈書〉互いに. ¶互 hù 不～识 shí / 互いに面識がない. ¶两辆 liàng 车～撞 zhuàng / 2台の車がぶつかりあう. ②《一方が他方に働きかける行為や態度を表す》¶婉言 wǎnyán ～劝 quàn / 遠回しに忠告する. ¶把他当 dàng 亲兄弟 qīn xiōngdì ～待 dài / 彼を兄弟として扱う.
❷動(気に入るかどうか)自分の目で見る. 品定めをする. ¶～女婿 nǚxu / 婿となる人に会ってみる. ¶这个戒指 jièzhi 她～不中 zhòng / この指輪は彼女の気に入らない. ‖姓 ▸▸ xiàng

【相伴】xiāngbàn 動 お相手をする. 付き添う.
【相帮】xiāngbāng 動〈方〉助ける. 手伝う.
【相比】xiāngbǐ 動 **両方を比べる. 比較する.** ¶二者不能～ / 両者は比べられない(ほど違っている).
【相差】xiāngchà 名 双方の違い. 相違. ¶两者～无几 / 両者はそう違わない.
【相称】xiāngchèn 形 **つり合いがとれている. ふさわしい.** ¶这身衣服和他的身份 shēnfen 很不～ / この服は彼の身分とつり合わない.
【相成】xiāngchéng 動 互いに補完する. ¶相辅 fǔ ～ / 互いに助け合い,互いに補完する.
【相持】xiāngchí 動 相対立する. 対峙する.
【相处】xiāngchǔ 動 付き合う. 生活や仕事を共にする. ¶不好～ / 付き合いにくい. ¶～多年 / 長年付き合う.
【相传】xiāngchuán 動 ① 伝えられている. 伝えられるところによれば…だそうだ. ¶～杨贵妃 Yáng Guìfēi 曾 céng 在这里洗过澡 / かつて楊貴妃がここで入浴したと伝えられている. ② 次から次へと伝える. 伝授する. ¶代代～ / 代々伝わる.
*【相当】xiāngdāng ①副 **相当. かなり.** ¶今年～热 rè / 今年はかなり暑い. ¶那个人～好 / あの人はなかなかいい人だ. ②動 **相当する. 匹敵する.** ¶他的文化程度 chéngdù ～于大学毕业 bìyè 的水平 / 彼の教育程度は大卒のレベルに相当する. ¶实力 shílì ～ / 実力がだいたい同じである. ③形 **適当である. ふさわしい.** ¶怎么也想不出～的例句来 / 適当な例文をなかなか思いつかない.
【相得】xiāngdé 形 気が合う. 馬が合う. ¶～甚欢 shèn huān / 気が合って愉快に交際する.
【相得益彰】xiāng dé yì zhāng 〈成〉互いに補完し合うことによって結果がいっそうよくなる.
【相等】xiāngděng 形 **等しい. 同じである.** ¶大小～ / 大きさが同じである.
【相抵】xiāngdǐ 動 ① 相殺する. ¶收支 shōuzhī ～,尚 shàng 余一万元 / 収支相殺して,なお1万元余る. ②〈書〉互いに抵触する.
【相对】xiāngduì ❶形 ① **比較的. 相対的な.** ¶～稳定 wěndìng / 比較的安定している. ¶～地说 / 比較して言うと. ②(↔绝对 juéduì)**相対的である.** ¶美和丑 chǒu 是～的 / 美と醜は相対的なものである. ❷動 **向かい合う.** 相対する. ¶～而 ér 坐 / 差し向かいに座る.
【相反】xiāngfǎn 形 **相反している.** 逆である;(挿入的に用いて)(それとは)**逆に.** …に反して. ¶和你想的恰恰 qiàqià ～,看足球赛 zúqiúsài 的人非常多 / 君の予想とはまるっきり反対で,サッカーの試合の観客はきわめて多い. ¶～的意见 / 正反対の意見. [後続句の先頭あるいは途中に用いて]¶我父亲不仅 bùjǐn 没责怪 zéguài 我,～,却 què 鼓励 gǔlì 了我 / 父はとがめないばかりか,逆に,大いに励ましてくれさえした.
【相仿】xiāngfǎng 形 似通っている. 似たり寄ったりである.
【相逢】xiāngféng 動 思いがけずめぐり会う.
【相符】xiāngfú 動 一致する. 符合する. ¶名实 míng shí ～ / 名実相伴う. ¶与 yǔ 事实～ / 事実と一致する.
【相辅而行】xiāng fǔ ér xíng 〈成〉互いに助け合い,互いに補完する.
【相辅相成】xiāng fǔ xiāng chéng 〈成〉互いに助け合い,互いに補完する.
【相干】xiānggān 動 **関係する. かかわる.** ►否定・反語の表現に用いることが多い. ¶这两件事根本不～ / この二つの事はまったく関係がない.
【相隔】xiānggé 動〈書〉隔たる. ¶～五年再会 / 5年ぶりで再会する.
【相关】xiāngguān 動 **関連している. 関係がある.** ¶此事与 yǔ 他密切 mìqiè ～ / この事は彼と密接な関係がある.
【相好】xiānghǎo ❶形 仲がよい. ¶～的朋友 / 仲のよい友達. ❷名 ① 親友. ② 愛人. ❸動(不倫の)恋愛をする.
*【相互】xiānghù 形 **互いの.** 相互に行われる;**相互に.** 互いに. ¶援助 yuánzhù 是～的 / 援助は相身互いだ. ¶增进 zēngjìn ～了解 liǎojiě / 相互理解を促進する. ¶～之间的友谊 yǒuyì / 相互の友情. ¶～关心,～学习 / 互いにいたわり合い,学び合う. 注意 "互相 hùxiāng"は副詞なので,動詞を修飾するのみであり,上の用例でいえば,最後の場合のみ置換し得る.
【相会】xiānghuì 動(約束をして)落ち会う.
【相继】xiāngjì 副〈書〉相次いで. 次々と.
【相见】xiāngjiàn 動〈書〉相まみえる. 顔を合わせる. 出会う. ¶～恨 hèn 晚 / もっと早く知り合いになればよかったと思う.
【相间】xiāngjiàn 動 互い違いになる.(事物と事物を交互に)一つおきにする. ¶红白～的布料 bùliào / 赤と白を交互に織りあわせた生地.
【相交】xiāngjiāo 動 ① 交差する. 交わる. ¶三条线在这个点上～ / 3本の線はこの点で交わる. ② 友達付き合いをする. ¶～有素 sù / 長年の付き合い. 古くからの友人.
【相接】xiāngjiē 動 ①(物が)隣接する. ②(人が)相接する.
【相近】xiāngjìn 形 ① 双方が接近している. 遠く離れていない. ② 大差がない. そう違わない.
【相敬如宾】xiāng jìng rú bīn 〈成〉夫婦が互いに賓客に接するように尊敬し合う.
【相距】xiāngjù 動(距離や時間が)隔たっている. ¶两村～不远 / 二つの村はそう離れていない.
【相看】xiāngkàn 動 ① じっと見る. ② 待遇する. 取り扱う. ¶另眼～ / 特別に待遇する. ③(男女が)見合いをする;(結婚しようとする男女の一方の親や親戚が本人に代わって)その相手と会って人物を見る.
【相邻】xiānglín 動〈書〉隣接する. 隣り合っている. ¶两国国界～ / 両国は国境が接している.

X

【相瞒】xiāngmán 動 隠しだてをする．欺く．
【相配】xiāngpèi ① 形 釣り合っている．ふさわしい．つり合う．¶颜色不～ / 色どりが合わない．② 動〈生〉交配する．
【相扑】xiāngpū 動 レスリングや相撲(すもう)に似たスポーツをする．►現在では日本の相撲をいうことも多い．
【相亲】xiāng//qīn 動 ①〈書〉親しみ合う．仲よくする．② 見合いをする．
【相亲相爱】xiāng qīn xiāng ài〈成〉(夫婦が)親しみ愛し合う．
【相求】xiāngqiú 動〈書〉お願いする．お頼みする．
【相劝】xiāngquàn 動 忠告する；なだめる．
【相让】xiāngràng 動 譲歩する．譲り合う．
【相扰】xiāngrǎo ①〈套〉お邪魔する．¶今天有事特来～ / きょうはちょっと用事があってお邪魔に上がりました．② 動 邪魔をし合う．
【相认】xiāngrèn 動 知っている；(関係を)認める，認知する．►否定文に用いることが多い．¶我和他素 sù 不～ / 私は彼を全然知らない．
【相容】xiāngróng 動 互いに相手を受け入れる．►否定文に用いることが多い．¶水火不～ /〈諺〉水と火のように相容れない．油に水．
【相商】xiāngshāng 動 相談し合う．相談を持ちかける．
【相生相克】xiāng shēng xiāng kè〈成〉(中国古代の哲学で)五行の運行によって生ずる相互作用と影響．
【相识】xiāngshí ① 動〈書〉知り合う．¶他们俩 liǎ ～多年了 / 彼ら二人は知り合ってからずい分になる．¶素 sù 不～ / 一面識もない．② 名 知り合い．知人．¶老～ / 昔からの知り合い．
【相视】xiāngshì 動〈書〉互いに見る．¶怒目 nùmù ～ / 二人がにらみ合う．¶～而 ér 笑 / 顔を見合わせて笑う．
【相思】xiāngsī 動(男女が)慕い合う,思い合う．►なかなかかなえられない恋をさすことが多い．¶～病 bìng / 恋わずらい．¶单 dān ～ / 片思い．
*【相似】xiāngsì 形 似ている．似通っている．¶这两个人有许多 xǔduō ～的地方 / この二人は似ているところがたくさんある．¶毫无 háo wú ～之处 chù / 全然似ていない．似ても似つかない．
【相送】xiāngsòng 動〈近〉見送る．
【相提并论】xiāng tí bìng lùn〈成〉同列に論じる．同一視する．►否定形で用いることが多い．
【相通】xiāngtōng 動 互いに通じ合う．¶我和她的心是～的 / ぼくと彼女の気持ちはしっくりいっている．
*【相同】xiāngtóng 形 同じである．¶各不～ / それぞれ異なる．¶俩人意见基本 jīběn ～ / 二人の見方はだいたい同じだ．
【相投】xiāngtóu 動 気が合う．意気投合する．¶他们俩 liǎ 脾气 píqi 很～ / 彼ら二人はとても気が合う．
【相托】xiāngtuō 動〈書〉ご依頼する．お頼みする．
【相违】xiāngwéi 動〈書〉相違する．食い違う．
【相向】xiāngxiàng 動(二人が)向かい合う．
【相像】xiāngxiàng 形 似ている．似通っている．¶哥俩儿 liǎr 长 zhǎng 得很～ / 兄弟二人はよく似ている．
**【相信】xiāngxìn 動 信じる．信用する．¶我～他一定会来的 / 私は彼は必ず来ると信じている．¶她好像不～我的话 / 彼女はまるで私の話を信用していないかのようだ．
【相形】xiāngxíng 動〈書〉対照する．二つの事物を比べ合わせる．¶～之下 / 双方を比べ合わせてみると．
【相形见绌】xiāng xíng jiàn chù〈成〉比べると見劣りがする．
【相沿】xiāngyán 動〈書〉踏襲する．¶～成习 / 次々と受け継がれてやがて習わしとなる．
【相邀】xiāngyāo 動〈書〉招待する．お招きする．
【相依】xiāngyī 動〈書〉互いに頼る．¶唇齿 chún chǐ ～ /〈成〉(唇と歯のように)互いに密接な関係にあること．
【相依为命】xiāng yī wéi mìng〈成〉互いに頼り合って生きていく．
【相宜】xiāngyí 形〈書〉適当である．適合している．
【相应】xiāngyīng 動〈書〉(旧時の公文書用語)当然…すべきである．⇒【相应】xiāngyìng
【相迎】xiāngyíng 動 出迎える．
【相应】xiāngyìng ① 動〈書〉呼応する．相応する．¶他说的话前后不～ / 彼が言った話は前後がちぐはぐだ．② 形 それ相応の．¶采取 cǎiqǔ ～的措施 cuòshī / それ相応の措置をとる．⇒【相应】xiāngyīng
【相映】xiāngyìng 動 互いに引き立て合う．
【相遇】xiāngyù 動〈書〉出会う．
【相约】xiāngyuē 動 約束する．
【相争】xiāngzhēng 動 相争う．
【相知】xiāngzhī〈書〉① 動 交際する．知り合いになる．② 名 知人．親友．
【相中】xiāng//zhòng 動+結補 見て気に入る．¶她一眼就～了那件大衣 / 彼女はひと目見てあのオーバーを気に入った．
【相助】xiāngzhù 動 助け合う．協力する．
【相左】xiāngzuǒ 動〈書〉① 行き違いになる．② 食い違う．相違する．

**香 xiāng

古代語ではもともと穀類が実って漂わす芳しいにおいをさした→食欲・睡眠を誘う；歓迎される

❶ 形 ①(↔臭 chòu) よいにおいがする．香りがよい．¶这酒好～啊！/ このお酒はいいにおいですね．
②(食べ物が)おいしい，味がよい；(食欲がすすんで)おいしい．¶这几个菜都挺 tǐng ～ / これらの料理はみなおいしい．¶吃什么也不～ / 何を食べてもおいしくない．
③(眠りが深く)気持ちよい．¶你看，他睡 shuì 得多～ / ごらん，あの人ったら本当に気持ちよさそうに眠ってるよ．
④ 人気がある．受けがよい．¶现在中国货 huò 在东南亚 Dōngnányà 很～ / いま中国製品は東南アジアで人気がある．
❷ 名 香(こう)．線香．¶供 gòng ～ / 線香を供える．¶蚊 wén ～ / 蚊取り線香．
◇◆ 香り．¶桂花 guìhuā ～ / モクセイの香り．¶酒～ / 酒の香り．‖姓
【香案】xiāng'àn 名 香炉を置く机．祭壇．
【香包】xiāngbāo 名 におい袋．
【香槟酒】xiāngbīnjiǔ 名 シャンパン．

X

【香波】xiāngbō 名 シャンプー.
【香菜】xiāngcài 名〈口〉〈植〉コウサイ. シャンツァイ. コリアンダー. 中国パセリ. ►"芫荽 yánsuī"の通称. 薬味·付け合わせ, また独特の香料として中国料理などに用いる.
【香草】xiāngcǎo 名〈植〉①コウボウ. ②バニラ.
*【香肠】xiāngcháng 名(～儿)腸詰め. ソーセージの一種. ⓑ 根 gēn.
【香臭】xiāngchòu 名 香気と臭気;よいものと悪いもの. ¶～不分 / 事の善悪を知らない.
【香斗】xiāngdǒu 名 線香を立てるため穀類が入れてある升形の木箱.
【香饵】xiāng'ěr 名 香ばしいにおいのえさ;〈転〉人を釣るえさ.
【香榧】xiāngfěi 名〈植〉カヤ.
【香粉】xiāngfěn 名 フェイスパウダー. おしろい. ¶～盒 hé / コンパクト.
【香馥馥】xiāngfùfù 形(～的)かぐわしい.
【香干】xiānggān 名(～儿)〈料理〉薫製の"豆腐干".
**【香港】Xiānggǎng 名〈地名〉ホンコン.
【香港脚】xiānggǎngjiǎo 名〈方〉水虫.
【香菇·香菰】xiānggū 名〈植〉シイタケ. ⓑ 个.
【香瓜】xiāngguā 名(～儿)〈植〉マクワウリ. メロン.
【香花】xiānghuā 名 ①(↔毒草 dúcǎo)香りの高い花;〈喩〉人民に有益な言論や作品. ②(仏前に供える)線香と花.
【香火】xiānghuǒ 名 ①仏前に供える線香やろうそくの火;祖先のための祭事. ②寺男. ③(～儿)お香や線香の火.
**【香蕉】xiāngjiāo 名〈植〉バナナ. ►"甘蕉 gānjiāo"とも. ⓑ 根,个;[房]把 bǎ.
【香蕉水】xiāngjiāoshuǐ 名〈化〉シンナー.
【香客】xiāngkè 名 参拝者. 巡礼.
【香料】xiāngliào 名 香料;薬味.
【香炉】xiānglú 名 香炉.
【香喷喷】xiāngpēnpēn 形(～儿)(～的)ぷんぷんとよいにおいがする.
【香片(茶)】xiāngpiàn(chá) 名 ジャスミン茶. 花茶.
【香气】xiāngqì 名 香気. よいにおい.
【香钱】xiāngqián 名〈口〉お布施. お賽銭.
【香水】xiāngshuǐ 名(～儿)香水.
【香酥】xiāngsū 形〈料理〉かりかりに揚げてある. ¶～鸭 yā / ローストダック.
*【香甜】xiāngtián 形 ①かぐわしくておいしい. ②(眠りが)ぐっすりと心地よい.
【香筒】xiāngtǒng 名 線香入れ.
*【香味儿】xiāngwèir 名 ①よい香り. ⓑ 股 gǔ. ②うまい味.
【香消玉殒】xiāng xiāo yù yǔn〈成〉美人の死.
【香蕈】xiāngxùn 名〈植〉シイタケ.
【香烟】xiāngyān 名 ①紙巻きたばこ. シガレット. ⓑ 支 zhī,根 gēn;[箱]盒 hé,包 bāo;[カートン]条. ¶～盒 / たばこケース. ¶～头儿 / たばこの吸い殻. ¶过滤嘴儿 guòlǜzuǐr ～ / フィルター付きたばこ. ②線香や香の煙. ③子孫が祖先を祭ること;〈転〉跡取り.
【香油】xiāngyóu 名〈料理〉ゴマ油.
【香鱼】xiāngyú 名〈魚〉アユ.
【香糟】xiāngzāo 名 酒かす;酒かすに香辛料を加えて熟成させた調味料.
*【香皂】xiāngzào 名 化粧石けん. 洗顔用石けん. ⓑ 块 kuài.
【香泽】xiāngzé 名〈書〉①髪油. ②香り.
【香樟】xiāngzhāng 名〈植〉クスノキ.
【香脂】xiāngzhī 名 ①コールドクリーム. ②〈化〉バルサム.

厢(廂) xiāng ◇◆ ①(中国の伝統式の)母屋("正房")の前方両わきの棟. ¶→～房 fáng. ②(～儿)建物のような仕切られた所. ¶车～ / (列車·自動車などの)ボディー. 客車. ③城門の外に連なってできる町. ¶关～ / 城門外の街. ④〈近〉あたり. ところ. ¶这～ / こちら.
【厢房】xiāngfáng 名 "正房"(母屋)の前方の両側の棟. ►"正房"は一般に南向きである. ⓑ 间. ¶东～ / "正房"の側から見て左にある棟. ¶西～ / "正房"の側から見て右にある棟.

湘 xiāng ◇◆ ①(洞庭湖へ注ぐ)湘江(しょうこう). ②湖南省. ¶～绣 xiù / 湖南産の刺繍. ‖姓
【湘菜】xiāngcài 名 湖南料理.
【湘妃竹】xiāngfēizhú 名〈植〉ハンチク(斑竹). マダラダケ. ►"湘竹"とも.

缃 xiāng 名〈書〉薄い黄色.

箱 xiāng 量 箱入りのものを数える. ¶一～苹果 / リンゴひと箱.
◇◆ ①(やや大きな)箱. ¶集装 jízhuāng ～ / コンテナ. ¶纸～ / ダンボール箱. ②箱状のもの. ¶信～ / 郵便受け. ¶风～ / ふいご.
【箱底】xiāngdǐ 名(～儿)①蓄え. 蓄えた金品. ¶～儿厚 hòu / 蓄えが多い. ②箱の底.
【箱笼】xiānglǒng 名(旅行時に衣類を入れる)トランク,行李.
*【箱子】xiāngzi 名(衣類などをしまう)箱. トランク. スーツケース. ⓑ 个.

襄 xiāng ◇◆ 助ける. ‖姓
【襄助】xiāngzhù 動〈書〉助力する.

镶 xiāng 動 ①はめ込む. ちりばめる. 象眼する. ¶给窗户 chuānghu ～玻璃 / 窓にガラスをはめる. ②縁(ふち)をとる. ¶～花边 / 縁飾りをつける.
【镶板】xiāngbǎn 名 パネル. はめ板.
【镶嵌】xiāngqiàn 動 象眼する.
【镶牙】xiāng//yá 動 義歯を入れる.

2声 **详 xiáng** ◇◆ ①詳しい. ¶～谈 tán / 詳しく話す. ¶→～略 lüè. ②詳しく述べる. ¶内～ / 詳しいことは中に記す. ③はっきりしている. ¶生卒 shēngzú 年不～ / 生没年不詳. ‖姓
【详尽】xiángjìn 形 きわめて詳しい. 詳しい. 詳細でもれがない. ¶～的叙述 xùshù / 事細かな叙述.
【详略】xiánglüè 名〈書〉詳しさ. 詳しさの程度.
【详密】xiángmì 形 詳細かつ周到である. ¶～的计划 jìhuà / 周到な計画.
【详明】xiángmíng 形〈書〉詳しくて分かりやすい. 詳しくてはっきりしている.
【详情】xiángqíng 名 詳しい情況〔事情〕.

【详悉】xiángxī ①動〈書〉詳しく知っている．②形 詳しくて漏れているところがない．

*【详细】xiángxì 形(↔简略 jiǎnlüè)詳しい．詳細である；細かに．¶内容很～/内容がとても詳しい．¶请再说～一点儿/もう少し詳しく話してください．¶详详细细地介绍了事情的经过/こと細かに事の経緯を説明した．

降 xiáng 動 ①(敵に)降(くだ)る，投降する．降参する．¶吴三桂～了清兵 Qīngbīng/呉三桂は清軍に降った．¶宁死不～/死んでも降伏しない．②屈服させる；おとなしく従わせる．¶孙悟空～住了妖怪 yāoguai/孫悟空は妖怪を打ち負かした．
▸▸jiàng

【降不住】xiángbuzhù 動+可補 制圧できない．征服することができない．⇒【－不住】-buzhù

【降得住】xiángdezhù 動+可補 制圧できる．征服することができる．⇒【－得住】-dezhù

【降敌】xiángdí〈書〉①動 敵を降服させる．敵に降服する．②名 降服した敵．

【降伏】xiángfú 動(具体的な人や事物を)屈服させる，手なずける．¶～烈马 lièmǎ/暴れ馬を手なずける．

【降服】xiángfú 動 降伏する．降参する．

【降龙伏虎】xiáng lóng fú hǔ〈成〉強大な勢力を屈服させる．

【降魔】xiángmó 動 悪魔を降服させる．

【降旗】xiángqí 名(投降を表示する)白旗．

【降顺】xiángshùn 動〈書〉降伏し帰順する．

祥 xiáng ◇◆めでたい．縁起がよい．¶吉 jí～/めでたい．¶不～/不吉である．‖姓

【祥和】xiánghé 形 ①(雰囲気が)穏やかである．②情け深い．

【祥云】xiángyún 名 めでたい雲．瑞雲(ずいうん)．

翔 xiáng ◇◆(鳥が羽を動かさないで)空を旋回する，飛ぶ．¶滑 huá～/滑空する．

【翔实】xiángshí 形〈書〉詳細で確実である．

3声 **享 xiǎng** 動(成果・福などを)受け取る，楽しむ，享受する，享有する．¶你别老 lǎo～现成 xiànchéng 的/いつも他人にやってもらっているだけではだめだ．‖姓

【享福】xiǎng//fú 動 幸せを享受する．楽しく暮らす．¶父亲一辈子没享过福/父は生涯幸せな生活に恵まれなかった．

【享乐】xiǎnglè 動〈貶〉楽しむ．享楽にふける．► 重ね型は"享享乐"．¶不能只顾 zhǐgù～/楽しく遊んでばかりいられない．¶～思想 sīxiǎng/享楽的思想．

【享年】xiǎngnián 名〈書〉〈敬〉享年．

*【享受】xiǎngshòu ①動 享受する．味わい楽しむ．¶任何 rènhé 人都不能～特权 tèquán/何人(なんぴと)も特権を享受してはならない．¶～家庭的温暖 wēnnuǎn/家庭的な温かさを味わう．②名 享楽．楽しみ．¶贪图 tāntú～/享楽にふける．

【享用】xiǎngyòng 動《ある物を使う〔食べる〕ことで物質的あるいは精神的な満足を得る》…を楽しむ，エンジョイする．…の恩恵を受ける．¶供 gōng 大家～/みなの利用に供する．¶～山珍海味 shān zhēn hǎi wèi/山海の珍味を堪能(たんのう)する．¶～不尽的财富 cáifù/使いきれないほどの財産．

【享有】xiǎngyǒu 動(権利・人望などを)持っている，受けている．¶～盛名 shèngmíng/名声を博している．

【享誉】xiǎngyù 動 人気がある．名声を得る．¶～全球/世界中で名がよく知られている．

響 响(響) xiǎng ①動 鳴り響く．音がする；音を立てる．音を出す．¶铃～了/ベルが鳴った．¶场上～起了热烈的掌声 zhǎngshēng/場内にあらしのような拍手がわき起こった．¶～了几声锣 luó/数回どらを鳴らした．¶～枪 qiāng/銃をぶっ放す．
②量(～儿)銃声・爆竹・太鼓・ドラなど大きく響く音を数える．¶以枪声三～为号/3発のピストルの音を合図にする．¶买了一挂 guà 一百～的鞭炮 biānpào/100連発の爆竹を1本買った．
◇◆こだま．響き．音．¶→～应 yìng．¶回～/こだま；反響．¶影 yǐng～/影響(する)．

【响板】xiǎngbǎn 名〈音〉カスタネット．

【响鼻】xiǎngbí 名(～儿)(ウマやロバが)鼻をぶるるっと鳴らすこと．(馬やロバの)大きな鼻息．¶打～/鼻を鳴らす．

【响彻】xiǎngchè 動 響き渡る．

【响脆】xiǎngcuì 形(音や声が)よく通って歯切れがよい．

【响当当】xiǎngdāngdāng 形 ①(～的)じゃんじゃん響く．②〈喩〉そうそうたる．立派である．

【响动】xiǎngdong 名(～儿)物音．¶屋子 wūzi 里什么～也没有/部屋の中は物音ひとつしない．

【响雷】xiǎngléi 名 雷鳴．¶声 shēng 如～/声が雷鳴のようである．

*【响亮】xiǎngliàng 形 ①(音や声が)高らかである，はっきりしてよく通る．よく響く．¶歌声 gēshēng～/歌声が高らかに響く．②(名声が)響きわたっている．

【响器】xiǎngqì 名 打楽器．鳴り物．

【响晴】xiǎngqíng 形 晴れわたっている．快晴である．

【响儿】xiǎngr 名 ①〈方〉音．物音；動静．②→〖响 xiǎng〗②

*【响声】xiǎngsheng 名(～儿)音．物音．¶教室里没有一点儿～/教室の中は物音ひとつしない．

【响头】xiǎngtóu 名(音が響くほど)頭を地面にぶつける礼．叩頭(こうとう)のおじぎ．¶磕 kē 了三个～/3回叩頭の礼をした．

【响尾蛇】xiǎngwěishé 名〈動〉ガラガラヘビ．

【响尾蛇导弹】xiǎngwěishé dǎodàn 名〈軍〉空対空ミサイル．

【响应】xiǎngyìng 動 ①こだまする．反響する．②(呼びかけ・提案などに)応える，賛意を示す；共感．反響．¶～国际社会 guójì shèhuì 的呼吁 hūyù/国際社会の呼びかけに応える．¶倡议 chàngyì 得到广泛 guǎngfàn 的～/提案は人々の共感を得る．

饷(饗) xiǎng ❶動 ①〈書〉供応する．酒食をふるまう．②要求にこたえる．満足させる．
❷名〈旧〉(以前の軍隊や警察の)給料．¶月～/月

给. ¶欠 qiàn ～ / 給料が未払いになる. ¶～银 yín / 〈旧〉(軍隊・警察の)給料.

【饷银】xiǎngyín 名〈旧〉(軍隊や警察の)給料.

飨(饗) xiǎng

◇◆ 酒食を振る舞う；(広く)人を満足させる.

＊＊想 xiǎng

❶ 動 ①(方法・意味などを)考える. ❖～办法 *bànfǎ* / 方法を考える. ¶我在～带点儿什么东西送给朋友 / 私は友達に何か持っていってあげようと考えている.

② 推測する. …すると思う. ⚠注意 軽く短く発音することが多い. 話し言葉では文末に付け足すように加えることも多い. ¶我～他今天会来的 / 彼はきょう来ると思う.

③ 思い出す. 思い出そうと考える. ¶他在～当时 dāngshí 的情景 qíngjǐng / 彼はその時の様子を思い起こそうとしている. ¶他的名字我～不起来了 / 彼の名前を,私は思い出せない.

④(離れている場所や人を)懐かしがる,思いしのぶ. ¶→～家 jiā. ¶她特别 tèbié ～你 / 彼女はとてもあなたに会いたがっている. ¶他日夜～着故乡 gùxiāng / 彼はいつも故郷を懐かしがっている.

❷ 助動 …したい. …するつもりだ. ►動詞句(あるいは主述句)の前に用いる. 程度副詞の修飾を受けることができる. ¶他也很～去 / 彼も行きたがっている. ¶我～考 kǎo 研究生 / 私は大学院の試験を受けるつもりです.

【想必】xiǎngbì 副 きっと…だろう. たぶん…だろう. ¶他知道后,～会很高兴 gāoxìng / 彼が知ったらきっと喜ぶでしょう.

【想不出来】xiǎngbuchū//lái 動＋可補 思いつかない. 思い浮かばない. ¶～好办法 bànfǎ / よい考えを思いつかない.

【想不到】xiǎngbudào 動＋可補 考えつかない. 思いもよらない. 予想外である. ¶～她也来了 / 彼女まで来るとは思いもよらなかった. ¶这真是做梦 zuòmèng 也～的事 / これはまったく夢にも思わなかった事だ. ⇨【－不到】-budào

【想不开】xiǎngbukāi 動＋可補 あきらめられない. 思い切れない. ⇨【－不开】-bukāi

【想不起来】xiǎngbuqǐ//lái 動＋可補 思い出せない. ¶我怎么也想不起他的名字来 / 私はどうしても彼の名前を思い出せない.

【想不通】xiǎngbutōng 動＋可補 納得がいかない. 理解に苦しむ.

【想出】xiǎng//chū 動 考え出す.

【想当然】xiǎngdāngrán 〈慣〉〈貶〉おそらくそうだろうと思い込む. 当て推量をする. ¶凭 píng ～办事 / 当てずっぽうに行動する.

【想到】xiǎng//dào 動＋結補 ① 考えつく. 思い出す. 頭に浮かぶ. ② 予想する. ¶没～这儿的天气这么暖和 nuǎnhuo / ここの気候がこんなに暖かいとは思わなかった.

【想得到】xiǎngdedào 動＋可補 予想できる. 考えつくことができる. ►反語に用いることが多い. ¶谁～事情 shìqing 会发展 fāzhǎn 到如此 rúcǐ 地步 / こんな事態になるとはだれが予想できただろうか. ⇨【－得到】-dedào

【想得开】xiǎngdekāi 動＋可補(↔想不开 xiǎngbukāi)あきらめる. 思いきる；あきらめがよい. 思い切りがよい. ⇨【－得开】-dekāi

【想得起来】xiǎngdeqǐ//lái 動＋方補 ① 思い出すことができる. ¶你还想得起咱们一起旅行的事来吗？/ いっしょに旅行したことをまだ覚えていますか. ②→【想得到】xiǎngdedào

【想得通】xiǎngdetōng 動＋可補 納得できる. 理解できる.

＊【想法】xiǎng//fǎ 動(～儿)(なんとかして)方法・手段を考える. ►後ろに必ず動詞(句)を伴う. ¶想个什么法儿帮 bāng 他们把这个问题解决 jiějué 一下吧！/ なんとかして彼らのためにこの問題を解決してあげよう.

【想法子】xiǎng fǎzi →【想法】xiǎngfǎ

【想法】xiǎngfa 名 考え. 考え方. ¶这种 zhǒng ～有点儿问题 / この考え方はちょっと問題がある.

【想方设法】xiǎng fāng shè fǎ 〈成〉いろいろと思案をめぐらす. 八方手を尽くす.

【想好】xiǎng//hǎo 動 ① よく考える. ②(～儿)よくなろうと考える.

【想家】xiǎng//jiā 動 家が恋しい. ホームシックにかかる. 里心がつく. ¶你～不～？/ ホームシックにかからないですか. ⇨〖想 xiǎng〗❶④

【想见】xiǎngjiàn 動 …だということが分かる. 推察する.

【想开】xiǎng//kāi 動＋結補 くよくよしない. 達観する. ¶我早～啦 la / おれはとっくにふっきれたよ.

【想来】xiǎnglái 副(考えてみればまあ)たぶん,おそらく. ¶～,这个计划 jìhuà 是可行的 / たぶん,この計画は実行できるだろう.

＊【想念】xiǎngniàn 動 懐かしむ. 恋しがる. ¶～母亲 / 母親が恋しい. ¶时时～着故乡 / いつもふるさとを懐かしがっている.

【想起】xiǎng//qǐ 動＋方補 思い出す. 思い起こす. ¶～往事 wǎngshì / 昔のことを思い起こす.

【想儿】xiǎngr 名〈方〉望み. 見込み. ¶有〔没〕～ / 見込みがある〔ない〕.

【想入非非】xiǎng rù fēi fēi 〈成〉妄想をたくましくする. 白昼夢にふける.

【想通】xiǎng//tōng 動＋結補(よく考えて)納得する,合点がいく. ¶我～了 / もうわかりました. ¶我还是想不通 / 私はやはり納得がいかない.

【想头】xiǎngtou 名〈口〉① 考え. 考え方. ② 望み. 見込み. ¶只当 dàng 是没～了 / 全然見込みがないと思った.

【想望】xiǎngwàng 動 ①(…しようと)望む. 期待する. 希望する. ¶她早就～着当 dāng 一名律师 lùshī / 彼女はずっと前から弁護士になりたいと望んでいた. ②〈書〉あこがれる. 慕う.

＊【想象・想像】xiǎngxiàng ① 動 想像する. 思いをめぐらす. ¶如果你坚持 jiānchí 不改正,后果不难～ / もし君が頑として改めないでいると,その結果はおよそ想像がつく. ¶他在～着美好的未来 wèilái / 彼はすばらしい未来に思いをめぐらせている. ¶怎么也～不出来 / どうしても想像できない. ② 名〈心〉想像. イメージ.

【想要】xiǎngyào 動 …しようと思う. …したいと思う. ¶我～学习 xuéxí 中文 / 私は中国語を勉強したいと思う.

【想着】xiǎngzhe 動 心に掛ける. 忘れずにいる. ►命令文に用いる. ¶你上街～给我买一盒 hé 香烟 xiāngyān / 街に出たら忘れずにたばこを買ってくれ.

4声 **向**（嚮）**xiàng** ❶ 前《動作の向かう方向,動作の向かう相手を導く》…に.…へ.…に向かって. ¶水～低处 dīchù 流 / 水は低いところへ流れる. ¶不懂 dǒng 可以～老师请教 / 分からなければ先生に教えてもらってかまわない.
［"向…"を単音節動詞の後に用いて］¶飞 fēi ～西南 / 南西の方へ飛ぶ. ¶他把视线 shìxiàn 转 zhuǎn ～大家 / 彼は視線をみんなに向けた.
❷ 動 ①（↔背 bèi）向かう. 向ける. …に向いている. ¶窗户～北开 / 窓は北向きである.
②肩をもつ. 同情する. ひいきする. ¶自己人～自己人 / 仲間は仲間の肩をもつ.
③〈書〉接近する. ¶～晚 / 夕方(に近づく).
❸ 副〈書〉かつて. 従来. ¶本处～无此人 / 当所にはこれまでにそのような者はいない.
◇◆ 向き. 方向. ¶志 zhì ～ / 志. ‖ 姓

【向背】xiàngbèi 名 服従と離反. 支持と反対. ¶人心的～ / 人心の向背(ɛ̃ɔ).
【向壁虚构】xiàng bì xū gòu 〈成〉根拠のない虚構を作り上げる.
【向导】xiàngdǎo ① 動 道案内する；(指導し)導く. ② 名(道)案内役. ガイド. 先導者.
*【向来】xiànglái 副 いままでずっと. 従来. これまで. ¶～如此 rúcǐ / 以前からずっとこうである. ¶这孩子～不撒谎 sāhuǎng / この子はこれまでうそをついたことがない.
【向前看】xiàng qián kàn ①〈慣〉前向きになる. ②(号令)前向け前.
【向钱看】xiàng qián kàn 金儲けしか念頭にないこと. 拝金主義. ►同音の"向前看"(前向きになる)にかけたしゃれ.
【向日葵】xiàngrìkuí 名〈植〉ヒマワリ. (量) 朵.
【向上】xiàngshàng 動 向上する. だんだんよくなる. ¶好好儿 hǎohāor 学习,天天～ / よく学び,絶えず向上しよう. ¶有心～ / 向上心がある.
【向上爬】xiàng shàng pá 〈慣〉〈貶〉立身出世しようとする. 高い地位にのし上がろうとする.
【向往】xiàngwǎng 動 (遠い場所や事物・環境に)あこがれる,思いをはせる. ¶～故乡 gùxiāng / ふるさとが恋しい. ¶～着美好的未来 wèilái / 強く輝かしい未来を希求している.
【向午】xiàngwǔ 名 昼ごろ. 昼時.
【向心力】xiàngxīnlì 名〈物〉求心力.
【向学】xiàngxué 動〈書〉学問に志す.
【向阳】xiàngyáng 形(南向きで)日当たりがよい. 日が差す. ¶这儿间屋子 wūzi ～ / この数部屋は日当たりがよい.
【向右转】xiàng yòu zhuǎn ①〈慣〉反動勢力に近づく. ②(号令)右向け右.
【向隅】xiàngyú 動〈書〉部屋の片隅に顔を向けている；のけ者にされる；機会にめぐまれず失望する.
【向着】xiàngzhe 動 ①…に向かっている. ¶指南针 zhǐnánzhēn 总是～北方 / 羅針盤はいつも北を指している. ②〈口〉(ある一方の)肩をもつ,同情する. ¶大家都～她 / みんなは彼女に味方する.
【向左转】xiàng zuǒ zhuǎn (号令)左向け左.

* **项** xiàng 量《項に分けた事物に用いる》 ① 条令・図表・文書などに用いる. ¶一～联合声明liánhé shēngmíng / 一つの共同コミュニケ. ¶两～新法规 fǎguī / 二つの新しい法令. ② スポーツの種目などに用いる. ¶参加三～竞技比赛 jìngjì bǐsài / 3 種の競技に出る. ¶打破了两～全国记录 / 国内最高記録を二つ破った. ③(計画性をもった)議題・任務・措置・成果などに用いる. ¶三～议程 yìchéng / 三つの議事日程. ¶几～任务 rènwu / いくつかの任務. ④ 金銭・取引に用いる. ¶两～贷款 dàikuǎn / 二口の貸付金. ¶一～交易 jiāoyì / 一口の取引. ⑤ その他. ¶学习外语,听,说,读 dú,写哪一～也不能缺少 quēshǎo / 外国語を勉強するには,聞く・話す・読む・書くの四つはどれも欠くことができない.
◇◆ ①(まとまった)金額. ¶用～ / 費用. ¶进～ / 収入. ②事物の種類・項目. ¶→～目 mù. ③うなじ. えり首. ¶→～链 liàn. ‖ 姓

【项背】xiàngbèi 名〈書〉(人の)後ろ姿.
【项链】xiàngliàn 名(～儿)首飾り. ネックレス；(犬の)首輪. (量) 条,根. ❖戴 *dài* ～ / ネックレスをする.
*【项目】xiàngmù 名 項目；プロジェクト；種目. ¶基本建设 jiànshè ～ / 基本建設プロジェクト. ¶研究 yánjiū ～ / 研究プロジェクト.
【项圈】xiàngquān 名(輪になった)首飾り. 首輪. ►金銀などで作ったものが多い. (量) 只.

巷 xiàng ◇◆ 路地. 横町. ¶小～ / 狭い路地. ¶深 shēn ～ / 奥に延びている路地. ‖ 姓
⏩ hàng

【巷口】xiàngkǒu 名 横町や路地の入り口.
【巷陌】xiàngmò 名〈書〉通りや横町.
【巷战】xiàngzhàn 名〈軍〉市街戦.

相 xiàng ❶ 名 ①(～儿)(人の)ありさま,容貌；姿勢. ¶一副 fù 可怜 kělián ～儿 / みすぼらしい様子. ¶睡 shuì ～不好 / 寝相が悪い. ②〈物〉〈電〉位相. ③(中国将棋"象棋 xiàngqí"の駒の名の一つ)相(しょう). ►"象 xiàng"と同じ働きをする.
❷ 動 鑑定する；(物の外見から)(優劣を)占う,判断する. ¶～风水 fēngshui / 地相を見る. ¶→～面 miàn.
◇◆ ①物体の外観. ¶月～ / 月相. 月の位相. ②政府の首脳・高官. ¶首～ / 首相. ③補佐する. ¶～夫 fū 教 jiào 子 / 夫を助け子どもを教育する. 良妻賢母. ④〈旧〉主人を助ける接待役. ¶傧 bīn ～ / 新郎・新婦の付添人. ‖ 姓 ⏩ xiāng

【相册】xiàngcè 名(写真の)アルバム.
【相机】xiàngjī ① 名 カメラ. ►"照相机"の略. ② 動〈書〉折をみる. 情勢をみて計らう. ¶～行事 / 〈成〉適宜に事を処理する.
【相貌】xiàngmào 名 容貌. 顔つき. ¶～端庄 duānzhuāng / 顔立ちが端正である.
【相面】xiàng//miàn 動 人相を見る. ¶请给我相相面 / 私の人相を見てください. ¶～先生 / 人相見. ►"相士"とも.
【相片儿】xiàngpiānr → 【相片】xiàngpiàn
*【相片】xiàngpiàn 名 写真. ►人物の写真をさすことが多い. "照片 zhàopiàn"とも. (量) 张 zhāng.
【相声】xiàngsheng 名 漫才. (量) 段 duàn. ❖说 *shuō* ～ / 漫才をする. ¶写～ / 漫才の脚本を書く. ¶对口～ / (二人で演じる)掛け合い漫才. ¶单口～ / 落語. (一人で演じる)漫談. ¶群口～ / (三人以上で演じる)漫才.

X

【相纸】xiàngzhǐ 名〈写〉印画紙.

*象 xiàng 名 ①〈動〉ゾウ. 量 头,只. ►"大象"ということが多い. ¶～腿粗 cū,鹿 lù 腿细 xì / ゾウは足が太く,シカは足が細い. ②"象棋 xiàngqí"(中国将棋)の駒の一つ.
◇◆ ①姿. 様子. ¶气～ / 気象. ¶→～征 zhēng. ②似せる. 模倣する. ¶→～形 xíng.

【象棋】xiàngqí 名 中国将棋. シャンチー. 量 副 fù;[対局の場合]盘 pán. ❖下 xià ～ / 将棋を指す. ¶下一盘～ / 将棋を1局指す.

【象声词】xiàngshēngcí 名〈語〉擬声語. 擬音語. オノマトペ. ►"拟 nǐ 声词"とも.

【象形】xiàngxíng 名〈語〉(六書(りくしょ)の)象形(しょうけい). 実体のある物の形をかたどって文字を作ること.

【象牙】xiàngyá 名 象牙(ぞうげ). ¶～雕刻 diāokè / 象牙細工. ¶～色 sè / アイボリー(色).

【象牙海岸】Xiàngyá hǎi'àn 名〈地名〉コートジボアール.

【象牙之塔】xiàngyá zhī tǎ〈慣〉象牙の塔. ►"象牙宝塔 bǎotǎ"とも.

【象征】xiàngzhēng ①動 象徴する. ¶白色～着纯洁 chúnjié / 白は純潔を象徴している. ②名 象徴. シンボル.

**像 xiàng ❶動 ①…に似ている. …みたいだ. ¶他长 zhǎng 得～他爸爸 bàba / 彼は父親に似ている. ¶他的脾气 píqi ～小孩儿 / 彼の気性は子供みたいだ. ②(例を挙げるとき)たとえば…のような. ¶我国历史上有许多大文学家,～屈原 Qū Yuán、司马迁 Sīmǎ Qiān、李白 Lǐ Bái 等 / わが国では歴史上,たとえば屈原・司馬遷・李白など多数の大文学者が出ている. ¶～这样的例子 lìzi 很多,不胜枚举 bù shèng méi jǔ / このような例はとても多くて,いちいち挙げきれない.
❷副 …しそうだ. …のようだ. ¶～要下雪了 / 雪が降りそうだ. [“像…一样 yīyàng〔这样,那样〕”の形で用い]¶～鲜血 xiānxuè 一样的颜色 / 血のような色. ¶他不～你这么勤奋 qínfèn / 彼は君のように勤勉ではない. [“像…似的 shìde”の形で用い]¶～要下雨似的 / どうやら雨が降りそうだ. ⇒【好像】hǎoxiàng
❸名(人・物の姿を)かたどったもの,写したもの. 量 张 zhāng,幅 fú,帧 zhēn. ¶画了一张～ / 肖像を1枚描いた.

*【像话】xiàng//huà 動(言うことなすことが)道理にかなう,筋が通っている. ►反語や否定に用いることが多い. ¶你这么说可太不～了 / 君の言うことはまったく理に合わない. ‖姓

【像模像样】xiàng mú xiàng yàng〈成〉(状態が)ちゃんとしている.

【像煞有介事】xiàng shà yǒu jiè shì〈成〉いかにも本当らしい. まことしやかである. ►"煞有介事"とも. ¶吹 chuī 得～ / まことしやかなほらを吹く.

【像素】xiàngsù 名〈電算〉画素.

【像样】xiàng//yàng 形(～儿)標準に達している. 人前に出せる. 体裁がよい. 格好がよい. りっぱである. ¶他歌儿唱得挺 tǐng ～儿 / 彼はなかなか上手に歌う. ¶他这么没有礼貌 lǐmào 像个什么样儿? / 彼の無作法ときたらなんてざまだ.

【像章】xiàngzhāng 名 肖像入りのバッジ.

橡 xiàng 名〈植〉①クヌギ. ¶～(碗 wǎn)子 zi /(クヌギの)ドングリ. ②ゴムの木. ¶→～皮 pí. ‖姓

【橡胶】xiàngjiāo 名 ゴム. ¶～园 yuán / ゴム園.

【橡胶树】xiàngjiāoshù 名〈植〉ゴムノキ. パラゴムノキ.

【橡皮】xiàngpí 名 ①ゴム. ►"橡胶 xiàngjiāo"の通称. ②消しゴム. 量 块.

【橡皮膏】xiàngpígāo 名〈医〉絆創膏(ばんそうこう).

【橡皮筋儿】xiàngpíjīnr 名 輪ゴム. ゴムひも.

【橡皮圈】xiàngpíquān 名 ①ゴムの浮き輪. ②(～儿)輪ゴム.

【橡皮图章】xiàngpí túzhāng 名 ゴム印;〈慣〉名前だけで実権のない人〔機関〕.

【橡实】xiàngshí 名〈植〉ドングリ.

【橡(碗)子】xiàng(wǎn)zi 名〈植〉(クヌギの)ドングリ.

xiao (ㄒㄧㄠ)

1声

肖 xiāo ‖姓 ►► xiào

枭(梟) xiāo 名〈鳥〉フクロウ.
◇◆ ①強暴で野心がある. ¶→～雄 xióng. ②塩の密売人. ¶盐 yán ～ / 〈旧〉同上.

【枭首】xiāoshǒu 動〈書〉さらし首にする.

【枭雄】xiāoxióng 名〈書〉残忍だが勇猛な人.

*削 xiāo 動 ①削る;(皮を)むく. ❖～铅笔 qiānbǐ / 鉛筆を削る. ¶给孩子～苹果 píngguǒ 皮 / 子供にリンゴの皮をむく. ②(値段を)割る,切る. ¶～本卖 / 元値を切って売る. ③(卓球などでボールを)カットする.
注意 xuē の読みは熟語や書き言葉に用いる.
►► xuē

【削价】xiāojià 動 値引きする.

【削面】xiāomiàn 名〈料理〉包丁で削っためん. ►"刀削面"とも.

骁(驍) xiāo ◇◆ たけだけしい. ¶～将 jiàng / 〈書〉勇将.

【骁勇】xiāoyǒng 形〈書〉勇猛である.

逍 xiāo "逍遥 xiāoyáo ↓という語に用いる.

【逍遥】xiāoyáo〈書〉①動 逍遥(しょうよう)する. ②形 気ままである. ¶～自在 / かって気ままにふるまう.

【逍遥法外】xiāo yáo fǎ wài〈成〉法の網を逃れてのうのうとしている.

消 xiāo 動 ①消えてなくなる. ¶雾 wù 渐渐 jiànjiàn ～了 / 霧がしだいに晴れてきた.
②(否定的なもの〔こと〕を)取り除く;解消する. ¶红肿 hóngzhǒng 老也不～ / はれがなかなかひかない. ¶→～气 qì. ¶→～毒 dú.
③〈近〉必要である. ►よく"不,何 hé,只 zhǐ"を前につけて用いる. ¶只～一句话 / ただ一言を要するのみ. ¶何～费 fèi 那么大的力气 lìqi / なにもそんな

にしゃかりきになることはないのに.

〈◆ ①消費する．消耗する．¶→～费 fèi．¶→～耗 hào．②時を過ごす．気晴らしをする．¶→～闲 xián．¶→～遣 qiǎn．‖姓

【消沉】xiāochén 形 元気がない．沈んで落ち込んでいる．¶他近来好像 hǎoxiàng 有些～／彼は近ごろなんか元気なく落ち込んでいる．

*【消除】xiāochú 動(不利な事物を)**取り除く，なくす，除去する．**¶～病原 bìngyuán／病因を除去する．¶～障碍 zhàng'ài／障害物を取り除く．

【消磁】xiāo∥cí 動〈物〉消磁する．

【消毒】xiāo∥dú 動 **消毒する**；〈喩〉悪い影響をとり除く．¶这个注射器 zhùshèqì 是消过毒的／この注射器は消毒済みだ．

【消防】xiāofáng 動 消火する．¶～车 chē／消防車．¶～队 duì／消防隊．¶～设备 shèbèi／消防設備．

*【消费】xiāofèi 動(生活用品・金銭などを)**消費する**．¶～者／消費者．¶～品 pǐn／消費財．

【消耗】xiāohào ①動(物や体力・精神力などを)**消耗する，使う，減らす．**¶～精力 jīnglì／精力を消耗する．¶体力～很大／体力の消耗が大きい．¶高产，优质 yōuzhì，低 dī～／高い生産性・すぐれた品質・少ないロス．②名〈近〉消息．便り．

*【消化】xiāohuà 動 ①**消化する．**¶～酶 méi／〈生理〉ジアスターゼ．¶～不良／消化不良．②〈転〉知識を理解吸収する．¶内容教得太多，学生～不了 buliǎo／教える内容が多すぎると学生は理解できない．

【消火栓】xiāohuǒshuān 名 消火栓．

*【消极】xiāojí 形(↔积极 jījí) ①《よくない作用をする》**否定的である．**反面的である．消極的な．受け身の．¶～影响 yǐngxiǎng／悪い影響．¶这些言论 yánlùn 很～／これらの言論はとても否定的だ．②(意欲に欠けて)**消極的である．**¶近来他工作很～／近ごろ彼は仕事に身が入っていない．

【消解】xiāojiě 動(疑いや懸念などが)氷解する，消える．

*【消灭】xiāomiè 動 ①**消滅させる．滅ぼす．なくす．**¶彻底 chèdǐ～艾滋病 àizībìng／エイズを徹底的になくす．¶敌人 dírén 被 bèi～了／敵は殲滅(せんめつ)された．②**消滅する．滅びる．なくなる．**¶恐龙 kǒnglóng 早已～了／恐竜はもうとっくに滅びてしまった．

【消磨】xiāomó 動 ①(**時・年月を多くはむだに)過ごす，送る，つぶす．**¶～时间 shíjiān／時間をつぶす．②(**精力や意志を)すり減らす，**消耗する．¶～斗志 dòuzhì／闘志を失う．

【消气】xiāo∥qì 動(～儿)怒りを和らげる．気をしずめる．¶你喝口水消消气儿／ちょっと水を飲んで落ち着けよ．

【消遣】xiāoqiǎn 動 暇つぶしをする．退屈しのぎをする．

【消融・消溶】xiāoróng 動〈書〉(氷や雪が)解ける，解けてなくなる．

【消散】xiāosàn 動(煙・霧・におい・熱または抽象的なものがしだいに)消えてなくなる，散ってしまう．¶山顶的云雾 yúnwù～了／山頂にかかった雲が消えた．¶烦恼 fánnǎo 完全～了／悩みがすっかり消えてしまった．

【消声】xiāoshēng 名〈建〉騒音除去．防音．消音．¶～器 qì／(小火器・銃砲の)消音器；(内燃機関の)マフラー．

*【消失】xiāoshī 動 **消えてなくなる．消え失せる．**¶他的身影 shēnyǐng～在人群 rénqún 中／彼の姿が人込みの中にまぎれてしまった．

【消食】xiāo∥shí 動(～儿)消化を助ける．

【消逝】xiāoshì 動〈書〉消え去る．

【消释】xiāoshì 動〈書〉(疑い・恨み・苦痛などが)消えてなくなる，解ける，晴れる．¶误会 wùhuì～了／誤解が解けた．

【消受】xiāoshòu 動 ①(いい目を)享受する．楽しむ．►否定文に用いることが多い．¶这么高级的东西，我可～不起／こんなに高級なものは，私にはもったいないよ．②堪える．耐える．忍ぶ．

【消瘦】xiāoshòu 動(体が)やせる．やつれる．¶身体一天天～／体が日一日とやせてしまう．

【消暑】xiāo∥shǔ 動 ①暑気を払う．②(楽しく)夏をしのぐ．

【消损】xiāosǔn 動 ①消えて少なくなる．②損耗する．¶体力～得很严重 yánzhòng／体力の損耗が甚だしい．

【消停】xiāoting〈方〉①形 落ち着いている．平穏である．¶过～的日子／平穏な日々を過ごす．¶还没住～就走了／のんびり腰を落ち着ける間もなく立ち去った．¶大伙 dàhuǒ～点儿，听他说吧／みんな静かにしてくれ，彼の言うことを聞いてみよう．②動 停止する．休む．►多く否定形で用いる．¶工作很忙，一会儿也不～／仕事が忙しくて，すこしも休むひまがない．

【消退】xiāotuì 動(はれ・暑さ・熱・笑顔などが)だんだんなくなる，減退する．

【消亡】xiāowáng 動 消滅する．消え失せる．

【消息】xiāoxi 名 ①情報．報道．ニュース．**量 个．¶好～／グッドニュース．¶头条 tóutiáo～／トップニュース．¶据 jù 共同社～／共同通信の報道によれば．②**便り．音信．消息．**¶杳 yǎo 无～／杳(よう)として消息がつかめない．何の音さたもない．

【消息儿】xiāoxir 名〈方〉からくり．仕掛け．¶设 shè 下～／仕掛けをする．

【消夏】xiāoxià 動(楽しく)夏を過ごす，しのぐ．

【消闲】xiāoxián ①動 暇つぶしをする．②形(暇で)のんびりしている．

【消歇】xiāoxiē 動〈書〉やむ．やめる．消え去る．►"销歇"とも書く．¶战事 zhànshì～／戦いがやむ．

【消炎】xiāo∥yán 動 炎症を止める．

【消夜】xiāoyè ①名 夜食．②動 夜食を食べる．

【消灾】xiāo∥zāi 動 災厄を逃れる．厄を払う．

【消长】xiāozhǎng 名 消長．増減．盛衰．

【消肿】xiāo∥zhǒng 動 腫れを治す．腫れが引く．

宵 xiāo

〈◆ 夜．¶通 tōng～／一晩じゅう．‖姓

【宵禁】xiāojìn 名(戒厳令による)夜間の通行禁止．夜間外出禁止令．

【宵夜】xiāoyè ①名 夜食．②動 夜食を食べる．

萧(蕭) xiāo

〈◆ もの寂しい．¶→～然 rán．¶→～飒 sà．‖姓

【萧墙】xiāoqiáng 名〈書〉表門の外に作られた目隠し壁；〈転〉内部．内々．内輪．¶祸 huò 起～／内

X

輪もめする．内乱が起こる．
【萧然】xiāorán 形〈書〉もの寂しい；空っぽである．
【萧飒】xiāosà 形〈書〉ひっそりとしている．
【萧瑟】xiāosè 形〈書〉①風が木を吹き渡るさま．¶～秋风 qiūfēng / びゅうびゅうと吹く秋風．②(景色が)もの寂しい．
【萧疏】xiāoshū 形〈書〉まばらである．寂しい．
【萧索】xiāosuǒ 形〈書〉もの寂しい．わびしい．
【萧条】xiāotiáo 形 ①〈経〉**不景気である．不況である．** ❖生意 *shēngyi* ～ / 商売がよくない．¶世界～ / 世界不況．② **蕭条(しょうじょう)としている．もの寂しい．** ¶一派～景象 / 一面のもの寂しい景色．
【萧萧】xiāoxiāo 〈書〉①擬《風の音》蕭々(しょうしょう)と．《ウマのいななき》ひひん．②形 髪が白くてまばらである．

硝 xiāo

①名 硝石(しょうせき)．¶→～石 shí．②動(毛皮を)なめす．
【硝化甘油】xiāohuà gānyóu 名〈化〉ニトログリセリン．
【硝镪水】xiāoqiāngshuǐ 名〈化〉硝酸．
【硝石】xiāoshí 名〈鉱〉硝石．
【硝酸】xiāosuān 名〈化〉硝酸．¶～铵 ǎn / 硝酸アンモニウム．¶～纤维素 xiānwéisù / ニトロセルローズ．
【硝烟】xiāoyān 名 火薬の煙．砲煙．

销 xiāo

❶動 ①(商品を)**売りさばく．** ¶这种书～不出去 / こんな本は売れやしない．¶一天～不了 buliǎo 多少货 / 1日にいくらも売れない．②(戸や窓の掛け金を)差し込む．¶把门～好 / 戸に掛け金をしなさい．③取り消す．解除する．
❷名(電気の)差し込みプラグ；(戸や窓の)掛け金．
◇◆ ①金属を溶かす．¶→～毁 huǐ．②消費する．¶开～ / 支出(する)．¶花～ / 費用．‖姓
【销案】xiāo//àn 動 訴訟を取り下げる．事件の審理を打ち切る．
【销钉】xiāodīng 名 止め釘．プラグ．
【销号】xiāo//hào 動 登録などを取り消す．
【销毁】xiāohuǐ 動(溶かしたり,焼いたりして)処分する,廃棄する．
【销价】xiāojià 名 販売価格．
【销假】xiāo//jià 動 休暇が終わって出勤を届け出る．
【销量】xiāoliàng 名 販売量．
【销路】xiāolù 名(商品の)**販路,** はけ口．¶这种商品 shāngpǐn 没有～ / この手の商品は販路がない．¶～不好 / 売れ行きが悪い．
【销声匿迹】xiāo shēng nì jì 〈成〉鳴りをひそめる．公の場所に登場しなくなる．
【销蚀】xiāoshí 動 腐食する．
【销势】xiāoshì 名 売れ行き．
【销售】xiāoshòu 動 販売する．¶正在～中 / 現在販売中．¶～价格 jiàgé / 販売価格．
【销行】xiāoxíng 動(商品を)売りさばく．¶～不畅 chàng / 売れ行きがよくない．
【销赃】xiāo//zāng 動〈法〉盗品を売却する〔処分する〕．
【销账】xiāo//zhàng 動 帳消しにする．棒引きにする．精算する．
【销子】xiāozi 名(止め釘など)棒状金具の総称．

箫(簫) xiāo

名(たて笛の一種)簫(しょう)．簫の笛．¶吹 chuī ～ / 簫を吹く．‖姓

潇(瀟) xiāo

形〈古〉水が深くて澄んでいる．
【潇洒】xiāosǎ 形(立ち居ふるまいが)あか抜けしている．スマートである；屈託がない．
【潇潇】xiāoxiāo 擬〈書〉①《風が吹き雨が降るさま》ひゅうひゅう．ざあざあ．②《小雨がそぼ降るさま》しとしと．

霄 xiāo

◇◆ 雲．空．上空．¶高入云～ / 高くそびえる形容．
【霄汉】xiāohàn 名〈書〉大空と銀河；〈転〉高い所．
【霄壤】xiāorǎng 名〈書〉天と地；〈転〉大きな差．

嚣(囂) xiāo

◇◆ やかましい．騒がしい．¶叫 jiào ～ / わめき立てる．
【嚣张】xiāozhāng 形(悪い勢力や不正の気風が)はびこっている,のさばっている．

2声 淆 xiáo

◇◆ 入り混じる．乱れる．¶混 hùn ～不清 / 混じり合ってはっきりしない．
【淆惑】xiáohuò 動〈書〉混乱〔困惑〕させる．
【淆乱】xiáoluàn ①動 乱す．混乱させる．¶～社会秩序 zhìxù / 社会秩序を乱す．②形 乱雑である．

3声 ** 小 xiǎo

❶形 ①(↔大 dà)(体積・面積・数量・力・強度などが,普通より,あるいは比較する対象より)**小さい．** ¶地方～ / 場所が狭い．¶我比你～一岁 suì / 私はあなたより一つ年下だ．¶声音 shēngyīn 太～ / 声が小さすぎる．¶帽子～了一点儿 / 帽子がちょっときつい．¶雨～了 / 雨が小降りになった．
②(長幼の順序で)**末の,いちばん下の,** いちばん小さい．¶～女儿 / 末の娘．¶我的～弟弟 dìdi / 私のいちばん下の弟．
❷接頭 …さん．…君．…ちゃん．①親しい関係の若い〔年下の〕人の1字の姓の前につける．¶～李 / 李さん．李君．②子供の名前の前につけて親しみを表す．¶～明 / 明ちゃん．③兄弟の順序を表す数詞の前につける．¶～三 / 三ちゃん．
❸名 若者．幼い者．¶上有老,下有～ / 上には年寄り,下には幼い者がいる．
❹副 しばらく．ちょっと．►短時間をさす．¶～住 zhù 几天 / 何日か滞在する．¶～坐 zuò 一会儿 / ちょっと腰掛ける．
◇◆ ①〈謙〉《自分または自分に関係のある事柄についてへりくだっていうとき用いる》¶～弟 / 小生．¶～店 / 弊店．②《動物名の前につけて,動物の子供・赤ん坊を表す》¶～牛 / 子ウシ．ウシの赤ちゃん．
注意 "小"を前にとって構成される語は多数に及ぶが,必要なときその前にさらに"小"をつけることができる．¶小小说 / 短い小説．ショートショート．¶小小鸡儿 / 小さなひな．‖姓
【小巴】xiǎobā 名(乗り合いの)ミニバス．►"小型巴士"の略．量 辆．
【小霸王】xiǎobàwáng 〈慣〉(甘やかされて育ったため)わがままで礼儀を知らない一人っ子．
【小白菜】xiǎobáicài 名(～儿)チンゲンサイ・パクチ

ョイなどの小白菜類.

【小白脸】xiǎobáiliǎn 名(～儿)〈口〉色白の美少年.

【小白鼠】xiǎobáishǔ 名 ①小さな白ネズミ. ②〈俗〉臆病者.

【小百货】xiǎobǎihuò 名 日用品. 小間物.

【小班】xiǎobān 名 ①幼稚園の年少組. 3歳から4歳までのクラス. ②(小学校の成績別クラス分けで)小人数クラス.

【小半】xiǎobàn 名(～儿)半分よりも少ない数量. 小半分.

【小宝宝】xiǎobǎobǎo 名 赤ちゃん. ►愛称.

【小宝贝】xiǎobǎobèi 名(～儿)いい子ちゃん. ►愛称.

【小报】xiǎobào 名 小型新聞. タブロイド判新聞.

【小报告】xiǎobàogào (～儿) ①〈慣〉(上司への)告げ口,密告. ❖打 *dǎ* ～/上司に告げ口をする. ②名 簡単な発表や報告;〈謙〉自分の発表.

【小辈】xiǎobèi 名(～儿)世代が下の者.

【小本】xiǎoběn 名(～儿)小資本.

【小本经营】xiǎoběn jīngyíng 名〈経〉小商い. 小資本経営.

【小便】xiǎo//biàn ❶動 小便をする. ¶我去小个便/トイレに行ってきます. ❷名 ①小便. ❖解 *jiě* ～/小便をする. ②(男女の)性器.

【小辫儿】xiǎobiànr 名 ①短いお下げ. ②〈旧〉辮髪(べんぱつ).

【小辫子】xiǎobiànzi 名 ①〈慣〉しっぽ. 弱点. 泣き所. ¶抓 zhuā ～/弱点をつかまれる. ②短いお下げ.

【小标题】xiǎobiāotí 名 小見出し. サブタイトル. ¶加 jiā 一个～/サブタイトルを付ける.

【小别】xiǎobié 名〈書〉しばしの別れ.

【小步舞曲】xiǎobù wǔqǔ 名〈音〉メヌエット.

【小不点儿】xiǎobudiǎnr 〈方〉 ①形 非常に小さい. ②名 幼い子供. おちびさん.

【小菜】xiǎocài 名(～儿) ①〈方〉容易に片付く仕事. ②(酒のさかなの)野菜の漬物. ③ちょっとした料理. ④〈方〉総菜.

【小册子】xiǎocèzi 名 パンフレット. 小冊子.

【小插曲】xiǎochāqǔ 名 エピソード.

【小产】xiǎochǎn 名 流産.

【小肠】xiǎocháng 名〈生理〉小腸.

【小肠串气】xiǎocháng chuànqì 名〈口〉〈医〉脱腸. ヘルニア.

【小抄儿】xiǎochāor 名〈俗〉カンニングペーパー. ❖打 *dǎ* ～/カンニングペーパーを作る;カンニングをする.

【小车】xiǎochē 名(～儿) ①手押し車. ②乗用車.

*【小吃】xiǎochī 名 ①外での手軽な食事. 軽食. ¶经济 jīngjì ～/手軽で値段の安い料理. ¶～部/軽食堂. スナックバー. コーヒーショップ. ②(西洋料理の)前菜. オードブル.

【小丑】xiǎochǒu 名 ①(～儿)道化役者. 三枚目;おっちょこちょい. ひょうきん者. ②小悪人. つまらぬ人物. ►"小醜"とも書く. ¶～跳梁 tiàoliáng/つまらぬやからがのさばる.

【小春】xiǎochūn 名〈方〉 ①小春. 陰暦10月. ②(ムギ・エンドウなど)小春期に種まきをする作物. ►"小春作物 zuòwù"の略.

【小葱】xiǎocōng 名(～儿)〈植〉ワケギ. 小ネギ.

【小聪明】xiǎocōngming 名〈慣〉こざかしいこと. 猿知恵が働くこと. ❖耍 *shuǎ* ～/こざかしく立ち回る.

【小打小闹】xiǎo dǎ xiǎo nào 〈成〉仕事を小規模に細々とやること. ►冗談まじりに言う場合に用いる.

【小大人儿】xiǎodàrénr 名 ませた子供. 大人びた子供.

【小刀】xiǎodāo 名(～儿)小刀. ナイフ.

【小道理】xiǎodàolǐ 名 個人的な理屈.

【小道儿消息】xiǎodàor xiāoxi 名 口コミ. 聞き伝えのあてにならないうわさ.

【小弟】xiǎodì 名 ①末の弟. ②〈旧〉〈謙〉小生.

【小店】xiǎodiàn 名(～儿) ①簡易旅館. ②〈謙〉弊店. ③〈方〉けちん坊.

【小调】xiǎodiào 名 ①(～儿)(各地方に流行する独特の)メロディー,俗謡,民謡. ②〈音〉短調. ¶A～协奏曲 xiézòuqǔ/イ短調協奏曲.

【小动作】xiǎodòngzuò 〈慣〉小細工. つまらない策略;(特に)こそこそ行う不正行為〔いんちき〕.

【小豆】xiǎodòu 名〈植〉アズキ. ¶～粥 zhōu/アズキ入りのかゆ.

【小肚子】xiǎodùzi 名〈口〉下腹. 下腹部.

【小队】xiǎoduì 名 小隊. ㊐ 支 zhī.

【小恩小惠】xiǎo ēn xiǎo huì 〈成〉(人を丸め込むための)ちょっとした恩恵,えさ.

【小儿】xiǎo'ér 名 ①児童. 幼児. ②〈謙〉自分の息子をさす. ⇒【小儿】xiǎor

【小儿科】xiǎo'érkē ❶名 ①〈医〉小児科. ②〈喩〉〈諷〉(簡単で意義のない)つまらない仕事〔部門〕. ❷形〈方〉けちくさい. みみっちい.

【小贩】xiǎofàn 名 行商人. 担ぎ屋.

【小费】xiǎofèi 名 チップ. 心付け. ►"小账 xiǎozhàng"とも. ¶付 fù ～/チップを払う. ¶不收～/チップはお断りします.

【小分队】xiǎofēnduì 名 班. 小隊. ㊐ 支 zhī. ¶医疗 yīliáo ～/医療班.

【小粉】xiǎofěn 名 澱粉(でんぷん).

【小腹】xiǎofù 名 下腹. 下腹部.

【小钢炮】xiǎogāngpào ①〈俗〉小型の銃砲. ②〈慣〉剛直であけすけにものを言う人.

【小哥们儿】xiǎogēmenr 名〈俗〉(若者同士の呼びかけとして)あんちゃん(たち).

【小哥儿俩】xiǎogēr liǎ 若い兄弟二人.

【小个子】xiǎogèzi 名 背の低い人. 小柄な人.

【小工】xiǎogōng 名(～儿)〈旧〉単純肉体労働者.

【小公共汽车】xiǎo gōnggòng qìchē 名 ミニバス. 乗り合いのマイクロバス. ►略して"小公共"とも.

【小姑娘】xiǎogūniang 名(～儿) 娘. 少女. ►呼びかけにも用いる. ¶～,你几岁了?/お嬢さんいくつ.

【小姑儿】xiǎogūr 名 ①→【小姑子】xiǎogūzi ②いちばん年下の父方のおば.

【小姑子】xiǎogūzi 名〈口〉小じゅうと. ►"小姑儿 xiǎogūr"とも.

【小褂】xiǎoguà 名(～儿)中国式のひとえの上着.

【小馆儿】xiǎoguǎnr 名 小料理屋. スナック.

【小广告】xiǎoguǎnggào 名 チラシ. ビラ.

【小鬼】xiǎoguǐ 名 ①《子供に対する親しみをこめた

称》ちび．小僧．¶这个～真聪明 cōngming / この子はほんとうにお利口だ．②(トランプの)ジョーカー(の予備札)．►正規の札は"大鬼"．③(～儿)閻魔(えんま)王の手下の鬼．

【小孩儿】xiǎoháir 名〈口〉**子供**．►"小孩子 xiǎoháizi"とも．¶～票 piào /(鉄道の)子供切符．►年齢にかかわらず,身長1.3メートル以下は子供料金になる．

【小寒】xiǎohán 名(二十四節気の一つ)小寒．►寒の入り．

【小号】xiǎohào 名 ①(～儿)小さいサイズ．Sサイズ．②〈音〉トランペット．㊐ 支,把．❖吹 *chuī* ～ / トランペットを吹く．③〈謙〉弊店．④〈方〉独房．

【小户】xiǎohù 名 ①家族の少ない家．②〈旧〉貧乏な家．

【小皇帝】xiǎohuángdì 〈慣〉甘やかされて育った男児の一人っ子．

【小伙子】xiǎohuǒzi 名〈口〉**若者**．¶那～长 zhǎng 得很帅 shuài / あの若者はかっこいい．

【小货车】xiǎohuòchē 名 小型貨物自動車．

【小鸡儿】xiǎojīr 名 ①ひな．ひよこ．㊐ 只．②(子供の)おちんちん．►"小鸡鸡"とも．

【小鸡子】xiǎojīzi 名 ①〈方〉ニワトリ．②ひな．ひよこ．③〈方〉(男児の性器の俗称)おちんちん．

【小集团】xiǎojítuán 名(排他的な)小集団．

【小家庭】xiǎojiātíng 名 親兄弟と同居せず若夫婦だけで営む家庭．核家族．

【小家子气】xiǎojiāziqì 〈慣〉(ふるまいが)けち臭いこと．►"小家子相 xiàng"とも．

【小将】xiǎojiàng 名 ①若くて有能な人物．②〈古〉若い将軍．

【小脚】xiǎojiǎo 名(～儿)纏足(てんそく)．

【小脚色】xiǎojiǎosè 名 端役．つまらない役．

【小轿车】xiǎojiàochē 名 乗用車．セダン．

【小节】xiǎojié 名 ①小さなこと．こまごましたこと．枝葉末節の問題．②〈音〉小節．バー．¶～线 xiàn / 小節線．バーライン．

【小结】xiǎojié ①名 中間のまとめ．②動 中間総括をする．

【小解】xiǎojiě 動 小便をする．

【小姐】xiǎojie 名 ①《以前は他人の娘に対する尊称,現在では主に未婚の女性に対する敬称》ミス…．…嬢．…さん．¶陈 Chén ～ / 陳さん．②《女店員に対する呼びかけに用いる》**おねえさん**．注意 昨今では水商売関係の女性を指すことから,非常に嫌がられる．ただし,台湾ではこの限りではない．⇒【服务员】fúwùyuán ③〈旧〉《使用人が主人の娘に対して用いる称》お嬢さま．

注意 実際は xiáojie と発音する．

【小姐们儿】xiǎojiěmenr 名〈俗〉同年輩の小娘たち．

【小姐儿俩】xiǎojiěr liǎ 若い姉妹二人．

【小金库】xiǎojīnkù 名〈俗〉①(職場で)かってに使える金；不正な操作によって作られた裏金．②へそくり．

【小妗子】xiǎojìnzi 名〈口〉妻の弟の妻．

【小九九】xiǎojiǔjiǔ 名(～儿) ①掛け算の九九．②もくろみ．

【小舅子】xiǎojiùzi 名〈口〉妻の弟．義弟．

【小楷】xiǎokǎi 名 ①楷書で書いた小さな字．②ローマ字の小文字の印刷体．

【小看】xiǎokàn 動〈口〉**見くびる．見下す**．¶你别～人 / 人をばかにしてはいけない．

【小康】xiǎokāng 形(↔大同 dàtóng)衣食足りて中流の生活ができる．経済状態がまずまずである．¶～人家 rénjiā / 暮らし向きが裕福な中流の家．¶～生活 shēnghuó / 中流の生活．

【小考】xiǎokǎo 名(～儿)(↔大考 dàkǎo)学期中の試験．

【小可】xiǎokě 名 ①つまらないこと．¶非 fēi 同～ / ただ事ではない．②〈近〉〈謙〉小生．

【小客车】xiǎokèchē 名 マイクロバス．㊐ 辆．

【小老婆】xiǎolǎopo 名(～子) ①妾(めかけ)．②〈罵〉売女(ばいた)．

【小礼拜】xiǎolǐbài 名(↔大礼拜)(隔週休日の場合の)休みでない日曜日〔土曜日〕．

【小两口】xiǎoliǎngkǒu 名(～儿)〈口〉(親しみを込め)若い夫婦．若い二人．

【小量】xiǎoliàng 名 少量．少しの量．

【小龙】xiǎolóng 名(十二支の)巳(み)(の年生まれ)．►"蛇 shé"とも．

【小笼包】xiǎolóngbāo 名〈料理〉シャオロンポー．►中にスープを含む一口肉まん．"小笼包子 bāozi"とも．

【小鹿】xiǎolù 名(～儿)子ジカ．►心臓がどきどきするたとえにも用いる．

【小萝卜头】xiǎoluóbotóu 〈慣〉(ハツカダイコンの頭の意から)地位も名もない小人物．

【小买卖】xiǎomǎimai 名(露店・行商などの)小規模の商売．小商い．

【小麦】xiǎomài 名〈植〉**コムギ**．

【小卖】xiǎomài ①名(店先で売る手軽な)出来合い料理．一品料理．¶应时 yìngshí ～ / 季節の一品料理．②動 小商いをする．

【小卖部】xiǎomàibù 名 **売店**．劇場・映画館・公園など公共の場で飲食物や雑貨などを売る店．㊐ 个,家．

【小满】xiǎomǎn 名(二十四節気の一つ)小満(しょうまん)．►草木が茂って天地に満ち始めるころ．

【小猫熊】xiǎomāoxióng 名〈動〉レッサーパンダ．►"小熊猫"とも．

【小帽】xiǎomào 名(～儿)おわん帽．►"瓜皮帽 guāpímào"とも．

【小门小户】xiǎo mén xiǎo hù 〈成〉①貧しい家．②小人数の家族．

【小米】xiǎomǐ 名(～儿)(脱穀した)アワ．►殻が付いているものは"谷子 gǔzi"という．¶～粥 zhōu / アワのかゆ．

【小名】xiǎomíng 名(～儿)幼名．

【小命儿】xiǎomìngr 名 ちっぽけな(おまえの〔この〕)命．►軽蔑や謙遜の意味を含む．

【小拇哥儿】xiǎomugēr 名〈方〉小指．

【小拇指】xiǎomuzhǐ 名 小指．

【小年】xiǎonián 名 ①陰暦で12月が29日しかない年．②陰暦の12月23日あるいは24日の節句．③果樹の実りがよくない年．

【小妞儿】xiǎoniūr 名〈俗〉小娘．女の子．

【小农】xiǎonóng 名(1世帯1戸の)零細農家．¶～经济 jīngjì / 小農経済．

【小女婿】xiǎonǚxu 名 ①末娘の夫．②妻よりも年下の夫．③〈謙〉私の婿．

【小跑儿】xiǎopǎor (～儿)〈俗〉①動 小走りする．

X

②名 使い走りをする人.

*【小朋友】xiǎopéngyou 名 **子供；坊や．お嬢ちゃん．** ►児童に対する呼びかけにも用いる．¶～们,你们好 / (子供たちに向かって) みなさん, こんにちは.

【小便宜】xiǎopiányi 名 ちょっとした得．小利．¶贪 tān ～,吃大亏 kuī / 〈諺〉小利に走りかえって大損をする．¶不占 zhàn ～ / 小さい儲けはしない.

【小品】xiǎopǐn 名 短い芸術作品〔演奏,出し物〕．¶～文 wén / コント；エッセイ.

【小铺儿】xiǎopùr 名 小さな店．売店．㊊ 家.

【小汽车】xiǎoqìchē 名(小型) 乗用車.

【小气候】xiǎoqìhòu 名〈気〉(↔ 大气候 dàqìhòu) 微気候；〈慣〉(小さな範囲の) 情勢,環境.

【小器作】xiǎoqìzuō 名 指物屋.

【小气·小器】xiǎoqi 形 ① **けちである．** みみっちい．② 度量が狭い.

【小钱】xiǎoqián 名(～儿) ① 小銭．② 清代末期の銅銭．③〈旧〉少額の賄賂.

【小钱柜】xiǎoqiánguì 名 帳簿に記載されていない金．裏金.

【小瞧】xiǎoqiáo 動〈方〉見くびる．ばかにする.

【小巧】xiǎoqiǎo 形 小さくて精巧である；小利口である.

【小巧玲珑】xiǎo qiǎo líng lóng 〈成〉(工芸品などが) 小さくて精巧である；(女性について) 小柄で愛らしい.

【小青年】xiǎoqīngnián 名(～儿)(20歳前後の) 若者.

【小青瓦】xiǎoqīngwǎ 名 普通の中国式瓦.

【小球藻】xiǎoqiúzǎo 名〈植〉クロレラ.

【小区】xiǎoqū 名 新興集合住宅を形成している住宅地区．団地.

【小曲】xiǎoqū 名 米こうじ(を使って作った酒).

【小曲儿】xiǎoqǔr 名 流行歌．小唄．¶唱 chàng ～的 / 演歌師.

【小圈子】xiǎoquānzi 〈慣〉① 狭い生活範囲．②(個人の利益のための) 小さなグループ.

【小犬】xiǎoquǎn 名〈謙〉せがれ．愚息.

【小儿】xiǎor 名〈方〉① 幼い時．子供のころ．¶从～ / 小さい時から．②(男の) 赤ちゃん．¶胖 pàng ～ / まるまる太った坊や．⇒【小儿】xiǎo'ér

【小人】xiǎorén 名(↔ 君子 jūnzǐ) ① 小人(しょうじん)．②〈謙〉私め．やつがれ．③ 庶民．民草(たみくさ).

【小人儿】xiǎorénr 名〈方〉年上の人が未成年者に対して用いる愛称.

【小人儿书】xiǎorénrshū 名〈口〉**子供向けの本．** 長編の物語・小説などの筋だけを要約した小型絵本．►"连环画 liánhuánhuà" の通称.

【小人物】xiǎorénwù 名 無名の人．下っ端.

【小日子】xiǎorìzi 名(～儿)(若) 夫婦だけの家庭(生活)；つましい暮らし.

【小嗓儿】xiǎosǎngr 名(伝統劇で女形の) 裏声.

【小商品】xiǎoshāngpǐn 名 小さな金物類・文房具など,種類が雑多で値段が安いために国家計画に組み込みにくい商品．日用雑貨.

【小少爷】xiǎoshàoye 名(～儿) お坊っちゃん；若旦那.

【小舌(头)】xiǎoshé(tou) 名〈生理〉喉彦(のどひこ)．のどちんこ.

【小婶儿】xiǎoshěnr 名 夫の弟の妻．►呼びかけには用いない.

【小声】xiǎo//shēng ① 動 声を小さくする．② 名(～儿) 小さな声.

【小生产】xiǎoshēngchǎn 名 小規模の生産．¶～者 zhě / 零細経営者．小規模生産者.

【小时】xiǎoshí 名(時を数える単位) **1時間(60分)．►量詞の"个"を省略することがある．¶二十四～ / 24時間．¶一个半～ / 1時間半．¶要三(个)～ / 3時間かかる.

【小时候】xiǎo shíhou 名(～儿)〈口〉**小さい時．幼いころ．** ¶我～是在北京度过 dùguò 的 / 私は幼いころ北京で過ごした.

【小事】xiǎoshì 名 小さな事．つまらない事．㊊ 件 jiàn．¶这点儿～,不算什么 / こんなちっぽけなこと,なんでもないよ.

【小视】xiǎoshì 動〈書〉あなどる．軽視する．¶千万 qiānwàn 不要～她 / 彼女のことを絶対ばかにしてはいけない.

【小试锋芒】xiǎo shì fēng máng 〈成〉少し技量を見せる.

【小市民】xiǎoshìmín 名 小市民．プチブル.

【小手小脚】xiǎo shǒu xiǎo jiǎo 〈成〉けちくさい；こせこせして大胆になれない.

【小叔子】xiǎoshūzi 名〈口〉夫の弟．義弟．►呼びかけには用いない.

【小暑】xiǎoshǔ 名(二十四節気の一つ) 小暑．► 7月7日ごろ.

【小数】xiǎoshù 名〈数〉小数．¶～点 / 小数点．

参考 小数点のつく数字は,たとえば"0.365〔零点三六五〕líng diǎn sān liù wǔ" のように読む.

【小数点】xiǎoshùdiǎn 名〈数〉小数点.

【小水】xiǎoshui 名〈中医〉小便．尿.

*【小说】xiǎoshuō 名(～儿) **小説．** ㊊ 篇 piān; 部 bù; 本．❖看 *kàn* ～ / 小説を読む．¶～家 jiā / 小説家.

【小苏打】xiǎosūdá 名〈化〉重曹．重炭酸ソーダ.

【小算盘】xiǎosuànpan 〈慣〉個人〔一部〕の利益のための打算．¶他很爱打～ / あいつはいつも目先だけの損得勘定をする.

【小太阳】xiǎotàiyáng 〈慣〉親に甘やかされて育った一人っ子.

【小题大做】xiǎo tí dà zuò 〈成〉ささいなことを大げさに扱う．►"小题大作" とも書く.

【小提琴】xiǎotíqín 名 バイオリン．❖拉 *lā* ～ / バイオリンを弾く．¶～手 shǒu / バイオリニスト.

【小天地】xiǎotiāndì 名 狭い個人の生活範囲.

【小艇】xiǎotǐng 名 ボート.

【小偷】xiǎotōu 名(～儿) どろぼう.

【小偷小摸】xiǎo tōu xiǎo mō 〈成〉こそどろを働く.

【小腿】xiǎotuǐ 名 膝から足首までの部分．すね.

【小娃娃】xiǎowáwa 名 小さな子供．幼児.

【小玩意儿】xiǎowányìr 名 ① 小さな玩具．② 取るに足りないもの．③ ちょっとした芸.

【小王】xiǎowáng 名(トランプの単色刷りの) 予備用のジョーカー．►正規の札は"大王".

【小我】xiǎowǒ 名〈書〉自我．個人.

【小卧车】xiǎowòchē 名 乗用車.

【小巫见大巫】xiǎowū jiàn dàwū 〈諺〉大物の前に出ると小物はますます小さく見えること．太刀打ちできない.

【小五金】xiǎowǔjīn 名(建築物または家具に取り

付ける針金や釘などの)小さな金物類.
【小媳妇】xiǎoxífu 名(～儿)若い嫁. 若妻;〈喩〉(集団の中で)いじめられたりする人.
【小戏】xiǎoxì 名(～儿)(少人数の)簡単な芝居.
【小巷】xiǎoxiàng 名 路地. 横町.
【小小说】xiǎoxiǎoshuō 名(～儿)ごく短い小説. 掌編小説. ショートショート.
【小小子】xiǎoxiǎozi 名(～儿)小さな男の子.
【小鞋】xiǎoxié 名 ① 小さな靴. ②(～儿)〈喩〉つらい目. 意地悪い仕打ち. 人を困らせる無理な注文. ¶给她～穿 chuān〔穿～〕/ 彼女にしっぺ返しをする.
【小写】xiǎoxiě 名(↔大写) ① 漢数字の普通の書き方. ►たとえば,"壹、贰、叁"と書かずに"一、二、三"と書くこと. 前者のような書き方は"大写"という. ② ローマ字の小文字.
【小心】xiǎoxīn ① 動 **注意する. ¶～扒手 páshǒu / すりにご用心. ¶～油漆 yóuqī! / ペンキ塗りたて. ¶～汽车 qìchē! / 自動車に注意. ¶～别摔着 shuāizhe / 転ばないように気をつけて. ② 形 用心深い. ¶她说话非常 fēicháng ～ / 彼女はとても慎重に話す. 注意 "小心"も"当心 dāngxīn"も「注意する. 用心する」の意味だが,"小心"は「慎重である. 用心深い」の意味を含む. ⇒【注意】zhùyì 比較
【小心眼儿】xiǎoxīnyǎnr 形〈貶〉① 了見が狭い. みみっちい. ② こざかしい. こすい.
【小心翼翼】xiǎo xīn yì yì〈成〉(言動が)慎重である,注意深い. ►日本語「小心翼々」のような悪いニュアンスはもたない.
【小型】xiǎoxíng 形(後ろに名詞をとって)**小型の. 小規模の**. ¶～照相机 zhàoxiàngjī / 小型のカメラ. ¶～会议 / 小規模な会議. 限られた人数の会議.
【小性儿】xiǎoxìngr 名〈方〉かんしゃく.
【小兄弟】xiǎoxiōngdì 名 ① 若い男の子に対する親しみをこめた呼称. ② 義兄弟の仁義で結ばれた若い男性の不良仲間.
*【小学】xiǎoxué 名 ① **小学校**. 量 所,个. ②〈旧〉文字・音韻・訓詁の学.
【小学生】xiǎoxuéshēng 名 **小学生**. 注意 xiǎo xuésheng と発音すると,小さい子に対する呼びかけともなる.
【小雪】xiǎoxuě 名 ①(二十四節気の一つ)小雪(しょうせつ). ②〈気〉1日2.5ミリ以下の降雪量.
【小丫头】xiǎoyātou 名(～儿)〈口〉小娘. ¶～片子 piànzi / 小娘. 女の子.
【小阳春】xiǎoyángchūn 名 小春日和.
【小样】xiǎoyàng ❶名 ①〈印〉ゲラ刷り. 小組み. 棒ゲラ. ② 模型. サンプル. ❷形(～儿)〈方〉けちくさい.
【小夜班】xiǎoyèbān 名(～儿)(午後から夜までの)準夜勤.
【小夜曲】xiǎoyèqǔ 名〈音〉セレナーデ.
【小叶儿茶】xiǎoyèrchá 名(若芽で精製する)上等の茶.
【小业主】xiǎoyèzhǔ 名 零細企業主.
【小姨子】xiǎoyízi 名〈口〉妻の妹. 義妹.
【小意思】xiǎoyìsi 名 ①〈謙〉**心ばかりのもの**. ほんの志. ¶这是一点儿～,请收下吧 / これはほんの気持ちですが,どうかお納めください. ② ちょっとしたこと. 取るに足りないこと.
【小引】xiǎoyǐn 名(詩・文などの)端書き,前書き,短い序文.
【小饮】xiǎoyǐn 動 軽く一杯飲む.
【小友】xiǎoyǒu 名 年下の友人.
【小雨】xiǎoyǔ 名〈気〉小雨. 量 阵 zhèn,场 cháng.
【小月】xiǎoyuè 名(↔大月 dàyuè)小の月. 1か月の日数が陰暦では30日に満たない月,陽暦では31日に満たない月.
【小杂种】xiǎozázhǒng 名〈罵〉こん畜生. こわっぱ. がき.
【小灶】xiǎozào 名(～儿) ①(集団の賄いで)最高級のもの. 特別待遇の食事. ►"中灶 zhōngzào""大灶 dàzào"と区別する. ② 特別料理;〈転〉特別扱いする. ¶开～ / 特別料理を作る;特別扱いする.
【小账】xiǎozhàng 名(～儿)チップ.
【小照】xiǎozhào 名 小型の肖像写真. ¶随 suí 信寄上～一张 / 私の写真を1枚同封します.
【小指】xiǎozhǐ 名(手足の)小指.
【小注】xiǎozhù 名(～儿)(本文に入れる)割り注.
【小传】xiǎozhuàn 名 簡単な伝記. 略伝.
【小篆】xiǎozhuàn 名(漢字の書体の一つ)小篆(しょうてん).
【小子】xiǎozǐ 名〈書〉子供. 目下の者;〈謙〉目上の者に対する自称.
【小字辈】xiǎozìbèi 名(～儿)経験の浅い若者. ►同名の映画により流行した語.
【小子】xiǎozi 名〈口〉① 男の子. ¶大～ / 長男. ②(男性を軽蔑してあるいはふざけて)野郎. やつ.
【小字】xiǎozì 名 ① 小さな字. 細字. ② 幼名.
【小卒】xiǎozú 名 兵卒;〈喩〉小者. 下っ端.
*【小组】xiǎozǔ 名(仕事・活動・学習などの便宜上作られた)**組,グループ,サークル**. ¶手风琴 shǒufēngqín ～ / アコーディオンサークル. ¶分～座谈 zuòtán / 組に分けて座談する.
【小坐】xiǎozuò 動 しばらく座る.

晓(曉) xiǎo

◇◆ ①夜明け. 早朝. ¶拂 fú ～ / 明け方. ②知っている. 分かっている. ¶知～ / 知っている. ③知らせる. さとす. ¶揭 jiē ～ / (結果を)公にする. ‖ 姓
【晓畅】xiǎochàng ① 動 精通する. よく知っている. ② 形(文意が)よく通じ分かりやすい.
*【晓得】xiǎode 動〈方〉**知っている. 分かっている**. 飲み込んでいる. ¶我原来 yuánlái 不～你要来 / 君が来ることは知らなかった. ¶天～! / 神のみぞ知る. だれも知らない.
【晓市】xiǎoshì 名 朝市. 早朝に立つ市.
【晓事】xiǎoshì 動 道理をわきまえている. 世の中のことがよく分かっている.
【晓行夜宿】xiǎo xíng yè sù〈成〉夜が明ければ歩き,日が暮れれば泊まる. 旅を急ぐこと.

筱(篠) xiǎo

① 名〈古〉細い竹. ササ. ②〖小 xiǎo〗に同じ. ►よく人名に用いる. ‖ 姓

孝 xiào

4声
◇◆ ①孝行である. ¶尽 jìn ～ / 孝を尽くす. ②服喪する. ¶守 shǒu ～ / 喪に服する. ③喪服. ¶带 dài ～ / (喪章・喪服を身につけ)喪に服する. ‖ 姓
【孝服】xiàofú 名 ① 喪服. ►喪服は白が基調.

X

②喪中．喪に服する期間．

【孝敬】xiàojìng 動 ①(目上の人に)物を差し上げる,贈り物をする．②孝行をする．

【孝顺】xiàoshùn ①動 親孝行をする．②形 親孝行である．► xiàoshun と発音することもある．¶小王非常 fēicháng ～老父亲 / 王君は父親にほんとうによく孝行している．

【孝堂】xiàotáng 名 告別式を行う式場．

【孝鞋】xiàoxié 名〈旧〉喪服用の靴．

【孝心】xiàoxīn 名 孝心．親孝行の心がけ．

【孝衣】xiàoyī 名(白の木綿または麻の)喪服．

【孝子】xiàozǐ 名 ①孝行な人〔息子〕．②親の喪に服している人．

肖 xiào ◇◆ 似る．似ている．注意 姓の場合は Xiāo と発音する． ⏩ xiāo

【肖像】xiàoxiàng 名 **肖像**．

校 xiào ◇◆ ①学校．②佐官クラスの軍人．¶大～ / 大佐．¶→～官 guān．‖姓 ⏩ jiào

【校车】xiàochē 名 通学バス．スクールバス．

【校服】xiàofú 名 学生の制服．校服．

【校歌】xiàogē 名 校歌．

【校工】xiàogōng 名 学校の用務員．

【校官】xiàoguān 名 佐官クラスの将校．"将jiàng"の下,"尉 wèi"の上の将校．

【校规】xiàoguī 名 校則．学校の規則．

【校花】xiàohuā 名 学校でいちばん美しい女子学生．ミスキャンパス．

【校徽】xiàohuī 名 校章．学校の記章．

【校刊】xiàokān 名 学校内の刊行物．

【校门】xiàomén 名 校門．

【校旗】xiàoqí 名 校旗．

【校庆】xiàoqìng 名 学校の創立記念日．

【校舍】xiàoshè 名 学校の建物．校舎．

【校友】xiàoyǒu 名 **校友**．►卒業生のほか,退職教職員を含むこともある．¶～会 / 校友会．同窓会．

【校园】xiàoyuán 名 **キャンパス**．校庭．¶～歌曲 gēqǔ / カレッジソング．

*【校长】xiàozhǎng 名 **校長**；(大学の)**学長**．

【校址】xiàozhǐ 名 学校の所在地．

哮 xiào ◇◆ ①あえぐ．ぜいぜいいう．②動物がほえる．¶咆 páo ～如雷 léi / 雷のごとくたけりほえる．► xiāo と旧音で発音する場合もある．

【哮喘】xiàochuǎn 名〈医〉喘息(ぜんそく)．

X

**笑(咲) xiào 動 ①(声を立てて)笑う；(表情に表し)にこりとする．¶她一～起来没完 / 彼女は笑い出したら止まらない．¶她朝 cháo 他～了一～ / 彼女は彼の方を向いてにこりとした．②あざ笑う．¶他～我没能耐 néngnai / 彼は私をへたくそだと嘲笑した．‖姓

【笑柄】xiàobǐng 名〈書〉笑いぐさ．¶成为 chéngwéi ～ / 物笑いの種になる．

【笑掉大牙】xiàodiào dàyá 〈慣〉(人の失敗やこっけいな様子を見て)大笑いする．

【笑哈哈】xiàohāhā 形(～的)声を出して愉快そうに笑うさま．

【笑呵呵】xiàohēhē 形(～的)にこにこ笑うさま．

*【笑话】xiàohua ①動 **笑いものにする**．**あざける**．¶～人 / 人を笑いものにする．②名(～儿)笑い話；笑いぐさ．おかしなこと．¶他很会说～ / 彼は冗談がとてもうまい；彼は笑い話がうまい．¶闹 nào 了一个大～ / たいへんなとんちんかんなことをやらかした．

【笑剧】xiàojù 名 笑劇．どたばた劇．ファース．

【笑口常开】xiào kǒu cháng kāi 〈成〉いつもにこにこしている．

【笑里藏刀】xiào lǐ cáng dāo 〈成〉真綿に針を包む．

【笑脸】xiàoliǎn 名(～儿)**笑顔**．**にこにこ顔**．(量) 张 zhāng．¶他从没有～ / 彼はいつも顔をこわばらせている．

【笑料】xiàoliào 名 笑いの種．ジョーク．ギャグ．

【笑骂】xiàomà 動 ①あざけりののしる．②冗談半分にののしる．

【笑貌】xiàomào 名 笑顔．笑い顔．

【笑眯眯】xiàomīmī 形(～的)(目を細めて)にこにこしている．

【笑纳】xiàonà 動〈謙〉笑納する．►人に物を贈る時の謙譲表現．¶即 jí 请～ / ご笑納ください．

*【笑容】xiàoróng 名 **笑顔**．**笑い顔**．**にこにこ顔**．¶～满面 mǎnmiàn / 満面に笑みをたたえる．¶露出 lòuchū ～ / 笑みを浮かべる．

【笑死】xiàosǐ 動〈口〉笑いこける．¶真～人 / 実に〔ちゃんちゃら〕おかしい．

【笑谈】xiàotán ①名 笑いぐさ．もの笑いの種．②動 談笑する．

【笑纹】xiàowén 名 笑いじわ．

【笑窝・笑涡】xiàowō 名(～儿)えくぼ．

【笑嘻嘻】xiàoxīxī 形(～的)にこにこしている．

【笑颜】xiàoyán 名〈書〉笑い顔．

【笑靥】xiàoyè 名〈書〉①えくぼ．②笑顔．

【笑吟吟】xiàoyīnyīn 形(～的)にこにこと笑うさま．

【笑盈盈】xiàoyíngyíng 形(～的)にこやかである．

【笑影】xiàoyǐng 名 笑み．

【笑语】xiàoyǔ 名 談笑する声．

【笑逐颜开】xiào zhú yán kāi 〈成〉満面に笑みをたたえる．相好を崩す．

**效(効) xiào ◇◆ ①効果．効き目．¶有〔无〕～ / 効き目がある〔ない〕．有効〔無効〕である．②まねる．見習う．¶→～法 fǎ．③(人のために)尽くす．¶→～命 mìng．‖姓

【效法】xiàofǎ 動(人の長所を)学ぶ,まねる,見習う,手本とする．¶该 gāi 校的教学方法值得 zhíde ～ / この学校の教育方法は見習うべきだ．

【效仿】xiàofǎng 動 見習う．模倣する．

*【效果】xiàoguǒ 名 ①**効果**．できばえ．►主としてよいものをさす．¶没有任何 rènhé ～ / 何の効き目もない．②〈劇〉擬音．音響効果．►①②とも xiàoguo と発音することもある．

【效劳】xiào//láo 動 **力を尽くす**．**骨を折る**．奉仕する．¶我乐于 lèyú 为您～ / 喜んで尽力いたします．

【效力】xiào//lì ①動 **力を尽くす**．**骨を折る**．奉仕する．¶为社会～ / 社会のために力を尽くす．②名 **効力**．**効果**．効き目．

【效率】xiàolǜ 名 **能率**．(機械の)**効率**．¶工作～ / 仕事の能率．

【效命】xiàomìng 動〈書〉命がけで尽くす．

【效能】xiàonéng 名 効能．効果．
【效验】xiàoyàn 名(予期する)効果．効き目．
【效益】xiàoyì 名 効果と利益．
【效益工资】xiàoyì gōngzī 名 能力給．
【效应】xiàoyìng 名〈物〉効果．反応；(広く社会的な)反応や効果．
【效用】xiàoyòng 名 効用．働き．
【效尤】xiàoyóu 動〈書〉悪事をまねる．
【效忠】xiàozhōng 動 忠誠を尽くす．►"～于 yú"の形で目的語をとる．¶～于祖国 zǔguó / 祖国に忠誠を尽くす．

啸(嘯) xiào ◇◆ ①口笛を吹く．¶→～鸣 míng．②(けものが)声を長くして鳴く，ほえる．¶虎～ / トラがほえる．③風・波などが音を出す；飛行機や銃弾が飛ぶときに音を出す．¶风～ / 風がほえる．
【啸鸣】xiàomíng 〈書〉①動 口笛を吹く．②名 甲高く長い声〔音〕．

xie (ㄒㄧㄝ)

1声 ***些** xiē 量《不定の数量または少しばかりの数量を表す》いくらか．少し．►数詞の"一"および代詞の"这，那"などとのみ結ぶ．①名詞成分の前に用いて，少しの人や人物を表す．¶提了～重要的建议 jiànyì / いくつかの重要な提案をした．¶一～人在下棋 xià qí，一～人在看报 / 将棋を指している人もいれば，新聞を読んでいる人もいる．②動詞・形容詞の後に用いて，性質・状態の程度がわずかで軽いことを表す．¶小心～ / 少し気をつけなさい．¶他的病好～了 / 彼の病気はいくらかよくなった．注意 "些"の表す数量は"点儿"と違って，必ずしも少ないとは限らない．¶有些〔点儿〕事 / ちょっと用がある．¶这么些菜 / こんなにたくさんの料理．¶这么点儿菜 / これっぽちの料理．
【些个】xiēge 量〈口〉いくらか(の)．若干(の)．¶这～ / これだけ(の)．これぐらい(の)．¶置 zhì ～家具 / いくつか(の)家具を買う．
【些微】xiēwēi 形 わずかの．わずかに．¶头～有点儿晕 yūn / ほんのちょっと目まいがする．
【些小】xiēxiǎo 形 ささいな．わずかな．

揳 xiē 動(楔(くさび)や釘などを)打つ，打ち込む．

楔 xiē ①名(～儿)楔(くさび)．木釘．②動〈方〉楔を打つ；投げつける．
【楔子】xiēzi 名 ①楔(くさび)；木釘．②〈近〉戯曲の序幕または幕間に入れる一段；小説のまくら．

***歇** xiē ❶動 ①休憩する．¶坐下来～一会儿 / 腰を下ろしてしばらく休む．②〈方〉寝る．眠る．❷名〈方〉("一～"の形で)短い時間．¶过了一～，他就走了 / しばらくすると，彼は行ってしまった．◇◆ 停止する．¶→～工 gōng．¶→～业 yè．
【歇班】xiē//bān 動(～儿)非番に当たる．¶明天轮到 lúndào 他～ / あす彼は非番だ．
【歇乏】xiē//fá 動 ひと休みする．ひと息入れる．
【歇工】xiē//gōng 動 ①仕事を休む．②(企業が)休業する．
【歇后语】xiēhòuyǔ 名 前後二つの部分からなる成句で，前半がなぞかけ，後半がそのなぞ解きになっているしゃれ言葉．参考 もとは前半のみを言い，後半は示さなかったので「後ろを言わないしゃれ」という．たとえば，"青蛙跳井"(青蛙が井戸にとび込む)とだけ言って，ドボーンという水音から"不懂"(わからない)を暗に理解させる．
【歇肩】xiē//jiān 動(担ぎ荷を下ろし)肩を休める．ひと息つく．
【歇脚】xiē//jiǎo 動 足を休める．ひと休みする．
【歇凉】xiē//liáng 動 涼む．夕涼みをする．
【歇气】xiē//qì 動(仕事を中断し)ひと休みする，一服する．¶歇一口气再走吧 / ひと息入れてからまた歩こう．
【歇晌】xiē//shǎng 動 昼休みをとる．昼寝をする．
【歇手】xiē//shǒu 動(仕事の)手を止める，手を休める．
【歇斯底里】xiēsīdǐlǐ ①名 ヒステリー．②形 ヒステリックである．
【歇宿】xiēsù 動 泊まる．宿をとる．
【歇腿】xiē//tuǐ 動(～儿)足を休める．
【歇息】xiēxi 動 休む；泊まる．
【歇夏】xiē//xià 動 夏期休業する．暑い時期の仕事を休む．►"歇伏 fú"とも．
【歇心】xiē//xīn 動 ①安心する．気が休まる．気を休める．②あきらめる．断念する．
【歇业】xiē//yè 動 休廃業する．営業を停止する．
【歇嘴】xiē//zuǐ 動 口を休める．¶他说了半天 bàntiān 也没～ / 彼は休まずにぶっ続けで話した．

蝎(蠍) xiē 名〈動〉サソリ．
【蝎子】xiēzi 名〈動〉サソリ．量 只．

2声 **协**(協) xié ◇◆ ①力を合わせる．¶→～力 lì．②助ける．¶→～办 bàn．‖姓
【协办】xiébàn 動(主催者に)協力する；(催し物などに)協賛する．タイアップする．
【协定】xiédìng ①名 **協定**．②動 協定する．
【协和】xiéhé 動 協調させる．
【协会】xiéhuì 名 **協会**．
【协理】xiélǐ ①動〈書〉協力して管理・処理する．②名〈旧〉(大企業の)副支配人，支配人代理．
【协力】xiélì 動 協力する．助け合う．
【协商】xiéshāng 動 **協議する．相談する．話し合う**．¶～解决 jiějué / 話し合いで解決する．
【协调】xiétiáo ①形(ふさわしく)**調和がとれている**．つりあいがとれている．¶体操 tǐcāo 运动员的动作～优美 yōuměi / 体操選手の身のこなしは調和がとれて美しい．②動(意見を)**調整する**．協調する．調和する．¶～各部门的关系 guānxi / 各部門の関係を調整する．
【协同】xiétóng 動 相互に協同し，あるいは一方が他方に協力し，事にあたる．
【协议】xiéyì ①動 **協議する**．話し合う．②名(話し合いによる)**取り決め，合意**．¶达成 dáchéng ～ / 合意に達する．¶～书 / 覚え書き．合意書．
*【协助】xiézhù 動 **協力する．助力する**．(共同の仕事を傍らから)**助ける**．¶敬 jìng 请～为盼 wéipàn / 協力を願い出る．
【协奏曲】xiézòuqǔ 名〈音〉協奏曲．コンチェルト．

X

¶钢琴 gāngqín ～ / ピアノ協奏曲.
【协作】xiézuò 動(同等の立場で) **協力する,協同する,提携する**. ¶双方 shuāngfāng ～得不好 / 双方の協力関係がよくない.

邪 xié 形 正常でない. おかしい. 怪しい. ¶怎么这么～呢! / なんて奇妙なんだ.
◇◆ ①よこしまである. まともでない. ¶～说 / 邪説. ②〈中医〉病気を引き起こす自然的要因. ¶风～ / 風邪(ふうじゃ). ¶寒 hán ～ / 寒け. ③鬼神がもたらす災禍. ¶中 zhòng ～ / たたる.
【邪财】xiécái 名〈方〉不正な財物. あぶく銭. 悪銭. ¶发 fā ～ / 不正行為によって成金になる.
【邪道】xiédào 名(～儿)邪道. よこしまなやり方. ¶走～ / 邪道に陥る. 道を誤る.
【邪恶】xié'è 形〈書〉邪悪である. よこしまである.
【邪法】xiéfǎ 名 邪悪な法術;まともでない方法.
【邪乎】xiéhu 形〈方〉ひどい. 並外れている. ¶这病可真～ / この病気はどうも普通じゃない.
【邪路】xiélù 名 よこしまな方法.
【邪门】xiémén 名(～儿)〈方〉正常でない. おかしい. ¶今天邪门儿了,干什么都不顺 shùn / 今日は変だなあ,何をしてもうまくいかない.
【邪门歪道】xié mén wāi dào 〈成〉(やり方が)まともでないこと.
【邪魔】xiémó 名 妖怪変化(へんげ). ¶～外道 / (やり方が)まともでないこと. 公正でないこと.
【邪念】xiéniàn 名〈書〉邪念. よこしまな考え.
【邪气】xiéqì 名 よこしまな気風;〈中医〉病気のもとになる毒気.
【邪术】xiéshù 名 邪悪な法術. 邪法.
【邪祟】xiésuì 名 たたり(となるもの). つきもの.
【邪心】xiéxīn 名〈書〉邪念. よこしまな考え.
【邪行】xiéxíng 名 邪悪な行い. 非行.

胁(脇·脅) xié 名 わき. ¶两～ / 両わき.
◇◆ 脅迫する. 脅かす. ¶威 wēi ～ / 脅かす. 脅威.
【胁从】xiécóng 動 脅迫されて人に従って悪事を働く.
【胁肩谄笑】xié jiān chǎn xiào 〈成〉肩をすくめ追従(ついしょう)笑いをする.
【胁迫】xiépò 動 脅迫する.

挟(挾) xié 動〈書〉わきに挟む. 小わきに抱える.
◇◆ ①(弱みにつけ込んで)強迫する. ¶要 yāo ～ / 脅迫する. 強要する. ②根にもつ. ¶→～嫌 xián.
【挟持】xiéchí 動 ①(悪人が善人を)両側から腕をつかんで捕らえる. ②脅迫する.
【挟仇】xié//chóu 動 恨みや敵意を抱く. 根にもつ. ►"挟恨 hèn""挟怨 yuàn"とも.
【挟恨】xié//hèn 動 恨みを抱く.
【挟嫌】xiéxián 動〈書〉恨みをもつ.
【挟怨】xié//yuàn 動 恨みを抱く.
【挟制】xiézhì 動 強制する. 脅迫する.

偕 xié ◇◆ 共に. いっしょに.
【偕老】xiélǎo 動〈書〉夫婦が共に老いるまで連れ添うこと. ¶白头 báitóu ～ / 共に白髪が生えるまで添い遂げる.
【偕同】xiétóng 動〈書〉連れ立つ. 一緒に行く.
【偕行】xiéxíng 動〈書〉共に行く. 連れ立つ.

***斜 xié** ①形 斜めである. 傾いている. ¶柱子 zhùzi 有点儿～ / 柱が少し傾いている. ②動 **斜めに傾ける**. はすにする. ¶把桌子～过来 / テーブルを斜めに置く. ¶～着身子坐下 / もたれかかるように腰掛ける. ¶～着眼 yǎn 看人 / 横目で人を見る. ‖姓
【斜度】xiédù 名 傾斜度. 勾配(こうばい).
【斜对门儿】xiéduìménr 名 **筋向かい**. 斜め向かい. ¶他家在我家～ / 彼の家は私の家の筋向かいにある.
【斜路】xiélù 名 まちがった道. 邪悪な方法.
【斜睨】xiénì 動〈書〉横目で見る.
【斜坡】xiépō 名 斜面. スロープ.
【斜射】xiéshè 動(光線が)斜めに射す.
【斜视】xiéshì 〈書〉①名 斜視. ②動 横目で見る. ¶目 mù 不～ / わき見をしない.
【斜纹】xiéwén 名 ①あや織り. ②(～儿)あや織物.
【斜眼】xiéyǎn 名 斜視.
【斜阳】xiéyáng 名 夕日. 斜陽.

谐 xié ◇◆ ①調和がとれる. 調子がよく合う. ¶→～音 yīn. ¶和～ / 調和(がとれている). ¶→～调 tiáo. ②(話が)おもしろい. ¶～戏 xì / 〈書〉冗談を言う. ③(相談が)まとまる. 妥結する.
【谐和】xiéhé 形 調和がとれている. 調子がよく合っている.
【谐调】xiétiáo 形(音声·色彩·雰囲気などが)調和がとれよく合っている.
【谐星】xiéxīng 名〈書〉喜劇役者.
【谐谑】xiéxuè 形〈書〉(言葉が)おどけておもしろい. ユーモアたっぷりである.
【谐音】xiéyīn ①動 音に調和する;〈語〉漢字の音が同じ〔近い〕. ②名〈音〉部分音.

颉 xié ◇◆ 鳥が飛び上がる. ¶～颃 háng / 〈書〉鳥が高く低く飛ぶ;〈喩〉拮抗(きっこう)する. ‖姓

携(攜) xié ◇◆ ①持つ. 携える. ¶→～带 dài. ②手をつなぐ. ¶→～手 shǒu.
【携带】xiédài 動〈書〉①**持ち歩く**. **携える**. **伴う**. ¶～子女 / 子女を連れる. ¶随身 suíshēn ～的物品 / 手荷物. ②引き立てる.
【携眷】xiéjuàn 動〈書〉家族を連れる. ¶～出游 chūyóu / 家族を連れて旅行に出かける.
【携手】xié//shǒu 動(多く比喩に用い) ①手をつなぐ. 手を携える. ¶～同游 / 一緒に遊びに行く. ②助け合う. 手を取り合う. ¶～合作 / 助け合って共に事を行う.

撷 xié 動〈書〉摘む. 摘み取る.

****鞋 xié** 名 **靴**. シューズ. ㊞ 双 shuāng;[片方]只 zhī. ❖穿 *chuān*〔脱 *tuō*〕～ / 靴をはく〔脱ぐ〕. ¶皮 pí ～ / 革靴. ¶布 bù ～ / 布靴. カンフーシューズ. ¶拖 tuō ～ / スリッパ. 突っかけ. ¶凉 liáng ～ / サンダル. ¶高跟儿 gāogēnr ～ / ハイヒール. ¶运动～ / スポ

ーツシューズ．
注意 “靴”は xuē と発音し,「ブーツ」の意味．
【鞋拔子】xiébázi 名 靴べら．
【鞋带】xiédài 名 **靴ひも**．量 根;[対の数]副 fù. ¶系 jì～/靴ひもを結ぶ．
【鞋底】xiédǐ 名 靴底．¶胶皮 jiāopí～/(靴の)ゴム底．ラバーソール．
【鞋垫】xiédiàn 名 靴の中敷き．
【鞋粉】xiéfěn 名 靴磨き用パウダー．
【鞋跟】xiégēn 名(～儿)(靴の)かかと．
【鞋后跟】xiéhòugēn 名(～儿)靴のヒール．靴のかかと．►“鞋跟”とも．
【鞋匠】xiéjiang 名 靴職人．靴屋．
【鞋刷】xiéshuā 名 靴磨き用ブラシ．
【鞋楦】xiéxuàn 名(～儿·～子)製靴用の木型．►“鞋楦头”“鞋楦子”とも．
【鞋油】xiéyóu 名 靴墨．靴クリーム．

3声 **
写(寫) xiě

動 ①(字を)**書く**．❖～字 *zì* / 字を書く．¶这个字怎么～?/その字はどう書くのですか．¶这支钢笔 gāngbǐ 不好～/このペンは書きにくい．②(文章や作品を)**作る,創作する**．❖～信 *xìn* / 手紙を書く．❖～小说 *xiǎoshuō* / 小説を書く．¶能说会～/口が達者で,筆も立つ．③(人物·風景などを)描写する．¶～人物/人物を描く．◇❖ 絵を描く．¶→～生 shēng.
【写不下】xiěbuxià 動+可補(あるスペースに)書けない．¶格子太小,～/(原稿用紙などの)ます目が小さすぎて字が書けない．⇨【-不下】-buxià
【写出来】xiě//chū//lái 動+方補(字を覚えていて)書ける．
【写得下】xiědexià 動+可補 あるスペースに書ききれる．
【写法】xiěfǎ 名 ①(文章などの)書き方．②(字の)書き方．
【写稿】xiě//gǎo 動 原稿を書く．下書きをする．
【写活】xiě//huó 動+結補 描写が真に迫っている．
【写景】xiějǐng 動 景色·情景を描写する．
【写入】xiěrù 名〈電算〉読み込み．書き込み．
【写生】xiěshēng ①動〈美〉写生する．②名 写生画．
【写实】xiěshí 動 ありのままに書く〔描く〕．
【写下来】xiě//xià//lái 動+方補 文章に書く．文字で書き残す．¶把看到的事～/見たことを書いておく．
【写照】xiězhào ①動 人物像を描く．②名 克明な描写．
【写真】xiězhēn ①動 肖像画を描く．②名 写実．写生．事物に対する如実な描写．参考 ヌード写真を意味することがある．日本語の「写真」は普通,“照片 zhàopiàn”“相片 xiàngpiàn”という．
【写字楼】xiězìlóu 名 **オフィスビル**．
【写字台】xiězìtái 名 事務〔勉強〕机．オフィス用デスク．
*【写作】xiězuò 動 **文章を書く**．►文学作品の創作をさす．¶～组 zǔ / 執筆グループ．

血 xiě

名〈口〉**血**．**血液**．量 滴 dī．¶出～/血が出る．¶～流 liú 不止 zhǐ / 血が出て止まらない．
注意 単音節,または単音節に分節可能な口語用法のときは xiě と発音する．複音節で書き言葉のときは xuè と発音する．ただし,この区別は必ずしも厳密には守られず,さらにすべて xuě という規範外の読みで通す中国人も非常に多い．⏩ xuè
【血糊糊】xiěhūhū 形(～的)血だらけである．
【血淋淋】xiělīnlīn 形(～的)血がたらたらと流れている;〈喩〉厳しい．残酷である．
【血丝】xiěsī 名(～儿)(毛細管充血による)血の筋．¶眼睛充满 chōngmǎn 了～/目が血走っている．
【血晕】xiěyùn 名(打撲などで皮膚に)血がにじんでできるあざ．

4声
泄(洩) xiè

動 ①(液体·気体が)**漏れる**;〈転〉(張り詰めた気持ちが)ゆるむ．¶～了气的皮球 píqiú / 空気の抜けたボール．②(秘密や情報などを)漏らす．③(怒りや恨みなどを)ぶちまける,発散させる．
【泄底】xiè//dǐ 動〈方〉すっぱ抜く．内情を漏らす．素性をばらす．
【泄愤】xiè//fèn 動 鬱憤を晴らす．
【泄恨】xiè//hèn ⇀【泄愤】xiè//fèn
【泄洪】xièhóng 動(増水時に)堤防·ダムの水門を開いて水を排出する．¶～道/(洪水時の)排水溝．¶～洞 dòng /(洪水時の)排水路．
【泄劲】xiè//jìn 動(～儿)力が抜ける．がっかりする．
【泄漏】xièlòu 動 ①(秘密や情報などを)**漏洩**(ろうえい)**する,漏らす**．¶～秘密 mìmì / 秘密を漏らす．②(液体や気体などが)漏れる．
【泄密】xiè//mì 動 秘密を漏らす．
*【泄气】xiè//qì ①動 **気が抜ける**．**気を落とす**．②形〈貶〉情けない．意気地がない．
【泄水】xièshuǐ ①動 排水する．②名 放水．¶～管/排水管．¶～沟 gōu / 排水溝．

泻(瀉) xiè

動 ①腹を下す．¶上吐 tù 下～/吐いたり下したりする．②速く流れる．¶一～千里/物事がよどみなくはかどるたとえ．
【泻肚】xiè//dù 動 腹を下す．下痢をする．
【泻药】xièyào 名 下剤．

卸 xiè

動 ①(車や船などから荷を)下ろす．¶船舱 chuáncāng 的货物～完了/船倉の品物は下ろしおわった．②(部品などを)取りはずす．¶～零件 língjiàn / 部品を取りはずす．¶把门～下来/扉を取りはずす．③(職務を)解く;(責任を)逃れる．¶这个责任 zérèn 你可～不掉 budiào / この責任を逃れようたってだめだよ．④(家畜から馬具·農具などを)はずす．¶把鞍子 ānzi～下来/鞍(くら)をはずす．
【卸车】xiè//chē 動 車の上の荷物を下ろす．
【卸货】xiè//huò 動 積み荷を下ろす．荷揚げをする．荷下ろしをする．¶～地/揚げ地．¶～码头 mǎtou / 陸揚げ桟橋．
【卸肩】xièjiān 動〈喩〉(比喩的に)肩の荷を下ろす;責任逃れをする．
【卸任】xiè//rèn 動(官吏が)解任される．►“卸职”とも．
【卸责】xièzé 動 責任を逃れる．責任を転嫁する．
【卸妆】xiè//zhuāng 動(女性が)装飾品を外す,化粧を落とす．¶～油/クレンジングオイル．

屑 xiè

◇❖ ①くず．かけら．¶饼干～/ビスケットのくず．②些細な．細かな．¶琐 suǒ～/煩わしい．③(…する)値

X

打ちがあると認める. ¶不～ / …する値打ちがない.

械 xiè 名〈古〉刑具. 首かせ・手かせの類.
◇◆ ①機械. ¶机 jī ～ / 機械. ②武器. ¶军 jūn ～ / 兵器.

【械斗】xièdòu 動 双方大勢で武器を持って争闘する.

亵(褻) xiè ◇◆ ①軽んじる. ¶→～渎 dú. ②みだらである. ¶猥 wěi ～ / わいせつである. ③肌着. ¶～衣 yī / 〈書〉肌着.

【亵渎】xièdú 動〈書〉冒瀆(ぼうとく)する.

【亵语】xièyǔ 名〈書〉わいせつな言葉.

***谢** xiè 動 ① 感謝する. 礼を言う. ¶这点儿小事不用～ / こんなささ細なことでお礼には及びません. ②(花や木の葉が)しぼむ, 散る. ¶桃花 táohuā ～了 / モモの花がしぼんだ.
◇◆ ①わびる. あやまる. ¶→～罪 zuì. ②断る. 拒絶する. ¶→～绝 jué. ¶→～客 kè. ‖姓

【谢病】xièbìng 動〈書〉病気にかこつけて断る.

【谢忱】xièchén 名〈書〉感謝の意. 謝意. ¶谨 jǐn 表～ / 謹んで謝意を表します.

【谢词】xiècí 名 感謝の言葉. 謝辞. ¶致 zhì ～ / 謝辞を述べる.

【谢顶】xiè//dǐng 動 頭のてっぺんの髪の毛が薄くなる. 頭がはげる.

【谢恩】xiè//ēn 動 恩に感謝する ; 〈旧〉君主の恩に感謝する.

【谢绝】xièjué 動〈婉〉謝絶する. 断る. ¶～参观 cānguān / 見学お断り.

【谢客】xiè//kè 動 ① 面会を謝絶する. ¶闭 bì 门～ / 門を閉ざして客の面会を断る. ② 来客に礼を述べる.

【谢礼】xièlǐ 名 謝礼. 謝意を表す金銭や贈り物. ㊐ 份 fèn, 件. ¶送 sòng ～ / 謝礼を贈る.

【谢幕】xiè//mù 動 カーテンコールにこたえる.

【谢却】xièquè 動〈書〉謝絶する.

【谢世】xièshì 動〈書〉〈婉〉亡くなる. 逝去する.

【谢天谢地】xiè tiān xiè dì 〈成〉なんとありがたいことだ! 感謝感激. ►待ち望んでいたことが実現したときなどに用いる言葉. ¶～, 我们总算 zǒngsuàn 回来了 / やれやれ, やっとのことで帰ってこれた.

【谢帖】xiètiě 名〈旧〉(贈り物に対する)礼状. ¶发 fā ～ / 礼状を出す.

**【谢谢】xièxie ①〈套〉ありがとう. ¶我帮 bāng 你拿吧!——～ / 私が持ってあげましょう——ありがとうございます. ¶～您 / どうもありがとうございます. ② 動 …に感謝する. ¶～你的好意 / ご好意に感謝します. ¶～你给了我们很大的帮助 bāngzhù / あなたが私たちに大きな援助をしてくださったことに感謝します.

【谢意】xièyì 名 謝意. 感謝の気持ち.

【谢罪】xiè//zuì 動 謝罪する. あやまる. ¶向受害者家属 jiāshǔ ～ / 被害者の家族に謝罪する.

解 xiè 動〈口〉分かる. (謎などを)解く. ¶怎么也～不开那个谜 mí / その謎がどうしても解けない. ‖姓 ►► jiě, jiè

【解数】xièshù 名 手腕. 技量 ; 武術の技.

榭 xiè ◇◆ 四方を展望できるように造った高殿. ¶水～ / 水亭(すいてい).

邂 xiè "邂逅 xièhòu" ⬇ という語に用いる.

【邂逅】xièhòu 動〈書〉偶然に出会う.

懈 xiè ◇◆ ①だらける. ¶松 sōng ～ / だらけている. ②手抜かり. ¶无～可击 jī / 一分のすきもない.

【懈怠】xièdài 形 だらけている. たるんでいる. やる気がない.

【懈气】xiè//qì 動 気を抜く.

蟹 xiè 名〈動〉カニ. ¶螃 páng ～ / カニ. ¶醉 zuì ～ / 酒漬けのカニ. ¶～肉 ròu / カニの肉.

【蟹黄】xièhuáng 名(～儿) カニみそ.

【蟹青】xièqīng 形 青灰色の.

【蟹子】xièzǐ 名〈料理〉カニの卵.

xin (ㄒㄧㄣ)

1声 ***心** xīn 名 ① 心. 気持ち. 精神. ㊐ 颗 kē, 条 tiáo. ¶一颗火热 huǒrè 的～ / 熱く燃える心. ¶难道 nándào 你还不知道我的～? / まさか君は私の気持ちを知らないわけではあるまい. ② 心臓. ¶吓 xià 得～咚咚 dōngdōng 地直 zhí 跳 / 恐ろしさに心臓はどきどきしている. ¶～形 xíng / ハート型. ③(二十八宿の一つ)なかごぼし.
◇◆ 中心. 真ん中. ¶掌 zhǎng ～ / 手のひらの真ん中. ¶街～ / 道の中央.

【心爱】xīn'ài 形 心から愛している. お気に入りである. ¶～的朋友 / 大事な友人.

【心安理得】xīn ān lǐ dé 〈成〉やましいところがなく心が安らかである.

【心病】xīnbìng 名 ① 気病み ; (口に出せない)悩みごと. 心痛の種. ② 心中やましいところ. 内緒事. ¶这话正 zhèng 说到他的～上 / その話はちょうど彼の痛いところを突いた.

【心不在焉】xīn bù zài yān 〈成〉うわの空である. 気もそぞろである. 心ここにあらず.

【心裁】xīncái 名〈書〉(頭に描く)構想. 腹案. ¶独 dú 出～ / 独創的な案を出す.

【心肠】xīncháng 名 ① 心根. 気持ち. ►"好、坏 huài"などと用いることが多い. ¶～好 / 心根が優しい. ② 事物に対する感情. 気立て. 性格. ►"软 ruǎn、硬 yìng"や"菩萨 púsà、铁石 tiěshí"などと用いることが多い. ¶软～的姑娘 gūniang / 気立ての優しい娘. ③〈方〉興味. (…する)気. ►否定形で用いる. ¶没有～去赏月 shǎngyuè / 月見などする気にならない.

【心潮】xīncháo 名 感情. 気持ち. ¶～澎湃 péngpài / 感情が沸き立つ.

【心传】xīnchuán ① 動(禅家で師から弟子へ)奥義を以心伝心で伝える. ② 名 奥義.

【心慈手软】xīn cí shǒu ruǎn 〈成〉心が優しくてむごいことができない.

【心粗】xīn//cū 形 そそっかしい. 注意が足りない. ¶～气浮 fú / 粗忽(そこつ)で落ち着きがない.

【心胆】xīndǎn 名 心臓と胆嚢(たんのう) ; 〈転〉意志と度胸.

【心胆俱裂】xīn dǎn jù liè 〈成〉驚いて肝をつぶす.

X

【心荡神驰】xīn dàng shén chí 〈成〉心が落ち着かず,思いを遠くにはせる.
【心得】xīndé 名(仕事や学習で得た)収穫.会得したもの. ¶读书 dúshū ～/読書で得たもの. ¶留学 liúxué ～/留学で得た収穫.
【心底】xīndǐ 名 ①心の底. ¶从～感谢他/彼に心の底から感謝する. ②(～儿)〈方〉心根.
【心地】xīndì 名 ①気立て.気性.心. ¶～善良 shànliáng/気立てがよい. ②気持ち.心境.
【心电图】xīndiàntú 名〈医〉心電図.
【心动】xīn//dòng ①名〈医〉心拍. ②動 気を引かれる. ¶他一见有利可图 yǒu lì kě tú,心就动了/彼は利があると見ると心が動いた.
【心毒】xīndú 形 残忍である.
【心毒手辣】xīn dú shǒu là 〈成〉心が残忍で手口が悪辣(あくらつ)である.
【心烦】xīn//fán 形 いらいらする.むしゃくしゃする. ¶我现在心很烦,没心思 xīnsi 工作/私は今,むしゃくしゃしていて,仕事をする気がしない.
【心扉】xīnfēi 名 内心.
【心服】xīnfú 動 心服する.
【心浮】xīn//fú 形 気もそぞろである.
【心腹】xīnfù ①名 腹心の部下. ②形 胸中の. ¶有～事/人に言えない心配事がある.
【心肝】xīngān 名 ①(～儿)最も愛する人.最もかわいい人. ►古くは恋人をさしたが,今は小さい子供についていうことが多い. ¶～儿宝贝儿 bǎobèir/いとし子. ②良心.真心. ¶没有～的家伙 jiāhuo/非人情なやつだ.
【心甘情愿】xīn gān qíng yuàn 〈成〉心から願う.喜んで甘んじる.
【心高】xīngāo 形 望みが高い.志が高い.
【心广体胖】xīn guǎng tǐ pán 〈成〉気持ちがおおようで体も丈夫である.心身ともに健やかである.
【心寒】xīn//hán 形〈方〉がっかりして悲しくなる.
【心黑】xīn//hēi 形 ①腹黒い. ②欲が深い.
【心狠手辣】xīn hěn shǒu là 〈成〉残忍で手口があくどい.残酷無情である.
【心花怒放】xīn huā nù fàng 〈成〉喜びに心が弾む.うれしくてたまらない.狂喜する.
【心怀】xīnhuái ①動 心に抱く. ¶～不安/不安を抱く. ②名 胸中.気持ち.
【心慌】xīn//huāng ①形 そわそわしている. ¶走进考场 kǎochǎng,不免 bùmiǎn 有点儿～/試験場に入るとどうしても上がり気味になる. ②動〈方〉動機(どうき)がする.
【心慌意乱】xīn huāng yì luàn 〈成〉慌ててどうしてよいかわからなくなる.
【心火】xīnhuǒ 名 ①かんしゃく.腹立ち. ②〈中医〉のどが渇く,脈が早い,舌が痛いなどの症状.
【心机】xīnjī 名 思案.策略.
【心肌】xīnjī 名〈生理〉心筋. ¶～梗塞 gěngsè/心筋梗塞(こうそく).
【心急】xīn//jí 形 気がせいている. ¶干什么事都不能～/どんなことをするにもいらだってはいけない.
【心急火燎】xīn jí huǒ liǎo 〈成〉居ても立ってもいられない.
【心计】xīnjì 名 もくろみ.機略.策略. ¶他做事很有～/彼は仕事をする要領がよい.
【心迹】xīnjì 名 腹の底.心のうち. ¶袒露 tǎnlù ～/腹を割って話す.

【心尖】xīnjiān 名 ①心臓の先端. ②心の底. ③(～儿)〈方〉最愛の人.
【心焦】xīnjiāo 形 じりじりしている.いらいらする.
【心劲】xīnjìn 名(～儿) ①考え.思い. ¶他们俩 liǎ 是一个～儿,都想考上大学/彼ら二人の考えはただ一つ,大学に受かるということだ. ②見識.判断力. ③興味.意気込み.活力.
【心惊胆战】xīn jīng dǎn zhàn 〈成〉肝をつぶして恐れおののく.
【心惊肉跳】xīn jīng ròu tiào 〈成〉(大きな災難が降りかかりはしないかと)びくびくする.
【心静】xīnjìng 形 気持ちが落ち着いている.
【心境】xīnjìng 名 心境.気持ち. ¶没找到 zhǎodào 工作,所以～不大好/仕事が見つからないので気持ちがふさぎがちだ.
【心坎】xīnkǎn 名(～儿) ①みぞおち.胸. ②**心の奥底**. ¶我从～儿里感激 gǎnjī 他/心の底から彼に感謝する.
【心口】xīnkǒu 名(～儿)みぞおち.
【心口如一】xīn kǒu rú yī 〈成〉考えることと言うことが一致する.裏表がない.
【心旷神怡】xīn kuàng shén yí 〈成〉心がゆったりとして愉快な気持ちである.
【心劳日拙】xīn láo rì zhuō 〈成〉あれこれ謀略をめぐらせても事態はまずくなる一方である.
【心理】xīnlǐ 名 ①〈心〉心理. ②(広く人の)**心理.気持ち**. ¶这是一般 yībān 人的～/これは普通の人の気持ちだ.
【心里话】xīnlǐ huà 名 **心の中で思っていること.本音**. ¶他从来不说～/彼はいつも本音を言わない.
【心理咨询】xīnlǐ zīxún 名〈心〉カウンセリング.
*【心里】xīnli 名 ①**心の中**.頭の中. ¶放在～/心にしまっておく. ②胸. ¶～发疼 fāténg/胸が痛む.
【心连心】xīn lián xīn 〈慣〉気持ちが通い合う. ¶全国 quánguó 人民～/全国の人々は心が結ばれている.
【心灵】xīnlíng ①名 心. ¶～深处 shēnchù/心の奥底. ¶幼小 yòuxiǎo 的～/あどけない心. ②形 頭がよい.利口である. ¶～手巧 qiǎo/頭がよくて手が器用である.
【心领】xīnlǐng ①〈套〉(贈り物や招待を謝絶して)お志はありがたくいただきますが. ¶你的好意我～了,但礼物 lǐwù 请带回/ご好意はちょうだいしましたから,お品はお引き取りください. ②動 心の内で理解する. ►四字句に用いる.
【心领神会】xīn lǐng shén huì 〈成〉十分のみこむ.以心伝心で分かる.
【心路】xīnlù 名(～儿) ①知恵.機知. ②(人の)度量.器量. ③心がけ. ④人の考え.つもり. ⑤心理変化のプロセス.
【心律】xīnlǜ 名〈医〉心拍.
【心率】xīnlǜ 名〈医〉心拍数.
【心乱如麻】xīn luàn rú má 〈成〉心が千々に乱れる.
【心满意足】xīn mǎn yì zú 〈成〉すっかり満足する.満ち足りた気持ちになる.
【心明眼亮】xīn míng yǎn liàng 〈成〉洞察力がすぐれている.
【心目】xīnmù 名 ①(心と目に残る)感じ,印象.

X

¶犹 yóu 在～ / いまなお覚えている. ② 胸中. 念頭. 眼中. ¶她～中只 zhǐ 有他一个人 / 彼女の心の中には彼しかいない.

【心平气和】xīn píng qì hé 〈成〉心が穏やかで気持ちが落ち着いている.

【心魄】xīnpò 名 心. ¶动人～ / 人に深い感動を与える.

【心气】xīnqì 名(～儿) ① 了見(りょうけん). 根性. ¶～不良 / 了見が悪い. ② 気概. 志. ¶～高 / 意気込みが高い. ③ 機嫌. ¶～不顺 shùn / 機嫌が悪い. ④ 度量. ¶～狭窄 xiázhǎi / 度量が狭い.

【心窍】xīnqiào 名(～儿)(認識や思惟をする)心の働き.

【心切】xīnqiè 形(…したいと思う気持ちが)切実である. 心がはやる.

*【心情】xīnqíng 名 **気持ち. 気分.** 心情. 量 种. ¶～沉重 chénzhòng / 心が重苦しい. 気が沈む. ¶～舒畅 shūchàng / 気持ちが伸び伸びする. ¶～激动 jīdòng / 気持ちがたかぶる.

【心曲】xīnqǔ 名〈書〉① 心の奥底. ② 心配事. 胸中. ¶倾诉 qīngsù ～ / 心の底を打ち明ける.

【心儿】xīnr 名 物のしん. 野菜のしん. ►鉛筆のしんは"芯儿"と書く. ¶白菜～ / 白菜の芯.

【心如刀割】xīn rú dāo gē 〈成〉胸を刺されるような思いをする.

【心软】xīn//ruǎn 形(↔心硬 yìng)気が優しく,情にもろい.

【心上人】xīnshàngrén 名 意中の人. 最愛の人.

【心神】xīnshén 名 ① 心. 精力. ②(落ち着かない)精神状態. ¶～不定 / 気がそわそわして落ち着かない.

【心声】xīnshēng 名 心の声. 本音. 真情. ¶人民的～ / 国民の声.

【心盛】xīn//shèng 形 意気込みが高い.

【心事】xīnshi 名 **心配事.** 考え事. 願い事. 量 件. ¶～重重 chóngchóng / 心配事がたくさんある.

【心术】xīnshù 名 ①〈貶〉心の持ち方. 心がけ. ¶～不正 / 心がけが悪い. ② 計略. ¶他是个有～的人 / 彼は計略にたけた人だ.

【心数】xīnshù →【心计】xīnjì

【心死】xīn//sǐ 動 ①〈口〉機転がきかない. ② あきらめる.

*【心思】xīnsi 名 ① **考え.** 心に思っていること. ¶摸不透 mōbutòu 他的～ / 彼がどういうつもりなのかつかめない. ② 頭の働き. 考える力. ¶费尽 fèijìn ～ / 知恵をしぼる. ③(…する)**気.** 興味. ¶我没有～去看戏 xì / 私は芝居など見る気になれない.

【心酸】xīn//suān 形 悲しい. ¶感到一阵儿 zhènr ～ / 悲しみが急に込み上げてくる.

【心算】xīnsuàn 動 暗算する. 胸算用する.

【心碎】xīnsuì 形(悲しみで)胸が張り裂けんばかりである.

【心态】xīntài 名 心理状態. 精神構造. 意識.

【心疼】xīnténg 動 ① **ひどくかわいがる.** いつくしむ. ② **惜しがる.** ¶浪费粮食 làngfèi liángshi,真叫人～ / 食糧をむだにしてほんとうにもったいない.

【心跳】xīn//tiào 動 胸〔心臓〕がどきどきする.

【心头】xīntóu 名 胸のうち. 心の中. ¶抑不住 yìbuzhù ～怒火 nùhuǒ / 込み上げてくる怒りを抑えることができない. ¶～恨 hèn / 心中の恨み.

【心窝儿】xīnwōr 名 ① 心臓のある部位. ② 心の奥底. 内心. 本心.

【心无二用】xīn wú èr yòng 〈成〉精神を集中しなければ何事もできない.

【心细】xīn//xì 形 細心である. 注意深い.

【心弦】xīnxián 名 心の琴線.

【心想】xīnxiǎng 動 ① 黙って考える. ② 心の中でつぶやく.

【心心念念】xīn xīn niàn niàn 〈成〉寝ても覚めても思っているさま.

【心心相印】xīn xīn xiāng yìn 〈成〉心と心が通じ合う. 考えが一致している.

【心性】xīnxìng 名〈書〉性格. 気立て.

【心胸】xīnxiōng 名 ① 気持ち. 度量. ¶～宽广 kuānguǎng / 気が大きい;度量が広い. ② 心意気. 抱負. ¶他是个有～的人 / 彼は気概のある男だ.

【心虚】xīn//xū 形 ①(心中やましく)びくびくする. おずおずする. ② 自信がない. 心細い.

【心许】xīnxǔ 動〈書〉① 黙許する. 黙認する. ② 心で称賛する.

【心绪】xīnxù 名 気持ち. ►多く好ましくない状態. ¶～不定 / 気持ちが落ち着かない.

【心血】xīnxuè 名 **心血.** 全幅の精神. ¶费尽 fèijìn ～ / 心血を注ぎ尽くす.

【心血来潮】xīn xuè lái cháo 〈成〉何かの考えがふとひらめく.

*【心眼儿】xīnyǎnr 名 ① **心の底.** ¶打～里喜欢 / 心の底から好きである. ② **心根.** 気立て. 根性. ¶没安好～ / 根性が曲がっている. ③ 知恵. 機転. 気働き. ¶他有～,什么事都想得很周到 zhōudao / 彼は機転がきくので何をやらせても抜け目がない. ④(人に対する不必要なほどの)気の遣い方. ¶他人倒 dào 不错,就是～多 / 彼はいい人なんだが,どうも気を回しすぎる. ⑤ 度量. ►狭い場合. ¶～小 / 気が小さい.

【心痒】xīnyǎng 形 もどかしい. じれったい.

【心药】xīnyào 名 心配事を取り除く方法.

*【心意】xīnyì 名 ①(**他人に対する)心,気持ち.** ¶送点儿礼物 lǐwù 表表～ / ささやかな贈り物をして気持ちを表す. ② 意味. 意思.

【心硬】xīn//yìng 形(↔心软 ruǎn) ① 冷酷である. つれない. ② 性根がすわっている.

【心有余而力不足】xīn yǒuyú ér lì bùzú 〈諺〉したいのはやまやまだが,実力が伴わない.

【心有余悸】xīn yǒu yú jì 〈成〉(危険が去っても)恐怖がいまだにおさまらない.

【心余力绌】xīn yú lì chù 〈成〉心余れど力及ばず. やる気はあるが実力がない.

【心猿意马】xīn yuán yì mǎ 〈成〉(多くは色欲にとらわれて)気もそぞろなさま.

【心愿】xīnyuàn 名 **念願. 願い.**

【心悦诚服】xīn yuè chéng fú 〈成〉心から承服する.

*【心脏】xīnzàng 名 ①〈生理〉**心臓.** ¶～死亡 / 心臓死. ②〈喩〉中心. 中枢. ¶北京可以说是中国的～ / 北京は中国の心臓部といえる.

【心窄】xīn//zhǎi 形 気が小さい;心細い.

【心照】xīnzhào 動 互いに心でわかり合う.

【心折】xīnzhé 動 心から敬服する.

【心正不怕影儿斜】xīn zhèng bù pà yǐngr xié 〈諺〉公明正大な人であれば陰口を気にする必要はない.

X

【心直口快】xīn zhí kǒu kuài 性格が率直で,思ったことをざっくばらんに言う.
【心志】xīnzhì 名 意志.
【心智】xīnzhì 名 智慧. 機転.
【心中】xīnzhōng 名 心の中.
【心中无数】xīn zhōng wú shù 〈成〉見通しが立たず自信がない.
【心中有数】xīn zhōng yǒu shù 〈成〉見通しが立って自信がある.
【心重】xīnzhòng 形 あれこれ気にしやすい.
【心子】xīnzi 名 ①物の芯. ②〈方〉〈食材〉動物の心臓.
【心醉】xīnzuì 動 心酔する. うっとりする.

芯 xīn ◇◆ 芯(しん). ¶灯 dēng ～ / 灯心. ▸▸ xìn

【芯片】xīnpiàn 名〈電算〉チップ.
【芯儿】xīnr 名 物の芯.

辛 xīn 名 十干の第8：辛(しん). かのと. ◇◆ ①辛(から)い. ¶→～辣 là. ②骨が折れる. 苦心する. ¶→～劳 láo. ③悲しい. 苦しい. ¶→～酸 suān. ‖姓

【辛迪加】xīndíjiā 名〈経〉シンジケート.
【辛亥革命】Xīnhài gémìng 名〈史〉辛亥(しんがい)革命. 清朝を倒し,中華民国を打ちたてた革命.
【辛苦】xīnkǔ ①形 心身ともにつらい. ¶这种工作才～呢 / このような仕事はめっぽう骨が折れる. ¶他辛辛苦苦工作了几十年 / 彼はあくせくと何十年も働いた. ②〈套〉ご苦労さま**. ¶～了,休息 xiūxi 一下吧 / ご苦労さま,一服してください. ③動(人に仕事を)お願いする. 苦労をかける. ¶这件事～你了 / この件はご苦労だけど君にお願いする.
【辛辣】xīnlà 形〈書〉 ①(味が)辛(から)い；(食べ物が)刺激性が強い. ②(言動や文章が)辛辣(しんらつ)である,手厳しい. ¶～的讽刺 fěngcì / 痛烈な皮肉.
【辛劳】xīnláo 動 苦労する. 骨折りをする. ¶不辞 bùcí ～ / 苦労をいとわない.
*【辛勤】xīnqín 形(働きぶりが)懸命である,勤勉である. ►連用〔連体〕修飾語として用いる. ¶～劳动 láodòng / 精を出して仕事をする.
【辛酸】xīnsuān 形 つらく悲しい. ¶回忆 huíyì 起～的往事 wǎngshì / つらく悲しい昔のことを思い出す.
【辛夷】xīnyí 名〈植〉モクレン；〈中薬〉辛夷(しんい).

欣 xīn ◇◆ 喜ぶ. うれしい. ¶→～喜 xǐ. ‖姓

【欣然】xīnrán 形〈書〉喜び勇んでいる. ¶～允诺 yǔnnuò / 喜んで承諾する.
*【欣赏】xīnshǎng 動 ①**鑑賞する**. **楽しむ**. 賞美する. ¶～美景 měijǐng / 美しい景色を楽しむ. ②**すばらしいと思う**. 好きである. ¶我很～这位作家的作品 zuòpǐn / 私はこの作家の作品がたいへん好きだ.
【欣慰】xīnwèi 動〈書〉うれしくてほっとする.
【欣喜】xīnxǐ 動〈書〉喜ぶ.
【欣欣】xīnxīn 形〈書〉 ①草木がすくすく伸びるさま. ¶～向荣 róng / 〈成〉草木がすくすくと伸びる；勢いよく発展すること. ②喜ぶさま. ¶～然 rán / うれしそうなさま.
【欣幸】xīnxìng 動 好運に恵まれて喜ばしく思う. ¶甚为 shènwéi ～ / たいへんうれしく思う.
【欣跃】xīnyuè 動 喜び勇む.

锌 xīn 名〈化〉亜鉛. Zn. ¶～白 / 亜鉛華. ►"锌华 xīnhuá"とも. ¶～版 bǎn / 〈印〉亜鉛版.

新 xīn ❶形 ①(↔旧 jiù,老 lǎo)**新しく現れた**. 新たに経験した. ►連体修飾語になることが多い. ¶～形势 xíngshì / 新しい形勢. ¶最～(的)消息 xiāoxi / 最新のニュース. ②(↔旧 jiù)(内容・性質がよりよく)**新しくなった**. ►連体修飾語になることが多い. ¶～办法 bànfǎ / 新しい方法. ¶～产品 chǎnpǐn / ニュータイプの製品. ③(↔旧 jiù)**未使用で初めて使う**. さらである. おろしたてである. ¶～房子 fángzi / 新しい家. ¶这鞋 xié 是～的,不是旧的 / この靴は新品だよ,使い古しじゃないよ.
❷副 **最近**(…したばかりである). **新たに**(…したばかりである). ¶他～来这里,对一切还很生疏 shēngshū / 彼はここに来たばかりだから,すべてにまだ不案内である. ¶～烤 kǎo 的面包 / 焼きたてのパン.
◇◆ ①新しい事物. 新しい人. ¶翻 fān ～ / リフォームする. ②新婚の. ¶→～房 fáng. ¶→～娘 niáng. ③(Xīn)"新疆 Xīnjiāng"(新疆ウイグル自治区). ④(Xīn)"新加坡 Xīnjiāpō"(シンガポール). ‖姓

【新潮】xīncháo ①名(物事が発展するときの)新しい趨勢. ②形 時流に乗った. 流行の.
【新陈代谢】xīn chén dài xiè 〈成〉〈生〉新陳代謝；〈喩〉新旧の事物の入れ替わり.
【新仇旧恨】xīn chóu jiù hèn 〈成〉(新旧の)恨みが重なる.
【新词】xīncí 名〈語〉新語.
【新村】xīncūn 名 新しい住宅区. 団地. ¶华侨 huáqiáo ～ / 華僑用の新しい住宅地.
【新房】xīnfáng 名 新婚夫婦の寝室.
【新妇】xīnfù 名 ①〈書〉新婦. ②〈方〉息子の嫁.
【新姑爷】xīngūye 名 花婿.
【新贵】xīnguì 名(高官の子弟など)新しく成り上がった者.
【新欢】xīnhuān 名 新しい愛人. ¶另 lìng 结～ / 別に新しい愛人をつくる.
【新婚】xīnhūn 動 結婚したばかりである. ¶～期 qī / 新婚時代. ¶～夫妇 fūfù / 新婚の夫婦. ¶～旅游 lǚyóu / 新婚旅行.
【新纪元】xīnjìyuán 名 新紀元；〈喩〉画期的な大事業の開始. ¶纸 zhǐ 的发明开创 kāichuàng 了人类历史 rénlèi lìshǐ 的～ / 紙の発明は人類の歴史に新紀元を画した.
【新加坡】Xīnjiāpō 名〈地名〉シンガポール.
*【新疆】Xīnjiāng 名〈地名〉**新疆**(しんきょう). 新疆ウイグル自治区.
【新交】xīnjiāo 名(～儿)新しい友達.
【新教】xīnjiào 名(キリスト教で)プロテスタント.
【新近】xīnjìn 名 最近. 近ごろ. このごろ.
【新旧】xīnjiù 名 ①新と旧；今と昔. ②新旧の程度. 新しさ. ¶那辆 liàng 汽车的～怎么样？/ その車は何年くらい使ったものですか.
【新居】xīnjū 名 新居. 新しい住まい. ¶迁入 qiānrù ～ / 新しい住まいに引っ越す.
【新喀里多尼亚】Xīnkālǐduōníyà 名〈地名〉ニューカレドニア.
【新来乍到】xīn lái zhà dào 〈成〉最近来たばかり

である．新参者である．¶～,摸不着 mōbuzháo 锅灶 guōzào / 〈諺〉来たばかりで情況が分からない．

*【新郎】xīnláng 名(↔新娘 xīnniáng)新郎．花婿．

【新浪潮】xīnlàngcháo 名 ニューウエーブ．

【新历】xīnlì 名 新暦．陽暦．

【新绿】xīnlǜ 名 新緑．若草の緑．

【新苗】xīnmiáo 名 新しい苗；〈喩〉新たに出現した将来性のある人物〔事物〕．

【新民主主义革命】xīn mínzhǔ zhǔyì gémìng 〈史〉新民主主義革命．►1919年の五・四運動から49年まで．

*【新年】xīnnián 名 **正月．新年．** ¶～好！/ 新年おめでとう．¶致 zhì ～献词 xiàncí / 新年のあいさつをする．

*【新娘】xīnniáng 名 **新婦．**

【新瓶装旧酒】xīnpíng zhuāng jiùjiǔ 〈諺〉表面は新しいが中身は古い．旧態依然．

【新奇】xīnqí 形 **珍しい．目新しい．** ¶他对什么都～/ 彼は何でも珍しく思った．

【新巧】xīnqiǎo 形 目新しい上に精巧である．

【新人】xīnrén 名 ①新時代の人物．新しいタイプの人間．¶～新事 / 新しい人物と新しい事物．②新しい人材．ニューフェース；新規採用者．¶画坛 huàtán ～ / 絵画界の新人．③更生した人．④新郎新婦．

【新任】xīnrèn ①形 新任の．②名 新しい任務．

【新生】xīnshēng ❶形 **新しく生まれ出た．** 新たに現れた．¶～势力 shìli / 新勢力．¶～事物 shìwù / 新しい事物．❷名 ①新たな人生．②新入生．¶招考 zhāokǎo ～ / 新入生を募集する．③新しい生命．

【新诗】xīnshī 名 五・四運動以来の白話詩．

【新式】xīnshì 形(後ろに名詞をとって)**新式の．新型の．** ニュータイプ…．¶～服装 fúzhuāng / ニューモード．¶～机床 jīchuáng / 新型の工作機械．

【新手】xīnshǒu 名(～儿)新参者．新米．就職したばかりの人．

【新书】xīnshū 名 ①新しい本．②新刊書．

【新四军】Xīnsìjūn 名〈史〉新四(しん)軍．中国共産党の指導下にあった抗日革命軍の一つ．

【新闻】xīnwén 名 ①ニュース．新聞記事．** 量 条 tiáo,个．¶采访 cǎifǎng ～ / ニュースを取材する．¶电视～ / テレビニュース．¶～记者 jìzhě / 新聞記者．¶～广播 guǎngbō / ニュース放送．¶～工作者 / ジャーナリスト．¶～发言人 fāyánrén / スポークスマン．②**新しいできごと．** 珍しい話．¶今天有什么～吗？/ きょうは何か珍しい話がありますか．¶～人物 rénwù / 時の人．話題の人．

参考 日本語の「新聞」は"报 bào""报纸 bàozhǐ"という．

【新闻公报】xīnwén gōngbào 名 プレスコミュニケ．

【新文化运动】Xīnwénhuà yùndòng 名〈史〉新文化運動．五・四運動前後の反封建主義を主な内容とする文化革命運動．

【新闻媒体】xīnwén méitǐ 名 マスメディア．

【新文学】xīnwénxué 名 五・四運動以後の口語体文学．

【新闻纸】xīnwénzhǐ 名 ①白いざら紙．新聞用紙．②新聞．►"报纸 bàozhǐ"の旧称．

【新西兰】Xīnxīlán 名〈地名〉ニュージーランド．

【新媳妇儿】xīnxífur 名〈口〉花嫁．

【新禧】xīnxǐ 名〈書〉新年の喜び．¶恭贺 gōnghè ～ / 新年おめでとうございます．

*【新鲜】xīnxiān 形 ①(食品などが)**新鮮である,新しい．** ►変質していない,塩漬や乾製でない,とれたて調理したてであることなどを表す．¶这韭菜 jiǔcài 是挺 tǐng ～的 / このニラはほんとに新鮮だ．¶这条鱼 yú 有点儿不～了 / この魚はちょっと古い．¶输入 shūrù ～血液 xuèyè / 新鮮な血液を輸血する．②(草花や枝葉が)**生き生きとしている,** しおれていない．¶他送来的花儿很～ / 彼のくれた花は生き生きとしている．③(空気が)**きれいである,新鮮である．** ¶雨后的空气 kōngqì 非常～ / 雨上がりの空気はとてもすがすがしい．④**目新しい．** 珍しい．¶这话真～ / (反語の形で,皮肉を込めて)へぇ,そりゃあ初耳だ〔分かりきったことを言うな〕．

注意 xīnxian と発音することも多い．

【新兴】xīnxīng 形 **新興の．** 新しく興った．

【新星】xīnxīng 名 ①新しいスター．ニューフェース．¶歌坛 gētán ～ / 歌謡界の新星．②〈天〉新星．

*【新型】xīnxíng 形(後ろに名詞をとって)新型の．新しいタイプの．¶～信息传递 xìnxī chuándì 手段 / ニューメディア．

【新秀】xīnxiù 名 優秀な新人．新鋭．期待のニューフェイス．

【新义】xīnyì 名〈語〉語句に新たに付加された意味．

【新异】xīnyì →【新奇】xīnqí

【新颖】xīnyǐng 形 **斬新である．** 新味がある．ユニークである．¶构思 gòusī ～ / 構想がユニークである．¶设计 shèjì ～ / デザインが目新しい．

【新约】xīnyuē 名〈宗〉新約(聖書)．

【新月】xīnyuè 名 ①三日月．②(旧暦で)ついたちの月．③昇ったばかりの月．

【新张】xīnzhāng 動 新しく開店する．店開きをする．¶～之喜 xǐ / 開店祝い．

【新正】xīnzhēng 名 旧暦の正月．

【新址】xīnzhǐ 名 引っ越し先．新しい住所．

【新装】xīnzhuāng 名 新しい装い；流行の服装．

歆 xīn ◇◆ うらやましく思う．¶～羡 xiàn / 〈書〉うらやましがる．うらやましく思う．►"歆慕 mù"とも．‖姓

薪 xīn ◇◆ ①俸給．給料．¶加 jiā ～ / 給料を上げる．ベースアップ．¶发 fā ～ / 給料を出す．¶工～阶层 jiēcéng / サラリーマン(層)．②たきぎ．まき．¶～柴 chái / (割った)まき．‖姓

【薪俸】xīnfèng 名〈書〉給与．俸給．俸禄．

【薪给】xīnjǐ 名 給料．

【薪金】xīnjīn 名 給料．給与．サラリー．

【薪尽火传】xīn jìn huǒ chuán 〈成〉学問が師から弟子へと代々受け継がれていく．

【薪水】xīnshui 名 **給料．** サラリー．►"工资 gōngzī"とも．❖吃 *chī* ～ / 月給で生活をする．❖领 *lǐng* ～ / 給料をもらう．❖发 *fā* ～ / 給料を支給する．

馨 xīn ◇◆(遠くまで漂う)よいにおい,香り．►女性の名前に用いられる．¶～香 xiāng / 芳香．かぐわしいにおい．

鑫 xīn ◇◆(多く人名・屋号に用い)富み栄える．

4声 **芯**(信) **xìn** "芯子 xìnzi"⬇という語に用いる. ⏩ xīn

【芯子】**xìnzi** 名 ①蛇の舌. ②(物の)芯. ¶蜡烛 làzhú～/ろうそくの芯.

****信 xìn** ❶名 ①**手紙**. 書状. ►はがきは"明信片 míngxìnpiàn", メモの手紙は"条子 tiáozi"という. 量 封 fēng. ❖写 *xiě*～/手紙を書く. ❖寄 *jì*～/手紙を出す. ¶～已经发 fā 了/手紙はすでに出した. ¶介绍 jièshào～/紹介状. ②(～儿)**知らせ**. 消息. ¶给他捎 shāo 个～儿/彼にちょっとことづてする. ¶好久没听到他的～儿了/長い間彼からは何の音さたもない.

❷動 ①**信じる**. ¶孩子都～老师的话/子供はみな先生の言うことを信じる. ¶他很～中医 zhōngyī/彼は中国医学を強く信じている. ②(宗教·学説·理論などを)**信奉する**, 信仰する. ¶奶奶 nǎinai～佛教 Fójiào/祖母は仏教を信仰している. ¶进化论 jìnhuàlùn 我不～/進化論を私は信じない.

◇◆ ①気の向くままに. 随意に. ¶→～步 bù. ¶→～口 kǒu. ②信用(する). ¶失～/信用を落とす. 約束に背く. ③証拠. しるし. ¶→～物 wù. ¶官～/官印. ④導火線. ¶→～管 guǎn. ⑤確実である. ¶～史/確かな史実. ‖ 姓

【信笔】**xìnbǐ** 動 思いつくままに書く.

【信标灯】**xìnbiāodēng** 名(水路や空路などの)標識灯. ビーコン.

【信步】**xìnbù** 動(～儿)足に任せる(任せて歩く). 気の向くまま歩く. ¶～走去/足に任せて歩いて行く. ¶～街头 jiētóu/街をぶらぶらする.

【信不过】**xìnbuguò** 動+可補 信用できない. 信頼できない. 当てにならない. ►"信不及 bují""信不着 buzháo"とも. ¶这人有点儿让 ràng 人～/あの人はあまり信用できない. ⇒【－不过】**-buguò**

【信从】**xìncóng** 動 信服する. 信じて従う.

【信贷】**xìndài** 名〈経〉銀行貸し付け. **融資**. **クレジット**; (銀行の)預金と貸し金(の総額). ¶长期 chángqī～/長期貸し付け. ¶～额 é 度/貸し付け限度額.

【信得过】**xìndeguò** 動+可補 信用できる. 信頼できる. 当てになる. ►"信得及 dejí""信得着 dezháo"とも. ⇒【－得过】**-deguò**

【信访】**xìnfǎng** 名(民衆からの)投書·陳情. ►"来信来访"の略. ¶～工作/苦情処理業務.

【信风】**xìnfēng** 名〈気〉恒風. 貿易風. ►"贸易风 màoyìfēng"とも. ¶反～/反貿易風.

【信封】xìnfēng** 名 **封筒**. 量 个.

【信奉】**xìnfèng** 動 ①信奉する. 信仰する. ¶～佛教 Fójiào/仏教を信じる. ②信じて行う.

【信服】**xìnfú** 動 信服する. 信用する.

【信鸽】**xìngē** 名 伝書バト.

【信管】**xìnguǎn** 名 信管. 導火線.

【信函】**xìnhán** 名〈書〉手紙. 書簡.

【信号】**xìnhào** 名 **信号**. 合図; 信号電波. 量 个. ¶发出～/信号を出す. ¶(船只)遇难 yùnàn～/(船の)遭難信号. SOS. ¶～灯 dēng/信号灯. シグナルランプ.

【信汇】**xìnhuì** 名 郵便為替. 送金手形.

【信笺】**xìnjiān** 名 便箋.

【信件】**xìnjiàn** 名 **書簡や文書**. **郵便物**. ►個別に数える量詞は使えない.

【信教】**xìn//jiào** 動 ある宗教を信仰する.

【信据】**xìnjù** 名 確かな証拠.

【信口】**xìnkǒu** 動 口から出任せに言う. ¶～回答/出任せに答える.

【信口雌黄】**xìn kǒu cí huáng** 〈成〉事実を無視して出任せを言う.

【信口开河】**xìn kǒu kāi hé** 〈成〉無責任な放言をする. ►"信口开合"とも書く.

【信赖】**xìnlài** 動 信頼する. ¶他的部下都非常 fēicháng～他/彼の部下はみな彼のことをとても信頼している.

【信马由缰】**xìn mǎ yóu jiāng** 〈成〉思いのままにさせておく. 成り行きに任せる. 自由放任のたとえ.

【信念】**xìnniàn** 名 **信念**.

【信皮儿】**xìnpír** 名〈口〉封筒.

*【信任】**xìnrèn** 動 **信任する**. **信用して任せる**. ¶厂长很～他/工場長はとても彼を信頼している. ¶获得 huòdé～/信頼を勝ち取る.

【信赏必罚】**xìn shǎng bì fá** 〈成〉賞罰を明らかにする.

【信使】**xìnshǐ** 名(公文書の)送達者. クーリエ; 使者.

【信誓旦旦】**xìn shì dàn dàn** 〈成〉誓いが誠実で信用できる.

【信守】**xìnshǒu** 動 忠実に守る. ¶～诺言 nuòyán/承諾した言葉を実行する.

【信手拈来】**xìn shǒu niān lái** 〈成〉手当たりしだいに取ってくる; 〈転〉文章を書くとき, 語彙や材料が豊富ですらすらと書ける.

【信天翁】**xìntiānwēng** 名〈鳥〉アホウドリ.

【信条】**xìntiáo** 名 信条. モットー.

【信筒】**xìntǒng** 名(～子)(街頭にある)**郵便ポスト**. ►"邮筒" yóutǒng とも. 中国のポストは緑色. 速達専用は上部が黄色. 量 个.

【信徒】**xìntú** 名 ①信徒. 信者. ②(広く)ある主義や主張を信奉する人. ¶黑格尔 Hēigé'ěr 的～/ヘーゲルの信奉者.

【信托】**xìntuō** ①動 信頼して任せる. ②名 信託業. ¶～公司 gōngsī/信託会社.

【信望】**xìnwàng** 名 信望.

【信物】**xìnwù** 名 しるしとなる品物.

*【信息】**xìnxī** 名 ①**便り**. **消息**. 量 条. ②**情報**. インフォメーション. ¶～网络 wǎngluò/情報ネットワーク. ¶～处理 chǔlǐ/(コンピュータの)情報処理. ¶～传递 chuándì/情報伝送. ¶～编码 biānmǎ/(コンピュータで)情報を記号化すること. エンコード. ¶～存储器 cúnchǔqì/(コンピュータの)情報記憶装置. データバンク.

【信息港】**xìnxīgǎng** 名〈電算〉ポータルサイト.

【信息高速公路】**xìnxī gāosù gōnglù** 名〈電算〉情報ハイウェイ.

【信息技术】**xìnxī jìshù** 名 情報技術. IT.

【信息库】**xìnxīkù** 名 情報バンク; 〈電算〉データベース.

*【信箱】**xìnxiāng** 名 ①(ホテルなどに設置された)**郵便箱**, **ポスト**. 量 个. ②私書箱. ③(個人の家の)**郵便受け**. 量 个.

【信邪】**xìn//xié** 動〈俗〉まちがったものを信じる.

*【信心】**xìnxīn** 名 **自信**. **確信**. ¶丧失 sàngshī～/自信をなくす. ¶树立 shùlì～/信念を固める.

¶充满 chōngmǎn～/自信に満ちあふれる.
【信仰】xìnyǎng 動 信仰する;傾倒する;信奉する. ¶～三民主义/三民主義に傾倒する.
【信用】xìnyòng ❶名 ①信用. ¶讲 jiǎng～/信用を重んずる. ②〈商〉信用貸し〔売り,買い〕. ¶～贷款 dàikuǎn/信用貸し付け. ❷動〈書〉(人を)信用して用いる.
*【信用卡】xìnyòngkǎ 名 クレジットカード.
【信誉】xìnyù 名〈書〉信望. 威信. 評判.
【信札】xìnzhá 名〈書〉書簡. 手紙.
【信真】xìnzhēn 動 真に受ける.
【信纸】xìnzhǐ 名 便箋. 書簡用紙. 〔量〕张 zhāng.

衅(釁) xìn ◇◆ 不和. 争い. ¶～端duān/〈書〉争い(の種). ¶挑 tiǎo～/挑発する.

xing (ㄒㄧㄥ)

1声 **兴**(興) xīng ❶動 ①はやる. 盛んに行われる. ¶现在不～这一套了/今ではそんなやり方はもうはやらなくなった〔通らなくなった〕. ¶今年～穿红裙子 qúnzi/今年は赤いスカートをはくのが流行している. ②〈方〉(…するのを)許す,認める. ►多く否定形で用いる. ¶不～打人骂 mà 人/人をたたいたりののしったりするのを許さない. ③("大～"の形で)盛んにする. 発展させる. ¶大～调查 diàochá 研究之风/調査研究の気風を大いに興す.
❷副〈方〉あるいは…かもしれない. ¶明天他～来,也～不来/あす彼は来るかもしれないし,来ないかもしれない.
◇◆ ①興す. 始める. ¶→～办 bàn. ¶→～修 xiū. ②起床する. ¶夙 sù～夜寝 qǐn/朝早く起きて夜遅く寝る. ‖姓 ▸▸xìng
【兴办】xīngbàn 動(事業を)興す,創立する. ¶～企业 qǐyè/企業を興す.
【兴兵】xīngbīng 動 挙兵する.
*【兴奋】xīngfèn ①形 興奮している. ¶听到这个消息,我很～/その知らせを聞きとても興奮した. ②動(脳や神経を)興奮させる. ¶喝咖啡 kāfēi 能～大脑 dànǎo/コーヒーを飲めば大脳を興奮させられる. ¶～剂 jì/興奮剤. ドーピング剤.
【兴风作浪】xīng fēng zuò làng 〈成〉波瀾を巻き起こす. 騒ぎを起こす.
【兴建】xīngjiàn 動(大規模なものを新たに)建設する. ¶～乡镇企业 xiāngzhèn qǐyè/郷鎮(ごう)企業を建設する.
【兴隆】xīnglóng 形 盛んである. 繁盛している. ❖生意 shēngyi～/商売が繁盛している.
【兴起】xīngqǐ 動 ①勢いよく現れる. 出現する. 巻き起こる. ¶在年轻人 niánqīngrén 当中～学车热/若者の間に自動車免許取得ブームが巻き起こる. ②〈書〉感激して奮い立つ. 奮起する.
【兴盛】xīngshèng 形(国や事業が)盛んである,興隆する. ¶国家～/国運隆盛である.
【兴时】xīngshí 動 一時流行する.
【兴衰】xīngshuāi 名〈書〉盛衰. 興廃.
【兴叹】xīngtàn 動〈書〉嘆声を発する. ため息をつく. ¶望洋～/〈成〉自分の力のなさを嘆く.
【兴亡】xīngwáng 名(国の)興亡,興敗.
【兴旺】xīngwàng 形 盛んである. 隆盛である. ¶通信事业 tōngxìn shìyè 正处 chǔ 在～时期 shíqī/通信事業はまさに全盛期にある.
【兴修】xīngxiū 動 建造する.(大規模な)工事を興す. ¶～水利 shuǐlì/水利事業を興す.
【兴许】xīngxǔ 副 もしかしたら…かもしれない.
【兴妖作怪】xīng yāo zuò guài 〈成〉悪人が騒乱を起こす;悪い思想がその影響を広める.

星 xīng 名 ①星. ►話し言葉では多く"星星 xīngxing"を用いる. 〔量〕颗 kē,个. ¶一颗～/一つの星. ②(二十八宿の一つ)ほとおりぼし.
◇◆ ①(～儿・～子)細かな散り散りになったもの. ¶火～儿/火の粉. 火花. ¶唾沫 tuòmo～子/つばき. ②スター. 人気のある有名人. ¶歌～/有名歌手. ¶明～/花形スター. ③天体. ¶恒 héng～/恒星. ‖姓
【星卜】xīngbǔ 名 星占い.
【星辰】xīngchén 名〈書〉星(の総称).
【星汉】xīnghàn 名〈書〉天の川.
【星号】xīnghào 名 星印. アステリスク. "*".
【星河】xīnghé 名 天の川. 銀河.
【星火】xīnghuǒ 名 ①非常に小さな火. ②流星の光;差し迫ったこと. 火急. ¶急 jí 如～/緊急を要する. 非常に急ぐ.
【星火燎原】xīng huǒ liáo yuán ⇀【星星之火,可以燎原】xīng xīng zhī huǒ, kě yǐ liáo yuán
【星级】xīngjí ❶名 ホテルやレストランの等級. ¶五～饭店/五つ星ホテル. ❷形 ①ハイグレードな. ¶～服务 fúwù/一流のサービス. ②スター級の.
【星际】xīngjì 名 宇宙間. 星と星の間. ¶～旅行/宇宙旅行.
【星罗棋布】xīng luó qí bù 〈成〉(星や碁石のように)多く広く分布している,たくさん並んでいる.
**【星期】xīngqī 名 ①週. …週間. 〔量〕个. ¶两个～/2週間. ②曜日. ►1から6までの数字をあとにつけて月曜から土曜までを表す. ¶～五/金曜日. ¶～日〔天〕/日曜日. 注意 日曜日は正式には"星期日"を用いる. また,週の最後の日と意識される. ¶今天～几 jǐ?/今日は何曜日ですか. ¶上〔下〕(个)～二/先〔来〕週の火曜日. ③日曜日の略称.
【星球】xīngqiú 名〈天〉星. 天体.
【星儿】xīngr ⇀【星子】xīngzi
【星散】xīngsàn 動〈書〉(いっしょにいた人々が)星をばらまいたように散り散りになる. 離散する.
【星体】xīngtǐ 名〈天〉天体. ►月や太陽,また火星・北極星など個々の星をさすことが多い.
【星图】xīngtú 名〈天〉星図. 恒星図.
【星系】xīngxì 名〈天〉銀河系. ►"恒星系 héngxīngxì"の略称.
【星相】xīngxiàng 名 占星術や人相見.
【星星】xīngxīng 名 小さな点. ►数詞は"一"に限ってとる. ¶天空晴朗 qínglǎng,一～云彩 yúncai 也没有/空は晴れ渡り雲一つない.
**【星星】xīngxing 名〈口〉星. 注意 個体量詞はつけられない. ¶×一颗星星.
【星星点点】xīngxīngdiǎndiǎn 形(～的)ちらほら. 少しばかり.
【星星之火,可以燎原】xīng xīng zhī huǒ, kě yǐ liáo yuán 〈成〉(小さな火花も広野を焼きつくすように)初めは小さな勢力でも,やがては強大な勢力に

X

発展する可能性をもっている.
【星宿】xīngxiù 名〈天〉星宿(せいしゅく). 星座.
【星夜】xīngyè 名 夜中. 夜通し. 夜を日に継ぐこと.
【星移斗转】xīng yí dǒu zhuǎn 〈成〉時が移り変わるたとえ.
【星云】xīngyún 名〈天〉星雲.
【星占】xīngzhān 名 星占い.
【星子】xīngzi 名 ①ごくわずかなもの. ¶油～/油のしみ. ②〈方〉星.
【星座】xīngzuò 名〈天〉星座.

猩 xīng "猩猩 xīngxing"⬇という語などに用いる.

【猩红】xīnghóng 形 深紅色の. 緋色の.
【猩猩】xīngxing 名〈動〉オランウータン. 猩猩(しょうじょう). 量 只 zhī,头 tóu. ¶大～/ゴリラ. ¶黑 hēi～/チンパンジー.

惺 xīng "惺忪 xīngsōng""惺惺 xīngxīng"⬇という語などに用いる.

【惺忪】xīngsōng 形〈書〉眠りから覚めたばかりで目がぼんやりしている. ▶"惺松"とも書く.
【惺惺】xīngxīng 形〈書〉①頭がはっきりしている. ②聡明である. ③いかにもわざとらしい. ¶～作态 zuòtài/いかにももっともらしくふるまう.

腥 xīng 形(魚・肉などが)生臭い. ¶这鱼 yú 真～/この魚はほんとうに生臭い.
◇◆ 魚・肉などの生臭もの.

【腥臭】xīngchòu ①形 生臭い. ②名(魚の)生臭いにおい.
【腥气】xīngqi ①形 生臭い. ¶这鱼 yú 很～/この魚はとても生臭い. ②名 生臭いにおい.
【腥臊】xīngsāo 形 ①生臭い. ②(やり方が)あくどい.
【腥膻】xīngshān ①名 家畜やけものの臭いにおい. ②形(羊肉や皿などが)生臭い.
【腥味儿】xīngwèir 名 生臭いにおい. 量 股 gǔ.

2画 **刑** xíng ◇◆ ①刑罰. ¶徒 tú～/懲役刑. ②仕置き;責め道具. ¶上～/拷問にかける. ‖姓

【刑场】xíngchǎng 名 刑場. 死刑執行場.
【刑罚】xíngfá 名〈法〉刑罰. 刑.
【刑法】xíngfǎ 名〈法〉刑法.
【刑法】xíngfa 名(旧社会で犯罪者に対する)体罰. 責め道具で責めること. ¶动 dòng～/拷問にかける.
【刑房】xíngfáng 名 ①〈古〉刑事訴訟事件の書類を取り扱う官吏. ②(非合法的に)体罰を加える部屋.
【刑警】xíngjǐng →【刑事警察】xíngshì jǐngchá
【刑律】xínglǜ 名 刑法. ¶触犯 chùfàn～/刑法に触れる.
【刑期】xíngqī 名 刑期. ¶～已满/刑期が満了した.
【刑事】xíngshì 名〈法〉刑事. 刑事訴訟に関する事件. ¶～案件 ànjiàn/刑事事件. ¶～处分 chǔfèn/刑事処分.
【刑事警察】xíngshì jǐngchá 名 刑事事件を扱う警察官の総称. 刑事. ▶略して"刑警"という.

邢 xíng ‖姓

****行** xíng ❶形 ①(能力が)**すばらしい. 有能な**. すごい. ✎語法 述語にのみ用い,連体修飾語にはならない. 程度副詞の"很,真"の修飾は受けるが,"最""极""有点儿"などで修飾することはできない. ¶小李,你真～!/李君,君はまったく大したものだ. ¶这个小组 xiǎozǔ 的成员 chéngyuán 个个都～/このグループのメンバーはみな有能だ. ②**よろしい. 大丈夫だ**. 差し支えない. ▶文末に"了"をつけることが多い. ¶你觉得 juéde 好就～/君がいいと思えばそれでよろしい. ¶今天不去也～/今日は行かなくてもよろしい. ¶锅贴儿 guōtiēr～了,可以揭 jiē 锅了/ギョーザは焼き上がった,もう鍋の蓋を開けてもよい. ¶你去一趟 tàng,～不～?/君が行って来てくれませんか. ¶～,这件事就照 zhào 你的意见办/よろしい,この件は君の考えどおりにやろう. ③(制止して)**もう結構. 十分だ**. ¶～了,～了,别倒 dào 了/もう結構,もう結構,もう(酒を)つがないでください.
❷動 行う. 実行する. ¶～个礼 lǐ/おじぎをする. ¶→～不通 butōng.
◇◆ ①(「"…行"＋2音節の行為を表す動詞」で,その行為を)行う. ¶另～通知/改めて通知する. ②行為. ¶品～/品行. 身持ち. ¶→～径 jìng. ③行く. 歩く. 通る. ¶航～/航行(する). ¶→～走 zǒu. ④旅行(用の). ¶→～装 zhuāng. ¶→～程 chéng. ⑤移動可能な. 臨時の. ¶→～宫 gōng. ⑥広める. 流通する. ¶→～销 xiāo. ¶风 fēng～/はやる. ⑦まさに…しようとしている. ¶→～将 jiāng. ‖姓 ⏩háng

【行不开】xíngbukāi 動+可補 実行できない.
【行不通】xíngbutōng 動+可補 ①通用しない. 実行できない. ¶这个计划 jìhuà～/この計画は実行できない. ②通行できない.
【行车】xíngchē 動 車を通す;車・機械を動かす. ¶前面施工 shīgōng,不准 zhǔn～/これより先,工事のため車両の通行を禁止する. ¶～道/車道. ¶～速度 sùdù/(車の)走行速度.
【行程】xíngchéng 名 ①道のり;プロセス. ②〈機〉ストローク.
【行船】xíngchuán 動 船を出す. 船を進める;船が行き来する. 船の便がある.
【行刺】xíngcì 動 暗殺する.
【行道树】xíngdàoshù 名 街路樹.
【行得开】xíngdekāi 動+可補 実行できる.
【行得通】xíngdetōng 動+可補 実行できる. 実行して差し支えない.
*【行动】xíngdòng ❶動 ①動き回る. (出)歩く. ¶～不便 bùbiàn/(老人などが)動作が不自由である. 出歩くのが不便だ. ②**行動する**. 活動する. ¶要尽快 jǐnkuài～起来/なるべく早く行動を起こさなければならない. ¶按 àn 计划 jìhuà～/計画どおりに行動する. ❷名 行為. ふるまい. 挙動.
【行方便】xíng fāngbiàn 融通をきかす. 便宜をはかる. ¶给住户 zhùhù～/住民に便宜をはかる.
【行房】xíng//fáng 動(夫婦が)房事を行う.
【行宫】xínggōng 名 仮の御所. 行宮(あんぐう).
【行好】xíng//hǎo 動〈旧〉(哀れんで)施しをする,罪を見逃す. ¶您行行好吧!/哀れみをおかけくださ

X

い.

【行贿】xíng//huì 動 賄賂を贈る．金を握らせる．¶～一百万元 / 百万元の賄賂を贈る．

【行迹】xíngjì 名 ①挙動．ふるまい．②行方．③しっぽ．ぼろ．

【行将】xíngjiāng 副〈書〉まさに…しようとする．間もなく．すぐにも．¶～就道 / 出発が迫っている．

【行将就木】xíng jiāng jiù mù〈成〉余命いくばくもない．►"木"は棺桶のこと．

【行脚】xíngjiǎo 動 行脚(あんぎゃ)する．

【行劫】xíngjié 動〈書〉強盗をする．

【行进】xíngjìn 動 行進する．前進する．

【行经】xíngjīng 動〈書〉①月経がある．生理が始まる．②経由する．

【行径】xíngjìng 名(主によくない)行為,振る舞い．¶无耻 wúchǐ ～ / 恥知らずな振る舞い．

【行军】xíng//jūn 動〈軍〉①行軍する．②軍を出動させる．

【行礼】xíng//lǐ 動 ①**おじぎをする．敬礼する．**②〈方〉贈り物をする．

【行李】xíngli 名(旅行の)荷物．(量)件．¶手提 shǒutí ～ / 手荷物．¶～寄存处 jìcúnchù / 荷物預り所．¶～车 / 小荷物車．ラゲージバン．¶～架 jià / 網棚．¶～牌 pái / 託送荷物引換券．¶～员 yuán /(ホテルの)ベルボーイ．¶～标签 biāoqiān / 荷札．

【行李卷儿】xínglijuǎnr 名 旅行用の布団を巻いた荷物．¶打～ / 寝具を荷造りする；〈喩〉雇い人が解雇される．

【行令】xíng//lìng 動 "酒令"(酒席に興を添えるための遊び)をする．

【行路】xínglù 動〈書〉通行する．歩く．¶～的 / 通行人．¶人～ / 歩道．

【行旅】xínglǚ 名 旅行；旅行者．

【行囊】xíngnáng 名〈書〉旅行用の袋；旅費．

【行骗】xíng//piàn 動 詐欺を働く．

【行期】xíngqī 名 出発の期日．

【行乞】xíngqǐ 動 乞食をする．

【行窃】xíng//qiè 動〈書〉盗みをする．

【行人】xíngrén 名 **道を行く人．通行人．**¶～走便道 biàndào / 通行人は歩道を歩くこと．

【行若无事】xíng ruò wú shì〈成〉①(緊急時に)何事もなかったかのように振る舞う．②(悪人や悪事に対して)目をつむって知らぬ顔をする．

【行色】xíngsè 名〈書〉出発時のありさま．旅立ちの様子．¶～匆匆 cōngcōng / 旅立ち間際の慌ただしいさま．

【行商】xíngshāng 名 行商．

【行尸走肉】xíng shī zǒu ròu〈成〉無為に日を送る人．生ける屍(しかばね)．

【行时】xíngshí 動(人や物が)流行する,もてはやされる．

【行使】xíngshǐ 動(職権などを)**行使する．**¶～公民权利 quánlì / 公民権を行使する．

【行驶】xíngshǐ 動(**車や船が)走る,進む．**¶汽车再 zài ～半个小时就到上海了 / 車でもう半時間走れば上海に着く．

【行事】xíngshì ①動 事を進める．処理する．¶按 àn 原则～ / 原則に従って事を処理する．②名 行い．¶为人 wéirén ～ / 人柄と行い．

【行书】xíngshū 名(漢字の書体の一種)行書．

【行署】xíngshǔ →【行政公署】xíngzhèng gōngshǔ

【行为】xíngwéi 名 **行為．**行動．行い．(量)种 zhǒng．¶不法～ / 不法行為．

【行文】xíngwén ①名 文章の書き方．¶～简练 jiǎnliàn / 文章が簡潔である．②動 公文書を出す．

【行销】xíngxiāo 動(商品を)広く売りさばく．販路を広める．

【行星】xíngxīng 名〈天〉惑星．

【行刑】xíng//xíng 動 刑(特に死刑)を執行する．

【行凶】xíng//xiōng 動 暴力を振るう；(特に)人殺しをする．

【行医】xíng//yī 動〈旧〉医者をやる．医を業(ぎょう)とする．

【行云流水】xíng yún liú shuǐ〈成〉(文章・歌などが)空を行く雲や流れる水のように滞りがない．

【行者】xíngzhě 名 ①〈書〉通行人．②行者．仏教の修行者．¶孙 Sūn ～ / 孫悟空(の別称)．

【行政】xíngzhèng 名 ①**行政(の)．**¶～机构 jīgòu / 行政機構．¶～职务 zhíwù /(公務員の)行政職．②(↔业务 yèwù)事務．管理．運営．►業務部門に対し総務・管理部門をさす．¶～科 kē / 総務課．¶～工作 / 管理部門の仕事．¶～费用 fèiyong / 事務費．

【行政处分】xíngzhèng chǔfèn 名 行政処分．

【行政公署】xíngzhèng gōngshǔ 名 ①〈史〉中国解放前の革命根拠地と解放初期の一部地区に設立された地方行政機関．②省・自治区の派出機構．

【行政院】xíngzhèngyuàn 名(国民党政府時代の)内閣に相当する最高行政機関．►現在の中国では"国务院 guówùyuàn"という．台湾では現存．¶～院长 yuànzhǎng / 首相．

【行之有效】xíng zhī yǒu xiào〈成〉有効であることが経験済みである．

【行止】xíngzhǐ 名〈書〉①行く先．行方．¶～无定 / 行方が定まらない．②品行．¶～有亏 kuī / 品行に問題がある．

【行舟】xíngzhōu 動〈書〉船を進める．

【行装】xíngzhuāng 名 旅装．旅支度．

【行状】xíngzhuàng 名〈旧〉死者の遺族がその人の一生の事跡について述べた文章．

【行踪】xíngzōng 名 行方．行く先．

【行走】xíngzǒu 動 歩く．通行する．¶请勿在草坪 cǎopíng 上～ / 芝生の上を通らないように．

饧(餳) xíng

❶動 ①(あめなどが時間がたつにつれ)柔らかくなる．②目がとろんとする．❷名〈書〉水あめ．

形 xíng

名 **形状．**¶这幢 zhuàng 楼～如"凸 tū"字 / その建物は形が凸の字のようである．

◇◆ ①姿．様子．¶不成～ / ぶざまである．さまにならない．②現れる．表す．¶喜～于 yú 色 / 喜びが顔に現れる．③比べる．照らし合わせる．¶相～之下 / 比べ合わせてみると．‖姓

*【形成】xíngchéng 動 **形成する．(ある情況や局面を)なしている．**¶～大气候 dàqìhòu / 優勢になっている．¶～僵局 jiāngjú / 膠着(こうちゃく)状態になる．¶～对比 duìbǐ / コントラストをなしている．

【形迹】xíngjì 名 ①挙動．様子．¶～可疑 kěyí / 疑わしい．②痕跡．跡．③〈書〉世俗の礼儀．

X

¶不拘 bùjū～／礼儀にこだわらない.
【形旁】xíngpáng 名(漢字の構成で)大まかな意味を表す偏旁. ►たとえば"江"の字の"氵"など.
*【形容】xíngróng ①動 **形容する.** 描写する. ¶难以 nányǐ～的美景 měijǐng／形容しがたいほど美しい景色. ②名〈書〉**顔かたち.** 容貌. ¶～憔悴 qiáocuì／顔がやつれている.
【形容词】xíngróngcí 名〈語〉形容詞.
【形声】xíngshēng 名〈語〉(六書の)形声.
【形胜】xíngshèng 形〈書〉風景や地勢がすぐれている.
*【形式】xíngshì 名 **形式. 様式. フォーム.** 量 种 zhǒng. ¶搞 gǎo～／形式的にやる. ¶走～／形式を踏む.
*【形势】xíngshì 名 ①**形勢. 情勢.** 事態. なりゆき. ¶客观 kèguān～／客観情勢. ¶国际 guójì～／国際情勢. ②(軍事的見地からみた)地勢. ¶～险要 xiǎnyào／地勢が険しい.
【形似】xíngsì 動 形が似通っている. 見かけが似ている.
*【形态】xíngtài 名 ①(事物の)**形態. 形状.** ありさま. ►事物のあり方や現れ方. ¶意识 yìshí～／イデオロギー. ②(生物の外観の)形状. 姿. ③〈語〉形態. 語形.
【形态学】xíngtàixué 名 ①〈生〉形態学. ②〈語〉形態論. 語形論.
【形体】xíngtǐ 名 ①形体. 形. 構成. ¶文字的～／文字の形状. ②(人の)体. 肉体.
【形相】xíngxiàng 名 外形. 外観.
*【形象】xíngxiàng ❶名 ①(人の思想や感情を引き起こすような具体的な)**形状, 姿, イメージ.** ¶通过～进行教学 jiàoxué／具体的な教材を使って授業をする. ②(文学作品の中に現れた事物や人の)イメージ, 人間像. ❷形(表現や描写が)具体的である. ¶这段人物描写 miáoxiě～, 生动 shēngdòng／このくだりの人物描写は真に迫り生き生きとしている. ¶语言又精练 jīngliàn 又～／言葉が洗練されていて具象的である.
【形形色色】xíng xíng sè sè〈成〉いろいろさまざまである. 種々さまざまである.
【形影不离】xíng yǐng bù lí〈成〉いつもいっしょに居て離れない. 仲が非常によい形容.
【形影相吊】xíng yǐng xiāng diào〈成〉孤独で訪れる人がいない.
【形制】xíngzhì 名(器物や建物の)形と構造.
【形质】xíngzhì 名〈書〉形態と実質.
*【形状】xíngzhuàng 名 **形状. 形.** ¶中国的饭桌 fànzhuō～大都是圆 yuán 的／中国の食卓の形はまるいのが多い. ¶～记忆 jìyì 合金／形状記憶合金.

型 xíng ◇◆ ①鋳型. 枠. ¶砂 shā～／砂(鋳)型. ②(特徴を示す)型, サイズ. ¶血 xuè～／血液型.
【型号】xínghào 名(機械や農具の)規格サイズ. 型番号.

荥(滎) xíng 地名に用いる. ► yíng とも読む.

省 xǐng ◇◆ ①(自分の内心を)省みる. 自省する. ¶反～／反省する. ②悟る. 気がつく. ¶不～人事／人事不省(に陥る). ③(父母や目上の安否を)尋ねる. ¶～问 wèn／訪問する. ‖姓 ►► shěng
【省察】xǐngchá 動(自分の思想や行為を)省みる. 反省する.
【省亲】xǐngqīn 動〈書〉郷里に帰る. 帰省する.
【省视】xǐngshì 動(多く帰省して)訪ねる.
【省悟】xǐngwù 動 目覚める. 悟る.

醒 xǐng 動 ①(眠りから)**目が覚める;(まだ寝ずに)起きている.** ¶他每天～得很早／彼は毎日とても早く目が覚める. ¶他～没～〔×～不～〕?／彼は目を覚ましていますか. ¶我一直 yīzhí～着呢／私はずっと起きてますよ.
②(酒の酔い・麻酔・昏睡状態などから)**覚める, 意識を取り戻す.** ¶病人 bìngrén～过来了／病人は意識が戻った. ¶睡了大半天, 酒 jiǔ 才～／長いこと眠って, やっと酒が覚めた.
③(迷いから)**覚める, 悟る,** 目覚める. ¶经 jīng 老师多方教育 jiàoyù, 他才～过来／教師が何回も説教したのち, 彼はやっと目が覚めた.

語法ノート
動詞+"醒"
「…して目が覚める, 目を覚まさせる」ことを表す. ¶喊 hǎn～／大声で起こす. ¶吵 chǎo～／騒いで起こしてしまう. ¶哭 kū～／泣いて目が覚める.

◇◆ はっきりしている. ¶→～豁 huò. ¶→～目 mù.
【醒过来】xǐng//guò//lái 動+方補 **目覚める. 正気を取り戻す.** ¶孩子好容易 hǎoróngyì 才醒了过来／子供がやっと意識を取り戻した.
⇨【过来】guò//lái
【醒豁】xǐnghuò 形(言葉や文章が)わかりやすい.
【醒酒】xǐng//jiǔ 動 酔いをさます.
【醒来】xǐng//lái 動+方補 **目が覚める.** 起きる. ¶～一看, 已经 yǐjing 十点了／目が覚めると, もう10時になっていた.
【醒目】xǐngmù 形(文字や絵が)人目を引く, 注意を引く. ¶那张海报 hǎibào 非常～／あのポスターはとても目立つ.
【醒儿】xǐngr 名 悟り. 注意. ¶给他提 tí 个～／(忘れないように)彼に注意をする.
【醒世】xǐngshì 動 世の迷いを覚ます.
【醒悟】xǐngwù 動 悟る. 迷いから覚める. ¶一下子～过来／はっと悟った.

擤 xǐng 動 鼻をかむ. ❖～鼻涕 bítì／鼻をかむ. 手鼻をかむ.

4声 **兴(興)** xìng ◇◆ 興味. 興趣. おもしろみ. ¶扫 sǎo～／興ざめする. ►► xīng
【兴冲冲】xìngchōngchōng 形(～的)心浮き浮きする. 喜び勇む. いそいそする.
【兴高采烈】xìng gāo cǎi liè〈成〉上機嫌である. 大喜びである. 有頂天である.
【兴会】xìnghuì 名 感興.
【兴趣】xìngqù 名 **興味. 関心. おもしろみ. 趣味. ► xìngqu と発音することもある. ❖感 *gǎn*～／興味をもつ. ¶对一切都感～／すべてに興味を覚える. ¶对足球不感～／サッカーには興味がない.

【兴头儿上】xìngtóurshang 名 興に乗っている最中．調子が出ている最中．

【兴头】xìngtou ① 名 興味．気乗り．② 形〈方〉うれしい．

【兴味】xìngwèi 名 興味．おもしろみ．¶～索然 suǒrán / まったくおもしろくない．

【兴致】xìngzhì 名〈書〉**興味．おもしろさ．** ¶～勃勃 bóbó / 興味津々(である)．

杏 xìng 名 ①〈植〉アンズ．②(～儿)アンズの実．¶～脯 fǔ / アンズの種を取り去って砂糖漬けにしたもの．‖姓

【杏干】xìnggān 名(～儿)干しアンズ．

【杏红】xìnghóng 形 赤みの勝ったオレンジ色の．

【杏黄】xìnghuáng 形 だいだい色の．オレンジ色の．アプリコットイエローの．

【杏仁】xìngrén 名 **杏仁**(きょうにん)．アンズのさね．¶～豆腐 dòufu / 杏仁の粉入りの寒天状のデザート．アンニン豆腐．

【杏子】xìngzi 名〈方〉アンズの実．

幸(倖) xìng 動〈書〉**願う．希望する．** ¶～勿 wù 推却 tuīquè / どうかご辞退なさらないように．

◇◆ ①幸い．幸福．¶→～福 fú．②喜ぶ．¶庆 qìng ～ / 祝い喜ぶ．③幸いに．運よく．¶→～亏 kuī．¶→～免 miǎn．④寵愛(ちょうあい)する．¶～臣 chén /〈貶〉皇帝の寵臣．⑤(帝王が)行幸する．¶巡 xún ～ / 巡行する．‖姓

【幸得】xìngdé 副〈方〉幸いに．運よく．

【幸而】xìng'ér 副 幸いに．都合よく．

*【幸福】xìngfú ① 名 **幸福．** ② 形 **幸福である．** ¶过着～美满 měimǎn 的生活 / 幸せな満ち足りた生活を送っている．

【幸好】xìnghǎo 副 **運よく．都合よく．** ¶～他在家,没白跑一趟 tàng / 都合のいいことに彼は家にいたので,むだ足にならなかった．

【幸会】xìnghuì〈套〉お目にかかれて光栄です．

*【幸亏】xìngkuī 副 **幸い,運よく**(…だったので,それで…；…だったので,そうでなかったら…)．語法 偶然,有利な状況に恵まれ,よくない結果を招くのを避けられたことを表す．後に"才"や"不然 bùrán、否则 fǒuzé、要不 yàobù"などが呼応することが多い．¶我们～走得早,才没叫雨淋 lín 了 / 私たちは幸い早く出たので,雨にぬれずにすんだ．¶～先给他打了个电话,要不他就出去了 / 前もって電話を入れておいたからよかったが,でなければ彼は出かけてるところだった．[前半から文意が明らかなときは,後の部分を省略することができる]¶这场 cháng 雨好大,～我回来得早 / 雨は激しかったが,幸いにも帰ってくるのが早くてよかった(さもないとびしょぬれになるところだった)．

【幸免】xìngmiǎn 動〈書〉運よく免れる．¶～于难 / 運よく難を逃れる．

【幸甚】xìngshèn 形〈書〉(書簡に用い)甚だ幸いである．

【幸喜】xìngxǐ 副 幸いなことに．

【幸运】xìngyùn ① 名 **幸運．** ② 形 **幸運である．** ¶祝 zhù 你～ / ご幸運を祈る．¶你真～ / 君はほんとうに運がよかった．

【幸运儿】xìngyùn'ér 名 ラッキーボーイ．運の良い人．

【幸灾乐祸】xìng zāi lè huò〈成〉他人の災難を見て喜ぶ．

*性 xìng ❶名 ①(生物の)**生殖,性欲．** ②〈語〉性(gender)．❷接尾《事物の性質や傾向を表す》¶综合 zōnghé ～ / 総合的な．¶纪律 jìlǜ ～ / 法則性．

◇◆ ①性格．¶个 gè ～ / 個性；特性．②男女・雌雄の特性．¶女～ / 女性．

【性爱】xìng'ài 名 愛欲．

*【性别】xìngbié 名 性別．

【性感】xìnggǎn 形 セクシーである．¶～女性 nǚxìng / セクシーな女性．

*【性格】xìnggé 名 **性格．** 気性．¶～开朗 kāilǎng / 性格が朗らかである．

【性激素】xìngjīsù 名〈生理〉性ホルモン．

【性急】xìngjí 形 せっかちである．気がはやい．

【性交】xìngjiāo 動 性交する．

【性灵】xìnglíng 名〈書〉人の精神・情感．

【性命】xìngmìng 名 **生命．** 命．(量) 条 tiáo．¶一条～ / 一つの命．

【性命交关】xìng mìng jiāo guān〈成〉生死存亡にかかわる；問題の重大さのたとえ．

*【性能】xìngnéng 名(機械や器具などの)**性能．**(薬の)特性．¶这种机器 jīqi ～很好 / この種の機械は性能がなかなかよい．

【性起】xìngqǐ 動 腹を立てる．かっとなる．

【性气】xìngqì 名 気性．気質．

【性器官】xìngqìguān 名〈生理〉性器官．

【性侵犯】xìngqīnfàn 名(強姦・セクハラなどの)性的暴力．

【性情】xìngqíng 名 **性質．気性．** ►人だけでなく動物にも用いる．¶～别扭 bièniu / へそまがりである．¶～温柔 wēnróu / 気立てがよい．¶他们俩～相投 xiāngtóu / あの二人は気が合う．

【性儿】xìngr 名 性質．気性．

【性骚扰】xìngsāorǎo 名 セクハラ．¶他因～而被解职 jiězhí / 彼はセクハラで解雇された．

【性生活】xìngshēnghuó 名 性生活．

【性味】xìngwèi 名〈中医〉薬物の性質．

【性征】xìngzhēng 名 性質．特徴．

*【性质】xìngzhì 名(他のものと異なる特徴としての)**事物の性質．** ¶土地 tǔdì ～ / 土地柄．¶他的错误 cuòwù ～相当严重 yánzhòng / 彼の過失はかなりたちが悪い．

【性状】xìngzhuàng 名 性状．

【性子】xìngzi 名 ① **性質．性分．** ¶～急 jí / せっかちである．¶使 shǐ ～ / 強情を張る．腹を立てる．②(酒や薬の)強さ,刺激する程度．¶这酒～很烈 liè / この酒は非常にきつい．

姓 xìng ① 動 **姓は…である． ¶我～李 / 私は李と申します．¶她不～陈 Chén / 彼女は陳さんではない．¶～了二十年吴 Wú,后来就改～了刘 Liú / 20年ほど呉の姓を名乗っていたが,後に劉と改姓した．② 名 **姓．** ¶我不知道他的～ / 私は彼の名字を知らない．‖姓

*【姓名】xìngmíng 名 **姓名．** フルネーム．¶请写一下您的～ / お名前を書いてください．¶～牌 pái / 名札．ネームプレート．

【姓氏】xìngshì 名 姓氏．

X

悻 xìng “悻然 xìngrán”“悻悻 xìngxìng” ⇩という語に用いる.

【悻然】xìngrán 形 憤然としている.

【悻悻】xìngxìng 形 腹を立てている. ¶～而 ér 去 / 腹を立てて行ってしまう.

xiong（ㄒㄩㄥ）

1声

凶（兇）xiōng 形 ① **凶悪である.** ¶这个人样子挺 tǐng ～ / その人は恐ろしい人相をしている. ②（程度が）**ひどい.** ¶病势很～ / 病状がひどく悪い. ¶事情不大, 闹 nào 得却挺 tǐng ～ / たいした事でもないのに, ひどく騒ぎ立てる.

◇◆ ①不幸な. 不吉な. ¶吉～ / 吉凶. ②不作. ¶→～年. ③殺人や傷害. ¶→～手 shǒu.

【凶暴】xiōngbào 形 凶暴である.

【凶残】xiōngcán ① 形 凶暴で残虐である. ② 名〈書〉凶暴残虐な人.

【凶多吉少】xiōng duō jí shǎo〈成〉（多くは事態の進展が）不幸な結果になる恐れが多い. 十中八九よくない結果になる.

【凶恶】xiōng'è 形 ①（形相が）**恐ろしい.** ② **凶悪である.**

【凶犯】xiōngfàn 名 殺人犯. 凶悪犯.

【凶悍】xiōnghàn 形 凶暴である.

【凶狠】xiōnghěn 形 ①（性質や行為が）**恐ろしい, 残忍である.** ② 猛烈である. ¶射门 shèmén ～ / シュートが強烈である.

【凶横】xiōnghèng 形 凶悪で横暴である.

【凶狂】xiōngkuáng 形 凶悪で狂気じみている.

【凶猛】xiōngměng 形（勢い・力が）**すさまじい, 凶暴である.** 獰猛(どうもう)である.

【凶年】xiōngnián 名 不作年.

【凶虐】xiōngnüè 形 凶暴で残虐である.

【凶气】xiōngqì 名 凶暴な様子.

【凶器】xiōngqì 名 **凶器.**

【凶杀】xiōngshā 動 虐殺する. 人を殺害する. ¶～案 àn / 殺人事件.

【凶煞】xiōngshà ⇀【凶神】xiōngshén

【凶神】xiōngshén 名 不吉な神 ;〈喩〉凶悪な人. ¶～恶煞 èshà / 鬼のような人. 殺人鬼.

【凶事】xiōngshì 名 ①不吉な出来事. ②凶行.

【凶手】xiōngshǒu 名 凶悪犯. 殺人犯.

【凶死】xiōngsǐ 動 横死(おうし)する. ►殺害されたり自殺すること.

【凶徒】xiōngtú 名 暴徒. 人殺し.

【凶顽】xiōngwán ① 形 凶暴で頑迷である. ② 名 凶暴で頑迷な人〔敵〕.

【凶险】xiōngxiǎn 形 ①（情勢が）危険である. ② 凶悪で陰険である.

【凶信】xiōngxìn 名（～儿）凶報. 悪い知らせ. 死亡の知らせ.

【凶兆】xiōngzhào 名 凶兆. 不吉な兆し.

兄 xiōng ◇◆ ①兄. ¶胞 bāo ～ / 実の兄. ¶～嫂 sǎo / 兄と兄嫁. ②《親戚のうちの同じ世代で自分よりも年上の男性》¶表 biǎo ～ /（母方の）従兄(いとこ). ③《男子の友人間の尊称》…兄. ¶老 lǎo ～ / 兄貴.

*【兄弟】xiōngdì 名 **兄弟.** はらから. ¶我们～三个 / 私たちは3人兄弟です.

【兄弟】xiōngdi 名 ①弟. ②《自分よりも年下の男子に対して呼びかけるときの称》君. ¶～, 这件事就包 bāo 在你大哥身上了 / 君, このことは兄貴分のこのおれに任せてくれ. ③《同輩に対して自分を謙遜していうときの称》私.

【兄弟阋墙】xiōng dì xì qiáng〈成〉内輪げんか.

匈 xiōng 名〈書〉胸. ◇◆ ①（東アジアの古代北方民族の一つ）匈奴(きょうど). ②“匈牙利”（ハンガリー）.

【匈奴】Xiōngnú 名〈史〉匈奴.

【匈牙利】Xiōngyálì 名〈地名〉ハンガリー.

汹（洶）xiōng “汹汹 xiōngxiōng”“汹涌 xiōngyǒng”⇩という語に用いる.

【汹汹】xiōngxiōng 形 ①〈書〉波が逆巻いている. ②〈貶〉勢いが激しい. ③〈書〉喧々囂々(けんけんごうごう)とする. 大ぜいがやかましく騒ぎたてるさま.

【汹涌】xiōngyǒng 形（水や波が）逆巻く ;（勢いが）激しい. ¶波涛 bōtāo ～ / 波が逆巻く.

***胸** xiōng 名 ① **胸.** 胸部. バスト. ¶挺 tǐng ～ / 胸を張る. ¶孩子把脸贴 tiē 在母亲的～前 / 子供は母親の胸に顔をうずめている.

② **心. 胸中.** 思い. ¶～中有全局 quánjú / 全体のありさまがよく分かっている.

【胸部】xiōngbù 名 胸部.

【胸花】xiōnghuā 名 コサージュ. 胸につける花飾り. ❖戴 dài ～ / コサージュをつける.

【胸怀】xiōnghuái ❶動 **胸に抱く.** ¶～大志 / 胸に大志を抱く. ❷名 ①胸の内. 気持ち. ¶～坦白 tǎnbái / 率直である. ②胸部.

【胸襟】xiōngjīn 名 ①胸の内. ②大志. 度量. ¶～开阔 kāikuò / 度量が広い. ③服の前襟.

【胸口】xiōngkǒu 名 みぞおち.

【胸脯】xiōngpú 名（～儿）〈口〉**胸.** ¶他拍 pāi 着～说 : “没问题” / 彼は胸をたたいて「大丈夫だ」と言った.

【胸鳍】xiōngqí 名〈魚〉胸びれ.

【胸膛】xiōngtáng 名〈口〉**胸.** ¶挺起 tǐngqǐ ～ / 胸を張る.

【胸围】xiōngwéi 名 ①胸回り. バスト. ②〈林〉木の地面から1.3メートルの位置の幹まわりの長さ.

【胸像】xiōngxiàng 名 胸像. 半身像.

【胸有成竹】xiōng yǒu chéng zhú〈成〉事前に見通す. 心中成算がある.

【胸章】xiōngzhāng 名 名札 ; バッジ.

【胸罩】xiōngzhào 名 ブラジャー. ❖戴 dài〔解 *jiě*〕～ / ブラジャーをつける〔はずす〕.

【胸针】xiōngzhēn 名 ブローチ. ❖戴 dài ～ / ブローチをつける.

【胸中无数】xiōng zhōng wú shù〈成〉問題や事情がよくわからず自信がない. ►“心中无数”とも.

【胸中有数】xiōng zhōng yǒu shù 問題や事情をよく知っており自信がある. 成算がある. ►“心中有数”とも. 逆は“胸中无 wú 数”.

2声

***雄** xióng 形（↔ 雌 cí）（動植物の）**雄の. 雄性の.** ¶→～鸡 jī.

◇◆ ①強力な. ¶～兵 bīng /

精兵．強力な軍隊．②雄々しい．勇ましい．¶→～壮 zhuàng．③強く勇ましい人；強国．¶英～/英雄．‖姓

【雄辩】xióngbiàn ①名 雄弁．②形 雄弁である．説得力がある．

【雄大】xióngdà 形 雄大である．

【雄风】xióngfēng 名〈書〉①堂々たる風格．②強い風．

【雄关】xióngguān 名〈書〉険しい関所．

【雄厚】xiónghòu 形(物資や人員などが)**十分である**，豊かである．¶～的资金 zījīn / 豊富な資金．

【雄浑】xiónghún 形〈書〉雄渾(ゆうこん)である．

【雄鸡】xióngjī 名 おんどり．►普通"公鸡 gōngjī"という．

【雄健】xióngjiàn 形〈書〉雄壮である．勇ましく力強い．

【雄劲】xióngjìng 形 雄壮で力強い．

【雄赳赳】xióngjiūjiū 形(～的)雄々しく勇ましい．

【雄威】xióngwēi 形 雄々しく威厳がある．

*【雄伟】xióngwěi 形 ①(建築物や山河が)**雄壮である**，**雄大である**．¶～的长江大桥 / 雄壮な長江大橋．②(体格が)立派である．

【雄文】xióngwén 名 偉大な著作．

【雄心】xióngxīn 名 雄々しい志．遠大な抱負．¶～勃勃 bóbó / 意気込みにあふれている．

【雄性】xióngxìng 名 雄性．雄．¶～激素 jīsù / 男性ホルモン．

【雄壮】xióngzhuàng 形 ①(気迫や勢いが)**雄壮である**．¶～的民族舞蹈 mínzú wǔdǎo / 雄壮な民族舞踊．②(体格が)立派である．

熊 xióng

①名〈動〉**クマ**．㊊ 头 tóu，只 zhī．¶白～ / 白クマ．ホッキョクグマ．¶黑～ / ツキノワグマ．②動〈方〉しかりつける．どなりつける．¶他又 yòu 把儿子～了一顿 dùn / 彼はまた息子をしかりつけた．③形〈方〉臆病である．無能である．‖姓

【熊包(蛋)】xióngbāo(dàn) 名 ①〈罵〉役立たず．②意気地なし．

【熊蜂】xióngfēng 名〈虫〉クマバチ．㊊ 只．

【熊猫】xióngmāo 名〈動〉(＝猫熊)パンダ**．㊊ 只 zhī．¶大～ / ジャイアントパンダ．¶小～ / レッサーパンダ．

【熊市】xióngshì 名(↔牛市)〈経〉(相場の)弱気．

【熊熊】xióngxióng 形 火が燃え盛っている．¶～烈火 lièhuǒ / ぼうぼうと燃え盛っている火．

【熊掌】xióngzhǎng 名〈食材〉熊掌(ゆうしょう)．クマの手のひら．►古来，珍味とされる．

X

xiu (ㄒㄧㄡ)

1声

休 xiū

❶動 ①**休む**．**休息する**．¶因 yīn 病～了几天 / 病気のため何日か休んだ．②〈旧〉離縁する．¶他把妻子 qīzi ～了 / 彼は妻を離縁した．

❷副〈近〉…するな．¶～要胡说八道 hú shuō bā dào / でまかせを言うな．

◇ ①停止する．完了する．¶罢 bà ～ / やめる．②めでたい事．¶→～戚 qī．‖姓

【休班】xiū//bān 動(～儿)休みを取る；非番である．¶明天我～ / 私は明日休みです．¶休两天班 / 2日間の休みを取る．

【休兵】xiū//bīng 動 休戦する．

【休耕】xiūgēng 動 休耕する．

【休会】xiū//huì 動 休会する．

【休假】xiū//jià 動 **休暇を取る**．

【休刊】xiū//kān 動 休刊する．

【休克】xiūkè 〈医〉①名 ショック．②動 ショックを起こす．

【休戚】xiūqī 名 喜びと憂い．¶～与共 yǔgòng / 〈成〉苦楽を共にする．

【休戚相关】xiū qī xiāng guān 〈成〉喜びと憂いを分かち合う．

【休憩】xiūqì 動 休憩する．

【休书】xiūshū 名〈旧〉離縁状．

【休息】xiūxi 動 ①休息する**．**休憩する**．¶咱们～一会儿再走吧 / 少し休んでから出かけよう．¶让 ràng 车～一会儿吧 / 車を少し休ませよう．②(仕事が)**休みである**．¶银行星期天也不～ / 銀行は日曜も休まず営業をする．¶今天我～ / きょうは私は休みです．③**眠る**．¶这么晚了，还没～？/ こんなに遅いのにまだ寝てないの？

*【休闲】xiūxián 動 ①のんびり過ごす．レジャーを楽しむ．¶～产业 / レジャー産業．¶～用品 / レジャー用品．¶～食品 / レジャー食品．►スナックや軽食をさす．②(土地を)遊ばせておく．

【休闲装】xiūxiánzhuāng 名 カジュアルウェア．

【休想】xiūxiǎng …などと考えるのはやめろ．…という気を起こしたりするな．¶你～逃脱 táotuō / 逃げられると思ったら大まちがいだ．¶结婚 jiéhūn，～！/ 結婚なんてとんでもない．

【休学】xiū//xué 動 休学する．

【休养】xiūyǎng 動 ①**休養する**．**静養する**．②(国家や人民の経済力を)回復し発展させる．¶～生息 shēngxī / 民力を養う．

【休业】xiū//yè 動 ①休業する．②(学校で)1段階の学習(課程)を終える．

【休战】xiū//zhàn 動 休戦する．

【休整】xiūzhěng 動(軍隊や集団を)休息させ整備する．¶～待 dài 发 / 休息して出発を待つ．

【休止符】xiūzhǐfú 名〈音〉休止符．

咻 xiū

◇ やかましく騒ぐ．

【咻咻】xiūxiū 擬 ①《息をする音》すうすう．②《アヒルのひなの鳴き声》ぴよぴよ．

*修 xiū

動 ①(**土木工事をして**)**建てる**，**建造する**，敷設する．¶～马路 / 道路をつくる．¶～铁路 / 鉄道を敷設する．¶～一家化工 huàgōng 厂 / 化学工場を建設する．②(主として機械類を)**修理する**，**修繕する**，直す；補修工事をする．¶～手表 shǒubiǎo / 腕時計を直す．¶～电视机 diànshìjī / テレビを修理する．¶～房子 fángzi / 家を修繕する．③(そろえて整えるために)削る，切る．¶～眉毛 méimao / 眉を整える．¶～树枝 shùzhī / 木の枝を剪定(せんてい)する．④編纂(へんさん)する．編む；(手紙などを)書く．¶～《辞源 Cíyuán》/『辞源』を編纂する．

◇ ①(学問・品行などを)習う，学ぶ，修める；修行する．¶研～ / 研修する．¶～心 / 精神を修養する．②伸びる．長い．¶→～长 cháng．¶～竹 zhú / 長いタケ．‖姓

【修补】xiūbǔ 動 ①修繕する．②〈医〉(損傷した組

織体を体内貯蔵蛋白質によって)補充する,回復する.

【修长】xiūcháng 形 細長い. ¶身材 shēncái ～ / 体つきがすらっとしている.

【修辞】xiūcí 名〈語〉修辞. レトリック.

【修道】xiūdào 動〈宗〉修行する.

【修地球】xiū dìqiú 〈慣〉農業に従事する.

【修订】xiūdìng 動(書籍・計画などを)**訂正する,改訂する.** ¶～词典 cídiǎn / 辞典を改訂する. ¶～条约 tiáoyuē / 条約を改正する. ¶～版 bǎn / 改訂版.

【修复】xiūfù 動 ①**修復する.** ②〈医〉(損傷した組織体が新生の組織体で補われてもとどおりに)回復する.

*【修改】xiūgǎi 動(文章・計画などを)**手直しする.** ¶～草稿 cǎogǎo / 草稿に手を入れる.

【修盖】xiūgài 動(家を)建造する.

【修函】xiū//hán 動〈書〉手紙を書く.

【修好】xiū//hǎo 動 ①〈書〉(国と国とが)友好関係を樹立する. ②〈方〉善行をする. 功徳を積む.

【修剪】xiūjiǎn 動 ①(はさみで木の枝や爪などを)切り整える. ②(映画やテレビを)編集する.

【修建】xiūjiàn 動 **建造する.** 敷設する. ¶～工厂 / 工場を建設する.

【修脚】xiū//jiǎo 動 足の爪を切ったり魚の目を取ったりして足の手入れをする.

【修旧利废】xiū jiù lì fèi 〈成〉古い物を修理し,廃物を利用する.

【修浚】xiūjùn 動 浚渫(しゅんせつ)する.

*【修理】xiūlǐ 動 ①修理する. 修繕する. ¶～照相机 zhàoxiàngjī / カメラを修理する. ②はさみで切りそろえる. 剪定(せんてい)する. ③〈方〉こらしめる. 痛い目にあわせる.

【修路】xiū//lù 動 道路を補修する;(登山で)登頂ルートを整備する.

【修女】xiūnǚ 名〈宗〉修道女. シスター.

【修配】xiūpèi 動(機械を)修理し,部品の取り替えや補充をする.

【修缮】xiūshàn 動(建築物を)修繕する,修理する,補修する. ¶～工程 gōngchéng / 補修工事.

【修身】xiūshēn 動〈書〉人格を磨き修養を積む. ¶～养性 yǎngxìng / 修業を積む.

【修士】xiūshì 名〈宗〉修道士.

【修饰】xiūshì 動 ①(建物などを)**飾る,飾ってきれいにする.** ¶店铺 diànpù 的门面～一新 / 店の表をきれいにしてすっかり新しくした. ②おしゃれをする. おめかしをする. ¶今天去赴宴 fùyàn,你也该 gāi ～～ / きょうはパーティーに行くんだから,あなたもおめかししなきゃ. ③文章を潤色する. ④〈語〉修飾する.

【修行】xiūxíng 動(仏教または道教で)修行する.

【修修补补】xiūxiūbǔbǔ 動 継ぎはぎをする. 修理に修理を重ねる.

【修养】xiūyǎng 名 ①**教養. 素養.** ¶他在美术 měishù 方面很有～ / 彼は美術に関して知識が深い. ②(人間としての)**修養.** ¶他是个很有～的人 / 彼はなかなか修養を積んだ人だ.

【修业】xiūyè 動(学生が)修業する. 学業を修める. ¶～年限 niánxiàn / 修業年限.

【修造】xiūzào 動 ①修理する. ②建造する.

【修整】xiūzhěng 動 修理して整える. 手入れをする. ¶～花木 / 花や植木の手入れをする.

*【修正】xiūzhèng 動 **修正する.(誤りを)正す.** ¶～统计数字 tǒngjì shùzì / 統計の数字を訂正する.

【修枝】xiūzhī 動 木の枝を剪定(せんてい)する.

【修筑】xiūzhù 動(土木工事をして)築造する,築く. ¶～机场 jīchǎng / 飛行場をつくる.

脩 xiū

◇◆ ①〈旧〉弟子が先生に贈る謝礼. ►原義は干し肉. ¶～金 / 先生への謝礼金. 月謝. ¶束 shù ～ / 先生への謝礼. 学費. ②〖修 xiū〗に同じ.

羞 xiū

①形 **恥ずかしい.** きまり悪い. ►普通,後に補語をとる. ¶她～得满脸通红 mǎnliǎn tōnghóng / 彼女は恥ずかしがって顔じゅう真っ赤だ.

②動 恥ずかしい思いをさせる. きまりを悪くさせる. ¶你别～我了 / 私をからかわないでください.

◇◆ ①恥. 恥辱. ¶遮 zhē ～ / 照れ隠しをする. ②恥じる. ¶→～与为伍 wéiwǔ.

【羞惭】xiūcán 形 恥じる. 恥じ入る.

【羞耻】xiūchǐ 名 羞恥. 恥.

【羞答答】xiūdādā 形(～的)恥ずかしがっている. ►"羞羞答答"とも.

【羞愤】xiūfèn 名〈書〉恥ずかしさと憤り.

【羞愧】xiūkuì 形 恥ずかしい. 顔向けできない. ¶感到～ / 恥ずかしく思う.

【羞怩】xiūní 形 恥ずかしくてきまり悪い.

【羞怯】xiūqiè 形 恥ずかしい. 照れくさい.

【羞人】xiū//rén 形 恥ずかしく思う. ¶羞死人了! / 穴があれば入りたい.

【羞人答答】xiūréndādā 形(～的)気恥ずかしくきまり悪い.

【羞辱】xiūrǔ ①名 恥. 恥辱. ②動 辱める. 恥をかかせる.

【羞臊】xiūsào ①動 恥じる;恥をかかせる. ②名 恥.

【羞涩】xiūsè 形〈書〉きまりが悪い. はにかんでいる.

【羞手羞脚】xiū shǒu xiū jiǎo 〈成〉恥ずかしくてもじもじする.

【羞与为伍】xiū yǔ wéi wǔ 〈成〉仲間になるのを潔しとしない.

朽 xiǔ

3声

動(木材などが)**朽ちる,腐る.** ¶这根柱子 zhùzi 已经～了 / この柱はすでに腐ってしまっている.

◇◆ ①功績などが消滅する. ¶永垂 chuí 不～ / 永遠に不滅である. ②老い衰える. ¶→～迈 mài.

【朽烂】xiǔlàn 動 朽ち果てる. ¶～的木头 mùtou / 朽ち果てた丸太.

【朽迈】xiǔmài 形〈書〉老いぼれている.

【朽木】xiǔmù 名 朽ち木;〈喩〉役に立たない人.

宿 xiǔ

量 夜を単位として数える:晩. 夜(や). 泊(はく). ¶在朋友家住了两～ / 友達の家にふた晩泊まった. ¶三天两～ / 2泊3日. ►► sù,xiù

秀 xiù

4声

動 作物が穂を出す. ¶→～穗 suì.

◇◆ ①特に優れている;学がある. ►北京方言では形容詞として独立する. ¶内～ / (見かけによらず)しっかりしている. 賢い. ②美しい. ¶清 qīng ～ / すっきりしてきれいだ. ③ショー. ►英語の show の音訳. 主に台湾で用いる. ¶时装～ / ファッションショー. ‖姓

【秀拔】xiùbá 形 ひときわ美しい.

X

【秀才】xiùcai 名 ①〈旧〉明・清代の科挙制度での“生员”の俗称. ②秀才. 学者. ¶他是我们村里的～ / 彼はこの村の学者だ
【秀而不实】xiù ér bù shí〈成〉うわべは華やかだが実力が伴わない. 見かけ倒し.
【秀丽】xiùlì 形 秀麗である. すぐれてうるわしい.
【秀美】xiùměi 形 うるわしい. すっきりしてきれいだ. ¶～的字体 zìtǐ / きれいな字.
【秀媚】xiùmèi 形 きれいでほれぼれさせる.
【秀气】xiùqi〈口〉形 ①整っている. ¶～的脸盘 liǎnpán / 目鼻だちがすっきりした顔. ②(立ち居ふるまい・容姿や字などが)洗練されている, 上品である. ③(品物が)あか抜けている, 気がきいている. ¶这套 tào 茶具做得真～ / この茶器セットの作りはなかなか気がきいている.
【秀穗】xiù suì 動(～儿)(ムギなどが)穂を出す, 穂が出る. ¶麦子 màizi 都秀了穗了 / ムギがみな穂を出した.
【秀雅】xiùyǎ 形 上品である.
【秀雅】xiùyǎ 形〈書〉上品である. 優雅である.

臭 xiù ①名〈書〉におい. ¶这种气体 qìtǐ 无色无～ / この気体は無色無臭である. ②動 においをかぐ. ⇒〖嗅 xiù〗
注意「悪臭」の意味のときは chòu と発音する. ▸▸ chòu

袖 xiù ①名(～儿)そで. ►話し言葉では“袖子”“袖儿”を用いる. ②動 そでの中に隠す. ¶～着 zhe 手… / そでに手を入れたまま….
【袖标】xiùbiāo 名 腕章.
【袖口】xiùkǒu 名(～儿)そで口. カフス.
【袖扣】xiùkòu 名(～儿)そで口につけるボタン；カフスボタン.
【袖手旁观】xiù shǒu páng guān〈成〉手をこまねいてただ見ている.
【袖筒】xiùtǒng 名(～儿)(衣服の)そで丈.
【袖章】xiùzhāng 名 腕章.
【袖珍】xiùzhēn 形(後ろに名詞をとって)小型の. ポケット型の. ¶～本 / 小型本. ポケット版. ¶～词典 cídiǎn / ポケット辞典. ¶～照相机 zhàoxiàngjī / コンパクトカメラ.
【袖子】xiùzi 名 そで. 量 个,只. ❖挽 wǎn ～ / 袖をまくる.

绣(繡) xiù 動 刺繡する. 縫い取りをする. ¶～字 / 文字の縫い取りをする.
◇◆ 刺繡製品. ¶苏 Sū～ / 蘇州刺繡(製品).
【绣花】xiù//huā 動(～儿)模様や図案などを刺繡する；〈喩〉仕事が遅すぎて手間どる. ¶～鞋 xié / 刺繡をした婦人靴. ¶～枕头 zhěntou / 刺繡を施したまくら；〈慣〉見かけだけ立派で学識才能がない人.
【绣球】xiùqiú 名(装飾用の)刺繡を施した絹の布で作ったまり.
【绣球花】xiùqiúhuā 名〈口〉〈植〉アジサイ.
【绣像】xiùxiàng 名 刺繡で描かれた人物像；細密画で描かれた人物画；(旧小説の)さし絵.
【绣鞋】xiùxié 名 刺繡をした女性用の靴. 量 双.

宿 xiù 名 星座. 星宿. ►古代の天文学で星の集合体を“宿”と称した. ¶星 xīng～ / 星宿. ¶二十八～ / 二十八宿. ▸▸ sù,xiǔ

锈(鏽) xiù ①名 さび. ❖生 shēng～ / さびる. ②動 さびる. ¶菜刀～了 / 包丁がさびてしまった. ¶铁门～住了 / 鉄の扉がさびついた.
◇◆(植物の)さび病.
【锈病】xiùbìng 名〈農〉さび病.

嗅 xiù 動(においを)かぐ. ¶警犬 jǐngquǎn ～来～去, 终于 zhōngyú 找到了踪跡 zōngjì / 警察犬はあたりをかぎまわって手掛かりを見つけた.
【嗅觉】xiùjué 名〈生理〉嗅覚(きゅうかく).

溴 xiù 名〈化〉臭素. Br. ¶～水 / 臭素水. ¶～中毒 zhòngdú / 臭素中毒.

xu (ㄒㄩ)

1声

戌 xū 名 十二支の第11：戌(いぬ). ¶～时 shí / 戌(いぬ)の刻. 午後7時から9時まで. ⇒【干支】gānzhī

吁 xū ①動〈書〉ため息をつく. ¶长～短叹 tàn / ため息ばかりついている. ②感《古語で驚嘆や疑問を表す》¶～,可怪也 / ああ不思議なり. ▸▸ yū,yù
【吁吁】xūxū 擬《息を吐く音》はあはあ. ふうふう. ¶跑得气喘 qìchuǎn ～的 / 走ったのではあはあ息を切らしている.

须(鬚) xū ①助動〈書〉…しなければならない. …すべきである. ¶务 wù～注意 zhùyì / 必ず注意すべきである. ②名 あごひげ；(広く)ひげ状のもの. ¶留 liú～ / ひげを伸ばす〔蓄える〕. ¶虾 xiā～ / エビのひげ. ¶触 chù～ / (動物や昆虫の)触角. ③動〈書〉待つ. ‖姓
【须发】xūfà 名〈書〉ひげと髪の毛.
【须眉】xūméi 名〈書〉ひげとまゆ；〈転〉男性. ¶～男子 / 男らしい男.
【须要】xūyào 助動 必ず…しなければならない. …すべきである. ¶这部稿子 gǎozi ～加工 / この原稿は手を入れるべきだ.
【须臾】xūyú 名〈書〉ちょっとの間. しばし. ¶～之间 / 一瞬の間.
【须知】xūzhī ①名 心得ておくべきこと. 注意事項. ¶考试 kǎoshì～ / 受験者心得. ②動 心得ていなければならない. 知っていなければならない.
【须子】xūzi 名 動物や植物のひげ(状のもの).

胥 xū 副〈書〉みな. すべて. ¶万事～备 bèi / 用意万端整えた.
◇◆(古代の)小役人. ‖姓
【胥吏】xūlì 名〈書〉小役人.

虚 xū ❶形 ①(↔实 shí)むなしい. 空虚である. ¶地基 dìjī 没夯 hāng 结实 jiēshi,有的地方还比较～ / 建物の基礎はしっかり地固めされていないので, まだけっこう脆弱(ぜいじゃく)なところがある. ②(やましくて, または自信がなくて)びくびくする, ひやひやする. ¶因为没好好儿 hǎohāor 复习,今天考试 kǎoshì 我心里很～ / ちゃんと復習していないので, きょうの試験は自信がない. ③虚弱である. ひ弱い. ¶生过病以后,身体更 gèng～了 / 一度患ってからは, 体がさらにひ弱になった. ¶气～ / 〈中医〉気が弱まっている症状.

X

❷名(二十八宿の一つ)とみてぼし.

◇◆ ①空である. ¶→～席以待. ②いたずらに. むだに. ¶→～度 dù. ③うそである. いつわりである. ¶→～伪 wěi. ¶→～名 míng. ④虚心である. 謙虚である. ¶谦 qiān ～ / 謙虚である.

【虚报】xūbào 動(水増しなどの)いつわりの報告をする. でたらめの申告をする. ¶～账目 zhàngmù / 勘定を水増しする.

【虚传】xūchuán 動(評判が)まちがって伝わる.

【虚词】xūcí 名 ①〈語〉(↔实词 shící)虚詞. 機能語. 中国語で文法上の働きをするだけで単独では文成分にならない単語. ►副詞・前置詞・接続詞・助詞・感嘆詞・擬声語をいう. ②〈書〉大げさであてにならない言葉. でたらめな言葉. ►"虚辞"とも書く.

【虚度】xūdù 動 ①〈書〉むだに日を送る. ¶～光阴 guāngyīn〔年华〕/ いたずらに年月を送る. ②〈旧〉《自分の年をいうときの謙譲語》馬齢を重ねる.

【虚浮】xūfú 形 現実性がない.

【虚构】xūgòu 動 想像で作り〔でっち〕上げる.

【虚耗】xūhào 動〈書〉むだに消耗する. 浪費する.

【虚话】xūhuà 名 うそ. 空論.

【虚幻】xūhuàn 形 まぼろしの. ¶～的梦境 mèngjìng / 夢幻の世界.

【虚假】xūjiǎ 形 うそである. 偽りである. ¶～繁荣 fánróng / 見せかけの繁栄.

【虚价】xūjià 名 ①掛け値. ②〈経〉名目値段.

【虚惊】xūjīng 動 いらぬことに驚く. ¶白白～了一场 cháng / つまらないことに胆をつぶしたものだ.

【虚空】xūkōng 形 空虚である.

【虚夸】xūkuā 動 大げさに吹聴する.

【虚礼】xūlǐ 名 虚礼. うわべだけの礼儀.

【虚名】xūmíng 名 虚名. 実力の伴わない名声.

【虚拟】xūnǐ ①形 仮設の. 仮定の. ¶～语气 yǔqì / 〈語〉仮定法. ②動 想像で作り上げる. ¶这个故事是～的 / この物語はフィクションだ. ③名〈電算〉バーチャル. 仮想. ¶～内存 nèicún / 仮想メモリ.

【虚拟现实】xūnǐ xiànshí 名〈電算〉仮想現実. バーチャルリアリティ.

【虚飘飘】xūpiāopiāo 形(～的)重みがなくふらふらしている.

【虚情假意】xū qíng jiǎ yì〈成〉うわべだけの親切. 口先だけの好意.

【虚荣】xūróng 名 虚栄. 見栄.

【虚弱】xūruò 形 ①(↔健壮 jiànzhuàng)(**体が**)**虚弱である**,弱い. ¶身体 shēntǐ ～ / 体が弱い. ②(↔强大 qiángdà)(**国家・兵力などが**)**弱い**, ぜい弱である.

【虚设】xūshè 動(機構・職位などが)形式的には存在するが,実際には何の機能も果たしていない.

【虚实】xūshí 名 虚実;(広く)情況. 内実. ¶探听 tàntīng ～ / 情況を探る.

【虚数】xūshù 名 ①〈数〉虚数. ②当てにならない数. 実際とは異なる数字. 水増しした数字.

【虚岁】xūsuì 名(↔周岁 zhōusuì)数え年.

【虚妄】xūwàng 形 うそ偽りである.

【虚伪】xūwěi 形 うそ偽りである. 誠意がない.

【虚位以待】xū wèi yǐ dài〈成〉席〔ポスト〕をあけて待つ.

【虚文】xūwén 名〈書〉①空文;実際に運用されていない法律・規定. ②虚礼. ¶～浮礼 fúlǐ / わずらわしくて意味のない儀礼.

【虚无】xūwú 名 ①(道教で)形として見えない"道"(真理). ②虚無.

【虚无缥渺】xū wú piāo miǎo〈成〉漠然として雲をつかむようである.

【虚无主义】xūwú zhǔyì 名 ニヒリズム.

【虚席以待】xū xí yǐ dài〈成〉席〔ポスト〕をあけて待つ. ►"虚位以待"とも.

【虚衔】xūxián 名 実権の伴わない官名.

【虚线】xūxiàn 名 ①〈数〉虚根をもつ方程式のグラフ. ②点線"……". 破線"— —".

*【虚心】xūxīn 形 **虚心である. 謙虚である.** 素直である. ►独り善がりにならず,人の言に耳を傾けること. ¶～听取 tīngqǔ 别人的意见 / 人の批判に謙虚に耳を傾ける.

【虚悬】xūxuán 動 ①根も葉もないことを考える. ②宙ぶらりんになる. ③ポストが空席になる.

【虚言】xūyán 名〈書〉①そらごと. うそ. ②言葉だけ. 口で言うだけで実行が伴わないこと.

【虚掩】xūyǎn 動 ①(戸を)閉めただけにする. ►鍵などをかけない,押せば開く状態をいう. ②(上着のボタンをかけずに)襟をかき合わせる.

【虚有其表】xū yǒu qí biǎo〈成〉見かけ倒しである.

【虚与委蛇】xū yǔ wēi yí〈成〉うわべだけ相手とうまく調子を合わせること.

【虚造】xūzào 動 でっち上げる. 捏造(ねつ)する.

【虚张声势】xū zhāng shēng shì〈成〉虚勢を張る. 空いばりをする.

【虚肿】xūzhǒng 名 むくみ.

【虚字】xūzì 名〈語〉(古典文法で,文法的な働きをするだけの)虚字.

墟 xū

◇◆ 人家や建物があった跡. 廃墟. ¶废 fèi ～ / 廃墟.

需 xū

動 必要とする. ►普通,動詞(句)を目的語にとる. ¶认识 rènshi ～尚 shàng 提高 / 認識をいまなお高める必要がある.

◇◆ 必要な金銭・物. ¶军 jūn ～ / 軍需.

【需求】xūqiú 名 **需要.**

【需索】xūsuǒ 動〈書〉(金銭などを)要求する,請求する. ¶～无厌 yàn / しきりに求める.

【需要】xūyào ❶動 ①(…することを)必要とする,要する.** ¶这所房子～修理 / この家は修繕が必要だ. ¶入国～申请签证 qiānzhèng / 入国するにはビザを申請しなければならない. ②**必要としている.** 手に入れたいと思う. ¶这儿正 zhèng ～你 / ここではちょうど君が必要だ. ¶这本书我非常～ / 私はこの本がとても欲しい. ❷名 **必要. 要求.** ニーズ. ¶满足 mǎnzú 市场的～ / 市場の需要を満たす.

【需用】xūyòng 動 必要とする. 使用する.

嘘 xū

❶動 ①ゆっくり息を吐く. ¶长 cháng 长地～了一口气 / 長々と息をついた. ②〈書〉ため息をつく. ¶仰 yǎng 天长～ / 空を仰いでため息をつく. ③火や蒸気であぶる〔に吹かれる〕. ¶把馒头 mántou 在火上～一～ / マントーを火の上で温める. ¶小心别 bié ～着手！/ 湯気に吹かれてやけどしないようにしなさい. ④〈方〉"嘘"と言って反対や不満を表す. ¶大家把他～下台去 / みんなはブーイングして彼を演台から下ろした.

2 擬《制止したり追い払ったりする時の声》しっ.
⇒ shī

【嘘寒问暖】xū hán wèn nuǎn 〈成〉他人の生活にいろいろと気を配る.

【嘘声】xūshēng 名 しっしっという声. ►反対や制止を表す.

歔 xū
"歔欷 xūxī"⇩という語に用いる.

【歔欷】xūxī 動〈書〉むせび泣く. ¶暗自～ / 人知れずむせび泣く.

2声 徐 xú
◇◆ 徐々に. おもむろに. ¶～步 bù / ゆっくりと歩む. ‖姓

【徐缓】xúhuǎn 形 ゆっくりしている.
【徐行】xúxíng 動 ゆっくり進む.
【徐徐】xúxú 形〈書〉ゆっくりとしている. 徐々に.

3声 *许 xǔ
1 動 ① 許可する. 許す. ►兼語もとることができる. ¶不～这样做 / このようなやり方を許さない. ¶只 zhǐ ～儿童 értóng 入场 / 子供以外の入場ご遠慮願います. ②(物をあげることや,人のために何かすることをあらかじめ)承諾し約束する. ►兼語もとることができる. ¶他～过我请我听京剧 Jīngjù / 彼は私を京劇に招待することを約束した. ¶他曾 céng ～过我让我当 dāng 会计 kuàijì / 彼は私が会計係になることを承知してくれた. ③〈旧〉両親が娘を嫁がせる. ¶把女儿 nǚ'ér ～给人家 / 娘を人に嫁がせる.

2 副 あるいは…かもしれない. ¶他～没有看到 / 彼はたぶん見なかったのかもしれない. ¶他昨天没来,～是病了 / 彼はきのう来なかったが,病気になったのかもしれない. ¶→～是 shì.

⇒【也许】yěxǔ【或许】huòxǔ

◇◆ ①称賛する. 優れた点を認める. ¶赞 zàn ～ / ほめる. ②ところ. 地方. ¶何～人? / どこのなにがしか. ③このように. ¶如～ / かくのごとく. ④《およその数や程度を表す》¶时年五十～ / 年のころは五十前後. ¶稍 shāo ～ / 少しばかり. ¶→～多 duō. ‖姓

**【许多】xǔduō 数(数量が)多い;(補語として用い)ずいぶん. ¶中国有～名胜古迹 míngshèng gǔjì / 中国にはたくさんの名所旧跡がある. ¶中国电影 diànyǐng 我看了～ / 中国映画はいろいろ見た.
a「"许多"(＋量詞)＋名詞」で. ¶～本书 / たくさんの本. ¶～种 zhǒng 茶叶 / いろいろなお茶.
b「"许多"＋動量詞」で,動作の回数が多いことを表す. ¶我东京来过～回 / 東京には何回も来た. ¶中文已经学了～年 / 中国語はもう何年も勉強した.
c「動詞 / 形容詞＋"许多"」で,程度や数量の変化が大きいことを表す. ►形容詞は多く単音節のものを用い,後にはよく"了"をつける. ¶小了～ / すっかり小さくなった. ¶个子 gèzi 高了～ / 背がずいぶん伸びた. ¶听了他的话,心定 dìng 了～ / 彼の話を聞いて気持ちがずいぶん落ち着いた.
[重ね型にはABABとAABBとの2通りがある] ¶这已经是～～年前的事了 / それはもうずいぶん昔の事だ. ¶游览 yóulǎn 过许许多多的名胜古迹 / たくさんの名所旧跡を見てまわった.

【许婚】xǔhūn 動(女性またはその親が男性側からの)結婚の申し込みに応じる,婚約する.

【许假】xǔ//jià 動 休暇を許可する.
【许嫁】xǔjià 動 嫁に行く〔やる〕ことを承諾する.
【许久】xǔjiǔ 名 久しい間. 長い間. ¶他～没来了 / 彼は久しくやってこない.
【许可】xǔkě 動 許す. 許可する. ¶～在此地开会 / ここでの集会を許可する. ¶～证 / 許可証.
【许诺】xǔnuò 動〈書〉承諾する. 承知する.
【许配】xǔpèi 動(親が娘をある人の)いいなずけにする. 縁組みさせる.
【许亲】xǔ//qīn 動 いいなずけになる.
【许身】xǔ//shēn 動 ① 嫁ぐことを承諾する. ②〈書〉身をささげる.
【许是】xǔshì 副 …であるかも知れない. たぶん…だろう. ¶听声音 shēngyīn,外面～下雨了 / この音では,外は雨が降りだしたのかも知れない.
【许愿】xǔ//yuàn 動 ①(↔还 huán 愿)願をかける. ② 相手のためになる行為を約束する.

诩 xǔ
◇◆ 誇る. ¶自～ / 自慢する.

栩 xǔ
"栩栩 xǔxǔ"⇩という語に用いる.

【栩栩】xǔxǔ 形(絵画や文章が)生き生きとしている. ¶～如生 / 躍如として真に迫っている.

醑 xǔ
名〈古〉うまい酒.
◇◆ アルコール溶液剤. チンキ. ¶樟脑 zhāngnǎo ～ / カンフルチンキ. ¶～剂 jì / チンキ.

4声 旭 xù
◇◆ 朝日の光. ‖姓

【旭日】xùrì 名〈書〉朝日. ¶～东升 shēng / 東の空に朝日が昇る;勢いが盛んなさま.

序 xù
名 序文. 端書き. 量 篇,个.
◇◆ ①順序. 次第. ¶工～ / (製造)工程. ¶次 cì ～ / 順序. 順番. ②順番・順序を決める. ¶～次 / 順序だてる. ③最初の. 開始前の. ¶→～曲 qǔ.

【序跋】xùbá 名 端書きと後書き.
【序列】xùliè 名 序列. 順序.
【序列号】xùlièhào 名〈電算〉シリアルナンバー.
【序码】xùmǎ 名(順序を示す)番号.
【序目】xùmù 名(本の)序文と目次.
【序幕】xùmù 名 ①(芝居の)序幕,プロローグ. ②〈喩〉(重大事件の)始まり,起こり.
【序曲】xùqǔ 名〈音〉序曲;〈喩〉事件の発端.
【序时账】xùshízhàng 名(簿記の)日記帳. 日付を追ってつける帳簿. 日計帳.
【序数】xùshù 名 序数.
【序文】xùwén 名 序文. 端書き. 量 篇 piān,个.
【序言】xùyán 名 序言. 端書き.

叙(敘) xù
動 話す. 述べる. 語る. ¶闲言 xiányán 少～ / 余談はさておいて.
◇◆ ①記述する. 記す. ¶→～述 shù. ②等級や順位を定める. 評定する. ¶→～功 gōng.

【叙别】xùbié 動〈書〉別れのあいさつをする.
【叙道】xùdao 動〈俗〉話をする. おしゃべりをする.
【叙功】xùgōng 動〈書〉功績を評定する.
【叙话】xù//huà 動 話をする. おしゃべりをする.

X

【叙家常】xù jiācháng 〈慣〉世間話をする.
【叙旧】xù//jiù 動〈書〉(友達の間で)思い出を語り合う.
【叙利亚】Xùlìyà 名〈地名〉シリア.
【叙事】xùshì 動(文章で)事を述べる. ¶～文 / 叙事文.
【叙事曲】xùshìqǔ 名〈音〉バラード. 叙事的な歌曲.
【叙述】xùshù 動 **順を追って(次第を)述べる.** ¶～事情的经过 jīngguò / 事件の経過を叙述する.
【叙说】xùshuō 動 口述する. 順を追って話す.
【叙谈】xùtán 動 雑談する. おしゃべりをする.
【叙文】xùwén 名 序文. 端書き.
【叙言】xùyán 名 序言. 前書き.

恤 xù ◇◆ ①救済する. ¶抚 fǔ～ / 慰問し救援する. ②哀れむ. 情けをかける. ③憂える. 心配する.
【恤金】xùjīn 名(公務で死亡・負傷した者やその家族への)弔慰金, 見舞金.

畜 xù ◇◆(家畜を)飼う, 飼育する. ▸▸ chù
【畜产】xùchǎn 名 **畜産品.**
【畜牧】xùmù 動 **牧畜を営む.**
【畜养】xùyǎng 動(家畜・家禽(かきん)を)飼う, 飼育する. ¶～牲口 shēngkou / 家畜を飼う.

酗 xù "酗酒 xùjiǔ"⬇という語に用いる.
【酗酒】xùjiǔ 動 大酒をくらう. ¶～闹事 nàoshì / 酒に酔って乱暴を働く.

绪 xù ◇◆ ①糸口. 端緒. ¶头 tóu～ / 糸口. 目鼻. ¶就～ / 物事が緒(ちょ)につく. ②気持ち. 思い. ¶心～ / 気持ち. ③余り. 残り. ¶～余 yú / 〈書〉残余. ¶～风 / 余風. ④事業. ¶～业 / 〈書〉事業. ‖ 姓
【绪论】xùlùn 序論.
【绪言】xùyán 名 序言. 前書き.

续(續) xù 動 ①(後ろに続けて)**つなぐ.** ¶这条绳子 shéngzi 太短 duǎn, 再～上一截儿 jiér 吧 / このひもは短かすぎるから, もう少しつないで足そう. ②継ぎ足す. ¶壶 hú 要烧干 gān 了, 赶快 gǎnkuài～水 / やかんの湯がもうすぐなくなるから, 早いとこ水を継ぎ足しなさい.
◇◆ 続く. 続ける. ¶继 jì～ / 継続する. ¶陆 lù～ / ひっきりなしに. ‖ 姓
【续貂】xùdiāo 動〈書〉立派なものに粗悪なものを継ぎ足す. ►他人の(未完成の)作品に続編を書いたときの謙譲語. ⇒【狗尾续貂】**gǒu wěi xù diāo**
【续订】xùdìng 動(新聞や雑誌を)続けて予約購読する.
【续航】xùháng 動(船や飛行機が)航行を続ける.
【续假】xù//jià 動(休暇が終わったあと)引き続き休暇を取る. 休暇を延長する.
【续借】xùjiè 動(図書館の本を)継続して借りる, 貸し出し期間を延長する.
【续刊】xùkān 名 続刊.
【续娶】xùqǔ 動 後妻をめとる.
【续弦】xù//xián 動 後妻をめとる.
【续约】xùyuē 動 契約を継続する.

絮 xù ①名 綿(わた). 綿花の繊維. ②動(衣服や布団に)綿を(平らに広げて)入れる. ¶～被子 bèizi / 掛け布団に綿を入れる.
◇◆ ①綿(わた)のようなもの. ¶柳 liǔ～ / 柳の種の綿. 柳絮(りゅうじょ). ②くどくどしい. ¶→～叨 dao. ③こまごまとしておもしろい. ¶花～ / こぼれ話. ゴシップ.
【絮叨】xùdao ①形(話が)くどい. ②動 くどくど話す.
【絮烦】xùfan 形(何度も見たり聞いたりして)飽き飽きする;(くどくて)うんざりする.
【絮聒】xùguō ①形 くどい. くどくどしい. ②動 面倒をかける. 迷惑をかける.(人を)煩わす.
【絮棉】xùmián 名 綿入れや布団用の入れ綿.
【絮絮】xùxù 形(話が)続いて絶え間ないさま. くどくどしいさま.
【絮语】xùyǔ 〈書〉①動 くどくど言う. ②名 くどい話.

婿 xù ◇◆ ①婿. 娘婿. ¶翁 wēng～ / しゅうとと婿. ②夫. ¶夫 fū～ / 夫. ¶妹 mèi～ / 妹の夫.

蓄 xù ◇◆ ①蓄える. ためる. ¶储 chǔ～ / 貯蓄する. ②(髪やひげを)蓄える. ¶～发 fà / 髪を伸ばす. ¶～须 xū / ひげを蓄える. ③(心の中に)持っている, 秘めている. ¶→～意 yì. ¶→～谋 móu. ¶→～念 niàn.
【蓄电池】xùdiànchí 名〈物〉バッテリー. 蓄電池.
【蓄积】xùjī 動 蓄える. ためる.
【蓄谋】xùmóu 動(陰謀を)かねてからたくらむ.
【蓄念】xùniàn 動 かねてより考えをもつ.
【蓄水】xù//shuǐ 動 水をためる.
【蓄养】xùyǎng 動 蓄え養う.
【蓄意】xùyì 動〈書〉下心をもっている. かねてからもくろんでいる. ¶～挑衅 tiǎoxìn / わざと挑発行為をする.

煦 xù ◇◆ 暖かい. ¶和 hé～ / (陽光・風などが)暖かい.

xuan (ㄒㄩㄢ)

1声

轩 xuān 名 ①窓台のある長廊・ひさしの部屋あるいは小部屋. ►書斎や茶店・料理屋などの屋号に多く用いた. ②〈古〉ほろ囲いがあり, 前の方が上に曲がった車.
◇◆ 高い. 高く上がる. ¶→～昂 áng. ‖ 姓
【轩昂】xuān'áng 形〈書〉①(意気)軒昂(けんこう)としている. ¶器宇 qìyǔ～ / 〈成〉堂々たる風貌である. ②高くて大きい.
【轩敞】xuānchǎng 形〈書〉(部屋が)広々として明るい.
【轩然大波】xuān rán dà bō 〈成〉大きく高い波;〈転〉大きなもめごと.
【轩轾】xuānzhì 名〈書〉高低・優劣. ¶～不分 fēn / 甲乙つけ難い.

宣 xuān ◇◆ ①広く知らせる. ¶→～示 shì. ②(たまり水などを)排水する. ¶→～泄 xiè. ‖ 姓
*【宣布】xuānbù 動 **宣言する. 公布する. 発表する.** ¶～开会 / 開会を宣言する. ¶～戒严 jièyán / 戒

厳令をしく. ¶～谈判 tánpàn 破裂 pòliè / 話し合いが決裂したことを発表する.
【宣称】xuānchēng 動〈貶〉公言する.
*【宣传】xuānchuán 動 **宣伝する**. 広報する. ¶广泛 guǎngfàn ～ / 広く宣伝する. ¶～我们厂的产品 / われわれの工場の製品を宣伝する. ¶～机构 jīgòu / 宣伝機関. マスコミ.
【宣传画】xuānchuánhuà 名 宣伝画. ポスター.
【宣读】xuāndú 動(布告や文書などを)読み上げる. ¶～论文 lùnwén / 論文を読み上げる.
【宣告】xuāngào 動 **宣告する. 言い渡す. 知らせる.** ¶～结束 jiéshù / 終わりを告げる. ¶～无罪 wúzuì / 無罪を言い渡す.
【宣明】xuānmíng 動 はっきりとみんなに知らせる.
【宣判】xuānpàn 動〈法〉判決を言い渡す. 判決する. ¶～死刑 sǐxíng / 死刑を言い渡す.
【宣示】xuānshì 動 公示する.
【宣誓】xuān//shì 動 **宣誓する**.
【宣泄】xuānxiè 動 ①(たまり水を)はかす. 排水する. ②(心の中の怒りや不満を)ぶちまける,吐き出す,もらす. ③〈書〉(秘密や情報を)もらす.
【宣言】xuānyán ①動 宣言する. 声明する. ②名 **宣言**. ¶和平 hépíng ～ / 平和宣言.
【宣扬】xuānyáng 動(肯定的なものを)宣揚する,広く宣伝する;(否定的なものを)吹聴(ふいちょう)する,まき散らす.
【宣战】xuān//zhàn 動 ①宣戦する. ②〈転〉(自然改造などに)激烈な闘争を繰り広げる.
【宣纸】xuānzhǐ 名 安徽省宣城で産する書画用の紙. 画仙紙.

揎 xuān

動 ①そでをまくり上げる. ¶～拳 quán 捋 luō 袖 xiù /(けんかをするため)腕まくりをしてこぶしを出す. ②〈方〉手で押す. ③〈方〉殴る.

萱(蘐) xuān

"萱草 xuāncǎo"⇩という語に用いる.
【萱草】xuāncǎo 名〈植〉ワスレグサ. ヤブカンゾウ.

喧 xuān

◇◆ やかましい. 騒々しい.
【喧宾夺主】xuān bīn duó zhǔ〈成〉客の声が主人の声を圧倒する;主客を転倒する.
【喧哗】xuānhuá ①形 **騒がしい**. ②動 騒ぐ. ¶请勿 wù ～ / 静粛にしてください.
【喧闹】xuānnào 形 **がやがやと騒がしい. にぎやかで騒々しい.**
【喧嚷】xuānrǎng 動 大声で騒ぎ立てる. ¶人声～ / 大勢の人ががやがや騒ぎ立てる.
【喧腾】xuānténg 形 騒ぎで沸き返っている.
【喧嚣】xuānxiāo〈書〉①形 騒々しい. ②動 わめきたてる.
【喧笑】xuānxiào 動 高い声で話をしたり笑ったりする.

暄 xuān

形〈方〉柔らかい. ふかふかしている. ¶馒头 mántou 很～ / マントーがふかふかしている.
◇◆(日差しが)暖かである. ¶～暖 nuǎn / 暖かい. ¶寒 hán ～ / 日常のあいさつ(をする).
【暄乎】xuānhu 形〈方〉ふかふかして柔らかい.
【暄和】xuānhuo 形 柔らかい.
【暄腾】xuānteng 形〈方〉柔らかい. ふかふかしている. ¶暄腾腾 tēngtēng 的包子 bāozi / ふかふかした肉まん.

煊 xuān

◇◆(日差しが)暖かである.

玄 xuán

2声

形 ①深遠である. ¶把道理 dàoli 讲得那么～,谁能懂 dǒng 啊! / そんなに難しく道理を説かれたのでは,わけがわからないよ. ②〈口〉信用がおけない. あてにならない. ¶这话真够 gòu ～的 / その話はまゆつばものだ.
◇◆ 黒い. ¶～青 / 濃い黒色の.
【玄狐】xuánhú 名〈動〉ギンギツネ.
【玄乎】xuánhu 形(話が大げさで)うさんくさい.
【玄机】xuánjī 名 ①(道教でいう)深遠な哲理. ②巧妙な手段.
【玄理】xuánlǐ 名〈書〉奥深い道理.
【玄妙】xuánmiào 形 奥深く微妙である.
【玄孙】xuánsūn 名 ひ孫の子. やしゃご.
【玄武】xuánwǔ 名 ①カメ. ②(二十八宿の一つ)玄武(げんぶ). ③(五行思想で)玄武. カメの形をした北方の神.
【玄想】xuánxiǎng 名 幻想.
【玄虚】xuánxū 名(真相を)ごまかすこと,神秘化すること. いんちき.
【玄之又玄】xuán zhī yòu xuán〈成〉玄妙不可思議である. まか不思議である.

悬(懸) xuán

❶動 ①(空間に)**掛ける**. (**空中に)つるす**. ¶气球标语 biāoyǔ ～在空中 / アドバルーンが空中にぶら下がっている. ②(宙に浮かせるように)持ち上げる. ¶写大字要把手腕子 shǒuwànzi ～起来 /(筆で)大きい字を書くときは手首を上げないといけない. ③ **決着がついていない**. 懸案になっている. ¶这问题～了好久了 / この問題は長い間未解決のままになっている.
❷形〈方〉危ない. ¶真～,差点儿 chàdiǎnr 掉下去 / 本当に危なかった,もう少しで落ちるところだった.
◇◆ ①掲示する. ¶→～赏 shǎng. ②心配する. ¶→～念 niàn. ③空想する. ¶→～想 xiǎng. ¶→～拟 nǐ. ④かけ離れている. ¶→～殊 shū.
【悬案】xuán'àn 名 未解決の事件;(広く)未解決の問題.
【悬揣】xuánchuǎi 動 憶測する.
【悬而未决】xuán ér wèi jué〈成〉懸案となっていて未解決のままである.
【悬浮式列车】xuánfúshì lièchē 名 リニアモーターカー. ►"磁悬浮列车"とも.
【悬挂】xuánguà 動 **掛ける. 掲げる**. ¶～灯笼 dēnglong / ちょうちんをぶら下げる.
【悬河】xuánhé 名 ①黄河の下流のように川床が両岸の地面よりも高い部分. 天井川. ②〈書〉滝;〈喩〉雄弁の形容. ¶口若～ /〈成〉立て板に水.
【悬空】xuánkōng 動 ①ぶら下がる;〈喩〉現実離れしている. ②未解決のまま残る.
【悬梁】xuánliáng 動(梁(はり)に縄をかけて)首をつる. ¶～自尽 zìjìn / 首をつって自殺する.
【悬梁刺股】xuán liáng cì gǔ〈成〉苦学する.
【悬拟】xuánnǐ 動〈書〉虚構する. 仮定する.

X

【悬念】xuánniàn ①動 心配する. ②名 はらはらする気持ち. スリル.
【悬赏】xuán//shǎng 動 懸賞をかける.
【悬殊】xuánshū 形 **非常にかけ離れている. 差が大きい.** ¶力量 lìliang～/力の差が大きい.
【悬索桥】xuánsuǒqiáo 名 つり橋.
【悬望】xuánwàng 動 心配して待つ.
【悬想】xuánxiǎng 動 空想する.
【悬心】xuán//xīn 動 心配する.
【悬崖】xuányá 名 切り立った崖. ¶～绝壁 juébì/断崖絶壁.
【悬崖勒马】xuán yá lè mǎ 〈成〉危険の一歩手前で踏みとどまる.
【悬疑】xuányí 名 疑惑;スリル. サスペンス. ¶～片/サスペンス映画.

旋 xuán ❶名 ①(～儿)**輪**. 円形. ¶老鹰 lǎoyīng 在天空中打着～儿/トビが空に輪を描いている. ②(～儿)つむじ.
❷副〈書〉間もなく. 直ちに. ¶～即 jí 消逝 xiāoshì/すぐさま消え去った.
◇ ①ぐるぐる回る. ¶盘 pán～/旋回する. ②帰る. ¶～里 lǐ/帰郷する. ‖姓 ▸▸ xuàn
【旋律】xuánlǜ 名〈音〉旋律. メロディー.
【旋绕】xuánrào 動 ぐるぐる回る.
【旋塞】xuánsāi 名 コック. 栓. ¶放水～/水道の蛇口.
【旋涡】xuánwō 名 ①(～儿)渦. 渦巻き. ②事件や紛糾の真っただ中. 渦中. ►①② とも"漩涡"とも書く.
【旋踵】xuánzhǒng 名〈書〉つかの間.
【旋转】xuánzhuǎn 動 **回転する. ぐるぐる回る.** ¶顺时针 shùn shízhēn 方向～/時計回り〔右回り〕に回転する.
【旋转乾坤】xuán zhuǎn qián kūn 〈成〉天下の形勢を一変させる.

漩 xuán ◇ 渦巻く流れ. ¶泡 pào～/渦巻く荒波. ¶～涡 wō/渦巻き;事件や紛糾の渦中.

*__选(選) xuǎn__ 動 ①**選ぶ.** 選択する. ¶～几张油画 yóuhuà 在画展上展出 zhǎnchū/数枚の油絵を選び出し絵画展に出品する. ②**選挙する.** ¶会上一致 yīzhì～他当主席 zhǔxí/全会一致で彼を議長に選んだ.
◇ ①選ばれた人や物. ¶入～/選に入る. ②(文学作品などの)選集,選. ¶文～/文集.
【选拔】xuǎnbá 動(人材を)**選抜する,**選び出す. ¶～赛 sài/選抜予選.
【选本】xuǎnběn 名 選集. アンソロジー.
【选材】xuǎn//cái 動 人材や材料を選ぶ.
【选场】xuǎnchǎng 名 ①(劇やオペラなどの)見どころのある場面. ②科挙の試験場.
【选单】xuǎndān 名〈電算〉メニュー.
【选调】xuǎndiào 動(人員を)選んで転勤させる. ¶从基层 jīcéng～干部 gànbù/下部から幹部を選ぶ.
【选定】xuǎndìng 動 選定する.
【选读】xuǎndú ①動 選んで読む. 拾い読みする. ②名 精選した書物. 選集.
【选购】xuǎngòu 動 より取りで買う. 自由に選んで買う. ¶～件 jiàn/オプション(品).
【选集】xuǎnjí 名 選集. 量 部.
*【选举】xuǎnjǔ 動 **選挙する.** ¶～总统 zǒngtǒng/大統領を選挙する.
【选举权】xuǎnjǔquán 名 選挙権.
【选录】xuǎnlù 動(文章を)選んで(全集や選集に)収録する.
【选美】xuǎnměi 動 美人コンテストをする.
【选民】xuǎnmín 名 選挙人. 有権者.
【选派】xuǎnpài 動 選抜して派遣する.
【选票】xuǎnpiào 名 ①投票用紙. 量 张 zhāng. ②得票数.
【选区】xuǎnqū 名 選挙区.
【选曲】xuǎnqǔ ①動 選曲する. ②名 名曲選集.
【选取】xuǎnqǔ 動 選択する. 選び取る.
【选任】xuǎnrèn 動 選抜して任用する.
【选手】xuǎnshǒu 名 **選手.**
【选送】xuǎnsòng 動 選抜して推薦する.
【选题】xuǎntí ①動 テーマを選ぶ. ②名 選ばれたテーマ.
【选修】xuǎnxiū 動 **選択して履修する.** ¶～英语/英語を選択する. ¶～科 kē/選択科目.
【选样】xuǎn//yàng ①動 サンプル・見本を抽出する. ②名 抽出見本.
【选用】xuǎnyòng 動 選んで使う.
*【选择】xuǎnzé 動(たくさんの中から**適当なものを**)**選択する,**選ぶ.
【选址】xuǎn//zhǐ ①動 立地を選ぶ. ②名 決定地.
【选种】xuǎn//zhǒng 動(家畜や植物の)優良品種を選ぶ.

癣 xuǎn 名 しらくも・たむしなどの皮膚病の総称. ¶白～/しらくも. ¶脚 jiǎo～/水虫.

4声
炫(衒) xuàn ◇ ①(光が)まばゆい,まぶしい. ¶→～目 mù. ②てらう. 見せびらかす. ¶→～示 shì.
【炫目】xuànmù 形 まぶしい.
【炫示】xuànshì 動(人前で自分の得意なものを)ひけらかす,誇示する.
【炫耀】xuànyào 動 ①**ひけらかす.** 誇示する. ②光り輝く.

绚 xuàn ◇ あやがある. 美しい模様がある.
【绚烂】xuànlàn 形 絢爛(けんらん)としている.
【绚丽】xuànlì 形 きらびやかで美しい.

眩 xuàn ◇ ①目が回る;目がくらむ. ¶→～目 mù. ②迷う. ¶～于名利 mínglì/名誉と金に惑わされる.
【眩目】xuànmù 形 まぶしい.
【眩晕】xuànyùn 名〈医〉眩暈(げんうん). 目まい.

旋 xuàn ❶動 ①(旋盤やナイフで)**回転させながら削る.** ¶～根车轴 chēzhóu/車軸を1本削り上げる. ¶给孩子～一个苹果吃/子供にリンゴの皮をむいてやる. ②("旋子"(金属製の容器)で)酒を燗(かん)する.
❷副 その時になってから. その場で. ¶～用～买/

X

使う時に買う．
◇◆ ぐるぐる回っている．¶→～风 fēng．▸▸ xuán
【旋床】xuànchuáng 名〈機〉旋盤．
【旋风】xuànfēng 名 旋風．つむじ風．(量) 阵 zhèn，股 gǔ．
【旋子】xuànzi 名 1 真鍮(しんちゅう)製の丸い盆．2 酒のかんをする道具．3(武術や伝統劇の立ち回りの一つ)腕や頭を大きく振り，その勢いで体を水平に旋回させる動作．

渲 xuàn "渲染 xuànrǎn"⬇という語に用いる．
【渲染】xuànrǎn 動 1(中国画の手法で)色や輪郭をぼかす．2 大げさに表現する．誇張する．

楦(楥) xuàn 動 1(靴や帽子を)型で押し広げる．2〈方〉すきまに物を詰め込む．
◇◆ 靴や帽子の型．
【楦子】xuànzi 名 靴や帽子の木型．

xue (ㄒㄩㄝ)

1声 **削 xuē** ◇◆ 削る．¶→～平 píng．
注意 動詞として単用する場合は xiāo と発音する．▸▸ xiāo
【削壁】xuēbì 名〈書〉切り立った崖．絶壁．
【削价】xuējià 動 値引きする．値段を下げる．値下げする．
【削减】xuējiǎn 動 **削減する**．削る．減らす．¶～不必要 bìyào 的开支 kāizhī / 不必要な支出を削る．
【削平】xuēpíng 動 1 削って平らにする．2〈書〉平定する．
【削弱】xuēruò 動 1(力や勢力を)**弱める**．2(力や勢力が)弱まる．
【削铁如泥】xuē tiě rú ní〈成〉刀や剣などが鋭利である．
【削足适履】xuē zú shì lǚ〈成〉無理に条件を合わせる．

靴(鞾) xuē ◇◆ 長靴．ブーツ．►短靴は"鞋 xié"という．¶皮 pí～ / 革の編み上げ靴．
【靴子】xuēzi 名 **長靴**．ブーツ．►靴の高さが足首以上のものをいう．(量) 双 shuāng；[片方なら]只．

薛 xuē ‖姓

2声 **穴 xué** ◇◆ ①穴．洞穴．動物の巣．¶巢 cháo～ / 巣窟．②墓穴．¶墓 mù～ / 墓穴．③(人体の)つぼ．
► xuè と発音することもある．‖姓
【穴道】xuédào 名〈中医〉針灸(しんきゅう)のつぼ．
【穴居】xuéjū 動〈書〉穴居する．洞穴に住む．
【穴头】xuétóu 名(～儿)興行師；(商業公演などの)マネージャー．
【穴位】xuéwèi 名 1〈中医〉針灸のつぼ．2 墓穴の位置．

** **学(學) xué** 動 1 **学ぶ．習う**．►動詞や動詞句を目的語にとることができる．¶～技术 jìshù / 技術を習う．¶他～得很好 / 彼はよく勉強している．¶～跳舞 tiàowǔ / ダンスを習う．¶～修汽车 / 自動車の修理を学ぶ．2 **まねをする**．►主述句を目的語にとることができる．¶～着他的口形 kǒuxíng 练习发音 / 彼の口の形をまねて発音する．¶～猫 māo 叫 / ネコの鳴きまねをする．¶小华～妈妈～得真像 / 小華がお母さんのまねをすると本当によく似ている．
◇◆ ①学校．¶小～ / 小学校．¶上～ / 学校へ行く．②学問．身につけた知識．¶→～问 wen．③学科．科目．¶数 shù～ / 数学．‖姓
【学报】xuébào 名(学術団体などの)学報；大学の紀要．
【学部】xuébù 名 1〈史〉清の末期，全国の教育を管理する中央官署．2 中国科学院の各学科の指導機関．⇒〖系 xì〗1
【学潮】xuécháo 名 学生運動．¶闹 nào～ / 学園紛争が起こる．
【学而不厌】xué ér bù yàn〈成〉こつこつと勉強する．
* 【学费】xuéfèi 名 **授業料．月謝；勉学にかかる費用**．(量) 笔．¶交 jiāo〔付 fù〕～ / 学費を払う；〈喩〉代償を支払う．
【学分】xuéfēn 名(大学の)**履修単位，聴講時間**．¶取 qǔ〔拿 ná〕～ / 単位を取る．¶～制 zhì /(大学の)単位制．
【学风】xuéfēng 名 学習上の態度；学風．
【学府】xuéfǔ 名 学府．高等教育を行う学校．
【学好】xué//hǎo 1 動+結補 **習得する**．マスターする．2(xuéhǎo)動 よい人・よいことを手本にしてそれに見習う．
【学坏】xué//huài 動 悪いことを覚える．悪い人をまねる．
* 【学会】xué//huì 1 動+結補 **習って身につける．マスターする**．¶她～了游泳 yóuyǒng / 彼女は水泳をマスターした．2 名 学会．教育会．
【学籍】xuéjí 名 学籍．
【学监】xuéjiān 名〈旧〉学監．
【学究】xuéjiū 名 学究；〈転〉世事にうといインテリ．¶老～ / 世間知らずのへぼ学者．
* 【学科】xuékē 名 1 学問分野．2 教科．教科目．3(軍事訓練・体育訓練での)理論科目．
【学力】xuélì 名 1(学者の)造詣，実力．2 学力．
【学历】xuélì 名 学歴．
【学龄】xuélíng 名 学齢．就学年齢．¶～前儿童 értóng / 学齢前の児童．
【学名】xuémíng 名 1 学名．2 旧時，子供が学校に入学するときにつけた正式の名前．
* 【学年】xuénián 名 学年．►秋季新学期から夏休み〔冬休み〕まで．¶～考试 kǎoshì / 学年末試験．
【学派】xuépài 名 学派．
* 【学期】xuéqī 名 **学期**．►中国では一般に学校はすべて2学期制．¶后～ / 後期．
【学前教育】xuéqián jiàoyù 名 就学前教育．
【学区】xuéqū 名 通学区域．校区．
【学人】xuérén 名 学者．
【学舌】xué//shé 動〈貶〉1(自分の見解がなくオウム返しに)人の言うとおりに言う．人の話のまねをする．2〈口〉口が軽く，聞いた話をすぐに受け売りして人に話してしまう．
** 【学生】xuésheng 名 1 **学生．生徒**．►小学生から大学生までのすべてを含む．¶～宿舍 sùshè / 学生寮．2(先生や先輩に対しての)教え子．弟子．¶我

们俩 liǎ 都是李老师的～ / 私たち二人はともに李先生の教え子です. ③〈方〉男の子.
【学时】xuéshí 名 授業時間. 時限.
【学识】xuéshí 名 学識. ¶～渊博 yuānbó / 学識が深くて広い.
【学士】xuéshì 名 ① 学者. ② 学士(の称号).
【学塾】xuéshú 名 塾. 私塾.
【学术】xuéshù 名 **学術**. ¶～讨论会 tǎolùnhuì / 学術シンポジウム.
*【学说】xuéshuō 名 **学説**. ¶提出 tíchū 新～ / 新しい学説を立てる.
【学堂】xuétáng 名〈旧〉学校. 学堂.
【学徒】xué//tú ①動 丁稚(でっち)に行く. 内弟子になる. ②名(商店または工場の)見習い, 丁稚.
【学徒工】xuétúgōng 名 見習い工.
*【学位】xuéwèi 名 学位.
*【学问】xuéwen 名 ① **学問**. 学術. 量 门, 种. ¶做～ / 学問をする. ② **知識；要領**. ¶有～ / 知識が豊富だ. 学がある.
【学无止境】xué wú zhǐ jìng 〈成〉学問にはもうこれでよいというところがない.
【学习】xuéxí 動 ① **学習する. 勉強する. ►動詞句や主述句も目的語にとることができる. ¶～外语 wàiyǔ / 外国語を習う. ¶～写论文 lùnwén / 論文の書き方を学ぶ. ② 見習う. ¶～人家 rénjia 是怎样做的 / 人がどうやっているか見習う. ¶你得 děi 好好儿地向 xiàng 他～～ / 君はよく彼に学ばないといけない.
【学习班】xuéxíbān 名 セミナー. 研修会.
【学衔】xuéxián 名 学位.
【学校】xuéxiào 名 **学校. 量 所, 个. ¶上～ / 学校へ上がる.
【学兄】xuéxiōng 名 同窓の人に対する敬称.
【学养】xuéyǎng 名〈書〉学識教養.
【学业】xuéyè 名 学業. (学校の)課業.
【学以致用】xué yǐ zhì yòng 〈成〉学んで実際に役立てる. 実際に役立てるために学ぶ.
【学友】xuéyǒu 名 同級生. 同窓.
【学员】xuéyuán 名(訓練所や養成所などで学ぶ)受講生, 研修生.
*【学院】xuéyuàn 名 **単科大学**. カレッジ. 単科高等専門学校. 量 所 suǒ, 个. ¶中医～ / (漢方の)中医大学.
【学长】xuézhǎng 名 ①《同窓に対する敬称》学兄. ②〈旧〉大学の各科の責任者. 注意 日本語の「学長」は"校长 xiàozhǎng"または"…学院"と名のつくところでは"院长 yuànzhǎng"という.
【学者】xuézhě 名 **学者**. 学問のある人. ¶著名 zhùmíng ～ / 著名な学者.
【学制】xuézhì 名 学制. 学校教育制度. ¶缩短 suōduǎn ～ / 修業年限を短縮する.
【学子】xuézǐ 名〈書〉学生. 生徒.

踅 xué
動 行ったり来たりする；途中から引き返す.

噱 xué
形〈方〉人を笑わせる. ¶发～ / 吹き出す.
【噱头】xuétóu 〈方〉❶名 ① ギャグ. (落語などの)おち. ② 手管. トリック. ¶摆 bǎi ～ / 手管を弄する. ❷形 滑稽である.

雪 xuě (3声 **)
名 **雪**. 量[降った回数]场 cháng, 次. ❖下 *xià* ～ / 雪が降る. ¶下大～ / 大雪が降る.
◇◆ ①雪のように(白い, 明るい). ¶→～亮 liàng. ②(恥・恨み・冤罪などを)すすぐ, そそぐ. ¶→～恨 hèn. ‖姓
*【雪白】xuěbái 形 **雪のように白い. 真っ白である**. ►重ね型は"雪白雪白(的)". ¶～的新衬衫 chènshān / 新しい真っ白なシャツ.
【雪板】xuěbǎn 名〈体〉スキーの板. スキーボード；スノーボード. ►"滑雪板"の略.
【雪暴】xuěbào 名〈気〉吹雪. ブリザード.
【雪崩】xuěbēng 名〈気〉なだれ.
【雪藏】xuěcáng 動〈方〉冷蔵する；〈喩〉採用しない；〈喩〉隠しておく.
【雪耻】xuěchǐ 動〈書〉恥をそそぐ. 雪辱する. ¶报仇 bàochóu ～ / かたきを討って雪辱する.
【雪堆】xuěduī 名 雪のたまり. 雪の吹きだまり.
【雪糕】xuěgāo 名(棒つきの)**アイスクリーム**. 量 根(儿) gēn(r), 支 zhī.
【雪恨】xuěhèn 動 恨みを晴らす.
*【雪花】xuěhuā 名(～儿)(空中に舞う)雪, 雪片.
【雪花膏】xuěhuāgāo 名 化粧用クリーム.
【雪茄】xuějiā 名 **シガー. 葉巻たばこ**. 量 支 zhī, 根 gēn.
【雪亮】xuěliàng 形 ① **ぴかぴか光っている**. ②(目が曇りなく輝いていて)ものを見る目が鋭い.
【雪片】xuěpiàn 名 雪の一片一片. ►比喩に多く用いる. ¶贺电 hèdiàn 如～飞来 / 祝電が殺到する.
【雪橇】xuěqiāo 名 雪そり. 量 个, 只 zhī.
【雪青】xuěqīng 形 薄紫色の.
【雪人】xuěrén 名(～儿)雪だるま. ❖堆 *duī* ～ / 雪だるまを作る.
【雪上加霜】xuě shàng jiā shuāng 〈成〉災難が重なるたとえ. 泣き面にハチ.
【雪松】xuěsōng 名〈植〉ヒマラヤスギ.
【雪洗】xuěxǐ 動(不名誉などを)すすぐ. ¶～冤屈 yuānqū / 無実の罪をすすぐ.
【雪冤】xuěyuān 動 冤罪をすすぐ.
【雪原】xuěyuán 名 雪原.
【雪杖】xuězhàng 名〈体〉(スキーの)ストック.
【雪中送炭】xuě zhōng sòng tàn 〈成〉人が最も困っているときに援助の手を差し延べるたとえ. 陣中に塩を送る.

鳕 xuě
◇◆ タラ. ¶～鱼 yú / 〈魚〉タラ. ►通称は"大头鱼 dàtóuyú".

血 xuè (4声 *)
名 **血. 血液**. ►"血液 xuèyè"とも. 量 滴 dī. ¶内脏 nèizàng 出～ / 内臓出血.
◇◆ ①血気盛んなこと. ¶→～性 xìng. ②月経. ¶～分 fèn / 月経. ③血筋. 血統. ¶→～亲 qīn. ‖姓 ▸▸ xiě
【血癌】xuè'ái 名〈医〉白血病.
【血案】xuè'àn 名 殺人事件. 殺傷事件.
【血本】xuèběn 名(苦労して投入した)資本.
【血仇】xuèchóu 名 肉親・同族を殺された恨み.
【血管】xuèguǎn 名〈生理〉**血管**. 量 条, 根. ¶～瘤 liú / 血管腫(しゅ).
【血海】xuèhǎi 名 ① 血の海. ②〈中医〉血海(けっかい)；肝臓.

X

【血海深仇】xuè hǎi shēn chóu 〈成〉肉親を殺された深い恨み.
【血汗】xuèhàn 名 血と汗;〈喩〉汗水を流すこと.勤勉な労働. ¶～钱 qián / 汗水たらして稼いだ金.
【血红】xuèhóng 形 真っ赤である.
【血红蛋白】xuèhóng dànbái 名〈生理〉ヘモグロビン.
【血花】xuèhuā 名 血しぶき.
【血迹】xuèjì 名 血痕. 血の跡. ¶～斑斑 bānbān / 血痕が点々とついている. 血まみれになる.
【血检】xuèjiǎn 動〈略〉血液検査をする.
【血口喷人】xuè kǒu pēn rén 〈成〉悪意に満ちた誹謗(ひぼう)中傷をする.
【血库】xuèkù 名 病院の血液貯蔵庫;血液バンク.
【血泪】xuèlèi 名 血の涙. ►悲惨な境遇.
【血脉】xuèmài 名 ① 血統. 血筋. ②〈中医〉血管;血液の循環.
【血尿】xuèniào 名〈医〉血尿.
【血泊】xuèpō 名 血だまり. 血の海.
【血气】xuèqì 名 血気;気骨.
【血亲】xuèqīn 名 血族.
【血球】xuèqiú 名〈生理〉血球. ¶红 hóng～/ 赤血球. ¶测定 cèdìng～数量 shùliàng / 血球数を測る.
【血肉】xuèròu 名 血と肉;〈喩〉親密な間柄. ¶～相连 / 切っても切れない仲.
【血色】xuèsè 名 血色. 顔のつや. ¶他脸 liǎn 上～很好 / 彼の顔はとても血色がよい.
【血色素】xuèsèsù 名〈生理〉ヘモグロビン.
【血水】xuèshuǐ 名(流れ出る薄い)血.
【血丝虫病】xuèsīchóngbìng 名 〈医〉フィラリア症.
【血糖】xuètáng 名〈医〉血糖.
【血统】xuètǒng 名 血統. 血筋. ¶中国～的美国人 / 中国系のアメリカ人. ¶～论 lùn / 人の血筋や出身が,その人の政治的態度を決定するという考え方. ¶～工人 / 親の代からの労働者.
【血污】xuèwū 名 血痕.
【血吸虫】xuèxīchóng 名〈虫〉住血吸虫.
【血洗】xuèxǐ 動 大量殺戮(さつりく)する.
【血腥】xuèxīng 形 血生臭い. ►多く虐殺の残酷さをたとえる. ¶～镇压 zhènyā / 血生臭い弾圧.
【血型】xuèxíng 名〈生理〉血液型. ¶我的～是O型 / 私の血液型はO型です.
【血性】xuèxìng 名 気骨. 気概.
【血虚】xuèxū 名〈中医〉貧血症.
【血压】xuèyā 名〈生理〉血圧. ❖量 *liáng* ～ / 血圧を測る. ¶高～ / 高血圧.
【血压计】xuèyājì 名 血圧計.
【血样】xuèyàng 名(～儿)検査用血液.
*【血液】xuèyè 名 血液. ►主要な成分·力にたとえることが多い. ¶新鲜 xīnxiān～ / 新しい血液;〈喩〉新しい世代〔人材〕.
【血印】xuèyìn 名(～儿) ① 血の跡. ② 皮下出血の跡.
【血友病】xuèyǒubìng 名〈医〉血友病.
【血雨腥风】xuè yǔ xīng fēng 〈成〉血生臭い弾圧や激戦の後の様子のたとえ.
【血缘】xuèyuán 名 血縁.
【血债】xuèzhài 名 民衆を殺害した罪行. ¶偿还 chánghuán～ / 血の債務を償う.

【血战】xuèzhàn 名 血戦.
【血站】xuèzhàn 名 血液ステーション.
【血脂】xuèzhī 名〈医〉血中脂肪.
【血渍】xuèzì 名 血痕.

谑 xuè ◇◆ 冗談を言う. ふざける. ¶戏 xì～ / たわむれおどける. ¶谐 xié～ / (言葉が)おどけていておもしろい.
【谑而不虐】xuè ér bù nüè 〈成〉いやみのない冗談を言う.

xun (ㄒㄩㄣ)

1声
勋(勳) xūn ◇◆ 手柄. 功労. ¶～绩 jì / 〈書〉功績. 功労. ¶ →～爵 jué.
【勋爵】xūnjué 名 ① 勲功による爵位. ②(イギリスの)卿(きょう).
【勋劳】xūnláo 名〈書〉功労. 大きな手柄.
【勋业】xūnyè 名〈書〉功業.
【勋章】xūnzhāng 名 勲章. ¶授与 shòuyǔ～ / 勲章を授ける.

熏(燻) xūn 動 ① いぶす. ¶烟 yān 把屋顶 wūdǐng 都～黑了 / 煙が天井を真っ黒にいぶしてしまった. ② 薫製にする. ¶～了两斤 jīn 鱼 / 1キロの魚を薫製にした. ③(においが)鼻をつく. ¶臭味儿 chòuwèir～人 / 悪臭がぷんぷんと鼻をつく.
◇◆ 暖かい. 穏やかな. ¶→～风 fēng.
【熏风】xūnfēng 名〈書〉薫風.
【熏染】xūnrǎn 動(思想や行いが)悪い影響を受ける. ¶～上坏 huài 习气 xíqì / 悪習に染まる.
【熏陶】xūntáo 動(思想や行いが)よい影響を受ける. 薫陶を受ける.
【熏鱼】xūnyú 名〈料理〉魚の薫製.
【熏蒸】xūnzhēng 動(天気が暑くて)蒸す. 蒸し暑い. ¶暑气 shǔqì～ / 蒸し暑い.
【熏制】xūnzhì 動 薫製にする.

薰 xūn 名〈書〉香り草. 草や花の香り. ‖ 姓
【薰莸不同器】xūn yóu bù tóng qì 〈成〉よいものと悪いものは一緒になれない.

醺 xūn ◇◆ 酒に酔う. ¶微 wēi～ / ほろ酔い. ¶醉 zuì～～的 / 酩酊(めいてい)している.

2声
旬 xún 名 ①(月を10日ごとに分けた)旬. ¶每～小结 xiǎojié 一次 / 10日ごとに締めくくりをする. ¶上～ / (月の)上旬. ¶兼 jiān～ / 20日間.
②《10年を1"旬"として年齢を示す単位》¶家有八～老母 / 家には80歳の老母がいる.
【旬刊】xúnkān 名 旬刊.
【旬日】xúnrì 名 旬日. 10日間.

寻(尋) xún 動 ①(遺失した事物や人を外で)捜す. 尋ねる. ¶～人 / (行方不明の)人を捜す;尋ね人. ¶～了好久没有～到 / ずいぶん捜したが見つからない. ②(長さの単位)尋(ひろ). ►成人男子が両手を横に広げた長さ. 現在の約180センチ.
注意 口語では xín と発音されていたが,現在の規範

では xún に統一されている. ‖姓
【寻常】xúncháng ①形 普通である. ありふれた. ¶这情况 qíngkuàng 不～ / これはただ事ではない. ②名 ふだん.
【寻短见】xún duǎnjiàn 〈慣〉自殺する.
【寻访】xúnfǎng 動 訪問する.
【寻根】xúngēn 動 根源を追求する；ルーツをたずねる.
【寻根究底】xún gēn jiū dǐ 〈成〉根掘り葉掘り尋ねる. とことん追及する. ►"寻根问底"とも.
【寻花问柳】xún huā wèn liǔ 〈成〉春の行楽をする；妓楼(ぎろう)に遊ぶ.
【寻欢作乐】xún huān zuò lè 〈成〉遊興にふける.
【寻机】xúnjī 動 機会をねらう.
【寻开心】xún kāixīn 〈慣〉〈方〉からかう. 冷やかす. からかっておもしろがる.
【寻门路】xún ménlù 〈慣〉つてを求める. 手づるを探す.
【寻觅】xúnmì 動 探し求める. 探す.
【寻摸】xúnmo 動 探す. 物色する.
【寻求】xúnqiú 動(抽象的なものを)**探し求める, 追求する**. ¶～真理 zhēnlǐ / 真理を追究する.
【寻人】xúnrén 動 人を捜す；(広告欄で)尋ね人あり.
【寻事生非】xún shì shēng fēi いざこざを起こす. 言いがかりをつけてからむ.
【寻死】xún//sǐ 動 自殺(しようと)する. ¶～觅活 mì huó / 死ぬの生きるのと人を騒がせる.
【寻思】xúnsi 動 **考える. 思案する**. 考えをめぐらす. ¶你～～这件事该 gāi 怎么办 / この事はどうしたものか, 君はよく考えてみたまえ.
【寻味】xúnwèi 動 繰り返し味わう.
【寻问】xúnwèn 動 聞く. 尋ねる. ¶～住处 zhùchù / 住所を聞く.
【寻物启事】xúnwù qǐshì 名 捜し物広告.
【寻衅】xúnxìn 動 言いがかりをつける.
【寻章摘句】xún zhāng zhāi jù 〈成〉(内容のいかんを問わず)美辞麗句ばかりを引用する〔に目をとられる〕.
【寻找】xúnzhǎo 動 **探す. 捜す**. ¶～失物 shīwù / なくした品物を捜す. ¶～出路 chūlù / 活路を求める.

巡(廵) xún

量 全員にひと回り酒をつぐ場合に用いる. ¶酒过三～ / 酒がみんなに3回りした.
◇◆ 見回る.
【巡边员】xúnbiānyuán 名〈体〉(サッカーなどで)線審. ラインズマン.
【巡查】xúnchá 動 見回る. パトロールする.
【巡航】xúnháng 動(船や飛行機が)巡航する. ¶～导弹 dǎodàn / 巡航ミサイル.
【巡回】xúnhuí 動(一定の経路に従って)**巡回する, 回り歩く**. ¶～演出 yǎnchū / 巡回公演する. ¶～医疗 yīliáo / 巡回医療. ¶～大使 dàshǐ / 移動大使.
【巡警】xúnjǐng 名 巡査；〈旧〉警察.
【巡礼】xúnlǐ 動 ①(聖地を)巡礼する. ② 名所旧跡を巡り歩く.
【巡逻】xúnluó 動 パトロールする. 警戒のため見回る. ¶～车 chē / パトロールカー.
【巡哨】xúnshào 動〈軍〉(警備隊が)巡回パトロールをする. ¶～机 jī / 哨戒(しょうかい)機.
【巡视】xúnshì 動 ①**巡視する. 視察して回る**. ¶部长亲自 qīnzì 到各单位～了卫生 wèishēng 情况 / 部長は自ら各職場の衛生状況を見て回った. ②あたりを見回す.
【巡行】xúnxíng 動 巡邏(じゅんら)する；巡り歩く. ¶～南方各地 gè dì / 南方各地を巡り歩く.
【巡演】xúnyǎn 動 巡回公演する.
【巡夜】xúnyè 動 夜回りをする.
【巡游】xúnyóu 動 ①あちこち散歩する. ②巡り歩く. ③巡視する.
【巡展】xúnzhǎn 名 巡回展.
【巡诊】xúnzhěn 動 巡回診療をする.

郇 xún

名〈史〉郇(じゅん). ►周代の国名. ‖姓

询 xún

◇◆ 尋ねる. 意見を求める. 相談する. ¶→～问. ¶咨 zī ～ / 諮問(しもん)する.
【询价单】xúnjiàdān 名〈経〉引き合い書. 値段を問い合わせるために出すリスト.
【询盘】xúnpán 動〈経〉〈書〉引き合いをする. 値段の問い合わせをする.
【询问】xúnwèn 動 **尋ねる**. 意見を求める. ¶～处 chù / 案内所. インフォメーション.

荀 xún

‖姓

荨 xún

"荨麻疹 xúnmázhěn"⇩という語に用いる. ► xún は口語音, qián は文語音. ⏩ qián
【荨麻疹】xúnmázhěn 名〈医〉じんましん.

洵 xún

◇◆ まことに. 実に.

浔(潯) xún

◇◆ ①川のほとり. ¶江～ / 川のほとり. ②(江西省の)九江.

恂 xún

"恂恂 xúnxún"⇩という語に用いる.
【恂恂】xúnxún 形〈書〉①まじめなさま. ②うやうやしいさま.

循 xún

◇◆ 従う. 沿う. ¶遵 zūn ～ / 従う. 遵守する. ¶～例 lì / 前例に従う.
【循规蹈矩】xún guī dǎo jǔ 〈成〉規律をよく守る；(改革を嫌い)しきたりどおりにやる.
【循环】xúnhuán ❶動 **循環する**. ¶春夏秋冬 chūn xià qiū dōng ～不已 bùyǐ / 四季は休みなくめぐり続ける. ❷名 ①〈電算〉ループ. ②〈環境〉循環.
【循环经济】xúnhuán jīngjì 名〈経〉循環型経済.
【循环赛】xúnhuánsài 名〈体〉リーグ戦.
【循环系统】xúnhuán xìtǒng 名〈生理〉循環系.
【循例】xúnlì 動 前例に従う.
【循序】xúnxù 動 順序に従う. ¶～渐进 jiànjìn / (学習・仕事などを)順を追って一歩一歩進める.
【循循善诱】xún xún shàn yòu 〈成〉一歩一歩人を上手に教え導く.

X

鲟(鱘・鱏) **xún** 名〈魚〉チョウザメ.

4声 **训** **xùn** 動 説教する. ¶～了他一顿 dùn / 彼をこっぴどくしかりつけてやった. ◇◆ ①教え. 戒め. ¶祖～ / 先祖の教え. ②規範. ¶不足为 wéi ～ / 手本とするに足りない. ③訓. 字義の解釈. ¶→～诂 gǔ. ‖姓

【训斥】xùnchì 動 訓戒し叱責する.
【训词】xùncí 名 訓話.
【训导】xùndǎo 動 教え導く.
【训诂】xùngǔ 名 古書の字句の解釈. 訓詁(くん). ¶～学 / 訓詁学.
【训诲】xùnhuì 動〈書〉訓戒する. 教え諭す.
【训诫】xùnjiè ① 動 訓戒する. ② 名〈法〉訓戒処分. ►"训戒"とも書く.
*【训练】xùnliàn 動 **訓練する**. トレーニングする. ►"进行 jìnxíng、加强 jiāqiáng"などの動詞の目的語になることができる. ¶～狗熊蹬 dēng 大球 / クマに玉乗りの訓練をする. ¶进行严格的～ / 厳しいトレーニングを行う.
【训示】xùnshì ① 名 訓示. ② 動(下の者に)指示する.
【训育】xùnyù 動〈旧〉訓育する.
【训喻・训谕】xùnyù 動〈書〉訓諭する.

讯 **xùn** ◇◆ ①問う. 尋ねる. ¶审 shěn ～ / 尋問する. ②消息. 知らせ. ¶音～ / 音信.

【讯号】xùnhào 名 ① 電磁波による信号. ②(広く)信号.
【讯究】xùnjiū 動 取り調べる.
【讯问】xùnwèn 動 ① 問う. 尋ねる. ¶～病情 bìngqíng / 病状を尋ねる. ② 尋問する. ¶～案件 ànjiàn / 事件を取り調べる.

汛 **xùn** ◇◆(季節ごとの)増水. ¶桃花～ / 春の増水. ¶防 fáng ～ / 増水・洪水を防ぐ.

【汛期】xùnqī 名(河川の定期的な)増水期.

迅 **xùn** ◇◆ 速い. 速やかである. ¶～跑 pǎo / 疾走する.

【迅即】xùnjí 副〈書〉たちどころに. 即刻. ¶～处理 chǔlǐ / たちどころに処理する.
【迅急】xùnjí 形〈書〉速やかである. 素早い.
【迅疾】xùnjí 形〈書〉迅速である. 速い.
【迅捷】xùnjié 形〈書〉敏捷である. すばしこい.
【迅雷不及掩耳】xùn léi bù jí yǎn ěr〈成〉事があまりに急で, 対処する間がない.
【迅猛】xùnměng 形〈書〉(勢いが)速くて猛烈である. ¶～的攻势 gōngshì / 猛烈な攻勢.
*【迅速】xùnsù 形 **迅速である. 非常に速い**. ¶～发展 fāzhǎn / 急速に発展する.

驯 **xùn** ① 形 従順である. なれている. ¶这匹 pǐ 马很～ / このウマはとてもおとなしい. ② 動 手なずける. 飼いならす. ¶他善于 shànyú ～虎 / 彼はトラを飼いならすのがうまい.

【驯服】xùnfú ① 形 従順である. ② 動 手なずける.
【驯化】xùnhuà ① 動(野生動物を)飼いならす. ② 名〈植〉(野生植物の)馴化.
【驯良】xùnliáng 形 おとなしくて善良である.
【驯鹿】xùnlù 名〈動〉トナカイ.
【驯熟】xùnshú 形 ①(慣らされて)従順である. ② 手慣れている. 熟練している.
【驯顺】xùnshùn 形 従順である.
【驯养】xùnyǎng 動(野生動物を)飼いならす.

徇 **xùn** ◇◆ ①言いなりになる. 屈従する. ¶→～私 sī. ②布告する. ③殉じる. 殉死する.

【徇私】xùnsī 動 私情にとらわれて不合理なことをする.

逊(遜) **xùn** ◇◆ ①へりくだっている. ¶谦 qiān ～ / 謙虚である. ②劣る. ひけをとる. ¶→～色 sè. ③(帝位を)譲る. ¶→～位 wèi

【逊色】xùnsè ① 形 見劣りがする. ② 名 遜色. 見劣り.
【逊位】xùnwèi 動(君主が)位を譲る.

殉 **xùn** ◇◆ ①死者と共に埋葬する. ¶→～葬 zàng. ②身を犠牲にする. ¶→～国.

【殉道】xùndào 動 自分の信じる道に殉じる.
【殉国】xùn//guó 動 国のために死ぬ.
【殉教】xùn//jiào 動 殉教する.
【殉节】xùn//jié 動 ①(投降せずに)命を絶つ. ② 女性が辱めに抵抗して命を絶つ; 夫のあとを追って自殺する.
【殉难】xùn//nàn 動 殉難する. 大義のために身を犠牲にする.
【殉情】xùnqíng 動 愛情のために命を絶つ.
【殉身】xùn//shēn 動 殉死する.
【殉葬】xùnzàng 動(死者とともに)殉死者を埋葬する, 俑(よう)や財宝などを埋める.
【殉职】xùn//zhí 動 殉職する.

巽 **xùn** 名 ①(八卦(はっ)の一つ)巽(そん) ☴. ►風を象徴する. ②〈書〉たつみ. 南東(の方角).

蕈 **xùn** ◇◆ キノコ. ¶香 xiāng ～ / シイタケ. ¶松 sōng ～ / マツタケ.

X………

【X刀】X dāo 名〈医〉レーザーメス.
【X光】X guāng 名 X線.
【X射线】X shèxiàn 名 X線.

ya（ㄧㄚ）

1声 **丫 yā** ◇◆ ①一つのものが二つに枝分かれしているところ．ふたまた．¶枝 zhī ～ / 枝のまた．②〈方〉女の子．小娘．¶～蛋儿 dànr / 女の子．‖姓

【丫巴儿】**yābar** 名〈方〉また．¶树 shù ～ / 木のまた．¶手～ / 指のまたになっているところ．

【丫杈】**yāchà** 名 木のまた．

【丫髻】**yājì** 名 左右に分け頭上に結った女子のまげ．

【丫角】**yājiǎo** 名 左右に分け頭上で結い，角のように垂らした女子のお下げ．

【丫头】**yātou** 名 ① **女の子．小娘．** ►親しみを込め，あるいはけなす感じで．¶～片子 piànzi / 小娘．②〈旧〉小間使い．女中．

***压**（壓）**yā** ❶動 ①**（上から重みをかけて）押す，押さえる．** ¶不小心把眼镜 yǎnjìng ～坏 huài 了 / 不注意で眼鏡を押しつぶしてしまった．¶背包 bèibāo 太重，～得肩膀 jiānbǎng 生疼 téng / リュックサックが重くて，肩がひどく痛い．② **鎮める．食い止める．** ¶～低 dī 嗓门儿 sǎngménr / 声を低くする．¶喝口水～～火儿 huǒr / 水をひと口飲んで怒りを抑える．③**（威力で）抑える，**抑えつける．►兼語を伴うことができる．¶企图 qǐtú 用高压 gāoyā 手段把人们～下去 / 高圧的な手を使って人々を抑えつけようとしている．¶不要硬 yìng ～他同意 tóngyì 这个决议 juéyì / 彼にこの決議に賛成するよう無理強いしてはいけない．④ 迫る．近づく．¶太阳 tàiyáng ～山了 / 太陽が山の上にかかった；〈喩〉日暮れ近い．⑤ 棚上げにする．長く置く．¶计划 jìhuà 被上级 shàngjí ～下了 / 計画書は上級機関に長く置かれたままだ．¶这批商品再～下去就会变质 biànzhì / この商品をこのまま寝かせておいたら変質してしまう．⑥（賭博(とばく)で）張る，かける．¶她最后把戒指 jièzhi 也～上了 / 彼女は結局指輪までもかけてしまった．

◇◆ 圧力．¶气～ / 気圧．⏩ yà

【压宝】**yā//bǎo** 動 賭博をする．お金を賭ける．

【压场】**yā//chǎng** 動 ① その場をおさめる．②（興業で）とりを務めさせる．¶～戏 / 最後にくる人気演目．

【压车】**yā//chē** 動 ① 車の（番をするため）上乗りをする．②（積み荷がおろせず）車が足止めされる．

【压秤】**yāchèng** 動 ①（体積のわりに）目方がかかる．② わざと少なめに目方を量る．

【压床】**yāchuáng** 名〈機〉圧搾機．プレス．

【压倒】**yā//dǎo** 動＋結補 ① **圧倒する．** ¶这可是～一切 yīqiè 的大事 / これは何よりも重大な事だよ．② 押し倒す．

【压低】**yā//dī** 動＋結補 低く抑える．¶～物价 wùjià / 物価を抑える．¶她～声音 shēngyīn 说道 / 彼女は声を低く抑えて言った．

【压顶】**yādǐng** 動 頭を押さえつける．►比喩として用いることが多い．¶乌云 wūyún ～ / 暗雲が垂れ込める．

【压服】**yā//fú** 動 力で服従させる．►"压伏"とも書く．

【压货】**yāhuò** 名（港や駅での）滞貨．

【压挤】**yājǐ** ① 動 上と横から圧力を加える．② 名〈機〉押し出し．

【压价】**yā//jià** 動 価格を抑える．¶～收买 shōumǎi / 価格を抑えて買いつける．買いたたく．

【压惊】**yā//jīng** 動（危険に遭遇した人に対し）ご馳走をふるまい慰める．

【压境】**yā//jìng** 動〈書〉（敵軍が）国境に押し寄せてくる．¶大军～ / 大軍が国境に迫っている．

【压卷】**yājuàn** 形〈書〉圧巻の．¶～之作 /（全体の中で）いちばん優れた作品．

【压库】**yā//kù** 動 ① 商品が売れず在庫になる．② 在庫品を減らす．

*【压力】**yālì** 名 ①〈物〉**圧力．** ②（精神的な）**圧力，** プレッシャー．¶施加 shījiā ～ / 圧力をかける．¶受到舆论 yúlùn～ / 世論におされる．¶精神jīngshén～ / プレッシャー．③ 重圧．

*【压迫】**yāpò** 動 ①（権力や勢力で）**抑圧する．** ¶被～民族 mínzú / 被抑圧民族．②（多くは身体のある部分を）圧迫する．¶～血管 xuèguǎn / 血管を圧迫する．

【压气】**yā//qì** 動（～儿）怒りを静める．¶压不下气 / 怒りを抑えることができない．

【压岁钱】**yāsuìqián** 名 お年玉．

【压缩】**yāsuō** 動 ① **圧縮する．** ¶～空气 kōngqì / 空気を圧縮する．②**（人員・経費・紙幅などを）減らす，削減する．** ¶这篇 piān 文章 wénzhāng 可以～一下 / この文章は少し縮めてもかまわない．

【压台】**yā//tái** 動 ①（興業で）とりを務める．② 場を静める．

【压线】**yāxiàn** 名〈体〉（テニスなどで）オンライン；（走り幅跳びなどで）助走ラインを踏むこと．

【压箱底】**yāxiāngdǐ**（～儿）〈慣〉長持の奥底にしまっておくこと；〈転〉とっておきの物．最後まで残しておく金．

【压抑】**yāyì** ① 動（感情や力などが十分に出せないよう）**抑えつける．** ¶～感情 / 感情を抑える．② 形 **重苦しい．** ¶气氛 qìfēn ～ / 雰囲気が重苦しい．

【压韵】**yā//yùn** 動（詩歌で）韻を踏む．

【压榨】**yāzhà** 動 ① 圧搾する．¶～大豆提炼 tíliàn 食油 / ダイズを圧搾して食用油を取り出す．② 搾取する．搾る．

【压制】**yāzhì** 動 ① **抑圧する．** 抑えつける．¶～批评 / 批判を抑えつける．②〈機〉プレスして製造する．

【压轴戏】**yāzhòuxì** 名 ①〈劇〉最後から２番目の出し物．②〈喩〉最後に現れる人目を引く出来事．

***呀** **yā** ① 感 **おや．** あれっ．やあ．►短く発音される．¶～，下雨了！/ おや，雨だ．¶～，原来是你 / ああ，君だったのか．② 擬《門などがきしむ音》ぎい．¶栅栏门 zhàlanmén ～的一声开了 / 柵の扉がぎいっと開いた．⏩ ya

押 yā ❶動 ①**保証金・担保として出す**．抵当に入れる．¶～房子抵债 dǐzhài / 家を抵当に入れる．¶～了五万块钱 / 5万元保証金を入れた．②(行動の自由を)**拘束する**．¶他被 bèi ～起来了 / 彼は拘禁された．③**護送する**．¶把犯人 fànrén ～入监狱 jiānyù / 犯人を刑務所に護送する．¶→～车 chē.
❷名(書類や契約書などの)署名，サイン，花押(かおう)．¶画～ / (契約書や供述書に)署名する．¶签 qiān ～ / (書類に)署名する．‖姓

【押宝】yā//bǎo 動 賭博をする．お金を賭ける．
【押车】yā//chē 動 車に乗り込み荷物を監視する．
【押当】yā//dàng ①動 質に入れる．②名〈方〉小さな質屋．
【押解】yājiè 動(犯人や捕虜，貨物を)護送する．
【押金】yājīn 名(家の)**敷金**；(物をレンタルする時や宿泊・入院時などの)**保証金**．
【押款】yā//kuǎn ❶動 担保を出して金を借りる．❷名 ①担保を出して借りた金．②手付金．
【押送】yāsòng 動 ①(犯人や捕虜を)護送する．②→【押运】yāyùn
【押尾】yāwěi 動(契約書などの最後に)書き判をする．
【押运】yāyùn 動(貨物などを)護送する．¶～现金 xiànjīn / 現金を護送する．
【押韵】yā//yùn 動(詩歌で)韻を踏む．
【押账】yā//zhàng ①動 物品を借金のかたに置く．②名 抵当．担保．

鸦(鴉) yā 名〈鳥〉**カラス**．(量) 只 zhī．注意 話し言葉では"乌鸦 wūyā"という．

【鸦片】yāpiàn 名〈薬〉**アヘン**．¶吸 xī ～ / アヘンを吸う．
【鸦片战争】Yāpiàn zhànzhēng 名〈史〉アヘン戦争．►1840-42.
【鸦雀无声】yā què wú shēng〈成〉しんと静まりかえっている．

哑(啞) yā 擬〈方〉〖呀 yā〗に同じ．»yǎ

【哑哑】yāyā 擬 ①《カラスの鳴き声》かあかあ．②《幼児の言葉をまねる声》だあだあ．

鸭 yā 名〈鳥〉**アヒル**．注意 話し言葉では"鸭子 yāzi"という．また，日本語の「カモ」は"野鸭 yěyā"という．

【鸭蛋】yādàn 名 ①アヒルの卵．¶～圆(儿) yuán (r) / 〈方〉楕円．②〈俗〉**零点**．¶吃～ / 零点をとる．
【鸭绒】yāróng 名 加工したアヒルの羽毛．
【鸭舌帽】yāshémào 名 鳥打ち帽．ハンチング．
【鸭掌】yāzhǎng 名〈食材〉アヒルの水かき．
【鸭子儿】yāzǐr 名〈方〉アヒルの卵．¶咸 xián ～ / 塩漬けにしたアヒルの卵．
【鸭子】yāzi 名〈口〉〈鳥〉アヒル．

2声 ** **牙 yá** 名 **歯**．(量) 颗 kē，个；[並んだもの]排 pái；[全体]口．❖刷 *shuā* ～ / 歯を磨く．
◇ ①象牙．¶～筷 kuài / 象牙の箸．②歯のような形をしたもの．¶轮 lún ～ / 歯車の歯．③仲買人．¶→～行 háng．‖姓

*【牙齿】yáchǐ 名 **歯**．(量) 颗，个；排．¶～长 zhǎng 得很整齐 zhěngqí / 歯並びがきれいだ．
【牙床】yáchuáng 名 ①〈俗〉歯茎．②象牙の彫刻で飾られた寝台．
【牙雕】yádiāo 名 象牙の彫刻(品)．
【牙粉】yáfěn 名 歯磨き粉．
【牙缝】yáfèng 名(～儿)歯のすきま．
【牙缸】yágāng 名(～儿・～子)うがい用のコップ．
*【牙膏】yágāo 名 **練り歯磨き**．(量) 支，管 guǎn.
【牙根】yágēn 名 歯根．歯の根部．
【牙垢】yágòu 名 歯垢(しこう)；歯石．
【牙关】yáguān 名 あごの関節．歯をかみ合わせる関節．¶咬紧 yǎojǐn ～ / 歯を食いしばる．
【牙行】yáháng 名 仲買業(者)．仲買人．
【牙科】yákē 名〈医〉**歯科**．¶～医生 yīshēng / 歯科医．歯医者．
【牙口】yákou 名 ①家畜の年齢．②(～儿)(老人の)咀嚼力(そしゃく)．
【牙轮】yálún 名〈口〉歯車．ギヤ．
【牙买加】Yámǎijiā 名〈地名〉ジャマイカ．
【牙鲆】yápíng 名〈魚〉ヒラメ．
【牙签】yáqiān 名(～儿)**つまようじ**．(量) 根 gēn.
【牙色】yásè 名 象牙色．アイボリー．
【牙石】yáshí 名 ①歯石．¶清除～ / 歯石を取る．②(道路の)縁石．
*【牙刷】yáshuā 名(～儿・～子)**歯ブラシ**．(量) 把，支．
【牙髓】yásuǐ 名 歯髄．¶～炎 yán / 歯髄炎．
【牙痛】yátòng 名 歯痛．
【牙锈】yáxiù 名 歯の黄色い汚れ．¶清除 qīngchú ～ / 汚れた歯を磨く．
【牙医】yáyī 名〈略〉歯医者．
【牙龈】yáyín 名〈生理〉歯ぐき．歯齦(しぎん)．
【牙印】yáyìn 名(～儿)歯形．
【牙质】yázhì ①形 象牙製の．②名〈生理〉象牙質．歯質．
【牙周病】yázhōubìng 名〈医〉歯周病．

芽 yá 名(～儿)**草木の芽**．¶豆子出～了 / マメが芽を出した．
◇ 芽に似たもの．¶肉～ / 肉芽．

【芽茶】yáchá 名 若芽で作った茶．
【芽子】yázi 名〈口〉(植物の)芽．¶树 shù ～ / 木の芽．¶麦 mài ～ / ムギの芽．

蚜 yá 名〈虫〉アブラムシ．アリマキ．

【蚜虫】yáchóng 名〈虫〉アブラムシ．アリマキ．

崖(厓) yá ◇ ①崖．¶悬 xuán ～ / 切り立った崖．②輪郭．¶→～略 lüè.

【崖略】yálüè 名〈書〉概略．

涯 yá ◇ 水際；果て．際限．¶天～海角 hǎi-jiǎo / 地の果て．¶～际 jì / 〈書〉際限．果て．

睚 yá ◇ 目頭と目尻．

【睚眦】yázì 動〈書〉目でにらむ．
【睚眦之怨】yá zì zhī yuàn〈成〉ちょっとした恨み．

衙 yá ◇ 昔の役所．¶→～门 men．‖姓

Y

【衙门】yámen 名〈旧〉役所．衙門(がもん)．
【衙署】yáshǔ ⇀【衙门】yámen
【衙役】yáyi 名〈旧〉役所の下働き．

3声 **哑**(啞) yǎ 形 ①口がきけない．¶他又聋 lóng 又～／彼は聾啞(ろうあ)です．②(声が)かれる，かすれる．¶他嗓子 sǎngzi 喊 hǎn ～了／彼は大声を出して声がかすれた．③(砲弾・銃弾などが)不発である．⏩ yā

【哑巴】yǎba 名 口がきけない人．¶你今天怎么～了？／きょうは黙りこくってどうした．¶～吃黄连 huánglián／(“有苦说不出”と続き)苦しくても泣き寝入りせねばならない．
【哑巴亏】yǎbakuī〈慣〉人に言えない損失．ばかな目．¶吃 chī ～／ばかな目を見る．泣き寝入りする．
【哑场】yǎ//chǎng 動(沈黙し)座が白ける．
【哑剧】yǎjù 名 パントマイム．無言劇．
【哑口无言】yǎ kǒu wú yán〈成〉ぐうの音も出ない．答えに詰まり言う言葉がない．
【哑铃】yǎlíng 名〈体〉亜鈴(あれい)．ダンベル．
【哑谜】yǎmí 名 なぞのような言葉；難解な事柄．
【哑炮】yǎpào 名〈俗〉不発弾；不発の発破〔爆竹〕．
【哑然】yǎrán 形〈書〉①しんとしている．¶～无声 wúshēng／しんとして物音がない．②驚いて言葉が出ない．
【哑嗓子】yǎsǎngzi 名 かすれ声．
【哑语】yǎyǔ 名 手話．❖打 dǎ ～／手話で話す．►“手语”とも．
【哑子】yǎzi 名〈方〉口がきけない人．

雅 yǎ ❶形 上品である．みやびやかである．¶房间布置 bùzhì 得很～／部屋は上品にしつらえてある．
❷名 ①『詩経』の詩編の一類．②〈書〉交わり．交際．¶无一日之～／一面識もない．
❸副 ①〈書〉平素．もともと．¶～善鼓 gǔ 琴／つとに琴が上手である．②〈書〉きわめて．はなはだ．¶～以为美／たいへん美しいと思う．
◇◆ ①正統な．標準的な．¶→～正 zhèng．②相手の行為・気持ちに用いる．¶→～教 jiào．¶→～意 yì．‖姓

【雅观】yǎguān 形(見た目に)上品である．►普通，否定形で用いる．¶很不～／実に見苦しい．
【雅号】yǎhào 名 ①雅号．②〈諧〉あだ名．
【雅教】yǎjiào 名〈敬〉〈書〉御意．お言葉．¶久违 jiǔwéi ～／久しくご無沙汰しております．
【雅静】yǎjìng 形 ①上品で落ち着いている．②しとやかである．
【雅量】yǎliàng 名 ①広い度量．②酒量が多いこと．
【雅趣】yǎqù 名〈書〉風雅な興趣．
【雅俗共赏】yǎ sú gòng shǎng〈成〉(本・新聞などが)教養の高い人にも一般大衆にも喜ばれる；万人向けである．
【雅兴】yǎxìng 名〈書〉高尚な趣味．
【雅意】yǎyì 名 ①お考え．②ご厚情．
【雅正】yǎzhèng ❶形〈書〉①規範となる．②正直である．❷動〈敬〉ご叱正(しっせい)いただく．
【雅致】yǎzhi 形(服装・器物・家屋などが)さっぱりしていて上品である，奥ゆかしい．
【雅座】yǎzuò 名(～儿)(料理屋・風呂屋などの)個室，特別室．

4声 **轧** yà ①動 ローラー(状のもの)をかける．¶～棉花 miánhua／(綿繰り車で)綿を繰る．②擬《機械が動く音》ごうごう．がたがた．
◇◆ 排斥する．¶倾 qīng ～／排斥する．‖姓
⏩ zhá

【轧场】yà//cháng ①動 脱穀する．②名 脱穀場．
【轧马路】yà mǎlù〈慣〉街をぶらぶらする；(恋人と)デートする．►“压 yà 马路”とも書く．

亚(亞) yà ◇◆ ①(…に)劣る，次ぐ．►普通，否定形で用いる．¶他的技术 jìshù 不～于 yú 你／彼の技術は君に劣らない．②(Yà)“亚洲 Yàzhōu”(アジア)．¶～太地区 dìqū／アジア太平洋地域．③〈化〉亜．¶硫酸 liúsuān ～铁／硫酸第一鉄．④次(の)．第2位(の)．¶→～军 jūn．‖姓

【亚当】Yàdāng 名(聖書で)アダム．►「イブ」は“夏娃 Xiàwá”．
【亚军】yàjūn 名(競技で)準優勝者．(コンクールなどで)第2位．►優勝者は“冠军 guànjūn”という．
【亚美尼亚】Yàměiníyà 名〈地名〉アルメニア．
【亚热带】yàrèdài 名〈地〉亜熱帯．
【亚赛】yàsài 動〈書〉…に似ている．…にもまさる．
【亚太经合组织】Yà-Tài jīnghé zǔzhī 名 APEC．アジア太平洋経済協力会議．
【亚细安】Yàxì'ān 名 ASEAN．東南アジア諸国連合．
【亚运会】Yàyùnhuì 名〈略〉アジア競技大会．
**【亚洲】Yàzhōu 名〈地〉アジア(州)．¶中国位于 wèiyú ～的东部／中国はアジア東部に位置する．

压(壓) yà “压根儿 yàgēnr”⬇などの語に用いる．⏩ yā

【压马路】yà mǎlù ⇀【轧马路】yà mǎlù
【压根儿】yàgēnr 副〈口〉根っから．もともと．全然．►否定文に用いることが多い．¶你记错 jìcuò 了，～就没这回事／君の記憶違いです，まったくそういうことはありません．

讶 yà ◇◆ 怪しむ．いぶかる．¶怪 guài ～／怪しむ．いぶかる．¶惊 jīng ～／驚きいぶかる．

氩(氬) yà 名〈化〉アルゴン．Ar．

揠 yà ◇◆ 引き抜く．

【揠苗助长】yà miáo zhù zhǎng〈成〉助長する；不要な力添えをして失敗するたとえ．

軽声 ***呀** ya 助《“啊 a”が前の字の韻母 a，e，i，o，ü で終わる音に影響されて起こった音便 ya を表記する字》¶大家快来～！／みんな早く来なさいよ．¶你是谁 shéi ～？／君はだあれ．⇨〖啊 a〗 ⏩ yā

yan（ㄧㄢ）

1声 **咽** yān 名〈生理〉喉(のど)．咽喉(いんこう)．►“咽头 yāntóu”とも．¶～炎 yán／〈医〉咽頭炎．⏩ yàn,yè

Y

【咽喉】yānhóu 名 喉．咽喉；〈喩〉急所．要害．¶～要地／要害．
【咽头】yāntóu 名〈生理〉喉．咽喉．

殷 yān ◇◆ 赤黒色．黒ずんだ赤色．
▸▸ yīn

【殷红】yānhóng 形〈書〉黒ずんだ赤色である．

胭 yān "胭粉 yānfěn""胭脂 yānzhi"⬇という語などに用いる．

【胭粉】yānfěn 名 おしろい．
【胭脂】yānzhi 名 ほお紅；口紅．

**烟(煙) yān ❶名 ① たばこ．(量) 支 zhī, 枝 zhī, 根 gēn；[ケース]盒 hé, 包 bāo；[カートン]条；[缶入り]筒 tǒng, 听．❖抽 chōu ～／たばこを吸う．¶请勿 wù 吸 xī～／たばこはご遠慮ください．② 煙．(量) 股 gǔ, 缕 lǚ．❖冒 mào ～／煙が立つ．
❷動 煙が目を刺激する．しみる．
◇◆ ①タバコ．¶→～叶 yè．②煙のようなもの．¶→～雾 wù．③アヘン．¶大～／〈口〉アヘン．
【烟草】yāncǎo 名〈植〉タバコ(の葉)．
【烟尘】yānchén 名 ① 煙とほこり；〈転〉戦火．②〈書〉人口の稠密(ちゅうみつ)な所．
【烟囱】yāncōng 名(やや大きな)煙突．(量) 个．
【烟袋】yāndài 名 キセル．(量) 根．
【烟道】yāndào 名(煙突の)煙道．
【烟蒂】yāndì 名(たばこの)吸い殻．
【烟斗】yāndǒu 名 ① パイプ．② アヘン吸飲用のキセルの雁首(がんくび)．
【烟斗丝】yāndǒusī 名 刻みたばこ．
【烟缸】yāngāng 名(～儿)(深めの)灰皿．
【烟管】yānguǎn 名 キセル．
【烟鬼】yānguǐ 名〈譏〉① ヘビースモーカー．② アヘン常用者．
【烟海】yānhǎi 名 霧でかすむ海；〈喩〉広大無辺．¶浩 hào 如～／(文献や資料が)膨大な数に上る．
【烟盒】yānhé 名(～儿)シガレットケース．
【烟花】yānhuā 名 ①〈書〉春景色．②〈旧〉遊郭．¶～巷 xiàng／色街．③ 花火．¶燃放 ránfàng ～爆竹 bàozhú／花火を打ち上げたり,爆竹を鳴らしたりする．
【烟灰】yānhuī 名 たばこの灰．
【烟灰碟】yānhuīdié 名(～儿)(浅めの)灰皿．
【烟灰缸】yānhuīgāng 名(～儿)(やや深い)灰皿．
【烟火】yānhuǒ 名 ①(かまどの)煙と火．¶动～／飯を炊くこと．② 火の気．¶车间 chējiān 重地,严禁 yánjìn ～／作業場につき火気厳禁．③〈書〉のろし．戦火．④(道教で)俗世の食べ物．⑤〈旧〉祖先を祭る香やろうそく；〈転〉子孫．
【烟火】yānhuo 名 花火．❖放 fàng ～／花火を打ち上げる．
【烟酒不分家】yān jiǔ bù fēn jiā〈成〉たばこと酒は自他共に楽しむもの．
【烟具】yānjù 名 喫煙具．
【烟卷儿】yānjuǎnr 名〈口〉紙巻きたばこ．シガレット．
【烟龄】yānlíng 名 喫煙年数．
【烟民】yānmín 名 喫煙者．
【烟幕】yānmù 名 ① 煙幕；〈喩〉真意を隠すための言動．¶放 fàng ～／煙幕を張る．②〈農〉霜害防止用の煙幕．
【烟屁股】yānpìgu 名〈口〉たばこの吸い殻．
【烟气】yānqì 名 ① 煙と水蒸気．② たばこの煙．
【烟枪】yānqiāng 名 ① アヘンを吸うキセル．② ニコチン中毒の人．
【烟丝】yānsī 名 刻みたばこ．
【烟摊】yāntān 名(～儿)たばこを売る露店．
*【烟筒】yāntong 名 煙突．
【烟头】yāntóu 名(～儿)たばこの吸い殻．►"烟屁股 yānpìgu"とも．
【烟雾】yānwù 名(広く)煙・霧・雲・ガスなど．¶～弥漫 mímàn／煙が立ちこめる．¶～腾腾 téngténg／もうもうたる煙．
【烟消云散】yān xiāo yún sàn〈成〉雲散霧消する．
【烟叶】yānyè 名〈植〉タバコの葉．
【烟瘾】yānyǐn 名 たばこ中毒．¶他～可大了／彼はヘビースモーカーもいいところだ．
【烟雨】yānyǔ 名 霧雨．こぬか雨．
【烟云】yānyún 名 ① 煙雲．¶～缭绕 liáorào／煙雲がうず巻いている．② スモッグ．
【烟子】yānzi 名 すす．
【烟嘴儿】yānzuǐr 名 シガレットホルダー．たばこの吸い口．

焉 yān〈古〉语法 現代語の"怎么、哪里"に相当(①)；"才"に相当(②)；"在这里"に相当(③)；"呢、哩"に相当(④)．① 擬 どうして．►反語に用いることが多い．¶～能不去／どうして行かないでおられよう．② 副 はじめて．そこで．③ 代 ここに．これに．¶心不在～／〈成〉心ここにあらず．④ 助《確認の語気を表す》¶又何虑 lǜ ～／何の心配があろうか．⑤ 接尾《形容詞の語尾として状態を示す》‖ 姓

阉 yān 動 去勢する．¶～猪 zhū／雄ブタを去勢する．
◇◆ 宦官(かんがん)．
【阉割】yāngē 動 ① 去勢する．②〈喩〉(文章や理論の主要な内容を)骨抜きにする．
【阉人】yānrén 名 去勢された人；宦官．

淹 yān 動 ① 水に浸る．おぼれる．¶庄稼 zhuāngjia 遭 zāo 水～了／作物が水浸しになった．
②(皮膚が汗などで)ただれる,しみる．
◇◆ ①広い．¶→～博 bó．②久しく留まる．¶～留 liú／長く逗留する．
【淹博】yānbó 形〈書〉(知識が)広い．
【淹埋】yānmái 動(土砂に)埋もれる．
*【淹没】yānmò 動 水浸しになる；埋もれる．¶～在人群里／人波に埋もれる．

腌 yān 動 塩漬けにする；(広く)みそ・醤油・砂糖などに漬ける．
▸▸ ā
【腌菜】yāncài 名〈料理〉漬け物(の総称)．
【腌渍】yānzì 動〈料理〉(調味料に)漬ける．

湮 yān ◇◆ ①うずもれる．滅びる．②ふさがる．ふさぐ．
【湮没】yānmò 動〈書〉うずもれる．

嫣 yān ◇◆ 容貌が美しい．¶～然 rán／〈書〉美しいさま．

Y

燕 yān 名〈史〉燕(えん). ►戦国時代の七雄の一つ. ¶～京 jīng / 北京の別称. ◇◆ 河北省の北部地方. ‖姓
▸▸ yàn

2声 **延** yán ◇◆ ①延びる. 延ばす. ¶蔓 màn～ / 蔓延する. ¶→～年 nián 益寿. ②(時間を)延ばす,長引かせる. ¶拖 tuō～ / ぐずぐずして長引かせる. ③招く. ¶～聘 pìn / 招聘(しょうへい)する. ‖姓

*【延长】yáncháng 動 **延長する.** 延ばす. ¶营业 yíngyè 时间～到晚上十点 / 営業時間を夜10時まで延長する.

【延迟】yánchí 動(時期を)延ばす;遅らせる.

【延缓】yánhuǎn 動 **先延ばしにする.** しばらく見合わせる. ¶～工程 gōngchéng / 工事を遅らせる.

【延纳】yánnà 動〈書〉(有能な人を)受け入れる,接待する.

【延年益寿】yán nián yì shòu〈成〉長生きをする. 寿命を延ばす.

【延期】yán//qī 動 **延期する.** ¶～开幕 kāimù / 開催を延期する.

【延烧】yánshāo 動 延焼する.

【延伸】yánshēn 動 延びる. 伸展する. ¶这条路一直 yīzhí～到山上 / この道路はずっと山の上まで延びている.

【延误】yánwù 動 ぐずぐずして遅れる. 遅延する. ¶～开工时间 shíjiān / 操業が遅れる.

【延续】yánxù 動(状況などが現状のまま)続く. ¶看来,这种情况还会～下去 / こういう状態はまだ続いていきそうだ.

芫 yán "芫荽 yánsuī"⇩という語に用いる.

【芫荽】yánsuī 名〈植〉コエンドロ. コウサイ. 中国パセリ.

* **严**(嚴) yán 形 ① **ぴったりくっついてすきまがない.** ¶瓶口 píngkǒu 封 fēng 得很～ / びんの口は固く密封されている. ¶这个人嘴 zuǐ～ / この人は口が固い. ② **厳しい.** 厳格である. ¶他对孩子才 cái～呢 / 彼は子供にめっぽう厳しい. ¶厂规 chǎngguī 太～了 / 工場の規則はたいへん厳しい. ◇◆ ①(程度が)激しい. ¶→～寒 hán. ¶→～刑 xíng. ②警戒. ¶戒 jiè～ / 戒厳令を敷く. ③父. ¶家～ / 〈書〉〈謙〉父. ‖姓

【严办】yánbàn 動 厳重に処分する.

【严查】yánchá 動 厳しく取り調べる.

【严察】yánchá 動 厳密に偵察する.

【严惩】yánchéng 動 厳罰に処する.

【严词】yáncí 名 きつい言葉. ¶～拒绝 jùjué / きっぱり断る.

【严打】yándǎ 動〈略〉(犯罪を)厳しく取り締まる.

【严防】yánfáng 動 厳重に警戒する.

【严父】yánfù 名(↔慈母)厳父.

*【严格】yángé ① 形(規則や基準に) **厳格である.** ¶～检查 jiǎnchá / 厳しく検査する. ② 動 厳格にする. ¶一定要～产品质量 zhìliàng / 製品の品質を厳格にしなければならない.

【严寒】yánhán 名〈書〉(↔酷暑 kùshǔ)厳寒.

【严紧】yánjǐn 形 ① 厳格である. ② ぴったりしていてすきまがない.

【严谨】yánjǐn 形(仕事ぶり・学究態度・文章の組み立てなどが)緻密(ちみつ)である,真摯(しんし)である,ゆるがせにしない. ¶治学 zhìxué～ / 研究態度が真摯である.

【严禁】yánjìn 動 **厳禁する.**

【严究】yánjiū 動 厳しく追及する.

【严酷】yánkù 形 ① **厳しい.** 情け容赦がない. ¶～的教训 jiàoxun / 厳しい教訓. ② 冷酷である. むごい. ¶～的现实 xiànshí / 冷酷な現実.

*【严厉】yánlì 形(人に対して態度・手段・言い方などが) **厳しい,** きつい. ¶～的态度 tàidu / 厳しい態度.

*【严密】yánmì ❶形 ① **ぴったりしている. すきまがない;**(構造などが)緊密で整然としている. ¶他说话很～ / 彼の話は理路整然としている. ② 細心である. 周到である. 詳しい. ¶～地注视 zhùshì / 注意深く見つめる. ❷動 厳しくする.

【严明】yánmíng ① 形 厳正である. ② 動 厳正にする.

【严命】yánmìng〈書〉① 動 厳命する. ② 名 父の命令.

【严师】yánshī 名 厳しい先生. 厳しい師匠.

【严实】yánshi 形〈方〉① ぴったりしている. すきまがない. ¶把门关 guān～点儿! / ドアをしっかり閉めなさい. ② すきがない. 手抜かりがない. ③ うまく隠して容易に見つけられない.

【严守】yánshǒu 動 厳守する. 固く守る. ¶～纪律 jìlǜ / 規律を厳守する.

【严丝合缝】yán sī hé fèng〈成〉ぴったりくっついて一分のすきもない.

*【严肃】yánsù ❶形 ①(表情や雰囲気などが) **厳粛である.** 厳かである. ¶会议室里的气氛 qìfēn 很～ / 会議室の空気は厳かで重々しい. ②(やり方・態度などが) **真剣である.** まじめである. ¶～的态度 tàidu / 真剣な態度. ❷動 厳しくする.

【严刑】yánxíng 名 酷刑.

【严严】yányán 形(～的)ぴたりとしている. 一分のすきもない. ¶大门关得～的 / 玄関がぴたりと閉まっている.

【严整】yánzhěng 形 ①(隊列などが)整然としている. ② 緻密(ちみつ)である;厳密である.

*【严重】yánzhòng 形(ゆるがせにできないほど差し迫って) **重大である,深刻である.** 影響が大きい. ただならない. ¶病情 bìngqíng～ / 病状が危うい. ¶～的威胁 wēixié / 重大な脅威. ¶～的后果 hòuguǒ / 由々しい結果. ¶～地妨碍 fáng'ài 了生产的发展 / 生産の発展を甚だしく妨げた.

言 yán ◇◆ ①漢字1字. ¶七～诗 shī / 七言詩. ②言葉. ¶→～语 yǔ. ¶语 yǔ～ / 言語. ③言う. ¶～之有理 / 言うことが理にかなっている. ‖姓

【言必信,行必果】yán bì xìn, xíng bì guǒ〈諺〉言った以上は必ず実行し,行う以上は断固としてやる.

【言必有中】yán bì yǒu zhòng〈成〉言うことがすべて的を射ている.

【言不及义】yán bù jí yì〈成〉言うことが核心に触れない.

【言不尽意】yán bù jìn yì〈成〉言葉が意を尽くさない.

【言传身教】yán chuán shēn jiào〈成〉口で教え

身をもって手本を示す.

【言词·言辞】yáncí 名 言葉. ¶～过激 guòjī / 言葉が度を過ぎる.

【言而无信】yán ér wú xìn 〈成〉言うことが当てにならない.

【言而有信】yán ér yǒu xìn 〈成〉言うことが信用できる；有言実行.

【言归于好】yán guī yú hǎo 〈成〉仲直りをする.

【言归正传】yán guī zhèng zhuàn 〈成〉余談はさておき．本題に戻って. ►"闲话休题"に続けて用いる.

【言过其实】yán guò qí shí 〈成〉話が誇大で実際とかけ離れている．大げさに言う.

【言和】yánhé 動〈書〉講和する．仲直りをする.

【言欢】yánhuān 動〈書〉(仲直りして)談笑する. ¶握手 wòshǒu ～ / 手を握り打ち解けて話し合う.

【言简意赅】yán jiǎn yì gāi 〈成〉言葉は簡潔であるが意は尽くされている.

【言教】yánjiào 動 言葉で教える. ¶～不如 bùrú 身教 / 口で教えるより身をもって教える.

【言近旨远】yán jìn zhǐ yuǎn 〈成〉言葉はやさしいが意味は深遠である.

【言路】yánlù 名(政府へ)提言する方法.

【言论】yánlùn 名 言論. ¶～自由 zìyóu / 言論の自由.

【言情】yánqíng 形〈書〉愛情を描写する. ¶～小说 xiǎoshuō / 恋愛小説.

【言谈】yántán ① 名 話の内容と言葉遣い. ¶～举止 jǔzhǐ / 物言いとふるまい. ② 動 話をする.

【言听计从】yán tīng jì cóng 〈成〉ある人物を信頼して,進言をなんでも聞き入れる. ►信任が厚い〔妄信する〕形容.

【言外之意】yán wài zhī yì 〈成〉言外の意味.

【言为心声】yán wéi xīn shēng 〈成〉言葉は心の表れである.

【言下之意】yán xià zhī yì 〈成〉言わんとするところ．言葉の含み.

【言行】yánxíng 名 言行．言葉と行動.

【言犹在耳】yán yóu zài ěr 〈成〉(その人の)言葉がまだ耳に残っている．記憶に新しい.

【言语】yányǔ 名(話す)言葉.

【言语】yányu 動〈方〉言葉をかける．口をきく．ものを言う. ¶你怎么不～了？/ どうして黙ってしまったの.

【言者无罪,闻者足戒】yán zhě wú zuì, wén zhě zú jiè 〈成〉たとえ批判が不当であっても,それをとがめずに自戒とすべきである.

【言之成理】yán zhī chéng lǐ 〈成〉言うことが理にかなっている. ►"言之有 yǒu 理"とも.

【言之有据】yán zhī yǒu jù 〈成〉言うことに根拠がある.

【言重】yánzhòng 動〈書〉言い過ぎる. ¶未免 wèimiǎn ～了 / どうも言い過ぎですね.

妍(姸) yán ◇◆ 美しい．あでやかである. ¶百花争 zhēng ～ / 百花咲き競う.

【妍丽】yánlì 形 うるわしい.

岩(巖) yán ◇◆ ①岩石. ¶花岗 huāgāng ～ / 花崗岩(かこう). ②高くそびえた崖(がけ). ‖姓

【岩洞】yándòng 名 洞穴．岩窟(がんくつ).

【岩浆】yánjiāng 名〈地質〉マグマ.

【岩溶】yánróng 名〈地質〉カルスト.

【岩石】yánshí 名 岩石.

【岩穴】yánxué 名 岩窟.

【岩盐】yányán 名 岩塩.

炎 yán ◇◆ ①ひどく暑い. ¶→～夏 xià. ②炎症. ¶发 fā ～ / 炎症を起こす. ③権勢.

【炎帝】Yándì 名(中国古代の伝説上の帝王)炎帝．神農.

【炎黄】Yán Huáng 名 炎帝と黄帝．中国の古代伝説中の,中華民族の祖先といわれる二人の帝王の名. ¶～子孙 zǐsūn / 炎帝と黄帝の子孫．中国人をさす.

【炎凉】yánliáng 名 暑さと涼しさ；〈喩〉人情の移り変わりの激しさ. ¶世态 shìtài ～ / 世間は薄情なものだ.

【炎热】yánrè 形 ひどく暑い. ¶～的夏天 / 夏の酷暑.

【炎暑】yánshǔ 名 ① 夏の最も暑い時期. ② 炎暑．酷暑.

【炎夏】yánxià 名 暑い夏.

【炎炎】yányán 形 ① 太陽が照りつけている. ② 火の勢いが激しい.

【炎阳】yányáng 名 灼熱(しゃく)の太陽.

【炎症】yánzhèng 名〈医〉炎症.

***沿** yán ① 前 …に沿って. ►経由する道筋を表す. ¶～铁路 tiělù 走 / 線路に沿って歩く. ¶～着路边种 zhòng 树 / 道路に沿って木を植える. ¶～着海岸线 hǎi'ànxiàn 航行一周 / 海岸線沿いを航行した.

比較 沿：顺 shùn "沿"は抽象的意味での「道・ルート」にも用いることができるが,"顺"は普通具体的な道や物にしか使えない. ¶沿着〔× 顺着〕党 dǎng 指引 zhǐyǐn 的道路前进 / 党の導きに沿って進む.

② 動 縁どる．へりをつける. ¶→～边儿 biānr.

◇◆ ①へり．縁. ¶床～儿 / ベッドのへり. ¶河～儿 / 川辺. ②踏襲する．受け継ぐ. ¶→～袭 xí. ③沿う. ¶→～线 xiàn. ¶～湖 hú / 湖の周り.

【沿岸】yán'àn 名 沿岸.

【沿边儿】yán//biānr 動(服などに)へりをつける. ¶帽子上沿一道边儿 / 帽子に縁をつける.

【沿波讨源】yán bō tǎo yuán 〈成〉流れに沿ってその源を探る．事物の根源を究める.

【沿革】yángé 名 沿革．移り変わり. ¶历史 lìshǐ 的～ / 歴史の移り変わり.

【沿海】yánhǎi 名 沿海. ¶～地区 / 沿海地区.

参考 "内地"(内陸部)に対していう．中国では主として広西チワン族自治区から遼寧省までの太平洋に面した地区をさす.

【沿江】yánjiāng 名 川沿いの地域；(主として)長江沿岸地方. ¶～开发区 kāifāqū / 長江沿い開発区.

【沿街】yánjiē 副 通りに沿って.

【沿路】yánlù ① 名 沿道．道中. ② 副 道すがら.

【沿途】yántú 名 道中；沿道.

【沿袭】yánxí 動 踏襲する.

【沿线】yánxiàn 名(鉄道・道路・航路の)沿線.

【沿用】yányòng 動(古い方法・制度・法令などを)

そのまま用いる,踏襲する. ¶～前人的说法 / 先人の説を踏襲する.
【沿着】yánzhe 前 …に沿って. ⇨〖沿 yán〗①

研(硏) yán

動 する. すりつぶす. ¶～药 yào / 薬をすりつぶす. ¶～墨 mò / 墨をする.
◇◆ 研究する. ¶→～习 xí.
【研钵】yánbō 名 すり鉢. 乳鉢.
【研杵】yánchǔ 名 すりこ木.
【研究】yánjiū ❶動 ①(一人またはグループで)研究する.** ¶～历史 lìshǐ / 歴史を研究する. ¶科学 kēxué ～ / 科学研究. ②**検討する. ちょっと考えてみる,問題にしてみる.** ¶这件事得 děi ～～ / このことはちょっと考えてみなければならない. ❷名〈俗〉酒とたばこをさす. ►"研"は"烟 yān","究"は"酒 jiǔ"の音に通じることから.
*【研究生】yánjiūshēng 名(大学)**院生.** ►科学院などの研究機関でも院生をとる. ¶～院 yuàn / 大学院.
【研究员】yánjiūyuán 名 研究員. ►研究機関における研究要員の職階名の一つ. 大学の教授に相当.
【研磨】yánmó 動 ①細かく砕く. 粉にする. ②研磨する.
【研讨】yántǎo 動 研究討論する. 検討する.
【研习】yánxí 動 研究し学ぶ.
【研制】yánzhì 動 ①研究し製造する. 開発する. ¶～新产品 chǎnpǐn / 新製品を開発する. ②〈中医〉薬をすって作る.

*盐(鹽) yán

名 ①**食塩.** ¶精 jīng ～ / 精製した食塩. ¶放一匙 chí ～ / 塩をさじ1杯入れる. ②〈化〉塩. ¶酸式～ / 酸性塩.
【盐场】yánchǎng 名(海辺の)天日製塩場.
【盐池】yánchí 名(食塩をとる)塩水湖. 鹹湖(かん).
【盐分】yánfèn 名 塩分.
【盐湖】yánhú 名(塩分を多量に含んだ)塩湖,鹹湖.
【盐花】yánhuā 名 ①(～儿)ごくわずかな塩. ②〈方〉(物の)表面に吹き出た塩.
【盐井】yánjǐng 名 塩分を含んだ地下水を汲み上げて塩をとるための井戸. 塩井(えんせい).
【盐卤】yánlǔ 名 にがり. 海水から食塩をとった残液. ►"卤(水)"とも.
【盐泉】yánquán 名 塩分を大量に含んだ鉱泉. 塩泉.
【盐酸】yánsuān 名〈化〉塩酸.
【盐滩】yántān 名 天日製塩をする海辺. 塩浜.
【盐田】yántián 名 塩田.
【盐业】yányè 名 製塩工業.

阎 yán

◇◆ ①路地や横丁の木戸. ②閻魔(えんま). ¶～君 jūn / 閻魔大王. ‖姓
【阎罗】Yánluó 名〈略〉〈仏〉閻魔王.
【阎王】Yánwang 名 ①〈仏〉閻魔王. ②〈喩〉厳しい人;凶悪な人.
【阎王账】yánwangzhàng 名〈口〉高利の借金. ►"阎王债 zhài"とも.

蜒 yán

"蜒蚰 yányóu"⬇,"海蜒 hǎiyán"(アンチョビ)などの語に用いる.
【蜒蚰】yányóu 名〈方〉〈動〉ナメクジ.

筵 yán

名〈古〉竹のむしろ.
◇◆ 宴席. ¶喜 xǐ ～ / おめでたの宴. ¶寿 shòu ～ / 誕生祝いの宴.
【筵席】yánxí 名 宴席.

颜 yán

◇◆ ①顔;表情. ¶容 róng ～ / 顔. 容貌. ②メンツ. ¶→～面 miàn. ③色. 色彩. ¶→～料 liào.
注意 「顔」を表す単語は"脸 liǎn". ‖姓
【颜料】yánliào 名 顔料.
【颜面】yánmiàn 名〈書〉①顔面. ¶～神经 shénjīng / 顔面神経. ②面目. メンツ. ¶～扫地 sǎodì / 面目丸つぶれ.
【颜色】yánsè 名 ①色.** (量) 种 zhǒng. ¶红～ / 赤色. ②〈書〉容貌. 顔だち. ③顔の表情. ④("给…～看"の形で)ひどい目(にあわせる). ¶给你一点儿～看看 / 目に物見せてやる. 注意 日本語の「顔色」は"脸色"に当たる.
【颜色】yánshai 名 ①(～儿)〈口〉色. ¶上～ / 色を塗る. ¶变 biàn ～ / 色が変わる. ②顔料;染料.

檐 yán

◇◆ ①軒. ひさし. ¶～下 / 軒下. ②(器物の)縁. ¶帽 mào ～儿 / 帽子のつば.
【檐头】yántóu 名 軒. 軒先.
【檐子】yánzi 名〈口〉軒. ひさし.

3声
奄 yǎn

動〈古〉覆う. かぶせる.
◇◆ 忽然(こつぜん)と. 突然. ¶→～忽 hū. ¶→～然 rán.
【奄忽】yǎnhū 副〈書〉忽然と. またたく間に.
【奄然】yǎnrán 副〈書〉忽然と.
【奄奄】yǎnyǎn 形 息が絶え絶えなさま. ¶～一息 xī / 虫の息である.

俨(儼) yǎn

◇◆ ①いかめしくて厳かである. ②よく似ている.
【俨然】yǎnrán 〈書〉❶形 ①いかめしくて厳かなさま. ②整然としている. ❷副 あたかも…のようである.
【俨如】yǎnrú 副 あたかも…のようだ. ¶灯火辉煌 huīhuáng,～白昼 báizhòu / 明かりがきらきら輝いてまるで真昼のようだ.

衍 yǎn

◇◆ ①広める. 広がる. ¶敷 fū ～ / 敷衍(ふえん)する. ②(字句が)余分の. ¶→～文 wén. ‖姓
【衍生】yǎnshēng 動 ①〈化〉化合物の原子や原子団が置換変化によって複雑な化合物に変化する. ②発展しながら変化する.
【衍生物】yǎnshēngwù 名〈化〉誘導体.
【衍文】yǎnwén 名 衍文(えんぶん). よけいな文章や字句.
【衍字】yǎnzì 名 衍字(えんじ). 余分な字.

掩 yǎn

動 ①**覆う.** かぶせる. ¶～脸 liǎn 而泣 qì / 顔を隠して泣く. ②閉じる. 閉める. ¶～上书 / 本を閉じる.
◇◆ すきに乗じて襲う. ¶～袭 xí / 不意打ち(する).
【掩蔽】yǎnbì ①動 隠蔽する. 隠れる. ②名 隠れ場所.
【掩藏】yǎncáng 動 隠す. 隠匿する.

Y

【掩耳盗铃】yǎn ěr dào líng 〈成〉耳をふさいで鈴を盗む．自らを欺くこと．

【掩盖】yǎngài 動 ① 覆う．覆いかぶせる．¶大雪 dàxuě ～了大地 / 大雪が大地を覆った．② 隠す．包み隠す．¶～不住内心的喜悦 xǐyuè / 内心の喜びを隠しきれない．

*【掩护】yǎnhù ❶動 ① 援護する．② かくまう．❷名 遮蔽(しゃへい)物．目隠し．

【掩埋】yǎnmái 動 埋める；埋葬する．¶～尸首 shīshou / 死体を埋める．

【掩人耳目】yǎn rén ěr mù 〈成〉人の目をくらます．世間を欺く．

*【掩饰】yǎnshì 動(過ちや罪などを)ごまかす,隠す．粉飾する．¶～自己的错误 cuòwù / 自分の誤りをごまかす．

*眼 yǎn ❶名 ① 目．注意 独立した単語としては“眼睛 yǎnjing”を用いる．“眼”は「見る」「にらむ」などの目を使った動作の回数・量を示す臨時の量詞として用いる場合もある．¶瞪 dèng 了他一～ / 彼をちょっとにらんだ．②(～儿)穴．¶耳朵 ěrduo ～儿 / 耳の穴．¶打个～ / 穴を一つあける．③(囲碁の)目．
❷量 穴・井戸などを数える．¶两～泉 quán / 二つの泉．
◇◆(～儿)かなめ．要点．¶节骨 jiēgu ～儿 / 肝心かなめの時．大事な時．

【眼巴巴】yǎnbābā 形(～的) ①《切実に望んでいるさま》¶～地盼望 pànwàng 着他的回信 / 彼の返事を待ちわびている．② 見ていながら何もできない．みすみす．¶妈妈～地望着女儿离去 líqù / 母は娘が立ち去るのを黙って見送っている．

【眼不见,心不烦】yǎn bù jiàn, xīn bù fán 〈諺〉見なければ心も休まる．知らぬが仏．

【眼馋】yǎnchán 動 うらやましがる；ほしがる．

【眼眵】yǎnchī 名 目やに．目くそ．¶长 zhǎng ～ / 目やにがたまる．

【眼底】yǎndǐ 名 ①〈医〉眼底．¶～出血 chūxuè / 眼底出血．② 目の前．目の中．

【眼底下】yǎndǐxia 名 ① 目の前．② 当面．目下．

【眼福】yǎnfú 名 目の幸せ．目の保養．¶～不浅 qiǎn / たいへん目の保養になった．

【眼高手低】yǎn gāo shǒu dī 〈成〉眼識は高いが自分ではできない．望みは高いが実力が伴わない．

*【眼光】yǎnguāng 名 ① 視線．¶大家用惊奇 jīngqí 的～看着我 / みんなはけげんな目つきで私を見ている．② 見識．眼力．¶你真有～ / 君はなかなか目が高い．③ 観点．見方．¶经济 jīngjì ～ / 経済的観点．

【眼红】yǎnhóng 動 ① うらやむ．ほしがる．②(怒りで)顔色を変える．

【眼花】yǎnhuā 形 ① 目がかすむ；目がくらむ．② 目がちらつく；目が回る．¶头昏 hūn ～ / 頭がふらふらして目がくらむ．

【眼花缭乱】yǎn huā liáo luàn 〈成〉(複雑な色彩や目まぐるしさで)目がくらむ．

【眼尖】yǎn//jiān 形 目がきく；目ざとい．

【眼见】yǎnjiàn 副 すぐに．見る間に．

【眼角】yǎnjiǎo 名(～儿)目じり．まなじり．目頭．¶小～ / 目じり．¶大～ / 目頭．

【眼睫毛】yǎnjiémáo 名 まつげ．

【眼界】yǎnjiè 名 視野．見聞．¶大开～ / 大いに見聞を広める．

**【眼镜】yǎnjìng 名(～儿)眼鏡．量 副 fù．◆戴 dài〔摘 zhāi〕～ / 眼鏡をかける〔はずす〕．◆配 pèi ～ / 眼鏡をつくる．

【眼镜蛇】yǎnjìngshé 名〈動〉コブラ．

**【眼睛】yǎnjing 名 ① 目．量 只 zhī；〔两方〕双 shuāng, 对．¶睁开 zhēngkāi ～ / 目を開ける．¶闭 bì 上～ / 目を閉じる．② 視力．ものを見る力．目の働き．¶～好 / 視力がよい．¶～尖 jiān / 目が早い．

【眼看】yǎnkàn ① 副 すぐに．見る間に．►普通,後に“就(要)…了”と続く．¶天～就要 jiùyào 下雨了 / もうすぐ雨になりそうだ．② 動(思わしくない情況や事柄の発生を)みすみす見ている．座視する．¶我们不能～着这种情况 qíngkuàng 不管 / われわれはこのような情況を見ているだけではうっておくわけにはいかない．

【眼科】yǎnkē 名〈医〉眼科．¶～医生 yīshēng / 眼科医．

【眼快】yǎnkuài 形 目がさとい．¶手疾 jí ～ / 〈成〉動作が敏捷(びんしょう)で目もさとい．

【眼眶】yǎnkuàng 名(～子)目の縁；目の周り．

*【眼泪】yǎnlèi 名 涙．量 串 chuàn, 行 háng；〔しずく〕滴 dī．

【眼力】yǎnlì 名 ① 視力．¶～差 chà 了 / 視力が衰えた．② 眼力．¶他看人很有～ / 彼は人を見る目がある．

【眼里】yǎnli 名 眼中．►実際には yánli と発音する．¶～没人 / 人を眼中におかない．

【眼明手快】yǎn míng shǒu kuài 〈成〉目がよくきき動作がすばしこい．

【眼目】yǎnmù 名 ① 目．¶中午 zhōngwǔ 的日光眩 xuàn 人～ / 真昼の日差しが目にまぶしい．② 人の耳目．密偵．

【眼泡】yǎnpāo 名(～儿)上まぶた．¶哭 kū 得～都肿 zhǒng 了 / まぶたを泣きはらした．

【眼皮】yǎnpí 名(～儿)まぶた．¶～底下 dǐxia / すぐ目の前．

【眼皮子】yǎnpízi 名〈口〉① まぶた．② 視野；見聞；見識．

*【眼前】yǎnqián 名 ① 目の前．¶～是一片 piàn 汪洋 wāngyáng 大海 / 目の前は果てしない海だ．② 当面．目下．¶～的问题 / 当面の問題．

【眼前亏】yǎnqiánkuī 名 その場でひどい目にあうこと．¶好汉 hǎohàn 不吃～ / 賢い男はみすみす損をしない．

【眼球】yǎnqiú 名〈生理〉眼球．

【眼圈儿】yǎnquānr 名 目の周り．¶～红了 / いまにも泣き出しそうだ．

【眼热】yǎnrè 動 うらやむ．ほしがる．

【眼色】yǎnsè 名 ① 目くばせ；意図．◆使 shǐ ～ / 目くばせをする．② 臨機応変にはからう能力．

【眼梢】yǎnshāo 名(～儿)〈方〉目じり．¶吊 diào ～ / 目じりをつり上げる．

【眼神】yǎnshén 名 ① まなざし．目つき．¶～不好 / 目つきが悪い．②(～儿)〈方〉視力．

【眼生】yǎnshēng 形 見覚えがない．見慣れない．見たことがない．¶那位来客 láikè 很～ / あのお客さんには見覚えがない．

【眼屎】yǎnshǐ 名 目くそ．目やに．

【眼熟】yǎnshú 形 見覚えがある. ¶我觉得 juéde 这个人很～ / この人はどこかで会ったような気がする.
【眼跳】yǎntiào 動 まぶたがけいれんする.
【眼窝】yǎnwō 名(～儿)眼窩(がんか). 目のくぼみ.
*【眼下】yǎnxià 名 **目下. いまのところ.**
【眼线】yǎnxiàn 名 ①アイライン. ¶～笔 bǐ / アイライナー. ②ひそかに内情を探り,手引きをする人. スパイ.
【眼药】yǎnyào 名 目薬. ❖上 *shàng* ～ / 目薬をつける ;〈喩〉告げ口をする.
【眼影】yǎnyǐng 名 アイシャドー.
【眼晕】yǎnyùn 動 目まいがする.
【眼罩儿】yǎnzhàor 名 ①眼帯. ②目隠し. 遮眼帯. ③手を額に当て日光を遮るしぐさ. ❖打 *dǎ* ～ / 手をかざして日光を遮る.
【眼睁睁】yǎnzhēngzhēng 形(～的)なすすべもなく見ているさま.
【眼中钉】yǎnzhōngdīng 名 目のかたき. ¶～,肉中刺 ròuzhōngcì / 目の上のたんこぶ.
【眼珠子】yǎnzhūzi 名〈口〉①目玉. ►"眼珠儿 yǎnzhūr"とも. ②〈喩〉最愛の人間〔物品〕. ►子供や孫をさすことが多い.
【眼拙】yǎnzhuō〈套〉お見それする. ¶恕 shù 我～,您贵姓? / 失礼ですが,どなたさまでしたでしょうか.

偃 yǎn ◇◆ ①(あおむけに)倒れる,倒す. ¶～卧 wò / あおむけに寝る. ②停止する. やめる. ¶～武 wǔ 修文 / 〈成〉軍備を縮小し文教を興す.
【偃旗息鼓】yǎn qí xī gǔ〈成〉①軍隊が敵にさとられないようにひそかに行軍する. ②〈喩〉(批判や攻撃が)やむ.
【偃月】yǎnyuè 名 半弦の月 ; 半円形. ¶～刀 dāo / 半月刀.

***演 yǎn** 動 ①**演じる.** 扮する. ¶～主角 zhǔjué / 主役を演じる. ②上演する. ¶～电影 diànyǐng / 映画を上映する.
◇◆ ①(計算・訓練などにおいて)一定の方式に従って行う. ¶～武 wǔ / 武芸の練習をする. ②(事物が)変化し発展する. ¶→～化 huà. ③推し広げる. ¶推 tuī ～ / 推論する. ‖姓
【演变】yǎnbiàn ①動 発展しながら変化する. ②名 変遷.
【演播】yǎnbō 動(テレビ・ラジオで)番組を収録し放送する. ¶～室 shì / テレビスタジオ.
【演唱】yǎnchàng 動 歌を歌う. 伝統劇を演じる.
【演出】yǎnchū 動 **公演する. 上演する ; 出演する. ¶～了一场 chǎng 丑剧 chǒujù / 茶番劇を演じた. ¶首次 shǒucì ～ / 初公演.
【演化】yǎnhuà 動 進展変化する ; 進化する.
【演技】yǎnjì 名 演技.
【演讲】yǎnjiǎng 動 演説する. 講演する.
【演进】yǎnjìn 動 発展変化する. 進化する.
【演剧】yǎn//jù 動 演劇をする. 芝居を打つ.
【演练】yǎnliàn 動 訓練する. 教練する.
【演示】yǎnshì 動 実演をやって見せる. 実物で教える.
【演说】yǎnshuō ①動 演説する. ②名 演説. ¶发表～ / 演説をする.
【演算】yǎnsuàn 動 演算する. 計算する.
【演习】yǎnxí 動(多く軍事の)演習をする.
*【演戏】yǎn xì 動 **劇を演じる** ;〈喩〉お芝居をする. ¶别再 zài ～了 / 芝居はもうよせ.
【演绎】yǎnyì 動 ①〈論〉演繹(えんえき)する. ②押し広げる.
*【演员】yǎnyuán 名(演劇・映画の)**俳優.** (踊り・曲芸などの)演技者. ¶女～ / 女優. ¶相声 xiàngsheng ～ / 漫才師. 落語家. ¶电影 diànyǐng ～ / 映画俳優.
*【演奏】yǎnzòu 動 **演奏する.** ¶～电子琴 diànzǐqín / 電子オルガンを演奏する.

魇(魘) yǎn 動 ①(多く"住,着 zháo"を伴い)うなされる. ②〈方〉寝言を言う.

鼹(鼴) yǎn 名〈動〉モグラ. ¶～鼠 shǔ / モグラ. ¶～鼠丘 qiū / モグラの穴.

4声 **厌(厭) yàn** 形 **飽きる.** ►補語に用いることが多い. ¶吃～了 / 食べ飽きた.
◇◆ ①嫌う. ¶→～恶 wù. ②満ち足りる. ¶贪 tān 得无～ / 欲ばって満足することを知らない.
【厌烦】yànfán 動 飽き飽きする. 嫌気がさす.
【厌恨】yànhèn 動 ひどく憎み嫌う.
【厌倦】yànjuàn 動 飽き飽きする. いやになる.
【厌弃】yànqì 動 愛想をつかす. 嫌がる.
【厌世】yàn//shì 動 世の中がいやになる. 人生に飽きる.
*【厌恶】yànwù 動(人や物事を)**強く嫌悪する.** 激しい反感をもつ. ¶他的话让人～ / 彼の話は人に嫌われる.
【厌战】yànzhàn 動 戦争がいやになる.

砚 yàn ◇◆ ①すずり. ¶笔～ / 筆とすずり. ¶→～台 tai. ②同窓. 同門. ¶～兄 / 〈旧〉年上の学友.
【砚池】yànchí 名 すずり.
【砚台】yàntai 名 **すずり.** ㊖ 个,方.

***咽(嚥) yàn** 動 **飲み込む.** ❖～唾沫 *tuòmo* / つばを飲み込む. ¶怎么也～不下这口气 kǒuqì / (悔しくて)どうにもがまんがならない. 泣き寝入りできない. ➡ yān,yè
【咽气】yàn//qì 動 息を引き取る.

彦 yàn 名〈古〉才能も徳もある男. ►男子をほめていう語. ‖姓

艳(艷・豔) yàn 形(色が)美しい,鮮やかである. ¶这衣服太～了 / この服ははですぎる.
◇◆ ①色っぽい ; 恋愛の. ¶→～事 shì. ②うらやむ. ¶～羡 xiàn / 〈書〉非常にうらやましい. ‖姓
【艳红】yànhóng 形 真っ赤である.
【艳丽】yànlì 形〈書〉あでやかで美しい. ¶～夺目 duómù / 色鮮やかで目を奪われる. ¶辞藻 cízǎo ～ / 美辞麗句.
【艳情】yànqíng 名 恋情. 愛情.
【艳事】yànshì 名 艶聞(えんぶん). 情事.
【艳阳】yànyáng 名 ①明るい太陽. ②うららかな風景.

【艳阳天】yànyángtiān 名 うららかな日和.
【艳遇】yànyù 名〈書〉女性との出会い.
【艳妆】yànzhuāng 名 派手な服装や化粧.

晏 yàn ◇◆ ①遅い. ¶～起 / 遅く起きる. ②安らかである. ¶海内～如 / 天下泰平である. ‖ 姓

唁 yàn ◇◆ 弔問する. ¶吊 diào ～ / 弔問する.
【唁电】yàndiàn 名 弔電.
【唁函】yànhán 名 悔やみ状.

宴 yàn ◇◆ ①(酒と食事で)客をもてなす. ¶～客 / 客を供応する. ②酒席. 宴会. ¶设 shè ～ / 酒席を設ける. ③安らかである. ¶～乐 lè / 安楽.
*【宴会】yànhuì 名(比較的盛大な)**宴会**. 量 个, 次. ¶举行 jǔxíng ～ / 宴会を催す. ¶在～上致词 zhìcí / 宴会であいさつする.
【宴请】yànqǐng 動 宴席を設けて招待する.
【宴席】yànxí 名 **宴席**. **酒宴**. 宴会. 量 桌 zhuō. ¶大摆 bǎi ～ / 酒宴を張る.

验(驗) yàn 動 **確かめる**. **検査する**. ¶～护照 hùzhào / パスポートを調べる.
◇◆ 効き目(がある). ¶应 yìng ～ / (予言などが)当たる. ¶效 xiào ～ / 効き目.
【验方】yànfāng 名(臨床経験で立証された)効き目のある処方.
【验工】yàngōng 動 施工・工事の検査をする.
【验关】yàn//guān 動 税関で検査を行う.
【验光】yàn//guāng 動〈医〉視力測定をする.
【验核】yànhé 動 検査し照合する.
【验货】yàn//huò 動 貨物・商品を検査する.
【验看】yànkàn 動 調べて見る. 検査する.
【验尸】yàn//shī 動〈法〉検死する.
【验收】yànshōu 動 検査の上引き取る.
【验算】yànsuàn 動〈数〉検算する.
【验血】yàn//xuè 動 血液検査をする.
【验证】yànzhèng 動 検証する. ¶～处 chù / ビザなどをチェックする所.

谚 yàn ◇◆ ことわざ. ¶农 nóng ～ / 農事に関することわざ.
【谚语】yànyǔ 名 ことわざ.

堰 yàn 名(水の流れをせき止める)堰(せき).

雁(鴈) yàn 名〈鳥〉ガン. カリ. ►"大雁"とも. 量 只 zhī ; [飛んでいる列]行 háng.
【雁过拔毛】yàn guò bá máo 〈成〉飛んでいるガンの羽まで抜く. 貪欲で,抜け目なく私利を図る.
【雁行】yànháng 名〈書〉 1 雁行(がんこう). 2〈喩〉兄弟.

焰 yàn ◇◆ 炎. ¶火～ / 炎. ¶气～ / 気勢. 気炎.
【焰火】yànhuǒ 名〈方〉花火.

焱 yàn 名〈書〉火花 ; 炎. ►人名に用いることが多い. ‖ 姓

燕 yàn 名〈鳥〉ツバメ. ►話し言葉では普通, "燕子 yànzi" という. ⏩ yān
【燕麦】yànmài 名〈植〉エンバク. ¶～粥 zhōu / オートミール.
【燕雀】yànquè 名 1〈鳥〉アトリ. ►ホオジロに似た燕雀目の小鳥. 2 ツバメとスズメ ;〈喩〉小人物. ¶～安知 ānzhī 鸿鹄 hónghú 之志 /〈諺〉小人物は大人物の大きな志を知ることができないたとえ.
【燕窝】yànwō 名〈食材〉ツバメの巣.
【燕子】yànzi 名〈口〉〈鳥〉ツバメ. 量 只 zhī.

赝(贋) yàn ◇◆ 偽の ; 偽物.
【赝本】yànběn 名 偽作の書画.
【赝品】yànpǐn 名(文物の)偽物. 贋作.

yang (ㄧㄤ)

1声

央 yāng 動 人に頼み込む. お願いする. ¶→～人 rén. ¶～他帮个忙 / 彼に頼んで手伝ってもらう.
◇◆ ①尽きる. 完了する. ¶未 wèi ～ /〈書〉まだ尽きない. ②中心. ¶中～ / 中央. 真ん中. ‖ 姓
【央行】yānghánɡ 名〈略〉中央銀行.
【央求】yāngqiú 動 お願いする. 折り入って頼む. ¶孩子～妈妈讲故事 jiǎng gùshi / 子供は母さんに話をせがんだ.
【央人】yāng//rén 動 人に頼む. ¶～做媒 zuòméi / 人に頼んで仲人になってもらう.

殃 yāng ◇◆ 災い ; 災難を及ぼす. ¶灾 zāi ～ / 災難. ¶遭 zāo ～ / 災難にあう. ひどい目にあう.
【殃及】yāngjí 動 巻き添えで災いが及ぶ.

鸯 yāng "鸳鸯 yuānyāng"(鴛鴦(おしどり). オシドリ)という語に用いる.

秧 yāng 1 名 1 (～儿)植物の苗 ; (特に)イネの苗. ¶树 shù ～儿 / 苗木. ¶插 chā ～ / 田植え(をする). ¶～苗 miáo / 2 特定の植物の茎. ¶瓜 guā ～ / ウリのつる. ¶豆～ / マメの茎. 3 特定の動物の生まれたての子. ¶鱼 yú ～ / 稚魚.
2 動〈方〉栽培する ; 飼育する. ‖ 姓
【秧歌】yānggе 名 田植え踊り. ヤンコ踊り.
【秧苗】yāngmiáo 名 水稲の苗.
【秧田】yāngtián 名〈農〉苗代.
【秧子】yāngzi 名 1 苗. ¶白薯 báishǔ ～ / サツマイモの苗. 2 (特定の)植物の茎やつる. 3 動物の生まれたての子. ¶猪 zhū ～ / 子ブタ. 4〈方〉〈貶〉(特定の)人.

2声

扬(揚) yáng 動 1 (上へ)**高くあげる**, あがる. ¶～手 / 手を高くあげる〔あげて振る〕. ¶～起灰尘 huīchén / ほこりが舞い上がる. 2 (上へ)まく, まき散らす. ¶～场 cháng / (脱穀した穀物を上にまいて)モミ殻を取り去る.
◇◆ ①空中ではためく. ¶飘 piāo ～ / 翻る. ②広く人々に知らせる. ¶表～ / 表彰する. ¶→～名 míng. ③容姿がすぐれている. ¶其貌 mào 不～ / 風采が上がらない. ‖ 姓

【扬长避短】yáng cháng bì duǎn 〈成〉長所を伸ばし,短所を抑える.
【扬长而去】yáng cháng ér qù 〈成〉大手を振って立ち去る.
【扬风】yáng//fēng 動 ① 風が吹く. ¶～飘 piāo 雪 / 風が吹き雪が舞う. ②(～儿)〈方〉(あることを)言いふらす. うわさを広める.
【扬眉吐气】yáng méi tǔ qì 〈成〉心が晴れ晴れして意気揚々としている.
【扬名】yáng//míng 動 名をあげる. 名声を博する. ¶～天下 / 名を天下にとどろかす.
【扬弃】yángqì 動 ①〈哲〉止揚する. アウフヘーベンする. ②(悪い面を)捨て去る.
【扬琴】yángqín 名 平たい木製の箱に多数の弦を張って竹のばちでたたく弦楽器. ►"洋琴"とも書く.
【扬声】yángshēng 動 ① 声を大きくする〔高くする〕. ¶～争论 zhēnglùn / 大声で論争する. ② 言いふらす. 人に漏らす. ③〈書〉名をあげる.
【扬声器】yángshēngqì 名 ラウドスピーカー.
【扬水】yángshuǐ 動(ポンプで)水をくみ上げる. ¶～泵 bèng / 揚水用のポンプ.
【扬水站】yángshuǐzhàn 名 ポンプステーション.
【扬威】yángwēi 動 威力を示す. ¶耀武 yàowǔ～ / 武力を誇り威勢を示す.
【扬言】yángyán 動(ある種の行動をとろうとしていることを故意に)言いふらす.
【扬扬】yángyáng 形〈書〉得意気である. ¶得意 déyì～ / 得意満面である.

** **羊 yáng** 名〈動〉ヒツジ. 量 只,头. ¶～咩咩 miēmiē 叫 / ヒツジがメーメー鳴く. ‖姓

【羊肠小道】yáng cháng xiǎo dào 〈成〉曲がりくねった山道.
【羊城】Yángchéng 名 広州の別称.
【羊齿】yángchǐ 名〈植〉シダ.
【羊羹】yánggēng 名 ① 子羊のスープ. ②〈菓子〉ようかん.
【羊倌】yángguān 名(～儿)ヒツジ飼い.
【羊毫】yángháo 名 羊毛製の筆.
【羊角风】yángjiǎofēng 名 ① つむじ風. ②〈俗〉てんかん.
【羊圈】yángjuàn 名 ヒツジ小屋.
【羊毛】yángmáo 名 羊毛. ウール. ¶～衫 shān /(ウールの)セーター,カーディガン.
【羊毛出在羊身上】yángmáo chūzài yáng shēnshang 〈諺〉(金や物は)もとをただせば自分の身から出たもの.
【羊排】yángpái 名 ヒツジのスペアリブ.
【羊皮】yángpí 名 ヒツジの皮.
【羊群里头出骆驼】yángqún lǐtou chū luòtuo 〈諺〉凡人の中から大人物が現れる.
【羊绒】yángróng 名〈紡〉カシミヤ.
*【羊肉】yángròu 名 **ヒツジの肉**. マトン. ¶涮 shuàn～ / 〈料理〉しゃぶしゃぶ.
【羊上树】yáng shàng shù 〈慣〉現実にはあり得ないこと.

阳(陽) yáng ◇ ①(↔ 阴 yīn)(易学・中医学で)陽;男性の;顕在的な;〈物〉陽電気を帯びた. 参考 中国哲学の易学では,世界は相反する性質をもつ陰と陽からできていると見なし,女性に対する男性,月に対する太陽などを陽とする. 中医学では陽は機能,陰は物質をさす場合が多い. ¶壮 zhuàng～ /(漢方薬などで)男性機能を強める. ②太陽. 日光. ¶→～历 lì. ¶向～ / 南向き. 日があたる. ③山の南側;川の北側. ►ともに陽光が射すことから. ¶洛 Luò～ / 洛陽(河南省洛河の北岸にある). ④現世の. この世の. ¶→～间 jiān. ¶→～世 shì. ‖姓

【阳春】yángchūn 名 うららかな春.
【阳春白雪】yáng chūn bái xuě 〈成〉高尚な文学や芸術作品.
【阳春面】yángchūnmiàn 名〈方〉素うどん.
【阳奉阴违】yáng fèng yīn wéi 〈成〉面従腹背.
【阳关道】yángguāndào 名(便利な)大通り;〈転〉輝かしい前途に通じる道.
*【阳光】yángguāng ❶名 **日光**. 量 道,条 tiáo,片 piàn. ❷形 ① 明るくて健康的な. ② 透明性がある. オープンの. ¶～采购 cǎigòu / 公開買付け. ¶～操作 / 透明性の高い処理方法;情報公開.
【阳间】yángjiān 名〈口〉(↔ 阴间 yīnjiān)この世. 現世.
【阳历】yánglì 名 **太陽暦. 陽暦.**
【阳平】yángpíng 名〈語〉現代中国語共通語の声調の第2声.
【阳伞】yángsǎn 名 日傘. パラソル. ►"洋伞"とも書く. ❖打 *dǎ*～ / パラソルをさす.
【阳世】yángshì 名 この世. 現世.
【阳台】yángtái 名 バルコニー. ベランダ;物干し台.
【阳痿】yángwěi 名〈医〉インポテンツ.
【阳文】yángwén 名(印章などで)浮き彫りにした文字や模様.
【阳物】yángwù 名 男根. 男性の生殖器.
【阳性】yángxìng ① 形〈医〉陽性の. ② 名〈語〉男性.

杨(楊) yáng 名〈植〉ドロノキなどのヤナギ科ハコヤナギ属の総称. ► 一般に"杨树 shù"という. ¶白～ / ポプラ. ‖姓

【杨花】yánghuā 名 ヤナギの綿.
【杨柳】yángliǔ 名〈植〉ハコヤナギとヤナギ;(広く)ヤナギ.
【杨梅】yángméi 名 ①〈植〉ヤマモモ(の実). ②〈方〉〈植〉イチゴ. ③〈方〉〈医〉梅毒.

飏(颺) yáng ◇(風で)舞い上がる. はためく. ¶飘 piāo～ / 風に翻る.

佯 yáng ◇ いつわる. …のふりをする. ¶～死 sǐ / 死んだふりをする.

【佯笑】yángxiào 動〈書〉作り笑いをする.
【佯装】yángzhuāng 動〈書〉…のふりをする. ¶～惊诧 jīngchà / 驚き怪しむふりをする.
【佯作不知】yáng zuò bù zhī 〈成〉知らないふりをする.

疡(瘍) yáng ◇ 瘍(よう). はれ物. ¶溃 kuì～ / 潰瘍(かいよう).

徉 yáng "徜徉 chángyáng"(ぶらぶら歩く)という語に用いる.

洋 yáng ❶形(↔土 tǔ) 洋式である．近代化した．モダンな．¶他家的家具很～／彼のとこの家具はとてもモダンだ．¶～办法 bànfǎ／(西欧式の)現代的なやり方．
❷名 ①海洋．大洋．②〈旧〉銀貨．
◇◆ ①外国の．舶来の．¶→～货 huò．¶～商 shāng／外国商人．外国人の店〔商売〕．②盛んである．多い．¶→～溢 yì．‖姓

【洋白菜】yángbáicài 名〈口〉〈植〉キャベツ．
【洋布】yángbù 名〈旧〉カナキン．機械織りの平織布．
【洋财】yángcái 名〈貶〉外国人と商売をして得た儲け；(広く)思わぬ儲け．¶发 fā～／ぼろ儲けをする；にわか成金になる．
【洋插队】yáng chāduì〈慣〉〈諧〉外国に留学する．
【洋车】yángchē 名〈口〉人力車．量 辆 liàng.
【洋瓷】yángcí 名〈口〉琺瑯(ほうろう)引き．
【洋葱】yángcōng 名〈植〉タマネギ．
【洋房】yángfáng 名 洋館．洋風の建物．
【洋橄榄】yánggǎnlǎn 名〈俗〉〈植〉オリーブ．
【洋镐】yánggǎo 名 つるはし．
【洋鬼子】yángguǐzi 名〈旧〉(西洋人をののしって)毛唐．
【洋行】yángháng 名〈旧〉外国人経営の商社；外国人相手の店．
【洋红】yánghóng 名 ローズピンク．とき色．
【洋灰】yánghuī 名〈口〉セメント．
【洋火】yánghuǒ 名〈口〉マッチ．
【洋货】yánghuò 名 舶来品．外国製品．
【洋泾浜英语】yángjīngbāng yīngyǔ 名 ピジン・イングリッシュ．混成英語．►"洋泾浜"は昔上海の租界近くの場所．
【洋蜡】yánglà 名〈口〉ろうそく．量 根 gēn.
【洋楼】yánglóu 名 洋館．洋風の高層建築．
【洋码子】yángmǎzi 名〈方〉アラビア数字．
【洋面包】yángmiànbāo 名 ①西洋パン．②〈喩〉〈旧〉西洋留学．③〈喩〉〈旧〉色白で太った人．
【洋奴】yángnú 名〈蔑〉外国人の手先となっている者；外国かぶれの人．¶～哲学 zhéxué／西洋崇拝主義．
【洋气】yángqì 形 ①(スタイルや風格が)西洋風である；おしゃれだ．②〈貶〉バタ臭い．
【洋人】yángrén 名 外国人；(多く)西洋人．
【洋纱】yángshā 名〈旧〉〈紡〉①機械紡ぎの綿糸．②キャラコ．カナキン．
【洋式】yángshì 形(↔土式 tǔshì)洋式の．西欧式の．¶～家具 jiāju／洋式家具．
【洋铁】yángtiě 名〈旧〉トタン．ブリキ．
【洋娃娃】yángwáwa 名 西洋人形．
【洋为中用】yáng wéi zhōng yòng〈成〉外国のものを中国に役立てる．
【洋文】yángwén 名 ①(多くは欧米の)外国語．②外国文．③外国の文字．►アルファベット．
【洋相】yángxiàng →【出洋相】chū yángxiàng
【洋烟】yángyān 名 外国たばこ．
【洋洋】yángyáng 形 ①多い．盛んである．¶～大观／事物が豊富かつ多彩である形容．②得意である．¶得意 déyì～／得意満面のさま．
【-洋洋】-yángyáng 接尾《形容詞の後について「雰囲気が広がる」ことを表す状態形容詞をつくったり,語幹を強調したりする》¶喜 xǐ～／喜びに満ちた．浮き浮きした．
【洋洋洒洒】yángyángsǎsǎ 形(～的) ①(文章や話が)充実していて明快である；(話し方が)流暢である．②(規模が)大きい；(勢いが)盛んである．
【洋溢】yángyì 動〈書〉満ちあふれる．
【洋油】yángyóu 名〈方〉石油．灯油．
【洋装】yángzhuāng ①名 洋装．②形(本の)洋綴じの．

3声 **仰 yǎng** 動(↔俯 fǔ)顔を上に向ける．仰ぐ．あおむく．¶～起头来／頭をあおむける．¶～着睡 shuì／あおむけに寝る．
◇◆ ①敬う．慕う．¶→～慕 mù．②頼る．すがる．¶～仗 zhàng／頼る．‖姓

【仰承】yǎngchéng 動 ①〈書〉頼る．頼りとする．¶～您的关照 guānzhào／ご配慮いただき….おかげさまで．②〈敬〉承る．相手の意図に従う．¶～嘱托 zhǔtuō,立即 lìjí 着手 zhuóshǒu／ご依頼を受け,直ちに着手する．
【仰赖】yǎnglài 動 頼る．
【仰面】yǎngmiàn 動 あおむく．¶～朝天 cháotiān／あおむけになる．
【仰慕】yǎngmù 動 敬慕する．
【仰人鼻息】yǎng rén bí xī〈成〉人の鼻息をうかがう．人の顔色を見て行動する．
【仰身】yǎng//shēn 動(～儿) ①体をあおむける．②面をあげる．
【仰视】yǎngshì 動 仰ぎ見る．
【仰望】yǎngwàng 動 ①仰ぎのぞむ．¶～星空 xīngkōng／星空を仰ぎ見る．②〈書〉敬愛と期待を込めて見る．
【仰卧】yǎngwò ①動 あおむけに寝る．②名 腹筋体操．
【仰泳】yǎngyǒng 名〈体〉背泳．背泳ぎ．

* **养(養) yǎng** 動 ①扶養する．養育する．►兼語の形をとることができる．¶老李～着一大家子,很不容易 róngyì／李さんは大家族を養っていて大変だ．¶～他长大 zhǎngdà 成人／彼を成人するまで扶養する．②(動物を)飼育する；(草花を)栽培する．¶～猪 zhū／ブタを飼う．¶～玫瑰花 méiguihuā／バラの花を栽培する．③子を産む．¶她～了三个女孩儿／彼女は女の子を3人産んだ．④休養する．養生する．¶他在疗养院 liáoyǎngyuàn 里～了两个月／彼はサナトリウムで2か月養生した．
◇◆ ①義理の．¶～子／養子．¶～父／養父．②育てる．¶培 péi～／養成する．育成する．③補修する．¶→～路 lù．‖姓

【养病】yǎng//bìng 動 療養する．養生する．
【养蚕】yǎng//cán 動 カイコを飼う．
*【养成】yǎngchéng 動 身につける．¶～良好的习惯 xíguàn／よい習慣を養う．
【养分】yǎngfèn 名 養分．滋養分．
【养蜂】yǎng//fēng 動 ミツバチを飼う．
【养虎遗患】yǎng hǔ yí huàn〈成〉悪者を退治しないで災いを残す．
【养护】yǎnghù 動 ①(機械・建物や資源などを)補修する,保護する．②保養する．
*【养活】yǎnghuo 動〈口〉①扶養する．生活の面倒をみる．¶靠 kào 这点儿收入 shōurù,～不了 buliǎo

一家人 / これだけの収入では一家を養えない. ② (家畜を)飼う,飼育する. ¶这只鸡 jī 我～了三年才下蛋 xiàdàn / このニワトリは飼育して3年でやっと卵を生んだ. ③ 子を産む. ¶她～了一男一女 / 彼女は男女一人ずつの子を産んだ.

【养鸡】yǎng//jī 動 ニワトリを飼う.

【养家】yǎng//jiā 動 家族を養う. ¶～餬口 húkǒu / 一家の暮らしを支える.

【养精蓄锐】yǎng jīng xù ruì 〈成〉英気を養い力を蓄える.

【养老】yǎng//lǎo 動 ① 老人をいたわり養う. ¶～送终 / 老人に仕え死ぬまで面倒をみる. ② 隠居する.

【养老金】yǎnglǎojīn 名 養老年金. 退職年金.

【养老院】yǎnglǎoyuàn 名 老人ホーム.

【养料】yǎngliào 名 養分. 滋養分.

【养路】yǎng//lù 動 道路や鉄道を補修維持する. ¶～工 gōng / 保線係. ¶～费 / 道路使用料.

【养气】yǎngqì 動〈書〉① 品徳向上の修業を積む. ②(呼吸法などで)気を養う. ►道教での修業法の一つ.

【养人】yǎngrén 形 体によい. 健康に有益である.

【养伤】yǎng//shāng 動 傷の養生をする.

【养身】yǎng//shēn 動 養生する. 保養する.

【养神】yǎng//shén 動 リラックスして疲れをとる.

【养生】yǎngshēng 動 養生する. 摂生する.

【养性】yǎngxìng 動 よい性質を養い育てる.

【养鱼池】yǎngyúchí 名 養魚池. いけす.

【养育】yǎngyù 動 養育する. 育てる.

【养殖】yǎngzhí 動 養殖する.

【养尊处优】yǎng zūn chǔ yōu 〈成〉〈貶〉悠々と満ち足りた生活をする.

氧 yǎng 名〈化〉酸素. O. 一般に"氧气 yǎngqì"という. ¶～合 hé 作用 zuòyòng / 酸化作用.

【氧化】yǎnghuà 動〈化〉酸化する. ¶～铝 lǚ / 酸化アルミニウム.

【氧化剂】yǎnghuàjì 名 酸化剤.

【氧化物】yǎnghuàwù 名〈化〉酸化物.

*【氧气】yǎngqì 名〈化〉酸素. ¶～瓶 píng / 酸素ボンベ. ¶～(面)罩 (miàn)zhào / 酸素マスク.

***痒**(癢) yǎng 形 ① かゆい. くすぐったい. ¶背上很～ / 背中がかゆい. ¶怕 pà～ / くすぐったがりだ. ②(やりたくて,または欲しくて)むずむずする. ¶技 jì～ / (やりたくて)むずむずする. 腕が鳴る.

【痒痒】yǎngyang 形〈口〉① かゆい. くすぐったい. ¶挠 náo～ / かゆいところをかく. ② むずむずする. ¶手～ / やってみたくてむずむずする. ¶你屁股 pìgu～了吧 / おまえ殴られたいのか.

【痒痒挠儿】yǎngyangnáor 名 孫の手.

怏 yàng "怏然 yàngrán""怏怏 yàngyàng" ⇩という語に用いる.

【怏然】yàngrán 形〈書〉① 気が晴れないさま. ② 尊大である.

【怏怏】yàngyàng 形〈書〉不平・不満に思うさま.

样(樣) yàng (～儿) ❶名 ① 形. 様子. ¶几年没见,她还是那个～儿 / 数年ぶりに会ったが,彼女は以前と少しも変わらない. ¶这种鞋 xié 的～儿真好看 / この靴の形は本当に美しい. ② 見本. モデル. サンプル. ¶把～儿给我看看 / 商品見本を見せてください.

❷量 種類で事物を数える. ¶今晚的宴会 yànhuì 每桌 zhuō 有八～菜 / 今夜パーティーでは1卓ごとに8品の料理が出る. ¶百货商店 bǎihuò shāngdiàn～～东西都有 / デパートには品物はなんでもそろっている.

【样板】yàngbǎn 名 ①(板状の)サンプル. ②〈機〉型板. 指型(ゆび). ③(学習の)手本. 模範.

【样本】yàngběn 名 ① カタログ. ②(出版物の)見本刷り.

【样带】yàngdài 名 デモテープ.

【样稿】yànggǎo 名(意見・審査を求めるための)活字原稿,図版見本.

【样片】yàngpiàn 名(～儿)試写フィルム.

*【样品】yàngpǐn 名 サンプル. 見本品. 試料.

【样式】yàngshì 名 様式. 型. スタイル. ¶～很新颖 xīnyǐng / スタイルが斬新である.

【样书】yàngshū 名 見本書. 献本.

【样样】yàngyàng 量(～儿)どれもこれも. 何もかも. ⇒〖样 yàng〗❷

【样张】yàngzhāng 名 ①〈印〉刷り見本. ②(服の)型紙.

**【样子】yàngzi 名 ① 形. 格好. ¶这件大衣～不错 / このコートはデザインがいい. ¶买了一件～漂亮的衬衫 chènshān / 格好のいいブラウスを買った. ② 表情. 顔色. ¶高高兴兴的～ / うれしそうな顔. ③ 見本. ひな型. ¶处处 chùchù 为大家做出好～ / すべてにわたりみんなによい手本を示す. ④ 様子. 情況. ¶看～他今天不会来了 / この様子では彼はきょうは来そうもない.

【样子货】yàngzihuò 名 見かけ倒し.

恙 yàng 名〈古〉病気. ¶偶 ǒu 染 rǎn 微 wēi～ / ちょっとした病気にかかる. ¶无 wú～ / つつがない. 変わりがない.

烊 yàng "打烊 dǎyàng"(〈方〉閉店する)という語に用いる.

漾 yàng ① 動(液体が)こぼれ出る;〈転〉(笑みが)浮かび出る. ¶汤 tāng 都～出来了 / スープがこぼれてしまった. ¶脸 liǎn 上～出了笑容 xiàoróng / 顔に笑みをたたえている. ② 名〈方〉小さな湖.

◇◆(水面が)ゆらゆら動く. ¶荡 dàng～ / 水が揺れ動く.

【漾奶】yàng//nǎi 動(乳児が)乳をもどす.

yao (ㄧㄠ)

1声

幺(么) yāo 数(数字の)一,1. ⇦注意 電話番号や部屋番号などの数字を棒読みする場合"七 qī"と聞き違えないように"一 yī"の代わりに"幺"を用いる.

◇◆ ①いちばん年下の. 末の. ¶～叔 shū / 末の叔父. ②小さい. ‖姓

夭(殀) yāo ◇◆ ①若死にする. ②草木がよく茂っているさま. ¶～桃 táo 秾 nóng 李 / よく

Y

茂っているモモやスモモ.
【夭亡】yāowáng 動 夭折(ようせつ)する.
【夭折】yāozhé 動〈書〉 1 夭折(ようせつ)する. 若死にする. 2〈喩〉(物事が)途中で失敗する.

吆(吆) yāo "吆喝 yāohe"⇩という語に用いる.

【吆喝】yāohe 動 大声で叫ぶ. ►呼び売りしたり,家畜を追ったり,掛け声を掛けるときの声をさす.

约 yāo 動〈口〉(はかりで)量る. ¶~一~有多重 / 目方がどれぐらいあるか量ってみる. ⏩ yuē

妖 yāo ◇◆ ①妖怪. ②人を惑わす. 邪悪な. ③なまめかしい. ¶→~艳 yàn. ④あでやかである. ¶→~娆 ráo.

【妖法】yāofǎ 名 妖術. 魔術.
【妖风】yāofēng 名 悪魔が起こす風;〈転〉邪悪な傾向,風潮. (量) 股 gǔ.
【妖怪】yāoguai 名 妖怪. 化け物. もののけ.
【妖精】yāojing 名 1 化け物. 変化(へんげ). ¶~作怪 zuòguài / 化け物がたたる. 2 色香で男を惑わす女. 妖婦.
【妖里妖气】yāoliyāoqì 形 妖艶である. ¶打扮 dǎban 得~ / けばけばしくめかしこむ.
【妖媚】yāomèi 形 色っぽい. あだっぽい.
【妖魔鬼怪】yāo mó guǐ guài〈成〉妖怪変化;〈喩〉さまざまな悪人. 敵.
【妖孽】yāoniè 名〈書〉 1 災いの兆し. 2 妖怪. 3〈喩〉悪人.
【妖气】yāoqì 名 みだらなさま.
【妖娆】yāoráo 形〈書〉なまめかしい. あだっぽい.
【妖人】yāorén 名 妖術使い;〈転〉妖言などで人を惑わす者.
【妖声怪气】yāo shēng guài qì〈成〉(話すときの口調や身振りが)なまめかしく軽薄である.
【妖术】yāoshù →【妖法】yāofǎ
【妖物】yāowù 名 化け物. 魔物.
【妖言】yāoyán 名 妖言. 人を迷わせるあやしい言葉.
【妖艳】yāoyàn 形 色っぽい. 妖艶である.

要 yāo ◇◆ ①求める. ¶→~求 qiú. ②強迫する. ¶→~挟 xié. ‖姓 ⏩ yào

**【要求】yāoqiú 1 動 要求する. 要望する. ¶~批准 pīzhǔn / 承認を求める. 2 名 希望. 要求. 条件. ¶满足 mǎnzú 了小李的~ / 李君の要望を受け入れた. 参考 "要求"の語調は日本語の「要求」ほど強くはなく,「求める」「求められる」「請求する」「…を必要とする」など,より広い範囲で用いる.
【要挟】yāoxié 動(弱みに付け込んで)強迫する,強制する. ¶~对方 / 相手に強要する.

***腰 yāo** 名 1 腰. 腰部. ¶弯 wān ~ / 腰をかがめる. 2 ズボンのウエスト. ¶这条裤子 kùzi ~有多大? / このズボンのウエストはどのくらいですか. 3 懐(ふところ). ¶我~里没带钱 / 私はお金を持ち合わせていない.
◇◆ ①中間部分. ¶树 shù ~ / 木の真ん中あたり. ②中央が狭くくびれた地形. ¶海~ / 海峡. ‖姓

【腰包】yāobāo 名 巾着(きんちゃく). 腰につける銭袋;(特に個人の)懐. ❖掏 tāo ~ / 財布を出す;〈喩〉身銭を切る.
【腰部】yāobù 名 腰部.
【腰带】yāodài 名(~子)帯. ベルト. (量) 根 gēn,条 tiáo. ❖系上 jìshang ~ / 帯〔ベルト〕を締める.
【腰刀】yāodāo 名 腰がたな. 太刀.
【腰杆子】yāogǎnzi 名 1 腰. 腰部. ¶挺 tǐng 起~ / 腰をまっすぐに伸ばす. 2〈慣〉後ろ盾. ¶~硬 yìng / 有力な後ろ盾が控えている. ¶撑 chēng ~ / 後押しをする.
【腰鼓】yāogǔ 名 1 腰につける小さな太鼓. 2 "腰鼓"を打ちながら踊る民間舞踊.
【腰果】yāoguǒ 名〈植〉カシューナッツ.
【腰身】yāoshēn 名 腰回り. ウエスト.
【腰腿】yāotuǐ 名(~儿)足腰. ►年寄りの体力についていう.
【腰围】yāowéi 名 1 腰回り. ウエスト. 2 腰に締める幅広の帯.
【腰斩】yāozhǎn 1 名〈古〉腰斬の刑. 2 動 ものの真ん中から断ち切る.
【腰子】yāozi 名〈口〉(食品としての)腎臓. まめ.

邀 yāo 動 招く. 招待する. 誘う. ¶~客 kè / 客を招く. ¶~他来我家作客 / 彼を家に招待する.
◇◆ ①得る. 受ける. ¶~准 zhǔn / 許可を得る. ②途中で遮る. ¶~击 jī / 迎え撃つ.

【邀功】yāogōng 動 人の手柄を横取りする.
【邀集】yāojí 動(大勢の人を)招き集める.
*【邀请】yāoqǐng 動 招待する;招請する. ¶~了几位专家 zhuānjiā / 数名の専門家を招いた.
【邀请赛】yāoqǐngsài 名 招待試合.

2声 **爻 yáo** ◇◆ 爻(こう). 参考 易の卦(け)を組み立てている横棒. "—"を"阳爻","--"を"阴爻"といい,爻を3本重ねて1卦とする.

尧(堯) yáo 名 堯(ぎょう). ►伝説上の古代中国の帝王の名. ¶→~舜 Shùn. ‖姓

【尧舜】Yáo Shùn 名(三皇五帝の)堯と舜;(広く)聖人.

肴 yáo ◇◆ 魚・肉を用いた料理. ¶美酒佳 jiā ~ / よい酒とうまい料理. ¶菜~ / 料理.

【肴馔】yáozhuàn 名〈書〉(宴席の)料理. ごちそう.

姚 yáo ‖姓 ►説明する時は"女字旁右加征兆 zhēngzhào 的兆"などと言う.

窑(窯) yáo 名 1(れんがや陶器を焼く)かまど. ¶砖 zhuān ~ / れんがを焼くかまど. 2 旧式の採炭法による炭鉱.
◇◆ ①洞窟の住居. ¶→~洞 dòng. ②〈方〉妓楼(ぎろう). ¶→~子 zi. ‖姓

【窑洞】yáodòng 名(山西・陕西・甘粛などの黄土高原地域にみられる)山崖に掘った洞穴式住居.
【窑子】yáozi 名〈方〉妓楼.

谣 yáo ◇◆ ①歌謡. ¶民~ / 民謡. ¶童 tóng ~ / 童謡. ②デマ. ¶造 zào ~ / デマを飛ばす. ‖姓

【谣传】yáochuán 1 動 デマが飛ぶ. 2 名 デマ. うわさ.
【谣言】yáoyán 名 デマ. 流言. 謡言. ¶揭穿 jiēchuān ~ / デマを暴く.

Y

*摇 yáo 動 揺れる．（上下・左右・前後に）揺れ動く，揺り動かす．振り回す．¶～铃líng / 鈴を振る．¶～扇子shànzi / 扇子でばたばたあおぐ．

【摇摆】yáobǎi 動（左右や前後に大きく）揺れ動く，振り動かす．¶船身chuánshēn～ / 船が揺れる．¶那醉鬼zuìguǐ摇摇摆摆地走过来 / 酔っぱらいがよろよろ歩いて来た．

【摇船】yáo//chuán 動 舟をこぐ．

【摇荡】yáodàng 動 ゆらゆらする．揺れ動く．¶小船在湖hú中～ / ボートが湖面で揺れている．

【摇动】yáo//dòng 動+結補 ①揺れ動く．揺り動かす．②揺すぶる．③動揺する〔させる〕．

【摇鹅毛扇】yáo émáoshàn〈慣〉〈貶〉画策する．入れ知恵する．►"摇羽yǔ毛扇"とも．

【摇滚乐】yáogǔnyuè 名 ロックンロール．

【摇撼】yáohan 動 ①揺れる．揺れ動く．②揺り動かす．揺すぶる．

【摇晃】yáohuang 動 ①ゆらゆらする．揺れ動く．¶这个桌子腿儿tuǐr有点儿～ / このテーブルの足はちょっとがたがたする．②（前後左右に小さく）振る，揺り動かす．

【摇篮】yáolán 名 揺りかご；〈喩〉揺籃（ようらん）．

【摇篮曲】yáolánqǔ 名 子守歌．

【摇钱树】yáoqiánshù 名 金のなる木．金もうけさせてくれる人〔物〕．

【摇手】yáo//shǒu ①動（否定・拒否の表現やあいさつとして）手を左右に振る．②名（yáoshǒu）（機械の手で回す）ハンドル．

【摇头】yáo//tóu 動（否定・拒否・絶望を表す）頭を横に振る．

【摇摇欲坠】yáo yáo yù zhuì〈成〉失敗や滅亡の寸前である．

【摇曳】yáoyè 動〈書〉揺らめく．揺れ動く．

【摇椅】yáoyǐ 名 揺り椅子．ロッキングチェア．

遥 yáo ◇◆ はるかな．遠い．¶→～远yuǎn．‖姓

【遥控】yáokòng ①動 遠隔操作する．②名 リモコン．

*【遥控器】yáokòngqì 名 リモコン．

【遥望】yáowàng 動 遠望する．遠くを見渡す．

【遥相呼应】yáo xiāng hū yìng〈成〉はるか遠くから相呼応する．

【遥遥】yáoyáo 形 ①はるかなさま．遠い．¶～相对 / はるかに向かい合う．②時間が非常に長いさま．¶～无期 / いつになるか分からない．

【遥远】yáoyuǎn 形 はるかに遠い．¶路途lùtú～ / 道がはるかに遠い．¶～的古代 / はるか昔．¶～的地方 / はるか遠い所．

瑶 yáo ◇◆ 美玉．¶琼qióng～ / 美しい玉．

【瑶池】Yáochí 名〈書〉神話で西王母が住むとされる所．

【瑶族】Yáozú 名（中国の少数民族）ヤオ（Yao）族．►ミャオ・ヤオ系民族の一つで，広西・貴州などに住む．

杳 yǎo ◇◆ 影も見えないほど遠い．

【杳渺・杳眇】yǎomiǎo 形〈書〉はるかである；奥深い．

【杳无音信】yǎo wú yīn xìn〈成〉まったく便りがない．

**咬（齩）yǎo 動 ①かむ．¶～了一口梨lí / ナシを一口かじった．¶～不动 / 歯が立たない．かみ切れない．¶这一晚上叫蚊子wénzi可～苦了 / 一晩中さんざん蚊にくわれた．②〈口〉（字音を）正確に発音する；（字句に）こだわる．¶这个字音我～不准zhǔn / この字が正しく発音できない．③〈方〉（イヌが人に向かって）ほえる．¶这条狗一见人就～ / このイヌは人を見るとすぐほえる．④（歯車・ボルトなどが）かみ合う．かみ合わせる；（ペンチなどで）挟む．¶这个螺母luómǔ～不住扣kòu / このナットがうまく締まらない〔緩くなる〕．⑤（罪のない人を）巻き添えにする，巻き込む；〈転〉あてこする．¶不许乱luàn～好人 / でたらめを言って人を巻き添えにしてはならない．⑥〈方〉（うるし・ペンキなどに）かぶれる．

【咬定】yǎodìng 動 言い切る．断言する．¶一口～ / きっぱりと断言する．あくまでも言い張る．

【咬耳朵】yǎo ěrduo〈慣〉耳打ちする．

【咬架】yǎo//jià 動（動物が）かみ合いをする．

【咬舌儿】yǎoshér ①動 舌がもつれる．②名 舌足らず．

【咬文嚼字】yǎo wén jiáo zì〈成〉文章の文字面にばかりこだわる．

【咬牙】yǎo//yá 動 ①（睡眠中）歯ぎしりをする．②（怒りのあまり）歯ぎしりをする．③歯をくいしばって我慢する．

【咬牙切齿】yǎo yá qiè chǐ〈成〉恨み骨髄に徹する．

【咬住】yǎozhù 動+結補 食らいついて離さない；（問題に）こだわる．

【咬字眼儿】yǎo zìyǎnr〈慣〉（書いた文章の）字句をいじる，文句をつける．

【咬嘴】yǎo//zuǐ ①形〈口〉発音しにくい．②名（たばこのパイプの）吸い口．

舀 yǎo 動（ひしゃくなどで水などを）くむ．¶用瓢piáo～水 / ひしゃくで水をくむ．

【舀子】yǎozi 名 ひしゃく．しゃく．►"舀儿"とも．

窈 yǎo "窈窕yǎotiǎo"⬇という語に用いる．

【窈窕】yǎotiǎo 形〈書〉①（女性が）美しくしとやかである；（飾り・容貌が）美しい．②（山水・宮殿が）静かで奥深い．

4声 疟（瘧）yào "疟子"⬇の場合のみyàoと発音し，一般にはnüèと発音する．▸▸nüè

【疟子】yàozi 名〈口〉マラリア．¶发fā～ / マラリアの発作が起こる．

**药（藥）yào ①名 薬．薬剤．量［漢方薬］副fù，服fù，剂jì；［錠剤］片piàn；［丸薬］粒lì，丸wán．❖吃*chī*～ / 薬を飲む．❖配*pèi*～ / 薬を調合する．②動 毒殺する．¶～老鼠lǎoshǔ / 薬でネズミを殺す．

◇◆ ①化学作用を起こす物質．¶炸zhà～ / 爆薬．

¶杀虫 shāchóng ～ / 殺虫剤. ②薬で治す. ¶不可救 jiù ～ / (薬では)もはや治しようがない.

【药补】yàobǔ 動 栄養剤を飲んで栄養をつける.

*【药材】yàocái 名〈中薬〉**薬種. 生薬.**

【药草】yàocǎo 名 薬草. ハーブ.

【药厂】yàochǎng 名 製薬工場.

【药单】yàodān 名(～儿)〈口〉処方箋.

【药店】yàodiàn 名 薬屋. 薬局.

【药吊子】yàodiàozi 名 漢方薬を煎じる土瓶.

*【药方】yàofāng 名(～儿) **処方箋.** ❖开 *kāi* ～ / 処方箋を書く.

【药房】yàofáng 名 ①(西洋医薬の)薬屋. ②(病院の)薬局.

【药费】yàofèi 名 薬代.

【药粉】yàofěn 名 粉薬.

【药膏】yàogāo 名 膏薬. ❖涂 *tú* ～ / 軟膏を塗る.

【药罐子】yàoguànzi 名 ①漢方薬を煎じる土瓶. ②〈譏〉病気がちの人.

【药剂】yàojì 名〈薬〉薬剤. ¶～士 / 薬剤師.

【药剂学】yàojìxué 名 薬学.

【药检】yàojiǎn 動 ①薬品に対し化学検査をする. ②ドーピング検査をする.

【药劲儿】yàojìnr 名 薬の効力.

【药酒】yàojiǔ 名 薬用酒.

【药理】yàolǐ 名 薬理. ¶～学 / 薬理学.

【药力】yàolì 名 薬効.

【药棉】yàomián 名 脱脂綿.

【药面】yàomiàn 名(～儿)粉薬.

【药末儿】yàomòr 名 粉薬.

【药片】yàopiàn 名(～儿)錠剤. タブレット.

*【药品】yàopǐn 名 **薬品. 薬剤.**

【药铺】yàopù 名(漢方薬の)薬屋.

【药膳】yàoshàn 名 薬膳(やくぜん). ¶～餐厅 cāntīng / 薬膳料理店.

【药石】yàoshí 名〈中医〉薬と石鍼(いしばり). 薬石;〈転〉種々の薬と治療法. ¶～罔效 wǎng xiào / 種々の治療の効果もなく死ぬこと.

*【药水】yàoshuǐ 名(～儿)**水薬.** ¶渴 hē ～ / 水薬を飲む.

【药丸】yàowán 名(～儿・～子)丸薬.

【药味】yàowèi 名 ①中国医学で用いる薬の種類. ¶他开的方子里～很多 / 彼の処方は薬の種類が多い. ②(～儿)薬の味〔におい〕.

*【药物】yàowù 名 **薬物.** ¶～过敏 guòmǐn / 薬物アレルギー. ¶～中毒 zhòngdú / 薬物中毒.

【药线】yàoxiàn 名 ①導火線. ②(手術用の)縫合糸.

【药箱】yàoxiāng 名 薬箱. ¶急救 jíjiù ～ / 救急箱. ►"急救箱"とも.

【药性】yàoxìng 名 薬の性質. ¶这药～很大,不宜 yí 多服 / その薬は劇薬だから多量に飲んではいけない.

【药皂】yàozào 名 薬用石鹸.

【药针】yàozhēn 名〈口〉注射薬. ¶打～ / 注射する.

【药疹】yàozhěn 名 薬剤中毒による発疹.

要 yào ❶ 動 ①(…が)**欲しい.** (…を)**必要とする.** ¶我～这支 zhī 笔,不～那支 / 私はこっちのペンは欲しいが,あっちのは要らない. ¶这本书我还～呢 / この本はまだ必要だ.

②(…を)**もらう. 求める;注文する.** ¶她好 hào 跟别人～东西 / 彼女はよく人に物をねだる.

③(…に…するよう)**求める,頼む.** ¶他～我帮 bāng 他写封信 / 彼は私に手紙の代筆を頼んだ.

④**要する. かかる.** ¶坐车只～半小时就到 / 車で30分あれば着きます.

❷ 助動 ①《意志・希望を表す》**…したい. …するつもりだ.** ►否定には,通常"不想 xiǎng"や"不愿意 yuànyi"を用い,"不要"は用いない. ¶他～学游泳 yóuyǒng / 彼は水泳を習いたがっている.

②《必要・義務を表す》**…しなければならない. …する必要がある.** ►「…しなくてもよい」は"不用,不必 bùbì,用不着 yòngbuzháo"などを用いる. ¶水～煮 zhǔ 开了才能喝 / 水は一度沸かしてから飲まなければならない.

③《可能性を表す》**…しそうだ. …するだろう.** ►"要"の前に"会"を用いることができる. 否定には"不要"を用いず,"不会"を用いる. ¶看样子(会)～下雨(的) / この様子ではどうやら雨が降りそうだ.

④〖要…了〗*yào…le*《近い将来に対する判断を表す》**もうすぐ…となる.** …しそうだ. ►前に"快 kuài"や"就 jiù"をとることもある. ¶他快～毕业 bìyè 了 / 彼はまもなく卒業する.

⑤《日常的な習慣・ある傾向を表す》**いつも…する. よく…する.** ¶星期六也经常 jīngcháng ～上班 / 土曜日にもいつも仕事に行く.

⑥《必然的な趨勢を表す》**必ず…する.** ¶孩子大了,总是 zǒngshì ～离开父母的 / 子供は成長するとどのみち親元を離れていくものだ.

⑦《比較の文で推測を表す》**…だ. …のようだ.** ¶这儿的条件 tiáojiàn ～好多了,就定在这儿吧 / ここの条件はずっとよいから,ここにしましょう.

注意 ③④⑤⑥⑦の疑問形には通常"是不是要"を用い,"要不要"としない. ¶今年他是不是～毕业 bìyè 了? / 今年,彼は卒業するんじゃないですか.

❸ 接続 ①《仮定を表す》**もし…ならば.** ¶明天～有事儿,我就不来了 / あす用事ができたら伺いません. ¶～学好中文,就非 fēi 去中国留学不可 bùkě / 中国語をマスターするには,ぜひとも中国へ留学に行くべきだ. ⇒【要是】yàoshi

②〖要就(是)…要就(是)…〗*yào jiù(shì)…yào jiù(shì)…* …でなければ…だ. ¶～就前进,～就后退,没有别的选择 / 進むかそれとも退くかで,ほかの選択はない.

◇◆ 重要である;重要な内容. ¶紧 jǐn ～ / 重要である. ¶提 tí ～ / 要約. ▶▶ yāo

【要隘】yào'ài 名 要害. 要所.

【要案】yào'àn 名 重要事件.

*【要不】yàobù 接続 **さもなくば. でないと.** ►"要不然 yàoburán"の省略形. ¶我得 děi 马上去,～就来不及 láibují 了 / 今すぐ行かなければならない,でないと間に合わない.

*【要不是】yàobùshì 接続 **もし…でなかったら.** ►事実に反する仮定条件を表し,事実を強調する. ¶～他们奋力 fènlì 救火,损失 sǔnshī 就更大了 / もし彼らが一生懸命消火してくれなかったら,被害はもっと大きかっただろう.

【要不得】yàobude 形(人や事物があまりにもひどくて)我慢がならない,いけない,だめだ.

*【要不然】yàoburán →【要不】yàobù

【要冲】yàochōng 名 要衝. 要地.

【要道】yàodào 名 ①要路. ②重要な理由・方法.
【要得】yàode 形〈方〉《同意または称賛を表す》よい.
【要地】yàodì 名 ①(軍事上の)要地. ②〈書〉高い地位.
*【要点】yàodiǎn 名 ①(話の)**要点**. ¶把～记 jì 下来 / 要点をメモする. ②(軍事上の)重要な拠点.
【要端】yàoduān →【要点】yàodiǎn ①
【要犯】yàofàn 名〈法〉重要犯人.
【要饭】yào//fàn 動 乞食をする. ¶～的 / 乞食.
【要害】yàohài 名 ①急所. ¶一语击中 jīzhòng ～ / 一言でずばりと急所を突く. ¶～部门 bùmén / 重要な部門. ②(軍事上の)要害.
【要好】yàohǎo 形 ①**仲がよい**. 仲よしである. ¶他俩 liǎ 很～ / あの二人はとても仲がよい. ②勝ち気である. 向上心が強い.
【要价】yào//jià 動 ①(～儿)値をつける. ¶～还 huán 价 / 値段の掛け合いをする. ②〈喩〉(相手に)条件を出す.
【要件】yàojiàn 名 ①重要書類. ②重要な条件.
【要津】yàojīn 名 ①水陸交通の要路. ②〈喩〉顕要な地位. ¶身居 jū ～ / 顕要な地位にある.
*【要紧】yàojǐn 形 ①**大切である**. 重要である. ¶这件事～,先办这一件 / この件は重要だから,まずこれから取りかかりなさい. ②(**状況が**)**厳しい,深刻である**. ►否定形で用いることが多い. ¶他的病不～,吃点儿药就会好的 / 彼の病気は大したことないから,薬を飲めばすぐによくなるはずだ. ③〈方〉急いで(…する). ¶～去上班 shàngbān / 急いで出勤する.
【要脸】yào//liǎn 動 メンツにこだわる;恥を知る. ►否定形や反語の形で用いることが多い.
【要领】yàolǐng 名 ①要点. 要領. ¶不得 dé ～ / 要領を得ない. ②こつ. 要領. ¶掌握 zhǎngwò ～ / 要領をつかむ.
【要略】yàolüè 名 要略. 概略.
【要么】yàome 接続 ①**…でなければ**. ¶你快把这本书寄 jì 去,～你自己送 sòng 去也行 / 早くこの本を郵送しなさい,でなければ君が自分で届けてもいい. ②〚要么…,要么…〛…するか,または…する. ¶明天～去爬山 páshān,～去游泳 yóuyǒng,好好玩儿一天 / あすは山登りに行くか,泳ぎに行くか,とにかく1日楽しみましょう. ►"要末"とも書く.
【要面子】yào miànzi 〈慣〉メンツにこだわる. 世間体を気にする.
*【要命】yào//mìng ❶形 ①《補語に用い,**程度が甚だしい**ことを表す》…でたまらない. ひどく…. ¶疼 téng 得～ / 痛くてたまらない. ¶想他想得～ / 死ぬほど彼に会いたい. ②**困ったものだ**. **たまらない**. しようがない. ►いらだったときや愚痴をこぼすときに用いる言葉. ¶真～,车胎 chētāi 又放炮 fàngpào 了 / ちぇっ,しようがない,またパンクした. ❷動 **命を奪う**;**命を落とす**.
【要目】yàomù 名 重要な項目. 要目.
【要强】yàoqiáng 形 負けず嫌いである;がんばり屋である.
【要人】yàorén 名 重要な地位にある人. 要人.
【要塞】yàosài 名 要塞.
【要事】yàoshì 名 重要な事柄.
*【要是】yàoshi 接続 **もし**. もしも…なら. 語法 仮定を表す. 主に話し言葉に用いる. かつては"若是"と書くこともあった. ¶～明天下雨,你还去吗? / もし明日雨が降っても,あなたは行きますか.
〚要是…的话〛*yàoshi…de huà* ¶～你有兴趣 xìngqù 的话,咱们 zánmen 一起去吧 / もし興味がおありでしたらいっしょに行きましょう. ¶吃完饭后去也行,～来得及 láidejí 的话 / 食事を済ませてから出かけてもいいですよ,それで間に合うならね.
【要死】yàosǐ 形(補語に用い)…でたまらない. ひどく…である. ¶忙得～ / 忙しくてたまらない.
【要死不活】yào sǐ bù huó 〈成〉半死半生である.
【要死要活】yào sǐ yào huó 〈成〉死ぬの生きるのと騒ぐ.
【要素】yàosù 名 要素;要因.
【要闻】yàowén 名 重大ニュース.
【要务】yàowù 名〈書〉重要な事柄. 重要な仕事.
【要项】yàoxiàng 名 要項. 重要な事項.
【要样儿】yàoyàngr 動〈方〉格好に気をつかう;見栄をはる.
【要员】yàoyuán 名(派遣される)要人.
【要职】yàozhí 名 要職. 重要な職務・地位.
【要旨】yàozhǐ 名(話や文章の)要旨,ポイント.

钥(鑰) **yào** ◇◆ 鍵. ¶→～匙 shi. ▸▸ yuè

*【钥匙】yàoshi 名 **鍵**. キー. 量 把,串(儿) chuàn(r). ¶用～开锁(头) suǒ(tou) / 鍵で錠前をあける.

鹞 **yào** 名〈鳥〉①ハイタカ. ②チュウヒ.

【鹞子】yàozi 名 ①〈口〉〈鳥〉ハイタカ. ②〈方〉凧(たこ).

曜 **yào** 〈書〉❶名 ①日光. ②〈旧〉曜日. ►現在は「曜日」は"星期 xīngqī"という. ❷動 輝く.

耀 **yào** ◇◆ ①光り輝く. 照らす. ¶照 zhào ～ / 照り映える. ②見せびらかす. 誇示する. ¶夸 kuā ～ / 自慢する. ③光栄. 誉れ. ¶荣 róng ～ / 栄誉. ‖姓

【耀武扬威】yào wǔ yáng wēi 〈成〉武力を誇り威勢を示す.
【耀眼】yàoyǎn 形 **まばゆい**. まぶしい. ¶下了一场 cháng 大雪,外面白得真～ / 大雪が降り,外は真っ白でとてもまぶしい.

ye (ㄧㄝ)

1声

耶 **yē** 下位に立項した語などに用いる. ▸▸ yé

【耶和华】Yēhéhuá 名〈宗〉ヤーウェ. エホバ.
【耶稣】Yēsū 名〈宗〉イエス. ¶～基督 Jīdū / イエス・キリスト. ¶～会 / イエズス会.
【耶稣教】Yēsūjiào 名〈宗〉(キリスト教の)プロテスタント,新教.

掖 **yē** 動(ポケットや物のすきまなどに)押し込む,差し込む,挟む. ¶把纸条 zhǐtiáo ～进门缝 ménfèng 里 / メモを戸のすき間に差し込んだ. ▸▸ yè

椰 **yē** ◇◆ ヤシ. ¶→～子 zi. ¶～奶 nǎi / ココナッツミルク.

【椰雕】yēdiāo 名 ココヤシの実の彫刻(工芸品).

【椰干】yēgān 名 コプラ.
【椰蓉】yēróng 名〈食材〉ココナッツの核肉を細く切ったもの.
【椰油】yēyóu 名 ヤシ油.
【椰枣】yēzǎo 名〈植〉ナツメヤシ.
【椰子】yēzi 名〈植〉ヤシ.ココヤシ. ►樹木と果実の双方についていう.

噎 yē 動 ①(食物などがのどに)つかえる. ¶吃得太急 jí,～了一口 / 急いでかき込んだのでのどにつかえた. ②(強風で息が)詰まる.むせぶ. ¶风雪 fēngxuě 太大,～得他透 tòu 不过气来 / 猛吹雪で,彼は息がつけぬほどだった. ③〈方〉(激しく反発したり意地の悪いことを言って)相手の口をつぐませる.

2声 **爷(爺) yé** ◇◆ ①父. ¶～娘 niáng / 父と母. ②おじいさん.祖父. ¶→～～. ③《年上の男性に対する敬称》¶大～ dàye / おじさん. ④《旧時,領主など支配者に対する呼び方. ¶老～ lǎoye / 旦那さま. ⑤《神に対する呼び方》¶老天～ / 神さま.
【爷儿】yér 名〈方〉《祖父と孫・父と子・おじとおいなど世代が異なる二人を合わせていう言葉》►年長者のほうは男性に限る.後にふつう数量詞を伴う.
【爷儿们】yérmen 名〈方〉長幼の男子双方をまとめた呼称.
**【爷爷】yéye 名〈口〉①(父方の)おじいさん,祖父. ►呼びかけにも用いる. ②(一般に)おじいさん. ►年を取った男性に対する呼び方.

耶 yé 助〈古〉疑問を表す. ¶是～非 fēi ～? / 是か非か. ▸▸ yē

揶 yé "揶揄 yéyú"⬇という語に用いる.
【揶揄】yéyú 動〈書〉揶揄(ゆ)する.からかう.

3声 ** **也 yě** ❶副 ①《事柄が同じであることを表す》…も…だ. ¶他～是我们学校的学生 / 彼もうちの学校の学生です. ¶你～去看电影 diànyǐng 吗?──我～去 / 君も映画を見に行くの──ええ,私も行くわ. ¶小王个子 gèzi 高,力气 lìqi ～大 / 王君は背も高いし,力も強い. 〖也…也…〗〖既…也…〗*jì…yě…* ¶风～停 tíng 了,雨～住 zhù 了 / 風もやんだし,雨も上がった. ¶他工作既积极 jījí,学习～很认真 rènzhēn / 彼は仕事も熱心だし,勉強の方もまじめだ.
②〖连…也…〗*lián…yě…* …さえも. ¶她连自己的名字～想不起来 / 彼女は自分の名前さえ思い出せない. 語法 極端な場合(最も周辺的な例や全体の一部を示す例)を取り上げることによって,あとは言外に悟らせる,一種の強調表現.多くは否定形に用いる. ¶街上 jiēshang (连)一个人影儿 rényǐngr ～没有 / 表通りには人っ子一人いない. ¶大家干 gàn 得很起劲 qǐjìn,连时间～忘了 / みんなとても張り切って仕事をしているので,時間さえも忘れてしまっている. ¶一动～不动 / びくともしない.
③《事実や仮定にかかわりなく結果は同じだということを表す》たとえ…でも…だ. …にかかわりなく…だ. どんなに…しても…だ. ►多く"虽然 suīrán〔即使 jíshǐ、尽管 jǐnguǎn、既然 jìrán、宁可 nìngkě〕…也…"や"再〔最 zuì、顶 dǐng、至 zhì〕…也…"の形で用いる. ¶即使条件再差 chà,他～能克服 kèfú 困难 / たとえ情況がもっと悪くても,彼はその悪条件を克服できるだろう. ¶一个人再聪明～是有限 yǒuxiàn 的 / 人間はいくら頭がよくても限度がある.[上のような呼応の形式をとらない場合もある]¶干 gàn ～干不完 / いくらやっても終わらない. ¶他永远 yǒngyuǎn ～不知道什么是累 lèi / 彼はどんな場合も疲れを知らない.
④《口調を和らげる》►"也"を取ると口調がぶっきらぼうになる. ¶价钱 jiàqian ～就是这样了,不能再低 dī 了 / 値段はもうこんなもので,これ以上は下げられません. ¶现在,～只好如此 rúcǐ 了 / 今となっては,まあ,これよりほかにしかたがない.
❷助〈古〉《判断・解釈の語気や疑問・詰問の口調を表したり,停頓を表す》
‖姓
*【也罢】yěbà 助 ①仕方がない.まあよかろう.やむを得ない. ►容認またはあきらめを表す.否定文の文末に用いられることが多い. ¶你工作忙,不去～ / 君は仕事が忙しいから,行かなくてもまあよかろう. ¶～,你非要去的话就去吧 / 仕方がない,君がどうしても行くというなら行けばいい. ②…であれ,…であれ. 語法 二つ以上連用し,いかなる情況下でも変わりがないことを表す.前の"不论 bùlùn、无论、不管"など,および後の"都、也"などと呼応することも多い. ¶无论下雨～,不下雨～,他每天都去游泳 yóuyǒng / 雨が降ろうが降るまいが,彼は毎日泳ぎに行く. ¶说～,不说～,反正 fǎnzheng 都没用 / 口に出そうが出すまいが,どうせむだだ. ⇒【也好】yěhǎo
【也不】yě bù ①《反語を示す》…ではないのか. ¶你～难为情 nánwéiqíng,在外边小便 / 立ち小便なんかして恥ずかしくないのか. ②《不満を表す》¶你～看看,现在是什么时候? / おまえは今がどんなときか分かっているのか.
*【也好】yěhǎo 助("也好…也好"の形で)…といい…といい. ►"也罢 bà …也罢"に比べてより口語的な表現. ¶同意～反对～,你快给我个说法儿 / 賛成でも反対でも,早く私に見解を示してください. ⇒【也罢】yěbà
【也就】yě jiù …したらもう…だ. ¶睡 shuì 上一觉～精神 jīngshen 了 / ひと眠りしたらすぐ元気になるよ.
【也就是】yě jiùshì …だけである;…にすぎない. ►"也就"とも略せる. ¶公司里懂 dǒng 日文的～你了 / 会社の中で日本語ができるのはきみだけだ. ¶你～身体 shēntǐ 好一点儿 / おまえは体が丈夫なだけだ.
【也就是说】yě jiùshì shuō 言い換えれば.つまり…である.
【也就算】yě jiù suàn まあまあ…といえる. ¶十三岁的孩子能把饭做熟 shú ～可以了 / 13歳の子供がご飯を作れたら,まあいいほうだ.
【也可】yě kě 助("…也可…也可"の形で)…でもよいし,…でもよい. ¶你去～,不去～ / 君は行っても行かなくてもいい.
【也门】Yěmén 名〈地名〉イエメン.
【也似的】yě shìde まるで…のように. ¶他飞 fēi ～跑了过来 / 彼は飛ぶようにかけつけてきた.
【也未可知】yě wèi kě zhī〈成〉…かもしれない. ¶他已经去了～ / 彼はすでに出かけたかもしれない.
**【也许】yěxǔ 副《推測したり,断言できないときに用いる》もしかしたら…かもしれない．¶天阴 yīn 了,～会下雨 / くもってきたから,ことによると雨になるかもしれない．¶我～明天动身,还没确定 quèdìng / 私はあす発つかもしれない,まだはっきり決めてはいないけど．

冶 **yě**　◇◆ ①(金属を)製錬する．¶→～炼 liàn．②(女性の身なりが)あだっぽい．¶妖 yāo ～ / あだっぽい．‖姓

【冶金】yějīn [名] 冶金．¶～工业 / 冶金工業．
【冶炼】yěliàn [動] 溶解する．製錬する．
【冶容】yěróng 〈書〉 [1] [名] なまめかしい容貌．[2] [動] なまめかしく装う．
【冶艳】yěyàn [形]〈書〉なまめかしい．

野 **yě**　[形] [1] **粗野である**．粗暴である．¶他说话特～ / 彼はよく粗野なことを言う．[2] **勝手気ままである**．¶一个暑假 shǔjià 下来,这孩子心都玩儿～了 / 夏休み中この子は遊んでばかりいて勉強そっちのけになってしまった．
◇◆ ①(↔朝 cháo)民間．¶下～ / 下野する．官界から身を引く．¶在～ / 民間にいる．在野．②(動植物について)野生である．¶→～兽 shòu．③野原．郊外．¶旷 kuàng ～ / 荒野．④限界．範囲．¶视 shì ～ / 視野．‖姓

【野菜】yěcài [名] 食用の野生植物；山菜．
【野餐】yěcān [1] [動] ピクニックに行く．[2] [名] 野外での食事．
【野草】yěcǎo [名] 野草．雑草．¶～地 dì / 原っぱ；(ゴルフの)ラフ．
【野草闲花】yě cǎo xián huā 〈成〉 [1] 野生の草花．[2]〈喩〉(妻以外の)愛人；娼妓(しょうぎ)．
【野炊】yěchuī [動] 野外で炊事をする．
【野地】yědì [名] 野原．
【野孩子】yěháizi [名] 野放しで育った子供．しつけの悪い子供．
【野汉子】yěhànzi [名]〈貶〉間男．
【野花】yěhuā [名] [1] 野に咲く花．[2]〈喩〉愛人．
【野火】yěhuǒ [名] [1] 野火．¶～烧不尽 jìn,春风吹 chuī 又生 / (野の草は)野火に焼き尽くされることなく,春風が吹くころにはまた芽を出す．►人事一般の比喩にも用いる．[2]〈方〉デマ．流言．
【野鸡】yějī [名] [1]〈鳥〉キジ．[2] 売春婦．街娼．[3] もぐりの商売．¶～车 chē / (主に台湾で)白タク．
【野景】yějǐng [名] 野外の風景；自然の景色．
【野马】yěmǎ [名] 野生のウマ；(特に)モウコノウマ．
*【野蛮】yěmán** [形] [1] **野蛮である**．未開である．[2] 乱暴である．¶这个队踢 tī 得太～ / このサッカーチームは乱暴なプレイをする．
【野猫】yěmāo [名] [1] のらネコ．[2]〈方〉〈動〉ノウサギ．
【野牛】yěniú [名] 野生のウシ；(特に)ガウル．
【野蔷薇】yěqiángwēi [名]〈植〉野バラ．
【野禽】yěqín [名] 野鳥．野禽(やきん)．
【野趣】yěqù [名] 自然で素朴な味わい．野趣．
【野人】yěrén [名] [1] 未開人．[2] 田舎者；〈転〉在野の人．庶民．[3] 粗野な人．
【野生】yěshēng [形] 野生の．
【野生动物】yěshēng dòngwù [名] 野生動物．
【野食儿】yěshír [名] [1](鳥獣が)野外であさるえさ．[2]〈喩〉本職以外からの所得．
【野史】yěshǐ [名] 稗史(はいし)．民間で書かれた通俗的な歴史書．►正統な歴史書は"正史 zhèngshǐ"という．
*【野兽】yěshòu** [名] **野獣**．**けだもの**．¶凶猛 xiōngměng 的～ / 獰猛(どうもう)な野獣．
*【野外】yěwài** [名] **野外**．¶～工作 / フィールドワーク．
【野味】yěwèi [名] [1](猟でとれた)獲物．[2] 野鳥や野獣を使った料理．¶～菜 / (野鳥・野獣を材料とした)野趣料理．
【野物】yěwù [名] 野生動物．
【野小子】yěxiǎozi [名] [1] 野放しで育った子供．しつけの悪い男の子．[2]〈罵〉どこの馬の骨だか分からない男．野郎．
【野心】yěxīn [名]〈貶〉(領土・権力・名利などに対する分不相応の大きな望み)**野心**．野望．欲深い心．
【野心勃勃】yě xīn bó bó 〈成〉〈貶〉野望が盛んにわき起こるさま．
【野性】yěxìng [名] 荒々しい性質．従順でない性質．
【野鸭】yěyā [名]〈鳥〉カモ；マガモ．►"鸭子"はアヒル．
【野营】yěyíng [動] 野営する．キャンプをする．
【野游】yěyóu [動] 野外へ行って遊ぶ．
【野种】yězhǒng [名]〈罵〉私生児；血筋の違う養子．
【野猪】yězhū [名]〈動〉イノシシ．►単に"猪"といえばブタをさす．

4声 **业(業)** **yè**　◇◆ ①業種．職種．¶饮食～ / 飲食業．②**職業**．仕事．¶→～务 wù．③事業．¶→～绩 jì．④学業．¶毕 bì ～ / 卒業する．¶专 zhuān ～ / 専門．専攻．⑤(ある職業に)従事する．¶～农 nóng / 農業に従事する．⑥財産．¶家～ / 身代．⑦すでに．¶→～经 jīng．⑧(仏教の)業(ごう)．悪業(あくごう)．‖姓

【业绩】yèjì [名]〈書〉業績．手柄．
【业界】yèjiè [名] 業界．
【业经】yèjīng [副]〈書〉すでに．
*【业务】yèwù** [名] **仕事**．**業務**．**実務**．¶他很熟悉 shúxī ～ / 彼は業務に精通している．¶～能力 nénglì / 実務能力．
*【业余】yèyú** [形] [1] 余暇の．¶～时间 / 余暇．¶～学校 / 成人学校．夜間学校．[2] **アマチュアの**．専門外の．ノンプロの．¶～剧团 jùtuán / アマチュア劇団．¶～爱好者 àihàozhě / アマチュア．
【业主】yèzhǔ [名](不動産や企業の)オーナー．

* **叶(葉)** **yè**　[名](～儿)(植物の)**葉**．¶树 shù 上已长 zhǎng 满了～儿 / 木にはもう葉がいっぱい繁っている．
◇◆ ①葉に似たもの．¶～轮 lún / 羽根車．②時期．¶二十世纪 shìjì 中～ / 20世紀中葉．‖姓

【叶公好龙】yè gōng hào lóng 〈成〉口先では擁護〔愛好〕をとなえながら実は嫌悪している．
【叶红素】yèhóngsù [名]〈化〉カロテン．
【叶绿素】yèlǜsù [名]〈生化〉葉緑素．
【叶落归根】yè luò guī gēn 〈成〉他郷にさすらう者も結局は故郷に落ち着く；落ち着くところへ落ち着く．
【叶片】yèpiàn [名] [1]〈植〉葉身．[2]〈機〉(風車・タービンなどの)翼板,羽根．
【叶锈病】yèxiùbìng [名]〈農〉葉さび病．
*【叶子】yèzi** [名]〈量〉片 piàn．[1]〈口〉**葉っぱ**．[2] 茶の

Y

葉；タバコの葉．►茶の粉末や刻みたばこと区別する．¶～烟 yān / 葉タバコ．3〈方〉カルタ．

【叶子烟】yèziyān 名 葉タバコ．

*页(頁・葉) yè 量 ページ．¶第五～ / 第5ページ．¶揭开 jiēkāi 历史的新的一～ / 歴史の新しいページを開く．
◇◆(本・絵などの)葉．¶活 huó ～ / ルーズリーフ．‖姓

【页边】yèbiān 名 ページの余白．

【页码】yèmǎ 名(～儿)ページ番号．

【页面】yèmiàn 名〈電算〉(ウェブサイトの)ページ．

【页岩】yèyán 名〈鉱〉頁岩(けつがん)．シェール．

曳(拽・抴) yè ◇◆ 引く．引っ張る．¶拖 tuō ～ / 引っ張る．牽引する．

【曳力】yèlì 名〈物〉引っ張る力．

*夜 yè 1 名 夜．¶冬天 dōngtiān ～长 / 冬は夜が長い．¶三天三～ / 三日三晩．2 形〈方〉暗くなる．夜になる．‖姓

【夜班】yèbān 名 夜勤．夜勤組．¶上～ / 夜勤をする．

【夜班车】yèbānchē 名 深夜バス．夜勤労働者のために運行するバスやトロリーバス．

【夜半】yèbàn 名〈書〉真夜中．夜中．

【夜不闭户】yè bù bì hù 〈成〉(普通,"路不拾遗 shíyí"と続き)社会の治安・風紀がよい．

【夜餐】yècān 名 夜食．

【夜叉】yèchā 名〈仏〉夜叉；〈喩〉容貌醜く凶悪な人．

【夜长梦多】yè cháng mèng duō 〈成〉時間が長びけば不利になる．

【夜场】yèchǎng 名 夜間興行．

【夜车】yèchē 名 1 夜行列車；夜行バス．2〈喩〉徹夜で仕事や勉強をすること．⇨【开夜车】kāi yèchē

【夜出动物】yèchū dòngwù 名 夜行動物．

【夜大学】yèdàxué 名 夜間大学．►略して"夜大"とも．

【夜饭】yèfàn 名〈方〉夕食．

【夜工】yègōng 名 夜業．夜勤．¶做〔打,上〕～ / 夜業をする．

【夜光杯】yèguāngbēi 名 夜光の杯．►"祁连山Qíliánshān"の玉(ぎょく)で作った酒杯．

【夜光表】yèguāngbiǎo 名 夜光時計．

【夜光虫】yèguāngchóng 名〈虫〉ヤコウチュウ．

【夜航】yèháng 動 夜間飛行〔航行〕をする．

【夜壶】yèhú 名〈口〉(旧式の陶器製の)しびん．

*【夜间】yèjiān 名 夜．夜間．¶～比赛 bǐsài / ナイトゲーム．

【夜景】yèjǐng 名 夜景．

【夜静更深】yè jìng gēng shēn 〈成〉真夜中．丑(うし)三つ時．

【夜空】yèkōng 名 夜空．

【夜哭郎】yèkūláng 名 夜泣きをする子供．

【夜来】yèlái 名〈書〉1 昨日．2 夜．3 昨夜．

【夜来香】yèláixiāng 名〈植〉1 トンキンカツラ．2 オオマツヨイグサの俗称．宵待草．月見草．

【夜郎自大】yè láng zì dà 〈成〉身の程をわきまえず尊大ぶる．夜郎自大．

**【夜里】yèli 名 夜．夜間．¶～也不能安眠 ānmián / 夜もおちおち眠れない．¶～突然 tūrán 下起雨来 / 深夜,急に雨が降り出した．

【夜盲】yèmáng 名〈医〉夜盲症．鳥目．

【夜猫子】yèmāozi 名〈方〉1〈鳥〉フクロウ；ミミズク．2〈譜〉よく夜更かしをする人．

【夜幕】yèmù 名 夜のとばり．

【夜勤】yèqín 名 夜勤．夜間勤務．

【夜曲】yèqǔ 名〈音〉ノクターン．夜想曲．

【夜色】yèsè 名 夜陰；夜の景色．

【夜深人静】yè shēn rén jìng 〈成〉夜が更けて人が寝静まる(ころ)．

【夜生活】yèshēnghuó 名(主に都会の遊び場・レストランなどでの)夜の生活,ナイトライフ．

【夜市】yèshì 名 1 夜の市．夜店．2 夜間の営業．

【夜霜】yèshuāng 名 ナイトクリーム．

*【夜晚】yèwǎn 名 夜．晩．¶度过了一个快乐的～ / 楽しい夜をすごした．

【夜袭】yèxí 動 夜襲をかける．

【夜戏】yèxì 名 夜の芝居．

【夜宵・夜消】yèxiāo 名(～儿)〈方〉夜食．►"宵夜"とも．¶吃～ / 夜食を食べる．

【夜校】yèxiào 名 夜間学校．

【夜行军】yèxíngjūn 名 夜間行軍．

【夜以继日】yè yǐ jì rì 〈成〉夜を日に継ぐ．昼夜兼行をする．►"日以继夜"とも．

【夜游】yèyóu 名〈医〉夢遊病．夢中遊行症．

【夜游神】yèyóushén 〈慣〉夜遊びが好きな人．宵っ張り．►"夜游子"とも．

【夜战】yèzhàn 名 夜戦；〈転〉夜の残業．夜なべ．

【夜总会】yèzǒnghuì 名 ナイトクラブ．

【夜走麦城】yè zǒu Màichéng 〈慣〉油断して失敗〔敗北〕すること．►"麦城"は三国時代に関羽が敗北した地．

【夜作】yèzuò 名(～儿)夜なべ．夜業．►yèzuō と発音することもある．❖打 dǎ ～ / 夜なべをする．

咽 yè ◇◆ むせび泣く．声が詰まる．¶哽 gěng ～ / 涙にむせぶ．
⏩yān,yàn

【咽泣】yèqì 動 むせび泣く．

掖 yè ◇◆ 人の腕をとって助ける；援助する．抜擢(ばってき)する．¶扶 fú ～ / 支える；引き立てる．⏩yē

液 yè ◇◆ 液体．汁．¶汁 zhī ～ / 液汁．¶血 xuè ～ / 血液．

【液化】yèhuà 動 液化する．¶～石油气 / LP ガス．¶～天然气 tiānránqì / 液化天然ガス．

【液化现象】yèhuà xiànxiàng 名〈環境〉液状化現象．

【液晶】yèjīng 名〈物〉液晶．

【液晶电视】yèjīng diànshì 名 液晶テレビ．

【液晶显示器】yèjīng xiǎnshìqì 名〈電算〉液晶ディスプレイ．LCD．

【液力】yèlì 名〈機〉流体力．水力．¶～制动器 zhìdòngqì / 水力ブレーキ．油圧式ブレーキ．

【液态】yètài 名〈物〉液態．液体状態．¶～氧 yǎng / 液体酸素．

*【液体】yètǐ 名 液体．流体．¶～燃料 ránliào / 液体燃料．

【液压机】yèyājī 名〈機〉ハイドロプレス．►(油圧機

などの)液体で圧力を伝導する機械の総称.

谒 yè　◇◆(目上の人に)面会する. ¶拜 bài ～ / 拝謁する. ¶进～ / お目にかかる.

【谒见】yèjiàn 動 謁見する.

腋 yè　◇◆ ①わき(の下). ►「わきの下」は俗に"胳〔夹〕肢窝 gāzhiwō"という. ② 〈植〉葉腋(ようえき).

【腋臭】yèchòu 名 わきが.

【腋毛】yèmáo 名 わき毛.

【腋窝】yèwō 名 わきの下のくぼみ.

【腋下】yèxià 名 わきの下.

【腋芽】yèyá 名〈植〉腋芽(えきが). わき芽.

靥(靨) yè　◇◆ えくぼ. ►話し言葉で「えくぼ」は"酒窝儿 jiǔwōr". ¶笑～ / 〈書〉えくぼ. 笑顔.

yi (丨)

1声 ** **一** yī　❶数 ① いち. ひと(つ). 第一(の). ¶～本杂志 zázhì / 雑誌1冊. ¶纺织 fǎngzhī ～厂 / 第一紡績工場.
② 同じ. ¶这不是～回事 / それは別の事だ. ¶我跟他是～个班 / 私は彼と同じクラスだ.
③ いっぱいの. まるまる全体の. ¶～身冷汗 lěnghàn / 体中びっしょりの冷や汗. ¶～冬天没下雪 / ひと冬中,雪が降らなかった.
④ もう一つの. 別の. ¶故宫～名紫禁城 Zǐjìnchéng / 故宮またの名を紫禁城という.
⑤ さっと. ぱっと. どんと. ►1回のすばやい動作である結果を得ることを表す. 身体の一部や道具を表す語と組み合わさって連用修飾語となる. ¶我～脚把他踢倒 tīdǎo 了 / おれはあいつをぱっとけ倒した.
⑥ ちょっと. 少し. ►動作を短時間あるいは1回だけ行ったり試みてみることを表す. ¶等 děng ～等 / ちょっと待ちなさい. ¶看了～眼 yǎn / ちらっと見た.
❷副 ①…すると…. ►前後二つの動作や情況を関連づける. "一…就…"の形で用いることが多い. ¶他～解释 jiěshì 我就懂了 / 彼が説明したら私はすぐに分かった. ¶这孩子～出去就玩儿老半天 / この子は出かけるともう長いこと遊んでいる.
②(知覚・調査を表す動詞を後ろにとって)…してみると…だ(った). ¶医生～检查jiǎnchá,果然是肺炎fèiyán / 医者が診察してみると,思っていたとおり肺炎だった.
③ 万一. もしも. ¶～有什么消息 xiāoxi,请马上告诉 gàosu 我 / 万一情報が入ったら,すぐ私に教えてください.
注意 序数や年月日や単語の最後・文末にきた場合など本来の声調(第一声)で発音すべき場合を除き,後に第四声(軽声になったものも含む)の音節が続く時には第二声に,後にそれ以外の声調(第一声・第二声・第三声)の音節が続く時には第四声に変えて発音される. また,電話番号やルームナンバーなどでは"一"と表記されていても,"七 qī"と発音が混同しないように"幺 yāo"と読みかえることがある. ⇨〖幺 yāo〗
❸助〈書〉語勢を強めるために用いる. ¶事态之严重 yánzhòng,～至于此 / 事態がこれほど深刻になるとは.
❹名(中国民族音楽の10音階の一つ)略譜の"7"(低音のシ)に相当.

【一把手】yī bǎ shǒu 〈慣〉① やり手. 腕利き. ►"一把好手 hǎoshǒu"とも. ¶要说干活儿 gànhuór,他可算是～ / 仕事の面では彼は実にやり手だ. ② 最高責任者. トップ. ナンバーワン. ③ 仲間の一員.

【一把抓】yī bǎ zhuā 〈慣〉①(何もかも)一手に引き受ける. 何でも自分でやらないと気がすまない. ¶作领导 lǐngdǎo 的不能什么事情都～ / リーダーは何でも自分でやろうとしてはだめだ. ② 仕事の手順をわきまえないで何もかもいっしょくたにする. ¶眉毛 méimao 胡子 húzi ～ / 物事の軽重緩急をわきまえない.

【一百五】yībǎiwǔ 名 冬至から105日目の"寒食节"の別称.

【一百一】yībǎiyī 〈慣〉〈方〉申し分のないさま. 十二分なさま.

【一败涂地】yī bài tú dì 〈成〉再び立ちあがれないほどひどく負ける. 一敗地にまみれる.

** 【一般】yībān ❶形 ① 同じである. 同様の. ►積極的意味をもつ少数の単音節形容詞を修飾する. ¶姐妹俩 liǎ ～高〔×～矮 ǎi〕/ 姉妹二人は背の高さが同じだ. ②(↔特殊 tèshū)普通である. ありふれている. ¶→～化 huà. ¶这是～情况 qíngkuàng / これは一般的な情況だ. ¶这个人不～ / この人はたいしたものだ. ¶他～早上六点钟起床 qǐchuáng / 彼は普通は朝6時に起きる. ¶这个菜,味道 wèidao 怎么样?——～ / この料理,味はどうですか—普通です. ③〈書〉ある種の. ¶别有～滋味 zīwèi / 一種風変わりな味わいがある. ❷助《比喩を表す》まるで…のようだ〔に〕. ►"像、好像、如同"などと組み合わせて用いることが多く,また後ろに助詞の"的、地"をつけることもできる. ¶没有一点儿风,湖水像镜面 jìngmiàn ～地平静 píngjìng / 風が全くなく,湖水はまるで鏡のように静かだ. [2音節以上の語句の後にあるときは,"一"を省いて"般"とすることができる] ¶钢铁 gāngtiě 般的意志 / 鋼鉄のように固い意志.

【一斑】yībān 名(全体の)一部分. 一斑.

【一般化】yībānhuà 動 一般化する;あいまいにする. 特色をなくす.

【一般见识】yī bān jiàn shí 〈成〉自分より程度の低い者をまともに相手にする. ¶别跟 gēn 小孩儿～ / 子供相手に大人気ないことをするな.

【一板一眼】yī bǎn yī yǎn 〈成〉言葉遣いや行いが正確できちんとしている.

* 【一半】yībàn 名(～儿)半分. ¶那本书我只看了～儿 / その本はまだ半分読んだだけです. ¶少～儿 / 半分よりやや少ない.

〚一…半…〛 ***yī…bàn…*** 《同義あるいは類義の二つの名詞性の成分を当てはめて,「少しばかり」の意味を表す》¶～年～载 zǎi / 1年そこいら. ¶这活儿 huór ～时～会儿完不了 wánbuliǎo / この仕事は当分終わらない.

【一半天】yībàntiān 名〈口〉一両日;ごく近いうち.

【一帮子】yībāngzi 名〈讒〉一味. 一群.

【一报还一报】yī bào huán yī bào 〈諺〉相手に悪く出れば必ずその報いがある.

【一辈子】yībèizi 名〈口〉一生. 一生涯. ¶～也忘不了 wàngbuliǎo / 終生忘れられない.

【一本万利】yī běn wàn lì 〈成〉わずかな資本で巨利を占める. ぼろ儲けをする.

【一本正经】yī běn zhèng jīng 〈成〉まじめくさっている. しかつめらしい. ►"一板 bǎn 正经"とも.

Y

【一鼻孔出气】yī bíkǒng chū qì 〈慣〉〈貶〉気脈を通じる．ぐるになっている．

【一笔勾销】yī bǐ gōu xiāo 〈成〉一切を帳消しにする．ご破算にする．水に流す．

【一笔抹杀】yī bǐ mǒ shā 〈成〉(成績や長所を)軽々しく全部否定する．

【一臂之力】yī bì zhī lì 〈成〉わずかばかりの助力．¶助 zhù 你～ / 一臂の力を貸す．

**【一边】yībiān (～儿) ① 方位《ものの片側や事柄の一方をさす》片方．一方；そば．かたわら．¶大楼 dàlóu 的～是个花园 huāyuán / ビルの片側は庭園になっている．¶两队比赛 bǐsài, 总有～会输 shū / ふたチームが試合をすれば，どうしたって一方は負ける．¶请大家往 wǎng ～站 / みなさん端に寄ってください．② 副 〖一边…，一边…〗…しながら…する．►二つ以上の動作が同時に進行することを表す．¶他们～喝茶，～研究 yánjiū 问题 / 彼らはお茶を飲みながら問題を検討している．［前の方の"一边"を省くことがある］¶他看着电视，～吃着饭 / 彼はテレビを見ながらご飯を食べている．

【一边倒】yībiān dǎo 〈慣〉①(対立する両者の)一方だけに傾く．②(一つのものにのみ)専念する．

〖一边…，一边…〗*yībiān…, yībiān…* →【一边】yībiān ②

【一表人才】yī biǎo rén cái 〈成〉立派な容貌を持つひとかどの人物．

【一并】yībìng 副 いっしょに．合わせて．¶～报销 bàoxiāo / (いくつかの勘定を)合わせて清算する，一括請求する．

【一病不起】yī bìng bù qǐ 〈成〉病気で死ぬ〔寝たきりになる〕．

【一拨儿】yī bōr 名 一団．一群．一隊．►"一拨子 yī bōzi"とも．¶前面 qiánmian 来了～人 / 前方から一団の人がやって来た．

【一波未平，一波又起】yī bō wèi píng, yī bō yòu qǐ 〈成〉問題が未解決なのにまた新たな問題が起こる．一難去ってまた一難．

〖一…不…〗*yī…bù…* ①(前後とも単音節の違う動詞を当て)一度…すれば決して…しない．¶～定～易 yì / 一度決めれば決して変えない．¶～去～返 fǎn / 一度行ったら二度と帰らない．②(前に名詞，後に動詞を当て)一つも…しない．¶～言～发 / ひと言もものを言わない．¶～字～漏 lòu / 1字も漏らさない．③(前後に同じ動詞を当て)少しも…しない．¶～动 dòng ～动 / 少しも動かない．

【一步登天】yī bù dēng tiān 〈成〉いきなり出世する．

【一步一个脚印】yī bù yī ge jiǎoyìn 〈慣〉(～儿)仕事ぶりが几帳面である．

【一不做，二不休】yī bù zuò, èr bù xiū 〈諺〉やり出したからにはとことんやる．

【一刹那】yīchànà 名 一瞬間．

【一场空】yī cháng kōng 〈慣〉希望や努力が水泡に帰す．

【一倡百和・一唱百和】yī chàng bǎi hè 〈成〉一人が提唱すると多くの人がそれに同調する．

【一唱一和】yī chàng yī hè 〈成〉一人が言うともう一人がそれに同調する．

【一朝天子一朝臣】yī cháo tiānzǐ yī cháo chén 〈諺〉トップが変わるとその下の者もそっくり変わる．

【一尘不染】yī chén bù rǎn 〈成〉① 清潔でちり一つない．②(人が)純潔で悪習に全然染まっていない．

【一成不变】yī chéng bù biàn 〈成〉いったん出来上がってしまうと永久に変わらない．

【一程子】yīchéngzi 名〈方〉しばらくの間．¶在天津 Tiānjīn 住了～ / 天津にしばらく滞在した．

【一筹莫展】yī chóu mò zhǎn 〈成〉手も足も出ない．

【一触即发】yī chù jí fā 〈成〉(事態が緊迫し)一触即発である．

【一锤定音】yī chuí dìng yīn 〈成〉鶴の一声．►"一槌定音"とも書く．

【一锤子买卖】yī chuízi mǎimai 〈慣〉(後先を考えない)いっぺんこっきりの取り引き〔関係，行動〕．

【一次能源】yī cì néngyuán 名 自然エネルギー源．

【一次性】yīcìxìng 形 1回限りの；使い捨ての．¶～削价 xuējià / バーゲンセール．¶～筷子 / 割り箸．¶～打火机 dǎhuǒjī / 使い捨てライター．

【一蹴而就】yī cù ér jiù 〈成〉いっぺんで成功する；やすやすと成功する．

【一寸光阴一寸金】yī cùn guāngyīn yī cùn jīn 〈諺〉わずかな時間でも一寸の金に等しい．時は金なり．

【一搭两用】yī dā liǎng yòng 〈口〉(～儿)一つの物が二つの用途に使える．

【一大早儿】yīdàzǎor 名 明け方．早朝．

【一代】yīdài 名 ① 一つの王朝が統治する年代．② ある時代；当代．¶～伟人 wěirén / 一代の偉人．③ 人の一生；家系の一代．

【一带】yīdài 名 一帯．►場所詞の後に用いるか，"这～""那～"として用いる．¶这～很清静 qīngjìng / このあたりは静かだ．

【一旦】yīdàn ❶副 ① ひとたび…すると．いったん．¶这事～被别人知道就完了 / この事はいったん人に知られると，それでおしまいだ．②…して以来．…した以上．¶～答应 dāying 了，就必须 bìxū 去做 / 承諾したからには，やらなければならない．❷名 一朝．一日．

【一刀两断】yī dāo liǎng duàn 〈成〉一刀両断にする．きっぱりと関係を断ち切る．

【一刀切】yīdāoqiē 〈慣〉(実情を無視して)画一的に処理する．►"一刀齐 qí"とも．

*【一道】yīdào 副(～儿)〈方〉いっしょに．¶我和你～去 / 君といっしょに行こう．

【一得之功】yī dé zhī gōng 〈成〉偶然の取るに足りない手柄．

【一等】yīděng 形 一等の．最高の．¶～品 pǐn / 一級品．

**【一点儿】yīdiǎnr 名 ① 少し．►不定の数量〔わずかな量〕を表す．目的語になる場合，話し言葉ではしばしば"一"を省略する．¶这是我的～心意 xīnyì / これは私のほんの気持ちです．¶别客气，再喝 hē ～吧 / ご遠慮なさらず，もっと飲んでください．② ほんの少し．(これっ・それっ)ぽっち．►"这么""那么"と連用して，きわめてわずかな数量を表す．¶这么～菜，五个人吃可实在不够 gòu / これっぽっちの料理では，5人で食べるにはとても足りない．注意 この場合，"(一)点儿"の代わりに同じ少量を表す"(一)些 xiē"を用いると，逆に量が多いことを表すことになる．¶这么些菜我一个人吃不了 chībuliǎo /

Y

こんなにたくさんの料理は私一人では食べきれない.
③ **少し…. ちょっと….** ►形容詞や一部の動詞の後に用いて,程度が小さいことを表す.“一些”よりも口語的.“一”は省略されることが多い. ¶这个菜辣 là～/この料理は少し辛い.
④ **少しも…ない.** ►多く“也 yě”や“都 dōu”で受けて,その後に否定形を置く. ¶～也不快/ちっとも速くない.
注意 “一点儿”は文面では“一点”とのみ書かれることが少なくない. 話し言葉ではほとんどr化させ yīdiǎnr と発音する.
比較 **一点儿:有点儿 yǒudiǎnr** ❶話し手にとって不本意なことを述べる場合は“一点儿”を用いず“有点儿”を用いる. ❷数量を表す“一点儿”は形容詞・動詞の後に,副詞の“有点儿”は形容詞・動詞の前に用いる. ¶我有点儿不舒服 shūfu/私は少し気分が悪い.
語法 ❶“(一)点儿”は「少量である」ことを表すのが目的ではなく,語気をやわらげ,表現を婉曲にする働きをもつことも少なくない. ¶你要买点儿什么?/何をお求めですか. ¶快点儿走吧!/早く行こう. ❷“一点儿”は,日本語の「ちょっと」のように漠然とした広い用法をもたないので,むやみに返答に用いることは避けなければならない.

【一点一滴】yī diǎn yī dī 〈成〉少しずつ.

【一丁点儿】yīdīngdiǎnr 形〈方〉① ほんの少しの. ② 非常に小さい.

【一定】yīdìng ❶副 ①《意志が堅いことを表す》**必ず. きっと.** どうしても. 絶対. 注意 第一人称に用いることが多い. もし第二・三人称に用いるならば,多く他人に必ずあることをしてほしいことを表す. ¶我～要学好中文/ぜひとも中国語をマスターしたい. ¶你明天～要来啊!/あす必ず来なさいよ. [第二・三人称の否定は,“一定不…”ではなく“一定别 bié〔不要,不能〕…”の形を用いる] ¶(你)～别忘了!/絶対に忘れてはいけないよ.
②《主観的願望による推断を表す》**疑いなく. 確かに.** 必ず. ¶这种新产品,消费者 xiāofèizhě ～欢迎 huānyíng/このての新製品は,消費者にきっと受ける. ¶看你的气色 qìsè,身体～不错/血色からして,あなたは体の調子がよいに違いない.
③《“不～”で情況が確実ではないことを表すが,むしろ否定に近い》¶我不～来/私は来ないかもしれない. ¶不～不好/悪いとは限らない.
❷形《連体修飾にのみ用いる》① **定められた.** 決まっている. ¶～的规章 guīzhāng 制度/決まった規約や制度. ¶学习有～的目的/ものを学ぶには,なんらかの目的がある.
② **ある程度の.** 適当な. ¶她的病有了～的好转 hǎozhuǎn/彼女の病気はある程度よくなった.

【一定之规】yī dìng zhī guī 〈成〉一定の決まり. 定見.

【一动】yīdòng 副(～儿)ややもすると. ¶那孩子～就哭/あの子はどうかするとすぐ泣く.

【一动不动】yī dòng bù dòng びくともしない. 少しも動かない. ¶她～地站 zhàn 在那里/彼女は身じろぎもせずそこに立っていた.

【一度】yī dù ①〈書〉1度. 1回;ひとしきり. ¶一年～的中秋节 Zhōngqiūjié/年に1度の中秋節. ②(yīdù)副 一時. いっぺん. ►過去の経験を表し,“曾 céng”と連用することが多い. ¶这本书曾～畅销 chàngxiāo 全国/この本はかつて全国でよく売れていた.

【一端】yīduān 名〈書〉(物事の)一面,一端.

【一多半】yīduōbàn 名(～儿)過半数.

〖一…而…〗*yī…ér…* 《前後とも単音節の動詞〔形容詞〕性の成分を当てはめて用い,前の動作が非常に早く結果を生み出したことを表す》¶～望 wàng～知 zhī/ひと目で分かる. ¶～饮 yǐn～尽 jìn/ぐっと飲み干す.

【一而再,再而三】yī ér zài, zài ér sān 〈成〉再三再四. 何度も何度も.

【一二】yī'èr 名 一つ二つ;少しばかり. ¶略 lüè 知～/少しばかり知っている.

〖一…二…〗*yī…èr…* 《ある種の2音節の形容詞の二つの形態素(造語成分)を当てはめ,その意味を強調する》¶→～干 gān～净. ¶～清～楚 chǔ/非常にはっきりしている.

【一发】yīfā 副 ① ますます. ►さらにひどい結果になるというときに用いる. ②(あわせて)いっしょに. いっせいに.

【一发千钧】yī fà qiān jūn 〈成〉危機一髪. ►“千钧一发”とも.

【一帆风顺】yī fān fēng shùn 〈成〉物事が何事もなく順調である. 順風満帆.

【一反常态】yī fǎn cháng tài 〈成〉いつもの態度と打って変わる. がらりと態度を変える.

*【一方面】yīfāngmiàn** 接続 **一方では…,他方では…. …する一方.** 語法 “一方面…,一方面…”の形で,二つの関連をもつ事物,または一事物の二つの側面を表す. 後の“一方面”の前には“另 lìng”を加えることができ,その後に“又 yòu、也 yě、还 hái”などの副詞を伴う. ¶～引进外资 wàizī,～改革企业机制 jīzhì/外資を導入しながら,企業の経営構造を改革する. ¶～要肯定 kěndìng 成绩,另～也要承认 chéngrèn 不足/成果を評価するとともに,足りない点も認めなければならない.

【一分钱一分货】yī fēn qián yī fēn huò 〈諺〉品が変われば値段も変わる;それ相応である.

【一分钟小说】yīfēnzhōng xiǎoshuō 名 ショートショート.

【一夫当关,万夫莫开】yī fū dāng guān, wàn fū mò kāi 〈成〉地勢が極めて険しく攻めにくい.

【一概】yīgài 副《例外がないことを表す》すべて. 一切. 全部. ¶出口 chūkǒu 商品～上税 shàngshuì/輸出品は一律に税金をかける. ¶这些事情 shìqing,我～不管 guǎn/これらの事については私は一切かかわらない.

【一概而论】yī gài ér lùn 〈成〉一律に論じる. ►否定・禁止に用いることが多い.

【一干】yīgān 形 ある事件に関係のある. ¶～人犯/犯人一味.

【一干二净】yī gān èr jìng 〈成〉たいへんきれいである.

【一竿子(插)到底】yī gānzi (chā) dàodǐ 〈慣〉始めたら最後までやり抜く;物事を末端まで行き渡らせる.

【一个个】yīgègè 名 一つ一つ;一人一人;どれもこれも;だれもかれも.

【一个巴掌拍不响】yī ge bāzhang pāibuxiǎng 〈諺〉片方の手だけでは拍手ができない;〈喩〉けんかは双方が悪い.

【一个好汉三个帮】yī ge hǎohàn sān ge bāng 〈諺〉どんな有能な人も他人の助けが必要である.

【一个和尚挑水吃】yī ge héshang tiāo shuǐ chī 〈諺〉(多く後ろに"两〔二〕个和尚抬 tái 水吃,三个和尚没水吃"と続き)人数が多すぎるとかえってうまくいかないたとえ. 船頭多くして船山に登る.

【一个劲儿】yīgejìnr 副〈口〉わき目もふらずに. ひたすら. 一途に. ¶～责备 zébèi 自己 / しきりに自分を責める. ¶雨～地下着 / 雨がずっと降る. ¶她～地向山顶 shāndǐng 爬 pá 去 / 彼女はまっしぐらに頂上へ進んだ.

【一个萝卜一个坑】yī ge luóbo yī ge kēng 〈慣〉①それぞれ持ち場が決まっている. ②やり方が堅実である.

【一个心眼儿】yī ge xīnyǎnr 〈慣〉①一心に. ひたすら. ②融通がきかない. ③心が一つである.

【一共】yīgòng 副 **合わせて. 全部で. ¶～多少钱?——八十块 / 合わせていくらですか——80元. ¶你们班～有多少学生? / あなたのクラスには全部で何人の生徒がいますか.

【一股劲儿】yīgǔjìnr 副 ひと息に. 一気に.

【一股脑儿】yīgǔnǎor 副〈方〉全部. 残らず. ►"一古脑儿"とも書く.

【一鼓作气】yī gǔ zuò qì 〈成〉張り切って一挙に物事を成し遂げる.

【一贯】yīguàn 形(思想・政策・態度などが)これまでずっと変わらない. 終始一貫している.

【一棍子打死】yī gùnzi dǎsǐ 〈慣〉全面的に否定する.

【一锅端】yī guō duān 〈慣〉①根こそぎ持っていく; 全部消滅させる. ►"连锅端 liánguōduān"とも. ②(意見などを)余すところなく出す.

【一锅粥】yī guō zhōu 〈慣〉混乱したさま. めちゃくちゃ.

【一锅煮】yī guō zhǔ 〈慣〉ごちゃごちゃにする. ►"一锅烩 huì""一勺 sháo 烩"とも.

【一国两制】yīguó liǎngzhì 名 一つの国に二つの(政治・経済)制度. ►中国と香港・台湾の社会主義と資本主義の併存をさす.

【一好百好】yī hǎo bǎi hǎo 〈成〉一つよい点があると,すべてがよいようにみえる.

【一号】yīhào 名(～儿)〈俗〉〈婉〉トイレ. ¶上～ / トイレに行く.

【一号电池】yīhào diànchí 名 単一型乾電池.

【一哄而集】yī hòng ér jí 〈成〉多くの人がどっと集まる.

【一哄而起】yī hòng ér qǐ 〈成〉多くの人がわっと立ち上がる; 暴動を起こす.

【一哄而散】yī hòng ér sàn 〈成〉多くの人がわっと騒いですぐ散らばる.

【一呼百诺】yī hū bǎi nuò 〈成〉取り巻きが多い.

【一呼百应】yī hū bǎi yìng 〈成〉一人の呼びかけに多くの人が応じる. 呼応する人が多い.

【一忽儿】yīhūr 〈方〉①名 少しの間. ②副("一忽儿…一忽儿…"の形で)…したり…したり.

【一晃】yīhuǎng 動(～儿)さっと動く. ちらっと現れる. ¶那人影儿 rényǐngr 在窗口儿 chuāngkǒur ～就不见了 / その人影は窓のところにちらっと見えたが,たちまち消えてしまった.

【一晃】yīhuàng 副 いつの間にか. いつしか. ¶毕业 bìyè 以后,～已有十年了 / 卒業してからいつしか10年たった.

【一挥而就】yī huī ér jiù 〈成〉文章をすばやく書き上げる; 文筆〔書画〕の才が抜群である.

【一回生,二回熟】yī huí shēng, èr huí shú 〈諺〉①初対面のときは知り合いでなくても,再会すれば友人となる. ②初めは不慣れでも,2度目は上手になる.

【一回事】yī huí shì (～儿)①同じ事. ¶他们俩 liǎ 想的是～ / 二人が思っていることは同じ事だ. ②一つの事. ¶这究竟 jiūjìng 是怎么～ / これはいったい何事だ.

【一会儿】yīhuìr ❶名 **少しの間. しばらく. ¶～(的)工夫 / ちょっとの間. ¶休息 xiūxi ～吧 / しばらく休みましょう.

❷副 ①**すぐ. まもなく.** ¶我～就去 / 私はすぐ行きます. ¶～我还要出去 / 私はまもなく出かけます. ¶刚 gāng 下的雪～就化 huà 了 / 降ったばかりの雪がすぐとけてしまった.

②〚一会儿…一会儿…〛**…したかと思うと…する.** …したり…したり. ¶天气～冷～热 / 寒くなったかと思うとすぐまた暖かくなる. ¶他～干 gàn 这个,～干那个 / 彼はそれに手を付けたかと思ったら,すぐほかのことをやりだしたりする.

►❶❷とも yīhuǐr と発音することもある.

【一己】yījǐ 名 自分; 個人. ¶～之见 / 個人的な見解.

【一技之长】yī jì zhī cháng 〈成〉一芸に秀でる.

【一家人】yījiā rén 名 家族;〈慣〉内輪の者. 仲間. 味方. ¶～不说两家话 / 〈諺〉他人行儀にしない. よそよそしくしない.

【一家之言】yī jiā zhī yán 〈成〉(個人あるいは学派の)独自の見解・論説. 一家言.

【一家子】yījiāzi 名 ①一家族. 一家庭. ¶我们不是～ / 私たちは家族ではありません. ②家族全体. ¶他们～明天去旅行 lǚxíng / 彼の一家は明日,旅行へ行く.

【一见倾心】yī jiàn qīng xīn 〈成〉一目ぼれをする.

【一见如故】yī jiàn rú gù 〈成〉初対面なのに古くからの知り合いのように意気投合する.

【一箭双雕】yī jiàn shuāng diāo 〈成〉一石二鳥. 一挙両得.

【一箭之地】yī jiàn zhī dì 名〈成〉距離が近い形容. 目と鼻の先.

【一见钟情】yī jiàn zhōng qíng 〈成〉一目ぼれをする.

【一角】yījiǎo 名(～儿)①物の一切れ;(四角い場合)4分の1;(丸い場合)6分の1. ¶～饼 bǐng / 一切れの"饼". ②仕事の一部分. ③(yījiǎo(r))(中国の貨幣単位)1元の10分の1. ⇨〚角 jiǎo〛

【一经】yījīng 接続 一度…したら. ►"就 jiù、便 biàn"などと呼応することが多い. ¶他～提醒 tíxǐng,马上就明白了 / ちょっとヒントを与えたら,彼はすぐ分かった.

【一径】yījìng 副 ①まっすぐに. ひたすら. ¶～地往 wǎng 前走 / ひたすら前へと歩む. ②〈方〉ずっと.

*〚一…就…〛*yī…jiù…* …するとすぐ. …すると必ず. ¶～叫～到 / 呼べばすぐ〔必ず〕来る. ¶～看～明白 / 見ればすぐ分かる. ¶～听～喜欢上了 / 聞い

てすぐ好きになった．⇨〖就 jiù〗

【一举】yījǔ ①副〈書〉一挙に．いっぺんで．¶～成名 chéngmíng / いっぺんに有名になる．¶～可得 dé / 一挙に手に入れる．②名(一回の)行動．

*【一举两得】yī jǔ liǎng dé〈成〉一挙両得．

【一句话】yī jù huà〈慣〉①ひと言で言えば．¶～,他说得有道理 / ひと言で言えば彼の言ったとおりだ．②きっぱり約束する．③(事の成否・決定のかかる)ひと言．

【一蹶不振】yī jué bù zhèn〈成〉一度の失敗で立ち直れなくなる．再起不能．

【一决雌雄】yī jué cí xióng〈成〉雌雄を決する．勝敗・優劣を決める．

【一卡通】yīkǎtōng 名〈経〉(複数の機能をもった)マルチ IC カード．

【一棵树上吊死】yī kē shùshang diàosǐ〈慣〉行き詰まった状況下でも自分の考えに固執し,打開策を講じない．

【一刻】yī kè 名 ①15分．¶差 chà ～三点 / あと15分で3時になります．②(yīkè) わずかな時間．片時．

【一孔之见】yī kǒng zhī jiàn〈成〉見識が狭く偏っていること．

【一口】yīkǒu ①形(発音やアクセントなどが)**生粋の,** 混じり気のない．¶他会说～北京话 / 彼は純粋の北京語を話せる．②副 きっぱりと．断固として．¶～否认 fǒurèn / きっぱりと否定する．¶～咬定 yǎodìng / 頑固に言い張る．一言で言い切る．③名 ひと口．¶吸 xī ～气 / ひと息吸い込む．¶～吃不成个胖子 pàngzi /〈諺〉物事は簡単には成就しない；急がば回れ．

【一口气】yīkǒuqì (～儿)❶副 **ひと息に．一気に．息もつかずに．**¶～儿吃完 / 一気に食べてしまう．¶～跑上楼 / 一気に階上まで上った．❷名 ①息．息の根．生命．②怒り．¶出～ / 憂さ晴らしをする．

【一块儿】yīkuàir ①副 **いっしょに．¶我俩儿 liǎr 每天～上学 / 私たち二人は毎日いっしょに学校へ行く．¶这两个问题最好～研究 yánjiū / この二つの問題は合わせて検討したほうがよい．②名 **同じ場所．**►話し言葉に用いる．¶他们俩 liǎ 住在～ / あの二人は同じ所に住んでいる．¶两个人说不到～ / 二人は話が合わない．⇨【一起】yīqǐ 比較

【一块石头落地】yī kuài shítou luò dì〈慣〉胸をなで下ろす；胸のつかえがとれる．

【一来】yīlái ①接続 **一つには．**語法“一来…,二来…(,三来…,四来…)”の形で,原因や目的を表す句を列挙する．書き言葉では“一则 zé …,二则〔再则〕…”を用いる．¶我喜欢青岛 Qīngdǎo,～那儿风景美,二来气候 qìhòu 好 / 私はチンタオが好きだ．なぜなら,一つにはそこの景色がきれいなこと,二つには気候がよいからである．②動 …すると…(になる)．►通常,“这么～”の形で用いる．¶这么～,问题就解决 jiějué 了 / こうして問題は解決された．

【一来二去】yī lái èr qù〈成〉そうこうするうちに．だんだんと．¶他俩 liǎ ～地成了好朋友 / 彼ら二人はだんだん仲のよい友達になった．

【一览】yīlǎn 名 一覧．便覧．

【一览表】yīlǎnbiǎo 名 **一覧表．**リスト．

【一览无余】yī lǎn wú yú〈成〉一望に収める．ひと目で余すところなく見渡せる．

【一揽子】yīlǎnzi 形〈口〉一括した．包括的な．¶～建议 jiànyì / 一括提案．

【一劳永逸】yī láo yǒng yì〈成〉一度苦労すれば後は楽ができる．

【一例】yīlì ①副 一律に．同様に．¶～看待 kàndài / 平等に待遇する．②名 一つの例．

【一粒老鼠屎】yī lì lǎoshǔ shǐ〈歇〉(“搞 gǎo 坏一锅粥 zhōu”と続き) わずかな傷でも全体に影響しだめにしてしまう．

【一连】yīlián 副 **引き続き．続けざまに．**¶～刮 guā 了两天大风 / 二日続けて大風が吹いた．¶～工作了十个小时 / 続けざまに10時間仕事をした．

【一连串】yīliánchuàn 形(～儿) **ひと続きの．一連の．**続けざまに．¶～的事件 shìjiàn / 一連の事件．

【一连气】yīliánqì 副(～儿)〈方〉続けざまに．一気に．

【一了百了】yī liǎo bǎi liǎo〈成〉①主なことさえ解決すれば他はそれにつれて解決する．②死んだら何もかも終わりである．

【一鳞半爪】yī lín bàn zhǎo〈成〉物事の断片．片鱗．

【一流】yīliú ①名 同類．同じ仲間．¶他是属于 shǔyú 新派～人物 / 彼は新しい派の仲間に属する人物だ．②形 一流の．¶～作品 / 一流の作品．

【一溜儿】yīliùr 名〈口〉①ひと並び．1列．②付近；一帯．

【一溜(儿)歪斜】yīliù(r) wāixié〈慣〉〈方〉よろめいている．よろよろと歩いている．

【一溜烟】yīliùyān (～儿)〈慣〉さっと．一目散に．►走り方や去り方が速いさま．

【一路】yīlù ❶名 ①**道中．**途中．¶这～风景挺 tǐng 好 / この道中の景色はとてもよい．②**同類．**¶～人 / 同じタイプの人．③1列．¶排成 páichéng ～纵队 zòngduì / 1列縦隊に並ぶ．❷副 ①いっしょに(来る,行く)．¶他们跟我不是～来的 / 彼らは私と連れ立って来たのではない．②〈方〉ひたすら．一途に．

【一路货】yīlùhuò〈慣〉〈貶〉同じ穴のムジナ．

*【一路平安】yī lù píng ān〈成〉道中が無事である．¶祝你～ / 道中ご無事で．

【一路上】yīlùshang 名 道中．途中．

【一路顺风】yī lù shùn fēng〈成〉道中ずっと無事である．

【一律】yīlǜ ①副 **すべて．一律に．**一様に．►例外がないことを表す．必ず2音節以上の語句を伴う．¶过期～作废 zuòfèi / 期限を過ぎればすべて無効とする．¶～凭票 píngpiào 入场 / チケットなき者は一切入場お断り．②形 **同じである．**一様である．►名詞の修飾語にはならない．¶不必强求 qiǎngqiú ～ / しいて一致を求める必要はない．

【一落千丈】yī luò qiān zhàng〈成〉(地位・評判・景気などが) 急激に低落する．

【一马当先】yī mǎ dāng xiān〈成〉先駆ける．率先して事を行う．

【一马平川】yī mǎ píng chuān〈成〉(馬が疾駆できるような) 見渡す限りの平原．

【一码事】yī mǎ shì 名(～儿)一つの事柄．同じ事柄．¶你说的和他说的不是～ / 君が言っているのと彼が言っているのは別の事だ．¶这是另 lìng ～ / これはまったく別の事だ．

【一脉相传】yī mài xiāng chuán〈成〉一つの血

Y

統や思想・流派が代々受け継がれる.

【一慢二看三通过】yī màn èr kàn sān tōngguò〈諺〉無難なやり方をする.

【一毛不拔】yī máo bù bá〈成〉髪1本抜くのさえ惜しむ. ひどくけちである.

【一门心思】yī mén xīnsi〈慣〉一心に. 一途に.

*【一面】yīmiàn ❶方位(物などの)一つの面. 側. ¶商店朝 cháo 南的～是个小学校 / 店の南側には小学校がある. ¶这种 zhǒng 做法,有好的～,也有不好的～ / このやり方はよい面もあれば悪い面もある. ❷名 ①(相対立する)一方. ある部門. 一つの方面. ¶独 dú 当～ / 一人である部門の責任を負う. ¶～倒 / 一辺倒. ②〈書〉一面識. ¶～之雅 yǎ / 一面識の間柄. ❸副 …ながら. ►二つの動作を同時に行うことを表す. ⓐ単独で用いる. ¶他看着书,～听着音乐 yīnyuè / 彼は本を読みながら,音楽を聞いている. ⓑ〚一面…,一面…〛…しながら…する. ¶～走,～唱 chàng / 歩きながら歌う.

【一面儿理】yī miànr lǐ 名 一面の理. 偏った理屈.

〚一面…,一面…〛*yīmiàn…, yīmiàn…* ⇀【一面】yīmiàn ❸ⓑ

【一面之词】yī miàn zhī cí〈成〉一方の申し立て. 片方の言い分.

【一面之交】yī miàn zhī jiāo〈成〉一面識. ごく浅い付き合い.

【一面之缘】yī miàn zhī yuán〈成〉一度会っただけの間柄.

【一鸣惊人】yī míng jīng rén〈成〉一度やりだすと人を驚かすようなすばらしい成績を上げる.

【一命归阴】yī mìng guī yīn〈成〉あの世へ行く.

【一命呜呼】yī mìng wū hū〈成〉おだぶつになる. 死ぬ.

【一模一样】yī mú yī yàng〈成〉よく似ている. 瓜二つ. ¶这孩子长 zhǎng 得跟他爸爸 bàba ～ / この子は父親にそっくりだ.

【一目了然】yī mù liǎo rán〈成〉一目瞭然. 一目見ればはっきり分かる.

【一木难支】yī mù nán zhī〈成〉一人だけで重任を果たすのは難しい.

【一目十行】yī mù shí háng〈成〉本を読むのがきわめて速いこと.

【一奶同胞】yī nǎi tóng bāo〈成〉同じ腹から生まれた兄弟. 血を分けた兄弟. 実の兄弟.

【一年半载】yī nián bàn zǎi〈成〉一年そこそこ；一年足らず.

【一年到头】yī nián dàotóu (～儿) ① 名 1年中. ②〈慣〉満1年になる. 年の暮れになる.

【一年生】yīniánshēng 名〈植〉一年生. ►学校の「1年生」は"一年级"という. ¶～植物 zhíwù / 一年生植物.

Y

【一年四季】yīnián sìjì 名 1年中. ¶昆明 Kūnmíng ～风景如 rú 春 / 昆明(ｺﾝﾒｲ)は1年中春の景色だ.

【一年之计在于春】yī nián zhī jì zàiyú chūn〈諺〉一年の計は元旦にあり.

【一念之差】yī niàn zhī chā〈成〉最初のちょっとした心得違いや誤った考え(が重大な結果をもたらす).

【一诺千金】yī nuò qiān jīn〈成〉約束は必ず守り信用がおける.

【一拍即合】yī pāi jí hé〈成〉たちまち同調する；簡単に調子を合わせる.

【一派】yīpài ① 名 一派. 一つの流派. ¶自成～ / 自ら一派をなす. ②⇀〚派 pài〛❹②

【一盘棋】yīpánqí〈慣〉連係して一体となる. 全局的にまとまる.

【一盘散沙】yī pán sǎn shā〈成〉ばらばらの砂；〈転〉団結力がないこと.

*【一旁】yīpáng 方位 そば. 傍ら. ¶站 zhàn 在～ / そばに立つ.

【一炮打响】yī pào dǎ xiǎng〈成〉一回で大きな成功をおさめる.

【一偏】yīpiān 形〈書〉偏っている. ¶～之见 / 一面的な見方. ¶～之论 lùn / 偏った理論.

【一瞥】yīpiē ① 動 一瞥(ｲﾁﾍﾞﾂ)する. ② 名 一瞥した概況. 概観.

【一贫如洗】yī pín rú xǐ〈成〉赤貧洗うがごとし. ひどく貧しいさま.

【一品锅】yīpǐnguō 名〈料理〉①(宴席の)鍋料理. ② 寄せ鍋用の鍋.

【一品红】yīpǐnhóng 名〈植〉ポインセチア.

【一平二调】yī píng èr diào〈成〉一に均等,二に徴用. 平均主義と無償調達.

【一暴十寒】yī pù shí hán〈成〉努力が長続きしないたとえ. ►"一曝十寒"とも書く.

*【一齐】yīqí 副 一斉に. みんなそろって；(同一のものが)同時に；いっしょに. ¶大家～举手 jǔshǒu 表示同意 tóngyì / みんなは一斉に手を挙げて賛成の意を表した. ¶包裹 bāoguǒ 和信～到了 / 小包と手紙が同時に届いた.

**【一起】yīqǐ ❶副 ① いっしょに(…する). ►前に"跟 gēn、和 hé、同 tóng"などを用いた前置詞句を置くことが多い. ¶我们～学了四年中文 / 私たちは4年間いっしょに中国語を勉強した. ¶我不跟他～走 / 私は彼といっしょには行かない. ②〈方〉全部で. 合わせて. ¶这五本书～多少钱？/ この5冊でいくらになりますか. ❷名 同じ場所. 同じ所. ¶他们俩 liǎ 上大学时一直 yīzhí 在～ / 彼ら二人は大学時代ずっといっしょだった. ¶我跟他住在～ / 私は彼といっしょに住んでいる.

比較 一起：一块儿 yīkuàir 用法は同じだが,"一起"は主として書き言葉に用い,"一块儿"は話し言葉にしか用いない.

【一气】yīqì ❶副(～儿)ひと息に. ¶他～吃了三十个饺子 jiǎozi / 彼は一気にギョーザを30個食べた. ❷名〈貶〉① ぐるになること. ¶串通 chuàntōng ～ / 共謀する. ② ひとしきり. ¶瞎吹 xiāchuī ～ / ひとしきりほらを吹く.

【一气呵成】yī qì hē chéng〈成〉① 文章の勢いや文脈が首尾一貫していること. ② 物事をひと息にやり遂げる.

【一钱不值】yī qián bù zhí〈成〉一文の値打ちもない. 少しも価値がない.

【一腔】yīqiāng 形 心からの. 心に満ち満ちた. ¶～热情 rèqíng / 胸にあふれんばかりの熱い思い.

【一窍不通】yī qiào bù tōng〈成〉ずぶの素人である；まったくの不案内である.

*【一切】yīqiè 代 ① 一切の. すべての. あらゆる. ►名詞を修飾するときは"的"をつけない. "都"と呼応することが多い. ¶～手续 shǒuxù 都办好了 / 一切の手続きを済ませた. ② 一切の事物. すべて. ►

"都"と呼応することが多い. ¶我～都好,请勿 wù 挂念 guàniàn / 私はすべて順調ですから,ご安心ください. ¶～的～ / ありとあらゆるもの.

【一清早儿】yīqīngzǎor 名〈方〉早朝から. 朝早く. ¶他～就来了 / 彼は朝早くやってきた.

【一穷二白】yī qióng èr bái〈成〉経済的な立ち後れと文化的な空白.

【一丘之貉】yī qiū zhī hé〈成〉同じ穴のムジナ.

【一去不复返】yī qù bù fù fǎn〈成〉永遠に去って戻らない. 永遠に過去のものとなる.

【一人得道,鸡犬升天】yī rén dé dào, jī quǎn shēng tiān〈諺〉一人が権勢を得ると,その一族郎党までも出世する.

【一日三秋】yī rì sān qiū〈成〉思慕の情がつのること. ¶～之感 gǎn / 一日千秋の思い.

【一日为师, 终身为父】yī rì wéi shī, zhōngshēn wéi fù〈諺〉ひとたび師と仰げば,一生自分の父親のように大事にする.

【一日之雅】yī rì zhī yǎ〈成〉交際がきわめて浅いこと. ¶无～ / 一面識もない.

【一如】yīrú 動〈書〉まったく…のようだ. ¶～所见 / すべて見たとおりである.

【一如既往】yī rú jì wǎng〈成〉これまでと少しも変わらない.

【一扫而光】yī sǎo ér guāng〈成〉すっかり払いのける;きれいさっぱりなくなる.

【一色】yīsè 名 ① 同じ色. 一色. ② 一つの種類. 同種.

【一勺烩】yīsháohuì〈慣〉みそもくそも一緒くたにする.

【一身】yīshēn 名 ① **全身**. 体中. ¶～汗 hàn / 全身汗びっしょり. ②(～儿)(**衣服の**)**ひとそろい**. ¶身穿～运动衣 / 上下のトレーニングウェアを着ている. ③ 一人. ¶独自 dúzì ～ / 独りぼっち.

【一身是胆】yī shēn shì dǎn〈成〉極めて大胆で勇敢なこと.

*【一生】yīshēng 名 **一生**. 生涯. ►"一辈子 yībèizi"より固い表現. ¶这样做,就会断送 duànsòng 你的～ / そんなことをすれば君は一生を棒にふることになる. ¶我～多灾 zāi 多难 nàn / 私の一生は多事多難であった.

【一声不响】yī shēng bù xiǎng ひと言も言わない. 黙り込む. ►"一声不吭 kēng"とも.

【一失足成千古恨】yī shīzú chéng qiāngǔ hèn〈諺〉ふとしたまちがいが一生の悔いを残す.

*【一时】yīshí ❶副 ① **とっさに**. 即座に;たまたまその時. ►後に否定形がきて,瞬時にそれに対応することができないことを表すことが多い. ¶～想不起来 / とっさに思い出せない. ¶～高兴,唱 chàng 起歌来 / ふと興に乗って歌を歌った. ② **ここしばらく**. 当分の間. ¶～还干 gàn 不完 / しばらくはやり終えることができない. ¶～的现象 xiànxiàng / 一時的な現象. ¶～片刻 piànkè / ほんの短い間. ③ **時には**. ►連用して,情況が常に変化したり交互に現れることを表す. ¶～晴 qíng ～阴 yīn / 晴れたり曇ったりする. ❷名〈書〉ある時期. ¶此 cǐ ～彼 bǐ ～ / いまはいま,あの時はあの時.

【一时半会儿】yīshí bànhuìr 名 短い時間. 短期間.

【一事】yīshì 名 ①〈方〉同じ系統. ¶这两家公司不是～ / この二つの会社は同じ系列ではない. ②〈書〉…の件. ¶关于…～ / …の件について.

【一视同仁】yī shì tóng rén〈成〉すべてのものを平等に見る.

【一事无成】yī shì wú chéng〈成〉何事も成し遂げられない;一つとして成功しない.

【一是一,二是二】yī shì yī, èr shì èr〈慣〉非常に几帳面である.

【一手】yīshǒu ❶名 ①(～儿)(習得した)技能,能力,腕前. ¶他真有～儿 / 彼は大した技能を持っている. ❖露 *lòu* ～ / 腕前を見せる. ②(～儿)手段. 計略. ¶你少来这～儿 /〈慣〉その手には乗らないよ. ❷副 一手に;一人で. ¶～包 bāo 办 / 一手に引き受ける. ¶～买下 / 買い占める.

【一手一足】yī shǒu yī zú〈成〉力が十分でないこと.

【一顺儿】yīshùnr 形(方向や順序が)そろっている. ¶摆成 bǎichéng ～ / 同じ向きに並べる.

【一说】yīshuō ① 動(～儿)一説には. ② 名 一説.

【一丝不苟】yī sī bù gǒu〈成〉(仕事を念入りにやって)少しもいいかげんなところがない.

【一丝不挂】yī sī bù guà〈成〉一糸もまとわない. 真っ裸である.

【一丝一毫】yī sī yī háo〈成〉一分一厘;ごくわずか.

【一塌糊涂】yī tā hú tu〈成〉めちゃくちゃである. 収拾がつかない. ¶输 shū 得～ / さんざんに負けた. ¶房间 fángjiān 里～ / 部屋の中がめちゃくちゃになっている.

【一潭死水】yī tán sǐ shuǐ〈成〉(土地・集団・場所など,ある範囲内で)長いこと変化がない状態.

【一体】yītǐ 名〈書〉① 一体. ¶成为～ / 一体となる. ② 全体. 一律に.

【一天】yī tiān 名 ① 昼の間. ¶～一夜 / 1昼夜. ② **ある日**. ¶～,母亲突然 tūrán 病了 / ある日,母親は突然病気になった. ③〈方〉1日中. 終日. ④(yītiān) 1日.

【一天到晚】yī tiān dào wǎn〈成〉朝から晩まで. 1日中. ¶～忙个不停 tíng / 1日中ずっと忙しい.

【一条龙】yī tiáo lóng〈慣〉① 行列. 長蛇の列. ¶高速公路 gāosù gōnglù 出入口处汽车排成 páichéng 了～ / インターチェンジに車が行列を作っている. ②(作業の過程や仕事の)一体化. ¶产运销 chǎn yùn xiāo ～ / 製造・運輸・販売のタイアップ.

【一条心】yītiáoxīn〈慣〉心を一つにする.

【一通百通】yī tōng bǎi tōng〈成〉一つ〔基本,一芸〕に通じればすべてに通じる.

*【一同】yītóng 副 **一緒に**. ¶～出发 / 一緒に出発する.

【一统】yītǒng 動〈書〉(国家を)統一する. ¶～天下 / 国家を統一する.

【一通儿】yītòngr 名 ひとしきり. ひとくさり. ¶胡扯 húchě～ / ひとしきり雑談する. ¶这～打真不轻 qīng / 今度はほんとうにひどくたたいた.

【一头】yītóu (～儿)❶副 ①《動作が速やかなさま》**突然**. いきなり. ¶吓 xià 得他～钻 zuān 进了屋里 wūli / 驚いて彼はさっと部屋に入った. ¶刚出去,～碰 pèng 上了她 / 外に出たとたん,ばったり彼女に出くわした. ¶～倒 dǎo 在床上 chuángshang / ばったりベッドに倒れ込んだ. ②**…ながら**. 一方. ¶他～走,～吃 / 彼は歩きながら食べている. ❷名 ① 一端. 片方. ¶绳子 shéngzi 的～系 xì 着一个小铃

líng / ひもの端に小さい鈴がついている. ②頭一つの高さ. ¶他比你高～ / 彼は君より頭一つ背が高い. ③〈方〉仲間. ¶他们是～的 / 彼らは一味だ.

【一头儿沉】yītóur chén〈慣〉①片そでの事務机. ②(調停で)えこひいきする.

【一头热】yītóu rè〈慣〉①片思い. ②一方だけが利益を得ること.

【一吐为快】yī tǔ wéi kuài〈成〉心の中をすっかり話してしまってさっぱりする.

【一团和气】yī tuán hé qì〈成〉①和気あいあいとしている. ②表面だけ調子を合わせる.

【一团火】yītuánhuǒ〈慣〉①(心が)温かい. 燃えるようだ. ②腹立たしい；気性が荒い.

【一团乱麻】yī tuán luàn má〈成〉頭が混乱して気分がすっきりしない. ¶心里像～ / 心が千々に乱れる.

【一团漆黑】yī tuán qī hēi〈成〉①真っ暗やみである. 真相が分からない. ②全然見込みがない. 絶望的である.

【一团糟】yītuánzāo〈慣〉めちゃくちゃで収拾がつかない.

【一退六二五】yī tuì liù èr wǔ〈慣〉責任を逃れる；きれいさっぱり断る.

【一碗水端平】yī wǎn shuǐ duānpíng〈諺〉えこひいきせずに公平に扱う.

【一网打尽】yī wǎng dǎ jìn〈成〉一網打尽にする.

【一往情深】yī wǎng qíng shēn〈成〉感情を抑えきれないほど夢中になる；ひたすらあこがれる.

【一往无前】yī wǎng wú qián〈成〉(困難にめげずに)勇往邁進(まいしん)する.

【一望无际】yī wàng wú jì〈成〉見渡す限り果てしがない.

【一味】yīwèi 副 ひたすら. 一途に. どこまでも. もっぱら. ►否定的な事がらに用いる. ¶～追求享受 xiǎngshòu / ひたすら享楽にふける. ¶～迁就 qiānjiù / 譲歩ばかりする.

【一文不名】yī wén bù míng〈成〉文なし；びた一文ない.

【一问三不知】yī wèn sān bù zhī〈成〉(何を聞かれても)知らぬ存ぜぬの一点張りである.

【一窝蜂】yīwōfēng〈慣〉大勢の人がわっと押し寄せるさま.

【一无】yīwú 動 一つもない. 全然ない. ¶～所有 / 何も持たない. ¶～所获 huò / なんら得るところがない. ¶～是处 chù / 何もかもまちがっている. ¶～可取 / なんの取り柄もない.

【一五一十】yī wǔ yī shí〈成〉一部始終；細大漏らさず.

【一物降一物】yī wù xiáng yī wù〈諺〉どんな人でも必ずその上手(うわて)がいる；上には上がある.

【一误再误】yī wù zài wù〈成〉①再三にわたり過ちを犯す. ②再三引き延ばす.

【一息尚存】yī xī shàng cún〈成〉息の続く限り；命のある限り.

【一席话】yī xí huà 名 一席の話. ¶听君 jūn～, 胜 shèng 读十年书 / 〈諺〉君の話を一席聞けば, 10年の読書にもまさる.

【一席之地】yī xí zhī dì〈成〉①猫の額ほどの狭い場所. ②低い地位.

【一系列】yīxìliè 形 **一連の**. ひとつながりの. ¶采取 cǎiqǔ～安全措施 cuòshī / 一連の安全対策を取る.

【一下】yīxià 名(～儿)(動詞の後に用いて) **ちょっと(…する. …してみる). ¶打听 dǎting～儿 / ちょっとお尋ねします. ¶请等～ / ちょっとお待ちください. ¶研究 yánjiū～ / ちょっと検討する.

【一下】yīxià 副(～儿·～子) **いきなり**. 急に；**ごく短い時間に**. ¶大家～儿围 wéi 了上来 / みんながわっと押し寄せた. ¶～热, ～冷 / 熱くなったり寒くなったりする. ¶问题～就解决 jiějué 了 / 問題が一挙に解決された.

*【一下子】yīxiàzi →【一下】yīxià

【一线】yīxiàn 名 ①一縷(いちる). ひと筋. ¶～生机 shēngjī / 生存するわずかな望み. ②第一線.

【一相情愿·一厢情愿】yī xiāng qíng yuàn〈成〉独りよがりの考え. 一方的な願望.

【一向】yīxiàng ❶副 ①**今までずっと；平素から**. ¶他～不吸烟 / 彼はこれまでたばこを吸ったことがない. ②その後；先回会って以来. ❷名《過去または現在の一時期》…**のころ, あのころ；このところ**. ¶这～生意不大好做 / このところ, 商売がうまくいかない.

【一小撮】yī xiǎo cuō ほんのひと握りの；取るに足らない. ¶～流氓 liúmáng / ほんのひとつまみのちんぴら.

【一些】yīxiē 名 ①少し**. わずか(ばかり). ¶我手里的钱, 只有这～了 / 手持ちのお金はこれっぽっちだ. ②**いくつかの**. 何回か. ►1種類や1回にとどまらないことを表す. ¶最近, 搞 gǎo 了～新产品的开发 / 近ごろ, いくつか新製品の開発を行った.

【一些个】yīxiēge 名〈口〉一部；少数.

【一蟹不如一蟹】yī xiè bùrú yī xiè〈諺〉だんだん悪くなること.

【一泻千里】yī xiè qiān lǐ〈成〉川の流れが速いこと；〈転〉文筆などの勢いが奔放であるさま.

【一心】yīxīn ①副 **一心に**. **一途に**. ¶他～要考大学 / 彼は一心に大学受験を願っている. ②動 **心を一つにする**. ¶大家不～, 难怪 nánguài 事情搞 gǎo 不好 / みんなの気持ちが一つでないのだから, 事がうまくはこばないわけだ.

【一新】yīxīn 動 まったく新しくなる. 一新する. ¶～耳目 ěrmù / 耳目を一新する. 見聞を新たにする.

【一心一意】yī xīn yī yì〈成〉一意専心. 一心不乱に.

【一星半点】yī xīng bàn diǎn〈成〉(～儿)ほんのわずか. ちょっぴり.

【一星儿】yīxīngr 名 ちょっぴり. ほんの少し.

*【一行】yīxíng 名〈書〉一行(いっこう). ¶代表团～十人今天下午抵 dǐ 京 / 代表団の一行10名はきょうの午後北京に到着する.

【一言不发】yī yán bù fā〈成〉ひと言も言わない. うんともすんとも言わない.

【一言既出, 驷马难追】yī yán jì chū, sì mǎ nán zhuī〈成〉一度口にした言葉は取り消すことができない.

【一言难尽】yī yán nán jìn〈成〉ひと言では言い尽くせない；簡単には言い表せない.

【一言堂】yīyántáng〈慣〉①(旧時, 商店の扁額に書かれた文句)当店は掛け値なし. ②(↔群言堂 qúnyántáng)人にものを言わせず, 自分の意見を押し通すやり方.

【一言为定】yī yán wéi dìng 〈成〉一度約束した以上は反故(ほご)にはしない.(念を押して)約束したぞ.

【一言以蔽之】yī yán yǐ bì zhī 〈成〉ひと口で言えば.ひと言で要約する.

**【一样】yīyàng ①形 同じだ.違いがない. ¶他俩 liǎ 名字～/彼ら二人は名前が同じだ. ¶她还是跟从前～漂亮 piàoliang /彼女はいまも昔とおなじようにきれいだ. ②助(比喩を示し)…のようだ. ►"像 xiàng、好像、如同 rútóng"と組み合わせて用いることが多い. ¶像画～的风景 fēngjǐng /絵のような景色. ¶火车飞 fēi～地从桥 qiáo 上驶 shǐ 过/汽車は飛ぶように橋を走り抜けた. 注意 "一样"にはこのほか,「数詞"一"+量詞"样"」で種類の数を表す場合がある. ¶一样水果 shuǐguǒ / 1種類の果物. ¶一样三个/1種類を3個ずつ.

*〚一…也…〛yī…yě… ①ひとつも…(しない). ►"一"の後は量詞,"也"の後は否定詞がくる. ¶～句话～不说/ひと言も言わない. ¶～个人～没见到/だれにも会えなかった. ②少しも…(しない).全然…(しない). ►"也"の前後は1音節の同じ動詞で,後の動詞には否定の副詞が加わる. ¶～看～没看/ちらっとも見ようとしなかった.

【一夜夫妻百夜恩】yīyè fūqī bǎiyè ēn 〈諺〉一度夫婦の縁を結んだら深い愛が生まれるたとえ.

【一叶知秋】yī yè zhī qiū 〈成〉わずかな兆しから事物の発展の方向を予想できる. ►"叶落 luò 知秋"とも.

【一一】yīyī 副 いちいち.一つ一つ. ¶把重要事项 shìxiàng～记在本子上/重要な事柄を一つ一つノートに書いておく.

*〚一…一…〛yī…yī… 《間に同類あるいは相反する単音節の成分をはさんで4字の複合語を作る》[全体を表して]¶～生～世/一生涯.[ごくわずかであることを表して]¶～针 zhēn～线 xiàn /針1本糸ひとすじ.[対照を表して]¶～龙 lóng～猪 zhū /才能のある人と能なし.[関係を表して]¶～本～利/元金と利子が等しい.[動作の連続を表して]¶～瘸 qué～拐 guǎi /足を引きずりながら(歩く).[二つの動作が相対応して行われることを表して]¶～问 wèn～答 dá /一問一答する.[相反する方角や情況を表して]¶～东～西/一つは東,一つは西. ¶～长～短/一つは長く,一つは短い.

【一衣带水】yī yī dài shuǐ 〈成〉1本の帯のように狭い川や海(によって隔てられている非常に近い隣人関係). ¶～的邻邦 línbāng /一衣帯水の隣国.

【一意孤行】yī yì gū xíng 〈成〉(人の意見を聞かずに)独断専行する.

【一应】yīyīng 形 一切の.すべての. ¶～物件 wùjiàn 都已齐备 qíbèi /すべての品がみなそろった. ¶～俱全/すべてそろっている.

【一语破的】yī yǔ pò dì 〈成〉ひと言でずばりと問題点を言い当てる.

【一语双关】yī yǔ shuāng guān 〈成〉一つの言葉に表と裏の二つの意味が含まれている.

【一元化】yīyuánhuà 動 一元化する.

*【一月】yīyuè 名 1月. ¶去年～发生了大地震/昨年の1月,大地震が起こった.

【一再】yīzài 副 何度も.一再ならず. ¶～催促 cuīcù /何度も催促する.

〚一…再…〛yī…zài… 何回も…する.繰り返し…する. ►"一"と"再"がそれぞれ同じ単音節動詞の前に置かれ,その動作が何回も繰り返されることを表す. ¶～拖 tuō～拖/ずるずると長引かせる. ¶～错 cuò～错/繰り返しまちがう.

【一早】yīzǎo 名 ①(～儿)〈口〉早朝.朝早く. ②〈方〉以前.ずっと前.

【一眨眼】yīzhǎyǎn 副 またたく間に. ¶～就是十年/またたく間に10年過ぎた.

【一朝被蛇咬,十年怕草绳】yīzhāo bèi shé yǎo, shínián pà cǎoshéng 〈諺〉一度怖い思いをするとなかなか恐怖心が抜けない.

【一着不慎,满盘皆输】yī zhāo bù shèn, mǎn pán jiē shū 〈諺〉ちょっとした不注意で今までの働きが無に帰す.

【一朝一夕】yī zhāo yī xī 〈成〉一朝一夕.短時日.わずかな期間. ►否定で用いる. ¶非 fēi～之功/一朝一夕にできるものではない.

【一针见血】yī zhēn jiàn xiě 〈成〉短い言葉で急所をずばり言い当てる.

【一枕黄粱】yī zhěn huáng liáng 〈成〉黄粱の夢.人の世の栄枯盛衰のはかないこと.

*【一阵】yīzhèn 名(～儿・～子)ひとしきり.しばらく. ¶响 xiǎng 起了～掌声 zhǎngshēng /しばらく拍手が鳴り響いた. ¶脸上红～,白～/顔が赤くなったり青くなったり.

【一阵风】yīzhènfēng 〈慣〉①動作が速いさま;さっと. ¶小王～似地 shìde 跑进教室 jiàoshì /王君は風のように教室に入ってきた. ②その場限りで長く持たないこと;一時的.

【一整套】yīzhěngtào 系統立った.一連の. ¶～政策 zhèngcè /系統立った一連の政策.

【一知半解】yī zhī bàn jiě 〈成〉一知半解.生はんかな知識.

**【一直】yīzhí 副 ①(横にそれたり,曲がったりせずに,一つの方向に沿って)まっすぐに. ¶过桥 qiáo～往 wǎng 前走,就是我们的学校/橋を渡ってそのまままっすぐ行けば,私たちの学校です. ②(空間的にとぎれることなく)(…まで)ずっと,全部. ►さす範囲を強調する."到 dào"の前に用い,しばしば"都 dōu、全 quán"と呼応する. ¶从戏院 xìyuàn 门口～到大街的拐角 guǎijiǎo,买票的人排 pái 着长长的队伍 duìwu /劇場の入口からずうっと大通りの曲がり角まで,チケットを求める人が長い長い列をつくっている. ¶从大人～到小孩儿,都对我们非常热情 rèqíng /大人から子供に至るまで,みな私たちにたいへん親切だった. ③(時間的にとぎれることなく)ずっと,一貫して,絶え間無く. ►動作・状態が持続して変わらないことを表す. ¶从前天晚上起,雨～下了整整 zhěngzhěng 两天/おとといの夜から,雨はやむことなくまるまる二日間降った.

比較 一直:从来 cónglái:一向 yīxiàng "从来"は「これまでに…したことはない」「以前からずっと…だ」,"一向"は「現時点まで長期にわたってずっと…だ」の意味で用いる.

*【一致】yīzhì ①形 一致している.同じである. ¶表里 biǎolǐ～/裏表がない. ¶步调 bùdiào～/足並みがそろっている. ②副 一斉に;一緒に. ¶大家～同意他的建议/みんなそろって彼の提案に同意した.

【一掷千金】yī zhì qiān jīn 〈成〉莫大な金を惜しげもなく使う.

【一专多能】yī zhuān duō néng 〈成〉一つの専門技術をもつと同時に多芸である.
【一转眼】yīzhuǎnyǎn 副 またたく間に.
【一准】yīzhǔn 副 きっと. 必ず. 確かに.
【一字长蛇阵】yī zì chángshézhèn 〈慣〉長蛇の列.
【一字千金】yī zì qiān jīn 〈成〉詩文が非常にすぐれている.
【一字一板】yī zì yī bǎn 〈成〉(言葉が)歯切れがよくはっきりしている.
【一总】yīzǒng 副 ①(~儿)合わせて. みんなで. ¶运费 yùnfèi 最后~算吧 / 運賃はまとめて勘定しよう. ② 全部. 何もかも. ¶~是我的错儿 cuòr, 没他的事 / すべて私の過ちで,彼には関係ない.

伊 yī
① 代〈書〉彼. 彼女. ② 助〈古〉《口調を整えるために用いる》¶下车~始 / 到着早々. ‖姓
【伊府面】yīfǔmiàn 名〈料理〉卵めん. 水を使わず卵だけで小麦粉をこねて作っためん.
【伊拉克】Yīlākè 名〈地名〉イラク.
【伊朗】Yīlǎng 名〈地名〉イラン.
*【伊妹儿】yīmèir 名〈電算〉Eメール. ❖发 *fā* ~ / メールを出す.
【伊人】yīrén 名〈書〉(多く女性をさし)あの人.
【伊始】yīshǐ 名〈書〉…してまもない時期. …早々. ¶新春~ / 正月早々.
【伊斯兰教】Yīsīlánjiào 名 イスラム教. ¶~历 / イスラム暦. ヒジュラ暦.

衣 yī
◇◆ ①衣服. 着物. ¶→~服. ②(物を覆い包む)外皮. 衣. ¶笋 sǔn ~ / タケノコの皮. ¶糖 táng ~ / (丸薬の)糖衣. ③後産(あと). ¶→~胞 bao. ‖姓
【衣摆】yībǎi 名 服のすそ.
【衣胞】yībao 名(~儿)胞衣(え).
【衣钵】yībō 名 衣鉢(はつ);師から弟子に受け継がれる奥義.
【衣补旁】yībǔpáng 名(~儿)(漢字の偏旁)ころもへん."衤".
【衣不蔽体】yī bù bì tǐ 〈成〉非常にみすぼらしい身なりの形容. ►"衣不遮 zhē 体"とも.
【衣橱】yīchú 名 洋服だんす.
*【衣袋】yīdài 名 ポケット.
【衣兜】yīdōu 名(~儿)(服の)**ポケット**.
【衣服】yīfu 名 **服;(特に)上着. (量) 件 jiàn;[上下のもの]身 shēn;[揃いのもの]套 tào. ❖换 *huàn* ~ / 服を着替える. ❖穿 *chuān* ~ / 服を着る. ❖脱 *tuō* ~ / 服を脱ぐ. 注意 "衣服"は特に上着をさすこともあり,特に量詞"件"を伴うと一般には上着をさす. ¶一件~ / 1枚の上着. ¶给孩子穿上~裤子 / 子供に上着とズボンを着させる.
【衣钩】yīgōu 名(~儿)服を掛けるフック.
【衣冠】yīguān 名〈書〉身なり. 服装. ¶~不整 / 服装がだらしない. ¶~楚楚 / きちんとした身なりをしている.
【衣冠禽兽】yī guān qín shòu 〈成〉人でなし. 畜生同然のやつ.
【衣柜】yīguì 名 **洋服だんす**. (量) 个.
【衣架】yījià 名 ①(~儿)ハンガー. ハンガースタンド. ②(~子)人の体格. 体つき.
【衣襟】yījīn 名 衣服の前おくみ. ►"衣衿"とも書く.
【衣锦还乡】yī jǐn huán xiāng 〈成〉故郷に錦を飾る. ►"衣锦荣 róng 归"とも.
【衣料】yīliào 名(~儿)衣服の生地.
【衣领】yīlǐng 名 えり.
【衣帽间】yīmàojiān 名 クロークルーム. クローク.
【衣衫】yīshān 名 ひとえの上着;(広く)衣服. ¶~褴褛 lánlǚ / 服がぼろぼろだ.
【衣裳】yīshang 名〈口〉**衣服**. 着物. (量) 件 jiàn;[上下のもの]身 shēn;[揃いのもの]套 tào. ¶他今天穿了一件新~ / 彼はきょう新調の服を着ている.
【衣食】yīshí 名 衣食. 生活.
【衣食住行】yī shí zhù xíng 〈成〉衣食住と交通手段;生活上なくてはならないもの.
【衣物】yīwù 名 衣服と日常品.
【衣箱】yīxiāng 名 トランク. スーツケース.
【衣鱼】yīyú 名〈虫〉シミ.
【衣着】yīzhuó 名 **身なり**. **服装**. ►服・靴・靴下・帽子など身につけるものすべてをさす. "衣著"とも書く. ¶~整洁 zhěngjié / 身なりがきちんとしている.

医(醫) yī
動 治療する. 病気を治す. ¶这位大夫 dàifu 把我多年的老病~好了 / このお医者さんは私の長年の持病を治してくれた.
◇◆ ①医者. ¶→~生 shēng. ¶军 jūn ~ / 軍医. ②医学. ¶→~书. ‖姓
【医案】yī'àn 名〈中医〉カルテ.
【医道】yīdào 名〈中医〉医術.
【医德】yīdé 名 医者が備えるべき品徳.
【医护】yīhù 名 医療と看護.
【医科】yīkē 名 医科. ¶~大学 / 医科大学.
【医疗】yīliáo 名 **医療**. ¶~站 zhàn / 診療所.
【医生】yīshēng 名(一般に)医者**. ►俗に"大夫 dàifu"という. ¶内科 nèikē ~ / 内科医. ¶实习 shíxí ~ / 研修医.
【医师】yīshī 名 医師.
【医士】yīshì 名 医士. ►"医师"より1ランク下.
【医书】yīshū 名〈中医〉医学書.
*【医务】yīwù 名 医療業務. ¶~部门 / 医療関係の部門. ¶~工作者 / 医療にたずさわる者.
*【医务室】yīwùshì 名(学校・職場の)**保健室**,**医務室**.
*【医学】yīxué 名 **医学**. ¶~院 / 医科大学.
【医药】yīyào 名 医療と薬品. 医薬.
【医院】yīyuàn 名 **病院. 医院. ►特定の病気を専門に治療する"病院 bìngyuàn"と区別する. (量) 座 zuò,所,家,个. ¶去~看病 / 病院へ診察を受けに行く.
【医治】yīzhì 動 治療する. 治す. ¶~无效 wúxiào / 治療の効果がない.
【医嘱】yīzhǔ 名 医者の指示.

* 依 yī
① 前《ある規準をよりどころとすることを表す》**…によって**. **…どおりに**. …に基づいて. ►後の名詞が単音節語でなければ"着"をつけることができる. ¶~先后次序 cìxù 入场 / 順々に入場する. ¶那件事就~着他的意见办吧 / その事は彼の提案どおりにやりましょう. [「"依"+人(+"来")+"看 / 说"」で,ある人の見方に基づくことを表す]¶~我看,… / 私の見るところによれば…. ¶~你说,…? / 君の意見では…ですか.
② 動 **言うことを聞く**. 従う. ¶不能因为孩子小就什么都~着他 / 小さい子供だからといって,言いなり

になるのはよくない.

◇◆ 頼る．頼りにする．¶→～靠 kào．‖姓

【依傍】**yībàng** 動 ①頼る．②(芸術や学問で)模倣する．

*【依次】**yīcì** 副 **順次**．順を追って．¶～就座／順次着席する．

【依从】**yīcóng** 動(他人の考えに)従う，承知する．

【依存】**yīcún** 動(互いに)依存する．

【依法】**yīfǎ** 副 ①法律に照らして．¶～惩处chéngchǔ／法に照らして処罰する．②方法に照らし．

【依附】**yīfù** 動 くっつく；頼る．従属する．¶～权贵 quánguì／政界の実力者に付き従う．

【依旧】**yījiù** 形 もとのままである；**依然として**．相変わらず．¶山河 shānhé～／山河はもとどおりで，ちっとも変わっていない．¶虽说已退休 tuìxiū，但他每天～很忙／もう退職したが，彼は毎日相変わらず忙しい．

*【依据】**yījù** ①名 **根拠**．よりどころ．¶理论～／理論的根拠．②前 …に基づいて．…を根拠に．¶～上述 shàngshù 意见／上述の意見に立脚すれば．

*【依靠】**yīkào** ①動 **頼る**．依拠する．¶不能老～别人／いつも人に頼ってはいけない．②名 **頼り**．頼りになる人や物．¶生活上有～／生活が保証されている．

【依赖】**yīlài** 動 ①〈貶〉(他人やものに)**頼る，すがる**．頼りにする．¶～思想 sīxiǎng／他力本願．②(互いに)**依存する**，関連する．

【依恋】**yīliàn** 動 慕わしく思う；名残惜しい．未練が残る．

【依凭】**yīpíng** ①動 頼る．②名 証拠．

*【依然】**yīrán** 形 もとのままである；**依然として**．相変わらず．¶风景 fēngjǐng～／風景は変わらず昔のままである．¶～有效 yǒuxiào／依然有効である．

【依顺】**yīshùn** 動 従う．言うことを聞く．

【依随】**yīsuí** 動(従順に)従う．

【依托】**yītuō** 動 ①頼る．②…を名目にする．

【依偎】**yīwēi** 動 寄り添う；しがみつく．

【依稀】**yīxī** 形〈書〉ぼんやりとしている．¶～记得 jìde／ぼんやりと覚えている．

【依样葫芦】**yī yàng hú lú** 〈成〉そっくりそのまま模倣する．►"依样画葫芦"とも．

【依依】**yīyī** 形〈書〉①木の枝がなよやかに風になびくさま．¶杨柳 yángliǔ～／ヤナギがなよなよとしている．②名残を惜しむさま．思い慕うさま．¶～不舍 shě／別れを惜しむ．

【依允】**yīyǔn** 動 従う；承諾する．

【依仗】**yīzhàng** 動 頼りにする．すがる．

【依照】**yīzhào** ①前 …のとおりに．…に基づいて．…によって．►法律・文書・指示・計画などに用いる．¶～法律 fǎlǜ 办理／法律に基づいて処理する．②動 …に従う．…をよりどころとする．¶～惯例 guànlì／慣例に従う．

咿(吚) yī

"咿唔 yīwú""咿呀 yīyā"⇩という語に用いる．

【咿唔】**yīwú** 擬《読書の声》むにゃむにゃ．

【咿呀】**yīyā** 擬 ①《子供が言葉を覚え始める頃の声》ああうう．②《物がきしむ音》ぎいぎい．

揖 yī

◇◆ 両手を胸の前で組み合わせておじぎをする．¶作～／拱手(きょう)の礼をする．‖姓

【揖让】**yīràng** 動〈書〉(主客が会ったときの礼)拱手

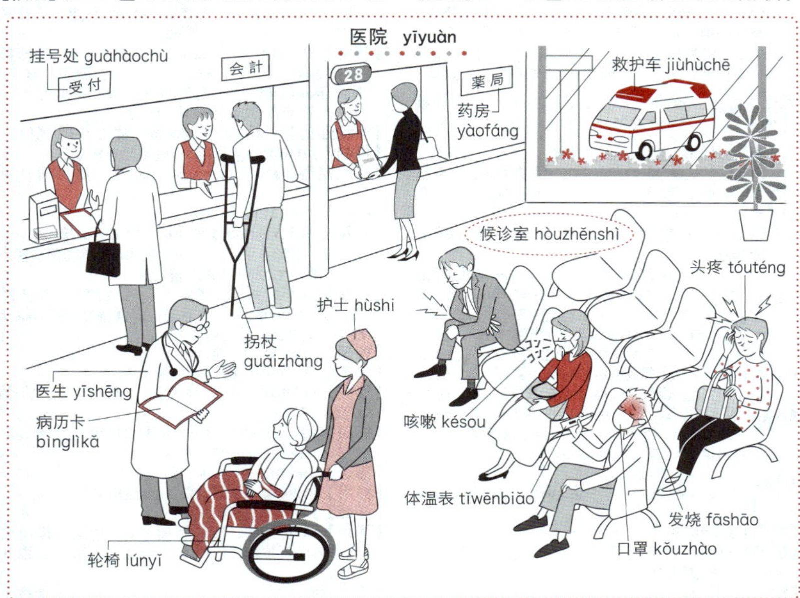

の礼をし合う.

壹 yī 数"一"の大字(読み違いや書き直しを防ぐための字).

漪 yī ◇◆さざ波．波紋．¶涟 lián～／さざ波．

2声 **仪**(儀) yí ◇◆①礼儀．儀式．¶司 sī～／儀式の進行係．司会．②風采．風貌．¶威 wēi～／いかめしい様子．③計器．¶地动～／地震計．④贈り物．進物．¶贺 hè～／祝いの贈り物．⑤心ひかれる．¶心～／敬慕する．‖姓

【仪表】yíbiǎo 名 1 容貌．態度．¶～大方 dàfang／態度がおうようである．2 計器．メーター．¶地震 dìzhèn～／地震測定器．

*【仪器】yíqì 名(測量・製図・実験用などの)器械．器具．計器．量 台,架,件．

【仪容】yíróng 名〈書〉容貌．

*【仪式】yíshì 名 儀式．量 项 xiàng．¶闭幕 bìmù～／閉会式．¶结婚 jiéhūn～／婚礼．¶签字 qiānzì～／調印式．¶～程序 chéngxù／式次第．

【仪态】yítài 名〈書〉姿態．¶～万方 wànfāng／姿や表情が変化に富み美しい．►"仪态万千 qiān"とも．

【仪仗】yízhàng 名 1 護衛兵が持つ武器．儀仗(ぎじょう)．2 デモ行進の先頭に立つ人が持つ旗・プラカードなど．

夷 yí ◇◆①東方の異民族．¶东～／東方の夷(えびす)．②外国人．¶～情 qíng／外国の事情．③平穏無事である．¶化险 xiǎn 为～／無事に危険を免れる．④建築物を壊して土地を平坦にする．¶～为平地／土地を削って平らにする．廃墟にする．⑤皆殺しにする．¶～九族 zú／(刑罰として)一族縁戚をみな処刑する．‖姓

饴 yí ◇◆あめ．¶甘 gān 之如～／つらい事でも労苦をいとわず甘んじてやるたとえ．

【饴糖】yítáng 名 あめ．麦芽糖．

怡 yí ◇◆喜ぶ．楽しむ．愉快である．¶心旷 kuàng 神～／心が晴れ晴れとして楽しい．‖姓

【怡然】yírán 形〈書〉楽しんでいる．¶～自得 dé／悠々自適．

宜 yí 1 助動 …すべきである．►普通,否定形で用いる．¶事不～迟 chí／遅らせてはいけない．2 形〈書〉当然である．¶～及于难 nàn／災いが及ぶのは当然である．

◇◆適している．¶适 shì～／適当である．‖姓

【宜人】yírén 形 気持ちがよい.人の気持ちにかなう．

咦 yí 感(驚きやいぶかりを表す)おや．あれ．まあ．¶～,会有这种事？／まあ,そんなことがあるの．¶～,你怎么在这儿？／あらっ,君はどうしてここにいるの．

贻 yí 動〈書〉贈る．

◇◆残す．¶～患 huàn／〈書〉災いを残す．

【贻贝】yíbèi 名〈貝〉イガイ．セトガイ．

【贻害】yíhài 動 害を残す．災いを残す．¶～无穷／災いを無限に残す．

【贻人口实】yí rén kǒu shí〈成〉人に口実を与える．人に笑いぐさを残す．

【贻误】yíwù 動〈書〉誤りを残す．誤らせる．¶～后学／後から学ぶ者を誤らせる．

【贻笑大方】yí xiào dà fāng〈成〉その道の専門家の物笑いになる．►謙譲表現として用いる

姨 yí 名(～儿)母の姉妹．おば．¶三～／3番目のおばさん．

◇◆妻の姉妹．¶大～子／義姉．¶小～子／義妹．

【姨表】yíbiǎo 名 母親同士が姉妹である親戚関係．¶～亲／同上の親戚．

【姨父・姨夫】yífu 名(母の姉妹の夫)おじ．►"姨丈"とも．

【姨妈】yímā 名(既婚の母の姉妹)おば．►"姨母 yímǔ"とも．

【姨母】yímǔ 名(母の姉妹)おば．

【姨太太】yítàitai 名〈旧〉妾(めかけ)．第2夫人．

胰 yí 名〈生理〉膵臓(すいぞう)．►"胰腺 yíxiàn"とも．

【胰岛】yídǎo 名〈生理〉ランゲルハンス島．膵島(すいとう)．

【胰岛素】yídǎosù 名〈生理〉〈薬〉インシュリン．

【胰腺】yíxiàn 名〈生理〉膵臓．

【胰液】yíyè 名〈生理〉膵液(すいえき)．

【胰子】yízi 名 1〈方〉石鹸．¶香 xiāng～／化粧石鹸．2〈口〉(ブタやヒツジなどの)膵臓(すいぞう)．

* **移** yí 動(位置を)移す．¶你把电视往 wǎng 右边～一下／テレビを右の方へちょっとずらしてちょうだい．¶把书架 shūjià～到墙角 qiángjiǎo／本棚を壁のすみに移す．

◇◆変える．改める．¶贫贱 pínjiàn 不能～／貧賤(ひんせん)でも志を変えない．‖姓

*【移动】yídòng 動 移動する．移動させる．¶把彩电 cǎidiàn～到卧室 wòshì／テレビを寝室に移す．¶汽笛 qìdí 响 xiǎng 起来,船身 chuánshēn 开始～了／汽笛が鳴って船体が動きだした．

【移动通信】yídòng tōngxìn 名 モバイル通信．

【移防】yífáng 動(軍隊が)駐屯地を変える．

【移风易俗】yí fēng yì sú〈成〉古い風俗習慣を改める．

【移行】yí//háng 動 改行する．

【移花接木】yí huā jiē mù〈成〉花木の接ぎ木をする；〈転〉計略を使ってこっそり物事の内容をすり替える．巧妙に他のものと取り替える．

【移交】yíjiāo 動 1 譲渡する．引き渡す．¶把经营权 jīngyíngquán～给后任／経営権を後任に譲り渡す．2 職務の引き継ぎをする．

【移居】yíjū 動 引っ越す．

【移苗】yí//miáo 動 苗を移植する．

【移民】yí//mín 1 動 移民する．移住する．2 名 移民．移住者．

【移山倒海】yí shān dǎo hǎi〈成〉天地を覆(くつがえ)す勢い；自然を征服する力が大きい．

【移送】yísòng 動 移送する．

【移用】yíyòng 動(資金などを)流用する．

【移栽】yízāi 動 移植する．

【移植】yízhí 動 1〈農〉移植する．2〈医〉移植する．3〈喩〉(技術などを)他の領域に応用する,取り入れる．

【移樽就教】yí zūn jiù jiào〈成〉自ら進んで教え

Y

を請う.

痍 yí ◇◆ 傷. ¶疮〔创〕chuāng ～ / 切り傷. けが.

遗 yí ◇◆ ①失う. 紛失する. ¶→～失 shī. ②漏れ落ちる. ¶补 bǔ ～ / 補遺. ③落とし物. 忘れ物. ¶路不拾 shí ～ / (治安状態がよく)物が落ちていてもねこばばする者がいない. ④余す. 残す. ¶→～迹 jì. ⑤死者が残した. ¶→～嘱 zhǔ. ⑥(尿などを)漏らす. ¶梦 mèng ～ / 夢精する. ▶▶ wèi

【遗案】yí'àn 名 未処理の案件.

【遗笔】yíbǐ 名(書画や著書などの)遺作.

*【遗产】yíchǎn 名 ① **遺産**. ¶继承 jìchéng ～ / 遺産を受け継ぐ. ② 文化的遺産.

【遗臭万年】yí chòu wàn nián 〈成〉悪名を後世に残す.

【遗传】yíchuán 動〈生〉**遺伝する**. ¶这种 zhǒng 病不会～ / このような病気は遺伝しはしない. ¶～基因 jīyīn / 遺伝子.

【遗传工程】yíchuán gōngchéng 名〈生〉遺伝子工学.

【遗存】yícún ① 動 残しておく. ② 名 遺物.

【遗毒】yídú 名 古くから伝わる有害な思想・観点・風俗など.

【遗风】yífēng 名 遺風. いまだに残る昔の風習.

【遗腹子】yífùzǐ 名 父親が死んでから生まれた子.

【遗孤】yígū 名 遺児.

【遗骸】yíhái 名 遺骸. 遺体.

【遗害】yíhài ① 動 災いを残す. ② 名 残された害悪.

*【遗憾】yíhàn ① 形 **遺憾である. 残念である**. ¶今晚的音乐会 yīnyuèhuì 你不能来,实在～ / 今晩のコンサートにいらっしゃれないのは,本当に残念です. ¶对此表示～ / この件に対し遺憾の意を表す. ② 名 残念. 無念 ; 心残り. ¶这是他的终生 zhōngshēng ～ / これは彼の終生の心残りである.

【遗恨】yíhèn 名 心残り. 終生の悔恨. ¶～终生 zhōngshēng / 終生遺恨に思う.

【遗祸】yíhuò 動 災いを残す.

【遗迹】yíjì 名 遺跡.

【遗教】yíjiào 名 遺訓 ; (死者の残した)学説や著作.

【遗精】yí//jīng 動〈医〉夢精する.

【遗老】yílǎo 名 ①〈史〉前王朝に忠節を尽くして新王朝に仕えようとしない老人 ; 頑迷な老人. ②〈書〉世の変遷を経た老人.

*【遗留】yíliú 動 **残しておく**. 残す. ¶历史～下来的问题 / 歴史上残されてきた問題.

【遗漏】yílòu ① 動 遺漏がある. 漏れる. ② 名 遺漏. 手落ち.

【遗落】yíluò 動 紛失する. 遺失する.

【遗民】yímín 名 ①〈史〉前王朝に忠節を尽くし新王朝に仕えようとしない人. ② 動乱で生き残った人.

【遗命】yímìng 名 父母の死に際の言いつけ. 遺言.

【遗墨】yímò 名 故人が残した書画.

【遗尿】yí//niào 名〈医〉遺尿. 夜尿症.

【遗弃】yíqì 動 ①〈法〉(扶養義務のある親族を)見捨てる,遺棄する. ②〈書〉投げ捨てる. 放棄する.

【遗缺】yíquē 名(死亡・転職による)欠員.

【遗容】yíróng 名 ① 死に顔. ② 遺影.

【遗失】yíshī 動 **なくす. 紛失する**.

【遗事】yíshì 名(前代または前人の)事跡,遺事.

【遗书】yíshū 名 ① 死後に出版された書籍. ►主として書名に用いる. ② 遺書. 遺言状. ③〈書〉散逸した書物.

【遗属】yíshǔ 名 遺族.

【遗孀】yíshuāng 名 未亡人.

【遗体】yítǐ 名 ① **遺体**. 遺骸. ¶向 xiàng ～告别 gàobié / 遺体に最後の別れを告げる. ② 動物の死骸(しがい) ; 枯れた植物.

【遗忘】yíwàng 動〈書〉忘れる. 失念する.

【遗物】yíwù 名 ① 遺物. ② 形見.

【遗像】yíxiàng 名 生前の写真や肖像. 遺影.

【遗训】yíxùn 名 故人が残した教え. 遺訓.

【遗愿】yíyuàn 名 生前に満たされなかった願望. 遺志.

【遗诏】yízhào 名 遺詔. 皇帝が臨終の際,残した詔書.

【遗照】yízhào 名 生前の写真.

【遗址】yízhǐ 名 遺跡. ¶古城～ / 古城の遺跡.

【遗志】yízhì 名 遺志. 生前の志.

【遗嘱】yízhǔ ① 動 遺言する. ② 名 遺言 ; 遺言状. ¶立～ / 遺言状を作成する. ¶写～ / 遺言状を書く.

颐 yí ◇◆ ①下あご. あご. ¶支 zhī ～ / ほおづえ(をつく). ¶解 jiě ～ / 顔をほころばす. ②養う. 保養する.

【颐养】yíyǎng 動〈書〉保養する. 休養する.

【颐指气使】yí zhǐ qì shǐ 〈成〉(権勢のある人が)あごで人を使う.

疑 yí ◇◆ ①疑う. ¶→～心 xīn. ¶迟 chí ～ / ためらう. ②解決〔断言〕できない. ¶→～案 àn.

【疑案】yí'àn 名 ① 証拠不十分で判決しにくい事件. ② 確定困難な事件.

【疑点】yídiǎn 名 疑問点. 疑わしい点.

【疑窦】yídòu 名〈書〉疑わしい点.

【疑惑】yíhuò 動(疑わしく)**信じない**. 疑問を抱く. ¶他竟然 jìngrán 说出这种不讲道理 dàoli 的话,令 lìng 人～不解 / 彼がこんな筋の通らないことを言うとは,まったく信じられない〔当惑してしまう〕.

【疑忌】yíjì 動〈書〉猜疑心(さいぎしん)を抱く.

【疑惧】yíjù 動 疑って不安に思う.

【疑虑】yílǜ 動 心配する. 懸念する. ¶消除 xiāochú ～ / 疑いが晴れる.

【疑谜】yímí 名 解けない疑問 ; 解明されない謎.

【疑难】yínán 形 判断がつかない ; 難しくてわからない. ¶～问题 / 難解な問題. ¶～病症 bìngzhèng / 難病.

【疑神疑鬼】yí shén yí guǐ 〈成〉あれこれと疑う. 疑い深い.

【疑团】yítuán 名 疑念. 疑問. ¶满腹～ / 胸に疑念が渦巻いている.

*【疑问】yíwèn 名 **疑問**. 問題. 疑わしい点. ¶我对这个计划 jìhuà 还有～ / 私はこの計画についてまだ腑に落ちないところがある.

【疑问句】yíwènjù 名〈語〉疑問文.

*【疑心】yíxīn ① 名 疑念. 疑い. ¶起～ / 疑いを起こす. ¶你的～太大了 / 君は疑い深すぎる. ② 動(…ではないかと)疑う,疑いをもつ. ¶我～他是认错 rèncuò 了人 / 私は彼は人まちがいをしたのではな

いかと思った.
【疑心病】yíxīnbìng 名 疑い深い癖.
【疑义】yíyì 名 疑義. 疑問点.
【疑云】yíyún 名 疑念. ¶～消散 xiāosàn / 疑いの心が晴れる.

彝 yí 名 ①〈古〉酒つぼ. ►祭事用の器をさすこともある. ¶～器 qì /(昔の)酒器,祭器. ②〈書〉法律. 規則. ③→【彝族】Yízú
【彝族】Yízú 名(中国の少数民族)イ(Yi)族. ►チベット系民族の一つ. 雲南を中心に四川・貴州にも住む.

3声 **乙 yǐ** 名 ①十干の第2:乙(おつ). きのと. ②配列の順序の2番目. ③“乙”字形のしるし. ►文章上に印をつけるとき用いる. ‖姓
【乙醇】yǐchún 名〈化〉アルコール;エタノール.
【乙肝】yǐgān 名〈略〉〈医〉B型肝炎.
【乙醚】yǐmí 名〈化〉エーテル. エチルエーテル.
【乙脑】yǐnǎo 名〈医〉B型日本脳炎.
【乙醛】yǐquán 名〈化〉アルデヒド.
【乙炔】yǐquē 名〈化〉アセチレン.
【乙酸】yǐsuān 名〈化〉酢酸.
【乙烷】yǐwán 名〈化〉エタン.
【乙稀】yǐxī 名〈化〉エチレン. ¶聚 jù ～ / ポリエチレン. ¶～树脂 shùzhī / エチレン樹脂.
【乙酰】yǐxiān 名〈化〉アセチル.
【乙种维生素】yǐzhǒng wéishēngsù 名 ビタミンB.

* **已 yǐ** ①副(↔未 wèi)すでに. ¶～到年底 niándǐ / すでに年末になっている. ¶为时～晚 / すでに手遅れである.
②動〈書〉やむ. 終わる. 停止する. ¶战争 zhànzhēng 不～ / 戦争が終わらない. ‖姓
【已故】yǐgù 形 今は亡き;故.
**【已经】yǐjīng 副 すでに. もう. もはや. ►動作や変化が完成し,またある程度に達していることを表す. ¶她～走了 / 彼女はもう出かけた. ¶树叶 shùyè ～黄 huáng 了 / 木の葉はすでに枯れてしまった. ¶我～六十岁了 / 私はもう60だ. ¶会议 huìyì ～结束 jiéshù / 会議はもう終わった. [“已经”の後ろに“快 kuài、要 yào、差不多 chàbuduō”などがある場合は,いまにも完成あるいはある程度に到達しようとしていることを表す] ¶这个工程 gōngchéng ～快完工了 / この工事はもうすぐ終わります.
【已决犯】yǐjuéfàn 名〈法〉既決囚.
【已然】yǐrán〈書〉①副 すでに. もう. ②形 すでにそうなっている.
【已往】yǐwǎng 名 以前. 過去. これまで. ¶多年积怨 jīyuàn 俱 jù 成～ / 積年の恨みはすべて過去のものとなった.
【已知数】yǐzhīshù 名〈数〉既知数.

* **以 yǐ** 〈書〉注意 本来,文言の語であるが,現代の書き言葉においても広範かつ頻繁に用いられる.
❶前 ①《前置詞句をつくって連用修飾語となる》①…で(もって). …を. ►話し言葉の“用 yòng、拿 ná”に相当する. ¶我～一个普通 pǔtōng 读者的身份 shēnfen 提个建议 jiànyì / 私は一般読者の資格で提案をさせてもらいます. ②…によって. …に基づいて. ►話し言葉の“按照 ànzhào、根据 gēnjù”に相当する. ¶这种产品～质量 zhìliàng 高低分级 / この製品は品質の上下によって等級をつける. ③…ので. …のために. …を(もって). ►多く“而 ér”と呼応し,理由・原因を表す. ¶我们都～生活在这样一个伟大 wěidà 的时代而感到自豪 zìháo / 我々はみなこのような偉大な時代に生きていることを誇りに思う.
②《“以…”が動詞の後に用いられて補語になる》¶观众 guānzhòng 对他的演出报 bào ～热烈的掌声 zhǎngshēng / 見物客は彼の演技に対して熱烈な拍手を送った. ¶请代向各位老师致 zhì ～衷心 zhōngxīn 的感谢 / どうか先生方に心からの感謝を伝えてください. 注意“给以、予以 yǔyǐ、借以、用以、加以、难以 nányǐ”(各自立項を参照)などは,現代中国語においては,すでに固定して一つの複合動詞になっていると考えられる.
③〖以…为…〗yǐ…wéi… 「…を…とする〔考える〕」「…を…とみなす〔判断する,感じる〕」「…の方である〔…と評価する〕」などの意味を表す. ¶～农业为基础 jīchǔ / 農業を基礎とする. ¶一年中～春秋两季气候 qìhòu 为最好 / 1年のうち春・秋の二つの季節の気候が最もよい.
❷①接続《二つの動詞句の間に用い,目的を表す》…して,…する. …するために. そうすることによって. ►話し言葉の“为了 wèile、为的是 wèideshì”に相当する. ¶努力增加 zēngjiā 生产,～支援 zhīyuán 国家经济 jīngjì 建设 / 増産に励み,もって国家の経済建設を支援する.
②(=而 ér)かつ. そして. ¶城高～厚 hòu,地广～深 / 城壁は高くて厚く,土地は広くて奥深い.
◇◆《時間・方向・数量の限界を表す》¶→～前. ‖姓
【以暴易暴】yǐ bào yì bào〈成〉暴をもって暴にかえる. 支配者が交替しても暴政に変わりがない.
*【以便】yǐbiàn 接続 …するために. …するように. …しやすいように. ►後続の句の冒頭に用い,それ以下で述べる目的が容易に実現できるように先行句に示す動作を行う. ¶你先 xiān 把菜作好,～客人来了就吃 / 客が来たらすぐ食べられるように,まず料理を用意しなさい.
【以次】yǐcì〈書〉①副 順を追って. 順に. ②形 以下の.
【以德报怨】yǐ dé bào yuàn〈成〉徳をもって恨みに報いる. 仇(あだ)を恩で返す.
【以毒攻毒】yǐ dú gōng dú〈成〉毒をもって毒を制する. 悪人を除くのに悪人を使う.
【以讹传讹】yǐ é chuán é〈成〉まちがった伝言をそのまま人に伝える;もともと誤った話が誤り伝えられ,ますますひどくなる.
【以耳代目】yǐ ěr dài mù〈成〉〈貶〉自ら出向いて視察せずに他人の報告にばかり頼る.
【以工代干】yǐ gōng dài gàn〈成〉身分や待遇は労働者のままで幹部の仕事をする.
【以攻为守】yǐ gōng wéi shǒu〈成〉防御の手段として攻勢に出る.
【以古非今】yǐ gǔ fēi jīn〈成〉過去の人物や出来事をほめて,現在の人物や出来事を暗に非難する.
【以寡敌众】yǐ guǎ dí zhòng〈成〉少ない人数で多数のものに当たる.
【以观后效】yǐ guān hòu xiào〈成〉(情状酌量の上,犯罪人の)その後の行いを見る.

Y

＊＊【以后】yǐhòu 名 **その後**．今後．…の後．¶吃饭～,不要做剧烈 jùliè 活动 huódòng／食事のあと,激しい運動をしないでください．［単独でも用いる］¶那么,～呢？／それで,その後は．¶他去年来过,～再没见过他／彼は去年来たことがあるが,それからは彼に会ったことがない．参考 よく用いられる慣用表現："从此以后"(それから．それからというものは),"很久以后"(ずっと後),"不久以后"(間もなく)．

＊【以及】yǐjí 接続 **および．並びに．** 語法 並立する単語や句を接続する．主として書き言葉に用いる．まず取り上げたい主要なものを述べ,"以及"の後にそれを拡張した事柄を,副次的なものとして追加する．¶亚洲 Yàzhōu～太平洋地区的形势 xíngshì／アジアおよび太平洋地域の情勢．¶本厂 chǎng 生产自行车、摩托车 mótuōchē,～各种零件 língjiàn／本工場は自転車・オートバイ,並びに各種の部品を生産しております．比較 **以及：及** ❶"以及"は主述句を接続することができるが,"及"はできない．❷"以及"の後には"其他"を,"及"の後には"其"を用いることができる．❸"以及"の前にはポーズを置くことができるが,"及"はできない．

【以己度人】yǐ jǐ duó rén 〈成〉自分の考えで人を推し量る．

【以假乱真】yǐ jiǎ luàn zhēn 〈成〉偽物を本物と言って人をだます．

【以近】yǐjìn 名(↔以远 yǐyuǎn)(鉄道などで)ある地点よりも近いこと,そこから手前．¶南京 Nánjīng～的火车票 huǒchēpiào／南京までの各駅行きの乗車券．►この場合,南京も含む．

【以儆效尤】yǐ jǐng xiào yóu 〈成〉(犯人を処罰して)悪事をまねる者への戒めとする．

＊【以来】yǐlái 名 **…以来**．…してから．…から(は)．►前に"从、自从 zìcóng、自"などを用いることが多い．¶自古～／昔から．¶有生～／生まれてこのかた．¶自上月～一直 yīzhí 没有下雨／先月以来,ずっと雨が降らない．

【以邻为壑】yǐ lín wéi hè 〈成〉自分の利益を図るために災いを人に押しつける．

【以卵击石】yǐ luǎn jī shí 〈成〉自分の力が弱いことを考えずに強敵に立ち向かい自滅する．►後ろに"不自量 liàng 力"(身のほどを知らない)を続けることが多い．"以卵投 tóu 石"とも．

【以貌取人】yǐ mào qǔ rén 〈成〉容貌だけで人の善し悪しや能力を判断する．

【以免】yǐmiǎn 接続 **…をしないように**．…をしないですむ．►先行の句は後に続く事柄が起こらないためであることを表す．¶到那儿以后来个电话,～妈妈担心 dānxīn／お母さんが心配しないように,そこに着いたら電話をかけなさい．

＊【以内】yǐnèi 名 ①**(ある時間・場所・範囲の)中(に)**,内(に)．¶山海关～属于 shǔyú 河北省,以外属于辽宁 Liáoníng 省／山海関(さんかいかん)の内側は河北省で,外側は遼寧省に属する．¶本月～必须 bìxū 完成／今月中に必ず完成しなければならない．¶这项预算 yùsuàn 已经列入计划 jìhuà～／この予算はすでに計画に入っている．②**(ある数量の)中に**,以内に．►"之内 zhīnèi"とも．¶要求 yāoqiú 在一小时～到达 dàodá／1時間以内に到着することを要求する．

【以期】yǐqī 接続《達成目標を示す》…を期して；…するように．

＊＊【以前】yǐqián 名 **以前**．それより前．ⓐ単独で用いる．¶你～住在哪儿？／君は前はどこに住んでいましたか．¶他跟～大不一样／彼は以前とはすっかり変わってしまった．ⓑ「名詞／動詞＋"以前"」の形で用いる．►"之前 zhīqián"とも．¶天黑～／日が暮れる前．¶两年～,我曾 céng 去过北京／2年前,私は北京に行ったことがある．参考 よく用いられる慣用表現："很久以前""很早以前"(ずっと昔．はるか以前),"不久以前"(ちょっと前)．

【以勤补拙】yǐ qín bǔ zhuō 〈成〉腕の悪さを勤勉さで補う．

【以求】yǐqiú 動 もって…しようとする．もって…をねらう．¶～一逞 chěng／悪事をやろうとねらって．

【以人废言】yǐ rén fèi yán 〈成〉人を好き嫌いだけで判断し,内容で判断しない．

【以人为本】yǐ rén wéi běn 〈成〉人民の利益を基本とする．

【以色列】Yǐsèliè 名〈地名〉イスラエル．

＊【以上】yǐshàng 名 **以上**．**…より上**．**…以上**．ⓐ単独で用いる．¶～讲的是我对这个问题的看法／以上述べたことは私のこの問題に対する見方です．ⓑ「名詞＋"以上"」の形．►"之上 zhīshàng"とも．¶六十分～为及格 jígé／60点以上を合格とする．

【以身试法】yǐ shēn shì fǎ 〈成〉公然と法律を犯そうとする．

【以身殉职】yǐ shēn xùn zhí 〈成〉殉職する．

【以身作则】yǐ shēn zuò zé 〈成〉身をもって範を示す．

【以势压人】yǐ shì yā rén 〈成〉力ずくで人を屈服させる．

【以退为进】yǐ tuì wéi jìn 〈成〉譲歩によってより多くの利益を得ようとする．

【以歪就歪】yǐ wāi jiù wāi 〈成〉まちがいを直さずそのまま押し通す．

＊＊【以外】yǐwài 名 **…の外**．**…以外**．**…以上**．►場所・範囲・数量・時間・年齢などについて,一定の数量や範囲を超過することを表す．¶长城～／万里の長城の外．¶预算 yùsuàn～的支出／予算外の支出．¶三天～酌 zhuó 收保管费 bǎoguǎnfèi／3日を越える場合は適宜保管料を申し受ける．¶他恐怕 kǒngpà 已经五十～了／彼はおそらく50の坂を越しているだろう．

〖除(了)…以外〗*chú(le)…yǐwài* …のほかに．…を除いて．¶这个工作除了他～,别人都不会／この仕事は彼のほかにはだれもできない．

【以往】yǐwǎng 名 **以前；昔**．¶今年比～任何 rènhé 一年都热／今年は以前のどの年よりも暑い．

＊＊【以为】yǐwéi 動(主観的に)**思う**．(事実と反することを誤って事実と)**思い込む**．(控え目に…と)思う．►事実と合わない判断を表す時には,前に"满 mǎn、很"などの程度副詞を加えることができる．¶我～你说得很对／私は君の言うことは正しいと思うけど．¶原来 yuánlái 是你,我还～是老黄呢／君だったのか,黄さんかと思った．¶他满～这次自己能考上,结果落榜 luòbǎng 了／彼は今度こそ受かると思っていたが,結局は落ちてしまった．

比較 **以为：认为 rènwéi**　いずれも判断を下すことを表すが,"以为"の語気はやや軽く控え目な感じを与える(事実と合わない判断にも用いる)．"认为"は一般に自信のある判断にのみ用い,時には断定的で不遠慮な感じを与えることもある．

Y

〚以…为…〛 yǐ…wéi… …を(もって)…とする．¶～质量第一～宗旨／品質第一をモットーとする．

【以物易物】yǐ wù yì wù〈成〉物々交換をする．

*【以下】yǐxià 名 以下．次．あと；…から下．…以下．…より下．¶～都是老林的意见／以下は林さんの考えです．[「名詞＋"以下"」の形で用いる]¶小学生～不得 bùdé 入内／小学生以下は入るべからず．

【以小见大】yǐ xiǎo jiàn dà〈成〉局部から全体を見る．またはうわべから本質を見る．

【以小人之心,度君子之腹】yǐ xiǎorén zhī xīn, duó jūnzǐ zhī fù〈諺〉自分のさもしい考えで人の心を邪推する．げすの勘ぐり．

【以眼还眼,以牙还牙】yǐ yǎn huán yǎn, yǐ yá huán yá〈成〉目には目,歯には歯．仮借(かしゃく)なく報復する．

【以一当十】yǐ yī dāng shí〈成〉一をもって十に当たる．軍隊が勇猛果敢であること．

【以远】yǐyuǎn 名(↔以近 yǐjìn)(鉄道などで)ある地点よりも遠いこと,それから先．以遠．

【以怨报德】yǐ yuàn bào dé〈成〉恨みをもって恩に報いる．恩を仇(あだ)で返す．

【以正视听】yǐ zhèng shì tīng〈成〉事実に対する誤った見解をただす．

【以至】yǐzhì 接続 1 さらに(…まで)．ひいては(…まで)．…に至るまで．¶高山､大树～河流都被大雪覆盖 fùgài 着／山の峰も木々もさらには川までもが深い雪に覆われている．2 そのために(…となる)．►前に述べる情況から生まれる結果を導く．"以至于 yú"とも．¶他正在埋头 máitóu 于工作,～有人招呼 zhāohu 他也没听到／彼は一心不乱に仕事をしていたので,人から声を掛けられても気がつかないほどだった．

【以致】yǐzhì 接続(最後には)…という結果になってしまう．語法 先行の句で述べる情況が好ましくない〔話し手にとって望ましくない〕結果を引き起こす場合に用いることが多い．¶他办事总是犹犹豫豫 yóuyouyùyù 的,～逸失 yìshī 了良机 liángjī／この人はいつも優柔不断なので好機をのがしてしまう．

【以至于】yǐzhìyú ⇀【以至】yǐzhì 2

【以资】yǐzī 動〈書〉もって…とする．¶～参考／(それを)もって参考とする．参考のために．

【以子之矛,攻子之盾】yǐ zǐ zhī máo, gōng zǐ zhī dùn〈成〉相手の見解や論点で相手の矛盾に反駁(はんばく)する．

尾 yǐ ◇◆ ①ウマのしっぽ．¶马～罗 luó／ウマのしっぽの毛で作ったふるい．②コオロギなどの尾の針状のもの．¶三～儿／雌のコオロギ．⇒ wěi

【尾巴】yǐba〈口〉⇀【尾巴】wěiba

矣 yǐ 助〈古〉《文末に用い,話し言葉の"了"に相当する意味を示したり,感嘆や命令･希望の語気を表す》¶此 cǐ 论可以休～／このような論議はやめよう．

迤(迆) yǐ ◇◆(…の方)へ．…に向かって．►ある方向の延長を示す．¶天安门 Tiān'ānmén ～东／天安門から東側．

蚁(蟻) yǐ ◇◆ アリ．¶蚂 mǎ ～／アリ．¶雌 cí ～／雌のアリ．女王アリ．¶工～／働きアリ．‖姓

【蚁丘】yǐqiū 名 アリ塚．アリの塔．

【蚁醛】yǐquán 名〈化〉ホルムアルデヒド．

倚 yǐ 動 もたれる．寄りかかる．¶～着树 shù 站着／木に寄りかかって立っている．◇◆ ①頼りにする．利用する．¶→～恃 shì．¶无～无靠 kào／身寄りがない．②偏る．¶不偏 piān 不～／えこひいきがない．‖姓

【倚靠】yǐkào 動 1 頼る．すがる．¶我没有人可以～／私には頼りにできる人がいない．2 寄りかかる．もたれる．

【倚赖】yǐlài 動 依存する．頼る．

【倚老卖老】yǐ lǎo mài lǎo〈成〉ベテランであることを鼻にかける．先輩風を吹かす．

【倚势】yǐshì 動〈書〉権勢を笠に着る．¶～欺 qī 人／勢力を頼んで人をいじめる．

【倚恃】yǐshì 動〈書〉権力やよい条件に頼る．¶～权势 quánshì／権勢に頼る．

【倚仗】yǐzhàng 動(他人の勢力や有利な条件に)頼る．笠に着る．¶～权势／権勢を笠に着る．

【倚重】yǐzhòng 動 深く信頼する．非常に重視する．¶深受上司 shàngsi 的～／上司に深く信頼されている．

椅 yǐ ◇◆ 椅子．¶藤 téng ～／籐椅子．¶～披 pī／椅子の背にかける刺繍などを施したカバー．

**【椅子】yǐzi 名(背もたれのある)椅子．►背もたれのない腰掛けは"凳子 dèngzi"．量 把,个．¶～腿儿／椅子の脚．¶坐在～上／椅子に腰かける．

【椅子顶】yǐzidǐng 名 いくつも重ねた椅子の上で逆立ちをする曲芸．

旖 yǐ "旖旎 yǐnǐ"⇩という語に用いる．

【旖旎】yǐnǐ 形〈書〉たおやかである．しなやかである．

4声

亿(億) yì 数 1 億．"万万 wànwàn"とも．¶人口近一～／人口が1億近くある．2〈古〉10万．‖姓

【亿万】yìwàn 名 億万；莫大な数．¶～富翁 fùwēng／億万長者．¶～斯 sī 年／無限に長い年月．

义(義) yì ◇◆ ①意味．意義．¶字～／字の意味．②義理の(関係)．¶→～父．③仮の．人工の．¶→～齿 chǐ．④情義．よしみ．¶恩 ēn ～／恩義．⑤正しい道理．正義に(かなった)．¶起～／蜂起する．‖姓

丶 丿 义

【义兵】yìbīng 名 正義のためにおこす兵．義軍．

【义不容辞】yì bù róng cí〈成〉道義上引き受けざるを得ない．

【义齿】yìchǐ 名 義歯．入れ歯．

【义弟】yìdì 名 義弟．兄弟の契りを交わした弟．

【义愤】yìfèn 名 義憤．

【义愤填膺】yì fèn tián yīng〈成〉憤りが胸中に満ちる．

【义父】yìfù 名 義父．養父や親子の契りを交わした父．

【义工】yìgōng 名 1 奉仕活動．ボランティア活動．2 ボランティア(する人)．

【义姐】yìjiě 名 義姉．姉妹の契りを交わした姉．
【义举】yìjǔ 名 義挙．正義のためにする行為．
【义理】yìlǐ 名(言論や文章などの)筋道．
【义卖】yìmài 動 チャリティーバザーを開く．
【义妹】yìmèi 名 義妹．姉妹の契りを交わした妹．
【义母】yìmǔ 名 義母．義母や親子の契りを交わした母．
【义女】yìnǚ 名 義理の娘．養女．
【义旗】yìqí 名〈書〉正義の旗．蜂起軍の旗．¶举 jǔ～／正義の旗を掲げる．蜂起する．
【义气】yìqi ①名 正義感；義俠心．男気．¶他这人很讲 jiǎng～／彼はなかなか義理堅い．②形 義理堅い．
【义师】yìshī 名 正義のために起こした軍隊．義兵．
【义无反顾】yì wú fǎn gù〈成〉道義上，後へは引けない．►"义无返顾"とも書く．
*【义务】yìwù ①名(道義上や法律上の)**義務**．¶履行 lǚxíng～／義務を履行する．¶对…尽 jìn～／…に義務を果たす．②形 **奉仕的な**．無報酬の．ボランティアの．¶～演出 yǎnchū／慈善興行．チャリティーショー．
【义务工】yìwùgōng 名(無報酬の)義務労働．
【义务教育】yìwù jiàoyù 名 義務教育．
【义务劳动】yìwù láodòng 名 ボランティア；労働奉仕．
【义项】yìxiàng 名(字典・辞典の)字義・語義解釈の項目．
【义形于色】yì xíng yú sè〈成〉義憤が顔色に現れる．
【义兄】yìxiōng 名 義兄．兄弟の契りを交わした兄．
【义演】yìyǎn 名 慈善公演．チャリティーショー．
【义勇】yìyǒng 形 義勇に富んだ．
【义园】yìyuán 名 共同墓地．
【义正词严・义正辞严】yì zhèng cí yán〈成〉正当な道理をふまえていて言葉遣いが厳しい．
【义肢】yìzhī 名〈医〉義肢．
【义子】yìzǐ 名 養子；親子の契りを交わした息子．

艺(藝) yì ◇◆ ①技術．芸能．¶手～／技能．腕まえ．②芸術．¶文～／文芸．③極まる．限度．¶无～／きまりがない；際限がない．‖姓

【艺不压身】yì bù yā shēn〈成〉芸はいくら身につけても重荷にはならない．芸は身を助ける．
【艺高胆大】yì gāo dǎn dà〈成〉腕まえのすぐれた人は度胸もすわっている．►"艺高人胆大"とも．
【艺龄】yìlíng 名 芸歴．
【艺名】yìmíng 名 芸名．
【艺人】yìrén 名 ①芸人．②手工芸労働者．職人．
*【艺术】yìshù ❶名 ①**芸術**．②(**独創性に富んだ)方法，技術**．¶领导 lǐngdǎo～／ユニークな指導の腕まえ．❷形 **芸術的である**．独特で美しい．¶她设计 shèjì 的服装样式挺 tǐng～／彼女のデザインする服はスタイルがユニークで美しい．
【艺术家】yìshùjiā 名 芸術家．アーティスト．
【艺术品】yìshùpǐn 名(造形美術の)芸術作品．芸術品．
【艺术体操】yìshù tǐcāo 名〈体〉新体操．
【艺苑】yìyuàn 名 芸苑．文学・芸術界．¶～奇葩 qípā／文芸上のすばらしい作品や人物．

刈 yì 動〈書〉(草などを)刈る．¶～除 chú／刈り取る．¶～草机 cǎojī／草刈り機．

忆(憶) yì 動〈書〉思い起こす．¶～往事 wǎngshì／過去のことを思い起こす．
◇◆ 記憶する．¶记～／記憶．‖姓

【忆念】yìniàn 動 回想する．思い起こす．

议(議) yì 動 協議する．討論する．¶这个问题大家再～一～／この問題はみんなでもう一度討論しよう．
◇◆ 意見．言論．¶建 jiàn～／意見を出す．¶提 tí～／提案する．

【议案】yì'àn 名 議案．
【议程】yìchéng 名 議事日程．
【议定书】yìdìngshū 名 議定書．
【议购】yìgòu 動(公定価格によらずに)話し合いで値段を決めて買う．
【议和】yìhé 動 和平交渉をする．
*【议会】yìhuì 名 **議会**．¶召开 zhàokāi～／議会を開催する．
【议价】yì//jià ①動 話し合いで値段を決める．②名 協議価格．
【议决】yìjué 動 議決する；(議案を)採択する．
*【议论】yìlùn ①動 **話題にする．取りざたする**．¶不要随便 suíbiàn～人／人のことを陰であれこれうわさしてはいけない．②名 **議論**．見解．意見．¶大发 fā～／長々と意見を述べる．¶～纷纷 fēnfēn／諸説紛々．注意 動詞の"议论"は日本語の「議論する」よりもくだけたニュアンスがあり，「議論する」は中国語ではむしろ"讨论 tǎolùn"に近い．
【议亲】yìqīn 動 縁組の相談をする．
【议事】yìshì 名 議事．
【议题】yìtí 名 議題．
【议席】yìxí 名 議席．
【议销】yìxiāo 動 話し合いで値段を決めて売る．
*【议员】yìyuán 名 **議員．代議士**．
【议院】yìyuàn 名 議院．議会．
【议长】yìzhǎng 名 議長．

屹 yì ◇◆ 高くそびえ立つ．

【屹立】yìlì 動 屹立(きつ)する．そびえ立つ；確固として揺るがない．
【屹然】yìrán 形 屹然(きつ)としている．厳然としている．

亦 yì 副〈書〉また．…もまた．¶人云 yún～云／人の意見を受け売りする．‖姓

【亦步亦趋】yì bù yì qū〈成〉何もかも人に同調して機嫌をとる．

异(異) yì ◇◆ ①異なる．¶大同小～／大同小異．②珍しい．特別な．¶→～闻 wén．③いぶかる．怪しむ．¶惊 jīng～／驚きいぶかる．④別の．¶～日／他日．将来．⑤別れる．¶离 lí～／離れ離れになる．‖姓

【异邦】yìbāng 名 異邦．異国．
【异才】yìcái 名 偉才．異才．
【异彩】yìcǎi 名 異彩．¶大放～／大いに異彩を放

Y

つ.

*【异常】yìcháng ①形 **尋常でない**．普通と違う．¶举止 jǔzhǐ ～／挙動があやしい．¶神色 shénsè ～／顔色が普通ではない．¶～现象 xiànxiàng／異常現象．②副 **非常に**．特別に．►補語にも用いられる．¶～悲痛 bēitòng／非常に悲しい．¶～欢喜 huānxǐ／非常に喜ぶ．¶热闹 rènao ～／きわめてにぎやかである．

【异词】yìcí 名〈書〉反対意見．異議．異論．

【异地】yìdì 名〈書〉異郷．他郷．

【异读】yìdú 名〈語〉異読．►同一文字に二つ以上の読み方があること．たとえば,"谁"の字には shuí と shéi の 2 種の発音がある．

【异端】yìduān 名 異端．正統でない学説・教義・主張．

【异父】yìfù 形 異父の．

【异国】yìguó 名〈書〉異国．外国．¶～情调 qíngdiào／異国情緒．エキゾチックな雰囲気．

【异乎寻常】yì hū xún cháng〈成〉並大抵ではない．尋常ではない．

【异化】yìhuà ❶動 異化する．❷名 ①〈哲〉疎外．②〈語〉(発音上の)異化,異化作用．

【异己】yìjǐ 名 同一集団の中で政治的・思想的に自分と見解を甚だしく異にする者,または敵対する者．¶～分子 fènzǐ／異分子．

【异军突起】yì jūn tū qǐ〈成〉新勢力が突然現れる．

【异口同声】yì kǒu tóng shēng〈成〉異口同音．口をそろえて．

【异类】yìlèi 名 ①〈旧〉他民族．異民族．②(人類と)種を異にするもの．

【异母】yìmǔ 形 異母の．

【异能】yìnéng 名〈書〉①異才．すぐれた才．②異なった機能．

【异曲同工】yì qǔ tóng gōng〈成〉方法は異なっても効果は同じである．

【异人】yìrén 名〈書〉①非凡な人．②変わり者．③仙人．

【异事】yìshì 名 異変．珍しい出来事．

【异说】yìshuō 名 ①異説．¶提出 tíchū ～／異説を唱える．②普通でない小説．

【异俗】yìsú 名 異なった習俗．

【异体字】yìtǐzì 名(↔正体字 zhèngtǐzì) 異体字．►たとえば"梅 méi"の異体字は"楳"．

【异同】yìtóng 名 ①異同．②〈書〉異議．

【异途】yìtú 名 ①違う道．②通常とは異なる手段・経路．¶～同归／やり方は違っても結果は同じ．►"殊途同归"とも．

【异味】yìwèi 名〈書〉①格別の味．珍味．②いやなにおい．普通と違うにおい．

【异闻】yìwén 名 珍しいうわさ話．変わった出来事．

【异物】yìwù 名 ①〈医〉異物．②〈書〉死骸；幽霊．¶化为 huà wéi ～／死ぬ．③〈書〉珍しい物．

【异乡】yìxiāng 名 異郷．異境．

【异香】yìxiāng 名〈書〉格別によい香り．

【异想天开】yì xiǎng tiān kāi〈成〉奇抜な考え．奇想天外．

【异心】yìxīn 名〈書〉二心(ふたごころ)．反逆心．

【异性】yìxìng ❶形 ①異性の．②性質の異なる．❷名 異性．

【异姓】yìxìng 形 姓を異にする．

【异言】yìyán 名〈書〉異議．反対意見．異論．

【异样】yìyàng ①名 変わった様子．相違．¶检查不出他的身体有什么～／彼の体からは何の異状も見つからなかった．②形 異様である．変な．

【异议】yìyì 名 **異議**．**反対意見**．¶有没有～？／異議がありますか．¶提出 tíchū ～／異議を申し立てる．¶～分子 fènzǐ／反体制派．

抑 yì

接続〈古〉①《選択を表す》それとも…か．②《逆接を表す》しかし．ただ．③《話の軽い転換を表す》そもそも．すなわち．

◇◆ 抑える．圧する．¶→～制 zhì．¶～强扶弱 fú ruò／強きをくじき弱きを助ける．‖姓

【抑或】yìhuò 接続〈書〉それとも．

【抑价】yì//jià 動 価格を抑える．

【抑扬】yìyáng 形(声に)抑揚がある．

【抑郁】yìyù 形〈書〉憂鬱である．¶最近他心情 xīnqíng 很～／近ごろ彼は気がふさいでいる．

【抑郁症】yìyùzhèng 名〈医〉鬱病．

【抑止】yìzhǐ 動 抑える．止める．

【抑制】yìzhì ①動(自分の感情を)**抑える**,コントロールする．¶～感情 gǎnqíng／感情を抑える．②名〈生理〉抑制．

呓(囈・讛) yì

◇◆ 寝言(をいう)．¶梦 mèng ～／同上．

【呓语】yìyǔ 名 寝言；たわごと．

邑 yì

◇◆ ①都市．¶城～／町．城下町．¶通都 dū 大～／大都市．②県．¶～境 jìng／県境．

役 yì

◇◆ ①労力を必要とする仕事．¶劳 láo ～／労役．②使役する．¶奴 nú ～／奴隷のように酷使する．③使用人．¶仆 pú ～／召使い．④戦争(に関する活動)．¶战～／戦役．⑤兵役．¶预备 yùbèi ～／予備役．

【役龄】yìlíng 名 ①兵役適齢．②兵役に服する年数．

【役使】yìshǐ 動〈書〉(役畜を)使役する；(人を強制して)こき使う．

译(譯) yì

動 **訳す**．翻訳する．¶～成汉语 Hànyǔ／中国語に訳す．¶这句话是从英语～过来的／この文は英語からの翻訳だ．‖姓

【译本】yìběn 名 訳本．訳書．

【译笔】yìbǐ 名 訳文．訳筆．訳し方．¶～流畅 liúchàng／訳し方がよい．

【译电】yìdiàn 動 ①電文を暗号に変える．②暗号電文を解読する．

【译稿】yìgǎo 名 訳稿．翻訳原稿．

【译码】yìmǎ 動(電報の)暗号を解読する．

【译文】yìwén 名 訳文．翻訳文．

【译意风】yìyìfēng 名 同時通訳用のイヤホーン．

【译音】yìyīn 動 音訳する．漢字の音を借りて外国語を書き表す．►"沙拉 shālā""色拉 sèlā"(サラダ)など．

【译员】yìyuán 名 通訳．通訳者．

【译者】yìzhě 名 訳者．翻訳者．

【译制】yìzhì ①動(外国映画などを)吹き替える．②名 吹き替え．¶～片／吹き替え映画．

【译注】yìzhù ①動 翻訳し注釈する．②名 訳注．

【译著】yìzhù 名 訳著.
【译作】yìzuò 名 翻訳作品.

易 yì 名(Yì) 易(えき). 易経. ►儒学の経書の一つ. 占いの書. ¶周 Zhōu ～ / 周易. ◇◆ ①やさしい. 容易な. ¶容～ / 簡単な. ¶轻 qīng ～ / 楽な. ②変える. 替わる. 改める. ¶移 yí 风～俗 sú / ところ替われば品変わる. ③交換する. ¶交～ / 交易する. ④なごやかな. 温和である. ¶平～近人 / なごやかで近づきやすい. ‖姓

【易货交易】yìhuò jiāoyì 名〈経〉バーター取引.
【易拉罐】yìlāguàn 名 プルトップ缶. プルタブ缶.
【易燃物(品)】yìránwù(pǐn) 名 燃えやすい物. 可燃物.
【易如反掌】yì rú fǎn zhǎng〈成〉手のひらを返すように容易である. わけない.
【易于】yìyú 動〈書〉…しやすい. ¶这个办法～实行 shíxíng / この方法はたやすく実行できる.

诣 yì 動〈書〉もうでる. 参詣(さんけい)する. ◇◆(学問·技術の)到達した程度. ¶造 zào ～ / 造詣.

驿(驛) yì ◇◆ 昔の宿場. ►現在は地名に用いることが多い.

【驿馆】yìguǎn 名〈古〉宿場の旅館.
【驿站】yìzhàn 名〈古〉宿場. 宿駅.

绎(繹) yì ◇◆(物事の端緒を)引き出す. ¶演 yǎn ～ / 演繹(えんえき)する. 意義を推し広めて述べる.

轶 yì 形 ① 散逸した. ② ぬきんでた. ‖姓

弈 yì ◇◆ ①碁. ②碁を打つ. ¶～棋 qí / 碁を打つ. ¶对～ / 対局する. ‖姓

奕 yì ◇◆ ①盛大である；美しい. ②重なる. ¶～世 shì / 数世代. ‖姓

【奕奕】yìyì 形(顔が)生き生きしているさま. ¶神采 shéncǎi ～ / 表情が生き生きしている.

疫 yì ◇◆ 疫病. 伝染病. ¶鼠 shǔ ～ / ペスト. ¶时～ / 流行病.

【疫病】yìbìng 名 疫病.
【疫苗】yìmiáo 名〈医〉ワクチン. ¶接种 jiēzhòng ～ / ワクチンを接種する.
【疫情】yìqíng 名 疫病発生の状況.

益 yì ◇◆ ①利益. 利点. ¶→～处 chu. ②有益である. ¶→～鸟 niǎo. ③増える. ¶增 zēng ～ / 増える. ¶延年～寿 shòu / ますます寿命が延びる. ④さらに. いっそう. ¶→～发 fā. ‖姓

【益处】yìchu 名 よいところ. 利益.
【益发】yìfā 副 ますます. いっそう.
【益鸟】yìniǎo 名 益鳥.
【益友】yìyǒu 名〈書〉(交わってためになる)良友.
【益智】yìzhì 動 頭脳の発達に効果がある. ¶～玩具 / 知育玩具. ¶～游戏 yóuxì / 知育ゲーム.

悒 yì ◇◆ 憂える. 不安に思う. ¶忧 yōu ～ / 憂慮する. ¶～～不乐 lè / うつうつとして楽しまない.

谊 yì ◇◆ よしみ. 友情. ¶友～ / 友誼(ゆうぎ). 友情. ¶深情厚～ / 厚い友情.

逸 yì ◇◆ ①安楽である. ¶安～ / のんびりしている. ②逃げる. ¶逃 táo ～ / 逃亡する. ③散逸した. 世に知られていない. ¶～书 / すでに散逸した書物. ¶→～闻 wén. ④人並み優れた. ¶～群 qún / 抜群である.

【逸乐】yìlè 形〈書〉安楽である. のんびりしている.
【逸史】yìshǐ 名 正史に書き漏らされた歴史. 逸史.
【逸事】yìshì 名〈書〉世間にあまり知られていない事柄. 史書に記されていない事実. 逸事.
【逸闻】yìwén 名〈書〉(文献に記載のない)言い伝え. エピソード.

翌 yì ◇◆ 翌. 次の. ¶～年 / 翌年. 明くる年. ¶～晨 chén / 翌朝.

【翌日】yìrì 名〈書〉翌日.

肄 yì ◇◆ 学習する. ¶～习 xí / 学習する.

【肄业】yìyè 動(卒業せずに)修学する；在学する. ►主として中途退学者が在学していたことを表す.

裔 yì ◇◆ ①後裔(こうえい). 子孫. ¶后 hòu ～ / 子孫. 後裔. ②国の果て. 遠い所. ¶四～ / 辺境の地. ‖姓

意 yì ◇◆ ①考え. 思い. ¶同～ / 同意する. ②心. 意図. ¶中 zhòng ～ / 気に入る. ③見込み. 予想. ¶→～料 liào. ④雰囲気. 気配. ¶秋～正浓 nóng / 秋の色が濃くなっている. ‖姓

【意大利】Yìdàlì 名〈地名〉イタリア.
【意大利面(条)】yìdàlìmiàn(tiáo) 名 スパゲッティ.
【意会】yìhuì 動 心で悟る. 会得する. ¶只可～, 不可言传 yánchuán / 心で悟ることはできるが, 言葉で伝えることはできない.
**【意见】yìjian 名 ① 意見. 考え. 量 个,条,点. ❖提 tí ～ / 意見を出す. ¶你的～怎么样？/ 君の考えはどうだ. ¶我和你的～一样 / 君の考えと同じだ. ② 不満. 文句. 異議. ¶对这个方案我有～ / この案に対して私は異議がある. ❖闹 nào ～ / 悶着を起こす. 口げんかをする. ¶～簿 bù / (出入り口に備え付けて来訪者·参観者·顧客などに)意見や苦情を書いてもらうノート. ¶～箱 / 意見承り箱. ►①②とも yìjiàn と原調で発音することもある.
【意匠】yìjiàng 名(詩文·絵画などの)構想, 創案, 工夫, 趣向. ¶独具～ / 独創性がある.
【意境】yìjìng 名(芸術作品に表現された)境地, 情緒, イメージ.
【意料】yìliào 動 予想する. 予測する. ¶这件事谁 shéi 也没有～到 / この事はだれも予想だにしなかった. ¶这件事完全出人～之外 / この事は全くの予想外である.
【意念】yìniàn 名 考え；思い；観念.
【意气】yìqì 名 ① 意気込み. 気概. ¶～高昂 gāo'áng / 意気軒昂(けんこう). ② 気立て. 気性. ③ 激情；一時の感情. ¶闹 nào ～ / 意地になる.
【意气风发】yì qì fēng fā〈成〉意気盛んである.
【意气相投】yì qì xiāng tóu〈成〉意気投合する.
【意气用事】yì qì yòng shì〈成〉感情的に物事を

Y

処理する.

【意趣】yìqù 名 興趣．味わい．情趣.

【意识】yìshí ①動(“～到”の形で)実感する．気づく．意識する．►主述句も目的語にとることができる．¶～到自己的错误 cuòwù / 自分の誤りに気づく．¶我已～到责任 zérèn 重大 / 私はすでに責任が重いことを実感している．②名 意識．¶～模糊 móhu / 意識がもうろうとする．¶下～ / 潜在意識．►①②とも yìshi と発音することもある.

【意识流】yìshíliú 名〈哲〉意識の流れ．内的独白.

【意识形态】yìshí xíngtài 名〈哲〉イデオロギー.

**【意思】yìsi ❶名 ①(言葉・文などの)意味，内容；思想．¶你这是什么～？/ それはどういう意味なのか．¶这篇 piān 文章的～很好 / この文章の内容はとてもよろしい．②考え．意図；気持ち．(男女間の)ひかれる思い．量 个．¶我不是那个～ / 私はそんなつもりではない．¶我的～是干 gàn 完了再休息 xiūxi / 私は仕事をやり終えてから休むつもりだ．¶你是不是对她有～？/ 君は彼女に気があるのだろう．③おもしろみ．趣．¶打麻将 májiàng 很有～ / マージャンはおもしろい．¶这种争论 zhēnglùn 真没～ / こんな論争は本当につまらない．④兆し．様子．気配．¶这两天有转暖 zhuǎnnuǎn 的～ / ここ数日暖かさが戻る気配が見られる．⑤(贈り物をするときの)気持ち．志．¶这是我们的一点儿～，请收下 shōuxia / これは私たちのほんの志です，どうぞお納めください．⇒【小意思】xiǎoyìsi ❷動(贈り物などをして)気持ちを示す．►重ね型でも用いる．¶他帮 bāng 了你的大忙，你也得买点儿礼品 lǐpǐn 去～一下 / 彼にはずいぶんお世話になったんだ，まあ何か贈り物を買って気持ちを示さなければなるまい.

【意图】yìtú 名 意図．考え．意向；企て．¶领会上司 shàngsi 的～ / 上司の意向を飲み込む.

*【意外】yìwài ①形 意外である．思いがけない．¶感到～ / 意外に思う．¶～的事件 / 思いがけないできごと．②名 意外な事故．突発事件．❖发生 *fāshēng* ～ / 意外なことが起こる．¶她不幸 bùxìng 遭到 zāodào 了～ / 彼女は不幸にも事故にあってしまった.

【意味】yìwèi 名 ①意味合い．心持ち．意味．¶～深长的话 / 意味深長な話．②味わい．趣．情緒．¶富于 fùyú 文学～ / 文学の趣に富む.

注意 日本語の「意味」とはニュアンスが異なり，含蓄のある深い意味・味わい・趣などを表す．「意味」は“意思”や“意义”で訳せる場合が多い.

【意味着】yìwèizhe 動〈書〉(…を)意味している．とりもなおさず…である；…と理解してよい．…の意味を含んでいる．¶那句话是～什么呢？/ あの言葉は何を意味しているのか．¶他说去，但并 bìng 不～他真心要去 / 彼は行くと言ったが，本気で行こうとしているわけではない.

【意下】yìxià 名 ①考え．►相手の意見を聞くときに用いることが多い．¶请问您～如何？/ あなたはどうお考えになりますか．②心の中.

【意想】yìxiǎng 動 想像する；予想する.

【意向】yìxiàng 名 意向．意図．目的．¶～不同 / 目的が異なる．¶～书 /(貿易で)趣意書.

【意象】yìxiàng 名 情調．ムード．イメージ.

【意兴】yìxìng 名〈書〉興味．¶～索然 suǒrán / さっぱり興が乗らない．¶～勃勃 bóbó / たいへん乗り気である．興味津々.

*【意义】yìyì 名 ①(言葉・合図・行動などの)意味．¶这个词有其特殊 tèshū 的～ / この言葉には特別な意味がある．②意義．価値．¶具有社会～的慈善 císhàn 事业 / 社会的に意義のある慈善事業．¶这样说毫无 háo wú ～ / そんなことを言っても無意味だ.

【意译】yìyì 動 意訳する.

【意愿】yìyuàn 名 望み．願い．意志.

【意在言外】yì zài yán wài〈成〉意味は言外にある；〈転〉それとなくほのめかす.

【意旨】yìzhǐ 名〈書〉(尊重すべき)意志，意図，主旨．¶遵从 zūncóng 上峰 shàngfēng 的～ / 上司の意図に従う.

*【意志】yìzhì 名 意志．¶他是一个～坚强 jiānqiáng 的人 / 彼は意志が強い人だ．¶～薄弱 bóruò / 意志が薄弱である.

【意中】yìzhōng 名 意中．予想の範囲内．¶～之事 / 予期していた事柄.

【意中人】yìzhōngrén 名 意中の人.

溢 yì 動 ①あふれる．¶水从浴池 yùchí 里～了出来 / 水が浴槽からあふれ出た．②〈書〉超過する．上回る．¶～出此数 / この数を超えている.

◇◆ 度を過ぎる．¶～美 / ほめ過ぎる.

【溢出】yìchū 動 あふれ出る.

【溢洪坝】yìhóngbà 名 放水路のダム.

【溢洪道】yìhóngdào 名(ダムの)余水路，放水路.

【溢流】yìliú 動 あふれ出る.

【溢于言表】yì yú yán biǎo〈成〉(感情が)言葉や表情に現れる．¶愤激 fènjī 之情，～ / 憤激した様子が言葉や表情に出ている.

缢 yì 動〈書〉首をくくる．¶自～ / 縊死(いし)する．首つり自殺する.

蜴 yì “蜥蜴 xīyì”(トカゲ)という語に用いる.

鲐 yì 名〈魚〉ハタ.

毅 yì ◇◆ 意志が強い．断固としている．¶刚 gāng ～ / 剛毅である．¶→～然 rán.

【毅力】yìlì 名 意志の力；根気；気力.

【毅然】yìrán 形 毅然としている；ためらうことなく.

【毅然决然】yì rán jué rán〈成〉断固としている.

臆(肊) yì ◇◆ ①胸．¶胸～ / 胸の内．②主観的な考え方．¶→～测 cè.

【臆测】yìcè 動 憶測する．推量する.

【臆断】yìduàn 動〈書〉憶断する.

【臆见】yìjiàn 名〈書〉主観的な見解.

【臆造】yìzào 動〈書〉憶測ででっち上げる.

翼 yì 名(二十八宿の一つ)たすきぼし．◇◆ ①(鳥類の)翼．羽；(飛行機などの)翼．②左右両側の一方．¶右 yòu ～ / 右翼．③助ける．補佐する．¶～助 / 補佐する．④〖翌 yì〗に同じ．‖姓

【翼翼】yìyì 形〈書〉①慎重であるさま．緊張するさま．¶小心～ /〈成〉きわめて慎重で注意深い．②秩序立っているさま．③盛んなさま.

Y

瘾 yì "瘾病 yìbìng"⊞という語に用いる.

【瘾病】yìbìng 名〈医〉ヒステリー.

yin (丨ㄣ)

1声 **因** yīn ① 前〈書〉…**のために**. …により. ¶～公负伤 fùshāng / 公務中に負傷する. ② 接続〈書〉…**なので**. ¶～经验不足,工作中常常出问题 / 経験不足のため,仕事でよくトラブルを起こす.

◇◆ ①踏襲する. ¶→～循 xún. ②…に頼る. …に応じる. ¶→～地制宜 yí. ¶→～势 shì 利导. ③原因. 理由. ¶→～果 guǒ. ‖ 姓

*【因此】yīncǐ 接続 **それゆえ**. **それで**. そこで. したがって. 語法 結果や結論を表す文に用いる. 複文の後段に用い,前段に用いられた"由于 yóuyú"と呼応させ因果関係を表すこともあるが,"因为"と呼応させることはできない. 主語の後に用いることもできる. 二つの文を接続することもできる. また"因此上"ということもある. ¶由于学习努力 nǔlì,～进步很快 kuài / 頑張って勉強したので,進歩が速かった. ¶这个队的运动员都很年轻 niánqīng,～上半场我们输 shū 了 / そのチームの選手はみな若いので,私たちは前半戦では負けた.

【因地制宜】yīn dì zhì yí〈成〉その土地の事情に適した措置をとる.

*【因而】yīn'ér 接続 **従って**. ゆえに. だから. 語法 "因此"と異なり,二つの文を接続することはできない. ¶这东西很有实用价值 jiàzhí,～很受欢迎 huānyíng / これは実用性に富んでいるので,みんなに喜ばれている.

【因果】yīnguǒ 名 ① 原因と結果. ¶～关系 guānxi / 因果関係. ②〈仏〉因果. ¶～报应 bàoyìng / 因果応報.

【因祸得福】yīn huò dé fú〈成〉災いがかえって幸いの原因となる.

【因人成事】yīn rén chéng shì〈成〉(自分で努力せずに)人に頼って事を成し遂げる. 他力本願.

【因人制宜】yīn rén zhì yí〈成〉相手に応じて適切な措置をとる.

【因时制宜】yīn shí zhì yí〈成〉状況に応じて適切な措置をとる.

【因式】yīnshì 名〈数〉因数. ¶～分解 fēnjiě / 因数分解.

【因势利导】yīn shì lì dǎo〈成〉物事の成り行きに応じて有利に導く.

【因数】yīnshù 名〈数〉約数.

*【因素】yīnsù 名 ① **要素**. ¶调动 diàodòng 一切积极 jījí～/ すべての積極的な要素を引き出す. ② **要因**.

【因特网】yīntèwǎng 名〈電算〉インターネット.

*【因为】yīnwèi ① 接続 …**なので**. …だから(である). …のために. 語法 因果関係を表す複文に用いられ,原因や理由を表す. 通常は複文の前半に置かれるが,結果や結論に重点を置いて述べるために複文の後半の先頭に用いられることもある. ¶～下雨,她没来 / 雨なので彼女は来なかった. ¶前天我没参加会议,～身体不舒服 shūfu / おとといい会議に出なかったのは,体の具合が悪かったからだ.

〖因为…,所以…〗*yīnwèi…,suǒyǐ…* "所以"と組み合わせて因果関係を強調する. ¶他～平时注意锻炼 duànliàn,所以身体一直 yīzhí 很好 / 彼はふだんから気をつけて運動しているのでずっと元気だ.

② 前 …**のために**. …により. …で. ►後に名詞性の成分をとって,主語の前後に置かれ,原因や理由を表す. ¶他～这件事挨 ái 了批评 pīpíng / 彼はその事でしかられた. ¶～工作关系 guānxi,明天我不能来 / 仕事の関係で明日は来れません.

〖因为…而…〗*yīnwèi…ér…* 助動詞や"不"の後に用いることが多い. ¶她并 bìng 不～失恋而委靡 wěimǐ 不振 / 彼女は失恋のために意気消沈することはない.

注意 ①② とも yīnwei と発音することもある.

比較 因为:由于 yóuyú ❶話し言葉には"因为"を用い,"由于"を用いることは少ない. ❷"因为"と呼応するのは"所以""才""就"などで,"因此""因而"は呼応しない. 接続詞の"由于"は"所以""因此""因而""就""才"のいずれとも呼応できる. ❸接続詞の"因为"は複文の後半に置くことができるが,接続詞の"由于"にはこの用法がない. ¶这里无法过江,因为〔×由于〕水流太急 / ここは川を渡ることができない,水の流れがとても急だから.

【因袭】yīnxí 動〈書〉(古い方法・制度・法令などを)踏襲する,援用する,そのまま受け継ぐ. ¶～前人 / 昔の人のまねをする.

【因小见大】yīn xiǎo jiàn dà〈成〉小さなことを通して大きな問題を発見できる.

【因小失大】yīn xiǎo shī dà〈成〉小利に目がくらんで大利を失う.

【因循】yīnxún 動〈書〉①(古いしきたりを)踏襲する. 因循である. ¶～守 shǒu 旧 /〈成〉古い習わしにこだわって進歩的でない. ② ぐずぐずする. 煮えきらない. ¶～误事 wùshì / ぐずぐずして機会を失う.

【因噎废食】yīn yē fèi shí〈成〉むせたことに懲りて食を絶つ;失敗を恐れて大事な仕事まで放棄する.

【因由】yīnyóu 名(儿)〈口〉原因. わけ. 理由. ¶这件事一定 yīdìng 有～/ この事件にはきっとわけがある.

【因缘】yīnyuán 名 ①〈仏〉因縁. ② ゆかり. 縁.

【因之】yīnzhī 接続〈書〉このために. これが原因となって.

【因子】yīnzǐ 名〈数〉① 約数. ② 因数.

** **阴**(陰) yīn 形 ① **曇っている**. ¶天～了,可能 kěnéng 要下雨 / 曇ってきた,雨が降るかもしれない. ② **陰険である**. ずるくて油断ならない. ¶这个家伙 jiāhuo～得很 / そいつはとても陰険だ.

◇◆ ①(～儿)日陰. ¶背 bèi～儿 / 陰になっている部分. ②月. 太陰. ¶→～历 lì. ③山の北側. 川の南側. ¶华 Huà～/ 華山の北側. ¶江 Jiāng～/ 長江の南側. ④背面. 裏側. ¶碑 bēi～/ 石碑の裏側. ⑤へこんでいる. ¶→～文 wén. ⑥表に表れない. 隠れた. ¶→～沟 gōu. ⑦死後の世界に関するもの. ¶→～曹 cáo. ⑧負電気を帯びた. マイナスの. ¶～电 / 陰電気. ¶～极 jí / マイナス極. ⑨(女性の)生殖器. ¶→～道 dào. ¶→～门 mén. ⑩(易学・中医学で)陰. ‖ 姓

⇒〖阳 yáng〗参考

【阴暗】yīn'àn 形 **暗い**. **陰気である**. ¶菜窖 càijiào 里很～/ 野菜むろの中は暗くてじめじめしている. ¶

Y

～的天色 / どんよりと暗い空. ¶～的角落 jiǎoluò /（悪事や陰謀をめぐらすための）人目につかない場所.
【阴部】yīnbù 名〈生理〉陰部；（特に）外陰部.
【阴惨惨】yīncǎncǎn 形（～的）ぞっとするような.
【阴曹】yīncáo 名 あの世. 冥土.
【阴沉】yīnchén 形 **どんよりしている. 薄暗い.** 重苦しい. ¶他整天脸色 liǎnsè ～ / 彼はいつも暗い顔をしている.
【阴沉沉】yīnchénchén 形（～的）空の色や顔色などが暗い. ¶～的天空 tiānkōng / どんよりとした空.
【阴错阳差】yīn cuò yáng chā〈成〉偶然にまちがいが起きる. とんだまちがい. ►"阴差阳错"とも.
【阴道】yīndào 名〈生理〉膣.
【阴毒】yīndú 形 陰険で悪辣(あくらつ)である.
【阴风】yīnfēng 名 ① 寒い風. ② 暗い所からの風. ¶煽 shān ～,点鬼火 diǎn guǐhuǒ /〈慣〉(陰謀の)火つけ役をする.
【阴干】yīngān 動 陰干しにする.
【阴功】yīngōng 名 陰徳.
【阴沟】yīngōu 名 暗渠(あんきょ). 地下の排水溝.
【阴户】yīnhù 名〈生理〉陰門.
【阴魂】yīnhún 名 幽霊. 亡者. ¶～不散 sàn / 亡霊がとりつく(ように悪影響が残る).
【阴间】yīnjiān 名 あの世. 冥土. 冥界.
【阴茎】yīnjīng 名〈生理〉陰茎. ペニス.
【阴冷】yīnlěng 形 ①(空が)曇っていて寒い. ②(顔色が)陰気である.
【阴历】yīnlì 名 太陰暦. 陰暦.
【阴凉】yīnliáng ① 形 日陰になっていて涼しい. ② 名(～儿)日陰の涼しい所.
【阴灵】yīnlíng 名 幽霊. 亡霊.
【阴门】yīnmén 名〈生理〉陰門.
【阴面】yīnmiàn (～儿) ① 名(物の)裏側；日の当たらない側. ② 形(人が)陰険な,腹黒い.
【阴谋】yīnmóu ① 動(悪事を)企てる,たくらむ,策動する. ② 名 **陰謀.**
【阴平】yīnpíng 名〈語〉現代中国語共通語の声調の第1声.
【阴森】yīnsēn 形(場所が)薄暗くて気味が悪い；(雰囲気や顔つきが)重苦しい,陰鬱である. ¶森林的深处 shēnchù,～可怕 kěpà / 森の奥は薄暗くて気味が悪い.
【阴山背后】yīnshān bèihòu〈慣〉無視されるところ. だれも気のつかないところ. ►みじめな境遇をいう.
【阴虱】yīnshī 名〈虫〉ケジラミ.
【阴湿】yīnshī 形 陰湿である.
【阴私】yīnsī 名 恥ずべき内緒事；陰でする悪事. ¶揭 jiē 了他的～ / 彼の秘密を暴いた.
*【阴天】yīntiān 名 **曇天. 曇り空.** ¶今天～ / 今日は曇りだ.
【阴痿】yīnwěi 名〈医〉陰萎(いんい). インポテンツ.
【阴文】yīnwén 名 陰文. ►印章または器物に凹刻した文字.
*【阴险】yīnxiǎn 形 陰険である. 腹黒い.
【阴笑】yīnxiào 名 陰険な笑い. ¶脸上露 lòu 出一丝 sī ～ / 顔にちょっと陰険な笑いが浮かぶ.
【阴性】yīnxìng ① 形〈医〉陰性の. ② 名〈語〉女性.
【阴阳怪气】yīn yáng guài qì〈成〉(性格や言行などが)ひねくれて変わっている,得体が知れない.
【阴阳人】yīnyángrén 名 ① ふたなり. 両性具有者. ② 陰陽師(おんようじ).
【阴阳生】yīnyángshēng 名 陰陽師(おんようじ)；地占い師. ►"阴阳先生"とも.
【阴影】yīnyǐng 名(～儿)暗影. ¶肺部 fèibù 有～ /(レントゲン検査で)肺部に影がある.
【阴雨】yīnyǔ 名 ① 陰雨. 曇りで雨. ② 長雨.
【阴郁】yīnyù 形 ①(天気が)うっとうしい；(雰囲気が)暗い. ② 憂鬱である.
【阴云】yīnyún 名 雨雲. 暗雲. ¶天空布满 bùmǎn 了～ / 空が黒い雲で覆われている.
【阴宅】yīnzhái 名(風水占いでいう)墓地.
【阴着儿】yīnzhāor 名〈方〉陰険な手段. ¶要 shuǎ ～ / 陰険な手段を弄する.

茵（裀）**yīn** ◇◆ しとね. 敷物. ¶如～芳草 / 緑の敷物のような若草. ‖姓
【-茵茵】-yīnyīn 接尾 形容詞·名詞の後について,「色合いが濃く鮮やかである」様子を表す状態形容詞をつくる. ¶绿～的草坪 cǎopíng / 青々とした芝生.

音 yīn ① 名 音. 声. 音声. ¶这个～唱得不准 zhǔn / この音が正しく歌ってない. ② 動(ある字を)…と発音する.
◇◆ ①便り. 消息. ¶佳 jiā ～ / うれしい便り. ②音節. ‖姓
【音标】yīnbiāo 名〈語〉音標. 音声記号.
【音调】yīndiào 名 音調；(話や朗読の)調子.
【音符】yīnfú 名〈音〉音符.
【音高】yīngāo 名〈物〉音の高さ. ピッチ.
【音阶】yīnjiē 名〈音〉音階. スケール. ¶大调 dàdiào ～ / 長音階. ¶小调～ / 短音階.
【音节】yīnjié 名〈語〉音節. シラブル.
【音量】yīnliàng 名 音量. ボリューム.
【音名】yīnmíng 名〈音〉①(伝統音楽で)音律名. ►たとえば"黄钟""大吕"など. ② 音名. (西洋音楽で)音の高さを表す名称.
【音频】yīnpín 名〈物〉可聴周波数. 低周波(数).
【音品】yīnpǐn 名〈物〉音色.
【音强】yīnqiáng 名〈物〉音の強さ.
【音儿】yīnr 名〈方〉①(話し)声. ¶嗓子 sǎngzi 变 biàn 了～了 / 声がおかしくなってしまった. ② 口ぶり；言外の意味.
【音容】yīnróng 名(多く故人の)声と姿.
【音色】yīnsè 名〈物〉音色.
【音势】yīnshì 名〈語〉音勢.
【音速】yīnsù 名〈物〉音速.
【音素】yīnsù 名〈語〉音素. 語音の最小単位.
【音箱】yīnxiāng 名(ラジオ·ステレオの)スピーカー；(旧式蓄音機の)サウンドボックス.
【音响】yīnxiǎng 名 ① 音響. ¶～效果 xiàoguǒ / 音響効果. ② 音響機器. ¶组合 zǔhé ～ / オーディオコンポ.
【音像】yīnxiàng 名 ① オーディオビジュアル. AV. ¶～制品 / AV機器. ② 録音·録画設備.
【音信】yīnxìn 名 音信. 便り.
【音序】yīnxù 名 発音順. ABC順.
【音讯】yīnxùn 名 音信.

【音义】yīnyì 名 ①(字の)発音と意味. ②文献の文字の発音と意味に関する注解.
【音译】yīnyì 動(↔意译 yìyì)音訳する.
【音域】yīnyù 名〈音〉音域；声域.
**【音乐】yīnyuè 名 音楽. ❖听 tīng ～ / 音楽を聞く. ¶欣赏 xīnshǎng ～ / 音楽を鑑賞する.
【音乐会】yīnyuèhuì 名 音楽会. コンサート.
【音质】yīnzhì 名〈物〉①音色. ②音質.
【音缀】yīnzhuì 名〈語〉音節. シラブル.
【音组】yīnzǔ 名〈音〉オクターブ.

姻(婣) yīn ◇❖ ①婚姻. 縁組み. ¶联 lián ～ / 縁組みを結ぶ. ②姻戚関係.
【姻亲】yīnqīn 名 姻戚関係.
【姻缘】yīnyuán 名 夫婦の縁. ¶美满 měimǎn ～ / めでたい縁組み. ¶千里 qiānlǐ ～一线牵 qiān /〈諺〉夫婦の縁は居所の遠近にかかわらない.

殷 yīn 名(Yīn)〈史〉殷(いん). ►古代の王朝名.
◇❖ ①盛んである. 豊かである. ¶→～富 fù. ②(情が)厚い,深い. ¶→～切 qiè. ③懇ろである. 丁寧である. ¶→～勤 qín. ‖姓 ►► yān
【殷富】yīnfù 形 非常に富んでいる.
【殷红】yīnhóng 形 黒みがかった赤の. ►一般には yānhóng と発音する.
【殷切】yīnqiè 形(希望や願いが)深く切実である.
【殷勤】yīnqín 形 慇懃(いんぎん)である. 心がこもっている. ►"慇懃"とも書く. ¶～看护 kānhù / 心を込めて看護する. ¶献 xiàn ～ /〈慣〉機嫌をとる.
【殷实】yīnshí 形 富んでいる. 豊かである. ¶家道～ / 暮らし向きが豊かである.
【殷殷】yīnyīn 形〈書〉①懇ろなさま. ¶～期望 qīwàng / 切望している. 心から願っている. ②憂え悲しむさま.
【殷忧】yīnyōu 形〈書〉深い憂い.

喑(瘖) yīn ◇❖ ①声が出ない. ②黙る. 口をつぐむ. ¶～默 mò /〈書〉ものを言わない.
【喑哑】yīnyǎ 形 声がしわがれる；出した声が低くてはっきりしない.

慇 yīn "慇懃 yīnqín"(懇ろである. 手厚い)という語に用いる.

吟(唫) yín ①動〈書〉吟じる. 吟詠する. ¶～诗 / 詩を吟じる. ②名 古典詩歌の一形式.
◇❖ ①うめく. ②ほえる. ‖姓
【吟风弄月】yín fēng nòng yuè〈成〉(皮肉って)内容空虚な花鳥風月を題材に詩作する.
【吟诵】yínsòng 動 詠唱する. 節をつけて詩を読む.
【吟味】yínwèi 動〈書〉(詩を)吟じて味わう.
【吟咏】yínyǒng 動 吟詠する.

垠 yín ◇❖ 果て. ¶无 wú ～ / 果てしがない. ¶～崖 yá /〈書〉がけ.

***银** yín 名 ①銀. Ag. "白银 báiyín"とも. ¶～汞 gǒng 合金 / 銀アマルガム. ②銀貨.
◇❖ ①貨幣と関係のあるもの. ¶→～根 gēn. ¶→～行 háng. ②銀色. 白色. ¶→～发 fà. ‖姓

【银白】yínbái 形 白銀色の.
【银杯】yínbēi 名 銀杯. 銀のカップ.
【银币】yínbì 名 銀貨.
【银锭】yíndìng 名 ①(～儿)馬蹄銀. ②死者を祭るときに焼く,紙で作った馬蹄銀.
【银耳】yín'ěr 名〈植〉〈食材〉シロキクラゲ.
【银发】yínfà 名 白髪.
【银根】yíngēn 名〈商〉金融. 市場での金回り. ¶放松 fàngsōng〔紧缩 jǐnsuō〕～ / 金融を緩和する〔引き締める〕. ¶～紧 / 市場で金融が逼迫している. ¶～松 / 市場で資金がだぶつく.
【银汉】yínhàn 名〈書〉銀河. 天の川.
**【银行】yínháng 名 銀行. (量) 个,所,家. ¶～存款 cúnkuǎn / 銀行預金. ¶～存折 cúnzhé / 預金通帳. ¶～贷款 dàikuǎn / 銀行ローン. ¶～经理 jīnglǐ / 頭取. ¶去～取钱 / 銀行へお金をおろしに行く.
【银行卡】yínhángkǎ 名 銀行カード.
*【银河】yínhé 名〈天〉**銀河. 天の川.**
【银红】yínhóng 形 明るい朱色の.
【银狐】yínhú 名〈動〉ギンギツネ.
【银灰】yínhuī 形 シルバーグレーの.
【银匠】yínjiàng 名 金銀細工師.
【银两】yínliǎng 名〈旧〉お金.
*【银幕】yínmù 名(映画の)**スクリーン.** ¶宽 kuān ～ / ワイドスクリーン.
【银牌】yínpái 名 銀メダル.
【银屏】yínpíng 名 ブラウン管；テレビ番組.
【银器】yínqì 名 銀器. 銀製品.
【银钱】yínqián 名 銀銭；広くお金.
【银杏】yínxìng 名〈植〉①イチョウ. ②〈食材〉ぎんなん.
【银燕】yínyàn 名 飛行機；(特に)戦闘機.
【银洋】yínyáng 名 銀貨.
【银样镴枪头】yínyàng làqiāngtóu〈諺〉人や物が見かけ倒しで役に立たない.
【银鱼】yínyú 名〈魚〉シラウオ.
【银圆・银元】yínyuán 名〈旧〉1元銀貨.
【银针】yínzhēn 名〈中医〉鍼(はり)治療用の針.
【银质奖】yínzhìjiǎng 名 銀メダル.
【银子】yínzi 名 銀(の通称).

淫(婬) yín ◇❖ ①過度の. 多すぎる. ひどすぎる. ¶～雨 yǔ / 長雨. ②放縦である. 度をこす. ¶骄 jiāo 奢 shē ～逸 yì / 生活がぜいたくで腐敗しきっている. ③みだらである. ¶～画 / 春画. ④惑わす. 惑う. ¶富贵 fù guì 不能～ /〈成〉富貴(財産・地位)をもってしても惑わすことができない.
【淫荡】yíndàng 形 みだらである. 淫乱(いんらん)である.
【淫妇】yínfù 名 みだらな女.
【淫棍】yíngùn 名 女たらし. スケこまし.
【淫秽】yínhuì 形〈書〉みだらである. 淫乱である.
【淫乱】yínluàn 形 淫乱(いんらん)である.
【淫靡】yínmí 形 ①淫靡(いんび)である. ②奢侈(しゃし)である.
【淫书】yínshū 名 猥本(わいほん). エロ本.
【淫威】yínwēi 名〈書〉暴威. ¶施 shī ～ / 暴威をふるう.
【淫猥】yínwěi 形 猥褻(わいせつ)である. みだらである.
【淫亵】yínxiè 形 猥褻(わいせつ)である.
【淫心】yínxīn 名〈書〉欲情. みだらな心.

Y

寅 yín 名 十二支の第3：寅(とら).

【寅吃卯粮】yín chī mǎo liáng 〈成〉収入が支出に追いつかず,前借りをして暮らしをつなぐ.

【寅时】yínshí 名〈旧〉寅の刻. 午後3時から5時まで.

龈 yín ◇◆ 歯茎. ¶牙 yá～ / 歯茎.

3声 **尹** yǐn 名(昔の官名)地方の長官. ¶府 fǔ～ / 府知事. ¶道～ / 道の長官. ‖姓

引 yǐn ❶動 ① 導く. 案内する. ►兼語の形をとることができる. ¶局长秘书 júzhǎng mìshū 把我～到会议室 / 局長の秘書は私を会議室に案内した. ¶我～你去见我们的总经理 zǒngjīnglǐ / あなたをうちの社長に会いに連れていってあげましょう. ② 起こす. 引き出す. ¶这句话～出来不少麻烦 máfan / そのひと言でいろいろ面倒なことが起こった. ¶→～火. ③ 招く. 引き起こす. ►ある種の気分・気持ちについていう. ¶他故意 gùyì 大声叫喊 jiàohǎn～人注意 / 彼はわざと大声をはり上げ,人の注意を引いた. ¶你别～她生气 shēngqì / 彼女を怒らせないようにしなさい. ④(例証を)引く. 引用する. ¶他～了几个例子 lìzi 来说明自己的观点 guāndiǎn / 彼はいくつかの例を引いて自分の見方を説明した.
❷量(長さの単位) 1"引"は100"尺 chǐ".
◇◆ ①引く. 引っ張る. ¶牵 qiān～ / 引っ張る. ②離れる. 去る. ¶～避 bì / 離れて避ける. ¶→～退 tuì. ③伸ばす. ¶→～颈 jǐng. ④葬儀のとき,棺を引く白い布. ¶发 fā～ / 出棺する. ‖姓

【引爆】yǐnbào 動 起爆する.

【引柴】yǐnchái 名 たきつけ. ほだ.

【引产】yǐnchǎn 名 分娩誘発.

【引出】yǐn//chū 動+方補 引き出す. 生み出す.

【引导】yǐndǎo 動 ① 引率する. 案内する. 導く. ② 人を導いて…させる. …するように導く. ¶～青年 qīngnián 学习技术 jìshù / 若者に技術の勉強をするよう指導する.

【引动】yǐndòng 動(心に)触れる;(あることを)思い出させる;(感情を)引き起こす. ¶她无心 wúxīn 的一句话～了他的心事 xīnshi / 彼女の何気ない一言で,彼は心配事を思い出した.

【引逗】yǐndòu 動 ① 誘い寄せる. おびき寄せる. ② 誘惑する. からかう.

【引渡】yǐndù 動 ①(人が水面を)渡るのを導く;手引きする. ②〈法〉(犯罪人を国家間で)引き渡す. ►日本語の「引き渡し」から.

【引而不发】yǐn ér bù fā 〈成〉啓発がうまく指導が巧みである.

【引发】yǐnfā 動 ① 起爆する. ②(感情や病気などを)誘発する.

【引航】yǐn//háng 動 水先案内をする.

【引吭高歌】yǐn háng gāo gē 〈成〉声高らかに歌う.

【引号】yǐnhào 名〈語〉引用符号.

【引河】yǐn//hé ❶動 川から水路をひく. ❷名 ①(水を引くための)用水路. ②(水かさを減らすための)放水路.

【引火】yǐn//huǒ 動 ①(火種で)火を起こす. ② 引火する.

【引见】yǐnjiàn 動(会合の席上で)引き合わせる,紹介する. ¶我给你～一位朋友 péngyou / 友人を一人紹介しましょう.

【引荐】yǐnjiàn 動(人を)推薦する.

【引酵】yǐnjiào 名 パン種. イーストを入れこねた小麦粉.

【引进】yǐnjìn 動 ① 導入する. ¶～先进技术 xiānjìn jìshù / 先進技術を導入する. ② 推薦する.

【引经据典】yǐn jīng jù diǎn 〈成〉古典から語句や典故を引用する.

【引颈】yǐnjǐng 動〈書〉① 首を長くする;待ちこがれる. ¶～以待 dài / 首を長くして待つ. ② 首を差し出して切られるのを待つ. ¶～受刑 xíng / 首を差し出して刑を受ける.

【引咎】yǐnjiù 動〈書〉引責する. 責任をとる. ¶～辞职 cízhí / 引責辞任する.

【引狼入室】yǐn láng rù shì 〈成〉悪者を内部に引き入れて災いを招く.

【引路】yǐn//lù 動 道案内をする.

*【引起】yǐnqǐ 動 引き起こす. 巻き起こす. もたらす;促す. ¶～争论 zhēnglùn / 論争を巻き起こす. ¶～不满 bùmǎn / 不満を買う. ¶～大家 dàjiā 注意 / みんなの注意を引く.

【引擎】yǐnqíng 名〈機〉エンジン. 発動機.

【引人入胜】yǐn rén rù shèng 〈成〉(文章や風景が)人を引きつけて夢中にさせる.

【引人注目】yǐn rén zhù mù 〈成〉人目を引く. 人の注目を集める.

【引入】yǐnrù 動 ① 引き入れる. ¶～歧途 qítú / まちがった道に引き入れる. ② 導入する.

【引申】yǐnshēn 動〈語〉原義から派生義が生じる.

【引述】yǐnshù 動 引用して述べる.

【引水】yǐn//shuǐ 動 ① 水先案内をする. ② 水を引く.

【引头儿】yǐn//tóur 動 率先する;きっかけをつくる.

【引退】yǐntuì 動 引退する. 退官する.

【引文】yǐnwén 名 引用句. クォーテーション.

【引线】yǐnxiàn 名 ① 導火線. ② 手づる. つて;手引き. ③〈方〉縫い針.

【引信】yǐnxìn 名(＝信管 xìnguǎn)雷管.

【引言】yǐnyán 名 序文.

【引以为戒】yǐn yǐ wéi jiè 〈成〉もって戒めとする. ►"引为鉴 jiàn 戒"とも.

【引用】yǐnyòng 動 ①(他人の言葉や文章を)引用する. ¶～名句 míngjù / 名言名句を引用する. ② 任用する. 起用する. ¶～贤人 xiánrén / 賢才を任用する.

【引诱】yǐnyòu ❶動 誘惑する. 誘惑して悪事を犯させる;引きつける. ¶～青年堕落 duòluò 犯罪 fànzuì / 青年を誘惑して罪を犯させる. ②名 誘惑. ¶经不起 jīngbuqǐ 金钱的～ / お金の誘惑に耐えきれない.

【引语】yǐnyǔ 名〈語〉引用語.

【引玉之砖】yǐn yù zhī zhuān 〈成〉他人の卓説を引き出すために述べる愚見. ►自分の発言を謙遜していう.

【引证】yǐnzhèng 動 引証する. …を例証とする.

【引致】yǐnzhì 動 …を引き起こす;…に導く.

【引子】yǐnzi 名 ①〈音〉導入部．前奏．②伝統劇で主要人物が登場するとき唱える独白．③〈喩〉前置き．前口上．④〈中薬〉副薬．►"药 yào 引子"とも．

饮 yǐn 動〈書〉飲む．►話し言葉で「飲む」は普通,"喝 hē"という．
◇◆ ①飲み物．¶冷 lěng ～／冷たい飲み物．②心の中に隠しておく．¶→～恨 hèn．
⏩ yìn

【饮茶】yǐnchá 動(広東や香港で)お茶を飲みながら各種の"点心"を食べる．**ヤムチャをする**．►「ヤムチャ」は広東語の音．
【饮弹】yǐndàn 動〈書〉銃弾に当たる．
【饮恨】yǐnhèn 動〈書〉恨みをのむ．¶～而终 zhōng／恨みを晴らすことができずに死ぬ．
*【饮料】yǐnliào 名 **飲料**．飲み物．¶你喝什么～？／飲み物は何にしますか．
【饮泣】yǐnqì 動〈書〉涙をのむ．¶～吞声 tūnshēng／声をひそめ涙をのむ．
*【饮食】yǐnshí 名〈書〉**飲食**．食事．¶注意～卫生 wèishēng／飲食上の衛生に注意する．
【饮食起居】yǐnshí qǐjū 名 日常生活．
【饮水】yǐnshuǐ ①名 飲み水．飲料水．②動(yǐn shuǐ)〈書〉水を飲む．
【饮水思源】yǐn shuǐ sī yuán〈成〉幸福になっても,そのよってきたるところを忘れない．
【饮宴】yǐnyàn 動 酒宴を設ける．
【饮鸩止渴】yǐn zhèn zhǐ kě〈成〉(毒を飲んで渇きをいやすように)目前の急場をしのぐのに汲々(きゅうきゅう)として,後の大難を顧みない．
【饮子】yǐnzi 名〈中薬〉冷まして飲むせんじ薬．

蚓 yǐn ◇◆ ミミズ．⇨【蚯蚓】qiūyǐn

隐(隱) yǐn ◇◆ ①隠す．隠れる．¶→～士 shì．②内部の．表に現れない．¶→～情 qíng．③隠されているもの．¶→～私 sī．

【隐蔽】yǐnbì ①動(物の陰に)**隠れる**．隠蔽(いんぺい)する．¶～在山里／山の中に隠れる．②形 非公然である．¶公开 gōngkāi 的和～的活动 huódòng／公然活動と秘密活動．
【隐避】yǐnbì 動 隠れ避ける．
【隐藏】yǐncáng 動 **隠れる**．**隠す**．¶坏人坏事是～不住的／悪人や悪事はとうてい隠しきれるものではない．
【隐遁】yǐndùn 動 隠遁する．
【隐恶扬善】yǐn è yáng shàn〈成〉人の欠点をかばい,その長所をほめる．
【隐伏】yǐnfú 動 隠れる．潜伏する．
【隐含】yǐnhán 動 それとなく含んでいる．
【隐患】yǐnhuàn 名〈書〉まだ表面に現れない災禍や危険．重大な結果を招く隠れた原因．
【隐讳】yǐnhuì 動 はばかって隠す．包み隠す．
【隐晦】yǐnhuì 形 不明瞭である；難解である．
【隐居】yǐnjū 動〈旧〉隠遁する．隠栖(いんせい)する．
【隐瞒】yǐnmán 動 隠しごまかす．¶～岁数 suìshu／年齢をごまかす．¶～真相 zhēnxiàng／真相を隠す．¶毫 háo 不～地都坦白 tǎnbái 了／少しも包み隠さずに白状した．
【隐秘】yǐnmì ①動 隠す．秘密にする．②名 秘密．内緒事．
【隐没】yǐnmò 動 隠れて見えなくなる．次第に見えなくなる．
【隐匿】yǐnnì 動〈書〉①隠匿(いんとく)する．隠す．②隠れる．
【隐情】yǐnqíng 名 人に告げられない事情．
【隐然】yǐnrán 形 かすかである．はっきりしない．¶～可见／かすかに見える．
【隐忍】yǐnrěn 動 耐え忍ぶ．じっとこらえる．
【隐射】yǐnshè 動 ほのめかす；当てつける．
【隐身草】yǐnshēncǎo 名(～儿)隠れみの；だし．口実．
【隐士】yǐnshì 名 隠遁者．世捨て人．
【隐私】yǐnsī 名 プライバシー．私生活の秘密．¶～权 quán／プライバシーの権利．
【隐痛】yǐntòng 名 ①人に告げられない苦痛．悩み．②かすかな痛み．
【隐现】yǐnxiàn 動 見え隠れする．
【隐形】yǐnxíng 動 姿を隠す．
【隐形飞机】yǐnxíng fēijī 名〈軍〉ステルス機．
【隐形人】yǐnxíngrén 名(ＳＦ小説の)透明人間．
【隐形眼镜】yǐnxíng yǎnjìng 名 **コンタクトレンズ**．(量) 副 fù．¶软式 ruǎnshì〔硬式 yìngshì〕～／ソフト〔ハード〕コンタクトレンズ．
【隐性】yǐnxìng 形〈生〉劣性の；〈転〉潜在的な．¶～基因 jīyīn／劣性遺伝子．¶～失业 shīyè／企業内失業．
【隐血】yǐnxuè 名〈医〉潜血．
【隐隐】yǐnyǐn 形 かすかである；はっきりしない．¶～听到远处 yuǎnchù 几声雷响 léixiǎng／遠くからかすかに雷鳴が聞こえてくる．
【隐忧】yǐnyōu 名 心に秘められた憂い．
【隐语】yǐnyǔ 名〈書〉隠語．符丁．
【隐喻】yǐnyù 名〈語〉隠喩．メタファー．
【隐约】yǐnyuē 形 かすかである．はっきりしない．¶～可见／ぼうっと見える．見えつ隠れつする．
【隐衷】yǐnzhōng 名 人に告げられない苦衷．

瘾(癮) yǐn 名 ①(常用による)**習慣性**．**中毒**．悪癖．¶他吸烟的～很大／彼はすごいたばこ飲みだ．②(趣味に対する)熱中．病みつき．►"上～"(病みつきになる)の形でよく用いられる．¶他爱看足球赛,～还不小呢／彼のサッカー観戦への入れ込みようときたらほとんど病気だ．
【瘾头】yǐntóu 名(～儿)(趣味・嗜好に対する)凝りよう．病みつき．

4声 *印 yìn ①名 **公印**；(広く)**はんこ**．印章．¶盖 gài 上～／はんこを押す．②動 **印刷する**．プリントする．¶～书／本を印刷する．¶～图案 tú'àn／図案をプリントする．¶～照片 zhàopiàn／写真を焼き付ける．
◇◆ ①痕跡．跡．¶脚～／足跡．¶→～子 zi．②跡を残す．¶～入脑海 nǎohǎi／頭に刻みつける．③ぴったり合う．符合する．¶心心相～／気持ちや考えがぴったり合っている．‖姓
【印把子】yìnbàzi 名 印章のつまみ；〈喩〉権力．
【印版】yìnbǎn 名〈印〉印刷版．版木．
【印本】yìnběn 名(↔写本 xiěběn)印刷本．刊本．
【印次】yìncì 名(書籍の)版ごとの印刷回数,刷数．
【印第安人】Yìndì'ānrén 名 ネイティブアメリカン．
【印度】Yìndù 名〈地名〉インド．

Y

【印度教】Yìndùjiào 名 ヒンズー教.
【印度尼西亚】Yìndùníxīyà 名〈地名〉インドネシア.
【印发】yìnfā 動 印刷して配布する. ¶～传单 chuándān / ビラを印刷して配る.
【印盒】yìnhé 名 印判を入れる箱.
【印痕】yìnhén 名 痕跡. 跡.
【印花】yìn//huā ①動(～儿)(織物に)色模様をプリントする. ②形(～儿)プリント模様の. ¶～儿布 / 平織りの綿布にプリントを施したもの. ③名 収入印紙. 印紙. ►"印花税票 shuìpiào"の略.
【印花税】yìnhuāshuì 名 印紙税.
【印记】yìnjì ❶名 ①〈旧〉機関や団体が用いた印判. ②印影. ❷動 印象深く持ち続ける；心に印す.
【印鉴】yìnjiàn 名 届出印の印影.
【印尼】Yìnní 名〈地名〉〈略〉インドネシア.
【印泥】yìnní 名 印肉. 朱肉.
【印纽·印钮】yìnniǔ 名 印章のつまみ.
【印染】yìnrǎn 動(布地を)プリントする.
【印色】yìnse 名 印肉. 朱肉.
【印数】yìnshù 名〈印〉印刷部数.
*【印刷】yìnshuā 動〈印〉**印刷する**. ¶这本书正在～中 / その本はいま印刷中です. ¶三色版～ / 3色刷り. ¶第一次～ / 初刷.
【印刷品】yìnshuāpǐn 名 印刷物.
【印台】yìntái 名 スタンプ台.
【印匣】yìnxiá 名 印箱. 印判を入れる容器.
*【印象】yìnxiàng 名 **印象**. イメージ. ¶你对中国的～怎么样？/ 中国の印象はいかがですか. ¶我对他～很好 / 私は彼に好感をもっている. ¶给他留 liú 个好～ / 彼によい印象を残す.
【印相纸】yìnxiàngzhǐ 名 印画紙.
【印信】yìnxìn 名 公印. 官印.
【印行】yìnxíng 動 印刷発行する. 刊行する.
【印油】yìnyóu 名 スタンプ用インク.
【印张】yìnzhāng 名〈印〉書籍1冊に用いる紙の量を計算する単位. ►新聞紙半分の大きさ.
【印章】yìnzhāng 名 印章. 判.
【印证】yìnzhèng ①動 まちがいなしと証明する. 裏付ける. ②名 実証. 裏付け.
【印子】yìnzi 名 ①痕跡. 跡. ¶玻璃上有好多手～ / ガラスに手の跡がいくつもついている. ②〈旧〉(分割払いで返済する)高利貸し. ►"印子钱 qián"とも. ¶放～钱 / 高利貸しをする.

饮 yìn 動(家畜に)水を飲ませる. ¶～马 / 馬に水を飲ませる. ⏩ yǐn

荫(蔭) yìn 形〈口〉日が射さず,冷たくてじめじめしている. ¶那间北房很～ / あの北向きの部屋はじめじめしている.
◇◆ ①かばう. 覆う. ¶→～庇 bì. ②旧時,父祖の功績により子孫に与えられる進学・任官の権利.
【荫庇】yìnbì 動〈書〉目上の者が目下の者を,祖先が子孫をかばい保護する.
【荫凉】yìnliáng 形 日陰で涼しい. ¶大树底下 dǐxia 很～ / 大木の下はとても涼しい.

胤 yìn 名〈古〉後裔(こうえい). 跡継ぎ.

yīng (丨ㄥ)

1声 * **应**(應) yīng ❶動 ①**応答する**. ¶怎么叫她都不～ / いくら彼女を呼んでも返事がない. ②**引き受ける**. 承諾する. ¶这活儿可～不得 bude / この仕事は引き受けられない.
❷助動〈書〉…**べきである**. …なければならない. ►"应"の後には主述句は置けない. ¶如有错误 cuòwù,～即 jí 改正 gǎizhèng / もし誤りがあるならば,ただちに正すべきである. ‖姓 ⏩ yìng
*【应当】yīngdāng 助動 …**べきである**. …なければならない. ¶遇事 yùshì ～冷静 / 何か起こっても落ち着いていないといけない.
【应得】yīngdé 動 当然受けるべきである. 当然もらうべきである. ¶罪 zuì 有～ / 罰せられるのが当たりまえである. ¶这是你～的一份 fèn / これは君がもらうべき分け前だ.
【应分】yīngfèn 形 当たりまえの. 職務上当然の.
【应该】yīnggāi 助動 ①(道理・人情からいって)…でなければならない**. …べきである. ¶大家～帮助 bāngzhù 她 / みんなで彼女を援助すべきだ. ¶～再快点儿干 gàn / もっと速くやらなければならない. ¶你脸色 liǎnsè 不太好,～去医院 yīyuàn 看看 / 顔色がとても悪いですよ,病院へ行って見てもらわなければ. [主述句の前にも用いる]¶自己的事情～自己办 bàn / 自分のことは自分でやるべきだ. ["不应该"が述語になるときは,前に"很"を加えることができる]¶你这样做,很不～ / 君がこのようにするのは,とてもいけないことだ. ②(状況から判断して)…**のはずだ**. ¶她学过英语,这本小说～看得懂 dǒng / 彼女は英語を勉強したので,この小説を読めるはずだ. ¶这是日本产 Rìběnchǎn 的,～耐用 nàiyòng / これは日本製だから,長持ちするはずだ.
参考 "应该不应该(…)"は,しばしば"应不应该(…)"の形をとる.
【应届】yīngjiè 形 その年の. ¶～毕业生 bìyèshēng / その年の卒業生.
【应名儿】yīng//míngr ①副 名義上は. ②動 名前を貸す. 名義人になる.
【应声】yīng//shēng 動(～儿)〈口〉返事する. ⇨【应声】yìngshēng
【应许】yīngxǔ 動 ①(…に…することを)**承諾する**. 引き受ける. ¶他～明天来商谈 shāngtán 这件事 / 彼はあすこの件について相談しに来るのを承諾した. ②許可する. ►普通,兼語文を作る. ¶老师～我参加比赛 cānjiā bǐsài / 先生は私が試合に出るのを許してくれた.
【应有尽有】yīng yǒu jìn yǒu 〈成〉(あるべきものは)何でもある. 必要なものはすべてそろっている.
【应允】yīngyǔn 動 承諾する；許す. ¶他～陪 péi 我上街买东西 / 彼は私が街にショッピングに行くのにつき合うと言ってくれた.

英 yīng ◇◆ ①花. 花びら. ¶落～缤纷 bīnfēn / 花が散り乱れる. ②才知の秀でた人. ¶→～俊 jùn. ③(Yīng)イギリス. ¶→～文 wén. ‖姓
【英镑】yīngbàng 量 英ポンド.
【英才】yīngcái 名 ①英才. 秀才. ②傑出した才知.

【英尺】yīngchǐ 量(長さの単位)フィート.
【英寸】yīngcùn 量(長さの単位)インチ.
【英吨】yīngdūn 量 英トン.
【英国】Yīngguó 名〈地名〉イギリス.** ►首都は"伦敦 Lúndūn"(ロンドン).
【英豪】yīngháo 名 英雄と豪傑.
【英魂】yīnghún 名 英霊.
【英俊】yīngjùn 形 ①才能がすぐれている. ¶～有为的青年 / 才能のすぐれた有為の青年. ②(男が)ハンサムである.
【英里】yīnglǐ 量(長さの単位)マイル.
【英两】yīngliǎng 量 オンス.
【英烈】yīngliè ❶形 勇ましくて気性が激しい. ❷名 ①勇敢に身を犠牲にした人. ②〈書〉傑出した功績.
【英灵】yīnglíng 名 ①英霊. ②〈書〉才能のすぐれた人.
【英明】yīngmíng 形 **英明である.** 賢明である. ¶～的决定 juédìng / 賢明な決定.
【英模】yīngmó 名(労働と戦闘における)英雄と模範者. ¶～报告会 / 英雄と模範者の報告会.
【英亩】yīngmǔ 量(面積の単位)エーカー.
【英气】yīngqì 名〈書〉英気. すぐれた才気. ¶～勃勃 bóbó / 英気が満ち満ちている.
*【英文】Yīngwén 名 **英語. 英文.** 注意"英文"は文章としての英語をさして用いる場合が多い. 一方,"英语"は普通,話し言葉としての英語をいう. ¶你会写～信 xìn 吗？/ あなたは英文の手紙が書けますか.
*【英雄】yīngxióng ❶名 ①**英雄.** ¶当代 dāngdài～ / 現代の英雄. ②大衆のため大きな功績を上げ,人々から尊敬される人. ¶人民～ / 人民の英雄. ❷形 立派で勇ましい. ¶班长 bānzhǎng 打起仗 zhàng 来真～ / 分隊長の戦いぶりは実に勇敢だ.
【英雄无用武之地】yīng xióng wú yòng wǔ zhī dì 〈成〉すぐれた才能をもちながらそれを発揮する機会がない.
【-英英】-yīngyīng 接尾 形容詞·動詞のあとについて「広がる」様子を表す状態形容詞をつくる. ¶蓝 lán～的天 / 青々とした空. ¶笑 xiào～ / にこにこした. ほほえんでいる.
*【英勇】yīngyǒng 形 **すぐれて勇敢である.** 英雄的である. ¶～的行为 xíngwéi / 英雄的な行い. ¶～奋斗 fèndòu / 勇敢に闘う.
【英语】Yīngyǔ 名 **英語. ¶你会说～吗？/ あなたは英語が話せますか. ¶我学了三年～ / 私は英語を3年間学んだ. ⇒【英文】Yīngwén
【英姿】yīngzī 名〈書〉英姿. 雄姿. ¶飒爽 sàshuǎng～ / さっそうとした英姿.

莺(鶯) yīng
名〈鳥〉ウグイス.

【莺歌燕舞】yīng gē yàn wǔ 〈成〉春景色のすばらしいさま；情勢が極めてよい.

婴 yīng
◇◆ ①嬰児(えい). 乳飲み子. ¶妇～ / 産婦と乳児. ②まといつく. とりつかれる. ¶～疾 jí / 病気にかかる.

*【婴儿】yīng'ér 名 **嬰児.** 赤子. 乳飲み子. ►"婴孩 yīnghái"とも. ¶～车 chē / 乳母車.
【婴孩】yīnghái 名 嬰児. 赤ちゃん.

罂(甖) yīng
名〈古〉腹が大きくて口の小さな瓶.

【罂粟】yīngsù 名〈植〉ケシ.

缨 yīng
名 ①(～儿)(帽子などを飾る)房(ふさ). ②(～儿)房のようなもの. ¶萝卜 luóbo～儿 / 大根の葉. ③〈古〉冠のひも；(広く)帯.

【缨子】yīngzi 名 ①(装飾用の)房. ¶帽～ / 帽子のてっぺんについている房. ②房のようなもの. ¶芥菜 jiècài～ / カラシナの葉.

樱 yīng
◇◆ ①サクランボ. ¶→～桃 tao. ②サクラ. ¶～树 shù / サクラの木.

【樱花】yīnghuā 名〈植〉**サクラ(の花).**
【樱桃】yīngtao 名〈植〉①オウトウ. シナミザクラ. ②**サクランボ.** ¶～小口 / 女性の口が美しい形容.

鹦 yīng
◇◆ オウム. ►下記のように2音節の語で用いる.

【鹦哥】yīnggē 名〈口〉オウム. インコ. 量 只 zhī. ¶～儿绿 lǜ / 濃いもえぎ色.
【鹦鹉】yīngwǔ 名〈鳥〉オウム. インコ. 量 只 zhī.
【鹦鹉学舌】yīng wǔ xué shé 〈成〉〈貶〉人の話の受け売りをする.

膺 yīng
◇◆ ①胸. ¶义愤 yìfèn 填 tián～ / 義憤が胸に満ちる. ②受ける. 当たる. ¶→～选 xuǎn. ③討伐する. 打撃を与える. ¶→～惩 chéng.

【膺惩】yīngchéng 動〈書〉討伐して懲らしめる.
【膺选】yīngxuǎn 動〈書〉当選する.

鹰 yīng
名 ①〈鳥〉タカ. ¶～是一种凶猛 xiōngměng 的鸟 / タカは獰猛(どう)な鳥だ. ②〈体〉(ゴルフの)イーグル.

【鹰鼻鹞眼】yīng bí yào yǎn 〈成〉凶悪で狡猾な面相である.
【鹰犬】yīngquǎn 名(猟に用いる)タカと犬；〈喩〉手先. 手下.
【鹰隼】yīngsǔn 名〈書〉タカとハヤブサ；〈喩〉凶暴な人. 勇猛な人.

2声 * 迎 yíng
動 ①**迎える.** ¶车子一到,大家连忙 liánmáng～了上去 / 車が着くと,みんなが大急ぎで出迎えた. ②("～着"の形で)**向かっている.** 対している. ¶～着困难上 / 困難に向かって前進する.

【迎宾小姐】yíngbīn xiǎojie 名 案内嬢.
【迎春花】yíngchūnhuā 名〈植〉オウバイ.
【迎风】yíng//fēng 動 ①風に当たる. 風を受ける. ¶彩旗 cǎiqí～招展 zhāozhǎn / 色とりどりの旗が風にはためく. ②風に向かう.
【迎合】yínghé 動 迎合する. 人の気に入るようにする.
【迎候】yínghòu 動 出迎えるためにある場所で客の到来を待つ.
【迎击】yíngjī 動〈軍〉迎撃する. 迎え撃つ.
*【迎接】yíngjiē 動 ①(ある場所へ出向いて)**迎える,出迎える.** ¶到机场 jīchǎng 去～客人 / 空港に客を迎えにいく. ②(祝祭日·任務などを)迎える,待ち望む. ¶～新年 / 新年を迎える.
【迎门】yíng//mén 動(～儿)〈方〉入り口と向かいあ

う．¶～有一家商店 shāngdiàn / 向かいには１軒の店がある．

【迎面】yíng//miàn 動(～儿)面と向かう．¶北风～吹 chuī 来 / 北風が真正面から吹いてくる．

【迎面骨】yíngmiàngǔ 名〈口〉向こうずね．

【迎亲】yíng//qīn 動〈旧〉婚礼の日,新郎の家から輿(こし)や楽隊を連れて新婦を迎えに行く．

【迎娶】yíngqǔ 動 花嫁を迎える．妻をめとる．

【迎刃而解】yíng rèn ér jiě〈成〉問題がすらすらと解決する．

【迎头】yíng//tóu 動(～儿)面と向かう．

【迎头赶上】yíng tóu gǎn shàng〈成〉努力して先頭に追いつく．

【迎新】yíngxīn 動 新来者を歓迎する；新しい年を迎える．¶～会 / 新人歓迎会．¶辞旧 cí jiù ～ / 旧年を送り新年を迎える．

【迎战】yíngzhàn 動 迎え撃つ．

茔(塋) yíng ◇◆ 墓地．墓．¶祖～ / 祖先代々の墓地．¶先～ / 祖先の墓．

荧(熒) yíng ◇◆ ①光がかすかである．¶一灯～然 / 明かりが一つ,かすかな光を投げかけている．②(目が)ちらつく．惑わす．¶→～惑 huò.

【荧光】yíngguāng 名〈物〉蛍光．►"荧"を"萤"とするのは誤り．

【荧光灯】yíngguāngdēng 名 蛍光灯．

【荧光屏】yíngguāngpíng 名 蛍光板；(テレビなどの)画面．

【荧惑】yínghuò ①動〈書〉迷わす．¶～人心 / 人心を惑わす．②名〈古〉火星．

【荧荧】yíngyíng 形〈書〉灯火や星がまたたくさま．¶明星～ / 明星がまたたく．

盈 yíng 動〈書〉満ちる．¶书籍 shūjí ～屋 / 書物が家に満ちる．◇◆ 余る．¶→～余 yú．‖姓

【盈亏】yíngkuī 名 ①(月の)満ち欠け．②利益と損失；損益．

【盈盈】yíngyíng 形〈書〉①澄みきっているさま．¶荷叶 héyè 上露珠 lùzhū ～ / ハスの葉の露の玉がきらきら光っている．②(女性の)姿態・動作があでやかなさま．¶～顾盼 gùpàn / 優雅なしぐさであたりを見回す．③情緒・雰囲気などがあふれているさま．¶喜气 xǐqì ～ / 喜びに満ちている．¶笑脸 xiàoliǎn ～ / 笑顔がいっぱい．④動作が軽やかなさま．¶～起舞 qǐwǔ / 軽やかに舞う．

【盈余】yíngyú ①名 余剰；利潤．②動 利潤が上がる．

Y

莹(瑩) yíng 名〈古〉玉(ぎょく)のように光る石．◇◆ 透き通って光る．¶晶 jīng ～ / 光って透き通っている．

【莹莹】yíngyíng 形 きらきら輝くさま．¶泪水 lèishuǐ ～ / 涙がきらきら光る．

萤(螢) yíng ◇◆ ホタル．

【萤火虫】yínghuǒchóng 名〈口〉ホタル．量 只 zhī.

【萤石】yíngshí 名〈鉱〉ホタル石．

营(營) yíng 名(軍隊の編成単位)大隊．◇◆ ①はかる．¶→～利 lì．②経営する．¶→～业 yè．¶国～ / 国営の．③兵営．営所．¶军 jūn ～ / 兵営．‖姓

【营地】yíngdì 名〈軍〉駐屯地．野営地．

【营房】yíngfáng 名〈軍〉兵舎．

【营火】yínghuǒ 名 キャンプファイア．

【营救】yíngjiù 動(手を尽くして)救出する．

【营垒】yínglěi 名 兵営とそのまわりの塀；〈喩〉陣営．

【营利】yínglì ①動 利をはかる．②名 金もうけ．¶抛弃 pāoqì ～观点 guāndiǎn / 儲けを度外視する．

【营盘】yíngpán 名〈旧〉兵営．

【营求】yíngqiú 動 手に入れようと苦心する．

【营生】yíngshēng 動 生計を立てる．生活を営む．

【营生】yíngsheng 名(～儿)〈方〉勤め口．職業．仕事．¶找 zhǎo 个～ / 勤め口を探す．

【营私】yíngsī 動〈書〉私利をはかる．¶～舞弊 wǔbì / 私腹を肥やすために不正行為をする．

【营销】yíngxiāo 動 経営販売する．

*【营养】yíngyǎng ①動 **栄養をとる,つける**．¶你太瘦 shòu 了,要多吃点鸡蛋 jīdàn、水果 shuǐguǒ 等 děng,～～ / ずいぶんやせちゃったね,たまごや果物なんかを多く食べて栄養をつけなさい．②名 栄養；〈喩〉養分．¶～食品 / 栄養補助食品．サプリメント．¶水果富于 fùyú ～ / 果物は栄養に富んでいる．¶他由于 yóuyú ～不良,身体比较虚弱 xūruò / 彼は栄養失調でかなり弱っている．¶从外国文学作品中吸取 xīqǔ 有益 yǒuyì 的～ / 外国の文学作品から有益な養分を吸収する．

【营养素】yíngyǎngsù 名 栄養素．

【营业】yíngyè 動 **営業する**．¶本店国庆节 Guóqìngjié 照常 zhàocháng ～ / 当店は国慶節も平常どおり営業いたします．¶开始 kāishǐ ～ / 営業を始める．

【营业员】yíngyèyuán 名 店員．►商店に勤めている人の総称．

【营造】yíngzào 動 ①営造する．建造する．土木建築の工事をする．¶～住宅 zhùzhái / 住宅を建築する．②計画的に造林する．

【营寨】yíngzhài 名〈旧〉山中の砦(とりで)．量 座．

【营帐】yíngzhàng 名(軍隊などが用いる本格的な)テント．天幕．

萦(縈) yíng ◇◆ まといつく．絡みつく．巡る．¶→～绕 rào.

【萦怀】yínghuái 動〈書〉気にかかる．

【萦回】yínghuí 動〈書〉まつわる．つきまとう．

【萦绕】yíngrào 動〈書〉つきまとう．まつわる．

【萦纡】yíngyū 動〈書〉まといつく．絡みつく．

蝇(蠅) yíng ◇◆ ハエ．¶苍 cāng ～ / ハエ．¶～蛹 yǒng / ハエのさなぎ．

【蝇拍】yíngpāi 名(～儿)ハエたたき．

【蝇头】yíngtóu 形〈喩〉微小な．¶～微利 wēilì / わずかの利益．

【蝇营狗苟】yíng yíng gǒu gǒu〈成〉名利のために恥も外聞もなく人に取り入る．

【蝇子】yíngzi 名〈口〉〈虫〉ハエ．

赢 yíng 動(↔输 shū)(勝負に)**勝つ**. ¶ 昨天的比赛 bǐsài 我们～了 / きのうの試合は我々が勝った.
◇◆ 利益を得る. ¶→～利 lì.
【赢得】yíngdé 動 勝ち取る. 博する. ¶客队在下半场 xiàbànchǎng ～一球 / 来訪チームが後半で1点を取った. ¶～满场喝彩声 hècǎishēng / 満場の喝采(かっさい)を博した.
【赢利】yínglì ① 名 利潤. ② 動 利潤が上がる.

瀛 yíng 名〈書〉大海. ‖ 姓
【瀛寰】yínghuán 名〈書〉全世界.
【瀛洲】Yíngzhōu 名 東海の神山. ►"蓬莱 Pénglái""方丈 Fāngzhàng"と並ぶ伝説上の山.

颖 yǐng ◇◆ ①(ムギなどの)穂先. ②小さくて細長い物の先端. ¶ 脱～而出 / 〈成〉才能が自然と表れる. ③聡明である. ¶→～慧 huì.
【颖果】yǐngguǒ 名〈植〉イネ・ムギなどの実. 穎果(えいか).
【颖慧】yǐnghuì 形〈書〉聡明である.
【颖悟】yǐngwù 形〈書〉悟りが早くて賢い.

影 yǐng 名(～儿・～子) ①(光線が当たってできる)**影**. 影法師. ¶ 树 shù ～儿 / 木の影. ②(鏡や水に映る)**影**. **姿**. ¶月亮 yuèliang 的～儿在水里晃动 huàngdòng 着 / 月が水面で揺れている. ③ **ぼんやりした形**. ¶全忘得没～儿了 / すっかり忘れてしまった.
◇◆ ①模写. 模刻. ¶～宋本 sòngběn / 宋版の模刻本. ②"电影"(映画),"影戏 xì"(影絵芝居). ¶→～迷 mí. ¶→～人 rén. ③写真;肖像画. ¶留 liú ～ / 記念撮影をする. ④写真製版印刷. ¶→～印 yìn. ‖ 姓
【影壁】yǐngbì 名 ①表門を入った所にあるついたてのような壁. ②表門の外にある,門と向かい合っている壁. ③いろいろな塑像をはめ込んだ壁.
【影碟】yǐngdié 名〈方〉VCD;DVD.
【影格儿】yǐnggér 名 紙の下に敷いて上からなぞる習字の手本.
【影集】yǐngjí 名 写真アルバム.
【影剧院】yǐngjùyuàn 名 ①(一般に)映画館と演劇場の総称. ②映画も芝居もやる劇場. ►名称として用いることが多い.
【影迷】yǐngmí 名 映画ファン.
*【影片】yǐngpiàn 名(～儿)(量) 部,个. ① **映画のフィルム**. ②(上映する)**映画**. ¶拍～ / 映画を撮る.
【影评】yǐngpíng 名 映画評論.
【影儿】yǐngr →【影子】yǐngzi
【影人】yǐngrén 名 ①映画人. ②(～儿)影絵芝居の人形.
【影射】yǐngshè 動(他のことを言っているふりをして)暗にほのめかす. 当てこする.
【影视】yǐngshì 名 映画とテレビ. ¶～明星 míngxīng / 映画やテレビで活躍するスター.
【影坛】yǐngtán 名 映画界.
【影戏】yǐngxì 名 ①影絵芝居. ②〈方〉映画.
*【影响】yǐngxiǎng ① 動 **影響する**. 感化する. 差し支える. ►よい影響と悪い影響の両方の場合がある. 動詞・形容詞・主述句の目的語もとることができる. ¶他的言行 yánxíng 一直～着我 / 彼の言行はずっと私に(よい)影響を与えた. ¶抽烟 chōu yān ～健康 / 喫煙は健康に(悪い)影響を及ぼす. ¶快睡 shuì 吧,别～明天的工作! / 早く寝なさい,あしたの仕事に差し支えないように. ¶～你休息了 / お休みのところをお邪魔してしまいました. [後に(結果・可能)補語を伴う表現] ¶～不〔得〕了 liǎo … / …に影響しない〔する〕. ¶～不〔得〕着 zháo … / …を妨げない〔げる〕. ¶～到… / …にひびく. ② 名 **影響**. 教育効果;**反響**. ¶他受 shòu 了父母的～,从小就爱音乐 yīnyuè / 彼は両親の影響を受けて,小さいときから音楽が好きだ. ¶这部作品的～很大 / この作品の影響はとても大きい. ¶～很坏 huài / 反響が思わしくない. ③ 形〈書〉伝聞の;根拠のない. ¶模糊 móhu ～之谈 / はっきりしないうわさの話.
【影像】yǐngxiàng 名 ①肖像. 画像. ②面影. 姿. ③映像. 画像. ►"影象"とも書く.
【影写】yǐngxiě 動 手本や絵・文字の上に薄紙を置いてなぞる.
【影星】yǐngxīng 名 映画スター.
【影业】yǐngyè 名 映画産業.
【影印】yǐngyìn 名 影印(えいいん). 写真製版印刷. ¶～本 / 影印本.
【影影绰绰】yǐngyǐngchuòchuò 形(～的)(物の形が)ぼんやりしている.
【影院】yǐngyuàn 名 映画館.
【影展】yǐngzhǎn 名 ①写真展覧会. ②映画祭.
*【影子】yǐngzi 名 ① **影**. 影法師. 投影. (量) 条 tiáo,道. ¶人～ / 人の影. ② **ぼんやりした形**. ¶那个计划 jìhuà 现在连 lián 个～都不见了 / あの計画ときたらいまでは影も形もなくなってしまった. ③(鏡や水に映る)**影,姿**.
【影子内阁】yǐngzi nèigé 名 影の内閣. シャドーキャビネット.

应(應) yìng ◇◆ ①答える. ¶答～ dāying / 答える;承諾する. ¶呼 hū ～ / 呼応する;気脈を通じる. ②(求めに)応じる. ¶→～邀 yāo. ③順応する. 適応する. ¶→～时 shí. ④対応する. 対処する. ¶→～敌 dí. ▸▸ yīng
【应变】yìngbiàn ① 動 突発事態に対処する. ¶随 suí 机～ / 〈成〉臨機応変. ② 名〈物〉ひずみ.
【应承】yìngchéng 動 承諾する. 引き受ける.
*【应酬】yìngchou ① 動 **交際する**. もてなす. ¶还是你出去～～客人吧 / やっぱりあなたが出ていってお客さんのお相手をしてください. ② 名(顔を出さなければならない)私的な宴会. 付き合い.
【应酬话】yìngchouhuà 名(交際上の)あいさつ言葉.
【应答】yìngdá 動 応答する. 回答する. ¶～如流 / 応答がてきぱきしている.
【应敌】yìngdí 動 応戦する.
【应对】yìngduì 動 応対する. 受け答えをする. ¶善于 shànyú ～ / 受け答えがうまい.
【应付】yìngfu 動 ①(事を適切に)**処理する**. 善処する. 対処する. ¶那个家伙 jiāhuo 由我来～ / あいつはおれが引き受けた. ② **いいかげんにあしらう**. 適当にごまかす. ¶这件事很重要,你可不能随便 suíbiàn ～啊 / この件は重要なんだから,軽い気持ちでいいかげんに済ましてもらうわけにはいかないんだよ. ③ **間に合わせる**. ¶我这件大衣 dàyī 今年冬天还可以～过去 / このオーバーコートでこの冬はどうにか間に

合わせよう.
【应和】yìnghè 動(声・音・言葉・行動などが)呼応する．調子を合わせる.
【应急】yìng//jí 動 急場に間に合わせる．¶～措施 cuòshī / 応急措置．¶～舱口 cāngkǒu / 飛行機の非常口．¶～治疗 zhìliáo / 応急手当.
【应接不暇】yìng jiē bù xiá 〈成〉応待に忙しい；物事が続き，ひどくめまぐるしい様子.
【应景】yìng//jǐng 動(～儿) ① 調子を合わせるために付き合う．お付き合いをする．¶为了应个景儿，他只好 zhǐhǎo 干 gān 了一杯 / お付き合いのために，彼はしかたなく1杯飲み干した．② 時節に合わせる．場所柄に合わせる.
【应考】yìng//kǎo 動 受験する.
【应募】yìngmù 動〈書〉応募する.
【应诺】yìngnuò 動〈書〉承諾する．引き受ける.
【应聘】yìngpìn 動 招聘(しょうへい)に応じる.
【应声】yìngshēng 動 声や音に応じる．¶～而至 / 声とともにやって来る．二つ返事でやって来る．⇒【应声】yīng//shēng
【应声虫】yìngshēngchóng 名 何でも人の言うことに付和雷同する人.
【应时】yìngshí ❶形 ① 時節に合っている．¶～货品 / 季節の品．②〈方〉時間どおりの．❷副 すぐさま.
【应试】yìngshì 動 受験する.
【应验】yìngyàn 動(予言・予感が)的中する．効き目が現れる.
*【应邀】yìng//yāo 動 招待や招請に応じる．¶～参加 / 招きに応じて参加する.
*【应用】yìngyòng ① 動 **使用する**．活用する．¶把学到的知识 zhīshi ～于 yú 工作中 / 学んだ知識を仕事に活用する．¶～新技术 jìshù / 新しい技術を使用する．② 形 実用的である．¶～文 / 実用文．③ 名〈電算〉アプリケーション.
【应用软件】yìngyòng ruǎnjiàn 名〈電算〉アプリケーションソフトウエア.
【应用文】yìngyòngwén 名 実用文.
【应援】yìngyuán 動(軍隊が)応援する.
【应运】yìngyùn 動 時運に応じる．機運に乗じる．¶～而生 / 〈成〉機運に乗じて生まれる.
【应战】yìng//zhàn 動 ① 応戦する．②(競技・競争などの)挑戦に応じる.
【应招】yìngzhāo 動(試験などに)応募する.
【应召】yìngzhào 動 召集に応じる.
【应诊】yìngzhěn 動(医者が求めに応じて)診察する.
【应征】yìngzhēng 動 ① 徴兵に応じる．¶～入伍 rùwǔ / 徴兵に応じて入隊する．②(広く呼びかけに)応じる．¶～稿件 gǎojiàn / 応募原稿.

映 yìng

動 ① **映る**．¶月光～在水中 / 月が水に映る．¶图像 túxiàng ～在银幕 yínmù 上 / 映像がスクリーンに映っている．② 照らし出す．¶夕阳 xīyáng ～红了半边天 / 夕日が空の半分を赤く染めた.
【映衬】yìngchèn ① 動 映える．引き立つ．② 名〈文〉相反する事物の列挙により対比を際立たせる修辞法.
【映带】yìngdài 動〈書〉(景色が)互いに引き立つ，照り映える.
【映山红】yìngshānhóng 動〈植〉ヤマツツジ.
【映射】yìngshè 動〈書〉照り映える．反射する.
【映现】yìngxiàn 動(光に照らされて)現れる，見えるようになる．¶富士山 Fùshìshān ～在我的眼前 yǎnqián / 富士山が私の目の前に広がった.
【映照】yìngzhào 動 照り映える.

**硬 yìng

《外からの力では変えられない》❶形 ①(↔软 ruǎn)かたい．¶石头般 bān ～的月饼 yuèbing / 石のようにかたい月餅(げっぺい)．¶睡shuì在木板床上太～，不舒服 shūfu / 簡単な木のベッドに寝るとかたすぎて，寝心地が悪い．②(態度・意志が)**強硬である**；(性格が)**頑強である**．¶话说得太～ / ものの言い方が非常にきつい．③ 感情を動かさない．冷酷である．¶心肠 xīncháng ～ / 心が冷たい．人情味がない．④(力量が)すぐれている．質がよい．¶技术 jìshù 不太～ / 技術はあまりたいしたことない．¶货色 huòsè ～ / 品物がよい．⑤ 壮健である．¶七十岁 suì 的人了，身子骨儿 shēnzigǔr 仍然 réngrán 很～ / 70歳になるのに，体はいまもってしゃんとしている.
❷副 ①(力ずくで)**無理やりに**．¶～挺住 tǐngzhù / 無理してがんばる．¶写不出时不要～写 / 書けないときは無理に書かないこと．② あくまで．かたくなに．¶～不肯去 / どうしても行こうとしない.
【硬邦邦・硬梆梆】yìngbāngbāng 形(～的)かちかちに堅い.
【硬棒】yìngbang 形〈方〉① ぴんと堅くなっている．② 丈夫で力がある.
【硬逼】yìngbī 動 無理強いする．無理に押しつける．強要する．¶一个劲儿 yīgejìnr 地～ / しつこく迫る.
【硬币】yìngbì 名〈経〉① 硬貨．② 外貨あるいは金に兌換できる通貨.
【硬撑】yìngchēng 動 無理して頑張る.
【硬磁盘】yìngcípán 名〈電算〉ハードディスク．►通常，"硬盘"という.
【硬顶】yìngdǐng 動 強硬に手向かう.
【硬度】yìngdù 名(物体や水の)硬度.
【硬功夫】yìnggōngfu 名 熟達した技量．磨かれた技.
【硬骨头】yìnggǔtou 名 ① 硬骨漢．② 手を焼くこと．難事．¶这项工程 gōngchéng 是一块难啃 kěn 的～ / この工事はかなりの難物だ.
【硬汉】yìnghàn 名(～子)不屈の人．硬骨漢．タフな男.
【硬化】yìnghuà 動 ①(物体が)硬くなる．②〈喩〉(頭・物の考え方が)こちこちになる.
【硬话】yìnghuà 名 ① 強硬な言い方．強硬な言葉遣い．② 強がり．¶说～ / 強がりを言う.
*【硬件】yìngjiàn 名 ①〈電算〉(↔软件 ruǎnjiàn)ハードウエア．►台湾では"硬体 yìngtǐ"という．②(生産・科学研究・経営などに用いる)機械設備や資材など.
【硬结】yìngjié ① 動 固まる．② 名 塊(かたまり)．しこり.
【硬撅撅】yìngjuējuē 形(～的)〈方〉① 非常に堅い．ごわごわした．►不快感を含む．¶～的衬衫 chènshān / ごわごわしたシャツ．②(態度・言葉遣いなどが)つっけんどんである.
【硬赖】yìnglài 動 ① **責任を無理に人になすりつける**．② **責任逃れをしようとあくまでもしらをきる**.
【硬朗】yìnglang 形 ① かくしゃくとしている．②

(話し方が) しっかりとしている.
【硬木】yìngmù 名(シタン・マホガニーなどの) 堅木材(かたぎ). 硬材.
【硬盘】yìngpán 名〈電算〉ハードディスク.
【硬碰硬】yìng pèng yìng 〈慣〉①強硬な態度に対して強硬な態度で臨む. 力に力で対抗する. ②骨の折れる仕事. 至難の業(わざ).
【硬拼】yìngpīn 動 向こう見ずにやる. がむしゃらにやる.
【硬气】yìngqi 形〈方〉①気骨がある. 気丈夫である. ②(正当な理由があり) 気兼ねがいらない. ►金遣いや食事についていうことが多い.
【硬驱】yìngqū 名〈電算〉ハードディスクドライブ.
【硬设备】yìngshèbèi 名 ハードウエア.
【硬是】yìngshì 副 ①〈方〉ほんとうに. 実に. ¶想要学好中文,～不容易 róngyì / 中国語をマスターするのは,なかなか容易ではない. ②強引に. どうにかこうにか. ¶～把他给说服了 / どうにかこうにか彼を説得した. ③どうしても. かたくなに. ¶送来的礼物他～不收下 shōuxia / 贈り物を彼はどうしても受け取ろうとしない.
【硬实】yìngshi 形〈方〉(体が) 丈夫である ; (物が) かたい.
【硬手儿】yìngshǒur 名 腕利き. やり手.
【硬水】yìngshuǐ 名〈化〉硬水.
【硬说】yìngshuō 動 かたくなに言い張る.
【硬挺】yìngtǐng 動 じっとこらえる. 歯を食いしばって頑張る. ¶小病～就会成大病 / 軽い病気も無理に我慢すると重い病気になることがある.
【硬通货】yìngtōnghuò 名 ①硬貨. ②(国際的に) 強い通貨.
【硬卧】yìngwò 名〈略〉普通〔2等〕寝台.
【硬席】yìngxí 名(↔软席 ruǎnxí)(列車や客船などの) **普通席**と**普通寝台**の総称. ¶～车 chē / 普通席の列車. ¶～卧铺 wòpù / 普通寝台.
【硬橡胶】yìngxiàngjiāo 名 硬化ゴム.
【硬性】yìngxìng 形 融通のきかない. 変更できない. ►連体〔連用〕修飾として用いる.
【硬仗】yìngzhàng 名 力ずくの戦い. 激戦. ¶打～ / 全力を傾けた戦いをする.
【硬着头皮】yìngzhe tóupí 〈慣〉**いやだが思い切って**. ¶既然 jìrán 你对这种活动没有兴趣 xìngqù, 那就不必 bùbì ～去参加了 / 君がこの種の活動に興味がないんなら,無理してまで参加することもなかろう.
【硬着心肠】yìngzhe xīncháng 〈慣〉(情を捨てて) 思い切って決心する. 心を鬼にする.
【硬挣】yìngzheng 形〈方〉①硬い. ②強力である.
【硬纸板】yìngzhǐbǎn 名 ボール紙. 板紙.
【硬座】yìngzuò 名(列車などの) 普通席.

yo (ㄧㄛ)

哟 yō 感《軽い驚きを表す》►時には,からかう語気を伴う. ¶～,你脸 liǎn 红了 / あら,顔が赤くなったわ. ¶～,你怎么了 / おや,どうしたの. ▶▶yo

哟 yo 助 ①《文末に用いて命令文をつくる》¶用力拉 lā ～! / おーい,ぐっと引っ張れ. ②《合の手として歌の中に入れる言葉》¶呼儿嗨 hūr hāi ～! / えっさっさー.

▶▶yō

yong (ㄩㄥ)

1声 **佣(傭) yōng** ◇◆ ①雇用する. ¶雇 gù～ / 雇用する. ¶～耕 gēng / 雇われて耕作する. ②雇い人. ¶女～ / 女中. ▶▶yòng
【佣人】yōngrén 名 使用人.

拥(擁) yōng 動 ①**取り囲む**. 取り巻く. ¶警察 jǐngchá 像一窝 wō 蜂似的 shìde ～上来 / 警察官が一斉にわっと取り囲んだ. ②(ひとかたまりになり) **押し合いへし合いする**. ¶大家都～到前边去了 / みんなは押し合って前の方へ出た.
◇◆ ①抱える. 抱く. ¶→抱 bào. ②擁護する. 推挙する. ¶→～戴 dài. ‖姓
*【拥抱】yōngbào 動 **抱擁する**. 抱きしめる. 抱き合う. ¶紧紧～ / しっかり抱き合う.
【拥戴】yōngdài 動 推戴する. 長として仰ぐ.
*【拥护】yōnghù 動(指導者・政党・政策・決定などを) **擁護する**. (全力で) 支持する.
【拥挤】yōngjǐ ①形 人や乗り物が(あるスペースに) **ぎっしり込んでいる**. ¶上下班时间 shíjiān, 公共汽车特别 tèbié ～ / ラッシュアワーには,バスはとりわけ込み合っている. ②動 人や乗り物が(ぎっしりつまって) **押し合いへし合いする**. ¶上车不要～ / 押し合わないで乗ってください.
【拥塞】yōngsè 動(人馬・車両・船舶が混雑して,道路や川を) **ふさぐ, 渋滞させる**.
*【拥有】yōngyǒu 動(土地・人口・財産などを) **擁する**. ¶～丰富的资源 / 豊富な資源がある.

痈(癰) yōng 名〈医〉癰(よう).
【痈疽】yōngjū 名〈医〉悪性のはれもの. 癰疽(ようそ).

庸 yōng 副〈書〉(反語に用い) どうして…であろうか. ¶～可弃 qì 乎 hū ? / どうして捨ててよいものか.
◇◆ ①平凡である. 月並みである. ¶→～才 cái. ¶～医 yī / やぶ医者. ②必要とする. ¶无 wú ～ / …する必要がない. ‖姓
【庸才】yōngcái 名〈書〉凡人. 凡才.
【庸夫】yōngfū 名〈書〉見込みのない人. 凡夫.
【庸碌】yōnglù 形〈書〉凡庸(ぼんよう)である. ¶～无能 wúnéng / 能なしでふがいない.
【庸人】yōngrén 名〈書〉平凡な人. ぼんくら.
【庸人自扰】yōng rén zì rǎo 〈成〉事もないのに空騒ぎをする.
*【庸俗】yōngsú 形 **俗っぽい**. 卑俗である. 低級である. ¶态度 tàidu ～ / 態度が下品だ. ¶趣味 qùwèi ～ / 趣味が低級である.
【庸庸碌碌】yōngyōnglùlù 形(～的) 平々凡々である. のらくらして成すところがない.
【庸中佼佼】yōng zhōng jiǎo jiǎo 〈成〉多数の凡人の中でずば抜けてすぐれている人.

雍 yōng 形〈古〉穏やかである. むつまじい. ‖姓
【雍容】yōngróng 形〈書〉(態度が) おおらかである. ¶～华贵 huáguì / (女性が) おっとりしていて美し

Y

い.

臃 yōng
動〈書〉はれる.

【臃肿】yōngzhǒng 形 ①(体が)太りすぎて動きが鈍い. ②〈喩〉機構がいたずらに大きくて運営がうまくいかない. ¶机构 jīgòu ～ / 機構が水ぶくれしている. ③大きくてぶくぶくしている.

永 yǒng
3声

副 いつまでも. 永く. ►後には単音節動詞をとる. ただし,否定詞を伴う場合には2音節動詞をとることができる. ¶～放光芒 guāngmáng / 永遠に輝く. ¶～不分离 fēnlí / いつまでも別れない. ‖姓

【永别】yǒngbié 動 永遠に別れる. ►死別をさすことが多い.

【永垂不朽】yǒng chuí bù xiǔ 〈成〉(名前・功績・精神などが)永遠に朽ちることがない. 永遠なれ. ►死者の哀悼に用いる.

【永存】yǒngcún 動 永く後世に残る.

【永恒】yǒnghéng 形(性質が)永久不変である. ¶～的友谊 yǒuyì / 変わることのない友情.

【永久】yǒngjiǔ 形 永久的である. 永遠である. ►連体〔連用〕修飾語に用いる. ¶～的纪念 jìniàn / 永遠の記念. ¶～地保持 bǎochí 下去 / いつまでも維持していく.

【永诀】yǒngjué 動〈書〉永別する. ►死別をさす.

【永眠】yǒngmián 動〈婉〉永眠する.

【永日】yǒngrì 名 長い月日.

【永生】yǒngshēng 〈書〉①動 永遠に不滅である. ►死者の哀悼に用いる. ②名 終生. 一生.

【永生永世】yǒngshēng yǒngshì 名 永遠. 未来永劫(ごう).

【永世】yǒngshì 副 永遠に. 永久に. ¶～不忘 / 永久に忘れない.

【永逝】yǒngshì 動〈書〉①永遠に消え去る. ②逝去する.

*【永远】yǒngyuǎn 副 ①永久に. 永遠に. いつまでも. ¶～忘不了 / いつまでも忘れない. ¶～铭记míngjì在心 / 永遠に心に刻む. ¶祝zhù你～幸福xìngfú! / いつまでもお幸せに. ②いつも. いつでも. ¶大妈～是乐呵呵 lèhēhē 的 / おばさんはいつもにこにこしている.

【永志不忘】yǒng zhì bù wàng 〈成〉心に刻んで永遠に忘れない.

咏(詠) yǒng
動 …を(詩や歌にして)述べる,詠ずる. ¶～雪 xuě / 雪を詩に詠(よ)む. ¶～史 shǐ / 歴史を詩に詠む.

◇◆ 抑揚・緩急をつけて読む. ¶吟 yín ～ / 吟詠する.

【咏怀】yǒnghuái 動〈書〉思いを詩歌に歌う.

【咏叹】yǒngtàn 動 詠嘆する;歌に歌って賛嘆する.

【咏叹调】yǒngtàndiào 名〈音〉アリア.

【咏赞】yǒngzàn 動 歌いたたえる.

泳 yǒng
◇◆ 泳ぐ. ¶游 yóu ～ / 泳ぐ. ¶仰 yǎng ～ / 背泳ぎ. ¶蛙 wā ～ / 平泳ぎ.

【泳道】yǒngdào 名 競泳用のコース.

【泳坛】yǒngtán 名 水泳界.

俑 yǒng
名 俑(よう). 古代,副葬品として用いた土偶,土人形. ¶陶 táo ～ / 陶器の人形. ¶秦始皇 Qín Shǐhuáng 兵马 bīngmǎ ～ / 秦の始皇帝の兵馬俑(へいばよう).

勇 yǒng
◇◆ 勇ましい. 勇敢である. ¶奋 fèn ～ / 勇気を奮う. ‖姓

*【勇敢】yǒnggǎn 形 勇敢である. ¶～的少年 shàonián / 勇敢な少年. ¶～地挑战 tiǎozhàn / 勇敢に立ち向かう.

【勇健】yǒngjiàn 形 勇気があってたくましい.

【勇猛】yǒngměng 形 勇猛である.

*【勇气】yǒngqì 名 勇気. ❖鼓起 *gǔqǐ*～ / 勇気を奮い起こす. ¶失去 shīqù ～ / 勇気を失う. ¶～十足 shízú / 勇気百倍する.

【勇士】yǒngshì 名 勇士. 勇敢で力のある人.

【勇往直前】yǒng wǎng zhí qián 〈成〉勇往邁進(まいしん)する.

【勇武】yǒngwǔ 形 強くて勇ましい.

【勇于】yǒngyú 動 …するだけの勇気がある. ¶～改革 / 大胆に改革を行う. ¶～创新 chuàngxīn / パイオニア精神がある.

涌 yǒng
動 ①(水や雲・煙などが)わき出る. ¶泉水 quánshuǐ 从地下～出来了 / 泉水が地下からわき出してきた. ②(水や雲・煙などの中から)浮かび出る,現れる. ¶从地平线上～出一轮 lún 金色的太阳 tàiyáng / 地平線から黄金に輝く太陽が浮かび上がってきた. ③(水や雲がわき出るように)どっと出る. 急にわっと現れる. ¶人们从四面八方～向广场 guǎngchǎng / 人々が四方八方からどっと広場になだれ込んだ. ¶多少往事 wǎngshì ～上心头 / 過ぎ去ったさまざまなできごとが心に浮かんでくる.

◇◆ 大きな波.

【涌动】yǒngdòng 動 逆巻く. わき返る.

【涌流】yǒngliú 動 勢いよく流れる.

【涌现】yǒngxiàn 動(好ましい人や事物が)大量に出現する,勢いよく現れる. ¶新人新事不断 bùduàn ～ / 新しいタイプの人物や物事が次々と生まれ出る.

蛹 yǒng
名〈虫〉さなぎ.

【蛹期】yǒngqī 名〈虫〉さなぎの時期. 蛹虫(ちゅう)期.

踊(踴) yǒng
◇◆ 飛び跳ねる. ¶～身 shēn 一跳 tiào / 身を躍(おど)らせてぱっと飛び出す.

【踊跃】yǒngyuè ①動 飛び跳ねる. ¶～欢呼 huānhū / 躍(おど)り上がって歓呼する. ②形 喜び勇んでいる. 積極的である. ¶～参加 cānjiā / 奮って参加する. ¶讨论会 tǎolùnhuì 上,发言人十分～ / 討論会での発言者はとても活発だ.

用 yòng
4声 **

❶動 ①用いる. 使う. 使用する. ¶你会～电脑 diànnǎo 吗? / 君はコンピュータを使えますか. ¶中国人吃饭～筷子 kuàizi, 不～刀叉 dāochā / 中国人はご飯を食べるのにははしを使い,ナイフ・フォークは使いません. ¶这个月的电 diàn ～得太多了 / 今月は電気を使いすぎた. ②〈敬〉飲食する. 召し上がる. ¶→～饭. ¶我已经～过了 / 先に食事

をいただきました．③必要がある．►反語の場合を除き，通常“不～”の形で用いられる．¶天这么亮 liàng，还～开灯 kāi dēng 吗？/ こんなに明るいのに，電気をつける必要があるのですか．¶您不～操心 cāoxīn 了 / ご心配はいりません．

❷ 前 …で(…する)．¶不要～手触摸 chùmō 展品 zhǎnpǐn / 手で展示品を触らないこと．¶～英语Yīngyǔ 说话 / 英語で話をする．¶同一个意思 yìsi 可以～不同的说法来表达 biǎodá / 同じ意味を異なる言い方で表現できる．

❸ 接続〈書〉(多く書簡に用い)よって．

◇◆ ①用途．効用．¶有～ / 役に立つ．¶没～ / 役に立たない．②費用．¶零 líng ～ / 小遣い銭．¶家～ / 家計の費用．‖姓

【用兵】yòng//bīng 動 作戦を指揮する．

【用不了】yòngbuliǎo 動+可補 ① **使いきれない．** ¶我一个月～多少零花钱 línghuāqián / こんなにたくさんの小遣いは一か月で使い切れない．② **かからない．必要としない．** ¶～两天，就可以写完 / 2，3日もかからないで，書き上げてしまう．⇒【-不了】**-buliǎo**

*【用不着】yòngbuzháo 動+可補 ① **必要としない．** …には及ばない．¶～你管 guǎn / おまえには関係ない．② **使えない．** 使い道がない．¶把～的衣服收 shōu 起来 / 着なくなった服をしまう．⇒【-不着】**-buzháo**

【用餐】yòng//cān 動〈敬〉食事をする．►“用饭、用膳”とも．

【用场】yòngchǎng 名〈方〉使い道．用途．¶派 pài ～ / 使い道を決める．¶没有～ / 役に立たない．

*【用处】yòngchu 名 (人や物の)**用途，使い道．** ¶～很大 / 用途が広い．¶光 guāng 发牢骚 láosāo 有什么～？/ 文句ばかり言って何になるのか．

【用得了】yòngdeliǎo 動+可補 ① 全部使いきれる．② 使いこなせる．

【用得着】yòngdezháo 動+可補 ① 使い道がある．② 必要とする．¶还是带上一把折叠伞 zhédiésǎn 吧，可能～ / やっぱり折り畳み傘を持って行ったら．きっと必要になるよ．

【用度】yòngdù 名 出費．いろいろな費用．¶这次活动 huódòng ～不小 / 今回のイベントの出費はけっこうかさんだ．

【用法】yòngfǎ 名 **用法．** 使い方．

【用饭】yòng//fàn 動〈敬〉食事をする．¶您用过饭再走吧 / 食事をなさってからお帰りなさい．►“用餐 cān”“用膳 shàn”とも．

【用费】yòngfèi 名(物を買ったり事を行ったりするのにかかる)費用．

*【用功】yòng//gōng ① 動 **一生けんめい勉強する．** ¶你要好好儿 hǎohāor ～ / 君，しっかり勉強しなさいよ．¶用了半天 bàntiān 功 / 長い時間勉強した．② 形(学習に)一生懸命である，真剣である．¶这孩子学习很～ / この子は勉強に頑張っている．¶～的学生 / よく勉強する学生．

【用工夫・用功夫】yòng gōngfu 修練を積む．

【用户】yònghù 名(水道・電気・電話など公共設備の)**使用者，ユーザー，**加入者；(定期配達の牛乳・石炭などの)消費者．

【用户界面】yònghù jièmiàn 名〈電算〉ユーザーインターフェース．

【用劲】yòng//jìn 動(～儿)力を入れる．

【用具】yòngjù 名 **用具．** 道具．

【用来】yònglái 動 ①…のために用いる．用いて…する．② 用いてみると(…だ)．

*【用力】yòng//lì 動 **力を入れる．** ¶～把门推开 / 力を入れてドアを開けた．

*【用品】yòngpǐn 名 **用品．** 必要な品物．¶办公 bàngōng ～ / 事務用品．

【用人】yòng//rén 動 ① 人を使う．人員を任用する．②(仕事に)人手がいる．¶现在正 zhèng 是～的时候 / 今はちょうど人のいる時だ．

【用人】yòngren 名 使用人．召使い．

【用事】yòngshì 動 ①〈書〉権力を握る．② 感情や意地によって事を行う．¶感情 gǎnqíng ～ / 感情的になる．③〈書〉典故を引用する．

*【用途】yòngtú 名 **用途．** 使い道．

【用武】yòngwǔ 動 武力を用いる；〈転〉腕を振るう．¶大有～之地 / 大いに実力を発揮する機会がある．

【用项】yòngxiàng 名 費用．出費．(量) 笔 bǐ．

*【用心】yòng//xīn ① 動 **気をつける．心をこめる．** ¶～学习 / 一生懸命に勉強する．¶他干 gàn 什么都很～ / 彼は何をするにも身を入れてやる．② 名 **了見．意図．下心．** ¶别有～ / 別に下心がある．

【用刑】yòng//xíng 動(刑具を使って)拷問にかける．

【用以】yòngyǐ 動〈書〉それによって…する．

【用意】yòngyì 名 **意図．** つもり．下心．¶～不良 / よからぬ意図をもっている．¶你这话是什么～？/ 君はどんなつもりでそんな話をするのか．注意 日本語の「用意(する)」は“准备 zhǔnbèi”“预备 yùbèi”などを用いる．

【用印】yòng//yìn 動(文書に)押印する．►公式の場合に用いる．

【用语】yòngyǔ 名 ① 言葉遣い．¶～不当 bùdàng / 言葉遣いが妥当でない．② 用語．特定の分野に用いる言葉．¶商业 shāngyè ～ / 商業用語．

佣 yòng

“佣金 yòngjīn”⬇という語に用いる．
▶▶ yōng

【佣金】yòngjīn 名(仲買人に払う)手数料，コミッション，口銭．►“佣钱 yòngqian”とも．

you (丨ヌ)

1声 优(優) yōu

◇◆ ①優れている．¶→～点 diǎn．¶→～异 yì．②十分である．¶→～裕 yù．③役者．¶名～ / 名優．‖姓

【优待】yōudài 動 優待する．

【优等】yōuděng 形 優秀な．高級な．¶～成绩 chéngjì / 優秀な成績．

*【优点】yōudiǎn 名(↔缺点 quēdiǎn)**長所．** 優れた点．メリット．(量) 个，条 tiáo．¶他有许多 xǔduō ～ / 彼には長所がたくさんある．

【优厚】yōuhòu 形(待遇や条件が)よい，手厚い．

【优化】yōuhuà 動(一定の措置をとって)すぐれたものにする．良質にする．

【优惠】yōuhuì 形〈経〉特恵の．優遇した．¶～贷款 dàikuǎn / 特別融資．¶～价格 jiàgé / 特価．

【优惠待遇】yōuhuì dàiyù 名〈経〉(関税の減免などの)特恵待遇．

【优价】yōujià 名 ① 優待価格．特価．安値．¶～出售 chūshòu / 安値(で)販売(する)．② 高めの値段．►"优质 yōuzhì ～"(品がよいから値も張る)の形で用いる．

*【优良】yōuliáng 形(品種・質・成績などが)優良である，優れている．¶质量 zhìliàng ～ / 品質が優れている．

【优劣】yōuliè 名 優劣．よしあし．¶难分 nán fēn ～ / 優劣をつけにくい．

*【优美】yōuměi 形 優美である．優れて美しい．¶景色 jǐngsè 十分～ / 景色が非常に美しい．¶～的舞姿 wǔzī / たおやかな舞い姿．

【优盘】yōupán 名〈電算〉フラッシュメモリ．►"U盘"とも．

【优柔】yōuróu 形 ①〈書〉落ち着いている．②〈書〉やさしい．おとなしい．③ 思い切りが悪い．

【优柔寡断】yōu róu guǎ duàn〈成〉優柔不断である．ぐずぐずしていて決断がつかない．

【优生】yōushēng 動(遺伝的に)優良な子供を産む．

【优生少生】yōu shēng shǎo shēng〈成〉より質のよい，より少ない出産．►人口を抑制し，その質を改善するためのスローガン．

*【优胜】yōushèng ① 名 優勝．② 形 すぐれている．

*【优势】yōushì 名 優勢．有利な形勢．優位．¶占 zhàn ～ / 優位を占める．

【优先】yōuxiān 動 優先する．¶～录用 lùyòng / 優先的に採用する．

*【优秀】yōuxiù 形(品行・学問・成績などが)優秀である．¶他品质 pǐnzhì ～ / 彼は品性が優れている．

【优雅】yōuyǎ 形〈書〉優雅である．優美で上品である．¶举止 jǔzhǐ～ / ふるまいが優雅である．

*【优异】yōuyì 形(成績・貢献などが)ずば抜けている．¶成绩 chéngjì ～ / 成績抜群である．

【优育】yōuyù 動 すぐれた環境のもとで子供を育てる．

【优裕】yōuyù 形〈書〉豊かである．裕福である．

【优越】yōuyuè 形 優越している．優れている．¶这一带的地理条件 dìlǐ tiáojiàn 很～ / この一帯は地理的条件に恵まれている．

【优哉游哉】yōu zāi yóu zāi〈成〉のんびりと気ままに暮らす．

【优质】yōuzhì 名 すぐれた品質．

攸 yōu

助〈書〉(…する)ところ．¶利害～关 guān / 深い利害関係がある．¶性命～关 / 人命にかかわる(ところである)．‖姓

忧(憂) yōu

◇◆ ①心配する．憂える．¶→～愁 chóu．¶→～伤 shāng．②心配事．¶→～患 huàn．‖姓

【忧愁】yōuchóu 形(思うようにならず)気が重い；(困ったことがあり)心配である．

【忧烦】yōufán 形 心配でいらいらする．

【忧愤】yōufèn 形 心配でくさくさしている．

【忧患】yōuhuàn 名 心配事と苦しみ．

【忧惧】yōujù 動 心配して不安がる．

【忧虑】yōulǜ ① 動 憂慮する．② 形 憂慮している．

【忧伤】yōushāng 形 憂え悲しんでいる．

【忧心】yōuxīn ① 動 心配する．② 名〈書〉心配．¶～忡忡 chōng chōng /〈成〉心配で気が気でない．

【忧心如焚】yōu xīn rú fén〈成〉心配で居ても立っても居られない．

【忧悒】yōuyì 形〈書〉憂鬱である．

【忧郁】yōuyù 形 憂鬱である．気がふさぐ．

呦 yōu

感《驚嘆を表す》おや．やあ．まあ．¶～，你也在这儿！/ やあ，君もここにいるのか．¶～，我把这件事给忘了！/ あら，それをすっかり忘れてしまった．

幽 yōu

◇◆ ①奥深い．ほの暗い．¶→～静 jìng．¶→～谷 gǔ．②隠れた．内緒の．¶→～会 huì．¶→～怨 yuàn．③静かである．¶～思 sī /〈書〉静かに思いふける；ひそかな思い．④閉じ込める．¶→～禁 jìn．¶→～囚 qiú．⑤あの世．¶→～灵 líng．‖姓

【幽暗】yōu'àn 形〈書〉ほの暗い．

【幽闭】yōubì 動〈書〉幽閉する；家に閉じこもる．

【幽愤】yōufèn 名〈書〉うっ憤．

【幽谷】yōugǔ 名〈書〉奥深い谷．

【幽会】yōuhuì 動〈書〉(男女が)あいびきする．

【幽魂】yōuhún 名〈書〉亡霊．幽霊．

【幽寂】yōujì 形〈書〉静かでもの寂しい．

【幽禁】yōujìn 動〈書〉幽閉する．軟禁する．

【幽径】yōujìng 名 ひっそりと静かな小道．

【幽静】yōujìng 形 もの静かである．静寂である．

【幽灵】yōulíng 名 幽霊．亡霊．

【幽美】yōuměi 形〈書〉もの静かで美しい．

*【幽默】yōumò 形 ユーモアがある．ユーモラスである．¶这个人说话很～ / あの人は話にユーモアがある．¶他～地眨 zhǎ 了眨眼 yǎn / 彼は意味ありげに目くばせをした．

【幽囚】yōuqiú 動 幽閉する．

【幽趣】yōuqù 名〈書〉奥深い趣．

【幽深】yōushēn 形〈書〉①(意味が)深遠である．②(山水・宮殿などが)奥まって静かである．

【幽婉・幽宛】yōuwǎn 形〈書〉(文学作品・声・語調などが)奥深くて味わい尽きない，幽玄である．

【幽微】yōuwēi 形 ①(音声やにおいが)かすかである．②〈書〉奥深く精微である．

【幽闲】yōuxián 形 ①(女性が)しとやかでおとなしい．►"幽娴"とも書く．②→【悠闲】yōuxián

【幽香】yōuxiāng 名〈書〉かすかな香り．

【幽雅】yōuyǎ 形〈書〉静かで趣がある．幽雅である．¶～的庭院 tíngyuàn / 静かで美しい庭．

【幽幽】yōuyōu 形 ①(光や音声が)かすかである．②〈書〉静かで奥深い．

【幽怨】yōuyuàn 名 心の奥に隠された恨み．►多く女性の愛情に関するものをさす．

悠 yōu

動〈口〉空中で揺り動かす．¶她坐在秋千 qiūqiān 上～来～去 / 彼女はぶらんこに乗って体を揺らしている．

◇◆ ①久しい．遠い．¶→～久 jiǔ．②のどかである．のんびりしている．¶→～闲 xián．

【悠长】yōucháng 形(時間的に)長い，久しい．

【悠荡】yōudàng 動 ぶらりぶらりと揺れる．

*【悠久】yōujiǔ 形 悠久である．はるかに久しい．¶～的文化 wénhuà / 悠久の文化．¶历史 lìshǐ ～ / 歴史が非常に長い．

【悠然】yōurán 形〈書〉悠然としている．のんびりしている．¶～自得 zìdé / ゆったりとして満ち足りてい

る.

【悠闲】yōuxián 形(生活・表情などが)ゆったりしている,のんびりしている. ¶退休 tuìxiū 以后,他过着～的生活 / 退職後,彼はのんびりした生活を送っている.

【悠扬】yōuyáng 形(音や声に)抑揚がある.

【悠悠】yōuyōu 形〈書〉①はるかである. ¶～岁月 / 長い歳月. ②多い. ③ゆったりとして落ち着いている. ④とりとめがない.

【悠悠荡荡】yōuyōudàngdàng 形(～的)ふらふらしている.ふわりふわりとしている. ¶小船 xiǎochuán 在湖上～ / ボートが湖をゆらりゆらりと漂う.

【悠悠忽忽】yōuyōuhūhū 形(～的)ふらふらしている.

【悠远】yōuyuǎn 形 ①はるか昔である. ②(距離が)非常に遠い.

【悠哉游哉】yōu zāi yóu zāi 〈成〉ゆったりとくつろぐ.

【悠着】yōuzhe 動〈方〉控え目にする.手かげんする.

2声 **尤** yóu 副〈書〉とりわけ.ことに. ¶这里生产茶叶 cháyè,～以绿茶 lǜchá 著名 zhùmíng / ここはお茶の産地だが,なかでも緑茶が有名だ. ¶这一点～为重要 zhòngyào / この点がとりわけ重要である.

◇◆ ①突出したもの;最も甚だしいもの. ¶→～物 wù. ②過ち.過失. ¶效 xiào ～ / 悪事をまねる. ③恨む.とがめる. ¶不怨 yuàn 天,不～人 / 天を恨まず,人をとがめず. ‖姓

*【尤其】yóuqí 副(全体の中で,または他と比較して)**特に.とりわけ.** ¶我喜欢 xǐhuan 中国菜,～喜欢广东菜 Guǎngdōngcài / 私は中国料理が好きだが,中でも広東料理が特に好きだ. [“～是”の形で用いる] ¶他平常很忙,～是年底 niándǐ 更忙 / 彼はふだんも忙しいが,とりわけ年末が忙しい.

【尤为】yóuwéi 副 特に.とりわけ.

【尤物】yóuwù 名〈書〉①すぐれた人や物. ②美人.

【尤异】yóuyì 形〈書〉特にすぐれている.

* **由** yóu ❶前 ①《行為者・責任者を示す》…**によって(…する).…が(…する).** ¶现在～我来介绍事情的经过 / では私が事件のいきさつをご説明いたします. ②《成分・材料を示す》…**から(構成される).** ¶这种酒是～高粱 gāoliang 酿造 niàngzào 的 / この酒はコウリャンからできている. ③《由来・来源を示す》…**から(生じる).**…よって(作られる). ¶～感冒 gǎnmào 引起了肺炎 fèiyán / 風邪から肺炎を引き起した. ④《起点・経路を示す》…**から(…まで).** ¶～这个门进去 / この入口から中に入る. ¶～浅 qiǎn 入深 shēn / やさしいものから難しいものへ. ⑤《原因・根拠を示す》…によって. ¶～读者 dúzhě 来信看,这种书很受欢迎 / 読者の手紙から判断すると,この種の本はたいへん評判がよい.

❷動(…に)かってにさせる,任せる. ¶信不信～你 / 信じる信じないは君に任せる. ¶他不愿意 yuànyi,就～他去吧 / 彼が望まないならかってにさせればいい.

◇◆ わけ.理由. ¶情 qíng ～ / 事の原因.子細. ¶事～ / 事のいきさつ. ‖姓

【由不得】yóubude 動+可補 ①思わず. ¶～笑 xiào 起来了 / 思わず吹き出した. ②かってにはさせられない. ¶这件事～我 / この件は私の一存では決められない.

【由此】yóucǐ 前〈書〉これから.ここから. ¶～看来 / このことから見れば.

【由此可见】yóucǐ kějiàn これでわかる(ように).このことからわかる. ►“由此可知”とも.

【由打】yóudǎ 前〈方〉①…から.…以来. ¶～去年以来,他身体一直 yīzhí 不好 / 昨年から彼はずっと体の調子が悪い. ②…を経由して.…を通って.

【由来】yóulái 名 ①由来.いままでのいきさつ. ¶～已久 / 長い歴史がある. ②(事の起こる)原因,よってくるところ.

【由头】yóutou 名(～儿)〈方〉言いわけ.口実.

*【由于】yóuyú ①前 …**による.**…によって.

語法 後に名詞性の成分をとって,主語の前・後または“是”の後に置かれ,原因や理由を表す. ¶～经济 jīngjì 的发展 fāzhǎn,人民的生活水平有了很大提高 tígāo / 経済の発展によって,人々の生活水準が大きく向上した. ¶这次成功 chénggōng,是～你的帮助 bāngzhù / このたびの成功は,あなたの助力によるものです.

②接続 …**なので.**…だから. 語法 後に動詞性の成分をとって,因果関係を表す複文に用いられ,原因や理由を表す.複文の後半の先頭に“所以 suǒyǐ、因此 yīncǐ、因而 yīn'ér”などが呼応して用いられることが多い.主として書き言葉に用いる. ¶他～住的地方太远,所以天天提早 tízǎo 出门 / 彼は住まいが遠いので毎日早めに家を出る. ⇒【因为】yīnwèi

【由衷】yóuzhōng 動〈書〉真心から出る. ¶～之言 / 真心から出た言葉. ¶言不～ / 本心から出た言葉ではない.

邮(郵) yóu 動 **郵送する.** 郵便為替で送金する. ¶昨天我给他～去了一本书 / きのう彼に本を1冊送った. ¶这封信～往 wǎng 香港 Xiānggǎng / この手紙は香港に出す.

◇◆ 郵便に関すること. ‖姓

*【邮包】yóubāo 名(～儿)**郵便小包.** ¶寄 jì ～ / 郵便小包を送る.

【邮编】yóubiān 名〈略〉郵便番号.

【邮差】yóuchāi 名〈旧〉郵便配達人.

【邮车】yóuchē 名 郵便車.

【邮船】yóuchuán 名 大型の定期客船.

【邮戳】yóuchuō 名(～儿)消印.

【邮袋】yóudài 名 郵便袋.

【邮递】yóudì 動(郵便局から)配達する.

【邮递员】yóudìyuán 名 郵便配達員.

【邮电】yóudiàn 名 **郵便と電信・電話.** ¶～资费 zīfèi / 郵便・電信料金.

【邮费】yóufèi 名 郵便料金.

【邮购】yóugòu 動 通信販売で購入する.

【邮汇】yóuhuì 動 郵便為替で送金する.

【邮寄】yóujì 動 **郵送する.**

【邮件】yóujiàn 名 **郵便物.**

【邮局】yóujú 名 **郵便局. 量 个. ¶去～寄封信 / 郵便局へ手紙を出しに行く.

【邮路】yóulù 名 郵便路.

【邮票】yóupiào 名 **郵便切手. 量 张;[セット]套 tào. ❖贴 *tiē*〔揭 *jiē*〕～ / 切手をはる〔はがす〕.

【邮售】yóushòu 動 通信販売をする.

【邮亭】yóutíng 名 郵便局の出張所.

【邮筒】yóutǒng 名 郵便ポスト．►普通は緑色,速達用は上部が黄色．
【邮务】yóuwù 名〈略〉郵便業務．¶～员 yuán／郵便局員．
【邮箱】yóuxiāng 名 ①郵便箱．►ホテルや郵便局の中に設置されている小型のもの．②〈電算〉メールボックス．
【邮政】yóuzhèng 名 郵政．郵便事務．¶～信箱 xìnxiāng／私書箱．¶～报刊亭 bàokāntíng／(街頭にある屋根付きの)新聞・雑誌販売スタンド．
*【邮政编码】yóuzhèng biānmǎ 名 郵便番号．►略して"邮编"とも．
【邮政汇兑】yóuzhèng huìduì 名 郵便為替．
【邮政局】yóuzhèngjú 名 郵便局．
【邮资】yóuzī 名 郵便料金．¶国内～／国内郵便料金．¶～总付 zǒngfù／料金別納郵便．

犹(猶) yóu

〈書〉①動 …のようである．…と同じ．¶虽 suī 死～生／死んではいても(心の中で)なお生きている．②副 なおかつ．いまだに．¶记忆 jìyì～存 cún／記憶がいまなお残っている．‖姓

【犹大】Yóudà 名(キリスト教で)ユダ；〈転〉裏切り者．
【犹如】yóurú 動〈書〉まるで…のようである．¶～恶梦 èmèng／悪夢のようだ．
【犹太教】Yóutàijiào 名〈宗〉ユダヤ教．
【犹太人】Yóutàirén 名 ユダヤ人．
【犹疑】yóuyi 動 ためらう．
【犹豫】yóuyù 動 ためらう．躊躇(ちゅうちょ)する．►yóuyu とも発音する．¶他一下子～了起来／彼は急にぐずぐずためらいだした．¶～不定／どうしようかと迷って心が定まらない．¶毫 háo 不～／少しもためらわない．

*油 yóu

❶名 油．►食用油と機械油．¶买了一瓶 píng～／(食用)油を1びん買った．¶滴 dī 一点儿～,铁门就容易 róngyì 开关了／油をさしたら鉄ドアは開け閉めが楽になる．
❷動 ①ペンキ・油などを塗る．¶～窗户 chuānghu／窓枠にペンキを塗る．②油が付いて汚れる．¶衣服～了／服が油で汚れてしまった．
❸形 ずるい．悪賢い．¶这个人太～／あいつはひどくずる賢い．‖姓

【油泵】yóubèng 名 油を送る〔オイル〕ポンプ．
【油饼】yóubǐng 名 ①(～儿)小麦粉を練って薄くのばしてやや丸い形にし,真ん中に割れ目を二つか三つ作って,油で揚げた食品．中国風揚げパン．②〈農〉(平たく固めた)油かす．
【油布】yóubù 名 桐油を引いた防水布．油布．
【油彩】yóucǎi 名(舞台化粧用の)ドーラン．
【油菜】yóucài 名〈植〉アブラナ；(アブラナ科の野菜)チンゲンサイ．
【油藏】yóucáng 名 埋蔵石油．
【油层】yóucéng 名〈地質〉(石油の)油層．
【油船】yóuchuán 名 タンカー．
【油灯】yóudēng 名(植物油を使った)ランプ,油皿．
【油坊】yóufáng 名 植物油を搾る作業所．
【油橄榄】yóugǎnlǎn 名〈植〉オリーブ．
【油膏】yóugāo 名〈薬〉軟膏．
【油垢】yóugòu 名 油のかす・汚れ．
【油管】yóuguǎn 名 ①送油管．②(石油掘削用の)チュービング．
【油罐】yóuguàn 名 オイルタンク．¶～汽车 qìchē／タンクローリー．
【油光】yóuguāng 形 ぴかぴかしている．つやつやしている．
【油耗】yóuhào 名 燃費．
【油黑】yóuhēi 形 つやつやして黒い．黒光りしている．¶她的头发 tóufa～发亮 fāliàng／彼女の髪は黒くつやつやと光っている．
【油壶】yóuhú 名 給油器．油差し．
【油葫芦】yóuhúlǔ 名〈虫〉エンマコオロギ．
【油滑】yóuhuá 形 ずるい．一筋縄ではいかない．
【油画】yóuhuà 名 油絵．¶画～／油絵を描く．
【油灰】yóuhuī 名 パテ．(器物のすきまや継ぎ目をふさぐ)石灰石の粉末を桐油などで練り合わせたもの．
【油鸡】yóujī 名〈鳥〉(鶏の一種)コーチン．
【油迹】yóujì 名 油で汚れたあと．油のしみ．
【油匠】yóujiàng 名 ペンキ屋．
【油井】yóujǐng 名 油井(ゆせい)．石油を採掘する井戸．
【油锯】yóujù 名〈林〉(動力のこぎり)チェーンソー．
【油库】yóukù 名 石油タンク．量 座．
【油矿】yóukuàng 名 ①地下埋蔵石油．②石油を採掘する所．油井(ゆせい)．
【油亮】yóuliàng 形 ぴかぴかしている．►重ねて用いることが多い．¶油亮亮的头发 tóufa／てかてかした髪．
【油绿】yóulǜ 形 緑したたる．つやつやした濃い緑の．
【油轮】yóulún 名 タンカー．油槽船．量 艘 sōu,只 zhī．
【油码头】yóumǎtou 名 石油の積み卸しをする埠頭(ふとう)．タンカーターミナル．
【油门】yóumén 名(～儿)〈機〉①絞り弁．スロットルバルブ．②〈口〉アクセル．❖踩 cǎi～／アクセルを踏む．
【油苗】yóumiáo 名 石油の鉱脈の地上露出部分．
【油墨】yóumò 名 印刷用インク．
【油泥】yóuní 名 油あか．
【油腻】yóunì ①形 脂っこい．しつこい．¶这菜 cài 太～了／この料理はすごく脂っこい．¶他不爱吃～的东西 dōngxi／彼は脂っこいものが嫌いだ．②名 脂っこい食べ物．¶生了这种 zhǒng 病,不能吃～／こういった病気になったら脂っこい食べ物は食べてはならない．
【油皮】yóupí 名(～儿)〈方〉①皮膚の表皮．②〈料理〉湯葉(ゆば)．
【油票】yóupiào 名 食用油配給切符．
【油漆】yóuqī ❶名(広く)ペンキ．ワニス．¶～未干 wèi gān／ペンキ塗りたて．❷動 ①ペンキを塗る．¶～墙壁 qiángbì／壁にペンキを塗る．②表面に保護膜を付ける．
【油气】yóuqì 名〈鉱〉(石油と共に油井から出る)天然ガス．►メタンガスやエタンガスなど．
【油腔滑调】yóu qiāng huá diào〈成〉軽薄で誠意のない話しぶり．
【油裙】yóuqun 名 エプロン．
【油然】yóurán 形〈書〉①感情が自然にわき起こっている．②雲などがわき起こっている．
【油沙・油砂】yóushā 名〈鉱〉油砂．石油を含んだ

砂岩.

【油饰】yóushì 動 ペンキを塗ってきれいにする.

【油水】yóushui 名 ①(食べ物の中に含まれている)油気,脂肪分. ¶～小 / 油気がない. ¶～大 / 脂っこい. ②〈喩〉甘い汁. 利益. 実入り. ¶捞 lāo 一把～ / 甘い汁を吸う. ¶～不大 / あまり儲けにならない.

【油松】yóusōng 名〈植〉チュウカマツ.

【油酥】yóusū 形(お菓子などが)さくさくしている. ¶～点心 diǎnxin / パイ. タルト. 量 块 kuài,个. ¶～烧饼 shāobing / パイのような丸い"烧饼".

【油田】yóutián 名〈鉱〉油田. 量 个,片,座,处 chù.

【油条】yóutiáo 名 ①ヨーティアオ. 小麦粉を練って棒状にし,油で揚げたもの. 中国風長揚げパン. ►豆乳とともに朝の軽い食事にする. 南方ではよくかゆの浮き実にする. 量 根. ②〈譏〉ずるい人. ¶老～ / 海千山千の悪人.

【油桶】yóutǒng 名 オイル缶. ドラム缶. 量 个.

【油头粉面】yóu tóu fěn miàn 〈成〉〈貶〉(年齢・身分・場所柄などにそぐわない)こてこての厚化粧;(特に)男性のきざにめかした身なり.

【油头滑脑】yóu tóu huá nǎo 〈成〉口先だけうまくて悪賢い.

【油汪汪】yóuwāngwāng 形(～的) ①油がたっぷり浮いている. ②てかてか光っている.

【油污】yóuwū 名 油あか. 油のしみ.

【油箱】yóuxiāng 名(飛行機や自動車などの)燃料タンク.

【油星】yóuxīng 名(～儿・～子)スープなどの表面に浮いた油;油のしみ.

【油性】yóuxìng 名 油性. ¶这种花生 huāshēng～大 / このピーナッツは油分が多い.

【油压】yóuyā 名〈機〉油圧. ¶～千斤顶 qiānjīndǐng / オイルジャッキ.

【油烟】yóuyān 名(～子)油煙. 製墨用すす.

【油页岩】yóuyèyán 名〈鉱〉オイルシェール. 石油を含んだ頁岩(けつがん).

【油印】yóuyìn 動 謄写版で印刷する. ガリ版で刷る.

【－油油】-yóuyóu 接尾《名詞・形容詞のあとについて「つやつやした」「一面に」などの意味の状態形容詞をつくる》►-yōuyōu とも発音し,また,"－幽幽""－黝黝"とも表記される. ¶黑 hēi～ / つやつやと黒い. 真っ暗の. ¶绿 lǜ～ / つややかな緑色の.

【油炸鬼】yóuzháguǐ 名 小麦粉を練りいろいろな形にのばし,油で揚げた食品. 棒状のものを"油条",丸いものを"油饼 yóubǐng"という. ►"油鬼"とも.

【油脂】yóuzhī 名 油脂. 脂肪. ¶～麻花 máhuā / 〈慣〉一面の油汚れ. ►"油渍 yóuzì 麻花"とも.

【油纸】yóuzhǐ 名 油紙.

【油子】yóuzi 名 ①〈方〉すれっからし. 悪賢い人. ¶京～ / 北京のずる. ►北京の人に対する悪口. ②黒くてねばねばしたもの. やに. ¶烟袋 yāndài ～ / パイプのやに.

【油嘴】yóuzuǐ ❶形 口達者である. ❷名 ①口先のうまい人. ②(噴霧器などの)吹き口.

柚 yóu "柚木 yóumù"⬇という語に用いる. ►► yòu

【柚木】yóumù 名〈植〉チーク(材).

疣(肬) yóu 名 いぼ. ☞参考 "肉赘 ròuzhuì"ともいい,一般に"瘊子 hóuzi"という.

莜 yóu "莜麦 yóumài"⬇という語に用いる.

【莜麦】yóumài 名〈植〉カラスムギによく似たエンバクの一種.

铀 yóu 名〈化〉ウラン. ウラニウム. U. ¶浓缩 nóngsuō ～ / 濃縮ウラン. ¶～矿 kuàng / ウラン鉱.

蚰 yóu "蚰蜒 yóuyán"⬇という語に用いる.

【蚰蜒】yóuyán 名〈虫〉ゲジゲジ.

鱿 yóu ◇◆ "鱿鱼 yóuyú"⬇という語に用いる.

【鱿鱼】yóuyú 名〈動〉スルメイカ. ►"枪乌贼 qiāngwūzéi"の通称. ¶～鱼干 gān / するめ.

***游**(遊) yóu 動 ①泳ぐ. ¶哥哥一口气～了两公里 / 兄さんは一気に2キロ泳いだ. ¶鱼儿 yúr 在水里～来～去 / 魚が水の中であちらこちらに泳いでいる. ②ぶらぶら歩く. 遊覧する. ¶名山大川他几乎 jīhū 都～遍 biàn 了 / 有名な山河なら彼はほとんどくまなく見て回った. ¶～西湖 Xīhú / 西湖に遊ぶ.

◇◆ ①交際する. ¶交～甚 shèn 广 / 交際が広い. ②固定していない. 常に移動する. ¶→～击 jī. ③河川の一部分. ¶上～ / 上流. 川上. ‖姓

【游伴】yóubàn 名 ①旅の連れ. ②遊び友達.

【游标卡尺】yóubiāo kǎchǐ 名(測定具の)ノギス.

【游程】yóuchéng 名 ①泳ぐ距離. ②行楽・旅の道のり. ③旅行の日程.

【游船】yóuchuán 名 遊覧船.

【游荡】yóudàng 動 ①ぶらぶらして働かない. ②ぶらぶら歩く. ③ゆらゆら漂う.

【游动】yóudòng 動 自由に移動する.

【游方】yóufāng ①動 各地を行脚(あんぎゃ)する. 放浪する. ②名 ミャオ族の青年男女が行う歌垣(うたがき).

【游逛】yóuguàng 動 遊覧する. 見物して歩く. ¶～公园 gōngyuán / 公園を散歩する.

【游击】yóujī 動 遊撃戦をする. ¶打～ / 遊撃戦をする. ¶～战术 zhànshù / ゲリラ戦術.

【游记】yóujì 名 旅行記.

【游街】yóu//jiē 動 ①罪人を街中引き回す. ¶～示众 / 引き回して見せしめにする. ②(大ぜいの人に伴われて英雄的人物が)街を練り歩く.

【游客】yóukè 名〈書〉遊覧客. 観光客. ¶～止步 zhǐbù / 参観者立入禁止.

*【游览】yóulǎn 動 遊覧する. 観光する. ¶～长城 Chángchéng / 万里の長城を遊覧する.

【游廊】yóuláng 名〈建〉渡り廊下. 回廊.

【游离】yóulí 動 ①〈化〉遊離する. ②〈喩〉浮く. つながりを断って離れた存在となる.

【游历】yóulì 動 遊歴する.

【游猎】yóuliè 動 猟をして歩く.

【游民】yóumín 名 遊民. 職がなく遊び暮らしている人. ¶无业 wúyè ～ / 仕事もせずにぶらぶらしてい

Y

る人.
【游牧】yóumù 動 遊牧する.
【游憩】yóuqì 名〈書〉娯楽と休息. ¶～中心 zhōngxīn / レクリエーションセンター.
【游禽】yóuqín 名 水鳥(の総称). 遊禽(ゆうきん)類.
【游人】yóurén 名 遊覧客. 観光客.
【游刃有余】yóu rèn yǒu yú 〈成〉仕事に熟練していて,余裕をもって事に当たる.
【游山玩水】yóu shān wán shuǐ 〈成〉物見遊山をする.
【游手好闲】yóu shǒu hào xián 〈成〉ぶらぶら遊んでばかりで働かない.
【游水】yóu//shuǐ 動 泳ぐ.
【游丝】yóusī 名 ①空中にぶら下がるクモの糸. ②〈書〉糸遊(いとゆう). 陽炎(かげろう). ③〈機〉(時計の)ひげぜんまい.
【游艇】yóutǐng 名 ヨット;遊覧船.
【游玩】yóuwán 動 ①遊ぶ. 遊び戯れる. ②遊覧する. 見物して歩く.
*【游戏】yóuxì ①名 **遊び. 遊戯.** ❖做 zuò〔玩 wán〕～ / 遊ぶ. ゲームをする. ②動 遊ぶ. ¶孩子们在公园里～ / 子供たちが公園で遊んでいる.
【游乡】yóu//xiāng 動 ①(大ぜいの人が)悪者を村中引き回す. ②(商人が田舎を)行商する.
【游行】yóuxíng 動 ①(抗議やお祝いなどの目的で)**行進する,パレードする.** ¶～示威 shìwēi / デモ行進をする. ¶～队伍 duìwu / デモ隊. ②各所を巡り歩く. ¶～四方 sìfāng / あちこちを漫遊する.
【游兴】yóuxìng 名 遊びの楽しい気分. 行楽気分. ¶～正浓 nóng / 遊びに夢中である.
【游学】yóuxué 動〈旧〉海外留学する.
【游移】yóuyí 動 ①(態度が)はっきりしない. 煮えきらない. ¶～不决 / ぐずぐずして決心がつかない. ②(方法・方針などで)ぐらつく,動揺する. ③ゆっくり移動する.
【游弋】yóuyì 動 ①(軍艦などが)パトロールする. ②(広く)水の上を自由に動き回る.
【游艺】yóuyì 名 遊戯と娯楽. ¶～节目 jiémù / 娯楽番組. ¶～室 / 娯楽室.
【游泳】yóu//yǒng ①動 **泳ぐ. 水泳をする. ¶在大海里～ / 海で泳ぐ. ¶我不会～ / 私は泳げない. ②名〈体〉水泳. ¶～比赛 bǐsài / 水泳競技.

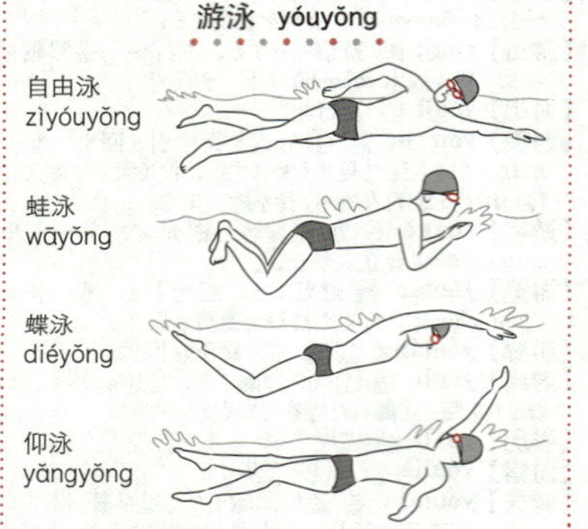

*【游泳池】yóuyǒngchí 名 **水泳プール.**
【游园会】yóuyuánhuì 名 園遊会;祝祭日に公園で行われる交歓会.
【游资】yóuzī 名〈経〉遊資. 遊休資本.
【游子】yóuzǐ 名〈書〉家を離れて他郷にいる人.

友 yǒu (3声) ◇◆ ①友人. ¶朋 péng～ / 友達. ②親しい. 仲がよい. ¶→～好 hǎo. ¶→～善 shàn. ③友好関係にある. ¶～邦 bāng / 友好国. ‖姓

*【友爱】yǒu'ài ①名 **友愛. 友情.** ②形 **仲がよい.** ¶同学 tóngxué 之间十分～ / クラスメートの仲がとてもよい.
*【友好】yǒuhǎo ①形 **友好的である.** 友好の間柄にある. ►人・国家・民族間の関係に用いる. ¶他的态度 tàidu 很～ / 彼の態度は友好的である. ¶非常 fēicháng ～地交谈 jiāotán / 非常に友好的に話し合う. ¶继续 jìxù ～下去 / 引き続き仲よくしていく. ¶在～的气氛 qìfēn 中 / うちとけた雰囲気の中で. ¶～城市 chéngshì / 友好都市. 姉妹都市. ②名 親しい友人. ¶林教授 jiàoshòu 生前～ / 林教授の生前の親しい友人.
*【友情】yǒuqíng 名(多く個人的な)友情. ¶深厚 shēnhòu 的～ / 厚い友情.
【友人】yǒurén 名〈書〉友達. ¶日前一位～来信 / 先日ある友人から手紙が来た.
【友善】yǒushàn 形〈書〉仲がよい.
【友协】yǒuxié 名〈略〉友好協会. ►"友好协会 xiéhuì"の略. ¶对外～ / 対外友好協会.
*【友谊】yǒuyì 名 **友好. 友情.** 友誼(ゆうぎ). ►個人的な友人関係にも国民同士の友情にも用いることができる. ¶中日两国人民的～ / 日中両国人民の友情. ¶我和他结 jié 下了深厚 shēnhòu～ / 私は彼と深い友情を結んだ.
【友谊赛】yǒuyìsài 名 親善試合.

有 yǒu (**) ❶動《存在や所有を表す》►否定形は"没有 méiyǒu""没"であり,"不"を用いて"不有"とはしない.
①《存在を表す》(…に…が)**ある,いる.** ¶房上～一只乌鸦 wūyā / 屋根の上に1羽のカラスがいる. ¶目前还没～什么困难 kùnnan / いまのところ特に困ったことはありません. ¶～没有人〔～人没有〕? / だれかいないか.
②《所有を表す》(…は…を)**持っている.** 持つ. ¶他～三个孩子 / 彼は子供が3人いる. ¶你～没有词典 cídiǎn ? / 君は辞典を持っていますか.
③《性質や数量が一定の程度に達することを表す》
ⓐ〚有+〈**数量詞**〉〛その数量に達していることを表す. ¶这块肉足 zú～两斤 jīn 重 zhòng / この肉は1キロもある. ¶他走了～一个星期了 / 彼が行ってから1週間になる.
ⓑ〚有…(+**那么**)+〈**形容詞**〉〛比較の表現に用い,似通っていることを表す. ¶他女儿 nǚ'ér 已经 yǐjīng ～他(那么)高了 / 彼の娘はもう彼ぐらいの背丈になった.
④**発生する.** 生じる. …になる. ►ある事態や状態の発生・出現を表す. ¶他母亲～病 bìng 了 / 彼の母親は病気になった. ¶情况 qíngkuàng 已经～了变化 biànhuà / 情況はすでに変化した.
⑤**ある….** ►漠然とある事物や時をさす. ¶～一次 / ある時. ¶～一天 / ある日. ¶听说～个公司破产 pòchǎn 了 / ある会社がつぶれたそうだ.

Y

"有"の注意すべき用法

a"有…"の後にさらに動詞句をとり,兼語文・連動文を作る.［兼語文］¶屋里～人说话 / 部屋の中でだれかの声がする(部屋の中にだれかがいて,そのだれかが話している).［連動文］¶我～件事想跟你商量 shāngliang / あなたに相談したいことがあります.

b書き言葉で目的語が抽象的な事物の場合には"着"を伴うこともある.¶这二者之间也是～着联系 liánxì 的 / この両者の間にもつながりがあるのである.

❷接頭〈書〉一部の王朝名の前に置く.¶～周 / 周朝.

◇◆《一部の動詞の前に置き,謙譲を示す慣用表現を作る》¶→～劳 láo.¶→～请 qǐng.‖姓

▸▸ yòu

【有碍】yǒu'ài 動 …の妨げになる.…によくない.¶～交通 jiāotōng / 交通の妨げになる.¶～观瞻 guānzhān / 外観をそこねる.

【有板有眼】yǒu bǎn yǒu yǎn〈成〉①(歌の歌い方が)リズミカルでよく調子に合っている.②〈喩〉(言動が)きちんと筋が通って程合いをわきまえている.

【有备无患】yǒu bèi wú huàn〈成〉備えあれば憂いなし.

【有鼻子有眼儿】yǒu bízi yǒu yǎnr〈慣〉(話やうそなどが)真に迫っている,まことしやかである.

【有产阶级】yǒuchǎn jiējí 名(↔无产 wúchǎn 阶级)有産階級.ブルジョアジー.

【有偿】yǒucháng 形 有償の.有料の.¶～新闻 xīnwén / ちょうちん記事.

【有成】yǒuchéng 動〈書〉成功する;成立する.

【有待】yǒudài 動(よく"于"を伴って)…を待たなければならない.…する必要がある.¶这个问题～进一步研究 yánjiū / この問題はさらにいま少し検討する余地がある.

【有得】yǒudé 動〈書〉得るところがある.¶钻研 zuānyán ～ / 研究が実る.

**【有的】yǒude 代 ある人.あるもの.►繰り返しの形で用いることが多い.¶～东西我没见过 / あるものについてはまだ見たことがない.¶～这样说,～那样说 / そう言う人もいれば,別な言い方をする人もいる.

*【有的是】yǒudeshì 動〈口〉たくさんある.いくらでもある.►心配はいらないという語気を含む.¶～钱 / 金ならいくらでもある.¶她～时间 / 彼女は時間がたっぷりある.

【有底】yǒu//dǐ 動(事を知り尽くしていて)自信がある.¶心里～ / 自信をもっている.

【有的放矢】yǒu dì fàng shǐ〈成〉ちゃんとしたねらいがあって発言したり行動したりする.

**【有点儿】yǒudiǎnr 副 ちょっと.少々.どうも.►望ましくないことについていうことが多い.¶我今天～不舒服 shūfu / きょうは少し気分が悪い.¶我肚子 dùzi ～疼 téng / おなかが少し痛い.¶他～后悔 hòuhuǐ / 彼は少々後悔している.¶这个问题提 tí 得～太突然 tūrán 了 / この質問はいささか唐突すぎる.

注意 ❶単独で質問に答えることができる.¶你不觉得冷吗?──～ / 寒くないですか──少しばかり.❷"有点儿"は「動詞+量詞」で「少し…がある」(「"有"+"一点儿"」の"一"が省略された形)の意味で用いられることがある.¶外头～风 / 外は少し風がある.⇒【一点儿】yīdiǎnr ❸文面では"有点"と"儿"を書かないことも少なくない.また南方の人はr化しないで yǒudiǎn と発音することが多い.

【有方】yǒufāng 形(↔无方 wúfāng)適切である.¶教子～ / 子供のしつけがちゃんとしている.

【有福同享,有祸同当】yǒu fú tóng xiǎng, yǒu huò tóng dāng〈諺〉禍福(かふく)を共にする.

【有功】yǒu//gōng 動 功績がある.

【有骨头】yǒu gǔtou〈慣〉気骨がある.根性がある.►"骨头"は gútou と発音することが多い.

*【有关】yǒuguān ①動 関係がある.¶他跟 gēn 这件事～ / 彼はこの件と関わりがある.¶～部门 bùmén / 関係部門.②形 …に関する.…についての.¶～外交问题,必须 bìxū 慎重 shènzhòng 对待 / 外交問題については慎重に対応しなければならない.

【有光纸】yǒuguāngzhǐ 名 片面アート紙.キャストコート紙.

【有鬼】yǒu//guǐ 動 ①疑わしい点がある.うさんくさい.怪しい.②やましい.後ろめたい.

【有轨电车】yǒuguǐ diànchē 名(↔无轨 wúguǐ 电车)路面電車.

【有过之无不及】yǒu guò zhī wú bù jí〈諺〉勝りこそすれ決して劣らない;いっそう甚だしいものがある.►皮肉で悪い事の比較についていうことが多い.

【有害】yǒu//hài 形 有害である.…によくない.¶对健康 jiànkāng ～〔～于 yú 健康〕/ 健康によくない.

【有恒】yǒuhéng 形〈書〉根気がある.長続きする.

【有会子】yǒu huìzi〈慣〉〈方〉ずいぶん長い時間がたつ.►"有会儿 huìr"とも.¶爹 diē 出去可～啦 la!/ 父さんが出かけてからずいぶん時間がたった.

【有机】yǒujī ①名〈化〉有機.¶～化学 huàxué / 有機化学.②形 有機的である.

【有机可乘】yǒu jī kě chéng〈成〉乗ずるすきがある.

【有计划】yǒu jìhuà〈慣〉計画的である.

【有加利】yǒujiālì 名〈植〉ユーカリ.

【有奖储蓄】yǒujiǎng chǔxù 名 懸賞付き貯金.

【有节】yǒujié 形 節度がある.けじめがある.

【有劲】yǒu//jìn 形 ①(～儿)力がある.②興味深い.おもしろい.

【有救】yǒu//jiù 動(～儿)助かる;助けることができる.

【有空儿】yǒu kòngr 時間がある.暇がある.

【有口皆碑】yǒu kǒu jiē bēi〈成〉だれもがみなほめたたえる.

【有口难分】yǒu kǒu nán fēn〈成〉申し開きが非常に難しい.弁解の余地がない.

【有口难言】yǒu kǒu nán yán〈成〉口に出して言えない(苦しい立場にある).

【有口无心】yǒu kǒu wú xīn〈成〉口は悪いが悪意はない.

【有赖】yǒulài 動〈書〉…に頼る.…いかんにかかっている.►"于 yú"とともに用いることが多い.¶这件事能否 néngfǒu 成功 chénggōng,～于大家的努力 nǔlì / この事が成功するか否かは,みなさんの努力いかんにかかっている.

【有劳】yǒuláo〈套〉ご苦労さまですが.すみませんが.►頼みごとをするときに用いる.¶～您多费心

fèixīn 了 / お手数ですが，よろしくお願いします．

【有了】yǒu le ①〈口〉妊娠した．¶她又～/彼女はまた妊娠した．②〈口〉できている．親しくなった．►男女の間についていう．¶他俩 liǎ 早就～/あの二人はとっくにできている．③そうだ(いい考えがある)．¶～,～,就这么办/そう，そう，そうしよう．

【有理】yǒulǐ ①形 道理がある．筋が通る．②名〈数〉有理．

【有理数】yǒulǐshù 名〈数〉有理数．

*【有力】yǒulì 形 **有力である．力強い．**¶提供 tígōng ～的证据 zhèngjù / 有力な証拠を提供する．

*【有利】yǒulì 形 **有利である．**…のためになる．►"～于 yú"の形でも用いる．¶这种食品～于孩子的健康 / この種の食品は子供の健康によい．

【有利可图】yǒu lì kě tú 〈成〉もうけがある．

【有脸】yǒu//liǎn 動 ①面目が立つ．②恥を知る．

*【有两下子】yǒu liǎngxiàzi 〈慣〉なかなか手腕がある．腕利きである．¶你真～/君はなかなかのやり手だ．

【有零】yǒulíng 動(～儿)端数がある．余りがある．¶一千～/千ちょっと．

【有眉目】yǒu méimu 〈慣〉(事の)目鼻がつく．

【有门儿】yǒu//ménr 動〈口〉①見込みがある．②こつをのみこむ．

【有面儿】yǒu//miànr 動 顔を立ててくれる．好意的である．►"有面子"とも．

*【有名】yǒu//míng 形 **有名である．名高い．**¶他是～的画家 / 彼は有名な画家だ．

【有名无实】yǒu míng wú shí 〈成〉有名無実である．名ばかりで実がない．

【有目共睹】yǒu mù gòng dǔ 〈成〉だれの目にもはっきりしている．

【有目共赏】yǒu mù gòng shǎng 〈成〉見る者がみな称賛する．

【有奶便是娘】yǒu nǎi biàn shì niáng 〈諺〉だれからでも恵みを受ければすぐに服従する．►無節操でさもしい人〔根性〕をいやしんでいう．

【有你的】yǒu nǐ de 〈慣〉〈口〉あっぱれだ．さすがはあんただ．

【有派】yǒu//pài 形(～儿)〈口〉(身なりなどが)かっこいい，決まっている．►"有派头 pàitóu"といえば，「貫禄があって決まっている」の意味合い．¶真～！/ かっこいい．

【有盼儿】yǒu//pànr 動〈方〉見込みがある．望みがもてる．

【有期徒刑】yǒuqī túxíng 名〈法〉有期懲役．

【有其父，必有其子】yǒu qí fù, bì yǒu qí zǐ 〈諺〉この父にして，この子あり．ウリのつるにナスビはならぬ．

【有气】yǒu//qì ❶動 ①怒る．②(～儿)息がある．まだ生きている．❷名 →【送气】sòng//qì

【有气无力】yǒu qì wú lì 〈成〉元気のない．だるそうで力のない．¶～的回答 huídá / 気のない返事．

【有钱】yǒu qián 形 **金をもっている．金持ちである．**¶～的人 / 金持ち．¶～能使鬼 guǐ 推磨 tuīmò / 〈諺〉地獄の沙汰(さた)も金次第．

【有钱有势】yǒu qián yǒu shì 〈成〉財産もあれば権勢もある．

【有情】yǒu//qíng 動 ①親しみを感じる．好意をもつ．►特に男女間の愛情についていう．②〈書〉趣がある．

【有顷】yǒuqǐng 動〈書〉しばらくする．ややあって．

【有请】yǒuqǐng 〈套〉①どうぞお入りください．►取り次ぐ者が客に対して言う．②通しなさい．►主人が客を招じ入れるとき，取り次ぐ者に言う．

【有求必应】yǒu qiú bì yìng 〈成〉頼みさえすれば必ず承諾する．

*【有趣】yǒuqù 形(～儿)**おもしろい．興味がある．**¶这个电视剧 diànshìjù 很～/ このテレビドラマはおもしろい．

【有人家儿】yǒu rénjiār 〈慣〉(女性が)すでに婚約者がいる．

【有日子】yǒu rìzi 〈慣〉①ずいぶん日がたっている．長い間．¶我们俩 liǎ ～没见了 / 私たちはもう長い間会っていない．②日取りが決まる．¶咱们 zánmen 这次旅行～了吗？/ こんどの旅行の日取りはもう決まったかね．③(まだ)日がある．

【有如】yǒurú 動 …のようだ．

【有色】yǒusè 形 色のついた．有色の．¶～玻璃 bōli / 色ガラス．

【有色金属】yǒusè jīnshǔ 名 非鉄金属．

【有色眼镜】yǒusè yǎnjìng 名 色眼鏡；先入観．

【有神】yǒushén 形 ①(文章や書が)神業のようである．②元気がある．

【有声读物】yǒushēng dúwù 名(簡単な読み物やテキストの付いた)カセットブック，CDブック．

【有生以来】yǒu shēng yǐ lái 〈成〉生まれてこのかた．

【有声有色】yǒu shēng yǒu sè 〈成〉(演技・語り口などが)生き生きとしている．

*【有时】yǒushí 副 **時には．ある時は．**¶这两天～下雨，～刮 guā 风 / この数日，雨が降ったり風が吹いたりしている．¶他～不去上学 / 彼は時には学校へ行かない．

【有时候】yǒushíhou 副 **時には．…することがある．►書き言葉では"有时"とすることが多い．¶～去街上逛 guàng 逛 / たまには町をぶらぶらする．

【有识之士】yǒu shí zhī shì 〈成〉有識者．

【有始无终】yǒu shǐ wú zhōng 〈成〉最後までやりぬかない．中途半端でやめる．

【有史以来】yǒu shǐ yǐ lái 〈成〉歴史が始まって以来．

【有始有终】yǒu shǐ yǒu zhōng 〈成〉終わりを全うする．終始一貫している．

【有事】yǒu//shì ①動(～儿)**用事がある．**(忙しくて)都合が悪い．¶我昨天～没来 / 昨日は用事があって来なかった．②名(一旦(いったん))事ある時．

【有数】yǒu//shù ①動(～儿)《情況を理解し，見通しをつけている》よく知っている．のみこんでいる．成算がある．¶他的为人 wéirén 我心里早就 zǎojiù 有点儿数了 / 彼の人柄はとうからよく承知している．②形 わずかである．知れている．

【有所】yǒu suǒ 〈型〉①**ある程度…した．**¶学习成绩 chéngjì ～进步 jìnbù / 成績がある程度あがった．②…するところがある．¶我对这一决议 juéyì ～保留 bǎoliú / この決議に対して私は留保する点がある．

【有条不紊】yǒu tiáo bù wěn 〈成〉整然と秩序立っている．

【有头有脸】yǒu tóu yǒu liǎn 〈慣〉(～儿)顔がきく．権威がある．►"有头脸"とも．

【有头有尾】yǒu tóu yǒu wěi 〈成〉物事を最後ま

Y

でやり通す．首尾一貫している．
【有望】yǒuwàng 形〈書〉有望である．
【有为】yǒuwéi 形〈書〉有為である．前途有望である．
【有味儿】yǒu wèir 形 ①味がある．うまい．¶这菜吃起来挺 tǐng ～／この料理は実においしい．②(歌や書などが)味わいがある．趣がある．③変な味がする．変なにおいがする．¶这鱼 yú ～了／この魚は腐っている．
〖有…无…〗yǒu…wú… ①《一方があって他方がないことを表す》¶～益 yì ～损 sǔn／利益にはなっても損にはならない．②《前者はあるが後者はないことを強調する》¶～增 zēng ～减 jiǎn／ますます増える一方である．③《前者さえあれば後者はなくなることを表す》¶～恃 shì ～恐 kǒng／〈成〉後ろ盾があれば怖いものなしである．④《あるようなないような状態を表す》¶～意 yì ～意／なんとなしに．
【有喜】yǒu//xǐ 動〈口〉おめでたになる．妊娠する．
【有戏】yǒu//xì 形〈方〉見込みがある．
【有戏看】yǒu xì kàn〈慣〉これからが見ものだ．これから騒ぎがあるぞ．►好ましくないことについていう．
【有隙可乘】yǒu xì kě chéng〈成〉乗ずべきすきがある．
【有限】yǒuxiàn 形 ①限りがある．②わずかである．¶为数 wéishù ～／わずかしかない．¶我的能力 nénglì 很～／私の能力なんかたかが知れている．
【有线】yǒuxiàn 形(後ろに名詞をとって)有線の．ケーブル….
【有线电视】yǒuxiàn diànshì 名 ケーブルテレビ．
【有限公司】yǒuxiàn gōngsī 名〈経〉有限会社．
【有线广播】yǒuxiàn guǎngbō 名 有線放送．
*【有效】yǒuxiào 形 有効である．効き目がある．効果がある．効果的である．¶这个药很～／この薬はとても効き目がある．¶这张车票两天内～／この乗車券は2日以内有効．
*【有些】yǒuxiē ①副 少し．いくらか．¶心里～紧张 jǐnzhāng／少し緊張している．¶～失望 shīwàng／多少失望した．注意“有些”は「動詞＋量詞」(“有一些”の“一”が省略された形)で，「いくらか…がある」の意味で用いられることもある．②代 ある一部(の)．一部(の)．¶～事先办，～事后办／あることは先にかたづけ，あることは後に回す．
【有心】yǒuxīn ❶動 ①…したいと思う．…しようと思っている．¶他～承包 chéngbāo 这家工厂／彼としてはこの工場を請け負ってやってみたい気はある．②気に留める．❷副 わざと．下心があって．¶他～跟人捣蛋 dǎodàn／彼はわざと人にいやがらせをする．
【有心人】yǒuxīnrén 名 志をもっていて努力を惜しまない人．
【有心眼儿】yǒu xīnyǎnr〈慣〉利口である．気がきく．¶他是一个～的人／彼は気がきく人だ．
【有信儿】yǒu xìnr 消息がある．
【有形】yǒuxíng 形 形がある．目に見える．
【有幸】yǒuxìng 形〈書〉幸運である．¶我～看到了海市蜃楼 hǎi shì shèn lóu／私は幸運にも蜃気楼(しんきろう)を見た．
【有血有肉】yǒu xuè yǒu ròu〈成〉(描写などが)生き生きしている，真に迫っている．
【有言在先】yǒu yán zài xiān〈成〉あらかじめ言っておく．
【有眼不识泰山】yǒu yǎn bù shí Tàishān〈諺〉重視すべき人または尊敬すべき人を見損なう．お見それしました．
【有眼无珠】yǒu yǎn wú zhū〈成〉人や物を見る目がない．
【有氧运动】yǒuyǎng yùndòng 名 有酸素運動．
【有一搭没一搭】yǒu yīdā méi yīdā〈慣〉①無理に話題を探して話しかける．②あってもなくてもよい．►“有一搭无 wú 一搭”とも．
【有一得一】yǒu yī dé yī〈成〉あるだけ全部．ありのまま．
【有一手儿】yǒu yīshǒur〈慣〉腕が利く．才能がある．
*【有益】yǒuyì 動 有益である．ためになる．►“～于 yú”としても用いる．
*【有意】yǒuyì ❶形 わざとである．故意である．¶不小心踩 cǎi 了你的脚 jiǎo，这可不是～的／うっかりしてあなたの足を踏んでしまったけど，決してわざとではありません．❷動 ①…したい気持ちはある．…したいと思う．¶我～去中国旅行，但是工作太忙，去不了 buliǎo／中国へ旅行に行きたいとは思っているが，仕事があまりに忙しくてどうにもならない．②(男女間で)気がある．
【有意识】yǒuyìshi 形 意識的な．意識的に．
**【有意思】yǒu yìsi ①有意義である．意義深い．中身がある．¶他的讲话虽然 suīrán 很短，可是非常 fēicháng ～／彼の講演は短かったけれども，とても有意義だった．②(楽しくて)おもしろい．¶这部电影 diànyǐng 很～／この映画はとてもおもしろかった．③(異性に対し)気がある．¶他对你～／彼は君に気がある．
【有勇无谋】yǒu yǒng wú móu〈成〉勇気はあるが思慮に欠ける．
*【有用】yǒu//yòng 動 有用である．役に立つ．¶这部辞典 cídiǎn 对学生很～／この辞書は学生に役に立つ．
〖有…有…〗yǒu…yǒu… ①《意味が同じ，または近似する名詞性または動詞性の成分を当てはめ強調を表す》¶～棱 léng ～角 jiǎo／(行いが)几帳面である，四角ばっている．¶～情 qíng ～义 yì／人情も義理もある．②《意味が反対の名詞性または動詞性の成分を当てはめて，その両方を兼ねていることを表す》¶～利 lì ～弊 bì／利益もあれば弊害もある．
【有余】yǒuyú〈書〉①動 余りがある．ゆとりがある．¶粮食 liángshi 自给 zìjǐ～／食糧は自給してなお余りがある．②助(数量詞の後につけて)余り．¶他比我大十岁 suì ～／彼は私より10歳余り年上だ．
【有缘】yǒuyuán 形 縁がある．►“有缘分”とも．¶～千里来相会 xiānghuì／〈諺〉縁があれば必ず出会う．
【有朝一日】yǒu zhāo yī rì〈成〉いつの日か．いつかは．
【有着】yǒuzhe 動 …がある．…を持っている．…を有する．►目的語は複音節の抽象的なもの．¶局势 júshì 的发展，～两种可能性 kěnéngxìng／情勢の進展には二つの可能性がある．
【有志者事竟成】yǒuzhìzhě shì jìng chéng〈諺〉志さえあれば必ず成功する．
【有种】yǒuzhǒng 形 ①勇気がある．度量・気骨がある．②〈俗〉《人をほめるときに用いる》すごい．やり手だ.

【有助于】yǒuzhù yú 〈書〉…に役立つ. …に有益である.

【有准儿】yǒu∥zhǔnr 形 確かである. 確実である. ¶他说话～/彼の話は確かだ.

酉 yǒu 名 十二支の第10：酉(とり). ‖姓

【酉时】yǒushí 名〈旧〉酉の刻. ►午後5時から7時.

莠 yǒu 名〈植〉エノコログサ.
◇◆ たちが悪い人(物). ¶良～不齐/玉石混淆.

黝 yǒu "黝黯 yǒu'àn""黝黑 yǒuhēi"↓などの語に用いる.

【黝黯・黝暗】yǒu'àn 形 まっ暗な.

【黝黑】yǒuhēi 形 黒ずんでいる；暗い. ¶胳膊 gēbo 晒 shài 得～/腕が日焼けして黒くなっている.

4声 ** **又** yòu 副 1 …してはまた…する. 語法 ある動作や状態が繰り返されたり,または二つの動作や状態が相次いで,もしくは交互に発生することを表す. ¶他刚才 gāngcái 唱了一首,现在～唱了一首/彼はついさっき1曲歌ったばかりなのに,今また1曲歌った. ¶说了～说/何度も繰り返し言った. ¶她把客人让 ràng 进屋,～给他沏 qī 了一杯茶/彼女は客を部屋に案内してから,お茶を1杯入れてあげた. 注意 周期的に発生する事柄については,未来に属することでも用いる. ¶明天～是星期一了/あすはまた月曜日だ.

2 …でもあり,また…でもある. …の上に…だ. …だし…だ. ►いくつかの動作・状態・情況が重なることを表す. ¶天黑,～下雨,路更 gèng 难走了/日が暮れて暗い上に雨まで降って,いっそう歩きづらくなった. 〖又…又…〗〖既…又…〗jì…yòu… ¶～便宜～好/安いし品もよい. ¶既经济～实惠 shíhuì/経済的かつ実用的だ.

3 それなのに. いったい. なにも. ►いぶかしがる気持ちを表したり,否定や反語の語調を強める. ¶你～不是小孩子/おまえ,いまさら子供でもないだろ. ¶下雪～有什么关系？/雪が降ろうとかまいやしないさ. ¶既然怕冷～不愿意 yuànyi 多穿衣服/寒がりのくせに厚着をしたがらない.

4 (「整数＋"又"＋整数」の形で,"又"は加えることを表す)…と. ¶三年～两个月/3年と2か月. ¶二～四分之一/2と4分の1.

5 (手紙や文章に加える追伸・補足説明を表す) ►後にコロン(：)をつける. ¶～：…/追伸….

【又及】yòují 名(手紙文で)追伸.

【又名】yòumíng 名 別名.

** **右** yòu 1 方位 右. 注意 "右"は熟語になったり,前置詞についたりする以外は,話し言葉では単独ではあまり用いず,"边""面""方""侧 cè"などをつけることが多い. "左"も同じ. また,中国では南を向いて方角を考えるので,西の方向を"右"ともいう. ¶→～方. ¶靠 kào～走/右側を通る. ¶山～/山西省.

2 動〈書〉 1 補佐する. 2 尊ぶ.

◇◆ ①保守的な. 右派の. ¶→～派 pài. ②上位. 優れていること. ¶无出其 qí～/それよりまさるものがない. ‖姓

** 【右边】yòubian 方位(～儿)右側. 右の方.

【右边锋】yòubiānfēng 名〈体〉(サッカーなどで)ライトウイング.

【右侧】yòucè 方位 右側. 右の方.

【右舵】yòuduò 1 名 面舵(おもかじ). 2 動 舵を右舷に取る.

【右耳刀】yòu'ěrdāo 名(～儿)(漢字の偏旁)おおざと. 字の右側につく"阝".

【右方】yòufāng 方位 右の方. 右側.

【右后卫】yòuhòuwèi 名〈体〉(サッカーなどで)ライトフルバック；(アイスホッケーで)ライトディフェンス.

【右面】yòumiàn 方位 右の方. 右側.

【右派】yòupài 名(↔左派 zuǒpài)右派.

【右前卫】yòuqiánwèi 名〈体〉(サッカーなどで)ライトハーフバック,ライトハーフ,ライトミッドフィルダー.

【右倾】yòuqīng 形(思想的に)右傾(している). ¶～观点 guāndiǎn/右寄りの見方.

【右手】yòushǒu 名 1 右の手. 右手. 2(～儿)右の方. 右側. ►座席についていうことが多い. "右首"とも書く. ¶你坐在我～吧/あなたは私の右側に座ってください.

【右翼】yòuyì 名 1〈軍〉右翼. 右方の部隊. 2(政治・思想上の)右翼,保守派.

幼 yòu ◇◆ ①幼い；(植物が)生えて間もない. ¶～年 nián/幼いころ. ¶～苗 miáo/生えて間もない苗. ②子供. ¶妇 fù～/女性と子供. ‖姓

【幼儿】yòu'ér 名 幼児. 幼い子供. 幼子(おさなご).

【幼儿教育】yòu'ér jiàoyù 名 幼児教育.

【幼儿园】yòu'éryuán 名 幼稚園. 量 个,所.

【幼教】yòujiào 名〈略〉幼児教育.

【幼女】yòunǚ 名〈書〉 1 幼女. 2 末娘.

【幼体】yòutǐ 名〈生〉母体を離れたばかりの生物.

【幼童】yòutóng 名 幼い子供.

【幼小】yòuxiǎo 名 幼少. 幼いこと.

【幼芽】yòuyá 名(草木の)新芽,若芽.

* 【幼稚】yòuzhì 形 1 幼い. あどけない. 2〈貶〉子供っぽい. 未熟である. ¶～的想法 xiǎngfa/幼稚な考え方. ¶她在政治 zhèngzhì 上还很～/彼女は政治面ではまだ経験不足で未熟だ.

【幼株】yòuzhū 名〈植〉若株.

【幼子】yòuzǐ 名〈書〉末っ子.

有 yòu 〈書〉〖又 yòu〗に同じ. ¶三十～八年/38年.
▸▸ yǒu

佑(祐) yòu ◇◆ 神仏の加護を与える. ¶保 bǎo～/(神仏が)加護する. ‖姓

柚 yòu ◇◆ ブンタン. ザボン.
▸▸ yóu

【柚子】yòuzi 名〈植〉ブンタン. ザボン. ►俗に"文旦 wéndàn"という.

囿 yòu ◇◆ ①動物を飼育する園. ¶园～/草木を植えて鳥や獣を飼っている所. ②限られる. とらわれる. 拘泥(こうでい)する. ¶拘 jū～/こだわる；限定する.

宥 yòu ◇◆(罪を)許す. 寛大に許す. ¶宽 kuān～/寛大に許す. ¶尚希 shàngxī 见～/諒とせられたし.

诱 yòu 動 誘う．誘惑する．¶～人上当 shàngdàng／人を誘ってわなにかける．
◇◆ 教え導く．¶循 xún 循善～／〈成〉順序を踏んで親切に教え導く．
【诱虫灯】yòuchóngdēng 名 誘蛾灯．
【诱导】yòudǎo ① 動 教え導く．誘い導く．② 名〈電〉〈化〉〈生〉誘導．
【诱敌】yòudí 動〈書〉敵をおびき寄せる．
【诱饵】yòu'ěr 名 動物をおびき寄せるえさ；〈転〉誘いのえさ．¶以金钱为～／金銭をえさにする．
【诱发】yòufā 動 ① 誘導し啓発する．¶～学生的学习热情 rèqíng／学生のやる気を起こさせる．②（病気などを）誘発する．
【诱供】yòugòng 動 誘導尋問にかける．
【诱拐】yòuguǎi 動（女性や子供を）誘拐する．
【诱惑】yòuhuò 動 ① **誘惑する．** 悪事に誘う．② **魅惑する．** 引きつける．¶汽车展览 zhǎnlǎn ～了许多年轻人／自動車ショーは多くの若者を魅了した．
【诱奸】yòujiān 動〈書〉（異性を）だまして姦通（かんつう）する．
【诱骗】yòupiàn 動 誘惑しわなにかける．
【诱杀】yòushā 動 おびき寄せて殺す．
【诱使】yòushǐ 動〈書〉誘惑して…させる．¶～他上当 shàngdàng 受骗 shòupiàn／彼を誘惑しペテンにかけてだます．
【诱胁】yòuxié 動〈書〉利で釣ったり脅迫したりする．
【诱因】yòuyīn 名（病気などを）誘発する原因．

釉 yòu ◇◆（陶磁器の）うわぐすり．¶→～子 zi．
【釉子】yòuzi 名（陶磁器の）うわぐすり．

鼬 yòu 名〈動〉イタチ．►"黄鼬 huángyòu""鼬鼠 yòushǔ"ともいい，一般に"黄鼠狼 huángshǔláng"という．

yu（ㄩ）

1声 **迂 yū** 形（言行・見解が）時代後れで古くさい，ぼんやりしていて世事に疎い．¶这个人做事有点儿～／あの人は何をするにも愚直でぐずだ．
◇◆ 曲がる．遠回りする．¶→～回 huí．
【迂夫子】yūfūzǐ 名 世事に疎い知識人．
【迂腐】yūfǔ 形〈書〉古い観念にとらわれて融通がきかない．時代後れである．¶～的见解 jiànjiě／時代後れの見方．
【迂缓】yūhuǎn 形〈書〉（行動が）のろい；（やり方が）回りくどい．
【迂回】yūhuí 動 ① 迂回する．遠回りをする．¶～曲折 qūzhé／紆余曲折．②〈軍〉迂回する．
【迂见】yūjiàn 名〈書〉実際にそぐわない見解．
【迂论】yūlùn 名 ① 古臭い議論．② 実際的でない議論．
【迂曲】yūqū 形〈書〉曲がりくねっている．¶～的小径 xiǎojìng／曲がりくねった小道．
【迂拙】yūzhuō 形〈書〉世間知らずで融通がきかない．

吁 yū 擬《ウマやウシなどを使用するときの掛け声》どうどう．►「おとなしくしろ」「止まれ」などの命令に用いる．進ませるときは"驾 jià"という．▸▸ xū,yù

淤（瘀） yū 動 ①（泥などが）たまる〔詰まる〕．¶大雨过后，院子里～了一层 céng 泥 ní／大雨の後，泥が庭いっぱいにたまった．②〈方〉（液体が）吹きこぼれる．
◇◆ ①堆積した．¶→～泥 ní．②（川などに）堆積した土砂．¶河～／川の泥．③血液が停滞する．¶→～血 xuè．
【淤积】yūjī 動〈書〉（泥などが）堆積する；〈喩〉（心などに）積もる，たまる．
【淤泥】yūní 名（川・沼・貯水池などに）沖積した土砂．
【淤塞】yūsè 動（川などが）土砂でふさがる．
【淤血】yūxuè ① 動 鬱血（うっ）する．② 名〈中医〉瘀血（おけつ）．
【淤滞】yūzhì 動〈書〉①（川などが）土砂で流れが滞る．②〈中医〉経絡や血管が詰まって滞る．

2声 *__于（於） yú__ 前 ⁴注意 本来，文言の前置詞であるが，現代の書き言葉においても，広範・頻繁に用いられる．①《動作・行為のなされる地点・時点・範囲を導く》…に．…で．…から．…によって．…へ．…にとって．…に向かって．¶老刘一九三〇年生～上海／劉さんは1930年上海に生まれた．¶黄河发源 fāyuán ～青海／黄河は青海省に源を発する．¶～人民有益 yǒuyì／人民に利益がある．②《比較する対象を導く》…より．¶霜叶 shuāngyè 红～二月花／紅葉は早春の2月の花（桃の花）よりも赤い．¶祖国 zǔguó 的利益 lìyì 高～一切 yīqiè／祖国の利益はすべてに優先する．③《動作・行為の主体を導く》…に（よって）．►受け身を表す．¶昨天的足球赛 zúqiúsài，上海队一比二败 bài ～北京队／きのうのサッカーの試合は，上海チームが2対1で北京チームに敗れた．‖姓
【于今】yújīn 名〈書〉① 現在に至るまで．今まで．② 現在．今．
*【于是】yúshì 接続 **そこで．** それで．そして．ここにおいて．⁴語法 二つの事柄の時間的な前後関係，因果関係を表す．¶下雨了，～大家收摊 shōu tān 回家了／雨が降ったので，みんなは店じまいをして帰っていった．¶我说了他两句，～他就生气 shēngqì 了／彼にちょっと小言を言ったら，腹を立ててしまった．
【于是乎】yúshìhū →【于是】yúshì

予 yú 代〈古〉われ．‖姓 ▸▸ yǔ

余（餘） yú ① 数〈書〉… **余り．** 余（よ）．►まとまった数の後の端数．¶三十～公斤 gōngjīn／30キロ余り．¶一百～人／百余人．② 動 余る．残る．¶收支相抵 xiāngdǐ，尚 shàng ～一百元／収支差し引いて100元残る．③ 代〈古〉私．われ．余．
◇◆ ①余った時間．¶业 yè ～／余暇；アマチュアの．②（…の）後．¶拜读 bàidú 之～，不胜感激 gǎnjī／拝読し感謝に堪えない．‖姓
【余波】yúbō 名 余波．余勢．
【余存】yúcún 名 残り．残高．¶清点 qīngdiǎn ～货物 huòwù／在庫品を調べる．
【余党】yúdǎng 名 残党．
【余地】yúdì 名 余地．ゆとり．¶还有发展 fāzhǎn

Y

的～ / まだ発展の余地がある.
【余毒】yúdú 名 余毒. のちのちまで残る害毒. ¶ 封建 fēngjiàn ～ / 封建の余毒.
【余额】yú'é 名 1 欠員. 2 残高. 残額.
【余风】yúfēng 名〈書〉遺風. 気風の名残.
【余晖】yúhuī 名〈書〉夕暮れの日の光. ►"余辉"とも書く.
【余悸】yújì 名〈書〉事後まだ残っている恐怖. ¶ 犹 yóu 有～ / いまでもまだびくびくしている.
【余烬】yújìn 名〈書〉燃え残り. 燃えさし;〈喩〉ほとぼり.
【余利】yúlì 名 剰余金. 利益.
【余粮】yúliáng 名 余剰食糧.
【余年】yúnián 名〈書〉晩年. 余生.
【余孽】yúniè 名〈書〉(悪人や悪事の)残存勢力.
【余怒】yúnù 名 まだしずまらない怒り.
【余缺】yúquē 名〈書〉剰余と不足. ¶ 调剂 tiáojì ～, 互通 hùtōng 有无 / 有無相通じ, 過不足を調整する.
【余热】yúrè 名 1 余熱. 2〈喩〉退職した人が引き続き発揮できる能力.
【余生】yúshēng 名 1 幸いに生き残った命. ¶ 劫 jié 后～ / 災難から生き残った命. 2 晩年.
【余剩】yúshèng 名 余り. 剰余.
【余数】yúshù 名〈数〉(割り算の)余り.
【余外】yúwài 名〈方〉その他. それ以外.
【余味】yúwèi 名 後味. 余韻.
【余暇】yúxiá 名 余暇. 暇.
【余下】yúxià 動 残る. 余る. ¶ 买东西～三十元 / 買い物をしたら30元残った. ¶ 买冰箱 bīngxiāng ～的钱 / 冷蔵庫を買って残った金.
【余闲】yúxián 名 余暇. 暇.
【余兴】yúxìng 名 1 まだ尽きない興味. (遊びなどを)なお続けたい気持ち. 2 (会議や宴会の後の)余興.
【余蓄】yúxù 名〈書〉余り. 蓄え.
【余音】yúyīn 名〈書〉余韻. ¶ ～缭绕 liáorào / 余韻が漂う.
【余裕】yúyù 形 余裕がある. ゆとりがある.
【余韵】yúyùn 名〈書〉余韻.
【余震】yúzhèn 名〈地質〉余震.

盂 yú ◇◆(～儿)(液体を入れる)容器, 鉢, つぼ. ¶ 痰 tán ～ / たんつぼ. ¶ 漱口 shùkǒu ～儿 / うがい用のコップ.
【盂兰盆会】yúlánpénhuì 名〈宗〉盂蘭盆会(うらぼんえ).

****鱼**(魚) yú 名 魚. 魚類. 量 条 tiáo. ¶ 钓 diào ～ / 魚を釣る. ‖ 姓
【鱼白】yúbái 名 1 魚のしらこ. 2〈方〉(魚の)浮き袋. 3 青白い色.
【鱼鳔】yúbiào 名(魚の)浮き袋. ►にかわ用.
【鱼叉】yúchā 名 やす. ►水中の魚を刺す道具.
【鱼池】yúchí 名 養魚池.
【鱼翅】yúchì 名〈食材〉フカひれ.
【鱼虫】yúchóng 名(～儿)〈動〉ミジンコ.
【鱼刺】yúcì 名 魚の小骨. ¶ 剔 tī ～ / 魚の骨を除く.
【鱼肚】yúdǔ 名〈食材〉(魚の)浮き袋.
【鱼肚白】yúdùbái 名(魚の浮き袋のような)青白い色. ►夜明けの空を形容することが多い.
【鱼饵】yú'ěr 名 魚釣りのえさ.
【鱼粉】yúfěn 名 魚粉. ►飼料用.
【鱼竿】yúgān 名 釣りざお.
【鱼缸】yúgāng 名 金魚鉢.
【鱼钩】yúgōu 名(～儿)釣り針.
【鱼骨】yúgǔ 名〈食材〉チョウザメの軟骨の乾燥品.
【鱼骨天线】yúgǔ tiānxiàn 名 魚の骨の形をした高性能のアンテナ.
【鱼贯】yúguàn 副(魚が群れをなして泳ぐように) 1列になって. ¶ ～而 ér 行 / ぞろぞろ並んで歩く.
【鱼花】yúhuā 名 稚魚.
【鱼酱】yújiàng 名〈料理〉魚醤(ぎょしょう).
【鱼胶】yújiāo 名 1 (魚の浮き袋から作った)にかわ. 2〈方〉魚の浮き袋;(特に)"黄鱼"(フウセイ・キグチ)の浮き袋.
【鱼具】yújù 名 釣り道具. 漁労用具.
【鱼雷】yúléi 名〈軍〉魚雷.
【鱼鳞】yúlín 名 魚のうろこ.
【鱼龙混杂】yú lóng hùn zá〈成〉善人と悪人〔善いものと悪いもの〕が入り混じっている.
【鱼露】yúlù 名 魚醤(ぎょしょう).
【鱼卵】yúluǎn 名〈食材〉魚の卵.
【鱼米之乡】yú mǐ zhī xiāng〈成〉水産物や米がよくとれる肥沃で豊かな土地. ►江南地方をさすことが多い.
【鱼苗】yúmiáo 名(養殖用の)稚魚.
【鱼目混珠】yú mù hùn zhū〈成〉偽物を本物の中に混ぜる.
【鱼皮】yúpí 名〈食材〉サメ皮. サメの皮の乾燥品.
【鱼漂】yúpiāo 名(～儿)釣りの浮き.
【鱼肉】yúròu ❶名 1 魚の肉. 2〈書〉魚と肉. ❷動〈書〉(暴力で人を)食い物にする.
【鱼市】yúshì 名 魚市場.
【鱼水情】yúshuǐqíng 名 魚と水のように親密な関係. ►軍隊と人民の親しい間柄をさすことが多い.
【鱼死网破】yú sǐ wǎng pò〈成〉たたかっている双方が共倒れになる.
【鱼塘】yútáng 名 養魚池.
【鱼网】yúwǎng 名 魚を捕る網.
【鱼尾纹】yúwěiwén 名 目尻の小じわ.
【鱼鲜】yúxiān 名 魚介類食品.
【鱼腥草】yúxīngcǎo 名〈植〉ドクダミ.
【鱼汛】yúxùn 名 漁期. ►"渔汛"とも書く.
【鱼雁】yúyàn 名〈書〉〈喩〉手紙.
【鱼秧子】yúyāngzi 名〈口〉稚魚.
【鱼鹰】yúyīng 名〈口〉〈鳥〉 1 ミサゴ. 2 ウ.
【鱼油】yúyóu 名 魚油.
【鱼游釜中】yú yóu fǔ zhōng〈成〉滅亡が目の前に迫っている.
【鱼种】yúzhǒng 名 幼魚. 稚魚.
【鱼子】yúzǐ 名(塩漬けしたり乾燥させた)魚の卵.
【鱼子酱】yúzǐjiàng 名 キャビア.

竽 yú 名〈音〉竽(う). ►笙(しょう)に似た古楽器の一種.

俞 yú 感〈古〉許諾を表す. ‖ 姓
【俞允】yúyǔn 動〈書〉許諾する.

谀 yú ◇◆ おもねる. へつらう. 阿諛(あゆ)する. ¶ 阿 ē ～ / おもねる. ¶ ～辞 cí / お世辞.

娯 yú ◇◆ 楽しむ；楽しませる．¶文～/(文化的な)娯楽．¶耳目 ěrmù 之～/目や耳の保養．

*【娯乐】yúlè ①動 **楽しむ**．¶大家一起～～/みなさん，さあ楽しみましょう．②名 **娯楽**．楽しみ．¶下棋 xià qí 是一种高尚 gāoshàng 的～/将棋は高尚な娯楽である．¶～场所 chǎngsuǒ/(劇場・映画館・寄席などの)娯楽施設．

渔 yú ◇◆ ①魚を捕る．漁をする．②(不当な利益などを)あさる．¶→～利 lì．

【渔霸】yúbà 名 漁民のボス．(悪らつな)網元．
【渔产】yúchǎn 名 漁業産品．
【渔场】yúchǎng 名 漁場．
【渔船】yúchuán 名 漁船．
【渔夫】yúfū 名 漁師．
【渔港】yúgǎng 名 漁港．
【渔歌】yúgē 名 漁民の歌う歌．舟歌．
【渔火】yúhuǒ 名 いさり火．
【渔具】yújù 名 釣り道具．漁労用具．
【渔捞】yúlāo 名 漁労．
【渔利】yúlì ①動 不当な利益をあさる．¶从中～/中に立って利益をあさる．¶坐收 shōu～/居ながらにして不当な利益をせしめる．②名 漁夫の利．
【渔猎】yúliè ❶名 漁と狩猟．❷動〈書〉①略奪する．②あさる．
【渔轮】yúlún 名(モーター付き)漁船．
【渔民】yúmín 名 **漁民**．
【渔人】yúrén 名 漁師．
【渔人之利】yú rén zhī lì〈成〉漁夫の利．第三者が労せずに利益を横取りするたとえ．
【渔网】yúwǎng 名 魚網．
【渔翁】yúwēng 名 年取った漁師．
【渔汛】yúxùn 名 漁期．►"鱼汛"とも書く．
【渔业】yúyè 名 **漁業**．¶～丰年 fēngnián/豊漁年．

隅 yú ◇◆ ①すみ．角(かど)．¶墙 qiáng～/塀の角．¶一～之地/片隅の地．②そば．ほとり．¶海～/海のほとり．

逾(踰) yú ◇◆ ①越える．超過する．¶→～越 yuè．②いっそう．もっと．¶～甚 shèn/いっそう甚だしい．

【逾期】yú//qī 動〈書〉期限を過ぎる．¶工程 gōngchéng～五天/工事の期限を5日過ぎる．
【逾越】yúyuè 動〈書〉超過する．乗り越える．¶不可～的鸿沟 hónggōu/越えることのできない溝．¶～常规 chángguī/慣例を外れる．

腴 yú ◇◆ ①(人が)太っている．¶丰 fēng～/肥えてふっくらとしている．②(土地が)肥えている．¶膏 gāo～/肥沃である．

渝 yú ◇◆ ①変わる．►態度や感情についていい，否定形で用いることが多い．¶始终 shǐzhōng 不～/終始変わらない．②(Yú)重慶市．‖姓

愉 yú ◇◆ 心楽しい．

*【愉快】yúkuài 形 **愉快である**．うれしい．感じがよい．¶心情 xīnqíng～/気持ちが愉快である．¶～的微笑 wēixiào/うれしそうな微笑．¶生活 shēnghuó 过得很～/たいへん楽しい生活をしている．¶祝你旅途 lǚtú～！/よい旅を！
【愉悦】yúyuè 形〈書〉楽しい．喜ばしい．

瑜 yú ◇◆ 美しい玉(の光)；人の長所．¶瑕 xiá 不掩 yǎn～/欠点よりも長所のほうが多い．‖姓

【瑜伽・瑜珈】yújiā 名〈宗〉ヨガ．

榆 yú ◇◆ ニレ．¶榔 láng～/アキニレ．‖姓

【榆钱】yúqián 名(～儿)ニレの実．

虞 yú 名 ①舜(しゅん)が建てた伝説上の王朝名．②〈史〉虞(ぐ)．►周代の国名．
◇◆ ①予測する．¶不～/図らずも．②憂える．恐れる．¶无～/心配がない．③欺く．だます．¶尔 ěr～我诈 zhà/〈成〉互いにだまし合う．‖姓

愚 yú ◇◆ ①愚かである．¶～人/愚かな人．②愚弄する．¶→～弄 nòng．③自分の謙称．¶～以为 yǐwéi 不可/私はいけないと思う．‖姓

【愚笨】yúbèn 形 頭がにぶい．愚かである．
【愚蠢】yúchǔn 形 **愚かである**．まぬけである．のろまである．¶～无知/愚鈍で無知．¶～的家伙 jiāhuo/まぬけなやつ．
【愚钝】yúdùn 形〈書〉愚鈍である．
【愚公移山】yú gōng yí shān〈成〉愚公山を移す．いかなる難事業も地道に努力を重ねればついには成し遂げられることのたとえ．
【愚见】yújiàn 名〈謙〉愚見．卑見．
【愚陋】yúlòu 形〈書〉愚かで卑しい．
【愚昧】yúmèi 形 愚かで無知である．
【愚弄】yúnòng 動 愚弄する．からかう．
【愚懦】yúnuò 形 愚かで意気地がない．
【愚兄】yúxiōng 名〈謙〉〈旧〉私．
【愚意】yúyì 名〈謙〉愚見．
【愚者千虑必有一得】yúzhě qiānlǜ bì yǒu yīdé〈諺〉愚鈍な人でも熟慮すればよい考えを出すことがある．►謙遜に用いることが多い．
【愚拙】yúzhuō 形〈書〉愚鈍で拙劣である．

舆 yú 名〈古〉車；車の人や物を乗せる部分；かご．輿(こし)．
◇◆ ①地．►天を"盖 gài"，地を"舆"という．¶→～图 tú．②多くの人の．¶→～论．

【舆论】yúlùn 名 **輿論**(よろん)．**世論**．¶国际 guójì～/国際輿論．¶～工具/マスメディア．
【舆情】yúqíng 名〈書〉世情．民情．
【舆图】yútú 名〈書〉地図．►多く国家の領域を示す地図をいう．

3声 ***与**(與) yǔ ①前〈書〉…と．…と共に．…に対して．¶此 cǐ 事～他有关/これは彼と関係ある．¶情况 qíngkuàng～以前不同/状況は以前と違う．¶～此同时/これと同時に．¶～困难作斗争/困難とたたかう．②接続〈書〉と．および．¶文化 wénhuà～教育 jiàoyù 问题/文化と教育の問題．¶成～不成，在此一举 jǔ/成功するもしないもこの行動にかかっている．
◇◆ ①与える．渡す．¶赠 zèng～/贈与(する)．

②交際する．付き合う．¶相～／互いに付き合う．¶→～国 guó．③助ける．賛助する．¶→～人为善 shàn．‖姓　⇒〖跟 gēn〗比較　▶▶ yù

【与否】yǔfǒu 助〈書〉…や否や．…かどうか．► 2音節の動詞(句)・形容詞の後に用いることが多い．¶同意 tóngyì～,请速 sù 答复 dáfù／賛成かどうか,早急にご返答ください．

【与共】yǔgòng 動〈書〉いっしょである．共にする．¶生死 shēngsǐ～／生死を共にする．

【与国】yǔguó 名〈書〉友好国．同盟国．

【与其】yǔqí 接続 …よりも…のほうが…．語法 二つの行動を比較したのち,一方を捨ていま一方を選ぶことを表す．"不如 bùrú""宁肯 nìngkěn"などと呼応させる．¶～你去,还不如我去／君が行くよりも,ぼくが行ったほうがよい．¶～整天闲呆 xiándāi 着,倒 dào 不如学学书法 shūfǎ／一日中ぼうっとしているより,書道でも習ったほうがましだ．

【与人为善】yǔ rén wéi shàn〈成〉人がよいことをするのを助けてやる；善意で人を助ける．

【与日俱增】yǔ rì jù zēng〈成〉日増しに増える．増える一方である．

【与世长辞】yǔ shì cháng cí〈成〉逝去する．

【与世无争】yǔ shì wú zhēng〈成〉世俗的な成功に無関心である．

【与众不同】yǔ zhòng bù tóng〈成〉一般のものとは異なる．並ではない．

予 yǔ ◇◆ 与える．やる．¶授 shòu～／授与する．¶免 miǎn～／免除する．▶▶ yú

【予人口实】yǔ rén kǒu shí〈成〉人に非難の口実を与える．

【予以】yǔyǐ 動〈書〉…を与える；…する．¶～人方便 fāngbiàn／便宜をはかる．¶～批评 pīpíng／批判する．¶～打击 dǎjī／打撃を与える．

屿(嶼) yǔ ◇◆ 小さな島．¶岛 dǎo～／島嶼(とうしょ)．

伛(傴) yǔ 動 背を曲げる；腰をかがめる．¶～着背 bèi／背を曲げる．¶～下腰／腰をかがめる．

【伛偻】yǔlǚ 動〈書〉背が曲がる．体をかがめる．

宇 yǔ ◇◆ ①軒．ひさし；家屋．¶屋～／家屋．②上下四方すべての空間．¶～内／天下．全世界．③容貌．風采(ふうさい)．¶器 qì～／風貌．‖姓

【宇航】yǔháng 名 宇宙飛行．¶～员／宇宙飛行士．

【宇宙】yǔzhòu 名 ①宇宙．②〈哲〉全存在．全世界．

【宇宙飞船】yǔzhòu fēichuán 名 宇宙船．

【宇宙观】yǔzhòuguān 名〈哲〉世界観．

【宇宙航行】yǔzhòu hángxíng 名 宇宙飛行．

【宇宙火箭】yǔzhòu huǒjiàn 名 宇宙ロケット．

【宇宙射线】yǔzhòu shèxiàn 名〈物〉宇宙線．►"宇宙线"とも．

羽 yǔ ①量 鳥を数える：羽．②名 昔の五音の一つ．◇◆(鳥類の)羽,羽毛．‖姓

【羽缎】yǔduàn 名〈紡〉厚手の羽二重．アルパカ．

【羽化】yǔhuà 動 ①仙人となる；〈婉〉道士が死ぬ．¶～登仙 dēng xiān／仙人となって天に昇る．②〈動〉羽化する．

【羽毛】yǔmáo 名 ①(鳥類の)羽,羽毛．②〈喩〉(外面を飾る美しいものの意から)名誉．¶爱惜 àixī～／名誉を重んじる．

【羽毛缎】yǔmáoduàn 名 厚手の羽二重．アルパカ．

【羽毛丰满】yǔ máo fēng mǎn〈成〉(人や組織が)一人前になる．

*【羽毛球】yǔmáoqiú 名〈体〉①バドミントン．►"羽球"とも．②(バドミントンの)シャトル(コック)．

【羽毛扇】yǔmáoshàn 名〈口〉羽扇．鳥の羽で作ったうちわ．¶摇 yáo～的／陰で指図する人．

【羽毛未丰】yǔ máo wèi fēng〈成〉年が若くて経験が浅くまだ一人前でない．

*【羽绒】yǔróng 名(鳥類の)羽毛,ダウン．

【羽绒服】yǔróngfú 名 ダウンジャケット．

****雨 yǔ** 名 雨．量 阵 zhèn;［降り続く場合］场 cháng;［水滴］滴 dī．❖下 *xià*～／雨が降る．❖避 *bì*～／雨宿りをする．¶冒 mào 着大～出门／大雨の中を出かける．¶～住 zhù〔停 tíng〕了／雨がやんだ．¶～下得越 yuè 来越大／雨がますます強くなってきた．‖姓

【雨暴】yǔbào 名〈気〉あらし．

【雨布】yǔbù 名 防水布．

【雨层云】yǔcéngyún 名〈気〉乱層雲；(俗に)雨雲．

【雨点】yǔdiǎn 名(～儿)雨粒．¶掉 diào～儿了／雨がぽつりぽつり降り出した．

【雨刮器】yǔguāqì 名(自動車の)ワイパー．

【雨过天晴】yǔ guò tiān qíng〈成〉苦しい状況ががらりと好転する．

【雨后春笋】yǔ hòu chūn sǔn〈成〉新しい事物が次々と出現する．雨後のタケノコ．

【雨后送伞】yǔ hòu sòng sǎn〈成〉後の祭りである．

【雨季】yǔjì 名 雨季．

【雨脚】yǔjiǎo 名 雨脚(あまあし)．

【雨具】yǔjù 名 雨具．

【雨量】yǔliàng 名〈気〉降雨量．

【雨露】yǔlù 名 雨と露；〈喩〉恩恵．

【雨帽】yǔmào 名 防水帽．レインハット．

【雨棚】yǔpéng 名〈建〉天蓋形のひさし．

【雨情】yǔqíng 名 降雨状況．

【雨区】yǔqū 名 降雨のあった地方．

【雨伞】yǔsǎn 名 雨傘．量 把．❖打 *dǎ*～／傘をさす．¶把～折 zhé 起来／傘をたたむ．

【雨刷】yǔshuā 名(自動車の)ワイパー．

*【雨水】yǔshuǐ 名 ①雨水．降雨量．¶今年～足 zú／今年は降雨が十分である．②(二十四節気の一つ)雨水(うすい)．

【雨丝】yǔsī 名 雨の糸．細かい雨．

【雨天】yǔtiān 名 雨天．¶～顺延 shùnyán／雨天順延．

【雨蛙】yǔwā 名〈動〉アマガエル．

【雨鞋】yǔxié 名 雨靴．レインシューズ．

【雨衣】yǔyī 名 レインコート．量 件 jiàn．

【雨意】yǔyì 名 雨模様．雨の気配．¶天上布满乌云 wūyún,～很浓 nóng／空が黒い雲で覆われ,いまにも雨が降りそうだ．

【雨云】yǔyún 名 雨雲．

【雨珠】yǔzhū 名(～儿)雨のしずく．雨粒．

禹 yǔ 名 禹(う)．参考 伝説上の最初の王朝,夏(か)の初代の王といわれ,治水の功績があったとされる．‖姓

*__语__ yǔ ◇◆ ①言葉．言語．¶→～文 wén．¶英～/英語．¶口～/話し言葉．②意志伝達手段．¶手～/手話．¶旗 qí～/手旗信号．③言う．話す．¶低 dī～/低い声でささやく．④ことわざ．成句．¶～云 yún/ことわざに曰く．‖姓

【语病】yǔbìng 名 言葉遣い上の欠点．語弊．

【语词】yǔcí 名(広く)語．語句．

*【语调】yǔdiào 名〈語〉**語調**．イントネーション．

*【语法】yǔfǎ 名〈語〉①**文法**．¶这个句子不合～/この文は文法に合っていない．②文法学．文法研究．

【语感】yǔgǎn 名 ①語感．②ニュアンス．

【语汇】yǔhuì 名 語彙(ごい)．

【语境】yǔjìng 名 コンテクスト．文脈．

【语句】yǔjù 名 語句．文．言葉．

【语料库】yǔliàokù 名〈語〉言語データベース．コーパス．

【语录】yǔlù 名 語録．(個人の)言論の記録．

*【语气】yǔqì 名 ①**話しぶり**．口ぶり．¶她说话的～很生硬 shēngyìng/彼女は話しぶりがぎこちない．②〈語〉疑問・推測・命令や呼びかけ・誇張などの心情・態度の表現．

【语素】yǔsù 名〈語〉語素．形態素．

【语态】yǔtài 名〈語〉①態．ボイス．¶被动～/受動態．¶主动～/能動態．②相．アスペクト．

【语体】yǔtǐ 名〈語〉文体．文章のスタイル．¶口语～/口語体．

*【语文】yǔwén 名 ①**言語と文字**．¶～程度 chéngdù/読み書きの程度．②〈略〉言語と文学．

【语无伦次】yǔ wú lún cì〈成〉言うことが支離滅裂である．

【语系】yǔxì 名〈語〉(言語の系統を同じくする)語系．語族．

【语序】yǔxù 名〈語〉語順．

【语言】yǔyán 名 **言語．言葉．量 个,种 zhǒng．¶她会好几种～/彼女は何か国語もできる．¶～和文字/言葉と文字．

【语言学】yǔyánxué 名 言語学．

*【语音】yǔyīn 名 ①**言語音**．音声．②**人の話す声**．発音．¶她的～不错/彼女は発音がとてもよい．

【语重心长】yǔ zhòng xīn cháng〈成〉言葉が懇ろで思いやりが深い．

【语助词】yǔzhùcí 名〈語〉語気助詞．

与(與) yù ◇◆ 与(あず)かる．参与する．¶干 gān～/口出しする．

▸▸ yǔ

【与会】yùhuì 名 会議に出席する．

玉 yù 名 玉(ぎょく)．半透明で硬く美しい石．►硬玉と軟玉の総称．量 块．◇◆ ①真っ白で美しい．¶～颜/〈書〉玉のように美しい容貌．②〈敬〉相手の体や動作をいう．¶→～体 tǐ．‖姓

【玉帛】yùbó 名〈古〉玉帛(ぎょくはく)．玉器と絹織物．¶化干戈 gāngē 为～/戦争をやめて親善を図る．

【玉成】yùchéng 動〈書〉〈敬〉立派に成就〔完成〕できるよう助力する．

【玉带】yùdài 名〈古〉官吏が付けた玉をはめ込んだ帯．

【玉雕】yùdiāo 名 玉の彫刻(品)．

【玉皇大帝】Yùhuáng dàdì 名〈宗〉道教の最高神．天帝．►"玉帝"とも．

【玉洁冰清】yù jié bīng qīng〈成〉上品で純潔であるたとえ．►"冰清玉洁"とも．

【玉兰片】yùlánpiàn 名〈食材〉干したタケノコ．

【玉立】yùlì 形 ①姿が美しい．¶亭亭 tíngtíng～/すらりと美しく立っている．②〈書〉品行が正しい．

*【玉米】yùmǐ 名〈植〉**トウモロコシ**．

【玉米花儿】yùmǐhuār 名 ポップコーン．

【玉米面】yùmǐmiàn 名 トウモロコシ粉．

【玉器】yùqì 名 玉の工芸品．

【玉人】yùrén 名〈書〉(玉のようにあでやかな)美女．

【玉容】yùróng 名〈書〉〈旧〉美しい容貌．

【玉色】yùshai 名〈方〉淡い青色．

【玉石】yùshí 名 玉(ぎょく)．

【玉石俱焚】yù shí jù fén〈成〉よいものも悪いものも共に滅びる．

【玉蜀黍】yùshǔshǔ 名〈植〉トウモロコシ．

【玉树】yùshù 名〈植〉(＝桉 ān)ユーカリ．

【玉碎】yùsuì 動〈書〉(↔瓦全 wǎquán)節を曲げずに潔く死ぬ．玉砕する．

【玉体】yùtǐ 名〈書〉①(他人の体を敬って)御身．お体．②美しい女性の体．

【玉兔】yùtù 名〈書〉月．

【玉玺】yùxǐ 名〈書〉玉璽(ぎょくじ)．皇帝の印．

【玉液】yùyè 名〈書〉美酒．おいしい酒．

【玉音】yùyīn 名〈書〉〈敬〉お言葉．お便り．

【玉宇】yùyǔ 名 神仙が住む宮殿；〈喩〉天空．

【玉簪】yùzān 名 玉のかんざし；〈植〉タマノカンザシ．

驭 yù ◇◆ ①(車馬を)御する,走らせる．¶～手 shǒu/牛馬を使役する兵士．御者．②統率する．

芋 yù ◇◆ サトイモ；(広く)イモ類．¶洋 yáng～/ジャガイモ．¶山 shān～/サツマイモ．

【芋艿】yùnǎi 名〈植〉サトイモ．

【芋头】yùtou 名〈植〉①サトイモ．②〈方〉サツマイモ．

吁 yù ◇◆(ある要求のために)叫ぶ,請う．¶呼 hū～/アピールする．

▸▸ xū,yū

妪(嫗) yù ◇◆ 老婦人．¶老～/老婆．

郁(鬱) yù ◇◆ ①芳しい．¶馥 fù～/よい香りが漂うさま．¶～烈 liè/香りが強烈である．②(草木が)茂る．③気がふさぐ．(憂い・怒りなどが)わだかまる．¶忧 yōu～/憂うつである．‖姓

【郁积】yùjī 動〈書〉鬱積する．

【郁结】yùjié 動 心に鬱積する．

【郁金香】yùjīnxiāng 名〈植〉チューリップ．

【郁闷】yùmèn 形 気がふさいでいる．心が晴れない．¶～不乐 lè/鬱々として楽しまない．

【郁热】yùrè 形 蒸し暑い．

Y

【郁血】yùxuè 名〈医〉鬱血.
【郁郁】yùyù 形〈書〉①文才がよく現れている.②香気が濃厚である.③草木が茂っている.④気がふさいで晴れ晴れしない.¶～不乐 lè / うつうつとして楽しまない.
【郁郁葱葱】yùyùcōngcōng 形 草木がうっそうとしている.

育 yù ◇◆ ①生む.¶计划 jìhuà 生～ / 計画出産.②育てる.はぐくむ.¶～婴 yīng / 赤ん坊を育てる.¶～雏 chú / ひなを育てる.③教育する.¶→～才 cái.‖姓

【育才】yùcái 動〈書〉人材を育てる.
【育雏】yùchú 動 ひなを育てる.
【育龄】yùlíng 名 出産可能年齢.
【育婴堂】yùyīngtáng 名〈旧〉孤児院.

狱(獄) yù ◇◆ ①牢獄.¶下～ / 投獄する.¶监 jiān ～ / 監獄.¶→～卒 zú.②訴訟.犯罪事件.¶冤 yuān ～ / 無実の刑事事件.

【狱卒】yùzú 名〈旧〉獄卒.看守.

峪 yù ◇◆ 谷.はざま.►地名に用いることが多い.¶嘉 Jiā ～关 guān / 嘉峪関(かよくかん).万里の長城の西端の終点.

浴 yù ◇◆ 入浴する.湯あみをする.¶淋 lín ～ / シャワーを浴びる.¶日光～ / 日光浴.

【浴场】yùchǎng 名 屋外の遊泳場.
【浴池】yùchí 名 浴槽.風呂屋.
【浴缸】yùgāng 名 バスタブ.
【浴巾】yùjīn 名 バスタオル.
【浴盆】yùpén 名(入浴用の)たらい.バスタブ.
*【浴室】yùshì 名 ①浴室.(量) 间 jiān.②風呂屋.
【浴液】yùyè 名 ボディソープ.
【浴衣】yùyī 名 バスローブ.浴衣(ゆかた).

预 yù ◇◆ ①あらかじめ.事前に.¶～付 fù / 前払いをする.②与(あず)かる.¶干 gān ～ / 口出しする.‖姓

【预案】yù'àn 名 事前の対策.
【预报】yùbào 動 予報する.
*【预备】yùbèi 動 準備する.用意する.支度する.¶～功课 gōngkè / 授業の予習をする.¶～晚饭 / 夕飯の支度をする.¶各就各位,～,跑 pǎo！/ 位置について,用意,どん.

比較 预备:准备 zhǔnbèi ❶"预备"は動詞としての用法しかないが,"准备"は名詞としても用いる.❷"预备"は「前もって」準備することに,"准备"は「求められている何らかの必要に基づいて」準備することに重点がある.

【预卜】yùbǔ 動 前もって判断する.
【预测】yùcè 動 予測する.予想する.
【预产期】yùchǎnqī 名〈医〉出産予定日.
【预订】yùdìng 動 予約する.(商品を)注文する.¶～座位 zuòwèi / 座席を予約する.
【预定】yùdìng 動 予定する.あらかじめ定める.¶这项 xiàng 工程 gōngchéng ～在明年完成 / この工事は来年完成する予定になっている.
【预断】yùduàn 動 予断する.
*【预防】yùfáng 動 予防する.¶～火灾 huǒzāi / 火災を予防する.¶做好～工作 / 予防の措置をとる.¶～接种 jiēzhòng / 予防接種.
【预感】yùgǎn ①動 予感がする.►"～到"の形をとることが多い.¶她～到事情的严重 yánzhòng 性 / 彼女は事の重大性を予感した.②名 予感.虫の知らせ.¶有一种不祥 bùxiáng 的～ / 不吉な予感がする.
【预告】yùgào 動 ①予告する.前もって知らせる.¶～考试日期 kǎoshì rìqī / 試験の日にちを前もって知らせる.②名(多く演劇・出版などの)予告.¶新书～ / 新刊予告.
【预购】yùgòu 動 予約購入をする.予約注文をする.
【预后】yùhòu 名〈医〉予後.病気治療後の経過.
【预计】yùjì 動 あらかじめ推測する.見込みをつける.►普通,動詞句や主述句を目的語にとる.¶～明天下午到达 dàodá 北京 / あすの午後北京に到着の見込みである.
【预见】yùjiàn ①動 予見する.②名 予見.
【预借】yùjiè 動 前借りをする.
【预科】yùkē 名(大学などの)予科.
【预览】yùlǎn 名〈電算〉プレビュー.
*【预料】yùliào ①動 予想する.(事前に)推測する.¶这件事的结局 jiéjú 谁也～不到 / この事の結末はだれにも予測がつかない.②名 予測.見込み.¶果然 guǒrán 不出我的～ / 案の定私の見込みどおりである.
【预谋】yùmóu ①動(悪事を)事前にたくらむ,謀議する.¶他俩～结伙 jiéhuǒ 偷盗 tōudào / 彼ら二人はぐるになって盗みをはたらこうとたくらんでいる.②名 事前計画.謀議.
【预期】yùqī 動 予期する.期待する.¶达到～的目的 mùdì / 所期の目的を達する.
【预赛】yùsài 名(試合の)予選.
【预示】yùshì 動 前もって示す.
【预售】yùshòu 動 前売りをする.¶～门票 ménpiào / 入場券の前売りをする.
【预算】yùsuàn ①名〈経〉予算.②動 あらかじめ計算する.
*【预习】yùxí 動(↔复习 fùxí)予習する.¶～功课 gōngkè / 授業の予習をする.
【预先】yùxiān 副 あらかじめ.前もって.¶什么时候动身,请～通知我一下 / いつご出発か前もってお知らせください.
【预想】yùxiǎng 動 予想する.
【预行】yùxíng 動 予行する.下げいこする.
【预选】yùxuǎn ❶動 ①予備選挙をする.②(スポーツや試験で)予選をする.¶～赛 sài / 予選(試合).❷名 予選;予備選抜.
【预言】yùyán ①動 予言する.②名 予言.
【预演】yùyǎn 動 試演をする.リハーサルをする.試写をする.
【预约】yùyuē 動 予約する.¶～挂号 guàhào / 診察の受付申し込みをする.
【预展】yùzhǎn 動(展覧会の開幕前に)特別展示をする.
【预兆】yùzhào ①名 前兆.¶胜利 shènglì 的～ / 勝利の兆し.②動 前兆を示す.
【预诊】yùzhěn 名(院内感染防止のための)予診.
【预支】yùzhī 動 前払いする;前借りする.¶～工资 gōngzī / 給料を前借り〔前払い〕する.
【预知】yùzhī 動 予知する.

【预制】yùzhì 動〈建〉(プレハブ式で)あらかじめ造る.

【预制构件】yùzhì gòujiàn 名〈建〉プレハブ部品.プレハブ部材.

【预祝】yùzhù 動 …となるよう祈る,念じる. ¶～成功 chénggōng / ご成功を祈る.

【预装软件】yùzhuāng ruǎnjiàn 名〈電算〉プレインストールソフト.

域 yù ◇◆ 定められた境界線内の地. 地域. ¶领 lǐng～ / 領域. ¶区～ / 区域. ¶异 yì～ / 異域. 外国.

欲(慾) yù ◇◆ ①…しようとする. …しそうである. ¶摇 yáo 摇～坠 zhuì / ゆらゆら揺れて落ちそうである;〈転〉失敗・滅亡の寸前である. ②…したいと思う. 望む. ¶为 wéi 所～为 / かって気ままなことをする. ③(…することを)必要とする. ¶胆 dǎn～大而 ér 心～细 xì / 大胆でしかも細心であらねばならぬ. ④欲. 欲望. ¶食 shí～ / 食欲. ¶求知 qiúzhī～ / 知識欲.

【欲罢不能】yù bà bù néng 〈成〉いまさら手を引くわけにはいかない.

【欲盖弥彰】yù gài mí zhāng 〈成〉(悪事は)隠そうとすればするほど露呈しやすい.

【欲壑难填】yù hè nán tián 〈成〉欲望にはきりがない.

【欲火】yùhuǒ 名 欲望の炎;(特に)性欲.

【欲加之罪,何患无词】yù jiā zhī zuì, hé huàn wú cí 〈成〉罪を着せようと思えば,理由はいくらでもある.

【欲念】yùniàn 名 欲望.

【欲擒故纵】yù qín gù zòng 〈成〉後で手綱を引き締めるために,まずそれを緩める.

【欲速(则)不达】yù sù (zé) bù dá 〈成〉せいては事をし損じる.

【欲望】yùwàng 名(物の獲得,事柄の達成を)強く望む気持ち. 欲望.

谕 yù ◇◆(目上から目下に)知らせる,言いつける. ¶～示 / 指示する.

【谕旨】yùzhǐ 名〈書〉勅旨.

***遇** yù 動(偶然に)あう. 出くわす. 巡り会う. ¶～雨 / 雨にあう.
◇◆ ①遇する. もてなす. ¶优 yōu～ / 厚くもてなす. ②機会. ¶际 jì～ / 巡り会う. ‖姓

【遇刺】yùcì 動〈書〉暗殺される.

*【遇到】yù//dào 動+結補 出会う. ぶつかる. 当面する. ¶我昨天在街上～了他 / 私は昨日,街で彼と出会った. ¶～百年不遇的大地震 dàdìzhèn / 百年に一度もない大地震を経験する. ¶工作～困难 kùnnan / 仕事が困難にぶつかる.

【遇害】yù//hài 動〈書〉殺害される.

【遇见】yù//jiàn 動+結補 出会う. 出くわす. ¶在路上～了一位老朋友 / 途中古くからの友人にばったり出会った. ¶这种怪事 guàishì 很少～ / こんなおかしな事にはめったに遭遇するものではない.

【遇救】yù//jiù 動〈書〉難を逃れる.

【遇难】yù//nàn 動 1 難にあう. 遭難する. 2 殺害される;(事故で)死ぬ.

【遇事】yù//shì 動 事が起きる. 事件が発生する.

【遇险】yù//xiǎn 動(人や船舶などが)遭難する. ¶～信号 xìnhào / 遭難信号. SOS.

喻 yù ◇◆ ①説明する. 分からせる. 知らせる. ¶～之以理 / 道理をもって諭す. ②分かる. 了解する. ¶不言而 ér～ / 言うまでもない. ③たとえ;たとえる. ¶比～ / 比喩;たとえる. ‖姓

【喻世】yùshì 動〈書〉世人を戒め,道理を説く.

御(驭・禦) yù ◇◆ ①(車馬を)走らせる. ¶～者 / 御者. ②管理・支配する. ¶～众 / 多くの人を支配する. ③皇帝に関すること. ¶～赐 cì / 御下賜. ④防ぐ. 抵抗する. ¶～寒 hán / 寒さを防ぐ. ¶～敌 dí / 敵を防ぐ.

【御林军】yùlínjūn 名 近衛軍.

【御侮】yùwǔ 動〈書〉外国の侵犯に抵抗する.

【御用】yùyòng 形 1 皇帝用の. 2〈貶〉権力の手足になっている. ¶～文人 / 御用学者.

寓 yù ◇◆ ①住む. ¶→～居 jū. ¶→～所 suǒ. ②住む所. ¶公～ / アパート. ¶客～ / 仮住まい. ③意味を含ませる. ことよせる. ¶→～言 yán. ¶→～意 yì. ‖姓

【寓居】yùjū 動〈書〉仮り住まいをする.

【寓所】yùsuǒ 名〈書〉住まい. 住所.

【寓言】yùyán 名 寓言;寓話.

【寓意】yùyì 名〈書〉寓意. 他の事物に託してほのめかす意味.

【寓于】yùyú 動(その中に)含まれている. ¶作者 zuòzhě 把人生哲理 zhélǐ～小说之中 / 作者の人生哲学が小説の中に宿っている.

裕 yù ◇◆ ①豊かである. 余裕がある. ¶宽 kuān～ / (手元に)ゆとりがある. ②豊かにする. ¶富 fù 国～民 / 国を富まし民の生活を豊かにする. ‖姓

【裕固族】Yùgùzú 名(中国の少数民族)ユーグ(Yugur)族. ►トルコ系民族の一つで,主に甘粛省に住む.

【裕如】yùrú 形〈書〉ゆったりとしている;ゆとりのある.

愈(瘉) yù 副〈書〉("愈…愈…"の形で用い,"越 yuè…越…"に同じ)…すればするほど. ますます. ¶～多～好 / 多ければ多いほどよろしい.
◇◆(病気が)治る. ¶病～ / 病気が治る. ‖姓

【愈发】yùfā 副 ますます.

【愈合】yùhé 動〈医〉(傷口が)ふさがる.

【愈加】yùjiā 副 ますます. いっそう.

【愈益】yùyì 副 ますます.

〖愈…愈…〗 *yù…yù…* →〖愈 yù〗

誉(譽) yù ◇◆ ①誉れ. 名声. ¶荣 róng～ / 栄誉. ②ほめたたえる. ¶称 chēng～ / 称賛する. ‖姓

豫 yù ◇◆ ①あらかじめ. 事前に. ②安んじる. 自適する. ③喜ぶ. 楽しい. ④(Yù)河南省.

鹬 yù 名〈鳥〉シギ.

【鹬蚌相争,渔人得利】yù bàng xiāng zhēng, yú rén dé lì 〈成〉漁夫の利.

Y

yuan（ㄩㄢ）

1声 **鸳** yuān ◇◆ オシドリ．¶→～鸯 yāng.

【鸳侣】yuānlǚ 名〈書〉〈喩〉おしどり夫婦.

【鸳鸯】yuānyāng 名〈鳥〉オシドリ．►夫婦にたとえることが多い．量 只 zhī；[つがい]对．¶～房 fáng / 新婚夫婦向けに売り出された住宅.

冤（寃）yuān ① 名 **無実の罪**．ぬれぎぬ．►普通,単音節動詞の目的語になる．¶喊 hǎn～/無実を訴える．¶申 shēn～/ぬれぎぬを晴らす．② 形（だまされたりむだな努力をしたりして）**腹立たしい**．¶白去了一趟 tàng,真～/むだ足を踏まされてほんとうにばかをみた．③ 動〈方〉だます．ばかにする．¶你别～人！/人を担ぐんじゃない．
◇◆ 恨み．仇(あだ)．¶→～仇 chóu．¶→～家 jia.

【冤案】yuān'àn 名 冤罪事件.

【冤仇】yuānchóu 名 恨み．あだ.

【冤大头】yuāndàtóu〈慣〉いいカモ．お人よし.

【冤魂】yuānhún 名 無実の罪で死んだ人の魂.

【冤家】yuānjia 名 ① かたき．② 恨めしいが実はいとしい人．►伝統劇や民謡で恋人を指す.

【冤家路窄】yuān jiā lù zhǎi〈成〉会いたくない人にはよく顔を合わすものである．►"冤家路狭 xiá"とも.

【冤假错案】yuān jiǎ cuò àn〈成〉"冤案"(冤罪(えんざい)),"假案"(でっち上げ),"错案"(誤審)の総称.

【冤孽】yuānniè 名（前世の）因業(いんごう).

【冤气】yuānqì 名（無実の罪を着せられたことによる）怒り,無念さ.

【冤钱】yuānqián 名 ぼられた金.

【冤情】yuānqíng 名 無実の罪を着せられた事情.

【冤屈】yuānqū ① 動 無実の罪を着せる．② 名 不当な取り扱い.

【冤头】yuāntóu 名 かたき.

【冤枉】yuānwang ❶形 ①（不当な扱いを受けて）**無念である**,くやしい．¶我没干 gàn,他却偏 piān 说我干了,太～了！/私はやっていないのに,あいつは私がやったと言い張るんだ,ほんとうにくやしいよ．②（ばかをみて）**むだである**．かいがない．¶这笔钱花得真～！/とんだ金を遣って,ほんとうにばかをみた．❷ 動 ぬれぎぬを着せる．¶～好人/善良な人に罪を着せる．❸名 無実の罪.

【冤枉路】yuānwanglù 名 むだ足．¶走～/遠回りする．むだ足を踏む.

【冤枉钱】yuānwangqián 名 むだ金.

【冤狱】yuānyù 名 冤罪の裁判事件．¶平反 píngfǎn～/（再審で）冤罪を晴らす.

渊（淵）yuān ◇◆ ①淵(ふち)．深い水．¶深～/奥深い淵．②深い．¶～泉/深い泉．‖姓

【渊博】yuānbó 形〈書〉（学識が）深くて広い．該博である．¶知识 zhīshi～/知識が深くて広い.

【渊海】yuānhǎi 名〈書〉深い淵と大きな海；〈喩〉内容が深奥・広範であること.

【渊深】yuānshēn 形〈書〉（学問などが）奥深い,深遠である．¶学识 xuéshí～/学識が奥深い.

【渊源】yuānyuán 名〈書〉淵源(えんげん)．根源.

2声 ＊＊**元** yuán ① 量（中国の本位貨幣の単位）元(げん)．►正式表記は"圆 yuán"．話し言葉では普通,"块 kuài"と通称する．② 名（Yuán）〈史〉元．►歴代王朝の一つで,ジンギス汗の孫のフビライが建てた国.
◇◆ ①始めの．第一の．¶→～旦 dàn．¶→～年．②かしらの．第一位の．¶→～首 shǒu．¶→～凶 xiōng．③もとになる．主要な．¶→～素 sù．④1個のまとまりをなしているもの．¶单 dān～/単元．ユニット．‖姓

【元宝】yuánbǎo 名（過去に通貨として用いられた）馬蹄銀．元宝.

＊【元旦】Yuándàn 名 **元旦**．元日．►普通,新暦の1月1日をさす.

【元件】yuánjiàn 名〈機〉部品．素子．エレメント．コンポーネント.

【元来】yuánlái →【原来】yuánlái

【元年】yuánnián 名（紀元の）元年.

【元配】yuánpèi 名〈書〉最初にめとった妻.

【元气】yuánqì 名 生命力．活気．活力．¶～旺盛 wàngshèng / バイタリティーにあふれている．¶大伤 shāng～/気勢が大いにそがれる.
参考 "元气"は国家や組織が存続する上で必要な活力についてもいうことができる．¶文化大革命使 shǐ 国家建设伤 shāng 了～/文化大革命によって国家の建設のために必要な活力が損なわれた.

【元曲】yuánqǔ 名 元曲．►元代に流行した演劇形式．"杂剧 zájù"と"散曲 sǎnqǔ"を含む.

【元首】yuánshǒu 名 ① 元首．②〈書〉君主.

【元帅】yuánshuài 名 ① 元帥．②〈古〉全軍の主将.

【元素】yuánsù 名 ① 要素．因素．②〈数〉要素．元素．③〈略〉化学元素．¶稀有 xīyǒu～/希元素.

【元宵】yuánxiāo 名 ① 陰暦1月15日の上元の夜．►この夜,町中を灯籠・ちょうちんで飾り,見物客でにぎわう．② 元宵团子．►あんの入った団子で"元宵节"の食べ物.

＊【元宵节】Yuánxiāojié 名 元宵節．上元．►旧暦1月15日の節句.

【元凶】yuánxiōng 名 悪者の頭.

【元勋】yuánxūn 名 元勲.

【元音】yuányīn 名〈語〉（↔辅音 fǔyīn）母音.

【元鱼】yuányú 名〈動〉スッポン.

【元月】yuányuè 名〈書〉正月．1月．►陰暦にも陽暦にも用いる.

园（園）yuán ◇◆ ①野菜・草花・果樹などを植える畑．②遊覧・娯楽の場所．¶公～/公園．‖姓

【园地】yuándì 名 ① 菜園・花園・果樹園の総称．畑．¶农业 nóngyè～/農業用地．②〈喩〉（活動する）場所．③ 新聞・雑誌などの欄.

【园丁】yuándīng 名 ① 庭師．②〈喩〉教師；（特に）小学校の先生.

【园林】yuánlín 名（観賞・遊覧用の）園林,庭園.

【园田】yuántián 名〈農〉野菜畑．菜園.

【园艺】yuányì 名 園芸．¶～家/園芸家.

【园子】yuánzi 名 ① 園．庭園．¶菜～/野菜畑．② 劇場.

* **员 yuán** ① [接尾] 集団のメンバーまたは職業や職務を担当する人．¶教～ / 教員．¶学～ / 学生．¶演～ / 役者．俳優．¶党 dǎng ～ / (共産)党員．¶飞行 fēixíng ～ / パイロット．¶服务 fúwù ～ / ボーイ．接客係．¶守门 shǒumén ～ / ゴールキーパー．¶售货 shòuhuò ～ / 売り子．¶列车～ / 汽車の車掌．¶运动～ / 選手．[注意]"员"をつけてもつけなくても意味が変わらない場合もある．¶司令(员) / 司令官．¶裁判 cáipàn (员) / 審判員．¶记录(员) / スコアラー．
② [量] 武将・人員を数える．¶一～大将 dàjiàng / 一人の大将．¶他是我们队伍 duìwu 中的一～ / 彼はわれわれの組織の中の一人だ．

【员额】yuán'é [名] 定員．
【员工】yuángōng [名] 従業員．職員と労働者．¶铁路～ / 鉄道従業員．¶师生 shīshēng ～ / 教職員と学生．

垣 yuán ◇◆ ①垣．塀．¶城～ / 城壁．②都市．¶省 shěng ～ / 省都．‖[姓]

袁 yuán ‖[姓]

【袁头】yuántóu [名] 民国初年発行の袁世凱(えんせいがい)の肖像が入った１元銀貨．►"袁大头"とも．

原 yuán [形] もとの．本来の；もとは．¶～计划 jìhuà / もとの計画．オリジナルの計画．¶～打算 dǎsuan 请他来 / もとは彼に来てもらうつもりだった．
◇◆ ①最初の．始めの．¶→～稿 gǎo．¶→～始 shǐ．②未加工の．原料の．¶→～料 liào．¶～煤 méi / 未選鉱の石炭．③野原．平坦な所．¶→～野 yě．¶高～ / 高原．④了解する．許す．¶→～谅 liàng．‖[姓]

【原案】yuán'àn [名] 未処理のままの事件．
【原版】yuánbǎn [名] ①原版．初版．②マスターテープ．
【原本】yuánběn ❶[名] ①原本．②初刻本．初版本．③原書．原著．❷[副] 本来．もともと．¶这里～是厨房 chúfáng / ここはもともとキッチンだった．
【原材料】yuáncáiliào [名] 原材料．
【原处】yuánchù [名] もとの所．
【原创】yuánchuàng [動] オリジナル制作する．
【原地】yuándì [名] ①もとの場所・位置．¶请回到～ / もとの場所へ戻ってください．②その場所・位置．¶停止 tíngzhǐ 前进，～休息 xiūxi！/ 前進やめ，そのまま休め．
【原定】yuándìng [動] 最初に規定または確定する．¶～方案 fāng'àn / 原案．
【原动力】yuándònglì [名] 原動力．動力．
【原封】yuánfēng [形](～儿) もとのままの．封を切っていない．¶～不动 / もとのまま手をつけていない．
【原稿】yuángǎo [名] 原稿．
【原告】yuángào [名]〈法〉原告．
【原故】yuángù [名] 原因．わけ．►"缘故"とも書く．
【原籍】yuánjí [名] 原籍．本籍．►"寄籍、客籍"と区別する．
【原价】yuánjià [名] ①〈経〉原価．仕入値段．②値下げ前の値段．
【原件】yuánjiàn [名] 原物．オリジナル．
【原旧】yuánjiù 〈方〉[形] もとのままである．もともと．
**【原来】yuánlái ①[副] なんと(…であったのか)．なんだ(…だったのか)．►それまで気がつかなかったことに，気づいたとき発する言葉．¶我以为 yǐwéi 是谁，～是你呀！/ だれかと思ったら，なんだ君だったのか．¶这道题 tí ～这么容易 róngyì 呀 / この問題は，なんとこんなにやさしかったのか．②[形] もともとの；もとは．¶他还住在～的地方 / 彼はまだもとの同じ場所に住んでいる．¶～有五十个人，现在只 zhǐ 剩下 shèngxià 二十人了 / もとは50人いたが，いまでは20人しか残っていない．③[名] 当初．以前．
【原来如此】yuán lái rú cǐ 〈成〉なるほど．そうだったのか．¶～，事情是这样啊 / なるほどそうですか．
【原理】yuánlǐ [名] 原理．
【原粮】yuánliáng [名] もみ付きの穀物．
*【原谅】yuánliàng [動] 許す．容認する．¶今天招待不周到，请～ / 今日は十分なおもてなしもできずどうもすみません．¶他那不认真 rènzhēn 的态度无法叫人～ / 彼のふまじめな態度は容認するわけにはいかない．
*【原料】yuánliào [名] 原料．¶进口 jìnkǒu ～ / 原料を輸入する．
【原貌】yuánmào [名] もとの様相．本来の様子．
【原配】yuánpèi [名] 最初にめとった妻．
【原任】yuánrèn [形] 前任の．もと勤めていた．
【原色】yuánsè [名]〈物〉原色．¶红黄蓝 hóng huáng lán 三～ / 赤・黄・青の三原色．
【原审】yuánshěn [名]〈法〉第一審．
【原声带】yuánshēngdài [名] マザーテープ；(市販の)オリジナルテープ．
*【原始】yuánshǐ [形](後ろに名詞をとって) ①最初の．オリジナルの．¶～股 gǔ / 未公開株．¶～资料 zīliào / オリジナル資料．②原始的な．未開の．¶～社会 / 原始社会．
【原委】yuánwěi [名] 事の次第．いきさつ．
【原文】yuánwén [名] ①原文．②(引用または引証の)原文．
【原物】yuánwù [名] 原物．オリジナル．
【原先】yuánxiān ①[形] はじめの．以前の．¶～的条件 tiáojiàn / もともとの条件．②[副] 最初は．もとは．¶我～还以为 yǐwéi 他也来呢 / はじめは彼も来るものと思い込んでいた．
【原形】yuánxíng [名] 原形；〈喩〉〈貶〉正体．¶～毕露 bìlù / 正体がはっきりばれる．
【原型】yuánxíng [名] ①〈機〉原型．②(文学作品の)モデル．
【原盐】yuányán [名] 未精製塩．工業塩．
【原样】yuányàng [名](～儿) もとの型．もとの見本．¶按 àn ～照抄 zhàochāo / 見本どおりに書き写す．
【原野】yuányě [名] 原野．平原．(量) 片 piàn．
【原意】yuányì [名] 本来の意味．もとの意図．
*【原因】yuányīn [名](↔结果 jiéguǒ) 原因．¶成功的～ / 成功の原因．¶明确 míngquè ～ / 原因をはっきりさせる．
【原由】yuányóu [名] 原因．わけ．理由．
【原油】yuányóu [名] 原油．未精製の石油．
【原有】yuányǒu [形] もとからある．古くからある．¶～人数 rénshù / もともとの人数．

Y

【原原本本】yuán yuán běn běn 〈成〉(～的) 一部始終,始めから終わりまで(話す).

*【原则】yuánzé 名 原則. ㊐ 个,项 xiàng,条. ¶～问题 / 原則的な問題. ¶～上同意 tóngyì / 大筋で合意する.

【原址】yuánzhǐ 名(引っ越す)前の場所.

【原主】yuánzhǔ 名(～儿)もとの所有者. ¶物归 guī～ / 物がもとの所有者に戻る.

【原著】yuánzhù 名 原著. 原作.

【原装】yuánzhuāng 形 ①(現地組み立てに対して)輸入完成品の. ¶这种电视机是日本～的 / この型のテレビは日本製だ. ②(販売用に)きちんと包装された.

【原状】yuánzhuàng 名 原状.

【原子】yuánzǐ 名〈物〉原子.

【原子笔】yuánzǐbǐ 名 ボールペン.

*【原子弹】yuánzǐdàn 名〈軍〉**原子爆弾**. ㊐ 颗 kē.

【原子核反应堆】yuánzǐhé fǎnyìngduī 名〈物〉原子炉.

【原子能】yuánzǐnéng 名〈物〉原子力. 原子エネルギー. ¶～发电站 / 原子力発電所.

【原作】yuánzuò 名 ①唱和する詩文の最初の一編. ②原作.

** 圆 yuán

❶形 ①**真ん丸い**. ¶这个圈儿 quānr 画得不～ / この円は丸く書いてない. ②**周到である**. 如才がない. ¶他做事很～,各方面都照顾 zhàogù 到 / 彼の仕事ぶりは実に行き届いていて,いろいろな点にすべて配慮してある.

❷名〈数〉円. 円周.

❸量(中国の本位貨幣の単位)元. ►普通は"元 yuán"と表記する.

◇◆ ①円状の表面の. ¶～台 tái / 〈数〉円錐台. ¶～柱 zhù / 〈数〉円柱. ②円満に収める. うまく取り繕う. ¶→～场 chǎng. ‖姓

【圆白菜】yuánbáicài 名〈植〉キャベツ.

【圆材】yuáncái 名〈林〉丸太.

【圆场】yuán//chǎng 動 まるく収める. 仲裁する. ¶你给他俩 liǎ 圆圆场 / 二人の間を取りなしてくれ.

【圆顶】yuándǐng 名 ①〈建〉丸天井. ドーム. ②〈天〉天球. 天蓋.

【圆规】yuánguī 名(円などをかく)コンパス.

【圆滚滚】yuángǔngǔn 形(～的)ころころと太っている.

【圆号】yuánhào 名〈音〉(フレンチ)ホルン.

【圆乎乎】yuánhūhū 形(～的)まるまるとしている.

【圆滑】yuánhuá 形〈貶〉八方美人である. 人当たりがよい. ¶他说话很～ / 彼の話は如才がない.

【圆谎】yuán//huǎng 動 うそのつじつまを合わせる. うそを繕う.

【圆浑】yuánhún 形〈書〉①(声が)滑らかで力がある. ②(詩文が)飾り立てられておらず深い趣がある.

【圆括号】yuánkuòhào 名 丸かっこ.

【圆溜溜】yuánliūliū 形(～的)真ん丸い.

*【圆满】yuánmǎn 形(不足,手抜かりがなく)**円満である**. **十分である**. ¶他的答案 dá'àn 很～ / 彼の答案は非の打ち所がない. ¶～的结果 / 納得のいく円満な結果. ¶～地完成了上级交给的任务 rènwu / 上司から与えられた任務を首尾よく達成した.

【圆梦】yuán//mèng 動 ①夢判断をする. ②夢をかなえる.

【圆圈】yuánquān 名(～儿)丸. 輪. ¶围 wéi 成一个～ / 輪になって取り囲む.

【圆全】yuánquan 形〈方〉(物事が)円満である. 周到である.

【圆润】yuánrùn 形〈書〉①(声などが)まろやかでつやがある. ②(書や絵の技法が)熟達している.

【圆熟】yuánshú 形 ①円熟している. ②融通がきく.

【圆通】yuántōng 形(考え方ややり方に)柔軟性がある.

【圆舞曲】yuánwǔqǔ 名〈音〉ワルツ.

【圆心】yuánxīn 名〈数〉円心.

【圆心角】yuánxīnjiǎo 名〈数〉中心角.

【圆形】yuánxíng 名 円形.

【圆周】yuánzhōu 名〈数〉円周. 円.

【圆周率】yuánzhōulǜ 名〈数〉円周率.

【圆珠笔】yuánzhūbǐ 名 **ボールペン. ►"原子笔 yuánzǐbǐ"とも. ㊐ 支 zhī,枝 zhī,杆 gǎn.

【圆桌】yuánzhuō 名 円卓. 丸いテーブル.

【圆桌会议】yuánzhuō huìyì 名 円卓会議.

【圆桌面】yuánzhuōmiàn 名(～儿)(テーブルの上にのせて円卓にする)まるいテーブルの卓面.

【圆子】yuánzi 名 ①団子. ►あんの入ったものが多い. ②〈方〉肉や魚類の団子.

援 yuán

◇◆ ①(手で)引く,つかむ. ¶攀 pān～ / 何かをつかんで登る. ②引用する. 引く. ¶→～例 lì. ③援助する. 助ける. ¶支 zhī～ / 支援する.

【援兵】yuánbīng 名 援軍. 援兵.

【援救】yuánjiù 動 救援する.

【援军】yuánjūn 名 援軍.

【援例】yuán//lì 動 ①慣例を援用する. 前例に従う. ②例を引く.

【援手】yuánshǒu 動〈書〉援助の手を差し伸べる.

【援外】yuánwài 動(経済や技術などの面での)外国を援助する.

【援引】yuányǐn 動 ①引用する. 援用する. ②(自分の関係者を)推薦する,起用する.

【援用】yuányòng 動〈書〉①援用する. 引用する. ¶～成例 chénglì / 慣例を援用する. ②採用を推薦する.

【援助】yuánzhù 動(政治・経済などの面で)**援助する**,支援する. ¶～受灾地区 shòuzāi dìqū / 被災地区を援助する.

缘 yuán

前 ①〈書〉…のために. ¶～何到此? / 何のためにここへ来たのだ. ②〈書〉…に沿って. …に従って. ¶～溪 xī 而行 / 谷川に沿って行く.

◇◆ ①わけ. 理由. ¶→～由 yóu. ¶无～无故 gù / 何の理由もない. ②縁(え). ゆかり. ¶姻 yīn～ / 夫婦の縁. ③縁(ふち). ¶边～ / へり;瀬戸際.

【缘簿】yuánbù 名 勧進帳. 奉加帳.

【缘分】yuánfèn 名 **縁**. **ゆかり**. 関係. ►yuánfen と発音することもある. ¶能在这儿见到您,可真是有～啊 / こんなところでお目にかかるとは,いやはやまったくご縁がありますね.

【缘故】yuángù 名 **原因**. わけ. ¶不知什么～,她今天没来 / どうしたのか知らないが,彼女はきょうは来なかった.

【缘木求鱼】yuán mù qiú yú 〈成〉方法をまちがうと目的を達することができないたとえ.

【缘起】yuánqǐ 名 ①事の起こる原因. ②発起の趣意書.
【缘由】yuányóu 名 わけ. 原因.

猿 yuán ◇◆ 類人猿. ►"大猩猩 dàxīngxing"(ゴリラ),"猩猩"(オランウータン),"黑猩猩"(チンパンジー)などをいう. ニホンザルなどの一般的なサルは"猴子 hóuzi"という.
【猿猴】yuánhóu 名 類人猿とサル.
【猿人】yuánrén 名 猿人. 原人. ¶北京～/北京原人.

源 yuán ◇◆ ①水源. ¶发～/源を発する. ¶河～/川の源. ②出どころ. ¶货 huò ～/商品の供給源・原産地. ¶病～/病原. ‖姓
【源程序】yuánchéngxù 名〈電算〉ソースプログラム.
【源流】yuánliú 名 源流;事物の起源と発展.
【源泉】yuánquán 名 **源泉. 源.**
【源头】yuántóu 名 水源;事物の源.
【源源】yuányuán 副 絶えまなく. 次々と. ¶～不绝 jué/続々と現れて絶え間がない.
【源远流长】yuán yuǎn liú cháng〈成〉歴史や伝統が長い.

辕 yuán 名 轅(ながえ). ¶→～子 zi. ¶车～子/車のかじ棒.
◇◆ 役所. ¶行 xíng ～/〈旧〉大官の旅行中の臨時役所. ‖姓
【辕子】yuánzi 名 轅(ながえ).

3声 **
远(遠) yuǎn

隔たりが大きい→程度の差が大きい;相手と距離をおく

❶形 ①(空間的に)**遠い**;(時間的に)**隔たっている**,長い. ¶他家离 lí 车站很～/彼の家は駅から遠い. ¶那是很～以前的事/それははるか昔のことだ. ¶～～地望 wàng 着湖面 húmiàn 上的帆船 fānchuán/遠く湖面に浮かぶ帆掛け船を眺めていた.
❖**看得** *kàn de* ～/見通しがきく. ¶眼光 yǎnguāng 要看得～/見通しがきかなければいけない.
❖(有)多(*yǒu*) *duō* ～/(距離が)どのくらいあるか. ¶等 děng 地铁修通 xiūtōng,最近的地铁口离 lí 这儿有多～?/地下鉄が通じたら,いちばん近い地下鉄駅までどのくらいですか.
②**程度の差が大きい**;ずっと. はるかに. ¶我～不如她/私はとても彼女には及ばない.
❖**差得** *chà de* ～/はるかに劣る. ¶你说汉语 Hànyǔ 说得很好——还差得～呢/あなたは中国語がとても上手ですね——まだまだですよ.
❷動 遠ざかる. 遠ざける. ¶那个人很危险 wēixiǎn,大家都～着他/あの男は危険なので,みな彼を遠ざける. ¶敬 jìng 而～之/〈成〉敬遠する.
◇◆(血縁関係が)遠い. ¶→～亲 qīn. ¶→～房 fáng. ‖姓
【远程】yuǎnchéng 形 長距離の. 遠距離の.
【远程教育】yuǎnchéng jiàoyù 名 遠隔教育.
【远处】yuǎnchù 名 遠い所. 遠方.
【远大】yuǎndà 形(目標・計画・理想などが)**遠大である**. ¶～的理想/遠大な理想.
【远道】yuǎndào 名 遠路;はるばる. ¶～而 ér 来/はるばるやって来る.
【远的不说】yuǎnde bù shuō〈挿〉ほかのことはさておいて. 近い例でいうと. ¶～,咱们 zánmen 同学当中 dāngzhōng 就有好几个成了大款儿 dàkuǎnr 的/ほかの人はともかくとして,われわれのクラスメートも何人か大金持ちになったよ.
【远东】Yuǎndōng 名〈地〉極東. 東アジア.
【远渡】yuǎndù 動〈書〉果てしない海を越える.
【远方】yuǎnfāng 名 **遠方**. 遠い所.
【远房】yuǎnfáng 形 遠縁の. ¶～亲戚 qīnqī/遠い親戚.
【远古】yuǎngǔ 名 大昔. はるか昔.
【远航】yuǎnháng 動 はるか遠くまで航海する.
【远见】yuǎnjiàn 名 先々までの見通し. 遠見.
【远郊】yuǎnjiāo 名 遠い郊外.
【远交近攻】yuǎn jiāo jìn gōng〈成〉遠い国と仲よくして近い国を攻撃する策略. ►現在では,人との付き合いや処世の手段をさすこともある.
【远近】yuǎnjìn 名 ①遠近. 遠さ. ¶离车站的～怎么样?/駅からの距離はどうですか. ②遠い所と近い所. ¶～闻名/遠くまで知れ渡っている.
【远景】yuǎnjǐng 名 ①遠景. 遠方の景色. ②前途. 見通し. 将来への展望. ¶～规划 guīhuà/長期計画. ③〈映〉ロングショット.
【远距离操纵】yuǎnjùlí cāozòng 名 遠隔操作.
【远客】yuǎnkè 名 遠来の客.
【远来的和尚会念经】yuǎnlái de héshang huì niàn jīng〈諺〉外来の物や人はよく見える.
【远了去了】yuǎnle qùle〈方〉ずっと. ¶他的钱比 bǐ 你多～/彼の金は君のよりはるかに多い.
【远离】yuǎnlí 動 ①遠く離れる. ②遠ざける.
【远虑】yuǎnlǜ 名〈書〉遠い将来を見通した考え.
【远门】yuǎnmén ①名 遠出. ¶出～/家から遠くに出かける. ②形 遠縁の.
【远期】yuǎnqī 形 遠い期限の;〈経〉先物の. ¶～汇价 huìjià/先物の為替相場.
【远亲】yuǎnqīn 名 遠縁の親戚. ¶～不如近邻 jìnlín/〈諺〉遠くの親戚より近くの他人.
【远识】yuǎnshí 名〈書〉遠大な見識. 卓見.
【远视】yuǎnshì ①名〈医〉遠視. ②形 長期的な視野をもっている.
【远水不解近渴】yuǎnshuǐ bù jiě jìnkě〈諺〉時間のかかる解決策では急場の役に立たない. ►"远水解不了近渴"とも.
【远水救不了近火】yuǎnshuǐ jiùbuliǎo jìnhuǒ〈諺〉緩慢な措置や援助では急場に間に合わない.
【远销】yuǎnxiāo 動(製品を)遠隔地に販売する. ¶～欧美 Ōu-Měi/広く欧米まで販売する.
【远扬】yuǎnyáng 動(名声などが)遠くまで伝わる. ¶臭名 chòumíng～/悪名がとどろく.
【远洋】yuǎnyáng 名 **遠洋**. ¶～航行 hángxíng/遠洋航海.
【远因】yuǎnyīn 名(↔近因 jìnyīn)遠因. 間接的な原因.
【远远】yuǎnyuǎn 形(～的)はるかに遠い;**はるかに**. ¶声音 shēngyīn 传 chuán 得～的/声ははるか遠くへ届く. ¶～地观看 guānkàn/遠くから見物する. ¶今年雨量 yǔliàng～多于去年/今年の降雨量は昨年よりはるかに多い.
【远征】yuǎnzhēng 動 遠征する.
【远志】yuǎnzhì 名 ①遠大な志. ②〈植〉イトヒメ

ハギ；〈中薬〉遠志(おんじ)．

【远走高飞】yuǎn zǒu gāo fēi 〈成〉①高飛びをする．②親元を遠く離れる．

【远足】yuǎnzú 名(歩いて行く)遠足．

4声 **苑** yuàn ◇◆ ①鳥獣を飼ったり植物を植えたりする庭．¶禁 jìn～／帝王の御苑．②(学術や芸術の)中心．¶艺 yì～／芸術家の集まり．‖姓

怨 yuàn 動 **とがめる．責める．**…のせいにする．¶别～他，这是我的错儿 cuòr／これは私のミスだから彼を責めないでくれ．¶都～我自己不争气 zhēngqì／まったく自分に意気地がないせいなんだ．

◇◆ 恨み．¶抱 bào～／恨みを抱く．¶→～恨 hèn．

【怨不得】yuànbude 〈方〉①副 **道理で…はずだ．**…のももっともだ．¶～他生气 shēngqì 呢／彼が怒るのももっともだ．②動+可補 …のせいではない．¶这是我的错儿 cuòr，～他／これは私のミスだ，彼のせいではない．

【怨恨】yuànhèn ①名 憎しみ．恨み．②動 恨む．憎む．

【怨气】yuànqì 名 恨みや不満の表情または気持ち．¶一脸 liǎn～／不満いっぱいの表情．

【怨声载道】yuàn shēng zài dào 〈成〉民衆の不満が極めて多い．

【怨天尤人】yuàn tiān yóu rén 〈成〉自分のことは棚に上げて，一切を他人や周囲の状況のせいにする．

【怨天怨地】yuàn tiān yuàn dì 〈成〉思うに任せないのを外部の条件のせいにする．

【怨言】yuànyán 名 恨み言．不平．

【怨尤】yuànyóu 名〈書〉怨恨(えんこん)．不満．

* **院** yuàn 名(～儿)塀や建物で囲った屋敷の中の空地．庭．¶小～儿／塀で囲った小さな居住区域．¶在～儿里玩儿／庭で遊ぶ．

◇◆ ①機関や公共の建物．¶医～／病院．¶剧 jù～／劇場．②単科大学．¶学 xué～／単科大学．‖姓

【院落】yuànluò 名〈書〉塀で囲った住宅・敷地．

【院墙】yuànqiáng 名 住宅を囲む塀．

*【院长】yuànzhǎng 名 ① **病院の院長．** ②(“…学院”という名称の組織の) **学院長．** 学長．

【院子】yuànzi 名〈口〉(塀や垣根で囲った)住宅，敷地；中庭．** 庭．量 个，进．

* **愿(願)** yuàn ①動 **願う．望む．** ►主述句を目的語にとることが多い．¶～祖国 zǔguó 繁荣 fánróng 昌盛 chāngshèng／祖国の繁栄と発展を願う．②助動 **…したいと思う．** ¶我不～参加这种 zhǒng 活动／私はこのような活動には参加したくない．

◇◆ ①(神仏にかける)願．¶许 xǔ～／願をかける．¶还 huán～／お礼参りをする．②慎み深い．正直である．¶谨 jǐn～／慎み深く誠意がある．

*【愿望】yuànwàng 名 **願望．** 願い．望み．¶共同 gòngtóng～／共通の願い．¶实现 shíxiàn～／望みがかなう．

【愿心】yuànxīn 名 ①(神仏に)お礼参りをするという誓い．②願望．抱負．

【愿意】yuànyi ①助動《自分の望みにかなっていると考えて…することを承知する》喜んで(自ら進んで)…する．** …したがる．►程度副詞の修飾を受けることができる．¶我～当 dāng 一名飞行员 fēixíngyuán／私は飛行機のパイロットになりたい．¶她不～去参加舞会 wǔhuì／彼女はダンスパーティーに行きたがらない．②動《ある状況が発生することを望む》**…を望む，願う．** ►形容詞や主述句を目的語にとることができる．¶他们～你留 liú 在这里／彼らは君がここに残るように望んでいる．¶年轻人 niánqīngrén～热闹 rènao，老年人～安静 ānjìng／若い人はにぎやかに楽しくやりたいし，お年寄りは静かにしていたい．

yue (ㄩㄝ)

1声 **曰** yuē 動〈古〉①言う．曰(いわ)く．¶客～："吾 wú 去矣 yǐ！"／客はおいとましようと言った．②…と名づける．…と呼ぶ．¶美其 qí 名～…／仰々しくも名を…とつけた．‖姓

* **约** yuē ❶動 ① **事前に取り決める．約束する．** 予約する．¶我们～个时间，一起去拜望 bàiwàng 李老师／時間を決めておいて，いっしょに李先生をお訪ねすることにしよう．¶我跟她～好了，明天在球场 qiúchǎng 门口见面／私はあす球場の入り口で会うように彼女と約束した．② **誘う．招く．** ►後に兼語の形をとることができる．¶～她看电影／彼女を映画に誘う．¶今天的圣诞晚会 shèngdàn wǎnhuì 你～了哪些人？／きょうのクリスマスパーティーに君はどんな人を招いたんだい．③〈数〉約分する．約する．¶六分之三可以用三～／6分の3は3で約せる．

❷副 **およそ．だいたい．** ¶年～十六、七／年のころはおよそ16，7．¶～有三十人／約30名．

◇◆ ①約束．契約．¶立～／契約する．②抑える．拘束する．¶制 zhì～／制約する．③倹約する．¶节 jié～／節約する．④簡略である．¶～言之／要約して言うと．▸▸ yāo

【约旦】Yuēdàn 名〈地名〉ヨルダン．

【约定】yuēdìng 動 **約束する．** 前もって取り決める．¶～会晤 huìwù 地点／面会の場所を決める．

【约定俗成】yuē dìng sú chéng 〈成〉事物の名称や社会習慣などがしだいに定まって一般化する．

【约法三章】yuē fǎ sān zhāng 〈成〉基本的な法律を制定してみんなで守ることを約束すること；(広く)簡単な取り決めをすること．

【约分】yuē//fēn 動〈数〉約分する．

*【约会】yuēhuì ①動 **前もって会う約束をする．** ¶大伙儿 dàhuǒr～好在这儿碰头 pèngtóu／みんなここで落ち合うように約束した．②名(～儿)会う約束；デート．¶订 dìng 个～儿／会う約束をする．¶今天晚上有～／今晩はデートなんだ．

注意 yuēhui(r)と発音することもある．

【约集】yuējí 動 みんなを集める．

【约计】yuējì 動 ざっと見積もる．概算する．

【约见】yuējiàn 動 会見を前もって約束する．►外交上のことについていう場合が多い．

【约据】yuējù 名(契約書・受取書などの)証拠書類．

【约略】yuēlüè ①名 あらまし．だいたい．②副 ぼんやりと；(なんとなく)…のようだ．

【约莫・约摸】yuēmo 副 ざっと(見積もって)．およそ．¶他～有五十岁 suì／彼は50歳前後だ．

【约期】yuēqī ①動 期日を取り決める. ②名 約束の日;約束した期限.
【约请】yuēqǐng 動 招く. 案内を出す.
【约束】yuēshù 動 **束縛する;制限する.** ►日本語の「約束する」は"约""约定 yuēdìng"などを用いる. ¶～孩子/子供をしつける. ¶受法律 fǎlǜ ～/法律の拘束を受ける.
【约数】yuēshù 名 ①(～儿)概数. ②〈数〉約数.
【约同】yuētóng 動〈書〉一緒に行くように誘う.
【约言】yuēyán 名 約束の言葉.

4声 ** **月 yuè** 名 ①(天体の)**月.** ►普通は"月亮 yuèliang"という. ②(時間の単位)月;(暦の上の月順を表す)月. ¶两个～/2か月. ¶二～/2月. ◇◆ ①毎月の. 月ごとの. ¶～产量 chǎnliàng/月産. ¶→～刊 kān. ②形が月に似たもの. ¶→～饼 bing. ‖姓

【月白】yuèbái 形 薄いあい色の.
【月半】yuèbàn 名 月の15日;(広く)月の半ば.
【月报】yuèbào 名 ①月刊誌. ►刊行物の名称に用いることが多い. ②月例報告. 月報.
【月饼】yuèbing 名 中秋節(旧暦8月15日)に食べる月餅(げっぺい). 量 个,块;[切ったもの]牙 yá.
【月初】yuèchū 名 月の初め.
【月底】yuèdǐ 名 月末.
【月度】yuèdù 名(計算の単位とする)1か月,1か月分. ¶～计划 jìhuà/月間計画.
【月份】yuèfèn 名(～儿)(暦の上の)**月.** 月順. ►3月7日のように具体的な日付の月をいう場合は"月份"は用いない. ¶三～的营业额 yíngyè'é/3月の売り上げ高. ¶你几～去北京?/あなたは何月に北京へ行きますか.
【月份牌】yuèfènpái 名(～儿)〈口〉①(旧式の)1枚刷りの絵入りカレンダー. ②カレンダー. 日めくり.
【月工】yuègōng 名 月決めの雇い人.
【月宫】yuègōng 名 ①(伝説上の)月にある宮殿;〈転〉月世界. ②(天体の)月.
【月光】yuèguāng 名 **月光.**
【月黑天】yuèhēitiān 名 やみ夜. ►陰暦の月末と月初めの月のない夜.
【月华】yuèhuá 名 ①〈書〉月光. ②〈天〉月の暈(かさ).
【月经】yuèjīng 名〈生理〉月経;月経による出血.
【月刊】yuèkān 名 月刊. 毎月の定期刊行物.
【月老】yuèlǎo 名 媒酌人. 月下氷人.
【月历】yuèlì 名(月ごとにめくる)カレンダー. 量 张. ◆翻 *fān* ～/カレンダーをめくる.
【月利】yuèlì 名 月利. 月勘定の利息.
【月亮】yuèliang 名(天体としての)月.** ►"月球 yuèqiú"の通称. yuèliàng と発音することもある.
【月亮门儿】yuèliangménr 名〈建〉壁を満月型の円形にくり抜いた門. ►庭園内の塀に作り付けることが多い.
【月轮】yuèlún 名 まるい月.
【月末】yuèmò 名 月末.
【月票】yuèpiào 名(電車・バス・遊園地などの)月決めの定期券. 量 张.
【月钱】yuèqian 名 月々の小遣い銭. ►家族や商店に年季奉公する者などに与えるものをいう.
【月琴】yuèqín 名(民族楽器の一つ)月琴. ►木製の4弦または3弦で,胴が丸く,ばちではじく.
*【月球】yuèqiú 名〈天〉月. ►学術用語. 通称は"月亮 yuèliang". ¶～车 chē/月面車.
【月入】yuèrù 名 月収.
【月色】yuèsè 名 月光.
【月食】yuèshí 名〈天〉月食. ►"月蚀"とも書く.
【月台】yuètái 名 ①(駅の)プラットホーム. ►"站台 zhàntái"とも. ¶～票/駅の入場券. ②宮殿の正殿の前に張り出したバルコニー. ③〈旧〉月見をするための台.
【月头儿】yuètóur 名〈口〉①満1か月のとき. ►多く月決め支払い日についていう. ②月の初め.
【月息】yuèxī 名〈書〉月利. 月勘定の利息.
【月下老人】yuè xià lǎo rén〈成〉仲人. 媒酌人. ►"月下老儿""月老(儿)"とも.
【月薪】yuèxīn 名 月給. サラリー.
【月牙】yuèyá 名(～儿)〈口〉三日月;三日月の形. ►"月芽"とも書く. ¶～形 xíng 面包 miànbāo/クロワッサン.
【月夜】yuèyè 名 月夜.
【月月红】yuèyuèhóng 名〈植〉コウシンバラ.
【月中】yuèzhōng 名 月半ば.
【月终】yuèzhōng 名〈書〉月末.
【月子】yuèzi 名 ①産後のひと月. ¶坐～/お産をしてから1か月休む. ②出産予定日.
【月子病】yuèzibìng 名 産褥熱(さんじょくねつ).

乐(樂) yuè ◇◆ 音楽. ¶奏 zòu ～/音楽を演奏する. ¶～章 zhāng/楽章. 長い音をつくる一つ一つの区切り. 注意 「楽しい」の意味のときは lè と発音する. ‖姓 ►► lè

【乐池】yuèchí 名 オーケストラボックス.
【乐队】yuèduì 名 楽隊. 楽団. バンド. ¶交响 jiāoxiǎng ～/交響楽団. ¶铜管 tóngguǎn ～/ブラスバンド.
【乐歌】yuègē 名 音楽と歌;(音楽の伴奏のある)歌曲.
【乐评家】yuèpíngjiā 名 音楽評論家.
【乐谱】yuèpǔ 名 楽譜. 音譜.
【乐器】yuèqì 名 **楽器.** 量 件,种. ¶管 guǎn ～/管楽器. ¶弦 xián ～/弦楽器. ¶打击 dǎjī ～/打楽器.
【乐曲】yuèqǔ 名 楽曲. 曲. 量 首 shǒu,支,段 duàn.
【乐团】yuètuán 名 楽団. ¶交响 jiāoxiǎng ～/交響楽団. シンフォニーオーケストラ.
【乐舞】yuèwǔ 名 音楽と舞踏;音楽に合わせて踊る舞踊.

岳(嶽) yuè ◇◆ ①高い山. 山岳. ¶东～/("五岳"の一つ)泰山. ②妻の父母や妻の叔父・伯父に対する称. ¶→～父 fù. ‖姓

*【岳父】yuèfù 名 **岳父.** 妻の父.
【岳家】yuèjiā 名 妻の実家.
*【岳母】yuèmǔ 名 **岳母.** 妻の母.
【岳丈】yuèzhàng 名 岳父. 妻の父.

钥(鑰) yuè ◇◆ かぎ. 重要な要素. ►話し言葉では yào と発音する. ¶北门锁 suǒ ～/北方の要地. ►► yào

阅 yuè 動 ①〈書〉(文字を)読む. ¶文件已～/書類はすでに読んだ. ②〈書〉経る. 経過する. ¶试行 shìxíng 已～

三年 / 試行してすでに3年経過した.
◇◆ 検閲する. ‖姓
【阅兵】yuè//bīng 動 閲兵する.
*【阅读】yuèdú 動 **読解する. 閲読する.** ►読んで内容を理解すること. ¶～能力 nénglì 很强 qiáng / 読解力が高い.
【阅卷】yuè//juàn 動〈書〉(試験の)採点をする.
【阅览】yuèlǎn 動(書籍・新聞雑誌を)閲覧する,読む.
*【阅览室】yuèlǎnshì 名 **図書室**;(図書館の中の)**閲覧室.**
【阅历】yuèlì ①動 体験する. ②名 経験. 見聞.

悦 yuè ◇◆ ①喜ぶ. 愉快になる. ¶和 hé 颜～色 / 和やかで愉快そうな顔つき. ②喜ばせる. 楽しませる. ¶～耳 ěr / 耳に心地よい. ‖姓
【悦耳】yuè'ěr 形 聞いて楽しい.
【悦服】yuèfú 動〈書〉心から敬服する.
【悦目】yuèmù 形〈書〉見て楽しい. きれいである. ¶赏 shǎng 心～ / 心や目を楽しませる.

跃(躍) yuè ◇◆ 跳ぶ. 跳ねる. ¶飞 fēi～ / 飛躍する. ‖姓
【跃动】yuèdòng 動 跳び跳ねる.
【跃进】yuèjìn 動 ①(大またで)**飛び上がって進む.** ¶他向 xiàng 右前方～了一步 / 彼は右前方へ一歩飛び出した. ②**躍進する.** 飛躍する. ¶～到一个新阶段 jiēduàn / 新しい段階に躍進する.
【跃居】yuèjū 動〈書〉一躍…になる. ¶～明星地位 míngxīng dìwèi / 一躍スターダムにのし上がる.
【跃然】yuèrán 形〈書〉ありありとしている. 生き生きとしている.
【跃跃欲试】yuè yuè yù shì〈成〉腕を振るいたくて勇み立つ.

越 yuè ** ①副 〖越…越…〗**…であればあるほどますます…だ.** ¶～多～好 / 多ければ多いほどよい. ¶雨～下～大 / 雨がますます強くなった. ¶～紧张 jǐnzhāng, 脸 liǎn 就～红 / 緊張すればするほど, ますます顔が赤くなった. ¶他～解释 jiěshì, 我～糊涂 hútu / 彼が説明すればするほど, 私はわけが分からなくなった.
注意 "越来越…"は, 程度が時間の推移とともに高まることを表す. ⇒ 〖越来越…〗*yuè lái yuè*…
②名(Yuè)〈史〉越(えつ). ►周時代の諸侯の国の一つ.
◇◆ ①(障害物を)越える. ¶→～境 jìng. ②(秩序や限度を)越える. ¶→～轨 guǐ. ③(声や感情が)高ぶる. ¶激 jī～ / 激高する. ¶清～ / (音声が)清らかに響くこと. ④ベトナム. ‖姓
【越冬】yuèdōng 動 越冬する.
【越发】yuèfā 副 ①**ますます.** いっそう. いよいよ. ►程度がいっそう高まることを表す. ¶天气～冷 lěng 起来了 / いちだんと寒くなってきた. ¶再晚就～赶不上 gǎnbushàng 了 / これ以上遅れるとますます間に合わなくなる. ¶～不高兴 gāoxìng 了 / いっそう機嫌が悪くなった. ②**…であればあるほどますます….** 注意 "越(是)…, 越发…"の形で, 意味と用法は基本的に"越…越…"に同じだが, 複文にのみ用いる. ¶越是悲伤 bēishāng, 身体就～不好 / 悲しめば悲しむほど, 体調がますます悪くなってきた.
【越轨】yuè//guǐ 動 脱線する;常軌を逸する. ¶～行为 xíngwéi / 常識はずれの行為.
【越过】yuè//guò 動+方補(境界・限度を)**越える**;(障害を)乗り越える.
【越级】yuè//jí 動(通常の手続きを踏まずに)等級・職階を越す;ポストを飛び越す. ¶～上告 shànggào / 職階を越えて上訴する. ¶～提升 tíshēng / 異例の抜擢(ばってき)をする.
【越加】yuèjiā 副〈書〉ますます. いっそう.
【越境】yuè//jìng 動(不法に)越境する.
【越剧】yuèjù 名 越劇(えつげき). ►浙江省の主要な地方劇.
*〖越来越…〗*yuè lái yuè*… **ますます…になる.** だんだん…になる. ►程度が時間の推移とともに高まることを表す. ¶雨下得～大 / 雨脚がますます激しくなる. ¶我～喜欢下棋 qí / 私は将棋がますます好きになってきた.
*【越南】Yuènán 名〈地名〉ベトナム.
【越权】yuè//quán 動 権限を越える.
【越位】yuèwèi 動 ①自分の職権やポストを越える. ②〈体〉(サッカーで)オフサイドする.
【越野】yuèyě 動 野山を越えて行く.
【越野滑雪】yuèyě huáxuě 名〈体〉クロスカントリースキー.
【越野赛跑】yuèyě sàipǎo 名〈体〉(陸上競技の)クロスカントリーレース.
【越狱】yuè//yù 動 脱獄する.
*〖越…越…〗*yuè…yuè*… → 〖越 yuè〗①
【越俎代庖】yuè zǔ dài páo〈成〉出しゃばる. 越権行為をする.

粤 yuè ◇◆ ①(Yuè)広東(カントン)省. ¶→～剧 jù. ②広東と広西. ¶两～ / 広東と広西.
【粤菜】yuècài 名 広東料理.
【粤剧】yuèjù 名 粤劇(えつげき). ►広東語地区で広く行われる地方劇.

yun (ㄩㄣ)

1声 * **晕** yūn 動 ①**頭がくらくらする.** ►一部の決まった組み合わせに用いる. ¶头～ / 頭がくらくらする. ②**失神する.** 気絶する. ¶她突然 tūrán～了过去 / 彼女は突然, 気を失った. ③ぼうっとなる. わからなくなる. ⇒ yùn
【晕倒】yūndǎo 動 卒倒する.
【晕糊・晕忽・晕呼】yūnhu 形〈口〉(頭が)ぼんやりとしてはっきりしない.
【晕厥】yūnjué 動〈医〉卒倒する.
【晕头晕脑】yūn tóu yūn nǎo〈成〉頭がぼうっとする;頭がふらふらする.
【晕头转向】yūn tóu zhuàn xiàng〈成〉頭がくらくらして方向を見失う.

2声 * **云**(雲) yún ①名 **雲.** ►話し言葉では"云彩 yúncai"という. ②動〈古〉言う. ¶子曰 yuē 诗～ / 子曰(い)く詩に言う.
◇◆ ①雲のようである. ¶→～集 jí. ¶→～游 yóu. ②(Yún)雲南(うんなん). ‖姓
【云鬓】yúnbìn 名〈書〉ふさふさした美しいびん髪.
【云彩】yúncai 名〈口〉**雲.** 量 朵 duǒ, 块, 丝 sī, 片, 层 céng.
【云层】yúncéng 名〈気〉群雲(むらくも). 層雲.

【云豆】yúndòu 名〈植〉インゲンマメ.
【云端】yúnduān 名 雲の中. 雲の上.
【云贵】Yún-Guì 名〈地名〉雲南・貴州2省を合わせた呼び方.
【云集】yúnjí 動〈書〉雲のように集まる. 雲集する. ¶人们～在广场上 / 人々が広場に群がる.
【云量】yúnliàng 名〈気〉雲量. 曇りの程度.
【云锣】yúnluó 名〈音〉(民族楽器の一つ)雲鑼(うんら). ►10個の小さなどらを4列に並べた打楽器.
【云母】yúnmǔ 名〈鉱〉雲母.
*【云南】Yúnnán 名〈地名〉**雲南**(うんなん)**省**.
【云泥之别】yún ní zhī bié〈成〉雲泥の差.
【云气】yúnqì 名〈書〉流れている薄い雲.
【云雀】yúnquè 名〈鳥〉ヒバリ.
【云散】yúnsàn 動(一緒にいた人たちが)散り散りになる;(事物が)消え去る.
【云山雾罩】yún shān wù zhào〈成〉① 雲・霧が立ちこめる. ②(言うことが)非現実的でとりとめがない.
【云梯】yúntī 名 雲梯(うんてい).
【云雾】yúnwù 名 雲と霧;〈喩〉遮蔽(しゃへい)物. 障害物.
【云霞】yúnxiá 名 美しく色づいた雲.
【云霄】yúnxiāo 名 高空. 空.
【云烟】yúnyān 名 ① 雲霧と煙. ¶～过眼 / 雲や煙がたちまち目の前を通り過ぎる;〈喩〉その場限りで後に何も残らない. ② 雲南製のたばこ.
【云翳】yúnyì 名 ① 黒い雲;〈喩〉暗影. ②〈医〉角膜えい. かすみ目.
【云涌】yúnyǒng 動 黒雲が現れる;〈喩〉(人や物事が)たくさん現れる.
【云游】yúnyóu 動(多く修行僧や道士が)行脚(あんぎゃ)する.
【云雨】yúnyǔ 名(旧小説で)男女の情交.
【云云】yúnyún 助 うんぬん. かくかく.

匀 yún

❶形 **均等である.** 平均している. ¶搅拌 jiǎobàn 得不太～ / 混ぜかたにむらがある.
❷動 ① 均等にする. 平均する. ¶把分量 fènliang ～一～ / 分量を均等にならしておく. ② 都合をつける. 融通する. ¶把票～给我一张好吗? / チケットを1枚分けてくれませんか. ¶～出点儿工夫 / 時間を都合する.
【匀称】yúnchèn 形 **均等である. そろっている.** ►"yúnchen"とも発音する. ¶家具摆 bǎi 得挺 tǐng ～ / 家具がバランスよく配置されている.
【匀兑】yúndui 動〈方〉都合する. 融通する.
【匀和】yúnhuo (～儿)〈方〉① 形 一定している. 平均している. ② 動 均等にする. ►①② とも"匀乎 yúnhu"ともいう.
【匀净】yúnjing 形〈口〉(太さや色合いが)そろっている.
【匀脸】yún//liǎn 動(化粧のときに手で)顔の上の紅やおしろいをのばす.
【匀溜】yúnliu 形(～儿)〈方〉(太さ・間隔・大きさ・重さ・長さなどが)程よい,過不足がない.
【匀实】yúnshi 形〈方〉平均している. むらがない. ¶麦苗 màimiáo 长得很～ / ムギがむらなく伸びている.
【匀整】yúnzhěng 形 均整がとれている. そろっている. ¶～的身材 shēncái / 均整のとれた体.

芸(蕓) yún

◇◆ ①ヘンルーダ. ウンコウ. ¶→～香 xiāng. ② アブラナ科の野菜. ¶→～薹 tái.
注意 日本で「藝」の新字体として用いる「芸」とは異なる. 中国語の"藝"の簡体字は"艺 yì". ‖姓
【芸豆】yúndòu 名〈植〉インゲンマメ.
【芸薹】yúntái 名〈植〉アブラナ科の野菜.
【芸香】yúnxiāng 名〈植〉ヘンルーダ.
【芸芸】yúnyún 形〈書〉数が多い. ¶～众生 / (仏教で)生きとし生けるもの;(一般に)多くの凡人.

耘 yún

◇◆ 除草する. ¶～田 tián / 田の草取りをする. ¶～草 / 草を取る.

允 yǔn

3声
動 許す. 認める. ¶～他回家 / 彼が家に帰るのを許す.
◇◆ 公平である. 適当である. ¶公～ / 公平である. ‖姓
【允当】yǔndàng 形〈書〉穏当である;当を得ている.
【允诺】yǔnnuò 動〈書〉承諾する. 引き受ける.
*【允许】yǔnxǔ 動 **許す. 許可する. 認める.** ¶请～我讲 jiǎng 两句话 / ちょっとあいさつさせていただきます. ¶情况 qíngkuàng 不～我这样做 / 情況は私にそうすることを許さない.
【允准】yǔnzhǔn 動〈書〉許可する. 認可する.

陨 yǔn

◇◆ 落ちる. 落下する.
【陨落】yǔnluò 動(隕石など高空に飛行する物体が)落下する;〈喩〉(人を星にたとえて)死ぬ.
【陨灭】yǔnmiè 動 ①(物が)高空から落下して消えてなくなる. ② 命を落とす.
【陨石】yǔnshí 名〈天〉隕石.
【陨星】yǔnxīng 名〈天〉流星が地上に落下したかけら.

殒 yǔn

◇◆ 死亡する.
【殒灭】yǔnmiè 動 命を落とす.
【殒命】yǔnmìng 動〈書〉命を落とす.

孕 yùn

4声
◇◆ 妊娠する. 身ごもる. ¶有～ / 妊娠する. ¶避 bì ～ / 避妊する.
【孕妇】yùnfù 名 妊婦.
【孕期】yùnqī 名〈医〉妊娠期間.
【孕吐】yùntù 名〈医〉つわり.
【孕育】yùnyù 動 ① 妊娠して子供を産む. ②〈喩〉(既存のものから新しいものを)生み出す. ¶～着危机 wēijī / 危機をはらんでいる.

*运(運) yùn

動 **運ぶ. 運搬する.** ¶把水泥 shuǐní ～往 wǎng 工地 / セメントを工事現場へ運搬する.
◇◆ ①人の巡り合わせ. ¶→～气 qi. ¶走～ / 運が向く. ②(事物が)移動する. ¶→～行 xíng. ¶→～转 zhuǎn. ③巡らす. 運用する. ¶→～用 yòng. ¶→～思 sī. ‖姓
【运钞车】yùnchāochē 名 現金輸送車.
【运筹】yùnchóu 動〈書〉策略をめぐらす.
【运筹帷幄】yùn chóu wéi wò〈成〉後方にあって作戦計画を立てる.

Y

【运道】yùndao 名〈方〉運．運命．

**【运动】yùndòng ❶名 ①〈物〉〈哲〉運動．運行．¶～定理 / 運動の法則．②(政治·文化·生産などの)組織化された大規模な運動．㊀ 场 cháng, 次 cì．¶民主～ / 民主化運動．③〈体〉スポーツ．¶田径 tiánjìng～ / 陸上競技．¶～医学 / スポーツ医学．❷動 ①(事物が)発展変化し運動する．¶地壳 dìqiào 时刻都在～着 / 地殻は絶えず変動している．②スポーツをする．運動する．¶饭后要出去～～ / 食事のあとは外へ出てちょっと体を動かすとよい．

【运动】yùndong 動(ある目的を達するために)運動する，コネを頼って工作する．

【运动场】yùndòngchǎng 名 競技場．グラウンド．

*【运动会】yùndònghuì 名 体育祭．運動会．

【运动健将】yùndòng jiànjiàng 名 スポーツチャンピオン．

【运动鞋】yùndòngxié 名 スポーツシューズ．

*【运动员】yùndòngyuán 名 ①スポーツ選手．運動競技出場者．②政治運動などのアジテーター．

【运费】yùnfèi 名(貨物の)運賃．運搬費．¶～到付 dàofù / 運賃着払い．¶～已付 / 運賃支払済．

【运河】yùnhé 名 運河．㊀ 条．

【运价】yùnjià 名 運送費．運賃．

【运脚】yùnjiǎo 名〈方〉運賃．運搬費．

【运气】yùn//qì 動 力を体のある部分に導き集中する．

【运气】yùnqi〈口〉①名 運．運命；幸運．❖碰 pèng～ / 運だめしをする．¶我～不好 / 運が悪い．¶这会可来了～了 / 今度こそ運が向いてきた．②形 幸運である．¶你真～，得了头奖 tóujiǎng / 君ついてるよ，1等賞だよ．

*【运输】yùnshū 動 運送する．輸送する．

【运数】yùnshù 名〈書〉運命．¶～已尽 jìn / 運命が尽きた．死を待つばかりだ．

【运思】yùnsī 動〈書〉思索をめぐらす．(詩文の)構想を練る．

【运送】yùnsòng 動 運送する．運ぶ．

【运算】yùnsuàn 動〈数〉演算する．

【运销】yùnxiāo 動(商品を)よそへ運んで売りさばく．¶商品 shāngpǐn～各国 / 商品を各国へ輸出販売する．

【运行】yùnxíng ①動(主に星や列車·船などが)運行する．¶列车 lièchē～时，请勿 wù 打开车门 / 列車運行中はドアを開けないでください．②名〈電算〉(プログラムの)実行．

【运营】yùnyíng 動 ①(車両や船舶などが)運行·営業する．②〈喩〉(機関や工場などが)操業する，組織的に仕事を行う．

*【运用】yùnyòng 動 運用する．利用する．¶灵活 línghuó～ / 柔軟に運用する．

【运载】yùnzài 動 積載·運送する．¶～货物 huòwù / 貨物を積み込んで運ぶ．¶～工具 / 運送手段．

【运载火箭】yùnzài huǒjiàn 名 人工衛星などを打ち上げるロケット．推進ロケット．

【运转】yùnzhuǎn 動 ①(一定の軌道上で)運行する，回転する．¶通讯卫星 tōngxùn wèixīng 绕 rào 着地球～ / 通信衛星は地球のまわりを回転する．②(機械が)回転する．稼動する．¶机器 jīqi～正常 / 機械が正常に働く．③〈喩〉(組織や機関などが)仕事を行う．

【运作】yùnzuò 動(団体や機関などが)活動を展開する．

晕 yùn

動 目まいがする．乗り物に酔う．¶他一坐车就～ / 彼は乗り物に乗るとすぐに酔ってしまう．

◇◆(太陽や月の周りに生じる)光の輪．暈(かさ)．¶日～ / 日暈(ひがさ)．ハロ．

注意「目まいがする」の意味で第一声に発音するのは"晕头晕脑""晕头转向"などの場合．▸▸ yūn

【晕场】yùn//chǎng 動(試験場の受験生や出演中の俳優が)緊張のためあがる．

【晕车】yùn//chē 動 車酔いをする．

【晕池】yùn//chí 動 風呂でのぼせる．

【晕船】yùn//chuán 動 船酔いをする．

【晕高儿】yùn//gāor 動〈方〉高いところに上がって目がくらむ．

【晕机】yùn//jī 動 飛行機に酔う．

酝(醖) yùn

◇◆(酒を)かもす．

【酝酿】yùnniàng 動 ①酒を醸造する．②〈喩〉下準備をする．根回しする．(考えや構想を)温める．¶先在小组 xiǎozǔ 里～一下 / まずグループ内で下相談をしておく．③〈喩〉はらむ．たくらむ．

愠 yùn

◇◆ 怒る．恨む．¶面有～色 / 顔に怒りが現れている．

【愠怒】yùnnù 動〈書〉腹を立てる．

韵(韻) yùn

名 韻．韻脚．¶押 yā～ / 韻を踏む．

◇◆ ①趣．¶风～ / 優美な風情〔姿〕．②調べ．快い音色．¶琴 qín～悠扬 yōuyáng / 琴の調べが悠揚としている．‖姓

【韵律体操】yùnlǜ tǐcāo 名〈体〉新体操．

【韵母】yùnmǔ 名〈語〉韻母．漢字の字音のうち声母と字調を除いたほかの部分．

【韵事】yùnshì 名〈書〉風流な事柄；色事．¶风流 fēngliú～ / 風流な事．

【韵书】yùnshū 名 韻書．声調によって大別し，さらに同韻の文字ごとにまとめ配列した字書．

【韵味】yùnwèi 名〈書〉(音の)深みのある味わい．情趣．

【韵文】yùnwén 名(↔散文 sǎnwén)韻文．

【韵语】yùnyǔ 名 韻文．

【韵致】yùnzhì 名〈書〉趣．風致．味わい．

蕴 yùn

◇◆ 含む．蔵する．‖姓

【蕴藏】yùncáng 動 埋蔵する．…を潜ませる．¶这个地方～着丰富 fēngfù 的石油资源 / ここには豊富な石油資源が埋蔵されている．

【蕴涵】yùnhán ①動〈書〉含む．含意する．►"蕴含"とも書く．②名〈論〉前後二つの命題に含まれている条件関係．

【蕴蓄】yùnxù 動〈書〉内在する．蓄積する．

熨 yùn

動 アイロンやこてをかける．¶～平 píng / アイロンをかけてしわを伸ばす．

【熨斗】yùndǒu 名 アイロン．火のし．㊀ 个，只 zhī．¶电～ / 電気アイロン．

Z

za (ㄗㄚ)

1声 **扎**(紮) **zā** ①動 **縛る．束ねる．**巻きつける．¶～小辫儿 xiǎobiànr / おさげを編む．②量 束．¶一～线 / 糸一束． ▸▸zhā,zhá

【扎伊尔】**Zāyī'ěr** 名〈地名〉ザイール．

匝(帀) **zā** 量〈書〉周．回り．¶紧紧地绑 bǎng 了两～ / しっかりとふた回り縛った．◇◆ 満ちる．取り巻く．¶→～地．

【匝道】**zādào** 名(高速道路の)インターチェンジ,ランプ．

【匝地】**zādì** 動〈書〉あたり一面を覆う．

咂 **zā** 動 ①吸う．すする．¶～一口酒 / 酒を一口すする．②味わう．③舌を鳴らす．►称賛・羨望・驚きを表す．

【咂摸】**zāmo** 動〈方〉吟味する．

【咂儿】**zār** 名〈口〉乳首．おっぱい．

【咂嘴】**zā//zuǐ** 動(～儿)(称賛・驚き・困惑などを表し)舌を鳴らす．¶她不可思议 bù kě sī yì 地咂了一下嘴 zuǐ / 彼女は不思議がって舌を鳴らした．

2声 ＊**杂**(雜) **zá** ①形 **種々入り交じっている．**いろいろさまざまである．¶今天事儿太～了 / きょうはいろんな用件が立て込んでいる．②動 混じる．混ざる．入り交じる．混合する．¶麦 mài 地里～有一些野草 / ムギ畑には雑草が少し交じっている．

【杂拌儿】**zábànr** 名 砂糖漬け果物のミックス；〈喩〉寄せ集め．

【杂草】**zácǎo** 名 雑草．

【杂处】**záchǔ** 動 雑居する．

【杂凑】**zácòu** 動 寄せ集める．

【杂费】**záfèi** 名 ①雑費．¶减少 jiǎnshǎo ～ / 雑費を減らす．②(学校が学生から徴収する)雑費．

【杂感】**zágǎn** 名 雑感(を記した文章)．

【杂烩】**záhuì** 名 ごった煮．五目煮；〈喩〉〈貶〉寄せ集め．

【杂活儿】**záhuór** 名 雑用．こまごました仕事．

【杂货】**záhuò** 名 **雑貨．**¶～店 diàn / 雑貨屋．

【杂记】**zájì** 名 ①(文体の一種)雑記．雑文．量 篇 piān．¶访日～ / 訪日雑記．②こまごましたことのノート．¶～本儿 / 雑記帳．

＊【杂技】**zájì** 名 **軽業曲芸．**¶～团 / 曲芸団．サーカス．►動物を使うのは"马戏团 mǎxìtuán"という．¶～演员 yǎnyuán / 曲芸の演技者．

【杂居】**zájū** 動(異なる民族が)雑居する．

【杂粮】**záliáng** 名 雑穀．(総称で)コメ・ムギ以外の穀物．

【杂乱】**záluàn** 形 **乱雑である．**ごちゃごちゃしている．ごたごたしている．¶人声～ / 人声がざわざわしている．

【杂乱无章】**zá luàn wú zhāng** 〈成〉乱雑で筋道が通っていない．

【杂面】**zámiàn** 名(～儿)小豆や緑豆などの粉,またそれで作っためん．

【杂念】**zániàn** 名 打算的な考え．不純な心．

【杂牌】**zápái** 名(～儿)無名ブランド．¶～军 jūn / 不正規軍．¶～货 huò / 無名メーカーの製品．

【杂品】**zápǐn** 名 日用雑貨．

【杂七杂八】**zá qī zá bā** 〈成〉ごちゃごちゃしている．

【杂然】**zárán** 形〈書〉雑然としている．

【杂糅】**záróu** 動 異なった事物が混じり合っている．

【杂色】**zásè** 名 ①雑多な色；(原色以外の)間色．②→【杂牌】zápái

【杂耍】**záshuǎ** 名(～儿)寄席演芸．

【杂税】**záshuì** 名(基本的な租税以外の)種々雑多な税．

【杂说】**záshuō** 名 ①諸説．②〈書〉断片的な論説．③〈書〉定説以外の学説．

【杂碎】**zásui** 名〈食材〉ウシやヒツジの内臓．もつ．¶牛 niú ～ / ウシのもつ．牛もつ．

【杂沓】**zátà** 形 混雑して騒々しい．►"杂遝"とも書く．

【杂文】**záwén** 名 雑文．エッセー．

【杂务】**záwù** 名 雑務．

【杂项】**záxiàng** 名(主要項目外の)雑の部類．¶～开支 kāizhī / 雑支出．¶～收入 shōurù / 雑収入．

【杂样儿】**záyàngr** 名 寄せ集め．

【杂役】**záyì** 名 雑役夫．

【杂音】**záyīn** 名 雑音．注意"杂音"は人の器官の異常音やラジオなどの雑音をさし,「騒音」の意味では"噪音 zàoyīn"を用いる．

【杂用】**záyòng** ①名 雑費．②形 いろいろな用途の．

【杂院儿】**záyuànr** 名(↔独院儿 dúyuànr)数家族が雑居している"院子 yuànzi"(住居)．►"大杂院儿"とも．

＊＊【杂志】**zázhì** 名 量 本,期 qī．①**雑誌．**❖看 *kàn* ～ / 雑誌を読む．②雑記．ノート．

【杂质】**zázhì** 名 不純物．

【杂种】**zázhǒng** 名 ①〈生〉雑種．②〈罵〉だれの種か分からぬ子．畜生．

＊**砸** **zá** 動 ①(重い物で物を)**打つ,突く；**(重い物が他の物の上に)**落ちる,**ぶつかる．¶～核桃 hétao / クルミをたたき割る．¶石头 shítou ～在了脚上 / 石が足に当たった．②**たたき壊す．**砕ける．¶杯子 bēizi ～了 / コップが割れてしまった．③〈方〉やり損なう．しくじる．¶这事儿办～了 / この仕事はしそこなった．

【砸饭碗】**zá fànwǎn** ご飯茶碗が壊れる；〈慣〉失業する．

【砸锅】**zá//guō** 動〈方〉しくじる．

【砸锅卖铁】**zá guō mài tiě** 〈成〉すべての財産を投げ出す．

【砸烂】**zá//làn** 動＋結補 めちゃくちゃに打ち壊す．たたきつぶす．

【砸牌子】**zá páizi** 〈慣〉のれんに傷をつける．

Z

3声 **咋** zǎ 疑〈方〉どのように．どうして．なぜ．¶情况～样？/ 様子はどうですか．¶～弄 nòng 的？/ どうしたのか．
▸▸ zé,zhā

zai（ㄗㄞ）

1声 ＊**灾**（災）zāi 名 ①災害．¶洪水 hóngshuǐ 泛滥 fànlàn 成～ / 洪水があふれて災害をもたらす．②災い．個人的な不幸．
【灾病】zāibìng 名〈口〉病気や災害．
＊【灾害】zāihài 名 災害．
【灾患】zāihuàn 名 災害．
【灾荒】zāihuāng 名 天災と凶作；(特に)飢饉．¶闹 nào ～ / 飢饉に襲われる．
【灾祸】zāihuò 名 災禍．災い．
【灾民】zāimín 名 被災者．
【灾难】zāinàn 名 災難．量 场 cháng．¶遭受 zāoshòu ～ / 災難を被る．
【灾情】zāiqíng 名 災害情況．災害の程度．¶～严重 yánzhòng / 災害による損失がひどい．
【灾区】zāiqū 名 被災地．¶地震 dìzhèn ～ / 震災地区．
【灾星】zāixīng 名 災厄の星；悪運．
【灾殃】zāiyāng 名 災難．

甾 zāi 名〈化〉ステリン．ステロール．¶～族化合物 / ステロイド．

哉 zāi 助〈古〉①《慨嘆または称賛を表す》…かな．…わい．②《疑問詞と併用して疑問または反語を作る》…や．…か．¶胡为乎来～？/ 何ぞ来たるか．

＊**栽** zāi 動 ①植える．移植する．¶～树 shù / 木を植える．②(穴に)差す，立てる．¶～电线杆 diànxiàngān / 電信柱を立てる．③(罪などを)負わす，押しつける．¶～罪名 zuìmíng / 罪を着せる．④倒れる．ひっくり返る．¶孩子不小心～了一跤 jiāo / 子供はちょっと油断したのですてんと転んだ．⑤〈方〉メンツを失う．失敗する．¶～面子 / メンツを失う．
◇◆ 移植するための苗．¶桃 táo ～ / モモの苗木．
【栽跟头】zāi gēntou ①つまずく．ひっくり返る．②〈慣〉ぶざまな失敗をする．醜態をさらす．
【栽培】zāipéi 動 ①栽培する．②(人材を)育てる．③(官界で人を)引き立てる．¶今后 jīnhòu 请多多～ / 以後お引き立てのほどを．
【栽绒】zāiróng 名〈紡〉(ビロードなど)絹と毛糸を使用したパイル織物．
【栽赃】zāi//zāng 動 盗品〔禁制品〕をこっそり他人の所に入れて罪を着せる．
【栽植】zāizhí 動(植物の苗を)植える．
【栽种】zāizhòng 動 植える．
【栽子】zāizi 名 移植用の苗．¶树～ / 苗木．

3声 **仔** zǎi 〖崽 zǎi〗に同じ．
◇◆ 青年．¶打工 dǎgōng ～ / 出稼ぎの若い男性．▸▸ zǐ

载 zǎi ①量〈書〉年．¶一年半～ / 半年から1年の期間．②動 書籍・刊行物に記載〔掲載〕する．¶此文～于 yú … / この文章は…に掲載されている．▸▸ zài

宰 zǎi 動 ①(家畜・家禽(かきん)を)屠畜(とちく)する．¶～鸡 jī / ニワトリをつぶす．②法外な値段を取る．¶挨 ái ～ / ぼられる．
◇◆ ①つかさどる．¶主～ / 主宰する．②古代の官名．¶太～ / 宰相．‖ 姓
【宰割】zǎigē 動〈喩〉(土地や国を)侵略する．
【宰客】zǎi//kè 動(タクシーや飲食店などで)ぼる．
【宰人】zǎi//rén 動 高い値段を吹っかける．ぼる．
【宰杀】zǎishā 動 家畜を殺す．
【宰相】zǎixiàng 名 宰相．
【宰制】zǎizhì 動〈書〉統轄支配する．

崽 zǎi 名 ①〈方〉子供．¶女～ / 女の子．②(～儿)動物の子．¶猪 zhū ～ / 子ブタ．⇒〖仔 zǐ〗
【崽儿】zǎir 名 家畜・家禽(かきん)の子．►"仔儿"と書くことが多い．¶这猪 zhū 带～了 / このブタは子供ができた．
【崽子】zǎizi 名〈罵〉動物の子．¶王八 wángba ～ / 人でなし野郎．¶兔 tù ～ / このガキめ！

4声 ＊＊**再** zài ❶副 ①再び．もう一度；引き続き．これ以上．►動作・状態の(これから実現されるであろう)繰り返しや継続を表す．¶～看一遍 biàn / もう一度読む．¶～睡 shuì 一会儿吧 / もう少し寝てなさい．
比較 再：又 yòu　動作の繰り返し，もしくは継続を表すとき，"再"はまだ実現されないことに用い，"又"はすでに実現されたことに用いる．¶～唱一个 / もう1曲歌う(これから歌う)．¶又唱了一个 / また1曲歌った(すでに歌った)．
[仮定・譲歩を表す文に用いて]¶你～说，我就真生气了 / それ以上言ったら，私は本気で怒るよ．¶(即使 jíshǐ)你～解释 jiěshì，他们也不会同意 / (たとえ)どんなに説明しようとも，彼らは同意するはずがない．
②(…になって)それから．(…して)それから．►ある動作が未来のある情況のもとで行われることを表す．¶明天～去吧，今天先 xiān 休息一下 / 行くのは明日にしましょう，きょうはまず休んでください．
〖等…再…〗*děng…zài…* ¶这个问题等你回来～研究 yánjiū / このことについては君が帰ってきてから考えよう．
〖先…再…〗*xiān…zài…* ¶先了解 liǎojiě 情况，(然后)～进行处理 chǔlǐ / まず事情を調べてから処理する．
③さらに．もっと．►形容詞の前に用い，程度が高まることを表す．¶能不能～便宜 piányi 一点儿？/ もう少し安くしてもらえませんか？[「これ以上はない」という強調表現]¶你可以教我滑雪 huáxuě 吗？那～好也没有了 / 君にスキーを教えてもらえるんですか．それはなによりです．¶他们俩 liǎ 好得不能～好了 / あの二人は仲良しの見本みたいなものだ．
〖再…也…〗*zài…yě…* これ以上(さらに)…でも．►譲歩の仮定に用いる．¶天～黑，路～险 xiǎn，我们也要去 / 空がもっと暗く，道がさらに険しくても，われわれは進まなければならない．
④二度と…(しない)．金輪際…(しない)．►否定詞の前に用い，強い語気で打ち消す．
〖再＋(也)＋〈否定詞〉…〗*zài (yě)…* ¶这地方我～也不想来了 / こんなところに二度と来たくない．¶我懂 dǒng 了，你～别说了 / もう分かったから，く

どくど言うのだけはやめてくれ．注意 否定詞が"再"の前にあるときは，「もう…(しない)」と，動作が繰り返されない，または続けられないことを表し，①の意味の否定になる．¶我不能～喝了／もう(これ以上)飲めません．¶说过一遍，不～重复 chóngfù 了／1ぺん説明したから，もう繰り返さない．

⑤**もう一つは．**もう一度．ほかに．¶会说日语的有小刘、小李、老王，～就是我／日本語が話せる人は劉君，李君，王さん，それから私です．¶他就此事 cǐ shì ～一次作了说明／彼はこの件について再度説明をした．

❷動〈書〉繰り返す．再度現れる．¶青春 qīngchūn 不～／青春は二度とめぐってこない．¶良机 liángjī 难～／好機逸すべからず．‖姓

【再版】**zàibǎn** 動 再版する．

【再不】**zàibu** 接続 **でなかったら．**¶我们明天去，～今天去也行 xíng／私たちはあした行こう，なんならきょう行ってもいい．

【再不然】**zàiburán** →【再不】**zàibu**

【再次】**zàicì** 副 再度．

【再度】**zàidù** 副 再度．¶心脏 xīnzàng 病～发作／心臓病の発作が再び起こる．

【再会】**zàihuì**〈套〉さようなら．参考"再会"はあいさつ語のほか，日本語の「再会する」の意味でも用いるが，ややかたい言い方で，台湾などで聞かれる．¶希望明年能和你～／来年あなたとまたお会いしたいです．

【再婚】**zàihūn** 動 再婚する．

【再加】**zàijiā** 接続 その上．それに加えて．おまけに．¶天热，～车上拥挤 yōngjǐ，出了一身汗 hàn／暑い上に電車が込んでいたので汗びっしょりになった．

【再嫁】**zàijià** 動(女性が)再婚する．

【再见】zàijiàn〈套〉**さようなら．**¶下星期～／また来週．

【再接再厉】**zài jiē zài lì**〈成〉努力を重ねる．►"再接再砺"とも書く．

【再起】**zàiqǐ** 動 ①再起する．②再発する．

*【再三】**zàisān** 副 **何度も．再三．**►一般に人間のすでに行った動作・行為に用いる．¶这件事我～嘱咐 zhǔfu 过他／この事は再三彼に言い含めておいた．［"得"を介さず補語となる］¶考虑 kǎolǜ～／何度も考える．

【再审】**zàishěn** 動〈法〉再審(査)する．

【再生】**zàishēng** 動 ①生き返る．②再生する．

【再生父母】**zài shēng fù mǔ**〈成〉命の恩人．

【再生纸】**zàishēngzhǐ** 名 再生紙．

【再世】**zàishì** ①名 来世．②動〈書〉生まれ変わる．

*【再说】**zàishuō** ①動 **…してからにする．**後のことにする．¶先办要紧 yàojǐn 事，其他 qítā 以后～／肝心な事を先に処理し，その他のことはまたにしよう．

②接続 **その上．**¶外面下着雨，～天也黑了，你就别去了／外は雨が降っているし，それに暗くなったので，もう行くのは止めなさい．

注意"请再说一遍吧！"(もう一度，言ってください)の"再说"は"再"と"说"の連語．

【再现】**zàixiàn** 動 再現する．

【再则】**zàizé** 接続〈書〉さらに．

【再者】**zàizhě** ①接続《"一者"(一つには)と呼応させ》それに．②名(手紙文で)追って．

在 zài

❶動 ①(…が…に)**ある，いる．**►「人・物＋"在"＋場所」の形で**所在**を表す．¶汉日词典～桌子上／中日辞典は机の上にある．¶他不～家／彼は家にいない〔留守です〕．［場所を表す目的語が必要ない場合もある］¶小陈～吗？——～，请进／陳さんはいらっしゃいますか——おります，どうぞお入りください．②(**まだ残って**)存在している．生存する．¶那个房子现在还～／あの家は今でも残っている．¶家父早已不～了／父はだいぶ前に亡くなりました．③(意義・責任・原因などが)…**によって決まる．**…にある．¶贵～坚持 jiānchí／頑張り通すことが大切だ．¶要取得 qǔdé 好成绩 chéngjì，主要～自己努力／よい成績を取るかどうかは，おもに自分の努力にかかっている．

❷前 **…で．…に．…の下で．**►場所・時間・範囲・条件・情況などを導き前置詞句を作り，連用修飾語あるいは(述語動詞の後に用いて)補語となる．¶这种服装 fúzhuāng ～北方很流行／この手の服は北の方ではやっている．¶～生产方面，他很有经验 jīngyàn／生産の面では彼は経験豊富だ．¶～大家的帮助 bāngzhù 下，小王进步很快／みんなの援助によって，王君の進歩には著しいものがある．［補語として］¶自行车放～院子 yuànzi 里／自転車は中庭に置いてある．¶他出生～一九七九年／彼は1979年に生まれた．

❸副 **…している．**►動作・行為の進行を表す．"在"の前にさらに副詞の"正"を加えて"正在"としたり，また，文末に"呢"を用いたりもする．¶她～写信／彼女は手紙を書いています．¶你～做什么呢？／何をしているんですか．⇒【正在】**zhèngzài**

注意「"在"＋場所」の前にさらに副詞の"在"を加えることはしない．もともと「"在"＋場所」(特に"在这里""在那里")でも動作・行為の進行を表すことがある．¶我～这里考虑 kǎolǜ 这件事该 gāi 怎么办／私はいまこのことをどう処理すべきかと考えているんだ．

【在案】**zài'àn** 動(書類に)記録されている．

【在编人员】**zàibiān rényuán** 名 常勤の職員．正規のスタッフ．

【在场】**zàichǎng** 動 その場にいる．居合わせる．¶打架 dǎjià 的时候他也～／けんかのとき，彼もそこにいた．

【在岗】**zàigǎng** 動 在勤〔勤務〕している．

【在行】**zàiháng** 形 精通している．玄人である．¶这个活儿 huór 他最～／この仕事なら彼はお手のものだ．

*【在乎】**zàihu** 動 ①**気にかける．**問題にする．語法 否定に用いることが多く，名詞を目的語にとることができる．また，副詞の修飾を受けることができる．¶你说什么他都满不～／君が何を言ったって彼は平気だよ．②…にある．

【在即】**zàijí** 動 …が間近である．¶完工～／まもなく竣工する．

【在家】**zàijiā** 動 ①**家にいる．**►職場あるいは泊まっている所にいる場合も含む．¶李主任 zhǔrèn ～吗？／李主任はいらっしゃいますか．¶明天您在不～？／明日はご在宅ですか．②〈宗〉在家である．

【在劫难逃】**zài jié nán táo**〈成〉運命で定まっている災難は免れることができない．

【在理】**zàilǐ** 形 道理にかなっている．

【在内】**zài//nèi** 動 **…を含めて．**¶连房租 fángzū ～一共一百元／家賃も含めて全部で100元だ．

【在任】**zàirèn** 動 在任中である．

【在世】**zàishì** 動 存命する．►死者を追憶するのに用いる．

Z

【在手】zài shǒu 動 手中にある.
【在所不辞】zài suǒ bù cí〈成〉決して辞さない.
【在所不惜】zài suǒ bù xī〈成〉決して惜しまない.
【在所难免】zài suǒ nán miǎn〈成〉免れ難い.
【在逃】zàitáo 動(犯人が)逃亡中である.
【在天之灵】zài tiān zhī líng〈成〉死者の霊に対する敬称. ¶先母～/亡くなった母(の霊).
【在外】zài//wài 動 ①不在である. 他郷にいる. ¶出门～/旅に出ている. ②…は除く. ¶税金 shuìjīn～/税金は別である.
【在望】zàiwàng 動 ①視界に入る. ②(よいことが)目の前にある. ¶成功 chénggōng～/成功が間近だ.
【在位】zàiwèi 動 ①(君主が)在位する. ②(指導的な)官位や職位にある.
【在握】zàiwò 動 掌中にある.
【在先】zàixiān ①名 以前. 当初. ②副 前もって.
【在线】zàixiàn 動〈電算〉オンライン状態である.
【在校表现】zàixiào biǎoxiàn 名 学校での操行評価.
【在心】zài//xīn 動 気にとめる. ¶这事儿请你多在点儿心/これについては心にとめておいてください.
【在押】zàiyā 動〈法〉(犯罪人を)拘禁中である.
【在野】zàiyě 動 民間にいる.
【在野党】zàiyědǎng 名〈政〉野党.
【在业】zàiyè 動 職に就いている.
【在意】zài//yì 動(多く否定の形で)**意に介する**. ¶这些小事,他不会～的/こんな些細なことは彼はあまり気にかけないよ.
*【在于】zàiyú 動 ①(原因・目的・本質などが)…**にある**. …のためである. ¶问题的关键 guānjiàn～领导方法对不对头/問題のキーポイントは指導方法が正しいかどうかにある. ②(成否などが)…**によって決まる**. ¶去不去～你自己/行くか行かないかは君しだいだ.
【在在】zàizài 名〈書〉至る所. ¶～皆是 jiēshì/どこにでもある.
【在职】zàizhí 動 在職している.
【在座】zàizuò 動 同席している.

载 zài 動(車両・船などに)**積み込む**〔込んで運ぶ〕. ¶船 chuán 上能～五吨 dūn 货物/船には荷物を5トン積載できる. ¶车子把我们～到一个小镇 zhèn 上/車はわれわれを乗せてとある小さな町へ運んだ.
◇ ①満ちる. ¶怨 yuàn 声～道/〈成〉恨みの声がちまたにあふれる. ②…しつつ…する. ¶→～歌～舞 wǔ. ‖姓 ▸▸zǎi
【载歌载舞】zài gē zài wǔ〈成〉歌い踊り,存分に楽しむ.
【载人航天】zàirén hángtiān 名 有人宇宙飛行.
【载体】zàitǐ 名〈化〉担体. キャリヤー;伝達手段.
【载运】zàiyùn 動 運送する.
【载重】zàizhòng 動(船舶・航空機・車両などが)積載する. ¶～量 liàng/最大積載量.
【载重汽车】zàizhòng qìchē 名 トラック.

zan (ㄗㄢ)

1声 **簪** zān 動(髪に)さす,かざす. ¶～花/髪に花をさす.
◇ かんざし. 笄(こうがい).
【簪儿】zānr →【簪子】zānzi
【簪子】zānzi 名 かんざし. 笄.

2声 ***咱**(噜) zán 代 ①〈口〉(＝咱们 zánmen)**われわれ**. **私たち**. ¶～北方人爱吃面/私たち北方人はめん類が好きだ.
②〈方〉おれ. わが輩. 私. ¶～不想去那地方/あんなところには私は行きたくない.
【咱们】zánmen 代 ①われわれ**. **私たち**. ►話し手と聞き手の双方を含む表現で,話し言葉に用いる. ¶你来得正好,～商量 shāngliang 一下/ちょうどいいところへ来てくれた,ひとつ相談にのってくれ. ②(多く子供に対し親しみを込めて)君たち. きみ. ¶～别哭 kū,妈出去一会儿就回来/泣かないの,お母さんはすぐに戻ってくるから.
注意 北方地域では"咱们"と"我们"に区別がある. "我们下午去图书馆,你要是去,到时咱们一起去"(われわれは午後図書館へ行くが,君も行くのなら,いっしょに行こう)の例のように"咱们"は聞き手を含み,"他们"と相対するが,"我们"は聞き手を含まず,"你们"と相対する. "咱们"はすでに共通語の話し言葉に加わっているが,共通語を話すすべての人になじまれているわけではない. 話し言葉では語尾を軽く発音し,*zám* のように音が省略されることも多い.

3声 **攒**(儹) zǎn 動 ためる. 蓄える. ¶～钱/金をためる. ¶把零用钱 língyòngqián～起来/小遣いをためる. ▸▸cuán

4声 **暂** zàn 副〈書〉しばらく. ひとまず. ►後には単音節語を置く. ¶～不答复/いましばらく返答を見合わせる. ¶工作～告一段落/仕事がひとまず一段落する.
◇ 時間が短い. ¶短 duǎn～/慌ただしい.
注意 zhàn と発音する人も多い.
【暂定】zàndìng 動 一時的に決める.
【暂缓】zànhuǎn 動 しばらく見合わせる.
【暂且】zànqiě 副 しばらく. ひとまず. ¶这是后话,～不提 tí/これはいずれ話すこととして,ここでは触れない.
【暂缺】zànquē 動 ①一時欠員のままにする. ②一時品切れになる.
*【暂时】zànshí 名 **暫時**. 一時. ¶这项 xiàng 工作～放一放/この仕事はしばらく放っておこう.
【暂停】zàntíng 動 一時停止〔休止〕する;〈体〉タイムをとる. ¶～付款 fùkuǎn/支払いを一時停止する.
【暂行】zànxíng 動(法令や規則などを)暫時施行する. ¶～规则 guīzé/暫定施行令.

錾 zàn 動(金石に)彫刻する,刻む. ¶把字～在石头上/石に字を彫り込む.
◇ 石工用のたがね.
【錾刀】zàndāo 名(金銀彫刻用の)小刀.
【錾子】zànzi 名 石工用のたがね.

赞(賛・讚) zàn 名(旧時の文体の一種)賛(さん).
◇ ①賛助する. 協力する. ¶→～助 zhù. ②ほめる. たたえる. ¶→～扬 yáng.
【赞比亚】Zànbǐyà 名〈地名〉ザンビア.
【赞不绝口】zàn bù jué kǒu〈成〉しきりにほめそやす.

*【赞成】zànchéng 動 ① 賛成する. ¶我们都～你的意见 / 私たちはみな君の意見に賛成です. ②〈書〉助力して成功させる.
【赞歌】zàngē 名 賛歌.
*【赞美】zànměi 動 賛美する.（品性や精神を）ほめたたえる. ¶热忱 rèchén 的服务态度 tàidu 受到旅客的～ / 心のこもったサービスは旅客に称賛された.
【赞佩】zànpèi 動〈書〉感心し敬服する.
【赞赏】zànshǎng 動 ほめる. 賞賛する.
【赞颂】zànsòng 動 称賛する. 称揚する.
【赞叹】zàntàn 動 賛嘆する. ¶连声～ / 幾度も賛嘆する.
【赞同】zàntóng 動 賛同する.
【赞许】zànxǔ 動 称賛する. よいと認める.
*【赞扬】zànyáng 動 ほめたたえる. ¶～好人好事 / 模範的な人物や行為を称賛する.
【赞语】zànyǔ 名 賛辞.
【赞誉】zànyù 動 称賛する.
【赞助】zànzhù 動 賛助する.

zang（ㄗㄤ）

1声 **赃**（贜）zāng ◇ 盗品；賄賂. ¶贪 tān ～ / 収賄する. ¶退 tuì ～ / 盗んだ金品を返す.
【赃官】zāngguān 名 汚職官吏. 不正役人.
【赃款】zāngkuǎn 名 汚職〔盗み〕で得た金銭.
【赃物】zāngwù 名 不法な手段で手に入れた財物.

** **脏**（髒）zāng 形 汚れている. 汚い. ¶你的手 shǒu 太～了 / 君の手はとても汚れている. ¶衣服～了 / 服が汚れた. ▸▸ zàng
【脏病】zāngbìng 名 性病.
【脏话】zānghuà 名 下品な〔汚い〕言葉.
【脏水】zāngshuǐ 名 汚水.
【脏土】zāngtǔ 名 ごみ. 砂ぼこり.
【脏字】zāngzì 名（～儿）下品な言葉. 卑俗な言葉. ¶说话别带～ / 汚い言葉を使うな.

臧 zāng 形〈書〉よい. よろしい. ¶人谋 móu 不～ / 計画の立て方が当を得ていない. ‖ 姓
【臧否】zāngpǐ 動〈書〉品定めをする.

4声 **脏**（臟）zàng ◇ 内臓. ¶肾 shèn ～ / 腎臓. ¶五～六腑 fǔ /（漢方で）人体の内部器官の総称. ¶～器 qì /〈医〉臓器. ▸▸ zāng
【脏器】zàngqì 名〈医〉臓器.

奘 zàng 形〈方〉荒々しい. 無骨である. ◇ 壮大である. ►多く人名に用いる. ¶玄～法师 fǎshī / 玄奘(げんじょう)法師. ▸▸ zhuǎng

葬 zàng 動 埋葬する. ¶～在山上 / 山に埋葬する. ◇（風俗・習慣に従い）死者を葬る. ¶火～ / 火葬する. ¶海～ / 水葬する.
【葬礼】zànglǐ 名 葬式. 量 次 cì.
【葬埋】zàngmái 動 埋葬する.
【葬身】zàngshēn 動（比喩的に）死体を埋葬する. ¶敌机 díjī ～海底 / 敵機は海底の藻くずとなった.
【葬送】zàngsòng 動 台なしにする. 破滅させる. ¶前途被～掉了 / 将来を台なしにされた.
【葬仪】zàngyí 名 葬儀. 葬式. 量 次 cì.

藏 zàng 名（Zàng）〈略〉チベット（族）. ¶西～ / チベット. ◇ ①蔵. 倉庫. ¶宝 bǎo ～ / 宝庫. ②（仏教や道教の）経典の総称. ¶道～ / 道教の経書の集大成. ▸▸ cáng
【藏青】zàngqīng 形 黒ずんだ藍色の.
【藏文】Zàngwén 名 チベット文字.
*【藏语】Zàngyǔ 名 チベット語.
【藏族】Zàngzú 名（中国の少数民族）チベット（Zang）族. ►チベット・青海・甘粛・四川・雲南などに住む.

zao（ㄗㄠ）

1声 **遭** zāo ❶動（よくないことに）出あう, 見舞われる. ¶～水灾 shuǐzāi / 水害に見舞われる. ¶～毒手 dúshǒu / 毒手にかかる. 注意 兼語文を構成することも多いが, その場合には"遭"の後によく"人､人家"などの人称代詞を用いる. ¶～人虐待 nüèdài / 人から虐待される.
❷量（～儿）① 回. 度. ¶一～生, 两～熟 shú /（初めは慣れないが, 二度目からは慣れるように）人は付き合えば親しくなるものだ. ② 周. 周り. ¶跑 pǎo 了一～儿 / 1周走った.
【遭报】zāobào 動 悪の報いを受ける. ばちが当たる.
*【遭到】zāodào 動 出あう. …の目にあう. ¶～拒绝 jùjué / 断られる. ¶～打击 dǎjī / 打撃を受ける. ⇒【遭受】zāoshòu 比較
【遭逢】zāoféng 動 出あう. 遭遇する. ¶～不幸 bùxìng / 不幸な目にあう.
【遭劫】zāo//jié 動 災難に見舞われる.
【遭难】zāo//nán 動〈方〉困難に出あう. 困る.
【遭难】zāo//nàn 動 災難にあう. 遭難する.
*【遭受】zāoshòu 動（不幸または損害を）被る. ¶～自然灾害 zìrán zāihài / 自然災害に見舞われる.
比較 遭受：遭到 zāodào ：受到 shòudào "遭受""遭到"は不幸なことまたは不利な状況にしか用いないが, "受到"にはそのような制限はない.
【遭瘟】zāo//wēn 動 疫病にかかる.
【遭殃】zāo//yāng 動 災禍を被る. 災いが降りかかる.
*【遭遇】zāoyù ① 動（不幸やよくないことに）出くわす, ぶつかる. ¶一生中～了不少挫折 cuòzhé / 一生の中で多くの挫折(ざせつ)を経験した. ② 名 境遇. 不遇. 不運. ¶悲惨 bēicǎn 的～ / 惨めな境遇.
【遭灾】zāo//zāi 動 災難にあう.
【遭罪】zāo//zuì 動 ひどい目にあう. 苦しめられる.

* **糟** zāo ❶形 ① 朽ちている. 丈夫でない. ¶他病后身体 shēntǐ 很～ / 彼は病気をしてから体が丈夫でない. ②（物事が）なっていない, めちゃくちゃである. ¶目前的情况 qíngkuàng 很～ / 目下の状況はとてもまずい.
❷動 酒・酒かすで漬ける. ¶～了一坛子 tánzi 鱼 / 魚を1かめかす漬けにした.
◇ 酒かす.
【糟蛋】zāodàn 名 ① アヒル〔鶏〕の卵の酒かす漬け. ②〈罵〉ろくでなし.
*【糟糕】zāogāo 形〈口〉（事柄や状況が）ひどく悪い.

Z

めちゃくちゃである；しまった．¶这事儿办得真～／この仕事はやり方がまずくてめちゃくちゃになった．¶真～，把钥匙 yàoshi 锁 suǒ 在屋里了／しまった，かぎを部屋の中に置いたまま錠をしてしまった．
【糟行】zāoháng 名 酒造工場．醸造場．
【糟践】zāojian 動〈方〉①粗末にする．だめにする．②そしる．けなす．
【糟老头子】zāolǎotóuzi 名〈貶〉(男性の)老いぼれ．
【糟了】zāole しまった．¶～！忘带表了／しまった，時計を忘れた．
【糟粕】zāopò 名 かす．糟粕(ｿｳﾊｸ)．
【糟蹋·糟踏】zāota 動 ①粗末にする．台なしにする．¶～钱／むだ遣いをする．②侮辱する．踏みにじる．¶～人／人をぼろくそに言う．③(女性を)犯す，暴行する．
【糟心】zāoxīn 形〈方〉気をもむ．いらいらする．

2声 * **凿(鑿) záo** 動 うがつ．穴をあける．¶～一个窟窿 kūlong／穴を一つあける．
◇◆ ①のみ．②確かである．明らかである．¶确 què～／確実である．③ほぞ穴．¶方枘 ruì 圆～／四角いほぞと丸いほぞ穴；互いにしっくりしない．
【凿井】záo//jǐng 動 井戸を掘る；坑道を掘る．
【凿空】záokōng 動〈書〉無理にこじつける．
【凿子】záozi 名 のみ．

3声 ** **早 zǎo** 形 ①(時間的に)早い，早く；ずっと以前である．¶还～呢，不用着急 zháojí／まだ早いから焦らなくていい．¶时间定了，～点儿告诉我们／時間が決まったら早めに知らせてください．¶他奶奶 nǎinai 每天都起得很～／彼のおばあちゃんは毎日起きるのがとても早い．［連用修飾語になり，「ずっと前に，とっくに」の意味を表す．文末によく"了"を用いる］¶这事儿她～知道了／このことは彼女はとっくに知っていた．
②(ある時点より)早い［早く］，さらに早い［早く］．¶这里的冬季 dōngjì 比上海～半个月／こちらの冬は上海よりも半月早い．¶你怎么不～说？／なぜもっと早く言ってくれなかったんだね．

語法ノート
動詞＋"早"
「早く…する；…するのが早すぎてしまう」¶过去他老迟到 chídào，最近他来～了／以前，彼はいつも遅刻していたが，このごろでは早く来るようになった．¶买～了／買うのを早まった．

③〈套〉《朝のあいさつに用いる》おはよう．¶同学们～！／(教室で)みなさん，おはよう．
◇◆ 朝．早朝．¶从～到晚 wǎn／朝から晩まで．¶→～饭 fàn．‖姓
【早安】zǎo'ān〈套〉(↔晚安 wǎn'ān)おはよう(ございます)．►口頭語では一般に用いない．放送や翻訳などで用いられる．
【早班】zǎobān 名(交替勤務の)早番．
【早半天儿】zǎobàntiānr 名〈口〉(↔晚半天儿)午前中．►"早半晌儿 shǎngr"とも．
【早报】zǎobào 名(↔晚报)**朝刊**．
【早餐】zǎocān 名 朝食．
【早操】zǎocāo 名 朝の体操．
【早茶】zǎochá 名(主に南方で)朝にとる茶と軽食．
【早产】zǎochǎn 動〈医〉早産する．
【早场】zǎochǎng 名(↔晚场)(芝居·映画などの)午前の部．昼の興行．
【早车】zǎochē 名 朝の汽車〔バス，電車〕．
*【早晨】zǎochen 名 **朝**．►夜明けから8，9時までの時間．
【早春】zǎochūn 名 早春．春の初め．
【早点】zǎodiǎn 名 ①朝の軽い食事．②朝食．
【早饭】zǎofàn 名 **朝食．
【早慧】zǎohuì 形 (子供が)ませている，早熟である．
【早婚】zǎohūn 動(↔晚婚)早婚する．
【早就】zǎojiù 副 **とっくに．¶我～知道了／とっくに知っている．
【早年】zǎonián 名 ①ずっと前．以前．②若いころ．
【早期】zǎoqī 名(↔晚期)早期．初期．
【早起】zǎoqi 名〈方〉朝．
【早前】zǎoqián 名〈方〉以前．前．
【早日】zǎorì ①副〈書〉一日も早く．¶请～答复 dáfù／折り返しご返答願います．②名 以前．昔．
【早上】zǎoshang 名(↔晚上)朝**．¶～好！／おはよう．¶你们公司，～几点上班？／あなたの会社は朝何時始まりですか．
【早市】zǎoshì 名 ①朝市．②早朝の営業．
【早熟】zǎoshú 形(人の発育·作物の生長が)早熟である．
【早岁】zǎosuì 名〈書〉若いころ．以前．
【早退】zǎotuì 動 早退する．
【早晚】zǎowǎn ❶名 ①**朝晩**．¶～喝粥 hē zhōu／朝晩，おかゆを食べる．②〈口〉時．時分．¶这～，他多半儿已经睡下了／この時間だと彼はたぶん寝たろう．③そのうち．いつか．¶～有时间，一起去看场 chǎng 电影／いつか暇があったらいっしょに映画でも見に行こう．❷副 **遅かれ早かれ**．¶别着急 zháojí，她～会来／心配するな，彼女はいずれそのうち来るよ．
【早霞】zǎoxiá 名(↔晚霞)朝焼け．
【早先】zǎoxiān 名 以前．
【早夭】zǎoyāo 動 若死にする．夭折(ﾖｳｾﾂ)する．
【早已】zǎoyǐ ①副 **早くからすでに**．¶他～打定主意 zhǔyi 了／彼はとっくに考えを決めた．②名〈方〉以前．前．
【早早儿】zǎozāor 副 早く．早いうちに．¶要来，明天～来／来たいんだったら，あす早くおいで．

枣(棗) zǎo 名 ①〈植〉**ナツメ**(の木)．¶海～／ナツメヤシ．②(～儿)ナツメの実．参考 "早"と同音なので，「早く子宝を」の意味をこめて，結婚式に食べたり贈ったりする風習が残っている．¶红～儿／干しナツメ．‖姓
【枣红】zǎohóng 形 エビ茶色の．ナツメ色の．
【枣核】zǎohú 名(～儿)ナツメの種．¶～钉 dīng／両端がとがった釘．
【枣泥】zǎoní 名(～儿)ナツメのこしあん．
【枣儿】zǎor 名 ナツメ(の実)．
【枣椰】zǎoyē 名〈植〉ナツメヤシ．
【枣子】zǎozi 名 ナツメ(の実)．

蚤 zǎo ◇◆ ①ノミ．¶虼 gè～／〈口〉ノミ．②〖早 zǎo〗に同じ．

澡 zǎo ◇◆(体を)洗う. ¶洗 xǐ～/入浴する.
【澡盆】zǎopén 名 湯船. バスタブ.
【澡堂】zǎotáng 名(～子)銭湯. 風呂屋.
【澡塘】zǎotáng 名 ①湯船. 浴槽. ②銭湯.

藻 zǎo ◇◆ ①藻類(そうるい). ¶水～/川藻(も). ②詩歌・文章の美しい言葉. ¶→～饰 shì. ‖姓
【藻饰】zǎoshì 動〈書〉(文章を)美辞麗句で飾る.

4声 **皂(阜)** zào ◇◆ ①黒い. ¶～靴 xuē/黒い長靴. ¶→～白 bái. ②石けん. ¶肥 féi～/石けん. ③しもべ. ¶→～隶 lì.
【皂白】zàobái 名 白黒. 是非. 善悪. ¶不分 fēn～/是非をわきまえない.
【皂隶】zàolì 名〈書〉〈旧〉下級役人;下僕.

灶(竈) zào 名 ①かまど. 量 座. ②台所. 食堂. ¶学生～/学生食堂.
【灶房】zàofáng 名〈口〉台所.
【灶火】zàohuo 名〈方〉①台所. ②かまど.
【灶君】Zàojūn 名 かまどの神.
【灶神】Zàoshén 名(台所に祭る)かまどの神. ►一家の禍福財運をつかさどるという.
【灶台】zàotái 名 かまど縁.
【灶头】zàotou 名〈方〉かまど.
【灶王爷】Zàowángyé 名 かまどの神.
【灶屋】zàowū 名〈方〉台所.

* **造** zào 動 ①**製造する**. 製作する. 作成する. 建設・造営する. ¶～房子/家を建てる. ¶～名册 míngcè/名簿を作成する. ¶～预算 yùsuàn/予算を組む.
②**でっち上げる**. ¶这是千真万确的事,不是我～的/これはまったくの事実であって,私が捏造したものではない.
◇◆ ①(訴訟の)当事者. ¶两～/(原告と被告の)双方. ②農作物の収穫(回数). ¶早～/前作. ③行く,出向く. ¶～府 fǔ/参上する. ④成果. ¶深～/深く究める. ‖姓
【造册】zàocè 動(名簿・統計書類・明細書などを)1冊にとじる.
【造成】zàochéng 動 **引き起こす**. ¶～困难/困難をきたす.
【造船】zào//chuán 動 造船する. ¶～厂 chǎng/造船所.
【造次】zàocì 形〈書〉①あわただしい. ②軽率である.
【造反】zào//fǎn 動 ①**造反する**. たてつく. ②(子供が)やんちゃをする.
【造访】zàofǎng 動〈書〉訪問する.
【造福】zào//fú 動 幸福をもたらす.
【造化】zàohuà〈書〉①名 造物主. 自然. ②動 創造する.
【造化】zàohua 名 果報. 幸せ.
【造价】zàojià 名(建築物・船舶などの)建造費.
【造就】zàojiù ①名 学識. 造詣. ¶这小伙子 xiǎohuǒzi 很有～/この若者はなかなか前途有望だ. ②動 育成する. 養成する. ¶～一代新人/新しい世代を育成する.
*【造句】zào//jù 動 **文を作る**.
【造具】zàojù 動 作成する. 製作する.
【造孽】zào//niè ①動〈仏〉ばち当たりなことをする. ②形〈方〉かわいそうである.
【造物】zàowù 名 天地万物を創造した神力. 造化.
【造像】zàoxiàng 名〈美〉塑像. 彫像.
【造型】zàoxíng ❶動 ①造型する. ②〈冶〉砂(鋳)型を作る. ❷名 つくり出された物の形.
【造谣】zào//yáo 動 デマを飛ばす. ¶～惑 huò 众/流言飛語で民衆を迷わす.
【造诣】zàoyì 名 造詣(ぞうけい). ¶～很深/造詣が深い.
【造影】zàoyǐng 動〈医〉(X線で)造影検査をする.
【造纸】zào//zhǐ 動 紙をつくる.
【造作】zàozuò 動 製造する.
【造作】zàozuo 形(身ぶり・表情などが)わざとらしい.

噪(譟) zào ◇◆ ①虫や鳥が鳴く. ¶蝉 chán～/セミが鳴く. ②(大勢の人が)騒ぐ. ¶鼓 gǔ～/がやがや騒ぐ.
【噪声】zàoshēng 名 **騒音**. 耳ざわりな音.
【噪音】zàoyīn 名 ①〈物〉噪音(そうおん). ノイズ. ②**騒音**.
【噪杂】zàozá 形 騒がしい.
【簉室】zàoshì 名〈書〉妾(めかけ).

燥 zào 形 乾いている. 乾燥している. ¶空气太～/空気がとても乾いている.

躁 zào 形 せっかちである. 焦る. ¶性子 xìngzi 有些～/少し気が短い.
【躁动】zàodòng 動 焦って動き回る. せわしく動く.
【躁急】zàojí 形 気ぜわしい. いらいらしている.
【躁进】zàojìn 動〈書〉軽率に行動する;功名を焦る.
【躁狂】zàokuáng 名〈医〉躁病.

ze (ㄗㄜ)

2声 * **则** zé ❶量(多く書面語で)**項目に分けられた短い文章**を数える. ¶一～最新消息 xiāoxi/最新ニュース1件. ¶格言 géyán 十～/格言10則.
❷接続〈書〉①《二つの動作の前後関係を表す》(…すると…. ¶日出即起,日没～息/夜が明けるとすぐに起き,日が暮れるとすぐに寝る. ②《条件・結果の関係を表す》…すれば. ¶无粮 liáng～乱 luàn/食糧がなければ天下は乱れる. ③《**対比・逆接を表す**》…(**の方)は**. ¶鲨鱼 shāyú 是鱼类,而鲸鱼 jīngyú～属于 shǔyú 哺乳 bǔrǔ 动物/サメが魚類であるのに対し,クジラは哺乳動物に属する. ④《同じ語の間に用いて譲歩を表す》…には…だが. ¶贵～贵一些,但质量 zhìliàng 很好/少し高いには高いが,質はとてもよい.
❸助〈書〉《"一、二〔再〕、三"などの後に用いて原因や理由の列挙を表す》¶一～力乏 fá,再～脚痛 tòng,今天就不游泳了/一つには力が出ないし,二つには足が痛いので,きょうは泳がないことにする.
❹動〈古〉…にならう,学ぶ. ¶～先人之训/先人の教えにならう.

Z

5 副〈古〉…だ．►現代語の"是"に同じ．¶心之官～思 / 心の役目は考えることだ．

◇◆ ①規範．模範．¶以身作～ / 身をもって模範を示す．②規則．規程．¶章 zhāng ～ / 規則．規定．‖姓

【则刀】zédāo 名(～儿)(漢字の偏旁)りっとう．"刂"．►"立刀 lìdāo"とも．

责 zé ◇◆ ①責任．¶→～任 rèn．②(実現・達成を)要求する．¶→～成 chéng．③詰問する．難詰する．¶→～怪 guài．④責める．罰する．¶→～罚 fá．

【责备】zébèi 動 **責める**．とがめる．非難する．¶～孩子 / 子供をとがめる．

【责成】zéchéng 動(責任をもって遂行するよう)命じる．

【责打】zédǎ 動 折檻(せっかん)する．

【责罚】zéfá 動 処罰する．

【责怪】zéguài 動 とがめる．

【责令】zélìng →【责成】zéchéng

【责骂】zémà 動 怒鳴りつける．

【责难】zénàn 動〈書〉非難する．詰問する．

*【责任】zérèn 名 1 (果たすべき)責任．¶应 yīng 尽 jìn 的～ / 当然果たすべき責務．2 (務めを果たせず,負うべき)責任．¶追究 zhuījiū ～ / 責任を追及する．¶发生事故我们有～ / 事故が起こったのはわれわれに責任がある．

【责任事故】zérèn shìgù 名 業務上の怠慢・過失による事故．

【责问】zéwèn 動 詰問する．なじる．

【责无旁贷】zé wú páng dài〈成〉責任逃れは許されない．責任が他に転嫁できない．

择(擇) zé ◇◆ 選ぶ．選択する．よる．¶选 xuǎn ～ / 選択する．¶→～优 yōu．‖姓 ►► zhái

【择偶】zé'ǒu 動〈書〉配偶者を選ぶ．

【择期】zéqī 動 期日を決める．

【择优】zéyōu 動 すぐれたものを選ぶ．

咋 zé 動〈書〉かみつく．くわえる．►► zǎ,zhā

泽(澤) zé ◇◆ ①沢．浅く水のたまった湿地．¶沼 zhǎo ～ / 沼と沢．②湿っている．潤いがある．¶润 rùn ～ / 潤いがある．③(金属や珠玉の)つや．¶光～ / 光沢．④恵み．恩恵．¶恩 ēn ～ / 恵みと情け．‖姓

【泽国】zéguó 名〈書〉1 河川・湖沼の多い地方．2 冠水した土地．

啧 zé ◇◆ ①大声で言い争う．②舌を鳴らす音の形容．¶→～～．

【啧有烦言】zé yǒu fán yán〈成〉多くの人が口々に不平をこぼす．

【啧啧】zézé 形 1 (賞賛や羨望,不平不満を表す場合に)舌を鳴らしたり言い立てたりするさま．2〈書〉鳥が鳴いている様子．

4声 **仄** zè 名〈語〉仄(そく)．仄韻．◇◆ ①狭い．¶逼 bī ～ / せせこましい．②後ろめたい．¶歉 qiàn ～ / すまなく思う．

【仄声】zèshēng 名〈語〉仄声(そくせい)．►古四声で,上・去・入の各声調をさす．"平声 píngshēng"と区別する．

zei (ㄗㄟ)

2声 * **贼** zéi 1 名 **どろぼう**．盗人．¶听说那一带～很多 / あの辺りは盗賊が多いそうだ．2 形 **ずる賢い**．¶这个小东西真～ / このがきは実にずるい．3 副〈方〉ばかに．いやに．¶～亮 liàng / いやにぴかぴか光る．

◇◆ ①反逆者．¶卖国 màiguó ～ / 売国奴．②たちが悪い．¶→～心 xīn．③傷つける．害する．¶戕 qiāng ～ / 害を加える．損なう．

【贼船】zéichuán 名 海賊船；〈喩〉悪人の集まり．

【贼风】zéifēng 名 すきま風．

【贼骨头】zéigǔtou 名〈方〉どろぼう．盗人．

【贼喊捉贼】zéi hǎn zhuō zéi〈成〉自分への追及を逃れるために,わざと人の耳目をそらそうとする．

【贼溜溜】zéiliūliū 形(～的)(目が)きょろきょろするさま．こそこそするさま．

【贼眉鼠眼】zéi méi shǔ yǎn〈成〉きょろきょろするさま．こそこそするさま．

【贼头贼脑】zéi tóu zéi nǎo〈成〉ふるまいがこそこそしているさま．

【贼心】zéixīn 名 よこしまな心．悪だくみ．

【贼星】zéixīng 名〈方〉流星．

【贼眼】zéiyǎn 名 悪だくみをしているような目つき．

【贼赃】zéizāng 名 贓品(ぞうひん)．盗品．

【贼走关门】zéi zǒu guān mén〈成〉後の祭り．►"贼去 qù 关门"とも．

zen (ㄗㄣ)

3声 **怎** zěn 疑〈口〉(＝怎么 zěnme)**なぜ．どうして**．¶你～没早来呀？/ どうして早く来てくれなかったのさ．

【怎的・怎地】zěndi 疑〈方〉どうして．どうする．

【怎敢】zěn gǎn〈型〉…するものですか．

【怎么】zěnme 疑 1 **どう．どのように．►方法を問う．¶这种机器 jīqi ～开？/ この機械はどう動かすんですか．¶这个字～念？/ この字はどう読むのですか．2 **なんで．どうして**．►原因・理由を問う．意外でいぶかる気持ちや同意しかねて詰問する気持ちを含む．¶你～来晚了？/ どうして遅くなったんだ．¶他～这么高兴 gāoxìng ？/ 彼はどうしてあんなにうれしそうなのか．

語法ノート

"怎么"の注意すべき用法

❶"怎么(一)回事""怎么一个人"で,「どういうこと」「どんな人」かを問う．¶这是～(一)回事？/ これはどういうことなんですか．¶老王是～一个人？/ 王さんてどんな人なのですか．

❷"怎么了〔啦〕？"で,「どうですか,どうしましたか」と,述語に用い情況を問う．¶你～了？/ 君どうしたのですか．

❸〖不怎么…〗それほど,あんまり(…ではない)．¶这首歌我刚 gāng 学,还不～会唱 chàng / この歌は習ったばかりで,まだそんなにうまく歌えない．

❹〖怎么…怎么…〗前後二つの"怎么"を呼応させ,無条件でそのようにすることを表す．¶你爱～办就

～办 / 君のしたいようにしなさい.
❺〚(不论 / 无论 / 不管)怎么…都 / 也…〛どんなに(…しても). いかに(…でも). ¶～恳求 kěnqiú, 他都不答应 dāying / どんなに懇願しても,彼はうんと言わない.
❻"怎么,…"と文頭に用い,驚きや不満を表す. ►後ろにポーズを置く. ¶～,你忘了吗? / なんだ,忘れてしまったのか.

【怎么办】zěnme bàn　どうするか. どうしよう. 注意 実際には zěnmbàn のように me の音は軽く短く発音することが多い. "怎么样""怎么着"の場合も同じ. ¶要是你的话,～呢? / もし君ならどうする.

【怎么得了】zěnme déliǎo ああどうしよう. たいへんだ.

【怎么说呢】zěnme shuō ne《言葉を選んだり考え込んだりするとき用いる》ええ,なんと言ったらいいか.

【怎么样】zěnmeyàng 疑 ①→【怎样】zěnyàng ②《口に出しにくい動作・情況を表す語に代用する》►必ず否定形で用いる. ¶他画得也并 bìng 不～ / 彼の絵も大したことない. ¶他后台硬 yìng,大家都不敢 gǎn 拿他～ / 彼になかなか手ごわいバックがついているので,みんな彼をどうするわけにもいかない. ③〈口〉(誇らしげに)どうだい(…だろう);(相手を誘って)どうだ(…してみないか,…しないのか). ¶～,这样可以吧? / どうだ,こんな具合でいいだろう. ¶你来一趟 tàng,～ / どうだい,1度おいでよ.

【怎么着】zěnmezhe 疑 ①《動作または情況を問う》どうする. どうなる. どうなんだ. ¶你打算 dǎsuan～? / おまえはどうするつもりか. ②《呼応して同一内容を表す》¶你想～就～,那哪儿行 xíng 啊 / 何でも思い通りにやろうなんて,それは通らないよ. ⇒【怎么】zěnme 語法ノート❹ ③どんなに(…しても). ¶～我也得 děi 去 / どんなことがあっても私は行かなければ. ⇒【怎么】zěnme 語法ノート❺

【怎能】zěnnéng〈型〉どうして…することができよう. ¶我～对她说这样的话 / 彼女にどうしてこんなことが言えようか.

【怎样】zěnyàng 疑 注意 多く書き言葉に用い,話し言葉では"怎么"または"怎么样"を用いることが多い. ①《性質を問う》どんな. どのような. どういう. ¶我们应该制定 zhìdìng～的政策 zhèngcè? / 私たちはどのような政策を立てるべきでしょうか. ¶他是～一个人呢? / 彼はどのような人ですか. ②《方法を問う》どう. どのように. どんなに. ►話し言葉では"怎么"または"怎么样"を用いることが多い. ¶你们打算 dǎsuan～做? / あなた方はどうするつもりですか. ③《情況を問う》どうですか. ►話し言葉では"怎么样"を用いることが多い. [述語になって]¶你近来身体～? / このごろ体の具合はどうですか. [目的語として]¶以后打算～? / これからどうするつもりですか. [補語として]¶学习得～? / 勉強はどうですか. ⇒【怎么】zěnme 【怎么样】zěnmeyàng

zeng (ㄗㄥ)

曾 zēng

◇◆(自分との間に) 2 世代おいた親族関係. ¶→～孙 sūn. ‖姓 ►► céng

【曾孙】zēngsūn 名 曾孫.

【曾孙女】zēngsūnnǚ 名(女の)曾孫.

增 zēng

動 増加する. 増える. ¶～了一级工资 gōngzī / 給料が 1 等級分増えた. ‖姓

【增补】zēngbǔ 動 補充する. 増補する.

*【增产】zēng//chǎn 動 **増産する.**

【增大】zēngdà 動 **増大する.** 大きくなる.

【增订】zēngdìng 動 改訂増補する.

【增多】zēngduō 動 増える. 増やす.

【增高】zēnggāo 動 ①高まる. 高くなる. ②高める. 高くする. ¶～温度 wēndù / 温度を上げる.

【增光】zēng//guāng 動 栄光を増す. ¶为国～ / 国の栄誉を高める.

【增辉】zēng//huī 動 輝きを増す.

*【增加】zēngjiā 動 **増加する.** 増える. 増やす. ¶～印数 yìnshù / 印刷部数を増やす. ¶比 bǐ 去年～了一倍 bèi / 昨年の倍になった.

【增减】zēngjiǎn 動 増減する.

*【增进】zēngjìn 動 **増進する.** ¶～健康 jiànkāng / 健康を増進する.

【增刊】zēngkān 名 増刊.

*【增强】zēngqiáng 動 強める. 高める. ¶～信心 / 自信を強める. ¶～抵抗力 dǐkànglì / 抵抗力を高める.

【增色】zēngsè 動 輝きを増す.

【增删】zēngshān 動(文章を追加・削除して)修正する.

【增设】zēngshè 動 増設する.

【增损】zēngsǔn 動(文字を)増減する.

【增添】zēngtiān 動 **増やす. 加える.** ¶～麻烦 máfan / 面倒をかける.

【增益】zēngyì ①動 増加する. 増やす. ②名〈電〉増幅;(増幅器の)利得.

*【增长】zēngzhǎng 動 **増大する**〔させる〕. ¶～知识 zhīshi / 知識を豊かにする. ¶经济 jīngjì～率 lǜ / 経済成長率.

【增值】zēngzhí 動〈経〉価値が上昇する. 値上がりする.

【增殖】zēngzhí 動 増殖する. 繁殖する〔させる〕.

憎 zēng

◇◆ 憎む. 憎み嫌う. ►話し言葉ではよく zèng と発音する.

【憎称】zēngchēng 名 憎しみを込めた呼び名.

【憎恨】zēnghèn 動 ひどく憎む. 憎み恨む.

【憎恶】zēngwù 動 憎悪する.

锃 zèng

4声 ◇◆ ぴかぴか光るさま.

【锃亮】zèngliàng 形 反射して光っている.

赠 zèng

動〈書〉贈る. 差し上げる. ¶互～礼品 lǐpǐn / 互いに贈り物を贈答する.

【赠别】zèngbié 動〈書〉餞別(せんべつ)を贈る.

【赠答】zèngdá 動〈書〉(贈り物・詩文などを)互いに贈り合う.

【赠礼】zènglǐ 名 贈り物.

【赠品】zèngpǐn 名 贈答品.

【赠送】zèngsòng 動 **贈呈する.** 寄贈する. ¶他～我一本书 / 彼は私に本を 1 冊贈ってくれた.

【赠言】zèngyán 名 別れに際しての激励の言葉.

【赠与・赠予】zèngyǔ 動 贈与する.

【赠阅】zèngyuè 動(編集者や出版社が)本を贈呈

する.

甑 zèng 名 ①(～儿)せいろう. ¶～子/ご飯などを蒸すせいろう. ②蒸留器. レトルト. ③古代の食物を蒸す土器.

zha (ㄓㄚ)

1声

＊**扎**(紮·紥) zhā ❶動 ①刺す. 突き刺す. ¶手上～了一根刺 cì / 手にとげが刺さった. ②〈ロ〉潜り込む. 入り込む. ¶整天～到屋子里不出来 / 終日部屋へ潜り込んだまま出てこない.
❷量 ジョッキに入った生ビール：杯. ¶来两～生啤 shēngpí / 生ビールを2杯ください.
◇◆ 駐屯する. ¶→～营 yíng. ▸▸ zā,zhá

【扎刺】zhā//cì 動 とげが刺さる.

【扎堆儿】zhā//duīr 動(人が)一か所に群がる. ¶工作时间,不得～聊天儿 liáotiānr / 仕事中,固まっておしゃべりしてはいけない.

【扎耳朵】zhā ěrduo 〈慣〉耳障りである. ¶她说话尖 jiān 声尖气的,太～ / 彼女の甲高い声は実に不快だ.

【扎根】zhā//gēn 動 ①(植物が)根を下ろす. ②〈喩〉人々や事物の中に深く根を下ろす.

【扎花】zhā//huā 動(～儿)〈方〉刺繡する.

【扎猛子】zhā měngzi 〈慣〉〈方〉(水中に)飛び込む.

【扎啤】zhāpí 名(ジョッキ入りの)生ビール.

【扎实】zhāshi 形 ①丈夫である. 健康である. ¶他身体很～ / 彼は体がなかなか丈夫だ. ②(仕事が)着実である,確かである. ¶他干活儿挺 tǐng ～ / 彼は仕事が実に確かだ.

【扎手】zhā//shǒu 動 ①手を刺す. ②〈喩〉手を焼く.

【扎心】zhā//xīn 動 胸が痛む.

【扎眼】zhāyǎn 形〈方〉①けばけばしい. ¶这块布的颜色 yánsè 太～ / この布の色は派手で目がちかちかする. ②〈貶〉目障りである. ¶你这样好 hào 表现,真～！/ 得意になってひけらかしちゃって,ほんとうに目障りだ.

【扎营】zhā//yíng 動(軍隊が)野営する.

【扎针】zhā//zhēn 動〈中医〉鍼を打つ.

咋 zhā "咋呼〔唬〕zhāhu"⬇という語などに用いる. ▸▸ zǎ,zé

【咋呼·咋唬】zhāhu 動〈方〉①大きな声で叫ぶ. 怒鳴る. ②ひけらかす.

揸(摣) zhā 動〈方〉①(指で物を)つまむ. ②指を伸ばす. 指を広げる. ¶～开五指 wǔzhǐ / 5本の指を広げる.

喳 zhā ①→【喳喳】zhāzhā ②感〈旧〉《召使いが主人に応える言葉》はい. ▸▸ chā

【喳喳】zhāzhā 擬《小鳥の鳴き声》ちっちっ. ⇒【喳喳】chāchā

渣 zhā 名(～儿)①かす. ¶豆腐 dòufu ～儿 / おから. ②くず. ¶面包～儿 / パンくず. ‖姓

【渣油】zhāyóu 名(原油精製後の)残油.

【渣滓】zhāzǐ 名 かす. おり；〈喩〉(人間の)くず. ¶社会～ / 社会のくず.

【渣子】zhāzi 名〈ロ〉かす. くず.

楂(樝) zhā "山楂 shānzhā"(サンザシ)という語に用いる.

2声

扎 zhá "扎挣 zházheng"⬇という語に用いる. ‖姓 ▸▸ zā,zhā

【扎挣】zházheng 動〈方〉どうにかこらえる.

札 zhá 名 ①木簡. ②(～儿)〈旧〉下級官庁あての公文の一種.
◇◆ 手紙. 書簡. ¶书～ / 書簡.

【札记】zhájì 名 読書メモ.

轧 zhá 動〈冶〉(鋼塊を)圧延する. ¶～钢板 gāngbǎn / 鋼板に圧延する. ▸▸ yà

【轧钢】zhá//gāng 動(鋼塊を)圧延する.

闸(牐) zhá ❶名 ①水門. ¶开～放水 / 水門を開いて放水する. ②〈ロ〉ブレーキ. ¶捏 niē ～ / (自転車の)ブレーキをかける. ③〈ロ〉大型スイッチ. ¶拉 lā ～ / スイッチを切る.
❷動(水を)せき止める. ¶～住了洪水 hóngshuǐ / 洪水をせき止めた.

【闸口】zhákǒu 名 水門口.

【闸门】zhámén 名 水門の開閉扉.

【闸蟹】zháxiè 名《江南地方の湖でとれるカニの総称》上海ガニ.

＊**炸** zhá 動 ①(調理法の一つ)油で揚げる. ¶～麻花 máhuā / マーホアを揚げる. ②〈方〉(野菜などを)熱湯に通す. ▸▸ zhà

【炸鸡】zhájī 名 フライドチキン.

【炸酱】zhájiàng 名〈料理〉みそを油でいためたもの. ¶～面 miàn / ジャージャンメン.

【炸薯条】zháshǔtiáo 名〈料理〉フライドポテト. ►"炸土豆条"とも.

【炸土豆片】zhátǔdòupiàn 名〈料理〉ポテトチップ.

【炸丸子】zháwánzi 名〈料理〉肉だんごのから揚げ.

铡 zhá 動 押し切りで切る. ¶～草 / 押し切りで草を切る.
◇◆ 押し切り.

【铡刀】zhádāo 名 押し切り.

3声

拃 zhǎ ①動 親指と中指(または小指)を広げて長さを計る. 指尺で計る.
②量 同上の方法で測った指尺の長さ：咫(あた).

眨 zhǎ 動 まばたきをする. 目をしばたたく. ¶眼睛 yǎnjing ～都不～ / まばたき一つしない.

【眨巴】zhǎba 動〈方〉まばたきをする.

【眨眼】zhǎ//yǎn 動 まばたきをする；〈喩〉またたくまに. ¶她向我眨了眨眼 / 彼女は私に目くばせをした. ¶～工夫他就没影 yǐng 了 / またたく間に彼の姿が見えなくなった.

砟(碴) zhǎ ◇◆ 小石. 細かく割った石炭など. ¶焦 jiāo ～ / 石炭殻.

【砟子】zhǎzi 名 石炭くず；小石.

Z

4声

乍 zhà ❶副 ①…したばかり．…したとたん．¶～看上去／ちょっと見たところ．②("乍…乍…"の形で)突然．¶～晴 qíng～雨／晴れたり雨が降ったりする．
❷動 広げる．¶～翅 chì／翼を広げる．‖姓

【乍得】Zhàdé 名〈地名〉チャド．

【乍富】zhàfù 動 急に金持ちになる．

诈 zhà 動 ①だます．ペテンにかける．¶～财 cái／金をだましとる．②かまをかける．¶用话一～就说出来了／かまをかけたらすっかりしゃべってしまった．
◇◆ ふりをする．装う．¶～死／死んだふりをする．

【诈唬】zhàhu 動 だましたり脅したりする．

【诈骗】zhàpiàn 動 詐欺を働く．¶～犯 fàn／ペテン師．詐欺犯．

【诈降】zhàxiáng 動 投降を装う．

【诈语】zhàyu 名 人をだます言葉．¶使 shǐ～／(言葉で)ペテンにかける．

栅 zhà ◇◆ 柵(さく)．¶铁～／鉄柵．

【栅栏】zhàlan 名(～儿)柵．囲い．フェンス．

【栅子】zhàzi 名〈方〉(竹やアシなどで編んだ)柵，囲い．

奓 zhà 動〈方〉広げる．広がる．散らばる．¶～着头发／髪の毛が乱れている．

【奓刺儿】zhàcìr 動〈俗〉反抗して騒ぐ．

【奓毛】zhà//máo 動 かんしゃくを起こす．

【奓着胆子】zhàzhe dǎnzi 〈方〉度胸をすえる．

咤(吒) zhà "叱咤 chìzhà"(大声でしかる)という語に用いる．

***炸 zhà** 動 ①(物体が急に)割れる．破裂する．爆発する．¶往凉玻璃杯 bōlibēi 里倒 dào 开水 kāishuǐ 容易～／冷たいグラスに熱湯を注ぐと割れやすい．②(爆薬や爆弾で)爆破する．¶大桥 dàqiáo 被～坏了／橋は爆破された．③〈口〉かんしゃくを起こす．¶他一听这话就～了／彼はその話を聞くとかんかんになった．▸▸ zhá

【炸刺儿】zhàcìr ⇀【奓刺儿】zhàcìr

*【炸弹】zhàdàn 名 爆弾．¶扔 rēng〔投 tóu〕～／爆弾を落とす．¶定时 dìngshí～／時限爆弾．

【炸锅】zhà//guō 動 大騒ぎになる．

【炸毁】zhàhuǐ 動 爆破する．爆撃し破壊する．

【炸毛】zhà//máo ⇀【奓毛】zhà//máo

【炸药】zhàyào 名 火薬．爆薬．

痄 zhà "痄腮 zhàsai"⬇という語に用いる．

【痄腮】zhàsai 名 おたふく風邪．

蚱 zhà "蚱蜢 zhàměng"⬇という語に用いる．

【蚱蜢】zhàměng 名〈虫〉チュウカトウコウ(中華稲蝗)；〈中薬〉蚱蜢(さくもう)．

榨 zhà 動 搾る．圧搾する．¶～油 yóu／油を搾る．
◇◆ 圧搾機．‖姓

【榨菜】zhàcài 名 ①〈植〉カラシナの一種．②(漬物)ザーサイ．

【榨取】zhàqǔ 動 ①搾り取る．②〈喩〉搾取する．

【榨汁机】zhàzhījī 名 ジューサー．(量)台 tái．

zhai (ㄓㄞ)

1声

斋(齋) zhāi ◇◆ ①斎戒(さいかい)する．精進する．¶→～戒 jiè．②精進料理．¶吃～／精進料理を食べる．③(僧に)食事を施す．¶～僧 sēng／僧に斎(とき)を施す．④(書斎・商店・寄宿舎などの名称に用い)部屋．¶书～／書斎．‖姓

【斋戒】zhāijiè 動 斎戒(さいかい)する．

****摘 zhāi** 動 ①(果物・草花などを)摘み取る．¶～梨 lí／ナシをもぐ．②(眼鏡・時計・帽子など身につけているものや，書画・電球などの備品を)とる，はずす．¶把手表～下来／腕時計をはずす．③選び取る．選択する．¶从文章中～出几句作为例句 lìjù／文章から文をいくつか選び出して例文とする．④〈方〉一時融通してもらう．

【摘编】zhāibiān ①動 要約して編集する．②名 ダイジェスト版．

【摘抄】zhāichāo ①動(本から)抜粋する．②名 抜粋；〈法〉抜き書き．

【摘除】zhāichú 動〈医〉摘出する．

【摘记】zhāijì 動 ①メモをとる．②抜粋する．

【摘录】zhāilù ①動 抜粋して記録する．②名 抜き書き．抜粋．

【摘帽子】zhāi màozi 〈慣〉(政治上などの)汚名などをそそぐ．

【摘取】zhāiqǔ 動 ①摘み取る．②選び出す．

【摘桃子】zhāi táozi 〈慣〉他人の成果を横取りする．

【摘要】zhāiyào ①動 要点をまとめる．②名 要点．要旨．

【摘译】zhāiyì 動 抄訳する．

【摘引】zhāiyǐn 動 抜き出し引用する．

【摘由】zhāi//yóu 動(公文書の主な内容を)書き出す．

2声

宅 zhái 動〈俗〉ひきこもる．¶在家里～了八天没出门／8日間家にひきこもって外出しなかった．
◇◆ ①住宅．邸宅．¶住 zhù～／住宅．②オタク．¶～男／(男の)オタク．

【宅第】zháidì 名〈書〉邸宅．屋敷．

【宅基】zháijī 名 宅地．敷地．

【宅眷】zháijuàn 名〈書〉家族；(多くは)一家の女性．

【宅门】zháimén 名 ①屋敷の門．②(～儿)屋敷(に住んでいる人)．

【宅舍】zháishè 名 家屋．住宅．

【宅院】zháiyuàn 名 家屋敷．家．

【宅子】zháizi 名〈口〉屋敷．住宅．

择(擇) zhái 動〈口〉選ぶ．選択する．より分ける．注意 意味は〖择 zé〗に同じ．口語には zhái の音を用いる．▸▸ zé

【择不开】zháibukāi 動+可補〈方〉①解けない．分解できない．②(時間や体の)都合がつかない．

【择毛儿】zhái//máor 動〈方〉あら捜しをする．

3声 **窄** ** **zhǎi** 形 ①(↔宽 kuān)幅が狭い. ¶路太～/道がひどく狭い. ②(度量・了見が)狭い. ¶他心眼儿很～/彼はひどく気が小さい. ③(暮らしが)楽でない,豊かでない. ¶日子过得很～/暮らしが苦しい. ‖姓

【窄巴】zhǎiba 形〈方〉①狭い. ¶心眼儿～/小心者だ. ②(暮らしが)楽でない.

【窄狭】zhǎixiá 形 狭い. ¶屋子～/部屋が狭い.

【窄小】zhǎixiǎo 形 狭い. ►抽象的なことについていうことが多い. ¶心地 xīndì ～/心が狭い.

4声 **债** **zhài** 名 借金. 債務. 量 笔 bǐ. ¶借 jiè ～/金を借りる. ¶欠 qiàn ～/負債ができる. ¶还 huán 了一笔～/借金を返した.

【债户】zhàihù 名(↔债主)債務者. 借り方.

【债款】zhàikuǎn 名 借入金.

【债利】zhàilì 名〈旧〉貸付金の金利.

【债权】zhàiquán 名〈法〉(↔债务)債権.

【债权人】zhàiquánrén 名 債権者.

【债券】zhàiquàn 名 債券. ¶～溢价/額面超過額.

【债台高筑】zhài tái gāo zhù〈成〉莫大な債務を負っている. 借金で首が回らない.

【债务】zhàiwù 名(↔债权)債務. 負債. ¶～国/債務国.

【债主】zhàizhǔ 名(↔债户)債権者. 貸し方.

寨(砦) **zhài** 名 周りを土塀や柵で囲った集落.

◇◆ ①山賊のすみか. 山塞(さんさい). ¶→～主. ②(防御用の)柵. とりで. ③〈旧〉軍隊の駐屯所.

【寨主】zhàizhǔ 名 盗賊の頭.

【寨子】zhàizi 名 ①四方にめぐらした柵〔塀〕. ②土塀や柵で囲った集落.

zhan (ㄓㄢ)

1声 **占** **zhān** 動 占う. ¶～得不准 zhǔn /占いが当たらない. ‖姓 ⏩zhàn

【占卜】zhānbǔ 動 占いをする.

【占课】zhān//kè 動 占いをする.

【占梦】zhān//mèng 動 夢判断をする.

【占星】zhān//xīng 動 星占いをする.

* **沾**(霑) **zhān** 動 ①しみる. ぬれる. ¶泪水～湿了衣襟/涙で襟元がぬれた. ②(水・土・油などが)くっつく;〈転〉(悪習に)染まる. ¶腿 tuǐ 上～了污泥 wūní /足に泥がついた. ¶～上了抽烟的坏 huài 习惯/喫煙の悪い習慣に染まった. ③ちょっと触れる;近づく. ¶头一～枕头 zhěntou 就睡着 shuìzháo /頭が枕につくなり眠り込む. ¶学生们都不敢 gǎn ～他/学生たちはだれも彼にかかわり合わない. ④おかげをこうむる. ¶～点儿便宜 piányi /ちょっと得をする.

【沾包】zhān//bāo 動〈方〉巻き添えを食う.

【沾边】zhān//biān ①動(～儿)手をつける. かかり合う. ¶这种事你别去～/そんな事にはかかり合いになるな. ②形(あるべき姿に)近い. 格好がつく. ¶你讲 jiǎng 的一点儿也不～/君の言っていることはまったく見当違いだ.

【沾光】zhān//guāng 動 おかげをこうむる. 恩恵にあずかる. ¶老子得势 déshì, 儿子～/親が権勢を得ると,子もその分け前にあずかる.

【沾花惹草】zhān huā rě cǎo〈成〉女遊びをする. 女性を誘惑する.

【沾火就着】zhān huǒ jiù zháo〈成〉すぐに怒り出す.

【沾亲带故】zhān qīn dài gù〈成〉親類や友人の間柄である.

【沾染】zhānrǎn 動 ①感染する;(汚いものが)付着する. ②悪い影響を受ける.

【沾手】zhān//shǒu 動 ①手で触る. ②手だしをする. 首を突っ込む.

【沾水】zhān//shuǐ 動 水にぬれる.

【沾污】zhānwū 動 汚す. 汚れる.

【沾沾自喜】zhān zhān zì xǐ〈成〉独りで得意になる.

毡(氈) **zhān** 名 フェルト. 毛氈(もうせん). ‖姓

【毡房】zhānfáng 名(遊牧民族の)フェルトの丸いテント.

【毡靴】zhānxuē 名 フェルト製のブーツ.

粘 **zhān** 動 ①(粘りけのある物が)くっつく. ¶胶水 jiāoshuǐ ～在了衣服上/のりが服にくっついた. ②(粘りけのある物で)はりつける. ¶～信封 xìnfēng /封筒をのりづけする. ⇒〖黏 nián〗 ⏩nián

【粘手】zhān//shǒu 動 手にくっつく.

【粘贴】zhāntiē 動 貼りつける.

【粘牙】zhān//yá 動 歯にくっつく.

詹 **zhān** ‖姓

谵 **zhān** ◇◆ でたらめを言う. たわごとを言う.

【谵语】zhānyǔ 動〈書〉でたらめを言う.

瞻 **zhān** ◇◆ 眺める. 仰ぎ見る. ¶观 guān ～/外観. ¶→～顾 gù. ‖姓

【瞻顾】zhāngù 動〈書〉①前を見たり後ろを見たりする;〈喩〉優柔不断である. ②世話する.

【瞻念】zhānniàn 動 将来のことを考える.

【瞻前顾后】zhān qián gù hòu〈成〉①後先をよく考える. ②(考えすぎて)優柔不断である.

【瞻望】zhānwàng 動 遠くを見る;将来を考える. ¶～前途 qiántú /前途を眺める.

【瞻仰】zhānyǎng 動(尊敬の念をもって)仰ぎ見る. うやうやしく眺める.

3声 **斩** **zhǎn** 動 ①(刀や斧で)切断する. ¶快刀～乱麻/快刀乱麻を断つ. ¶～断 duàn /切断する. ¶～尽 jìn 杀绝/皆殺しにする. ②〈方〉詐取する. ‖姓

【斩草除根】zhǎn cǎo chú gēn〈成〉(よくないものを)根こそぎにする.

【斩除】zhǎnchú 動 切って除く. 全滅させる. ¶～干净 gānjìng /残らず壊滅させる.

【斩钉截铁】zhǎn dīng jié tiě〈成〉決断力があり言動がてきぱきしている.

【斩首】zhǎn//shǒu 動〈書〉斬首する.

盏(盞) **zhǎn** ①名〈古〉杯. ②量 明かりの数を数える. ¶一～电灯 diàndēng / 電灯一つ.

展 **zhǎn** ◇◆ ①開く. 広げる. ¶开～ / 繰り広げる. ¶愁眉 chóuméi 不～ / 心配顔をする. ②延期する. ¶→～期 qī. ③発揮する. ¶～技 jì / 技量を発揮する. ④展覧する. ¶画～ / 絵の展覧会. ‖姓

【展翅】**zhǎnchì** 動 翼を広げる. ¶～高飞 / 翼を広げて高く飛ぶ；〈喩〉躍進する.

*【展出】**zhǎn//chū** 動+方補 **展示する**. 展覧する. ¶公开 gōngkāi ～ / 一般公開する.

【展读】**zhǎndú** 動〈書〉(手紙などを)広げて読む.

【展柜】**zhǎnguì** 名 ショーケース.

【展缓】**zhǎnhuǎn** 動 延期する.

*【展开】**zhǎn//kāi** 動+結補 ①広げる. ¶～地毯 dìtǎn / じゅうたんを広げる. ②(**大がかりに**)**繰り広げる**. 展開する. ¶～批评 pīpíng / 大々的に批判する.

*【展览】**zhǎnlǎn** 動 **展覧する**. 展示する. ¶部分新出土的文物 wénwù 正在国外～ / 新たに出土した文物のいくつかは現在外国で展示中である.

*【展览会】**zhǎnlǎnhuì** 名 **展覧会**. 展示会.

【展眉】**zhǎnméi** 動〈書〉愁眉を開く.

【展品】**zhǎnpǐn** 名 展示品. 展示物.

【展期】**zhǎnqī** ①動 延期する. 日延べをする. ¶演出将 jiāng ～一个月 / 上演は1か月延期の見込みだ. ②名 展示期間. ¶～为 wéi 半个月 / 展示期間は半月とする.

【展示】**zhǎnshì** 動 ①展示する. ②明らかに示す. はっきり表現する.

【展室】**zhǎnshì** 名 展示室.

【展望】**zhǎnwàng** 〈書〉①動(遠くを,未来を)見渡す. 展望する. ¶～世界情势 qíngshì / 世界情勢を展望する. ②名 見通し. 未来像.

【展现】**zhǎnxiàn** 動(**眼前に**)**展開する,現れる**. ¶到处～出繁荣 fánróng 的景象 jǐngxiàng / いたる所に繁栄のようすがうかがえる.

【展限】**zhǎnxiàn** 動 期限を延ばす.

【展销】**zhǎnxiāo** 動 **展示即売する**.

崭 **zhǎn** 形〈方〉すばらしい. ¶滋味真～! / 味が実によい.
◇◆ 高くて険しい. ぬきんでている.

【崭露头角】**zhǎn lù tóu jiǎo** 〈成〉頭角を現す.

【崭然】**zhǎnrán** 形〈書〉ひときわすぐれている.

【崭新】**zhǎnxīn** 形 **真新しい**. とびきり新しい. ¶～的局面 júmiàn / 新たな局面.

搌 **zhǎn** 動(乾いた柔らかなもので水気を)軽くふき取る. ¶用药棉 yàomián ～伤口的血 xiě / 脱脂綿で傷口の血をそっとふく.

【搌布】**zhǎnbu** 名 ふきん. 雑巾.

辗 **zhǎn** "辗转 zhǎnzhuǎn"⇩という語などに用いる. ⇨〖碾 niǎn〗

【辗转】**zhǎnzhuǎn** 動 ①寝返りを打つ. ②転々とする. 人づてに伝わる.

【辗转反侧】**zhǎn zhuǎn fǎn cè** 〈成〉(思い悩んで眠れず)何度も寝返りを打つ.

4声 * **占** **zhàn** 動 ①**占める**. (**ある地位・状況に**)**ある**. ¶～少数 shǎoshù / 少数である. ¶反对派～半数以上 / 反対派が半数以上を占めている. ②**占拠する**. 占領する. ¶～座位 / 席をとる. ¶敌人 dírén 在家乡～了两个月 / 敵が故郷を2か月占領した.
▸▸ zhān

【占据】**zhànjù** 動 **占拠する**. 占領する. ¶房间 fángjiān 的一半儿被书～了 / 部屋の半分は本で占領された. ⇨【占领】zhànlǐng 比較

【占理】**zhàn//lǐ** 動 道理にかなう.

【占领】**zhànlǐng** 動 ①**占領する**. ¶～要塞 yàosài / 要塞を占領する. ②**占有する**. ¶～市场 shìchǎng / 市場を占有する.
比較 **占领：占据** zhànjù "占领"は普通,敵側の領地を支配下に置くという意味で用いるが,"占据"は使用範囲が広く,具体的なものにも考えや心のような抽象的なものにも用いることができる.

【占便宜】**zhàn piányi** 〈慣〉①うまい汁を吸う. ¶占小便宜 / 少しばかりもうける. ②有利である. ¶打起篮球 lánqiú 来,高个子 gāogèzi ～ / バスケットでは,背が高いと有利だ.

【占上风】**zhàn shàngfēng** 〈慣〉優位に立つ. ¶占不了上风 / 優位な立場に立てない.

【占先】**zhàn//xiān** 動 先を越す. 優位に立つ. ¶他占了我的先 / 私は彼に先を越された.

【占线】**zhàn//xiàn** 動(電話が)**話し中である**. ¶现在～,请稍 shāo 等 / ただ今話し中ですのでしばらくお待ちください.

【占用】**zhànyòng** 動 占用する.

【占有】**zhànyǒu** 動 ①**占有する**. ¶～土地 / 土地を占有する. ②(ある地位を)**占めている**. ¶～主动权 quán / 主導権を持つ. ③**保有する**. ¶～第一手资料 zīliào / 直接の資料を持っている.

栈(棧) **zhàn** ◇◆ ①倉庫. 宿屋. ¶货～ / (営業用の)倉庫. ②(家畜を飼うための)柵,囲い. ¶马～ / ウマの囲い. ③桟道.

【栈道】**zhàndào** 名 桟道.

【栈桥】**zhànqiáo** 名 ①(港の)桟橋. ②(駅や工場・鉱山などの)貨物や鉱石の積み卸し場.

战(戰) **zhàn** ◇◆ ①戦争. ¶经济 jīngjì ～ / 経済戦争. ②挑む. ¶→～天 tiān 斗 dòu 地. ③震える. ¶打～ / 震える. ‖姓

【战败】**zhànbài** 動 ①戦いに負ける. ¶敌军 díjūn ～了 / 敵軍は敗北した. ②打ち負かす. ¶我军～了敌军 / わが軍は敵軍を打ち破った.

【战报】**zhànbào** 名 戦況に関する公式報道.

【战备】**zhànbèi** 名 戦争の準備. 軍備.

【战场】**zhànchǎng** 名 ①**戦場**. ②〈喩〉労働・生産の現場.

【战刀】**zhàndāo** 名 軍刀.

【战地】**zhàndì** 名 戦地. ¶～记者 / 従軍記者.

【战抖】**zhàndǒu** 動 震える. 震えおののく.

*【战斗】**zhàndòu** ①動 **戦闘する**. **戦う**. ②名 戦闘. 闘争. 量 场 cháng,次.

【战端】**zhànduān** 名 戦端.

【战犯】**zhànfàn** 名 戦犯.

【战费】**zhànfèi** 名 戦費. 軍事費.

【战俘】**zhànfú** 名 戦争捕虜.

【战歌】zhàngē 名 軍歌.
【战功】zhàngōng 名 戦功. 軍功.
【战鼓】zhàngǔ 名 陣太鼓.
【战国】Zhànguó 名〈史〉戦国時代.
【战果】zhànguǒ 名 戦果.
【战壕】zhànháo 名 塹壕(ざんごう).
【战后】zhànhòu 名 戦後;(特に)第二次世界大戦後.
【战火】zhànhuǒ 名 戦火. 戦争.
【战祸】zhànhuò 名 戦災. 戦禍.
【战机】zhànjī 名 ①戦機. ②軍事機密. ③戦闘機.
【战绩】zhànjì 名 戦績. 戦果.
【战舰】zhànjiàn 名〈軍〉軍艦.
【战局】zhànjú 名 戦局.
【战况】zhànkuàng 名 戦況.
【战例】zhànlì 名 戦争の先例.
【战栗】zhànlì 動 震え上がる.
【战利品】zhànlìpǐn 名 戦利品.
【战列舰】zhànlièjiàn 名〈軍〉戦艦.
【战乱】zhànluàn 名 戦乱.
【战略】zhànlüè 名 ①〈軍〉**戦略**. ¶～部署 bùshǔ / 戦略配置. ②(大局的な)**方策**. ¶把引进 yǐnjìn 外资作为发展经济的～重点 zhòngdiǎn / 外資の導入を経済発展の重点政策とする.
【战殁】zhànmò 動 戦没する. 戦死する.
【战幕】zhànmù 名 戦いの幕. ¶拉开 lākāi ～ / 戦いの幕を切って落とす.
【战前】zhànqián 名 ①戦前;(特に)第二次世界大戦前. ②開戦前夜.
【战勤】zhànqín 名(歩哨・物資の輸送など)軍隊の作戦を直接支援する各種の任務.
【战情】zhànqíng 名 戦況.
*【战胜】zhànshèng 動 打ち勝つ. 勝利を収める. ¶～顽敌 wándí / 頑強な敵を打ち負かす.
【战时】zhànshí 名 戦時. 戦争中.
【战史】zhànshǐ 名 戦史.
*【战士】zhànshì 名 **戦士**. 兵士;(生産や政治闘争の)闘士. ►zhànshi と発音することも多い. ¶白衣～ / 白衣の戦士(医師).
【战事】zhànshì 名 戦争. ¶～消息 / 戦況.
【战术】zhànshù 名 ①〈軍〉戦術. ②問題を解決する方法〔方針〕.
【战天斗地】zhàn tiān dòu dì〈成〉大自然に挑む.
【战无不胜】zhàn wú bù shèng〈成〉無敵である.
【战线】zhànxiàn 名 **戦線**. 量 条. ¶拉开 lākāi ～ / 戦線を広げる. ¶文艺 wényì ～ / 文芸戦線. 文芸面での階級闘争の場.
【战役】zhànyì 名 **戦役**.
【战鹰】zhànyīng 名〈喩〉戦闘機.
*【战友】zhànyǒu 名 戦友.
【战战兢兢】zhànzhànjīngjīng 形 ①戦々恐々としている. ②慎重である.
*【战争】zhànzhēng 名 **戦争**. 量 场 cháng,次.
【战争贩子】zhànzhēng fànzi 名 戦争挑発者. 死の商人.

站 zhàn ❶動 ①**立つ**. ¶你给我～起来! / 立ってくれ. ¶月台 yuètái 上～着一个男人 / プラットホームに一人の男が立っている. ②**立ち止まる**. 停止する. ¶不怕慢 màn,只怕～ / 遅くても止まっているよりはましだ.
❷名 **駅**. **停留所**. ¶车子快要到～了 / バスがもうすぐ停留所に着く. ¶上海～ / 上海駅.
◇◆(ある種の業務やサービスをするための)施設. ¶加油～ / ガソリンスタンド. ¶服务～ / サービスセンター. ¶供应 gōngyìng ～ / 供給所. ‖姓
【站得高,看得远】zhànde gāo, kànde yuǎn〈諺〉大所高所から見れば全体がよくわかる.
【站点】zhàndiǎn 名〈電算〉ウェブサイト. ►"网站 wǎngzhàn"とも.
【站队】zhàn//duì 動 整列する.
【站岗】zhàn//gǎng 動 歩哨に立つ.
【站柜台】zhàn guìtái〈慣〉売り子になる.
【站立】zhànlì 動 直立する. ►"站"より硬いいい方.
【站排】zhànpái 動〈方〉立ち並ぶ. 列をつくる.
【站牌】zhànpái 名 バス停の標識.
【站票】zhànpiào 名 立ち見席の入場券. ¶～观众 guānzhòng / 立ち見客.
【站台】zhàntái 名(駅の)プラットホーム.
【站台票】zhàntáipiào 名 駅の入場券.
【站稳】zhàn//wěn 動+結補 ①(汽車・バスなどが)完全に止まる. ¶等汽车～了再下 / 車が完全に止まってから降りなさい. ②しっかりと立つ. ふらふらしないで立つ. ¶～脚跟 jiǎogēn / 足場を固める.
【站像・站相】zhànxiàng 名 立っている姿勢.
【站长】zhànzhǎng 名 "站"(駅・施設・センターなど)と名のつくところの長.
【站住】zhàn//zhù 動+結補 ①(人や車などが)止まる. ¶～!不～就开枪 qiāng 了! / 止まれ,さもないと撃つぞ. ②しっかりと立つ. ③足場を固める. ¶语言 yǔyán 不通,到哪儿也站不住 / 言葉が通じないから,どこへ行っても落ち着けない. ④(理由などが)成り立つ,通る. ¶这种 zhǒng 理论根本站不住 / この理論はまったく通らない. ⑤〈方〉(ペンキや色などが)付着して落ちない.
【站住脚】zhàn//zhù jiǎo〈慣〉①立ち止まる. ¶整天 zhěngtiān 忙得站不住脚 / (忙しくて)1日中足を休ませる暇もない. ②(職場・地域などに)安定した地位を得る. ¶他已经在新的公司～了 / 彼はすでに新しい会社で地位を築いている. ③(理論や理由が)成り立つ,通る.

绽 zhàn ◇◆裂ける. ほころびる.
【绽线】zhàn//xiàn 動 縫い目がほころびる.

湛 zhàn ◇◆ ①深い. ¶精 jīng ～ / 詳しくて深い. ②清く澄んでいる. ¶→～清 qīng. ‖姓
【湛蓝】zhànlán 形(空や海などが)真っ青である.
【湛清】zhànqīng 形 透き通っている.

蘸 zhàn 動(液体・粉末・糊状のものをちょっと)つける,まぶす. ¶～酱油 jiàngyóu 吃 / 醤油をつけて食べる.

zhang (ㄓㄤ)

1声 **张(張) zhāng** (弓のつるを長く伸ばして張ることが原義) ❶量 ①広げたり,折ったり,巻いたりできるものを数える. ►紙・写真・絵・はがき,チケットや証券・証書類,皮革,紡績製品,ござ,ブリキ,"饼 bǐng"類の食品などに用いる. ¶两～照片 / 写真2枚. ¶一～票 / 切符〔チケット〕1枚. ②口や顔を数える. ¶～～笑脸 xiàoliǎn / みんなの笑顔. ③広い表面をもっているものを数える. ►机・ベッド・ソファーなどの家具や琴などの楽器に用いる. ¶六～桌子 / テーブル6脚. ¶一～古琴 gǔqín / 古琴1面. ④開いたり,閉じたりできるものを数える. ►弓などの兵器に用いる. ¶一～弓 gōng / 弓1張. ⑤すき・くわなどの農具を数える. ¶七～犁 lí / すき7台.

❷動 ①(口を)開ける;(手足・翼や鼻などを)広げる;(テント・魚網や弓などを)張る. ►"开"を補語にとり"张开"とすることが多い. ⇨【张开】zhāng//kāi ②設ける. 掲げる. ¶大～筵席 yánxí / 盛大な宴席を設ける. 大盤ぶるまいをする. ¶→～灯 dēng 结彩. ③〈方〉見る. 眺める. ¶你去～～,看他来了没有? / 彼が来たのかどうかちょっと見ておいで.

❸名(二十八宿の一つ)ちりこぼし.

◇◆ ①大げさにする. 誇張する. ¶→～大 dà. ②開業する. ¶开〔关〕～ / 開店〔閉店〕する. ¶新～ / 新規開業. ‖姓

【张榜】zhāng//bǎng 動 告示〔掲示〕を出す.

【张弛】zhāngchí 名 緊張と弛緩.

【张大】zhāngdà 動〈書〉誇張する. ¶～其 qí 词 / 大げさな言葉を使う.

【张灯结彩】zhāng dēng jié cǎi 〈成〉祭りや祝いの飾り立てをする.

【张挂】zhāngguà 動(掛け軸・とばりなどを)掛ける. ¶～蚊帐 wénzhàng / かやを張る.

【张冠李戴】zhāng guān lǐ dài 〈成〉相手や対象をまちがえる. ちぐはぐなことをする.

【张皇失措】zhāng huáng shī cuò 〈成〉うろたえてどうしてよいかわからない.

【张家长,李家短】zhāngjiā cháng, lǐjiā duǎn 〈慣〉あれこれと隣近所のうわさをする.

*【张开】zhāng//kāi 動+結補 開ける. 開く. ¶～伞 sǎn / 傘を広げる. ¶～嘴 zuǐ! / 口を大きく開けて.

【张口】zhāng//kǒu 動 口を開く.

【张口结舌】zhāng kǒu jié shé 〈成〉理に詰まったりびっくりしたりして,ものが言えないさま.

【张狂】zhāngkuáng 形 軽はずみ〔軽率〕である.

【张罗】zhāngluo 動 ①処理する. 切り盛りする. ¶家里家外都靠 kào 妈妈一人～ / 家事や仕事一切合切を母がやる. ②準備する. 用意する. ¶她千方百计～了一笔资金 zījīn / 彼女は八方手を尽くしてまとまった金を都合した. ③(客を)接待する,もてなす. ¶我坐一会儿就走,您别～ / すぐ失礼しますから,どうぞおかまいなく.

【张目】zhāngmù 動〈書〉①目を見張る. ②手先になって騒ぎたてる. ¶公然为侵略者～ / おおっぴらに侵略者のちょうちんを持つ.

【张三李四】zhāng sān lǐ sì 〈成〉(不特定の一般の人をさす)だれそれ. だれかれ. 熊さん八つぁん.

【张贴】zhāngtiē 動(通知・はり紙を)貼る.

【张望】zhāngwàng 動 ①(すきまや穴から)のぞく. ②遠方を眺める.

【张牙舞爪】zhāng yá wǔ zhǎo 〈成〉凶暴さをむき出しにして,たけり狂うさま.

【张扬】zhāngyáng 動 言いふらす. ¶四处 sìchù ～ / 触れ回る.

【张嘴】zhāng//zuǐ 動 ①口を開く. ¶他～就没好话 / 彼は口を開けばろくなことは言わない. ②(借金や頼み事を)口に出す. ►否定形で用いることが多い. ¶我想借 jiè 几个钱,可就是不好意思～ / いくらか金を借りたいのだが,どうも口に出しにくい.

*章 zhāng

名 ①印鑑. 印章. ❖盖 gài ～ / 印鑑を押す. ¶一共盖了三个～ / 全部で三つはんこを押した. ②歌曲・詩文の段落. ¶第一～ / 第1章. ¶全书共分三十六～ / 全巻36章からなっている.

◇◆ ①規約. 規則. 章程. ¶规 guī ～ / 規則. 規約. ②条理. 筋道. ¶杂乱无～ / 乱雑で筋が通っていない. ③(体につける)しるし. ¶徽 huī ～ / 記章. ④奏上する文章. ¶奏 zòu ～ / 上奏文. ‖姓

【章程】zhāngchéng 名 規約. 定款;(業務)規定,規則. ¶协会 xiéhuì ～ / 協会の規約.

【章程】zhāngcheng 名〈方〉やり方;計画. 腹案.

【章法】zhāngfǎ 名 ①文章の構成. ②(事を処理する)手順,段取り.

【章节】zhāngjié 名(文章の)章節,段落.

【章句】zhāngjù 名 ①(古書の)章節と句読. ②(漢代の学術書の一種)古代の文献に句読をつけ解釈したもの.

【章鱼】zhāngyú 名〈動〉タコ. (量) 条.

【章则】zhāngzé 名 規定. 規則.

獐(麞) zhāng

◇◆ キバノロ.

【獐头鼠目】zhāng tóu shǔ mù 〈成〉醜くずるい顔つき.

【獐子】zhāngzi 名〈動〉キバノロ.

彰 zhāng

◇◆ ①明らかである. 顕著である. ¶昭 zhāo ～ / 明白である. ②顕彰する. 表彰する. ¶表 biǎo ～ / 表彰する. ‖姓

【彰明较著】zhāng míng jiào zhù 〈成〉きわめて明白である. 顕著である.

樟 zhāng

◇◆ クス. クスノキ.

【樟脑】zhāngnǎo 名 樟脳(しょうのう).

【樟脑丸】zhāngnǎowán 名〈方〉ナフタリン.

【樟树】zhāngshù 名〈植〉クスノキ.

蟑 zhāng

"蟑螂 zhāngláng"⇩という語に用いる.

【蟑螂】zhāngláng 名〈虫〉ゴキブリ.

3声 **长(長) zhǎng

❶動 ①生える. 生じる. ¶院子里～满了杂草 zácǎo / 庭に雑草が生い茂っている. ¶孩子～牙 yá 了 / 子供に歯が生えた. ¶～锈 xiù / さびが出る.

②育つ. 成長する. ►目的語はとらない. 普通,後に補語を伴う. ¶你女儿 nǚ'ér ～得真漂亮——过奖 guòjiǎng 过奖 / お宅のお嬢さんはとてもきれいですね——いえそれほどでも. ¶杨树 yángshù ～得快 / ドロヤナギの木は伸びるのが速い.

③増進する. 増やす. ¶～见识 jiànshi / 見識が広がる. ¶～志气 zhìqi / 意気高らかになる. 士気を

高める.

❷形 年上である．世代が上〔目上〕である．¶她比我～三岁 suì / 彼女は私より三つ年上だ．¶他比我～一辈 bèi / 彼は一つ上の〔父の〕世代だ．

◇◆ ①機関・部門の責任者．¶首～ / 長官．首脳．¶外交部～ / 外務大臣．外相．②兄弟姉妹の順がいちばん上である．¶→～子 zǐ．¶→～孙 sūn．

注意 「長い」という意味のときは cháng と発音する．▶▶cháng

【长辈】zhǎngbèi 名(↔晚辈)目上(の人)．年長者．

【长大】zhǎng//dà 動+結補 **大きくなる**．成長する．¶我是在北京～的 / 私は北京で育ちました．

【长房】zhǎngfáng 名 長男の家系．本家．

【长官意志】zhǎng guān yì zhì 〈成〉〈貶〉お上の考え．お偉いさんの意向．

【长进】zhǎngjìn 動(学業や品行の面で)上達する，進歩する．¶他这几个月来～不小 / 彼はこの数か月来ずいぶん進歩した．

【长老】zhǎnglǎo 名 ①〈書〉長老．年寄り．②徳行の高い老僧に対する敬称．

【长门】zhǎngmén ⇀【长房】zhǎngfáng

【长亲】zhǎngqīn 名 世代が上の親戚．

【长上】zhǎngshàng 名 ①目上．②上役．上司．

【长势】zhǎngshì 名(植物の)伸び方，生長ぶり．¶水稻 shuǐdào～很好 / イネが順調に育つ．

【长孙】zhǎngsūn 名 いちばん上の孫．►長男の長男，またはいちばん早く生まれた孫をさす．

【长相】zhǎngxiàng 名(～儿)〈口〉容貌．容姿．¶～好 / ハンサムだ．美人だ．

【长者】zhǎngzhě 名〈書〉①年長者．②年輩で徳望のある人．

【长子】zhǎngzǐ 名 長子．長男．

*涨(漲) zhǎng

動 ①**(水かさが)増す**．¶河里～水了 / 川の水かさが増した．②**(値段や給料が)上がる**．¶物价 wùjià～得厉害 lìhai / 物価の上がりかたがすごい．▶▶zhàng

【涨潮】zhǎng//cháo 動(↔退潮 tuìcháo)潮が満ちる．満潮になる．

【涨风】zhǎngfēng 名 値上げラッシュ；物価上昇の勢い．

【涨幅】zhǎngfú 名〈経〉(物価などの)上げ幅．

【涨价】zhǎng//jià 動 **値上がりする**．

【涨落】zhǎngluò 動 ①(価格が)上がり下がりする．②(潮が)満ち引きする．

掌 zhǎng

❶名 ①(～儿)靴底のつぎ当て．¶钉 dìng 一块～儿 / 靴底につぎ当てを打ちつける．②蹄鉄(ていてつ)．¶钉 dìng～ / 蹄鉄をつける．

❷動 ①手のひらで殴る．¶～嘴 zuǐ / びんたを食らわす．②司る．握る．¶～大权 dàquán / 大権を掌握する．③〈方〉靴底をくぎ打ちし補修する．④〈方〉(油や塩を)足す．

◇◆ 手のひら；(一部の動物の)足の裏．¶手 shǒu～ / 手のひら．¶鸭 yā～ / アヒルの水かき．‖姓

【掌灯】zhǎng//dēng 動 ①明かりを手に持つ．②明かりをつける．¶天黑了，掌上灯吧 / 暗くなったので，明かりをつけなさい．

【掌舵】zhǎng//duò ①動 かじをとる．¶～人 / かじとり；リーダー．②名 かじをとる人．

【掌故】zhǎnggù 名 故事来歴．典故．

【掌管】zhǎngguǎn 動 主管する．司る．

【掌柜(的)】zhǎngguì(de) 名 ①〈旧〉(店を管理する)店主，支配人．②〈方〉〈旧〉旦那様．③〈方〉夫．

【掌锅】zhǎng//guō 動 料理を専門に受け持つ．

【掌权】zhǎng//quán 動 権力・政権を握る．

【掌上明珠】zhǎng shàng míng zhū 〈成〉掌中の珠(たま)；父母がかわいがっている娘；大事にしている品物．

【掌勺儿】zhǎng//sháor 動(料理屋で)いためなどの調理を専門に受け持つ．¶～的 / 料理人．コック．

*【掌声】zhǎngshēng 名 **拍手の音**．¶～雷动 léidòng / 割れるような拍手．

*【掌握】zhǎngwò 動 ①**把握する**．マスターする．自分のものとする．¶～英语 / 英語をマスターする．¶～分寸 fēncun /(言行の)程合いをまちがわないようにする．¶～时机 shíjī / チャンスをつかむ．②**握る**．支配する．管理する．¶～政权 zhèngquán / 政権を握る．¶～会议 huìyì / 会議の議長を務める．

【掌心】zhǎngxīn 名 ①たなごころ．②支配の範囲内．手の内．

【掌印】zhǎng//yìn 動 印鑑を管理する；権限を握る．

【掌灶】zhǎng//zào 動(～儿)(料理屋・食堂・宴会を開く家などで)料理人を務める．¶～儿的 / 料理人．コック．

【掌子】zhǎngzi 名 ①炭坑内の採掘場．切羽．②靴底の継ぎ当て．③蹄鉄．

*丈 zhàng (4声)

①量(長さの単位)丈．10尺．►約3.3メートル．②動 測量する．¶→～地．

◇◆ ①夫．¶姑 gū～ / 父方のおばさんの夫．②〈旧〉老年の男子に対する敬称．¶老～ / ご老人．

【丈八灯台】zhàngbā dēngtái 〈歇〉(“照远不照近”と続き)他人の弱点ばかり目に入って，自分の弱点が目に入らないたとえ．灯台もと暗し．

【丈地】zhàngdì 動 土地を測量する．

【丈二和尚】zhàng'èr héshang 〈歇〉(“摸不着 mōbuzháo 头脑”と続き)見当がつかない．さっぱりわけがわからない．

【丈夫】zhàngfū 名 成年の男子．男子．¶大～ / りっぱな男．ますらお．

*【丈夫】zhàngfu 名(↔妻子 qīzi)**夫**．ご主人．

【丈量】zhàngliáng 動(巻き尺などで)測量する．

【丈母(娘)】zhàngmu(niáng) 名 妻の母．義母．

【丈人】zhàngren 名 妻の父．岳父．義父．

*仗 zhàng

①名 **戦い**．►戦争やスポーツの試合など．¶这一～打得真漂亮 piàoliang / この戦いは実に立派なものだった．¶打经济～ / 経済戦争をする．②動(多く“～着”として)**力をたのむ**．頼る．¶～着手中的权力，欺压 qīyā 群众 qúnzhòng / 権力を笠に着て大衆を抑圧する．

◇◆(武器を)手にする．¶～剑 jiàn / 剣を持つ．

【仗势】zhàng//shì 動(人の)威光を笠に着る．

【仗恃】zhàngshì 動〈書〉(…を)頼みにする．

【仗腰子】zhàng yāozi 〈慣〉〈方〉後ろ盾になる．後

押しをする.
【仗义】zhàngyì 動 ①〈書〉正義を重んじる. ②〈口〉義理堅い.
【仗义疏财】zhàng yì shū cái 〈成〉義を重んじ金銭に頓着しない.

杖 zhàng ◇ ①つえ. ¶拐 guǎi ～ / ステッキ. ②棍棒. 棒. ¶擀面 gǎnmiàn ～ / めん棒.
【杖头木偶】zhàngtóu mù'ǒu 名(棒を用いる)操り人形芝居.
【杖子】zhàngzi 名(アシやわらなどで編んだ)垣.

帐(帳) zhàng 〖账 zhàng〗に同じ. ◇ とばり. 幕. ¶圆顶 yuándǐng ～子 / 西洋式の丸蚊帳(ｶﾔ).
【帐顶】zhàngdǐng 名 かや・天幕などの天井.
【帐幔】zhàngmàn 名 幕. とばり. テント.
【帐幕】zhàngmù 名(大きめの)テント,幕.
【帐篷】zhàngpeng 名(日よけ・雨よけ用の)テント. ❖搭 *dā* ～ / テントを張る.
【帐子】zhàngzi 名 ①幕. カーテン. ②かや. 量 顶 dǐng,个.

账(賬) zhàng 名 ①出納(ｽｲﾄｳ)記録. 量 笔 bǐ. ¶查 chá～ / 帳簿を調べる. ②帳簿. 量 本. ③負債. つけ. 量 笔. ¶欠 qiàn ～ / 借りがある. ¶还 huán ～ / 借金を返す. ④〈喩〉引き受けるべき責任. ¶他做的事不能记 jì 在我～上 / 彼がやったことはおれの責任にするわけにはいかんよ.
【账本】zhàngběn 名(～儿)帳簿.
【账簿】zhàngbù 名 帳簿. ¶查 chá ～ / 帳簿を調べる.
【账册】zhàngcè 名 帳簿.
【账单】zhàngdān 名(～儿)勘定書. 伝票.
【账号】zhànghào 名 口座番号.
【账户】zhànghù 名 口座. ❖立 *lì* ～ / 口座を設ける. ¶开银行～ / 預金口座を設ける.
【账款】zhàngkuǎn 名 帳簿上の金額と現金.
【账面】zhàngmiàn 名(～儿)帳簿上の数字.
【账目】zhàngmù 名 勘定. 帳簿.

胀(脹) zhàng 動 ①ふくれる. 膨張する. ¶铁轨 tiěguǐ 因为高温～得很厉害 lìhai / レールが高温でひどく膨張している. ②腹などが張る. ¶吃得太多了,肚子 dùzi ～得难受 / 食べすぎて,腹が張ってたまらない.
【胀库】zhàngkù 動 在庫が満杯になる.
【胀闸】zhàngzhá 名 自転車のブレーキ.

涨(漲) zhàng 動 ①(水分を吸収して)ふくれる,膨張する. ¶银耳 yín'ěr 一泡 pào 就～ / シロキクラゲは水につけるとふくれる. ②(頭や顔に)血がのぼる. ¶脸～得通红 tōnghóng / 顔が真っ赤になる. ③(度量衡や金額が)超過する. ¶上个月他钱花～了 / 先月,彼は金を遣いすぎた. ▸▸ zhǎng

障 zhàng ◇ ①遮る. 隔てる. ¶→～碍 ài. ②遮るもの. ¶屏 píng ～ / ついたて.
【障碍】zhàng'ài ① 動 妨げる. 妨害する. ¶连日台风～了工程 gōngchéng 的进展 / 連日の台風が工事の進展を妨げていた. ② 名 障害. 差し障り. ► "障碍物 wù"とも. ¶无～设施 shèshī / バリアフリーの施設. ¶排除 páichú 一切～ / 一切の障害を取り除く.
【障蔽】zhàngbì 動 遮る. ¶～视线 shìxiàn / 視線を遮る.
【障眼法】zhàngyǎnfǎ 名 人の目をごまかす手段. ¶玩弄 wánnòng ～ / 他人の目をごまかす.
【障子】zhàngzi 名(アシやコウリャンわらで編んだ)垣,垣根. ¶树 shù ～ / 生け垣. 注意 日本の障子(ｼｮｳｼﾞ)は"纸拉门 zhǐlāmén"(紙を貼った滑り戸)などと説明的に訳す.

幛 zhàng ◇ 冠婚葬祭に贈る掛け物. ¶寿 shòu ～ / 誕生祝いの掛け物.
【幛子】zhàngzi 名 冠婚葬祭に贈る掛け物. ►10尺(約3.3メートル)前後の緞子(ﾄﾞﾝｽ)などで作り,その上に金文字または銀文字で慶弔の言葉を題する.

瘴 zhàng ◇ 瘴気(ｼｮｳｷ).
【瘴疠】zhànglì 名 熱帯の伝染病.
【瘴气】zhàngqì 名 熱帯の高温多湿の空気.

zhao (ㄓㄠ)

1声

钊 zhāo ◇ 勉める. ►多く人名に用いる. ‖姓

招 zhāo ❶動 ①手招きする. ¶向他～了～手 / 彼に手を振った. ②募集する. ¶～徒工 túgōng / 見習い工を募集する. ③(好ましくない事物を)招く,引き起こす. ¶～是非 shìfēi / もめ事を引き起こす. ④(かまって)怒らせる,泣かせる. ¶别～孩子 / 子供をからかっちゃだめだ. ⑤愛憎の気持ちを引き起こす. ¶这孩子真～人喜欢 / この子はほんとうにかわいらしいね. ⑥白状する. 自白する. ¶从实～来 / 包み隠さず白状する. ⑦〈方〉うつる. 伝染する.
❷名 ①〖着 zhāo〗❶① に同じ. ②〈喩〉策略. 手段. ¶没～儿了 / 打つ手がなくなった. ‖姓
【招标】zhāo//biāo 動 入札を募集する.
【招兵】zhāo//bīng 動 兵隊を募集する.
【招兵买马】zhāo bīng mǎi mǎ 〈成〉武力・勢力を拡大する.
【招财进宝】zhāo cái jìn bǎo 〈成〉福の神が舞い込む. ►縁起を担ぐ言葉として用いることが多い.
*【招待】zhāodài 動 接待する. もてなす. ¶～客人 / 客をもてなす. ¶～她一顿 dùn 饭 / 彼女を食事に招待する.
*【招待会】zhāodàihuì 名 歓迎会. レセプション.
【招待所】zhāodàisuǒ 名 来客や出張者を泊める役所や企業の宿泊所,寮.
【招风】zhāo//fēng 動 風当たりが強くなる. 人の注目を引いて面倒が起こる.
【招风耳】zhāofēng'ěr 名 横に張り出した耳.
【招工】zhāo//gōng 動 従業員を募集する.
【招供】zhāo//gòng 動 自供する.
【招股】zhāo//gǔ 動〈経〉株式を募集する.
*【招呼】zhāohu 動 ①(名前・肩書きなどを)呼ぶ.

呼びかける．¶你～他一声／彼を呼んでください．②（言葉または動作で）あいさつする．¶进门先～爷爷 yéye／家に入ったらまずおじいさんにあいさつする．⇒【打招呼】dǎ zhāohu ③言いつける．知らせる．¶～你弟弟明天来吧／弟さんにあす来るよう言ってください．¶事先打个～／前もって一声知らせる．④世話をする．めんどうをみる．¶对老人～得很周到 zhōudao／老人の世話が行き届いている．⑤〈方〉気をつける．注意する．

【招唤】zhāohuàn 動 呼びかける；招き寄せる．

【招魂】zhāo//hún 動 ①死者の魂を呼び戻す．②正気づかせる．

【招集】zhāojí 動（人を）呼び集める．招集する．

【招架】zhāojià 動 ①受け止める．食い止める．②相手をする．応対する．

【招考】zhāo//kǎo 動 公募する；受験者を募集する．¶～新生 xīnshēng／新入生を募集する．

【招徕】zhāolái 動〈書〉（客を）招き寄せる．

【招揽】zhāolǎn 動（客・商売を）招き寄せる．

【招领】zhāolǐng 動（遺失物を）受け取りに来させる．¶～失物／遺失物を受け取りに来させる．

【招骂】zhāo//mà 動（人の気分を害するようなことをして）しかられる，悪く言われる．

【招猫逗狗】zhāo māo dòu gǒu〈成〉子供がいたずらばかりする．

【招募】zhāomù 動（人を）募集する．

【招女婿】zhāo nǚxu ①婿をとる．②（zhāonǚxù）名 入り婿．

【招牌】zhāopai 名 ①看板．②〈喩〉〈貶〉（多く“打 dǎ ～”“挂 guà ～”で）名義．名目．► zhāopái と発音することも．¶他们打着爱国者的～／彼らは愛国者の看板を掲げながら．

【招聘】zhāopìn 動（公募の形式で）招聘(しょうへい)する．

【招惹】zhāore 動 ①言動が（面倒を）引き起こす．¶～是非 shìfēi／いざこざを引き起こす．②〈方〉かまう．かかわり合う．►多く否定形で用いる．¶～不得 bude／うっかり相手になれない．③（喜怒哀楽の感情を）誘う．

【招认】zhāorèn 動 犯行を認める．自供する．

【招商】zhāoshāng 動 企業を誘致する．

【招生】zhāo//shēng 動 新入生を募集する．

【招式】zhāoshì 名（武術・演技の）型・動作．

【招事】zhāo//shì 動 面倒を引き起こす．

【招收】zhāoshōu 動（学生や店員を）試験などによって募集する．

*【招手】zhāo//shǒu 動 **手招きをする**．手を振ってあいさつする．¶向他～致意 zhìyì／彼に向かって手を振ってあいさつする．¶～停车 tíng chē／手を上げてタクシーを止める．

【招数】zhāoshù →【着数】zhāoshù

【招贴】zhāotiē 名 貼り紙．ポスター．

【招贤】zhāoxián 動（優秀な）人材を募る．

【招笑儿】zhāoxiàor 動〈方〉（人を）笑わせる．

【招眼】zhāo//yǎn 動〈貶〉人目を引く．目立つ．

【招摇】zhāoyáo 動 大げさにふるまって人目をひく．

【招摇过市】zhāo yáo guò shì〈成〉人前で大げさにふるまい人目をひく．

【招摇撞骗】zhāo yáo zhuàng piàn〈成〉かたりやはったりで人をだますこと．

【招引】zhāoyǐn 動（動作や音声・色・香り・味などで）引きつける．

【招怨】zhāo//yuàn 動 恨みを買う．

【招灾】zhāo//zāi 動 災いを招く．¶～惹祸 rě huò／〈成〉災禍〔面倒〕を引き起こす．

【招展】zhāozhǎn 動 はためく．揺れ動く．¶旌旗 jīngqí ～／色とりどりの旗がはためいている．

【招致】zhāozhì 動 ①（人材を）招きよせる，集める．¶～人才 réncái／人材を集める．②（結果を）きたす，引き起こす，招く．¶～无穷 wúqióng 后患 hòuhuàn／計り知れない災いを招く．

【招子】zhāozi 名 ①貼り紙．ポスター．②店頭に掲げる旗や看板．③手段．方法．④〈旧〉刑場に引き出す死刑囚の背中に付けた白い紙の札．

【招租】zhāozū 動（家・土地の）借り手を求める．

昭 zhāo

◇◆ 明らかである．あからさまである．¶→～然．‖姓

【昭然】zhāorán 形〈書〉明らかである．

【昭示】zhāoshì 動〈書〉公示する．明らかに示す．

【昭雪】zhāoxuě 動 冤罪を晴らす．

【昭彰】zhāozhāng 形〈書〉顕著である．明白である．

【昭著】zhāozhù 形〈書〉明らかである．顕著である．¶臭名 chòumíng ～／悪名が高い．

着（招）zhāo

❶名 ①（～儿）（碁・将棋の）手．¶高～儿／うまい手．好手．②（～儿）〈喩〉策略．手段．¶我实在 shízài 没～儿了／私はほんとうにお手上げだ．

❷動〈方〉入れる．¶～点儿盐 yán／塩を少し加える．

❸感〈方〉（賛同・承諾の気持ちを表し）よし．その通り．

▸▸ zháo,zhe,zhuó

【着数】zhāoshù 名 ①（碁・将棋の）手．②武術の動作，手．③〈喩〉策略．手段．►“招数”とも書き，zhāoshu とも発音する．

朝 zhāo

◇◆ ①朝．¶→～晖 huī．②日．¶今～／きょう．▸▸ cháo

【朝不保夕】zhāo bù bǎo xī〈成〉情勢が緊迫して，先が予測できない．

【朝发夕至】zhāo fā xī zhì〈成〉距離が近い；交通が便利である．

【朝晖】zhāohuī 名 朝日の光．

【朝令夕改】zhāo lìng xī gǎi〈成〉命令がころころと変わること．朝令暮改．

【朝气】zhāoqì 名（↔暮气 mùqì）はつらつとした精神．¶～蓬勃 péngbó／元気はつらつとしている．

【朝秦暮楚】zhāo qín mù chǔ〈成〉節操がない．定見がない．

【朝三暮四】zhāo sān mù sì〈成〉移り気である．考えや方針が定まらない．

【朝夕】zhāoxī 名 ①毎日．常に．¶～相处 xiāngchǔ／いつも一緒にいる．②短い時間．¶只争～／寸刻を争う．

【朝曦】zhāoxī 名〈書〉朝の太陽の光．

【朝霞】zhāoxiá 名（↔晚霞 wǎnxiá）朝焼け．

【朝阳】zhāoyáng ①名 朝日．日の出．②形 発展性のある．¶～产业／新興産業．⇒【朝阳】cháoyáng

【朝朝暮暮】zhāozhāo mùmù 名〈書〉毎日毎晩．

Z

2声 * **着** zháo 動 ①**接触する．着く．**触れる．¶尽量不要让伤口～水／傷口はなるべく水に触れないようにしなさい．
②(風などに当たって)**影響を受ける．**¶→～凉liáng．¶～风／風に当たって体をこわす．
③**燃える．**火がつく；明かりがつく．¶炉子lúzi里的煤méi～了／こんろの石炭が燃えだした．¶～火啦！／火事だ．¶有的灯dēng不～／つかない明かりもある．
④〈口〉寝つく．¶他一躺下tǎngxia就～了／彼は横になるとすぐに寝てしまった．

語法ノート
動詞(＋"得／不")＋"着"
❶他動詞の後に用い，**目的を達した**ことを表す．¶猜cāi～／(なぞが)解ける．推測が当たる．¶钢笔gāngbǐ找zhǎo～了／ペンが見つかった．¶逮dǎi不～／捕まえられない．
❷自動詞や形容詞の後に用い，**結果や影響が現れた**ことを表す．¶那天，可把我饿è～了／あの日，腹がぺこぺこだったよ．¶干gàn这点儿活儿累lèi不～／これしきの仕事じゃ，疲れることはない．
❸慣用句を作る．►必ず"不"(疑問文では"得")を挿入する形で．¶数shǔ不〔得〕～／トップ〔上位〕に数えられない〔数えられる〕．¶怪不〔得〕～／…のせいにできない〔することができる〕．

►► zhāo,zhe,zhuó
【着慌】zháo//huāng 動 あわてる．¶别～，再好好儿hǎohāor想想／あわてないで，もう少しよく考えなさい．
【着火】zháo//huǒ 動 火事になる．失火する．
** 【着急】zháo//jí 動 **焦る．**いらいらする．気をもむ．►程度副詞を加えることができる．¶着什么急，早着呢／焦らないで，まだ早いよ．¶用不着那么～／そんなに焦る必要はない．
* 【着凉】zháo//liáng 動 ①**風邪を引く．**②寒さ〔冷気〕にあたる．
【着忙】zháo//máng 動 あわてる．あせる．
【着迷】zháo//mí 動 夢中になる．¶观众越yuè看越～／観衆はますます夢中になった．
【着魔】zháo//mó 動 ものにつかれる．夢中になる．¶他对电脑着了魔／彼はパソコンに夢中だ．
【着三不着两】zháo sān bù zháo liǎng〈俗〉(言動が)思慮が足りず，とんちんかんである．¶他说话～／彼は出任せばかり言う．

3声 **爪** zhǎo 名 ①動物の爪．¶用～挠sāo痒／(動物が)爪でかゆいところをかく．②鳥獣の足．¶鹰yīng的～／タカの足．‖姓　►► zhuǎ
【爪牙】zhǎoyá 名〈喩〉悪者の手下・手先．

** **找** zhǎo 動 ①**捜す．求める．**¶你在～什么？／何を捜してるの．②(頼み事があり，人を)探す，**訪ねる．**¶～我有什么事？／私に何かご用ですか．③**釣り銭を出す．**¶他～我两块钱qián／彼は私に2元おつりをくれた．¶一百块钱能～得开吗？／百元でおつりがもらえますか．
【找别扭】zhǎo bièniu〈慣〉(無理難題をふっかけて)わざと事を面倒にする；(理不尽なことを言って)けんかを売る，相手を不愉快にさせる．
【找病】zhǎo//bìng 動 取り越し苦労をする．
【找补】zhǎobu 動〈方〉付け足す．
【找不着】zhǎobuzháo 動＋可補 探しあてられない．見つからない．
【找碴儿·找茬儿】zhǎo//chár 動 因縁をつける．あら捜しをする．
【找岔子】zhǎo chàzi〈慣〉あら捜しをする．
【找刺儿】zhǎo//cìr 動 あら捜しをする．(他人の)ミスを指摘する．
【找对象】zhǎo duìxiàng 結婚相手を探す．
【找缝子】zhǎo fèngzi〈慣〉すきをねらう；あらを捜す．揚げ足を取る．
【找麻烦】zhǎo máfan〈慣〉**面倒を引き起こす．**自分から苦労を求める．
【找便宜】zhǎo piányi〈慣〉うまい汁にありつこうとする．
【找平】zhǎo//píng 動 でこぼこを平らにならす．
【找齐】zhǎoqí 動 ①そろえる．②(不足分を)埋めあわせする．補う．
【找气】zhǎo//qì 動(～儿)(腹を立てる理由もないのに)むかっ腹を立てる．
【找钱】zhǎo//qián 動 **つり銭を出す．**¶找您五块钱／5元のおつりです．
【找事】zhǎo//shì 動 ①職を求める．仕事を探す．②わざと事を構える．難題を吹っかける．
【找死】zhǎosǐ 動 わざと危険を冒す；〈罵〉死にたいのか．¶你～呀！／お前，死にたいのか．
【找台阶儿】zhǎo táijiēr〈慣〉(引き下がる)きっかけを探す．
【找头】zhǎotou 名 つり銭．
【找寻】zhǎoxún 動 探す．尋ねる．¶～走失zǒushī的孩子／迷子を捜す．
【找辙】zhǎo//zhé 動〈方〉①口実を探す．言いわけを考える．②よい方法を考える．

沼 zhǎo ◇◆ 沼．¶泥ní～／どろ沼．
【沼气】zhǎoqì 名 メタンガス．
【沼泽】zhǎozé 名 沼沢．湿地．

4声 **召** zhào 動(人を)**呼び寄せる．**¶你去～人，我来整理zhěnglǐ会场／君は人を集めといてくれ，ぼくは会場を整理するから．
◇◆(多く地名に用い)寺．‖姓
【召唤】zhàohuàn 動(人を)呼ぶ，呼びかける．►抽象的な場面に用いることが多い．
【召回】zhào//huí 動＋方補 ①召還する．呼び戻す．②(商品を)リコールする．
【召集】zhàojí 動 召集する．呼び集める．
【召见】zhàojiàn 動 ①引見する．②(外務省が外国の駐在大使などに)出頭を求める．
* 【召开】zhàokāi 動 **会議を召集する．**¶～会议huìyì／会議を開く．

兆 zhào ①数〈数〉メガ．100万倍．►古くは1億の1万倍(兆)をさした．②動〈書〉前触れ・前兆を示す．予告する．¶瑞雪ruìxuě～丰年fēngnián／大雪は豊年の前触れである．
◇◆ 兆し．芽生え．¶不祥bùxiáng之～／不吉な兆し．‖姓

Z

【兆赫】zhàohè 量〈電〉メガヘルツ．
【兆头】zhàotou 名〈口〉前兆．兆し．前触れ．
【兆周】zhàozhōu 量〈電〉メガサイクル．

诏 zhào 〈古〉①動 告げる．戒める．②名 皇帝や国王のお言葉．

【诏书】zhàoshū 名 詔書．詔(みことのり)．

赵(趙) zhào 名〈史〉趙(ちょう)．►周代の国名．‖姓

笊 zhào "笊篱 zhàoli"⬇という語に用いる．

【笊篱】zhàoli 名(針金や竹で編んだ)網じゃくし，揚げざる．

*__照__ zhào ❶動 ①(光が)差す．照る．照らす．¶阳光 yángguāng ～在凉台 liángtái 上／太陽の光がテラスを照らしている．¶用手电～一～／懐中電灯で照らしてみる．②(鏡や反射物に)映る．映し出す．❖～镜子 jìngzi／鏡を見る．¶地板 dìbǎn 亮得把人影儿 rényǐngr 都～出来了／床板がぴかぴかで人の姿が映っている．③(写真を)写す．撮る．¶～一张相片 xiàngpiàn／写真を1枚撮る．¶你这张相片～得真好／君のこの写真はよく写っているね．
❷前 ①…に向かって．►"着"を加えることもある．¶～前一直 yīzhí 走，五分钟就到了／(前に向かって)まっすぐ進めば5分で着く．②…のとおりに．…によって．¶～计划 jìhuà 进行／計画どおりに行う．¶～着四个人一辆车安排 ānpái／4人で車1台の割で手配する．¶～我看，这篇 piān 文章不错／私の見たところでは，この文章は悪くない．
比較 照：按 àn ❶"照"は期限や時間，その他限界を表す語句に用いることはできない．¶按〔×照〕期举行／期日どおり執り行う．¶按〔×照〕程度分班／レベル別にクラス分けをする．❷"照"には「模倣する」「模写する」の意味があるが，"按"にはない．¶照〔×按〕这样踢 tī 球／私のやるようにボールを蹴(け)るんだ．¶照着〔×按〕字帖 zìtiè 一笔一笔地描 miáo／手本をなぞって一画一画書く．
◇ ①対照する．¶对～／照らし合わせる．②面倒をみる．¶→～料 liào．¶→～顾 gù．③通知する．知らせる．¶知～／通知する．④よく知っている，分かっている．¶心～不宣 xuān／気持ちが通じて言う必要がない．⑤(政府の発行する)許可証．¶护 hù～／パスポート．¶车～／車両証．⑥写真．¶玉 yù～／(他人の写真をていねいにいって)お写真．¶小～／(自分の肖像写真をさしていい)写真．‖姓

【照搬】zhàobān 動(他人の文章を)そのまま引用する；(他人の経験を)そっくりまねる．
【照办】zhào//bàn 動 そのとおりに処理する．
【照本宣科】zhào běn xuān kē 〈成〉書いてあるとおりに読み上げる；臨機応変に対応できない．
【照补】zhàobǔ 動 もともとの数や金額との差額を補う．
*【照常】zhàocháng 形 平常どおりである．¶～营业 yíngyè／平常どおり営業する．
【照抄】zhàochāo 動 ①原文どおりに書き写す．②丸写しにする．そのまま適用する．
【照登】zhàodēng 動(原稿や投書などに手を入れないで)そのまま載せる．
【照发】zhàofā 動 ①これまでどおり支給する．②このまま発送してよろしい．►公文の裁可に用いる．
【照方儿抓药】zhào fāngr zhuā yào 〈成〉型どおりに処理する．
**【照顾】zhàogù 動 ①気配りする．考慮する．¶～大局 dàjú／大局に気を配る．¶～得很周到 zhōudao／気配りが行き届く．②(特に注意して)面倒をみる．世話をする．¶对老年人要好好儿～／老人はよくお世話しないといけない．③(顧客が商人・商店を)ひいきにする．¶多谢 duōxiè 您常来～本店／いつも弊店をご利用いただきありがとうございます．►zhàogu と発音することもある．
【照管】zhàoguǎn 動 世話し管理する．
【照葫芦画瓢】zhào húlu huà piáo 〈成〉見よう見まねで格好だけつける．
【照护】zhàohù 動(傷病者などを)看護する．
【照会】zhàohuì《外交用語》①動 覚書を提出する．口上書を手渡す．②名 覚書．口上書．
【照价】zhào//jià 動 定価どおりにする．実費に基づく．
【照旧】zhàojiù 形 これまでどおりである．¶时隔 gé 三年，一切 yīqiè～／3年ぶりだが，すべてもとのままである．
【照看】zhàokàn 動 世話し管理する．
*【照例】zhàolì 副 例によって．いつもどおり．慣例どおりに．¶每年清明节 Qīngmíngjié 他都～回老家扫墓 sǎomù／毎年清明節には彼は決まって故郷に帰って墓参りする．
【照料】zhàoliào 動 世話する．面倒をみる．¶～母亲／母親の世話をする．¶～家务 jiāwù／家事を切り回す．
【照猫画虎】zhào māo huà hǔ 〈成〉模倣する．まがりなりに格好をつける．
【照面儿】zhàomiànr ①名 ばったり顔を合わせること．►"打"の目的語として用いる．¶那天我跟他打了个～／その日私は彼とばったり出会った．②(zhào//miànr)動 顔を見せる．顔を出す．►普通，否定形で用いる．¶我等了半天，他始终 shǐzhōng 不～／私はずいぶん待ったが，彼はついに顔を見せなかった．
【照明】zhàomíng 動 明かりで物や場所を照らす．¶用灯光 dēngguāng～／明かりで照らす．¶～设备 shèbèi／照明設備．
**【照片儿】zhàopiānr 名〈口〉写真．(量)张．
【照片子】zhào piānzi レントゲン写真を撮る．
【照片】zhàopiàn 名 写真．(量)张．¶加印 jiā yìn～／写真の焼き増しをする．
【照射】zhàoshè 動 照射する．照らす．光が差す．
【照实】zhàoshí 副 実際のままに．ありのままに．
【照说】zhàoshuō 副 本来ならば．道理から言えば．
**【照相·照像】zhào//xiàng 動 写真を撮る．撮影する．¶照纪念 jìniàn 相／記念写真を撮る．
*【照相机】zhàoxiàngjī 名 カメラ．►"相机"とも．(量)架 jià，个．¶数码 shùmǎ～／デジタルカメラ．
【照样】zhào//yàng (～儿) ①動 見本どおりにする．型どおりにする．¶照姐姐衣服的样儿给我做一件／お姉ちゃんの服のとおりに私にも1着作って．②(zhàoyàng)副 相変わらず．いつものように．¶星期天～工作／日曜もやはり働く．
【照耀】zhàoyào 動 照り輝く．照らす．¶太阳 tàiyáng～着大地／太陽が大地を照らしている．

【照应】zhàoyìng 動 呼応する．調子を合わせる．
【照应】zhàoying 動 面倒をみる．配慮する．
【照章】zhàozhāng 副 規約どおりに．規則に従って．¶～办事 / 規約どおりに処理する．
【照直】zhàozhí 副 ①まっすぐに．¶～往 wǎng 前去 / まっすぐ前へ行く．②正直に．率直に．¶～说 / 正直に言う．率直に言う．

罩 zhào 動(ふんわりと)**覆う**．かぶせる．¶把灯 dēng～上 / ランプを覆う．¶浓雾 nóngwù～着湖面 / 濃い霧が湖面を覆っている．
◇◆ ①(～儿)覆い．カバー．上っ張り．¶台灯 táidēng～儿 / 電気スタンドのかさ．②(養鶏用の)ふせかご；(魚をとる)かご．‖姓
【罩褂】zhàoguà 名(～儿)上っ張り．
【罩袍】zhàopáo 名(～儿)"袍子 páozi"の上に着る上っ張り．►"袍罩儿"とも．
【罩棚】zhàopéng 名 門前や庭に掛けるアシや竹などで組んだ日除け．
【罩衫】zhàoshān 名(～儿)短い上着．"袍子"にはおるひとえの上っ張り．
【罩袖】zhàoxiù 名〈方〉そでカバー．量 副 fù；[片方]只 zhī．
【罩衣】zhàoyī 名 上っ張り．量 件．
【罩子】zhàozi 名 覆い．かぶせるもの．

肇 zhào ◇◆ ①始める．¶→～始 shǐ．②(事を)引き起こす．¶→～祸 huò．‖姓
【肇端】zhàoduān〈書〉①動 端緒を開く．②名 発端．
【肇祸】zhàohuò 動〈書〉災難・事故を引き起こす．
【肇始】zhàoshǐ 動〈書〉始める．
【肇事】zhàoshì 動〈書〉事件・事故を起こす．トラブルを引き起こす．¶～人 / 事を起こした張本人．

zhe (ㄓㄜ)

1声 **折 zhē** 動〈口〉①ひっくり返る．¶～了一个跟头 gēntou / もんどり打ってひっくり返る．②(液体を冷ますために)器から移し替える．¶用两个杯子～一～热水 rèshuǐ / 二つのコップで移し替え，お湯をさます．
▸▸ shé,zhé
【折个儿】zhē//gèr 動〈口〉①ひっくり返す．②寝返りを打つ．►"折过儿 guòr"とも．
【折腾】zhēteng 動〈口〉①寝返りをうつ．②(ある動作を休まずに)繰り返す．いじくり回す．¶他把这个破机器拆 chāi 了又安，安了又拆，～了几十回 / 彼はこのおんぼろ機械を分解しては組み立て，組み立てては分解し，それを数十回も繰り返した．③浪費する．④苦しめる．さいなむ．¶慢性病 mànxìngbìng 真～人 / 慢性病は人を苦しめる．

蜇 zhē 動 ①(ハチやサソリなどが)刺す．¶蜜蜂mìfēng～人 / ミツバチは人を刺す．②(粘膜や皮膚を)刺激する．¶切洋葱 yángcōng～眼睛 yǎnjing / タマネギを切ると目にしみる．

遮 zhē 動 ①**覆い隠す**．¶月亮 yuèliang 把云彩 yúncai～住了 / 月が雲に隠れてしまった．②阻(はば)む．さえぎる．¶大树～住了我的视线 shìxiàn / 大きな木が私の視線をさえぎった．
【遮蔽】zhēbì 動 遮る．覆い隠す．
【遮藏】zhēcáng 動 覆う．包み隠す．
【遮丑】zhē//chǒu 動 ①照れ隠しをする．②醜いものを覆い隠す．臭いものにふたをする．
【遮挡】zhēdǎng ①動 遮る．よける．②名 障害物．
【遮断】zhēduàn 動 遮断する．制止する．
【遮幅式电影】zhēfúshì diànyǐng 名 マスクワイドスクリーン映画．
【遮盖】zhēgài 動 ①覆う．覆い隠す．②隠蔽する．包み隠す．
【遮光罩】zhēguāngzhào 名〈写〉レンズフード．
【遮拦】zhēlán 動 遮る．阻む．
【遮帘】zhēlián 名 ブラインド．
【遮脸】zhē//liǎn 動 照れ隠しをする．
【遮亮】zhē//liàng (～儿)動 光を遮る．影になる．
【遮天盖地】zhē tiān gài dì〈成〉天地を覆い尽くすほど多い．
【遮羞】zhē//xiū 動 ①身体の恥部を隠す．②照れ隠しをする．¶～解嘲 jiěcháo / 体裁のいいことを言って照れ隠しをする．
【遮羞布】zhēxiūbù 名 ①陰部を隠すための布．②ぼろ隠し．恥を覆い隠すもの．
【遮掩】zhēyǎn 動 ①覆う．覆い隠す．②ごまかす．隠蔽する．
【遮阳】zhēyáng ①動 日光を遮る．②名 日よけ．ひさし．
【遮阴】zhēyīn 動 日光を遮る．日陰をつくる．

2声 *__折(摺) zhé__ ❶動 ①**折る**．¶不准 zhǔn～花 / 花を折ってはいけません．②**損失を被る**．¶这一仗 zhàng～了三员大将 dàjiàng / この戦いで3人の将軍を失った．③方向を変える．引き返す．¶刚走不多远又～了回来 / 遠くへ行かないうちにまた引き返してきた．④**換算する**．¶这笔钱～成日元是多少？/ この金額は日本円に換算するといくらになりますか．⑤**折り畳む**．¶～衣服 / 服を畳む．¶把信～好，装 zhuāng 进信封 xìnfēng / 手紙をきちんと折り畳んで封筒に入れる．
❷名(～儿) ①**掛け．割引き**．注意 多く「"打"＋数詞＋"折"」の形で用いる．また日本語の「…割引き」と逆で，引いた後の売値をいう．¶打八～ / 8掛けにする〔2割引きにする〕．¶按 àn 七～算 / 値段を7掛けで計算する．¶→～扣 kòu．②(～儿)折り本．…帳．ブックレット．¶存 cún～ / 預金通帳．
❸量(～儿)折った回数を数える．
◇◆ ①曲がりくねっている．挫折する．¶曲 qū～ / 屈折(している)．¶百～不挠 náo / 何回しくじってもくじけない．②心服する〔させる〕．¶心～ / 心服する．¶→～服 fú．③元雑劇の一幕．‖姓
▸▸ shé,zhē
【折半】zhébàn 動 半分にする．半額にする．
【折变】zhébiàn 動〈方〉(財産などを)売って換金する．
【折尺】zhéchǐ 名 折り尺．
【折刀】zhédāo 名(～儿)折り畳みナイフ．
*【折叠】zhédié 動 折り畳む．¶被子 bèizi～得很整齐 zhěngqí / 掛け布団はきちんと畳んである．¶～伞 sǎn / 折り畳み傘．

Z

【折断】zhé//duàn 動+結補 折る．¶跌 diē 了一交,胳膊 gēbo ～了 / もんどり打って転び,腕が折れてしまった．

【折兑】zhéduì 動(金・銀を純度によって貨幣に)換算する．

【折服】zhéfú 動〈書〉①説き伏せる．屈服させる．②心服する．

【折股】zhé//gǔ 動〈経〉資本金を株数に換算する．

【折合】zhéhé 動 **換算する．**…の割で勘定する．¶把美元 Měiyuán ～成日元 / 米ドルを日本円に換算する．

【折回】zhéhuí 動 途中から引き返す．

【折价】zhé//jià 動 ①(物を)金銭に換算する．②値引きする．セールを行う．

【折旧】zhéjiù 動〈経〉減価償却をする．

【折扣】zhékòu 名 **割引；割引した価格．**割引値．❖打 *dǎ* ～ / 割り引く．値引きをする．¶他说话从不打～ / 彼の話は掛け値なしだ．注意 日本では定価の「２割引き」とか「15パーセント引き」という言い方をするが,中国では"八折""八扣"(８掛け)とか"八五折""八五扣"(8.5掛け)と表示する．つまり割り引いて定価の何割で売っているかをいう．

*【折磨】zhémo 動(肉体的・精神的に)**苦しめる,**いためつける．¶我都被这家伙 jiāhuo ～出病来了 / あいつにいじめられて病気にまでなった．

【折扇】zhéshàn 名(～儿)扇子．

【折受】zhéshou 動〈方〉(過分な尊敬や優遇に対し)恐縮に感じる．

【折算】zhésuàn 動 換算する．¶～率 lǜ / 換算率．

【折线】zhéxiàn 名〈数〉折れ線．

【折腰】zhéyāo 動〈書〉①腰をかがめる．へりくだる．②傾倒する．

【折椅】zhéyǐ 名 折り畳み椅子．

【折账】zhé//zhàng 動 物品で債務を返済する．

【折纸】zhézhǐ 名 折り紙(遊び)．

【折中・折衷】zhézhōng 動 折衷する．¶～办法 bànfǎ / 中間的なやり方．¶～方案 fāng'àn / 折衷案．

【折罪】zhé//zuì 動 罪や過ちを償う．

哲 zhé ◇◆ ①賢い．賢人．¶贤 xián ～ / 才能があり見識の高い人．②賢明な人．¶先～ / 先哲．

*【哲学】zhéxué 名 **哲学．**¶～家 / 哲学者．

辄(輒) zhé 副〈書〉…するといつも．…すればすぐに．¶浅尝 qiǎncháng ～止 / ちょっと表面をかじるだけですぐ止める．

蛰(蟄) zhé ◇◆(動物が)冬ごもりをする．冬眠する．¶惊 jīng ～ / 啓蟄(けいちつ)．

【蛰伏】zhéfú 動 ①冬眠する．②〈書〉蟄居(ちっきょ)する．

【蛰居】zhéjū 動〈書〉閉じこもる．ひきこもる．

谪(謫) zhé ◇◆ ①高官を遠隔の地へ左遷する．¶贬 biǎn ～ / 左遷される．②神仙が罰せられて人間界に流されてくる．¶～仙 xiān / 人間界へおろされた仙人；大詩人の美称．③責める．とがめる．¶众人 zhòngrén 交～ / 多くの人がこもごも非難し合う．

磔 zhé 名 ①昔の極刑．八つ裂き．②漢字の筆画の一つ"捺 nà"．捺(な)．右斜め下への払いの筆画(㇏)．

辙 zhé 名(～儿)①轍(わだち)．車輪の跡．②(車両通行の)路線・方向．コース．¶上下～ / 上りコースと下りコース．¶顺～儿 / 順方向．③〈方〉方法．考え．►"有""没"の目的語として用いることが多い．¶真没～！/ どうしようもない．④戯曲・雑曲・歌詞などの韻．

3声 **者** zhě ❶接尾 ①各種の仕事・特性をもつ人を表す．¶强～ / 強者．¶作～ / 作者．②〈書〉(前文で述べた事柄を受けて)(その)こと．…者．►方位詞"前、后"や数詞"二、三"などの後につけて用いる．¶前～ / 前者．

❷助〈書〉(語・連語・句などの後につけ,主題として強調し)…というものは．…とは．

❸代〈近〉これ．この．‖姓

锗 zhě 名〈化〉ゲルマニウム．Ge．¶～晶体管 jīngtǐguǎn / ゲルマニウムトランジスタ．

赭 zhě ◇◆ 赤褐色．¶～石 shí / 〈鉱〉赭石(しゃせき)．

褶 zhě 名(～儿)(衣類の)ひだ,しわ．プリーツ．

【褶儿】zhěr ⇀【褶子】zhězi

【褶皱】zhězhòu 名 ①〈地質〉褶曲(しゅうきょく)．②(皮膚の)しわ．

【褶子】zhězi 名 ①(衣類の)ひだ,タック．②(衣類・布地や紙などの)畳んだ跡,折り目．③(顔の)しわ．

4声 ** **这**(這) zhè 代 ①《比較的近くの人や事物をさす》**これ．こちら；この．その；この人．**

注意 話の中で話題にのぼっているものをさす時にも"这"を用いるので,日本語では「その,それ」が対応することも少なくない．

a(連体修飾語として用い)この．その．¶～孩子 / この子．¶～三本书 / この３冊の本．►話し言葉では,後に量詞や数量詞がくる場合はよく zhèi と発音される．¶～一事实 / この事実．¶个人电脑 diànnǎo ～东西 / パソコンというもの．

b(主語として用い)これは．それは．こちらは．この人は．¶～是什么？/ これは何ですか．¶～很便宜 piányi / こちらはとても安いです．¶～是老王 / こちらは王さんです．

注意 "这是…"が「こちらは…です」の意味であるのに対して,"这个是…"とすると,「これが…です」「こちらが…です」のように対比的意味をもつことがある．¶这是玻璃 bōli / これはガラスです．¶这个是玻璃,那个是塑料 sùliào / こちらがガラスで,あちらがプラスチックです．

c(目的語として用い)これ．それ．¶你问～干吗 gànmá ？/ こんなことを尋ねてどうするんですか．¶他们用～做宣传 xuānchuán / 彼らはこれを宣伝に使う．注意 "那"と対で用いるとき(→②)を除き,通常,"这"で文を終わらせることはできない．¶我要这个〔×这〕/ 私はこれが欲しい．

②《"那"と対応させて用い,全体で**漠然と多数の事物を表す**》¶想～想那 / あれこれ考える. ¶看看～,看看那,对什么都很感兴趣 xìngqù / これを見たり,あれを見たりして,何に対しても関心をもっている.
③ **これら. これ.** ►複数を表す."这些"に同じ. ¶～都是我们厂 chǎng 的新产品 / これ(ら)はどれもうちの工場の新製品です.
④(話し言葉で)**現在. いま.** ►語気を強める働きがあり,後に"就 jiù、才 cái、都 dōu"などを用いることが多い. ¶我～就来 / 私はいますぐ行きます. ¶被 bèi 凉水一浇 jiāo,他～才醒 xǐng 过来 / 冷たい水をかけられて,彼はやっと意識がもどった.
⑤《「"这一"＋動詞 / 形容詞」の形で,"这么、这样"に同じ》►"这"は語気を強める. ¶你～一解释 jiěshì 我就懂了 / 君がそう説明してくれたから,よく分かった. ¶工作～一紧张 jǐnzhāng,那些小事儿就全忘 wàng 了 / 仕事がこのように忙しくなると,そういうささいな事は忘れてしまった. ▸▸ zhèi

*【这边】**zhèbian** 代(～儿)**こちら. ここ.** そちら. そこ. ► zhèibian とも発音する. ¶我坐在～,他坐在那边 / 私はこちらに,彼はそちらに座っている. ¶到～儿来 / こちらへ来なさい.

【这不(是)】**zhè bu (shi)** 〈挿〉《相手の注意を引くのに用いる》ほらね. ねえ.

【这才】**zhè cái** 〈型〉① これで初めて. ② これこそ.

【这次】**zhècì** 名 **このたび. 今度.** ► zhèicì とも発音する.

*【这点儿】**zhèdiǎnr** 代 **これっぽっち.**

【这个】zhège** 代 ①《**比較的近くの人や事物**をさす》ⓐ(連体修飾語として用い)**この. その.** ¶～问题 / この問題. ¶王起明～人 / 王起明という男. ⓑ(主語や目的語として用い)**これ. それ.** ¶～是我借 jiè 的 / これは私が借りたのです. ¶不要玩儿 wánr ～ / これで遊ぶな. これをいじるな.
②(話し言葉で動詞・形容詞の前に用い)**こんなに.** なんとも. ►誇張を表す. ¶大伙儿 dàhuǒr ～高兴啊! / みんなのこの喜びようったら. ¶她脸上～红啊,真是没法形容 xíngróng / 彼女の顔の赤さときたら,形容のしようがないほどだ.
③《"那个"と対にし,人や事物が多いことを表す》¶看看～,看看那个,不知买哪个才好 / あれこれと見ていたが,どれを買ったらよいか迷ってしまう.
注意 ①②③ すべて zhèige とも発音する.

*【这会儿】**zhèhuìr** 代 ①(単独に用いて)**いま.** いまごろ. ¶你～到哪儿去? / いま時分どこへ行くんだ. ②(ある種の語句の後に用いて)**この時.** その時. ►文脈からはっきり分かる過去または未来の特定の時間をさす. ¶去年～我还是学生 / 昨年のいまごろ,私は学生だった. ¶等 děng 到明天～我就到日本了 / 明日の今ごろは日本だ.
注意 ①② すべて zhèihuìr とも発音し,また"会儿"は huǐr と発音することも多い.

【这就】**zhè jiù** 〈型〉① いまからすぐ. ¶我～走 / これからすぐ出ます. ¶～完了 / もう終わります. ② これで. こうなら. それで. そうなら. ¶～对了 / それでいいのだ. それが正しいのだ.

【这里】**zhèli** 代 ①《比較的近くの場所をさす》**ここ. こちら.** ¶～是书房 shūfáng / ここは書斎だ. ¶～有点儿热 rè / ここはちょっと暑い.
②**…のところ.** 語法 直接に人称代詞または名詞の後に置き,本来は場所を表さない語を場所を示す語にする. ¶明天到我～来玩儿 wánr 吧 / あす私のところに遊びにおいでよ. ¶大树～凉快 liángkuai / 大きな木のところは涼しい.
比較 **这里:这儿** zhèr 両者の用法は基本的に同じであるが,"这儿"はもっぱら話し言葉として用いられる."这里"にない"这儿"の用法は,①そのまま動詞の前に用い連用修飾語とする. ¶来,这儿坐 / いらっしゃい,ここに掛けてください. ¶就这儿说吧 / ここで話しましょう. ②"打〔从、由…〕＋这儿＋起〔开始〕"の形で,時間または場所を表す. ¶打这儿起,我们交上了朋友 / その時から私たちはつき合い始めた.

【这么】zhème** 代 注意 話し言葉ではよく zème とも発音する.
①《方法・方式を表す》**このように.** ¶大家都～说 / 人はみんなこんなふうに言います. ¶这件事就～办 bàn 吧 / この件はこのように処理しましょう. [「"这么一"＋動詞」の形で]¶他把袖子 xiùzi ～一甩 shuǎi 就走了 / 彼はそでをぱっと振り切って帰ってしまった.
②《程度を表す》**このように.** こんなに(も). ¶～冷的天,还去游泳 yóuyǒng ? / こんなに寒い日でも泳ぎに行くのですか. ¶你家的狗 gǒu 有多大? ── 有～大 / きみの家のイヌはどれくらいの大きさ──これくらい大きいよ. ¶东京没有北京～冷 / 東京は北京ほどは寒くはない.
③《性質・状態を表す》¶根本 gēnběn 没有～回事 / まったくそういうことはありません. 注意 "回事"は"一回事"の"一"を省略したもの."这么"は「"这么"＋(数)量詞」で名詞と直接結び,"这样"のように"这样的…"とはできない.
④《数量詞と連用し,**数量が多いこと,または少ないことを強調する**》¶病了～多天,耽误 dānwu 了很多工作 / 何日も病気をして,ずいぶん多くの仕事を遅らせた. ¶我就～一个孩子 / 私には子供が一人しかいない.
語法 ❶語調を強めたり,感嘆を表したりするだけで,「…のように」の意味を表さないことがある. ¶山上的风景 fēngjǐng ～漂亮! / 山の上の景色はなんと美しいことか. ❷"有、像"や"没(有)"で作る比較の表現に用いることがある. ¶小林已经有你～高了 / 林ちゃんはもうあなたぐらいの背丈になった. ❸(動作または方法をさす)こうする. ああする. ►この用法は"这么"よりも"这么着"をよく用いる. また,話し言葉ではこの"这么着"の意味で"这么的"とすることもある. ¶好,就～吧 / よし,それでいこう. ¶～不就算做好了吗? / こうすれば完成ということになるんじゃないか.
⇒【这么着】zhèmezhe

*【这么点儿】**zhèmediǎnr** 代 **これっぽっち**;ちっぽけな. ►名詞を修飾するとき,"的"をつけてもつけなくてもよい. ¶～(的)事儿,我一个人就行了 / これしきの事,私一人でやれるよ. ¶苹果 píngguǒ 都吃了,就剩下 shèngxià ～了 / リンゴはほとんど食べちゃって,こればかりしか残っていない.

*【这么些】**zhèmexiē** 代(普通,多いことを強調して)**これほどの.** ¶～事儿一个人可办不完 / これほどの用事は一人じゃとても無理だ. ¶搁 gē ～就太辣 là 了 / そんなにたくさん入れたら辛くなるよ. [少ないことを強調することもある]¶说了半天,才买来～ / なんだ(あんなに言っておいたのに),これっぽっちしか買っ

てこなかったのか．¶这么个大箱子 xiāngzi 只装 zhuāng ～呀 / こんなに大きな箱にこれだけしか入ってないのか．⇒【这么点儿】zhèmediǎnr

*【这么样】zhèmeyàng →【这样】zhèyang

*【这么着】zhèmezhe 代《ある動作や情況あるいは方式をさす》こう〔そう〕いうふうにする．こんな〔そんな〕ふうに．¶你看,～好不好？/ ねえ,こういうふうにしたらどうですか．¶行,咱们就～吧 / よし,そういうことにしよう．¶他说得对,～才不会出毛病 / 彼の言うことは正しい,そうしてこそ間違いが起こらない．¶就～,他去了上海 / こうして,彼は上海に行ってしまった．⇒【这么】zhème 語法

**【这儿】zhèr 代〈口〉1 ここ．こちら．そこ．そちら．注意 "这儿"が"这"と記されることがままある．¶他们在这干什么？/ 彼らはここで何をやっているんだ．2 この時．その時．いま．►"打 dǎ､从 cóng､由 yóu"の後に用いる．¶打～以后我再也没有去那儿 / それ以来私は二度とそこへは行っていない．⇒【这里】zhèli 比較

【这山望着那山高】zhè shān wàngzhe nà shān gāo 〈諺〉他人の仕事や待遇をうらやましがる．隣の花は赤い．

**【这些】zhèxiē 代《比較的近くにある複数の事物や人をさす》これら(の)．それら(の)．注意 話し言葉では"这些个"ともいう．また,zhèixiē, zhèxie, zhèixie と発音することも多い．¶～书都是跟他借 jiè 的 / これらの本はみな彼から借りたのです．¶别说～了 / そういうことはもう言うな．

**【这样】zhèyàng (～儿)代《性状・程度・方式などをさす》このような〔に〕．こう〔そう〕いうふうにする．¶～的事情我从来没听说过 / こんなことは今まで聞いたこともない．¶当然应该 yīnggāi ～ / 当然こうしなければならない．¶不应该～做 / このようにすべきでない．¶只有 zhǐyǒu ～,才 cái 能学好中文 / こうしてこそ中国語をマスターすることができる．

注意 ❶名詞を修飾するときは,名詞の前に「"一"＋量詞」があるときを除き,"的"をつける．❷"这样"は書き言葉に用いることが多く,話し言葉では"这么""这么样""这么着"などを用いることのほうが多い．❸ zhèyang, zhèiyang とも発音する．

⇒【这么】zhème 3 注意

【这样一来】zhèyàng yīlái こう〔そう〕なると．こう〔そう〕して．¶～,事情就解决 jiějué 了 / こうやって問題は解決した．

【这样子】zhèyàngzi (主に台湾で)そうですか．そうなの．

【这阵儿】zhèzhènr 代 いまごろ；このごろ．¶他们几个人～都去故宫 Gùgōng 参观 cānguān 了 / あの人たちはいまは故宮へ見学に行っている．¶前两天我总咳嗽 késou,～好多了 / この間はいつも咳が出たが,このごろはずっとよくなった．¶明年～我将到中国去留学 / 来年のいまごろ,私は中国に留学するつもりだ．

浙 zhè

◇◆ 浙江(せっこう)省．¶江 Jiāng ～ / 江蘇省と浙江省．‖姓

*【浙江】Zhèjiāng 名〈地名〉浙江(せっこう)省．

蔗 zhè

◇◆ サトウキビ．カンショ．¶甘～ gānzhe / サトウキビ．¶～田 tián / カンショ畑．

【蔗糖】zhètáng 名 蔗糖(しょとう)．甘蔗糖(かんしょとう)．

着(著) zhe

軽声 **

1 助 …ている．…てある．►動作が持続することや動作の結果・状態の持続することを表す．¶他穿～一身新衣服 / 彼は新しい服を着ている．¶门开～呢 / ドアが開いている．¶屋里没人,灯却 què 还亮 liàng ～ / 部屋にはだれもいないのに,明かりがまだついている．

［副詞"正 zhèng､在､正在"や文末の助詞"呢 ne"を動作の進行を表す文に併せて用いることがある］¶妈,我正看～电视呢 / お母さん,ぼくはいまテレビを見てるんだから．¶外面正下～雨呢 / 外は雨が降っている．

語法ノート "着"の注意すべき用法

❶(…に)…している,…してある．►存在文に用いる．「名詞(場所)＋動詞＋"着"＋名詞(動作の主体あるいは動作の対象)」の形で,"有"より詳しく,どのような状態で存在しているかを表す．¶树 shù 下坐～两个孩子 / 木の下に二人の子供が座っている．¶墙 qiáng 上挂 guà ～一幅 fú 油画 yóuhuà / 壁に油絵が1枚掛けてある．

❷…して(…する)．…しながら(…する)．►「動詞$_1$＋"着"＋動詞$_2$」の形で,連動文を構成する．動詞$_1$と動詞$_2$の意味関係はさまざまである．¶走～去 / 歩いて行く．¶说～笑～进了教室 jiàoshì / 話したり笑ったりしながら教室に入った．¶急 jí ～上班 / 急いで出勤する．¶藏 cáng ～不肯 kěn 拿出来 / 隠して出そうとしない．

❸…しているうちに(…する)．►「動詞$_1$＋"着"＋動詞$_1$＋"着"＋動詞$_2$」の形で,動詞$_1$の動作の進行中に動詞$_2$の動作が現れることを表す．¶看～看～笑了起来 / 見ているうちに笑いだした．¶走～走～天渐渐 jiànjiàn 黑了 / 歩いているうちにまわりが暗くなってきた．

❹…してみると．…すると．►「動詞＋"着"＋形容詞」の形で,前の動詞の動作をしてみると結果がどうであるということを表す．¶看～不顺眼 shùnyǎn / 見て気に入らない．¶说～容易 róngyì,做～难 nán / 言うは易く,行うは難し．

❺…しなさい．►「動詞 / 形容詞＋"着"＋"点儿"」の形で,命令や注意などに用いる．¶快～点儿 / ちょっと速くしなさい．¶那件事你想～点儿 / 例のこと,忘れないように．

❻…ほど(も)…だ．►「形容詞＋"着"＋数量詞」の形の比較の差を量的に示す文に用いる．¶他比我矮 ǎi ～一头呢 / 彼は私より頭一つ分背が低いよ．

⇒【着呢】zhene

2 接尾《一部の動詞につき,前置詞を作る》"按 àn ～""顺 shùn ～""为 wèi ～""沿 yán ～""照 zhào ～"など．

▸▸ zhāo,zháo,zhuó

*【着呢】zhene 助《形容詞または形容詞句の後に用い,ある種の性質・状態を認めるとともにやや誇張する意味を含む》►話し言葉に用いることが多い．¶路长 cháng ～ / 道は長いよ．¶时间还早～ / 時間はまだあります．注意 ❶形容詞に"着呢"がつくと,程度副詞の修飾を受けつけず,程度を表す補語もとることができない．❷「動詞＋"着"＋"呢"」の形は動作の持続を表し,助詞の"着呢"とは異なる．¶她在里面躺 tǎng 着呢 / 彼女は中で横になっている．

zhei（ㄓㄟ）

4声 **这**（這）**zhèi** 代 "这 zhè"の話し言葉における発音.
⏩ zhè

zhen（ㄓㄣ）

1声 **贞** **zhēn** ◇◆ ①節操がある. ¶坚 jiān ～ / 断固として動揺しないこと. ②貞節. ¶→～洁 jié. ③古代の占い. ¶～卜 bǔ 文字 / 甲骨文字. ‖姓

【贞操】zhēncāo 名〈書〉①貞操. ②忠節. 節操.
【贞节】zhēnjié 名〈書〉①忠節. 忠義の心. ②貞節.
【贞洁】zhēnjié 形〈書〉貞操がかたく,行いが潔い.

*__针__（鍼）**zhēn** ①名(～儿)**針**. 量 根. ¶绣花 xiùhuā ～ / 刺繍針. ②量 針目・縫い目の数や注射の回数を数える. ¶伤口 shāngkǒu 缝 féng 了四～ / 傷口を4針縫った.
◇◆ ①針のような形をしたもの. ¶松 sōng ～ / 松葉. ¶时～ / (時計の)時針. ②注射器具；注射薬. ¶→～头 tóu. ¶打～ / 注射する. ③鍼灸(しんきゅう)療法. ¶扎 zhā ～ / 針を打つ. ‖姓

【针鼻儿】zhēnbír 名 針の穴.
【针插不进,水泼不进】zhēn chā bù jìn, shuǐ pō bù jìn〈成〉組織などが閉鎖的で排他性が強い.
【针刺麻醉】zhēncì mázuì 名〈中医〉鍼麻酔. ►略して"针麻"という.
【针对】zhēnduì 動 **ぴったりとねらいをつける**. 焦点を合わせる. ¶这词典 cídiǎn 是～初学者编写 biānxiě 的 / この辞典は初級者向けに編纂されたものです.
【针锋相对】zhēn fēng xiāng duì〈成〉真っ向から対決する.
【针剂】zhēnjì 名〈薬〉(アンプル入りの)注射薬.
【针尖】zhēnjiān 名(～儿)針の先.
【针尖儿对麦芒儿】zhēnjiānr duì màimángr〈慣〉鋭く対立して譲らない.
【针脚】zhēnjiao 名 ①縫い目. (とじ糸の)とじ目. ②(縫い目の)粗密の度合い. ¶～大 / 縫い目が粗い.
【针灸】zhēnjiǔ 名〈中医〉針術と灸術(の総称). 鍼灸(しんきゅう).
【针麻】zhēnmá 名 鍼麻酔.
【针头】zhēntóu 名〈医〉注射器の針.
【针头线脑】zhēn tóu xiàn nǎo〈成〉(～儿)裁縫用の針や糸などこまごまとしたもの.
【针线】zhēnxian 名 裁縫. 針仕事. ❖做 *zuò* ～ / 縫い物をする. ¶～活儿 / 針仕事. 縫い物.
【针眼】zhēnyǎn 名 ①針の穴. ②針の跡. 注射の跡.
【针眼】zhēnyan 名〈医〉ものもらい.
【针织】zhēnzhī 名 メリヤス. ¶～厂 chǎng / メリヤス工場.
【针织品】zhēnzhīpǐn 名 ニット. メリヤス製品.

侦 **zhēn** ◇◆ 探る. 探り調べる. ¶～伺 sì / 様子を探る.

【侦办】zhēnbàn 動 捜査して処理する.
【侦查】zhēnchá 動〈法〉(犯罪事実を)捜査する.
【侦察】zhēnchá 動〈軍〉**偵察する**. ¶～敌情 díqíng / 敵情を探る.
【侦缉】zhēnjī 動(犯人を)捜査して逮捕する.
【侦破】zhēnpò 動 捜査のすえ犯人を検挙する. (刑事事件などを)解決する.
【侦探】zhēntàn ①動 偵察する. 探偵する. ②名〈旧〉探偵. スパイ. ¶～小说 / 探偵小説.

珍 **zhēn** ◇◆ ①貴重なもの. ¶山～海味 / 山海の珍味. ②珍しい. 貴重な. ¶→～品 pǐn. ③大事にする. ¶→～视 shì. ‖姓

【珍爱】zhēn'ài 動 大事にする. 珍重する.
【珍宝】zhēnbǎo 名 宝物. 宝.
【珍本】zhēnběn 名 珍本. 稀覯本(きこうぼん).
【珍藏】zhēncáng 動 大事にしまっておく. 秘蔵する.
*【珍贵】zhēnguì 形 **貴重である**. ¶～的礼物 lǐwù / 貴重なプレゼント. ¶～的图书 túshū / 得難い図書.
【珍品】zhēnpǐn 名 珍しく貴重な物.
【珍奇】zhēnqí 形 珍しい. 貴重である.
【珍禽】zhēnqín 名 珍しい鳥類. ¶～异兽 yìshòu / 見たこともないような珍しい鳥獣.
【珍摄】zhēnshè 動〈書〉(体を)大事にする. ¶望 wàng 多～ / くれぐれもご自愛のほどを.
【珍视】zhēnshì 動 重要視する. 大事にする.
【珍玩】zhēnwán 名〈書〉貴重な愛玩物.
【珍闻】zhēnwén 名 珍しいニュース.
【珍惜】zhēnxī 動 大切にする.
【珍馐·珍羞】zhēnxiū 名〈書〉珍しいごちそう. ¶～美味 / 珍しくておいしい食べ物.
【珍异】zhēnyì 形〈書〉珍奇である.
【珍重】zhēnzhòng 動 ①珍重する. 大事にする. ②(体を)大事にする. ¶请多～ / ご自愛ください.
【珍珠】zhēnzhū 名 **真珠**. ►"真珠"とも書く. 量 颗 kē, 粒 lì；[糸などに通したもの]串 chuàn.
【珍珠霜】zhēnzhūshuāng 名 真珠の粉末を混ぜた化粧クリーム.

帧 **zhēn** 量 絵画や書を数える：幅. 枚. ¶一～油画 / 1枚の油絵.

【帧频】zhēnpín 名〈テレビ〉フレーム〔映像〕周波数.

胗 **zhēn** ◇◆ 家禽(かきん)類の砂嚢(さのう). 砂ぎも. ¶鸡 jī ～ / ニワトリの砂ぎも.

真 **zhēn** ❶副 **実に. 確かに**. ¶她的成绩 chéngjì ～好 / 彼女の成績は実にすばらしい. ¶这个电影～有意思 / この映画は本当におもしろい.
❷形 ①(↔假 jiǎ, 伪 wěi) **真実だ〔の〕**. 本当だ〔の〕. 本当に. 語法 述語になるときには,通常"是真的"の形をとる. 連用修飾語になるときは"的"をつけるのが普通. また,連体修飾語になるときには"的"を伴わないことが多い. ¶这幅 fú 毕加索 Bìjiāsuǒ 的画是～的 / このピカソの絵は本物だ. ¶这才是～功夫 gōngfu / これこそ本当のわざだ. ¶他～的不想去 / 彼は本当に行きたがらないのだ. ¶是～的吗？——～的 / 本当か——本当だ.
②(「動詞＋"得"」の後に用い)はっきりしている.

►動詞は"看、听"など少数のものに限る. ¶这些字虽 suī 小,但看得很～ / これらの字は小さいが,とてもはっきり見える. ¶我这儿听得特别 tèbié ～ / 私のところからはっきり聞こえた.
◇◆ 楷書. ¶→～书 shū. ‖姓
【真材实料】zhēn cái shí liào 〈成〉材料が本物である.
【真才实学】zhēn cái shí xué 〈成〉本物の才能と身についた学問.
【真诚】zhēnchéng 形 真心がこもっている. 誠意がある. ¶～的友谊 yǒuyì / 本当の友情.
【真传】zhēnchuán 名 奥義. 極意.
【真刀真枪】zhēn dāo zhēn qiāng 〈成〉真剣勝負.
【真谛】zhēndì 名 真の意味. 真理.
【真格的】zhēngéde 〈口〉 1 副 本当のところ. 2 名 本当のこと.
【真个】zhēngè 副〈方〉本当に. 実に.
【真迹】zhēnjì 名 真筆. 真跡(しんせき).
【真假】zhēnjiǎ 名 本物と偽物. 真贋(しんがん).
【真叫】zhēnjiào 副 本当に…だ. ►主に形容詞の前に用い,その意味を強調する. ¶她的本领 běnlǐng ～大 / 彼女は実にやり手だ.
【真金不怕火炼】zhēn jīn bù pà huǒ liàn 〈諺〉意志の固い人はどんな試練にも耐えられる.
【真菌】zhēnjūn 名〈生〉真菌.
【真空】zhēnkōng 名 1〈物〉真空. ¶～包装 bāozhuāng / 真空包装. 2 からっぽの状態. ¶～地带 dìdài / 無人地帯.
*【真理】zhēnlǐ 名 **真理**. ¶追求 zhuīqiú ～ / 真理を追究する.
【真面目】zhēnmiànmù 名 真相. 正体. 本性. ¶谁 shéi 也看不出他的～ / 彼の本当の姿はだれもわからない.
【真名实姓】zhēn míng shí xìng 〈成〉実名. 本名.
【真品】zhēnpǐn 名 本物.
【真凭实据】zhēn píng shí jù 〈成〉しっかりした証拠. 動かぬ証拠.
【真漆】zhēnqī 名 ラッカー.
【真切】zhēnqiè 形 1 はっきりしている. ¶看不～ / はっきり見えない. 2 真摯(しんし)である.
【真情】zhēnqíng 名 1 実情. ¶～实话 shíhuà / 包み隠さない本当の話. 2 本心. 真心. ¶流露 liúlù ～ / 本心がおのずから現れる.
【真确】zhēnquè 形 1 確かである. 真実である. ¶～的情报 qíngbào / 確かな情報. 2 はっきりしている. ¶记 jì 得很～ / はっきり覚えている.
【真人真事】zhēn rén zhēn shì 〈成〉実在の人間と実際にあった出来事.
*【真实】zhēnshí 形 **真実である**. 本当である. ¶～情况 qíngkuàng / 本当の様子. ¶～的报道 / 真実の報道. ¶～地反映 fǎnyìng 了社会情况 / 社会情況を如実に反映している.
*【真是】zhēnshi 副 ほんとにまあ. 実に(あきれた). ►不満を表す. ¶都到清明 Qīngmíng 了还这么冷,～的 / もう清明節だというのにまだこんなに寒い,ほんとにまあ….
【真书】zhēnshū 名 楷書. 真書.
【真率】zhēnshuài 形 率直である. わざとらしくない. 飾り気がない.
【真髓】zhēnsuǐ 名 真髄.
【真相·真象】zhēnxiàng 名 真相. ¶～大白 / 真相がすっかり明らかになる.
【真心】zhēnxīn 名 本心. 真心. ¶她对你是一片 yīpiàn ～ / 彼女はあなたのことを心から思っている. ¶～话 / 腹蔵のない話.
【真心实意】zhēn xīn shí yì 〈成〉誠心誠意. ►"真心诚意 chéngyì"とも.
【真性】zhēnxìng 1 形 真性の. ¶～霍乱 huòluàn / 〈医〉真性コレラ. 2 名〈書〉本性. 本質.
【真言】zhēnyán 名 1 正直な話. 本音. ¶他终于 zhōngyú 吐 tǔ 了～ / 彼はやっと本音を吐いた. 2〈仏〉真言.
*【真正】zhēnzhèng 1 形(～的) **正真正銘の**. 真正の. 本物の. ¶～的绍兴酒 shàoxīngjiǔ / 本物の紹興酒. 2 副 **本当に**. 確かに. ¶～知道真相的只有他本人 / 本当に真相を知っているのは彼本人だけだ.
【真知灼见】zhēn zhī zhuó jiàn 〈成〉(他人の受け売りではない)正確ではっきりした見解.
【真挚】zhēnzhì 形 真摯(しんし)である. 偽りのない. 誠実である. ►主に感情についていう.
【真珠】zhēnzhū →【珍珠】zhēnzhū

砧(碪) zhēn ◇◆ 物をたたくときに下に敷く器具. ¶→～木.
【砧板】zhēnbǎn 名〈方〉まな板.
【砧木】zhēnmù 名(接ぎ木の)台木.
【砧子】zhēnzi →〖砧 zhēn〗

斟 zhēn 動(酒や茶を)つぐ,注ぐ. ¶把茶～得满满的 / お茶をなみなみとついだ. ¶自～自酌 zhuó / 手酌で飲む.
【斟酌】zhēnzhuó 動(物事や用語の適不適を)考慮する,吟味する. ¶～措辞 cuòcí / 言葉遣いによく注意する. ¶经过再三～,决定取消此行 / 熟考の末,今度の旅を取りやめることに決めた.

甄 zhēn ◇◆(優劣や真偽を)審査する,鑑定する,見分ける. ¶～选 xuǎn / 選抜する. ¶～拔 bá / 選抜する. ¶～录 lù / (審査の上)採用する. ‖姓
【甄别】zhēnbié 動 1(真偽を)見分ける. 2(資格を)審査する.
【甄审】zhēnshěn 動 審査し弁別する. 評価し判定する.

榛 zhēn ◇◆ ①ハシバミ(の実). ②雑木林.
【榛莽】zhēnmǎng 名〈書〉生い茂った草木.
【榛子】zhēnzi 名〈植〉ハシバミ(の実).

箴 zhēn ◇◆ 戒める. 忠告する.
【箴言】zhēnyán 名〈書〉箴言(しんげん). 戒めの言葉.

臻 zhēn 動〈書〉(完全の域に)達する,至る. ¶渐 jiàn ～完善 wánshàn / しだいに完全になっていく. ‖姓

3声 **诊 zhěn** ◇◆ 診察する. ¶门 mén ～ / 宅診(をする). 外来を診る. ¶出～ / 往診(する).
【诊病】zhěn//bìng 動 病気を診察する.

【诊察】zhěnchá 動 診察する.
【诊断】zhěnduàn 動〈医〉診断する. ¶医生～这病是胸膜炎 xiōngmóyán／医師はこの病気を胸膜炎と診断した. ¶开～书／診断書を書く.
【诊疗】zhěnliáo 動 診療する.
【诊脉】zhěn//mài 動 脈をとる.
【诊视】zhěnshì ⇀【诊察】zhěnchá
【诊所】zhěnsuǒ 名 診療所. クリニック. ►"医院"よりも規模が小さなものをさす.
【诊治】zhěnzhì 動 診療する.

枕 zhěn

動 まくらにする. ¶～枕头 zhěntou／まくらをする. ¶头～着胳膊 gēbo 看书／ひじをまくらに本を読む.
◇◆ まくら. ‖姓

【枕边风】zhěnbiānfēng〈慣〉(妻から夫にする)寝物語. ►妻から夫への告げ口や入れ知恵をさす. "枕头风"とも.
【枕戈待旦】zhěn gē dài dàn〈成〉敵に対して片時も油断しない.
【枕巾】zhěnjīn 名 タオル地の枕カバー.
【枕木】zhěnmù 名(レールの)枕木.
【枕套】zhěntào 名(～儿)枕カバー.
【枕头】zhěntou 名 まくら. 量 个;[ペアになったもの]对. ¶～套 tào／枕カバー. ¶～旁边／枕元.
【枕席】zhěnxí 名〈書〉①寝床. ②(～儿)枕当てにする薄べり. ►夏に用いる.
【枕心】zhěnxīn 名 枕の詰めもの.

疹 zhěn

◇◆ 発疹. 小さな吹き出物. ¶湿 shī～／湿疹.

【疹子】zhěnzi 名 はしかの通称.

缜(稹) zhěn

"缜密 zhěnmì"⇩という語に用いる.

【缜密】zhěnmì 形〈書〉緻密である;(考えが)きめ細かい.

圳 zhèn

地名に用いる. ¶深 Shēn～／香港と隣接する中国最大の経済特区. 深圳(しんせん).

*阵 zhèn

①量(～儿)一定時間続く事物・現象・動作を数える. ►数詞は"一、几"のみ. 天候・声・音・気持ち・感覚などに多く用いる. ¶雨一～比一～大／雨はしだいに激しくなった. ¶一～剧烈 jùliè 的疼痛 téngtòng／ひとしきりの激しい痛み.
②名(～儿・～子)ある短い時間〔期間〕. ¶这～儿／今. このところ. ¶好一～子／ずいぶん長いこと.
◇◆ 陣立て. 陣形;(広く)戦場. 戦. ¶→～地 dì. ‖姓

【阵地】zhèndì 名 ①〈軍〉陣地. ②活動の場所.
【阵风】zhènfēng 名 突風.
【阵脚】zhènjiǎo 名 ①軍の隊列の最前線. 陣頭. ②足並み. 態勢.
【阵容】zhènróng 名 ①〈軍〉陣容. 陣形. ②スタッフ. 顔ぶれ.
【阵势】zhènshì 名 ①陣構え. 布陣. ②情勢. 形勢.
【阵痛】zhèntòng 名 ①〈医〉陣痛. ②〈喩〉生みの苦しみ.
【阵亡】zhènwáng 動〈褒〉陣没する. 戦死する.
【阵线】zhènxiàn 名 戦線. ►比喩的に用いることが多い. ¶联合 liánhé～／連合戦線.
【阵营】zhènyíng 名 陣営. ¶民主 mínzhǔ～／民主陣営.
【阵雨】zhènyǔ 名〈気〉夕立. にわか雨. 通り雨.
【阵阵】zhènzhèn 量 ひとしきり. ►"一阵阵""一阵一阵"の略. ⇨〖阵 zhèn〗
【阵子】zhènzi〈方〉⇀〖阵 zhèn〗②

鸩 zhèn

名 鴆(ちん). ►伝説の鳥で,その羽を浸した酒を飲むと死ぬという.
◇◆ ①毒酒. ¶饮 yǐn～止渴 kě／〈成〉身の破滅を考えず急場しのぎをする. ②毒殺する. ¶～杀〔毒〕／〈書〉毒殺する.

振 zhèn

動 奮い起こす. 奮い立つ. ¶～起精神来／元気を出す. ¶精神为 wèi 之一～／これによって俄然(がぜん)活気づいてきた.
◇◆ 振る. 振るう. ¶～翅 chì／はばたく. ‖姓

【振笔】zhènbǐ 動〈書〉筆をふるう.
【振臂】zhènbì 動 手を振り上げる. ►激高・発奮するさま. ¶～高呼 gāohū／こぶしを振り上げて高らかに叫ぶ.
【振荡】zhèndàng ①動〈物〉振動する. ②名(電気の)振動.
【振动】zhèndòng ①動 **振動する**. 揺れ動く. ②名〈物〉振動.
【振奋】zhènfèn 動 ①**奮い立つ**. 奮起する. ¶听到这个好消息 xiāoxi,大家都很～／この朗報を聞き,みんなは奮い立った. ②**奮い立たせる**. ¶～人心／人心を奮い立たせる.
【振聋发聩】zhèn lóng fā kuì〈成〉言葉や文章の力で愚かな者までも目覚めさせる.
【振兴】zhènxīng 動〈書〉振興する. 盛んにする. ¶～中华 Zhōnghuá／中国を発展させる.
【振振有辞】zhèn zhèn yǒu cí〈成〉盛んにもっともらしいことを言う.
【振作】zhènzuò 動 **発奮する**. 奮い立たせる. ¶～精神 jīngshen／元気を奮い起こす.

朕 zhèn

代〈古〉朕(ちん). 参考 古くは一人称の代名詞であったが,秦の始皇帝以後,皇帝の自称にのみ用いられるようになった.
◇◆ 兆し. 前兆. ¶→～兆 zhào.

【朕兆】zhènzhào 名〈書〉兆し.

赈 zhèn

◇◆(金銭・衣類・食料などで被災者を)救済する.

【赈济】zhènjì 動〈書〉(財物・食料などで被災者を)救済する.
【赈款】zhènkuǎn 名 救援金.
【赈灾】zhènzāi 動〈書〉被災者を救済する.

震 zhèn

①動 **震わす**. 震動する. ¶玻璃 bōli 被～破了／ガラスが震動で割れてしまった. ②形〈俗〉(腕まえ・能力が)すごい,絶大である. ¶～了／すごい. みごとだ. ③名(易の八卦(はっ)の一)震(しん). ☳.
◇◆ ひどく興奮する. 衝撃を受ける. ¶→～怒 nù. ‖姓

【震波】zhènbō 名〈地質〉地震の震動波. ¶～图 tú／(地震計の)震動記録.
【震颤】zhènchàn 動 ぶるぶる震える.

【震荡】zhèndàng [動] 震わす．とどろく．¶雷声在夜空中～／雷鳴が夜の空にとどろいている．

*【震动】zhèndòng [動] ① **震動する**．とどろく．¶热烈的掌声 zhǎngshēng ～了会场／激しい拍手が会場にとどろいた．②(重大な事件やニュースが)**人の心を揺り動かす**．¶他那篇文章从一发表就～了整个 zhěnggè 学术 xuéshù 界／彼の著作は発表されるやすぐに学術界に衝撃を与えた．

【震耳欲聋】zhèn ěr yù lóng〈成〉耳をつんざくようにとどろく．

【震感】zhèngǎn [名](地震で)体に感じる揺れ．

【震撼】zhènhàn [動] 揺り動かす．震撼(しんかん)させる．

【震级】zhènjí [名]〈略〉マグニチュード．

【震惊】zhènjīng ①[動] 驚愕(きょうがく)させる．びっくりさせる．②[形] 驚きである．びっくり仰天する．

【震栗】zhènlì [動]〈書〉びっくりして震え上がる．

【震怒】zhènnù [動]〈書〉激怒する．かんかんに怒る．

【震慑】zhènshè [動]〈書〉震え上がらせる．

【震悚】zhènsǒng [動]〈書〉(恐怖で)縮み上がる．

【震天动地】zhèn tiān dòng dì〈成〉天地を揺るがす．

【震源】zhènyuán [名]〈地質〉震源(地)．

【震灾】zhènzāi [名] 震災．

镇 zhèn

❶[動] ① **抑える**．しずめる．¶这孩子太顽皮 wánpí，只有他爸爸～得住／この子はすごく腕白なので，お父さんでないとおとなしくさせられない．②(氷や水で)冷やす．¶把西瓜 xīguā 放在冷水里～一～／スイカを冷水につけて冷やす．

❷[名] 鎮(ちん)．►県・自治県の下に位置する行政単位の一つ．"乡 xiāng"と異なり比較的大きな町．¶～上有一家医院／町には病院が一つある．

◇◆ ①(武力で)鎮圧する．¶坐～／駐屯する．②駐屯地．¶军事重 zhòng ～／軍事上重要な所．③静まる．¶→～定 dìng．‖[姓]

【镇尺】zhènchǐ [名] ものさし型の文鎮．

【镇定】zhèndìng ①[形] **沈着である**．落ち着いている．¶神色 shénsè ～／表情が落ち着き払っている．②[動](気が)**しずまる，落ち着く**．

【镇反】zhènfǎn [動]〈略〉反革命活動を鎮圧する．

【镇静】zhènjìng ①[形] **落ち着いている**．¶考卷 kǎojuàn 发下来以后，他反而 fǎn'ér ～了／答案用紙が配られると，彼は逆に気持ちが落ち着いた．②[動] 落ち着かせる．

【镇静剂】zhènjìngjì [名]〈医〉鎮静剤．

【镇守】zhènshǒu [動] 軍隊が軍事上の要地に駐屯してその地を守る．

【镇痛】zhèntòng [動] 痛みを抑える．

【镇物】zhènwù [名] まじない．魔よけ(の物)．

【镇压】zhènyā [動] ① **鎮圧する**．弾圧する．¶～叛乱 pànluàn ／反乱を鎮圧する．②〈口〉死刑にする．¶～犯人 fànrén ／犯人を処刑する．③〈農〉すき起こした土を平らにする．

【镇纸】zhènzhǐ [名] 文鎮．

【镇子】zhènzi [名]〈方〉(農村部の)町．小都市．

zheng (ㄓㄥ)

1声

丁 zhēng

"丁丁 zhēngzhēng"⇩という語に用いる．⏩ dīng

【丁丁】zhēngzhēng [擬]〈書〉①《斧を入れる音》こんこん．②《琴を弾く音》ころりん．③《碁石を置く音》かちっ．

正 zhēng

◇◆(旧暦の)1月．¶新～／正月．[注意]"正"の字は上記の意味以外で用いるときはzhèngと発音する．⏩ zhèng

【正旦】zhēngdàn [名]〈書〉(旧暦の)元日．

*【正月】zhēngyuè [名](旧暦の)**正月**．¶～初一 chūyī ／(旧暦の)元日．¶农历 nónglì ～十五日／旧暦の1月15日．元宵節．

*争(爭) zhēng

❶[動] ① **争う**．競う．¶很多人～着报名／大勢の人が先を争って申し込みをする．② **いさかいをする**．口論する．¶不要再～了／もうこれ以上言い争わないでくれ．

❷[代]〈近〉どうして…だろうか．¶～忍 rěn ／どうして我慢できようか．

【争霸】zhēng//bà [動] 覇権を争う．

【争辩】zhēngbiàn [動] 言い争う．論争する．

*【争吵】zhēngchǎo [動](大声で)**言い争う**．口論する．¶那小两口整天 zhěngtiān ～不休／あの若夫妻はしょっちゅう言い争いをする．

【争持】zhēngchí [動] 言い争って譲らない．¶两人一直～不下／二人はずっと言い争っている．

【争宠】zhēng//chǒng [動](人の)寵愛(ちょうあい)を得ようとして競う．

【争斗】zhēngdòu [動] けんかする．

【争端】zhēngduān [名] 争いのきっかけ．紛争のもと．

*【争夺】zhēngduó [動] **争奪する**．競い合う．¶～冠军 guànjūn ／優勝争いをする．

【争分夺秒】zhēng fēn duó miǎo〈成〉寸刻もおろそかにしない．

【争锋】zhēngfēng [動]〈書〉交戦する．

【争风吃醋】zhēng fēng chī cù〈成〉一人の異性をめぐってねたみ合う．恋のさや当てをする．

【争冠】zhēng//guàn [動] 優勝を争う．

【争光】zhēng//guāng [動] 栄光を勝ち取る．

【争竞】zhēngjing [動]〈方〉(細かいことまでこだわり)言い争う．

【争脸】zhēng//liǎn [動] 面目を施す．►"争面子 miànzi"とも．

*【争论】zhēnglùn [動] **論争する**．意見をたたかわす．

【争鸣】zhēngmíng [動]〈書〉学術上の論争をする．¶百家～／多くの知識人が自由に論争すること．百家争鳴．

【争名夺利】zhēng míng duó lì〈成〉名利を追う．

【争奇斗艳】zhēng qí dòu yàn〈成〉華やかさを競い合う．

【争气】zhēng//qì [動](人に負けまいとして)頑張る．¶不～／意気地がない．

【争强】zhēngqiáng [動] 雄(ゆう)を競う；負けん気を出す．

【争抢】zhēngqiǎng [動] 人と奪い合う．

*【争取】zhēngqǔ [動] ① **勝ち取る**．努力して獲得する．¶～时间／時間をかせぐ．¶～主动 zhǔdòng ／主動権をとる．② **実現をめざして努力する**．¶～明年考上大学／来年大学に受かるよう頑張る．

【争权夺利】zhēng quán duó lì〈成〉権力争いを

Z

する.
【争胜】zhēngshèng 動(競技で)優勝を争う.
【争先】zhēng//xiān 動 **先を争う.** ¶～抢购qiǎnggòu / 先を争って買う.
【争先恐后】zhēng xiān kǒng hòu 〈成〉われ先にと争う.
【争闲气】zhēng xiánqì 〈慣〉つまらない意地を張る.
【争雄】zhēngxióng 動 雄を競う. 支配権を争う.
【争议】zhēngyì ①動(意見の相違から)言い争う, 議論をたたかわす. ②名 異議. 論争. 意見の不一致. ¶引起 yǐnqǐ ～ / 論議を呼ぶ.
【争执】zhēngzhí 動 言い争って譲らない. ¶意見～不下 / 意見が平行線をたどる.
【争嘴】zhēng//zuǐ 動〈方〉①食べ物のことで言い争う. ②口げんかをする.

*征(徵) zhēng ◇◆ ①征伐する. ¶出～ / 出征する. ¶南～北战 / 方々に転戦する. ②(主に軍隊が)遠征する. ¶→～途 tú. ¶远 yuǎn ～ / 遠征する. ③(国家が)徴集・徴発する. ¶→～兵 bīng. ¶→～收 shōu. ④募る. ¶→～稿 gǎo. ¶→～集 jí. ⑤兆し. 現象. ¶特～ / 特徴. ¶～兆 zhào / 徴候. 兆し. ⑥証明する. 証拠だてる. ¶～验 yàn / あかし;効き目.
【征兵】zhēng//bīng 動 徴兵する.
【征兵制】zhēngbīngzhì 名 徴兵制度.
【征尘】zhēngchén 名〈書〉旅行でついたほこり. 旅の苦労.
【征程】zhēngchéng 名 長旅の道のり.
【征调】zhēngdiào 動(政府が人員や物資を)徴用する,徴発する.
【征伐】zhēngfá 動 征伐する. 討伐する.
【征服】zhēngfú 動(他国家・他民族あるいは自然・運命・困難・人心などを)**征服する.** ¶～沙漠 shāmò / 砂漠を征服する. ¶～困难 kùnnan / 困難を克服する.
【征稿】zhēng//gǎo 動 原稿を募集する.
【征购】zhēnggòu 動(国家が農産物や土地を)買い上げる. ¶～粮食 liángshi / 穀物を買い上げる.
【征候】zhēnghòu 名 徴候. 兆し.
【征婚】zhēng//hūn 動(広告などで)結婚相手を募集する.
【征集】zhēngjí 動 ①(広告や口頭で)広く募る. ¶～签名 qiānmíng / 署名を集める. ②(兵隊を)集める.
【征敛】zhēngliǎn 動〈書〉租税を取り立てる.
【征募】zhēngmù 動(兵隊を)募集する.
【征聘】zhēngpìn 動 招聘(しょうへい)する.
*【征求】zhēngqiú 動(広告や口頭で)**たずね求める,** 募る. ¶～意见 / 意見を求める.
【征实】zhēngshí 動(税を)現物で徴収する.
【征收】zhēngshōu 動(政府が法律によって)徴収する. ¶～公粮 gōngliáng / 農業税としての穀物を徴収する.
【征税】zhēng//shuì 動 徴税する.
【征讨】zhēngtǎo 動 征伐する. 討伐する.
【征途】zhēngtú 名〈書〉長い旅路. 道のり.
【征文】zhēng//wén 動(新聞・雑誌で)原稿を募る. ¶～启事 qǐshì / 原稿募集のお知らせ.
【征象】zhēngxiàng 名 徴候. 兆し.
【征询】zhēngxún 動 意見などを求める. アンケートをとる.
【征引】zhēngyǐn 動〈書〉引用する. 実証を引く.
【征用】zhēngyòng 動 徴用する. 徴発する.
【征友】zhēngyǒu 動(広告などで)友人を募集する.
【征战】zhēngzhàn 動〈書〉征戦する.
【征召】zhēngzhào 動 ①(兵を)召集する. ¶响应 xiǎngyìng ～ / 召集に応ずる. ②〈書〉官職を授ける.
【征兆】zhēngzhào 名 徴候. 兆し.

怔 zhēng "怔营 zhēngyíng""怔忪 zhēngzhōng"⬇という語などに用いる. ⏩zhèng
【怔营】zhēngyíng 動〈書〉恐れおののく.
【怔忪】zhēngzhōng 動〈書〉驚き恐れる.

挣 zhēng ◇◆ もがく. ⏩zhèng
*【挣扎】zhēngzhá 動 なんとかしようと必死になる. 懸命にもがく. ¶垂死 chuísǐ ～ / 断末魔のあがき. ¶病人～着坐起来 / 病人が無理に上半身を起こして座る.

峥 zhēng "峥嵘 zhēngróng"⬇という語に用いる.
【峥嵘】zhēngróng 形〈書〉①山が高くて険しい. ②才気や品格がひときわすぐれている. 尋常でない.

狰 zhēng "狰狞 zhēngníng"⬇という語に用いる.
【狰狞】zhēngníng 形(顔つきが)凶悪である. 獰猛(どうもう)である.

症 zhēng "症结 zhēngjié"⬇という語などに用いる. ⏩zhèng
【症结】zhēngjié 名 ①〈中医〉腹の中に塊のできる病気. ②困難な点. 問題点.

*睁 zhēng 動 **目をあける.** 目を見張る. ¶眼睛～不开 / 目が開かない. ¶～一只 zhī 眼,闭 bì 一只眼 / (他人の過失などを)見て見ぬふりをする.
【睁眼瞎子】zhēngyǎn xiāzi 〈慣〉非識字者;状況をよく理解していない人. ►"睁眼瞎"とも.

铮 zhēng "铮锹 zhēngcōng""铮铮"⬇という語などに用いる. ⏩zhèng
【铮锹】zhēngcōng 擬〈書〉金属がぶつかり合う音.
【铮铮】zhēngzhēng 擬《金属がぶつかり合って出る澄んだ音》ちん. ちゃりん. ¶～者 / 錚々(そうそう)たる者.

筝 zhēng 名(民族楽器の一つ)箏(そう). 琴. ►古くは5弦または12弦で,唐代以後は13弦となった.

蒸 zhēng 動 **蒸す.** 蒸気を通す. ふかす. ¶馒头 mántou ～熟 shú 了 / マントーが蒸し上がった. ¶～白薯 báishǔ / サツマイモをふかす.
◇◆ 湯気が立つ. ¶→～发 fā. ¶→～气 qì.
【蒸饼】zhēngbǐng 名 蒸した"饼". ►発酵した小麦粉をこねて薄く丸くのばし,数枚重ねて,間に油や塩などの調味料を入れて蒸し上げたもの. ⇨〖饼 bǐng〗

【蒸发】zhēngfā 動 蒸発する.
【蒸锅】zhēngguō 名〈料理〉蒸し器．蒸し鍋.
【蒸饺】zhēngjiǎo 名(～儿)〈料理〉蒸しギョーザ.
【蒸馏】zhēngliú 動〈化〉蒸留する.
【蒸笼】zhēnglóng 名 せいろう．蒸し器.
【蒸气】zhēngqì 名〈物〉蒸気.
*【蒸汽】zhēngqì 名 **水蒸気**．スチーム．¶～供暖 gōngnuǎn／スチーム暖房.
【蒸食】zhēngshi 名〈料理〉"馒头 mántou""包子 bāozi"など小麦粉で作って蒸した食品の総称.
【蒸腾】zhēngténg 動(熱気・蒸気などが)立ち上る.
【蒸蒸日上】zhēng zhēng rì shàng〈成〉(事業などが)日増しに向上し発展する.
【蒸煮袋】zhēngzhǔdài 名 レトルトパウチ.

3声 **拯** zhěng ◇◆ 救う．助ける.
【拯救】zhěngjiù 動 救う．救助する.

***整** zhěng ❶形 ① **そろっている．完全である**．¶一～套邮票／1セットそろった切手．¶我给了他一千元～／私は彼に千元きっかりやった．¶他～劳动 láodòng 了半年／彼はまるまる半年働いた．② **きちんとしている**．乱れがない．否定形で用いることが多い．¶衣冠 yīguān 不～／身なりがだらしない.
❷動 ①(乱れたものを)**整える**．¶～～歪风邪气 wāifēng xiéqì／よこしまな風潮を正す．¶～了～衣裳 yīshang／衣服をちょっと整えた．② **修理する**．¶这些家具～一下还能用／これらの家具はちょっと手をいれればまだ使える．③ **つらい目にあわせる**．こらしめる．¶把他狠狠 hěnhěn 地～了一顿／あいつをこっぴどくつるし上げた．④〈方〉やる．する．¶玩具～坏 huài 了／おもちゃは壊されてしまった.
【整备】zhěngbèi 動(軍隊を)整備する,整え配置する．注意 "整备"は軍隊について用い,機械などの整備には"维修 wéixiū",組織などの整備には"整顿 zhěngdùn"など使い分けが必要である.
【整编】zhěngbiān 動(軍隊などの組織を)整え改編する.
【整补】zhěngbǔ 動(軍を)補充し整備する.
【整饬】zhěngchì〈書〉① 動 きちんとする．整頓する．¶～纪律 jìlǜ／規律を正す．② 形 きちんとしている．秩序立っている．¶服装 fúzhuāng～／服装がきちんとしている.
【整党】zhěng//dǎng 動(思想や組織面から)党組織を整える.
【整地】zhěng//dì 動〈農〉整地する.
【整队】zhěng//duì 動〈軍〉整列する.
【整顿】zhěngdùn 動(乱れたもの・不健全なものを)**整える,正す,立て直す**．►主に組織・規律・仕事ぶりや生活態度などについていう．¶～纪律 jìlǜ／規律を粛正する．¶我们的足球 zúqiú 队要好好儿～一下／うちのサッカーチームはちゃんと立て直さないといけない.
【整发器】zhěngfàqì 名 ロールブラシドライヤー.
【整风】zhěng//fēng 動 思想および活動・仕事の態度・やり方を正し,健全なものにする.
*【整个】zhěnggè 形(～儿)**全部の．まるごとの**．¶～过程 guòchéng／全過程．全期間．¶～上午／午前中ずっと．¶从～来说／全般的に見れば.
【整合】zhěnghé ① 名〈地質〉整合．② 動 整理し再構成する.
【整洁】zhěngjié 形 **きちんとしている**．さっぱりしている．¶～的客厅 kètīng／きちんとかたづいている客間.
*【整理】zhěnglǐ 動 **整理する**．順序正しくきちんとする．整える．¶～图书／図書を整理する．¶～行装 xíngzhuāng／旅仕度をする．¶把衣服～好／服をきちんとかたづける.
比較 整理：收拾 shōushi ❶ものをかたづける意味でどちらも用いられるが,"整理"より"收拾"のほうがややくだけた言い方になる．❷"整理记录 jìlù"(記録を整理する)などのような,分類したり順序を考えて整える場合には"收拾"は用いない.
【整料】zhěngliào 名 一定の規格に合っている材料；一つの製品を仕上げるのに十分な材料.
【整年】zhěngnián 名 **1年中**．まる1年．¶～整月／年がら年中.
【整批】zhěngpī 形 まとまった数量の．一括した.
【整齐】zhěngqí ❶形 ① **整然としている．きちんとしている．¶教室里的桌椅摆 bǎi 得很～／教室の机と椅子は整然と並べてある．②(長さ・大きさ・質などが)**そろっている**．¶村里新盖 gài 的砖房 zhuānfáng 都很～／村の新しく建てられたれんが造りの家はどれも外形がそろっている．¶这个班学生的水平比较 bǐjiào～／このクラスは生徒のレベルがわりとそろっている．❷動 整える．そろえる．¶～步调／歩調をそろえる.
【整儿】zhěngr 名〈方〉まとまった額．整数.
【整日整夜】zhěng rì zhěng yè〈成〉四六時中．昼夜ぶっ通しで.
【整容】zhěng//róng 動 ① 身だしなみや容姿を整える．② 美容整形する.
【整数】zhěngshù 名 ①〈数〉整数．② 端数のない数．►たとえば,10・200・3千・4万など.
【整套】zhěngtào 形 完全なまとまりの．フルセットの．¶～设备 shèbèi／プラント．¶～的理论 lǐlùn／系統だった理論.
【整体】zhěngtǐ 名(ある集団または事柄の)全体,総体．¶从～来看／全体から見れば．¶公司的～利益 lìyì／会社全体の利益.
*【整天】zhěngtiān 名 **一日中**．朝から晩まで．¶他～摆弄 bǎinòng 计算机／彼は1日中,パソコンをいじっている.
【整形】zhěng//xíng 動〈医〉整形する.
【整修】zhěngxiū 動 修繕する．修理する．►多く土木工事や機械設備についていう．¶～水利工程 shuǐlì gōngchéng／水利工事をする.
【整训】zhěngxùn 動(人員の)整備と訓練をする.
【整整】zhěngzhěng 形 **まるまる**．ちょうど．¶～两天／まる二日間．¶～增加 zēngjiā 两倍 bèi／ちょうど3倍に増える.
【整枝】zhěng//zhī 動 整枝する．剪定(せんてい)する.
【整治】zhěngzhì 動 ① 修理する．補修する．¶摩托车 mótuōchē 坏了,自己～／オートバイが故障したら,自分で修理する．¶～账目 zhàngmù／帳づらを整理する．② こらしめる．痛い目にあわせる．③(ある仕事を)やる,する,つくる．¶～饭／ご飯の仕度をする.
【整装待发】zhěng zhuāng dài fā〈成〉仕度を整えて出発を待つ.

4声 ** **正 zhèng** ❶形 ①(斜めに対して)**まっすぐである**;(裏に対して)**表である**;(端に対して)**真ん中である**. ¶字写得不～/字がゆがんでいる. ¶纸 zhǐ 的～反两面都印有图案 tú'àn /紙の表と裏に絵柄が印刷されている.
②**正直だ. 正しい**. ►否定形で用いることが多い. ¶这个人作风不～/この人は仕事ぶりや生活態度がまじめでない. ¶据说这批 pī 货来路不～/この商品は出所があやしいそうだ.
③(色・味・ムードなどが)**まじり気がない**,純正である. ►否定形で用いることが多い. ¶这个酒味儿不太～/この酒は味がちょっと変だ. ¶这种红颜色不～/この赤い色はにごっている.
④(↔"副 fù")主な. 主要な. ¶～本/正本. 原本. ¶～副经理 jīnglǐ /社長と副社長.
❷動(位置や誤りを)**正す. 整える**. ¶他～了一下帽子/彼は帽子をきちんとかぶり直した.
❸副 ①**…している(ところだ)**. ►**動作が進行中であること,状態が持続中であることを表す**. 一般に後の動詞には"着 zhe、呢 ne、着呢"などをつけなければならない. ¶他～说着话呢/彼はいま話し中だ. ¶我们～开会呢/私たちはいま会議しているところだ. [複文の前半に用いて]¶大伙儿～忙着,客人已经到了/みんなが忙しく用意しているところへ客がもう到着した.
②**ちょうど折よく**. ¶你来得真巧 qiǎo,我～要出去/いいところへ来た,ちょうど出かけようと思っていたところだ. ¶大小～好/大きさがちょうどよい.
③まさに. まさしく. ►語気を強める. ¶问题～在这里/問題はまさにここにある. ¶～如我刚才说过的那样/ちょうど先ほど申しあげたように.
◇◆ ①〈数〉(↔负 fù)正数. プラス. ¶～数 shù /正数. ②〈電〉(↔负)正. 陽. プラス. ¶～电 diàn /正電気. ③規則正しい. 正式な. ¶→～楷 kǎi.
注意 "正月"や"正旦"などの場合にのみ zhēng と発音する. ‖姓 ▸▸ zhēng

【正版】**zhèngbǎn** 名 正規版.
【正本】**zhèngběn** 名(↔副本 fùběn)正本. 原本.
【正本清源】**zhèng běn qīng yuán** 〈成〉根本から改革を行う.
【正比】**zhèngbǐ** 名〈数〉①正比. ②正比例.
【正餐】**zhèngcān** 名(軽食、ファーストフード、夜食などでない)正式な食事. ディナー.
*【正常】**zhèngcháng** 形 正常である. ¶发育 fāyù 很～/発育は正常である. ¶～进行/支障なく進行する. ¶恢复 huīfù～/正常に復する.
【正常班】**zhèngchángbān** 名〈俗〉普通時間勤務.
【正大】**zhèngdà** 形(言動が)正当で私心がない. 正大である. ¶光明 guāngmíng～/公明正大.
*【正当】**zhèngdāng** 動 **ちょうど…の時に当たる**. ¶小明～发育 fāyù 时期/シャオミンはいまちょうど発育期だ. ¶～客人要走的时候,爸爸回来了/お客さんがちょうど帰ろうとしたとき,父さんが帰ってきた. ⇒【正当】zhèngdàng
【正当年】**zhèngdāngnián** 名 元気盛んな年ごろ.
【正当时】**zhèngdāngshí** 名 ちょうどよい時節.
【正当中】**zhèngdāngzhōng** 名 まっただ中. ちょうど真ん中.
【正当】**zhèngdàng** 形 ①正当である. ¶～理由 lǐyóu /正当な理由. ¶不～的手段 shǒuduàn /不当な手段. ②(人柄が)よい. 注意 zhèngdang と発音することもある. ⇒【正当】zhèngdāng
【正道】**zhèngdào** 名 正しい道.
【正点】**zhèngdiǎn** 動 定刻どおりにする. 時間どおりにする. ►乗り物の運行についていう. ¶～出发/定刻に出発する.
【正殿】**zhèngdiàn** 名(宮殿や廟などの)本殿.
【正儿八经】**zhèng'erbājīng** 形 ①〈方〉真剣である. ②〈口〉まともである.
【正法】**zhèng//fǎ** 動 死刑を執行する.
【正反】**zhèngfǎn** 名 正反. プラスとマイナス. 積極的と消極的. 肯定と否定. 表と裏.
【正犯】**zhèngfàn** 名〈法〉正犯. 主犯.
【正方】**zhèngfāng** 名 真四角. 正方形. 立方体. ¶～桌子 zhuōzi /真四角の机.
【正方形】**zhèngfāngxíng** 名〈数〉正方形. 真四角.
【正房】**zhèngfáng** 名 ①(旧式建築の家で)南向きのひと棟,母屋. ②本妻. 正妻.
【正告】**zhènggào** 動〈書〉厳しく通告する.
【正宫】**zhènggōng** 名 皇后. ¶～娘娘 niángniang /皇后.
【正骨】**zhènggǔ** 動〈中医〉整骨する.
【正规】**zhèngguī** 形 正規である. ¶～学校/正規の学校. ¶～方法/標準的な方法.
【正轨】**zhèngguǐ** 名 正しい軌道. 正しい道. ¶步入 bùrù～/正しい軌道に乗せる.
*【正好】**zhènghǎo** ①形(時間・位置・大きさ・数量・程度などが)**ちょうどよい**. ¶这屋子大小～/この部屋の広さはちょうどよい. ¶～一百块钱/ちょうど100元. ¶你来得～/ちょうどよいところに来てくれた. ②副 **都合よく**. 折よく;あいにく. ¶～他在这儿,让 ràng 他给讲一讲吧/折よく彼がここにいるので,彼にちょっと説明してもらおう. ¶刚 gāng 要出门,～下雨了/出かけようとしたら,あいにく雨が降り出した.
【正号】**zhènghào** 名(～儿)〈数〉正数記号. プラスの記号"+".
【正极】**zhèngjí** 名〈電〉(電池などの)陽極. ¶～端子 duānzi〔接头 jiētóu〕/プラス端子.
【正襟危坐】**zhèng jīn wēi zuò** 〈成〉えりを正して座る. うやうやしくかしこまるさま.
【正经】**zhèngjing** ❶形 ①**まじめである**. 実直である. ¶这个人很～,很少开玩笑 wánxiào /この人は実直で,冗談もめったに言わない. ¶我跟 gēn 你说～的/まじめな話をしているのだ. ②**正当である**. 正しい. ¶把劲儿 jìnr 使在～地方/力を正しいことに使う. ③**まともである**. 正式である. ¶～货 huò /まともな商品. ¶她从来没～念过书/彼女は正式な教育を受けたことがない. ❷副〈方〉本当に. 確かに.
【正经八百】**zhèngjing bābǎi** 〈慣〉①〈方〉くそまじめである. ②まともな. 正規の. ►"正经八摆"とも書く.
【正楷】**zhèngkǎi** 名 楷書(かいしょ).
【正客】**zhèngkè** 名 主賓.
【正理】**zhènglǐ** 名 正しい道理.
【正脸】**zhèngliǎn** 名(～儿) ①正面から見た顔. 前向きの顔. ②(建物の)正面.
【正梁】**zhèngliáng** 名〈建〉棟. 棟木.
【正路】**zhènglù** 名(人の歩むべき)正しい道.
【正论】**zhènglùn** 名 正論. 正しい言論.

【正门】zhèngmén [名] ① 正門. ② 玄関.

*【正面】zhèngmiàn ❶[名] ①(↔侧面 cèmiàn)正面. ¶我家～是幼儿园 yòu'éryuán / 私の家の正面は幼稚園だ. ②(↔背面儿 bèimiànr,反面 fǎnmiàn)表. 外側. ¶屏风 píngfēng 的～画着两只熊猫 xióngmāo / ついたての表面に2匹のパンダが描かれている. ③(↔反面,负面)肯定的な面. 積極的な面. 主要な方面. ¶～经验 jīngyàn / 成功の経験. ¶～因素 yīnsù / 積極的な要素. ④(物事の)現象面. ❷[副] 直接に. 真っ向から. ¶～交锋 jiāofēng / 正面切って口げんかをする.

【正面人物】zhèngmiàn rénwù [名] ①(文学や芸術作品の)進歩的・肯定的な人物. ②(演劇や映画などで)善玉.

【正名】zhèng//míng [動] 名をただす. 名分をただす.

【正牌】zhèngpái [形](～儿)正当な. ブランド物の.

【正牌(儿)货】zhèngpái(r)huò [名] 本物;メーカー品. ブランド品.

【正派】zhèngpài [形](品行・態度などが)正しい,まじめである,りっぱである. ¶作风 zuòfēng ～ / 生活態度が方正である.

【正片】zhèngpiàn [名] ①(↔底片 dǐpiàn)(写真の)ポジ,陽画. ②〈映〉コピー. プリント. ③(映画興行で)主要な映画. ►"加片儿"(同時に上映するニュースや短編もの)と区別する.

【正品】zhèngpǐn [名](↔副品 fùpǐn)規格品.

【正气】zhèngqì [名] ① 正しい気風. ② 堂々として剛直な気風. ③〈中医〉病気に対する抵抗力.

【正桥】zhèngqiáo [名]〈建〉主橋梁(きょうりょう). ►"引桥 yǐnqiáo"(アプローチ)と区別する.

*【正巧】zhèngqiǎo ①[形] ちょうど時機がよい. ¶你来得～,我们就要出发 chūfā 了 / ちょうどよいところへ来た,私たちはいまちょうど出発するところだったんだ. ②[副] 折よく. ちょうど.

【正取】zhèngqǔ [動] 正式採用する. 正式合格する. ►"备取 bèiqǔ"(補欠)と区別する.

*【正确】zhèngquè [形] 道理や規準に合っている. 正しい. ¶做法 zuòfǎ ～ / やり方が正しい. ¶～答案 dá'àn / 正解.

【正人君子】zhèng rén jūn zǐ〈成〉品行方正な人.

【正如】zhèngrú [動] まさに…のごとくである. ちょうど…のようである. ¶事实 shìshí ～你所说的那样 / 事実はまさにあなたが言ったとおりです.

【正色】zhèngsè〈書〉① [名] まじりけのない色. ② [動] 厳しい表情をする.

*【正式】zhèngshì [形] 正式の〔に〕. 公式の〔に〕. ¶～合同 hétong / 正式な契約. ¶进行～(的)访问 fǎngwèn / 公式訪問する.

【正事】zhèngshì [名] ① まじめな仕事. まともなこと. ② 本務. 本題.

【正视】zhèngshì [動]〈書〉正視する. まともに目を向ける. ¶～现实 xiànshí / 現実を直視する.

【正是时候】zhèng shì shíhou ちょうどよい時だ. 潮時だ. ¶他来得～ / 彼はちょうどよい時に来た.

【正书】zhèngshū [名] 楷書. 真書.

【正题】zhèngtí [名] 文章や話の本筋. 本題. ¶转入 zhuǎnrù ～ / 本題に入る. ¶离开 líkāi ～ / (話が)横道にそれる.

【正体】zhèngtǐ [名] ①(↔异体 yìtǐ)漢字の正しい字体. 正字. ② 楷書. ③ 表音文字の印刷体.

【正厅】zhèngtīng [名] ① 正面の大広間. 正面ホール. ② 劇場1階の舞台に面する観客席.

【正统】zhèngtǒng ❶[名] ①(封建王朝の)正統,嫡流. ②(団体や師弟で)正統,本家. ❷[形] 正統である. ¶～观念 guānniàn / 正統の意識.

【正文】zhèngwén [名](書物の)本文.

【正午】zhèngwǔ [名] 正午. 真昼.

【正误】zhèngwù [動] 誤りを正す.

【正凶】zhèngxiōng [名](殺人事件の)主犯.

【正言厉色】zhèng yán lì sè〈成〉改まった言葉を使い,厳しい表情をする.

【正颜厉色】zhèng yán lì sè〈成〉真顔になり,厳しい表情をする.

*【正要】zhèng yào ちょうど…しようとする. ¶～出门儿,下雨了 / ちょうど出かけようとしたら,雨が降り出した.

【正业】zhèngyè [名] 正業. まともな職業. ¶不务 wù ～ / 正業につかない. まともな仕事をしない.

*【正义】zhèngyì ❶[名] ① 正義. ②〈書〉正しい解釈. ❷[形] 正義にかなう.

【正音】zhèng//yīn ①[動] 発音を矯正する. ②[名]〈語〉標準音.

【正用】zhèngyòng [名] 正当な使い道.

**【正在】zhèngzài [副] ちょうど…している. いま…しているところだ. まさに…の最中である. ►動作が進行中であること,状態が持続中であることを表す. ¶他们～吃饭呢 / 彼らはちょうど食事中だ.

【正枝正叶】zhèng zhī zhèng yè〈成〉① 直系の子孫. ② 正統派.

【正直】zhèngzhí [形] 正直である. 公正で率直である.

【正值】zhèngzhí [動] ちょうど…の時に当たる.

【正职】zhèngzhí [名] ①(副の職位に対し)正の職位. ②(副業などに対し)本業.

【正中】zhèngzhōng [名] 中央. 真ん中.

【正中下怀】zhèng zhòng xià huái〈成〉わが意を得る. 願ったりかなったりだ. 思うつぼだ.

【正字】zhèngzì ❶[名] ① 楷書. ② 漢字の正しい字体. ❷[動] 字形を正す.

【正宗】zhèngzōng ①[名] 正統. 本筋. ►もとは仏教から. ②[形] 正統の. 本場の. ¶～川菜 Chuāncài / 本場の四川料理.

【正座】zhèngzuò [名](～儿) ① 舞台の正面の席. ② 主賓が座る席. 上座.

证(證) zhèng

◇◆ ①証拠立てる. ¶论 lùn ～ / 論証する. ②証拠. ¶工作～ / (勤務先)身分証明書. ¶作～ / 証人となる.

【证词】zhèngcí [名] 証言.

【证婚】zhènghūn [動] 婚礼に証人として立会う. ¶～人 / 婚礼立会人.

*【证件】zhèngjiàn [名](身分や経歴などを証明する)証明書類.

*【证据】zhèngjù [名] 証拠.

*【证明】zhèngmíng ①[動] 証明する. 裏づける. ¶谁 shéi 能～你的身份 shēnfen ? / だれがあなたの身分を証明することができますか. ¶事实～这个判断 pànduàn 是正确 zhèngquè 的 / 事実がこの判断の正しいことを裏づけている. ②[名]〈口〉証明書. 証明する手紙. ¶开～ / 証明書を発行する.

Z

【证券】zhèngquàn 名〈経〉証券．有価証券．¶～投资 / 証券投資．
【证券交易所】zhèngquàn jiāoyìsuǒ 名〈経〉証券取引所．
【证人】zhèngren 名 ①〈法〉証人．②(広く)証明する人．► zhèngrén と発音することもある．
【证实】zhèngshí 動 実証する．証明する．
【证书】zhèngshū 名 証明書．証書．❖ 发 *fā* ～ / 証明書を出す．¶ 毕业 bìyè ～ / 卒業証書．¶ 结婚 jiéhūn ～ / 結婚証明書．
【证物】zhèngwù 名〈法〉証拠物件．証拠物．
【证言】zhèngyán 名 証言．
【证验】zhèngyàn ① 動 検証する．② 名 実効．効果．
【证章】zhèngzhāng 名(身分を証明する)バッジ，記章．

郑(鄭) zhèng
名〈史〉鄭(てい)．► 周代の国名．‖姓
【郑重】zhèngzhòng 形 厳粛である．ていねいである．¶ 话说得很～ / 話しぶりがたいへん丁重である．¶ ～声明 shēngmíng / 厳かに声明する．

怔 zhèng
動〈方〉呆然とする．
⏩ zhēng
【怔怔】zhèngzhèng 形〈方〉呆然とするさま．

诤 zhèng
〈◆(率直に)いさめる．
【诤谏】zhèngjiàn 動〈書〉いさめる．諫言(かん)する．
【诤言】zhèngyán 名〈書〉諫言．

政 zhèng
〈◆ ①政治．¶ 专 zhuān ～ / 独裁．②政府の事務．政務．¶ 财 cái ～ / 財政．③家庭〔団体〕の事務．¶ 校～ / 学校の事務．校務．‖姓
【政变】zhèngbiàn 名 政変．クーデター．¶ 发动 fādòng ～ / 政変を起こす．クーデターを起こす．
*【政策】zhèngcè 名 政策．¶ 制定 zhìdìng ～ / 政策を定める．¶ 上有～，下有对策 duìcè / 上に政策あれば下に対策あり．
【政党】zhèngdǎng 名 政党．
【政敌】zhèngdí 名 政敵．
【政法】zhèngfǎ 名〈略〉政治と法律．
*【政府】zhèngfǔ 名 政府．行政機関．¶ 中央～ / 中央政府．► 地方自治体は"省 shěng 政府""县 xiàn 政府"などという．
【政纲】zhènggāng 名 政治綱領．
【政工】zhènggōng 名 政治活動．
【政见】zhèngjiàn 名 政治的見解．
【政局】zhèngjú 名 政治の動向．政局．
【政客】zhèngkè 名〈貶〉政治屋．政治ブローカー．
【政令】zhènglìng 名 政令．
【政论】zhènglùn 名 政論．
【政派】zhèngpài 名 政治上の派閥．
*【政权】zhèngquán 名 ① 政治権力．② 政治権力機構．政府機関．
【政权机关】zhèngquán jīguān 名 政権機関；政府組織．
【政审】zhèngshěn 名 政治審査．入党・出国などの際に行われる思想性についての審査．
【政事】zhèngshì 名 行政上の事務．
【政体】zhèngtǐ 名 政体．国家の政治形態．
【政委】zhèngwěi 名〈略〉(軍隊内の)政治委員，政治指導者．
【政务】zhèngwù 名 行政上の事務．政務；(広く)国家管理に関する活動．
【政协】zhèngxié →【政治协商会议】zhèngzhì xiéshāng huìyì
*【政治】zhèngzhì 名 政治．
【政治避难】zhèngzhì bìnàn 名 政治的亡命．
【政治面目】zhèngzhì miànmù 名 (個人の)政治的立場．所属政党・団体．
【政治协商会议】zhèngzhì xiéshāng huìyì 名 政治協商会議．政協．

挣 zhèng
動 ①(働いて金を)稼ぐ．(労働の)代価を得る．❖ ～钱 *qián* / 働いて金を稼ぐ．② 必死になって振り離す．¶ ～开锁链 suǒliàn / 鎖から抜け出す．⏩ zhēng
【挣命】zhèngmìng 動 必死になってもがく．

症(證) zhèng
〈◆ 疾病．¶ 急 jí ～ / 急病．⏩ zhēng
【症候】zhènghòu 名 ① 疾病．病気．② 症状．
【症候群】zhènghòuqún 名〈医〉症候群．シンドローム．
【症状】zhèngzhuàng 名 病状．症状．病気や傷の状態．

铮 zhèng
形〈方〉(物の表面が)ぴかぴかである．¶ 擦 cā 得～亮 liàng / ぴかぴかに磨かれている．
⏩ zhēng

zhi (ㄓ)

1声
*之 zhī
〈書〉❶ 代 ① これ．それ．あれ．► 人や事物をさし，目的語として用いる．¶ 取～不尽 jìn /(これを)くめども尽きない．¶ 改革机构 jīgòu，使～适应 shìyìng 经济发展的需要 xūyào / 機構を改革し，(それを)経済発展の必要に応えるようにする．②《固定的な表現の中で用いられ，具体的な事物はささない》¶ 久而 ér 久～ / 時がたつにつれて．¶ 你的成绩最好，他次 cì ～ / 君の成績がいちばんよくて，次は彼だ．③ この．その．¶ ～子于归 yúguī / この子が嫁ぐ．
❷ 助 …の．► 話し言葉の"的"の用法に近いが，"之"しか用いない場合もある．①《修飾語と被修飾語の間に用いる》¶ 知识 zhīshi 是宝 bǎo 中～宝 / 知識は宝の中の宝である．②《主語と述語の間に加え，句全体を一つの修飾関係の句に変える》¶ 手段～恶劣 èliè，令人难以置信 zhìxìn / 手段の悪辣さは，信じられないほどだ．③《"之"のみを用い"的"を用いない句に用いる》¶ 三分～一 / 3分の1．¶ 夫妻～间 / 夫婦の間．
❸ 動 行く．¶ 由穗 Suì ～沪 Hù / 広州から上海へ行く．
*【之后】zhīhòu ① 方位 …ののち．…して以後．…の後ろ．注意 時間をさすことが多く，位置をさすことは少ない．¶ 四年～我大学毕业 bìyè 了 / 4年後に私は大学を卒業した．② 名《単独で文の冒頭に用い，前文で言った事柄の後をさす》¶ ～，他再 zài 没来过 / その後，彼は二度と来なかった．

【之乎者也】zhī hū zhě yě 〈成〉《文語調の言葉をやたらと使う形容》なり・けり・べけんや. ►"之、乎、者、也"は文語文で常用される助詞.

*【之间】zhījiān 方位 ①…の間. ►二者の間を表し,単独では用いない. ¶天津 Tiānjīn 在北京和山海关 Shānhǎiguān ～ / 天津は北京と山海関の間にある. ¶秋冬～ / 秋と冬の境目. ¶彼此 bǐcǐ ～ / お互いの間. ②…のうちに. 瞬間. ►「動詞 / 副詞＋"之间"」の形で,限られた2音節の動詞句と副詞しか使わない. ¶转眼 zhuǎnyǎn ～ / またたく間. ¶忽然 hūrán ～ / たちまちのうちに.

【之类】zhīlèi 名 …のたぐい. …の仲間. ►人間にも物にも用いるが,人間の場合は軽蔑のニュアンスを含む.

【之流】zhīliú 名 …のたぐい. …の仲間. ►人間にしか用いない.

【之内】zhīnèi 方位 …以内. …のうち. ¶要求 yāoqiú 一年～完成任务 rènwu / 1年以内に任務を完了するように要求する.

*【之前】zhīqián 方位 …の前. 注意 時間をさすことが多く,位置をさすことは少ない. ¶睡觉 shuìjiào ～洗澡 xǐzǎo / 寝る前に風呂に入る. ¶一个星期～他就走了 / 1週間前に彼はここを去ってしまった.

*【之上】zhīshàng 名 …より上. …以上.

【之外】zhīwài 方位 …のほかに. …以上. ¶除他～,其它人都去 / 彼のほかはみんな行く.

*【之下】zhīxià 方位 …以下. …より下. …の下. ¶他的力气 lìqi 不在你～ / 彼の力は君より下ではない.

*【之一】zhīyī 名 …の一つ. ¶这是他提出的意见～ / これが彼の出した意見の一つだ. ¶其中 qízhōng ～ / その中の一つ.

【之至】zhīzhì 助〈書〉…の至りである. きわめて…である. ¶感激 gǎnjī ～ / 感激の至りである.

*【之中】zhīzhōng 方位 …の中. ¶这个项目 xiàngmù 不在计划 jìhuà ～ / このプロジェクトは計画の中にはない.

**支 zhī

❶量 ①棒状のものを数える. ►"枝"とも書く. ¶一～香烟 xiāngyān / 1本のたばこ. ¶一～笔 / 1本の筆. ¶几～枪 qiāng / 数丁の銃.
②歌や楽曲などを数える. ¶唱一～歌 / 歌を1曲歌う.
③隊伍などを数える. ¶一～游行队伍 duìwu / 1隊のデモ. ¶一～强大的力量 / 一大勢力.
④電灯の明るさや綿糸の太さを表す単位. ¶五十～光的灯泡 dēngpào / 50カンデラの電球. ¶二十～纱 shā / 20番手の綿糸.
❷動 ①支える. 持ちこたえる. ¶年老了,体力不～了 / 年を取って体力が続かない. ¶～帐篷 zhàngpeng / テントを張る. ¶用手～着头打瞌睡 kēshuì / 手で額を支えて居眠りする.
②(金銭を)受け取る,支払う. ¶～钱 / 金を引き出す;受領する. ¶～给他五十块 / 彼に50元払う.
③うまく言いくるめてその場を離れさす. ¶他在这里不方便说话,得想办法把他～走 / 彼がここにいると話すのに都合が悪いから,なんとかしてこの場を離れさせる方法を考えなくては.
④〈方〉突き出る. そばだつ〔だてる〕. ¶牙齿向外～着 / 歯が外に突き出ている. ¶→～棱 leng.
◇◆ ①枝のように分かれたもの. ¶→～流 liú. ¶→～派 pài. ②十二支. ¶地～ / 十二支. ‖姓

【支边】zhībiān 動 辺境地区の開発・建設を支援する.

【支部】zhībù 名〈政〉①党派や団体の末端組織. 支部. ¶党 dǎng ～ / 党支部. 党細胞. ②(特に)中国共産党の末端組織.

【支差】zhī//chāi 動 使役に出る〔出される〕.

【支撑】zhīcheng ❶動 ①支える. ¶坑道顶儿 kēngdào dǐngr 用柱子 zhùzi ～着 / 坑道の天井は支柱で支えられている. ②我慢する. 持ちこたえる. ¶全家的日子都靠 kào 他一个人～ / 一家の生活はすべて彼一人によって支えられている. ❷名〈建〉突っ張り. 支柱.

*【支持】zhīchí 動 ①我慢する. 持ちこたえる. 支える. ¶他饿 è 得～不住了 / 彼はひもじさに耐えられなくなった. ②支持する. 後押しする. ¶我完全 wánquán ～这个建议 jiànyì / 私はこの提案に大賛成だ.

*【支出】zhīchū ①動 支出する. 支払う. ②名(↔收入)支出.

【支店】zhīdiàn 名 支店.

【支付】zhīfù 動(金を)支払う. ¶～现款 xiànkuǎn / 現金で払う. ¶～日期 / 支払い期限.

【支行】zhīháng 名(銀行などの)支店.

【支唤】zhīhuàn 動〈方〉人を使う. 用を言いつける.

【支架】zhījià ①名(物を据える)台,支え. ②動 支える;食い止める.

【支棱】zhīleng 動〈方〉ぴんと立つ. ぴんと立てる. ¶～着耳朵 ěrduo 听 / 耳をそばだてて聞く.

【支离】zhīlí 形〈書〉①ばらばらである. まとまりがない. ②(言葉が)しどろもどろである,ちぐはぐである.

【支离破碎】zhī lí pò suì 〈成〉支離滅裂.

【支流】zhīliú 名(↔主流 zhǔliú)(河川の)支流;〈喩〉副次的なこと. 枝葉.

【支炉】zhīlú 名(～儿)"饼 bǐng"を焼く道具. ►小さな穴のある素焼きの板.

【支脉】zhīmài 名 支脈.

【支派】zhīpài 名 分派.

【支派】zhīpai 動 指図する;(人を)差し向ける.

*【支配】zhīpèi 動 ①割り振る. 割り当てる. ¶合理～时间 / 合理的に時間を割り振りする. ②支配する. 指図する. ¶自己的命运 mìngyùn 应该由自己～ / 自分の運命は自分で決めるべきだ.

【支票】zhīpiào 名 小切手. 〈量〉张. ❖开 *kāi* ～ / 小切手を切る〔振り出す〕. ¶空头 kōngtóu ～ / 不渡小切手;空手形. ¶旅行 lǚxíng ～ / トラベラーズチェック. 旅行小切手.

【支气管】zhīqìguǎn 名〈生理〉気管支.

【支渠】zhīqú 名 用水路の支流. 分水路.

【支取】zhīqǔ 動(金を)受け取る,引き出す.

【支使】zhīshi 動(人に)命じてさせる.

【支书】zhīshū 名〈略〉(共産党の)支部書記.

【支委会】zhīwěihuì 名〈略〉(共産党の)支部委員会.

【支吾】zhīwu 動 言を左右にする. ごまかす. ¶他一味～,不肯 kěn 直说 zhíshuō / 彼は言い逃ればかりして,率直に言おうとしない. ¶他支支吾吾 wúwú 的,不肯直说 / 彼は言を左右にするばかりで,素直に言おうとしない.

【支线】zhīxiàn 名(↔干线 gànxiàn)(交通路線の)

支線．¶铁路～ / 鉄道の支線．
【支应】zhīyìng 動 ①対処する．やりくりをする．¶他的收入 shōurù ～不了 buliǎo 全家生活 / 彼の収入だけでは一家の生活がやっていけない．②供給する．③番をする．¶～门户 ménhù / 留守番をする；門番をする．
【支用】zhīyòng 動 前借りして使う．
*【支援】zhīyuán 動 支援する．助成する．¶～灾区 zāiqū 一批救济物资 jiùjì wùzī / 被災地区に救援物資を送る．
【支着儿·支招儿】zhī//zhāor 動〈方〉(碁や将棋などで)傍らから助言する；入れ知恵をする．
【支柱】zhīzhù 名 ①支柱．つっかい棒．②支え．大黒柱．¶～产业 chǎnyè / 基幹産業．
【支子】zhīzi 名 ①支えるもの．つっかい．¶车～ / 自転車のスタンド．②(火にかけて)肉を焼く鉄製の用具．(脚のついた)焼き網．
【支嘴儿】zhī//zuǐr 動〈方〉(傍らから)口を挟む．入れ知恵をする．

只(隻) zhī
** 量 ①対になっているものの一つを数える．¶两～耳朵 ěrduo / 両耳．¶一～袜子 wàzi〔鞋 xié〕/ 靴下〔靴〕片方．②動物を数える．¶两～羊 / 2頭のヒツジ．③ある種の器具を数える．¶一～手表 / 腕時計一つ．④船を数える．¶一～小船 / 小舟1艘(そう)．
◇◆ 一つだけの．単独の．¶→～身 shēn．▶▶ zhǐ
【只身】zhīshēn 副 単身で．独りで．
【只言片语】zhī yán piàn yǔ 〈成〉一言半句．わずかな言葉．
【只字不提】zhī zì bù tí 〈成〉ひと言も言及しない．

汁 zhī
名(～儿)汁．液．¶乳 rǔ ～ / 乳汁(にゅうじゅう)．乳．¶胆 dǎn ～ / 胆汁(たんじゅう)．¶橘子 júzi ～ / オレンジジュース．
【汁水】zhīshui 名〈方〉汁．ジュース．
【汁液】zhīyè 名 液汁．汁．

芝 zhī
◇◆ ①(＝灵芝 língzhī)マンネンタケ．②(＝白芷 báizhǐ)(セリ科の)カラビャクシ．ビャクシ．‖姓
【芝兰】zhīlán 名〈古〉白芷(びゃくし)と蘭(ともに芳香のある草)；〈喩〉徳行が高い，友情が厚い，環境がよいこと．¶～玉树 yùshù / 優れた弟子．
【芝麻】zhīma 名〈植〉ゴマ．▶小さなもの，取るに足りないものの比喩にも用いる．(量) 粒 lì．¶～大的事情 / 取るに足りない小さなこと．¶拣 jiǎn 了～丢 diū 了西瓜 / 〈諺〉ゴマを拾ってスイカを失う．一文惜しみの百知らず．¶～官儿 / 下っ端の役人．¶～开花节节高 / 段々に発展·向上する．
【芝麻酱】zhīmajiàng 名〈料理〉ゴマペースト．ねりごま．
【芝麻油】zhīmayóu 名〈料理〉ゴマ油．▶"香油""麻油"とも．

吱 zhī
擬《硬い物がきしむ音》きい．ぎい．▶重ねて用いることが多い．¶～～地划 huá 着小船 xiǎochuán / 小舟をぎいぎいとこいでいる．▶▶ zī

枝 zhī
❶名(～儿·～子)枝．▶話し言葉では普通，"枝儿""枝子"という．¶树 shù ～ / 木の枝．
❷量 ①花や葉のついている枝を数える．¶一～花 / ひと枝の花．②棒状のものを数える．▶"支"とも書く．¶三～铅笔 qiānbǐ / 鉛筆3本．¶一～香烟 xiāngyān / たばこ1本．‖姓
【枝杈】zhīchà 名 枝分かれしている小枝．
【枝干】zhīgàn 名(木の)枝と幹．
【枝接】zhījiē 動〈農〉枝接ぎをする．
【枝节】zhījié 名 ①枝葉末節；〈喩〉取るに足りないもの．¶枝枝节节的琐事 suǒshì / 些細なこと．②面倒．障害．¶横生 héngshēng ～ / 意外な面倒が起こる．
【枝蔓】zhīmàn 名〈書〉枝とつる；〈転〉くどくどしいこと．わずらわしいこと．
【枝梢】zhīshāo 名 こずえ．
【枝条】zhītiáo 名(木の)枝．(量) 根 gēn．
【枝头】zhītóu 名 枝の先．こずえ．
【枝桠·枝丫】zhīyā 枝．小枝．(量) 根 gēn．
【枝叶】zhīyè 名 枝葉．主要でない物事．¶他说话总爱添加 tiānjiā ～ / 彼は話をする時いつも尾ひれをつける．
【枝子】zhīzi 名 枝．¶干 gān 树～ / 枯れ枝．

知 zhī
* 動 知っている．分かる．▶通常"不～""已 yǐ ～"の形で用いる．¶不～他明天能不能来 / 彼は明日来るかどうか分からない．
◇◆ ①知らせる．¶通～ / 通知する．¶→～照 zhào．②知識．学識．学問．¶求～ / 知識を求める．③主管する．¶→～县 xiàn
【知彼知己，百战不殆】zhī bǐ zhī jǐ, bǎi zhàn bù dài 〈成〉彼を知り己を知らば百戦危うからず．敵と味方の情勢を熟知すれば，何度戦っても勝てる．
**【知道】zhīdao 動(…のことを，…について)知っている，分かる；(何をすべきかを)心得ている．▶否定には"不"を用い，一般に"没(有)"は用いない．"不知道"と否定形になると bùzhīdào または bùzhidào と第3音節目は軽声でなくなる．主述句を目的語にとることができる．¶我不～这件事 / 私はそれは知らない．¶老王家的事，他不大～ / 王さんの家のことは，彼はあまり知らない．¶大家都～他为人 wéirén 老实 lǎoshi / みんな彼の人となりが誠実であることを知っている．¶你～这是什么吗？——我不～ / これは何だか分かりますか——分かりません．¶你们应该～什么是好，什么是坏 / 君たちはものの善し悪しを心得るべきだ．[重ね型にすることもある]¶我要让他～～我的厉害 lìhai ！/ あいつにおれのすごいところを思い知らせてやろう．注意 よく使われる表現"谁 shéi 知道"には，「思いもよらなかった」と「(だれも知らない→私も知らない→)知るものか」の二つの用法がある．¶上午还是晴天 qíngtiān，谁～下午下起雨来了 / 午前中は晴れていたのに，午後になって雨が降り出すなんて思いもよらなかった．¶怎么回事？——谁～！/ いったいどういうわけだ——知るもんか．
【知底】zhī//dǐ 動 内情を知っている．
【知法犯法】zhī fǎ fàn fǎ 〈成〉法を知りながらわざと法を犯す．
【知根知底】zhī gēn zhī dǐ 〈成〉素性をよく知っている．知り尽くしている．
【知过必改】zhī guò bì gǎi 〈成〉(自分の)過ちを悟ったら必ず改める．
【知己】zhījǐ ①形 互いに理解し合っている．¶～的朋友 / 理解し合っている友人．親友．②名 知己．理解し合っている友．
【知交】zhījiāo 名 知己．親友．

【知觉】zhījué 名 ①〈心〉知覚. ② 感覚. ¶手冻dòng得没有～了 / 手が凍えてしびれた.
【知了】zhīliǎo 名〈虫〉セミ. ►鳴き声が"知了"のように聞こえることから.
【知名】zhīmíng 形〈書〉(人が世間で)有名である,名が売れている. ¶全国～ / 全国的に名高い.
【知难而进】zhī nán ér jìn 〈成〉困難だと知りながら進んでそれをやる.
【知难而退】zhī nán ér tuì 〈成〉困難だと知ってひるんで退く.
【知其一,不知其二】zhī qí yī, bù zhī qí èr 〈成〉生かじりである.
【知青】zhīqīng →【知识青年】zhīshi qīngnián
【知情】zhī//qíng 動 ①(犯罪事件の)内情を知っている. ¶～不报 / 犯罪の事実を知りながら通報しない. ② 情をわきまえている;(人の厚意などに)感謝する.
【知情达理】zhī qíng dá lǐ 〈成〉人情に通じ道理をよくわきまえている.
【知趣】zhīqù 形 ① 気がきく. 物分かりがよい. ¶他很～地躲duǒ开了 / 彼は気をきかして席をはずした. ② どう対処すべきかをわきまえている.
【知人论世】zhī rén lùn shì 〈成〉人物の品定めをしたり世相を論じたりすること.
【知人善任】zhī rén shàn rèn 〈成〉人物をよく知り,その才能をうまく使う.
【知人知面不知心】zhī rén zhī miàn bù zhī xīn 〈諺〉人は見かけによらぬ.
【知人之明】zhī rén zhī míng 〈成〉人を見抜く力. 人を見る目. 眼識.
*【知识】zhīshi 名 ①**知識**. ¶有〔没〕～ / 知識がある〔ない〕. 教養がある〔ない〕. ② 学術や文化に関係のある(もの). ¶～里手lǐshǒu / 物知り屋. ¶～阶层jiēcéng / インテリ層.
【知识产权】zhīshi chǎnquán 名 知的財産権. 知的所有権.
【知识产业】zhīshi chǎnyè 名(教育・情報などの)知識集約型産業.
【知识分子】zhīshi fènzǐ 名 **知識人**. インテリ.
【知识青年】zhīshi qīngnián 名 知識青年. (文革中に)農山村に下放された中卒・高卒の若者. (文革後の)失業中の中・高卒者.
【知疼着热】zhī téng zháo rè 〈成〉かゆいところに手の届く心遣い. ►夫婦間についていうことが多い.
【知无不言,言无不尽】zhī wú bù yán, yán wú bù jìn 〈成〉知っていることは何でも話し,話せば余すところなく語り尽くす.
【知悉】zhīxī 動〈書〉知る. わかる.
【知县】zhīxiàn 名(明・清代の)県知事.
【知晓】zhīxiǎo 動 知る. わかる.
【知心】zhīxīn 形 理解し合っている;思いやりがある. ¶～朋友 / 気心の知れた友人.
【知音】zhīyīn 名 知己. 親友. 自分の才能を認める人. 知音(ちいん).
【知遇】zhīyù 動〈書〉知遇を得る. 認められて厚遇される. ►"受shòu""得dé"の目的語になることが多い. ¶受…的～ / …の知遇を得る.
【知照】zhīzhào 動〈書〉通達する. 通知する.
【知足】zhīzú ① 形 満足している. ¶这我已经～了 / これでもう満足だ. ② 動〈書〉足るを知る.

Z

肢 zhī
◇◆ 手足. ¶上～和下～ / 両手と両足. ¶四～无力 / 手足がだるい.
【肢体】zhītǐ 名 ① 手足. 四肢. ② 手足と胴.

*织(織) zhī
動(布などを)**織る**;(毛糸や糸などで)**編む**. ¶～毛衣 / セーターを編む. ‖姓
【织补】zhībǔ 動(衣類の破れを)つくろう. かけはぎする.
【织布】zhī//bù 動 布を織る. ¶～工 / 織工.
【织机】zhījī 名 織機. 機(はた).
【织锦】zhījǐn 名 ① 錦織り. ② 絵画や肖像を織り出して,刺繡のように見せる絹織物. ►杭州などの特産.
【织女】zhīnǚ 名 ① 機織り女工. ②〈天〉織女星.
【织女星】zhīnǚxīng 名〈天〉織女星. 織り姫星.
【织物】zhīwù 名 織物.

脂 zhī
◇◆ ①脂(あぶら). 脂肪. ¶松sōng～ / 松やに. ②(化粧用の)紅(べに). ¶胭yān～ / 頬紅;口紅.
【脂肪】zhīfáng 名 **脂肪**.
【脂肪酸】zhīfángsuān 名〈化〉脂肪酸.
【脂粉】zhīfěn 名 ① 紅(べに)とおしろい. ②〈喩〉〈旧〉女性.
【脂膏】zhīgāo 名 ① 脂. 脂肪. ②〈喩〉(人民の)血と汗の結晶.
【脂油】zhīyóu 名〈方〉ブタの脂. ラード. ¶香xiāng～ / ラード. ¶～饼bǐng / ラードを中に敷いて作った"饼".

稙 zhī
形〈農〉早生(わせ)である. ¶白玉米～ / 白トウモロコシは早く実る. ¶～庄稼zhuāngjia / 早まきの作物.

蜘 zhī
"蜘蛛zhīzhū"⬇という語に用いる.
【蜘蛛】zhīzhū 名〈虫〉**クモ**.

2声

执(執) zhí
動 ① 手に持つ. ¶～红旗 / 赤旗を手に持つ. ②〈書〉捕える. ►多く受け身の形で用いる. ¶依法被～ / 法に従って逮捕された. ◇◆ ①掌握する. ¶→～教jiào. ②取り行う. ¶→～法fǎ. ③(意見を)堅持する. ¶→～意yì. ④証拠書類. ¶收～ / 受取証. ¶→～照zhào. ‖姓
【执笔】zhíbǐ 動 執筆する. 筆を執る.
【执法】zhífǎ 動 法律を執行する.
【执教】zhíjiào 動〈書〉教鞭を執る. 教職にある.
【执迷不悟】zhí mí bù wù 〈成〉頑迷であくまでも非を認めない.
【执泥】zhínì 動 固執する. こだわる.
【执牛耳】zhí niú'ěr 〈慣〉牛耳る. 盟主になる.
【执拗】zhíniù 形 かたくなである. 頑固である. ¶他脾气píqi很～ / 彼は性質がかたくなである.
【执勤】zhí//qín 動 勤務する. 職務を執行する.
【执事】zhíshì 名〈書〉《手紙のわき付け》机下.
*【执行】zhíxíng ① 動(法律などを)**執行する**;(命令や政策・計画などを)**実施する**. ¶～计划jìhuà / 計画を実施する. ¶～任务rènwu / 任務を遂行する. ② 名〈電算〉実行.
【执意】zhíyì 副 自分の意見に固執して. 我を張って. ¶～不肯kěn / 頑として承知しない.
【执友】zhíyǒu 名〈書〉気心の知れた友人.

【执掌】zhízhǎng 動(権力を)握る．管掌する．
【执照】zhízhào 名 許可書,鑑札．¶发给驾驶 jiàshǐ ～ / 運転免許証を発給する．¶吊销 diàoxiāo 营业 yíngyè ～ / 営業許可書を取り消す．
【执政】zhí//zhèng 動 政務を執る．政権を握る．
【执政党】zhízhèngdǎng 名(↔在野党)与党．政権政党．
【执著·执着】zhízhuó 形〈書〉執着している．固執している．

*直 zhí ❶形 ①(↔曲 qū)まっすぐである．¶这条路很～ / この道はまっすぐである．②率直である．正直である．¶他性子 xìngzi 很～ / 彼は性格がとても正直である．¶他说话～得很,有啥 shá 说啥 / 彼は言葉に遠慮がなく,ありのままを言う．③(↔横 héng)垂直の．縦の．¶标题要排 pái ～的 / 見出しは縦組みにしなければいけない．
❷副 ①まっすぐに．直接．ずっと．¶这趟 tàng 列车中途不停,～驶 shǐ 上海 / この列車は途中止まらずに,上海直通だ．¶酒宴 jiǔyàn ～到半夜才结束 jiéshù / 宴会はずっと夜中まで続いた．②しきりに．やたらに．¶累 lèi 得～喘气 chuǎnqì / 疲れてしきりにはあはあしている．③まったく．まるで．¶画得～像 xiàng 真的一样 / まるで本物そっくりに画かれている．
❸動 まっすぐにする．しゃんと伸ばす．¶～起腰 yāo 来 / 腰を伸ばす．
❹名(＝竖儿 shùr)たて棒．►漢字の字画の一つ．
◇◆ 公正である．正しい．¶正～ / 正直である．
‖姓
【直拨】zhíbō 名 直通．ダイヤルイン．
【直播】zhíbō 動 ①〈農〉じかまき(をする)．②(テレビ・ラジオで)生放送する．¶现场 xiànchǎng ～ / 生中継する．
【直肠】zhícháng 名〈生理〉直腸．
【直肠直肚】zhícháng zhídù〈成〉性格がさっぱりして正直である．
【直肠子】zhíchángzi〈慣〉一本気(な人)．
【直陈】zhíchén 動〈書〉率直に述べる．
【直尺】zhíchǐ 名 直定規．㊚ 根．
【直达】zhídá 動(汽車・飛行機・船などが)直通する．¶这趟 tàng 火车～青岛 Qīngdǎo / この列車は青島(ﾁﾝﾀｵ)直通だ．
【直打直】zhídǎzhí 副〈方〉率直に．まっすぐに．ざっくばらんに．
【直待】zhídài 動(ある時期まで)ずっと待つ．
*【直到】zhídào 動(ある時点またはある状態に)なる．¶～今天才知道这事 / きょうになってやっとそのことを知った．
【直瞪瞪】zhídèngdèng 形(～的)(目が)ぼんやりと前方を見つめるさま．
【直盯盯】zhídīngdīng 形(～的)じっと見つめるさま．
【直勾勾】zhígōugōu 形(～的)(目が)ぼんやりと前方を見つめるさま．
【直观】zhíguān 形 直接知覚する．直接的な．¶～教学 jiàoxué / 視聴覚教育．¶～检查 jiǎnchá / 肉眼検査．
【直呼】zhíhū 動 呼び捨てにする．
【直话】zhíhuà 名 率直な話．直言．
【直角】zhíjiǎo 名〈数〉直角．¶～三角形 / 直角三角形．
*【直接】zhíjiē 形(↔间接 jiànjiē)直接の．じかに．¶这两件事没有～关系 guānxi / この二つの事件には直接の関係はない．¶以后你有事可以～去找 zhǎo 他 / これからは用事のあるときは直接彼に会うとよい．
【直截了当】zhí jié liǎo dàng〈成〉単刀直入である．そのものずばりである．►"直捷了当""直接了当"とも．
【直径】zhíjìng 名〈数〉直径．
【直撅撅】zhíjuējuē 形(～的)〈方〉まっすぐである．
【直快】zhíkuài 名〈略〉長距離直通急行列車．
【直来直去】zhí lái zhí qù〈成〉①まっすぐ行ってまっすぐ戻る．②思ったことをはっきり言うさま．
【直愣愣】zhílènglèng 形(～的)ぼんやりと見つめている．呆然としている．
【直溜溜】zhíliūliū 形(～儿)まっすぐなさま．¶～的大马路 / ずうっとまっすぐな大通り．
【直流电】zhíliúdiàn 名〈電〉直流電流．
【直溜】zhíliu 形(～儿)〈方〉すらりとまっすぐである．¶那女孩子腿 tuǐ 长 zhǎng 得多～ / あの女の子の足はなんとすらりと伸びているんだろう．
【直落】zhíluò 動 連勝する．
【直眉瞪眼】zhí méi dèng yǎn〈成〉①眉をつり上げ目を見開き怒るさま．かんしゃくを起こしたさま．②あっけにとられたさま．
【直上直下】zhí shàng zhí xià〈成〉垂直に切り立っているさま．
【直升机】zhíshēngjī 名 ヘリコプター．►"直升飞机"とも．
【直书】zhíshū 動〈書〉①(考えることなく)直ちに書く．②ありのままを書く．
【直抒己见】zhí shū jǐ jiàn〈成〉率直に自分の意見を述べる．
【直属】zhíshǔ ①動 直属する．②形 直属の．
【直率】zhíshuài 形 率直である．¶说话～ / 率直にものを言う．
【直爽】zhíshuǎng 形 率直である．さっぱりしている．¶性格 xìnggé ～ / 性格がさっぱりしている．
【直说】zhíshuō 動 率直に言う．直言する．¶有话你就～ / 話があるのなら率直に言え．
【直挺挺】zhítǐngtǐng 形(～的)ぴんとまっすぐである．硬直している．¶他～地站 zhàn 在门口 / 彼は入口でこわばって立っている．
【直通】zhítōng 動 直通する．¶～天津 Tiānjīn 的铁路 / 天津へまっすぐ通じる鉄道．
【直筒子】zhítǒngzi〈慣〉率直な人．単純な人．
【直辖】zhíxiá 動 直轄する．¶～机构 jīgòu / 直轄の機関．
【直辖市】zhíxiáshì 名〈政〉直轄市．中央政府が直接に管轄する市．
【直线】zhíxiàn ①名 直線．②形 一直線の．直接の．¶股票价格 gǔpiào jiàgé ～上升 shàngshēng / 株価がうなぎ昇りに上昇する．
【直销】zhíxiāo 動 直接販売をする．産直販売をする．
【直心眼儿】zhíxīnyǎnr 形 実直な性質である．一本気である．
【直性】zhíxìng 形(～儿)(性質が)率直である,飾り気がない．
【直性子】zhíxìngzi ①→【直性】zhíxìng ②名

率直な人．裏表のない人．
【直言】zhíyán 動〈書〉直言する．
【直言不讳】zhí yán bù huì〈成〉ありのままを言って遠慮しない．
【直译】zhíyì 動（↔意译 yìyì）直訳する．
【直至】zhízhì 動 …まで至る．¶通宵 tōngxiāo 奋战 fènzhàn,～天明 tiānmíng / 徹夜して夜明けまで頑張る．

侄（姪）**zhí** ◇◆ ①兄弟の息子．おい．¶姑 gū～ / おばとおい．②世代を同じくする親戚の息子；友人の息子．¶内～ / 妻のおい．‖姓
【侄女】zhínǚ 名（～儿）①兄弟の娘．めい．②同世代の男性親属の娘．③友人の娘．
【侄孙】zhísūn 名 兄弟の孫．
【侄子】zhízi 名 ①兄弟の息子．おい．②同世代の男性親属の息子．③友人の息子．

值 **zhí** ❶動 ①（物がある値段に）**値する**．¶这幅 fú 画～一百万元以上 / この絵は百万元以上する．②意義または価値がある．►否定形で用いることが多い．¶不～一提 tí / 取り立てて言うほどの値打ちはない．③…に当たる．…にぶつかる．¶～此盛夏之际 jì /（手紙文で）この夏の盛りに当たり….
❷名〈数〉値．数値．¶求 qiú～ / 値を求める．
◇◆ ①順番に仕事に当たる．¶～夜 yè / 宿直をする．②値段．値打ち．¶币 bì～ / 貨幣価値．
【值班】zhí//bān 動 **当番に当たる**．当直になる．¶昨天我值了一上午的班 / 昨日は午前中私が当直した．¶～医生 / 当直の医者．
【值当】zhídàng〈方〉→【值得】zhí//de
*【值得】zhí//de 動 ①**値段相応のことはある**．金銭に見合う．¶这种月饼三十块钱一块～ / この月餅(げっぺい)は1個30元だけのことはある．¶这本书～买 / この本なら買っても損はない．②…**する値打ちがある**．…するだけのことはある．…するかいがある．¶这本书～一读 dú / この本は一読の価値がある．¶现在下工夫 gōngfu 学外语～,将来肯定 kěndìng 有用 / 今,力を入れて外国語を勉強しても決してむだにはならない,将来きっと役に立つからだ．¶这是个十分～注意的问题 / これは注意を払うに十分値する問題だ．注意 否定は"不值得"で,時に"值不得"ともいう．¶～去看吗？—不～ / 見に行く価値はありますか—行くほどではない．¶为这点儿小事值不得生气 / こんなつまらないことで怒ることはない．
【值岗】zhí//gǎng 動 番をする．歩哨に立つ．
【值更】zhí//gēng 動〈方〉夜番をする．
【值钱】zhí//qián 形 高価である．値打ちがある．
【值勤】zhí//qín 動（部隊・治安・交通関係の要員が）勤務する．¶～人员 rényuán / 勤務中の要員．
【值日】zhírì 動 日直をする．当直する．¶今天轮到 lúndào 谁～？/ きょうはだれが当番だっけ．
【值夜】zhí//yè 動 宿直をする．夜勤をする．
【值遇】zhíyù 動〈書〉遭遇する．出あう．

职（職）**zhí** 名〈書〉旧時,部下が上司に対して用いる自称．小職(しょうしょく)．
◇◆ ①職務．¶尽 jìn～ / 職責を果たす．②職務上の地位．¶撤 chè～ / 免職する．¶兼 jiān～ / 兼任する．③つかさどる．¶→～掌 zhǎng．‖姓
【职别】zhíbié 名 職別．職務上の区別．職種．
【职称】zhíchēng 名 職名．肩書き．
【职分】zhífèn 名 ①職分．②官職．
*【职工】zhígōng 名 ①〈略〉職員と労働者．**従業員**．¶～食堂 / 従業員食堂．②〈旧〉労働者．
【职能】zhínéng 名（人・組織や物・事柄の）機能,働き,役目．
【职权】zhíquán 名 職権．
【职守】zhíshǒu 名 職場．持ち場．ポスト．
【职位】zhíwèi 名（職務上の）地位．
【职务】zhíwù 名 **職務**．
【职衔】zhíxián 名 役目と肩書き．
*【职业】zhíyè ①名 **職業**．量 种,个．②形 プロの．¶～运动员 yùndòngyuán / プロ選手．¶～足球队 zúqiúduì / プロサッカーチーム．
*【职员】zhíyuán 名（事務系の）**職員**．►"工人gōngrén"と区別していう．
【职责】zhízé 名 職責．職務と責任．¶～范围 fànwéi / 職責の範囲．
【职掌】zhízhǎng ①名 職掌．②動 職務として管掌する．

植 **zhí** 動 植える．¶～苗 miáo /〈農〉苗木を植える．
◇◆ ①立てる．樹立する．¶～党 dǎng 营私 yíng sī /〈成〉徒党を組んで私利をはかる．②植物．¶→～保．‖姓
【植保】zhíbǎo 名〈略〉植物保護．
【植苗】zhí//miáo 動〈農〉苗木を植える．
【植皮】zhí//pí 動〈医〉皮膚の移植をする．
【植树】zhí//shù 動 木を植える．植樹する．¶～节 jié / 植樹の日．►3月12日．
*【植物】zhíwù 名 **植物**．
【植物纤维】zhíwù xiānwéi 名 植物繊維．
【植物性神经】zhíwùxìng shénjīng 名〈生理〉自律神経．►"自主 zìzhǔ 神经"とも．

殖 **zhí** ◇◆ 生息する．殖える．殖やす．¶繁 fán～ / 繁殖する．¶增 zēng～ / 増殖する．
【殖民】zhímín 動 **植民する**．
【殖民地】zhímíndì 名 **植民地**．
【殖民主义】zhímín zhǔyì 名 植民地主義．

3声
*__止__ **zhǐ** ❶動 ①**止まる**．やむ．¶雪下个不～ / 雪が休みなく降る．②**止める**．やめる．やめさせる．¶～痛 tòng / 痛みを止める．¶～不住 / 止められない．③…で打ちきる．…まで．¶有效期 yǒuxiàoqī 从一月起至 zhì 六月～ / 有効期間は1月から6月まで．
❷副 ただ．だけ．¶～此一家 / ただこの1軒だけである．‖姓
【止步】zhǐ//bù 動〈書〉立ち止まる．歩みを止める．¶游人 yóurén～ / 部外者立入禁止．
【止不住】zhǐbuzhù 動+可補 止められない．抑えることができない；止まらない．¶眼泪 yǎnlèi～往 wǎng 下流 / 涙がとめどなく流れる．
【止境】zhǐjìng 名 果て．際限．¶学无～ / 学問に終わりはない．
【止咳】zhǐ//ké 動 咳を止める．¶～药 yào / 咳止め薬．¶～糖浆 tángjiāng / 咳止めシロップ．
【止渴】zhǐ//kě 動 のどの渇きを癒す．
【止息】zhǐxī 動 停止する．やむ．
【止泻】zhǐxiè 動 下痢を止める．
【止血】zhǐ//xuè 動 止血する．

【止住】zhǐ//zhù 動+結補〈しっかりと〉止まる,止める. ¶头疼tóuténg还没有〜 / 頭痛がまだ止まらない.

只（衹・祇）zhǐ 副 ① **ただ. …ばかり. …だけ. …しかない.** ►それ以外にはないことを表す. ¶我〜学过日语 / 私は日本語しか習ったことがない. ¶〜去过一次上海 / 上海は1度行っただけだ. ¶学习外语,〜看不说是不行的 / 外国語を学ぶのに,読むだけで話さないのはいけない.
② **…だけ(で).** ►直接名詞の前に置き,事物の数量を限定していう. "只"と名詞の間に"有、是、要"などの動詞が暗に含まれていると考えられる. ¶办公室bàngōngshì里〜她一个人 / 事務所には彼女しかいない. ¶〜他一个大学生 / 彼一人だけが大学生だ. ¶他最近身体不好,〜半年就病了两次 / 彼は最近体がよくなく,この半年だけでも2度病気した.
③ ある状況が突然発生したり,ある感覚を突然感じたりすることを表す. ►"见、看见、听见、觉得"などの限られた動詞のみを修飾する. ¶→〜见.
⇒〖衹 qí〗 ‖姓 ▸▸ zhī

【只不过】zhǐbuguò 副 ただ…にすぎない. ►文末に"而已 éryǐ""罢了 bàle"などを用いて語気を強めることも多い. ¶他〜比你大两岁 suì / 彼は君よりたった二つ年が上なだけだ.

【只当】zhǐdang 動 …とする. …と思い込む. ¶问他,他〜不知道 / 彼に聞いたのにずっと知らんふりをしている.

*【只得】zhǐdé 副 **…するほかない.** …せざるを得ない. ¶没赶上 gǎnshang 末班车 mòbānchē,〜走着回家 / 終バスに乗り遅れたので歩いて帰るほかない.

【只顾】zhǐgù ① 副 **ひたすら…するばかりである.** ¶他〜看书,家里的事儿一点儿都不管 guǎn / 彼は本ばかり読んで,家のことはちっとも手伝わない. ②(zhǐ gù)**…にのみ気を取られる.** …にのみ気を配る. ¶他〜自己,一点儿也不关心 guānxīn 别人 / 彼は自分のことで頭がいっぱいで,他人のことをちっとも考えない.

【只管】zhǐguǎn 副 ① **かまわずに.** ¶大家有什么话〜说 / みなさん,異議があったら遠慮なく言ってください. ② **ひたすら…するばかりである.** ¶她整天 zhěngtiān 〜拉 lā 小提琴 / 彼女は1日中バイオリンを弾いてばかりいる.

【只好】zhǐhǎo 副《ほかに選択する余地がないことを表す》やむなく…する. …するしかない.** …せざるを得ない. ►形容詞が後にくる場合は,その後に"点儿、一点儿、(一)些"または"下来、起来"などを加えなければならない. ¶妻子出差 chūchāi 去了,〜自己做饭 / 妻が出張に行ったので,食事は自分で作るほかない. ¶篇幅 piānfu 有限,文章〜简短 jiǎnduǎn 些 / 紙数に制限があるので,文章を少し簡潔にするほかない. [主語の前に用い]¶怎么等他都不来,〜我一个人去了 / いくら待っても彼が来ないので,私は一人で行くしかない.

【只见】zhǐjiàn 動 ① **ふと目に入る,見える.** ② ただ…だけを見る.

【只见树木,不见森林】**zhǐ jiàn shùmù, bù jiàn sēnlín** 〈諺〉木を見て森を見ず.

【只能】zhǐnéng 副 せいぜいのところ…できるだけである. ¶〜是这样 / せいぜいこんなとこだ.

【只怕】zhǐpà ① 副 おそらく…と思う. ¶明天再做〜来不及了 / 明日になってからやるのでは,おそらく間に合わないと思う. ②(zhǐ pà)ただ心配なのは…だ. ¶〜他又失恋 shīliàn 了 / 心配なのは彼がまた失恋したことだ.

*【只是】zhǐshì ❶ 副 ① **ただ…だけだ.** …にすぎない. ►範囲を限定する. ¶今天〜举行开学典礼 diǎnlǐ,明天正式上课 / きょうは始業式を行うだけで,あすから授業を始めます. [文末に"罢了 bàle""而已 éryǐ"などを用いて呼応させることができる. この場合,語調はやわらかくなる]¶我〜跟你开开玩笑罢

了,你何必 hébì 这样认真 rènzhēn / ちょっと冗談を言っただけなんだから,そんなに本気にならなくてもいいじゃないか. ②もっぱら…するだけだ. ずっと…ばかりだ. ¶不管你怎么劝 quàn,她～一个劲儿 yīgejìnr 地哭 kū / いくらなだめても,彼女はあいかわらずひたすら泣いてばかりいる. ¶这孩子～吃饭,不吃菜 / この子はご飯ばかり食べておかずを食べない.
注意 副詞"只"が動詞"是"を修飾している次の用例の"只"+"是"は,副詞の"只是"とは異なる. ¶他只是一个孩子 / 彼はほんの子供でしかない.
❷ 接続 ただ. ただし. だが. 語法 軽い逆接を表す. 先行する主述句に話の重点があり,"只是"で始まる主述句は先行の主述句を修正したり補足したりする. 語調は"不过"よりもやわらかい. ¶他各方面都好,～学习差 chà 一点儿 / 彼はすべての点で優れているが,ただ勉強がちょっと足りない. ¶我也很想去旅行,～最近没空儿 kòngr / 私も旅行に行きたいが,ただ近ごろ暇がない.

【只消】zhǐxiāo 動 …するだけでよい. …のみが必要だ. ¶～来个电话,货物 huòwù 马上送到 / 電話一本で商品はすぐお届けします.

【只需】zhǐxū →【只消】zhǐxiāo

【只许州官放火,不许百姓点灯】zhǐ xǔ zhōuguān fàng huǒ, bù xǔ bǎixìng diǎn dēng 高官や役人の不正・横暴・かってなふるまいのたとえ.

**【只要】zhǐyào 接続《必要条件を表す》…さえすれば. …でさえあれば.
〖只要…,就…〗 zhǐyào…jiù… …しさえすれば…である. ►"就"のほかに"便 biàn、总 zǒng"などと呼応する. ¶～给他打个电话,他就会马上来 / 彼に電話1本かけさえすれば,彼はすぐやって来る. [後続句に用いて]¶她会同意的,你～把话说明了 / 彼女は同意するはずだ,君がはっきり打ち明けてやればね. ["只要是…"の形で]¶～是去过那儿的人,没有不说好的 / あそこへ行ったことのある人なら,だれだってほめない者はいない.
注意 副詞"只"が動詞"要"を修飾している次の用例の"只"+"要"は,接続詞の"只要"とは異なる. ¶我只要这本书 / 私はこの本がほしいだけだ.
比較 只要:只有 zhǐyǒu "只要"はある条件があれば十分だということを表し,別の条件によって同じ結果になってもかまわないのに対して,"只有"はそれが絶対条件で,別な条件ではだめなことを表す. ¶只要动手术 shǒushù,你这病就能好 / 手術しさえすれば,君の病気は治る(ほかの手段もあり得る). ¶只有动手术,你这病才能好 / 手術する以外に,君の病気を治す方法はない(ほかに手段はない).

【只要功夫深,铁杵磨成针】zhǐyào gōngfu shēn, tiěchǔ móchéng zhēn 〈諺〉根気よくやりさえすれば何でもできる.

**【只有】zhǐyǒu ❶ 接続 ①《欠くことのできないただ一つの条件を表す》
〖只有…,才…〗 zhǐyǒu…cái… …してはじめて…だ. …しない限り…しない. ¶～你去请,他才会来 / 君が呼びに行かなければ,彼は来ないよ. ⇒【只要】zhǐyào 比較
②《単文に用い,唯一の人・事物・情況であることを強調する》…だけが…. ¶～这个办法切实 qièshí 可行 / この方法だけが適切で実行に移し得る.
❷ 副 …するほかない. やむなく…する. ¶别的办法行不通,～采取 cǎiqǔ 断然措施 cuòshī 了 / ほかの方法は通じないので,断固たる処置をとるしかなくなった.
注意 次の用例の"只"と"有"は2語で,副詞"只"が動詞"有"を修飾している. ¶上山的路只有这一条 / 山に登る道はこれしかない.

【只知其一,不知其二】zhǐ zhī qí yī, bù zhī qí èr 〈諺〉少しかじっただけで全体を知らない. 生半可である.

旨(恉) zhǐ 名 ①意味. 趣旨. 目的. ►通常"～在…"のように用いる. ¶～在进一步发展两国科学技术 jìshù 合作的决议 juéyì / 両国間の科学と技術上の協力をいっそう発展させることを旨とする決議. ②皇帝の命令〔おぼしめし〕.
◇◆ 美味である. ¶～酒 jiǔ / 美酒. うま酒.

【旨趣】zhǐqù 名 主旨. 目的.

【旨意】zhǐyì 名 意図. 目的. 意思.

址 zhǐ ◇◆ 地点. 所在地. 跡. ¶住 zhù ～ / 住所. アドレス. ¶厂 chǎng ～ / 工場の所在地.

****纸** zhǐ ①名 紙. (量) 张 zhāng. ②量 文書を数える. ¶一～公文 / 公文書1通. ‖姓

【纸板】zhǐbǎn 名 ボール紙. 板紙. ¶～盒 hé / 板紙箱. カートン. ¶波纹 bōwén ～ / 段ボール.

【纸币】zhǐbì 名 紙幣.

【纸锭】zhǐdìng 名(故人の冥福を祈るときに焼く)錫箔などで作った馬蹄銀形の紙銭.

【纸浆】zhǐjiāng 名 紙パルプ.

【纸巾】zhǐjīn 名 紙ナプキン.

【纸老虎】zhǐlǎohǔ 〈慣〉張り子のトラ. 外見は強そうに見えて実は弱いもの.

【纸里包不住火】zhǐli bāobuzhù huǒ 〈諺〉真相は覆い隠せない.

【纸马】zhǐmǎ 名 ①(～儿)(神をまつるときに焼く)神仏の像を描いた色紙. ②〈方〉紙をのりづけして作った人や車・馬などの形の張り子.

【纸媒儿・纸煤儿】zhǐméir 名 火つけのこより.

【纸捻】zhǐniǎn 名(～儿)こより.

【纸尿布】zhǐniàobù 名 紙おむつ.

【纸尿片】zhǐniàopiàn 名 紙おむつ.

【纸牌】zhǐpái 名(賭博に用いる)紙札. トランプ・カルタの類.

【纸钱】zhǐqián 名(～儿)(死者をまつるときに焼く)紙で作った銭. 紙銭.

【纸上谈兵】zhǐ shàng tán bīng 〈成〉机上の空論.

【纸条】zhǐtiáo 名 ①細長い貼紙用紙. ②書きつけ.

【纸箱】zhǐxiāng 名 ダンボール箱. (商品包装用の)板紙箱.

【纸烟】zhǐyān 名 巻きたばこ. シガレット.

【纸鹞】zhǐyào 名〈方〉凧(たこ).

【纸鸢】zhǐyuān 名〈書〉凧.

【纸张】zhǐzhāng 名 紙(の総称). 紙類. ►"张"のような個別に数を数える量詞は使えない.

【纸醉金迷】zhǐ zuì jīn mí 〈成〉ぜいたく〔放蕩〕三昧(ざんまい)の生活.

***指** zhǐ ❶ 動 ①指さす. (棒状のもので)さし示す. ¶老师用教鞭 jiàobiān ～着黑板上的内容讲解 / 先生はさし棒で

黒板の内容を示しながら説明した．¶时针 shízhēn 正～向十二点 / 時計の針がちょうど12時をさしている．②(意味の上で)さす．…のことを言う．¶这不是～你说的,是～小李说的 / これは君に向かって言ったのではなく,李君のことをさして言ったんだ．¶不及格 jígé 是～不满六十分 fēn / 不合格というのは60点未満のことである．③指摘する．さし示す．►よく結果や方向を表す補語をとる．¶我有缺点 quēdiǎn 请你～出来 / 私に欠点があるなら,はっきり指摘してください．¶请你～～他应该 yīnggāi 怎么做 / 彼はどのようにすべきかお教えください．④〈口〉当てにする．頼る．¶爸爸 bàba 去世后,全家人的生活就～大哥 dàgē 了 / 父が亡くなってからのち,一家の暮らしは長兄を頼るようになった．¶我们都～着你呢！/ われわれは君に期待をかけているのだ．
❷量 指1本の横幅を"一指"という．►幅や高さ・深さを測るときに用いる．¶这顶 dǐng 帽子大了一～ / この帽子は指1本分大きい．
◇◆ ①指．¶大拇 dàmu ～ / 親指．¶～尖 jiān / 指先．¶屈 qū ～可数 shǔ / 指を折って数えられるほど少ない；指折りの．②(頭髪が怒りで)逆立つ．¶令 lìng 人发～ / 人を激怒させる．

【指标】zhǐbiāo 名 **指標**．指数；目標額．ノルマ．¶完成生产 shēngchǎn ～ / 生産目標に達する．¶公司规定 guīdìng 的～ / 会社によって定められたノルマ．

*【指出】zhǐchū 動 ①**指し示す**．②(問題点として)**指摘する**．¶～错误 cuòwù / 誤ちを指摘する．

*【指导】zhǐdǎo ①動(付ききりで)**指導する**．教え導く．指図する．他～我写毛笔字 / 彼は書道の指導をしてくれた．②名 コーチ．

【指导员】zhǐdǎoyuán 名 ①指導的な立場にある人．②政治指導員の通称．

【指点】zhǐ//diǎn 動 ①**指し示す**．手ほどきする．¶警察 jǐngchá ～给我看,到天文馆怎么走 / 警官は天文館へ行く道を教えてくれた．②(陰で)非難する．¶不要对别人指指点点 / 人に対して陰でとやかく言うな．

【指定】zhǐdìng 動(時間・場所・人などを)指定する．¶他被 bèi ～为候选人 hòuxuǎnrén / 彼は立候補者に指名された．

【指缝】zhǐfèng 名(～儿)指と指の間．

【指腹为婚】zhǐ fù wéi hūn 〈成〉親同士がまだ胎内にある子供の縁組みをすること．

【指环】zhǐhuán 名(＝戒指 jièzhi)指輪．

*【指挥】zhǐhuī ①動 **指揮する**．**指図する**．►兼語文をつくることができる．¶这支部队由 yóu 他～ / この部隊は彼が指揮する．¶～乐队 yuèduì / オーケストラを指揮する．¶李司令员 sīlìngyuán ～部队作战 / 李司令は部隊を指揮して作戦する．②名 **指揮する人**．指揮者．コンダクター．

【指挥棒】zhǐhuībàng 名 ①指揮棒．②〈転〉指図．命令．

【指挥员】zhǐhuīyuán 名 ①〈軍〉戦闘指揮官．②(中国人民解放軍中の各級の)指導的幹部．③(工事などの)指揮者．

*【指甲】zhǐjia 名(手足の)爪．¶～长 cháng 了 / 爪が伸びた．❖剪 *jiǎn* ～ / 爪を切る．❖修 *xiū* ～ /(マニキュアをするなど)爪の手入れをする．¶手 shǒu ～ / 手の爪．¶脚 jiǎo ～ / 足の爪．¶～油 yóu / マニキュア液．

*【指教】zhǐjiào 動 教え導く．指導する．►他人の批評や助言を請うときの決まり文句．¶请多多～ / よろしくご指導ください．

【指靠】zhǐkào ①動(生活面で)頼る,当てにする．¶～父母生活 shēnghuó / 親のすねをかじって暮らす．②名 よりどころ．当て．¶没有～ / 当てがない．

【指令】zhǐlìng ❶動 命令する．指令する．►多く兼語を伴う．¶厂长～他去完成任务 rènwu / 工場長は彼に仕事を完遂するよう命じた．❷名 ①(下級機関の申請に対して)上級機関から与えられる指令．②〈電算〉コマンド．

【指路】zhǐ//lù 動 道を指し示す．

【指路牌】zhǐlùpái 名 道標．

【指鹿为马】zhǐ lù wéi mǎ 〈成〉是非を転倒する．

【指名】zhǐ//míng 動(～儿)(人を)**指名する**．(物を)**指定する**．►他の動詞(句)と連用する．¶～要我发言 / 私を指名して発言を求めた．¶～攻击 gōngjī / 名指しで攻撃する．¶～道姓 / 名前を挙げる．

【指明】zhǐmíng 動 **明示する**．

【指南】zhǐnán 名 ①(とるべき方向を示す)指針；(判断などの)よりどころ．②(書名に用いて)手引き．案内．¶旅行 lǚxíng ～ / 旅行ガイド．

【指南针】zhǐnánzhēn 名 ①**羅針盤**．羅針儀．②〈喩〉**指針**．

【指派】zhǐpài 動(ある仕事のために人を)任命し派遣する．

【指日可待】zhǐ rì kě dài 〈成〉(希望や事柄が)実現間近である．

【指桑骂槐】zhǐ sāng mà huái 〈成〉遠回しに悪口を言う．当てこすりを言う．

【指使】zhǐshǐ 動〈貶〉指図する．そそのかす．¶这件事幕后 mùhòu 一定有人～ / この事件は陰でだれかが糸を引いているにちがいない．

*【指示】zhǐshì ❶動 ①(人に)**さし示す**．¶～前进的方向 fāngxiàng / 前進する方向をさし示す．②(下級や目下へ)問題処理の原則・方法を説明する．¶上级～我留下坚持 jiānchí 地方工作 / 上級機関は私に残って地方の仕事をやり続けるように指示した．❷名(下級や目下への)指示,指図．¶按 àn ～办事 / 指示どおり事を運ぶ．

【指手画脚】zhǐ shǒu huà jiǎo 〈成〉①身振り手振りを交えて話す．②あれこれと人のあら捜しや批評をする．►"指手划脚"とも書く．

【指数】zhǐshù 名 ①〈数〉指数．②〈経〉指数．¶物价 wùjià ～ / 物価指数．

【指头】zhǐtou 名〈口〉**指**．►足の指をさすこともある．北京方言などでは zhítou と発音することもある．(量) 只,根,个．¶～缝儿 fèngr / 指と指の間のすきま．¶～节儿 / 指の関節．¶～尖儿 jiānr / 指の先．¶～印儿 yìnr / 拇印(ぼん)．¶十个～不一般齐 qí /〈諺〉人や物事にはそれぞれ差がある．十人十色．

【指头肚儿】zhǐtoudùr 名〈方〉指の腹．

【指望】zhǐwang ①動 一心に**期待する**．ひたすら当てにする．¶～有一天能实现 shíxiàn 这个计划 jìhuà / この計画がいつの日か実現されるよう期待している．②名(～儿)望み．見込み．¶他这病还有～吗？/ 彼の病気はまだ治る見込みがありますか．

【指纹】zhǐwén 名 指紋．❖取 *qǔ*～ / 指紋をとる．¶留下 liúxià ～ / 指紋を残す．

Z

【指向】zhǐxiàng ①動 方向を指示する〔指す〕. ②名 指し示す方向.
【指要】zhǐyào 名 要旨.
【指引】zhǐyǐn 動 手引きする.
【指印】zhǐyìn 名(～儿) ①指紋. ②(特に契約書などに押す)拇印. ❖按 àn～/拇印を押す.
【指责】zhǐzé 動(名指しで)非難する. 指弾する.
【指摘】zhǐzhāi 動(過ちを指摘して)非難する,批判する.
【指针】zhǐzhēn 名 ①(時計・計器類の)針. ②〈喩〉手引き. 方針. ③〈電算〉ポインター.
【指正】zhǐzhèng 動 ①誤りを指摘して改めさせる. ②叱正(しっせい)する. ►自分の作品や意見に対する他人の批評を請うときに用いる. ¶请多～/ご叱正をお願いいたします.

咫 zhǐ "咫尺 zhǐchǐ"⇩という語などに用いる.

【咫尺】zhǐchǐ 名〈書〉咫尺(しせき). 距離がきわめて近いこと.
【咫尺天涯】zhǐ chǐ tiān yá 〈成〉近くにいながら会うことができない.

趾 zhǐ ◇◆ ①(動物の)足の指. ¶脚 jiǎo～/足の指. ②足.

【趾高气扬】zhǐ gāo qì yáng 〈成〉得意満面のさま.

酯 zhǐ 名〈化〉エステル.

4声 * **至** zhì 〈書〉①動 至る. ¶由 yóu 上海～北京/上海より北京まで(至る). ②前 …まで. ¶～本月十五日为止 wéizhǐ/今月15日までに. ③副 きわめて. ¶～感荣幸 róngxìng/たいへん光栄です. ◇◆ 極み. ¶欢迎 huānyíng 之～/歓迎の至りである.

【至宝】zhìbǎo 名 至宝. ¶如获 huò～/鬼の首でも取ったかのようだ.
【至诚】zhìchéng 名〈書〉至誠. 真心. ¶待人～/人に真心を尽くす.
【至迟】zhìchí 副 遅くとも. ¶～月末 yuèmò 完成/遅くとも月末までに仕上げる.
【至此】zhìcǐ ❶副 ①これをもって. ¶～为止 wéizhǐ/これでおしまいとする. ②今になって. ¶～,事情有了眉目 méimu/これで仕事は目鼻がついてきた. ❷動 これほどまでなる. ¶事已～/事態はここまで来ている.
*【至多】zhìduō 副(↔至少)《最大の限度を示す》多くとも. せいぜい. ¶他～四十岁 suì/彼はせいぜい40歳だ. ¶我在父母家里～待 dài 两天/私は親の家に居られるのは多くて2日間だ.
【至高无上】zhì gāo wú shàng 〈成〉この上もない. 最高至上である.
【至交】zhìjiāo 名〈書〉仲のよい友人. 昵懇(じっこん)の間柄. ¶他俩 liǎ 结为～已有多年/彼ら二人は親密な間柄になってもう何年にもなる.
【至今】zhìjīn 副 今なお. 今に至るまで. ¶～没有回信/いまだに返信がない.
【至上】zhìshàng 形 至上である. この上もない. ►地位や権力についていう.
*【至少】zhìshǎo 副(↔至多)《最小の限度を示す》少なくとも. せめて. ¶他～四十岁 suì 了/彼は少なくとも40歳にはなっている. ¶三个人不够 gòu,～需要 xūyào 五个/3人では足りない,少なくとも5人必要だ.
【至死】zhìsǐ 副 死ぬまで. ¶～不悟 wù/死ぬまで悟らない. きわめて頑迷である.
【至友】zhìyǒu ⇀【至交】zhìjiāo
*【至于】zhìyú ①前 …に至っては. …となると. …はというと. ►ある事を述べてから,関連する他の事柄に話を転ずる. ¶这不过是我个人 gèrén 的意见,～合适 héshì 不合适,请大家考虑 kǎolǜ/これはただ私個人の意見にすぎませんので,適当かどうかについては,みなさんにお考えいただきたい. ②動(ある程度に)なる. (ある段階に)至る. 〔語法〕もっぱら否定や反語の形で用い,ある程度(好ましくない状態)までには達しないであろうことを表す. ¶这本书很通俗 tōngsú,他不～看不懂吧/この本はとても分かりやすいから,彼が読んでも分からないってことはないでしょう. ¶要是早点儿去医院治疗 zhìliáo,怎么～病成这个样子?/もっと早く病院に行って治療を受けていたら,病気がこれほどこじれただろうか.

志(誌) zhì 動〈方〉量る. 測る. ◇◆ ①志. 抱負. 志向. ¶立 lì～/志を立てる. ②記録. ¶《三国～》/『三国志』. ③記号. しるし. ¶标 biāo～/標識. マーク. ④記す. 記憶にとどめる. ¶～喜/喜びを記す. ‖姓

【志哀】zhì'āi 動 哀悼の意を表す.
【志怪】zhìguài 動 怪異を記す.
【志气】zhìqì 名 気骨. 気概. 意気. ¶有～/気骨がある;進取の気性がある.
【志趣】zhìqù 名 志向. 愛好. 趣味.
【志士】zhìshì 名〈書〉節操の堅い人;大志を抱く人. ¶～仁人 rénrén/仁愛深い正義の人.
【志同道合】zhì tóng dào hé 〈成〉志と信念を同じくする. 意気投合する.
【志向】zhìxiàng 名(将来についての)志.
*【志愿】zhìyuàn ①名 願い. 望み. 志望. ¶立下～/志を立てる. ¶共同的～/共通の願い. ②動 志願する. 自ら望む. ¶～到边疆 biānjiāng 工作/自ら望んで辺境へ行き働く.
【志愿活动】zhìyuàn huódòng 名 ボランティア活動.
【志愿军】zhìyuànjūn 名 義勇軍.
【志愿书】zhìyuànshū 名(党派や団体に参加するための)志願書.
【志愿者】zhìyuànzhě 名 ボランティア.

识(識) zhì ◇◆ ①記憶する. 書き記す. ¶附 fù～/付記する. ②しるし. ¶款 kuǎn～/落款(らっかん). ➡shí

帜(幟) zhì ◇◆ ①幟(のぼり). 旗(じるし). ¶旗 qí～/旗じるし. ②しるし. ¶标 biāo～/標識.

帙 zhì 〈書〉①名 帙(ちつ). (布製・紙製の)書画を保護するためのカバー. ②量 帙に入れた書物を数える.

制(製) zhì 動 製造する. 製作する. ¶～图表 túbiǎo/図表を作る.

◇◆ ①制度．法則．¶税 shuì ～ / 税制．¶公～ / メートル法．②制定する．取り決める．¶→～定 dìng．③制限・制約する．¶控 kòng ～ / 制御する．‖姓

【制版】zhì//bǎn 動〈印〉製版する．

【制备】zhìbèi 動〈化〉調製する．調合する．

【制币】zhìbì ①名 国家で制定した貨幣．②動 造幣する．

【制表】zhì//biǎo 動〈統計〉図表を作製する．

【制裁】zhìcái 動 制裁を加える．

【制成品】zhìchéngpǐn 名 製品．既成品．

【制导】zhìdǎo 動(ミサイルなどを無線電波によって)誘導する．¶～导弹 dǎodàn / 誘導ミサイル．

*【制订】zhìdìng 動(新たに計画・法令などを)**制定する，立案する**，作る．¶～方案 / 案を作る．¶～计划 jìhuà / 計画を立てる．

【制定】zhìdìng 動(法律などを)**制定する**；(規約などを)**取り決める**；(計画などを)**立てる**．¶～工作计划 gōngzuò jìhuà / 作業計画を立てる．

【制动】zhìdòng 動 ブレーキをかける．制動する．

*【制度】zhìdù 名 ①(メンバーが守るべき)制度．システム．スケジュール．¶遵守 zūnshǒu ～ / 制度を守る．②(体系としての)制度．¶社会～ / 社会制度．

【制伏・制服】zhì//fú 動 打ち勝つ．征服する．制圧する．

【制服】zhìfú 名 **制服**．ユニホーム．㊊ 件；[ひとそろいになったもの] 套 tào．

【制剂】zhìjì 名〈薬〉(水薬や血清・ワクチンなどの)調合剤．

【制冷】zhìlěng 動 低温にする．冷凍する．¶～装置 zhuāngzhì / 冷凍装置．

【制片人】zhìpiànrén 名〈映〉映画製作者．映画プロデューサー．

【制品】zhìpǐn 名 **製品**．¶奶 nǎi ～ / 乳製品．

【制胜】zhìshèng 動 勝ちを制する．

【制图】zhì//tú 動 製図する．

【制药】zhìyào 動 薬品を製造する．¶～厂 chǎng / 製薬工場．

【制约】zhìyuē 動 制約する．¶受 shòu ～ / 制約を受ける．

*【制造】zhìzào 動 ①**製造する**．造る．¶～飞机 fēijī / 航空機を製造する．②〈貶〉**でっち上げる**．¶～谣言 yáoyán / デマを飛ばす．

*【制止】zhìzhǐ 動 **制止する**．阻止する．(無理やりに)止めさせる．¶～战争 zhànzhēng / 戦争を阻止する．¶～他继续 jìxù 说下去 / 彼が話し続けるのを止める．

*【制作】zhìzuò 動(家具や模型・玩具のような小さな物を)作る．¶～组合家具 / ユニット家具を製造する．¶手工～的工艺品 / 手作りの工芸品．

质(質) zhì

❶名 ①(物の)**性質，本質**．¶量 liàng 的变化引起～的变化 / 量的変化は質的変化をきたす．②**品質**．¶按 àn ～论价 / 質に応じて価格を決める．

❷動 **抵当に入れる**．質に入れる．¶以衣物～钱 / 衣類・日用品を質に入れて金をつくる．

◇◆ ①問いただす．¶→～疑 yí．¶→～问 wèn．②素朴である．¶→～朴 pǔ．③物質．¶流～食物 / 流動食．④抵当品．質草．¶人～ / 人質．

【质地】zhìdì 名 ①(品物の材料や織物などの)品質，性質．②(人の)素質，品性，資質．

【质感】zhìgǎn 名 質感．

【质检】zhìjiǎn 名〈略〉品質検査．

*【质量】zhìliàng 名 ①(製品や仕事などの)**品質**，**質**，優劣の程度，質的な内容．¶～不好 / 品質がよくない．¶工程 gōngchéng ～ / 工事のできばえ．②〈物〉質量．

【质料】zhìliào 名(製品の)原料，材料．

【质朴】zhìpǔ 形 質素である．飾り気がない．

【质数】zhìshù 名〈数〉素数．

【质问】zhìwèn 動 詰問する．なじる．問いただす．►相手を非難するニュアンスを含む．

【质询】zhìxún 動(質問し)回答を求める．

【质疑】zhìyí 動 質問する．質疑する．

【质疑问难】zhì yí wèn nàn〈成〉疑問を出して討論する．

【质因数】zhìyīnshù 名〈数〉素因数．

【质子】zhìzǐ 名〈物〉陽子．プロトン．

炙 zhì

◇◆ ①あぶる．②あぶった肉．¶脍 kuài ～人口 /〈成〉人口に膾炙(かいしゃ)する．③感化される．¶亲 qīn ～ /〈書〉直接教えを受ける．‖姓

【炙手可热】zhì shǒu kě rè〈成〉飛ぶ鳥をも落とす勢い．

*治 zhì

動 ①**治療する**．¶病已经～好了 / 病気はもうよくなった．②(害虫を)**退治する**，駆除する．¶蚜虫 yáchóng ～尽 jìn 了 / アブラムシは駆除した．

◇◆ ①治める．うまく処理する．¶→～本．¶→～水 shuǐ．②安定している．太平である．¶天下大～ / 天下泰平．③処罰する．¶处 chǔ ～ / 処分する．¶→～罪 zuì．④地方政庁の所在地．¶省 shěng ～ /〈旧〉省都．¶县 xiàn ～ /〈旧〉県城．‖姓

【治安】zhì'ān 名 社会の安寧と秩序．治安．¶扰乱 rǎoluàn ～ / 治安を乱す．

【治本】zhì//běn 動 根本的な解決をはかる．

【治病救人】zhì bìng jiù rén〈成〉人の欠点や過ちを批判して立ち直るのを助ける．

【治国】zhì//guó 動 国を治める．¶～安民 / 国を治め民を安らかにする．

【治家】zhì//jiā 動 一家を治める．

【治理】zhìlǐ 動 ①統治する．管理する．¶～国家 / 国を治める．②(河川・砂漠・環境汚染などを)整備する，改修する，治める．¶～生活环境 huánjìng / 生活環境を整える．

*【治疗】zhìliáo 動 **治療する**．¶住院 zhùyuàn ～ / 入院して治療する．¶～伤病员 shāngbìngyuán / 傷病者を治療する．

【治丧】zhì//sāng 動 葬儀を営む．¶～委员会 wěiyuánhuì / 葬儀委員会．

【治沙】zhìshā 動 砂漠化を防止する．

【治水】zhì//shuǐ 動 治水する．

【治外法权】zhìwài fǎquán 名 治外法権．

【治罪】zhì//zuì 動(罪を犯した人を)処罰する．

栉(櫛) zhì

◇◆ ①くし．¶→～比 bǐ．②髪をすく．くしけずる．¶～发 fà /〈書〉髪をとかす．

【栉比】zhìbǐ 動〈書〉くしの歯のようにすきまなく並ぶ．¶鳞 lín 次～ /〈成〉ぎっしりと軒を並べているさま．

Z

【栉风沐雨】zhì fēng mù yǔ 〈成〉雨の日も風の日も休まずに奔走し苦労するさま．

峙 zhì ◇◆ そびえ立つ．¶对～／対峙(たいじ)する．¶鼎 dǐng ～／三つに分かれて対立する．

贽(贄) zhì ◇◆〈旧〉初対面のときに贈る贈り物．¶～见／みやげ物を提げて訪ねる．

挚(摯) zhì ◇◆ 誠実である．

【挚诚】zhìchéng 形 真摯である．

桎 zhì ◇◆ 足かせ．

【桎梏】zhìgù 名〈書〉足かせと手かせ．桎梏(しっこく)．束縛．¶摆脱 bǎituō ～／束縛を逃がれる．

*__致__(緻) zhì 動〈書〉(気持ち・あいさつなどを)贈る．表す．¶～欢迎 huānyíng 词／歓迎の言葉を述べる．¶～函 hán 问候／手紙を送りあいさつする．¶向各位～以衷心 zhōngxīn 的谢意／皆様に対して心から感謝の意を表します．
◇◆ ①集中する．¶→～力 lì．②招く．招来する．¶→～富 fù．③趣．おもしろみ．¶兴 xìng ～／興味．¶别～／独特な趣．④細かい．精密である．¶细～／細かい．ていねいである．¶精～／精密である．‖姓

【致癌物质】zhì'ái wùzhì 名〈医〉発癌物質．
【致病菌】zhìbìngjūn 名〈医〉病原菌．
【致残】zhìcán 動〈書〉けがをして身体障害者になる．
【致词・致辞】zhì//cí 動 あいさつを述べる．¶致闭幕 bìmù 词／閉会のあいさつを述べる．
【致电】zhì//diàn 動 電報を送る．打電する．
【致富】zhìfù 動 富をもたらす．財をなす．¶～之路／財テク法．富をつくる道．
【致函】zhìhán 動 書簡を送る．手紙を送る．
【致贺】zhìhè 動 祝意を表する．お祝いを述べる．
【致敬】zhìjìng 動 敬意を表する．
【致力】zhìlì 動 力を尽くす．►"于 yú"を伴うことが多い．¶～于文化事业 shìyè／文化事業に力を注ぐ．
【致密】zhìmì 形 緻密である．
【致命】zhìmìng 動 命取りになる．命にかかわる．¶安眠药 ānmiányào 吃多了会～／睡眠薬を飲みすぎると命にかかわる．¶～的打击 dǎjī／致命的な打撃．
【致气】zhì//qì 動〈方〉腹を立てる．
【致伤】zhìshāng 動〈書〉けがをする．
【致使】zhìshǐ 動 …の結果になる．…することになる．
【致死】zhìsǐ 動 死に至る．
【致谢】zhì//xiè 動 謝意を表する．¶谨 jǐn 此～／(手紙文で)謹んで謝意を表する．
【致意】zhìyì 動 あいさつする．¶请代 dài 我向 xiàng 你妈妈～／どうかお母さんによろしく伝えてください．

秩 zhì 量〈古〉10年．¶八～寿辰 shòuchén／80歳の誕生日．
◇◆ 順序．¶～然不紊 wěn／整然として乱れない．‖姓

*【秩序】zhìxù 名 秩序．順序．¶维持 wéichí ～／秩序を保つ．¶有～地开展 kāizhǎn 工作／順序正しく仕事を進める．

掷(擲) zhì 動 投げる．¶～石头 shítou／石を投げつける．¶～色子 shǎizi／さいころを振る．

【掷标枪】zhìbiāoqiāng 名〈体〉槍投げ．
【掷界外球】zhìjièwàiqiú 名〈体〉(サッカーやバスケットボールなどで)スローイン．
【掷铁饼】zhìtiěbǐng 名〈体〉円盤投げ．

痔 zhì 名 痔(じ)．
►一般に"痔疮 zhìchuāng"という．

【痔疮】zhìchuāng 名〈医〉痔(じ)．
【痔漏】zhìlòu 名 痔瘻(じろう)．

窒 zhì ◇◆ ふさぐ．ふさがる．

【窒闷】zhìmèn 形 息苦しい．風通しが悪い．
【窒息】zhìxī 動 ①窒息する．¶～而 ér 死／窒息して死ぬ．②〈喩〉息の根を止める．¶～民主／民主主義を抹殺する．

蛭 zhì 名〈動〉ヒル．¶水 shuǐ ～／チスイビル．¶肺 fèi ～／肺ジストマ．¶肝 gān ～／肝臓ジストマ．

智 zhì ◇◆ ①賢い．知恵がある．¶明～／賢明である．¶～者千虑 lǜ,必有一失／〈成〉知恵のすぐれた人でも,数多く考えるうちには必ず誤りがあるものだ．②知恵．見識．¶吃一堑 qiàn,长 zhǎng 一～／〈成〉一度失敗すればそれだけ賢くなる．‖姓

【智齿】zhìchǐ 名〈生理〉親知らず．知歯(ちし)．
【智慧】zhìhuì 名 知恵．知慮．
【智力】zhìlì 名 知力．頭脳の働き．¶～商数 shāngshù／知能指数．¶～测验 cèyàn／知能テスト；(テレビなどの)クイズ．¶～投资 tóuzī／教育投資．
【智利】Zhìlì 名〈地名〉チリ．
【智略】zhìlüè 名 知恵と策略．知略．
【智谋】zhìmóu 名 知恵と計略．¶施展 shīzhǎn ～／智謀をめぐらす．
【智囊】zhìnáng 名 知恵に富んだ人．ブレーン．
【智囊团】zhìnángtuán 名 シンクタンク．
【智能】zhìnéng ①名 知能．②形 知能的な．¶～手机 shǒujī／スマートフォン．
【智取】zhìqǔ 動 計略で攻め取る．
【智商】zhìshāng 名〈略〉知能指数．IQ．
【智牙】zhìyá →【智齿】zhìchǐ
【智勇双全】zhì yǒng shuāng quán 〈成〉知勇兼備．知恵と勇気が両方ある．
【智育】zhìyù 名 知育．

痣 zhì 名 あざ．ほくろ．¶脸上长 zhǎng 了一个～／顔にあざができた．‖姓

滞(滯) zhì ◇◆ 滞る．¶停 tíng ～／停滞する．¶～货 huò／滞貨．売れ残りの商品．

【滞后】zhìhòu 動(事物などが)立ち後れている．
【滞纳金】zhìnàjīn 名(電気・水道・ガス料金や税金などの)滞納金,遅滞金．
【滞涩】zhìsè 形〈書〉①鈍い．生気がない．②(文章の)通りが悪い．③はかどらない．

【滞销】zhìxiāo 動(商品が)売れ行きが悪い. 棚ざらしになる. ¶～商品 / 売れ残りの商品.
【滞胀】zhìzhàng 名〈経〉スタグフレーション.

置 zhì 動 ①置く. ほうっておく. ►多く"～于 yú"の形で用いる. ¶～于案 àn 上 / 机の上に置く. ¶她把此事 cǐ shì ～于脑后了 / 彼女はこの事をすっかり忘れてしまっている. ②(比較的大きな買物として)購入する. ¶～嫁妆 jiàzhuāng / 嫁入り道具を買いととのえる. ◇◆ 設置する. 設立する. ¶设 shè ～ / 設置する. ¶装 zhuāng ～ / 取り付ける.
【置办】zhìbàn 動 購入する. 買い入れる.
【置备】zhìbèi 動(設備や用具を)購入する,買い入れる. ¶～日常用品 / 日用品を購入する.
【置家】zhì//jiā 動 家を構える.
【置若罔闻】zhì ruò wǎng wén 〈成〉聞こえないふりをする. 少しも耳を貸さない.
【置身】zhìshēn 動〈書〉身を…に置く. ►"于 yú"を伴うことが多い. ¶～于时代潮流 cháoliú 之中 / 時代の流れに身を置く.
【置身事外】zhì shēn shì wài 〈成〉局外に立つ.
【置信】zhìxìn 動〈書〉信用する. 信任する. ►普通,否定で用いる. ¶难以～ / 信じられない.
【置疑】zhìyí 動〈書〉疑いをさしはさむ. ►否定で用いる. ¶不容～ / 疑いをはさむ余地がない.
【置之不理】zhì zhī bù lǐ 〈成〉かまわずにほうっておく.
【置之度外】zhì zhī dù wài 〈成〉度外視する.

雉 zhì ①名〈鳥〉キジ. ②量 古代の城壁の大きさの単位:幅 3 丈,高さ 1 丈の大きさを 1"雉"という.
【雉鸠】zhìjiū 名〈鳥〉ヤマバト. キジバト.

稚(穉) zhì ◇◆ 幼い. いとけない. ¶幼 yòu ～ / 子供っぽい.
【稚气】zhìqì ①名 子供らしさ. 稚気. ②形 子供っぽい. 大人げない.
【稚子】zhìzǐ 名 幼子. 幼児.

zhong (ㄓㄨㄥ)

1声 ***中** zhōng ①方位 **中(に,で)**. ►ある範囲内を表す. 単独では用いない. ¶山～有虎 hǔ / 山の奥に虎がいる. ¶假期 jiàqī ～ / 休みの間. ¶词典～没收 shōu 这个字 / 辞典の中にこの字が入っていない. ¶沉浸 chénjìn 在悲痛的气氛 qìfēn ～ / 悲しい雰囲気の中にひたる.
②形〈方〉よろしい. できる. ¶你看这么办～不～? ——～ / こうするのはどう思いますか——いいよ.
◇◆ ①中(ほど)の. 中央(の). ¶→～间 jiān. ¶当 dāng ～ / 真ん中. …の中. ¶居 jū ～ / 真ん中にある. 中に立つ. ②等級が中ほどである. ¶→～等. ¶→～学. ¶适 shì ～ / ちょうどよい. ③仲介人. 証人. ¶作～ / 間に立つ. ¶～保 / 仲介人と保証人. ④…するに快い. ¶→～用 yòng. ¶→～看 kàn. ¶→～听 tīng. ⑤(Zhōng)中国. ►"外,西,洋"と対立させて用いることが多い. ¶古今～外 / 古今東西. ¶洋为～用 / 外国のものを中国に役立てる. ‖姓 ►► zhòng
【中巴】zhōngbā 名〈略〉中型バス.
【中班】zhōngbān 名 ①(幼稚園で)年中組. ②(工場などで)昼過ぎから夜にかけての勤務.
【中部】zhōngbù 方位 中部. 真ん中の地域. ¶华北 Huáběi 平原～ / 華北平野の中部.
*【中餐】zhōngcān 名(西洋料理"西餐"に対して)**中国料理**.
【中草药】zhōngcǎoyào 名〈中医〉薬草. 生薬. ►"中药 zhōngyào"(漢方薬)と"草药 cǎoyào"(民間薬)の合称.
【中层】zhōngcéng 名(機構・組織・階層などの)中間層. ¶～干部 gànbù / 中級の幹部.
【中程】zhōngchéng 名 中距離. ¶～导弹 dǎodàn / 〈軍〉中距離弾道ミサイル.
【中成药】zhōngchéngyào 名〈中医〉(調合した)漢方薬. 中医成薬.
【中档】zhōngdàng ①形(質や値段が)中級の. ¶～茶叶 cháyè / 中級のお茶. ②名 中級の商品.
【中等】zhōngděng 形 ①(程度が)**中くらいである**. 中等の. ¶学习成绩 chéngjì ～ / 勉強の成績は中くらいだ. ¶～货色 huòsè / 中級品. ②(背が高くも低くもなく)中背である. ¶～身材 shēncái / 中肉中背.
【中东】Zhōngdōng 名〈地〉中東.
【中断】zhōngduàn 動 **中断する**. とぎれる. ¶联系 liánxì ～了 / 連絡がとだえた. ¶不该 gāi ～治疗 zhìliáo / 治療を中断すべきでない.
【中队】zhōngduì 名 ①中隊. ②(軍隊で)中隊.
【中耳炎】zhōng'ěryán 名〈医〉中耳炎.
【中饭】zhōngfàn 名 昼食.
【中非】Zhōngfēi 名〈地名〉中央アフリカ.
【中锋】zhōngfēng 名〈体〉(サッカーなどで)センターフォワード;(バスケットボールで)センター.
【中缝】zhōngfèng 名 ①〈印〉新聞の見開きの折り目となる余白. のど. ②〈印〉木版本で 1 枚の紙の中央部分. 製本したとき"书口"(小口)となる折り目に当たる部分. 前小口. ③(衣服の)背中央の縦の縫い目.
【中伏】zhōngfú 名 ①夏至後第四の庚(かのえ)の日. ②夏至後第四の庚の日から立秋後最初の庚の日の前日まで.
【中共】Zhōnggòng 名〈略〉**中共**. ►"中国共产党"の略.
【中共中央】Zhōnggòng zhōngyāng 名〈略〉中国共産党中央委員会;中国共産党中央指導部.
【中国】Zhōngguó 名 ①中国**. ¶～通史 tōngshǐ / 中国の通史. ②**中華人民共和国**("中华人民共和国 Zhōnghuá rénmín gònghéguó")の略称. ►首都は"北京 Běijīng"(ペキン). 1949年10月 1 日,中国共産党の指導で誕生した人民共和国.
【中国话】Zhōngguóhuà 名 (話し言葉としての)**中国語**. ⇨【中文】Zhōngwén
【中和】zhōnghé 動〈化〉〈医〉〈物〉中和する. 中和させる.
【中华】Zhōnghuá 名 **中華**. ►古代では黄河流域一帯の地をさしたが,のちに中国全土をさすようになった.
【中华民国】Zhōnghuá mínguó 名 中華民国. ►1912年,孫文を臨時初代総統として成立した,アジア最初の共和国. 略して"民国"ともいう.
【中华民族】Zhōnghuá mínzú 名 中国各民族の総称. 中華民族.

【中华人民共和国】Zhōnghuá rénmín gònghéguó ⇀【中国】Zhōngguó ②
【中级】zhōngjí 形 中級の．¶～人民法院 / 中級人民法院．
【中继线】zhōngjìxiàn 名(電信・電話の)中継線．
【中继站】zhōngjìzhàn 名 ①(輸送の)集配所．②(電波の)中継局．
【中坚】zhōngjiān 名 中堅．中核．¶～分子 fènzǐ / 中堅となる人々．
【中间】zhōngjiān (～儿) 方位 ①(2点間の)中心．中ほど．**¶三棵 kē 树之中,～这一棵长得最高 / 3本の木の中で,まん中のこの木がいちばん高い．¶相片上左边是我,右边是我表哥 biǎogē,～是我妈妈 / 写真の左側は私,右側はいとこで,真ん中は母です．②(空間的・時間的なある一定の)**範囲の中**．¶会议～休息 xiūxi 了两次 / 会議の間に2回休憩した．¶学生～他学得最好 / 学生の中で彼はいちばんよくできる．¶这一年～他得了好几次病 / この1年の間に彼は何度も病気をした．
比較 中间：之间 zhījiān：中 zhōng "中间"は2点間についても,空間的・時間的なある一定範囲内についても用いられるが,"之间"は2点間についてしか用いられない．"中"は周囲を囲まれた内部の部分について用いられるだけである．¶操场 cāochǎng 在体育馆和图书馆中间〔之间,×中〕/ 運動場は体育館と図書館の間にある．¶人群 rénqún 中间〔中,×之间〕爆发 bàofā 出热烈的掌声 zhǎngshēng / 群衆の中から大きな拍手が沸き上がった．
【中间人】zhōngjiānrén 名 仲介人．
【中间儿】zhōngjiànr ⇀【中间】zhōngjiān
【中介】zhōngjiè 名 仲介．媒介．¶～费 fèi / 仲介料．
【中距离】zhōngjùlí 名 中距離．
【中看】zhōngkàn 形 見てくれ〔見た目〕がよい．¶～不中用 / 見かけはよいが役に立たない．
【中立】zhōnglì 動 中立する．中立を守る．¶保持 bǎochí ～ / 中立を守る．
【中量级】zhōngliàngjí 名〈体〉ミドル級．
【中流】zhōngliú 名 ①河流の中央．②(河川の)中流．③中等の程度．並みの状態．
【中流砥柱】zhōng liú dǐ zhù〈成〉大黒柱．
【中路】zhōnglù 形(～儿)(商品が)中級の,並みの．¶～货 huò / 中級品．
【中落】zhōngluò 動(家運が)傾く,落ちぶれる．¶家境 jiājìng ～ / 暮らし向きが左前になる．
*【中年】zhōngnián 名 **中年**．参考 中国では一般に30代から40代後半までをさす．30代は"中青年"ということもある．
【中农】zhōngnóng 名 中農．"富农 fùnóng"と"贫农 pínnóng"の中間に位置する農民．
【中频】zhōngpín 名 ①〈無〉中間周波数．②〈電〉中波．
【中期】zhōngqī ①名 中ごろ．中期．②形(期間の長さが)中期の．
*【中秋节】Zhōngqiūjié 名 **中秋節**．►旧暦の8月15日．月餅(げっぺい)を食べる風習がある．
【中山狼】zhōngshānláng〈慣〉恩を仇(あだ)で返す人．忘恩の徒．
【中山装】zhōngshānzhuāng 名 人民服．中山服．►"制服 zhìfú"とも．
【中式】zhōngshì 形 中国式の．中国風の．¶～服装 fúzhuāng / 中国式の服装．¶～建筑 jiànzhù / 中国風の建物．
【中枢】zhōngshū 名 中枢．センター．¶交通～ / 交通の中枢．¶～神经 shénjīng / 中枢神経．
【中堂】zhōngtáng 名 ①母屋中央の部屋．►客間にあてられることが多い．量 间．②客間の中央の壁に掛ける掛け軸．
【中提琴】zhōngtíqín 名〈音〉ビオラ．量 把．
【中听】zhōngtīng 形 耳に心地よい．¶他说话很～ / 彼の話は耳当たりがよい．
*【中途】zhōngtú 名 **中途**．途中．¶他原先是学医的,～改行 gǎiháng 搞文艺了 / 彼はもともと医学を勉強していたが,途中から文学にくら替えした．¶～而废 fèi /〈成〉中途半端で止める．
*【中外】zhōngwài 名 **中国と外国**．中国の国内と国外．¶古今～ / 古今東西．¶驰名 chímíng ～ / 内外に名を馳せる．
【中卫】zhōngwèi 名〈体〉(球技で)ハーフバック．
【中位数】zhōngwèishù 名〈数〉メジアン．
【中文】Zhōngwén 名(文章語・書き言葉としての)中国語**．中国文．¶你看得懂 dǒng ～报吗？/ あなたは中国語の新聞が読めますか．¶～系 xì / 中国語学文学科〔部〕．
【中午】zhōngwǔ 名 **昼．
【中西】zhōngxī 名 中国と西洋(の)．¶～医结合 / 中国医学と西洋医学が結合する．
【中线】zhōngxiàn 名 ①〈数〉中線．②〈体〉センターライン；ハーフライン．
【中校】zhōngxiào 名〈軍〉中佐．
*【中心】zhōngxīn 名 ①(～儿)**真ん中**．¶他家在市～ / 彼の家は市の中心部にある．②**中心**．**核心**．最も大切なところ．¶～环节 huánjié / 重要な部分．③中心地．¶政治(的)～ / 政治の中心地．④**センター**．ある方面の専門的・総合的施設．¶气象预报 yùbào ～ / 気象予報センター．
【中兴】zhōngxīng 動(国家を)中興する．
【中型】zhōngxíng 形 中型の．¶～汽车 qìchē / 中型車．
【中性】zhōngxìng 名 ①〈化〉中性．②〈語〉(文法上の)中性．③ほめる意味("褒义")も,けなす意味("贬义")もないこと．
【中学】zhōngxué 名 ①中学・高校**．量 所,个．
注意 "中学"は日本の中学と高校に相当し,"初级 chūjí 中学"(略して"初中")と"高级 gāojí 中学"(略して"高中")に分かれる．通常,それぞれ3年制．②(清代末の)漢学．中国の伝統的な学術．
【中学生】zhōngxuéshēng 名 中高生．"中学"の生徒．
【中旬】zhōngxún 名 **中旬**．¶八月～ / 8月中旬．
【中亚】Zhōngyà 名〈地〉中央アジア．
*【中央】zhōngyāng 名 ①**真ん中**．②**中央**．►特に国家政権または政治団体の最高指導機関(中央委員会)をさす．¶党 dǎng ～ / 党中央指導部．¶～和地方 dìfāng / 中央(政府)と地方(政府)．
【中央处理器】zhōngyāng chǔlǐqì 名〈電算〉CPU．
【中央岛】zhōngyāngdǎo 名〈交〉安全地带．
【中央情报局】Zhōngyāng qíngbàojú 名(アメリカの)中央情報局．CIA．
【中腰】zhōngyāo 名(～儿)(事物の)中ほどのとこ

ろ．►"半截腰儿 bànjiéyāor"とも．

*【中药】zhōngyào 名 **漢方薬．**

【中叶】zhōngyè 名 中葉．中期．

*【中医】zhōngyī 名 ①**中国医学．** ②**漢方医．**

【中庸】zhōngyōng ①名 中庸．¶～之道 / 中庸の道．►どっちつかずの消極的な態度をいうこともある．②形〈書〉(才能が)平凡である．

【中用】zhōngyòng 形 役立つ．►否定文に用いることが多い．¶你真不～！/ おまえはほんとに能なしだ．

【中游】zhōngyóu 名 ①(河川の)中流．②〈喩〉ほどほどの状態．

【中雨】zhōngyǔ 名〈気〉中程度の雨．

【中原】Zhōngyuán 名 中原(ちゅうげん)．黄河中流・下流の地域．►古代の政治・文化の中心地．

【中元节】Zhōngyuánjié 名 中元節．►昔の道教の祭り．旧暦の7月15日．

【中止】zhōngzhǐ 動 中止する．中止となる．¶～谈判 tánpàn / 交渉を中断する．

【中指】zhōngzhǐ 名 中指．

【中州】Zhōngzhōu 名 現在の河南省一帯(古くはこの地域が全国の中心であった)の旧称．

【中专】zhōngzhuān 名〈略〉中等専門学校．

【中转】zhōngzhuǎn 動 ①〈交〉乗り換える．②人を介して渡す．

【中转站】zhōngzhuǎnzhàn 名 乗り換え駅．ターミナル駅．

【中装】zhōngzhuāng 名 中国風の服装．

【中子】zhōngzǐ 名〈物〉中性子．ニュートロン．

【中子弹】zhōngzǐdàn 名〈軍〉中性子爆弾．

忠 zhōng

◇◆ 忠実である．‖姓

【忠臣】zhōngchén 名 忠臣．

*【忠诚】zhōngchéng ①形 **忠実である．** ¶对祖国无限 wúxiàn ～ / 祖国に限りなく忠実である．②動 誠意〔全力〕を尽くす．¶～教育事业 shìyè / 教育事業に全力を尽くす．

【忠告】zhōnggào ①動 忠告する．¶一再～ / 一度ならず忠告する．②名 忠告．

【忠厚】zhōnghòu 形 正直で温厚である．

【忠烈】zhōngliè ①形 忠義を尽くし命まで犠牲にするさま．②名 忠義を尽くし,命をささげた人．

*【忠实】zhōngshí 形 ①**忠実である．** ②**正確である．** そっくりそのままである．¶～于 yú 原文 / 原文に忠実である．

【忠顺】zhōngshùn 形 ひたすら忠実で従順である．

【忠心】zhōngxīn 名 忠誠心．

【忠心耿耿】zhōng xīn gěng gěng 〈成〉忠誠心が固いさま．

【忠言】zhōngyán 名 忠言．

【忠言逆耳】zhōng yán nì ěr 〈成〉戒めの言葉は耳に痛い．

【忠义】zhōngyì 名 ①忠義．②〈旧〉忠義な人．

【忠于】zhōngyú 動〈書〉…に忠実である．忠誠を尽くす．¶～自己 / 自己に忠実である．

【忠直】zhōngzhí 形 忠実で正直である．

终 zhōng

副 **結局のところ．** ついには．いつかは．¶这件事再拖 tuō 下去,～不是个办法 / その事はいくら延ばしたところで,結局のところ解決できるものではない．

◇◆ ①終わる．終わり．¶年～ / 年の終わり．¶→～点 diǎn．②死ぬ．¶临 lín ～ / 〈書〉臨終．¶送～ / 最期をみとる．③始めから終わりまで．¶→～日 rì．¶→～生 shēng．‖姓

【终场】zhōngchǎng ①動(芝居や球技などが)終わる．②名 最後の1科目の試験．

*【终点】zhōngdiǎn 名 ①**終点．** ¶～站 zhàn / ターミナル．②〈体〉(トラック競技で)ゴール．❖到达 *dàodá* ～ / ゴールインする．

【终端】zhōngduān 名 ①〈電〉ターミナル．②〈電算〉端末．

【终归】zhōngguī 副 結局のところ．ついには．しょせん．¶只要努力 nǔlì,～能学会 / 努力さえすれば最後にはマスターできる．¶他～还是个新手 xīnshǒu / 彼はしょせん新米だ．

【终极】zhōngjí 形 究極の．最後の．

【终极关怀】zhōngjí guānhuái 名〈医〉終末医療．ホスピスケア．

【终结】zhōngjié ①動 終了する〔させる〕．¶战争仍未～ / 戦争はまだ終結していない．②名 終結．結末．

【终究】zhōngjiū 副 結局のところ．最後には．しょせん．

【终局】zhōngjú 名 結末．

【终了】zhōngliǎo 動 終了する．¶学期 xuéqī ～ / 学期が終わる．

【终南捷径】zhōng nán jié jìng 〈成〉成功への近道．

【终年】zhōngnián 名 ①一年中．¶天山顶上～积雪 jīxuě / 天山の頂上は1年中雪をいただく．②享年(きょうねん)．

【终日】zhōngrì 名 一日中．終日．

*【终身】zhōngshēn 名 **一生．生涯．**

【终身大事】zhōng shēn dà shì 〈成〉一生の大事．►結婚をさす．

【终审】zhōngshěn 名 ①〈法〉(裁判の)最終審．②(原稿などの)最終チェック．

【终生】zhōngshēng 名 終生．一生．¶～难忘的回忆 huíyì / 一生忘れられない思い出．

【终夜】zhōngyè 名〈書〉夜通し．ひと晩中．

*【终于】zhōngyú 副 **ついに．** とうとう．¶试验 shìyàn ～成功了 / 実験はとうとう成功した．¶～,我们自己的人造卫星 rénzào wèixīng 上天了 / ついに,われわれ自身の人工衛星が上がった．

【终止】zhōngzhǐ ①動 終止する．¶～不法行为 xíngwéi / 不法行為をやめる．②名〈音〉終止．

盅 zhōng

名(～儿・～子)(取っ手のない)湯のみ,杯．¶酒～儿 / 杯．¶小茶～儿 / 小さな湯のみ茶碗．

** 钟(鐘・鍾) zhōng

名 ①《**時間を表す**》¶十点～ / 10時．¶五分～ / 5分間．②**掛け時計．置き時計．** ►携帯用でないもの．量 个,座 zuò．③つり鐘．¶撞 zhuàng ～ / 鐘をつく．

◇◆(感情などが)集まる,集める．¶→～爱 ài．‖姓

【钟爱】zhōng'ài 動(子供や目下の者の一人を)特にかわいがる,特に愛情を注ぐ．

【钟表】zhōngbiǎo 名 時計(の総称)．►"钟"(掛け時計・置き時計)と"表"(携帯用の時計)．

Z

*【钟点】zhōngdiǎn 名(～儿)〈口〉①(ある定まった)時間,時刻. ¶到～了,快走吧! / もう時間だ,早く行こう. ② 時間(60分). ¶等了一个～,他还没来 / 1時間も待ったが,彼はまだ来ない.
【钟点工】zhōngdiǎngōng 名 パートタイマー. 時給で働くフリーター.
【钟楼】zhōnglóu 名 ① 鐘楼. ② 時計台.
【钟情】zhōngqíng 動(男女が)好きになる,ほれこむ. ¶一见～ /〈成〉ひと目ぼれをする.
【钟乳石】zhōngrǔshí 名 鐘乳石.
【钟头】zhōngtóu 名〈口〉(= 小时 xiǎoshí)時間.** (量) 个. ¶一天工作八个～ / 1日8時間働く. ¶坐飞机到上海需要 xūyào 几个～? —要三个～左右 zuǒyòu / 飛行機で上海まで何時間かかりますか —およそ3時間です.

衷 zhōng
◇ ①内心. 真心. ¶→～情. ②(= 中 zhōng)中央. ¶折 zhé ～ / 折衷する. ‖姓

【衷情】zhōngqíng 名〈書〉内心.
*【衷心】zhōngxīn 形 **心からの.** 衷心よりの. ¶～祝愿 zhùyuàn / 心からお祈りする. ¶表示～的谢意 / 心から感謝の意を表す.

螽 zhōng
"螽斯 zhōngsī"⬇という語に用いる.

【螽斯】zhōngsī 名〈虫〉キリギリス.

3声

肿(腫) zhǒng
形 むくんでいる. はれている. ¶脸 liǎn 有点儿～ / 顔がはれぼったい.

【肿瘤】zhǒngliú 名〈医〉腫瘍(しゅよう). ¶恶性 èxìng ～ / 悪性腫瘍. ¶～普查 pǔchá / 癌(がん)検診.
【肿胀】zhǒngzhàng 動 腫れる. むくむ. ¶伤口 shāngkǒu 有些～ / 傷口が少し腫れている.

**

种(種) zhǒng
❶量 ①(集合量詞として)**種(しゅ). 種類.** ¶三～产品 chǎnpǐn / 3種類の製品. ¶好多～蔬菜 shūcài / 種々の野菜. ②(個体量詞として)…つ. ►基本的には"个"と同じ意味だといえるが,多く抽象的な事物に用い,同類との区別を強調する. ¶两～思想 / 二つの異なる思想. ¶几～办法 / いくつかの方法. ¶遇到 yùdào 了～～困难 kùnnan / いろいろな困難にぶつかった. 注意 種類を表す量詞には"种"のほかに"样 yàng"があるが,一般に"种"が内面的な性質や働きで事物を区別するのに対し,"样"は表面的・形式的に事物を区別するという違いがあるので,どちらか一方だけしか使えない場合もある. ¶一种〔×样〕思想 / 一つの思想. ¶两样〔×种〕菜 cài 都是鱼 yú / 2品の料理はどちらも魚だ. ¶好多种〔样〕商品 shāngpǐn / 色とりどりの商品.
❷名 ①〈生〉種(しゅ). ¶鲫鱼 jìyú 是鲤鱼 lǐyú 的一～ / フナはコイ科の一種である. ②〈方〉肝っ玉. ►"有、没(有)"の目的語として用いる. ¶你有～咱们就较量 jiàoliang 较量 / 男なら勝負しろ. ¶没～ / 弱虫.
◇ ①(～儿)種(たね). 種子. ¶麦 mài ～ / ムギの種. ¶配 pèi ～ / 種つけをする. ¶→～子 zi. ②人種. ¶黄～ / 黄色人種. ▸▸ chóng,zhòng

*【种类】zhǒnglèi 名 **種類.** 品種. ¶～繁多 fánduō / 種類はさまざまである.
【种仁】zhǒngrén 名〈植〉種子の核. 仁(じん).
*【种种】zhǒngzhǒng 量 **種々(の).** いろいろ(の). ¶～原因 yuányīn / さまざまな原因.
*【种子】zhǒngzi 名 ① **種.** 種子. ¶播 bō ～ / 種をまく. ¶留 liú ～ / 種をとる. ②〈体〉シード. シード選手. ¶～选手 xuǎnshǒu / シード選手. 注意 zhǒngzǐ と発音することもある.
【种族】zhǒngzú 名 種族. 人種. ¶～隔离 gélí / 人種隔離.
【种族歧视】zhǒngzú qíshì 名 人種差別.
【种族主义】zhǒngzú zhǔyì 名 人種主義. 人種差別主義. レイシズム.

冢(塚) zhǒng
◇ 塚. 墓. ¶古～ / 古墳. ¶丛 cóng ～ /〈書〉無縁墓地.

踵 zhǒng
◇ ①かかと. ¶接 jiē ～而来 / 次々とやって来る. ②後をつける. 追随する. ¶～至 zhì / 後についてくる. ③自ら赴く. ¶～门 /〈書〉足を運ぶ. 訪ねる.

4声

*中 zhòng
動 ① **当たる.** ぴったり合う. ¶他～了头奖 tóujiǎng / 彼は1等賞に当たった.

> **語法ノート　動詞(+"得 / 不")+"中"**
> 目的に達することを表す. ¶看～ / 気に入る. ¶猜 cāi ～ / 的中する. 当たる. ¶打得～打不～? / (的に)当てられますか.

②(悪い物・事を)受ける,こうむる. ¶胳膊 gēbo 上～了一枪 qiāng / 腕に1発当たった. ¶～圈套 quāntào / わなにかかる.
▸▸ zhōng

【中标】zhòng//biāo 動 落札する;(立候補者が)当選する.
【中彩】zhòng//cǎi 動 福引きや宝くじに当たる. ¶中头彩 / 宝くじの1等に当たる.
【中的】zhòng//dì 動 的に当たる. 図星をさす.
【中毒】zhòng//dú 動 中毒する. 感染する.
【中风】zhòng//fēng ① 動 卒中にかかる. ② 名〈医〉脳卒中.
【中计】zhòng//jì 動(相手の)計略にかかる. わなにはまる. ¶中了他的计 / あいつのわなにかかった.
【中奖】zhòng//jiǎng 動 宝くじや賞に当たる.
【中肯】zhòngkěn 形 ①(話が)的を射ている. ②〈物〉臨界の. ¶～质量 zhìliàng / 臨界質量.
【中签】zhòng//qiān 動(～儿)くじに当たる;(公債の償還を受ける)抽選に当たる.
【中伤】zhòngshāng 動 中傷する.
【中暑】zhòng//shǔ ① 名 暑気あたり. ② 動 暑気あたりをする.
【中邪】zhòng//xié 動 邪気に当たる. 魔がさす. ¶你中了邪了吧? / 頭がおかしくなったんじゃないか.
【中选】zhòng//xuǎn 動 当選する. 入選する.
【中意】zhòng//yì 動 気に入る.

仲 zhòng
◇ ①間に立つ. ¶→～裁 cái. ②(旧暦で)四季の2番目の月. ¶→～秋 qiū. ③(兄弟の順序で)2番目. ¶～兄 xiōng / 2番目の兄さん. ‖姓

Z

【仲裁】zhòngcái 名 仲裁する．
【仲秋】zhòngqiū 名 仲秋．陰暦の８月．

众(衆) **zhòng** ◇◆ ①多い．多くの．¶→～多 duō．¶→～人 rén．②多数の人．大ぜいの人．¶听 tīng ～ / 聴衆．‖ 姓
【众多】zhòngduō 形(人が)多い．
【众口一词】zhòng kǒu yī cí 〈成〉みんなが口をそろえて同じことを言う．異口同音．
【众目睽睽】zhòng mù kuí kuí 〈成〉多くの人の目が光っている．衆人が見張っている．
【众人】zhòngrén 名 大勢の人．みんな．
【众生】zhòngshēng 名 衆生(しゅじょう)．
【众矢之的】zhòng shǐ zhī dì 〈成〉多くの人の非難の的．
【众说】zhòngshuō 名 諸説．¶～纷纭 fēn yún / 〈成〉みんなの意見がまちまちでまとまらない．
【众所周知】zhòng suǒ zhōu zhī 〈成〉周知のように．
【众望】zhòngwàng 名 多くの人の期待．
【众望所归】zhòng wàng suǒ guī 〈成〉衆望を担う．
【众位】zhòngwèi 名 各位．
【众议院】zhòngyìyuàn 名 衆議院．下院．
【众志成城】zhòng zhì chéng chéng 〈成〉みんなが心を合わせ，一致団結すればどんな困難でも克服できる．

*__种__(種) **zhòng** 動(…の)**種をまく．植える．**¶～麦子 màizi / ムギをまきつける．¶～树 shù / 木を植える．▶▶ chóng,zhǒng
【种地】zhòng//dì 動 耕作する．農作業に従事する．¶～的 / 〈俗〉農民．百姓．
【种瓜得瓜，种豆得豆】**zhòng guā dé guā, zhòng dòu dé dòu** 〈諺〉やったことには相応した結果が得られる．
【种花】zhòng//huā 動 ①(～儿)草花を栽培する．②(～儿)〈方〉種痘をする．③〈方〉綿花を栽培する．
【种牛痘】zhòng niúdòu 種痘をする．
【种田】zhòng//tián 動 耕作する．
【种植】zhòngzhí 動 **植える．栽培する．**¶～花草 huācǎo / 草花を植える．
【种植园】zhòngzhíyuán 名 栽培場．農園．プランテーション．
【种庄稼】zhòng zhuāngjia 農作物を作る；〈転〉百姓をする．

__重__ **zhòng ❶名 **重さ．目方．**¶这条鱼 yú 有多～？/ この魚は目方がどのぐらいありますか．¶你有多～？/ あなたの体重はどれくらい．
❷形 ①**重い；分量が多い．**¶这件行李 xíngli 太～ / この荷物はとても重い．¶任务 rènwu 很～ / 仕事が多くて大変だ．②(程度が)**甚だしい，重い．**¶病势 bìngshì 很～ / 病状が思わしくない．¶情意 qíngyì ～ / 愛情が深い；厚意が厚い．
❸動 **重視する．**¶只 zhǐ ～形式 xíngshì，不～内容 nèiróng 是错误 cuòwù 的 / 形式だけ重く見て，内容を重視しないのは誤りだ．
◇◆ ①重要な．大切な．¶→～任 rèn．¶→～地 dì．②慎重な．軽々しくない．¶自～ / 自重する．¶老成持～ / 老練で慎重である．‖ 姓 ▶▶ chóng

【重兵】zhòngbīng 名 大軍．強力な軍隊．
【重臣】zhòngchén 名 重臣．
【重创】zhòngchuāng 動 重傷を負わせる．
*【重大】zhòngdà 形 **重大である．**¶事故～ / 事故はとてもひどい．¶受 shòu ～损失 sǔnshī / 重大な損害を被る．¶～案件 ànjiàn / 重大な(刑事)事件．
【重担】zhòngdàn 名 重い(担ぎ)荷；〈喩〉重い責任．
【重地】zhòngdì 名 重要な場所．要地．
*【重点】zhòngdiǎn ❶名 ①**重要・主要な部分．**重点．¶工业建设的～ / 工業建設の重点．②〈物〉(てこの)作用点．❷形 **重要な．**主要な．¶～学校 / 重点学校．►エリート養成のための一流校．❸副 **重点的に．**¶～讨论 tǎolùn / 重点的に話し合う．
【重读】zhòngdú 動〈語〉(語句や文中のある音節に)ストレス，アクセントを置いて強く発音する．⇒【重读】chóngdú
【重犯】zhòngfàn 名 重罪人．⇒【重犯】chóngfàn
【重负】zhòngfù 名〈書〉重い負担．重荷．
【重工业】zhònggōngyè 名 **重工業．**
【重活】zhònghuó 名(～儿)力仕事．
【重价】zhòngjià 名 高い値段．¶～收买 shōumǎi / 高値で買い付ける．
【重金属】zhòngjīnshǔ 名 ①〈化〉重金属．②〈音〉ヘビーメタル．
【重看】zhòngkàn 動 重く見る．重視する．¶受到上司 shàngsi 的～ / 上役の信任が厚い．
【重力】zhònglì 名〈物〉重力．引力．
【重利】zhònglì ❶名 ①高い利潤．②高い金利．¶～盘剥 pánbō / 高利貸しをして搾取する．❷動〈書〉利益を重視する．
*【重量】zhòngliàng 名 ①**重さ．**目方．②〈物〉重量．
【重量级】zhòngliàngjí 名〈体〉ヘビー級．
【重男轻女】zhòng nán qīng nǚ 〈成〉男尊女卑．
【重氢】zhòngqīng 名〈化〉重水素．
【重任】zhòngrèn 名 重大な責任．重要な任務．¶身负～ / 重責を負う．
【重伤】zhòngshāng 名 重傷．
【重赏】zhòngshǎng ①名 厚い報奨．②動 多額の賞金を与える．
【重身子】zhòngshēnzi ①形 妊娠している．身重(みおも)である．②名 身重の女性．
*【重视】zhòngshì 動 **重視する．**重く見る．►程度副詞を加えることができる．
【重听】zhòngtīng 形 **難聴**である．耳が遠い．
【重托】zhòngtuō 名〈書〉重大な使命．重い依託．
【重武器】zhòngwǔqì 名〈軍〉重火器．
*【重心】zhòngxīn 名 ①重点．ポイント．¶教育事业的～ / 教育事業の重点．②〈物〉重心．
【重型】zhòngxíng 形 重量級の．大型…．¶～坦克 tǎnkè / 重戦車．¶～汽车 qìchē / 大型トラック．
【重压】zhòngyā 名 重圧．
【重要】zhòngyào 形 **重要である．大切である．¶这项工作很～ / この仕事はたいへん重要だ．¶～角色 juésè / 大事な役割．
【重音】zhòngyīn 名 ①〈語〉アクセント．ストレス．②〈音〉強拍．

【重用】zhòngyòng 動 重用する.
【重油】zhòngyóu 名 重油.
【重责】zhòngzé ①名 重大な責任. ②動 厳重に処罰する.
【重镇】zhòngzhèn 名 ①軍事上の重要な都市；(広く)重要な都市. ②〈書〉重鎮.
【重罪】zhòngzuì 名 重罪.

zhou (ㄓㄡ)

1声

舟 zhōu ◇◆ 舟. ¶一叶小～ / 1艘の小舟. ¶泛 fàn～ / 舟を浮かべる. ‖姓

州 zhōu 名 自治州；旧時の行政区. ►たとえば蘇州・揚州など.

诌(謅) zhōu ◇◆ でたらめを言う. 出任せを言う. ¶胡 hú～ / でたらめを言う.

*__周(週)__ zhōu ❶名 ①週. 週間. ¶～一 / 月曜日. ¶寒假hánjià 放两～ / 冬休みは2週間休みです. ②(Zhōu)〈史〉周. ►紀元前11世紀から紀元前3世紀までの王朝で,周の武王が建てた国. また,南北朝の北周や五代の後周をさすこともある.
❷量 …周. ¶绕跑道 rào pǎodào 两～ / トラックを2周する.
◇◆ ①周り. 周囲. ¶四～ / 周囲. ②あまねく. 全部. ¶→～知 zhī. ③援助する. 救済する. ¶→～济 jì. ④あまねく行き届いている. ¶招待不～ / もてなしが行き届いていない. ‖姓
【周报】zhōubào 名 週刊の紙誌. 週報.
【周边】zhōubiān 名 ①周辺. まわり. ¶房子的～ / 家の周り. ¶～国家 / 周辺の国. ②〈数〉多角形の周.
【周遍】zhōubiàn 形 普遍的である.
【周波】zhōubō 名〈電〉①周波. ②(単位の)サイクル.
【周长】zhōucháng 名 周囲の寸法. ¶～为 wéi 七公里 / 周囲は7キロメートルある.
*【周到】zhōudao 形 行き届いている. 周到である. ¶～的接待 jiēdài / 行き届いた接待. ¶想得很～ / 考えが抜かりない.
【周而复始】zhōu ér fù shǐ〈成〉1周してまた始まる. 循環する.
【周济】zhōujì 動(困っている人を物質的に)救済する. ¶～贫困户 pínkùnhù / 貧しい家を助ける.
【周刊】zhōukān 名 週刊(誌). ¶～杂志 zázhì / 週刊誌.
【周率】zhōulǜ 名〈物〉周波数.
【周密】zhōumì 形 綿密である. 細かいところまで行き届いて落ち度がない. ¶～的计划 jìhuà / 綿密な計画.
*【周末】zhōumò 名 週末. ウィークエンド. ¶去郊外 jiāowài 度 dù～ / 郊外へ週末を過ごしに行く.
【周年】zhōunián 名 ①満1年；…周年. ¶二十～纪念 jìniàn / 20周年記念. ¶两～ / まる2年. ②〈旧〉一周忌.
【周期】zhōuqī 名 周期. サイクル. ¶工作～ / 運転周期.
【周期表】zhōuqībiǎo 名〈化〉(原子番号による元素の)周期表.
【周期性】zhōuqīxìng 形 周期的な. 周期性のある.
【周全】zhōuquán ①形 周到である. ¶～的计划 jìhuà / 周到な計画. ②動(ある目的を達成するよう)助ける. 尽力する.
【周身】zhōushēn 名 全身. 体全体. ¶～无力 / 全身だるい. ¶～温暖 wēnnuǎn / 体中温まる.
【周岁】zhōusuì 名(↔虚岁 xūsuì)満1歳. 満年齢. ¶给孩子过～ / 子供の満1歳の誕生祝いをする. ¶四十五～ / 満45歳.
*【周围】zhōuwéi 名 周囲. 周り. ¶院子 yuànzi～ / 庭の周り.
【周围神经】zhōuwéi shénjīng 名〈生理〉末梢神経(系).
【周详】zhōuxiáng 形 周到で手抜かりがない. ¶考虑 kǎolǜ～ / 熟慮する.
【周旋】zhōuxuán 動 ①旋回する. 回転する. ②応対する. 交際する. ③(敵や相手と)わたり合う.
【周游】zhōuyóu 動 周遊する. 遍歴する. ¶～了大半个中国 / 中国の大半をまわった.
【周缘】zhōuyuán 名 まわり. 縁.
【周遭】zhōuzāo ①名 まわり. 周囲. ②量 ぐるっとひと回りする回数.
【周折】zhōuzhé 名 紆余曲折. 手数. ❖费 *fèi*～ / とても手間がかかる. ¶几经 jīng～ / 多くの曲折を経る.
【周知】zhōuzhī 動〈書〉知れ渡る. ¶众 zhòng 所～ / だれもが知っていることである.
【周转】zhōuzhuǎn 動 ①〈経〉(資金などが)回転する. ¶加速 jiāsù 资金 zījīn～ / 資本の回転を速める. ②(資金などの)やりくりをする. ¶～不开 / やりくりがつかない.

洲 zhōu 名 ①州(しゅう). 大陸. ¶欧 Ōu～ / 欧州. ②州(す). 中州. ¶三角～ / 三角州. デルタ. ‖姓
【洲际导弹】zhōujì dǎodàn 名〈軍〉大陸間弾道弾. ICBM.

*__粥__ zhōu 名 かゆ. 参考 生の穀物を長時間煮込んだものを"粥"といい,一度炊いたご飯に水を入れて煮たものを北方では"稀饭 xīfàn",南方では"泡饭 pàofàn"という. ❖喝 *hē*～ / おかゆを食べる. ¶～熟 shú 了 / おかゆが煮えた. ¶玉米面～ / トウモロコシ粉のかゆ. ¶燕麦 yànmài～ / オートミール.
【粥少僧多】zhōu shǎo sēng duō〈成〉物が少ないのに人が多くて分けられない. ►"僧多粥少"とも.

2声

妯 zhóu "妯娌 zhóuli"⇩という語に用いる.
【妯娌】zhóuli 名 相嫁(あいよめ).

轴 zhóu ❶名(～儿) ①軸. 心棒. シャフト. ②ものを巻きつける軸.
❷量 掛け軸・糸巻きなど軸のついたものを数える：軸. 幅(ふく). ¶一～线 xiàn / ひと巻きの糸. ¶一～山水画 / 山水画1幅.
【轴承】zhóuchéng 名〈機〉軸受け. ベアリング. ¶滚珠 gǔnzhū～ / ボールベアリング.
【轴瓦】zhóuwǎ 名 滑り軸受け.
【轴线】zhóuxiàn 名(～儿)巻き枠に巻いた糸.

【轴心】zhóuxīn 名 ①〈機〉軸の中心. ②(第二次大戦時の)枢軸.
【轴子】zhóuzi 名 ①掛け物・巻物の軸. ②(弦楽器の)糸巻き;(二胡の)転手(てんじゅ).

3声 **肘** zhǒu 名(～儿・～子)ひじ. ►一般には"胳膊 gēbo 肘儿〔肘子〕"という.
【肘腋】zhǒuyè 名〈書〉ひじとわきの下;〈喩〉ごく近いところ. ►災禍の発生についていうことが多い. ¶～之患 huàn / ごく身近で起きた災難.
【肘子】zhǒuzi 名 ①ブタのもも肉. ¶扒 pá～ / ブタのもも肉の煮込み. ②ひじ. ¶胳膊 gēbo ～ / ひじ.

帚(箒) zhǒu ◇◆ ほうき. ¶笤～ tiáozhou / ほうき. ¶扫～ sàozhou / 竹ぼうき. ¶炊～ chuīzhou / (食器洗い用の)ささら.

4声 **纣** zhòu 名 ①〈書〉鞦(しりがい). ②紂(ちゅう). ►殷代末の君主.

咒(呪) zhòu ①名 まじないの文句. 呪文. ¶念～ / 呪文を唱える. ②動 のろう. 人の不幸を望むようなことを言う.
【咒骂】zhòumà 動 罵倒する.
【咒语】zhòuyǔ 名 呪文.
【咒诅】zhòuzǔ 動〈書〉のろう;ののしる.

宙 zhòu ◇◆ 無限の長い時間. ¶宇 yǔ ～ / 宇宙. ‖姓
【宙斯神】Zhòusīshén 名(ギリシア神話の)ゼウス神.

绉(縐) zhòu ◇◆(絹織物の一種)ちりめん. ちぢみ.
【绉布】zhòubù 名〈紡〉しぼをつけた綿布.
【绉纱】zhòushā 名〈紡〉ちりめん.

胄 zhòu ◇◆ ①かぶと. ¶甲 jiǎ ～ / よろいとかぶと. 甲冑(かっちゅう). ②帝王や貴族の子孫. ¶华 huá ～ / 貴族の子孫.

昼(晝) zhòu ◇◆ 昼. ¶白～ / 昼間.
【昼夜】zhòuyè 名 昼夜. 日夜. ¶不分～地精心 jīngxīn 研究 / 昼夜を分かたず研究にいそしむ.

皱(皺) zhòu ①名(顔の)しわ;(衣服などの)しわ. ¶年纪大了,脸 liǎn 上起了～ / 年をとって顔にしわが寄った. ②動 しわを寄せる;しわが寄る. ¶衣服～了 / 服がしわになった.
【皱巴巴】zhòubābā 形(～的)しわくちゃである.
【皱眉】zhòuméi 動 まゆをひそめる. ►"皱眉头"とも.
*【皱纹】zhòuwén 名(～儿)しわ. 量 条,道. ¶满脸 mǎnliǎn ～ / 顔中しわだらけ.
【皱褶】zhòuzhě 名(衣服や顔の)しわ.

骤 zhòu ◇◆ ①突然. 急である. ¶～变 biàn / 急変する. ②(ウマが)疾走する. ¶驰 chí ～ / 疾走する.
【骤然】zhòurán 副〈書〉にわかに. 突然. ¶气温 qìwēn ～下降 xiàjiàng / 気温が急に下がる.

zhu (ㄓㄨ)

1声 **朱** zhū ◇◆ ①深紅. ¶～红 hóng / 鮮やかな赤. ¶→～笔 bǐ. ②辰砂(しんしゃ). ¶→～砂 shā . ‖姓
【朱笔】zhūbǐ 名(書き入れや訂正を行う)朱筆.
【朱古力】zhūgǔlì 名 チョコレート. ►"巧克力qiǎokèlì"とも.
【朱红】zhūhóng 形 朱色の. 鮮やかな赤の.
【朱鹮】zhūhuán 名〈鳥〉トキ.
【朱门】zhūmén 名 朱塗りの門. ►金持ちの家をさす. ¶～酒肉臭 chòu,路有冻死 dòngsǐ 骨 / 金持ちの家には酒肉が腐るほどあるのに,道には凍え死んだ死体が転がっている.
【朱墨】zhūmò 名 ①朱と墨. ¶～加批 pī / 朱と墨で評語を書き入れる. ②朱墨(しゅぼく).
【朱批】zhūpī 名 朱筆. 朱で書き入れた評語. ¶加 jiā ～ / 朱筆を入れる. 添削する.
【朱漆】zhūqī 名 朱のうるし. ¶～大门 / 朱塗りの門.
【朱雀】zhūquè 名 ①〈鳥〉マシコ. ②(二十八宿の一つ)朱雀(すざく). ③(道教で)南方に配置される神;〈転〉南の方角.
【朱砂】zhūshā 名〈鉱〉辰砂. 朱砂.

侏 zhū ◇◆(体が)小さい.
【侏罗纪】Zhūluójì 名〈地質〉ジュラ紀.
【侏儒】zhūrú 名〈書〉侏儒(しゅじゅ). 小人.

诛 zhū ◇◆ ①(罪ある者を)討つ,殺す. ¶伏 fú ～ / 処刑される. ②罪状を公表して責める. ¶口～笔伐 fá / 言論や文章で誅伐(ちゅうばつ)を加える.
【诛戮】zhūlù 動〈書〉誅殺する.

珠 zhū ◇◆ ①真珠. ¶→～子. ②玉. 丸い粒. ¶算盘 suànpan ～ / そろばんの玉. ‖姓
【珠宝】zhūbǎo 名 真珠や宝石類の装飾品.
【珠翠】zhūcuì 名 真珠やひすい;(広く)装飾品.
【珠光宝气】zhū guāng bǎo qì〈成〉(服装や飾り付けが)派手で華やかである.
【珠联璧合】zhū lián bì hé〈成〉すぐれた人材やすばらしいものが1か所に集まる.
【珠算】zhūsuàn 名 珠算.
【珠子】zhūzi 名 ①真珠. ②玉. ビーズ.

* **株** zhū 量 樹木や草などを数える:本. 株. ¶一～牡丹 mǔdan / ひと株のボタン.
◇◆ ①木の根,株. ¶守～待兔 dài tù /〈成〉努力しないで思わぬ収穫にありつこうとする. ②草木. ¶幼 yòu ～ / 若株.
【株连】zhūlián 動〈書〉連座する.

诸 zhū 代〈古〉《"之于 zhīyú"または"之乎 zhīhū"の合音》これ(を…に). …かな.
◇◆ もろもろの. 多くの. ‖姓
【诸多】zhūduō 形〈書〉いろいろな. たくさんの. ►抽象的な事柄に用いる. ¶有～不便之处 chù / いろいろ不便なことがある.

【诸葛】Zhūgě ‖姓
【诸葛亮】Zhūgě Liàng 名 諸葛亮(しょかつりょう);〈喩〉知恵者. ¶三个臭皮匠 chòu píjiang,赛过 sàiguò ～ / 〈諺〉三人寄れば文殊の知恵.
【诸侯】zhūhóu 名 諸侯.
【诸君】zhūjūn 名〈書〉諸君.
【诸亲好友】zhū qīn hǎo yǒu 〈成〉親戚や友人たち.
【诸如】zhūrú 動〈書〉たとえば…など. ►多くの例を挙げるときに用いる. ¶→～此类.
【诸如此类】zhū rú cǐ lèi 〈成〉その他これに類したもの.
【诸位】zhūwèi 名〈敬〉各位. みなさま.

猪 zhū 名〈動〉ブタ. 量 只,口,头. ¶公〔母〕～ / 雄〔雌〕ブタ. ¶野 yě ～ / イノシシ. ¶～年 / (十二支の)イノシシ年.
【猪八戒】Zhūbājiè 名〈喩〉ブタのような容貌の人;食い意地の張った好色漢. ►もとは『西遊記』に登場する三蔵法師の従者の一人. ¶～照 zhào 镜子 jìngzi / (後に"里外不是人"と続き)人に合わす顔がない.
【猪场】zhūchǎng 名 養豚場.
【猪肝】zhūgān 名(～儿)〈食材〉ブタの肝臓.
【猪獾】zhūhuān 名〈動〉アナグマ.
【猪圈】zhūjuàn 名 ブタ小屋. ブタを入れる柵.
【猪栏】zhūlán 名 ブタ小屋.
【猪排】zhūpái 名〈料理〉ブタ肉の切り身. ¶炸 zhá ～ / とんカツ. ポークカツレツ.
【猪皮】zhūpí 名 ブタの革.
【猪肉】zhūròu 名 **ブタ肉**. ►中国語で単に"肉"というと,普通は"猪肉"をさす. 量 块,片.
【猪舍】zhūshè 名 ブタ小屋.
【猪油】zhūyóu 名〈料理〉ラード.
【猪鬃】zhūzōng 名 ブタの(首と背の)剛毛.

蛛 zhū ◇◆ クモ. ¶蜘 zhī ～ / クモ.
【蛛丝马迹】zhū sī mǎ jì 〈成〉(多く悪事の)かすかな手がかり.
【蛛网】zhūwǎng 名 クモの巣. 量 张 zhāng.

2声 **竹 zhú** ◇◆ 竹. ¶→～子. ¶～林 / 竹やぶ. 竹林. ¶～篓 lǒu / 竹かご. ‖姓
【竹板】zhúbǎn 名(～儿) ① 竹製のカスタネット. ¶～书 / 同上の楽器を打ち鳴らしながら演じる語り物. ② 竹の板.
【竹帛】zhúbó 名〈書〉竹簡と絹;〈転〉典籍. 歴史. ¶功垂 chuí ～ / 功績が歴史に書かれる.
【竹筏】zhúfá 名(～子)竹のいかだ.
【竹竿】zhúgān 名(～儿)竹ざお. 量 根 gēn.
【竹黄·竹簧】zhúhuáng 名(竹工芸品の一種)加工して青みを消した竹の内側を表にして台木に貼り,山水·人物·花鳥などの彫刻を施した工芸品.
【竹简】zhújiǎn 名 竹簡. (古代,文字を書くのに用いた)竹の札. ►木の札は"木简"という.
【竹刻】zhúkè 名 竹の彫刻.
【竹篮】zhúlán 名 竹で編んだかご.
【竹篮打水一场空】zhúlán dǎ shuǐ yī cháng kōng 〈諺〉労力がむだになる.
【竹帘画】zhúliánhuà 名 竹のすだれに描いた山水画.
【竹楼】zhúlóu 名 竹で作った2階建ての家.
参考 雲南省のタイ族などの少数民族の多くは"竹楼"の2階に住み,下では家畜を飼っている.
【竹马】zhúmǎ 名(～儿) ① 竹馬. ¶青梅 qīng méi ～ / 〈成〉(男女の)無邪気な幼なじみのたとえ. ② 民間歌舞で用いる張り子の馬.
【竹排】zhúpái 名 竹のいかだ.
【竹刷子】zhúshuāzi 名 ささら.
【竹笋】zhúsǔn 名(＝笋)タケノコ.
【竹叶青】zhúyèqīng 名 ①〈動〉(毒ヘビの一種)アオハブ. ② 竹葉(ちくよう)酒. ►竹の葉を浸して作り,薄緑色を呈していることから.
【竹字头】zhúzìtóu 名(～儿)(漢字の偏旁)竹かんむり. "⺮". ►"竹立头"とも.
*【竹子】zhúzi 名 **竹**. 量 根;[ふし]节.

逐 zhú 動 追い払う. 力ずくで追い出す. ¶～出门外 / 門の外へ追い出す.
◇◆ ①追う. 追いかける. ¶追 zhuī ～ / 追いかける;追い求める. ②順を追う. ¶→～步 bù. ¶→～一 yī. ‖姓
【逐步】zhúbù 副(段階を踏んで)**一歩一歩と**. **しだいに**. ¶～加以解决 jiějué / 一歩一歩解決していく.
【逐次】zhúcì 副〈書〉次々に. 逐次. 順次. 次第に. ¶～得到改善 dédào gǎishàn / 逐次改善された.
【逐个】zhúgè 副(～儿)一つ一つ. 逐一. ¶～发言 fāyán / 一人一人順に発言する.
*【逐渐】zhújiàn 副 **だんだんと**. **しだいに**. ►自然に変化することを表す. ¶～减少 jiǎnshǎo / しだいに減っていく. ¶天色～黑下来了 / 空はだんだん暗くなってきた.
【逐客令】zhúkèlìng 名 客を追い払う言葉. ¶下～ / (人を)追い出す. 出て行けと言わんばかりのことを言う.
【逐鹿】zhúlù 動〈書〉政権〔地位〕を獲得しようとして争う. ¶～中原 / 〈成〉天下を争う.
【逐年】zhúnián 副 年1年と. 年を追って. ¶～增长 zēngzhǎng / 年々増加する.
【逐日】zhúrì 副 日一日と. 日を追って. ¶他的病情 bìngqíng ～好转 hǎozhuǎn / 彼の病情は日を追ってよくなってきた.
【逐一】zhúyī 副 逐一. 一つ一つ.

烛(燭) zhú ◇◆ ①ろうそく. ¶蜡 là ～ / ろうそく. ¶洞房 dòngfáng 花～ / 華燭(かしょく)の典. 結婚式. ②照らす. 見抜く. ¶日～天下 / 太陽が大地を照らす.
【烛光】zhúguāng ❶量 ①〈物〉燭光(しょっこう). ►光度の旧単位. 1.0067カンデラ("坎德拉 kǎndélā")に相当. ②〈俗〉ワット. ❷名 ともしびのあかり.
【烛泪】zhúlèi 名 火のついたろうそくから流れ出したろう.
【烛台】zhútái 名 燭台(しょくだい).
【烛照】zhúzhào 動〈書〉明るく照らす.

3声 **主 zhǔ** ❶ 名 ①(客に対して)**主人**. ¶今天我做～ / きょう私はホスト役だ. ¶宾 bīn ～频频 pínpín 举杯互祝健康 / 客も主人もしきりに杯を挙げて健康を祝した. ②(～儿)**財物〔権利〕の所有者**. ¶这东西 dōngxi

没～ / この物品には持ち主がいない．¶车～ / 車の所有者．
③(～儿)事物に対する確固たる見解．定見．►“没～(儿)”で用いる．¶一听这话,我心里没了～儿 / その話を聞くと,私はどうしてよいか迷った．
④(キリスト教徒の)神・キリストや(イスラム教徒の)アラーに対する称．主．
❷動 前兆を示す．¶早霞 zǎoxiá ～雨 yǔ,晚霞～晴 qíng / 朝焼けは雨,夕焼けは晴れの前兆である．
◇◆ ①(使用人・奴隷に対して)主人．¶～仆 pú / 主人と召使い．②最も重要な．主な．¶→～要 yào．③主な責任を負う．主管する．¶→～办 bàn．¶→～讲 jiǎng．④主張する．¶～和 / 講和を主張する．⑤(事件または取引の)当事者．¶失～ / 落とし主．¶买～ / 買い手．⑥自分(から)の．¶→～动 dòng．¶→～观 guān．‖姓

【主办】zhǔbàn 動 **主催する**．¶这次的展览会zhǎnlǎnhuì 由我们单位 dānwèi ～ / 今度の展覧会はうちの方で主催する．
【主笔】zhǔbǐ 名 主筆．総編集長．
【主币】zhǔbì 名〈経〉(↔辅币 fǔbì) 本位貨幣．
【主编】zhǔbiān ①動 編集の責任を負う．②名 編集長．
【主宾】zhǔbīn 名 主賓．正客．
*【主持】zhǔchí 動 ①(責任者となって)**とりしきる**．¶～会议 huìyì / 会議を司会する．¶～家务 jiāwù / 家事の切り盛りをする．¶～人 / 進行係．司会者．②**主張する**．守る．¶～正义 zhèngyì / 正義を擁護する．
【主次】zhǔcì 名 主要なものと副次的なもの．¶分清 fēnqīng ～ / 本末を見きわめる．
【主从】zhǔcóng 名 ①主要なものと従属的なもの．②〈書〉主従．
【主刀】zhǔdāo ①動(医師が)執刀する．②名 執刀医．
【主导】zhǔdǎo ①形 主導的な．全体を導く．¶起～作用 / 主導的な役割を果たす．②名 主導的作用をするもの．¶以农业为基础 jīchǔ,以工业为～ / 農業を基礎とし工業を導き手とする．
*【主动】zhǔdòng 形(↔被动 bèidòng) ①**自発的である**．¶他工作很～ / 彼は率先して働く．②主導的である．¶处于 chǔyú ～的地位 / 主動的な地位に立つ．
【主队】zhǔduì 名〈体〉地元チーム．ホームチーム．►“客队 kèduì”(来訪チーム)に対していう．
【主犯】zhǔfàn 名〈法〉主犯．
【主峰】zhǔfēng 名 主峰．最高峰．量 座 zuò,个．
【主妇】zhǔfù 名 主婦．¶家庭 jiātíng ～ / 主婦．
【主干】zhǔgàn 名 ①植物の主要な幹．②主要な力．
【主顾】zhǔgù 名 顧客．
*【主观】zhǔguān ①名(↔客观 kèguān) **主観的な**．②形(実情を踏まえず)ひとりよがりである．¶他看问题太～了 / 彼はものの見方が主観的すぎる．
【主管】zhǔguǎn ①動 責任をもって管理する．¶总务 zǒngwù 工作由他～ / 総務の仕事は彼が主管している．②名 主管者．
【主婚】zhǔhūn 動 結婚式をとりしきる．►通常,親が当たる．
【主机】zhǔjī 名 ①〈軍〉(編隊飛行の)隊長機．②〈機〉メインエンジン．③〈電算〉ホストコンピュータ．
【主见】zhǔjiàn 名 しっかりした見解．定見．¶没有～ / 自分の考えというものをもっていない．
【主讲】zhǔjiǎng 動 講義や講演を担当する．
【主将】zhǔjiàng 名(隊の)主将,統率者；〈喩〉重要な役割を果たす人．
【主焦点】zhǔjiāodiǎn 名(レンズの)光軸上の焦点．
【主教】zhǔjiào 名〈宗〉(カトリックの)司教；(プロテスタントの)主教．¶大～ / 大司教．大主教．¶红衣 hóngyī ～ / 枢機卿(すうききょう)．
【主句】zhǔjù 名〈語〉(↔从句)(複文の)主節．
【主角】zhǔjué 名(～儿) ①(芝居や映画の)**主役**．❖演 *yǎn* ～ / 主役に扮する．¶女～ / 主演女優．②〈喩〉主要人物．主役．
【主考】zhǔkǎo ①動 試験を主管する．②名 主任試験官．
【主课】zhǔkè 名 主要な課目．
*【主力】zhǔlì 名 主力(となる人・集団など)．¶～队员 duìyuán / (チームの)主力選手．
【主粮】zhǔliáng 名(その地方が生産または消費する)主要な食糧．
【主流】zhǔliú 名(↔支流 zhīliú)(河川の)主流；〈喩〉事物発展の中心となっている傾向．
【主麻】zhǔmá 名〈宗〉イスラム教で毎週金曜の正午過ぎに行われる集団の礼拝．
【主谋】zhǔmóu ①動 主謀者となる．②名〈法〉主謀者．
*【主权】zhǔquán 名〈政〉**主権**．¶坚决 jiānjué 维护 wéihù 国家～ / 国家の主権を断固として守る．
【主儿】zhǔr 名 ①持ち主．飼い主．②(あるタイプの)人．③嫁ぎ先．
*【主人】zhǔrén 名 ①(↔客人)(客に対する)**主人**．②(使用人などから見た)**主人**．③(財産または権力の)**所有者**,主人公．
【主人公】zhǔréngōng 名(小説などの)主人公．
【主人翁】zhǔrénwēng 名 ①(家や国の)主人．②(文学作品の)主人公．
*【主任】zhǔrèn 名 **主任**．仕事の一部門または組織全体の責任者．¶班 bān ～ / クラス担任．¶车间 chējiān ～ / 作業場の主任．¶～委员 wěiyuán / 主任委員．
【主食】zhǔshí 名(↔副食 fùshí) **主食**．►一般には,穀物を原料とする食品,飯・マントーなどをさす．
【主事】zhǔ//shì ①動(～儿)(ある仕事の)責任者になる．②名〈旧〉(官職名の一つ)主事．
【主诉】zhǔsù 動〈医〉患者が病状を医師に訴える．
【主题】zhǔtí 名 主題．テーマ．
【主题歌】zhǔtígē 名 主題歌．
【主题公园】zhǔtí gōngyuán 名 テーマパーク．
【主体】zhǔtǐ 名 ①主体．主要な部分．②〈法〉主体．権利〔義務〕を負う人．③〈哲〉(↔客体)主体．
【主位】zhǔwèi 名 ①主人の座席．②大切な位置．
【主谓】zhǔwèi 名〈略〉〈語〉主語と述語．►“主语”と“谓语”．
【主文】zhǔwén 名〈法〉主文．
*【主席】zhǔxí 名 ①**主席**．►国家・国家機関・政党・団体などの最高指導者．¶国家～ / 国家主席．¶工会～ / 労働組合委員長．②(会議の)議長,座長．

Z

【主线】zhǔxiàn 名 大筋；(特に文芸作品の)プロット．

【主心骨】zhǔxīngǔ 名(～儿) ① 頼りになる人〔事物〕．後ろ盾．大黒柱．② 定見．対策．¶没有～／どうしたらよいか分からない．

【主修】zhǔxiū ① 動 専攻する．② 名(機械の)修理責任者．

【主演】zhǔyǎn ① 動 主演する．② 名 主演．

*【主要】zhǔyào 形 **主要な〔に〕**．主に．¶～目的 mùdì／主な目的．¶～力量 lìliang／主力．¶此书 cǐ shū ～面向初学者／この本は主として初心者向けに配慮してある．

【主页】zhǔyè 名〈電算〉ホームページ．

【主义】zhǔyì 名 ① **主義**．イズム．¶马列 Mǎ-Liè ～／マルクス・レーニン主義．② **一定の社会制度や政治経済体系**．¶资本 zīběn ～／資本主義．③ **考え方**．やり方．►好ましくないものをさすことが多い．¶官僚 guānliáo ～／官僚的なやり方．

【主意】zhǔyi 名 **しっかりした意見．定見；**考え**．知恵．対策．❖打 *dǎ* ～／対策を練る；目をつける．❖拿 *ná* ～／心を決める．¶拿不定 nábudìng ～／腹が決まらない．❖出 *chū* ～／アイデアを出す．¶你给出个～／ひとつ知恵を貸してください．

【主因】zhǔyīn 名 主要な原因．

【主音】zhǔyīn 名〈音〉主音．

【主语】zhǔyǔ 名〈語〉主語．

【主宰】zhǔzǎi ① 動 主宰する．支配する．② 名(人や事物を)左右する力．主宰者．

*【主张】zhǔzhāng ① 動(どう行動するかに見解をもち)**主張する**．¶队长 duìzhǎng ～每天都来练球／キャプテンはぜひとも毎日練習に来ようじゃないかと言った．② 名 **主張**．見解．量 项 xiàng,个．¶我觉得 juéde 他的～很有道理／私は彼の言い分は筋が通っていると感じた．

【主旨】zhǔzhǐ 名 主旨．

【主治医生】zhǔzhì yīshēng 名 主治医．

【主子】zhǔzi 名〈旧〉主人．旦那；〈転〉ボス．親分．

拄 zhǔ

動（杖を）つく．¶他～着拐棍儿 guǎigùnr 向我走来／彼は杖をついてこちらへ歩いてきた．

*煮 zhǔ

動 **炊く．煮る．ゆでる**．¶饭已经～好了／ご飯はもう炊けた．¶～饺子 jiǎozi／ギョーザをゆでる；(zhǔjiǎozi) ゆでギョーザ．¶～鸡蛋 jīdàn／卵をゆでる；(zhǔjīdàn) ゆで卵．‖姓

【煮豆燃萁】zhǔ dòu rán qí〈成〉兄弟が害し合う．

属(屬) zhǔ

◇◆ ①(注意・精神を)集中する,注ぐ．②連ねる．続ける．¶前后相～／前後が続いている．③つづる．¶～文 wén／文章を書く．➡ shǔ

【属目】zhǔmù 動〈書〉嘱目する．

【属望】zhǔwàng 動〈書〉嘱望する．

嘱(囑) zhǔ

動〈書〉言いつける．頼む．

【嘱咐】zhǔfu 動 **言いふくめる,言い聞かせる**．¶大夫～她好好儿休息／医者は彼女によく休養するように言いつけた．

【嘱托】zhǔtuō 動(人に用事を)頼む,依頼する．¶～了他一件重要 zhòngyào 的事／彼に重大なことを依頼した．

瞩(矚) zhǔ

◇◆ 見つめる．注視する．

【瞩目】zhǔmù 動〈書〉嘱目する．目をつける．

【瞩望】zhǔwàng 動〈書〉① 嘱望する．② 注視する．

4声

伫(佇) zhù

◇◆ たたずむ．

【伫候】zhùhòu 動〈書〉たたずんで待つ．

【伫立】zhùlì 動〈書〉たたずむ．

助 zhù

◇◆ 助ける．手伝う．¶协 xié ～／協力する．¶拔 bá 刀相～／力添えをする．

【助词】zhùcí 名〈語〉助詞．

【助动词】zhùdòngcí 名〈語〉助動詞．

【助教】zhùjiào 名(高等専門学校や大学の)助手．►"讲师 jiǎngshī"の下に位置する．

【助理】zhùlǐ ① 名 助手．補佐役．アシスタント．►職名として用いることが多い．¶外交部长～／外務大臣補佐官．② 動 補佐する．手伝う．

【助力】zhù//lì 動 助力する．力添えをする．

【助跑】zhùpǎo 動〈体〉(走り高跳びなどで)助走する．

【助手】zhùshǒu 名 助手．アシスタント．

【助听器】zhùtīngqì 名 補聴器．

【助威】zhùwēi 動 応援する．声援する．¶从旁 cóngpáng ～／そばで応援する．¶鼓掌 gǔzhǎng ～／拍手を送って応援する．

【助兴】zhù//xìng 動 座をにぎやかにする．興を添える．¶唱支歌助助兴／1曲歌って盛り上げる．

*【助学金】zhùxuéjīn 名(政府から支給される)**奨学金**．

【助长】zhùzhǎng 動(多くはよくないことを)助長する．¶这种环境 huánjìng ～了他的傲气 àoqì／このような環境が彼の傲慢な態度を助長した．

**住 zhù

動 ① **住む．泊まる**．¶我在上海～过两年／私は上海に2年住んだことがある．¶她在饭店～了一夜／彼女はホテルに1泊した．語法 ⓐ「…に住む,泊まる」は場所を表す目的語を直接とるが,"住在…〔＝在…住〕"の形をとることもある．¶她～楼上,我～楼下／彼女は階上に,私は階下に住んでいる．¶我～在北京三年了〔＝我在北京～了三年了〕／私は北京に住んで3年になります．ⓑ面積を表す語句や居住者・宿泊者を表す語を目的語にとることがある．¶她～两室一厅的房间／彼女は2LDKの家に住んでいる．ⓒその他注意すべき補語を伴う表現．❖～不下 *buxià*／(人が多すぎて)泊まれない．❖～不开 *bukāi*／(場所が狭くて)泊まれない．❖～不起 *buqǐ*／(宿泊代が高くて)泊まれない．(家賃が高くて)住めない．

②(雨・風・雷・音などが)**やむ,止まる**；("口、手、脚、声"など少数の単音節名詞を目的語にとって)**止める**,停止させる．¶雨～了／雨がやんだ．¶鞭炮 biānpào 声渐渐 jiànjiàn ～了／爆竹の音がしだいに聞こえなくなった．¶一路上她就没～过嘴 zuǐ／途中,彼女はずっとおしゃべりを続けた．

Z

語法ノート **動詞(＋"得／不")＋"住"**

❶動作の結果が**安定あるいは固定する**ことを表す．¶抓 zhuā ～了一只蜻蜓 qīngtíng ／1匹のトンボをつかまえた．¶这首诗 shī,你记得～吗？／この詩をあなたは覚えられますか．¶这个箱子太重,我拿不～了／このトランクは重すぎて,私はもう持っていられない．❷**阻止**を表す．¶挡 dǎng ～去路／行く手を遮ってしまう．¶压 yā ～怒气／怒りを抑える．

3《一部の動詞と組み合わせて慣用的な句を作る》►必ず間に"得／不"を挿入する．¶对得～／申し訳がたつ．¶靠 kào 不～／信用できない．¶我对不～她／私は彼女に顔向けできない．‖姓

【住笔】zhù//bǐ 動 筆をとめる．書き終わる．

【住持】zhùchí 1動(仏教や道教で)寺・道観を運営する．2名 住職．

【住处】zhùchù 名 1住む所．泊まる所．2住まい．住所．

【住读】zhùdú 動 学校の寮に住んで通学勉強する．

【住房】zhùfáng 名 1(住居としての)**住宅**．¶～问题／住宅問題．¶～津贴 jīntiē ／住宅手当．2居間．

【住户】zhùhù 名 所帯．住民．㊀ 家．

【住家】zhùjiā ❶動 居住している．❷名 1住まい．2(～儿)世帯．

【住居】zhùjū 動 居住する．住む．

【住口】zhù//kǒu 動(多く命令文で)話をやめる．黙る．¶你还不～！／まだ言うのか．黙れ．

【住手】zhù//shǒu 動 手を放す．手を止める．¶～,不许打人！／やめろ,乱暴するな．

【住宿】zhùsù 動 住む．泊まる．寝泊まりをする．

【住所】zhùsuǒ 名 住所．居所；滞在地．¶固定 gùdìng ～／定まった住所．注意"住所"は住んでいる場所や滞在している所をさし,具体的な町名番地をさす場合は"住址 zhùzhǐ"を用いる．

【住校】zhù//xiào 動 学校の寮に住む．

*【住院】zhù//yuàn 動(↔出院)(病院に)**入院する**．¶他什么时候住的院？／彼はいつ入院したのですか．

*【住宅】zhùzhái 名(比較的大きな)**住宅**．屋敷．¶～区 qū ／住宅地区．

【住址】zhùzhǐ 名 **住所**．アドレス．►町名番地まで含む詳細なもの．⇨【住所】zhùsuǒ

【住嘴】zhù//zuǐ ⇀【住口】zhù//kǒu

贮(貯) zhù

動 蓄える．貯蓄する．¶蓄水池 xùshuǐchí 里～满了水／貯水池に水がいっぱいためてある．

【贮备】zhùbèi 1動 備蓄する．2名 備蓄物．

【贮藏】zhùcáng 動 貯蔵する．

【贮存】zhùcún 動 蓄える．貯蔵する．

注(註) zhù

1動 **注釈する**．注を加える．¶正文中间～了两行 háng 小字／本文に小さい字で2行注がしてある．2名 注釈．¶正文用大字,～用小字／本文は大きい字,注釈は小さい字を用いる．

◇◆ ①注ぐ．¶→～入 rù．¶→～射 shè．②一点に集中する．¶→～意 yì．¶→～视 shì．③記載する．登録する．¶→～册 cè．¶→～销 xiāo．④ばくちに賭ける金．¶下～／金を賭ける．

【注册】zhùcè 動 登記する．登録する．¶～商标／登録商標．

【注定】zhùdìng 動(神や運命によって)定められている；(客観的な法則によって)決められている．¶命中～／運命づけられている．

【注脚】zhùjiǎo 名 注．注釈．

【注解】zhùjiě 1動 注釈する．注を付ける．2名 注．注釈．¶给古书加 jiā ～／古典書に注釈をつける．¶书后附 fù 有～／本の後ろに注がある．

【注明】zhùmíng 動 明記する．¶～日期／日付けを明記する．

【注目】zhùmù 動 **注目する**．目を向ける．関心をもって見守る．¶引 yǐn 人～／人の注目を引く．¶行～礼 lǐ ／目礼する．

【注入】zhùrù 動 注入する；(川などが)注ぎ込む．¶黄河 Huánghé ～渤海 Bóhǎi ／黄河は渤海(ぼっかい)に注ぎ込んでいる．

*【注射】zhùshè 動〈医〉**注射する**．¶～青霉素 qīngméisù ／ペニシリンを注射する．

*【注视】zhùshì 動 **注視する**．見守る．

【注文】zhùwén 名 注釈の字句．

【注销】zhùxiāo 動(登記事項を)取り消す．¶把那笔账 zhàng ～了吧！／あの勘定を帳消しにしよう．

【注意】zhù//yì 動(…に)注意する,気を配る**,気をつける．►よく命令・忠告の文で用いる．¶～安全 ānquán ／安全に注意しなさい．¶～火车／汽車に注意．►立札の文句．¶～观察 guānchá ／注意深く観察する．¶注点儿意／ちょっと気をつける．

比較 **注意：小心 xiǎoxīn** ❶「(…に)注意する」の意味で用いる場合,"注意"は目的語となるものに精神を集中させることであり,目的語はよい事でも悪い事でもよい．"小心"は目的語に悪い事や悪い事態が生じる可能性のあるものがくることが多い．¶注意〔×小心〕清洁 qīngjié ／清潔に気を配る．¶注意〔×小心〕身体／体に気をつける．¶注意〔小心〕油漆 yóuqī ／ペンキに注意．ペンキ塗り立て．❷「(…しないように)気をつける」の意味で用いる場合,"小心"は"别"(…してはいけない)を入れても入れなくても意味は変わらないが,"注意"は通常,"别"を入れなければならない．¶小心(别)摔倒 shuāidǎo〔＝注意别摔倒〕／転ばないよう注意しなさい．

【注音】zhù//yīn 動 文字(の上または横)に読み方をつける．

*【注音字母】zhùyīn zìmǔ 名 注音字母．ㄔやㄙ・ㄠのように漢字の字音表記に用いられる中国語の音標文字．►"注音符号"とも．

【注重】zhùzhòng 動 重視する．

驻 zhù

動 軍隊・外交使節や公務を帯びた者が)駐留する,駐在する．¶～东京记者 jìzhě ／東京駐在の記者．¶部队～在村东／部隊は村の東に駐屯(ちゅうとん)している．

◇◆ とどまる．とどめる．¶→～足 zú．

【驻地】zhùdì 名 1(部隊などの)駐屯地．2(地方行政機関の)所在地．

【驻防】zhù//fáng 動 重要な地に駐屯して防衛に当たる．

【驻节】zhùjié 動〈書〉使節として駐在する．

【驻军】zhùjūn 1動 軍隊を駐留させる．2名 駐屯軍．

【驻守】zhùshǒu 動 防衛のために駐屯する．

【驻扎】zhùzhā 動 駐屯する．駐在する．
【驻足】zhùzú 動〈書〉足を止める．

柱 zhù 名(～子)柱．(量) 根．
◇◆ 柱状のもの．¶冰 bīng ～ / つらら．‖姓
【柱石】zhùshí 名 柱の下の礎石；〈喩〉国家の重任を負う人．柱石．¶国家的～ / 国の柱．
*【柱子】zhùzi 名 柱．(量) 根．¶厅堂 tīngtáng 里有四根～ / 大広間に柱が4本立っている．
【柱座】zhùzuò 名〈建〉円柱の台座．

炷 zhù ① 名〈古〉灯心．② 動〈古〉(線香などを)たく．③ 量(つけてある)線香を数える．¶烧 shāo 一～香 / 線香を1本あげる．

**祝 zhù 動 心から願う．祈る．¶～你身体健康 / ご健康をお祈り申し上げます．¶～你一路平安 yī lù píng ān ——明年见！/ 道中ご無事で——来年までさようなら〔来年会いましょう〕．¶预 yù ～你成功 chénggōng / ご成功をお祈りいたします．
◇◆ 祝う．¶→～贺 hè．¶庆 qìng ～ / 祝賀する．祝う．‖姓
【祝词・祝辞】zhùcí 名 ①(昔，祭祀のときに唱える)祝詞(のりと)．② 祝辞．¶致 zhì ～ / 祝辞を述べる．
【祝祷】zhùdǎo 動 祈禱する．
【祝福】zhùfú ① 動 祝福する．人の平安・幸福を祈る．►通常主述語句を目的語にとる．¶～他万事如意 / 彼が万事順調でありますように．② 名(一部の地方の伝統的習慣で)旧暦の除夜に，天地の神をまつり幸福を祈る儀式．
【祝告】zhùgào →【祝祷】zhùdǎo
*【祝贺】zhùhè 動 祝賀する．うれしいことのあった相手にお祝いを言う．►"祝贺"は個人・集団のいずれが行うものについても用いることができる．¶～大桥竣工 jùngōng / 橋の落成を祝う．
【祝酒】zhù//jiǔ 動 杯をあげて健康などを祝す．祝杯をあげる．¶致 zhì ～辞 cí / 乾杯の辞を述べる．
【祝寿】zhùshòu 動(老人の)誕生祝いをする．
【祝颂】zhùsòng 動 祝福する．
【祝文】zhùwén 名 祝詞(のりと)．神に祈る文章．
【祝愿】zhùyuàn ① 動 祈る．願う．¶～诸位幸福 zhūwèi xìngfú！/ みなさまのご多幸をお祈りいたします．② 名 祈り．願い．

著 zhù 動〈書〉著す．書く．¶这本书系 xì 李教授所～ / この本は李教授の書かれたものだ．
◇◆ ①顕著である．明白である．¶卓 zhuó ～ / 際立っている．②表す．示す．¶颇 pō ～成效 chéngxiào / 相当な成果をあげている．③著作．¶新～ / 新著．
【著称】zhùchēng 形〈書〉名高い．著名である．¶～于 yú 世 / 世に名高い．
【著录】zhùlù 動(書目などを目録に)記録する，記載する．
*【著名】zhùmíng 形 著名である．有名である．¶～的作家 / 著名な作家．
【著书立说】zhù shū lì shuō〈成〉本を書いて自分の主張を公にする．
【著述】zhùshù ① 動 著述する．著作する．② 名 著述．著作．
【著者】zhùzhě 名 著者．
*【著作】zhùzuò ① 動 著作する．② 名 著作．(量) 部．¶～等身 děng shēn /〈成〉おびただしい著作がある．
【著作权】zhùzuòquán 名 著作権．

蛀 zhù ① 名〈虫〉キクイムシ．② 動 虫に食われる．¶书被虫 chóng ～了 / 本が虫に食われた．
【蛀齿】zhùchǐ 名 虫歯．
【蛀虫】zhùchóng 名 木・衣類・書籍・穀物などにつく虫の総称；〈喩〉組織や集団に巣くい害を与える者．

铸(鑄) zhù 動 ① 鋳る．鋳造する．¶～铅字 / 活字を鋳造する．② 作り上げる．でき上がる．¶～成大错 / 大まちがいをやらかす．
【铸币】zhùbì ① 動 貨幣を鋳造する．② 名 硬貨．
【铸锭】zhùdìng 名〈冶〉インゴット．
【铸工】zhùgōng 名〈冶〉① 鋳造．② 鋳物工．
【铸件】zhùjiàn 名〈冶〉鋳物．鋳造品．
【铸模】zhùmú 名〈冶〉鋳型．
【铸铁】zhùtiě 名 銑鉄．ずく鉄．
【铸型】zhùxíng 名〈冶〉鋳型．
【铸造】zhùzào 動 鋳造する．¶～机器零件 língjiàn / 機械の部品を作る．

筑(築) zhù ① 動 築く．作る．建てる．¶～路 lù / 道路を建設する．¶～堤 dī / 堤防を築く．② 名(古代の弦楽器)筑．‖姓

箸 zhù 名〈方〉はし．►普通，話し言葉では"筷子 kuàizi"という．¶火～ / 火ばし．¶下～ / はしをつける．

zhua (ㄓㄨㄚ)

1声
*抓 zhuā

爪のついた指の先でつかむ→ひっつかむ・つかみ取る・引きつける；(しっかりつかむ→)特に力を入れる；捕まえる；かく・ひっかく

動 ① つかむ．つかみ取る．¶他～起帽子就走 / 彼は帽子をつかむとすぐ出かけた．¶一把～住 / ぐっとつかむ．¶～住机会 / チャンスをつかむ．¶～大意 dàyì / 大意をつかむ．② 特に力を入れる．指導を強化する．¶～好义务教育 yìwù jiàoyù / 義務教育にしっかり取り組む．¶一定要把服务工作～上去 / サービス業務を強化しなければならない．¶～重点 zhòngdiǎn / 重点をおさえる．③ 捕まえる．捕らえる．¶警察 jǐngchá ～走了放火犯 / 警官が放火犯をひったてていった．④ かく．ひっかく．¶～痒痒 yǎngyang / かゆいところをかく．¶手被猫 māo ～了一把 / 手をネコにひっかかれた．⑤ 引きつける．¶她的表演～住了观众 guānzhòng / 観衆は彼女の演技に魅了された．
【抓辫子】zhuā biànzi〈慣〉弱みを握る．
【抓膘】zhuā//biāo 動 ①(家畜，特にブタなどを)太らせる．②(体が太るように)おいしい物を食べる．
【抓捕】zhuābǔ 動 逮捕する．
【抓点】zhuā//diǎn 動 ある一点に力を入れる．重点的に指導する．
【抓赌】zhuā//dǔ 動 賭博犯を検挙する．

【抓耳挠腮】zhuā ěr náo sāi 〈成〉①ひどく気をもむ〔じれったがる〕. ②うれしがる.
【抓饭】zhuā//fàn ①名(ウイグル族などが手づかみで食べる)羊肉などを混ぜて作った飯. ②動(はしなどを使わずに)手づかみで食べる.
【抓哏】zhuā//gén 動(～儿)(芝居の道化や漫才師などが)アドリブのせりふや体の動きで笑わせる.
【抓工夫】zhuā gōngfu 時間をつくる. 暇を見つける.
【抓髻】zhuāji 名 女性が頭の上に二つに結い分けたまげ. ►以前は未婚の女性に限られていた. "髽髻 zhuāji""髽鬏 zhuājiu"とも. ¶～夫妻 fūqī / 若いときから連れ添った夫婦.
*【抓紧】zhuā//jǐn 動 **ゆるがせにしない**. しっかりつかむ. 急いでやる. ❖～时间 *shíjiān* / 時間をむだにしない. ¶～学习 / 勉強をしっかりやる.
【抓阄儿】zhuā//jiūr 動 くじを引く.
【抓举】zhuājǔ 名〈体〉(重量挙げで)スナッチ.
【抓空子】zhuā kòngzi 時間の都合をつける.
【抓挠】zhuānao 〈方〉❶動 ①かく. ②いじくり回す. ③つかみ合いをする. ④忙しく立ち働く. ⑤手に入れる. 稼ぐ. ❷名(～儿)〈喩〉打つ手. あて.
【抓破脸】zhuāpò liǎn 〈慣〉(人情もメンツもかなぐり捨てて)公然と言い争う.
【抓瞎】zhuā//xiā 動〈方〉(事前の準備がないために)あわてふためく.
【抓药】zhuā//yào 動(漢方薬の店で)薬を処方どおりに調合する；処方箋を持って行き薬を調合してもらう.
【抓周】zhuā//zhōu 動(～儿)満1歳の誕生日に子供が手に取ったものによってその子の将来を占う. ►箕(み)の中に書籍・はかり・そろばん・筆・土くれなどを置いて子供に選ばせ,手に取ったものによってその子の将来を占う.
【抓住】zhuā//zhù 動+結補 ①**しっかりとつかむ**. ¶～胳膊 gēbo / 腕をつかむ. ②捕まえる. ¶通缉犯 tōngjīfàn 被～了 / 指名手配犯が捕まった. ③(人の心を)つかむ. ¶～顾客心理 gùkè xīnlǐ / 客の心をつかむ.
【抓壮丁】zhuā zhuàngdīng 〈慣〉〈旧〉若い男性を兵役につかせる.

3声 **爪 zhuǎ** 名 ①(～儿·～子)**鳥獣の**(つめのついた)**足**. ¶猫 māo ～儿 / ネコの足. ¶鸡 jī ～子 / ニワトリの足. ②(～儿)器物の脚. ¶这个锅 guō 有三个～儿 / このなべには脚が3本ある. ⏩ zhǎo
【爪儿】zhuǎr 名 小動物の足；器物の脚.
*【爪子】zhuǎzi 名 ①(爪のある)動物の足. ②(多くからかって)子供の手.

zhuai (ㄓㄨㄞ)

拽 zhuāi 〈方〉①動 力いっぱいに投げる,ほうる. ¶把皮球～得老远 / ゴムまりをとても遠い所まで投げる. ②形(病気やけがで)腕が利かない,なえている. ¶右胳膊 gēbo ～了 / 右腕がなえている. ⏩ zhuài

拽 zhuài 動〈方〉力いっぱい引っ張る. ¶她紧紧 jǐnjǐn 地～着孩子的手 / 彼女は子供の手をしっかり引っ張っている. ⏩ zhuāi

zhuan (ㄓㄨㄢ)

1声 **专(專·耑) zhuān** ①副 **もっぱら**. ¶我这次是～为开会而 ér 来的 / 私は今回はもっぱら会議出席のために参りました. ②形 **精通している**. ¶他在化学方面很～ / 彼は化学の方面にとても詳しい.
◇◆ ①独り占めする. ¶→～权 quán. ②特定の. ¶→～车. ‖姓

一 二 专 专

【专案】zhuān'àn 名 特別な処理を必要とする重大事項〔事件〕. ¶～材料 cáiliào / 特別案件の書類. ¶成立～小组 / 特別捜査本部を設ける.
【专才】zhuāncái 名 スペシャリスト.
【专差】zhuānchāi ①動 特殊任務で派遣する. ②名 特殊任務で派遣された人.
【专长】zhuāncháng 名 専門知識〔技能〕. ¶发挥 fāhuī ～ / 専門知識を役立たせる.
【专场】zhuānchǎng 名 ①(劇場や映画館の)貸切興行〔上映〕. ②同じタイプの出し物だけを上演する興行.
【专车】zhuānchē 名 ①特別列車；貸切車. ②会社や役所が所有している自動車〔バス〕.
*【专程】zhuānchéng 副(ある目的のために)**わざわざ**(出向く). ¶～赴 fù 广州迎接 yíngjiē 贵宾 guìbīn / 貴賓を迎えるために広州まで行く.
【专此】zhuāncǐ 動(手紙文で)以上. まずは…まで.
【专递】zhuāndì 名 特別郵便.
【专电】zhuāndiàn 名(専属の記者による)特電. ►通信社提供のものと区別する.
【专断】zhuānduàn ①動 独断専行する. ②形 独断的である. ¶～的作风 / 専断なやり方. ¶他工作十分～,引起 yǐnqǐ 大家的不满 / 彼は仕事ぶりが非常に独断専行なので,みんなの不満を買っている.
【专访】zhuānfǎng ①動 独占〔単独〕インタビューをする. ②名 独占インタビュー記事.
【专攻】zhuāngōng 動 専攻する. ¶～历史学 lìshǐxué / 史学を専攻する.
【专柜】zhuānguì 名 ①(ある商品の)専用売場. ②証券取引所の取引ホールのカウンター.
【专号】zhuānhào 名(定期刊行物の)特別号,特集号. ¶人权问题～ / 人権問題特集号.
【专横】zhuānhèng 形 専横である.
【专机】zhuānjī 名 専用機. 特別機.
【专集】zhuānjí 名 ①(ある特定の)作家の作品集. ②(ある特定のテーマの)選集；(CD などの)アルバム. ►"专辑"とも.
*【专家】zhuānjiā 名 **専門家**. エキスパート. ¶土木～ / 土木の専門家.
【专刊】zhuānkān 名 ①(定期刊行物の)特集号；特集欄〔ページ〕. ②専門の研究テーマを扱った学術機関刊行の書籍.
【专科学校】zhuānkē xuéxiào 名 高等専門学校. ►一般の大学よりも履習年数が短く,実務的な専門教育を行う.
【专款】zhuānkuǎn 名 特定費目. 特別支出金.

¶～专用 zhuānyòng / 特別支出金はその項目にのみ使用する(流用を許さない).

【专栏】zhuānlán 名(新聞・雑誌などの)コラム. ¶～作家 zuòjiā / コラムニスト.

【专利】zhuānlì 名 特許.

【专列】zhuānliè 名〈略〉特別列車.

【专卖】zhuānmài 動 専売する.

*【专门】zhuānmén ❶形 専門の〔に〕. ¶～(的)知识 zhīshi / 専門的な知識. ¶～研究 yánjiū 化学 / 化学を専攻する. ❷副 ①特に. わざわざ. ¶我是～来看望 kànwàng 你的 / ぜひお目にかかりたいとお訪ねいたしました. ¶～为儿童 értóng 编的故事 / 特に子供のために編んだ物語. ②〈方〉しきりに…ばかりする. ¶他～会讲风凉话 fēngliánghuà / 彼はやたらと無責任なことばかり言う.

【专名】zhuānmíng 名〈語〉固有名詞.

【专权】zhuānquán 動 権力を一手に握る.

【专人】zhuānrén 名 ①(ある仕事の)専任者,責任者. ②(ある仕事をするために)臨時に派遣された人.

【专任】zhuānrèn 動(↔兼任 jiānrèn)専門に担当する. 専任する. ¶～教员 / 専任教員.

【专擅】zhuānshàn 動〈書〉(上司の指示を求めたり聞いたりせず)専断する.

【专书】zhuānshū 名 専門書.

【专题】zhuāntí 名 特定のテーマ. ¶～调查 diàochá / 特定の問題を取り上げて調査する.

【专线】zhuānxiàn 名 ①(鉄道の)専用線路. 引き込み線. ②(電話の)専用線.

【专心】zhuānxīn 形 **一つのことに専心している.** 余念がない. ¶学习很～ / 勉強にひたすら打ち込んでいる. ¶～听讲 tīngjiǎng / わき目もふらずに授業を聞く.

【专修】zhuānxiū 動 専修する. 専門的に修める. ¶～科 kē / 専修科.

*【专业】zhuānyè ❶名 ①(大学または専門学校における)**専攻(学科)**. ¶你的～是什么? / 専攻は何ですか. ②**専門の業務・業種・生産過程**. ❷形 職業の. プロの. ¶～作家 / プロの作家.

【专业户】zhuānyèhù 名(林業・漁業や運輸業などの)専門業者. ¶养鸡 yǎngjī ～ / 養鶏業者.

【专业课】zhuānyèkè 名(大学での)専門課程.

【专一】zhuānyī 形 一つの事柄に専心している. 一心不乱である. ¶做活时心思 xīnsi 不～ / 勤務に専念しない.

【专营】zhuānyíng 動 独占的に取り扱う.

【专用】zhuānyòng 動 **専用する.** 特定の個人あるいは目的に用いる. ¶～电话 / 専用電話.

【专有技术】zhuānyǒu jìshù 名 ノウハウ. 専門技術.

【专员】zhuānyuán 名 ①"地区"(省・自治区が必要に応じ設けた行政区域)の責任者. ②専門要員. 専従者.

【专责】zhuānzé 名(責任制に基づく)おのおのの職責. ¶分工明确 míngquè,各有～ / 業務分担が明確で,おのおの決まった責任をもつ.

【专政】zhuānzhèng 名〈政〉独裁(政治).

【专职】zhuānzhí 名 専任. 専従. ¶～人员 rényuán / 専従者.

【专制】zhuānzhì 形 ①(封建的支配者が)専制的である. ¶非常～的皇帝 huángdì / 非常に専制的な皇帝. ②独断専行である. ¶李厂长很～,听不进职工们的意见 / 李工場長は独善的で,従業員の意見には耳を貸さない.

【专注】zhuānzhù 形 集中している. ¶心神 xīnshén 很～ / 精神が集中している.

【专著】zhuānzhù 名 専門書. 〔量〕部,本.

砖(磚) zhuān

名 **れんが.** 〔量〕块;〔積み重ねたもの〕摞 luò,堆 duī. ¶砌 qì ～ / れんがを積む.

◇◆ れんが状のもの. ¶冰 bīng ～ / アイスケーキ.

【砖茶】zhuānchá 名 れんが状に押し固めた茶. 磚茶(たん).

【砖厂】zhuānchǎng 名 れんが製造所.

【砖坯】zhuānpī 名(焼く前の)れんがの生地.

【砖头】zhuāntóu 名(～儿)〈口〉れんがのかけら.

【砖窑】zhuānyáo 名 れんがを焼くかまど.

3声 *转(轉) zhuǎn

動 ①(方向・位置または形勢を)**変える,転ずる.** ¶～过脸 liǎn 来 / 顔をこちらへ振り向ける. ¶阴 yīn ～晴 qíng / 曇りのち晴れ. ¶向 xiàng 左～ / 左に向きを変える;(号令)左向け左. ②(物・手紙・意見などを**第三者を経て)回す,渡す,**転送する. ¶请你替 tì 我把信～给她 / 私の代わりに手紙を彼女に渡してください. ¶请～一下201房间 fángjiān / 電話を201号室につないでください. ▸▸zhuàn

*【转变】zhuǎnbiàn 動(思想・情勢・状況などが)だんだんに変わる. **転換する.** ¶他的思想逐渐 zhújiàn 地～了 / 彼の思想はだんだん変わってきた. ¶这种被动 bèidòng 的局面必须 bìxū ～ / このような守勢に回った局面は転換せねばならない.

【转播】zhuǎnbō 動 ①(放送を)中継する. ②(放送局が)他局の番組を放送する.

【转产】zhuǎn//chǎn 動 生産品目を変更する.

【转车】zhuǎn//chē 動(列車やバスなどを)乗り換える.

【转呈】zhuǎnchéng 動(公文書を)取り次いで提出する.

【转达】zhuǎndá 動(人の意向などを)伝える.(話を)取り次ぐ.

【转道】zhuǎndào 動 回り道をして立ち寄る.

【转递】zhuǎndì 動(ことづかった物を)取り次いで渡す.

【转调】zhuǎn//diào 動〈音〉変調する.

*【转动】zhuǎn//dòng 動(体や物体の一部分が)**自由に動く.** ¶挤 jǐ 得连 lián 身体都不能～ / 混雑して身動きもできない. ¶水龙头 shuǐlóngtóu 转不动 / 蛇口が回らない. ⇨【转动】zhuàn//dòng

【转发】zhuǎnfā 動 ①(公文書などを下部に)転送する. ②転載する. ③受信した電波を転送する.

*【转告】zhuǎngào 動 **伝言する.** 代わって伝える. ¶请把这个消息 xiāoxi ～给他 / このニュースを彼に伝えてください.

【转关系】zhuǎn guānxi (幹部や党員などが異動で)人事調書を移し,所属を変更する.

【转轨】zhuǎn//guǐ 動 ①(列車の)軌道を変更する. ②〈喩〉古い体制を変える.

【转化】zhuǎnhuà 動 転化する. 変わる. ¶好事往往 wǎngwǎng 会～成坏事 / よい事はややもすれば悪い事に変わることがある.

【转换】zhuǎnhuàn 動 変える. 変わる. 転換する.

Z

¶～话题 huàtí / 新しい話題を持ち出す.
【转祸为福】zhuǎn huò wéi fú 〈成〉災いを転じて福となす.
【转机】zhuǎnjī ①名 転機. ►病気が好転したり, 事態が挽回できることをさす. "有"や"出现"の目的語となることが多い. ②動(zhuǎn//jī)(飛行機を)乗り継ぐ.
【转嫁】zhuǎnjià 動 ①(女性が)再婚する. ②(責任や被害・罪などを)転嫁する. ¶把责任 zérèn ～给他人 / 責任を人になすりつける.
【转交】zhuǎnjiāo 動(ことづかった物を)取り次いで渡す. ¶包裹 bāoguǒ 已～给她了 / 小包はもう彼女に届けました.
【转借】zhuǎnjiè 動 又貸し〔借り〕をする.
【转科】zhuǎn//kē 動 ①患者が病院の科を変える. ②学生が転科〔転部〕する.
【转口】zhuǎnkǒu 動(他の港や国を経由して)輸出〔移出〕する.
【转脸】zhuǎn//liǎn 動 ①顔の向きを変える. ②〈転〉(～儿)またたく間に. ¶她刚才 gāngcái 还好好儿的,一～就哭 kū 了 / 彼女はついさっきはなんでもなかったのに,いきなり泣き出した.
【转录】zhuǎnlù 動(録画・録音テープを)ダビングする.(フロッピーなどの磁気媒体を)コピーする.
【转卖】zhuǎnmài 動 転売する.
【转念】zhuǎnniàn 動 考え直す.
【转让】zhuǎnràng 動 譲り渡す. ¶技术 jìshù ～ / 技術移転する.
【转入】zhuǎnrù 動 ①(別の段階・場に)入る,転じる. ¶～地下 / 地下に潜る. ②(別の勘定に)繰り越す.
【转身】zhuǎn//shēn 動 ①**体の向きを変える**. ¶她二话没说,～离 lí 去 / 彼女は何も言わずに,さっさと行ってしまった. ②〈転〉(～儿)**またたく間に**. あっという間に. ¶他一～就不见了 / 彼の姿は急に見えなくなってしまった.
【转手】zhuǎn//shǒu 動 人の手を経て渡す;転売する.
【转售】zhuǎnshòu 動 転売する.
【转瞬】zhuǎnshùn 副〈書〉またたく間に. ¶～即逝 shì / 瞬く間に過ぎ去る.
【转送】zhuǎnsòng 動 ①(手紙などを)代わって届ける,取り次ぐ. ¶～货物 huòwù / 貨物を取り次ぐ. ②(もらい物を)別の人に贈る,たらい回しにする.
【转体】zhuǎn//tǐ 動〈体〉ターンする. ひねりを加える. ¶～跳水 tiàoshuǐ / 回転飛び込み.
【转头】zhuǎn//tóu 動 ①振り返る. ②(車や船などが)Uターンする. ③考えを変える.
【转托】zhuǎntuō 動(頼まれたことを)第三者に頼む.
【转弯】zhuǎn//wān 動(～儿) ①**曲がり角を曲がる. 方向を変える**. ¶再转一个弯儿就到家了 / あと一つ角を曲がればもう家に着く. ②(話題を)換える. ③〈喩〉遠回しにものを言う. ④〈喩〉(認識や考え方・気分・感情などを)変える,転換させる.
【转危为安】zhuǎn wēi wéi ān 〈成〉(情勢・病状が)危険な状態を切り抜け,好転する.
【转系】zhuǎn//xì 動(大学である学部から)他の学部に転入する.
【转向】zhuǎnxiàng 動 ①方向を転ずる. ②(多く政治上の立場について)転向する. ⇒【转向】zhuàn//xiàng
【转销】zhuǎnxiāo 動(仕入れた商品を他地域に)転売する.
【转写】zhuǎnxiě 動 書き写す.
【转型】zhuǎnxíng 動 ①(製品の)モデルチェンジをする. ②(社会の構造や政治制度・生活スタイルなどが)変化する.
【转学】zhuǎn//xué 動 転校する.
*【转眼】zhuǎnyǎn 副 **またたく間に**. 一瞬の間に. ►"～(之)间"とも. ¶两年时间～就过去了 / 2年間はあっという間に過ぎてしまった.
【转业】zhuǎn//yè 動(多く軍人が)転業する.
【转移】zhuǎnyí 動 ①**移る. 移す**. ¶～目标 mùbiāo / 人の関心をそらす. ¶游击队 yóujīduì ～了 / ゲリラが移動した. ②〈医〉転移する. ¶癌 ái ～到肝脏 gānzàng / がんが肝臓に転移した. ③改める. 変える. 変わる. ¶时代的发展不以个人意志为～ / 時代の発展は個人の意思では変わらない.
【转义】zhuǎnyì 名〈語〉派生義.
【转意】zhuǎn//yì 動 思い直して態度を改める.
【转院】zhuǎn//yuàn 動(入院患者が)転院する.
【转运】zhuǎn//yùn 動 ①中継輸送する. 運送の取り次ぎをする. ¶～公司 / 運送店. 通運会社. ②運が向いてくる. 運が開けてくる.
【转载】zhuǎnzǎi 動 転載する.
【转载】zhuǎnzài 動(荷物を)積み替える.
【转赠】zhuǎnzèng 動 ①(贈られた物を)別の人に贈る. ②人を介して贈り物をする.
【转账】zhuǎn//zhàng 動(現金を動かさずに)帳簿上で決済する,振替勘定する. ¶～结算 jiésuàn / 振替決済. ¶～支票 zhīpiào / 振替小切手.
【转折】zhuǎnzhé 動 ①(方向や形勢が)転換する. ②(文の内容や話の筋が)変わる.
【转折点】zhuǎnzhédiǎn 名 転換点. ターニングポイント.
【转正】zhuǎn//zhèng 動 ①正規のメンバーになる. ②臨時雇いが正規従業員になる.
【转租】zhuǎnzū 動(不動産などを)又貸し〔借り〕する.

4声 **传**(傳) zhuàn 名 **伝記**. ¶鲁迅 Lǔxùn ～ / 鲁迅(ろじん)伝.
◇◆ ①歴史物語. 歴史小説. ¶《水浒 Shuǐhǔ ～》/『水滸伝』. ②経典の本文を解釈した著作. ¶《春秋左 zuǒ ～》/『春秋左伝』. ▸▸ chuán
【传记】zhuànjì 名 **伝記**. ¶～文学 / 伝記文学.

* **转**(轉) zhuàn ❶動 ①**(それ自体が)ぐるぐる回る**. 回転する. ¶车轮 chēlún ～不起来 / 車輪の回転が遅い. ②**(周囲を)回る**. ¶～圈子 quānzi / 輪を描いて回る;〈転〉遠回しに…する. ¶～来～去 / あちこち回る.
❷量(～儿)〈方〉一回りすること. ¶这个机器 jīqi 一秒钟转 zhuàn 五～儿 / この機械は1秒間に5回回転する.
注意「方向を変える」の意味のときは zhuǎn と第三声に発音する. ▸▸ zhuǎn
【转笔刀】zhuànbǐdāo 名(回転式の)鉛筆削り器.
【转动】zhuàn//dòng 動+結補 **ぐるぐる回る**〔**回す**〕. 回転する. ¶经过修理 xiūlǐ,机器 jīqi 又～起来了 / 修理の結果,機械がまた回り始めた. ⇒【转动】

Z

zhuǎn//dòng
【转筋】zhuàn//jīn 動〈中医〉こむら返りを起こす．筋がけいれんしてつる．
【转门】zhuànmén 名〈建〉回転ドア．
【转脑子】zhuàn nǎozi 〈慣〉頭を働かす．
【转盘】zhuànpán 名 1(交差点の)ロータリー．2〈鉄道〉転車台．3(レコードプレーヤーなど機械類の)回転盤．4(ロータリー掘削機の)ロータリーテーブル．5(遊園地などの)旋回塔．6(曲芸の)皿回し．
【转圈】zhuàn//quān 動(～儿)一点を中心にぐるっと回る；遠回りする．
【转速】zhuànsù 名〈機〉回転速度．¶～计／回転速度計．タコメーター．
【转台】zhuàntái 名 1〈劇〉回り舞台．2(作業用の)回転台．3(食卓にのせる)回転テーブル．
【转向】zhuàn//xiàng 動 方角がわからなくなる；〈喩〉善悪を見失う．⇒【转向】zhuǎnxiàng
【转椅】zhuànyǐ 名 回転椅子．㊕ 把．
【转悠】zhuànyou 動〈口〉1 回転する．2 ぶらつく．散歩する．►"转游"とも書く．
【转轴】zhuànzhóu ❶名 1(車の心棒のような)回転軸．2(～儿)〈方〉悪知恵．❷動(～儿)心がくるくる変わる．
【转子】zhuànzǐ 名(発動機などの)回転子．

*## 赚 zhuàn

❶動 1(↔赔 péi)商売などで利潤を得る．**もうける．**¶～钱／金をもうける．金がもうかる．¶去年一年,～了十万八／去年1年で10万8千(元)もうけた．¶这趟 tàng 生意～得不多／今回の商売はあまりもうけにならなかった．
2〈方〉(工賃を)稼ぐ．月給をもらう．►南方方言的な言い方であり,一般に「労力を出して報酬をもらう」意味では"挣 zhèng"を用いる．
❷名(～儿)〈口〉もうけ．利益．利潤．
【赚头】zhuàntou 名〈口〉利潤．

撰 zhuàn

◇◆ 文章を書く．著作する．
【撰述】zhuànshù 1 動 著述する．2 名 著述．
【撰写】zhuànxiě 動(文章を)書く．執筆する．
【撰著】zhuànzhù 動〈書〉著作する．

篆 zhuàn

◇◆ ①(漢字の書体の一種)篆書(てんしょ)．②篆書で書く．¶～额 é／篆書で石碑の額を書く．③篆刻の印章．
【篆刻】zhuànkè 動 篆刻(てんこく)する．
【篆书】zhuànshū 名 篆書(てんしょ)．►"篆字 zhuànzì"とも．

馔 zhuàn

◇◆ 飲食物．¶盛 shèng～／盛大なもてなし．¶肴 yáo～／料理．ごちそう．

zhuang (ㄓㄨㄤ)

1声

妆(粧) zhuāng

◇◆ ①化粧する．おめかしする．¶化～／化粧する．¶梳 shū～／髪をとき化粧をする．②(役者の)扮装．¶卸 xiè～／衣装を脱ぎメーキャップを落とす．③嫁入り道具．¶嫁 jià～／嫁入り道具．
【妆饰】zhuāngshì 1 動 化粧する．おめかしする．2 名 装い．身ごしらえ．

庄(莊) zhuāng

名 1(～儿)村．村落．2(賭け事の)親．¶是谁 shéi 的～？／だれの親ですか．
◇◆ ①規模の比較的大きい商店；卸売店．¶钱～／〈旧〉両替商．私設銀行．¶茶～／お茶問屋．②重々しい．¶→～严 yán．¶端 duān～／態度・表情が端正で重々しい．‖姓
【庄户】zhuānghù 名 農家．農民．
【庄家】zhuāngjia 名 1(マージャンなど賭け事の)親．2〈経〉大口投資家．
*【庄稼】zhuāngjia 名(田畑にある)**農作物．**¶种 zhòng～／作物を作る．
【庄稼活儿】zhuāngjiahuór 名 畑仕事．
【庄稼人】zhuāngjiarén 名 農民．農夫．
【庄严】zhuāngyán 形 **荘厳である．厳かである．**¶～的气氛 qìfēn／荘厳な雰囲気．
【庄园】zhuāngyuán 名〈旧〉荘園．領地．
【庄重】zhuāngzhòng 形(言動が)まじめで慎重である．
【庄子】zhuāngzi 名〈方〉村．村落．

桩(樁) zhuāng

1 名 くい．棒くい．¶打～／くいを打つ．¶桥 qiáo～／橋脚．2 量 事柄を数える．¶做了一～好事／ひとつよい事をした．
【桩子】zhuāngzi 名 棒くい．

**## 装(裝) zhuāng

動 1…**に扮する．**¶演戏 yǎnxì 的时候,她常常～老太太／芝居のとき,彼女はいつもおばあさんに扮する．
2…**のふりをする．**…のまねをする．►外見をあるものに見せかける．¶他说自己有病,其实 qíshí 全是～出来的／彼は病気になったと言うけれども,実際はまったくの仮病だ．¶不懂 dǒng～懂／知ったかぶりをする．¶他会～狗叫 gǒu jiào／彼はイヌの鳴きまねができる．
3(物を入れ物や運搬具に)**しまい入れる,詰め込む．**¶把照片 zhàopiàn～进信封 xìnfēng 里／写真を封筒に入れる．¶船 chuán 上～满了器材 qìcái／船には器材がいっぱい積んである．
4 **組み立てる．据え付ける．**装備する．¶仪表 yíbiǎo 已经～好了／計器はもう取り付けた．¶给门～上锁 suǒ／ドアに錠を付ける．
◇◆ ①服装．¶时 shí～／流行の服装．¶男～／紳士服．②着飾る．飾り付ける．¶→～饰 shì．¶→～点．③役者の衣装や化粧．¶上〔下〕～／メーキャップをする〔落とす〕．④装丁する．¶→～订 dìng．¶精 jīng～／ハードカバー．‖姓
【装扮】zhuāngbàn 動 1 飾る．装う．2 扮装する．変装する．3 見せかける．ふりをする．
【装备】zhuāngbèi 1 動(武器・器材や技術能力などを)**整備する,装備する．**2 名(生産の)**設備．**(軍隊などの)装備．
【装裱】zhuāngbiǎo 動 表装する．表具する．¶～山水画／山水画を表装する．
【装船】zhuāng//chuán 動 船積みする．
【装点】zhuāngdiǎn 動 飾り付ける．装飾をあしらう．►"装饰点缀 diǎnzhuì"の略．¶商店 shāng-

diàn 的门面要好好儿 hǎohāor ～～ / 店の表はしっかり飾り付けしとかないといけない.

【装订】zhuāngdìng 動 装丁する. 製本する.

【装糊涂】zhuāng hútu 〈慣〉しらばくれる.

【装潢】zhuānghuáng ①動 書画の表装をする；(広く)(物や場所を)飾り付ける. ②名(包装・外装などの)飾り付け. ¶这个茶具的～很讲究 jiǎngjiu / この茶器のしつらえはなかなか凝っている. ►"装璜"とも書く.

【装货】zhuāng//huò 荷積みする.

【装甲】zhuāngjiǎ ①形 装甲の. ¶～汽车 qìchē / 装甲自動車. ②名 車体や船体に取り付ける防弾用の鋼鉄板.

【装假】zhuāng//jiǎ 動 ①とぼける. …のふりをする. ¶这人很老实 lǎoshi, 一点儿不会～ / この人は正直で, 少しも本心を隠したりしない. ②遠慮する. 慎み深くする. ¶请多吃些, 可别～ / 遠慮なんかしないでうんと食べてください.

【装殓】zhuāngliàn 動 納棺する.

【装聋作哑】zhuāng lóng zuò yǎ 〈成〉聞こえないふりをする. 知らんぷりをする.

【装门面】zhuāng ménmian 〈慣〉表面を飾り立てる. 体裁をつくろう.

【装模作样】zhuāng mú zuò yàng 〈成〉気取る. もったいぶる.

【装配】zhuāngpèi 動 **組み立てる**. ¶～车间 chējiān / 組み立て部門.

【装配线】zhuāngpèixiàn 名(流れ作業での)組み立てライン.

【装腔】zhuāng//qiāng 動〈口〉もったいぶる. わざとらしい振る舞いをする.

【装腔作势】zhuāng qiāng zuò shì 〈成〉わざとらしく大げさなふるまいをする.

【装傻】zhuāng//shǎ 動〈口〉とぼける. しらばっくれる.

【装饰】zhuāngshì ①動(身体や建造物などを装飾物で)**飾る**. ¶她不爱～ / 彼女は飾り立てるのを好まない. ②名 装飾品. ¶～吊灯 diàodēng / シャンデリア.

【装束】zhuāngshù ①名 身なり. 服装. ¶～入时 / 服装が流行に合っている. ②動〈書〉旅装を整える.

【装蒜】zhuāng//suàn 動 しらばくれる. 知らぬ顔をする. ►"装洋蒜 yángsuàn"とも. ¶别～! / とぼけるな.

【装箱】zhuāng//xiāng 動 箱に詰める. ¶～单 dān / パッキングリスト. 包装明細書.

【装卸】zhuāngxiè 動 ①(荷物を)**積み卸しする**. ¶～货物 huòwù / 荷物の積み卸しをする. ②(機械を)**組み立てたり分解したりする**.

【装修】zhuāngxiū ①動(窓・水道・塗装など家屋の)付帯工事をする, 改修をする. ②名 家屋の付帯工事や改修をした設備や塗装.

【装样子】zhuāng yàngzi 〈慣〉体裁を飾る. もったいぶる.

【装运】zhuāngyùn 動(貨物を)積載輸送する, 積み出す.

【装载】zhuāngzài 動 積載する.

【装帧】zhuāngzhēn 名(書画や書物の)装丁.

【装置】zhuāngzhì ①動 **据え付ける**. 取り付ける. ¶～仪器 yíqì / 計器を据え付ける. ②名(機械の中の)**装置**. ¶自停～ / 自動停止装置.

*【装作】zhuāngzuò 動 …**のように装う**；わざと…のふりをする. ¶～十分神秘 shénmì 的样子, 一句话也不说 / いかにも秘密ありげなふりをして黙り込んでいる.

奘 zhuǎng

3声 形〈方〉太い. 大きい. ►► zàng

壮(壯) zhuàng

4声 ①形 **丈夫である**. 強健である. ¶他身体 shēntǐ 很～ / 彼はとても強健だ. ②動 盛んにする. 強くする. ¶喝点儿酒～～胆子 dǎnzi / 少し酒を飲んで景気をつける. ③名(Zhuàng)〈略〉チワン族(の).

◇◆ 雄壮である. 盛んである. ¶→～志 zhì. ¶理直气～ / 〈成〉筋が通っているので話に勢いがある.

‖ 姓

【壮大】zhuàngdà ❶動 ①(勇壮で)**強大になる**. 盛んになる. ¶力量 lìliang 日益 rìyì ～ / 日に日に強大になってくる. ②**強大にする**. 盛んにする. ¶～组织 zǔzhī / 組織を強大にする. ❷形(手足などが)大きくて丈夫である, たくましい. ¶手脚 shǒujiǎo ～ / 手足が大きくて頑丈である.

【壮胆】zhuàng//dǎn 動 肝っ玉を太くする. 勇気を出す.

【壮观】zhuàngguān ①形 壮観である. ②名 雄大な景観.

【壮健】zhuàngjiàn 形 元気で健康である.

【壮举】zhuàngjǔ 名 壮挙.

【壮阔】zhuàngkuò 形〈書〉①(勢いが)雄壮である. ¶波澜 bōlán ～ / 〈成〉怒濤(どとう)のごとく勢いがすさまじいさま. ②壮大である. ¶规模 guīmó ～ / 規模が壮大である.

*【壮丽】zhuànglì 形〈書〉(景観が)**厳かで美しい**.

【壮烈】zhuàngliè 形 壮烈である.

【壮美】zhuàngměi 形 雄壮で美しい.

【壮门面】zhuàng ménmian 〈慣〉格好をつける. 派手にやる.

【壮年】zhuàngnián 名 壮年. 働き盛り. ►30-40歳の年齢をいう.

【壮实】zhuàngshi 形(体が)丈夫である, がっしりしている.

【壮志】zhuàngzhì 名〈書〉大志.

【壮族】Zhuàngzú 名(中国の少数民族)チワン(Zhuang)族. ►タイ系少数民族の一つで, 広西・広東などに住む.

状(狀) zhuàng

◇◆ ①形状. 格好. ¶～貌 mào / 形状. 様子. 姿. ②ありさま. 状況. ¶病～ / 病情. ¶罪 zuì ～ / 罪状. ③(様子を)説明する, 描写する. ¶不可名～ / 名状しがたい. ④事の次第を述べた文章. ¶行 xíng ～ / 行状記. ¶事～ / 事の次第. ⑤訴状. ¶告～ / 告訴する. ¶诉 sù ～ / 上訴状. ⑥ある書式の証書. ¶奖 jiǎng ～ / 賞状.

*【状况】zhuàngkuàng 名 **状況**. 事情. 様相. ¶经济 jīngjì ～ / 経済事情. ¶生活～ / 生活の様子.

*【状态】zhuàngtài 名 **状態**. 様相. ¶精神处于 chǔyú 紧张 jǐnzhāng ～ / ストレスがたまった状態である.

【状语】zhuàngyǔ 名〈語〉連用修飾語．状況語．状語．
【状元】zhuàngyuan 名〈旧〉状元．科挙の試験で"进士"の首席合格者；〈喩〉(その分野で)成績の最もよい者．

*撞 zhuàng 動 ①ぶつかる．衝突する．¶别让 ràng 汽车～了／車にひかれないようにしなさいよ．②ばったり出会う．¶本来不想见他,偏偏 piānpiān 在车站～上了／彼に会いたくないと思っていたのに,駅でばったり出会ってしまった．③つく．打つ．¶～钟 zhōng／鐘をつく．④試しにやってみる．¶没有门路 ménlu, 只得 zhǐdé 满处瞎 xiā ～／つてがないので,行き当たりばったりでやってみるしかない．⑤だしぬけに飛び込む．駆け込む．¶一开门,从外面～进一个人来／ドアを開けたら,外からだれかが飛び込んできた．
【撞车】zhuàng//chē 動 ①車が衝突する．¶～事故／交通事故．②〈喩〉二つ(以上)の活動・仕事が重なる．互いに衝突し矛盾する．
【撞击】zhuàngjī 動(物体が)衝突する,激突する．
【撞见】zhuàngjiàn 動 ばったり出会う．
【撞骗】zhuàngpiàn 動 至る所でかたりをする．
【撞一鼻子灰】zhuàng yī bízi huī 〈慣〉門前払いを食う．
【撞运气】zhuàng yùnqi 当てずっぽうにやる．運任せにやってみる．¶我准备 zhǔnbèi 撞一下运气／ちょっと運試しにあたってみるつもりだ．
【撞针】zhuàngzhēn 名(銃・砲の)撃鉄．撃針．

幢 zhuàng 量〈方〉建物を数える：棟．
» chuáng

zhui (ㄓㄨㄟ)

1声 *追 zhuī 動 ①追う．追いかける．¶从后面～上来了／後ろから追いかけてきた．②追及する．究明する．¶一定要把这事儿的根底～出来／必ずこの事件のいきさつを究明しなければならない．③(異性に)言い寄る．¶他一直在～那位姑娘／彼はずっとあの子を追いかけている．
◇◆ ①後を振り返る．¶→～念 niàn．¶→～悼 dào．②後から補う．¶→～认 rèn．¶→～加 jiā．
【追本溯源】zhuī běn sù yuán 〈成〉(事の)根源を明らかにする．問題発生の原因を追う．►"追本穷 qióng 源"とも．
【追逼】zhuībī 動 ①追い迫る．②無理に取り立てる．責め立てる．
【追补】zhuībǔ 動 ①追加する．¶～预算 yùsuàn／予算を追加する．②償う．
【追捕】zhuībǔ 動 追跡して逮捕する．
【追查】zhuīchá 動 追及する．追跡調査する．
【追悼】zhuīdào 動 追悼する．
【追肥】zhuī//féi 〈農〉①動 追肥を施す．②名 追肥．
【追赶】zhuīgǎn 動 追いかける．¶～小偷 xiǎotōu／どろぼうを追いかける．
【追根】zhuīgēn 動 徹底的に追究する．
【追光】zhuīguāng 名 スポットライト．
【追怀】zhuīhuái 動 思い起こす．追憶する．
【追回】zhuī//huí 動+方補(請求して)取り戻す．►"追还 huán"とも．¶～赃物 zāngwù／盗品を取り戻す．
【追悔】zhuīhuǐ 動 後悔する．¶～莫及 mò jí／〈成〉後悔しても後の祭り．
【追击】zhuījī 動 追撃する．
【追缉】zhuījī 動(犯人を)追跡逮捕する．
【追记】zhuījì ❶動 ①追記する．②(死後その功績を)追悼記録する．❷名 追記．追想．
【追加】zhuījiā 動 追加する．¶～基本建设投资 tóuzī／基本建設への投資を増やす．
【追剿】zhuījiǎo 動 追跡して掃討する．
【追究】zhuījiū 動(責任を)追及する．(原因を)突き止める．
【追念】zhuīniàn 動 追憶する．追想する．
【追求】zhuīqiú 動 ①追求する．積極的に求める．¶～真理 zhēnlǐ／真理を探求する．②(異性を)追い求める．言い寄る．
【追认】zhuīrèn 動 追認する．事後承認をする．
【追述】zhuīshù 動〈書〉過去のことを思い出して語る．述懐する．
【追思】zhuīsī 動 追想する．回想する．
【追溯】zhuīsù 動 さかのぼって探る．
【追随】zhuīsuí 動 ①後をついていく．¶～不舍 shě／どこまでもついていく．②追随する．しり馬に乗る．¶～时代的潮流 cháoliú／時代の流れに追随する．
【追索】zhuīsuǒ 動 ①探求する．②督促する．
【追尾】zhuī//wěi 動 追突する．
*【追问】zhuīwèn 動 問い詰める．聞きただす．追及する．¶～原因／原因を問い詰める．
【追想】zhuīxiǎng 動 追想する．
【追星】zhuīxīng 動〈口〉スターの追っかけをする．¶～族 zú／スターの追っかけ(ファン)．
【追忆】zhuīyì 動 追憶する．思い起こす．¶～往事 wǎngshì／昔のことを追憶する．
【追赠】zhuīzèng 動 死後に称号を贈る．
【追逐】zhuīzhú 動〈書〉①追いかける．②追求する．
【追踪】zhuīzōng 動 追跡する．

椎 zhuī ◇◆ 椎骨(ついこつ)．¶脊 jǐ～／脊椎(せきつい)．
【椎骨】zhuīgǔ 名〈生理〉椎骨．
【椎间盘】zhuījiānpán 名〈生理〉椎間板．¶～突出症 tūchūzhèng／椎間板ヘルニア．

锥 zhuī ①名(～子)きり．②動(きりで)刺す,穴をあける．¶～孔 kǒng／きりで穴をあける．
◇◆ きりのようなもの．¶圆～体／円錐(えんすい)体．
【锥处囊中】zhuī chǔ náng zhōng 〈成〉才能ある人はいずれ頭角を現す．
【锥探】zhuītàn 動 ボーリングで探測する．
【锥型】zhuīxíng 形〈機〉円錐状の．
【锥子】zhuīzi 名 きり．(量) 把,个．¶用～扎 zhā／きりで穴をあける．

4声 坠(墜) zhuì ①動(重いものを)ぶら下げる．ぶら下がっている．¶树枝 shùzhī 都被苹果 píngguǒ ～弯 wān 了／リンゴが枝にたわわに実っている．②名(～儿)下げ飾り．¶扇 shàn ～儿／扇子

Z

のふさ.
◇◆ 落ちる. 落下する. ¶～马 / 〈書〉落馬する.
【坠地】zhuìdì 動〈書〉①(子供が)生まれ落ちる. ②(勢い・権威・名声などが)地に落ちる.
【坠毁】zhuìhuǐ 動(飛行機などが)墜落して大破する.
【坠落】zhuìluò 動 墜落する. 落ちる. ¶失事飞机～到了大海里 / 事故を起こした飛行機が海に墜落した.
【坠子】zhuìzi 名 ①〈方〉耳飾り. ②河南省で行われる歌物語の一種.

缀 zhuì 動 ①縫う. 縫い合わせる. ¶把扣子 kòuzi ～上 / ボタンを縫いつける. ②〈書〉(文を)つづる. ¶～字成文 / 字をつづって文にする.
◇◆ 飾る. ¶点～ diǎnzhui / 飾り付ける.
【缀文】zhuìwén 動〈書〉文章をつづる.

惴 zhuì ◇◆ 憂い恐れる.
【惴栗】zhuìlì 動〈書〉恐れおののく. びくびくする.
【惴惴不安】zhuì zhuì bù ān 〈成〉(心配で)おちおちしていられない.

赘 zhuì 動〈方〉まといつく(煩わしい). 手がかかる. ¶这孩子总 zǒng ～着我 / この子は私にまとわりついてばかりいる.
◇◆ ①余分な. むだな. ¶累～ léizhui / 邪魔になる(もの). ¶→～言 yán. ②入り婿する.
【赘词】zhuìcí 名 余計な言葉.
【赘述】zhuìshù 動〈書〉くどく述べる. 贅言(ぜいげん)する.
【赘婿】zhuìxù 名 入り婿.
【赘言】zhuìyán 動〈書〉贅言(ぜいげん)する. ¶不待 dài ～ / 言うまでもない.
【赘疣】zhuìyóu 名〈書〉①いぼ. ②〈喩〉無用なもの. 余計なもの.

zhun (ㄓㄨㄣ)

1声 **谆** zhūn ◇◆ ねんごろ. ¶～嘱 zhǔ / ねんごろに言い聞かせる.
【谆谆】zhūnzhūn 形〈書〉(諭すのが)ていねいである. 懇々と.

3声 * **准**(準) zhǔn ①動 **許可する**. 許す. ¶不～迟到 chídào 或早退 / 遅刻や早退は許さない. ¶不～攀折 pānzhé 花木 / 花や木を折ること禁止. ②形 **確かである**. 正確である. ¶钟 zhōng 走得不～ / 時計が正確でない. ¶他投篮 tóulán 很～ / 彼のシュートは正確だ. ③副 **必ず**. きっと. ¶这项 xiàng 任务他～能完成 / この任務は彼が間違いなく達成する. ④前 …どおりに. …によって. ¶～前例处理 chǔlǐ / 前例どおりに処理する. ⑤(～儿) → 【准儿】zhǔnr
◇◆ ①標準. 基準. ¶→～则 zé. ②準ずる. 準…. ¶→～尉 wèi. ③鼻. ¶隆 lóng ～ / 〈書〉高い鼻. ‖ 姓
【准保】zhǔnbǎo 副 まちがいなく. 確かに. 必ず. ¶这么干 gàn,～成功 chénggōng / このとおりやれば成功すること請け合いだ.
【准备】zhǔnbèi ❶動 ①準備する**. 用意する. ¶快考试了,要好好～～ / もうすぐ試験だから,しっかり準備しておかなければならない. ②**…するつもりである**. …する予定である. ¶我～春节 Chūnjié 回老家探亲 tànqīn / 私は旧正月に帰省するつもりです. ❷名 **準備**. 備え. ¶做好～ / 準備を整える. ¶有～ / 用意がある.
【准定】zhǔndìng 副 きっと. 必ず. ¶你的病～会好的 / 君の病気はきっと治るだろう.
【准话】zhǔnhuà 名(～儿) ①まことの話. ►否定文に用いることが多い. ¶他没～ / あの人はうそばかり言う. ②確約. 確かな言葉. ¶来不来请给我一个～ / 来るかどうかについてはっきりした返事をください.
【准考证】zhǔnkǎozhèng 名(試験の)受験票.
【准谱儿】zhǔnpǔr 名(多く否定の形で)はっきりした決まり. 確実性. ¶他的话没～ / 彼の話は当てにならない.
*【准确】zhǔnquè 形(具体的な行為について)**正確である**. **確かである**. ¶统计数据 tǒngjì shùjù ～ / 統計のデータが正確である. ¶发音 fāyīn ～ / 発音が正確である.
【准儿】zhǔnr 名 はっきりした考え. 確かな方法. 決まりきった法則. ►"有""没(有)"の後に用いることが多い. ¶心里有了～ / ちゃんと要領を心得ている. ¶他做事没个～ / 彼のやり方はいいかげんだ.
【准绳】zhǔnshéng 名〈書〉①水盛りと墨縄〔墨糸〕. ②〈喩〉よりどころ. 基準.
*【准时】zhǔnshí 形 **時間どおりである**. 定刻(どおり)である. ¶列车 lièchē ～到达 dàodá / 列車は定刻に到着する.
【准头】zhǔntou 名(～儿)〈口〉確かさ. 正確さ. ¶枪法 qiāngfǎ 挺有～ / 射撃の腕は非常に確かだ.
【准尉】zhǔnwèi 名〈軍〉准尉.
【准信】zhǔnxìn 名(～儿)確かな知らせ.
【准星】zhǔnxīng 名 ①竿ばかりのゼロの目盛り;〈喩〉一定の見解. ②(銃の)照星(しょうせい).
【准许】zhǔnxǔ 動 許可する. 同意する. 承認する. ¶～他申辩 shēnbiàn / 彼が申し開きするのを認める.
【准予】zhǔnyǔ 動〈書〉…を許可する. …してもよい. ►公文書用語. ¶～入学 / 入学を許可する.
【准则】zhǔnzé 名 準則. 基準. 規範.

zhuo (ㄓㄨㄛ)

1声 **拙** zhuō 形(↔巧 qiǎo)つたない. 下手である. ¶我这个人手 shǒu ～眼 yǎn 也～ / 私という人間は不器用だし鈍感でもある.
◇◆ 自分の文章や見解などをさす謙辞. ¶～译 yì / 拙訳.
【拙笨】zhuōbèn 形 下手である. 不器用である. まずい. ¶口齿 kǒuchǐ ～ / 口下手である.
【拙见】zhuōjiàn 名〈謙〉愚見. 愚考.
【拙劣】zhuōliè 形 拙劣である. 下手で劣っている. ¶～手段 shǒuduàn / 拙劣な手段.
【拙涩】zhuōsè 形(文章が)下手で難解である.
【拙著】zhuōzhù 名〈謙〉拙著.
【拙嘴笨舌】zhuō zuǐ bèn shé 〈成〉口下手であ

Z

る.
【拙作】zhuōzuò 名〈謙〉拙著.

*捉 zhuō 動 捕らえる. 捕まえる. ¶～小偷 xiǎotōu / こそどろを捕らえる. ¶猫 māo ～老鼠 lǎoshǔ / ネコがネズミを捕まえる.
◇◆ 握る. とる. ¶～笔 bǐ / 筆を執る.
【捉襟见肘】zhuō jīn jiàn zhǒu〈成〉困難が多くてやりくりがつかない.
【捉迷藏】zhuō mícáng〈慣〉1 目隠しの鬼ごっこをする. 2 行動や話が謎めいて捉えにくい.(真意をぼかし)回りくどく言う.
【捉摸】zhuōmō 動 推測する. 推し量る. ►否定形で用いることが多い. ¶～不透 tòu / 見当がつかない.
【捉拿】zhuōná 動(悪人・犯人を)捕まえる. ¶～逃犯 táofàn / 逃亡犯を逮捕する.
【捉弄】zhuōnòng 動 からかう. 人を困らせる. ¶别～人 / 人をからかうな.

桌 zhuō 量 宴席のテーブルなどを数える：卓. ¶订 dìng 了三～席 xí / 3 テーブルの宴席を予約した.
◇◆ 机. テーブル. ¶饭～ / 食卓. ‖姓
【桌布】zhuōbù 名 テーブルクロス. 量 块 kuài.
【桌菜】zhuōcài 名(料理の材料をそのまま煮炊きできるような形でそろえた)惣菜セット.
【桌灯】zhuōdēng 名 卓上スタンド.
【桌面】zhuōmiàn 名 1(～儿)テーブルの表面. 2〈電算〉デスクトップ.
【桌面儿上】zhuōmiànrshang 名 テーブルの上;〈喩〉会議の場. ¶～的话 / よそ行きの話.
【桌椅板凳】zhuō yǐ bǎndèng〈慣〉机や椅子・腰掛け;(広く)(木製の)家具.
**【桌子】zhuōzi 名 机. テーブル. 量 张 zhāng,个. ¶一张～ / テーブル1脚.

2声

灼 zhuó ◇◆ ①焼く. あぶる. ¶烧 shāo ～ / やけどをする. ②明らかである. 明るい. ¶→～见.
【灼见】zhuójiàn 名〈書〉透徹した見解.
*【灼热】zhuórè 形 1 焼けつくように熱い. 2 情熱のあふれる.
【灼灼】zhuózhuó 形〈書〉光り輝いている.

茁 zhuó ◇◆ 植物が芽を出したばかりのさま.
【茁实】zhuóshi 形〈方〉たくましい.
【茁长】zhuózhǎng 動(動植物が)すくすくと成長する.
【茁壮】zhuózhuàng 形(人や動植物が)丈夫に育っている,成長している. ¶庄稼 zhuāngjia 长 zhǎng 得很～ / 農作物が勢いよく成長している.

Z

卓 zhuó ◇◆ ①高くてまっすぐである. ¶～立 / ひときわ高く立つ. ②すぐれている. ¶→～见. ‖姓
【卓尔不群】zhuó ěr bù qún〈成〉衆にぬきんでる.
【卓见】zhuójiàn 名〈書〉卓見.
【卓绝】zhuójué 形〈書〉卓抜である.
【卓有成效】zhuó yǒu chéng xiào〈成〉成績や効果が著しい.
【卓越】zhuóyuè 形 卓越している. ずば抜けている. ¶～的见识 jiànshi / 卓越した見識. ¶成绩 chéngjì ～ / 成績がずば抜けている.
【卓著】zhuózhù 形〈書〉抜群である. 際立っている. ¶成效 chéngxiào ～ / 効果てきめんである.

浊(濁) zhuó ◇◆ ①濁っている. ¶～水 / 濁り水. ¶→～流. ②(声が)低くて太い. ¶～声～气 / だみ声で発音が明瞭でない. ③乱れている. ¶→～世 shì.
【浊流】zhuóliú 名 濁流;〈喩〉腐敗・堕落した風潮.
【浊世】zhuóshì 名 1〈書〉乱世. 2〈仏〉濁世(じょくせ).
【浊音】zhuóyīn 名〈語〉濁音. 声帯の震動を伴う音.

酌 zhuó ◇◆ ①(酒を)つぐ. 酌をする. ¶独 dú ～ / ひとりで酒を飲む. ②酒席. 酒と食事. ¶便 biàn ～ / 簡単な酒食. 粗宴. ③斟酌(しんしゃく)する. 見計らう. ¶～办 bàn / 事情をよく考慮して処理する.
【酌定】zhuódìng 動 事情を考慮して取り計らう.
【酌量】zhuóliáng 動(事情を)考慮する.
【酌情】zhuóqíng 動 事情をくむ. ¶～处理 chǔlǐ / 状況を考慮して処理する.

浞 zhuó 動〈方〉ぬれる. ぬらす. ¶晒 shài 的被褥 bèirù 被雨～湿 shī 了 / 干してある布団が雨にぬれてしまった.

啄 zhuó 動(くちばしで)ついばむ,つつく. ¶麻雀 máquè ～面包渣儿 zhār 吃 / スズメがパンくずをつついて食べる.
【啄木鸟】zhuómùniǎo 名〈鳥〉キツツキ.

着(著) zhuó 1 動 1(衣服を)着る;(ズボン・靴・靴下を)はく. 注意 南方方言の色彩が強く,現代共通語の独立した動詞としては"穿 chuān"がこれに当たる. 2 触れる. 着く. ►多く否定で用いる. ¶不～边际 biānjì / つかみどころがない. 3(他の事物に)付着させる. ¶颜色～得太浓 nóng 了 / 色を濃くつけすぎだ. 4 派遣する. ¶～他去办 bàn 一下 / 彼を処理に行かせる.
2 名 当て. 手掛かり. 行方. ►"无 wú"の目的語として用いることが多い. ¶寻找 xúnzhǎo 无～ / 捜したが行方が知れない.
▸▸ zhāo,zháo,zhe
【着笔】zhuóbǐ 動 筆をおろす. 書き出す.
【着力】zhuólì 動 力を入れる. ¶无从～ / 力の入れようがない. ¶～于企业改革 qǐyè gǎigé / 企業の改革に力を入れる.
【着陆】zhuó//lù 動 着陸する. ¶客机 kèjī ～在首都机场 / 旅客機が首都空港に着陸した.
【着落】zhuóluò 1 名 1 行方. ありか. ¶没有～ / 行方が分からない. 2 当て. 手がかり. ¶生活无 wú ～ / 衣食のめどが立たない. 2 動 帰属する. 落着する. 2〈近〉きちんと置く.
【着色】zhuó//sè 動 着色する.
【着实】zhuóshí 副 1 確かに. ほんとうに. ¶～不错 / 実によい. 2 形 きつい. ひどい. ¶着着实实地说了他一顿 dùn / こっぴどく彼をしかった.
【着手】zhuóshǒu 動 着手する. 始める. ¶～治理

公害 zhìlǐ gōnghài / 公害の処理に取りかかる.

*【着想】zhuóxiǎng 動 …のためを思う. …を第一に考える. ►前に必ず"为 wèi …""替 tì …""从 cóng …"などを伴う. 後に目的語をとることはない. ¶为下一代～ / 後の世代のために考える.

*【着眼】zhuóyǎn 動(ある方面に)目をつける;(ある方面から)観察する. ►"着眼"の前によく"从…"の形を用いる. ¶凡事 fánshì 应从积极 jījí 方面～ / すべてはプラスの面から考えるべきだ. ¶～于未来 wèilái / 将来に目を向ける.

【着意】zhuó//yì 動 心をこめる;気にとめる. ¶～装饰 zhuāngshì 了一通 tòng / 念を入れてまんべんなく飾った.

【着重】zhuózhòng 動 重点を置く. 特に力を入れる. ¶～讨论 tǎolùn / 重点的に討論する.

【着重号】zhuózhònghào 名〈語〉強調符号. 傍点.

琢 zhuó 動(玉石を)磨く,加工する. ¶这镯子 zhuózi 是用翡翠 fěicuì ～成的 / この腕輪はヒスイで作ったものだ. ⏩zuó

【琢磨】zhuómó 動 ①削ったり磨いたりする. ②(多く文章に)磨きをかける. ③(品性を)磨く. ⇨【琢磨】zuómo

擢 zhuó ◇ ①抜く. ②抜擢(ばってき)する. ¶→～用 yòng.

【擢发难数】zhuó fà nán shǔ〈成〉罪状が多くて数えきれない.

【擢升】zhuóshēng 動〈書〉抜擢する.

【擢用】zhuóyòng 動〈書〉(人を)引き上げて任用する.

濯 zhuó 動〈書〉洗う. すすぐ. ¶～足 / 足を洗う.

【濯濯】zhuózhuó 形〈書〉(山が)すっかりはげている.

镯(鐲) zhuó 名(～子)(装身具としての)腕輪,足輪. ブレスレット. ¶金 jīn ～ / 金のブレスレット.

zi (ㄗ)

1声

吱 zī 擬(～儿)《ネズミなどの小動物の鳴き声》ちゅっちゅっ. ちっちっ. ►重ねて用いることが多い. ⏩zhī

孜 zī "孜孜 zīzī"⬇という語などに用いる.

【孜孜】zīzī 形〈書〉勤勉である. せっせと. ¶～不倦 juàn / 倦(う)まずたゆまず.

咨(諮) zī ◇ ①相談する. 諮(はか)る. ¶→～询 xún. ②公文書の一種. ¶→～文 wén.

【咨文】zīwén 名 ①〈旧〉対等の機関への公文書. ②(米国などで元首が議会に提出する)教書. ¶国情 guóqíng ～ / 一般教書.

【咨询】zīxún 動 ①〈書〉諮問する. 相談する. ¶～机关 jīguān / 諮問機関. ②情報提供する. コンサルティングをする. ¶～台 tái /(図書館の)レファレンスサービスカウンター;(大型商店や公共の場所の)サービスカウンター. ¶～活动 huódòng / コンサルタントサービス.

姿 zī ◇ ①容貌. 器量. ¶→～色 sè. ②姿勢. 格好. ¶雄 xióng ～ / 雄々しい姿.

【姿容】zīróng 名〈書〉容貌. 器量. 顔や姿.

【姿色】zīsè 名〈書〉(女性の)美しい容貌.

【姿势】zīshì 名 姿勢. 態勢;〈体〉フォーム. ►"姿式"とも書く.

【姿态】zītài 名 ①姿. 姿勢. 身のこなし. ②態度. 様子. ¶～比较高 / なかなか風格がある.

兹(玆) zī ❶代〈書〉①これ. この. ¶～理易明 / この道理は分かりやすい. ②〈書〉いま. ここに. ¶～订于 yú 十四日举行 jǔxíng 开学典礼 diǎnlǐ / 今般,来たる14日に始業式をとり行うことに決定した. ❷名〈古〉年. ¶今～ / 今年.

资 zī 動 資する. 役立つ. ¶以～参考 / 参考に供する. ¶以～借鉴 jièjiàn / 教訓とするに足る.

◇ ①財貨. 費用. ¶投～ / 投資する. ¶工～ / 賃金. 給料. ②よりどころとする材料. ¶→～料 liào. ¶谈～ / 話の種. ③資質. 素質. ¶→～质 zhì. ¶天～ / 天性. 資質. ④資格. 経歴. ¶→～格 gé. ¶→～历 lì. ‖姓

【资本】zīběn 名 ①〈経〉資本. ②元手,資金. ③〈喩〉(自分の利益を得るための)元手,よりどころ. ¶晋升 jìnshēng 的～ / 昇進する元手. ¶政治～ / 政治的な資産.

【资本家】zīběnjiā 名 資本家.

【资本主义】zīběn zhǔyì 名 資本主義.

【资材】zīcái 名 物資と器材.

【资财】zīcái 名 資金と物資. ¶清点 qīngdiǎn ～ / 資産の点検.

【资产】zīchǎn 名 ①財産. ②〈経〉企業資産. ③〈経〉(貸借対照表の)貸し方,資産.

【资产负债表】zīchǎn fùzhàibiǎo 名〈経〉貸借対照表. バランスシート.

【资产阶级】zīchǎn jiējí 名 資本家階級. ブルジョアジー.

【资方】zīfāng 名(↔劳方 láofāng)資本家側.

【资格】zīgé 名 ①資格. 身分. ¶没～参加高考 / 大学の入学試験を受ける資格がない. ②(仕事や活動の)年功,キャリア. ¶摆 bǎi 老～ /〈慣〉古参であることを鼻にかける. ベテラン風を吹かす.

【资金】zījīn 名〈経〉資金;元金.

【资力】zīlì 名 ①資力. 財力. ②素質と能力.

【资历】zīlì 名 資格と経歴. キャリア.

*【资料】zīliào 名 ①生産·生活上の必需品. 手段. ¶生产 shēngchǎn ～ / 生産手段. ¶生活～ / 生活必需品. ②資料. データ. 量 份 fèn,批. ¶统计 tǒngjì ～ / 統計資料. ¶～库 kù / データバンク. データベース. ¶～处理 chǔlǐ /(コンピュータなどの)データ処理.

【资深】zīshēn 形(仕事や活動の)キャリアが長い.

【资讯】zīxùn 名〈方〉情報. ►主に,台湾などで使う. ¶商业 shāngyè ～ / ビジネス情報.

*【资源】zīyuán 名 ①(天然)資源. ¶开发 kāifā ～ / 資源を開発する. ¶水力～ / 水力資源. ②〈電算〉リソース.

【资质】zīzhì 名(主として知力面の)素質,資質.
【资助】zīzhù 動 経済的に援助する.

嗞(吡) zī "嗞啦 zīlā"↓という擬声語などに用いる.

【嗞啦】zīlā 擬《油で炒めたり揚げたりする音》じゃあ.じゅう.

滋 zī 動〈方〉噴射する. ¶水管裂 liè 了,一个劲儿 yīgejìnr 往外～水 / 水道管にひびが入り,勢いよく水が吹き出した.
◇◆ ①生える. 引き起こす. ¶～蔓 màn / 生え広がる. ②増強する. 増す. ¶～益 yì / 利益を増やす.
【滋补】zībǔ 動 栄養を補給する. 精をつける. ¶～药品 yàopǐn / 強壮剤.
【滋润】zīrùn ❶形 ①潤いがある. 湿っている. ¶皮肤 pífū ～ / 肌がしっとりしている. ②〈方〉気持ちがよい. ❷動 潤す.
【滋生】zīshēng 動 ①繁殖する. ¶～蚊蝇 wényíng / カやハエが大量発生する. ②引き起こす. ¶～事端 shìduān / 問題を引き起こす.
【滋事】zī//shì 動 面倒を引き起こす.
*【滋味】zīwèi (～儿)名 ①味. 味わい. 量 种,股 gǔ. ¶菜的～很好 / 料理の味がとてもいい. ②(いやな)気持ち. ¶心里有一种说不出的～ / なんとも言えない複雑な気持ちになる.
【滋养】zīyǎng ①動 養分や栄養をつける. ¶～身体 shēntǐ / 体に栄養をつける. ②名 滋養. 養分. 栄養(物).
【滋育】zīyù 動(太陽や大地などが)養分を与え育てる.
【滋长】zīzhǎng 動(多く抽象的なことについて)はびこる. 助長する. ¶不良 bùliáng 社会风气日渐 rìjiàn ～ / よくない社会風潮が日増しにはびこる.

龇(吡) zī 動〈口〉〈貶〉歯をむき出す. ¶～着牙 yá / 歯をむき出している.

【龇牙咧嘴】zī yá liě zuǐ 〈成〉①恐ろしい形相をする. ②苦痛に顔をゆがめる.

髭 zī ①名 口ひげ. ¶～须 xū / 口ひげとあごひげ;(広く)ひげ. ②動 逆立つ. ¶～毛 máo / (怒りに)毛が逆立つ.

3声 * **子** zǐ ❶名 ①息子. 子. ►現在は普通,男の子だけをさす. ¶他有一～一女 / 彼には男の子と女の子が一人ずついる.
②(～儿)植物の種子;魚の卵. ¶松 sōng ～儿 / (食用の)マツの実. ¶结 jiē ～儿 / 実を結ぶ. ¶鱼 yú ～ / 魚の卵. ¶下～儿 / 産卵する.
③(～儿)小さくて堅い塊. ¶棋 qí ～儿 / 碁石. 将棋の駒. ¶算盘 suànpan ～儿 / そろばんの玉.
④(～儿)銅貨. ¶这东西不值 zhí 一个～儿 / この品は一文の値打ちもない.
⑤十二支の第1位:子(ね). ¶→～时 shí.
❷量(～儿)指でつまめるほどの,束になった細長いものを数える. ¶一～儿线 xiàn / ひと束の糸. ¶一～儿挂面 guàmiàn / ひと束の乾めん.
❸〈古〉なんじ. ¶以～之矛 máo,攻 gōng ～之盾 dùn / なんじの矛(ほこ)でなんじの盾(たて)を突け. 相手の矛盾を突くたとえ.
◇◆ ①幼い.若い. ¶～猪 zhū / 子ブタ. ¶～姜 jiāng / 新ショウガ. ②(普通一般の)人. ¶男～ / 男子. ¶女～ / 女子. ③(旧時)一部の労働者の称. ¶舟 zhōu ～ / 船頭. ¶士 shì ～ / 士人. ④〈古〉学識のある人. ¶孔 Kǒng ～ / 孔子. ¶诸 zhū ～百家 / 諸子百家. ⑤中国の古典の図書分類法("经、史、子、集")の第3類. 主として諸子百家の類を収める. ¶～书 / 子書. 子部の書籍. ⑥(封建制下の爵位の一つ)"公 gōng、侯 hóu、伯 bó、子、男"の4番目. ¶～爵 jué / 子爵. ‖姓 ▸▸ zi
【子丑寅卯】zǐ chǒu yín mǎo 〈成〉きちんとした理由. ►多く"说、讲"などの目的語とし,理路整然と話す〔話さない〕意味で用いる.
【子代】zǐdài 名〈生〉(↔亲代 qīndài)子の世代.
*【子弹】zǐdàn 名 銃弾. 弾丸. ►"枪弹 qiāngdàn"の俗称. 量 颗 kē,发 fā.
【子弟】zǐdì 名 ①子弟. ►弟・息子・おいなど. ②(集団の中の)若者,青年.
【子弟兵】zǐdìbīng 名 人民解放軍に対する愛称.
【子公司】zǐgōngsī 名(↔母公司)子会社.
【子宫】zǐgōng 名〈生理〉子宮. ¶～颈 jǐng / 子宮頸. ¶～帽 mào〔托 tuō〕/ ペッサリー.
【子金】zǐjīn 名〈書〉利息. 利子.
【子口】zǐkou 名 瓶・缶・箱などの口の部分. 口.
【子粒】zǐlì 名〈農〉(豆や穀類の)実,種子.
【子母扣儿】zǐmǔkòur 名〈裁〉スナップ. ホック.
【子目】zǐmù 名 細目.
【子女】zǐnǚ 名 子女. 子供. 息子と娘. ¶职工 zhígōng ～ / 従業員の子女.
【子时】zǐshí 名〈旧〉子(ね)の刻. 夜11時−1時.
【子实】zǐshí 名〈農〉(豆や穀類の)実,種子.
【子书】zǐshū 名 子書. 諸子百家の書.
【子嗣】zǐsì 名〈書〉跡継ぎ.
【子孙】zǐsūn 名 子孫;息子と孫. ¶子子孙孙 / 子々孫々. ¶～后代 / 末裔(まつえい).
【子午线】zǐwǔxiàn 名〈地〉子午線. ►"子午圈 zǐwǔquān"とも.
【子息】zǐxī 名〈書〉①(家を継ぐ)息子,子供. ¶家无 wú ～ / 跡取りがいない. ②〈書〉利息.
【子弦】zǐxián 名(胡弓などの)いちばん細い弦.
【子虚】zǐxū 名〈書〉架空のこと. 作り話. ¶～乌有 wū yǒu / 〈成〉ありもしない話.
【子叶】zǐyè 名〈植〉子葉.
【子夜】zǐyè 名 真夜中. 夜半.
【子音】zǐyīn 名〈語〉(＝辅音 fǔyīn)子音.

仔 zǐ ◇◆ 幼い. ¶～猪 zhū / 子豚. ▸▸ zǎi

【仔密】zǐmì 形(織り目・編み目が)細かい.
【仔儿】zǐr 名 家畜・家禽の子.
*【仔细】zǐxì 形 ①注意深い. 綿密である. ¶办事 bànshì ～ / 仕事ぶりが丹念である. ¶仔仔细细地调查 diàochá / 念入りに調べる. ②用心深い. ¶路很滑 huá,～点儿! / 道が滑るから,足元に気をつけなさい. ③〈方〉つましい. ¶日子过得～ / 暮らしがつましい.

姊(姉) zǐ ◇◆ 姉. 注意 話し言葉では"姐姐"を用い,"姊"は墓碑に刻むなど硬い言葉に用いる. 日本で使われている"姉"は"姊"の異体字.

【姊妹】zǐmèi 名 姉妹.

籽 zǐ 名(～儿)植物の種. 実. ¶棉 mián ～儿 / ワタの種子. ¶菜～儿 / アブラナの種;野菜の種.

梓 zǐ ◇◆ ①キササゲ．¶～树 shù／〈植〉キササゲ．②版木．¶付 fù～／上梓(じょう)する．③故郷．¶桑 sāng～／郷里．‖姓

*__紫__ zǐ 形 **紫色である．** 青黒い．¶嘴唇都冻～了／くちびるがこごえて紫色になっている．‖姓

【紫菜】zǐcài 名〈植〉ノリ．アマノリ．
【紫绀】zǐgàn 名〈医〉チアノーゼ．
【紫红】zǐhóng 形 紫がかった濃赤色の．
【紫花】zǐhuā 形 カーキ色の．¶～布 bù／カーキ色の粗布．
【紫禁城】Zǐjìnchéng 名 紫禁城．(北京にある明・清代の)皇宮．►現在は"故宫"と呼ばれる．
【紫荆】zǐjīng 名〈植〉ハナズオウ．►花は香港特別行政区の区の花．
【紫罗兰】zǐluólán 名〈植〉ストック．
【紫茉莉】zǐmòli 名〈植〉オシロイバナ．
【紫萍】zǐpíng 名〈植〉ウキクサ．
【紫色】zǐsè 名 赤銅色．紫色．¶～的脸 liǎn／真っ黒に日焼けした顔．
【紫苏】zǐsū 名〈植〉シソ．
【紫檀】zǐtán 名〈植〉シタン；紫檀材．
【紫藤】zǐténg 名〈植〉チュウカフジ．
【紫外线】zǐwàixiàn 名〈物〉紫外線．
【紫云英】zǐyúnyīng 名〈植〉レンゲソウ．
【紫竹】zǐzhú 名〈植〉シチク．クロチク．

滓 zǐ "渣滓 zhāzǐ"(かす．おり．くず)という語に用いる．

4声 *__自__ zì 〈書〉①前 **…から．…より．** ►場所や時間の起点を表す．"自从 zìcóng"は時間にしか用いることができない．¶本次列车～南京开往 kāiwǎng 北京／この列車は南京から北京へ向かいます．¶本办法～公布之日起施行 shīxíng／この措置は公布の日から施行する．¶～你走后,我们这儿发生了很大的变化／君が出ていってから,ここでは大きな変化があった．[動詞の後に用いることもできる．動詞は"寄､来､选､出､抄､录､摘､译､引､转引"など少数のものに限る]¶寄～东京／東京から郵送する．¶引～《经济日报》／『経済日報』より引用．
②副 自ずから．自然に；当然．もちろん．¶久别重逢 chóngféng,～有许多话说／久しぶりの再会だから,自然言いたいことも山ほどある．¶成绩 chéngjì 不够理想 lǐxiǎng,今后～当努力 nǔlì／成績はそれほどすばらしいわけではないので,今後,当然努力すべきである．
◇◆ 自分から．自ら．¶→～告 gào 奋勇．¶→～夸 kuā．‖姓

【自爱】zì'ài 動 自重する．¶不知～／軽率である．
【自白】zìbái 動(自分の考えや立場を)はっきり説明する,表明する．
【自暴自弃】zì bào zì qì〈成〉自暴自棄．
【自卑】zìbēi 形 卑屈になる．劣等感をもつ．¶～感 gǎn／劣等感．コンプレックス．
【自备】zìbèi 動 自前で用意する．¶～碗筷 wǎnkuài／食器を自分で用意する．¶～汽车 qìchē／自家用車．マイカー．
【自便】zìbiàn 動 自分の都合のよいようにする．¶您～吧,我就不陪 péi 您了／どうぞおよろしいように,私におかまいなく．
【自不待言】zì bù dài yán〈成〉言うまでもない．
【自不量力】zì bù liàng lì〈成〉身の程を知らない．うぬぼれている．
【自裁】zìcái 動〈書〉自殺する．
【自惭形秽】zì cán xíng huì〈成〉引け目を感じる．コンプレックスを感じる．
【自称】zìchēng 動 ①自称する．②自分で言いふらす．
【自成一家】zì chéng yī jiā〈成〉(文章・書画・彫刻などで)自ら一家をなす．
【自持】zìchí 動 自制する．
【自出机杼】zì chū jī zhù〈成〉(文学・芸術で)新機軸を打ち出す．
【自吹自擂】zì chuī zì léi〈成〉自分のことを吹聴する．自画自賛する．
*【自从】zìcóng 前 **…より．…から．** 語法 過去のある時点を起点とすることを表す．ある事柄を規準とする起点を表すので,簡単な時間詞は後にとらない．たとえば,"自从去年他来后…"(去年彼が来てから…)とは言えても,"自从去年…"(去年から…)とは言えない．"以来 yǐlái"や"以后 yǐhòu"と呼応して用いることも多い．¶～上了小学,这孩子懂事 dǒngshì 多了／小学校に行くようになってから,この子は物分かりがよくなった．⇒〖自 zì〗
【自打】zìdǎ 前〈方〉(ある時から)以後,以来．
【自大】zìdà 形 尊大である．生意気である．
【自得】zìdé 動 得意になる．
【自得其乐】zì dé qí lè〈成〉自己満足する．
*【自动】zìdòng ❶副 ①**自ら進んで．** 自発的に．¶～参加／自発的に参加する．②**ひとりでに．** 自分で．¶～延长 yáncháng／自動的に延長される．❷形(後ろに名詞をとって)自動の．オートマチックの．
【自动步枪】zìdòng bùqiāng 名〈軍〉自動小銃．
*【自动扶梯】zìdòng fútī 名 エスカレーター．
【自动化】zìdònghuà 動 自動化する．オートメーション化する．
【自动控制】zìdòng kòngzhì 動 自動制御をする．
*【自动铅笔】zìdòng qiānbǐ 名 シャープペンシル．
【自动取款机】zìdòng qǔkuǎnjī 名 現金自動預入支払機．ATM．
【自渎】zìdú 動〈書〉手淫をする．自慰をする．
【自发】zìfā 形 **自然発生的な；自発的な．**
*【自费】zìfèi 名(↔公费 gōngfèi)**自費．私費．** ¶～去北京／自弁で北京まで行ってくる．¶～留学生 liúxuéshēng／私費留学生．
【自焚】zìfén 動 焼身自殺をする．►多く比喩に用いる．
【自负】zìfù 動 ①自負する．得意がる．②(責任を)自分で負う．¶～盈亏 yíngkuī／〈経〉(企業が)損益について自分で責任を負う．
【自高自大】zì gāo zì dà〈成〉思い上がって偉ぶる．
【自告奋勇】zì gào fèn yǒng〈成〉困難や危険な任務を自分から買って出る．
*【自个儿】zìgěr 代 **自分一人(で)．** ►"自各儿"とも書く．
【自供】zìgòng 動 自白する．白状する．¶～状 zhuàng／自供書．
【自古】zìgǔ 副〈書〉昔から．

Z

【自顾不暇】zì gù bù xiá 〈成〉自分のことで手いっぱいで他人のことなどかまっていられない.

【自豪】zìháo 形 誇りに感じる. ¶以 yǐ …而 ér ～ / …を誇りとする. ¶感到 gǎndào ～ / 誇りに思う. ¶～感 / 誇り. プライド.

【自好】zìhào 動 自重する.

【自毁】zìhuǐ 動〈書〉自滅する. 自己破壊する.

【自己】zìjǐ ①代 **自分;**自分で**. ひとりでに. ¶让 ràng 我～来 / 私に自分でやらせてください. ¶瓶子 píngzi 不会～倒 dǎo 的,准 zhǔn 是有人碰 pèng 倒的 / びんがひとりでに倒れるはずがない,だれかがぶつかったに違いない. ¶～安慰 ānwèi ～ / 自分で自分をなぐさめる. [広く一般の事物についていい,具体的にさす人や物がない場合] ¶～的事～做,不要靠 kào 别人 / 自分のことは自分でやり,他人を当てにするな. ⇒【自个儿】zìgěr ②形 親しい. 近しい. ►名詞を修飾するときは,"的"をつけなくてもよい. ¶大家都是～人,不要客气 kèqi / みんな私の親しい人たちです,ご遠慮なく. ¶～弟兄 dìxiong / 近しい仲間.

【自给】zìjǐ 動 自給する. ►俗に zìgěi とも発音する.

【自己人】zìjǐrén 名 身内. 親しい間柄の人.

【自给自足】zì jǐ zì zú 〈成〉自給自足.

【自家人】zìjiārén 名 身内. 内輪の人.

【自荐】zìjiàn 動 自薦する. 自分から買って出る.

【自矜】zìjīn 動〈書〉自慢する.

【自尽】zìjìn 動 自殺する.

【自刭】zìjǐng 動〈書〉自刎(じふん)する.

【自咎】zìjiù 動〈書〉自己反省をする.

【自居】zìjū 動〈書〉〈貶〉…を自任する. ¶以天才画家～ / 自分では天才画家だとうぬぼれている.

【自决】zìjué 動 自決する.

*【自觉】zìjué ①動 **自分で気づく**. **自覚する**. ¶犯了错误 cuòwù 他自己还不～ / 誤りを犯しても彼は自分では気づいていない. ②形 **自覚がある**. **積極的である**. ¶小王练武 liànwǔ 很～ / 王君は武術のけいこを自ら進んでやっている. ¶～地遵守 zūnshǒu 法纪 / 自覚して法律・規律を守る.

【自绝】zìjué 動 ①自ら進んで関係を断つ. ►普通,後に"于 yú"を伴う. ②自殺する. 自滅する.

【自觉自愿】zì jué zì yuàn 〈成〉自ら進んで願い出る. 自発的である. ¶～地参加义务劳动 yìwù láodòng / 自ら進んでボランティア活動に参加する.

【自控】zìkòng 動〈略〉自動制御をする.

【自夸】zìkuā 動 自慢する. 自分をひけらかす.

【自来】zìlái 副〈書〉従来. もともと.

【自来水】zìláishuǐ 名(上)水道;水道水.

【自来水笔】zìláishuǐbǐ 名 万年筆.

【自理】zìlǐ 動〈書〉①(費用を)自分で負担する. ¶车费 chēfèi ～ / 交通費は自弁とする. ②自分で処理する. ¶生活不能～ / 自分で身の回りのことができない.

【自立】zìlì 動 自立する. 独り立ちする.

【自力更生】zì lì gēng shēng 〈成〉自力更生する. 他の力に頼らずに自らの力で事を行う.

【自量】zìliàng 動〈書〉おのれを知る. ¶不知～ / 身の程を知らない. 思い上がっている.

【自料】zìliào 名(服の仕立てなど客の)持ち込みの材料.

【自流】zìliú 動 ①自然に流れ出る. ②〈喩〉(指導がなく)成り行きのままになる,好き勝手になる. ¶放任～ / 〈成〉構わないで成り行きに任せる.

【自卖自夸】zì mài zì kuā 〈成〉自画自賛する.

【自满】zìmǎn 形 **自己満足している**. いい気になっている.

【自明】zìmíng 形〈書〉自明である. 分かりきっている. ¶其理～ / その道理は言わなくても分かる.

【自鸣得意】zì míng dé yì 〈成〉〈貶〉自ら得意がる.

【自命】zìmìng 動〈書〉自任する. 自負する. ¶～为 wéi 美食家 / グルメをもって自任する. ¶～不凡 fán / 〈成〉思いあがっている. うぬぼれている.

【自馁】zìněi 動 自信をなくしてしょげる. 弱気になる.

【自拍机】zìpāijī 名(カメラの)セルフタイマー.

【自欺欺人】zì qī qī rén 〈成〉自分でも信じられないような話や手段で人をだます.

【自谦】zìqiān 動 へりくだる. 謙遜する.

【自取灭亡】zì qǔ miè wáng 〈成〉自ら滅亡を招く.

【自取其咎】zì qǔ qí jiù 〈成〉自業自得.

*【自然】zìrán ①名 **自然**. ¶征服 zhēngfú ～ / 自然を征服する. ②副 **自然に**. ひとりでに. おのずから. ¶你以后～会明白的 / あとになればひとりでに分かる. ③形 **当然である**. 当たり前である. 至極もっともである. ¶饿 è 了想吃东西,这是很～的 / 腹が減ったら物を食べたくなるのは至極当たり前のことだ. ⇒【自然】zìran

【自然】zìran 形 無理なところがない. 気取りや堅苦しさがない. ¶态度 tàidu 非常～ / 態度がとてものびのびしている. ⇒【自然】zìrán

【自燃】zìrán 動〈化〉自然燃焼〔発火〕をする.

【自然而然】zì rán ér rán 〈成〉ひとりでに. 自然に.

【自然规律】zìrán guīlǜ 名 自然界の法則. ►"自然法则"とも.

【自然科学】zìrán kēxué 名 自然科学.

【自然灾害】zìrán zāihài 名 自然災害.

【自如】zìrú 形〈書〉①思いのままにできる. ¶操纵 cāozòng ～ / 思いのままに操る. ②平常と変わらない.

【自若】zìruò 形〈書〉平常と変わらない. 自若. ¶神态 shéntài ～ / 顔色ひとつ変えない.

【自杀】zìshā 動 **自殺する**.

【自上而下】zì shàng ér xià 〈成〉上から下へ(の).

【自身】zìshēn 名 **自身**. 自体. ►ほかの人や物ではないことを強調する.

【自食其果】zì shí qí guǒ 〈成〉自業自得. ►"自食苦果"とも.

【自食其力】zì shí qí lì 〈成〉自活する.

【自食其言】zì shí qí yán 〈成〉言ったことを守らない.

【自始至终】zì shǐ zhì zhōng 〈成〉始めから終わりまで. 終始.

【自恃】zìshì 動〈書〉①(自信がこうじて)おごりたかぶる. ②笠に着る. 頼みとする.

【自首】zìshǒu 動 自首する.

【自赎】zìshú 動〈書〉自分の罪を償う.

【自述】zìshù 〈書〉①動 自分のことを自分で話す. ②名 自分についての叙述.

【自说自话】zì shuō zì huà 〈成〉①一人で勝手

Z

に…する. ② 独り言を言う.

*【自私】zìsī 形 **利己的である.** わがままである. ¶你太～了 / 君は身勝手すぎる.

【自讨苦吃】zì tǎo kǔ chī 〈成〉自ら求めて苦労をする.

【自投罗网】zì tóu luó wǎng 〈成〉自分から進んで網にかかる. 飛んで火に入る夏の虫.

【自卫】zìwèi 動 **自衛する.**

【自刎】zìwěn 動〈書〉自刎(じふん)する.

【自问】zìwèn 動 ① 自問する. ② 自分で自分を判断する. ¶我～是下了功夫 gōngfu 了 / 私は自分ではがんばったつもりでいる.

*【自我】zìwǒ ① 代 **自己.** 自分. ► 2 音節の動詞の前に置き, その動作が自分から出て自分に向かうことを表す. ¶～陶醉 táozuì / 自己陶酔する. ② 名〈心〉自我.

【自我表现】zìwǒ biǎoxiàn 自分のことを吹聴する.

*【自我介绍】zìwǒ jièshào **自己紹介する.**

【自我批评】zìwǒ pīpíng **自己批判する.**

*【自习】zìxí 動 **自習する.**

【自下而上】zì xià ér shàng 〈成〉下から上へ(の). ¶～逐级 zhújí 反映 fǎnyìng / 下部から上部へいちいち報告する.

【自相…】zìxiāng… 副(自分と自分, または味方同士が)相互に…. ►一部の 2 音節の動詞の前に用いる. ¶→～矛盾 máodùn.

【自相残杀】zì xiāng cán shā 〈成〉味方どうしが殺し合う.

【自相矛盾】zì xiāng máo dùn 〈成〉自己矛盾する.

【自销】zìxiāo 動 直販する. ¶自产 zìchǎn ～ / 産地直売.

【自小】zìxiǎo 副(～儿)小さい時から.

【自信】zìxìn ① 名 **自信.** ② 動 **自信がある. 自分を信じる.** ¶我～能完成这项 xiàng 任务 rènwu / 私はこの仕事をやり遂げる自信がある. ③ 形 自信過剰である. ¶这个人很～ / この人は自信過剰だ.

【自行】zìxíng ① 動 **自分で…する.** ¶～解决 jiějué / 自分で解決する. ② 副 自然に. ¶～消亡 xiāowáng / ひとりでに消滅する.

【自行车】zìxíngchē 名 **自転車. ►地方によっては"脚踏车 jiǎotàchē"ともいう. ㊐ 辆 liàng. ❖骑 *qí* ～ / 自転車に乗る. ¶～存放处 cúnfàngchù / 自転車預り所.

【自省】zìxǐng 動 反省する.

【自修】zìxiū 動 ① 自習する. ② 独学する.

【自序・自叙】zìxù 名 ① 自序. ② 自叙伝.

【自选动作】zìxuǎn dòngzuò 名〈体〉フリースタイル.

【自选商场】zìxuǎn shāngchǎng 名 スーパーマーケット. ►"超级 chāojí 市场"とも.

*【自学】zìxué 動 **独学する.** 自修する. ¶～日语 / 日本語を独学する.

【自言自语】zì yán zì yǔ 〈成〉独り言を言う.

【自以为是】zì yǐ wéi shì 〈成〉自分が正しいと思い人の意見を受け入れない.

【自缢】zìyì 動〈書〉首つり自殺をする.

【自营】zìyíng 動 自営する.

*【自由】zìyóu ❶形 **自由である.** 随意である. ¶这种 zhǒng 人生活得很～ / このような人は自由に生きている. ¶～发表 fābiǎo 意见 / 自由に意見を発表する. ❷名 ①(法律上の) **自由.** ¶信教 xìnjiào ～ / 信教の自由. ②〈哲〉自由.

【自由港】zìyóugǎng 名〈経〉自由港.

【自由价格】zìyóu jiàgé 名〈経〉自由市場価格.

【自由市场】zìyóu shìchǎng 名 ①〈経〉自由市場. ② "农贸 nóngmào 市场"の通称.

【自由泳】zìyóuyǒng 名〈体〉(競泳で)自由形.

【自由自在】zì yóu zì zài 〈成〉自由で気ままである.

【自幼】zìyòu 副 幼少のころから.

【自娱】zìyú 動〈書〉自分一人で楽しむ.

【自圆其说】zì yuán qí shuō 〈成〉自分で自分の説〔話〕のつじつまを合わせる.

【自愿】zìyuàn 動 **自分から進んでする.** 自由意志でする. ¶～参加 / 自ら志願して参加する. ¶～保险 bǎoxiǎn / 任意保険.

【自在】zìzài 形〈書〉(なんの拘束も受けずに)気ままである. ¶逍遥 xiāoyáo ～ / 悠々自適.

【自在】zìzai 形 のんびりする. 気楽である.

【自找】zìzhǎo 動 自分から求めて…する. ¶～麻烦 máfan / 余計なことをしてトラブルを起こす.

【自知之明】zì zhī zhī míng 〈成〉身の程をわきまえる聡明さ.

【自制】zìzhì 動 ① 自制する. ② 自作する.

【自治】zìzhì 動(少数民族・地域・団体などが) **自治を行う.**

【自治区】zìzhìqū 名(少数民族の)自治区. ►中国の一級行政区で省と同程度の自治権をもつ.

【自治县】zìzhìxiàn 名(少数民族の)自治県. ►中国の二級行政区で県と同程度の自治権をもつ.

【自治州】zìzhìzhōu 名(少数民族の)自治州. ►自治区と自治県の中間程度の自治権をもつ.

【自重】zìzhòng ❶動 ① 自重(じちょう)する. 自愛する. ②〈書〉自分を高く評価する. ❷名(船舶や車両などの)自重(じじゅう).

*【自主】zìzhǔ 動 **自主的に行う. 自分の意志で決める.** ¶婚姻 hūnyīn ～ / 婚姻を当事者自身で決める.

【自助餐】zìzhùcān 名 セルフサービス式の食事. バイキング方式の料理.

【自传】zìzhuàn 名 自伝.

【自转】zìzhuàn 動〈天〉(↔公转 gōngzhuàn)自転する. ¶地球一边～一边围绕 wéirào 太阳转 / 地球は自転しながら太陽を回っている.

【自尊心】zìzūnxīn 名 自尊心. プライド. ¶～很强 qiáng / プライドが高い.

【自作聪明】zì zuò cōng míng 〈成〉知ったかぶりをする. 利口だとうぬぼれる.

【自做主张・自作主张】zì zuò zhǔ zhāng 〈成〉独断する.

【自作自受】zì zuò zì shòu 〈成〉自業自得.

字 zì 名 ① **字. 漢字. 文字. ㊐ 个;[行数]行 háng;[ひと筆]笔. ②(～儿)字の発音. ¶她说话咬 yǎo ～清楚 / 彼女の発音は歯切れがいい. ③ **言葉. 単語.** ¶他只说出几个～来 / 彼はほんの一言言うだけだった. ¶我们的字典中没有"屈服 qūfú"这两个～ / われわれの字引きには「屈服」という文字はない. ④(鑑賞用の)書. ¶卖 mài ～ / 書を売る. ⑤(～儿)書き付け.

Z

証文. ¶收款 shōukuǎn 后要写个～儿 / 代金を受け取ったら受け取りを書かないといけない. ⑥字(あざな). 実名のほかにつける別名. ‖姓

*【字典】zìdiǎn 名(漢字の1字1字を説明した)字典,字引き;(広く)辞書. 量本,部. ❖查 chá ～ / 字典を引く. 辞書を引く.

【字调】zìdiào 名〈語〉字の声調.

【字符】zìfú 名〈電算〉キャラクター.

【字号】zìhao 名 ①店名. 屋号. ②商店. ¶老～ / しにせ.

【字画】zìhuà 名 書画. 書.

【字汇】zìhuì 名 語彙集. 単語集.

【字迹】zìjì 名 筆跡. ¶～模糊 móhu / 文字がはっきりしない. 読みにくい.

【字节】zìjié 名〈電算〉バイト.

【字句】zìjù 名 言葉のつかい方と構文. 字句. ¶～通顺 tōngshùn / 言い回しが滑らかで文章の通りがよい.

【字据】zìjù 名 証拠になる書面. 証文. 契約書. レシート. ❖立 lì ～ / 証文を書く. 契約書を作る.

【字谜】zìmí 名 文字当てのなぞなぞ.

【字面】zìmiàn 名(～儿)字句の表面上の意味.

【字模】zìmú 名〈印〉活字(の)母型.

【字母】zìmǔ 名 ①表音文字(の一つの文字). ¶大写～ / 大文字. ¶按 àn ～顺序 shùnxù 排列 páiliè / アルファベット順に配列する. ②(中国の音韻学で)各"声母"を代表する漢字. ►たとえば,"明"はmを代表する.

【字幕】zìmù 名 字幕.

【字书】zìshū 名 漢字の形・音・義を解釈した書.

【字体】zìtǐ 名 ①書体. ②書道の流派. ③〈電算〉フォント. ④字の形.

【字条】zìtiáo 名(～儿)簡単な書き付け. メモ. 量张,个. ¶留 liú 个～儿 / メモを残す.

【字帖儿】zìtiěr 名(簡単な)通知や連絡の書状〔掲示〕.

【字帖】zìtiè 名 習字の手本. 法帖(ほうじょう). 量本.

【字形】zìxíng 名 字形.

【字眼】zìyǎn 名(～儿)文中の語〔句〕. 言葉遣い. 字句. ¶找不出适当 shìdàng 的～来形容 xíngróng / 形容すべき適切な言葉を見つけられない.

【字样】zìyàng 名 ①規範・手本となる字形. ②(短く書かれたりプリントされたりした)字句,文字.

【字义】zìyì 名 文字の意味. 字義.

【字音】zìyīn 名 文字の発音〔読み方〕.

【字纸】zìzhǐ 名(字が書いてある)紙くず. 反古(ほご).

恣 zì ◇◆ ほしいままにする.

【恣肆】zìsì 形〈書〉①わがままである. 放縦である. ②(文筆や発言が)豪放である.

【恣意】zìyì 形〈書〉勝手である. 気ままである.

眦(眥) zì 名 まなじり. ¶外～ / 目じり. ¶内～ / 目頭.

渍 zì 動 ①浸す. 漬ける. 漬かる. ¶白衬衣 chènyī 被汗水 hànshuǐ ～黄了 / 白いシャツが汗で黄ばんでしまった. ②油や泥がこびりつく. ¶烟斗 yāndǒu 里～了很多烟油子 / パイプにやにがいっぱい詰まった.

◇◆ ①たまり水. ¶～水 / 水たまり. ②こびりついた油・泥など. ¶油～ / 油あか. ¶茶～ / 茶しぶ.

軽声 * **子** zi 接尾《名詞・動詞・形容詞の後につけて名詞を作る働きをする》a名詞＋"子". ①"子"を伴い単語となるもの. ¶包～ / 中華マン. パオツ. ¶筷 kuài ～ / はし. ¶胡 hú ～ / ひげ. ¶桔 jú ～ / ミカン. ¶帽 mào ～ / 帽子. ¶嫂 sǎo ～ / 兄嫁. ②"子"がなくとも単語となるもの. ¶旗 qí(～) / 旗. ¶刀(～) / ナイフ. 包丁. ¶门帘 ménlián(～) / ドアのカーテン. のれん. ¶新娘(～) / 花嫁. b量詞＋"子". ¶本～ / 冊子. ノート. ¶个 gè ～ / 背丈. ¶份 fèn ～钱 / 割り勘. 負担金. c形容詞＋"子". ①身体的形容:軽蔑の意味を含むことが多い. ¶胖 pàng ～ / でぶ. ¶麻 má ～ / あばた面. ¶秃 tū ～ / はげ頭. ¶傻 shǎ ～ / ばか者. ②人の幼名;飼いイヌ・ネコなど動物の名. ¶小康～ / 康ちゃん. ¶黑～ / 黒(黒いイヌ・ネコなど). ¶黄～ / 赤(赤毛のイヌ・ネコなど). ③その他. ¶乱 luàn ～ / 災い. 紛糾. ¶辣 là ～ / トウガラシ. ¶抽 chōu 冷～ / 出し抜けに. ¶尖 jiān ～ / エリート. d動詞＋"子". ¶剪 jiǎn ～ / はさみ. ¶梳 shū ～ / くし. ¶钳 qián ～ / ペンチ. ¶骗 piàn ～ / 詐欺師.

比較 子:儿 ér ❶"子"はa②以外は不可欠の造語成分で,省略できないのに対し,"儿"は任意性があり,書き言葉では書き表さないことも多い. ❷"儿"には付帯的な意味(たとえば小さいこと)があるのに対し,"子"は少数のものに軽蔑の意味が加わるだけである. ❸"儿"のつく語は親しみを含むが,"子"のつく語はぞんざいな言い方となる. 例えば"老头儿"(おじいさん)に対し"老头子"(じじい)や,"小孩儿"(子供)に対し"小孩子"(青二才).

▸▸ zǐ

zong (ㄗㄨㄥ)

1声 **宗** zōng 量 ひとまとまりの事物を数える. ¶大～款项 kuǎnxiàng / 大金. 多額のお金. ¶一～买卖 mǎimai / 一つの取引. 1回の商売.

◇◆ ①祖先. ¶→～庙 miào. ②一族の. ¶同～ / 一族の者. ¶～兄 xiōng / 一族の中の兄にあたる者. ③宗派. 流派. セクト. ¶正～ / 正流. ④宗師. 巨匠. ¶文～ / 文章の巨匠. ⑤衆望が集まる. ¶→～仰 yǎng. ⑥趣旨. 主旨. 根本. ¶→～旨 zhǐ. ‖姓

【宗祠】zōngcí 名 祖廟.

【宗法】zōngfǎ ①名 一族のおきて;同族支配体系. ►家族を中心に,血統の遠近によって親疎を区別する一族の決まり. ②動 手本とする.

【宗法制度】zōngfǎ zhìdù 名(中国古代の)同族支配体系の制度. 家父長制.

【宗匠】zōngjiàng 名 宗匠. 巨匠.

*【宗教】zōngjiào 名 宗教. ¶信仰 xìnyǎng ～ / 宗教を信仰する.

【宗庙】zōngmiào 名(天子や諸侯の)一族の祖先の霊を祭る廟.

【宗派】zōngpài 名 ①(政治や学術・宗教などで)流派,セクト,分派. ¶搞 gǎo ～ / 分派活動を行う. ②〈書〉("宗族"内の)分家,傍系.

【宗派主义】zōngpài zhǔyì 名 セクト主義.

【宗谱】zōngpǔ 名 家系図. 家譜.

【宗师】zōngshī 名(思想や学術の)師.
【宗仰】zōngyǎng 動〈書〉(多数の人が)仰ぎ敬う,尊敬する.
【宗旨】zōngzhǐ 名 **趣旨**. 主要な目的〔意図〕. ¶会议 huìyì 的～/会の趣旨.
【宗族】zōngzú 名 宗族. 同一父系の親族および家族の集団,またはその一員. ►他家に嫁いだ女性を含まない. 中国社会で大きな力をもつ.

综 zōng ◇◆ まとめる. 総合する. ¶错 cuò～/錯綜する. ‖姓

【综观】zōngguān 動 総合的に観察する. 一括して見る. ¶～全局/全局を総合して見る.
*【综合】zōnghé ① 動(↔分析 fēnxī)まとめる. 総合する. ¶～大家的意见 yìjian/みんなの意見を総合する. ② 形 **総合的な**. ►主に連体修飾語に用いる. ¶～艺术 yìshù/総合芸術.
【综合大学】zōnghé dàxué 名 総合大学.
【综合利用】zōnghé lìyòng 名 (資源の)総合利用.
【综合症】zōnghézhèng 名〈医〉症候群.
【综计】zōngjì 動 総計する.
【综括】zōngkuò 動〈書〉総括する.
【综述】zōngshù 動〈書〉総括的に述べる. 要約する.
【综艺】zōngyì 名〈略〉バラエティー(番組).

棕(椶) zōng ◇◆ シュロ(の木);シュロの繊維.

【棕榈】zōnglú 名〈植〉シュロ. トウジュロ. ¶～油 yóu/パームオイル.
【棕色】zōngsè 名 茶褐色. とび色.
【棕绳】zōngshéng 名 シュロ縄.
【棕树】zōngshù 名〈植〉シュロ(の木).

踪(蹤) zōng ◇◆ 跡. 足跡. 痕跡. ¶追 zhuī～/跡を追いかける. 追跡する. ¶失 shī～/失踪(しっそう)する. 行方不明になる.

【踪迹】zōngjì 名(行動の)跡. 痕跡. ¶不留 liú～/跡を残さない.
【踪影】zōngyǐng 名 跡形. 形跡. ►捜索の対象をさす. 否定の形で用いることが多い. ¶毫无 háo wú～/影も形もない.

鬃 zōng 名 たてがみ. 剛毛. ¶猪～/ブタの剛毛. ¶～刷/ブタの剛毛で作ったブラシ.

3声 **総(總) zǒng** ** ❶ 副 ① **いつも. どうしても**. ►持続・反復して変わらないことを表す. ¶这孩子～不听大人的话/この子はいつも大人の言うことを聞かない. ¶说了几遍 biàn,～也不明白/何べん言ってもまだ分からない. ② **結局. どうしたって**. ともかく. ¶不要着急 zháojí,问题～会解决 jiějué 的/心配するな,問題はどのみち解決するに決まっている. ¶企业改革 qǐyè gǎigé 虽然还有很大阻力 zǔlì,但～是一个进步 jìnbù/企業改革はまだ大きな障害があるが,ともかく進歩はあった. ③ どうみても…だろう. ►推測を表す. ¶这个楼盖 gài 了～有三十多年了/この建物はできてからおよそ30年はたっているだろう. ¶明天他～会到的/あすまでには彼はきっと来るよ.
❷ 形 **全部の**. 全面的な. ¶～的情况 qíngkuàng/全般的な情勢. ¶～攻击 gōngjī/総攻撃.
❸ 動 **まとめる**. 集める. ¶把这笔账 zhàng～到一块儿/これらの勘定を一つにまとめる. ¶～起来说/まとめて言えば. 要するに.
◇◆ ①総括的な. ¶→～纲 gāng. ¶→～则 zé. ②主要な. 全般を指導する. ¶→～店 diàn. ¶→～司令 sīlìng.

【总编辑】zǒngbiānjí 名 編集長. 総編集長. ►"总编"とも.
【总部】zǒngbù 名 本部. ►団体組織の中心.
【总裁】zǒngcái 名 ① 総裁. ②〈旧〉(清代における)中央編纂機関の主管官員,中央科挙試験を主宰する大臣.
【总参谋部】zǒngcānmóubù 名〈軍〉参謀本部. ►"总参"とも.
【总产值】zǒngchǎnzhí 名〈経〉生産総額. 総生産額.
【总称】zǒngchēng ① 動 総称する. ② 名 総称.
【总成】zǒngchéng 名〈機〉組み立て(作業).
【总的】zǒngde 形 ひとまとめにした〔して〕. ¶～说来/まとめて言えば. 総じて言えば.
【总得】zǒngděi 副 **どうしても…しなければならない**. ¶人～吃饭/人なら飯を食わないわけにはいかない.
【总店】zǒngdiàn 名(↔分店 fēndiàn)本店.
【总动员】zǒngdòngyuán 動 総動員する.
【总督】zǒngdū 名 ①〈史〉総督. ② 総督. 植民地に駐在する長官.
【总额】zǒng'é 名 総額. 総数. ¶存款 cúnkuǎn～/預金総額.
【总而言之】zǒng ér yán zhī〈成〉概して言えば. つまり. 要するに.
【总方针】zǒngfāngzhēn 名 全般的方針.
【总服务台】zǒngfúwùtái 名(ホテルの)フロント.
【总该】zǒnggāi 副 どうしても…すべきである. 必ず…のはずだ.
【总纲】zǒnggāng 名(法規や規約などの)総則.
【总攻】zǒnggōng 名〈軍〉総攻撃.
【总工会】zǒnggōnghuì 名 総工会. 労働組合の全国組織.
【总公司】zǒnggōngsī 名 本社. 親会社.
*【总共】zǒnggòng 副 **全部で**. 合計して. ¶～有三百人/全部で300人いる.
【总管】zǒngguǎn ❶動 全面的に担当する. ❷名 ① 総務. ②〈旧〉執事.
【总归】zǒngguī 副《最終的には必ずそうなることを表す》**結局**(のところ). **どうしたって**. ►"终归 zhōngguī"とも. ¶你这种做法～要失败 shībài 的/君のやり方では結局のところ失敗するに決まっている. ¶事实～是事实,谁也不能否认 fǒurèn/事実はつまるところ事実で,だれも否定できない. [強調のため主語の前に用いることがある]¶～他们会得 dé 冠军 guànjūn/どうせあいつらが優勝するに決まっている.
【总和】zǒnghé 名 総和. 総額.
【总汇】zǒnghuì ① 動(多くの河川が)合流する. ② 名(事物の)集まるところ,総体.
【总会】zǒnghuì 名 総会;(団体などの)本部.
【总机】zǒngjī 名 電話交換台.
【总集】zǒngjí 名 多くの人の作品を集めた詩文集. ㊀ 部,套 tào.
【总计】zǒngjì 動 総計する. 合計する. ¶～有三十万人/総計30万人にのぼる.

Z

【总监】zǒngjiān 名 総監督．►主に香港で用いる．

*【总结】zǒngjié ①動(経験や仕事などを)総括する，まとめる．¶～经验 jīngyàn / 経験をまとめる．② 名 総括．

【总经理】zǒngjīnglǐ 名 ① 社長．総支配人．② 総代理人．

【总括】zǒngkuò 動 総括する．概括する．¶～起来说 / 総括して言えば．

*【总理】zǒnglǐ ❶名 ①(中国の)国務院総理．② 内閣総理大臣．③ 党首．❷動〈書〉統轄(とうかつ)する．

【总路线】zǒnglùxiàn 名〈政〉総路線．一定の期間に各方面の活動を指導する最も根本的な政治方針と政治原則．

【总目】zǒngmù 名 総目次．総目録．

*【总是】zǒngshì 副 いつも．いつまでも(…である)．¶他～笑呵呵 xiàohēhē 的 / 彼はいつもにこにこしている．

【总书记】zǒngshūjì 名〈政〉総書記．書記長．

【总数】zǒngshù 名 総数．総額．

【总司令】zǒngsīlìng 名〈軍〉総司令官．

【总算】zǒngsuàn 副 ① やっとのことで．¶～有办法 bànfǎ 了 / やっとのことで一案をひねり出した．② まあ何とか．大体において．¶小孩子的字 zì 写成这样，～不错 bùcuò 了 / 子供でこれだけの字が書ければまあまあいい方だ．

【总体】zǒngtǐ 名 総体．全体．¶～规划 guīhuà / 全体的な計画．

*【总统】zǒngtǒng 名 ① 大統領．②(台湾の)総統．

【总务】zǒngwù 名 ① 総務．¶～科 kē / 総務課．¶～工作 / 総務の仕事．② 総務の責任者．

【总要】zǒngyào 副 どうしても…しなければならない．¶学习嘛 ma，～下点儿功夫 gōngfu / 勉強はね，どうしても本腰を入れてやらないとね．

【总则】zǒngzé 名 総則．

【总账】zǒngzhàng 名 ①(総勘定)元帳．② 総決算．¶算 suàn～ / 総決算をする．

*【总之】zǒngzhī 接続 ① 要するに．►後に総括的な言葉が続くことを表す．文頭にも用いることができる．¶～，你肯 kěn 让步 ràngbù 就行了 / 要するに君が譲歩すればいいんだ．② とにかく．どのみち．►前に述べる総括的な言葉に続き，その結論を言うことを表す．¶你不用多问，～与 yǔ 你无关 / 余計なことは聞かなくてもいい，どのみち君には関係ないんだ．

【总值】zǒngzhí 名〈経〉総価値．¶国民生产～ / 国民総生産．GNP．¶进口～ / 輸入総額．

【总指挥】zǒngzhǐhuī 名〈軍〉総司令官．¶～部 / 総司令部．

【总装】zǒngzhuāng 動 部品を組み立てて完成品にする．

Z 4声 **纵**(縱) zòng ① 形(↔横 héng)縦の〔に〕．¶～线 xiàn / 縦糸．② 接続〈書〉たとえ…でも．¶～有千难 nán 万险 xiǎn 也要去 / たとえ幾多の困難や危険があっても行く．③ 動 飛び上がる．身を躍らせる．¶他向前一～，就把球 qiú 接住了 / 彼は身を躍らせたかと思ったら，ボールをしっかりキャッチした．

◇ ①放任する．勝手にさせておく．¶放～ / 勝手きままである．¶→～情 qíng．②放つ．釈放する．¶三擒 qín 三～ / 三たび捕らえ三たび放つ．③奥行き．¶→～队 duì．¶～深 / 〈軍〉縦深．‖姓

【纵队】zòngduì 名 ①(隊形の)縦隊．②〈軍〉軍隊の組織単位の一つ．

【纵观】zòngguān 動(情勢などを)見渡す．¶～全局 quánjú / 全体を見渡す．¶～时势 shíshì / 時勢をみる．

【纵贯】zòngguàn 動 縦に貫く．南北に貫く．¶～中国南北 / 中国を南北に貫く．

【纵横】zònghéng ❶形 ① 縦横である．¶湖泊 húpō 密布，江河～ / 湖が密集して，河川が縦横に流れている．② 形 自由奔放である．❷動 縦横無尽に進む．

【纵虎归山】zòng hǔ guī shān〈成〉悪人を放して禍根を残す．

【纵火】zòng//huǒ 動〈書〉放火する．

【纵或】zònghuò 接続 たとえ…でも．かりに…としても．

【纵剖面】zòngpōumiàn 名 縦断面．

【纵情】zòngqíng 副 思う存分．心ゆくまで．¶～畅游 chàngyóu / 心ゆくまで遊覧する．

【纵然】zòngrán 接続〈書〉たとえ…でも．►後続の文の“也，仍 réng，还”などと呼応する．¶～你去，也无济于事 wú jì yú shì / たとえ君が行ったとしてもなんの足しにもならない．

【纵容】zòngróng 動(悪事を)なすがままにさせておく，ほうっておく．

【纵身】zòngshēn 動(～儿)身を躍らせる．¶～上马 / 馬に飛び乗る．

【纵使】zòngshǐ 接続〈書〉たとえ．よしんば…とも〔でも〕．¶～失败 shībài 也不放弃 fàngqì / たとえ失敗したとしてもあきらめない．

【纵谈】zòngtán 動〈書〉思いのままに語る．話に花を咲かせる．¶～国家大事 / 国のあり方を思い思いに語る．

【纵向】zòngxiàng 形 ① 縦向きである．¶搞好 gǎohǎo～联系 liánxì / 上下の連携を強める．② 南北方向の．

【纵欲】zòngyù 動〈書〉肉欲をほしいままにする．

粽(糉) zòng ◇ ちまき．

*【粽子】zòngzi 名 ちまき．参考 旧暦5月5日の端午の節句には“粽子”を食べる．もち米に具を入れ，ヨシ・タケ・ササ・ハスの葉などで包んでしばり，ゆでたり蒸したりする．¶肉 ròu～ / 肉入りのちまき．

zou（ㄗㄡ）

1声 **邹**(鄒) zōu ‖姓

3声 **走** zǒu **

(人・乗り物や位置を変え得るものが)動いて位置を変えていく→その場を離れて移動する→もとの本来の姿から離れてしまう

動 ①(人間が)歩く．前に進む．行く．注意 ❶“走”をそのまま日本語の「走る」と短絡してはならな

い．人間についていう場合は，「歩く」意味であり，「走る」は“跑 pǎo”を用いる．❷“走”はいわば人の移動の初期設定値(走ったりはったりといった特別の様態ではない)であり、例えば“～进教室来”(教室に入ってくる)のように用いられる．これを「歩いて入ってくる」と日本語訳すればかえって奇異に響く．¶这孩子还不会～／この子はまだ歩けない．¶你是骑 qí 自行车去,还是～着去？──～着去／君は自転車で行くんですか,それとも歩いて行くんですか──歩いて行きます．¶一直 yìzhí 往 wǎng 前～／まっすぐに行く．¶～前人没～过的道路 dàolù／だれもまだやっていないことを行う．

2(**乗り物について**)**走る**,走らせる；(時計の針・将棋の駒・星など**位置を変え得るものについて**)**動く**,動かす．¶火车 huǒchē 越 yuè ～越快 kuài／汽車は(走るほどに)ますます速くなった．¶这条 tiáo 路可以～车／この道は車の走行が可能である．¶钟 zhōng 不～了／時計が止まった．¶这颗 kē 星好像 hǎoxiàng 在～／この星は動いているようだ．

3(親戚・友人の間で)**行き来する**,交際する．¶我们两家～得比较多／私たち両家はわりとひんぱんに付き合っている．¶～娘家 niángjia／里帰りをする．¶→～亲戚 qīnqi.

4 通過する．経過する．…から．¶咱们 zánmen ～那个门进去吧／あのドアから入りましょう．¶这列 liè 火车～南京到上海／この列車は南京を経由して上海へ行く．

5 行く．出かける．発つ．注意“去”のように特定の目的地に向かって行くのではなくて,ある場所から離れて立ち去ることを表す．¶快 kuài ～吧／さあ,早く行こう．¶～开 kāi！／どきなさい．¶我准备 zhǔnbèi 明天～／私はあす発つ予定です．

語法ノート

動詞＋“走”

「**行ってしまう．離れていく**」ことを表す．¶邻居 línjū 搬 bān ～了／隣は引っ越した．¶他去年调 diào ～了／彼は去年転勤した．¶那本书让 ràng 人借 jiè ～了／その本は借り出されている．

6(味・香り・色・形・調子・ものの筋道などが)もとの本来の状態を失う,抜ける,あせる,くずれる,はずれる．¶这啤酒 píjiǔ ～味了／このビールは気が抜けてしまった．¶→～样 yàng．¶你唱～调 diào 了／君の歌は調子がはずれちゃっている．¶说话～题 tí 了／話が横道にそれた．

7 漏る．漏れる．漏らす．¶～了风声／秘密が漏れた．¶这个消息 xiāoxi ～得很快／この知らせはすぐに漏れた．¶～气 qì／(空気やガスが)抜ける．

◇◆ 走る．(馬を)走らせる．¶奔 bēn ～／駆け回る．¶→～马 mǎ 观花．‖姓

【走板】zǒu//bǎn 動(～儿) 1(芝居の歌の)調子がはずれる．2〈転〉(話が)脱線する．

【走背字儿】zǒu bèizìr〈慣〉星回りが悪い．運が悪い．

【走步】zǒubù 名〈体〉(バスケットボールで)キャリング．

【走不开】zǒubukāi 動＋可補 1(道路が狭くて)通れない．2(仕事などから)手が離せない．

【走道】zǒudào 名 大通りの歩道．屋内の通路．

【走道儿】zǒu//dàor 動〈口〉(人が)歩く,道を歩く．¶这孩子已经会～了／この子はもう歩けるようになった．

【走得开】zǒudekāi 動＋可補 1(道路が広くて)通れる．2(仕事などから)手が離せる．

【走调】zǒu//diào 動(～儿)(歌の)調子がはずれる．音程が狂う．¶他唱歌～／彼は音痴だ．

【走动】zǒudòng 動 1 **歩く．動く**．体を動かす．¶我去外边儿～～／ちょっと外へ散歩へ行ってくるよ．2〈口〉付き合う．交際する．¶李家和张家常 cháng ～／李家と張家とはよく行き来する．

【走读】zǒudú 動(自宅から)通学する．

【走读生】zǒudúshēng 名 自宅通学生．►“住校生 zhùxiàoshēng”(寮生)に対していう．

【走访】zǒufǎng 動 1 訪問する．2(記者が)取材に行く．

【走风】zǒu//fēng 動 秘密が漏れる．

【走钢丝】zǒu gāngsī〈慣〉(綱渡りをする意から)危険なことをする．

【走狗】zǒugǒu 名(悪人の)手先．走狗(そう)．

【走关节】zǒu guānjié〈慣〉賄賂を使って役人を買収する．

【走过场】zǒu guòchǎng〈慣〉お茶を濁す．おざなりにする．

【走红】zǒu//hóng 動 1 好運に恵まれる．►“走红运 yùn”とも．2 人気が出る．

【走后门】zǒu hòumén〈慣〉(～儿)**裏口から入る．裏取引する**．裏で工作する．►コネや顔を利用して物を買ったり就職したりすること．

【走回头路】zǒu huítóulù〈慣〉これまでのやり方を復活させる．

【走火】zǒu//huǒ (～儿)動 1(銃が)暴発する．2 漏電によって火がつく．3〈喩〉言葉が過ぎる．4 火事になる．

【走江湖】zǒu jiānghú〈旧〉大道芸や医術・占いなどで生計を立て,全国各地を歩き回る．

【走捷径】zǒu jiéjìng 近道をする；〈転〉手っ取り早い方法を取る．

【走廊】zǒuláng 名 1 長い廊下．回廊．2(二つの地域を結ぶ)細長い地帯．

【走老路】zǒu lǎolù〈慣〉今までと同じ方法で行う．

【走漏】zǒulòu 動 1(秘密などを)漏らす．¶～风声 fēngsheng／事を漏らす．2(税金などを)ごまかす．3(物を)ごまかされる,盗まれる．

*【走路】zǒu//lù 動 1(人が)**歩く**．¶咱们～去吧／歩いて行こう．¶～慢 màn／足が遅い．¶～难看 nánkàn／歩き方が変だ．2 離れる．

【走马观花】zǒu mǎ guān huā〈成〉大ざっぱに物事の表面だけを見る．►“走马看花”とも．

【走马上任】zǒu mǎ shàng rèn〈成〉急ぎ赴任する．►役人が任につくこと．

【走门路】zǒu ménlu〈慣〉(何かの目的で)知人に頼み込んだり賄賂を使ったりする．►“走门子、走门道”とも．

【走南闯北】zǒu nán chuǎng běi〈成〉(ある目的で)多くの地方を旅する．各地を遍歴する．

【走内线】zǒu nèixiàn〈慣〉(ある目的で)相手の縁故者を手づるに頼み事をする．

【走俏】zǒuqiào 動(商品が)よく売れる．

【走亲戚】zǒu qīnqi 1〈慣〉親戚付き合いをする．2 親戚回りをする．

【走人】zǒurén 動 1〈方〉立ち去る．出て行く．2

Z

解雇される．

【走色】zǒu//shǎi 動(～儿)色があせる．色が落ちる．

【走失】zǒushī 動 ①(人や家畜が)はぐれる．②(もとの形や状態を)失う．

【走兽】zǒushòu 名 獣類．けだもの．

【走水】zǒu//shuǐ ❶動 ①水漏れする．②失火する．►"着 zháo 火"の忌み言葉．❷名 水の流れ具合．

【走私】zǒu//sī 動 密輸をする．¶～货品 huòpǐn / 密輸品．¶～商人 / やみ商人．

【走索】zǒu//suǒ 動 綱渡りをする．

【走题】zǒu//tí 動(詩文や話の内容が)主題からそれる．

【走投无路】zǒu tóu wú lù 〈成〉行き場を失う．

【走弯路】zǒu wānlù 〈慣〉回り道をする；むだ骨を折る．

【走味儿】zǒu//wèir 動 味や香り・風味が抜ける．►食品や茶の葉についていうことが多い．

【走险】zǒuxiǎn 動〈書〉危険を冒す．

*【走向】zǒuxiàng ❶名 ①〈地質〉走向．②(鉱脈・山脈や社会変化の)伸びていく方向．❷動 …に向かう．…に向かって進む．¶～光明 guāngmíng / 明るい未来に向かって進む．¶～死亡 sǐwáng / 滅亡の道をたどる．

【走形式】zǒu xíngshì 〈慣〉表面だけを取り繕う．お茶を濁す．

【走穴】zǒuxué 動(芸能人が自分の所属以外のところに)アルバイトで出演する．

【走眼】zǒu//yǎn 動 見誤る．見そこなう．

【走样】zǒu//yàng 動(～儿)もとの様相を失う．型が崩れる．¶把话说～了 / 事実をすっかり曲げて話した．¶衣服洗后～了 / 服を洗ったら型がくずれてしまった．

*【走运】zǒu//yùn 動〈口〉運がよい．運が向く．

【走账】zǒu//zhàng 動 勘定を帳簿上に記入する．

【走着瞧】zǒuzhe qiáo 〈慣〉成り行きを見守る．¶咱们～！/ いまにみていろ．おぼえてろ．

【走之儿】zǒuzhīr 名(漢字の偏旁)しんにゅう．"辶"．

【走字儿】zǒu//zìr 動〈口〉運がよい．ついている．

【走嘴】zǒu//zuǐ 動 口を滑らせる．

4声 **奏 zòu** 動 ①**演奏する**．奏する．奏でる．¶～国歌 / 国歌を演奏する．②上奏する．¶～上一本 / 上奏書を提出する．

◇◆(効果を)あげる；(功を)奏する．¶大～奇功 qígōng / すばらしい手柄を立てる．‖姓

【奏鸣曲】zòumíngqǔ 名〈音〉ソナタ．

【奏效】zòu//xiào 動 効を奏する．効き目が現れる．

【奏乐】zòu//yuè 動 演奏する．奏でる．

【奏章】zòuzhāng 名〈書〉上奏文．

揍 zòu 動 ①〈口〉(人を)**殴る**，ぶつ．¶～了他一顿 dùn / 彼をこっぴどく殴った．②〈方〉割って壊す．

zu (ㄗㄨ)

1声 * **租 zū** 動(**有料で**)**借りる**；(**有料で**)**貸す**．►"租"は"借 jiè"や"给"と同じく二方向の動作に使われるが，普通，文脈から判断できるし，また「貸す」意味では多く"租给"とする．¶汽车已经～好了 / 車はすでに借りてある．¶那房子～给谁了？/ あの家はだれに貸したのか．¶太贵，～不起 / 高くて借りられない．

◇◆ ①賃貸料．¶收 shōu ～ / 小作料〔家賃〕を取り立てる．②地租．地税．¶→～税 shuì．‖姓

【租价】zūjià 名 貸し賃．借り賃；(特に)家賃．

【租界】zūjiè 名〈史〉租界．

【租借】zūjiè 動 賃貸しをする．賃借りをする．

【租借地】zūjièdì 名 租借地．

【租金】zūjīn 名 貸し賃．借り賃．

【租赁】zūlìn 動 ①賃借りする．②リースする．賃貸しする．¶～公司 gōngsī / リース会社．

【租期】zūqī 名 賃貸期間．

【租钱】zūqian 名〈口〉レンタル料金．

【租税】zūshuì 名 租税．地租と税金の総称．

【租用】zūyòng 動 賃借りをする．

【租约】zūyuē 名 賃貸借契約．

2声 **足 zú** ①形 **十分である**．¶证据 zhèngjù 不～,不能下结论 / 証拠が足りないので，結論を下すことができない．¶大家的干劲 gànjìn 很～ / みんなの意気込みは十分である．②副 十分に．ゆうに．¶这个仙人掌 xiānrénzhǎng ～有一个人高 / このサボテンはゆうに大人一人の高さがある．

◇◆ ①(人や動物の)足；(器物の)脚．¶→～迹 jì．¶→～球 qiú．¶鼎 dǐng ～ / 鼎(かなえ)の脚．②…するに足る．…に値する．¶毫 háo 不～怪 guài / 少しも不思議ではない．注意 話し言葉では「足(あし)」の意味では単独で用いることはない．「足」は"脚 jiǎo"(つま先からくるぶしまで)，"腿 tuǐ"(くるぶしから足のつけ根まで)という．‖姓

【足赤】zúchì 名 純金．►"足金 jīn"とも．

*【足够】zúgòu ①形 **十分である**．¶我饭量 fànliàng 小,一碗 wǎn ～了 / 私は少食ですからご飯１ぜんで十分です．②動 …するのに足りる．¶这笔 bǐ 钱～你用一学期 / これだけの金ならおまえが１学期の間十分まかなえる．

【足迹】zújì 名 足跡．¶留下～ / 足跡を残す．

【足见】zújiàn 動(…から)…を十分に見てとれる．

*【足球】zúqiú 名〈体〉①**サッカー**．フットボール．¶美式～ / アメリカンフットボール．❖踢 tī ～ / サッカーをする．②サッカー用のボール．

【足实】zúshi 形〈口〉十分である．

【足数】zúshù 形 数が十分である．数どおりである．

【足岁】zúsuì 名(↔虚岁 xūsuì)満年齢．

【足下】zúxià 名〈書〉〈敬〉貴下．►友人への書簡に用いる．¶多蒙 méng ～照顾 zhàogù / 貴下にはたいへんお世話になりました．

【足以】zúyǐ 動(…するに)足る．(…に)十分である．¶你的话不～说服 shuōfú 他 / 君の話では彼を説き伏せるのに不十分だ．

【足银】zúyín 名 純銀．

【足月】zúyuè 動 臨月になる．

【足智多谋】zú zhì duō móu 〈成〉知謀にたけている．

【足足】zúzú 副(一定の数量・時間・程度に)十分に．優に．¶～坐了两天火车 / まる二日汽車に乗っていた．

卒 zú ①動〈書〉死ぬ．¶～于一九九七年二月十四日 / 1997年２月14日に亡くなった．②副〈書〉ついに．最後に．¶～胜

敌军 díjūn / ついに敵に勝った. [3] [名](～子)兵卒；中国将棋のこまの一つ.
◇◆ ①下っぱの使用人. ¶走～ / 使い走りの者. ②終える. 終了する. ¶～岁 suì / 1年を過ごす.

族 zú [名] [1] 家族. 一族. ¶这一～人很多 / この一族は人数が多い. [2] 民族. 種族. ¶各～人民 / 各民族. [3](古代の刑罰)犯人の一族郎党皆殺しの刑.
◇◆ ①血のつながりのある集団. ¶家～ / 家族. ¶宗 zōng ～ / 宗族. 一族. ②共通の性質をもつ仲間. 大分類. ¶水～ / 水生動物. ¶语 yǔ ～ / 語族.

【族谱】**zúpǔ** [名] 一族の系譜.

3声

诅 zǔ ◇◆ のろう.

【诅咒】**zǔzhòu** [動] のろう；ののしる.

阻 zǔ ◇◆ はばむ. 遮(さえぎ)る. ¶劝 quàn ～ / やめるようになだめる. ¶通行无～ / 自由に通行できる.

【阻碍】**zǔ'ài** [1] [動] **妨げる**. 邪魔する. ¶～交通 / 交通を妨害する. [2] [名] **阻害**. 障害(物). ¶遇到 yùdào ～ / 邪魔を受ける.

【阻挡】**zǔdǎng** [動] **阻止する**. 妨げる. ¶～犯规 fànguī / 〈体〉(バスケットボールで)ブロッキング.

【阻断】**zǔduàn** [動] 阻み断つ,遮断する. ¶～交通 / 交通を遮断する. ¶～去路 / 行く手を遮る.

【阻拦】**zǔlán** [動] 阻止する. 遮る.

*【阻力】**zǔlì** [名] [1]〈物〉抵抗力. 障害(物). ¶空气 kōngqì ～ / 空気抵抗力. [2] **障害**. ¶冲破 chōngpò 重重 chóngchóng ～ / 数々の障害を突破する.

【阻难】**zǔnàn** [動]〈書〉難癖をつけて妨害する.

【阻挠】**zǔnáo** [動] 邪魔する. 妨害する.

【阻塞】**zǔsè** [動] [1](通路が)ふさがる. ¶交通～ / 交通が渋滞する. [2](通路を)ふさぐ.

*【阻止】**zǔzhǐ** [動] **阻止する**. 食い止める. 制止する. ¶～事态 shìtài 进一步恶化 èhuà / 事態がさらに悪化するのを食い止める.

***组 zǔ** [1] [名](あまり多くない人数で作る)**グループ**. チーム. 班. ¶我们俩在一个～ / 私たち二人は同じグループにいる. ¶选举 xuǎnjǔ 工作～ / 選挙活動チーム. [2] [量] 組にした〔なった〕ものを数える. ¶两～电池 diànchí / 電池ふた組. ¶三～学生 / 生徒3グループ.
◇◆ ①組になった. ¶～曲 qǔ / 〈音〉組曲. ②組み合わせる. 組織する. ¶→～织 zhī. ¶改～ / 改組〔改造〕する.

*【组成】**zǔchéng** [動] **構成する**. **結成する**. ¶三个人～一个小组 / 3人で一つのグループをつくる.

【组阁】**zǔ//gé** [動] [1] 組閣する. [2](広く)指導グループを組織する.

【组合】**zǔhé** ❶[動] **組み合わせる**. ¶这台 tái 汽车是用杂七杂八的零件 língjiàn ～起来的 / この車は寄せ集めの部品が組み合わされたものだ. ❷[名] [1] 組み合わせ. ¶演唱～ / 歌唱グループ. ¶机器人 jīqìrén 的～相当复杂 / ロボットの作りはかなり複雑である. [2](組織された集団の)組合. [3]〈数〉コンビネーション.

【组合家具】**zǔhé jiājù** [名] ユニット家具. (量) 套 tào.

【组合音响】**zǔhé yīnxiǎng** [名] オーディオコンポ.

【组件】**zǔjiàn** [名]〈電〉モジュール. 回路部品.

【组建】**zǔjiàn** [動] 組織する. ¶～剧团 jùtuán / 劇団をつくる.

【组长】**zǔzhǎng** [名](ある仕事のために設けられたグループ・委員会など)小組織の長.

*【组织】**zǔzhī** ❶[動] **組織する**. ひとつにまとめる. 構成する. ¶～人力 / 人手を集め配置する. ¶～一个旅行团 / ツアーの手はずを整える. ❷[名] [1] **組み立て**. 構成. [2](紡績品の)織り方. ¶～严密 yánmì / 構成〔組織〕ががっちりしている. [3]〈生理〉(生物体の)組織. ¶神经 shénjīng ～ / 神経組織. [4](集団としての)**組織**. 集団. ¶向 xiàng ～汇报 huìbào 工作 / 組織に仕事の情況を報告する.

【组装】**zǔzhuāng** [動] **組み立てる**. ¶～车间 chējiān / 組立作業場.

俎 zǔ [名] [1] 俎(そ). 古代の祭祀で,供物を載せる台. [2]〈古〉まな板. ¶刀 dāo ～ / 包丁とまな板. ‖ [姓]

【俎上肉】**zǔshàngròu** [名]〈書〉〈喩〉まな板の上の鯉. 抑圧蹂躙(じゅうりん)されている人や国.

祖 zǔ ◇◆ ①祖父；祖父と同世代の親属. ¶→～父 fù. ¶→～辈 bèi. ②祖父の世代以前の人. 祖先. ¶曾 zēng ～ / 曾祖父. ¶高～ / 曾祖父の父. ③創始者. 元祖. ¶鼻 bí ～ / 鼻祖. 始祖. 元祖. ¶→～师 shī. ‖ [姓]

【祖辈】**zǔbèi** [名] 祖先.

【祖传】**zǔchuán** [形] 代々伝わる. 家伝の. ¶～秘方 mìfāng / 門外不出の処法.

*【祖父】**zǔfù** [名] **父の父**. **祖父**. [参考] 呼びかけには"爷爷 yéye"を用いる. 母方の「祖父」は"外祖父"といい,呼びかけには"老爷 lǎoye"を用いる.

*【祖国】**zǔguó** [名] **祖国**.

【祖籍】**zǔjí** [名] 原籍(地).

【祖居】**zǔjū** [1] [名] 代々住んできた所〔家〕. [2] [動] 何代も住む.

*【祖母】**zǔmǔ** [名] **父の母**. **祖母**. [参考] 呼びかけには"奶奶 nǎinai"を用いる. 母方の「祖母」は"外祖母"といい,呼びかけには"姥姥 lǎolao"を用いる.

【祖师】**zǔshī** [名] [1] 学術や技術で一派を創立した人. [2] 仏教や道教の一宗一派の開祖. [3] 信仰団体の創立者. [4]〈旧〉商工業者がその業種の創始者に対して用いる尊称. "祖师爷"とも.

【祖述】**zǔshù** [動]〈書〉先人の学説・行為を尊びあがめる〔ならう〕.

【祖孙】**zǔsūn** [名] 祖父・祖母と孫.

*【祖先】**zǔxiān** [名] [1](民族・家族の)**祖先**,先祖. [2](現代生物の)祖先.

【祖训】**zǔxùn** [名] 先祖の教え. 家訓.

【祖宗】**zǔzōng** [名](一族の)**祖先**.

【祖祖辈辈】**zǔzǔbèibèi** [名] 先祖代々.

zuan (ㄗㄨㄢ)

1声

***钻(鑽) zuān** [動] [1](きりなどで)**穴をあける**. ¶～个眼儿 / 穴を一つあける. [2] 通り抜ける. **潜り込む**. くぐる(ようにして入り込む). ¶～山洞 shāndòng / トンネルを通り抜ける. ¶～进出租 chūzū 汽车 / タクシーに乗り込む. [3] **研鑽**(けんさん)**する**. ¶～书本 / 本にかじりつく. ¶她整天～

在外语里 / 彼女は朝から晩まで外国語に没頭している. ▸▸zuàn
【钻狗洞】zuān gǒudòng 〈慣〉①裏から手を回して権力者に取り入る. ②(男女関係で)ふしだらに過ごす.
【钻劲】zuānjìn 名(～儿)探求心.
【钻井】zuān//jǐng 動(油井を)掘削する. ¶～船 /(海底油田の)掘削船.
【钻空子】zuān kòngzi 〈慣〉すきにつけ込む. ¶他净 jìng 钻别人的空子 / 彼はいつも人の油断をついて悪いことをする.
【钻牛角尖】zuān niújiǎojiān 〈慣〉(～儿)つまらない問題に頭を悩ます.
【钻探】zuāntàn 動(鉱脈や地質の探査で)ボーリングをする.
【钻探机】zuāntànjī 名〈石油〉ボーリングマシン. ►"钻机"とも.
【钻心】zuānxīn 動(痛み・かゆみなどが)きりで刺すように強く感じる. ¶～地疼 téng / きりきり痛む.
【钻研】zuānyán 動 **研鑽する**. ¶刻苦 kèkǔ ～ / 苦心して研鑽を積む.

3声 **纂 zuǎn** 名(～儿)〈方〉(女性の髪の)まげ. ◇◆ 編纂(へんさん)する. 編集する. ¶编 biān ～ / 編纂する.

4声 **钻(鑽) zuàn** 名 ①きり. ドリル. ¶电～ / 電気ドリル. ②(時計の軸受けの)ダイヤモンド. ¶十七～的手表 shǒubiǎo / 17石の腕時計. ▸▸zuān
【钻杆】zuàngǎn 名(石油生産用)ドリルパイプ.
【钻机】zuànjī 名〈石油〉ボーリングマシン.
【钻戒】zuànjiè 名 ダイヤモンドの指輪.
【钻井】zuàn//jǐng 動(油井を)掘削する. ¶～船 chuán /(海底油田の)掘削船.
【钻石】zuànshí 名 ①カット〔研磨〕を行ったダイヤモンド. ②精密機器の軸受けに用いる宝石.
【钻塔】zuàntǎ 名〈鉱〉掘削やぐら. ボーリングタワー.
【钻头】zuàntóu 名〈機〉ビット. ドリル用の刃.

攥 zuàn 動〈口〉握る. ¶拳头 quántou ～得很紧 jǐn / こぶしをぎゅっと握りしめている. ¶一把～住他的胳膊 gēbo / ぐいと彼の腕をつかむ.

zui (ㄗㄨㄟ)

3声 ** **嘴 zuǐ** 名 ①(人間・動物の)**口**. ►"口 kǒu"は現代語で単用するには硬く,普通,文章語や文言由来の慣用句に用いられる. 量 张 zhāng. ❖张 *zhāng* ～ / 口を開ける. ¶把～张开 zhāngkāi / 口を開けなさい. ❖闭 *bì* ～ / 口を閉じる. ¶小鸡 xiǎojī 的～ / ヒヨコのくちばし. ②(～儿・～子)形状・機能が口に似ているもの. 容器の口など. ¶瓶 píng ～儿 / びんの口. ¶烟 yān ～儿 / たばこの吸い口.
◇◆ しゃべること. 口のきき方. ¶→～快 kuài. ¶→～甜 tián. ¶→～尖 jiān. ¶多～ / 余計な口出しをする.
【嘴把式】zuǐbǎshi 名〈方〉口先だけの人. ►"嘴把势"とも.
*【嘴巴】zuǐba 名 ①〈口〉頰. ほっぺた. ►"嘴巴子 zuǐbāzi"とも. ¶打～ / びんたを食わす. ②口.
【嘴笨】zuǐ//bèn 形 口下手である.
【嘴边】zuǐbiān 名(～儿)口先. 口もと. 口の周り. ¶～粘 zhān 着饭粒 / 口の周りにご飯粒がついている. ¶他的名字就在～上,可是一时却 què 想不起来了 / 彼の名前はよく口にするんだが,いまちょっと出てこない.
【嘴馋】zuǐ//chán 形 ①口がいやしい. 食い意地が張っている. ②口がおごっている. 舌が肥えている.
【嘴臭】zuǐ//chòu 形 口が臭い;〈転〉口汚い.
【嘴唇】zuǐchún 名 **唇**. 量 片 piàn. ¶上～ / 上唇. ¶下～ / 下唇. ¶咬 yǎo ～ / 唇をかむ.
【嘴刁】zuǐdiāo 形〈方〉①(食べ物の)好き嫌いがひどい. ②〈貶〉口が達者である.
【嘴乖】zuǐ//guāi 形(多く子供について)言うことが利口である,口がうまい.
【嘴尖】zuǐ//jiān 形 ①口が悪い. ②味覚が鋭い. ③好き嫌いが激しい.
【嘴角】zuǐjiǎo 名 口もと.
【嘴紧】zuǐ//jǐn 形 口が堅い.
【嘴快】zuǐ//kuài 形 ①**口が軽い**. ②早口である.
【嘴脸】zuǐliǎn 名〈貶〉面構え. 顔つき.
【嘴皮子】zuǐpízi 名〈口〉唇;〈転〉〈貶〉減らず口. ¶耍 shuǎ ～ / 減らず口をたたく. ¶他那两片～可能说了 / あの男は口がよく回る. 本当に口がうまい.
【嘴勤】zuǐ//qín 形 口数が多い.
【嘴贫】zuǐpín 形 おしゃべりである. 冗談好きである.
【嘴巧】zuǐ//qiǎo 形 口達者である. 口がうまい.
【嘴软】zuǐruǎn 形 堂々とものが言えない.
【嘴碎】zuǐ//suì 形 話がくどい. ►"嘴皮(子)碎"とも.
【嘴损】zuǐ//sǔn 形〈方〉口が悪い.
【嘴甜】zuǐ//tián 形 口先がうまい. ►誠意のないことをさすことが多い.
【嘴头儿】zuǐtóur 名〈方〉口. 口先. ►"嘴头子"とも.
【嘴稳】zuǐ//wěn 形 口が堅い. ¶嘴不稳 / 口が軽い. 口に慎みがない.
【嘴严】zuǐ//yán 形 口が堅い.
【嘴硬】zuǐ//yìng 形 口が減らない. 強情である.
【嘴脏】zuǐ//zāng 形 言葉遣いが汚い.
【嘴直】zuǐ//zhí 形(話が)率直である.

4声 ** **最 zuì** 副 **最も. いちばん**. ¶你的苹果píngguǒ～大,我的～小 / 君のリンゴがいちばん大きく,ぼくのがいちばん小さい.
語法 形容詞のほか,動詞(気持ち・評価・印象・態度など心の中の抽象的な活動を表すもの)・助動詞や方位詞・場所詞も修飾する. ¶～关键 guānjiàn 的地方 / 最も重要な点. キーポイント. ¶这个问题～麻烦 máfan / この問題がいちばんややこしい. ¶他～喜欢吃意大利面 yìdàlìmiàn / 彼は何よりもスパゲティーが大好きだ. ¶～受人欢迎 huānyíng / 最も人気がある. ¶～上边 / いちばん上. ¶～前列 qiánliè / 最前列.
[超えることのできない限度を表して] ¶路很远,开车去～快也得 děi 一个小时 / 遠いので,車で行ってどんなに早くても1時間はかかる. ¶～多十天,签证 qiānzhèng 就能办 bàn 好 / せいぜい10日でビザはおりる.
◇◆ 最高のもの. ¶世界之～ / 世界一.
*【最初】zuìchū 名 **最初**. (いちばん)初め. ¶～,

Z

我在报社工作 / 最初,私は新聞社で働いていた. ¶ ～不太习惯 xíguàn,现在已经习惯了 / 初めはあまり慣れなかったが,今ではもう慣れた. ¶ ～印象 / 第一印象.

【最低】zuìdī 副 最低;少くとも. ¶每月～也有五百元的收入 shōurù / 毎月少なくとも500元の収入がある.

【最多】zuìduō 副 多くとも. せいぜい. ¶这个电影院 diànyǐngyuàn ～只能容纳 róngnà 五百人 / この映画館はせいぜい500人しか入らない.

【最高】zuìgāo 形 最高の. いちばん高い. ¶～点 diǎn /(統計で)頂点. ピーク. ¶～级 jí / 最高級(の). トップレベル. ¶～法院 fǎyuàn / 最高裁判所.

*【最好】zuìhǎo 副 できるだけ…したほうがよい. できることなら. ¶你～再 zài 给她打一个电话 / できれば彼女にもう一度,電話したほうがいい.

**【最后】zuìhòu 名 最後. 最終. ¶～一天 / 最後の1日. ¶～我想谈 tán 一下雇佣问题 gùyōng wèntí / 最後に雇用問題について話したい.

【最惠国待遇】zuìhuìguó dàiyù 名〈経〉最恵国待遇. ¶给以～ / 最恵国待遇を与える.

【最佳】zuìjiā 形 ① 最高の. 最もよい;最優秀…. ¶～方案 fāng'àn / 最もよい案. ¶～运动员 yùndòngyuán / 最優秀選手. ¶～女演员奖 jiǎng / 最優秀女優賞. ②〈物〉最適の.

**【最近】zuìjìn 名 ① 最近. この間. このごろ. ¶～她经常 jīngcháng 感冒 gǎnmào / このごろ彼女はよく風邪を引く. ② 近いうち. そのうち. ¶他～要去北京出差 chūchāi / 彼は近いうちに北京へ出張する.

【最少】zuìshǎo 副 少くとも. ¶从这儿到她家～要一个钟头 zhōngtóu / ここから彼女の家まで少くとも1時間はかかる.

【最为】zuìwéi 副(2音節の形容詞や動詞の前につけて)最も. いちばん. ¶～重要 zhòngyào / 最も重要である.

【最终】zuìzhōng 名 最終. 最後. ¶～结果 jiéguǒ / 最終結果.

罪 zuì

名 法を犯す行為. 罪. ¶他是有～的 / 彼は有罪だ. ¶犯 fàn ～ / 罪を犯す. ¶认 rèn ～ / 罪を認める. ¶判 pàn ～ / 判決する. ¶死～ / 死刑.

◇◆ ①過失. 誤り. ¶→～过 guo. ¶赔 péi ～ / おわびする. ②苦しみ. 苦難. ¶受～ / ひどい目にあう. ③罪を着せる. ¶～己 jǐ / 自分を責める. ¶怪 guài ～ / とがめる.

【罪案】zuì'àn 名 犯罪事件(の内容).

【罪不容诛】zuì bù róng zhū〈成〉罪がこの上なく重い.

【罪恶】zuì'è 名 罪悪. 罪業. ¶～滔天 tāo tiān /〈成〉驚くべき罪悪.

【罪犯】zuìfàn 名〈略〉犯罪人.

【罪该万死】zuì gāi wàn sǐ〈成〉罪は万死に値する.

【罪过】zuìguo ① 名〈口〉悪いこと. 罪なこと. ¶这是我的～ / それは私が悪かったのです. ②〈套〉失礼しました. 恐れ入ります. ¶～,～,让您久等了 / どうもすみません,長いこと待たせて.

【罪魁】zuìkuí 名 主犯者. 張本人.

【罪魁祸首】zuì kuí huò shǒu〈成〉悪人の首領.

【罪名】zuìmíng 名 罪名.

【罪孽】zuìniè 名 罪業. ¶～深重 shēnzhòng / 罪が深い.

【罪情】zuìqíng 名 犯罪内容. 情状.

【罪人】zuìrén 名 犯罪者. 罪人.

【罪行】zuìxíng 名 犯罪行為.

【罪责】zuìzé 名 犯罪行為に対する責任. ¶开脱 kāituō ～ / 罪責を逃れる.

【罪证】zuìzhèng 名 犯罪の証拠.

【罪状】zuìzhuàng 名 罪状. 犯罪の事実. ¶列举 lièjǔ ～ / 罪状を並べ立てる.

*醉 zuì

動 ① 酒に酔う. ¶他才喝了两杯 bēi 就～了 / 彼は2,3杯しか飲んでないのに酔ってしまった. ② 耽(ふけ)る. 心を奪われる. ¶别整天 zhěngtiān ～于撞球 zhuàngqiú / 一日じゅう玉突きに夢中になっているようじゃあいかん. ③ 酒漬けにする. ¶枣子 zǎozi ～了一个月 / ナツメは1か月酒漬けにした.

【醉鬼】zuìguǐ 名〈貶〉大酒飲み. 飲んだくれ.

【醉汉】zuìhàn 名(男性の)酔っぱらい.

【醉态】zuìtài 名 酔態. 酔っぱらった様子.

【醉翁之意不在酒】zuìwēng zhī yì bù zài jiǔ〈諺〉真のねらいは別のところにある.

【醉蟹】zuìxiè 名〈料理〉酒に漬けたカニ. カニの酒漬け.

【醉心】zuìxīn 動 ふける. 没頭する. ¶～于 yú 谈恋爱 tán liàn'ài / 恋愛にふける.

【醉醺醺】zuìxūnxūn 形(～的)ひどく酔っている.

【醉眼】zuìyǎn 名〈書〉酔っぱらった目つき.

【醉意】zuìyì 名 酔った気分. 一杯機嫌. ¶他已经有了三分～了 / 彼はもうほろ酔い機嫌だ.

zun(ㄗㄨㄣ)

尊 zūn

1声

量 ① 神仏の像を数える:体. 座. ¶一～佛像 fóxiàng / 仏像1体. ② 大砲を数える:門. ¶两～大炮 dàpào / 大砲2門.

◇◆ ①尊ぶ. 敬う. ¶→～敬 jìng. ¶自～心 / 自尊心. ②地位が高い. 目上の. ¶→～长 zhǎng. ③〈敬〉お…. ご…. 貴…. ¶～府 fǔ / お宅. ¶～姓 xìng 大名 / ご芳名. ¶令 lìng ～ / ご尊父.

【尊称】zūnchēng ① 名 尊称. ていねいな呼び方. ② 動 尊んで…と呼ぶ. ¶大家～他为溥 Pǔ 老 / みんなは彼を尊敬して溥老先生と呼んでいる.

【尊贵】zūnguì 形 身分が高い. 尊敬すべき. ►客に対し敬意を表して用いることが多い. ¶～的客人 /(尊敬すべき)お客さま.

【尊驾】zūnjià 名〈旧〉〈敬〉貴殿. 貴下. ¶有劳 yǒuláo ～ / 貴殿にはご足労をおかけしました.

*【尊敬】zūnjìng ① 動 尊敬する. ¶～师长 shīzhǎng / 先生や年配者を敬う. ② 形(修飾語に用いて)尊敬する…. ¶～的各位来宾 láibīn / 尊敬する来賓のみなさま.

【尊命】zūnmìng 名〈敬〉仰せ. お申し付け. ►相手の言いつけ・要求などに敬意を表して用いる. ¶悉 xī 听～ / すべて仰せのとおりにいたします.

【尊容】zūnróng 名〈敬〉ご尊顔.

【尊严】zūnyán ① 形 荘厳である. ② 名 尊厳. 尊さ.

【尊长】zūnzhǎng 名 目上〔年長〕の人.

*【尊重】zūnzhòng ①動 尊重する．大事にする．¶～人民的权利 quánlì／人民の権利を尊重する．②形（言動が）まじめで慎重である．¶你要放～些，别动手动脚／ふざけたりしないでちゃんとしなさい．

遵 zūn ◇◆従う．¶→～命 mìng．¶→～行 xíng．‖姓

*【遵从】zūncóng 動〈書〉（指示などに）従う．

【遵命】zūnmìng 動〈敬〉仰せに従います．かしこまりました．

*【遵守】zūnshǒu 動 遵守（じゅんしゅ）する．従い守る．¶～纪律 jìlǜ／規律を守る．

【遵行】zūnxíng 動 従い行う．遵奉する．

【遵循】zūnxún 動〈書〉従う．¶～原则 yuánzé／原則どおりにする．

【遵照】zūnzhào 動 従う．守る．¶～政府 zhèngfǔ 有关规定 guīdìng 办理／政府の関連規定に従って処理する．

樽（罇） zūn 名（古代の）酒を入れる器．酒つぼ．¶洁 jié～候光／粗酒を用意しておいでをお待ちしております．►招待状に書く文句．

鳟 zūn ◇◆マス．¶虹 hóng～／ニジマス．¶河～鱼／川マス．

【鳟鱼】zūnyú 名〈魚〉マス．

zuo（ㄗㄨㄛ）

1声

作 zuō ◇◆（手工業の）工場，仕事場．¶五行 háng 八～／さまざまな商売．¶石～／石屋．▸▸zuò

【作坊】zuōfang 名（手工業の）仕事場，作業場．

嘬 zuō 動〈口〉（唇をすぼめて）吸う，吸い込む．¶婴儿 yīng'ér～咂儿 zār／赤ん坊がおっぱいを吸う．

2声

昨 zuó ◇◆①きのう．昨日．¶→～晚 wǎn．②以前．過去．¶～者 zhě／〈書〉過日．先般．

【昨儿】zuór 名〈方〉きのう．►"昨儿个"とも．

【昨日】zuórì 名 昨日．►"昨天"より固い表現．

**【昨天】zuótiān 名 きのう．昨日．¶～晚上／きのうの夜．¶～我们参观 cānguān 了几家工厂／きのう私たちは工場をいくつか見学した．

【昨晚】zuówǎn 名 昨晩．

琢 zuó "琢磨 zuómo"⬇という語に用いる．▸▸zhuó

【琢磨】zuómo 動 よく考える．熟慮する．¶～出好办法／よい方法をひねり出す．⇒【琢磨】zhuómó

3声

** **左** zuǒ ❶方位（↔右 yòu）左．►前置詞の後に置くか，書面語・慣用句以外では通常単独では用いない．¶向 xiàng～转 zhuǎn／左を向く；（号令で）左向け左．¶从～到右／左から右へ．

❷形 ①偏っている．正常でない．¶话越说越～／話せば話すほど話がおかしくなってきた．¶这件事你干 gàn～了／この事は君のやり方が間違っている．②反対である．食い違っている．¶观点相 xiāng～／考え方が正反対である．③（思想的に）左寄りである．進歩的である．

◇◆東．東側．¶山～／太行山の東．山東．‖姓

【左膀右臂】zuǒ bǎng yòu bì〈成〉左右の腕；〈喩〉最も頼りになる人．片腕．

【左边锋】zuǒbiānfēng 名〈体〉（サッカーなどで）レフトウイング．

**【左边】zuǒbian 方位（～儿）左側．左の方．

【左不过】zuǒbuguò 副〈方〉①とにかく．要するに．②…にすぎない．ただ…だけである．

【左侧】zuǒcè 方位 左側．左の方．

【左舵】zuǒduò 名〈航海〉取りかじ．►"右舵"（面かじ）と区別していう．

【左耳刀】zuǒ'ěrdāo 名（～儿）（漢字の偏旁）こざとへん．字の左側につく"阝"．►"左耳朵 zuǒ'ěrduo"とも．

【左方】zuǒfāng 方位 左の方．左側．

【左顾右盼】zuǒ gù yòu pàn〈成〉①あたりをきょろきょろ見回す．②〈喩〉右顧左眄（うこさべん）する．③〈喩〉得意である．

【左后卫】zuǒhòuwèi 名〈体〉（サッカーなどで）レフトフルバック．

【左邻右舍】zuǒ lín yòu shè〈成〉隣近所．

【左轮】zuǒlún 名 回転式拳銃．リボルバー．

【左面】zuǒmiàn 方位 左側．左の方．

【左派】zuǒpài 名（↔右派）左派．左翼．

【左撇子】zuǒpiězi 名 左利き．サウスポー．

【左前锋】zuǒqiánfēng 名〈体〉（サッカーなどで）レフトフォワード．

【左前卫】zuǒqiánwèi 名〈体〉（サッカーなどで）レフトハーフバック．

【左倾】zuǒqīng 形 ①左翼の．革命的な．②政治的活動において過激で妄動的である．

【左嗓子】zuǒsǎngzi 名〈口〉音痴．

【左首・左手】zuǒshǒu 名（～儿）左側．左手．►座席についていうことが多い．¶他坐在科长 kēzhǎng 的～／彼は課長の左側に座っている．

【左袒】zuǒtǎn 動〈書〉一方の肩を持つ．加勢する．

【左舷】zuǒxián 名（船舶の）左舷．（飛行機の）左側．

【左翼】zuǒyì 名 ①〈軍〉〈体〉左翼．左陣．②（政治や思想上の）左翼．

**【左右】zuǒyòu ①助 ぐらい．前後．約．¶五十岁 suì～／50歳くらい．¶百分之五十～／50パーセント前後．②方位 左と右．左右．両側．¶主席台 zhǔxítái～／議長席の（左右）両側．③動 左右する．支配する．影響を与える．¶～局势 júshì／情勢を左右する．④名 そば近くに仕える人．側近（の者）．¶他向～使了个眼色 yǎnsè／彼は側近に目くばせした．¶～手 shǒu／〈慣〉頼みとする補佐役．

〖左…右…〗zuǒ…yòu…《同じ動作を繰り返すことを表す》何度も何度も．¶～思～想／繰り返し考える．¶～说～说／なだめすかす．¶～也不是，～也不是／ああでもない，こうでもない．¶～一张～一张地照 zhào 个没完／あちらこちらをぱちぱちと写真に撮ったらきりがない．

【左右逢源】zuǒ yòu féng yuán〈成〉万事順調にいく；〈貶〉うまく立ち回る．

【左右开弓】zuǒ yòu kāi gōng〈成〉左右の手を代わる代わる使う；二つの仕事を同時に進める．

【左右手】zuǒyòushǒu 名 頼みとする補佐役．

【左右为难】zuǒ yòu wéi nán〈成〉板挟みになる．

進退きわまる．ジレンマに陥る．

【左证】zuǒzhèng ⇀【佐证】zuǒzhèng

佐 zuǒ ◇◆ ①助ける．補佐する．¶→～理．②補佐人．女房役．¶僚 liáo～／補佐．‖姓

【佐餐】zuǒcān 動 おかずにする．

【佐理】zuǒlǐ 動〈書〉補佐する．

【佐料】zuǒliào 名 **調味料**．薬味．► zuóliào と発音することもある．また"作料 zuòliao"とも．

【佐证】zuǒzhèng 名 証拠．

撮 zuǒ 量(～儿)毛髪やひげなど細くて群がっているものを数える：房(ふさ)．つまみ．¶两～胡子 húzi／ふたむらのひげ．

▸▸ cuō

【撮子】zuǒzi 量〈口〉ひとつまみ，ひと房(の髪の毛)．¶抓 zhuā 了一～花椒 huājiāo／サンショウの実をひとつまみつまんだ．

4声 *

作 zuò 動 ①(ある**活動を**)**する，行う**．► 2音節の動詞を目的語にとる．注意 同音の"做"の字を当てて書かれることも少なくない．¶～调查 diàochá／調査を行う．¶～分析 fēnxī／分析をする．¶～研究 yánjiū／研究をする．⇨〖做 zuò〗②

② **著作する**．創作する．¶～曲 qǔ／作曲する．¶～书／手紙を書く．

③**…とする**．►兼語文の後の方の述語となることが多い．¶拜 bài 他～老师／彼を先生として師事する．¶拿 ná 生命～儿戏 érxì／生命を粗末にする．つまらないことに命をかける．

◇◆ ①起こる．起こす．¶振 zhèn～／(気持ちを)奮い起こす．②作品．¶大～／大著．貴著．¶杰 jié～／傑作．③(何かを)する．¶→～孽 niè．¶→～揖 yī．¶自～自受／自業自得．④装う．わざとする．まねをする．¶→～态 tài．

▸▸ zuō

【作案】zuò//àn 動(窃盗などの)犯罪行為をする．¶～现场 xiànchǎng／犯行現場．

【作罢】zuòbà 動 やめる．中止する．

【作保】zuò//bǎo 動 **保証人になる**．¶给他～／彼の保証人になる．¶请人～／保証人になってもらう．

【作弊】zuò//bì 動 ①不正行為をする．②(試験で)カンニングをする．¶考试 kǎoshì～无效 wúxiào／カンニングをすると無効だ．

【作词】zuò//cí 動 作詞する．

【作到】zuò//dào 動+結補 達成する．成し遂げる．¶说到～／言ったことは必ずやる．

【作对】zuò//duì 動 ①反対する．敵対する．反抗的な態度をとる．¶跟他～／彼を敵視する．②夫婦になる．結婚する．

【作恶】zuò//è 動 悪事を働く．

【作法】zuò//fǎ ❶名 ①文章の書き方．②やり方．作り方．►"做法"とも書く．(量) 种 zhǒng．¶这种～不对／このやり方は間違いだ．❷動〈旧〉道士が法術を行う．

【作法自毙】zuò fǎ zì bì〈成〉自縄自縛．

【作废】zuò//fèi 動 無効になる；廃棄する．¶车票当日有效 dàngrì yǒuxiào，过期～／乗車券は当日限り有効で，期日を過ぎると無効になる．

【作风】zuòfēng 名 ①(仕事・行動や思想上の)**やり方，態度**．¶工作～／仕事のやり方．¶领导 lǐngdǎo～／指導ぶり．②(芸術作品の)スタイル，風格，特徴．► zuòfeng と発音することもある．(量) 种．

【作梗】zuògěng 動 邪魔する．妨害する．

【作怪】zuòguài 動 ①災いする．たたる．②騒ぐ．邪魔する．

*【作家】zuòjiā 名 **作家**．

【作假】zuò//jiǎ 動 ①偽物を作る．②いんちきをする．③しらばくれる．¶别～了／しらを切るな．④(客が食事の時に)遠慮する．¶朋友之间用不着 yòngbuzháo～／友達の間で水臭いことはやめよう．

【作价】zuò//jià 動 値段をつける．

【作茧自缚】zuò jiǎn zì fù〈成〉自縄自縛．

【作践】zuòjian 動〈口〉だめにする．台無しにする．

【作客】zuò//kè 動 ①(招かれて)客となる．¶到朋友家里～／友達の家に招かれる．②〈書〉他所に寄留する．¶～异地 yìdì／異郷に暮らす．

【作乐】zuòlè 動 楽しく騒ぐ．

【作料】zuòliao 名 調味料．薬味．

【作美】zuòměi 動(多く否定で)都合よく願いをかなえる．¶不～的天气 tiānqì／あいにくの天気．

【作难】zuò//nán 動 ①困る．当惑する．¶在钱上～／金のことで困っている．②困らせる．難癖をつける．¶别让 ràng 人～了！／困らせるなよ．

【作孽】zuò//niè 動 罪なことをする．悪業を積む．

【作弄】zuònòng 動 からかう．►口語では"zuōnòng"と発音することが多い．

【作呕】zuò'ǒu 動 吐き気を催す．胸がむかむかする．¶令 lìng 人～／胸がむかつく．

【作陪】zuòpéi 動 陪席する．陪席の客になる．相伴をする．¶被 bèi 请去～／お相伴に呼ばれる．

*【作品】zuòpǐn 名 **作品**．

【作曲】zuò//qǔ 動 作曲する．

【作人】zuòrén 動 ①⇀【做人】zuòrén ②〈書〉人材を育てる．

【作势】zuòshì 動 そぶりをみせる．(わざとらしい)ポーズをつくる．

【作数】zuò//shù 動 数に入れる．有効である．¶不～／反故(ほご)にする．

【作祟】zuòsuì 動 たたる．災いする．

【作态】zuòtài 動 わざとらしいそぶりをする．しなを作る．

【作威作福】zuò wēi zuò fú〈成〉権勢を笠に着ていばり散らす．

*【作为】zuòwéi ❶前 **…として**．**…の身として**．¶～厂长 chǎngzhǎng，我应该负 fù 全部责任／工場長として，私は一切の責任を負わねばならない．¶～艺术 yìshù 作品，应该各有特色／芸術作品は，それぞれ特色をもつべきだ．❷動 **…とする**．**…とみなす**．¶他把学习中文～自己的业余爱好 àihào／彼は中国語を勉強することを趣味にしている．¶未 wèi 举手者，～弃权者处理 chǔlǐ／手を挙げない人は棄権者だとみなす．❸名 ①行い．行為．¶他的～根本不像一个大学生／彼の行為はまったく大学生にふさわしくない．②才能を発揮したり成果を上げる志や行い．¶青年人应当 yīngdāng 有所～／若い人はなんらかの成果を上げねばならない．¶农村 nóngcūn 是兽医 shòuyī 大有～的地方／農村は獣医にとって大いにやりがいのある場所だ．

【作伪】zuòwěi 動 偽物を作る．

*【作文】zuò//wén ①動(～儿)文章を書く．作文する．►学生の作文をさすことが多い．②名 **作文**．(量) 篇 piān．❖写 xiě～／作文を書く．

Z

【作物】zuòwù 名〈略〉作物．農作物．
【作息】zuòxī 名〈略〉仕事と休み．勤務と休憩．¶～时间表 shíjiānbiǎo／勤務時間割り表．
【作响】zuòxiǎng 動 音を立てる．
【作业】zuòyè ❶名(学生や生徒に課する)宿題**,課題．量 项 xiàng,种 zhǒng．❖做 *zuò* ～／宿題をする．❖留 *liú* ～／宿題を出す．❖交 *jiāo* ～／宿題を提出する．❷動 ①〈軍〉軍事訓練をする．②(生産現場などで労働者が)作業する．
【作揖】zuò//yī 動(旧時の拝礼法)両手を組み合わせて高く挙げ,上半身を少し曲げる．
【作艺】zuòyì 動〈旧〉(芸人などが)芸を演じる．
*【作用】zuòyòng ❶動 **作用する**．働きかける．►"～于 yú"の形をとることが多い．❷名 ①作用．②**影響,効き目**,働き,役割．¶发挥 fāhuī ～／効力を発揮する．❖起 *qǐ* ～／役に立つ；効き目が現れる．¶毫无 háo wú ～／少しも役に立たない〔効き目がない〕．¶带头 dàitóu ～／率先的な役割．
【作战】zuò//zhàn ①動 **戦う**．戦争する．②名 作戦．
*【作者】zuòzhě 名 **作者**．著作者．¶～不详 bùxiáng／作者不明．
【作证】zuòzhèng 動 証言する；証拠となる．
【作主】zuò//zhǔ 動 ①(責任者として)決定する,定める．¶我作不了 buliǎo 他的主／彼のことは私の一存では決められない．¶当 dāng 家～／一家の主人となる．②支持する．後ろ盾になる．¶他给我们～／彼は支持してくれる．
【作准】zuòzhǔn 動 ①当てになる．確実性がある．②許可する．

坐 zuò ❶動 ①腰をかける**,下ろす．座る．
注意 何かの上に尻を乗せて座る動作をいい,日本風のひざを折って座る意味はない．¶请～！／どうぞおかけください．¶～在沙发 shāfā 上／ソファーに腰を下ろす．
②**(乗り物に)乗る**．¶～火车去西安／汽車で西安へ行く．¶我有心脏病 xīnzàngbìng,不能～飞机 fēijī／心臓が悪いので,飛行機には乗れない．
③(建物が)位置する．…にある．¶这座楼～西朝 cháo 东／このビルは西側にあって東向きである．
④(鍋・やかんなどを)火にかける．¶把锅 guō ～在炉子 lúzi 上／鍋をこんろにかける．
⑤(銃などが反作用で)跳ね返る；(重い物や建物などが)めりこむ,傾く．¶冲锋枪 chōngfēngqiāng 的～劲儿 jìngr 不大／自動小銃の発射の反動は少ない．¶这座房子 fángzi 有点儿向后～了／この家は少し後ろに傾いている．
⑥(果樹・ウリ類が実を)結ぶ．¶～果 guǒ／実を結ぶ．¶瓜藤 guāténg 上～了很多瓜 guā／ウリのつるに多くのウリの実がなった．
❷名(～儿)座席．席．シート．⇒〖座 zuò〗❶①
*【坐班】zuò//bān 動 毎日時間どおりに出勤・退勤する．¶八小时～制 zhì／8時間勤務制．
【坐禅】zuòchán 動〈宗〉座禅をする．
【坐吃山空】zuò chī shān kōng〈成〉働かずにぶらぶらしていれば,どんなに財産があっても食いつぶしてしまう．
【坐等】zuòděng 動 何もせずに待つ．
【坐地虎】zuòdìhǔ 名 土地のごろつき．
【坐垫】zuòdiàn 名(～儿)座布団．
【坐根儿】zuògēnr 副〈方〉初めから．根っから．
【坐骨】zuògǔ 名〈生理〉座骨．
【坐骨神经】zuògǔ shénjīng 名〈生理〉座骨神経．
【坐江山】zuò jiāngshān〈慣〉政権を握る．
【坐井观天】zuò jǐng guān tiān〈成〉井の中のかわず．
【坐牢】zuò//láo 動 監獄に入る．投獄される．
【坐冷板凳】zuò lěngbǎndèng〈慣〉①閑職につく．冷遇される．②(就職や面会を)長く待たされる．
【坐立不安】zuò lì bù ān〈成〉居ても立ってもいられない．気がかりでじっとしていられない．
【坐落】zuòluò 動(建築物などが)位置する,…にある．¶别墅 biéshù ～在山上／別荘は山の上にある．
【坐山观虎斗】zuò shān guān hǔ dòu〈成〉(他人の争いを)高みの見物をする．
【坐商】zuòshāng 名(↔行商 xíngshāng)店を構えている商人．
【坐失良机】zuòshī liángjī〈成〉みすみす好機を逃す．
【坐视】zuòshì 動 手をこまねいて見ている．座視する．¶～不救 jiù／見殺しにする．
【坐收渔利】zuò shōu yú lì〈成〉漁夫の利を得る．
【坐天下】zuò tiānxià〈慣〉天下を取る．
*【坐位】zuòwèi 名 ①(多く公共の場所の)**座席**．シート．席．¶票已经卖完,一个～也没有了／チケットはもう売り切れてしまって,席は一つもない．②(～儿)**椅子・腰掛け**など一般に腰掛けられるもの．¶你自己去搬 bān 个～儿来／自分で掛けるものを運んできなさい．注意 zuòwei とも発音し,"座位"とも書く．
【坐误】zuòwù 動 みすみすよい機会を逃がす．
【坐席】zuòxí ①動 宴会に出席する．②名 座席．
【坐享其成】zuò xiǎng qí chéng〈成〉自分では何もせずに他人の労働の成果だけを享受する．ぬれ手で粟．
【坐以待毙】zuò yǐ dài bì〈成〉座して死を待つ．
【坐月子】zuò yuèzi〈慣〉お産をする．産後1か月間の養生をする．
【坐支】zuòzhī 動〈経〉手持ちの現金で支払いをする．
【坐庄】zuòzhuāng 動 ①(会社の担当者が買い付けのためにある地に)駐在する．②(マージャンで)続けて親になる．

座(坐) zuò ❶名(～儿) ①座席**．席．シート．¶找 zhǎo ～儿／席を探す．¶主～／主人席．¶客～／客席．¶满～／満員．②**受け皿．台**．¶茶碗～儿／茶托．
❷量 **比較的大型のもの**,または**固定したものを数える**．¶一～桥 qiáo／橋一つ．¶两～大楼 dàlóu／ビル二つ．¶一～山／山一つ．
【座次】zuòcì 名 席次．席順．❖排 *pái* ～／席次を決める．¶～表／座席一覧表．
【座上客】zuòshàngkè 名 上座に座る賓客．
*【座谈】zuòtán 動 **座談する**．(自由に)話し合う．¶～会／座談会．
*【座位】zuòwèi →【坐位】zuòwèi
【座无虚席】zuò wú xū xí〈成〉空いている座席がない．
【座右铭】zuòyòumíng 名 座右の銘．

【座钟】zuòzhōng 名 置き時計．►"挂钟 guàzhōng"(掛け時計)と区別していう．量 个,台,架．
【座子】zuòzi 名 1 台．台座．敷物．2(自転車・バイクなどの)サドル．

**做(作) zuò 動 1(物を)作る,こしらえる．¶～书架 shūjià / 本棚をこしらえる．¶～衣服 / 服を作る．¶～菜 cài / 料理を作る．¶饭菜我都～好了 / 食事は私が全部用意した．
注意 同じ「作る」でも,中国語では具体的な動作を表す動詞を用いる表現が少なくない．¶包 bāo 饺子 / ギョーザを作る．¶配 pèi 眼镜 yǎnjìng / めがねを作る〔新調する〕．
2(ある仕事や活動を)する,やる．注意"做"は「物を作る,こしらえる」意味を本義とするが,現代の共通語では同音の"作"と混用される傾向にあり,日常生活に使う話し言葉のほか,やや抽象的な事柄についても"作"に代えて用いられる．しかし,文言的色彩の強い語句に用いることはほとんどないし,成語の中の"作"を"做"とすることもできない．¶～工作 / 仕事をする．働く．¶～木工 / 大工仕事をする．¶～买卖 mǎimai / 商売をする．¶～作业 zuòyè / 宿題をする．¶～好本职 běnzhí 工作 / 自分の職務に最善を尽くす．[やや抽象的な事柄に用いて]する．¶～研究 yánjiū / 研究する．¶～调查 diàochá / 調査する．
3(ある役割に)つく．担当する．…になる．¶后来她～演员 yǎnyuán 了 / その後彼女は女優になった．¶请他～大会主席 zhǔxí / 彼に会議の議長になってもらう．¶～母亲的 / 母たる者．
4(文章や詩を)書く；(曲を)作る．¶～了一首诗 shī / 詩を1首作った．¶～曲 qǔ / 作曲する．¶文章已经～好了 / 文章はもう書き上げた．
5(ある関係を)取り結ぶ．…になる．¶～好朋友 / 仲のよい友達になる．¶这门亲事 qīnshi ～不得 bude / この縁談をまとめたらまずい．
6…として用いる．…にする．¶这笔钱～学费 xuéfèi 用吧 / この金を学費に当てよう．¶那个房屋现在～了书房 shūfáng / あの部屋はいま書斎に使っている．¶送本书～纪念 / 記念に本を贈る．
【做爱】zuò//ài 動 セックスする．
【做伴】zuò//bàn 動(～儿)相手をする．付き合う．付き添う．¶你给他做个伴吧 / 君が彼の相手をしてくれないか．¶找人～ / 連れをさがす．
【做操】zuò//cāo 動 体操をする．¶做早操 / 朝の体操をする．
【做出】zuò//chū 動+方補 作り出す．しでかす．
【做到】zuò//dào 動+結補 実行する．やり遂げる．¶做得到 / できる．¶做不到 / できない．¶说到就要～ / 言い出した以上は実行しなければならない．
【做东】zuò//dōng 動 ごちそうをする．ホスト役を務める．¶由 yóu 我～ / ぼくがおごる．
*【做法】zuòfǎ →【作法】zuòfǎ
【做饭】zuò//fàn 動 ご飯を作る．
【做工】zuò//gōng 1動 働く．(主に力仕事や臨時の)仕事をする．¶在工厂 gōngchǎng ～ / 工場で働いている．2名 1(製品の)質,仕上がりぐあい．2(～儿)演劇のしぐさと表情．
【做官】zuò//guān 動 役人になる．
【做鬼】zuò//guǐ 動(～儿)詐欺をする．ごまかしをやる．¶当面 dāngmiàn 做人,背后 bèihòu ～ / 表面はまじめそうに振るまうが,裏では悪事を働く．
【做鬼脸】zuò guǐliǎn 〈慣〉(～儿)おどけた顔をする．あかんべえをする．
【做活儿】zuò//huór 動(体を使って)仕事をする．労働する．¶我俩 liǎ 在商店 shāngdiàn 一块儿～ / 私たち二人は店でいっしょに働く．
*【做客】zuò//kè 動 人を訪問する．客になる．¶请到我家来～ / うちに遊びに来てください．
【做礼拜】zuò lǐbài (キリスト教徒が)教会へ礼拝に行く．
【做买卖】zuò mǎimai 商売をする．
【做满月】zuò mǎnyuè 赤ん坊の満1か月のお祝いをする．
【做媒】zuò//méi 動 仲人をする．
*【做梦】zuò//mèng 動 1 夢を見る．¶做好〔恶 è〕梦 / よい〔恐ろしい〕夢を見る．2〈喩〉実現不可能なことを考える．空想する．¶～也想不到的事 / 夢にも思わなかったことだ．¶做美梦 / 甘い夢を見る．
【做派】zuòpài →【做工】zuò//gōng 2 2
【做亲】zuò//qīn 動 縁組みをする．婚姻によって親戚になる．
【做圈套】zuò quāntào 〈慣〉(人を陥れる)わなを仕掛ける．
【做人】zuò//rén 動 1 身を持する．世渡りをする．¶她很会～ / 彼女はつき合い方がうまい．2 真人間になる．¶重新 chóngxīn ～ / 真人間に生まれ変わる．►1 2 とも"作人"とも書く．
【做人情】zuò rénqíng 〈慣〉人に便宜を図ったり,義理を果たしたりする．
【做声】zuòshēng 動(～儿)声を立てる．声を出す．¶千万 qiānwàn 别～ / 絶対声を出すな．
【做生日】zuò shēngri 誕生祝いをする．
*【做生意】zuò shēngyi 商売をする．¶他一直 yīzhí 做着杂货 záhuò ～ / 彼はずっと雑貨の商売をしている．
【做事】zuò//shì 動 1 仕事をする．事を処理する．¶他是个老实 lǎoshi 人,～很认真 rènzhēn / 彼は正直な人で,何でもまじめにやる．2(～儿)(ある一定の職務や仕事に)従事する．勤める．¶你在哪个公司～？/ どこの会社にお勤めですか．
【做手脚】zuò shǒujiǎo 〈慣〉隠れていんちきをやる．
【做寿】zuò//shòu 動(老人の)誕生祝いをする．
【做文章】zuò wénzhāng 〈慣〉揚げ足を取る．言いがかりをつける．
【做戏】zuò//xì 動 1 芝居をする．2〈転〉まね事をする；〈貶〉芝居を打つ．
【做学问】zuò xuéwen 学問をする．¶他是个～的人,不会做买卖 mǎimai / 彼は学者なので,商売はできません．
【做一天和尚撞一天钟】zuò yītiān héshang zhuàng yītiān zhōng 〈諺〉その日暮らしで事を運ぶ．
【做贼心虚】zuò zéi xīn xū 〈成〉心がやましい人はいつもびくびくしている．
【做针线】zuò zhēnxiàn 針仕事をする．
【做主】zuò//zhǔ →【作主】zuò//zhǔ
【做作】zuòzuo 形〈貶〉(表情や動作が)不自然である．わざとらしい．¶他的表演 biǎoyǎn 有点儿～ / 彼の演技はちょっと不自然だ．

付録 日中小辞典

○ 常用語を中心に約8000語採録した。
○ 配列は50音順とした。外来語・動植物名は片仮名、それ以外は平仮名で示す。
○ 訳語の用法・意味の違いなどを適宜、訳語の前に［ ］で示した。
○ →○○は、○○の項目を参照することを意味する。
○ 訳語の詳しい語義・用法については本文を参照されたい。

あ

ああ 啊 à·ā, 哎呀 āiyā, 哎哟 āiyō.
アーチ 拱 gǒng, 拱门 gǒngmén.
アーモンド 巴旦杏 bādànxìng, 扁桃 biǎntáo.
あい【愛】 爱 ài, 爱情 àiqíng. **～らしい** 可爱 kě'ài. →かわいい
あいかわらず【相変わらず】 照旧 zhàojiù, 仍旧 réngjiù.
アイコン 图标 túbiāo.
あいさつ【挨拶】(-する) 寒喧 hánxuān; 打招呼 dǎ zhāohu; ［儀式などでの］致词 zhìcí.
あいじょう【愛情】 爱 ài, 爱情 àiqíng.
あいず【合図】 信号 xìnhào. **～をする** 发 fā 信号.
アイスクリーム 冰激凌 bīngjilíng, 冰淇淋 bīngqílín.
アイスコーヒー 冰咖啡 bīngkāfēi.
アイススケート 滑冰 huábīng, 溜冰 liūbīng.
アイスホッケー 冰球 bīngqiú.
あいする【愛する】 爱 ài, 热爱 rè'ài.
あいそ【愛想】 亲切 qīnqiè, 和蔼 hé'ǎi.
あいだ【間】 空间 kōngjiān, 期间 qījiān, (之)间 (zhī) jiān; ［間隔］间隔 jiāngé.
あいちゃく【愛着】 留恋 liúliàn, 依依难舍 yī yī nán shě.
あいて【相手】 ［仲間］伙伴huǒbàn; ［対抗する人］对方duìfāng, 对手 duìshǒu,
アイデア 主意 zhǔyi, 想法 xiǎngfa.
アイティー〖ＩＴ〗 信息技术 xìnxī jìshù.
アイドル 偶像 ǒuxiàng.
あいにく【生憎】 ［都合悪く］不凑巧 bù còuqiǎo, 偏巧 piānqiǎo; ［気の毒］对不起 duìbuqǐ, 遗憾 yíhàn.
あいま【合間】 空儿 kòngr, 空闲时间 kòngxián shíjiān.
あいまい【曖昧】 含糊 hánhu, 不明确 bù míngquè.
あいよう【愛用】 爱用 àiyòng, 喜欢用 xǐhuan yòng.
アイロン 熨斗 yùndǒu, 烙铁 làotie.
あう【会う】 遇见 yùjian, 碰见 pèngjian, 见面 jiànmiàn. **友だちと～** 碰见朋友 péngyou.
あう【合う】 合适 héshì, 适合 shìhé; ［一致する］一致 yīzhì, 符合 fúhé; ［正確だ］对 duì, 正确 zhèngquè.
あう【遭う】 遇到 yùdào, 碰上 pèngshang.
あえぐ【喘ぐ】 喘 chuǎn, 喘气 chuǎnqì.
あえて【敢えて】 ［しいて］硬 yìng, 特意 tèyì.
あお(い)【青(い)】 蓝 lán, 蓝色 lánsè; ［顔色などが］苍白 cāngbái.
あおぐ【扇ぐ】 扇 shān.
あおしんごう【青信号】 绿灯 lǜdēng.
あおぞら【青空】 蓝天 lántiān, 青空 qīngkōng.
あおむけ【仰向け】 仰 yǎng, 仰面朝天 yǎngmiàn cháotiān.
あおる【煽る】 ［動かす］(风)吹动 chuīdòng; ［そそのかす］煽动 shāndòng, 鼓动 gǔdòng.
あか(い)【赤(い)】 红 hóng, 红色 hóngsè. **～の他人** 陌生人 mòshēngrén, 毫不相关的人 háo bù xiāngguān de rén.
あか【垢】 ［体の］污垢 wūgòu, 油泥 yóuní; ［水あか］水锈 shuǐxiù, 水碱 shuǐjiǎn.
あかじ【赤字】 赤字 chìzì, 亏空 kuīkong.
あかしんごう【赤信号】 红灯 hóngdēng, 危险信号 wēixiǎn xìnhào.
あかちゃん【赤ちゃん】 婴儿 yīng'ér; ［愛称］小宝宝 xiǎobǎobǎo.
あかり【明かり】 光 guāng, 亮儿 liàngr; ［ともしび］灯 dēng. **～をつける** 点 diǎn 灯.
あがる 上升 shàngshēng; 举 jǔ; 提高 tígāo.
あかるい【明るい】 明亮 míngliàng; ［元気・活発］明朗 mínglǎng, 快活 kuàihuo.
あき【秋】 秋天 qiūtiān, 秋季 qiūjì.
あきらか【明らか】 明显 míngxiǎn, 显然 xiǎnrán, 清楚 qīngchu.
あきらめる【諦める】 死心 sǐxīn, 断念(头) duàn niàn (tou).
あきる【飽きる】 厌倦 yànjuàn; ［退屈する］无聊 wúliáo.
あきれる【呆れる】 惊讶 jīngyà; ［ぽかんとする］吓呆 xiàdāi, 发愣 fālèng.
あく【悪】 恶 è, 歹 dǎi, 坏 huài.
あく【空く】 空 kòng, 空闲 kòngxián; ［欠員が出る］空缺 kòngquē.
あく【開く】 开 kāi, 打开 dǎkāi; ［始まる］开始 kāishǐ.
あくい【悪意】 恶意 èyì.
あくしつ【悪質】 质量差 zhìliàng chà, 粗劣 cūliè; ［たちが悪い］恶性 èxìng, 性质恶劣 xìngzhì èliè.
あくしゅ【握手】(-する) 握手 wòshǒu.
アクセサリー 首饰 shǒushi, 装饰品 zhuāngshìpǐn.
アクセス 存取 cúnqǔ, 访问 fǎngwèn.
アクセル 加速器 jiāsùqì, 油门 yóumén. **～を踏む** 踩 cǎi 加速器.
アクセント 重音 zhòngyīn.
あくび【欠伸】(-する) 哈欠 hāqian, 呵欠 hēqiàn.
あくま【悪魔】 恶魔 èmó, 魔鬼 móguǐ.
あくまで【飽くまで】 到底 dàodǐ; ［原則として］原则上 yuánzéshàng; ［どこまでも］始终 shǐzhōng.
あけがた【明け方】 黎明 límíng, 拂晓 fúxiǎo.
あける【明ける】 明 míng, 亮 liàng; ［期間が終了する］完 wán, 结束 jiéshù, 满期 mǎnqī. **夜が明けた** 天 tiān 亮了 le.
あける【空ける】 ［穴などを作る］穿开 chuānkai, 挖 wā; ［からにする］空出 kòngchū, 到出 dàochū.
あける【開ける】 开 kāi, 打开 dǎkāi.
あげる【上げる・揚げる・挙げる】 ［上に移動させる］抬起 táiqǐ, 举起 jǔqǐ; ［程度を高める］提高 tígāo; ［名前・例を出す］举 jǔ; ［油で調理する］炸 zhá.

あご 颌 hé, 腭 è; [下あご]下巴 xiàba. **～ひげ** 胡须 húxū, 络腮胡子 luòsāi húzi.
あこがれる【憧れる】 憧憬 chōngjǐng, 向往 xiàngwǎng.
あさ【朝】 早晨 zǎochen, 早上 zǎoshang.
あさ【麻】 麻 má, 大麻 dàmá.
あさい【浅い】 浅 qiǎn; [色などが]淡 dàn; [程度が]浅薄 qiǎnbó.
アサガオ【朝顔】 牵牛花 qiānniúhuā, 喇叭花 lǎbahuā.
あさって【明後日】 后天 hòutiān.
あさひ【朝日】 朝阳 zhāoyáng, 旭日 xùrì.
あざむく【欺く】 骗 piàn, 欺 qī, 欺骗 qīpiàn.
あざやか【鮮やか】 鲜明 xiānmíng, 鲜艳 xiānyàn.
あし【足・脚】 脚 jiǎo, 腿 tuǐ.
あじ【味】 味(儿) wèi(r), 味道 wèidao; [おもしろみ]趣味 qùwèi, 妙处 miàochù.
アジア 亚洲 Yàzhōu, 亚细亚 Yàxìyà.
あしあと【足跡】 足迹 zújì, 脚印 jiǎoyìn, 踪迹 zōngjì.
あしおと【足音】 脚步声 jiǎobùshēng.
あしくび【足首】 脚脖子 jiǎobózi, 踝 huái.
あじけない【味気ない】 乏味 fáwèi, 没意思 méi yìsi, 无聊 wúliáo.
アシスタント 助理 zhùlǐ.
あしもと【足下・足元】 脚下 jiǎoxià.
あじわう【味わう】 尝 cháng, 品味 pǐnwèi; [鑑賞する]鉴赏 jiànshǎng; [体験する]体验 tǐyàn.
あす【明日】 明天 míngtiān, 明日 míngrì.
あずかる【預かる】 收存 shōucún, 保管 bǎoguǎn.
アズキ【小豆】 小豆 xiǎodòu, 红豆 hóngdòu.
あずける【預ける】 存 cún, 寄存 jìcún; [管理を任せる]托 tuō.
あせ【汗】 汗 hàn, 汗水 hànshuǐ. **～が出る** 出 chū 汗.
あせる【焦る】 焦燥 jiāozào, 急躁 jízào, 着急 zháojí.
あせる【褪せる】 [色]退色 tuìshǎi, 掉色 diàoshǎi.
あそこ 那儿 nàr, 那里 nàli. ➡ あちら
あそび【遊び】 游戏 yóuxì.
あそぶ【遊ぶ】 玩儿 wánr, 玩耍 wánshuǎ, 游戏 yóuxì.
あたい【値】 价值 jiàzhí; 值 zhí.
あたえる【与える】 给 gěi, 授与 shòuyǔ, 赠与 zèngyǔ, 给予 jǐyǔ; [提供する]提供 tígōng. **賞品を～** 给奖品 jiǎngpǐn.
あたたかい【暖かい・温かい】 暖和 nuǎnhuo, 暖 nuǎn; [心情が]温暖 wēnnuǎn, 热情 rèqíng.
あたためる【暖める・温める】 温 wēn, 热 rè, 加热 jiā rè.
アタッシェケース 公文包 gōngwénbāo.
あだな【あだ名】 绰号 chuòhào, 外号 wàihào.
あたま【頭】 脑袋 nǎodai, 头 tóu; [脳の働き]头脑 tóunǎo, 脑筋 nǎojīn, 脑子 nǎozi. **～が痛い** 头疼 téng. **～が悪い** 脑子坏 huài.
あたらしい【新しい】 新 xīn; [新式の]新式 xīnshì.
あたり【辺り】 [付近]附近 fùjìn, 周围 zhōuwéi; [およそ]大约 dàyuē, 上下 shàngxià, 左右 zuǒyòu.
あたりまえ【当たり前】 当然 dāngrán, 自然 zìrán.
あたる【当たる】 碰 pèng, 撞 zhuàng; [的中する]中 zhòng; [任務を担当する]承担 chéngdān, 负责 fùzé.
あちこち 这儿那儿 zhèr nàr, 到处 dàochù.
あちら 那儿 nàr, 那里 nàli, 那边 nàbiān. ➡ あそこ
あつい【厚い】 厚 hòu; [人情が]深厚 shēnhòu.
あつい【暑い・熱い】 热 rè, 烫 tàng.
あつかう【扱う】 [待遇する]待 dài, 对待 duìdài; [処理する]处理 chǔlǐ; [使う]使用 shǐyòng; [管理する]管 guǎn, 经营 jīngyíng.
あつかましい【厚かましい】 厚脸皮 hòuliǎnpí, 无耻 wúchǐ.
あっさり [味が]清淡 qīngdàn; [性格が]坦率 tǎnshuài; [簡単に]简单 jiǎndān.
あっしゅく【圧縮】(-する) 压缩 yāsuō, 缩短 suōduǎn.
あっせん【斡旋】(-する) 斡旋 wòxuán, 介绍 jièshào.
あっち 那边 nàbiān, 那里 nàli. ➡ あそこ・あちら
アットマーク 电子邮件符号 diànzǐ yóujiàn fúhào.
アップロード(-する) 上传 shàngchuán.
あつまる【集まる】 集聚 jíjù, 集合 jíhé; [物が集中する]汇集 huìjí, 集中 jízhōng.
あつめる【集める】 [人を]集合 jíhé, 召集 zhàojí; [物や金を]收集 shōují, 汇集 huìjí, 凑 còu.
あつらえる【誂える】 定 dìng, 订做 dìngzuò.
あつりょく【圧力】 压力 yālì. **～を加える** 加 jiā 压力.
あてさき【宛先】 地址 dìzhǐ.
あてにする 指望 zhǐwang, 期待 qīdài.
あてはまる【当てはまる】 适用 shìyòng, 适合 shìhé, 合适 héshì.
あてはめる【当てはめる】 适用 shìyòng, 应用 yìngyòng.
あてる【当てる・充てる】 [ぶつける]碰pèng,撞zhuàng; [予想を]猜 cāi, 成功 chénggōng; [任務を]指定 zhǐdìng; [ある用途に使う]充做 chōngzuò.
あと【後】 [うしろ]后边 hòubian, 后面 hòumian, 后方 hòufāng; [時間の]以后 yǐhòu; [残り]其余 qíyú, 此外 cǐwài. ➡ 後ろ
あと【跡】 印 yìn, 迹 jì, 痕迹 hénjì.
あとつぎ【跡継ぎ】 后任 hòurèn, 继承人 jìchéngrén; [家などの]后嗣 hòusì, 后代 hòudài.
アドバイス(-する) 劝告 quàngào, 忠告 zhōnggào; [提案する]建议 jiànyì.
あな【穴】 洞 dòng, 孔 kǒng, 眼 yǎn; [欠点]缺点 quēdiǎn, 漏洞 lòudòng; [欠損]亏空 kuīkong.
アナウンサー 播音员 bōyīnyuán, 广播员 guǎngbōyuán, 播送人 bōsòngrén.
アナウンス 广播 guǎngbō, 报告 bàogào, 通知 tōngzhī.
あなた 你 nǐ; [敬意を示して]您 nín.
あなたたち 你们 nǐmen.
あなどる【侮る】 侮辱 wǔrǔ, 轻视 qīngshì.
アナログ 模拟 mónǐ.
あに【兄】 哥哥 gēge, 兄 xiōng.
アニメ(ーション) 动画片 dònghuàpiàn.
あね【姉】 姐姐 jiějie, 姊 zǐ.
あの 那个 nàge, 那 nà. **～時** 那时候 shíhou. **～人** 那个人 rén.
アパート 公寓 gōngyù.
あばく【暴く】 揭露 jiēlù.
あばれる【暴れる】 乱闹 luànnào; 放荡 fàngdàng.
アピール(-する) 呼吁 hūyù; [人を引きつける]打动 dǎdòng.
あびせる【浴びせる】 浇 jiāo, 泼 pō; 给予 jǐyǔ.
アヒル 鸭 yā, 鸭子 yāzi.
あびる【浴びる】 [水を]浇 jiāo, 淋 lín; [比喩的に]沐浴 mùyù.
あぶない【危ない】 危险 wēixiǎn; [信頼できない]靠不住 kàobuzhù.
あぶら【油・脂】 油 yóu, 脂肪 zhīfáng; 煤油 méiyóu. **～っこい** [食べ物が]油腻 yóunì.
アフリカ 非洲 Fēizhōu.
あぶる【焙る・炙る】 [火で]烤 kǎo; [乾かす]烘干 hōnggān.
あふれる【溢れる】 溢出 yìchū, 漫出来 mànchūlai; [たくさんある]挤满 jǐmǎn; [みなぎる]充满 chōngmǎn.
アポ(イント) 联系 liánxì, 预约 yùyuē.
あまい【甘い】 甜 tián, 甜蜜 tiánmì; [厳しくない]宽

kuān; [にぶい・ゆるい・正確でない]松 sōng.
あまえる【甘える】 撒娇 sājiāo; [厚意を受ける]利用 lìyòng.
アマチュア 业余爱好者 yèyú àihàozhě, 非职业的 fēizhíyè de.
あまやかす【甘やかす】 姑息 gūxī; 娇惯 jiāoguàn; [放任する]纵容 zòngróng, 放任 fàngrèn.
あまり [それほど](不)怎样 (bù) zěnyàng, (不)很 hěn, (不)大 dà; [限度を超えて]太 tài, 过分 guòfèn.
あまり【余り】 剩余 shèngyú, 剩下 shèngxia.
あまる【余る】 剩 shèng, 余 yú, 超出 chāochū. **手に～** 承担不了 chéngdānbuliǎo, 力不能及 lì bù néng jí.
あみ【網】 网 wǎng; [金網・鉄条網]铁丝网 tiěsīwǎng.
あむ【編む】 [ひもなどを]编 biān; [毛糸や糸などで]织 zhī.
あめ【雨】 雨 yǔ, 雨天 yǔtiān. **～が降る** 下 xià 雨. **大～** 大雨 dàyǔ.
あめ【飴】 糖 táng, 饴糖 yítáng.
アメリカ 美国 Měiguó. **～人** 美国人 rén.
アモイ 厦门 Xiàmén.
あやしい【怪しい】 [不審だ]奇怪 qíguài, 可疑 kěyí; [信用できない]靠不住 kàobuzhù, 不可靠 bù kěkào.
あやしむ【怪しむ】 怀疑 huáiyí, 觉得奇怪 juéde qíguài.
あやつる【操る】 要弄 shuǎnòng; [舟・機械などを]开动 kāidòng, 驾驶 jiàshǐ, 操作 cāozuò; [背後から]操纵 cāozòng, 控制 kòngzhì.
あやまち【過ち】 错误 cuòwù, 过错 guòcuò, 过失 guòshī. **～を犯す** 犯 fàn 错误.
あやまる【誤る】 搞错 gǎo cuò, 出错 chū cuò.
あやまる【謝る】 道歉 dàoqiàn, 认错 rèncuò, 谢罪 xièzuì. ➡ ごめんなさい
あらい【荒い】 粗暴 cūbào, 粗野 cūyè.
あらい【粗い】 粗 cū, 大 dà, 粗糙 cūcāo.
あらう【洗う】 洗 xǐ; [調べ上げる]调查 diàochá, 查 chá. **手を～** 洗手 shǒu.
あらかじめ【予め】 预先 yùxiān, 事先 shìxiān, 事前 shìqián.
あらし【嵐】 暴风雨 bàofēngyǔ, 风暴 fēngbào. ➡ 台風 **～が起こる** 起 qǐ 风暴.
あらす【荒らす】 破坏 pòhuài, 毁坏 huǐhuài.
あらすじ【粗筋】 梗概 gěnggài, 概要 gàiyào.
あらそう【争う】 争 zhēng, 争夺 zhēngduó, 竞争 jìngzhēng, 斗争 dòuzhēng.
あらた【新た】 新 xīn; [改めて]重新 chóngxīn, 从头 cóngtóu.
あらたまる【改まる】 改 gǎi, 变 biàn, 更新 gēngxīn.
あらためる【改める】 改 gǎi, 改变 gǎibiàn; [ただす]修改 xiūgǎi; [改善する]改正 gaǐzhèng, 改善 gǎishàn.
アラビア 阿拉伯 Ālābó. **～語** 阿拉伯语 Ālābóyǔ.
あらゆる 所有 suǒyǒu, 一切 yīqiè.
あらわす【現す・表す】 表示 biǎoshì, 表现 biǎoxiàn, 表达 biǎodá.
あらわれる【現れる】 显出 xiǎnchū, 表现出 biǎoxiànchū, 露出 lùchū; [登場する]出现 chūxiàn.
アリ【蟻】 蚂蚁 mǎyǐ, 蚁 yǐ.
ありがたい【有り難い】 难得 nándé, 少有 shǎoyǒu, 可贵 kěguì; [感謝すべき]值得感谢 zhíde gǎnxiè.
ありがとう【有り難う】 谢谢 xièxie.
ありふれる 常见 chángjiàn, 常有 cháng yǒu.
ある【有る・在る】 [存在を示す]有 yǒu, 存在 cúnzài; [物の所在を示す]在 zài, 位于 wèiyú; [所有・具有する]有, 带 dài, 具有 jùyǒu.
ある【或る】 某 mǒu, 有 yǒu. **～時** 有时候 shíhou, 有一次 yī cì.
あるいは [または]或 huò, 或是 huòshì, 或者 huòzhě; [もしかすると]也许 yěxǔ, 或许 huòxǔ.
アルカリせい【アルカリ性】 碱性 jiǎnxìng.
あるく【歩く】 走 zǒu, 走路 zǒulù, 行走 xíngzǒu; 步行 bùxíng, 徒步 túbù.
アルコール 酒精 jiǔjīng, 乙醇 yǐchún.
あるじ【主】 主人 zhǔrén; 所有者 suǒyǒuzhě, 物主 wùzhǔ.
アルバイト(-する) 打工(的人) dǎgōng(de rén), 搞副业 gǎo fùyè (的人).
アルバム 照相簿 zhàoxiàngbù, 相册 xiàngcè; [曲の](歌曲)专辑 (gēqǔ)zhuānjí.
アルファベット 拉丁字母 Lādīng zìmǔ, 英文 Yīngwén 字母.
アルミニウム 铝 lǚ.
あれ 那 nà, 那个 nàge. ➡ あの
あれる【荒れる】 [天候が]闹(天气) nào(tiānqì), (海涛)汹涌 (hǎitāo)xiōngyǒng; [土地が]荒芜 huāngwú, [家屋が]荒废 huāngfèi; [言動が]粗暴 cūbào.
アレルギー 过敏(症) guòmǐn(zhèng).
あわ【泡】 泡 pào, 沫 mò, 泡沫 pàomò.
あわい【淡い】 浅 qiǎn, 淡 dàn; [かすか]些微 xiēwēi; [あっさりした]清淡 qīngdàn; [無欲な]淡薄 dànbó.
あわせて 共计 gòngjì; 总共 zǒnggòng; [それと共に]并 bìng, 同时 tóngshí.
あわせる【合わせる・併せる】 对(上) duì(shang), 合上 héshàng; [合計する]加在一起 jiāzài yīqǐ; [調和・一致させる]配合 pèihé, 调合 tiáohe.
あわただしい【慌ただしい】 慌张 huāngzhang, 匆忙 cōngmáng, 忙乱 mángluàn. ➡ 忙しい
あわてる【慌てる】 惊慌 jīnghuāng, 慌张 huāngzhang.
アワビ【鮑】 鲍鱼 bàoyú.
あわれ【哀れ】 悲哀 bēi'āi, 哀伤 āishāng; [かわいそう]可怜 kělián; [みじめ]凄惨 qīcǎn.
あん【餡】 豆馅儿 dòuxiànr; 馅儿 xiànr.
あん【案】 方案 fāng'àn; [考え]意见 yìjian.
あんがい【案外】 出乎意外 chūhū yìwài, 意想不到 yìxiǎngbudào.
あんき【暗記】(-する) 记住 jìzhù, 背 bèi; 背诵 bèisòng.
アンケート 问卷调查 wènjuàn diàochá.
あんごう【暗号】 密码 mìmǎ, 暗码 ànmǎ. **～を解く** 译解 yìjiě 密码.
あんじ【暗示】(-する) 暗示 ànshì.
あんしょう【暗唱】(-する) 背 bèi, 背诵 bèisòng.
あんしょうばんごう【暗証番号】 密码 mìmǎ.
あんしん【安心】(-する) 放心 fàngxīn, 安心 ānxīn.
あんせい【安静】 安静 ānjìng.
あんぜん【安全】 安全 ānquán, 保险 bǎoxiǎn.
あんてい【安定】 稳定 wěndìng, 安定 āndìng.
アンテナ 天线 tiānxiàn.
あんな 那样的 nàyàng de.
あんない【案内】(-する) 向导 xiàngdǎo, 导游 dǎoyóu; [取り次ぎ]传达 chuándá; [知らせ]通知 tōngzhī.
あんなに 那么 nàme, 那样地 nàyàngde.
あんに【暗に】 暗中 ànzhōng; [かげで]背地 bèidì; [非公式に]私下 sīxià; [こっそりと]悄悄 qiāoqiāo.
アンニンどうふ【アンニン豆腐】 杏仁豆腐 xìngrén dòufu.

い

い【位】 位 wèi. **1～** 第一名 dìyīmíng, 冠军 guànjūn.
い【胃】 胃 wèi. **～をこわす** 伤 shāng 胃.
いい【好い・善い・良い】 [すぐれている]好 hǎo, 棒 bàng; [正しい,大丈夫だ]好, 对 duì, 行 xíng, 可以 kěyǐ.

いいあい【言い合い】 争吵 zhēngchǎo, 口角 kǒujué, 吵架 chǎojià.
いいあらわす【言い表す】 表达 biǎodá, 表述 biǎoshù.
いいえ 不 bù, 不是 bùshì.
いいかえす【言い返す】 [繰り返し言う]反复说 fǎnfù shuō; [口答えする]顶嘴 dǐngzuǐ, 还嘴 huánzuǐ.
いいかげん【好い加減】 [本格的でない]马马虎虎 mǎmǎhūhū; [おざなりだ]靠不住 kàobuzhù, 胡乱 húluàn.
いいかた【言い方】 说法 shuōfa.
いいつける【言い付ける】 吩咐 fēnfu; [告げ口をする]告 gào; [言い慣れる]说惯 shuōguàn.
いいつたえ【言い伝え】 传说 chuánshuō.
いいはる【言い張る】 坚决主张 jiānjué zhǔzhāng, 坚持 jiānchí.
イーメール〖E メール〗 伊妹儿 yīmèir, 电子邮件 diànzǐ yóujiàn. → **メール**
いいわけ【言い訳】(-する) 辩解 biànjiě, 辩白 biànbái.
いう【言う】 说 shuō, 讲 jiǎng; [表现する]表达 biǎodá.
いえ【家】 房子 fángzi, 住房 zhùfáng; [家庭]家 jiā, 家庭 jiātíng. **～を建てる** 盖 gài 房子.
イカ 墨鱼 mòyú, 乌贼 wūzéi; [スルメイカ]鱿鱼 yóuyú.
いか【以下】 以下 yǐxià; 以后 yǐhòu.
いがい【以外】 (除了 chúle …)以外 yǐwài, 之外 zhīwài; 此外 cǐwài.
いがい【意外】 意外 yìwài, 想不到 xiǎngbudào, 出乎意料 chū hū yì liào.
いかが【如何】 怎么 zěnme, 怎么样 zěnmeyàng, 怎样 zěnyàng; 如何 rúhé.
いがく【医学】 医学 yīxué.
いかす【生かす・活かす】 使 shǐ … 生存 shēngcún, [活用する]有效利用 yǒuxiào lìyòng, 活学活用 huó xué huó yòng.
いかにも [ほんとうに,大いに]实在 shízài, 真(的) zhēn (de); [なるほど]果然 guǒrán, 的确 díquè.
いかる【怒る】 发怒 fānù, 生气 shēngqì, 愤怒 fènnù.
いかん【遺憾】 遗憾 yíhàn.
いき【息】(-をする) 呼吸 hūxī, 喘气 chuǎnqì.
いぎ【意義】 意义 yìyì, 意思 yìsi.
いぎ【異議】 异议 yìyì.
いきいき【生き生き】 生动 shēngdòng, 生气勃勃 shēng qì bó bó, 活生生的 huóshēngshēng de.
いきおい【勢い】 气势 qìshì, 劲头 jìntóu; [成り行き]趋势 qūshì, 形势 xíngshì.
いきがい【生きがい】 (人生的)意义 (rénshēng de)yìyì, 价值 jiàzhí.
いきかえる【生き返る】 复活 fùhuó, 苏生 sūshēng, 苏醒 sūxǐng.
いきぐるしい【息苦しい】 呼吸困难 hūxī kùnnan, 喘不上气 chuǎnbushàng qì; [気持ちが]苦闷 kǔmèn, 窒息 zhìxī, 沉闷 chénmèn.
いきごむ【意気込む】 振奋 zhènfèn, 鼓起干劲 gǔqǐ gànjìn.
いきさつ【経緯】 经过 jīngguò, 原委 yuánwěi.
いきづまる【行き詰まる】 停滞 tíngzhì, 僵局 jiāngjú.
いきとどく【行き届く】 周到 zhōudao, 周密 zhōumì.
いきどまり【行き止まり】 尽头 jìntóu.
いきなり 突然 tūrán, 冷不防 lěngbufáng, 立刻 lìkè.
いきのこる【生き残る】 幸存 xìngcún.
いきもの【生き物】 生物 shēngwù; 有生命的 yǒu shēngmìng de.
イギリス 英国 Yīngguó. **～人** 英国人 rén.
いきる【生きる・活きる】 活 huó, 生存 shēngcún; [生活する]生活 shēnghuó; [効果がある]有效 yǒuxiào.
いく【行く】 去 qù, 走 zǒu, 上 shàng, 到 dào … 去, 往 wǎng … 去, 赴 fù. **学校へ～** 上学校 xuéxiào.
いくつ【幾つ】 几个 jǐ ge, 多少 duōshao; [年齢]几岁 suì, 多大 duōdà.
いくら【幾ら】 多少 duōshao.
いくらか【幾らか】 稍微 shāowēi, 一点儿 yīdiǎnr; 多少 duōshǎo.
いけ【池】 池子 chízi, 池塘 chítáng; 水池 shuǐchí.
いけどる【生け捕る】 生擒 shēngqín, 活捉 huózhuō.
いけばな【生け花】 插花 chāhuā.
いけん【意見】 意见 yìjian, 见解 jiànjiě; [忠告]劝告 quàngào.
いげん【威厳】 威严 wēiyán.
いご【以後】 以后 yǐhòu, 之后 zhīhòu; 今后 jīnhòu.
いさましい【勇ましい】 勇敢 yǒnggǎn, 勇猛 yǒngměng, 雄壮 xióngzhuàng.
いさめる【諫める】 劝告 quàngào.
いさん【遺産】 遗产 yíchǎn.
いし【石】 石头 shítou, 石 shí. **～を投げる** 扔 rēng 石头.
いし【意志】 意志 yìzhì, 意向 yìxiàng, 心意 xīnyì.
いじ【意地】 心术 xīnshù, 用心 yòngxīn; [強情]固执 gùzhí, 倔强 juéjiàng.
いじ【維持】(-する) 维持 wéichí, 保持 bǎochí, 维护 wéihù.
いしき【意識】(-する) 意识 yìshí. **～的** (有)意识的 de, 故意 gùyì 的.
いじめる 欺负 qīfu, 折磨 zhémo.
いしゃ【医者】 医生 yīshēng, 大夫 dàifu.
いしょ【遺書】 遗书 yíshū. **～を残す** 留下 liúxià 遗书.
いじょう【以上】 以上 yǐshàng, 超过 chāoguò; 上述 shàngshù.
いじょう【異常】 异常 yìcháng, 不寻常 bù xúncháng, 反常 fǎncháng.
いしょく【移植】(-する) 移植 yízhí.
いじる 摆弄 bǎinòng, 玩赏 wánshǎng.
いじわる【意地悪】 刁难 diāonàn, 捉弄 zhuōnòng, 心眼儿坏 xīnyǎnr huài.
いす【椅子】 椅子 yǐzi; [背もたれのない]凳子 dèngzi.
いずみ【泉】 泉水 quánshuǐ.
イスラエル 以色列 Yǐsèliè.
イスラム 伊斯兰 Yīsīlán. **～教徒** 伊斯兰教徒 jiàotú.
いずれ 反正 fǎnzheng, 早晚 zǎowǎn, 总归 zǒngguī.
いせき【遺跡】 故址 gùzhǐ, 遗迹 yíjì.
いぜん【以前】 以前 yǐqián; 过去 guòqù, 从前 cóngqián, 以往 yǐwǎng.
いぜん【依然】 依然 yīrán, 仍然 réngrán, 仍旧 réngjiù.
いそがしい【忙しい】 忙 máng, 忙碌 mánglù; 匆忙 cōngmáng, 急忙 jímáng.
いそぐ【急ぐ】 急急忙忙 jíjímángmáng, 赶紧 gǎnjǐn, 急于 jíyú, 赶 gǎn.
いぞん【依存】(-する) 依存 yīcún.
いた【板】 板子 bǎnzi, 木板 mùbǎn.
いたい【痛い】 疼 téng, 痛 tòng, 疼痛 téngtòng.
いだい【偉大】 伟大 wěidà.
いたく【委託】(-する) 委托 wěituō, 托付 tuōfù.
いたずら【悪戯】(-する) 淘气 táoqì, 恶作剧 èzuòjù.
いただく【頂く】 顶 dǐng, 戴 dài, 领受 lǐngshòu; [してもらう]请 qǐng ….
いたで【痛手】 重伤 zhòngshāng, 重创 zhòngchuāng; 沉重的打击 chénzhòng de dǎjī.
いたむ【痛む・傷む】 疼 téng, 疼痛 téngtòng; [精神的に]悲痛 bēitòng, 痛苦 tòngkǔ; [腐る]腐败 fǔbài.
いためる【炒める】 炒 chǎo, 煎 jiān, 爆 bào.
イタリア 意大利 Yìdàlì.

いたわる【労る】 照顾 zhàogù, 怜恤 liánxù; [ねぎらう]安慰 ānwèi, 慰劳 wèiláo.
いち【市】 集市 jíshì, 市场 shìchǎng.
いち【位置】 位置 wèizhi, 地位 dìwèi, 场所 chǎngsuǒ.
いちおう【一応】 大致 dàzhì, 大体 dàtǐ.
イチゴ 草莓 cǎoméi.
いちじるしい【著しい】 显著 xiǎnzhù, 明显 míngxiǎn.
いちだんと【一段と】 更加 gèngjiā, 越发 yuèfā.
いちど【一度】 一回 yī huí, 一次 cì, 一遍 biàn; [いったん]一旦 yīdàn.
いちにちじゅう【一日中】 一整天 yī zhěngtiān.
いちば【市場】 集市 jíshì, 市场 shìchǎng.
いちばん【一番】 第一 dìyī; [最良]最好 zuì hǎo; [最も]最.
いちぶ【一部】 [書物]一本 yī běn, 一册 cè, 一部 bù; [ひとそろい]一套 tào; [一部分]一部分 yībùfen.
いちりゅう【一流】 一流 yīliú, 头等 tóuděng.
いつ 什么时候 shénme shíhou; 哪(一)天 nǎ(yī)tiān.
いつか 什么时候 shénme shíhou; [いずれ](总)有一天(zǒng)yǒu yī tiān, 早晚 zǎowǎn.
いっかい【一階】 一楼 yī lóu.
いっき【一気】 一口气 yīkǒuqì; 一下子 yīxiàzi.
いっこう【一向】 完全 wánquán, 全然 quánrán, 一向 yīxiàng, 总 zǒng.
いっさい【一切】 一切 yīqiè, 全部 quánbù, 都 dōu.
いっしゅん【一瞬】 一瞬间 yīshùnjiān, 一刹那 yīchànà.
いっしょ【一緒】 一起 yīqǐ, 一同 yītóng, 一块儿 yīkuàir; [同じだ]一样 yīyàng.
いっしょう【一生】 一生 yīshēng, 终生 zhōngshēng, 一辈子 yībèizi.
いっしょうけんめい【一生懸命】 拼命(地) pīnmìng(de), 努力 nǔlì (地).
いっしん【一心】 齐心 qíxīn, 一条心 yī tiáo xīn; [心を集中する]专心 zhuānxīn, 一心一意 yī xīn yī yì.
いっせい【一斉】 一齐 yīqí, 同时 tóngshí.
いっそう【一層】 更 gèng, 越发 yuèfā, 更加 gèngjiā.
いったい【一体】 一体 yītǐ; [疑問]到底 dàodǐ, 究竟 jiūjìng.
いったん【一旦】 一旦 yīdàn; [ひとまず]姑且 gūqiě, 暂且 zànqiě.
いっち【一致】(-する) 一致 yīzhì; 符合 fúhé.
いっつい【一対】 一对 yī duì.
いってい【一定】 固定 gùdìng, 一定 yīdìng, 规定 guīdìng.
いつでも 无论什么时候 wúlùn shénme shíhou, 随时 suíshí, 经常 jīngcháng.
いっとう【一等】 一等 yī děng, 第一名 dìyī míng.
いっぱい【一杯】 [容器]一碗 yī wǎn, 一杯 bēi; [満ちている]满 mǎn, 充满 chōngmǎn.
いっぱん【一般】 一般 yībān, 普遍 pǔbiàn, 普通 pǔtōng. **～に** 一般来说 lái shuō, 普遍地 de.
いっぺん【一遍】 一遍 yī biàn. **～に** 一次 cì, 一下子 yīxiàzi; [同時に]同时 tóngshí.
いっぽう【一方】 一方 yīfāng, 一个方向 yī ge fāngxiàng; [方面]一面 yīmiàn, (另)一方面 (lìng)yī fāngmiàn.
いつまでも 永远 yǒngyuǎn, 始终 shǐzhōng, 老 lǎo.
いつも 总是 zǒngshì, 经常 jīngcháng; [ふだん]平时 píngshí, 通常 tōngcháng.
いつわる【偽る】 说谎 shuōhuǎng; 假装 jiǎzhuāng, 冒充 màochōng; [だます]欺骗 qīpiàn.
いてん【移転】(-する) 迁移 qiānyí, 搬家 bānjiā.
いでん【遺伝】(-する) 遗传 yíchuán.
いでんし【遺伝子】 (遗传)基因 (yíchuán)jīyīn. **～組み換え** 基因重组 chóngzǔ, 转 zhuǎn 基因.
いと【糸】 线 xiàn; 弦 xián; 线索 xiànsuǒ.
いと【意図】 意图 yìtú; (～する)打算 dǎsuan, 企图 qǐtú.
いど【井戸】 井 jǐng. **～を掘る** 挖 wā 井.
いど【緯度】 纬度 wěidù.
いどう【移動】(-する) 移动 yídòng, 转移 zhuǎnyí.
いとこ [父の兄弟の子供]堂兄弟 tángxiōngdì, 堂姐妹 tángjiěmèi; [母の兄弟姉妹と父の姉妹の子供]表兄弟 biǎoxiōngdì, 表姐妹 biǎojiěmèi.
いない【以内】 以内 yǐnèi.
いなか【田舎】 乡下 xiāngxia, 农村 nóngcūn, 乡村 xiāngcūn; [ふるさと]故乡 gùxiāng, 老家 lǎojiā.
いなずま【稲妻】 闪电 shǎndiàn. **～が光る** 打 dǎ 闪.
イニシャル 缩写字母 suōxiě zìmǔ.
イヌ【犬】 狗 gǒu, 犬 quǎn. **～がわんわんほえる** 狗汪汪地叫 wāngwāng de jiào.
いね【稲】 水稻 shuǐdào, 稻子 dàozi.
いねむり【居眠り】(-する) 磕睡 kēshuì, 打盹儿 dǎdǔnr.
イノシシ【猪】 野猪 yězhū.
いのち【命】 生命 shēngmìng, 命 mìng, 性命 xìngmìng; [寿命]寿命 shòumìng. **～がけ** 拼命 pīnmìng.
いのり【祈り】 祈祷 qídǎo, 祷告 dǎogào.
いのる【祈る】 祈祷 qídǎo, 祷告 dǎogào; [願う]祝愿 zhùyuàn.
いばる【威張る】 自高自大 zì gāo zì dà, 摆架子 bǎi jiàzi, 逞威风 chěng wēifēng.
いはん【違反・違犯】(-する) 违反 wéifǎn; 违犯 wéifàn.
いびき 鼾声 hānshēng; [いびきをかく]打呼噜 dǎ hūlu.
いほう【違法】 违法 wéifǎ, 防犯 fànfǎn.
いま【今】 现在 xiànzài, 当前 dāngqián, 目前 mùqián.
いま【居間】 起居室 qǐjūshì.
いまごろ【今ごろ】 现在 xiànzài, 此时 cǐshí, 这时候 zhè shíhou, 这会儿 zhèhuìr, 如今 rújīn.
いましめる【戒める】 劝戒 quànjiè, 劝告 quàngào.
いまにも【今にも】 马上 mǎshang, 眼看 yǎnkàn.
いみ【意味】(-する) 意思 yìsi, 意义 yìyì; [意図]意图 yìtú, 用意 yòngyì.
いみん【移民】 移民 yímín.
イメージ 形象 xíngxiàng, 印象 yìnxiàng, 映像 yìngxiàng; 图像 túxiàng.
イモ【芋】 薯 shǔ, 薯类 shǔlèi. → **サツマイモ, ジャガイモ**
いもうと【妹】 妹妹 mèimei.
いや【嫌】 不愿意 bù yuànyi, 不喜欢 xǐhuan, 讨厌 tǎoyàn. → **嫌う**
いやしい【卑しい】 下贱 xiàjiàn, 低贱 dījiàn; [行動・品性が劣る]卑鄙 bēibǐ, 下流 xiàliú; [金・食物などに執着する]嘴馋 zuǐchán, 贪婪 tānlán.
イヤホン 耳机 ěrjī, 听筒 tīngtǒng.
イヤリング 耳环 ěrhuán, 耳饰 ěrshì. **～をつける** 戴 dài 耳环.
いよいよ 越发 yuèfā, 更(加) gèng(jiā); [ついに・いざ]到底 dàodǐ, 终于 zhōngyú.
いよく【意欲】 热情 rèqíng, 积极性 jījíxìng.
いらい【依頼】(-する) 委托 wěituō, 托付 tuōfù, 请求 qǐngqiú; [頼ること]依靠 yīkào, 依赖 yīlài. **～人** 委托人 rén.
いらいら 着急 zháojí, 焦急 jiāojí, 焦燥 jiāozào, 急躁 jízào.
イラク 伊拉克 Yīlākè.
イラスト(レーション) 插图 chātú.
イラストレーター 插图画家 chātú huàjiā.
イラン 伊朗 Yīlǎng.
いりぐち【入り口】 门口 ménkǒu, 入口 rùkǒu, 进口 jìn-

kǒu.
いる【居る】 在 zài; 有 yǒu.
いる【要る】 要 yào, 需要 xūyào.
イルカ 海豚 hǎitún, 海猪 hǎizhū.
イルミネーション 灯饰 dēngshì, 彩灯(装饰) cǎidēng (zhuāngshì).
いれかえ【入れ替え・入れ換え】 替换 tìhuan, 更换 gēnghuàn.
いれもの【入れ物】 容器 róngqì, 器具 qìjù.
いれる【入れる・容れる】 装进 zhuāngjìn, 放入 fàngrù, 采用 cǎiyòng.
いろ【色】 色 sè·shǎi, 颜色 yánsè; 彩色 cǎisè.
いろいろ 种种 zhǒngzhǒng, 各种各样 gèzhǒng gèyàng, 形形色色 xíngxíngsèsè.
いろん【異論】 不同意见 bùtóng yìjian.
いわ【岩】 岩石 yánshí, 石头 shítou.
いわう【祝う】 祝贺 zhùhè, 庆祝 qìngzhù; 祝愿 zhùyuàn.
イワシ【鰯】 沙丁鱼 shādīngyú.
いわゆる 所谓 suǒwèi.
いんき【陰気】 [気分が]忧郁 yōuyù, 郁闷 yùmèn, 阴郁 yīnyù; [雰囲気が]阴暗 yīn'àn, 阴森 yīnsēn.
インク 墨水 mòshuǐ; [印刷用]油墨 yóumò.
いんさつ【印刷】(-する) 印刷yìnshuā. **～物** 印刷物wù.
いんしょう【印象】 印象 yìnxiàng.
インスタント 速成 sùchéng; 即席 jíxí. **～コーヒー** 速溶珈琲 sùróng kāfēi. **～ラーメン** 方便面 fāngbiànmiàn.
インストラクター 教练 jiàoliàn, 指导 zhǐdǎo.
インスピレーション 灵感 línggǎn.
いんせき【隕石】 陨石 yǔnshí.
インターネット 因特网 yīntèwǎng, 互联网 hùliánwǎng. **～に接続する** 上网 shàng wǎng.
いんたい【引退】(-する) 引退 yǐntuì, 退职 tuìzhí.
インタビュー(-する) 采访 cǎifǎng, 访问 fǎngwèn.
インテリ 知识分子 zhīshi fènzǐ, 知识阶层 jiēcéng.
インテリア 室内装饰 shìnèi zhuāngshì; 用具 yòngjù.
インド 印度 Yìndù.
イントネーション 声调 shēngdiào, 语调 yǔdiào.
インプット 输入 shūrù.
インフルエンザ 流行性感冒 liúxíngxìng gǎnmào, 流感 liúgǎn. ⇀ **風邪**
インフレ(ーション) 通货膨胀 tōnghuò péngzhàng.
いんぼう【陰謀】 阴谋 yīnmóu.
いんよう【引用】(-する) 引用 yǐnyòng.
いんりょうすい【飲料水】 饮用水 yǐnyòngshuǐ.

う

ウィークエンド 周末 zhōumò.
ウィークデー 工作日 gōngzuòrì.
ウイスキー 威士忌(酒) wēishìjì(jiǔ).
ウイルス 病毒 bìngdú.
ウール 羊毛 yángmáo.
うえ【上】 上 shàng, 上面 shàngmian, 上边 shàngbian, 上头 shàngtou, 上部 shàngbù; [頂上]顶上 dǐngshang.
ウエーター 男服务员 nán fúwùyuán.
ウエートレス 女服务员 nǚ fúwùyuán.
うえき【植木】 (栽种的)树 (zāizhòng de)shù, (盆栽的)花木 (pénzāi de)huāmù.
ウエスト 腰部 yāobù; 腰围 yāowéi; [服の]腰身 yāoshēn. **～を測る** 量 liáng 腰围.
ウエディング 婚礼 hūnlǐ.
うえる【飢える】 饿è, 饥饿jī'è; [渇望する]渴望kěwàng.
うえる【植える】 种 zhòng, 栽 zāi; [抽象的]培植 péizhí, 培育 péiyù.

うがい(-する) 漱(口) shù(kǒu).
うかがう【伺う】 请教 qǐngjiào, 打听 dǎting; [訪問する]拜访 bàifǎng.
うかぶ【浮かぶ】 漂 piāo, 浮 fú; [思い出す]想起 xiǎngqǐ; [現れる]浮现 fúxiàn.
うかる【受かる】 考上 kǎoshàng, 及格 jígé. ⇀ **合格** **東大に受かった** 考上了 le 东京大学 Dōngjīng dàxué.
うきうき【浮き浮き】 高兴 gāoxìng, 喜不自禁 xǐ bù zì jīn.
うく【浮く】 浮 fú, 漂 piāo; 浮动 fúdòng.
うけいれる【受け入れる】 收 shōu, 接受 jiēshòu, 接纳 jiēnà; [承知する]承认 chéngrèn, 采纳 cǎinà.
うけつぐ【受け継ぐ】 继承 jìchéng.
うけつけ【受付】 受理 shòulǐ, 接收 jiēshòu; [来訪者を]接待 jiēdài; [場所]传达室 chuándáshì, 问讯处 wènxùnchù, 接待处 jiēdàichù.
うけとる【受け取る】 接 jiē, 接收 jiēshōu, 领取 lǐngqǔ.
うけもつ【受け持つ】 掌管 zhǎngguǎn, 担任 dānrèn, 负责 fùzé.
うける【受ける】 接 jiē, 受 shòu, 受到 shòudào; [被害]遭受 zāoshòu. ⇀ **受け取る**
うごかす【動かす】 开动 kāidòng, 转动 zhuǎndòng, 操纵 cāozòng; [位置]移动 yídòng, 变动 biàndòng.
うごき【動き】 活动 huódòng, 动作 dòngzuò; [変化]变化 biànhuà, 动向 dòngxiàng.
うごく【動く】 动 dòng, 活动 huódòng; [機械が]开动 kāidòng; [移動] yídòng, 变动 biàndòng.
ウサギ【兎】 兔 tù, 兔子 tùzi.
ウシ【牛】 牛 niú.
うしなう【失う】 丢失 diūshī, 失去 shīqù, 丧失 sàngshī.
うしろ【後ろ】 后 hòu, 后面 hòumian; 背后 bèihòu.
うしろめたい【後ろめたい】 内疚 nèijiù, 负疚 fùjiù.
うず【渦】 旋涡(状) xuánwō(zhuàng).
うすい【薄い】 薄báo; [色・味が]淡dàn, 浅qiǎn; [成分・密度が]少 shǎo, 稀 xī; [抽象的に]轻 qīng, 微 wēi.
うすぐらい【薄暗い】 微暗 wēi'àn, 昏暗 hūn'àn.
うせつ【右折】(-する) 右拐 yòu guǎi.
うそ 谎言 huǎngyán, 假话 jiǎhuà. **～をつく** 说谎 shuōhuǎng, 撒谎 sāhuǎng.
うた【歌】 歌 gē, 歌曲 gēqǔ.
うたう【歌う】 唱 chàng; 唱歌 chàng gē.
うたがい【疑い】 [嫌疑]嫌疑 xiányí; [疑問]疑问 yíwèn.
うたがう【疑う】 怀疑 huáiyí, 不相信 bù xiāngxìn; 猜疑 cāiyí.
うち【内】 内部 nèibù, 里面 lǐmiàn, 里边 lǐbian, 里头 lǐtou; 内 nèi, 中 zhōng.
うち【家】 家 jiā, 家庭 jiātíng; 自己 zìjǐ 家.
うちあける【うち明ける】 全盘托出 quán pán tuō chū, 坦率说出 tǎnshuài shuōchū.
うちあわせ【打ち合わせ】 商量 shāngliang, 协商 xiéshāng, 碰头 pèngtóu.
うちがわ【内側】 内侧 nèicè, 里面 lǐmiàn.
うちき【内気】 羞怯 xiūqiè, 腼腆 miǎntian.
うちゅう【宇宙】 宇宙 yǔzhòu, 太空 tàikōng.
うちょうてん【有頂天】 得意扬扬 dé yì yáng yáng, 欢天喜地 huān tiān xǐ dì, 得意忘形 wàng xíng.
うちわ 团扇 tuánshàn. **～であおぐ** 扇 shān 团扇.
うつ【打つ】 打 dǎ, 殴打 ōudǎ; [たたいて音を出す]拍 pāi, 敲 qiāo; [心を動かす]感动 gǎndòng, 打动 dǎdòng.
うつ【討つ】 杀 shā; [征伐する]讨杀 tǎoshā, 攻 gōng.
うつ【撃つ】 射击 shèjī; [弾を]开(枪) kāi(qiāng), 打 dǎ(枪); [攻める]攻击 gōngjī.

うっかり 不注意 bù zhùyì, 不留神 liúshén, 粗心 cūxīn; 无意中 wúyìzhōng.
うつくしい【美しい】 漂亮 piàoliang, 好看 hǎokàn, 美 měi, 美丽 měilì; [理想的]美好 měihǎo, 优美 yōuměi.
うつす【写す】 抄 chāo, 摹 mó; [写真を]拍照 pāizhào, 照 zhào.
うつす【映す】 映 yìng, 照 zhào; 放映 fàngyìng.
うつす【移す】 移 yí, 移动 yídòng, 挪动 nuódòng; 搬 bān; [都などを]迁 qiān, 迁移 qiānyí.
うったえる【訴える】 控诉 kòngsù, 控告 kònggào; 申诉 shēnsù, 诉说 sùshuō.
うっとうしい 郁闷 yùmèn, 沉闷 chénmèn; [わずらわしい]厌烦 yànfán.
うっとり 发呆 fādāi, 出神 chūshén, 陶醉 táozuì.
うつむく【俯く】 垂头 chuítóu, 低头 dītóu.
うつる【移る】 搬 bān; 移 yí; [ポストが]调动 diàodòng.
うつわ【器】 容器 róngqì, 器皿 qìmǐn; [能力]才干 cáigàn, 人才 réncái.
うで【腕】 胳膊 gēbo, 手臂 shǒubì; [力量]本领 běnlǐng, 技能 jìnéng. **〜を組む** 抱着 bàozhe 胳膊. **〜時計** 手表 shǒubiǎo.
うでわ【腕輪】 手镯 shǒuzhuó.
うとうと 迷迷糊糊 mímíhúhú.
うどん 面条 miàntiáo; 乌冬面 wūdōngmiàn.
うながす【促す】 催促 cuīcù; 促使 cùshǐ.
ウナギ【鰻】 鳗鱼 mányú.
うなずく 点头 diǎntóu, 首肯 shǒukěn.
うなる 吼 hǒu, 啸 xiào; [うめく]呻吟 shēnyín.
うぬぼれる【自惚れる】 骄傲 jiāo'ào, 自负 zìfù, 自大 zìdà, 自我陶醉 zì wǒ táo zuì.
うばう【奪う】 夺 duó, 抢夺 qiǎngduó; 剥夺 bōduó.
ウマ【馬】 马 mǎ, 马匹 mǎpǐ. **〜に乗る** 骑 qí 马.
うまい 美味 měiwèi, 可口 kěkǒu, 香 xiāng; [食べて]好吃 hǎochī; [飲んで]好喝 hǎohē; [上手だ]巧妙 qiǎomiào, 好 hǎo.
うまれつき 天性 tiānxìng, 天生 tiānshēng, 生来 shēnglái.
うまれる【生まれる・産まれる】 生 shēng, 出生 chūshēng, 产生 chǎnshēng; 诞生 dànshēng.
うみ【海】 大海 dàhǎi, 海洋 hǎiyáng.
うみべ【海辺】 海滨 hǎibīn.
うむ【生む・産む】 生 shēng, 产 chǎn, 产生 chǎnshēng.
うめる【埋める】 填 tián; 埋 mái; [補う]弥补 míbǔ.
うやまう【敬う】 尊敬 zūnjìng, 敬重 jìngzhòng.
うら【裏】 背面 bèimiàn; 后边 hòubian; 内部 nèibù, 背后 bèihòu, 幕后 mùhòu.
うらおもて【裏表】 表里 biǎolǐ, 正面和反面 zhèngmiàn hé fǎnmiàn.
うらがえす【裏返す】 翻过来 fānguòlai.
うらぎる【裏切る】 叛变 pànbiàn, 背叛 bèipàn.
うらぐち【裏口】 后门 hòumén, 便门 biànmén. **〜から入る** 走 zǒu 后门.
うらない【占い】(-する) 占卜 zhānbǔ, 算命 suànmìng.
うらむ【恨む・怨む】 恨 hèn, 怨 yuàn, 抱怨 bàoyuàn.
うらやむ【羨む】 羡慕 xiànmù, 忌妒 jìdu.
ウラン 铀 yóu.
うりもの【売り物】 商品 shāngpǐn, 出售的东西 chūshòu de dōngxi.
うる【売る】 卖 mài, 售 shòu.
うるうどし【閏年】 闰年 rùnnián.
うるさい 吵 chǎo, 闹 nào; [わずらわしい]讨厌 tǎoyàn, 心烦 xīnfán; [口やかましい]爱唠叨 ài láodao.
うれしい 高兴 gāoxìng, 喜悦 xǐyuè, 欢喜 huānxǐ.
うれゆき【売れ行き】 销路 xiāolù. **〜がよい** 销路好 hǎo.
うれる【売れる】 畅销 chàngxiāo, 好卖 hǎomài; [有名になる]出名 chūmíng.
うろうろ 彷徨 pánghuáng, 徘徊 páihuái; 转来转去 zhuànlai zhuànqu.
うろこ【鱗】 鳞 lín, 鳞片 línpiàn.
うろたえる 着慌 zháohuāng, 惊惶失措 jīng huáng shī cuò.
うろつく 彷徨 pánghuáng, 徘徊 páihuái.
うわき【浮気】 心思不专 xīn sī bù zhuān; [愛情の]婚外恋 hūnwàiliàn; 婚外情 hūnwàiqíng.
うわぎ【上着】 上衣 shàngyī. **〜を脱ぐ** 脱 tuō 上衣.
うわさ(-する) 谈论 tánlùn; [風説]传闻 chuánwén, 风声 fēngshēng, 风言风语 fēng yán fēng yǔ. **〜が立つ** 有 yǒu 风声.
うわやく【上役】 上级 shàngjí, 上司 shàngsi, 领导 lǐngdǎo.
うん【運】 运 yùn, 运气 yùnqi, 命运 mìngyùn. → **運命** **〜が悪い** 运气坏 huài.
うん [返事]嗯 ǹg; [想起]哦 ò.
うんえい【運営】(-する) 经营 jīngyíng, 管理 guǎnlǐ, 运营 yùnyíng.
うんが【運河】 运河 yùnhé.
うんざり 厌腻 yànnì, 厌烦 yànfán.
うんそう【運送】(-する) 运送 yùnsòng, 搬运 bānyùn.
うんちん【運賃】 [荷物の]运费 yùnfèi; [人の]车费 chēfèi.
うんてん【運転】(-する) [車を]驾驶 jiàshǐ, 开 kāi; [機械を]操纵 cāozòng, 开动 kāidòng. **〜手** 驾驶员 jiàshǐyuán. **〜免許証** 驾驶证 zhèng.
うんどう【運動】(-する) 运动 yùndòng, 体育 tǐyù 运动, 活动 huódòng.
うんどうかい【運動会】 运动会 yùndònghuì.
うんどうじょう【運動場】 运动场 yùndòngchǎng, 体育场 tǐyùchǎng; [学校の]操场 cāochǎng.
うんぱん【運搬】(-する) 搬运 bānyùn, 运输 yùnshū.
うんめい【運命】 命运 mìngyùn, 命 mìng.

え

え【絵】 画儿 huàr, 绘画 huìhuà. **〜を描く** 画 huà 画儿.
え【柄】 把儿 bàr.
エアコン 空调 kōngtiáo. **〜をつける** 开 kāi 空调.
エアメール 航空邮件 hángkōng yóujiàn, 航空信 hángkōngxìn.
えいえん【永遠】 永远 yǒngyuǎn, 永久 yǒngjiǔ.
えいが【映画】 电影 diànyǐng, 影片 yǐngpiàn. **〜を見る** 看 kàn 电影. **〜館** 电影院 yuàn.
えいきゅう【永久】 永久 yǒngjiǔ, 永远 yǒngyuǎn.
えいきょう【影響】 影响 yǐngxiǎng.
えいぎょう【営業】 营业 yíngyè.
えいご【英語】 英语 Yīngyǔ, 英文 Yīngwén.
えいこう【栄光】 荣光 róngguāng, 光荣 guāngróng.
エイズ 艾滋(病) àizī(bìng).
えいせい【衛生】 卫生 wèishēng.
えいせい【衛星】 卫星 wèixīng.
えいぞう【映像】 映像 yìngxiàng, 影像 yǐngxiàng, 画面 huàmiàn.
えいみん【永眠】(-する) 永眠 yǒngmián, 长眠 chángmián.
えいゆう【英雄】 英雄 yīngxióng.
えいよ【栄誉】 荣誉 róngyù, 名誉 míngyù.
えいよう【栄養】 营养 yíngyǎng.
えいり【営利】 营利 yínglì, 谋利 móulì.
えがお【笑顔】 笑颜 xiàoyán, 笑脸 xiàoliǎn.
えがく【描く】 画 huà, 绘 huì, 描绘 miáohuì; [文章で]

描写 miáoxiě, 描绘.
えき【駅】 站 zhàn, 车站 chēzhàn. **～に着く** 到 dào 车站.
えきしょう【液晶】 液晶 yèjīng.
えきたい【液体】 液体 yètǐ.
えくぼ 酒窝 jiǔwō.
えぐる【抉る】 挖 wā; [くりぬく]剜 wān.
エコノミークラス [旅客機の]经济舱 jīngjìcāng, 普通舱 pǔtōngcāng.
エコロジー 生态学 shēngtàixué.
えさ【餌】 [動物の]饵食 ěrshí; 食儿 shír; [釣りえ]钓饵 diào'ěr; [おとり]诱饵 yòu'ěr. **～をやる** 喂牲口 wèi shēngkou.
エジプト 埃及 Āijí.
えしゃく【会釈】(-する) 点头 diǎntóu, 打招呼 dǎ zhāohu.
エスカレーター 自动扶梯 zìdòng fútī.
えだ【枝】 树枝 shùzhī; 分枝 fēnzhī.
えだまめ【枝豆】 毛豆 máodòu.
エチケット 礼貌 lǐmào, 礼节 lǐjié, 礼仪 lǐyí.
エッセー 小品文 xiǎopǐnwén, 随笔 suíbǐ.
えつらん【閲覧】(-する) 阅览 yuèlǎn.
エネルギー 能 néng, 能源 néngyuán, 能量 néngliàng; [活力]精力 jīnglì. **太陽～** 太阳 tàiyáng 能.
えのぐ【絵の具】 (绘画用)颜料 (huìhuà yòng)yánliào.
えはがき【絵葉書】 美术明信片 měishù míngxìnpiàn.
エビ【蝦・海老】 虾 xiā; [こえび]虾米 xiāmi.
エピソード 插曲 chāqǔ, 插话 chāhuà; 逸事 yìshì.
エプロン 围裙 wéiqún.
えほん【絵本】 小人儿书 xiǎorénrshū, 连环画 liánhuánhuà.
エメラルド 绿宝石 lùbǎoshí; [色]艳绿色 yànlǜsè.
えもの【獲物】 猎(获)物 liè(huò)wù; [戦いによる]缴获物 jiǎohuòwù.
エラー(-する) 错误 cuòwù, 过失 guòshī; 失误 shīwù.
えらい【偉い】 伟大 wěidà; 卓越 zhuóyuè; 了不起 liǎobuqǐ.
えらぶ【選ぶ】 挑 tiāo, 选 xuǎn, 选择 xuǎnzé, 挑选 tiāoxuǎn.
えり【襟・衿】 领子 lǐngzi.
エリート 精英 jīngyīng, 尖子 jiānzi.
える【得る】 得 dé, 得到 dédào, 取得 qǔdé; [抽象的なものを]获得 huòdé; [勝ち取る]赢得 yíngdé.
エレベーター 电梯 diàntī. **～に乗る** 坐 zuò 电梯.
えん【円】 圆 yuán (形); [通貨単位]日元 Rìyuán.
えん【縁】 缘 yuán, 缘分 yuánfèn, 因缘 yīnyuán.
えんかつ【円滑】 圆滑 yuánhuá, 圆满 yuánmǎn, 顺利 shùnlì.
えんがわ【縁側】 套廊 tàoláng, 廊子 lángzi.
えんがん【沿岸】 沿海 yánhǎi; 沿岸 yán'àn.
えんき【延期】(-する) 延期 yánqī.
えんぎ【演技】(-する) 演技 yǎnjì; 表演 biǎoyǎn.
えんぎ【縁起】 [縁起よい]吉利 jílì; [由来]起源 qǐyuán; [兆し]征兆 zhēngzhào.
えんきょく【婉曲】 婉转 wǎnzhuǎn, 委婉 wěiwǎn.
えんげい【園芸】 园艺 yuányì.
えんげき【演劇】 演剧 yǎnjù, 戏剧 xìjù.
えんこ【縁故】 (亲属)关系(qīnshǔ) guānxi.
えんご【援護】(-する) 掩护 yǎnhù; 援救 yuánjiù.
エンジニア 工程师 gōngchéngshī, 技术员 jìshùyuán.
えんしゅう【演習】(-する) 演习 yǎnxí; [ゼミナール]研讨会 yántǎohuì.
えんじゅく【円熟】 成熟 chéngshú, 熟练 shúliàn; [人格が]圆通 yuántōng, 老练 lǎoliàn.
えんしゅつ【演出】(-する) 艺术指导 yìshù zhǐdǎo; [監督する]导演 dǎoyǎn.
えんじょ【援助】(-する) 援助 yuánzhù, 支援 zhīyuán.
えんじる【演じる】 演 yǎn, 扮演 bànyǎn.
エンジン 发动机 fādòngjī, 引擎 yǐnqíng. **～をかける** 开 kāi 发动机.
えんぜつ【演説】(-する) 演说 yǎnshuō, 讲演 jiǎngyǎn.
えんそう【演奏】(-する) 演奏 yǎnzòu.
えんそく【遠足】 徒步旅行 túbù lǚxíng; [ピクニック]郊游 jiāoyóu.
えんだん【演壇】 讲台 jiǎngtái, 讲坛 jiǎngtán.
えんだん【縁談】 亲事 qīnshì, 婚事 hūnshì.
えんちょう【延長】(-する) 延长 yáncháng.
エンドウ 豌豆 wāndòu.
えんとつ【煙突】 烟筒 yāntong, 烟囱 yāncōng.
えんばん【円盤】 铁饼 tiěbǐng; [円板状の]圆盘 yuánpán.
えんぴつ【鉛筆】 铅笔 qiānbǐ. **～を削る** 削 xiāo 铅笔.
えんぽう【遠方】 远方 yuǎnfāng; 远处 yuǎnchù.
えんまん【円満】 圆满 yuánmǎn, 美满 měimǎn.
えんりょ【遠慮】(-する) [気兼ねする]客气 kèqi; [丁寧な拒否]谢绝 xièjué, 推辞 tuīcí.

お

お【尾】 尾 wěi, 尾巴 wěiba.
オアシス 绿洲 lǜzhōu.
おい【甥】 [兄弟方の]侄儿 zhír, 侄子 zhízi; [姉妹方の]外甥 wàishēng.
おいかける【追いかける】 追赶 zhuīgǎn; [続いてすぐ]紧接着 jǐnjiēzhe.
おいこす【追い越す】 赶过 gǎnguò, 超过 chāoguò.
おいしい【美味しい】 好吃 hǎochī; 好喝 hǎohē; 可口 kěkǒu; [空気などが]清新 qīngxīn.
おいだす【追い出す】 赶出 gǎnchū; 轰出 hōngchū; [敵などを]驱逐 qūzhú.
おいつく【追いつく】 赶上 gǎnshang, 追上 zhuīshang; [間に合う]来得及 láidejí.
おいはらう【追い払う】 赶走 gǎnzǒu, 赶开 gǎnkāi; 轰走 hōngzǒu; [敵などを]驱逐 qūzhú.
オイル 油 yóu; [石油]石油 shíyóu.
おう【王】 国王 guówáng, 大王 dàwáng.
おう【追う】 追 zhuī, 赶 gǎn, 追赶 zhuīgǎn, [追い求める]追求 zhuīqiú. → **追いかける**
おう【負う】 背 bēi; [引き受ける]担负 dānfù, 承担 chéngdān; [こうむる]遭受 zāoshòu, 蒙受 méngshòu.
おうえん【応援】(-する) 支援 zhīyuán; 声援 shēngyuán.
おうぎ【扇】 扇子 shànzi.
おうきゅう【応急】 应急 yìngjí.
おうこく【王国】 王国 wángguó.
おうじ【王子・皇子】 王子 wángzǐ, 皇子 huángzǐ.
おうしゅう【応酬】(-する) [言葉の]应答 yìngdá, 应对 yìngduì; [意見の]反驳 fǎnbó.
おうしゅう【欧州】 欧洲 Ōuzhōu.
おうじょ【王女・皇女】 公主 gōngzhǔ, 皇女 huángnǚ.
おうじる【応じる】 应对 yìngduì, 答应 dāying; [働きかけに]应 yìng, 接收 jiēshòu; [呼びかけなどに]响应 xiǎngyìng; [適合させる]适应 shìyìng.
おうせつ【応接】 接待 jiēdài.
おうたい【応対】(-する) 应对 yìngduì, 接待 jiēdài, 应酬 yìngchou.
おうだん【横断】(-する) 横断 héngduàn; 横渡 héngdù, 横越 héngyuè, 穿越 chuānyuè.
おうだんほどう【横断歩道】 人行横道 rénxíng héngdào.
おうとう【応答】(-する) 应答 yìngdá; 应对 yìngduì, 回答 huídá.

おうふく【往復】(-する) 往返 wǎngfǎn, 来回 láihuí; 来往 láiwǎng. **～切符** 来回(车)票 (chē)piào, 往返 wǎngfǎn (车)票.
おうへい【横柄】 傲慢(无礼) àomàn(wúlǐ), 妄自尊大 wàng zì zūn dà, 旁若无人 páng ruò wú rén.
おうべい【欧米】 欧美 Ōu-Měi.
おうぼ【応募】(-する) 应募 yìngmù, 报名 bàomíng.
おうぼう【横暴】 横暴 hèngbào, 蛮横 mánhèng, 残暴 cánbào.
おうよう【応用】(-する) 应用 yìngyòng, 适用 shìyòng, 运用 yùnyòng, 利用 lìyòng.
おえる【終える】 做完 zuòwán, 完成 wánchéng, 结束 jiéshù.
おおい【多い】 多 duō, 许多 xǔduō, 好多 hǎoduō.
おおいに【大いに】 非常 fēicháng, 大大地 dàdàde.
おおう【覆う】 蒙上 méngshàng, 盖上 gàishàng, 覆盖 fùgài, 遮盖 zhēgài; 捂 wǔ, 罩 zhào; [事実や欠点を]掩盖 yǎngài, 掩饰 yǎnshì.
オーエル〖ＯＬ〗 女职员 nǚzhíyuán.
おおがた【大型・大形】 大型 dàxíng, 巨型 jùxíng, 大号 dàhào; [台風などが]强烈 qiángliè.
オオカミ【狼】 狼 láng.
おおきい【大きい】 大 dà, 巨大 jùdà.
おおきさ【大きさ】 大小 dàxiǎo; [寸法]尺寸 chǐcun; [規模]规模 guīmó.
おおげさ【大袈裟】 夸大 kuādà, 夸张 kuāzhāng; [派手]铺张 pūzhāng, 小题大作 xiǎo tí dà zuò.
オーケストラ 管弦乐(队) guǎnxiányuè(duì).
おおざっぱ【大ざっぱ・大雑把】 草率 cǎoshuài, 粗率 cūshuài, 粗略 cūlüè.
オーストラリア 澳大利亚 Àodàlìyà.
おおぜい【大勢】 大批(的人) dàpī(de rén), 众多zhòngduō (的人).
オーダー [順序]顺序 shùnxù, 次序 cìxù; [注文]订购 dìnggòu, 订货 dìnghuò.
オーディション 选秀 xuǎnxiù, 评选会 píngxuǎnhuì.
おおどおり【大通り】 大道 dàdào, 大路 dàlù; 大街 dàjiē, (大)马路 mǎlù.
オートバイ 摩托车 mótuōchē.
オードブル 冷盘 lěngpán, 拼盘 pīnpán.
オーナー 所有者 suǒyǒuzhě, 主人 zhǔren, 业主 yèzhǔ, 老板 lǎobǎn.
オーバー 超过 chāoguò, 越过 yuèguò; [大げさ]夸大 kuādà, 夸张 kuāzhāng.
オーバー(コート) 大衣 dàyī, 外套 wàitào.
オーブン 烤炉 kǎolú, 烤箱 kǎoxiāng.
オープン(-する) 开 kāi, 开放 kāifàng, 公开 gōngkāi; [店]开业 kāiyè, 开张 kāizhāng; [演劇]开场 kāichǎng.
おおまか【大まか】 粗略 cūlüè, 草率 cǎoshuài, 大概 dàgài.
おおみそか【大晦日】 除夕 chúxī; [旧暦の]大年三十 dànián sānshí.
おおやけ【公】 [公共]公共gōnggòng; [公開]公开gōngkāi.
おか【丘・岡】 山冈 shāngāng, 小山 xiǎoshān.
おかあさん【お母さん】 妈妈 māma, 母亲 mǔqin, 娘 niáng, 妈 mā.
おかえし【お返し】 回礼 huílǐ, 还礼 huánlǐ; 答谢的礼品 dáxiè de lǐpǐn.
おかげ【お陰】 帮助 bāngzhù, 恩惠 ēnhuì, 托 tuō …的福 de fú, 归功于 guīgōng yú …; [原因]幸亏 xìngkuī …, 多亏 duōkuī ….
おかしい 可笑 kěxiào, 滑稽 huájì; [普通でない]奇怪 qíguài, 不正常 bù zhèngcháng; [怪しい]可疑 kěyí.
おかす【犯す】 犯 fàn, 违犯 wéifàn.
おかす【冒す】 冒 mào, 不顾 bùgù.
おかす【侵す】 侵犯 qīnfàn, 侵入 qīnrù.
おかず 菜 cài, 菜肴 càiyáo. **～を買う** 买 mǎi 菜.
おがむ【拝む】 拜 bài, 祈祷 qídǎo, 恳求 kěnqiú.
おがわ【小川】 小河 xiǎohé.
おき【沖】 海上 hǎishàng, 洋面 yángmiàn.
おきて【掟】 规矩 guīju; 规章 guīzhāng; 戒律 jièlǜ. **～を破る** 不守 bù shǒu 规矩.
おきどけい【置き時計】 座钟 zuòzhōng.
おぎなう【補う】 补 bǔ, 补充 bǔchōng; [損失を]补偿 bǔcháng, 弥补 míbǔ.
おきる【起きる】 起来 qǐlai, 起 qǐ, 坐起来 zuòqǐlai, 站起来 zhànqǐlai; [起床]起床 qǐchuáng; [事件などが]发生 fāshēng.
おく【奥】 里头 lǐtou, 内部 nèibù, 深处 shēnchù. **～深い** 深 shēn, 深远 shēnyuǎn, 深奥 shēn'ào.
おく【億】 亿 yì, 万万 wànwàn.
おく【置く】 放 fàng, 搁 gē, 置 zhì, 摆 bǎi; [位置]处于 chǔyú, 处在 chǔzài; [組織を]设置 shèzhì, 设立 shèlì.
おくがい【屋外】 室外 shìwài, 户外 hùwài; 露天 lùtiān.
おくさん【奥さん】 爱人 àiren; 太太 tàitai, 夫人 fūrén.
おくじょう【屋上】 屋顶(上) wūdǐng(shàng); 房顶 fángdǐng (上); [屋上にある広場]屋顶平台 píngtái.
おくそく【憶測】(-する) 揣测 chuǎicè, 猜 cāi (测).
おくびょう【臆病】 胆怯 dǎnqiè, 胆小 dǎnxiǎo, 怯懦 qiènuò.
おくゆかしい【奥床しい】 优美 yōuměi; 文雅 wényǎ.
おくゆき【奥行き】 进深 jìnshen, 纵深 zòngshēn; 深度 shēndù.
おくりもの【贈り物】 礼物 lǐwù, 礼品 lǐpǐn, 赠品 zèngpǐn.
おくる【送る】 送 sòng; [郵便で]寄 jì, 邮寄 yóujì; [為替で]汇寄 huìjì; [人を]送行 sòngxíng.
おくる【贈る】 送 sòng, 赠 zèng, 赠送 zèngsòng; 赠予 zèngyǔ.
おくれる【遅れる・後れる】 晚 wǎn; 落后 luòhòu; [予定時刻が延びる]误 wù, 耽误 dānwu; [遅刻]迟到 chídào; [時計が]慢 màn.
おこす【起こす】 扶起 fúqǐ; 立起 lìqǐ, 竖起 shùqǐ; 发起 fāqǐ; [目を覚まさせる]叫醒 jiàoxǐng.
おごそか【厳か】 庄严 zhuāngyán, 隆重 lóngzhòng; 郑重 zhèngzhòng.
おこたる【怠る】 懒惰 lǎnduò, 懈怠 xièdài, 放松 fàngsōng; [気がゆるんで]松懈 sōngxiè, 疏忽 shūhu.
おこない【行い】 举止 jǔzhǐ; 行为 xíngwéi, 品行 pǐnxíng; 行动 xíngdòng.
おこなう【行う】 做 zuò, 办 bàn; [実施する]实行 shíxíng, 进行 jìnxíng, 举行 jǔxíng.
おこる【怒る】 生气 shēngqì, 发怒 fānù; 发火 fāhuǒ; [かんしゃくを起こす]发脾气 fā píqi; [しかる]骂责 màzé.
おこる【起こる】 起 qǐ, 发生 fāshēng; 产生 chǎnshēng.
おごる【奢る】 奢侈 shēchǐ, 奢华 shēhuá; 请客 qǐngkè.
おごる【傲る】 骄傲 jiāo'ào, 傲慢 àomàn.
おさえる【抑える】 压 yā, 压住 yāzhù, 镇压 zhènyā; 抑制 yìzhì, 阻止 zǔzhǐ; 控制 kòngzhì.
おさえる【押さえる】 压 yā, 按 àn, 摁 èn; [ふさいで]捂 wǔ, 堵 dǔ; [捕まえる]捉住 zhuōzhù, 抓住 zhuāzhù.
おさない【幼い】 幼小 yòuxiǎo, 幼稚 yòuzhì.
おさめる【収める・納める】 收 shōu, 装 zhuāng, 放 fàng, 收存 shōucún; [金品を]接受 jiēshòu; [費用を]缴纳 jiǎonà, 交纳 jiāonà.
おさめる【治める】 治理 zhìlǐ, 统治 tǒngzhì; [争乱を]平定 píngdìng, 平息 píngxī.
おさめる【修める】 [学問を]学习 xuéxí, 钻研 zuānyán; [行いを]修 xiū, 修养 xiūyǎng.
おじ【叔父・伯父】 [父の兄]伯(父) bó(fù), 伯伯 bóbo;

[父の弟]叔 shū (父), 叔叔 shūshu; [母の兄弟]舅 jiù (父), 舅舅 jiùjiu; [母の姉妹の夫]姨夫 yífu; [父の姉妹の夫]姑父 gūfu.
おしい【惜しい】 可惜 kěxī, 遗憾 yíhàn; 舍不得 shěbude, 珍惜 zhēnxī. → **残念**
おじいさん【お祖父さん・お爺さん】 [父方の親族]爷爷 yéye, 祖父 zǔfù; [母方の親族]外祖父 wàizǔfù, 老爷 lǎoye; [男性の老人に対する敬称]老爷爷 lǎoyéye, 老大爷 lǎodàye.
おしいれ【押入れ】 壁橱 bìchú.
おしえ【教え】 教导 jiàodǎo, 教诲 jiàohuì, 指教 zhǐjiào.
おしえる【教える】 教 jiāo; 教导 jiàodǎo; [知らせる]告诉 gàosu.
おじぎ【お辞儀】(-する) 行礼 xínglǐ, 鞠躬 jūgōng.
おじさん [年輩の男性]大爷 dàye, 大叔 dàshū, 伯伯 bóbo, 叔叔 shūshu. → **おじ**
おしつける【押し付ける】 [重みをかけて押さえる]压上 yāshàng, 按上 ànshàng; [無理にやらせる]迫使 pòshǐ, 强迫 qiǎngpò; [責任逃れ]推委 tuīwěi, 推卸 tuīxiè.
おしまい 完了 wánliǎo, 结束 jiéshù. → **終わり**
おしむ【惜しむ】 惜 xī, 吝惜 lìnxī, 舍不得 shěbude; [残念]惋惜 wǎnxī, 觉得可惜 juéde kěxī.
おしゃべり(-する) 聊天儿 liáotiānr, 闲聊 xiánliáo; [よくしゃべること]多嘴多舌 duō zuǐ duō shé, 好说话 hào shuōhuà, 健谈 jiàntán.
おしゃれ(-する) 爱打扮 ài dǎban, 讲究穿戴 jiǎngjiu chuāndài.
おじょうさん【お嬢さん】 [相手の娘]令爱 lìng'ài, 千金 qiānjīn; [若い女性]小姐 xiǎojie, 姑娘 gūniang.
おしょく【汚職】(-する) 贪污 tānwū, 渎职 dúzhí.
おす【雄】 雄 xióng, 公 gōng, 牡 mǔ. → **雌**
おす【押す】 推 tuī, 挤 jǐ; 压 yā, 按 àn, 摁 èn; [強行する]冒 mào, 不顾 bùgù.
おす【推す】 [推し量る]推断 tuīduàn, 推测 tuīcè, 推论 tuīlùn; [推薦する]推荐 tuījiàn, 推选 tuīxuǎn.
オセアニア 大洋洲 Dàyángzhōu.
おせじ【お世辞】 恭维(话) gōngwei(huà), 奉承 fèngcheng (话), 应酬话 yìngchouhuà.
おせっかい【お節介】 多管闲事 duō guǎn xiánshì, 爱管闲事.
おせん【汚染】(-する) 污染 wūrǎn.
おそい【遅い】 [速度]慢 màn, 迟缓 chíhuǎn; [時間]晚 wǎn; 过时 guòshí.
おそう【襲う】 [襲撃する]袭击 xíjī, 侵扰 qīnrǎo.
おそかれはやかれ【遅かれ早かれ】 迟早 chízǎo, 早晚 zǎowǎn, 总有一天 zǒng yǒu yī tiān.
おそらく【恐らく】 恐怕 kǒngpà; 大概 dàgài, 或许 huòxǔ; [推断する]估计 gūjì.
おそるおそる【恐る恐る】 战战兢兢 zhàn zhàn jīng jīng, 提心吊胆 tí xīn diào dǎn.
おそれる【恐れる】 怕 pà, 害怕 hàipà, 畏惧 wèijù.
おそろしい【恐ろしい】 可怕 kěpà; 惊人 jīngrén, 厉害 lìhai.
おそわる【教わる】 受教 shòujiào, 请教 qǐngjiào.
オゾン 臭氧 chòuyǎng.
おだてる【煽てる】 捧 pěng, 拍 pāi; [そそのかす]挑唆 tiǎosuō, 怂恿 sǒngyǒng.
おたま【お玉】 圆勺子 yuánsháozi, 汤勺 tāngsháo.
オタマジャクシ 蝌蚪 kēdǒu; [音符]音符 yīnfú.
おだやか【穏やか】 平稳 píngwěn, 平静 píngjìng; [人柄が]温和 wēnhé, 安祥 ānxiáng, 和气 héqi.
おち【落ち】 遗漏 yílòu, 疏忽 shūhu; 错儿 cuòr; [結末]下场 xiàchang, 结局 jiéjú.
おちあう【落ち合う】 相会 xiānghuì, 相遇 xiāngyù; [合流する]会合 huìhé, 汇流 huìliú.
おちいる【陥る】 落入 luòrù, 掉进 diàojìn; 陷入 xiànrù, 坠入 zhuìrù.
おちこむ【落ち込む】 掉进 diàojìn, 落入 luòrù; [へこむ]下陷 xiàxiàn, 塌陷 tāxiàn; [悪くなる]跌落 diēluò, 下降 xiàjiàng; [ふさぎ込む]郁闷 yùmèn, 不痛快 bù tòngkuai.
おちつく【落ち着く】 沉着 chénzhuó, 稳重 wěnzhòng, 安定 āndìng, 安静 ānjìng; [安定する]平静下来 píngjìngxiàlai, 稳定 wěndìng.
おちど【落ち度】 错儿 cuòr, 过错 guòcuò, 过失 guòshī, 疏忽 shūhu; 失败 shībài. **～を認める** 认 rèn 错儿.
おちる【落ちる】 落(下) luò(xià), 降落 jiàngluò, 掉下来 diàoxiàlai; [崩れて]倒塌 dǎotā, 陷落 xiànluò, 倒 dǎo; [色があせる]掉(色) diào(shǎi).
おっしゃる 说 shuō, 讲 jiǎng, 叫 jiào.
おっと【夫】 丈夫 zhàngfu, 先生 xiānsheng; 爱人 àiren.
おでき 脓肿 nóngzhǒng, 疙疸 gēda, 疖子 jiēzi. **～ができる** 生个 shēng ge 疖子.
おでこ 额头 étou, 额角 éjiǎo.
おと【音】 音 yīn, 声 shēng, 声音 shēngyīn.
おとうさん【お父さん】 爸爸 bàba, 父亲 fùqin, 爹 die, 爸 bà.
おとうと【弟】 弟弟 dìdi, 弟 dì.
おどかす【脅かす】 威胁 wēixié, 恐吓 kǒnghè, 威吓 wēihè; 胁迫 xiépò.
おとぎばなし【おとぎ話】 故事 gùshi, 童话 tónghuà.
おとこ【男】 男性 nánxìng, 男人 nánrén. **～の子** 男孩子 nán háizi, 男孩儿 háir.
おどし【脅し】 威吓 wēihè, 吓唬 xiàhu, 恐吓 kǒnghè, 威胁 wēixié.
おとしあな【落とし穴】 陷阱 xiànjǐng; [謀略]阴谋 yīnmóu, 圈套 quāntào.
おとしだま【お年玉】 压岁钱 yāsuìqián. **～をもらう** 得到 dédào 压岁钱.
おとす【落とす】 掉 diào, 丢失 diūshī, 丢掉 diūdiào; [付着物を]弄掉 nòngdiào, 去掉 qùdiào.
おとずれる【訪れる】 访问 fǎngwèn; 到来 dàolái, 来临 láilín.
おととい【一昨日】 前天 qiántiān.
おととし【一昨年】 前年 qiánnián.
おとな【大人】 大人 dàren, 成人 chéngrén, 成年人 chéngniánrén.
おとなしい 老实 lǎoshi, 温顺 wēnshùn, 驯顺 xùnshùn, 听话 tīnghuà; [色・形が]素气 sùqì, 素净 sùjing.
おどり【踊り】 舞蹈 wǔdǎo.
おとる【劣る】 劣 liè, 次 cì, 亚 yà, 不及 bùjí.
おどる【踊る】 跳舞 tiàowǔ; [操られる]活跃 huóyuè.
おどる【躍る】 跳跃 tiàoyuè, 蹦 bèng; [心が]跳动 tiàodòng.
おとろえる【衰える】 衰弱 shuāiruò, 衰老 shuāilǎo; 衰退 shuāituì, 衰亡 shuāiwáng.
おどろかす【驚かす】 惊动 jīngdòng, 吓唬 xiàhu, 震动 zhèndòng; 使惊讶 shǐ jīngyà.
おどろく【驚く】 害怕 hàipà, 吃惊 chījīng, 吓了一跳 xiàle yī tiào; 惊讶 jīngyà.
おなか【お腹】 肚子 dùzi, 腹部 fùbù. **～が空いた** 肚子饿了 è le.
おなじ【同じ】 相同 xiāngtóng; 一样 yīyàng; 同样 tóngyàng; 同一 tóngyī.
おなら 屁 pì. **～をする** 放 fàng 屁.
おに【鬼】 魔鬼 móguǐ, 鬼怪 guǐguài.
おにぎり 饭团(子) fàntuán(zi).
おにごっこ【鬼ごっこ】 捉迷藏 zhuō mícáng.
おねしょ 尿床 niàochuáng, 尿炕 niàokàng.
おの【斧】 斧子 fǔzi, 斧头 fǔtóu.

おば【伯母・叔母】 [父の姉妹]姑(母) gū(mǔ), 姑妈 gūmā; [母の姉妹]姨 yí (母); [父の兄の妻]伯母 bómǔ; [父の弟の妻]婶 shěn (母); [母の兄弟の妻]舅母 jiùmǔ.
おばあさん【お祖母さん・お婆さん】 [父方の祖母]祖母 zǔmǔ, 奶奶 nǎinai; [母方の祖母]外祖母 wàizǔmǔ, 姥姥 lǎolao; [老婦人]老太太 lǎotàitai, 老奶奶 lǎonǎinai.
おばけ【お化け】 鬼 guǐ; 妖怪 yāoguài, 妖精 yāojing.
おばさん [年輩の女性]大娘 dàniáng, 大妈 dàmā, 大婶儿 dàshěnr, 阿姨 āyí. ➡おば
おはよう 你早 nǐ zǎo, 早上好 zǎoshang hǎo.
おび【帯】 带子 dàizi; 腰带 yāodài.
おびえる【怯える】 害怕 hàipà, 胆怯 dǎnqiè.
オフィス 办公室 bàngōngshì; 办事处 bànshìchù; 事务所 shìwùsuǒ; [会社]公司 gōngsī.
オペラ 歌剧 gējù.
オペレーター 操作人员 cāozuò rényuán; [電話の]话务员 huàwùyuán.
おぼえる【覚える】 记 jì, 记住 jìzhù, 记忆 jìyì; [会得する]学会 xuéhuì; 掌握 zhǎngwò, 懂得 dǒngde.
おぼれる【溺れる】 溺水 nìshuǐ, 淹没 yānmò; 淹死 yānsǐ; [夢中になる]迷恋 míliàn.
おまいり【お参り】 参拜(神佛) cānbài(shénfó).
おまけ [安くする]减价 jiǎnjià, 让价 ràngjià; [景品]另外奉送 lìngwài fèngsòng.
おまけに 又加上 yòu jiāshang, 更 gèng 加上,而且 érqiě.
おまもり【お守り】 护符 hùfú, 护身符 hùshēnfú.
おみくじ 神签shénqiān. **〜を引く** 求签儿qiú qiānr.
おむつ 尿布 niàobù. **〜をあてる** 垫 diàn 尿布.
おめでとう 恭喜恭喜 gōngxǐ gōngxǐ, 祝贺 zhùhè.
おもい【思い】 思考 sīkǎo; 心愿 xīnyuàn; [気持ち]感情 gǎnqíng; [感慨]想念 xiǎngniàn, 思念 sīniàn.
おもい【重い】 重 zhòng, 沉 chén, 沉重 chénzhòng; [程度が]重大 zhòngdà, 严重 yánzhòng.
おもいがけない【思いがけない】 意想不到 yìxiǎngbudào, 意外 yìwài.
おもいきって【思い切って】 下决心 xià juéxīn, 毅然决然 yìrán juérán, 断然 duànrán.
おもいきり【思い切り】 死心 sǐxīn, 想开 xiǎngkāi, 决心 juéxīn; [思う存分]下狠心 xià hěnxīn, 狠狠地 hěnhěnde, 尽情 jìnqíng 地, 彻底 chèdǐ 地.
おもいきる【思い切る】 死心 sǐxīn, 想开 xiǎngkāi.
おもいこむ【思い込む】 深信 shēnxìn, 确信 quèxìn; 以为 yǐwéi, 认定 rèndìng.
おもいだす【思い出す】 想起 xiǎngqǐ, 想出 xiǎngchū, 记起 jìqǐ; 联想 liánxiǎng.
おもいつく【思いつく】 (忽然)想出 (hūrán)xiǎngchū, 想起 xiǎngqǐ, 想到 xiǎngdào.
おもいで【思い出】 回忆 huíyì, 回想 huíxiǎng; [記念]纪念 jìniàn.
おもいどおり【思い通り】 像想像的那样 xiàng xiǎngxiàng de nàyàng, 如愿 rúyuàn.
おもいなおす【思い直す】 重新考虑 chóngxīn kǎolǜ, 改变主意 gǎibiàn zhǔyi.
おもいやり【思い遣り】 同情 tóngqíng, 体谅 tǐliang, 体贴 tǐtiē; [気遣い]关心 guānxīn, 关怀 guānhuái.
おもいやる【思い遣る】 体谅 tǐliang, 体贴 tǐtiē, 同情 tóngqíng.
おもう【思う】 想 xiǎng, 思考 sīkǎo; [判断する]认为 rènwéi, 以为 yǐwéi; […したい・希望する]打算 dǎsuan, 想要 xiǎngyào.
おもかげ【面影】 面貌 miànmào, 模样 múyàng; 风貌 fēngmào.
おもくるしい【重苦しい】 沉闷 chénmèn, 郁闷 yùmèn, 沉重 chénzhòng.
おもさ【重さ】 重量 zhòngliàng, 分量 fènliang.
おもしろい【面白い】 有趣 yǒuqù, 有意思 yǒu yìsi; [おかしい]滑稽 huájì, 可笑 kěxiào.
おもたい【重たい】 重 zhòng, 沉 chén; 沉重 chénzhòng. ➡重い
おもちゃ【玩具】 玩具 wánjù.
おもて【表】 表面 biǎomiàn; 正面 zhèngmiàn; [うわべ]外表 wàibiǎo, 外观 wàiguān.
おもに【重荷】 [荷物]重载 zhòngzài; [負担]负担 fùdān.
おもむき【趣】 风趣 fēngqù, 情趣 qíngqù.
おもわず【思わず】 禁不住 jīnbuzhù, 不由得 bùyóude, 不知不觉 bù zhī bù jué 地 de.
おもんじる【重んじる】 重视 zhòngshì, 注重 zhùzhòng.
おや【親】 父母 fùmǔ, 双亲 shuāngqīn; [ゲームの]庄家 zhuāngjia.
おやこ【親子】 父母和子女 fùmǔ hé zǐnǚ; 亲子 qīnzǐ.
おやしらず【親知らず】 智齿 zhìchǐ.
おやすみ 晚安 wǎn'ān.
おやつ 点心diǎnxin, 茶点chádiǎn; [甘い]甜点tiándiǎn.
おやぶん【親分】 [かしら]头目 tóumù, 头子 tóuzi, 头头儿 tóutour, 首领 shǒulǐng.
おやゆび【親指】 [手の](大)拇指 (dà)muzhǐ; [足の]拇趾 mǔzhǐ.
およぐ【泳ぐ】 游 yóu, 游泳 yóuyǒng.
およそ [おおかた]大概 dàgài, 大体上 dàtǐshang, 大约 dàyuē; [一般に]凡是 fánshì, 一般(地) yībān(de).
および【及び】 以及 yǐjí, 和 hé, 及 jí, 与 yǔ.
およぶ【及ぶ】 达到 dádào; 涉及 shèjí; 波及 bōjí, 比得上 bǐdeshàng.
オランウータン 猩猩 xīngxing.
オランダ 荷兰 Hélán.
おり【折】 [機会]机会 jīhuì, 时机 shíjī. ➡機会
おり【檻】 笼(子) lóng(zi), 围栏 wéilán; [ろうや]牢房 láofáng.
オリーブ 橄榄(树) gǎnlǎn(shù), 油橄榄 yóugǎnlǎn.
おりかえす【折り返す】 折回 zhéhuí, 叠回 diéhuí, 卷回 juǎnhuí; [引き返す]返回 fǎnhuí.
おりがみ【折り紙】 折纸(手工) zhézhǐ (shǒugōng); [遊び]折纸游戏 yóuxì.
オリジナル 原物 yuánwù, 原型 yuánxíng, 原作 yuánzuò; 原创 yuánchuàng, 独创 dúchuàng.
おりたたむ【折りたたむ】 折叠 zhédié, 叠 dié.
おりまげる【折り曲げる】 折弯 zhéwān, 弄弯曲 nòng wānqū.
おりもの【織物】 纺织品 fǎngzhīpǐn, 织物 zhīwù.
おりる【下りる・降りる】 下 xià, 降 jiàng, 降落 jiàngluò; [着地する]着陆 zhuólù; [職や地位から退く]退(位) tuì(wèi), 辞(职) cí(zhí).
オリンピック 奥运会 Àoyùnhuì, 奥林匹克(国际)运动会 Àolínpǐkè(guójì)yùndònghuì.
おる【折る】 折 zhé; [畳む]叠 dié; [切断する]折(断) zhé(duàn).
おる【織る】 织 zhī, 编织 biānzhī.
オルガン 风琴 fēngqín.
オルゴール 八音盒 bāyīnhé.
おれい【お礼】 致谢 zhìxiè, 谢意 xièyì; 还礼 huánlǐ, 答礼 dálǐ; [金銭や品物で]谢礼 xièlǐ, 酬谢 chóuxiè.
おれる【折れる】 折 shé, 断 duàn; [譲歩する]让步 ràngbù, 屈服 qūfú; 妥协 tuǒxié.
オレンジ 橘子 júzi, 橙子 chéngzi. **〜ジュース** 橙汁 chéngzhī.
おろか【愚か】 愚蠢 yúchǔn, 糊涂 hútu, 傻 shǎ.
おろしうり【卸売り】(-する) 批发 pīfā.

おろす【卸す】 批发 pīfā, 批售 pīshòu.
おろす【下ろす・降ろす】 取下 qǔxià, 拿下 náxià, 放下 fàngxià; 卸下 xièxià.
おわり【終わり】 末尾 mòwěi, 终点 zhōngdiǎn; [末期] 末期 mòqī, 末日 mòrì.
おわる【終わる】 完 wán, 结束 jiéshù, 终了 zhōngliǎo.
おん【恩】 恩惠 ēnhuì, 恩情 ēnqíng.
おんがく【音楽】 音乐 yīnyuè. **〜を聞く** 听 tīng 音乐. **〜家** 音乐家 jiā.
おんけい【恩恵】 恩惠 ēnhuì, 恩德 ēndé; [好意]好处 hǎochu. **〜を受ける** 受到 shòudào 好处.
おんけん【穏健】 稳健 wěnjiàn.
おんこう【温厚】 [性格が]温厚 wēnhòu; 和善 héshàn.
おんしつ【温室】 温室 wēnshì; 暖房 nuǎnfáng.
おんせい【音声】 声音 shēngyīn, 音声 yīnshēng.
おんせん【温泉】 温泉 wēnquán.
おんだん【温暖】 温暖 wēnnuǎn.
おんち【音痴】 音盲 yīnmáng, 五音不全(的人) wǔyīn bù quán(de rén).
おんど【温度】 温度 wēndù, 热度 rèdù. **〜は何度** 温度有几度 yǒu jǐ dù? **〜計** 温度计 wēndùjì.
おんどく【音読】(-する) 出声地读 chūshēngde dú, 朗读 lǎngdú.
おんな【女】 女人 nǚrén, 妇女 fùnǚ, 女性 nǚxìng. **〜の子** 女孩子 nǚ háizi, 女孩儿 háir.
おんびん【穏便】 温和 wēnhé, 稳妥 wěntuǒ.
おんぶ 背 bēi; [頼る]依靠别人 yīkào biérén.
オンライン 联机 liánjī, 在线 zàixiàn, 联网 liánwǎng.
おんりょう【音量】 音量 yīnliàng.
おんわ【温和】 温和 wēnhé; 柔和 róuhé.

か

カ【蚊】 蚊(子) wén(zi).
か【科】 [学科]科 kē.
か【課】 [教科書のレッスン]课 kè.
ガ【蛾】 蛾子 ézi.
ガーゼ 纱布 shābù.
カーソル 光标 guāngbiāo.
カーディガン 对襟毛衣 duìjīn máoyī, 开衫 kāishān.
カーテン [舞台の]幕 mù; [窓などの]窗帘 chuānglián. **〜を開ける** 打开 dǎkāi 窗帘.
カード 卡 kǎ, 卡片 kǎpiàn. **〜で払う** 刷 shuā 卡.
ガード [警備する]警卫 jǐngwèi; [ボクシング]防守 fángshǒu.
カートリッジ 墨盒 mòhé.
カーニバル 狂欢节 kuánghuānjié.
カーブ 弯曲 wānqū, 转弯 zhuǎnwān; 曲线 qūxiàn.
カーペット 地毯 dìtǎn.
ガールフレンド 女朋友 nǚpéngyou, 女友 nǚyǒu.
かい【回】 回 huí, 次 cì.
かい【会】 会 huì; [討論する場]会议 huìyì.
かい【貝】 [総称]贝 bèi; 贝壳 bèiké.
かい【階】 层 céng; […階]层, 楼 lóu.
がい【害】 害处 hàichu, 损害 sǔnhài; [破壊的な]危害 wēihài.
がいあく【害悪】 危害 wēihài; [毒する]毒害 dúhài.
かいいん【会員】 会员 huìyuán.
かいが【絵画】 画(儿) huà(r), 绘画 huìhuà.
がいか【外貨】 外币 wàibì; 外汇 wàihuì.
かいかい【開会】(-する) 开会 kāihuì.
かいがい【海外】 海外 hǎiwài, 国外 guówài.
かいかく【改革】(-する) 改革 gǎigé.
かいがん【海岸】 [岸]海岸 hǎi'àn; [浜]海滨 hǎibīn.
がいかん【外観】 [表面]外表 wàibiǎo; [外から見た様子] 外观 wàiguān.
かいぎ【会議】 会议 huìyì, 会 huì. **〜を開く** 举行 jǔxíng 会议.
かいきゅう【階級】 [軍隊]级别 jíbié; [社会]阶级 jiējí.
かいきょう【海峡】 海峡 hǎixiá.
かいぎょう【開業】(-する) 开业 kāiyè, 开张 kāizhāng.
かいぐん【海軍】 海军 hǎijūn.
かいけい【会計】(-する) 会计 kuàijì; 结账 jiézhàng.
かいけつ【解決】(-する) 解决 jiějué.
かいけん【会見】(-する) 会见 huìjiàn, 会晤 huìwù.
がいけん【外見】 外观 wàiguān; [人の]外表 wàibiǎo.
かいこ【蚕】 蚕 cán, 桑蚕 sāngcán.
かいこ【回顧】 回顾 huígù, 回忆 huíyì.
かいこ【解雇】(-する) 解雇 jiěgù.
かいご【介護】(-する) 护理 hùlǐ, 看护 kānhù.
かいごう【会合】 聚会 jùhuì, 集会 jíhuì.
がいこう【外交】 外交 wàijiāo; 外勤 wàiqín. **〜官** 外交官 guān.
がいこう【外向】 外向 wàixiàng (倾向 qīngxiàng).
がいこく【外国】 外国 wàiguó, 国外 guówài. **私は〜へ行きたい** 我想去 wǒ xiǎng qù 外国.
がいこくご【外国語】 外语 wàiyǔ, 外文 wàiwén.
がいこくじん【外国人】 外国人 wàiguórén.
がいこつ【骸骨】 骸骨 háigǔ; [白骨]尸骨 shīgǔ.
かいさい【開催】(-する) 开(会) kāi(huì); [会議を]召开 zhàokāi; [事業や催しを]举办 jǔbàn.
かいさつ【改札】(-する) 检票 jiǎnpiào, 剪票 jiǎnpiào.
かいさん【解散】(-する) 解散 jiěsàn; [集会などを]散会 sànhuì.
かいし【開始】(-する) 开始 kāishǐ.
がいして【概して】 一般 yībān, 大概 dàgài.
かいしゃ【会社】 公司 gōngsī. **〜員** 公司职员 zhíyuán.
かいしゃく【解釈】(-する) 解释 jiěshì.
かいしゅう【回収】(-する) 回收 huíshōu; [貸したものを]收回 shōuhuí.
がいしゅつ【外出】(-する) 出门 chūmén, 外出 wàichū.
かいじょ【解除】(-する) 解除 jiěchú, 废除 fèichú.
かいしょう【解消】(-する) 解除 jiěchú, 取消 qǔxiāo.
かいじょう【会場】 会场 huìchǎng.
がいしょく【外食】(-する) 在外吃饭 zàiwài chīfàn.
かいしん【改心】 革新 géxīn; 改悔 gǎihuǐ.
かいすい【海水】 海水 hǎishuǐ. **〜着** (海水)浴衣 yùyī, (海水)游泳衣 yóuyǒngyī.
かいすう【回数】 回数 huíshù, 次数 cìshù.
かいせい【快晴】 晴朗 qínglǎng, 万里晴空 wànlǐ qíngkōng.
かいせい【改正】(-する) 修改 xiūgǎi, 改正 gǎizhèng.
かいせつ【開設】(-する) [設置する]开设 kāishè; [開業する] 开办 kāibàn.
かいせつ【解説】(-する) 解说 jiěshuō, 讲解 jiǎngjiě. **ニュースを〜する** 讲解新闻 xīnwén. **〜者** 讲解员 yuán.
かいせん【回線】 线路 xiànlù; [電流の]电路 diànlù.
かいぜん【改善】(-する) [悪い状態を]改善 gǎishàn; [古い状況を]改进 gǎijìn.
かいそう【回想】(-する) 回想 huíxiǎng, 回忆 huíyì.
かいそう【階層】 [社会の]阶层 jiēcéng.
かいそう【海草】 海菜 hǎicài.
かいぞう【改造】(-する) 改造 gǎizào; [建築物の]改建 gǎijiàn.
かいぞく【海賊】 海盗 hǎidào.
かいたい【解体】(-する) 拆 chāi, 拆卸 chāixiè.
かいたく【開拓】(-する) 开垦 kāikěn, 开拓 kāituò.
かいだん【会談】(-する) 会谈 huìtán; 谈判 tánpàn.
かいだん【階段】 楼梯 lóutī, 阶梯 jiētī.

かいちゅうでんとう【懐中電灯】 手电筒 shǒudiàntǒng.
かいちょう【会長】 会长 huìzhǎng; 董事长 dǒngshìzhǎng.
かいちょう【快調】 [物事が]顺利 shùnlì; [体調が]身体状态好 shēntǐ zhuàngtài hǎo.
かいつう【開通】(-する) 通车 tōngchē; 开通 kāitōng.
かいて【買い手】 买方 mǎifāng, 买主 mǎizhǔ.
かいてい【改定・改訂】(-する) 修改xiūgǎi;修订xiūdìng.
かいてい【海底】 海底 hǎidǐ.
かいてき【快適】 舒适 shūshì, 舒服 shūfu.
かいてん【回転】(-する) 转 zhuàn, 运转 yùnzhuǎn; [旋回する]旋转 xuánzhuǎn.
かいてん【開店】(-する) 开业 kāiyè, 开张 kāizhāng.
ガイド [案内者]向导(者) xiàngdǎo(zhě); [旅行の]导游 dǎoyóu.
かいとう【回答】(-する) 回答 huídá, 答复 dáfù.
かいとう【解答】(-する) 解答 jiědá.
がいとう【街灯】 路灯 lùdēng.
ガイドライン 指针 zhǐzhēn; 大纲 dàgāng.
かいにゅう【介入】 介入 jièrù; 干涉 gānshè.
かいにん【解任】(-する) 解职 jiězhí, 免职 miǎnzhí.
かいぬし【飼い主】 [ペットの]主人 zhǔrén.
がいねん【概念】 概念 gàiniàn.
かいはつ【開発】(-する) [天然資源の]开发 kāifā; [荒地の]开垦 kāikěn; 开创 kāichuàng.
かいひ【回避】(-する) 回避 huíbì; [責任逃れ]逃避 táobì.
がいぶ【外部】 [外側]外部 wàibù; [局外]外界 wàijiè.
かいふく【回復】(-する) 恢复 huīfù; [健康を]康复 kāngfù; [領土を]收复 shōufù.
かいぶつ【怪物】 [化け物]怪物 guàiwu, 妖怪 yāoguai.
かいほう【開放】(-する) [門や戸などを]敞开 chǎngkāi; [自由に出入りさせる]开放 kāifàng.
かいほう【解放】(-する) 解放 jiěfàng.
かいぼう【解剖】(-する) 解剖 jiěpōu, 验尸 yànshī.
かいまく【開幕】(-する) [舞台の幕が開く]开幕 kāimù, 开演 kāiyǎn.
かいもの【買い物】 买东西 mǎi dōngxi, 购物 gòuwù.
かいよう【潰瘍】 溃疡 kuìyáng.
かいらく【快楽】 快乐 kuàilè.
がいりゃく【概略】 概况 gàikuàng, 梗概 gěnggài.
かいりょう【改良】(-する) 改良 gǎiliáng.
かいろ【回路】 电路 diànlù, 线路 xiànlù.
がいろ【街路】 马路 mǎlù, 大街 dàjiē.
かいわ【会話】(-する) 会话 huìhuà; 谈话 tánhuà.
かう【買う】 买 mǎi, 购买 gòumǎi. **切符を〜** 买张票 zhāng piào.
かう【飼う】 养 yǎng, 饲养 sìyǎng. **イヌを〜** 养狗 gǒu.
カウンセラー 咨询师 zīxúnshī.
カウンター 收款处 shōukuǎnchù, 柜台 guìtái.
カウント [計算]计算 jìsuàn; [得点]记分 jìfēn.
かえす【返す】 [所有者に返却する]还 huán, 归还 guīhuán; [もとの場所・状態にもどす]送回 sònghuí.
かえって【却って】 反倒 fǎndào, 反而 fǎn'ér.
かえり【帰り】 回来 huílái, 回去 huíqù.
かえりみる【省みる】 反省 fǎnxǐng, 反躬自问fǎn gōng zì wèn, 自问.
かえりみる【顧みる】 [ふりかえる]回头看 huítóu kàn ; [過去を]回顾 huígù.
カエル【蛙】 青蛙 qīngwā, 蛤蟆 háma.
かえる【返る・帰る】 [戻る]回 huí, 返回 fǎnhuí, 回来 huílái; [もとの状態・場所]还原 huányuán, 恢复 huīfù.
かえる【孵る】 孵化 fūhuà.
かえる【変える・代える・替える・換える】 换 huàn, 改变 gǎibiàn, 改换 gǎihuàn, 变换 biànhuàn; [代用する]代替 dàitì.
かお【顔】 脸 liǎn; 面部 miànbù.
かおいろ【顔色】 [皮膚の色]脸色 liǎnsè, 神色 shénsè. **〜が悪い** 脸色不好 bù hǎo.
かおつき【顔つき】 [顔の様子]容貌 róngmào; [表情]神色 shénsè.
かおなじみ【顔馴染み】 熟识 shúshi, 面熟 miànshú.
かおり【香り・薫り】 香味儿 xiāngwèir, 香气 xiāngqì, 芳香 fāngxiāng.
がか【画家】 画家 huàjiā.
かかえる【抱える】 [物を]抱 bào; 承担 chéngdān.
かかく【価格】 价格 jiàgé, 价钱 jiàqian.
かがく【化学】 化学 huàxué. **〜者** 化学家 jiā.
かがく【科学】 科学 kēxué. **〜者** 科学家 jiā. **〜技術** 科学技术 jìshù; 科技 kējì.
かかげる【掲げる】 挂 guà; 举起 jǔqǐ; 刊登 kāndēng; 提出 tíchū.
かかと【踵】 脚(后)跟 jiǎo(hòu)gēn.
かがみ【鏡】 镜 jìng, 镜子 jìngzi. **〜を見る** 照 zhào 镜子.
かがむ【屈む】 弯腰 wānyāo; [しゃがむ]蹲 dūn (下).
かがやく【輝く】 [光を放つ]放光(辉) fàngguāng(huī), 闪耀 shǎnyào.
かかり【係】 担任者 dānrènzhě, 主管人员 zhǔguǎn rényuán.
かかる【係る】 涉及 shèjí, 关联 guānlián.
かかる【罹る】 [わずらう]患(病) huàn(bìng); [災難に]遭受(灾难) zāoshòu(zāinàn).
かかる【掛かる・架かる・懸かる】 挂 guà; [端を固定し差し渡す状態になる]架设 jiàshè, 安装 ānzhuāng; [時間が使われる・金銭が支払われる]需要 xūyào, 花费 huāfèi.
かかわる【係わる・拘わる】 [関係する]关系(到) guānxi(dào); [及ぶ]涉及到 shèjídào.
カキ【柿】 柿子 shìzi; 柿子树 shìzishù.
カキ【牡蠣】 牡蛎 mǔlì.
かぎ【鉤】 [先の曲がった金具]钩 gōu, 钩形物 gōuxíngwù.
かぎ【鍵】 [キー]钥匙 yàoshi; [錠前]锁 suǒ; [物事の]关键 guānjiàn.
かきおき【書き置き】 留言 liúyán; 遗书 yíshū.
かきこむ【書き込む】 记入 jìrù; 填写 tiánxiě.
かきとめ【書留】 挂号(信) guàhào(xìn).
かきとり【書き取り】 [原文からの]抄写 chāoxiě; [聞いて]听写 tīngxiě.
かきなおす【書き直す】 [内容を]改写 gǎixiě; [清書する]重抄 chóngchāo.
かきね【垣根】 [竹の]籬笆 líba; [塀の]围墙 wéiqiáng.
かきまぜる【掻き混ぜる】 搅拌 jiǎobàn, 混合 hùnhé.
かきまわす【掻き回す】 [棒で]搅拌 jiǎobàn; [混乱させる]搅乱 jiǎoluàn.
かきみだす【掻き乱す】 搅乱 jiǎoluàn; 扰乱 rǎoluàn.
かぎり【限り】 [限度・限界]限 xiàn, 限度 xiàndù.
かぎる【限る】 [限定する]限于 xiànyú, 限定 xiàndìng.
かく【核】 核 hé; [核兵器]核(武器) hé(wǔqì); [物事の中心]核心 héxīn.
かく【欠く】 [不足する]缺少 quēshǎo; [怠る]欠 qiàn, 缺欠 quēqiàn, 怠慢 dàimàn.
かく【書く・描く】 [文字を]写 xiě; [絵を]画 huà.
かく【掻く】 [手や道具で]搔 sāo, 挠 náo, 搂 lōu.
かぐ【家具】 家具 jiāju.
かぐ【嗅ぐ】 闻 wén, 嗅 xiù.
がく【額】 金额 jīn'é, 匾额 biǎn'é; 画框 huàkuàng.
かくう【架空】 [根拠のないこと]虚构 xūgòu.
かくげん【格言】 格言 géyán.
かくご【覚悟】(-する) [決心すること]决心 juéxīn; [悟ること]

觉悟 juéwù;［あきらめること］死心 sǐxīn.
かくさん【拡散】(-する) 扩散 kuòsàn.
かくじ【各自】 每个人 měi ge rén, 各自 gèzì.
がくしき【学識】 学识 xuéshí.
かくじつ【確実】［確かである］确实 quèshí, 准确 zhǔnquè.
がくしゃ【学者】 学者 xuézhě.
かくじゅう【拡充】(-する) 扩充 kuòchōng, 扩大 kuòdà.
がくしゅう【学習】(-する) 学习 xuéxí. **中国語を～する** 学习汉语 Hànyǔ.
かくしん【革新】 革新 géxīn.
かくしん【確信】(-する)［固く信じる］坚信 jiānxìn, 确信 quèxìn.
かくす【隠す】［見えなくする］隐藏 yǐncáng;［過ちを］掩盖 yǎngài.
がくせい【学生】 学生 xuésheng.
かくだい【拡大】(-する)［物事の範囲を］扩大 kuòdà;［そのものを］放大 fàngdà.
がくだん【楽団】 乐团 yuètuán.
かくち【各地】 各地 gèdì;［至る所］到处 dàochù.
かくちょう【拡張】(-する)［内容を］扩充 kuòchōng;［規模を］扩大 kuòdà.
かくてい【確定】(-する) 确定 quèdìng.
カクテル 鸡尾酒 jīwěijiǔ.
かくど【角度】 角度 jiǎodù; 立场 lìchǎng.
かくとう【格闘】(-する) 格斗 gédòu, 搏斗 bódòu.
かくとく【獲得】(-する) 获得 huòdé, 争取 zhēngqǔ.
かくにん【確認】(-する)［事実・原則を］确认 quèrèn;［確実性を］证实 zhèngshí.
がくねん【学年】 学年 xuénián;［年次］年级 niánjí.
がくふ【楽譜】 乐谱 yuèpǔ.
がくぶ【学部】 系 xì; 学院 xuéyuàn.
かくべつ【格別】 特别 tèbié, 格外 géwài.
かくめい【革命】 革命 gémìng.
がくもん【学問】 学问 xuéwèn, 学识 xuéshí.
かくり【隔離】(-する) 隔离 gélí;［隔たる］隔绝 géjué.
かくりつ【確立】(-する)［打ち立てる］确立 quèlì;［定まる］确定 quèdìng.
かくりつ【確率】 概率 gàilǜ;［公算］可能性 kěnéngxìng.
がくれき【学歴】 学历 xuélì.
かくれる【隠れる】 隐藏 yǐncáng;［体を隠す］躲藏 duǒcáng.
かくれんぼう【隠れん坊】 捉迷藏 zhuō mícáng.
かげ【陰】 背光处 bèiguāngchù;［物の後ろ］背后 bèihòu, 暗中 ànzhōng.
かげ【影】 影 yǐng, 影子 yǐngzi.
がけ【崖】 崖 yá, 山崖 shānyá, 悬崖 xuányá.
かけあし【駆け足】 跑步 pǎobù.
かけい【家系】［家柄］门第 méndì;［血縁］血统 xuètǒng.
かけい【家計】 家计 jiājì, 日常收支 rìcháng shōuzhī.
かげき【過激】 过激 guòjī;［改革などを急ぐ］激进 jījìn.
かけごえ【掛け声】［音頭］号子声 hàozishēng;［労働の］吆喝声 yāoheshēng.
かけざん【かけ算】 乘法 chéngfǎ.
かけつ【可決】 通过 tōngguò.
かけぶとん【掛け布団】 被子 bèizi. **～をかける** 盖 gài 被子.
かけら 碎片 suìpiàn, 破片 pòpiàn.
かける【欠ける】［一部分が壊れる］豁口 huōkǒu ;［足りない］缺(少) quē(shǎo).
かける【掛ける・架ける・懸ける】 挂 guà; 架上 jiàshang;［かぶせる・覆う］蒙上 méngshang;［時間・金銭をつかう］花费 huāfèi.
かける【駆ける】 跑 pǎo, 奔跑 bēnpǎo. → **走る**
かける【賭ける・懸ける】［金品獲得のチャンスを作る］打赌 dǎdǔ, 冒险 màoxiǎn, 拼(命) pīn(mìng).
かげん【加減】(-する) 调整 tiáozhěng;［事情を考慮して］斟酌 zhēnzhuó.
かこ【過去】 过去 guòqù, 既往 jìwǎng.
かご【籠】［柄のない］筐子 kuāngzi;［柄のついた］篮子 lánzi;［小鳥などの］笼子 lóngzi.
かこう【火口】 喷火口 pēnhuǒkǒu.
かこう【囲う】 围上 wéishang; 贮藏 zhùcáng; 隐藏 yǐncáng.
かこむ【囲む】 围 wéi, 围上 wéishang, 包围 bāowéi.
かさ【傘】 伞 sǎn. **～をさす** 打 dǎ 伞. **折り畳み～** 折叠 zhédié 伞.
かさなる【重なる】［物が］重叠 chóngdié;［さらに加わる］重复 chóngfù.
かさねる【重ねる】［積み上げる］摞 luò;［繰り返す］反复 fǎnfù.
かさばる 增大 zēngdà, 增多 zēngduō.
かさぶた【瘡蓋】 疮痂 chuāngjiā.
かざむき【風向き】 风向 fēngxiàng; 形势 xíngshì.
かざり【飾り】 装饰(品) zhuāngshì(pǐn), 摆设 bǎishe.
かざる【飾る】 装饰 zhuāngshì, 修饰 xiūshì.
かざん【火山】 火山 huǒshān. **～が爆発する** 火山爆发 bàofā.
カシ【樫】 橡树 xiàngshù, 槲树 húshù, 栎 lì.
かし【菓子】 点心 diǎnxin, 糕点 gāodiǎn;［あめ菓子］糖果 tángguǒ.
かし【歌詞】 歌词 gēcí.
かじ【舵】 舵 duò. **～を取る** 掌 zhǎng 舵.
かじ【楫】 橹 lǔ, 桨 jiǎng.
かじ【火事】［火災］火灾 huǒzāi;［出火］失火 shīhuǒ. **～にあう** 遭受 zāoshòu 火灾.
かじ【家事】 家务(事) jiāwù(shì).
かしきり【貸し切り】 包租 bāozū.
かしこい【賢い】 聪明 cōngming, 机灵 jīling.
かしつ【過失】 过失 guòshī, 过错 guòcuò.
カシミヤ 开司米 kāisīmǐ, 羊绒 yángróng.
かしゅ【歌手】 歌手 gēshǒu, 歌唱家 gēchàngjiā.
かじゅ【果樹】 果树 guǒshù.
カジュアル 轻便 qīngbiàn (的), 舒适 shūshì (的).
かじゅう【果汁】 果汁 guǒzhī.
かしょ【箇所】 地方 dìfang, (…之)处 (…zhī)chù, 部分 bùfen.
かじょう【過剰】 过剩 guòshèng, 过量 guòliàng.
かじょう【箇条】 条款 tiáokuǎn, 项目 xiàngmù.
かじる［歯でかむ］咬 yǎo, 啃 kěn; 略懂 lüèdǒng.
かす【滓】［液体をこしたあとの］渣滓 zhāzǐ; 糟粕 zāopò.
かす【貸す】［金品を］借出 jièchū;［料金を取って］出租 chūzū;［知恵や力を］提供 tígōng.
かず【数】 数 shù, 数量 shùliàng, 数目 shùmù. **～を数える** 数 shǔ 数目.
ガス［気体］气体 qìtǐ;［燃料用の］煤气 méiqì.
かすか【微か】 微弱 wēiruò, 略微 lüèwēi.
かずかず【数々】 种种 zhǒngzhǒng;［非常に多い］许多 xǔduō. → たくさん
カステラ 蛋糕 dàngāo.
かすむ【霞む】［水分などで］有霞 yǒuxiá; 朦胧 ménglóng;［ぼやける］模糊 móhu, 不鲜明 bù xiānmíng.
かすりきず【かすり傷】 擦伤 cāshāng, 轻伤 qīngshāng.
ガスレンジ 煤气灶 méiqìzào.
かぜ【風】 风 fēng;［そぶり］样子 yàngzi, 态度 tàidu. **～が吹く** 刮 guā 风.
かぜ【風邪】 感冒 gǎnmào, 伤风 shāngfēng. **～にかかる** 患 huàn 感冒.

かぜい【課税】(-する) 课税 kèshuì, 上税 shàngshuì.
かせき【化石】 化石 huàshí.
かせぐ【稼ぐ】 挣钱 zhèngqián, 赚钱 zhuànqián; [獲得する]争取 zhēngqǔ.
かせつ【仮説】 假设 jiǎshè; [説]假说 jiǎshuō.
カセット 盒 hé; [テープ]盒式录音(磁)带 héshì lùyīn (cí)dài; [フィルム]盒式胶卷 jiāojuǎn.
かぜとおし【風通し】 通风 tōngfēng.
かそう【火葬】(-する) 火葬 huǒzàng, 火化 huǒhuà.
かそう【仮装】(-する) 化装 huàzhuāng, 假扮 jiǎbàn.
かぞえる【数える】 数 shǔ; [計算]计算 jìsuàn.
かぞく【家族】 家族 jiāzú; 家人 jiārén, 家属 jiāshǔ.
ガソリン 汽油 qìyóu. **～スタンド** 加油站 jiāyóuzhàn.
かた【形・型】 [かたち・個々の形状]形 xíng, 形状 xíngzhuàng, 型号 xínghào; [原型・ひな形]模型 móxíng; [特定の行動様式や規範]形式 xíngshì.
かた【肩】 肩 jiān, 肩膀 jiānbǎng.
かたい【固い・堅い・硬い】 硬 yìng, 坚硬 jiānyìng; [強い]坚固 jiāngù; [心や態度が]坚定 jiāndìng.
かだい【過大】 过大 guòdà.
かたおもい【片思い】 单相思 dānxiāngsī.
かたがき【肩書き】 头衔 tóuxián, 官衔 guānxián.
かたかな【片仮名】 片假名 piànjiǎmíng.
かたき【敵】 [争いの相手]敌人 dírén; [恨みのある相手]仇人 chóurén.
かたくるしい【堅苦しい】 严格 yángé; 死板 sǐbǎn.
かたすみ【片隅】 一隅 yīyú, (一个)角落 jiǎoluò.
かたち【形】 形状 xíngzhuàng, 式样 shìyàng.
かたづける【片付ける】 [整理する]整理 zhěnglǐ, 收拾 shōushi, 拾掇 shíduo; [処理する]解决 jiějué.
かたて【片手】 一只手 yī zhī shǒu; [対の一つ]一只.
かたな【刀】 刀 dāo; 小刀 xiǎodāo; 大刀 dàdāo.
かたほう【片方】 一只 yī zhī; 一方 fāng (面 miàn).
かたまり【塊】 块儿 kuàir; [集まり]群 qún, 堆 duī.
かたまる【固まる】 [固くなる]凝固 nínggù; [一団となる]集在一起 jízàiyīqǐ; [確実なものになる]固定 gùdìng.
かたみち【片道】 [往復の一方]单程 dānchéng; [一方面]单方(面) dānfāng(miàn). **～切符** 单程车票 chēpiào.
かたむく【傾く】 倾斜 qīngxié, 偏 piān; [衰える]衰落 shuāiluò.
かたむける【傾ける】 使 shǐ …倾斜 qīngxié; [集中させる]倾注 qīngzhù; [衰えさせる]败(家) bài(jiā).
かためる【固める】 凝固 nínggù; 坚定 jiāndìng.
かたよる【偏る】 偏袒 piāntǎn.
かたる【語る】 谈 tán, 讲 jiǎng.
カタログ 商品目录 shāngpǐn mùlù; 样本 yàngběn.
かたわら【傍ら】 旁边 pángbiān.
かち【価値】 价值 jiàzhí.
ガチョウ【鵞鳥】 鹅 é, 雁鹅 yàn'é.
カツ 炸肉排 zháròupái.
かつ【勝つ・克つ】 赢 yíng, 胜 shèng, 战胜 zhànshèng.
がっか【学科】 专业 zhuānyè; 学科 xuékē.
がっかり(-する) 失望 shīwàng, 灰心 huīxīn.
かっき【活気】 活力 huólì, 生气 shēngqì.
がっき【学期】 学期 xuéqī.
がっき【楽器】 乐器 yuèqì. **～で伴奏する** 用 yòng 乐器伴奏 bànzòu.
がっきゅう【学級】 班级 bānjí; 年级 niánjí.
かつぐ【担ぐ】 [肩などで]担 dān; [肩に直接]扛 káng; [天秤棒で]挑 tiāo.
かっこ【括弧】 括号 kuòhào, 括弧 kuòhú. **～で囲む** 括在 kuò zài 括弧里 lǐ.
かっこいい 棒 bàng, 帅 shuài.
かっこう【格好】 [物]样子 yàngzi; [人]姿态 zītài.
がっこう【学校】 学校 xuéxiào.
がっしゅく【合宿】 集训jíxùn,共同寄宿gòngtóng jìsù.
がっしょう【合唱】(-する) 合唱 héchàng.
かっしょく【褐色】 褐色 hèsè.
かっそうろ【滑走路】 跑道 pǎodào.
かって【勝手】 方便 fāngbiàn; 任意 rènyì, 随便 suíbiàn.
かつて 曾 céng, 曾经 céngjīng; 以前 yǐqián.
かつどう【活動】 活动 huódòng, 工作 gōngzuò.
かっぱつ【活発】 活泼 huópo, 活跃 huóyuè.
カップ 杯子 bēizi.
カップル [恋人]情侣 qínglǚ; [一対]一对儿 yīduìr.
がっぺい【合併】(-する) 合并 hébìng.
かつやく【活躍】(-する) 活动 huódòng.
かつよう【活用】(-する) 有效地利用 yǒuxiàode lìyòng.
かつら 假发 jiǎfà.
かてい【仮定】(-する) 假定 jiǎdìng, 假设 jiǎshè.
かてい【家庭】 家庭 jiātíng.
かてい【過程】 过程 guòchéng.
カテゴリー 范畴 fànchóu.
かど【角】 [物の角]角落 jiǎoluò; [とがった部分]角 jiǎo.
かど【過度】 过度 guòdù.
かどう【華道】 花道 huādào, 日本式插花术 Rìběnshì chāhuāshù.
かな【仮名】 假名 jiǎmíng, 日本字母 Rìběn zìmǔ.
かない【家内】 内人 nèirén, 妻子 qīzi.
かなう【叶う】 能实现 néng shíxiàn, 能如愿以偿 rú yuàn yǐ cháng.
かなう【適う】 适合 shìhé, 符合 fúhé.
かなしい【悲しい】 悲哀 bēi'āi; 悲伤 bēishāng.
かなしむ【悲しむ】 悲伤 bēishāng, 伤心 shāngxīn.
カナダ 加拿大 Jiānádà.
かなづち【金槌】 锤子 chuízi.
かなめ【要】 [扇の]枢轴 shūzhóu; [要点]枢要 shūyào, 中枢 zhōngshū.
かならず【必ず】 一定 yīdìng, 必定 bìdìng.
かなり 颇 pō, 相当 xiāngdāng.
カニ【蟹】 蟹 xiè, 螃蟹 pángxiè.
かにゅう【加入】(-する) 加入 jiārù; [組織・活動に]参加 cānjiā.
かね【金・鉄】 [金属の総称]金属 jīnshǔ; [金銭]钱 qián.
かね【鐘・鉦】 钟 zhōng; 钟声 zhōngshēng.
かねもち【金持ち】 有钱人 yǒuqiánrén, 财主 cáizhu.
かねる【兼ねる】 兼 jiān, 兼任 jiānrèn.
かのうせい【可能性】 可能 kěnéng.
かのじょ【彼女】 她 tā; [ガールフレンド]女朋友 nǚpéngyou, 女友 nǚyǒu.
カバ【河馬】 河马 hémǎ.
カバー 外套 wàitào; 罩子 zhàozi; [本の]封皮 fēngpí.
かばう【庇う】 庇护 bìhù, 袒护 tǎnhù.
かばん【鞄】 [皮の]皮包 píbāo; [手さげ]书包 shūbāo.
かはんすう【過半数】 过半数 guòbànshù.
かび 霉 méi.
がびょう【画鋲】 图钉 túdīng, 摁钉儿 èndīngr.
かびる 发霉 fāméi, 生霉 shēngméi.
かびん【花瓶】 花瓶 huāpíng.
かびん【過敏】 过敏 guòmǐn.
かぶ【株】 [切り株]树桩 shùzhuāng, 株 zhū; [株券]股票 gǔpiào.
カフェイン 咖啡因 kāfēiyīn.
かぶせる【被せる】 [帽子などを]戴上 dàishàng; 盖上 gàishàng.
カプセル [薬の]胶囊 jiāonáng; [宇宙船などの]密封舱 mìfēngcāng.
かぶぬし【株主】 股东 gǔdōng.

かぶる【被る】［頭に］戴 dài; ［覆う］蒙 méng.
かぶれる［皮膚が］起炎症 qǐ yánzhèng, 起斑疹 bānzhěn.
かふん【花粉】 花粉 huāfěn. **～症** (过敏性)花粉症 (guòmǐnxìng) huāfěnzhèng.
かべ【壁】 墙 qiáng, 墙壁 qiángbì.
かへい【貨幣】 货币 huòbì.
カボチャ 南瓜 nánguā.
かま【釜】 锅 guō, 窑 yáo; ［調理・暖房用の］炉 lú.
かま【鎌】 镰刀 liándāo.
がま 蟾蜍 chánchú; ［通称］癞蛤蟆 làihámа.
かまう【構う】 管 guǎn, 顾 gù, 介意 jièyì.
がまん【我慢】(-する) 忍耐 rěnnài, 忍受 rěnshòu. **～強い** 有忍耐力 yǒu rěnnàilì.
かみ【神】 神 shén; ［万物の］上帝 Shàngdì.
かみ【紙】 纸 zhǐ. **～に包む** 包在 bāo zài 纸里 lǐ.
かみ【髪】 头发 tóufa; 发型 fàxíng. **～をとかす** 梳发 shū fà.
かみしめる【嚙みしめる】 咬住 yǎozhù, 咬紧 yǎojǐn.
かみそり【剃刀】 剃刀 tìdāo, 刮脸刀 guāliǎndāo.
かみなり【雷】 雷 léi. **～が鳴る** 打 dǎ 雷.
かむ 擤 xǐng. **鼻を～** 擤鼻涕 bítì.
かむ【嚙む】［かみつく・かじる］咬 yǎo; ［かみ砕く］嚼 jiáo.
ガム 口香糖 kǒuxiāngtáng.
かめ【瓶】 瓶子 píngzi, 罐儿 guànr.
カメ【亀】 龟 guī, 乌龟 wūguī.
カメラ 照相机 zhàoxiàngjī, 摄像机 shèxiàngjī.
カメラマン 摄影师 shèyǐngshī.
かめん【仮面】 (假)面具(jiǎ) miànjù.
がめん【画面】 画面 huàmiàn, 屏幕 píngmù.
カモ【鴨】 鸭子 yāzi, 野鸭 yěyā.
かもく【科目】 科目 kēmù.
かもつ【貨物】 货物 huòwù.
かゆ【粥】 粥 zhōu, 稀饭 xīfàn.
かゆい【痒い】 痒 yǎng, 发痒 fāyǎng.
かよう【通う】 上(学, 班) shàng(xué, bān), 去 qù; ［行き来する］往来 wǎnglái.
がようし【画用紙】 图画纸 túhuàzhǐ.
かようび【火曜日】 星期二 xīngqī'èr, 礼拜二 lǐbài'èr.
から 从 cóng, 由 yóu, 自 zì, 离 lí.
から【空】 空 kōng.
から【殻】 外皮 wàipí, (外)壳 (wài)ké.
からい【辛い】［舌を刺すような］辣 là; ［塩辛い］咸 xián; ［厳しい］严格 yángé.
カラオケ 卡拉ＯＫ kǎlā'ōukèi, ＫＴＶ. **～へ行って唱う** 去 qù ＫＴＶ唱歌 chànggē.
からかう［ふざける］逗 dòu, 戏弄 xìnòng; ［冗談を言って］开玩笑 kāi wánxiào.
がらくた 不值钱的东西 bù zhí qián de dōngxi, 破烂儿 pòlànr.
からし【辛子】 (黄)芥末(huáng) jièmo.
カラス【烏】 乌 wū, 乌鸦 wūyā.
ガラス 玻璃 bōli.
からだ【体】 身体 shēntǐ, 身材 shēncái.
からて【空手】 空手道 kōngshǒudào.
からむ【絡む】 缠绕 chánrào; 纠缠 jiūchán.
かり【狩り】 打猎 dǎliè; 打鱼 dǎyú.
かり【借り】 借款 jièkuǎn, 债 zhài. **～がある** 欠 qiàn 债. **～を返す** 还 huán 债.
カリキュラム 教育课程 jiàoyù kèchéng, 教学计划 jiàoxué jìhuà.
かりゅう【下流】［川の］下流 xiàliú, 下游 xiàyóu; ［階層の］下层 xiàcéng.
かりる【借りる】 借 jiè; 借助 jièzhù; ［有料で］租 zū.
かる【刈る】［草を］割 gē; ［髪を］剃 tì, 剪 jiǎn.
かるい【軽い】［重さが］轻 qīng; ［すばやい］轻快 qīngkuài; ［害が］轻微 qīngwēi.
カルシウム 钙 gài.
カルテ 病历 bìnglì.
かれ【彼】 他 tā; ［ボーイフレンド］男朋友 nánpéngyou, 男友 nányǒu.
カレー 咖喱 gālí. **～ライス** 咖喱饭 gālífàn.
ガレージ (汽)车库 (qì)chēkù.
かれは【枯葉】 枯叶 kūyè.
かれる【枯れる】 枯萎 kūwěi, 枯死 kūsǐ.
かれる【涸れる】 干 gān, 干涸 gānhé.
かれる【嗄れる】 嘶哑 sīyǎ.
カレンダー 日历 rìlì; ［月めくりの］月历 yuèlì.
かろう【過労】 过劳 guòláo, 疲劳过度 píláo guòdù.
がろう【画廊】 绘画陈列馆 huìhuà chénlièguǎn, 画廊 huàláng.
カロリー 卡(路里) kǎ(lùlǐ), 热量 rèliàng.
かろんじる【軽んじる】 轻视 qīngshì, 忽视 hūshì.
かわ【川・河】 河 hé, 河川 héchuān. **～を渡る** 过 guò 河.
かわ【皮】 皮 pí, 外皮 wàipí. **～をむく** 剥 bāo 皮.
がわ【側】 一侧 yīcè, 一方 yīfāng, 方面 fāngmiàn.
かわいい【可愛い】 可爱 kě'ài, 讨人喜欢 tǎo rén xǐhuan.
かわいがる【可愛がる】 爱 ài, 疼 téng, 喜爱 xǐ'ài.
かわいそう 可怜 kělián.
かわかす【乾かす】 晾 liàng; ［太陽で］晒干 shàigān; ［火で］烤干 kǎogān.
かわく【乾く】 干 gān, 干燥 gānzào.
かわく【渇く】 渴 kě, 渴望 kěwàng.
かわす【交わす】［やりとりする］交换 jiāohuàn; 相交 xiāngjiāo.
かわせ【為替】 汇兑 huìduì. **～レート** 汇率 huìlǜ.
かわら【川原・河原】 河滩 hétān.
かわら【瓦】 瓦 wǎ.
かわり【代わり・替わり】 代替 dàitì, 替代 tìdài.
かわりめ【変わり目・代わり目】 转折点 zhuǎnzhédiǎn, 转变期 zhuǎnbiànqī.
かわる【変わる・代わる・替わる・換わる】 变 biàn, 变化 biànhuà, 改变 gǎibiàn, 转变 zhuǎnbiàn; 更换 gēnghuàn; 代替 dàitì. → **交換・交替**
かわるがわる【代わる代わる】 轮流 lúnliú, 轮换 lúnhuàn.
かん【缶】 罐(子) guàn(zi), 桶 tǒng; ［缶詰］罐头(盒) guàntou(hé). **～切り** 罐头起子 qǐzi.
かん【勘】 直觉 zhíjué, 直感 zhígǎn.
がん【癌】 癌 ái, 癌症 áizhèng. **胃～** 胃 wèi 癌.
かんおけ【棺桶】 棺材 guāncai.
がんか【眼科】 眼科 yǎnkē.
かんがえ【考え】［結論・意見・判断・方法］想法 xiǎngfa, 意见 yìjian; ［予定・つもり・意図・希望］心思 xīnsi.
かんがえこむ【考え込む】 沉思 chénsī, 苦想 kǔxiǎng.
かんがえる【考える】 想 xiǎng, 思考 sīkǎo; 考虑 kǎolǜ.
かんかく【間隔】 间隔 jiàngé, 距离 jùlí.
かんかく【感覚】 感觉 gǎnjué.
かんき【換気】 通风 tōngfēng. **～扇** 通风扇 shàn, 换气扇 huànqìshàn.
かんきゃく【観客】 观众 guānzhòng.
かんきょう【環境】 环境 huánjìng. **～を保護する** 保护 bǎohù 环境, 保环 bǎohuán.
かんけい【関係】［つながり］关系 guānxi; 联系 liánxì. **～を強める** 加强 jiāqiáng 联系.
かんげい【歓迎】(-する) 欢迎 huānyíng.
かんげき【感激】［人の好意・助けに］感激 gǎnjī; ［事物に］

感动 gǎndòng.
かんけつ【完結】(-する) 完成 wánchéng; 完结 wánjié.
かんけつ【簡潔】 简洁 jiǎnjié.
かんげん【還元】 还原 huányuán, 归还 guīhuán.
かんご【看護】(-する) 护理 hùlǐ, 看护 kānhù.
がんこ【頑固】 [かたくな]顽固 wángù; 固执 gùzhí.
かんこう【刊行】(-する) 出版 chūbǎn, 发行 fāxíng.
かんこう【観光】(-する) 观光 guānguāng, 旅游 lǚyóu.
〜客 游客 yóukè.
かんこく【韓国】 韩国 Hánguó.
かんごし【看護師】 护士 hùshi.
かんさつ【観察】(-する) 观察 guānchá.
かんし【監視】(-する) 监视 jiānshì.
かんじ【感じ】 感觉 gǎnjué, 知觉 zhījué.
かんじ【幹事】 干事 gànshi.
かんじ【漢字】 汉字 Hànzì.
がんじつ【元日】 元旦 Yuándàn.
かんしゃ【感謝】(-する) 感谢 gǎnxiè.
かんじゃ【患者】 病人 bìngrén, 患者 huànzhě.
かんしゅう【慣習】 习惯xíguàn; [しきたり]常规chángguī.
がんしょ【願書】 申请书 shēnqǐngshū; 志愿书 zhìyuànshū.
かんしょう【干渉】(-する) 干涉 gānshè; [口出しする]干预 gānyù.
かんしょう【鑑賞】(-する) 欣赏 xīnshǎng; [理解して楽しむ]鉴赏 jiànshǎng.
かんじょう【勘定】(-する) [計算]计算 jìsuàn; [収支・代金計算]结账 jiézhàng.
かんじょう【感情】 感情 gǎnqíng, 情绪 qíngxù.
がんじょう【頑丈】 坚固 jiāngù, 结实 jiēshi.
かんしょく【間食】 (吃)零食 (chī)língshí, 点心 diǎnxin.
かんしょく【感触】 感触 gǎnchù; [手応え]感觉 gǎnjué.
かんじる【感じる】 感觉 gǎnjué; 感到 gǎndào.
かんしん【感心】(-する) 钦佩 qīnpèi, 佩服 pèifu.
かんしん【関心】 关心 guānxīn; [興味]兴趣 xìngqù.
〜を持つ 感 gǎn 兴趣.
かんじん【肝心】 重要 zhòngyào; 关键 guānjiàn.
かんする【関する】 (与 yǔ …)有关 yǒuguān, 关于 guānyú.
かんせい【完成】(-する) 完成 wánchéng; 完工 wángōng, 竣工 jùngōng.
かんせい【歓声】 欢呼声 huānhūshēng.
かんぜい【関税】 关税 guānshuì.
かんせつ(てき)【間接(的)】 间接 jiànjiē.
かんせつ【関節】 关节 guānjié.
かんせん【幹線】 干线 gànxiàn.
かんせん【感染】(-する) 感染 gǎnrǎn. **ウィルスに〜する** 感染病毒 bìngdú.
かんぜん【完全】 完全 wánquán, 完整 wánzhěng.
かんそう【乾燥】(-する) 干燥 gānzào.
かんそう【感想】 感想 gǎnxiǎng.
かんぞう【肝臓】 肝(脏) gān(zàng).
かんそく【観測】(-する) 观测 guāncè.
かんだい【寛大】 宽大 kuāndà.
かんたいじ【簡体字】 简体字 jiǎntǐzì, 简化汉字 jiǎnhuà Hànzì.
かんたん【感嘆】(-する) 感叹 gǎntàn; [称賛して]赞叹 zàntàn.
かんたん【簡単】 简单 jiǎndān; 容易 róngyì.
がんたん【元旦】 元旦 Yuándàn.
かんちがい【勘違い】 [人を]错认 cuòrèn; [意味を]误会 wùhuì.
かんづめ【缶詰】 罐头 guàntou. **〜をあける** 开 kāi 罐头.
かんてい【鑑定】 鉴别 jiànbié, 鉴定 jiàndìng.
かんてん【観点】 观点 guāndiǎn, 看法 kànfǎ, 见地 jiàndì, 角度 jiǎodù.
かんどう【感動】(-する) 感动 gǎndòng, 激动 jīdòng.
かんとく【監督】 [取り締まること]监督 jiāndū, 管理 guǎnlǐ; [劇・映画の]导演(者) dǎoyǎn(zhě).
カンニング(-する) 作弊 zuòbì.
かんねん【観念】 观念 guānniàn; 死心 sǐxīn.
かんぱ【寒波】 寒流 hánliú, 寒潮 háncháo. **〜が襲う** 袭击 xíjī 寒流.
かんぱい【乾杯】(-する) 干杯 gānbēi.
かんばつ【旱魃】 旱 hàn, 干旱 gānhàn.
がんばる【頑張る】 坚持 jiānchí; 努力 nǔlì.
かんばん【看板】 招牌 zhāopai.
かんび【完備】(-する) 完备 wánbèi, 齐全 qíquán.
かんびょう【看病】(-する) 护理 hùlǐ, 看护 kānhù.
カンフー 功夫 gōngfu.
かんぺき【完璧】 完美 wánměi; 十全十美 shí quán shí měi.
かんべん【勘弁】(-する) 原谅 yuánliàng, 饶恕 ráoshù.
かんぽうやく【漢方薬】 中药 zhōngyào.
がんめん【顔面】 脸 liǎn, 面部 miànbù.
かんもん【関門】 [関所]关口 guānkǒu; [通過しにくいところ]难关 nánguān.
かんゆう【勧誘】(-する) [すすめる]劝说 quànshuō; [誘う]劝诱 quànyòu.
かんり【管理】(-する) 管理 guǎnlǐ.
かんりゃく【簡略】 简单 jiǎndān, 简略 jiǎnlüè.
かんりょう【完了】(-する) 完了 wánliǎo; 结束 jiéshù.
かんりょう【官僚】 官僚 guānliáo, 官吏 guānlì.
かんれい【慣例】 惯例 guànlì, 老规矩 lǎoguīju. **〜に背く** 违反 wéifǎn 惯例.
かんれん【関連】(-する) 关联 guānlián; 有关系 yǒu guānxi.
かんろく【貫禄】 威严 wēiyán; 派头 pàitóu.
かんわ【緩和】(-する) 缓和 huǎnhé.

き

き【木】 [樹木]树(木) shù(mù); [木材]木头 mùtou.
き【気】 气 qì, 空气 kōngqì; 气质 qìzhì; 心情 xīnqíng.
ギア 齿轮 chǐlún; 排挡 páidǎng.
キー [鍵盤]键(盘) jiàn(pán); [鍵]钥匙 yàoshi; [要所]关键 guānjiàn.
キーボード 键盘 jiànpán.
きいろ【黄色】 黄色 huángsè.
キーワード 关键词 guānjiàncí.
きえる【消える】 消失 xiāoshī, 熄灭 xīmiè.
きおく【記憶】(-する) 记忆 jìyì; [記憶力]记忆力 jìyìlì.
きおん【気温】 气温 qìwēn. **〜が上がる** 气温上升 shàngshēng.
きか【帰化】(-する) 归化 guīhuà, 入籍 rùjí.
きかい【機会】 机会 jīhuì.
きかい【機械・器械】 机器 jīqi, 机械 jīxiè.
きがい【危害】 危害 wēihài; 灾害 zāihài.
ぎかい【議会】 议会 yìhuì.
きがえる【着替える】 [服を]换衣服 huàn yīfu.
きかがく【幾何学】 几何学 jǐhéxué.
きかく【企画】(-する) 规划 guīhuà, 计划 jìhuà.
きかく【規格】 规格 guīgé, 标准 biāozhǔn.
きかせる【聞かせる】 让 ràng …听 tīng.
きがつく【気が付く】 注意到 zhùyìdào; 察觉 chájué.
きがね【気兼ね】 顾虑 gùlǜ, 拘谨 jūjǐn.
きがる【気軽】 轻松愉快 qīngsōng yúkuài; [自由に]随便 suíbiàn.
きかん【期間】 期间 qījiān; [期限・日限]期限 qīxiàn.

きかん【機関】 机关 jīguān, 组织 zǔzhī, 机构 jīgòu.
きかん【器官】 器官 qìguān.
きかんし【気管支】 支气管 zhīqìguǎn.
きき【危機】 危机 wēijī, 险关 xiǎnguān.
ききめ【効き目】 效验 xiàoyàn, 效力 xiàolì.
ききゅう【気球】 气球 qìqiú.
きぎょう【企業】 企业 qǐyè.
ぎきょく【戯曲】 [台本]剧本 jùběn; [ドラマ]戏剧 xìjù.
ききん【飢饉】 饥荒 jīhuang, 饥馑 jījǐn.
ききん【基金】 基金 jījīn.
キク【菊】 菊 jú, 菊花 júhuā.
きく【効く・利く】 [効き目が現れる]有效 yǒuxiào, 起作用 qǐ zuòyòng.
きく【聞く・聴く】 听 tīng; 听从 tīngcóng; [尋ねる]问 wèn, 打听 dǎting, 询问 xúnwèn. **音楽を〜** 听音乐 yīnyuè.
きぐ【器具】 器具 qìjù, 用具 yòngjù.
きぐう【奇遇】 奇遇 qíyù, 巧遇 qiǎoyù.
ぎくしゃく 不圆滑 bù yuánhuá, 生硬 shēngyìng.
きくばり【気配り】 照顾 zhàogù, 关照 guānzhào.
きげき【喜劇】 喜剧 xǐjù, 笑剧 xiàojù.
きけん【危険】 危险 wēixiǎn.
きげん【紀元】 纪元 jìyuán, 公元 gōngyuán.
きげん【期限】 期限 qīxiàn.
きげん【機嫌】 心情 xīnqíng, 情绪 qíngxù. **〜がよい** 高兴 gāoxìng; 快活 kuàihuo. **〜をとる** 讨好 tǎohǎo, 取悦 qǔyuè.
きげん【起源】 起源 qǐyuán.
きこう【気候】 气候 qìhòu.
きこう【気功】 气功 qìgōng.
きごう【記号】 记号 jìhao, 符号 fúhào.
きこえる【聞こえる】 听到 tīngdào; 听见 tīngjiàn.
きこく【帰国】 [祖国への]回国 huíguó; [故郷への]回家乡 huí jiāxiāng.
ぎこちない [動作などが]笨拙 bènzhuō; [滑らかでない]生硬 shēngyìng.
きざ【気障】 装模作样 zhuāng mú zuò yàng, 装腔作势 zhuāng qiāng zuò shì.
きさい【記載】(-する) 记载 jìzǎi, 刊登 kāndēng.
きさく【気さく】 坦率 tǎnshuài, 直爽 zhíshuǎng.
きざむ【刻む】 细切 xìqiē, 雕刻 diāokè.
きし【岸】 岸 àn, 滨 bīn.
きじ【生地】 本色 běnsè; [材質]质地 zhìdì; [布地]布料 bùliào.
きじ【記事】 消息 xiāoxi, 报道 bàodào. **〜を載せる** 登载 dēngzǎi 消息.
ぎし【技師】 工程师 gōngchéngshī, 技师 jìshī.
ぎしき【儀式】 仪式 yíshì, 典礼 diǎnlǐ.
きしつ【気質】 气质 qìzhì, 禀性 bǐngxìng.
きじつ【期日】 日期 rìqī, 期限 qīxiàn.
きしゃ【汽車】 火车 huǒchē, 列车 lièchē.
きしゃ【記者】 记者 jìzhě.
きじゅつ【奇術】 魔术 móshù, 戏法 xìfǎ.
きじゅつ【記述】(-する) 记述 jìshù.
ぎじゅつ【技術】 [科学的な]技术 jìshù; [芸術的な]工艺 gōngyì. **〜者** 工程师 gōngchéngshī; 技术员 yuán.
きじゅん【基準】 [比較・測量の]标准 biāozhǔn, 基准 jīzhǔn; [品質・量の]规格 guīgé.
きじゅん【規準】 规范 guīfàn, 标准 biāozhǔn.
きしょう【気性】 秉性 bǐngxìng, 脾气 píqi, 性情 xìngqíng. **〜が荒い** 脾气暴躁 bàozào.
きしょう【気象】 气象 qìxiàng.
キス(-する) 接吻 jiēwěn, 亲嘴 qīnzuǐ.
きず【傷・疵・瑕】 [身体の]伤 shāng; [欠点]缺陷 quēxiàn.
きすう【奇数】 奇数 jīshù, 单数 dānshù.
きずく【築く】 建筑 jiànzhù; 建立 jiànlì.
きずつく【傷つく】 受伤 shòushāng; 受创伤 shòu chuāngshāng.
きずな【絆】 纽带 niǔdài, 羁绊 jībàn.
きせい【規制】(-する) 限制 xiànzhì.
ぎせい【犠牲】 牺牲 xīshēng; [代価]代价 dàijià.
きせき【奇跡】 奇迹 qíjì.
きせつ【季節】 季节 jìjié.
きぜつ【気絶】(-する) 昏迷 hūnmí, 昏厥 hūnjué, 晕倒 yūndǎo.
ぎぜん【偽善】 伪善 wěishàn.
きそ【基礎】 基础 jīchǔ, 根基 gēnjī.
きそう【競う】 竞争 jìngzhēng, 竞赛 jìngsài.
ぎぞう【偽造】(-する) 伪造 wěizào, 仿造 fǎngzào.
きそく【規則】 规则 guīzé, 章程 zhāngchéng.
きた【北】 北方 běifāng, 北边 běibian, 北面 běimiàn.
ギター 吉他 jítā, 六弦琴 liùxiánqín. **〜を弾く** 弹 tán 吉他.
きたい【期待】(-する) 期待 qīdài, 期望 qīwàng.
きたい【気体】 气 qì; 气体 qìtǐ.
きたえる【鍛える】 [金属を]锤炼 chuíliàn; [訓練する]锻炼 duànliàn.
きたく【帰宅】(-する) 回家 huíjiā.
きたちょうせん【北朝鮮】 朝鲜 Cháoxiǎn.
きたない【汚い】 脏 zāng, 肮脏 āngzang.
きち【基地】 基地 jīdì, 根据地 gēnjùdì.
きちょう【貴重】 贵重 guìzhòng, 宝贵 bǎoguì, 珍贵 zhēnguì. **〜品** 贵重物品 wùpǐn.
ぎちょう【議長】 主持人 zhǔchírén, 议长 yìzhǎng; 主席 zhǔxí.
きちんと 整洁 zhěngjié; 整齐 zhěngqí; 恰当 qiàdàng.
きつい [程度が強い]厉害 lìhai; [態度・内容が厳しい]严厉 yánlì; 费力 fèilì.
きつえん【喫煙】(-する) 吸烟 xī yān, 抽 chōu 烟.
きづかう【気遣う】 担心 dānxīn, 挂虑 guàlǜ; 惦念 diànniàn.
きっかけ [始まり]开端 kāiduān; [手がかり]起因 qǐyīn.
キック(-する) 踢(球) tī(qiú); [水泳]踢腿 tuǐ, 打水 dǎshuǐ.
きづく【気づく】 注意到 zhùyìdào; 发觉 fājué; 察觉 chájué; [目が覚める]清醒过来 qīngxǐngguòlai.
キックオフ 开球 kāiqiú.
きっさてん【喫茶店】 咖啡馆 kāfēiguǎn; [中国式]茶馆 cháguǎn.
ぎっしり 满满的 mǎnmǎnde.
きって【切手】 邮票 yóupiào.
きっと 一定 yīdìng, 肯定 kěndìng.
キツネ【狐】 狐 hú, 狐狸 húli.
きっぱり 断然 duànrán; 果断 guǒduàn.
きっぷ【切符】 票 piào. **〜を買う** 买 mǎi 票.
きてん【機転】 机智 jīzhì; [ひらめき]灵机 língjī. **〜がきく** 机灵 jīlíng.
きどう【軌道】 轨道 guǐdào, [方針]路线 lùxiàn.
きどる【気取る】 [もったいぶる]装模作样 zhuāng mú zuò yàng, 装腔做势 zhuāng qiāng zuò shì.
きにいる【気に入る】 称心 chènxīn, 中意 zhòngyì; 喜爱 xǐ'ài.
きにする【気にする】 关心 guānxīn, 介意 jièyì.
きにゅう【記入】(-する) 写上 xiěshàng; [空白に]填写 tiánxiě.
きぬ【絹】 丝绸 sīchóu, 丝织品 sīzhīpǐn.
きねん【記念】(-する) 纪念 jìniàn. **〜日** 纪念日 rì. **〜品** 纪念品 pǐn.
きのう【昨日】 昨天 zuótiān; 昨日 zuórì.

きのう【機能】 机能 jīnéng; 功能 gōngnéng.
キノコ【茸】 蘑菇 mógu.
きのどく【気の毒】 可怜 kělián; 遗憾 yíhàn.
きば【牙】 犬齿 quǎnchǐ.
きはく【気迫】 气魄 qìpò, 气概 qìgài.
きばつ【奇抜】 奇特 qítè; 新奇 xīnqí.
きばらし【気晴らし】 散心 sànxīn, 消遣 xiāoqiǎn.
きばん【基盤】 基础 jīchǔ; [物の]底座 dǐzuò.
きびしい【厳しい】 严厉 yánlì, 严格 yángé; 严重 yánzhòng.
きひん【気品】 品格 pǐngé; 气派 qìpài. **〜がある** 有 yǒu 气派.
きふ【寄付】(-する) 捐赠 juānzèng; 捐助 juānzhù.
ぎふ【義父】 [夫の父]公公 gōnggong; [妻の父]岳父 yuèfù.
きふう【気風】 风气 fēngqì, 风尚 fēngshàng.
ギフト 礼品 lǐpǐn, 礼物 lǐwù.
きぶん【気分】 心情 xīnqíng; [体調]舒服 shūfu. **〜が悪い** 不 bù 舒服.
きぼ【規模】 规模 guīmó.
ぎぼ【義母】 [夫の母]婆母 pómǔ; [妻の母]岳母 yuèmǔ.
きぼう【希望】(-する) 希望 xīwàng; 期望 qīwàng.
きほん【基本】 基本 jīběn; 基础 jīchǔ.
きまぐれ【気まぐれ】 浮躁 fúzào; [移り気]脾气没准 píqi méi zhǔn; [気まま]任性 rènxìng.
きまま【気まま】 随便 suíbiàn, 任意 rènyì.
きまり【決まり】 规定 guīdìng, 规则 guīzé.
きまる【決まる・極まる】 定 dìng; [決定する]决定 juédìng; [定める]规定 guīdìng.
きみ【君】 → あなた
きみ【気味】 情绪 qíngxù.
きみょう【奇妙】 奇怪 qíguài, 奇异 qíyì.
ぎむ【義務】 义务 yìwù, 本分 běnfèn.
きめる【決める】 决定 juédìng; 规定 guīdìng.
きも【肝】 [肝臓]肝脏 gānzàng; [度胸]胆量 dǎnliàng.
きもち【気持ち】 [感じ]感受 gǎnshòu; [気分]心情 xīnqíng. → 感情・気 **〜が良い** 心情舒畅 shūchàng.
きもの【着物】 衣服 yīfu; 和服 héfú.
ぎもん【疑問】 疑问 yíwèn.
きゃく【客】 客人 kèren; [商売の]顾客 gùkè, 客户 kèhù.
ぎゃく【逆】 逆 nì; 倒 dào; 相反 xiāngfǎn.
きゃくしつ【客室】 [ホテルの]客房 kèfáng.
ぎゃくてん【逆転】 [回転が]反转 fǎnzhuǎn, 倒转 dàozhuǎn, 逆转 nìzhuǎn.
ぎゃくふう【逆風】 逆风 nìfēng, 顶风 dǐngfēng.
きゃくま【客間】 客厅 kètīng.
きゃしゃ【華奢】 纤细 xiānxì; 纤弱 xiānruò.
きやすい【気安い】 不拘泥 bù jūnì; [気兼ねしない]不客气 kèqi.
きゃっかん【客観】 客观 kèguān.
キャッシュカード 提款卡 tíkuǎnkǎ, 银行现金卡 yínháng xiànjīnkǎ.
ギャップ (意见的)分歧 fēnqí, 差距 chājù.
キャビア 鱼子酱 yúzǐjiàng.
キャプテン [船の]船长 chuánzhǎng; [チームの]队长 duìzhǎng.
キャベツ 圆白菜 yuánbáicài, 洋白菜 yángbáicài, 卷心菜 juǎnxīncài, 结球甘蓝 jiéqiú gānlán.
キャラクター 性格 xìnggé, 性质 xìngzhì; [アニメなどの]卡通形象 kǎtōng xíngxiàng.
キャラメル 奶糖 nǎitáng, 牛奶糖 niúnǎitáng.
キャリア 履历 lǚlì, 经历 jīnglì.
ギャング 强盗 qiángdào, 匪徒 fěitú.
キャンセル(-する) [取り消す]取消 qǔxiāo; [無効にする]作废 zuòfèi.
キャンデー 糖果 tángguǒ.
キャンバス 画布 huàbù.
キャンパス (大学的)校园 xiàoyuán.
キャンプ(-する) 露营 lùyíng, 野营 yěyíng.
ギャンブル(-する) 赌博 dǔbó; [投機]投机 tóujī.
キャンペーン(-する) 运动 yùndòng, 宣传活动 xuānchuán huódòng.
きゅう【急】 急迫 jípò; 紧急 jǐnjí; [急ぐ]急 jí; [差し迫った]急迫; [急いで]赶紧 gǎnjǐn; [突然]突然 tūrán.
きゅう【級】 [等級]等级 děngjí; [学級]班级 bānjí, 年级 niánjí.
きゅうか【休暇】 休假 xiūjià, 假期 jiàqī. **〜を取る** 请假 qǐng jià.
きゅうきゅう【救急】 急救 jíjiù, 救护 jiùhù.
きゅうきゅうしゃ【救急車】 救护车 jiùhùchē, 急救车 jíjiùchē.
きゅうくつ【窮屈】 窄小 zhǎixiǎo; 不自由 bù zìyóu.
きゅうけい【休憩】(-する) 休息 xiūxi, 歇 xiē. **〜室** 休息室 shì.
きゅうげき【急激】 急剧 jíjù; [突然]骤然 zhòurán.
きゅうこう【急行】 快车 kuàichē.
きゅうさい【救済】(-する) 救济 jiùjì.
きゅうし【休止】(-する) 停止 tíngzhǐ, 停顿 tíngdùn.
きゅうじつ【休日】 假日 jiàrì, 休息日 xiūxirì.
きゅうしゅう【吸収】(-する) 吸收 xīshōu.
きゅうしょ【急所】 [身体の]要害 yàohài; [物事の]要点 yàodiǎn.
きゅうじょ【救助】(-する) 营救 yíngjiù, 救助 jiùzhù; [迅速に]抢救 qiǎngjiù.
きゅうしょうがつ【旧正月】 春节 Chūnjié.
きゅうしょく【給食】 供给饮食 gōngjǐ yǐnshí, 提供伙食 tígōng huǒshí.
ぎゅうじる【牛耳る】 把持 bǎchí; [制する]控制 kòngzhì.
きゅうしん【急進】 急进 jíjìn; 冒进 màojìn.
きゅうじん【求人】 招聘 zhāopìn, 招人 zhāorén, 征职 zhēngzhí.
きゅうす【急須】 茶壶 cháhú.
きゅうそく【休息】(-する) 休息 xiūxi.
きゅうでん【宮殿】 宫殿 gōngdiàn.
ぎゅうにく【牛肉】 牛肉 niúròu.
ぎゅうにゅう【牛乳】 牛奶 niúnǎi.
きゅうめい【究明】(-する) 查明 chámíng, 查清 cháqīng.
きゅうよ【給与】 工资 gōngzī, 薪金 xīnjīn.
きゅうよう【休養】(-する) 休养 xiūyǎng.
きゅうよう【急用】 急事 jíshì.
キュウリ【胡瓜】 黄瓜 huánggua.
きゅうりょう【給料】 工资 gōngzī; 薪酬 xīnchóu.
きよい【清い】 [澄んでいる]清 qīng; [けがれがない]纯洁 chúnjié; [恥じるところがない]清白 qīngbái.
きょう【今日】 今天 jīntiān, 今日 jīnrì.
きよう【器用】 [手先などが]灵巧 língqiǎo; [細工が]精巧 jīngqiǎo.
ぎょう【行】 [くだり]行 háng; [仏教]修行 xiūxíng.
きょうい【胸囲】 胸围 xiōngwéi.
きょうい【脅威】 威胁 wēixié.
きょうい【驚異】 惊异 jīngyì, 惊奇 jīngqí.
きょういく【教育】 教育 jiàoyù; 教养 jiàoyǎng.
きょういん【教員】 教员 jiàoyuán, 教师 jiàoshī.
きょうか【強化】(-する) 加强 jiāqiáng, 强化 qiánghuà.
きょうか【教科】 课程 kèchéng; 教授科目 jiàoshòu kēmù.
きょうかい【教会】 教会 jiàohuì; 教堂 jiàotáng.
きょうかい【境界】 界线 jièxiàn, 境界 jìngjiè; [辺境の]疆界 jiāngjiè.

きょうかい【協会】 协会 xiéhuì.
ぎょうかい【業界】 同业界 tóngyèjiè, 行业 hángyè.
きょうかしょ【教科書】 课本 kèběn, 教科书 jiàokēshū.
きょうかん【共感】(-する) 同感 tónggǎn, 共鸣 gòngmíng.
きょうぎ【協議】(-する) 协议 xiéyì, 协商 xiéshāng.
きょうぎ【競技】(-する) 比赛 bǐsài; 竞技 jìngjì. **〜場** 赛场 sàichǎng.
ぎょうぎ【行儀】 举止 jǔzhǐ; 礼貌 lǐmào, 礼仪 lǐyí. **〜がいい** 有 yǒu 礼貌.
きょうきゅう【供給】(-する) 供给 gōngjǐ, 供应 gōngyìng.
きょうぐう【境遇】 境遇 jìngyù, 处境 chǔjìng.
きょうくん【教訓】 教训 jiàoxun.
きょうげき【京劇】 京剧 Jīngjù; [台湾で]国剧 guójù.
きょうこう【強硬】 强硬 qiángyìng.
ぎょうざ【餃子】 饺子 jiǎozi. **〜を作る** 包 bāo 饺子.
きょうさい【共済】 共济 gòngjì, 互助 hùzhù.
きょうさい【共催】(-する) 共同主办 gòngtóng zhǔbàn.
きょうざい【教材】 教材 jiàocái.
きょうさんしゅぎ【共産主義】 共产主义 gòngchǎn zhǔyì.
きょうし【教師】 教师 jiàoshī, 教员 jiàoyuán.
ぎょうじ【行事】 仪式 yíshì; 活动 huódòng.
きょうしつ【教室】 教室 jiàoshì, 课堂 kètáng.
きょうじゅ【教授】 教授 jiàoshòu.
きょうしゅく【恐縮】(-する) 不好意思 bù hǎoyìsi; 过意不去 guòyìbuqù.
きょうせい【強制】(-する) 强制 qiángzhì, 强迫 qiǎngpò.
きょうせい【矯正】(-する) 矫正 jiǎozhèng, 纠正 jiūzhèng.
ぎょうせい【行政】 行政 xíngzhèng.
ぎょうせき【業績】 业绩 yèjì, 成就 chéngjiù.
きょうそう【競争】(-する) 竞争 jìngzhēng, 竞赛 jìngsài. **〜率** 竞争率 lǜ. **生存〜** 生存 shēngcún 竞争.
きょうそう【競走】(-する) 赛跑 sàipǎo.
きょうだい【兄弟】 兄弟 xiōngdì; [女の]姊妹 zǐmèi.
きょうだん【教壇】 讲台 jiǎngtái.
きょうち【境地】 处境 chǔjìng; [心境]境界 jìngjiè.
きょうちょう【協調】(-する) 协调 xiétiáo; 合作 hézuò.
きょうちょう【強調】(-する) 强调 qiángdiào.
きょうつう【共通】 共同 gòngtóng, 共通 gòngtōng.
きょうてい【協定】(-する) 协定 xiédìng.
きょうどう【共同】 共同 gòngtóng.
きょうどうたい【共同体】 共同体 gòngtóngtǐ.
きょうばい【競売】(-する) 拍卖 pāimài.
きょうはく【脅迫】(-する) 威胁 wēixié, 胁迫 xiépò.
きょうふ【恐怖】 恐怖 kǒngbù, 恐惧 kǒngjù.
きょうぼう【凶暴】 凶暴 xiōngbào, 残暴 cánbào.
きょうぼう【共謀】(-する) 共谋 gòngmóu, 合谋 hémóu.
きょうみ【興味】 兴趣 xìngqù, 兴致 xìngzhì. **〜がある** 有 yǒu 兴趣.
きょうめい【共鳴】(-する) 共鸣 gòngmíng, 同感 tónggǎn.
きょうよう【強要】(-する) 强行要求 qiángxíng yāoqiú, 强逼 qiǎngbī.
きょうよう【教養】 修养 xiūyǎng; 教养 jiàoyǎng.
きょうりゅう【恐竜】 恐龙 kǒnglóng.
きょうりょく【協力】(-する) 协力 xiélì, 配合 pèihé, 合作 hézuò.
きょうれつ【強烈】 强烈 qiángliè.
ぎょうれつ【行列】 行列 hángliè, 队伍 duìwu, 队列 duìliè.
きょうわこく【共和国】 共和国 gònghéguó.
きょか【許可】(-する) 许可 xǔkě, 批准 pīzhǔn.
ぎょぎょう【漁業】 渔业 yúyè.
きょく【曲】 [ふし]曲调 qǔdiào; [楽曲]乐曲 yuèqǔ.
きょくげん【極限】 极限 jíxiàn.
きょくせん【曲線】 曲线 qūxiàn.
きょくたん【極端】 极端 jíduān.
きょくとう【極東】 远东 Yuǎndōng.
きょくりょく【極力】 极力 jílì, 尽量 jǐnliàng.
きょじん【巨人】 巨人 jùrén.
きょぜつ【拒絶】(-する) 拒绝 jùjué.
きょだい【巨大】 巨大 jùdà.
きょてん【拠点】 据点 jùdiǎn, 基地 jīdì.
きょねん【去年】 去年 qùnián.
きょひ【拒否】(-する) [意見・要求を]拒绝 jùjué; [議案を]否决 fǒujué.
きよめる【清める】 [きれいにする]弄干净 nòng gānjìng, 使清白 shǐ qīngbái.
きよらか【清らか】 清洁 qīngjié, 洁净 jiéjìng, 纯洁 chúnjié; 清白 qīngbái.
きょり【距離】 距离 jùlí; [隔たり]间隔 jiàngé.
きらう【嫌う】 嫌恶 xiánwù, 讨厌 tǎoyàn.
きらく【気楽】 舒适 shūshì, 轻松 qīngsōng.
きらす【切らす】 用尽 yòngjìn, 用光 yòngguāng.
きり【錐】 锥子 zhuīzi.
きり【霧】 雾 wù. **〜が降る** 下 xià 雾. **〜吹き器** 喷雾器 pēnwùqì.
ぎり【義理】 情面 qíngmiàn, 人情 rénqíng.
ギリシャ 希腊 Xīlà.
キリストきょう【キリスト教】 基督教 Jīdūjiào. **〜徒** 基督教徒 tú.
きりつ【起立】(-する) 起立 qǐlì, 站起来 zhànqǐlai.
きりつ【規律】 纪律 jìlǜ; 规律 guīlǜ. **〜を守る** 遵守 zūnshǒu 纪律.
きりひらく【切り開く】 开拓 kāituò; 开辟 kāipì.
きりょく【気力】 [精力・元気]精力 jīnglì; [精神力]魄力 pòlì, 毅力 yìlì.
きる【切る】 [ナイフ・包丁・メスなどで]切 qiē; [はさみで]剪 jiǎn; [のこぎりで]锯 jù; [斧などを振り回して]砍 kǎn; [上から真っ二つに]劈 pī; [刈り取る, 切り取る]割 gē.
きる【着る】 穿 chuān.
きれい【綺麗】 [美しい]漂亮 piàoliang, 好看 hǎokàn; [汚れがない]干净 gānjìng, 整齐 zhěngqí.
きろく【記録】(-する) 记录 jìlù; 记载 jìzǎi.
キログラム 公斤 gōngjīn.
キロメートル 公里 gōnglǐ, 千米 qiānmǐ.
ぎろん【議論】(-する) 讨论 tǎolùn, 议论 yìlùn; [意見をたたかわせる]争论 zhēnglùn.
きわめて【極めて】 极其 jíqí, 极为 jíwéi.
きわめる【窮める・極める・究める】 [本質をつかむ]穷其究竟 qióng qí jiūjìng, 穷原竟委 qióng yuán jìng wěi; [調査を]彻底查明 chèdǐ chámíng.
きん【金】 金(子) jīn(zi), 黄金 huángjīn.
ぎん【銀】 银(子) yín(zi), 白银 báiyín.
きんいつ【均一】 均等 jūnděng, 均匀 jūnyùn.
きんえん【禁煙】(-する) 禁止吸烟 jìnzhǐ xīyān; 戒烟 jièyān.
ぎんが【銀河】 银河 yínhé, 天河 tiānhé.
きんがく【金額】 金额 jīn'é.
きんきゅう【緊急】 紧急 jǐnjí, 急迫 jípò.
キンギョ【金魚】 金鱼 jīnyú.
きんきょう【近況】 近况 jìnkuàng.
きんこ【金庫】 保险柜 bǎoxiǎnguì.
きんこう【均衡】 均衡 jūnhéng, 平衡 pínghéng. **〜を保つ** 保持 bǎochí 均衡.
きんこう【近郊】 近郊 jìnjiāo.

ぎんこう【銀行】 银行 yínháng.
きんし【近視】 近视(眼) jìnshi(yǎn).
きんし【禁止】(-する) 禁止 jìnzhǐ.
きんじょ【近所】 附近 fùjìn, 近邻 jìnlín.
きんぞく【金属】 金属 jīnshǔ.
きんだい【近代】 现代 xiàndài, 近代 jìndài.
きんちょう【緊張】(-する) 紧张 jǐnzhāng.
きんとう【均等】 均等 jūnděng, 均匀 jūnyún.
きんにく【筋肉】 肌肉 jīròu, 筋肉 jīnròu.
きんべん【勤勉】 [よく働く]勤劳 qínláo; [性格が]勤勉 qínmiǎn.
きんみつ【緊密】 紧密 jǐnmì, 密切 mìqiè.
きんむ【勤務】 勤务 qínwù, 工作 gōngzuò.
きんゆう【金融】 金融 jīnróng.
きんようび【金曜日】 星期五 xīngqīwǔ, 礼拜五 lǐbàiwǔ.
きんり【金利】 利息 lìxī; 利率 lìlǜ. **～が下がる** 利率降低 jiàngdī.
きんろう【勤労】 勤劳 qínláo.

く

く【区】 [行政上の]区 qū; [区画]区域 qūyù.
く【句】 词句 cíjù.
ぐあい【具合】 状态 zhuàngtài, 情况 qíngkuàng. **～はどうですか** 情况怎样 zěnyàng?
くい【杭】 桩子 zhuāngzi.
くい【悔い】 懊悔 àohuǐ, 后悔 hòuhuǐ. → **後悔**
クイーン [王妃]皇后 huánghòu; [女王]女皇 nǚhuáng.
くいき【区域】 区(域) qū(yù), 地区 dìqū.
くいしんぼう【食いしん坊】 嘴馋(的人) zuǐchán(de rén), 馋鬼 chánguǐ.
クイズ 测验 cèyàn; [謎当て]猜迷 cāimí, 智力竞赛 zhìlì jìngsài.
くいちがう【食い違う】 [相違する]不一致 bù yīzhì, 有分歧 yǒu fēnqí.
くう【食う】 吃 chī; [虫がかむ]咬 yǎo, 叮 dīng; [多く消費する]耗费 hàofèi.
くうかん【空間】 空间 kōngjiān.
くうき【空気】 空气 kōngqì; 气氛 qìfēn.
くうぐん【空軍】 空军 kōngjūn.
くうこう【空港】 (飞)机场 (fēi)jīchǎng.
ぐうすう【偶数】 偶数 ǒushù, 双数 shuāngshù.
くうせき【空席】 [座席が]空(坐)位 kòng(zuò)wèi; [欠員]空缺 kòngquē.
ぐうぜん【偶然】 偶然 ǒurán; 偶而 ǒu'ér. **～の一致** 偶然的一致 yīzhì.
くうそう【空想】 空想 kōngxiǎng; [願望]幻想 huànxiǎng.
くうちゅう【空中】 空中 kōngzhōng; 天空 tiānkōng.
クーデター 军事〔武装〕政变 jūnshì〔wǔzhuāng〕zhèngbiàn.
くうふく【空腹】 饿 è, 饥饿 jī'è, 空肚子 kōngdùzi.
くうぼ【空母】 航空母舰 hángkōng mǔjiàn, 航母 hángmǔ.
クーポン [切り取り式切符]联票 liánpiào; [旅行用の]通票 tōngpiào.
くうゆ【空輸】 空中输送 kōngzhōng shūsòng, 空运 kōngyùn.
クーラー 冷气设备 lěngqì shèbèi.
くうらん【空欄】 空白栏 kòngbáilán, 空白处 kòngbáichù.
くうろ【空路】 航空路线 hángkōng lùxiàn; [航路]航线 hángxiàn.
クォリティー 质量 zhìliàng, 性质 xìngzhì.
くかく【区画】 区划 qūhuà.
くかん【区間】 区间 qūjiān.
くき【茎】 茎 jīng; 秆 gǎn.
くぎ【釘】 钉 dīng, 钉子 dīngzi. **～を打つ** 钉 dìng 钉子.
くくる【括る】 [物を]捆 kǔn, 绑 bǎng; [話を]总括 zǒngkuò.
くぐる【潜る】 [通る]通过 tōngguò; [突っ込む]钻过 zuānguò; [もぐる]潜(水) qián(shuǐ).
くさ【草】 草 cǎo, 野草 yěcǎo.
くさい【臭い】 [いやなにおいがする]臭 chòu; [怪しい]可疑 kěyí.
くさとり【草取り】 除草 chúcǎo; [むしり取る]拔草 bácǎo.
くさむら【草むら】 草丛 cǎocóng.
くさり【鎖】 [チェーンの]锁链 suǒliàn; [金属の]链子 liànzi.
くさる【腐る】 [腐敗する]腐烂 fǔlàn; [朽ちる・だめになる]腐朽 fǔxiǔ; [堕落する]腐败 fǔbài.
くし【櫛】 梳子 shūzi.
くじ【籤】 [紙片・木片などの]签 qiān; [くじ引き]抽签 chōuqiān.
くじく【挫く】 [ぶつかって]挫 cuò; [ひねって]扭 niǔ; [失敗させる]失败 shībài.
くじびき【くじ引き】 抽签 chōuqiān.
くしゃみ【嚔】 喷嚏 pēntì. **～をする** 打 dǎ 喷嚏.
くじょう【苦情】 抱怨 bàoyuàn, 意见 yìjian.
クジラ【鯨】 鲸 jīng, 鲸鱼 jīngyú.
くしん【苦心】 苦心 kǔxīn, 费心 fèixīn.
くず【屑】 (废物)残渣 cánzhā, 碎片 suìpiàn; 废物 fèiwu.
ぐずぐず【愚図愚図】 慢腾腾 màntēngtēng, 迟钝 chídùn, 磨蹭 móceng.
くすぐったい【擽ったい】 [むずむずする]发痒 fāyǎng.
くずす【崩す】 [砕いて壊す]拆 chāi; [秩序などを]使崩溃 shǐ bēngkuì; [小銭に換える]换成零钱 huànchéng língqián.
くすり【薬】 药 yào, 药品 yàopǐn. **～を飲む** 吃 chī 药.
くすりゆび【薬指】 [手の]无名指 wúmíngzhǐ; [足の]四趾 sìzhǐ.
くずれる【崩れる】 塌 tā, 崩溃 bēngkuì, 倒塌 dǎotā.
くせ【癖】 癖性 pǐxìng; 习惯 xíguàn, 毛病 máobing.
くだ【管】 管 guǎn, 管子 guǎnzi.
ぐたいてき【具体的】 具体(的) jùtǐ(de).
くだく【砕く】 打碎 dǎsuì, 粉碎 fěnsuì.
くだける【砕ける】 破碎 pòsuì, 粉碎 fěnsuì.
くだす【下す】 [実行する]着手 zhuóshǒu; [与える]赐 cì, 下赐 xiàcì; [言い渡す]下达 xiàdá.
くたびれる [疲れる]累 lèi, 疲乏 pífá; [使って古くなる]破旧 pòjiù.
くだもの【果物】 水果 shuǐguǒ, 鲜果 xiānguǒ.
くだらない 没有价值 méiyǒu jiàzhí, 没意思 méi yìsi; [話や文章, 行為などが]无聊 wúliáo.
くだる【下る】 [下りる]下 xià, 下去 xiàqu; [判決が]宣判 xuānpàn.
くち【口】 [器官]口 kǒu; [通称]嘴 zuǐ.
ぐち【愚痴】 牢骚 láosāo, 抱怨 bàoyuàn. **～を言う** 发 fā 牢骚.
くちぐせ【口癖】 口头语 kǒutóuyǔ, 口头禅 kǒutóuchán.
くちごたえ【口答え】(-する) 顶嘴 dǐngzuǐ; 还嘴 huánzuǐ.
くちさき【口先】 [動物の]嘴 zuǐ; [言葉だけの]口头上的 kǒutóu shang de.
くちだし【口出し】(-する) [話の途中で]插嘴 chāzuǐ; [差し出口]多嘴 duōzuǐ.
くちばし 喙 huì, 鸟嘴 niǎozuǐ.

くちびる【唇】 唇 chún, 嘴唇 zuǐchún.
くちぶえ【口笛】 口哨儿 kǒushàor. **～を吹く** 吹 chuī 口哨儿.
くちぶり【口振り】 口气 kǒuqì, 语气 yǔqì.
くちべに【口紅】 口红 kǒuhóng, 唇膏 chúngāo. **～をつける** 抹 mǒ 口红.
くちょう【口調】 [話す調子]语调 yǔdiào, 语气 yǔqì, 口吻 kǒuwěn.
くつ【靴】 [短靴]鞋 xié; [長靴]靴 xuē. **～をはく** 穿 chuān 鞋.
くつう【苦痛】 痛苦 tòngkǔ.
クッキー 小甜饼干 xiǎo tián bǐnggān.
くっきり 鲜明 xiānmíng, 显眼 xiǎnyǎn.
くつした【靴下】 袜子wàzi. **～をはく** 穿chuān袜子.
くつじょく【屈辱】 屈辱 qūrǔ, 耻辱 chǐrǔ.
クッション 垫子 diànzi; [背当て]靠垫 kàodiàn; [弹力性]弹簧垫 tánhuángdiàn.
くつろぐ【寛ぐ】 [のんびりする]舒畅 shūchàng; [休む]休息 xiūxi.
くどい 冗长 rǒngcháng, 啰唆 luōsuo.
くとうてん【句読点】 标点符号 biāodiǎn fúhào.
くに【国】 [国家]国家 guójiā; [郷里]家乡 jiāxiāng.
くのう【苦悩】(-する) 苦恼 kǔnǎo, 烦脑 fánnǎo.
くばる【配る】 分发 fēnfā, 分配 fēnpèi, 分送 fēnsòng.
くび【首・頸】 脖子bózi, 颈jǐng. **～にする** 解雇jiěgù; [俗に]炒鱿鱼 chǎo yóuyú.
くびかざり【首飾り】 项链 xiàngliàn.
くびわ【首輪】 [ネックレス]项圈 xiàngquān; [ペットの]脖圈 bóquān.
くふう【工夫】(-する) 设法 shèfǎ, 想办法 xiǎng bànfǎ.
くぶん【区分】(-する) 区分 qūfēn; 分类 fēnlèi.
くべつ【区別】(-する) 区别 qūbié.
くぼみ【窪み・凹み】 洼坑 wākēng, 低洼处 dīwāchù.
くぼむ【窪む・凹む】 低洼 dīwā; 凹下 āoxià.
クマ【熊】 熊 xióng.
くみ【組】 [対やセットになったもの]组 zǔ, 对 duì; [学級]班 bān.
くみあい【組合】 [同業組合]公会 gōnghuì; [労働組合]工会 gōnghuì.
くみあわせ【組み合わせ】 [取り合わせ]搭配 dāpèi; [部分の]组成 zǔchéng; [数学で]组合 zǔhé.
くみたてる【組み立てる】 装配 zhuāngpèi; 安装 ānzhuāng.
くむ【汲む・酌む】 [水を]打(水) dǎ(shuǐ); [井戸から]汲 jí (水).
くむ【組む】 合伙 héhuǒ; 结成 jiéchéng.
くも【雲】 云 yún, 云彩 yúncai.
クモ【蜘蛛】 蜘蛛 zhīzhū.
くもり【曇り】 (天)阴(tiān)yīn; [濁っている]朦胧méng-lóng.
くやしい【悔しい】 [まちがいをして]令人懊悔 lìng rén àohuǐ; [憤る]令人气愤 qìfèn; [残念]遗憾 yíhàn.
くやむ【悔やむ】 懊悔 àohuǐ, 遗憾 yíhàn.
くよくよ(-する) 想不开 xiǎngbukāi; 烦脑 fánnǎo, 闷闷不乐 mèn mèn bù lè.
くら【倉・蔵】 仓库 cāngkù, 库房 kùfáng.
くらい【位】 [天皇・王の位]王位 wángwèi; [地位]职位 zhíwèi; [数学]位 wèi, 位数 wèishù.
くらい【暗い】 (光线)暗 àn, 黑暗 hēi'àn, 昏暗 hūn-àn; 阴暗 yīn'àn.
グライダー 滑翔机 huáxiángjī.
クライマックス 顶点 dǐngdiǎn, 高潮 gāocháo.
グラウンド 运动场 yùndòngchǎng; 球场 qiúchǎng.
クラゲ 海蜇 hǎizhé.
クラス [社会階級]阶级 jiējí; [等級]等级 děngjí; [学級]班 bān, 级 jí.
くらす【暮らす】 [生活する]生活 shēnghuó, 过日子 guò rìzi.
グラス 玻璃杯 bōlibēi.
グラタン 奶汁烤菜 nǎizhī kǎocài.
クラッカー [ビスケット]咸饼干 xiánbǐnggān; [爆竹]西洋爆竹 xīyáng bàozhú.
ぐらつく 摇摆 yáobǎi; 动摇 dòngyáo.
クラブ 俱乐部 jùlèbù; [ゴルフの]球杆 qiúgān; [トランプの]梅花 méihuā.
グラフ [図表] túbiǎo ; [画报]画报 huàbào.
くらべる【比べる】 比 bǐ, 比较 bǐjiào.
くらむ【眩む】 [見えなくなる]头昏 tóuhūn.
グラム 克 kè.
くらやみ【暗闇】 [暗いこと]黑暗 hēi'àn; [人目につかない所]暗处 ànchù.
クラリネット 单簧管 dānhuángguǎn, 黑管 hēiguǎn.
グランプリ 大奖 dàjiǎng; 最高奖 zuìgāojiǎng.
クリ【栗】 栗子(树) lìzi(shù).
くりあげる【繰り上げる】 [早くする]提前 tíqián; [引き上げる]提上来 tíshànglai.
クリーニング(-する) 洗衣服 xǐ yīfu; [ドライクリーニング]干洗 gānxǐ. **～店** 洗衣店 xǐyīdiàn; 干洗店 gānxǐ-diàn.
クリーム [牛乳から作る]奶油 nǎiyóu; [化粧品]雪花膏 xuěhuāgāo.
くりかえす【繰り返す】 反复 fǎnfù; 重复 chóngfù.
くりさげる【繰り下げる】 推延 tuīyán, 延期 yánqī.
クリスマス 圣诞节 Shèngdànjié.
クリック(-する) 点击 diǎnjī; 单击 dānjī.
クリップ 夹子 jiāzi, 纸夹子 zhǐjiāzi; [髪の]发卡 fàqiǎ.
くる【来る】 来 lái, 到 dào; 到来 dàolái.
くるう【狂う】 [精神状態]发狂 fākuáng; [物事や機械]失常 shīcháng.
グループ 群 qún; 小组 xiǎozǔ; 集团 jítuán.
くるしい【苦しい】 痛苦 tòngkǔ, 难受 nánshòu; 苦恼 kǔnǎo.
くるしむ【苦しむ】 [体が]感到痛苦 gǎndào tòngkǔ; [困る]苦于 kǔyú; [苦しみにあう]吃苦 chīkǔ.
くるま【車】 车子 ; [回転する輪]轮子 lúnzi; [自動車]汽车 qìchē.
くるまいす【車椅子】 轮椅 lúnyǐ.
クルミ 核桃 hétao, 胡桃 hútáo.
くるむ【包む】 包 bāo, 裹 guǒ.
くれ【暮れ】 [日暮れ]黄昏 huánghūn; [年の]年底 niándǐ.
クレーン 起重机 qǐzhòngjī, 吊车 diàochē.
クレジットカード 信用卡 xìnyòngkǎ.
クレヨン 蜡笔 làbǐ.
くれる 给(我) gěi(wǒ).
くれる【暮れる】 日暮 rìmù, 天黑 tiānhēi.
くろ【黒】 黑色 hēisè.
くろい【黒い】 黑 hēi; [汚れている]脏 zāng.
くろう【苦労】(-する) [骨折り]辛苦 xīnkǔ; [心配]操劳 cāo-láo.
クローズアップ 特写 tèxiě.
グローバル 全球的 quánqiú de. **～化** 全球化 huà.
グローブ 手套 shǒutào.
クロール 自由式 zìyóushì, 自由泳 zìyóuyǒng.
クローン 克隆 kèlóng.
くろじ【黒字】 盈余 yíngyú; [貿易の]顺差 shùnchā.
クロワッサン 月牙形面包 yuèyáxíng miànbāo, 羊角 yángjiǎo 面包.
くわえる 叼 diāo, 衔 xián.
くわえる【加える】 加 jiā, 添加 tiānjiā; 追加 zhuījiā.
くわしい【詳しい】 [詳細である]详细 xiángxì; [精通して

いる]熟悉 shúxī.
くわだてる【企てる】计划 jìhuà; 试图 shìtú.
くわわる【加わる】[重なる]加上 jiāshang; [付け足される]添加 tiānjiā; [参加する]参加 cānjiā.
ぐんしゅう【群衆】群众 qúnzhòng, 人群 rénqún.
くんしょう【勲章】勋章 xūnzhāng. ～をもらう 接受 jiēshòu 勋章.
くんせい【薫製】熏制 xūnzhì.
ぐんたい【軍隊】军队 jūnduì.
くんれん【訓練】(-する) 训练 xùnliàn, 培训 péixùn.

け

け【毛】[体毛]毛发 máofà; [髪]头发 tóufa. ～が抜ける 掉 diào 头发.
ケア 关怀 guānhuái; [看護]照顾 zhàogù.
げい【芸】技能 jìnéng, 技艺 jìyì.
けいい【敬意】敬意 jìngyì.
けいえい【経営】(-する) 经营 jīngyíng.
けいか【経過】(-する) 经过 jīngguò, 过程 guòchéng.
けいかい【軽快】[動きが]轻快 qīngkuài; [心持ちが]轻松 qīngsōng.
けいかい【警戒】(-する) [守る]警戒 jǐngjiè; [用心する]警惕 jǐngtì.
けいかく【計画】(-する) 计划 jìhuà, 规划 guīhuà.
けいかん【警官】警察 jǐngchá, 警官 jǐngguān.
けいき【景気】景气 jǐngqì. ～が悪い 不 bù 景气.
けいけん【経験】(-する) 经验 jīngyàn, 经历 jīnglì.
けいけん【敬虔】虔诚 qiánchéng.
けいこ【稽古】(-する) [技能の]练习 liànxí; [演目の]排练 páiliàn.
けいご【敬語】敬语 jìngyǔ.
けいこう【傾向】倾向 qīngxiàng; 趋势 qūshì.
けいこうとう【蛍光灯】萤光灯 yíngguāngdēng, 日光灯 rìguāngdēng.
けいこく【警告】(-する) 警告 jǐnggào.
けいさい【掲載】(-する) 刊登 kāndēng, 登载 dēngzǎi.
けいざい【経済】经济 jīngjì. ～学 经济学 xué.
けいさつ【警察】警察 jǐngchá. ～署 公安局 gōng'ānjú.
けいさん【計算】(-する) 计算 jìsuàn.
けいし【軽視】(-する) 轻视 qīngshì, 蔑视 mièshì.
けいじ【掲示】(-する) 揭示 jiēshì, 布告 bùgào.
けいしき【形式】形式 xíngshì.
けいしゃ【傾斜】(-する) 倾斜 qīngxié.
げいじゅつ【芸術】艺术 yìshù. ～家 艺术家 jiā.
けいしょう【敬称】敬称 jìngchēng, 尊称 zūnchēng.
けいしょく【軽食】简单饭食 jiǎndān fànshí; 小吃 xiǎochī.
けいず【系図】家谱 jiāpǔ, 系谱 xìpǔ.
けいせい【形勢】形势 xíngshì, 局势 júshì.
けいぞく【継続】(-する) 继续 jìxù, 持续 chíxù.
けいそつ【軽率】轻率 qīngshuài, 草率 cǎoshuài.
けいたい【携帯】(-する) [持ち歩くこと]携带 xiédài. ～電話 手机 shǒujī.
けいと【毛糸】毛线 máoxiàn.
けいど【経度】经度 jīngdù.
けいとう【系統】系统 xìtǒng; 体系 tǐxì.
けいとう【傾倒】(-する) 倾倒 qīngdǎo; 热中 rèzhōng.
げいのう【芸能】技艺 jìyì, 文艺 wényì.
けいば【競馬】赛马 sàimǎ.
けいばつ【刑罰】刑罚 xíngfá.
けいひ【経費】经费 jīngfèi.
けいび【警備】(-する) 警备 jǐngbèi; 警卫 jǐngwèi.
けいべつ【軽蔑】(-する) 轻蔑 qīngmiè, 蔑视 mièshì; 小看 xiǎokàn.
けいむしょ【刑務所】监狱 jiānyù.
けいやく【契約】合同 hétong, 契约 qìyuē. ～を行う 订 dìng 合同.
けいゆ【経由】(-する) 经由 jīngyóu, 经过 jīngguò.
けいよう【形容】(-する) 形容 xíngróng.
けいようし【形容詞】形容词 xíngróngcí.
けいりゃく【計略】计谋 jìmóu; 策略 cèlüè.
けいれき【経歴】经历 jīnglì; 来历 láilì.
けいれん【痙攣】(-する) 痉挛 jìngluán; [四肢·顔面の]抽搐 chōuchù.
ケーキ (洋)点心 (yáng)diǎnxin, 西点 xīdiǎn.
ケース [ボックス]箱(子) xiāng(zi); [小型でふたのついた]盒(子) hé(zi); [例·場合]案例 ànlì, 事例 shìlì; 场合 chǎnghé.
ケーブルカー 缆车 lǎnchē.
ケーブルテレビ 有线电视 yǒuxiàn diànshì.
ゲーム [競技]竞技 jìngjì; [遊び]游戏 yóuxì.
けが【怪我】(-する) 伤 shāng; 受伤 shòushāng.
げか【外科】外科 wàikē.
けがす【汚す】[よごす]弄脏 nòngzāng; [損なう]损伤 sǔnshāng.
けがわ【毛皮】毛皮 máopí.
げき【劇】剧 jù; 戏剧 xìjù.
げきじょう【劇場】剧场 jùchǎng.
げきれい【激励】(-する) 激励 jīlì, 鼓励 gǔlì.
げこう【下校】(-する) 放学 fàngxué, 下学 xiàxué.
けさ【今朝】今天早晨[早上] jīntiān zǎochen[zǎoshang], 今早 jīnzǎo.
けしき【景色】景色 jǐngsè; [美しい]风景 fēngjǐng.
けしゴム【消しゴム】橡皮 xiàngpí.
けしょう【化粧】(-する) 化妆 huàzhuāng, 打扮 dǎban. ～品 化妆品 pǐn.
けす【消す】[火を]灭 miè, 熄灭 xīmiè; [機械を]关 guān, 关掉 guāndiào; [消去する]消掉 xiāodiao.
げすい【下水】脏水 zāngshuǐ; [下水道]下水道 xiàshuǐdào.
ゲスト 客人 kèren; 嘉宾 jiābīn.
けずる【削る】[刀で]削 xiāo; [減らす]削减 xuējiǎn; [消す]删去 shānqù.
げた【下駄】木履 mùlǚ, 木屐 mùjī.
けち 吝啬 lìnsè, 小气 xiǎoqi.
ケチャップ 蕃茄酱 fānqiéjiàng.
けつあつ【血圧】血压 xuèyā.
けつい【決意】(-する) 决心 juéxīn.
けつえき【血液】血液 xuèyè. ～型 血型 xuèxíng.
けつえん【血縁】血缘 xuèyuán, 血统 xuètǒng.
けっか【結果】结果 jiéguǒ; 后果 hòuguǒ.
けっかん【欠陥】缺陷 quēxiàn, 毛病 máobing.
けっかん【血管】血管 xuèguǎn.
けつぎ【決議】决议 juéyì, 决定 juédìng; (-する) 议决 yìjué.
げっきゅう【月給】工资 gōngzī, 月薪 yuèxīn.
けっきょく【結局】最后 zuìhòu; 终究 zhōngjiū.
けっこう【結構】[見事]漂亮 piàoliang, 很好 hěn hǎo; [十分·よろしい]可以 kěyǐ.
けつごう【結合】(-する) 结合 jiéhé.
けっこん【結婚】(-する) 结婚 jiéhūn. ～式 婚礼 hūnlǐ.
けっさく【傑作】杰作 jiézuò.
けっして【決して】决(不) jué(bù), 绝对 juéduì (不).
げっしゅう【月収】月薪 yuèxīn, 月收入 yuèshōurù.
けっしょう【決勝】决赛 juésài, 决胜负 jué shèngfù.
けっしょう【結晶】(-する) 结晶 jiéjīng.
けっしん【決心】(-する) 决心 juéxīn.
けっせき【欠席】(-する) 缺席 quēxí.

けつだん【決断】(-する) 决断 juéduàn.
けってい【決定】(-する) 决定 juédìng.
けってん【欠点】 缺点 quēdiǎn, 缺陷 quēxiàn. **～を直す** 克服 kèfú 缺点.
けっとう【血統】 血统 xuètǒng.
けっとう【決闘】(-する) 决斗 juédòu.
けっぱく【潔白】 [真っ白]洁白 jiébái; [けがれがない]清白 qīngbái.
げっぷ(-する) 打嗝儿 dǎgér.
けつぼう【欠乏】(-する) 缺乏 quēfá; [数量的に]缺少 quēshǎo.
けつまつ【結末】 结尾 jiéwěi, 结果 jiéguǒ.
げつまつ【月末】 月末 yuèmò, 月底 yuèdǐ.
げつようび【月曜日】 星期一 xīngqīyī, 礼拜一 lǐbàiyī.
けつろん【結論】 结论 jiélùn. **～を出す** 下 xià 结论.
けとばす【蹴飛ばす】 踢开 tīkāi.
けなす【貶す】 [低く評価する]贬低 biǎndī; [そしる]诽谤 fěibàng.
けはい【気配】 [様子]情形 qíngxing; [動き]动静 dòngjing; [形跡]迹象 jìxiàng.
げひん【下品】 [卑しい]粗俗 cūsú; [低級な]下流 xiàliú.
けむし【毛虫】 毛毛虫 máomaochóng.
けむり【煙】 烟 yān. **～が立つ** 冒 mào 烟.
けもの【獣】 兽类 shòulèi.
げり【下痢】(-する) 腹泻 fùxiè, 拉肚子 lā dùzi.
ゲリラ 游击战 yóujīzhàn; [部隊]游击队 yóujīduì.
ける【蹴る】 [足で]踢 tī; [はねつける]拒绝 jùjué.
けれど(も) 虽然 suīrán …可是 kěshì, 但是 dànshì.
けわしい【険しい】 [山道が]险峻 xiǎnjùn; [状況が]艰险 jiānxiǎn; [表情が]严厉 yánlì.
けん【券】 票 piào, 券 quàn.
けん【県】 县 xiàn.
けん【剣】 剑 jiàn.
けん【件】 事情 shìqing, 事件 shìjiàn.
げん【元】 [通貨]元 Yuán; [王朝名]元朝 Yuáncháo.
けんい【権威】 权威 quánwēi.
げんいん【原因】 原因 yuányīn.
けんえき【検疫】(-する) 检疫 jiǎnyì.
けんえつ【検閲】(-する) 检查 jiǎnchá; 审查 shěnchá.
けんお【嫌悪】(-する) 厌恶 yànwù; 讨厌 tǎoyàn.
けんか【喧嘩】(-する) [言い争いの]吵架 chǎojià, 争吵 zhēngchǎo; [殴り合いの]打架 dǎjià.
げんか【原価】 原价 yuánjià; 成本 chéngběn.
けんかい【見解】 见解 jiànjiě, 看法 kànfǎ.
げんかい【限界】 极限 jíxiàn, 界限 jièxiàn; [極限]限度 xiàndù.
けんがく【見学】(-する) 参观(学习) cānguān(xuéxí).
げんかく【幻覚】 幻觉 huànjué; [錯覚]错觉 cuòjué.
げんかく【厳格】 [処置などが]严格 yángé; [態度などが]严肃 yánsù.
げんかん【玄関】 玄关 xuánguān; [家屋の]门口 ménkǒu; [正規の]正门 zhèngmén.
げんき【元気】 [気力が]精神 jīngshen; [体が]健康 jiànkāng.
けんきゅう【研究】(-する) 研究 yánjiū; [探求する]钻研 zuānyán.
けんきょ【謙虚】 谦虚 qiānxū.
けんきん【献金】(-する) 捐款 juānkuǎn.
げんきん【現金】 现金 xiànjīn, 现钱 xiànqián.
げんけい【原形】 原形 yuánxíng, 原状 yuánzhuàng.
けんけつ【献血】(-する) 献血 xiànxuè.
げんご【言語】 语言 yǔyán.
けんこう【健康】 健康 jiànkāng. **～診断** 身体检查 shēntǐ jiǎnchá, 体检 tǐjiǎn.
げんこう【原稿】 原稿 yuángǎo, 草稿 cǎogǎo.
げんこつ【拳骨】 拳头 quántou.
けんさ【検査】(-する) 检查 jiǎnchá; [主に化学的]检验 jiǎnyàn.
げんざい【現在】 现在 xiànzài.
けんさく【検索】(-する) 检索 jiǎnsuǒ.
けんじ【検事】 检察官 jiǎncháguān.
げんし【原子】 原子 yuánzǐ.
けんじつ【堅実】 [信頼できる]牢靠 láokao; [穏健だ]稳健 wěnjiàn.
げんじつ【現実】 现实 xiànshí.
けんしゅう【研修】(-する) 钻研 zuānyán; [職場の]进修 jìnxiū.
けんじゅう【拳銃】 手枪 shǒuqiāng.
げんじゅう【厳重】 严重 yánzhòng, 严格 yángé.
げんしょう【現象】 现象 xiànxiàng.
げんしょう【減少】(-する) 减少 jiǎnshǎo.
げんじょう【現状】 现状 xiànzhuàng.
けんせい【牽制】(-する) 牵制 qiānzhì.
けんせつ【建設】(-する) 建设 jiànshè; 建筑 jiànzhù.
けんぜん【健全】 健全 jiànquán.
げんそう【幻想】 幻想 huànxiǎng.
げんぞう【現像】 显影 xiǎnyǐng, 冲洗 chōngxǐ.
げんそく【原則】 原则 yuánzé.
けんそん【謙遜】(-する) 谦虚 qiānxū, 谦逊 qiānxùn.
げんだい【現代】 现代 xiàndài, 当代 dāngdài.
けんち【見地】 见地 jiàndì, 观点 guāndiǎn.
げんち【現地】 [現場]现场 xiànchǎng; [いまいる土地]当地 dāngdì.
けんちく【建築】(-する) [建物などの]建筑 jiànzhù; [土木工事]修建 xiūjiàn. **～家** 建筑师 shī.
けんちょ【顕著】 显著 xiǎnzhù, 明显 míngxiǎn.
げんてい【限定】(-する) 限定 xiàndìng, 限制 xiànzhì.
げんてん【原点】 原点 yuándiǎn; [問題の]出发点 chūfādiǎn, 根据 gēnjù.
げんど【限度】 限度 xiàndù, 极限 jíxiàn.
けんとう【見当】 [大まかな]估计 gūjì; [想像による]推断 tuīduàn; [判断]判断 pànduàn.
けんとう【検討】(-する) 讨论 tǎolùn, 探讨 tàntǎo.
げんば【現場】 [事件の]现场 xiànchǎng; [仕事の]工地 gōngdì.
げんばく【原爆】 原子弹 yuánzǐdàn.
けんびきょう【顕微鏡】 显微镜 xiǎnwēijìng.
けんぶつ【見物】(-する) [観光]参观 cānguān; [傍観]旁观 pángguān.
げんぶつ【現物】 [現品]实物 shíwù; [取引の対象となる]现货 xiànhuò.
けんぽう【憲法】 宪法 xiànfǎ.
げんみつ【厳密】 严密 yánmì, 周密 zhōumì.
けんめい【賢明】 明智 míngzhì, 贤明 xiánmíng.
けんめい【懸命】 拼命 pīnmìng, 竭尽全力 jiéjìn quánlì.
げんめつ【幻滅】(-する) 幻灭 huànmiè.
けんやく【倹約】(-する) 节约 jiéyuē, 节省 jiéshěng.
けんり【権利】 权利 quánlì.
げんり【原理】 原理 yuánlǐ.
げんりょう【原料】 原料 yuánliào.
けんりょく【権力】 权力 quánlì.
げんろん【言論】 言论 yánlùn.

こ

こ【子・児】 孩子 háizi, [動物の]仔 zǐ.
ご【碁】 围棋 wéiqí. **～を打つ** 下 xià 围棋.
こい【恋】 恋爱 liàn'ài; 恋情 liànqíng. → **恋する**
コイ【鯉】 鲤鱼 lǐyú.

こい【故意】 故意 gùyì; [たくらんで]有意 yǒuyì.
こい【濃い】 浓 nóng; [色が]深 shēn; 重 zhòng.
ごい【語彙】 词汇 cíhuì.
こいしい【恋しい】 恋慕 liànmù; [懐かしむ]想念 xiǎngniàn.
こいする【恋する】 爱 ài, 恋爱 liàn'ài. → 恋
こいびと【恋人】 对象 duìxiàng; 情人 qíngrén, 女〔男〕朋友 nǚ〔nán〕péngyou.
コイン 硬币 yìngbì.
こう【項】 [箇条]项目 xiàngmù; [数学]项 xiàng.
こう【斯う】 这样 zhèyàng, 这么 zhème.
ごう【号】 [画家などの]号 hào; [刊行物の]期 qī.
こうい【好意】 好意 hǎoyì; 善意 shànyì.
こうい【行為】 行为 xíngwéi, 行动 xíngdòng.
こうい【厚意】 厚意 hòuyì, 盛情 shèngqíng.
ごうい【合意】(-する) 同意 tóngyì; 达成协议 dáchéng xiéyì.
ごういん【強引】 强行 qiángxíng; 强制 qiángzhì.
こううん【幸運】 幸运 xìngyùn, 侥幸 jiǎoxìng.
こうえい【光栄】 光荣 guāngróng.
こうえん【公園】 公园 gōngyuán.
こうえん【後援】 后援 hòuyuán.
こうえん【講演】(-する) 讲演 jiǎngyǎn; 演说 yǎnshuō.
こうか【効果】 效果 xiàoguǒ; [目的の達成]成效 chéngxiào. **何の～もない** 没有任何 méiyǒu rènhé 效果.
こうか【高価】 高价 gāojià.
こうか【硬貨】 硬币 yìngbì.
ごうか【豪華】 豪华 háohuá; [ぜいたくな]奢侈 shēchǐ.
こうかい【公開】(-する) 公开 gōngkāi; [施設などを]开放 kāifàng.
こうかい【後悔】(-する) 后悔 hòuhuǐ; 懊悔 àohuǐ.
こうかい【航海】(-する) 航海 hánghǎi.
こうがい【公害】 公害 gōnghài.
こうがい【郊外】 郊外 jiāowài; 郊区 jiāoqū.
ごうかく【合格】(-する) 考上 kǎoshàng, 及格 jígé; [規格]合格 hégé. **大学に～する** 考上大学 dàxué.
こうかん【交換】(-する) 交换 jiāohuàn.
こうき【好奇】 好奇 hàoqí. **～心** 好奇心 xīn.
こうき【好機】 好机会 hǎo jīhuì, 良机 liángjī.
こうぎ【講義】(-する) 讲课 jiǎngkè, 讲义 jiǎngyì.
こうきゅう【高級】 高级 gāojí; 高档 gāodàng.
こうきょう【公共】 公共 gōnggòng.
こうぎょう【工業】 工业 gōngyè.
こうぎょう【鉱業】 矿业 kuàngyè.
こうぎょう【興行】(-する) 演出 yǎnchū, 公演 gōngyǎn.
こうきょうきょく【交響曲】 交响曲 jiāoxiǎngqǔ.
ごうきん【合金】 合金 héjīn.
こうくう【航空】 航空 hángkōng.
こうけい【光景】 情景 qíngjǐng, 场面 chǎngmiàn.
こうげい【工芸】 工艺 gōngyì.
ごうけい【合計】(-する) 合计 héjì; 总共 zǒnggòng.
こうけいしゃ【後継者】 继任者 jìrènzhě, 接班人 jiēbānrén.
こうげき【攻撃】(-する) 攻击 gōngjī, 进攻 jìngōng.
ごうけつ【豪傑】 豪杰 háojié, 好汉 hǎohàn.
こうけん【貢献】(-する) 贡献 gòngxiàn.
こうご【口語】 口语 kǒuyǔ.
こうご【交互】 [互いに]互相 hùxiāng; [代わる代わる]交替 jiāotì.
こうこう【高校】 高中gāozhōng. **～生** 高中生shēng.
こうこく【広告】 广告 guǎnggào.
こうさ【交差】(-する) 交叉jiāochā. **～点** 十字路口shízì lùkǒu.
こうさ【黄砂】 黄砂 huángshā.
こうざ【口座】 户头 hùtóu, 账户 zhànghù.
こうさい【交際】 交际 jiāojì, 交往 jiāowǎng.
こうさく【工作】 [製作]制作 zhìzuò; [科目の]手工 shǒugōng; [働きかけ]活动 huódòng.
こうさく【耕作】(-する) 耕种 gēngzhòng.
こうさつ【考察】(-する) 考察 kǎochá.
こうさん【降参】(-する) [戦いに敗れる]投降 tóuxiáng; [負けを認める]认输 rènshū.
こうざん【鉱山】 矿山 kuàngshān.
こうじ【工事】 工程 gōngchéng, 工事 gōngshì.
こうしき【公式】 正式 zhèngshì; [数学]公式 gōngshì.
こうじつ【口実】 借口 jièkǒu, 理由 lǐyóu.
こうしゃ【校舎】 校舍 xiàoshè.
こうしゅう【公衆】 公共 gōnggòng, 公众 gōngzhòng.
こうしょう【交渉】(-する) 谈判 tánpàn; 交涉 jiāoshè.
こうしょう【高尚】 高尚 gāoshàng.
こうじょう【工場】 工厂 gōngchǎng.
こうじょう【向上】(-する) 向上 xiàngshàng; [レベルの]提高 tígāo; 改善 gǎishàn.
ごうじょう【強情】 倔强 juéjiàng; 固执 gùzhí.
こうしん【行進】(-する) [隊列を組む]行进 xíngjìn; [祝賀・デモなど]游行 yóuxíng.
こうしん【更新】(-する) 更新 gēngxīn; [記録を]刷新 shuāxīn.
こうしんりょう【香辛料】 调料 tiáoliào.
こうすい【香水】 香水 xiāngshuǐ.
こうずい【洪水】 洪水 hóngshuǐ.
こうせい【公正】 公正 gōngzhèng, 公平 gōngpíng.
こうせい【校正】(-する) 校对 jiàoduì, 校正 jiàozhèng.
こうせい【構成】(-する) 构成 gòuchéng; [全体の]结构 jiégòu.
こうせいぶっしつ【抗生物質】 抗生素 kàngshēngsù, 抗菌素 kàngjūnsù.
こうせき【功績】 功绩 gōngjì; 功劳 gōngláo.
こうせん【光線】 光线 guāngxiàn.
こうぜん【公然】 公然 gōngrán, 公开 gōngkāi.
こうそう【構想】(-する) 构思 gòusī, 设想 shèxiǎng.
こうぞう【構造】 [具象的]构造 gòuzào; [具象的・抽象的]结构 jiégòu.
こうそく【拘束】(-する) [身柄などを]拘留 jūliú; [自由などを]束缚 shùfù.
こうそく【高速】 高速gāosù. **～道路** 高速公路gōnglù.
こうたい【交替・交代】(-する) 交替 jiāotì, 轮换 lúnhuàn.
こうだい【広大】 辽阔 liáokuò, 广阔 guǎngkuò.
こうたく【光沢】 光泽 guāngzé.
こうちゃ【紅茶】 红茶 hóngchá.
こうちょう【好調】 顺利 shùnlì.
こうちょう【校長】 校长 xiàozhǎng.
こうつう【交通】 交通jiāotōng. **～信号** 红绿灯hónglǜdēng. **～事故** 交通事故 shìgù. **～渋滞** 交通拥堵 yōngdǔ.
こうてい【肯定】(-する) 肯定 kěndìng.
こうてい【校庭】 [グラウンド]操场 cāochǎng; [キャンパス]校园 xiàoyuán.
こうてい【皇帝】 皇帝 huángdì.
こうてき【公的】 公家的 gōngjiā de.
こうてつ【更迭】(-する) [入れ替え]更迭 gēngdié; [人事異動]调动 diàodòng.
こうてつ【鋼鉄】 钢 gāng, 钢铁 gāngtiě.
こうてん【好転】(-する) 好转 hǎozhuǎn.
こうでん【香典】 奠仪 diànyí, 香仪 xiāngyí.
こうど【高度】 [高さ・程度]高度 gāodù.
こうとう【口頭】 口头 kǒutóu.

こうとう【高等】 高等 gāoděng, 高级 gāojí.
こうとう【高騰】(-する) (物价)暴涨 (wùjià)bàozhǎng, 高涨 gāozhǎng.
こうどう【行動】(-する) 行动 xíngdòng, 行为 xíngwéi.
こうどう【講堂】 礼堂 lǐtáng, 大厅 dàtīng.
ごうとう【強盗】(-する) 强盗 qiángdào; 抢劫 qiǎngjié.
ごうどう【合同】 联合 liánhé, 合并 hébìng.
こうどく【購読】(-する) 订阅 dìngyuè.
こうにゅう【購入】(-する) 购买 gòumǎi, 购进 gòujìn.
こうにん【公認】 公认 gōngrèn; 正式承认 zhèngshì chéngrèn.
こうねつ【高熱】 [体温が]高烧 gāoshāo; [温度が]高温 gāowēn.
こうねつひ【光熱費】 煤电费 méidiànfèi.
こうば【工場】 工厂gōngchǎng; [手工業の]作坊zuōfang.
こうはい【後輩】 [学問·技能が]新手 xīnshǒu; [年代が]晚辈 wǎnbèi; [学校の]低年级同学 dīniánjí tóngxué.
こうはい【荒廃】(-する) [土地·建物が]荒废 huāngfèi, 荒芜 huāngwú.
こうばい【勾配】 倾斜(面) qīngxié(miàn), 斜坡 xiépō; [度合い]坡度 pōdù, 梯度 tīdù.
こうはん【後半】 后半 hòubàn, 后一半 hòu yībàn; [試合の]下半场 xià bànchǎng, 后半场 .
こうばん【交番】 岗亭 gǎngtíng.
こうひょう【公表】(-する) 公布 gōngbù, 发表 fābiǎo.
こうひょう【好評】 好评 hǎopíng, 称赞 chēngzàn. **〜を得る** 得到 dédào 好评.
こうふく【幸福】 幸福 xìngfú.
こうふく【降伏】(-する) 投降 tóuxiáng.
こうぶつ【好物】 爱吃的东西 ài chī de dōngxi, 嗜好 shìhào 的东西.
こうぶつ【鉱物】 矿物 kuàngwù.
こうふん【興奮】(-する) 兴奋 xīngfèn, 激动 jīdòng.
こうへい【公平】 公平 gōngpíng, 公道 gōngdào.
こうほ【候補】 候补(人) hòubǔ(rén).
ごうほうてき【合法的】 合法 héfǎ.
ごうまん【傲慢】 傲慢 àomàn.
こうみんかん【公民館】 文化馆 wénhuàguǎn, 公民馆 gōngmínguǎn.
こうむる【被る】 蒙受 méngshòu, 遭受 zāoshòu.
こうもく【項目】 [内容の小分け]项目 xiàngmù; [辞書の見出し]条目 tiáomù.
コウモリ 蝙蝠 biānfú.
こうもん【校門】 校门 xiàomén.
ごうもん【拷問】(-する) 拷问 kǎowèn.
こうやく【公約】 诺言 nuòyán; [条約]公约 gōngyuē.
こうよう【紅葉】 红叶 hóngyè.
こうらく【行楽】 游玩 yóuwán, 出游 chūyóu.
こうり【小売り】 零售 língshòu, 零卖 língmài.
こうりつ【効率】 效率 xiàolǜ.
こうりつ【公立】 公立 gōnglì.
ごうりてき【合理的】 合理 hélǐ.
こうりゅう【交流】(-する) 交流 jiāoliú.
ごうりゅう【合流】(-する) 汇合 huìhé; 合并 hébìng.
こうりょ【考慮】(-する) 考虑 kǎolǜ.
ごうれい【号令】(-する) 号令 hàolìng, 命令 mìnglìng.
こうろん【口論】(-する) 口角 kǒujué, 争吵 zhēngchǎo; 争论 zhēnglùn.
こえ【声】 [人·動物の声]声音 shēngyīn; [大衆の要望]呼声 hūshēng.
こえる【越える・超える】 [通過する]越过 yuèguò; [渡る]渡过 dùguò; [基準を]超越 chāoyuè. **国境を〜** 越过边境 biānjìng.
ゴーグル [防風用]风镜 fēngjìng; [護眼用]护目镜 hùmùjìng; [水泳用]泳镜 yǒngjìng.
コース [道程]路线 lùxiàn; [グラウンドの]跑道 pǎodào; [学科の]课程 kèchéng, 学科 xuékē.
コーチ 教练 jiàoliàn, 指导 zhǐdǎo.
コート [洋服の]大衣 dàyī, 外套 wàitào.
コート 球场 qiúchǎng; [卓球の]台面 táimiàn.
コード [電算]编码 biānmǎ; [電信符号]电码 diànmǎ.
コード 软线 ruǎnxiàn, 导线 dǎoxiàn.
コーナー 角落 jiǎoluò; [専用の場所]专柜 zhuānguì.
コーヒー 咖啡 kāfēi.
コーラ 可乐 kělè.
コーラス 合唱(队) héchàng(duì); 合唱(曲) (qǔ).
こおり【氷】 冰 bīng. **〜が張る** 结 jié 冰.
こおる【凍る】 冻 dòng; [水が]结冰 jiébīng.
ゴール [決勝点]终点 zhōngdiǎn; [球技の]球门篮 qiúménlán, 球篮 qiúlán. **〜キーパー** 守门员 shǒuményuán.
コーン 玉米 yùmǐ.
ごかい【誤解】(-する) 误解 wùjiě; 误会 wùhuì.
こがす【焦がす】 烤焦 kǎojiāo, 烤煳 kǎohú; [気持ちを]使(心情)焦急 shǐ(xīnqíng)jiāojí.
こがた【小型】 小型 xiǎoxíng.
こぎって【小切手】 支票 zhīpiào.
ゴキブリ 蟑螂 zhāngláng.
こきゅう【呼吸】(-する) 呼吸 hūxī, 喘气 chuǎnqì.
こきょう【故郷】 故乡 gùxiāng; [父祖の地]家乡 jiāxiāng. **〜を懐かしむ** 怀念 huáiniàn 故乡.
こぐ【漕ぐ】 [船を進める]划 huá; [自転車を]蹬 dēng.
ごく【極】 非常 fēicháng, 极其 jíqí.
こくさい【国際】 国际 guójì.
こくさん【国産】 国产 guóchǎn.
こくせき【国籍】 国籍 guójí.
こくそ【告訴】(-する) 控告 kònggào, 诉讼 sùsòng.
こくち【告知】(-する) 告知 gàozhī, 通知 tōngzhī.
こくどう【国道】 国道 guódào; 公路 gōnglù.
こくない【国内】 国内 guónèi.
こくはく【告白】(-する) 坦白 tǎnbái, 表白 biǎobái, 交代 jiāodài.
こくはつ【告発】(-する) 告发 gàofā; [当局に訴える]检举 jiǎnjǔ; [暴露する]揭发 jiēfā.
こくばん【黒板】 黑板 hēibǎn.
こくふく【克服】(-する) 克服 kèfú.
こくほう【国宝】 国宝 guóbǎo.
こくみん【国民】 国民 guómín, 公民 gōngmín.
こくめい【克明】 仔细 zǐxì; [描写などが]细致 xìzhì.
こくもつ【穀物】 谷物 gǔwù, 粮食 liángshi.
ごくらく【極楽】 极乐世界 jílè shìjiè, 天堂 tiāntáng.
こくりつ【国立】 国立 guólì.
こくれん【国連】 联合国 Liánhéguó.
こけ【苔】 苔 tái, 青苔 qīngtái; [学名]地衣 dìyī.
こける【転ける】 跌跤 diējiāo, 摔倒 shuāidǎo. → 転ぶ
こげる【焦げる】 焦 jiāo, 煳 hú, 烤焦 kǎojiāo.
ごげん【語源】 语源 yǔyuán; [語いの]词源 cíyuán.
ここ【此処】 这儿 zhèr, 这里 zhèli.
ごご【午後】 下午 xiàwǔ, 午后 wǔhòu. **〜3時** 下午三点 sān diǎn.
ココア 可可(茶) kěkě(chá).
こごえ【小声】 小声 xiǎoshēng, 低声 dīshēng.
こごえる【凍える】 冻僵 dòngjiāng.
ここち【心地】 感觉 gǎnjué, 心情 xīnqíng.
こごと【小言】 [注意]申斥 shēnchì; [愚痴]怨言 yuànyán.
ココナッツ 椰子 yēzi.
こころ【心】 心 xīn; 心胸 xīnxiōng; 心情 xīnqíng; 心肠 xīncháng.
こころえ【心得】 心得 xīndé; 须知 xūzhī.

こころえる【心得る】［わかる］懂得 dǒngde; ［会得している］领会 lǐnghuì.
こころがける【心掛ける】［意識して］留心 liúxīn; ［意をそそぐ］注意 zhùyì.
こころざし【志】 志向 zhìxiàng; ［好意］盛情 shèngqíng.
こころざす【志す】 立志 lìzhì, 志愿 zhìyuàn.
こころみる【試みる】 试试 shìshi, 尝试 chángshì.
こころよい【快い】 愉快 yúkuài; ［さわやかな］爽快 shuǎngkuai.
こさめ【小雨】 小雨 xiǎoyǔ, 细雨 xìyǔ.
ごさん【誤算】［計算が］算错 suàncuò; ［考えが］估计错误 gūjì cuòwù.
こし【腰】［人体］腰 yāo; ［衣服の部位］腰部 yāobù. **～を曲げる** 弯 wān 腰.
こじ【孤児】 孤儿 gū'ér.
こしかける【腰掛ける】 坐下 zuòxia.
こじき【乞食】 乞丐 qǐgài, 要饭的 yàofàn de.
こしつ【固執】(-する) 坚持 jiānchí, 固执 gùzhí.
こしょう【故障】(-する) 故障 gùzhàng.
コショウ【胡椒】 胡椒 hújiāo.
こしらえる【拵える】 制造 zhìzào, 做 zuò.
こじん【個人】 个人 gèrén; ［私人］私人 sīrén.
こす【越す・超す】 越过 yuèguò; 渡过 dùguò; 超过 chāoguò. → **こえる**
こす【漉す・濾す】 滤 lǜ, 过滤 guòlǜ.
コスト ［原価］成本 chéngběn; ［値段］价格 jiàgé. **～パフォーマンス** 性价比 xìngjiàbǐ.
こする【擦る】 摩擦 mócā, 擦 cā; ［もむように］揉 róu; ［両手で］搓 cuō.
こせい【個性】 个性 gèxìng.
こせき【戸籍】 户口 hùkǒu; ［記録した］户籍 hùjí.
こぜに【小銭】 零钱 língqián.
ごぜん【午前】 上午 shàngwǔ. **～10時** 上午十点 shí diǎn.
こたい【固体】 固体 gùtǐ.
こだい【古代】 古代 gǔdài.
こたえ【答え・応え】 回答 huídá; 答案 dá'àn; 响应 xiǎngyìng.
こたえる【答える・応える】 回答 huídá; 解答 jiědá, 答 dá; 响应 xiǎngyìng.
こだま 回声 huíshēng.
こだわる【拘る】［とらわれる］拘泥 jūnì; ［きわめる］讲究 jiǎngjiu.
ごちそう【ご馳走】(-する) ［もてなす］款待 kuǎndài; ［おいしい料理］好吃的东西 hǎochī de dōngxi.
こちょう【誇張】(-する) 夸张 kuāzhāng, 夸大 kuādà.
こちら 这里 zhèli, 这边 zhèbiān. → **こっち**
こつ 秘诀 mìjué, 窍门 qiàomén.
こっか【国家】 国家 guójiā.
こっか【国歌】 国歌 guógē.
こっかい【国会】 国会 guóhuì, 议会 yìhuì.
こづかい【小遣い】 零钱 língqián, 零用钱 língyòngqián.
こっかく【骨格】 骨骼 gǔgé.
こっき【国旗】 国旗 guóqí. **～を掲揚する** 升 shēng 国旗.
こっきょう【国境】 国境 guójìng, 边境 biānjìng.
コック 厨师 chúshī.
こっけい【滑稽】 滑稽 huájī, 可笑 kěxiào.
こつこつ 孜孜不倦 zī zī bù juàn, 勤勉 qínmiǎn.
ごつごつ ［かたい］坚硬 jiānyìng; ［でこぼこ］凹凸不平 āotū bù píng; ［粗野］生硬 shēngyìng.
こっせつ【骨折】(-する) 骨折 gǔzhé.
こっそり ［音を立てずに］悄悄(地) qiāoqiāo(de); ［ひそかに］偷偷(地) tōutōu(de).
こっち 这里 zhèli, 这边 zhèbiān. → **こちら**
こづつみ【小包】 包裹 bāoguǒ, 邮包 yóubāo. **～を送る** 寄 jì 包裹.
こっとうひん【骨董品】 古董 gǔdǒng; 古玩 gǔwán.
コップ 玻璃杯 bōlibēi; 杯子 bēizi.
こてい【固定】(-する) 固定 gùdìng.
こてん【古典】 古典 gǔdiǎn; 古籍 gǔjí.
こどう【鼓動】 跳动 tiàodòng, 搏动 bódòng.
ことがら【事柄】 事情 shìqing; 事态 shìtài.
こどく【孤独】 孤独 gūdú, 孤单 gūdān.
ことし【今年】 今年 jīnnián.
ことなる【異なる】 不一样 bù yīyàng, 不同 tóng.
ことに【殊に】 特别 tèbié, 格外 géwài.
ことば【言葉】［言語］语言 yǔyán; ［話し言葉］话 huà, 词语 cíyǔ.
ことばづかい【言葉遣い】［話すときの］说法 shuōfa; ［話・文章の］措辞 cuòcí.
こども【子供】［息子・娘］孩子 háizi; ［児童］儿童 értóng.
ことり【小鳥】 小鸟 xiǎoniǎo.
ことわざ【諺】 谚语 yànyǔ, 俗语 súyǔ.
ことわる【断る】 事先说好 shìxiān shuōhǎo; 拒绝 jùjué.
こな【粉】 粉 fěn, 粉末 fěnmò.
こなす 消化 xiāohuà; 做完 zuòwán; 掌握 zhǎngwò.
コネ 关系 guānxi; 门路 ménlu. **～を使う** 拉 lā 关系.
こねる 捏 niē, 揉 róu.
この 这个 zhège, 这 zhè.
このあいだ【この間】 最近 zuìjìn; 前几天 qiánjǐtiān.
このごろ【この頃】 最近 zuìjìn, 近来 jìnlái, 这些天来 zhèxiē tiān lái.
このましい【好ましい】［喜ばしい］可喜 kěxǐ; ［満足できる］令人满意 lìng rén mǎnyì.
このみ【好み】［嗜好］爱好 àihào; 口味 kǒuwèi; 嗜好 shìhào.
このむ【好む】 喜欢 xǐhuan, 爱好 àihào.
こばむ【拒む】 拒绝 jùjué; 阻止 zǔzhǐ.
ごはん【ご飯】 饭 fàn, 米饭 mǐfàn, 白饭 báifàn.
コピー(-する) 复印 fùyìn; 拷贝 kǎobèi; 复制 fùzhì. **～機** 复印机 jī.
こぶ【瘤】 瘤子 liúzi, 包 bāo.
こぶし【拳】 拳头 quántou.
こぼす【零す】［液体や粒状のものを］洒 sǎ, 撒 sǎ; ［不平などを］抱怨 bàoyuàn.
こぼれる【零れる】 洒 sǎ, 溢出 yìchū.
こま【駒】［子ウマ］马驹 mǎjū; ［将棋］棋子 qízǐ.
こま【独楽】 陀螺 tuóluó. **～を回す** 转 zhuàn 陀螺.
ごま【胡麻】 芝麻 zhīma.
こまかい【細かい】［物が］细小 xìxiǎo; ［詳しい］详细 xiángxì.
ごまかす 隐瞒 yǐnmán, 敷衍 fūyan; 作假 zuòjiǎ.
こまる【困る】 为难 wéinán; 难办 nánbàn.
ごみ【塵・芥】 垃圾 lājī; ［ほこり］尘土 chéntǔ. **～箱** 垃圾箱 xiāng.
こみち【小道】 小道 xiǎodào, 小径 xiǎojìng.
コミュニケーション 交流 jiāoliú; 通信 tōngxìn.
こむ【込む・混む】［込み合う］拥挤 yōngjǐ; ［まざり合う］混杂 hùnzá.
ゴム 橡胶 xiàngjiāo; ［消しゴム］橡皮 xiàngpí.
コムギ【小麦】 小麦 xiǎomài. → **麦** **～粉** 面粉 miànfěn.
コメ【米】 米 mǐ, 大米 dàmǐ.
こめる【込める・籠める】［詰める］装填 zhuāngtián; ［含む］包括在内 bāokuò zàinèi.

コメント 解说 jiěshuō, 评语 píngyǔ.
ごめんなさい 对不起 duìbuqǐ, 请原谅 qǐng yuánliàng.
こもる【籠る】［人が］闭门不出 bì mén bù chū;［満ちる］充满 chōngmǎn.
こや【小屋】 小房 xiǎofáng;［動物の］畜舍 chùshè.
こやす【肥やす】［土地を］使(土地)肥沃 shǐ(tǔdì)féiwò;［家畜を］使(家畜等)肥胖 (jiāchù děng)féipàng.
こゆび【小指】［手の］小拇指 xiǎomuzhǐ;［足の］小趾 xiǎozhǐ.
こよう【雇用】(-する) 雇佣 gùyōng, 雇用 gùyòng.
こよみ【暦】 日历 rìlì; 历书 lìshū.
こらい【古来】 古来 gǔlái, 自古以来 zì gǔ yǐ lái.
こらえる【堪える】［我慢する］忍耐 rěnnài;［抑える］抑制 yìzhì.
ごらく【娯楽】 娱乐 yúlè;［文化活動］文娱 wényú.
こらす【凝らす】 凝 níng, 集中 jízhōng.
コラム 专栏 zhuānlán; 栏目 lánmù.
こりつ【孤立】(-する) 孤立 gūlì.
ゴリラ 大猩猩 dàxīngxing.
こりる【懲りる】 因吃过苦头 kǔtóu 而 ér 不敢 gǎn.
こる【凝る】 凝固 nínggù; 热中 rèzhōng; 讲究 jiǎngjiu.
コルク 软木 ruǎnmù.
ゴルフ 高尔夫(球) gāo'ěrfū(qiú), 高球 gāoqiú. **～をやる** 打 dǎ 高球.
これ 这 zhè, 这个 zhège.
これから［いまから］从现在起 cóng xiànzài qǐ, 今后 jīnhòu, 以后 yǐhòu.
コレクション 收藏物 shōucángwù, 珍藏品 zhēncángpǐn.
これまで［以前］从前 cóngqián, 以往 yǐwǎng;［現在まで］到现在为止 dào xiànzài wéizhǐ.
コレラ 霍乱 huòluàn.
ころがす【転がす】 滚动 gǔndòng, 转动 zhuàndòng.
ころがる【転がる】［回転する］滚动 gǔndòng, 转动 zhuàndòng［倒れる］倒下 dǎoxià.
ころす【殺す】 杀 shā, 杀死 shāsǐ.
ころぶ【転ぶ】 摔 shuāi, 跌 diē; 跌交 diējiāo, 栽跟头 zāi gēntou.
ころもがえ【衣替え】 换装 huànzhuāng; 换季 huànjì.
コロン 冒号 màohào.
こわい【怖い】 可怕 kěpà, 害怕 hàipà.
こわがる【怖がる】 怕 pà, 害怕 hàipà. ➡ 恐れる
こわごわ 提心吊胆 tí xīn diào dǎn,［慎重に］小心翼翼 xiǎo xīn yì yì. ➡ 恐る恐る
こわす【壊す】 弄坏 nònghuài, 破坏 pòhuài.
こわばる 发硬 fāyìng, 变僵硬 biàn jiāngyìng.
こわれる【壊れる】 坏 huài; 毁坏 huǐhuài.
こんき【根気】 耐性 nàixìng, 毅力 yìlì.
こんきょ【根拠】 根据 gēnjù, 依据 yījù.
コンクール 竞赛(会) jìngsài(huì), 会演 huìyǎn.
コンクリート 混凝土 hùnníngtǔ.
こんけつ【混血】 混血 hùnxuè. **～児** 混血儿 ér.
こんげつ【今月】 这(个)月 zhè(ge)yuè, 本月 běnyuè.
こんご【今後】 今后 jīnhòu, 以后 yǐhòu.
コンサート 音乐会 yīnyuèhuì, 演奏会 yǎnzòuhuì. **～を開く** 举办 jǔbàn 音乐会.
こんざつ【混雑】(-する) 混乱 hùnluàn; 拥挤 yōngjǐ.
こんしゅう【今週】 这个星期 zhège xīngqī, 本周 běnzhōu.
こんじょう【根性】［性質］脾气 píqi;［性格］性情 xìngqíng.
コンセント 插座 chāzuò.
コンタクトレンズ 隐形眼镜 yǐnxíng yǎnjìng. **～をつける** 戴上 dàishang 隐形眼镜.
こんだて【献立】 菜单 càidān; 饭菜 fàncài.
こんちゅう【昆虫】 昆虫 kūnchóng.
コンディション 状况 zhuàngkuàng.
コンテスト 竞赛 jìngsài, 比赛 bǐsài.
コンテナ 集装箱 jízhuāngxiāng.
コンテンツ 内容 nèiróng;［目次］目录 mùlù.
こんど【今度】［このたび］这次 zhècì,［この次］下次 xiàcì.
こんどう【混同】(-する) 混同 hùntóng, 混淆 hùnxiáo.
コンドーム 避孕套 bìyùntào, 安全套 ānquántào.
コントラスト 对比 duìbǐ, 对照 duìzhào.
コントラバス 低音大提琴 dīyīn dàtíqín.
コントロール 控制 kòngzhì; 操纵 cāozòng.
こんな 这样(的) zhèyàng(de), 这么 zhème.
こんなん【困難】 困难 kùnnan.
こんにち【今日】［きょう］今天 jīntiān;［現在］如今 rújīn. **～は** 你好 nǐ hǎo, 您 nín 好.
コンパス［製図用具］圆规 yuánguī;［羅針盤］罗盘 luópán.
こんばん【今晩】 今天晚上 jīntiān wǎnshang, 今晚 jīnwǎn, 今夜 jīnyè. **～は** 晚上好 wǎnshang hǎo.
コンビニ(エンスストア) 方便(商)店 fāngbiàn(shāng)diàn, 便利店 biànlìdiàn.
コンピュータ(ー) (电子)计算机 (diànzǐ)jìsuànjī, 电脑 diànnǎo.
コンプレックス 自卑感 zìbēigǎn.
こんぽう【梱包】(-する) 包装 bāozhuāng.
こんぽん【根本】 根本 gēnběn, 根源 gēnyuán.
コンマ 逗号 dòuhào, 逗点 dòudiǎn.
こんや【今夜】 今天晚上 jīntiān wǎnshang, 今晚 jīnwǎn, 今夜 jīnyè. ➡ 今晩
こんやく【婚約】(-する) 婚约 hūnyuē; 订婚 dìnghūn. **～者**［男］未婚夫 wèihūnfū;［女］未婚妻 wèihūnqī.
こんらん【混乱】(-する) 混乱 hùnluàn.

さ

さ【差】 差别 chābié, 差异 chāyì, 差距 chājù;［数の差］差 chā, 差额 chā'é.
サーカス 马戏 mǎxì;［中国式の］杂技 zájì.
サーズ〖SARS〗 非典 fēidiǎn.
サーバー 服务器 fúwùqì.
サービス 服务 fúwù;［無料のもの］赠送的 zèngsòng de, 免费 miǎnfèi 的.
さい【歳】 岁 suì.
ざいあく【罪悪】 罪恶 zuì'è.
さいかい【再開】(-する) 再次开始 zàicì kāishǐ, 重新进行 chóngxīn jìnxíng.
さいかい【再会】(-する) 再会 zàihuì, 再见 zàijiàn.
さいがい【災害】 灾害 zāihài, 灾祸 zāihuò. **～に見舞われる** 遭受 zāoshòu 灾害.
さいきん【細菌】 细菌 xìjūn.
さいきん【最近】 最近 zuìjìn, 近来 jìnlái.
サイクリング 自行车运动 zìxíngchē yùndòng.
さいけん【再建】(-する) 重建 chóngjiàn.
さいご【最後】 最后 zuìhòu.
さいご【最期】 临终 línzhōng.
さいこう【最高】 最高 zuìgāo, 至高无上 zhì gāo wú shàng.
サイコロ 色子 shǎizi. **～を振る** 掷 zhì 色子.
ざいさん【財産】 财产 cáichǎn, 财富 cáifù.
さいじつ【祭日】 节日 jiérì.
さいしゅう【採集】(-する) 采集 cǎijí, 收集 shōují, 搜集 sōují.
さいしゅう【最終】 最后 zuìhòu.
さいしょ【最初】 最初 zuìchū, 开始 kāishǐ, 开头 kāitóu.

日中

さいしん【細心】细心 xìxīn, 小心谨慎 xiǎo xīn jǐn shèn.
さいしん【最新】最新 zuìxīn.
サイズ 大小 dàxiǎo; 尺寸 chǐcun. 〜を測る 量liáng 尺寸.
さいせい【再生】(-する) 再生 zàishēng, 死而复生 sǐ ér fù shēng.
ざいせい【財政】财政 cáizhèng.
さいそく【催促】(-する) 催 cuī, 催促 cuīcù.
さいだい【最大】最大 zuìdà.
さいちゅう【最中】正在 zhèngzài…中 zhōng, 正在…(的)时候 (de)shíhou.
さいてい【最低】最低 zuìdī, 最差 zuìchà.
サイト [WEB上の]网站 wǎngzhàn, 站点 zhàndiǎn.
サイド 旁边 pángbiān, 侧面 cèmiàn.
さいなん【災難】灾难 zāinàn, 灾祸 zāihuò.
さいのう【才能】才能 cáinéng, 才干 cáigàn, 才华 cáihuá.
さいばい【栽培】(-する) 栽培 zāipéi, 种植 zhòngzhí.
さいばん【裁判】(-する) 审判 shěnpàn; [訴訟する]诉讼 sùsòng. 〜官 法官 fǎguān; 审判员 yuán. 〜所 法院 fǎyuàn.
さいふ【財布】钱包 qiánbāo, 票夹 piàojiā.
さいぶ【細部】细节 xìjié.
さいほう【裁縫】缝纫 féngrèn.
さいぼう【細胞】细胞 xìbāo.
ざいもく【材木】木材 mùcái, 木料 mùliào.
さいよう【採用】(-する) 采用 cǎiyòng, 采取 cǎiqǔ; [人間を]录用 lùyòng, 录取 lùqǔ.
ざいりょう【材料】材料 cáiliào, 原料 yuánliào.
サイレン 汽笛 qìdí, 警笛 jǐngdí. 〜を鳴らす 鸣 míng 汽笛.
さいわい【幸い】幸福 xìngfú; [うまい具合に]幸而 xìng'ér, 幸亏 xìngkuī.
サイン [合図]信号 xìnhào; [署名する]签名 qiānmíng, 署名 shǔmíng.
サウナ 桑拿浴 sāngnáyù. 〜に入る 洗 xǐ 桑拿浴.
さえ 连 lián, 甚至 shènzhì.
さえぎる【遮る】遮挡 zhēdǎng, 遮住 zhēzhù; [妨げる]遮拦 zhēlán, 阻挡 zǔdǎng, 妨碍 fáng'ài, 阻扰 zǔrǎo.
さお【竿・棹】竹竿 zhúgān, 竿子 gānzi.
さか【坂】坡 pō, 斜坡 xiépō. 〜を上る 上 shàng 坡.
さかい【境】交界 jiāojiè, 界线 jièxiàn.
さかえる【栄える】繁荣 fánróng, 兴旺 xīngwàng.
さかさ【逆さ】颠倒 diāndǎo, 相反 xiāngfǎn.
さがす【探す・捜す】找 zhǎo, 寻找 xúnzhǎo.
さかな【魚】鱼 yú. 〜を釣る 钓 diào 鱼.
さかみち【坂道】坡道 pōdào, 土坡 tǔpō.
さかや【酒屋】酒铺 jiǔpù, 酒店 jiǔdiàn.
さからう【逆らう】违背 wéibèi, 违抗 wéikàng, 顶 dǐng, 顶撞 dǐngzhuàng.
さがる【下がる】下降 xiàjiàng, 降低 jiàngdī; [ぶら下がる]挂 guà, 吊 diào; [後方に]往后退 wǎng hòu tuì.
さかん【盛ん】繁荣 fánróng, 盛行 shèngxíng; [回数が多い]频繁 pínfán.
さき【先】[先端]尖端 jiānduān, 头儿 tóur; [時間,順番が早い]先 xiān; [あらかじめ]事先 shìxiān, 预先 yùxiān.
さぎ【詐欺】诈骗 zhàpiàn, 欺骗 qīpiàn. 〜師 骗子 piànzi.
さぎょう【作業】(-する) 工作 gōngzuò, 劳动 láodòng.
さく【柵】围栏 wéilán, 栅栏 zhàlan.
さく【咲く】(花)开 (huā)kāi.
さく【裂く】切开 qiēkāi; 分开 fēnkāi.
さくいん【索引】索引 suǒyǐn; 引得 yǐndé.
さくげん【削減】(-する) 削减 xuējiǎn, 缩减 suōjiǎn.
さくしゃ【作者】作者 zuòzhě.
さくじょ【削除】(-する) 删除 shānchú, 删掉 shāndiào.
さくせん【作戦】作战 zuòzhàn; 对策 duìcè.
さくねん【昨年】去年 qùnián.
さくひん【作品】作品 zuòpǐn.
さくぶん【作文】作文 zuòwén, 写文章 xiě wénzhāng.
さくもつ【作物】庄稼 zhuāngjia.
さくや【昨夜】昨晚 zuówǎn.
サクラ【桜】[木]樱花树 yīnghuāshù; [花]樱花 yīnghuā.
サクランボ 樱桃 yīngtáo.
さぐる【探る】[触って]摸 mō; [様子を]试探 shìtan, 侦察 zhēnchá.
さけ【酒】酒 jiǔ. 〜を飲む 喝 hē 酒.
サケ【鮭】鲑鱼 guīyú; [サーモン]三文鱼 sānwényú.
さけぶ【叫ぶ】喊 hǎn, 喊叫 hǎnjiào.
さける【避ける】躲避 duǒbì, 避开 bìkāi.
さける【裂ける】裂开 lièkāi, 撕裂 sīliè.
さげる【下げる・提げる】降低 jiàngdī; [つるす]吊 diào, 挂 guà; [ぶらさげる]提 tí, 挎 kuà.
ささい【些細】一点 yīdiǎnr, 琐细 suǒxì.
ささえる【支える】支撑 zhīcheng, 支持 zhīchí.
ささやか 微薄 wēibó, 很小 hěn xiǎo.
ささやく 低声细语 dīshēng xìyǔ, 咬耳朵 yǎo ěrduo, 轻声私语 qīngshēng sīyǔ.
さじ【匙】匙子 chízi, 小勺 xiǎosháo.
さしえ【挿絵】插图 chātú.
さしこむ【差し込む】插入 chārù, 插进 chājìn; [痛みが]绞痛 jiǎotòng.
さしだしにん【差出人】发信人 fāxìnrén.
さしだす【差し出す】伸出 shēnchū; 交出 jiāochū.
さしみ【刺身】生鱼片 shēngyúpiàn.
さす【刺す】[先のとがった物で]刺 cì, 扎 zhā, 攮 nǎng; [虫が]蜇 zhē, 咬 yǎo, 叮 dīng.
さす【指す】[指さす]指 zhǐ; [意味する]意味着 yìwèizhe.
さす【差す】[光線が]照射 zhàoshè; [色が]透露 tòulù, 泛出 fànchū; [傘などを]打 dǎ, 撑 chēng, 掌 zhǎng.
さすが【流石】[いかにも]真不愧是 zhēn bùkuì shì, 到底 dàodǐ 是.
さずける【授ける】授予 shòuyǔ, 赋予 fùyǔ.
さする【摩る】抚摩 fǔmó, 摩挲 mósuō, 搓 cuō.
ざせき【座席】座位 zuòwèi.
させつ【左折】(-する) 左拐 zuǒ guǎi.
ざせつ【挫折】挫折 cuòzhé, 受挫 shòucuò.
させる [使役]使 shǐ, 叫 jiào, 让 ràng; [不干渉・放任]让.
さそう【誘う】约 yuē, 邀请 yāoqǐng.
さだまる【定まる】决定 juédìng, 确定 quèdìng, 定下来 dìngxiàlái.
さだめる【定める】决定 juédìng, 确定 quèdìng; [制定する,規定する]制定 zhìdìng, 规定 guīdìng.
さつ【冊】本 běn, 册 cè.
さつ【札】钞票 chāopiào.
さつえい【撮影】(-する) 摄影 shèyǐng; [写真]照相 zhàoxiàng, 拍照 pāizhào; [映画]拍电影 pāi diànyǐng.
ざつおん【雑音】[ノイズ]杂音 záyīn; [騒音]噪音 zàoyīn.
さっか【作家】作家 zuòjiā, 小说家 xiǎoshuōjiā.
サッカー 足球 zúqiú. 〜をする 踢 tī 足球.
さっき 刚才 gāngcái, 方才 fāngcái.
さっきょく【作曲】(-する) 作曲 zuòqǔ. 〜家 作曲家 jiā.
さっさと 赶快 gǎnkuài, 赶紧 gǎnjǐn.
ざっし【雑誌】杂志 zázhì. 〜を読む 看 kàn 杂志.
さつじん【殺人】杀人 shārén.
さっする【察する】推测 tuīcè, 揣测 chuǎicè; [思いやる]体谅 tǐliang, 谅察 liàngchá.
ざっそう【雑草】 杂草 zácǎo.
さっそく【早速】 立刻 lìkè, 马上 mǎshang, 赶紧 gǎnjǐn.
ざつだん【雑談】(-する) 聊天儿 liáotiānr.
さっと 忽地 hūdì, 唰地 shuādì, 一下子 yīxiàzi, 猛然 měngrán.
さっぱり [身なりが]整洁 zhěngjié, 利落 lìluo; [性格が]直爽 zhíshuǎng, 坦率 tǎnshuài; [気持ちが]爽快 shuǎngkuai, 痛快 tòngkuai; [味が]清淡 qīngdàn, 爽口 shuǎngkǒu.
サツマイモ【薩摩芋】 甘薯 gānshǔ, 白薯 báishǔ, 红薯 hóngshǔ, 地瓜 dìguā.
さて 那么 nàme, 且说 qiěshuō.
さと【里】 村落 cūnluò, 村庄 cūnzhuāng; [実家]娘家 niángjia.
さとう【砂糖】 糖 táng, 白糖 báitáng, 砂糖 shātáng. **〜を入れる** 加 jiā 糖.
さどう【茶道】 茶道 chádào; [中国式の]茶艺 cháyì.
さとる【悟る】 醒悟 xǐngwù, 领悟 lǐngwù.
さなぎ【蛹】 蛹 yǒng. **〜になる** 化 huà 蛹.
サバ【鯖】 青花鱼 qīnghuāyú.
さばく【砂漠】 沙漠 shāmò.
さばく【裁く】 审理 shěnlǐ, 审判 shěnpàn.
さびしい【寂しい】 寂寞 jìmò, 孤寂 gūjì; [ひっそりした]荒凉 huāngliáng, 冷清 lěngqīng, 寂寥 jìliáo.
さびる【錆びる】 生锈 shēngxiù, 长锈 zhǎngxiù.
ざぶとん【座布団】 坐垫 zuòdiàn, 褥垫 rùdiàn.
さべつ【差別】(-する) [蔑視]歧视 qíshì.
サポーター [スポーツ用の]护具 hùjù, 护腿 hùtuǐ; [支持者]支持者 zhīchízhě; [球技の]球迷 qiúmí.
サボる 偷懒 tōulǎn; [授業を]逃学 táoxué, 旷课 kuàngkè; [仕事を]旷工 kuànggōng, 缺勤 quēqín.
さまざま 种种 zhǒngzhǒng, 各种各样 gèzhǒng gèyàng, 形形色色 xíngxíngsèsè.
さます【冷ます】 冷却 lěngquè, 弄凉 nòngliáng.
さます【覚ます】 [眠りを]弄醒 nòngxǐng; [迷いを]使觉醒 shǐ juéxǐng; [酔いを]醒酒 xǐngjiǔ.
さまたげる【妨げる】 妨碍 fáng'ài, 阻碍 zǔ'ài, 阻挡 zǔdǎng.
さまよう【彷徨う】 徘徊 páihuái, 流浪 liúlàng, 彷徨 pánghuáng.
サミット 峰会 fēnghuì.
さむい【寒い】 冷 lěng, 寒冷 hánlěng.
さめる【冷める】 凉(了) liáng(le), 变凉 biànliáng, 变冷 biànlěng; [情熱などが]降温 jiàngwēn, 冷静下来 lěngjìngxiàlái.
さめる【覚める】 醒 xǐng, 醒(过)来 xǐng(guò)lái.
さようなら 再见 zàijiàn, 再会 zàihuì.
さら【皿】 [浅い小皿]碟子 diézi; [浅い大皿]盘子 pánzi. **果物を〜に盛る** 把水果盛 chéng 在碟子里 lǐ.
ざらざら 粗糙 cūcāo, 不光滑 bù guānghua; [物が触れ合う音]哗啦哗啦 huālāhuālā.
サラダ 色拉 sèlā, 沙拉 shālā.
さらに【更に】 [いっそう]更 gèng, 更加 gèngjiā; [そのうえ]并且 bìngqiě, 还 hái.
サラリーマン 工薪族 gōngxīnzú, 公司职员 gōngsī zhíyuán.
サル【猿】 猴儿 hóur, 猴子 hóuzi.
さる【去る】 [離れる]离去 líqù, 离开 líkāi; [過ぎ去る]过去 guòqù.
さわがしい【騒がしい】 吵闹 chǎonào, 嘈杂 cáozá.
さわぐ【騒ぐ】 吵 chǎo, 闹 nào.
さわやか【爽やか】 清爽 qīngshuǎng, 爽朗 shuǎnglǎng, 爽快 shuǎngkuai.
さわる【触る】 摸 mō, 碰 pèng, 触摸 chùmō.
さん【酸】 酸 suān.
さんか【参加】(-する) 参加 cānjiā, 参与 cānyù.
さんかく【三角】 三角(形) sānjiǎo(xíng).
ざんぎゃく【残虐】 凶残 xiōngcán, 残暴 cánbào.
さんぎょう【産業】 产业 chǎnyè; 工业 gōngyè.
サングラス 太阳镜 tàiyángjìng, 墨镜 mòjìng.
サンゴ【珊瑚】 珊瑚 shānhú.
さんこう【参考】(-にする) 参考 cānkǎo, 借鉴 jièjiàn. **〜書** 参考书 shū.
ざんこく【残酷】 残酷 cánkù, 残忍 cánrěn.
さんしょう【参照】(-する) 参照 cānzhào.
さんすう【算数】 算术 suànshù.
さんせい【賛成】(-する) 赞成 zànchéng, 赞同 zàntóng, 同意 tóngyì.
さんせい【酸性】 酸性 suānxìng. **〜雨** 酸雨 suānyǔ.
さんそ【酸素】 氧 yǎng, 氧气 yǎngqì.
サンタクロース 圣诞老人 Shèngdàn lǎorén.
サンダル 凉鞋 liángxié. **〜をはく** 穿 chuān 凉鞋.
サンドイッチ 三明治 sānmíngzhì.
ざんねん【残念】 遗憾 yíhàn, 可惜 kěxī.
さんぱつ【散髪】(-する) 理发 lǐfà; 剪发 jiǎnfà.
サンプル 样品 yàngpǐn; [カタログ]样本 yàngběn.
さんぽ【散歩】(-する) 散步 sànbù, 溜达 liūda.

し

し【市】 市 shì.
し【死】 死 sǐ, 死亡 sǐwáng, 去世 qùshì.
し【詩】 诗 shī, 诗歌 shīgē.
じ【字】 字 zì, 文字 wénzì. → **漢字**
じ【時】 点(钟) diǎn(zhōng).
しあい【試合】(-をする) 比赛 bǐsài, 竞赛 jìngsài.
しあげる【仕上げる】 做完 zuòwán, 完成 wánchéng.
しあわせ【幸せ】 幸福 xìngfú; [幸運]幸运 xìngyùn.
しいく【飼育】(-する) 养 yǎng, 饲养 sìyǎng.
シーツ 床单 chuángdān, 褥单 rùdān.
シーディー〖CD〗 光盘 guāngpán, 激光唱片 jīguāng chàngpiàn, CD.
シート [腰掛け]座席 zuòxí, 座位 zuòwèi; [防水布]苫布 shànbù.
シーフード 海鲜 hǎixiān, 海鲜食品 shípǐn.
シール 贴纸 tiēzhǐ; 封印纸 fēngyìnzhǐ.
しいる【強いる】 强迫 qiǎngpò, 迫使 pòshǐ.
じいん【寺院】 寺院 sìyuàn, 庙 miào.
ジーンズ 牛仔裤 niúzǎikù.
ジェスチャー [身振り]姿态 zītài, 手势 shǒushì; [見せかけの態度]摆样子 bǎi yàngzi, 作 zuò 姿态.
ジェット 喷气式 pēnqìshì. **〜機** 喷气式飞机 fēijī.
シェフ 厨师 chúshī.
しえん【支援】 支援 zhīyuán.
しお【塩】 盐 yán.
しお【潮】 潮 cháo, 海潮 hǎicháo.
しおからい【塩辛い】 咸 xián.
しか【歯科】 牙科 yákē.
しがい【市街】 市区 shìqū, 市内 shìnèi.
しがいせん【紫外線】 紫外线 zǐwàixiàn.
しかえし【仕返し】(-する) 报复 bàofù, 报仇 bàochóu.
しかく【四角】 方形 fāngxíng, 四方形 sìfāngxíng, 方框 fāngkuàng.
しかく【資格】 资格 zīgé, 身份 shēnfen.
しかくい【四角い】 方 fāng.
しかけ【仕掛け】 [装置]装置 zhuāngzhì, 结构 jiégòu; [からくり]机关 jīguān.
しかける【仕掛ける】 [途中までする]做到中途 zuòdào zhōngtú; [挑む]挑衅 tiǎoxìn, 寻衅 xúnxìn.

しかし 但是 dànshì, 可是 kěshì, 不过 bùguò, 然而 rán-ér.
しかた【仕方】 做法 zuòfǎ, 方法 fāngfǎ.
しかたない【仕方ない】 没办法 méi bànfǎ, 不得已 bùdéyǐ, 无可奈何 wú kě nài hé.
しがみつく【しがみ付く】 紧紧抱住 jǐnjǐn bàozhù, 抓住 zhuāzhù.
しかも 而且 érqiě, 并且 bìngqiě.
しかる【叱る】 责备 zébèi, 申斥 shēnchì, 批评 pīpíng.
じかん【時間】 时间 shíjiān; [暇]工夫 gōngfu. **～がある** 有 yǒu 工夫.
しき【式】 典礼 diǎnlǐ, 仪式 yíshì.
しき【四季】 四季 sìjì.
じき【時期】 时期 shíqī, 时候 shíhou.
じき【磁器】 瓷器 cíqì.
しきい【敷居】 门槛 ménkǎn.
しきつめる【敷き詰める】 全面铺上 quánmiàn pū-shàng, 铺满 pūmǎn.
しきゅう【至急】 火急 huǒjí, 火速 huǒsù; 赶快 gǎnkuài.
しきょ【死去】(-する) 去世 qùshì, 逝世 shìshì.
じぎょう【事業】 事业 shìyè; 实业 shíyè.
しきり【頻り】 频繁地 pínfánde, 屡次 lǚcì, 再三 zài-sān.
しきん【資金】 资金 zījīn.
しく【敷く】 铺 pū, 铺上 pūshàng.
じく【軸】 轴 zhóu; [掛け軸]挂轴 guàzhóu.
しぐさ 动作 dòngzuò, 举止 jǔzhǐ.
しくみ【仕組み】 结构 jiégòu, 构造 gòuzào.
しげき【刺激】(-する) 刺激 cìjī.
しげる【茂る】 繁茂 fánmào, 丛生 cóngshēng, 茂密 màomì. **雑草が～** 杂草 zácǎo 丛生.
しけん【試験】(-する) 考试 kǎoshì, 测验 cèyàn.
しげん【資源】 资源 zīyuán.
じけん【事件】 事件 shìjiàn; [訴訟事件]案件 ànjiàn. **殺人～** 杀人案 shārén'àn.
じこ【自己】 自我 zìwǒ, 自己 zìjǐ. **～紹介** 自我介绍 jièshào.
じこ【事故】 事故 shìgù. **～が起こる** 发生 fāshēng 事故. **交通～** 交通 jiāotōng 事故, 车祸 chēhuò.
しこう【思考】(-する) 思考 sīkǎo.
しこう【施行】(-する) 实施 shíshī, 施行 shīxíng.
しこう【嗜好】 嗜好 shìhào, 爱好 àihào, 喜好 xǐhào.
じこう【事項】 事项 shìxiàng, 项目 xiàngmù.
じこく【時刻】 时刻 shíkè, 时间 shíjiān. **～表** 时刻表 biǎo.
じごく【地獄】 地狱 dìyù.
しごと【仕事】(-する) 工作 gōngzuò; [肉体労働]活儿 huór; [職・職業]职业 zhíyè.
しこむ【仕込む】 [教え込む]教育 jiàoyù, 训练 xùnliàn; [仕入れる]采购 cǎigòu, 进货 jìnhuò.
しさ【示唆】(-する) 启发 qǐfā; 暗示 ànshì.
じさ【時差】 时差 shíchā. **～ぼけ** 时差反应 fǎnyìng, 时差症 zhèng.
じざい【自在】 自由自在 zì yóu zì zài, 自如 zìrú, 随意 suíyì.
じさつ【自殺】(-する) 自杀 zìshā.
しじ【支持】(-する) 支持 zhīchí, 赞成 zànchéng, 拥护 yōnghù.
しじ【指示】(-する) 指示 zhǐshì, 命令 mìnglìng, 吩咐 fēn-fu.
じじ【時事】 时事 shíshì.
じじつ【事実】 事实 shìshí; [確かに]确实 quèshí.
じしゃく【磁石】 磁铁 cítiě, 磁石 císhí; [磁針]指南针 zhǐnánzhēn.
ししゅう【刺繍】(-する) 绣花 xiùhuā, 刺绣 cìxiù.
ししゅつ【支出】(-する) 开支 kāizhī, 支出 zhīchū.
じしょ【辞書】 词典 cídiǎn, 辞典 cídiǎn; [漢字の]字典 zìdiǎn. → **辞典**
しじょう【市場】 市场 shìchǎng.
じじょう【事情】 事由 shìyóu; [わけ]缘故 yuángù, 原因 yuányīn; [状況]情形 qíngxing, 状况 zhuàngkuàng. **住宅～** 住房 zhùfáng 状况.
じしょく【辞職】(-する) 辞职 cízhí.
しじん【詩人】 诗人 shīrén.
じしん【地震】 地震 dìzhèn. **～が起こる** 发生 fā-shēng 地震.
じしん【自身】 自己 zìjǐ. → **自己, 自分**
じしん【自信】 信心 xìnxīn, 自信 zìxìn, 把握 bǎwò. **～がある** 有 yǒu 信心, 有自信, 有把握.
しずか【静か】 安静 ānjìng, 静 jìng, 寂静 jìjìng. **～に** 悄悄地 qiāoqiāo de, 轻轻地 qīngqīng de.
しずく【滴・雫】 水点 shuǐdiǎn, 水滴 shuǐdī.
システム 系统 xìtǒng.
しずまる【静まる】 安静下来 ānjìngxiàlai.
しずむ【沈む】 沉 chén, 下沉 xiàchén, 沉没 chénmò.
しせい【姿勢】 姿势 zīshì; [態度]姿态 zītài.
しせつ【施設】 设施 shèshī.
しぜん【自然】 自然 zìrán, 大自然 dàzìrán. **～に** [ありのままで無理がない]自然地 de; [ひとりでに]不由自主地 bùyóu zìzhǔ de, 不禁 bùjīn.
じぜん【事前】 事前 shìqián, 事先 shìxiān.
じぜん【慈善】 慈善 císhàn, 施舍 shīshě.
しそう【思想】 思想 sīxiǎng.
じぞく【持続】(-する) 持续 chíxù, 继续 jìxù.
しそん【子孫】 子孙 zǐsūn, 后代 hòudài.
じそんしん【自尊心】 自尊心 zìzūnxīn.
した【下】 底下 dǐxia, 下边 xiàbian, 下面 xiàmian; [階下]楼下 lóuxià; [年下]小 xiǎo.
した【舌】 舌 shé, 舌头 shétou. **～を出す** 出 chū 舌头.
じたい【自体】 自己 zìjǐ, 本身 běnshēn.
じたい【事態】 局势 júshì, 事态 shìtài, 形势 xíngshì.
じだい【時代】 时代 shídài.
しだいに【次第に】 逐渐 zhújiàn, 渐渐 jiànjiàn, 慢慢 mànmàn.
したう【慕う】 [恋しく思う]爱慕 àimù, 怀念 huáiniàn; [敬慕する]敬慕 jìngmù, 敬仰 jìngyǎng.
したがう【従う】 [後に続く]跟 gēn, 跟随 gēnsuí; [服従する]服从 fúcóng, 听从 tīngcóng.
したぎ【下着】 内衣 nèiyī, 衬衣 chènyī.
したく【支度・仕度】 准备 zhǔnbèi, 预备 yùbèi; [身支度]打扮 dǎban, 装束 zhuāngshù.
したしい【親しい】 亲近 qīnjìn, 亲密 qīnmì, 亲昵 qīn-nì. → **親友**
したじき【下敷き】 [下に敷くもの]垫儿 diànr; [文具の]垫板 diànbǎn.
しちゃく【試着】(-する) 试穿 shìchuān.
しちょう【市長】 市长 shìzhǎng.
しちょうしゃ【視聴者】 观众 guānzhòng; 受众 shòu-zhòng.
しつ【質】 质量 zhìliàng.
じつ【実】 [真実]真实 zhēnshí; [実体]实质 shízhì, 本质 běnzhì.
じっか【実家】 老家 lǎojiā; [妻の]娘家 niángjia; [夫の]婆家 pójia.
しっかり [堅く]紧紧地 jǐnjǐn de, 牢牢地 láoláo de; [揺るがない]坚固 jiāngù, 牢固 láogù, 坚强 jiānqiáng; [確実に]好好儿地 hǎohāor de, 切实地 qièshí de.
じっかん【実感】 真实感 zhēnshígǎn.
しつぎょう【失業】(-する) 失业 shīyè.

じつぎょうか【実業家】 实业家shíyèjiā, 企业家qǐyèjiā.
しっけ【湿気】 湿气 shīqì, 潮气 cháoqì.
じっけん【実験】(-する) 试验 shìyàn, 实验 shíyàn.
じつげん【実現】(-する) 实现 shíxiàn.
しつこい 油腻 yóunì; 执拗 zhíniù, 纠缠不休 jiūchán bùxiū.
じっこう【実行】(-する) 实行 shíxíng, 执行 zhíxíng, 实施 shíshī.
じっさい【実際】 实际 shíjì, 实际上 shíjìshang.
じっしつ【実質】 实质 shízhì, 实际 shíjì.
じっせん【実践】(-する) 实践 shíjiàn.
しっそ【質素】 朴素 pǔsù, 俭朴 jiǎnpǔ.
じったい【実態】 实际状态 shíjì zhuàngtài, 真实情况 zhēnshí qíngkuàng.
しっと【嫉妬】(-する) 嫉妒 jídù, 忌妒 jìdu; [男女間の]吃醋 chīcù.
しつど【湿度】 湿度 shīdù.
じっと [動かないさま]一动不动地 yī dòng bù dòng de; [集中するさま]聚精会神 jù jīng huì shén 地; [こらえるさま]一声不响 yī shēng bù xiǎng 地.
しっぱい【失敗】(-する) 失败 shībài.
しっぽ【尻尾】 尾巴 wěiba; [順位の]末尾 mòwěi. **～を垂らす** 搭拉 dāla 尾巴.
しつぼう【失望】(-する) 失望 shīwàng.
しつもん【質問】(-する) 提问 tíwèn, 问题 wèntí.
じつようてき【実用的】 实用 shíyòng.
じつりょく【実力】 实力 shílì; [武力]武力 wǔlì.
しつれい【失礼】 失礼 shīlǐ, 不礼貌 bù lǐmào; [すみません]对不起 duìbuqǐ.
してい【指定】(-する) 指定 zhǐdìng. **～席** 对号座 duìhàozuò.
してき【指摘】(-する) 指出 zhǐchū, 指点 zhǐdiǎn.
してん【支店】 分店 fēndiàn, 支店 zhīdiàn.
してん【視点】 观点 guāndiǎn, 着眼点 zhuóyǎndiǎn.
じてん【事典】 百科词典 bǎikē cídiǎn, 百科全书 quánshū.
じてん【辞典】 词典 cídiǎn, 辞典 cídiǎn.
じてんしゃ【自転車】 自行车 zìxíngchē. **～に乗る** 骑 qí 自行车.
しどう【指導】(-する) 指导 zhǐdǎo, 指教 zhǐjiào. **～者** 领导 lǐngdǎo.
じどう【児童】 儿童 értóng.
じどうしゃ【自動車】 汽车 qìchē, 车 chē. **～を運転する** 开 kāi 车.
じどうはんばいき【自動販売機】 自动售货机 zìdòng shòuhuòjī.
しなもの【品物】 物品 wùpǐn, 东西 dōngxi.
しなやか 柔美 róuměi, 优美 yōuměi.
シナリオ 剧本 jùběn, 脚本 jiǎoběn.
しぬ【死ぬ】 死 sǐ, 死去 sǐqù, 死亡 sǐwáng.
しのぐ【凌ぐ】 抵御 dǐyù, 忍耐 rěnnài; [まさる]超过 chāoguò, 胜过 shèngguò.
しはい【支配】(-する) 支配 zhīpèi. **～人** 经理 jīnglǐ.
しばい【芝居】 戏剧 xìjù, 戏 xì; [作り事]作戏 zuòxì, 花招 huāzhāo. **～を見る** 看 kàn 戏.
しばしば 常常 chángcháng, 经常 jīngcháng.
しばふ【芝生】 草坪 cǎopíng.
しはらう【支払う】 支付 zhīfù.
しばらく【暫く】 [短い時間]暂时 zànshí, 一会儿 yīhuìr; [比較的長い時間]半天 bàntiān, 好久 hǎojiǔ.
しばる【縛る】 绑 bǎng, 捆 kǔn.
しびれる【痺れる】 麻木 mámù, 发麻 fāmá.
しぶい【渋い】 涩 sè; [地味で味わいのある]素雅 sùyǎ, 质朴 zhìpǔ.
しぶき【飛沫】 飞沫 fēimò, 水花 shuǐhuā, 浪花 lànghuā.
しぶしぶ【渋々】 不得已 bùdéyǐ, 勉强 miǎnqiǎng.
じぶん【自分】 自己 zìjǐ, 自个儿 zìgěr. ⇀ 自己, 自身
しへい【紙幣】 纸币 zhǐbì, 钞票 chāopiào.
しぼう【死亡】(-する) 死亡 sǐwáng.
しぼう【脂肪】 脂肪 zhīfáng.
しぼむ【萎む】 枯萎 kūwěi, 凋谢 diāoxiè, 蔫 niānr.
しぼる【絞る・搾る】 榨 zhà, 拧 níng, 绞 jiǎo, 挤 jǐ.
しほん【資本】 资本 zīběn.
しま【島】 岛屿 dǎoyǔ, 岛 dǎo.
しま【縞】 条纹 tiáowén, 格纹 géwén.
しまい【姉妹】 姐妹 jiěmèi, 姊妹 zǐmèi.
しまう【仕舞う】 收起来 shōuqǐlái, 放在 fàngzài …里 li, 保存 bǎocún.
しまつ【始末】 处理 chǔlǐ, 收拾 shōushi.
しまる【閉まる】 关 guān, 关上 guānshang, 关闭 guānbì.
じまん【自慢】(-する) 自夸 zìkuā, 夸耀 kuāyào, 炫耀 xuànyào.
しみ【染み】 污渍 wūzì, 污点 wūdiǎn.
じみ【地味】 素 sù, 朴素 pǔsù, 素净 sùjing.
しみこむ【染み込む】 渗入 shènrù, 渗透 shèntòu, 渗进 shènjìn.
しみじみ [痛切に]痛切 tòngqiè, 深切 shēnqiè; [しんみりと]感慨地 gǎnkǎide, 恳切 kěnqiè.
しみる【染みる】 渗 shèn, 浸 jìn, 洇 yīn; [刺激物が]刺痛 cìtòng, 杀 shā.
しみん【市民】 市民 shìmín; 城市居民 chéngshì jūmín.
じむ【事務】 事务 shìwù, 办公 bàngōng. **～所** 办公室 shì.
しめい【氏名】 姓名 xìngmíng.
しめい【指名】(-する) 指名 zhǐmíng, 提名 tímíng.
しめい【使命】 使命 shǐmìng, 任务 rènwu.
しめきり【締め切り】 截止 jiézhǐ.
しめす【示す】 [出して見せる]出示 chūshì; [表して見せる]表示 biǎoshì, 显示 xiǎnshì; [指して教える]指示 zhǐshì.
しめる【湿る】 湿 shī, 潮 cháo, 潮湿 cháoshī.
しめる【占める】 占 zhàn, 居 jū, 占有 zhànyǒu.
しめる【閉める】 关 guān, 关闭 guānbì, 盖 gài.
しめる【締める】 [縛る・かたく結ぶ]勒紧 lēijǐn, 束紧 shùjǐn, 系紧 jìjǐn; [合計する]合计 héjì, 结算 jiésuàn.
じめん【地面】 地面 dìmiàn, 地上 dìshàng.
しも【霜】 霜 shuāng. **～が降りる** 下 xià〔降 jiàng〕霜.
じもと【地元】 本地 běndì, 当地 dāngdì.
しもん【指紋】 斗箕 dǒuji, 指纹 zhǐwén.
しや【視野】 视野 shìyě, 眼界 yǎnjiè.
シャープペンシル 自动铅笔 zìdòng qiānbǐ.
シャーベット 果冰 guǒbīng.
しゃいん【社員】 职工 zhígōng, 公司职员 gōngsī zhíyuán.
しゃかい【社会】 社会 shèhuì.
しゃかいしゅぎ【社会主義】 社会主义 shèhuì zhǔyì.
ジャガイモ 马铃薯 mǎlíngshǔ, 土豆 tǔdòu.
しゃがむ 蹲 dūn, 蹲下 dūnxià.
じゃくてん【弱点】 [弱み]弱点 ruòdiǎn, 痛处 tòngchù; [欠点]缺点 quēdiǎn, 短处 duǎnchù.
しゃくど【尺度】 标准 biāozhǔn, 尺度 chǐdù.
ジャケット 短外套 duǎnwàitào, 茄克衫 jiākèshān, 夹克 jiākè; [CD・レコードの]唱片封套 chàngpiàn fēngtào.
しゃこ【車庫】 车库 chēkù.
しゃしん【写真】 照片 zhàopiàn, 相片 xiàngpiàn. **～を撮る** 照相 zhàoxiàng, 拍 pāi 照片.
ジャズ 爵士乐 juéshìyuè.
しゃせい【写生】 速写 sùxiě, 写生 xiěshēng.

シャツ [ワイシャツ]衬衫 chènshān, 衬衣 chènyī; [肌着]汗衫 hànshān, 内衣 nèiyī.
じゃっかん【若干】 若干 ruògān, 少许 shǎoxǔ, 几个 jǐ ge, 一些 yīxiē.
しゃっくり(-する) 打嗝儿 dǎgér.
しゃべる 说 shuō, 讲 jiǎng, 聊 liáo.
じゃま【邪魔】 碍事 àishì; (〜する)打搅 dǎjiǎo, 打扰 dǎrǎo.
ジャム 果(子)酱 guǒ(zi)jiàng.
じゃり【砂利】 砂石 shāshí, 碎石子 suìshízi.
しゃりん【車輪】 车轮 chēlún.
しゃれ 玩笑话 wánxiàohuà, 俏皮话 qiàopihuà.
しゃれた【洒落た】 时髦 shímáo, 别致 biézhi, 新颖 xīnyǐng; [気のきいた]机智 jīzhì, 有风趣 yǒu fēngqù.
シャワー 淋浴 línyù. **〜を浴びる** 洗 xǐ 淋浴.
シャンプー 香波 xiāngbō, 洗发精 xǐfàjīng, 洗发液 xǐfàyè.
しゅう【週】 周 zhōu, 星期 xīngqī.
じゅう【中】 其间 qíjiān, 之内 zhīnèi; [ある区域や範囲全体]整 zhěng, 全 quán.
じゅう【銃】 枪 qiāng.
じゆう【自由】 自由 zìyóu, 随便 suíbiàn.
しゅうい【周囲】 周围 zhōuwéi, 四周 sìzhōu.
しゅうかい【集会】 集会 jíhuì.
しゅうかく【収穫】(-する) 收获 shōuhuò; 收成 shōucheng; [成果]成果 chéngguǒ.
しゅうがくりょこう【修学旅行】 修学旅行 xiūxué lǚxíng, 学校组织的 xuéxiào zǔzhī de 旅行.
しゅうかん【習慣】 习惯 xíguàn.
しゅうかん【週間】 (一个)星期 (yī ge) xīngqī, (一)周 zhōu.
しゅうかんし【週刊誌】 周刊杂志 zhōukān zázhì.
じゅうきょ【住居】 住宅 zhùzhái, 住房 zhùfáng.
しゅうきょう【宗教】 宗教 zōngjiào.
じゅうけい【重慶】 重庆 Chóngqìng.
しゅうごう【集合】(-する) 集合 jíhé.
しゅうし【終始】 始终 shǐzhōng, 自始至终 zì shǐ zhì zhōng, 一贯 yīguàn.
しゅうじ【習字】 (练习)书法 (liànxí) shūfǎ, 写大字 xiě dàzì.
じゅうじつ【充実】 充实 chōngshí.
しゅうしゅう【収集】(-する) 收集 shōují, 收藏 shōucáng.
じゅうしょ【住所】 住址 zhùzhǐ, 地址 dìzhǐ. **〜を書く** 写 xiě 地址.
しゅうしょく【就職】(-する) 就职 jiùzhí, 就业 jiùyè, 参加工作 cānjiā gōngzuò.
ジュース 果汁 guǒzhī.
じゅうたい【渋滞】(-する) 交通堵塞 jiāotōng dǔsè, 堵车 dǔchē, 塞车 sāichē.
じゅうだい【重大】 重大 zhòngdà, 重要 zhòngyào; [深刻な]严重 yánzhòng.
じゅうたく【住宅】 住房 zhùfáng, 住宅 zhùzhái.
しゅうだん【集団】 集体 jítǐ, 集团 jítuán.
じゅうたん 地毯 dìtǎn.
しゅうちゅう【集中】(-する) 集中 jízhōng.
じゅうてん【重点】 重点 zhòngdiǎn.
じゅうでん【充電】(-する) 充电 chōngdiàn.
シュート(-する) [サッカー]射门 shèmén; [バスケットボール]投篮 tóulán .
じゅうどう【柔道】 柔道 róudào.
しゅうにゅう【収入】 收入 shōurù, 所得 suǒdé; [賃金]工资 gōngzī.
じゅうぶん【十分】 充分 chōngfèn, 足够 zúgòu; [十分に]十分 shífēn.
しゅうまつ【週末】 周末 zhōumò.
じゅうみん【住民】 居民 jūmín, 住户 zhùhù.
じゅうよう【重要】 重要 zhòngyào, 要紧 yàojǐn.
じゅうらい【従来】 以往 yǐwǎng, 以前 yǐqián, 从来 cónglái.
しゅうり【修理】(-する) 修理 xiūlǐ.
しゅうりょう【終了】 结束 jiéshù, 完了 wánliǎo.
じゅうりょう【重量】 重量 zhòngliàng.
じゅうりょく【重力】 重力 zhònglì.
しゅかん【主観】 主观 zhǔguān.
しゅぎ【主義】 主义 zhǔyì.
じゅぎょう【授業】 功课 gōngkè; [授業を行う,受ける]上课 shàngkè.
じゅく【塾】 补习班 bǔxíbān, 补习学校 bǔxí xuéxiào.
しゅくじつ【祝日】 节日 jiérì, 假日 jiàrì.
じゅくす【熟す】 [果実など]熟 shú; [十分な状態になる]成熟 chéngshú.
しゅくだい【宿題】 (课外)作业 (kèwài) zuòyè. **〜をやる** 做 zuò 作业.
じゅけん【受験】(-する) 报考 bàokǎo, 投考 tóukǎo, 应试 yìngshì.
しゅご【主語】 主语 zhǔyǔ.
しゅさい【主催】(-する) 主办 zhǔbàn, 主持 zhǔchí.
しゅざい【取材】(-する) 采访 cǎifǎng. **ニュースを〜する** 采访新闻 xīnwén. **〜記者** 采访记者 jìzhě.
しゅし【主旨】 主题 zhǔtí, 主旨 zhǔzhǐ, 宗旨 zōngzhǐ.
しゅじゅつ【手術】 手术 shǒushù. **〜を行う** 做 zuò 手术；开刀 kāidāo.
しゅしょう【首相】 首相 shǒuxiàng; [中国の](国务院)总理 (guówùyuàn) zǒnglǐ.
しゅじん【主人】 [夫]丈夫 zhàngfu, 先生 xiānsheng, 老公 lǎogōng; [あるじ]老板 lǎobǎn, 主人 zhǔrén.
しゅじんこう【主人公】 [小説などの]主人翁 zhǔrénwēng, 主人公 zhǔréngōng; [映画などの]主角 zhǔjué.
しゅだい【主題】 主题 zhǔtí.
しゅだん【手段】 手段 shǒuduàn, 办法 bànfǎ.
しゅちょう【主張】(-する) 主张 zhǔzhāng.
しゅっけつ【出血】(-する) 出血 chūxuè.
しゅっさん【出産】(-する) 分娩 fēnmiǎn.
しゅつじょう【出場】(-する) 出场 chūchǎng, 参加 cānjiā, 上场 shàngchǎng.
しゅっせき【出席】(-する) 出席 chūxí, 参加 cānjiā.
しゅっちょう【出張】(-する) 出差 chūchāi.
しゅっぱつ【出発】(-する) 出发 chūfā, 动身 dòngshēn.
しゅっぱん【出版】(-する) 出版 chūbǎn. **〜社** 出版社 shè.
しゅつりょく【出力】(-する) [電算で]输出 shūchū.
しゅと【首都】 首都 shǒudū.
しゅふ【主婦】 主妇 zhǔfù, 家庭 jiātíng 主妇.
しゅみ【趣味】 爱好 àihào; [趣き・好み]趣味 qùwèi.
じゅみょう【寿命】 寿命 shòumìng.
しゅよう【主要】 主要 zhǔyào.
じゅよう【需要】 需求 xūqiú, 需要 xūyào.
しゅるい【種類】 种类 zhǒnglèi.
しゅわ【手話】 手语 shǒuyǔ, 哑语 yǎyǔ.
じゅわき【受話器】 听筒 tīngtǒng, 话筒 huàtǒng.
しゅん【旬】 应时 yìngshí, 旺季 wàngjì, 季节 jìjié.
じゅん【順】 次序 cìxù, 顺序 shùnxù.
しゅんかん【瞬間】 瞬间 shùnjiān, 转眼 zhuǎnyǎn, 刹那 chànà.
じゅんじょ【順序】 顺序 shùnxu.
じゅんすい【純粋】 [まじりけがない]纯粹 chúncuì, 纯净 chúnjìng, 地道 dìdao; [ひたむきである]纯真 chúnzhēn.
じゅんちょう【順調】 顺利 shùnlì, 顺当 shùndang.
じゅんばん【順番】 顺序 shùnxù; 轮流 lúnliú.

じゅんび【準備】(-する) 准备 zhǔnbèi, 预备 yùbèi, 筹备 chóubèi.
しょう【賞】 奖 jiǎng. **～をもらう** 得 dé 奖.
しょう【省】 [官庁]部门 bùmén; [中国の地方]省 shěng.
しょう【章】 章 zhāng.
しよう【使用】(-する) 用 yòng, 使用 shǐyòng.
しょうか【消化】(-する) 消化 xiāohuà.
ショウガ【生薑】 姜 jiāng.
しょうかい【紹介】(-する) 介绍 jièshào.
しょうがい【生涯】 一生 yīshēng, 一辈子 yībèizi, 终生 zhōngshēng.
しょうがい【障害】 障碍 zhàng'ài.
しょうがくきん【奨学金】 奖学金 jiǎngxuéjīn, 助学金 zhùxuéjīn.
しょうがくせい【小学生】 小学生 xiǎoxuéshēng.
しょうがつ【正月】 [一月]正月 zhēngyuè; [新年]新年 xīnnián; [旧正月]春节 Chūnjié.
しょうがっこう【小学校】 小学 xiǎoxué. **～1年生になる** 上 shàng 小学一年级 yī niánjí.
しょうぎ【将棋】(日本)象棋 (Rìběn) xiàngqí. **～をする** 下 xià 象棋.
じょうきゃく【乗客】 乘客 chéngkè, 旅客 lǚkè.
しょうぎょう【商業】 商业 shāngyè.
じょうきょう【状況・情況】 情况 qíngkuàng, 情形 qíngxíng, 状况 zhuàngkuàng.
しょうきょくてき【消極的】 消极(的) xiāojí(de).
じょうげ【上下】 上下 shàngxià, 高低 gāodī.
じょうけん【条件】 条件 tiáojiàn.
しょうこ【証拠】 证据 zhèngjù.
しょうご【正午】 正午 zhèngwǔ, 中午 zhōngwǔ, 晌午 shǎngwu.
しょうじ【障子】 纸拉门 zhǐlāmén, 纸拉窗 zhǐlāchuāng.
しょうじき【正直】 老实 lǎoshi, 正直 zhèngzhí, 实诚 shíchéng.
じょうしき【常識】 常识 chángshí.
しょうじょ【少女】 少女 shàonǚ, 小姑娘 xiǎogūniang.
しょうしょう【少々】 一点 yīdiǎn, 一些 yīxiē, 稍微 shāowēi.
しょうじょう【賞状】 奖状 jiǎngzhuàng.
じょうしょう【上昇】(-する) 上升 shàngshēng; [水位・物価などの]上涨 shàngzhǎng.
しょうじる【生じる】 [生える]长 zhǎng; [生まれる]产生 chǎnshēng; [起こる]发生 fāshēng.
しょうしん【昇進】(-する) 晋升 jìnshēng.
じょうず【上手】 好 hǎo, 高明 gāomíng, 擅长 shàncháng.
じょうせい【情勢】 形势 xíngshì, 局势 júshì.
しょうせつ【小説】 小说 xiǎoshuō.
しょうたい【正体】 原形 yuánxíng, 真面目 zhēnmiànmù; [正気]意识 yìshí, 神志 shénzhì.
しょうたい【招待】(-する) 邀请 yāoqǐng, 招待 zhāodài, 请客 qǐngkè.
じょうたい【状態】 状态 zhuàngtài.
じょうだん【冗談】 玩笑 wánxiào, 笑话 xiàohua. **～をいう** 开 kāi 玩笑.
しょうちょう【象徴】(-する) 象征 xiàngzhēng.
しょうてん【商店】 商店 shāngdiàn. **～街** 商业街 shāngyèjiē, 商品街 shāngpǐnjiē.
しょうどく【消毒】(-する) 消毒 xiāodú, 杀菌 shājūn.
しょうとつ【衝突】(-する) 撞上 zhuàngshang; [食い違い]冲突 chōngtū.
しょうにん【承認】 承认 chéngrèn; 批准 pīzhǔn.
じょうねつ【情熱】 热情 rèqíng.
しょうねん【少年】 少年 shàonián.
しょうはい【勝敗】 胜败 shèngbài, 胜负 shèngfù.
しょうばい【商売】(-する) (做)买卖 (zuò)mǎimai, 生意 shēngyi.
しょうひ【消費】(-する) 消费xiāofèi. **～者** 消费者zhě.
しょうひん【商品】 商品 shāngpǐn.
じょうひん【上品】 文雅 wényǎ, 高雅 gāoyǎ, 大方 dàfang.
しょうぶ【勝負】(-する) (争)胜负 (zhēng) shèngfù, 胜败 shèngbài; [勝負事]比赛 bǐsài, 竞赛 jìngsài.
じょうぶ【丈夫】 结实 jiēshi; 强壮 qiángzhuàng.
じょうほ【譲歩】(-する) 让步 ràngbù.
しょうぼう【消防】 消防 xiāofáng, 救火 jiùhuǒ. **～士** 消防队员 xiāofáng duìyuán. **～車** 救火车 chē, 消防车 chē.
じょうほう【情報】 信息 xìnxī, 消息 xiāoxi, 情报 qíngbào.
じょうみゃく【静脈】 静脉 jìngmài.
しょうめい【証明】(-する) 证明 zhèngmíng, 证实 zhèngshí. **～書** 证书 zhèngshū.
しょうめい【照明】 照明 zhàomíng; 灯光 dēngguāng.
しょうめん【正面】 正面 zhèngmiàn, 前方 qiánfāng, 对面 duìmiàn.
じょうやく【条約】 条约 tiáoyuē. **～を結ぶ** 签订 qiāndìng 条约.
しょうゆ【醤油】 酱油 jiàngyóu.
しょうらい【将来】 将来 jiānglái, 前途 qiántú.
しょうり【勝利】(-する) 胜利 shènglì. **～者** 胜(利)者 zhě, 优胜者 yōushèngzhě.
しょうりゃく【省略】(-する) 省略 shěnglüè, 省去 shěngqù, 省掉 shěngdiào.
じょうりゅう【上流】 [川の]上游 shàngyóu; [社会の上位]上流 shàngliú, 上层 shàngcéng.
じょおう【女王】 女王 nǚwáng.
ジョーク 笑话 xiàohua, 玩笑 wánxiào.
しょき【書記】 书记 shūjì; 文书 wénshū.
ジョギング(-する) 跑步 pǎobù, 慢跑 mànpǎo.
しょくぎょう【職業】 职业 zhíyè, 工作 gōngzuò.
しょくじ【食事】(-する) 吃饭 chīfàn.
しょくたく【食卓】 饭桌 fànzhuō, 餐桌 cānzhuō.
しょくどう【食堂】 [工場・学校の]食堂 shítáng; [家の中の]饭厅 fàntīng, 餐厅 cāntīng; [レストラン]饭馆 fànguǎn, 餐厅.
しょくにん【職人】 工匠 gōngjiàng.
しょくひん【食品】 食品 shípǐn.
しょくぶつ【植物】 植物 zhíwù.
しょくもつ【食物】 食物 shíwù, 食品 shípǐn.
しょくよく【食欲】 食欲 shíyù.
しょくりょう【食料】 食物 shíwù, 粮食 liángshi.
じょげん【助言】(-する) 建议 jiànyì.
じょし【女子】 女子 nǚzǐ, 女人 nǚrén, 女性 nǚxìng.
じょしゅ【助手】 助手 zhùshǒu.
じょせい【女性】 女性 nǚxìng, 妇女 fùnǚ, 女的 nǚde.
しょっき【食器】 餐具 cānjù, 碗筷 wǎnkuài.
ショック 冲击 chōngjī, 震动 zhèndòng, 打击 dǎjī; [医]休克 xiūkè. **～を受ける** 受到 shòudào 打击.
しょっちゅう 经常 jīngcháng, 总是 zǒngshì, 老是 lǎoshì.
ショッピング(-する) 买东西 mǎi dōngxi, 购物 gòuwù.
じょゆう【女優】 女演员 nǚyǎnyuán.
しょり【処理】(-する) 处理 chǔlǐ, 办理 bànlǐ.
しょるい【書類】 文件 wénjiàn, 档案 dàng'àn.
しょんぼり [寂しく]孤零零(地) gūlīnglīng(de); [がっくり]垂头丧气 chuí tóu sàng qì.
しらが【白髪】 白发 báifà, 银发 yínfà.
じらす【焦らす】(使)焦急 (shǐ)jiāojí、着急 zháojí.

しらせる【知らせる】 通知 tōngzhī, 告诉 gàosu.
しらべる【調べる】 查 chá, 调查 diàochá, 检查 jiǎnchá.
しり【尻】 屁股 pìgu; [最後]最后 zuìhòu, 末尾 mòwěi.
しりあい【知り合い】 认识的人 rènshi de rén, 熟人 shúrén.
シリーズ 系列 xìliè.
しりぞく【退く】 倒退 dàotuì, 后撤 hòuchè.
しりょう【資料】 资料 zīliào, 材料 cáiliào.
しりょく【視力】 视力 shìlì.
しる【汁】 汁液 zhīyè, 汁儿 zhīr; [吸い物]汤 tāng.
しる【知る】 [知識がある]知道 zhīdao; [理解する]了解 liǎojiě; [面識がある]认识 rènshi.
シルク 丝绸 sīchóu ; [糸]丝 sī. **〜ロード** 丝绸之路 Sīchóu zhī lù.
しるし【印】 [目じるし]标记 biāojì, 记号 jìhao; [象徴・証拠]标志 biāozhì, 征兆 zhēngzhào.
しろ【城】 城楼 chénglóu, 城堡 chéngbǎo.
しろ(い)【白(い)】 白 bái, 白色 báisè.
しわ【皺】 [皮膚の]皱纹 zhòuwén; [布・紙の]皱折 zhòuzhé, 褶子 zhězi.
しわす【師走】 腊月 làyuè, 十二月 shí'èryuè.
しん【芯】 [中心・中央]芯 xīn, 核心 héxīn; [鉛筆などの]铅笔芯 qiānbǐxīn, 笔芯 bǐxīn.
しんか【進化】(-する) 进化 jìnhuà; 演化 yǎnhuà.
じんかく【人格】 人格 réngé.
シンガポール 新加坡 Xīnjiāpō.
しんけい【神経】 神经shénjīng. **〜質** 神经过敏guòmǐn, 神经质 zhì.
しんけん【真剣】 认真 rènzhēn, 正经 zhèngjing.
しんこう【信仰】(-する) 信仰 xìnyǎng, 信奉 xìnfèng.
しんごう【信号】 [合図]信号 xìnhào; [交通信号]红绿灯 hónglǜdēng.
じんこう【人口】 人口 rénkǒu.
じんこう【人工】 人工 réngōng, 人造 rénzào.
しんこきゅう【深呼吸】 深呼吸 shēnhūxī.
しんこく【深刻】 [態度や雰囲気が]严肃 yánsù; [状況が]严重 yánzhòng.
しんこく【申告】(-する) 申报 shēnbào.
しんさ【審査】(-する) 审查 shěnchá.
しんさつ【診察】(-する) 诊察 zhěnchá, 看病 kànbìng.
じんじ【人事】 人事 rénshì; 世事 shìshì.
しんしつ【寝室】 卧室 wòshì, 卧房 wòfáng, 寝室qǐnshì.
しんじつ【真実】 真实 zhēnshí, 真相 zhēnxiàng.
しんじゃ【信者】 教徒 jiàotú, 信徒 xìntú.
じんじゃ【神社】 神社 shénshè, 神庙 shénmiào.
しんじゅ【真珠】 珍珠 zhēnzhū.
じんしゅ【人種】 人种 rénzhǒng, 种族 zhǒngzú.
しんじる【信じる】 相信 xiāngxìn, 坚信 jiānxìn, 信 xìn; [信奉する]信仰 xìnyǎng, 信奉 xìnfèng.
しんじん【新人】 新人 xīnrén, 新手 xīnshǒu.
じんせい【人生】 人生 rénshēng.
しんせき【親戚】 亲戚 qīnqi.
しんせつ【親切】 热情 rèqíng, 热心 rèxīn.
しんせん【新鮮】 新鲜 xīnxiān, 崭新 zhǎnxīn.
しんぞう【心臓】 心脏 xīnzàng.
じんぞう【腎臓】 肾脏 shènzàng.
しんたい【身体】 身体 shēntǐ.
しんだいしゃ【寝台車】 卧铺车 wòpùchē.
しんだん【診断】(-する) 诊断 zhěnduàn.
しんちょう【身長】 身高 shēngāo, 个儿 gèr, 身长 shēncháng. **〜が170センチある** 身高一米七 yī mǐ qī.
しんちょう【慎重】 慎重 shènzhòng, 小心 xiǎoxīn.
しんどう【振動】(-する) 振动 zhèndòng.
しんにゅう【侵入】(-する) 侵入 qīnrù, 闯入 chuǎngrù, 进入 jìnrù.
しんねん【新年】 新年 xīnnián, 春节 chūnjié.
しんぱい【心配】(-する) 担心 dānxīn, 挂念 guàniàn; [気をつかう]操心 cāoxīn; 费心 fèixīn.
しんぱん【審判】 [法の裁き]审判 shěnpàn, 判决 pànjué; [スポーツ]裁判(员) cáipàn(yuán).
しんぷ【新婦】 新娘 xīnniáng, 新妇 xīnfù.
じんぶつ【人物】 人 rén, 人物 rénwù; [人柄・性格]人品 rénpǐn; [人材]人才 réncái.
しんぶん【新聞】 报纸 bàozhǐ, 报 bào.
しんぽ【進歩】(-する) 进步 jìnbù, 长进 zhǎngjìn.
しんぼう【辛抱】(-する) 忍耐 rěnnài, 忍受 rěnshòu.
じんみん【人民】 人民 rénmín.
じんみんげん【人民元】 人民币 rénmínbì.
しんゆう【親友】 知心朋友 zhīxīn péngyou, 好朋友 hǎopéngyou; 知音 zhīyīn.
しんよう【信用】(-する) 信 xìn, 相信 xiāngxìn.
しんらい【信頼】(-する) 信赖 xìnlài, 信任 xìnrèn.
しんり【真理】 真理 zhēnlǐ.
しんりがく【心理学】 心理学 xīnlǐxué.
しんりん【森林】 森林 sēnlín.
しんるい【親類】 亲戚 qīnqi, 亲属 qīnshǔ.
じんるい【人類】 人类 rénlèi.
しんろう【新郎】 新郎 xīnláng.
しんわ【神話】 神话 shénhuà.

す

す【酢】 醋 cù.
す【巣】 巢 cháo, 窝 wō.
ず【図】 图 tú, 图表 túbiǎo. ➡ 絵
スイートルーム 套间 tàojiān, 套房 tàofáng.
すいえい【水泳】(-する) 游泳 yóuyǒng.
スイカ【西瓜】 西瓜 xīguā.
すいじ【炊事】(-する) 做饭 zuòfàn, 烹调 pēngtiáo, 炊事 chuīshì.
すいじゅん【水準】 水平 shuǐpíng.
すいしょう【水晶】 水晶 shuǐjīng.
スイス 瑞士 Ruìshì.
すいせん【推薦】(-する) 推荐 tuījiàn, 推举 tuījǔ.
すいそ【水素】 氢 qīng.
すいそう【水槽】 水槽 shuǐcáo, 水箱 shuǐxiāng.
すいそく【推測】(-する) 推测 tuīcè, 猜测 cāicè.
すいちゅう【水中】 水中 shuǐzhōng, 水里 shuǐlǐ.
すいちょく【垂直】 垂直 chuízhí.
スイッチ 开关 kāiguān, 电门 diànmén. **〜を入れる** 打开 dǎkāi 开关. **〜を切る** 关上 guānshang 开关.
すいてい【推定】(-する) 推定 tuīdìng, 推断 tuīduàn.
すいでん【水田】 稻田 dàotián, 水田 shuǐtián.
すいどう【水道】 自来水(管) zìláishuǐ(guǎn). **〜水** 自来水.
すいはんき【炊飯器】 烧饭机 shāofànjī; [電気]电饭锅 diànfànguō.
すいぶん【水分】 水分 shuǐfèn.
ずいぶん【随分】 非常 fēicháng, 相当 xiāngdāng.
すいへい【水平】 水平 shuǐpíng. **〜線** 水平线 xiàn.
すいみん【睡眠】(-する) 睡眠 shuìmián, 睡觉 shuìjiào. **〜不足** 睡眠不足 bùzú.
すいめん【水面】 水面 shuǐmiàn.
すいようび【水曜日】 星期三 xīngqīsān, 礼拜三 lǐbàisān.
すいり【推理】(-する) 推理 tuīlǐ, 推论 tuīlùn. **〜小説** 推理小说 xiǎoshuō, 侦探 zhēntàn 小说.
すう【吸う】 [気体を]吸 xī, 吸入 xīrù; [液体を]吮 shǔn, 吮吸 shǔnxī, 嘬 zuō; [吸収する]吸收 xīshōu.

すうがく【数学】 数学 shùxué.
すうじ【数字】 数字 shùzì.
ずうずうしい【図々しい】 厚脸皮 hòuliǎnpí, 不要脸 bù yào liǎn.
スーツ 套装 tàozhuāng, 西服 xīfú, 西装 xīzhuāng.
スーツケース 箱子 xiāngzi, 行李箱 xínglǐxiāng; 旅行箱 lǚxíngxiāng.
スーパーマーケット 超市 chāoshì, 超级市场 chāojí shìchǎng.
スープ 汤 tāng. **～を飲む** 喝 hē 汤.
すえる【据える】 安放 ānfàng, 安装 ānzhuāng.
ずが【図画】 图画 túhuà, 画儿 huàr.
スカート 裙子 qúnzi. **～をはく** 穿 chuān 裙子.
スカーフ 围巾 wéijīn. **～を巻く** 围上 wéishàng 围巾.
すがすがしい 清爽 qīngshuǎng.
すがた【姿】 [人・物の形]外形 wàixíng, 样子 yàngzi; [外見・身なり]外表 wàibiǎo, 打扮 dǎban.
ずかん【図鑑】 图鉴 tújiàn.
すき【好き】 喜欢 xǐhuan, 喜爱 xǐ'ài, 爱 ài, 好 hào.
スギ【杉】 柳杉 liǔshān, 杉树 shānshù.
すぎ【過ぎ】 [時間・年齢]超过 chāoguò, 多 duō; [程度の]过度 guòdù, 太 tài. **2時10分～** 两点十几分 liǎng diǎn shí jǐ fēn. **飲み～** 喝多了 hēduōle, 喝得 hēde 太多.
スキー(-をする) 滑雪 huáxuě.
すききらい【好き嫌い】 好恶 hàowù; [選り好み]挑拣 tiāojiǎn; [食べ物の]挑食 tiāoshí.
すきとおる【透き通る】 透明 tòumíng; [水が]清澈 qīngchè; [声が]清脆 qīngcuì, 响亮 xiǎngliàng.
すきま【透き間・隙間】 缝 fèng, 缝隙 fèngxì, 空隙 kòngxì.
スキャンダル 丑闻 chǒuwén, 丑事 chǒushì.
すぎる【過ぎる】 [場所を]过 guò, 经过 jīngguò; [時間が]过, 过去 guòqu; [ある基準を]超过 chāoguò, 过分 guòfèn; [用言の前について]太 tài, 过于 guòyú. → 過ぎ
すく【空く】 空 kòng; [おなかが]饿 è.
すぐ【直ぐ】 马上 mǎshang, 立刻 lìkè. **～行く** 马上就去 jiù qù.
すくう【掬う】 [水中から]捞 lāo; [ひしゃくなどで]舀 yǎo.
すくう【救う】 救 jiù, 挽救 wǎnjiù, 抢救 qiǎngjiù.
すくない【少ない】 少 shǎo, 不多 bù duō.
すくなくとも【少なくとも】 至少 zhìshǎo, 最低 zuìdī, 起码 qǐmǎ.
スクリーン 屏幕 píngmù; [映画]银幕 yínmù.
すぐれる【優れる】 出色 chūsè, 优秀 yōuxiù, 卓越 zhuóyuè, 杰出 jiéchū.
スケート(-をする) 滑冰 huábīng, 溜冰 liūbīng; [ローラースケート]旱冰 hànbīng.
スケジュール 时间表 shíjiānbiǎo, 日程(表) rìchéng (biǎo).
スコア [得点]得分 défēn, 比分 bǐfēn; [音楽]总谱 zǒngpǔ.
すごい【凄い】 [すばらしい]了不起 liǎobuqǐ, 惊人 jīngrén; [はなはだしい]厉害 lìhai, 非常 fēicháng.
すこし【少し】 一点(儿) yīdiǎn(r), 一些 yīxiē, 有点(儿) yǒudiǎn(r), 有些 yǒuxiē, 稍微 shāowēi.
すこしも【少しも】 一点也(不) yīdiǎn yě (bù) ….
すごす【過ごす】 过 guò, 度过 dùguò.
すさまじい 惊人 jīngrén, 骇人 hàirén, 可怕 kěpà; 猛烈 měngliè, 厉害 lìhai.
すし【鮨・寿司】 寿司 shòusī.
すじ【筋】 [縦縞]条纹 tiáowén; [素質]素质 sùzhì; [道理]条理 tiáolǐ, 道理 dàoli; [あらすじ]情节 qíngjié. **～が通る** 有 yǒu 道理.
すず【鈴】 铃 líng, 铃铛 língdang. **～を鳴らす** 打 dǎ 铃.
すすぐ【濯ぐ】 漱口 shùkǒu.
すずしい【涼しい】 凉快 liángkuai, 凉爽 liángshuǎng.
すすむ【進む】 [前進する]前进 qiánjìn; [進展する]进展 jìnzhǎn; [進歩する]进步 jìnbù; [時計が]快 kuài.
スズメ【雀】 麻雀 máquè, 家雀儿 jiāqiǎor.
すすめる【進める】 进行 jìnxíng, 推进 tuījìn.
すすめる【勧める】 [誘う]劝 quàn; [提供する]让 ràng.
スター 明星 míngxīng, 星 xīng.
スタート(-する) [出発]出发 chūfā; [開始]开始 kāishǐ.
スタイル [様式]样式 yàngshì, 型 xíng, 式 shì; [格好]身材 shēncái, 体型 tǐxíng.
スタジオ [写真・映画の]摄影室 shèyǐngshì, 摄影棚 shèyǐngpéng; [放送用の]播音室 bōyīnshì, 录音室 lùyīnshì.
スチュワーデス 空姐 kōngjiě; 空中小姐 kōngzhōng xiǎojiě, 空乘人员 kōngchéng rényuán.
ずつ 每 měi, 各 gè. **一人に一つ～与える** 每人给一个 měirén gěi yī ge.
ずつう【頭痛】 头痛 tóutòng, 头疼 tóuténg.
すっかり 全 quán, 都 dōu, 全都 quándōu, 完全 wánquán; [時間的に]已经 yǐjing.
すっきり [気分が]舒畅 shūchàng, 畅快 chàngkuài, 痛快 tòngkuai; [むだがなくて]简洁 jiǎnjié, 整洁 zhěngjié.
ずっと [比較の強調]更 gèng, …多了 duōle; [続けて]一直 yīzhí, 永远 yǒngyuǎn.
すっぱい【酸っぱい】 酸 suān.
ステーキ 烤肉 kǎoròu; [牛]牛排 niúpái.
ステージ 舞台 wǔtái.
すてき【素敵】 帅 shuài, 漂亮 piàoliang, 好 hǎo.
すでに【既に】 已经 yǐjīng, 已 yǐ.
すてる【捨てる】 [投棄する]扔 rēng, 扔掉 rēngdiào, 丢弃 diūqì; [見放す]抛弃 pāoqì.
ステレオ 立体声 lìtǐshēng, 音响 yīnxiǎng.
スト(ライキ) 罢工 bàgōng; [学生]罢课 bàkè.
ストーブ 炉子 lúzi, 火炉 huǒlú. **～をたく** 生 shēng 火炉.
ストッキング 长筒袜 chángtǒngwà, 长袜 chángwà.
ストレス 精神压力 jīngshén yālì.
ストロー 吸管 xīguǎn.
すな【砂】 沙 shā, 沙子 shāzi.
すなお【素直】 顺从 shùncóng, 老实 lǎoshi.
すなはま【砂浜】 沙滩 shātān.
すなわち【即ち・則ち】 [つまり]即 jí, 也就是说 yě jiùshì shuō; [まさに]就是 jiùshì.
スニーカー 旅游鞋 lǚyóuxié, 球鞋 qiúxié.
すねる【拗ねる】 闹别扭 nào bièniu, 任性撒泼 rènxìng sāpō, 撒娇 sājiāo, 耍性子 shuǎ xìngzi.
ずのう【頭脳】 头脑 tóunǎo, 脑力 nǎolì.
スパイ 间谍 jiàndié; 特务 tèwu.
スパゲッティ 意大利面 Yìdàlìmiàn.
すばやい【素早い】 快速 kuàisù, 迅速 xùnsù, 敏捷 mǐnjié.
すばらしい【素晴らしい】 非常好 fēicháng hǎo, 了不起 liǎobuqǐ.
スピーカー 喇叭 lǎba; [ステレオなど]音箱 yīnxiāng.
スピーチ(-する) 讲话 jiǎnghuà, 致辞 zhìcí.
スピード 速度 sùdù.
スプーン 汤匙 tāngchí, 匙子 chízi.
すぶた【酢豚】 糖醋肉 tángcùròu; 古老肉 gǔlǎoròu.
スプレー(-する) 喷雾器 pēnwùqì; 喷雾 pēnwù.
スペイン 西班牙 Xībānyá.
すべて 一切 yīqiè, 全部 quánbù, 所有 suǒyǒu; 全 quán, 都 dōu.
すべる【滑る】 [動作の]滑行 huáxíng, 滑动 huádòng;

[状態の]滑 huá, 滑溜 huáliu.
スポーツ 体育 tǐyù, 运动 yùndòng. ～マン 运动员 yuán.
ズボン 裤子 kùzi. ～を脱ぐ 脱 tuō 裤子.
スポンジ 海绵 hǎimián.
すまい【住まい】住所 zhùsuǒ, 住房 zhùfáng.
すます【済ます】做完 zuòwán, 办完 bànwán; [間に合わせる]将就 jiāngjiu, 应付 yìngfu, 凑合 còuhe.
すみ【隅】角落 jiǎoluò, 角 jiǎo.
すみ【炭】木炭 mùtàn, 炭 tàn.
すみません【済みません】对不起 duìbuqǐ, 抱歉 bàoqiàn.
すむ【住む】住 zhù, 居住 jūzhù.
すむ【済む】完 wán, 结束 jiéshù. → 終わる
すむ【澄む】[透き通る]清澈 qīngchè, 清澄 qīngchéng; [清らか]晶莹 jīngyíng; [音色が]清脆 qīngcuì.
すもう【相撲】相扑 xiāngpū.
ずらす 挪一挪 nuó yī nuó, 挪动 nuódòng; 错一错 cuò yī cuò, 错开 cuòkāi. → 延期
すらすら 流利地 liúlì de, 顺利地 shùnlì de.
すり 扒手 páshǒu.
スリッパ 拖鞋 tuōxié. ～をはく 穿 chuān 拖鞋.
する【為る】做 zuò, 作 zuò, 干 gàn, 办 bàn, 搞 gǎo.
する【刷る】印 yìn, 印刷 yìnshuā.
する【擦る・磨る・摩る】[こする]划 huá, 磨 mó; [賭け事で金を失う]输掉 shūdiào, 赔本 péiběn; [墨などを]研磨 yánmó; [すり鉢で]碾碎 niǎnsuì.
ずるい【狡い】狡猾 jiǎohuá, 滑头 huátóu.
するどい【鋭い】[刃物など]锋利 fēnglì, 快 kuài, 锐利 ruìlì; [頭脳・感覚]灵敏 língmǐn, 敏锐 mǐnruì.
ずれる 错位 cuòwèi, 偏离 piānlí.
すわる【座る】坐 zuò.
すんぽう【寸法】尺寸 chǐcun, 大小 dàxiǎo. ～を測る 量 liáng 尺寸.

せ

せ【背】背 bèi, 脊背 jǐbèi; [背丈]个子 gèzi.
せい【姓】姓 xìng, 姓氏 xìngshì.
せい【性】性 xìng, 性别 xìngbié.
せい【所為】原因 yuányīn, 缘故 yuángù.
せいか【成果】成果 chéngguǒ, 成就 chéngjiù, 收获 shōuhuò.
せいかく【正確】正确 zhèngquè, 准确 zhǔnquè.
せいかく【性格】性格 xìnggé, 性情 xìngqíng, 脾气 píqi. ～が悪い 脾气不好 bùhǎo.
せいかつ【生活】(-する) 生活 shēnghuó. ～が苦しい 生活很苦 hěn kǔ.
ぜいかん【税関】海关 hǎiguān.
せいき【世紀】世纪 shìjì.
せいぎ【正義】正义 zhèngyì.
せいきゅう【請求】(-する) 索取 suǒqǔ, 要求 yāoqiú. ～書 付款通知单 fùkuǎn tōngzhīdān; [計算書]账单 zhàngdān.
ぜいきん【税金】税 shuì, 税款 shuìkuǎn, 税金 shuìjīn. ～を納める 缴纳 jiǎonà 税金.
せいけつ【清潔】干净 gānjìng, 清洁 qīngjié.
せいげん【制限】(-する) 限制 xiànzhì.
せいこう【成功】(-する) 成功 chénggōng.
せいさく【制作・製作】(-する) 制作 zhìzuò, 制造 zhìzào.
せいさく【政策】政策 zhèngcè.
せいさん【生産】(-する) 生产 shēngchǎn. ～量 生产量 liàng, 产量 chǎnliàng.
せいし【生死】生死 shēngsǐ, 死活 sǐhuó.
せいじ【政治】政治 zhèngzhì. ～家 政治家 jiā.
せいしき【正式】正式 zhèngshì, 正规 zhèngguī.
せいしつ【性質】[人の]性格 xìnggé, 性情 xìngqíng, 脾气 píqi; [物の]性质 xìngzhì.
せいじつ【誠実】诚实 chéngshí, 真诚 zhēnchéng.
せいしゅん【青春】青春 qīngchūn.
せいじょう【正常】正常 zhèngcháng.
せいしん【精神】精神 jīngshén. ～的な 精神上(的) shàng(de), 精神(的).
せいじん【成人】成年人 chéngniánrén, 成人 chéngrén.
せいせき【成績】成绩 chéngjì, 成果 chéngguǒ. ～が下がる 成绩下降 xiàjiàng.
せいぞう【製造】(-する) 制造 zhìzào, 生产 shēngchǎn.
せいだい【盛大】盛大 shèngdà, 隆重 lóngzhòng.
ぜいたく【贅沢】奢侈 shēchǐ; [高望み]奢望 shēwàng.
せいちょう【成長・生長】(-する) [人や動物が]长大 zhǎngdà, 长 zhǎng, 成长 chéngzhǎng, 生长 shēngzhǎng; [経済などが]增长 zēngzhǎng.
せいと【生徒】学生 xuésheng.
せいど【制度】制度 zhìdù.
せいとう【政党】政党 zhèngdǎng.
せいとん【整頓】(-する) 整理 zhěnglǐ, 收拾 shōushi.
せいねん【青年】青年 qīngnián, 年轻人 niánqīngrén.
せいねんがっぴ【生年月日】出生年月日 chūshēng niányuèrì.
せいのう【性能】性能 xìngnéng, 机能 jīnéng.
せいひん【製品】产品 chǎnpǐn.
せいふ【政府】政府 zhèngfǔ.
せいふく【征服】(-する) 征服 zhēngfú.
せいふく【制服】制服 zhìfú.
せいぶつ【生物】生物 shēngwù. ～学 生物学 xué.
せいほうけい【正方形】正方形 zhèngfāngxíng.
せいみつ【精密】精密 jīngmì, 细致 xìzhì; 精确 jīngquè.
せいめい【生命】生命 shēngmìng. ～保険 人寿保险 rénshòu bǎoxiǎn.
せいめい【姓名】姓名 xìngmíng.
せいやく【制約】(-する) 限制 xiànzhì, 制约 zhìyuē.
せいよう【西洋】西洋 xīyáng, 西方 xīfāng.
せいり【整理】(-する) 整理 zhěnglǐ, 整顿 zhěngdùn; [処分・処理]清理 qīnglǐ, 裁减 cáijiǎn.
せいりつ【成立】成立 chénglì; 通过 tōngguò.
せいれき【西暦】公元 gōngyuán.
セーター 毛衣 máoyī. ～を編む 织 zhī 毛衣.
セール 廉卖 liánmài, 贱卖 jiànmài, 大抛卖 dàpāomài, 大甩卖 dàshuǎimài.
せおう【背負う】背 bēi; 担负 dānfù, 背负 bēifù.
せかい【世界】世界 shìjiè. ～的な 世界上(的) shàng(de), 国际上 guójìshàng (的), 全球性 quánqiúxìng (的).
せき【咳】(-をする) 咳嗽 késou.
せき【席】坐位 zuòwèi, 位子 wèizi, 席位 xíwèi. ～を換える 换 huàn 坐位.
せきたん【石炭】煤 méi, 煤炭 méitàn.
せきどう【赤道】赤道 chìdào.
せきにん【責任】责任 zérèn. ～がある 有 yǒu 责任.
せきゆ【石油】石油 shíyóu.
せけん【世間】社会 shèhuì, 世间 shìjiān, 人间 rénjiān.
せだい【世代】世代 shìdài, 一代 yīdài, 辈 bèi.
せっかく【折角】难得 nándé, 好(不)容易 hǎo(bù) róngyì.
せっかち 性急 xìngjí, 急躁 jízào; [人]急性子 jíxìngzi.
せっきょくてき【積極的】积极(的) jījí(de).
せっきん【接近】接近 jiējìn, 靠近 kàojìn.
セックス [男女・雌雄の別]性别 xìngbié; [性交する]性交 xìngjiāo, 做爱 zuò'ài.

せっけい【設計】(-する) 设计 shèjì.
せっけん【石鹸】 香皂 xiāngzào, 肥皂 féizào.
せっしょく【接触】(-する) 接触 jiēchù, 碰 pèng; [交渉をもつ]来往 láiwǎng, 交往 jiāowǎng.
せっする【接する】 相邻 xiānglín, 相接 xiāngjiē.
せっせと 拼命地 pīnmìng de, 一个劲儿地 yīgejìnr de.
ぜったい【絶対】 绝对 juéduì, 一定 yīdìng.
せっち【設置】(-する) 安装 ānzhuāng, 设置 shèzhì.
セット [組](一)组(yī)zǔ, (一)套 tào; [演劇の]布景 bùjǐng; [テニスの](一)盘 pán; [卓球などの](一)局 jú.
せっとく【説得】(-する) 说服 shuōfú, 劝说 quànshuō.
せつび【設備】 设备 shèbèi.
ぜつぼう【絶望】(-する) 绝望 juéwàng.
せつめい【説明】(-する) 解释 jiěshì, 讲解 jiǎngjiě, 说明 shuōmíng.
ぜつめつ【絶滅】(-する) 灭绝 mièjué, 绝灭 juémiè.
せつやく【節約】(-する) 节约 jiéyuē, 节省 jiéshěng.
せなか【背中】 后背 hòubèi, 脊背 jǐbèi.
ぜひ(とも)【是非(とも)】 一定 yīdìng, 无论如何 wúlùn rúhé, 务必 wùbì.
せびろ【背広】 西装 xīzhuāng, 西服 xīfú.
せまい【狭い】 窄 zhǎi, 窄小 zhǎixiǎo, 狭窄 xiázhǎi.
せまる【迫る】 强迫 qiǎngpò, 迫使 pòshǐ; [近づく]迫近 pòjìn, 逼近 bījìn.
セミ【蝉】 蝉 chán, 知了 zhīliǎo.
セミナー 研讨会 yántǎohuì, 习明纳尔 xímíngnà'ěr.
せめて 哪怕是 nǎpà shì …(也好 yěhǎo), 至少 zhìshǎo.
せめる【攻める】 攻打 gōngdǎ, 攻击 gōngjī.
せめる【責める】 责备 zébèi, 责怪 zéguài, 斥责 chìzé.
セメント 水泥 shuǐní.
ゼリー 果冻 guǒdòng.
せりふ【台詞】 台词 táicí; [言いぐさ]说词 shuōcí.
ゼロ 零 líng, ○ líng.
セロリ 洋芹菜 yángqíncài, 西芹 xīqín.
せろん【世論】 舆论 yúlùn. **〜調査** 民意调查 mínyì diàochá, 民意测验 cèyàn, 民调 míndiào.
せわ【世話】(-する) 照顾 zhàogù, 关照 guānzhào, 照料 zhàoliào. **〜をかける** (给人)添麻烦 (gěi rén) tiān máfan.
せん【千】 千 qiān.
せん【線】 线 xiàn, 线条 xiàntiáo. **〜を引く** 划 huá 线.
せん【栓】 栓 shuān; [瓶]塞子 sāizi.
せんい【繊維】 纤维 xiānwéi.
ぜんいん【全員】 全体人员 quántǐ rényuán.
ぜんき【前期】 初期 chūqī, 上半期 shàngbànqī.
せんきょ【選挙】(-する) 选举 xuǎnjǔ, 竞选 jìngxuǎn; [国政レベルの]大选 dàxuǎn.
せんげつ【先月】 上(个)月 shàng (ge) yuè.
せんげん【宣言】(-する) 宣言 xuānyán, 宣布 xuānbù.
せんご【戦後】 战后 zhànhòu; 第二次世界大战以后 Dì'èr cì shìjiè dàzhàn yǐhòu, 二战后 Èrzhànhòu.
ぜんご【前後】 前后 qiánhòu; [概数]左右 zuǒyòu.
せんこう【線香】 香 xiāng, 线香 xiànxiāng. **〜をたく** 焚 fén 香.
せんこう【専攻】(-する) [大学]专业 zhuānyè; 专修 zhuānxiū.
ぜんこく【全国】 全国 quánguó.
せんさい【繊細】 纤细 xiānxì, 细腻 xìnì.
せんざい【洗剤】 洗涤剂 xǐdíjì, 洗衣剂 xǐyījì.
せんじつ【先日】 前几天 qián jǐ tiān; 上次 shàngcì.
ぜんじつ【前日】 前一天 qián yī tiān.
せんしゅ【選手】 选手 xuǎnshǒu, 运动员 yùndòngyuán. **〜権** 锦标赛 jǐnbiāosài. **水泳〜** 游泳 yóuyǒng 运动员.
せんしゅう【先週】 上周 shàngzhōu, 上(个)星期 shàng (ge) xīngqī.
ぜんしん【全身】 全身 quánshēn, 浑身 húnshēn, 满身 mǎnshēn, 一身 yīshēn.
センス 感觉 gǎnjué; 审美能力 shěnměi nénglì.
せんせい【先生】 老师 lǎoshī, 教师 jiàoshī; [医者]医生 yīshēng, 大夫 dàifu; [尊称]先生 xiānsheng.
せんぜん【戦前】 战前 zhànqián; 第二次世界大战以前 Dì'èr cì shìjiè dàzhàn yǐqián, 二战前 Èrzhànqián.
ぜんぜん【全然】 完全 wánquán, 根本 gēnběn, 一点儿(也没有) yīdiǎnr (yě méiyǒu).
せんぞ【先祖】 祖先 zǔxiān, 祖宗 zǔzōng, 祖上 zǔshàng.
せんそう【戦争】(-する) 战争 zhànzhēng, 打仗 dǎzhàng.
ぜんそく【喘息】 哮喘 xiàochuǎn.
センター 中心 zhōngxīn; [野球]中场手 zhōngchǎngshǒu.
ぜんたい【全体】 整体 zhěngtǐ, 整个 zhěnggè, 全体 quántǐ.
せんたく【洗濯】(-する) 洗衣(服) xǐ yī(fu). **〜機** 洗衣机 jī.
せんたく【選択】(-する) 选择 xuǎnzé.
センチメートル 公分 gōngfēn, 厘米 límǐ.
せんでん【宣伝】(-する) 宣传 xuānchuán.
せんとう【先頭】 前头 qiántóu, 排头 páitóu. **〜に立つ** 站在最前列 zhànzài zuìqiánliè; [率先する]领头儿 lǐngtóur.
せんとう【戦闘】(-する) 战斗 zhàndòu.
せんぬき【栓抜き】 起子 qǐzi.
せんぱい【先輩】 [年齢の]老前辈 lǎoqiánbèi; [学校の]高年级同学 gāoniánjí tóngxué, 老校友 lǎoxiàoyǒu.
ぜんはん【前半】 前半 qiánbàn, 前一半 qián yībàn; [試合の]上半场 shàng bànchǎng, 前半场.
ぜんぶ【全部】 全部 quánbù, 所有 suǒyǒu, 一切 yīqiè.
せんぷうき【扇風機】 电扇 diànshàn.
せんめんき【洗面器】 脸盆 liǎnpén, 洗脸盆 xǐliǎnpén.
せんもん【専門】 专业 zhuānyè, 专门 zhuānmén. **〜家** 专家 zhuānjiā.
せんりょう【占領】(-する) 占领 zhànlǐng.
ぜんりょく【全力】 全力 quánlì. **〜を尽くす** 竭尽 jiéjìn 全力.
せんろ【線路】 铁路 tiělù, 铁轨 tiěguǐ.

そ

そう [前の話を受けて]这样 zhèyàng, 那样 nàyàng; [相手の言葉を受けて]是 shì, 对 duì.
そう【沿う・添う】 [場所・時間]沿 yán, 随 suí; [従う]按 àn, 按照 ànzhào; [合う・かなう]满足 mǎnzú.
そう【層】 层 céng; [地層]地层 dìcéng.
ゾウ【象】 象 xiàng, 大象 dàxiàng.
ぞう【像】 图像 túxiàng.
そうおん【騒音】 噪音 zàoyīn 噪声 zàoshēng.
ぞうか【増加】(-する) 增加 zēngjiā, 增多 zēngduō.
そうかい【爽快】 爽快 shuǎngkuai.
ぞうきん【雑巾】 抹布 mābù.
そうこ【倉庫】 仓库 cāngkù, 库房 kùfáng.
そうご【相互】 互相 hùxiāng, 相互 xiānghù.
そうごう【総合】(-する) 综合 zōnghé. **〜的** 综合性(的) xìng (de).
そうさ【操作】(-する) 操作 cāozuò, 操纵 cāozòng.
そうさ【捜査】(-する) 搜查 sōuchá.
そうさく【創作】(-する) 创作 chuàngzuò.
そうじ【掃除】(-する) 打扫 dǎsǎo, 清扫 qīngsǎo. **〜機** 吸尘器 xīchénqì.

そうしき【葬式】 葬礼 zànglǐ, 丧事 sāngshì.
そうじゅう【操縦】(-する) 驾驶 jiàshǐ; 操纵 cāozòng.
そうぞう【創造】(-する) 创造 chuàngzào.
そうぞう【想像】(-する) 想像 xiǎngxiàng.
そうぞうしい【騒々しい】 吵闹 chǎonào, 嘈杂 cáozá.
そうだい【壮大】 雄伟 xióngwěi, 宏大 hóngdà.
そうたいてき【相対的】 相对 xiāngduì.
そうだん【相談】(-する) 商量 shāngliang, 协商 xiéshāng.
そうち【装置】 装置 zhuāngzhì, 设备 shèbèi.
そうちょう【早朝】 早晨 zǎochen, 清晨 qīngchén.
そうとう【相当】 相当 xiāngdāng.
そうにゅう【挿入】(-する) 插入 chārù.
そうりつ【創立】(-する) 创立 chuànglì, 创建 chuàngjiàn.
そえる【添える】 附上 fùshàng, 配 pèi.
そえん【疎遠】 疏远 shūyuǎn.
ソース [調味料]沙司 shāsī, 调味汁 tiáowèizhī.
ソース [出所]出处 chūchù, 来源 láiyuán.
ソーセージ 香肠 xiāngcháng; 腊肠 làcháng.
そく【足】 双 shuāng. **靴３～** 三双鞋 sān shuāng xié.
ぞく【俗】 俗 sú, 俗气 súqi.
そくざ【即座】 立即 lìjí, 立刻 lìkè, 马上 mǎshang.
ぞくする【属する】 属于 shǔyú.
ぞくぞく(と)【続続(と)】 陆续 lùxù, 不断 bùduàn.
そくたつ【速達】 快信 kuàixìn; 快递 kuàidì.
そくど【速度】 速度 sùdù. **～を上げる** 加快 jiākuài 速度, 加速 jiāsù.
そこ【底】 底 dǐ, 底下 dǐxia; [相場・景気など]谷底 gǔdǐ.
そこ 那里 nàli, 那儿 nàr.
そこで 于是 yúshì, 因此 yīncǐ, 所以 suǒyǐ.
そこなう【損なう】 破坏 pòhuài, 损坏 sǔnhuài.
そしき【組織】(-する) 组织 zǔzhī.
そしつ【素質】 素质 sùzhì, 资质 zīzhì.
そして 而且 érqiě; 然后 ránhòu, 以后 yǐhòu.
そせん【祖先】 祖先 zǔxiān.
そそぐ【注ぐ】 [かける・つぐ]浇 jiāo, 斟 zhēn, 倒 dào; [集中する]灌注 guànzhù, 倾注 qīngzhù. **水を～** 浇水 shuǐ.
そだつ【育つ】 发育 fāyù, 成长 chéngzhǎng, 生长 shēngzhǎng.
そだてる【育てる】 养 yǎng; [子供を]抚养 fǔyǎng, 养育 yǎngyù; [育成する]培养 péiyǎng.
そちら 那里 nàli, 那儿 nàr, 那边 nàbiān; [物]那个 nàge; [相手方]你那里 nǐ nàli, 贵方 guìfāng.
そつぎょう【卒業】(-する) 毕业 bìyè. **～式** 毕业典礼 diǎnlǐ.
ソックス 袜子 wàzi; 短袜 duǎnwà.
そっくり 一模一样 yī mú yī yàng, 活像 huóxiàng. **母親～** 活像母亲 mǔqin, 和 hé 母亲一模一样.
そっちょく【率直】 直率 zhíshuài; 坦率 tǎnshuài.
そっと 悄悄地 qiāoqiāode, 轻轻地 qīngqīngde, 偷偷地 tōutōude.
ぞっと 打寒战 dǎ hánzhan, 发冷 fālěng, 毛骨悚然 máo gǔ sǒng rán.
そで【袖】 袖子 xiùzi, 衣袖 yīxiù.
そと【外】 外边 wàibian, 外面 wàimian, 外头 wàitou. **窓の～を見る** 往窗外看 wǎng chuāngwài kàn.
そなえる【備える】 [用意する]准备 zhǔnbèi, 防备 fángbèi; [設置する]设置 shèzhì, 备置 bèizhì; [有する]具备 jùbèi, 具有 jùyǒu.
その 那个 nàge, 那 nà. **～時** 那时 shí. **～人** 那个人 rén.
そのうえ【その上】 又 yòu, 而且 érqiě, 加上 jiāshang.
そのた【その他】 其他 qítā, 其余 qíyú, 另外 lìngwài.
そのまま 就那样 jiù nàyàng.
そば【側・傍】 旁边 pángbiān, 附近 fùjìn. **…の～に** 在 zài …的 de 旁边.
そば【蕎麦】 荞麦面 qiáomàimiàn.
そびえる 耸立 sǒnglì, 屹立 yìlì.
そふ【祖父】 [父方の]祖父 zǔfù, 爷爷 yéye; [母方の]外祖父 wàizǔfù, 老爷 lǎoye.
ソファー 沙发 shāfā.
ソフト 柔软 róuruǎn, 柔和 róuhe, 温和 wēnhé, 温柔 wēnróu; [電算]软件 ruǎnjiàn.
ソフトウエア 软件 ruǎnjiàn; [台湾で]软体 ruǎntǐ.
そぼ【祖母】 [父方の]祖母 zǔmǔ, 奶奶 nǎinai; [母方の]外祖母 wàizǔmǔ, 姥姥 lǎolao.
そぼく【素朴】 淳朴 chúnpǔ, 朴素 pǔsù, 素朴 sùpǔ.
そまる【染まる】 染上 rǎnshang.
そむく【背く】 违背 wéibèi, 违反 wéifǎn.
そめる【染める】 染 rǎn, 染成 rǎnchéng.
そよかぜ【そよ風】 微风 wēifēng.
そら【空】 天 tiān, 天空 tiānkōng.
そる【反る】 翘曲 qiáoqū, 弯曲 wānqū.
そる【剃る】 剃 tì, 刮 guā. **頭を～** 剃头 tóu.
それ 那 nà, 那个 nàge.
それから [加えて]还有 háiyǒu; [その次に]然后 ránhòu, 再 zài, 其次 qícì.
それぞれ 各自 gèzì, 分别 fēnbié, 每个 měi ge.
それで 因此 yīncǐ, 因而 yīn'ér, 所以 suǒyǐ.
それでは [では]那么 nàme, 那就 nà jiù; [それならば]如果是那样 rúguǒ shì nàyàng.
それでも 虽然那样 suīrán nàyàng, 尽管如此 jǐnguǎn rúcǐ.
それとも 还是 háishi.
それる【逸れる】 脱离(正轨) tuōlí (zhèngguǐ), 歪向(一旁) wāixiàng (yīpáng).
そろえる【揃える】 [同じにする]使 shǐ …一致 yīzhì, 使…一样 yīyàng; [集める]齐全 qíquán; [整える]摆整齐 bǎi zhěngqí, 摆好 bǎihǎo. **大きさを～** 成 chéng 一样大小 dàxiǎo.
そろそろ 慢慢地 mànmànde, 徐徐地 xúxúde.
そろばん【算盤】 算盘 suànpán, 珠算 zhūsuàn. **～をはじく** 打 dǎ 算盘.
そん【損】(-する) 亏损 kuīsǔn, 亏 kuī, 赔 péi; [不利]吃亏 chīkuī, 不利 bùlì.
そんがい【損害】 损坏 sǔnhuài; 损失 sǔnshī.
そんけい【尊敬】(-する) 尊敬 zūnjìng, 敬仰 jìngyǎng.
そんげん【尊厳】 尊严 zūnyán.
そんざい【存在】(-する) 存在 cúnzài.
そんしつ【損失】 损失 sǔnshī.
そんちょう【尊重】(-する) 尊重 zūnzhòng.
そんな 那样的 nàyàng de.

た

た【他】 其他 qítā, 此外 cǐwài, 另外 lìngwài.
た【田】 水田 shuǐtián, 田地 tiándì.
ダース 打 dá.
たい【隊】 队 duì, 队伍 duìwu.
タイ [国名]泰国 Tàiguó.
タイ【鯛】 [魚]加级鱼 jiājíyú, 鲷鱼 diāoyú.
だい【代】 代 dài, 一代 yīdài, 辈 bèi. **30～に** 在三十几岁时 zài sānshí jǐ suì shí.
だい【台】 台 tái; [台座]底座 dǐzuò, 台子 táizi.
だい【題】 题目 tímù; 主题 zhǔtí.
たいいく【体育】 体育 tǐyù, 运动 yùndòng. **～館** 体育馆 guǎn.
だいいち【第一】 第一(的) dìyī(de). **～に** 首先 shǒuxiān, 第一.
たいいん【退院】(-する) 出院 chūyuàn.

ダイエット(-する) 减肥 jiǎnféi.
たいおう【対応】(-する) 对应 duìyìng.
ダイオキシン 二恶〔噁〕英 èr'è〔è〕yīng.
たいおん【体温】 体温 tǐwēn. **〜を計る** 量 liáng 体温.
たいかい【大会】 大会 dàhuì.
だいがく【大学】 大学 dàxué. **〜生** 大学生 shēng.
だいがくいん【大学院】（大学）研究生院 yánjiūshēngyuàn.
たいき【大気】 空气 kōngqì; 大气 dàqì.
だいきん【代金】 价款 jiàkuǎn; [品物の]货款 huòkuǎn.
だいく【大工】 木匠 mùjiang; 木工 mùgōng.
たいくつ【退屈】 无聊 wúliáo; 厌倦 yànjuàn. **〜する** 感到 gǎndào 无聊.
たいけい【体系】 体系 tǐxì, 系统 xìtǒng.
たいけん【体験】(-する) 体验 tǐyàn, 经验 jīngyàn.
たいこ【太鼓】 鼓 gǔ, 大鼓 dàgǔ. **〜を叩く** 打 dǎ 鼓.
ダイコン【大根】 萝卜 luóbo.
たいざい【滞在】(-する) 逗留 dòuliú, 停留 tíngliú.
たいさく【対策】 办法 bànfǎ, 对策 duìcè, 措施 cuòshī.
たいし【大使】 大使 dàshǐ. **〜館** 大使馆 guǎn.
だいじ【大事】 [重要]重要 zhòngyào; [だいじにする]爱护 àihù, 保重 bǎozhòng; [おおごと]大事 dàshì, 大事件 dàshìjiàn.
たいした【大した】 了不起 liǎobuqǐ; 优秀 yōuxiù.
たいしゅう【大衆】 群众 qúnzhòng, 大众 dàzhòng.
たいじゅう【体重】 体重 tǐzhòng. **〜が減る** 体重减少 jiǎnshǎo.
たいしょう【対称】 相称 xiāngchèn, 对称 duìchèn.
たいしょう【対象】 对象 duìxiàng.
たいしょう【対照】(-する) 对照 duìzhào; 对比 duìbǐ.
たいじょう【退場】(-する) 退席 tuìxí, 退出 tuìchū, 退场 tuìchǎng; [舞台から降りる]下台 xiàtái.
だいじょうぶ【大丈夫】 没问题 méi wèntí, 没事儿 shìr, 没关系 guānxi; [心配ない]不要紧 bù yàojǐn; [オーケー]行 xíng; [信頼できる]可靠 kěkào.
たいしょく【退職】(-する) 退职tuìzhí; [引退]退休tuìxiū.
だいじん【大臣】 部长 bùzhǎng; [日本]大臣 dàchén.
ダイズ【大豆】 大豆 dàdòu; [黄色の]黄豆 huángdòu.
たいする【対する】 对 duì; [について]对于 duìyú, 关于 guānyú; [向かい合う]面对 miànduì.
たいせい【体制】 体制 tǐzhì.
たいせいよう【大西洋】 大西洋 Dàxīyáng.
たいせき【体積】 体积 tǐjī.
たいせつ【大切】 要紧 yàojǐn, 重要 zhòngyào.
たいそう【体操】 体操 tǐcāo. **〜をする** 做操 zuò cāo.
たいだ【怠惰】 懒惰 lǎnduò, 怠惰 dàiduò.
だいたい【大体】 [およそ]大约 dàyuē, 大概 dàgài, 差不多 chàbuduō, 大体 dàtǐ, 几乎 jīhū. **〜同じ** 差不多, 大致相同 dàzhì xiāngtóng.
だいだい【代代】 世世代代 shìshì dàidài, 历代 lìdài.
たいだん【対談】(-する) 会谈 huìtán; [対話]对话 duìhuà.
だいたん【大胆】 大胆 dàdǎn; 胆子大 dǎnzi dà.
だいち【大地】 大地 dàdì, 陆地 lùdì.
タイツ 紧身裤 jǐnshēnkù.
たいてい【大抵】 [ほとんど]大约 dàyuē; 多半 duōbàn; 大部分 dàbùfen; [ふつう]一般 yībān.
たいど【態度】 态度 tàidu; 举止 jǔzhǐ; 表情 biǎoqíng. **〜を改める** 端正 duānzhèng 态度.
たいとう【対等】 对等 duìděng, 同等 tóngděng.
だいとうりょう【大統領】 总统 zǒngtǒng.
だいどころ【台所】 厨房 chúfáng, 伙房 huǒfáng.
だいひょう【代表】(-する) 代表 dàibiǎo. **〜的** （有）代表性（yǒu）dàibiǎoxìng 的.
タイプ [型]型 xíng, 式 shì, 类型 lèixíng; [タイピングする]打字 dǎzì.
だいぶ【大分】 [かなり]相当 xiāngdāng, 不少 bù shǎo; [とても]很 hěn, …得多 deduō.
たいふう【台風】 台风 táifēng.
たいへいよう【太平洋】 太平洋 Tàipíngyáng.
たいへん【大変】 [ひどい]厉害 lìhai; 不得了 bùdéliǎo; [非常に]非常 fēicháng; [おおごとの]严重 yánzhòng.
だいべん【大便】(-をする) 大便 dàbiàn.
たいほ【逮捕】(-する) 逮捕 dàibǔ, 拘捕 jūbǔ, 捉拿 zhuōná, 捕捉 bǔzhuō.
タイミング 时机 shíjī, 时宜 shíyí.
だいめい【題名】 标题 biāotí, 题名 tímíng.
だいめいし【代名詞】 代词 dàicí.
タイヤ 轮胎 lúntāi, 车胎 chētāi.
ダイヤ [宝石]钻石 zuànshí; [トランプ]方块儿 fāngkuàir.
たいよう【太陽】 太阳 tàiyáng. **〜が昇る** 升 shēng 太阳. **〜電池** 太阳电池 diànchí.
たいら【平ら】 平 píng, 平坦 píngtǎn; 平面 píngmiàn. **〜にする** 整平 zhěngpíng; [削って〜]刨平 bàopíng.
だいり【代理】(-をする) 代理 dàilǐ. **〜店** 代理商 shāng. **〜人** 代理人 rén.
たいりく【大陸】 大陆 dàlù.
だいりせき【大理石】 大理石 dàlǐshí.
たいりつ【対立】(-する) 对立 duìlì.
たいりょく【体力】 体力 tǐlì.
タイル 瓷砖 cízhuān, 花砖 huāzhuān.
たいわ【対話】(-する) 对话 duìhuà.
たいわん【台湾】 台湾 Táiwān.
たうえ【田植え】 插秧 chāyāng.
ダウンロード(-する) 下载 xiàzài.
たえる【耐える・堪える】 [我慢する]忍耐 rěnnài; 忍受 rěnshòu; [もちこたえる]耐 nài; 坚持 jiānchí.
たえる【絶える】 [とだえる]断绝 duànjué; 停止 tíngzhǐ; [絶滅する]灭绝 mièjué; 消失 xiāoshī.
たおす【倒す】 倒 dǎo; [横にする]放倒 fàngdǎo; [ひっくり返す]弄翻 nòngfān; [押し倒す]推倒 tuīdǎo; [打ち負かす]打败 dǎbài, 打倒 dǎdǎo.
タオル 毛巾 máojīn, 手巾 shǒujīn.
たおれる【倒れる】 倒塌 dǎotā; 倒下 dǎoxià; [支配者が]垮台 kuǎtái.
タカ【鷹】 鹰 yīng, 老鹰 lǎoyīng.
だが 但是 dànshì, 可是 kěshì, 虽然 suīrán.
たかい【高い】 高 gāo; [高価だ]贵 guì.
たがい【互い】 互相 hùxiāng, 彼此 bǐcǐ; [両者]双方 shuāngfāng.
たかさ【高さ】 高低 gāodī; 高度 gāodù.
たかとび【高跳び】 跳高 tiàogāo.
たがやす【耕す】 耕 gēng, 耕地 gēngdì; [開墾する]开荒 kāihuāng, 开垦 kāikěn. **田を〜** 耕 gēng 田.
たから(もの)【宝(物)】 宝贝 bǎobèi, 宝物 bǎowù.
だから 所以 suǒyǐ, 因此 yīncǐ; 因为 yīnwèi.
たき【滝】 瀑布 pùbù.
たきび【焚火】 篝火 gōuhuǒ.
だきょう【妥協】(-する) 妥协 tuǒxié.
たく【炊く】 煮 zhǔ; 烧 shāo; 蒸 zhēng.
だく【抱く】 搂抱 lǒubào; 拥抱 yōngbào; [心に]怀抱 huáibào, 胸怀 xiōnghuái.
たくさん【沢山】 很多 hěn duō, 好多 hǎoduō, 好些 hǎoxiē, 许多 xǔduō.
タクシー 的士 dīshì, 出租车 chūzūchē, 计程车 jìchéngchē. **〜を拾う** 打的 dǎdī.
たくましい [体が]魁梧 kuíwú; 强壮 qiángzhuàng; [精神が]旺盛 wàngshèng; 坚强 jiānqiáng.

たくみ【巧み】巧妙 qiǎomiào, 精巧 jīngqiǎo, 绝妙 juémiào.
たくらむ【企む】企图 qǐtú, 策划 cèhuà, 计划 jìhuà; [悪事を]捣鬼 dǎoguǐ, 阴谋 yīnmóu.
たくわえる【蓄える】储备 chǔbèi; 贮备 zhùbèi, 贮存 zhùcún, 储存 chǔcún, 储蓄 chǔxù.
たけ【丈】尺寸 chǐcun; 身材 shēncái; 长短 chángduǎn, 长度 chángdù.
タケ【竹】竹子 zhúzi.
だけ 只 zhǐ, 只有 zhǐyǒu, 只是 zhǐshì. **1日〜** 仅仅一天 jǐnjǐn yī tiān, 只一天.
タケノコ【筍】竹笋 zhúsǔn.
たこ【凧】风筝 fēngzheng. **〜をあげる** 放 fàng 风筝.
タコ【蛸】章鱼 zhāngyú, 八带鱼 bādàiyú.
ださん【打算】算计 suànji, 盘算 pánsuàn. **〜的な人** 患得患失 huàn dé huàn shī 的人.
たしか【確か】正确 zhèngquè, 确实 quèshí; [正確]准确 zhǔnquè; [着実]地道 dìdao; 可靠 kěkào. **〜に** 的确 díquè; 一定 yīdìng.
たしかめる【確かめる】确认 quèrèn; 弄清 nòngqīng, 搞清 gǎoqīng; [調べて]查明 chámíng.
たしざん【足し算】加法 jiāfǎ.
たしょう【多少】多少 duōshǎo, 稍微 shāowēi, 一点儿 yīdiǎnr.
たす【足す】加 jiā; 添上 tiānshàng, 加上 jiāshàng.
だす【出す】出 chū; 送 sòng; 提出 tíchū; 发 fā, 发出 fāchū; 提交 tíjiāo.
たすかる【助かる】得救 déjiù, 获救 huòjiù.
たすける【助ける】[助力]帮助 bāngzhù, 帮忙 bāngmáng; [救い]救助 jiùzhù, 援助 yuánzhù.
たずねる【尋ねる・訊ねる】问 wèn, 询问 xúnwèn; 打听 dǎting; [捜す]找 zhǎo, 寻找 xúnzhǎo.
たずねる【訪ねる】访问 fǎngwèn, 拜访 bàifǎng.
たそがれ【黄昏】傍晚 bàngwǎn; 黄昏 huánghūn.
ただ [無料]白 bái, 免费 miǎnfèi. → だけ
ただいま【ただ今】现在 xiànzài; 刚才 gāngcái; [帰宅のあいさつ]我回来了 wǒ huílai le.
たたかい【戦い】[戦争]战争 zhànzhēng; [闘争]斗争 dòuzhēng.
たたかう【戦う・闘う】打仗 dǎzhàng, 作战 zuòzhàn, 战斗 zhàndòu; [闘う]作斗争 zuò dòuzhēng.
たたく 打 dǎ; 敲 qiāo; [手を]拍 pāi; [大鼓など]敲打.
ただし【但し】但是 dànshì.
ただしい【正しい】[合っている]对 duì; [正確]正确 zhèngquè; [正当]正当 zhèngdàng, 有理 yǒulǐ.
ただす【正す】[誤りを]改正 gǎizhèng, 纠正 jiūzhèng; [風紀を]整顿 zhěngdùn.
ただちに【直ちに】立刻 lìkè; 马上 mǎshang.
たたみ【畳】榻榻米 tàtàmǐ, 草垫 cǎodiàn.
たたむ【畳む】叠 dié, 折 zhé.
ただよう【漂う】漂 piāo, 飘浮 piāofú, 飘荡 piāodàng, 飘流 piāoliú; [気体が]笼罩 lǒngzhào.
たち【質】脾气 píqi, 性质 xìngzhì, 性格 xìnggé.
たちあがる【立ち上がる】(站)起来 (zhàn)qǐlai.
たちいりきんし【立ち入り禁止】不准进入 bù zhǔn jìnrù, 禁止入内 jìnzhǐ rùnèi.
たちどまる【立ち止まる】停止 tíngzhǐ, 站住 zhànzhù, 停步 tíngbù, 伫立 zhùlì.
たちなおる【立ち直る】恢复 huīfù, 复原 fùyuán.
たちば【立場】处境 chǔjìng; 立场 lìchǎng.
たちまち 忽然 hūrán; 立刻 lìkè.
ダチョウ【駝鳥】鸵鸟 tuóniǎo.
たつ【立つ】站 zhàn, 立起 lìqǐ, 站立 zhànlì.
たつ【建つ】建成 jiànchéng, 建筑 jiànzhù.
たつ【発つ】出发 chūfā, 离开 líkāi, 启程 qǐchéng.
たつ【経つ】过 guò, 经过 jīngguò.
たつ【断つ】断 duàn, 截断 jiéduàn, 断绝 duànjué, 切断 qiēduàn.
たっきゅう【卓球】乒乓球 pīngpāngqiú.
たっしゃ【達者】健康 jiànkāng; [技術などが]精通 jīngtōng, 熟练 shúliàn.
だっしゅつ【脱出】(-する) 脱离 tuōlí; [逃れる]逃脱 táotuō.
たっする【達する】达 dá, 到达 dàodá, 达到 dádào.
たっせい【達成】(-する) 完成 wánchéng, 达成 dáchéng; 成就 chéngjiù.
だつぜい【脱税】(-する) 逃税 táoshuì, 偷税 tōushuì.
たった 仅 jǐn, 只 zhǐ, 仅仅 jǐnjǐn.
だっぴ【脱皮】(-する) 蜕皮 tuìpí, 蜕壳 tuìké; [転換]转变 zhuǎnbiàn.
たっぷり 充分 chōngfèn, 足够 zúgòu; [余裕がある]宽绰 kuānchuò; 充满 chōngmǎn.
たて【盾】盾牌 dùnpái; [後ろ盾]后盾 hòudùn, 靠山 kàoshān.
たて【縦】纵 zòng, 竖 shù, 立 lì.
たてもの【建物】建筑(物) jiànzhù(wù); [ビル]大楼dàlóu; [家屋]房屋 fángwū, 房子 fángzi.
たてる【立てる】立 lì, 竖 shù.
たてる【建てる】盖 gài, 建筑 jiànzhù, 建造 jiànzào.
だとう【妥当】妥当 tuǒdang; 妥善 tuǒshàn; 合适 héshì.
たとえ【譬え・喩え】比喻 bǐyù, 譬喻 pìyù, 例子 lìzi.
たとえ(…でも) 即使 jíshǐ; 哪怕 nǎpà.
たとえば【例えば】比如 bǐrú; 例如 lìrú.
たとえる【例える】举例 jǔlì; 比喻 bǐyù, 比方 bǐfāng.
たな【棚】架子 jiàzi, 搁板 gēbǎn.
たに【谷】山沟 shāngōu; 山谷 shāngǔ.
たにん【他人】[見知らぬ人]陌生人 mòshēngrén; [別の人]别人 biéren; [部外者]局外人 júwàirén.
たね【種】种子 zhǒngzǐ, 籽儿 zǐr; [原因]原因 yuányīn. **〜をまく** 播种 bō zhǒng, 撒 sǎ 种子.
たのしい【楽しい】快乐 kuàilè; 愉快 yúkuài.
たのしみ【楽しみ】乐趣 lèqù; 安慰 ānwèi; [期待]期望 qīwàng.
たのしむ【楽しむ】快活 kuàihuo; 享受 xiǎngshòu (…的乐趣 lèqù); [鑑賞する]欣赏 xīnshǎng.
たのむ【頼む】拜托 bàituō; 请(求) qǐng(qiú), 恳求 kěnqiú; [任せる]委托 wěituō.
たのもしい【頼もしい】可靠kěkào, 可信任kě xìnrèn.
たば【束】捆 kǔn, 把 bǎ, 束 shù.
たばこ【煙草】烟 yān, 香烟 xiāngyān, 烟草 yāncǎo. **〜を吸う** 抽 chōu 烟, 吸 xī 烟.
たはた【田畑】田地 tiándì, 旱田 hàntián.
たび【度】次 cì, 回 huí. **…する〜** 每次 měicì …都 dōu ….
たび【旅】(-する) 旅游 lǚyóu, 旅行 lǚxíng, 出游 chūyóu.
たびたび【度々】常常 chángcháng; 再三 zàisān; 多次 duōcì, 屡次 lǚcì; 每每 měiměi.
タブー 禁忌 jìnjì; 避讳 bìhui.
ダブル 两倍 liǎngbèi, 双倍 shuāngbèi; [洋服の]两排扣 liǎngpáikòu; [ベッドなどの]双(人) shuāng(rén); 双重 shuāngchóng.
ダブルス 双打 shuāngdǎ. **混合〜** 混合 hùnhé 双打.
たぶん【多分】大概 dàgài; 可能 kěnéng; 恐怕 kǒngpà; 也许 yěxǔ.
たべもの【食べ物】食品 shípǐn, 吃的(东西) chī de (dōngxi), 食物 shíwù.
たべる【食べる】吃 chī.
たま【玉】球 qiú; 珠 zhū.
たまご【卵】[鳥の]蛋 dàn; [鶏卵]鸡蛋 jīdàn; [虫や魚の]

卵 luǎn. **〜を割る** 磕 kē 鸡蛋.
たましい【魂】 灵魂 línghún; 精神 jīngshén.
だます【欺す】 骗 piàn, 欺骗 qīpiàn.
たまたま 偶尔 ǒu'ěr; 偶然 ǒurán; 碰巧 pèngqiǎo.
たまに 有时(候) yǒushí(hou), 偶尔 ǒu'ěr.
タマネギ【玉葱】 洋葱 yángcōng, 葱头 cōngtóu.
たまらない【堪らない】 不得了 bùdéliǎo, 受不了 shòubuliǎo. → **我慢, 耐える**
たまる【溜まる】 积 jī, 积存 jīcún; [滞る]积压 jīyā.
だまる【黙る】 不说话 bù shuōhuà, 住口 zhùkǒu, 沉默 chénmò, 闭嘴 bìzuǐ.
ダム 水库 shuǐkù, 水坝 shuǐbà, 蓄水池 xùshuǐchí.
だめ【駄目】 不好 bù hǎo; 不行 xíng; 不可能 kěnéng.
ためいき【ため息】 叹气 tànqì.
ダメージ 损伤 sǔnshāng, 损坏 sǔnhuài, 伤害 shānghài.
ためす【試す】 试 shì; 考验 kǎoyàn; 尝试 chángshì.
ために【為に】 为了 wèile; 因为 yīnwèi; 由于 yóuyú.
ためらう 犹豫 yóuyù, 踌躇 chóuchú.
ためる【溜める・貯める】 积存 jīcún; 储蓄 chǔxù; 积累 jīlěi; 存贮 cúnzhù; 积攒 jīzǎn.
たもつ【保つ】 保持 bǎochí, 维持 wéichí.
たより【便り】 消息 xiāoxi; 信 xìn.
たより【頼り】 借助 jièzhù; 依靠 yīkào.
たよる【頼る】 依靠 yīkào; 凭借 píngjiè; 投靠 tóukào; 依赖 yīlài.
だらしない [行為が]没规矩 méi guīju; 放荡 fàngdàng; [格好が]懒散 lǎnsǎn; [ふがいない]不争气 bù zhēngqì.
たらす【垂らす】 滴 dī; 流 liú, 淋 lín, 浇 jiāo.
だらだら [長たらしい]冗长 rǒngcháng, 呶呶不休 náo náo bù xiū, 没完没了 méiwán méiliǎo.
たりょう【多量】 大量 dàliàng.
たりる【足りる】 (足)够 (zú)gòu. **足りない** 不足 bùzú, 不够 bùgòu.
だるい 发倦 fājuàn; 慵懒 yōnglǎn; 疲乏 pífá; 疲倦 píjuàn.
たるむ【弛む】 松弛 sōngchí; [気が]松懈 sōngxiè.
だれ【誰】 谁 shéi・shuí.
タレント 演艺界人员 yǎnyìjiè rényuán, 艺人 yìrén; 明星 míngxīng.
タワー 塔 tǎ, 塔楼 tǎlóu.
たん【痰】 痰 tán. **〜を吐く** 吐 tǔ 痰.
だん【段】 层 céng; [等級]段 duàn; [階段]台价 táijiē; [文章・印刷]段落 duànluò; 排 pái. → **階段**
だんあつ【弾圧】 压制 yāzhì; 镇压 zhènyā.
たんい【単位】 单位 dānwèi; [履修の]学分 xuéfēn.
だんかい【段階】 阶段 jiēduàn; 地步 dìbù.
たんき【短気】 性急 xìngjí, 急性子 jíxìngzi. **〜を起こす** 发脾气 fā píqi.
たんけん【探検】(-する) 探险tànxiǎn. **〜家** 探险家jiā.
たんご【単語】 单词 dāncí; [語彙]词汇 cíhuì. **〜を覚える** 记 jì 单词.
だんし【男子】 男的 nánde; 男子汉 nánzǐhàn; [男の子]男孩子 nánháizi. → **女子**
たんしゅく【短縮】(-する) 缩短 suōduǎn; 缩减 suōjiǎn.
たんじゅん【単純】 单纯 dānchún; 简单 jiǎndān.
たんしょ【短所】 缺点 quēdiǎn; 短处 duǎnchu, 不足之处 bùzú zhī chù.
だんじょ【男女】 男女nánnǚ. **〜共学** 男女同校tóngxiào.
たんじょう【誕生】(-する) 出生 chūshēng, 诞生 dànshēng; [物事の]成立 chénglì. **〜日** 生日 shēngri, 诞辰 dànchén.
たんす【箪笥】 衣柜 yīguì, 衣橱 yīchú; [整理たんす]多屉柜 duōtìguì.
ダンス(-する) 跳舞 tiàowǔ; 舞蹈 wǔdǎo.
だんせい【男性】 男性 nánxìng, 男子 nánzǐ, 男人 nánrén. → **女性**
だんぜつ【断絶】(-する) 断绝 duànjué.
たんそ【炭素】 碳 tàn, 碳素 tànsù.
だんたい【団体】 团体 tuántǐ; 集体 jítǐ. **〜旅行** 集体旅游 lǚyóu.
だんだん 渐渐 jiànjiàn, 逐渐 zhújiàn, 慢慢 mànmàn.
だんち【団地】 住宅新村 zhùzhái xīncūn, 住宅区 zhùzháiqū, 住宅小区 xiǎoqū.
たんちょう【単調】 单调 dāndiào.
たんてい【探偵】 侦探 zhēntàn.
だんてい【断定】(-する) 判断 pànduàn; 断定 duàndìng.
だんな【旦那】 主人 zhǔrén; 老板 lǎobǎn; [夫や年上の男性]老爷 lǎoye, 先生 xiānsheng, 丈夫 zhàngfu.
たんにん【担任】 担任 dānrèn; [クラスの]班主任 bānzhǔrèn.
たんぱくしつ【蛋白質】 蛋白质 dànbáizhì; 朊 ruǎn.
だんぺん【断片】 部分 bùfen, 片断 piànduàn.
たんぼ【田圃】 → **田**
だんぼう【暖房】 供暖 gōngnuǎn; [暖房設備]暖气(设备) nuǎnqì (shèbèi).
だんボール【段ボール】 瓦楞纸 wǎléngzhǐ; [段ボール箱]瓦楞箱 wǎléngxiāng.
だんわ【談話】 讲话 jiǎnghuà, 谈话 tánhuà.

ち

ち【血】 血液 xuèyè, 血 xiě・xuè. **〜を流す** 流 liú 血.
ちい【地位】 地位 dìwèi; [職務の等級]级别 jíbié.
ちいき【地域】 地区 dìqū, 区域 qūyù.
ちいさい【小さい】 小 xiǎo; [わずか]微少 wēishǎo.
チーズ 奶酪 nǎilào, 干酪 gānlào.
チーム 团队 tuánduì; 小组 xiǎozǔ. **〜を組む** 组成 zǔchéng 小组. **〜ワーク** 协作 xiézuò, 配合 pèihé.
ちえ【知恵】 智慧 zhìhuì; [考え]主意 zhǔyi.
チェーン 链条 liàntiáo. **〜店** 连锁店 liánsuǒdiàn.
チェス 国际象棋 guójì xiàngqí.
チェックアウト(-する) 退房 tuìfáng.
チェックイン(-する) 登记 dēngjì.
チェロ 大提琴 dàtíqín. **〜を弾く** 拉 lā 大提琴.
ちか【地下】 地下 dìxià. **〜室** 地下室 shì.
ちかい【誓い】 誓言 shìyán, 誓约 shìyuē.
ちかい【近い】 近 jìn; [距離・時間が]靠近 kàojìn, 接近 jiējìn; [関係が]密切 mìqiè.
ちがい【違い】 差别 chābié; 差异 chāyì.
ちがいない【違いない】 肯定 kěndìng, 一定 yīdìng.
ちかう【誓う】 发誓 fāshì, 宣誓 xuānshì, 起誓 qǐshì.
ちがう【違う】 不 bù, 不是 bùshì, 不对 duì; [同じでない]不同 bùtóng, 不一样 yīyàng; [誤る]错 cuò.
ちかごろ【近頃】 最近 zuìjìn, 近来 jìnlái.
ちかづく【近づく】 靠近 kàojìn, 挨近 āijìn; [人に]接近 jiējìn; [もうすぐ…になる]快(要) kuài(yào) ….
ちかてつ【地下鉄】 地铁 dìtiě.
ちかみち【近道】 近路 jìnlù; 捷径 jiéjìng.
ちから【力】 力量 lìliang; 能力 nénglì; [働き]作用 zuòyòng; [権力]权力 quánlì.
ちからいっぱい【力いっぱい】 竭尽全力 jiéjìn quánlì, 尽力 jìnlì.
ちからづよい【力強い】 有力 yǒulì; 矫健 jiǎojiàn.
ちきゅう【地球】 地球 dìqiú.
ちぎる【千切る】 撕碎 sīsuì; [ねじって]掐下 qiāxià, 摘取 zhāiqǔ; [引いて]揪掉 jiūdiào, 扯掉 chědiào.
チキン 鸡肉 jīròu.
ちく【地区】 地区 dìqū.

チケット 票 piào. **～を買う** 买 mǎi 票.
ちこく【遅刻】(‐する) 迟到 chídào.
ちじ【知事】 知事 zhīshì; [県の]县长 xiànzhǎng.
ちしき【知識】 知识 zhīshi.
ちじょう【地上】 地面 dìmiàn, 地上 dìshang. **～30メートル** 三十米 mǐ 高 gāo.
ちず【地図】 地图 dìtú. **～を見る** 看 kàn 地图.
ちせい【知性】 理智 lǐzhì; 才智 cáizhì.
ちたい【地帯】 地带 dìdài.
ちち【父】 → お父さん
ちち【乳】 奶 nǎi, 乳汁 rǔzhī.
ちぢむ【縮む】 缩 suō, 抽 chōu.
ちぢめる【縮める】 弄小 nòng xiǎo; 缩小 suōxiǎo.
ちつじょ【秩序】 秩序 zhìxù.
チップ [心付け]小费 xiǎofèi.
チップ [半導体]芯片 xīnpiàn.
ちてき【知的】 理性的 lǐxìng de; 理智 lǐzhì 的.
ちのう【知能】 智力 zhìlì, 智慧 zhìhuì.
ちへい【地平】 地平面dìpíngmiàn. **～線** 地平线xiàn.
チベット 西藏 Xīzàng.
ちほう【地方】 地方 dìfāng, 地区 dìqū; 外地 wàidì.
ちゃ【茶】 茶 chá; 茶叶 cháyè. **～を飲む** 喝 hē 茶.
チャーハン 炒饭 chǎofàn.
チャイム 铃 líng; [門の]门铃 ménlíng; [授業の]课铃 kèlíng. **～が鳴った** 门铃响了 xiǎng le.
ちゃいろ【茶色】 茶色 chásè, 棕色 zōngsè.
ちゃくじつ【着実】 踏实 tāshi, 踏踏实实(地) tātāshíshí(de); 稳健 wěnjiàn.
ちゃくりく【着陸】(‐する) 降落 jiàngluò, 着陆 zhuólù.
チャック 拉链 lāliàn, 拉锁 lāsuǒ.
ちゃのま【茶の間】 起居室 qǐjūshì; 餐室 cānshì.
チャリティー 慈善(事业) císhàn(shìyè). **～ショー** 义演 yìyǎn. **～バザー** 义卖 yìmài.
ちゃわん【茶わん】 碗 wǎn; [ご飯の]饭碗 fànwǎn; [茶のみ]茶杯 chábēi.
チャンス 机会 jīhuì, 时机 shíjī.
ちゃんと 正经 zhèngjing; 正(好) zhèng(hǎo); 完全 wánquán; [しっかり]好好儿(地) hǎohāor(de); [見苦しくない]像样 xiàngyàng.
チャンネル 频道 píndào. **～を変える** 换 huàn 频道.
チャンピオン 冠军 guànjūn; 优胜者 yōushèngzhě.
ちゅうい【注意】(‐する) 小心 xiǎoxīn, 留神 liúshén, 注意 zhùyì; 当心 dāngxīn; [用心]警惕 jǐngtì. **～深い** 谨慎 jǐnshèn, 小心翼翼 yì yì.
ちゅうおう【中央】 中央 zhōngyāng; 中心 zhōngxīn; 中间 zhōngjiān.
ちゅうか【中華】 中华 Zhōnghuá, 中国 Zhōngguó. **～料理** 中国菜 cài; 中餐 zhōngcān.
ちゅうがくせい【中学生】 (初)中学生 (chū)zhōngxuéshēng, 初中生 chūzhōngshēng.
ちゅうがっこう【中学校】 初中 chūzhōng, 初级中学 chūjí zhōngxué.
ちゅうかん【中間】 中间 zhōngjiān.
ちゅうこ【中古】 二手 èrshǒu.
ちゅうこく【忠告】(‐する) 忠告 zhōnggào.
ちゅうごく【中国】 中国 Zhōngguó; 中华人民共和国 Zhōnghuá rénmín gònghéguó. **～語** 汉语 Hànyǔ. **～人** 中国人 rén.
ちゅうし【中止】(‐する) 停止 tíngzhǐ, 中止 zhōngzhǐ.
ちゅうじつ【忠実】 忠实 zhōngshí; 忠诚 zhōngchéng.
ちゅうしゃ【注射】(‐する) 注射 zhùshè, 打针 dǎzhēn.
ちゅうしゃ【駐車】(‐する) 停车 tíngchē. **～場** 停车场 chǎng.
ちゅうじゅん【中旬】 中旬 zhōngxún.
ちゅうしょう【抽象】 抽象 chōuxiàng.
ちゅうしょく【昼食】 午饭 wǔfàn, 午餐 wǔcān. **～会** 午餐会 huì.
ちゅうしん【中心】 中心 zhōngxīn; 焦点 jiāodiǎn.
ちゅうせい【中世】 中世纪 zhōngshìjì, 中世 zhōngshì.
ちゅうちょ【躊躇】(‐する) 犹豫 yóuyù, 迟疑 chíyí, 踌躇 chóuchú.
ちゅうと【中途】 半路 bànlù; 中途 zhōngtú.
ちゅうどく【中毒】(‐する) 中毒 zhòngdú; [やみつき]上瘾 shàngyǐn.
ちゅうねん【中年】 中年 zhōngnián.
チューブ 管 guǎn; 筒 tǒng; [タイヤの]内胎 nèitāi.
ちゅうもく【注目】(‐する) 注目 zhùmù; 注视 zhùshì.
ちゅうもん【注文】(‐する) 订 dìng; [商品]订货 dìnghuò; [料理]点菜 diǎncài. **～服** 订做 zuò 的衣裳 yīshang.
ちょう【兆】 万亿 wànyì.
ちょう【腸】 肠 cháng.
チョウ【蝶】 蝴蝶 húdié.
ちょうかく【聴覚】 听觉 tīngjué.
ちょうかん【朝刊】 晨报 chénbào, 朝刊 zhāokān; 日报 rìbào.
ちょうきょり【長距離】 长途 chángtú; [射程で]远程 yuǎnchéng; [陸上で]长跑 chángpǎo.
ちょうこく【彫刻】(‐する) 雕刻 diāokè.
ちょうさ【調査】(‐する) 查 chá, 调查 diàochá.
ちょうし【調子】 调 diào, 音调 yīndiào; [口調]腔调 qiāngdiào; [状態]状态 zhuàngtài, 情况 qíngkuàng. **～はずれ** 走调 zǒudiào.
ちょうしゅう【聴衆】 听众 tīngzhòng.
ちょうしょ【長所】 长处 chángchu, 好处 hǎochu.
ちょうじょ【長女】 大女儿 dànǚ'ér.
ちょうじょう【頂上】 顶峰 dǐngfēng, 山顶 shāndǐng; [物事の]顶点 dǐngdiǎn, 极点 jídiǎn.
ちょうしょく【朝食】 早饭 zǎofàn, 早餐 zǎocān.
ちょうせい【調整】(‐する) 调整 tiáozhěng; 调节 tiáojié.
ちょうせつ【調節】(‐する) 调节 tiáojié; 调整 tiáozhěng.
ちょうせん【挑戦】(‐する) 挑战 tiǎozhàn.
ちょうだい【頂戴】(‐する) 领受 lǐngshòu, 收到 shōudào.
ちょうちん【提灯】 灯笼 dēnglong.
ちょうてん【頂点】 顶点 dǐngdiǎn, 极点 jídiǎn, 顶峰 dǐngfēng.
ちょうど【丁度】 正 zhèng; 恰好 qiàhǎo, 恰巧 qiàqiǎo, 正好 zhènghǎo. **～今** 刚 gāng, 刚好 gānghǎo.
ちょうなん【長男】 大儿子 dà'érzi, 长子 zhǎngzǐ.
ちょうほうけい【長方形】 长方形 chángfāngxíng, 矩形 jǔxíng.
ちょうみりょう【調味料】 调料 tiáoliào, 佐料 zuǒliào.
ちょうり【調理】(‐する) 做菜 zuòcài, 烹调 pēngtiáo.
ちょうわ【調和】(‐する) 和谐 héxié, 搭配 dāpèi, 协调 xiétiáo.
チョーク 粉笔 fěnbǐ.
ちょきん【貯金】(‐する) 积蓄 jīxù; [金融機関に]存款 cúnkuǎn, 储蓄 chǔxù.
ちょくせつ【直接】 直接 zhíjiē.
ちょくせん【直線】 直线 zhíxiàn.
チョコレート 巧克力 qiǎokèlì.
ちょさくけん【著作権】 版权 bǎnquán, 著作权 zhùzuòquán.
ちょしゃ【著者】 作者 zuòzhě, 著者 zhùzhě.
ちょっかく【直角】 直角 zhíjiǎo.
チョッキ 背心 bèixīn, 坎肩 kǎnjiān.
ちょっけい【直径】 直径 zhíjìng.
ちょっと 一点 yīdiǎn; 一下 yīxià; 稍微 shāowēi, 一些 yīxiē; 有点儿 yǒudiǎnr.
ちらす【散らす】 撒 sǎ, 散布 sànbù.

ちり【塵】 尘土 chéntǔ, 尘埃 chén'āi; 灰尘 huīchéng.
ちり【地理】 地理 dìlǐ.
ちりょう【治療】(-する) 医治 yīzhì, 治疗 zhìliáo.
ちる【散る】 分散 fēnsàn; 离散 lísàn; [花や葉が]凋谢 diāoxiè, 落 luò.
ちんぎん【賃金】 工资 gōngzī; 薪水 xīnshui; 报酬 bàochou. **〜をもらう** 领 lǐng 工资.
ちんもく【沈黙】(-する) 沉默 chénmò.
ちんれつ【陳列】(-する) 陈列 chénliè.

つ

ついか【追加】(-する) 追加 zhuījiā, 添补 tiānbǔ.
ついきゅう【追求】(-する) 寻求 xúnqiú; 追求 zhuīqiú.
ついしん【追伸】 又及 yòují.
ついで【序】 顺便 shùnbiàn. **…する〜に** 顺手 shùnshǒu.
ついに【遂に】 终于 zhōngyú, 到底 dàodǐ.
ツインルーム 双人房(间) shuāngrénfáng(jiān).
つうか【通貨】 货币 huòbì. **〜が下がる** 货币贬值 biǎnzhí.
つうがく【通学】(-する) 走读 zǒudú; 上学 shàngxué.
つうきん【通勤】(-する) 上下班 shàngxiàbān.
つうこう【通行】(-する) 通行 tōngxíng; [行き来する]往来 wǎnglái. **〜人** 行人 xíngrén.
つうじる【通じる】 通 tōng, 打通 dǎtōng; 相通 xiāngtōng; [知識がある]通晓 tōngxiǎo.
つうしん【通信】(-する) 通讯 tōngxùn, 通信 tōngxìn.
つうちひょう【通知表】 成绩册 chéngjìcè, 学生手册 xuésheng shǒucè.
つうやく【通訳】(-する) 口译 kǒuyì, 翻译 fānyì; [人]译员 yìyuán.
つうよう【通用】(-する) 有效 yǒuxiào; 通用 tōngyòng.
つうろ【通路】 通道 tōngdào; 通行路 tóngxínglù.
つえ【杖】 拐杖 guǎizhàng, 手杖 shǒuzhàng.
つかう【使う】 用 yòng, 使用 shǐyòng; 利用 lìyòng.
つかえる【支える】 堵塞 dǔsè, 堵住 dǔzhù.
つかえる【使える】 有用 yǒuyòng, 能用 néngyòng.
つかまえる【捕まえる】 [つかむ]抓住 zhuāzhù; [捕らえる]捕捉 bǔzhuō.
つかむ【摑む】 抓 zhuā; 掌握 zhǎngwò.
つかる【浸かる・漬かる】 泡 pào; 淹 yān.
つかれる【疲れる】 累 lèi, 疲倦 píjuàn, 疲劳 píláo.
つき【月】 月亮 yuèliang; [暦の]月(份) yuè(fèn).
つぎ【次】 下面 xiàmian; 下次 xiàcì, 下一个 xià yī ge, 下回 xiàhuí.
つきあう【付き合う】 交往 jiāowǎng, 来往 láiwǎng.
つきそう【付き添う】 陪伴 péibàn; [看護で]护理 hùlǐ.
つぎつぎ【次々】 接二连三 jiē èr lián sān, 接踵而来 jiē zhǒng ér lái.
つきひ【月日】 岁月 suìyuè.
つきる【尽きる】 尽 jìn; 没有了 méiyǒu le; 到头 dàotóu.
つく【付く】 [付着]附上 fùshàng; [つきそう]跟着 gēnzhe …; [もっている]带 dài; [印が]留下 liúxià.
つく【突く】 刺 cì, 扎 zhā; 戳 chuō; 撞 zhuàng.
つく【就く】 [任務に]当 dāng; [仕事に]从事 cóngshì; [先生に]师事 shīshì.
つく【着く】 到 dào, 到达 dàodá, 抵达 dǐdá.
つぐ【注ぐ】 倒 dào; 斟 zhēn.
つくえ【机】 桌子 zhuōzi.
つくす【尽くす】 竭力 jiélì, 尽力 jìnlì; [すっかり]尽 jìn, 光 guāng.
つぐなう【償う】 赔偿 péicháng; 补偿 bǔcháng; [罪を]赎罪 shúzuì.
つくりだす【作り出す】 做出 zuòchū; [創作]创造 chuàngzào; [製造]制造 zhìzào.
つくる【作る・造る】 做 zuò, 作 zuò; 造 zào; [建築]修建 xiūjiàn.
つけくわえる【付け加える】 附加 fùjiā; 补充 bǔchōng.
つける【点ける】 点(火) diǎn(huǒ); 打开 dǎkāi.
つける【浸ける・漬ける】 浸 jìn; 泡 pào; 腌 yān.
つげる【告げる】 告诉 gàosu, 告 gào; 报告 bàogào.
つごう【都合】 安排 ānpái; 情况 qíngkuàng.
つたえる【伝える】 告诉 gàosu, 转告 zhuǎngào; [伝導]传导 chuándǎo; [伝道]传道 chuándào. ➡ 告げる
つたわる【伝わる】 传 chuán.
つち【土】 土 tǔ; [地面]地 dì.
つつ【筒】 筒 tǒng.
つづき【続き】 继续 jìxù.
つつく 推 tuī, 捅 tǒng; [嘴で]啄 zhuī; [細いもので]戳 chuō; [細いものでちょっと]点 diǎn.
つづく【続く】 连接 liánjiē; 跟上 gēnshàng; 继续 jìxù; 次于 cìyú.
つづける【続ける】 继续 jìxù. **話し〜** 讲下去 jiǎngxiàqu.
つっこむ【突っ込む】 [差しこむ]插入 chārù; [突進する]冲进 chōngjìn; [はめる]塞进 sāijìn.
つつしむ【慎む】 慎重 shènzhòng; 节制 jiézhì; 斋戒 zhāijiè.
つつむ【包む】 包装 bāozhuāng, 包上 bāoshàng.
つとめ【勤め・務め】 [勤め]工作 gōngzuò; [務め]任务 rènwu; 本分 běnfèn.
つとめる【勤める・務める】 工作 gōngzuò, 做事 zuòshì; 担任 dānrèn, 当 dāng, 做 zuò.
つな【綱】 绳索 shéngsuǒ, 绳子 shéngzi. **〜を引く** 拉 lā 绳子.
つながる 连接 liánjiē; 系(在) jì(zài) ….
つなぐ【繫ぐ】 系 jì; 拴 shuān; 串起 chuànqǐ; 接合 jiēhé.
つねに【常に】 经常 jīngcháng; 总是 zǒngshì; 不断 bùduàn.
つねる 掐 qiā; [ねじって]拧 níng.
つの【角】 犄角 jījiao, 角 jiǎo. **〜がはえる** 长 zhǎng 角.
つば【唾】 唾沫 tuòmo, 口水 kǒushuǐ. **〜を吐く** 吐 tǔ 唾沫.
つばさ【翼】 翅膀 chìbǎng; [飛行機の]机翼 jīyì.
ツバメ 燕子 yànzi.
つぶ【粒】 颗 kē; 珠 zhū; [穀物の]粒 lì.
つぶす【潰す】 弄碎 nòngsuì, 压碎 yāsuì; 弄坏 nònghuài; [時間を]消磨 xiāomó.
つぶやく【呟く】 唧咕 jīgu; 唠叨 láodao.
つぼ【壺】 坛 tán, 罐 guàn; [鍼灸の]穴位 xuéwèi.
つぼみ【蕾・莟】 骨朵儿 gūduor, 花蕾 huālěi. **〜がつく** 长 zhǎng 骨朵儿.
つま【妻】 妻子 qīzi.
つまずく 绊倒 bàndǎo, 跌交 diējiāo.
つまむ【摘む】 捏 niē; 夹 jiā.
つまらない 没意思 méi yìsi, 没趣 méiqù, 无聊 wúliáo.
つまり 究竟 jiūjìng; 总之 zǒngzhī; [すなわち]也就是说 yě jiùshì shuō.
つまる【詰まる】 堵塞 dǔsè; 塞满 sāimǎn.
つみ【罪】 罪 zuì; 罪过 zuìguò. **〜をおかす** 犯 fàn 罪.
つみかさねる【積み重ねる】 堆积 duījī; [事を]积累 jīlěi.
つむ【摘む】 采 cǎi; 摘 zhāi.
つむ【積む】 堆 duī, 摞 luò; 装载 zhuāngzài.
つめ【爪】 [手の]指甲 zhǐjia; [足の]趾甲 zhǐjiǎ; [かぎ]钩

子 gōuzi; [動物の]爪 zhǎo. 〜を切る 剪 jiǎn 指甲.
つめたい【冷たい】 凉 liáng, 冷 lěng, 冰冷 bīnglěng.
つめる【詰める】 装进 zhuāngjìn; 塞满 sāimǎn; [すきまに]填塞 tiánsāi; [間隔を]挨近 āijìn, 挤紧 jǐjǐn.
つもり【積もり】 打算 dǎsuan; 估计 gūjì.
つもる【積もる】 堆积 duījī; 累积 lěijī.
つゆ【露】 露(水) lù(shuǐ). 〜が降りる 下 xià 露水.
つゆ【梅雨】 梅雨 méiyǔ; 黄梅天 huángméitiān. 〜に入る 进入梅雨期 jìnrù méiyǔqī.
つよい【強い】 强 qiáng, 棒 bàng, 有劲儿 yǒujìnr; [じょうぶ]结实 jiēshi; 坚强 jiānqiáng; [程度が]激烈 jīliè.
つらい【辛い】 辛苦 xīnkǔ, 艰苦 jiānkǔ; 难过 nánguò; 痛苦 tòngkǔ.
つり【釣り】 [魚つり]钓鱼 diàoyú; [おつり]找钱 zhǎoqián.
つりあう【釣り合う】 相称 xiāngchèn, 调和 tiáohe; [平衡]平衡 pínghéng.
つる【蔓】 蔓 wàn; [眼鏡の]眼镜腿(儿) yǎnjìngtuǐ(r). 〜が這う 爬 pá 蔓.
つる【釣る】 钓 diào; [誘う]勾引 gōuyǐn.
ツル【鶴】 鹤 hè, 仙鹤 xiānhè.
つるす【吊す】 吊 diào; 挂 guà; 悬 xuán.
つれ【連れ】 伙伴 huǒbàn, 同伴 tóngbàn.
つれる【連れる】 领 lǐng, 带 dài.

て

て【手】 手 shǒu; [腕]胳膊 gēbo. 〜を振る 挥 huī 手.
であう【出会う】 碰见 pèngjian, 遇见 yùjian; 遇上 yùshang, 碰上 pèngshang.
てあし【手足】 手脚 shǒujiǎo.
ていあん【提案】(-する) 建议 jiànyì, 提议 tíyì.
ティーシャツ T恤衫 T-xùshān.
ていか【低下】(-する) 降低 jiàngdī, 下降 xiàjiàng.
ていか【定価】 定价 dìngjià. 〜通りに売る 按 àn 定价出售 chūshòu.
ていき【定期】 定期 dìngqī; [定期券]月票 yuèpiào.
ていぎ【定義】(-する) 定义 dìngyì.
ていきょう【提供】(-する) 提供 tígōng, 供给 gōngjǐ.
ていこう【抵抗】(-する) 抵抗 dǐkàng; [電気の]电阻 diànzǔ; [物理的]阻力 zǔlì.
ていし【停止】(-する) 停止 tíngzhǐ.
ていしゅつ【提出】(-する) 提出 tíchū, 提交 tíjiāo.
ていしょく【定食】 份儿饭 fènrfàn, 套餐 tàocān.
ていせい【訂正】(-する) 修订 xiūdìng; 更正 gēngzhèng.
ティッシュペーパー 纸巾 zhǐjīn; 化妆纸 huàzhuāngzhǐ, 卫生纸 wèishēngzhǐ.
ていど【程度】 程度 chéngdù; 水平 shuǐpíng.
ディナー 正餐 zhèngcān; 晚餐 wǎncān.
ていねい【丁寧】 恳切 kěnqiè, 有礼貌 yǒu lǐmào.
ていねん【停年】 退休 tuìxiū.
でいり【出入り】 出入 chūrù.
ていれ【手入れ】 维修 wéixiū, 修整 xiūzhěng.
データ 资料 zīliào; 数据 shùjù. 〜ベース 数据库 kù.
デート 约会 yuēhuì.
テープ 磁带 cídài; 纸带 zhǐdài; 胶带 jiāodài.
テーブル 桌子 zhuōzi, 台子 táizi; 饭桌 fànzhuō. 〜クロス 桌布 zhuōbù.
テーマ 主题 zhǔtí; 题目 tímù, 标题 biāotí.
でかける【出掛ける】 出门 chūmén, 出去 chūqu.
てがみ【手紙】 信 xìn, 书信 shūxìn. 〜を書く 写 xiě 信.
てき【敵】 敌 dí, 敌人 dírén, 对头 duìtou.
できあがる【出来上がる】 做完 zuòwán, 完成 wánchéng.
てきおう【適応】(-する) 适应 shìyìng.
できごと【出来事】 事情 shìqing, 事件 shìjiàn.
テキスト 课本 kèběn, 教材 jiàocái.
てきとう【適当】 适当 shìdàng, 适合 shìhé, 恰当 qiàdàng; [いいかげん]随便 suíbiàn.
てきよう【適用】(-する) 适用 shìyòng.
できる【出来る】 会 huì; 能 néng; [出来上がる]做好 zuòhǎo, 搞完 gǎowán.
でぐち【出口】 出口 chūkǒu.
てくび【手首】 手腕(子) shǒuwàn(zi).
でこぼこ【凸凹】(-する) 凹凸不平 āotū bù píng; [不ぞろい]不平均 píngjūn.
デザート 甜点 tiándiǎn, 餐后点心 cānhòu diǎnxin. 〜は何を食べる 你想吃什么 nǐ xiǎng chī shénme 甜点?
デザイン(-する) 设计 shèjì.
デジタル 数字(的) shùzì(de), 数码 shùmǎ (的). 〜カメラ 数码相机 xiàngjī.
てすうりょう【手数料】 手续费 shǒuxùfèi.
テスト(-する) 测验 cèyàn, 考试 kǎoshì, 测试 cèshì. 〜を受ける 接受 jiēshòu 测验.
てちょう【手帳】 笔记本 bǐjìběn.
てつ【鉄】 铁 tiě, 钢铁 gāngtiě.
てつがく【哲学】 哲学 zhéxué. 〜者 哲学家 jiā.
てづくり【手作り】 手制 shǒuzhì, 自己做 zìjǐ zuò.
てつだう【手伝う】 帮忙 bāngmáng, 帮助 bāngzhù.
てってい【徹底】 彻底 chèdǐ, 贯彻 guànchè.
てつどう【鉄道】 铁路 tiělù, 铁道 tiědào. 〜を建設する 建设 jiànshè 铁路.
てっぱい【撤廃】(-する) 取消 qǔxiāo, 撤销 chèxiāo.
てっぺん【天辺】 顶 dǐng; 顶峰 dǐngfēng.
てつぼう【鉄棒】 铁棍 tiěgùn; [体操の]单杠 dāngàng.
てっぽう【鉄砲】 枪 qiāng, 枪杆子 qiānggǎnzi.
てつや【徹夜】(-する) 彻夜 chèyè, 通宵 tōngxiāo; 开夜车 kāi yèchē.
テニス 网球 wǎngqiú.
てにもつ【手荷物】 随身行李 suíshēn xíngli.
てぬぐい【手拭い】 (布)手巾 (bù)shǒujīn, 毛巾 máojīn.
てのひら【掌】 (手)掌 (shǒu)zhǎng.
では 那么 nàme, 如果那样 rúguǒ nàyàng; 好吧 hǎo ba.
デパート 百货公司 bǎihuò gōngsī, 百货商店 shāngdiàn.
てばなす【手放す】 放下 fàngxià; [売却]卖掉 màidiào.
てぶくろ【手袋】 手套 shǒutào.
てま【手間】 工夫 gōngfu.
ても 即使 jíshǐ …也 yě; 虽然 suīrán …可是 kěshì.
デモ 示威(运动) shìwēi(yùndòng); [デモ隊]游行(队伍) yóuxíng (duìwu).
てら【寺】 寺庙 sìmiào, 寺院 sìyuàn, 庙 miào.
てらす【照らす】 照 zhào; [光が]照耀 zhàoyào.
てりつける【照りつける】 晒 shài.
てる【照る】 照耀 zhàoyào.
でる【出る】 出门 chūmén, 出去 chūqu, 出来 chūlai; [現れる]出现 chūxiàn; [超過する]超过 chāoguò.
テレビ 电视(机) diànshì(jī). 〜を視る 看 kàn 电视.
テロ 恐怖活动 kǒngbù huódòng; 恐怖主义 zhǔyì. 〜リスト 恐怖分子 fènzǐ.
てん【天】 天 tiān, 天空 tiānkōng.
てん【点】 [ドット]点 diǎn; [点数]分 fēn.
てんいん【店員】 售货员 shòuhuòyuán, 店员 diànyuán; 服务员 fúwùyuán.
てんき【天気】 天气 tiānqì; [晴れ]晴天 qíngtiān. 〜予報 天气预报 yùbào. 〜が悪い 天气不好 bù hǎo.

でんき【伝記】 传记 zhuànjì.
でんき【電気】 电 diàn, 电气 diànqì.
でんきゅう【電球】 灯泡 dēngpào.
てんきん【転勤】(-する) 调动工作 diàodòng gōngzuò.
てんけい【典型】(-的な) 典型 diǎnxíng.
てんけん【点検】(-する) 检查 jiǎnchá.
てんこう【転校】(-する) 转校 zhuǎnxiào, 转学 zhuǎnxué.
てんこう【天候】 天气 tiānqì.
てんごく【天国】 天堂 tiāntáng; 乐园 lèyuán.
でんごん【伝言】(-する) 留言 liúyán; 口信 kǒuxìn.
てんさい【天才】 天才 tiāncái.
てんし【天使】 天使 tiānshǐ.
てんじ【展示】(-する) 展示 zhǎnshì.
でんし【電子】 电子diànzǐ. **〜メール** 电子邮件yóujiàn. **〜レンジ** 微波炉 wēibōlú.
でんしゃ【電車】 电车 diànchē. **〜に乗る** 坐 zuò 电车.
てんじょう【天井】 顶棚 dǐngpéng; 天花板 tiānhuābǎn.
てんすう【点数】 件数 jiànshù; [得点]分数 fēnshù, 得分 défēn.
でんせつ【伝説】 传说 chuánshuō.
でんせん【電線】 电线 diànxiàn; 电缆 diànlǎn.
でんたく【電卓】 计算器 jìsuànqì.
てんち【天地】 天壤 tiānrǎng, 天地 tiāndì.
でんち【電池】 电池 diànchí. **〜を取り替える** 换 huàn 电池.
テント 帐篷 zhàngpeng. **〜を張る** 搭 dā 帐篷.
でんとう【伝統】 传统 chuántǒng.
でんとう【電灯】 电灯 diàndēng. **〜をつける** 开 kāi 电灯.
てんねん【天然】 自然 zìrán; 天然 tiānrán.
でんぽう【電報】 电报 diànbào. **〜を打つ** 打电 dǎ diàn, 打电报.
てんらんかい【展覧会】 展览会 zhǎnlǎnhuì.
でんわ【電話】 电话 diànhuà. **〜をかける** 打 dǎ 电话. **〜番号** 电话号码 hàomǎ.

と

と【戸】 门 mén, 门户 ménhù.
ドア 门 mén, 门扇 ménshàn. **〜を開ける** 开 kāi 门.
とい【問い】 [設問]问题 wèntí; [問いを出す]提问 tíwèn.
ドイツ 德国 Déguó.
トイレ 厕所 cèsuǒ, 洗手间 xǐshǒujiān, 卫生间 wèishēngjiān. **〜に行く** 上 shàng 洗手间.
トイレットペーパー 手纸 shǒuzhǐ; 卫生纸 wèishēngzhǐ.
とう【党】 政党 zhèngdǎng; 同伙 tónghuǒ.
とう【問う】 询问 xúnwèn; 打听 dǎting; 追究 zhuījiū.
とう【塔】 塔 tǎ.
どう【胴】 躯干 qūgàn; [物の]腰部 yāobù, 中间部分 zhōngjiān bùfen; [楽器の]共鸣箱 gòngmíngxiāng.
どう【銅】 铜 tóng.
どう 怎么 zěnme, 如何 rúhé, 怎(么)样 zěn(me)yàng.
どうい【同意】(-する) 同意 tóngyì, 赞成 zànchéng.
とういつ【統一】(-する) 统一 tǒngyī.
とうき【陶器】 陶瓷 táocí.
とうき【投機】(-する) 投机 tóujī.
とうぎ【討議】(-する) 讨论 tǎolùn.
どうき【動機】 动机 dòngjī.
どうきゅう【同級】 同班 tóngbān; 同级 tóngjí. **〜生** 同班同学 tóngxué.
どうぐ【道具】 工具 gōngjù; [舞台の]道具 dàojù.
とうけい【統計】(-する) 统计 tǒngjì.
とうこう【登校】(-する) 上学 shàngxué; 到校 dàoxiào.
どうさ【動作】 动作 dòngzuò, 举动 jǔdòng. **〜が鈍い** 动作迟缓 chíhuǎn.
とうさん【倒産】(-する) 倒闭 dǎobì; 破产 pòchǎn.
とうし【投資】(-する) 投资 tóuzī.
とうし【闘志】 斗志 dòuzhì.
とうじ【当時】 当时 dāngshí, 那时(候) nàshí(hou).
どうし【同士】 伙伴 huǒbàn, 同伙儿 tónghuǒr.
どうし【動詞】 动词 dòngcí.
どうじ【同時】 同时 tóngshí.
どうして 为什么 wèi shénme, 怎么 zěnme; 如何 rúhé.
どうしても 怎么也 zěnme yě, 无论如何 wúlùn rúhé.
とうじょう【登場】(-する) 上场 shàngchǎng, 登场 dēngchǎng, 出台 chūtái; 出现 chūxiàn.
どうじょう【同情】(-する) 同情 tóngqíng.
とうぜん【当然】 当然 dāngrán; 应该 yīnggāi.
どうぞ 请 qǐng; 行 xíng.
とうそう【闘争】(-する) 斗争 dòuzhēng.
とうだい【灯台】 灯塔 dēngtǎ.
とうちゃく【到着】(-する) 到 dào, 到达 dàodá, 抵达 dǐdá. → 着く
とうとい【貴い】 高贵 gāoguì; 珍贵 zhēnguì.
とうとう 终于 zhōngyú, 结局 jiéjú, 到底 dàodǐ.
どうどう【堂々】 威风凛凛 wēi fēng lǐn lǐn; 堂堂正正 táng táng zhèng zhèng.
どうとく【道徳】 道德 dàodé.
とうなん【盗難】 盗窃 dàoqiè. **〜にあう** 失盗 shīdào; 被盗 bèidào.
どうにゅう【導入】(-する) 引进 yǐnjìn.
とうばん【当番】 值班 zhíbān, 值勤 zhíqín; [学校で]值日(生) zhírì(shēng).
とうひょう【投票】(-する) 投票 tóupiào.
とうふ【豆腐】 豆腐 dòufu.
どうぶつ【動物】 动物 dòngwù.
どうぶつえん【動物園】 动物园 dòngwùyuán.
どうみゃく【動脈】 动脉 dòngmài.
とうめい【透明】 透明 tòumíng; 清澈 qīngchè.
トウモロコシ 玉米 yùmǐ.
とうよう【東洋】 亚洲 Yàzhōu; 东方 Dōngfāng.
どうり【道理】 情理 qínglǐ; [わけ]道理 dàoli.
どうろ【道路】 路 lù, 公路 gōnglù, 道路 dàolù. **〜を横切る** 穿过 chuānguò 道路.
とうろく【登録】(-する) 注册 zhùcè.
とうろん【討論】(-する) 讨论 tǎolùn.
どうわ【童話】 童话 tónghuà; [物語]故事 gùshi.
とおい【遠い】 远 yuǎn; [時間が]久 jiǔ.
とおざかる【遠ざかる】 远离 yuǎnlí; 疏远 shūyuǎn.
とおす【通す】 穿过 chuānguò, 贯通 guàntōng; [水や光を]透过 tòuguò.
トースト 烤面包 kǎomiànbāo, 吐司 tǔsī.
トータル 总计 zǒngjì, 总共 zǒnggòng.
ドーナツ 面包圈 miànbāoquān, 油炸面圈 yóuzhá miànquān, 甜面圈 tiánmiànquān.
とおり【通り】 大街 dàjiē, 马路 mǎlù.
とおる【通る】 通过 tōngguò, 经过 jīngguò; [開通]开通 kāitōng.
とかい【都会】 城市 chéngshì, 都市 dūshì.
とかす【溶かす】 化 huà, 溶化 rónghuà; 融化 rónghuà.
とがる【尖る】 尖 jiān.
とき【時】 时光 shíguāng, 时间 shíjiān; 时刻 shíkè.
ときどき【時々】 有时 yǒushí; 偶尔 ǒu'ěr; 时时 shíshí.
どきどき 紧张 jǐnzhāng, 不安 bù'ān.
とく【得】 便宜 piányi; 利益 lìyì; 上算 shàngsuàn. **〜をする** 占 zhàn 便宜.
とく【解く】 解开 jiěkāi; 拆开 chāikāi; [問題を]解答 jiě-

dá; [謎を]揭开 jiēkāi.
どく【毒】 毒 dú. **〜を盛る** 下 xià 毒.
とくい【得意】 满意 mǎnyì; 得意 déyì; [すぐれている]擅长 shàncháng, 拿手 náshǒu.
とくぎ【特技】 拿手的技术 náshǒu de jìshù; 本领 běnlǐng.
どくしゃ【読者】 读者 dúzhě.
とくしゅ【特殊】 特殊 tèshū, 特别 tèbié.
どくしょ【読書】(-する) 看书 kàn shū, 读 dú 书.
とくしょく【特色】 特点 tèdiǎn, 特色 tèsè.
どくしん【独身】 单身 dānshēn, 独身 dúshēn.
どくせん【独占】(-する) 独占 dúzhàn; [経済用語]垄断 lǒngduàn.
どくそうせい【独創性】 独创性 dúchuàngxìng.
とくちょう【特徴】 特征 tèzhēng, 特点 tèdiǎn.
とくてん【得点】 得分 défēn, 比分 bǐfēn.
どくとく【独特】 特有 tèyǒu, 独特 dútè.
とくに【特に】 特别 tèbié; 特地 tèdì.
とくべつ【特別】 特别 tèbié; 特殊 tèshū.
どくりつ【独立】(-する) 独立 dúlì.
とけい【時計】 钟表 zhōngbiǎo; [携帯の]手表 shǒubiǎo; 表 biǎo; [置き時計など]钟 zhōng.
どこ 哪儿 nǎr, 哪里 nǎli, 什么地方 shénme dìfang.
とこや【床屋】 理发店 lǐfàdiàn.
ところ【所】 地方 dìfang; 部分 bùfen.
ところどころ【所々】 有些地方 yǒuxiē dìfang.
とざん【登山】(-する) 登山 dēngshān, 爬山 páshān.
とし【年】 年 nián, 岁 suì; [年月]岁月 suìyuè, 年代 niándài; [年齢]岁数 suìshu, 年龄 niánlíng.
とし【都市】 城市 chéngshì, 都市 dūshì.
としょ【図書】 书籍 shūjí, 图书 túshū.
としょかん【図書館】 图书馆 túshūguǎn.
としより【年寄】 老头儿 lǎotóur; 老人 lǎorén, 老年人 lǎoniánrén.
とじる【閉じる】 关闭 guānbì, 关 guān, 闭 bì; 盖 gài.
とだな【戸棚】 橱 chú, 柜 guì, 橱柜 chúguì.
とたん【途端】 刚 gāng …时 shí, 一 yī …就 jiù ….
とち【土地】 土地 tǔdì, 当地 dāngdì. → **土, 地面**
とちゅう【途中】 路上 lùshang; 中途 zhōngtú. **私が登校する〜** 我在上学 shàngxué 路上.
どちら 哪儿 nǎr; 哪个 nǎge; 哪位 nǎwèi.
とっきゅう【特急】 特快 tèkuài.
とっきょ【特許】 专利 zhuānlì; 特许 tèxǔ.
とっくに 早就 zǎojiù, 老早 lǎozǎo.
とっさに 瞬间 shùnjiān.
ドッジボール 躲避球 duǒbìqiú.
どっしり 沉重 chénzhòng; 庄重 zhuāngzhòng.
とつぜん【突然】 突然 tūrán, 忽然 hūrán.
どっち 哪个 nǎge; 哪边 nǎbiān.
どっと 一齐 yīqí; 一下子 yīxiàzi. **〜押しかける** 一下子拥来 yōnglái.
ドット 点 diǎn, 小点 xiǎodiǎn.
どて【土手】 堤坝 dībà.
とても 非常 fēicháng, 很 hěn, 挺 tǐng; [どうしても]怎么也 zěnme yě. **〜無理だ** 怎么也不可能 bù kěnéng.
とどく【届く】 到 dào, 收到 shōudào, 达到 dádào.
とどける【届ける】 送到 sòngdào, 送去 sòngqu, 运到 yùndào.
ととのう【整う】 完整 wánzhěng, 整齐 zhěngqí.
ととのえる【整える】 备齐 bèiqí, 整理 zhěnglǐ.
とどまる【止まる・留まる】 停 tíng, 留 liú.
どなた 谁 shéi·shuí, 哪位 nǎwèi.
となり【隣】 旁边 pángbiān; [隣り近所]邻居 línjū.
どなる【怒鳴る】 (大声)喊叫 (dàshēng) hǎnjiào; 大声斥责 chìzé.
とにかく 无论如何 wúlùn rúhé, 不管怎样 bùguǎn zěnyàng.
どの 哪 nǎ, 哪个 nǎge.
どのくらい 多少 duōshao.
とばす【飛ばす】 放 fàng; [乗り物を]奔驰 bēnchí.
とびあがる【跳び上がる】 跳起来 tiàoqǐlai.
とびかかる【飛びかかる】 扑 pū; 猛扑过去 měngpūguòqu.
とびこむ【飛び込む】 投入 tóurù; 跳进去 tiàojìnqu.
とびだす【飛び出す】 跳出 tiàochū; [突き出る]冒出 màochū, 突出 tūchū.
とびたつ【飛び立つ】 起飞 qǐfēi, 飞走 fēizǒu.
とびまわる【飛び回る】 飞来飞去 fēilái fēiqù; [奔走する]东奔西走 dōng bēn xī zǒu.
とびら【扉】 门扇 ménshàn, 门 mén. **〜を閉める** 关 guān 门.
とぶ【飛ぶ】 飞 fēi, 飞翔 fēixiáng.
とぶ【跳ぶ】 跳 tiào, 蹦 bèng.
どぶ【溝】 沟 gōu, 水沟 shuǐgōu.
とほ【徒歩】 步行 bùxíng, 徒步 túbù.
トマト 西红柿 xīhóngshì, 番茄 fānqié.
とまる【止まる・留まる】 停止 tíngzhǐ, 停留 tíngliú.
とまる【泊まる】 住 zhù, 投宿 tóusù, 住宿 zhùsù.
とみ【富】 财富 cáifù.
とむ【富む】 丰富 fēngfù, 富有 fùyǒu.
とめる【止める】 停 tíng, 止 zhǐ, 停止 tíngzhǐ.
とめる【泊める】 留(人)住宿 liú(rén)zhùsù, 住 zhù.
とめる【留める】 [固定する]固定 gùdìng.
ともだち【友達】 朋友 péngyou, 友人 yǒurén.
どようび【土曜日】 星期六 xīngqīliù, 礼拜六 lǐbàiliù.
トラ【虎】 老虎 lǎohǔ, 虎 hǔ.
ドライクリーニング 干洗 gānxǐ.
ドライブ 兜风 dōufēng; [球技で]旋转球 xuánzhuǎnqiú. **〜に出かける** 出去 chūqu 兜风.
ドライヤー 吹风机 chuīfēngjī. **〜で髪を乾かす** 用 yòng 吹风机吹干头发 chuīgān tóufa.
とらえる【捕える】 捕捉 bǔzhuō, 逮捕 dàibǔ.
トラック 跑道 pǎodào. **〜競技** 径赛 jìngsài.
トラック 卡车 kǎchē.
トラブル 麻烦 máfan, 问题 wèntí.
トランク [かばん]皮箱 píxiāng; [車の]行李箱 xínglixiāng.
トランプ 扑克(牌) pūkè(pái). **〜をする** 打 dǎ 扑克.
とり【鳥】 鸟 niǎo.
とりあえず【取りあえず】 先 xiān, 暂时 zànshí.
とりあげる【取り上げる】 拿起 náqǐ; [奪う]夺取 duóqǔ; [問題にする]提起 tíqǐ; [採用する]采用 cǎiyòng.
とりいれる【取り入れる】 采用 cǎiyòng, 导入 dǎorù, 引进 yǐnjìn; [収穫]收进 shōujìn.
とりかえす【取り返す】 夺回 duóhuí, 收回 shōuhuí; [回復する]恢复 huīfù.
とりかえる【取り替える】 更换 gēnghuàn, 交换 jiāohuàn.
とりかかる【取りかかる】 着手 zhuóshǒu, 开始 kāishǐ.
とりくむ【取り組む】 致力 zhìlì, 努力 nǔlì.
とりけす【取り消す】 取消 qǔxiāo; 撤销 chèxiāo; 废除 fèichú.
とりだす【取り出す】 拿出 náchū, 抽出 chōuchū, 取出 qǔchū, 挑出 tiāochū.
とりつける【取り付ける】 安装 ānzhuāng, 安上 ānshàng.
とりにく【鶏肉】 鸡肉 jīròu.
とりのぞく【取り除く】 消除 xiāochú, 解除 jiěchú, 去掉 qùdiào; [摘出する]摘除 zhāichú.

とりひき【取引】 交易 jiāoyì, 买卖 mǎimai. **～をする** 做 zuò 交易.
とりまく【取り巻く】 包围 bāowéi, 围绕 wéirào, 环绕 huánrào.
どりょく【努力】(-する) 努力 nǔlì. ➡ **頑張る**
ドリンク 饮料 yǐnliào.
とる【取る】 拿 ná, 把住 bǎzhù; [資格などを]取得 qǔdé; [奪う]夺取 duóqǔ.
とる【捕る】 捉 zhuō, 捕 bǔ.
とる【採る】 摘 zhāi; [標本を]抽 chōu; [人員を]录用 lùyòng; [学生を]招生 zhāoshēng.
とる【撮る】 拍 pāi, 照 zhào, 照相 zhàoxiàng.
ドル [米ドル]美元 měiyuán.
どれ 哪 nǎ, 哪一个 nǎ yī ge.
トレーニング 锻炼 duànliàn, 训练 xùnliàn.
ドレス 女礼服 nǚlǐfú.
ドレッシング 调味汁 tiáowèizhī. **～をかける** 倒 dào 调味汁.
どろ【泥】 泥(巴) ní(bā).
どろぼう【泥棒】(-する) 小偷 xiǎotōu, 贼 zéi; [盗む]偷 tōu, 扒窃 páqiè.
トン 吨 dūn.
とんでもない 不像话 bù xiànghuà; 想不到 xiǎngbùdào, 出乎意料 chū hū yì liào.
どんな 什么样(的) shénmeyàng (de), 怎样 zěnyàng; [いかなる]任何 rènhé.
トンネル 隧道 suìdào, 坑道 kēngdào. **～を掘る** 挖 wā 隧道.
トンボ 蜻蜓 qīngtíng.

な

な【名】 名字 míngzi; 名称 míngchēng. **～付ける** 取名 qǔmíng.
ない【無い】 没(有) méi(yǒu), 无 wú.
ないか【内科】 内科 nèikē.
ないしょ【内緒】 秘密 mìmì. **～にする** 保密 bǎomì, 不告诉别人 bù gàosu biéren.
ないしん【内心】 内心 nèixīn, 心中 xīnzhōng, 心里 xīnli.
ナイフ 小刀 xiǎodāo, 刀子 dāozi; [食事の]餐刀 cāndāo.
ないぶ【内部】 内部 nèibù; 里面 lǐmiàn.
ないよう【内容】 内容 nèiróng. **～のある** 很有 yǒu 内容的, 内容丰富 fēngfù 的.
なえ【苗】 苗 miáo, 幼苗 yòumiáo, 秧子 yāngzi.
なおす【直す】 [訂正する]修改 xiūgǎi, 改 gǎi; [改める]改正 gǎizhèng, 矫正 jiǎozhèng; [修理する]修理 xiūlǐ.
なおす【治す】 治 zhì, 治疗 zhìliáo, 医治 yīzhì.
なおる【直る】 [故障が]修好 xiūhǎo, 修理好 xiūlǐhǎo; [もとに戻る]恢复 huīfù, 复原 fùyuán.
なおる【治る】 治好 zhìhǎo, 痊愈 quányù.
なか【中】 里边 lǐbian, 里面 lǐmiàn.
なか【仲】 关系 guānxi. **～がよい** 关系很好 hěn hǎo.
ながい【長い】 长 cháng; [時間]久 jiǔ, 长久 chángjiǔ.
ながぐつ【長靴】 [雨靴]雨靴 yǔxuē; [ブーツ]靴子 xuēzi, 长筒靴 chángtǒngxuē.
ながさ【長さ】 长短 chángduǎn, 长度 chángdù.
ながす【流す】 [したたらせる]流(出) liú(chū); [洗い落とす]洗掉 xǐdiào, 冲掉 chōngdiào.
なかでも【中でも】 尤其 yóuqí, 其中尤以 qízhōng yóu yǐ.
なかなおり【仲直り】(-する) 和好 héhǎo, 言归于好 yán guī yú hǎo.
なかなか [ずいぶん]很 hěn, 相当 xiāngdāng, 挺 tǐng.
なかば【半ば】 [真ん中]中央 zhōngyāng, 中间 zhōngjiān; [最中・途中]半途 bàntú, 中途 zhōngtú; [半分]半 bàn, 一半 yībàn.
なかま【仲間】 伙伴 huǒbàn, 同伙 tónghuǒ.
なかみ【中身】 内容 nèiróng; 内涵 nèihán.
ながめ【眺め】 景色 jǐngsè, 风景 fēngjǐng.
ながめる【眺める】 眺望 tiàowàng, 远眺 yuǎntiào, 瞭望 liàowàng.
なかゆび【中指】 [手の]中指 zhōngzhǐ; [足の]中趾 zhōngzhǐ.
なかよし【仲良し】 要好 yàohǎo; [人]好朋友 hǎopéngyou.
ながら […と同時に](一)边 (yī)biān …(一)边…, 一面 yīmiàn …一面…, […とはいえ]虽然 suīrán …但是 dànshì, 尽管 jǐnguǎn …却 què.
ながれ【流れ】 河流 héliú, 流水 liúshuǐ; [動き]潮流 cháoliú, 趋势 qūshì; 倾向 qīngxiàng.
ながれる【流れる】 (水)流 (shuǐ)liú, 流动 liúdòng.
なく【泣く】 哭 kū, 哭泣 kūqì.
なく【鳴く】 叫 jiào, 鸣叫 míngjiào, 啼 tí.
なぐさめる【慰める】 安慰 ānwèi, 抚慰 fǔwèi, 劝慰 quànwèi.
なくす【無くす】 丢 diū, 丢失 diūshī; [抽象的なものを]失掉 shīdiào, 失去 shīqù.
なくなる【無くなる】 [紛失する]丢 diū, 丢失 diūshī, 不见了 bù jiàn le; [尽きる]尽 jìn, 完 wán, 没了 méi le.
なぐる【殴る】 打 dǎ, 揍 zòu.
なげく【嘆く】 悲叹 bēitàn; 叹息 tànxī; 慨叹 kǎitàn.
なげだす【投げ出す】 抛出 pāochū, 扔下 rēngxià, 甩 shuǎi; [途中でやめる]放弃 fàngqì, 扔下不管 bùguǎn.
なげる【投げる】 扔 rēng, 投 tóu, 抛 pāo, 掷 zhì.
ナシ【梨】 梨 lí, 梨子 lízi; [木]梨树 líshù.
ナス【茄子】 茄子 qiézi.
なぜ【何故】 为什么 wèi shénme, 怎么 zěnme.
なぞ【謎】 谜 mí, 谜语 míyǔ. **～を解く** 猜 cāi 谜.
なつ【夏】 夏天 xiàtiān, 夏季 xiàjì.
なつかしい【懐かしい】 怀念 huáiniàn, 想念 xiǎngniàn, 眷恋 juànliàn.
なっとく【納得】(-する) 理解 lǐjiě, 同意 tóngyì, 想通 xiǎngtōng.
なつやすみ【夏休み】 暑假 shǔjià.
なでる【撫でる】 抚摩 fǔmó, 抚摸 fǔmō.
など 等 děng, 等等 děngděng, 什么的 shénmede.
ななめ【斜め】 歪 wāi, 斜 xié, 倾斜 qīngxié. ➡ **傾く**
なに【何】 什么 shénme.
なにげない【何気ない】 无意 wúyì, 无心 wúxīn; 若无其事 ruò wú qí shì.
なにごと【何事】 [不定のこと]什么事情 shénme shìqing, 任何 rènhé 事情; [非難の]怎么回事 zěnme huí shì.
ナノテクノロジー 纳米技术 nàmǐ jìshù.
ナプキン [食事用]餐巾纸 cānjīnzhǐ; [生理用]卫生巾 wèishēngjīn.
なべ【鍋】 锅 guō; [なべ料理]火锅 huǒguō.
なま【生】 生 shēng, 鲜 xiān.
なまいき【生意気】 自大 zìdà, 傲慢 àomàn; 狂妄 kuángwàng, 狂 kuáng.
なまえ【名前】 名字 míngzi. **～をつける** 起 qǐ 名字.
なまける【怠ける】 懒 lǎn, 懒惰 lǎnduò, 偷懒 tōulǎn.
なまり【訛り】 (地方)口音 (dìfāng) kǒuyin.
なまり【鉛】 铅 qiān.
なみ【波】 波浪 bōlàng; [押し寄せるもの]浪潮 làngcháo, 潮流 cháoliú. **～が打ち寄せる** 波浪冲击过来 chōngjīguòlai.
なみだ【涙】 泪 lèi, 眼泪 yǎnlèi. **～を流す** 流 liú

泪.
なめる 舔 tiǎn; 品尝 pǐncháng.
なやみ【悩み】 苦恼 kǔnǎo, 烦恼 fánnǎo.
なやむ【悩む】 烦脑 fánnǎo, 伤脑筋 shāng nǎojīn.
ならう【習う】 学习 xuéxí, 练习 liànxí.
ならす【鳴らす】 [鐘,サイレンを]鸣(钟,警笛) míng(zhōng, jǐngdí); [ベルを]按(电铃) àn(diànlíng), 摁(车铃) èn(chēlíng); [ラッパを]吹(喇叭) chuī(lǎba); [どらや太鼓を]敲(锣)打(鼓) qiāo(luó)dǎ(gǔ), 响 xiǎng 锣.
ならぶ【並ぶ】 排列 páiliè, 排 pái, 排队 páiduì.
ならべる【並べる】 排列 páiliè, 摆 bǎi, 陈列 chénliè; [列挙する]列举 lièjǔ.
なりたつ【成り立つ】 成立 chénglì; 谈妥 tántuǒ.
なる【成る】 [ある状態・事態に]变成 biànchéng, 成为 chéngwéi; [職・身分・立場に]当 dāng; [数量]共计 gòngjì, 达到 dádào; [時間]到 dào.
なる【鳴る】 鸣 míng, 响 xiǎng.
なるべく 尽量 jǐnliàng, 尽可能 jǐnkěnéng.
なるほど 的确 díquè, 果然 guǒrán, 怪不得 guàibude. **なるほど…だが** 的确……,可是 kěshì.
なれる【慣れる】 习惯 xíguàn; 熟练 shúliàn.
なわ【縄】 绳 shéng, 绳子 shéngzi. **~をなう** 搓 cuō 绳.
なわとび【縄跳び】(-する) 跳绳 tiàoshéng.
なんじ【何時】 几点 jǐ diǎn.
なんで → なぜ
なんでも【何でも】 不管什么 bùguǎn shénme, 什么都 dōu; [よくわからないが]据说是 jùshuō shì.
なんと【何と】 [驚き]多么 duōme; [意外なことに]竟 jìng, 竟然 jìngrán, 居然 jūrán.
なんとなく【何となく】 [はっきり言えないが]总觉得 zǒng juéde, 不由得 bùyóude; [無意識に]无意中 wúyìzhōng.
ナンバー 号码 hàomǎ.
なんみん【難民】 难民 nànmín.

に

にあう【似合う】 相称 xiāngchèn, 相配 xiāngpèi, 合适 héshì; [男女が]般配 bānpèi.
にいさん【兄さん】 → 兄
におい【臭い・匂い】 味儿 wèir, 气味儿 qìwèir; [香り]香味儿 xiāngwèir; [臭気]臭味儿 chòuwèir. **~を嗅ぐ** 闻 wén 味儿.
におう【臭う】 发臭 fāchòu, 有臭味儿 yǒu chòuwèir.
にがい【苦い】 苦 kǔ; [苦しい]痛苦 tòngkǔ.
にがす【逃がす】 [逃げさせる]放 fàng, 放走 fàngzǒu; [逃げられる]跑掉 pǎodiào.
にがて【苦手】 [不得意]不善于 bù shànyú, 最怕 zuì pà; [扱いにくい]棘手 jíshǒu, 难对付 nán duìfu. **数学は~だ** 最怕数学 shùxué.
にぎやか 热闹 rènao.
にぎる【握る】 握 wò, 攥 zuàn, 抓 zhuā.
にく【肉】 肉 ròu.
にくむ【憎む】 恨 hèn, 憎恨 zēnghèn, 仇恨 chóuhèn.
にくらしい【憎らしい】 讨厌 tǎoyàn, 可恨 kěhèn, 可恶 kěwù.
にげる【逃げる】 跑 pǎo, 逃跑 táopǎo, 逃走 táozǒu.
にこにこ 笑嘻嘻 xiàoxīxī, 笑眯眯 xiàomīmī. **~顔** 满面笑容 mǎnmiàn xiàoróng.
にごる【濁る】 [液体や気体が]浑浊 húnzhuó, 污浊 wūzhuó; [色が]不鲜明 bù xiānmíng, 灰暗 huī'àn.
にし【西】 西方 xīfāng, 西边 xībian, 西面 xīmiàn.
にじ【虹】 彩虹 cǎihóng. **~がかかる** 挂 guà 彩虹.
にじゅう【二重】 双层 shuāngcéng, 两层 liǎngcéng.
にせもの【偽物】 假货 jiǎhuò, 冒牌货 màopáihuò.
にちようび【日曜日】 星期天 xīngqītiān, 星期日 xīngqīrì, 礼拜天 lǐbàitiān.
にっき【日記】 日记 rìjì. **~をつける** 写〔记〕xiě〔jì〕日记.
にっこう【日光】 阳光 yángguāng, 日光 rìguāng.
にぶい【鈍い】 [切れ味が]钝 dùn, 不快 bù kuài; [知覚・感度が]迟钝 chídùn.
にほん【日本】 日本 Rìběn. **~語** 日语 Rìyǔ; 日文 Rìwén. **~人** 日本人 rén.
にもつ【荷物】 行李 xíngli; 货物 huòwù. **~を預ける** 寄存 jìcún 行李.
にゅういん【入院】(-する) 住院 zhùyuàn.
にゅうがく【入学】(-する) 入学 rùxué, 上学 shàngxué. **大学へ~する** 上大学 shàng dàxué.
にゅうしょう【入賞】(-する) 获奖 huòjiǎng, 得奖 déjiǎng.
にゅうじょう【入場】(-する) 入场 rùchǎng.
ニュース 新闻 xīnwén, 消息 xiāoxi. **良い~がある** 来了好 láile hǎo 消息.
ニューヨーク 纽约 Niǔyuē.
にゅうりょく【入力】(-する) 输入 shūrù.
にらむ【睨む】 瞪眼 dèngyǎn, 怒目而视 nù mù ér shì.
にる【似る】 像 xiàng, 相似 xiāngsì, 相像 xiāngxiàng.
にる【煮る】 [水などで]煮 zhǔ; [やわらかく]炖 dùn; [のり状に]熬 áo; [とろ火で]煨 wēi; [含め煮する]焖 mèn.
にわ【庭】 [敷地内の]院子 yuànzi; [庭園]庭园 tíngyuán.
にわかあめ【俄雨】 阵雨 zhènyǔ.
ニワトリ【鶏】 鸡 jī.
にんき【人気】 声望 shēngwàng; 人气 rénqì. **~のある** 很红的 hěn hóng de, 受欢迎 shòu huānyíng 的.
にんぎょう【人形】 娃娃 wáwa, 玩偶 wán'ǒu, 木偶 mù'ǒu.
にんげん【人間】 人 rén, 人类 rénlèi.
にんしん【妊娠】(-する) 妊娠 rènshēn, 怀孕 huáiyùn.
ニンジン 胡萝卜 húluóbo, 红萝卜 hóngluóbo.
にんずう【人数】 人数 rénshù. **~が足りない** 人数不够 bù gòu.
にんたい【忍耐】(-する) 忍耐 rěnnài; [根気]耐性 nàixìng.
ニンニク 大蒜 dàsuàn, 蒜 suàn.

ぬ

ぬう【縫う】 缝 féng, 缝上 féngshàng.
ぬく【抜く】 拔 bá, 拔掉 bádiào; 抽 chōu, 抽出 chōuchū.
ぬぐ【脱ぐ】 [衣服・靴を]脱 tuō, 脱下 tuōxià; [帽子を]摘 zhāi, 摘掉 zhāidiào.
ぬぐう【拭う】 擦 cā, 擦掉 cādiào.
ぬけだす【抜け出す】 [こっそり逃げる]溜 liū, 溜走 liūzǒu; [脱却する]摆脱 bǎituō.
ぬける【抜ける】 [はまっていたものが取れる]脱落 tuōluò, 掉 diào; [通り抜ける]穿过 chuānguò.
ぬすむ【盗む】 偷 tōu, 盗窃 dàoqiè.
ぬの【布】 布 bù, 布匹 bùpǐ.
ぬま【沼】 沼泽 zhǎozé, 泥塘 nítáng.
ぬらす【濡らす】 浸湿 jìnshī, 弄湿 nòngshī, 打湿 dǎshī.
ぬる【塗る】 涂 tú, 擦 cā, 抹 mǒ.
ぬるい【温い】 温 wēn, 不凉不热 bù liáng bù rè.
ぬれる【濡れる】 湿 shī, 沾湿 zhānshī.

ね

ね【根】 [植物]根 gēn. **~を掘る** 刨 páo 根.
ねあげ【値上げ】(-する) 提高价格 tígāo jiàgé, 涨价 zhǎngjià.

ねうち【値打ち】 价值 jiàzhí.
ねえさん【姉さん】 → 姉
ねがい【願い】 [願望]愿望 yuànwàng, 心愿 xīnyuàn; [頼む]请求 qǐngqiú.
ねがう【願う】 [頼んで何かをしてもらう]请 qǐng, 求 qiú; 祈求 qǐqiú; [望む]希望 xīwàng; 盼望 pànwàng.
ねかす【寝かす】 [寝かしつける]使睡觉 shǐ shuìjiào; [横に倒す]放平 fàngpíng, 放倒 fàngdǎo; [こうじなどを]使发酵 fājiào.
ネギ 葱 cōng, 大葱 dàcōng.
ネクタイ 领带 lǐngdài. **～を結ぶ** 系 jì 领带. **蝶～** 蝴蝶结 húdiéjié, 领结 lǐngjié.
ネコ【猫】 猫 māo.
ねこむ【寝込む】 [寝入る]入睡 rùshuì, 熟睡 shúshuì; [病で]卧床不起 wò chuáng bù qǐ, 病倒 bìngdǎo.
ねころぶ【寝転ぶ】 横卧 héngwò, (随便)躺下 (suíbiàn)tǎngxia.
ねじ 螺丝(钉) luósī(dīng), 螺钉 luódīng. **～を締める** 紧 jǐn 螺丝.
ねじる 拧 nǐng, 扭 niǔ; [両手で]拧 níng.
ネズミ【鼠】 老鼠 lǎoshǔ, 耗子 hàozi.
ねたむ【妬む】 嫉妒 jìdú, 忌妒 jìdu.
ねだん【値段】 价钱 jiàqian, 价格 jiàgé. **～が高い** 价钱贵 guì.
ねつ【熱】 热 rè; [体温]烧 shāo; [意気込み]热情 rèqíng. **～がある** 发烧 fāshāo.
ネックレス 项链 xiàngliàn.
ねっしん【熱心】 热心 rèxīn, 热情 rèqíng.
ねっする【熱する】 加热 jiārè.
ねっちゅう【熱中】(-する) 热中 rèzhōng, 专心致志 zhuān xīn zhì zhì, 入迷 rùmí.
ネット 网 wǎng; [インターネット]互联网 hùliánwǎng.
ねっとう【熱湯】 热水 rèshuǐ, 开水 kāishuǐ.
ネットワーク 网络 wǎngluò.
ねどこ【寝床】 被窝 bèiwō.
ねびき【値引き】 减价 jiǎnjià, 降价 jiàngjià.
ねぼう【寝坊】(-する) 睡懒觉 shuì lǎnjiào, 睡过头 shuìguòtóu.
ねまき【寝巻き】 睡衣 shuìyī.
ねむい【眠い】 困 kùn, 困倦 kùnjuàn.
ねむる【眠る】 睡 shuì, 睡觉 shuìjiào; [活用されない]闲置 xiánzhì. → 寝る
ねもと【根元・根本】 根 gēn, 根本 gēnběn. **～から引き抜く** 连根拔起来 lián gēn báqilai.
ねらい【狙い】 [目的]目标 mùbiāo. **～をつける** 瞄准 miáozhǔn.
ねらう【狙う】 瞄准 miáozhǔn, 瞄上 miáoshàng.
ねる【寝る】 睡 shuì, 睡觉 shuìjiào; [横になる]躺 tǎng, 躺下 tǎngxia. → 眠る
ねんがじょう【年賀状】 [はがきの]贺年片 hèniánpiàn. **～を出す** 寄 jì 贺年片.
ねんかん【年間】 [1年]一年 yī nián; [年代]年间 niánjiān, 年代 niándài. **～計画** 一年的计划 jìhuà.
ねんきん【年金】 养老金 yǎnglǎojīn.
ねんげつ【年月】 岁月 suìyuè, 时光 shíguāng.
ねんしゅう【年収】 年薪 niánxīn, 年收入 nián shōurù.
ねんど【粘土】 胶泥 jiāoní, 黏土 niántǔ.
ねんりょう【燃料】 燃料 ránliào.
ねんれい【年齢】 年龄 niánlíng, 岁数 suìshu, 年纪 niánjì.

の

のう【脳】 脑 nǎo, 大脑 dànǎo. **～死** 脑死亡 sǐwáng.
のうか【農家】 农家 nóngjiā, 农户 nónghù.
のうぎょう【農業】 农业 nóngyè.
のうみん【農民】 农民 nóngmín, 庄稼人 zhuāngjiarén.
のうりつ【能率】 效率 xiàolǜ. **～を上げる** 提高 tígāo 效率.
のうりょく【能力】 能力 nénglì.
ノート 笔记本 bǐjìběn, 本子 běnzi. **～に記す** 写 xiě 本子. **～パソコン** 笔记本电脑 diànnǎo.
のける【退ける・除ける】 推开 tuīkāi, 挪开 nuókāi.
のこぎり 锯子 jùzi. **～を引く** 拉 lā 锯.
のこり【残り】 残余 cányú, 剩余 shèngyú.
のこる【残る】 留下 liúxià; [余る]剩下 shèngxià.
のせる【乗せる】 [人や動物を]载 zài, 搭 dā; [物を]放 fàng, 搁 gē.
のぞく【除く】 [取り去る]消除 xiāochú, 去掉 qùdiào; [除外する]除去 chúqù, …除外 chúwài.
のぞく【覗く】 窥视 kuīshì, 窥探 kuītàn; 看 kàn, 瞧 qiáo; [一部が見える]露出 lùchū.
のぞみ【望み】 [希望]希望 xīwàng; [要望]要求 yāoqiú.
のぞむ【望む】 希望 xīwàng; 期望 qīwàng; 要求 yāoqiú; [遠くを眺める]眺望 tiàowàng.
のち【後】 后 hòu, 之后 zhīhòu, 以后 yǐhòu.
ノック(-する) 敲 qiāo, 敲打 qiāodǎ. **ドアを～する** 敲门 qiāo mén.
のど【咽・喉】 喉咙 hóulong, 嗓子 sǎngzi. **～が渇く** 口渴 kǒukě.
ののしる【罵る】 骂 mà, 咒骂 zhòumà.
のばす【伸ばす】 [長さを加える]拉长 lācháng; [髪・ひげ・爪を]留 liú; [広げる]伸展 shēnzhǎn; [ぴんと引っ張って]抻平 chēnpíng, 抻直 chēnzhí.
のばす【延ばす】 [時間を長くする]延长 yáncháng; [時を先へずらす]推延 tuīyán, 延期 yánqī, 拖延 tuōyán.
のはら【野原】 原野 yuányě, 野地 yědì.
のびる【延びる】 延长 yáncháng, 延期 yánqī.
のぼり【上り】 上 shàng, 登 dēng; [坂]上坡(路) shàngpō(lù); [列車や道路の]上行 shàngxíng.
のぼる【上る・登る】 上 shàng, 登 dēng, 爬 pá.
のみこむ【飲み込む】 咽下 yànxià, 吞下 tūnxià; [理解・会得する]理解 lǐjiě, 领会 lǐnghuì.
のみもの【飲み物】 饮料 yǐnliào.
のむ【飲む】 喝 hē; [薬を]吃 chī.
のり【糊】 糨糊 jiànghu, 胶水 jiāoshuǐ; [衣類用の]浆 jiāng. **～をつける** 抹 mǒ 糨糊.
のりかえる【乗り換える】 换车 huànchē, 倒车 dǎochē.
のりこえる【乗り越える】 跨过 kuàguo; 越过 yuèguò; [困難を]渡过 dùguò.
のりもの【乗り物】 交通工具 jiāotōng gōngjù.
のる【乗る】 乘 chéng, 乘坐 chéngzuò; [座って乗る]坐 zuò; [またがって乗る]骑 qí; [乗り込む]上 shàng.
のる【載る】 刊登 kāndēng, 登载 dēngzǎi, 刊载 kānzǎi.
のろい【鈍い】 缓慢 huǎnmàn; 迟钝 chídùn.
のんき【呑気】 悠闲 yōuxián; 无忧无虑 wú yōu wú lǜ; 不慌不忙 bù huāng bù máng.
のんびり 悠闲自在的 yōu xián zì zài de, 悠然自得 yōu rán zì dé 的. **～して暮らす** 悠闲度日 dùrì.

は

は【葉】 叶 yè, 叶子 yèzi.
は【歯】 牙 yá, 牙齿 yáchǐ. **～が欠ける** 缺 quē 牙.
バー 酒吧(间) jiǔbā (jiān).
ばあい【場合】 场合 chǎnghé, 情况 qíngkuàng. **この～** 这种情况(下) zhè zhǒng qíngkuàng(xià).
バーゲン 大减价 dàjiǎnjià, 大甩卖 dàshuǎimài.
バージョン 版本 bǎnběn. **～アップ** (版本)升级 shēngjí.
パーセント 百分比 bǎifēnbǐ, 百分之 bǎifēnzhī….

日中

パーティー 聚会 jùhuì; [音訳語]派对 pàiduì.
ハードウエア 硬件 yìngjiàn; [台湾で]硬体 yìngtǐ.
ハーブ 香草 xiāngcǎo.
はい【灰】 灰 huī.
はい【肺】 肺 fèi, 肺脏 fèizàng.
はい [返事]是 shì, 对 duì, 是的 shìde.
ばい【倍】 倍 bèi. **2～** 二 èr 倍, 两 liǎng 倍.
はいいろ【灰色】 灰色 huīsè.
バイオリン 小提琴 xiǎotíqín. **～を弾く** 拉 lā 小提琴.
はいきょ【廃墟】 废墟 fèixū.
ばいきん【黴菌】 细菌 xìjūn.
ハイキング 郊游 jiāoyóu; 远足 yuǎnzú.
バイク 摩托车 mótuōchē. **～に乗る** 骑 qí 摩托车.
はいけい【背景】 背景 bèijǐng; [舞台の]布景 bùjǐng.
はいし【廃止】(-する) 废除 fèichú, 废止 fèizhǐ.
はいしゃ【歯医者】 牙科医生 yákē yīshēng.
はいたつ【配達】(-する) 送 sòng, 投递 tóudì, 邮递 yóudì.
ハイテク 高科技 gāokējì, 尖端技术 jiānduān jìshù.
ばいてん【売店】 售货亭 shòuhuòtíng, 小卖部 xiǎomàibù.
バイト(-する) 打工 dǎgōng.
パイナップル 菠萝 bōluó; 凤梨 fènglí.
ハイヒール 高跟鞋 gāogēnxié.
ハイビジョン 高清(晰度)电视 gāoqīng(xīdù) diànshì.
はいぼく【敗北】(-する) 失败 shībài; 输 shū.
はいゆう【俳優】 演员 yǎnyuán.
はいる【入る】 进 jìn, 进入 jìnrù; [加入する,一員となる]参加 cānjiā, 加入 jiārù; [収容する](可以)容纳 (kěyǐ) róngnà, (可以)装 zhuāng.
パイロット 飞行员 fēixíngyuán.
はう【這う】 爬 pá, 趴 pā.
ハエ【蠅】 苍蝇 cāngying.
はえる【生える】 长 zhǎng, 生长 shēngzhǎng.
はか【墓】 坟 fén, 墓 mù, 坟墓 fénmù. **～参りをする** 扫墓 sǎomù.
ばか【馬鹿】 愚蠢 yúchǔn, 笨 bèn, 傻 shǎ; [ばか者]混蛋 húndàn, 笨蛋 bèndàn, 傻瓜 shǎguā.
はかい【破壊】(-する) 破坏 pòhuài.
はがき【葉書】 明信片 míngxìnpiàn. **～を書く** 写 xiě 明信片.
はがす【剥がす】 剥下 bāoxià, 揭下 jiēxià, 撕下 sīxià.
はかせ【博士】 博士 bóshì.
はかない 短暂 duǎnzàn, 无常 wúcháng; 虚幻 xūhuàn.
はかり【秤】 秤 chèng, 天平 tiānpíng. **～にかける** 用秤秤 yòng chèng chēng.
はかる【図る】 图谋 túmóu, 企图 qǐtú, 策划 cèhuà.
はかる【計る・測る・量る】 [数量·時間などを]计量 jìliàng, 测量 cèliáng; [重さを]称 chēng; [長さ·容量を]量 liáng; [損得などを]衡量 héngliang.
はく【吐く】 [口の中のものを]吐 tǔ, 吐出 tǔchū; [胃の中のものをもどす]吐 tù, 呕吐 ǒutù.
はく【掃く】 扫 sǎo, 打扫 dǎsǎo.
はく【穿く・履く】 穿 chuān.
ハクサイ 白菜 báicài.
はくしゅ【拍手】(-する) 鼓掌 gǔzhǎng, 拍手 pāishǒu.
はくじょう【白状】(-する) 坦白 tǎnbái.
ばくだん【爆弾】 炸弹 zhàdàn.
ばくちく【爆竹】 鞭炮 biānpào; 爆竹 bàozhú.
ハクチョウ【白鳥】 天鹅 tiān'é.
ばくはつ【爆発】(-する) 爆炸 bàozhà, 爆发 bàofā.
はくぶつかん【博物館】 博物馆 bówùguǎn.
はくらんかい【博覧会】 博览会 bólǎnhuì.
はげしい【激しい】 激烈 jīliè, 强烈 qiángliè, 猛烈 měngliè.
バケツ 水桶 shuǐtǒng.
はげます【励ます】 鼓励 gǔlì, 激励 jīlì.
はげむ【励む】 努力 nǔlì, 刻苦 kèkǔ, 勤奋 qínfèn.
はげる【剥げる】 剥落 bōluò, 脱落 tuōluò.
はけん【派遣】(-する) 派遣 pàiqiǎn.
はこ【箱】 [大きな]箱(子) xiāng(zi); [小さくてふたのある]盒(子) hé(zi).
はこぶ【運ぶ】 搬 bān, 搬运 bānyùn, 运 yùn.
はさみ【鋏】 剪刀 jiǎndāo, 剪子 jiǎnzi.
はさむ【挟む・挿む】 夹 jiā.
はさん【破産】(-する) 破产 pòchǎn; 倒闭 dǎobì.
はし【箸】 筷子 kuàizi.
はし【端】 [先端·末端]末端 mòduān, 头 tóu; [周辺部]边 biān, 边缘 biānyuán.
はし【橋】 桥 qiáo, 桥梁 qiáoliáng. **～を渡る** 过 guò 桥.
はじ【恥】 耻辱 chǐrǔ, 羞耻 xiūchǐ.
はじく【弾く】 弹 tán.
はしご【梯子】 梯子 tīzi. **～を登る** 登 dēng 梯子.
はじまり【始まり】 开头 kāitóu; 开端 kāiduān.
はじまる【始まる】 开始 kāishǐ.
はじめ【始め】 开始 kāishǐ, 开头 kāitóu, 起初 qǐchū, 当初 dāngchū. ➡ 始まり
はじめて【初めて】 第一次 dìyī cì, 初次 chūcì.
はじめまして【初めまして】 初次见面 chūcì jiànmiàn.
はじめる【始める】 开始 kāishǐ.
はしゃぐ 欢闹 huānnào, 兴奋 xīngfèn.
パジャマ 睡衣 shuìyī. **～に着替える** 换上 huànshàng 睡衣.
ばしょ【場所】 地方 dìfang, 场所 chǎngsuǒ, 地点 dìdiǎn.
はしら【柱】 柱子 zhùzi.
はしる【走る】 跑 pǎo.
バス 公共汽车 gōnggòng qìchē, 巴士 bāshì, 公交车 gōngjiāochē. **送迎～** 班车 bānchē. **観光～** 旅游车 lǚyóuchē.
はずかしい【恥ずかしい】 害羞 hàixiū, 不好意思 bù hǎoyìsi, 惭愧 cánkuì.
バスケットボール 篮球 lánqiú.
はずす【外す】 取下 qǔxià, 摘下 zhāixià, 拿下 náxià.
バスタオル 浴巾 yùjīn.
パスポート 护照 hùzhào. **～を無くす** 丢 diū 护照.
はずむ【弾む】 跳 tiào, 反弹 fǎntán, 蹦 bèng.
はずれる【外れる】 脱落 tuōluò, 掉下 diàoxià; [それる,ずれる]偏离 piānlí; [当たらない]不中 bù zhòng.
パスワード 密码 mìmǎ.
パソコン (个人)电脑 (gèrén)diànnǎo, 微机 wēijī, PC机. **～を使う** 使用 shǐyòng 电脑.
はた【旗】 旗 qí, 旗子 qízi.
はだ【肌】 皮肤 pífū.
バター 黄油 huángyóu, 奶油 nǎiyóu.
はだか【裸】 裸体 luǒtǐ, 赤身露体 chìshēn lùtǐ.
はたく【叩く】 掸 dǎn, 拍打 pāidǎ, 敲打 qiāodǎ.
はたけ【畑】 田地 tiándì, 地里 dìli.
はだし【裸足】 赤脚 chìjiǎo, 裸脚 luǒjiǎo.
はたして【果たして】 [やはり]果然 guǒrán; [いったい]到底 dàodǐ, 究竟 jiūjìng.
はたらく【働く】 工作 gōngzuò, 劳动 láodòng, 干活儿 gànhuór.
ハチ【蜂】 蜂 fēng.
はち【鉢】 盆 pén; [植木鉢]花盆 huāpén.
はちみつ【蜂蜜】 蜂蜜 fēngmì.
ばつ [ばつ印]叉 chā.
ばつ【罰】(-する) 惩罚 chéngfá, 处罚 chǔfá.

はつおん【発音】(-する) 发音 fāyīn.
はっきり 清楚 qīngchu, 明确 míngquè.
ばっきん【罰金】 罚款 fákuǎn.
バック [後退する]后退 hòutuì, 倒 dào; [背景]背景 bèijǐng; [後ろ盾]后台 hòutái, 靠山 kàoshān. **車を～する** 倒车 dàochē.
はっけん【発見】(-する) 发现 fāxiàn.
はつげん【発言】(-する) 发言 fāyán.
はっしゃ【発車】(-する) 开车 kāichē, 发车 fāchē.
ばっすい【抜粋】(-する) 摘录 zhāilù.
はっせい【発生】(-する) 发生 fāshēng.
はったつ【発達】(-する) 发达 fādá, 发展 fāzhǎn.
はってん【発展】(-する) 发展 fāzhǎn.
はつばい【発売】(-する) 发售 fāshòu, 出售 chūshòu.
はっぴょう【発表】(-する) 发表 fābiǎo, 发布 fābù.
はつめい【発明】(-する) 发明 fāmíng.
ハト【鳩】 鸽子 gēzi, 鸠 jiū.
パトカー 警车 jǐngchē, 巡逻车 xúnluóchē.
パトロール(-する) 巡逻 xúnluó, 巡视 xúnshì.
バトン 接力棒 jiēlìbàng; 指挥棒 zhǐhuībàng. **～を手渡す** 传递 chuándì 接力棒.
はな【花】 花 huā, 花朵 huāduǒ. **～が咲く** 开 kāi 花.
はな【鼻】 鼻子 bízi. **～が高い** 鼻子大 dà; [比喩で]得意扬扬 déyì yángyáng.
はなし【話】 话 huà; [物語]故事 gùshi. **～をする** 说 shuō 话；讲 jiǎng 故事.
はなしあう【話し合う】 谈话 tánhuà, 讨论 tǎolùn, 商量 shāngliang.
はなしちゅう【話し中】 [電話]占线 zhànxiàn.
はなす【放す】 放开 fàngkāi, 放走 fàngzǒu.
はなす【話す】 说 shuō, 讲 jiǎng, 告诉 gàosu, 谈 tán.
はなす【離す】 [分離する]放开 fàngkāi, 松开 sōngkāi, 分开 fēnkāi; [隔てる]离 lí, 间隔 jiàngé.
はなたば【花束】 花束 huāshù.
はなぢ【鼻血】 鼻血 bíxuè. **～が出る** 流 liú 鼻血.
バナナ 香蕉 xiāngjiāo.
はなび【花火】 烟火 yānhuo, 花炮 huāpào.
はなびら【花びら】 花瓣 huābàn.
はなむこ【花婿】 新郎 xīnláng.
はなよめ【花嫁】 新娘 xīnniáng; 新妇 xīnfù.
はなれる【離れる】 [分離する]分离 fēnlí, 分开 fēnkāi; [隔たる]间隔 jiàngé; [去る]离开 líkāi.
パニック 恐慌 kǒnghuāng, 惊慌 jīnghuāng.
バニラ 香子兰 xiāngzilán; 香草 xiāngcǎo.
はね【羽・羽根】 羽毛 yǔmáo; [つばさ]翅膀 chìbǎng.
ばね 发条 fātiáo, 弹簧 tánhuáng.
ハネムーン 蜜月 mìyuè.
はねる【跳ねる】 跳 tiào, 蹦 bèng; [飛び散る]溅 jiàn, 飞溅 fēijiàn.
はは【母】 → **お母さん**
はば【幅】 宽 kuān, 宽度 kuāndù; [差]幅度 fúdù.
パパ 爸爸 bàba; 爸 bà.
はぶく【省く】 节省 jiéshěng, 省去 shěngqù, 省略 shěnglüè.
はブラシ【歯—】 牙刷 yáshuā.
バブル 泡沫 pàomò.
はま【浜】 海滨 hǎibīn, 海边 hǎibiān. → **海岸**
はまべ【浜辺】 海边 hǎibiān.
はみがき【歯磨き】(-する) 刷牙 shuāyá.
ハム 火腿 huǒtuǐ.
はめる [ぴったり入れる]镶 xiāng, 嵌 qiàn, 安上 ānshàng; [かぶせる]戴上 dàishàng, 盖上 gàishàng.
ばめん【場面】 场面 chǎngmiàn, 情景 qíngjǐng.
はやい【早い】 早 zǎo.
はやい【速い】 快 kuài.
はやおき【早起き】 早起 zǎoqǐ, 早早起来 zǎozǎo qǐlai.
はやさ【速さ】 速度 sùdù, 快慢 kuàimàn.
はやし【林】 林子 línzi, 树林 shùlín.
はやる【流行る】 流行 liúxíng, 盛行 shèngxíng.
はら【腹】 肚子 dùzi; [考え]内心 nèixīn, 想法 xiǎngfa. **～が減った** 肚子饿了 è le.
バラ【薔薇】 玫瑰(花) méigui(huā).
はらう【払う】 [支払う]付(钱) fù(qián), 支付 zhīfù; [除去する]拂去 fúqù, 掸去 dǎnqù.
ばらばら 零乱 língluàn, 七零八落 qī líng bā luò. **～になる** 七零八落的, 弄 nòng 了个四分五裂 sì fēn wǔ liè 的.
バランス 平衡 pínghéng; 均势 jūnshì.
はり【針】 针 zhēn.
パリ 巴黎 Bālí.
はりきる【張り切る】 干劲十足 gànjìn shízú, 精神百倍 jīngshen bǎi bèi.
はる【春】 春天 chūntiān, 春季 chūnjì.
はる【張る】 [ロープ・テント・網などを]拴 shuān, 拉 lā, 搭 dā, 布下 bùxià; [ふくらむ、こわばる]膨胀 péngzhàng, 发酸 fāsuān, 紧张 jǐnzhāng; [氷が]结(冰) jié(bīng).
はる【貼る】 贴 tiē, 糊 hú.
はるか【遥か】 遥远 yáoyuǎn, 远远 yuǎnyuǎn.
はるまき【春巻き】 春卷 chūnjuǎn.
はれ【晴れ】 晴 qíng, 晴天 qíngtiān.
パレード(-する) 游行 yóuxíng.
バレーボール 排球 páiqiú.
はれる【晴れる】 晴 qíng, 放晴 fàngqíng.
はれる【腫れる】 肿 zhǒng, 肿胀 zhǒngzhàng.
はん【班】 班 bān, 组 zǔ.
ばん【晩】 晚上 wǎnshang, 晚 wǎn.
パン 面包 miànbāo. **～屋** 面包房 fáng, 面包店 diàn.
はんい【範囲】 范围 fànwéi. **～が広い** 范围广 guǎng.
はんえい【繁栄】(-する) 繁荣 fánróng, 昌盛 chāngshèng.
はんが【版画】 版画 bǎnhuà.
ハンガー 衣架 yījià.
ハンカチ 手绢 shǒujuàn, 手帕 shǒupà.
パンク 放炮 fàngpào, 爆胎 bàotāi.
ばんぐみ【番組】 节目 jiémù.
はんけつ【判決】(-する) 判决 pànjué.
はんこう【反抗】(-する) 反抗 fǎnkàng, 抵抗 dǐkàng.
ばんごう【番号】 号码 hàomǎ, 号 hào.
ばんこくはく【万国博】 世博会 shìbóhuì.
はんざい【犯罪】 犯罪 fànzuì.
ばんざい【万歳】 万岁 wànsuì.
はんしゃ【反射】(-する) 反射 fǎnshè.
パンスト 连裤袜 liánkùwà.
パンダ (大)熊猫 (dà)xióngmāo.
はんたい【反対】(-する) [不同意]反对 fǎnduì; [逆]相反 xiāngfǎn.
はんだん【判断】(-する) 判断 pànduàn.
ばんち【番地】 门牌(号) ménpái(hào).
パンツ 裤衩 kùchǎ, 内裤 nèikù; [ズボン]裤子 kùzi.
バンド 腰带 yāodài, 皮带 pídài; [楽団]乐队 yuèduì.
はんとう【半島】 半岛 bàndǎo.
ハンドバッグ 手提包 shǒutíbāo.
ハンドル [自動車]方向盘 fāngxiàngpán; [自転車]车把 chēbǎ.
ハンバーガー 汉堡包 hànbǎobāo.
はんばい【販売】(-する) 销售 xiāoshòu, 出售 chūshòu.
パンフレット 小册子 xiǎocèzi.
はんぶん【半分】 一半 yībàn, 二分之一 èr fēn zhī yī.

はんらん【反乱】(-する) 叛乱 pànluàn.

ひ

ひ【日】[太陽]太阳 tàiyáng; 阳光 yángguāng. **～が昇る** 太阳升 shēng. **～が射す** 阳光照射 zhàoshè.
ひ【火】 火 huǒ, 火焰 huǒyàn. **～を消す** 灭 miè 火.
ピアノ 钢琴 gāngqín. **～を弾く** 弹 tán 钢琴.
ピータン 皮蛋 pídàn.
ピーナッツ 花生 huāshēng.
ピーマン 青椒 qīngjiāo.
ビール 啤酒 píjiǔ. **～を飲む** 喝 hē 啤酒.
ひえる【冷える】[冷たくなる]变冷 biàn lěng, 变凉 liáng; [寒くなる]感觉 gǎnjué 冷, 觉着 juézhe 凉; [愛情などが]变冷淡 lěngdàn, 冷漠 lěngmò.
ひがい【被害】 损失 sǔnshī; 损坏 sǔnhuài. **～を受ける** 受害 shòuhài, 受灾 shòuzāi. **～者** 受害者 zhě.
ひかく【比較】(-する) 比 bǐ, 比较 bǐjiào.
ひかげ【日影】 背阴处 bèiyīnchù, 阴凉处 yīnliángchù.
ひがし【東】 东方 dōngfāng, 东边 dōngbian, 东面 dōngmiàn.
ぴかぴか 闪闪 shǎnshǎn, 锃亮 zèngliàng. **～光る** 闪闪发光 fāguāng.
ひかり【光】 光 guāng, 光亮 guāngliàng.
ひかる【光る】 发光 fāguāng, 发亮 fāliàng.
ひかんてき【悲観的】 悲观 bēiguān.
ひきあげる【引き上げる】 吊起 diàoqǐ, 拉上来 lāshànglai; [水中から]打捞 dǎlāo; [値段・水準・比率などを]提高 tígāo; [戻る,戻す]撤回 chèhuí, 撤走 chèzǒu.
ひきうける【引き受ける】 承担 chéngdān, 答应 dāying, 接受 jiēshòu.
ひきおこす【引き起こす】 引起 yǐnqǐ, 惹起 rěqǐ.
ひきざん【引き算】 减法 jiǎnfǎ. **～をする** 减 jiǎn, 作 zuò 减法.
ひきずる【引きずる】 拖 tuō, 拖拉 tuōlā.
ひきだし【引き出し】[家具の]抽屉 chōuti; [引き出すこと]提取 tíqǔ, 取出 qǔchū. **～を開ける** 拉开 lākāi 抽屉.
ひきだす【引き出す】 抽出 chōuchū; [金を]提取 tíqǔ.
ひきょう【卑怯】 卑鄙 bēibǐ, 无耻 wúchǐ. **～者** 懦夫 nuòfū, 无耻之徒 zhī tú.
ひきわけ【引き分け】 平局 píngjú, 和局 héjú.
ひく【引く】 拉 lā, 牵 qiān; [減らす]减 jiǎn, 扣除 kòuchú; [描く]划(线) huà(xiàn), 描(眉) miáo(méi).
ひく【弾く】 弹 tán; [弦で]拉 lā.
ひく【碾く・挽く】 碾碎 niǎnsuì, 磨碎 mòsuì.
ひく【轢く】 轧 yà.
ひくい【低い】 低 dī; 矮 ǎi.
ひげ【髭・鬚・髯】 胡子 húzi, 胡须 húxū. **～を生やす** 留 liú 胡子. **～そり** 刮胡刀 guāhúdāo.
ひげき【悲劇】 悲剧 bēijù.
ひけつ【秘訣】 秘诀 mìjué, 窍门 qiàomén.
ひこうき【飛行機】 飞机 fēijī. **～で行く** 坐飞机去 zuò fēijī qù.
ひごろ【日頃】 平时 píngshí, 平常 píngcháng.
ひざ【膝】 膝盖 xīgài.
ビザ 签证 qiānzhèng. **～を申請する** 申请 shēnqǐng 签证.
ピザ 比萨饼 bǐsàbǐng.
ひさしぶり【久しぶり】(隔了)好久 (géle)hǎojiǔ.
ひさん【悲惨】 悲惨 bēicǎn.
ひじ【肘】 胳膊肘儿 gēbo zhǒur.
ビジネス 商业 shāngyè; 商务 shāngwù. **～クラス** 公务舱 gōngwùcāng.
びじゅつ【美術】 美术 měishù. **～館** 美术馆 guǎn.
ひしょ【秘書】 秘书 mìshū.
ひじょう【非常】 紧急 jǐnjí, 紧迫 jǐnpò. **～に** 非常 fēicháng, 很 hěn. ➡とても **～口** 紧急出口 chūkǒu, 太平门 tàipíngmén.
ひそか【密か】 暗中 ànzhōng, 偷偷 tōutōu.
ひだ【襞】 褶子 zhězi.
ひたい【額】 前额 qián'é, 额头 étóu.
ビタミン 维生素 wéishēngsù, 维他命 wéitāmìng.
ひだり【左】 左 zuǒ, 左边 zuǒbian. **～側** 左侧 cè, 左边.
ひだりて【左手】 左手 zuǒshǒu.
ひっかく【引っ掻く】 搔 sāo, 挠 náo.
びっくり(-する) 吃惊 chījīng, 吓一跳 xià yī tiào.
ひっくりかえす【ひっくり返す】 弄倒 nòngdǎo, 翻倒 fāndǎo; [裏返す]翻过来 fānguòlai; [覆す]推翻 tuīfān.
ひづけ【日付】 日期 rìqī.
ひっこす【引っ越す】 搬家 bānjiā.
ひっこめる【引っ込める】 缩回 suōhuí, 撤回 chèhuí.
ひっし【必死】 拼命 pīnmìng.
ヒツジ【羊】 羊 yáng; 绵羊 miányáng.
びっしょり 湿透 shītòu. ➡濡れる
ひっそり 寂静 jìjìng, 鸦雀无声 yā què wú shēng.
ぴったり[すきまなく]紧 jǐn, 紧紧 jǐnjǐn, 严实 yánshí; [うまく合う]恰好 qiàhǎo, 正合适 zhèng héshì.
ひっぱる【引っ張る】 拉 lā, 拽 zhuài, 扯 chě.
ひつよう【必要】 必要 bìyào, 需要 xūyào.
ひてい【否定】(-する) 否定 fǒudìng.
ビデオ [デッキ]录像机lùxiàngjī; [カメラ]摄像机shèxiàngjī; [テープ]录像带 lùxiàngdài. **～を撮る** 用 yòng 摄象机摄影 shèyǐng.
ひと【人】 人 rén, 人类 rénlèi; [他人]别人 biéren.
ひどい [はなはだしい]厉害 lìhai, 严重 yánzhòng; [むごい]残酷 cánkù, 无情 wúqíng.
ひといき【一息】[1回の息つぎ]喘口气 chuǎn kǒu qì; [一気]一口气 yī kǒu qì. **～入れる** 歇 xiē 口气; 歇一会儿 yīhuìr.
びとく【美徳】 美德 měidé.
ひとこと【一言】 一言 yī yán, 一句话 yī jù huà.
ひとごみ【人込み】 人群 rénqún, 人山人海 rén shān rén hǎi.
ひとさしゆび【人差し指】 食指 shízhǐ, 二拇指 èrmuzhǐ; [足の]二趾 èrzhǐ.
ひとしい【等しい】 相等 xiāngděng, 相同 xiāngtóng, 等于 děngyú, 一样 yīyàng.
ひとじち【人質】 人质 rénzhì.
ひとびと【人々】 人们 rénmen.
ひとまわり【一回り】 一周 yī zhōu, 一圈 quān. **～大きい** 大 dà 一圈.
ひとみ【瞳】 瞳孔 tóngkǒng.
ひとめ【一目】 一眼 yī yǎn. **～見る** 看 kàn 一眼.
ひとり【一人・独り】 一个人 yī ge rén; [独身]单身 dānshēn, 独身 dúshēn; [自分だけ]独自 dúzì.
ひとりごと【独り言】 自言自语 zì yán zì yǔ. **～を言う** 自言自语, 嘟囔 dūnang.
ひとりっこ【一人っ子】 独生子女 dúshēng zǐnǚ.
ひとりで【独りで】 一个人 yī ge rén, 独自 dúzì.
ひとりぼっち【独りぼっち】 孤零零一(个)人 gūlínglīng yī(ge)rén, 孤单 gūdān, 孤独 gūdú.
ひな【雛】[鳥の]雏 chú; [ニワトリの]小鸡 xiǎojī.
ひなた【日向】 朝阳的地方 cháoyáng de dìfang, 向阳处 xiàngyángchù.
ひなん【非難】(-する) 谴责 qiǎnzé, 责备 zébèi.
ひなん【避難】(-する) 避难 bìnàn, 逃难 táonàn.
ビニール 塑料 sùliào; [樹脂]乙烯树脂 yǐxī shùzhī. **～袋** 塑料袋 dài.
ひにく【皮肉】 挖苦 wāku, 讥讽 jīfěng, 讽刺 fěngcì.

～を言う 说讽刺话 shuō fěngcìhuà.
ひにん【避妊】(-する) 避孕 bìyùn.
ひねる【捻る】 拧 nǐng, 扭 niǔ.
ひばな【火花】 火星 huǒxīng; 火花 huǒhuā.
ひはん【批判】(-する) 批判 pīpàn, 批评 pīpíng.
ひび 裂纹 lièwén, 裂缝 lièfèng.
ひび【日々】 天天 tiāntiān, 每天 měitiān, 日日 rìrì.
ひびき【響き】 声音 shēngyīn, 音响 yīnxiǎng, 响声 xiǎngshēng.
ひびく【響く】 响 xiǎng, 响亮 xiǎngliàng; [影響する]影响 yǐngxiǎng.
ひひょう【批評】(-する) 评论 pínglùn, 批评 pīpíng. **～家** 评论家 jiā.
ひふ【皮膚】 皮肤 pífū.
ひま【暇】 时间 shíjiān, 工夫 gōngfu, 空闲 kòngxián. **～を見つける** 找 zhǎo 时间.
ヒマワリ【向日葵】 向日葵 xiàngrìkuí, 葵花 kuíhuā.
ひみつ【秘密】 秘密 mìmì.
びみょう【微妙】 微妙 wēimiào.
ひめ【姫】 公主 gōngzhǔ.
ひめい【悲鳴】 惨叫 cǎnjiào; 尖叫 jiānjiào.
ひめる【秘める】 隐秘 yǐnmì, 隐藏 yǐncáng.
ひも【紐】 绳子 shéngzi. **～を結ぶ** 系 jì 绳子.
ひゃく【百】 百 bǎi, 一百 yībǎi.
ひやけ【日焼け】(-する) 晒黑 shàihēi.
ひやす【冷やす】 冰 bīng, 冰镇 bīngzhèn; 冷却 lěngquè.
ひゃっかじてん【百科事典】 百科全书 bǎikē quánshū.
ひゃっかてん【百貨店】 百货店 bǎihuòdiàn.
ひゆ【比喩】 比喻 bǐyù. **～を用いる** 打 dǎ 比喻.
ひょう【表】 表 biǎo, 表格 biǎogé.
ひよう【費用】 费用 fèiyong; [支払う]开支 kāizhī.
びょう【秒】 秒 miǎo.
びょういん【病院】 医院 yīyuàn.
びよういん【美容院】 美发厅 měifàtīng; 发廊 fàláng.
ひょうか【評価】(-する) 估价 gūjià; 评价 píngjià.
びょうき【病気】 病 bìng, 疾病 jíbìng. **～が治る** 病治好 zhìhǎo, 病愈 yù. **～になる** 生病 shēngbìng, 得 dé 病.
ひょうげん【表現】(-する) 表现 biǎoxiàn, 表达 biǎodá.
ひょうし【表紙】 [本の]封面 fēngmiàn, 书皮 shūpí.
びょうしつ【病室】 病房 bìngfáng.
びょうしゃ【描写】(-する) 描写 miáoxiě; 描述 miáoshù.
ひょうじゅん【標準】 标准 biāozhǔn; 基准 jīzhǔn.
ひょうしょう【表彰】(-する) 表扬 biǎoyáng, 表彰 biǎozhāng.
ひょうじょう【表情】 表情 biǎoqíng, 神情 shénqíng.
びょうどう【平等】 平等 píngděng.
びょうにん【病人】 病人 bìngrén.
ひょうばん【評判】 评价 píngjià; [名声]声誉 shēngyù.
ひょうほん【標本】 标本 biāoběn.
ひょうめん【表面】 表面 biǎomiàn.
ひよこ 小鸡 xiǎojī.
ひらく【開く】 开 kāi, 打开 dǎkāi.
ひらたい【平たい】 平坦 píngtǎn, 扁平 biǎnpíng.
びり 最后 zuìhòu, 倒数第一 dàoshǔ dìyī.
ひりょう【肥料】 肥料 féiliào.
ひる(ま)【昼(間)】 白天 báitiān; [正午]中午 zhōngwǔ.
ビル 大楼 dàlóu, 高楼 gāolóu, 大厦 dàshà; 楼房 lóufáng.
ひるね【昼寝】 午觉 wǔjiào, 午睡 wǔshuì. **～をする** 睡 shuì 午觉.
ひるやすみ【昼休み】 午休 wǔxiū.
ひれ【鰭】 鱼鳍 yúqí.
ひれい【比例】 比例 bǐlì.
ひろい【広い】 [面積が]大 dà, 宽敞 kuānchang; [幅が]宽 kuān, 宽阔 kuānkuò; [範囲が]广 guǎng, 广泛 guǎngfàn.
ひろう【拾う】 捡 jiǎn, 捡到 jiǎndào, 捡起 jiǎnqǐ.
ひろう【疲労】(-する) 疲劳 píláo, 疲倦 píjuàn.
ひろがる【広がる】 扩大 kuòdà, 扩展 kuòzhǎn.
ひろげる【広げる】 扩大 kuòdà, 扩展 kuòzhǎn.
ひろさ【広さ】 [面積]面积 miànjī; [幅]宽度 kuándù.
ひろば【広場】 广场 guǎngchǎng.
ひろびろ【広々】 宽敞 kuānchang, 宽阔 kuānkuò, 开阔 kāikuò. → **広い**
ひん【品】 品格 pǐngé, 风度 fēngdù. **～がいい** 有 yǒu 风度, 文雅 wényǎ.
びん【瓶】 瓶子 píngzi.
びん【便】 [飛行機]航班 hángbān.
ピン 别针 biézhēn; [ヘアピン]发卡 fàqiǎ.
ピンイン 拼音 pīnyīn.
びんかん【敏感】 敏感 mǐngǎn, 灵敏 língmǐn.
ピンク 粉红(色) fěnhóng(sè), 桃色 táosè.
ひんしつ【品質】 质量 zhìliàng.
ピント 焦点 jiāodiǎn, 焦距 jiāojù.
びんぼう【貧乏】(-する) 穷 qióng, 贫穷 pínqióng.

ふ

ぶ【部】 部门 bùmén; [部数]份 fen.
ファーストフード 快餐 kuàicān.
ファイト 战斗精神 zhàndòu jīngshén, 斗志 dòuzhì, 干劲儿 gànjìnr; [かけ声]加油 jiāyóu.
ファイル(-する) 归档 guīdàng; [電算]文件 wénjiàn.
ファスナー 拉链 lāliàn, 拉锁 lāsuǒ.
ファックス 传真(机) chuánzhēn(jī).
ファッション 时尚 shíshàng; [服装]时装 shízhuāng.
ファン 迷 mí; [音訳語]粉丝 fěnsī.
ふあん【不安】 不安 bù'ān, 担心 dānxīn.
ふい【不意】 冷不防 lěngbufáng, 突然 tūrán.
フィアンセ [女]未婚妻 wèihūnqī; [男]未婚夫 wèihūnfū.
フィルム 胶卷 jiāojuǎn.
ふうけい【風景】 风景 fēngjǐng, 风光 fēngguāng.
ふうし【風刺】(-する) 讽刺 fěngcì, 讥讽 jīfěng.
ふうすい【風水】 风水 fēngshuǐ.
ふうせん【風船】 气球 qìqiú. **～を飛ばす** 放 fàng 气球.
ブーツ 靴子 xuēzi. **～をはく** 穿 chuān 靴子.
ふうとう【封筒】 信封 xìnfēng, 信皮儿 xìnpír.
ふうふ【夫婦】 夫妻 fūqī, 夫妇 fūfù.
ブーム 热潮 rècháo. **サッカー～** 足球热 zúqiúrè.
プール 游泳池 yóuyǒngchí.
ふうん【不運】 背运 bèiyùn, 运气不好 yùnqi bù hǎo.
ふえ【笛】 笛子 dízi; [呼び子]哨子 shàozi. **～を吹く** 吹 chuī 笛子.
ふえる【増える】 增加 zēngjiā, 增多 zēngduō.
フォーク 叉子 chāzi, 餐叉 cānchā.
フォルダー 文件夹 wénjiànjiā.
フォント 字体 zìtǐ.
ふかい【深い】 深 shēn.
ふかさ【深さ】 深度 shēndù, 深 shēn, 深浅 shēnqiǎn.
ふかのう【不可能】 不可能 bù kěnéng, 做不到 zuòbudào.
ふかひれ 鱼翅 yúchì.
ぶき【武器】 武器 wǔqì.
ふきゅう【普及】(-する) 普及 pǔjí.
ふきょう【不況】 萧条 xiāotiáo; 不景气 bù jǐngqì.
ふきん【付近】 附近 fùjìn.
ふく【服】 衣服 yīfu. **～を脱ぐ** 脱 tuō 衣服.
ふく【吹く】 [風が]刮 guā, 吹 chuī; [息などを]吹.
ふく【拭く】 擦 cā, 抹 mǒ, 揩 kāi.
ふくざつ【複雑】 复杂 fùzá.

日中

ふくし【福祉】福利 fúlì, 福祉 fúzhǐ.
ふくし【副詞】副词 fùcí.
ふくしゅう【復習】(-する) 复习 fùxí; 温习 wēnxí.
ふくしゅう【復讐】(-する) 复仇 fùchóu, 报仇 bàochóu, 报复 bàofù.
ふくじゅう【服従】(-する) 服从 fúcóng.
ふくすう【複数】复数 fùshù.
ふくせい【複製】(-する) 复制 fùzhì; 翻印 fānyìn.
ふくそう【服装】服装 fúzhuāng, 衣着 yīzhuó, 穿着 chuānzhuó. → 服
ふくつう【腹痛】肚子痛 dùzi tòng; 腹痛 fùtòng.
ふくむ【含む】含有 hányǒu, 包含 bāohán, 包括 bāokuò.
ふくめん【覆面】蒙面 méngmiàn.
ふくらむ【膨らむ】鼓起 gǔqǐ, 膨胀 péngzhàng.
ふくれる【膨れる】鼓起 gǔqǐ, 膨胀 péngzhàng, 撑 chēng; [怒って]噘嘴 juēzuǐ.
ふくろ【袋】口袋 kǒudài, 袋子 dàizi.
ふけいき【不景気】不景气 bù jǐngqì.
ふけつ【不潔】不干净 bù gānjìng.
ふける【老ける】上年纪 shàng niánjì, 老 lǎo.
ふこう【不幸】不幸 bùxìng.
ふこうへい【不公平】不公平 bù gōngpíng.
ふごうり【不合理】不合理 bù hélǐ.
ブザー 蜂鸣器 fēngmíngqì.
ふさい【負債】负债 fùzhài, 欠债 qiànzhài.
ふざい【不在】不在 bùzài, 不在家 bù zài jiā.
ふさがる【塞がる】[詰まる]堵 dǔ, 塞 sāi; [いっぱいになる]占用 zhànyòng, 占满 zhànmǎn, 占着 zhànzhe.
ふさぐ【塞ぐ】[穴などを]堵 dǔ, 填 tián; [妨げる]堵, 挡 dǎng.
ふざける 打闹 dǎnào, 欢闹 huānnào, 乱闹 luànnào.
ふさわしい 合适 héshì, 适称 shìchèn, 相称 xiāngchèn.
ぶじ【無事】平安(无事) píng'ān(wúshì), 安全 ānquán.
ふしぎ【不思議】奇怪 qíguài, 不可思议 bù kě sī yì.
ふじゆう【不自由】[体が]不好使 bù hǎoshǐ, (有)残疾 (yǒu)cánji; [不便]不方便 fāngbiàn.
ふじゅん【不純】不纯 bùchún.
ふしょう【負傷】(-する) 负伤 fùshāng, 受伤 shòushāng.
ぶじょく【侮辱】(-する) 侮辱 wǔrǔ, 凌辱 língrǔ.
ふしん【不信】不信任 bù xìnrèn, 不相信 xiāngxìn.
ふせい【不正】不正当 bù zhèngdàng.
ふせぐ【防ぐ】防止 fángzhǐ, 防御 fángyù, 防备 fángbèi, 预防 yùfáng.
ふそく【不足】(-する) 不够 bù gòu, 不足 bùzú, 短缺 duǎnquē.
ふた【蓋】盖(儿) gài(r), 盖子 gàizi. **～をする** 关 guān 盖儿.
ふだ【札】牌子 páizi, 签儿 qiānr. **～を付ける** 挂 guà 牌子.
ブタ【豚】猪 zhū.
ぶたい【舞台】舞台 wǔtái. **～に上がる** 走上 zǒushàng 舞台.
ふたご【双子】双胞胎 shuāngbāotāi.
ふたたび【再び】再 zài, 又 yòu, 重 chóng; 再次 zàicì.
ふたん【負担】负担 fùdān, 承担 chéngdān.
ふだん【普段】平时 píngshí, 平常 píngcháng.
ふち【縁】边 biān, 缘 yuán, 沿儿 yán(r).
ぶつ【打つ】打 dǎ, 击 jī, 敲 qiāo. → 打つ・たたく・殴る
ふつう【普通】一般 yībān, 普通 pǔtōng.
ぶっか【物価】物价 wùjià. **～が下がる** 物价下跌 xiàdiē.
ふつかよい【二日酔い】宿醉 sùzuì.
ぶつかる [打ち当たる]碰 pèng, 撞 zhuàng; [対立する]冲突 chōngtū. → 衝突
ぶっきょう【仏教】佛教 Fójiào.
ぶつける [投げて当てる]摔 shuāi; [打ち当てる]碰上 pèngshang, 撞上 zhuàngshang. → 衝突
ぶっしつ【物質】物质 wùzhì.
ぶつだん【仏壇】佛龛 fókān.
ふっとう【沸騰】(-する) 沸腾 fèiténg.
ぶつぶつ 唠叨 láodao, 嘟哝 dūnong, 叨咕 dáogu.
ぶつり【物理】物理 wùlǐ.
ふで【筆】毛笔 máobǐ.
ふでばこ【筆箱】铅笔盒 qiānbǐhé.
ふと 偶然 ǒurán, 突然 tūrán, 一下 yīxià.
ふとい 粗 cū.
ブドウ【葡萄】葡萄 pútao. **～酒** 葡萄酒 jiǔ.
ふどうさん【不動産】不动产 bùdòngchǎn, 房地产 fángdìchǎn.
ふとる【太る】胖 pàng, 发胖 fāpàng.
ふとん【布団・蒲団】被褥 bèirù; 被子 bèizi; 褥子 rùzi. **～を掛ける** 盖 gài 被子. **掛け～** 被子 bèizi. **敷き～** 褥子 rùzi.
ふね【船】船 chuán. **～を漕ぐ** 划 huá 船.
ぶひん【部品】零部件 língbùjiàn, 零件 língjiàn.
ぶぶん【部分】(一)部分 (yī)bùfen.
ふへい【不平】不满 bùmǎn, 不平 bùpíng. **～を言う** 发牢骚 fā láosao.
ふべん【不便】不方便 bù fāngbiàn, 不便 bùbiàn.
ふぼ【父母】父母 fùmǔ.
ふまん【不満】不满 bùmǎn, 不满意 bù mǎnyì.
ふむ【踏む】踏 tà, 踩 cǎi.
ふやす【増やす】增加 zēngjiā, 增添 zēngtiān.
ふゆ【冬】冬天 dōngtiān, 冬季 dōngjì.
プライド 自豪感 zìháogǎn, 自尊心 zìzūnxīn.
フライドチキン 炸鸡 zhájī.
フライドポテト 炸薯条 zháshǔtiáo.
フライパン 煎锅 jiānguō.
ブラインド 百叶窗 bǎiyèchuāng. **～をあげる** 拉开 lākāi 百叶窗.
ブラウス 女衬衫 nǚchènshān.
ぶらさがる【ぶら下がる】吊 diào, 悬 xuán, 耷拉 dāla, 挂 guà.
ブラシ 刷子 shuāzi.
ブラジャー 胸罩 xiōngzhào, 乳罩 rǔzhào, 奶罩 nǎizhào.
ブラジル 巴西 Bāxī.
プラス(-する) 加 jiā; 正 zhèng.
プラスチック 塑料 sùliào.
ぶらつく 闲逛 xiánguàng, 溜达 liūda.
プラットホーム [駅]站台 zhàntái; [電算]平台 píngtái.
ぶらんこ 秋千 qiūqiān. **～に乗る** 打 dǎ 秋千.
フランス 法国 Fǎguó.
ブランド 商标 shāngbiāo; [有名な]名牌 míngpái.
ふり【振り】[それらしく装う]装做 zhuāngzuò, 假装 jiǎzhuāng; [しぐさ]样子 yàngzi.
ふり【不利】不利 bùlì.
フリーター 自由职业者 zìyóu zhíyèzhě.
ふりかえる【振り返る】[後ろを]回头看 huítóu kàn; [過去を]回顾 huígù, 回首 huíshǒu.
ふりまわす【振り回す】挥舞 huīwǔ, 抡起 lūnqǐ; [ひけらかす]卖弄 màinong.
プリン 布丁 bùdīng.
プリンター 打印机 dǎyìnjī, 印刷机 yìnshuājī.
プリント(-する) 印刷 yìnshuā; [印刷物]印刷品 yìnshuāpǐn.
ふる【振る】挥 huī, 摇 yáo, 摆 bǎi.
ふる【降る】下 xià, 降 jiàng.
ふるい【古い】老 lǎo, 旧 jiù, 古老 gǔlǎo, 陈旧 chénjiù.
ふるえる【震える】颤动 chàndòng, 发抖 fādǒu, 哆嗦

duōsuo, 颤抖 chàndǒu.
ふるさと【古里・故郷】 故乡 gùxiāng, 老家 lǎojiā.
ブレーキ 闸 zhá, 刹车 shāchē. **～をかける** 刹车, 刹闸 shāzhá.
プレゼント 礼物 lǐwù, 礼品 lǐpǐn. **～をする** 送 sòng 礼物.
ふれる【触れる】 碰 pèng, 摸 mō, 接触 jiēchù; [言及する]提到 tídào, 言及 yánjí.
ふろ【風呂】 浴池 yùchí; 浴室 yùshì, 洗澡间 xǐzǎojiān. **～に入る** 洗澡 xǐzǎo.
プロ 专业 zhuānyè, 职业 zhíyè.
ブローチ 胸针 xiōngzhēn.
プログラム [演目]节目 jiémù; [電算]程序 chéngxù.
ブロック [コンクリートブロック]水泥预制板 shuǐní yùzhìbǎn, 水泥砖 zhuān; [区画]地区 dìqū, 街区 jiēqū.
フロント [受付]服务台 fúwùtái; [ホテル]前台 qiántái.
ふわふわ [漂うさま]轻飘飘 qīngpiāopiāo; [柔らかいさま]软绵绵 ruǎnmiánmián.
ふん【分】 分 fēn, 分钟 fēnzhōng. **３時２０～** 三点二十 sān diǎn èrshí 分钟.
ふん【糞】 粪 fèn, 屎 shǐ, 大便 dàbiàn.
ぶん【分】 [分量・割り当て]份儿 fènr; [本分]本分 běnfèn; [身のほど,分際]身份 shēnfen, 地位 dìwèi. **３～の２** 三分之二 sān fēn zhī èr. **２人～食べる** 吃两份 chī liǎng fèn.
ぶん【文】 句子 jùzi.
ふんいき【雰囲気】 气氛 qìfēn, 空气 kōngqì.
ぶんか【文化】 文化 wénhuà.
ぶんがく【文学】 文学 wénxué.
ぶんかつ【分割】(-する) 分割 fēngē.
ぶんし【分子】 分子 fēnzǐ.
ふんしつ【紛失】(-する) 丢失 diūshī, 失落 shīluò.
ぶんしょう【文章】 文章 wénzhāng.
ふんすい【噴水】 喷泉 pēnquán, 喷水池 pēnshuǐchí, 喷水 pēnshuǐ.
ぶんすう【分数】 分数 fēnshù.
ぶんせき【分析】(-する) 分析 fēnxī.
ぶんたん【分担】(-する) 分担 fēndān.
ぶんぽう【文法】 语法 yǔfǎ.
ぶんぼうぐ【文房具】 文具 wénjù.
ぶんめい【文明】 文明 wénmíng.
ぶんや【分野】 领域 lǐngyù.
ぶんり【分離】(-する) 分离 fēnlí, 分开 fēnkāi.
ぶんるい【分類】(-する) 分类 fēnlèi.
ぶんれつ【分裂】(-する) 分裂 fēnliè, 裂开 lièkāi.

へ

ペア 对 duì; 偶 ǒu.
へい【塀】 墙 qiáng, 围墙 wéiqiáng, 墙壁 qiángbì.
へいかい【閉会】(-する) 散会 sànhuì, 闭幕 bìmù.
へいき【平気】 [心が落ちついている]冷静 lěngjìng, 镇静 zhènjìng; [気にかけない]不在乎 bùzàihū, 不要紧 bù yàojǐn, 没事儿 méi shìr.
へいき【兵器】 武器 wǔqì, 兵器 bīngqì.
へいきん【平均】(-する) 平均 píngjūn.
へいし【兵士】 士兵 shìbīng; 战士 zhànshì.
へいじつ【平日】 平日 píngrì.
へいてん【閉店】(-する) 关门 guānmén; [休む]停止营业 tíngzhǐ yíngyè.
へいほう【平方】 平方 píngfāng.
へいぼん【平凡】 平凡 píngfán.
へいや【平野】 平原 píngyuán; 平野 píngyě.
へいわ【平和】 和平 hépíng. **～共存** 和平共处 gòngchǔ.
ベーコン 培根 péigēn.
ページ 页 yè, 书页 shūyè. **本の～をめくる** 翻 fān 书页.
へそ【臍】 肚脐 dùqí.
へた【下手】 不高明 bù gāomíng, 笨拙 bènzhuō.
べっそう【別荘】 别墅 biéshù.
ベッド 床 chuáng. **～に横たわる** 躺在 tǎngzài 床上 shàng.
ペット 宠物 chǒngwù. **～を飼う** 养 yǎng 宠物.
ペットボトル 塑料瓶 sùliàopíng.
ヘッドホン (头戴式)耳机 (tóudàishì) ěrjī.
ヘッドライト 车头灯 chētóudēng.
べつに【別に】 并(不,没) bìng(bù, méi).
べつの【別の】 别的 biéde, 其他 qítā.
べつべつに【別々に】 分别 fēnbié, 各自 gèzì.
ベトナム 越南 Yuènán.
ヘビ【蛇】 蛇 shé.
ベビーカー 婴儿车 yīng'érchē.
へや【部屋】 房间 fángjiān, 屋子 wūzi. **～に入る** 进 jìn 房间.
へらす【減らす】 减 jiǎn, 减少 jiǎnshǎo. **仕事の量を～** 减少工作量 gōngzuòliàng.
ベランダ 阳台 yángtái, 凉台 liángtái.
ヘリコプター 直升(飞)机 zhíshēng(fēi)jī.
へる【減る】 减少 jiǎnshǎo. **体重が～** 体重 tǐzhòng 减少, 体重下降 xiàjiàng.
ベル 铃 líng, 电铃 diànlíng; [門の]门铃 ménlíng. **～を鳴らす** 按 àn 铃.
ベルト 腰带 yāodài, 皮带 pídài.
ヘルプ [電算]帮助 bāngzhù.
ヘルメット 头盔 tóukuī; 安全帽 ānquánmào.
ベルリン 柏林 Bólín.
へん【変】 怪 guài, 奇怪 qíguài, 不对头 bù duìtóu.
へん【遍】 遍 biàn, 次 cì, 回 huí. **もう一～** 再一 zài yī 次, 再一遍. → 回・度
ペン 笔 bǐ; 钢笔 gāngbǐ.
へんか【変化】(-する) 变化 biànhuà. → 変わる
べんかい【弁解】(-する) 辩解 biànjiě; 分辨 fēnbiàn.
ペンキ 油漆 yóuqī. **～を塗る** 涂 tú 油漆.
べんきょう【勉強】(-する) 学习 xuéxí, 用功 yònggōng, 读书 dúshū.
へんけん【偏見】 偏见 piānjiàn.
べんご【弁護】(-する) 辩护 biànhù; 辩解 biànjiě.
へんこう【変更】(-する) 变更 biàngēng; 更改 gēnggǎi.
べんごし【弁護士】 律师 lǜshī.
へんじ【返事】(-する) 答应 dāying, 回答 huídá, 答复 dáfù.
べんじょ【便所】 厕所 cèsuǒ. → トイレ
ペンダント 垂饰 chuíshì.
ベンチ 长凳 chángdèng, 条凳 tiáodèng, 长椅 chángyǐ.
べんとう【弁当】 盒饭 héfàn; [台湾で]便当 biàndāng.
へんぴん【返品】(-する) 退货 tuìhuò.
べんり【便利】 方便 fāngbiàn, 便利 biànlì.

ほ

ほう【方】 方 fāng, 方面 fāngmiàn. **こちらの～** 这边 zhèbiān.
ぼう【棒】 棍(子) gùn(zi), 棒(子) bàng(zi).
ぼうえい【防衛】(-する) 防卫 fángwèi.
ぼうえき【貿易】 贸易 màoyì, 对外 duìwài 贸易.
ぼうえんきょう【望遠鏡】 望远镜 wàngyuǎnjìng.
ほうかい【崩壊】(-する) 崩溃 bēngkuì; [建物が]倒塌 dǎota.
ほうがく【方角】 方向 fāngxiàng, 方位 fāngwèi.
ほうかご【放課後】 下课以后 xiàkè yǐhòu, 放学后 fàngxuéhòu.
ほうき【帚・箒】 扫帚 sàozhou, 笤帚 tiáozhou.
ほうげん【方言】 方言 fāngyán, 土话 tǔhuà.

ぼうけん【冒険】(-する) 冒险 màoxiǎn. **〜家** 冒险家 jiā.
ほうこう【方向】 方向 fāngxiàng.
ほうこく【報告】(-する) 报告 bàogào, 汇报 huìbào.
ほうし【奉仕】(-する) 服务 fúwù, 效力 xiàolì.
ぼうし【帽子】 帽子 màozi. **〜をかぶる** 戴 dài 帽子.
ぼうし【防止】(-する) 防止 fángzhǐ.
ほうしゅう【報酬】 报酬 bàochou.
ほうしん【方針】 方针 fāngzhēn.
ほうせき【宝石】 宝石 bǎoshí.
ほうそう【放送】(-する) 广播 guǎngbō, 播送 bōsòng, 播放 bōfàng.
ほうそう【包装】(-する) 包装 bāozhuāng.
ほうそく【法則】 法则 fǎzé, 规律 guīlǜ; [科学における]定律 dìnglǜ.
ほうたい【包帯】 绷带 bēngdài, 纱布 shābù. **〜を巻く** 缠 chán 绷带.
ほうだい【放題】 随便地 suíbiàn de, 毫无限制地 háo wú xiànzhì de. **食べ〜** 尽量地吃 jǐnliàng de chī, 吃到饱 chīdàobǎo. **したい〜** 为所欲为 wéi suǒ yù wéi, 放纵 fàngzòng.
ほうちょう【包丁】 菜刀 càidāo, 切菜刀 qiēcàidāo.
ほうてい【法廷】 法庭 fǎtíng.
ほうどう【報道】(-する) 报道 bàodào.
ぼうとう【冒頭】 开头 kāitóu, 起首 qǐshǒu.
ぼうどう【暴動】 暴动 bàodòng, 暴乱 bàoluàn.
ほうび【褒美】 奖赏 jiǎngshǎng, 奖励 jiǎnglì.
ぼうふうう【暴風雨】 暴风雨 bàofēngyǔ.
ほうほう【方法】 方法 fāngfǎ, 办法 bànfǎ.
ほうぼう【方々】 到处 dàochù.
ほうもん【訪問】(-する) 访问 fǎngwèn.
ほうりつ【法律】 法律 fǎlǜ.
ぼうりょく【暴力】 暴力 bàolì, 武力 wǔlì.
ボウリング 保龄球 bǎolíngqiú.
ほうる【放る】 扔 rēng, 抛 pāo; [捨ておく]扔下不管 rēngxià bùguǎn, 不加理睬 bù jiā lǐcǎi. ➡ **投げる**
ホウレンソウ 菠菜 bōcài.
ほえる【吠える】 (吼)叫 (hǒu)jiào, 吼, 号叫 háojiào.
ほお【頰】 脸颊 liǎnjiá, 脸蛋儿 liǎndànr.
ボーイフレンド 男朋友 nánpéngyou.
ホース 管子 guǎnzi, 软管 ruǎnguǎn.
ポーズ 姿势 zīshì, 样子 yàngzi.
ボート 小船 xiǎochuán.
ボーナス 奖金 jiǎngjīn; 分红 fēnhóng. **〜をもらう** 领 lǐng 奖金.
ホームページ 主页 zhǔyè, 网页 wǎngyè.
ボール 球 qiú. **〜を投げる** 扔 rēng 球.
ボールペン 圆珠笔 yuánzhūbǐ.
ほか【外・他】 [よそ]别处 biéchù, 别的地方 biéde dìfang; [別の]别的, 另外 lìngwài, 其他 qítā; […を除いて]除(了) chú(le)… 以外 yǐwài.
ほがらか【朗らか】 开朗 kāilǎng, 爽快 shuǎngkuai.
ぼくじょう【牧場】 牧场 mùchǎng.
ボクシング 拳击 quánjī.
ポケット 口袋 kǒudài, 兜儿 dōur, 衣兜 yīdōu.
ぼける【呆ける】 发呆 fādāi, 糊涂 hútu.
ほけん【保険】 保险 bǎoxiǎn. **生命〜** 人寿 rénshòu 保险.
ほご【保護】(-する) 保护 bǎohù.
ぼご【母語】 母语 mǔyǔ.
ほこうしゃ【歩行者】 行人 xíngrén, 步行者 bùxíngzhě. **〜天国** 步行街 bùxíngjiē.
ほこり【埃】 灰尘 huīchén, 尘土 chéntǔ.
ほこり【誇り】 骄傲 jiāo'ào, 自豪 zìháo.
ほし【星】 星星 xīngxing.
ほしい【欲しい】 [得たい]想要 xiǎngyào, 要 yào; [望む]希望 xīwàng.
ぼしゅう【募集】(-する) 招募 zhāomù, 招聘 zhāopìn; 征集 zhēngjí, 募集 mùjí. **広告で〜する** 登广告 dēng guǎnggào 招聘.
ほしょう【保証】(-する) 保证 bǎozhèng.
ほす【干す】 晒 shài, 晾 liàng, 晒干 shàigān, 晾干 liànggān; [飲む]喝干 hēgān; [仕事を]冷落 lěngluò, 晾.
ポスター 广告画 guǎnggàohuà, 宣传画 xuānchuánhuà, 海报 hǎibào. **〜を貼る** 张贴 zhāngtiē 广告画.
ポスト 邮筒 yóutǒng, 信筒 xìntǒng; 信箱 xìnxiāng.
ほそい【細い】 [径が小さい]细 xì; [幅が小さい]窄 zhǎi, 狭窄 xiázhǎi.
ほそう【舗装】(-する) 铺修 pūxiū, 铺路 pūlù. **〜道路** 柏油路 bǎiyóulù.
ほぞん【保存】(-する) 保存 bǎocún, 储存 chǔcún.
ホタテガイ【帆立貝】 扇贝 shànbèi.
ボタン 钮扣 niǔkòu, 扣子 kòuzi. **〜を掛ける** 扣上 kòushàng 钮扣.
ぼち【墓地】 墓地 mùdì, 坟地 féndì.
ほっさ【発作】 [発作が起きる]发作 fāzuò.
ホッチキス 订书机 dìngshūjī.
ほっと (叹)一口气 (tàn)yī kǒu qì, (松 sōng)一口气.
ホットドッグ 热狗 règǒu.
ホテル 饭店 fàndiàn, 宾馆 bīnguǎn. **〜に泊まる** 住 zhù 饭店.
ほど【程】 程度 chéngdù; [およそ]左右 zuǒyòu.
ほどう【歩道】 人行道 rénxíngdào.
ほどく【解く】 解开 jiěkāi; 拆开 chāikāi.
ほとけ【仏】 佛 fó; [死者]死者 sǐzhě, 亡灵 wánglíng.
ほとんど【殆ど】 大体上 dàtǐshang, 几乎 jīhū.
ほね【骨】 骨头 gǔtou; [魚の]鱼刺 yúcì, 刺 cì. **〜を折る** 断 duàn 骨头; [苦労する]费力气 fèi lìqi, 费劲 fèijìn.
ほのお【炎】 火焰 huǒyàn, 火苗 huǒmiáo.
ほほえみ【微笑み】 微笑 wēixiào. **〜を浮かべる** 面泛 miàn fàn 微笑.
ほほえむ【微笑む】 微笑 wēixiào.
ほめる【褒める・誉める】 称赞 chēngzàn, 表扬 biǎoyáng, 夸奖 kuājiǎng.
ボランティア 志愿者 zhìyuànzhě.
ほる【掘る】 挖 wā, 挖掘 wājué.
ほろびる【滅びる】 灭亡 mièwáng, 灭绝 mièjué.
ぼろぼろ 破破烂烂 pòpòlànlàn, 破烂不堪 pò làn bù kān.
ほん【本】 书 shū, 书籍 shūjí. **〜を借りる** 借 jiè 书.
ぼん【盆】 托盘 tuōpán.
ほんき【本気】 认真 rènzhēn.
ほんしつ【本質】 本质 běnzhì.
ほんじつ【本日】 今日 jīnrì; 本日 běnrì.
ほんだな【本棚】 书架 shūjià.
ほんとう【本当】 真正 zhēnzhèng, 真的 zhēn de.
ほんの 不过 bùguò, 仅仅 jǐnjǐn. **〜少し** 一点点 yīdiǎndiǎn.
ほんのう【本能】 本能 běnnéng.
ポンプ 泵 bèng, 唧筒 jītǒng.
ほんもの【本物】 真货 zhēnhuò, 真的 zhēn de.
ほんやく【翻訳】(-する) 翻译 fānyì, 笔译 bǐyì.
ぼんやり [ぼやけている]模糊 móhu, 不清楚 bù qīngchu; [放心]発呆 fādāi, 发愣 fālèng.

ま

まあ 哎呀 āiyā.

マーガリン 麦琪淋 màiqílín, 植物黄油 zhíwù huángyóu.
マーク 商标 shāngbiāo; 标志 biāozhì, 标记 biāojì. **～を付ける** 做出 zuòchū 标记.
マーケット 市场 shìchǎng.
マージャン【麻雀】 麻将 májiàng. **～をする** 打 dǎ 麻将.
マーボードウフ【麻婆豆腐】 麻婆豆腐 mápó dòufu.
まい【枚】 张 zhāng. **紙４～** 四张纸.
まいあさ【毎朝】 每天早上 měitiān zǎoshang.
マイク 麦克风 màikèfēng, 话筒 huàtǒng.
まいご【迷子】 迷路的(儿童) mílù de(értóng), 走失 zǒushī. **～になる** 迷路,走失.
まいしゅう【毎週】 每星期 měi xīngqī; 每周 měizhōu.
まいつき【毎月】 每月 měiyuè.
マイナス(-する) 负 fù, 零下 língxià; 减 jiǎn.
まいにち【毎日】 每天 měitiān, 天天 tiāntiān.
まいねん【毎年】 每年 měinián.
まいばん【毎晩】 每天晚上 měitiān wǎnshang.
マイル 英里 yīnglǐ.
まう【舞う】 舞蹈 wǔdǎo, 飞舞 fēiwǔ.
マウス [ネズミ]老鼠 lǎoshǔ; [電算]鼠标 shǔbiāo.
まえ【前】 前边 qiánbian, 前方 qiánfāng, 前面 qiánmian.
まえもって【前もって】 事先 shìxiān, 预先 yùxiān.
マカオ 澳门 Àomén.
まかす【負かす】 打败 dǎbài, 击败 jībài.
まかせる【任せる】 委托 wěituō, 托付 tuōfù, 任凭 rènpíng, 交给 jiāogěi.
まがりくねる【曲がりくねる】 弯弯曲曲 wānwānqūqū.
まがる【曲がる】 弯曲 wānqū; 拐 guǎi, 转弯 zhuǎnwān.
まく【幕】 幕 mù, 帐幕 zhàngmù. **～が開く** 开幕 kāimù.
まく【巻く】 卷 juǎn, 围绕 wéirào, 绕 rào.
まく【蒔く・播く・撒く】 播 bō, 种 zhòng; [水などを]撒 sǎ, 洒 sǎ.
まくら【枕】 枕头 zhěntou.
マグロ 金枪鱼 jīnqiāngyú.
まける【負ける】 输 shū, 败 bài.
まげる【曲げる】 弄弯 nòngwān, 弯(曲) wān(qū), 歪 wāi.
まご【孫】 孙子 sūnzi; [女の]孙女 sūnnǚ; [娘の子]外孙子 wàisūnzi, 外孙女 wàisūnnǚ.
まことに【誠に】 真 zhēn, 实在 shízài, 非常 fēicháng.
まさか 难道 nándào, 没想到 méi xiǎngdào.
まさつ【摩擦】 摩擦 mócā.
まさに【正に】 (真)正(是) (zhēn)zhèng(shì), 确实 quèshí.
まさる【勝る】 胜过 shèngguò, 比 bǐ …好 hǎo.
まじえる【交える】 夹杂 jiāzá, 搀杂 chānzá.
まじめ【真面目】 认真 rènzhēn, 正经 zhèngjing.
まじる【交じる・混じる】 混有 hùnyǒu, 搀杂 chānzá.
まじわる【交わる】 交叉 jiāochā, 交往 jiāowǎng.
ます【増す】 增加 zēngjiā, 增多 zēngduō, 增长 zēngzhǎng.
マス【鱒】 鳟鱼 zūnyú.
まず【先ず】 (首)先(shǒu)xiān; 大体(上) dàtǐ(shàng).
ますい【麻酔】 麻醉 mázuì. **～をかける** 施行 shīxíng 麻醉.
まずい 不好吃 bù hǎochī; 不好 hǎo; 不合适 héshì.
マスク 口罩 kǒuzhào; 面具 miànjù; 面貌 miànmào. **～をする** 戴 dài 口罩.
まずしい【貧しい】 (贫)穷 (pín)qióng.
マスター 主人 zhǔrén, 老板 lǎobǎn; 硕士 shuòshì.
ますます【益々】 越来越 yuè lái yuè …, 更加 gèngjiā.
まぜる【交ぜる・混ぜる】 混合 hùnhé; 搅拌 jiǎobàn.
また【又】 再 zài, 还 hái, 又 yòu, 也 yě.
まだ【未だ】 还(没) hái(méi), 未 wèi.
またがる【跨がる】 跨 kuà, 骑 qí, 横跨 héngkuà.
またぐ【跨ぐ】 跨(越) kuà(yuè).
またたく【瞬く】 眨眼 zhǎyǎn, 闪 shǎn. **～間に** 眨眼之间 zhī jiān.
または【又は】 或者 huòzhě, 惑是 huòshì, 还是 háishi; 另外 lìngwài.
まだら 斑驳 bānbó, 斑点 bāndiǎn.
まち【街・町】 城市 chéngshì, 城镇 chéngzhèn, 街 jiē.
まちあいしつ【待合室】 等候室 děnghòushì.
まぢか【間近】 接近 jiējìn, 眼前 yǎnqián.
まちがい【間違い】 错误 cuòwù, 错儿 cuòr.
まちがえる【間違える】 弄错 nòngcuò, 犯错 fàncuò, 做错 zuòcuò.
まちどおしい【待ち遠しい】 盼望 pànwàng.
マツ【松】 松(树) sōng(shù).
まつ【待つ】 等 děng, 等待 děngdài.
まっか【真っ赤】 鲜红 xiānhóng, 通红 tōnghóng, 大红 dàhóng.
まっくら【真っ暗】 黑暗 hēi'àn, 漆黑 qīhēi.
まっくろ【真っ黒】 黑漆漆 hēiqīqī, 乌黑 wūhēi.
まつげ【睫毛】 睫毛 jiémáo, 眼毛 yǎnmáo.
マッサージ(-する) 按摩 ànmó, 推拿 tuīná.
まっさお【真っ青】 蔚蓝 wèilán, 深蓝 shēnlán; (脸色)苍白 (liǎnsè)cāngbái.
まっさき【真先】 最先 zuìxiān, 首先 shǒuxiān.
まっしろ【真っ白】 雪白 xuěbái.
まっすぐ【真っ直ぐ】 直 zhí, 笔直 bǐzhí, 一直 yīzhí.
まったく【全く】 全然 quánrán, 完全 wánquán, 实在 shízài.
マッチ 火柴 huǒchái; [試合](比)赛 (bǐ)sài; [調和]调和 tiáohe. **～をする** 划 huá 火柴.
マット 垫子 diànzi, 坐垫 zuòdiàn.
マットレス 床垫 chuángdiàn.
まつり【祭り】 庙会 miàohuì; 节(日) jié(rì).
まつる【祭る】 祭 jì, 供奉 gòngfèng.
まで 到 dào; 连 lián.
までに 到 dào …为止 wéizhǐ, 在 zài …以前 yǐqián.
まと【的】 靶子 bǎzi; 对象 duìxiàng.
まど【窓】 窗户 chuānghu. **～を閉める** 关上 guānshang 窗户.
まどぐち【窓口】 窗口 chuāngkǒu.
まとめる【纏める】 总结 zǒngjié, 汇集 huìjí, 整理 zhěnglǐ.
まどろむ 打盹儿 dǎdǔnr, 假寐 jiǎmèi.
まどわす【惑わす】 扰乱 rǎoluàn; 诱惑 yòuhuò.
マナー 礼貌 lǐmào, 礼节 lǐjié. **～をわきまえる** 讲 jiǎng 礼貌.
まないた【まな板】 菜板 càibǎn, 案板 ànbǎn.
まなつ【真夏】 盛夏 shèngxià.
まなぶ【学ぶ】 学 xué, 学习 xuéxí.
マニア …迷 mí, 发烧友 fāshāoyǒu.
まにあう【間に合う】 来得及 láidejí, 赶上 gǎnshang.
マニキュア 指甲油 zhǐjiayóu. **～をする** 染 rǎn 指甲.
マニュアル 指南 zhǐnán, 说明书 shuōmíngshū.
まぬがれる【免れる】 避免 bìmiǎn; 摆脱 bǎituō.
まぬけ【間抜け】 胡涂 hútu, 笨蛋 bèndàn.
まね【真似】 模仿 mófǎng.
マネージャー 经理 jīnglǐ, 负责人 fùzérén.
まねく【招く】 招待 zhāodài, 邀请 yāoqǐng.
まねる【真似る】 模仿 mófǎng, 装做 zhuāngzuò.
まばたき【瞬き】 眨眼 zhǎyǎn.
まひ【麻痺】(-する) 麻痹 mábì, 麻木 mámù.

日中

まぶしい【眩しい】 眩目 xuànmù, 晃眼 huǎngyǎn.
まぶた【瞼】 眼皮 yǎnpí.
まふゆ【真冬】 隆冬 lóngdōng.
マフラー 围巾 wéijīn; [自動車の]消声器 xiāoshēngqì.
まほう【魔法】 魔法 mófǎ, 魔术 móshù.
まぼろし【幻】 梦幻 mènghuàn, 幻想 huànxiǎng.
ママ 妈妈 māma; 妈 mā.
マメ【豆】 豆(子) dòu(zi).
まめ【肉刺】 (水)泡 (shuǐ)pào.
まもなく【間もなく】 一会儿 yīhuìr, 不久 bùjiǔ.
まもる【守る】 保护 bǎohù, 守护 shǒuhù; 遵守 zūnshǒu; 保持 bǎochí.
まやく【麻薬】 毒品 dúpǐn.
まゆげ【眉毛】 眉毛 méimáo.
まよう【迷う】 迷失 míshī; [道に]迷路 mílù; [ためらう]犹豫 yóuyù.
まよなか【真夜中】 半夜 bànyè, 深更半夜 shēn gēng bàn yè.
マラソン 马拉松 mǎlāsōng, 长跑 chángpǎo. **〜をする** 跑 pǎo 马拉松.
まる【丸】 圆 yuán, 圈 quān, 圆圈 yuánquān. **〜で囲む** 用 yòng 圆圈圈上 quānshàng.
まるい【丸い・円い】 圆 yuán, 圆形 yuánxíng.
マルチメディア 多媒体 duōméitǐ.
まるで 好像 hǎoxiàng; 仿佛 fǎngfú; 完全 wánquán.
まるめる【丸める】 卷 juǎn, 团 tuán.
まれ【稀】 稀少 xīshǎo, 少(有) shǎo(yǒu), 罕见 hǎnjiàn.
まわす【回す】 转(动) zhuǎn(dòng); 转(动) zhuàn(dòng), 转到 zhuǎndào.
まわり【周り】 周围 zhōuwéi. **池の〜を回る** 走池塘 zǒu chítáng 周围, 绕 rào 池塘走.
まわる【回る】 转 zhuàn, 回转 huízhuǎn, 旋转 xuánzhuǎn.
まん【万】 万 wàn.
まんいち【万一】 万一 wànyī, 假如 jiǎrú.
まんいん【満員】 满座 mǎnzuò, 客满 kèmǎn. **〜になる** 满员 mǎnyuán; 告满 gàomǎn.
まんが【漫画】 漫画 mànhuà.
まんかい【満開】 盛开 shèngkāi.
マンゴー 芒果 mángguǒ.
まんざい【漫才】 (对口)相声 (duìkǒu)xiàngsheng.
マンション (高级)公寓 (gāojí)gōngyù.
まんせい【慢性】 慢性 mànxìng.
まんぞく【満足】(-する) 满意 mǎnyì, 满足 mǎnzú. **〜のゆく** 令人 lìng rén 满意.
まんてん【満点】 满分 mǎnfēn; 完美 wánměi. **〜を取る** 得 dé 满分.
まんなか【真ん中】 中间 zhōngjiān, 正中 zhèngzhōng.
まんねんひつ【万年筆】 钢笔 gāngbǐ.
まんびき【万引き】(-する) 扒窃 páqiè.
まんぷく【満腹】(-する) 吃饱 chībǎo.

み

み【身】 身(子) shēn(zi), 身体 shēntǐ. **〜につける** 身穿 chuān, 随身带 suíshēn dài. **〜にしみる** 深切感受 shēnqiè gǎnshòu.
み【実】 果实 guǒshí, 种子 zhǒngzǐ.
みあげる【見上げる】 抬起头看 táiqǐ tóu kàn, 仰望 yǎngwàng.
みあたらない【見当たらない】 找不到 zhǎobudào, 看不见 kànbujiàn.
みあわせる【見合わせる】 互相对看 hùxiāng duìkàn; 作罢 zuòbà; 暂停 zàntíng.
みえ【見栄】 外表 wàibiǎo, 门面 ménmiàn; 排场 páichǎng, 虚荣 xūróng. **〜をはる** 摆架子 bǎi jiàzi, 装 zhuāng 门面.
みえる【見える】 看见 kànjian, 见到 jiàndào.
みおくる【見送る】 送(行) sòng(xíng); [やめる]放过 fàngguò.
みおろす【見下ろす】 往下看 wǎng xià kàn.
みがく【磨く】 擦(亮) cā(liàng), 磨 mó, 刷 shuā; 锻炼 duànliàn, 磨练 móliàn.
みかけ【見掛け】 外表 wàibiǎo, 外观 wàiguān.
みかた【見方】 看法 kànfǎ.
みかた【味方】 我方 wǒfāng; 同伙 tónghuǒ. **〜する** 支持 zhīchí, 拥护 yōnghù.
みかづき【三日月】 月牙 yuèyá, 蛾眉月 éméiyuè.
みがる【身軽】 轻松 qīngsōng, 灵活 línghuó.
ミカン【蜜柑】 橘子 júzi.
みき【幹】 树干 shùgàn.
みぎ【右】 右 yòu, 右边 yòubian, 右面 yòumiàn. **〜側** 右边, 右方 yòufāng.
みぎて【右手】 右手 yòushǒu; 右边 yòubian.
みくだす【見下す】 看不起 kànbuqǐ, 小看 xiǎokàn.
みごと【見事】 出色 chūsè, 漂亮 piàoliang.
みこむ【見込む】 估计 gūjì, 期待 qīdài.
ミサイル 导弹 dǎodàn. **〜を撃つ** 发射 fāshè 导弹.
みじかい【短い】 短 duǎn.
みじめ【惨め】 悲惨 bēicǎn. → **悲惨**
みじゅく【未熟】 生 shēng, 不熟 bù shú, 不成熟 chéngshú.
ミシン 缝纫机 féngrènjī.
ミス(-する) [まちがい]错误 cuòwù; [しくじる]失败 shībài. **〜を犯す** 犯 fàn 错误.
ミス [未婚の女性]密斯 mìsī; 小姐 xiǎojie.
みず【水】 水 shuǐ; [湯ざまし]白开水 báikāishuǐ. **〜を飲む** 喝 hē 水.
みずうみ【湖】 湖 hú, 湖水 húshuǐ.
みずから【自ら】 自己 zìjǐ, 亲自 qīnzì.
みずぎ【水着】 游泳衣 yóuyǒngyī, 游泳裤 yóuyǒngkù.
みすごす【見過ごす】 没看到 méi kàndào; 忽视 hūshì, 忽略 hūlüè.
ミスター 先生 xiānsheng.
みずたまり【水たまり】 水洼 shuǐwā, 水坑 shuǐkēng.
ミステリー 离奇 líqí; 推理小说 tuīlǐ xiǎoshuō.
みすてる【見捨てる】 抛弃 pāoqì; 背离 bèilí.
みすぼらしい 难看 nánkàn.
みずみずしい【瑞々しい】 新鲜 xīnxiān; 娇嫩 jiāonen.
みせ【店】 商店 shāngdiàn, 铺子 pùzi. **〜を開く** 开店 kāi diàn.
みせいねん【未成年】 未成年人 wèi chéngniánrén.
ミセス 夫人 fūrén.
みせびらかす【見せびらかす】 炫耀 xuànyào, 卖弄 màinong.
みせる【見せる】 出示 chūshì, 给 gěi … 看 kàn, 表现 biǎoxiàn.
みそ【味噌】 酱 jiàng, 豆酱 dòujiàng, 黄酱 huángjiàng. **〜汁** 酱汤 jiàngtāng.
みぞ【溝】 沟 gōu, 槽 cáo; [レコードなどの]纹路 wénlù.
みだし【見出し】 标题 biāotí; [辞典の]词条 cítiáo.
みだしなみ【身だしなみ】 仪容 yíróng, 边幅 biānfú, 仪表 yíbiǎo.
みたす【満たす】 充满 chōngmǎn; 满足 mǎnzú.
みだす【乱す】 打乱 dǎluàn, 弄乱 nòngluàn, 扰乱 rǎoluàn.
みだれる【乱れる】 乱 luàn, 紊乱 wěnluàn.
みち【道】 路 lù, 道路 dàolù, 马路 mǎlù.
みぢか【身近】 身边 shēnbiān, 亲近 qīnjìn.
みちがえる【見違える】 看错 kàncuò, 认不得 rènbu-

de.
みちのり【道程】 路程 lùchéng, 距离 jùlí, 路途 lùtú.
みちばた【道端】 路旁 lùpáng, 路边 lùbiān.
みちびく【導く】 领导 lǐngdǎo, 指导 zhǐdǎo; 引路 yǐnlù, 带路 dàilù.
みちる【満ちる】 满 mǎn, 充满 chōngmǎn.
みつける【見つける】 发现 fāxiàn, 找到 zhǎodào.
みつど【密度】 密度 mìdù.
みっともない 难看 nánkàn; 不体面 bù tǐmian, 丢人 diūrén.
みつめる【見つめる】 凝视 níngshì, 盯看 dīngkàn, 注视 zhùshì.
みつもる【見積もる】 估计 gūjì; 估价 gūjià.
みつゆ【密輸】(-する) 走私 zǒusī.
みてい【未定】 没决定 méi juédìng, 未定 wèidìng.
みとめる【認める】 认为 rènwéi; 承认 chéngrèn.
みどり【緑】 绿(色) lǜ(sè), 翠绿 cuìlǜ.
みとれる【見とれる】 看得入迷 kànde rùmí.
みな【皆】 大家 dàjiā; 全 quán, 都 dōu; 全体 quántǐ.
みなおす【見直す】 重新看 chóngxīn kàn; 重新研究 yánjiū.
みなす【見做す】 认为 rènwéi, 当做 dàngzuò.
みなと【港】 港(口) gǎng(kǒu); [波止場]码头 mǎtou. **～に入る** 进 jìn 港.
みなみ【南】 南边nánbian, 南方nánfāng, 南面nánmiàn.
みなもと【源】 根源 gēnyuán, 起源 qǐyuán.
みならう【見習う】 跟 gēn〔向 xiàng〕…学习 xuéxí.
みなり【身なり】 服装 fúzhuāng, 衣着 yīzhuó, 打扮 dǎban.
みにくい【醜い】 丑 chǒu, 不好看 bù hǎokàn, 难看 nánkàn.
ミニスカート 迷你裙 míniqún, 超短裙 chāoduǎnqún.
みぬく【見抜く】 看透 kàntòu, 认清 rènqīng.
ミネラル 矿物质 kuàngwùzhì. **～ウォーター** 矿泉水 kuàngquánshuǐ.
みのがす【見逃す】 放过 fàngguò; 宽恕 kuānshù, 饶 ráo.
みのる【実る】 结果 jiēguǒ.
みはらし【見晴らし】 眺望 tiàowàng.
みはる【見張る】 监视 jiānshì, 盯 dīng, 看 kān.
みぶり【身振り】 架势 jiàshi, 动作 dòngzuò.
みぶん【身分】 身份shēnfen. **～証明書** 身份证 shēnfènzhèng.
みほん【見本】 样品 yàngpǐn; 榜样 bǎngyàng.
みまい【見舞い】 探望 tànwàng, 慰问 wèiwèn.
みまもる【見守る】 照看 zhàokàn, 注视 zhùshì, 关注 guānzhù.
みみ【耳】 耳朵 ěrduo. **～が遠い** 耳背 ěr bèi.
みゃく【脈】 脉搏 màibó, 脉 mài.
みやげ【土産】 [旅の]土特产 tǔtèchǎn, 土产 tǔchǎn; [プレゼント]礼品 lǐpǐn, 礼物 lǐwù.
みやこ【都】 京师 jīngshī, 首都 shǒudū.
みょう【妙】 奇怪 qíguài, 格外 géwài; 巧妙 qiǎomiào.
みょうごにち【明後日】 后天 hòutiān.
みょうじ【名字】 姓 xìng.
みらい【未来】 未来 wèilái.
ミリ 毫 háo, [ミリメートル]毫米 háomǐ.
みりょく【魅力】 魅力 mèilì. **～的** 有 yǒu 魅力的 de, 有吸引力 xīyǐnlì 的 .
みる【見る】 看 kàn, 瞧 qiáo, 瞅 chǒu.
ミルク 牛奶 niúnǎi.
みれん【未練】 依恋 yīliàn, 恋恋不舍 liàn liàn bù shě.
みわたす【見渡す】 张望 zhāngwàng, 瞭望 liàowàng. **～限り** 一望无际 yī wàng wú jì.
みんしゅう【民衆】 群众 qúnzhòng.
みんしゅしゅぎ【民主主義】 民主主义 mínzhǔ zhǔyì.
みんしゅてき【民主的】 民主主义的 mínzhǔ zhǔyì de, 民主.
みんぞく【民族】 民族 mínzú.
ミント 薄荷 bòhe.
みんな 大家 dàjiā; 全部 quánbù; 都 dōu.

む

む【無】 无 wú, 零 líng. **～にする** 辜负 gūfù; 白费 báifèi.
むいしき【無意識】 无意识 wúyìshi.
むいみ【無意味】 无意义 wú yìyì, 没意思 méi yìsi.
ムード 气氛 qìfēn. **～を和らげる** 缓和 huǎnhé 气氛.
むかい【向かい】 对面 duìmiàn, 对过 duìguò.
むかう【向かう】 面对 miànduì, 前往 qiánwǎng.
むかえる【迎える】 (迎)接 (yíng)jiē, 欢迎 huānyíng.
むかし【昔】 古时候 gǔ shíhòu, (很久)以前 (hěn jiǔ) yǐqián.
むかつく 恶心 ěxin; 生气 shēngqì.
むがむちゅう【無我夢中】 不顾一切 bùgù yīqiè.
むかんけい【無関係】 没关系 méi guānxi.
むかんしん【無関心】 不关心 bù guānxīn.
むき【向き】 方向 fāngxiàng; 朝 cháo, 向 xiàng. **東～の部屋** 朝东的房间 dōng de fángjiān.
ムギ【麦】 麦子 màizi. **～わら** 麦秆 màigǎn, 麦秸 màijiē.
むく【向く】 向 xiàng, 朝 cháo, 面 miàn. **左を～** (向)左转 zuǒ zhuǎn. **上を～** 仰(起)头 yǎng(qǐ) tóu, 面朝上 shàng.
むく【剝く】 剥 bāo, 削 xiāo.
むくいる【報いる】 报 bào, 报答 bàodá, 报应 bàoyìng.
むくち【無口】 不爱说话bù ài shuōhuà, 沉默寡言chénmò guǎyán.
むける【向ける】 对 duì, 转向 zhuǎnxiàng.
むげん【無限】 无限 wúxiàn.
むこ【婿】 女婿 nǚxu.
むこう【向こう】 对面 duìmiàn, 那边 nàbiān.
むざい【無罪】 无罪 wúzuì.
むさぼる【貪る】 贪 tān.
むし【虫】 虫子 chóngzi, 昆虫 kūnchóng. **～を捕る** 采集 cǎijí 昆虫.
むし【無視】(-する) 无视 wúshì.
むしあつい【蒸し暑い】 闷热 mēnrè.
むしば【虫歯】 虫牙 chóngyá. **～になる** 长 zhǎng 虫牙.
むじゅん【矛盾】(-する) 矛盾 máodùn.
むしょうに【無性に】 非常 fēicháng.
むしる【毟る】 拔掉 bádiào, 揪 jiū.
むしろ【寧ろ】 不如 bùrú, 反而 fǎn'ér.
むしんけい【無神経】 不注意 bù zhùyì, 不仔细 zǐxì.
むす【蒸す】 蒸 zhēng.
むずかしい【難しい】 难 nán, 复杂 fùzá. → **困難**
むすこ【息子】 儿子 érzi.
むすぶ【結ぶ】 打结 dǎjié; 接合 jiēhé, 系 jì, 连接 liánjiē, 联结 liánjié.
むすめ【娘】 女儿 nǚ'ér; 姑娘 gūniang, 女孩子 nǚháizi.
むせきにん【無責任】 不负责任 bù fù zérèn.
むせる 噎 yē, 呛 qiāng.
むだ【無駄】 浪费 làngfèi; 徒劳 túláo; 多余 duōyú. **…しても～** 白费 báifèi, 没用 méiyòng.
むだん【無断】 擅自 shànzì, 随便 suíbiàn.
むち【無知】 无知 wúzhī, 愚笨 yúbèn.
むちゃ【無茶】 胡乱 húluàn, 不合理 bù hélǐ.

むちゅう【夢中】 入迷 rùmí. **〜になる** 着迷 zháomí, …得起劲儿 qǐjìnr.
むとんちゃく【無頓着】 不介意 bù jièyì, 满不在乎 mǎn bù zàihu.
むなしい【空しい】 空虚 kōngxū.
むね【胸】 胸(部) xiōng(bù).
むよう【無用】 无用 wúyòng, 无事 wúshì.
むら【村】 村庄 cūnzhuāng, 村(子) cūn(zi).
むらさき【紫】 紫(色) zǐ(sè).
むらびと【村人】 村里人 cūnlirén.
むり【無理】 不可能 bù kěnéng.
むりょう【無料】 免费 miǎnfèi.
むれ【群】 群 qún.

め

め【目】 眼睛 yǎnjing. **〜を閉じる** 闭上 bìshang 眼睛.
め【芽】 芽 yá. **〜が出る** 出 chū 芽.
めあて【目当て】 目标 mùbiāo; 目的 mùdì.
めい【姪】 [兄弟の娘]侄女 zhínǚ; [姉妹の娘]外甥女 wàishengnǚ.
めいさく【名作】 名作 míngzuò.
めいし【名刺】 名片 míngpiàn. **〜を交換する** 交换 jiāohuàn 名片.
めいし【名詞】 名词 míngcí.
めいしょ【名所】 名胜 míngshèng.
めいじる【命じる】 命令 mìnglìng, 吩咐 fēnfu.
めいしん【迷信】 迷信 míxìn. **〜を打ち破る** 破除 pòchú 迷信.
めいじん【名人】 名手 míngshǒu, 能手 néngshǒu.
めいぼ【名簿】 名册 míngcè, 名单 míngdān.
めいめい 各自 gèzì, 各各 gègè.
めいよ【名誉】 名誉 míngyù, 光荣 guāngróng.
めいりょう【明瞭】 明确 míngquè, 明了 míngliǎo.
めいれい【命令】(-する) 命令 mìnglìng.
めいわく【迷惑】(-する) 麻烦 máfan. **〜をかける** 打扰 dǎrǎo, 添 tiān 麻烦.
めうえ【目上】 长辈 zhǎngbèi.
メーカー 厂商 chǎngshāng, 厂家 chǎngjiā.
メーター [計量器]仪表 yíbiǎo; [車の]计程器 jìchéngqì.
メートル 米 mǐ, 公尺 gōngchǐ.
メール (电子)邮件 (diànzǐ)yóujiàn.
めがける【目がける】 以 yǐ …为目标 wéi mùbiāo, 朝(着) cháo(zhe) ….
めかた【目方】 分量 fènliang.
めがね【眼鏡】 眼镜 yǎnjìng. **〜をつくる** 配 pèi 眼镜.
めがみ【女神】 女神 nǚshén.
めぐすり【目薬】 眼药 yǎnyào. **〜をさす** 上 shàng 眼药.
めくる【捲る】 翻(开) fān(kāi).
めげる 沮丧 jǔsàng, 垂头丧气 chuí tóu sàng qì.
めざす【目ざす】 以 yǐ …为目标 wéi mùbiāo.
めざましどけい【目覚まし時計】 闹钟 nàozhōng. **〜をかける** 上 shàng 闹钟.
めざめる【目覚める】 醒(来) xǐng(lai), 睡醒 shuìxǐng, 觉醒 juéxǐng.
めし【飯】 饭 fàn, 白饭 báifàn.
めしあがる【召し上がる】 用饭 yòngfàn; 吃 chī. **どうぞ召し上がれ** 请您 qǐng nín 用饭, 请吃吧 ba.
めした【目下】 晚辈 wǎnbèi.
めす【雌】 牝 pìn, 母 mǔ, 雌(性) cí(xìng). → **雄**
めずらしい【珍しい】 少见 shǎojiàn, 罕见 hǎnjiàn, 难得 nándé.
めだつ【目立つ】 显著 xiǎnzhù, 引人瞩目 yǐn rén zhǔmù.
メダル 奖牌 jiǎng pái, (纪念)章 (jìniàn)zhāng.
めちゃくちゃ【滅茶苦茶】 乱七八糟 luàn qī bā zāo, 胡乱 húluàn.
めったに…ない 少有 shǎoyǒu, 难得 nándé.
めでたい 可喜 kěxǐ, 幸运 xìngyùn. → **おめでとう**
メニュー 菜单 càidān.
めのまえ【目の前】 面前 miànqián, 眼前 yǎnqián.
めまい【目眩】 头晕 tóuyūn, 目眩 mùxuàn.
メモ(-する) 记录 jìlù, 笔记 bǐjì.
めもり【目盛り】 刻度 kèdù, 度数 dùshù. **〜をつける** 刻 kè 度数.
メモリー [電算]内存 nèicún, 存储器 cúnchǔqì.
メロディー 旋律 xuánlǜ, 曲调 qǔdiào.
メロン 甜瓜 tiánguā, 香瓜 xiāngguā.
めん【麺】 面条 miàntiáo.
めんえき【免疫】 免疫 miǎnyì.
めんきょ【免許】 执照 zhízhào.
めんぜい【免税】 免税 miǎnshuì. **〜店** 免税店 diàn.
めんせき【面積】 面积 miànjī.
めんせつ【面接】(-する) 接见 jiējiàn; [試験]面试 miànshì.
メンツ【面子】 面子 miànzi.
めんどう【面倒】 麻烦 máfan, 照顾 zhàogù. **〜を見る** 照顾.
メンバー 成员 chéngyuán.
めんぼく【面目】 面目 miànmù, 体面 tǐmian, 面子 miànzi.

も

も [もまた]也 yě.
もう [すでに]已经 yǐjīng.
もうけ【儲け】 利润 lìrùn; 赚头 zhuàntou.
もうける【設ける】 设置 shèzhì, 制定 zhìdìng, 准备 zhǔnbèi.
もうける【儲ける】 发财 fācái, 赚(钱) zhuàn(qián).
もうしこむ【申し込む】 申请 shēnqǐng, 报名 bàomíng.
もうすぐ 马上 mǎshàng.
もうふ【毛布】 毛毯 máotǎn, 毯子 tǎnzi. **〜をかぶる** 被 bèi 毛毯.
もうれつ【猛烈】 猛烈 měngliè, 激烈 jīliè.
もえる【燃える】 燃烧 ránshāo.
モーター 发动机 fādòngjī, 摩托 mótuō, 马达 mǎdá. **〜を回す** 关闭 guānbì 发动机.
もがく 挣扎 zhēngzhá.
もくげき【目撃】(-する) 亲眼看到 qīnyǎn kàndào, 目击 mùjī.
もくじ【目次】 目录 mùlù.
もくぜん【目前】 目前 mùqián.
もくてき【目的】 目的 mùdì, 目标 mùbiāo. **〜地** 目的地 dì.
もくひょう【目標】 目标 mùbiāo. **〜に狙いをつける** 瞄准 miáozhǔn 目标.
もくもく(と)【黙々(と)】 默默无闻(地) mò mò wú wén(de). 不声不响 bù shēng bù xiǎng (地).
もくようび【木曜日】 星期四 xīngqīsì, 礼拜四 lǐbàisì.
もぐる【潜る】 潜入 qiánrù; [水に]潜水 qiánshuǐ.
もけい【模型】 模型 móxíng.
もさく【模索】(-する) 摸索 mōsuo.
もし(も)【若し(も)】 要是 yàoshi, 如果 rúguǒ, 假如 jiǎrú.
もじ【文字】 文字 wénzì.
もしもし 喂 wèi.
もたらす【齎す】 带来 dàilái.

もたれる【凭れる】 凭靠 píngkào, 依靠 yīkào; [胃に]存食 cúnshí.
もち【餅】 年糕 niángāo.
もちあげる【持ち上げる】 举起 jǔqǐ, 抬起 táiqǐ.
もちいる【用いる】 用 yòng, 使用 shǐyòng.
もちかえる【持ち帰る】 带走 dàizǒu.
もちだす【持ち出す】 拿出去 náchūqù, 搬出去 bānchūqù.
もちぬし【持ち主】 物主 wùzhǔ.
もちろん【勿論】 当然 dāngrán, 不用说 bù yòng shuō.
もつ【持つ】 拿 ná, 带 dài, 有 yǒu, 具有 jùyǒu.
もっか【目下】 现在 xiànzài, 当前 dāngqián.
もったいない 可惜 kěxī.
もっていく【持って行く】 拿走 názǒu.
もってくる【持って来る】 拿来 nálái.
もっと 更 gèng, 更加 gèngjiā, 再 zài.
もっとも【尤も】 有道理 yǒu dàoli, 理所当然 lǐ suǒ dāng rán.
もっとも【最も】 最 zuì.
もっぱら【専ら】 净 jìng, 专(门) zhuān(mén).
もつれる【縺れる】 纠缠 jiūchán.
もてなす 接待 jiēdài, 招待 zhāodài.
もてる 走红 zǒuhóng, 吃香 chīxiāng.
モデル [ファッション]模特儿 mótèr; [手本]模范 mófàn; [模型]模型 móxíng.
もと【元】 原 yuán; (以)前 (yǐ)qián; 根本 gēnběn.
もどす【戻す】 归还 guīhuán, 放回 fànghuí; 恢复 huīfù.
もとづく【基づく】 根据 gēnjù, 按照 ànzhào.
もとめる【求める】 请求 qǐngqiú, 要求 yāoqiú.
もともと【元々】 原来 yuánlái, 本来 běnlái.
もどる【戻る】 (返)回 (fǎn)huí, 恢复 huīfù.
モニター 监视器 jiānshìqì; [コンピュータの]显示器 xiǎnshìqì.
もの【物】 东西 dōngxi.
もの【者】 …(的)人 (de)rén. → **人**
ものおき【物置】 库房 kùfáng, 储藏室 chǔcángshì.
ものがたり【物語】 故事 gùshi. **〜を話す** 讲 jiǎng 故事.
ものごと【物事】 事情 shìqing.
ものさし【物差し】 尺子 chǐzi; [基準]标准 biāozhǔn.
ものすごい 厉害 lìhai, 猛烈 měngliè.
ものまね【物真似】(-する) 模仿 mófǎng.
モノレール 单轨电车 dānguǐ diànchē, 独轨车 dúguǐchē.
もはん【模範】 模范 mófàn, 榜样 bǎngyàng.
もほう【模倣】(-する) 模仿 mófǎng.
もみじ【紅葉】 红叶 hóngyè, 枫叶 fēngyè.
もむ【揉む】 揉 róu, 搓 cuō; [押し合う]挤 jǐ.
もめる【揉める】 发生纠纷 fāshēng jiūfēn.
もも【股・腿】 大腿 dàtuǐ.
モモ【桃】 桃(子) táo(zi).
もやす【燃やす】 燃烧 ránshāo, 烧 shāo.
もよう【模様】 花样 huāyàng, 图案 tú'àn; [ようす]情况 qíngkuàng.
もよおし【催し】 活动 huódòng.
もよおす【催す】 举办 jǔbàn, 举行 jǔxíng.
もらう【貰う】 收到 shōudào, 得到 dédào.
もらす【漏らす】 泄漏 xièlòu, 漏掉 lòudiào, 泄露 xièlù.
モラル 道德 dàodé. 礼貌 lǐmào. **〜に欠ける** 缺乏 quēfá 道德.
もり【森】 森林 sēnlín, 树林 shùlín.
もりあがる【盛り上がる】 隆起 lóngqǐ; [気分が]热闹起来 rènaoqǐlai.
もる【盛る】 盛 chéng, 堆(高) duī(gāo).
もれる【漏れる】 漏 lòu, 透出 tòuchū, 泄露 xièlù.
もろい【脆い】 脆弱 cuìruò, 容易坏 róngyì huài.
もん【門】 大门 dàmén, 街门 jiēmén; [難関]关口 guānkǒu.
もんく【文句】 词句 cíjù; 意见 yìjian. **〜を言う** 抱怨 bàoyuàn, 发牢骚 fā láosao.
モンゴル 蒙古 Měnggǔ.
もんだい【問題】 问题 wèntí. **〜に答える** 回答 huídá 问题. **〜を出す** 提 tí 问题, 出题 chūtí.
もんどう【問答】(-する) 问答 wèndá, 讨论 tǎolùn.

や

や【矢】 箭 jiàn. **〜を放つ** 射 shè 箭.
やおや【八百屋】 蔬菜店 shūcàidiàn, 菜店 càidiàn.
やがて 不久 bùjiǔ.
やかましい【喧しい】 吵闹 chǎonào, 嘈杂 cáozá; [厳しい]严格 yángé.
やかん【夜間】 夜间 yèjiān.
やかん【薬罐】 水壶 shuǐhú.
ヤギ【山羊】 山羊 shānyáng.
やきそば【焼きそば】 炒面 chǎomiàn.
やきつく【焼き付く】 烧焦 shāojiāo; [心に]印象深刻 yìnxiàng shēnkè.
やきゅう【野球】 棒球 bàngqiú. **〜をする** 打 dǎ 棒球. **〜場** 棒球场 chǎng.
やく【役】 [仕事]任务 rènwu; [配役]角色 juésè.
やく【約】 (大)约 (dà)yuē.
やく【焼く】 [燃やす](燃)烧 (rán)shāo; [あぶる]烤 kǎo; [日光で]晒黑 shàihēi.
やくいん【役員】 干事 gànshì, 董事 dǒngshì.
やくしょ【役所】 政府 zhèngfǔ, 机关 jīguān.
やくす【訳す】 翻译 fānyì.
やくそく【約束】(-する) 约定 yuēdìng, 约会 yuēhuì.
やくだつ【役立つ】 有用 yǒuyòng, 起作用 qǐ zuòyòng.
やくにん【役人】 官员 guānyuán, 公务员 gōngwùyuán; [公職にある者]干部 gànbù.
やくば【役場】 办事处 bànshìchù, 机关 jīguān.
やくひん【薬品】 药品 yàopǐn.
やくめ【役目】 任务 rènwu, 职责 zhízé.
やくわり【役割】 任务 rènwu, 职责 zhízé. **〜を定める** 派定 pàidìng 任务.
やけど【火傷】(-する) 烧伤 shāoshāng, 烫伤 tàngshāng.
やける【焼ける】 着火 zháohuǒ, 燃烧 ránshāo. → **焼く**
やさい【野菜】 蔬菜 shūcài, 青菜 qīngcài.
やさしい【易しい】 容易 róngyì, 简单 jiǎndān.
やさしい【優しい】 柔和 róuhe, 温柔 wēnróu, 亲切 qīnqiè, 和蔼 hé'ǎi.
やしなう【養う】 扶养 fúyǎng, 养育 yǎngyù.
やしん【野心】 野心 yěxīn.
やすい【安い】 便宜 piányi, 低价 dījià, 廉价 liánjià.
やすみ【休み】 休息 xiūxi, 休假 xiūjià, 假日 jiàrì.
やすむ【休む】 休息 xiūxi; 请假 qǐngjià; 歇工 xiēgōng.
やすらか【安らか】 安静 ānjìng, 平安 píng'ān.
やせい【野生】 野性 yěxìng, 野生 yěshēng.
やせる【痩せる】 瘦 shòu; [土地が]贫瘠 pínjí.
やたら 胡乱 húluàn; 非常 fēicháng.
やちん【家賃】 房租 fángzū, 房费 fángfèi. **〜を支払う** 交 jiāo 房租.
やつ【奴】 (那个)家伙 (nà ge)jiāhuo.
やっかい【厄介】 麻烦 máfan; 难对付 nán duìfu; 棘手 jíshǒu. **〜をかける** 找 zhǎo 麻烦.
やっきょく【薬局】 药铺 yàopù, 药店 yàodiàn, 药房 yàofáng.
やっと 终于 zhōngyú, 才 cái, 好容易 hǎoróngyì.

やど【宿】 旅馆 lǚguǎn, 旅社 lǚshè.
やとう【雇う】 雇 gù, 雇用 gùyòng; 租 zū.
やね【屋根】 屋顶 wūdǐng, 房顶 fángdǐng. **〜によじ登る** 爬 pá 房顶.
やはり 还是 háishi; 也 yě; 果然 guǒrán.
やばん【野蛮】 野蛮 yěmán.
やぶる【破る】 弄破 nòngpò, 撕破 sīpò; 打破 dǎpò.
やぶれる【破れる】 破 pò, 破裂 pòliè, 破碎 pòsuì.
やぶれる【敗れる】 → **負ける**
やま【山】 山 shān; 堆 duī. **〜を下りる** 下 xià 山. **ごみの〜** 垃圾 lājī 堆.
やまい【病】 病 bìng, 疾病 jíbìng.
やまみち【山道】 山路 shānlù.
やみ【闇】 黑暗 hēi'àn; [ヤミ市]黑市 hēishì. → **暗闇**
やみつき 入迷 rùmí, 上瘾 shàngyǐn.
やむをえず【やむを得ず】 没办法 méi bànfǎ, 不得已 bùdéyǐ, 无可奈何 wú kě nài hé.
やめる【止める】 停止 tíngzhǐ; 戒 jiè.
やめる【辞める】 退 tuì, 辞去 cíqù.
やや 稍微 shāowēi.
やりかた【やり方】 作法 zuòfǎ.
やりきれない【やり切れない】 受不了 shòubuliǎo, 吃不消 chībuxiāo.
やりて【遣り手】 能手 néngshǒu, 干将 gànjiàng.
やりとげる【遣り遂げる】 做完 zuòwán, 完成 wánchéng.
やる 做 zuò, 干 gàn, 搞 gǎo.
やる【遣る】 给 gěi; [遣わす]派 pài.
やわらかい【柔らかい・軟らかい】 软 ruǎn, 柔软 róuruǎn, 柔和 róuhe.

ゆ

ゆ【湯】 热水 rèshuǐ, 开水 kāishuǐ. **〜を沸かす** 烧 shāo 开水.
ゆいいつ【唯一】 唯一 wéiyī, 惟一 wéiyī.
ゆいごん【遺言】(-する) 遗嘱 yízhǔ.
ゆう【結う】 梳 shū, 拢 lǒng.
ゆうい【優位】 优势 yōushì.
ゆううつ【憂鬱】 忧郁 yōuyù, 愁(闷) chóu(mèn).
ゆうえき【有益】 有益 yǒuyì, 有意义 yǒu yìyì.
ゆうえんち【遊園地】 游乐园 yóulèyuán.
ゆうが【優雅】 文雅 wényǎ, 优雅 yōuyǎ.
ゆうかい【誘拐】(-する) 拐骗 guǎipiàn, 绑架 bǎngjià.
ゆうがい【有害】 有害 yǒuhài.
ゆうがた【夕方】 傍晚 bàngwǎn.
ゆうかん【夕刊】 晚报 wǎnbào.
ゆうかん【勇敢】 勇敢 yǒnggǎn.
ゆうき【勇気】 勇气 yǒngqì.
ゆうこう【友好】 友谊 yǒuyì; 友好 yǒuhǎo.
ゆうこう【有効】 有效 yǒuxiào.
ゆうざい【有罪】 有罪 yǒuzuì.
ゆうし【融資】(-する) 贷款 dàikuǎn, 融资 róngzī.
ゆうしゅう【優秀】 优秀 yōuxiù, 出色 chūsè.
ゆうしょう【優勝】 冠军 guànjūn, 优胜 yōushèng. **〜する** 取得 qǔdé 冠军.
ゆうじょう【友情】 友谊 yǒuyì, 友情 yǒuqíng.
ゆうしょく【夕食】 晚饭 wǎnfàn, 晚餐 wǎncān.
ゆうじん【友人】 朋友 péngyou. → **友達**
ゆうせん【優先】(-する) 优先 yōuxiān.
ゆうそう【郵送】(-する) 邮寄 yóujì, 寄 jì.
ゆうだい【雄大】 雄伟 xióngwěi.
ゆうだち【夕立】 阵雨 zhènyǔ, 骤雨 zhòuyǔ.
ゆうのう【有能】 有才(干) yǒu cái(gàn), 能干 nénggàn.
ゆうひ【夕日】 夕阳 xīyáng.
ゆうびん【郵便】 邮件 yóujiàn. **〜受け** 信箱 xìnxiāng. **〜局** 邮局 yóujú. **〜番号** 邮政编码 yóuzhèng biānmǎ.
ゆうべ【昨夜】 昨夜 zuóyè, 昨晚 zuówǎn.
ゆうめい【有名】 有名 yǒumíng, 闻名 wénmíng.
ユーモア 幽默 yōumò.
ゆうり【有利】 有利 yǒulì.
ゆうりょう【有料】 收费 shōufèi, 要钱 yàoqián.
ゆうりょう【優良】 优良 yōuliáng.
ゆうりょく【有力】 有力 yǒulì.
ゆうれい【幽霊】 鬼 guǐ, 鬼魂 guǐhún; 幽灵 yōulíng.
ユーロ 欧洲 Ōuzhōu; [通貨]欧元 Ōuyuán.
ゆうわく【誘惑】(-する) 诱惑 yòuhuò, 引诱 yǐnyòu.
ゆえに【故に】 所以 suǒyǐ, 故 gù.
ゆか【床】 地板 dìbǎn.
ゆかい【愉快】 愉快 yúkuài, 快活 kuàihuo.
ゆがむ【歪む】 歪 wāi, 歪扭 wāiniǔ, 弯曲 wānqū.
ゆがめる【歪める】 歪曲 wāiqū.
ゆき【雪】 雪 xuě. **〜が降る** 下 xià 雪.
ゆき【行き】 往 wǎng, 去 qù.
ゆきさき【行き先】 去处 qùchù, 目的地 mùdìdì.
ゆく【行く】 去 qù, 走 zǒu.
ゆくえ【行方】 行踪 xíngzōng, 去处 qùchù. **〜不明** 下落不明 xiàluò bùmíng, 去向 qùxiàng 不明.
ゆげ【湯気】 热气 rèqì.
ゆしゅつ【輸出】(-する) 出口 chūkǒu.
ゆすぐ 涮洗 shuànxǐ; [口]漱 shù.
ゆする【揺する】 晃动 huàngdòng, 摇动 yáodòng.
ゆずる【譲る】 (给 gěi …)让 ràng.
ゆそう【輸送】(-する) 运输 yùnshū; 运送 yùnsòng.
ゆたか【豊か】 丰富 fēngfù, 充裕 chōngyù, 富裕 fùyù, 充足 chōngzú.
ゆだん【油断】 疏忽 shūhu, 大意 dàyi.
ゆっくり 慢慢儿 mànmānr; 舒服 shūfu.
ゆったり 宽舒 kuānshū, 舒服 shūfu, 舒畅 shūchàng.
ゆでたまご【ゆで卵】 煮鸡蛋 zhǔjīdàn.
ゆでる【茹でる】 煮 zhǔ, 焯 chāo.
ゆとり 宽余 kuānyú, 余地 yúdì.
ユニーク 独特 dútè, 新奇 xīnqí.
ユニフォーム 制服 zhìfú.
ゆにゅう【輸入】(-する) 进口 jìnkǒu.
ゆび【指】 [手の]手指 shǒuzhǐ; [足の]脚趾 jiǎozhǐ.
ゆびわ【指輪】 戒指 jièzhi. **〜をはめる** 戴 dài 戒指.
ゆみ【弓】 弓 gōng. **〜を射る** 射箭 shèjiàn.
ゆめ【夢】 梦 mèng; 梦想 mèngxiǎng; 理想 lǐxiǎng. **〜を見る** 做梦 zuòmèng.
ゆらい【由来】 来历 láilì, 由来 yóulái.
ユリ【百合】 百合 bǎihé.
ゆるい【緩い】 松 sōng, 不紧 bùjǐn, 缓慢 huǎnmàn.
ゆるす【許す】 原谅 yuánliàng; [許可]允许 yǔnxǔ.
ゆるむ【緩む】 松弛 sōngchí, 放松 fàngsōng.
ゆれる【揺れる】 摇动 yáodòng, 摇晃 yáohuang.

よ

よ【世】 世上 shìshàng, 世界 shìjiè, 人间 rénjiān.
よい【善い・良い】 好 hǎo, 良好 liánghǎo, 不错 bùcuò.
よう【用】 事情 shìqing.
よう【酔う】 醉 zuì. **酒に〜** 喝酒 hējiǔ 醉.
ようい【用意】(-する) 准备 zhǔnbèi, 预备 yùbèi.
ようい【容易】 容易 róngyì.
よういん【要因】 主要原因 zhǔyào yuányīn.
ようき【陽気】 活跃 huóyuè, 开朗 kāilǎng.
ようぎ【容疑】 嫌疑 xiányí. **〜者** 嫌疑人 rén.
ようきゅう【要求】(-する) 要求 yāoqiú; 需要 xūyào.

ようけん【用件】 事 shì, 事情 shìqing.
ようこそ 欢迎 huānyíng.
ようし【要旨】 大意 dàyì, 要点 yàodiǎn.
ようじ【幼児】 幼儿 yòu'ér.
ようじ【用事】 事情 shìqing.
ようしき【様式】 样式 yàngshì, 格式 géshì, 风格 fēnggé.
ようじん【用心】(-する) 注意 zhùyì, 警惕 jǐngtì. **～深い** 十分小心 shífēn xiǎoxīn.
ようす【様子】 样子 yàngzi.
ようするに【要するに】 总之 zǒngzhī.
ようせき【容積】 容积 róngjī.
ようそ【要素】 因素 yīnsù, 要素 yàosù.
ようだ 好像 hǎoxiàng, 像 xiàng …一样 yīyàng.
ようち【幼稚】 幼稚 yòuzhì, 不成熟 bù chéngshú.
ようちえん【幼稚園】 幼儿园 yòu'éryuán.
ようてん【要点】 要点 yàodiǎn.
ようと【用途】 用途 yòngtú, 用处 yòngchu.
ようび【曜日】 星期 xīngqī, 礼拜 lǐbài. **きょうは何～ですか** 今天 jīntiān 星期几 jǐ？
ようひん【用品】 用品 yòngpǐn.
ようふく【洋服】 西服 xīfú, 西装 xīzhuāng.
ようぼう【要望】(-する) 希望 xīwàng, 要求 yāoqiú.
ようもう【羊毛】 羊毛 yángmáo.
ようやく【漸く】 总算 zǒngsuàn, 好不容易 hǎobùróngyì; [ついに]终于 zhōngyú.
ようやく【要約】(-する) 摘要 zhāiyào, 概括 gàikuò.
ようりょう【容量】 容量 róngliàng.
ヨーグルト 酸奶 suānnǎi.
ヨーロッパ 欧洲 Ōuzhōu.
よか【余暇】 业余时间 yèyú shíjiān, 余暇 yúxiá.
よきん【預金】(-する) 存款 cúnkuǎn.
よく【欲】 贪心 tānxīn, 欲 yù, 欲望 yùwàng.
よく【良く】 好好儿地 hǎohāorde; [しばしば]常常 chángcháng.
よくげつ【翌月】 第二个月 dì'èr ge yuè, 下 xià 个月.
よくしつ【浴室】 浴室 yùshì.
よくじつ【翌日】 第二天 dì'èrtiān, 次日 cìrì, 翌日 yìrì.
よくしゅう【翌週】 下周 xiàzhōu, 下星期 xià xīngqī.
よくそう【浴槽】 浴缸 yùgāng, 澡盆 zǎopén.
よくばる【欲張る】 贪婪 tānlán, 贪多 tānduō, 贪得无厌 tān dé wú yàn.
よくぼう【欲望】 欲望 yùwàng.
よけい【余計】 多余 duōyú, 没用 méiyòng. → むだ
よける【避ける】 躲避 duǒbì, 躲让 duǒràng.
よこ【横】 旁边 pángbiān, 横 héng. **～になる** 躺 tǎng. **机の～** 桌子 zhuōzi 旁边.
よこぎる【横切る】 横穿(过) héngchuān(guò).
よごす【汚す】 弄脏 nòngzāng.
よこたわる【横たわる】 躺 tǎng.
よごれる【汚れる】 脏 zāng.
よさん【予算】 预算 yùsuàn.
よせる【寄せる】 靠近 kàojìn, 挪近 nuójìn.
よそ 别处 biéchù.
よそう【予想】(-する) 预想 yùxiǎng, 预料 yùliào.
よっきゅう【欲求】 欲望 yùwàng, 希求 xīqiú.
ヨット 帆船 fānchuán, 游艇 yóutǐng.
よっぱらい【酔っぱらい】 醉汉 zuìhàn, 醉鬼 zuìguǐ.
よてい【予定】(-する) 计划 jìhuà, 预定 yùdìng.
よなか【夜中】 深夜 shēnyè, 半夜 bànyè.
よのなか【世の中】 社会 shèhuì; 世上 shìshàng.
よぶ【呼ぶ】 喊 hǎn, 叫 jiào.
よふかし【夜更かし】(-する) 熬夜 áoyè.
よぶん【余分】 多余 duōyú, 富余 fùyu.
よほう【予報】(-する) 预报 yùbào.
よぼう【予防】(-する) 预防 yùfáng.
よほど【余程】 相当 xiāngdāng.
よみがえる【蘇る・甦る】 苏生 sūshēng, 苏醒 sūxǐng, 活过来 huóguòlái.
よみとる【読み取る】 看懂 kàndǒng, 理解 lǐjiě.
よむ【読む】 看 kàn, 念 niàn, 读 dú, 阅读 yuèdú.
よめ【嫁】 媳妇儿 xífur; [息子の]儿媳妇儿 érxífur.
よやく【予約】(-する) (预)订 (yù)dìng, 预约 yùyuē.
よゆう【余裕】 富余 fùyu.
より [起点]从 cóng; [比較]比 bǐ (…还 hái).
よる【夜】 晚上 wǎnshang, 夜晚 yèwǎn; 夜里 yèli.
よる【寄る】 顺便去 shùnbiàn qù; 靠 kào.
よる【拠る】 据 jù, 根据 gēnjù.
よろこび【喜び】 高兴 gāoxìng, 欢喜 huānxǐ, 喜悦 xǐyuè.
よろこぶ【喜ぶ】 高兴 gāoxìng, 喜欢 xǐhuan.
よろしい【宜しい】 好 hǎo, 行 xíng.
よろしく【宜しく】 请关照 qǐng guānzhào; 请…问好 wènhǎo.
よろん【世論】 舆论 yúlùn, 民意 mínyì.
よわい【弱い】 弱 ruò, 软弱 ruǎnruò, 脆弱 cuìruò.
よわさ【弱さ】 弱点 ruòdiǎn.
よわむし【弱虫】 胆小鬼 dǎnxiǎoguǐ.
よわる【弱る】 变弱 biànruò, 衰弱 shuāiruò.

ら

ラーメン 汤面 tāngmiàn, 日式拉面 Rìshì lāmiàn.
ライオン 狮子 shīzi.
らいきゃく【来客】 客人 kèren.
らいげつ【来月】 下月 xiàyuè, 下个月 xià ge yuè.
らいしゅう【来週】 下星期 xiàxīngqī, 下个星期 xià ge xīngqī, 下周 xiàzhōu.
ライター 打火机 dǎhuǒjī.
らいねん【来年】 明年 míngnián.
ライバル 对手 duìshǒu, 敌手 díshǒu.
らく【楽】 [簡単]容易 róngyì; [気楽]轻松 qīngsōng, 安乐 ānlè. **～でない** 不 bù 容易, 困难 kùnnan.
らくえん【楽園】 乐园 lèyuán.
らくがき【落書き】(-する) 乱写 luànxiě, 乱涂 luàntú; [絵]胡乱涂的画 húluàn tú de huà.
ラクダ 骆驼 luòtuo.
らくてんてき【楽天的】 乐观(的) lèguān(de).
らくのう【酪農】 奶酪畜牧业 nǎilào xùmùyè.
ラグビー 橄榄球 gǎnlǎnqiú.
ラケット 球拍 qiúpāi.
ラジオ 收音机 shōuyīnjī. **～を聞く** 听 tīng 收音机.
らせん【螺旋】 螺旋 luóxuán.
らっか【落下】(-する) 落下 luòxià, 下降 xiàjiàng.
らっかんてき【楽観的】 乐观(的) lèguān(de).
ラッシュアワー 拥挤时刻 yōngjǐ shíkè; 上下班高峰时间 shàngxiàbān gāofēng shíjiān.
ラッパ 喇叭 lǎba.
ラベル 标签 biāoqiān.
らん【欄】 栏 lán. **スポーツ～** 体育 tǐyù 栏.
ランキング 排名 páimíng; 等级 děngjí.
ランチ 午餐 wǔcān.
ランドセル 书包 shūbāo, 背包 bēibāo. **～を背負う** 背 bēi 书包.
ランプ 油灯 yóudēng.
らんぼう【乱暴】 粗暴 cūbào, 粗鲁 cūlu, 野蛮 yěmán.
らんよう【乱用】(-する) 滥用 lànyòng, 乱用 luànyòng.

り

リーグ 联盟 liánméng.

リーダー 领导 lǐngdǎo, 领导人 lǐngdǎorén.
りえき【利益】 赢利 yínglì, 利益 lìyì.
りか【理科】 理科 lǐkē.
りかい【理解】(-する) 理解 lǐjiě, 理会 lǐhuì, 了解 liǎojiě.
→わかる
りく【陸】 陆地 lùdì.
りくぐん【陸軍】 陆军 lùjūn.
りこう【利口】 聪明 cōngming, 机灵 jīling, 伶俐 língli.
りこてき【利己的】 自私 zìsī.
りこん【離婚】(-する) 离婚 líhūn.
リサイクル (废品)再利用 (fèipǐn)zàilìyòng, 循环 xúnhuán 利用, 回收 huíshōu.
りし【利子】 利息 lìxī, 利钱 lìqian.
リス 松鼠 sōngshǔ.
リスク 风险 fēngxiǎn.
リスト [人の]名单 míngdān; [物の]一览表 yīlǎnbiǎo.
リズム 节奏 jiézòu.
りせい【理性】 理智 lǐzhì, 理性 lǐxìng. **～的** 有理智的.
りそう【理想】 理想 lǐxiǎng.
りつ【率】 比率 bǐlǜ, 率 lǜ.
りっこうほ【立候補】(-する) 当候选人 dāng hòuxuǎnrén, 参加竞选 cānjiā jìngxuǎn.
リットル 公升 gōngshēng.
りっぱ【立派】 漂亮 piàoliang, 了不起 liǎobuqǐ, 优秀 yōuxiù.
りっぽう【立方】 立方 lìfāng.
リハーサル 排练 páiliàn, 彩排 cǎipái.
りはつ【理髪】(-する) 理发 lǐfà. **～師** 理发师 shī. **～店** 理发馆 guǎn.
リボン 丝带 sīdài; 发带 fàdài. **～を結ぶ** 系 jì 丝带.
リモコン 遥控器 yáokòngqì.
りゅう【竜】 龙 lóng.
りゆう【理由】 理由 lǐyóu, 缘故 yuángù; 借口 jièkǒu.
りゅうがく【留学】(-する) 留学 liúxué.
りゅうこう【流行】(-する) 时髦 shímáo, 流行 liúxíng.
りょう【量】 量 liàng, 分量 fènliang.
りょう【寮】 宿舍 sùshè.
りょう【猟】(-をする) 打猎 dǎliè.
りょう【漁】(-をする) 打鱼 dǎyú.
りよう【利用】(-する) 利用 lìyòng. **～者** 用户 yònghù.
りょうかい【了解】(-する) 了解 liǎojiě, 谅解 liàngjiě.
りょうがえ【両替】(-する) 兑换 duìhuàn, 换钱 huànqián.
りょうがわ【両側】 两边 liǎngbiān, 两侧 liǎngcè.
りょうきん【料金】 费用 fèiyong.
りょうし【猟師】 猎人 lièrén.
りょうし【漁師】 渔夫 yúfū.
りょうしゅうしょ【領収書】 发票 fāpiào; 收据 shōujù.
りょうしん【両親】 双亲 shuāngqīn, 父母 fùmǔ.
りょうしん【良心】 好意 hǎoyì, 良心 liángxīn. **～的** 善良(的) shànliáng(de).
りょうて【両手】 双手 shuāngshǒu, 两手 liǎngshǒu.
りょうど【領土】 领土 lǐngtǔ.
りょうほう【両方】 双方 shuāngfāng, 两边 liǎngbiān.
りょうり【料理】 菜 cài, 料理 liàolǐ. **～する** 做 zuò 菜. **日本～** 日本 Rìběn 菜, 日本料理.
りょかん【旅館】 旅馆 lǚguǎn, 旅社 lǚshè.
りょくちゃ【緑茶】 绿茶 lǜchá.
りょけん【旅券】 护照 hùzhào.
りょこう【旅行】(-する) 旅游 lǚyóu, 旅行 lǚxíng. **～者** 游客 yóukè.
りょひ【旅費】 旅费 lǚfèi.
リラックス(-する) 放松 fàngsōng.
りりく【離陸】(-する) 起飞 qǐfēi.
リレー(-する) 传递 chuándì; [競技の]接力赛 jiēlìsài.
りれきしょ【履歴書】 履历书 lǚlìshū.
りろん【理論】 理论 lǐlùn.
リンク(-する) [電算]链接 liànjiē; [つながる]联系 liánxì.
リンゴ【林檎】 苹果 píngguǒ.
りんじ【臨時】 临时 línshí.
りんじん【隣人】 邻居 línjū.
リンス 润丝 rùnsī, 护发素 hùfàsù.
りんり【倫理】 伦理 lúnlǐ.

る

るい【類】 种类 zhǒnglèi; 类型 lèixíng.
るいぎご【類義語】 近义词 jìnyìcí; 同义词 tóngyìcí.
るいじ【類似】 类似 lèisì.
るいすい【類推】 类推 lèituī.
ルーズリーフ 活页 huóyè.
ルール 规则 guīzé, 规定 guīdìng. **～を守る** 遵守 zūnshǒu 规则.
るす【留守】 不在(家) bù zài(jiā).
るすばん【留守番】(-する) 看家 kānjiā. **～電話** 留言电话 liúyán diànhuà.

れ

レアアース 稀土元素 xītǔ yuánsù.
レアメタル 稀有金属 xīyǒu jīnshǔ.
れい【礼】 礼貌 lǐmào, 行礼 xínglǐ; [感謝]感谢 gǎnxiè; [感謝の品]礼物 lǐwù.
れい【例】 例子 lìzi; 前例 qiánlì. **～を挙げれば** 例如 lìrú, 举 jǔ 例子.
れい【零】 零 líng.
れいがい【例外】 例外 lìwài.
れいぎ【礼儀】 礼貌 lǐmào. **～正しい** 有 yǒu 礼貌.
れいせい【冷静】 镇静 zhènjìng, 沉着 chénzhuó, 冷静 lěngjìng.
れいぞうこ【冷蔵庫】 冰箱 bīngxiāng.
れいとう【冷凍】(-する) 冷冻 lěngdong, 冻 dòng.
れいねん【例年】 往年 wǎngnián.
れいぼう【冷房】 冷气 lěngqì. **～装置** 冷气设备 shèbèi.
レインコート 雨衣 yǔyī.
レース(-をする) [競技・競争]竞赛 jìngsài, 比赛 bǐsài.
レース [布]花边 huābiān; 蕾丝 lěisī.
レール 轨道 guǐdào, 铁轨 tiěguǐ.
れきし【歴史】 历史 lìshǐ.
レコード 唱片 chàngpiàn; [記録]记录 jìlù.
レジ 收银台 shōuyíntái, 收款台 shōukuǎntái; [レジスター]收款机 shōukuǎnjī.
レシート 发票 fāpiào, 收条 shōutiáo, 收据 shōujù.
レシピ 食谱 shípǔ.
レストラン 餐厅 cāntīng; 饭厅 fàntīng.
レスリング 摔交 shuāijiāo.
レタス 莴苣 wōjù; 生菜 shēngcài.
れつ【列】 行列 hángliè, 队列 duìliè, 排 pái. **～に並ぶ** 排队 páiduì.
れっしゃ【列車】 列车 lièchē. **普通～** 慢车 mànchē. **特急～** 特快 tèkuài.
レッスン 课程 kèchéng; 练习 liànxí.
レバー [食材]肝儿 gānr.
レバー [器材]手杆 shǒugǎn, 杠杆 gànggǎn.
レベル 水平 suǐpíng.
レポート(-する) 报告 bàogào; [報告書]报告书 bàogàoshū.
レモン 柠檬 níngméng.
れんあい【恋愛】(-する) (谈)恋爱 (tán)liàn'ài.

れんが【煉瓦】 砖 zhuān.
れんしゅう【練習】(-する) 练习 liànxí.
レンズ 镜头 jìngtóu; [眼鏡の]镜片 jìngpiàn. **拡大～** 放大 fàngdà 镜头.
れんそう【連想】(-する) 联想 liánxiǎng.
れんぞく【連続】(-する) 连续 liánxù.
レンタカー 租赁汽车 zūlìn qìchē.
レンタル(-する) (出)租 (chū)zū.
れんぽう【連邦】 联邦 liánbāng.
れんめい【連盟】 联盟 liánméng.
れんらく【連絡】(-する) 联系 liáxì, 联络 liánluò.

ろ

ろうか【廊下】 走廊 zǒuláng. **～を歩く** 通过 tōngguò 走廊. **渡り～** 走廊,游廊 yóuláng.
ろうじん【老人】 老(年)人 lǎo(nián)rén.
ろうそく【蠟燭】 蜡烛 làzhú.
ろうどう【労働】(-する) 劳动 láodòng, 工作 gōngzuò. **～組合** 工会 gōnghuì. **～者** 工人 gōngrén.
ろうひ【浪費】(-する) 浪费 làngfèi.
ロースト 烤 kǎo.
ロープ 绳索 shéngsuǒ, 绳子 shéngzi.
ローマ 罗马 Luómǎ.
ローマじ【ローマ字】 罗马字 Luómǎzì.
ローラースケート 旱泳 hánbīng.
ローン 贷款 dàikuǎn, 借款 jièkuǎn.
ろくおん【録音】(-する) 录音 lùyīn.
ろくが【録画】(-する) 录像 lùxiàng.
ロケット 火箭 huǒjiàn.
ロシア 俄罗斯 Éluósī.
ロッカー 存放柜 cúnfàngguì; [書類の]文件柜 wénjiànguì; [衣類の]橱柜 chúguì.
ロック(-する) [鍵をかける]锁 suǒ.
ロック [岩]岩石 yánshí; [ロックンロール]摇滚乐 yáogǔnyuè.
ロバ【驢馬】 驴 lǘ、驴子 lǘzi.
ロブスター 龙虾 lóngxiā.
ロボット 机器人 jīqirén.
ロマンチック 浪漫 làngmàn.
ろんじる【論じる】 评论 pínglùn, 辩论 biànlùn, 讨论 tǎolùn.
ろんせつ【論説】 评论 pínglùn; [－する]论说 lùnshuō.
ロンドン 伦敦 Lúndūn.
ろんぶん【論文】 论文 lùnwén.
ろんり【論理】 道理 dàoli, 逻辑 luóji. **非～的な** 不合 bù hé 逻辑的 de.

わ

わ【和】 协调 xiétiáo, 和好 héhǎo; [計算で]总和 zǒnghé.
わ【輪】 (圈)子 quān(zi), 环 huán, 圆圈 yuánquān.
ワープロ 文字处理机 wénzì chǔlǐjī.
ワイシャツ 衬衫 chènshān, 衬衣 chènyī.
わいろ【賄賂】 贿赂 huìlù. **～を受け取る** 受贿 shòu huì.
ワイン 葡萄酒 pútaojiǔ.
わかい【若い】 年轻 niánqīng.
わかい【和解】(-する) 和好 héhǎo; 和解 héjiě.
わかす【沸かす】 烧开 shāokāi.
わがまま 任性 rènxìng.
わかもの【若者】 年轻人 niánqīngrén, 青年 qīngnián.
わかる【分かる】 知道 zhīdao, 懂 dǒng, 明白 míngbai.
わかれ【別れ】 离别 líbié.
わかれる【別れる】 分手 fēnshǒu, 分别 fēnbié.
わかれる【分かれる】 分开 fēnkāi.
わき【脇】 [体の]腋下 yèxià; [近く]旁边 pángbiān.
わきあがる【湧き上がる】 涌起 yǒngqǐ.
わく【枠】 框架 kuàngjià, 框子 kuàngzi, 框框 kuāngkuang; 范围 fànwéi.
わく【沸く】 沸腾 fèiténg.
わく【湧く】 涌现 yǒngxiàn.
わくせい【惑星】 行星 xíngxīng.
ワクチン 疫苗 yìmiáo; [パソコンのソフト]杀毒软件 shādú ruǎnjiàn. **～を接種する** 接种 jiēzhòng 疫苗.
わくわく 欢欣雀跃 huān xīn què yuè.
わけ【訳】 理由 lǐyóu, 原因 yuányīn.
わける【分ける】 分开 fēnkāi, 分成 fēnchéng; [分配する]分配 fēnpèi.
わざ【技】 技术 jìshù; 本领 běnlǐng.
わざと 故意(地) gùyì(de).
わざわい【災い・禍】 灾祸 zāihuò.
ワシ【鷲】 鹫 jiù, 雕 diāo.
わしょく【和食】 日餐 rìcān, 日本料理 Rìběn liàolǐ.
わずか【僅か】 → 少し, ちょっと
わずらう【煩う・患う】 [病気を]患(病) huàn(bìng); [悩む]烦恼 fánnǎo.
わずらわしい【煩わしい】 麻烦 máfan, 烦琐 fánsuǒ.
わすれもの【忘れ物】 遗失物 yíshīwù.
わすれる【忘れる】 忘掉 wàngdiào, 忘记 wàngjì, 遗忘 yíwàng.
ワタ【綿】 棉(花) mián(hua).
わた(く)し【私】 我 wǒ.
わだい【話題】 话题 huàtí.
わたしたち【私達】 我们 wǒmen; [聞き手も含む]咱们 zánmen.
わたす【渡す】 交给 jiāogěi; 渡(过) dù(guò).
わたる【渡る】 过 guò, 渡 dù, 渡过 dùguò.
わな【罠】 圈套 quāntào. **～にはまる** 中 zhòng 圈套.
わびしい【侘しい】 寂寞 jìmò, 冷清 lěngqīng.
わびる【詫びる】 道歉 dàoqiàn 表示歉意 biǎoshì qiànyì.
わめく【喚く】 喊 hǎn; 嚷 rǎng.
わら【藁】 稻草 dàocǎo, 麦秆 màigǎn.
わらう【笑う】 笑 xiào.
わり【割り・割】 分配 fēnpèi; 比率 bǐlù. **～に合う** 合算 hésuàn. **5～** 五成 wǔ chéng.
わりあい【割合】 比例 bǐlì, 比率 bǐlù.
わりかん【割り勘】(-にする) 分摊 fēntān; [口語]A A 制 zhì. **費用を～にする** 分摊费用 fèiyong.
わりざん【割り算】 除法 chúfǎ.
わりばし【割り箸】 卫生筷(子) wèishēngkuài(zi).
わりびき【割引】 打折 dǎzhé, 减价 jiǎnjià.
わりびく【割引く】 打折扣 dǎ zhékòu, 减价 jiǎnjià.
わる【割る】 切(开) qiē(kāi); 劈(开) pī(kāi); 砸(开) zá(kāi), 打碎 dǎsuì.
わるい【悪い】 坏 huài, 不好 bùhǎo, 恶劣 èliè.
わるくち【悪口】 坏话 huàihuà. **～を言う** 说 shuō 坏话.
ワルツ 华尔兹 huá'ěrzī; 圆舞曲 yuánwǔqǔ.
われる【割れる】 破裂 pòliè; 分裂 fēnliè; 碎 suì, 破 pò, 破碎 pòsuì.
われわれ【我々】 我们 wǒmen; 咱们 zánmen.
わん【湾】 湾 wān, 海湾 hǎiwān.
わんぱく【腕白】 淘气 táoqì.
ワンピース 连衣裙 liányīqún.

プログレッシブ中国語辞典
第2版

1998年1月1日　初版発行
2013年3月2日　第2版第1刷発行

編者代表　武信　彰
　　　　　山田眞一

発行者　星野　守

発行所　株式会社 小学館
〒101-8001 東京都千代田区一ツ橋 2-3-1
電話　編集 03-3230-5169　販売 03-5281-3555

印刷所　凸版印刷株式会社
製本所　株式会社 若林製本工場

Printed in Japan
ISBN978-4-09-515622-4

小学館外国語編集部のウェブサイト「小学館ランゲージワールド」
http://www.l-world.shogakukan.co.jp/

現代中国地図

哈萨克斯坦
克拉玛依
伊宁
乌鲁木齐
比什凯克
天山
吐鲁番
哈密
库车
库尔勒
吉尔吉斯斯坦
阿克苏
新疆维吾尔自治区
喀什
塔里木盆地
敦煌
玉门
酒泉
塔吉克斯坦
塔克拉玛干沙漠
青海湖
和田
格尔木
阿富汗
乔戈里峰
西宁
昆仑山
青海
伊斯兰堡
青藏高原
玉树
唐古拉山
巴基斯坦
喜马拉雅山
西藏自治区
昌都
日喀则
拉萨
马纳斯卢峰
珠穆朗玛峰
新德里
尼泊尔
不丹
加德满都
廷布
大理
孟加拉国
达卡
印度
缅甸
内比都
0
500
1000km
孟加拉湾
泰国